Mit dem folgenden Freischaltcode erhalten Sie Ihren persönlichen Online-Zugang unter

www.juris.de/pk

Ihr Freischaltcode: SGBE12UB44pkK

Schlegel/Voelzke

juris PraxisKommentar SGB XII

2. Auflage

juris PraxisKommentar

SGB XII

Sozialgesetzbuch
Zwölftes Buch

- Sozialhilfe -

Asylbewerberleistungsgesetz
(AsylbLG)

herausgegeben von

Pablo Coseriu

Wolfgang Eicher

Gesamtherausgeber:

Prof. Dr. Rainer Schlegel

Prof. Dr. Thomas Voelzke

2. Auflage

juris GmbH Saarbrücken 2014

Zitiervorschlag:

Coseriu in: jurisPK-SGB XII, 2. Aufl. 2014, § 19 SGB XII Rn. 3
Groth in: jurisPK-SGB XII, 2. Aufl. 2014, § 9 AsylbLG Rn. 3

oder

Coseriu in: Schlegel/Voelzke, 2. Aufl. 2014, § 19 SGB XII Rn. 3

Bibliografische Information der Deutschen Nationalbibliothek:
Die Deutsche Nationalbibliothek verzeichnet diese Publikation in der Deutschen Nationalbibliografie; detaillierte bibliografische Daten sind im Internet über http://dnb.ddb.de abrufbar.

ISBN: 978-3-86330-033-3
ISBN E-Book: 978-3-86330-034-0

© 2014 juris GmbH, Gutenbergstraße 23, 66117 Saarbrücken, www.juris.de

Umschlaggestaltung: HDW Werbeagentur GmbH, Saarbrücken
Druckvorstufe: Satzweiss.com GmbH, Saarbrücken
Druck: CPI books GmbH, Leck

Vorwort zur 2. Auflage

3 ½ Jahre sind seit Erscheinen der 1. Auflage des Kommentars verstrichen. In dieser Zeit haben das Sozialhilfe- und das Asylbewerberleistungsrecht nicht nur durch das Gesetz zur Ermittlung von Regelbedarfen und zur Änderung des Zweiten und Zwölften Buches Sozialgesetzbuch wesentliche Änderungen erfahren, sondern vor allem durch die Rechtsprechung des Bundesverfassungsgerichts und der Sozialgerichte – aber auch durch die Literatur – eine Vielzahl von Impulsen erhalten, die sich in fast 1.900 Aktualisierungshinweisen zur 1. Auflage niedergeschlagen haben. Gerade diese Aktualisierungen sind das Spezifikum eines Online-Kommentars und machen dessen Wert aus.

Konzeptionell wird das Werk in der 2. Auflage erweitert um Kommentierungen des Regelbedarfsermittlungsgesetzes (RBEG), der Eingliederungshilfeverordnung, der Verordnung zur Durchführung der Hilfe zur Überwindung besonderer sozialer Schwierigkeiten sowie der Verordnung zur Durchführung des § 82 SGB XII. Einzelne Autoren haben um Entbindung von der Kommentatorenaufgabe gebeten (Spellbrink, Piepenstock, Link, Michalla-Munsche), ihnen sei an dieser Stelle herzlich gedankt für ihre Mitarbeit in den vergangenen Jahren; neue Autoren (Müller-Grune, Nguyen, Sehmsdorf, Siefert, Waldhorst-Kahnau) haben ihre Aufgaben – teilweise äußerst kurzfristig – verantwortungsvoll übernommen und fortgeführt.

Für Kritik und Anregungen sind wir jederzeit offen. Wir haben sie – soweit möglich – in der Vergangenheit aufgegriffen und textlich verarbeitet; so soll es auch künftig sein. Teilen Sie uns Ihre Meinung und Ihre Anregungen unter redaktion.SGB@juris.de mit! Dank gebührt auch dem gesamten Verlagsteam, insbesondere Herrn Kirsch als Lektor.

Kassel, Mai 2014

Pablo Coseriu
Wolfgang Eicher

Vorwort zur 1. Auflage

Im Jahre 2011 wird das Sozialhilferecht, das 1961 das frühere Fürsorgerecht mit dem Inkrafttreten des BSHG abgelöst hat, 50 Jahre alt. 44 Jahre davon wurde das Rechtsgebiet – abgekoppelt vom größten Teil des Sozialrechts, für das die Sozialgerichtsbarkeit zuständig war – von der Rechtsprechung der allgemeinen Verwaltungsgerichtsbarkeit bestimmt und führte – zur Aufspaltung des Rechts der Existenzsicherung in das für Erwerbsfähige und Nichterwerbsfähige mit Inkrafttreten des SGB II (Grundsicherung für Arbeitsuchende) und des SGB XII im Jahre 2005 gewissermaßen ein Eigenleben. Hieraus erwuchsen Strukturen, die durch Neuregelungen des SGB XII selbst, insbesondere aber wegen des SGB II einer Nachjustierung bedürfen. Zwar hat der Gesetzgeber das Sozialhilferecht als Referenzmodell des SGB II bezeichnet; dies ist jedoch allenfalls ein Lippenbekenntnis, wenn man sich die unterschiedlichen normativen Konzepte und die Formulierungen einzelner Normen betrachtet. Es ist deshalb vor dem Hintergrund des Wechsels der Zuständigkeit für die Sozialhilfe von der allgemeinen Verwaltungsgerichtsbarkeit zur Sozialgerichtsbarkeit im Jahre 2005 nicht weiter verwunderlich, dass die sozialgerichtliche Rechtsprechung nicht nahtlos die der Verwaltungsgerichtsbarkeit aufgreift und daraus gewisse Irritationen entstehen.

Ziel des Kommentars ist es, diese Irritationen, die oft nur auf Missverständnissen beruhen, zu beseitigen, zumindest jedoch zu minimieren. Die Judikatur der Verwaltungsgerichte muss unter Berücksichtigung der neuen Gesamtkonzeption der Existenzsicherung überdacht und – wenn nötig – weiterentwickelt werden, ohne dass alles Alte von vornherein als falsch bzw. verfehlt über Bord geworfen werden muss bzw. darf. Gleichwohl führt kein Weg an der Erkenntnis vorbei, dass gegebenenfalls verkrustete Strukturen – auch aus Gründen der Harmonisierung – der beiden Bücher des SGB (SGB II und SGB XII) aufgebrochen werden müssen. Hierbei darf das dritte Rechtsgebiet der Existenzsicherung, das Asylbewerberleistungsgesetz, nicht vernachlässigt werden. Im vorliegenden Kommentar sollen deshalb die Unterschiede dieser drei Gesetze dort herausgearbeitet werden, wo sie existieren, dort aber, wo sie nicht existieren und keine sachlich rechtfertigenden Gründe dafür zu finden sind, gesetzübergreifende Lösungen gesucht werden. Die Herausgeber als Vorsitzender bzw. Beisitzer des beim BSG für die Sozialhilfe zuständigen Senats und die Autoren, die in der Praxis nicht nur mit dem Recht der Sozialhilfe befasst sind, garantieren eine praxisnahe und rechtsgebietsübergreifende Kommentierung.

Die Online-Version des Kommentars bietet darüber hinaus durch regelmäßige Ergänzungen Gewähr für erforderliche Aktualität, indem jeweils der neueste Stand von Gesetzgebung und Rechtsprechung berücksichtigt wird. Durch die Verlinkung des Online-Kommentars mit der Rechtsprechungs- und Normendatenbank von juris können die zitierten Entscheidungen und Vorschriften sofort aufgerufen und im Volltext angesehen werden.

Dieses Konzept bewährt sich insbesondere im Sozialrecht, bei dessen Anwendung ständig neue Gesetze umgesetzt werden müssen. Dies gilt auch für das SGB XII, das zusammen mit dem SGB II – wenn auch nicht so radikal wie dieses – aufgrund der Entscheidung des Bundesverfassungsgerichts vom 09.02.2010 (1 BvL 1/09, 1 BvL 3/09 und 1 BvL 4/09) zur Ermittlung der Höhe der Regelsätze in einem transparenten Verfahren geändert werden soll. Das entsprechende Gesetz zur Ermittlung von Regelbedarfen und zur Änderung des Zweiten und Zwölften Buches Sozialgesetzbuch konnte in der Druckversion des Kommentars nicht mehr berücksichtigt werden, wird jedoch zeitnah in der Online-Version verarbeitet werden.

Während das SGB II grundlegend reformiert wird, halten sich die Änderungen des SGB XII vergleichsweise im Rahmen. Allerdings ist es gerade Ziel des vorliegenden Kommentars, Parallelen bzw. Unterschiede zum SGB II herauszuarbeiten. Dies bedeutet, dass die einzelnen Kommentierungen an den Stellen, an denen Vergleiche zum SGB II vorgenommen werden, einer Anpassung an die Neuregelungen des SGB II bedürfen. Auch dies wird zeitnah, soweit erforderlich, geschehen.

Im SGB XII selbst sollen sich Neuerungen im Wesentlichen nur in den §§ 27-40 des Dritten Kapitels (Hilfe zum Lebensunterhalt) ergeben. Hier sollen, weil das Bundesverfassungsgericht ausdrücklich für Ermittlung und Höhe des Regelbedarfs ein Gesetz gefordert hat, das die bisherige Regelsatzverordnung ersetzen soll, aufbauend auf dem Regelbedarfs-Ermittlungsgesetz die Vorschriften völlig neu strukturiert werden. Die Hilfe zum Lebensunterhalt soll zwar weiterhin nach Regel- und zusätzlichen Bedarfen, der Regelbedarf selbst jedoch gestaffelt nach sechs Regelbedarfsstufen gezahlt werden; die Ermittlung der einzelnen Regelbedarfe ist ebenso wie ihre Fortschreibung (nach der Preisentwicklung) und die Festsetzung bzw. Fortschreibung abweichender Regelsätze durch die Länder im Dritten Kapitel des SGB XII in Verbindung mit dem Regelbedarfs-Ermittlungsgesetz vorgesehen. Als neue Leistungen sollen wie im SGB II Bedarfe für Bildung und Teilhabe (sogenanntes Bildungspaket für Schülerinnen und Schüler; im Wesentlichen mittels Gutschein) aufgenommen werden, und anknüpfend an nach dem SGB II zugelassene Satzungen zur Bestimmung der angemessenen Unterkunfts- und Heizungskosten auch im SGB XII die Übernahme dieser Kosten in Form von Pauschalen geregelt werden. Insgesamt ergeben sich durch diese zusätzlichen neuen Vorschriften, aber auch durch neue Systematisierungen, gegenüber den jetzigen Normen vielfältige Verschiebungen, die indes nicht immer mit inhaltlichen Änderungen verbunden sind; die sonstigen Vorschriften des SGB XII sollen an diese Verschiebungen angepasst und einzelne Paragraphen des SGB XII kleineren Korrekturen unterworfen werden.

Wesentlicher ist, dass erstmals im Sozialhilferecht ausdrücklich eine Regelung für die Rücknahme eines rechtswidrigen, nicht begünstigenden Verwaltungsaktes vorgesehen ist, die nur als Abkehr des Gesetzgebers von der früheren Rechtsprechung des Bundesverwaltungsgerichts zur Nichtanwendung des § 44 SGB X im Sozialhilferecht und als Billigung der davon abweichenden Rechtsprechung des 8. Senats des Bundessozialgerichts zur grundsätzlichen Anwendung des § 44 SGB X im Sozialhilferecht verstanden werden kann (vgl. dazu Coseriu, § 18 Rn. 38 f.). Vorgesehen ist, § 44 Abs. 4 Satz 1 SGB X (rückwirkende Erbringungen von Leistungen für vier Jahre) nur mit der Maßgabe anzuwenden, dass anstelle des Zeitraums von vier Jahren ein solcher von einem Jahr tritt. Die gleiche Modifizierung soll in die Regelung des § 40 SGB II übernommen werden. Dem sogenannten Aktualitätsgrundsatz des Sozialhilferechts (Deckung nur des aktuellen Bedarfs) will der Gesetzgeber mithin in beiden Existenzsicherungssystemen dadurch Rechnung tragen, dass Leistungen nur in zeitlich beschränktem Umfang für die Vergangenheit erbracht werden sollen. Es bleibt indes abzuwarten, welche Konsequenzen sich aus dieser gesetzlichen Regelung, die im Gleichklang zu der des SGB II steht, für die Rechtsprechung des 8. Senats des BSG ergeben. Danach ist im Sozialhilferecht § 44 SGB X zwar grundsätzlich anwendbar, jedoch wird im Rahmen der Anwendung dieser Vorschrift ein fortbestehender Bedarf bzw. eine fortbestehende Bedürftigkeit verlangt; die für das SGB II zuständigen Senate des BSG sind dem für die Anwendung des § 44 SGB X im Rahmen des SGB II nicht gefolgt.

Für Kritik sind wir offen; Anregungen sind erwünscht. Teilen Sie uns Ihre Meinung und Ihre Anregungen unter redaktion.SGB@juris.de mit!

Kassel, November 2010/Februar 2011

Pablo Coseriu
Wolfgang Eicher

Bearbeiterverzeichnis

Doris Armbruster
Richterin am Sozialgericht, z.Zt. Bundesministerium der Justiz und für Verbraucherschutz, Berlin
§§ 93 - 95 SGB XII

Ralf Becker
Richter am Landessozialgericht, z.Zt. Wiss. Mitarbeiter beim Bundesverfassungsgericht, Karlsruhe
§§ 37 - 39a, 130, 132 - 133a, 135 SGB XII

Nicola Behrend
Richterin am Bundessozialgericht, Kassel
§§ 27b, 33, 92, 92a SGB XII

Dr. Jens Blüggel
Richter am Landessozialgericht, Essen
§§ 31, 41 - 46b, 72, 116, 117, 136 SGB XII

Walter Böttiger
Richter am Landessozialgericht, Stuttgart
§§ 73, 106 - 115 SGB XII

Pablo Coseriu
Richter am Bundessozialgericht, Kassel
- Bandherausgeber -
§§ 2, 17 - 19, 23, 24, 27 SGB XII

Wolfgang Eicher
Vorsitzender Richter am Bundessozialgericht, Kassel
- Bandherausgeber -
§§ 21, 75 - 81, Anhang zu § 13 SGB XII

Konrad Frerichs
Richter am Landessozialgericht, Celle
§§ 1, 3 - 6 AsylbLG

Johannes Greiser
Richter am Sozialgericht, Osnabrück
§§ 74, 116a, 118 - 129, 131 (i.d.F. ab 01.01. 2015) SGB XII; Anhang zu § 23 - Die Sozialhilfe als Gegenstand des Europäischen Rechts

Dr. Andy Groth
Richter am Landessozialgericht, Schleswig
§§ 7a - 13 AsylbLG

Dr. Stephan Gutzler
Richter am Landessozialgericht, Mainz
§§ 27a, 28 - 29, 40, 85 - 89, 134, 137, 138 SGB XII; §§ 1 - 10 RBEG

Susann Holzhey
Direktorin des Sozialgerichts, Meiningen
§§ 8, 10, 26, 32 SGB XII

Susanne Jaritz
Richterin am Sozialgericht, Kassel
§§ 75 - 81 SGB XII

Dr. Steffen Luik
Richter am Landessozialgericht, Stuttgart
§§ 34, 34a, 34b, 131 (i.d.F. bis 31.12.2014) SGB XII

Dr. Christian Mecke
Richter am Bundessozialgericht, Kassel
§§ 90, 91, 96 SGB XII

Dr. Miriam Meßling
Richterin am Landessozialgericht: z.Zt. Referatsleiterin, Justizministerium Baden-Württemberg, Stuttgart
§§ 61 - 66 SGB XII

Prof. Dr. Sven Müller-Grune
Hochschulprofessor, Fachhochschule Schmalkalden
§§ 1, 9, 11, 12 SGB XII

Sophia Tri-Thien Nguyen
Richterin am Sozialgericht, z.Zt. Bundesministerium für Arbeit und Soziales, Berlin
§§ 35, 36 SGB XII

Dr. Dagmar Oppermann
Richterin am Bundessozialgericht, Kassel
§§ 1a, 2 AsylbLG

Dr. Steffen Schmidt
Richter am Landessozialgericht, Halle/S.
§§ 82 - 84 SGB XII; DVO zu § 82 SGB XII; § 7 AsylbLG

Eva Sehmsdorf
Richterin am Sozialgericht, z.Zt. Thüringer Landessozialgericht, Erfurt
§§ 70, 71, 97, 101 SGB XII

Jutta Siefert
Richterin am Bundessozialgericht, Kassel
§§ 3 - 7 SGB XII

Bearbeiterverzeichnis

Joachim Simon
Richter am Sozialgericht, Saarbrücken
§§ 30, 102 - 105 SGB XII

Uwe Söhngen
Richter am Landessozialgericht, Essen
§§ 47 - 52, 98, 99 SGB XII

Dr. Carsten Stölting
Richter am Sozialgericht, z.Zt. Landessozialgericht Nordrhein-Westfalen, Essen
§ 35a SGB XII

Prof. Dr. Thomas Voelzke
Vorsitzender Richter am Bundessozialgericht, Kassel
§§ 16, 20, 22 SGB XII

Dr. Nicola Waldhorst-Kahnau
Richterin am Sozialgericht, z.Zt. Wissenschaftliche Mitarbeiterin beim Bundessozialgericht, Kassel
§§ 13 - 15, 25 SGB XII

Lutz Wehrhahn
Vorsitzender Richter am Landessozialgericht, Erfurt
§§ 53 - 60, 67 - 69 SGB XII, EinglHV, DVO zu § 68 SGB XII

Bearbeiter der ersten Auflage

Dr. Christian Link
Richter am Landessozialgericht, Stuttgart
§§ 29, 34 i.d.F. bis 31.12.2010, 35 n.F. SGB XII
2. Auflage: s. Nguyen

Jan Michalla-Munsche
Richter am Sozialgericht, Meiningen
§§ 67, 69 - 71, 97, 101 SGB XII
2. Auflage: s. Sehmsdorf, Wehrhahn

Dr. Karola Piepenstock
Richterin am Sozialgericht, Köln
§§ 3 - 7, 13 - 15, 25 SGB XII
2. Auflage: s. Siefert, Waldhorst-Kahnau

Prof. Dr. Wolfgang Spellbrink
Richter am Bundessozialgericht, Kassel
§§ 1, 9, 11 - 12 SGB XII
2. Auflage: s. Müller-Grune

Inhaltsverzeichnis

Abkürzungsverzeichnis XXI
Literaturverzeichnis XXIX

Sozialgesetzbuch (SGB)
Zwölftes Buch (XII)
- Sozialhilfe -

Erstes Kapitel: Allgemeine Vorschriften 1
§ 1 Aufgabe der Sozialhilfe 1
§ 2 Nachrang der Sozialhilfe 7
§ 3 Träger der Sozialhilfe 18
§ 4 Zusammenarbeit 24
§ 5 Verhältnis zur freien Wohlfahrtspflege 31
§ 6 Fachkräfte 43
§ 7 Aufgabe der Länder 47

Zweites Kapitel: Leistungen der Sozialhilfe 49
Erster Abschnitt: Grundsätze der Leistungen 49
§ 8 Leistungen 49
§ 9 Sozialhilfe nach der Besonderheit des Einzelfalles 54
§ 10 Leistungsformen 63
§ 11 Beratung und Unterstützung, Aktivierung 76
§ 12 Leistungsabsprache 90
§ 13 Leistungen für Einrichtungen, Vorrang anderer Leistungen 95
Anhang zu § 13 - Überblick über die Struktur der Einkommensanrechnung bei stationären und teilstationären Sozialhilfeleistungen 106
§ 14 Vorrang von Prävention und Rehabilitation 110
§ 15 Vorbeugende und nachgehende Leistungen 114
§ 16 Familiengerechte Leistungen 120
Zweiter Abschnitt: Anspruch auf Leistungen 126
§ 17 Anspruch 126
§ 18 Einsetzen der Sozialhilfe 139
§ 19 Leistungsberechtigte 154
§ 20 Eheähnliche Gemeinschaft 172
§ 21 Sonderregelung für Leistungsberechtigte nach dem Zweiten Buch 183
§ 22 Sonderregelungen für Auszubildende 202
§ 23 Sozialhilfe für Ausländerinnen und Ausländer 218
Anhang zu § 23 - Die Sozialhilfe als Gegenstand des Europäischen Rechts 236

Inhaltsverzeichnis

§ 24 Sozialhilfe für Deutsche im Ausland 263
§ 25 Erstattung von Aufwendungen Anderer 278
§ 26 Einschränkung, Aufrechnung 292

Drittes Kapitel: Hilfe zum Lebensunterhalt 306
Erster Abschnitt: Leistungsberechtigte, notwendiger Lebensunterhalt, Regelbedarfe und Regelsätze 306
§ 27 Leistungsberechtigte 306
§ 27a Notwendiger Lebensunterhalt, Regelbedarfe und Regelsätze 320
§ 27b Notwendiger Lebensunterhalt in Einrichtungen 357
§ 28 Ermittlung der Regelbedarfe 373
Anlage zu § 28 - Regelbedarfsstufen nach § 28 in Euro 389
§ 28a Fortschreibung der Regelbedarfsstufen 390
§ 29 Festsetzung und Fortschreibung der Regelsätze 399
Zweiter Abschnitt: Zusätzliche Bedarfe 406
§ 30 Mehrbedarf 406
§ 31 Einmalige Bedarfe 437
§ 32 Beiträge für die Kranken- und Pflegeversicherung 450
§ 33 Beiträge für die Vorsorge 470
Dritter Abschnitt: Bildung und Teilhabe 479
§ 34 Bedarfe für Bildung und Teilhabe 479
§ 34a Erbringung der Leistungen für Bildung und Teilhabe 507
§ 34b Berechtigte Selbsthilfe 525
Vierter Abschnitt: Unterkunft und Heizung 533
§ 35 Unterkunft und Heizung 533
§ 35a Satzung 599
§ 36 Sonstige Hilfen zur Sicherung der Unterkunft 609
Fünfter Abschnitt: Gewährung von Darlehen 631
§ 37 Ergänzende Darlehen 631
§ 38 Darlehen bei vorübergehender Notlage 650
Sechster Abschnitt: Einschränkung von Leistungsberechtigung und -umfang 664
§ 39 Vermutung der Bedarfsdeckung 664
§ 39a Einschränkung der Leistung 681
Siebter Abschnitt: Verordnungsermächtigung 693
§ 40 Verordnungsermächtigung 693

Viertes Kapitel: Grundsicherung im Alter und bei Erwerbsminderung 698
Erster Abschnitt: Grundsätze 698
§ 41 Leistungsberechtigte 698
§ 42 Umfang der Leistungen 727
§ 43 Einsatz von Einkommen und Vermögen, Berücksichtigung von Unterhaltsansprüchen 734
Zweiter Abschnitt: Verfahrensbestimmungen 747
§ 44 Besondere Regelungen für Verfahren und Erstattungszahlungen 747
§ 45 Feststellung der dauerhaften vollen Erwerbsminderung 754
§ 46 Zusammenarbeit mit den Trägern der Rentenversicherung 769

Inhaltsverzeichnis

Dritter Abschnitt: Erstattung und Zuständigkeit 775
§ 46a Erstattung durch den Bund 775
§ 46b Zuständigkeit 786

Fünftes Kapitel: Hilfen zur Gesundheit 789
§ 47 Vorbeugende Gesundheitshilfe 789
§ 48 Hilfe bei Krankheit 792
§ 49 Hilfe zur Familienplanung 802
§ 50 Hilfe bei Schwangerschaft und Mutterschaft 805
§ 51 Hilfe bei Sterilisation 807
§ 52 Leistungserbringung, Vergütung 809

Sechstes Kapitel: Eingliederungshilfe für behinderte Menschen 813
§ 53 Leistungsberechtigte und Aufgabe 813
§ 54 Leistungen der Eingliederungshilfe 829
§ 55 Sonderregelung für behinderte Menschen in Einrichtungen 851
§ 56 Hilfe in einer sonstigen Beschäftigungsstätte 855
§ 57 Trägerübergreifendes Persönliches Budget 857
§ 58 Gesamtplan 865
§ 59 Aufgaben des Gesundheitsamtes 869
§ 60 Verordnungsermächtigung 872

Siebtes Kapitel: Hilfe zur Pflege 874
§ 61 Leistungsberechtigte und Leistungen 874
§ 62 Bindung an die Entscheidung der Pflegekasse 914
§ 63 Häusliche Pflege 922
§ 64 Pflegegeld 932
§ 65 Andere Leistungen 945
§ 66 Leistungskonkurrenz 962

Achtes Kapitel: Hilfe zur Überwindung besonderer sozialer Schwierigkeiten 974
§ 67 Leistungsberechtigte 974
§ 68 Umfang der Leistungen 988
§ 69 Verordnungsermächtigung 997

Neuntes Kapitel: Hilfe in anderen Lebenslagen 998
§ 70 Hilfe zur Weiterführung des Haushalts 998
§ 71 Altenhilfe 1005
§ 72 Blindenhilfe 1011
§ 73 Hilfe in sonstigen Lebenslagen 1021
§ 74 Bestattungskosten 1050

Inhaltsverzeichnis

Zehntes Kapitel: Einrichtungen 1073
§ 75 Einrichtungen und Dienste 1073
§ 76 Inhalt der Vereinbarungen 1138
§ 77 Abschluss von Vereinbarungen 1175
§ 78 Außerordentliche Kündigung der Vereinbarungen 1221
§ 79 Rahmenverträge 1235
§ 80 Schiedsstelle 1249
§ 81 Verordnungsermächtigungen 1274

Elftes Kapitel: Einsatz des Einkommens und des Vermögens 1283
Erster Abschnitt: Einkommen 1283
§ 82 Begriff des Einkommens 1283
§ 83 Nach Zweck und Inhalt bestimmte Leistungen 1316
§ 84 Zuwendungen 1326
Zweiter Abschnitt: Einkommensgrenzen für die Leistungen nach dem Fünften bis Neunten Kapitel 1332
§ 85 Einkommensgrenze 1332
§ 86 Abweichender Grundbetrag 1348
§ 87 Einsatz des Einkommens über der Einkommensgrenze 1351
§ 88 Einsatz des Einkommens unter der Einkommensgrenze 1366
§ 89 Einsatz des Einkommens bei mehrfachem Bedarf 1377
Dritter Abschnitt: Vermögen 1382
§ 90 Einzusetzendes Vermögen 1382
§ 91 Darlehen 1423
Vierter Abschnitt: Einschränkung der Anrechnung 1434
§ 92 Anrechnung bei behinderten Menschen 1434
§ 92a Einkommenseinsatz bei Leistungen für Einrichtungen 1450
Fünfter Abschnitt: Verpflichtungen anderer 1457
§ 93 Übergang von Ansprüchen 1457
§ 94 Übergang von Ansprüchen gegen einen nach bürgerlichem Recht Unterhaltspflichtigen 1507
§ 95 Feststellung der Sozialleistungen 1573
Sechster Abschnitt: Verordnungsermächtigungen 1606
§ 96 Verordnungsermächtigungen 1606

Zwölftes Kapitel: Zuständigkeit der Träger der Sozialhilfe 1610
Erster Abschnitt: Sachliche und örtliche Zuständigkeit 1610
§ 97 Sachliche Zuständigkeit 1610
§ 98 Örtliche Zuständigkeit 1621
§ 99 Vorbehalt abweichender Durchführung 1636
Zweiter Abschnitt: Sonderbestimmungen 1642
§ 100 *(weggefallen)* 1642
§ 101 Behördenbestimmung und Stadtstaaten-Klausel 1643

Dreizehntes Kapitel: Kosten 1644
Erster Abschnitt: Kostenersatz 1644
§ 102 Kostenersatz durch Erben 1644
§ 103 Kostenersatz bei schuldhaftem Verhalten 1663
§ 104 Kostenersatz für zu Unrecht erbrachte Leistungen 1681
§ 105 Kostenersatz bei Doppelleistungen, nicht erstattungsfähige Unterkunftskosten 1692
Zweiter Abschnitt: Kostenerstattung zwischen den Trägern der Sozialhilfe 1703
§ 106 Kostenerstattung bei Aufenthalt in einer Einrichtung 1703
§ 107 Kostenerstattung bei Unterbringung in einer anderen Familie 1738
§ 108 Kostenerstattung bei Einreise aus dem Ausland 1746
§ 109 Ausschluss des gewöhnlichen Aufenthalts 1766
§ 110 Umfang der Kostenerstattung 1771
§ 111 Verjährung 1781
§ 112 Kostenerstattung auf Landesebene 1787
Dritter Abschnitt: Sonstige Regelungen 1792
§ 113 Vorrang der Erstattungsansprüche 1792
§ 114 Ersatzansprüche der Träger der Sozialhilfe nach sonstigen Vorschriften 1798
§ 115 Übergangsregelung für die Kostenerstattung bei Einreise aus dem Ausland 1805

Vierzehntes Kapitel: Verfahrensbestimmungen 1810
§ 116 Beteiligung sozial erfahrener Dritter 1810
§ 116a Rücknahme von Verwaltungsakten 1817
§ 117 Pflicht zur Auskunft 1829
§ 118 Überprüfung, Verwaltungshilfe 1842
§ 119 Wissenschaftliche Forschung im Auftrag des Bundes 1857
§ 120 Verordnungsermächtigung 1863

Fünfzehntes Kapitel: Statistik 1866
Erster Abschnitt: Bundesstatistik für das Dritte und Fünfte bis Neunte Kapitel *(zukünftig)* 1866
§ 121 Bundesstatistik 1866
§ 121 Bundesstatistik für das Dritte und Fünfte bis Neunte Kapitel *(zukünftig)* 1866
§ 122 Erhebungsmerkmale 1871
§ 122 Erhebungsmerkmale *(zukünftig)* 1872
§ 123 Hilfsmerkmale 1877
§ 123 Hilfsmerkmale *(zukünftig)* 1877
§ 124 Periodizität, Berichtszeitraum und Berichtszeitpunkte 1880
§ 124 Periodizität, Berichtszeitraum und Berichtszeitpunkte *(zukünftig)* 1880
§ 125 Auskunftspflicht 1883
§ 125 Auskunftspflicht *(zukünftig)* 1883
§ 126 Übermittlung, Veröffentlichung 1886
§ 126 Übermittlung, Veröffentlichung *(zukünftig)* 1886
§ 127 Übermittlung an Kommunen 1890
§ 128 Zusatzerhebungen 1892
§ 128 Zusatzerhebungen *(zukünftig)* 1892

Inhaltsverzeichnis

Zweiter Abschnitt: Bundesstatistik für das Vierte Kapitel *(zukünftig)* 1894
§ 128a Bundesstatistik für das Vierte Kapitel *(zukünftig)* 1894
§ 128b Persönliche Merkmale *(zukünftig)* 1897
§ 128c Art und Höhe der Bedarfe *(zukünftig)* 1900
§ 128d Art und Höhe der angerechneten Einkommen *(zukünftig)* 1903
§ 128e Hilfsmerkmale *(zukünftig)* 1905
§ 128f Periodizität, Berichtszeitraum und Berichtszeitpunkte *(zukünftig)* 1907
§ 128g Auskunftspflicht *(zukünftig)* 1909
§ 128h Datenübermittlung, Veröffentlichung *(zukünftig)* 1911
Dritter Abschnitt: Verordnungsermächtigung *(zukünftig)* 1917
§ 129 Verordnungsermächtigung 1917
§ 129 Verordnungsermächtigung *(zukünftig)* 1917

Sechzehntes Kapitel: Übergangs- und Schlussbestimmungen 1920
§ 130 Übergangsregelung für ambulant Betreute 1920
§ 131 Übergangsregelung für die Statistik über Einnahmen und Ausgaben nach dem Vierten Kapitel i.d.F. v. 20.12.2012 1924
§ 131 Übergangsregelung aus Erbringung von Leistungen für Bildung und Teilhabe i.d.F. v. 20.06.2011 1926
§ 132 Übergangsregelung zur Sozialhilfegewährung für Deutsche im Ausland 1935
§ 133 Übergangsregelung für besondere Hilfen an Deutsche nach Artikel 116 Abs. 1 des Grundgesetzes 1943
§ 133a Übergangsregelung für Hilfeempfänger in Einrichtungen 1948
§ 133b *(weggefallen)* 1953
§ 134 Übergangsregelung für die Fortschreibung der Regelbedarfsstufen 4 bis 6 1954
§ 135 Übergangsregelung aus Anlass des Zweiten Rechtsbereinigungsgesetzes 1957
§ 136 Übergangsregelung für Nachweise in den Jahren 2013 und 2014 1959
§ 137 Übergangsregelung aus Anlass des Gesetzes zur Ermittlung von Regelbedarfen und zur Änderung des Zweiten und Zwölften Buches Sozialgesetzbuch 1962
§ 138 Fortschreibung der Regelbedarfsstufen zum 1. Januar 2012 1965

Asylbewerberleistungsgesetz

§ 1 Leistungsberechtigte 1968
§ 1a Anspruchseinschränkung 2001
§ 2 Leistungen in besonderen Fällen 2025
§ 3 Grundleistungen 2068
§ 4 Leistungen bei Krankheit, Schwangerschaft und Geburt 2102
§ 5 Arbeitsgelegenheiten 2117
§ 6 Sonstige Leistungen 2133
§ 7 Einkommen und Vermögen 2157
§ 7a Sicherheitsleistung 2175
§ 7b Erstattung 2181

§ 8 Leistungen bei Verpflichtung Dritter 2184
§ 8a Meldepflicht..2190
§ 9 Verhältnis zu anderen Vorschriften 2193
§ 10 Bestimmungen durch Landesregierungen 2202
§ 10a Örtliche Zuständigkeit 2210
§ 10b Kostenerstattung zwischen den Leistungsträgern 2221
§ 11 Ergänzende Bestimmungen 2224
§ 12 Asylbewerberleistungsstatistik 2230
§ 13 Bußgeldvorschrift 2235

Gesetz zur Ermittlung der Regelbedarfe nach § 28 des Zwölften Buches Sozialgesetzbuch
Regelbedarfs-Ermittlungsgesetz

§ 1 Grundsatz..2238
§ 2 Bestimmung der Referenzhaushalte 2243
§ 3 Abgrenzung der Referenzhaushalte 2247
§ 4 Abgrenzung untere Einkommensschichten 2256
§ 5 Regelbedarfsrelevante Verbrauchsausgaben der Einpersonenhaushalte...............2261
§ 6 Regelbedarfsrelevante Verbrauchsausgaben der Familienhaushalte....................2270
§ 7 Fortschreibung der regelbedarfsrelevanten Verbrauchsausgaben 2279
§ 8 Regelbedarfsstufen 2285
§ 9 Eigenanteil für die gemeinschaftliche Mittagsverpflegung..................................2292
§ 10 Weiterentwicklung der Regelbedarfs-Ermittlung..2295

Verordnung nach § 60 des Zwölften Buches Sozialgesetzbuch
Eingliederungshilfe-Verordnung

Abschnitt I: Personenkreis..2303
§ 1 Körperlich wesentlich behinderte Menschen 2303
§ 2 Geistig wesentlich behinderte Menschen 2308
§ 3 Seelisch wesentlich behinderte Menschen 2310
§§ 4 und 5 *(weggefallen)* 2312
Abschnitt II: Leistungen der Eingliederungshilfe 2313
§ 6 Rehabilitationssport 2313
§ 7 *(weggefallen)* 2315
§ 8 Hilfe zur Beschaffung eines Kraftfahrzeuges 2316
§ 9 Andere Hilfsmittel 2319
§ 10 Umfang der Versorgung mit Körperersatzstücken, orthopädischen oder anderen Hilfsmitteln 2323
§ 11 *(weggefallen)* 2326
§ 12 Schulbildung 2327
§ 13 Schulische Ausbildung für einen Beruf 2330
§ 13a Ausbildung für eine sonstige angemessene Tätigkeit 2333
§§ 14 und 15 *(weggefallen)* 2335

Inhaltsverzeichnis

§ 16 Allgemeine Ausbildung 2336
§ 17 Eingliederung in das Arbeitsleben 2338
§§ 18 und 19 *(weggefallen)* 2340
§ 20 Anleitung von Betreuungspersonen 2341
§ 21 *(weggefallen)* 2342
§ 22 Kosten der Begleitpersonen 2343
§ 23 Eingliederungsmaßnahmen im Ausland 2344
§ 24 Anhörung von Sachverständigen 2346
Abschnitt III 2347
§ 25 *(weggefallen)* 2347
Anhang EV *(weggefallen)* 2348

Verordnung zur Durchführung der Hilfe zur Überwindung besonderer sozialer Schwierigkeiten

§ 1 Persönliche Voraussetzungen 2349
§ 2 Art und Umfang der Maßnahmen 2352
§ 3 Beratung und persönliche Unterstützung 2354
§ 4 Erhaltung und Beschaffung einer Wohnung 2356
§ 5 Ausbildung, Erlangung und Sicherung eines Arbeitsplatzes 2358
§ 6 Hilfe zum Aufbau und zur Aufrechterhaltung sozialer Beziehungen und zur Gestaltung des Alltags 2360
§ 7 Inkrafttreten, Außerkrafttreten 2362

Verordnung zur Durchführung des § 82 des Zwölften Buches Sozialgesetzbuch

§ 1 Einkommen 2363
§ 2 Bewertung von Sachbezügen 2365
§ 3 Einkünfte aus nichtselbständiger Arbeit 2368
§ 4 Einkünfte aus Land- und Forstwirtschaft, Gewerbebetrieb und selbständiger Arbeit 2374
§ 5 Sondervorschrift für die Einkünfte aus Land- und Forstwirtschaft 2378
§ 6 Einkünfte aus Kapitalvermögen 2380
§ 7 Einkünfte aus Vermietung und Verpachtung 2382
§ 8 Andere Einkünfte 2387
§ 9 Einkommensberechnung in besonderen Fällen 2389
§ 10 Verlustausgleich 2392
§ 11 Maßgebender Zeitraum 2394
§ 12 Ausgaben nach § 82 Abs. 2 Nr. 1 bis 3 des Zwölften Buches Sozialgesetzbuch 2396
§ 13 *(weggefallen)* 2398
§ 14 Inkrafttreten 2399
Anhang EV *(weggefallen)* 2400

Inhaltsverzeichnis

Anhang 1 - Verordnung zur Durchführung des § 90 Abs. 2 Nr. 9 des Zwölften Buches
Sozialgesetzbuch - Barbeträge-Verordnung 2401

Anhang 2 - Verordnung zur Früherkennung und Frühförderung behinderter und von
Behinderung bedrohter Kinde - Frühförderungsverordnung 2403

Anhang 3 - Verordnung über Kraftfahrzeughilfe zur beruflichen Rehabilitation -
Kraftfahrzeughilfe-Verordnung 2406

Anhang 4 - Werkstättenverordnung 2411

Stichwortverzeichnis 2421

Abkürzungsverzeichnis

a.A.	anderer Ansicht
a.a.O.	am angegebenen Ort
a.E.	am Ende
a.F.	alte Fassung
a.M.	anderer Meinung
Abb.	Abbildung
ABl.	Amtsblatt
ABl.EG	Amtsblatt der Europäischen Gemeinschaften
ABl.EU	Amtsblatt der Europäischen Union
Abs.	Absatz
abw.	abweichend
AEUV	Vertrag über die Arbeitsweise der Europäischen Union
AFG	Arbeitsförderungsgesetz
AG	Aktiengesellschaft
AG	Amtsgericht
AGB	Allgemeine Geschäftsbedingungen
AGG	Allgemeines Gleichbehandlungsgesetz
ALG	Arbeitslosengeld
AlgIIV	Verordnung zur Berechnung von Einkommen sowie zur Nichtberücksichtigung von Einkommen und Vermögen beim Arbeitslosengeld II/Sozialgeld
AlhiV	Arbeitslosenhilfe-Verordnung
allg.	allgemein
Alt.	Alternative
AltZertG	Gesetz über die Zertifizierung von Altersvorsorge- und Basisrentenverträgen
Anm.	Anmerkung
AO	Abgabenordnung
ArbG	Arbeitsgericht
ArbSchG	Gesetz über die Durchführung von Maßnahmen des Arbeitsschutzes zur Verbesserung der Sicherheit und des Gesundheitsschutzes der Beschäftigten bei der Arbeit
arg.	argumentum
Art.	Artikel
ASR	Anwalt/Anwältin im Sozialrecht (Zeitschrift)
AsylbLG	Asylbewerberleistungsgesetz
AsylVfG	Asylverfahrensgesetz
AufenthG	„Gesetz über den Aufenthalt, die Erwerbstätigkeit und die Integration von Ausländern im Bundesgebiet"
AufenthV	Aufenthaltsverordnung
Aufl.	Auflage
AÜG	Gesetz zur Regelung der gewerbsmäßigen Arbeitnehmerüberlassung*(Arbeitnehmerüberlassungsgesetz - AÜG)
AuslG	Gesetz über die Einreise und den Aufenthalt von Ausländern im Bundesgebiet
AVG	Angestelltenversicherungsgesetz
AVmG	Gesetz zur Reform der gesetzlichen Rentenversicherung und zur Förderung eines kapitalgedeckten Altersvorsorgevermögens
Az.	Aktenzeichen
BA	Bundesagentur für Arbeit
BBauG	Baugesetzbuch
BBG	Bundesbeamtengesetz
Bd.	Band

Abkürzungsverzeichnis

Bde.	Bände
BDSG	Bundesdatenschutzgesetz
BeamtVG	Gesetz über die Versorgung der Beamten und Richter des Bundes
bearb.	bearbeitet
Bearb.	Bearbeitung, Bearbeiter
BEEG	Gesetz zum Elterngeld und zur Elternzeit
BEG	Bundesgesetz zur Entschädigung für Opfer der nationalsozialistischen Verfolgung
Begr.	Begründung
Beih.	Beiheft
Beil.	Beilage
Bek.	Bekanntmachung
Bem.	Bemerkung
ber.	berichtigt
BeratungsG	Gesetz zur Vermeidung und Bewältigung von Schwangerschaftskonflikten
BerRehaG	Gesetz über den Ausgleich beruflicher Benachteiligungen für Opfer politischer Verfolgung im Beitrittsgebiet
BErzGG	Gesetz zum Erziehungsgeld und zur Elternzeit
bes.	besonders
BeschV	Verordnung über die Zulassung von neueinreisenden Ausländern zur Ausübung einer Beschäftigung
BeschVerfV	Verordnung über das Verfahren und die Zulassung von im Inland lebenden Ausländern zur Ausübung einer Beschäftigung
bespr.	besprochen
bestr.	bestritten
betr.	betreffend
BFH	Bundesfinanzhof
BFHE	Amtliche Sammlung der Entscheidungen des Bundesfinanzhofs
BG	Berufsgenossenschaft
BGB	Bürgerliches Gesetzbuch
BGBEG	Einführungsgesetz zum Bürgerlichen Gesetzbuche
BGH	Bundesgerichtshof
BGHZ	Entscheidungen des Bundesgerichtshofs in Zivilsachen
BGSG	Gesetz über die Bundespolizei
BKGG	Bundeskindergeldgesetz
BKV	Berufskrankheiten-Verordnung
Bl.	Blatt
BMAS	Bundesministerium für Arbeit und Soziales
BMBF	Bundesministerium für Bildung und Forschung
BMEL	Bundesministerium für Ernährung und Landwirtschaft
BMF	Bundesministerium der Finanzen
BMG	Bundesministerium für Gesundheit
BMI	Bundesministerium des Inneren
BMJV	Bundesministerium der Justiz und für Verbraucherschutz
BMWi	Bundesministerium für Wirtschaft und Energie
BR	Bundesrat
BR-Drs.	Bundesratsdrucksache
Breith	Breithaupt, Sammlung von Entscheidungen der Sozialversicherung, Versorgung und Arbeitslosenversicherung
BSeuchG	Gesetz zur Verhütung und Bekämpfung übertragbarer Krankheiten beim Menschen
BSG	Bundessozialgericht
BSGE	Amtliche Sammlung der Entscheidungen des Bundessozialgerichts
BSHG	Bundessozialhilfegesetz
bspw.	beispielsweise

Abkürzungsverzeichnis

BStatG	Gesetz über die Statistik für Bundeszwecke
BT	Bundestag
BT-Drs.	Bundestagsdrucksache
BtMG	Gesetz über den Verkehr mit Betäubungsmitteln
Buchst.	Buchstabe
BudgetV	Verordnung zur Durchführung des § 17 Abs. 2 bis 4 des Neunten Buches Sozialgesetzbuch
BVerfG	Bundesverfassungsgericht
BVerfGE	Amtliche Sammlung der Entscheidungen des Bundesverfassungsgerichts
BVerwG	Bundesverwaltungsgericht
BVerwGE	Amtliche Sammlung der Entscheidungen des Bundesverwaltungsgerichts
BVFG	Gesetz über die Angelegenheiten der Vertriebenen und Flüchtlinge
BVG	Gesetz über die Versorgung der Opfer des Krieges
bzw.	beziehungsweise
c.i.c.	culpa in contrahendo
ca.	circa
CISG	Convention on Contracts for the International Sale of Goods
ContStifG	Gesetz über die Conterganstiftung für behinderte Menschen
d.h.	das heißt
ders.	derselbe
dgl.	dergleichen, desgleichen
dies.	dieselbe
Diss.	Dissertation
DÖV	Die öffentliche Verwaltung (Zeitschrift)
DRV	Deutsche Rentenversicherung (Zeitschrift)
DRV - Bund	Deutsche Rentenversicherung Bund (ggf. mit anderer regionaler Bezeichnung)
DSRV	Datenstelle der Träger der Rentenversicherung
DV	Deutscher Verein für öffentliche und private Fürsorge
DVBL	Deutsches Verwaltungsblatt (Zeitschrift)
DVO	Durchführungsverordnung
DVO§69SGBXII	„Verordnung zur Durchführung der Hilfe zur Überwindung besonderer sozialer Schwierigkeiten (zu § 69 SGB XII); jurisABK: BSHG§72DV 2001"
DVO§82SGBXII	„Verordnung zur Durchführung des § 82 des Zwölften Buches Sozialgesetzbuch; jurisABK: BSHG§76DV"
DVO§90SGBXII	„Verordnung zur Durchführung des § 90 Abs. 2 Nr. 9 des Zwölften Buches Sozialgesetzbuch; jurisABK: BSHG§88Abs2DV 1988"
e.V.	eingetragener Verein
ebd.	ebenda
EG	Europäische Gemeinschaft
EGV	Vertrag zur Gründung der Europäischen Gemeinschaft
EigZulG	Eigenheimzulagengesetz
Einf.	Einführung
EinglHV	Verordnung nach § 60 des Zwölften Buches Sozialgesetzbuch - Eingliederungshilfe-Verordnung
EinigungsStVV	Verordnung zur Regelung der Grundsätze des Verfahrens für die Arbeit der Einigungsstellen nach dem Zweiten Buch Sozialgesetzbuch
Einl.	Einleitung
einschl.	einschließlich
Entsch.	Entscheidung
EntschRG	Entschädigungsrentengesetz
entspr.	entsprechend
EStDV	Einkommensteuer-Durchführungsverordnung

Abkürzungsverzeichnis

EStG	Einkommensteuergesetz
etc.	et cetera
EU	Europäische Union
EuGH	Gerichtshof der Europäischen Gemeinschaften / Gerichtshof der Europäischen Union / Europäischer Gerichtshof
EuGHE	Sammlung der Rechtsprechung des Gerichtshofs der Europäischen Gemeinschaften / der Europäischen Union
EuGRZ	Europäische Grundrechte Zeitschrift (Zeitschrift)
EuZW	Europäische Zeitschrift für Wirtschaftsrecht (Zeitschrift)
evtl.	eventuell
EWR	Europäischer Wirtschaftsraum
f.	folgende
FamFG	Gesetz über das Verfahren in Familiensachen und in Sachen der freiwilligen Gerichtsbarkeit
FamRZ	Zeitschrift für das gesamte Familienrecht
FEVS	Fürsorgerechtliche Entscheidungen der Verwaltungs- und Sozialgerichte
ff.	fortfolgend
FG	Finanzgericht
Fn.	Fußnote
FS	Festschrift
FStrG	Bundesfernstraßengesetz
GBO	Grundbuchordnung
GbR	Gesellschaft bürgerlichen Rechts
gem.	gemäß
GewO	Gewerbeordnung
GG	Grundgesetz für die Bundesrepublik Deutschland
ggf.	gegebenenfalls
GKG	Gerichtskostengesetz
GKV	Gesetzliche Krankenversicherung
GmbH	Gesellschaft mit beschränkter Haftung
GMBl	Gemeinsames Ministerialblatt
GoA	Geschäftsführung ohne Auftrag
grds.	grundsätzlich
GSiG	Gesetz über eine bedarfsorientierte Grundsicherung im Alter und bei Erwerbsminderung
GVG	Gerichtsverfassungsgesetz
h.L.	herrschende Lehre
h.M.	herrschende Meinung
HAuslG	Gesetz über die Rechtsstellung heimatloser Ausländer im Bundesgebiet
HBegleitG	Gesetz über Maßnahmen zur Entlastung der öffentlichen Haushalte und zur Stabilisierung der Finanzentwicklung in der Rentenversicherung sowie über die Verlängerung der Investitionshilfeabgabe
HeimG	Heimgesetz
HGB	Handelsgesetzbuch
HHG	Häftlingshilfegesetz
Hrsg.	Herausgeber
hrsg.	herausgegeben
HS	Halbsatz
i.A.	im Allgemeinen
i.d.F.	in der Fassung
i.d.R.	in der Regel
i.E.	im Einzelnen
i.e.S.	im engeren Sinne
i.S.d.	im Sinne des
i.S.v.	im Sinne von

i.V.m.	in Verbindung mit
IfSG	Gesetz zur Verhütung und Bekämpfung von Infektionskrankheiten beim Menschen
InsO	Insolvenzordnung
JArbSchG	Gesetz zum Schutz der arbeitenden Jugend
JGG	Jugendgerichtsgesetz
Jh.	Jahrhundert
JMStV	Jugendmedienschutz-Staatsvertrag
jurisPK	juris PraxisKommentar
jurisPR	juris PraxisReport
JWG	Gesetz für Jugendwohlfahrt
Kap.	Kapitel
KassKomm	Kasseler Kommentar zum Sozialversicherungsrecht
KfzHV	Verordnung über Kraftfahrzeughilfe zur beruflichen Rehabilitation
KG	Kammergericht
KHEntgG	Gesetz über die Entgelte für voll- und teilstationäre Krankenhausleistungen
KHG	Gesetz zur wirtschaftlichen Sicherung der Krankenhäuser und zur Regelung der Krankenhauspflegesätze
KonsG	Gesetz über die Konsularbeamten, ihre Aufgaben und Befugnisse
KostenbeitragsV	Verordnung zur Festsetzung der Kostenbeiträge für Leistungen und vorläufige Maßnahmen in der Kinder- und Jugendhilfe
krit.	kritisch
KrV	Kranken- und Pflegeversicherung (Zeitschrift)
KV	Kassenärztliche Vereinigung
KV	Krankenversicherung
KVLG	Gesetz zur Weiterentwicklung des Rechts der gesetzlichen Krankenversicherung
KZV	Kassenzahnärztliche Vereinigung
LAG	Gesetz über den Lastenausgleich* (Lastenausgleichsgesetz - LAG -)
LG	Landgericht
Lit.	Literatur
lit.	litera (Buchstabe)
LKV	Landwirtschaftliche Krankenversicherung
LPartG	Gesetz über die Eingetragene Lebenspartnerschaft
LPK	Lehr- und Praxiskommentar
LSG	Landessozialgericht
m.N.	mit Nachweisen
m.w.N.	mit weiteren Nachweisen
MdE	Minderungs der Erwerbsfähigkeit
MDK	Medizinscher Dienst der Krankenkassen
MDR	Monatsschrift des deutschen Rechts (Zeitschrift)
MDStV	Mediendienste-Staatsvertrag
n.F.	neue Fassung
nachf.	nachfolgend
Nachw.	Nachweis
NDV	Nachrichtendienst des Deutschen Vereins für öffentliche und private Fürsorge (Zeitschrift)
NDV-RD	Rechtsprechungsdienst der Zeitschrift NDV
Neubearb.	Neubearbeitung
NJW	Neue Juristische Wochenschrift (Zeitschrift)
NotAufnG	Gesetz über die Aufnahme von Deutschen in das Bundesgebiet
Nr.	Nummer
NVwZ	Neue Zeitschrift für Verwaltungsrecht (Zeitschrift)
NZA	Neue Zeitschrift für Arbeitsrecht (Zeitschrift)
NZS	Neue Zeitschrift für Sozialrecht (Zeitschrift)

Abkürzungsverzeichnis

OEG	Gesetz über die Entschädigung für Opfer von Gewalttaten
OHG	Offene Handelsgesellschaft
OLG	Oberlandesgericht
OVG	Oberverwaltungsgericht
OWiG	Gesetz über Ordnungswidrigkeiten
pfl.	pflichtig
PflegeVG	Gesetz zur sozialen Absicherung des Risikos der Pflegebedürftigkeit
PflV	Pflegeversicherung
PKH	Prozesskostenhilfe
PKV	Private Krankenversicherung
PNG	Gesetz zur Neuausrichtung der Pflegeversicherung - Pflege-Neuordnungsgesetz
PostRDV	Verordnung über die Wahrnehmung von Aufgaben der Träger der Rentenversicherung und anderer Sozialversicherungsträger durch den Renten Service der Deutschen Post AG
RBEG	Gesetz zur Ermittlung der Regelbedarfe nach § 28 des Zwölften Buches Sozialgesetzbuch - Regelbedarfs-Ermittlungsgesetz
RBSFV	Verordnung zur Fortschreibung der Regelbedarfsstufen nach § 138 Nummer 2 des Zwölften Buches Sozialgesetzbuch für das Jahr 2012
RDG	Gesetz über außergerichtliche Rechtsdienstleistungen
RDV	Recht der Datenverarbeitung (Zeitschrift)
RL	Richtlinie
Rn.	Randnummer
Rs.	Rechtssache
Rspr.	Rechtsprechung
RStV	Rundfunkstaatsvertrag
RSV	Verordnung zur Durchführung des § 28 des Zwölften Buches Sozialgesetzbuch - Regelsatzverordnung
RuStAG	Reichs- und Staatsangehörigkeitsgesetz
RV	Rentenversicherung
RVO	Reichsversicherungsordnung
Rz.	Randzahl
S.	Satz
S.	Seite
s.	siehe
SAR	Sozialhilfe- und AsylbewerberleistungsRecht
SBG	Soldatenbeteiligungsgesetz
SchwarzArbG	Gesetz zur Bekämpfung der Schwarzarbeit und illegalen Beschäftigung
SchwbAwV	Schwerbehindertenausweisverordnung
SchwbG	Gesetz zur Sicherung der Eingliederung Schwerbehinderter in Arbeit, Beruf und Gesellschaft
SchwbWV	Werkstättenverordnung
SchwHG	Gesetz zur Hilfe für Frauen bei Schwangerschaftsabbrüchen in besonderen Fällen
SDSRV	Schriftenreihe des Deutschen Sozialrechtsverbandes
SG	Gesetz über die Rechtsstellung der Soldaten
SG	Sozialgericht
SGb	Die Sozialgerichtsbarkeit (Zeitschrift)
SGB	Sozialgesetzbuch
SGB I	Sozialgesetzbuch Erstes Buch - Allgemeiner Teil
SGB II	Sozialgesetzbuch Zweites Buch - Grundsicherung für Arbeitsuchende
SGB III	Sozialgesetzbuch Drittes Buch - Arbeitsförderung
SGB IV	Sozialgesetzbuch Viertes Buch - Gemeinsame Vorschriften für die Sozialversicherung
SGB V	Sozialgesetzbuch Fünftes Buch - Gesetzliche Krankenversicherung
SGB VI	Sozialgesetzbuch Sechstes Buch - Gesetzliche Rentenversicherung -

SGB VII	Sozialgesetzbuch Siebtes Buch - Gesetzliche Unfallversicherung
SGB VIII	Sozialgesetzbuch Achtes Buch - Kinder- und Jugendhilfe
SGB IX	Sozialgesetzbuch Neuntes Buch - Rehabilitation und Teilhabe behinderter Menschen
SGB X	Sozialgesetzbuch Zehntes Buch - Sozialverwaltungsverfahren und Sozialdatenschutz
SGB XI	Sozialgesetzbuch Elftes Buch - Soziale Pflegeversicherung
SGB XII	Sozialgesetzbuch Zwölftes Buch - Sozialhilfe
SGG	Sozialgerichtsgesetz
SHR	Sozialhilferichtlinien
sog.	so genannt
SozhiDAV	Verordnung zur Durchführung des § 118 Abs. 1 und 2 des Zwölften Buches Sozialgesetzbuch
SozhiEinOG	Gesetz zur Einordnung des Sozialhilferechts in das Sozialgesetzbuch
SozR	Sozialrecht, Entscheidungssammlung, bearbeitet von den Richtern des Bundessozialgerichts
SozSich	Soziale Sicherheit (Zeitschrift)
st. Rspr.	ständige Rechtsprechung
StAG	Staatsangehörigkeitsgesetz
StGB	Strafgesetzbuch
StPO	Strafprozeßordnung
str.	streitig
StrRehaG	Strafrechtliches Rehabilitierungsgesetz
StVO	Straßenverkehrs-Ordnung
StVollzG	Gesetz über den Vollzug der Freiheitsstrafe und der freiheitsentziehenden Maßregeln der Besserung und Sicherung
SvEV	Verordnung über die sozialversicherungsrechtliche Beurteilung von Zuwendungen des Arbeitgebers als Arbeitsentgelt
SVG	Gesetz über die Versorgung für die ehemaligen Soldaten der Bundeswehr und ihre Hinterbliebenen
teilw.	teilweise
TPG	Gesetz über die Spende, Entnahme und Übertragung von Organen und Geweben (Transplantationsgesetz)
TVöD	Tarifvertrag für den öffentlichen Dienst
u.a.	unter anderem
u.Ä.	und Ähnliches
u.H.a.	unter Hinweis auf
u.U.	unter Umständen
UhVorschG	Gesetz zur Sicherung des Unterhalts von Kindern allein stehender Mütter und Väter durch Unterhaltsvorschüsse oder -ausfallleistungen
unstr.	unstreitig
USG	Gesetz über die Sicherung des Unterhalts der zum Wehrdienst einberufenen Wehrpflichtigen und ihrer Angehörigen
usw.	und so weiter
UVG	Unterhaltsvorschussgesetz
UZwG	Gesetz über den unmittelbaren Zwang bei Ausübung öffentlicher Gewalt durch Vollzugsbeamte des Bundes
VA	Verwaltungsakt
VAG	Gesetz über die Beaufsichtigung der Versicherungsunternehmen
VDR	Verband Deutscher Rentenversicherungsträger
VerwArch	Verwaltungsarchiv
VG	Verwaltungsgericht
VGH	Verwaltungsgerichtshof
vgl.	vergleiche
VO	Verordnung
Vorbem.	Vorbemerkung

Abkürzungsverzeichnis

VSSR	Vierteljahresschrift für Sozialrecht (Zeitschrift)
VVG	Gesetz über den Versicherungsvertrag
VwGO	Verwaltungsgerichtsordnung
VwRehaG	Verwaltungsrechtliches Rehabilitierungsgesetz
VwVfG	Verwaltungsverfahrensgesetz
VwVG	Verwaltungs-Vollstreckungsgesetz
VwZG	Verwaltungszustellungsgesetz
WBVG	Gesetz zur Regelung von Verträgen über Wohnraum mit Pflege- oder Betreuungsleistungen
WGSVG	Gesetz zur Regelung der Wiedergutmachung nationalsozialistischen Unrechts in der Sozialversicherung
WoGG	Wohngeldgesetz
WoGG 2	Wohngeldgesetz
WoGV	Wohngeldverordnung
WRV	Die Verfassung des Deutschen Reichs - Weimarer Reichsverfassung
WVO	Werkstättenverordnung
z.B.	zum Beispiel
ZAR	Zeitschrift für Ausländerrecht und Ausländerpolitik
ZfF	Zeitschrift für das Fürsorgewesen
ZfSH	Zeitschrift für Sozialhilfe
ZfSH/SGB	Zeitschrift für die Sozialhilfe und Sozialgesetzbuch
Ziff.	Ziffer
zit.	zitiert
ZPO	Zivilprozessordnung
zust.	zuständig, zustimmend
zutr.	zutreffend
ZVG	Gesetz über die Zwangsversteigerung und die Zwangsverwaltung

Literaturverzeichnis

Axer, Normsetzung der Exekutive in der Sozialversicherung, 2000
v. Arnauld/Musil, Strukturfragen des Sozialverfassungsrechts, 2009
Baumbach/Lauterbach/Albers/Hartmann, Zivilprozessordnung, 72. Aufl. 2014
  (zit.: Bearbeiter in: Baumbach/Lauterbach/Albers/Hartmann)
Becker, Bedarfsgerechtigkeit und sozio-kulturelles Existenzminimum, 2006
Becker/Kingreen, SGB V - Gesetzliche Krankenversicherung, 4. Aufl. 2014
Bender/Eicher, Sozialrecht - eine Terra incognita: Festschrift 50 Jahre saarländische Sozialgerichtsbarkeit, 2009 (zit.: Bearbeiter in: Bender/Eicher)
Berlit/Conradis/Sartorius, Existenzsicherungsrecht - SGB II/SGB XII/AsylbLG/Verfahrensrecht, 2. Aufl. 2013
Bieritz-Harder, Menschenwürdig leben, 2001
Bieritz-Harder/Conradis/Thie, SGB XII - Sozialhilfe, 9. Aufl. 2012
  (zit. Bearbeiter in: LPK-SGB XII)
Birk/Brühl/Conradis, Bundessozialhilfegesetz, 6. Aufl. 2003 (zit.: Bearbeiter in: LPK- BSHG)
Brand, SGB III - Arbeitsförderung, 6. Aufl. 2012
Brühl/Hofmann, Gesetz über eine bedarfsorientierte Grundsicherung im Alter und bei Erwerbsminderung, Info-Kommentar für Lehre und Forschung, 2003 (zit.: Bearbeiter in: IK-GSIG)
Buchner/Becker, Mutterschutzgesetz und Bundeselterngeld- und Elternzeitgesetz - MuSchG/BEEG, 8. Aufl. 2008
Buhler-Niederberger/Mierendorff/Lange (Hrsg.), Kindheit zwischen Fürsorglichem Zugriff und Gesellschaftlicher Teilhabe, 2010
Bundesarbeitsgemeinschaft der Freien Wohlfahrtspflege (Hrsg.), 40 Jahre Bundesrepublik Deutschland, 70 Jahre Freie Wohlfahrtspflege, 40 Jahre Wohlfahrtsbriefmarken, 1989
Butzer/Kaltenborn/Meyer, Organisation und Verfahren im sozialen Rechtsstaat - Festschrift für Friedrich E. Schnapp zum 70. Geburtstag, 2008 (zit.: Bearbeiter in: FS Friedrich E. Schnapp)
Calliess/Ruffert, EUV/AEUV, 4. Aufl. 2011
Castendiek, Der sozialversicherungsrechtliche Normsetzungsvertrag, 2000
Classen, Sozialleistungen für MigrantInnen und Flüchtlinge, 2. Aufl. 2008
Classen, Menschenwürde mit Rabatt, 2. Aufl. 2000
Cordewener, Europäische Grundfreiheiten und nationales Steuerrecht, 2002
Cramer, Werkstätten für behinderte Menschen, 5. Aufl. 2009
Cramer/Fuchs/Hirsch/Ritz, SGB IX - Kommentar zum Recht schwerbehinderter Menschen, 6. Aufl. 2011
Dau/Düwell/Joussen (Hrsg.), Sozialgesetzbuch IX - Rehabilitation und Teilhabe behinderter Menschen, 4.Aufl. 2014 (zit. Bearbeiter in: LPK-SGB IX)
Diering/Timme/Waschull, Sozialgesetzbuch X - Sozialverwaltungsverfahren und Sozialdatenschutz, 3. Aufl. 2011 (zit.: Bearbeiter in: LPK - SGB X)
Dreyer/Lamm/Müller, RDG, Rechtsdienstleistungsgesetz mit Einführungsgesetz und Rechtsdienstleistungsverordnung, 2009
Drgala, Die Wirkungslosigkeit des Hilfesystems für Personen mit besonderen sozialen Schwierigkeiten (§§ 67, 68 SGB XII), 2008
Ehlers, Europäische Grundrechte und Grundfreiheiten, 3. Aufl. 2009
Eicher, SGB II - Grundsicherung für Arbeitsuchende, 3. Aufl. 2013
  (zit.: Bearbeiter in: Eicher,
  SGB II)
Eicher/Schlegel, SGB III, ab 1.1.2013: SGB III n.F., - Arbeitsförderungsrecht, Loseblatt
  (zit.: Bearbeiter in: Eicher/Schlegel, SGB III bzw. SGB III n.F.)
Eicher/Spellbrink, SGB II - Grundsicherung für Arbeitsuchende, 2. Aufl. 2008
  (zit.: Bearbeiter in: Eicher/Spellbrink, SGB II)
Erichsen/Ehlers, Allgemeines Verwaltungsrecht, 13. Aufl. 2012
Erman, BGB - Kommentar in 2 Bänden, 13. Aufl. 2011 (zit · Bearbeiter in: Erman, BGB)
Estelmann, Kommentar zum SGB II - Grundsicherung für Arbeitsuchende, Loseblatt
  (zit.: Bearbeiter in: Estelmann)

Literaturverzeichnis

Fahlbusch, 50 Jahre Sozialhilfe - Eine Festschrift, 2012
Fichtner/Wenzel, Kommentar zum SGB XII - Sozialhilfe mit AsylblG, 4. Aufl. 2009
 (zit.: Bearbeiter in: Fichtner/Wenzel)
Frings, Sozialrecht für Zuwanderer, 2008
Fritz/Vormeier, Gemeinschaftskommentar zum Aufenthaltsgesetz, Loseblatt
 (zit.: Bearbeiter in: GK-AufenthG)
Frommann, Sozialhilfe nach Vereinbarung, 2002
Fuchs, Europäisches Sozialrecht, 6.Aufl. 2013
Gagel, SGB II/III, Grundsicherung und Arbeitsförderung, Loseblatt (zit.: Bearbeiter in: Gagel)
Gamperl, Die Absicherung gegen Krankheitskosten durch Sozialhilfe und Gesetzliche Krankenversicherung als Mittel zur Lebensstandardsicherung, 2010
Gerull/Merckens, Erfolgskriterien in der Hilfe für Menschen mit besonderen sozialen Schwierigkeiten, 2012
Giesen, Die Vorgaben des EG-Vertrages für das Internationale Sozialrecht, 1999
Gillich/Nagel (Hrsg.), Von der Armenhilfe zur Wohnungslosenhilfe - und zurück?, 2010
Göhler, Gesetz über Ordnungswidrigkeiten - OWiG, 16. Aufl. 2012
 (zit.: Bearbeiter in: Göhler, OWiG)
Gola/Schomerus, BDSG - Bundesdatenschutzgesetz, 11. Aufl. 2012
 (zit.: Bearbeiter in: Gola/Schomerus)
Goldmann/Schwabe, Praxishandbuch zum Asylbewerberleistungsgesetz, 1. Aufl. 1999
Groth/Luik/Siebel-Huffmann, Das neue Grundsicherungsrecht, 2011
Grube/Wahrendorf, SGB XII - Sozialhilfe, 5. Aufl. 2014 (zit.: Bearbeiter in: Grube/Wahrendorf)
Haarmann, Die Rückforderung von Schenkungen durch den Träger der Sozialhilfe und private Dritte nach Verarmung des Schenkers, 1998
Hailbronner, Die Rechtsstellung der De-facto-Flüchtlinge in den EG-Staaten - Rechtsvergleichung und europäische Harmonisierung, 1993
Hailbronner, Asyl- und Ausländerrecht, 3. Aufl. 2013 (zit.: Bearbeiter in: Hailbronner)
Hauck/Noftz,
 Sozialgesetzbuch I: Allgemeiner Teil
 Sozialgesetzbuch II: Grundsicherung für Arbeitsuchende
 Sozialgesetzbuch III: Arbeitsförderung
 Sozialgesetzbuch VI: Gesetzliche Rentenversicherung
 Sozialgesetzbuch X: Verwaltungsverfahren, Schutz der Sozialdaten, Zusammenarbeit der Leistungsträger und ihre Beziehung zu Dritten
 Sozialgesetzbuch XII: Sozialhilfe
 Loseblatt, (zit.: Bearbeiter in: Hauck/Noftz, SGB)
Haverkate/Huster, Europäisches Sozialrecht, 1999
Hayungs, Die sozialhilferechtliche Stellung sogenannter de facto-Flüchtlinge, 1997
Heder, Sozialhilferechtliche Ansprüche Alleinerziehender und ihrer Kinder, 1999
Hofmann/Hoffmann, Ausländerrecht, 2008 (zit.: Bearbeiter in: HK-AuslR)
Hohm, Gemeinschaftskommentar zum Sozialgesetzbuch - SGB II: Grundsicherung für Arbeitsuchende, Loseblatt (zit.: Bearbeiter in: Hohm, GK-SGB II)
Hohm, Gemeinschaftskommentar zum AsylbLG, Loseblatt (zit.: Bearbeiter in: Hohm, GK-AsylbLG)
Hohmann-Dennhardt/Masuch/Villiger (Hrsg.), Festschrift für Renate Jaeger - Grundrechte und Solidarität, 2011
Horrer, Das Asylbewerberleistungsgesetz, die Verfassung und das Existenzminimum, 2001
Hörmann, Rechtsprobleme des Grundrechts auf Gewährleistung eines menschenwürdigen Existenzminimums, 2013
Huber, Handbuch des Ausländer- und Asylrechts 1995
Jahn, Sozialgesetzbuch für die Praxis, Loseblatt (zit.: Bearbeiter in: Jahn/Jung, SGB XII)
Jarass/Pieroth, GG - Grundgesetz für die Bundesrepublik Deutschland, 12. Aufl. 2012
Joost/Oetker/Paschke, Festschrift für Franz Jürgen Säcker zum 70. Geburtstag, 2011
Jung, SGB VIII - Kinder- und Jugendhilfe, 2. Aufl. 2008 (zit.: Bearbeiter in: Jung)
jurisPK-BGB - Herberger/Martinek/Rüßmann/Weth, juris PraxisKommentar BGB, 6. Aufl. 2012
 (zit.: Bearbeiter in: jurisPK-BGB)

Literaturverzeichnis

jurisPK-FuB - Düwell/Göhle-Sander/Kohte, juris PraxisKommentar Vereinbarkeit von Familie und Beruf, 1. Aufl. 2009 (zit.: Bearbeiter in: jurisPK-FuB)

jurisPK-SGB I - Schlegel/Voelzke, juris PraxisKommentar SGB I, Allgemeiner Teil mit VO (EG) 883/2004, 2. Aufl. 2011 (zit.: Bearbeiter in: jurisPK-SGB I)

jurisPK-SGB II - Schlegel/Voelzke/Radüge, juris PraxisKommentar SGB II, Grundsicherung für Arbeitsuchende, 3. Aufl. 2012 (zit.: Bearbeiter in: jurisPK-SGB II)

jurisPK-SGB III - Schlegel/Voelzke/Schubert, juris Praxiskommentar SGB III, Arbeitsförderung, 2014 (zit.: Bearbeiter in: jurisPK-SGB III)

jurisPK-SGB IV - Schlegel/Voelzke, juris PraxisKommentar SGB IV, Gemeinsame Vorschriften für die Sozialversicherung, 2. Aufl. 2011 (zit.: Bearbeiter in: jurisPK-SGB IV)

jurisPK-SGB V - Schlegel/Voelzke/Engelmann, juris PraxisKommentar SGB V, Gesetzliche Krankenversicherung, 2. Aufl. 2012 (zit.: Bearbeiter in: jurisPK-SGB V)

jurisPK-SGB VI - Schlegel/Voelzke/Skipka/Winkler, juris PraxisKommentar SGB VI, Gesetzliche Rentenversicherung, 2. Aufl. 2013 (zit.: Bearbeiter in: jurisPK-SGB VI)

jurisPK-SGB VII - Schlegel/Voelzke/Brandenburg, juris PraxisKommentar SGB VII, Sozialgesetzbuch Siebtes Buch Gesetzliche Unfallversicherung, 2. Aufl. 2014 (zit.: Bearbeiter in: jurisPK-SGB VII)

jurisPK-SGB IX - Schlegel/Voelzke/Kreitner/Luthe, juris PraxisKommentar SGB IX, Rehabilitation und Teilhabe behinderter Menschen, 2010 (zit. Bearbeiter in: jurisPK-SGB IX)

jurisPK-SGB X - Schlegel/Voelzke/Mutschler/Palsherm, juris PraxisKommentar SGB X, Sozialverwaltungsverfahren und Sozialdatenschutz, 2013 (zit. Bearbeiter in: jurisPK-SGB X)

jurisPK-SGB XI - Schlegel/Voelzke/Hauck, juris PraxisKommentar SGB XI, Soziale Pflegeversicherung, 2013 (zit. Bearbeiter in: jurisPK-SGB XI)

Kasseler Kommentar, Sozialversicherungsrecht, Loseblatt (zit.: Bearbeiter in: KassKomm)

Kenitz, Der sozialhilferechtliche Nachranggrundsatz bei testamentarischen Zuwendungen an ein behindertes Kind, 2012

Klie/Krahmer/Plantholz, Sozialgesetzbuch XI - Soziale Pflegeversicherung, 4. Aufl. 2014 (zit.: Bearbeiter in: LPK-SGB XI)

Knack/Henneke (Hrsg.), Verwaltungsverfahrensgesetz - VwVfG, 10. Aufl. 2014 (zit.: Bearbeiter in: Knack/Henneke, VwVfG)

Knickrehm/Rust, Arbeitsmarktpolitik in der Krise - Festgabe für Prof. Dr. Bieback (zit.: Bearbeiter in: Knickrehm/Rust)

Kopp/Ramsauer, Verwaltungsverfahrensgesetz - VwVfG, 14. Aufl. 2013

Kopp/Schenke, Verwaltungsgerichtsordnung, 19. Aufl. 2013 (zit.: Bearbeiter in: Kopp/Schenke)

Köbl/Brünner, Die Vergütung von Einrichtungen und Diensten nach SGB XI und BSHG, 2001

Könemann, Der verfassungsunmittelbare Anspruch auf das Existenzminimum, 2005

Krahmer/Trenk-Hinterberger, Sozialgesetzbuch I - Allgemeiner Teil, 3. Aufl. 2014 (zit.: Bearbeiter in: LPK-SGB I)

Krahmer/Manns, Hilfe zur Pflege nach dem SGB XII, 5. Aufl. 2010

Krauskopf, Soziale Krankenversicherung - Pflegeversicherung, Loseblatt (zit.: Bearbeiter in: Krauskopf)

Kreikebohm/Spellbrink/Waltermann, Kommentar zum Sozialrecht, 3. Aufl. 2013 (zit.: Bearbeiter in: Kreikebohm/Spellbrink/Waltermann)

Kreutz/Lachwitz/Trenk-Hinterberger, Die UN-Behindertenrechtskonvention in der Praxis, 2012

Kruse/Reinhard/Winkler/Höfer/Schwengers, SGB XII - Sozialhilfe, 3. Aufl. 2012

Kunkel (Hrsg.), SGB VIII - Kinder- und Jugendhilfe, 5. Aufl. 2014 (zit.: Bearbeiter in: LPK -SGB VIII)

Lachwitz/Schellhorn/Welti, Handkommentar zum Sozialgesetzbuch IX - Rehabilitation und Teilhabe behinderter Menschen, 3. Aufl. 2009 (zit.: Bearbeiter in: HK-SGB IX)

Lambrecht, Der Zugriff des Sozialhilfeträgers auf den erbrechtlichen Erwerb, 2001

Larenz, Methodenlehre der Rechtswissenschaft, 6. Aufl. 1991

Leisner, Existenzsicherung im Öffentlichen Recht, 2007

Linhart/Adolph/Gröschel-Gundermann, SGB II/SGB XII/AsylbLG, Loseblatt (zit.: Bearbeiter in: Linhart/Adolph)

Littig/Mayer, Sozialhilferegress gegenüber Erben und Beschenkten, 1999

Loos, Die Sozialhilfe, der Tod und das Recht, 2004

Literaturverzeichnis

Löns/Herold-Tews, SGB II - Grundsicherung für Arbeitsuchende, 3. Aufl. 2011
(zit.: Bearbeiter in: Löns/Herold-Tews)
Luthe, Optimierende Sozialgestaltung, Bedarf-Wirtschaftlichkeit-Abwägung, 2001
Lüdtke, Sozialgerichtsgesetz, 4. Aufl. 2012
Maydell/Schellhorn, Gemeinschaftskommentar zum Sozialgesetzbuch - Zusammenarbeit der Leistungsträger und ihre Beziehung zu Dritten SGB X, 1984 (zit.: Bearbeiter in: GK SGB X)
Maurer, Allgemeines Verwaltungsrecht, 18. Aufl. 2011
Mergler/Zink, Handbuch der Grundsicherung und Sozialhilfe, Teil II: SGB XII - Sozialhilfe und Asylbewerberleistungsgesetz, Loseblatt (zit.: Bearbeiter in: Mergler/Zink)
Meyer-Ladewig, EMRK - Europäische Menschenrechtskonvention, 3. Aufl. 2011
Meyer-Ladewig/Keller/Leitherer, SGG - Sozialgerichtsgesetz, 10. Aufl. 2012
(zit.: Bearbeiter in: Meyer-Ladewig/Keller/Leitherer)
Mrozynski, SGB I - Sozialgesetzbuch Allgemeiner Teil, 4. Aufl. 2010
Mrozynski, Grundsicherung und Sozialhilfe, Praxishandbuch zu SGB II und SGB XII, Loseblatt
Müller, Der Rückgriff gegen Angehörige von Sozialleistungsempfängern, 6. Aufl. 2012
Münder (Hrsg.), Sozialgesetzbuch II - Grundsicherung für Arbeitsuchende, 5. Aufl. 2013
(zit.: Bearbeiter in: LPK - SGB II)
Münder, Die Übernahme sozialer Aufgaben durch freie Träger - ein Fall für die freien Träger? 1994
Münder/Meysen/Trenzcek, Frankfurter Kommentar SGB VIII - Kinder- und Jugendhilfe, 7. Aufl. 2013 (zit.: Bearbeiter in: LPK-SGB VIII)
Münder/Wiesner/Meysen, Kinder- und Jugendhilferecht, 2. Aufl. 2011
Neumann/Pahlen/Majerski-Pahlen, Sozialgesetzbuch IX - Rehabilitation und Teilhabe behinderter Menschen, 12. Aufl. 2010 (zit.: Bearbeiter in: Neumann/Pahlen/Majerski-Pahlen)
Oberbracht, Die Parlamentarisierung des sozialhilferechtlichen Regelsatzes, 1993
Oestreicher, SGB II/SGB XII/AsylblG, Loseblatt (zit.: Bearbeiter in: Oestreicher)
Palandt, Bürgerliches Gesetzbuch - BGB, 73. Aufl. 2014 (zit.: Bearbeiter in: Palandt)
Prölss/Martin, Versicherungsvertragsgesetz - VVG, 28. Aufl. 2010 (zit. Bearbeiter in: Prölss/Martin)
Prütting/Wegen/Weinreich (Hrsg.), BGB Kommentar, 9. Aufl. 2014
(zit.: Bearbeiter in: Prütting/Wegen/Weinreich)
Renn/Schoch/Weber, Grundsicherungsgesetz, Lehr- und Praxiskommentar, 2003
(zit.: Bearbeiter in: LPK-GSiG)
Renner/Bergmann/Dienelt, Ausländerrecht, 10. Aufl. 2013 (zit.: Bearbeiter in: Renner, AuslR)
Riesenhuber, Europäisches Arbeitsrecht, 2009
Riecken, Die Duldung als Verfassungsproblem, 2006
Rosenberg/Schwab, Festschrift für Friedrich Lent, 1957 (zit.: Bearbeiter in: Festschrift Lent)
Rothkegel, Sozialhilferecht, Existenzsicherung - Grundsicherung, 2005
(zit.: Bearbeiter in: Rothkegel)
Rothkegel, Die Strukturprinzipien des Sozialhilferechts, 2000
Rolfs/Giesen/Kreikebohm/Udsching, Beck'scher Online-Kommentar Sozialrecht
(zit.: Bearbeiter in: BeckOK SGB)
Rüthers/Fischer/Birk, Rechtstheorie, 7. Aufl. 2013
Sachs, Grundgesetz, Kommentar, 6. Aufl. 2011 (zit.: Bearbeiter in: Sachs, GG)
Saß/Wittchen/Zaudig, Diagnostisches und Statistisches Manual Psychischer Störungen, 3. Aufl. 2001
Schellhorn, Das Verhältnis von Sozialhilferecht und Unterhaltsrecht am Beispiel der Heranziehung Unterhaltsverpflichteter zu den Sozialhilfeaufwendungen, 1994
Schellhorn/Schellhorn, Kommentar zum Bundessozialhilfegesetz, 16. Aufl. 2002
(zit.: Bearbeiter in: Schellhorn/Schellhorn)
Schellhorn/Schellhorn/Hohm, SGB XII - Sozialhilfe, 18. Aufl. 2011
(zit.: Bearbeiter in: Schellhorn/Schellhorn/Hohm)
Schmidt, Einkommenssteuergesetz - EStG, 33. Aufl. 2014 (zit.: Bearbeiter in: Schmidt, EStG)
Schnapp (Hrsg.), Handbuch des sozialrechtlichen Schiedsverfahrens, 2004
Schoch, Handbuch Barbetrag im Sozialhilferecht, 2. Aufl. 1999
Schütte (Hrsg.), Abschied vom Fürsorgerecht - Von der "Eingliederungshilfe für behinderte Menschen" zum Recht auf soziale Teilhabe, 2011
Schwarze/Becker/Hatje/Schoo, EU-Kommentar, 3. Aufl. 2012
Siebenhaar/Wahrendorf, Sozialrecht im Spannungsfeld von Politik und Praxis, 2010

Sieveking, Statusrechte von Ausländern, 1993
Spellbrink, Das SGB II in der Praxis der Sozialgerichte - Bilanz und Perspektiven, 2010
   (zit.: Bearbeiter in: Spellbrink, Praxis der Sozialgerichte)
Spellbrink/Eicher, Kasseler Handbuch des Arbeitsförderungsrechts, 2003
   (zit.: Bearbeiter in: Spellbrink/Eicher)
Stolleis, Geschichte des Sozialrechts in Deutschland, 1. Aufl. 2003
Stelkens/Bonk/Sachs, Verwaltungsverfahrensgesetz, 8. Aufl. 2014
   (zit.: Bearbeiter in: Stelkens/Bonk/Sachs)
Staudinger, Kommentar zum Bürgerlichen Gesetzbuch, (zit.: Bearbeiter in: Staudinger)
Udsching, SGB XI - Soziale Pflegeversicherung, 3. Aufl. 2010 (zit.: Bearbeiter in: Udsching)
Vollmer, Pflegehandbuch, 1999
Wieser, Ordnungswidrigkeiten bei Bewilligung der Grundsicherung von Arbeitsuchenden und Sozialhilfe SGB II/XII, 2. Aufl. 2010
Wilcken, Pflegebedürftigkeit und Behinderung im Recht der Rehabilitation und Teilhabe und im Recht der Pflege, 2011
Wissing/Umbach, 40 Jahre Landessozialgerichtsbarkeit - Festschrift zum 40-jährigen Bestehen der Sozialgerichtsbarkeit in Rheinland-Pfalz, 1994
   (zit.: Bearbeiter in: 40 Jahre Landessozialgerichtsbarkeit)
v. Wulffen/Krasney (Hrsg.), Festschrift 50 Jahre Bundessozialgericht, 2004
v. Wulffen/Schütze, SGB X - Sozialverwaltungsverfahren und Sozialdatenschutz, 8. Aufl. 2014
   (zit.: Bearbeiter in: v. Wulffen)
Zöller, Zivilprozessordnung, 30. Aufl. 2014 (zit.: Bearbeiter in: Zöller)

Sozialgesetzbuch (SGB) Zwölftes Buch (XII)
- Sozialhilfe -

Artikel 1 des Gesetzes vom 27. Dezember 2003 (BGBl I 2003, 3022), zuletzt geändert durch das Zweite Gesetz zur Änderung des Zwölften Buches Sozialgesetzbuch vom 1. Oktober 2013 (BGBl I 2013, 3733)

Erstes Kapitel: Allgemeine Vorschriften

§ 1 SGB XII Aufgabe der Sozialhilfe

(Fassung vom 27.12.2003, gültig ab 01.01.2005)

¹Aufgabe der Sozialhilfe ist es, den Leistungsberechtigten die Führung eines Lebens zu ermöglichen, das der Würde des Menschen entspricht. ²Die Leistung soll sie so weit wie möglich befähigen, unabhängig von ihr zu leben; darauf haben auch die Leistungsberechtigten nach ihren Kräften hinzuarbeiten. ³Zur Erreichung dieser Ziele haben die Leistungsberechtigten und die Träger der Sozialhilfe im Rahmen ihrer Rechte und Pflichten zusammenzuwirken.

Gliederung

A. Basisinformationen 1	III. Leistungsberechtigte (Satz 1) 11
I. Textgeschichte/Gesetzgebungsmaterialien 1	IV. Menschenwürde (Satz 1) 12
II. Vorgängervorschriften 2	V. Befähigung, unabhängig von Hilfe zu leben
III. Parallelvorschriften 3	(Satz 2 Halbsatz 1) 15
IV. Systematische Zusammenhänge 4	VI. „Hinarbeitenspflicht" des Leistungsberech-
V. Ausgewählte Literaturhinweise 7	tigten (Satz 2 Halbsatz 2) 16
B. Auslegung der Norm 8	VII. Zusammenwirken von Trägern und Leis-
I. Regelungsgehalt und Bedeutung der Norm 8	tungsberechtigten (Satz 3) 18
II. Normzweck 9	

A. Basisinformationen[1]

I. Textgeschichte/Gesetzgebungsmaterialien

§ 1 SGB XII ist mit dem Gesetz zur Einordnung des Sozialhilferechts in das Sozialgesetzbuch vom 27.12.2003[2] zum 01.01.2005 (vgl. Art. 70 Abs. 1 des Gesetzes) in Kraft getreten. Die Norm wurde seither nicht geändert. Die wesentlichen Gesetzgebungsmaterialien finden sich in der Gesetzesbegründung der damaligen Regierungsfraktionen SPD und Bündnis 90/ Die Grünen vom 05.09.2003.[3]   1

II. Vorgängervorschriften

§ 1 Sätze 1 und 2 SGB XII entspricht weitgehend dem bisherigen § 1 Abs. 2 BSHG. § 1 Satz 3 SGB XII hat keine Vorgängervorschrift.   2

III. Parallelvorschriften

§ 1 Satz 1 SGB XII hatte bis 31.12.2010 im SGB II keine Parallelvorschrift. Das SGB II verzichtete zunächst gänzlich auf eine Betonung der Menschenwürde des Leistungsempfängers, vielmehr ist Ziel die Integration in den Arbeitsmarkt. Inzwischen wird in § 1 Satz 2 SGB I, in § 1 Abs. 1 SGB II sowie § 2 Abs. 1 Satz 1 SGB XI ausdrücklich die Menschenwürde in Bezug genommen. Das BVerfG[4] hat deutlich herausgearbeitet, dass es einen unmittelbaren verfassungsrechtlichen Anspruch auf Existenzsicherung aus Art. 1 Abs. 1 GG i.V.m. Art 20 Abs. 1 GG gibt, der allerdings hinreichend in einem transparenten und sachgerechten Verfahren einfachgesetzlich zu regeln ist, so dass jenseits derartiger, diesen Maßstab berücksichtigenden Vorschriften kein unmittelbarer Anspruch aus Art. 1 Abs. 1 GG   3

---

[1] Die Kommentierung basiert auf Ausführungen in der Vorauflage durch *Spellbrink*.
[2] BGBl I 2003, 3022.
[3] BT-Drs. 15/1514.
[4] BVerfG v. 09.02.2010 - 1 BvL 1/09, 1 BvL 3/09, 1 BvL 4/09 - BVerfGE 125, 175-260.

geltend gemacht werden kann[5]. § 1 Satz 2 SGB XII findet mit seiner Betonung der Eigenaktivität des Leitungsberechtigten eine gewisse Entsprechung in § 2 SGB II, der aber wesentlich klarer den Gesichtspunkt des „Forderns" herausarbeitet. Die Einweisungsvorschrift des § 9 SGB I entspricht weitgehend dem Norminhalt des § 1 SGB XII.

IV. Systematische Zusammenhänge

4   Die Sozialhilfe weist besondere systematische Zusammenhänge mit der Grundsicherung für Arbeitsuchende nach dem SGB II auf. Der maßgebliche, die Ausgestaltung der Vorschriften prägende Unterschied ist im persönlichen Anwendungsbereich begründet, aus dem sich Unterschiede in der Aufgabenstellung ergeben. Nach § 1 Abs. 1 SGB II werden Arbeitsuchende gefördert, deren bestimmendes Merkmal in der Erwerbsfähigkeit (§§ 7 Abs. 1 S. 1 Nr. 2, 8 Abs. 1 SGB XII) liegen dürfte. Leistungsberechtigte im Sinne des § 1 Satz 1 SGB XII sind hingegen alle diejenigen, die nach § 19 SGB XII als leistungsberechtigt anzusehen sind, wovon nach § 21 SGB XII Erwerbsfähige und andere nach dem SGB II leistungsberechtigte Personen ausgenommen sind. Während die Sozialhilfe bis 31.12.2004 ein „letztes Netz zur Gewährleistung eines menschenwürdigen Lebens" darstellte[6], steht sie heute „gleichberechtigt" neben den übrigen Existenzsicherungssystemen des SGB II und des AsylbLG, die im Verhältnis zu sämtlichen anderen Leistungsberechtigungen aus den übrigen Sozialgesetzbüchern eine Ergänzungs- und Auffangfunktion erfüllen.[7]

5   § 1 Satz 1 SGB XII steht in einem engen Zusammenhang mit § 9 Abs. 1 SGB XII, nach dem „Sozialhilfe nach den Besonderheiten des Einzelfalls" gewährt wird. Dieser **Individualisierungsgrundsatz** wird noch durch § 27b Abs. 4 SGB XII ergänzt, der eine abweichende Festlegung der Bedarfe ermöglicht, so dass das SGB XII insgesamt von einem individualisierteren Leistungsgeschehen als etwa das (pauschalisierende) SGB II geprägt ist.[8] Die in § 1 Satz 3 SGB XII betonte Kooperation bzw. Koproduktion bei der Leistungserbringung wird in den § 11 und 12 SGB XII aufgenommen. Die Träger treffen danach (sowie in Form der Dienstleistung als eigene Form der Hilfe, § 10 Abs. 1 Nr. 1; Abs. 2 SGB XII) vielfältige Beratungs- und -informationspflichten, mit dem Leistungsberechtigten ist zudem eine Leistungsabsprache gem. § 12 SGB XII zu treffen.

6   Die in § 1 Satz 2 HS. 2 SGB XII deklarierte Pflicht des Leistungsempfängers, auf ein Leben unabhängig von Sozialhilfe hinzuarbeiten, darf ebenso wie die Kooperationspflichten in § 1 Satz 3 SGB XII und den §§ 11, 12 SGB XII nicht mit den allgemeinen Mitwirkungspflichten in den §§ 60 ff. SGB I verwechselt werden. Die Mitwirkungspflichten der §§ 60 ff. SGB I tragen formalen Charakter und betreffen verfahrensrechtliche Fragestellungen. Die §§ 1 Satz 1 HS. 2, Satz 3; 11, 12 SGB XII bleiben für den Leistungsberechtigten weitgehend sanktionslos, wirken jedoch materiell-rechtlich in den jeweiligen Leistungsbereich hinein (vgl. § 39a SGB XII). Eine reine Mitwirkungslyrik[9] stellen diese Vorschriften damit nicht dar. Vielmehr werden hierdurch Obliegenheiten begründet, deren Nichtbeachtung unter Umständen zu Leistungskürzungen führen kann (vgl. dazu die Leistungseinschränkungen nach § 39a SGB XII bei Verstoß gegen aus § 11 SGB XII resultierende Obliegenheiten).

V. Ausgewählte Literaturhinweise

7   *von Arnauld*, Das Existenzminimum, in: *von Arnauld/Musil*, Strukturfragen des Sozialverfassungsrechts, 2009, S. 251; *Berlit*, Zum SGB II – Regelleistungsurteil des Bundesverfassungsgerichts vom 9. Februar 2010, KritJ 2010, 145; *Bieresborn*, Arbeitslosengeld II vor dem BSG: Vereinbarkeit von Regelleistung und Grundgesetz, Sozialrecht aktuell 2007, 88; *Bieritz-Harder*, Menschenwürdig leben, 2001; *Däubler*, Das Verbot der Ausgrenzung einzelner Bevölkerungsgruppen – Existenzminimum und Arbeitslosengeld II, NZS 2005, 225; *Eichenhofer*, Menschenwürde durch den Sozialstaat für alle Menschen?, SGb 2012, 565 ff.; *Frommann*, Warum nicht 627 Euro?, NDV 2004, 246; *Luthe*, Optimierende Sozialgestaltung. Bedarf-Wirtschaftlichkeit-Abwägung, 2001; *Luthe/Dittmar*, Das Existenzminimum der Gegenwart, SGb 2004, 272; *Martinez Soria*, Das Recht auf Sicherung des Existenzminimums, JZ 2005, 644; *Meßling*, Grundrechtsschutz durch Gesetzgebungsverfahren, in: FS für Renate Jäger, 2011, S. 787 ff.; *Mrozynski*, Grundsicherung für Arbeitsuchende, im Alter, bei voller Erwerbsminderung und die Sozialhilfereform, ZfSH/SGB 2004, 198; *Neumann*, Menschenwürde und Existenzmini-

---

[5]   BVerfG v. 18.07.2012 - 1 BvL 10/10, 1 BvL 2/11 - juris Rn. 66 - BVerfGE 132, 134-179.
[6]   *Stölting* in: Eicher (Hrsg.), SGB II 3. Aufl. 2013 § 1 Rn. 5.
[7]   Vgl. *Stölting* in: Eicher (Hrsg.), SGB II 3. Aufl. 2013 § 1 Rn. 5.
[8]   Hierzu bereits *Mrozynski*, ZfSH/SGB 2004, 198.
[9]   So aber *Spellbrink* in: jurisPK-SGB XII, 1. Aufl. 2011, § 1 Rn. 5.

mum, NVwZ 1995, 436; *Neumann*, Das medizinische Existenzminimum zwischen Sozialhilfe und Krankenversicherung, RsDE 68, 2009, S. 1; *Rixen*, Grundrecht auf Existenzminimum, SGb 2010, 227; *Rothkegel*, Ein Danaergeschenk für den Gesetzgeber, zum Urteil des BVerfG vom 9.2.2010, ZFSH/SGB 2010, 135; *Schnapp*, BVerwGE 1, 159: Magna Charta des Anspruchs auf Existenzminimum?, NZS 2010, 136; *Schulz*, Neues zum Grundrecht auf Gewährung des menschenwürdigen Existenzminimums, SGb 2010, 201; *Seiler*, Das Grundrecht auf ein menschenwürdiges Existenzminimum, JZ 2010, 500; *Spellbrink*, Ist Hartz IV bedarfsdeckend? Verfassungsrechtliche Probleme der Regelleistung gemäß § 20 SGB II, ArchsozArb 2008, Nr. 1, 4; *Spellbrink*, Viel Verwirrung um Hartz IV, JZ 2007, 28; *Spellbrink*, Zur Bedeutung der Menschenwürde für das Recht der Sozialleistungen, DVBl 2011, 661 ff.; *Wahrendorf*, BVerfG 9.2.2010: Gibt es ein Grundrecht auf Sicherung des Existenzminimums?, Sozialrecht aktuell 2010, 90; *Wahrendorf*, Bemessung von Regelsatz und Regelleistung zur Sicherung des Existenzminimums, 1. Deutscher Sozialgerichtstag, 2008, S. 103.

B. Auslegung der Norm

I. Regelungsgehalt und Bedeutung der Norm

Die Norm stellt für das gesamte nachfolgende Buch des SGB XII eine Einweisungs-, Auslegungs- und Grundsatznorm dar[10], ohne dass aus ihr konkrete bzw. unmittelbare Rechtsfolgen abgeleitet werden können. Satz 1 wiederholt das in Art 1 Abs. 1 GG enthaltene Prinzip der Menschenwürde. Satz 2 betont die Eigenverantwortung des Leistungsberechtigten, der befähigt werden, aber auch darauf hinarbeiten soll, möglichst unabhängig von Sozialhilfe zu leben. Allerdings erreicht Satz 2 keinesfalls die Intensität der Normierung des Grundsatzes des Forderns im SGB II, ja das Wort „fordern" wird noch nicht einmal verwendet. Satz 3 schließlich erhebt den Gedanken der Kooperation von Leistungsberechtigtem und Trägern der Sozialhilfe zu einem Grundprinzip des SGB XII. 8

II. Normzweck

§ 1 SGB XII normiert selbst **keine Rechtsansprüche** des Leistungsberechtigten gegen die Verwaltung. Aus § 1 Satz 1 SGB XII und dem dort deklaratorisch wiederholten Grundsatz der Menschenwürde können direkt keine konkreten Forderungen auf Leistungen abgeleitet werden. Dies ist nur möglich aufgrund der nachfolgend im Gesetz selbst enumerierten Ansprüche i.V.m. Art. 1 Abs. 1 GG, der nach der nunmehr gefestigten Rechtsprechung des BVerfG[11] i.V.m. dem Sozialstaatsgebot des Art. 20 Abs. 1 GG ein Grundrecht auf Gewährleistung eines menschenwürdigen Existenzminimums einräumt. Auch aus § 1 Satz 2 SGB XII können keine direkten Ansprüche abgeleitet werden. Der Formulierung „so weit wie möglich zu befähigen" dürfte allerdings ein sog. **Optimierungsgebot**[12] innewohnen, welches zumindest mittelbar die Auslegung des Gesetzes (unbestimmte Rechtsbegriffe) und die Ermessenbetätigung steuert. Auf der Sekundärebene sind außerdem Verstöße gegen die solche allgemeinen Grundsätze weiter konkretisierenden Pflichten (wie die Beratungspflichten aus § 11 Abs. 1 SGB XII) geeignet, Ansprüche aus einem sozialrechtlichen Herstellungsanspruch ebenso abzuleiten wie Amtshaftungsansprüche. 9

Ebenso wenig normiert § 1 SGB XII aber auch unmittelbare **Rechtspflichten** des Bürgers. Die Verstöße gegen die „Hinarbeitenspflicht" in § 1 Satz 2 HS. 2 SGB XII sind nicht sanktioniert, insbesondere stellt diese Pflicht kein Tatbestandsmerkmal einer Grundnorm[13] auf Sozialhilfe dar. Ein Entzug der Leistung wegen fehlender Mitarbeit ist daher de lege lata nur über § 66 SGB I möglich, zumal auch § 12 SGB XII keine Sanktionierung bei Verstößen gegen eine Leistungsabsprache vorsieht. Dasselbe gilt für das Kooperationsgebot des § 1 Satz 3 SGB XII. Konkrete Rechte und Pflichten auf Beratung, Unterstützung und Aktivierung enthält § 11 SGB XII. Darüber hinaus hat § 1 Satz 3 SGB XII – wie der gesamte § 1 SGB XII – lediglich die Funktion, abstrakt die Grundwertungen des Gesetzgebers darzulegen. 10

---

[10] Vgl. auch *Wahrendorf* in: Grube/Wahrendorf, SGB XII, 4. Aufl. 2012, § 1 Rn. 1.

[11] BVerfG v. 09.02.2010 - 1 BvL 1/09, 3/09 und 4/09; *Berlit*, KritJ 201, 145; *Rothkegel*, ZfSH/SGB 2010, 135; *Rixen*, SGb 2010, 227; *Schulz*, SGb 2010, 201; *Seiler*, JZ 2010, 500; *Wahrendorf*, Sozialrecht aktuell 2010, 90.

[12] Insbesondere *Luthe* in: Hauck/Noftz, SGB XII, K § 1 Rn. 4 und passim (Stand VI/10). Unklar bleiben aber bei *Luthes* Ausführungen letztlich die rechtlichen Konsequenzen des Optimierungsgebots (vgl. auch Rn. 15).

[13] Zum Problem der Grundnorm im SGB II vgl. *Waibel*, NZS 2005, 512 und zu den Auswirkungen auf die Eingliederungsvereinbarung *Spellbrink*, Sozialrecht aktuell 2006, 52.

III. Leistungsberechtigte (Satz 1)

11 Satz 1 enthält eine klares gesetzgeberisches Bekenntnis zum persönlichen Anwendungsbereich der Vorschriften des SGB XII, wenn „den Leistungsberechtigten" über die Sozialhilfe ein menschenwürdiges Leben ermöglicht werden soll. Trotz der Auslegungsbedürftigkeit des Begriffs des Leistungsberechtigten ist damit der Anwendungsbereich der im SGB XII geregelten Sozialhilfe hinreichend umrissen. Die Leistungsberechtigung selbst ergibt sich grundsätzlich aus der insoweit zusammenfassenden und anspruchsbegründenden (vgl. die Kommentierung zu § 19 SGB XII Rn. 9) Vorschrift des § 19 SGB XII.

IV. Menschenwürde (Satz 1)

12 Zur Frage, was der Rekurs des § 1 Satz 1 SGB XII auf ein „Leben, das der Würde des Menschen entspricht", an rechtlichen und inhaltlichen Konsequenzen hat, liegen umfangreiche inhaltliche Stellungnahmen vor[14], in denen zumeist versucht wird, den Umfang des aus der Menschenwürde abzuleitenden Anspruchs auf Sozialhilfe über § 1 Satz 1 SGB XII in das SGB XII zu integrieren. Seit der Entscheidung des BVerfG zur Verfassungswidrigkeit der Regelleistung des § 20 SGB II[15] ist zwar klargestellt, dass direkt aus Art. 1 Abs. 1 Satz 1 GG ein unmittelbar verfassungsrechtlicher Leistungsanspruch abgeleitet werden kann, konkrete Leistungen betrifft das jedoch nicht[16]. Das Grundrecht auf Gewährleistung eines menschenwürdigen Existenzminimums ergibt sich aus Art. 1 Abs. 1 GG i.V.m. dem Sozialstaatsgebot des Art. 20 Abs. 1 GG.[17] Dieses „neue" Grundrecht hat eine eigenständige Bedeutung, bedarf aber der Konkretisierung und stetigen Aktualisierung durch den Gesetzgeber, dem hierbei ein Gestaltungsspielraum zusteht.[18]

13 Die Sicherung und Garantie der Menschenwürde im SGB XII und auch im SGB II erfolgt also in rechtlicher Hinsicht direkt aus dem unmittelbaren verfassungsrechtlichen Leistungsanspruch, der dann wiederum in konkreten Einzelregelungen wie § 27b SGB XII oder § 35 SGB XII vom Gesetzgeber umgesetzt werden muss. Deshalb ist die (verfassungs-)rechtliche Frage, ob die Leistungen des SGB XII der Gewährleistungsgarantie der Art. 1 Abs. 1 GG i.V.m. Art. 20 Abs. 1 GG entsprechen, jeweils im Rahmen der konkreten Norm und bei der Prüfung des konkreten Inhalts der Norm zu beantworten (etwa bei der Höhe der Regelsätze gem. § 27a SGB XII). § 1 SGB XII hat im Rahmen einer solchen Prüfung kein gesondertes Gewicht, denn es ist nicht sein Ziel, die Garantien des Art. 1 GG zu erweitern und für das Leistungsrecht des SGB XII über Art. 1 GG hinauszugehen. Die bisherige Rechtsprechung des BVerwG zum sog. soziokulturellen Existenzminimum[19] spielt daher ebenso allenfalls bei der Auslegung des § 27a SGB XII eine Rolle.

14 Das BVerfG hat am 09.02.2010 im Übrigen in begrüßenswerter Klarheit betont, dass das neue Grundrecht aus Art. 1 GG das gesamte Existenzminimum durch eine einheitliche Garantie abdeckt, die sowohl die physische Existenz des Menschen, also Nahrung, Kleidung, Hausrat, Unterkunft, Heizung, Hygiene und Gesundheit[20], als auch die Sicherung der Möglichkeit zur Pflege zwischenmenschlicher Beziehungen und zu einem Mindestmaß an Teilhabe am gesellschaftlichen, kulturellen und politischen Leben umfasst, denn der Mensch als Person existiert notwendig in sozialen Bezügen[21]. Dieser Anspruch muss durch Parlamentsgesetz umgesetzt werden. Hierbei kommt dem Gesetzgeber Gestaltungsspielraum bei der Bestimmung des Umfangs der Leistungen zur Sicherung des Existenzminimums zu.

---

[14] Etwa *Luthe* in: Hauck/Noftz, SGB XII, K § 1 Rn. 7 ff. (Stand VI/10); *Rothkegel*, Sozialhilferecht, Handbuch, S. 127 ff.

[15] BVerfG v. 09.02.2010 - 1 BvL 1/09, 3/09 und 4/09.

[16] BVerfG v. 18.07.2012 - 1 BvL 10/10, 1 BvL 2/11 - juris Rn. 66 - BVerfGE 132, 134-179.

[17] BVerfG v. 09.02.2010 - 1 BvL 1/09, 3/09 und 4/09 - juris Rn. 133.

[18] BVerfG v. 09.02.2010 - 1 BvL 1/09, 3/09 und 4/09; BVerfG v. 18.07.2012 - 1 BvL 10/10, 1 BvL 2/11 - BVerfGE 132, 134-179, dazu *Rothkegel*, ZAR 2012, 357 ff., und *Wenner*, SozSich 2013, 277 f.

[19] Hierzu etwa *Rothkegel*, Sozialhilferecht, Handbuch, 2005, S. 61 ff.

[20] Zu dem sog. physischen Existenzminimum vgl. *Martinez-Soria*, JZ 2005, 644; die Garantie nur eines solchen physischen Existenzminimums hatte auch der 1. Senat des BSG betont, Urteil v. 22.04.2008 - B 1 KR 10/07 R - BSGE 100, 221; diese Entscheidung dürfte im Lichte des Urteils des BVerfG v. 09.02.2010 - 1 BvL 1/09, 3/09 und 4/09 in Zweifel zu ziehen sein.

[21] BVerfG v. 09.02.2010 - 1 BvL 1/09, 3/09 und 4/09 - juris Rn. 135 unter Hinweis auf die Entscheidung zum großen Lauschangriff, BVerfG v. 03.03.2004 - 1 BvR 2378/98, 1 BvR 1084/99 - BVerfGE 109, 279, sowie unter Hinweis auf BVerwG v. 13.12.1990 - 5 C 17/88 - BVerwGE 87, 212, eine Entscheidung, in der Kindern Kinderspielzeug verweigert wurde mit dem Hinweis, dieses sei im Regelsatz enthalten.

Der Spielraum ist von unterschiedlicher Weite: „Er ist enger, soweit der Gesetzgeber das zur Sicherung der physischen Existenz eines Menschen Notwendige konkretisiert und weiter, wo es um Art und Umfang der Möglichkeit zur Teilhabe am gesellschaftlichen Leben geht." (Rn. 138). Allerdings war der einfache Gesetzgeber in Folge des Urteils gehalten, die existenznotwendigen Aufwendungen folgerichtig in einem transparenten und sachgerechten **Verfahren** nach dem tatsächlichen Bedarf, also realitätsgerecht, zu bemessen[22], was er durch das Gesetz zur Ermittlung von Regelbedarfen und zur Änderung des Zweiten und Zwölften Buches Sozialgesetzbuch vom 24.03.2011[23] umzusetzen gedachte. Einen konkreten Betrag in Euro und Cent für die menschenwürdige Deckung des Existenzminimums nennt Karlsruhe aber nicht.[24] Vielmehr hatte das Gericht aufgeführt, dass das bisherige Regelsatzsystem nicht „evident unzureichend" ist.[25] Anders hat das BVerfG zu den Geldleistungen des § 3 AsylbLG entschieden, diese erachtete es als unzureichend.[26]

V. Befähigung, unabhängig von Hilfe zu leben (Satz 2 Halbsatz 1)

Das in § 1 Satz 2 HS. 1 SGB XII genannte Ziel wird zumeist als „Befähigung zur Selbsthilfe" umschrieben[27], worin die Abkehr vom Armenrecht als polizeirechtlichem Ordnungsrecht zum Ausdruck komme. Insofern wird durch § 1 Satz 2 HS. 1 SGB XII die Subjektstellung des Leistungsberechtigten betont, was sich auch in dem Konzept der Leistungsabsprache des § 12 SGB XII zeigt, das den Leistungsberechtigten zu einer Art Vertragspartner macht. Wenn allerdings formuliert wird, § 1 Satz 2 HS. 1 SGB XII enthalte insofern ein **Optimierungsgebot**[28], das eine Verpflichtung der Verwaltung zu größter Selbsthilfebefähigung mit hohem Anforderungsgehalt ausspreche, so spiegelt sich dieser Anforderungsgehalt jedenfalls im Normtext nicht wider. Die meisten der aus dem sog. Optimierungsgebot abgeleiteten Folgen finden bereits Rechtsgrundlagen im Verwaltungsverfahrensrecht des SGB X (Amtsermittlung nach § 20 SGB X oder die Begründungspflicht von Ermessensentscheidungen nach § 35 Abs. 1 Satz 3 SGB X), so dass ein spezifischer rechtlicher Gehalt von § 1 Satz 2 HS. 1 SGB XII auch unter dem Blickwinkel eines Optimierungsgebots nicht erkennbar ist. Auch hier handelt es sich – wie bei § 1 insgesamt – um Absichtserklärungen und Auslegungsvorgaben des Gesetzgebers ohne konkrete Rechtsfolgenanordnungen.

15

VI. „Hinarbeitenspflicht" des Leistungsberechtigten (Satz 2 Halbsatz 2)

Schon rein semantisch erscheint es verfehlt, den Grundsatz des § 1 Satz 2 HS 2 als „**Grundsatz des Forderns**" zu bezeichnen.[29] Nach der Norm haben die Leistungsberechtigten lediglich darauf „hinzuarbeiten", unabhängig von Sozialhilfe zu leben. Vergleicht man diese Formulierung mit denen in dem „Grundsatz des Forderns" überschriebenen § 2 SGB II, so zeigt sich, dass es sich hier nicht um ein neues Strukturprinzip des Forderns handeln kann. § 1 Satz 2 HS. 2 SGB XII stellt vielmehr nichts anderes dar als eine vorgreifende, nochmalige Umschreibung des Subsidiaritätsgrundsatzes des § 2 SGB XII, nach dem Sozialhilfe nicht erhält, wer sich i.w.S. selbst helfen kann. Von daher umschreibt die Norm lediglich nochmals die Obliegenheit des Leistungsberechtigten zur **Selbsthilfe**.[30] Die Zumutbarkeit von Selbsthilfeanstrengungen regelt sich im Einzelnen nach § 2 SGB XII. Die Hinarbeitenspflicht oder besser Obliegenheit des § 1 Satz 2 HS. 2 SGB XII ist jedenfalls nicht in die Form eines

16

---

[22] BVerfG v. 09.02.2010 - 1 BvL 1/09, 3/09 und 4/09 - juris Rn. 139, insoweit kommt das BVerfG also den Kritikern der Methode der Bedarfsermittlung entgegen, vgl. nur *Däubler*, NZS 2005, 225; zur Berücksichtigung des Gedankens der Folgerichtigkeit bei der Ermittlung des Bedarfs als neuem grundrechtlichem Aspekt im Rahmen des Art. 1 GG instruktiv *Rixen*, SGb 2010, 240, 242.
[23] BGBl I 2011, 453 ff.
[24] Zu den zahlreichen Versuchen einer konkreten Bezifferung vgl. *Spellbrink*, ArchsozArb 2008, Nr. 1, 4 und etwa *Frommann*, NDV 2004, 246.
[25] BVerfG v. 09.02.2010 - 1 BvL 1/09, 3/09 und 4/09 - juris Rn. 151 ff.
[26] BVerfG v. 18.07.2012 - 1 BvL 10/10, 1 BvL 2/11 - BVerfGE 132, 134-179.
[27] *Luthe* in: Hauck/Noftz, SGB XII, K § 1 Rn. 23 ff. (Stand I/09); *Wahrendorf* in: Grube/Wahrendorf, SGB XII, 4. Aufl. 2012, § 1 Rn. 29 f.
[28] *Luthe* in: Hauck/Noftz, SGB XII, § 1 Rn. 26 ff.; *ders.*, Optimierende Sozialrechtsgestaltung, 2001.
[29] So *Wahrendorf* in: Grube/Wahrendorf, SGB XII, 4. Aufl. 2012, § 1 Rn. 31.
[30] Hierzu *Rothkegel* in: ders., Sozialhilferecht, Handbuch 2005, S. 111 ff.

sanktionierten Befehls gekleidet.[31] § 1 Satz 2 HS. 2 SGB XII enthält auch kein ungeschriebenes Tatbestandsmerkmal der Leistungsberechtigung und hat damit weder materielle noch verfahrensrechtliche Bedeutung. Dies zeigt im Übrigen auch die ausdrückliche Verpflichtung zur Erzielung von Einkommen aus Tätigkeiten in § 11 Abs. 3 Satz 4 SGB XII, die vollständig ohne § 1 Satz 2 HS. 2 SGB XII auskommt.

17 Die Mitwirkung des Leistungsberechtigten im Verwaltungsverfahren wird auch im SGB XII über die §§ 60 ff. SGB I herbeigeführt. Nach § 60 SGB I hat der Leistungsberechtigte alle Tatsachen anzugeben, die für die Leistung erheblich sind, Änderungen in den Verhältnissen mitzuteilen und Beweismittel zu bezeichnen.[32] Nach § 62 SGB I besteht eine Pflicht, sich ärztlichen oder psychologischen Untersuchungsmaßnahmen zu unterziehen. § 64 SGB I regelt die Grenzen der Mitwirkungspflicht und § 66 SGB I das Verwaltungsverfahren bei der Entziehung oder Versagung der Leistung. Die §§ 60 ff. SGB I sind von Voraussetzungen und Rechtsfolgen her völlig getrennt von § 1 Satz 2 HS. 2 SGB XII zu betrachten.

VII. Zusammenwirken von Trägern und Leistungsberechtigten (Satz 3)

18 § 1 Satz 3 SGB XII ist Ausdruck eines neueren Verwaltungsdenkens, das den Bürger nicht mehr als Untertan, sondern möglichst als gleichberechtigten Partner[33] bei der Koproduktion des Produkts Hilfeerbringung sehen möchte. Insofern ist insbesondere die Leistungsabsprache des § 12 SGB XII Ausdruck dieses konsensualen Ansatzes, der im SGB II seinen sinnfälligsten Ausdruck in der Eingliederungsvereinbarung des § 15 SGB II findet. Der Gesetzgeber verwendet hierzu in den Materialien[34] sogar den Ausdruck der „Verantwortungsgemeinschaft". Auch in der Pflicht zur Berücksichtigung von „Wünschen" des Leistungsberechtigten nach § 9 Abs. 2 SGB XII findet das seinen Ausdruck. Rechtliche Konsequenzen hat § 1 Satz 3 SGB XII indes nicht[35], zumal er ausdrücklich darauf hinweist, dass die Koproduktion oder Zusammenarbeit „im Rahmen der Rechte und Pflichten" und damit nach Maßgabe von solche Rechte und Pflichten statuierenden Vorschriften stattfindet. Die Vorschrift geht in ihrer Wirkung über einen Programmsatz nicht hinaus.

---

[31] Vgl. die Normstruktur von § 144 Abs. 1 Nr. 3 SGB III und § 119 Abs. 1 Nr. 2 SGB III, dort werden die fehlenden bzw. unzureichenden Eigenbemühungen des Arbeitslosen eindeutig sanktioniert; vgl. zu Eigenbemühungen und Sanktionen im SGB III, SGB II, SGB XII und AsylbLG *Eicher* in: Arbeitsmarkt in der Krise, 2010, 73 ff.
[32] Zur Geltung der §§ 60 ff. SGB I im SGB II vgl. BSG v. 19.09.2008 - B 14 AS 45/07 R - BSGE 101, 260 - Vorlage von Kontoauszügen.
[33] Kritisch hierzu mit zahlreichen weiteren Nachweisen *Spellbrink*, Sozialrecht durch Verträge, NZS 2010, 649.
[34] BT-Drs. 15/1514, S. 55.
[35] Ebenso *Luthe* in: Hauck/Noftz, SGB XII, K § 1 Rn. 38, Stand XII/07.

§ 2 SGB XII Nachrang der Sozialhilfe

(Fassung vom 27.12.2003, gültig ab 01.01.2005)

(1) Sozialhilfe erhält nicht, wer sich vor allem durch Einsatz seiner Arbeitskraft, seines Einkommens und seines Vermögens selbst helfen kann oder wer die erforderliche Leistung von anderen, insbesondere von Angehörigen oder von Trägern anderer Sozialleistungen, erhält.

(2) ¹Verpflichtungen anderer, insbesondere Unterhaltspflichtiger oder der Träger anderer Sozialleistungen, bleiben unberührt. ²Auf Rechtsvorschriften beruhende Leistungen anderer dürfen nicht deshalb versagt werden, weil nach dem Recht der Sozialhilfe entsprechende Leistungen vorgesehen sind.

Gliederung

A. Basisinformationen 1
I. Textgeschichte/Gesetzgebungsmaterialien 1
II. Vorgängervorschrift 2
III. Parallelvorschriften 3
IV. Systematische Zusammenhänge 4
V. Ausgewählte Literaturhinweise 5
B. Auslegung der Norm 6
I. Regelungsgehalt und Bedeutung der Norm 6
II. Normzweck 7
III. Inhalt der Vorschrift 8
1. Nachranggrundsatz (Absatz 1) 8
   a. Leistungsausschluss 8
   b. Umsetzung des Nachrangs im SGB XII 24
2. Verpflichtungen anderer (Absatz 2 Satz 1) 51
3. Entsprechende Leistungen anderer Leistungsträger (Absatz 2 Satz 2) 55

A. Basisinformationen

I. Textgeschichte/Gesetzgebungsmaterialien

Die Vorschrift wurde mit Wirkung vom 01.01.2005 durch das Gesetz zur Einordnung des Sozialhilferechts in das Sozialgesetzbuch[1] eingeführt und blieb seitdem unverändert. Sie überträgt inhaltsgleich den bisherigen § 2 BSHG, ergänzt um die Benennung typischer, nicht abschließend aufgezählter Selbsthilfemöglichkeiten, die an entsprechenden Stellen des Gesetzes weiter konkretisiert sind.[2]

II. Vorgängervorschrift

Bis 31.12.2004 galt die Regelung des § 2 BSHG. Diese war allerdings abstrakter gefasst. Statt der Worte in Absatz 1 „wer sich vor allem durch Einsatz seiner Arbeitskraft, seines Einkommens und seines Vermögens selbst helfen kann" hieß es in § 2 BSHG nur **„wer sich selbst helfen kann"**. Eine inhaltliche Änderung ist damit allerdings nicht verbunden.

III. Parallelvorschriften

Das SGB II regelt in § 2 SGB II den **Grundsatz des Forderns**. Die Pflicht, alle Möglichkeiten zur Beendigung oder Verringerung der Hilfebedürftigkeit auszuschöpfen (§ 2 Abs. 1 Satz 1, Abs. 2 SGB II) ist aber mangels direkter Sanktionsmöglichkeiten wie im Recht des SGB XII nur als Programmsatz (vgl. dazu im Einzelnen Rn. 8 ff.) zu verstehen und dient allenfalls als „allgemeine Interpretationsfolie" bei der Bestimmung und Auslegung der Rechte und Pflichten des erwerbsfähigen Hilfebedürftigen.[3] Das AsylbLG kennt keine § 2 SGB XII vergleichbare Regelung. Weil § 2 SGB XII nur einen **allgemein geltenden Grundsatz** wiedergibt, nicht aber eine eigenständige Ausschlussnorm darstellt, bedarf es ohnehin keiner entsprechenden Regelung. Dass Leistungen nach dem AsylbLG nur subsidiäre Hilfen sind (vgl. dazu Rn. 14), weil sie wie die Sozialhilfe das letzte Netz sozio-ökonomischer Sicherung darstellen,[4] versteht sich von selbst und findet seinen Niederschlag insbesondere in den Vorschriften über die Berücksichtigung von Einkommen und Vermögen (§ 7 AsylbLG) und über Leistungen bei Verpflichtung Dritter (§ 8 AsylbLG).

---

[1] BGBl I 2003, 3022.
[2] BT-Drs. 15/1514, S. 55.
[3] *Kador* in: Eicher, SGB II, 3. Aufl. 2013, § 2 Rn. 1 und 6.
[4] *Wahrendorf* in: Grube/Wahrendorf, SGB XII, 4. Aufl. 2012, § 2 Rn. 2.

IV. Systematische Zusammenhänge

4 § 2 Abs. 1 SGB XII ist im Zusammenhang mit **§ 1 Satz 2 HS. 2 SGB XII** zu sehen. Danach hat der Hilfebedürftige nach seinen Kräften darauf hinzuarbeiten, unabhängig von der Sozialhilfe zu leben. § 1 Satz 2 HS. 2 SGB XII ergänzt § 2 Abs. 1 SGB XII und umgekehrt.

V. Ausgewählte Literaturhinweise

5 *Axmann*, Einsatz von Vermögen als Diskriminierung im Sinne der UN-Behindertenrechtskonvention?, RdLH 2013, 194; *Brähler-Boyan/Mann*, Zur Überleitung des Rückforderungsanspruchs des verarmten Schenkers auf den Sozialhilfeträger, NJW 1995, 1866; *Brosche-Lohr*, Schenkung und Sozialhilfe, ZfF 1981, 49; *Coseriu*, Das „neue" Sozialhilferecht, Sozialrecht – eine terra incognita, 2009, S. 225; *Deutscher Verein*, Die Selbsthilfe des Unterhaltsberechtigten, NDV 1995, 1, 8; *Eichenhofer*, Rückgriff des Sozialhilfeträgers aufgrund vorangegangener Vermögensverfügungen unter Lebenden oder von Todes wegen, NDV 1999, 82, 111; *Frank*, Rückwirkungen in anderen Sozialleistungsbereichen auf die Sozialhilfe, NDV 1978, 349; *Franzen*, Der Rückforderungsanspruch des verarmten Schenkers nach § 528 BGB zwischen Geschäftsgrundlagenlehre, Unterhalts- und Sozialhilferecht, FamRZ 1997, 528; *Frings*, Rückgriff des Sozialhilfeträgers aufgrund von vorangegangenen Vermögensverfügungen unter Lebenden oder von Todes wegen – Anmerkungen zu einem Beitrag von Eichenhofer in NDV 1999, 82, 111, NDV 1999, 359; *Fuchs*, Das Subsidiaritätsprinzip im deutschen Recht und im EWG-Vertrag – Seine Bedeutung für die Freie Wohlfahrtspflege, ZFSH/SGB 1993, 393; *Giese*, Das Strukturprinzip der Bedarfsdeckung in der neueren Rechtsprechung zum Sozialhilferecht, ZfF 1986, 97; *Grieger*, Die Bedarfsdeckung im Leistungsrecht der Sozialhilfe, NWVBl 1995, 201; *Günther*, Schenkungen zu Lasten der Sozialhilfe, NZS 1994, 66 und ZFSH/SGB 1994, 514; *Haarmann*, Die Geltendmachung von Rückforderungsansprüchen aus § 528 BGB durch den Träger der Sozialhilfe nach dem Tod des Schenkers, FamRZ 1996, 522; *Henne*, Zum Anspruch von Untersuchungsgefangenen auf Sozialhilfeleistungen, SV 1996, 343; *Hochheim*, Das Ende des Gegenwärtigkeitsprinzips in der Sozialhilfe?, NZS 2009, 24; *Holzkämper*, Die Überleitung des Schenkungsrückforderungsanspruches gemäß § 528 Abs. 1 BGB nach dem Tode des Schenkers, ZFSH/SGB 1995, 430; *Kreutz*, Die verfassungsrechtlichen Grenzen des Sozialstaates, ZFSH/SGB 1998, 535; *van de Loo*, Die letztwillige Verfügung von Eltern behinderter Kinder, NJW 1990, 2852; *Mester*, Fristen im Zusammenhang mit der Realisierung von Schenkungsrückforderungsansprüchen nach § 528 BGB, ZfF 2003, 49; *Nieder*, Das Behindertentestament – Sittenwidrige Umgehung des sozialhilferechtlichen Nachrangprinzips oder Familienlastenausgleich, NJW 1994, 1264; *Paul*, Hilfe für die Vergangenheit – § 5 BSHG und das Bedarfsdeckungsprinzip, ZFSH/SGB 1996, 124; *Rothkegel*, Der sozialhilferechtliche Kenntnisgrundsatz und der Grundsatz „Keine Sozialhilfe für die Vergangenheit", ZFSH/SGB 2000, 3; *ders*., Der Nachranggrundsatz im Sozialhilferecht, Sozialhilferecht, 108; *Schellhorn*, Das Verhältnis von Sozialhilferecht und Unterhaltsrecht am Beispiel der Heranziehung Unterhaltsverpflichteter zu den Sozialhilfeaufwendungen, 1994; *Schulte*, Der Nachrang der Sozialhilfe gegenüber den Möglichkeiten der Selbsthilfe und Leistungen von dritter Seite, NJW 1989, 1241; *Sieg*, Überleitung von Ansprüchen aus dem Schenkungsbereich auf Sozialhilfeträger, SGb 1996, 416; *Spindler*, Vorrang für den Nachrang statt Hilfe zum Lebensunterhalt, info also 2001, 63; *Vogt*, Der Nachrang der Sozialhilfe, BayVBl 1966, 148; *Weber*, Erbenhaftung, DVP 2014, 10.

B. Auslegung der Norm

I. Regelungsgehalt und Bedeutung der Norm

6 Absatz 1 regelt als Grundnorm den sogenannten Nachranggrundsatz (**Subsidiaritätsgrundsatz**), in der verwaltungsgerichtlichen Rechtsprechung ein Strukturprinzip der Sozialhilfe[5], das in Ergänzung zu den Aufgaben der Sozialhilfe des § 1 SGB XII nichts anderes besagt, als dass Sozialhilfe nur erhält, wer ohne sie kein Leben führen kann, das der Würde des Menschen entspricht. § 1 Satz 2 HS. 2

---

[5] *Rothkegel*, Sozialhilferecht, S. 108; *Fuchs*, ZFSH/SGB 1993, 393; kritisch zu den Strukturprinzipien *Spellbrink* in: Eicher/Spellbrink, SGB II, 2. Aufl. 2008, vor § 1 Rn. 4 f.

SGB XII ergänzt den Subsidiaritätsgrundsatz des § 2 SGB XII und umschreibt die Obliegenheit des Leistungsberechtigten zur Selbsthilfe.[6]

II. Normzweck

§ 2 SGB XII betont als **Programmsatz** den Charakter der Sozialhilfe als bedarfs- und bedürftigkeitsbezogene Sozialleistung, ohne einen eigenständigen Ausschlusstatbestand darzustellen (vgl. im Einzelnen Rn. 8 ff.). Bei Ermessensleistungen und bei der Auslegung von den Nachrang betreffenden Normen ist der § 2 SGB XII innewohnende Rechtsgedanke zu berücksichtigen.[7] Daneben beinhaltet § 2 SGB XII im Hinblick auf § 104 SGB X aber auch eine **Systemsubsidiarität**. Ein Vorrang der Sozialhilfe ist deshalb immer spezialgesetzlich zu regeln (vgl. etwa § 10 Abs. 4 SGB VIII, innerhalb des SGB XII § 21 SGB XII).[8]

III. Inhalt der Vorschrift

1. Nachranggrundsatz (Absatz 1)

a. Leistungsausschluss

§ 2 Abs. 1 SGB XII wird – wie auch die Vorgängerregelung des § 2 BSHG – als eigenständiger Ausschlusstatbestand gesehen. Der dort normierte „Nachranggrundsatz" oder auch „Selbsthilfegrundsatz" hat sich in der verwaltungsgerichtlichen Rechtsprechung als sogenanntes Strukturprinzip der Sozialhilfe verselbstständigt und wurde als ein mit Gesetzeskraft versehenes Institut verstanden, das **negatives Tatbestandsmerkmal**[9] des Sozialhilfeanspruchs sein soll. Hilfe nach dem SGB XII soll danach schon dann ausscheiden, wenn die Hilfe des Trägers anderer Sozialleistungen zur Behebung der eingetretenen Notlage tatsächlich bereitsteht oder der Hilfesuchende sich selbst tatsächlich helfen kann.

Das BVerwG hat deshalb gestützt auf § 2 BSHG die Auffassung vertreten, dass Sozialhilfe abzulehnen sei, wenn der Hilfesuchende nicht vorab andere **vorhandene Hilfsmöglichkeiten zu verwirklichen** versuche. Es würde sich nicht mit dem Nachranggrundsatz vertragen, wenn der Einzelne sich ohne Rücksicht auf die Möglichkeit der Bedarfsbefriedigung von dritter Seite an den Träger der Sozialhilfe mit der Bitte um Hilfe wenden könne, um diesem auch dann die Durchsetzung seiner Ansprüche gegen den Dritten zu überlassen, wenn er selbst bei rechtzeitigem Tätigwerden die Bedarfsdeckung durch Dritte hätte herbeiführen können.[10]

Dies hat das BVerwG nur unter dem Gesichtspunkt der Realisierbarkeit der Ansprüche eingeschränkt.[11] Ansprüche gegen Dritte müssten alsbald durchgesetzt werden können, um den Hilfesuchenden hierauf verweisen zu können (sogenannte „**bereite Mittel**").[12]

Das BSG hat die verwaltungsgerichtliche Rechtsprechung zu § 2 BSHG hingegen zu Recht in Frage gestellt.[13] Die Erfüllung der Selbsthilfeobliegenheit in § 2 Abs 1 SGB XII ist kein ungeschriebenes (ne-

---

[6] Vgl. zur Bedeutung des Nachranggrundsatzes für die Beurteilung der Sittenwidrigkeit von Rechtsgeschäften nach § 138 BGB die Kommentierung zu § 93 SGB XII Rn. 22 und die Kommentierung zu § 93 SGB XII Rn. 61 f. m.w.N. insbesondere zur Rechtsprechung des BGH. Vgl. zu dieser Problematik auch den Tagungsbericht (Sterben - Erben - Leistungsmissbrauch) von *Walser*, SGb 2012, 561 f.
[7] Ebenso zu § 2 SGB II: *Kador* in: Eicher, SGB II, 3. Aufl. 2013, § 2 Rn. 1 und 6.
[8] Zu den von § 2 SGB XII abweichenden Regelungen des § 10 Abs. 4 SGB VIII und § 21 SGB XII vgl. näher die Kommentierung zu § 53 SGB XII Rn. 3 (zu § 10 Abs. 4 SGB VIII) und die Kommentierung zu § 21 SGB XII Rn. 15 f. Zu der weiteren von § 2 SGB XII abweichenden Regelung des § 13 Abs. 3 Satz 3 SGB XI vgl. die Kommentierung zu § 61 SGB XII Rn. 18 und die Kommentierung zu § 53 SGB XII Rn. 12; umfassend zu dieser Problematik *Wilcke*, Pflegebedürftigkeit und Behinderung im Recht der Rehabilitation und Teilhabe und im Recht der Pflege, 2011, S. 248 ff. Zu § 37 SGB V vertritt *Weber*, NZS 2011, 650 ff., zu Unrecht die These, Leistungen der häuslichen Krankenpflege an einem „sonstigen geeigneten Ort" seien auf Grund der Gesetzesbegründung nachrangig gegenüber den Eingliederungshilfeleistungen des SGB XII.
[9] *Wahrendorf* in: Grube/Wahrendorf, SGB XII, 4. Aufl. 2012, § 2 Rn. 4.
[10] BVerwG v. 29.09.1971 - V C 2.71 - BVerwGE 38, 307.
[11] BVerwG v. 29.09.1971 - V C 2.71 - BVerwGE 38, 307.
[12] BVerwG v. 02.06.1965 - V C 63.64 - BVerwGE 21, 208.
[13] BSG v. 26.08.2008 - B 8/9b SO 16/07 R - FEVS 60, 346 ff.; BSG v. 29.09.2009 - B 8 SO 23/08 R - BSGE 104, 219 Rn. 20 - SozR 4-3500 § 74 Nr. 1; BSG v. 02.02.2010 - B 8 SO 21/08 R - juris Rn. 13; BSG v. 22.03.2012 - B 8 SO 30/10 R - juris Rn. 25 - BSGE 110, 301 = SozR 4-3500 § 54 Nr. 8; ebenso LSG NRW v. 11.12.2012 - L 9 SO 420/12 B ER - juris Rn. 22.

gatives) Tatbestandmerkmal.[14] Die Norm regelt deshalb keinen eigenständigen Ausschlusstatbestand; sie umschreibt vielmehr – ähnlich dem Grundsatz des Forderns in § 1 Satz 2 SGB XII oder § 2 SGB II – nur ein **Gebot der Sozialhilfe**,[15] das insbesondere durch die Regelungen über den Einsatz von Einkommen (§§ 82 ff. SGB XII) und Vermögen (§§ 90 f. SGB XII) oder sonstige leistungshindernde Normen konkretisiert wird und nur bzw. zumindest regelmäßig im Zusammenhang mit ihnen zu sehen ist. Für Letzteres spricht nicht nur die Stellung im Gesetz in den Allgemeinen Vorschriften des Ersten Kapitels – und nicht in den Vorschriften über die Leistungen und den Anspruch auf Leistungen (Zweites bis Neuntes Kapitel) –, sondern auch der Umstand, dass das SGB XII konkrete Leistungsausschluss- bzw. Minderungsnormen enthält (z.B. die §§ 39a, 41 Abs. 4 SGB XII).

12 Das Zusammenspiel von § 2 Abs. 1 SGB XII mit § 1 Satz 2 HS. 2 SGB XII, wonach der Hilfebedürftige nach seinen Kräften darauf hinzuarbeiten hat, unabhängig von der Sozialhilfe zu leben, rechtfertigt keine andere Sichtweise. Auch § 1 Satz 2 HS. 2 SGB XII kann allenfalls als Leitsatznorm oder als Grundgedanke der Sozialhilfe verstanden werden; ein ungeschriebenes Tatbestandsmerkmal der Leistungsberechtigung enthält die Vorschrift hingegen nicht. Sie hat deshalb weder materielle noch verfahrensrechtliche Bedeutung (vgl. die Kommentierung zu § 1 SGB XII Rn. 16). Dementsprechend ist die **Obliegenheit der §§ 1 Satz 2 HS. 2,** 2 SGB XII auch nicht in die Form eines sanktionierten Befehls gekleidet.

13 Schließlich stellt § 2 Abs. 1 SGB XII nach seinem Wortlaut gerade nicht darauf ab, ob der Leistungsberechtigte einen **durchsetzbaren Anspruch** gegen Dritte hat, sondern ob er (zu berücksichtigendes) Einkommen oder Vermögen besitzt oder die Leistung von anderen (tatsächlich) „erhält", also eine unmittelbare (direkte) Möglichkeit, den Bedarf selbst zu decken, besteht.[16]

14 Erst recht muss dies gelten, wagt man einen Blick ins Grundsicherungssystem des **AsylbLG**. Nach § 8 AsylbLG werden Leistungen nach dem AsylbLG nicht gewährt, soweit der erforderliche Lebensunterhalt anderweitig, insbesondere auf Grund einer Verpflichtung nach § 68 Abs. 1 Satz 1 AufenthaltsG gedeckt wird. Dies zeigt, dass nur die tatsächliche Bedarfsdeckung bei Verpflichtung Dritter („soweit ... gedeckt wird") zu einem Leistungsausschluss führt. Erhält der Leistungsberechtigte nach dem AsylbLG trotz bestehender Verpflichtung des Dritten also keine oder keine bedarfsdeckenden Leistungen, muss der zuständige Leistungsträger des AsylbLG den Bedarf decken. Wenn schon Leistungsberechtigte nach § 1 AsylbLG, denen das AsylbLG Schutz ohnehin nur auf dem geringsten Niveau gewährt,[17] Leistungen trotz durchsetzbarer Ansprüche gegen Dritte erhalten, wenn der Bedarf nicht gedeckt wird, muss dies erst recht für die SGB-XII-Leistungsberechtigten gelten.[18]

15 Nur hinsichtlich der Verpflichtung, sich durch den Einsatz seiner Arbeitskraft selbst zu helfen, fehlt es an der Unmittelbarkeit zwischen der Selbsthilfemöglichkeit und der (teilweisen) Deckung des Existenzminimums. Hier zeigen aber schon die konkretisierenden Regelungen in § 11 Abs. 3 Satz 4, Abs. 4 SGB XII und § 39a, dass § 2 SGB XII gerade nicht eine Rechtfertigung für einen Leistungsausschluss sein soll. Danach verringert sich nämlich der maßgebende Regelsatz in Stufen, wenn Leistungsberechtigte entgegen ihrer Verpflichtung die Aufnahme einer Arbeit ablehnen. Wollte man § 2 Abs. 1 SGB XII insoweit als eigenständigen Versagungstatbestand verstehen, würde nämlich schon die bloße Möglichkeit der Arbeitsaufnahme zur Leistungsversagung führen, sodass es an einem Leistungsberechtigten im Sinne von § 39a fehlen würde.[19] Die Verpflichtung, sich durch den **Einsatz seiner Ar-**

---

[14] Ebenso zu § 2 SGB II: *Kador* in: Eicher, SGB II, 3. Aufl. 2013, § 2 Rn. 7; *Eicher* in: Knickrehm/Rust, Arbeitsmarktpolitik in der Krise, 2010, S. 73, 84, Fn. 61 m.w.N.

[15] *Wahrendorf* in: Grube/Wahrendorf, SGB XII, 4. Aufl. 2012, § 2 SGB XII Rn. 1 spricht von einer „Leitsatznorm".

[16] BSG v. 29.09.2009 - B 8 SO 23/08 R - juris Rn. 20 ff. - BSGE 104, 219 = SozR 4-3500 § 74 Nr. 1; zum Schenkungsrückforderungsanspruch: BSG v. 02.02.2010 - B 8 SO 21/08 R - juris Rn. 13 m.w.N.

[17] Vgl. aber BVerfG v. 18.07.2012 - 1 BvL 10/10, 1 BvL 2/11 - BVerfGE 132, 134 = SozR 4-3520 § 3 Nr. 2.

[18] Vgl. aber *Birk* in: LPK-SGB XII, 9. Aufl. 2012, § 8 AsylbLG Rn. 4, der die Regelung in § 8 AsylbLG deshalb für erforderlich hält, weil eine gegenüber der Ausländerbehörde abgegebene Verpflichtungserklärung dem Leistungsberechtigten keinen Rechtsanspruch auf Unterhaltsleistungen durch den Verpflichteten gebe.

[19] BSG v. 26.08.2008 - B 8/9b SO 16/07 R - FEVS 60, 346 ff.; ähnlich *Kaiser* in: Linhart/Adolph, SGB II/SGB XII/AsylbLG, § 2 Rn. 21, Stand April 2011, die allerdings zu Unrecht von einem „Vorrang" des § 39a SGB XII spricht; a.A. *Wahrendorf* in: Grube/Wahrendorf, SGB XII, 4. Aufl. 2012, § 2 SGB XII, Rn. 15, der § 39a SGB XII als spezialgesetzliche Regelung sehen und § 2 SGB XII daneben in Fällen anwenden will, in denen der Hilfesuchende ohne weitere Unterstützung durch den Leistungsträger eine Arbeit aufnehmen kann; *Rothkegel*, Sozialhilferecht, 2005, Teil III Kap. 11 S. 286 f., der im Hinblick auf § 2 SGB XII nur dann Raum für Grundsicherungsleistungen sieht, wenn und solange der Arbeitsaufnahme noch Hindernisse im Wege stehen.

beitskraft selbst zu helfen, ist im SGB XII ohnehin nicht von praktischer Relevanz (vgl. dazu Rn. 36). Erwerbsfähige unterfallen nämlich dem Regime des SGB II, während dem unter das SGB XII fallenden Personenkreis die Aufnahme einer Erwerbstätigkeit i.d.R. nicht zumutbar sein dürfte (vgl. § 11 Abs. 4 SGB XII), zu den denkbaren Anwendungsfällen vgl. auch die Kommentierung zu § 11 SGB XII Rn. 12.

Schließlich zeigen auch die Regelungen über den **Kostenersatz** nach § 103 SGB XII und der Einschränkung nach § 26 Abs. 1 Nr. 1 SGB XII, dass der Nachranggrundsatz keine eigenständige Ausschlussnorm sein kann, weil derjenige, der nur die Möglichkeit hat, einen geldwerten Anspruch zu realisieren, wegen des Leistungsausschlusses schlechter stünde als derjenige, der sich tatsächlich – etwa durch Einsatz seines Vermögens – selbst helfen kann, sich aber bewusst dieser Möglichkeit beraubt, um in den Genuss von Sozialhilfe zu kommen.

Es bedarf auch keines Ausschlusstatbestandes, weil sich praxisgerechte und vernünftige Lösungen ohnehin durch die Anwendung von den Nachranggrundsatz konkretisierenden Vorschriften erzielen lassen. Die den Nachranggrundsatz ausfüllenden Regelungen beinhalten dabei teils eine **Beschränkung** der von § 2 SGB XII repräsentierten Leitvorstellung (z.B. § 87 SGB XII), teils aber auch eine hierüber hinausgehende **Verschärfung** der Selbsthilfeobliegenheiten (z.B. § 24 Abs. 2 SGB XII, wonach Sozialhilfe für Deutsche im Ausland schon dann nicht erbracht wird, wenn Leistungen von anderen „zu erwarten" sind).

Bestehen **Ansprüche gegen Dritte**, kann der SGB-XII-Leistungsträger diese nach § 93 SGB XII auf sich überleiten. **Unterhaltsansprüche** gehen auf den SGB-XII-Leistungsträger nach § 94 SGB XII über. Schließlich kann der (erstattungsberechtigte) Sozialhilfeträger nach § 95 SGB XII selbst die Feststellung einer (vorrangigen) Sozialleistung betreiben. Dieser Regelungen hätte es nicht (jedenfalls nicht zwingend) bedurft, könnte die Leistung gegenüber dem Hilfebedürftigen ohnehin unter Hinweis allein auf den Nachranggrundsatz des § 2 SGB XII abgelehnt werden. Wortlaut, Systematik und Teleologie zeigen im Gegenteil, dass sich der SGB-XII-Leistungsträger der genannten Möglichkeiten (§ 93 SGB XII etc.) bedienen muss, wenn der Hilfebedürftige keine Leistungen Dritter erhält, obwohl sie durchsetzbar sind. Den Nachranggrundsatz des § 2 SGB XII als Ausschlusstatbestand zu verstehen, dient – ohne innere Rechtfertigung – allein dem Zweck, das **Kostenrisiko** bei der Geltendmachung von Ansprüchen gegen Dritte auf den (schwächeren) Hilfebedürftigen abzuwälzen.

Selbst in **extremen Ausnahmefällen**, etwa wenn sich der Bedürftige generell eigenen Bemühungen verschließt und Ansprüche ohne weiteres realisierbar sind, erscheint es zweifelhaft, § 2 SGB XII eine Ausschlusswirkung zukommen zu lassen,[20] weil es dann auch für den Sozialhilfeträger ein Leichtes ist, übergeleitete oder übergegangene Ansprüche oder Erstattungsansprüche geltend zu machen, und ihm daneben auch verschiedene Sanktionsmöglichkeiten offenstehen (§§ 26 Abs. 1 Satz 1 Nr. 1; 39; 103 SGB XII). Zudem ist es eher nicht zu erwarten bzw. dürfte einen (hinzunehmenden) Ausnahmefall darstellen, wenn der Hilfebedürftige sich (trotz eventueller Sanktionen) weigert, ohne weiteres realisierbare Ansprüche geltend zu machen oder sich jeglichen Eigenbemühungen verschließt; es kann nämlich unterstellt werden, dass Hilfebedürftige in der Regel ein starkes Eigeninteresse haben, ohne staatliche Fürsorge zu leben.

Gewissen Modifikationen unterliegt die beschriebene Nachrangigkeit, soweit es **Hilfen zur Gesundheit** (§§ 47 ff. SGB XII) betrifft. Diese entsprechen den Leistungen der GKV (§ 52 Abs. 2 Satz 1 SGB XII).[21] Wurde eine Leistung von der Krankenkasse – ob im Falle des § 264 SGB V oder trotz bestehender Mitgliedschaft in der GKV – bestandskräftig abgelehnt, weil eine begehrte Leistung nicht zum Leistungskatalog der GKV zählt, so kann der Hilfebedürftige diese Leistung nicht als Hilfe zur Gesundheit geltend machen und damit dieselbe Rechtsfrage noch einmal sozialhilferechtlich klären lassen; vielmehr ist dies einem **Überprüfungsverfahren** nach § 44 SGB X vorbehalten. Eine andere Frage ist es, ob nicht (gleichartige) Leistungen als Leistungen zur Teilhabe nach § 54 SGB XII aus anderen als medizinischen Gründen zu erbringen sind.[22]

Klagt der Hilfebedürftige gleichwohl gegen den Sozialhilfeträger – weil die Krankenkasse keine Leistungen erbringt –, kann in diesem Fall auch keine **Beiladung** der Krankenkasse nach § 75 Abs. 2 SGG als anderer Leistungsträger (sog. unechte notwendige Beiladung) erfolgen. Denn nach bestandskräftiger Leistungsablehnung durch die Krankenkasse kann diese nicht mehr gemäß § 75 Abs. 5 SGG verurteilt werden.[23] Ist jedoch von der Krankenkasse noch nicht bestandskräftig entschieden, ist diese bei-

---

[20] Offen gelassen BSG v. 29.09.2009 - B 8 SO 23/08 R - BSGE 104, 219 Rn. 20 = SozR 4-3500 § 74 Nr. 1.
[21] Vgl. dazu auch BSG v. 15.11.2012 - B 8 SO 6/11 R - BSGE 112, 188 = SozR 4-3500 § 49 Nr. 1.
[22] Vgl. nur BSG v. 29.09.2009 - B 8 SO 19/08 R - SozR 4-3500 § 54 Nr. 6.
[23] BSG v. 29.09.2009 - B 8 SO 19/08 R - SozR 4-3500 § 54 Nr. 6, Rn. 24 m.w.N.

zuladen und ggf. zu verurteilen; das Gericht muss dann den Nachrang selbst herstellen. Es wäre verfehlt, den Sozialhilfeträger nur deshalb zu verurteilen, weil die Krankenkasse bislang noch nicht geleistet hat.

22 Bei **Ermessensleistungen** (§ 17 Abs. 2 SGB XII) hat die Selbsthilfeobliegenheit des § 2 Abs. 1 SGB XII in das Ermessen (Entschließungs- und Auswahlermessen) des Sozialhilfeträgers einzufließen und insoweit eine eigenständige Bedeutung. Anders als bei der gebundenen Entscheidung kann die Weigerung des Hilfebedürftigen zu Eigenbemühungen zur Bewältigung der Notlage die Ablehnung einer Leistung rechtfertigen. In extremen Ausnahmefällen, wie sie in Rn. 18 aufgeführt sind, wird das Ermessen auf Null reduziert sein.[24]

23 Daneben ist § 2 SGB XII auch bei der **Auslegung** von Normen, die den Nachrang konkretisieren, heranzuziehen; insbesondere für den Begriff der Zumutbarkeit kann § 2 SGB XII als Auslegungshilfe dienen.[25]

b. Umsetzung des Nachrangs im SGB XII

aa. Einsatz von Einkommen und Vermögen

24 Hinsichtlich der Art und Weise, wie der Bedarf selbst zu decken ist, enthält – wie sich aus den Worten „vor allem" ergibt – Absatz 1 keinen abschließenden Katalog der Selbsthilfemöglichkeiten, sondern nur (quasi vor die Klammer gezogene) Regelbeispiele, die spezialgesetzlich an anderer Stelle konkretisiert werden. Der in § 2 Abs. 1 SGB XII genannte Einsatz von Einkommen und Vermögen ist dabei der **typische Anwendungsfall** der Selbsthilfemöglichkeit. Ob und unter welchen Voraussetzungen Einkommen oder Vermögen einzusetzen sind, ergibt sich dabei erst aus den §§ 82 ff. SGB XII bzw. §§ 90 f. SGB XII.

25 Voraussetzung der Berücksichtigung von Einkommen und Vermögen ist immer die tatsächliche und rechtliche Möglichkeit, das Einkommen oder Vermögen einzusetzen (**bereite Mittel**).[26] Einkommen, das dem Berechtigten nur normativ zur Verfügung steht, kann nämlich nicht zur Bedarfsdeckung verwandt werden.[27] Fehlt es an so genannten bereiten Mitteln, ist für die Gewährung von Sozialhilfe mithin die tatsächliche Lage des Hilfesuchenden maßgebend.[28]

26 Ebenso verhält es sich beim Vermögen. **Vermögen** sind alle beweglichen und unbeweglichen Güter und Rechte in Geld oder Geldeswert; umfasst werden auch Forderungen bzw. Ansprüche gegen Dritte.[29] Vermögensgegenstände, die einen Vermögenswert besitzen, aktuell jedoch nicht zur Deckung des Hilfebedarfs eingesetzt werden können, weil sie nicht in **angemessener Zeit** zu realisieren sind, stehen einem gegenwärtigen sozialhilferechtlichen Bedarf nicht entgegen.[30]

27 Das SGB XII enthält im Zusammenhang mit dem Einsatz von Einkommen und Vermögen auch Regelungen zur **Wiederherstellung des Nachrangs**. Dies gilt etwa für Regelungen, die unter bestimmten Voraussetzungen entweder nur ein Darlehen oder ein solches als Alternative neben der Beihilfe vorsehen.[31] Auch Vorschriften, die den Kostenersatz oder Aufwendungsersatz regeln, sind Ausprägung des Nachranggrundsatzes. Hierzu gehören § 19 Abs. 5 SGB XII, §§ 102 ff. SGB XII.

28 Bei dem Kostenersatz durch Erben nach § 102 SGB XII stellt sich das Problem der Haftung nicht nur im Außenverhältnis zum Sozialhilfeträger, sondern der Erben im Innenverhältnis zueinander, und zwar insbesondere unter Berücksichtigung der Härteregelung des § 102 Abs. 3 SGB XII. Das BSG[32] hat dazu grundlegend ausgeführt, dass aus der **Privilegierung** eines Miterben – auch nach Verteilung – keine Teilschuld statt einer Gesamtschuld resultiert. Bei einer verbleibenden Mehrheit von Erben wirkt

---

[24] Vgl. auch BSG v. 06.05.2010 - B 14 AS 7/09 R - BSGE 106, 135 ff. Rn. 19 = SozR 4-4200 § 22 Nr. 37.
[25] Vgl. auch BSG v. 06.05.2010 - B 14 AS 7/09 R - BSGE 106, 135 ff. Rn. 19 = SozR 4-4200 § 22 Nr. 37.
[26] Zur „Weitergabe" des Kindergeldes durch den Kindergeldberechtigten an das volljährige Kind: BSG v. 11.12.2007 - B 8/9b SO 23/06 R - BSGE 99, 262 Rn. 15 = SozR 4-3500 § 82 Nr. 3.
[27] BVerwG v. 15.12.1977 - V C 35.77 - BVerwGE 55, 148 ff. m.w.N.
[28] Sogenanntes Faktizitätsprinzip; vgl. *Eichenhofer* in: Rothkegel, Sozialhilferecht, Teil 1 Kap. I Rn. 14.
[29] BSG v. 18.03.2008 - B 8/9b SO 9/06 R - juris Rn. 15, BSGE 100, 131 = SozR 4-3500 § 90 Nr. 3.
[30] Aus einem aufgelösten Bestattungsvorsorgevertrag resultierende Rückabwicklungsansprüche: BSG v. 18.03.2008 - B 8/9b SO 9/06 R - BSGE 100, 131 Rn. 15 = SozR 4-3500 § 90 Nr. 3.
[31] Zu § 8 Abs 2 Eingliederungshilfe-VO: BSG v. 12.12.2013 - B 8 SO 18/12 R - juris Rn 20.
[32] BSG v. 23.08.2013 - B 8 SO 7/12 R - SozR 4-5910 § 92c Nr. 2.

sich die Privilegierung (nur) im Außenverhältnis so aus, dass der privilegierte Miterbe ganz oder in Höhe des privilegierten Teils vom Sozialhilfeträger nicht in Anspruch genommen werden kann, also entweder ganz oder zum Teil als **Gesamtschuldner** der **Erbenhaftung** ausscheidet.

Die bezeichnete Härteregelung hat unmittelbar nur im **Außenverhältnis** Bedeutung, während das Innenverhältnis durch das Zivilrecht bestimmt wird; eine „Privilegierung" auch im Innenverhältnis ist damit, soweit eine Teilprivilegierung im Außenverhältnis überhaupt denkbar ist, nicht zwangsläufig verbunden. Das Innenverhältnis ist vom Sozialhilfeträger nur im Rahmen des bei der Geltendmachung des Ersatzanspruchs auszuübenden **Ermessens** zu beachten; dabei kann im Einzelfall abhängig von den Umständen des Einzelfalls das Ermessen auf Null reduziert sein.[33] Gleiches gilt für den (Normal-)Fall des gänzlichen Ausscheidens eines Miterben als Gesamtschuldner.

Beispiel 1: Vier Erben zu gleichen Teilen (A, B, C und D); D scheidet wegen Vorliegens einer besonderen Härte nach § 102 Abs. 3 Nr. 3 SGB XII als Kostenpflichtiger aus. Der zu berücksichtigende Nachlasswert beträgt 20.000 €, der geltend gemachte Kostenersatz 12.000 €.
Rechtsfolge: A, B und C haften (im Außenverhältnis) als Gesamtschuldner für den gesamten Kostenersatz von 12.000 €. D haftet insoweit nicht. Das Innenverhältnis unter den Gesamtschuldnern wird hiervon nicht berührt. Bei der Berichtigung des Nachlasses um Nachlassverbindlichkeiten, zu denen der Kostenersatz gehört (§ 102 Abs. 2 Satz 1 SGB XII), ist § 2046 Abs. 2 BGB zu berücksichtigen.

Beispiel 2: Vier Erben zu gleichen Teilen (A, B, C und D); D ist nach § 102 Abs. 3 Nr. 3 SGB XII privilegiert. Der zu berücksichtigende Nachlasswert beträgt 14.000 €, der geltend gemachte Kostenersatz 12.000 €.
Rechtsfolge: A, B und C haften (im Außenverhältnis) als Gesamtschuldner für den gesamten Kostenersatz von 12.000 €, obwohl bei einer Verteilung des Nachlasses bei gleichen Quoten den drei Erben zusammen nur 10.500 € zustehen (soweit keine Besonderheiten vorliegen, vgl. dazu Rn. 24.3). D haftet jedenfalls nicht. Das Innenverhältnis unter den Gesamtschuldnern wird hiervon nicht berührt. § 2046 Abs. 2 BGB ist zu berücksichtigen (vgl. Beispiel 1).

Beispiel 3: 2 Erben zu gleichen Teilen (A und B). B ist nach § 102 Abs. 3 Nr. 3 SGB XII privilegiert. Der zu berücksichtigende Nachlasswert beträgt 20.000 €, der geltend gemachte Kostenersatz 12.000 €.
Rechtsfolge: A haftet allein für den Kostenersatz i.H.v. 12.000 €. § 2046 Abs. 2 BGB ist zu berücksichtigen (vgl. Beispiel 1).

Beispiel 4: 2 Erben zu gleichen Teilen (A und B). B ist nach § 102 Abs. 3 Nr. 3 SGB XII zu 50% („soweit") teil-privilegiert. Der berücksichtigende Nachlasswert beträgt 20.000 €, der geltend gemachte Kostenersatz 12.000 €.
Rechtsfolge: Für einen Betrag von 6.000 € haften A und B als Gesamtschuldner, für den übrigen Kostenersatz von ebenfalls 6.000 € haftet A alleine. § 2046 Abs. 2 BGB ist zu berücksichtigen (vgl. Beispiel 1). Ob eine Teilprivilegierung im Anwendungsfall des § 102 Abs. 3 Nr. 3 SGB XII überhaupt denkbar ist, hat das BSG noch nicht entschieden. Eine Teilprivilegierung ist aber jedenfalls in § 102 Abs. 3 Nr. 2 SGB XII gesetzlich vorgesehen.

Die **Privilegierung** schlägt in den aufgeführten Beispielsfällen nicht auf die übrigen Erben in dem Sinne durch, dass der Anspruch auf Kostenersatz sich um die Quote des Erbteils des privilegierten Erben verringern würde. Der **Kostenersatzanspruch** richtet sich auch bei einer Privilegierung (nur) gegen die nicht privilegierten Erben, gegen diese allerdings in voller Höhe. Ob und wie im Innenverhältnis (§ 426 BGB) bzw. (vgl. insbesondere den dritten Beispielsfall) bei der Erbauseinandersetzung die Privilegierung (§ 2046 Abs. 2 BGB) zu berücksichtigen ist, ist eine spezifisch zivilrechtliche Frage, die für die sozialhilferechtliche Konstellation nur insoweit von Bedeutung sein kann, als bei der Geltendmachung des Kostenersatzes Ermessen auszuüben ist. Dabei kann zu berücksichtigen sein, dass die Privilegierung bei oder nach bereits erfolgter Erbauseinandersetzung ins Leere gehen kann und deshalb gegebenenfalls nur die Geltendmachung eines anteiligen Kostenersatzanspruchs gegen jeden einzelnen Miterben (außer den privilegierten Erben) entsprechend seiner Quote rechtfertigt (Ermessensreduzierung auf Null).[34]

Allein die Privilegierung führt aber nicht zwingend zu einer **Ermessensreduzierung**. Maßgebend sind vielmehr die Besonderheiten des Einzelfalls, etwa wenn den Umständen, die die Annahme einer Härte rechtfertigen, vom Erblasser bereits im Testament durch unterschiedliche Quoten oder **Teilungsanordnung** (vgl. § 2048 BGB) Rechnung getragen worden ist, oder entsprechende Vereinbarungen unter den Erben bestehen. In Zweifelsfällen wird dem Sozialhilfeträger anzuraten sein, sein Ermessen in dem

---

[33] Zur erforderlichen Ermessensausübung: BSG v. 23.08.2013 - B 8 SO 7/12 R - SozR 4-5910 § 92c Nr. 2.
[34] BSG v. 23.08.2013 - B 8 SO 7/12 R - SozR 4-5910 § 92c Nr. 2.

Sinne auszuüben, dass er bei einer Mehrheit von Erben den Kostenersatz gegen die nicht privilegierten Erben nur in Höhe der jeweiligen Erbquote geltend macht, und bei einer Teilprivilegierung den Kostenersatz vom (teil-)privilegierten Erben nur in Höhe seiner Quote unter Abzug des Betrages, der eine Privilegierung rechtfertigt, fordert.

bb. Einsatz der eigenen Arbeitskraft

36 Ausfluss und Konkretisierung der Selbsthilfeobliegenheit ist die Verpflichtung zur Aufnahme einer zumutbaren Tätigkeit (§§ 1 Abs. 3 Satz 4, 39a). Diese Obliegenheit hat mit der Zusammenführung von Arbeitslosen- und Sozialhilfe für **Erwerbsfähige** in das SGB II seit dem 01.01.2005 eine nur noch geringe praktische Bedeutung (vgl. Rn. 15). Hilfe zum Lebensunterhalt (§§ 27 ff. SGB XII) oder Leistungen der Grundsicherung im Alter und bei Erwerbsminderung (§§ 41 ff. SGB XII) können nur (noch) Personen erhalten, die mangels Erwerbsfähigkeit (vgl. dazu die Kommentierung zu § 21 SGB XII Rn. 19 ff.) oder wegen Erreichens der Regelaltersgrenze (vgl. dazu die Kommentierung zu § 21 SGB XII Rn. 24) nicht zum Kreis der Leistungsberechtigten nach dem SGB II gehören (§ 21 Satz 1 SGB XII, § 5 Abs. 2 SGB II). Diesem Personenkreis ist die Aufnahme einer Erwerbstätigkeit aber selbst dann **nicht zumutbar**, wenn es nur um die Ausschöpfung der verbliebenen Arbeitskraft (etwa unter drei Stunden täglich) geht (§ 11 Abs. 4 SGB XII). Der Einsatz der Arbeitskraft kann allenfalls bei den übrigen Kapiteln des SGB XII eine – wenngleich untergeordnete – Rolle spielen. Dementsprechend ist Rechtsprechung hierzu – soweit ersichtlich – auch nicht vorhanden. Von Bedeutung kann der Einsatz der Arbeitskraft allerdings insbesondere bei Leistungsberechtigten nach dem **AsylbLG** sein, die sogenannte Analogleistungen nach § 2 AsylbLG beziehen, weil diese auch als Erwerbsfähige keinen Anspruch nach dem SGB II haben (§ 7 Abs. 1 Satz 2 Nr. 3 SGB II) und Leistungen in entsprechender Anwendung des SGB XII erhalten, mithin auch in entsprechender Anwendung von § 11 Abs. 3, 4 SGB XII (vgl. dazu die Kommentierung zu § 39 SGB XII Rn. 14 und die Kommentierung zu § 2 AsylbLG Rn. 133). Gleiches gilt für Bedürftige, die nach § 7 Abs. 1 Satz 2 Nr. 2 SGB II ausgeschlossen sind, aber dem Europäischen Fürsorgeabkommen unterfallen,[35] sowie für Ausländer, bei denen die Voraussetzungen nach § 7 Abs. 1 Satz 2 Nr. 1 SGB II vorliegen.

cc. Hilfen anderer

37 Keinen Anspruch auf Leistungen nach dem SGB XII hat derjenige, der die erforderlichen Leistungen von Dritten erhält; es fehlt an der für den Anspruch nach § 19 Abs. 1-3 SGB XII erforderlichen Hilfebedürftigkeit, weil die Leistungen in der Regel als einzusetzendes Einkommen zu berücksichtigen sind (Einzelheiten vgl. Rn. 42 ff.). Die Hilfebedürftigkeit „entfällt" aber nur, wenn den Bedarf deckende Leistungen von dritter Seite **tatsächlich erbracht** werden. Dementsprechend stellt § 2 Abs. 1 SGB XII ausdrücklich nicht darauf ab, ob der Hilfesuchende die Leistung erhalten (beanspruchen) kann, sondern ob er sie tatsächlich erhält (vgl. Rn. 13). Dabei ist es ohne Bedeutung, ob ein Rechtsanspruch auf die Leistung besteht.[36]

38 Erhält ein Bezieher von Leistungen nach den §§ 41 ff. SGB XII Unterhaltsleistungen von Dritten, sind diese als Einkommen bedarfsmindernd zu berücksichtigen. Weder kann er sich darauf berufen, dass er keinen Anspruch auf diese Leistungen habe, noch darauf, dass **Unterhaltsansprüche** bis zu einem Einkommen des Unterhaltsverpflichteten von 100.000 € unberücksichtigt bleiben.[37]

39 Wer der andere ist, ist nach dem Wortlaut von § 2 Abs. 1 SGB XII und nach § 19 Abs. 1-3 SGB XII ohne Bedeutung. In Frage kommen nach dem Wortlaut der Norm aber in erster Linie („insbesondere") **Angehörige** des Hilfeempfängers und andere Sozialleistungsträger. Daneben kann aber jeder andere den Hilfebedarf abdeckende Dritte „anderer" i.S.v. § 2 Abs. 1 SGB XII sein.

40 Werden Leistungen durch Dritte erbracht, kommt es nicht auf deren Rechtsgrund an. Sie können auf Vertrag, Gesetz oder einer bloßen sittlichen Pflicht beruhen. Ob auf die erbrachte Leistung ein Anspruch besteht, ist unerheblich. Selbst **ohne Rechtsgrund erbrachte Leistungen** (§§ 812 ff. BGB) mindern oder decken den Bedarf des Hilfebedürftigen. Dass ohne Rechtsgrund erbrachte Leistungen

---

[35] LSG Berlin-Brandenburg v. 28.06.2012 - L 14 AS 933/12 B ER; LSG NRW v. 25.11.2013 - 19 AS 578/13 B ER; LSG Niedersachsen-Bremen v. 15.11.2013 - L 15 AS 365/13 B ER, das allerdings § 73 SGB XII anwendet; a.A. LSG Berlin-Brandenburg v. 21.06.2012 - L 20 AS 1322/12 B ER.
[36] BVerwG v. 09.06.1971 - BVerwG V C 56.70 - BVerwGE 38, 174; BVerwG v. 29.07.1971 - V C 2.71 - BVerwGE 38, 207.
[37] BSG v. 16.10.2007 - B 8/9b SO 8/06 R - BSGE 99, 137 Rn. 23 = SozR 4-1300 § 44 Nr. 11.

zu erstatten (herauszugeben) sind, ändert hieran nichts. Insoweit handelt es sich um Schulden, die bei der Einkommensberücksichtigung nicht in Abzug zu bringen sind, weil dort keine Saldierung von Aktiva und Passiva erfolgt.[38]

Bei **zu Unrecht erbrachten Sozialleistungen**, die später nach Aufhebung der Leistungsbewilligung (§§ 45 ff. SGB X) zurückgefordert werden (§ 50 SGB X), kann der Betroffene – unabhängig von der – nunmehr anerkannten – Anwendbarkeit des § 44 SGB X[39] (vgl. die Kommentierung zu § 18 SGB XII Rn. 46 f.) oder dem Kenntnisgrundsatz (vgl. dazu die Kommentierung zu § 18 SGB XII Rn. 39) – vom Sozialhilfeträger nicht rückwirkend Sozialhilfe verlangen, weil er (jedenfalls in Höhe der zu Unrecht erbrachten Sozialleistung) nicht bedürftig war. Er kann aber gegenüber dem Sozialleistungsträger, der die Bewilligung aufhebt und die Erstattung fordert, einwenden, er hätte ohne die zu erstattende Leistung Sozialhilfe erhalten. Die Behörde muss diesen Einwand dann im Rahmen der Ermessensausübung berücksichtigen. Handelt es sich bei der Aufhebung der Sozialleistung um eine gebundene Entscheidung – etwa bei Leistungen nach dem SGB II (§ 40 Abs. 1 Satz 2 Nr. 2 SGB II i.V.m. § 330 SGB III) oder dem SGB III (§ 330 SGB III) –, kann eine Korrektur hingegen nur über den **Erlass der Erstattungsforderung** erfolgen, wobei abhängig vom Einzelfall von einer Ermessensreduzierung auf Null ausgegangen werden muss und die Verfolgung des Erstattungsanspruchs als unzulässige Rechtsausübung (dolo-agit-Einrede) anzusehen ist.[40] 41

Erfolgt die Hilfe Dritter bis zur Entscheidung des Sozialhilfeträgers im Vorgriff auf die zu erwartende Leistung, lässt die tatsächliche Bedarfsdeckung die Hilfebedürftigkeit nicht entfallen. Dies kann etwa nach rechtswidriger Ablehnung der Hilfegewährung der Fall sein, wenn der Hilfesuchende die Hilfegewährung erst erstreiten muss und zwischenzeitlich die Bedarfsdeckung mit Hilfe Dritter (z.B. durch ein Darlehen) oder mit dem ihm zur Verfügung stehenden Schonvermögen gesichert wird. Hier ist selbst bei (inzwischen) fehlender gegenwärtiger Bedürftigkeit der Garantie **effektiven Rechtsschutzes** der Vorrang zu geben.[41] 42

Wird ein **Darlehen** aufgenommen, ist der daraus zufließende Betrag bereits nicht als Einkommen zu berücksichtigen. Einnahmen in Geld oder Geldeswert sind nur dann als Einkommen zu qualifizieren, wenn der damit verbundene wertmäßige Zuwachs dem Hilfebedürftigen zur endgültigen Verwendung verbleibt. Deshalb sind Darlehen, die mit einer zivilrechtlich wirksam vereinbarten Rückzahlungsverpflichtung belastet sind, als eine nur vorübergehend zur Verfügung gestellte Leistung nicht als Einkommen zu berücksichtigen.[42] 43

Zuwendungen Dritter, die zur Bedarfsdeckung durch Dritte erbracht werden und nicht zurückzuzahlen sind, sind hingegen als Einkommen zu berücksichtigen. Sie können auch nicht nach § 84 SGB XII außer Betracht bleiben; denn zum einen beeinflussen die Zuschüsse die Lage des Hilfesuchenden so günstig, dass daneben (zur Vermeidung von Doppelleistungen) Sozialhilfe nicht gerechtfertigt wäre, zum anderen kann die Einkommensberücksichtigung angesichts desselben Zwecks, der mit der Sozialhilfe bzw den Zuschüssen verfolgt wird, keine besondere Härte bedeuten.[43] 44

Bei der Selbsthilfe im Rahmen von **Einsatzgemeinschaften** des § 19 Abs. 1, 2 oder 3 SGB XII, bei der ein Mitglied der Einsatzgemeinschaft den Bedarf deckt, ohne dass der Hilfebedürftige zur Rückerstattung verpflichtet ist, kann die Pflicht zur Rückerstattung hingegen nicht zur Voraussetzung für einen Leistungsanspruch gemacht werden. Das BSG hat insoweit zu Recht eine Zuwendung aus sittlicher Pflicht (§ 84 Abs. 2 SGB XII) aus Gründen des effektiven Rechtsschutzes verneint, soweit durch die 45

---

[38] BSG v. 15.04.2008 - B 14/7b AS 52/06 R - FEVS 60, 297.
[39] § 116a SGB XII (mit Wirkung ab 01.04.2011), § 136 SGB XII (mit Wirkung ab 01.01.2011); zur Anwendbarkeit von § 44 SGB X vor der entsprechenden Gesetzesänderung im Recht der Sozialhilfe: BSG v. 16.10.2007 - B 8/9b SO 8/06 R - BSGE 99, 137 = SozR 4-1300 § 44 Nr. 11; BSG v. 26.08.2008 - B 8 SO 26/07 R - SozR 4-1300 § 44 Nr. 15 Rn. 19; BSG v. 29.09.2009 - B 8 SO 16/08 R - BSGE 104, 213 = SozR 4-1300 § 44 Nr. 20; *Pattar*, NZS 2010, 7 ff.
[40] Ausführlich *Greiser* in Eicher/Schlegel, SGB III, § 328 Rn. 69 m.w.N., Stand September 2013.
[41] BVerwG v. 14.09.1972 - V C 62.72, V B 35.72 - BVerwGE 40, 343, 346; BVerwG v. 10.05.1979 - V C 79.77 - BVerwGE 58, 68, 74; BVerwG v. 30.04.1992 - 5 C 12/87 - BVerwGE 90, 154, 156; BVerwG v. 30.04.1992 - 5 C 26/88 - BVerwGE 90, 160, 162; BVerwG v. 02.09.1993 - 5 C 50/91 - BVerwGE 94, 127, 133; BVerwG v. 05.05.1994 - 5 C 43/91 - BVerwGE 96, 18, 19.
[42] BSG v. 17.06.2010 - B 14 AS 46/09 R - BSGE 106, 185 ff. Rn. 16 = SozR 4-4200 § 11 Nr. 30; BSG v. 20.09.2012 - B 8 SO 15/11 R - juris Rn. 26 - BSGE 112, 67 ff. = SozR 4-3500 § 92 Nr. 1; BSG v. 23.08.2013 - B 8 SO 24/11 R - juris Rn. 25.
[43] BSG v. 23.08.2013 - B 8 SO 24/11 R - juris Rn. 22.

Bedarfsdeckung nicht nur ohnehin bestehende Unterhaltsansprüche erfüllt wurden, um die normative Wertung der Vorschriften über die Anspruchsvoraussetzungen und die Einkommensberücksichtigung nicht zu konterkarieren.[44]

dd. Zumutbarkeit

46 Die **Zumutbarkeit** wird generell als Grenze der Selbsthilfeobliegenheit gewertet.[45] Auch hier gilt aber, dass die Zumutbarkeit bzw. Unzumutbarkeit als eigenständige Leistungsvoraussetzung geregelt sein muss und § 2 SGB XII nur konkretisiert.

47 Eine solche Sonderregelung sieht das SGB XII bei der Übernahme von **Bestattungskosten** nach § 74 SGB XII vor. Danach werden die erforderlichen Kosten einer Bestattung vom Sozialhilfeträger (nur) übernommen, soweit den hierzu Verpflichteten nicht zugemutet werden kann, die Kosten zu tragen. Der Begriff der Zumutbarkeit ist dort nach Maßgabe der Umstände des Einzelfalls auszulegen, wobei neben wirtschaftlichen Gesichtspunkten auch Umstände eine Rolle spielen können, die als solche im Allgemeinen sozialhilferechtlich unbeachtlich sind.[46]

48 Nach § 11 Abs. 3 Satz 4 SGB XII sind Leistungsberechtigte zur Aufnahme einer **zumutbaren Tätigkeit** (sowie zur Teilnahme an einer erforderlichen Vorbereitung) verpflichtet, wenn sie hierdurch Einkommen erzielen können. Ergänzend regelt § 11 Abs. 4 SGB XII, unter welchen Voraussetzungen die Aufnahme der Tätigkeit unzumutbar ist.

49 Eine Folge des Nachranggrundsatzes (günstigere Leistungen in Anspruch zu nehmen) regelt auch § 13 Abs. 3 Sätze 3-6 SGB XII. Sind ambulante Leistungen mit **unverhältnismäßigen Mehrkosten** verbunden, muss der Leistungsberechtigte danach nur dann in eine stationäre Einrichtung wechseln, wenn ihm dies zumutbar ist. Eine Regelung mit vergleichbarer Zielrichtung bei der Hilfe zur Pflege enthält (unter weiteren Voraussetzungen) § 61 Abs. 1 Satz 2 letzter Halbsatz SGB XII für Leistungen für eine stationäre oder teilstationäre Einrichtung, die (unter anderem) nur zu erbringen sind, wenn ambulante oder teilstationäre Leistungen nicht zumutbar sind.

50 Auch ob und inwieweit **Einkommen über der Einkommensgrenze** einzusetzen ist, wird in den §§ 87, 89 SGB XII an die Zumutbarkeit geknüpft. Der Nachranggrundsatz des § 2 SGB XII wird insoweit beschränkt, weil trotz bestehender Selbsthilfemöglichkeit das Einkommen nicht zwingend einzusetzen ist. Ähnlich verhält es sich bei der Aufbringung von Mitteln außerhalb von Einrichtungen. Hier wird in § 92 Abs. 2 SGB XII der Kostenersatz auf die Kosten des Lebensunterhalts beschränkt (zur Struktur der Einkommensanrechnung bei stationären und teilstationären Sozialhilfeleistungen vgl. die Kommentierung zu Anhang zu § 13 SGB XII - Überblick über die Struktur der Einkommensanrechnung bei stationären und teilstationären Sozialhilfeleistungen SGB XII).

2. Verpflichtungen anderer (Absatz 2 Satz 1)

51 Verpflichtungen anderer bleiben nach § 2 Abs. 2 Satz 1 SGB XII unberührt; Dritte werden also nicht dadurch von ihrer Verpflichtung gegenüber dem Hilfebedürftigen frei, dass der Sozialhilfeträger bedarfsdeckende Leistungen erbringt. Die Sozialhilfe dient damit nicht der Erfüllung der Ansprüche gegen Dritte.

52 § 2 Abs 2 Satz 1 SGB XII nennt als Regelfall der Verpflichtung anderer den **Unterhaltsanspruch**. Dass Unterhaltsansprüche wegen erbrachter Leistungen nach dem SGB XII nicht untergehen, ist aber ohnehin selbstverständlich, weil der Sozialhilfeträger nicht auf die Schuld des Unterhaltsschuldners zahlt. Verdeutlicht wird dies zudem durch den Übergang des Unterhaltsanspruchs auf den Sozialhilfeträger nach § 94 SGB XII. Die Auffassung, dass die Sozialhilfe bedarfsdeckend auf den Unterhaltsanspruch anzurechnen sei, wenn dieser nicht auf den Träger der Sozialhilfe übergehe,[47] hat der BGH zu Recht nicht geteilt.[48]

---

[44] BSG v. 22.03.2012 - B 8 SO 30/10 R - juris Rn. 27 - BSGE 110, 301 = SozR 4-3500 § 54 Nr. 8; BSG v. 20.09.2012 - B 8 SO 15/11 R - juris Rn. 25 - BSGE 112, 67 = SozR 4-3500 § 92 Nr. 1.

[45] BVerwG v. 20.10.1994 - 5 C 28/91 - BVerwGE 97, 53 ff. (Zumutbarkeit eines Heimwechsels); BVerwG v. 17.05.1995 - 5 C 20/93 - BVerwGE 98, 203 ff. (Zumutbarkeit von Arbeitsbemühungen); BVerwG v. 23.11.1995 - 5 C 13/94 - BVerwGE 100, 50 ff. (Unzumutbarkeit einer betrieblichen Ausbildung für behinderte Hilfebedürftige); *Wahrendorf* in: Grube/Wahrendorf, SGB XII, 4. Aufl. 2012, § 2 Rn. 16.

[46] Dazu BSG v. 29.09.2009 - B 8 SO 23/08 R - BSGE 104, 219 Rn. 16 ff. = SozR 4-3500 § 74 Nr. 1.

[47] Etwa noch OLG Nürnberg v. 03.11.1998 - 11 UF 1643/98 - EzFamRZ 1999, 39.

[48] BGH v. 17.03.1999 - XII ZR 139/97 - FamRZ 1999, 843 ff.

Allerdings kann das Sozialhilferecht Einfluss auf das Unterhaltsrecht nehmen. So wird aus § 43 Abs. 2 SGB XII die Intention des Gesetzgebers deutlich, Kinder ihren Eltern (und umgekehrt) gegenüber zwar nicht aus der Pflicht zur Unterhaltsgewährung gänzlich zu entlassen, bei der Frage aber, ob ein Unterhaltsanspruch gegen sie besteht, die Belastung erwachsener Kinder durch die Pflicht zur Zahlung von Elternunterhalt unter Berücksichtigung ihrer eigenen Lebenssituation in Grenzen zu halten, indem bei Leistungen der Grundsicherung im Alter und bei Erwerbsminderung eine Einkommensgrenze von 100.000 Euro jährlich eingeführt worden ist, bis zu der Kinder Einkommen beziehen können, ohne dass Unterhaltsansprüche ihrer Eltern gegen sie bei der Gewährung von Grundsicherungsleistungen im Alter berücksichtigt werden.[49] Gleiches gilt für Unterhaltsansprüche grundsicherungsberechtigter Kinder gegen ihre Eltern, wobei ein Anspruch auf Leistungen der Grundsicherung wegen der Inanspruchnahme unterhaltspflichtiger Eltern nicht schon ausscheidet, wenn beide Eltern zusammen über ein jährliches Gesamteinkommen von 100.000 € verfügen, sondern erst, wenn dies für (mindestens) einen Elternteil zutrifft.[50]

53

§ 2 Abs. 2 Satz 1 SGB XII gilt, wie sich aus dem Wortlaut („insbesondere") zwanglos schließen lässt, auch für andere Verpflichtungen als die von Unterhaltspflichtigen, also auch für (vorrangige) Ansprüche gegen **Träger anderer Sozialleistungen**. Zwar gilt durch die Leistung des Sozialhilfeträgers (in dieser Höhe) auch der Anspruch gegen den anderen Leistungsträger als erfüllt (§ 107 Abs. 1 SGB X), an der grundsätzlichen Verpflichtung ändert dies aber nichts, wie auch der Erstattungsanspruch des Sozialhilfeträgers gegen den anderen Leistungsträger zeigt (§ 104 SGB X). Bei sonstigen Verpflichtungen, die aus zivilrechtlichen Ansprüchen resultieren, kann der Sozialhilfeträger den Anspruch nach § 93 SGB XII auf sich überleiten. § 2 SGB XII gibt auch insoweit in der Regel keine Handhabe dafür, Leistungen abzulehnen.[51]

54

3. Entsprechende Leistungen anderer Leistungsträger (Absatz 2 Satz 2)

§ 2 Abs. 2 Satz 2 SGB XII betont auch für das Verhältnis **öffentlich-rechtlicher Verwaltungsträger** untereinander den Nachrang der Sozialhilfeleistungen. Ähnlich § 2 Abs. 2 Satz 1 SGB XII wird dort klarstellend geregelt, dass auf Rechtsvorschriften beruhende Leistungen Dritter nicht deshalb versagt werden dürfen, weil nach dem SGB XII entsprechende Leistungen vorgesehen sind. Hierdurch ist der Gesetz- oder Verordnungsgeber allerdings nicht gehindert, Personen, die Leistungen nach dem SGB XII erhalten oder zu beanspruchen haben, von entsprechenden Leistungen nach anderen Rechtsvorschriften auszuschließen.[52]

55

Bei **Pflichtleistungen** Dritter (ohne entsprechenden gesetzlich geregelten Leistungsausschluss) liegt es auf der Hand, dass sie nicht deshalb versagt werden dürfen, weil das SGB XII entsprechende Leistungen vorsieht, es sei denn, das jeweilige Leistungsgesetz oder entsprechende Rechtsverordnungen sehen einen Leistungsausschluss bei Leistungen der Sozialhilfe vor.[53] Die Vorschrift dürfte deshalb insbesondere auf **Ermessensleistungen** zielen und dem anderen Leistungsträger verbieten, im Rahmen des ihm eingeräumten Ermessens die Verpflichtung des Sozialhilfeträgers zur Gewährung gleichartiger Leistungen zum Nachteil des Hilfebedürftigen zu berücksichtigen.[54] Dies bedeutet aber nicht, dass die (vorrangige) Ermessensleistung erbracht werden muss, mithin wegen der Regelung des § 2 Abs. 2 Satz 2 SGB XII zur Pflichtleistung mutiert, wenn (andere) Ermessenserwägungen die Ablehnung der Leistung rechtfertigen.

56

---

[49] BVerfG v. 07.06.2005 - 1 BvR 1508/96 - BVerfGE 113, 88 ff.
[50] Vgl. BSG v. 25.04.2013 - B 8 SO 21/11 R - SozR 4-3500 § 43 Nr. 3.
[51] Zum Schenkungsrückforderungsanspruch: BSG v. 02.02.2010 - B 8 SO 21/08 R - juris Rn. 13.
[52] BVerwG v. 27.01.1965 - V C 37.64 - BVerwGE 20, 194 ff.; BVerwG v. 10.03.1965 - V C 96.64 - FEVS 12, 161.
[53] BVerwG v. 27.01.1965 - V C 37.64 - BVerwGE 20, 194 ff.
[54] BVerwG v. 10.03.1965 - V C 96.64 - FEVS 12, 161.

§ 3 SGB XII Träger der Sozialhilfe

(Fassung vom 27.12.2003, gültig ab 01.01.2005)

(1) Die Sozialhilfe wird von örtlichen und überörtlichen Trägern geleistet.

(2) [1]Örtliche Träger der Sozialhilfe sind die kreisfreien Städte und die Kreise, soweit nicht nach Landesrecht etwas anderes bestimmt wird. [2]Bei der Bestimmung durch Landesrecht ist zu gewährleisten, dass die zukünftigen örtlichen Träger mit der Übertragung dieser Aufgaben einverstanden sind, nach ihrer Leistungsfähigkeit zur Erfüllung der Aufgaben nach diesem Buch geeignet sind und dass die Erfüllung dieser Aufgaben in dem gesamten Kreisgebiet sichergestellt ist.

(3) Die Länder bestimmen die überörtlichen Träger der Sozialhilfe.

Gliederung

A. Basisinformationen 1	1. Träger der Sozialhilfe (Absatz 1) 19
I. Textgeschichte 1	2. Örtliche Träger der Sozialhilfe (Absatz 2
II. Vorgängervorschriften 2	Satz 1) 24
III. § 3 SGB XII und Verfassungsrecht 4	3. Öffnungsklausel zur Bestimmung örtlicher
IV. Parallelvorschriften 8	Träger (Absatz 2 Satz 2) 25
V. Systematische Zusammenhänge 9	a. Vom Landesgesetzgeber zu beachtende
VI. Ausgewählte Literaturhinweise 11	Vorgaben 25
B. Auslegung der Norm 12	b. Aufgabenübertragung und Heranziehung 30
I. Regelungsgehalt und Bedeutung der Norm 12	4. Bestimmung der überörtlichen Träger der
II. Normzweck 16	Sozialhilfe (Absatz 3) 33
III. Tatbestandsmerkmale 19	

A. Basisinformationen[1]

I. Textgeschichte

1   Die Vorschrift wurde mit Wirkung zum 01.01.2005 durch das Gesetz zur Einordnung des Sozialhilferechts in das Sozialgesetzbuch eingeführt[2] und ist seitdem nicht mehr geändert worden.

II. Vorgängervorschriften

2   § 3 SGB XII fasst die an verschiedenen Stellen des BSHG normierten Vorschriften über die Zuweisung der Aufgaben der Sozialhilfe an die örtlichen und überörtlichen Träger in einer Vorschrift zusammen. § 3 Abs. 1 SGB XII entspricht dabei § 9 BSHG, § 3 Abs. 2 SGB XII § 96 Abs. 1 Satz 1 BSHG und § 3 Abs. 2 SGB XII der Regelung des § 96 Abs. 2 Satz 1 BSHG. Eine inhaltliche Änderung des Regelungskonzepts war nicht gewollt.[3] Die in § 96 Abs. 1 Satz 2 BSHG enthaltene Regelung ist nunmehr aus systematischen Gründen im Zusammenhang mit den Vorschriften zur örtlichen und sachlichen Zuständigkeit in § 99 Abs. 1 SGB XII geregelt; § 96 Abs. 2 Satz 2 BSHG findet sich in § 99 Abs. 2 SGB XII wieder. § 99 SGB XII ergänzt die durch § 3 Abs. 2 Satz 1 SGB XII den Ländern eingeräumte Befugnis zur Bestimmung der örtlichen Träger durch die durch landesrechtliche Vorschriften erst zu schaffende Erlaubnis der Träger, bestimmte Körperschaften, die nicht Träger sind, zur Aufgabenerfüllung heranzuziehen (vgl. die Kommentierung zu § 99 SGB XII Rn. 5).

3   Seit 01.01.2013 ist durch § 46b Abs. 2 SGB XII die Anwendung des § 3 SGB XII für Leistungen nach dem Vierten Kapitel (Grundsicherung im Alter und bei Erwerbsminderung) wieder ausgenommen und die Bestimmung des zuständigen Trägers dem Landesrecht vorbehalten.

---

[1] Die Kommentierung basiert auf der Kommentierung des § 3 SGB XII durch *Piepenstock* in der 1. Aufl. des jurisPK-SGB XII. Einzelne Sätze wurden aus der Kommentierung in der Vorauflage übernommen.

[2] BGBl I 2003, 3022; vgl. dazu BR-Drs. 559/03, S. 180; ferner BT-Drs. 15/1514, S. 55, BT-Drs. 15/1636 und BT-Drs. 15/1734, S. 13.

[3] Vgl. die Begründung zum Gesetzentwurf BT-Drs. 15/1514, S. 55.

III. § 3 SGB XII und Verfassungsrecht

§ 3 SGB XII bewegt sich im Spannungsfeld der Finanzverfassung des Grundgesetzes, die einerseits dadurch geprägt wird, dass der Bund von seiner konkurrierenden Gesetzgebungskompetenz nach **Art. 74 Abs. 1 Nr. 7 GG** für die öffentliche Fürsorge Gebrauch gemacht hat, andererseits die Zuständigkeit für die Aufgabenerledigung (und damit deren Finanzierung, von den Leistungen des 4. Kapitels abgesehen, vgl. § 46a SGB XII) als pflichtige Selbstverwaltungsaufgabe[4] nach Art. 28 GG auf den Schultern der örtlichen und überörtlichen Träger der Sozialhilfe ruht. Denn nach Art. 104a Abs. 1 GG tragen Bund und Länder (und damit auch die Gemeinden als deren Bestandteil) gesondert die sich aus der Wahrnehmung der Aufgaben ergebenden Ausgaben. Der Verantwortung für die Wahrnehmung einer Aufgabe folgt also unmittelbar die Finanzierungsverantwortung, die in Zeiten knapper Kassen zugleich eine Finanzierungslast bedeutet.[5]

Von der in **Art. 104a Abs. 3 Satz 1 GG** eingeräumten Möglichkeit, dass der Bund die mit der Ausführung von Bundesgesetzen einhergehenden Ausgaben selbst trägt, hat er mit § 46a SGB XII (nur) für die Leistungen der Grundsicherung im Alter und bei Erwerbsminderung Gebrauch gemacht. Danach erstattete der Bund im Jahr 2013 75% und erstattet im Jahr 2014 100% der hierfür anfallenden Kosten. Damit wurde die Erbringung der Leistungen des Vierten Kapitels zugleich in die Bundesauftragsverwaltung überführt (Art. 104a Abs. 3 Satz 2 GG); diesem Schritt folgte als Konsequenz die Regelung des § 46b Abs. 2 SGB XII, der in Abweichung von § 3 SGB XII den Ländern selbst die Bestimmung des für die Ausführung des Gesetzes insoweit zuständigen Trägers übertragen hat.

Als verfassungsrechtlich problematisch dürften sich die Regelungen des § 3 Abs. 1 und 2 SGB XII wegen der zum 01.01.2011 neu eingefügten **Bildungs- und Teilhabeleistungen des § 34 SGB XII** erweisen. Denn damit wurden entgegen dem Verbot der Aufgabenübertragung des Art. 84 Abs. 1 Satz 7 GG auch nach dem 01.09.2006 neue Aufgaben durch Bundesgesetz auf die Kreise und kreisfreien Städte übertragen. Dem Konflikt mit den finanzverfassungsrechtlichen Vorschriften dürfte auch nicht dadurch abgeholfen sein, dass sich der Bund im Rahmen des Vermittlungsverfahrens zum Gesetz zur Ermittlung von Regelbedarfen und zur Änderung des Zweiten und Zwölften Buches Sozialgesetzbuch verpflichtet hat, die Kosten für die Grundsicherung im Alter und bei Erwerbsminderung ab 2012 stufenweise bis 2014 voll zu übernehmen,[6] weil ein Verstoß gegen Art. 84 Abs. 1 Satz 7 GG nicht durch eine in der Gesamtbilanz möglicherweise eintretende finanzielle Entlastung der Kreise und kreisfreien Städte „geheilt" werden kann.

Dieses verfassungsrechtliche Problem hätte vermieden werden können, wenn man es gänzlich den Ausführungsgesetzen der Ländern überlassen hätte, auch die zuständigen örtlichen Träger der Sozialhilfe zu bestimmen (vgl. etwa § 69 SGB VIII).

IV. Parallelvorschriften

In der Grundsicherung für Arbeitsuchende an erwerbsfähige Hilfebedürftige nach dem SGB II sind Träger die Bundesagentur für Arbeit nach § 6 Satz 1 Nr. 1 SGB II, die kreisfreien Städte und Kreise für die Leistungen nach § 16a SGB II, das Arbeitslosengeld II und das Sozialgeld, soweit Arbeitslosengeld II und Sozialgeld für den Bedarf für Unterkunft und Heizung geleistet wird, die Leistungen nach den §§ 24 Abs. 3 Satz 1 Nr. 1 und 2, 27 Abs. 3 SGB II sowie für die Leistungen nach § 28 SGB II, soweit durch Landesrecht nicht andere Träger bestimmt sind (kommunale Träger) oder gemäß § 6a SGB II die kommunalen Träger anstelle der Bundesagentur für Arbeit, wenn sie als Träger der Aufgaben nach dem SGB II zugelassen worden sind.

V. Systematische Zusammenhänge

Die Vorschrift trägt der allgemeinen Regelung des **§ 28 Abs. 2 SGB I** Rechnung, wonach zuständig für die Leistungen der Sozialhilfe die Kreise und kreisfreien Städte, die überörtlichen Träger der Sozialhilfe und für besondere Aufgaben die Gesundheitsämter sind.

§ 3 SGB XII bestimmt nur **institutionell** den örtlichen und überörtlichen Träger der Sozialhilfe; davon zu unterscheiden, wenn auch mit § 3 SGB XII zusammenhängend, sind die **Regelungen zur örtlichen und sachlichen Zuständigkeit** im Ersten Abschnitt des Zwölften Kapitels **(§§ 97-99 SGB XII)**. Sach-

---

[4] *H. Dreier* in: H. Dreier, Grundgesetz-Kommentar, Art. 28 GG Rn. 84 f., 90 ff.
[5] *Berlit* in: Berlit/Conradis/Sartorius, Existenzsicherungsrecht, 2. Aufl. 2013, 44 ff.
[6] Vgl. hierzu die Protokollerklärungen zur Einigung im Vermittlungsverfahren zum Gesetz zur Ermittlung von Regelbedarfen und zur Änderung des SGB II und SGB XII vom 24.03.2011 - BGBl I 2011, 453.

lich zuständig ist danach grundsätzlich der örtliche Träger der Sozialhilfe (§ 97 Abs. 1 SGB XII), soweit nicht nach Landesrecht (§ 97 Abs. 2 Satz 1 SGB XII) der überörtliche Träger sachlich zuständig ist oder der überörtliche Träger – ohne landesrechtliche Zuweisung – nach § 97 Abs. 3 Nr. 1-4 SGB XII sachlich zuständig ist. § 99 SGB XII ermöglicht es, Gemeinden oder Gemeindeverbände zur Durchführung der eigenen Aufgaben heranzuziehen (vgl. dazu Rn. 28 ff.).

VI. Ausgewählte Literaturhinweise

11 *Goletz*, Die Heranziehung zur Durchführung von Aufgaben nach dem Bundessozialhilfegesetz, ZfF 1996, 121 ff.; *Henneke*, Zur Verfassungskonformität von §§ 3 Abs. 2 SGB XII und 6b Abs. 3 und 4 SGB II, Landkreis 2011, 155 ff.; *ders.*, Verpflichtung der Kommunen zur Ausführung neuer oder erweiterter Sozialleistungstatbestände durch den Bund?, ZG 2007, 21ff.; *ders.*, Folgen des unmittelbaren Aufgabendurchgriffs des Bundes auf die Kommunen, Landkreis 2004, 141 ff.; *Korioth*, Beteiligung des Bundes an den Sozialhilfekosten, DVBl 1993, 356 ff.; *Schellhorn*, Probleme der Organisation sozialer Dienste, in: Aktuelle Probleme Sozialer Arbeit, 1980, 58 ff.; *Schmidt-Jortzig/Wolffgang*, Strukturen einer Einbeziehung kreisangehöriger Gemeinden in den Vollzug von Kreiszuständigkeiten, VerwArch 1984, 107 ff.; *Schoch*, Zuständigkeiten in der Sozialhilfe und der Grundsicherung für Arbeitsuchende, ZfS 2005, 209 ff.; *Wimmer*, Sozialhilfe auf Kosten kreisangehöriger Gemeinden?, NWVBl 2001, 8 ff.; *Zink*, Die Delegation von Aufgaben der Sozialhilfe auf Gemeinden und Landkreise, BayVBl 1963, 268, 305 ff.

B. Auslegung der Norm

I. Regelungsgehalt und Bedeutung der Norm

12 Die Vorschrift regelt, dass die Leistungen der Sozialhilfe **nur von öffentlich-rechtlichen Körperschaften**, nämlich kreisfreien Städten und Kreisen als örtlichen Trägern sowie überörtlichen Trägern geleistet werden. Der Vorbehalt abweichender landesrechtlicher Regelungen in Absatz 2 ermächtigt den Landesgesetzgeber nur dazu, andere Körperschaften als örtliche Träger der Sozialhilfe zu bestimmen, nicht aber, andere als öffentlich-rechtliche Träger mit Aufgaben der Sozialhilfe zu betrauen.

13 In **Absatz 1** wird der Grundsatz aufgestellt, dass die Sozialhilfe von örtlichen und überörtlichen Trägern ausgeführt wird.

14 **Absatz 2** regelt, wer örtlicher Sozialhilfeträger ist. Grundsätzlich sind dies kraft Gesetzes die Landkreise und kreisfreien Städte; daneben werden die Länder ermächtigt, eine hiervon abweichende Bestimmung zu treffen. Damit korrespondiert die Ermächtigung der Länder nach § 99 SGB XII, andere Körperschaften zur Aufgabendurchführung heranzuziehen.

15 Durch Absatz 3 wird den Ländern die Bestimmung der überörtlichen Träger der Sozialhilfe übertragen.

II. Normzweck

16 Die bisher auf verschiedene Stellen im BSHG verteilten Regelungen (§§ 9 und 96 BSHG, vgl. Rn. 1) zur Frage, wer Sozialhilfe zu gewähren hat, sollten an einer Stelle zusammengefasst werden.[7] Von diesem Regelungskonzept musste ab 01.01.2013 wegen des Übergangs der Grundsicherung im Alter und bei Erwerbsminderung in die Bundesauftragsverwaltung nach Art. 85 GG durch § 46b SGB XII wieder eine Ausnahme gemacht werden (vgl. Rn. 5).

17 Getragen war die Aufgabenzuweisung schon unter Geltung des BSHG von der Überlegung, dass kreisfreie Städte und Landkreise als örtliche Träger die Gewähr für wirtschaftliche Leistungsfähigkeit und zugleich hinreichende Verwaltungskraft zur Durchführung des Gesetzes haben.[8] Als „Nebeneffekt" wird durch die Aufgabenerledigung auf kommunaler Ebene auch räumlich ein niederschwelliger Zugang (vgl. u.a. § 17 Abs. 1 Nr. 3 SGB I, § 9 Abs. 2 SGB X, § 18 SGB XII) zu Leistungen der Sozialhilfe sichergestellt.

18 Zudem verdeutlicht die Bestimmung öffentlich-rechtlicher Körperschaften als Träger der Sozialhilfe, dass die Daseinsfürsorge eine staatliche Aufgabe ist, d.h. ein „Outsourcing" oder eine Privatisierung der Aufgabe ist damit ausgeschlossen; dass aber die Zusammenarbeit mit privaten Dritten nicht nur nicht ausgeschlossen, sondern erwünscht ist, machen u.a. die §§ 4 und 5 SGB XII deutlich. Doch auch in diesen Fällen bleibt die Aufgabenverantwortung in der Hand der öffentlich-rechtlichen Träger.

---

[7] BR-Drs. 559/03, S. 180.
[8] BR-Drs. 53/60, S. 56 zu § 89 BSHG.

III. Tatbestandsmerkmale

1. Träger der Sozialhilfe (Absatz 1)

Absatz 1 bestimmt **abschließend**, dass die Sozialhilfe von örtlichen und überörtlichen Trägern geleistet wird. Die Bezeichnung als „Träger" legt neben der institutionellen Bezeichnung insbesondere die finanzielle Verantwortung für die Leistungen der Sozialhilfe fest; § 3 SGB XII ist mithin keine Regelung der örtlichen oder sachlichen Zuständigkeit. Diese finden sich in den §§ 97 ff. SGB XII. 19

Die in Absatz 1 getroffene Festlegung der Trägerschaft schließt es nicht aus, dass die zuständigen Träger außerhalb des Kernbereichs der Leistungsgewährung auf die **Unterstützung privater Dritter zurückgreifen** und diese unter Nutzung deren Sachverstandes in die Aufgabendurchführung einbinden (vgl. dazu auch Rn. 26 ff.). Im Gesetz angelegt ist die Zusammenarbeit mit Kirchen, Religionsgesellschaften des öffentlichen Rechts und den Verbänden der freien Wohlfahrtspflege (vgl. § 5 SGB XII). Die Gesamtverantwortung verbleibt dabei aber letztlich immer bei der hoheitlichen Stelle.[9] Diese muss die Leistungsgewährung sicherstellen und dafür die finanziellen Mittel bereithalten. Interessant ist in diesem Zusammenhang die Regelung in § 2a des Hessischen Ausführungsgesetzes zum SGB XII.[10] Darin werden die örtlichen Träger der Sozialhilfe ermächtigt, die ihnen im Rahmen ihrer sachlichen Zuständigkeit nach dem Zwölften Buch Sozialgesetzbuch obliegenden Verwaltungsaufgaben im öffentlichen Interesse durch Verwaltungsakt oder öffentlich-rechtlichen Vertrag auf juristische Personen des Privatrechts zu übertragen (**Beleihung**). Weiter ist geregelt, dass der Beliehene die übertragenen Aufgaben im eigenen Namen wahrnimmt und dabei den Weisungen des beleihenden örtlichen Trägers der Sozialhilfe unterliegt. 20

Träger der Sozialhilfe ist nach dem Grundsatz der „Einheit der Verwaltung" immer die **jeweilige Körperschaft** (z.B. die Stadt, der Kreis, der Landschaftsverband oder das Land) und nicht die ausführende Behörde, also nicht die Dienststelle (z.B. das Sozialamt), das Organ (z.B. der Bürgermeister bzw. Landrat) oder ein Organwalter (z.B. der Stadtverordnete oder Bedienstete), der intern mit der Wahrnehmung der Aufgaben des SGB XII betraut ist. 21

Deshalb liegt die **Kenntnis** i.S. des § 18 SGB XII vom Leistungsfall beim Träger nicht erst dann vor, wenn dem Sozialamt oder dem Allgemeinen Sozialdienst die Notlage bekannt wird, sondern schon dann, wenn eine Stelle der Gebietskörperschaft von der Hilfebedürftigkeit des Betroffenen Kenntnis erlangt. Dies kann auch eine Einrichtung des zuständigen Sozialhilfeträgers – etwa ein Stadt-, Kreis- oder Landeskrankenhaus sein.[11] Wegen der Anwendbarkeit des § 16 SGB I auch im Rahmen des § 18 SGB XII[12] ist die Kenntnisvermittlung jedoch auch über Stellen außerhalb der Verwaltung des Trägers möglich. 22

Demgegenüber sind die Gemeinden und Gemeindeverbände, deren sich die Kreise bzw. die überörtlichen Träger zur Durchführung der Aufgaben der Sozialhilfe (auch im eigenen Namen) bedienen können (vgl. § 99 SGB XII) nicht Aufgabenträger im Sinne des § 3 Abs. 1 SGB XII, weil die Heranziehung die Finanzierungsverantwortlichkeit unberührt lässt. Im sozialgerichtlichen Verfahren hat die Heranziehung allerdings Bedeutung für die Bestimmung des richtigen Beklagten (vgl. dazu im Einzelnen die Kommentierung zu § 99 SGB XII). 23

2. Örtliche Träger der Sozialhilfe (Absatz 2 Satz 1)

Örtliche Träger der Sozialhilfe sind die kreisfreien Städte und die Kreise, soweit nicht Landesrecht etwas anderes bestimmt (dazu Rn. 22). In den Ausführungsgesetzen der Länder zum SGB XII haben diese nicht nur die der Struktur der jeweiligen Landesverfassung entsprechenden Träger als örtliche (und überörtliche, vgl. Absatz 3) Träger bestimmt, sondern zugleich dem länderspezifischen Modell der gemeindlichen Selbstverwaltung nach Art. 28 Abs. 2 GG folgend die Aufgabe der Sozialhilfe als **Selbstverwaltungsangelegenheiten** (so Brandenburg, Berlin, Bremen, Hamburg, Hessen, Mecklenburg-Vorpommern, Nordrhein-Westfalen, Rheinland-Pfalz, Saarland, Sachsen, Schleswig-Holstein, Thüringen), als **weisungsfreie Pflichtaufgaben** (so § 1 Abs. 3 AGSGB XII Baden-Württemberg) oder als **Aufgaben des eigenen Wirkungskreises** (so Bayern, Niedersachsen, Sachsen-Anhalt) bezeichnet. 24

---

[9] BVerfG v. 18.07.1967 - 2 BvF 3/62 - BVerfGE 22, 180, 206.
[10] HAG/SGB XII v. 20.12.2004 - GVBl. I 2004, 488
[11] Vgl. BVerwG v. 09.06.1971 - V C 56.70 - BVerwGE 38, 174 ff.
[12] Vgl. BSG v. 26.08.2008 - B 8/9b SO 18/07 R - SozR 4-3500 § 18 Nr. 1.

Unabhängig von der jeweiligen Bezeichnung handelt es sich bei der Aufgabe der Sozialhilfe um eine von Art. 28 Abs. 2 GG geschützte Aufgabe kommunaler Selbstverwaltung, bei deren Wahrnehmung der örtliche Träger damit nur der Rechtsaufsicht unterliegt.

3. Öffnungsklausel zur Bestimmung örtlicher Träger (Absatz 2 Satz 2)

a. Vom Landesgesetzgeber zu beachtende Vorgaben

25 Gemäß § 3 Abs. 2 Satz 1 HS. 2 SGB XII können die örtlichen Träger der Sozialhilfe durch **Landesrecht** abweichend von der gesetzlichen Regelung bestimmt werden. Dies geschieht typischerweise durch eine entsprechende Klausel im landesrechtlichen Ausführungsgesetz, die den örtlichen Träger (in der Regel aber nur den Landkreis) dazu ermächtigt, im Wege einer Satzung, einer Verordnung oder eines öffentlich-rechtlichen Vertrages die Zuständigkeit auf geeignete andere Träger (in der Regel die Gemeinden) zu übertragen. Zumeist geschieht dies in Form eines Auftragsverhältnisses.

26 Die Bestimmung eines anderen örtlichen Trägers durch Landesrecht hat folgende **Vorgaben** zu beachten:

27 Die zukünftigen Träger müssen **mit der Übertragung** der Aufgabe **einverstanden** sein. Da sich die Übertragung von Zuständigkeiten organisatorisch und finanziell auswirkt, muss die Zustimmung des zuständigen örtlichen Gremiums herbeigeführt werden; teilweise wird deshalb auch die Übertragung von einem entsprechenden Antrag der Gemeinde abhängig gemacht.[13]

28 Die Träger, denen Sozialhilfeaufgaben übertragen werden, müssen **zur Erfüllung** dieser Aufgabe **geeignet** sein. Dabei wird es in erster Linie darauf ankommen, ob eine hinreichende Organisationsstruktur inklusive Personalausstattung und finanzielle Ausstattung vorhanden ist. Dies wird bei kleinen Gemeinden schon deshalb eher selten der Fall sein, weil ihr Anteil am Steueraufkommen auch unter Berücksichtigung des kommunalen Finanzausgleichs (vgl. Art. 106 Abs. 5-7, 9 GG) regelmäßig zu gering sein wird, um die Erfüllung der Aufgaben der Sozialhilfe in ihrem Gemeindegebiet sicherzustellen.

29 Die **Erfüllung** der Sozialhilfeaufgaben muss **im gesamten Gebiet sichergestellt** bleiben. Eine Übertragung ist damit dann ausgeschlossen, wenn infolge der Übertragung Versorgungslücken entstehen würden.

b. Aufgabenübertragung und Heranziehung

30 Bestimmt das Landesrecht eine andere Körperschaft als den Kreis oder eine kreisfreie Stadt institutionell als örtlichen Träger der Sozialhilfe, nimmt diese eine ihr übertragene Aufgabe **in eigenem Namen als eigene Aufgabe** im Rahmen der kommunalen Selbstverwaltung wahr.

31 Bei der **Heranziehung** der Gemeinden und Gemeindeverbände zur Durchführung von Aufgaben der Sozialhilfe **nach § 99 SGB XII** bleibt hingegen die Verantwortung für die Aufgabenerledigung beim bisherigen Träger bestehen (zu § 99 SGB XII allgemein vgl. die Kommentierung zu § 99 SGB XII). Abhängig davon, wie die Heranziehung im Einzelnen rechtlich ausgestaltet ist, gestaltet sich die Beteiligung des Herangezogenen im sozialgerichtlichen Verfahren. Handelt der Herangezogene nicht in eigenem Namen, sondern ist er nur zur Aufgabenerledigung im Auftrag des Heranziehenden ermächtigt, verbleibt die Aktiv- und Passivlegitimation beim Heranziehenden[14], anderenfalls liegt sie beim Herangezogenen.

32 Werden **Verbänden der freien Wohlfahrtspflege** nach § 5 Abs. 5 Satz 1 SGB XII (ausnahmsweise) **Aufgaben** übertragen, verbleibt es wegen des Normzwecks des § 3 SGB XII (vgl. Rn. 17) bei der Verantwortlichkeit des Trägers (vgl. § 5 Abs. 5 Satz 2 SGB XII).

4. Bestimmung der überörtlichen Träger der Sozialhilfe (Absatz 3)

33 Die Bestimmung der überörtlichen Träger der Sozialhilfe obliegt nach Absatz 3 allein den Ländern. Diese haben im Einzelnen folgende Bestimmungen getroffen:
- **Baden-Württemberg**: Kommunalverband für Jugend und Soziales (§ 1 Abs. 2 Gesetz v. 01.07.2004 – GBl 2004, 469, 534).
- **Bayern**: Bezirke Oberbayern, Niederbayern, Oberpfalz, Mittel-, Unter-, Oberfranken, Schwaben (Art. 81 Abs. 1 Gesetz v. 08.12.2006 – GVBl 2006, 942).

---

[13] Vgl. z.B. § 4 Abs. 1 des Hessischen Ausführungsgesetzes zum SGB XII.
[14] Vgl. BSG v. 09.06.2011 - B 8 SO 1/10 R, B 8 SO 11/10 R und B 8 SO 3/10 R; zur möglichen Problematik bei einer Klage gegen den „intern" unzuständigen Träger vgl. BSG v. 02.02.2012 - B 8 SO 9/10 R - SozR 4-5910 § 39 Nr. 1 Rn. 12.

- **Berlin**: Land Berlin (§ 1 Gesetz v. 07.09.2005 – GVBl 2005, 467).
- **Brandenburg**: Land Brandenburg (§ 2 Abs 2 Gesetz v. 03.11.2010 – GVBl I/10 Nr 36).
- **Bremen**: Freie Hansestadt Bremen (§ 2 Gesetz v. 30.04.2007 – GBl 2007, 315).
- **Hamburg**: Hamburg ist als Stadtstaat sowohl örtlicher als auch überörtlicher Sozialhilfeträger. In der nach § 101 SGB XII erlassenen Anordnung zur Durchführung des Zwölften Buches Sozialgesetzbuch v. 19.09.2006 (Amtl. Anzeiger 2006, 2329, zuletzt geändert durch Anordnung vom 11.11.2008 – Amtl. Anzeiger 2008, 2280) hat Hamburg als zuständige Behörde – von Ausnahmen abgesehen – die Bezirksämter bestimmt.
- **Hessen**: Landeswohlfahrtsverband Hessen (§ 3 Gesetz v. 20.12.2004 – GVBl 2004, 488).
- **Mecklenburg-Vorpommern**: Kommunaler Sozialverband Mecklenburg-Vorpommern (§ 1 Abs 3 Satz 1 Gesetz v. 20.12.2004, GVOBl 2004, 546).
- **Niedersachsen**: Land Niedersachen (§ 2 Gesetz v. 16.12.2004 – GVBl 2004, 644),
- **Nordrhein-Westfalen**: Landschaftsverbände Rheinland und Westfalen (§ 1 Gesetz v. 16.12.2004 – GV. NRW, 816).
- **Rheinland-Pfalz**: Land Rheinland-Pfalz (§ 1 Abs. 2 Gesetz v. 22.12.2004 – GVBl 2004, 571).
- **Saarland**: Land Saarland (§ 1 Abs. 2 Gesetz v. 08.03.2005 – AmtsBl. 2005, 438).
- **Sachsen**: Kommunaler Sozialverband Sachsen (§ 3 Abs. 1 Gesetz v. 06.06.2002 – GVBl. 2002, 168).
- **Sachsen-Anhalt**: Land Sachsen-Anhalt (§ 2 Abs. 1 Gesetz v. 11.01.2005 – GVBl 2005, 8).
- **Schleswig-Holstein**: Land Schleswig-Holstein (§ 1 Abs. 2 Gesetz v. 17.12.2010 – GVOBl 2010, 789, 813).
- **Thüringen**: Land Thüringen (§ 2 Gesetz v. 17.12.2004 – GVBl 2004, 891).

§ 4 SGB XII Zusammenarbeit

(Fassung vom 28.05.2008, gültig ab 01.07.2008)

(1) ¹Die Träger der Sozialhilfe arbeiten mit anderen Stellen, deren gesetzliche Aufgaben dem gleichen Ziel dienen oder die an Leistungen beteiligt sind oder beteiligt werden sollen, zusammen, insbesondere mit den Trägern von Leistungen nach dem Zweiten, dem Achten, dem Neunten und dem Elften Buch, sowie mit anderen Trägern von Sozialleistungen, mit den gemeinsamen Servicestellen der Rehabilitationsträger und mit Verbänden. ²Darüber hinaus sollen die Träger der Sozialhilfe gemeinsam mit den Beteiligten der Pflegestützpunkte nach § 92c des Elften Buches alle für die wohnortnahe Versorgung und Betreuung in Betracht kommenden Hilfe- und Unterstützungsangebote koordinieren.

(2) Ist die Beratung und Sicherung der gleichmäßigen, gemeinsamen oder ergänzenden Erbringung von Leistungen geboten, sollen zu diesem Zweck Arbeitsgemeinschaften gebildet werden.

(3) Soweit eine Erhebung, Verarbeitung und Nutzung personenbezogener Daten erfolgt, ist das Nähere in einer Vereinbarung zu regeln.

Gliederung

A. Basisinformationen 1	II. Normzweck 18
I. Textgeschichte 1	III. Tatbestandmerkmale 19
II. Vorgängervorschriften 2	1. Förderung der Zusammenarbeit (Absatz 1) 19
III. Parallelvorschriften 3	a. Umfassendes Kooperationsgebot 19
IV. Systematische Zusammenhänge 8	b. Kooperationspartner 22
V. Ausgewählte Literaturhinweise 13	2. Bildung von Arbeitsgemeinschaften (Absatz 2) 26
B. Auslegung der Norm 14	
I. Regelungsgehalt und Bedeutung der Norm 14	3. Datenschutzrechtliche Regelung (Absatz 3) 35

A. Basisinformationen

I. Textgeschichte

1   Die Vorschrift wurde mit Wirkung zum 01.01.2005 durch das Gesetz zur Einordnung des Sozialhilferechts in das Sozialgesetzbuch eingeführt[1]. Durch das **Pflege-Weiterentwicklungsgesetz**[2] wurde Absatz 1 zum 01.07.2008 neu gefasst. In Satz 1 wurden die Träger von Leistungen nach dem Elften Buch neu aufgenommen und Satz 2 angefügt.

II. Vorgängervorschriften

2   Nur § 4 Abs. 2 SGB XII knüpft sachlich an die Verpflichtung zur Bildung von Arbeitsgemeinschaften nach **§ 95 BSHG** an, ohne dass jedoch die im BSHG noch genannte Aufgabe der Arbeitsgemeinschaften, Leistungsmissbrauch zu verhindern bzw. aufzudecken (§ 95 Satz 2 BSHG) in das SGB XII übernommen worden wäre. Für die übrigen Regelungen in § 4 SGB XII findet sich keine Vorgängervorschrift. Während § 95 Satz 3 BSHG nur allgemein bestimmte, dass in den Arbeitsgemeinschaften vor allem die Stellen vertreten sein sollten, deren gesetzliche Aufgaben dem gleichen Ziel dienen oder die an der Durchführung der Maßnahmen beteiligt sind, besonders die Verbände der freien Wohlfahrtspflege, nennt § 4 Abs. 1 SGB XII nun diejenigen Träger, mit denen eine Zusammenarbeit in der Regel nahe liegen wird, und ergänzt diese allgemein um „Verbände". Zudem wird deutlich, dass anders als unter Geltung des BSHG die Zusammenarbeit der Träger unabhängig davon erfolgen soll, ob unter den Voraussetzungen des § 4 Abs. 2 SGB XII die Bildung einer Arbeitsgemeinschaft in Betracht kommt. Neu ist die datenschutzrechtliche Regelung in Absatz 3.

---

[1]   BGBl I 2003, 3022; vgl. ferner BR-Drs. 559/03, S. 180; ferner BT-Drs. 15/1636 und BT-Drs. 15/1734.
[2]   G. v. 28.05.2008, BGBl I 2008, 874 ff.

III. Parallelvorschriften

Für erwerbsfähige Hilfebedürftige i.S. des **SGB II** ist in **§ 18 Abs. 1 Satz 2 und Abs. 1a SGB II** eine zwingende Verpflichtung der Träger der Grundsicherung für Arbeitsuchende zu einer Zusammenarbeit mit den Sozialhilfeträgern vorgesehen[3]; diese Verpflichtung trägt der Nähe der beiden Existenzsicherungssysteme und der in ihrer jeweiligen Struktur angelegten Übergänge bzw. Überschneidungen (vgl. z.B. § 44 Abs. 3 Satz 2 SGB II; § 7 Abs. 4 SGB II; § 21 SGB XII) Rechnung.

Im **Bereich der Kinder- und Jugendhilfe** bestimmt **§ 81 Nr. 1 SGB VIII,** dass die Träger der öffentlichen Jugendhilfe mit anderen Stellen und öffentlichen Einrichtungen, deren Tätigkeit sich auf die Lebenssituation junger Menschen und ihrer Familien auswirkt, insbesondere mit Trägern von Sozialleistungen nach dem Zweiten, Dritten, Vierten, Fünften, Sechsten und Zwölften Buch sowie Trägern von Leistungen nach dem Bundesversorgungsgesetz im Rahmen ihrer Aufgaben und Befugnisse zusammenzuarbeiten haben. Diese Zusammenarbeit ist gerade für behinderte Kinder, Jugendliche oder junge Volljährige im Grenzbereich zwischen Eingliederungshilfe nach dem SGB XII und Jugendhilfe nach dem SGB VIII von besonderer Bedeutung.

Für die **Rehabilitation und Teilhabe behinderter Menschen** finden sich mit den §§ 10-14 SGB IX gleich mehrere Regelungen, die sich mit der Zusammenarbeit verschiedener (Rehabilitations-)Träger beschäftigen, zu denen nach § 6 Abs. 1 Nr. 7 SGB IX auch die Träger der Sozialhilfe zählen. Während **§ 10 Abs. 1 SGB IX,** anknüpfend an § 14 SGB IX, **organisatorische Regelungen** dazu enthält, welcher Träger bei Leistungen verschiedener Leistungsgruppen oder Leistungsträger der Verantwortliche (bei unveränderter Zuständigkeit des Trägers gegenüber dem Leistungsberechtigten nach außen) ist, enthält **§ 11 SGB IX** eine **Prüfpflicht** im Rahmen medizinischer Rehabilitationsleistungen und legt unter bestimmten Voraussetzungen die Beteiligung der Bundesagentur für Arbeit (§ 11 Abs. 1 Satz 2 SGB IX) bzw. der Integrationsämter (§ 11 Abs. 3 SGB IX) fest. **Allgemeine Grundsätze** zur Zusammenarbeit verschiedener Rehabilitationsträger enthält **§ 12 Abs. 1 SGB IX; § 13 Abs. 1 SGB IX** schreibt in diesem Zusammenhang die **Vereinbarung gemeinsamer Empfehlungen** vor. **§ 12 Abs. 2 SGB IX** bestimmt, dass die Rehabilitationsträger und ihre Verbände zur gemeinsamen Wahrnehmung von Aufgaben zur Teilhabe behinderter Menschen insbesondere regionale Arbeitsgemeinschaften bilden sollen. Eine gewisse **Sonderstellung** nimmt in diesem Zusammenhang auf den ersten Blick **§ 14 SGB IX** ein, einer Regelung zur möglichst schnellen Klärung der Zuständigkeit für die Erbringung einer Leistung der Rehabilitation gegenüber dem Leistungsberechtigten. Allerdings wird nach der Rechtsprechung[4] der „eigentlich zuständige" oder auch ein dritter Leistungsträger infolge der Weiterleitung des Antrags an einen anderen Träger dadurch nur von der Außenzuständigkeit gegenüber dem Leistungsberechtigten frei. Aus seiner eigentlichen Verantwortung wird er nicht entlassen, sondern ist verpflichtet, bei der Erbringung der Rehabilitationsleistung mit dem nach außen zuständigen Rehabilitationsträger zusammenzuarbeiten.

§ 12 SGB XI bestimmt die Aufgaben der **Pflegekassen** und legt ihnen die Zusammenarbeit mit anderen Trägern der pflegerischen, gesundheitlichen und sozialen Versorgung auf (§ 12 Abs. 1 Satz 2 SGB XI). Darüber hinaus sollen die Pflegekassen zur Durchführung der ihnen gesetzlich übertragenen Aufgaben **örtliche und regionale Arbeitsgemeinschaften** bilden (§ 12 Abs. 1 Satz 3 SGB XI).

Für die Agenturen für Arbeit findet sich lediglich in **§ 368 Abs. 5 SGB III** die Möglichkeit (nicht die Verpflichtung), die Zusammenarbeit mit Kreisen und Gemeinden in Verwaltungsvereinbarungen zu regeln.

IV. Systematische Zusammenhänge

§ 4 SGB XII gestaltet die für alle Sozialleistungsträger geltende **sozialrechtliche Gewährleistungspflicht** des **§ 17 SGB I** näher aus. § 17 Abs. 1 SGB I regelt die Verpflichtung der Sozialleistungsträger, zur Sicherstellung der sozialen Rechte des Einzelnen den Zugang zu Sozialleistungen möglichst einfach, zügig und ohne Verständnis- und bauliche Hürden zu gestalten. Dabei sollen die Leistungsträger in der Zusammenarbeit mit gemeinnützigen und freien Trägern darauf hinwirken, dass sich die Tätigkeiten zum Wohl der Leistungsempfänger wirksam ergänzen (§ 17 Abs. 3 SGB I).

§ 4 SGB XII ergänzt zudem das in **§ 86 SGB X** enthaltene **allgemeine Gebot der Zusammenarbeit.** § 86 SGB X verpflichtet die Leistungsträger, ihre Verbände und bestimmte öffentlich-rechtliche Vereinigungen, bei der Erfüllung ihrer Aufgaben nach dem SGB X eng zusammenzuarbeiten. Aus der

---
[3] Vgl. BT-Drs. 15/1516, S. 55 und BT-Drs. 15/1749, S. 32.
[4] BSG v. 26.10.2004 - B 7 AL 16/04 R - BSGE 93, 283 ff = SozR 4-3250 § 14 Nr. 1.

Sonderform der Beauftragung nach § 88 SGB X ist die Sozialhilfe allerdings ausgenommen (§ 88 Abs. 1 Satz 2 SGB X), was das in § 3 SGB XII enthaltene Verbot der Übertragung der Aufgabe der Sozialhilfe auf andere als Hoheitsträger noch erweitert (vgl. dazu die Kommentierung zu § 3 SGB XII Rn. 13 und die Kommentierung zu § 3 SGB XII Rn. 17).

10 Im Rahmen der nach § 4 Abs. 3 SGB XII zu treffenden Vereinbarung sind die **datenschutzrechtlichen Vorschriften** des § 35 SGB I und der §§ 67 ff. SGB X zu beachten.

11 Das **Verhältnis** der Träger der Sozialhilfe **zur freien Wohlfahrtspflege** findet sich in **§ 5 SGB XII** gesondert geregelt.

12 Für die **Hilfe zur Überwindung besonderer sozialer Schwierigkeiten** wird das Gebot der Zusammenarbeit nochmals in **§ 68 Abs. 3 SGB XII** erwähnt.

V. Ausgewählte Literaturhinweise

13 *Klie/Ziller*, Zur Organisationsstruktur von Pflegestützpunkten, NDV 2009, 173 ff.; *Krahmer*, Schuldnerberatung nach dem SGB XII – Sozialhilfe in Auffangfunktion, ZfF 2006, 155 ff.; *Lampke*, Kooperation unter Bedingungen von Konkurrenz in der kommunalisierten Eingliederungshilfe, NDV 2012, 339 ff.; Empfehlungen zur örtlichen Teilhabeplanung für ein inklusives Gemeinwesen, NDV 2012, 286 ff.; *Möller/Bornhalm/Stöcken*, Nur Zusammenarbeit zwischen Arbeits- und Sozialverwaltung sichert den Erfolg – Kieler Modell, TuP 2004, 13 ff.; *Rasch*, Zum Verhältnis von Leistungen der Eingliederungshilfe zu Leistungen der Pflege nach dem SGB XI im ambulant betreuten Wohnen, NDV 2013, 186 ff.; *Reifferscheid/Duschinger*, Integrierte Hilfeangebote: das Münchner Modell, ArchsozArb 2013 Nr. 1, 73 ff; *Seewald*, Herstellungsanspruch bei unterlassener Zusammenarbeit, SGb 1986, 133 ff.; *Spindler*, Zum Verhältnis der Ansprüche auf Schuldnerberatung und andere soziale Dienstleistungen nach SGB II, SGB XII und SGB VIII, info also 2008, 12 ff.

B. Auslegung der Norm

I. Regelungsgehalt und Bedeutung der Norm

14 Soziale Rechte und Ansprüche auf Leistungen der Existenzsicherung sind in zahlreichen Gesetzen, nicht nur im SGB XII, normiert. Um sicherzustellen, dass auf einen Bedarf mit einer passgenauen Hilfe, möglichst zeitnah und ohne bürokratische Hindernisse reagiert werden kann, ist die Zusammenarbeit der verschiedenen Leistungsträger erforderlich. Die Einbindung der Träger der Sozialhilfe in dieses Verantwortungsnetz resultiert nicht nur (zur „Abwehr" unberechtigter Ansprüche) aus dem Nachrang der Sozialhilfe (§ 2 SGB XII), sondern ist zur Erfüllung der Aufgaben der Sozialhilfe selbst aufgrund der inhaltlich engen Verknüpfung mit Leistungen anderer Träger (z.B. bei der Hilfe zur Pflege oder der Eingliederungshilfe) erforderlich.

15 **Absatz 1** spricht deshalb die Verpflichtung der Träger der Sozialhilfe aus, mit anderen Stellen zusammenzuarbeiten, deren **gesetzliche** Aufgaben dem gleichen Ziel dienen oder die an der Leistungserbringung beteiligt sind bzw. beteiligt werden sollen.

16 **Absatz 2** ermöglicht die Bildung von Arbeitsgemeinschaften.

17 **Absatz 3** schreibt vor, dass der Schutz persönlicher Daten zwischen den Trägern in einer Vereinbarung geregelt wird.

II. Normzweck

18 Ziel des § 4 SGB XII ist es, die verschiedenen Träger von Sozialleistungen sowie an der Leistungsgewährung beteiligte Dritte zu einer Zusammenarbeit zu bewegen bzw. die Kooperation zu verbessern. Durch die Option, Arbeitsgemeinschaften zu bilden, sollte ein in der sozialhilferechtlichen Praxis bereits **bewährtes Instrument beibehalten** werden[5]. Datenschutz soll über eine nach Absatz 3 abzuschließende Vereinbarung sichergestellt werden. Insgesamt zielt die Regelung darauf ab, eine wirksame Leistungsgewährung zu ermöglichen und zugleich zu verhindern, dass sich die Verteilung der Zuständigkeiten auf eine Vielzahl von Trägern zu Lasten der Hilfebedürftigen auswirkt.

---

[5] BT-Drs. 15/1514, S. 55; vgl. ferner BR-Drs. 559/03, S. 180.

III. Tatbestandmerkmale

1. Förderung der Zusammenarbeit (Absatz 1)

a. Umfassendes Kooperationsgebot

§ 4 Abs. 1 Satz 1 SGB XII stellt **nicht nur** einen **Programmsatz** auf, sondern begründet eine **objektiv-rechtliche Verpflichtung** der Träger der Sozialhilfe zur Zusammenarbeit mit anderen Stellen, deren gesetzliche Aufgaben dem gleichen Ziel dienen oder die an Leistungen beteiligt sind oder beteiligt werden sollen. Ein Leistungsberechtigter kann jedoch aus § 4 Abs. 1 Satz 1 SGB XII keine subjektiven Rechte auf Zusammenarbeit im konkreten Fall ableiten; entsprechendes gilt für die anderen Leistungsträger.

19

Seiner **Zielsetzung** nach ist § 4 Abs. 1 SGB XII nicht nur auf die einzelfallübergreifende, sondern **auf jede Zusammenarbeit** mit anderen Stellen gerichtet. Dabei hat das Erfordernis der Kooperation **zwei Dimensionen:** Beim Träger der Sozialhilfe selbst die Entwicklung und das Vorhalten **organisatorischer Regelungskonzepte**, die generelle Handlungsanweisungen für den Kontakt zu weiteren Stellen enthalten oder einen möglichst schnellen Zugriff auf Informationen Dritter durch standardisierte Anfragen ermöglichen. „Im Kleinen" würde dem im Zweifel schon damit entsprochen, dass eine aktuelle Liste spezialisierter Ansprechpartner, z.B. bei den Pflegestützpunkten oder der Agentur für Arbeit, zur schnellen und direkten Kontaktaufnahme vorgehalten wird.

20

§ 4 Abs. 1 SGB XII legt den Trägern der Sozialhilfe jedoch zugleich auf, **gemeinsam** mit den weiteren Stellen Modalitäten der Zusammenarbeit zu entwickeln. Da das Kooperationsgebot des § 4 Abs. 1 SGB XII **umfassend** ausgestaltet ist und am Ziel oder Inhalt der jeweiligen Leistung anknüpft, bedurfte es weitergehender Regelungen zu den Voraussetzungen der Kooperation nicht.[6] Auch organisatorisch sind die Beteiligten frei: Neben einer formalisierten Zusammenarbeit insbesondere für regelmäßig wiederkehrende, die Trägerzuständigkeit überschneidende Bedarfe, kommen die Bildung projektbezogener Arbeitsgruppen oder dauerhaft eingerichteter Arbeitsgemeinschaften nach Absatz 2 in Betracht.

21

b. Kooperationspartner

Als Kooperationspartner benennt § 4 Abs. 1 Satz 1 SGB XII zunächst aufgaben- bzw. zielbezogen „Stellen", deren **gesetzliche Aufgaben** dem gleichen Ziel dienen oder die an Leistungen beteiligt sind, und nennt regelbeispielhaft (weil diese Voraussetzungen häufig erfüllt sein dürften) die Träger des SGB II (§ 6 SGB II: Bundesagentur für Arbeit; § 6a SGB II: zugelassene kommunale Träger), des SGB VIII (§ 69 SGB VIII: die nach Landesrecht bestimmten örtlichen und überörtlichen Träger der öffentlichen Jugendhilfe), des SGB IX (§ 6 SGB IX) und des SGB XI (§ 46 SGB XI: Pflegekassen) sowie andere Träger von Sozialleistungen (vgl. die §§ 18 ff. SGB I), die gemeinsamen Servicestellen der Rehabilitationsträger (§§ 22 ff. SGB IX) und Verbände. Die Formulierung „gesetzliche Aufgaben" macht deutlich, dass **nur öffentlich-rechtliche Stellen** oder **Beliehene**, nicht aber Private von § 4 SGB XII erfasst sind[7], weil Letzteren gerade keine gesetzlichen Aufgaben obliegen. Dies gilt gleichermaßen für die Stellen, die an Leistungen beteiligt sind oder beteiligt werden sollen. Systematisch wird dieser Befund durch die regelbeispielhaft aufgeführten Sozialleistungsträger bzw. Servicestellen, also öffentlich-rechtliche Körperschaften, bestärkt.

22

Sind nur Träger gesetzlicher Aufgaben von § 4 SGB XII erfasst, können grundsätzlich auch nur **deren Verbände** in Absatz 1 Satz 1 gemeint sein, also Zusammenschlüsse von Leistungsträgern oder sonstigen Stellen, die gesetzliche Aufgaben zu erfüllen haben, zur gemeinsamen Interessenvertretung, auch solche der Sozialhilfeträger selbst.

23

Eine gewisse Sonderstellung bilden insoweit die in **§ 4 Abs. 1 Satz 2 SGB XII** besonders erwähnten Beteiligten der **Pflegestützpunkte** nach § 92c SGB XI. Träger der Pflegestützpunkte sind zwar Pflege- und Krankenkassen sowie nach Landesrecht zu bestimmende Stellen (§ 92c Abs. 5 Satz 1 SGB XI); beteiligt am Pflegestützpunkt können jedoch u.a. auch zugelassene Pflegeeinrichtungen oder Unternehmen der privaten Kranken- und Pflegeversicherung sein (§ 92 Abs. 2 Satz 2 Nr. 2 und 3 SGB XI), so dass jedenfalls mittelbar auch private Stellen durch ihre Beteiligung an einem Pflegestützpunkt unter § 4 Abs. 1 SGB XII fallen können.

24

---

[6] A.A. *Piepenstock* in: jurisPK-SGB XII, 1. Aufl. 2011, § 3 SGB XII Rn. 21; für ein Entschließungsermessen *Luthe* in: Hauck/Noftz, SGB XII, § 4 Rn. 14.

[7] A.A. *Luthe* in: Hauck/Noftz, SGB XII, § 4 Rn. 16.

25　Anders als Satz 1, der nur eine allgemeine Verpflichtung zur Zusammenarbeit festlegt, legt **Satz 2** für diese Zusammenarbeit auch das **Ziel** und den **inhaltlichen Schwerpunkt** der Kooperation fest. Die Träger der Sozialhilfe sollen danach gemeinsam mit den Beteiligten der Pflegestützpunkte nach § 92c SGB XI sämtliche für eine wohnortnahe Versorgung und Betreuung in Betracht kommenden Hilfe- und Unterstützungsangebote koordinieren. Damit geht Satz 2 jedoch nicht hinter die umfassende Kooperationspflicht nach Satz 1 zurück („darüber hinaus"), sondern erweitert die Kooperationspflicht in eine Verpflichtung zur Koordination der ortsnahen Hilfe- und Unterstützungsangebote.

2. Bildung von Arbeitsgemeinschaften (Absatz 2)

26　Eine **Legaldefinition** des Begriffs der **Arbeitsgemeinschaft** enthält § 4 Abs. 2 SGB XII **nicht**. Auch § 94 Abs. 1a SGB X, der den Trägern der Sozialversicherung und deren Verbänden sowie der Bundesagentur für Arbeit die Möglichkeit eröffnet, Arbeitsgemeinschaften zu bilden, setzt den Begriff nur voraus. Dort wurde allerdings in der Begründung des Gesetzes zur Vereinfachung der Verwaltungsverfahren im Sozialrecht – Verwaltungsvereinfachungsgesetz[8] – eine allgemeine Definition der Arbeitsgemeinschaft nachgeschoben. Danach sollen unter Arbeitsgemeinschaften organisatorisch selbständige Einheiten zu verstehen sein, bei denen es um eine tatsächliche, rechtlich und finanziell verbindliche Zusammenarbeit bei freier Wahl der Rechtsform geht.[9]

27　Diese Beschreibung kann jedoch nicht unbesehen auf die Arbeitsgemeinschaften i.S. des § 4 Abs. 2 SGB XII übertragen werden, für die § 94 Abs. 1a SGB XII ohnehin keine Geltung beansprucht. Vielmehr ist davon auszugehen, dass unter einer Arbeitsgemeinschaft nach § 4 Abs. 2 SGB XII nur ein freiwilliger Zusammenschluss von Trägern gesetzlicher Aufgaben in öffentlich-rechtlicher, in Ausnahmefällen auch in privatrechtlicher Organisationsform ohne Aufgabenkompetenz gegenüber einem Hilfebedürftigen zu verstehen sind. Dies ergibt sich aus folgenden Überlegungen:

28　Die Bedingungen bzw. **Voraussetzungen**, unter denen eine Arbeitsgemeinschaft gebildet werden soll, regelt § 4 Abs. 2 SGB XII nur **unzureichend**. Nach dem Gesetzeswortlaut soll eine Arbeitsgemeinschaft dann gebildet werden, wenn „die Beratung und Sicherung der gleichmäßigen, gemeinsamen oder ergänzenden Erbringung von Leistungen geboten ist". Fälle, in denen weder eine Beratung noch eine gleichmäßige Erbringung von Leistungen im Leistungsverhältnis zwischen Träger und Hilfebedürftigem geboten ist, sind aber schon wegen § 14 SGB I (Anspruch auf eine Beratung) und § 17 SGB I kaum denkbar; zudem fehlt den Arbeitsgemeinschaften die Ermächtigung, als Leistungserbringer oder auf sonstige Weise im Leistungsverhältnis gegenüber dem Hilfebedürftigen aufzutreten (dazu Rn. 27, Rn. 32). Deshalb kann § 4 Abs. 2 SGB XII unter Berücksichtigung des Absatzes 1 nur so verstanden werden, dass in den Fällen, in denen über den konkreten Einzelfall hinaus auf Dauer oder zeitlich befristet im Überschneidungsbereich der Zuständigkeiten mehrerer Leistungsträger im Sinne des Absatzes 1 erst durch deren planmäßiges, institutionelles Zusammenwirken (ggf. zusammen mit den Trägern nach § 5 SGB XII) die gleichmäßige, gemeinsame oder ergänzende Erbringung von Leistungen durch den jeweiligen Träger und die Beratung sichergestellt wird, eine Arbeitsgemeinschaft zu bilden ist. Beispielhaft findet sich z.B. in § 8 Abs. 1 AGSGB XII Baden-Württemberg[10] die Regelung, dass die Zusammenarbeit der Träger der Sozialhilfe mit den Kirchen, sonstigen Religionsgemeinschaften des öffentlichen Rechts und Verbänden der freien Wohlfahrtspflege durch Arbeitsgemeinschaften gefördert werden soll. In den Arbeitsgemeinschaften sollen wichtige Fragen der Sozialhilfe, die bei der Zusammenarbeit der Träger der Sozialhilfe und der freien Wohlfahrtspflege auftreten, beraten werden (§ 8 Abs. 2 AGSGB XII BW).

29　**Ob** ein Erfordernis der Zusammenarbeit vorliegt, unterliegt allerdings dem **Beurteilungsspielraum** der potentiell an der Arbeitsgemeinschaft Beteiligten. Lassen andere Gesichtspunkte als die in Absatz 2 aufgeführten eine Zusammenarbeit sinnvoll erscheinen, sind die Beteiligten nicht gehindert, eine Arbeitsgemeinschaft zu bilden, sie sind lediglich nicht nach Absatz 2 dazu verpflichtet.

30　Hinsichtlich der **Rechtsform** und der **Organisation** in der Arbeitsgemeinschaft macht das Gesetz, anders als in § 94 SGB X, zwar keine Vorgaben; dies schließt aber zugleich aus, eine Arbeitsgemeinschaft als juristische Person des öffentlichen Rechts, gleichgültig ob als Körperschaft, Anstalt oder Stiftung, zu gründen, weil § 4 Abs. 2 SGB XII insoweit dem institutionellen Gesetzesvorbehalt nicht

---

[8] BGBl I 2005, 818 ff.
[9] BT-Drs. 15/4228, S. 32 zu Art 9, zu Nr. 2, zu Buchstabe a.
[10] Gesetz zur Ausführung des Zwölften Buches Sozialgesetzbuch (AGSGB XII) vom 01.07.2004, GBl. 469, 534.

genügt.[11] Denkbar wären allenfalls Regelungen auf Ebene des Landesrechts, in der die notwendigen Konkretisierungen enthalten sind.

Auf der Grundlage des § 4 Abs. 2 SGB XII sind deshalb allenfalls Arbeitsgemeinschaften **als sonstige öffentlich-rechtliche Zusammenschlüsse** oder als **Zusammenschlüsse in Privatrechtsform** denkbar. Ob die Gründung einer GbR, einer BGB-Gesellschaft oder einer OHG bzw. KG aus kommunalverfassungsrechtlicher Sicht zulässig ist, ist zumindest zweifelhaft.[12] Der Gründung einer GmbH oder einer AG dürften zwar haftungsrechtliche Überlegungen nicht im Wege stehen[13], doch sind derartige Überlegungen im Rahmen des § 4 Abs. 2 SGB XII wohl eher theoretischer Natur. In der Praxis dürfte daher der Zusammenschluss in der Form eines Vereins den meistgegangenen Weg darstellen. 31

Unabhängig von der Frage, in welcher Rechtsform die AG gegründet wird, ist sie in ihrer **Aufgabe** jedoch **beschränkt** auf die von § 4 Abs. 2 SGB XII vorgegebenen übergeordneten **Beratungs- und Dienstleistungsfunktionen** gegenüber ihren Mitgliedern oder sonstigen Dritten, nicht aber im Leistungsverhältnis zwischen dem jeweiligen Träger und dem Hilfebedürftigen beteiligt. Hierzu ist sie gesetzlich nicht ermächtigt. 32

Deshalb kann auch **§ 94 Abs. 2 SGB X**, wonach die nach dem SGB X errichteten Arbeitsgemeinschaften staatlicher Rechtsaufsicht unterliegen, **nicht** auf die Arbeitsgemeinschaften nach § 4 Abs. 2 SGB XII **übertragen** werden, weil es hier bereits an vergleichbaren Regelung dazu fehlt, in wessen Hand die Aufsicht über die Arbeitsgemeinschaft überhaupt liegt. Die Aufsicht über die Sozialversicherungsträger, die an einer Arbeitsgemeinschaft beteiligt sein können, ist in den §§ 87 ff. SGB IV abschließend geregelt und wird auch in § 94 Abs. 2 SGB X vorausgesetzt, sie haben allerdings für die Träger der Sozialhilfe keine Geltung (vgl. § 1 Abs. 2 SGB IV). Folglich kann der einzelne Sozialhilfeträger (und die weiteren an der Arbeitsgemeinschaft Beteiligten) nur in seinem Wirken als Teil einer Arbeitsgemeinschaft der Rechtsaufsicht durch die Stelle unterstellt sein, die auch ansonsten die Rechtsaufsicht ausübt. 33

Eine auf überörtlicher Ebene gebildete Arbeitsgemeinschaft, die die genannten Kriterien erfüllt, dürfte die Bundesarbeitsgemeinschaft der überörtlichen Träger der Sozialhilfe (BAGüS) sein, in der ausschließlich hoheitliche Träger wohl in der Rechtsform eines Vereins zusammengeschlossen sind. Die Bundesarbeitsgemeinschaft der freien Wohlfahrtspflege (BAGFW) und der Deutsche Verein für öffentliche und private Fürsorge (Deutscher Verein) fallen schon deshalb nicht unter § 4 Abs. 2 SGB XII, weil der BAGFW ausschließlich freie, also private Träger angehören und sich im Deutschen Verein öffentliche und freie Träger zusammengeschlossen haben. 34

3. Datenschutzrechtliche Regelung (Absatz 3)

Da zur **effektiven Zusammenarbeit** auch gehört, dass die weiteren Stellen möglichst frühzeitig von einem Hilfebedarf unterrichtet und in die Hilfeplanung einbezogen werden, legt Absatz 3, ebenfalls vor die Klammer gezogen, fest, dass die Bedingungen für die ggf. erforderliche Erhebung, Verarbeitung und Nutzung personenbezogener Daten **generell** und **nicht erst im jeweiligen Einzelfall** im Rahmen einer Vereinbarung festzulegen sind. 35

Es kann dahingestellt bleiben, ob die Erhebung, Verarbeitung und Nutzung personenbezogener Daten bei Arbeitsgemeinschaften oder anderen Zusammenschlüssen mit überörtlichem Bezug und mit Aufgaben losgelöst vom Einzelfall tatsächlich nicht notwendig ist, so dass es insoweit der Regelung in Absatz 3 nicht bedurft hätte.[14] Denn Absatz 3 gilt gleichermaßen für die fallbezogene Zusammenarbeit mit anderen Stellen im Rahmen des Absatzes 1, wo, man stelle sich die individuelle Hilfeplanung im Rahmen der Eingliederungshilfe vor, die Notwendigkeit des Austauschs personenbezogener Daten denkbar und sogar erforderlich sein kann, weil nur so die passgenaue Planung ermöglicht wird. Zudem hat Absatz 3 insbesondere vor dem Hintergrund der Einbeziehung der Beteiligten der Pflegestützpunkte, die u.a. auch Unternehmen der privaten Kranken- und Pflegeversicherung sind (vgl. § 92c Abs. 2 Satz 2 Nr. 3 SGB XI), Sinn. Denn für diese können die datenschutzrechtlichen Regelungen des § 35 SGB I bzw. der §§ 67 SGB X von vornherein keine Geltung beanspruchen. Da sich die an der Ar- 36

---

[11] Ausführlich zur vergleichbaren Problematik bei den ARGEn nach dem SGB II *Rixen* in: Eicher/Spellbrink, SGB II, 2. Aufl. 2008, § 44b Rn. 9 m.w.N.

[12] *Rixen* in: Eicher/Spellbrink, SGB II, 2. Aufl. 2008, § 44b Rn. 11.

[13] Im ursprünglichen Gesetzentwurf der Bundesregierung für ein SGB, BT Drs. 9/95, S. 20 zu § 95 SGB X wurden für eine AG die Rechtsformen einer GmbH, einer Genossenschaft, eines eingetragenen Vereins, einer BGB-Gesellschaft oder einer gemeinnützigen Stiftung des Privatrechts für möglich angesehen.

[14] So *Piepenstock* in: jurisPK-SGB XII, 1. Aufl. 2011, § 4 SGB XII Rn. 40.

beitsgemeinschaft beteiligten Sozialhilfeträger oder andere Sozialleistungsträger durch eine Vereinbarung im Sinne des Absatzes 3 von den ihnen nach § 35 SGB I und den §§ 67 ff. SGB X obliegenden Pflichten jedoch nicht befreien oder diese Standards vertraglich unterschreiten können – eine derartige Vereinbarung wäre wegen des Verstoßes gegen die gesetzlichen Vorgaben nichtig (vgl. § 84a SGB XII und § 58 SGB X) – bilden die **gesetzlichen Regelungen zum Datenschutz** folglich den **Mindeststandard** für die nach Absatz 3 vorab zu treffende Vereinbarung.

§ 5 SGB XII Verhältnis zur freien Wohlfahrtspflege

(Fassung vom 27.12.2003, gültig ab 01.01.2005)

(1) Die Stellung der Kirchen und Religionsgesellschaften des öffentlichen Rechts sowie der Verbände der freien Wohlfahrtspflege als Träger eigener sozialer Aufgaben und ihre Tätigkeit zur Erfüllung dieser Aufgaben werden durch dieses Buch nicht berührt.

(2) ¹Die Träger der Sozialhilfe sollen bei der Durchführung dieses Buches mit den Kirchen und Religionsgesellschaften des öffentlichen Rechts sowie den Verbänden der freien Wohlfahrtspflege zusammenarbeiten. ²Sie achten dabei deren Selbständigkeit in Zielsetzung und Durchführung ihrer Aufgaben.

(3) ¹Die Zusammenarbeit soll darauf gerichtet sein, dass sich die Sozialhilfe und die Tätigkeit der freien Wohlfahrtspflege zum Wohle der Leistungsberechtigten wirksam ergänzen. ²Die Träger der Sozialhilfe sollen die Verbände der freien Wohlfahrtspflege in ihrer Tätigkeit auf dem Gebiet der Sozialhilfe angemessen unterstützen.

(4) ¹Wird die Leistung im Einzelfall durch die freie Wohlfahrtspflege erbracht, sollen die Träger der Sozialhilfe von der Durchführung eigener Maßnahmen absehen. ²Dies gilt nicht für die Erbringung von Geldleistungen.

(5) ¹Die Träger der Sozialhilfe können allgemein an der Durchführung ihrer Aufgaben nach diesem Buch die Verbände der freien Wohlfahrtspflege beteiligen oder ihnen die Durchführung solcher Aufgaben übertragen, wenn die Verbände mit der Beteiligung oder Übertragung einverstanden sind. ²Die Träger der Sozialhilfe bleiben den Leistungsberechtigten gegenüber verantwortlich.

(6) § 4 Abs. 3 findet entsprechende Anwendung.

Gliederung

A. Basisinformationen 1	2. Gebot der Zusammenarbeit und des gegenseitigen Respekts (Absatz 2) 31
I. Textgeschichte 1	3. Ziele und Inhalt der Zusammenarbeit (Absatz 3 Satz 1) 34
II. Vorgängervorschriften 2	
III. Parallelvorschriften 4	
IV. Systematische Zusammenhänge 8	4. Unterstützung durch die Träger der Sozialhilfe (Absatz 3 Satz 2) 35
V. Ausgewählte Literaturhinweise 13	
B. Auslegung der Norm 14	5. Vorrang der Leistungen der freien Träger (Absatz 4) 49
I. Regelungsgehalt und Bedeutung der Norm 14	
II. Normzweck 21	6. Übertragung der Aufgabendurchführung (Absatz 5) 51
III. Tatbestandmerkmale 22	
1. Rechtsstellung der Kirchen und der freien Träger (Absatz 1) 22	7. Datenschutzrechtliche Regelung (Absatz 6) 60

A. Basisinformationen

I. Textgeschichte

Die Vorschrift wurde mit Wirkung zum 01.01.2005 durch das Gesetz zur Einordnung des Sozialhilferechts in das Sozialgesetzbuch eingeführt¹ und ist seitdem nicht geändert worden.

1

II. Vorgängervorschriften

Die Regelung entspricht im Wesentlichen **§ 10 BSHG**. **Neu** eingefügt wurde lediglich die **datenschutzrechtliche Regelung** in Absatz 6 durch den Verweis auf § 4 Abs. 3 SGB XII. Aufbauend auf der bis zur Einführung des BSHG für die soziale Sicherung maßgeblichen Verordnung über die Fürsorgepflicht (RFV) von 1924 sollte das geltende Recht mit der bewährten Zusammenarbeit zwischen öffentlicher und freier Wohlfahrtspflege in das BSHG übernommen werden, zugleich aber auch zum

2

---

[1] BGBl I 2003, 3022; vgl. dazu BR-Drs. 559/03, S. 180; ferner BT-Drs. 15/1636 und BT-Drs. 15/1734.

Ausdruck gebracht werden, dass der Wirkungsbereich der freien Wohlfahrtspflege gewahrt bleibe und „keinesfalls durch die neuen Bestimmungen eingeschränkt wird".[2] Dies löste im Gesetzgebungsverfahren aber auch bis Ende der 1960er Jahre lebhafte Diskussionen aus, die sich vorrangig um die Frage der Subsidiarität staatlicher Leistungen (§ 10 Abs. 2 Satz 3 BSHG bzw. § 5 Abs. 2 Satz 3 SGB XII) drehten.

3 Das **Bundesverfassungsgericht** machte dem letztlich ein Ende, in dem es § 10 BSHG als **mit dem Grundgesetz vereinbar** angesehen hat. Sowohl das in der Regelung zum Ausdruck kommende Subsidiaritätsprinzip der Sozialhilfe als auch die Unterstützungsverpflichtung der Sozialhilfeträger gegenüber den Trägern der freien Wohlfahrtspflege sowie der Kirchen verstoße nicht gegen das Sozialstaatsprinzip (Art. 20 Absatz 1 GG), die kommunale Selbstverwaltungsgarantie (Art. 28 GG) sowie gegen die Religionsfreiheit (Art. 4 GG) und den Schutz von Ehe und Familie (Art. 6 GG).[3]

III. Parallelvorschriften

4 Eine im SGB XII selbst enthaltene Vorschrift zum Verhältnis der Sozialhilfe zu Angeboten anderer Träger findet sich in Regelungen zu **Einrichtungen und Diensten** in **§ 75 Abs. 2 Satz 1 SGB XII**. Danach sollen die Träger der Sozialhilfe eigene Einrichtungen nicht neu schaffen, soweit geeignete Einrichtungen anderer Träger vorhanden sind, ausgebaut oder geschaffen werden können. Der auch darin zum Ausdruck gebrachte Nachrang der Sozialhilfe bezieht sich seit 01.07.1996 mit dem Gesetz zur Reform der Sozialhilfe[4] und insoweit weitergehend als in § 5 SGB XII, nicht mehr nur auf die Träger der freien Wohlfahrtspflege, sondern erfasst alle Träger, also auch gewerbliche oder private gemeinnützige Anbieter, die die Anforderungen des § 75 Abs. 2 Satz 2 SGB XII erfüllen.

5 Für die Träger der **Grundsicherung für Arbeitsuchende** findet sich in **§ 17 Abs. 1 SGB II** eine vergleichbare Regelung, die z.T. auch den in § 75 Abs. 2 SGB XII enthaltenen Nachrang im Einrichtungsbereich inkorporiert. Danach sollen zur Erbringung von Leistungen zur Eingliederung in Arbeit die zuständigen Träger der Leistungen nach dem SGB II eigene Einrichtungen und Dienste nicht neu schaffen, soweit geeignete Einrichtungen und Dienste Dritter vorhanden sind, ausgebaut oder in Kürze geschaffen werden können. Die zuständigen Träger der Leistungen nach dem SGB II sollen Träger der freien Wohlfahrtspflege in ihrer Tätigkeit auf dem Gebiet der Grundsicherung für Arbeitsuchende angemessen unterstützen. § 18 Abs. 1 SGB II regelt die örtliche Zusammenarbeit der Bundesagentur für Arbeit mit den Beteiligten am örtlichen Arbeitsmarkt; die Träger der freien Wohlfahrtspflege werden insoweit ausdrücklich als Beteiligte erwähnt. Korrespondierend dazu werden u.a. auch die Träger der freien Wohlfahrtspflege als Beteiligte örtlicher Beiräte nach § 18d SGB II aufgeführt.

6 In der **Pflegeversicherung** gebietet § 11 Abs. 2 SGB XI, dass bei der Durchführung des SGB XI die Vielfalt der Träger von Pflegeeinrichtungen zu wahren sowie deren Selbständigkeit, Selbstverständnis und Unabhängigkeit zu achten ist. Dem Auftrag kirchlicher und sonstiger Träger der freien Wohlfahrtspflege, kranke, gebrechliche und pflegebedürftige Menschen zu pflegen, zu betreuen, zu trösten und sie im Sterben zu begleiten, ist Rechnung zu tragen. Freigemeinnützige und private Träger haben nach Satz 3 Vorrang gegenüber öffentlichen Trägern.

7 Im Bereich der **Jugendhilfe** finden sich in § 4 SGB VIII nur Regelungen zum Verhältnis der öffentlichen zur freien Jugendhilfe i.S. des § 3 SGB VIII, die allerdings auch von der freien Wohlfahrtspflege getragen werden kann. Nach § 4 Abs. 1 SGB VIII soll die öffentliche Jugendhilfe mit der freien Jugendhilfe zum Wohl junger Menschen und ihrer Familien partnerschaftlich zusammenarbeiten und dabei die Selbständigkeit der freien Jugendhilfe in Zielsetzung und Durchführung ihrer Aufgaben sowie in der Gestaltung ihrer Organisationsstruktur achten. Soweit geeignete Einrichtungen, Dienste und Veranstaltungen von anerkannten Trägern der freien Jugendhilfe betrieben werden oder rechtzeitig geschaffen werden können, soll die öffentliche Jugendhilfe von eigenen Maßnahmen absehen (§ 4 Abs. 2 SGB VIII). Zudem soll die öffentliche Jugendhilfe die freie Jugendhilfe nach Maßgabe dieses Buches fördern und dabei die verschiedenen Formen der Selbsthilfe stärken (§ 4 Abs. 3 SGB VIII).

IV. Systematische Zusammenhänge

8 Über § 5 Abs. 2 SGB XII hinausgehend normiert **§ 17 Abs. 3 SGB I** ein **umfassendes Gebot der Zusammenarbeit.** Nach dessen Satz 1 wirken die Leistungsträger i.S. der §§ 18 ff. SGB I in der Zusammenarbeit mit allen gemeinnützigen und freien Einrichtungen und Organisationen, also nicht nur den

---

[2] BR Drs. 53/60 A III Ziffer 5.
[3] BVerfG v. 18.07.1967 - 2 BvF 3/62 - BVerfGE 22, 180 ff.
[4] BGBl I 1996, 1088.

Kirchen und den Verbänden der freien Wohlfahrtspflege, darauf hin, dass sich ihre Tätigkeit und die der genannten Einrichtungen und Organisationen zum Wohl der Leistungsempfänger wirksam ergänzen. Sie haben dabei deren Selbständigkeit in Zielsetzung und Durchführung ihrer Aufgaben zu achten. Die Nachprüfung zweckentsprechender Verwendung bei der Inanspruchnahme öffentlicher Mittel bleibt unberührt. Im Übrigen ergibt sich, so die Regelung in § 17 Abs. 3 Satz 5 SGB I, ihr Verhältnis zueinander aus den besonderen Teilen dieses Gesetzbuchs. § 5 SGB XII stellt eine Regelung im Sinne des § 17 Abs. 3 Satz 5 SGB XII dar, die das Verhältnis der Träger der Sozialhilfe zu anderen Trägern, nicht nur Sozialleistungsträgern, näher ausformt.

§ 5 Abs. 2 SGB XII betont das Gebot der Zusammenarbeit (auch) mit Kirchen und freien Wohlfahrtsträgern, während § 5 Abs. 3 SGB XII, weitergehend als § 4 SGB XII, (allgemein gehaltene) Zielvorgaben für die Zusammenarbeit formuliert. 9

Vom **leistungsrechtlichen Nachrang** des § 5 Abs. 4 SGB XII ist der **institutionelle Nachrang** (vgl. die Kommentierung zu § 75 SGB XII ff.) bei der Frage der Schaffung eigener Einrichtungen im Sinne **des § 75 Abs. 2 SGB XII** zu unterscheiden. § 5 Abs. 4 SGB XII bezieht sich allein auf die Erbringung von Leistungen und ordnet an, dass der Sozialhilfeträger keine Leistung zu erbringen hat (von Geldleistungen abgesehen, vgl. § 5 Abs. 4 Satz 2 SGB XII), wenn diese – im Einzelfall – durch den Träger der freien Wohlfahrtspflege selbst erbracht werden. Demgegenüber wurde mit § 75 Abs. 2 Satz 1 SGB XII keine Regelung für die Leistungserbringung gegenüber dem Hilfebedürftigen selbst geschaffen, sondern bestimmt, dass der Sozialhilfeträger bei der Erbringung eigener Leistungen vorrangig auf bestehende Einrichtungen zurückzugreifen hat. Dabei geht der institutionelle Vorrang weiter als der leistungsrechtliche in § 5 Abs. 4 SGB XII, weil von § 75 Abs. 2 Satz 1 SGB XII alle Träger, also auch gewerbliche, erfasst sind, während sich § 5 Abs. 4 SGB XII auf die freie Wohlfahrtspflege beschränkt. 10

§ 17 Abs. 1 Nr. 2 SGB I, wonach die Leistungsträger verpflichtet sind, darauf hinzuwirken, dass die zur Ausführung von Sozialleistungen erforderlichen sozialen Dienste und Einrichtungen rechtzeitig und ausreichend zur Verfügung stehen, korrespondiert mit der Regelung des § 75 Abs. 2 Satz 1 SGB XII zum institutionellen Vorrang anderer als Träger der Sozialhilfe. 11

Der Vorrang von **Beratung und Unterstützung** in sozialen Angelegenheiten durch Verbände der freien Wohlfahrtspflege wird in § 11 Abs. 5 SGB XII ausdrücklich noch einmal aufgegriffen. 12

V. Ausgewählte Literaturhinweise

Articus, Die Zukunft der Partnerschaft der öffentlichen und der freien Wohlfahrtspflege, NDV 1998, 371 ff.; BBJ, Sozialstaatsgebot und gemeinnützige Träger – Das Zuwendungsrecht auf dem Prüfstand der Aufgabenerfüllung, 1997; *Benda*, Die Arbeit der Freien Wohlfahrtspflege als Gestaltungselement des Sozialstaates, in: 40 Jahre BRD, 70 Jahre Freie Wohlfahrtspflege, 1989, 14; Deutscher Verein, Probleme bei der Gewährung von Zuwendungen im sozialen Bereich und Überlegungen zu ihrer Verbesserung, NDV 1986, 337 ff.; Dokumentation des 8. Rechtforums 2007 zum Thema „Stellung der Freien Wohlfahrtspflege im Sozialgesetzbuch", Sozialrecht aktuell 2007, 201 f.; *Ehlers*, Rechtsfragen der freien Wohlfahrtspflege – dargestellt am Beispiel der Nichtseßhaftenhilfe, NJW 1990, 800 ff; *Hammel*, Zuwendungen der freien Wohlfahrtspflege - Ergänzung oder Ersatz öffentlicher Leistungen, NDV 2013, 474 ff.; Institut der deutschen Wirtschaft, Auf den Schultern der Schwachen, Wohlfahrtsverbände in Deutschland, 2004; *Kingreen*, Vergaberecht und Verfahrensgerechtigkeit in der jugend- und sozialhilferechtlichen Leistungserbringung, VSSR 2006, 379 ff.; *Knauff*, Die mitgliedstaatliche Finanzierung der Daseinsfürsorge im Dickicht des Europäischen Regelungsgeflechts, ZG 2013, 139 ff; *Klug*, Wohlfahrtsverbände als „freie" Unternehmer im Sozialstaat? Soziale Einrichtungen zwischen wirtschaftlichen und sozialstaatlichen Erfordernissen, Bonn 1995; Digitale Bibliothek der Friedrich Ebert Stiftung; *Kuper*, Wohlfahrtsverbände – Zivilgesellschaftliche Akteure im europäischen Gesellschafts- und Sozialmodell, NDV 2004, 83 ff.; *Mehls*, Leistungsverträge statt Zuwendungen, NDV 1996, 127 ff.; *Münder*, Die Übernahme sozialer Aufgaben durch freie Träger – ein Fall für die freien Träger? 1994; *Neumann*, Die Stellung der freien Wohlfahrtspflege im SGB XII, Sozialrecht aktuell 2007, 216 ff.; *Patt*, Finanzielle Zuwendungen an Religionsgemeinschaften sowie deren Untergliederung und EG-Beihilferecht, EuR 2006, 155 ff.; *Stackmann*, Überlegungen zur Finanzkontrolle bei den Wohlfahrtsverbänden, DVBl 1994, 383 ff.; *Stolleis*, Entwicklungsperspektiven freier Wohlfahrtspflege – Rechtliche und administrative Aspekte der Leitung und Wirtschaftsführung von Wohlfahrtsverbänden, BldW 1989, 61 ff.; *Weiß*, Öffentliche Daseinsfürsorge und soziale Dienstleistungen – Europarechtliche Perspektiven, EuR 2013, 669 ff. 13

B. Auslegung der Norm

I. Regelungsgehalt und Bedeutung der Norm

14 § 5 SGB XII regelt das Verhältnis der Träger der Sozialhilfe zu den Kirchen, Religionsgesellschaften des öffentlichen Rechts und den sonstigen Verbänden der freien Wohlfahrtspflege.

15 **Absatz 1** macht deutlich, dass Kirchen, Religionsgesellschaften und Verbände der freien Wohlfahrtspflege **Träger eigener sozialer Rechte sind.** Diese Rechtsstellung, das heißt die Selbständigkeit der Träger der freien Wohlfahrtspflege, soll durch die Sozialhilfeträger beachtet werden.

16 **Absatz 2** betont das bereits in § 4 SGB XII enthaltene Gebot der Zusammenarbeit im Verhältnis zu den Trägern der freien Wohlfahrtspflege und begründet in Satz 2 ein Gebot des Respekts der Selbständigkeit der freien Träger.

17 **Absatz 3** regelt, dass es Ziel jeglicher Zusammenarbeit sein muss, den Bedarf des Leistungsberechtigten effektiv zu decken (Satz 1). Zugleich wird eine Pflicht der Sozialhilfeträger begründet, die Verbände der freien Wohlfahrtspflege in ihrer Tätigkeit auf dem Gebiet der Sozialhilfe angemessen zu unterstützen (Satz 2).

18 **Absatz 4** begründet einen Vorrang der Leistungen der Träger der freien Wohlfahrtspflege gegenüber Leistungen der Träger der Sozialhilfe. Die Regelung trägt dem Grundgedanken der Subsidiarität staatlicher Leistungen Rechnung. Ausgenommen von dem Vorrang- und Nachrangverhältnis ist die Erbringung von Geldleistungen (Satz 2).

19 **Absatz 5** ermächtigt die Träger der Sozialhilfe dazu, mit Einverständnis des jeweiligen Verbandes der freien Wohlfahrtspflege die Wahrnehmung der Aufgaben auch vollständig auf diese zu übertragen. Die Letztverantwortung für die Aufgabenerledigung gegenüber dem Hilfeempfänger bleibt jedoch beim Träger der Sozialhilfe, d.h. dieser bleibt gegenüber dem Leistungsberechtigten weiterhin allein zuständig.

20 **Absatz 6** regelt den Datenschutz.

II. Normzweck

21 **Zweck** schon des § 10 BSHG war „die Erzielung des bestmöglichen Erfolgs durch Koordinierung öffentlicher und privater Anstrengungen"[5] durch die Vorgabe eines möglichst austarierten Systems von Vorrang- und Nachrang- sowie Kooperationsregelungen unter Sicherung der Eigenständigkeit und Verantwortlichkeit der Beteiligten. Daran wollte der Gesetzgeber mit Einführung des SGB XII nichts ändern[6]. Dass, anders als in § 75 Abs. 2 Satz 1 SGB XII, lediglich Kirchen und Träger der freien Wohlfahrtspflege, also nicht private, freigemeinnützige oder gewerbliche Organisationen, in § 5 SGB XII einbezogen sind, beruht auf der verfassungsrechtlich verbürgten Stellung der Kirchen, bezüglich der Wohlfahrtspflege auf dem historischen Umstand, dass vor Inkrafttreten des BSHG im Wesentlichen nur die Träger der freien Wohlfahrtspflege zusammen mit den Trägern der Sozialhilfe die soziale Sicherung in der Bundesrepublik Deutschland gewährleistet hatten; andere Organisationen zur Erfüllung sozialer Aufgaben waren kaum vorhanden. Der Lebenswirklichkeit hat sich der Gesetzgeber mit dem Gesetz zur Reform des Sozialhilferechts vom 23.07.1996[7] nur im Rahmen des § 75 Abs. 2 SGB XII gestellt, indem er dort den Vorrang der Träger der freien Wohlfahrtspflege als Konsequenz des bestehenden Marktes und aus Wettbewerbsgesichtspunkten aufbrach und einen Nachrang gegenüber jedem anderen, nichtstaatlichen Träger in das Gesetz aufnahm.

III. Tatbestandmerkmale

1. Rechtsstellung der Kirchen und der freien Träger (Absatz 1)

22 Absatz 1 **stellt** nochmals **klar**, was bereits verfassungsrechtlich garantiert ist (Art. 4, 140 GG, Art. 137 Abs. 3 Weimarer Reichsverfassung) und deshalb auch im Rahmen des § 5 Abs. 1 SGB XII keiner besonderen verfassungsrechtlichen Rechtfertigung bedarf: die Eigenständigkeit (und Sonderstellung) der Kirchen und der sonstigen anerkannten Religionsgesellschaften des öffentlichen Rechts im staatlichen Gefüge. Zugleich aber werden die Träger der freien Wohlfahrtspflege den Kirchen jedenfalls in der Zusammenarbeit mit den Trägern der Sozialhilfe außerhalb von Einrichtungen gleichgestellt. Die aus-

---

[5] BVerfG v. 18.07.1967 - 2 BvF 3/62, 2 BvF 4/62, 2 BvF 5/62, 2 BvF 6/62, 2 BvF 7/62, 2 BvF 8/62, 2 BvR 139/62, 2 BvR 140/62, 2 BvR 334/62, 2 BvR 335/62 - BVerfGE 22, 180 ff. – BGBl I 1967, 896.
[6] Vgl. BT-Drs. 15/1514, S. 55.
[7] BGBl I 1996, 1088.

drückliche Erwähnung der Träger der freien Wohlfahrtspflege gegenüber privaten, freigemeinnützigen oder gewerblichen „Anbietern" sozialer Dienste beruht auf deren traditioneller Beteiligung an der Wahrnehmung sozialer Aufgaben schon vor Inkrafttreten des BSHG nach dem bis dahin maßgeblichen Fürsorgerecht.

Hinter § 5 Abs. 1 SGB XII verbirgt sich jedoch nicht mehr als ein **Programmsatz**: Nehmen Kirchen und Wohlfahrtsverbände eigene soziale Aufgaben wahr, besteht schon aufgrund deren originärer Aufgabenzuständigkeit keine Befugnis des Sozialhilfeträgers (oder eines sonstigen Dritten), ihnen Vorgaben für die Aufgabenerledigung zu machen. Zugleich ist mit der Regelung aber auch die Botschaft verknüpft, dass sich die Sozialhilfeträger (besser wohl der Gesetzgeber) nicht zur Aufgabe machen sollen, was bislang nach überkommenem Verständnis als eigene Aufgabe der Kirchen und der freien Wohlfahrtsverbände angesehen worden ist. 23

Doch sobald Kirchen und Verbände mit Sozialhilfeträgern **zur Erfüllung der Aufgaben der Sozialhilfe** zusammenarbeiten (also nicht nur in den Fällen des § 5 Abs. 4 SGB XII), sind „Berührungen" beider an sich selbständiger Systeme unvermeidlich – darauf bauen die Regelungen des § 5 Abs. 2 und 3 SGB XII gerade auf, auch wenn sie die Achtung der Selbständigkeit und Eigenständigkeit nochmals betonen. 24

Kirchen und **Religionsgesellschaften,** denen der Status einer Religionsgesellschaft des öffentlichen Rechts verliehen ist[8] (Art. 140 GG i.V.m. Art. 137 Abs. 5 Satz 2 WRV), sind selbst Grundrechtsträger; zur Gewährleistungsgarantie des kirchlichen Selbstverwaltungsrechts zählt nach der verfassungsgerichtlichen Rechtsprechung auch die karitative Tätigkeit der Kirchen und ihrer Verbände[9]. 25

Der Begriff der **freien Wohlfahrtspflege** ist gesetzlich nicht definiert. In Anlehnung an das Begriffsverständnis des § 66 Abs. 2 Satz 1 Abgabenordnung (AO), wonach **Wohlfahrtspflege** „die planmäßige, zum Wohle der Allgemeinheit und nicht des Erwerbs wegen ausgeübte Sorge für notleidende oder gefährdete Mitmenschen" ist, wobei sich die Sorge nach § 66 Abs. 2 Satz 2 AO auf das gesundheitliche, sittliche, erzieherische oder wirtschaftliche Wohl erstrecken und Vorbeugung oder Abhilfe bezwecken kann, ist unter Wohlfahrtspflege eine planmäßige, ohne Gewinnerzielungsabsicht und zum Wohle der Allgemeinheit neben dem Staat und öffentlichen Trägern ausgeübte unmittelbare vorbeugende oder abhelfende Betreuung und/oder Hilfeleistung für gesundheitlich, sittlich oder wirtschaftlich gefährdete, notleidende oder sonst sozial benachteiligte Personen zu verstehen, die über die Ziele einer bloßen Selbsthilfeorganisation hinausgeht[10]. **Frei** ist die Wohlfahrtspflege, wenn sie nicht staatlich organisiert ist. Das Charakteristikum „frei" dient allein dieser Abgrenzung und verlangt deshalb nicht eine Zuwendung an einen unbestimmten Kreis von Empfängern. Folglich zählen auch mitgliedschaftlich verfasste Vereinigungen zur freien Wohlfahrtspflege (vgl. die Kommentierung zu § 84 SGB XII Rn. 12). 26

Der Begriff **„Verband"** i.S. des § 5 SGB XII ist weit zu fassen[11]. Jedenfalls zählen dazu die in der Bundesarbeitsgemeinschaft der freien Wohlfahrtspflege (BAGFW) zusammengeschlossenen sechs „Spitzenverbände der Freien Wohlfahrtspflege" in Deutschland, die jeweils eine Vielzahl von Mitgliedsverbänden bzw. -organisationen haben. Es handelt sich hierbei um die Arbeiterwohlfahrt (AWO) mit Sitz in Berlin, den Deutschen Caritasverband (DCV) mit Sitz in Freiburg im Breisgau (für die katholische Wohlfahrtspflege), den Deutschen Paritätischen Wohlfahrtsverband (Der PARITÄTISCHE) mit Sitz in Berlin, das Deutsche Rote Kreuz (DRK) mit Sitz in Berlin, die Diakonie Deutschland im Evangelischen Werk für Diakonie und Entwicklung mit Sitz in Berlin (für die evangelische Wohlfahrtspflege) und die Zentralwohlfahrtsstelle der Juden in Deutschland (ZWST) mit Sitz in Frankfurt am Main (für die jüdische Wohlfahrtspflege)[12]. 27

Allerdings ist als Verband nicht nur ein föderativ und überlokal mindestens auf der Ebene eines Bundeslandes organisierter Zusammenschluss von Einrichtungen und Diensten der freien Wohlfahrtspflege zu verstehen, der ein Mindestmaß an Organisation und durch seine Mitgliedsorganisationen alle sozialpädagogische Hilfeformen aufweist[13], also ein bundesweit tätiger Generalist. Denn damit würden 28

---

[8] Zu den Voraussetzungen: BVerfG v. 19.12.2000 - 2 BvR 1500/97 - BVerfGE 102, 370 ff.
[9] *Morlok* in: Dreier, Kommentar zum Grundgesetz, Art. 137 WRV/Art. 140 GG Rn. 47 m.w.N.
[10] Vgl. BSG v. 28.02.2013 - B 8 SO 12/11 R - SozR 4-3500 § 84 Nr. 1; *Bieritz-Harder/Neumann* in: Berlit/Conradis/Sartorius, Existenzsicherungsrecht, 2. Aufl. 2013, Kap. 44 Rn. 3 ff., allerdings auch Selbsthilfeorganisationen einbeziehend, wenn sie nicht nur eigene Mitglieder betreuen.
[11] *Münder* in: LPK-SGB XII, § 5 Rn. 8.
[12] Quelle: Wikipedia.org/freie Wohlfahrtspflege.
[13] So aber *Neumann*, Sozialrecht aktuell 2007, 216 ff.

auf eine Hilfeleistung, z.B. die Schuldnerberatung, spezialisierte Vereinigungen von vornherein aus dem Anwendungsbereich des § 5 SGB XII ausgenommen, obwohl die Träger der Sozialhilfe vor Ort gerade nicht mit den Dachverbänden zusammenarbeiten, sondern mit deren lokalen Trägern und Vereinigungen, die häufig spezialisiert sind. Berücksichtigt man zudem den historischen Hintergrund der Vorschrift, die lediglich die im Zeitpunkt der Schaffung des BSHG real existierende Hilfelandschaft normativ aufgriff (vgl. Rn. 1), ist mehr als zweifelhaft, ob der Gesetzgeber mit der Formulierung „Verband der ..." Vereinigungen und Träger, die nicht im Spitzenverband organisiert sind, tatsächlich aus dem Anwendungsbereich der Norm ausschließen wollte.

29 Da die freie Wohlfahrtspflege nicht zuletzt anhand ihrer Zielrichtung und Aufgabenstellung, nicht ihrer Organisationsform (Rn. 26) definiert wird, sind unter einem **„Verband der freien Wohlfahrtspflege"** alle Vereinigungen zu verstehen, die aufgrund ihrer verfassten Aufgabenstellung planmäßig und ohne Gewinnerzielungsabsicht soziale Hilfe gegenüber Dritten erbringen. Mit dieser Auslegung korrespondiert § 5 SGB XII zudem mit der Regelung des (nicht abdingbaren, vgl. § 37 Satz 2 SGB I) § 17 Abs. 3 SGB I, welcher die Zusammenarbeit mit gemeinnützigen und freien Einrichtungen und Organisationen regelt[14] und diese nicht auf deren Verbände beschränkt.

30 **Tatsächliche, rechtliche und finanzielle Überschneidungen** zwischen Kirche und den Verbänden der freien Wohlfahrtspflege bestehen im Übrigen dort, wo die Verbände und ihre Träger durch ihre Verbundenheit mit der Amtskirche (Besetzung von Aufsichtsposten durch kirchliche Würdenträger; Direktionsrechte) Teil der verfassten Kirche sind **(Diakonie und Caritas)**.[15]

2. Gebot der Zusammenarbeit und des gegenseitigen Respekts (Absatz 2)

31 Die Absätze 2-5 treffen, anders als Absatz 1, Regelungen zur Kooperation bei der **Erledigung der Aufgaben der Sozialhilfe** nach dem SGB XII, also nicht von Aufgaben der Kirchen und freien Wohlfahrtsträger selbst. Insoweit unterscheidet sich das in Absatz 2 Satz 1 enthaltene Gebot der Zusammenarbeit auch von dem des **§ 4 Abs. 1 SGB XII**, wonach die Träger der Sozialhilfe mit anderen Stellen, die zwar inhaltlich die gleichen Ziele verfolgen, aber nach den für sie maßgeblichen Vorschriften außerhalb des SGB XII, zusammenarbeiten sollen. Letztlich betont § 5 Abs. 2 SGB XII nur das allgemeine Gebot der Zusammenarbeit und der Achtung der Selbständigkeit der Träger in § 17 Abs. 3 Sätze 1 und 2 SGB XII in Bezug auf Kirchen und Verbände der freien Wohlfahrtspflege, ohne sie jedoch gegenüber den übrigen Trägern zu privilegieren.

32 Dass § 5 Abs. 2 SGB XII nur den äußeren Rahmen, das „Ob" der Zusammenarbeit, nicht aber deren Form und Mittel beschreibt, entspricht dem **Sozialstaatsverhältnis** des Grundgesetzes: Garantiert ist lediglich die gerechte Sozialordnung, also das soziale Hilfesystem und seine Inhalte; die zur Zielerreichung erforderlichen Mittel werden hingegen nicht vorgegeben.[16] Die organisatorische und inhaltliche Ausgestaltung überlässt das Gesetz den damit betrauten Stellen. Dieser verfassungsrechtlich vorgegebenen Gewährleistungspflicht entspricht zum einen eine **Strukturverantwortung** des Sozialhilfeträgers, d.h. die zur Erfüllung der Aufgaben der Sozialhilfe erforderlichen Dienste und Einrichtungen müssen hinreichend zur Verfügung stehen; zum anderen muss er im Rahmen seiner **Leistungsverantwortung** (§ 17 Abs. 1 Nr. 1 und 2 SGB I) dafür sorgen, dass der Hilfebedürftige die ihm zustehenden Sozialleistungen in zeitgemäßer Weise, umfassend und schnell erhält.

33 Bedient er sich hierbei Kooperationspartnern, sind nach Absatz 2 Satz 2 wechselseitig die jeweiligen Zielsetzungen und Organisationsformen zu respektieren. Da durch eine Kooperation die kooperierenden Organisationen ihre organisatorische Selbständigkeit per se nicht aufgeben, ist der eigentliche Bedeutungsgehalt der Regelung in dem Gebot der **Wahrung der inhaltlichen Selbständigkeit (Aufgabendefinitionskompetenz**[17]**)** und des **eigenen Selbstverständnisses** der Kirchen/freien Träger zu sehen. Der Sozialhilfeträger muss folglich zwar, weil es um die Kooperation bei der Erledigung **seiner** Aufgaben geht, darauf achten, dass die nach dem SGB XII Berechtigten die entsprechenden Leistungen tatsächlich erhalten können, der kirchliche Träger also nicht z.B. konfessionslose Hilfebedürftige von einer Leistung ausschließt; weitergehender Einflussnahme, z.B. hinsichtlich der Gesprächsführung

---

[14] So auch *Groth* in: Rolfs/Giesen/Kreikebohm/Udsching, Sozialrecht, § 5 SGB XII Rn. 3; *Münder* in: LPK-SGB XII, § 5 Rn. 7 f.
[15] BVerfG v. 11.10.1977 - 2 BvR 209/76 - BVerfGE 46, 75 ff.; BVerfG v. 25.03.1980 - 2 BvR 208/76 - BVerfGE 53, 366 ff.; BVerfG v. 17.02.1981 - 2 BvR 384/78 - BVerfGE 57, 220 ff.
[16] BVerfG v. 18.07.1967 - 2 BvF 3/62, 2 BvF 4/62, 2 BvF 5/62, 2 BvF 6/62, 2 BvF 7/62, 2 BvF 8/62, 2 BvR 139/62, 2 BvR 140/62, 2 BvR 334/62, 2 BvR 335/62 - BVerfGE 22, 180 ff. – BGBl I 1967, 896.
[17] *Bieritz-Harder/Neumann* in: Existenzsicherungsrecht, 2. Aufl. 2012, § 44 Rn. 9.

vor dem Hintergrund eines bestimmten (christlich geprägten) Hilfeverständnisses, hat er sich jedoch zu enthalten. Erstreckt sich die Kooperation auf die Leistungserbringung durch den freien Träger bzw. die Kirche in Einrichtungen (§ 13 SGB XII), sind für jene die Regelungen der §§ 75 ff. SGB XII auch bei möglichen Widersprüchen zum eigenen (kirchlichen) Selbstverständnis unabdingbar, also auch insoweit über § 5 Abs. 2 SGB XII keiner Privilegierung zugänglich.

3. Ziele und Inhalt der Zusammenarbeit (Absatz 3 Satz 1)

Nach Absatz 3 Satz 1 soll die Zusammenarbeit unmittelbar **auf das Wohl des Leistungsempfängers ausgerichtet** sein und es sollen sich die jeweiligen Tätigkeiten, die auf die Verwirklichung dieses Ziels ausgerichtet sind, wirksam ergänzen. Damit wird für das Rechtsverhältnis zwischen Sozialhilfeträger und Kirche/Träger der freien Wohlfahrtspflege wiederum nur wiederholt, was schon in § 17 Abs. 1 und 3 Sätze 1 und 2 SGB I (unabdingbar, § 37 Satz 2 SGB I), auch im Verhältnis zu den Träger der freien Wohlfahrtspflege (vgl. § 28 Abs. 2 SGB I) zum Ausdruck gebracht worden ist: die Pflicht der an der Leistungserbringung beteiligten Akteure, die Verwirklichung der sozialen Rechte der Bürger inhaltlich und organisatorisch sicherzustellen, um damit dem Wunsch- und Wahlrecht des Leistungsberechtigten (§ 9 Abs. 2 SGB XII) zur Geltung zu verhelfen.

34

4. Unterstützung durch die Träger der Sozialhilfe (Absatz 3 Satz 2)

Die Träger der Sozialhilfe sollen die Verbände der freien Wohlfahrtspflege **in ihrer Tätigkeit auf dem Gebiet der Sozialhilfe** angemessen **unterstützen**. Das Unterstützungsgebot erfasst mithin sowohl die Fälle des Absatzes 4, in denen die Wohlfahrtsverbände selbst die Leistung erbringen, aber auch die Leistungserbringung durch den Sozialhilfeträger im Rahmen eines Kooperationsverhältnisses nach Absatz 2.

35

Mit der Regelung sollte nach dem Willen des Gesetzgebers des BSHG dem faktischen Umstand Rechnung getragen werden, dass „die Verbände der freien Wohlfahrtspflege nicht mehr hinreichend über eigenes Vermögen oder sonstige Einnahmen verfügen, die ihnen gestatten, ohne öffentliche Hilfe ‚ihren' Aufgaben nachzukommen"[18]. Die Unterstützung durch die Träger der Sozialhilfe kann in finanzieller oder sonstiger Hilfe bestehen. Durch die Vorgabe, dass Unterstützung geleistet werden **soll**, ist das **Entschließungsermessen** des Sozialhilfeträgers dahingehend eingeschränkt, dass nur in atypischen Fällen Ausnahmen von der Unterstützung in Betracht kommen. Hinsichtlich des **„Wie"** der Unterstützung ist der Sozialhilfeträger allerdings in seiner Ermessensausübung frei. Hier gelten also die allgemeinen Regeln: Bei einem Streit über die Gewährung von Ermessensleistungen hat das Gericht zu prüfen, ob der Sozialhilfeträger die gesetzlichen Grenzen seines Ermessens überschritten oder von dem Ermessen in einer dem Zweck der Ermächtigung nicht entsprechenden Weise Gebrauch gemacht hat.[19]

36

Was aufgrund des Umstands, dass die Verbände der freien Wohlfahrtspflege Tätigkeiten auf dem Gebiet der Sozialhilfe entfalten, grundsätzlich nachvollziehbar klingt, birgt in **finanzieller Hinsicht** erhebliche **Sprengkraft** und gibt Anlass für viele Fragen. Denn angesichts einer staatlichen Refinanzierungsquote der Tätigkeit der Organisationen der freien Wohlfahrtspflege von 80 Prozent[20] (im Jahr 2002 machten Spenden und Mitgliedsbeiträge gerade noch 3 Prozent des Gesamtbudgets der Freien Wohlfahrtspflege aus), ihrem bestimmenden wirtschaftlichen Agieren auf dem sozialen Markt (im Jahr 2004 wurden unter dem Dach der Spitzenverbände mehr als 100.000 Einrichtungen betrieben, fast 1,3 Mio. Voll- und Teilzeitkräfte und etwa 1,5 Mio. ehrenamtliche Mitarbeiterinnen und Mitarbeiter beschäftigt) mit einem Jahresumsatz (Stand 2004) von rund 55 Mrd. € stellt sich die berechtigte Frage, ob diese erhebliche **Querfinanzierung bzw. -subventionierung** auch durch die Träger der Sozialhilfe in § 5 Abs. 3 Satz 2 SGB XII eine hinreichend bestimmte rechtliche Grundlage findet. Zudem sind die Sozialhilfeträger danach nur zu einer **angemessenen Unterstützung** verpflichtet. Schon seinem Wortverständnis nach setzt eine Unterstützung jedoch ein eigenes Handeln bzw. eine teilweise Eigenfinanzierung durch den Dritten voraus; soll finanzielle Unterstützung geleistet werden, wäre mithin zunächst – auch wenn es sich um Aufgaben der Sozialhilfe handelt (vgl. dazu Rn. 32) – eine Grundfinanzierung durch den Träger selbst Bedingung, bevor der Träger der Sozialhilfe ergänzend Finanzmittel beisteuern darf.

37

---

[18] BR Drs. 53/60, S 39 zu § 10 Abs. 3 BSHG.
[19] Vgl. dazu: Hessisches Landessozialgericht v. 20.03.2013 - L 6 SO 79/09.
[20] Zum Ganzen: Institut der deutschen Wirtschaft Köln, Wohlfahrtsverbände in Deutschland, „Auf den Schultern der Schwachen", Köln 2004.

38 Zudem muss im Rahmen des auszuübenden **Ermessens** auch für eine **„gerechte" Verteilung** der begrenzten Mittel unter den Anbietern am Markt gesorgt werden; ob § 5 Abs. 3 Satz 2 SGB XII insoweit eine Privilegierung von Angeboten der Verbände der freien Wohlfahrtspflege gegenüber gewerblichen oder privaten gemeinnützigen Organisationen rechtfertigen kann, ist mehr als zweifelhaft.

39 Außerdem soll der Träger der Sozialhilfe angemessene Unterstützung lediglich dann leisten, wenn die freien Träger **Tätigkeiten auf dem Gebiet der Sozialhilfe** erbringen. Dies erfordert, dass durch den Sozialhilfeträger Mittel auch nur für bestimmte, den Leistungen der Sozialhilfe entsprechende Tätigkeiten und Aufgaben zur Verfügung gestellt werden. Nicht nur vor dem Hintergrund des § 84 Abs. 1 SGB XII, wonach Zuwendungen[21] der freien Wohlfahrtspflege als Einkommen unberücksichtigt bleiben, wäre es nicht hinnehmbar, dass mit Mitteln der Sozialhilfe Leistungen finanziert werden, auf die auf Grundlage des SGB XII kein Rechtsanspruch besteht. Problematisch ist deshalb schon, ob **Sozialsubventionen**, die schon begrifflich eine marktförmige Gegenleistung nicht voraussetzen[22], im Rahmen des § 5 Abs. 2 Satz 3 SGB XII überhaupt ein geeignetes Finanzinstrument darstellen können. Rechtlich zweifelhaft sind nicht nur deshalb Projekt- oder Infrastrukturfinanzierungen als institutionelle Förderung[23] durch die Träger der Sozialhilfe, sondern auch, weil kaum sichergestellt werden kann, dass diese Einrichtungen oder Maßnahmen tatsächlich nur dem Personenkreis zukommen, der auch leistungsberechtigt nach dem SGB XII ist.

40 Notwendig sind daher **vertragliche Vereinbarungen** zwischen dem Träger der Sozialhilfe und dem jeweiligen Verband der Wohlfahrtspflege auch außerhalb des Anwendungsbereichs der §§ 75 ff. SGB XII, in denen **im Einzelnen** geregelt ist, für welche Leistungen in welchem Umfang Mittel durch den Verband der freien Wohlfahrtspflege bzw. die Kirche aufgewendet werden sollen und wofür die „Unterstützung" des Sozialhilfeträgers erfolgt. Bloße Rahmenverträge, in denen Zuschüsse zugesichert werden und die sich allenfalls in übergeordneten Zielbeschreibungen erschöpfen, tragen diesen Anforderungen nicht hinreichend Rechnung.

41 Alternativ denkbar sind die in der Praxis verbreiteten „Zuwendungen" durch **Verwaltungsakt**, jedenfalls, soweit zulässigerweise bestimmte abgegrenzte Zwecke damit verfolgt oder mit der Zuwendung Bedingungen als Nebenbestimmung verknüpft werden[24] (vgl. § 32 Abs. 2 Nr. 2 SGB X). Dies ermöglicht für den Fall der zweckwidrigen Verwendung der Mittel den Widerruf des Verwaltungsakts mit Wirkung für die Vergangenheit (§ 47 Abs. 2 Nr. 1 SGB X); zudem bleibt die Kontrollbefugnis des öffentlichen Trägers trotz der zu achtenden Selbständigkeit der freien Träger bestehen, wenn bestimmte Zweckvorgaben mit der Leistung verbunden sind (§ 17 Abs. 3 Satz 3 SGB I).

42 Problematisch bleibt jedoch in jedem Fall die **geringe Kontrollmöglichkeit** des Staates über die Mittelverwendung. Denn der Träger der Sozialhilfe hat – mit Ausnahme zweckgebundener Leistungen, vgl. Rn. 40 – keine rechtliche Befugnis, die Haushaltsführung der Verbände als selbständiger Körperschaften zu kontrollieren. Dies ist Aufgabe nur der **Rechnungshöfe**. Nach § 26 Abs. 2 HGrG soll deshalb durch den Zuwendenden bestimmt werden, wie der Zuwendungsempfänger die zweckentsprechende Verwendung von Zuwendungen nachzuweisen hat; außerdem ist ein Prüfungsrecht der zuständigen Dienststelle oder ihrer Beauftragten festzulegen (§ 26 Abs. 2 HGrG). Die Kontrolle der Rechnungshöfe erstreckt sich dabei auf die bestimmungsgemäße und wirtschaftliche Verwendung der Mittel; bei Zuwendungen an Stellen außerhalb der Verwaltung kann sie sich auch auf die sonstige Haushalts- und Wirtschaftsführung des Empfängers erstrecken, jedoch nur, soweit es der Rechnungshof für seine Prüfung für notwendig hält (§ 43 Abs. 2 HGrG).[25] Doch handelt es sich bei den Prüfungen durch die Rechnungshöfe allenfalls um **Stichproben**; eine fortlaufende externe Kontrolle ist damit gerade

---

[21] Zum Begriff vgl. § 14 Haushaltsgrundsätzegesetz/§ 23 BHO/LHO: Ausgaben und Verpflichtungsermächtigungen für Leistungen an Stellen außerhalb der (Bundes-)Verwaltung zur Erfüllung bestimmter Zwecke (Zuwendungen) dürfen nur veranschlagt werden, wenn der Bund an der Erfüllung durch solche Stellen ein erhebliches Interesse hat, das ohne die Zuwendungen nicht oder nicht im notwendigen Umfang befriedigt werden kann.

[22] Vgl. die Definition der Subvention im Rahmen des Subventionsbetrugs nach § 264 Abs. 1 Nr. 1 StGB: Subvention im Sinne dieser Vorschrift ist eine Leistung aus öffentlichen Mitteln nach Bundes- oder Landesrecht an Betriebe oder Unternehmen, die wenigstens zum Teil a) ohne marktmäßige Gegenleistung gewährt wird und b) der Förderung der Wirtschaft dienen soll.

[23] *Bieritz-Harder/Neumann* in: Berlit/Conradis/Sartorius, Existenzsicherungsrecht, 2. Aufl. 2013, Kap. 44 Rn. 30 ff.

[24] A.A. zur Zulässigkeit derartiger Bedingungen noch *Piepenstock* in: jurisPK-SGB XII, 1. Aufl. 2011, § 5 SGB XII Rn. 32.

[25] Dazu auch *Bieritz-Harder/Neumann* in: Berlit/Conradis/Sartorius, Existenzsicherungsrecht, 2. Aufl. 2013, Kap. 44 Rn. 64 ff.

nicht gesichert. Angesichts noch vielfach unzureichender Kontrollen innerhalb der Verbände und ihrer Unterorganisationen selbst sowie der durch das Siegel der Gemeinnützigkeit (§§ 51 ff. AO) nur beschränkten Kontrollbefugnisse der Finanzverwaltung kann insoweit kaum davon ausgegangen werden, dass die Verwendung der zugewendeten Mittel konstant einer hinreichenden Kontrolle unterliegt.[26] Auch hier ließe sich allerdings durch vertragliche Regelungen über Rechnungslegungspflichten oder die Vorlage von Prüfberichten durch externe Dienstleister Abhilfe schaffen.

Ein weiteres Problem, das sich hinter § 5 Abs. 3 Satz 2 SGB XII verbirgt, lässt sich aber auch damit nicht lösen: die gesetzlich zementierte **Vorrangstellung** der Verbände der freien Wohlfahrtspflege hinsichtlich der ihnen „garantierten" finanziellen Zuwendungen gegenüber privaten oder anderen gemeinnützigen Anbietern, die keinem Verband angehören. Im Einrichtungsbereich wurde diese Vorrangstellung durch das Gesetz zur Reform des Sozialhilferechts vom 23.07.1996[27] zwar gestrichen; außerhalb des Einrichtungsbereichs blieb durch § 5 Abs. 3 Satz 2 SGB XII alles unverändert. Es mag zwar sein, dass bestimmte Angebote und Dienste für gewerbliche Anbieter außerhalb von Einrichtungen nicht attraktiv sind und entsprechende Leistungen, obwohl tatsächlich ein Bedarf besteht, der zu decken ist, deshalb nicht angeboten werden, z.B. der Betrieb von Einrichtungen für Nichtsesshafte (als Hilfe in besonderen Lebenslagen nach den §§ 67 ff. SGB XII). Eine andere Frage ist aber, ob der faktische Befund die rechtliche Ausgrenzung dieser Anbieter rechtfertigen kann.[28] Denn diesen bleibt von Anfang an nur das oben beschriebene Aushandeln einzelner Entgelte mit dem Sozialhilfeträger, wenn sie es überhaupt schaffen, sich auf dem Markt der sozialen Hilfe gegenüber den großen Trägern Gehör zu verschaffen. 43

Die (zutreffende) Aussage, dass sich aus § 5 Abs. 3 Satz 2 SGB XII **kein Anspruch** der freien Träger **auf die Gewährung bestimmter Leistungen** ableiten lässt, sondern nur ein **Anspruch auf ermessensfehlerfreie Entscheidung**,[29] mutet vor dem dargestellten wirtschaftlichen Rahmen beinahe floskelhaft an. Denn es ist kaum vorstellbar, dass die Träger der Sozialhilfe angesichts fehlender eigener Strukturen, die in der Vergangenheit nicht aufgebaut worden sind, ihrer Struktur- und Leistungsverantwortung nach dem SGB XII nachkommen könnten, wenn sie die Sozialsubventionierung nicht weiterführten; umgekehrt gilt das Gleiche: Die Träger der „freien" Wohlfahrtspflege könnten ihre Dienste und Einrichtungen kaum am Leben halten, wenn die staatlichen Mittel wegfielen. Es besteht also ein Abhängigkeitsgeflecht, das in der Regelung des Absatzes 3 Satz 2 nur unvollständig zum Ausdruck kommt; zudem werden die tatsächlich vorhandenen Strukturen dadurch verschleiert. 44

Ob und inwieweit **europarechtliche Vorgaben des Wettbewerbs- und Vergaberechts** in der Sozialhilfe bei der Vergabe von Dienstleistungen zur Anwendung kommen müssen oder überhaupt können[30], ist u.a. Gegenstand wissenschaftlicher Diskussionen[31] und noch nicht abschließend geklärt. 45

Für Unternehmen, die mit **Dienstleistungen von allgemeinem wirtschaftlichem Interesse (DAWI) betraut** sind, schreibt Art. 106 Abs. 2 Sätze 1 und 2 AEUV die Geltung insbesondere der **Wettbewerbsregeln** für Verträge vor, soweit die Anwendung dieser Vorschrift nicht die Erfüllung der den Unternehmen übertragenen besonderen Aufgaben rechtlich oder tatsächlich verhindert. Zu den DAWI zählen nach dem Verständnis der Kommission alle Leistungen, die aus Sicht des Staates auch dann erbracht werden müssen, wenn der Markt unter Umständen nicht genügend Anreize gibt.[32] Insoweit spricht vieles dafür, auch dem „Markt" der karitativen, fürsorgerischen Dienstleistungen, die nicht die reine Existenzsicherung durch Hilfe zum Lebensunterhalt bzw. Grundsicherung im Alter und bei Er- 46

---

[26] Instruktiv dazu die Beispiele in Institut der deutschen Wirtschaft Köln, Wohlfahrtsverbände in Deutschland, „Auf den Schultern der Schwachen", Köln 2004, S. 37 ff.
[27] BGBl I 1996, 1088.
[28] So wohl *Neumann*, Sozialrecht aktuell 2007, 216 ff., 218, wenn auch mit dem – nicht überzeugenden – Argument, die freien Träger verfügten über Eigenmittel (vgl. dazu Rn. 31) und ehrenamtliches Engagement und könnten deshalb auch bei ungeklärter Kostenfrage in sozialen Brennpunkten agieren.
[29] Vgl.: Hessisches LSG v. 20.03.2013 - L 6 SO 79/09.
[30] Ablehnend Antwort der Bundesregierung auf eine Kleine Anfrage zum Vergaberecht für Kommunen in der Jugend- und Sozialhilfe, BT-Drs. 16/5347; weitere Nachweise in *Koenig/Paul* in: Streinz, EUV/AEUV, 2. Aufl. 2012, Art. 106 AEUV Rn. 51 m.w.N.
[31] Vgl. nur: Beschaffung von Sozialleistungen durch Vergabe, Schriftenreihe des Deutschen Sozialrechtsverbands, Tagungsbericht des Deutschen Sozialrechtsverbands e.V., November 2010.
[32] Begleitdokument der Kommission v. 20.11.2007 „Zu der Mitteilung über Dienstleistungen von allgemeinem Interesse unter Einschluss von Sozialdienstleistungen: Europas neues Engagement", SEK (2007), 1516.

werbsminderung umfassen, das wirtschaftliche Interesse nicht abzusprechen[33]; denn selbst wenn das verfolgte Ziel ein nicht ökonomisches ist, ist zur Aufgabenerfüllung regelmäßig eine unternehmerische Tätigkeit in einem wirtschaftlichen Kontext erforderlich.[34]

47 Für den **Akt der Betrauung** hat der EuGH in der sog. **Altmark-Trans-Entscheidung**[35] Vorgaben formuliert; sind diese erfüllt (aber auch nur dann), ist davon auszugehen, dass es sich bei Zahlungen an einen Dienstleister nicht um eine staatliche Beihilfe im Sinne des Art. 107 Abs. 1 AEUV und Art. 108 AUEV handelt und diese damit auch nicht von der Kommission nach Art. 108 Abs. 3 AEUV zu notifizieren ist. Mit dem sog. **Monti-Pakt**[36] der Kommission in der überarbeiteten Fassung (sog. DAWI-Beschluss 2012/21/EU)[37], wurden die in der Altmark-Trans-Entscheidung entwickelten Vorgaben an den staatlichen Betrauungsakt modifiziert mit dem Ziel, Ausgleichszahlungen in unbeschränkter Höhe für die Erbringung sozialer Dienstleistungen an Unternehmen gewähren zu können, ohne diese Zahlungen zuvor von der Kommission notifizieren zu lassen. Dabei werden als soziale Dienstleistungen alle DAWI zur Deckung des sozialen Bedarfs im Hinblick auf Gesundheitsdienste und Langzeitpflege, Kinderbetreuung, den Zugang zum und die Wiedereingliederung in den Arbeitsmarkt, den sozialen Wohnungsbau sowie die Betreuung und soziale Einbindung sozial schwacher Bevölkerungsgruppen verstanden. Dies gilt allerdings nur unter dem Vorbehalt, dass dem staatlichen Mittelfluss tatsächlich ein Betrauungsakt zugrunde liegt, der den Kriterien der Altmark-Trans-Entscheidung entspricht; ansonsten unterliegt die Zahlung als staatlicher Beihilfe der Notifizierungspflicht.

48 Aber auch dann, wenn ein formaler Betrauungsakt eines Dritten durch staatliche Stellen nicht erfolgt, ist der öffentliche Träger grundsätzlich zur **Einhaltung des Vergaberechts** verpflichtet, wenn gewisse Schwellenwerte überschritten sind (Art. 7 RL 2004/18)[38], denn er tritt als Nachfrager sozialer Dienstleistungen am Markt auf. Allerdings unterliegen insbesondere Sozialleistungen (Anhang II, Teil B und Art. 20 f RL 2004/18) nur einer beschränkten Anzahl von Bestimmungen der Richtlinie.

5. Vorrang der Leistungen der freien Träger (Absatz 4)

49 Die Vorschrift trägt dem Grundgedanken der Subsidiarität staatlicher Hilfen auf der Leistungsebene Rechnung. Dort, wo **im Einzelfall die Leistung**[39] **durch die freie Wohlfahrtspflege erbracht** wird – nach § 10 Abs. 4 BSHG genügte es, dass die Hilfe gewährleistet war –, soll von staatlicher Hilfe abgesehen werden. Durch die Regelung sollte verhindert werden, dass die Tätigkeit der freien Träger durch staatliche Träger eingeschränkt wird,[40] der Staat also in Bereiche vordringt, die bis dahin den freien Trägern vorbehalten waren. Auf die Frage, wer die Leistung finanziert, die von freien Trägern erbracht wird, kommt es nicht an. Der Staat wird also nicht von seiner Gewährleistungspflicht befreit, selbst wenn ein Dritter die Leistung erbringt.

50 Ausgenommen von dem Vorrang der Leistungen der freien Träger ist die Gewährung von **Geldleistungen** an die Hilfebedürftigen, d.h. die Existenzsicherung durch Leistungen der Hilfe zum Lebensunterhalt oder der Grundsicherung durch den Sozialhilfeträger selbst sicherzustellen. Erbringt der Träger der freien Wohlfahrtspflege allerdings Geldleistungen an Hilfebedürftige, muss zugleich sichergestellt werden, dass diese nicht gegenüber sonstigen Hilfebedürftigen ungerechtfertigt besser gestellt werden. Denn § 5 Abs. 4 Satz 2 SGB XII begründet schon nach der gesetzlichen Intention keinen Vorrang vor

---

[33] So auch für SGB-III-Maßnahmen abgesehen von den Entgeltersatzleistungen: *Nielandt* in: Eicher/Schlegel, SGB III, Art. 106 AUEV Rn. 35 ff.

[34] *Koenig/Paul* in: Streinz, EUV/AEUV, 2. Aufl. 2012, Art. 106 AEUV Rn. 51 m.w.N.; a.A. *Weiß*, EuR 2013, 669 ff.

[35] EuGH v. 24.07.2003 - C-280/00 - Slg. 2003, I-7747 - Altmark Trans.

[36] Diese besteht aus der sog. Freistellungsentscheidung, einem Gemeinschaftsrahmen und einer Transparenzrichtlinie; zum Ganzen ausführlich: *Koenig/Paul* in: Streinz, EUV/AEUV, 2. Aufl. 2012, Art. 106 AEUV Rn. 64 m.w.N.; *Knauff*, ZG 2013, 139 ff.

[37] Beschluss der Kommission über die Anwendung von Art. 106 Abs. 2 AEUV auf staatliche Beihilfen in Form von Ausgleichsleistungen zugunsten bestimmter Unternehmen, die mit der Erbringung von Dienstleistungen von allgemeinem wirtschaftliche Interesse betraut sind, ABl. EU 2012 L 7/3.

[38] Im Einzelnen: http://new.eur-lex.europa.eu/legal-content/EN/TXT/?qid=1392895544001&uri=CELEX:02004 L0018-20041101 (abgerufen am 07.04.2014).

[39] A.A. *Wahrendorf* in Grube/Wahrendorf, SGB XII, § 5 Rn. 17, der von „institutioneller Subsidiarität" spricht.

[40] Die Formulierung in der Gesetzesbegründung (BR Drs. 53/60, S. 39 zu § 10 BSHG) macht dies besonders deutlich: „Die Bestimmung soll verhüten, dass infolge der Erweiterung des gesetzlichen Aufgabenbereichs die freie Liebestätigkeit in irgendeiner Weise eingeschränkt wird".

den Regelungen zur Einkommensanrechnung nach den §§ 82 ff. SGB XII. Eine eng begrenzte Ausnahme hiervon bildet § 84 Abs. 1 SGB XII, wonach Zuwendungen der freien Wohlfahrtspflege als Einkommen außer Betracht bleiben. Als Zuwendung in diesem Sinne sind vor dem Hintergrund des Gebots der Gleichbehandlung jedoch nur kleinere Geldbeträge zu verstehen, die nicht der Sicherung des Lebensunterhalts, sondern z.B. der Motivation des Leistungsberechtigten dienen.[41]

6. Übertragung der Aufgabendurchführung (Absatz 5)

Absatz 5 ermöglicht die **allgemeine Beteiligung** der Verbände der freien Wohlfahrtspflege an der Aufgabendurchführung oder in ihrem Einverständnis **die vollständige Aufgabenübertragung**. 51

Die in Satz 1 vorgesehene Beteiligung freier Verbände geht über die reine Zusammenarbeit nach Absatz 2 Satz 1 hinaus. Denn die Beteiligungsmöglichkeiten nach Absatz 5 Satz 1 ermöglichen den Trägern der Sozialhilfe eine **allgemeine Kooperation** über die konkrete Aufgabendurchführung nach dem SGB XII hinaus. 52

Sind die Verbände damit einverstanden, können die Sozialhilfeträger eigene Aufgaben auf diese übertragen **(Mandat)**. Geschieht dies durch Vertrag, wird durch einen **koordinationsrechtlichen öffentlich-rechtlichen Vertrag** (§ 53 Abs. 1 Satz 1 SGB X) ein Auftragsverhältnis zwischen Sozialhilfeträger und Verband begründet, wobei – dies macht Satz 2 deutlich – die Verpflichtung des Sozialhilfeträgers dem Grunde nach fortbesteht. Es handelt sich schon deshalb um einen öffentlich-rechtlichen und keinen privatrechtlichen Vertrag, weil es um die Übertragung staatlicher Aufgaben geht, die der Auftragnehmer nach außen auch als solche wahrnimmt (wenn auch nicht, weil kein Beliehener, unter Inanspruchnahme von Hoheitsrechten).[42] 53

Die §§ 53 ff. SGB X finden folglich auf diese Verträge Anwendung, d.h. sie sind schriftlich zu schließen (§ 56 SGB X) und können unter den Voraussetzungen des § 59 Abs. 1 SGB X auch nur schriftlich gekündigt werden (§ 59 Abs. 2 SGB X); die Unwirksamkeit eines Vertrags beurteilt sich ausschließlich nach Maßgabe des § 58 Abs. 1 SGB X i.V.m. den Vorschriften des BGB, d.h. ein derartiger Vertrag ist entweder nichtig oder wirksam. Einen i.S. der §§ 45 ff. SGB X aufhebbaren öffentlich-rechtlichen Vertrag gibt es nicht. Die §§ 88-92 SGB X gelten nur für das Auftragsverhältnis zwischen verschiedenen Leistungsträgern i.S. des § 11 SGB I und damit nicht für Verträge mit Verbänden der freien Wohlfahrtspflege. 54

Ein **Beispiel** hierfür könnte der Betrieb einer Kleiderkammer oder eines Second-Hand-Kaufhauses bilden, auf die Leistungsberechtigte zur (teilweisen) Deckung ihres Erstausstattungsbedarfs nach § 31 SGB XII durch die Ausgabe eines speziellen Berechtigungsscheins verwiesen werden können. Der Sozialhilfeträger erbringt insoweit Sachleistungen durch einen Dritten. Kann der Berechtigte aber in der Kleiderkammer oder im Second-Hand-Kaufhaus seinen Erstausstattungsbedarf nicht vollständig decken, hat der Sozialhilfeträger im Übrigen Geldleistungen zu erbringen. 55

Da der **Sozialhilfeträger** auf diesem Weg **eigene Aufgaben** auf den Verband überträgt, findet das Gebot der Achtung der Eigenständigkeit und Zielsetzungen der Verbände bei der Erledigung ihrer Aufgaben nach **§ 5 Abs. 2 Satz 2 SGB XII keine Anwendung**; entsprechendes gilt für die verfassungsrechtlichen Schutzgarantien des Art. 4 Abs. 1 und 2, Art. 140 GG i.V.m. Art. 137 Abs. 3 GG, die der verfassten Kirche zugeordnete Verbände (Diakonie, Caritas) gleichermaßen für sich in Anspruch nehmen können. Denn Art. 137 Abs. 3 GG verbürgt nur das Recht, die eigenen Angelegenheiten selbständig zu regeln. Wenn aber der Sozialhilfeträger nach außen weiterhin für die Leistung verantwortlich ist, müssen vertragliche Regelungen jedenfalls sicherstellen, dass die zweckmäßige Verwendung der Gelder vom Sozialhilfeträger kontrolliert und nachverfolgt werden kann. Bei der inhaltlichen Ausgestaltung der Verträge ist der Sozialhilfeträger im Übrigen frei; das Selbstverständnis des Auftragnehmers hat er dabei allerdings so weit als möglich zu achten. 56

Geht es bei dem Auftrag allerdings um die **Erbringung von Leistungen in Einrichtungen**, sind die §§ 75 ff. SGB XII als auch gegenüber den Verbänden der freien Wohlfahrtspflege vorrangige Regelungen zu beachten, d.h. diese werden (jedenfalls insoweit) nicht gegenüber weiteren möglichen Leistungserbringern am Markt bevorzugt (so auch in der Kommentierung zu § 75 SGB XII). 57

Erfolgt die Aufgabenübertragung ohne vertragliche Grundlage (denkbar nur außerhalb des Anwendungsbereichs der §§ 75 ff. SGB XII), kommt die Anwendung bürgerlich-rechtlicher Vorschriften über den **Auftrag** (§§ 662 ff. BGB) in Betracht, wenn – weil dem Auftrag seine Unentgeltlichkeit eigen 58

---

[41] BSG v. 28.02.2013 - B 8 SO 12/11 R - SozR 4-3500 § 84 Nr. 1.
[42] So auch *Ehlers*, NJW 1990, 800 ff.

ist – allenfalls Aufwendungsersatz (§ 670 BGB) geleistet werden soll; realitätsnäher dürfte deshalb die Anwendung der Regelungen über einen entgeltlichen **Geschäftsbesorgungsvertrag** (§ 675 BGB) sein, der die Vereinbarung eines Entgelts für die Erledigung des Auftrags einräumt.

59 Da die Verbände Leistungen in beiden Fällen nur als Auftragnehmer erbringen, ohne dass ihnen mit dem Auftrag zugleich hoheitliche Befugnisse übertragen würden (keine Beleihung), ist weiterhin nur der Sozialhilfeträger zum Erlass eines Verwaltungsaktes gegenüber dem Leistungsberechtigten ermächtigt und auch zuständiger Träger der Sozialhilfe i.S. der §§ 97 ff. SGB XII. Deshalb verbleibt es auch bei der Beauftragung grundsätzlich bei seiner Beteiligtenstellung im gerichtlichen Verfahren, wenn das Gesetz keine abweichende Ausgestaltung vorsieht[43].

7. Datenschutzrechtliche Regelung (Absatz 6)

60 Absatz 6 verweist auf die entsprechende Anwendung des § 4 Abs. 3 SGB XII über den Abschluss einer Vereinbarung bei Verwendung personenbezogener Daten. Es wird daher auf die Kommentierung zu § 4 SGB XII Rn. 26 verwiesen. Sachindex

---

[43] So für das „Auftragsverhältnis" zwischen Sozialhilfeträger und Krankenkasse bei der Leistungserbringung nach § 264 SGB V: BSG v. 17.06.2008 - B 1 KR 30/07 R - BSGE 101, 42 ff. = SozR 4-2500 § 264 Nr. 1; kritisch dazu BSG v. 28.10.2008 - B 8 SO 23/07 R - BSGE 102, 10 ff. = SozR 4-2500 § 264 Nr. 2; zur Klagebefugnis vgl. SG Fulda v. 10.07.2012 - S 7 SO 75/10.

§ 6 SGB XII Fachkräfte

(Fassung vom 27.12.2003, gültig ab 01.01.2005)

(1) Bei der Durchführung der Aufgaben dieses Buches werden Personen beschäftigt, die sich hierfür nach ihrer Persönlichkeit eignen und in der Regel entweder eine ihren Aufgaben entsprechende Ausbildung erhalten haben oder über vergleichbare Erfahrungen verfügen.

(2) [1]Die Träger der Sozialhilfe gewährleisten für die Erfüllung ihrer Aufgaben eine angemessene fachliche Fortbildung ihrer Fachkräfte. [2]Diese umfasst auch die Durchführung von Dienstleistungen, insbesondere von Beratung und Unterstützung.

Gliederung

A. Basisinformationen 1	B. Auslegung der Norm 8
I. Textgeschichte 1	I. Regelungsgehalt und Bedeutung der Norm 8
II. Vorgängervorschriften 3	II. Normzweck 10
III. Parallelvorschriften 5	III. Tatbestandmerkmale 11
IV. Systematische Zusammenhänge 6	1. Beschäftigung von Fachkräften (Absatz 1) 11
V. Ausgewählte Literaturhinweise 7	2. Fortbildung der Fachkräfte (Absatz 2) 21

A. Basisinformationen

I. Textgeschichte

Die Vorschrift wurde als Teil des SGB XII am 27.12.2003 vom Bundesgesetzgeber mit Zustimmung des Bundesrates beschlossen[1] und trat am 01.01.2005 in Kraft. Sie wurde seitdem nicht mehr geändert.   **1**

Historischer Hintergrund der im Grundsatz bereits im BSHG enthaltenen Vorschrift (§ 102 BSHG) ist die Forderung nach einer fachlichen Ausbildung der im sozialen Bereich verantwortlich Tätigen, um unprofessionelles Agieren gerade in menschlich höchst anspruchsvollen Bereichen nach Möglichkeit von vornherein zu vermeiden.   **2**

II. Vorgängervorschriften

Die Regelung überträgt fast inhaltsgleich den bisherigen § 102 BSHG. An die Stelle von „soll" trat in Absatz 1 ein „werden beschäftigt", das heißt die Sozialverwaltung muss nun geeignetes Fachpersonal beschäftigen. Statt den in § 102 BSHG genannten „besonderen Erfahrungen im Sozialwesen" genügen jetzt allgemein „vergleichbare Erfahrungen".   **3**

Bei der Ergänzung in Absatz 2 handelt es sich um eine Konkretisierung der bis dahin erfolgten Verweisung in § 102 BSHG auf § 17 BSHG.[2]   **4**

III. Parallelvorschriften

Im **SGB II** fehlt eine entsprechende Vorschrift. Das **SGB VIII** enthält mit § 72 SGB VIII eine ähnliche allgemeine Vorschrift zu Mitarbeitern und Fortbildung. Hier ist allerdings die „Praxisberatung der Mitarbeiter" anders als in § 6 SGB XII, der nur allgemein von einer angemessenen fachlichen Fortbildung spricht, explizit erwähnt.   **5**

IV. Systematische Zusammenhänge

§ 6 SGB XII stellt eine **bereichsspezifische Konkretisierung** der in Art. 33 Abs. 2 GG festgeschriebenen Zugangskriterien der Eignung, Befähigung und fachlichen Leistung für ein öffentliches Amt im Bereich der Sozialhilfe dar. Seit 01.01.2013 gilt § 6 SGB XII allerdings nicht mehr für Leistungen der Grundsicherung im Alter und bei Erwerbsminderung (§ 46b SGB XII). Da der Bund seit 01.01.2013 nicht mehr die Ausführung der §§ 41 ff. SGB XII regelt (vgl. auch die Kommentierung zu § 3 SGB XII Rn. 4 f.), ist es auch nicht seine Aufgabe zu bestimmen, welche Qualifikationsanforderungen an die mit der Aufgabenerledigung betrauten Mitarbeiter der Sozialverwaltung zu stellen sind. Auch wenn § 6   **6**

---

[1] BGBl I 2003, 3022; vgl. ferner BR-Drs. 559/03, S. 180.
[2] Vgl. BR-Drs. 559/03, S. 181; ferner BT-Drs. 15/1514, S. 55.

Abs. 1 SGB XII nur das präzisiert, was nach Art. 33 Abs. 2 GG ohnehin gilt, wäre es wünschenswert, dass die nun zuständigen Länder entweder entsprechende Regelungen in die Ausführungsgesetze aufnehmen oder § 6 SGB XII für entsprechend anwendbar erklären. Ansonsten hätten Mitarbeiter im Bereich der Grundsicherung im Alter und bei Erwerbsminderung keinen Gewährleistungsanspruch mehr hinsichtlich ihrer Fortbildung (§ 6 Abs. 2 SGB XII), sollten nicht in den Ländern ohnehin für alle Mitarbeiterinnen und Mitarbeiter, auch außerhalb der Sozialverwaltung, vergleichbare Regelungen ohnehin existieren.

V. Ausgewählte Literaturhinweise

7 *Deutscher Verein*, Empfehlungen zur Organisationsentwicklung und Personalentwicklung in der sozialen Arbeit, NDV 2000, 6 ff.; *ders.*, Empfehlungen zur Supervision – Bedeutung und Organisation, NDV 1993, 89 ff.; *ders.*, Empfehlungen zur Teamarbeit in sozialen Diensten, mit Erläuterungen von *Feldmann* und *Schellhorn*, 1976; *ders.*, Strukturmerkmale für die Organisation kommunaler sozialer Dienste, NDV 1995, 307 ff.; *Feldmann*, Aufsicht und Kontrolle in der sozialen Arbeit, NDV 1998, 147 ff.; *Fricke*, Die Stellung des Sozialarbeiters im Recht der Bundesrepublik Deutschland, NZS 1993, 492 ff.; *Krahmer/Rohstock*, Der Auftrag zur berufsbegleitenden Fortbildung der Mitarbeiter der Sozialverwaltung nach § 102 BSHG, ZfSH/SGB 1991, 169 ff.; *Paul*, Professionelles Arbeiten im Sozialamt – § 102 BSHG, ZfF 2001, 73 ff.; *Pfaffenberger*, Zum Begriff der Fachkraft der Sozial- und Jugendhilfe, ArchsozArb 1992, 173 ff.; *Pusch-Runge/Termath*, Der kommunale Sozialdienst als „Drehscheibe" im Sozialraum – Vielfalt oder Orientierungslosigkeit, NDV 2000, 427 ff.; *Reis*, „New Public Management" als Alternative zur „Produkt"-orientierung, NDV 1997, 318 ff., 354 ff.; *Schoch*, Bedarfsermittler, Sozialdetektive, Missbrauchsermittler in der Sozialhilfe, ZBlSozV 2000, 262 ff.; *Urban*, Kollegiale Beratung in der Sozialhilfe, NDV 2005, 173 ff.

B. Auslegung der Norm

I. Regelungsgehalt und Bedeutung der Norm

8 § 6 SGB XII normiert qualitative Standards für die Auswahl sowie die Aus- und Weiterbildung von Fachpersonal, das an der Durchführung der Aufgaben der Sozialhilfe beteiligt ist.

9 **Absatz 1** betrifft die Beschäftigung von persönlich und fachlich geeigneten Fachkräften, **Absatz 2** deren fachliche Fortbildung.

II. Normzweck

10 § 6 SGB XII trägt der Erkenntnis Rechnung, dass die Zielgruppe des SGB XII Menschen sind, die vorübergehend ohne staatliche Hilfe nicht in der Lage sind, ihr Leben selbständig zu meistern (vgl. § 1 SGB XII). Das Ziel, diesen Menschen wieder ein selbstbestimmtes Leben zu ermöglichen, ist nur zu erreichen, wenn sich die Sozialverwaltung geschulter Fachkräfte bedient, die in der Lage sind, Bedarfslagen zu erkennen, Hilfestellungen zu erarbeiten und die Hilfebedürftigen auf dem Weg in ein möglichst selbstbestimmtes Leben professionell zu begleiten. Da die zu bearbeitenden Problemstellungen auch dem professionellen Helfer oft Einiges abverlangen, sieht § 6 Abs. 2 SGB XII die Gewährleistung von Fortbildungen vor.

III. Tatbestandmerkmale

1. Beschäftigung von Fachkräften (Absatz 1)

11 Absatz 1 begründet lediglich einen **Programmsatz** für die Träger der Sozialhilfe, nur persönlich und fachlich geeignete Mitarbeiterinnen und Mitarbeiter zu beschäftigen, denn die Personalhoheit liegt, weil es sich bei der Sozialhilfe um eine kommunale Aufgabe handelt, bei den Ländern (vgl. Art. 70 Abs. 1 i.V.m. Art. 30 GG). Die Vorschrift ist daher lediglich eine vom Bundesgesetzgeber umschriebene **Zielvorgabe für Personalentscheidungen**, die der Träger der Sozialhilfe autonom und ohne bindende Vorgaben durch den Bundesgesetzgeber durchzuführen hat.

12 **Adressaten** der Vorschrift sind nur die Träger der Sozialhilfe. Da diese jedoch im Einzelfall ermächtigt sind, Aufgaben zu übertragen bzw. bei der Aufgabenerledigung mit anderen Stellen zusammenzuarbeiten, ohne dadurch von der Aufgabenverantwortung frei zu werden (§ 5 Abs. 4 Satz 1 SGB XII), obliegt es ihnen, in diesen Fällen durch vertragliche Regelungen oder auf sonstige Weise sicherzustellen, dass diese Dritten nur vergleichbar Qualifizierte mit der Aufgabenerledigung betrauen.

Die Regelung legt Anforderungen an **alle Personen** fest, die Aufgaben des SGB XII zu erfüllen haben, und beschränkt dies schon seinem Wortlaut nach nicht auf Mitarbeiterinnen und Mitarbeiter mit Kundenkontakt oder sonstige „Fachkräfte". Deshalb ist grundsätzlich jede Person, die am Vollzug des SGB XII beteiligt ist, und sei es die Schreibkraft, die den Bescheid über die Bewilligung von Hilfe zum Lebensunterhalt datentechnisch erfasst und zur Post gibt, und auch jede Hilfskraft, die zur Durchführung von Aufgaben nach dem SGB XII beschäftigt ist, von § 6 Abs. 1 SGB XII erfasst und insoweit, nämlich für ihren Aufgabenbereich, Fachkraft i.S. des § 6 SGB XII.[3]

13

Dennoch stehen im Fokus der Regelung diejenigen, die entweder im Bereich der Leistungsgewährung eigenständig und verantwortlich[4] über die Hilfegewährung entscheiden, unmittelbar mit Hilfebedürftigen arbeiten oder, z.B. im Sekretariat oder einer sonstigen „ersten Anlaufstelle", aus anderem Grund direkten Kontakt mit Hilfebedürftigen haben.

14

Die **persönliche Eignung** des Mitarbeiters ist nach § 6 Abs. 1 SGB XII unabdingbare Voraussetzung für seine Beschäftigung.

15

Die Gewähr für die **fachliche Eignung** hat der Gesetzgeber zwar vorrangig an einen durch eine Ausbildung erworbenen Qualifikationsnachweis geknüpft; sie kann aber auch auf andere Art und Weise, also Berufs- oder Lebenserfahrung, die zur Erledigung der Tätigkeiten befähigt, nachgewiesen werden. Diese Mitarbeiter müssen aber nicht nur in der Lage sein, die jeweilige Bedarfslage richtig zu erkennen, sie müssen auch die für die Behebung notwendigen Maßnahmen abwägen, diese mit den Leistungsberechtigten persönlich erörtern sowie schließlich die in Betracht zu ziehende Hilfe entsprechend den einschlägigen Vorschriften abwickeln können. Bei der Gewährung von Leistungen, die im Ermessen der Verwaltung stehen, müssen sie in der Lage sein, alle relevanten Gesichtspunkte in ihre Erwägungen einzustellen und deren Relevanz für die Entscheidung zu beurteilen.

16

Im Gegensatz zur persönlichen Eignung muss die fachliche Eignung jedoch nur **im Regelfall** bestehen. Das bedeutet, dass bei personellen Engpässen (zum Beispiel in Urlaubszeiten oder bei Krankheit) ausnahmsweise auch Personen, denen zwar besondere Kenntnisse im SGB XII fehlen, die aber jedenfalls persönlich geeignet sind, mit der Durchführung der Aufgaben der Sozialhilfe betraut werden können.

17

Das Gesetz gibt nicht vor, welche **Ausbildung** eine mit der Wahrnehmung von Aufgaben der Sozialhilfe betraute Person absolviert haben muss, um als fachlich geeignet angesehen zu werden. Dies hängt letztlich maßgeblich von der konkret zu besetzenden Stelle ab („ihren Aufgaben entsprechende Ausbildung").

18

Für die Tätigkeitsbereiche mit unmittelbarem Kontakt mit den Hilfebedürftigen sind sicherlich Personen prädestiniert, die durch ein Studium der sozialen Arbeit oder der Sozialpädagogik, sei es an Universitäten, Fachhochschulen oder auch im Rahmen dualer Studiengänge, wissenschaftliches und praktisches Grundlagenwissen in Sozialpsychiatrie, der Beratung in Familie und Schule sowie in der Klinischen Sozialarbeit und Entwicklungsrehabilitation erworben haben[5]. Dennoch funktioniert eine Verwaltung nicht ohne Fachkräfte mit grundlegendem Wissen im Verwaltungsvollzug, wofür entsprechende Ausbildungen im mittleren oder gehobenen allgemeinen Verwaltungsdienst, oder ein Studienabschluss in Verwaltungswissenschaft oder Jura qualifizieren können. Die Anforderungen hat der Träger der Sozialhilfe im Einzelfall, abhängig von der zu besetzenden Stelle, zu formulieren.

19

Fachlich geeignet sind darüber hinaus **Personen mit vergleichbaren Erfahrungen**, worunter Lebenserfahrungen (z.B. auch Suchterfahrungen, die überwunden wurden) gleichermaßen fallen wie berufliche Erfahrungen in ähnlichen Tätigkeitsbereichen (z.B. der Arbeitsverwaltung, in der Pflege oder der Jugendhilfe). Maßgeblich ist nur, dass derjenige durch die vergleichbaren Erfahrungen fachliches Wissen erlangt hat, das im Hinblick auf die konkret auszuübende Tätigkeit dem einer Ausbildung entspricht. Ob Erfahrungen und vergleichbare Kenntnisse über ehrenamtliches Engagement oder hauptamtliche Tätigkeiten gesammelt worden sind, ist ohne Belang, solange z.B. durch entsprechende Einarbeitung und fachliche Begleitung gewährleistet ist, dass die bei der Durchführung der Aufgaben nach dem SGB XII maßgeblichen fachlichen Standards eingehalten werden.[6]

20

---

[3] A.A. noch *Piepenstock* in: jurisPK-SGB XII, 1. Aufl. 2011, § 6 SGB XII Rn. 13.
[4] So auch *Schellhorn* in: Schellhorn/Schellhorn/Hohm, SGB XII, 18. Aufl. 2009, § 6 Rn. 3.
[5] Zum Inhalt des Studiums vgl.: http://berufenet.arbeitsagentur.de/berufe/start?dest=profession&prof-id=93948 (abgerufen am 07.04.2014).
[6] A.A. noch *Piepenstock* in: jurisPK-SGB XII, 1. Aufl. 2011, § 6 SGB XII Rn. 20.

2. Fortbildung der Fachkräfte (Absatz 2)

21 Absatz 2 verpflichtet die Träger der Sozialhilfe, ihren Fachkräften eine angemessene fachliche Fortbildung zu ermöglichen, **ohne** dass sich daraus ein **Rechtsanspruch** auf eine **konkrete Fortbildung** ergäbe. Gestaltet der Träger der Sozialhilfe die Arbeitsabläufe jedoch so, dass tatsächlich kein Raum für Fortbildungen bleibt oder nur unter Inanspruchnahme von Jahresurlaub oder auf eigene Kosten Fortbildungen besucht werden können, verstößt er gegen seine Gewährleistungsverpflichtung aus § 6 Abs. 2 Satz 1 SGB XII, was eine **Dienstpflichtverletzung** darstellen kann.

22 Als **Fortbildung** gelten alle Bildungsangebote, die nicht im Zusammenhang mit einer eigenständigen Ausbildung oder einer staatlich anerkannten Zusatzausbildung stehen.[7]

23 Für die **Art** und den **Umfang der Fortbildung** gibt die Regelung nur vor, dass sie für die „Erfüllung ihrer Aufgabe angemessen" sein muss. Demnach muss eine Fortbildung zumindest einen Bezug zu den von den Mitarbeitern wahrgenommenen Aufgaben aufweisen. Sie kann deshalb z.B. darauf angelegt sein, neue rechtliche Grundlagen, Änderungen in der Rechtsprechung oder neue Erkenntnisse und Entwicklungen in fachlicher Hinsicht zu vermitteln. Erfüllt ein Fortbildungsangebot diese Mindestvoraussetzung nicht, kann es vom betroffenen Mitarbeiter abgelehnt oder die Bewilligung vom Arbeitgeber verweigert werden. Allerdings dürften auch Fortbildungen „für die Erfüllung der Aufgabe angemessen" sein, die den Mitarbeiter persönlich stärken, um seiner anspruchsvollen Aufgabe auch in Zukunft nachgehen zu können und nicht „auszubrennen".

24 Auch zur **Form** der vom Träger der Sozialhilfe zur Verfügung zu stellenden **Fortbildungsmaßnahmen** macht das Gesetz keine Angaben. Möglich ist es daher, eigene Fortbildungen anzubieten, Angebote anderer Verwaltungsträger aufzugreifen oder Veranstaltungen Dritter einzukaufen.

25 In Absatz 2 Satz 2 werden **Beratung und Unterstützung** als Gegenstand der Fortbildung noch einmal besonders genannt. Damit trägt das Gesetz dem Umstand Rechnung, dass der modernen Leistungsverwaltung eine Servicefunktion zukommt. Die Beratungs-, Unterstützungs- und Aktivierungspflichten gegenüber den Leistungsberechtigten (vgl. § 11 SGB XII) können nur wirksam mit dem Ziel der Hilfe zur Selbsthilfe wahrgenommen werden, wenn die Mitarbeiter der Sozialverwaltung entsprechend geschult werden.

---

[7] Vgl. *Schoenfeld* in: Grube/Wahrendorf, SGB XII, 2. Aufl. 2008, Rn. 12; ähnlich *Nonninger* in: LPK-SGB VIII, 3. Aufl. 2006, § 72 Rn. 26.

§ 7 SGB XII Aufgabe der Länder

(Fassung vom 27.12.2003, gültig ab 01.01.2005)

[1]**Die obersten Landessozialbehörden unterstützen die Träger der Sozialhilfe bei der Durchführung ihrer Aufgaben nach diesem Buch.** [2]**Dabei sollen sie insbesondere den Erfahrungsaustausch zwischen den Trägern der Sozialhilfe sowie die Entwicklung und Durchführung von Instrumenten der Dienstleistungen, der zielgerichteten Erbringung und Überprüfung von Leistungen und der Qualitätssicherung fördern.**

Gliederung

A. Basisinformationen 1	B. Auslegung der Norm 5
I. Textgeschichte 1	I. Regelungsgehalt und Bedeutung der Norm 5
II. Vorgängervorschriften 2	II. Normzweck 6
III. Parallelvorschriften 3	III. Inhalt im Einzelnen 8
IV. Systematische Zusammenhänge 4	

A. Basisinformationen

I. Textgeschichte

Die Vorschrift wurde mit Wirkung zum 01.01.2005 durch das Gesetz zur Einordnung des Sozialhilferechts in das Sozialgesetzbuch eingeführt[1].   **1**

II. Vorgängervorschriften

Eine § 7 SGB XII entsprechende Regelung enthielt das BSHG nicht. Die Vorschrift ähnelt aber § 101 BSHG, wonach die überörtlichen Träger zur Weiterentwicklung von Maßnahmen der Sozialhilfe, vor allem bei verbreiteten Krankheiten, beitragen sollten und hierfür die erforderlichen Einrichtungen schaffen und fördern konnten.   **2**

III. Parallelvorschriften

Eine Parallelvorschrift findet sich in **§ 82 SGB VIII**.   **3**

IV. Systematische Zusammenhänge

Die Erbringung von Leistungen der Sozialhilfe, insbesondere der Eingliederungshilfe oder der Hilfe zur Pflege, sei es in oder außerhalb von Einrichtungen (§§ 75 ff. SGB XII), ist eine hochkomplexe Aufgabe, mit der örtliche oder überörtliche Träger der Sozialhilfe betraut sind. Je nach Fallgestaltung sind schwierige Abwägungen erforderlich, um eine möglichst passgenaue Hilfe erbringen zu können. Daneben treten die Beratungspflichten (§ 11 SGB XII), die auf eine umfassende Lebensbegleitung gerichtet sind. Vor diesem Hintergrund statuiert § 7 SGB XII das Gebot der Unterstützung der Träger der Sozialhilfe durch die oberste Landessozialbehörde. Die Unterstützung steht neben den Möglichkeiten des Landes im Rahmen der Rechtsaufsicht und dem Erlass von Rahmenvorgaben durch Verordnungen und förmliche Landesgesetze. Seit 01.01.2013 gilt § 7 SGB XII nicht mehr für die Leistungen der Grundsicherung im Alter und bei Erwerbsminderung (vgl. § 46b SGB XII).   **4**

B. Auslegung der Norm

I. Regelungsgehalt und Bedeutung der Norm

Die Norm verpflichtet die obersten Landesbehörden zu einer Unterstützung der Träger der Sozialhilfe bei der Erfüllung ihrer Aufgaben nach dem SGB XII. Sie schreibt ihnen die Rolle eines **Koordinators** zu, um den Erfahrungsaustausch zwischen den Sozialhilfeträgern anzuleiten und die Entwicklung unterschiedlicher Instrumente zu fördern.   **5**

---

[1] BGBl I 2003, 3022; vgl. ferner BR-Drs. 559/03, S. 180.

II. Normzweck

6 Mit der Regelung wollte der Gesetzgeber die ohnehin schon vorhandene Zusammenarbeit der obersten Landesbehörden mit den Trägern der Sozialhilfe stärken und die bereits bestehende Verwaltungspraxis gesetzlich verankern[2].

7 Die vertikale Kommunikation der verschiedenen Verwaltungsebenen wird durch die Norm gestärkt[3]. Eine optimale Zusammenarbeit zwischen Land und kommunalem Träger trägt nicht nur zur Verbesserung der Hilfe bei, sie ist auch geeignet, Synergieeffekte zu erkennen und dadurch Kosten einzusparen.

III. Inhalt im Einzelnen

8 **Satz 1** des § 7 SGB XII verpflichtet die obersten Landesbehörden, die Sozialhilfeträger bei der Erfüllung ihrer Aufgaben zu unterstützen. Diese Aufgabe wird in **Satz 2** durch die regelbeispielhafte Aufzählung bestimmter Unterstützungsleistungen konkretisiert. Die Benennung und Aufgabenfestlegung der obersten Landesbehörden bleibt jedoch letztlich den Ländern überlassen. Auch mit welchen Instrumenten die obersten Landessozialbehörden diese Aufgabe erfüllen sollen, lässt das Gesetz offen.

9 Im Rahmen der **Förderung des Erfahrungsaustausches** zwischen den Trägern der Sozialhilfe kommen vor allem von den Landessozialbehörden organisierte und finanzierte Fachtagungen oder regelmäßige Jours fixes zu bestimmten Fragestellungen in Betracht.

10 Zur **Entwicklung und Durchführung von Instrumenten der Dienstleistungen** ist an die Vergabe von Forschungsaufträgen und die Erarbeitung von Empfehlungen zu denken.

11 Gleiches gilt für etwaige Maßnahmen der **Qualitätssicherung**.

12 Zur **zielgerichteten Erbringung und Überprüfung von Leistungen** gehört auch die ressortübergreifende Abstimmung auf Landesebene in Planungsfragen (z.B. mit den für Pflegeeinrichtungen zuständigen Landesbehörden) und die Organisation einer bedarfsdeckenden Bereitstellung von für die Durchführung der Sozialhilfe notwendigen Einrichtungen (z.B. Pflegeeinrichtungen). Diese Steuerungsaufgaben können durch eine systematische Erhebung und Auswertung (Monitoring) von Sozialdaten der Bundesstatistik sowie durch eine systematische Erfassung von Erfahrungen im Umgang mit Sozialleistungsmissbrauch wahrgenommen werden. In Betracht kommt ferner eine Unterstützung der Sozialhilfeträger bei der Fortbildung ihrer Fachkräfte[4].

13 Die Vorschrift enthält nur einen **Programmsatz** zur Unterstützung der Träger der Sozialhilfe. Sie begründet kein subjektives Recht der Sozialhilfeträger auf eine bestimmte Unterstützungsleistung. Das SGB XII überlässt es der freien Entscheidung der obersten Landesbehörden, welche Maßnahmen ergriffen und wem welche Mittel zur Verfügung gestellt werden.

---

[2] BT-Drs. 15/1514, S. 55.
[3] Vgl. *Wahrendorf* in: Grube/Wahrendorf: SGB XII, 3. Aufl. 2010, § 7 SGB XII.
[4] Vgl. *Luthe* in: Hauck/Noftz, SGB XII, Loseblatt, Stand: 15. EGL. – 01/2009, § 7 Rn. 4.

Zweites Kapitel: Leistungen der Sozialhilfe
Erster Abschnitt: Grundsätze der Leistungen

§ 8 SGB XII Leistungen

(Fassung vom 24.03.2011, gültig ab 01.01.2011)

Die Sozialhilfe umfasst:

1. Hilfe zum Lebensunterhalt (§§ 27 bis 40),
2. Grundsicherung im Alter und bei Erwerbsminderung (§§ 41 bis 46a),
3. Hilfen zur Gesundheit (§§ 47 bis 52),
4. Eingliederungshilfe für behinderte Menschen (§§ 53 bis 60),
5. Hilfe zur Pflege (§§ 61 bis 66),
6. Hilfe zur Überwindung besonderer sozialer Schwierigkeiten (§§ 67 bis 69),
7. Hilfe in anderen Lebenslagen (§§ 70 bis 74)

sowie die jeweils gebotene Beratung und Unterstützung.

Gliederung

A. Basisinformationen 1	2. Grundsicherung im Alter und bei Erwerbsminderung 8
I. Textgeschichte/Gesetzgebungsmaterialien 1	3. Hilfen zur Gesundheit 9
II. Vorgängervorschrift 2	4. Eingliederungshilfe für behinderte Menschen.... 10
III. Parallelvorschriften 3	5. Hilfe zur Pflege 12
IV. Systematische Zusammenhänge 4	6. Hilfe zur Überwindung besonderer sozialer Schwierigkeiten 13
B. Auslegung der Norm 5	
I. Regelungsgehalt und Bedeutung der Norm 5	7. Hilfe in anderen Lebenslagen 14
II. Normzweck 6	8. Beratung und Unterstützung 15
III. Inhalt der Vorschrift 7	
1. Hilfe zum Lebensunterhalt 7	

A. Basisinformationen

I. Textgeschichte/Gesetzgebungsmaterialien

Die Vorschrift wurde mit Wirkung vom 01.01.2005 durch das Gesetz zur Einordnung des Sozialhilferechts in das Sozialgesetzbuch[1] eingeführt und gilt seitdem unverändert. Nach der Begründung überträgt die Regelung unter Berücksichtigung der neuen Gesetzessystematik inhaltsgleich die bisherigen §§ 1 Abs. 1 und 27 Abs. 1 BSHG[2] und ergänzt die Regelung um die neue Nr. 2.§ 8 Nr. 2 SGB XII wurde durch Art. 3 Nr. 2 des Gesetzes zur Ermittlung von Regelbedarfen und zur Änderung des Zweiten und Zwölften Buches Sozialgesetzbuch vom 24.03.2011[3] mit Wirkung vom 01.01.2011 um die Vorschrift des § 46a SGB XII ergänzt, der die Beteiligung des Bundes an Leistungen nach dem Vierten Kapitel des SGB XII regelt und schon durch das Gesetz zur Neuregelung des Wohngeldrechts und zur Änderung des Sozialgesetzbuches vom 24.09.2008[4] mit Wirkung vom 01.01.2009 in das SGB XII aufgenommen worden war. Durch die Ergänzung in § 8 Nr. 2 SGB XII sollte die anlässlich der Einfügung des § 46a SGB XII zunächst unterbliebene Anpassung der Übersicht über Leistungen des SGB XII nachgeholt werden.

1

II. Vorgängervorschrift

Eine dem § 8 SGB XII genau entsprechende Vorgängervorschrift gibt es nicht. § 8 SGB XII enthält alle in Betracht kommenden Leistungen nach dem SGB XII sowie den Verweis auf die dazugehörigen

2

---

[1] BGBl I 2003, 3022.
[2] BT-Drs. 15/1514, S. 55.
[3] BGBl I 2011, 453.
[4] BGBl I 2008, 1856.

Leistungsnormen. Im BSHG gab es die Aufteilung in die Hilfe zum Lebensunterhalt sowie die Hilfe in besonderen Lebenslagen (§ 1 Abs. 1 BSHG), bezüglich der Hilfe in besonderen Lebenslagen erfolgte eine Aufzählung der Hilfearten in § 27 BSHG, die allerdings nicht abschließend war (§ 27 Abs. 2 Satz 1 BSHG: „Hilfe kann auch in anderen besonderen Lebenslagen gewährt werden, wenn sie den Einsatz öffentlicher Mittel rechtfertigen").[5] Daneben enthielt das GSiG eigenständige Leistungsregelungen.

III. Parallelvorschriften

3   Im SGB XII werden in § 8 SGB XII die verschiedenen nach diesem Gesetz möglichen Leistungsarten abschließend aufgezählt. Eine derartige Regelung findet sich im SGB II nicht, hier werden die einzelnen Leistungen in den jeweiligen Abschnitten benannt (z.B. Leistungen der Eingliederung §§ 16 ff. SGB II, Arbeitslosengeld II § 19 SGB II). Lediglich die Art der in Betracht kommenden Leistungen wird in § 4 SGB II (Dienstleistung, Geldleistung und Sachleistung) benannt. Das SGB III enthält eine vergleichbare Regelung mit § 3 SGB III (Leistungen der Arbeitsförderung), wobei ein Verweis auf die Leistungsnormen nicht enthalten ist. Im SGB IX findet sich § 5 SGB IX, der die Leistungsgruppen der Teilhabeleistungen, ebenfalls ohne Benennung der Leistungsnormen, aufzählt.

IV. Systematische Zusammenhänge

4   Die Vorschrift enthält eine enumerative Auflistung der Hilfearten des SGB XII. Während im BSHG noch eine Trennung vorgenommen wurde hinsichtlich der Hilfe zum Lebensunterhalt und der Hilfe in besonderen Lebenslagen, ferner das GSiG eigenständige Regelungen zu den Leistungen enthielt, trägt § 8 SGB XII der neuen Systematik Rechnung, die eine solche Unterscheidung nicht mehr kennt und die Hilfen gleichberechtigt nebeneinander sieht, ohne dass damit jedoch materiellrechtlich eine Änderung für die Hilfeempfänger verbunden wäre.

B. Auslegung der Norm

I. Regelungsgehalt und Bedeutung der Norm

5   § 8 SGB XII zählt die nach dem SGB XII in Betracht kommenden Leistungen abschließend auf. Er ist keine Anspruchsgrundlage, die Voraussetzungen für die einzelnen Leistungen sind in den entsprechenden Normen in Verbindung mit § 19 SGB XII, der die Leistungsberechtigten bezüglich der einzelnen Leistungen benennt, geregelt. Die in § 8 SGB XII enthaltene Auflistung verdeutlicht, dass über die Leistungen des SGB XII alle wesentlichen Bedarfe zum Leben und zur Vorsorge abgedeckt sind.

II. Normzweck

6   § 8 SGB XII zeigt in einer Übersicht sämtliche Leistungsarten des SGB XII zusammen mit ihren Leistungsnormen auf und dient insoweit einem schnellen Überblick.

III. Inhalt der Vorschrift

1. Hilfe zum Lebensunterhalt

7   Diese Leistung wird in den §§ 27-40 SGB XII näher umschrieben. Sie umfasst den Regelbedarf (§§ 27a ff. SGB XII; bis 31.12.2010: § 28 SGB XII), zusätzliche Leistungen für die Schule (Bedarfe für Bildung und Teilhabe § 34 SGB XII; bis 31.12.2010 rudimentär geregelt in § 28a SGB XII)[6], die Kosten für Unterkunft und Heizung (§ 35 SGB XII; bis 31.12.2010: § 29 SGB XII), den Mehrbedarf (§ 30 SGB XII) und einmalige Bedarfe (§ 31 SGB XII). Ferner gehören die Übernahme von Beiträgen für die Kranken- und Pflegeversicherung (§ 32 SGB XII), für die Vorsorge (§ 33 SGB XII), in Sonderfällen (§ 36 SGB XII; bis 31.12.2010: § 34 SGB XII), in Einrichtungen (§ 27b SGB XII; bis 31.12.2010: § 35 SGB XII) sowie Darlehen (§§ 37, 38 SGB XII) zur Hilfe zum Lebensunterhalt. Mit Inkrafttreten des SGB II am 01.01.2005 wechselte allerdings der überwiegende Teil der Personen, die bisher Hilfe zum Lebensunterhalt nach dem BSHG bezogen hatten, in den Leistungsbereich des SGB II, nämlich Erwerbsfähige und die mit ihnen in Bedarfsgemeinschaft lebenden Personen, § 7 Abs. 2 SGB II, und diese können nach § 21 SGB XII keine Leistungen für den Lebensunterhalt nach

---

[5] *Fichtner*, BSHG, § 27 Rn. 3.
[6] Eingeführt durch Familienleistungsgesetz vom 22.12.2008, BGBl I 2008, 2955, Art. 4 Nr. 3, geändert durch Bürgerentlastungsgesetz Krankenversicherung vom 16.07.2009 ab 23.07.2009, BGBl I 2009, 1959.

dem SGB XII haben. Ferner ist der Anspruch nach den §§ 41 ff. SGB XII (Grundsicherung im Alter und bei Erwerbsminderung) vorrangig für Erwerbsunfähige sowie Menschen, die die Regelaltersgrenze erreicht haben. Damit haben die Leistungen nach den §§ 27 ff. SGB XII in der Praxis nur noch geringe Bedeutung.

2. Grundsicherung im Alter und bei Erwerbsminderung

Die Aufnahme dieser Leistung in § 8 SGB XII trägt dem Umstand Rechnung, dass das GSiG in das SGB XII integriert wurde. Das GSiG wiederum wurde als Art. 12 des Gesetzes zur Reform der gesetzlichen Rentenversicherung und zur Förderung eines kapitalgedeckten Altersvorsorgevermögens vom 26.06.2001[7] eingeführt, um den grundlegenden Bedarf an Lebensunterhalt sicherzustellen. Ursprünglich sollten die Regelungen zur Vermeidung „verschämter Armut" in § 17a BSHG aufgenommen werden[8], im Zuge der Ausschussberatungen wurden sie sodann aufgrund politischer Widerstände aus dem BSHG herausgenommen und in ein eigenständiges Gesetz eingestellt.[9] Tatsächlich sind diese Leistungen jedoch dem originären Sozialhilferecht zuzuordnen. Wer leistungsberechtigt ist, ergibt sich aus § 41 SGB XII, der Umfang der Leistungen aus § 42 SGB XII, der wiederum auf die §§ 28a, 30-33, 34 Abs. 1-6, 35, und im Zusammenhang mit Gewährung als Darlehen § 37 Abs. 1 SGB XII verweist (bis 31.12.2010: §§ 28, 28a, 29, 30, 31, 32, 33, 34, 37 Abs. 2 Satz 1 SGB XII).

8

3. Hilfen zur Gesundheit

Die in den §§ 47-52 SGB XII benannten Hilfen entsprechen denen, die bereits im BSHG seit dem 01.01.2004 aufgrund des Gesetzes zur Modernisierung der gesetzlichen Krankenversicherung[10] galten (§§ 36-38 BSHG). Mit diesem Gesetz erfolgte eine strukturelle Änderung dahin, dass statt des bis zum 31.12.2003 geltenden Bedarfsdeckungsverhältnisses zwischen Hilfeträger und Leistungsberechtigtem nunmehr vorrangig vor den §§ 47-52 SGB XII nach § 264 SGB V eine Quasiversicherung und ein Kostenerstattungsverhältnis zwischen Hilfeträger und gesetzlicher Krankenversicherung besteht.[11] Das bedeutet: Der Hilfeempfänger wählt eine Krankenkasse und erhält von dieser eine Krankenversichertenkarte. Mit Aushändigung dieser Karte wird ein Leistungsverhältnis zwischen der Krankenkasse und dem Hilfeempfänger begründet. Die Krankenbehandlung wird durch die Krankenkasse übernommen, hierzu ist sie nach § 264 Abs. 2 SGB V verpflichtet, der Sozialhilfeträger hat ihr wiederum nach § 264 Abs. 7 SGB V die Kosten hierfür zu erstatten.[12] Die Leistungen der §§ 47 ff. SGB XII, die nur zu erbringen sind, wenn weder eine Versicherung noch eine Quasiversicherung besteht, entsprechen denen der gesetzlichen Krankenversicherung (§ 52 Abs. 1 Satz 1 SGB XII). Damit wurde die früher bestehende Privilegierung der Sozialhilfeempfänger im Vergleich zu gesetzlich krankenversicherten Menschen beseitigt.[13] Die Leistungen umfassen die vorbeugende Gesundheitshilfe (§ 47 SGB XII), die Hilfe bei Krankheit (§ 48 SGB XII), die Hilfe zur Familienplanung (§ 49 SGB XII), bei Schwangerschaft und Mutterschaft (§ 50 SGB XII) sowie Sterilisation (§ 51 SGB XII). Die Hilfen zur Gesundheit dürften jedoch seit der Einführung von Versicherungspflichttatbeständen in der gesetzlichen (§ 5 Abs. 1 Nr. 13 SGB V) und privaten (§ 193 Abs. 3 VVG) Krankenversicherung sowie im Hinblick auf § 264 SGB V nur noch geringe Bedeutung haben.[14] Hilfen zur Gesundheit können jedoch zum Beispiel für Hilfebedürftige, die in Bezug auf Leistungen der Hilfe zum Lebensunterhalt dem System des SGB II unterfallen, in Betracht kommen, wenn sie keinen anderweitigen Krankenversicherungsschutz haben[15], oder auch für Hilfebedürftige, die Leistungen zur Alterssicherung nach § 33 SGB XII über einen längeren Zeitraum beziehen (vgl. die Kommentierung zu § 48 SGB XII Rn. 32).

9

---

[7] BGBl I 2001, 1310, 1312 und 1335, 1336.
[8] Entwurf des Altersvermögensgesetzes BT-Drs. 14/4595, S. 70 f zu § 17a.
[9] BT-Drs. 14/5146, S. 4, BT-Drs. 14/5150, S. 13, 15, 18.
[10] BGBl I 2003, 2190.
[11] Kommentierung zu § 48 SGB XII Rn. 23, *Flint* in: Grube/Wahrendorf, SGB XII, 3. Aufl., § 48 Rn. 1.
[12] *Flint* in: Grube/Wahrendorf, SGB XII, 3. Aufl., § 48 Rn. 47.
[13] *Flint* in: Grube/Wahrendorf, SGB XII, 3. Aufl., § 48 Rn. 1.
[14] Kommentierung zu § 48 SGB XII Rn. 18, *Flint* in: Grube/Wahrendorf, SGB XII, 3. Aufl., § 48 Rn. 6.
[15] BSG v. 19.05.2009 - B 8 SO 4/08 R - SozR 4-3500 § 25 Nr. 1 zum Erstattungsanspruch des Nothelfers für Kosten der Krankenhausbehandlung.

4. Eingliederungshilfe für behinderte Menschen

10 Diese Leistung wird in den §§ 53-60 SGB XII geregelt. Soweit Einrichtungen Leistungen nach § 8 Nr. 4 (bis Nr. 7) SGB XII erbringen, bilden die §§ 75-81 SGB XII den institutionellen Rahmen hierfür. Leistungen der Eingliederungshilfe dürften heute den Schwerpunkt der Leistungserbringung nach dem SGB XII bilden.

11 Welche Leistungen insbesondere in Betracht kommen, ergibt sich aus § 54 Abs. 1 Satz 1 SGB XII, der neben einem Verweis auf Vorschriften des SGB IX (medizinische Rehabilitation, berufliche Rehabilitation: Teilhabe am Arbeitsleben und Leistungen im Arbeitsbereich und soziale Rehabilitation: Leistungen zur Teilhabe an der Gemeinschaft) eine (nicht abschließende) Aufzählung von Hilfen für bestimmte Ziele (unter anderem Bildung) enthält, die gefördert werden sollen. Allerdings sind hierzu umfangreiche Änderungen durch den Gesetzgeber geplant (vgl. die Kommentierung zu § 75 SGB XII ff.).

5. Hilfe zur Pflege

12 Wer leistungsberechtigt für die Hilfe zur Pflege ist, ergibt sich aus § 61 Abs. 1 i.V.m. Abs. 3 und 5 SGB XII, den Leistungsumfang bestimmt § 61 Abs. 2 SGB XII (häusliche Pflege: i.V.m. § 63 SGB XII; Hilfsmittel; teilstationäre Pflege, Kurzzeitpflege und stationäre Pflege), der auf die Regelungen der Pflegeversicherung verweist. Die Hilfe ist als Sozialhilfeleistung nachrangig und setzt ein, soweit der Bedarf für die Pflege nicht oder nicht vollständig über Leistungen der Pflegeversicherung oder anderweitig gedeckt werden kann.

6. Hilfe zur Überwindung besonderer sozialer Schwierigkeiten

13 Es handelt sich hierbei um ein spezielles Hilfsangebot für Menschen, die aufgrund ihrer besonderen Situation allein mit den anderen Sozialhilfeleistungen nicht hinreichend am Leben in der Gemeinschaft teilnehmen können und deshalb zur Überwindung ihrer sozialen Schwierigkeiten einer auf ihren individuellen Einzelfall zugeschnittenen Koordinierung und Auswahl der verschiedenen möglichen und notwendigen Hilfen bedürfen.[16] § 67 SGB XII regelt, wer leistungsberechtigt ist, § 68 SGB XII den Umfang der Leistungen, wobei hier die Besonderheit besteht, dass bestimmte Leistungen zu gewähren sind, ohne dass auf das Einkommen oder Vermögen des Hilfeempfängers oder auch der in § 19 Abs. 3 SGB XII genannten Personen zurückzugreifen oder von der Inanspruchnahme nach bürgerlichem Recht Unterhaltspflichtiger abzusehen ist.

7. Hilfe in anderen Lebenslagen

14 Derartige Hilfen sind nach § 70 SGB XII die Hilfe zum Führen eines Haushalts, nach § 71 SGB XII die Altenhilfe, nach § 72 SGB XII die Blindenhilfe, nach § 73 SGB XII die Hilfe in sonstigen Lebenslagen und nach § 74 SGB XII die Übernahme von Bestattungskosten. § 73 SGB XII ist als Öffnungsklausel zu sehen, über die als unbefriedigend empfundene Ergebnisse im Leistungsrecht korrigiert werden können. Voraussetzung hierfür ist, dass die sonstige – bedarfsauslösende – Lebenslage weder innerhalb des SGB XII noch in anderen Bereichen des Sozialrechts im weitesten Sinne (z.B. auch Bestimmungen der Prozesskostenhilfe) geregelt und bewältigt wird.[17] Ist ein Bedarf dem Grunde nach in den Leistungsnormen erfasst, ist für die Anwendung des § 73 SGB XII kein Raum.[18] Erforderlich ist deshalb eine atypische Bedarfslage, § 73 SGB XII soll nach der Begründung des BSG nicht zu einer allgemeinen Auffangregelung für SGB-II-Leistungsempfänger mutieren.[19] Das BSG verlangt darüber hinaus, dass die besondere Bedarfslage eine gewisse Nähe zu den speziell in den §§ 47-74 SGB XII geregelten Bedarfslagen aufweist und dadurch eine Aufgabe von besonderem Gewicht darstellt.[20] Das Vorliegen atypischer Bedarfslagen im Sinne des § 73 SGB XII wurde bisher durch die für das Recht der Grundsicherung für Arbeitsuchende zuständigen Senate des BSG für Kosten für die Ausübung des

---

[16] *Bieback* in: Grube/Warendorf, SGB XII, 3. Aufl., § 67 Rn. 1.
[17] *Berlit* in: LPK-SBG XII, 7. Aufl., § 73 Rn. 4; zum Umgangsrecht BSG v. 07.11.2006 - B 7b AS 14/06 R; BVerfG v. 07.11.2007 - 1 BvR 1840/07 - NZS 2008, 530.
[18] BSG v. 18.02.2010 - B 4 AS 29/09 R - BSGE 105, 279-291; SozR 4-1100 Art. 1 Nr. 7 zum Mehrbedarf aufgrund Gehbehinderung und Schwerbehinderung.
[19] BSG v. 19.08.2010 - B 14 AS 13/10 R - SozR 4-3500 § 73 Nr. 3; SGb 2010, 590 (Kurzwiedergabe).
[20] BSG v. 07.11.2006 - B 7b AS 14/06 R - SozR 4-4200 § 20 Nr. 1 = BSGE 97, 242-254, hierzu auch BVerfG v. 07.11.2007 - 1 BvR 1840/07 - NZS 2008, 530 Rn. 7.

Umgangsrechts eines Vaters zu seinem Kind[21] sowie einen durch eine AIDS-Erkrankung bedingten Mehrbedarf[22] bejaht.

8. Beratung und Unterstützung

Der Sozialhilfeträger hat bereits nach § 13 SGB I die Pflicht, über Rechte und Pflichten nach dem SGB I aufzuklären; ferner muss er nach § 14 SGB I beraten, nach § 15 SGB I Auskunft erteilen und nach § 16 Abs. 3 SGB I darauf hinwirken, dass unverzüglich klare und sachdienliche Anträge gestellt und unvollständige Anträge ergänzt werden. Nach § 11 SGB XII, auf den § 8 SGB XII, ohne ihn konkret zu benennen, verweist, trifft ihn darüber hinaus die Pflicht, den Hilfebedürftigen umfassend zu beraten und zu unterstützen. Die in § 8 SGB XII in Verbindung mit § 11 SGB XII explizit aufgenommene Regelung der Beratung und Unterstützung ist insoweit deutlich weiter gefasst. Sie entspricht der gesetzgeberischen Intention, die Durchsetzung der sozialhilferechtlichen Ansprüche möglichst einfach zu gestalten, wie auch durch den Kenntnisgrundsatz nach § 18 SGB XII dokumentiert (vgl. hierzu die Kommentierung zu § 18 SGB XII). 15

Ob Beratung und Unterstützung geboten sind, erfordert eine Einzelfallbeurteilung. Geboten sind sie nicht nur dann, wenn sie zur Durchsetzung eines Anspruchs erforderlich sind, sondern bereits, wenn erkennbar ist, dass der Hilfebedürftige Schwierigkeiten mit rechtlichen oder tatsächlichen Verhältnissen hat, die für die Verwirklichung seiner Ansprüche relevant sind, und die er allein kaum überwinden kann. In Betracht kommt hier z.B. die Begleitung und Hilfestellung beim Eröffnen eines Girokontos, um die Überweisung der Geldleistung zu ermöglichen, Gespräche mit dem Vermieter zwecks Erhalts der Wohnung u.Ä. (zur Beratung und Unterstützung vgl. auch die Kommentierung zu § 10 SGB XII Rn. 36 ff.). Der Sozialhilfeträger ist aber nicht verpflichtet, zu allen möglichen Lebenslagen zu beraten und zu unterstützen. § 8 SGB XII bezeichnet in Nr. 1-7 die von der Sozialhilfe umfassten Leistungen nach dem Dritten bis Neunten Kapitel im Einzelnen und verpflichtet darüber hinaus zu der „jeweils gebotenen" Beratung und Unterstützung. Diese sind mithin (nur) als ergänzende oder flankierende Leistung, also als Annex zu einer (ggf. erst in Zukunft erforderlichen) Leistung des Dritten bis Neunten Kapitels zu verstehen.[23] 16

---

[21] BSG v. 07.11.2006 - B 7b AS 14/06 R - SozR 4-4200 § 20 Nr. 1 = BSGE 97, 242-254
[22] BSG v. 19.08.2010 - B 14 AS 13/10 R - SGb 2010, 590 (Kurzwiedergabe)
[23] BSG v. 13.07.2010 - B 8 SO 14/09 R - SozR 4-4200 § 16 Nr. 5 = BSGE 106, 268 ff.

§ 9 SGB XII Sozialhilfe nach der Besonderheit des Einzelfalles

(Fassung vom 27.12.2003, gültig ab 01.01.2005)

(1) Die Leistungen richten sich nach der Besonderheit des Einzelfalles, insbesondere nach der Art des Bedarfs, den örtlichen Verhältnissen, den eigenen Kräften und Mitteln der Person oder des Haushalts bei der Hilfe zum Lebensunterhalt.

(2) ¹Wünschen der Leistungsberechtigten, die sich auf die Gestaltung der Leistung richten, soll entsprochen werden, soweit sie angemessen sind. ²Wünschen der Leistungsberechtigten, den Bedarf stationär oder teilstationär zu decken, soll nur entsprochen werden, wenn dies nach der Besonderheit des Einzelfalles erforderlich ist, weil anders der Bedarf nicht oder nicht ausreichend gedeckt werden kann und wenn mit der Einrichtung Vereinbarungen nach den Vorschriften des Zehnten Kapitels dieses Buches bestehen. ³Der Träger der Sozialhilfe soll in der Regel Wünschen nicht entsprechen, deren Erfüllung mit unverhältnismäßigen Mehrkosten verbunden wäre.

(3) Auf Wunsch der Leistungsberechtigten sollen sie in einer Einrichtung untergebracht werden, in der sie durch Geistliche ihres Bekenntnisses betreut werden können.

Gliederung

A. Basisinformationen ... 1	2. Örtliche Verhältnisse ... 18
I. Textgeschichte/Gesetzgebungsmaterialien ... 1	3. Eigene Kräfte und Mittel ... 20
II. Vorgängervorschriften ... 2	IV. Wunschrecht (Absatz 2 Satz 1) ... 23
III. Parallelvorschriften ... 3	1. Zur Bedeutung des Wunsch- und Wahlrechts ... 23
IV. Systematische Zusammenhänge ... 6	2. Die Grenze der Angemessenheit in Absatz 2 Satz 1 ... 26
V. Ausgewählte Literaturhinweise ... 10	V. Wunschrecht bei (teil)stationärer Unterbringung (Absatz 2 Satz 2) ... 29
B. Auslegung der Norm ... 11	VI. Kein Wunschrecht bei unverhältnismäßigen Mehrkosten (Absatz 2 Satz 3) ... 32
I. Regelungsgehalt und Bedeutung der Norm ... 11	VII. Wunschrecht und Bekenntnisfreiheit (Absatz 3) ... 36
II. Normzweck ... 12	
III. Leistungen nach den Besonderheiten des Einzelfalls (Absatz 1) ... 14	
1. Bedarfsdeckungs- und Individualisierungsprinzip ... 14	

A. Basisinformationen[1]

I. Textgeschichte/Gesetzgebungsmaterialien

1 § 9 SGB XII ist mit dem Gesetz zur Einordnung des Sozialhilferechts in das Sozialgesetzbuch vom 27.12.2003[2] zum 01.01.2005 (vgl. Art. 70 Abs. 1 des Gesetzes) in Kraft getreten. Die Norm wurde seither nicht geändert. Die wesentlichen Gesetzgebungsmaterialien finden sich in der Gesetzesbegründung der damaligen Regierungsfraktionen SPD und Bündnis 90/ Die Grünen vom 05.09.2003.[3]

II. Vorgängervorschriften

2 § 9 SGB XII entspricht weitgehend dem bisherigen § 3 BSHG. Allerdings war der Zusatz in § 9 Abs. 1 SGB XII, wonach sich die Leistungen auch nach den „eigenen Kräften und Mitteln der Person und des Haushalts" richten, in § 3 Abs. 1 BSHG nicht enthalten. Nach den Materialien sollte damit eine „derzeit bestehende Lücke" gefüllt werden.[4] § 3 Abs. 1 Satz 2 BSHG wurde gestrichen. Die dort getroffene Regelung findet sich inhaltsgleich nunmehr in § 75 Abs. 2 Satz 2 SGB XII. Terminologisch wurde aus „Hilfeempfänger" der „Leistungsberechtigte".

---

[1] Die Kommentierung basiert auf den Ausführungen in der Vorauflage durch *Spellbrink*.
[2] BGBl I 2003, 3022.
[3] BT-Drs. 15/1514.
[4] BT-Drs. 15/1514, S. 56.

III. Parallelvorschriften

§ 9 SGB XII findet keine Entsprechung im SGB II. Eine abgeschwächte Form des Individualisierungsgebots enthalten aber die Vorschriften des § 21 Abs. 6 SGB II (Mehrbedarf) sowie des § 3 Abs. 1 Satz 1 Ziffer 2 SGB II[5]. 3

Eine echte Parallelvorschrift zu § 9 SGB XII findet sich allerdings in § 9 SGB IX im Recht der Rehabilitation und Teilhabe behinderter Menschen. 4

Der nach § 9 Abs. 3 SGB XII als angemessen zu berücksichtigende Wunsch von Leistungsberechtigten nach Unterbringung in einer Einrichtung, in der sie durch Geistliche ihres Bekenntnisses betreut werden können, findet sich beinahe wortgleich in § 2 Abs. 3 Satz 2 SGB XI für den Wunsch von Pflegebedürftigen. 5

IV. Systematische Zusammenhänge

§ 9 SGB XII wiederholt Aspekte, die bereits die Einweisungsvorschrift des § 9 SGB I umschreibt. Auch dort wird zum Wesen der Sozialhilfe gerechnet, dass diese dem besonderen Bedarf entspricht, zur Selbsthilfe befähigt, die Teilnahme am Leben in der Gemeinschaft ermöglicht und die Führung eines menschenwürdigen Lebens sichert. § 9 SGB XII stellt zudem ein lex specialis zu § 33 SGB I dar[6], der den sogenannten Individualisierungsgrundsatz als Prinzip für das gesamte Sozialrecht normiert. § 33 Satz 2 SGB I spricht aus, dass den Wünschen des Berechtigten oder Verpflichteten entsprochen werden soll, soweit sie angemessen sind. Allerdings dürfte ein Rückgriff auf § 33 SGB I im Bereich des § 9 SGB XII kaum praktisch relevant werden. 6

Innerhalb des SGB XII verweist § 53 Abs. 1 Satz 1 SGB XII bei der Eingliederungshilfe nochmals auf die „Besonderheiten des Einzelfalls". Ein systematischer Zusammenhang des § 9 SGB XII zu § 2 SGB XII[7] erschließt sich nicht unmittelbar. Zuzugeben ist, dass § 2 SGB XII der Gewährung von Sozialhilfe entgegenstehen kann, wobei § 2 Abs. 1 SGB XII keinen eigenständigen Leistungsausschlussgrund darstellt.[8] Dann kommt § 9 SGB XII ebenso wenig zur Anwendung wie die grundsätzliche Norm des § 8 SGB XII. Auch § 27a Abs. 4 SGB XII, der die Möglichkeit einer von der pauschalierten Regelleistung abweichenden Leistungserbringung vorsieht, kann als Ausprägung des § 9 SGB XII betrachtet werden. Gleiches gilt bei Ermessensentscheidungen im Rahmen des § 17 Abs. 2 SGB XII, wenn über Art und Maß der Leistungserbringung zu befinden ist. 7

Soweit in Absatz 1 auf eigene Kräfte und Mittel Bezug genommen wird, korrespondiert das mit § 19 Abs. 1 SGB XII sowie § 27 Abs. 1 SGB XII, wonach das Fehlen dieser Kräfte und Mittel Anspruchsvoraussetzung für Sozialhilfe im Allgemeinen und Hilfe zum Lebensunterhalt im Besonderen ist. Sie sind Gegenstand der Beratungspflicht nach § 11 Abs. 2 Satz 1 SGB XII. 8

§ 9 Abs. 2 Satz 3 SGB XII greift die Regelung des § 13 Abs. 1 Satz 2 SGB XII auf, wonach ambulante Leistungen vor teilstationären und stationären Leistungen Vorrang haben (Ausnahme: § 13 Abs. 1 Satz 3 SGB XII). Dieser Vorrang kann also auch nicht durch Wünsche ohne weiteres durchbrochen werden. Neben der Erforderlichkeit nach der Besonderheit des Einzelfalls verweist die Vorschrift darauf, dass zwischen dem Träger der Sozialhilfe und dem Träger der Einrichtung (oder seinem Verband) eine Vereinbarung geschlossen werden muss (§ 75 Abs. 3 Satz 1 SGB XII). 9

V. Ausgewählte Literaturhinweise

Berlit, Abweichende Regelsatzfestlegung bei kostenlos in einer Werkstatt für behinderte Menschen zur Verfügung gestelltem Essen, jurisPR-SozR 21/2006, Anm. 2; *Giese*, Über das Individualisierungsprinzip, Frauenhäuser und „Warenkorb" der Sozialhilfe, ZfSH 1981, 321; *Giese*, Wahlrecht, Angebotssteuerung und Budgetierung bei der Sozialhilfe in Einrichtungen, RsDE 1994, 23; *Igl/Giese*, Über den Begriff „unvertretbarer Mehrkosten" i.S.d. § 3 Abs 2 BSHG, ZfSH 1982, 65; *Krahmer*, Zur Bedeutung der Kosten der Pflege bei einer Entscheidung zwischen stationärer und ambulanter Hilfe nach § 3 Abs 2 Satz 3 i.V.m. § 3a BSHG, ZfF 1987, 5; *Neumann*, Selbstbestimmte Leistungsgestaltung im SGB IX: Wunsch- und Wahlrecht, Geldleistungsoption und persönliches Budget, ZfSH/SGB 2003, 10

---

[5] Zutreffend *Roscher* in: LPK-SGB XII, 9. Aufl. 2012, § 9 Rn. 1.
[6] *Weselski* in: jurisPK-SGB I, § 33 Rn. 6.
[7] So *Wahrendorf* in: Grube/Wahrendorf, SGB XII, 4. Aufl. 2012, § 9 Rn. 1.
[8] BSG v. 23.08.2013 - B 8 SO 17/12 R - juris Rn. 40.

392; *Rothkegel*, Sozialhilferecht, Handbuch 2005; *Rothkegel*, Der rechtliche Rahmen für die Pauschalierung von Sozialhilfeleistungen, ZfSH/SGB 2002, 585; *Welti*, Die individuelle Konkretisierung von Teilhabewünschen und das Wunsch- und Wahlrecht behinderter Menschen, SGb 2003, 379.

B. Auslegung der Norm

I. Regelungsgehalt und Bedeutung der Norm

11 Die Norm enthält mit dem sogenannten Individualisierungsgrundsatz ein Instrument zur Umsetzung und Realisierung der Aufgaben der Sozialhilfe (§ 1 SGB XII). Absatz 1 stellt klar, dass sich die Leistungen nach den Besonderheiten des Einzelfalls richten, und benennt beispielhaft („insbesondere") zu berücksichtigenden Kriterien der Ermittlung des individuellen Bedarfs (Art des Bedarfs, die örtlichen Verhältnisse, eigene Kräfte und Mittel der Person oder des Haushalts). Absatz 2 normiert das Wunsch- und Wahlrecht des Leistungsberechtigten. Wünschen soll entsprochen werden, soweit sie angemessen sind (Satz 1). Absatz 2 Satz 2 enthält Einschränkungen des Wunschrechts hinsichtlich der Wahl (teil)stationärer Einrichtungen. Nach Absatz 2 Satz 3 soll Wünschen in der Regel nicht entsprochen werden, soweit ihre Erfüllung mit unverhältnismäßigen Mehrkosten verbunden wäre. Absatz 3 normiert bei der Unterbringung in Einrichtungen für Leistungsberechtigte ein zusätzliches Wunschrecht hinsichtlich der Betreuung durch Geistliche ihres Bekenntnisses.

II. Normzweck

12 § 9 (und insbesondere sein Absatz 1) SGB XII stellt selbst keine eigenständige Anspruchsgrundlage dar. Gleichwohl ist seine Tragweite umstritten.[9] Etwas zu weitgehend erscheint jedenfalls der Ansatz, § 9 SGB XII lediglich als Anhalt oder Interpretationsanreiz für eine – noch im Einzelnen durch die Verwaltung umzusetzende – „optimierende Sozialgestaltung" zu konzipieren.[10] Eine solche Sichtweise stößt sich bereits mit dem im Sozialrecht umfassend geltenden Vorbehalt des Gesetzes in § 31 SGB I. Vielmehr sind die Normierungen in § 9 SGB XII als allgemeine Auslegungs- und Interpretationsgrundsätze zu betrachten, die eine Auslegung des Gesetzes (zu Gunsten) der Leistungsberechtigten steuern, wie dies etwa auch bei § 17 Abs. 2 SGB XII der Fall ist. In jedem Fall ist aber der Gleichheitssatz des Art. 3 Abs. 1 GG zu beachten: dies verhindert, dass Träger der Sozialhilfe unter Hinweis auf ein vermeintliches Individualisierungsprinzip die Hilfe willkürlich gestalten.[11]

13 Ausgehend von dieser Interpretation des § 9 SGB XII kann die Norm auch nicht als generelle Schranke oder Verbot einer Pauschalierung von Leistungen ausgelegt werden. Die in anderen Kommentaren zu § 9 SGB XII geführte Diskussion[12] um die Zulässigkeit von Pauschalierungen kann nur aus der langjährigen Tradition des Sozialhilferechts her verstanden werden, ist de lege lata aber überholt. § 27a SGB XII lässt die Bestimmung eines pauschalierten Regelbedarfs zu, seine Grenzen nicht an einem wie auch immer normativ zu qualifizierenden sozialhilferechtlichen Grundsatz der Bedarfsdeckung (als Kehrseite der Medaille Individualisierung) findet, sondern ausschließlich an dem neuen Grundrecht auf Gewährleistung eines menschenwürdigen Existenzminimums aus Art. 1 i.V.m. Art. 20 GG.[13] Das BVerfG hat aber keinen Zweifel daran gelassen, dass die Gewährung der Regelleistung als „Festbetrag"[14] grundsätzlich zulässig ist. Dies gelte auch im Bereich der Existenzsicherung. Allerdings müsse für außergewöhnliche, atypische Bedarfe eine Auffangregelung existieren, die das BVerfG im SGB II vermisste, die mit § 27a Abs. 4 SGB XII im Sozialhilferecht aber zur Verfügung steht.

---

[9] Zur Diskussion um die sog. Strukturprinzipien des Sozialhilferechts vgl. *Greiser* in: Eicher, SGB II, 3. Aufl. 2013, § 3 Rn. 5.
[10] So wohl *Luthe* in: Hauck/Noftz, SGB XII, § 9 Rn. 1.
[11] Ebenso *Hohm* in: Schellhorn/Schellhorn/Hohm, SGB XII, 18. Aufl. 2010, § 9 Rn. 10.
[12] Vgl. etwa *Wahrendorf* in: Grube/Wahrendorf, SGB XII, 3. Aufl. 2010, § 9 Rn. 9 ff.; *Roscher* in: LPK-SGB XII, 8. Aufl. 2008, § 9 Rn. 41 f. Eine gewisse Reibung besteht auch mit den Regelungen über das sog. persönliche Budget in § 57 SGB XII; vgl. *Wahrendorf* in: Grube/Wahrendorf, SGB XII, 3. Aufl. 2010, § 57 Rn. 7.
[13] Vgl. BVerfG v. 09.02.2010 - 1 BvL 1/09, 3/09, 4/09, BVerfGE 125, 175, 222; BVerfG v. 18.07.2012 - 1 BvL 10/10, 1 BvL 2/11 - BVerfGE 132, 134-179.
[14] BVerfG v. 09.02.2010 - 1 BvL 1/09, 3/09, 4/09 - juris Rn. 205.

III. Leistungen nach den Besonderheiten des Einzelfalls (Absatz 1)

1. Bedarfsdeckungs- und Individualisierungsprinzip

Die Leistungen der Sozialhilfe richten sich gemäß Absatz 1 nach den Besonderheiten des Einzelfalles, insbesondere nach der Art des Bedarfs. Art, Form und Maß der Sozialhilfe sind damit bedarfsbezogen, wobei die Geldleistung nach § 10 Abs. 3 SGB XII im Regelfall Vorrang vor Gutscheinen oder Sachleistungen hat. Näheres zu den Formen der Leistungserbringung regelt § 10 SGB XII. Darüber hinaus vermag aber § 9 Abs. 1 SGB XII keinen weitergehenden Anspruch zu vermitteln als ihn Art. 1 i.V.m. Art. 20 Abs. 1 GG mit seinem Grundrecht auf Gewährleistung eines menschenwürdigen Existenzminimums gibt, er konkretisiert dieses Recht aber. 14

Soweit aus § 9 Abs. 1 SGB XII abgeleitet wird, es dürfe keinen ungedeckten Bedarfs-Rest geben[15], so ist zunächst jeweils im Einzelfall der konkrete Bedarf darauf hin juristisch zu analysieren, ob er auch rechtlich zu decken ist[16], zumal § 9 Abs. 1 SGB XII ausdrücklich nur von der Art des Bedarfs spricht. 15

Mit dem Tatbestandsmerkmal „Art des Bedarfs" wird schließlich auf die vom SGB XII vorgegebenen Leistungstypen verwiesen, die in § 8 SGB XII aufgeführt sind. Zwischen diesen katalogartig aufgezählten Hilfen ist individuell für den jeweiligen Leistungsberechtigten nach der individuell zu ermittelnden Art des Bedarfs eine Auswahl zu treffen, darauf nimmt die Vorschrift Bezug. 16

Absatz 1 stellt weiter klar, dass eine allumfassende Pauschalisierung von Leistungen ohne Berücksichtigung individueller Bedürfnisse nicht möglich ist (sogenannter Individualisierungsgrundsatz). Andererseits besteht Einigkeit darüber, dass dies nicht zur subjektiven Leistungsgewährung führt.[17] Vielmehr nimmt Absatz 1 Bezug auf die spezielle Hilfebedürftigkeit der Leistungsberechtigten bei der Auswahl der zur Verfügung stehenden Mittel. Ein rein objektiver Maßstab ist mithin nicht anzulegen. So ist im Falle einer Behinderung die besondere Situation der betroffenen Person unter Berücksichtigung der individuellen Bedürfnisse und Wünsche unter Einbeziehung von Art und Ausmaß der Behinderung zu bewerten.[18] Die Bedarfssituation kann auch ergeben, dass einem Leistungsberechtigten neben anderen Leistungen auch eine Art von Taschengeld zu bezahlen ist, damit ihm ein persönlicher Freiraum zur Deckung zusätzlicher Aufwendungen unter Berücksichtigung seines in Absatz 2 aufgeführten Wunsch- und Wahlrechts verbleibt, vgl. dazu die ausdrückliche gesetzgeberische Vorgabe in § 27b Abs. 2 Satz 1 SGB XII[19]. 17

2. Örtliche Verhältnisse

Hier ist zunächst klarzustellen, dass den Ländern im Rahmen der Festsetzung der Regelsätze im SGB XII nach wie vor ein begrenzter Gestaltungsspielraum zukommt, der nicht durch § 9 Abs. 1 SGB XII konterkariert werden kann. Allgemeine Hinweise auf die unterschiedlichen Lebenshaltungskosten in Stadt und Land[20] vermögen hier jedenfalls nicht zu einer abweichenden, generell niedrigeren oder höheren Regelsatzfestsetzung führen. Von daher kann der Verweis auf die örtlichen Verhältnisse insbesondere im Bereich der Kosten der Unterkunft relevant werden, deren Angemessenheit sich jeweils am örtlichen Vergleichsmaßstab orientiert[21]. Die jeweils örtlich unterschiedlichen Mietniveaus spiegeln sich insofern in den Leistungen nach § 29 SGB XII (Fassung bis 31.12.2010) bzw. § 35 SGB XII (ab 01.01.2011) wider. Weitere Bedeutung kann den örtlichen Verhältnissen bei der Bestimmung des Wertes des einzusetzenden Vermögens zukommen[22], da besonders Immobilien regional äußerst unterschiedlich zu bewerten sind. Allerdings ist das z.B. in § 90 Abs. 2 Nr. 8 Satz 2 SGB XII bereits hinreichend vom Gesetzgeber für die Prüfung der Angemessenheit vorgegeben. 18

---

[15] *Wahrendorf* in: Grube/Wahrendorf, SGB XII, 4. Aufl. 2012, § 9 Rn. 27 unter Berufung auf *Rothkegels* Strukturprinzipien.
[16] *Spellbrink* in: jurisPK-SGB XII, 1. Aufl. 2011, § 9 Rn. 11.
[17] H.M.; vgl. *Groth* in: Rolfs/Giesen/Kreikebohm/Udsching (Hrsg.), BeckOK Sozialrecht, § 9 SGB XII Rn. 3; *Wahrendorf* in: Grube/Wahrendorf, SGB XII, 4. Aufl. 2012, Rn. 6; *Schiefer* in Oestreicher (Hrsg.), SGB II/SGB XII, § 9 SGB XII Rn. 11; i.E. auch *Roscher* in: LPK-SGB XII, § 9. Rn. 6 mit dem zutreffenden Hinweis, dass es letztlich nur um die Frage gehen kann, ob die Hilfe der konkret nachfragenden Person gerecht wird.
[18] BSG v. 02.02.2012 - B 8 SO 9/10 R - SozR 4-5910 § 39 Nr. 1 Rn. 18.
[19] Vgl. dazu auch BSG v. 23.08.2013 - B 8 SO 17/12 R - SozR 4-3500 § 92a Nr. 1 Rn. 37.
[20] *Hohm* in: Schellhorn/Schellhorn/Hohm, SGB XII, 18. Aufl. 2010, § 9 Rn. 11.
[21] BVerwG v. 30.05.1996 - 5 C 14/9? - BVerwGE 101, 194 102; vgl. a. BSG v. 10.09.2013 - B 4 AS 77/12 R - SozR 4-4200 § 22 Nr. 70 Rn. 24; dazu auch die Kommentierung zu § 35 SGB XII.
[22] *Roscher* in: LPK-SGB XII, 9. Aufl. 2012, § 9 Rn. 13.

19 Soweit mehrfach[23] betont wird, dass die geforderte Berücksichtigung der örtlichen Verhältnisse nicht so verstanden werden dürfe, dass die Hilfe zum Lebensunterhalt auch von den am Leistungsort bestehenden Arbeitseinkommen abhängig zu machen sei, überzeugt dies nicht zur Gänze. Die durchschnittlichen Arbeitseinkommen spiegeln sich jedenfalls im Mietniveau wider, das jeweils örtlich abzubilden und bei den Kosten der Unterkunft zu berücksichtigen ist. Zum anderen flossen jedenfalls bis 31.12.2010 Gesichtspunkte des Lohnabstands in die Regelsatzbestimmung ein (§ 28 Abs. 4 SGB XII – Fassung bis 31.12.2010), so dass auch in dem von § 9 Abs. 1 SGB XII erfassten Restbereich der durch das Lohnniveau bestimmte örtliche Lebensstandard eine Rolle spielen darf.[24] Keinesfalls kann einer finanziell „klammen" Kommune aber gestattet werden, sich im Rahmen des § 9 Abs. 1 SGB XII auf fehlende Haushaltsmittel zur Leistungserbringung zu berufen.

3. Eigene Kräfte und Mittel

20 Eigene Kräfte und Mittel sind bereits bei der Zuordnung einer Person zur Leistungsberechtigung im Sinne des § 19 Abs. 1 SGB XII sowie des § 27 Abs. 1 SGB XII zu berücksichtigen. Damit wird auch zum Ausdruck gebracht, dass der Leistungsberechtigte seinen eigenen Beitrag im Sinne des § 1 Satz 2 SGB XII zu leisten hat. Der Hinweis auf die eigenen Kräfte und Mittel der Person und des Haushalts wurde vom Gesetzgeber des SGB XII zum bisherigen Normtext des § 3 Abs. 1 BSHG hinzugefügt.[25] Allerdings wurde damit keine substanzielle Neuregelung geschaffen. Die Einbeziehung der (finanziellen) Mittel des Haushalts ist eine sozialhilferechtliche Selbstverständlichkeit (§ 19 SGB XII) und war bereits vor der Formulierung in § 9 SGB XII prägend. In seinem einschränkenden Charakter verweist der neue Zusatz damit wohl eher deklaratorisch (nochmals) darauf, dass der Individualisierungsgrundsatz nur zu einer Bedarfsdeckung im Rahmen der Regelungen des SGB XII führen kann und keinesfalls ein unumschränktes Prinzip individueller Bedürfnisbefriedigung intendiert.

21 Unter dem Begriff der „eigenen Kräfte" dürfte wohl die Fähigkeit zur Erzielung von Einkommen durch Nutzung der eigenen Arbeitskraft zählen, auf die bereits § 2 Abs. 1 SGB XII ausdrücklich verweist und klarstellt, dass die unterbliebene Nutzung eines solchen Potentials die Sozialhilfe ausschließt. Der Begriff der eigenen Mittel wird hingegen in § 27 Abs. 2 Satz 1 SGB XII legal definiert, danach handelt es sich um das ebenfalls nach § 2 Abs. 1 SGB XII zur Nachrangigkeit führende Einkommen und Vermögen des Leistungsberechtigten. In den §§ 82-84 SGB XII ist definiert, welche Einkünfte dem Einkommen im Sinne des Sozialhilferechts zuzurechnen sind. Der Vermögensbegriff selbst wird hingegen nicht näher bestimmt, jedoch wird in dem Katalog des § 90 Abs. 2 SGB XII bestimmt, welches Vermögen als Ausnahme vom Grundsatz des gesamten Vermögenseinsatzes (§ 90 Abs. 1 SGB XII) nicht einzusetzen ist. § 90 Abs. 3 SGB XII enthält darüber hinaus eine Härteklausel.

22 Bei den eigenen Kräften und Mitteln sind nicht nur solche der Person, sondern auch solche des Haushalts zu berücksichtigen. Daraus ist nicht der Rückschluss zu ziehen, dass außerhalb der Bildung einer Bedarfsgemeinschaft jede Form gemeinsamen Wohnens in die Bedarfsermittlung einzubeziehen ist.[26]

IV. Wunschrecht (Absatz 2 Satz 1)

1. Zur Bedeutung des Wunsch- und Wahlrechts

23 Soweit § 9 Abs. 2 Satz 1 SGB XII anordnet, dass „Wünschen" der Leistungsberechtigten entsprochen werden soll, ist diese Formulierung vorsichtig ausgedrückt als unglücklich zu bezeichnen, selbst wenn diese Vorschrift lediglich den in § 33 Satz 2 SGB I aufgeführten allgemeinen Grundsatz der Ausgestaltung von Rechten und Pflichten aufgreift. Wenn nach § 1 SGB XII über die Sozialhilfe die Führung eines Lebens ermöglicht werden soll, das der Würde des Menschen entspricht, so ist die Aufgabe des Sozialhilferechts damit sachlich umrissen. § 1 Satz 3 SGB XII verpflichtet zu einem kooperativen Umgang von Behörde und Bedürftigem, bei dem folgerichtig die Individualisierung im Sinne des § 9 Abs. 1 SGB XII zu berücksichtigen ist. Im Zuge dieser Individualisierung sind natürlich auch subjektive Vorstellungen des Leistungsberechtigten in die Entscheidungsfindung über Art und Umfang der Leistungsgewährung einzubeziehen, § 9 Abs. 2 Satz 1 SGB XII ist daher ein spezieller Anwendungs-

---

[23] *Luthe* in: Hauck/Noftz, SGB XII, K § 9 Rn. 14, Stand VI/10; *Roscher* in: LPK-SGB XII, 9. Aufl. 2012, § 9 Rn. 13.
[24] Ebenso wohl *Hohm* in: Schellhorn/Schellhorn/Hohm, SGB XII, 18. Aufl. 2010, § 9 Rn. 11.
[25] BT-Drs. 15/1514, S. 56.
[26] BSG v. 19.05.2009 - B 8 SO 8/08 R - BSGE 103, 181 = SozR 4-3500 § 42 Nr. 2 Rn. 21.

fall des Individualisierungsprinzips[27]. Von diesen Vorstellungen erhält die Behörde allerdings nur dann Kenntnis, wenn der Leistungsberechtigte Gelegenheit zur Äußerung darüber hat. „Wunsch" im Sinne dieser Vorschrift kann mithin nur so zu verstehen sein, dass Vorstellungen[28] des Leistungsberechtigten in die Auswahl der maßgeblichen Leistungen einzufließen haben, es geht um die Berücksichtigung seiner Sichtweise[29]. Dagegen dürfte kaum eine Berücksichtigungsfähigkeit gegeben sein, wenn jede außer Zusammenhang mit der notwendigen Leistung stehende Vorstellung materieller Bedürfnisbefriedigung in die Überlegungen einzubeziehen wäre. Das wird durch das Wort „Wunsch" allerdings suggeriert.

Wünsche des Leistungsberechtigten können naturgemäß nur dort eine Rolle spielen, wo der Leistungsträger subjektiven „Wünschen" überhaupt nachkommen kann. Dies ist im Bereich der gebundenen Leistungsverwaltung nicht der Fall. Es wird damit nur dann bedeutsam, wenn ein Anspruch auf eine Sozialleistung dem Grunde nach besteht und mehrere Handlungsalternativen in Betracht zu ziehen sind.[30] Das Recht zu wünschen kann also immer nur dann relevant werden, wenn kein Rechtsanspruch besteht, der der Verwaltung ohnehin keine Gestaltungsmöglichkeiten lässt. Relevant wird das Wunschrecht daher insbesondere bei Entscheidungen über Art und Maß der Leistungserbringung (§ 17 Abs. 2 SGB XII), bei der Auswahl der Leistungsart (§ 10 SGB XII) oder der Modalität der Hilfegewährung im Sinne des § 13 Abs. 1 SGB XII (stationär oder ambulant – dazu einschränkend aber § 9 Abs. 2 Satz 2 SGB XII), wenn also jeweils mehrere Handlungsalternativen zur Verfügung stehen. Das Wunschrecht stellt insofern einen Ermessensgesichtspunkt dar, den die Verwaltung im Rahmen ihrer Ermessenserwägungen zu berücksichtigen haben wird. Dies folgt auch aus dem klaren Bezug und der Einschränkung im Normtext selbst auf Wünsche, die sich auf „die Gestaltung der Leistung beziehen". 24

Das Wunsch- und Wahlrecht ist damit von zentraler ermessensleitender Bedeutung. Allerdings darf es trotz zuzugebender Bezugnahme auf die Menschenwürde nicht zu einer grundrechtsgleichen Norm überhöht werden, die das Grundgesetz unmittelbar umsetzt.[31] In § 9 SGB XII werden keine unmittelbaren Rechtsansprüche begründet, das gilt auch für die Verwirklichung von Wünschen. Allerdings kann der (nachweislich geäußerte) Wunsch ggf. die objektive Beweislast[32] zu Lasten der Behörde verschieben. Das wird insbesondere durch die Pflicht zur Verschriftlichung einer Leistungsabsprache nach § 12 SGB XII deutlich. Sind dort keine Wünsche im Sinne des individuell nach Vorstellung des Berechtigten ermittelten Bedarfs dokumentiert, so wird daraus ein Rückschluss auf eine unvollständige Amtsermittlung erlaubt sein. Umgekehrt wird im Rahmen einer Leistungsgewährung (bei Ermessensentscheidung) in den Gründen der Entscheidung darauf einzugehen sein, warum in der Leistungsabsprache nach § 12 SGB XII dokumentierte Wünsche nicht berücksichtigt wurden. § 35 Abs. 1 Satz 3 SGB X fordert dies (anders als § 39 VwVfG) durch die Formulierung „muss" als zwingend[33]. Daraus ergibt sich auch eine Amtsermittlungspflicht (§ 20 SGB X) zur präventiven Ermittlung von Wünschen.[34] 25

2. Die Grenze der Angemessenheit in Absatz 2 Satz 1

Wünschen soll nach Absatz 2 Satz 1 entsprochen werden, soweit sie angemessen sind. Bei dem Begriff der Angemessenheit um einen unbestimmten Rechtsbegriff, der der vollen gerichtlichen Überprüfung unterliegt.[35] Nach der Normstruktur des Absatzes 2 Satz 1 sind grundsätzlich nur angemessene Wünsche zu erfüllen, das Kriterium ist mithin bereits einschränkender Bestandteil der Anspruchsgrund- 26

---

[27] *Wahrendorf* in: Grube/Wahrendorf, SGB XII, 4. Aufl. 2012, § 9 Rn. 32; nach zutreffendem Hinweis von *Roscher* in: LPK-SGB XII, 9. Aufl. 2012, § 9 Rn. 20 eröffnet dies dem Leistungsberechtigten das aus der Menschenwürde abzuleitende Recht auf Selbstverwirklichung nach eigenen Vorstellungen.
[28] Weselski in: jurisPK-SGB I, 2. Aufl. 2011, § 33 Rn. 47.
[29] *Roscher* in: LPK-SGB XII, 9. Aufl. 2012, § 9 Rn. 21.
[30] SG Karlsruhe v. 17.02.2012 - S 1 SO 3144/11.
[31] So *Roscher* in: LPK-SGB XII, 9. Aufl. 2012, § 9 Rn. 20 ff., im Übrigen wäre die besondere Betonung von Art. 4 GG durch Absatz 3 kaum mehr verständlich, wenn bereits Absatz 2 Satz 1 gleichsam grundrechtliche Bedeutung zukäme.
[32] Vgl. *Wahrendorf* in: Grube/Wahrendorf, SGB XII, 3. Aufl. 2010, § 9 Rn. 30.
[33] *Müller-Grune* in: Eichenhofer/Wenner, SGB I/IV/X, § 35 Rn. 4.
[34] A.A. *Spellbrink* in: jurisPK-SGB XII, 1. Aufl. 2011, § 9 Rn. 16.
[35] So *Luthe* in: Hauck/Noftz, SGB XII, K § 9 Rn. 28, Stand VI/10 unter Hinweis auf BVerwGE 64, 318.

lage.[36] Die Einschränkung der Wünsche auf ihre Angemessenheit ist bereits in § 33 SGB I enthalten, einen Anspruch lediglich auf eine angemessene Schulbildung gibt § 54 Abs. 1 Nr. 1 SGB XII[37].

27 Dem Begriff der Angemessenheit wohnt ein wertendes und vergleichendes Element inne. Parameter für den anzustellenden und zu bewertenden Vergleich ist eine klassische Kosten-Nutzen-Relation, wobei der „Nutzen" in diesem Sinne aufgrund der Gesetzesbindung der Exekutive (Art. 20 Abs. 3 GG, § 31 SGB I) allein die Erfüllung der gesetzlichen Vorgaben auch des § 9 Abs. 1 SGB XII bedeuten kann. Die Angemessenheit der Wünsche beurteilt sich damit auch nicht strikt anhand einer frei auszulegenden Kosten-Nutzen-Dimension. So enthält Absatz 2 Satz 3 eine weitere und weitergehende Einschränkung, nach der Wünschen nicht entsprochen werden soll, soweit sie mit unverhältnismäßigen Mehrkosten zulasten der Gemeinschaft verbunden sind. Damit ist von einer gleitenden Skala hinsichtlich des Kostenaspekts des Wunschrechts auszugehen, deren äußerstes Ende durch die unverhältnismäßigen Mehrkosten markiert wird.[38] Wenn danach mehrere in Betracht kommende Maßnahmen als angemessen qualifiziert werden können, so ist diejenige auszuschließen, die im Vergleich zu der anderen angemessenen Maßnahme zu unverhältnismäßigen Mehrkosten führt, selbst wenn nur diese Maßnahme den Wünschen des Leistungsberechtigten entspräche.

28 Die Angemessenheitsdimension des Absatzes 2 Satz 1 kann aber nicht auf den monetären Aspekt reduziert werden. Angemessen kann beispielsweise der Wunsch sein, bei einer notwendigen ambulanten Pflege an Stelle von einem Zivildienstleistenden nur von weiblichen Pflegekräften betreut zu werden[39], ebenso der Wunsch der in einer Werkstatt für behinderte Menschen Untergebrachten auf Teilnahme an einer Gemeinschaftsreise.[40] Wünschen ist nicht Rechnung zu tragen, soweit sie erhebliche Folgekosten nach sich ziehen, insbesondere hebelt § 9 Abs. 2 Satz 1 SGB XII nicht den Anspruch auf lediglich angemessene Kosten der Unterkunft aus. Auch hinsichtlich der Bewertung der Höhe monatlicher Mietkosten und damit drohender Entstehung von Mietschulden und Umzugskosten gilt das Kriterium der Angemessenheit.[41] Bei mehreren gleichwertigen Schulungsmaßnahmen für einen behinderten Menschen ist eine Schulung unangemessen, bei der zusätzliche Fahrkosten durch einen Spezialtransport entstehen.[42] Bei Vorliegen einer Behinderung ist zu ermitteln, ob ein zumutbarer Verweis auf öffentliche Verkehrsmittel oder ergänzend auf einen Behindertenfahrdienst denkbar ist oder ob die Teilhabe ein Kraftfahrzeug erfordert.[43]

V. Wunschrecht bei (teil)stationärer Unterbringung (Absatz 2 Satz 2)

29 Absatz 2 Satz 2 stellt eine weitere Einschränkung gegenüber Absatz 2 Satz 1 für den Fall dar, dass der Wunsch auf die Aufnahme bzw. den Eintritt in eine stationäre oder teilstationäre Einrichtung gerichtet ist. Zu berücksichtigen ist hier, dass nach § 13 Abs. 1 Satz 2 SGB XII ambulanten Leistungen grundsätzlich ein gesetzlich angeordneter Vorrang einzuräumen ist. Hier kollidiert mithin der Wunsch auf stationäre Unterbringung von vornherein mit einer anderslautenden, klaren gesetzgeberischen Wertung. Absatz 2 Satz 2 stellt zunächst klar, dass diese Wertung nach Maßgabe der weiteren in Absatz 2 Satz 2 aufgeführten Voraussetzungen überwunden werden kann. Zudem beruht die gesetzgeberische Grundentscheidung in § 13 Abs. 1 Satz 2 SGB XII neben finanziellen Erwägungen wohl auch darauf, dass dem Leistungsberechtigten die Möglichkeit zum Verbleib in seiner vertrauten Umgebung geboten werden soll[44], es handelt sich mithin um eine Wertung zugunsten des Leistungsberechtigten. Äußert der Leistungsberechtigte einen anderslautenden Wunsch, so wird dieser (aber auch nur dieser) Teil des Normzwecks des § 13 Abs. 1 SGB XII obsolet und es ist nur konsequent, dass über § 9 Abs. 2 Satz 2 SGB XII das so verbliebene Spannungsfeld zwischen dem finanzpolitischen Gedanken des Vorrangs der ambulanten Hilfe und dem Wunsch nach stationärer Hilfe gelöst wird.

---

[36] *Wahrendorf* in: Grube/Wahrendorf, SGB XII, 3. Aufl. 2010, § 9 Rn. 31.
[37] Zur Berücksichtigung des Wahlrechts der Eltern zwischen inklusivem Schulbesuch oder Aufnahme in die Sonderschule Landessozialgericht Baden-Württemberg v. 07.11.2012 - L 7 SO 4186/12 ER-B - juris Rn. 11.
[38] *Luthe* in: Hauck/Noftz, SGB XII, K § 9 Rn. 29, Stand VI/10; instruktiv zur Abgrenzung auch SG Hildesheim v. 19.05.2010 - S 34 SO 212/07.
[39] *Hohm* in: Schellhorn/Schellhorn/Hohm, SGB XII, 18. Aufl. 2010, § 9 Rn. 20.
[40] OVG Lüneburg v. 31.10.2002 - 4 LB 286/02 - FEVS 66, 73.
[41] *Wahrendorf* in: Grube/Wahrendorf, SGB XII, 4. Aufl. 2012, § 9 Rn. 34.
[42] OVG Frankfurt/Oder v. 22.05.2002 - 4 B 60/02 - FEVS 55, 38.
[43] BSG v. 12.12.2013 - B 8 SO 18/12 R, vgl. dazu auch die Kommentierung zu § 54 SGB XII.
[44] So jedenfalls auch Piepenstock in: jurisPK-SGB XII, 1. Aufl. 2011, § 13 Rn. 13.

Der Grundsatz des Vorrangs ambulanter Leistungen wird durch § 9 Abs. 2 Satz 2 SGB XII aber nur dann eingeschränkt, wenn dies nach der Besonderheit des Einzelfalls erforderlich ist. Erforderlich ist diese Einschränkung nach Absatz 2 Satz 2 nur dann, wenn der Bedarf anders als durch (teil-)stationäre Unterbringung nicht ausreichend gedeckt werden kann. Bei diesen Gesetzesbegriffen „ausreichend gedeckt" und „erforderlich" handelt es sich um gerichtlich in vollem Umfang überprüfbare unbestimmte Rechtsbegriffe[45]. Das ist insofern verwirrend, da bei Vorliegen einer solchen unzureichenden ambulanten Versorgung auch ohne den geäußerten Wunsch des Leistungsberechtigten nach § 13 Abs. 1 Satz 1 SGB XII eine solche bereits nicht in Frage kommen dürfte. Bei strikter Lesart kommt eine Berücksichtigung des Wunsches nach § 9 Abs. 2 Satz 1 SGB XII damit kaum in Betracht[46], da entweder die Voraussetzungen für eine ambulante Behandlung vorliegen (dann Vorrang nach Maßgabe des § 13 Abs. 1 SGB XII unter Berücksichtigung des Bedarfsgrundsatzes) oder eben nicht (dann ergibt sich zwingend eine stationäre Behandlung; auf das besondere Kriterium des fehlenden Bedarfs im Sinne des § 9 Abs. 2 Satz 2 SGB XII kann es dann nicht nochmals ankommen). Liegen die Voraussetzungen allerdings entgegen dieser Bedenken vor, so soll dem Wunsch auf (teil-)stationäre Unterbringung auch entsprochen werden. Dies bedeutet, dass im Regelfall einem Wunsch auf stationäre Behandlung, der die Voraussetzungen des Absatzes 2 Satz 1 erfüllt, auch nachzukommen ist.

30

Die Berücksichtigung dieses Wunsches ist aber weiterhin davon abhängig, dass mit dem Träger der Einrichtung (oder dessen Verband) Vereinbarungen nach dem 10. Kapitel (insbesondere nach § 75 Abs. 3 SGB XII) bestehen. Gleichwohl besteht für den Sozialhilfeträger weiterhin die Möglichkeit, auch bei einem vereinbarungslosen Zustand die Kosten des Aufenthalts in der (teil-)stationären Einrichtung zu übernehmen, wenn dies nach den Besonderheiten des Einzelfalles geboten ist (§ 75 Abs. 4 SGB XII).

31

VI. Kein Wunschrecht bei unverhältnismäßigen Mehrkosten (Absatz 2 Satz 3)

Absatz 2 Satz 3 normiert eine weitere Prüfungsebene nach der Angemessenheitsprüfung nach Absatz 2 Satz 1. Wenn mehrere Angebote oder Wünsche angemessen sind, ist noch ein Kostenvergleich vorzunehmen. Auf einer monetären Ebene kann dann ein an sich angemessener Wunsch noch wegen unverhältnismäßiger Mehrkosten abgelehnt werden.

32

Dabei ist zunächst nach der Rechtsprechung (auch des BVerwG)[47] zu prüfen, ob der Mehrkostenvergleich überhaupt zum Tragen kommt. Dies ist nur dann der Fall, wenn die entsprechenden, von den Wünschen abweichenden Angebote dem Hilfesuchenden überhaupt zumutbar sind. Deshalb darf sich die Prüfung von Hilfsangeboten nicht allein darauf beschränken, ob eine zur Eingliederung objektiv geeignete sowie zur Betreuung des Hilfebedürftigen bereite anderweitige Einrichtung vorhanden ist. Von Bedeutung ist ebenfalls, ob ein Wechsel der Betreuungseinrichtung dem behinderten Menschen ohne schwerwiegende Beeinträchtigung des Eingliederungserfolgs überhaupt möglich ist.[48]

33

Erforderlich ist für die Feststellung unverhältnismäßiger Mehrkosten zunächst ein Vergleich zweier Größen. Es sind zum einen die konkreten Kosten der gewünschten Maßnahme oder Unterbringung zu ermitteln und diese sind sodann einem Vergleichswert gegenüberzustellen. Das BVerwG hat den Vergleichsmaßstab anhand bundeslandbezogener Werte für zulässig erachtet.[49] Gegen einen solchen überregionalen Vergleichsmaßstab[50] spricht allerdings, dass die örtlichen Verhältnisse bereits nach Absatz 1 den Bedarf (mit)bestimmen und schließlich auch im Bereich der Kosten der Unterkunft maßgeblich auf den räumlichen Vergleichsmaßstab abzustellen ist. Wieso bei einem Abstellen auf das Kostenniveau im Bereich nur des jeweiligen Trägers jeder soziale Fortschritt verbaut wird[51], ist nicht recht nachvollziehbar. Allerdings müssen die beiden Vergleichsgrößen: gewünschte versus durchschnittli-

34

---

[45] *Hohm* in: Schellhorn/Schellhorn/Hohm, SGB XII, 18. Aufl. 2010, § 9 Rn. 30.
[46] *Roscher* in: LPK-SGB XII, 9. Aufl. 2012, § 9 Rn. 32.
[47] Vgl. BVerwG v. 02.09.1993 - 5 C 50/91 - BVerwGE 94, 127, 131; BVerwG v. 11.02.1982 - 5 C 85/80 - BVerwGE 65, 52.
[48] LSG Baden-Württemberg v. 02.09.2010 - L 7 SO 1357/10 ER-B - juris Rn. 12; vgl. auch SG Hildesheim v. 19.05.2010 - S 34 SO 212/07 - sexuelle Belästigung in bisheriger Einrichtung.
[49] BVerwG v. 11.02.1982 - 5 C 85/80 - juris Rn. 17 BVerwGE 65, 52.
[50] So tendenziell auch *Luthe* in: Hauck/Noftz, SGB II, K § 9 Rn. 31, Stand X /2010.
[51] *Luthe* in: Hauck/Noftz, SGB II, K § 9 Rn. 31, Stand X /2010.

che Einrichtung/Kosten auch wirklich vergleichbar sein, was etwa auch eine Berücksichtigung der Rechtsform des Trägers etc. erfordert.[52]

35 Sodann ist zu entscheiden, wann eine unverhältnismäßige Abweichung der Kosten der gewünschten Maßnahme von denen der/des Vergleichsgruppe/Durchschnittswerts vorliegt. Neben dem rein rechnerischen Vergleich der Kostengrößen kann hier auch eine Rolle spielen, welcher inhaltliche Bedarf mit den konkret anfallenden Mehrkosten gedeckt wird. Auch hier sind die Umstände des Einzelfalles beachtlich[53], wobei jeweils eine wertende Entscheidung zu treffen ist. Das BVerwG hat jedenfalls Mehrkosten von 75 v.H. ohne weiteres als „unvertretbar" qualifiziert.[54] In der Rechtsprechung finden sich Andeutungen einer 50 v.H.-Grenze[55] ebenso wie einer Grenze von 30%[56] oder sogar von 21,24%[57]. Bei der Auswahl zwischen einem (erwünschten) Seniorenhaus und einem (vorgeschlagenen) Pflegeheim wurde ein Mehraufwand von 37,5% als unverhältnismäßig angesehen. Sind mit der Einrichtung Vereinbarungen nach den §§ 75 ff. SGB XII geschlossen, kommt es nach der Rechtsprechung des BSG allerdings nicht auf einen rechnerischen Vergleich der Kosten verschiedener Einrichtungen an. Die zu zahlende Vergütung richtet sich nämlich nach den maßgeblichen Vergütungsvereinbarungen. Es handelt sich deshalb bei den vereinbarten Vergütungen um angemessene Kosten; der Hilfebedürftige kann jedenfalls nicht gezwungen werden, unter zugelassenen Einrichtungen eine bestimmte zu wählen[58]. Etwas anderes ist allenfalls denkbar, wenn ohne verständigen Grund der Wechsel der Einrichtung beabsichtigt ist und die neue Einrichtung zwar zugelassen, aber unverhältnismäßig teurer ist. Zu Recht können dabei Mehrkosten von 23-29% nicht von voneherein als unverhältnismäßig betrachtet werden,[59] zumal derartige Pauschalisierungen die Gefahr der Vernachlässigung der gebotenen Individualbetrachtung nach sich ziehen. In anderen Entscheidungen wird mehr auf die tatsächlichen Mehrkosten (und nicht auf die prozentuale Überschreitung) fokussiert und jeweils entstehende Kosten von 4.500 € (für ambulante Betreuung eines psychisch Kranken, dem nach ärztlichem Attest Heimunterbringung unzumutbar war)[60] bzw. 3.580 €[61] noch als verhältnismäßig angesehen. Vorbehaltlich der Umstände des Einzelfalls kann aber wohl davon ausgegangen werden, dass eine prozentuale Überschreitung der durchschnittlichen Kosten einer nachvollziehbaren Vergleichsgruppe von über 50 v.H. im Regelfall als unverhältnismäßig zu gelten hat.

VII. Wunschrecht und Bekenntnisfreiheit (Absatz 3)

36 Absatz 3 normiert einen spezifischen Aspekt des Wunschrechts unter Berücksichtigung der Glaubens- und Bekenntnisfreiheit des Art. 4 GG. Im Prüfungsschema des § 9 SGB XII kann davon ausgegangen werden, dass ein religiös motivierter Wunsch auf stationäre Betreuung in einem konkreten Heim jeweils angemessen i.S.d. Absatzes 2 Satz 1 ist. Zwingende Tatbestandsvoraussetzung ist die Möglichkeit der Betreuung durch einen Geistlichen gleichen Bekenntnisses in der gewünschten Einrichtung. Andererseits gilt der Vorbehalt unverhältnismäßiger Mehrkosten nach Absatz 2 Satz 3 auch im Rahmen des religiös motivierten Wunschrechtes.[62] Absatz 3 spricht kein gesteigertes Verfassungsgebot für die Übernahme von Kosten nach Absatz 3 aus, so dass auch hier ein Mehrkostenvergleich anzustellen ist.

---

[52] BVerwG v. 22.01.1987 - 5 C 10/85 - BVerwGE 75, 343 - Besuch eines anthroposophischen Sonderschulkindergartens.
[53] SG Darmstadt v. 30.03.2009 - S 17 SO 18/09 ER; LSG Berlin-Brandenburg v. 16.12.2005 - L 23 B 1086/05 SO.
[54] BVerwG v. 11.02.1982 - 5 C 85/80 - juris Rn. 18 - BVerwGE 65, 52.
[55] OVG Hamburg v. 17.08.1995 - Bs IV 165/95; LSG Niedersachsen-Bremen v. 07.06.2007 - L 8 SO 60/07 ER.
[56] VG Münster v. 24.04.2006 - 5 K 783/04.
[57] OVG Lüneburg v. 16.02.2004 - 4 ME 400/03.
[58] BSG v. 22.03.2012 - B 8 SO 1/11 R - SozR 4-3500 § 65 Nr. 5 Rn. 17
[59] SG Hildesheim v. 19.05.2010 - S 34 SO 212/07.
[60] Hessischer VGH v. 05.07.1991 - 9 TG 374/91 - ZfSH/SGB 1992, 82.
[61] OVG Lüneburg v. 06.08.1992 - 4 M 2720/92 - RsDE 25, 97.
[62] BVerwG v. 11.02.1982 - 5 C 85/80 - BVerwGE 65, 52.

§ 10 SGB XII Leistungsformen

(Fassung vom 24.03.2011, gültig ab 01.01.2011)

(1) Die Leistungen werden erbracht in Form von

1. **Dienstleistungen,**
2. **Geldleistungen und**
3. **Sachleistungen.**

(2) Zur Dienstleistung gehören insbesondere die Beratung in Fragen der Sozialhilfe und die Beratung und Unterstützung in sonstigen sozialen Angelegenheiten.

(3) Geldleistungen haben Vorrang vor Gutscheinen oder Sachleistungen, soweit dieses Buch nicht etwas anderes bestimmt oder mit Gutscheinen oder Sachleistungen das Ziel der Sozialhilfe erheblich besser oder wirtschaftlicher erreicht werden kann oder die Leistungsberechtigten es wünschen.

Gliederung

A. Basisinformationen 1	e. Gutscheine 30
I. Textgeschichte/Gesetzgebungsmaterialien 1	f. Zusammentreffen verschiedener Leistungen 36
II. Vorgängervorschrift 3	2. Arten der Dienstleistung (Absatz 2) 37
III. Parallelvorschriften 6	a. Allgemeines 37
IV. Systematische Zusammenhänge 11	b. Einzelheiten 42
V. Ausgewählte Literaturhinweise 12	3. Vorrang der Geldleistung vor Gutscheinen
B. Auslegung der Norm 13	oder Sachleistungen (Absatz 3) 53
I. Regelungsgehalt und Bedeutung der Norm 13	a. Grundsatz 53
II. Normzweck 14	b. Einzelheiten zu den Ausnahmen 55
1. Leistungsarten (Absatz 1) 15	c. Verhältnis zum Ermessen 61
a. Dienstleistung 15	**C. Praxishinweise** 67
b. Geldleistung 20	I. Rechtsprechung 67
c. Sachleistung 23	II. Sozialrechtlicher Herstellungsanspruch 69
d. Abgrenzung Geldleistung-Sachleistung 29	

A. Basisinformationen

I. Textgeschichte/Gesetzgebungsmaterialien

Die Vorschrift wurde mit Wirkung vom 01.01.2005 durch das Gesetz zur Einordnung des Sozialhilferechts in das Sozialgesetzbuch[1] eingeführt und überträgt nach der Gesetzesbegründung leicht abgeändert den bisherigen § 8 BSHG in das SGB XII.[2]

§ 10 SGB XII wurde durch Art. 3 Nr. 2 des Gesetzes zur Ermittlung von Regelbedarfen und zur Änderung des Zweiten und Zwölften Buches Sozialgesetzbuch vom 24.03.2011[3] mit Wirkung vom 01.01.2011 geändert und die Überschrift sowie die Absätze 1 und 3 neu gefasst. Während Absatz 1 im Wesentlichen inhaltsgleich blieb, wurde mit der Neufassung des Absatzes 3 der Einführung der Bedarfe für Bildung und Teilhabe in § 34 SGB XII Rechnung getragen, für deren Erbringung auch **Gutscheine** vorgesehen sind, und der den Vorrang von Geldleistungen vor Gutscheinen oder Sachleistungen normiert. Während § 10 Abs. 3 Satz 2 SGB XII in der bis zum 31.12.2010 geltenden Fassung vorsah, dass Gutscheine (und andere unbare Formen der Verrechnung) zu den Sachleistungen gehören, wurden in der Neufassung die Gutscheine als eigenständige Form der Leistungsgewährung aufgeführt, um der herausgehobenen Bedeutung, die Gutscheine bei der Gewährung von Leistungen für Bildung und Teilhabe haben sollen, Nachdruck zu verleihen. Eine Änderung in der Sache ist damit allerdings nicht eingetreten.

---

[1] BGBl I 2003, 3022.
[2] BT-Drs. 15/1514, S. 56.
[3] BGBl I 2011, 453

II. Vorgängervorschrift

3 Absatz 1 entspricht im Wesentlichen dem bisherigen § 8 Abs. 1 BSHG. Statt „persönliche Hilfe" gibt es nunmehr den Begriff der Dienstleistung (vgl. Rn. 15).

4 Absatz 2 ist Nachfolger des früheren § 8 Abs. 2 BSHG, soweit dieser nicht in § 11 Abs. 5 Satz 1 SGB XII eingegangen ist. In § 8 Abs. 2 BSHG wurden die Beratung in Fragen der Sozialhilfe (mit Verweis auf § 14 SGB I) und auch die Beratung in sonstigen sozialen Angelegenheiten, soweit letztere nicht von anderen Stellen oder Personen wahrzunehmen ist, der persönlichen Hilfe zugeordnet. Die in § 10 Abs. 2 SGB XII benannte Unterstützung war im BSHG in § 17 Abs. 1 Satz 1 BSHG lediglich zur Förderung zur Vermeidung und Überwindung von Lebenslagen, in denen Leistungen der Hilfe zum Lebensunterhalt erforderlich oder zu erwarten waren, vorgesehen, die Einschränkung auf Fälle der Leistungen zum Lebensunterhalt gilt nunmehr nicht mehr.

5 Für Absatz 3 gibt es keine Vorgängervorschrift. Nach der Begründung des Gesetzentwurfs enthält Absatz 3 Klarstellungen zum Verhältnis zwischen Geld- und Sachleistungen, diese entsprechen der bisherigen Praxis.[4] In der seit 01.01.2011 geltenden Neufassung steht nunmehr die Leistungsgewährung durch Gutscheine eigenständig und gleichrangig neben den Sachleistungen.

III. Parallelvorschriften

6 Eine dem § 10 Abs. 1 SGB XII entsprechende Regelung enthält § 4 SGB II, der die Leistungsarten bestimmt, allerdings kein Rangverhältnis regelt.

7 In § 22 SGB IX ist eine dem § 10 Abs. 2 SGB XII vergleichbare Beratungs- und Unterstützungspflicht für behinderte und von Behinderung bedrohte Menschen, ihre Vertrauenspersonen und Personensorgeberechtigte geregelt.

8 Das AsylbLG enthält eine Vorschrift zum Rangverhältnis. Während in § 10 Abs. 3 SGB XII (bis 31.12.2010: § 10 Abs. 3 Satz 1 SGB XII) der Vorrang der Geldleistung benannt wird, gilt nach § 3 AsylbLG der Sachleistungszwang, d.h. der notwendige Bedarf (Ernährung, Unterkunft, Heizung, Bekleidung, Gesundheits- und Körperpflege, Gebrauchs- und Verbrauchsgüter des Haushalts) ist nach Absatz 1 Satz 1 grundsätzlich als Sachleistung zu erbringen und nur unter engen Voraussetzungen, wenn besondere Umstände vorliegen, als Geldleistung. Allerdings ist die Gewährung von Geldleistungen für Berechtigte nach dem AsylbLG, die außerhalb von Gemeinschaftsunterkünften untergebracht sind, mittlerweile in der Praxis der Regelfall. Dies war zwischenzeitlich verfassungsrechtlich problematisch, weil die Höhe der Geldleistung seit 1993 (Inkrafttreten des AsylbLG) nicht geändert wurde.[5]

9 Das Bundesverfassungsgericht hat insoweit nunmehr die Höhe der Geldleistungen nach § 3 des AsylbLG als evident unzureichend und mit Art. 1 Abs. 1 GG nicht für vereinbar erklärt.[6]

10 § 2 Abs. 2 Satz 1 SGB V enthält für das Recht der gesetzlichen Krankenversicherung eine Regelung zum Vorrang der Sach- und Dienstleistungen, soweit das SGB V oder das SGB IX nichts Abweichendes vorsehen.

IV. Systematische Zusammenhänge

11 § 10 SGB XII ist eine Norm des Ersten Abschnitts (Grundsätze der Leistungen) des Zweiten Kapitels (Leistungen der Sozialhilfe) des SGB XII. In diesem Bereich sind die gemeinsamen Grundsätze und Voraussetzungen für die Leistungsgewährung geregelt[7], sie gelten mithin für alle Leistungsarten (vgl. zum BSHG bezüglich der Unterstützung Rn. 4).

V. Ausgewählte Literaturhinweise

12 *Brühl*, Rechtsbesorgung in Sozialhilfesachen durch Vereine, info also 1998, 3 ff.; *Krahmer*, Schuldnerberatung nach dem SGB XII – Sozialhilfe in Auffangfunktion, ZfF 2006, 155; *von Maydell*, Das Informationsrecht der Bürger im allgemeinen Teil des Sozialgesetzbuchs, ZfSH/SGB 1986, 361 ff.; *Schmitz*, Die Anwendbarkeit des sozialrechtlichen Herstellungsanspruchs im Sozialhilferecht, ZFSH/SGB 2006, 393; *Schoch*, Das sozialrechtliche Dreiecksverhältnis in der Sozialhilfe, Behinder-

---

[4] BT-Drs. 15/1514, S. 56.
[5] Vgl. hierzu LSG NRW v. 26.07.2010 - L 20 AY 13/09 - ZFSH/SGB 2010, 604 ff.
[6] BVerfG v. 18.07.2012 - 1 BvL 10/10, 1 BvL 2/11 - BGBl I 2012, 1715 f. = SozR 4-3520 § 3 Nr. 2 = BVerfGE 132, 134 ff.
[7] BT-Drs. 15/1514, S. 54.

tenrecht 2008, 71 ff.; *Spindler*, Rechtliche Rahmenbedingungen der Beratung in der Sozialhilfe, NDV 2002, 357, 386; *Spindler*, Zum Verhältnis der Ansprüche auf Schuldnerberatung und andere soziale Dienstleistungen nach SGB II, XII und VIII, info also 2008, 12 ff.

B. Auslegung der Norm

I. Regelungsgehalt und Bedeutung der Norm

§ 10 SGB XII regelt die Gestaltungsmöglichkeiten im Zusammenhang mit der Erbringung von Leistungen, die nach dem SGB XII in Betracht kommen.[8] Er hat insoweit Orientierungsfunktion.[9] Ein eigenständiger Leistungsanspruch ergibt sich hieraus jedoch nicht, § 10 SGB XII ist vielmehr im Kontext mit den konkret zu erbringenden Leistungen zu sehen.[10] Die Einzelheiten der Leistungserbringung richten sind mithin nach den entsprechenden Leistungsvorschriften. Ob nach dem BSHG ein eigenständiger Leistungsanspruch aus der Vorgängervorschrift des § 8 Abs. 2 BSHG hergeleitet wurde, ist unklar.[11] 13

II. Normzweck

§ 10 SGB XII gibt eine Übersicht über die nach dem SGB XII in Betracht kommenden Leistungen. Ferner regelt er das Verhältnis der einzelnen Leistungsarten zueinander. Gutscheine werden in der aktuellen Fassung der Norm in Absatz 3 neben Sachleistungen genannt. 14

1. Leistungsarten (Absatz 1)

a. Dienstleistung

Der Begriff der Dienstleistung wurde anstatt der früher verwendeten „persönlichen Hilfe" zur Vereinheitlichung der Terminologie (vgl. § 11 Satz 1 SGB I: Gegenstand der sozialen Rechte sind die in diesem Gesetzbuch vorgesehenen Dienst-, Sach- und Geldleistungen; Satz 2 dieser Vorschrift: Die persönliche und erzieherische Hilfe gehört zu den Dienstleistungen) eingeführt. 15

Dienstleistung ist die Hilfe, die nicht Sach- oder Geldleistung ist. Die persönliche Hilfe wird nach § 11 Satz 2 SGB I von der Dienstleistung erfasst. Die §§ 10 Abs. 2 und 11 SGB XII zählen Beispiele für Arten der Dienstleistung auf, wobei insbesondere Beratung und Unterstützung benannt werden. Darüber hinaus enthält das SGB XII weitere konkrete Arten der Dienstleistungen, unter anderem in § 68 SGB XII (Beratung bei Hilfe in besonderen Lebenslagen)[12] und § 71 SGB XII (Beratung und Unterstützung im Rahmen der Altenhilfe). Dienstleistung ist auch jede sonstige Hilfestellung, die dem Ziel der Sozialhilfe zu dienen geeignet ist.[13] Zur Dienstleistung gehören hiernach zum Beispiel die persönliche Betreuung, die Beistandschaft und die helfende Beziehung[14], in der Regel werden diese Leistungen durch die beratenden, betreuenden und sozialen Dienste des Sozialhilfeträgers erbracht. 16

Zur Erbringung von Dienstleistungen kann sich der Hilfeträger auch Dritter bedienen, die hierzu durch den Träger vertraglich verpflichtet werden, zum Beispiel Ärzte im Rahmen des § 48 SGB XII (hier sozialhilferechtliches Dreiecksverhältnis: Anspruch des Leistungsberechtigten gegenüber dem Arzt auf Behandlung, wobei der Berechtigte vom Sozialhilfeträger einen Behandlungsschein = Zusicherung i.S.d. § 34 SGB X erhält, den er dem Arzt vorlegt, Vergütungsanspruch des Arztes gegenüber dem Sozialhilfeträger aufgrund einer ihm gegenüber erteilten öffentlich-rechtlichen Kostenübernahmeerklärung oder aufgrund einer Rahmenvereinbarung mit der kassenärztlichen Vereinigung[15].) Es handelt sich bei dieser Konstellation um eine Dienstleistungsverschaffung. 17

Damit verliert die Leistung jedoch die Rechtsnatur als Dienstleistung und wird zu einer Leistung im Rahmen des Modells einer **Gewährleistungsverantwortung**[16] unter Anwendung der §§ 75 ff. 18

---

[8] BSG v. 13.07.2010 - B 8 SO 14/09 R - juris Rn. 26 - SozR 4-4200 § 16 Nr. 5 = BSGE 106, 268 ff.
[9] *Luthe* in: Hauck/Noftz, SGB XII, Stand August 2013, § 10 Rn. 6.
[10] BSG v. 13.07.2010 - B 8 SO 14/09 - juris Rn. 26 - SozR 4-4200 § 16 Nr. 5 = BSGE 106, 268 ff.
[11] BVerwG v. 14.12.1964 - V C 123.63 - juris Rn. 10 - BVerwGE 20, 113.
[12] Offensichtlich übersehen von BSG v. 13.07.2010 - B 8 SO 14/09 R - juris Rn. 24 - SozR 4-4200 § 16 Nr. 5 = BSGE 106, 268 ff.
[13] *Spindler*, NDV 2002, 357, 358.
[14] *W. Schellhorn* in: Schellhorn/Schellhorn/Hohm, SGD XII, 17. Aufl., § 10 Rn. 5.
[15] *Flint* in: Grube/Wahrendorf, SGB XII, 3. Aufl., § 48 Rn. 11, 12.
[16] BSG v. 02.02.2010 - B 8 SO 20/08 R - juris Rn. 12 - Sozialrecht Aktuell 2010, 199 ff. = FEVS 61, 534 ff.

SGB XII.[17] Dienstleistungen sind aus der Natur der Sache nur solche, die vom Sozialhilfeträger selbst erbracht werden. Die Frage nach der Rechtsnatur der Leistung ist nicht damit zu vermengen, ob bestimmte Rechtsfolgen, die an die Rechtsnatur anknüpfen (etwa Einkommensprivilegierungen), nicht auch dann gelten, wenn der Sozialhilfeträger einen Dritten einschaltet, weil er die Dienstleistung – gleichgültig, ob zu Recht oder zu Unrecht – nicht selbst erbringen will oder kann.

19   Eine Dienstleistung z.B. in Verbindung mit den §§ 67 ff. SGB XII kann auch darin liegen, bei einem Leistungsberechtigten ohne gesetzlichen Vertreter auf die Bestellung eines Betreuers hinzuwirken[18], weitere Beispiele in Rn. 68.

b. Geldleistung

20   Geldleistungen sind Geldbeträge, die an den Leistungsempfänger ausgezahlt, überwiesen oder auf andere Art an seinen Wohnort übermittelt werden. Darüber, ob insoweit § 47 SGB I anzuwenden ist oder diese Regelung durch § 17 Abs. 2 Satz 1 SGB XII verdrängt wird, besteht Streit.[19] Nach § 47 SGB I sollen Geldleistungen kostenfrei auf ein Konto des Empfängers bei einem Geldinstitut überwiesen oder, wenn der Empfänger es verlangt, kostenfrei an seinen Wohnsitz übermittelt werden, soweit die besonderen Teile dieses Gesetzbuchs keine Regelung enthalten. Nach § 17 Abs. 2 SGB XII ist über Art und Ausmaß der Leistungserbringung nach pflichtgemäßem Ermessen zu entscheiden, soweit das Ermessen nicht ausgeschlossen ist. Dieser Streit dürfte kaum praktische Relevanz haben, da jedenfalls bei der Ermessensausübung nach § 17 Abs. 2 ohnehin § 47 SGB I zu berücksichtigen ist.[20] Bei der Übermittlung an den Wohnsitz ist der Wohnsitz im kommunalrechtlichen Sinne gemeint, nicht die Wohnung[21], so dass der Leistungsempfänger in der Regel nicht verlangen kann, dass er das Geld in seiner Wohnung erhält. Es ist mithin ausreichend, wenn die Übergabe der Leistung im Rathaus erfolgt, auch wenn der Leistungsempfänger in einem entfernteren Stadtteil wohnt.[22] Ausnahmen hiervon sind allerdings denkbar, zum Beispiel wenn der Empfänger aus gesundheitlichen Gründen nicht in der Lage ist, die Leistung abzuholen, und auch kein anderer dies für ihn erledigen kann. Wenn die Leistung überwiesen wird, hat der Leistungsträger das Sozialgeheimnis (§ 35 SGB I) zu wahren, d.h. ohne Zustimmung des Hilfeempfängers darf die Zahlung nicht mit „Sozialleistung" gekennzeichnet werden.[23]

21   Zu den Geldleistungen gehören unter anderem die Leistungen der Hilfe zum Lebensunterhalt außerhalb von Einrichtungen nach den §§ 27a ff. SGB XII (bis 31.12.2010: §§ 27 ff. SGB XII), der Barbetrag nach § 27b Abs. 2 SGB XII (bis 31.12.2010: § 35 Abs. 2 SGB XII), die Erstattung der Kosten für selbst beschaffte Hörgerätebatterien als Leistung der Eingliederungshilfe[24], die Übernahme von Beiträgen zur gesetzlichen Krankenversicherung nach § 32 SGB XII (vgl. hierzu Rn. 56), von Kosten für empfängnisverhütende Mittel bei ärztlicher Verordnung nach § 49 Satz 2 SGB XII[25] und von Bestattungskosten nach § 74 SGB XII.

22   Eine Geldleistung liegt auch vor, wenn ein Darlehen oder ein Vorschuss gewährt wird. Für die Einordnung, ob es sich bei der Hilfe um eine Geldleistung handelt, ist nämlich nicht darauf abzustellen, ob es sich um eine endgültige Leistung handelt, die Leistung auf einem öffentlich-rechtlichen Vertrag beruht oder als Darlehen durch Verwaltungsakt gewährt wird.[26]

c. Sachleistung

23   Es handelt sich hierbei um Leistungen, die dem Empfänger in Form des zu befriedigenden Bedarfs unmittelbar zukommen. Beispiel hierfür ist die Erbringung einer vollstationären Hilfe in einer Einrichtung der Eingliederungshilfe.[27] Im Bereich der stationären und teilstationären Leistungen ist das Leis-

---

[17] A.A.: *Rasch*, NDV 2012, 598; *Bieback* in: Grube/Wahrendorf, SGB XII, 4. Aufl. 2012, § 68 SGB XII Rn. 41; *Strnischa* in: Oestreicher, SGB II/SGB XII, § 68 SGB XII Rn.34 m.w.N., Stand Juni 2011.
[18] Für die Bestellung eines Vormunds: BVerwG v. 31.08.1966 - V C 223.65 - BVerwGE 25, 36.
[19] Offen gelassen: LSG Hessen v. 09.08.2006 - L 7 SO 23/06 ER - ZFSH/SGB 2007, 88.
[20] *Streichsbier* in: Grube/Wahrendorf, SGB XII, 3. Aufl., § 10 Rn. 3.
[21] A.A. *Mrozynski* in: SGB I, 3. Aufl., § 47 Rn. 8.
[22] LSG NRW v. 12.10.2009 - L 12 B 51/09 SO ER - FEVS 61, 259-262.
[23] BVerwG v. 23.06.1994 - 5 C 16/92 - BVerwGE 96, 147 = NJW 1995, 410.
[24] BSG v. 19.05.2009 - B 8 SO 32/07 R - juris Rn. 20 - BSGE 103, 171.
[25] *Flint* in: Grube/Wahrendorf, SGB XII, 3. Aufl., § 49 Rn. 7.
[26] Vgl. dazu *Luthe* in: Hauck/Noftz, SGB XII, Stand August 2013, § 10 Rn. 25; *Adolph* in: Linhart/Adolph, SGB II/SGB XII/AsylbLG, Stand Juli 2010, § 10 Rn. 11.
[27] BSG v. 28.10.2008 - B 8 SO 22/07 R - BSGE 102, 1-10.

tungserbringungsrecht durch ein sozialhilferechtliches Dreiecksverhältnis geprägt, d.h. es bestehen wechselseitige Rechtsbeziehungen zwischen dem Hilfeträger, dem Träger der Einrichtung und dem Leistungsempfänger. Der Sozialhilfeträger reagiert in einem solchen Verhältnis nicht nur durch die Zahlung der Kosten auf den Bedarf des Leistungsempfängers, sondern er schließt Vereinbarungen über Einzelheiten der Leistungserbringung mit dem Träger der Einrichtung, er gestaltet insoweit die Art und Weise, wie im Einzelnen die Leistung zu erbringen ist, maßgeblich mit. Damit handelt es sich bei derartigen Leistungen nicht um eine Geldleistung, sondern eine Sachleistung[28] in Form der Sachleistungsverschaffung, was auch den Bedürfnissen der Hilfeempfänger entspricht. Nach anderer, aber unzutreffender, weil die Sachleistungsverschaffung übersehender Ansicht handelt es sich bei Leistungen in stationären oder teilstationären Einrichtungen nur dann um Sachleistungen, wenn der Sozialhilfeträger auch Träger der Einrichtung ist, und ansonsten um eine Geldleistung, die der Einfachheit halber nicht an den Berechtigten, sondern unmittelbar an den Betreiber der Einrichtung gezahlt wird.[29]

Ferner ist die Übergabe von Einrichtungsgegenständen im Rahmen der Erstausstattung einer Wohnung nach § 31 SGB XII oder die Zurverfügungstellung von Pflegehilfsmitteln im Sinne des § 61 Abs. 2 i.V.m. § 40 SGB XI Sachleistung. 24

Auch zu den Sachleistungen gehören Gutscheine. Durch Art. 3 Nr. 2 des Gesetzes zur Ermittlung von Regelbedarfen und zur Änderung des Zweiten und Zwölften Buches Sozialgesetzbuch vom 24.03.2011[30] wurde Absatz 3 zwar neu gefasst und der frühere Satz 2, der Gutscheine und andere Formen der unbaren Verrechnung den Sachleistungen ausdrücklich zugeordnet hatte, nicht mehr in die Regelung mit aufgenommen. Eine Änderung in der Sache ist damit allerdings nicht eingetreten. 25

Komplexe Leistungen wie zum Beispiel Leistungen der Krankenhausbehandlung nach § 48 SGB XII können Elemente der Dienst- und der Sachleistung enthalten, ebenfalls Leistungen der Eingliederungshilfe in vollstationären Einrichtungen, vom BSG nicht weiter erörtert.[31] 26

Eine Sachleistung erfordert nicht die Übertragung von Eigentum.[32] Auch die leihweise Überlassung von Gegenständen kann ausreichend sein, um den sozialhilferechtlichen Bedarf zu decken.[33] Diese Möglichkeit wird in der Praxis insbesondere bei der Bereitstellung von Hilfen zur Pflege (Rollstuhl, Rollator) genutzt (vgl. auch § 3 Abs. 1 Satz 4 AsylbLG, der ausdrücklich Leihe vorsieht). 27

Auch die Überlassung einer Wohnung ist Sachleistung (etwa nach § 67 SGB XII i.V.m. § 2 Abs. 2 der hierzu erlassenen VO). Der Hilfeträger ist zwar nicht grundsätzlich verpflichtet, einem Berechtigten selbst eine Unterkunft zur Verfügung zu stellen, in bestimmten Situationen kann dies aber – zumindest für einen Übergangszeitraum – die einzige geeignete Möglichkeit sein, den Hilfebedarf zu decken, etwa wenn Versuche des Berechtigten, freien Wohnraum anzumieten, aus persönlichen Gründen gescheitert sind[34] (typischer Fall: Zwangsräumung). Ein solcher Anspruch ergäbe sich nicht aus § 35 SGB XII (bis 31.12.2010: § 29 SGB XII), sondern aus den §§ 67 ff. SGB XII (Hilfe in besonderen Lebenslagen). Abzugrenzen ist das Überlassen der Wohnung als Sachleistung von der Übernahme der Miete durch den Hilfeträger (§ 35 SGB XII; bis 31.12.2010: § 29 SGB XII). Hierbei handelt es sich um eine Geldleistung[35], selbst wenn der hierfür bewilligte Geldbetrag vom Hilfeträger unmittelbar an den Vermieter (§ 35 Abs. 1 Satz 3 SGB XII; bis 31.12.2010: § 29 Abs. 1 Satz 6 SGB XII) ausgereicht wird. 28

d. Abgrenzung Geldleistung-Sachleistung

Entscheidend ist in der Regel, wie die Hilfe beim Empfänger nach dem objektiven Empfängerhorizont ankommt. Beim unmittelbaren Zufluss von Geld handelt es sich immer um eine Geldleistung, während zum Beispiel der Einsatz von Geldmitteln durch den Leistungsträger zum Erwerb eines Bedarfsgegenstandes und Übergabe dieses Gegenstandes an den Empfänger eine Sachleistung darstellt. Eine an den 29

---

[28] BSG v. 28.10.2008 - B 8 SO 22/07 R - BSGE 102, 1-10.
[29] So wohl *Streichsbier* in: Grube/Wahrendorf, SGB XII, 3. Aufl., § 10 Rn. 4.
[30] BGBl I 2011, 453.
[31] BSG v. 28.10.2008 - B 8 SO 22/07 R - BSGE 102, 1-10.
[32] *Streichsbier* in: Grube/Wahrendorf, SGB XII, § 10 Rn. 4.
[33] BVerwG v. 09.03.1992 - 5 B 12/92 - Buchholz 436.0 § 8 BSHG Nr. 2.
[34] *W. Schellhorn* in: Schellhorn/Schellhorn/Hohm, SGB XII, 17. Aufl., § 29 Rn. 21; a.A. *Berlit* in: LPK-SGB XII, § 29 Rn. 8, allerdings widersprüchlich zu Rn. 9, wonach in Einzelfällen doch ein Unterkunftsbereitstellungsanspruch bestehen kann, unter Verweis auf die §§ 67 ff SGB XII – Hilfe zur Überwindung besonderer sozialer Schwierigkeiten.
[35] *Berlit* in: LPK-SGB XII, § 29 Rn. 7.

Empfänger vorgesehene Geldleistung bleibt auch dann eine Geldleistung, wenn sie mit dem Willen des Hilfeempfängers, ggf. aber auch gegen seinen Willen, an einen Dritten erbracht wird (vgl. § 35 Abs. 1 Satz 3 SGB XII: Zahlung der Miete unmittelbar an den Vermieter; bis 31.12.2010: § 29 Abs. 1 Satz 6 SGB XII). Wesentlich dürfte insoweit sein, dass der Empfänger selbst die Gestaltungsmöglichkeit im Verhältnis zu einem Dritten hat und das Geld lediglich ohne den Umweg über den Leistungsempfänger an den Dritten ausgereicht wird. Die an eine stationäre Einrichtung der Eingliederungshilfe erbrachte Geldleistung hingegen ist keine Geldleistung in diesem Sinne, sondern dient der Sachleistungsverschaffung (vgl. hierzu Rn. 22).

e. Gutscheine

30 Gutscheine werden in § 10 Abs. 1 SGB XII nicht benannt, finden sich aber in § 10 Abs. 3 SGB XII.

31 In der bis zum 31.12.2010 geltenden Fassung der Norm hatte der Gesetzgeber in Absatz 3 in Satz 2 klargestellt[36], dass es sich bei Gutscheinen und anderen „unbaren Formen der Verrechnung" um Sachleistungen handelt. Dies war während der Zeit der Geltung des BSHG umstritten.[37]

32 Diese Klarstellung hat der Gesetzgeber durch Art. 3 Nr. 2 des Gesetzes zur Ermittlung von Regelbedarfen und zur Änderung des Zweiten und Zwölften Buches Sozialgesetzbuch vom 24.03.2011[38] mit Wirkung vom 01.01.2011 wieder beseitigt, indem er Absatz 3 neu gefasst und den früheren Satz 2 nicht mehr in die Regelung mit aufgenommen hat. Mit der Neufassung des Absatzes 3 sollte der Einführung der Bedarfe für Bildung und Teilhabe in § 34 SGB XII Rechnung getragen werden, für deren Erbringung auch Gutscheine vorgesehen sind. Die Gutscheine werden als **eigenständige Form** der Leistungsgewährung aufgeführt, um der herausgehobenen Bedeutung, die Gutscheine bei der Gewährung von Leistungen für Bildung und Teilhabe haben sollen, Nachdruck zu verleihen.

33 Der Begriff „andere unbare Form der Verrechnung" findet sich im neu gefassten § 10 SGB XII nicht mehr.

34 Bei der Gewährung von Gutscheinen erfolgt keine ausdrückliche Vereinbarung des Sozialhilfeträgers mit einem Dritten in Bezug auf eine spezielle Bedarfsdeckung, sondern dem Hilfeempfänger verbleibt ein gewisses Wahlrecht zwischen mehreren geeigneten Möglichkeiten der Bedarfsdeckung.[39]

35 Unter Gutscheinen sind alle Bescheinigungen zu verstehen, durch deren Vorlage der Hilfeempfänger bei einem Dritten einen Gegenstand erhält, und zwar in einem bestimmten Geschäft oder bei einem Verband der freien Wohlfahrtspflege (§ 5 SGB XII). Die bis zum 31.12.2010 vom Gesetzgeber als „unbare Form der Verrechnung" bezeichnete Leistungsgewährung wurde zwar in der Neufassung nicht mehr aufgeführt, bei einem Gutschein handelt es sich jedoch um nichts anderes. Gutscheine erlauben dem Träger einen weiten Handlungsspielraum hinsichtlich der Deckung des Bedarfs des Berechtigten unter Berücksichtigung der örtlichen Gegebenheiten.[40] Voraussetzung hierfür ist jedoch immer, dass eine Sachleistung überhaupt zulässig ist.

f. Zusammentreffen verschiedener Leistungen

36 Die verschiedenen Leistungsarten können im Einzelfall nebeneinander stehen und müssen nicht isoliert voneinander erbracht werden. Vielmehr werden insbesondere bei Leistungen des 5.-9. Kapitels die unterschiedlichen Leistungsarten auch nebeneinander erbracht, weil es in den seltensten Fällen denkbar ist, dass zur Hilfe zur Überwindung in besonderen Hilfelagen etwa allein eine Beratung ausreichend sein kann. Auch bei den Leistungen der stationären Eingliederung sind in der Regel Sach- und Dienstleistungen zu erbringen.

---

[36] BT-Drs. 15/1514, S. 56.
[37] Geldleistung: OVG Lüneburg v. 22.08.1983 - 4 B 122/83 - NDV 1984, 270; Leistung, die jedenfalls keine Geldleistung ist: BVerwG v. 04.03.1993 - 5 C 27/91 - BVerwGE 92, 169; Mischform: VGH Mannheim v. 23.06.1998 - 7 S 2308/97 - FEVS 49, 168.
[38] BGBl I 2011, 453
[39] *W. Schellhorn* in: Schellhorn/Schellhorn/Hohm, SGB XII, 17. Aufl., § 10 Rn. 27.
[40] *Streichsbier* in: Grube/Wahrendorf, SGB XII, 3. Aufl., § 10 Rn. 5.

2. Arten der Dienstleistung (Absatz 2)

a. Allgemeines

Absatz 2 stellt klar, was insbesondere zur Dienstleistung gehört, nämlich die Beratung in Fragen der Sozialhilfe und die Beratung und Unterstützung in sonstigen sozialen Angelegenheiten. Es handelt sich um keine abschließende Aufzählung, was sich aus dem Wort „insbesondere" ergibt. 37

Die Beratungspflicht der SGB-XII-Träger in Fragen der Sozialhilfe ergibt sich bereits aus den §§ 13-15 SGB I. Die ausdrückliche Regelung in § 10 Abs. 2 SGB XII zeigt aber, dass der Gesetzgeber der Beratung einen besonders hohen Stellenwert im Bereich des SGB XII einräumt. Dies entspricht dem Zweck des SGB XII, die Hilfeempfänger zu aktivieren, möglichst selbst zu einem eigenverantwortlichen Leben außerhalb der Sozialhilfe zu gelangen.[41] Der Sozialhilfeträger wird hierdurch zu Unterstützungs- und Beratungsmaßnahmen bei der Erfüllung der Aufgaben nach § 1 SGB XII verpflichtet.[42] 38

Absatz 2 sieht insoweit eine allgemeine Betreuungspflicht bezogen auf den jeweiligen Fall vor[43], die über die Beratungspflicht des SGB I hinausgeht. Wenn etwa ein Bestattungspflichtiger vor der Eingehung der Bestattungspflicht beim zuständigen SGB-XII-Träger um Beratung hinsichtlich des Umfangs einer würdigen Bestattung und der Frage, welche dafür anfallenden Kosten ggf. als erforderlich anerkannt werden können, bittet, ist der Träger zu umfassender Beratung verpflichtet. Wenn der Träger dieser Pflicht nicht oder nicht umfassend nachkommt, hat er die Kosten der Bestattung – bei Vorliegen der weiteren Voraussetzungen des § 74 SGB XII – in tatsächlicher Höhe zu übernehmen, wenn und soweit sie zu den objektiv erforderlichen Kosten nicht in einem für den Bestattungspflichtigen ohne weiteres erkennbaren Missverhältnis stehen.[44] 39

Unterstützung kann Hilfe bei der Beantragung einer Leistung nach einem anderen Buch des Sozialgesetzbuches sein, bei der Eröffnung eines Kontos, damit die bewilligte Geldleistung an den Hilfeempfänger überwiesen werden kann, oder bei der Suche und Beschaffung von Wohnraum, § 10 i.V.m. § 67 SGB XII[45], bei der Hilfe zur Bestellung eines Betreuers, § 10 i.V.m. § 67 SGB XII, oder auch an den Bestattungsverpflichteten vor Eingehung von Verpflichtungen für die Bestattung.[46] 40

Hinsichtlich der „Unterstützung" besteht eine Erweiterung zu den Regelungen des BSHG. Diese ist aufgrund einer zu schließenden Lücke erforderlich geworden, die im BSHG durch die Einfügung des bisherigen § 17 BSHG entstanden war.[47] 41

b. Einzelheiten

aa. Allgemeines zur Beratung (§ 14 SGB I)

Der reine Beratungsanspruch entspricht § 14 SGB I. In der Vorgängervorschrift war der Verweis auf § 14 SGB I ausdrücklich enthalten (§ 8 Abs. 2 Satz 1 Alt. 1 BSHG). Hiernach hat jeder Anspruch auf Beratung über seine Rechte und Pflichten nach dem Sozialgesetzbuch. Anspruchsinhaber kann jede natürliche und juristische Person des Privat- oder öffentlichen Rechts sein, die nach dem SGB Rechte wahrnehmen kann oder Pflichten zu erfüllen hat.[48] 42

Beratungspflichtig ist der Leistungsträger, der für die Leistungserbringung zuständig ist oder wäre; der jeweilige Bereich, zu dem beraten werden muss, wird insoweit durch die Zuständigkeitsregeln begrenzt.[49] 43

Die Beratungspflicht entsteht, sobald sich der Berechtigte mit einem Beratungsersuchen an den Leistungsträger wendet. Dies kann mündlich oder schriftlich erfolgen. Die Beratungspflicht entsteht auch durch Kenntnis des Sozialhilfeträgers von der Notlage des Berechtigten, § 18 Abs. 1 SGB XII. Ferner kann sich eine Beratungspflicht spontan ergeben, etwa wenn der Berechtigte bei dem Hilfeträger zum Stellen eines konkreten Antrags vorstellig wird und sich während des Gesprächs ergibt, dass ggf. wei- 44

---

[41] BT-Drs. 15/1514, S. 52.
[42] *Streichsbier* in: Grube/Wahrendorf, SGB XII, 3. Aufl., § 10 Rn. 1, BSG v. 13.07.2010 - B 8 SO 14/09 R - juris Rn. 26 - SozR 4-4200 § 16 Nr. 5 = BSGE 106, 268 ff.
[43] BSG v. 13.07.2010 - B 8 SO 14/09 R - SozR 4-4200 § 16 Nr. 5 = BSGE 106, 268 ff.
[44] BSG v. 25.08.2011 - B 8 SO 20/10 R - juris Rn. 23 - BSGE 109, 61 ff. = SozR 4-3500 § 74 Nr. 2.
[45] Vgl. § 2 Abs. 2 VO zu § 67 SGB XII.
[46] BSG v. 25.08.2011 - B 8 SO 20/10 R - juris Rn. 23 - BSGE 109, 61 ff. = SozR 4-3500 § 74 Nr. 2.
[47] BT-Drs. 15/1514, S. 56, vgl. hierzu Rn. 4.
[48] *Hauck-Haines*, SGB I, § 14 Rn. 11.
[49] *Streichsbier* in: Grube/Wahrendorf, SGB XII, 3. Aufl., § 10 Rn. 7.

tere Ansprüche in Betracht kommen. Außerdem kann bei Bestehen eines Sozialrechtsverhältnisses aufgrund der damit verbundenen Betreuungspflicht des Hilfeträgers eine Beratungspflicht eintreten[50], im Bereich des Sozialhilferechts käme hier das Erreichen der Altersgrenze und damit die Erforderlichkeit der Antragstellung für Leistungen nach den §§ 41 ff. bei Personen, die bereits vorher im Leistungsbezug waren, in Betracht.

45 Der Beratungsanspruch nach § 14 SGB I beinhaltet die umfassende und auf den individuellen Fall bezogene richtige Unterrichtung über Rechte und Pflichten in Bezug auf ein konkretes bereits bestehendes oder voraussichtlich entstehendes Sozialrechtsverhältnis.

bb. Beratung in Fragen der Sozialhilfe

46 Der Berechtigte ist nach dieser Vorschrift gezielt, umfassend und richtig über seine Rechte und Pflichten nach dem SGB XII zu informieren. Neben der erschöpfenden Klärung der sozialhilferechtlichen Lage des Berechtigten gehören hierzu auch Auskünfte über Ermessensrichtlinien[51], ferner ist darüber zu beraten, wie sich der Berechtigte selbst helfen kann und auf welche Weise sich der Aufwand für die Sozialhilfeleitung senken lässt.[52]

47 Zur Frage, wie im Falle der fehlerhaften Beratung zu verfahren ist, vgl. Rn. 67 ff.

cc. Beratung und Unterstützung in sonstigen sozialen Angelegenheiten

48 Der Gesetzgeber hat mit der Beratungspflicht in sonstigen sozialen Angelegenheiten den Bereich, zu dem beraten werden muss, gegenüber § 14 SGB I bzw. § 10 Abs. 2 Alt. 1 SGB XII erheblich erweitert. Sonstige soziale Angelegenheiten sind allgemeine Lebensfragen sowie außerhalb des Sozialhilferechts auftretende sozialrechtliche Probleme.[53]

49 Aufgrund der Subsidiarität der Sozialhilfeleistungen wird der Inhalt der Beratungspflicht in sonstigen sozialen Angelegenheiten dahingehend begrenzt, dass nur zu solchen Fragen zu beraten ist, für die der Berechtigte nicht gegenüber einer anderen Stelle einen Beratungsanspruch hat. Damit ist Inhalt dieser Beratung in den meisten Fällen die Abklärung der konkreten Situation und hierauf gestützt die Abklärung von Zuständigkeiten, um den Ratsuchenden an die für sein Begehr zuständige Stelle zu verweisen. In Betracht kommen unter anderem die Versicherungsträger nach den §§ 18-29 SGB I und § 126 SGB VI, die für diese Träger handelnden Personen (§ 39 SGB IV), Jugendämter, Versorgungsämter, Wohngeldstellen oder auch Integrationsämter, die allesamt selbst nach § 14 SGB I zur Beratung in Bezug auf ihren Bereich verpflichtet sind.

50 Der Sozialhilfeträger hat, bevor er den Ratsuchenden verweisen kann, eine Einschätzung vorzunehmen, welche Leistungen aufgrund der konkreten Situation überhaupt in Betracht kommen könnten. Durch ihn sind also im Rahmen der Beratung in sonstigen sozialrechtlichen Angelegenheiten von dem Betreffenden relevante oder für relevant erachtete Daten abzufragen, um dann im Einzelnen auf die sich aus § 14 SGB I ergebende Beratungspflicht durch die für zuständig gehaltene Stelle hinzuweisen. Pauschales, nicht auf den konkreten Beratungsbedarf des Ratsuchenden abgestimmtes „Wegschicken" zu einer anderen Behörde genügt der Beratungspflicht hingegen nicht.

51 Soweit die Zuständigkeit einer anderen Stelle festgestellt ist, erschöpft sich die Beratungspflicht des Hilfeträgers auf den Verweis hierauf. Er muss insoweit nicht selbst zum Beispiel über Angelegenheiten der gesetzlichen Renten- oder Unfallversicherung Auskunft erteilen. Auch wenn der Ratsuchende meint, nicht umfassend durch die für sein Auskunftsbegehren zuständige Stelle unterrichtet worden zu sein, muss der Sozialhilfeträger nicht ergänzend beraten.[54] Allerdings kann es im Wege der Unterstützung (vgl. Rn. 39) geboten sein, ihm bei der Wahrnehmung der Beratung durch einen anderen Leistungsträger Hilfe zu leisten, etwa für ihn mit diesem anderen Leistungsträger einen Beratungstermin zu vereinbaren, ihm beim Abfassen eines schriftlichen Beratungsersuchens zu helfen, die Öffnungszeiten sowie die Adresse der anderen Stelle zu benennen oder ähnliches, insoweit wird auf die Kommentierung zu § 11 SGB XII verwiesen.

---

[50] BSG v. 24.07.1985 - 10 RKg 18/84 - BSGE 58, 283, 285: zur Frage der Beratungspflicht, wenn der kindergeldberechtigte Elternteil verstirbt, gegenüber dem anderen Elternteil.
[51] BVerwG v. 16.09.1080 - 1 C 89/79 - BVerwGE 61, 40 = NJW 1981, 537.
[52] BVerwG v. 06.08.1993 - 5 B 97/91 - Buchholz, 436.0 § 2 BSHG Nr. 11 = SGb 1993, 266 (hier nur Kurzfassung).
[53] *Streichsbier* in: Grube/Wahrendorf, SGB XII, 3. Aufl., § 10 Rn. 10.
[54] *Streichsbier* in: Grube/Wahrendorf, SGB XII, 3. Aufl., § 10 Rn. 11.

Einzelheiten zur Unterstützung in sonstigen sozialen Angelegenheiten finden sich in § 11 Abs. 3 Satz 1 SGB XII. Bei unterstützenden Maßnahmen handelt es sich um Hilfestellungen, die über eine Beratung hinausgehen. Sie haben sich immer nach den Besonderheiten des Einzelfalls im Bezug auf die Ziele der Sozialhilfe zu richten. Als Unterstützungsleistungen in Betracht kommen die Erteilung von Hinweisen und die Vorbereitung von Kontakten und die Begleitung zu sozialen Diensten sowie zu Möglichkeiten der aktiven Teilnahme am Leben in der Gemeinschaft (vgl. § 11 Abs. 3 Satz 1 SGB XII).

3. Vorrang der Geldleistung vor Gutscheinen oder Sachleistungen (Absatz 3)

a. Grundsatz

Grundsätzlich sind dem Hilfeempfänger Geldleistungen vor Gutscheinen oder Sachleistungen zu gewähren. Dieser Vorrang dient der weitgehenden Selbsthilfe des Berechtigten und korrespondiert mit der gesetzgeberischen Entscheidung, im Vergleich zu den Regelungen des BSHG bei den Leistungen zum Lebensunterhalt nunmehr pauschalierte, nicht nur auf die Gegenwart, sondern auch die Zukunft und Vergangenheit wirkende Leistungen zu gewähren. Hierdurch wird vom Hilfeempfänger eine höhere Eigenverantwortung erwartet, er muss von dieser Pauschale für die nach dem BSHG einzeln als Einmalleistung gewährten Leistungen Geld ansparen, um im Bedarfsfalle diesen Bedarf hiervon zu decken (bis auf wenige nunmehr noch geregelte Einmalleistungen). Nach der Begründung des Gesetzentwurfs soll mit der Regelung angeblich eine Klarstellung erfolgen, „die im Wesentlichen der Praxis" entspreche.[55] Eine entsprechende Vorgängerregelung enthielt § 8 BSHG nicht.

Von dem Grundsatz des Vorrangs der Geldleistung gibt es allerdings Ausnahmen:
- das SGB XII bestimmt im Einzelfall etwas anderes;
- durch einen Gutschein oder eine Sachleistung lässt sich das Ziel der Sozialhilfe erheblich besser oder wirtschaftlicher erreichen; oder
- der Leistungsberechtigte wünscht statt der Geldleistung einen Gutschein oder eine Sachleistung.

Wenn eine dieser Ausnahmen vorliegt, führt dies wieder zur Gleichrangigkeit der Leistungsarten.

b. Einzelheiten zu den Ausnahmen

aa. Andere Bestimmung

Für die Bewilligung einer Geldleistung ist dann kein Raum, wenn der Gesetzgeber in der entsprechenden Leistungsnorm etwas anderes geregelt hat. Beispiel hierfür ist die Hilfe nach den §§ 75 ff. SGB XII[56], für die der Begriff der „Sachleistungsverschaffung" als Unterform der Sachleistung besser geeignet ist. Hier ist das der Leistungserbringung zu Grunde liegende und in § 75 SGB XII geregelte Konstrukt des sozialhilferechtlichen Dreiecksverhältnisses als „andere Bestimmung" im Sinne dieser Vorschrift anzusehen.

Soweit hinsichtlich der Einstufung der Leistung nach den §§ 75 ff. SGB XII als Sachleistung auf die „Übernahme" der Vergütung abgestellt wird, handelt es sich hierbei nur um ein Argument (unter einer Vielzahl anderer), das in diesem speziellen Fall (§§ 75 ff. SGB XII) für eine Sachleistung spricht.[57] Hieraus kann nicht allgemein darauf geschlossen werden, dass bei sämtlichen Leistungsvorschriften, in denen eine „Übernahme" geregelt ist, vom Gesetzgeber eine Sachleistung gewollt ist. So handelt es sich bei der Regelung des § 74 SGB XII („Übernahme" von Bestattungskosten) um eine Geldleistung[58], die „Übernahme" ist hier nicht als Schuldbeitritt gegenüber dem Bestattungsunternehmer zu verstehen, sondern meint die Zahlung der Kosten an den Berechtigten, dasselbe dürfte für § 32 SGB XII („Übernahme der Beiträge zur Krankenversicherung") gelten[59], auch wenn die Zahlung unmittelbar an den Versicherer erfolgt, weil hierdurch nur der „Umweg" der Zahlung an den Leistungsberechtigten und von ihm dann an den Versicherer umgangen wird (vgl. hierzu Rn. 20).

Im Bereich der Leistungen des sogenannten Bildungspakets hat der Gesetzgeber ebenfalls eine abweichende Regelung vorgenommen. Leistungen zur Deckung der Bedarfe nach § 34 Abs. 5-7 SGB XII (Lernförderung, Mittagsverpflegung und Teilhabe am sozialen und kulturellen Leben in der Gemeinschaft) werden nach § 34a Abs. 2 Satz 1 SGB XII durch Sach- und Dienstleistungen, insbesondere in Form von personalisierten Gutscheinen oder Direktzahlungen an Anbieter von Leistungen zur De-

---

[55] BT-Drs. 15/1514, S. 56.
[56] BSG v. 28.10.2008 - B 8 SO 22/07 R - BSGE 102, 1-10.
[57] BSG v. 28.10.2008 - B 8 SO 22/07 R - BSGE 102, 1-10.
[58] BSG v. 29.09.2009 - B 8 SO 23/08 R - BSGE 104, 219-227.
[59] A.A. *Luthe* in: Hauck/Noftz, SGB XII, Stand August 2013, § 10 Rn. 34.

ckung dieser Bedarfe erbracht. Auf eine entsprechende Geldleistung besteht mithin kein Anspruch. Für Leistungen nach § 34 Abs. 2 SGB XII (Schulausflüge, Klassenfahrten) gilt dies nach § 34a Abs. 2 Satz 1 SGB XII grundsätzlich auch, aber nach § 34a Abs. 2 Satz 2 SGB XII kann der Leistungsträger bestimmen, dass der Bedarf durch Geldleistungen gedeckt wird.

bb. Bessere oder wirtschaftlichere Erreichbarkeit des Ziels der Sozialhilfe

58 Wenn sich das Ziel der Sozialhilfe durch einen Gutschein oder eine Sachleistung erheblich besser oder wirtschaftlicher erreichen lässt, gilt der Vorrang der Geldleistung ebenfalls nicht. Der Träger hat durch eine Prognoseentscheidung zu beurteilen, ob und auf welche Art der Bedarf entsprechend den Zielen der Sozialhilfe gedeckt werden kann. Im Rahmen der gerichtlichen Entscheidung kann insoweit nur die Prognoseentscheidung überprüft werden. Wenn sich die Prognose während des andauernden Leistungsbezugs als falsch erweist, hat der Sozialhilfeträger die Leistung entsprechend umzustellen.

59 „Erheblich besser" und „wirtschaftlicher" sind unbestimmte Rechtsbegriffe, die der vollen gerichtlichen Prüfung unterliegen. „Erheblich besser" ist eine Sachleistung, wenn der Träger aufgrund seiner Prognoseentscheidung zu dem Ergebnis gelangt, dass die Gründe, bezogen auf die Ziele der Sozialhilfe nach § 1, für die Bewilligung dieser Leistung statt einer Geldleistung deutlich überwiegen. Das kann zum Beispiel der Fall sein, wenn in der Vergangenheit für vergleichbaren Bedarf bewilligte Geldleistungen zweckwidrig verwendet worden sind[60] oder um den Therapieerfolg eines Suchtkranken sicherzustellen[61]. „Wirtschaftlicher" ist dann zu bejahen, wenn Vergleichsberechnungen ergeben, dass durch die Sachleistung geringere Aufwendungen entstehen. Insoweit gilt das Prinzip der Kostengünstigkeit.[62] Wesentlich ist hierbei jedoch immer, dass die Sachleistung geeignet ist, das Ziel der Sozialhilfe zu erreichen. Zum Beispiel ist es in der Regel wirtschaftlicher, im Vergleich zur Neuanschaffung gebrauchte Güter bereitzustellen, allerdings darf der Hilfempfänger hierdurch nicht bereits aufgrund der äußeren Erscheinung des gebrauchten Gutes aus der Gemeinschaft ausgegrenzt werden.[63]

cc. Entgegenstehender Wunsch des Leistungsberechtigten

60 Der Wunsch eines Leistungsberechtigten, statt der Geldleistung eine Sachleistung zu erhalten, lässt ebenfalls den Vorrang der Geldleistung entfallen. Insoweit wird auf § 9 Abs. 2 SGB XII und die Kommentierung zu § 9 SGB XII verwiesen.

c. Verhältnis zum Ermessen

61 Dem Träger steht zunächst nach § 17 Abs. 2 Satz 1 SGB XII in Bezug auf die Art und das Ausmaß der Leistung ein Ermessen zu. Damit gelten die allgemeinen Anforderungen zur Ermessensausübung, insbesondere, dass die wesentlichen Erwägungen, die zu einer bestimmten Entscheidung zur Art und zum Ausmaß der Leistung geführt haben, im Bescheid darzustellen sind. Die Entscheidung ist auf Ermessensfehler überprüfbar.

62 Bei der Ermessensentscheidung sind die Ziele und Grundsätze nach dem ersten und zweiten Kapitel, ersten Abschnitt des SGB XII maßgeblich zu berücksichtigen. Die Regelung des Vorrangs der Geldleistung schränkt dieses Ermessen hinsichtlich der Art der Leistung ein. Wenn allerdings einer der unter b) genannten Ausnahmefälle vorliegt, gilt diese Einschränkung des Ermessens nicht. Im Hinblick auf die dann bestehende Gleichrangigkeit der Leistungen ist Ermessen auszuüben. Das bedeutet:

63 Bei der anderweitigen Regelung durch den Gesetzgeber sind die hierzu geregelten Anspruchsvoraussetzungen zu prüfen. In den Fällen der besseren oder wirtschaftlicheren Bedarfsdeckung oder wenn ein entgegenstehender Wunsch des Berechtigten vorliegt, ist insoweit zu unterscheiden:

64 Wenn das Ziel der Sozialhilfe durch eine Sachleistung erheblich besser erreicht werden kann, ist die Sachleistung als gebundene Entscheidung zu gewähren. Der Begriff der „erheblich besseren Erreichbarkeit des Sozialhilfeziels" kann von vornherein nur nach dem Einzelbedarf und den gesetzlichen Zielen nach den §§ 1 und 9 SGB XII bestimmt werden. Wenn ein solcher Fall vorliegt, erübrigt sich eine Ermessensentscheidung, weil sie sich ebenfalls nur am Bedarf und an den Zielen der Sozialhilfe orientiert. Bei der Auslegung des unbestimmten Rechtsbegriffs „erheblich bessere Erreichbarkeit des Sozialhilfeziels" sind in diesem Fall dieselben Umstände zu berücksichtigen wie bei der Ermessensent-

---

[60] BVerwG v. 08.02.1973 - V C 106.72 - Buchholz 436.0 § 5 BSHG Nr. 2 = ZfSH 1974, 149.
[61] BVerwG v. 16.01.1986 - 5 C 72/84 - BVerwGE 72, 354, 357.
[62] *Luthe* in: Hauck/Noftz, SGB XII, Stand August 2013, § 10 Rn. 38.
[63] *Adolph* in: Linhart/Adolph, SGB II/SGB XII/AsylbLG, Stand Juli 2010, § 10 Rn. 20.

scheidung. Damit könnte eine Ermessensausübung, wenn bereits die erheblich bessere Erreichbarkeit des Sozialhilfeziels bejaht worden ist, nie zu einer anderen Entscheidung führen. Das Ermessen wäre auf Null reduziert.

Bei der Alternative „wirtschaftlichere Hilfeleistung" muss der Träger nach § 17 Abs. 2 Satz 1 SGB XII Ermessen hinsichtlich der Art der Leistung ausüben. So kann es zum Beispiel wirtschaftlicher sein, einem Hilfeempfänger eine bestimmte Sachleistung zu erbringen, und damit wird auch das konkrete Ziel, die Bedarfsdeckung, erreicht. Wenn allerdings die Gefahr besteht, dass der Hilfeempfänger „verlernt", mit Geld umzugehen, kann die Ermessensentscheidung ergeben, dass die Leistung dennoch als Geldleistung zu erbringen ist. 65

Wenn der Hilfeempfänger statt der Geldleistung eine Sachleistung wünscht, ist bei der Ermessensentscheidung § 9 Abs. 2 Satz 1 SGB XII zu berücksichtigen. Hiernach soll Wünschen der Leistungsberechtigten, die sich auf die Gestaltung der Leistung richten, entsprochen werden, soweit sie angemessen sind (vgl. die Kommentierung zu § 9 SGB XII). 66

C. Praxishinweise

I. Rechtsprechung

Der SGB-XII-Leistungsträger hat ein Auswahlermessen dahingehend, in welcher Form eine Leistung gewährt wird (§ 17 Abs. 2 Satz 1 SGB XII), soweit aufgrund einer Ausnahme entsprechend § 10 Abs. 3 SGB XII (bis 31.12.2010: 10 Abs. 3 Satz 1 HS. 2 SGB XII) der Vorrang der Geldleistung nicht gilt (vgl. hierzu Rn. 53 ff.). Damit hat in diesen Fällen bei einer gerichtlichen Entscheidung ein Bescheidungsurteil zu ergehen. 67

Die Frage, ob eine Geldleistung des Sozialamts unmittelbar an die Wohnung des Leistungsempfängers zu übermitteln ist, ist nicht eilbedürftig. Solange die Geldleistung den Berechtigten erreicht, er also nicht zum Beispiel aus gesundheitlichen Gründen gehindert ist, die Leistung zu erlangen, besteht kein Anordnungsgrund im Rahmen eines Verfahrens des einstweiligen Rechtsschutzes.[64] 68

II. Sozialrechtlicher Herstellungsanspruch

Im Zusammenhang mit der in § 10 Abs. 2 SGB XII genannten Beratung und Unterstützung (in Verbindung mit der jeweils in Betracht kommenden Leistungsnorm) können dem Leistungsträger Fehler unterlaufen, die dazu führen, dass ein (eigentlich) Leistungsberechtigter keine oder zu geringe Leistungen erhält. Ob insoweit das Institut des sozialrechtlichen Herstellungsanspruchs im Bereich des SGB XII Anwendung findet, ist bisher durch das BSG nicht explizit entschieden worden. Das BSG hat aber im Hinblick auf die mögliche Verzögerung eines Verfahrens zur Feststellung des Merkzeichens „G" die Zurechnung eines denkbaren Fehlverhaltens des Versorgungsamtes über den sozialrechtlichen Herstellungsanspruch mit der Begründung ausgeschlossen, dass das Versorgungsamt nicht in das Sozialleistungsverfahren nach dem SGB XII funktionell einbezogen sei[65], und damit die grundsätzliche Anwendbarkeit dieses Instituts für den Bereich des SGB XII bejaht. 69

Der sozialrechtliche Herstellungsanspruch ist durch die Rechtsprechung wegen der als unzureichend erachteten Amtshaftung (verschuldensabhängig, Verweisungsprivileg, Rechtsweg) als Element des öffentlich-rechtlichen Nachteilsausgleichs entwickelt worden.[66] Er setzt eine Verletzung von Beratungs-, Auskunfts- oder Betreuungspflichten voraus. Rechtsfolge ist ein Anspruch auf Vornahme der Rechtshandlung zur Herstellung desjenigen Zustands, der bestehen würde, wenn der Sozialleistungsträger seine ihm aus dem Sozialleistungsverhältnis erwachsenen Nebenpflichten ordnungsgemäß erfüllt hätte.[67] Es muss mithin zwischen der Pflichtverletzung und dem Nachteil ein Ursachenzusammenhang vorliegen.[68] Nach der Rechtsprechung des BSG ist ferner erforderlich, dass der Leistungsträger durch eine zulässige Amtshandlung rechtlich noch in der Lage ist, die Leistung zu gewähren[69], wobei fraglich ist, ob dem in jedem Fall zu folgen ist. Der Herstellungsanspruch kann nur dann bestehen, wenn nicht ohnehin eine gesetzliche Regelung besteht, die der Situation gerecht wird. Wenn sich etwa das fehlerhafte Verhalten der Behörde in einer falschen Sachentscheidung erschöpft, kann hiergegen mit Wider- 70

---

[64] LSG Hessen v. 09.08.2006 - L 7 SO 23/06 ER - ZFSH/SGB 2007, 88.
[65] BSG v. 10.11.2011 - B 8 SO 12/10 R - juris Rn. 31 - SozR 4-3500 § 30 Nr. 4.
[66] *Luthe* in: Hauck/Noftz, SGB XII, Stand August 2013, § 11 Rn. 29.
[67] BSG v. 22.03.1989 - 7 RAr 80/87 - juris Rn. 36 - BSGE 65, 21.
[68] BSG v. 19.12.2013 - B 2 U 14/12 R - juris Rn. 23.
[69] BSG v. 31.10.2007 - B 14/11b AS 63/06 R - juris Rn. 13 ff. - SozR 4-1200 § 14 Nr. 10 = SGb 2008, 610.

§ 10

spruch und Klage vorgegangen werden. Bei Bestandskraft ist ein Verfahren nach § 44 SGB X denkbar[70], eine Fristversäumung aufgrund fehlerhafter Beratung kann über die Wiedereinsetzung in den vorigen Stand aufgefangen werden. In den vorgenannten Fällen ist mithin für den sozialrechtlichen Herstellungsanspruch kein Raum.

71 Das Sozialhilferecht ist in erster Linie darauf ausgerichtet, eine gegenwärtige Notlage zu beseitigen. Durch das BVerwG wurde die Anwendung in Bezug auf das BSHG aufgrund des von ihnen entwickelten Grundsatzes „keine Hilfe für die Vergangenheit" abgelehnt.[71] Allerdings ist im Gegensatz zu den Bestimmungen des BSHG, das eine Vielzahl von Einmalleistungen vorsah, der Anspruch auf Hilfe zum Lebensunterhalt sowie auf Grundsicherung nunmehr weitgehend pauschaliert mit der Folge, dass die Leistungen nicht nur für den gegenwärtigen Bedarf, sondern vergangenheits-, gegenwarts- und zukunftsbezogen gewährt werden[72], das heißt, dass der Hilfeempfänger einen Teil der Leistung ansparen muss, um gegebenenfalls hiervon größere Anschaffungen zu tätigen. Damit kann jedoch der Grundsatz, dass keine Leistung für die Vergangenheit zu gewähren ist, nicht aufrechterhalten werden. Insoweit hat das BSG die Anwendbarkeit des § 44 SGB X für die Leistungen der Sozialhilfe bejaht.[73] Leistungen sind danach noch nachträglich zu erbringen, soweit hierdurch die Ziele der Sozialhilfe noch erreicht werden können. Dieser Rechtsgedanke ist auf den sozialrechtlichen Herstellungsanspruch übertragbar. Für den Herstellungsanspruch im Sozialhilferecht kommen in erster Linie Fälle in Betracht, in denen ein Antrag auf Bewilligung einer Leistung aufgrund falscher Beratung durch den Sozialhilfeträger nicht gestellt worden ist. Da die Leistungsgewährung der Sozialhilfe in der Regel nicht von einem Antrag abhängig ist, sondern bei Kenntnis des Sozialhilfeträgers von der Notlage einsetzt, kann eine solche Konstellation lediglich bei den Leistungen der Grundsicherung im Alter und bei Erwerbsminderung nach den §§ 41 ff. SGB XII auftreten (§ 18 Abs. 1 SGB XII). In diesem Bereich kann durch den Herstellungsanspruch bei Vorliegen der Voraussetzungen der Antrag ersetzt werden.[74]

72 Denkbar sind in Bezug auf Leistungen, die lediglich eine Kenntnis des Leistungsträgers vom Bedarf voraussetzen, Fälle, in denen der Leistungsberechtigte zum Beispiel zu Leistungen der Hilfe zum Lebensunterhalt nach den §§ 27 ff. SGB XII zwar beraten wurde, während des Gesprächs aber nicht alle in Betracht kommenden Leistungen dieser speziellen Hilfe abgeklärt wurden und der Leistungsträger deshalb nicht von allen in Betracht kommenden Bedarfslagen Kenntnis erlangt hat. In diesen Fällen reicht jedoch aus, dass dem Leistungsträger im tatsächlichen Sinne eine Notlage nach dem Dritten Kapitel bekannt geworden ist (Gesamtfallgrundsatz)[75], so dass Leistungen für einzelne Bedarfe des Dritten Kapitels, von denen er erst später Kenntnis erlangt oder auch derer er sich nicht bewusst ist, ab Kenntnis der Notlage im Sinne des § 18 SGB XII zu gewähren sind. Für einen Herstellungsanspruch besteht insoweit kein Anwendungsbereich. Wenn der Hilfeträger allerdings zwar nicht die Notlage im tatsächliche Sinne kannte, diese aber hätte kennen müssen, etwa weil er Anhaltspunkte für das Bestehen der Notlage hatte und deshalb hätte tätig werden müssen (Amtsermittlung), dann dürfte durch den sozialrechtlichen Herstellungsanspruch die Kenntnis des Hilfeträgers im Sinne des § 18 SGB XII zu ersetzen sein.[76] Gleiches gilt, wenn er zwar von der Notlage im Sinne des Dritten Kapitels Kenntnis hatte, aber nicht von einem Bedarf bezüglich der Leistungen nach anderen Kapiteln, den er im Rahmen des Beratungsgesprächs hätte erkennen können.

73 Eine mögliche Verzögerung eines Verfahrens zur Feststellung des Merkzeichens G mit der Folge, dass der Anspruch auf den Mehrbedarf nach § 30 Abs. 1 SGB XII, der – unter anderem – die Feststellung dieses Merkzeichens voraussetzt, ebenfalls erst verzögert entsteht, ist dem Sozialhilfeträger nicht über den sozialrechtlichen Herstellungsanspruch zuzurechnen, denn das Versorgungsamt ist nicht funktional in das Sozialleistungsverfahren nach dem SGB XII einbezogen.[77]

74 Etwas anderes dürfte gelten, wenn dem Leistungsberechtigten nur eine geringe Rente wegen voller Erwerbsminderung oder eine Altersrente bewilligt wird und ersichtlich ist, dass für ihn ergänzend Leistungen der Grundsicherung in Betracht kommen. Hier besteht ein Konkurrenzverhältnis zwischen

---

[70] BSG v. 28.01.1999 - B 14 EG 6/98 B - juris Rn. 4 - SozR 3-1300 § 44 Nr. 25.
[71] BVerwG v. 29.07.1982 - 5 B 27/82 - unveröffentlicht, vgl. auch *Streichsbier* in Grube/Wahrendorf, SGB XII, 3. Aufl., § 10 Rn. 16; *Wallerath*, NDV 1998, 65-74.
[72] *Coseriu* in: Bender/Eicher, Sozialrecht – eine Terra incognita, 2009, S. 251.
[73] BSG v. 26.08.2008 - B 8 SO 26/07 R - SozR 4-1300 § 44 Nr. 15.
[74] So auch *Streichsbier* in: Grube/Wahrendorf, SGB XII, 3. Aufl., § 10 Rn. 16.
[75] *Grube* in: Grube/Wahrendorf, SGB XII, 3. Aufl., § 18 Rn. 32.
[76] *Coseriu* in: Kommentar zum Sozialrecht, 3. Aufl. 2013, § 18 Rn. 5.
[77] BSG v. 10.11.2011 - B 8 SO 12/10 R - SozR 4-3500 § 30 Nr. 4.

Rente und Grundsicherung im Alter bzw. bei Erwerbsminderung zueinander, beide Leistungen dienen der Sicherung des Lebensunterhalts, so dass eine etwaige Falschberatung des Rentenversicherungsträgers mit der Folge, dass der Leistungsberechtigte auf eine Antragstellung beim Sozialhilfeträger verzichtet, dem Sozialhilfeträger zuzurechnen ist.[78] In der Praxis dürfte es allerdings nur in Einzelfällen zu einer entsprechenden Problematik kommen, denn die Rententräger übersenden im Regelfall mit dem Rentenbewilligungsbescheid ein Hinweisblatt zu den Möglichkeiten des ergänzenden Bezugs von Grundsicherungsleistungen.

Zu der Frage, inwieweit rückwirkend Leistungen zu erbringen sind, soweit der sozialrechtliche Herstellungsanspruch bejaht wird, wurde früher durch die Rechtsprechung auf die analoge Anwendung des § 44 Abs. 4 SGB X (vier Jahre) zurückgegriffen.[79] Für den Bereich des SGB XII gilt aufgrund des Gesetzes zur Ermittlung von Regelbedarfen und zur Änderung des Zweiten und Zwölften Buches seit 01.04.2011[80] § 116a SGB XII, der nunmehr statt des Vier-Jahres-Zeitraumes einen Zeitraum von einem Jahr vorsieht.

75

Das BSG hat in Bezug auf Leistungen des SGB XII die Anwendung des § 44 SGB X nach Absatz 4 Satz 1 („nach den Vorschriften der besonderen Teile dieses Gesetzbuches") eingeschränkt dahingehend, dass die Leistung rückwirkend nur zu erbringen ist, wenn der Bedarf zum Zeitpunkt der Entscheidung fortbesteht[81] und durch die Leistungsgewährung die Ziele der Sozialhilfe noch zu erreichen sind. Anders als in Verfahren nach § 44 SGB X, bei denen bereits die Bestandskraft der fehlerhaften Entscheidung des Sozialhilfeträgers eingetreten war, ist in Fällen, in denen allein der Herstellungsanspruch streitig ist, aufgrund des Gebotes des effektiven Rechtsschutzes denkbar, diese vom BSG vorgenommene Einschränkung zu § 44 SGB X nicht zu übertragen, so dass es in diesen Fällen bei der jetzt einjährigen Rückwirkung bleiben würde. Allerdings dürfte das den Zielen der Sozialhilfe zuwiderlaufen. Wenn durch die Gewährung der Sozialhilfeleistung der Zweck dieser Leistung gar nicht mehr erreicht werden kann, sei es, weil zwischenzeitlich Erledigung eingetreten ist (zum Beispiel die nicht angetretene Klassenfahrt, für die eine Kostenübernahme nachträglich naturgemäß mangels tatsächlich angefallener Kosten nicht mehr möglich ist), sei es, weil der Leistungsberechtigte mittlerweile nicht mehr bedürftig ist (zum Beispiel durch Anfall einer Erbschaft, mit der der geltend gemachte Bedarf gedeckt werden kann), ist nicht einzusehen, dass diese Leistung dennoch noch zu gewähren ist.

76

---

[78] Vgl. zur Zurechenbarkeit eines Beratungsfehlers durch eine andere Behörde BSG v. 17.12.1980 - 12 RK 34/80 - SozR 2200 § 381 Nr. 44 = BSGE 51, 89 ff.
[79] BSG v. 28.01.1999 - B 14 EG 6/98 B - SozR 3-1300 § 44 Nr. 25.
[80] BGBl I 2011, 453.
[81] BSG v. 16.10.2007 - B 8/9b SO 8/06 R - SozR 4-1300 § 44 Nr. 11; BSG v. 26.08.2008 - B 8 SO 26/07 R - SozR 4-1300 § 44 Nr. 15.

§ 11 SGB XII Beratung und Unterstützung, Aktivierung

(Fassung vom 24.03.2011, gültig ab 01.04.2011)

(1) Zur Erfüllung der Aufgaben dieses Buches werden die Leistungsberechtigten beraten und, soweit erforderlich, unterstützt.

(2) ¹Die Beratung betrifft die persönliche Situation, den Bedarf sowie die eigenen Kräfte und Mittel sowie die mögliche Stärkung der Selbsthilfe zur aktiven Teilnahme am Leben in der Gemeinschaft und zur Überwindung der Notlage. ²Die aktive Teilnahme am Leben in der Gemeinschaft umfasst auch ein gesellschaftliches Engagement. ³Zur Überwindung der Notlage gehört auch, die Leistungsberechtigten für den Erhalt von Sozialleistungen zu befähigen. ⁴Die Beratung umfasst auch eine gebotene Budgetberatung.

(3) ¹Die Unterstützung umfasst Hinweise und, soweit erforderlich, die Vorbereitung von Kontakten und die Begleitung zu sozialen Diensten sowie zu Möglichkeiten der aktiven Teilnahme am Leben in der Gemeinschaft unter Einschluss des gesellschaftlichen Engagements. ²Soweit Leistungsberechtigte zumutbar einer Tätigkeit nachgehen können, umfasst die Unterstützung auch das Angebot einer Tätigkeit sowie die Vorbereitung und Begleitung der Leistungsberechtigten. ³Auf die Wahrnehmung von Unterstützungsangeboten ist hinzuwirken. ⁴Können Leistungsberechtigte durch Aufnahme einer zumutbaren Tätigkeit Einkommen erzielen, sind sie hierzu sowie zur Teilnahme an einer erforderlichen Vorbereitung verpflichtet. ⁵Leistungsberechtigte nach dem Dritten und Vierten Kapitel erhalten die gebotene Beratung für den Umgang mit dem durch den Regelsatz zur Verfügung gestellten monatlichen Pauschalbetrag (§ 27a Absatz 3 Satz 2).

(4) ¹Den Leistungsberechtigten darf eine Tätigkeit nicht zugemutet werden, wenn

1. sie wegen Erwerbsminderung, Krankheit, Behinderung oder Pflegebedürftigkeit hierzu nicht in der Lage sind oder

2. sie ein der Regelaltersgrenze der gesetzlichen Rentenversicherung (§ 35 des Sechsten Buches) entsprechendes Lebensalter erreicht oder überschritten haben oder

3. der Tätigkeit ein sonstiger wichtiger Grund entgegensteht.

²Ihnen darf eine Tätigkeit insbesondere nicht zugemutet werden, soweit dadurch die geordnete Erziehung eines Kindes gefährdet würde. ³Die geordnete Erziehung eines Kindes, das das dritte Lebensjahr vollendet hat, ist in der Regel nicht gefährdet, soweit unter Berücksichtigung der besonderen Verhältnisse in der Familie der Leistungsberechtigten die Betreuung des Kindes in einer Tageseinrichtung oder in Tagespflege im Sinne der Vorschriften des Achten Buches sichergestellt ist; die Träger der Sozialhilfe sollen darauf hinwirken, dass Alleinerziehenden vorrangig ein Platz zur Tagesbetreuung des Kindes angeboten wird. ⁴Auch sonst sind die Pflichten zu berücksichtigen, die den Leistungsberechtigten durch die Führung eines Haushalts oder die Pflege eines Angehörigen entstehen.

(5) ¹Auf die Beratung und Unterstützung von Verbänden der freien Wohlfahrtspflege, von Angehörigen der rechtsberatenden Berufe und von sonstigen Stellen ist zunächst hinzuweisen. ²Ist die weitere Beratung durch eine Schuldnerberatungsstelle oder andere Fachberatungsstellen geboten, ist auf ihre Inanspruchnahme hinzuwirken. ³Angemessene Kosten einer Beratung nach Satz 2 sollen übernommen werden, wenn eine Lebenslage, die Leistungen der Hilfe zum Lebensunterhalt erforderlich macht oder erwarten lässt, sonst nicht überwunden werden kann; in anderen Fällen können Kosten übernommen werden. ⁴Die Kostenübernahme kann auch in Form einer pauschalierten Abgeltung der Leistung der Schuldnerberatungsstelle oder anderer Fachberatungsstellen erfolgen.

Gliederung

A. Basisinformationen 1	VI. Unterstützung nach Absatz 3 Satz 1 24
I. Textgeschichte/Gesetzgebungsmaterialien 1	VII. Unterstützung bei zumutbarer Tätigkeit nach
II. Vorgängervorschriften... 2	Absatz 3 Satz 2, Absatz 4 25
III. Parallelvorschriften 3	1. Zumutbare Tätigkeit... 25
IV. Systematische Zusammenhänge 5	a. Begriff 25
V. Arbeitshilfe des Deutschen Vereins 8	b. Pflicht zur Aufnahme (Absatz 3 Satz 4) 27
VI. Ausgewählte Literaturhinweise 9	2. Zumutbarkeit nach Absatz 4 29
B. Auslegung der Norm 10	a. Gesetzliche Tatbestände der Unzumutbarkeit
I. Regelungsgehalt und Bedeutung der Norm 10	(Absatz 4 Satz 1 Nr. 1-3)................................... 29
II. Normzweck 11	b. Gefährdung der geordneten Erziehung
III. Beratungs- und Unterstützungspflicht	(Absatz 4 Sätze 2 und 3) 32
(Absatz 1).. 13	c. Haushaltsführung/Pflege von Angehörigen
IV. Inhalt und Umfang der Beratung nach	(Absatz 4 Satz 4) 34
Absatz 2 Sätze 1-3 14	VIII. Beratung und Unterstützung durch andere
1. Persönliche Situation (Absatz 2 Satz 1) 14	Stellen (Absatz 5 Satz 1) 36
2. Bedarf (Absatz 2 Satz 1) 16	IX. Fach- und Schuldnerberatung
3. Eigene Kräfte und Mittel (Absatz 2 Satz 1)....... 17	(Absatz 5 Sätze 2-4) 38
4. Stärkung der Selbsthilfe zur aktiven Teilnahme	**C. Praxishinweise** 41
am gesellschaftlichen Leben (Absatz 2 Sätze 1	I. Eigenständige prozessuale Durchsetzbarkeit...... 41
und 2).. 18	II. Rechtsfolgen bei Verstößen 42
5. Stärkung der Selbsthilfe zur Überwindung der	1. Sozialrechtlicher Herstellungsanspruch 42
Notlage (Absatz 2 Satz 3).................................. 20	a. Voraussetzungen 42
V. Budgetberatung nach Absatz 2 Satz 4;	b. Relevanz für die Pflichten nach § 11 SGB XII ... 49
Absatz 3 Satz 5 23	2. Amtshaftung... 51

A. Basisinformationen[1]

I. Textgeschichte/Gesetzgebungsmaterialien

§ 11 SGB XII ist mit dem Gesetz zur Einordnung des Sozialhilferechts in das Sozialgesetzbuch vom 27.12.2003[2] zum 01.01.2005 (vgl. Art. 70 Abs. 1 des Gesetzes) in Kraft getreten. Die Norm wurde bis 01.01.2011 nicht geändert. Die wesentlichen Gesetzgebungsmaterialien finden sich in der Gesetzesbegründung der damaligen Regierungsfraktionen SPD und Bündnis 90/Die Grünen vom 05.09.2003[3]. Durch das **Gesetz zur Ermittlung von Regelbedarfen und zur Änderung des Zweiten und Zwölften Buches Sozialgesetzbuch** vom 24.03.2011[4] wurde Absatz 3 Satz 5 angefügt. Nach der Gesetzesbegründung[5] handelt es sich insoweit um eine Klarstellung zum Umfang der zu leistenden Beratung.

1

---

[1] Die Kommentierung basiert teilweise auf den Ausführungen in der Vorauflage von *Spellbrink*. Insbesondere betrifft das die Randnummern 29 bis 40.
[2] BGBl I 2003, 3022.
[3] BT-Drs. 15/1514.
[4] BGBl I 2011, 453 ff.
[5] BT-Drs. 17/3404, S. 197 zu Nr. 4.

II. Vorgängervorschriften

2 § 11 SGB XII tritt zunächst an die Stelle des früheren § 17 Abs. 1 BSHG, der ebenfalls Regelungen über Beratung und Unterstützung enthielt. Aus der schriftlichen Vereinbarung in § 17 Abs. 2 BSHG wurde in § 12 SGB XII die (ebenfalls schriftlich abzufassende) Leistungsabsprache. § 17 BSHG war von seiner Stellung im Gesetz her lediglich auf die Hilfe zum Lebensunterhalt bezogen, während § 11 SGB XII gleichsam vor die Klammer gezogen wurde und damit das gesamte Leistungsgeschehen im SGB XII steuern soll. Teilweise greift § 11 SGB XII (insb. in Absatz 5) auf Elemente des § 8 Abs. 2 BSHG zurück. So entspricht § 11 Abs. 5 Satz 1 SGB XII weitgehend § 8 Abs. 2 Satz 2 BSHG. Schließlich wurden aus dem früheren § 18 BSHG die Absätze 3 und 4. Soweit § 18 BHSG die Beschaffung des Lebensunterhalts durch Arbeit regelte, fand das Eingang in Absatz 3. Die Regelung zur Zumutbarkeit wurde leicht modifiziert und ist in Absatz 4 enthalten.

III. Parallelvorschriften

3 § 14 SGB II enthält die Verpflichtung der Leistungsträger zur Unterstützung insbesondere durch einen persönlichen Ansprechpartner. Elemente der in § 11 Abs. 4 SGB XII geregelten Zumutbarkeit finden sich auch in § 10 SGB II.

4 Darüber hinaus regeln die §§ 13, 14 und 15 SGB I weitgehende Aufklärungs- und Beratungspflichten aller Leistungsträger für sämtliche Bücher des SGB. Nach § 37 SGB I gelten diese Regelungen auch im SGB XII, allerdings modifiziert und verstärkt durch § 11 SGB XII, der insoweit Abweichendes i.S.d. § 37 SGB I regelt. Bereits § 14 SGB I normiert ein weitgehendes subjektiv-öffentliches Recht auf Beratung[6], das auch die Pflicht zur Spontanberatung hinsichtlich offensichtlich zu Tage tretender Gestaltungsmöglichkeiten umfasst.[7] Rechtsfolge der Verletzung kann ein sog. sozialrechtlicher Herstellungsanspruch sein, der auf eine Herstellung des durch den Fehler verhinderten Zustands im Rahmen der rechtlichen Möglichkeiten des Sozialrechts abzielt. Das Bundessozialgericht hat im SGB II betont, dass aufgrund der Regelungen in den §§ 14, 15 SGB II eine gesteigerte Beziehung und Verantwortlichkeit des Grundsicherungsträgers besteht, so dass hier der sozialrechtliche Herstellungsanspruch vermehrt zum Zuge kommen könnte.[8] Entsprechendes gilt aufgrund der besonderen Betonung und Stellung des § 11 SGB XII auch im SGB XII. Zu berücksichtigen ist dabei aber, dass Sozialhilfe eine gegenwärtige Notlage beseitigen soll (so genanntes Gegenwärtigkeitsprinzip) und deshalb Leistungen für die Vergangenheit jedenfalls dann ausgeschlossen sind, wenn die Notlage im Zeitpunkt der beanspruchten Hilfeleistung nicht mehr besteht, sie also den Bedarf des Hilfebedürftigen nicht mehr decken kann (vgl. die Kommentierung zu § 18 SGB XII Rn. 39 m.w.N.). Ein solches „normatives Strukturprinzip" kennt das SGB II nicht.[9] Einer zusätzlichen Heranziehung des allgemeinen Gedankens des schuldrechtsgleichen Sozialrechtsverhältnisses mit Nebenpflichten etc. bedarf es insoweit allenfalls ergänzend.[10]

IV. Systematische Zusammenhänge

5 § 11 SGB XII konkretisiert § 1 Satz 1 SGB XII, wonach es Aufgabe der Sozialhilfe ist, dem Leistungsberechtigten ein menschenwürdiges Leben zu ermöglichen.[11] § 8 SGB XII nennt die Leistungen der Sozialhilfe, wobei ausweislich des eindeutigen Wortlauts alle dort aufgeführten sieben Leistungen „jeweils die gebotene Beratung und Unterstützung" umfassen. Hieraus darf aber nicht der Schluss gezogen werden, die Beratung des § 11 Abs. 1 SGB XII sei nur ein Annex der jeweiligen tatsächlichen Leistung.[12] Dies würde der besonderen Stellung und der Ausführlichkeit des Normtextes widersprechen. Es

---

[6] *Mönch-Kalina* in: jurisPK-SGB I, § 14 Rn. 12.
[7] Mit weiteren Nachweisen aus der Rechtsprechung *Mönch-Kalina* in: jurisPK-SGB I, § 14 Rn. 12.
[8] BSG v. 27.07.2004 - B 7 SF 1/03 R - SozR 4-1200 § 14 Nr. 5; Anm. *Münder*, SGb 2005, 239; BSG v. 31.10.2007 - B 14/11b AS 63/06 R - SozR 4-1200 § 14 Nr. 10, insb. Rn. 14 zu den gesteigerten Beratungspflichten im SGB II; vgl. dazu auch *Greiser* in: Eicher, SGB II, 3. Aufl. 2013, § 4 Rn. 9.
[9] BSG v. 17.06.2010 - B 14 AS 46/09 R - BSGE 106, 185 = SozR 4-4200 § 11 Nr. 30, jeweils Rn. 17.
[10] *Hohm* in: Schellhorn/Schellhorn/Hohm, SGB XII, 18. Aufl. 2010, § 11 Rn. 23; zum rechtlichen Konstrukt eines Sozialrechtsverhältnisses allgemein *Spellbrink* in: Schulin, Handbuch des Sozialversicherungsrechts, Band 2, Unfallversicherung, 1996.
[11] Instruktiv zu den Pflichten aus „§§ 1, 11 SGB XII": SG Freiburg v. 18.02.2009 - S 12 SO 487/08 - RdLH 2009, 165.
[12] Noch missverständlich BSG v. 13.07.2010 - B 8 SO 14/09 R - juris Rn. 23 - BSGE 106, 268; wie hier: *Hohm* in: Schellhorn/Schellhorn/Hohm, SGB XII, 18. Aufl. 2010, § 11 Rn. 12; dagegen *Krahmer*, *Sozialrecht aktuell 2011, 161 ff.*, dessen Interpretation aber ablehnend und in eigener Sache klarstellend BSG v. 25.08.2011 - B 8 SO 20/10R - juris Rn. 23 - BSGE 109, 61-70.

genügt die allgemeine Leistungsberechtigung nach dem SGB XII. Lediglich Leistungen für den Lebensunterhalt (§ 8 Nr. 1 SGB XII) können nach § 21 SGB XII für dem Grunde nach Leistungsberechtigte nach dem SGB II ausgeschlossen sein. Wenn kein weiterer Anspruch besteht, ist die jeweilige Person nicht Leistungsberechtigter im Sinne des § 11 Abs. 1 SGB XII; der persönliche Anwendungsbereich ist nicht eröffnet. Ergänzt wird § 11 SGB XII durch § 10 Abs. 2 SGB XII. Danach umfasst der Dienstleistungsbegriff die Beratung in Fragen der Sozialhilfe und die Beratung und Unterstützung in sonstigen sozialen Angelegenheiten.

§ 11 Abs. 3 Satz 4 SGB XII steht in einem systematischen Zusammenhang mit der Sanktion des § 39 SGB XII, indem er eine Obliegenheit begründet, im Rahmen der Aktivierung zumutbare Tätigkeiten aufzunehmen. Die Bedeutung dieser Vorschrift ist angesichts des Personenkreises der Leistungsberechtigten nach Einführung der Grundsicherung für Arbeitsuchende allerdings gering (vgl. Rn. 25 ff.).

Im Übrigen sind die einzelnen in § 11 Abs. 2 und 3 SGB XII aufgeführten Beratungsgegenstände Bestandteil der einzelnen Leistungen nach sämtlichen Kapiteln des zwölften Buches, so dass sich § 11 Abs. 2 und 3 SGB XII durchaus als allgemeiner Teil der Beratungs- und Unterstützungspflichten verstehen lässt, der durch spezielle Vorschriften entweder verdrängt oder ergänzt (z.B. § 71 Abs. 2 Nr.4 SGB XII) oder aber – wie im Falle des § 69 Abs. 1 Satz 1 SGB XII i.V.m. § 4 Abs. 1 der Verordnung zur Durchführung der Hilfe zur Überwindung besonderer sozialer Schwierigkeiten (DVO-SGB XII § 68)[13] – konkretisiert wird.

V. Arbeitshilfe des Deutschen Vereins

Zur Anwendung des § 11 SGB XII liegt eine „Arbeitshilfe des Deutschen Vereins zur Wahrnehmung der Aufgaben nach §§ 11, 12 SGB XII, insbesondere bei materiellen Notlagen (3. und 4. Kapitel SGB XII)" vor.[14]

VI. Ausgewählte Literaturhinweise

Bartelheimer, Sozialhilfe als Dienstleistung – Widersprüche einer Dienstleistungsorientierung im Sozialamt, NDV 2001, 188; *Brühl*, Rechtsbesorgung in Sozialhilfesachen durch Vereine, info also 1998, 3; *Frank*, Die persönliche Hilfe und ihre Sicherstellung – rechtlich gesehen, NDV 1976, 137; *Hesse-Schiller/Siebenhaar*, Schuldnerberatung als kommunale Pflichtaufgabe im Sozialrecht – Gewährleistungsverpflichtung und Leistungserbringung, BldW 1990, 71; *Hoffman*, Beratung als zentrales Element der Sozialhilfe im aktivierenden Sozialstaat – sozialpolitische Bedeutung und Konsequenzen für die Gestaltung sozialer Dienste, NDV 2002, 86; *Klatt*, Ganzheitliche Schuldnerberatung, BldW 1990, 68; *Krahmer*, Schuldnerberatung nach dem SGB XII: Sozialhilfe in der Auffangfunktion, ZfF 2006, 155; *Lachwitz*, Persönliches Budget – ein Finanzierungsmodell für die Zukunft? Vorschläge des Sozialministeriums Rheinland-Pfalz: Selbst bestimmen – Hilfe nach Maß des Behinderten, RdLH 1998, 104; *Möhle*, Der sozialrechtliche Herstellungsanspruch und Sozialhilfe, ZfSH/SGB 1990, 522; *Oebbecke*, Beratung durch Behörden, DVBl 1994, 147; *Reis*, Personenbezogene Dienstleistungen als Element der Sozialhilfe, NDV 2002, 284; *Rothkegel*, Herstellungsanspruch in der Sozialhilfe?, Sozialhilferecht, 651; *Schmitz-Elsen*, Die persönliche Hilfe, NDV 1976, 133; *Schmitz-Elsen*, Schuldnerberatung und Hartz IV: Zur fortbestehenden Auffangfunktion der Sozialhilfe nach § 11 SGB XII – trotz § 16 Abs. 2 SGB II, BAG-SB Informationen 2005, 26; *Schulin/Gebler*, Rechtliche Grundlagen und Probleme des Beratungswesens, VSSR 1992, 33; *Spindler*, Rechtliche Rahmenbedingungen der Beratung in der Sozialhilfe – Bestandsaufnahme, Probleme der aktuellen Entwicklung und mögliche Perspektiven, NDV 2002, 357; *Trenk-Hinterberger*, Beratungshilfe in Angelegenheiten des Sozialhilferechts, NVwZ 1983, 144; *Weth*, Leistungskürzung bei Arbeitsverweigerung, info also 1998, 208.

B. Auslegung der Norm

I. Regelungsgehalt und Bedeutung der Norm

Absatz 1 stellt klar, dass Beratung und Unterstützung zur Erfüllung der Aufgaben des gesamten Buches zu beachten und durchzuführen sind. Absatz 2 definiert im Einzelnen Inhalte und Umfang der Beratung. Nach Absatz 2 Satz 4 umfasst die Beratung auch eine gebotene Budgetberatung. Absatz 3 Satz 5 ergänzt die in Absatz 1 und Absatz 2 Satz 1 enthaltenen Vorschriften und stellt klar, dass diese auch die Beratung für den Umgang mit dem durch den Regelsatz zur Verfügung gestellten monatlichen Pau-

---

[13] BSG v. 15.11.2012 - B 8 SO 22/10 R - juris Rn. 18.
[14] NDV 2010, 197.

schalbetrag umfasst. Absatz 3 regelt Modalitäten und Zielrichtung der Unterstützung, wobei Absatz 3 Satz 4 eine Verpflichtung zur Aufnahme zumutbarer Tätigkeiten ausspricht. Absatz 4 regelt dann detailliert die Kriterien der Zumutbarkeit der Verpflichtung aus Absatz 3 Satz 4. Absatz 5 Satz 1 enthält zunächst die Rechtspflicht, auf Beratung und Unterstützung von Verbänden der freien Wohlfahrtspflege und der rechtsberatenden Berufe hinzuwirken. In Absatz 5 Sätze 2-4 sind Regelungen über die Schuldnerberatung (Hinwirkenspflicht, Kostenübernahme, pauschale Abgeltung) enthalten.

II. Normzweck

11   Die Beratung ist zentrales Gestaltungsmittel für die aufgabengerechte Umsetzung des Sozialhilferechts.[15] Insbesondere in ihrem in Absatz 2 normierten umfassenden inhaltlichen Anspruch ist sie mehr als bloßer Annex des Leistungsgeschehens. Gerade Absatz 1 macht deutlich, dass die Leistungsberechtigten zur Erfüllung aller Aufgaben nach diesem Buch beraten werden. In Zusammenschau mit den Vorgaben in § 1 SGB XII (Menschenwürde), § 9 SGB XII (Individualisierung) und § 12 SGB XII (Leistungsabsprache) stellt § 11 SGB XII den betreuenden und sozialfürsorgerischen Charakter des SGB XII heraus. Zutreffend wird hier auch von umfassender Lebensberatung gesprochen.[16] Folglich dürfte diese gesteigerte Betreuungsrelation auch zu einer gesteigerten rechtlichen Verantwortlichkeit für die Produkte der Beratung in Gestalt des sozialrechtlichen Herstellungsanspruchs führen, wenngleich dieser wegen der Besonderheiten des Sozialhilferechts zumeist ins Leere laufen wird (vgl. dazu Rn. 4 und Rn. 48). Gerade die in Absatz 2 Satz 4 ausdrücklich festgeschriebene Budgetberatung könnte hier Relevanz erhalten, zumal die Gesetzesmaterialien davon ausgehen, dass auch der Regelsatz insofern ein Budget enthält[17], über das zu beraten ist. Inwieweit der sozialrechtliche Herstellungsanspruch überhaupt zum Tragen kommen kann, bleibt für jede einzelne angeordnete Beratungsleistung gesondert zu prüfen.

12   Absatz 3 konkretisiert den Begriff der Unterstützung, in dem insbesondere auch der Gesichtspunkt der Aktivierung enthalten ist. Die Unterstützung kommt nach Absatz 1 jeweils nur zum Zuge, soweit sie erforderlich ist. Hier wird insbesondere die Aufnahme von zumutbaren Tätigkeiten gefordert, wobei allerdings aufgrund der strukturell nicht vorhandenen Erwerbsfähigkeit der Sozialhilfebezieher allenfalls Beschäftigungen mit einer Dauer von unter drei Stunden täglich in Betracht kommen dürften (vgl. § 8 Abs. 1 SGB II sowie § 43 Abs. 2 SGB VI). Da die erwerbsfähigen Sozialhilfeempfänger in das SGB II integriert wurden, bestand keine Notwendigkeit mehr, das Regime der §§ 18 ff. BSHG im SGB XII fortzuschreiben.[18] Absatz 4 regelt dann die Zumutbarkeitskriterien für diese Tätigkeiten. Obwohl eine Erwerbsobliegenheit für den typischen, unter das SGB XII fallenden Personenkreis nur in Ausnahmefällen in Betracht kommen dürfte, haben die Regelungen in den Absätzen 3 und 4 dennoch nicht gänzlich ihre Bedeutung verloren. Zur Aufnahme einer zumutbaren Beschäftigung sind jedenfalls (erwerbsfähige) Ausländer verpflichtet, die leistungsberechtigt nach dem AsylbLG sind und sogenannte Analogleistungen nach § 2 AsylbLG erhalten, weil insoweit § 11 SGB XII entsprechende Anwendung findet (vgl. die Kommentierung zu § 2 AsylbLG Rn. 110). Weiterhin Bedeutung hat die Erwerbsobliegenheit für Ausländer, die unter das Europäische Fürsorgeabkommen fallen und zwar von Leistungen nach dem SGB II ausgeschlossen sind (§ 7 Abs. 1 Satz 2 Nr. 2 SGB II), aber gleichwohl einen Anspruch auf Leistungen nach dem SGB XII haben.[19] Absatz 5 stellt in Ergänzung zu § 1 SGB XII und § 8 SGB XII klar, dass zu den Aufgaben der Sozialhilfe die (Schuldner-)Beratung als Befähigung zur Selbsthilfe gehört.

III. Beratungs- und Unterstützungspflicht (Absatz 1)

13   In Absatz 1 wird die umfassende Pflicht des Sozialleistungsträgers zur Beratung und Unterstützung normiert. Beide Pflichten sind im „gebotenen" Umfang Bestandteil der nach § 8 SGB XII zu erbringenden Leistungen, worauf im Wortlaut dieser Vorschrift ausdrücklich hingewiesen wird. Die nach § 8 SGB XII umfassten Leistungen sind unter anderem in Form der Dienstleistung (§ 10 Abs. 1 Nr. 1 SGB XII) zu erbringen. Nach § 10 Abs. 2 SGB XII ist die Beratung in Fragen der Sozialhilfe und die Beratung und Unterstützung in sonstigen sozialen Angelegenheiten vom Dienstleistungsbegriff um-

---

[15] *Hohm* in: Schellhorn/Schellhorn/Hohm, SGB XII, 18. Aufl. 2010, § 11 Rn. 5.
[16] *Hohm* in: Schellhorn/Schellhorn/Hohm, SGB XII, 18. Aufl. 2010, § 11 Rn. 8.
[17] BT-Drs. 15/1514, S. 56 zu § 11.
[18] BT-Drs. 15/1514, S. 56 zu § 11.
[19] Eingehend LSG NRW v. 02.10.2012 - L 19 AS 1393/12 B ER, L 19 AS 1394/12 und LSG NRW v. 03.09.2012 - L 19 AS 1542/12 B ER.

fasst, worunter teilweise insbesondere die Rechtsberatung in diesen Bereichen verstanden wird.[20] Nach anderer Ansicht soll es sich bei dieser Vorschrift lediglich um eine besondere Zuständigkeitsregel handeln, da die Beratungspflicht dem Dienstleistungsbegriff im Sinne des § 10 Abs. 1 Nr.1 SGB XII bereits immanent sei.[21] Die Stellung der Vorschrift des § 11 SGB XII innerhalb des zwölften Buches lässt jedenfalls vermuten, dass sie letztlich die in § 10 Abs. 2 SGB XII aufgeführten Beratungspflichten bzw. dem Dienstleistungsbegriff immanenten Beratungs- und Unterstützungspflichten begründet und konkretisiert.[22] Die Beratungspflicht wird in Absatz 2, systemfremd in Absatz 3 Satz 5 und als besondere Hinweispflicht in Absatz 5 soweit konkretisiert, dass eine darüber hinausgehende Beratungspflicht allenfalls aus den allgemeinen Vorschriften der §§ 14 und 15 SGB I (und nicht aus § 10 Abs. 2 SGB XII) abgeleitet werden kann. Der Umfang der erforderlichen Unterstützung ist zunächst in Absatz 3 Sätze 1-4 geregelt; Absatz 4 konkretisiert das Tatbestandsmerkmal der Zumutbarkeit einer Tätigkeit im Sinne des Absatzes 3 Satz 4.

IV. Inhalt und Umfang der Beratung nach Absatz 2 Sätze 1-3

1. Persönliche Situation (Absatz 2 Satz 1)

Der Inhalt des Absatzes 2 Satz 1 entspricht hinsichtlich der dort in Bezug genommenen Beratungsgegenstände im Wesentlichen den in § 9 Satz 1 SGB I aufgeführten sozialen Rechten[23] bzw. den dort aufgeführten Voraussetzungen. Die Beratung soll nach Ansicht des Bundessozialgerichts außer im Falle einer sogenannten Spontanberatung nicht von Amts wegen erfolgen, jedoch soll sie im Falle des Nachsuchens durch den Leistungsempfänger ebenso wie die Unterstützungsleistung ausführlich und umfassend sein.[24] Eine Beratung und Unterstützung dürften aber nicht nur in Frage kommen, wenn der Hilfesuchende um sie nachsucht, sondern auch, wenn der Sozialhilfeträger von dem Beratungs- oder Unterstützungsbedarf Kenntnis erlangt (§ 18 SGB XII) und deshalb von Amts wegen tätig werden muss. Den Ausgangspunkt der Beratungspflichten bildet eine Bestandsaufnahme der persönlichen Situation (Absatz 2 Satz 1). Nach Ansicht des Bundessozialgerichts steht dieser Anspruch aber immer in Beziehung zu den jeweiligen Leistungen des SGB XII (vgl. § 8 SGB XII); deshalb haben die nach dem SGB II Anspruchsberechtigten nur Anspruch auf Beratung nach § 11 SGB XII, soweit sie nach dem SGB XII auch im Übrigen leistungsberechtigt sind.[25] § 12 Satz 1 SGB XII sieht insofern vor, dass die persönliche Situation i.S. einer Dokumentation der individuellen Bedarfslage zum Gegenstand der Leistungsabsprache gemacht wird, der dort aufgeführte Inhalt reflektiert mithin die Pflicht zur Bestandsaufnahme.

14

15

2. Bedarf (Absatz 2 Satz 1)

Der Bedarfsbegriff ist zentrales Element der Sozialhilfe (vgl. weiter § 27a Abs. 2 SGB XII) und steht in unmittelbarem Zusammenhang mit dem in § 1 Satz 1 SGB XII aufgeführten Prinzip der menschenwürdigen Lebensführung. Soweit § 9 Abs. 1 SGB XII diesen Bedarf individualisiert, setzt das eine konkrete Auseinandersetzung bzw. Befassung des Trägers mit dem Leistungsberechtigten voraus. Daran knüpft § 11 Abs. 1 SGB XII an und verpflichtet dazu, den Bedarf im Zuge einer Beratung kooperativ oder bei fehlender Mitwirkung durch den Leistungsberechtigten auch allein durch den Träger herauszuarbeiten.

16

3. Eigene Kräfte und Mittel (Absatz 2 Satz 1)

Die eigenen Kräfte und Mittel konkretisieren den vorgenannten Bedarf, weshalb die Erstreckung der Beratungspflicht darauf auch dann anzunehmen wäre, wenn sie nicht gesondert aufgeführt würde. Zu den zu bewertenden eigenen Kräften zählt vor allem der Einsatz der eigenen Arbeitskraft, unter Mitteln sind das Einkommen (vgl. auch § 82 SGB XII) und Vermögen (§ 90 SGB XII) zu verstehen. Beides ist

17

---

[20] *Streichsbier* in: Grube/Wahrendorf, SGB XII, 4. Aufl. 2012, § 10 Rn. 9; *Luthe* in: Hauck/Noftz, SGB XII, § 10 Rn. 18 ff.

[21] *Roscher* in: LPK-SGB XII, 9. Aufl. 2012, § 10 Rn. 13 f.

[22] In diesem Sinne auch *Berlit* in: LPK-SGB XII, 9. Aufl. 2012, § 11 Rn. 1; *Dauber* in: Mergler/Zink, SGB XII, 21. Lfg. (Nov.2012), § 10 Rn. 20.

[23] Vgl. zum Normzweck des § 9 SGB I Weselski in: jurisPK-SGB I, 2. Aufl. 2011, § 9 Rn. 9.

[24] BSG v. 25.08.2011 - B 8 SO 20/10 R - juris Rn. 23 - BSGE 109, 61-70.

[25] BSG v. 13.07.2010 - B 8 SO 14/09 R - juris Rn. 23 - BSGE 106, 268 ff.; vgl. aber BSG v. 25.08.2011 - B 8 SO 20/10 R - juris Rn. 23 - BSGE 109, 61-70, wonach es sich jedenfalls nicht um einen Annex zu den Leistungen handelt.

Ausfluss von § 2 Abs. 1 SGB XII, der als Gebot der Sozialhilfe deren Nachrang vorsieht. Eine Konkretisierung bzw. einen Rahmen für die Bewertung der eigenen Arbeitskraft im Sinne dieser Vorschrift normiert Absatz 3 Satz 4, wenn dort die Pflicht zur Aufnahme einer zumutbaren Tätigkeit geregelt wird. Allerdings wird sich das – von Ausnahmen abgesehen (vgl. Rn 12, Rn. 12) – allenfalls auf geringfügige Beschäftigungsverhältnisse beziehen können (vgl. die Kommentierung zu § 2 SGB XII Rn. 38).

4. Stärkung der Selbsthilfe zur aktiven Teilnahme am gesellschaftlichen Leben (Absatz 2 Sätze 1 und 2)

18   Die aktive Teilnahme am gesellschaftlichen Leben ist Bestandteil eines menschenwürdigen Daseins. Satz 2 stellt ausdrücklich klar, dass hierzu auch ein gesellschaftliches Engagement gehört. Eine konkrete, dieser Beratungsleistung korrespondierende Leistungsberechtigung ergibt sich aus § 27a Abs. 1 Satz 2 SGB XII („Teilhabe am sozialen und kulturellen Leben in der Gemeinschaft") mit dem besonderen Auftrag zur Ermöglichung einer solchen Teilhabe für Kinder und Jugendliche, in den §§ 53 f. SGB XII für Personen mit einer Behinderung (vgl. auch § 55 SGB IX) sowie in § 72 Abs. 2 Nr. 1 SGB XII für ältere Menschen (vgl. zum Begriff § 41 Abs.2 SGB XII). Für die erstgenannte Gruppe wird das in den §§ 34, 34a SGB XII konkretisiert. Auch wenn in § 34 Abs. 7 SGB XII der persönliche Anwendungsbereich auf Leistungsberechtigte bis zur Vollendung des 18. Lebensjahrs beschränkt ist, so lässt der Gesetzgeber über den dortigen Katalog (Nr. 1-3) exemplarisch erkennen, was unter „Teilnahme am gesellschaftlichen Leben" verstanden werden kann. Im Einzelnen kann es sich nach dieser Vorschrift bei einer Förderung von bis zu 10 € monatlich handeln um
- Mitgliedsbeiträge in den Bereichen Sport, Spiel, Kultur und Geselligkeit,
- Unterricht in künstlerischen Fächern (z.B. Musikunterricht) und vergleichbare angeleitete Aktivitäten der kulturellen Bildung,
- Teilnahme an Freizeiten.

Selbst wenn dies speziell (nur) den Teilhabeanspruch von Jugendlichen umreißt, lässt das einen Rückschluss auf die gesetzgeberische Intention der Teilhabe am gesellschaftlichen Leben zu. Das Bundessozialgericht versteht (in Übereinstimmung mit der in Absatz 2 Satz 2 verfolgten Intention) unter der aktiven Teilnahme am Leben in der Gemeinschaft auch die Ausübung einer ehrenamtlichen Tätigkeit oder sonstiges gesellschaftliches Engagement, den Besuch von Sportveranstaltungen und von Musikaufführungen sowie sonstige aktive Vereinsmitgliedschaften.[26] Es stellt ausdrücklich klar, dass der Leistungsberechtigte selbst darüber bestimmen kann, was er in seiner Freizeit tut und welche Möglichkeiten er ergreift. Bei älteren, aus dem Arbeitsleben ausgeschiedenen Menschen bestünde ein besonderes Bedürfnis, über ehrenamtliche Tätigkeiten neue soziale Kontakte zu finden oder alte aufrechtzuerhalten, um nicht auf das „Abstellgleis geschoben" zu werden.[27] Werden diese Gedanken fortentwickelt, sollten dazu auch Volkshochschulkurse und ähnliche Fortbildungsveranstaltungen gezählt werden. Ausgehend von diesen Grundsätzen ist es mithin Aufgabe des Trägers, im Rahmen der Beratung einem Leistungsberechtigten diese Möglichkeiten vorzustellen. Nach Absatz 3 Satz 1 ist der Leistungsberechtigte über die reine Beratung hinaus bei der Wahrnehmung zu unterstützen.

19   Die Beratung soll darin münden, die gebotenen Möglichkeiten der aktiven Teilnahme an der Gemeinschaft gemeinsam mit dem Leistungsberechtigten festzulegen und dies in der nach § 12 Satz 1 SGB XII abzuschließenden Leistungsabsprache zu dokumentieren. Das setzt natürlich den Wunsch des Leistungsberechtigten (§ 9 Abs. 2 SGB XII) nach einer solchen Teilnahme voraus, weil Sozialhilfe im Hinblick auf das Selbstbestimmungsrecht des Hilfebedürftigen, und sei es auch nur in Form von Beratung und Unterstützung, nicht aufgezwungen werden darf. Das Tatbestandsmerkmal „Stärkung der Selbsthilfe" ist in diesem Zusammenhang so zu verstehen, dass die Beratung daran ansetzen muss, dem Leistungsberechtigten die Vorteile der Teilnahme am Leben in der Gemeinschaft aufzuzeigen und so den Anstoß für ein erstes Überdenken zu setzen.

5. Stärkung der Selbsthilfe zur Überwindung der Notlage (Absatz 2 Satz 3)

20   Wann eine Notlage vorliegt, ist dem Gesetz nicht eindeutig zu entnehmen. Ein Beispiel enthält § 36 Abs. 1 SGB XII, der eine drohende Wohnungslosigkeit als Notlage qualifiziert. Ausgehend vom Zweck der Sozialhilfe wird eine Notlage wohl dann anzunehmen sein, wenn eine sozialhilferechtliche Bedarfslage im Sinne des § 18 Abs. 1 SGB XII eintritt. Das spiegelt sich im sogenannten „Gegenwär-

---

[26] BSG v. 23.08.2013 - B 8 SO 24/11 R - juris Rn. 17.
[27] BSG v. 23.08.2013 - B 8 SO 24/11 R - juris Rn. 17.

tigkeitsprinzip" wider, wonach Sozialhilfe zur Überwindung der gegenwärtigen Notlage dient.[28] Es handelt sich bei dem Begriff der „Notlage" um einen gerichtlich voll überprüfbaren unbestimmten Rechtsbegriff, der über die Bedarfslage einen bestimmbaren Rahmen erhält.

Zur Überwindung der Notlage im Sinne des Absatzes 2 Satz 1 gehört es nach Absatz 2 Satz 3 auch, den Leistungsberechtigten für den Erhalt weiterer Sozialleistungen zu befähigen. Richtigerweise gehört hierzu auch die Wahrnehmung anderer sozial-(versicherungs-)rechtlicher Möglichkeiten, wie etwa von Antragstellungen[29] bei Rentenversicherungsträgern etc. Die Beratungspflicht ist damit allumfassend und darauf gerichtet, den Leistungsberechtigten bei der Ausschöpfung jeder denkbaren Anspruchsberechtigung zu unterstützen. 21

Zugleich wird hierbei eine Ermittlung des Bedarfslage und der vorhandenen Selbsthilfemöglichkeiten zur Überwindung der Notlage vorgenommen (vgl. auch § 9 Abs. 1 SGB XII). Die im Rahmen der Beratung und Unterstützung aufzuzeigenden Wege zur Überwindung der Notlage sind in der nach § 12 SGB XII abzufassenden Leistungsabsprache zu dokumentieren. 22

V. Budgetberatung nach Absatz 2 Satz 4; Absatz 3 Satz 5

Die Regelung über die Budgetberatung enthält insofern sozialen Sprengstoff, als es hier nicht nur um Fragen der Eingliederungshilfe und das trägerübergreifende persönliche Budget nach § 57 SGB XII geht. Ausweislich der Materialien nimmt die Budgetberatung auch „wegen der Einbeziehung der meisten bisherigen einmaligen Leistungen in den Regelsatz gemäß §§ 29 bis 32 a.F." zu.[30] Zu Recht wurde hierzu angemerkt, dass viele Leistungsberechtigte deshalb Probleme haben werden, aus den Regelsätzen die Aufwendungen für Bekleidung. Kauf oder Reparatur von Haushaltsgeräten etc. zu bestreiten.[31] Nimmt man den umfassenden Anspruch des § 11 SGB XII als eigenständige Beratungsleistung ernst, so könnte bereits aus Absatz 2 Satz 4 eine Beratungspflicht zum wirtschaftlichen und vernünftigen Umgang mit dem Regelsatz resultieren, deren Verletzung weitreichende Konsequenzen (Herstellungsanspruch) haben könnte, die bislang aber in der Praxis noch nicht „angekommen" sind. Jedenfalls hat es der Gesetzgeber nachträglich für notwendig erachtet, diesen allgemeinen Anspruch auf Beratung über das Budget für den Umgang mit der Regelsatzleistung ausdrücklich in Absatz 3 Satz 5 aufzunehmen. 23

VI. Unterstützung nach Absatz 3 Satz 1

Unterstützung geht über bloße Beratung hinaus und umfasst ein aktives Tun des Trägers der Sozialhilfe. Nach Absatz 3 Satz 1 muss dieser den Leistungsberechtigten zu sozialen Diensten begleiten, Kontakte vorbereiten und sogar Möglichkeiten zur aktiven Teilnahme an der Gesellschaft unter Einschluss des gesellschaftlichen Engagements schaffen. Mit dem Begriff der Unterstützung unterstreicht das SGB XII seinen weitgehenden sozialfürsorgerischen Charakter, indem der Leistungsberechtigte im sprichwörtlichen Sinne an die Hand genommen werden soll. Dies ist allerdings nur geboten, soweit es erforderlich ist (Absatz 1). Besteht diese Erforderlichkeit, erschöpft sich die Verpflichtung nicht im Angebot von Unterstützungsleistungen, sondern der Träger hat auch aktiv auf die Inanspruchnahme hinzuwirken, Absatz 3 Satz 3. 24

VII. Unterstützung bei zumutbarer Tätigkeit nach Absatz 3 Satz 2, Absatz 4

1. Zumutbare Tätigkeit

a. Begriff

Der Begriff der zumutbaren Tätigkeit im Sinne der Vorschrift ist vor dem Anwendungsbereich der Vorschriften des SGB XII auszulegen. Danach fallen grundsätzlich Erwerbsfähige nach dem SGB II sowie (partiell) anderweitig geförderte Auszubildende aus dem Anwendungsbereich des Gesetzes heraus (§§ 21, 22 SGB XII). Ausgenommen sind insoweit allerdings (erwerbsfähige) Ausländer, die leistungsberechtigt nach dem AsylbLG sind und sogenannte Analogleistungen nach § 2 AsylbLG erhalten, sowie Personen, die unter das Europäische Fürsorgeabkommen fallen und zwar von Leistungen nach 25

---

[28] BSG v. 29.09.2009 - B 8 SO 16/08 R - juris Rn. 13 - BSGE 104, 213-219.
[29] So *Streichsbier* in: Grube/Wahrendorf, SGB XII, 4. Aufl. 2012, § 11 Rn. 3; § 11 Abs. 2 Satz 3 SGB XII bleibt allerdings weit hinter § 5 Abs. 3 SGB II zurück.
[30] BT-Drs. 15/1514, S. 56 zu § 11.
[31] *Spellbrink* in: jurisPK-SGB XII, 1. Aufl. 2011, § 11 Rn. 13; *Streichsbier* in: Grube/Wahrendorf, SGB XII, 4. Aufl. 2012, § 11 Rn. 4.

dem SGB II ausgeschlossen sind (§ 7 Abs 1 Satz 2 Nr. 2 SGB II), aber gleichwohl einen Anspruch auf Leistungen nach dem SGB XII haben (vgl. Rn. 12).[32] Umgekehrt sind insbesondere voll Erwerbsgeminderte nach § 41 Abs. 3 SGB XII leistungsberechtigt (§ 19 Abs. 2 SGB XII), der für die Bestimmung der Erwerbsminderung auf § 43 Abs. 2 SGB VI verweist. Der Begriff der zumutbaren Tätigkeit, der letztlich das Nachrangprinzip des § 2 Abs. 1 SGB XII im Hinblick auf den Einsatz der eigenen Arbeitskraft aufgreift, kann deshalb nur solche Tätigkeiten umfassen, die außerhalb der Schwelle der Erwerbsfähigkeit liegen. Das betrifft nach § 8 Abs. 1 SGB II ebenso wie nach § 43 Abs. 2 SGB VI nur solche Personen, die nicht aufgrund von Krankheit oder Behinderung auf absehbare Zeit außerstande sind, unter den üblichen Bedingungen des allgemeinen Arbeitsmarktes mindestens drei Stunden täglich zu arbeiten. In der Regel sind das geringfügige Tätigkeiten im Sinne der §§ 8, 8a SGB IV.

26 Weiterhin ist es erforderlich, dass derartige Tätigkeiten auch tatsächlich zur Verfügung stehen. Das „Angebot" im Sinne der Vorschrift ist nicht als ein Angebot im rechtlichen Sinne aus einem eigenen Pool vom Träger angebotener und vergüteter Tätigkeiten zu verstehen, sondern umfasst auch die Vermittlung von anderen, dem Träger bekannten Angeboten Dritter (im Regelfall von Gebietskörperschaften). Zu den Vorbereitungsleistungen dürften grundsätzlich alle Tätigkeiten zählen, die auf Schaffung der Voraussetzungen für die Aufnahme der Tätigkeit (z.B. Hilfe bei Bewerbung; Arbeitstraining[33]) oder Beseitigung etwaiger Hindernisse (z.B. Organisation eines Gesundheitszeugnisses oder eines Auszugs aus dem Bundeszentralregister) gerichtet sind. Mit Aufnahme der Tätigkeit ist die notwendige Unterstützungsleistung nicht beendet, worauf der Wortlaut (Begleitung) hindeutet.

b. Pflicht zur Aufnahme (Absatz 3 Satz 4)

27 Die Unterstützung i.S. einer Aktivierung umfasst nach Absatz 3 Satz 2 das Angebot einer Tätigkeit sowie die Vorbereitung und Begleitung des Leistungsberechtigten, soweit dieser zumutbar einer Tätigkeit nachgehen kann. Die Frage der Zumutbarkeit einer Tätigkeit wird umfassend in Absatz 4 geregelt. Da eine Integration in den Arbeitsmarkt mit den Tätigkeiten nach Absatz 3 aus den dargelegten Gründen mangelnder Erwerbsfähigkeit nicht intendiert sein kann, geht es lediglich um die Sicherstellung, dass Leistungsberechtigte zumindest ihre Möglichkeit nutzen, noch in geringem Umfang einer Tätigkeit nachzugehen und in geringem Umfang Einkommen zu erzielen.[34]

28 Können Leistungsberechtigte durch die Annahme einer zumutbaren Tätigkeit Einkommen erzielen, so sind sie hierzu (sowie an der Teilnahme einer entsprechenden Vorbereitung) auch verpflichtet. Entgegen der Formulierung handelt es sich nicht um eine mit Zwangsmaßnahmen durchsetzbare Pflicht des Leistungsberechtigten, sondern um eine reine Obliegenheit.[35] Verstöße werden gemäß § 39a SGB XII mit einer Einschränkung der Leistung sanktioniert. Gerade wegen dieser insoweit § 31 SGB II nachempfundenen Sanktion sind an die Zumutbarkeit der Tätigkeit bei Auslegung der Ausnahmetatbestände des Absatzes 4 strenge Anforderungen zu stellen.

2. Zumutbarkeit nach Absatz 4

a. Gesetzliche Tatbestände der Unzumutbarkeit (Absatz 4 Satz 1 Nr. 1-3)

29 Absatz 4 Satz 1 nennt zunächst drei Tatbestände, bei deren Vorliegen dem Leistungsberechtigten eine Tätigkeit nicht zugemutet werden kann. Nach Absatz 4 Satz 1 Nr. 1 darf eine Tätigkeit bei mangelnder Leistungsfähigkeit nicht zugemutet werden. Das Gesetz nennt Erwerbsminderung, Krankheit, Behinderung und Pflegebedürftigkeit, wobei es sich hierbei um Situationen handeln dürfte, die über die Tatbestände des § 8 SGB II bzw. § 43 Abs. 2 SGB VI deutlich hinausgehen. Ob ein Leistungsberechtigter wegen dieser Tatbestände nicht zumutbar in der Lage ist, eine Tätigkeit auszuüben, ist von Amts wegen zu ermitteln (§ 20 SGB X), wobei alle Besonderheiten des Einzelfalles zu berücksichtigen sind.

30 Nach Absatz 4 Satz 1 Nr. 2 darf eine Tätigkeit nicht zugemutet werden, wenn der Leistungsberechtigte ein der Regelaltersgrenze im SGB VI entsprechendes Lebensalter erreicht hat. Nach § 35 Satz 2 SGB VI liegt die Regelaltersgrenze jetzt bei Vollendung des 67. Lebensjahres (mit den Übergangsregelungen in § 235 Abs. 2 SGB VI).

---

[32] Eingehend LSG NRW v. 02.10.2012 - L 19 AS 1393/12 B ER, L 19 AS 1394/12 und LSG NRW v. 03.09.2012 - L 19 AS 1542/12 B ER.
[33] Vgl. dazu auch BSG v. 28.02.2013 - B 8 SO 12/11 R - SozR 4-3500 § 84 Nr. 1.
[34] BT-Drs. 15/514, S. 56 zu § 11.
[35] *Roscher* in: LPK-SGB XII, 9. Aufl. 2012, § 11 Rn. 14.

Absatz 4 Satz 1 Nr. 3 nennt sodann – ebenso wie § 31 SGB II und § 144 SGB III – das Vorliegen eines wichtigen Grundes als Tatbestand der Unzumutbarkeit. Hierbei handelt es sich um einen unbestimmten Rechtsbegriff, der der vollen gerichtlichen Kontrolle unterliegt. Bei der Prüfung des wichtigen Grundes können auch grundrechtliche Aspekte eine Rolle spielen. 31

b. Gefährdung der geordneten Erziehung (Absatz 4 Sätze 2 und 3)

Nach Absatz 4 Satz 2 darf eine Tätigkeit insbesondere nicht zugemutet werden, soweit dadurch die geordnete Erziehung eines Kindes gefährdet würde. Durch die Formulierung „soweit" wird verdeutlicht, dass die Erziehung bzw. das Vorhandensein von Kindern nicht per se zur Unzumutbarkeit einer Tätigkeit führt. Es kommt auf die Verhältnisse des Einzelfalls an. Der bloße Wunsch, die eigenen Kinder selbst zu betreuen, ist in der Regel unbeachtlich und kann in einem Fürsorgesystem auch nicht den Stellenwert eines wichtigen Grundes i.S.d. Absatzes 4 Satz 1 Nr. 3 erreichen.[36] Zu beachten ist in diesem Zusammenhang allerdings § 16 SGB XII, wonach die besonderen Verhältnisse in der Familie der Leistungsberechtigten zu berücksichtigen sind. 32

Absatz 4 Satz 3 unterstreicht, dass die geordnete Erziehung eines Kindes, das das dritte Lebensjahr vollendet hat, in der Regel nicht gefährdet ist, soweit unter Berücksichtigung der besonderen Verhältnisse der Familie die Betreuung des Kindes in einer Tageseinrichtung oder in Tagespflege im Sinne der Vorschriften des SGB VIII sichergestellt ist. Hieraus folgt im Umkehrschluss eine Privilegierung von Kindern unter drei Jahren. Hier ist der Erziehungsberechtigte nicht verpflichtet, auf eine Kinderkrippe oder auf einen Hort i.S.d. § 22 SGB VIII zurückzugreifen. 33

c. Haushaltsführung/Pflege von Angehörigen (Absatz 4 Satz 4)

Bei der Beurteilung der Zumutbarkeit einer Tätigkeit sind nach Absatz 4 Satz 4 die Pflichten zu berücksichtigen, die dem Leistungsberechtigten durch die Führung eines Haushalts (vgl. § 70 SGB XII) entstehen. Dabei sind insbesondere die Anzahl der Haushaltsmitglieder, deren Alter und alle anderen Besonderheiten (§ 9 Abs. 1 SGB XII) sorgfältig zu berücksichtigen. Zu beachten ist, ob durch eine Tätigkeit die Fortführung des Haushalts insgesamt gefährdet würde. 34

Nach Absatz 4 Satz 4 ist dabei insbesondere die Pflege von Angehörigen zu beachten. Der Begriff des Angehörigen sollte hier nicht eng ausgelegt werden[37], so dass neben Verwandten auch Pflegekinder oder sonstige aus sittlichen Gründen in den Haushalt Aufgenommene in Betracht kommen. Der Begriff „Pflege" ist wie in § 61 SGB XII auszulegen[38], so dass im Prinzip Pflegebedürftigkeit i.S. des Gesetzes vorliegen muss[39]. Dies rechtfertigt es auch in Fällen, bei denen noch keine erhebliche Pflegebedürftigkeit im Sinne des SGB XI vorliegt (sog. Pflegestufe „Null"), die Angehörigenpflege zu berücksichtigen. 35

VIII. Beratung und Unterstützung durch andere Stellen (Absatz 5 Satz 1)

Nach Absatz 5 Satz 1 ist, wenn Leistungsberechtigte um Unterstützung und Beratung nachsuchen, zunächst auf die Beratung der Verbände der freien Wohlfahrtspflege, der rechtsberatenden Berufe und von sonstigen Stellen hinzuweisen. Diese Regelung steht im Zusammenhang mit § 5 Abs. 4 SGB XII, wonach die Träger der Sozialhilfe von der Durchführung eigener Maßnahmen absehen sollen, wenn die Leistung im Einzelfall durch die freie Wohlfahrtspflege erbracht wird. Hierdurch wird die im Bereich der öffentlichen Fürsorge bewährte Zusammenarbeit zwischen den Trägern der freien Wohlfahrtspflege und den Trägern der Sozialhilfe betont.[40] Allerdings spricht Absatz 5 Satz 1 ausdrücklich nur von der Verpflichtung, auf andere Angebote hinzuweisen. Der Ratsuchende kann also nicht an diese anderen Stellen verwiesen werden, wenn er nach dem (oder trotz des) Hinweis(es) auf einer Beratung durch den Sozialhilfeträger besteht. 36

---

[36] *Streichsbier* in: Grube/Wahrendorf, SGB XII, 4. Aufl. 2012, § 11 Rn. 13; zu weit *Hohm* in: Schellhorn/Schellhorn/Hohm, SGB XII, 18. Aufl. 2010, § 11 Rn. 34, der den Eltern offensichtlich ein Recht zugesteht, eine Betreuungseinrichtung zu akzeptieren.

[37] *Streichsbier* in: Grube/Wahrendorf, SGB XII, 4. Aufl. 2012, § 11 Rn. 15.

[38] Ebenso *Hohm* in: Schellhorn/Schellhorn/Hohm, SGB XII, 18. Aufl. 2010, § 11 Rn. 36.

[39] Anders, zu weit *Streichsbier* in: Grube/Wahrendorf, SGB XII, 4. Aufl. 2012, § 11 Rn. 15.

[40] *Streichsbier* in: Grube/Wahrendorf, SGB XII, 4. Aufl. 2012, § 11 Rn. 16 unter Hinweis auf BVerfG v. 18.07.1967 - 2 BvF 3/62, 2 BvF 4/62, 2 BvF 5/62, 2 BvF 6/62, 2 BvF 7/62, 2 BvF 8/62, 2 BvR 139/62, 2 BvR 140/62, 2 BvR 334/62, 2 BvR 335/62 - BVerfGE 22, 180.

37 Der Ratsuchende ist zudem auf die rechtsberatenden Berufe hinzuweisen. Nach dem Rechtsdienstleistungsgesetz (RDG) sind nunmehr in gewissen Grenzen außergerichtliche Rechtsdienstleistungen im Sinne der Legaldefinition des § 2 Abs. 1 RDG erlaubt, die Behörden (§ 1 Abs. 2 SGB X) im Rahmen ihres Aufgaben- und Zuständigkeitsbereichs erbringen (§ 8 Abs. 1 Nr. 2 RDG). Dazu gehört auch die Rechtsberatung durch den Sozialhilfeträger im Rahmen seiner Zuständigkeiten[41] nach § 10 Abs. 2 SGB XII sowie nach § 11 SGB XII.

IX. Fach- und Schuldnerberatung (Absatz 5 Sätze 2-4)

38 Ist eine weitere Beratung durch eine Schuldnerberatungsstelle oder eine Fachberatungsstelle geboten, so ist nach Absatz 5 Satz 2 auf ihre Inanspruchnahme hinzuwirken. Unter „Hinwirken" ist das konkrete und nachdrückliche Bemühen des Trägers zu verstehen, den Leistungsberechtigten zur Inanspruchnahme zu motivieren.[42] Als Beratungsstellen können neben der Schuldnerberatung auch Fachberatungsstellen bei Sucht- oder Familienproblemen oder zur Schwangerschaftsberatung in Betracht kommen. Erkennt der Sozialhilfeträger eine entsprechende Problemlage, so muss er auf die Inanspruchnahme einer entsprechend qualifizierten Beratung durch intensive Beratung und Darstellung der Problemlage hinwirken. Eine Verpflichtung des Leistungsberechtigten zur Inanspruchnahme der Beratungsstellen steht dieser Hinwirkenspflicht des Trägers nicht gegenüber.

39 Nach Absatz 5 Satz 3 sollen die Kosten einer entsprechenden Beratung nach Satz 2 übernommen werden, wenn eine Lebenslage, die Leistungen der Hilfe zum Lebensunterhalt erforderlich macht oder erwarten lässt, sonst nicht überwunden werden kann. Denkbar ist das insbesondere in Fällen einer erkannten Sucht – ist diese erkennbar ursächlich für das Leistungserfordernis, kann ohne spezifische Beratung oder Betreuung die Lebenslage nicht verändert und damit das Leistungserfordernis nicht überwunden werden. Der Träger hat insoweit zwar einen Beurteilungsspielraum, jedoch ist bei der Bewertung kein großzügiger Maßstab anzulegen.[43] In diesen Fällen besteht ein Rechtsanspruch auf Kostenübernahme.[44] In anderen Fällen können die Kosten übernommen werden, es besteht also ein Ermessen. Nach einer Entscheidung des 8. Senats des Bundessozialgerichts[45] steht Absatz 5 Satz 3 in einem engen Zusammenhang mit § 15 Abs. 1 SGB XII, wonach Sozialhilfe vorbeugend geleistet werden soll, wenn dadurch eine drohende Notlage ganz oder teilweise abgewendet werden kann. Dies bedeutet, dass Hilfebedürftigkeit für die Leistungen nach § 11 Abs. 5 Satz 3 SGB XII (noch) nicht vorliegen muss, sondern nur zu drohen braucht und die Leistung dazu dient, die (drohende) Notlage oder teilweise zu vermeiden. Hierfür genügt aber nicht jede Notlage, vielmehr erfordert Absatz 5 Satz 3 das Drohen einer Lebenslage, die Leistungen der Hilfe zum Lebensunterhalt erforderlich macht. Hieran fehlte es im vom Bundessozialgericht entschiedenen Fall, weil die Klägerin erwerbstätig war und im Falle einer Arbeitslosigkeit (prognostisch) Leistungen nach dem SGB III oder SGB II erhalten hätte.

40 Absatz 5 Satz 4 regelt schließlich, dass die Kostenübernahme durch pauschalierte Abgeltung der Leistung der Fachberatungsstellen erfolgen kann. Dabei steht der Schuldnerberatungsstelle allerdings kein Rechtsanspruch auf Abschluss einer Vereinbarung über eine pauschalierte Abgeltung zur Seite. Näheres zur Rechtsbeziehung zwischen der Schuldnerberatungsstelle und dem Sozialhilfeträger regelt auch insoweit § 75 Abs. 1 und 3 SGB XII. Nach § 75 Abs. 1 SGB XII finden die §§ 75 ff. SGB XII auch für Dienste Anwendung. Unter „Dienste" sind Institutionen zu verstehen, die auf der Grundlage von Dienstleistungsverträgen personenbezogene Leistungen außerhalb von Einrichtungen erbringen (vgl. die Kommentierung zu § 75 SGB XII). Hierzu gehören auch Schuldnerberatungsstellen. Werden keine Vereinbarungen nach § 75 Abs. 3 SGB XII mit ihnen geschlossen, ist der Sozialhilfeträger zur Übernahme der Vergütung allenfalls nach § 75 Abs. 4 SGB XII verpflichtet.

C. Praxishinweise

I. Eigenständige prozessuale Durchsetzbarkeit

41 Die Beratungs- und Unterstützungsleistungen müssen nicht immer im Zusammenhang mit einem Verwaltungsverfahren stehen; § 8 SGB X versteht hierunter die nach außen wirkende Tätigkeit der Behörden, die auf die Prüfung der Voraussetzungen, die Vorbereitung und den Erlass eines Verwaltungsaktes

---

[41] *Dreyer/Geißler* in: Dreyer/Lamm/Müller, RDG, § Rn. 22 f.
[42] *Holthaus* in: Jahn, SGB XII, § 11 Rn. 22.
[43] *Luthe* in: Hauck/Noftz, SGB XII, § 11 Rn. 67.
[44] *Luthe* in: Hauck/Noftz, SGB XII, § 11 Rn. 66.
[45] BSG v. 13.07.2010 - B 8 SO 14/09 R - juris Rn. 22.

oder auf den Abschluss eines öffentlich-rechtlichen Vertrages gerichtet ist. Steht die jeweilige geforderte Leistung außerhalb eines solchen Verfahrens, ist die Beratung und Unterstützung im Wege der allgemeinen Leistungsklage durchsetzbar.[46]

II. Rechtsfolgen bei Verstößen

1. Sozialrechtlicher Herstellungsanspruch

a. Voraussetzungen

aa. Regelungslücke

Der Herstellungsanspruch hat zur Voraussetzung, dass der Sozialleistungsträger eine ihm auf Grund Gesetzes oder bestehenden Sozialrechtsverhältnisses obliegende Pflicht, insbesondere zur Auskunft und Beratung verletzt hat.[47] Die Anwendung dieses ausschließlich richterrechtlich geprägten Instituts kommt bei einer Verletzung von Auskunfts- oder Beratungspflichten nur dann in Betracht, wenn die Folgen nicht im Gesetz geregelt sind. Weder in § 11 SGB XII – auf den hier allein einzugehen ist – noch §§ 15, 14 SGB I sind Rechtsfolgen geregelt, weshalb von einer solchen Lücke klar auszugehen ist. 42

Der sozialrechtliche Herstellungsanspruch stellt keinen die Amtshaftung verdrängenden Schadensersatzanspruch dar, sondern ist ausschließlich auf die Herstellung des Zustands gerichtet, der ohne die Pflichtverletzung bestehen würde. Seine nachfolgend beschriebenen Voraussetzungen[48] sind ausschließlich richterrechtlich entwickelt und ausgestaltet worden. Auf die Verletzung von Amtspflichten gestützte Schadensersatzansprüche (§ 839 Abs. 1 BGB) bleiben bei Pflichtverstößen gleichwohl denkbar. 43

bb. Sozialrechtsverhältnis

Das für den Anspruch maßgebliche Sozialrechtsverhältnis liegt allgemein bereits dann vor, wenn die Personen mit dem Sozialleistungsträger in Kontakt getreten sind. Das muss auch für das Sozialhilfeverhältnis gelten, zumal die Beratungs- und Unterstützungsleistungen nach § 11 SGB XII gerade nicht als bloßer Annex der Sozialhilfeleistungen[49] zu sehen sind. Im Sozialhilfeverhältnis ist es im Hinblick auf § 18 SGB XII bereits ausreichend (aber auch erforderlich), dass der Sozialhilfeträger (anderweitig) Kenntnis vom Bedarfsfall erhält und deshalb von Amts wegen tätig werden muss. 44

cc. Pflichtverletzung

Die Beratungspflicht nach § 11 SGB XII ist umfassend zu verstehen. Soweit der Anwendungsbereich eröffnet und eine Beratungspflicht zu bejahen ist, wird grundsätzlich jeder Verstoß dagegen als Pflichtverletzung anzusehen sein, was ebenfalls für Verstöße gegen Unterstützungspflichten gilt. Im Kern wird es im Streitfall also darum gehen, den Umfang der Pflichten zu bestimmen. Die Beweisbarkeit über Umfang und Inhalt der durchgeführten Beratung und angebotenen Unterstützung erhält hingegen durch die über § 12 SGB XII vermittelten Pflichten zum Abschluss einer Leistungsvereinbarung neue Dimensionen. Liegt eine solche, von beiden Parteien unterzeichnete Vereinbarung vor, so hat deren Inhalt einen hohen Vermutungsgehalt über Art und Umfang der erbrachten Leistungen. 45

dd. Schaden bzw. rechtlicher Nachteil

Als Schaden ist jeder rechtliche oder wirtschaftliche Nachteil des Berechtigten anzusehen, was insbesondere den Verlust von Ansprüchen, Leistungen oder Anwartschaften betreffen kann.[50] Allerdings wird im hier maßgeblichen Sozialhilferecht aufgrund der sich daraus ergebenden Besonderheiten nur in Ausnahmefällen von einem solchen rechtlichen Nachteil auszugehen sein (vgl. dazu die Ausführungen Rn. 49). 46

---

[46] So für Beratungs- und Unterstützungsleistungen nach § 68 Abs. 1 Satz 1 SGB XII i.V.m. § 4 DVO-SGB XII § 68 das BSG v. 15.11.2012 - B 8 SO 22/10 R - juris Rn. 18.
[47] Vgl. nur BSG v. 25.01.1994 - 7 RAr 50/93 - SozR 3-4100 § 249e Nr. 4 S. 37 mit umfassenden Nachweisen.
[48] Zu den Voraussetzungen Mönch-Kalina in: jurisPK-SGB I, 2. Aufl. 2011, § 14 Rn. 42.
[49] BSG v. 25.08.2011 - B 8 SO 20/10R - juris Rn. 23 - BSGE 109, 61-70.
[50] Vgl. dazu die Beispiele bei Mönch-Kalina in: jurisPK-SGB I, 2. Aufl. 2011, § 14 Rn. 52.

ee. Kausalität

47 Die Pflichtverletzung muss für den Schaden bzw. rechtlichen Nachteil auch kausal sein. Das ist dann anzunehmen, wenn die Pflichtverletzung zu der für den Leistungsberechtigten nachteiligen Handlung oder Unterlassung (zum Beispiel Stellen eines Antrags) geführt hat. Im Zuge der Kausalitätsprüfung ist zu berücksichtigen, ob der Berechtigte den Nachteilseintritt ggf. begünstigt oder mitverursacht hat. Auch hier kann die Leistungsabsprache bzw. die Pflicht zum Abschluss einer solchen zu praktischer Relevanz gelangen. Verweigert sich der Leistungsberechtigte nämlich der Kooperation im Sinne des § 1 Satz 3 SGB XII, die in § 12 SGB XII eine besondere Ausprägung erhalten hat, so wird das bei der Frage der Kausalität zu berücksichtigen sein.

ff. Rechtsfolge

48 Der Herstellungsanspruch ist nicht auf Schadensersatz gerichtet. Vielmehr soll über diesen Anspruch diejenige Situation hergestellt werden, die bestehen würde, wenn die Pflichtverletzung nicht begangen worden wäre. So kann der Anspruch etwa auf das Nachholen einer unterbliebenen Amtshandlung, auf den Verzicht einer Anspruchsvoraussetzung oder einer einzuhaltenden Frist, auf das Fingieren eines (rechtzeitigen) Antrags oder eines Tatbestandsmerkmals, nicht aber auf Zahlung einer Entschädigung in Geld gerichtet sein. Die durch den Herstellungsanspruch vorzunehmende Korrektur darf allerdings nicht dem jeweiligen Gesetzeszweck widersprechen.[51]

b. Relevanz für die Pflichten nach § 11 SGB XII

49 Für das Sozialhilferecht nach dem SGB XII stellt sich die Frage nach der praktischen Bedeutung des nunmehr auch für die Sozialhilfe anerkannten[52] sozialrechtlichen Herstellungsanspruchs vor dem Hintergrund des sogenannten Gegenwärtigkeitsprinzips. Dieses hat zum Inhalt, dass die Sozialhilfe nur der Behebung einer gegenwärtigen Notlage dient und nicht als nachträgliche Geldleistung ausgestaltet ist.[53] Vor diesem Hintergrund sind Sozialhilfeleistungen für einen zurückliegenden Zeitraum nur dann zu erbringen, wenn die Notlage im Zeitpunkt der beanspruchten Hilfeleistung noch besteht. Der dadurch bedingte Widerspruch zum Anspruch des Leistungsberechtigten auf effektiven Rechtsschutz (Art. 19 Abs. 4 GG) ist nach Ansicht der Rechtsprechung nur durch die Zulassung von Ausnahmen im Einzelfall zu lösen.[54]

50 Soweit darauf verwiesen wird, dass für den Herstellungsanspruch in erster Linie Fälle in Betracht kommen, in denen ein Antrag auf Bewilligung einer Leistung nicht bzw. nicht rechtzeitig gestellt wurde (vgl. die Kommentierung zu § 10 SGB XII Rn. 71), schränkt das den Anwendungsbereich für das Sozialhilferecht weiter ein. Nach § 18 Abs. 1 SGB XII setzt die Sozialhilfe grundsätzlich keinen Antrag, sondern nur Kenntnis des Trägers der Sozialhilfe voraus. Als Ausnahme wird lediglich die Grundsicherung im Alter und bei Erwerbsminderung (§ 41 SGB XII) benannt, so dass im Grunde nur diese Leistungen betroffen sein können. Da die Kenntnis im Sinne von § 18 SGB XII allerdings nur einen niedrigschwelligen Zugang zum Sozialhilferecht sicherstellen soll[55], kann der sozialrechtliche Herstellungsanspruch auch zur Folge haben, dass die für das Einsetzen der Sozialhilfe erforderliche Kenntnis ersetzt wird und Leistungen für die Vergangenheit zu zahlen sind, soweit damit die Ziele der Sozialhilfe noch erreicht werden können, also die vorzunehmende Korrektur den Sozialhilfezwecken (noch) entspricht (vgl. dazu die Kommentierung zu § 18 SGB XII Rn. 30 ff. und die Kommentierung zu § 10 SGB XII Rn. 72).

2. Amtshaftung

51 Etwas anderes kann aber im Rahmen der Amtshaftung[56] nach § 839 Abs. 1 BGB i.V.m. Art. 34 GG gelten. Amtshaftungsansprüche und der sozialrechtliche Herstellungsanspruch bestehen nebeneinander,

---

[51] BSG v. 01.04.2004 - B 7 AL 52/03 R - BSGE 92, 267 = SozR 4-4300 § 137 Nr. 1, jeweils Rn. 31 und 42; vgl auch *Wallerath*, DÖV 1994, 757, 762, und *Schmitz*, ZFSH/SGB 2006, 393, 397 f.

[52] BSG v. 10.11.2011 - B 8 SO 12/10 R - juris (im entschiedenen Fall aber nicht einschlägig, juris Rn. 33).

[53] BSG v. 29.09.2009 - B 8 SO 16/08 R - juris Rn. 13 - BSGE 104, 213-219 unter Bezugnahme auf BVerfG v. 12.05.2005 - 1 BvR 569/05 - juris; vgl. auch die Kommentierung zu § 18 SGB XII Rn. 39.

[54] Vgl. die Beispiele bei BSG v. 29.09.2009 - B 8 SO 16/08 R - juris Rn. 14-21 - BSGE 104, 213-219.

[55] BSG v. 10.11.2011 - B 8 SO 18/10 R - SozR 4-3500 § 44 Nr. 2 Rn. 21; BSG v. 26.08.2008 - B 8 SO 26/07 R - SozR 4-1300 § 44 Nr. 15 Rn. 20; vgl. die Kommentierung zu § 18 SGB XII Rn. 13 ff. m.w.N.; vgl. auch BSG v. 26.08.2008 - B 8/9b SO 18/07 R - SozR 4-3500 § 18 Nr. 1 Rn. 24.

[56] Zu Amtshaftungsansprüchen gegen eine gesetzliche Krankenkasse bei fehlerhafter Beratung OLG Karlsruhe v.18.12.2012 - 12 U 105/12 - juris Rn. 16 ff.

der Amtshaftungsanspruch ist auch nicht durch sozialrechtliche Besonderheiten ausgeschlossen.[57] Allerdings kann der Amtshaftungsanspruch nach § 839 Abs. 3 BGB ausgeschlossen sein, wenn die Geltendmachung des auf Naturalrestitution gerichteten sozialrechtlichen Herstellungsanspruchs den Schadenseintritt verhindert hätte.[58] Die auf Geltendmachung des sozialrechtlichen Herstellungsanspruchs gerichtete Klage vor dem Sozialgericht hemmt die Verjährung[59] nach Maßgabe des § 204 Abs. 1 BGB.[60]

Die Beratungs- und Unterstützungsleistung nach § 11 SGB XII muss im Falle der Inanspruchnahme durch den Leistungsberechtigten umfassend und vollständig sein.[61] Besonders die nach § 11 Abs. 5 Sätze 1 und 2 SGB XII gebotenen Unterstützungsleistungen sind auf Handlungen gerichtet, die den Eintritt konkreter Notlagen oder aber die Verschlechterung einer bestehenden Notlage (z.B. durch Verhandlungen mit Gläubigern) verhindern können. Hier ist durchaus denkbar, dass dem Leistungsberechtigten echte Schäden entstehen, die nicht durch eine Nachholung der Beratung kompensiert werden können. Unterbleibt beispielsweise eine Beratung über die mögliche Inanspruchnahme von Prozesskostenhilfe bei gebotener (und prognostizierter erfolgreicher) anwaltlicher Vertretung und ergeht allein wegen der fehlenden Verteidigung ein zivilrechtliches Urteil z.B. eines Landgerichts gegen den Berechtigten, so kann das einen zu ersetzenden Schaden darstellen.

52

---

[57] BSG v. 10.11.2011 - B 8 SO 12/10 R - juris Rn. 31.
[58] OLG München v. 24.05.2012 - 1 U 3366/11 - juris Rn. 51-59.
[59] So noch zur Unterbrechung der Verjährung BGH v. 11.02.1988 - III ZR 221/86 - BGHZ 103, 242-250.
[60] Zimmerling in: jurisPK-BGB, 6. Aufl. 2012, § 839 BGB Rn. 176.
[61] BSG v. 25.08.2011 - B 8 SO 20/10 R - juris Rn. 23 - BSGE 109, 61-70.

§ 12 SGB XII Leistungsabsprache

(Fassung vom 27.12.2003, gültig ab 01.01.2005)

[1]Vor oder spätestens bis zu vier Wochen nach Beginn fortlaufender Leistungen sollen in einer schriftlichen Leistungsabsprache die Situation der leistungsberechtigten Personen sowie gegebenenfalls Wege zur Überwindung der Notlage und zu gebotenen Möglichkeiten der aktiven Teilnahme in der Gemeinschaft gemeinsam festgelegt und die Leistungsabsprache unterzeichnet werden. [2]Soweit es auf Grund bestimmbarer Bedarfe erforderlich ist, ist ein Förderplan zu erstellen und in die Leistungsabsprache einzubeziehen. [3]Sind Leistungen im Hinblick auf die sie tragenden Ziele zu überprüfen, kann dies in der Leistungsabsprache näher festgelegt werden. [4]Die Leistungsabsprache soll regelmäßig gemeinsam überprüft und fortgeschrieben werden. [5]Abweichende Regelungen in diesem Buch gehen vor.

Gliederung

A. Basisinformationen 1
   I. Textgeschichte/Gesetzgebungsmaterialien 1
   II. Vorgängervorschriften 2
   III. Parallelvorschriften 3
   IV. Systematische Zusammenhänge 6
   V. Ausgewählte Literaturhinweise 7
B. Auslegung der Norm 8
   I. Regelungsgehalt und Bedeutung der Norm 8
   II. Normzweck 9
   III. Rechtsnatur der Leistungsabsprache 10
   IV. Gegenstand der Leistungsabsprache 12
   V. Der Förderplan (Satz 2) 17
   VI. Sanktionen/Rechtsfolgen 18

A. Basisinformationen[1]

I. Textgeschichte/Gesetzgebungsmaterialien

1 § 12 SGB XII ist mit dem Gesetz zur Einordnung des Sozialhilferechts in das Sozialgesetzbuch vom 27.12.2003[2] zum 01.01.2005 (vgl. Art. 70 Abs. 1 des Gesetzes) in Kraft getreten. Die Norm wurde seither nicht geändert. Die wesentlichen Gesetzgebungsmaterialien finden sich in der Gesetzesbegründung der damaligen Regierungsfraktionen SPD und Bündnis 90/Die Grünen vom 05.09.2003.[3]

II. Vorgängervorschriften

2 § 17 Abs. 2 BSHG sah vor, dass dann, wenn zur Überwindung der Hilfebedürftigkeit ein besonderes Zusammenwirken des Hilfebedürftigen und des Trägers der Sozialhilfe erforderlich ist, hierüber in geeigneten Fällen eine schriftliche Vereinbarung abgeschlossen werden soll. § 12 SGB XII geht sowohl von den Voraussetzungen her als auch von der Tragweite weit über § 17 Abs. 2 BSHG hinaus. Generell soll hiermit die kooperative Vorgehensweise im SGB XII gestärkt werden.[4]

III. Parallelvorschriften

3 Die Leistungsabsprache findet keine direkte Entsprechung in anderen Rechtsgebieten. Allerdings weist sie eine gewisse Ähnlichkeit zur Eingliederungsvereinbarung nach § 15 SGB II bzw. nach § 37 Abs. 2 SGB III auf, deren Hauptziel aber eine Eingliederung des Arbeitsuchenden in den Arbeitsmarkt ist und deren Nichterfüllung jeweils auch sanktioniert wird[5] (§§ 31 Abs. 1 Satz 1 Nr. 1, 31a Abs. 1 SGB XII, § 138 Abs. 4 Nr. 1 SGB III, § 159 Abs. 1 Satz 2 Nr. 3 SGB III). Gemeinsam ist den Instrumenten in SGB II, SGB III und SGB XII die Betonung des kooperativen, nicht hoheitlichen Verwaltungshandelns zur zielgenaueren Betreuung der jeweiligen Leistungsberechtigten.[6]

---

[1] Die Kommentierung basiert lose auf Ausführungen von *Spellbrink* in der Vorauflage.
[2] BGBl I 2003, 3022.
[3] BT-Drs. 15/1514.
[4] BT-Drs. 15/1514, S. 56 zu § 12.
[5] Vgl. zu den einzelnen Sanktionen im SGB II, SGB III und SGB XII auch *Eicher* in: Knickrehm/Rust, Arbeitsmarkt in der Krise, 2010, S. 73 ff.
[6] Zum Vertragscharakter im Sozialrecht generell *Spellbrink*, NZS 2010, 649.

Eine Ähnlichkeit zur Leistungsabsprache und insbesondere zum gemeinsam aufzustellenden Förderplan weist auch der in § 36 Abs. 2 Satz 2 SGB VIII zur Kinder- und Jugendhilfe aufgeführte Hilfeplan auf. Dieser ist inhaltlich weiterreichender als der in die Leistungsabsprache zu integrierende Förderplan, eine anspruchsbegründende Funktion kommt ihm jedoch nicht zu.[7]

Der dem § 12 SGB XII immanente Kooperationsgedanke ist auch in § 10 Abs. 1 und 2 SGB IX enthalten. Danach haben die nach § 14 SGB IX zuständigen Leistungsträger oder die Rehabilitationsämter in Abstimmung mit den Leistungsberechtigten erforderliche Leistungen funktionsbezogen festzustellen und schriftlich zusammenzustellen. Auch bei dieser Vorschrift wird dem Selbstbestimmungsgedanken (§ 1 Satz 1 SGB IX) und dem Wunsch- und Wahlrecht (§ 9 SGB IX) in besonderer Art Rechnung getragen.

IV. Systematische Zusammenhänge

§ 12 SGB XII stellt zunächst eine Konkretisierung der Hinarbeitensverpflichtung aus § 1 Satz 3 SGB XII dar. Auch die nach § 9 Abs. 2 SGB XII zu berücksichtigenden Wünsche des Leistungsberechtigten (§ 9 Abs. 2 SGB XII) können in eine Leistungsabsprache einfließen. Der vom Wortlaut des § 12 Satz 1 SGB XII aufgezählte Inhalt („Situation", „Notlage", „aktive Teilnahme an der Gemeinschaft") lässt eine klare Bezugnahme auf die in § 11 SGB XII aufgeführten Beratungs- und Unterstützungspflichten erkennen. Auch dürfte die Leistungsabsprache Raum für die Dokumentation der nach § 9 SGB XII zu berücksichtigenden Wünsche des Leistungsberechtigten bieten. In Satz 3 der Vorschrift wird unmittelbar auf die in § 17 Abs. 2 Satz 2 SGB XII enthaltene Pflicht zur Überprüfung von Leistungen im Hinblick auf die sie tragenden Ziele Bezug genommen. In § 44 Abs. 2 SGB XII wird der in § 12 Satz 1 SGB XII vorgegebene Regelfall der Erstellung einer Leistungsabsprache („soll") für die Grundsicherung im Alter zu einer Ermessensentscheidung herabgestuft („kann"). Nach § 58 SGB XII ist ein Gesamtplan zu erstellen, der nach § 12 Satz 5 SGB XII dem in eine Leistungsabsprache ggf. integrierten Förderplan nach Satz 2 in jedem Falle vorgeht. Das Gleiche gilt für einen nach § 68 Abs. 1 Satz 2 SGB XII aufzustellenden Gesamtplan zur Überwindung besonderer sozialer Schwierigkeiten.

V. Ausgewählte Literaturhinweise

Baur, Leistungsabsprache nach SGB XII, Sozialrecht aktuell 2006, 51; *Berlit*, Eingliederungsvereinbarung nach dem SGB II – Rechtsrahmen und Rechtsschutz, Sozialrecht aktuell 2006, 41; *Busse*, Die Eingliederungsvereinbarung als öffentlich-rechtlicher Vertrag oder kooperatives und informelles Verwaltungshandeln, RsDE Nr 67, 56 (2008); *Frings*, Zum Rechtscharakter von Eingliederungsvereinbarungen nach SGB II und Leistungsabsprachen nach SGB XII, Sozialrecht aktuell 2006, 33-36; *Kretschmer*, Sozialhilfe durch Vertrag, DÖV 2006, 893; *Lang*, Die Eingliederungsvereinbarung zwischen Autonomie und Bevormundung, NZS 2006, 176; *Schweiger*, Rechtliche Einordnung der durch das Job-AQTIV-Gesetz in das Arbeitsförderungsrecht eingefügten Eingliederungsvereinbarung (§ 35 Abs 4 SGB III), NZS 2002, 410; *Spellbrink*, Eingliederungsvereinbarung nach dem SGB II und Leistungsabsprache nach dem SGB XII aus Sicht der Sozialgerichtsbarkeit, Sozialrecht aktuell 2006, 52-56; *Spellbrink*, Die Eingliederungsvereinbarung nach § 15 SGB II und ihre Sanktionierung, in: Spellbrink (Hrsg.), Das SGB II in der Praxis der Sozialgerichte, 2010; *Spellbrink*, Sozialrecht durch Verträge?, NZS 2010, 649; *Waibel*, Die Anspruchsgrundlage im SGB II, NZS 2005, 512.

B. Auslegung der Norm

I. Regelungsgehalt und Bedeutung der Norm

Nach Satz 1 soll spätestens vier Wochen nach Beginn fortlaufender Leistungen eine schriftliche Leistungsabsprache unterzeichnet werden. In dieser sollen gemeinschaftlich die Situation der leistungsberechtigten Personen sowie Wege zur Überwindung der Notlage und Möglichkeiten der aktiven Teilnahme in der Gesellschaft festgehalten werden. Satz 2 sieht vor, dass ggf. ein Förderplan in die Leistungsabsprache einzubeziehen ist. In der Leistungsabsprache kann festgelegt werden, dass Leistungen im Hinblick auf die sie tragenden Ziele zu überprüfen sind (Satz 3). Die Absprache soll nach Satz 4 regelmäßig gemeinsam überprüft und fortgeschrieben werden. Nach Satz 5 gehen abweichende Regelungen im SGB XII dem Inhalt der Leistungsabsprache vor.

---

[7] BVerwG v. 24.06.1999 - 5 C 24/98 - BVerwGE 109, 155-169.

II. Normzweck

9 Der Leistungsabsprache nach § 12 SGB XII kommt nicht die zentrale Funktion für das SGB XII zu wie der Eingliederungsvereinbarung nach § 15 SGB II. Dort ist die Eingliederungsvereinbarung wegen des Fehlens einer Grundnorm[8] geradezu konstitutives Umsetzungsscharnier[9] zwischen vagem Gesetzestext und konkreten Rechtspflichten im Einzelfall[10], die ohne Eingliederungsvereinbarung nicht geregelt wären. § 12 SGB XII dürfte dagegen eine klarstellende Funktion zukommen. Sie verkörpert die Wahrnehmung und Erfüllung der in § 11 SGB XII angeordneten Aufklärungs- und Beratungspflichten einerseits und der vom Leistungsberechtigten geäußerten Wünsche nach § 9 SGB XII andererseits. Neben einer deutlichen Ermittlungsfunktion zur Unterstützung des Untersuchungsgrundsatzes (§ 20 SGB X) dient sie auch Prüf- und Beweiszwecken. Die Behörde ist durch die Formulierung einer solchen Leistungsabsprache wegen des in § 12 Satz 1 SGB XII vorgegebenen Inhalts notwendig gehalten, die Wahrnehmung ihrer aus § 11 SGB XII resultierenden Pflichten kritisch zu überdenken. Gleichzeitig wird dokumentiert, welche Wünsche der Leistungsberechtigte (§ 9 SGB XII) geäußert hat. Die Ausformulierung und Unterzeichnung durch beide Parteien hilft gleichzeitig, etwa bestehende Missverständnisse und Unklarheiten zu vermeiden und ggf. zu beseitigen. Letztlich wird über die Leistungsabsprache eine mittelbare Pflicht zur Verschriftlichung der nach § 11 SGB XII zu erbringenden Beratungsleistung statuiert, was die Rechtsprechung jedenfalls zur aus § 17 BSHG resultierenden Beratungspflicht noch abgelehnt hatte.[11]

III. Rechtsnatur der Leistungsabsprache

10 Die Leistungsabsprache stellt keinen öffentlich-rechtlichen Vertrag dar, worauf der Gesetzgeber in der Begründung ausdrücklich hinweist.[12] Er bringt das im Wortlaut der Norm zum Ausdruck, wenn dort die einzelnen Merkmale der Leistungsabsprache aufgeführt werden. Satz 1 begründet damit erkennbar kein Rechtsverhältnis, sondern setzt dieses voraus. Das ergibt sich auch aus der Bezugnahme auf fortlaufende Leistungen, die bereits gewährt werden oder deren Gewährung unmittelbar bevorsteht. Der Unterschied zum öffentlich-rechtlichen Vertrag lässt sich besonders am Beispiel der Eingliederungsvereinbarung nach § 15 SGB II verdeutlichen. Die nach § 15 Abs. 1 Satz 6 SGB II auch durch Verwaltungsakt herbeiführbaren Regelungen im Sinne des § 15 Abs. 1 Satz 2 SGB II lassen deutlich erkennen, dass es sich bei der Eingliederungsvereinbarung bereits nach der gesetzgeberischen Intention um einen öffentlich-rechtlichen Vertrag (in Form des subordinationsrechtlichen Vertrages[13]) handeln muss[14], der das maßgebliche Leistungsverhältnis im Sinne des § 53 Abs. 1 Satz 1 SGB X erst begründet. Eine solche Funktion der Begründung, Änderung oder Aufhebung eines Rechtsverhältnisses (§ 53 Abs. 1 Satz 1 SGB X) hat die Leistungsabsprache nicht. Der Gesetzgeber wollte vielmehr einer kooperativen Vorgehensweise[15] in Umsetzung des in § 1 Satz 3 SGB XII enthaltenen Auftrags bei Ausgestaltung des nach dem SGB XII entstehenden Leistungsverhältnisses einen Rahmen geben. Deshalb gehen nach Satz 5 sämtliche von § 12 SGB XII abweichende Regelungen des SGB XII der Leistungsabsprache vor. Diesem Hinweis ist zu entnehmen, dass die (keine Regelung enthaltende) Leistungsabsprache gesetzliche Regelungen des SGB XII weder verdrängen noch ersetzen kann, sie steht zu solchen wegen dieser unterschiedlichen rechtlichen Qualifikation auch in keinem Spezialitätsverhältnis. Dasselbe gilt für den in diese Absprache einzubeziehenden Förderplan des Satzes 2, dessen Inhalt und Rechtsnatur ebenfalls als schlichtes, informelles Verwaltungshandeln zu qualifizieren ist.

11 Die Vorschrift enthält jedoch eine objektiv-rechtliche Pflicht[16] der Behörde, auf eine solche Leistungsabsprache hinzuwirken. Das ergibt sich bereits aus der Gesetzesbindung der Exekutive (Art. 20 Abs. 3 GG). Durch die Formulierung „soll" ist allerdings zum Ausdruck gebracht, dass diese Pflicht nur im Regelfall besteht. In besonderen Situationen und Fallgestaltungen kann davon abgesehen werden. Das

---

[8] Vgl. *Waibel*, NZS 2005, 512.
[9] So *Spellbrink* in: jurisPK-SGB XII, 1. Aufl. 2011, § 12 Rn. 7.
[10] *Spellbrink*, Die Eingliederungsvereinbarung nach § 15 SGB II und ihre Sanktionierung, in: Spellbrink, 2010, S. 45 ff.
[11] VGH München v. 13.03.1996 - 12 CE 95.4106 - BeckRS 1996, 16650.
[12] BT-Drs. 15/1514, S. 56.
[13] Bayerisches Landessozialgericht v. 05.12.2012 - L 16 AS 927/11 - juris Rn. 20.
[14] So auch *Sonnhoff* in: jurisPK-SGB II, 3. Aufl. 2012, § 15 Rn. 25; das Bundessozialgericht hält diese Qualifikation zumindest für naheliegend, BSG v. 06.12.2012 - B 11 AL 15/11 R - BSGE 112, 241-251.
[15] BT-Drs. 15/1514, S. 56.
[16] Ebenso *Grube* in: Grube/Wahrendorf, SGB XII, 4. Aufl. 2012, § 12 Rn. 5.

wird insbesondere dann der Fall sein, wenn sich der Leistungsberechtigte jeder Mitwirkung verschließt, in diesem Fall stünde die Behörde bei der Anordnung einer ausnahmslosen Verpflichtung vor einem kaum aufzulösenden Dilemma, da die Absprache ja nicht konstitutiv für die Leistungserbringung ist und eine Pflicht in diesem Fall zu einer Formalie verkäme. Ein subjektiv-öffentliches Recht auf Abschluss einer Leistungsabsprache korrespondiert der objektiv-rechtlichen Pflicht ohnehin nicht[17], was sich aus Inhalt und Rechtswirkung der Leistungsabsprache selbst ergibt. Durch die Leistungsabsprache können Rechte nicht begründet werden, sie kann allerdings ermessenslenkend wirken (vgl. Rn. 15). Ein Verwaltungsverfahren ist nach § 8 SGB X auf den Erlass eines Verwaltungsaktes oder den Abschluss eines öffentlich-rechtlichen Vertrags gerichtet, die Leistungsabsprache stellt insofern allenfalls einen informellen Realakt dar. Hieran ändert auch die von § 12 Satz 1 SGB XII geforderte Unterzeichnung der Absprache nichts.

IV. Gegenstand der Leistungsabsprache

Satz 1 beschränkt den Inhalt der Leistungsabsprache auf drei Gegenstände: 12
- die Situation der leistungsberechtigten Person,
- Wege zur Überwindung der Notlage,
- gebotene Möglichkeiten der aktiven Teilnahme in der Gemeinschaft.

Durchaus sinnvoll ist die feststellende Umschreibung der konkreten Situation der leistungsberechtigten Personen. Diese Umschreibung setzt eine Auseinandersetzung der Beteiligten mit dieser Situation voraus, die wiederum Grundlage für die ordnungsgemäße, aus § 11 Abs. 1, Abs. 2 Satz 1 SGB XII resultierende Beratungspflicht sein muss. Die Vorbereitung und Erstellung der Leistungsabsprache geht mit diesen Pflichten einher. Das gilt auch für die vom Gesetz vorgegebene Ausformulierung der Wege zur Überwindung der Notlage und zu gebotenen Möglichkeiten der aktiven Teilnahme in der Gemeinschaft. Beides ist Gegenstand der Beratungspflicht, vgl. § 11 Abs. 2 Sätze 2 und 3 SGB XII. Auch zur Dokumentation der nach § 9 Abs. 1 SGB XII zu berücksichtigenden individuellen Bedarfslage ist die Bestandsaufnahme sinnvoll, weshalb sie Eingang in den Wortlaut gefunden haben dürfte. 13

Satz 1 schreibt eine Unterzeichnung durch beide Parteien vor. Durch diese Unterzeichnung wird der eigentliche Zweck der Leistungsabsprache erreicht. Die Behörde unterzeichnet eine Absprache, welche das Ergebnis konkreter Beratungspflichten im Sinne des § 11 SGB XII dokumentiert und vor allem ausformuliert. Der Leistungsempfänger erklärt durch seine Unterschrift, dass diese Beratung stattgefunden hat. Ihm wird außerdem Gelegenheit gegeben, gegebenenfalls Unrichtigkeiten klarzustellen. Sollte er Wünsche im Sinne des § 9 SGB XII geäußert haben, würden die sich ebenfalls in der Leistungsabsprache wiederfinden. Durch die Unterschrift gibt er zu erkennen, dass diese Wünsche in der von ihm tatsächlich beabsichtigten Form zur Kenntnis genommen und in der Leistungsabsprache verkörpert wurden. 14

Satz 3 nimmt unmittelbar Bezug auf § 17 Abs. 2 Satz 2 SGB XII, der eine Überprüfung von Ermessensleistungen (also die Leistungserbringung nach Art und Maß) im Hinblick auf die sie tragenden Gründe und Ziele vorschreibt. Eine Änderung der Leistungen, wie sie § 17 Abs. 2 Satz 2 SGB XII ermöglicht, ist in § 12 Satz 3 SGB XII naturgemäß nicht vorgesehen. Die Vorschrift soll ihrem Wortlaut nach vielmehr auch insoweit dazu dienen, Anlass und Maßstab für die Überprüfung nach § 17 Abs. 2 Satz 2 SGB XII gemeinsam festzulegen. Bereits aus der gewählten Terminologie „festlegen" lässt sich hierfür ein gewisser Grad an Verbindlichkeit ableiten. Weicht die Behörde später davon im Rahmen der Prüfung ab, wird dies nur bei Vorliegen von besonderen Gründen möglich sein, anderenfalls können durch die Abweichung Ermessensfehler begründet werden (vgl. § 39 SGB XII). Dieser Prüfungsmaßstab ist nicht zwingend in die Leistungsabsprache aufzunehmen, der Behörde ist hierüber ein Ermessen eingeräumt. 15

Schließlich ist Satz 4 über die regelmäßige Überprüfung und Fortschreibung der Leistungsabsprache sehr vage gehalten. Auch insofern besteht lediglich die objektiv-rechtliche Pflicht zur Überprüfung, um Änderungen im Sinne der nach Satz 1 festzuhaltenden Absprachegegenstände festzuhalten und damit die Wahrnehmung der eigentlichen aus den §§ 9 und 11 SGB XII resultierenden Pflichten zu dokumentieren. Auf genauere Fristen hat der Gesetzgeber, anders als in § 15 Abs. 1 Sätze 3 und 4 SGB II, bewusst verzichtet.[18] Die Notwendigkeit der Anpassung muss sich aus den Umständen ergeben. 16

---

[17] So zutreffend das BSG zu der wesentlich verrechtlichteren Eingliederungsvereinbarung nach § 15 SGB II: BSG v. 22.09.2009 - B 4 AS 13/09 R - SozR 4-4200 § 15 Nr. 1, wobei dort lediglich darüber zu entscheiden war, ob ein vorrangiger Anspruch auf Abschluss der Vereinbarung anstelle des Erlasses eines nach § 15 Abs. 1 Satz 1 SGB XII ebenfalls möglichen Verwaltungsaktes besteht.

[18] BT-Drs. 15/1514, S. 56.

V. Der Förderplan (Satz 2)

17 Der Förderplan nach Satz 3 stellt ein vorbereitendes Instrument dar, der nach dem Wortlaut in die Leistungsabsprache einzubeziehen ist. Dem Förderplan wohnt damit ebenfalls keine Regelung inne, er ist kein Verwaltungsakt, sondern lediglich Richtschnur für die durchzuführenden Maßnahmen. Insbesondere die Festlegung der erforderlichen Maßnahmen obliegt dem Leistungsträger im Rahmen seines Ermessens und der Leistungsberechtigte kann wegen der ergänzenden Wirkung zur ebenfalls keine subjektiven Rechte begründenden Leistungsvereinbarung aus dem Förderplan keine gesonderten Rechtsansprüche ableiten.[19] Für eine prozessuale Durchsetzbarkeit etwa im Wege einer Klage fehlt damit das notwendige rechtliche Interesse bzw. die für eine Klage zum SG erforderliche rechtliche Betroffenheit. Ganz ohne Folge kann ein abgestimmter Förderplan andererseits nicht bleiben. Als Bestandteil der Leistungsabsprache enthält er eine Prognose über die Bedarfe des Leistungsberechtigten. Eine solche dokumentierte Prognose ist in die Ermessensentscheidung über die Leistungsgewährung nach § 17 Abs. 2 Satz 1 SGB XII einzubeziehen. Tragende „Gründe und Ziele" der Leistungsentscheidung im Sinne des § 17 Abs. 2 Satz 2 SGB XII sind zu überprüfen und die Entscheidungen sind gegebenenfalls abzuändern. Es bedarf mithin einer besonderen Begründung im Rahmen der Ermessensausübung, wenn von den im Förderplan festgehaltenen Leistungen abgewichen wird, anderenfalls kann sich die Abweichung als Ermessensfehler im Sinne des § 39 SGB I darstellen.

VI. Sanktionen/Rechtsfolgen

18 Aus der Leistungsabsprache folgen weder für die Behörde noch für den betroffenen Bürger unmittelbar Rechtspflichten oder Rechtsansprüche. Weder wird im SGB XII ein Zwang zum Abschluss der Leistungsabsprache noch zur Einhaltung der „Pflichten" aus der Leistungsabsprache normiert. Die Hinweise auf § 39a SGB XII und § 103 SGB XII[20] gehen insoweit fehl, als die Leistungsabsprache – anders als die Eingliederungsvereinbarung in § 31 Abs. 1 Satz 1 Nr. 1 SGB II – gerade nicht Voraussetzung oder Vorbedingung dieser Sanktionen ist. Die Leistungsabsprache des § 12 SGB XII stellt damit im Hinblick auf unmittelbar abzuleitende Folgen ein rechtliches nullum[21] dar, was sich auch in der forensischen Bedeutungslosigkeit widerspiegelt. Jedenfalls sind ersichtlich weder um den Abschluss noch um den Inhalt und schon gar nicht um die Rechtsfolgen einer Leistungsabsprache bislang Rechtsstreite geführt worden. Allerdings ergibt sich eine gewisse Bedeutung der Leistungsabsprache für die Ermessensausübung (vgl. dazu die Ausführungen in Rn. 15 sowie Rn. 17).

19 Ebenso wenig können aus der Leistungsabsprache Obliegenheiten für den Leistungsempfänger resultieren. Die Mitwirkungspflichten der §§ 60 ff. SGB I sind insofern einer (vertraglichen) Abbedingung nicht zugänglich, so dass auch die in der Leistungsabsprache festzulegenden Wege zur Überwindung der Notlage allenfalls realaktähnliche Zustands- und Wunschbeschreibungen sind.

20 Die Leistungsabsprache dient aber nach dem hier vertretenen Verständnis der Sachaufklärung sowie der Dokumentation von Pflichten. Dem von beiden Parteien unterzeichneten Inhalt nach Satz 1 der Vorschrift kommt deshalb prozessuale Bedeutung zu. So wird ein Leistungsempfänger kaum Ansprüche aus dem sozialrechtlichen Herstellungsanspruch etwa wegen eines Verstoßes gegen die aus § 10 Abs. 2 SGB XII oder § 11 Abs. 1 SGB XII resultierenden Pflichten geltend machen können, wenn der Umfang seiner (ordnungsgemäßen) Beratung nach § 11 SGB XII dokumentiert und von ihm unterzeichnet wurde. Darin unterscheidet sich die Leistungsabsprache vom einseitig verfassten Aktenvermerk, dem sicherlich über die darin festgehaltene Dokumentation einer Beratung ebenfalls prozessuale Bedeutung zukommen kann. Der Unterzeichnung der Leistungsabsprache wohnt aber prima facie gerade die Erklärung inne, diese Beratung zumindest wahrgenommen und verstanden zu haben. Auch der Kausalitätsnachweis ist dann durchaus problematisch. Umgekehrt können Verstöße gegen den Untersuchungsgrundsatz im Sinne des § 20 SGB XII Amtshaftungsansprüche (§ 839 BGB) begründen.[22]

---

[19] *Luthe* in: Hauck/Noftz, SGB XII, K § 12 Rn. 21, Stand XII/04 will dennoch einen mit der allgemeinen Leistungsklage verfolgbaren Anspruch auf Aufstellung und Anpassung des Förderplans einräumen.
[20] So *Wahrendorf* in: Grube/Wahrendorf, SGB XII, 4. Aufl. 2012, § 12 Rn. 10.
[21] *Spellbrink* in: jurisPK-SGB XII, 1. Aufl. 2011, § 12 Rn. 14.
[22] BVerfG v. 21.11.2012 - 1 BvR 1711/09 - juris Rn. 16.

§ 13 SGB XII Leistungen für Einrichtungen, Vorrang anderer Leistungen

(Fassung vom 02.12.2006, gültig ab 07.12.2006)

(1) ¹Die Leistungen können entsprechend den Erfordernissen des Einzelfalles für die Deckung des Bedarfs außerhalb von Einrichtungen (ambulante Leistungen), für teilstationäre oder stationäre Einrichtungen (teilstationäre oder stationäre Leistungen) erbracht werden. ²Vorrang haben ambulante Leistungen vor teilstationären und stationären Leistungen sowie teilstationäre vor stationären Leistungen. ³Der Vorrang der ambulanten Leistung gilt nicht, wenn eine Leistung für eine geeignete stationäre Einrichtung zumutbar und eine ambulante Leistung mit unverhältnismäßigen Mehrkosten verbunden ist. ⁴Bei der Entscheidung ist zunächst die Zumutbarkeit zu prüfen. ⁵Dabei sind die persönlichen, familiären und örtlichen Umstände angemessen zu berücksichtigen. ⁶Bei Unzumutbarkeit ist ein Kostenvergleich nicht vorzunehmen.

(2) Einrichtungen im Sinne des Absatzes 1 sind alle Einrichtungen, die der Pflege, der Behandlung oder sonstigen nach diesem Buch zu deckenden Bedarfe oder der Erziehung dienen.

Gliederung

A. Basisinformation 1
I. Textgeschichte/Gesetzgebungsmaterialien 1
II. Vorgängervorschriften............ 3
III. Parallelvorschriften............ 5
IV. Systematische Zusammenhänge 7
1. Grundsatz „ambulant vor stationär"............ 7
2. Abgrenzung zum Einrichtungsbegriff des SGB II............ 9
V. Ausgewählte Literaturhinweise............ 11
B. Auslegung der Norm 12
I. Regelungsgehalt und Bedeutung der Norm 12
II. Normzweck 14
III. Tatbestandsmerkmale............ 16
1. Arten der Leistungserbringung (Absatz 1 Satz 1)............ 16
a. Leistungen in Einrichtungen 17
b. Ambulante Leistungen............ 25

2. Grundsatz: Vorrang ambulanter vor stationären Leistungen (Absatz 1 Satz 2)............ 28
3. Ausnahmen vom Grundsatz (Absatz 1 Sätze 3-6)............ 31
a. Allgemeines............ 31
b. Geeignetheit der Einrichtung 33
c. Zumutbarkeit der stationären Leistung 34
d. Unverhältnismäßigkeit der Mehrkosten für eine ambulante Leistung 41
e. Mehrkostenvorbehalt auch bei teilstationären Leistungen?............ 47
4. Ermessen............ 50
5. Verhältnis zum Wunschrecht (§ 9 Abs. 2 SBG XII) 51
6. Begriff der Einrichtung im Sinne des Absatzes 2............ 53

A. Basisinformation

I. Textgeschichte/Gesetzgebungsmaterialien

Die Norm ist durch das Gesetz zur Einordnung des Sozialhilferechts in das Sozialgesetzbuch vom 27.12.2003[1] als Teil des damals neu geschaffenen SGB XII zum 01.01.2005 in Kraft getreten. Der Gesetzgeber verfolgte mit ihr das Ziel, die auf verschiedene Stellen im BSHG verteilten Regelungen zum Verhältnis der ambulanten, teilstationären und stationären Leistungen zusammenzufassen und zu präzisieren.[2]

Durch das Gesetz zur Änderung des Zwölften Buches Sozialgesetzbuch und anderer Gesetze vom 02.12.2006[3] wurde mit Wirkung vom 07.12.2006 der bis dahin geltende Absatz 1 Satz 2, der eine Konkretisierung des Begriffs der stationären Einrichtung enthielt, aus Gründen der Klarstellung ersatzlos gestrichen, weil dieser zuvor entgegen dem Willen des Gesetzgebers als Definition missverstanden worden war.[4]

---
[1] BGBl I 2003, 3022.
[2] BT-Drs. 15/1514, S. 56.
[3] BGBl I 2006, 2670.
[4] Vgl. BT-Drs. 16/2711, S. 10.

II. Vorgängervorschriften

3 Absatz 1 der Norm ist aus dem früheren § 3a BSHG hervorgegangen, der bereits grundsätzlich den Vorrang der „offenen Hilfe" gegenüber Leistungen in Einrichtungen vorsah.

4 Die Definition des Einrichtungsbegriffs in Absatz 2 stimmt inhaltlich mit dem früheren § 97 Abs. 4 BSHG überein.

III. Parallelvorschriften

5 Vergleichbar mit dem in § 13 Abs. 1 Satz 2 SGB XII festgeschriebenen Rangverhältnis „ambulant vor stationär" statuiert § 3 SGB XI für den Bereich der **sozialen Pflegeversicherung** den Vorrang der häuslichen Pflege sowie der teilstationären gegenüber der vollstationären Pflege.

6 Demgegenüber wird für den Bereich der **Rehabilitation** in § 19 Abs. 2 SGB IX ein Rangverhältnis zwischen stationären und ambulanten Leistungen für behinderte und von Behinderung bedrohte Menschen ausdrücklich nicht aufgestellt. Zwar war es auch hier die Intention des Gesetzgebers, den ambulanten und teilstationären Leistungen eine größere Bedeutung zu geben. Der Grundsatz „ambulant vor stationär" soll jedoch in dieser Form nicht gelten, sondern es soll unter Berücksichtigung aller Umstände des Einzelfalles vor allem die Wirksamkeit der Maßnahme entscheidend sein.[5] Eine Übertragung dieser gesetzgeberischen Entscheidung auf die im Rahmen der Eingliederungshilfe nach den §§ 53 ff. SGB XII erbrachten Rehabilitationsleistungen scheidet jedoch aus: Zwar gelten für die zu erbringenden Teilhabeleistungen die Vorschriften des SGB IX. Nach § 53 Abs. 4 SGB XII, § 7 SGB IX gehen jedoch die besonderen, für den jeweiligen Rehabilitationsträger geltenden Vorschriften denen des SGB IX vor, so dass die in § 13 Abs. 1 Satz 2 SGB XII getroffene Entscheidung grundsätzlich vorrangig ist.

IV. Systematische Zusammenhänge

1. Grundsatz „ambulant vor stationär"

7 Der in § 13 Abs. 1 Satz 2 SGB XII niedergelegte Grundsatz „ambulant vor stationär" gilt nicht uneingeschränkt, sondern er kann unter den Voraussetzungen des § 9 Abs. 2 Satz 2 SGB XII durchbrochen werden. Das dem Leistungsempfänger zustehende **Wunsch- und Wahlrecht** kann im Einzelfall zu einer Gewährung stationärer Leistungen trotz bestehender ambulanter Alternativen führen, wenn die Besonderheiten des Einzelfalles dies erfordern, weil ansonsten der Bedarf nur unzureichend gedeckt würde. Erforderlich ist dann aber außerdem, dass mit der konkreten Einrichtung Vereinbarungen nach dem Zehnten Kapitel des SGB XII bestehen.

8 Systematisch konsequent wird im Rahmen der Leistungen nach dem Siebten Kapitel des SGB XII (**Hilfe zur Pflege**) der Vorrang ambulanter vor stationären Leistungen nochmals aufgegriffen: Durch § 63 Satz 1 SGB XII wird der Sozialhilfeträger zu einer möglichst weitgehenden Förderung der ambulanten Pflege verpflichtet, was insbesondere durch die Formulierung „reicht häusliche Pflege aus" zum Ausdruck kommt (vgl. dazu die Kommentierung zu § 63 SGB XII Rn. 17).

2. Abgrenzung zum Einrichtungsbegriff des SGB II

9 Dem Einrichtungsbegriff kommt auch zur Abgrenzung der Anwendungsbereiche zwischen dem SGB XII und der Grundsicherung für Arbeitsuchende nach dem SGB II Bedeutung zu. Erwerbsfähige Hilfebedürftige sind grundsätzlich nach dem SGB II leistungsberechtigt und insoweit von Sozialhilfeleistungen ausgeschlossen (§ 21 Satz 1 SGB XII). § 7 Abs. 4 SGB II regelt allerdings einen Leistungsausschluss nach dem SGB II bei Unterbringung in einer stationären Einrichtung ab dem ersten Tag der Aufnahme. Ab diesem Zeitpunkt besteht ein Anspruch nach dem SGB XII, so dass es naheläge, für die Abgrenzung einen einheitlichen Einrichtungsbegriff zu Grunde zu legen.

10 Das BSG hat jedoch einen Rückgriff auf den sozialhilferechtlichen Einrichtungsbegriff abgelehnt[6] und stattdessen zumindest für die ab 01.01.2005 geltende Fassung des § 7 Abs. 4 SGB II einen eigenen, **funktionalen Einrichtungsbegriff** als Abgrenzungskriterium zu Grunde gelegt. Wegen der erwerbszentrierten Ausrichtung des SGB II sei die Abgrenzung danach vorzunehmen, ob auf Grund der objektiven Struktur und Art der jeweiligen Institution für den Hilfebedürftigen eine Erwerbstätigkeit möglich sei, seine Unterbringung also eine wöchentliche Arbeitszeit von mindestens 15 Stunden zulasse.[7]

---

[5] BR-Drs. 49/01, S. 308 f.
[6] BSG v. 06.09.2007 - B 14/7b AS 16/07 R - juris Rn. 15 - SozR 4-4200 § 7 Nr. 7.
[7] BSG v. 06.09.2007 - B 14/7b AS 16/07 R - juris Rn. 16 - SozR 4-4200 § 7 Nr. 7.

Abgestellt wurde demnach allein auf die objektive Möglichkeit der Erwerbstätigkeit, ohne dass eine solche notwendig auch ausgeübt werden musste. Ob diese Rechtsauffassung auch für die zum 01.08.2006 in Kraft getretene Fassung des § 7 Abs. 4 SGB II[8] gelten soll, hat das BSG bislang offen gelassen. Es hat lediglich für Strafvollzugseinrichtungen klargestellt, dass nicht die objektive Eignung der Maßnahme für eine mindestens 15-stündige Tätigkeit ausreicht, sondern eine solche auch tatsächlich ausgeübt werden muss.[9] Zweifel an der bisherigen Rechtsauffassung ergeben sich jedenfalls aus dem Umstand, dass der Gesetzgeber mit der in § 7 Abs. 4 Satz 3 Nr. 2 SGB II eingeführten Rückausnahme von der Fiktion der Erwerbsunfähigkeit zwar der erwerbszentrierten Definition Rechnung getragen, jedoch offensichtlich eine tatsächliche Erwerbstätigkeit zur Voraussetzung gemacht hat.[10] Ungeachtet dieser Frage dürfte es aber weiterhin dabei bleiben, dass für die Weichenstellung, ob ein Hilfebedürftiger innerhalb einer Einrichtung (im untechnischen Sinne) Leistungen nach dem SGB II oder aber dem SGB XII erhalten kann, nicht auf den sozialhilferechtlichen Einrichtungsbegriff, wie er in § 13 SGB XII verstanden wird, zurückgegriffen werden kann.

V. Ausgewählte Literaturhinweise

Hacke, Unterfallen ambulante Pflegeleistungen dem Begriff der „Leistungen für Einrichtungen" im Sinne des § 19 Abs. 6 SGB XII?, ZFSH/SGB 2012, 377 ff.; *Kramer*, Zu den Grenzen des Vorrangs ambulanter Pflegehilfe bei billigerer Heimpflege im Sinne von § 13 Abs. 1 Sätze 2 bis 6 SGB XII, ZfF 2010, 55 ff.; *Münning*, Mehrkostenvorbehalt ade? Subjektiv-öffentliche Rechte aus der UN-BRK?, NDV 2013, 148; *Pattar*, Sozialhilferechtliches Dreiecksverhältnis – Rechtsbeziehungen zwischen Hilfebedürftigen, Sozialhilfeträgern und Einrichtungsträgern, Sozialrecht aktuell 2012, 85 ff.; *Schumacher*, Ambulant vor stationär bei einer Demenzerkrankung, RdLH 2009, 162.   11

B. Auslegung der Norm

I. Regelungsgehalt und Bedeutung der Norm

Die Vorschrift verdeutlicht in ihrem Absatz 1, dass Leistungen nach dem SGB XII außerhalb von Einrichtungen, also ambulant, oder aber in teilstationären oder stationären Einrichtungen erbracht werden können, und regelt das Verhältnis der Leistungsarten untereinander. Innerhalb dieser Vorgaben wird das „Wie" der Leistungen in das Ermessen der Verwaltung gestellt.   12

Absatz 2 enthält eine nähere Konkretisierung des in Absatz 1 verwendeten Einrichtungsbegriffs.   13

II. Normzweck

Der in Absatz 1 Satz 2 niedergelegte Grundsatz „ambulant vor stationär" soll nach dem Willen des Gesetzgebers in erster Linie der Unterstützung behinderter und pflegebedürftiger Menschen dienen, denen es weitestgehend ermöglicht werden soll, ein **selbstbestimmtes und selbstständiges Leben** zu führen.[11] Dahinter steht der Gedanke, dass eine ambulante Betreuung es den Leistungsempfängern ermöglicht, in ihrem häuslichen, familiären und sozialen Umfeld zu verbleiben. Zudem stellen sich ambulante Hilfen als oftmals kostengünstiger dar.   14

Die **Ausnahmetatbestände** in den Sätzen 3 bis 6 sollen darüber hinaus sicherstellen, dass einerseits ein Kostenvergleich angestellt werden kann, andererseits aber auch die persönlichen Belange des Leistungsberechtigten angemessen Berücksichtigung finden. So soll etwa vermieden werden, dass ein junger Pflegebedürftiger allein aus Kostenerwägungen zu einer Aufnahme in eine Einrichtung, die ausschließlich der Pflege und Betreuung alter Menschen dient, veranlasst wird.[12]   15

---

[8] BGBl I 2006, 1706.
[9] BSG v. 24.2.2011 - B 14 AS 81/09 R - juris Rn. 25 - SozR 4-4200 § 7 Nr 24; BSG v. 21.06.2011 - B 4 AS 128/10 R - juris Rn. 14 f. - SGb 2011, 455.
[10] Vgl. *Thie/Schoch* in: LPK-SGB II, § 7 Rn. 96; a.A. *Spellbrink/Becker* in: Eicher, SGB II, § 7 Rn. 124.
[11] BT-Drs. 15/1514, S. 2.
[12] BT-Drs. 15/1514, S. 56 f.

III. Tatbestandsmerkmale

1. Arten der Leistungserbringung (Absatz 1 Satz 1)

16 Wenn § 13 SGB XII von Leistungserbringung spricht, so können dies grundsätzlich alle Leistungen des Fünften bis Neunten Kapitels des SGB XII mit Ausnahme der Bestattungskosten nach § 74 SGB XII sein, insbesondere solche der Eingliederungshilfe und der Hilfe zur Pflege. Die Unterscheidung, ob es sich um ambulante oder aber stationäre Leistungen handelt, trifft der Gesetzgeber im Rahmen der Legaldefinition des § 13 Abs. 1 Satz 1 SGB XII an Hand des formalen Kriteriums, ob sie innerhalb (dann stationär) oder außerhalb (dann ambulant) einer Einrichtung erbracht werden.[13] Zentrales Unterscheidungsmerkmal ist daher das Vorliegen einer Einrichtung.

a. Leistungen in Einrichtungen

aa. Erfasste Leistungen

17 Bereits in der Rechtsprechung des Bundesverwaltungsgerichts, der sich auch der 8. Senat des BSG angeschlossen hat, wurde unter einer Einrichtung ein in einer besonderen Organisationsform zusammengefasster Bestand von personellen und sächlichen Mitteln unter verantwortlicher Trägerschaft verstanden, der auf gewisse Dauer angelegt und für einen wechselnden Personenkreis zugeschnitten ist und Leistungen der Sozialhilfe erbringt,[14] wobei die Bindung an ein Gebäude[15] gegeben sein muss. Inzwischen hat das BSG seine Rechtsprechung weiter präzisiert: Nunmehr ist nicht mehr das Erbringen von Leistungen der Sozialhilfe erforderlich, sondern es muss „ein **Bezug zur Sozialhilfe oder zur Jugendhilfe**" vorliegen.[16]

18 Die von der Rechtsprechung nunmehr verwendete Definition enthält eine Korrektur in zweierlei Hinsicht: Zum einen berücksichtigt sie, dass § 13 Abs. 2 SGB XII **auch Leistungen der Jugendhilfe** nach dem SGB VIII ausreichen lässt (vgl. dazu auch die Ausführungen Rn. 53). Zum anderen wird klargestellt, dass für die Frage, ob eine Einrichtung vorliegt, nicht auf alle in der Gesamt-„Einrichtung" erbrachten oder denkbaren Leistungen abzustellen ist. Allein das Bestehen einer Vereinbarung nach § 75 SGB XII zwischen dem Einrichtungs- und dem Sozialhilfeträger sagt daher nichts darüber aus, ob im zu beurteilenden Fall von einer Einrichtung im Sinne des § 13 Abs. 2 SGB XII auszugehen ist. Vielmehr muss der konkrete Leistungsfall einen Bezug zu einer möglichen Sozialleistung aufweisen.[17]

19 Nicht erforderlich ist dabei, dass die jeweilige Einrichtung Leistungen erbringt, deren Vergütung der Sozial- oder Jugendhilfeträger tatsächlich übernimmt. Es muss vielmehr auch genügen, wenn sich mangels Hilfebedarfs des Leistungsempfängers zwar kein Leistungsanspruch ergibt, der konkrete Leistungsfall aber **im Bedarfsfall** eine Eintrittspflicht des Sozialhilfeträgers begründet hätte.[18] Nur ein solches Verständnis steht im Einklang mit der Regelung des § 97 Abs. 2 BSHG bzw. § 98 Abs. 2 SGB XII, die es ausreichen lässt, dass ein entsprechender Bedarf erst im Laufe eines Aufenthalts oder sogar erst bei Übertritt in eine weitere Einrichtung entsteht. Dies könnte etwa dann der Fall sein, wenn Sozialhilfeleistungen allein deshalb nicht erbracht werden, weil der Bewohner einer Einrichtung nicht hilfedürftig oder aber ein anderer Leistungsträger vorrangig einstandspflichtig ist.

20 Wird im konkret zu beurteilenden Fall eine andere als eine Jugend- oder Sozialhilfeleistung durch einen anderen Sozialleistungsträger erbracht, so ist entscheidend, ob eine solche – die Förderung des Dritten hinweggedacht – hätte erbracht werden müssen. Dabei muss die tatsächlich gewährte Maßnahme nicht alle Voraussetzungen des Jugend- oder Sozialhilferechts erfüllen. So hat es das BSG für möglich gehalten, dass für einen in einem Internat untergebrachten Jugendlichen, der an einer durch die Bundesagentur für Arbeit geförderten Leistung zur Teilhabe am Arbeitsleben teilnahm, statt dieser auch Jugend- oder Sozialhilfeleistungen hätten erbracht werden müssen.[19]

---

[13] BSG v. 13.07.2010 - B 8 SO 13/09 R - juris Rn. 12 - SozR 4-3500 § 19 Nr. 2.
[14] BVerwG v. 24.02.1994 - 5 C 24/92 - BVerwGE 95, 149 ff.; BVerwG v. 24.02.1994 - 5 C 42/91 - FEVS 45, 52 ff.; BVerwG v. 24.02.1994 - 5 C 13/91 - FEVS 45, 183 ff.; BVerwG v. 24.02.1994 - 5 C 17/91 - ZfSH/SGB 1995, 535 ff.; BSG v. 13.07.2010 - B 8 SO 13/09 R - juris Rn. 13 - SozR 4-3500 § 19 Nr. 2.
[15] BVerwG v. 22.05.1975 - V C 19.74 - BVerwGE 48, 228 ff.; BVerwG v. 24.02.1994 - 5 C 24/92 - BVerwGE 95, 149 ff.; BSG v. 13.07.2010 - B 8 SO 13/09 R - juris Rn. 13 - SozR 4-3500 § 19 Nr. 2.
[16] BSG v. 23.08.2013 - B 8 SO 14/12 R - juris Rn. 14.
[17] BSG v. 23.08.2013 - B 8 SO 14/12 R - juris Rn. 16.
[18] BVerwG v. 02.10.2003 - 5 C 20/02 - BVerwGE 119, 90, 94; ebenso auch BSG v. 23.08.2013 - B 8 SO 14/12 R - juris Rn. 15.
[19] BSG v. 23.08.2013 - B 8 SO 14/12 R - juris Rn. 16.

Nicht als Leistungen in einer Einrichtung können jedoch die Leistungen der häuslichen Pflege, die **ambulante Dienste** erbringen, angesehen werden, weil es dafür bereits an einer Leistungserbringung innerhalb einer Einrichtung fehlt.[20] Andererseits ist aber die Unterbringung in einer von einer Werkstatt für behinderte Menschen räumlich getrennten Außenwohngruppe unschädlich für die Annahme einer stationären Einrichtung.[21] Generell bedarf es keiner **konzeptionellen Verknüpfung** zwischen Wohnungsgewährung und Betreuung. Entscheidend ist vielmehr allein der Zweck der Hilfen.[22]

21

bb. Unterscheidung zwischen teilstationären und stationären Leistungen

Innerhalb der stationären Einrichtungen ist darüber hinaus zwischen teilstationären und stationären (im engeren Sinne, also vollstationären) Leistungen zu unterscheiden. Nach der Rechtsprechung des Bundesverwaltungsgerichts sind für die Frage, ob eine stationäre Unterbringung vorliegt, die Kriterien der Aufnahme in die Einrichtung, ein zeitliches Moment sowie der Grad der Verantwortung für den Leistungsempfänger entscheidend.[23] **Teilstationäre Leistungen** stellen eine Mischform aus ambulanten und stationären Leistungen dar. Die so erbrachten Leistungen beschränken sich in aller Regel auf einen abgrenzbaren Teil des Tages, so dass die Leistungsempfänger nicht vollständig organisatorisch eingebunden sind[24] und die für sie bestehende Verantwortung auch noch von Dritten getragen wird (vgl. zur Abgrenzung § 106 Abs. 2 SGB XII). Regelmäßig werden die Leistungsempfänger teilstationärer Maßnahmen die Einrichtung verlassen, um in ihr persönliches Umfeld zurückzukehren. Indiz, aber nicht Bedingung für das Vorliegen einer teilstationären Einrichtung ist daher ihre Nähe zum Wohnort des Leistungsempfängers.[25]

22

Hält sich ein Leistungsempfänger werktags ganztägig in einer Einrichtung auf und reist nur zu den Wochenenden, in den Ferien und an Feiertagen nach Hause, so ist für die gesamte Dauer der Maßnahme von einer stationären Maßnahme im engeren Sinne auszugehen (vgl. § 106 Abs. 2 SGB XII). Kurze, zeitlich begrenzte, erzwungene Unterbrechungen – etwa durch eine temporäre Schließung der Einrichtung – ändern hieran nichts.[26] Eine teilstationäre Leistungserbringung ist zu verneinen, weil dem der Grad der zeitlichen und **organisatorischen Einbindung** während der Anwesenheit des Leistungsempfängers in der Einrichtung entgegensteht.

23

Unerheblich für die Einstufung als stationäre Maßnahme ist schließlich, ob zwischen der Jugend- oder Sozialhilfemaßnahme selbst und der Unterbringung etwa in einem Internat eine **konzeptionelle Verknüpfung** besteht.[27] Ein solches Normverständnis ergab sich ausdrücklich aus dem bis zum 06.12.2006 geltenden § 13 Abs. 1 Satz 2 SGB XII. Es besitzt aber auch nach dessen Aufhebung durch das Gesetz zur Änderung des Zwölften Buches Sozialgesetzbuch und anderer Gesetze[28] mit Wirkung vom 07.12.2006 weiterhin Gültigkeit. Denn durch die Aufhebung dieses Satzes der Norm sollte eine Änderung der Rechtslage nicht erfolgen, sondern nur eine durch die Regelung hervorgerufene Rechtsunsicherheit beseitigt werden, weil der bei der Schaffung des SGB XII neu eingeführte § 13 Abs. 1 Satz 2 SGB XII mitunter als eigene Definition des Einrichtungsbegriff verstanden worden war.[29]

24

b. Ambulante Leistungen

Nach der **Legaldefinition** des § 13 Abs. 1 Satz 1 SGB XII werden ambulante Leistungen außerhalb von Einrichtungen, also im Unterschied zu stationären Leistungen im Wohnumfeld des Leistungsempfängers erbracht. Es erfolgt keine formelle Aufnahme des Leistungsempfängers in eine Institution, so dass die Unterbringung grundsätzlich nicht Teil der Leistungserbringung ist. Letztere ist vielmehr auf die eigentlichen Pflege-, Behandlungs- Betreuungs- oder sonstige Eingliederungsleistungen beschränkt.

25

---

[20] BSG v. 13.07.2010 - B 8 SO 13/09 R - juris Rn. 12 - SozR 4-3500 § 19 Nr. 2.
[21] BSG v. 11.12.2007 - B 8/9b SO 22/06 R - juris Rn. 11 - SozR 4-3500 § 35 Nr. 1.
[22] BSG v. 25.04.2013 - B 8 SO 16/11 R - juris Rn. 16; BSG v. 25.08.2011 - B 8 SO 7/10 R - SozR 4-3500 § 98 Nr. 1.
[23] BVerwG v. 24.02.1994 - 5 C 24/92 - BVerwGE 95, 149 ff.; BVerwG v. 22.05.1975 - V C 19.74 - BVerwGE 48, 228 ff.
[24] LSG Nordrhein-Westfalen v. 15.05.2013 - L 20 SO 67/08 - juris Rn. 48.
[25] LSG Nordrhein-Westfalen v. 31.03.2010 - L 12 B 19/09 SO ER - juris.
[26] BSG v. 23.08.2013 - B 8 SO 14/12 R - juris Rn. 20.
[27] BSG v. 23.08.2013 - B 8 SO 14/12 R - juris Rn. 19 unter Fortführung der Rechtsprechung des BVerwG v. 19.10.2006 - 5 C 26/06 - BVerwGE 127, 74 ff.
[28] BGBl I 2006, 2670.
[29] BT-Drs. 16/2711, S. 10.

26 Die Abgrenzung kann allerdings im Einzelfall schwierig sein. Das **Betreute Wohnen** rechnete in der verwaltungsgerichtlichen Rechtsprechung unter Geltung des BSHG zu den ambulanten Leistungen.[30] Da das BSHG eine teilstationäre Leistungserbringung nicht kannte, war dies konsequent, wenn die Betreuungsleistungen außerhalb von Einrichtungen erbracht wurden. Aber auch nach Inkrafttreten des SGB XII muss dies im Grundsatz gelten. Dies ergibt sich für die Abgrenzung zu stationären Leistungen schon daraus, dass § 98 SGB XII in Absatz 5 eine eigenständige Regelung für die örtliche Zuständigkeit des Sozialhilfeträgers in dieser Wohnform trifft. Eine solche wäre aber nicht erforderlich, wenn das ambulant betreute Wohnen zu den stationären Leistungen zählen würde, die bereits in § 98 Abs. 2 SGB XII geregelt sind. Unproblematisch ist eine solche Zuordnung, wenn der Leistungsempfänger in einer selbst angemieteten Wohnung lebt[31] und lediglich zeitweise Unterstützungsleistungen erhält.

27 Allerdings ist eine Vielzahl von **Mischformen** denkbar, die sich von einer teilstationären Maßnahme kaum unterscheiden, etwa, wenn der Leistungsempfänger zwar allein eine Wohnung bewohnt, diese aber von einem Sozialleistungsträger eingerichtet und betrieben wird, der gleichzeitig umfangreiche Unterstützungs- und Betreuungsleistungen anbietet. In einem solchen Fall ist eine Einzelfallbetrachtung unter Einbeziehung aller individuellen Umstände erforderlich.[32] Entscheidend ist, ob bei einer Gesamtbetrachtung der erbrachten Leistungen von einer Vollversorgung im Rahmen einer Einrichtungsgesamtheit auszugehen ist.

2. Grundsatz: Vorrang ambulanter vor stationären Leistungen (Absatz 1 Satz 2)

28 Absatz 1 Satz 2 stellt ein grundsätzlich geltendes **Rangverhältnis** der Leistungsarten untereinander auf: Danach ist einer ambulanten Leistung gegenüber einer teilstationären oder einer stationären der Vorzug zu gewähren. Bestehen nur teilstationäre und stationäre Möglichkeiten der Leistungserbringung, so sind grundsätzlich die teilstationären Leistungen vorzuziehen.

29 Dieses Rangverhältnis bestand dem Grunde nach schon unter Geltung des BSHG, allerdings wurde das Begriffspaar ambulant/stationär um die teilstationären Leistungen ergänzt, weil nach dem Willen des Gesetzgebers dem zunehmend flexibler werdenden Leistungsangebot Rechnung getragen werden sollte.[33]

30 Aus dem Vorrang ambulanter Leistungen ist allerding **kein Gewährleistungsanspruch** abzuleiten, der die Sozialhilfeträger zur Schaffung ambulanter Hilfen verpflichten würde.[34] Der Vorrang einzelner Leistungsarten steht vielmehr unter dem Vorbehalt der tatsächlichen Verfügbarkeit ambulanter/teilstationärer Leistungen: Wäre eine ambulante Versorgung des Leistungsempfängers zwar theoretisch möglich, kann aber faktisch wegen fehlender Kapazitäten ambulanter Dienste nicht durchgeführt werden, so sind die an sich nachrangigen Leistungen zu gewähren. Denn anderenfalls würden dem Hilfebedürftigen unter Verletzung des Bedarfsdeckungsgrundsatzes (§ 9 Abs. 1 SGB XII) die von ihm benötigten Leistungen gänzlich vorenthalten.

3. Ausnahmen vom Grundsatz (Absatz 1 Sätze 3-6)

a. Allgemeines

31 § 13 Abs. 1 Sätze 3-6 SGB XII enthält **Ausnahmetatbestände**, die zu einem Entfallen des Vorrangs ambulanter gegenüber stationären Leistungen führen. Die Regelungen dürfen allerdings nicht dahingehend missverstanden werden, dass sich das Rangverhältnis zwischen ambulanten und stationären Leistungen bei Vorliegen der Voraussetzungen automatisch umkehrt. Der Wegfall des Vorrangs führt vielmehr lediglich dazu, dass das dem Sozialhilfeträger grundsätzlich eingeräumte Ermessen (vgl. dazu Rn. 50) durch die Rangfolge nicht länger gebunden ist.

32 Die Ausnahmetatbestände sollen es dem Sozialhilfeträger ermöglichen, **fiskalische Erwägungen** bei der Auswahl der Leistungsform mit einfließen zu lassen. Diese Möglichkeit besteht jedoch nur, wenn stationäre Leistungen bei grundsätzlicher Eignung für den Hilfesuchenden zumutbar sind und die ambulante Leistung mit unverhältnismäßigen Mehrkosten verbunden wäre.

---

[30] VGH Baden-Württemberg v. 11.08.1998 - 7 S 1171/98 - FEVS 49, 250; OVG Nordrhein-Westfalen v. 30.11.1998 - 16 A 6892/95 - FEVS 49, 476.

[31] Dass ambulant betreutes Wohnen auch in einer frei angemieteten Wohnung ohne institutionelle Verknüpfung mit der ambulanten Betreuung erfolgen kann, hat das BSG bereits klargestellt, vgl. BSG v. 25.08.2011 - B 8 SO 7/10 R - juris Rn. 14 - SozR 4-3500 § 98 Nr. 1.

[32] So auch *Luthe* in: Hauck/Noftz, SGB XII, § 13 Rn. 10.

[33] BT-Drs. 15/1514, S. 56.

[34] So auch *Wahrendorf* in: Grube/Wahrendorf, SGB XII, § 13 SGB XII Rn. 17.

b. Geeignetheit der Einrichtung

Im Unterschied zum Kriterium der Zumutbarkeit, das die subjektiven Faktoren des Leistungsempfängers abbildet, beschreibt der Begriff der Eignung die **grundsätzliche Tauglichkeit** der stationären Einrichtung zur Erfüllung des individuellen Hilfebedarfs. Als unbestimmter Rechtsbegriff unterliegt er der vollen gerichtlichen Überprüfbarkeit.

33

c. Zumutbarkeit der stationären Leistung

Eine Zumutbarkeit stationärer Leistungen ist nur dann gegeben, wenn den **persönlichen Belangen** des Leistungsempfängers in ausreichendem Maße Rechnung getragen wird. Sie ist vorrangig zu prüfen (Satz 4). Dabei sind Nutzen und Gefahren einer stationären Maßnahme für den Betroffenen abzuwägen. Einzubeziehen sind die persönlichen, familiären und örtlichen Bedürfnisse in angemessener Weise (§ 13 Abs. 1 Satz 5 SGB XII). Ist die Zumutbarkeit zu verneinen, so verbietet sich jeglicher Kostenvergleich.

34

Eine Zumutbarkeit aus **persönlichen Gründen** hat das LSG Niedersachsen-Bremen etwa verneint bei einem schwerstpflegebedürftigen Kläger mit massiv eingeschränkter Kommunikationsfähigkeit, bei dem nur eine mit ihm sehr vertraute Person dessen Pflegebedürfnisse wahrnehmen und ihn angemessen unterstützen konnte.[35] Die Gesetzesbegründung nennt überdies als Beispiel für eine persönliche Unzumutbarkeit die Verweisung eines jungen pflegebedürftigen Menschen in ein Altenheim, in dem er dauerhaft mit alten Menschen zusammen leben müsste.[36]

35

Familiären Gründen ist schon wegen der Regelung des § 16 SGB XII besondere Beachtung zu schenken. So ist eine Aufnahme in eine stationäre Einrichtung regelmäßig dann nicht zumutbar, wenn dadurch familiäre Kontakte unmöglich gemacht würden, etwa, weil die in Rede stehende Einrichtung mit öffentlichen Verkehrsmitteln nur schwer zu erreichen ist.[37]

36

Schließlich kann etwa auch die Entfernung der in Betracht kommenden Einrichtung zum bisherigen Wohnort des Betroffenen, an dem sich dessen Familie und Sozialkontakte befinden, gegen die Zumutbarkeit stationärer Leistungen sprechen.

37

Die Auslegung des Begriffs der Zumutbarkeit wird nach Umsetzung der UN-Behindertenrechtskonvention (**UN-BRK**) in innerstaatliches Recht[38] zukünftig auch in deren Lichte zu erfolgen haben.[39] Durch Art. 19 lit. a UN-BRK verpflichtet sich die Bundesrepublik, durch wirksame Maßnahmen unter anderem zu gewährleisten, dass Menschen mit Behinderungen gleichberechtigt die Möglichkeit haben, ihren Aufenthaltsort zu wählen und zu entscheiden, wo und mit wem sie leben, und nicht verpflichtet sind, in besonderen Wohnformen zu leben. Ob sich aus dieser Regelung über ein Abwehrrecht hinaus unmittelbar ein subjektiv-öffentliches Recht im Sinne eines uneingeschränkten Leistungsanspruchs auf ambulante Leistungen ableiten lässt, ist umstritten.[40] Gegen einen unmittelbaren Leistungsanspruch wird angeführt, dass auf Grund des in Art. 4 Abs. 2 UN-BRK verankerten Progressionsvorbehalts der Staat die vereinbarten Ziele nur unter Ausschöpfung der verfügbaren Mittel zu verwirklichen verpflichtet sei und daher die beschränkte Leistungsfähigkeit der sozialen Sicherungssysteme die Grenze des Individualanspruches markiere.[41] Es könne daher kein Leistungsanspruch in unbegrenzter Höhe abgeleitet werden.[42]

38

Auf Grund der sich widersprechenden Wortlaute des Art. 19 lit. a UN-BRK und § 13 Abs. 1 Satz 3 SGB XII wird mittlerweile eine Anpassung der letztgenannten Norm gefordert.[43] Zumindest sei § 13 Abs. 1 Satz 3 SGB XII nicht mehr anwendbar, weil Art. 19 lit. a UN-BRK die speziellere bzw. später

39

---

[35] LSG Niedersachsen-Bremen v. 28.01.2010 - L 8 SO 233/07 - juris.
[36] BT-Drs. 15/1514, S. 56.
[37] LSG Berlin-Brandenburg v. 01.03.2006 - L 23 B 1083/05 SO ER - FEVS 58, 60 ff.
[38] BGBl II 2008, 1419.
[39] Vgl. dazu *Münning*, NDV 2013, 148, 151.
[40] Ablehnend *Münning*, NDV 2013, 148, 151, zustimmend *Masuch* in: Grundrechte und Solidarität, Festschrift für Renate Jaeger, 2011, S. 245, 260 sowie BRK-Allianz, Für Selbstbestimmung, gleiche Rechte, Barrierefreiheit, Inklusion!, S. 37, wonach der Mehrkostenvorbehalt als Verstoß gegen Art. 19 UN-BRK zu werten sei.
[41] Vgl. zur Möglichkeit der Ableitung eines Leistungsanspruchs unmittelbar aus der UN-BRK sowie zur Beschränkung der Ansprüche durch die Leistungsfähigkeit sozialer Sicherungssysteme BSG v. 06.03.2012 - B 1 KR 10/11 R - SozR 4-1100 Art. 3 Nr. 69.
[42] Vgl. LSG Sachsen-Anhalt v. 03.03.2011 - L 8 SO 24/09 B ER - ZfSH/SGB 2011, 414; a.A. SG Düsseldorf v. 07.10.2013 - S 22 SO 319/13 ER - juris.
[43] Vgl. BT-Drs. 17/4911 (Antrag der Fraktion DIE LINKE); *Kroll*, RdLH 2013, 192, 193.

ergangene Regelung sei, der insofern ein Vorrang einzuräumen sei.[44] Der Gesetzgeber hat sich allerdings bislang für ein Festhalten an der derzeitigen Fassung des § 13 Abs. 1 Satz 3 SGB XII entschieden.[45] Ob sich an dieser ablehnenden Haltung in der 18. Legislaturperiode etwas ändern wird, ist ungewiss. Der **Koalitionsvertrag** spricht jedenfalls davon, Leistungen nicht länger institutionen-, sondern personenzentriert bereitzustellen. Das Wunsch- und Wahlrecht von Menschen mit Behinderung im Sinne der UN-BRK solle berücksichtigt werden.[46]

40 Gleichwohl wird man schon zum jetzigen Zeitpunkt die Regelung des Art. 19 lit. a UN-BRK nicht gänzlich unbeachtet lassen können. Daher wird auf Grund dieser Regelung bei der Beurteilung der Zumutbarkeit einer stationären Maßnahme bei bestehenden ambulanten Alternativen dem Willen des Betroffenen besonderes Gewicht beigemessen werden müssen, der in Zweifelsfällen den Ausschlag geben muss. Nur durch eine Auslegung des Begriffs der Zumutbarkeit im Lichte des Art. 19 lit. a UN-BRK dürfte die Regelung des Mehrkostenvorbehaltes noch haltbar sein. Er dürfte daher nur noch (in den seltenen Fällen) uneingeschränkt anwendbar sein, wenn der Betroffene einen eigenen Wunsch nicht äußert oder wenn mehrere Möglichkeiten derselben Wohnform zur Verfügung stehen.[47]

40.1 So hat auch das Sächsische LSG in einem Verfahren des einstweiligen Rechtsschutzes die Zumutbarkeit der Unterbringung eines schwerstbehinderten Antragstellers in einem Pflegeheim verneint. Zwar war die Heimunterbringung im Vergleich zur begehrten Dauerassistenz deutlich kostengünstiger. Das Gericht maß aber dem Recht auf selbstbestimmte Lebensführung als Kernbereich des Grundrechts auf Menschenwürde ein größeres Gewicht bei als den fiskalischen Interessen des Sozialhilfeträgers. Dabei berücksichtigte es auch, dass ein Pflegeheim in aller Regel auf die Bedürfnisse älterer Menschen ausgerichtet sei, so dass dem Interesse des 27-jährigen Antragstellers an einer eigenständigen Lebensführung der Vorrang zu gewähren sei (vgl. Sächsisches LSG v. 12.02.2014 - L 8 SO 132/13 B ER).

d. Unverhältnismäßigkeit der Mehrkosten für eine ambulante Leistung

41 Schon § 3a BSHG bestimmte, dass die erforderliche Hilfe soweit wie möglich außerhalb von Anstalten, Heimen oder gleichartigen Einrichtungen zu gewähren ist. Dies galt jedoch dann nicht, wenn eine geeignete stationäre Hilfe zumutbar und eine ambulante Hilfe mit unverhältnismäßigen **Mehrkosten** verbunden war. Mit der Schaffung des § 13 SGB XII sollte nach der Gesetzesbegründung mit dem geänderten Wortlaut gegenüber der Vorgängerregelung keine inhaltliche Neuausrichtung erfolgen. Vielmehr sollten durch den neu gefassten Wortlaut bestehende Auslegungsschwierigkeiten in der sozialhilferechtlichen Praxis beseitigt werden.[48] Satz 6 stellt daher klar, dass sich bei einer unzumutbaren stationären Betreuung ein Vergleich der anfallenden Mehrkosten von vornherein verbietet.

42 Ist eine stationäre Maßnahme allerdings zumutbar, so ist ihre Vorrangigkeit nicht schon dann gegeben, wenn die ambulante Maßnahme höhere Kosten verursachen würde. Die Mehrkosten müssen vielmehr **unverhältnismäßig** sein. Der Hessische VGH hat eine Unverhältnismäßigkeit für die Vorgängerregelung des § 3a BSHG für einen Fall bejaht, in dem die häusliche gegenüber der stationären Pflege mehr als die doppelten Kosten verursacht hätte.[49] In einer älteren Entscheidung betreffend die Kostenübernahme für eine konfessionelle stationäre Einrichtung nach § 3 Abs. 3 BSHG hat das BVerwG jedenfalls um 75% höhere Mehrkosten als unverhältnismäßig angesehen.[50]

43 Zur Ermittlung der Kostendifferenz ist eine **individuell-konkrete Betrachtung** der Kosten anzustellen,[51] die bei Verwirklichung der tatsächlich bestehenden Alternativen entstünden. Es ist daher darauf abzustellen, welche Kosten durch die mögliche Form der ambulanten Betreuung entstünden. Diese sind dann mit dem Angebot einer konkret geeigneten stationären Einrichtung zu vergleichen. Nicht zu berücksichtigen sind Durchschnittswerte oder Kosten, die in einer für den Leistungsempfänger ungeeigneten Einrichtung entstünden.

---

[44] *Trenk-Hinterberger* in: Kreutz/Lachwitz/Trenk-Hinterberger, Die UN-Behindertenrechtskonvention in der Praxis, Art. 19 Rn. 13.
[45] Der Antrag der Fraktion DIE LINKE (vgl. BT-Drs. 17/4911) wurde unter Hinweis auf die Finanzierbarkeit abgelehnt, vgl. BT-Drs. 17/6154.
[46] Deutschlands Zukunft gestalten, Koalitionsvertrag zwischen CDU, CSU und SPD, 18. Legislaturperiode, S. 111.
[47] So auch SG Düsseldorf v. 07.10.2013 - S 22 SO 319/13 ER - juris Rn. 23.
[48] BT-Drs. 15/1514, S. 56.
[49] Hessischer VGH v. 05.07.1991 - 9 TG 374/91 - ZfSH/SGB 1992, 82 sowie Hessischer VGH v. 04.12.1990 - 9 TG 4614/88 - NVwZ-RR 1991, 562.
[50] BVerwG v. 11.02.1982 - 5 C 85/80 - BVerwGE 65, 52 ff.
[51] Anders aber *Luthe* in: Hauck/Noftz, SGB XII, § 13 Rn. 20.

Auch **kostenmindernde Eigenanteile**, die für die nachsuchende Person in einer stationären Einrichtung entstünden, sind bei dem Kostenvergleich außer Acht zu lassen, weil ihre Berücksichtigung zu einer Ungleichbehandlung zwischen einkommensstarken Hilfesuchenden und solchen ohne Eigenmittel führen würde: Die durch den Sozialhilfeträger aufzubringenden Kosten für eine stationäre Unterbringung wären für einen Hilfebedürftigen, der sein Einkommen nach den §§ 88, 92a SGB XII einzusetzen hätte, nämlich deutlich geringer und würden daher die Differenz zu den ambulanten Kosten vergrößern. Für einen unbemittelten Hilfebedürftigen in vergleichbarer Lage würden demgegenüber die stationären Kosten wesentlich höher ausfallen und so den Kostenvergleich zu Gunsten der ambulanten Leistungen beeinflussen. Im Ergebnis würde ein solches Verständnis dazu führen, dass die Einkommensgrenzen, die für den Bezug ambulanter Leistungen gelten, für den bemittelten Hilfebedürftigen keine Wirkung mehr entfalten würden. Ein solches Verständnis wäre mit Art. 3 Abs. 1 GG nicht zu vereinbaren.[52] Kostenmindernde, vorrangige Leistungen anderer Sozialleistungsträger sind allerdings vollständig zu berücksichtigen.

44

Im Rahmen des Kostenvergleichs ist allein auf die Höhe der anfallenden Kosten abzustellen. Keine Bedeutung kann insofern besitzen, dass (etwa auf Grund landesrechtlicher Bestimmungen) der Träger, bei welchem der Hilfesuchende seinen Antrag gestellt hat, unter Umständen für ambulante, nicht aber für stationäre Leistungen sachlich oder örtlich zuständig wäre. Denn in einem solchen Fall wäre für den angegangenen Träger die stationäre Maßnahme immer kostengünstiger, weil er für letztere nicht aufkommen müsste. Jedoch können gesetzliche Zuständigkeitsregelungen keinen Einfluss auf einen objektiv anzustellenden Mehrkostenvergleich haben, so dass sie gänzlich außer Betracht zu lassen sind.

45

Selbst bei unverhältnismäßig hohen Mehrkosten der ambulanten Maßnahme kann diese außerdem unter Umständen gleichwohl zu finanzieren sein: **§ 130 SGB XII** normiert insofern eine Rückausnahme zu § 13 Abs. 1 Satz 3 SGB XII für Fälle ambulant betreuter Personen, sofern diese Betreuungsform bereits am 26.06.1996 bestand. Zur Wahrung ihres Besitzstandes kann diese Personengruppe auch weiterhin ohne finanzielle Beschränkungen einen Vorrang ambulanter Hilfen geltend machen (vgl. dazu ausführlich die Kommentierung zu § 130 SGB XII).

46

e. Mehrkostenvorbehalt auch bei teilstationären Leistungen?

§ 13 Abs. 1 Satz 3 SGB XII regelt seinem Wortlaut nach lediglich eine Ausnahme vom grundsätzlichen Vorrang ambulanter gegenüber stationären Leistungen. Vom Wortlaut nicht erfasst wird demgegenüber das Verhältnis ambulanter zu teilstationären bzw. teilstationärer zu stationären Leistungen, wenn beide Leistungsarten alternativ möglich sind und ein erheblicher Kostenunterschied besteht.

47

Die Frage, ob es sich hierbei um ein gesetzgeberisches Versehen[53] handelt und eine daraus resultierende Lücke im Wege einer **Analogie** geschlossen werden kann, ist aber zu verneinen: Die Vorgängervorschrift des § 3a BSHG enthielt bereits eine dem § 13 Abs. 1 Satz 3 SGB XII vergleichbare Regelung. Dabei unterschied das BSHG an dieser Stelle allerdings nur zwischen ambulanten und stationären Leistungen. Bei der Neuregelung des § 13 SGB XII, bei der der Gesetzgeber das bislang im BSHG an unterschiedlichen Stellen normierte Verhältnis der Leistungsarten zusammenfassen wollte[54], hat der Gesetzgeber die teilstationären Leistungen im Satz 1 eingefügt, im (heutigen) Satz 3 trotz sprachlicher Abänderung hingegen nicht. Für ein bewusstes Unterlassen findet sich in den Gesetzgebungsmaterialien zwar kein expliziter Hinweis, jedoch wird klargestellt, dass die Vorrangregelung, wie sie § 13 Abs. 1 Satz 2 SGB XII anordnet, „soweit wie möglich strikt durchgehalten werden" solle und diese „nur in Ausnahmefällen" Abweichungen erfordere. Grundsätzlich soll es daher bei dem Verhältnis ambulant – teilstationär – stationär verbleiben.

48

Hinsichtlich der Hilfe zur Pflege nach dem Siebten Kapitel des SGB XII stellt § 61 Abs. 1 Satz 2 SGB XII zudem klar, dass die Rangfolge ambulant – teilstationär – stationär ohne Mehrkostenvorbehalt strikt gelten soll. Betont der Gesetzgeber aber, dass Abweichen von dem angeordneten Rangverhältnis die Ausnahme bleiben sollen, so kann nicht unterstellt werden, dass die Regelung einer solchen Ausnahme schlicht übersehen worden sei. Es ist daher davon auszugehen, dass der Vorrang von am-

49

---

[52] So auch *Höfer/Krahmer* in: LPK-SGB XII, § 13 SGB XII Rn. 10; a.A. *Luthe* in: Hauck/Noftz, SGB XII, § 13 Rn. 21.
[53] So noch *W. Schellhorn* in: Schellhorn/Schellhorn/Hohm, SGB XII, 17. Aufl., § 13 SGB XII Rn. 5; a.A. nunmehr *Hohm* in: Schellhorn/Schellhorn/Hohm, SGB XII, 18. Aufl., § 13 SGB XII Rn. 5.
[54] BT-Drs. 15/1514, S. 56.

bulanten gegenüber teilstationären und von teilstationären gegenüber stationären Leistungen uneingeschränkt gelten soll. Überdies werden die praktischen Anwendungsfälle, in denen sich eine solche Frage stellt, eher die Ausnahme sein.

4. Ermessen

50 Die Auswahl der Leistungsart wird durch § 13 Abs. 1 Satz 1 SGB XII grundsätzlich in das pflichtgemäße Ermessen der entscheidenden Behörde nach Maßgabe des § 17 Abs. 2 SGB XII gestellt, die bei der Ausübung allerdings durch die in den Sätzen 2-6 aufgestellte Rangfolge und deren Ausnahmeregelungen **gebunden** ist. Eine Abweichung bedarf stets einer gesonderten Begründung, ist also etwa dann möglich, wenn die theoretisch mögliche ambulante Versorgung faktisch nicht zur Verfügung steht. § 9 Abs. 1 SGB XII verpflichtet den Sozialhilfeträger zu einer unmittelbaren Hilfegewährung, die sich an dessen individuellem Bedarf zu orientieren hat. Es verbietet sich aus diesem Grunde, den Leistungsberechtigten auf erst in der Zukunft freiwerdende oder entstehende Kapazitäten zu verweisen.[55]

5. Verhältnis zum Wunschrecht (§ 9 Abs. 2 SBG XII)

51 Die in § 13 Abs. 1 SGB XII aufgestellte Rangfolge bindet bis zu einem gewissen Grad das Ermessen des Sozialhilfeträgers und lässt für Wünsche des Betroffenen wenig Raum. Es sind aber **zwei Konstellationen** denkbar: Obwohl nicht ausdrücklich gesetzlich geregelt, dürfte zum einen bei Vergleichbarkeit der Kosten von ambulanter und stationärer Leistungserbringung dem Wunschrecht des Hilfesuchenden eine ausschlaggebende Bedeutung zukommen, weil das Interesse des Sozialhilfeträgers bei der Auswahl der Leistungsform in erster Linie ein fiskalisches sein dürfte.

52 Zum anderen entfällt bei einer kostengünstigeren, zumutbaren stationären Leistung im Sinne der Sätze 3-6 das Rangverhältnis zwischen ambulanter und stationärer Leistungsform (vgl. dazu bereits Rn. 31). Der Sozialhilfeträger wird in einem solchen Fall im Rahmen seiner Ermessensentscheidung sein fiskalisches Interesse gegen den Wunsch des Hilfesuchenden abzuwägen haben, wobei letzterem bei seinem Begehren nach ambulanter Hilfe insbesondere vor dem Hintergrund des Art. 19 UN-BRK besonderes Gewicht zukommen muss (vgl. dazu bereits Rn. 38).

6. Begriff der Einrichtung im Sinne des Absatzes 2

53 Absatz 2 entspricht inhaltlich dem früheren **§ 97 Abs. 4 BSHG**, der allein für die Bestimmung des örtlich zuständigen Sozialhilfeträgers (§ 97 Abs. 2 BSHG, jetzt § 98 Abs. 2 SGB XII) den Begriff der Einrichtung definierte. Mit der Aufnahme der Regelung in den ersten Abschnitt des zweiten Kapitels des SGB XII hat der Gesetzgeber diese nach seiner Auffassung bestehende Legaldefinition des Einrichtungsbegriffs[56] in den Abschnitt über die Leistungsgrundsätze „vor die Klammer" gezogen, um damit deren Geltung für alle Sozialhilfeleistungen deutlich zu machen. Eine inhaltliche Änderung sollte damit nicht erfolgen.[57] Dabei ist allerdings unbeachtet geblieben, dass die Definition nicht nur die Leistungserbringung nach dem SGB XII, sondern auch Leistungen der Erziehung, also solche des SGB VIII, für das Vorliegen einer Einrichtung ausreichen lässt und damit nicht uneingeschränkt für alle Normen des SGB XII, in denen der Begriff der Einrichtung Verwendung findet, passen kann.

54 Die **Einbeziehung der Erziehungsleistungen** fand bei der früheren Verortung der Definition im Rahmen des § 97 BSHG ihre Rechtfertigung in der historisch begründeten und nach wie vor bestehenden sachlichen Nähe zwischen Jugend- und Sozialhilfeleistungen in Einrichtungen. Ursprünglich waren sowohl die „Fürsorge für hilfsbedürftige Minderjährige" als auch die „Armenfürsorge" als Teil der öffentlich-rechtlichen Fürsorgeaufgaben in der Verordnung über die Fürsorgepflicht (RFV) vom 13.02.1924[58] geregelt. Deren § 9 regelte bereits – ähnlich dem heutigen § 98 Abs. 2 SGB XII (vgl. die Kommentierung zu § 98 SGB XII) – den Schutz des Einrichtungsortes von Fürsorge- und Erziehungsanstalten, indem er die Begründung eines gewöhnlichen Aufenthaltes durch Eintritt in eine Einrichtung verneinte. Im Anschluss an diesen § 9 RFV wurde bei der Schaffung des BSHG im Rahmen der Kostenerstattungsnormen (im Gesetzentwurf § 96 Abs. 5 BSHG[59], später § 103 Abs. 4 BSHG) der Einrichtungsbegriff definiert.[60] Die Einbeziehung von Erziehungseinrichtungen in die Definition rechtfertigte

---

[55] So auch *Luthe* in: Hauck/Noftz, SGB XII, § 13 SGB XII Rn. 7.
[56] BT-Drs. 15/1514, S. 57.
[57] BT-Drs. 15/1514, S. 56; BSG v. 23.08.2013 - B 8 SO 14/12 R - juris Rn. 19.
[58] RGBl I 1924, 100.
[59] BT-Drs. III/1799, S. 20.
[60] BT-Drs. III/1799, S. 58.

sich dabei schon auf Grund der Tatsache, dass § 83 Abs. 1 Jugendwohlfahrtsgesetz (JWG)[61] für die Kostenerstattung unter den Trägern eine entsprechende Anwendung der §§ 103-113 BSHG vorsah. Im Zuge der Bestrebung des Gesetzgebers, Kostenerstattungsfälle in der Praxis zu reduzieren[62], wurde der Einrichtungsbegriff inhaltlich unverändert in die Zuständigkeitsregelung des § 97 Abs. 4 BSHG übertragen.

Historische Entwicklung und sachliche Nähe zwischen Jugend- und Sozialhilfeleistungen rechtfertigen es daher, für die Nachfolgevorschrift des § 98 Abs. 2 SGB XII den Einrichtungsbegriff, wie er sich aus § 13 Abs. 2 SGB XII ergibt, d.h. unter Einbeziehung von Erziehungseinrichtungen, zu Grunde zu legen. Gleiches gilt für den daran anknüpfenden Kostenerstattungsanspruch des § 106 SGB XII. Richtigerweise hätte es jedoch bei der Verortung der Definition in § 98 SGB XII verbleiben müssen. Denn soweit in anderen Vorschriften des SGB XII der Begriff der Einrichtung Verwendung findet, so können damit nur solche Einrichtungen gemeint sein, die Leistungen nach dem SGB XII erbringen, nicht aber Jugendhilfeeinrichtungen. Dies gilt etwa für den Übergang von Ansprüchen nach § 19 Abs. 6 SGB XII, die Leistungsansprüche von Hilfebedürftigen in Einrichtungen nach § 27b SGB XII, für den Abschluss von Vergütungsvereinbarungen nach §§ 75 ff. SGB XII sowie für die Höhe des einzusetzenden Einkommens bei stationärer Unterbringung nach § 88 Abs. 2 SGB XII. Eine Einbeziehung von Jugendhilfeeinrichtungen würde hier keinen Sinn ergeben, weil die dort zu erbringenden Leistungen durch das SGB VIII geregelt werden. Eine für das gesamte SGB XII gültige **Legaldefinition** enthält § 13 Abs. 2 SGB XII daher nicht.

55

---

[61] BGBl I 1977, 633.
[62] BR-Drs. 121/93, S. 222.

Anhang zu § 13 SGB XII - Überblick über die Struktur der Einkommensanrechnung bei stationären und teilstationären Sozialhilfeleistungen

Gliederung

A. Allgemeines 1
B. Prüfungsgesichtspunkte 3
I. Stationäre Leistungen 3
II. Teilstationäre Leistungen 4

A. Allgemeines

1 Die Berücksichtigung von Einkommen bei stationären und teilstationären Sozialhilfeleistungen bereitet in der Praxis wegen ihrer **Komplexität** üblicherweise große Schwierigkeiten. Diese ergeben sich zum einen aus den unterschiedlichen Regelungen über die Einkommens- und Vermögensanrechnung, soweit diese Leistungen Kosten für den Lebensunterhalt und die sonstigen Kosten der Maßnahme betreffen. Hier wirkt sich die in ihrer rechtlichen Bedeutung nur schwer verständliche Regelung des § 27b SGB XII aus, die zu einer Anrechnung von Einkommen und Vermögen zunächst für die Leistungen zum Lebensunterhalt nach den §§ 82-84 SGB XII zwingt,[1] sodass nur noch das überbleibende Einkommen und Vermögen nach den in der Regel günstigeren Vorschriften der §§ 85-88 SGB XII für die sonstigen Maßnahmekosten zur Verfügung steht. Zum anderen wenden die Sozialhilfeträger in der Praxis häufiger zu Unrecht das sog **Bruttoprinzip** an. Dies bedeutet: Sie strecken gewissermaßen die gesamten Kosten für eine stationäre oder teilstationäre Sozialhilfeleistung vor und ziehen den Hilfeempfänger in Höhe der ihm zumutbaren Einkommens- und Vermögensberücksichtigung zur Kostenbeteiligung heran. Erschwerend kommt hinzu, dass das SGB XII – üblicherweise privilegierende – Vorschriften über die **Kostenbeteiligung in bestimmten Konstellationen** vorsieht.

2 Vor diesem normativen Hintergrund hat sich der 8. Senat des BSG mit einem Urteil vom 23.08.2013[2] ausführlich mit der Gesamtproblematik der Einkommensanrechnung im stationären Bereich befasst. Die nachfolgende Übersicht soll eine Zusammenfassung dieser Rechtsprechung unter Berücksichtigung weiterer Urteile – auch zu teilstationären Leistungen – in Form von Prüfungsgesichtspunkten bieten.

B. Prüfungsgesichtspunkte

I. Stationäre Leistungen

3
1. Prüfung der besonderen Voraussetzungen für die Leistungen nach den Vorschriften des 5. bis 9. Kapitels,
2. daneben als ergänzende Leistungen (§ 27b SGB XII) – keine Prüfung der Voraussetzungen zu Nr. 1, soweit bestandskräftiger Bewilligungsbescheid zur Maßnahme selbst existiert[3] – weiterer notwendiger Lebensunterhalt, der allerdings **nicht als Leistung der Grundsicherung im Alter und bei Erwerbsminderung** (§§ 41 ff. SGB XII) gezahlt wird, sondern nur als Hilfe zum Lebensunterhalt[4]:
   - Barbetrag (für persönliche Bedürfnisse; pauschal oder bei besonderer Darlegung erhöht)[5]
   - Kleidung (Geld – ggf. auch Sachleistungen – §§ 10 Abs. 3, 17 Abs. 2 SGB XII)
   - sonstiger weiterer notwendiger Lebensunterhalt (z.B.: notwendige, von der Einrichtung nicht zur Verfügung gestellte Arzneimittel[6]; Kosten wegen Systemversagens[7]; nach Beginn der stationären Maßnahme entstandene Umzugskosten[8], notwendige Kosten für fortbestehendes Mietverhältnis; Internetanschluss bei fehlendem Angebot der Einrichtung u.a.).

---

[1] Vgl. zu der nur unvollständigen Regelung des § 89 SGB XII bei mehreren Bedarfen die Kommentierung zu § 27 SGB XII Rn. 34 ff.
[2] BSG v. 23.08.2013 - B 8 SO 17/12 R.
[3] BSG v. 23.08.2013 - B 8 SO 17/12 R - juris Rn. 35.
[4] BSG v. 15.11.2012 - B 8 SO 25/11 R - SozR 4-3500 § 35 Nr. 3 Rn. 13.
[5] BSG v. 23.08.2013 - B 8 SO 17/12 R - juris Rn. 36 f.
[6] BSG v. 23.08.2013 - B 8 SO 17/12 R - juris Rn. 39.
[7] BSG v. 23.08.2013 - B 8 SO 17/12 R - juris Rn. 39 f.
[8] BSG v. 15.11.2012 - B 8 SO 25/11 R - SozR 4-3500 § 35 Nr. 3.

3. Prüfung des § 19 Abs. 1-3 i.V.m. den §§ 27, 43 SGB XII (**Bedürftigkeit**)
   a) Hilfe/Leistungen zum Lebensunterhalt (§ 19 Abs. 1 und 2 SGB XII)
      aa) §§ 82-84 SGB XII i.V.m. § 27b Abs. 1 Satz 2 SGB XII (reiner **Rechenposten für in der Einrichtung erbrachten Lebensunterhalt**[9]) = normativ definierter Bedarf, der für die Beurteilung der Bedürftigkeit – auch bei Grundsicherung im Alter und bei Erwerbsminderung – maßgeblich ist,
      bb) modifiziert (für in der Einrichtung erbrachten Lebensunterhalt) durch § 92a Abs. 1 SGB XII:
- **Beschränkung** der Einkommensberücksichtigung – nicht Bestimmung eines abweichenden Bedarfs – bei nach I. 3. a) aa) ermittelter Bedürftigkeit **auf die ersparten Aufwendungen** für den häuslichen – kein Haushalt im eigentlichen Sinne erforderlich[10] – Lebensunterhalt (Absatz 1: „kann" = „darf nur"[11]), dabei keine fiktiven, aber prognostisch ansonsten anfallende Aufwendungen bis zur Höhe des Rechenpostens[12] (vgl. zum Rechenposten I. 3. a) aa)), mit der Konsequenz, dass weniger Einkommen für den Lebensunterhalt eingesetzt werden muss, dafür aber ggf. für die sonstigen Maßnahmekosten mehr zur Verfügung steht[13] (vgl. dazu I. 3. b))

und durch § 92a Abs. 2 SGB XII:
- **ohne diese Beschränkung** (damit Erweiterung des Bedarfs und notwendigerweise des Maßstabs für die Bedürftigkeit über den Rechenposten – vgl. I. 3. a) aa) – hinaus) über den rechnerischen Wert des Lebensunterhalts hinaus bis zur Höhe der tatsächlichen Kosten[14] – Angemessenheit! – (Grundpauschale des § 76 Abs. 2 Satz 1 SGB XII) bei voraussichtlich für längere Zeit[15] Leistungen in stationärer Einrichtung[16] („soll" = Ermessen nur in atypischen Fällen[17]) in angemessenem Umfang, Absatz 3[18]
- gilt **nicht für weiteren notwendigen Lebensunterhalt** (vgl. zu diesem I. 2.)
- Beispiel für **atypischen Fall** besondere Kosten des Partners wegen der stationären Unterbringung (hohe Besuchskosten)
- **Angemessenheit** der Kostenbeteiligung (§ 92a Abs. 3 SGB XII) regelmäßig, wenn Hilfeempfänger alleinstehend und nur Beträge bis zum Rechenposten (I. 3. a) aa)) und daneben der weitere notwendige Lebensunterhalt (I. 2.) gesichert ist (Leistung, Einkommen, Vermögen)[19]
- ggf. unterschiedliche Kriterien für Hilfeempfänger und Ehegatte/Partner
- keiner generalisierenden Regelung (wie bei § 92 Abs. 2 Satz 5 SGB XII (vgl. dazu I. 3. a) aa)) zugänglich.

---

[9] BSG v. 23.08.2013 - B 8 SO 17/12 R - juris Rn. 18.
[10] BSG v. 23.08.2013 - B 8 SO 17/12 R - juris Rn. 24.
[11] BSG v. 23.08.2013 - B 8 SO 17/12 R - juris Rn. 24.
[12] BSG v. 23.08.2013 - B 8 SO 17/12 R - juris Rn. 25.
[13] BSG v. 23.08.2013 - B 8 SO 17/12 R - juris Rn. 26.
[14] BSG v. 23.08.2013 - B 8 SO 17/12 R - juris Rn. 29.
[15] Dazu BSG v. 23.08.3013 - B 8 SO 17/12 R - juris Rn. 27.
[16] BSG v. 23.08.2013 - B 8 SO 17/12 R - juris Rn. 29.
[17] BVerwG v. 14.01.1982 - 5 C 70/80 - BVerwGE 64, 318, 323; BSG v. 23.08.2013 - B 8 SO 17/12 R - juris Rn. 28.
[18] BSG v. 23.08.2013 - B 8 SO 17/12 R - juris Rn. 28.
[19] BSG v. 23.08.2013 - B 8 SO 17/12 R - juris Rn. 29.

- cc) **Sonderregelung** des § 92 Abs. 2 SGB XII i.V.m. § 92a Abs 4 SGB XII für **behinderte Menschen** bei bestimmten Maßnahmen = ausschließliche Beteiligung an den Kosten für den Lebensunterhalt:
  - Beschränkung auf die ersparten Aufwendungen für den häuslichen Lebensunterhalt (vgl. I. 3. a) bb); Anwendung des § 92a Abs. 2 SGB XII ausgeschlossen) in den Fällen des Absatzes 2 Satz 1 Nr. 1-6 oder
  - in den Fällen der Nr. 7 und 8 Einkommensfreibetrag in Höhe des Zweifachen der Regelbedarfsstufe 1 (Satz 4: WfbM und Einrichtungen zum Erwerb praktischer Kenntnisse und Fähigkeiten); insoweit aber § 92a SGB XII anwendbar (dazu I. 3. a) bb)).
  - Die Regelung über die Beschränkung auf die ersparten Aufwendungen gilt nicht für den weiteren notwendigen Lebensunterhalt (zu diesem I. 2.)!
  - Die Maßnahmen sind generell vermögensprivilegiert (§ 92 Abs. 2 Satz 2 SGB XII)!
  - Die Bestimmungen der zuständigen Landesbehörden (§ 92 Abs. 2 Satz 5 SGB XII) zur Bemessung der ersparten Aufwendungen (bei Nr. 1-6) bzw. des Kostenbeitrags zum Mittagessen (nur bei Nr. 7 und 8) dürfen nicht über den Rechenposten (dazu I. 3. a) aa)) bzw. den betroffenen Anteil an der Regelbedarfsstufe (vgl. II. 2.) hinausgehen (§ 9 RBEG: 1 €?).
- b) Kosten der Maßnahmen ansonsten (§ 19 Abs. 3 SGB XII) ohne Lebensunterhalt
  - aa) §§ 85-89 SGB XII; dabei ist besonders zu beachten der § 92a Abs. 2 SGB XII vergleichbare § 88 Abs. 1 Satz 2 SGB XII, der allerdings nicht für den Lebensunterhalt gilt.[20]
  - bb) Privilegierung durch § 92 Abs. 2 SGB XII (vgl. dazu I. 3. a) cc)).
4. Prüfung, ob **ausnahmsweise Bruttoprinzip** gilt, wobei Heranziehungsbescheid nur zulässig ist, wenn dieses Prinzip gesetzlich ausdrücklich vorgesehen ist (Praxis missachtet dies!)[21]
   - a) § 19 Abs. 5 SGB XII (erweiterte Sozialhilfe) nur in besonderen Fällen (keine Wahlmöglichkeit!).
   - b) § 92 Abs. 1 Satz 2 SGB XII bei Leistungen an behinderte Menschen wegen deren Behinderung.
     - Bei der Höhe der Heranziehung ist zwischen den Kosten für den Lebensunterhalt (vgl. I. 3. a)) und den sonstigen Kosten für die Maßnahme (vgl. I. 3. b)) zu unterscheiden; aber keine eigenständigen Verfügungen, sondern im Ergebnis einheitliche Regelung, sodass keine Umdeutung nach § 43 SGB X erforderlich ist, wenn nach der Begründung des Bescheides nur zum Lebensunterhalt herangezogen wird.[22]
     - **Achtung!** § 92 Abs. 2 Satz 5 SGB XII („Kostenbeitrag für das Mittagessen") ordnet nicht eigenständig das Bruttoprinzip an.
     - Bei Bruttoprinzip § 21 SGB XII (Leistungsausschluss für Leistungen für den Lebensunterhalt) berücksichtigen (dazu die Kommentierung zu § 21 SGB XII Rn. 78 ff).
5. Wenn das Bruttoprinzip nicht zur Anwendung kommt, sind Leistungen nur in Höhe der (differenziert ermittelten) Bedürftigkeit insgesamt, also ohne Aufteilung für Lebensunterhalt und sonstige Kosten, zu erbringen; ein Heranziehungsbescheid ist dann rechtswidrig.[23]
6. Ein **Heranziehungsbescheid** setzt einen **rechtmäßigen Leistungsbewilligungsbescheid** voraus[24].
   - Heranziehungsbescheid und **Überleitungsanzeige** nach 93 SGB XII schließen sich nicht gegenseitig aus, sondern ergänzen sich.[25]

---

[20] BSG v. 23.08.2013 - B 8 SO 17/12 R - juris Rn. 23.
[21] BSG v. 23.08.2013 - B 8 SO 17/12 R - juris Rn. 16.
[22] BSG v. 23.08.2013 - B 8 SO 17/12 R - juris Rn. 26.
[23] BSG v. 23.08.2013 - B 8 SO 17/12 R - juris Rn. 22.
[24] BSG v. 23.08.2013 - B 8 SO 17/12 R - juris Rn. 21; BVerwG v. 23.06.1971 - V C 12.71 - BVerwGE 38, 205, 207.
[25] BSG v. 23.08.2013 - B 8 SO 17/12 R - juris Rn. 21; BVerwG v. 23.06.1971 - V C 12.71 - BVerwGE 38, 205, 207.

II. Teilstationäre Leistungen

1. Wie bei I. 1.
2. Daneben Hilfe/Leistungen zum Lebensunterhalt (§§ 27a ff., 41 ff. SGB XII), also auch Leistungen der Grundsicherung im Alter und bei Erwerbsminderung, soweit nicht bereits in der Einrichtung tatsächlich erbracht (§ 27b Abs. 1 Satz 1 SGB XII). Daraus folgt die Notwendigkeit des „Herausrechnens" (Maßstab: regelbedarfsrelevante Abteilungen der EVS; ggf. Schätzung erforderlich) und der Leistungskürzung nach § 27a Abs. 4 Satz 1 SGB XII (**integraler Bestandteil** einer besonderen Sozialhilfe des 5. bis 9. Kapitels!)[26].
3. Prüfung der §§ 19 Abs. 1-3, 27, 43 SGB XII (**Bedürftigkeit**).
   a) Hilfe/Leistungen zum Lebensunterhalt (§ 19 Abs. 1 und 2 SGB XII)
      aa) §§ 82-84 SGB XII auch für integralen Lebensunterhalt,
      bb) modifiziert durch § 92a Abs. 1 SGB XII (vgl. I. 3. a) bb)), nicht **durch § 92a Abs. 2 SGB XII** (Absatz 2 gilt ausdrücklich nur für stationäre Leistungen).
      cc) Sonderregelung des § 92 Abs. 2 SGB XII für behinderte Menschen (vgl. I. 3. a) cc)):
         • setzt keine Maßnahme nach § 92 Abs. 1 Satz 1 SGB XII voraus[27], damit auch nicht nur anwendbar in Fällen des Bruttoprinzips.
   b) Kosten der Maßnahme ansonsten (§ 19 Abs. 3 SGB XII)
      • Prüfung der §§ 85-89 SGB XII (beachte dabei die § 92a Abs. 2 SGB XII – vgl. I. 3. a) aa)
      – vergleichbare Regelung des § 88 Abs. 1 Satz 2 SGB XII – vgl. I. 3. b) aa)).
4. Prüfung des Bruttoprinzips (vgl. I. 4.); aber nur für bestimmte Maßnahmen (§ 92 Abs. 1 Satz 1 SGB XII: Tageseinrichtung für behinderte Menschen, ärztliche oder ärztlich verordnete Maßnahmen wegen Behinderung), soweit kein Fall des § 19 Abs. 5 SGB XII vorliegt.
   • **Achtung**! § 92 Abs. 2 Satz 5 SGB XII („Kostenbeitrag für das Mittagessen") ist kein Argument gegen die Entscheidungen des 8. Senats des BSG zu den Mittagessenskosten als integralem Bestandteil von Leistungen in einer WfbM[28], weil die Vorschrift nur das Bedürftigkeitsmaß bestimmt (vgl. I. 3. c)) und das Bruttoprinzip nicht selbst anordnet (vgl. I. 4. b)).
5. Vgl. I. 5.
6. Vgl. I. 6.

---

[26] Dazu: BSG v. 11.12.2007 - B 8/9b SO 21/06 R - BSGE 99, 252 ff. = SozR 4-3500 § 28 Nr. 3; BSG v. 09.12.2008 - B 8/9b SO 10/07 R - BSGE 102, 126 ff. = SozR 4-3500 § 54 Nr. 3; BSG v. 09.12.2008 - B 8/9b SO 11/07 R; BSG v. 09.12.2008 - B 8/9b SO 12/07.

[27] BSG v. 22.03.2012 - B 8 SO 30/10 R - BSGE 110, 301 ff. Rn. 28 = SozR 4-3500 § 54 Nr. 8.

[28] Dazu: BSG v. 11.12.2007 - B 8/9b SO 21/06 R - BSGE 99, 252 ff. = SozR 4-3500 § 28 Nr. 3; BSG v. 09.12.2008 - B 8/9b SO 10/07 R - BSGE 102, 126 ff. = SozR 4-3500 § 54 Nr. 3; BSG v. 09.12.2008 - B 8/9b SO 11/07 R; BSG v. 09.12.2008 - B 8/9b SO 12/07.

§ 14 SGB XII Vorrang von Prävention und Rehabilitation

(Fassung vom 27.12.2003, gültig ab 01.01.2005)

(1) Leistungen zur Prävention oder Rehabilitation sind zum Erreichen der nach dem Neunten Buch mit diesen Leistungen verbundenen Ziele vorrangig zu erbringen.

(2) Die Träger der Sozialhilfe unterrichten die zuständigen Rehabilitationsträger und die Integrationsämter, wenn Leistungen zur Prävention oder Rehabilitation geboten erscheinen.

Gliederung

A. Basisinformation 1	II. Normzweck 11
I. Textgeschichte/Gesetzgebungsmaterialien 1	III. Die Regelungen im Einzelnen 13
II. Vorgängervorschriften 2	1. Vorrang von Prävention und Rehabilitation
III. Parallelvorschriften 3	(Absatz 1) 13
IV. Systematische Zusammenhänge 5	a. Vorrang 13
V. Ausgewählte Literaturhinweise 7	b. Prävention und Rehabilitation 16
B. Auslegung der Norm 8	c. Zielsetzungen des SGB IX 20
I. Regelungsgehalt und Bedeutung der Norm 8	2. Unterrichtungspflicht (Absatz 2) 21

A. Basisinformation

I. Textgeschichte/Gesetzgebungsmaterialien

1 Die Vorschrift wurde durch das Gesetz zur Einordnung des Sozialhilferechts in das Sozialgesetzbuch vom 27.12.2003[1] in der bis heute geltenden Fassung als Teil des neu geschaffenen SGB XII eingeführt und trat zum 01.01.2005 in Kraft.

II. Vorgängervorschriften

2 Eine inhaltsgleiche Vorschrift existierte im BSHG nicht. Das mit der Regelung verfolgte Ziel, den Zeitpunkt der Pflegebedürftigkeit und der Behinderung hinauszuschieben, Pflegebedürftigkeit oder Behinderung zu mindern oder sogar ganz zu vermeiden,[2] war in vergleichbarer Form zumindest bezüglich drohender oder bestehender Behinderungen bereits in § 39 Abs. 3 BSHG niedergelegt.

III. Parallelvorschriften

3 Vergleichbare Regelungen finden sich vor allem in den §§ 3 und 8 SGB IX (Vorrang von Prävention und Leistungen zur Teilhabe), aber auch in § 9 Abs. 1 SGB VI (Aufgabe der Leistung zur Teilhabe), § 26 Abs. 2, 3, 5 SGB VII (Grundsatz zu Anspruch und Leistungsarten), §§ 5 und 31 SGB XI (Vorrang von Prävention und medizinischer Rehabilitation bzw. der Rehabilitation vor Pflege). Der Gedanke des Vorrangs von medizinischer Rehabilitation und Leistungen zur Teilhabe am Arbeitsleben gegenüber einer Rentenleistung kommt überdies in § 29 BVG zum Ausdruck.

4 Art. 26 UN-BRK[3] unterstreicht zudem die Bedeutung der Rehabilitation. Danach sind die Mitgliedstaaten zum Treffen wirksamer Maßnahmen verpflichtet, um Menschen mit Behinderung in die Lage zu versetzen, ein Höchstmaß an Unabhängigkeit, umfassende körperliche, geistige, soziale und berufliche Fähigkeiten sowie die volle Einbeziehung in alle Aspekte des Lebens und die volle Teilhabe an allen Aspekten des Lebens zu erreichen und zu bewahren. Insbesondere wird betont, dass diese Leistungen im frühestmöglichen Stadium einzusetzen haben.

IV. Systematische Zusammenhänge

5 § 14 Abs. 1 SGB XII verweist hinsichtlich seiner Zielsetzung auf das **SGB IX** und macht sich die dort niedergelegten Zwecke von Prävention und Rehabilitation zu eigen. Nach § 3 SGB IX dienen Leistungen der Prävention der Vermeidung des Eintritts einer Behinderung einschließlich einer chronischen

---
[1] BGBl I 2003, 3022.
[2] BT-Drs. 15/1514, S. 57.
[3] BGBl II 2008, 1419.

Krankheit. Ergänzend bestimmt § 9 Abs. 3 SGB IX, dass Leistungen zur Teilhabe auch zur Vermeidung, Überwindung oder Minderung einer Pflegebedürftigkeit oder einer Verschlimmerung vorrangig zu gewähren sind.

Da die Sozialhilfeträger nach § 6 Abs. 1 Nr. 7 SGB IX als Rehabilitationsträger ohnehin bereits an den in den §§ 3 und 8 SGB IX statuierten Vorrang von Prävention und Teilhabeleistungen gebunden sind, kommt der Vorschrift weitgehend **deklaratorische Bedeutung** zu. Lediglich soweit die Vorrangregelungen des SGB IX einzelne Leistungen der Sozialhilfeträger nicht umfassen, kommt § 14 Abs. 1 SGB XII eine Auffangrolle zu.[4]

V. Ausgewählte Literaturhinweise

Fuchs, Vereinheitlichung des Teilhaberechts im SGB IX vollenden, SuP 2011, 139 ff.; *Welti*, Planung individueller Teilhabeleistungen durch Rehabilitationsträger, RsDE Nr. 60, 50 ff.

B. Auslegung der Norm

I. Regelungsgehalt und Bedeutung der Norm

Mit Absatz 1 verpflichtet die Vorschrift die Sozialhilfeträger, Leistungen zur Prävention und Rehabilitation vorrangig zu erbringen. Eine Verpflichtung zu einer konkreten Leistung lässt sich aus der Vorschrift nicht ableiten. Soweit das SGB XII keine Anspruchsgrundlage für eine begehrte Leistung bereithält, kann § 14 Abs. 1 SGB XII daher nicht als eine Generalklausel herangezogen werden.[5] Die Bedeutung der Norm liegt vielmehr in einer **ermessensleitenden Funktion** und **Auslegungshilfe** im Rahmen der Leistungserbringung nach dem Dritten bis Neunten Kapitel.[6]

Adressaten der Norm sind dementsprechend in erster Linie die Sozialhilfeträger, die die Vorgaben bei Ermessensentscheidungen zu berücksichtigen haben. Spiegelbildlich können sich daher auch Leistungsempfänger im Falle eines Ermessensfehlgebrauchs durch die Behörde auf die Regelung berufen.

Zur effektiven Umsetzung des Absatzes 1 sieht Absatz 2 eine **Informationspflicht der Sozialhilfeträger** gegenüber anderen Rehabilitationsträgern und Integrationsämtern vor, um – schon angesichts des zergliederten Systems der Rehabilitationsleistungen im Sozialrecht – Leistungen auch jenseits des Zuständigkeitsbereichs der Sozialhilfeträger für den Leistungsempfänger zeitnah bereitstellen zu können.

II. Normzweck

Mit der Schaffung des § 14 SGB XII verfolgte der Gesetzgeber in erster Linie **gesundheitspolitische Ziele**. Durch Präventions- und Rehabilitationsmaßnahmen sollen der Zeitpunkt der Pflegebedürftigkeit und der Behinderung hinausgeschoben bzw. Pflegebedürftigkeit und Behinderung gemindert oder sogar ganz vermieden werden.[7] Neben der Steigerung der Lebensqualität der Betroffenen steht hinter diesem Ansatz der fiskalische Gedanke, dass durch vergleichsweise kostengünstige, vorbeugende Maßnahmen lange Zeiten kostenintensiver Pflege oder sonstiger reaktiver Unterstützungsleistungen vermieden werden können.

Die in Absatz 2 niedergelegte Informationspflicht soll dem Gedanken einer bürgerorientierten und effizienten Verwaltung Rechnung tragen.[8] Dem Hilfesuchenden soll es – auch angesichts der unübersichtlichen Vielfalt an möglichen Rehabilitationsträgern – nicht zugemutet werden, selbst bei anderen Leistungsträgern um Hilfen nachsuchen zu müssen, zumal das ganze Spektrum möglicher Leistungen dem Einzelnen nur selten bekannt sein dürfte.

III. Die Regelungen im Einzelnen

1. Vorrang von Prävention und Rehabilitation (Absatz 1)

a. Vorrang

Vorrang von Prävention und Rehabilitation bedeutet, dass den diesen Zwecken dienenden Leistungen gegenüber anderen Leistungen nach dem SGB XII der Vorzug zu geben ist, wenn unterschiedliche Leistungen möglich sind. Allerdings besteht zwischen Präventions- und Rehabilitationsleistungen ei-

---

[4] So auch *Hohm* in: Schellhorn/Schellhorn/Hohm, SGB XII, § 14 SGB XII Rn. 3.
[5] Vgl. auch *Luthe* in: Hauck/Noftz, SGB XII, § 14 SGB XII Rn. 4.
[6] So auch *Hohm* in: Schellhorn/Schellhorn/Hohm, SGB XII, § 14 SGB XII Rn. 4.
[7] BT-Drs. 15/1514, S. 57.
[8] *Wahrendorf* in: Grube/Wahrenorf, SGB XII, § 14 SGB XII Rn. 4.

nerseits und weiteren Leistungen nach dem SGB XII andererseits **kein Verhältnis der Exklusivität** in dem Sinne, dass bei einer Erbringung der vorrangigen Leistungen andere Leistungen nach dem SGB XII ausgeschlossen wären. Die in § 9 Abs. 1 SGB XII niedergelegte Verpflichtung des Sozialhilfeträgers zur Bedarfsdeckung gebietet es vielmehr, dass alle erforderlichen Leistungen gegebenenfalls parallel zu erbringen sind. Entsprechend lässt sich aus dem Vorrang auch nicht ableiten, dass die Teilhabeleistungen nur dann zu erbringen wären, wenn durch sie nachrangige Leistungen potenziell vermieden werden können.[9]

14   Nicht eingeschränkt wird demgegenüber die in § 2 SGB XII verankerte **nachrangige Leistungspflicht** des Sozialhilfeträgers: Soweit ein anderer Sozialleistungsträger vorrangig verpflichtet ist und diese Leistungen auch tatsächlich erbringt, bleibt es bei dessen Zuständigkeit. Der Sozialhilfeträger muss daher nicht selbst leisten, muss ihn aber nach Absatz 2 über dessen Leistungspflicht in Kenntnis setzen.

15   **Fiskalische Erwägungen**, wie etwa ein Kostenvergleich zwischen der möglichen Teilhabeleistung und den ansonsten entstehenden Folgekosten, sind nicht anzustellen. Allerdings sind die Wirksamkeit und Erforderlichkeit einer Maßnahme vorab festzustellen, weil von vornherein wirkungslose Maßnahmen nicht finanziert werden müssen.[10]

b. Prävention und Rehabilitation

16   Der **Begriff der Prävention** ist im Sinne des § 3 SGB IX zu verstehen und bezeichnet die Gesamtheit der vorbeugenden Maßnahmen zur Verhinderung oder Verzögerung des Eintritts eines gesundheitlichen Schadensfalles (Behinderung, chronische Krankheit oder Pflegebedürftigkeit)[11]. Erfasst werden daher sowohl die primäre als auch die sekundäre und tertiäre Prävention.

17   Die **primäre Prävention** umfasst Maßnahmen der Gesundheitsförderung und Krankheitsverhütung durch Beseitigung krankheitsverursachender Faktoren. Mit der **sekundären Prävention** sollen Krankheiten frühzeitig erkannt und behandelt werden, um ihre Entwicklung weitest möglich zu begrenzen. Ziel der **Tertiärprävention** ist die Vermeidung der Verschlimmerung bereits eingetretener Erkrankungen.[12]

18   Zu den **Rehabilitationsleistungen** zählen zunächst alle Teilhabeleistungen im Sinne des § 5 SGB IX, also Leistungen zur medizinischen Rehabilitation, zur Teilhabe am Arbeitsleben, unterhaltssichernde und andere ergänzende Leistungen sowie Leistungen zur Teilhabe am Leben in der Gemeinschaft. Darüber hinaus werden von § 14 Abs. 1 SGB XII als Rehabilitationsleistungen aber auch solche Leistungen mit einbezogen, zu deren Leistungserbringung die Rehabilitationsträger im Sinne des § 6 SGB XII nicht verpflichtet sind, insbesondere die begleitenden Hilfen im Arbeitsleben nach § 102 Abs. 1 Satz 1 Nr. 3, Abs. 2, 3 SGB IX. Dies ergibt sich aus § 14 Abs. 2 SGB XII, der zur Umsetzung des Vorrangprinzips auch eine Informationspflicht an die Integrationsämter vorsieht. § 14 Abs. 1 SGB XII zielt daher auf eine umfassende Förderung sämtlicher möglicher Teilhabeleistungen.

19   Soweit die Sozialhilfeträger für einzelne Rehabilitationsleistungen nicht zuständiger Rehabilitationsträger sein können (vgl. § 6 Abs. 1 Nr. 7 SGB IX), also insbesondere für unterhaltssichernde und andere ergänzende Leistungen, aber auch für Leistungen, die andere Träger vorrangig zu erbringen haben, sind sie über § 14 Abs. 2 SGB XII zur Information der jeweiligen Träger verpflichtet, um eine effektive Leistungsgewährung sicherzustellen. Die **Zuständigkeitsregelungen** der einzelnen Leistungsgesetze sowie die Zuständigkeitserklärung nach § 14 SGB IX werden daher durch § 14 Abs. 1 SGB XII nicht berührt.

c. Zielsetzungen des SGB IX

20   Mit der Bezugnahme auf die Ziele des SGB IX wird deutlich gemacht, dass auch die Leistungsträger nach dem SGB XII der Förderung der Selbstbestimmung und gleichberechtigten Teilhabe behinderter Menschen am Leben in der Gesellschaft im Sinne des § 1 SGB IX verpflichtet sind und deren Benachteiligung vermeiden bzw. entgegenwirken müssen. Bei Ermessensentscheidungen hinsichtlich Auswahl erforderlicher Maßnahmen sind die Sozialhilfeträger daher gehalten, diese Zielsetzungen zu berücksichtigen.

---

[9] *Luthe* in: Hauck/Noftz, SGB XII, § 14 SGB XII Rn. 8.
[10] *Luthe* in: Hauck/Noftz, SGB XII, § 14 SGB XII Rn. 11.
[11] Vgl. *Joussen* in: LPK-SGB IX, § 3 Rn. 4.
[12] Vgl. zu dieser Unterscheidung *Fuchs* in: Cramer/Fuchs/Hirsch/Ritz, SGB IX, § 3 Rn. 8 ff.; *Joussen* in: LPK-SGB IX, § 3 Rn. 4.

2. Unterrichtungspflicht (Absatz 2)

Zur effektiven Umsetzung der in Absatz 1 niedergelegten Vorrangregelung verpflichtet Absatz 2 die Sozialhilfeträger, die zuständigen Rehabilitationsträger und die Integrationsämter (§§ 101 bis 103 SGB IX) über erforderliche Leistungen zu informieren. Die Informationspflicht soll eine bürgerfreundliche, wirksame, umfassende und zeitnahe Unterstützung behinderter und von Behinderung bedrohter Menschen ermöglichen. Die Verpflichtung setzt ein mit der Kenntnis des Sozialhilfeträgers von Präventions-/Rehabilitationsbedarf der betroffenen Person. Ausreichend ist, dass der Sozialhilfeträger einen Bedarf für gegeben hält.   21

Impliziert wird damit eine **umfassende Prüfungsverpflichtung der Sozialhilfeträger** nach allen in Betracht kommenden Leistungsgesetzen, weil nur auf einer solchen Grundlage eine umfassende Information anderer Träger erfolgen kann. Die Prüfung kann jedoch nur im Sinne einer unverbindlichen Vorprüfung verstanden werden, da jeder Leistungsträger seine Zuständigkeit und das Bestehen eines Leistungsanspruchs grundsätzlich in eigener Zuständigkeit zu prüfen hat. Allerdings wird bei vorausgegangenem Antrag des Hilfesuchenden oftmals mit der Information durch den Sozialhilfeträger auch eine Weiterleitung des Antrags verbunden sein, so dass es häufig zu einer aufgedrängten Zuständigkeit nach § 14 Abs. 1 Sätze 2-4 SGB IX kommen dürfte.[13]   22

---

[13] Zur Bedeutung des § 14 SGB IX in der Eingliederungshilfe vgl. BSG v. 02.02.2012 - B 8 SO 9/10 R - juris Rn. 11 ff.

§ 15 SGB XII Vorbeugende und nachgehende Leistungen

(Fassung vom 27.12.2003, gültig ab 01.01.2005)

(1) ¹Die Sozialhilfe soll vorbeugend geleistet werden, wenn dadurch eine drohende Notlage ganz oder teilweise abgewendet werden kann. ²§ 47 ist vorrangig anzuwenden.

(2) ¹Die Sozialhilfe soll auch nach Beseitigung einer Notlage geleistet werden, wenn dies geboten ist, um die Wirksamkeit der zuvor erbrachten Leistung zu sichern. ²§ 54 ist vorrangig anzuwenden.

Gliederung

A. Basisinformation 1	I. Regelungsgehalt und Bedeutung der Norm 10
I. Textgeschichte/Gesetzgebungsmaterialien 1	II. Normzweck 12
II. Vorgängervorschriften.................................. 2	III. Die Regelungen im Einzelnen........................ 14
III. Parallelvorschriften.................................... 4	1. Vorbeugende Hilfen (Absatz 1) 14
IV. Systematische Zusammenhänge 7	2. Nachgehende Hilfen (Absatz 2) 25
V. Ausgewählte Literaturhinweise.................... 9	3. Ermessen 30
B. Auslegung der Norm 10	C. Praxishinweise 34

A. Basisinformation

I. Textgeschichte/Gesetzgebungsmaterialien

1 Die Norm wurde durch das Gesetz zur Eingliederung des Sozialhilferechts in das Sozialgesetzbuch vom 27.12.2003¹ neu geschaffen und trat zum 01.01.2005 in Kraft. Sie ist seitdem unverändert geblieben. Die wesentliche Gesetzesbegründung findet sich in der BT-Drs. 15/1514.

II. Vorgängervorschriften

2 § 15 SGB XII ersetzt die inhaltsgleiche Regelung des § 6 Bundessozialhilfegesetz (BSHG). Die marginalen Änderungen im Wortlaut („leisten" bzw. „erbringen" statt „gewähren", „Leistungen" statt „Hilfen") sollten eine inhaltliche Änderung nicht bewirken, der Wortlaut wurde lediglich dem modernen Leistungsrecht angepasst und die Terminologie an die übrigen Bücher des Sozialgesetzbuches angepasst.²

3 Die Möglichkeit der präventiven Leistungserbringung war in abgeschwächter Form („kann" statt des nunmehr verwendeten „soll") bereits in § 3 Reichsgrundsätze über Voraussetzung, Art und Maß der öffentlichen Fürsorge vom 04.12.1924³ enthalten. Um die Sicherung eines mit Sozialhilfemitteln einmal erzielten Erfolges langfristig zu sichern, wurde bei Einführung des BSHG dessen § 6 um die Möglichkeit nachgehender Leistungserbringung ergänzt, die bis zu diesem Zeitpunkt nur in Einzelfällen auf Grund spezialgesetzlicher Regelung möglich gewesen war.⁴

III. Parallelvorschriften

4 Obgleich das **SGB II** neben dem SGB XII das zweite steuerfinanzierte Sicherungssystem darstellt, findet sich im erstgenannten eine parallele Regelung zu § 15 SGB XII in dieser pauschalen Form nicht. Immerhin sieht § 1 Abs. 2 Nr. 1 SGB II aber vor, dass Leistungen der Grundsicherung auf eine Vermeidung der Hilfebedürftigkeit auszurichten sind; § 3 Abs. 1 SGB II ermöglicht ergänzend die Leistungserbringung zur Eingliederung in Arbeit, soweit sie zur Vermeidung der Hilfebedürftigkeit erforderlich sind. Auch dem SGB II sind daher Leistungen mit präventivem Charakter nicht fremd.⁵

5 § 15 SGB XII enthält eine normative Grundentscheidung, aus der allein kein Anspruch hergeleitet werden kann. Im **SGB XII** finden sich in den Kapiteln betreffend die unterschiedlichen Leistungsarten jedoch unmittelbar anspruchsbegründende Vorschriften, die der Vorbeugung von Hilfebedürftigkeit

---

¹ BGBl I 2003, 3022.
² BT-Drs. 15/1514, S. 53.
³ RGBl I 1924, 765.
⁴ BT-Drs. III/1799, S. 34.
⁵ Vgl. zu den Vorgängervorschriften im SGB II auch BSG v. 13.07.2010 - B 8 SO 14/09 R - SozR 4-4200 § 16 Nr. 5 Rn. 15.

bzw. der Sicherung erbrachter Leistungen dienen. § 15 SGB XII benennt selbst als präventive Leistungen die vorbeugende Gesundheitshilfe nach § 47 SGB XII. Für die nachgehenden Leistungen verweist die Vorschrift auf die Leistungen der Eingliederungshilfe nach § 54 SGB XII, insbesondere auf die nachgehenden Hilfen zur Sicherung der Wirksamkeit der ärztlichen und ärztlich verordneten Leistungen und zur Sicherung der Teilhabe behinderter Menschen am Arbeitsleben nach § 54 Abs. 1 Satz 1 Nr. 5 SGB XII.

Daneben ermöglicht § 36 SGB XII die vorbeugende Schuldenübernahme, wenn ein Verlust der Unterkunft, insbesondere eine Wohnungslosigkeit oder eine vergleichbare Notlage droht. Eingliederungshilfe ist schon bei drohender Behinderung zu leisten, § 53 Abs. 1, 2 SGB XII. Des Weiteren können Hilfen zur Abwendung besonderer sozialer Schwierigkeiten[6] (§ 68 SGB XII) und von Schwierigkeiten, die durch das Alter entstehen (§ 71 SGB XII), gewährt werden.

IV. Systematische Zusammenhänge

§ 15 SGB XII enthält keine eigenständige Anspruchsgrundlage, wie sich bereits aus der Stellung im ersten Abschnitt des zweiten Kapitels des SGB XII, der sich den Grundsätzen der Leistungen widmet, ergibt. Er berechtigt daher nicht zu Leistungen eigener Art, sondern ist im rechtlichen Zusammenhang mit der jeweiligen Hilfeart zu verstehen.[7] Der Sozialhilfeträger ist daher nicht zu jeder erdenklichen Art von Leistung verpflichtet, sondern es kommen lediglich sozialhilferechtliche Bedarfe aus dem Katalog des § 8 SGB XII (vgl. hierzu allgemein die Kommentierung zu § 8 SGB XII) in Betracht.

Die Vorschrift ist zudem im Zusammenhang mit § 18 SGB XII zu sehen, der die Entstehung des Sozialrechtsverhältnisses regelt (vgl. dazu die Kommentierung zu § 18 SGB XII Rn. 7 ff.). § 15 erweitert in zeitlicher Hinsicht das Sozialrechtsverhältnis über den in § 18 SGB XII beschriebenen Rahmen hinaus, weil letzterer unter anderem das Vorliegen der Anspruchsvoraussetzungen zur Bedingung für das Einsetzen der Sozialhilfe macht, § 15 SGB XII aber bereits eine drohende Notlage ausreichen lässt. Auf der anderen Seite muss der in § 18 SGB XII niedergelegte Kenntnisgrundsatz auch bei drohenden Notlagen Anwendung finden, so dass auch vorbeugende Hilfen bereits mit Kenntnis des Sozialhilfeträgers einzusetzen haben, wenn dadurch eine Hilfebedürftigkeit des Betroffenen abgewendet werden kann (so auch die Kommentierung zu § 18 SGB XII Rn. 63).

V. Ausgewählte Literaturhinweise

Krahmer, Rechtsfragen der Schuldnerberatung nach Hartz IV – Kritische Anmerkungen zum Urteil des Bundessozialgerichts vom 13.7.2010 (B 8 SO 14/09 R) zu § 16a SGB II sowie § 11 Abs. 5 Satz 3 SGB XII, Sozialrecht aktuell 2011, 161 ff.

B. Auslegung der Norm

I. Regelungsgehalt und Bedeutung der Norm

Die Vorschrift stellt – ohne eigenständige Anspruchsgrundlage zu sein – generell klar, dass sich der Leistungsauftrag der Sozialhilfeträger nicht auf den gegenwärtigen Hilfefall beschränkt. Durch sie erfolgt eine zeitliche **Vorverlagerung des an sich noch nicht bestehenden Bedarfs**. Die Träger sind vielmehr gehalten, bereits bei Kenntnis einer drohenden Notlage die notwendigen Maßnahmen zu ergreifen, um den Eintritt der Notlage möglichst zu verhindern. Und auch nach Abschluss einer Maßnahme soll der Leistungsempfänger weitere Unterstützungsleistungen erhalten, wenn dies erforderlich erscheint, um den Erfolg der vorangegangenen Maßnahme aufrechtzuerhalten bzw. nicht zu gefährden.

§ 15 SGB XII durchbricht so das in der Sozialhilfe ansonsten vorherrschende Gegenwärtigkeitsprinzip, wonach ein Leistungsanspruch an einen aktuellen Hilfebedarf anknüpft,[8] und erweitert das Sozialrechtsverhältnis um Zeiträume vor Beginn bzw. nach Ende der eigentlichen Hilfebedürftigkeit.

II. Normzweck

Durch § 15 SGB XII wird der Sozialhilfeträger ermächtigt und verpflichtet zu prüfen, ob der Zweck der Sozialhilfe nicht dadurch besser erreicht werden kann, dass die einzelnen Leistungen bereits vor

---

[6] Vgl. hierzu BVerwG v. 02.03.1992 - 5 B 139/91 - Buchholz 436.0 § 72 BSHG Nr. 2.
[7] So zu § 6 BSHG bereits BVerwG v. 18.10.1990 - 5 C 51/86 - BVerwGE 87, 31, 36 sowie BVerwG v. 02.03.1992 - 5 B 139/91 - Buchholz 436.0 § 72 BSHG Nr. 2.
[8] Vgl. etwa BSG v. 10.11.2011 - B 8 SO 12/10 R - SozR 4-3500 § 30 Nr. 4 Rn. 26.

Eintritt der Notlage oder auch nach ihrer Beseitigung gewährt werden.[9] Die Bedeutung der Norm besteht zum einen in der Bereitstellung einer Auslegungshilfe, die bei der Ausfüllung unbestimmter Rechtsbegriffe und bei der Ermessensbetätigung sowohl hinsichtlich des „Ob" als auch des „Wie" einer Leistungserbringung heranzuziehen ist.[10] Zum anderen erweitert sie im Zusammenspiel mit den speziellen Anspruchsgrundlagen den zeitlichen Anwendungsbereich der Leistungen nach dem SGB XII.

13 Mit der **zeitlichen Ausdehnung des Sozialrechtsverhältnisses** soll für die Leistungsberechtigten eine möglichst frühzeitige bzw. nachhaltige Unterstützung erfolgen, um den Eintritt bzw. die Fortdauer der eigentlichen Hilfebedürftigkeit zu vermeiden. Neben der Zielsetzung, dem Hilfebedürftigen die Führung eines menschenwürdigen Lebens und die aktive Teilnahme an der Gemeinschaft zu ermöglichen, sprechen nicht zuletzt auch Gründe der Kostenminimierung für eine umfassende Unterstützungspflichtung: Durch vorbeugende Maßnahmen kann unter Umständen ein Dauerleistungsbezug verhindert werden, nachgehende Maßnahmen sichern den langfristigen Erfolg einer bereits erfolgten Unterstützungsleistung und vermeiden den Eintritt eines erneuten Bedarfsfalles.

III. Die Regelungen im Einzelnen

1. Vorbeugende Hilfen (Absatz 1)

14 Vorbeugende Hilfen nach Absatz 1 dienen der **Prävention**, sollen also den Eintritt einer Notlage ganz oder zumindest teilweise verhindern. Dahinter steht der Gedanke, dass die Hilfe so früh wie möglich einsetzen soll, um so den Hilfesuchenden möglichst effektiv zu unterstützen und dadurch die Folgekosten gering zu halten.[11]

15 Schon auf Grund seiner Stellung im Abschnitt über die Grundsätze der Leistungsbewilligung ergibt sich, dass § 15 SGB XII **keine eigenständige Anspruchsgrundlage** darstellt, also nicht zu Leistungen eigener Art berechtigt, sondern erst im Zusammenhang mit einer speziellen Anspruchsgrundlage aus dem SGB XII Geltung erlangen kann.[12] Die Vorschrift ist daher bei allen Leistungsentscheidungen nach dem Dritten bis Neunten Kapitel des SGB XII gedanklich mit zu prüfen; sie beeinflusst sowohl das Entschließungs- als auch das Auswahlermessen.

16 § 15 SGB XII stellt klar, dass auch, soweit spezielle Regelungen zur vorbeugenden Leistungserbringung fehlen, eine solche grundsätzlich möglich ist. Weil § 15 SGB XII als allgemeine Regelung keine eigenständige Anspruchsgrundlage darstellt, können aber auch nur Leistungen erbracht werden, die das SGB XII tatsächlich vorsieht. Dementsprechend können auch **nur Personen, die nach dem SGB XII leistungsberechtigt sind,** aus der Vorschrift Rechte ableiten. So hat das BSG bereits entschieden, dass ein Anspruch einer Erwerbsfähigen auf eine vorbeugende Schuldnerberatung nach § 11 Abs. 5 Satz 3 SGB XII vor Eintritt einer Hilfebedürftigkeit nicht besteht, weil der Anspruch nur im Zusammenhang mit Leistungen nach dem Dritten bis Neunten Kapitel eröffnet ist, für die im konkreten Fall eine Leistungsberechtigung zu verneinen war.[13]

17 Aus der Vorschrift lässt sich der Grundsatz entnehmen, dass bei der Wahl zwischen mehreren möglichen Leistungsalternativen im Vorfeld des Bedarfs derjenigen der Vorzug zu geben ist, die die **wirksamste Hilfe** verspricht.[14] Jedoch besteht auch danach kein Anspruch auf jede denkbare Hilfe, der Sozialhilfeträger kann vielmehr die Hilfe auswählen, die mit vertretbaren Kosten zu erbringen ist.[15]

18 § 15 SGB XII setzt eine **drohende Notlage** voraus. Hierbei handelt es sich um einen **unbestimmten Rechtsbegriff**, dessen Auslegung durch den Sozialhilfeträger in vollem Umfang der gerichtlichen Kontrolle unterliegt.[16] Das SGB XII verwendet den Begriff an zahlreichen Stellen, unter anderem in den §§ 11 Abs. 2 und 12 Satz 1 SGB XII sowie in der Überschrift des § 38 SGB XII. Vor allem aus der letztgenannten Vorschrift lassen sich Rückschlüsse zur Begriffsbestimmung ziehen, weil der nur in der amtlichen Überschrift genannte Begriff der Notlage durch den Normtext näher ausgefüllt wird. Eine Notlage ist danach dann anzunehmen, wenn Leistungen nach den §§ 27a, 30, 32, 33, 35 SGB XII oder

---

[9] So zu § 6 BSHG bereits BVerwG v. 18.10.1990 - 5 C 51/86 - juris Rn. 17 - BVerwGE 87, 31 ff.

[10] *Luthe* in: Hauck/Noftz, SGB XII, § 15 SGB XII Rn. 2.

[11] So bereits für die Vorgängervorschrift des § 6 BSHG BT-Drs. III/1799, S. 34.

[12] BSG v. 12.12.2013 - B 8 SO 24/12 R.

[13] BSG v. 13.07.2010 - B 8 SO 14/09 R - SozR 4-4200 § 16 Nr. 5 Rn. 22 ff.

[14] BVerwG v. 15.05.1968 - V C 136.67 - juris Rn. 22 - BVerwGE 30, 6; BSG v. 12.12.2013 - B 8 SO 24/12 R.

[15] BVerwG v. 31.01.1968 - V C 22.67 - juris Rn. 22 - BVerwGE 29, 99, 105.

[16] So auch *Bieback* in: Grube/Wahrendorf, SGB XII, § 15 SGB XII Rn. 12.

der Barbetrag nach § 27b Abs. 2 SGB XII[17] zu erbringen wären. Darüber hinaus kommen aber auch alle weiteren besonderen Bedarfe nach dem SGB XII in Betracht, denen durch eine rechtzeitige Hilfeleistung effektiv begegnet werden kann.

Die Frage, ob eine solche Notlage **tatsächlich droht**, ist zu bejahen, wenn nach der allgemeinen Lebenserfahrung ohne Intervention des Sozialhilfeträgers oder eines Dritten objektiv der Eintritt einer Sozialhilfebedürftigkeit in absehbarer Zeit hinreichend wahrscheinlich ist.[18] Das setzt voraus, dass zum einen dem potenziellen Leistungsempfänger Selbsthilfemöglichkeiten nicht (mehr) offenstehen oder nicht zugemutet werden können. Zum anderen muss sich der Eintritt der Bedürftigkeit in dem Sinne konkretisiert haben, dass er zeitlich unmittelbar bevorsteht und nur durch die Einleitung von entsprechenden Unterstützungsleistungen verhindert werden kann. Abstrakte Risiken reichen daher zur Begründung eines Leistungsanspruchs ebenso wenig aus wie die Risiken durch Elementargefahren und das allgemeine Lebensrisiko. So ist beispielsweise das Versicherungsrisiko einer Hausratversicherung, die in der Regel Schutz bei Schäden durch Feuer, Leitungswasser, Sturm, Hagel, Einbruchdiebstahl, Raub und Vandalismus bietet, nicht als drohende Notlage einzustufen.[19]

19

Der Sozialhilfeträger hat daher bei Bekanntwerden des jeweiligen potenziellen Hilfefalles eine Prognoseentscheidung zu treffen. Er hat bei der ex-ante-Betrachtung[20] auch zu berücksichtigen, ob durch ein frühzeitiges Eingreifen der Eintritt einer Notlage verhindert werden kann, wobei es ausreichen muss, dass eine gewisse Wahrscheinlichkeit besteht. Nicht erforderlich ist demgegenüber gesichertes Wissen.

20

Ist eine solche drohende Notlage zu bejahen, so ersetzt diese das ansonsten erforderliche Tatbestandsmerkmal der Hilfebedürftigkeit im Rahmen einer Anspruchsprüfung für Leistungen nach dem Dritten bis Neunten Kapitel des SGB XII. Der Betroffene ist dann anspruchsberechtigt, er ist jedoch nicht zur Annahme der jeweiligen vorbeugenden Leistung verpflichtet. Liegt allerdings ein gesetzlicher Anspruchsausschluss für Leistungen nach dem SGB XII vor, so wird dieser auch nicht durch die Vorschrift des § 15 SGB XII überwunden. Daher stehen beispielsweise einem Erwerbstätigen, der bei Verlust seines Arbeitsplatzes lediglich Leistungen nach dem SGB III oder SGB II erhalten könnte, keine Leistungen der vorbeugenden Schuldnerberatung nach § 11 Abs. 5 Satz 3 SGB XII zu.[21]

21

Als vorbeugende Leistungen sind in der Rechtsprechung beispielsweise anerkannt worden:

22

- Nach einer Entscheidung des BVerwG kann der Sozialhilfeträger als vorbeugende Hilfe Leistungen für einen Aufenthalt in einem Jugenddorf zu Ausbildungszwecken im Rahmen der Hilfe zur Überwindung besonderer sozialer Schwierigkeiten nach § 72 BSHG (jetzt: §§ 67 ff. SGB XII) gewähren, wenn dadurch der Zweck dieser Hilfeart besser erreicht werden kann.[22]
- Bei besonderen, in der Person des Hilfebedürftigen liegenden Gründen wurde ein Anspruch auf Übernahme der Unterkunftskosten während der Verbüßung einer Haftstrafe bejaht, um die bisherige Wohnung des Hilfebedürftigen zu erhalten.[23] Auch das BSG hat die Übernahme von Unterkunftskosten während des Aufenthalts in einer Justizvollzugsanstalt als vorbeugende Hilfe nach den §§ 15, 67 SGB XII für möglich gehalten, weil dadurch ggf. Wohnungslosigkeit vermieden werden könne.[24]
- Noch unter Geltung des BSHG wurde die damals nicht ausdrücklich im Gesetz aufgeführte Erstausstattung bei Schwangerschaft und Geburt (vgl § 21 Abs. 1a BSHG), die inzwischen in § 31 Abs. 1 Nr 2 SGB XII geregelt ist, als vorbeugende Leistung angesehen. Das OVG Rheinland-Pfalz anerkannte das Bedürfnis der werdenden Mutter auf die beantragten Gegenstände bereits vor der Geburt des Kindes, weil diese zwar nicht zum Bewilligungszeitpunkt, aber doch unmittelbar nach der Geburt benötigt würden.[25]

---

[17] Die gesetzliche Regelung verweist auf Grund eines gesetzgeberischen Versehens teilweise auf andere Vorschriften, vgl. hierzu die Kommentierung zu § 38 SGB XII Rn. 2.
[18] Ähnlich auch *Bieback* in: Grube/Wahrendorf, SGB XII, § 15 Rn. 14 sowie *Hohm* in: Schellhorn/Schellhorn/Hohm, SGB XII, § 15 SGB XII Rn. 8.
[19] OVG Berlin v. 26.05.1983 - 6 B 32.82 - FEVS 33, 328 ff.
[20] BSG v. 12.12.2013 - B 8 SO 24/12 R.
[21] BSG v. 13.07.2010 - B 8 SO 14/09 R - SozR 4-4200 § 16 Nr. 5 Rn. 22 ff.
[22] BVerwG v. 02.03.1992 - 5 B 139/91 - Buchholz 436.0 § 72 Nr. 2.
[23] OVG Berlin v. 13.12.1979 - VI S 77.79 - FEVS 28, 407 ff.
[24] BSG v. 12.12.2013 - B 8 SO 24/12 R.
[25] Vgl. zu § 6 BSHG OVG Rheinland-Pfalz v. 30.03.2000 - 12 A 11660/99 - FEVS 52, 15.

- Ausgeschlossen ist demgegenüber die Übernahme der Kosten für eine Hausratversicherung, weil die hiermit abstrakt versicherten Risiken keine drohende Notlage im Sinne des § 15 Abs. 1 SGB XII darstellen.[26]

23 § 15 Abs. 1 Satz 2 SGB XII gewährt schließlich den vorbeugenden Gesundheitshilfen nach § 47 SGB XII mit ihren tatbestandlichen Voraussetzungen den Vorrang vor der allgemeineren Regelung. Damit wird klargestellt, dass bei Anwendung dieser Vorschrift § 15 SGB XII nicht als Auslegungshilfe dienen darf. Dies erklärt sich aus der Tatsache, dass solche Hilfen allein medizinisch indiziert sind und nicht in erster Linie der Behebung einer sozialen Notlage dienen.[27]

24 Da § 15 Abs. 1 SGB XII ausdrücklich nur § 47 SGB XII als vorrangig bezeichnet, ist er bei der Anwendung anderer spezieller Normen mit präventiver Ausrichtung zu deren Auslegung ergänzend heranzuziehen.[28]

2. Nachgehende Hilfen (Absatz 2)

25 Die durch § 15 Abs. 2 SGB XII eröffnete Möglichkeit der Erbringung nachgehender Leistungen soll die Nachhaltigkeit bereits erbrachter Leistungen sichern, also Rückfälle in eine Hilfebedürftigkeit vermeiden und bereits erbrachte Erfolge sichern. Nachgehende Leistungen dienen daher wie auch die Leistungen nach § 15 Abs. 1 SGB XII der Prävention eines – weiteren – Leistungsfalles. Der Anwendungsbereich des Absatzes 2 ist jedoch erst dann eröffnet, wenn eine einmal entstandene Notsituation durch die Erbringung von Leistungen der Sozialhilfe zunächst behoben wurde und deren Fortwirkung allein durch weitere flankierende Leistungen gesichert werden kann.

26 Auch in diesem Fall muss im Wege einer Zukunftsprognose eine konkrete Gefahr für nachhaltigen Erfolg zu erwarten sein. Nicht ausreichend dafür ist die allgemeine Befürchtung, der Leistungsberechtigte könne erneut hilfebedürftig werden, weil eine solche latente Gefahr in vielen Fällen bestehen dürfte. Erforderlich ist daher eine erhöhte Wahrscheinlichkeit, dass der Erfolg ohne weitere Unterstützungsleistungen nicht nachhaltig sein würde.

27 Die Rechtsprechung hat in den nachfolgenden Beispielen nachgehende Leistungen für erforderlich gehalten:
- Die Fortsetzung einer besonderen schulischen Betreuung in einem Landerziehungsheim, die auf Grund seelischer Behinderung gewährt wurde, kann auch nach Wegfall der Behinderung weiterhin geboten sein, wenn ansonsten durch einen Schulwechsel der Schulabschluss gefährdet wäre.[29]
- Ein ehemals nicht Sesshafter kann auch nach Vermittlung in eine Unterkunft weiterhin Betreuungsleistungen erhalten, um einem erneuten Wohnungsverlust entgegenzuwirken.[30]
- Für einen Drogenabhängigen, der aus einer stationären Einrichtung im Rahmen der Eingliederungshilfe zur Entgiftung in ein Krankenhaus aufgenommen wird, kann als Hilfe zur Überwindung besonderer Schwierigkeiten nach § 72 BSHG (jetzt: §§ 67 ff. SGB XII) weiterhin das Vorhalten eines Zimmers sowie nachgehende persönliche Betreuung durch die ursprüngliche Einrichtung finanziert werden, wenn dies der Vermeidung eines Rückfalls bzw. eines Suizids dient.[31]

28 Die Kosten eines Unterhaltsprozesses sowie rückständige Beiträge zu Versicherungen stellen hingegen keinen sozialhilferechtlichen Bedarf dar. Sie sind daher auch nicht nachträglich – gleichsam als „Nachholbedarf" – an den Hilfebedürftigen zu zahlen, indem der vorleistende Sozialhilfeträger einen entsprechend geringeren Betrag bei dem an sich zur Leistung verpflichteten Sozialleistungsträger geltend macht.[32]

29 Wie bereits für die Leistungen nach Absatz 1 (vgl. dazu Rn. 23) so bestimmt auch § 15 Abs. 2 Satz 2 SGB XII die vorrangige Anwendung spezieller Vorschriften des SGB XII, hier des § 54 SGB XII. Bei der Gewährung von nachgehenden Leistungen der Eingliederungshilfe für behinderte Menschen insbesondere nach § 54 Abs. 1 Satz 1 Nr. 5 SGB XII ist daher § 15 Abs. 2 SGB XII nicht zu berücksichtigen, insbesondere stehen diese Leistungen nicht in dem Ermessen der Behörde.

---

[26] So für die Vorgängerregelung des § 6 BSHG OVG Berlin v. 26.05.1983 - 6 B 32.82 - FEVS 33, 328.
[27] Vgl. *Luthe* in: Hauck/Noftz, SGB XII, § 15 SGB XII Rn. 8.
[28] A.A. *Hohm* in: Schellhorn/Schellhorn/Hohm, SGB XII, § 15 SGB XII Rn. 10, der alle vorbeugenden Leistungen des 3. bis 9. Kapitels des SGB XII als gegenüber § 15 SGB XII vorrangig ansieht.
[29] BVerwG v. 28.09.1995 - 5 C 21/93 - DVBl 1996, 857 f.
[30] OVG Lüneburg v. 29.04.1987 - 4 B 162/86 - FEVS 38, 445.
[31] Niedersächsisches OVG v. 11.07.2001 - 4 L 3571/00 - juris.
[32] BVerwG v. 18.10.1990 - 5 C 51/86 - BVerwGE 87, 31, 37.

3. Ermessen

Die Erbringung vorbeugender und nachgehender Leistungen ist nach dem Wortlaut der Norm in das Ermessen der Sozialhilfeträger gestellt. Sie eröffnet sowohl ein Entschließungs- als auch ein Auswahlermessen. 30

Das Entschließungsermessen ist allerdings eingeschränkt: Durch die vom Gesetzgeber gewählte Formulierung („soll") wird zum Ausdruck gebracht, dass vorbeugende bzw. nachgehende Leistungen grundsätzlich zu erbringen sind, wenn dies objektiv erforderlich ist und nicht ein atypischer Fall vorliegt.[33] 31

Bei der Ausübung seines Auswahlermessens muss der jeweilige Träger dann das Mittel wählen, welches nach dem jeweiligen Stand der wissenschaftlichen Erkenntnisse am besten geeignet ist, der bestehenden Notlage abzuhelfen bzw. die drohende Notlage abzuwenden.[34] In aller Regel wird daher die Maßnahme die effektivste sein, die die Ursache der Notlage beseitigt, und ist daher derjenigen, die lediglich die Folgen kompensiert, vorzuziehen. Dabei ist § 17 Abs. 2 SGB XII zu berücksichtigen. 32

Das Auswahlermessen ist allerdings durch den Leistungskatalog des SGB XII beschränkt. Der Sozialhilfeträger ist daher nicht berechtigt, eine eigene Leistung losgelöst von den Vorgaben des SGB XII zu kreieren. 33

C. Praxishinweise

Die gerichtliche Durchsetzung vor allem von vorbeugenden Leistungen dürfte schon auf Grund der tatbestandlichen Voraussetzung, die eine drohende Notlage erfordert, wegen der damit verbundenen Dringlichkeit überwiegend im einstweiligen Rechtsschutzverfahren zu erfolgen haben, um effektiven Rechtsschutz zu gewährleisten. 34

---

[33] *Bieback* in: Grube/Wahrendorf, SGB XII, § 15 SGB XII Rn. 16 f.; ähnlich auch *Luthe* in: Hauck/Noftz, SGB XII, § 15 SGB XII Rn. 3.

[34] So zu § 6 BSHG bereits BVerwG v. 31.01.1968 - V C 22.67 - BVerwGE 29, 99, 105 sowie BVerwG v. 15.05.1968 - V C 136.67 - BVerwGE 30, 6, 8.

§ 16 SGB XII Familiengerechte Leistungen

(Fassung vom 27.12.2003, gültig ab 01.01.2005)

¹Bei Leistungen der Sozialhilfe sollen die besonderen Verhältnisse in der Familie der Leistungsberechtigten berücksichtigt werden. ²Die Sozialhilfe soll die Kräfte der Familie zur Selbsthilfe anregen und den Zusammenhalt der Familie festigen.

Gliederung

A. Basisinformationen 1	I. Regelungsgehalt und Bedeutung der Norm 7
I. Textgeschichte/Gesetzgebungsmaterialien 1	II. Normzweck 10
II. Vorgängervorschriften 2	III. Der Familienbegriff 15
III. Parallelvorschriften 3	IV. Besondere Familienverhältnisse (Satz 1) 19
IV. Systematische Zusammenhänge 5	V. Selbsthilfekräfte und Zusammenhalt (Satz 2) ... 26
V. Ausgewählte Literaturhinweise 6	
B. Auslegung der Norm 7	C. Praxishinweise 30

A. Basisinformationen

I. Textgeschichte/Gesetzgebungsmaterialien

1 Die Vorschrift beruht auf der ursprünglichen Fassung des SGB XII durch das **Gesetz zur Einordnung des Sozialhilferechts in das Sozialgesetzbuch** vom 27.12.2003.[1] § 16 SGB XII ist im Gesetzgebungsverfahren gegenüber dem ursprünglichen Gesetzentwurf[2] nicht mehr geändert worden. Die zum 01.01.2005 in Kraft getretene Vorschrift gilt seither unverändert.

II. Vorgängervorschriften

2 Die Vorschrift entspricht inhaltlich in vollem Umfang dem bis zum 31.12.2004 geltenden § 7 BSHG. Die geringfügigen sprachlichen Abweichungen tragen lediglich der neuen Terminologie Rechnung, sollten aber keine sachlichen Änderungen herbeiführen.

III. Parallelvorschriften

3 Das Ziel, die Familie zu schützen und zu fördern, wird auch in § 1 Abs. 1 Satz 2 SGB I hervorgehoben. Diese Regelung im **Allgemeinen Teil des Sozialgesetzbuchs** wurde mit Rücksicht auf Art. 6 GG zu dessen Aufgabenstellungen hinzugefügt.[3] Danach soll das Recht des Sozialgesetzbuchs dazu beitragen, die Familie zu schützen und zu fördern. Der Gesetzgeber hat sich hinsichtlich des in § 1 Abs. 1 Satz 2 SGB I aufgeführten Aufgabenkatalogs Zurückhaltung auferlegt, denn das SGB soll lediglich zur Erfüllung der genannten Aufgaben „beitragen".

4 Im Recht der **Grundsicherung für Arbeitsuchende** wird auf eine gesonderte eigenständige Regelung zu den „familiengerechten Leistungen" verzichtet. Es findet sich lediglich in § 1 Abs. 2 Satz 4 Nr. 4 SGB II eine Bestimmung, wonach die Leistungen insbesondere darauf auszurichten sind, dass die familienspezifischen Lebensverhältnisse von erwerbsfähigen Leistungsberechtigten, die Kinder erziehen oder pflegebedürftige Angehörige betreuen, berücksichtigt werden. Es handelt sich mithin um eine gegenüber der Zielsetzung des § 16 SGB XII deutlich zurückgenommene Aufgabenstellung. Gleichwohl ist diese Zielsetzung von der Rechtsprechung etwa in der Weise fruchtbar gemacht worden, dass sie im Zusammenhang mit der Entwicklung eines hälftigen Mehrbedarfs wegen Alleinerziehung bei Abwechslung der Eltern bei der Erziehung und Pflege angeführt worden ist.[4] Die Einbeziehung der familiären Situation wird in § 3 Abs. 1 Satz 2 Nr. 2 SGB II als „Leistungsgrundsatz" aufgegriffen, weil nach dieser Vorschrift bei den Leistungen zur Eingliederung in Arbeit „die individuelle Lebenssituation, insbesondere die familiäre Lebenssituation" zu berücksichtigen ist. Schließlich wird das Rücksichtsgebot nochmals in der Regelung des § 10 SGB II über die Zumutbarkeit von Arbeit angespro-

---

[1] BGBl I 2003, 3022.
[2] BT-Drs. 15/1514.
[3] *Voelzke* in: jurisPK-SGB I, § 1 Rn. 24.
[4] BSG v. 03.03.2009 - B 4 AS 50/07 R - SozR 4-4200 § 21 Nr. 5.

chen,[5] denn nach dessen Absatz 1 Nr. 3 ist eine Arbeit nicht zumutbar, wenn die Ausübung der Arbeit die Erziehung eines Kindes der erwerbsfähigen leistungsberechtigten Person oder des Kindes seines Partners gefährden würde. Gleiches gilt für die Unvereinbarkeit der Ausübung der Arbeit mit der Pflege eines Angehörigen, wenn die Pflege nicht anders hergestellt werden kann.

IV. Systematische Zusammenhänge

§ 16 SGB XII gehört zum Ersten Abschnitt „Grundsätze der Leistungen" des Zweiten Kapitels „Leistungen der Sozialhilfe" des SGB XII. Die Grundsatznorm beansprucht für das **gesamte SGB XII** Geltung. Das Gebot familiengerechter Leistungen hat in den besonderen Vorschriften des SGB XII seine speziellen Ausprägungen gefunden. Zu berücksichtigen ist, dass in den einzelnen Vorschriften des SGB XII abweichende familienbezogene Begriffe Verwendung finden. Beispielhaft für besondere Ausprägungen des Gebots der Berücksichtigung der besonderen Verhältnisse der Familie seien folgende Regelungen angeführt:

- Nach § 19 Abs. 4 SGB XII werden Einkommen und Vermögen der Eltern oder des Elternteils nicht berücksichtigt, wenn eine Person bei ihren Eltern oder einem Elternteil lebt und sie schwanger ist oder ihr leibliches Kind bis zur Vollendung des sechsten Lebensjahrs betreut.
- Bei der Einschränkung von Leistungen zur Sicherung des Lebensunterhalts ist nach § 26 Abs. 1 Satz 2 SGB XII so weit wie möglich zu verhüten, dass die unterhaltsberechtigten Angehörigen oder andere mit ihnen in Haushaltsgemeinschaft lebende Leistungsberechtigte durch die Einschränkung der Leistungsberechtigung mitbetroffen werden.[6]
- Ein Mehrbedarf von 17 v.H. der maßgebenden Regelbedarfsstufe wird für werdende Mütter nach der 12. Schwangerschaftswoche nach § 30 Abs. 2 SGB XII anerkannt, soweit nicht im Einzelfall ein abweichender Bedarf besteht.
- Nach § 30 Abs. 3 SGB XII ist für Personen, die mit einem oder mehreren minderjährigen Kindern zusammenleben und allein für deren Pflege und Erziehung sorgen (Alleinerziehende), ein Mehrbedarf anzuerkennen.
- Nach Maßgabe des § 49 SGB XII werden zur Familienplanung die ärztliche Beratung, die erforderliche Untersuchung und die Verordnung der empfängnisregelnden Mittel geleistet. Die Kosten für empfängnisverhütende Mittel werden bei ärztlicher Verordnung übernommen.
- Hilfe bei Schwangerschaft und Mutterschaft wird nach Maßgabe des § 50 SGB XII geleistet.
- Nach § 68 Abs. 2 Satz 2 SGB XII ist Einkommen und Vermögen der in § 19 Abs. 3 SGB XII genannten Personen nicht zu berücksichtigen und von der Inanspruchnahme nach bürgerlichem Recht Unterhaltspflichtiger abzusehen, wenn dies den Erfolg der Hilfe zur Überwindung besonderer sozialer Schwierigkeiten gefährden würde.
- Bei der Berechnung der Einkommensgrenzen für die Leistungen nach dem Fünften bis Neunten Kapitel ist ein Familienzuschlag nach § 85 Abs. 1 Nr. 3 SGB XII ein Familienzuschlag zu gewähren.
- Nach § 90 Abs. 3 Satz 1 SGB XII darf Sozialhilfe u.a. nicht vom Einsatz oder von der Verwertung eines Vermögens abhängig gemacht werden, soweit dies für unterhaltsberechtigte Angehörige eine Härte bedeuten würde.
- Nach § 102 Abs. 3 Nr. 2 SGB XII ist der Kostenersatz durch Erben nicht geltend zu machen, soweit der Wert des Nachlasses unter dem Betrag von 15.340 € liegt, wenn der Erbe der Ehegatte oder Lebenspartner der leistungsberechtigten Person oder mit dieser verwandt ist und nicht nur vorübergehend bis zum Tod der leistungsberechtigten Person mit dieser in häuslicher Gemeinschaft gelebt und sie gepflegt hat.

V. Ausgewählte Literaturhinweise

Lenze, Das neue Unterhaltsrecht aus sozialrechtlicher Perspektive, FamRZ 2009, 1724-1729; *Rüfner*, Grundsätze einer verfassungsmäßigen und familiengerechten Ausgestaltung der Sozialhilfe – Familienregelsätze und Lohnabstand, NDV 1993, 363-370.

---

[5] Zur Reichweite im Rahmen der Zumutbarkeitsregelung *Valgolio* in: Hauck/Noftz, SGB II, § 10 Rn. 99 ff.
[6] Vgl. zur Durchbrechung des für die KdU geltenden Kopfteilprinzips BSG v. 23.05.2013 - B 4 AS 67/12 R - BSGE (vorgesehen).

B. Auslegung der Norm

I. Regelungsgehalt und Bedeutung der Norm

7 Die Regelung konkretisiert die Aufgabe der Sozialhilfe, die Familie zu schützen und zu fördern (vgl. schon § 1 Abs. 1 Satz 2 SGB I). Hierbei stellt § 16 Satz 1 SGB XII die Berücksichtigung der besonderen Verhältnisse der Familie in den Vordergrund und knüpft insoweit an das **Individualisierungsprinzip** des § 9 SGB XII an. Demgegenüber wird in § 16 Satz 2 SGB XII der bereits in § 1 Satz 2 SGB XII angesprochene Grundsatz der Selbsthilfe sowie der Nachranggrundsatz bezogen auf die Familie weiterentwickelt.

8 Bei dem in § 16 SGB XII enthaltenen Gebot der Berücksichtigung der besonderen Verhältnisse der Familie handelt es sich nach h.M. nur um einen **Programmsatz**, aus dem sich keine unmittelbaren Rechte der Familienangehörigen ableiten lassen.[7] Da § 16 SGB XII keine Anspruchsgrundlage enthält, können aus der Regelung auch keine Ansprüche hergeleitet werden, die im SGB XII nicht geregelt sind. Folglich nimmt die Regelung in erster Linie Einfluss auf die Auslegung unbestimmter Rechtsbegriffe und die pflichtgemäße Ermessensausübung der Leistungsträger. Insoweit kann bei Bestehen eines familienbezogenen Bedarfs aus § 16 SGB XII im Zusammenhang mit einer Anspruchsgrundlage des SGB XII ein Leistungsanspruch herzuleiten sein.

9 Die in § 16 SGB XII niedergelegten Grundsätze berücksichtigen, dass nicht die Familie selbst Inhaber von Ansprüchen nach dem SGB XII, sondern jedes einzelne Familienmitglied selbst Adressat der Leistungen ist.[8] Aus diesem Grunde kommt der Regelung eine **Koordinierungsfunktion** zu, die die individuellen Leistungsansprüche mit dem Ziel einer familiengerechten Gesamtbetrachtung aufeinander abstimmt.

II. Normzweck

10 § 16 SGB XII verfolgt neben dem die Vorschrift überlagernden übergreifenden Ziel, die Familie zu schützen und zu fördern, **zwei spezielle Zielrichtungen**: Einerseits wird dem Rechtsanwender aufgegeben, die besonderen Verhältnisse von Familien zu berücksichtigen. Hierdurch wird der Individualisierungsgrundsatz des Sozialhilferechts auf die Ebene der Familie übertragen.[9] Andererseits sollen die Selbsthilfekräfte der Familie angeregt und zugleich deren Zusammenhalt gefördert werden.

11 Satz 1 des § 16 SGB XII kommt die Funktion zu, eine auf die Familie bezogene Umsetzung des bereits in § 9 Abs. 1 SGB XII angesprochenen **Individualisierungsgebots** hervorzuheben. Insoweit wird verdeutlicht, dass die besonderen familiären Bedingungen zu den im Rahmen des Individualisierungsgebots[10] zu berücksichtigenden Umständen des Einzelfalls rechnen. Die Vorschrift richtet das Augenmerk darauf, dass es sich bei den Ansprüchen nach dem SGB XII zwar um Individualansprüche handelt, jedoch bei der Leistungsgewährung die besonderen Verhältnisse der Familie nicht aus dem Blick geraten dürfen. § 16 Satz 1 SGB XII hält den Leistungsträger dazu an, alles zu unterlassen, was zu einer Lockerung oder Auflösung des Familienverbundes führen könnte.[11]

12 Durch die in § 16 Satz 2 SGB XII niedergelegte Regelung wird der **Selbsthilfegrundsatz** der Sozialhilfe betont. Bei Satz 2 handelt es sich um eine Ausprägung des sozialhilferechtlichen Nachranggrundsatzes (§ 2 SGB XII). Die Vorschrift weist der Familie eine vorrangige Verantwortung für die Versorgung ihrer Mitglieder zu. Notwendige Voraussetzung der Selbsthilfe im Familienverband ist die Stärkung der Solidarität, so dass aus dem Zusammenspiel mit Satz 1 insgesamt der Grundsatz der familiengerechten Hilfe hergeleitet werden kann.[12]

13 Die in § 16 Sätze 1 und 2 SGB XII angesprochenen Grundsätze stehen nicht in einem Widerspruch zueinander. Vielmehr sind beide Zielrichtungen Teilaspekte des **übergeordneten Ziels**, den Leistungsempfänger unabhängig von der Sozialhilfe zu machen.[13]

---

[7] BSG v. 24.03.2009 - B 8 SO 29/07 R - SozR 4-2800 § 10 Nr. 1, Rn. 20; *Dauber* in: Mergler/Zink, SGB XII, § 16 Rn. 5; *Luthe* in: Hauck/Noftz, SGB XII, § 16 Rn. 2; *Mrozynski*, Grundsicherung und Sozialhilfe, III.4 Rn. 54; *Bieback* in: Grube/Wahrendorf, SGB XII, § 16 Rn. 5.
[8] *Bieback* in: Grube/Wahrendorf, 4. Aufl. 2012, § 16 Rn. 1.
[9] *Luthe* in: Hauck/Noftz, SGB XII, § 16 Rn. 1.
[10] Vgl. zum Individualisierungsgebot *Luthe* in: Hauck/Noftz, SGB XII, E 010 Rn. 43 ff.
[11] *Hohm* in: Schellhorn/Schellhorn/Hohm, SGB XII, § 16 Rn. 5.
[12] Vgl. BVerwG v. 26.11.1969 - V C 54.69 - BVerwGE 34, 219.
[13] *Bieback* in: Grube/Wahrendorf, SGB XII, § 16 Rn. 2.

Die h.M. begreift die in § 16 SGB XII niedergelegten Grundsätze zugleich als besondere Ausprägung der aus Art. 6 Abs. 1 GG herzuleitenden **verfassungsrechtlichen Verpflichtung des Staates zur Förderung der Familie**.[14] Dieser Einschätzung widerspricht *Luthe* mit dem Hinweis darauf, dass die aus der Wertentscheidung des Art. 6 GG entstammende Idee des Familien- und Kindeslastausgleichs sich im Wesentlichen aus seiner Funktion als Ausgleich für den nicht an Unterhaltspflichten orientierten marktwirtschaftlichen Leistungslohn ergebe.[15] Der übergeordnete Zweck derartiger Ausgleichsmaßnahmen sei deshalb eher egalisierender und nicht sozialpräventiver Natur. Auch *Luthe* räumt allerdings ein, dass § 16 SGB XII jedenfalls in Teilbereichen durchaus ein Fördercharakter zugesprochen werden könne. Letztlich wird man davon ausgehen müssen, dass für jeden Anspruch gesondert zu prüfen ist, ob sich aus dem Regelungszusammenhang eine Beziehung zur verfassungsrechtlichen Verpflichtung zur Familienförderung herstellen lässt, ohne dass reflexartig jede Konstellation der Förderpflicht unterstellt werden kann.

14

III. Der Familienbegriff

Der Vorschrift des § 16 SGB XII liegt ein **weiter Familienbegriff**[16] zugrunde. Maßgebender Gesichtspunkt für die Auslegung des Familienbegriffs ist das Ziel der Wahrung und Stärkung dieser Gemeinschaft. Der Familienbegriff des § 16 SGB XII umfasst nicht nur die Lebensgemeinschaft zwischen Eltern und Kindern (Einsatzgemeinschaft i.S.d. § 27 Abs. 2 Satz 2 und 3 SGB XII), sondern erstreckt sich grundsätzlich auch auf weitere Familienangehörige wie Verwandte, Verschwägerte, Verlobte, Pflegeeltern, Pflegekinder, Adoptiveltern und Adoptivkinder. Ausgehend von der Funktion der Familie im Sozialhilferecht spielt es also grundsätzlich keine Rolle, wie sich die Familiengemeinschaft zusammensetzt. Der sozialhilferechtliche Familienbegriff unterscheidet sich insofern vom verfassungsrechtlichen Familienbegriff, der allein die Beziehung zwischen Eltern und Kindern im Blick hat.

15

Die **eheähnlichen und lebenspartnerschaftsähnlichen Partner** unterfallen nicht dem Familienbegriff des § 16 SGB XII.[17] Sie werden zwar durch § 20 Satz 1 SGB XII Ehegatten gleichgestellt, jedoch ist der Regelung lediglich ein Besserstellungsverbot gegenüber Ehegatten zu entnehmen. Dies rechtfertigt es nicht, die eheähnliche Gemeinschaft in das Gebot der Familienförderung einzubeziehen. Auch andere Formen des Zusammenlebens außerhalb des Familienverbands unterfallen – ungeachtet der gewandelten gesellschaftlichen Lebensanschauungen – nicht dem Familienbegriff des § 16 SGB XII.[18] Lediglich die Lebenspartnerschaften i.S.d. Gesetzes vom 16.02.1991[19] werden vom Familienbegriff des § 16 SGB XII umfasst.

16

Zu beachten ist, dass abweichend vom weiten Familienbegriff des § 16 SGB XII einzelne Regelungen des Sozialhilferechts z.T. **abweichende familienbezogene Begriffe** verwenden (z.B. § 27 SGB XII: Ehegatten, Lebenspartner, Eltern, Elternteil; § 26 Abs. 1 SGB XII: unterhaltsberechtigte Angehörige; § 24 Abs. 5 SGB XII: Ehegatten, Lebenspartner, Verwandte, Verschwägerte). Es ist folglich für jede Regelung gesondert zu untersuchen, welcher Personenkreis erfasst werden soll.

17

Keine Voraussetzung für die Zugehörigkeit zum Familienverband ist, dass Verwandte in einer **Haushaltsgemeinschaft** mit dem Leistungsberechtigten wohnen.[20] Ausreichend ist vielmehr, dass sie sich mit dem Leistungsberechtigten verbunden und ihm verpflichtet fühlen und ein regelmäßiger Kontakt besteht. So steht etwa die Verbüßung einer Freiheitsstrafe nicht in Widerspruch zum Fortbestand der Familie, so dass den hieraus resultierenden Belastungen – z.B. hinsichtlich der Unterkunftskosten der Familie – möglichst Rechnung getragen werden muss.

18

---

[14] *Armborst* in: LPK-SGB XII, § 16 Rn. 1; *Dauber* in: Mergler/Zink, SGB XII, § 16 Rn. 1; *Bieback* in: Grube/Wahrendorf, SGB XII, § 16 Rn. 1; *Schellhorn* in: Schellhorn/Schellhorn/Hohm, SGB XII, § 16 Rn. 1; *Wenzel* in: Fichtner/Wenzel, SGB XII, § 16 Rn. 1.

[15] *Luthe* in: Hauck/Noftz, SGB XII, § 16 Rn. 3.

[16] LSG Berlin-Brandenburg v. 01.03.2006 - L 23 B 1083/05 SO - FEVS 58, 60; *Armborst* in: LPK-SGB XII, § 16 Rn. 2; *Dauber* in: Mergler/Zink, SGB XII, § 16 Rn. 4; *Luthe* in: Hauck/Noftz, SGB XII, § 16 Rn. 4; *Bieback* in: Grube/Wahrendorf, SGB XII, § 16 Rn. 10; *Holthaus* in: Jahn, SGB XII, § 16 Rn. 4.

[17] Insoweit a.A. *Groth*, BeckOK SGB XII, § 16 Rn. 2; *Mrozynski*, Grundsicherung und Sozialhilfe, III. 4 Rn. 54.

[18] *Bieback* in: Grube/Wahrendorf, SGB XII, § 16 Rn. 12; a.A. *Dauber* in: Mergler/Zink, SGB XII, § 16 Rn. 4.

[19] BGBl I 2001, 266.

[20] *Dauber* in: Mergler/Zink, SGB XII, § 16 Rn. 4.

IV. Besondere Familienverhältnisse (Satz 1)

19 Nach Satz 1 soll der Träger bei Leistungen der Sozialhilfe die besonderen Verhältnisse der Familie beachten. Die Vorschrift ist in einem weiten Sinne zu verstehen, so dass nicht nur die eigentliche Leistungserbringung erfasst wird, sondern die **Gestaltung des Leistungsfalls insgesamt**.[21] Der Vorschrift kann allerdings nicht entnommen werden, dass jegliche familiäre Belastung oder Spannung zu vermeiden wäre. Ebenso bietet die Vorschrift keine Handhabe dafür, im Gesetz konkret umrissene Leistungen auszudehnen.[22]

20 Bei der **Konkretisierung von Leistungsansprüchen** wirkt der Grundsatz der Familienförderung auf der Tatbestandsebene und bei der Ermessensausübung. So kann dieser Grundsatz z.B. für einen Anspruch auf Umzugskostenübernahme nach § 35 Abs. 2 Satz 6 SGB XII heranzuziehen sein, wenn zu beurteilen ist, ob einem älteren Menschen ein Umzug zu seinen Familienangehörigen zu ermöglichen ist.[23] Der aus § 16 Satz 1 SGB XII herzuleitende Grundsatz wirkt dann sowohl bei der Ausfüllung des Merkmals „aus anderen Gründen notwendig", als auch bei der Ausübung des dem Sozialhilfeträger eingeräumten Ermessens.

21 Auch die Leistungen, die zur **Ausübung des Umgangsrechts** eines nicht sorgeberechtigten Elternteils geleistet werden, sind unter dem Blickwinkel des § 16 SGB XII zu beurteilen. Die besonderen Verhältnisse der Familie können insoweit eine Erhöhung des Regelsatzes nach § 28 Abs. 1 Satz 2 SGB XII rechtfertigen.

22 Bedeutung gewinnt das Gebot, die besonderen Verhältnisse der Familie zu beachten, z.B. bei der Entscheidung darüber, ob die **Betreuung eines behinderten Menschen in einer stationären Einrichtung** erforderlich ist. Insoweit ist schon nach § 4 Abs. 3 Satz 1 SGB IX zu berücksichtigen, dass Leistungen für behinderte oder von Behinderung bedrohte Kinder so geplant und gestaltet werden, dass nach Möglichkeit Kinder nicht von ihrem sozialen Umfeld getrennt werden.[24] Kommt es zu einer Aufnahme in eine Einrichtung, müssen die Familienverhältnisse möglichst in einer Weise berücksichtigt werden, die auf die Erreichbarkeit für die Familienmitglieder Rücksicht nimmt.[25]

23 Erfasst vom Grundsatz der familiengerechten Hilfe wird etwa auch die **Heranziehung Unterhaltspflichtiger** oder die **Überleitung von Ansprüchen**. Ein Anwendungsgebiet liegt insoweit in der Auslegung des Begriffs der unbilligen Härte beim Anspruchsübergang nach § 94 Abs. 3 Nr. 2 SGB XII. Eine dem Anspruchsübergang entgegenstehende besondere Härte liegt danach vor, wenn der weitere Verbleib des Hilfesuchenden im Familienverband durch die Heranziehung Unterhaltspflichtiger gefährdet erschiene.[26] Hierbei kann z.B. auch berücksichtigt werden, ob der Unterhaltspflichtige vor Eintreten der Sozialhilfe den Hilfeempfänger über das Maß seiner Unterhaltsverpflichtung hinaus betreut und gepflegt hat.

24 Auch bei einer Heranziehung zum Kostenersatz wegen **sozialwidrigen Verhaltens** nach § 103 SGB XII ist zu prüfen, ob Familienangehörige mitbetroffen würden.[27] Ferner wird das Gebot der Beachtung der besonderen Verhältnisse auch bei Leistungseinschränkungen bei einem Familienmitglied relevant (vgl. insoweit auch § 26 Abs. 1 Satz 2 SGB XII).

25 Der Grundsatz familiengerechter Hilfe wirkt etwa auch bei der Anwendung des § 39 SGB XII hinsichtlich der dort enthaltenen **Unterhaltsvermutung,** so dass z.B. darauf Rücksicht genommen werden muss, ob die Bereitschaft zur Aufnahme Minderjähriger in eine Pflegefamilie durch eine Inanspruchnahme des aufnehmenden Verwandten wesentlich beeinträchtigt wird.[28]

---

[21] *Bieback* in: Grube/Wahrendorf, SGB XII, § 16 Rn. 13.
[22] *Hohm* in: Schellhorn/Schellhorn/Hohm, SGB XII, § 16 Rn. 8.
[23] Beispiel nach *Mrozynski*, Grundsicherung und Sozialhilfe, III.4 Rn. 55.
[24] OVG Brandenburg v. 27.11.2002 - 4 B 196/02; LSG Berlin-Brandenburg v. 01.03.2006 - L 23 B 1083/05 SO ER - FEVS 58, 60.
[25] LSG Berlin-Brandenburg v. 01.03.2006 - L 23 B 1083/05 SO ER - FEVS 58, 60.
[26] BGH v. 23.07.2003 - XII ZR 339/00 - FamRZ 2003, 299; BGH v. 15.09.2010 - XII ZR 148/09 - JR 2011, 474 mit Anm. *Peschel-Gutzeit*.
[27] *Armborst* in: LPK-SGB XII, § 16 Rn 7.
[28] Zur Berücksichtigung eines Unterhaltsbeitrages in einer Pflegefamilie OVG NRW v. 19.12.2002 - 16 A 30/01 - FEVS 55, 58-65.

V. Selbsthilfekräfte und Zusammenhalt (Satz 2)

Mit der Direktive des Satzes 2, die Kräfte der Familie zur Selbsthilfe anzuregen und den Zusammenhalt der Familie zu festigen, wird auf den Erhalt der Familie und den Schutz vor den Familienverband **belastenden Maßnahmen** des Sozialhilfeträgers abgestellt. Die Norm geht allerdings über ein reines Abwehrrecht hinaus und verlangt dem Sozialhilfeträger positiv ab, das Verbundenheits- und Verantwortungsgefühl innerhalb des Familienverbandes aktiv zu stärken. Dabei ist zu berücksichtigen, dass der Umfang der Hilfen den Selbsthilfekräften der Familie auch schaden kann.

26

Da der Gesetzgeber durch die in § 16 Satz 2 SGB XII auch die Selbsthilfepotentiale der Familie ansprechen und nutzen will, bezieht die Regelung mittelbar auch den **Leistungsberechtigten** selbst und seine Familie als Adressaten ein.

27

Der aus § 16 Satz 2 SGB XII herzuleitende Grundsatz kann im Zusammenwirken mit dem Grundsatz der familiengerechten Hilfe nach Satz 1 einer **Überleitung** eines geringfügigen Anspruchs auf den Sozialhilfeträger entgegenstehen, wenn eine nachhaltige Störung des Familienfriedens zu befürchten ist und damit der Grundsatz der familiengerechten Hilfe verletzt wird.[29]

28

Die **Grenzen der Förderung** einer Festigung des familiären Zusammenhalts ergeben sich aus den abschließenden gesetzlichen Leistungsnormen des SGB XII. Es ergibt sich folglich für den Fall, dass ein erwachsenes Kind ein auswärtiges Studium betreibt, kein Anspruch auf eine größere Wohnung, damit dieses in den Semesterferien und den Wochenenden im Elternhaus wohnen kann. Die Festigung des Zusammenhalts der Familie ist insoweit kein Kriterium, das bei der Bemessung der Sozialhilfe zur Befriedigung des Unterhaltsbedarfs berücksichtigt werden kann oder muss.[30]

29

C. Praxishinweise

Aus § 16 SGB XII lassen sich **keine einklagbaren Rechtsansprüche** herleiten.[31] Bei dem Gebot zur Berücksichtigung der besonderen Verhältnisse der Familie handelt es sich um einen Programmsatz, aus dem sich keine unmittelbaren Recht der Familienangehörigen ableiten.[32] Eine Argumentation mit § 16 SGB XII kann deshalb immer nur in Verbindung mit einer bestimmten Anspruchsnorm des SGB XII erfolgen. Insoweit kann der Grundsatz der familiengerechten Hilfe insbesondere auf die Auslegung unbestimmter Rechtsbegriffe und die Ermessensausübung einwirken. Bei der Ausübung von Ermessen (§ 17 Abs. 2 SGB XII) muss die Verwaltung Art und Umfang der Maßnahme deshalb u.a. unter dem Blickwinkel auswählen, die Leistung möglichst familiengerecht auszugestalten. Hierbei ist der Grundsatz infolge der Ausgestaltung des § 16 SGB XII als Sollvorschrift regelmäßig zu beachten.[33]

30

Ferner kann der Grundsatz der familiengerechten Hilfe auch im Zusammenhang mit der **Abwehr spezifisch familiärer Belastungen** herangezogen werden. Hierbei findet die abwehrrechtliche Bedeutung der Vorschrift insbesondere bei der Anwendung verfahrensrechtlicher Vorschriften ihren Niederschlag.[34] Bei der Anwendung der verfahrensrechtlichen Regelungen zur Ermittlung des Sachverhalts (§ 21 SGB X; §§ 60 ff. SGB I) muss deshalb dem Verhältnismäßigkeitsgrundsatz in der Weise Rechnung getragen werden, dass der Zusammenhalt der Familie nicht beeinträchtigt wird.

31

---

[29] BVerwG v. 26.11.1969 - V C 54.69 - BVerwGE 34, 219.
[30] BVerwG v. 22.08.1985 - 5 C 57/84 - BVerwGE 72, 88.
[31] *Bieback* in Grube/Wahrendorf, SGB XII, § 16 Rn. 7; *Hohm* in: Schellhorn/Schellhorn/Hohm, SGB XII, § 16 Rn. 12.
[32] BSG v. 24.03.2009 - B 8 SO 29/07 R - BSGE 103, 39, Rn. 20.
[33] *Armborst* in: LPK-SGB XII, § 16 Rn. 12.
[34] *Luthe* in: Hauck/Noftz, SGB XII, § 16 Rn. 2.

Zweiter Abschnitt: Anspruch auf Leistungen

§ 17 SGB XII Anspruch

(Fassung vom 27.12.2003, gültig ab 01.01.2005)

(1) ¹Auf Sozialhilfe besteht ein Anspruch, soweit bestimmt wird, dass die Leistung zu erbringen ist. ²Der Anspruch kann nicht übertragen, verpfändet oder gepfändet werden.

(2) ¹Über Art und Maß der Leistungserbringung ist nach pflichtmäßigem Ermessen zu entscheiden, soweit das Ermessen nicht ausgeschlossen wird. ²Werden Leistungen auf Grund von Ermessensentscheidungen erbracht, sind die Entscheidungen im Hinblick auf die sie tragenden Gründe und Ziele zu überprüfen und im Einzelfall gegebenenfalls abzuändern.

Gliederung

A. Basisinformationen ... 1	2. Übertragung ... 17
I. Textgeschichte ... 1	3. Rechtsnachfolge ... 28
II. Vorgängervorschrift ... 2	4. Ermessen ... 31
III. Parallelvorschriften ... 3	a. Auswahlermessen ... 31
IV. Systematische Zusammenhänge ... 4	b. Art der Leistungserbringung ... 36
V. Ausgewählte Literaturhinweise ... 5	c. Maß der Leistungserbringung ... 39
B. Auslegung der Norm ... 6	d. Ermessensbindende Richtlinien/Selbstbindung der Verwaltung ... 43
I. Regelungsgehalt und Bedeutung der Norm ... 6	5. Überprüfungspflicht und Abänderungsrecht ... 48
II. Normzweck ... 7	**C. Praxishinweise** ... 51
III. Inhalt der Vorschrift ... 9	
1. Anspruch ... 9	

A. Basisinformationen

I. Textgeschichte

1 Die Vorschrift wurde mit Wirkung vom 01.01.2005 durch das Gesetz zur Einordnung des Sozialhilferechts in das Sozialgesetzbuch[1] eingeführt und blieb seitdem unverändert. Sie überträgt im Wesentlichen inhaltsgleich den bisherigen § 4 BSHG in der Begrifflichkeit des SGB I[2] und ergänzt den früheren § 4 Abs. 2 um § 17 Abs. 2 Satz 2.

II. Vorgängervorschrift

2 Vorgängerregelung zu § 17 SGB XII war **§ 4 BSHG**. Der Wortlaut wurde den Begrifflichkeiten des SGB I angepasst. Neu eingefügt wurde allerdings § 17 Abs. 2 Satz 2 SGB XII, den das BSHG nicht kannte.

III. Parallelvorschriften

3 § 17 Abs. 1 Satz 1 SGB XII ist der Regelung des **§ 38 SGB I** vergleichbar, wonach auf Sozialleistungen ein Anspruch besteht, soweit nicht nach den besonderen Teilen dieses Gesetzbuchs die Leistungsträger ermächtigt sind, bei der Entscheidung über die Leistung nach ihrem Ermessen zu handeln. § 17 Abs. 1 Satz 2 SGB XII, wonach der Sozialhilfeanspruch nicht übertragen, verpfändet oder gepfändet werden kann, ist lex specialis zu § 53 SGB I[3] und kennt im SGB II und im AsylbLG kein Pendant. Wegen der strukturellen Unterschiede ist eine entsprechende Anwendung insoweit ausgeschlossen. Soweit es sich um Sachleistungen handelt, ist wegen der höchstpersönlichen Natur der Ansprüche eine Übertragung solcher Leistungen aber ohnehin nicht ohne Veränderung ihres Inhalts möglich, so dass eine Abtretung entsprechend § 399 BGB ausgeschlossen ist. Unter das Abtretungsverbot fallen nicht nur die

---

[1] BGBl I 2003, 3022.
[2] BT-Drs. 15/1514, S. 57.
[3] LSG Baden-Württemberg v. 22.11.2007 - L 7 SO 5195/06.

Sachleistungen selbst, sondern auch ihre Surrogate, insbesondere Geldleistungen, wenn sie zweckgebunden zur Anschaffung einer konkreten Dienst- oder Sachleistung gezahlt werden.[4]

IV. Systematische Zusammenhänge

Korrespondierend zu § 17 Abs. 1 Satz 1 SGB XII regelt § 9 SGB I das Recht auf persönliche und wirtschaftliche Hilfe für den Personenkreis, der nicht in der Lage ist, aus eigenen Kräften seinen Lebensunterhalt zu bestreiten oder in besonderen Lebenslagen sich selbst zu helfen. § 17 Abs. 2 Satz 1 SGB XII ist im Zusammenhang mit § 39 Abs. 1 SGB I zu sehen, der die Regelung über das **Auswahlermessen** konkretisiert. Absatz 2 Satz 2 enthält eine Sonderregelung zum Widerruf bzw. zur Aufhebung von Verwaltungsakten nach den §§ 46-48 SGB X.

4

V. Ausgewählte Literaturhinweise

Schnapp, BVerwGE 1, 159 - Magna Charta des Anspruchs auf das Existenzminimum?, NZS 2010, 136; *Schnapp*, Der Anspruch auf Sozialhilfe im System der subjektiven öffentlichen Rechte im Sozialrecht, SGb 2010, 61; *Schütte/Igl u.a.*, Abschied vom Fürsorgerecht, 2011; *Stotz*, Vererblichkeit von Ansprüchen auf Sozialleistungen – Ausnahmen bei Ansprüchen auf Leistungen nach dem SGB XII und SGB II?, SGb 2014, 127.

5

B. Auslegung der Norm

I. Regelungsgehalt und Bedeutung der Norm

Absatz 1 Satz 1 hat im Wesentlichen keine eigenständige, sondern nur deklaratorische Bedeutung. Absatz 2 konkretisiert für Ermessensleistungen allgemein anerkannte Prinzipien öffentlichen Verwaltungshandelns, um eine qualifizierte und zielgerechte Leistungserbringung zu gewährleisten.[5]

6

II. Normzweck

Absatz 1 Satz 1 bekräftigt den unmittelbar aus der Verfassung abgeleiteten Anspruch auf Gewährleistung eines menschenwürdigen **Existenzminimums**. Absatz 1 Satz 2 trägt durch das gesetzliche Verbot, den Sozialhilfeanspruch zu übertragen, zu verpfänden oder zu pfänden, dem Umstand Rechnung, dass der Anspruch auf Leistungen der Sozialhilfe höchstpersönlicher Art ist.

7

Absatz 2 Satz 1 eröffnet dem Sozialhilfeträger bei gebundenen Entscheidungen hinsichtlich des „Wie" der Leistungserbringung generell ein Auswahlermessen und wiederholt für dessen Ausübung die inhaltlich vergleichbare allgemeine Regelung des § 39 Abs. 1 SGB I. Absatz 2 Satz 2 sieht einen dem übrigen Sozialrecht in dieser Form nicht bekannten **Überprüfungsauftrag** bei Ermessensentscheidungen vor, in dessen Folge der Sozialhilfeträger im Einzelfall seine Entscheidung abändern darf. Dies gewährleistet das bestmögliche Erreichen der Ziele der Sozialhilfe.

8

III. Inhalt der Vorschrift

1. Anspruch

§ 17 Abs. 1 Satz 1 SGB XII hat in erster Linie **deklaratorische Bedeutung**.[6] Er regelt als Grundnorm den einfachgesetzlichen Anspruch des Hilfebedürftigen auf Leistungen der Sozialhilfe. Welche Leistungen „zu erbringen" sind, regelt § 17 Abs. 1 Satz 1 SGB XII naturgemäß nicht. Die Leistungsarten (vgl. auch § 8 SGB XII) und die Anspruchsvoraussetzungen sind vielmehr den jeweiligen, die konkrete Leistung regelnden Vorschriften zu entnehmen. Dabei betrifft Absatz 1 Satz 1 nur die Leistungen, die zur Erreichung des Ziels der Sozialhilfe, ein menschenwürdiges und selbstbestimmtes Leben zu führen (vgl. § 1 SGB XII), unabdingbar und deshalb im SGB XII als „**Mussleistungen**" ausgestaltet sind.

9

Die ausdrückliche Regelung des § 17 Abs. 1 Satz 1 SGB XII ist im Lichte der geschichtlichen Entwicklung des Fürsorgerechts zu sehen; bis weit in das 20. Jahrhundert hinein wurde ein im Rechtswege verfolgbarer Anspruch allgemein abgelehnt.[7] Ein subjektiv öffentliches Recht des Bedürftigen auf

10

---

[4] BSG v. 30.10.2013 - B 7 AY 2/12 R - SozR 4-3500 § 25 Nr. 3.
[5] BT-Drs. 15/1514, S. 57.
[6] *Schnapp*, NZS 2010, 136 sieht in § 17 Abs. 1 Satz 1 SGB XII auch eine Interpretationsanweisung, die dem Rechtsanwender bei Leistungsvorschriften den Nachweis der Begünstigungsintention erspart.
[7] Informativ dazu *Schnapp*, NZS 2010, 136, m.w.N.

staatliche Fürsorge hat das BVerwG dann im Jahre 1954 statuiert, soweit das Gesetz dem Träger der Fürsorge zugunsten des Bedürftigen entsprechende Pflichten auferlegt, ohne aber ausdrücklich zu bestimmen, gegenüber wem diese Verpflichtung besteht[8].

11 Das Bundesverfassungsgericht entnimmt aus Art. 1 Abs. 1 GG in Verbindung mit Art. 20 Abs. 1 GG das Grundrecht auf Gewährleistung eines menschenwürdigen Existenzminimums. Danach begründet Art. 1 Abs. 1 GG diesen Anspruch. Das Sozialstaatsgebot des Art. 20 Abs. 1 GG wiederum erteilt dem Gesetzgeber den Auftrag, jedem ein **menschenwürdiges Existenzminimum** zu sichern, wobei dem Gesetzgeber ein Gestaltungsspielraum bei den unausweichlichen Wertungen zukommt, die mit der Bestimmung der Höhe des Existenzminimums verbunden sind. Die Gewährleistung des menschenwürdigen Existenzminimums muss nach der Rechtsprechung des BVerfG durch einen gesetzlichen Anspruch gesichert sein. Ein Hilfebedürftiger darf nicht auf freiwillige Leistungen des Staates oder Dritter verwiesen werden, deren Erbringung nicht durch ein subjektives Recht des Hilfebedürftigen gewährleistet ist[9].

12 Das Grundrecht aus Art. 1 Abs. 1 GG in Verbindung mit Art. 20 Abs. 1 GG ist dem Grunde nach unverfügbar und muss eingelöst werden, bedarf aber der Konkretisierung und stetigen Aktualisierung durch den Gesetzgeber, der die zu erbringenden Leistungen an dem jeweiligen Entwicklungsstand des Gemeinwesens und den bestehenden Lebensbedingungen auszurichten hat[10].

13 Der unmittelbar verfassungsrechtliche Leistungsanspruch auf Gewährleistung eines menschenwürdigen Existenzminimums erstreckt sich nur auf diejenigen Mittel, die zur Aufrechterhaltung eines menschenwürdigen Daseins unbedingt erforderlich sind. Er gewährleistet das gesamte Existenzminimum durch eine einheitliche grundrechtliche Garantie, die sowohl die **physische Existenz** des Menschen, also Nahrung, Kleidung, Hausrat, Unterkunft, Heizung, Hygiene und Gesundheit[11], als auch die Sicherung der Möglichkeit zur Pflege zwischenmenschlicher Beziehungen und zu einem **Mindestmaß an Teilhabe** am gesellschaftlichen, kulturellen und politischen Leben umfasst, denn der Mensch als Person existiert notwendig in sozialen Bezügen.[12] Auf einfachgesetzlicher Ebene hat dieser Anspruch Eingang in § 1 SGB XII gefunden.

14 Der Anspruch auf Gewährleistung eines menschenwürdigen Existenzminimums verbietet es, einen Hilfebedürftigen von jeglichen Leistungen zum Lebensunterhalt auszuschließen. Soweit z.B. § 21 SGB XII für Leistungsberechtigte nach dem SGB II, § 23 Abs. 2 SGB XII für Leistungsberechtigte nach AsylbLG oder § 66 Abs. 1 SGB XII für Pflegebedürftige einen materiellrechtlichen Ausschluss von (bestimmten) Leistungen nach dem SGB XII vorsehen, ist nur das Verhältnis gleichartiger existenzsichernder Leistungen betroffen. Allerdings sieht das SGB XII Leistungseinschränkungen vor, etwa bei Ausländern (§ 23 SGB XII), für den Personenkreis, der sein Einkommen oder Vermögen in der Absicht vermindert hat, die Voraussetzungen für die Gewährung oder Erhöhung der Leistung herbeizuführen (§ 26 Abs. 1 Nr. 1 SGB XII) oder für Leistungsberechtigte, die trotz Belehrung ihr unwirtschaftliches Verhalten fortsetzen (§ 26 Abs. 1 Nr. 1 SGB XII). In diesen Fällen darf die Leistung aber regelmäßig nicht unter das **zum Lebensunterhalt Unerlässliche** eingeschränkt werden.

15 Absatz 1 Satz 1 gilt außer in **atypischen Fällen**, in denen Ermessen auszuüben ist, auch für „Sollleistungen". Solche Leistungen regeln etwa § 11 Abs. 5 Satz 3 SGB XII (Übernahme der Kosten durch eine Schuldnerberatungsstelle[13] oder anderer Fachberatungsstellen), § 15 SGB XII (vorbeugende und nachgehende Leistungen), § 36 Abs. 1 Satz 2 SGB XII (bis 31.12.2010: § 34 Abs. 1 Satz 2 SGB XII) (Übernahme von Schulden bei drohender Wohnungslosigkeit), § 37 Abs. 1 SGB XII (Darlehen bei unabweisbarem Bedarf) oder § 70 Abs. 1 SGB XII (Hilfe zur Weiterführung des Haushalts).

16 Ist dem Leistungsträger hingegen ein **Ermessen** („kann") eingeräumt, wie z.B. in § 36 Abs. 1 Satz 1 SGB XII (bis 31.12.2010: § 34 Abs. 1 Satz 1 SGB XII) (Übernahme von Schulden zur Sicherung der Unterkunft oder zur Behebung einer vergleichbaren Notlage) oder in § 27 Abs. 3 SGB XII (Hilfe zum Lebensunterhalt für Personen, die über ausreichendes Einkommen oder Vermögen verfügen), gilt § 17 Abs. 1 Satz 1 SGB XII nicht. Der Sozialhilfebedürftige kann nur einen Anspruch auf fehlerfreie Ermessensausübung gelten machen, es sei denn, das Ermessen ist auf Null reduziert.

---

[8] BVerwG v. 24.06.1954 - V C 78.54 - BVerwGE 1, 159.
[9] BVerfG v. 09.02.2010 - 1 BvL 1/09 u.a. - NZS 2010, 270, 274.
[10] Zuletzt: BVerfG v. 09.02.2010 - 1 BvL 1/09 u.a. - NZS 2010, 270 ff. m.w.N.
[11] BVerfG v. 13.02.2008 - 2 BvL 1/06 - BVerfGE 120, 125, 155 f. = SozR 4-2500 § 220 Nr. 1, Rn. 107.
[12] BVerfG v. 14.09.1989 - 2 BvR 1062/87 - BVerfGE 80, 367, 374.
[13] Dazu BSG v. 13.07.2010 - B 8 SO 14/09 R - BSGE 106, 268 = SozR 4-4200 § 16 Nr. 5.

2. Übertragung

§ 17 Abs. 1 Satz 2 SGB XII enthält ein **gesetzliches Verbot** (vgl. § 134 BGB) und schließt eine Anwendung von §§ 53, 54 SGB I aus. Insoweit enthält § 17 Abs. 1 Satz 2 SGB XII eine abweichende Regelung i.S.v. § 37 SGB I, die mit § 400 BGB (Ausschluss der Abtretung unpfändbarer Forderungen) und § 851 ZPO (Unpfändbarkeit nicht übertragbarer Forderungen) korrespondiert. Wird der Sozialhilfeanspruch trotz Pfändungsverbotes gepfändet, kann der Hilfebedürftige sich hiergegen mit der Erinnerung nach § 766 ZPO wehren.

17

Der Sozialhilfeanspruch ist **höchstpersönlicher** Art und kann deshalb nicht übertragen (Abtretung der Forderung gegen den Sozialhilfeträger), verpfändet oder gepfändet werden.[14] Zweck der Sozialhilfe ist es, den Leistungsberechtigten die Führung eines Lebens zu ermöglichen, das der Würde des Menschen entspricht (§ 1 Satz 1 SGB XII). Diese Aufgabe kann die Sozialhilfe nur erfüllen, wenn sie dem Bedürftigen zu Gute kommt und dem Zugriff Dritter entzogen ist. Der Verwendungszweck einer Forderung gehört zum Inhalt der zu erbringenden (Sozialhilfe-)Leistung und rechtfertigt es, den Sozialhilfeanspruch von der Möglichkeit der Übertragung, Verpfändung und Pfändung auszunehmen (vgl. § 399 BGB).

18

Mit dem Begriff „Anspruch" meint das Gesetz nach seinem Sinn und Zweck nicht nur die Forderung gegen den Sozialhilfeträger auf eine Mussleistung, sondern auch Forderungen aus einer eine **Ermessensleistung** bewilligenden Entscheidung.

19

Ein **Aufrechnungsverbot** enthält § 17 Abs. 1 Satz 2 SGB XII nicht. Der SGB-XII-Leistungsträger kann unter den Voraussetzungen und in den Grenzen des § 26 Abs. 2-4 deshalb die Aufrechnung erklären. Vor Inkrafttreten des § 25a BSHG – der Vorgängerregelung des § 26 SGB XII – hatte das BVerwG eine Aufrechnung durch den Sozialhilfeträger angesichts einer der Übertragung vergleichbaren Rechtslage ausgeschlossen und hierbei nicht nur auf die Strukturprinzipien des Sozialhilferechts, sondern auch auf § 4 BSHG, der Vorgängerregelung des § 17 SGB XII i.V.m. einem entsprechend anzuwendenden § 394 BGB rekurriert.[15]

20

§ 26 Abs. 2-4 SGB XII modifiziert (§ 37 Abs. 1 SGB I) § 51 SGB I und ist lex specialis und rechtfertigt als insoweit abschließende Regelung (anders als etwa § 51 SGB II) keine Aufrechnung mit anderen Ansprüchen des SGB-XII-Leistungsträgers gegen den Leistungsberechtigten. Solange der Hilfebedürftige Leistungen nach dem SGB XII bezieht, kommt eine Aufrechnung nach § 51 SGB I ohnehin schon deshalb nicht in Betracht, weil nach § 51 Abs. 2 SGB I der SGB-XII-Leistungsträger nur dann mit Ansprüchen auf Erstattung zu Unrecht erbrachter Sozialleistungen gegen Ansprüche auf laufende Leistungen aufrechnen kann, wenn der Leistungsberechtigte dadurch nicht hilfebedürftig im Sinne der Vorschriften des SGB XII oder SGB II wird. Eine **Verrechnung** zugunsten eines anderen Leistungsträgers nach § 52 SGB I scheidet damit ebenfalls aus, weil dies voraussetzt, dass die Aufrechnung nach § 51 SGB I zulässig ist.

21

Eine **Abzweigung** nach § 48 SGB I, die im weitesten Sinne noch als Übertragung verstanden werden kann, scheidet schon deshalb aus, weil sie nur in „angemessener Höhe" möglich, eine solche bei der Sozialhilfe, die das Existenzminimum sichert, aber nicht denkbar ist.

22

Der Anspruch des **Nothelfers** (§ 25 SGB XII) macht von dem Verbot, den Sozialhilfeanspruch zu übertragen, keine Ausnahme. Nach § 25 SGB XII sind dem Nothelfer die von ihm in einem Eilfall erbrachten Aufwendungen zur Deckung des Bedarfs eines Hilfebedürftigen in gebotenem Umfang zu erstatten. Der Nothelfer kann seinen Aufwendungsersatzanspruch nur für Zeiten geltend machen, in denen der Sozialhilfeträger mangels Kenntnis von der Notlage (§ 18 SGB XII) keine Sozialhilfeleistungen erbringen muss. Ein Anspruch des Hilfebedürftigen, der kraft Gesetzes übergehen könnte, existiert zu diesem Zeitpunkt noch nicht. Für die Zeit ab Kenntnis setzt die Sozialhilfe ein, d.h. der Sozialhilfeträger muss an den Hilfebedürftigen leisten. Der Nothelferanspruch i.S.v. § 25 SGB XII scheidet ab diesem Zeitpunkt aus (vgl. die Kommentierung zu § 18 SGB XII Rn. 58 und die Kommentierung zu § 25 SGB XII).[16]

23

---

[14] Zur Pfändbarkeit von Ansprüchen nach dem SGB II BGH v. 25.10.2012 - VII ZB 31/12 - MDR 2013, 57; kritische Anmerkung hierzu *Radüge*, jurisPR-SozR 15/2013, Anm. 1.

[15] Zuletzt BVerwG v. 19.06.1980 - 5 C 64/79 - BVerwGE 60, 240 ff.

[16] BVerwG v. 03.12.1992 - 5 C 32/89 - BVerwGE 91, 245 ff.

24 Scheidet ein Nothelferanspruch **nach Kenntnis** des Sozialhilfeträgers i.S.v. § 18 SGB XII aus, kann sich der eintretende Dritte nach dem Wortlaut von § 17 Abs. 1 Satz 2 SGB XII auch nicht dadurch eine Sicherheit verschaffen, dass er sich den Anspruch des Hilfebedürftigen abtreten lässt, selbst wenn die Aufwendungen des Dritten im Vorgriff auf die fälligen Sozialhilfeleistungen zu einer § 1 SGB XII entsprechenden Lebensführung getätigt werden.[17]

25 Hier drängt sich eine an Sinn und Zweck der Vorschrift orientierte **teleologische Reduktion** zum Erreichen der Aufgaben der Sozialhilfe auf. Denn die Sozialhilfe wird in diesen Fällen für die Vergangenheit erbracht und erfüllt ihren Zweck nur noch als Surrogat für einen von einem Dritten bereits gedeckten Bedarf.[18] Nicht entscheidend ist es dabei, ob die im Vorgriff auf Sozialhilfeleistungen erbrachte Unterstützung des Dritten darauf beruht, dass die Sozialhilfe nicht unmittelbar ab Kenntnis i.S.v. § 18 SGB XII (bzw. eines die Kenntnis vermittelnden Antrags) erbracht wurde oder der Leistungsberechtigte den Sozialhilfeanspruch gerichtlich geltend machen muss. Entsprechendes gilt bei der Erbfolge, wenn der Erbe vor dem Tod des Hilfebedürftigen im Vorgriff auf die Sozialhilfegewährung entsprechende Leistungen erbracht hat (vgl. Rn. 29). Allerdings kommt angesichts des uneingeschränkten gesetzlichen Verbots eine teleologische Reduktion des § 17 Abs. 1 Satz 2 SGB XII allenfalls in den Fällen in Betracht, in denen es nicht mehr um den originären Sozialhilfeanspruch geht, also den primären Leistungsanspruch nach dem SGB XII, sondern um den Ausgleich der Folgen des wegen eines Systemversagens entstandenen Schadens (Sekundäranspruch). Dies setzt aber weiter voraus, dass es sich bei dem Primäranspruch um einen Sachleistungsanspruch handelt; denn ein Anspruch auf Geld bleibt auch dann ein erfüllbarer **Geldanspruch** nach dem SGB XII, wenn etwa ein Dritter in Vorleistung getreten ist. Der Geldanspruch erfährt insoweit keine inhaltliche Änderung. Die Abtretbarkeit müsste deshalb – wenn man sie bejahen wollte – auf die Fälle beschränkt werden, in denen statt einer Sachleistung ein Erstattungsanspruch in Geld geltend gemacht wird.

26 Eine Abtretung könnte sich unter Beachtung von § 53 Abs. 1 SGB I zudem nur auf das Recht erstrecken, die Auszahlung des durch Verwaltungs- oder Gerichtsverfahren (bereits) festgestellten Anspruchs zu verlangen.[19] Der höchstpersönliche Charakter eines Sachleistungsanspruchs schützt den Anspruchsinhaber nicht nur davor, durch Abtretung, Verpfändung oder Pfändung die Rechte auf die erforderlichen Naturalleistungen zu verlieren. Darüber hinaus sichert er weitestmöglich das Recht auf **informationelle Selbstbestimmung** des Anspruchsinhabers.[20] Insbesondere muss der Anspruchsinhaber insoweit nicht alle erforderlichen, zum Teil äußerst intimen und sensiblen Daten, die in Zusammenhang mit seinem (Sachleistungs-)Anspruch stehen, preisgeben. Anders als im Bürgerlichen Recht gewährt die Abtretung im Sozialrecht deshalb nur ein begrenztes materielles Recht, nämlich das des bereits festgestellten Anspruchs. Der Zessionar kann auf diese Weise die Feststellung des Anspruchs nicht selbst betreiben. Die Abtretung eines Erstattungsanspruchs wegen Systemversagens führt also nicht zu einer umfassenden Neubestimmung der Gläubigerstellung oder dem vollständigen Eintritt des neuen Gläubigers in das gesamte Sozialrechtsverhältnis einschließlich seines Pflichtengefüges. Vielmehr wird durch die Beschränkung einer Abtretung auf **festgestellte Kostenerstattungsansprüche** dem besonderen Schutzbedürfnis des Leistungsberechtigten sowie seiner Einbindung in spezifische Mitwirkungslasten nach den §§ 60 ff SGB I Rechnung getragen. Würde mit der Abtretung zugleich die Befugnis übertragen, die Feststellung des Kostenerstattungsanspruchs zu betreiben, bestünde die Gefahr, dass sich – etwa unter dem Gesichtspunkt der Erfüllung von Mitwirkungspflichten nach den §§ 60 ff SGB I – der Hilfebedürftige vom Datensubjekt zum Zeugen wandeln würde, der grundsätzlich auszusagen hätte, eingeschränkt nur durch die allgemeinen Grenzen der Zeugnisverweigerung.[21] Das BSG

---

[17] Zur vergleichbaren Situation im AsylbLG BSG v. 30.10.2013 - B 7 AY 2/12 R - SozR 4-3500 § 25 Nr. 3 Rn. 27 ff.

[18] Ähnlich *Grube* in: Grube/Wahrendorf, SGB XII, 4. Aufl. 2012, § 17 Rn. 21 und *Armborst* in: LPK SGB XII, 9. Aufl. 2012, § 17 Rn. 7, die in diesem Zusammenhang von einem Sekundäranspruch (auf Kostenerstattung) sprechen; a.A. *Buchner* in: Oestreicher, SGB II/SGB XII, § 17 Rn. 22, Stand Oktober 2013.

[19] Zum Recht des AsylbLG: BSG v. 30.10.2013 - B 7 AY 2/12 R - SozR 4-3500 § 25 Nr. 3 Rn. 27 ff.; zum Recht der GKV: BSG v. 18.07.2006 - B 1 KR 24/05 R - BSGE 97, 6 ff. = SozR 4-2500 § 13 Nr. 9, Rn. 14.

[20] Zum Recht des AsylbLG: BSG v. 30.10.2013 - B 7 AY 2/12 R - SozR 4-3500 § 25 Nr. 3 Rn. 27 ff.; zum Recht der GKV: BSG v. 18.07.2006 - B 1 KR 24/05 R - BSGE 97, 6 ff. = SozR 4-2500 § 13 Nr. 9, Rn. 16; vgl. generell dazu: BVerfG v. 15.12.1983 - 1 BvR 209/83 u.a. - BVerfGE 65, 1, 41 ff; BVerfG v. 10.04.2000 - 1 BvR 422/00 - SozR 3-2500 § 295 Nr. 2 S. 12 m.w.N.

[21] BSG v. 18.07.2006 - B 1 KR 24/05 R - BSGE 97, 6 ff = SozR 4-2500 § 13 Nr. 9, Rn. 16; BSG v. 30.10.2013 - B 7 AY 2/12 R - SozR 4-3500 § 25 Nr. 3 Rn. 27 ff.

hat in seiner Entscheidung vom 30.10.2013[22] angesichts des in § 17 SGB XII normierten generellen Abtretungsverbots allerdings anklingen lassen, dass es auch bei Kostenerstattungsansprüchen wegen Systemversagens eine Abtretung des bereits festgestellten Kostenerstattungsanspruchs nicht zulassen wird.

§ 17 Abs. 1 Satz 2 SGB XII betrifft ausdrücklich nur den „Anspruch" (gegen den Leistungsträger). Ist die Sozialhilfe ausgezahlt, unterliegt sie nicht mehr dem Verbot des § 17 Abs. 1 Satz 2 SGB XII. Wird die Sozialhilfe etwa auf das Konto des Bedürftigen überwiesen, besteht im Hinblick auf die Erfüllungswirkung kein Anspruch gegen den SGB-XII-Leistungsträger mehr, sondern gegen die Bank. Dieser Anspruch kann übertragen, verpfändet oder gepfändet werden. Hierfür gelten die allgemeinen Regeln über Pfändungsverbote (etwa § 55 SGB I oder § 811 ZPO). 27

3. Rechtsnachfolge

Von dem Verbot der rechtsgeschäftlichen Übertragung und (Ver-)Pfändung ist die Frage zu unterscheiden, unter welchen Voraussetzungen der Sozialhilfeanspruch im Falle des Ablebens des Hilfeberechtigten kraft Gesetzes übergehen kann. Eine Sonderrechtsnachfolge nach § 56 SGB I bzw. die Vererblichkeit (§ 58 SGB I, §§ 1922 ff. BGB) eines Anspruchs auf Sozialhilfeleistungen scheidet (unabhängig von einer etwaigen Rechtshängigkeit) wegen seines höchstpersönlichen Charakters immer dann aus, wenn nach dem Tode des Hilfesuchenden die Leistung nicht mehr der Erfüllung des mit ihr verfolgten Zwecks dienen würde, weil eine etwa vorhanden gewesene Notlage in der Person des (verstorbenen) Hilfebedürftigen sich nicht mehr im Nachhinein nach dem Tode des Hilfesuchenden beheben lässt. Der Anspruch geht mit dem Tod des Hilfebedürftigen unter. Dies gilt jedoch nicht für Fallgestaltungen, in denen der Hilfebedürftige zu Lebzeiten seinen Bedarf mit Hilfe eines im Vertrauen auf die spätere Bewilligung von Sozialhilfe vorleistenden Dritten gedeckt hat, weil der Träger der Sozialhilfe nicht rechtzeitig geholfen oder Hilfe abgelehnt hat. Die Erfüllung des Sozialhilfeanspruchs nach dem Tode des Berechtigten kommt dann nicht zu spät, sondern rechtfertigt sich daraus, dass ein Dritter dem Berechtigten zu Lebzeiten in seiner Not das hat zukommen lassen, worauf er Anspruch hatte. 28

Weil der Sozialhilfeanspruch i.d.R. mit dem **Tod des Anspruchsinhabers** untergeht, enthält § 19 Abs. 6 SGB XII eine Sonderregelung. Danach steht der Anspruch des Berechtigten auf Leistungen für Einrichtungen oder auf Pflegegeld, soweit die Leistung dem Berechtigten erbracht worden wäre, nach seinem Tod demjenigen zu, der die Leistung erbracht oder die Pflege geleistet hat. Die Vorschrift ordnet nach der ausdrücklichen Formulierung der Gesetzesbegründung[23] einen besonderen Fall der Sonderrechtsnachfolge im Sinne einer **cessio legis** an,[24] begründet also keinen originären eigenen Anspruch i.S. eines subjektiven Rechts. Die in § 19 Abs. 6 SGB XII genannten Personen treten bei Vorliegen der in der Vorschrift geregelten Voraussetzungen in die Rechtsstellung des verstorbenen Hilfeempfängers ein. 29

§ 19 Abs. 6 SGB XII findet auf ambulante Dienste keine Anwendung.[25] Der Anspruch des Hilfebedürftigen kann deshalb nach dessen Tod nicht auf den ambulanten Dienst übergehen. Der ambulante Dienst kann aber gegebenenfalls wegen des Schuldbeitritts (sozialhilferechtliches Dreiecksverhältnis)[26] Ansprüche gegen den Sozialhilfeträger geltend machen. Da erst durch die Bewilligung der Leistung gleichzeitig der Schuldbeitritt erklärt wird, setzt dies aber eine entsprechende Verwaltungsentscheidung voraus. Leistungen müssen vom Sozialhilfeträger aber nur in Höhe der bereits bewilligten Leistung erbracht werden. Weder kann der ambulante Dienst dem entgegenhalten, dass die Leistung zu 30

---

[22] BSG v. 30.10.2013 - B 7 AY 2/12 R - SozR 4-3500 § 25 Nr. 3 Rn. 29 a.E.
[23] BT-Drs. 13/3904, S. 45 zu Nr. 8b: „Anspruch ... auf einen Dritten übergehen läßt".
[24] BSG v. 13.07.2010 - B 8 SO 13/09 R - BSGE 106, 264 = SozR 4-3500 § 19 Nr. 2; *Neumann* in: Hauck/Noftz, SGB XII, K § 19 Rn. 32, Stand März 2012; *Apidopoulos* in: Linhart/Adolph, SGB II/SGB XII/AsylbLG, B III § 19 SGB XII Rn. 62, Stand September 2011; *Schoch* in: LPK-SGB XII, 9. Aufl. 2012, § 19 SGB XII Rn. 27; *Coseriu* in: Kreikebohm/Spellbrink/Waltermann, Kommentar zum Sozialrecht, 3. Aufl. 2013, § 19 SGB XII Rn. 20; a.A.: *Grube* in: Grube/Wahrendorf, SGB XII, 4. Aufl. 2012, § 19 Rn. 24; *Dauber* in: Mergler/Zink, Handbuch der Grundsicherung und Sozialhilfe, Teil II, § 19 SGB XII Rn. 19, Stand August 2013.
[25] BSG v. 13.07.2010 -: B 8 SO 13/09 R - BSGE 106, 264 = SozR 4-3500 § 19 Nr. 2.
[26] BSG v. 28.10.2008 - B 8 SO 22/07 R - BSGE 102, 1 = SozR 4-1500 § 75 Nr. 9; *Coseriu*, Sozialrecht aktuell 2012, 99.

niedrig war, noch kann er selbst mangels Anwendbarkeit des § 19 Abs. 6 SGB XII gegen die Ablehnung der Leistung vorgehen.[27]

4. Ermessen

a. Auswahlermessen

31 Nach § 17 Abs. 2 Satz 1 SGB XII entscheidet der SGB-XII-Leistungsträger über Art und Maß der Leistungserbringung nach pflichtgemäßem Ermessen, soweit das Ermessen nicht ausgeschlossen ist, es sich also nicht ohnehin (auch hinsichtlich Art und Maß der Leistungserbringung) um eine gebundene Entscheidung i.S.v. § 17 Abs. 1 Satz 1 SGB XII handelt. Die Vorschrift hat nicht nur deklaratorische Bedeutung, sondern eröffnet – einer vor die Klammer gesetzten allgemeinen Regelung vergleichbar – dem Sozialhilfeträger auch bei einer **gebundenen Entscheidung** über eine Leistung ein Auswahlermessen darüber, wie die Leistung zu erbringen ist, ohne dass dies ausdrücklich angeordnet sein muss.

32 Absatz 2 Satz 1 konkretisiert **allgemeine Prinzipien** öffentlichen Verwaltungshandelns und unterstreicht mit dem Begriff des „pflichtgemäßen Ermessens" die Geltung der allgemeinen Anforderungen an eine Ermessensentscheidung. Dies bedeutet, dass die wesentlichen Erwägungen, die zu einer bestimmten Entscheidung über Art, Maß und Umfang einer Leistung geführt haben, im Bescheid darzustellen sind (§ 35 Abs. 1 SGB X). Die Entscheidung ist auf Ermessensfehler überprüfbar. Sie muss den Besonderheiten des Einzelfalls gerecht werden, sich also an der Person des Hilfeempfängers, der Art seines Bedarfs und den örtlichen Verhältnissen orientieren (sogenannter Individualisierungs- und Bedarfsdeckungsgrundsatz), und soll den Wünschen des Hilfeempfängers, die sich auf die Gestaltung der Hilfe richten, entsprechen, soweit sie angemessen sind (§ 9 Abs. 2 Satz 1 SGB XII).

33 Bei der Ermessensausübung sind deshalb in erster Linie die in § 1 SGB XII genannten Aufgaben der Sozialhilfe und die persönliche und wirtschaftliche Situation des Hilfesuchenden zu berücksichtigen. Daneben haben aber auch allgemeine Grundsätze der Leistungserbringung (etwa § 10 Abs. 3 SGB XII) sowie individuelle Umstände des Einzelfalls in das Ermessen einzufließen. Der Sozialhilfeträger muss sich dabei immer von der zur **Erreichung der Ziele** der Sozialhilfe bestmöglichen Leistung leiten lassen.

34 Das Ermessen erstreckt sich nur auf „Art und Maß" der Leistungserbringung, nicht auf die **Auszahlungsmodalitäten**. Ist eine Leistung ihrer Art nach zwingend als Geldleistung zu erbringen, darf der Sozialhilfeträger keine Sachleistung erbringen. Ebenso wenig darf er aber die Geldleistung einem Dritten erbringen, der seinerseits die zweckentsprechende Verwendung des Geldbetrags sicherstellt. Hier gilt § 47 SGB I. § 17 Abs. 2 Satz 1 SGB XII enthält keine hiervon i.S.v. § 37 SGB I abweichende Regelung.[28] Ohne den Willen des Hilfebedürftigen dürfen deshalb z.B. Beiträge zur Kranken- und Pflegeversicherung nach § 32 SGB XII nicht direkt an die Versicherung geleistet werden. Etwas anderes gilt für die Kosten der Unterkunft. Hier regelt § 35 Abs. 1 Satz 2 SGB XII (bis 31.12.2010: § 29 Abs. 1 Satz 6 SGB XII), dass Leistungen an den Vermieter oder andere Empfangsberechtigte gezahlt werden sollen, wenn die zweckentsprechende Verwendung durch den Leistungsberechtigten nicht sichergestellt ist.

35 § 17 SGB XII ermächtigt den Sozialhilfeträger nicht zu Direktüberweisung von Bestandteilen des Regelsatzes an einen Dritten im Ermessenswege, um eine zweckwidrige Verwendung des jeweiligen Regelsatzanteils zu verhindern.[29] Die Zahlung an Dritte betrifft weder Art noch Maß der Leistungserbringung. Anderenfalls wären Regelungen wie § 35 Abs. 1 Sätze 2 und 3 SGB XII oder § 32 Abs. 1 Satz 2 SGB XII, die eine Zahlung an Dritte ausdrücklich vorsehen, überflüssig. Etwas anderes gilt natürlich, wenn der Hilfebedürftige die Zahlung an Dritte wünscht. Gegebenenfalls muss der Sozialhilfeträger die Leistung nach § 26 Abs. 1 Nr. 2 SGB XII einschränken.

b. Art der Leistungserbringung

36 Soweit es die Art der Leistung (Geld-, Sach- oder Dienstleistung) betrifft, ist insbesondere § 10 Abs. 3 SGB XII zu beachten, der das Ermessen wesentlich durch den dort normierten Vorrang der Geldleistung einschränkt. Findet der **Vorrang der Geldleistung** seinen Niederschlag in einer konkreten An-

---

[27] Vgl. aber *Rein*, ZFSH/SGB 2012, 377 ff., der in Fällen, in denen ambulante Dienste in Vorleistung getreten sind, eine Vererblichkeit bejaht.

[28] Ebenso: *Streichsbier* in: Grube/Wahrendorf, SGB XII, 4. Aufl. 2012, § 10 Rn. 3; a.A.: *Buchner* in: Oestreicher, SGB II/SGB XII, § 17 Rn. 48, Stand Oktober 2013.

[29] So aber zu Unrecht LSG Berlin-Brandenburg v. 16.04.2007 - L 23 B 186/06 SO ER - FEVS 58, 510.

spruchsnorm, die nur eine Geldleistung vorsieht, ist es dem Sozialhilfeträger verwehrt, hinsichtlich der Art der Leistung eine Ermessensentscheidung zu treffen. So sind etwa laufende Leistungen zum Lebensunterhalt außerhalb von Anstalten und Leistungen der Grundsicherung im Alter und bei Erwerbsminderung nach Regelbedarfsstufen (bis 31.12.2010: Regelsätzen) als Geldleistung zu gewähren (§§ 27a (bis 31.12.2010: §§ 28 Abs. 1), 42 SGB XII). Mehrbedarfe nach § 30 SGB XII sind durch Geldleistungen in Höhe eines bestimmten Prozentsatzes der maßgebenden Regelbedarfsstufe oder in angemessener Höhe zu decken. Der Barbetrag zur persönlichen Verfügung nach § 27b Abs. 2 SGB XII (bis 31.12.2010: § 35 Abs. 2 SGB XII) ist ein Geldbetrag. Das Pflegegeld nach § 64 Abs. 1 SGB XII ist als Geldleistung zu erbringen etc. Auch das persönliche Budget nach § 57 SGB XII kann naturgemäß nur als Geldleistung erbracht werden.

Der Vorrang der Geldleistung wird zugunsten der Sachleistung durchbrochen, soweit das SGB XII etwas anderes bestimmt,[30] die Sachleistung das Ziel der Sozialhilfe erheblich besser oder wirtschaftlicher erreichen kann oder die Leistungsberechtigten es wünschen. So kann es etwa sinnvoller sein, den Anspruch für die Erstausstattung der Wohnung (§ 31 Abs. 1 Nr. 1 SGB XII[31]) nicht durch eine Geldleistung, sondern durch **Gutscheine**, die zu den Sachleistungen gehören (so bis 31.12.2010 ausdrücklich: § 10 Abs. 3 Satz 2 SGB XII), zu erfüllen, wenn Anlass für die Vermutung besteht, dass eine entsprechende Geldleistung nicht zweckentsprechend eingesetzt wird. 37

Hat der Gesetzgeber hinsichtlich der Art der Leistung eine Ausnahme vom Vorrang der Geldleistung gemacht, ist das Ermessen des Sozialhilfeträgers nur eröffnet, wenn diese (konkrete) Regelung nicht ihrerseits einen Vorrang bestimmt. Kann das Ziel der Sozialhilfe durch eine Sachleistung **erheblich besser** erreicht werden, muss die Sachleistung gewährt werden, weil die Ausübung von Ermessen zu keiner anderen Entscheidung über die Art der Leistungserbringung als Sachleistung führen kann (Ermessensreduzierung auf Null), wenn ohnehin feststeht, dass die Ziele der Sozialhilfe hierdurch erheblich besser erreicht werden (vgl. Rn. 32). Kann das Ziel der Sozialhilfe durch die Sachleistung wirtschaftlicher erreicht werden, ist das Ermessen des Sozialhilfeträgers hinsichtlich der Art der Leistung eröffnet. Der Grundsatz der **Wirtschaftlichkeit** ist dann mit den Zielen der Sozialhilfe, insbesondere den Hilfeempfänger so weit wie möglich zu befähigen, unabhängig von der Sozialhilfeleistung zu leben, dem Selbstbestimmungsrecht und gegebenenfalls den Wünschen des Sozialhilfeempfängers abzuwägen. Wünscht der Hilfeempfänger statt der Geldleistung eine Sachleistung, ist § 9 Abs. 2 Satz 1 SGB XII Rechnung zu tragen. Soweit der Wunsch angemessen ist, was gerichtlich voll überprüfbar ist, „soll" ihm Rechnung getragen werden, d.h. der Sozialhilfeträger muss – außer in atypischen Fällen – die Leistung als Sachleistung erbringen. 38

c. Maß der Leistungserbringung

Mit dem Maß der Hilfe ist deren Umfang gemeint; darunter fällt damit die Frage, welche konkreten Hilfemaßnahmen im Einzelfall zu gewähren sind. Maß oder Umfang der Leistungserbringung werden in der Regel in den jeweiligen Anspruchsnormen konkretisiert und dort fest umrissen (z.B.: Regelbedarf, Mehrbedarfe, Pflegegeld, Blindenhilfe), so dass für eine **Ermessensausübung kein Raum** ist (§ 17 Abs. 2 Satz 1 HS. 2 SGB XII: „... soweit das Ermessen nicht ausgeschlossen wird"). Das Ermessen ist aber dann eröffnet, wenn dem Sozialhilfeträger auch ein Entschließungsermessen (etwa bei der Hilfe in besonderen Lebenslagen nach § 73 SGB XII) eingeräumt wird, der Gesetzgeber alternative (gleichrangige) Möglichkeiten der Leistung und ihres Umfangs ausdrücklich vorsieht oder zulässt (etwa bei Eingliederungshilfe[32] oder der Hilfe zur Überwindung besonderer sozialer Schwierigkeiten nach den §§ 67 f. SGB XII) oder keine Aussage hierüber trifft (z.B. für die Erstausstattung der Wohnung nach § 31 Abs. 1 Nr. 1 SGB XII, Beihilfen zum gegenseitigen Besuch im Rahmen der Eingliederungshilfe § 54 Abs. 2 SGB XII). 39

Der Entscheidungsrahmen des Sozialhilfeträgers ist allerdings auch dann gering, wenn das Ermessen eröffnet ist, weil immer nur die Leistung zu erbringen sein wird, die erforderlich/notwendig ist, um den **sozialhilferechtlichen Bedarf** zu decken. Häufig wird dies in den jeweiligen Anspruchsnormen auch ausdrücklich betont (notwendig: §§ 27a (bis 31.12.2010: §§ 27 Abs. 1, 28), 27b (bis 31.12.2010: 40

---

[30] Vgl. etwa zu der in einer vollstationären Einrichtung von dem Sozialhilfeträger als Sachleistung in der Form der Sachleistungsverschaffung erbrachte Eingliederungshilfe: BSG v. 28.10.2008 - B 8 SO 22/07 - BSGE 102, 1 ff. = SozR 4-1500 § 75 Nr. 9.

[31] Vgl. etwa SG Karlsruhe v. 04.10.2013 - S 1 SO 2746/13 - SAR 2013, 142.

[32] Thüringer Landessozialgericht v. 23.05.2012 - L 8 SO 640/09; Ermessensreduzierung auf Null, wenn Alternativen nicht existieren: BVerwG v. 19.10.2011 - 5 C 6/11 - ZFSH/SGB 2012, 33.

§ 35), 37, 41 f., 68 SGB XII; erforderlich: §§ 11, 31 Abs. 3, 33, 54 Abs. 2 SGB XII). Es entspricht den Aufgaben und Zielen des SGB XII, dass der Sozialhilfeträger die Hilfe gewährt, die die Notlage wirksam (gegebenenfalls auch nachhaltig – vgl. § 15 Abs. 2 SGB XII) zu beseitigen im Stande ist. Ist hierzu nur eine Maßnahme geeignet, muss sich der Hilfesuchende nicht auf eine andere weniger geeignete, dafür aber kostengünstigere Alternative verweisen lassen, weil es sich insoweit gerade nicht um eine Alternative der Bedarfsdeckung handelt.[33]

41 Hat der Sozialhilfeträger die „angemessenen" Kosten zu tragen (vgl. z.B. die §§ 11 Abs. 5 Satz 3, 30 Abs. 5, 27b Abs. 2 (bis 31.12.2010: 35 Abs. 2, 65 Abs. 1, 70 Abs. 2 SGB XII)), ist der Spielraum des Sozialhilfeträgers nicht weiter. Der Begriff der Angemessenheit unterliegt als **unbestimmter Rechtsbegriff** der uneingeschränkten richterlichen Kontrolle.[34] Die Verwaltung hat insoweit keinen Beurteilungsspielraum. Die Konkretisierung unbestimmter Rechtsbegriffe ist grundsätzlich Sache der Gerichte, die die Rechtsanwendung der Verwaltungsbehörden uneingeschränkt nachzuprüfen haben. Die Regeln über die eingeschränkte Kontrolle des Verwaltungsermessens gelten also nicht für die Auslegung und Anwendung unbestimmter Rechtsbegriffe.[35]

42 Unbestimmte Rechtsbegriffe können allerdings wegen hoher Komplexität oder besonderer Dynamik der geregelten Materie so vage und ihre Konkretisierung im Nachvollzug der Verwaltungsentscheidung so schwierig sein, dass die gerichtliche Kontrolle an die Funktionsgrenzen der Rechtsprechung stößt. In diesen eng begrenzten Fällen wird deshalb der rechtsanwendenden Behörde ein begrenzter **Entscheidungsfreiraum** zugebilligt.[36] Erforderlich ist allerdings stets eine Einzelfallentscheidung, die den jeweiligen Besonderheiten Rechnung trägt.

d. Ermessensbindende Richtlinien/Selbstbindung der Verwaltung

43 Soweit einzelne Bundesländer (z.B. Baden-Württemberg, Bayern) zur Durchführung des SGB XII **Sozialhilferichtlinien** (verwaltungsinternes Innenrecht) erlassen haben, entbinden sie die Behörde nicht von der Ausübung eines ihr eingeräumten Ermessens. Allerdings begegnet es keinen Bedenken, wenn sich der Sozialhilfeträger bei der Ausübung seines Ermessens auf allgemeine Richtlinien stützt, soweit diese einer gleichmäßigen Ermessensanwendung dienen und mit dem Gesetz in Einklang stehen.[37] Die Richtlinien müssen deshalb mit dem Sinn und Zweck der anzuwendenden Rechtsnorm übereinstimmen.[38] Gerichte sind an solche **norminterpretierende Verwaltungsvorschriften** nicht gebunden. Gleiches gilt für Empfehlungen privater Vereinigungen, die nur als Orientierungshilfe (insbesondere zur Konkretisierung unbestimmter Rechtsbegriffe) dienen können.[39]

44 Die Anwendung von Sozialhilferichtlinien setzt aber immer voraus, dass neben der Anwendung des generalisierenden, durch die jeweilige Richtlinie bestimmten Ermessensmaßstabs Raum für eine **Einzelfallentscheidung** aufgrund besonderer Gegebenheiten des Sachverhalts bleibt.[40]

45 Weicht der Sozialhilfeträger ohne erkennbaren Grund zu Lasten des Hilfebedürftigen von den ermessenslenkenden Richtlinien ab, die er in vergleichbaren Fällen aber anwendet, ist die Ermessensentscheidung unter Verstoß gegen Art. 3 GG (**Selbstbindung der Verwaltung**) zustande gekommen und damit fehlerhaft. Dem Hilfebedürftigen erwächst insoweit aber kein Anspruch aus dem verwaltungsinternen Innenrecht[41]. Das bedeutet, dass er nicht die Anwendung der verwaltungsinternen Richtlinien verlangen, sondern sich nur unter Hinweis auf die in vergleichbaren Fällen angewandten Richtlinien auf die **Verwaltungspraxis** berufen und einen Verstoß gegen Art. 3 GG geltend machen kann. Anders verhält es sich bei Richtlinien, die nicht rechtlich isoliert zu sehen, sondern Bestandteile eines öffentlich-rechtlichen Vertrages i.S.v. § 53 Abs. 1 Satz 1 SGB X sind. Solche Richtlinien gelten nicht nur verwaltungsintern, sondern unmittelbar im Außenverhältnis zum Leistungsberechtigten.[42]

---

[33] BVerwG v. 02.09.1993 - 5 C 50/91 - BVerwGE 94, 127 ff.
[34] BSG v. 27.02.2008 - B 14/7b AS 64/06 R - SozR 4-4200 § 21 Nr. 2 Rn. 24.
[35] BVerfG v. 28.06.1983 - 2 BvR 539/80 u.a. - BVerfGE 64, 261, 279.
[36] BVerfG v. 17.04.1991 - 1 BvR 419/81 - BVerfGE 84, 34, 50.
[37] BSG v. 25.02.1981 - 5a/5 RKn 16/79 - SozR 2200 § 182c Nr. 4.
[38] Niedersächsisches OVG v. 31.10.2002 - 4 LB 286/02 - FEVS 55, 73 ff.
[39] Zu den Empfehlungen des Deutschen Vereins vgl. BVerwG v. 21.12.2001 - 5 C 27/00 - BVerwGE 115, 331 ff.; BSG v. 27.02.2008 - B 14/7b AS 64/06 R - SozR 4-4200 § 21 Nr. 2.
[40] BSG v. 04.03.1999 - B 11/10 AL 5/98 R - BSGE 83, 292, 296 = SozR 3-2400 § 76 Nr. 2; Niedersächsisches OVG v. 31.10.2002 - 4 LB 286/02 - FEVS 55, 73 ff.
[41] A.A. wohl BSG v. 30.03.2006 - B 10 EG 5/05 R - SozR 4-7833 § 3 Nr. 1 Rn. 26.
[42] BSG v. 01.07.2010 - B 11 AL 1/09 R - SGb 2010, 530.

Ein schutzwürdiges Vertrauen des Hilfesuchenden kann sich wegen der Bindung der Verwaltung an Gesetz und Recht (Art. 20 Abs. 3 GG) nicht auf eine **rechtswidrige Verwaltungspraxis** und damit nicht auf rechtswidrige Sozialhilferichtlinien, die der Sozialhilfeträger in seiner Verwaltungspraxis anwendet, gründen. Einen „Anspruch auf Gleichbehandlung im Unrecht" kennt die Rechtsordnung nicht.[43]

46

Die Bindung durch die Verwaltungspraxis verbietet nicht eine Änderung der Maßstäbe durch Schaffung neuer Kriterien oder Richtlinien, die z.B. auf im Lauf der Anwendung gewonnenen Erfahrungen der Verwaltung oder der Veränderung von Rahmenbedingungen beruhen kann.[44] Zulässig ist sogar eine für den betroffenen Bürger nachteilige **Änderung der Verwaltungspraxis** aus sachlichen Gründen für die Zukunft, soweit die Verwaltung hierbei nach ihrem pflichtgemäßen Ermessen verfährt.[45] Zu einer Änderung der Verwaltungspraxis kann der Sozialhilfeträger im Einzelfall sogar verpflichtet sein, etwa wenn die Erkenntnis gewonnen wird, dass nur eine Änderung der zunächst als sinnvoll erscheinenden Verwaltungspraxis den Aufgaben der Sozialhilfe gerecht werden kann. Da dem Hilfebedürftigen nur ein Anspruch auf Gleichbehandlung unter Hinweis auf die Verwaltungspraxis zusteht, nicht aber ein Anspruch aus den Richtlinien, genügt es insoweit aber schon, dass die Richtlinien in der Verwaltungspraxis nicht mehr angewandt werden, die Verwaltungspraxis also auch ohne Aufhebung oder Änderung der Richtlinien aufgegeben wird.

47

5. Überprüfungspflicht und Abänderungsrecht

Werden Ermessensleistungen erbracht, sind die Entscheidungen nach § 17 Abs. 2 Satz 2 SGB XII im Hinblick auf die sie tragenden Gründe und Ziele zu überprüfen und im Einzelfall gegebenenfalls abzuändern. Hierdurch soll eine zielgerichtete und qualifizierte Leistungserbringung gewährleistet werden, wobei die Umsetzung im Einzelnen dem Sozialhilfeträger vorbehalten bleibt.[46] Satz 2 ist weit mehr als nur ein **Programmsatz**. Er enthält bei Ermessensentscheidungen eine über die §§ 46, 47 und 48 Abs. 1 SGB X hinausgehende Ermächtigung zur Aufhebung oder Abänderung von Verwaltungsakten,[47] wenn die Ermessensentscheidung aktuell anders ausfallen würde, vergleichbar einem Wegfall der Geschäftsgrundlage. Eines **Widerrufsvorbehalts**, einer ausdrücklichen **Zweckbestimmung** im Verwaltungsakt oder einer **Änderung** der tatsächlichen Verhältnisse bedarf es danach nicht; in Abweichung zu den Vorschriften über den Widerruf bzw. die Aufhebung von Verwaltungsakten ist vielmehr nur eine andere Beurteilung und Wertung der für die (ursprüngliche) Entscheidung maßgebenden Ermessensgesichtspunkte ausreichend.

48

§ 17 Abs. 2 Satz 2 SGB XII findet seine Rechtfertigung in den gesetzlich normierten Aufgaben und Zielen der Sozialhilfe, die die maßgebenden Gesichtspunkte bei der ursprünglichen Ermessensentscheidung gewesen sind. Die Ermessensentscheidung setzt regelmäßig eine **prognostische Wertung** voraus, wie, in welcher Zeitspanne und mit welchen Mitteln die Ziele der Sozialhilfe bestmöglich erreicht werden können. Zeichnet sich dann aber ab, dass die vom Sozialhilfeträger vorgenommene Abwägung gar nicht, nicht in dem angenommenen Umfang oder nicht in dem anvisierten Zeitraum zu dem gewünschten Erfolg führt, darf die Ermessensentscheidung geändert werden.

49

Eine Änderung kann sowohl zu Lasten als auch zugunsten des Hilfeempfängers erfolgen. Soweit nicht gleichzeitig die Voraussetzungen des § 47 Abs. 2 SGB X oder § 48 Abs. 2 Satz 2 SGB X für einen Widerruf oder eine Aufhebung des Verwaltungsakts für die Vergangenheit vorliegen, ermöglicht § 17 Abs. 2 Satz 2 SGB XII nach seinem Sinn und Zweck aus Gründen des **Vertrauensschutzes** nur die Änderung der Ermessensentscheidung für die Zukunft. Dies gilt aber auch, wenn die Änderung zugunsten des Leistungsberechtigten erfolgt, weil der Bedarf für die Vergangenheit durch die bislang erbrachte Leistung bereits gedeckt wurde. § 17 Abs. 2 Satz 2 SGB XII bezieht sich nur auf die Abänderung von Dauerverwaltungsakten. Liegt ein Dauerverwaltungsakt nicht vor oder hat er sich durch Zeitablauf erledigt, ist für die (sich anschließende) Sozialhilfeleistung ohnehin eine neue Entscheidung zu treffen und dabei von dem Sozialhilfeträger das pflichtgemäße Ermessen auszuüben.

50

---

[43] Vgl. nur BSG v. 29.01.2008 - B 7/7a AL 6/06 R - SozR 4-4100 § 128 Nr. 8.
[44] BSG v. 21.10.1999 - B 11 AL 25/99 R - BSGE 85, 92 ff. = SozR 3-1300 § 48 Nr. 68; BSG v. 30.03.2006 - B 10 EG 5/05 R - SozR 4-7833 § 3 Nr. 1 Rn. 26.
[45] BVerwG v. 28.08.1986 - 2 C 5/84 - Buchholz 232 § 23 BBG Nr. 29; BVerwG v. 20.11.1998 - 6 P 8/98 - ZBR 1999, 308.
[46] BT-Drs. 15/1514, S. 57.
[47] Ebenso: *Armborst* in: LPK-SGB XII, 9. Aufl. 2012, § 17 Rn. 12; a.A. *Buchner* in: Oestreicher, SGB II/SGB XII, § 17 Rn. 51, Stand Oktober 2013.

C. Praxishinweise

51 Die Geltendmachung eines Leistungsanspruchs nach § 17 Abs. 1 Satz 1 SGB XII erfolgt in aller Regel nach Ablehnung der Leistung und durchgeführtem Vorverfahren durch eine kombinierte Anfechtungs- und Leistungsklage nach den §§ 54 Abs. 1 und 4, 56 SGG oder – vorläufig – im Wege einer einstweiligen Anordnung nach § 86b Abs. 2 SGG. Die Erhebung einer Untätigkeitsklage nach § 88 SGG setzt voraus, dass der Hilfebedürftige einen Leistungsantrag gestellt hat. Die **Untätigkeitsklage** kann nicht darauf gestützt werden, der Sozialhilfeträger habe trotz Kenntnis i.S.v. § 18 SGB XII nicht in angemessener Frist über einen Sozialhilfeanspruch entschieden (vgl. die Kommentierung zu § 18 SGB XII Rn. 66). Hier bleibt nur der Weg über § 86b Abs. 2 SGG.

52 Sind Ermessensleistungen nach § 17 Abs. 2 Satz 1 SGB XII betroffen, wäre neben der Anfechtungsklage eine Verpflichtungsklage mit dem Ziel der Neubescheidung zu erheben. Häufig wird es im Hinblick auf eine zumindest denkbare Ermessensschrumpfung aber ratsam sein, auch in diesen Fällen eine kombinierte Anfechtungs- und Leistungsklage und nur hilfsweise einen **Bescheidungsantrag** zu stellen. Nur dann kann nämlich, soweit das Ermessen auf Null reduziert ist, eine Verurteilung zur Leistung erfolgen. Allerdings besteht dann auch das Risiko, dass die Klage mit der entsprechenden Kostenfolge „im Übrigen" abgewiesen wird. In der Regel dürfte angesichts der bestehenden Bedürftigkeit aber ohnehin PKH zu bewilligen sein, so dass dieses Risiko vernachlässigbar ist.

53 Bei einem Anspruch auf Erstausstattung einer Wohnung (§ 31 Abs. 1 Nr. 1 SGB XII) wird dem Sozialhilfeträger zwar nicht hinsichtlich des „Ob", wohl aber des „Wie" der Leistung Ermessen eingeräumt. Er kann entweder eine Sach- oder eine Geldleistung im Rahmen des ihm eingeräumten Ermessens gewähren (vgl. Rn. 35). Deckt ein Hilfesuchender einen solchen Bedarf durch Selbstschaffung, ohne zuvor den Sozialhilfeträger hierüber in Kenntnis zu setzen, hat er nach Auffassung des SG Karlsruhe[48] keinen Kostenerstattungsanspruch. Dem kann nicht ohne weiteres gefolgt werden. Der Sozialhilfeträger kann auch nachträglich sein Ermessen ausüben. Dabei hat er auch seine eigene Verwaltungspraxis zu berücksichtigen. Nur wenn er (ermessensfehlerfrei) zu dem Ergebnis gelangt, dass er die Leistung als Sachleistung – etwa Gebrauchtmöbel aus einem eigenen Fundus – erbracht hätte, scheidet ein Zahlungsanspruch aus. Insoweit kommt es auch nicht darauf an, ob der Hilfebedürftige – soweit er Leistungen nach dem Dritten und Vierten Kapitel des SGB XII bezieht – vor der Bedarfsdeckung einen die Kenntnis nach § 18 SGB XII vermittelnden Antrag gestellt oder eine „Genehmigung" zur Anschaffung der Erstausstattung eingeholt hat.[49] Denn die Leistungen nach dem Dritten und Vierten Kapitel des SGB XII sind jeweils einheitliche Leistungen. Mehrbedarfe oder einmalige Bedarfe werden von der Kenntnis nach § 18 SGB XII erfasst; sie haben insoweit (nur) Einfluss auf die Höhe der Leistung.

54 Ermessensfehler (Ermessensfehlgebrauch oder Ermessensnichtgebrauch) rechtfertigen nicht die **Aussetzung eines Klageverfahrens** nach § 114 Abs. 2 Satz 2 SGG zur Heilung von Verfahrens- und Formfehlern, weil es sich bei Ermessensfehlern nicht um Verfahrensfehler, sondern um materiellrechtliche Fehler handelt.[50] Etwas anderes gilt dann, wenn Ermessen seitens der Behörde zwar ausgeübt wurde, im Bescheid entgegen § 35 Abs. 1 SGB X aber nicht zum Ausdruck kommt. Insoweit handelt es sich um einen Verfahrensfehler (fehlende Begründung des Verwaltungsakts), der nach § 41 Abs. 1 Nr. 2 SGB X auch noch im Klageverfahren (§ 41 Abs. 2 SGB X) geheilt werden kann.

55 Verfahrensrechtliche bzw. prozessuale Probleme ergeben sich in der Praxis immer wieder daraus, dass die Sozialhilfeträger unter Hinweis darauf bzw. in der Meinung, dass Bewilligungsbescheide keine Dauerwirkung hätten[51], Bewilligungsbescheide einfach durch neue ersetzen. Die Ansicht, dass es sich nicht um rentenrechtliche Dauerleistungen handelt, mag zwar – sieht man von der besonderen Situation der Grundsicherungsleistung im Alter und bei Erwerbsminderung nach den §§ 41 ff. SGB XII einmal ab – richtig sein, ist aber nicht entscheidend für die zeitliche Dimension der Bewilligung (bzw. Ablehnung) einer Leistung. Die zeitliche Wirkung einer Leistungsbewilligung und die sich daraus ergebende Bindungswirkung (§ 77 SGG) haben vielmehr Bedeutung für die (ggf. notwendige) Rücknahme bzw. Aufhebung entsprechender Verwaltungsakte nach den §§ 45 ff. SGB X. Ob bzw. inwieweit einem Verwaltungsakt Dauerwirkung zukommt, ist durch Auslegung unter Berücksichtigung des Empfängerho-

---

[48] SG Karlsruhe v. 04.10.2013 - S 1 SO 2746/13 - SAR 2013, 142.
[49] So aber SG Aachen vom 22.02.2011 - S 20 SO 142/10 - juris Rn. 17.
[50] *Keller* in: Meyer-Ladewig/Keller/Leitherer, SGG, 10. Aufl. 2012, § 114 Rn. 3d.
[51] Vgl. nur BSG v. 16.10.2007 - B 8/9b SO 8/06 R - BSGE 99, 137 ff. Rn. 4 = SozR 4-1300 § 44 Nr. 11; zu dem sogenannten Strukturprinzip „Sozialhilfe keine rentenrechtliche Dauerleistung" auch Rothkegel in: Sozialhilferecht, 2004, Teil II Kap. 6.

rizonts zu beurteilen.[52] Insoweit ist die in einem Bewilligungsbescheid gewählte Formulierung „bis auf Weiteres" regelmäßig ausreichend für die Annahme eines Verwaltungsakts auf unbestimmte Dauer.[53] Wird die Leistungsbewilligung jedoch nur für einen Monat ausgesprochen und im Bescheid darauf hingewiesen, dass in den Folgemonaten gleichhohe Leistungen erbracht würden, wenn sich keine Änderungen ergäben, dürfte hierin für jeden Folgemonat lediglich eine konkludente Leistungsbewilligung durch die Zahlung angekündigt sein.[54]

Begehrt der Leistungsempfänger höhere als die bewilligten Leistungen, ist ausgehend vom Bewilligungsbescheid Verfahrensgegenstand bzw. Streitgegenstand nur die höhere Leistung im konkreten Bewilligungszeitraum; als Ausnahme hiervon werden (nur) im Rahmen des Widerspruchsverfahrens ergehende Bescheide für Folgezeiträume in analoger Anwendung des § 86 SGG Gegenstand des Widerspruchsverfahrens.[55] Diese Einschränkung gilt naturgemäß nicht für abändernde bzw. ersetzende Bescheide; sie werden in unmittelbarer Anwendung des § 96 SGG – bewilligungszeitraumbezogen – Gegenstand des Gerichtsverfahrens. 56

Entgegen der Rechtsprechung des Bundesverwaltungsgerichts ist andererseits bei einer Leistungsablehnung insgesamt regelmäßig die bis zur letzten mündlichen Verhandlung in der Tatsacheninstanz (bzw. bei einer Entscheidung ohne mündliche Verhandlung: bis zum Zeitpunkt der Absendung der gerichtlichen Entscheidung an einen Beteiligten) verflossene gesamte Zeit im Streit.[56] Dies gilt dann nicht, wenn nach der Leistungsablehnung später ab einem bestimmten Zeitpunkt Leistungen bewilligt oder aber erneut abgelehnt worden sind; in diesem Fall hat sich die ursprüngliche Ablehnung für den vom neuen Bescheid erfassten Zeitraum nach § 39 Abs. 2 SGB X erledigt.[57] 57

Mangels Dauerwirkung der ursprünglichen Ablehnungsentscheidung[58] kann § 96 Abs. 1 SGG in der ab 01.04.2008 geltenden Fassung schon deshalb keine Anwendung finden, weil weder der spätere Bewilligungsbescheid noch der spätere (erneute) Ablehnungsbescheid den ursprünglichen Ablehnungsbescheid ändern bzw. ersetzen; eine analoge Anwendung des § 96 Abs. 1 SGG für die Zeit ab 01.04.2008 ist ohnedies gesetzlich ausgeschlossen. Auch für die Zeit davor ist eine analoge Anwendung nach Sinn und Zweck der sozialhilferechtlichen Regelungen ausgeschlossen.[59] Denkbar ist jedoch eine Einbeziehung des neuen Bescheids im Wege der Klageänderung über § 99 SGG.[60] Nach einer entsprechenden Klageerweiterung, in der die Erhebung eines Widerspruchs zu sehen sein kann, ist im Gerichtsverfahren der Erlass eines Widerspruchsbescheids abzuwarten.[61] Im Revisionsverfahren ist die Sache von Amts wegen an die Tatsacheninstanz zurückzuverweisen.[62] 58

Hat das SG einen nach § 96 SGG oder nach § 99 SGG Gegenstand des Klageverfahrens gewordenen Bescheid übersehen, ist dieser von der Berufungsinstanz im Rahmen des berufungsgerichtlichen Streitgegenstandes zu beachten. Im Revisionsverfahren ist hierfür allerdings eine Verfahrensrüge erforderlich[63]. Im umgekehrten Falle, wenn also die Tatsacheninstanz zu Unrecht einen Bescheid in das Verfahren einbezogen hat, prüft dies das Revisionsgericht von Amts wegen.[64] 59

---

[52] Vgl. dazu nur BSG v. 28.06.1990 - 4 RA 57/89 - BSGE 67, 104, 110 f. = SozR 3-1300 § 32 Nr. 2 S. 11 f. m.w.N.; BSG v. 06.04.2011 - B 4 AS 119/10 R - BSGE 108, 86 = SozR 4-1500 § 54 Nr. 21, Rn. 18.

[53] BSG v. 09.12.2008 - B 8/9b SO 11/07 R und B 8/9b SO 12/07 R - jeweils juris Rn. 12.

[54] Vgl. dazu BSG v. 14.04.2011 - B 8 SO 12/09 R - juris Rn. 12.

[55] BSG v. 14.04.2011 - B 8 SO 12/09 R - BSGE 108, 123 = SozR 4-3500 § 82 Nr. 7 Rn. 11 m.w.N.; vgl. dazu auch Rn. 55.

[56] Vgl. nur: BSG v. 11.12.2007 - B 8/9b SO 12/06 R - SozR 4-3500 § 21 Nr. 1 Rn. 8 f. m.w.N.; BSG v. 17.06.2008 - B 8 AY 11/07 R - juris Rn. 10.

[57] BSG v. 11.12.2007 - B 8/9b SO 12/06 R - SozR 4-3500 § 21 Nr. 1 Rn. 8 f. m.w.N.; BSG v. 02.02.2010 - B 8 SO 21/08 R - juris Rn. 9.

[58] BSG v. 11.12.2007 - B 8/9b SO 12/06 R- SozR 4-3500 § 21 Nr. 1 Rn. 8 f. m.w.N.

[59] BSG v. 11.12.2007 - B 8/9b SO 12/06 R - SozR 4-3500 § 21 Nr. 1 Rn. 8 f. m.w.N.; BSG v. 02.02.2010 - B 8 SO 21/08 R - juris Rn. 9.

[60] BSG v. 25.06.2008 - B 11b AS 35/06 R - juris Rn. 16; BSG v. 14.04.2011 - B 8 SO 12/09 R - juris Rn. 11.

[61] BSG v. 14.04.2011 - B 8 SO 12/09 R - BSGE 108, 123 = SozR 4-3500 § 82 Nr. 7 Rn. 11, 14 und 16.

[62] BSG v. 14.04.2011 - B 8 SO 12/09 R - BSGE 108, 123 = SozR 4-3500 § 82 Nr. 7.

[63] Ständige Rechtsprechung; vgl. nur BSG v. 25.08.2011 - B 8 SO 29/10 R - juris Rn. 10 - FEVS 63, 442, auch zu prozessualen und materiellrechtlichen Auswirkungen einer fehlenden Rüge.

[64] Vgl. nur BSG v. 09.12.2003 - B 2 U 54/02 R - BSGE 91, 287 ff. Rn. 6 f. m.w.N. = SozR 4-2700 § 160 Nr. 1.

60 Hat das LSG die im Folgebescheid nach § 96 SGG vom Beklagten getroffene Verfügung konkludent in seine Entscheidung einbezogen und lediglich den Folgebescheid nicht ausdrücklich erwähnt, muss die Revisionsinstanz hierüber von Amts wegen entscheiden, ohne dass es einer Verfahrensrüge bedarf.[65] Einer Verfahrensrüge bedarf es auch dann nicht, wenn ein abändernder oder ersetzender Bescheid nach Erlass des Widerspruchsbescheids, aber vor Erhebung der Klage ergeht und vom LSG unbeachtet bleibt. Ein solcher Bescheid wird nach § 86 SGG Gegenstand des Vorverfahrens[66]. Geht durch Erhebung der Klage die Sache an das SG, wird auch dieser Bescheid nach § 95 SGG Gegenstand des gerichtlichen Verfahrens. Da der Widerspruchsbescheid sowohl den Ausgangsbescheid als auch den nach § 86 SGG ändernden oder ersetzenden Bescheid verkörpert, ist in der Revisionsinstanz über die dort getroffenen Verfügungen auch ohne ausdrückliche Rüge von Amts wegen zu entscheiden.

---

[65] BSG v. 25.10.1994 - 3/1 RK 51/93 - SozR 3-2500 § 57 Nr. 4; BSG v. 09.02.1995 - 7 RAr 2/94 - SozR 3-4100 § 44 Nr. 11.
[66] BSG v. 01.08.1978 - 7 RAr 37/77 - SozR 1500 § 86 Nr. 1; BSG v. 15.02.1990 - 7 RAr 22/89; BSG v. 12.05.1993 - 7 RAr 56/92 - BSGE 72, 248 = SozR 3-4100 § 137 Nr. 4.

§ 18 SGB XII Einsetzen der Sozialhilfe

(Fassung vom 27.12.2003, gültig ab 01.01.2005)

(1) Die Sozialhilfe, mit Ausnahme der Leistungen der Grundsicherung im Alter und bei Erwerbsminderung, setzt ein, sobald dem Träger der Sozialhilfe oder den von ihm beauftragten Stellen bekannt wird, dass die Voraussetzungen für die Leistung vorliegen.

(2) [1]Wird einem nicht zuständigen Träger der Sozialhilfe oder einer nicht zuständigen Gemeinde im Einzelfall bekannt, dass Sozialhilfe beansprucht wird, so sind die darüber bekannten Umstände dem zuständigen Träger der Sozialhilfe oder der von ihm beauftragten Stelle unverzüglich mitzuteilen und vorhandene Unterlagen zu übersenden. [2]Ergeben sich daraus die Voraussetzungen für die Leistung, setzt die Sozialhilfe zu dem nach Satz 1 maßgebenden Zeitpunkt ein.

Gliederung

A. Basisinformationen 1	3. Keine Leistungen für die Vergangenheit 39
I. Textgeschichte/Gesetzgebungsmaterialien 1	4. Tod des Hilfebedürftigen 44
II. Vorgängervorschrift 2	5. Verhältnis zu § 44 SGB X 46
III. Parallelvorschriften 3	6. Träger der Sozialhilfe/beauftragte Stelle 49
IV. Systematische Zusammenhänge 4	7. Unzuständiger Sozialhilfeträger 51
V. Ausgewählte Literaturhinweise.......... 6	8. Beendigung der Leistungsgewährung 57
B. Auslegung der Norm 7	9. Ausnahmen vom Kenntnisgrundsatz 58
I. Regelungsgehalt und Bedeutung der Norm 7	a. Eilfall (§ 25 SGB XII) 58
II. Normzweck 9	b. Leistungen der Grundsicherung im Alter und bei Erwerbsminderung (§§ 41 ff. SGB XII) 59
III. Inhalt der Vorschrift 12	c. Sozialhilfe für Deutsche im Ausland (§ 24 SGB XII) 61
1. Kenntnis 12	
a. Positive Kenntnis........... 12	
b. Der die Kenntnis vermittelnde Antrag 25	d. Vorbeugende Leistungen (§ 15 SGB XII) 62
c. Kennenmüssen/Herstellungsanspruch........... 30	e. Bestattungskosten (§ 74 SGB XII)................ 64
d. Vorläufige Leistungen........... 33	**C. Praxishinweise** 65
2. Selbstbestimmungsrecht des Hilfebedürftigen ... 37	

A. Basisinformationen

I. Textgeschichte/Gesetzgebungsmaterialien

Die Vorschrift wurde mit Wirkung vom 01.01.2005 durch das Gesetz zur Einordnung des Sozialhilferechts in das Sozialgesetzbuch[1] eingeführt und überträgt inhaltsgleich den bisherigen **§ 5 BSHG**[2] und gilt seitdem unverändert. 1

II. Vorgängervorschrift

§ 18 SGB XII ist im Wesentlichen wortgleich mit der Vorgängerregelung des § 5 BSHG. Allerdings nimmt § 18 Abs. 1 SGB XII anders als § 5 BSHG die in das SGB XII neu aufgenommenen Leistungen der Grundsicherung im Alter und bei Erwerbsminderung (§§ 41 ff. SGB XII), die bis zum 31.12.2004 noch im GSiG geregelt waren[3], ausdrücklich aus, weil diese nach § 41 Abs. 1 SGB XII nur antragsabhängig gewährt werden. 2

III. Parallelvorschriften

§ 18 Abs. 2 SGB XII, wonach die zunächst angegangene **unzuständige Behörde** die ihr bekannten Umstände unverzüglich dem zuständigen Sozialhilfeträger oder der von ihm beauftragten Stelle mitzuteilen und vorhandene Unterlagen zu übermitteln hat, findet im Antragsverfahren sein Pendant in der 3

---

[1] BGBl I 2003, 3022.
[2] BT-Drs. 15/1514, S. 57.
[3] Verschämte Altersarmut; vgl. zur Einführung des GSiG BT-Drs. 14/5150, S. 11.

allgemeinen – daneben anwendbaren – Regelung des § 16 Abs. 2 SGB I, der die Pflicht des unzuständigen Leistungsträgers regelt, Anträge unverzüglich an den zuständigen Leistungsträger weiterzuleiten.

IV. Systematische Zusammenhänge

4 § 18 SGB XII beinhaltet einen **Antragsverzicht** und ist insoweit lex specialis gegenüber § 16 SGB I, der aber daneben Anwendung findet.[4] § 18 SGB XII ist im AsylbLG nicht entsprechend anzuwenden. Dies ergibt sich schon aus den strukturellen Unterschieden der beiden Leistungssysteme. Der Gesetzgeber hat mit dem AsylbLG bewusst ein eigenes Gesetz über die Regelungen des Mindestunterhalts von Asylbewerbern außerhalb des BSHG geschaffen[5] und nur dort, wo er es für notwendig gehalten hat, auf Vorschriften des SGB I, des SGB X oder des Sozialhilferechts verwiesen (§§ 7, 7b, 9 AsylbLG).[6]

5 Im Grundsicherungssystem des SGB II findet sich kein Antragsverzicht. Hier regelt § 37 SGB II ausdrücklich das Antragserfordernis. Leistungen nach dem SGB II werden erst für die Zeit ab Antragstellung erbracht (§ 37 Abs. 2 SGB II).[7] Stellt der **SGB-II-Leistungsberechtigte** keinen Antrag, sind ihm aber auch keine Leistungen nach dem Dritten Kapitel des SGB XII zu gewähren, weil er als „dem Grunde nach Leistungsberechtigter" nach dem SGB II hiervon gemäß § 21 SGB XII ausgeschlossen ist. Dies ist hinzunehmen, weil der Hilfebedürftige selbst die Möglichkeit hat, seine Notlage durch einen Antrag zu beenden und, tut er dies nicht, ihm gegen seinen darin dokumentierten Willen keine existenzsichernden Leistungen aufgedrängt werden müssen (vgl. auch Rn. 37).

V. Ausgewählte Literaturhinweise

6 *Grube*, Keine Hilfe für die Vergangenheit – im SGB II und SGB XII – Sozialrecht aktuell 2010, 11; *Hochheim*, Das Ende des Gegenwärtigkeitsprinzips in der Sozialhilfe?, NZS 2009, 24; *ders*., § 44 SGB X und das Gegenwärtigkeitsprinzip der Sozialhilfe, NZS 2010, 302; *Mrozynski*, Die Zukunft des Kenntnisgrundsatzes in der Sozialhilfe, ZFSH/SGB 2007, 463; *Pattar*, Nochmals – Das Ende des Gegenwärtigkeitsprinzips in der Sozialhilfe?, NZS 2010, 7; *Rothkegel*, Ist die Rechtsprechung des Bundesverwaltungsgerichts zur Sozialhilfe durch Hartz IV überholt?, SGb 2006, 74.

B. Auslegung der Norm

I. Regelungsgehalt und Bedeutung der Norm

7 § 18 Abs. 1 SGB XII regelt die **Entstehung des Sozialhilferechtsverhältnisses**, an das geringe formelle und materielle Anforderungen gestellt werden. Deshalb wird Sozialhilfe – anders als Leistungen nach dem SGB II (§ 37 SGB II) – auch ohne Antrag des Bedürftigen (schon dann) erbracht, sobald dem SGB-XII-Träger oder einer von ihm beauftragten Stelle bekannt wird (sog. Kenntnisgrundsatz), dass die Voraussetzungen für die Leistung vorliegen. Der Kenntnisgrundsatz ist eines der vom BVerwG entwickelten sogenannten Strukturprinzipien des Sozialhilferechts.[8]

8 § 18 Abs. 2 SGB XII dehnt den Kenntnisgrundsatz auf Fälle aus, in denen ein **unzuständiger Träger der Sozialhilfe** oder eine nicht zuständige Gemeinde die für die Gewährung von Sozialhilfe erforderliche Kenntnis erlangt. Der unzuständige Träger der Sozialhilfe bzw. die Gemeinde muss hierüber den zuständigen Träger der Sozialhilfe unterrichten und ihm etwaige Unterlagen weiterleiten. Der zuständige Träger der Sozialhilfe muss sich dann die Kenntnis des unzuständigen Sozialhilfeträgers bzw. der Gemeinde zurechnen lassen und deshalb Leistungen auch für die Vergangenheit (ab Kenntnis des unzuständigen Sozialhilfeträgers bzw. der Gemeinde) erbringen.

II. Normzweck

9 § 18 SGB XII dient der Aufgabe der Sozialhilfe, dem Leistungsberechtigten (§ 19 SGB XII) die Führung eines Lebens zu ermöglichen, das der Würde des Menschen entspricht (§ 1 Abs. 1 SGB XII), auch dann gerecht zu werden, wenn der Hilfebedürftige sich nicht an den Sozialhilfeträger wendet. Er dient

---

[4] BSG v. 26.08.2008 - B 8/9b SO 18/07 R - SozR 4-3500 § 18 Nr. 1 Rn. 22 f.
[5] BT-Drs. 12/4451, S. 1 und 5.
[6] Das BSG v. 30.10.2013 - B 7 AY 2/12 R - SozR 4-3500 § 25 Nr. 3.
[7] Zu den Ausnahmen in der bis zum 31.12.2010 geltenden Fassung des § 37 SGB II vgl. *Link* in: Eicher, SGB III, 3. Aufl. 2012, § 37 Rn. 39 ff.; zur Rückwirkung des Antrags nach § 28 SGB I vgl. Rn. 28.
[8] *Rothkegel*, Die Strukturprinzipien des Sozialhilferechts, 2000, S. 55 ff.

im Hinblick auf den Fürsorgecharakter der Sozialhilfe also dem **Schutz des Bedürftigen**. Leistungsberechtigte nach dem SGB XII scheuen – etwa aus Scham – den Gang zum Sozialamt oder gehen ihn in Unkenntnis über das Fürsorgerecht (Behinderte) nicht.[9] Um diesem Personenkreis auch ohne dessen Mitwirkung die Führung eines Lebens zu ermöglichen, das der Würde des Menschen entspricht, verzichtet der Gesetzgeber auf den im Sozialrecht – etwa auch im SGB II (§ 37 SGB II) – allgemein geltenden Antragsgrundsatz.

Dem Kenntnisgrundsatz als einem zentralen **„Strukturprinzip"** der Sozialhilfe wird allerdings eine Bedeutung zugemessen, die er nicht hat. Der eigenständige materiell-rechtliche Wert dieser Vorschriften ist bereits zweifelhaft, insbesondere wenn die Leistungsgewährung auf einem (erforderlichen oder nicht erforderlichen) Antrag beruht, weil angesichts der niedrig anzusetzenden Kenntnisschwelle (vgl. Rn. 13) die erforderliche Kenntnis hierdurch vermittelt wird. Dies gilt selbst dann, wenn der Antrag bei einem unzuständigen Leistungsträger (§ 16 Abs. 2 SGB I) gestellt wird.[10]

§ 18 Abs. 1 SGB XII enthält zwar zu Gunsten des sich in einer Notlage befindenden Menschen eine Ausnahme von Antragsgrundsatz; in aller Regel erhält die Behörde aber ohnehin erst durch die **Mitwirkung** (= Antrag) des Bedürftigen Kenntnis von den Voraussetzungen für die Leistung. Eine Ausnahme vom Kenntnisgrundsatz bilden die Leistungen der Grundsicherung im Alter und bei Erwerbsminderung nach den §§ 41 ff. SGB XII, die nur auf Antrag erbracht werden (§ 41 Abs. 1 SGB XII). Hat der Bedürftige Anspruch auf Leistungen nach den §§ 41 ff. SGB XII und versäumt er es, einen entsprechenden Antrag zu stellen, werden gleichwohl von Amts wegen Sozialhilfeleistungen (Hilfe zum Lebensunterhalt) erbracht, sobald der Leistungsträger Kenntnis davon erlangt, dass die Voraussetzungen für die Leistung (Sozialhilfe) vorliegen. Der in § 19 Abs. 2 Satz 2 SGB XII geregelte Vorrang der Leistungen nach den §§ 41 ff. SGB XII gilt nicht, solange entsprechende Leistungen nicht gewährt werden, weil der hierzu erforderliche Antrag nicht gestellt ist. Zudem ist der Leistungsträger verpflichtet, den Bedürftigen über einen Anspruch nach den §§ 41 ff. SGB XII aufzuklären.

III. Inhalt der Vorschrift

1. Kenntnis

a. Positive Kenntnis

Kenntnis i.S.v. § 18 Abs. 1 SGB XII setzt die positive Kenntnis **aller Tatsachen** voraus, die den Leistungsträger in die Lage versetzen, die Leistung – gegebenenfalls nach Prüfung der Tatbestandsvoraussetzungen und etwaigen Ermittlungen durch den Sozialhilfeträger – zu erbringen. Für Zeiten vor einer entsprechenden Kenntniserlangung kann ein Anspruch auf Sozialhilfe nicht (mehr) geltend gemacht werden. Kenntnis von den „Voraussetzungen" erlangt der Leistungsträger schon mit der Vorlage des vollständig ausgefüllten **Formularantrags**, soweit die dort gemachten (korrekten) Angaben die Gewährung von Leistungen rechtfertigen.

Da § 18 SGB XII zum Schutz des Hilfebedürftigen einen niedrigschwelligen Zugang zum Sozialhilfesystem sicherstellen will[11], ist es für die Vermittlung der erforderlichen Kenntnis i.S.d. § 18 SGB XII ausreichend (aber auch erforderlich), dass die Notwendigkeit der Hilfe dargetan oder sonst wie erkennbar ist.[12] Die weitere **Sachverhaltsaufklärung** obliegt dann als Ausfluss des Amtsermittlungsgrundsatzes dem Sozialhilfeträger (§ 20 SGB X).[13]

Angesichts der geringen Anforderungen an die Kenntnis genügt es für die Bejahung der Kenntnis des Leistungsträgers schon, dass eine **Notlage** über Dritte an ihn herangetragen wird, die die Notwendigkeit der Hilfe erfordert, auch wenn die Notlage allein nicht zwingend einen Sozialhilfeanspruch auslöst. Die Behörde darf die Entgegennahme solcher Erklärungen nicht deshalb verweigern, weil sie sie in der Sache für unzulässig oder unbegründet hält (§ 20 Abs. 3 SGB X).

Die Kenntnis des Sozialamts kann nach Auffassung des LSG Baden-Württemberg durch eine „Negativerklärung" wieder beseitigt werden. Dies sei der Fall, wenn der Antragsteller bzw. sein Vertreter gegenüber dem Sozialhilfeträger erklärt, dass die erforderliche Hilfe von der Familie des Antragstellers geleistet wird.[14] Dabei wird aber übersehen, dass die Kenntnis nur den Zeitpunkt markiert, ab dem Leis-

---

[9] BVerwG v. 08.07.1982 - 5 C 96/81 - BVerwGE 66, 90, 92.
[10] BSG v. 26.08.2008 - B 8/9b SO 18/07 R - SozR 4-3500 § 18 Nr. 1.
[11] *Armborst* in: LPK-SGB XII, 9. Aufl. 2012, § 18 SGB XII Rn. 4; vgl. auch *Rothkegel*, Sozialhilferecht, 2005, Teil IV, Kap. 1 Rn. 4.
[12] BVerwG v. 09.11.1976 - V B 80.76 - FEVS 25, 133, 135 = BVerwG Buchholz 436.0 § 5 Nr. 15.
[13] BSG v. 26.08.2008 - B 8/9b SO 18/07 R - SozR 4-3500 § 18 Nr. 1 Rn. 23.
[14] LSG Baden-Württemberg v. 11.07.2012 - L 2 SO 4215/10 - juris Rn. 22.

tungen zu erbringen sind. Diese Kenntnis kann nicht „entfallen". Die Erklärung, keine Leistungen (mehr) zu beanspruchen, weil anderweitig Hilfe gewährt wird, rechtfertigt aber die Annahme, dass Bedürftigkeit nicht (mehr) vorliegt und damit auch die Ablehnung der Leistung oder die Aufhebung der Leistungsbewilligung ab Änderung der Verhältnisse. Dies setzt aber voraus, dass die Erklärung der materiellen Rechtslage entspricht. Anderenfalls ist die Entscheidung des Sozialhilfeträgers (Ablehnung oder Aufhebung) rechtswidrig. Wird die Erklärung abgegeben, bevor die Leistung einzusetzen hat, „entfällt" die Kenntnis nicht, sondern sie fehlt, weil sie sich auf eine aktuelle, nicht eine zukünftige Bedürftigkeit bezieht.

16 **Beispiel**: Der in einer Einrichtung lebende A ist Selbstzahler. Er besitzt Vermögen, das er zur Begleichung der Heimkosten einsetzt. Einen Monat bevor das (einzusetzende) Vermögen aufgebraucht ist, beantragt sein Betreuer beim Sozialhilfeträger Sozialhilfeleistungen unter Hinweis auf das demnächst aufgebrauchte Vermögen. Zwei Wochen später erklärt er, dass die Kinder des A für die Heimkosten aufkommen werden. Der Sozialhilfeträger hat in einem solchen Fall auch dann keine Kenntnis von dem zu deckenden Bedarf, wenn die Kinder des A die Heimkosten (doch) nicht übernehmen, sei es, weil sie es gar nicht vorhatten, sei es, weil sie es sich anders überlegt haben. Die Kenntnis kann in dem so verstandenen Sinne allerdings nur dann „beseitigt" werden oder „entfallen", wenn die Erklärung vom Hilfeempfänger selbst stammt oder ihm zuzurechnen ist. Erklärungen Dritter, der Hilfeempfänger sei nicht (mehr) bedürftig, sind hingegen nicht ausreichend, solange sie nicht durch entsprechende Nachweise belegt oder durch den Einsatz weiterer Erkenntnismöglichkeiten erhärtet werden.

17 Unterlässt es der Leistungsberechtigte trotz Hinweises des Sozialhilfeträgers, seinen Hilfebedarf nochmals ausdrücklich geltend zu machen, rechtfertigt dies – anders als in dem obigen Beispielsfall – nicht die Annahme, der durch Sozialhilfeleistungen zu deckende Bedarf bestehe nicht (mehr), sodass weder die Ablehnung der Leistung noch die Aufhebung einer Leistungsbewilligung gerechtfertigt ist. Die Kenntnis „entfällt" auch in einer solchen Fallkonstellation also nicht.[15]

18 Die Kenntnis von den Voraussetzungen für die Leistung bezieht sich nicht auf die Höhe oder die Art der zu erbringenden Leistung, sondern allein auf die Hilfebedürftigkeit bzw. deren Geltendmachung. Der Sozialhilfeträger muss, um Sozialhilfe zu gewähren, nur Kenntnis von dem **Bedarfsfall** haben,[16] nicht aber auch in die Lage versetzt werden, die **Höhe der Leistung** bis ins Detail berechnen zu können. Dies mögen folgende Beispiele verdeutlichen:

19 **Beispiel 1**: Der Hilfebedürftige bezieht Hilfe zum Lebensunterhalt. Als Kosten der Unterkunft werden 220 € gewährt. Die Kosten der Unterkunft erhöhen sich zum 01.05. um 20 €. Im Juni bittet der Hilfeempfänger den Sozialhilfeträger, die Höhe der Unterkunftskosten anzupassen. Der Sozialhilfeträger gewährt ab Juni eine um 20 € höhere Leistung.
Die Hilfe zum Lebensunterhalt ist schon ab Mai um 20 € zu erhöhen, obwohl der Sozialhilfeträger von der Erhöhung der Unterkunftskosten erst im Juni erfahren hat. Denn er hatte schon im Mai Kenntnis davon, dass die „Voraussetzungen für die Leistung" (Kosten der Unterkunft) vorliegen. Mehr verlangt § 18 Abs. 1 SGB XII nach seinem Wortlaut und seiner Intention nicht.

20 **Beispiel 2**: Der Hilfebedürftige beantragt am 01.02. Hilfe zum Lebensunterhalt. Mit Bescheid vom 20.02. bewilligt der Sozialhilfeträger die beantragte Leistung ab Antragstellung. Mit seinem Widerspruch im März macht der Hilfebedürftige (erstmals) ernährungsbedingte Mehraufwendungen im Sinne von § 30 Abs. 5 SGB XII geltend. Der Sozialhilfeträger gewährt höhere Leistungen unter Berücksichtigung eines ernährungsbedingten Mehrbedarfs erst ab 01.03.
Der Kenntnisgrundsatz setzt nur die Kenntnis von der Notlage voraus, nicht aber, welche Leistungen konkret zu erbringen sind, also auch nicht, ob ein etwaiger Mehrbedarf besteht. Ob allerdings der ernährungsbedingte Mehrbedarf bereits ab 01.02. erbracht werden muss, hängt davon ab, ob der Bedarf nachträglich noch gedeckt werden kann. Hat der Hilfebedürftige sich kostenaufwändig ernährt, sind höhere Leistungen unter Berücksichtigung der hierfür gemachten Aufwendungen ab 01.02. zu erbringen. Wurde auf die kostenaufwändige Ernährung hingegen verzichtet, existiert kein durch die (nachträgliche) Leistung zu deckender Bedarf. Die Sozialhilfe kann ihren Zweck nicht mehr erfüllen. Sozialhilfeleistungen sind dann trotz **rechtswidriger Leistungsablehnung** nicht rückwirkend zu erbringen. Der insoweit ablehnende Bescheid (die Bewilligung der Leistungen beinhaltet gleichzeitig die Ablehnung höherer Leistungen wegen eines Mehrbedarfs) hat sich auf andere Weise erledigt (§ 39 Abs. 2 SGB X).[17]

---

[15] vgl. auch Sächsisches LSG v. 06.03.2013 - L 8 SO 4/10.
[16] BSG v. 10.11.2011 - B 8 SO 18/10 R - juris Rn. 21 - SozR 4-3500 § 44 Nr. 2; BSG v. 02.02.2012 - B 8 SO 5/10 R - juris Rn. 18 - SozR 4-3500 § 62 Nr. 1.
[17] Dazu BSG v. 29.09.2009 - B 8 SO 16/08 R - BSGE 104, 213 = SozR 4-1300 § 44 Nr. 20 Rn. 17.

Nach anderer Auffassung[18] muss sich die Kenntnis zwar nicht auf alle Details des Leistungsanspruchs beziehen; in Bezug auf gegenständliche Bedarfe – etwa **Mehrbedarfe** nach § 30 SGB XII oder **einmalige Bedarfe** nach § 31 SGB XII – spreche aber viel dafür, insoweit eine (weitere) Kenntnisverschaffung als notwendig zu erachten. Diese Auffassung berücksichtigt aber nicht ausreichend, dass Leistungen nach dem Dritten und Vierten Kapitel des SGB XII einheitliche Leistungen sind (Gesamtfallgrundsatz). Mehrbedarfe oder einmalige Bedarfe haben insoweit (nur) Einfluss auf die Höhe der Leistung. Hieran ändert auch nichts, dass es sich bei solchen Bedarfen um abtrennbare Streitgegenstände handelt, die deshalb auch gesondert geltend gemacht werden können. 21

Der Kenntnisgrundsatz geht allerdings nicht so weit, dass **alle nur denkbaren Leistungen** nach dem Dritten bis Neunten Kapitel zu gewähren sind, sondern nur die Leistungen, die von der Kenntnis über die Notlage umfasst sind. Hat der Sozialhilfeträger also etwa Kenntnis darüber, dass die Voraussetzungen für Leistungen nach dem Dritten Kapitel des SGB XII vorliegen, muss er Hilfe zum Lebensunterhalt (gegebenenfalls auch davon umfasste Mehrbedarfe) leisten. Liegen gleichzeitig – ohne dass der Sozialhilfeträger hiervon Kenntnis hat – die Voraussetzungen für die Gewährung von Eingliederungshilfe vor, umfassen die Kenntnis und die hieraus resultierende Rechtsfolge aber nicht den Anspruch nach den §§ 53 SGB XII ff. 22

Die verwaltungsgerichtliche Rechtsprechung verlangt hingegen bis heute eine „**qualifizierte Kenntnis**", für die allerdings eine Schlüssigkeitsprüfung, die die Frage zum Gegenstand hat, ob sich aus den dem Sozialhilfeträger vorliegenden Informationen ein Sozialhilfeanspruch ergibt, ausreichend ist.[19] Dem kann trotz der genannten Einschränkung nicht gefolgt werden, weil dies den beabsichtigten erleichterten Zugang zu den Leistungen nach dem SGB XII konterkarieren würde. Das SGB XII „verzichtet" zugunsten des Hilfebedürftigen auf einen Antrag und verlangt stattdessen lediglich die Kenntnis vom Bedarf. Würde eine qualifizierte Kenntnis verlangt, würde auch ein Antrag, der diese Kenntnis nicht vermittelt, nicht ausreichend sein. Dies widerspräche der Absicht des Gesetzgebers. Als Faustformel kann man festhalten: Die Kenntnis rechtfertigt in keinem Fall eine Schlechterstellung gegenüber einer Antragstellung. 23

Vom Sozialhilfeträger wird allerdings nicht verlangt, dass er die Notwendigkeit der Hilfe „erahnt" (vgl. aber Rn. 30). Die Kenntnis des Sozialhilfeträgers muss sich vielmehr sowohl auf das Vorliegen eines bestimmten Bedarfstatbestandes beziehen als auch darauf, dass sich der Hilfebedürftige nicht selbst helfen kann oder die Hilfe nicht von dritter Seite erhält. Nur insoweit muss die Kenntnis inhaltlich „qualifiziert" sein. Die Art, in der dem Träger der Sozialhilfe diese Kenntnis vermittelt wird, ist dabei nicht vorgegeben. Dies kann ein Antrag sein, die Kenntnis kann aber beispielsweise auch mittels Telefonanruf eines Dritten vermittelt werden, wenn er den konkreten Bedarfsfall eines Hilfebedürftigen zum Inhalt hat.[20] 24

b. Der die Kenntnis vermittelnde Antrag

Obwohl Sozialhilfe auch ohne Antrag des Hilfebedürftigen allein schon auf Grund der Kenntnis des Trägers der Sozialhilfe von den Leistungsvoraussetzungen zu zahlen ist („einsetzt"), wird in dem größten Teil der Fälle ein **Antrag** bei dem zuständigen Leistungsträger gestellt. Während ein Antrag bei antragsabhängigen Leistungen aber konstitutiven Charakter hat, dient er im Hinblick auf § 18 Abs. 1 SGB XII in der Sozialhilfe (lediglich) als Mittel, dem Träger der Sozialhilfe die notwendige und maßgebliche Kenntnis der Voraussetzungen für das Einsetzen der Sozialhilfe zu verschaffen.[21] Schon die Verwendung eines Antragsvordrucks ist dabei geeignet, den Träger sofort und umfassend über alle für die **Beurteilung der Hilfebedürftigkeit** notwendigen Anhaltspunkte zu unterrichten.[22] 25

Wird ein Antrag gestellt und sind die Voraussetzungen für die Gewährung der Leistung gegeben, ist § 18 Abs. 1 SGB XII nicht so zu verstehen, dass die Sozialhilfe erst nach Prüfung der Leistungsvoraussetzungen und der hierdurch erlangten Kenntnis einsetzt (vgl. Rn. 13). Leistungen sind vielmehr (erst recht) ab Antragstellung – auch **für die Vergangenheit** (vgl. Rn. 31 ff.) – zu gewähren. Auf die Dauer, die die Behörde zur Prüfung des Antrages benötigt, oder auf den Nachweis der im Antrag angegebenen 26

---

[18] *Grube*, SGb 2012, 616, Urteilsanmerkung zu BSG v. 10.11.2011 - B 8 SO 18/10 R -
[19] Krankheitsbedingter Mehrbedarf: OVG Thüringen v. 26.10.2010 - 3 KO 712/07.
[20] Ähnlich LSG Rheinland-Pfalz v. 25.11.2010 - L 1 SO 8/10.
[21] BVerwG v. 08.07.1982 - 5 C 96/81 - BVerwGE 66, 90, 92.
[22] BVerwG v. 09.02.1984 - 5 C 22/83 - BVerwGE 69, 5.

Tatsachen ist dabei nicht abzustellen, weil die positive Kenntnis hierdurch nur bestätigt, nicht aber erst erlangt wird. Der Antrag ist daher nicht ein Weniger im Vergleich zur Kenntnis im Sinne von § 18 Abs. 1 SGB XII, sondern ein Mehr, mindestens aber gleichwertig (vgl. Rn. 23).[23]

27 Ein vorangegangener Antrag auf bedürftigkeitsabhängige, existenzsichernde Leistungen bei einem **unzuständigen Leistungsträger** – etwa beim SGB-II-Leistungsträger – oder bei einer für die Leistung unzuständigen Gemeinde ist gleichzeitig als Antrag auf Sozialhilfeleistungen zu verstehen (so genannter Meistbegünstigungsgrundsatz), der an den zuständigen Sozialhilfeträger weitergeleitet werden muss (§ 16 SGB I). Obwohl Sozialhilfeleistungen im Hinblick auf § 18 SGB XII nicht im eigentlichen Sinne antragsabhängig sind, ist in diesen Fällen auch § 16 Abs. 2 Satz 2 SGB I anwendbar, wonach der Antrag als zu dem Zeitpunkt als gestellt gilt, in dem er bei dem unzuständigen Träger der Sozialhilfe oder der unzuständigen Gemeinde eingegangen ist.[24] Die für das Einsetzen der Sozialhilfe erforderliche Kenntnis von dem Hilfefall gilt deshalb für den zuständigen Sozialhilfeträger als zu dem Zeitpunkt gegeben, in dem der Antrag bei der unzuständigen Stelle eingeht.[25]

28 Beantragt der Hilfebedürftige **Grundsicherungsleistungen** nach den §§ 41 ff. SGB XII und liegen die Voraussetzungen für einen Leistungsausschluss nach § 41 Abs. 4 SGB XII vor (vorsätzliches oder grob fahrlässiges Herbeiführen der Bedürftigkeit in den letzten 10 Jahren), darf sich der Sozialhilfeträger nicht mit einer die beantragten Leistungen ablehnenden Entscheidung begnügen, sondern muss auch prüfen, ob ein Anspruch auf Hilfe zum Lebensunterhalt in Betracht kommt, der eine entsprechende Ausschlussnorm nicht kennt. Dies ist allerdings nicht nur Ausfluss des Kenntnisgrundsatzes, sondern in erster Linie des **Gesamtfall- oder Meistbegünstigungsgrundsatzes**, wonach im Zweifel davon auszugehen ist, dass ohne Rücksicht auf den Wortlaut eines Antrags all die Leistungen begehrt werden, die den größten Nutzen bringen können.[26]

29 § 28 SGB X findet im Recht der Sozialhilfe keine Anwendung. Diese Regelung sieht eine **Rückwirkung eines Antrages** bis zu einem Jahr vor, wenn ein Leistungsberechtigter von der Stellung eines Antrages auf eine Sozialleistung zunächst abgesehen hat, weil zuvor ein Anspruch auf eine andere Sozialleistung geltend gemacht worden ist, die dann aber versagt wird oder zu erstatten ist. Anders als etwa bei der Grundsicherung für Arbeitsuchende, bei der § 28 SGB X nach § 40 Abs. 5 SGB II mit der Maßgabe gilt, dass der Antrag unverzüglich nach Ablauf des Monats, in dem die Ablehnung oder Erstattung der andern Leistung bindend geworden ist, nachzuholen ist, geht im Sozialhilferecht § 18 Abs. 1 SGB XII als Sonderregelung § 28 SGB X vor. § 28 SGB X kann die für das Einsetzen der Sozialhilfe erforderliche Kenntnis nicht ersetzen. Allerdings kann im Einzelfall § 16 Abs. 2 SGB I zum Tragen kommen, über den gegebenenfalls eine Kenntnis des zuständigen Sozialhilfeträgers mit dem Stellen des ursprünglichen Antrages vermittelt werden kann.[27]

c. Kennenmüssen/Herstellungsanspruch

30 Ein bloßes Kennenmüssen von der Notlage allein ist nicht ausreichend. Dies ergibt sich schon aus der Natur der Sache, weil die Sozialhilfe ohne positive Kenntnis nicht von Amts wegen einsetzen kann. Die bloße Vermutung, Ahnung oder entfernte Möglichkeit eines Notfalls ist für das Einsetzen der Sozialhilfe nicht ausreichend.[28] Liegen aber entsprechende **Anhaltspunkt für eine Notlage** vor, muss der Sozialhilfeträger von Amts wegen Ermittlungen aufnehmen (§ 20 SGB X). Er ist aber nicht verpflichtet, ins Blaue hinein zu ermitteln.

31 Das Kennenmüssen kann bei der Frage eine Rolle spielen, ob im Rahmen eines Herstellungsanspruchs[29] die Kenntnis des Sozialhilfeträgers ersetzt wird und Leistungen für die Vergangenheit zu zah-

---

[23] A.A. *Schultz*, ZfF 1981, 153, 155.
[24] BSG v. 26.08.2008 - B 8/9b SO 18/07 R - SozR 4-3500 § 18 Nr. 1 Rn. 22; BVerwG v. 18.05.1995 - 5 C 1/93 - BVerwGE 98, 248 unter Aufgabe seiner früheren Rspr. v. 09.02.1984 - 5 C 22/83 - BVerwGE 69, 5, 8 f.; a.A. BayVGH v. 05.11.1982 - 950 XII 78 - FEVS 32, 119-130; OVG NRW v. 29.04.1986 - 8 A 1984/84 - FEVS 36, 205-210.
[25] BSG v. 26.08.2008 - B 8/9b SO 18/07 R - SozR 4-3500 § 18 Nr. 1 Rn. 22; BVerwG v. 18.05.1995 - 5 C 1/93 - BVerwGE 98, 248.
[26] BSG v. 26.08.2008 - B 8/9b SO 18/07 R - SozR 4-3500 § 18 Nr. 1 Rn. 22; BSG v. 21.07.1977 - 7 RAr 132/75 - BSGE 44, 164, 166 f = SozR 4100 § 134 Nr. 3; BSG v. 15.11.1979 - 7 RAr 75/78 - BSGE 49, 114, 115 f. = SozR 4100 § 100 Nr. 5; *Link* in: Eicher, SGB II, 3. Aufl. 2012, § 37 Rn. 26.
[27] Vgl. dazu BSG v. 26.08.2008 - B 8/9b SO 18/07 R - SozR 4-3500 § 18 Nr. 1 Rn. 22.
[28] Ähnlich LSG Rheinland-Pfalz v. 25.11.2010 - L 1 SO 8/10; vgl. Rn. 24.
[29] Vgl. dazu § 11 Rn. 42 ff.

len sind.[30] Hat der Sozialhilfeträger begründete Anhaltspunkte, die für eine Notlage einer Person sprechen, darf er nicht die Hände in den Schoß legen, sondern muss im Rahmen der **Amtsermittlung** den Sachverhalt von Amts wegen erforschen und dabei alle für den Einzelfall bedeutsamen Umstände berücksichtigen (§ 20 Abs. 1 und 2 SGB X). § 18 Abs. 1 SGB XII geht generell von einem **rechtmäßigen Verwaltungshandeln** aus. Hat der Sozialhilfeträger aufgrund eigenen Fehlverhaltens keine Kenntnis i.S.v. § 18 Abs. 1 SGB XII erlangt, steht der Kenntnisgrundsatz einer rückwirkenden Gewährung der Sozialhilfe nicht entgegen. Der Fall ist nicht anders zu beurteilen als der Fall, in dem die Behörde trotz Kenntnis – etwa aufgrund fehlerhafter Subsumtion – nicht leistet (vgl. Rn. 42). Auch § 18 Abs. 2 Satz 2 SGB XII zeigt, dass eine „rückwirkende" Gewährung von Sozialhilfe vor Erlangen der vollständigen Kenntnis grundsätzlich vorgesehen ist. Schließlich spricht hierfür auch die Möglichkeit, vorläufig Leistung zu bewilligen.[31]

Der von dem Bundesverwaltungsgericht entwickelte Grundsatz, dass **keine Leistungen für die Vergangenheit** zu erbringen sind, steht dem nicht entgegen.[32] Er hat für das seit dem 01.01.2005 geltende Recht seine Bedeutung verloren, weil das SGB XII anders als noch das BSHG die Hilfe zum Lebensunterhalt nicht mehr in Form differenzierter einmaliger Leistungen, sondern weitgehend in Form von Pauschalen vorsieht[33] und deshalb nicht allein der Befriedigung eines aktuellen, sondern auch eines zukünftigen und vergangenen Bedarfs dient, wobei der Eintritt bzw. der Zeitpunkt des Eintritts dieses Bedarfs ungewiss ist[34]. Dabei wird jedoch zwischen offenen Bedarfen und solchen zu unterscheiden sein, die in der Vergangenheit ohne das Einsetzen der Sozialhilfe anderweitig gedeckt wurden.[35] Hinsichtlich gedeckter Bedarfe können gegebenenfalls allerdings Erstattungsansprüche, etwa nach § 25 SGB XII, gegeben sein. 32

d. Vorläufige Leistungen

Hat der Sozialhilfeträger zwar die für das Einsetzen der Sozialhilfe erforderliche Kenntnis vom Notfall, ist aber vor Abschluss der von Amts wegen vorzunehmenden Ermittlungen eine endgültige Entscheidung (noch) nicht möglich, weil etwa die Höhe der Leistung noch ungeklärt ist, sind Leistungen nach § 19 Abs. 5 SGB XII oder vorläufige Leistungen zu bewilligen. Bei einem Streit darüber, wer von mehreren Leistungsträgern zuständig ist, hat der zuerst angegangene Leistungsträger (auf Antrag) vorläufige Leistungen zu bewilligen, deren Höhe in sein **Ermessen** gestellt ist (§ 43 Abs. 1 SGB I), die regelmäßig aber ausreichend sein müssen, um das Existenzminimum zu gewährleisten. Wird ein Antrag nicht gestellt, sieht die Regelung ein Entschließungsermessen vor. Angesichts der bestehenden Notlage dürfte nicht zuletzt unter Berücksichtigung der Ratio des § 18 SGB XII dieses Entschließungsermessen regelmäßig auf Null reduziert sein. 33

Erfordert lediglich die Höhe der Leistung weiteren Ermittlungsaufwand, sind nach § 42 SGB I **Vorschüsse** auf die zu erwartende Sozialhilfeleistung zu erbringen. Auch deren Höhe ist in das Ermessen des Sozialhilfeträgers gestellt. Wird ein Antrag nicht gestellt, sieht § 42 Abs. 1 SGB I ebenfalls ein Entschließungsermessen vor. Insoweit gilt das unter Rn. 33 Gesagte. Eine Vorwegzahlung (§ 17 Abs. 1 Nr. 1 SGB I i.V.m. § 9 Satz 2 SGB X) dürfte daneben nur in den seltensten Fällen in Betracht kommen.[36] 34

Die vorläufige Leistung ist keine Ausnahme zum Kenntnisgrundsatz, sondern setzt die Kenntnis des Sozialhilfeträgers voraus, die (nur) den Zeitpunkt des Beginns (Einsetzen) der gegebenenfalls auch nachträglich zu gewährenden Leistung bestimmt. Ist die endgültige Leistung, die durch Verwaltungsakt bestimmt wird, höher als die vorläufig bewilligte Leistung oder die gezahlten Vorschüsse, ist der 35

---

[30] Einen Herstellungsanspruch für das Sozialhilferecht bejahend: Schmitz, ZFSH/SGB 2006, 393; ablehnend: OVG des Saarlandes v. 22.09.2000 - 3 R 42/99; Niedersächsisches OVG v. 26.03.1998 - 4 O 1603/98; OVG Rheinland-Pfalz v. 21.02.1985 - 12 A 94/84 - NVwZ 1985, 509; ebenso zum Wohngeldrecht: BVerwG v. 18.04.1997 - 8 C 38.95 - Buchholz 454.71 § 27 WoGG Nr. 2.

[31] Vgl. dazu BSG v. 28.06.1990 - 4 RA 57/89 - SozR 3-1300 § 32 Nr. 2.

[32] Vgl. zum Rückbezug des Sozialhilfeanspruchs auf den Zeitpunkt der Antragstellung aber BVerwG v. 18.05.1995 - 5 C 1/93 - BVerwGE 98, 248, 252.

[33] BT-Drs. 15/1514, S. 52 und S. 60 § 32.

[34] BSG v. 16.10.2007 - B 8/9b SO 8/06 R - SozR4-1300 § 44 Nr. 11.

[35] Wie in den Fällen des § 44 SGB X: BSG v. 29.09.2009 - B 8 SO 16/08 R - BSGE 104, 213 = SozR 4-1300 § 44 Nr. 20.

[36] Zur vorläufigen Leistung grundlegend BSG v. 28.06.1990 - 4 RA 57/89 - BSGE 67, 104 = SozR 3-1300 § 32 Nr. 2.

verbleibende Spitzbetrag also im Einklang mit der Regelung des § 18 SGB XII auch für die Vergangenheit zu zahlen.

36 § 19 Abs. 5 SGB XII ist keine den § 42 SGB I verdrängende Sonderregelung, weil § 19 Abs. 5 SGB XII auch in Fällen zur Anwendung gelangt, in denen überhaupt kein Leistungsanspruch besteht.

2. Selbstbestimmungsrecht des Hilfebedürftigen

37 Zwar spricht § 18 Abs. 1 SGB XII davon, dass die Leistung „einsetzt", sobald der Leistungsträger Kenntnis von dem Notfall erhält, dies bedeutet jedoch nicht, dass der Hilfebedürftige die ihm angebotene Hilfe annehmen muss. Er kann auch in Ansehung der Tatsache, dass ein menschenwürdiges Dasein ohne Sozialhilfe ausgeschlossen ist, hierauf insgesamt oder auf bestimmte Leistungen verzichten.[37] Da Sozialhilfe nicht aufgezwungen werden kann, muss der **Verzicht** nicht schriftlich im Sinne von § 46 Abs. 1 SGB I erklärt werden.[38] Der Verzicht ist insoweit als bloße Weigerung, Sozialhilfeleistungen in Anspruch zu nehmen, zu verstehen und kann jederzeit (mit Wirkung für die Zukunft) widerrufen werden. Die Sozialhilfe setzt in diesen Fällen ein, sobald dem zuständigen Sozialhilfeträger der Wille, Sozialhilfeleistungen (wieder) in Anspruch nehmen zu wollen, durch eine persönlich, fernmündliche oder schriftliche Mitteilung des Bedürftigen oder eines Dritten bekannt wird. Bei Zweifeln, ob der Bedürftige an seinem Willen festhält, hat der Sozialhilfeträger die erforderlichen Ermittlungen in die Wege zu leiten (§ 20 SGB X).

38 Obwohl es selbstverständlich erscheint, dass dem Hilfebedürftigen die Leistung nicht gegen seinen Willen aufgezwungen werden darf, wird in der Literatur auch die gegenteilige Auffassung vertreten, ohne dass klar würde, mit welchen (verhältnismäßigen?) Mitteln der **Zwang** ausgeübt werden soll. Selbst das BSHG sah in der Fassung vom 30.06.1961[39] eine aufgezwungene Hilfe in besonderen Lebenslagen vor. Nach § 73 Abs. 1 BSHG sollte einem Gefährdeten geraten werden, sich in die Obhut einer Anstalt, eines Heimes oder einer gleichartigen Einrichtung zu begeben, wenn andere Arten der Hilfe nicht ausreichten. Lehnte der Gefährdete dies ab, sah § 73 Abs. 2 und 3 BSHG unter bestimmten Voraussetzungen eine zwangsweise Unterbringung (Anweisung an den Gefährdeten, sich in einer geeigneten Anstalt aufzuhalten) vor. Das BVerfG hat hierin zu Recht einen Eingriff in Art. 2 Abs. 2 Satz 2 GG gesehen und die Norm für nichtig erklärt.[40]

3. Keine Leistungen für die Vergangenheit

39 Aus § 18 SGB XII folgt im Umkehrschluss, dass vor Kenntnis des Sozialhilfeträgers von der Notlage Sozialhilfeleistungen nicht zu erbringen sind. Die Kenntnis ersetzt insoweit den in anderen Sozialleistungsbereichen für den Beginn der Leistung (in der Regel) maßgebenden Antrag. Der damit einhergehende Grundsatz „keine Leistungen für die Vergangenheit" rechtfertigt sich dadurch, dass die Sozialhilfe dazu dient, eine **gegenwärtigen Notlage** zu beheben (so genanntes Gegenwärtigkeitsprinzip) und deshalb nicht als nachträgliche Geldleistung ausgestaltet ist.[41] Deshalb müssen Sozialhilfeleistungen nach der ständigen Rechtsprechung zum Sozialhilferecht für einen zurückliegenden Zeitraum auch nur dann erbracht werden, wenn die Notlage im Zeitpunkt der beanspruchten Hilfeleistung noch besteht, sie also den Bedarf des Hilfebedürftigen noch decken kann.[42] Dies setzt nicht nur einen punktuellen Bedarf, sondern auch aktuelle Bedürftigkeit des Hilfesuchenden voraus.[43]

---

[37] Seidel in: Oestreicher, SGB XII/SGB II, § 18 Rn. 20, Stand Januar 2005, Armborst in: LPK-SGB XII, 9. Aufl. 2012, § 18 Rn. 8, Rothkegel, Sozialhilferecht, ZfSH/SGB 2000, 3.

[38] A.A. offensichtlich Seidel in: Oestreicher, SGB XII/SGB II, § 18 Rn. 20, Stand Januar 2005; ein förmlicher Verzicht im Sinne von § 46 Abs. 1 SGB I ist in der Praxis kaum vorstellbar.

[39] BGBl I 1961, 815.

[40] BVerfG v. 18.07.1967 - 2 BvF 3/62 u.a. - BVerfGE 22, 180, 219.

[41] BVerfG v. 12.05.2005 - 1 BvR 569/05 - Breith 2005, 803, 805; BVerwG v. 19.06.1980 - 5 C 26/79 - BVerwGE 60, 236, 238; BVerwG v. 13.01.1983 - 5 C 98/81 - BVerwGE 66, 335, 338; BVerwG v. 09.02.1984 - 5 C 22/83 - BVerwGE 69, 5, 7; BVerwG v. 04.02.1988 - 5 C 89/85 - BVerwGE 79, 46, 49; Rothkegel, ZfSH/SGB 2003, 643, 645; ders., Die Strukturprinzipien des Sozialhilferechts, 2000, S. 68.

[42] BVerwG v. 14.09.1972 - V C 62.72, V B 35.72 - BVerwGE 40, 343, 346; BVerwG v. 18.01.1979 - 5 C 4/78 - BVerwGE 57, 237, 238; BVerwG v. 19.06.1980 - 5 C 26/79 - BVerwGE 60, 236, 237 f.; BVerwG v. 13.01.1983 - 5 C 98/81 - BVerwGE 66, 335, 338; BVerwG v. 30.04.1992 - 5 C 12/87 - BVerwGE 90, 154, 156; Rothkegel, ZfSH/SGB 2002, 8, 10.

[43] Im Zusammenhang mit der Anwendung von § 44 SGB X vgl. auch BSG v. 29.09.2009 - B 8 SO 16/08 R - BSGE 104, 213 = SozR 4-1300 § 44 Nr. 20 Rn. 18.

Allerdings regelt § 18 SGB XII nur, wann Sozialhilfe einsetzt, schreibt aber den einen einmal entstandenen Bedarf nicht als bestehend fort, sodass § 18 SGB XII nur den **frühestmöglichen Zeitpunkt** für die Gewährung von Sozialhilfe regelt.[44] Ist der Bedarf vor der späteren Entscheidung des Sozialhilfeträgers entfallen (**Beispiel**: Bedarf für Erstausstattung der Wohnung ist nach Umzug in eine voll ausgestattete möblierte Wohnung entfallen; die Klassenfahrt, für die ein Bedarf geltend gemacht wurde, fand nicht statt bzw. der Hilfebedürftige hat hieran nicht teilgenommen), sind keine Leistungen mehr zu bewilligen, die bei früherer Entscheidung noch zu gewähren gewesen wären. 40

Ist der Bedarf bis zur Entscheidung durch den Sozialhilfeträger oder bei zu Unrecht abgelehnten Leistungen durch das Sozialgericht nicht wie in den Beispielen in Rn. 39 entfallen, sondern mit **Hilfe Dritter oder durch Einsatz von Schonvermögen** gedeckt worden, findet der Grundsatz „keine Leistungen für die Vergangenheit" keine Anwendung. Schon das BVerwG hat zu Recht eine Vielzahl von Ausnahmen von diesem Grundsatz gemacht, insbesondere nach rechtswidriger Ablehnung der Hilfegewährung und zwischenzeitlicher Bedarfsdeckung im Wege der Selbsthilfe oder Hilfe Dritter, wenn der Hilfesuchende innerhalb der gesetzlichen Fristen einen Rechtsbehelf einlegt und im Rechtsbehelfsverfahren die Hilfegewährung erst erstreiten muss.[45] Die Einklagbarkeit abgelehnter Sozialhilfe wäre nämlich uneffektiv, wenn der Träger der Sozialhilfe durch unberechtigtes Bestreiten des Anspruchs den Beginn der Sozialhilfeleistung gegebenenfalls auch auf Jahre hinausschieben oder gar den mit dem bekanntgewordenen Bedarf entstandenen Anspruch vereiteln könnte. Aus Billigkeitsgründen[46] ist deshalb in einem solchen Fall selbst bei (inzwischen) fehlender gegenwärtiger Bedürftigkeit der Garantie **effektiven Rechtsschutzes** Vorrang zu geben und Sozialhilfe auch für die Vergangenheit zu gewähren.[47] 41

Ist der Leistungsträger zu Unrecht der Auffassung, dass die Anspruchsvoraussetzungen nicht erfüllt sind, und lehnt er deshalb den Antrag ab, steht dies der Kenntnis im Sinne von § 18 Abs. 1 SGB XII also nicht entgegen, wenn der Hilfesuchende die ihm gegebenen **Rechtsbehelfsmöglichkeiten** nutzt (vgl. Beispiele in Rn. 10). Nur ein solches Verständnis wird der Vorschrift des § 18 SGB XII als Schutznorm gerecht und verhindert eine Benachteiligung des Bedürftigen. Hiergegen spricht auch nicht der Begriff des „Einsetzens" der Sozialhilfe, weil er nur eine Aussage darüber zulässt, ab wann Sozialhilfe (frühestens) zu erbringen ist, nicht aber für welchen Zeitraum. 42

Wird ein **formloser Antrag** auf Sozialhilfeleistungen gestellt, der die Behörde ohne weitere Angaben des Antragstellers noch nicht in die Lage versetzt, die Anspruchsvoraussetzungen zu prüfen, sind ebenfalls Leistungen für die Vergangenheit (ab Antragstellung) zu zahlen. Die zum Einsetzen der Sozialhilfe führende Kenntnis im Sinne von § 18 Abs. 1 SGB XII erlangt die Behörde bereits mit dem Antrag (vgl. Rn. 25). Der im Hinblick auf den Personenkreis der Leistungsberechtigten nach dem SGB XII bewusste Verzicht auf einen Antrag würde ebenso wie der Begriff des „Einsetzens" der Sozialhilfe anderenfalls ad absurdum geführt und der SGB-II-Leistungsberechtigte gegen den Willen des Gesetzgebers bevorzugt. Ebenso wäre es widersinnig, müssten Leistungen nach den §§ 41 ff. SGB XII bei einem unvollständigen Antrag bereits ab Antragstellung gewährt werden, während die Sozialhilfe im Übrigen trotz gleicher Ausgangslage erst später einsetzen würde. 43

4. Tod des Hilfebedürftigen

Verstirbt der Hilfebedürftige nach Kenntniserlangung durch den SGB-XII-Leistungsträger, aber vor dessen Entscheidung über Leistungen der Sozialhilfe, ist der Sozialhilfeanspruch nach Maßgabe der **§§ 58, 59 SGB I** (nur) vererblich, wenn der Hilfebedürftige zu Lebzeiten seinen Bedarf mit Hilfe eines im Vertrauen auf die spätere Bewilligung von Sozialhilfe **vorleistenden Dritten** gedeckt hat, weil der Sozialhilfeträger nicht rechtzeitig eingetreten ist oder Hilfe zu Unrecht abgelehnt hat.[48] Auch hier muss aus Billigkeitsgründen dem Kenntnisgrundsatz unter Außerachtlassung des Grundsatzes „Keine Leis- 44

---

[44] BVerwG v. 30.04.1992 - 5 C 26/88 - BVerwGE 90, 160.
[45] BVerwG v. 14.09.1972 - V C 62.72, V B 35.72 - BVerwGE 40, 343, 346; BVerwG v. 10.05.1979 - V C 79.77 - BVerwGE 58, 68, 74; BVerwG v. 30.04.1992 - 5 C 12/87 - BVerwGE 90, 154, 156; BVerwG v. 30.04.1992 - 5 C 26/88 - BVerwGE 90, 160, 162; BVerwG v. 02.09.1993 - 5 C 50/91 - BVerwGE 94, 127, 133; BVerwG v. 05.05.1994 - 5 C 43/91 - BVerwGE 96, 18, 19.
[46] *Rothkegel*, ZfSH/SGB 2002, 8, 10.
[47] BVerwG v. 14.09.1972 - V C 62.72, V B 35.72 - BVerwGE 40, 343, 346; BVerwG v. 10.05.1979 - V C 79.77 - BVerwGE 58, 68, 74; BVerwG v. 30.04.1992 - 5 C 12/87 - BVerwGE 90, 154, 156; BVerwG v. 30.04.1992 - 5 C 26/88 - BVerwGE 90, 160, 162; BVerwG v. 02.09.1993 - 5 C 50/91 - BVerwGE 94, 127, 133; BVerwG v. 05.05.1994 - 5 C 43/91 - BVerwGE 96, 18, 19.
[48] BVerwG v. 05.05.1995 - 5 C 43/91 - BVerwGE 96, 18 ff.

tungen für die Vergangenheit" Rechnung getragen werden. Die Zahlung der Sozialhilfe nach dem Tode des Anspruchsinhabers ist die **Vertrauensgrundlage** für die Hilfe des Dritten zu Lebzeiten des Anspruchsinhabers. In dieser Vorwirkung zeigt sich die rechtliche Effektivität des Anspruchs auf Sozialhilfe. Seine Erfüllung nach dem Tode des Berechtigten kommt daher nicht zu spät. Sie rechtfertigt sich daraus, dass ein Dritter dem Berechtigten zu Lebzeiten in seiner Not das hat zukommen lassen, worauf er Anspruch hatte. Hat dagegen der Hilfesuchende den Bedarf aus eigenem Einkommen oder Vermögen gedeckt, zu deren Einsatz er sozialhilferechtlich nicht verpflichtet war, scheidet ein Anspruchsübergang aus.[49]

45 Einen besonderen Fall der **Sonderrechtsnachfolge** im Sinne einer cessio legis, der der Rechtsprechung des BVerwG zur Vererblichkeit von Sozialhilfeansprüchen Rechnung trägt (vgl. Rn. 44), regelt § 19 Abs. 6 SGB XII.[50] Danach steht der Anspruch des Berechtigten auf Leistungen für Einrichtungen nach seinem Tod demjenigen zu, der die Leistung erbracht oder die Pflege geleistet hat. Die in § 19 Abs. 6 SGB XII genannten Personen treten bei Vorliegen der in der Vorschrift geregelten Voraussetzungen in die Rechtsstellung des verstorbenen Hilfeempfängers ein. Zum Schutz der in Vorleistung des Sozialhilfeträgers tretenden Einrichtung oder Pflegeperson wird auch hier dem Kenntnisgrundsatz unter Außerachtlassung des Grundsatzes „Keine Leistungen für die Vergangenheit" Rechnung getragen, weil die Zahlung der Sozialhilfe nach dem Tode des Anspruchsinhabers die Vertrauensgrundlage für die Hilfe des Dritten zu Lebzeiten des Anspruchsinhabers war. Dies zeigt aber gleichzeitig, dass eine Vererblichkeit von Sozialhilfeansprüchen außer in den hier aufgezeigten Fällen ausscheidet.

5. Verhältnis zu § 44 SGB X

46 Das Bundesverwaltungsgericht hatte unter der Geltung des BSHG noch angenommen, dass § 44 SGB X im Sozialhilferecht keine Anwendung finde[51], weil dem ein über § 37 SGB I generell vorgehendes normatives **Strukturprinzip** („keine Leistungen für die Vergangenheit; Bedarfsdeckungsgrundsatz; Aktualitätsprinzip") entgegenstünde.[52] Dem ist das BSG nicht gefolgt und hat insoweit wiederholt entschieden, dass eine rückwirkende Korrektur bestandskräftiger rechtswidriger Leistungsablehnungen im Sozialhilferecht über § 44 SGB X grundsätzlich möglich ist.[53] Die Rechtsprechung des BVerwG zur Nichtanwendung des § 44 SGB X[54] hat es ausdrücklich weder für das SGB XII noch für das BSHG aufrechterhalten.[55] Die gegenüber anderen sozialrechtlichen Materien vorhandenen Besonderheiten des Sozialhilferechts rechtfertigten kein – gewissermaßen präventives – Anwendungsverbot, sondern müssten innerhalb der Norm des § 44 SGB X berücksichtigt werden; dies zeige § 44 Abs. 4 SGB X, wonach Sozialleistungen nämlich (nur) „nach den Vorschriften der besonderen Teile dieses Gesetzbuchs" erbracht würden, wenn ein Verwaltungsakt mit Wirkung für die Vergangenheit zurückgenommen worden sei. Der Wortlaut des § 44 Abs. 4 SGB X rechtfertigt die vom BSG zu § 44 SGB X eingeleitete Rechtsprechung, dass erst hier den Besonderheiten des jeweiligen Leistungsrechts Rechnung getragen werden muss, indem bei zwischenzeitlichem Bedarfswegfall die Rücknahme der rechtswidrigen Ablehnung bzw. die Zahlung zu Unrecht vorenthaltener Sozialhilfeleistungen ausscheidet. Auf diese Weise bleibt weiterhin die Rechtsnatur der Sozialhilfe als Nothilfe gewahrt.

---

[49] BVerwG v. 05.05.1995 - 5 C 43/91 - BVerwGE 96, 18 ff.
[50] BSG v. 13.07.2010 - B 8 SO 13/09 R - BSGE 106, 264 = SozR 4-3500 § 19 Nr. 2; BT-Drs. 13/3904, S. 45 zu Nr. 8b: „Anspruch ... auf einen Dritten übergehen läßt"; *Neumann* in: Hauck/Noftz, SGB XII, K § 19 Rn. 32, Stand März 2012; *Apidopoulos* in: Linhart/Adolph, SGB II/SGB XII/AsylbLG, B III § 19 SGB XII Rn. 62, Stand September 2011; *Schoch* in: Münder, LPK-SGB XII, 9. Aufl. 2012, § 19 SGB XII Rn. 27; a.A. *Grube* in: Grube/Wahrendorf, SGB XII, 4. Aufl. 2012, § 19 SGB XII Rn. 24; *Dauber* in: Mergler/Zink, Handbuch der Grundsicherung und Sozialhilfe, Teil II, § 19 SGB XII Rn. 19, Stand August 2013.
[51] BVerwG v. 10.05.1979 - V C 79.77 - BVerwGE 58, 68, 69; BVerwG v. 19.06.1980 - 5 C 26/79 - BVerwGE 60, 236, 238; BVerwG v. 15.12.1983 - 5 C 65/82 - BVerwGE 68, 285, 289.
[52] Dies zu Unrecht kritisierend *Hochheim*, NZS 2009, 24 ff.
[53] BSG v. 16.10.2007 - B 8/9b SO 8/06 R - BSGE 99, 137 = SozR 4-1300 § 44 Nr. 11; BSG v. 26.08.2008 - B 8 SO 26/07 R - SozR 4-1300 § 44 Nr. 15 Rn. 19; BSG v. 29.09.2009 - B 8 SO 16/08 R - BSGE 104, 213 = SozR 4-1300 § 44 Nr. 20; für das AsylbLG: BSG v. 17.06.2008 - B 8 AY 5/07 R - SozR 4-3520 § 9 Nr. 1; *Pattar*, NZS 2010, 7 ff.; a.A. *Hochheim*, NZS 2009, 24 ff. unter Hinweis auf die Verfassung, dabei verkennend, dass ihr natürlich kein Rechtssatz zu entnehmen ist, der die Anwendung des § 44 SGB X verbieten würde.
[54] BVerwG v. 10.05.1979 - V C 79.77 - BVerwGE 58, 68, 69; BVerwG v. 19.06.1980 - 5 C 26/79 - BVerwGE 60, 236, 238; BVerwG v. 15.12.1983 - 5 C 65/82 - BVerwGE 68, 285, 289.
[55] Dies zu Unrecht kritisierend *Hochheim*, NZS 2009, 24 ff.

Der Streit über die Anwendung von § 44 SGB X im Sozialhilferecht ist heute nicht mehr virulent. Der 47
Gesetzgeber hat mit der Einfügung des § 116a SGB XII (mit Wirkung ab 01.04.2011) bzw. der
bis 31.12.2012 geltenden Übergangsregelung in § 136 SGB XII (mit Wirkung ab 01.01.2011) die Anwendung von § 44 SGB X vorausgesetzt und damit auch die Rechtsprechung des BSG ausdrücklich
gebilligt. Nach § 116a SGB XII gilt für die Rücknahme eines rechtswidrigen nicht begünstigenden
Verwaltungsakts § 44 Abs. 4 Satz 1 SGB X mit der Maßgabe, dass anstelle des Zeitraums von vier Jahren ein Zeitraum von einem Jahr tritt.

§ 116a SGB XII rechtfertigt heute allerdings aus drei Gründen die Überlegung, ob die Rechtsprechung 48
des BSG, den Besonderheiten des Sozialhilferechts bei der Anwendung des § 44 Abs. 4 SGB X Rechnung zu tragen, nicht aufgegeben werden sollte. Der Gesetzgeber hat die Verkürzung des Zeitraums
von vier auf ein Jahr nämlich ohne jede Einschränkung vorgenommen. Den Besonderheiten des Sozialhilferechts wird hierdurch ausreichend Rechnung getragen. Zudem kann typisierend wegen des nunmehr kurzen Zeitraums von einem Jahr davon ausgegangen werden, dass die nachträgliche Leistung
im Zugunstenverfahren den mit der Sozialhilfeleistung verfolgten Zweck noch erfüllen kann, ohne dass
es insoweit einer weiteren Prüfung (etwa Bedarfswegfall) bedarf. Dieses Ergebnis führt schließlich
auch zu einer Harmonisierung[56] der Existenzsicherungssysteme. Die für das Leistungsrecht des SGB II
zuständigen Senate des BSG haben bei der Anwendung des § 44 Abs. 4 SGB X nämlich keine Einschränkungen wegen der Besonderheiten des SGB II als Existenzsicherungssystem – etwa bei entfallener Bedürftigkeit – vorgenommen. Aus der Ausgestaltung des § 40 SGB II ergebe sich, dass der Gesetzgeber des SGB II den Berechtigten grundsätzlich auch im SGB II so habe stellen wollen, als hätte
die Verwaltung von vornherein richtig entschieden. Zwar seien die Leistungen zur Sicherung des Lebensunterhalts nach dem SGB II grundsätzlich von einer aktuellen, nicht anderweitig zu beseitigenden
Hilfebedürftigkeit abhängig. Anders als die Leistungen nach dem SGB XII würden sie aber nur auf Antrag für einen Zeitraum von regelmäßig sechs Monaten erbracht.[57]

A.A. ist *Greiser*; vgl. dazu die Ausführungen unter Kommentierung zu § 116a SGB XII Rn. 24.   48.1

6. Träger der Sozialhilfe/beauftragte Stelle

Kenntnis muss nach Absatz 1 beim Sozialhilfeträger oder einer von ihm beauftragten Stelle vorliegen. 49
Dabei kommt es allein darauf an, dass eine Person Kenntnis erlangt, deren Handeln dem Sozialhilfeträger zuzurechnen ist, etwa ein **Bediensteter** des SGB-XII-Leistungsträgers. Sozialhilfeträger ist dabei der örtlich und sachlich zuständige Träger der Sozialhilfe nach § 3 Abs. 2 SGB XII i.V.m. §§ 97 ff.
SGB XII i.V.m. den jeweiligen Ausführungsgesetzen der Länder (vgl. die §§ 3 Abs. 2 Satz 1, Abs. 3,
97 Abs. 2 Satz 1 SGB XII). Der Antrag bei einem **unzuständigen Träger** der Sozialhilfe oder dessen
Kenntnis von der Notlage führt nicht zum Einsetzen der Sozialhilfe. Dies ergibt sich aus § 18 Abs. 2
Satz 1 SGB XII (vgl. aber Rn. 51 ff.).

Beauftragte Stellen i.S.v. § 18 Abs. 2 Satz 1 SGB XII sind die – i.d.R. durch Satzung – zur Durchführung von Aufgaben der Sozialhilfe **herangezogenen** (§ 99 SGB XII) Gemeinden und Gemeindeverbände, die funktional als Behörde des für die jeweilige Hilfe sachlich zuständigen Sozialhilfeträgers 50
handeln.[58] Beauftragte Stellen sind hingegen nicht die Stellen, deren gesetzliche Aufgaben dem gleichen oder der an Leistungen beteiligt sind oder beteiligt werden sollen und mit denen die
Träger der Sozialhilfe zusammenarbeiten (§ 4 Abs. 1 SGB XII). Hierzu gehören insbesondere alle
SGB-II-Leistungsträger.

7. Unzuständiger Sozialhilfeträger

Wird bei einem unzuständigen Sozialhilfeträger oder einer nicht zuständigen Gemeinde von einem 51
Leistungsberechtigten Sozialhilfe beansprucht (Antrag), hat die zunächst angegangene Behörde nach
§ 18 Abs. 2 SGB XII die ihr bekannten Umstände **unverzüglich dem zuständigen Sozialhilfeträger**
oder der von ihm beauftragten Stelle mitzuteilen und vorhandene Unterlagen (Antrag und/oder die mit
dem Antrag vorgelegten Nachweise) zu übermitteln. Hierdurch soll eine zeitnah zu erbringende Hilfe
sichergestellt werden.

Wird der unzuständige Sozialhilfeträger angegangen und ergeben sich die Voraussetzungen für die 52
Leistung, setzt die Sozialhilfe nach § 18 Abs. 2 Satz 2 SGB XII zu dem Zeitpunkt (also auch **rückwir-**

---

[56] Zur Notwendigkeit *Coseriu* in Bender/Eicher, Sozialrecht – eine Terra incognita, 2009, 225, 255 f.

[57] BSG v. 01.06.2010 - B 4 AS 78/09 R - juris Rn. 18 f. - BSGE 106, 155 = SozR 4-4200 § 22 Nr. 36; vgl. auch BSG v. 07.05.2009 - B 14 AS 3/09 B.

[58] BSG v. 19.05.2009 - B 8 SO 4/08 R - BSGE 103, 178 = SozR 4-3500 § 25 Nr. 1 Rn. 9.

kend) ein, zu dem sie eingesetzt hätte, wäre der falsch angegangene Sozialhilfeträger zuständig gewesen. Dies muss auch dann gelten, wenn der unzuständige Träger die Weitergabe der Unterlagen oder die Mitteilung von der Notlage verschuldet oder unverschuldet verzögert, weil der Leistungsberechtigte dessen Verhalten nicht steuern kann und keinen Nachteil aus dem **Fehlverhalten** der unzuständigen Behörde erleiden darf. Dieses Ergebnis kann auch durch Anwendung der Grundsätze des sozialrechtlichen Herstellungsanspruchs (bei Zusammenwirken mehrerer Leistungsträger; („Funktionseinheit")[59] erreicht werden.

53 Obwohl § 18 Abs. 2 SGB XII nach seinem Wortlaut voraussetzt, dass „**Sozialhilfe beansprucht**" wird, und dies auch den Regelfall darstellt, ist es – gerade im Hinblick darauf, dass in § 18 SGB XII auf das Antragserfordernis verzichtet wird – für dessen Anwendung schon ausreichend, wenn dem unzuständigen Sozialhilfeträger oder der Gemeinde nur entsprechende Umstände – also die Notlage, die Hilfe erfordert – bekannt werden.[60] Dass Sozialhilfe „beansprucht" wird, kann in einer Notlage grundsätzlich unterstellt werden. Wollte man der Gegenauffassung folgen, würde entgegen der § 18 Abs. 1 SGB XII innewohnenden Intention, Notsituationen Bedürftiger rasch zu überwinden und ein rechtzeitiges Eingreifen des Sozialhilfeträgers von Amts wegen zu gewährleisten, in allen Fällen, in denen der unzuständige Sozialhilfeträger die Notsituation nur erkennt, ohne dass der Hilfesuchende sich ausdrücklich an ihn gewandt hat, ins Leere laufen. Schon mit der Einfügung der Vorgängerregelung des § 5 Abs. 2 BSHG durch das Gesetz zur Reform des Sozialhilferechts vom 23.07.1996[61] sollte „entsprechend der neuen Rechtsprechung des Bundesverwaltungsgerichts (Urteil vom 18. Mai 1995 - 5 C 1/93) eine Leistungspflicht" bereits „**ab Kenntnis der nicht zuständigen Kommune vorgesehen**" werden.[62]

54 § 18 Abs. 2 SGB XII knüpft an § 16 Abs. 2 SGB I an. § 16 Abs. 2 Satz 1 SGB I bestimmt, dass Anträge, die bei einem **unzuständigen Leistungsträger**, bei einer für die Sozialleistung nicht zuständigen Gemeinde oder bei einer amtlichen Vertretung der Bundesrepublik im Ausland gestellt werden, unverzüglich an den zuständigen Leistungsträger weiterzuleiten sind. Nach § 16 Abs. 2 Satz 2 SGB I gilt in diesen Fällen der Antrag auf eine antragsabhängige Sozialleistung, als zu dem Zeitpunkt gestellt, in dem er bei einer der in § 16 Abs. 2 Satz 1 SGB I genannten – für die Bearbeitung des Antrags unzuständigen – Stellen eingegangen ist. Diese Vorschrift gilt auch für die Sozialhilfe in dem Sinne, dass die durch den Antrag bei einer unzuständigen Stelle vermittelte und nach § 18 SGB XII für das Einsetzen der Sozialhilfe erforderliche Kenntnis von dem Hilfefall für den zuständigen Sozialhilfeträger als zu dem Zeitpunkt gegeben gilt, in dem der Antrag bei der unzuständigen Stelle eingeht. Nach Sinn und Zweck des § 18 SGB XII, der einen einfacheren Zugang zu Sozialhilfeleistungen zum Schutz des Hilfebedürftigen vorsieht, gilt dies, obwohl die Sozialhilfe nicht im eigentlichen Sinn antragsabhängig ist.[63]

55 Unter Berücksichtigung des „**Meistbegünstigungsgrundsatzes**" ist im Zweifel nämlich davon auszugehen, dass ein Hilfesuchender ohne Rücksicht auf den Wortlaut seines Antrags all die Leistungen begehrt, die ihm den größten Nutzen bringen können.[64] Nach Sinn und Zweck des § 16 SGB I soll der Einzelne mit seinem Begehren nach Sozialleistungen gerade nicht an Zuständigkeitsabgrenzungen innerhalb der gegliederten Sozialverwaltung scheitern.[65]

56 Eine Besonderheit ist bei **Leistungen zur Teilhabe** zu berücksichtigen: Beantragt des Hilfebedürftige eine Leistung zur Teilhabe, muss der erstangegangene Reha-Träger (§ 6 SGB IX; z.B. die Krankenkasse), wenn er unzuständig ist, den Antrag unverzüglich dem nach seiner Auffassung eigentlich zuständigen Reha-Träger zuleiten (§ 14 Abs. 1 Satz 2 SGB IX). Unterlässt er eine fristgerechte **Weiterleitung**, wird er nach § 14 Abs. 2 Satz 1 SGB IX für die Entscheidung über die Leistung und damit auch für die Erbringung der Leistung zuständig.[66] Dies gilt auch für Sozialhilfeträger untereinander.

---

[59] Vgl. etwa BSG v. 29.10.1991 - 13/5 RJ 38/89; BSG v. 17.12.1980 - BSGE 51, 89, 94 ff = SozR 2200 § 381 Nr. 44 S. 121 ff.; BSG v. 22.10.1996 - SozR 3-1200 § 14 Nr. 22 S. 74; BSG v. 26.04.2005 - SozR 4-2600 § 4 Nr. 2 Rn. 22; BSG v. 17.02.2009 - B 2 U 34/07 R - juris Rn. 29, 31.

[60] A.A. *Seidel* in: Oestreicher, SGB XII/SGB II, § 18 Rn. 21, Stand Januar 2005; *Hohm* in: Schellhorn/Schellhorn/Hohm, SGB XII, 18. Aufl. 2010, § 18 Rn. 12.

[61] BGBl I 1996, 1088.

[62] BT-Drs. 13/3904, S. 44.

[63] BVerwG v. 18.05.1995 - 5 C 1/93 - BVerwGE 98, 248-256; BSG v. 26.08.2008 - B 8/9b SO 18/07 R - SozR 4-3500 § 18 Nr. 1 Rn. 22.

[64] BSG v. 26.08.2008 - B 8/9b SO 18/07 R - SozR 4-3500 § 18 Nr. 1 Rn. 22.

[65] BSG v. 17.07.1990 - 12 RK 10/89 - SozR 3-1200 § 16 Nr. 2, S. 4.

[66] BSG v. 29.09.2009 - B 8 SO 19/08 R - juris Rn. 11 m.w.N. - SozR 4-3500 § 54 Nr. 6.

Die Zuständigkeit des erstangegangenen Reha-Trägers entfällt auch nicht dadurch, dass der Antragsteller nach der Ablehnung von Leistungen seine mögliche Ansprüche nicht mehr diesem gegenüber, sondern gegenüber dem Träger der Sozialhilfe verfolgt, weil eine nach § 14 SGB IX begründete Zuständigkeit endgültig ist.[67]

8. Beendigung der Leistungsgewährung

Entfallen die Voraussetzungen für die Leistung und hebt der Sozialhilfeträger die Bewilligung der laufenden Leistung auf (§ 48 SGB X) oder stellt er sie nach Ablauf des Bewilligungszeitraums ein, kann erst wieder die **erneute Kenntnis** vom Leistungsfall nach § 18 Abs. 1 SGB XII zum (Wieder-)Einsetzen der Sozialhilfe führen. Hebt der Sozialhilfeträger die Bewilligung hingegen zu Unrecht auf und wird seine Entscheidung bestandskräftig, endet zwar nicht seine Kenntnis über die für die Leistung erforderlichen Voraussetzungen, einer nahtlosen Weiterbewilligung steht aber der bestandskräftige Verwaltungsakt entgegen. Allerdings steht dem Leistungsberechtigten in einem solchen Fall der Weg über § 44 SGB X offen[68] (vgl. dazu Rn. 46 f.). Etwas anderes gilt jedoch, soweit die zeitlich befristete Bewilligung für die Zukunft (zu Unrecht) ohne Bescheid eingestellt wurde und der Berechtigte hiergegen keine Einwendungen erhebt. Der Sozialhilfeträger darf selbst dann davon ausgehen, dass die Voraussetzungen für die Leistung entfallen sind, wenn er diese nur falsch bewertet hat. Dies bedeutet allerdings nicht, dass die Kenntnis entfällt, sondern nur, dass der Sozialhilfefall endet, wenn der Leistungsberechtigte keine Leistungen mehr beansprucht (vgl. dazu Rn. 15). § 18 Abs. 1 SGB XII ist auch unter Berücksichtigung seines Schutzzwecks nicht so weit auszulegen, dass gegen den Willen des Berechtigten Sozialhilfe zu erbringen ist (vgl. Rn. 37 f.).

57

9. Ausnahmen vom Kenntnisgrundsatz

a. Eilfall (§ 25 SGB XII)

Der SGB-XII-Leistungsträger kann sich nicht auf eine fehlende Kenntnis berufen, wenn jemand in einem Eilfall einem anderen Leistungen erbracht hat, die bei rechtzeitigem Einsetzen von Sozialhilfe nicht zu erbringen gewesen wären. Dann hat der SGB-XII-Leistungsträger dem anderen (aber nur diesem) die Aufwendungen in gebotenem Umfang zu erstatten, wenn dieser sie nicht auf Grund rechtlicher oder sittlicher Pflicht selbst zu tragen hat. Für die Zeit ab Kenntnis sind Leistungen zu erbringen, so dass der Anspruch des Nothelfers zeitlich auf die Zeit vor der Kenntnis i.S.v. § 18 SGB XII beschränkt ist.[69] Der Nothelfer macht insoweit auch nicht den Sozialhilfeanspruch des in Not Geratenen gegen den Sozialhilfeträger geltend (der mangels Kenntnis ohnehin nicht besteht), sondern einen eigenen **Aufwendungsersatzanspruch**.[70]

58

b. Leistungen der Grundsicherung im Alter und bei Erwerbsminderung (§§ 41 ff. SGB XII)

Leistungen nach den §§ 41 ff. SGB XII setzen nicht bereits mit der Kenntnis des SGB-XII-Leistungsträgers von den Voraussetzungen für diese Leistung ein, sondern werden nach § 41 SGB XII nur auf Antrag erbracht, der nicht nur formelle Bedeutung besitzt, also das Verwaltungsverfahren in Gang setzt, sondern darüber hinaus auch **materielle Wirkung** entfaltet, mithin das Sozialrechtsverhältnis entstehen lässt und quasi als „Türöffner" keinen Folgeantrag voraussetzt.[71] Stellt der Hilfebedürftige keinen Antrag, hat aber der Sozialhilfeträger Kenntnis im Sinne des § 18 SGB XII, muss er den Leistungsberechtigten dahin beraten, dass dieser einen Antrag stellt. Nach § 16 Abs. 3 SGB I sind die Leistungsträger verpflichtet, darauf hinzuwirken, dass unverzüglich klare und sachdienliche Anträge ge-

59

---

[67] BSG v. 29.09.2009 - B 8 SO 19/08 R - juris Rn. 12 - SozR 4-3500 § 54 Nr. 6; BSG v. 26.10.2004 - B 7 AL 16/04 R - BSGE 93, 283 ff. Rn. 8 = SozR 4-3250 § 14 Nr. 1; BSG v. 21.08.2008 - B 13 R 33/07 R - BSGE 101, 207 ff. Rn. 29 ff. = SozR 4-3250 § 14 Nr. 7; a.A. BSG v. 14.12.2006 - B 4 R 19/06 R - SozR 4-3250 § 14 Nr. 3 Rn. 32; offen gelassen BSG v. 20.11.2008 - B 3 KN 4/07 KR R - BSGE 102, 90 ff. Rn. 24.

[68] Zur Anwendbarkeit von § 44 SGB X vgl. BSG v. 16.10.2007 - B 8/9b SO 8/06 R - BSGE 99, 137 = SozR 4-1300 § 44 Nr. 11; BSG v. 26.08.2008 - B 8 SO 26/07 R - SozR 4-1300 § 44 Nr. 15 Rn. 19; BSG v. 29.09.2009 - B 8 SO 16/08 R - BSGE 104, 213 = SozR 4-1300 § 44 Nr. 20; zustimmend *Pattar*, NZS 2010, 7 ff.; a.A. noch zum BSHG BVerwG v. 15.12.1983 - 5 C 65/82 - BVerwGE 68, 285.

[69] BVerwG v. 03.12.1992 - 5 C 32/89 - BVerwGE 91, 245 m.w.N.

[70] BSG v. 23.08.2013 - B 8 SO 19/12 R - SozR 4-5910 § 121 Nr. 1; BSG v. 12.12.2013 - B 8 SO 13/12 R; BVerwG v. 03.12.1992 - 5 C 32/89 - BVerwGE 91, 245 m.w.N.

[71] Zum Antrag bei Leistungen der Grundsicherung nach den §§ 41 ff. SGB XII vgl. BSG v. 29.09.2009 - B 8 SO 13/08 R - BSGE 104, 207 ff. = SozR 4-3530 § 6 Nr. 1.

stellt werden.[72] Bis zur Antragstellung ist in einem solchen Fall angesichts der Kenntnis des Sozialhilfeträgers ggf. Hilfe zum Lebensunterhalt zu erbringen. Zwar gehen die Leistungen der Grundsicherung im Alter und bei Erwerbsminderung der Hilfe zum Lebensunterhalt nach dem Dritten Kapitel des SGB XII vor (§ 19 Abs. 2 Satz 2 SGB XII), der Vorrang greift aber nur, wenn alle Anspruchsvoraussetzungen für Leistungen nach den §§ 41 ff. SGB XII vorliegen, also auch ein Antrag gestellt ist.[73]

60 Unterlässt der Sozialhilfeträger die erforderliche Beratung und versäumt der Grundsicherungsberechtigte deshalb (zunächst) die für die Leistungen nach den §§ 41 ff. SGB XII zwingende Antragstellung, kann eine (frühere) Antragstellung im Rahmen eines **sozialrechtlichen Herstellungsanspruchs** fingiert werden.[74] Dies kann insbesondere dann von Bedeutung sein, wenn ein Anspruch auf Leistungen nach dem Dritten Kapitel an Unterhaltsansprüchen des Berechtigten scheitert, die für eine Leistungsgewährung nach den §§ 41 ff. SGB XII im Hinblick auf die dort geltenden Besonderheiten bei Vermögenseinsatz und Unterhaltsansprüchen (vgl. § 43 SGB XII) hingegen ohne Bedeutung sind. Ob allerdings der sozialrechtliche Herstellungsanspruch im Sozialhilferecht überhaupt zur Anwendung kommt, ist streitig.[75] Dies dürfte aber nicht ernsthaft in Frage gestellt werden (vgl. dazu die Kommentierung zu § 11 SGB XII Rn. 42 ff.). Allerdings wird im Rahmen des Herstellungsanspruchs – wie bei der Anwendung des § 44 SGB X (vgl. Rn. 42 f.) – zu prüfen sein, ob zur Erreichung der Ziele der Sozialhilfe Bedarfe noch zu decken sind.[76]

c. Sozialhilfe für Deutsche im Ausland (§ 24 SGB XII)

61 Sozialhilfe für Deutsche im Ausland nach § 24 Abs. 1 SGB XII setzt nach § 24 Abs. 4 Satz 1 SGB XII abweichend von § 18 SGB XII einen **Antrag des Hilfebedürftigen** voraus. Dabei genügt schon ein formloser Antrag, der auch konkludent gestellt werden kann. Das Antragserfordernis des § 24 Abs. 4 Satz 1 SGB XII ist wegen der Verpflichtung des Hilfesuchenden, einen Nachweis darüber zu erbringen, dass eine Rückkehr in das Inland aus den in § 24 Abs. 1 Satz 2 Nr. 1-3 SGB XII genannten Gründen nicht möglich ist, konsequent, weil ohnehin voraussetzt, dass sich der Betroffene mit seinem Begehren an den (zuständigen) Sozialhilfeträger wendet.

d. Vorbeugende Leistungen (§ 15 SGB XII)

62 Vorbeugende Leistungen sollen nach § 15 SGB XII zur Abwendung einer (nur) **drohenden Notlage** erbracht werden. Es liegt nahe, die Anwendung von § 18 Abs. 1 SGB XII mangels bereits eingetretener Notlage abzulehnen und zu verlangen, dass der von der Notlage Bedrohte dies kundtut und zumindest formlos Leistungen gegenüber dem Sozialhilfeträger beansprucht (Antrag).

63 § 15 SGB XII regelt allerdings **keine eigene Anspruchsgrundlage**, sondern nur das Einsetzen der Sozialhilfe vor Eintritt eines zu deckenden sozialhilferechtlichen Bedarfs. Die Vorschrift berechtigt also nicht zu Leistungen eigener Art, sondern steht rechtlich im Zusammenhang mit der jeweiligen Hilfeart und verpflichtet den Sozialhilfeträger zu prüfen, ob der Zweck der Sozialhilfe nicht dadurch besser erreicht werden kann, dass die einzelnen Leistungen bereits vor Eintritt der Notlage (oder auch nach ihrer Beseitigung) gewährt werden.[77] § 18 Abs. 1 SGB XII, der nur auf die Kenntnis der „Voraussetzungen für die Leistung" abstellt, muss deshalb auch bei der vorbeugenden Hilfe Anwendung finden, wobei sich die Kenntnis auf die drohende Notlage und die Möglichkeit, ihr durch Sozialhilfeleistungen zu begegnen, erstreckt.

---

[72] Zur umfassenden Beratungspflicht des Rentenversicherungsträgers nach dem bis zum 31.12.2004 geltenden GSiG vgl. § 5 GSiG.
[73] BSG v. 29.09.2009 - B 8 SO 13/08 R - BSGE 104, 207 = SozR 4-3530 § 6 Nr. 1, jeweils Rn. 16.
[74] Vgl. die Kommentierung zu § 41 SGB XII Rn. 130; zum Antrag auf Arbeitslosengeld BSG v. 05.09.2006 - B 7a AL 70/05 R - SozR 4-4100 § 106 Nr. 1; BSG v. 05.08.1999 - B 7 AL 38/98 R - SozR 3-4100 § 110 Nr. 2.
[75] Einen Herstellungsanspruch für das Sozialhilferecht bejahend: *Schmitz*, ZFSH/SGB 2006, 393; ablehnend: OVG des Saarlandes v. 22.09.2000 - 3 R 42/99; Niedersächsisches OVG v. 26.03.1998 - 4 O 1603/98; OVG Rheinland-Pfalz v. 21.02.1985 - 12 A 94/84 - NVwZ 1985, 509; ebenso zum Wohngeldrecht: BVerwG v. 18.04.1997 - 8 C 38.95 - Buchholz 454.71 § 27 WoGG Nr. 2.
[76] Zu § 44 SGB X vgl. BSG v. 19.05.2009 - B 8 SO 4/08 R - BSGE 103, 178 = SozR 4-3500 § 25 Nr. 1.
[77] BVerwG v. 18.10.1990 - 5 C 51/86 - BVerwGE 87, 31, 36.

e. Bestattungskosten (§ 74 SGB XII)

Nach § 74 SGB XII werden die erforderlichen Kosten einer Bestattung übernommen, soweit den hierzu Verpflichteten nicht zugemutet werden kann, die Kosten zu tragen. Der sozialhilferechtliche Bedarf ist in den Fällen des § 74 SGB XII nicht die Bestattung, sondern die Entlastung des Verpflichteten von den Kosten. § 74 SGB XII erkennt also eine **Verbindlichkeit als sozialhilferechtlichen Bedarf** an[78], so dass die Bestattung und die Begleichung der Bestattungsrechnung ohne vorherige Unterrichtung der Sozialhilfebehörde dem Anspruch nicht entgegensteht. § 18 SGB XII findet deshalb folgerichtig keine Anwendung[79], soweit hiermit die Forderung verbunden wird, dass Leistungen für die Vergangenheit bei fehlender Kenntnis des Sozialhilfeträgers nicht erbracht werden.[80]

64

C. Praxishinweise

Ist streitig, ob bzw. ab wann der Sozialhilfeträger Kenntnis von der Notlage des Hilfesuchenden hatte, die für das Einsetzen der Sozialhilfe und damit auch für den Beginn der Leistung maßgebend ist, trägt der Hilfesuchende die **materielle Beweislast**. Ein Antrag, der die Kenntnis im Sinne von 18 SGB XII vermittelt, erleichtert deshalb die in anderen Fällen annähernd unmögliche Beweisführung,

65

Bei der **Untätigkeitsklage**, die eine Sperrfrist von sechs Monaten seit dem Antrag auf Vornahme des Verwaltungsaktes vorsieht (§ 88 Abs. 1 Satz 1 SGG), ersetzt die Kenntnis i.S.v. § 18 SGB XII nicht den von § 88 Abs. 1 SGG ausdrücklich geforderten Antrag. Die Zweckrichtung des § 18 SGB XII (angemessene und zügige Hilfe auch ohne vorangehendes Antragsverfahren) wird von der Möglichkeit, bei Untätigkeit der Behörde Klage zu erheben, nicht erreicht. Bei Untätigkeit trotz Kenntnis der Behörde wird das Ziel einer schnellen Hilfe deshalb ausschließlich durch einstweiligen Rechtsschutz nach § 86b SGG erreicht.[81]

66

---

[78] BVerwG v. 05.06.1997 - 5 C 13/96 - BVerwGE 105, 51 ff.; *Gotzen*, ZfF 2006, 1, 2.
[79] BSG v. 29.09.2009 - B 8 SO 23/08 - BSGE 104, 219 = SozR 4-3500 § 74 Nr. 1; *Mrozynski*, ZfSH/SGB 2007, 463, 471.
[80] Vgl. auch *Gotzen*, ZfF 2006, 231.
[81] LSG NRW v. 02.02.2007 - L 20 B 127/06 SO.

§ 19 SGB XII Leistungsberechtigte

(Fassung vom 24.03.2011, gültig ab 01.01.2011)

(1) Hilfe zum Lebensunterhalt nach dem Dritten Kapitel ist Personen zu leisten, die ihren notwendigen Lebensunterhalt nicht oder nicht ausreichend aus eigenen Kräften und Mitteln, insbesondere aus ihrem Einkommen und Vermögen, bestreiten können.

(2) ¹Grundsicherung im Alter und bei Erwerbsminderung nach dem Vierten Kapitel dieses Buches ist Personen zu leisten, die die Altersgrenze nach § 41 Absatz 2 erreicht haben oder das 18. Lebensjahr vollendet haben und dauerhaft voll erwerbsgemindert sind, sofern sie ihren notwendigen Lebensunterhalt nicht oder nicht ausreichend aus eigenen Kräften und Mitteln, insbesondere aus ihrem Einkommen und Vermögen, bestreiten können. ²Die Leistungen der Grundsicherung im Alter und bei Erwerbsminderung gehen der Hilfe zum Lebensunterhalt nach dem Dritten Kapitel vor.

(3) Hilfen zur Gesundheit, Eingliederungshilfe für behinderte Menschen, Hilfe zur Pflege, Hilfe zur Überwindung besonderer sozialer Schwierigkeiten und Hilfen in anderen Lebenslagen werden nach dem Fünften bis Neunten Kapitel dieses Buches geleistet, soweit den Leistungsberechtigten, ihren nicht getrennt lebenden Ehegatten oder Lebenspartnern und, wenn sie minderjährig und unverheiratet sind, auch ihren Eltern oder einem Elternteil die Aufbringung der Mittel aus dem Einkommen und Vermögen nach den Vorschriften des Elften Kapitels dieses Buches nicht zuzumuten ist.

(4) Lebt eine Person bei ihren Eltern oder einem Elternteil und ist sie schwanger oder betreut ihr leibliches Kind bis zur Vollendung des sechsten Lebensjahres, werden Einkommen und Vermögen der Eltern oder des Elternteils nicht berücksichtigt.

(5) ¹Ist den in den Absätzen 1 bis 3 genannten Personen die Aufbringung der Mittel aus dem Einkommen und Vermögen im Sinne der Absätze 1 und 2 möglich oder im Sinne des Absatzes 3 zuzumuten und sind Leistungen erbracht worden, haben sie dem Träger der Sozialhilfe die Aufwendungen in diesem Umfang zu ersetzen. ²Mehrere Verpflichtete haften als Gesamtschuldner.

(6) Der Anspruch der Berechtigten auf Leistungen für Einrichtungen oder auf Pflegegeld steht, soweit die Leistung den Berechtigten erbracht worden wäre, nach ihrem Tode demjenigen zu, der die Leistung erbracht oder die Pflege geleistet hat.

Gliederung

A. Basisinformationen 1	b. Selbsthilfe 18
I. Textgeschichte 1	2. Grundsicherung im Alter und bei Erwerbsminderung (Absatz 2) 20
II. Vorgängervorschrift 5	
III. Parallelvorschriften 6	3. Leistungen nach dem Fünften bis Neunten Kapitel (Absatz 3) 28
IV. Systematische Zusammenhänge 7	
V. Ausgewählte Literaturhinweise 8	4. Schwangerschaft und Betreuung (Absatz 4) 31
B. Auslegung der Norm 9	5. Aufwendungsersatz (Absatz 5) 35
I. Regelungsgehalt und Bedeutung der Norm 9	a. Historische Entwicklung 35
II. Normzweck 15	b. Unechte Sozialhilfe 38
III. Inhalt der Vorschrift 16	c. Aufwendungsersatzanspruch 40
1. Hilfe zum Lebensunterhalt (Absatz 1) 16	6. Übergang von Ansprüchen (Absatz 6) 47
a. Einsatzgemeinschaft 16	**C. Praxishinweise** 66

A. Basisinformationen

I. Textgeschichte

Die Vorschrift wurde mit Wirkung vom 01.01.2005 durch das Gesetz zur Einordnung des Sozialhilferechts in das Sozialgesetzbuch[1] eingeführt. Durch das Gesetz zur Anpassung der Regelaltersgrenze an die demografische Entwicklung und zur Stärkung der Finanzierungsgrundlagen der gesetzlichen Rentenversicherung (RV-Altersgrenzenanpassungsgesetz) vom 20.04.2007[2] wurden in § 19 Abs. 2 Satz 1 SGB XII die Wörter „das 65. Lebensjahr" durch die Wörter „die Altersgrenze nach § 41 Abs. 2 erreicht" ersetzt. Im Übrigen ist § 19 SGB XII seit seinem Inkrafttreten inhaltlich nicht geändert worden.

§ 19 Abs. 1 und 2 SGB XII wurden durch Art. 3 Nr. 5 des Gesetzes zur Ermittlung von Regelbedarfen und zur Änderung des Zweiten und Zwölften Buches Sozialgesetzbuch v. 24.03.2011[3] mit Wirkung v. 01.01.2011 neu gefasst. In Absatz 1 wurde neben einer unbedeutenden sprachlichen Änderung (redaktionelle Anpassung) in Satz 1 auch Satz 2, der die Berücksichtigung von Einkommen und Vermögen (i.V.m. §§ 82 ff. SGB XII, §§ 90 f. SGB XII) regelte, gestrichen und inhaltsgleich in § 27 Abs. 1 Satz 2 SGB XII übernommen. § 19 Abs. 2 Satz 2 SGB XII wurde ebenfalls gestrichen. Eine entsprechende Regelung enthielt ohnehin § 43 Abs. 1 HS. 1 SGB XII, der mit Wirkung v. 01.01.2011 redaktionell überarbeitet wurde, und nunmehr die bei der Anpassung des SGB XII an das Lebenspartnerschaftsgesetz unterbliebene Einbeziehung der „lebenspartnerschaftsähnlichen" Gemeinschaft berücksichtigt sowie auf den Verweis auf § 19 SGB XII verzichtet.

Diese zum 01.01.2011 vorgenommenen (wesentlichen) Änderungen hat der Gesetzgeber damit begründet, dass § 19 SGB XII als allgemeine Vorschrift im Zweiten Kapitel verortet sei und (nur) allgemeine Regelungen enthalte. Deshalb sei der Inhalt von § 19 Abs. 1 SGB XII auf wesentliche Grundsätze zu beschränken. Die konkreten Bestimmungen zur Leistungsberechtigung seien künftig jeweils in den Kapiteln, die Leistungsansprüche beinhalteten, als Eingangsvorschrift enthalten (bisher: Viertes bis Achtes Kapitel). Dazu würden Inhalte aus dem bisherigen § 19 Abs. 1 SGB XII in § 27 SGB XII übernommen. § 27 SGB XII werde – wie in den übrigen, das Leistungsrecht umfassenden Kapiteln 4-8 – als grundlegende Norm über die Leistungsberechtigten nach dem Dritten Kapitel den dortigen Vorschriften vorangestellt und konkretisiere die zentralen Voraussetzungen für eine Leistungsberechtigung in Ergänzung der allgemeinen Vorschrift des § 19 Abs. 1 SGB XII[4]. Ebenso werde der Inhalt von Absatz 2, der die Leistungsberechtigten nach dem Vierten Kapitel regle, auf Grundsätze beschränkt. Konkret geregelt sei die Leistungsberechtigung nach dem Vierten Kapitel in § 41 SGB XII sowie, hinsichtlich der Anrechnung von Einkommen und Vermögen, in § 43 SGB XII.[5]

Die Gesetzesänderung erscheint allerdings überflüssig und zudem nicht konsequent. Denn in Absatz 3 wird die Leistungsberechtigung weiterhin daran geknüpft, dass „den Leistungsberechtigten, ihren nicht getrennt lebenden Ehegatten oder Lebenspartnern und, wenn sie minderjährig und unverheiratet sind, auch ihren Eltern oder einem Elternteil die Aufbringung der Mittel aus dem Einkommen und Vermögen nach den Vorschriften des Elften Kapitels dieses Buches nicht zuzumuten ist" (sogenannter Nachrang der Sozialhilfe – § 2 SGB XII). Die Absätze 4-6 blieben unverändert. Bei einer Beschränkung der Leistungsberechtigung auf die wesentlichen Grundsätze hätte es nahegelegen, Absatz 3 etwa wie folgt zu fassen: „Hilfen nach dem Fünften bis Neunten Kapitel dieses Buches werden geleistet, soweit die Aufbringung der Mittel aus dem Einkommen und Vermögen nach den Vorschriften des Elften Kapitels dieses Buches nicht zuzumuten ist." Absatz 4 hätte entweder Eingang in die Regelung des § 27 SGB XII finden oder im Elften Kapitel verortet werden müssen. Ähnliches gilt für Absatz 5 („unechte Sozialhilfe"), wobei – weil das Fünfte bis Neunte Kapitel betroffen wären – eine Übernahme nur bei den Vorschriften über das Einkommen und Vermögen sinnvoll gewesen wäre. Absatz 6 hätte als § 17 Abs. 1 Satz 3 SGB XII normiert werden können.

II. Vorgängervorschrift

§ 19 SGB XII überträgt die an verschiedenen Stellen im Bundessozialhilfegesetz verteilten Regelungen, wer Leistungsberechtigter ist. Vorgängerregelung von Absatz 1 (in seiner ursprünglichen Fassung) ist die im Wesentlichen inhaltsgleiche Regelung des § 11 Abs. 1 Sätze 1 und 2 BSHG. Vorgän-

---

[1] BGBl I 2003, 3022.
[2] BGBl I 2007, 554.
[3] BGBl I 2011, 453.
[4] BT-Drs. 17/3404, S. 119.
[5] BT-Drs. 17/3404, S. 120.

gerregelung von Absatz 2 sind § 1 GSiG und § 2 Sätze 1 und 2 GSiG, von Absatz 3 § 28 Abs. 1 Satz 1 BSHG, von Absatz 4 § 11 Abs. 1 Satz 3 BSHG und § 28 Abs. 1 Satz 2 BSHG, von Absatz 5 § 11 Abs. 2 BSHG und § 29 BSHG sowie von Absatz 6 § 28 Abs. 2 BSHG.

III. Parallelvorschriften

6 Parallelvorschriften in anderen Existenzsicherungssystemen existieren nicht. Wer Leistungsberechtigter ist, ist im SGB II in § 7 SGB II geregelt, im AsylbLG in § 1 AsylbLG. Während aber § 19 SGB XII als vor die Klammer gezogene Anspruchsgrundlage in den jeweiligen Kapiteln des SGB XII konkretisiert wird, regeln sowohl **§ 7 SGB II** als auch **§ 1 AsylbLG** die fest umrissenen persönlichen Voraussetzungen für die Gewährung der Leistung. Insbesondere kennt § 19 SGB XII keine Bedarfsgemeinschaft, wie sie § 7 SGB II vorsieht.

IV. Systematische Zusammenhänge

7 Die Trennung zwischen der im BSHG noch vorgesehenen Hilfe zum Lebensunterhalt und der Hilfe in besonderen Lebenslagen ist im SGB XII zugunsten gleichwertiger Leistungen bei unterschiedlichen Notlagen nach dem Dritten bis Neunten Kapitel aufgegeben worden. Die in § 19 SGB XII geregelte Leistungsberechtigung wurde daher als **Grundnorm** vor die Klammer (des Dritten bis Neunten Kapitels) gezogen und dokumentiert dadurch, dass alle Leistungen der Sozialhilfe derselben Aufgabenstellung und sozialen Grundidee unterliegen, einer Notlage abzuhelfen, wenn ein zur Führung eines menschenwürdigen Lebens notwendiger Bedarf durch eigene Kräfte und Mittel nicht abgedeckt werden kann (§ 1 SGB XII). Notlagenspezifisch bestehen aber grundsätzlich unterschiedliche Leistungsvoraussetzungen, die ihren Niederschlag bei den einzelnen Leistungen gefunden haben, sodass § 19 SGB XII hinsichtlich der Leistungsberechtigung nicht isoliert, sondern nur im Zusammenhang mit den konkreten Voraussetzungen der in Frage stehenden Leistung betrachtet werden kann.

V. Ausgewählte Literaturhinweise

8 *Alber-Noack*, Bedarfsgemeinschaft – Quo Vadis? Was tun mit der Bedarfsgemeinschaft?, ZfSH/SGB 1996, 113; *Brech*, Die gemischte Bedarfsgemeinschaft und die horizontale Berechnung der Hilfe zum Lebensunterhalt für Stiefkinder, ZfF 2003, 241; *Cordes*, Ungeklärte Einkommens- und Vermögensverhältnisse bei der Gewährung von Sozialhilfe, ZfF 2001, 1; *Coseriu*, Zahlungsansprüche des Maßnahme- gegen den Sozialhilfeträger, Sozialrecht aktuell 2012, 99; *Eicher*, Der Zahlungsanspruch des Leistungserbringers im Sozialhilferecht, SGb 2013 127; *Frings*, (Minderjährige) Schwangere und deren Kinder im elterlichen Haushalt – Sozialhilfe ja oder nein?, ZfSH/SGB 2002, 723; *Gerlach*, Die Schwierigkeiten bei der Bestimmung des Umfangs der Überprüfung eines Bescheids über Leistungen der Grundsicherung für Arbeitsuchende nach dem SGB II und der Sozialhilfe nach dem SGB XII im sozialgerichtlichen (Vor-)Verfahren und die Einbeziehung von Änderungsbescheiden, ZfF 2010, 1; *Grube*, Systemversagen im Sozialleistungsrecht und Kostenerstattung für die selbstbeschaffte Jugendhilfeleistung, JAmt 2002, 490; *Hacke*, Unterfallen ambulante Pflegeleistungen dem Begriff der "Leistungen für Einrichtungen" im Sinne des § 19 Abs. 6 SGB XII?, ZfSH/SGB 2012, 377; *Hammel*, Keine Leistungsberechtigung nach § 19 Abs. 6 SGB XII für ambulante Pflegedienste?, SGb 2013, 20; *Kolakowski/Schwabe*, Einzelanspruch auf HLU – die „richtige" Berechnungsmethode, ZfF 1995, 241; *Ladage*, Das sozialhilferechtliche Leistungserbringerrecht – ein zivilrechtlich-öffentlichrechtliches Konglomerat?, SGb 2013 553; *Mrozynski*, Die selbstbeschaffte Sozialleistung, SGb 1987, 404, *Rein*, Der vorleistende ambulante Dienst – eine Replik zu Hacke, ZfSH/SGB 07/12, 377 ff., ZFSH/SGB 2012, 596; *Riehle*, Die minderjährige Schwangere – ein Fall für § 16 BSHG?, ZfSH/SGB 2000, 456; *Schoch*, Die sozialhilferechtliche Einkommensberücksichtigung in Haushaltsgemeinschaften, info also 1997, 107; *Schoch*, Einzelanspruch und Bedarfsgemeinschaft, NDV 2002, 8; *Schoch*, Die Bedarfsgemeinschaft, die Einsatzgemeinschaft und die Haushaltsgemeinschaft nach dem SGB II und SGB XII, ZfF 2004, 169; *Schoch*, Selbstbehalt in der Einsatzgemeinschaft, info also 2003, 147; *Schulte*, Verteilungsprobleme in der nur teilweise sozialhilfeberechtigten Bedarfs(Einstands-)gemeinschaft, ZfSH/SGB 1990, 471; *Schwabe*, Die Berechnung des Einzelanspruchs bei der Hilfe zum Lebensunterhalt außerhalb von Anstalten, Heimen und gleichartigen Einrichtungen, ZfF 1993, 201; *Spellbrink*, Die horizontale Methode der Ermittlung der Hilfebedürftigkeit gem. § 9 Abs. 2 Satz 3 SGB II und ihre Konsequenzen, Sozialrecht aktuell 2008, 10; *Spellbrink*, Die Bedarfsgemeinschaft gemäß § 7 SGB II

eine Fehlkonstruktion?, NZS 2007, 121; *Stephan*, SGB II und SGB XII – Rechtliche Konflikte um die Bedarfsgemeinschaft, SozSich 2009, 434; *Zeitler*, Die neu eingeführte „Sonderrechtsnachfolge" des § 28 Abs. 2 BSHG, NDV 1997, 4.

B. Auslegung der Norm

I. Regelungsgehalt und Bedeutung der Norm

§ 19 Abs. 1-3 SGB XII normiert den Anspruch (§ 17 SGB XII) für alle Leistungen nach dem SGB XII (auch Beratungsleistungen zu den Leistungen des Dritten bis Neunten Kapitels). Die bisher auf verschiedene Stellen im Bundessozialhilfegesetz verteilten Regelungen, wer Leistungsberechtigter ist, sind dort zusammengefasst. Der Anspruch setzt voraus, dass die Leistungsberechtigten nicht in der Lage ist, ihren notwendigen Lebensunterhalt aus eigenen Kräften und Mitteln, insbesondere aus Einkommen und Vermögen zu bestreiten (Absätze 1 und 2) bzw. – bei Leistungen nach dem Fünften bis Neunten Kapitel – ihnen, ihren nicht getrennt lebenden Ehegatten oder Lebenspartnern und, wenn sie minderjährig und unverheiratet sind, auch ihren Eltern oder einem Elternteil die Aufbringung der Mittel aus dem Einkommen und Vermögen nach den Vorschriften des Elften Kapitels nicht zuzumuten ist.

9

Jedes Mitglied der Einstandsgemeinschaft hat einen eigenen Leistungsanspruch (**Individualanspruch**) mit der Folge, dass jedes Mitglied der Einsatzgemeinschaft seinen Leistungsanspruch getrennt und unabhängig von den übrigen Mitgliedern der Einsatzgemeinschaft geltend machen kann und die Leistung dementsprechend für jedes Mitglied der Einstandsgemeinschaft konkret bestimmt werden muss (zur Berechnung des Einzelanspruchs bei Einkommen und Vermögen vgl. die Kommentierung zu § 27 SGB XII Rn. 24 ff.).

10

Auch nach dem Recht des SGB II hat jeder Bedürftige trotz des Instituts der **Bedarfsgemeinschaft** einen Individualanspruch.[6] Hinzu kommt dort allerdings – anders als nach dem SGB XII –, dass nach § 9 Abs. 2 Satz 3 SGB II jede Person der Bedarfsgemeinschaft im Verhältnis des eigenen (normativen) Bedarfs zum Gesamtbedarf als hilfsbedürftig gilt, wenn in einer Bedarfsgemeinschaft nicht der gesamte Bedarf aus eigenen Kräften und Mitteln gedeckt ist. Im Einzelfall führt diese Regelung dazu, dass in einer Bedarfsgemeinschaft selbst derjenige, dessen individueller Bedarf durch Einkommen gedeckt ist, wie ein Hilfebedürftiger behandelt wird und ihm auf diese Weise, ohne dass individuelle Hilfebedürftigkeit vorliegt, ein anteiliger individueller Anspruch gleichwohl zugestanden werden muss.

11

Absatz 4 enthält für **Schwangere** und Mütter oder Väter, die ihr leibliches Kind betreuen, eine Sonderregelung zur Einkommensberücksichtigung. Dieser Personenkreis wird dadurch privilegiert, dass die in § 27 Abs. 2 Satz 3 SGB XII (bis 31.12.2010: § 19 Abs. 1 Satz 2 SGB XII) vorgesehene Berücksichtigung des Elterneinkommens ausscheidet.

12

Nach der Gesetzesbegründung überträgt **Absatz 5** den bisherigen § 11 Abs. 2 und den bisherigen § 29 BSHG,[7] wonach Sozialhilfeleistungen in **begründeten Fällen** trotz zu berücksichtigenden Einkommens und Vermögens erbracht werden konnten, allerdings einen entsprechenden Aufwendungsersatz vorsahen. Die Formulierung ist insoweit verunglückt, als in § 19 Abs. 5 SGB XII nur noch der Aufwendungsersatzanspruch verblieben ist. Dieser kann aber nur dann denkbar sein, wenn auch weiterhin Leistungen in den sogenannten begründeten Fällen („unechte Sozialhilfe") erbracht werden können. Ist den in den Absätzen 1-3 genannten Personen die Aufbringung der Mittel aus dem Einkommen und Vermögen im Sinne der Absätze 1 und 2 möglich oder im Sinne des Absatzes 3 zuzumuten, bestünde nämlich an sich gar kein Anspruch auf Sozialhilfe, so dass Absatz 5 bei anderer Auslegung überflüssig wäre. Absatz 5 kann auch nicht Fälle betreffen, in denen Sozialhilfe zu Unrecht erbracht wurde, weil insoweit die §§ 45 ff. SGB X greifen und bei rechtswidrig gewährten Leistungen der Rückgriff auch nur gegen den Leistungsempfänger zulässig sein dürfte.

13

Absatz 6 regelt einen besonderen Fall der **Sonderrechtsnachfolge** im Sinne einer cessio legis[8] (früher § 28 Abs. 2 BSHG), um die Träger einer Einrichtung, die Hilfe zur Pflege erbracht haben, und nahe Angehörigen, die Pflege geleistet haben, in ihrem Vertrauen auf die Gewährung von Leistungen zu schützen.

14

---

[6] BSG v. 07.11.2006 - B 7b AS 8/06 R - BSGE 97, 217 Rn. 11 ff. = SozR 4-4200 § 22 Nr. 1; BSG v. 27.02.2008 - B 14/7b AS 32/06 R - BSGE 100, 83 Rn. 30 = SozR 4-4200 § 20 Nr. 6.

[7] BT-Drs. 15/1514, S. 57.

[8] BSG v. 13.07.2010 - B 8 SO 13/09 R - BSGE 106, 264 = SozR 4-3500 § 19 Nr. 2.

II. Normzweck

15 § 19 SGB XII nennt zusammengefasst alle Leistungsberechtigten nach dem Dritten bis Neunten Kapitel des SGB XII und ist die **vor die Klammer gezogene Anspruchsnorm** (§ 17 Abs. 1 SGB XII) für alle (mit Ausnahme der von dem Dritten bis Neunten Kapitel des SGB XII nicht erfassten Beratungsleistungen, wie etwa die Schuldnerberatung nach § 11 Abs. Satz 2 SGB XII[9]) Leistungen nach dem SGB XII (vgl. § 8 SGB XII). Unter welchen Voraussetzungen die Leistung zu erbringen ist, sowie Art und Maß der Leistung (vgl. § 17 Abs. 2 Satz 1 SGB XII) sind in den § 19 Abs. 1-4 SGB XII konkretisierenden Vorschriften des Dritten bis Neunten Kapitels geregelt.

III. Inhalt der Vorschrift

1. Hilfe zum Lebensunterhalt (Absatz 1)

a. Einsatzgemeinschaft

16 § 19 Abs. 1 SGB XII normiert den Anspruch auf Hilfe zum Lebensunterhalt nach dem Dritten Kapitel des SGB XII. Bei einer Einsatzgemeinschaft hat jedes Mitglied dieser Gemeinschaft einen eigenen individuellen Anspruch, der allerdings nicht nur von den eigenen, sondern auch von den Einkommens- und Vermögensverhältnissen der übrigen Mitglieder der Einsatzgemeinschaft abhängig ist. Insoweit ist die Formulierung in § 19 Abs. 1 SGB XII, der nur eine Aussage zu den „eigenen Kräften und Mitteln" sowie zu „ihrem" (der Leistungsberechtigten) „Einkommen und Vermögen" trifft, ungenau und nur auf das Streichen des früheren § 19 Abs. 1 Satz 2 SGB XII durch das Gesetz zur Ermittlung von Regelbedarfen und zur Änderung des Zweiten und Zwölften Buches Sozialgesetzbuch v. 24.03.2011[10] zurückzuführen. Zur Einsatzgemeinschaft gehören nicht dauernd getrennt lebende Ehepaare (vgl. dazu die Kommentierung zu § 27 SGB XII Rn. 14) und Lebenspartnerschaften nach dem Lebenspartnerschaftsgesetz, nicht aber **eheähnliche Lebensgemeinschaften** sowie lebenspartnerschaftsähnliche Lebensgemeinschaften.[11] Allerdings dürfen diese Lebensgemeinschaften nach § 20 Satz 1 SGB XII nicht besser gestellt werden als Ehegatten mit der Folge, dass die (widerlegbare und im Einzelfall nicht anzuwendende) **Vermutung der Bedarfsdeckung** nach § 39 SGB XII anzuwenden ist. Von der Einsatzgemeinschaft, die auch als Einstandsgemeinschaft (früher auch Bedarfsgemeinschaft[12], was angesichts der in § 7 SGB II genannten Bedarfsgemeinschaft[13] nur zu Irritationen führen würde) bezeichnet wird, weil deren Mitglieder, wovon der Gesetzgeber typisierend ausgeht, bereit sind, füreinander einzustehen, ist die reine Haushaltsgemeinschaft zu unterscheiden, für die § 39 SGB XII gilt (bis 31.12.2010: § 36 SGB XII).

17 Zur Einsatzgemeinschaft gehören nach § 27 Abs. 2 Satz 3 SGB XII auch **minderjährige Kinder** der Ehegatten oder zumindest eines Elternteils (also nicht Stiefkinder) (zur Stiefkinderproblematik vgl. die Kommentierung zu § 27 SGB XII Rn. 19 f.), soweit sie unverheiratet sind und ihren Bedarf nicht aus eigenem Einkommen oder Vermögen decken können. Können minderjährige Kinder ihren Bedarf selbst durch Einkommen oder Vermögen decken, ist anders als bei Ehegatten ihr Einkommen oder Vermögen nur bei ihnen zu berücksichtigen, so dass es nicht auch bedarfsdeckend für die hilfebedürftigen Eltern einzusetzen ist. Gegebenenfalls greift aber auch hier die **Vermutungsregelung** des § 39 SGB XII. Die Vermutungsregelung kann auch bei (vermögenden) volljährigen oder minderjährigen verheirateten Kindern, die nicht Mitglieder der Einstandsgemeinschaft sind, zu Zuge kommen.

b. Selbsthilfe

18 Einen Anspruch auf Hilfe zum Lebensunterhalt hat nach Satz 1 der Vorschrift nur derjenige, der seinen notwendigen Unterhalt nicht oder nicht ausreichend aus eigenen Kräften und Mitteln beschaffen kann (**Selbsthilfemöglichkeit,**). Die Regelung korrespondiert insoweit mit der Aufgabe der Sozialhilfe, den Leistungsberechtigten so weit wie möglich zu befähigen, unabhängig von Leistungen des Sozialhilfeträgers zu leben. Nach den Regeln der objektiven Beweislast trägt der Hilfebedürftige die Beweislast für die anspruchsbegründenden Tatsachen des § 19 Abs. 1 SGB XII, mithin auch (als „negatives" Tatbestandsmerkmal) dafür, dass er zur Selbsthilfe außerstande ist.

---

[9] Vgl. dazu BSG v. 13.07.2010 - B 8 SO 14/09 R - BSGE 106, 268 = SozR 4-4200 § 16 Nr. 5.
[10] BGBl I 2011, 453.
[11] Anders bei der Bedarfsgemeinschaft nach dem SGB II, § 7 Abs. 3 Nr. 3c SGB II.
[12] Vgl. etwa *Alber-Noack*, ZfSH/SGB 1996, 113 ff.
[13] Zum Konstrukt der Bedarfsgemeinschaft nach dem SGB II: *Spellbrink*, NZS 2007, 121.

Aus **eigenen Kräften** kann der Leistungsberechtigte seinen Lebensunterhalt etwa durch Einsatz seiner Arbeitskraft sichern. Als **eigene Mittel** kommen in erster Linie Einkommen oder Vermögen in Betracht (vgl. dazu die Kommentierung zu § 27 SGB XII Rn. 24 ff.). § 19 Abs. 1 Satz 1 SGB XII ist insoweit im Zusammenhang mit dem so genannten Nachranggrundsatz des § 2 SGB XII zu sehen, der von demjenigen, der Leistungen nach dem SGB XII beansprucht, zunächst verlangt, seine eigenen Möglichkeiten zur Sicherung seines Lebensunterhaltes auszuschöpfen. Dies bedeutet allerdings nicht, dass etwa dann, wenn der Lebensunterhalt des Anspruchstellers durch Einsatz seiner Arbeitskraft, seines Einkommens oder seines Vermögens gesichert werden könnte, kein Anspruch auf Leistungen besteht. Vielmehr wird die Grundnorm des § 19 Abs. 1 Satz 1 SGB XII ebenso wie § 2 SGB XII insbesondere durch § 39a SGB XII (bis 31.12.2010: § 39 SGB XII; Ablehnung der Aufnahme einer Tätigkeit; vgl. auch § 11 Abs. 3 Satz 4 SGB XII), §§ 82 ff. SGB XII (einzusetzendes **Einkommen**) und § 90 f. SGB XII (einzusetzendes **Vermögen**) konkretisiert.[14] In der Regel darf nur unter den dort genannten Voraussetzungen die Sozialhilfe vermindert oder gegebenenfalls ganz versagt werden. Eine Geringfügigkeitsgrenze kennt das Gesetz dabei nicht, sieht man davon ab, dass nach § 88 Abs. 1 Nr. 2 SGB XII der Einsatz des Einkommens, der unterhalb der Einkommensgrenze liegt, auch dann verlangt werden kann, wenn zur Deckung des Bedarfs nur geringfügige Mittel erforderlich sind.

2. Grundsicherung im Alter und bei Erwerbsminderung (Absatz 2)

Während die Sozialhilfe nach den §§ 17 ff. SGB XII im Hinblick auf die Sonderregelung für Leistungsberechtigte nach dem SGB II nur noch eine untergeordnete Rolle spielt, haben die Leistungen der Grundsicherung im Alter und bei Erwerbsminderung, die bis zum 31.12.2004 im GSiG geregelt waren, an Bedeutung gewonnen, zumal sie nach § 19 Abs. 2 Satz 2 SGB XII der Hilfe zum Lebensunterhalt nach dem Dritten Kapitel vorgehen. Voraussetzung für die Leistung ist das **Erreichen der Altersgrenze** nach § 41 Abs. 2 SGB XII oder auf Dauer **volle Erwerbsminderung** nach Vollendung des 18. Lebensjahres. In beiden Fällen besteht kein Anspruch nach dem SGB II mehr (vgl. § 7 Abs. 1 Nr. 1 i.V.m. § 7a SGB II und §§ 8, 19 Abs. 1 Satz 2 SGB II). Wie bei den Leistungen nach dem Dritten Kapitel setzt auch der Anspruch auf Grundsicherungsleistungen nach § 43 Abs. 1 SGB XII den Einsatz von Einkommen und Vermögen sowie die Berücksichtigung des Einkommens des nicht getrennt lebenden Ehegatten oder Lebenspartners, die dessen notwendigen Lebensunterhalt übersteigen, voraus. Ergänzt und konkretisiert werden diese Voraussetzungen in den §§ 82 ff. und 90 f. SGB XII. Eine Einsatzgemeinschaft mit minderjährigen Kindern sieht § 19 Abs. 2 SGB XII nicht vor. Einer Regelung für minderjährige Kinder des Grundsicherungsberechtigten nach den §§ 41 ff. SGB XII bedurfte es schon deshalb nicht, weil Leistungen nach den §§ 41 ff. SGB XII frühestens mit Vollendung des 18. Lebensjahres einsetzen können. Ist das Kind minderjährig, kommen bei ihm nur Hilfe zum Lebensunterhalt in Betracht oder, wenn die Eltern oder ein Elternteil erwerbsfähig sind, Sozialgeld nach § 19 Abs. 1 Satz 2 SGB XII oder, wenn das Kind das 15. Lebensjahr vollendet hat, ALG II.

Leistungen nach § 19 Abs. 2 i.V.m. den §§ 41 ff. SGB XII haben nach § 19 Abs. 2 Satz 2 SGB XII Vorrang vor Leistungen der Sozialhilfe nach dem Dritten Kapitel. Sie werden nur auf **Antrag** (§ 41 Abs. 1 SGB XII) gewährt. Der Antrag verliert während des Versicherungsfalls nicht seine Wirkung, so dass die Leistungen der Grundsicherung im Alter und bei Erwerbsminderung nach Ablauf eines Bewilligungszeitraums keinen Folgeantrag voraussetzen.[15]

Bei fehlendem Antrag kommen Sozialhilfeleistungen trotz des Vorrangs der Grundsicherungsleistungen jedenfalls ab Kenntnis des Sozialhilfeträgers (§ 18 SGB XII) in Betracht.[16] Eine fehlende Antragstellung auf Leistungen nach den §§ 41 ff. SGB XII lässt einen gegenüber der Grundsicherung **nachrangigen Anspruch** nach dem Dritten Kapitel des SGB XII zu. Der Vorrang der Grundsicherungsleistungen (§ 19 Abs. 2 Satz 2 SGB XII) geht also nicht so weit, dass ein Sozialhilfeanspruch ausscheidet, wenn Leistungen der Grundsicherung nicht beantragt sind, dem Grunde nach aber ein Anspruch hierauf bestünde. Wird ein Antrag auf Sozialhilfe gestellt, ist dieser wegen des Vorrangs der Leistungen nach § 19 Abs. 2 Satz 2 i.V.m. den §§ 41 ff. SGB XII grundsätzlich als Antrag auf Leistungen der Grundsicherung im Alter und bei Erwerbsminderung auszulegen.[17]

---

[14] BSG v. 26.08.2008 - B 8/9b SO 16/07 R - FEVS 60, 346; BSG v. 02.02.2010 - B 8 SO 21/08 R.
[15] BSG v. 29.09.2009 - B 8 SO 13/08 R - BSGE 104, 207 = SozR 4-3530 § 6 Nr. 1, jeweils Rn. 11 ff.
[16] BSG v. 29.09.2009 - B 8 SO 13/08 R - BSGE 104, 207 = SozR 4-3530 § 6 Nr. 1, jeweils Rn. 16.
[17] BSG v. 18.03.2008 - B 8/9b SO 9/06 R - BSGE 100, 131 = SozR 4-3500 § 90 Nr. 3, jeweils Rn. 10.

23 Der Umfang der Leistungen ist in § 42 SGB XII geregelt. Der in § 19 Abs. 2 Satz 2 SGB XII normierte **Vorrang** gilt dabei nur, soweit die Leistungen nach § 42 SGB XII reichen. § 19 Abs. 2 Satz 2 SGB XII schließt Leistungen nach dem Dritten Kapitel also nicht grundsätzlich aus; der Vorrang bezieht sich deshalb nur auf Leistungen, die den Leistungen des Dritten Kapitels entsprechen. Deshalb können neben die Leistungen nach den §§ 41 ff. SGB XII die Leistungen über die Hilfe zum Lebensunterhalt nach dem Dritten Kapitel treten. Gegen eine solche Auslegung spricht zwar die konkrete Bezugnahme in § 42 Abs. 1 SGB XII auf die jeweiligen Vorschriften des Dritten Kapitels; es wäre allerdings nicht einzusehen, weshalb der Personenkreis der Grundsicherungsberechtigten, der vom Gesetzgeber als schutzbedürftiger gesehen wird (Unterhaltsansprüche bleiben unberücksichtigt, § 39 SGB XII findet keine Anwendung), schlechter gestellt werden soll.

24 Das BSG hat deshalb zum **Verhältnis** von Leistungen nach dem 4. Kapitel zu denen des 3. Kapitels ausgeführt, dass der in § 19 Abs. 2 Satz 2 SGB XII vorgesehene Vorrang der Leistungen der Grundsicherung im Alter und bei Erwerbsminderung nur gilt, soweit die §§ 41 ff. SGB XII Leistungen auch tatsächlich vorsehen. Dies bedeutet, dass auch nach der bis zum 31.12.2008 geltenden Rechtslage ein Bezieher von Leistungen nach den §§ 41 ff. SGB XII nicht von Leistungen nach § 33 SGB XII (die § 42 SGB XII bis 31.12.2008 nicht auszog) ausgeschlossen waren.[18] Dies entspricht auch dem bis 31.12.2004 geltenden Recht. Der Empfänger von Grundsicherungsleistungen hatte neben den vorrangig zu gewährenden Leistungen nach dem GSiG auch einen Anspruch auf Leistungen nach der nicht in das GSiG übernommenen Besitzstandsregelung des § 23 Abs. 1 Satz 2 BSHG, soweit deren Voraussetzungen vorlagen.[19]

25 Da Leistungen der Grundsicherung im Alter und bei Erwerbsminderung der Hilfe zum Lebensunterhalt vorgehen, sind daneben aber keine gleichartigen Leistungen nach dem Dritten Kapitel des SGB XII zu erbringen. In der Regel entspricht der Umfang der Grundsicherungsleistungen nach § 42 SGB XII dem Umfang der **Hilfe zum Lebensunterhalt**. Insoweit nimmt die Vorschrift auch Bezug auf die Leistungen nach dem Dritten Kapitel.

26 Während Einkommen und Vermögen des nicht getrennt lebenden Ehegatten oder Lebenspartners sowie des Partners einer eheähnlichen Gemeinschaft berücksichtigt werden, bleiben Unterhaltsansprüche bei einem jährlichen Gesamteinkommen des Unterhaltpflichtigen von weniger als 100.000 € gegenüber Eltern und Kindern unberücksichtigt (§ 43 Abs. 2 SGB XII).[20] Werden Unterhaltsleistungen allerdings tatsächlich erbracht, sind diese natürlich (wie jedes andere Einkommen auch) zu berücksichtigen, weil sie den Bedarf des Hilfebedürftigen natürlich tatsächlich mindern.[21]

27 Die **Vermutungsregelung** des § 39 SGB XII findet nach § 43 Abs. 1 HS. 2 SGB XII keine Anwendung. Werden Grundsicherungsleistungen nach § 43 SGB XII unabhängig von etwaigen Unterhaltsansprüchen gezahlt, ist es auch folgerichtig, bei Berechtigten nach § 19 Abs. 2 i.V.m. §§ 41 ff. SGB XII von der Anwendung des § 39 SGB XII, der Leistungen zum Lebensunterhalt eines nicht Unterhaltspflichtigen betrifft, abzusehen.

3. Leistungen nach dem Fünften bis Neunten Kapitel (Absatz 3)

28 § 19 Abs. 3 SGB XII betrifft den Anspruch auf Leistungen nach dem Fünften bis Neunten Kapitel, also die Leistungen, die nach dem BSHG noch als Leistungen in besonderen Lebenslagen zusammengefasst waren. Die **Grundnorm** bestimmt auch hier nur, dass Leistungen gewährt werden, soweit den Leistungsberechtigten, ihren nicht getrennt lebenden Ehegatten oder Lebenspartnern und, wenn sie minderjährig und unverheiratet sind, auch ihren Eltern oder einem Elternteil die Aufbringung der Mittel aus dem Einkommen und Vermögen nach den Vorschriften des Elften Kapitels dieses Buches nicht zuzumuten ist. Dabei gelten günstigere Einkommensgrenzen, die in §§ 85 ff. SGB XII im Einzelnen geregelt sind.

29 Während § 27 Abs. 2 Satz 3 SGB XII bei bedürftigen minderjährigen Kindern für Leistungen nach dem Dritten Kapitel darauf abstellt, dass sie dem Haushalt der Eltern oder eines Elternteils angehören, findet sich eine entsprechende Einschränkung in § 19 Abs. 3 SGB XII nicht. Nach der Rechtsprechung des BVerwG ist deshalb der Umstand, dass der minderjährige und unverheiratete (einkommenslose und vermögenslose) Hilfesuchende mit Eltern (einem Elternteil) nicht in **Haushaltsgemeinschaft** lebt,

---

[18] BSG v. 09.06.2011 - B 8 SO 11/10 R - juris Rn. 23
[19] Vgl. dazu BSG v. 16.12.2010 - B 8 SO 9/09 R - SozR 4-3500 § 30 Nr. 2.
[20] Zur Einkommensgrenze bei mehreren Unterhaltspflichtigen BSG v. 25.04.2013 - B 8 SO 21/11 R - SozR 4-3500 § 43 Nr. 3.
[21] BSG v. 16.10.2007 - B 8/9b SO 8/06 R - BSGE 99, 137 = SozR 4-1300 § 44 Nr. 11, jeweils Rn 23.

für die Beurteilung unerheblich, ob den Eltern (dem Elternteil) zuzumuten ist, die zur Deckung des sozialhilferechtlichen Bedarfs erforderlichen Mittel aus ihrem (seinem) Vermögen aufzubringen.[22] Dem ist schon deshalb nicht zu folgen, weil sich nach § 85 Abs. 2 Satz 2 SGB XII für die Berücksichtigung des Einkommens getrennt lebender Eltern die Einkommensgrenze allein nach dem Elternteil richtet, bei dem das Kind lebt und nach dessen Satz 3 eine Anwendung von § 85 Abs. 1 SGB XII vorgesehen ist, wenn das Kind bei keinem Elternteil lebt, mit der Folge, dass das Einkommen der Eltern ganz außer Betracht bleibt.[23]

Die Einbeziehung des **getrennt lebenden** Ehegatten in die Einsatzgemeinschaft des anderen Elternteils, das mit dem minderjährigem Kind in einer Haushaltsgemeinschaft lebt, wäre zudem systemwidrig und im Lichte von Art. 3 GG kaum zu vertreten, weil kein sachlicher Grund dafür erkennbar ist, weshalb hilfebedürftige minderjährige Kinder bei Leistungen nach dem 5. bis 9. Kapitel gegenüber hilfebedürftigen minderjährigen Kindern, die Hilfe zum Lebensunterhalt nach dem 3. Kapitel beziehen, schlechtergestellt werden sollen, indem das Einkommen und Vermögen auch des getrennt lebenden Ehegatten berücksichtigt wird.

4. Schwangerschaft und Betreuung (Absatz 4)

Von dem Grundsatz, dass das minderjährige Kind auf das Einkommen der mit dem Kind in einer Einsatzgemeinschaft lebenden Eltern verwiesen werden kann, macht § 19 Abs. 4 SGB XII zum **Schutz des ungeborenen Lebens** eine Ausnahme. Danach werden Einkommen und Vermögen der Eltern oder des Elternteils nicht berücksichtigt, wenn das minderjährige Kind schwanger ist oder das leibliche Kind bis zur Vollendung des sechsten Lebensjahres betreut. Damit soll die Motivation für eine Abtreibung etwa aus finanziellen Gründen genommen werden. Weil eine auf Schwangere begrenzte Regelung in vielen Fällen nicht ausreichend sein dürfte, um dieses Ziel zu erreichen, ist es konsequent, die Regelung bis zum sechsten Lebensjahr des Kindes zeitlich auszudehnen.

§ 19 Abs. 4 SGB XII hat zur Folge, dass in den Genuss der **Privilegierung** auch Minderjährige kommen, die vor der Geburt des Kindes nicht bedürftig waren, weil das nach § 27 Abs. 2 Satz 3 SGB XII zu berücksichtigende Einkommen der Eltern zur Deckung des notwendigen Lebensunterhalts des Kindes ausreichend war. Damit könnte selbst ein Kind aus einem wohlhabenden Elternhaus, das bei den Eltern lebt, Sozialhilfe erhalten. Hierzu dürfte es jedoch nur in seltenen Ausnahmefällen kommen, weil der Minderjährige in der Regel dem Grund nach leistungsberechtigt nach dem SGB II ist und ein Anspruch deshalb schon nach § 21 SGB XII ausscheidet. Eine § 19 Abs. 4 SGB XII entsprechende Regelung enthält allerdings auch § 9 Abs. 3 SGB II.

Während sich die Begünstigung bei der Schwangerschaft naturgemäß nur auf weibliche Personen bezieht, ist § 19 Abs. 4 SGB XII zudem auch bei **Vätern**, die ihr leibliches Kind betreuen, anwendbar. Liegen die Voraussetzungen von § 19 Abs. 4 SGB XII vor, findet folgerichtig auch die vermutete Bedarfsdeckung nach § 39 SGB XII keine Anwendung (§ 36 Satz 3 Nr. 1 SGB XII), weil § 19 Abs. 4 SGB XII sonst ins Leere ginge. Auch der Übergang von Unterhaltsansprüchen des Kindes gegen Eltern und Großeltern wird konsequenterweise nach § 94 Abs. 1 Satz 4 SGB XII ausgeschlossen. Eine § 36 Satz 3 Nr. 1 SGB XII vergleichbare Regelung findet sich in § 9 Abs. 5 SGB II nicht. Es sind aber keine sachlichen Gründe ersichtlich, Hilfebedürftige nach dem **SGB II** gegenüber Leistungsempfängern nach dem SGB XII schlechter zu stellen. Deshalb ist im Rahmen der Anwendung des § 9 Abs. 5 SGB II der in § 39 Satz 3 Nr. 1 SGB XII ausdrücklich auf die Haushaltsgemeinschaft erstreckte Schutz mittels entsprechender Anwendung von § 9 Abs. 3 SGB II zu gewährleisten.[24]

§ 19 Abs. 4 SGB XII schränkt zwar § 27 Abs. 2 Satz 3 SGB XII bezogen auf **minderjährige Kinder** ein. Da § 39 Satz 3 Nr. 1 SGB XII und § 94 Abs. 1 Satz 4 SGB XII den Schutz nicht auf minderjährige Kinder beschränken, wird er letztlich auch über die Vollendung des 18. Lebensjahres hinaus gewährleistet, soweit überhaupt ein Anspruch nach dem SGB XII (noch) besteht und die minderjährige Mutter bzw. der betreuende minderjährige Vater nicht ohnehin dem Anwendungsbereich des SGB II unterfallen (§ 21 SGB XII).

---

[22] BVerwG v. 08.07.1982 - 5 C 39/81 - BVerwGE 66, 82.
[23] A.A. BVerwG v. 08.07.1982 - 5 C 39/81 - BVerwGE 66, 82.
[24] SG Berlin v. 22.02.2008 - S 123 AS 14752/07.

5. Aufwendungsersatz (Absatz 5)

a. Historische Entwicklung

35 § 19 Abs. 5 SGB XII regelt einen Aufwendungsersatzanspruch des Trägers der Sozialhilfe, wenn er Sozialhilfeleistungen erbringt, obwohl die Aufbringung der Mittel aus dem Einkommen nach § 19 Abs. 1-3 SGB XII i.V.m. §§ 82 ff. SGB XII oder Vermögen nach § 19 Abs. 1-3 i.V.m. § 90 SGB XII zuzumuten ist. Weshalb es überhaupt zu einem Aufwendungsersatzanspruch kommen kann, erscheint zunächst nicht einzuleuchten. Ist nämlich die Aufbringung der Mittel aus Einkommen oder Vermögen möglich oder zumutbar, besteht an sich schon kein Anspruch auf Leistungen der Sozialhilfe, die von dem Sozialhilfeträger zu erbringen wären. Bei **rechtswidrig erbrachten Leistungen** ist die Leistungsbewilligung nach den §§ 45 ff. SGB X aufzuheben und die Leistung nach § 50 Abs. 1 SGB X zu erstatten. Für eine Anwendung von § 19 Abs. 5 SGB XII ist dann kein Raum, weil der Aufwendungsersatz nur rechtmäßig erbrachte Sozialhilfe betrifft.

36 § 19 Abs. 5 SGB XII darf (deshalb) nicht isoliert betrachtet werden, sondern ist im Lichte der **Vorgängerregelung** auszulegen. Nach der Gesetzesbegründung überträgt § 19 Abs. 5 SGB XII den bisherigen § 11 Abs. 2 BSHG und den bisherigen § 29 BSHG.[25] § 11 Abs. 2 BSHG hatte folgende Formulierung: „Hilfe zum Lebensunterhalt kann in begründeten Fällen auch insoweit gewährt werden, als der notwendige Lebensunterhalt aus dem nach Absatz 1 zu berücksichtigenden Einkommen und Vermögen beschafft werden kann. In diesem Umfange haben die in Absatz 1 genannten Personen dem Träger der Sozialhilfe die Aufwendungen zu ersetzen; mehrere Verpflichtete haften als Gesamtschuldner." Entsprechendes sah § 29 BSHG für Hilfen in besonderen Lebenslagen vor. § 29 BSHG lautetet: „In begründeten Fällen kann Hilfe über § 28 hinaus auch insoweit gewährt werden, als den dort genannten Personen die Aufbringung der Mittel aus dem Einkommen oder Vermögen zuzumuten ist. In diesem Umfange haben sie dem Träger der Sozialhilfe die Aufwendungen zu ersetzen; mehrere Verpflichtete haften als Gesamtschuldner." (sogenanntes Bruttoprinzip).

37 Die durch das 2. ÄndG vom 14.08.1969[26] eingeführten §§ 11 Abs. 2 und 29 BSHG enthielten eine Ermächtigung zu einer (endgültigen) Leistung, die vorläufigen Charakter besitzt und deshalb im untechnischen Sinn als **„vorläufige Leistung"** oder **„Vorausleistung"**[27] bezeichnet wird. In begründeten Fällen sollte es dem Sozialhilfeträger danach möglich sein, von der Bestimmung über den Einsatz des Einkommens und Vermögens abzusehen und stattdessen Ersatz seiner Aufwendungen zu verlangen. In der Praxis hatte sich die Notwendigkeit einer solchen Möglichkeit insbesondere in Fällen erwiesen,[28] in denen der Hilfesuchende in einer Anstalt oder einer ähnlichen Einrichtung aufgenommen werden musste und der Träger der Einrichtung vom Sozialhilfeträger die volle Kostenübernahme forderte, obwohl der Hilfesuchende einen Teil der Kosten selbst tragen konnte. Daneben sollte aber auch dem Umstand Rechnung getragen werden, dass die Höhe des zu berücksichtigenden Einkommens und Vermögens in Einzelfällen erst nach längeren Ermittlungen festgestellt werden kann.

b. Unechte Sozialhilfe

38 Auch wenn § 19 Abs. 5 SGB XII die „vorläufige Leistung" nicht ausdrücklich normiert, setzt er sie doch voraus, was auch der Gesetzesbegründung zu entnehmen ist (vgl. dazu Rn. 35). Dabei ist nicht davon auszugehen, dass der Gesetzgeber dem Sozialhilfeträger ohne weitere Prüfung die Möglichkeit an die Hand geben wollte, vom Nettoprinzip auf das Bruttoprinzip, dessen Handhabung in der Praxis auch unter der Geltung des BSHG ohnehin zweifelhaft war,[29] überzugehen. Deshalb sind auch unter der Geltung des SGB XII weiterhin bestimmte Voraussetzungen für die Gewährung der sogenannten „**unechten Sozialhilfe**" nach § 19 Abs. 5 SGB XII zu fordern, nämlich:
- „Vorläufige Leistungen" nach § 19 Abs. 5 SGB XII dürfen nur in **begründeten Fällen** erbracht werden. Es handelt sich insoweit um einen unbestimmten Rechtsbegriff, der unter Berücksichtigung gewisser Typisierungen eine Einzelfallprüfung erforderlich macht.[30] In jedem Fall setzt die unechte Sozialhilfe nach Sinn und Zweck der Vorschrift voraus, dass eine **Notlage** vorliegt, die ein Zuwarten

---

[25] BT-Drs. 15/1514, S. 57.
[26] BGBl I 1969, 1153.
[27] *W. Schellhorn/H. Schellhorn*, BSHG, 16. Aufl. 2002, § 11 Rn. 43.
[28] *W. Schellhorn/H. Schellhorn*, BSHG, 16. Aufl. 2002, § 11 Rn. 43.
[29] BSG v. 26.08.2008 - B 8/9b SO 10/06 R - BSGE 101, 217 = SozR 4-3500 § 133a Nr. 1, jeweils Rn. 15.
[30] *Cordes*, ZfF 2001, 1, 2 f.

nicht zulässt.[31] Ein begründeter Fall liegt z.B. vor, wenn ein Hilfesuchender nicht die vollen Kosten seiner Unterbringung in einem Altenwohnheim übernehmen kann, für einen Teil dieser Kosten auf Sozialhilfeleistungen angewiesen ist und das Wohnheim seine Aufnahme verweigert, wenn es sein Geld nicht „aus einer Hand", nämlich der sicheren des Sozialhilfeträgers, erhält.[32] Ein begründeter Fall ist auch dann anzunehmen, wenn ein leistungsfähiges Mitglied der Einsatzgemeinschaft sich weigert, sein Einkommen oder Vermögen zur Deckung des Bedarfs des Hilfebedürftigen einzusetzen,[33] oder die Prüfung der Einkommens- oder Vermögensverhältnisse längere Zeit in Anspruch nimmt, die Notlage ein Zuwarten aber nicht zulässt. Eine rechtmäßige Sozialhilfe nach § 19 Abs. 5 SGB XII nimmt das Bayerische LSG auch dann an, wenn sich Zweifel an der Hilfebedürftigkeit bei einem Anspruch auf Schenkungsrückgewähr zunächst nicht ausräumen ließen, die Notlage aber ein Zuwarten nicht zulasse.[34] Ob der Sozialhilfeanspruch überhaupt an einem Anspruch auf Schenkungsrückgewähr scheitern kann, scheint aber ohnehin zweifelhaft zu sein, weil erst bei Zufluss entsprechender Leistungen diese zur Bestreitung des Lebensunterhalts eingesetzt werden können.[35] Einen gesetzlich geregelten Fall des Anspruchs nach § 19 Abs. 5 SGB XII sieht schließlich § 32 Abs. 1 Satz 3 HS. 2 SGB XII bei der Übernahme von Beiträgen für die Kranken- und Pflegeversicherung vor, wenn die Beiträge in voller Höhe unmittelbar an die Krankenkasse gezahlt werden, obwohl der Leistungsberechtigte insoweit nur zum Teil bedürftig ist (Bruttoprinzip).

- Erfasst sind sowohl Fälle der teilweisen Bedürftigkeit als auch Fälle, in denen der gesamte Bedarf durch den Hilfesuchenden gedeckt werden kann.
- Die Leistung i.S.v. § 19 Abs. 5 SGB XII setzt das **Einverständnis** des Hilfesuchenden hierzu voraus.
- Mehrere Aufwendungsersatzpflichtige haften als **Gesamtschuldner**.
- Neben oder anstelle des Aufwendungsersatzes dürfen die in die Einsatzgemeinschaft mit einbezogenen Personen nicht als **Unterhaltsschuldner** in Anspruch genommen werden (§ 94 Abs. 1 Satz 3 SGB XII).
- Die „vorläufige Leistung" steht im **Ermessen** des Sozialhilfeträgers. Das Ermessen kann im Einzelfall aber auf Null reduziert sein, insbesondere wenn die erforderliche Hilfe anders nicht zu erlangen ist.

§ 19 Abs. 5 SGB XII sieht für die „unechte Sozialhilfe" das sogenannte Bruttoprinzip vor, ohne dabei die Regelungen über die Einkommensberücksichtigung nach den §§ 82 ff. SGB XII zu unterwandern. Die Anordnung der **Gesamtschuldnerschaft** in Absatz 5 muss mit der vertikalen Einkommensberücksichtigung bei Anwendung der §§ 82 ff. SGB XII (vgl. die Kommentierung zu § 27 SGB XII Rn. 32) in Einklang stehen, die eine „gemeinsame" Berücksichtigung von Einkommen verbietet (vgl. die Kommentierung zu § 27 SGB XII Rn. 27). Bei mehreren Einsatzpflichtigen, die zur Kostenerstattung herangezogen werden, ist die Anordnung der Gesamtschuldnerschaft deshalb nur zulässig, soweit sie in Höhe eines identischen Betrags (gleichzeitig) einsatzpflichtig sind. Dies ist auch den Worten „in diesem Umfang" in Absatz 5 zu entnehmen. Liegen diese Voraussetzungen nicht vor, kann (und muss) deshalb eine Teilschuldnerschaft angeordnet werden. Zur hinreichenden Bestimmtheit eines Verwaltungsaktes (§ 33 SGB X) ist dort eine entsprechende Aussage zu treffen (vgl. zu dieser Problematik beim Kostenbeitrag eingehend die Kommentierung zu § 92 SGB XII Rn. 30 ff.).

c. Aufwendungsersatzanspruch

Der Aufwendungsersatzanspruch richtet sich in der Regel gegen den Hilfeempfänger, nicht aber (auch) gegen **nichtleistungsberechtigte Mitglieder** der Einsatzgemeinschaft, die ihr Einkommen und Vermögen zur Deckung des Bedarfs einsetzen müssen, dies aber nicht tun, und der Sozialhilfeträger deshalb zur Deckung des erforderlichen Bedarfs quasi in „Vorleistung" tritt. Etwas anderes gilt allerdings in den Fällen, in denen der Sozialhilfeträger Sozialhilfe allein deshalb erbracht hat, weil sich das leistungsfähige Mitglied der Einsatzgemeinschaft – etwa der nicht getrennt lebende Ehegatte – weigert, sein Einkommen oder Vermögen zur Deckung des Bedarfs des Hilfebedürftigen einzusetzen.[36] Dann beruht die Berechtigung des Sozialhilfeträgers, den nicht getrennt lebenden Ehegatten auf Aufwen-

---

[31] BSG v. 20.09.2012 - B 8 SO 20/11 R - SozR 4-3500 § 19 Nr. 4.
[32] BayVGH v. 24.9.1992 - 12 B 90.327 - FEVS 44, 69.
[33] Schoch in: LPK-SGB XII, 9. Aufl. 2012, § 19 Rn. 21.
[34] Bayerisches LSG v. 11.10.2013 - L 8 SO 105/13.
[35] Vgl. auch BSG v. 02.02.2010 - B 8 SO 21/08 R.
[36] Schoch in: LPK-SGB XII, 9. Aufl. 2012, § 19 Rn. 21.

dungsersatz in Anspruch nehmen zu können, auf der ausdrücklichen Regelung in § 19 Abs. 5 SGB XII. Diese ist notwendig, weil durch die Hilfegewährung an den einen Ehegatten gerade keine sozialhilferechtliche Rechtsbeziehung zu dem anderen Ehegatten hergestellt wird, die aus sich heraus dessen Inanspruchnahme auf Kostenersatz rechtfertigen könnte.[37] Als Ersatzpflichtiger kommt in diesen Fällen der Empfänger der Leistung (der Hilfebedürftige) und als Gesamtschuldner derjenige in Betracht, der sein Einkommen oder Vermögen bewusst nicht zur Deckung des Bedarfs des Hilfebedürftigen eingesetzt hat. Die Rechtmäßigkeit der Leistung i.S.v. § 19 Abs. 5 SGB XII setzt hier nur das **Einverständnis** des Hilfesuchenden voraus. Der Erstattungsanspruch kann gegebenenfalls neben dem Kostenersatz nach § 103 SGB XII geltend gemacht werden.

41 Der Höhe nach ist der Aufwendungsersatz durch die Höhe des einzusetzenden Einkommens oder Vermögens begrenzt. Für die Abgrenzung zwischen Einkommen und Vermögen ist dabei auf den Beginn der erweiterten Hilfe abzustellen.[38] Wird das Vermögen während der Dauer des Leistungsbezugs nicht verbraucht, ist es bei der Höhe des Aufwendungsersatzes nicht Monat für Monat erneut zu berücksichtigen. Zwar ist ein **fiktiver Verbrauch** von Vermögenswerten in Ermangelung einer gesetzlichen Grundlage abzulehnen;[39] dies betrifft aber nicht die Fälle, in denen (rechtmäßig) Sozialhilfe (nach § 19 Abs. 5 SGB XII oder als Darlehen) gewährt wird und deshalb das einzusetzende Vermögen weder eingesetzt noch verwertet werden muss. Der Sozialhilfeanspruch ist untrennbar mit dem Aufwendungsersatzanspruch verknüpft, sodass das einsetzbare Vermögen wirtschaftlich verwertet ist, wenn der Aufwendungsersatzanspruch den Wert des Vermögens erreicht hat. Dementsprechend muss die Gewährung unechter Sozialhilfe nach § 19 Abs. 5 SGB XII zu diesem Zeitpunkt auch ihr Ende finden und „echte" Sozialhilfe geleistet werden.[40] Denn anderenfalls stünde der Bezieher unechter Sozialhilfe schlechter als derjenige, der sein Vermögen verwertet und im Anschluss daran „echte" Sozialhilfe erhält.

42 Der Anspruch auf Ersatz der Aufwendungen gegen denjenigen, der sein Einkommen oder Vermögen einzusetzen hat, ist nach der Rechtsprechung des Bundesverwaltungsgerichts nicht durch die bürgerlich-rechtlichen Vorschriften des **Unterhaltsrechts** begrenzt.[41] Dies ist allerdings dann zweifelhaft, wenn ein Sozialhilfeanspruch wegen einzusetzenden Vermögens des Unterhaltspflichtigen überhaupt nicht besteht. Bei einer Einstandsgemeinschaft geht der Gesetzgeber **typisierend** davon aus, dass deren Mitglieder bereit sind, ohne Berücksichtigung von Unterhaltsansprüchen, Unterhaltstabellen und Selbstbehalten uneingeschränkt füreinander einzustehen („funktionierende Bedarfsgemeinschaft"[42]). Wenn der Unterhaltspflichtige aber trotz Vermögens (oder Einkommens) nicht bereit ist, dieses zur Deckung des Bedarfs der Mitglieder der Einstandsgemeinschaft einzusetzen, bleibt den übrigen Mitgliedern der Einstandsgemeinschaft, wenn die erweiterte Hilfe abgelehnt wird, nur die Möglichkeit, Unterhaltsansprüche nach bürgerlichem Recht geltend zu machen, die gegebenenfalls der Höhe nach geringer sind als der sozialhilferechtliche Bedarf. Wird erweiterte Hilfe aber geleistet, muss der Unterhaltspflichtige die gegenüber Unterhaltsansprüchen höheren Sozialhilfeaufwendungen erstatten.

43 Ein Aufwendungsersatz kommt nur in Frage, wenn die Bewilligung der „unechten" Sozialhilfe rechtmäßig war. Die Bewilligung der Leistungen ist zwar trotz einzusetzenden Einkommens und/oder Vermögens rechtmäßig. Der Leistungsträger muss aber in **Kenntnis des zumutbaren Einsatzes von Einkommen und Vermögen** Leistungen zur Abwendung der Notlage in Abkehr des sogenannten Nachranggrundsatzes erbringen, wenn der begründete Fall darin liegt, dass sich das vermögende Mitglied der Einstandsgemeinschaft weigert, für die übrigen Mitglieder der Einstandsgemeinschaft einzustehen oder eine Einrichtung die vollständige Übernahme der Kosten durch den Einrichtungsträger verlangt. Hat er hiervon keine Kenntnis, sind die Leistungen zu Unrecht erbracht worden, weil der Sozialhilfeträger keine bedürftigkeitsunabhängige Leistung erbracht hat, sondern die Sozialhilfe in dem Glauben gezahlt hat, dass der Empfänger bedürftig ist. Ein Umdeutung (§ 43 SGB X) scheidet aus, weil die erweiterte Sozialhilfe eine Ermessensleistung ist. Der den Leistungen zu Grunde liegende Bescheid ist – soweit Bedürftigkeit fehlt – deshalb rechtswidrig. In diesen Fällen kommt nur eine Rücknahme oder

---

[37] BVerwG v. 18.12.1975 - V C 23.75 - BVerwGE 50, 73.
[38] SG Lüneburg v. 16.06.2011 - S 22 SO 73/09 - ZfF 2013, 235.
[39] Vgl. BVerwG v. 19.12.1997 - 5 C 7/96 - BVerwGE 106, 105.
[40] Zur Gewährung von Sozialhilfe als Darlehen vgl. BSG v. 25.08.2011 - B 8 SO 19/10 R; BVerwG v. 17.10.1974 - V C 50.73 - BVerwGE 47, 103, 113.
[41] BVerwG v. 08.07.1982 - 5 C 39/81 - BVerwGE 66, 82 unter Aufgabe seiner früheren Rechtsprechung.
[42] BSG v. 07.11.2006 - B 7b AS 8/06 R - BSGE 97, 217 Rn. 15 = SozR 4-4200 § 22 Nr. 1.

Aufhebung der Leistungsbewilligung nach den §§ 45 ff. SGB X in Betracht, in deren Folge der Leistungsträger einen Erstattungsanspruch gegen den Leistungsberechtigten nach § 50 SGB X geltend machen kann.

Einer Kenntnis des zumutbaren Einsatzes von Einkommen und Vermögen bedarf es hingegen nicht, wenn die Leistung bei (nur) **unklaren Einkommens- und Vermögensverhältnissen** erbracht wird. Nimmt der Sozialhilfeträger einen begründeten Fall an, obwohl ihm die konkreten Einkommens- und Vermögensverhältnisse des Hilfesuchenden bekannt sind, ist die Leistungsbewilligung rechtswidrig, soweit das (dem Sozialhilfeträger bekannte) Einkommen oder Vermögen einzusetzen ist. Ein Aufwendungsersatz nach § 19 Abs. 5 SGB XII scheidet aus. Auch hier muss der Weg über § 45 SGB X i.V.m. § 50 Abs. 1 SGB X durch den Sozialhilfeträger gewählt werden. Gleiches gilt, wenn der Hilfesuchende das Einkommen und Vermögen verschweigt und der Sozialhilfeträger deshalb davon ausgehen muss, dass einzusetzendes Einkommen oder Vermögen nicht existiert, die Leistung also nicht i.S. eines begründeten Falls erbracht wird. 44

Wurden die Leistungen bzw. die Leistungsvoraussetzungen durch **vorsätzliches oder grob fahrlässiges Verhalten** herbeigeführt, liegt ebenfalls kein Fall des § 19 Abs. 5 SGB XII vor (Ausnahme: Rn. 40). Ansprüche auf Erstattung erbrachter Leistungen sind durch den Sozialhilfeträger nach den §§ 103 Abs. 1, 104 Abs. 1 SGB XII geltend zu machen (vgl. die Kommentierung zu § 103 SGB XII). 45

Wurden Leistungen in Anwendung des § 19 Abs. 5 SGB XII erbracht und stirbt der Leistungsempfänger, ist der Erbe zum Aufwendungsersatz verpflichtet. Die zu Lebzeiten des Hilfeempfängers entstandene Verpflichtung zur Erstattung der Aufwendungen geht mit dem Tod in Anwendung der §§ 1922 Abs. 1, 1967 Abs. 1 BGB auf den **Erben** über. Daneben bedarf es keiner Anwendung des § 102 Abs. 1 Satz 1 SGB XII. Jedenfalls kommt dem Erben die dort vorgesehene Privilegierung nicht zugute.[43] 46

6. Übergang von Ansprüchen (Absatz 6)

Nach § 19 Abs. 6 SGB XII steht der Anspruch der Berechtigten auf Leistungen für Einrichtungen oder auf Pflegegeld, soweit die Leistung den Berechtigten erbracht worden wäre, nach ihrem Tode demjenigen zu, der die Leistung erbracht oder die Pflege geleistet hat. § 19 Abs. 6 SGB XII regelt zum Schutz der in Vorleistung für den Sozialhilfeträger tretenden Einrichtungen (§ 13 Abs. 1 SGB XII) oder der Pflegeperson einen besonderen Fall der **Sonderrechtsnachfolge** im Sinne einer cessio legis.[44] 47

Die Vorschrift entspricht der mit dem Gesetz zur Reform des Sozialhilferechts vom 23.07.1996[45] eingeführten Vorschrift des § 28 Abs. 2 BSHG und war die Reaktion des Gesetzgebers auf die Rechtsprechung des Bundesverwaltungsgerichts zur generellen Unvererblichkeit von Sozialhilfeansprüchen.[46] Nach der Rechtsprechung des BVerwG waren Sozialhilfeansprüche nach Maßgabe der §§ 58, 59 SGB I nur vererblich, wenn der Hilfebedürftige zu Lebzeiten seinen Bedarf mit Hilfe eines im **Vertrauen auf die spätere Bewilligung von Sozialhilfe vorleistenden Dritten** gedeckt hat, weil der Träger der Sozialhilfe nicht rechtzeitig geholfen oder Hilfe abgelehnt hat (vgl. die Kommentierung zu § 17 SGB XII Rn. 29).[47] Da ein Anspruch auf Übernahme der Vergütung in Einrichtungen (§ 75 Abs. 1 SGB XII) oder auf Pflegegeld (§ 64 SGB XII) nach § 17 Abs. 1 Satz 2 SGB XII auch nicht abgetreten (übertragen) werden kann (vgl. die Kommentierung zu § 17 SGB XII Rn. 17 ff.), wird der erforderliche Schutz durch den Forderungsübergang bei Tod des Hilfeempfängers sichergestellt. Einrichtungen und Pflegepersonen, die mit tatsächlichen Unterstützungsleistungen die Folgen einer nicht rechtzeitigen Erbringung von Sozialhilfeleistungen getragen haben, werden durch erbrechtliche Konsequenzen nicht mehr benachteiligt.[48] 48

Die sozialhilferechtlich für das Pflegegeld vorgesehene Sonderrechtsnachfolge von Personen, die einen verstorbenen Hilfeempfänger vor dessen Tod gepflegt haben, erfasst nicht zusätzlich den Anspruch des Hilfeempfängers auf Übernahme angemessener **Alterssicherungsbeiträge** der Pflegeperson.[49] 49

---

[43] BVerwG v. 20.11.1977 - V C 18.76 - BVerwGE 52, 16 ff.
[44] BSG v. 13.07.2010 - B 8 SO 13/09 R - BSGE 106, 264 = SozR 4-3500 § 19 Nr. 2 m.w.N.; a.A. *Grube* in: Grube/Wahrendorf, SGB XII, 4. Aufl. 2012, § 19 SGB XII Rn. 24; *Dauber* in: Mergler/Zink, Handbuch der Grundsicherung und Sozialhilfe, Teil II, § 19 SGB XII Rn. 19, Stand August 2013.
[45] BGBl I 1996, 1088.
[46] *Rothkegel* in: Rothkegel, Sozialhilferecht, 2005, Teil II Kap 3 Rn. 101.
[47] BVerwG v. 05.05.1994 - 5 C 43/91 - BVerwGE 96, 18 ff.
[48] BVerwG v. 05.05.1994 - 5 C 43/91 - BVerwGE 96, 18, 23.
[49] BSG v. 02.02.2012 - B 8 SO 15/10 R - BSGE 110, 93 = SozR 4-3500 § 19 Nr. 3.

50 Da es sich bei § 19 Abs. 6 SGB XII um einen gesetzlichen Forderungsübergang (Sonderrechtsnachfolge) handelt, geht der Anspruch des verstorbenen Hilfeempfängers unverändert auf die Einrichtung über, ohne diese etwa zu privilegieren. Besaß der Hilfeempfänger zu berücksichtigendes **Einkommen oder Vermögen**, muss dieses deshalb in gleicher Weise bei dem übergegangenen Anspruch der Einrichtung Berücksichtigung finden. Dies bedeutet, dass zum Zeitpunkt des jeweiligen Bedarfsanfalls (Fälligkeit der Heimkosten) eine Gegenüberstellung von Bedarf und Einkommen/Vermögen erforderlich ist, und nach § 19 Abs. 6 SGB XII auch der Einrichtung nur der das zu berücksichtigende Einkommen/Vermögen überschreitende Bedarfsanteil als Leistung nach dem SGB XII gewährt werden kann, und zwar soweit es das Vermögen betrifft, so lange, bis dieses verbraucht ist. Ein **fiktiver Vermögensverbrauch** zugunsten der Einrichtung scheidet wie beim Hilfeempfänger aus.[50]

51 Bei fehlender Bedürftigkeit kann im Wege der Sonderrechtsnachfolge auch ein Anspruch auf sogenannte unechte Sozialhilfe nach § 19 Abs. 5 SGB XII auf die Einrichtung übergehen. Dies setzt nach Sinn und Zweck der Vorschrift aber unter anderem voraus, dass eine Notlage vorliegt, die ein Zuwarten nicht zulässt.[51] Der ursprünglich gegen den Hilfeempfänger bestehende Aufwendungsersatzanspruch richtet sich nach dessen Tod gegen die Einrichtung und nicht gegen die Erben (zur Höhe des Aufwendungsersatzanspruchs vgl. Rn. 41). Insoweit ist § 19 Abs. 6 SGB XII erweiternd auszulegen, weil der Sozialhilfe- und der Aufwendungsersatzanspruch als untrennbare Einheit zu verstehen sind. Etwas anderes gilt aber dann, wenn sich schon zu Lebzeiten des Leistungsempfängers der Aufwendungsersatzanspruch gegen einen Dritten gerichtet hätte.

52 § 19 Abs. 6 SGB XII gilt nur für Leistungen nach dem SGB XII, nicht für entsprechende Leistungen nach § 4 AsylbLG (Leistungen bei Krankheit, Schwangerschaft und Geburt).[52] Beim **AsylbLG** handelt es sich nach der Vorstellung des Gesetzgebers[53] im Kern um eine Regelung des Aufenthalts- und Niederlassungsrechts von Ausländern nach dem AsylVfG. Die Regelungen des AsylbLG weisen deshalb auch deutliche strukturelle Unterschiede zum SGB XII auf.[54]

53 Durch die Regelung in § 19 Abs. 6 SGB XII sollen die Träger einer Einrichtung, die Hilfe zur Pflege erbracht haben, und Pflegepersonen im Sinne von nahen Angehörigen des Pflegebedürftigen, die Pflege geleistet haben, in ihrem Vertrauen auf die Gewährung von Leistungen geschützt werden. Die **besondere Schutzwürdigkeit** dieses Vertrauens resultiert bei Pflegepersonen aus dem Umstand der geleisteten persönlichen Pflege aufgrund einer emotionalen Verbundenheit mit dem Pflegebedürftigen und der damit verbundenen Entlastung der Solidargemeinschaft.

54 Das **Vertrauen von Einrichtungen**, die (teil-)stationäre Leistungen erbringen, ist ebenfalls besonders schutzwürdig, weil sie Leistungen in erheblichem Umfang und von erheblichem Wert im Vorgriff auf zu erwartende Leistungen des Sozialhilfeträgers erbringen (vgl. Rn. 58). Stirbt der Hilfeempfänger, bevor der Sozialhilfeträger über die Leistung entschieden hat, geht der Anspruch auf die Einrichtung über, die ihn dann ihrerseits geltend machen kann. Ist vor dem Tod eines Hilfeempfängers bereits ein gegen die (ablehnende) Leistungsbewilligung gerichtetes Klageverfahren anhängig, kann ein nach § 19 Abs. 6 SGB XII existierender Rechtsnachfolger das Verfahren aufnehmen und als Rechtsnachfolger weiter betreiben. § 19 Abs. 6 SGB XII greift nach seinem Sinn und Zweck aber nur, wenn über die Leistung noch nicht abschließend (bestandskräftig) entschieden wurde und deshalb noch keine Leistungen (jedenfalls nicht in der begehrten Höhe) geflossen sind. Der Schutz geht nicht so weit, dass bei einer bestandskräftigen Entscheidung des Sozialhilfeträgers gegenüber dem Hilfeempfänger die Einrichtung nach dessen Tod einen Überprüfungsantrag nach § 44 SGB X mit der Begründung stellen könnte, dem Hilfeempfänger habe ein – nunmehr übergegangener – Anspruch auf (höhere) Leistungen zugestanden.

55 § 19 Abs. 6 SGB XII fördert mithin eine **schnelle Hilfe durch Dritte** und vermeidet, dass Einrichtungen und Pflegepersonen trotz berechtigten Vertrauens auf Leistungen der Sozialhilfe leer ausgehen, wenn die Entscheidungen bei der Hilfe in Einrichtungen oder bei ambulanter Pflege längere Zeit beanspruchen.[55] Dieser Zweck deckt sich weitgehend mit dem des § 25 SGB XII, der einen Aufwendungsersatzanspruch des Nothelfers in einer speziellen sozialhilferechtlichen Form der Geschäftsführung ohne Auftrag vorsieht.[56]

---

[50] BSG v. 20.09.2012 - B 8 SO 20/11 R - SozR 4-3500 § 19 Nr. 4.
[51] BSG v. 20.09.2012 - B 8 SO 20/11 R - SozR 4-3500 § 19 Nr. 4.
[52] OVG NRW v. 30.01.2013 - 12 A 2349/12.
[53] BT-Drs. 12/4451, S. 5.
[54] im Ergebnis ebenso OVG NRW v. 30.01.2013 - 12 A 2349/12.
[55] BT-Drs. 13/3904, S. 45.
[56] BSG v. 11.06.2008 - B 8 SO 45/07 B - SozR 4-1500 § 183 Nr. 7 Rn. 9.

Dieser hinter der cessio legis sich verbergende Rechtsgrund einer **Geschäftsführung ohne Auftrag** zeigt sich auch in der Fallgestaltung, in der der Sozialhilfeträger den Antrag auf Übernahme der Heimkosten (zu Unrecht) abgelehnt, der Hilfebedürftige sich hiergegen zunächst mit einem erfolglosen Widerspruch und einer anschließenden Klage vor dem SG wendet, während des Klageverfahrens stirbt und ein Dritter, z.B. die Mutter des Hilfebedürftigen, im Vorgriff auf die zu erwartenden Leistungen des Sozialhilfeträgers die Heimkosten im vollen Umfang übernimmt. Eine rein am Wortlaut orientierte Auslegung führte dazu, dass die Einrichtung kraft Gesetzes Anspruchsinhaber würde und das Verfahren vor dem SG als Rechtsnachfolger fortsetzen könnte mit dem Ergebnis, dass sie bei einer erfolgreichen Klage ein zweites Mal ihre Vergütung erhielte. Hier ist nach Sinn und Zweck der Vorschrift ein Anspruchsübergang auf den Heimträger zu verneinen. Ein Anspruch aus Geschäftsführung ohne Auftrag, der den Anspruchsübergang überhaupt erst rechtfertigt, scheidet aus, weil die Einrichtung ihre Gegenleistung erhalten hat und dementsprechend ein Ersatz von **Aufwendungen nach § 683 BGB** ausscheidet. Geht der Anspruch aber nicht nach § 19 Abs. 6 SGB XII über, kann die Mutter – soweit sie Erbin ist – als Rechtsnachfolgerin nach der Rechtsprechung des BVerwG (vgl. die Kommentierung zu § 17 SGB XII Rn. 29) den Anspruch gegen den Sozialhilfeträger geltend machen.

56

Der Begriff „**Einrichtung**" war bereits nach dem Rechtsverständnis des BSHG der Oberbegriff für „Anstalten", „Heime" und „gleichartige Einrichtungen" (z.B. in § 97 Abs. 4 BSHG).[57] Wesentliches Merkmal einer Einrichtung i.S.d. Sozialhilferechts ist deshalb zunächst die räumliche Bindung an ein Gebäude.[58] Daneben verlangt der Begriff der Einrichtung i.S. dieser Vorschrift, dass es sich um einen in einer besonderen Organisationsform zusammengefassten Bestand von personellen und sächlichen Mitteln unter verantwortlicher Trägerschaft handelt, der auf gewisse Dauer angelegt und für einen wechselnden Personenkreis zugeschnitten ist[59] und **Leistungen der Sozialhilfe** erbringt.

57

Einrichtungen können neben stationären auch **teilstationäre Einrichtungen**[60] sein. Durch die Aufnahme in eine solche Einrichtung unterscheidet sich die teilstationäre Betreuung zugleich auch von einer ambulanten Betreuung.[61] **Ambulante Leistungserbringer** sind keine Einrichtungen i.S.v. § 19 Abs. 6 SGB XII. Sie sind stationären bzw. teilstationären Leistungserbringern bezogen auf den Anspruchsübergang nach § 19 Abs. 6 SGB XII auch nicht gleichzustellen. Grundsätzlich obliegt es dem Gesetzgeber, die Sachverhalte auszuwählen, an die er dieselbe Rechtsfolge knüpft, die er somit im Rechtssinne als gleich ansehen will, soweit die Auswahl sachgerecht ist.[62] Dies ist hier zu bejahen, weil das durch § 19 Abs. 6 SGB XII geschützte Vertrauen von Einrichtungen, die (teil-)stationäre Leistungen erbringen, in höherem Maße gegenüber ambulanten Leistungserbringern schutzwürdig ist, weil das Kostenrisiko für den Erbringer (teil-)stationärer Leistungen typischerweise größer ist als für einen ambulanten Leistungserbringer und Einrichtungsträger ihre Leistungen im Regelfall in größeren zeitlichen Abständen abrechnen, sodass eher die Gefahr besteht, den Anspruch auf Leistungen in einem größeren Umfang durch den Tod des Hilfeberechtigten zu verlieren.[63]

58

Nach anderer Auffassung[64] soll es schon der Wortlaut der Norm („Leistungen **für** Einrichtungen" statt früher in § 28 Abs. 2 BSHG „Hilfe **in** einer Einrichtung") nicht ausschließen, ambulante Pflegedienste unter den Begriff der Einrichtung zu fassen. § 13 Abs. 2 SGB XII enthalte eine alle Einrichtungen, also auch **ambulante Pflegedienste**, umfassende Definition von Einrichtungen. Diese Auffassung verkennt völlig, dass in § 13 Abs. 1 Satz 1 SGB XII, auf den § 13 Abs. 2 SGB XII Bezug nimmt, von „Leistungen außerhalb von Einrichtungen" mit dem Klammerzusatz „ambulante Leistungen" die Rede ist. Hieraus ergibt sich ohne Zweifel, dass ambulanten Pflegedienste nicht der Definition des Begriffs der Einrichtung unterfallen. Aus dem Wort „für" Einrichtungen in § 19 Abs. 6 SGB XII lässt sich ebenso we-

59

---

[57] BSG v. 13.07.2010 - B 8 SO 13/09 R - BSGE 106, 264 = SozR 4-3500 § 19 Nr. 2; vgl. auch *Schoch* in: Münder, LPK-BSHG, 6. Aufl. 2003, § 97 BSHG Rn. 58 ff., *Schellhorn/Schellhorn*, BSHG, 16. Aufl. 2002, § 97 BSHG Rn. 89 ff.

[58] BSG v. 13.07.2010 - B 8 SO 13/09 R - BSGE 106, 264 = SozR 4-3500 § 19 Nr. 2; BVerwG v. 22.05.1975 - V C 19.74 - BVerwGE 48, 228 ff. = Buchholz 436.0 § 40 BSHG Nr. 6; BVerwG v. 24.02.1994 - 5 C 24/92 - BVerwGE 95, 149, 152; BVerwG v. 24.02.1994 - 5 C 42/91 - FEVS 45, 52 ff.

[59] BVerwG v. 24.02.1994 - 5 C 24/92 - BVerwGE 95, 149, 152; BVerwG v. 24.02.1994 - 5 C 42/91 - FEVS 45, 52 ff.

[60] BVerwG v. 22.05.1975 - V C 19.74 - BVerwGE 48, 228 ff. = Buchholz 436.0 § 40 BSHG Nr. 6.

[61] BVerwG v. 22.05.1975 - V C 19.74 - BVerwGE 48, 228 ff. = Buchholz 436.0 § 40 BSHG Nr. 6.

[62] BVerfG v. 04.04.2001 - 2 BvL 7/98 - BVerfGE 103, 310, 318 m.w.N.

[63] BSG v. 13.07.2010 - B 8 SO 13/09 R - BSGE 106, 264 = SozR 4-3500 § 19 Nr. 2.

[64] Hacke, ZFSH/SGB 2012, 377 ff.

nig etwas herleiten, zumal § 13 SGB XII als amtliche Überschrift insoweit identisch ist und daneben vom Vorrang anderer Leistungen spricht, mit denen nur ambulante Leistungen gemeint sein können. Für eine funktionsdifferente Auslegung des Begriffs „Leistungen für Einrichtungen" besteht kein Raum.

60 Nach einer weiteren Auffassung[65] bietet die Vererblichkeit von Sozialhilfeansprüchen[66] eine angemessene Lösung für ambulante Dienste, die in „Vorleistung" getreten sind. Der „Kostenerstattungsanspruch" (gemeint ist wohl der vertragliche Anspruch gegen den Verstorbenen) könne dann gegenüber dem Erben geltend gemacht werden. Dies ist aber – soweit Erben vorhanden sind – unabhängig von der Frage der Vererblichkeit von Sozialhilfeansprüchen ohnehin der Fall, weil der Anspruch des ambulanten Dienstes natürlich eine **Nachlassverbindlichkeit** darstellt. Ob der ambulante Dienst gegen den Erben zum Zuge kommt, hängt allein von der Höhe des Nachlasses und der Nachlassverbindlichkeiten ab.

61 Träger der Einrichtung kann auch eine **Körperschaft des öffentlichen Rechts**, also auch ein Sozialhilfeträger sein, der die Einrichtung betreibt. Selbst der Sozialhilfeträger, der die Leistungen zu erbringen hat, kann deshalb Inhaber des übergegangenen Anspruchs sein, wenn die Einrichtung von ihm betrieben wird.

62 Durch den von § 19 Abs. 6 SGB XII vorgesehenen gesetzlichen Forderungsübergang scheidet ein kraft **Erbfolge** übergehender Anspruch aus. Wird der Sozialhilfeträger von der Einrichtung nach § 19 Abs. 6 SGB XII in Anspruch genommen und wird der Anspruch vom Sozialhilfeträger erfüllt, kann dieser gegebenenfalls einen Kostenersatz nach § 102 SGB XII gegen den Erben geltend machen. Zwar gehört die nach § 19 Abs. 6 SGB XII übergehende Forderung des Erblassers gegen den Sozialhilfeträger auf Sozialhilfeleistungen zum Zeitpunkt seines Todes zu dem **Aktivvermögen**, während die Ersatzpflicht nach § 102 SGB XII in dessen Absatz 2 als Nachlassverbindlichkeit bezeichnet wird; entscheidend ist aber, dass dieses „Aktivvermögen" gerade nicht auf den Erben übergeht, er vielmehr die zivilrechtliche Verbindlichkeit gegenüber der Einrichtung aus dem Nachlass erfüllen muss. Es macht deshalb keinen Unterschied, ob der Sozialhilfeträger vor dem Tod des Hilfebedürftigen die Leistung erbringt und später den Erben in die Haftung nimmt oder ob der Sozialhilfeträger erst nach dem Tod des Hilfebedürftigen den (nunmehr auf den nach § 19 Abs. 6 SGB XII Berechtigten) übergegangenen Anspruch gem. § 19 Abs. 6 SGB XII befriedigt.

63 Der Sozialhilfeträger kann die Einrichtung nicht darauf verweisen, ihren **Anspruch zunächst gegen den Erben** geltend zu machen, und den Anspruch nach § 19 Abs. 6 SGB XII deshalb nur erfüllen, soweit der Nachlass nicht reicht oder die Einrichtung mit ihrem Anspruch gegen den Erben erfolglos bleibt oder ihn nicht im Wege der Zwangsvollstreckung durchsetzen kann.[67] Der Anspruch geht in dem Umfang auf die Einrichtung oder die Pflegeperson über, in dem auch der verstorbene Hilfebedürftige einen Anspruch hatte. Eine Einschränkung bei möglichen Ansprüchen gegen die Erben sieht § 19 Abs. 6 SGB XII nicht vor. Sinn und Zweck von § 19 Abs. 6 SGB XII ist es gerade, die Träger einer Einrichtung, die Hilfe zur Pflege erbracht haben, in ihrem Vertrauen auf die Gewährung von Leistungen zu schützen und sie nicht auf möglicherweise zweifelhafte Ansprüche gegen die Erben zu verweisen.

64 Bei **Pflegepersonen** stellt sich die Frage, ob sie (zunächst) auf die Erben verwiesen werden können, schon deshalb nicht, weil sie die Pflege als nahe Angehörige ohne Entgeltanspruch allein auf Grund einer sittlichen Pflicht erbracht haben. Haben mehrere nahe Angehörige die Pflege erbracht, geht der Anspruch auf sie nicht als Gesamtgläubiger nach § 432 BGB über, weil sie nicht eine unteilbare Leistung zu fordern haben. Der Anspruch geht deshalb anteilig nur in dem Umfang über, in dem die Pflegepersonen den verstorbenen Hilfebedürftigen gepflegt haben.

65 Als **ungeschriebenes Tatbestandsmerkmal** setzt § 19 Abs. 6 SGB XII voraus, dass der Anspruch einer Einrichtung noch nicht erfüllt ist. Denn nur dann hat sie ein schutzwürdiges Vertrauen. In den Fällen, in denen der Sozialhilfeträger trotz eines Anspruchs des Hilfebedürftigen nicht leistet und der Bedarf deshalb zunächst mit Hilfe Dritter oder durch Einsatz von Schonvermögen gedeckt wird, hat deshalb zwar der Hilfebedürftige aus Gründen des effektiven Rechtsschutzes trotz (inzwischen) fehlender

---

[65] Rein, ZFSH/SGB 2012, 592 ff.
[66] unter Hinweis auf BVerwG v. 05.05.1994 - 5 C 43/91 - BVerwGE 96, 18.
[67] So aber *Zeitler*, NDV 1997, 4.

gegenwärtiger Bedürftigkeit einen Leistungsanspruch,[68] im Falle seines Todes geht er aber nicht auf die bereits befriedigte Einrichtung über.

C. Praxishinweise

Leistet der Sozialhilfeträger trotz eines Anspruchs nach § 19 Abs. 1-3 SGB XII nicht und wird der Bedarf vor der Entscheidung durch den Sozialhilfeträger oder bei einer Klage oder einem Antrag auf Erlass einer einstweiligen Anordnung durch das Sozialgericht mit Hilfe Dritter oder durch Einsatz von Schonvermögen gedeckt, erledigt sich das Begehren des Hilfebedürftigen nicht. Insbesondere findet der Grundsatz „**keine Leistungen für die Vergangenheit**" keine Anwendung. Aus Gründen des effektiven Rechtsschutzes ist deshalb in einem solchen Fall selbst bei (inzwischen) fehlender gegenwärtiger Bedürftigkeit Sozialhilfe auch für die Vergangenheit zu gewähren.[69] Waren durch den Sozialhilfeträger keine Geld-, sondern Sachleistungen zu gewähren, wie etwa vollstationäre Eingliederungshilfe, die von dem Sozialhilfeträger in der Form der Sachleistungsverschaffung erbracht wird,[70] hat der Hilfebedürftige statt des eigentlichen Primäranspruchs (Sachleistung) einen **Sekundäranspruch** (Erstattungsanspruch) in Geld infolge der Selbstbeschaffung.[71] Hat der Sozialhilfeträger ein Auswahlermessen, kann er dieses später nachholen, wenn der Hilfeempfänger sich die Leistung selbst beschafft und mit der Begründung, der Sozialhilfeträger habe die Leistung zu Unrecht abgelehnt, einen Zahlungsanspruch geltend macht.[72]

66

Ein Sekundäranspruch ist in § 15 Abs. 1 Satz 4 SGB IX,[73] in § 13 Abs. 3 SGB V und in § 36a Abs. 3 SGB VIII ausdrücklich normiert, gilt aber als Ausdruck eines **allgemeinen Rechtsgedanken** auch in anderen Fällen des Systemversagens.[74] War der Anspruch von Beginn an auf Geld gerichtet, steht kein „Sekundäranspruch" im Raum, weil der primäre Geldanspruch inhaltlich nicht verändert wird, wenn etwa das Schonvermögen zur Behebung der Notlage eingesetzt wird.[75] Dennoch hat das BSG diesen Rechtsgedanken auch auf Geldleistungen angewandt und darüber hinaus noch erweitert, indem es bei einer zu Unrecht abgelehnten Übernahme von Mietschulden im Recht des SGB II dem SGB-II-Leistungsträger die Übernahme neuer (höherer), die Mietschulden ersetzende Schulden aufbürdet.[76] Im Sozialhilferecht kann das Problem der Überlegung gelöst werden, dass die Übernahme der Schulden auch als Sachleistung (statt einer Geldleistung – Darlehen oder Beihilfe – § 34 Abs. 1 Satz 3 SGB XII) erbracht werden kann (durch unmittelbare Zahlung an den Vermieter, § 10 Abs. 3 Satz 2 SGB XII) und das in § 17 Abs. 2 Satz 1 SGB XII eingeräumte Ermessen gegebenenfalls auf Null reduziert ist. Ein solcher Sachleistungsanspruch würde die Erstattung für die selbstbeschaffte Leistung wegen Systemversagens rechtfertigen.

67

Dem Umstand, dass das SGB XII für die Mitglieder einer Einsatzgemeinschaft Individualansprüche vorsieht, müssen auch die **Leistungsbescheide** ausreichend Rechnung tragen. Sie dürfen als Leistungsbetrag keinen Gesamtbetrag auswerfen, der lediglich im Anhang des Bescheids, auf den verwiesen wird, näher erläutert wird. Die **konkrete Berechnung des Individualanspruchs** muss sich aus dem Bescheid selbst ergeben. Dabei reicht es aus, wenn durch Auslegung des Bescheides noch hinreichend deutlich die Bewilligung von Leistungen an die einzelnen Mitglieder der Einsatzgemeinschaft als Einzelverfügungen (Verwaltungsakte i.S.d. § 31 SGB X) erkennbar wird und aus dem Anhang zum Be-

68

---

[68] BVerwG v. 14.09.1972 - V C 62.72, V B 35.72 - BVerwGE 40, 343, 346; BVerwG v. 10.05.1979 - V C 79.77 - BVerwGE 58, 68, 74; BVerwG v. 30.04.1992 - 5 C 12/87 - BVerwGE 90, 154, 156; BVerwG v. 30.04.1992 - 5 C 26/88 - BVerwGE 90, 160, 162; BVerwG v. 02.09.1993 - 5 C 50/91 - BVerwGE 94, 127, 133; BVerwG v. 05.05.1994 - 5 C 43/91 - BVerwGE 96, 18, 19.

[69] BVerwG v. 14.09.1972 - V C 62.72, V B 35.72 - BVerwGE 40, 343, 346; BVerwG v. 10.05.1979 - V C 79.77 - BVerwGE 58, 68, 74; BVerwG v. 30.04.1992 - 5 C 12/87 - BVerwGE 90, 154, 156; BVerwG v. 30.04.1992 - 5 C 26/88 - BVerwGE 90, 160, 162; BVerwG v. 02.09.1993 - 5 C 50/91 - BVerwGE 94, 127, 133; BVerwG v. 05.05.1994 - 5 C 43/91 - BVerwGE 96, 18, 19.

[70] BSG v. 28.10.2008 - B 8 SO 22/07 R - BSGE 102, 1 ff. = SozR 4-1500 § 75 Nr. 9.

[71] OVG Hamburg v. 19.03.1996 - Bs IV 266/95.

[72] A.A offensichtlich BSG v. 19.08.2010 - B 14 AS 10/09 R - SozR 4-4200 § 23 Nr. 10, wonach durch die selbstbeschaffte Leistung dem Leistungsträger dessen Auswahlermessen abgeschnitten wird.

[73] Dazu etwa BSG v. 29.09.2009 - B 8 SO 19/08 R - SozR 4-3500 § 54 Nr. 6.

[74] BSG v. 30.10.2001 - B 3 KR 27/01 R - BSGE 89, 50 ff. = SozR 3-3300 § 12 Nr. 1.

[75] Dies verkennt *Grube* in: Grube/Wahrendorf, SGB XII, 4. Aufl. 2012, Einl. Rn. 146 ff.; instruktiv dazu OVG Hamburg v. 19.03.1996 - Bs IV 266/95.

[76] BSG v. 17.06.2010 - B 14 AS 58/09 R - BSGE 106, 190 = SozR 4-4200 § 22 Nr. 41.

willigungsbescheid die einzelnen die jeweiligen Mitglieder der Einsatzgemeinschaft betreffenden Leistungsbeträge nachvollzogen werden können. Dies genügt den Anforderungen an die Bestimmtheit eines Verwaltungsaktes (§ 33 SGB X). Ist dies im Einzelfall nicht möglich, ist bereits der Bewilligungsbescheid rechtswidrig, weil Leistungen nicht an eine Einsatzgemeinschaft bewilligt werden dürfen, sondern nur an die einzelnen Mitglieder der Einsatzgemeinschaft.[77] Virulent wird dies aber seltener bei Leistungsbescheiden als vielmehr bei Bescheiden, die die Bewilligung aufheben und die Erstattung der Leistung verlangen, etwa wenn sich der Bescheid mit der Erstattungsforderung (als Gesamtbetrag) nur an ein Mitglied der Einsatzgemeinschaft richtet.

69 Der Umstand, dass das SGB XII für die Mitglieder einer Einsatzgemeinschaft Individualansprüche vorsieht, hat auch zur Folge, dass einzelne Mitglieder der Einsatzgemeinschaft nicht mit einer **eigenen Klage die Ansprüche aller Mitglieder** der Einsatzgemeinschaft verfolgen können, auch nicht als (gesetzliche) Prozessstandschafter.[78] Da auch eine Abtretung von Sozialhilfeansprüchen nach § 17 Abs. 1 Satz 2 SGB XII nicht möglich ist, ist auch dieser Weg der „Bündelung" der Ansprüche der Mitglieder der Einsatzgemeinschaft verbaut. Hierauf ist insbesondere dann zu achten, wenn Fristen (etwa die Klagefrist) einzuhalten sind.

70 Der Individualanspruch hat zur Folge, dass eine **Klagebefugnis** eines nicht hilfebedürftigen Mitglieds der Einsatzgemeinschaft nicht schon daraus resultiert, dass ein Teil seines Einkommens bei einem anderen Mitglied der Einsatzgemeinschaft berücksichtigt wird. Die Entscheidung des Sozialhilfeträgers über die Berücksichtigung des Einkommens hat für das nicht hilfebedürftigen Mitglied der Einsatzgemeinschaft eine bloße **Reflexwirkung**. Ein Anspruch des Hilfebedürftigen resultiert hieraus nicht.[79]

71 Nach der ständigen Rechtsprechung des 8. Senats des BSG handelt es sich nicht nur bei den besonderen Sozialhilfeleistungen des 5.-9. Kapitels, sondern auch bei den einzelnen Leistungen der Hilfe für den Lebensunterhalt des 3. und 4. Kapitels des SGB XII um **abtrennbare Streitgegenstände;**[80] daraus resultieren allerdings Probleme bei der Berücksichtigung von Einkommen und Vermögen (vgl. dazu die Kommentierung zu § 27 SGB XII Rn. 33 ff.).

72 Insoweit können natürlich auch einen Rechtsstreit teilweise erledigende Anerkenntnisse abgegeben bzw. Prozessvergleiche geschlossen werden (§ 101 SGG). Eine andere Frage ist, ob bzw. inwieweit **einzelne Berechnungselemente** einer Leistung „außer Streit gestellt" werden können. Dies ist jedenfalls nicht durch ein Teilanerkenntnis möglich, weil dieses nur (Teil-)Ansprüche als solche erfassen kann.[81] Demgegenüber können ein Verfahren teilweise erledigende Vergleiche vereinbart werden.[82] Dafür spricht bereits, dass auch eine Elementenfeststellungsklage im Einzelfall zulässig ist,[83] mithin keine grundsätzlichen Einwände gegen Teilbindungswirkungen bestehen; es gibt ohnedies keinen Rechtssatz, der dies generell verbietet. Unzulässigkeit kann nur unter dem Gesichtspunkt angenommen werden, dass ggf. der Rechtsschutz des Leistungsempfängers verkompliziert und/oder der Leistungsträger zu unnötigem Verwaltungsaufwand gezwungen wird.[84] Bei einer vertraglichen Einigung spielen diese Gesichtspunkte jedoch keine Rolle.

73 Der **Aufwendungsersatzanspruch** nach § 19 Abs. 5 SGB XII ändert seine **öffentlich-rechtliche Rechtsnatur** nicht dadurch, dass der zum Ersatz verpflichtete Hilfeempfänger stirbt. Der Anspruch ist (auch) gegen den Erben durch Verwaltungsakt (Leistungsbescheid) geltend zu machen.[85]

---

[77] BSG v. 07.11.2006 - B 7b AS 8/06 R - BSGE 97, 217 = SozR 4-4200 § 22 Nr. 1, jeweils Rn. 14.

[78] Zum Recht des SGB II: BSG v. 07.11.2006 - B 7b AS 8/06 R - BSGE 97, 217 = SozR 4-4200 § 22 Nr. 1, jeweils Rn. 13.

[79] BSG v. 19.10.2010 - B 14 AS 51/09 R - SozR 4-4200 § 7 Nr. 23.

[80] vgl. dazu und zu den Anforderungen an eine verfahrensmäßige Beschränkung: BSG v. 19.05.2009 - juris Rn. 13 - B 8 SO 8/08 R - BSGE 103, 181 ff. m.w.N. = SozR 4-3500 § 42 Nr. 2; BSG v. 14.04.2011 - B 8 SO 18/09 R - juris Rn. 10 - SozR 4-3500 § 29 Nr. 3; BSG v. 25.08.2011 - B 8 SO 29/10 R - juris Rn. 9 - FEVS 63, 442.

[81] BSG v. 13.05.2009 - B 4 AS 58/08 R - juris Rn. 12 - BSGE 103, 153 ff. = SozR 4-4200 § 12 Nr. 13; BSG v. 09.06.2011 - B 8 SO 1/10 R - juris Rn. 12; BSG v. 20.09.2012 - B 8 SO 4/11 R - juris Rn. 12 ff. - BSGE 112, 54 = SozR 4-3500 § 28 Nr. 8.

[82] BSG v. 11.12.2007 - B 8/9b SO 20/06 R - juris Rn. 14 - SozR 4-3500 § 90 Nr. 1; BSG v. 20.09.2012 - B 8 SO 4/11 R - juris Rn. 12 ff. - BSGE 112, 54 = SozR 4-3500 § 28 Nr. 8.

[83] BSG v. 25.09.2001 - B 3 KR 13/00 R - juris Rn. 14 - SozR 3-2500 § 124 Nr. 9 m.w.N.

[84] BSG v. 20.09.2012 - B 8 SO 4/11 R - juris Rn. 12 ff. - BSGE 112, 54 = SozR 4-3500 § 28 Nr. 8.

[85] BVerwG v. 20.01.1977 - V C 18.76 - BVerwGE 252, 16 ff.

Bei der Bewilligung von Leistungen der **erweiterten Hilfe** i.S. des § 19 Abs. 5 SGB XII besteht grundsätzlich die Möglichkeit einer Beschwer. Denn diese Leistungsform ist zwingend mit der Verpflichtung zum Aufwendungsersatz ohne Bindung an die Vorschriften der §§ 45, 48 SGB X verbunden, ohne dass es noch darauf ankäme, ob die Hilfe möglicherweise zu Unrecht nur als erweiterte Hilfe erbracht wurde.[86]

Verfahren vor den Sozialgerichten, in denen ein Beteiligter geltend macht, dass er einen nach § 19 Abs. 6 SGB XII auf ihn kraft Gesetzes übergegangenen Anspruch habe, sind gerichtskostenfrei, weil er als **Leistungsempfänger i.S.d. § 183 Satz 1 SGG** anzusehen ist.[87] Der Begriff des Leistungsempfängers i.S.d. § 183 SGG knüpft nicht zwingend an Sozialleistungen i.S.d. § 11 SGB I an.[88] Es müssen allerdings Leistungen mit ähnlicher oder vergleichbarer (Schutz-)Funktion wie bei echten Sozialleistungen i.S.d. § 11 SGB I im Streit sein,[89] was in den Fällen des § 19 Abs. 6 SGB XII zu bejahen ist. Dies gilt auch dann, wenn sich der Kläger eines Rechts als Sonderrechtsnachfolger nach dem verstorbenen Hilfebedürftigen berühmt, die Voraussetzungen für eine Rechtsnachfolge nach § 19 Abs. 6 SGB XII tatsächlich aber nicht vorliegen.[90]

Ist vor dem Tod eines Hilfeempfängers bereits ein gegen die Leistungsbewilligung gerichtetes Klageverfahren anhängig, kann ein nach § 19 Abs. 6 SGB XII existierender Rechtsnachfolger das Verfahren aufnehmen und als Rechtsnachfolger weiterbetreiben. Ist die Rechtsnachfolge nach § 19 Abs. 6 SGB XII streitig, muss zunächst eine Klärung in einem Zwischenverfahren erfolgen. Wird die Rechtsnachfolge dort verneint, ist dies in einem selbständig anfechtbaren Endurteil auszusprechen, mit dem die Aufnahme des Prozesses durch den vermeintlichen Rechtsnachfolger zurückgewiesen wird. Wird die Rechtsnachfolge hingegen bejaht, ergeht hierüber ein **Zwischenurteil** nach § 303 ZPO oder ein Endurteil über die entscheidungsreife Hauptsache mit der Feststellung der Aufnahme des Verfahrens durch den Rechtsnachfolger lediglich in den Gründen.[91] Diese Grundsätze sind angesichts der vergleichbaren Situation auf das Widerspruchsverfahren zu übertragen.[92]

---

[86] LSG NRW v. 29.10.2012 - L 20 SO 63/09 - m.w.N.
[87] BSG v. 01.09.2008 - B 8 SO 12/08 B - SozR 4-1500 § 183 Nr. 8 Rn. 5 ff.
[88] BSG v. 22.09.2004 - B 11 AL 33/03 R - SozR 4-1500 § 183 Nr. 2 Rn. 9; BSG v. 20.12.2005 - B 1 KR 5/05 B - SozR 4-1500 § 183 Nr. 3 Rn. 8.
[89] BSG v. 20.12.2005 - B 1 KR 5/05 B - SozR 4-1500 § 183 Nr. 3 Rn. 9.
[90] BSG v. 13.07.2010 - B 8 SO 13/09 R - BSGE 106, 264 = SozR 4-3500 § 19 Nr. 2.
[91] BSG v. 13.07.2010 - B 8 SO 11/09 R - FEVS 62, 298.
[92] BSG v. 13.07.2010 - B 8 SO 11/09 R - FEVS 62, 298.

§ 20 SGB XII Eheähnliche Gemeinschaft

(Fassung vom 24.03.2011, gültig ab 01.01.2011)

[1]Personen, die in eheähnlicher oder lebenspartnerschaftsähnlicher Gemeinschaft leben, dürfen hinsichtlich der Voraussetzungen sowie des Umfangs der Sozialhilfe nicht besser gestellt werden als Ehegatten. [2]§ 39 gilt entsprechend.

Gliederung

A. Basisinformationen 1	a. Partner 21
I. Textgeschichte/Gesetzgebungsmaterialien 1	b. Wohn- und Wirtschaftsgemeinschaft 25
II. Vorgängervorschriften 4	c. Einstandswille 30
III. Parallelvorschriften 5	d. Beendigung 33
IV. Systematische Zusammenhänge 9	2. Feststellung der eheähnlichen Gemeinschaft 35
V. Ausgewählte Literaturhinweise 12	3. Rechtsfolgen 44
B. Auslegung der Norm 13	4. Verfassungsrechtliche Fragen 48
I. Regelungsgehalt und Bedeutung der Norm 13	IV. Entsprechende Geltung des § 39 SGB XII (Satz 2) 49
II. Normzweck 14	**C. Praxishinweise** 53
III. Eheähnliche Gemeinschaft (Satz 1) 19	
1. Begriff der eheähnlichen Gemeinschaft 19	

A. Basisinformationen

I. Textgeschichte/Gesetzgebungsmaterialien

1 § 20 SGB XII geht in seiner ursprünglichen Fassung auf das **Gesetz zur Einordnung des Sozialhilferechts in das Sozialgesetzbuch** vom 27.01.2003[1] zurück. Die Vorschrift war im damaligen Gesetzgebungsverfahren gegenüber dem ursprünglichen Gesetzentwurf[2] nicht mehr geändert worden.

2 Das **Gesetz zur Fortentwicklung der Grundsicherung für Arbeitsuchende** vom 20.07.2006[3] hat § 20 SGB XII um den Zusatz „oder lebenspartnerschaftsähnliche" Gemeinschaft erweitert.[4]

3 Das **Gesetz zur Ermittlung von Regelbedarfen und zur Änderung des Zweiten und Zwölften Buches Sozialgesetzbuch** vom 24.03.2011[5] hat eine redaktionelle Änderung herbeigeführt und den Verweis auf die Bezugsnorm (§ 39 SGB XII) berichtigt. Inhaltliche Änderungen haben sich dadurch nicht ergeben.[6]

II. Vorgängervorschriften

4 § 20 Satz 1 SGB XII entspricht der früheren Regelung in § 122 Satz 1 BSHG. Diese enthielt lediglich den Hinweis auf die lebenspartnerähnliche Gemeinschaft noch nicht (vgl. Rn. 2). § 122 Satz 2 BSHG enthielt zwar auch bereits einen Verweis (auf § 16 BSHG), jedoch hat die jetzt in § 20 Satz 2 SGB XII genannte Bezugsnorm (§ 39 SGB XII) einen anderen Inhalt.

III. Parallelvorschriften

5 Eine Parallelregelung zur Einbeziehung von eheähnlichen Gemeinschaften in die **Bedarfsgemeinschaft** der Grundsicherung für Arbeitsuchende enthält § 7 Abs. 3 Nr. 3 lit. c SGB II. Danach gehört zur Bedarfsgemeinschaft als Partner des erwerbsfähigen Hilfebedürftigen eine Person, die mit dem erwerbsfähigen Hilfebedürftigen in einem gemeinsamen Haushalt so zusammenlebt, dass nach verständiger Würdigung der wechselseitige Wille anzunehmen ist, Verantwortung füreinander zu tragen und füreinander einzustehen. Die Regelung wurde durch das Gesetz zur Fortentwicklung der Grundsiche-

---

[1] BGBl I 2003, 3022.
[2] BT-Drs. 15/1514.
[3] BGBl I 2006, 1706.
[4] Materialien: BT-Drs. 16/1410 i.d.F. 16/1696.
[5] BGBl I 2011, 453.
[6] Materialien: BT-Drs. 17/3404, S 127 zu Nr. 17.

rung für Arbeitsuchende – insoweit in Übereinstimmung mit der gleichzeitig erfolgten Erweiterung des § 20 SGB XII (vgl. Rn. 2) – sprachlich in der Weise neu gefasst, dass nunmehr auch gleichgeschlechtliche Lebensgemeinschaften als Bedarfsgemeinschaft zu behandeln sind.

Eine **Vermutungsregelung** für das Bestehen einer Verantwortungs- und Einstehensgemeinschaft enthält der ab 01.08.2006 durch das Gesetz zur Fortentwicklung der Grundsicherung für Arbeitsuchende in § 7 SGB II eingefügte Absatz 3a. Eine derartige Regelung kennt das SGB XII nicht.[7] Die SGB II-Regelung führt eine Beweislastumkehr dadurch herbei, dass bei Vorliegen bestimmter Umstände eine widerlegbare Vermutung dafür aufgestellt wird, dass eine Bedarfsgemeinschaft besteht, weil ein wechselseitiger Wille unterstellt wird, Verantwortung füreinander zu tragen und füreinander einzustehen.[8] Die Vermutungsregelung betrifft nur die subjektiven Voraussetzungen einer Verantwortungs- und Einstehensgemeinschaft.[9] Anknüpfungstatsachen für die Vermutung sind nach § 7 Abs. 3a SGB II alternativ das Zusammenleben für länger als ein Jahr (Nr. 1), das Zusammenleben mit einem gemeinsamen Kind (Nr. 2), die Versorgung von Kindern oder Angehörigen im Haushalt (Nr. 3) oder die Befugnis, über Einkommen oder Vermögen des anderen zu verfügen (Nr. 4). Die subjektive Seite, dass die in einem Haushalt zusammenlebenden Partner auch den gemeinsamen Willen haben, füreinander Verantwortung zu haben und füreinander einzustehen, wird vermutet, wenn einer der aufgezählten Fälle objektiv vorliegt. Die gesetzliche Vermutung kann zwar widerlegt werden, jedoch reicht hierfür allein die Behauptung nicht, es bestehe keine Verantwortungs- und Einstehensgemeinschaft. Vielmehr muss die Vermutungsregelung durch die Darlegung konkreter Umstände entkräftet werden.[10] Der Gegenbeweis ist allerdings erbracht, wenn schlüssig dargelegt wird, dass kein Wille der Partner anzunehmen ist, Verantwortung füreinander zu tragen und füreinander einzustehen.[11]

Auch in anderen Sozialleistungsbereichen ist eine Gleichstellung von eheähnlichen Lebensgemeinschaften und Ehegatten erfolgt. **Gleichstellungsregelungen** finden sich etwa in § 1 BEEG und § 18 WoGG.

Hingegen gilt im **Steuerrecht** der Grundsatz, dass steuerliche Vorschriften, die an den Status des Verheiratetseins anknüpfen, nicht für andere Lebensgemeinschaften entsprechend anwendbar sind.[12]

IV. Systematische Zusammenhänge

§ 20 SGB XII knüpft an die in § 27 Abs. 2 SGB XII für **nicht getrennt lebende Ehegatten** und Lebenspartner getroffenen Regelungen an. § 27 SGB XII ordnet an, dass Einkommen und Vermögen des nicht getrennt lebenden Ehegatten oder Lebenspartners nach dem Lebenspartnerschaftsgesetz gemeinsam zu berücksichtigen ist und unbeschadet unterhaltsrechtlicher Ansprüche die Bedürftigkeit vermindert. Die in dieser Regelung zum Ausdruck kommende Bedarfs- oder Einsatzgemeinschaft des SGB XII fordert in Abhängigkeit von der Art des Bedarfs ein gemeinschaftliches Eintreten ihrer Mitglieder in unterschiedlichem Umfang. In der Folge sind auch in einer eheähnlichen Gemeinschaft, die über § 20 SGB XII einbezogen wird, Einkommen und Vermögen des Partners des Hilfesuchenden zu berücksichtigen. Hinsichtlich der eigenen Kinder der Partner der eheähnlichen Gemeinschaft ist § 27 Abs. 2 Satz 3 SGB XII ergänzend heranzuziehen, so dass zwischen dem jeweiligen Partner und seinen Kindern eine Einsatzgemeinschaft besteht.

Die gesetzliche Gleichstellungsanordnung des § 20 SGB XII erstreckt sich auf **sämtliche Hilfen des SGB XII**.[13]

Besteht eine Einsatzgemeinschaft i.S. des § 20 SGB XII nicht, so ist (hilfsweise) noch die für die **Haushaltsgemeinschaft** geltende Vermutungsregelung des § 39 SGB XII zu prüfen.

---

[7] Kritisch gegenüber der Übertragung auf das SGB XII *Coseriu* in: KSW, § 20 SGB XII Rn. 6.
[8] *Schoch* in: LPK-SGB II, § 7 Rn. 78; *Hackethal* in: jurisPK-SGB II, § 7 Rn. 56; *Valgolio* in: Hauck/Noftz, SGB II, § 7 Rn. 213.
[9] BSG v. 23.08.2012 - B 4 AS 34/12 R - SozR 4-4200 § 7 Nr. 32.
[10] *Valgolio* in: Hauck/Noftz, SGB II, § 7 Rn. 219.
[11] *Schoch* in: LPK-SGB II, § 7 Rn. 80; *Spellbrink/G. Becker* in: Eicher, SGB II, § 7 Rn. 98.
[12] BFH v. 26.01.2006 - III R 51/05 - DSTR 2006, 747; BFH v. 20.06.2007 - II R 56/05 - DSTR 2007, 1476; vgl. zu Übertragungstendenzen aber *Thomas* in: Küttner, Personalbuch, Lebensgemeinschaft (nichteheliche), Rn. 12.
[13] *Neumann* in: Hauck/Noftz, SGB XII, § 20 Rn. 1.

V. Ausgewählte Literaturhinweise

12 *Beaucamp/Mädler*, Sozialrechtliche Einkommensanrechnung bei eheähnlichen Gemeinschaften, ZFSH/SGB 2006, 323-327; *Bieback*, Gleichbehandlung heterosexueller und homosexueller Lebensgemeinschaften im SGB II, jurisPR-SozR 20/2005, Anm. 1; *Debus*, Die eheähnliche Gemeinschaft im Sozialrecht, SGb 2006, 82-87; *Greiser/Ottenströer*, Die eheähnliche Gemeinschaft im SGB II, ZFSH/SGB 2013, 181-193; *Grziwotz*, Rechtsprechung zur nichtehelichen Lebensgemeinschaft, FamRZ 2009, 750-754; *Puhr/Breest*, Die Entwicklung des Begriffs der eheähnlichen Gemeinschaft in der Rechtsprechung, ZfSH/SGB 1997, 463-467; *Rehmsmeier/Steinbock*, Die eheähnliche Gemeinschaft, ZfSH/SGB 1999, 204-212; *Riehle*, Partnerschaftsähnliche Lebensgemeinschaft – Eine sozialtypische Erscheinung?, ZFSH/SGB 2006, 272-275; *Ruland*, Wohl dem, der ein Verhältnis hat – das BVerfG und die eheähnliche Gemeinschaft, NJW 1993, 2855; *Schoch*, Die Bedarfsgemeinschaft, die Einsatzgemeinschaft und die Haushaltsgemeinschaft nach dem SGB II und SGB XII, ZfF 2004, 169-177; *Tegethoff*, Die Feststellung einer eheähnlichen Gemeinschaft im Sozialrecht, ZfSH/SGB 2001, 643-647; *Winkel*, Missbräuchlicher Missbrauchs-Vorwurf gegen Unverheiratete – Längst nicht alle Partnerschaften sind eheähnlich, SozSich 2005, 363-360.

B. Auslegung der Norm

I. Regelungsgehalt und Bedeutung der Norm

13 § 20 Satz 1 SGB XII stellt die eheähnliche Lebensgemeinschaft und die lebenspartnerschaftliche Gemeinschaft der eheähnlichen Gemeinschaft gleich. Hierbei wird der Begriff der eheähnlichen Lebensgemeinschaft nicht näher beschrieben, sondern als bekannt vorausgesetzt. Die Gleichstellung von eheähnlicher Gemeinschaft und Ehe erstreckt sich sowohl auf die Voraussetzungen für die Gewährung von Sozialhilfe als auch auf den Leistungsumfang. Alle Regelungen des SGB XII, die im Zusammenhang mit Ehegatten getroffen worden sind, erstrecken sich folglich auch auf eheähnliche und lebenspartnerschaftliche Gemeinschaften.

II. Normzweck

14 Ausgangspunkt für die in § 20 Satz 1 SGB XII getroffene Regelung ist die Aussage, dass es nicht gerechtfertigt sei, Partner einer eheähnlichen oder lebenspartnerschaftlichen Gemeinschaft hinsichtlich der Voraussetzungen und des Umfangs der Sozialhilfe **günstiger zu stellen als Ehegatten**. Um eine Besserstellung bei der Berücksichtigung von Einkommen und Vermögen zu vermeiden, verbietet § 20 SGB XII eine Besserstellung und ordnet eine entsprechende Anwendung von § 39 SGB XII an.

15 Dieser Ausgangspunkt ist insofern in Frage gestellt worden, als ein gegenseitiger **Unterhaltsanspruch** der Partner einer eheähnlichen Lebensgemeinschaft nicht besteht. Gleichwohl ist das Ziel der Gleichstellung von eheähnlicher Gemeinschaft und Ehe vom BVerfG gebilligt worden.[14] Allerdings sind vor dem genannten Hintergrund die Voraussetzungen der eheähnlichen Lebensgemeinschaft im Sinne einer Verantwortungs- und Einstehensgemeinschaft verengt worden.

16 Andererseits ist das Besserstellungsverbot auch verfassungsrechtlich geboten, weil eine Besserstellung der eheähnlichen Gemeinschaft im Sozialhilferecht in Widerspruch zu dem durch Art. 6 GG gewährleisteten Schutz von Ehe und Familie stünde. Denn ansonsten ergäbe sich ein Widerspruch zu dem aus Art. 3 Abs. 1 und Art. 6 Abs. 1 GG hergeleiteten Verbot der Benachteiligung der Ehe gegenüber anderen Lebensgemeinschaften.[15] Der Regelungsgehalt des § 20 SGB XII ist deshalb ausdrücklich auch auf die Vermeidung einer Besserstellung der eheähnlichen Gemeinschaft im Sozialhilferecht gerichtet. Personen, die in einer eheähnlichen Lebensgemeinschaft leben, sollen im Ergebnis keine höheren Leistungen erhalten, als wenn sie verheiratet wären.[16] Umgekehrt wird eine Schlechterstellung partnerschaftlicher eheähnlicher Gemeinschaften gegenüber Ehegatten nicht ausgeschlossen. § 20 SGB XII kann jedoch nicht argumentativ für eine Schlechterstellung ins Feld geführt werden.

17 Ebenfalls aus Gründen der Gleichbehandlung sind die **lebenspartnerschaftsähnlichen Lebensgemeinschaften** der ehelichen Gemeinschaft gleichgestellt worden. Ob die Aufnahme der lebenspartnerschaftsähnlichen Gemeinschaft durch das Gesetz zur Fortentwicklung der Grundsicherung für Arbeit-

---

[14] BVerfG v. 17.11.1992 - 1 BvL 8/87 - BVerfGE 87, 234 = SozR 3-4100 § 137 Nr. 3.
[15] *Neumann* in: Hauck/Noftz, SGB XII, § 20 Rn. 6.
[16] BT-Drs. 3/1799, S. 61.

suchende auch verfassungsrechtlich geboten war,[17] ist in der Literatur zu Recht bezweifelt worden.[18] Andererseits wäre es aber nicht einzusehen, warum lebenspartnerschaftsähnliche Gemeinschaften gegenüber den eheähnlichen Gemeinschaften und insbesondere den Lebenspartnerschaften nach dem Lebenspartnerschaftsgesetz besser gestellt werden sollten, so dass die Erweiterung folgerichtig ist.

Infolge der Gleichstellung von eheähnlicher Gemeinschaft und Ehe beanspruchen die mit § 27 Abs. 2 Satz 2 SGB XII verfolgten Zwecke auch im Rahmen des § 20 SGB XII Geltung. Die Regelung beruht auf der Grundüberlegung, dass bei Personen im Rahmen der vom Gesetzgeber umrissenen Bedarfsgemeinschaften ein gegenseitiger Wille, füreinander einzustehen, vorausgesetzt werden kann, der über bestehende Unterhaltspflichten hinausgeht.[19] Die Regelungen erschließen sich aus dem Zusammenhang mit dem **Nachranggrundsatz**, der dadurch durchgesetzt wird, dass die Hilfe bei hinreichendem Einkommen oder Vermögen innerhalb der Einsatzgemeinschaft überhaupt nicht geleistet wird oder die Aufwendungen jedenfalls zu einem späteren Zeitpunkt gegenüber dem Sozialhilfeträger auszugleichen sind.[20] Mittel der Allgemeinheit, die zur Hilfe für deren bedürftige Mitglieder vorgesehen sind, sollen nicht in Anspruch genommen werden können, wenn tatsächlich keine Bedürftigkeit vorliegt.

III. Eheähnliche Gemeinschaft (Satz 1)

1. Begriff der eheähnlichen Gemeinschaft

Der Begriff der eheähnlichen Gemeinschaft ist bereits zu den Vorläuferregelungen des § 20 SGB XII durch das BVerfG konkretisiert worden. Seither kommt der älteren Rspr. des BVerwG, die das Bestehen einer Wohn- und Wirtschaftsgemeinschaft zwischen Mann und Frau für ausreichend gehalten hatte,[21] keine Bedeutung mehr zu. Die vom BVerfG zum Arbeitslosenhilferecht vorgenommene Konkretisierung beansprucht auch für die Regelung im Sozialhilferecht Geltung, weil die Zielrichtungen der Regelungen übereinstimmen. Das BVerfG hatte § 137 Abs. 2a AFG nur mit der Maßgabe für mit Art. 3 Abs. 1 GG für vereinbar gehalten, dass der Begriff der eheähnlichen Lebensgemeinschaft im Sinne einer auf Dauer angelegten **Verantwortungs- und Einstehensgemeinschaft** verstanden wird.[22] Erfasst werden danach neben der jedenfalls erforderlichen Haushalts- und Wirtschaftsgemeinschaft nur Gemeinschaften, in denen die Bindungen der Partner so eng sind, dass von ihnen ein gegenseitiges Einstehen in den Not- und Wechselfällen des Lebens erwartet werden kann. Nach der Entscheidung des BVerfG ist eine Vergleichbarkeit mit nicht dauernd getrennt lebenden Ehegatten nur gegeben, wenn sich die Partner einer Gemeinschaft so füreinander verantwortlich fühlen, dass sie zunächst den gemeinsamen Lebensunterhalt sicherstellen, bevor sie ihr persönliches Einkommen zur Befriedigung eigener Bedürfnisse einsetzen. Dieser Auslegung folgt die Rspr. seither.[23]

Aufbauend auf den in der Entscheidung des BVerfG niedergelegten Grundlagen hat der 4. Senat den Begriff der Verantwortungs- und Einstehensgemeinschaft mit dem Urteil vom 23.08.2012[24] näher ausdifferenziert. Die Grundsätze der zum SGB II ergangenen Entscheidung sind – soweit sie sich nicht auf die im Sozialhilferecht nicht anzuwendende Vermutungsregelung des § 7 Abs. 3a SGB II beziehen – auf die Rechtslage nach dem SGB XII zu übertragen. Danach liegt eine Verantwortungs- und Einstehensgemeinschaft nur vor, wenn **kumulativ die folgenden Voraussetzungen** gegeben sind: Es muss sich um Partner handeln (vgl. Rn. 21 ff.), die in einer Wohn- und Wirtschaftsgemeinschaft leben (objektive Voraussetzung – vgl. Rn. 25 ff.) und zwar so, dass nach verständiger Würdigung der wechselseitige Wille anzunehmen ist, Verantwortung füreinander zu tragen und füreinander einzustehen (objektive Voraussetzung – vgl. Rn. 30 ff.).

---

[17] Vgl. hierzu SG Düsseldorf v. 27.04.2006 - S 35 AS 103/05.
[18] *Hänlein*, jurisPR-SozR 20/2005, Anm. 1; *Bieback*, jurisPR-SozR 20/2005, Anm. 1; *Neumann* in: Hauck/Noftz, SGB XII, § 20 Rn. 8a.
[19] BSG v. 07.11.2006 - B 7b AS 14/06 R - BSGE 97, 242; hierzu *Behrend*, jurisPR-SozR 9/2007, Anm. 1.
[20] BVerwG v. 25.01.1995 - 5 C 8/93 - BVerwGE 97, 344, 346; *Apidopoulos* in: Linhart/Adolph, § 20 SBG XI Rn. 4.
[21] BVerwG v. 20.01.1977 - V C 62.75 - BVerwGE 52, 11, 12; BVerwG v. 20.11.1984 - 5 C 17/84 - BVerwGE 70, 278, 280; BSG v. 11.07.1990 - 7 RAr 134/89 - DBlR 3708a, AFG/§ 138.
[22] BVerfG v. 17.11.1992 - 1 BvL 8/87 - BVerfGE 87, 234 = SozR 3-4100 § 137 Nr. 3.
[23] BVerwG v. 17.05.1995 - 5 C 16/93 - BVerwGE 98, 195,199.
[24] BVerfG v. 23.08.2012 - B 4 AS 34/12 R - SozR 4-4200 § 7 Nr. 32; hierzu *Reichel*, jurisPR-SozR 9/2013, Anm. 3; *Greiser/Ottenströer*, ZFSH/SGB 2013, 181.

a. Partner

21 Das Vorliegen einer Partnerschaft gehört zu denjenigen objektiven Voraussetzungen, die für die Annahme einer eheähnlichen Gemeinschaft zwingend vorliegen müssen. Von einer Partnerschaft ist auszugehen, wenn eine gewisse **Ausschließlichkeit der Beziehung** gegeben ist, die keine vergleichbare Lebensgemeinschaft daneben zulässt.[25]

22 Es muss sich zudem um eine **auf Dauer angelegte Bindung** handeln. Jedoch ist ein lebenslanger Bindungswille nicht erforderlich. Leben Partner in einer Wohn- und Haushaltsgemeinschaft zusammen, kann eine auf Dauer angelegte Bindung zu bejahen sein.[26]

23 Vorausgesetzt worden war in der Entscheidung des BVerfG auch noch, dass es sich um eine **Gemeinschaft von Mann und Frau** handelt. Dieser Anforderung kommt nach neuem Recht im Ergebnis keine Bedeutung mehr zu, weil der Gesetzgeber die Gleichstellung auch auf die lebenspartnerschaftsähnliche Gemeinschaft bezogen hat. Infolgedessen sind auch gleichgeschlechtliche Gemeinschaften ausdrücklich einbezogen. Der Begriff der lebenspartnerschaftsähnlichen Gemeinschaft unterscheidet sich vom Begriff der eheähnlichen Gemeinschaft allein dadurch, dass es sich um eine gleichgeschlechtliche Beziehung handelt, ohne dass Abstriche bei dem Begriff der Verantwortungs- und Einstehensgemeinschaft zu machen wären.

24 Die Ableitung des Begriffs der eheähnlichen Gemeinschaft stellt klar, dass grundsätzlich nur Personen, die rechtlich eine Ehe eingehen können, als eheliche Gemeinschaft angesehen werden können.[27] Verwandte, die einem **Eheverbot** unterliegen, können also keine eheähnliche Gemeinschaft bilden.[28] Problematisch ist vor diesem Hintergrund, ob Personen, die (noch) verheiratet sind, mit einer dritten Person in einer eheähnlichen Gemeinschaft leben können. Im Ergebnis ist diese Frage zu bejahen,[29] denn jedenfalls nach einer Scheidung stünden der Eingehung der Ehe zwischen den Partnern keine rechtlichen Hindernisse mehr entgegen. Entscheidend ist jedoch, dass der Zweck der §§ 20, 27 SGB XII, den Nachrang der Sozialhilfe herzustellen, ohne Einbeziehung derartiger Gemeinschaften nicht verwirklicht werden könnte.

b. Wohn- und Wirtschaftsgemeinschaft

25 In **objektiver Hinsicht** erfordert die Annahme einer eheähnlichen Partnerschaft zwingend zusätzlich zum Einstandswillen der Partner das Bestehen einer Wohn- und Wirtschaftsgemeinschaft.[30] Der Begriff der Wohn- und Wirtschaftsgemeinschaft umfasst zwei Elemente, nämlich des Zusammenlebens und kumulativ des Wirtschaftens aus einem Topf.

aa. Wohngemeinschaft

26 Reine Wohngemeinschaften (z.B. Studenten-WGs) unterfallen dem Begriff der eheähnlichen Gemeinschaft nicht. Das Bestehen einer Wohngemeinschaft erfordert mehr als das bloße Zusammenwohnen. Erforderlich ist vielmehr grundsätzlich, dass die Partner in einer der Ehe vergleichbaren Weise – wie in einer Ehewohnung – eine **häusliche Gemeinschaft** bilden.

27 Abweichend von den Verhältnissen bei Eheleuten ist allerdings das (vorübergehende) **Getrenntleben** für die Begründung einer Partnerschaft nicht ausreichend. Da es an einer durch die Eheschließung dokumentierten Verbundenheit mangelt, erfordert die Annahme einer Verantwortungs- und Einstehensgemeinschaft unter nicht verheirateten oder nach dem LPartG verbundenen Partnern grundsätzlich, dass deren Verbundenheit durch das Zusammenleben in einer Wohnung dokumentiert wird.[31] Eine andere Beurteilung ist geboten, wenn eine bereits bestehende eheähnliche Gemeinschaft durch äußere Umstände – z.B. im Falle der Unterbringung eines Partners in einem Pflegeheim – getrennt wird. Hier kommt es für die Frage der Auflösung der Gemeinschaft entscheidend auf das Fortbestehen des Einstandswillens an.[32]

---

[25] BSG v. 23.08.2012 - B 4 AS 34/12 R - SozR 4-4200 § 7 Nr. 32.
[26] *Apidopoulos* in: Linhart/Adolph, § 20 Rn. 21.
[27] BSG v. 23.08.2012 - B 4 AS 34/12 R - SozR 4-4200 § 7 Nr. 32.
[28] *Neumann* in: Hauck/Noftz, SGB XII, § 20 Rn. 12; *Apidopoulos* in: Linhart/Adolph, § 20 SGB XII Rn. 20.
[29] Ebenso: *Apidopoulos* in: Linhart/Adolph, § 20 SGB XII Rn. 20; *Neumann* in: Hauck/Noftz, SGB XII, § 20 Rn. 12; *Hohm* in: Schellhorn/Schellhorn/Hohm, SGB XII, § 20 Rn. 4.
[30] BSG v. 23.08.2012 - B 4 AS 34/12 R - SozR 4-4200 § 7 Nr. 32; vgl. auch BSG v. 17.10.2002 - B 7 AL 96/00 R - BSGE 90, 90, 94; *Groth* in: BeckOK § 20 SGB XII Rn. 5.
[31] BSG v. 23.08.2012 - B 4 AS 34/12 R - SozR 4-4200 § 7 Nr. 32, Rn. 22.
[32] *Apidopoulos* in: Linhart/Adolph, § 20 Rn. 23.

bb. Wirtschaftsgemeinschaft

Das wesentliche Vergleichselement zwischen Ehe und eheähnlicher Gemeinschaft bildet das „Wirtschaften aus einem Topf". Die Anforderungen an das **gemeinsame Wirtschaften** gehen über die gemeinsame Nutzung von Bad, Küche und Gemeinschaftsräumen hinaus. Auch der gemeinsame Einkauf bestimmter gemeinsam genutzter Artikel des täglichen Lebens (Nahrungsmittel, Reinigungs- und Sanitärartikel) genügt allein nicht, weil eine derartige Deckung von Grundbedürfnissen auch in reinen Wohngemeinschaften durchaus üblich ist.

Die Merkmale einer **Wirtschaftsgemeinschaft** sind vielmehr erst zu bejahen, wenn die Haushaltsführung und das Bestreiten der Kosten des Haushalts gemeinschaftlich durch beide Partner erfolgen, wobei es nicht zwingend auf gleichwertige Beiträge ankommt. Vielmehr genügt eine Absprache zwischen den Partnern, wie sie die Beiträge zum Wohl des partnerschaftlichen Zusammenlebens untereinander aufteilen.[33] Denn es ist zu berücksichtigen, dass die Beteiligung an der Haushaltsführung einerseits von der wirtschaftlichen und körperlichen Leistungsfähigkeit der Partner und andererseits von den individuellen Absprachen abhängig ist.

c. Einstandswille

Zusätzlich zu den objektiven Merkmalen der eheähnlichen Partnerschaft ist ein subjektives Element erforderlich, um diese Partnerschaft von der reinen Haushalts- und Wirtschaftsgemeinschaft abzugrenzen. Die subjektive Seite der eheähnlichen Partnerschaft ist erfüllt, wenn die Partner den **gemeinsamen Willen** haben, füreinander Verantwortung zu tragen und füreinander einzustehen. Es muss eine enge personale Bindung dergestalt bestehen, dass ein gegenseitiges Einstehen der Partner in den Not- und Wechselfällen des Lebens erwartet werden kann. Die Partner müssen in einer Verantwortungs- und Einstehensgemeinschaft dergestalt leben, dass sie zunächst den gemeinsamen Lebensunterhalt sicherstellen, bevor sie ihr persönliches Einkommen zur Befriedigung eigener Bedürfnisse verwenden.[34]

Leben die Partner einer eheähnlichen Gemeinschaft mit **Kindern der Partner** zusammen, so ist problematisch, ob sich der Einstandswille auch auf die Kinder der Partner beziehen muss und ob diese entsprechend in die Gemeinschaft einzubeziehen sind. Der 14. Senat des BSG hat in einer Entscheidung zu § 7 Abs. 3 Nr. 3 lit. c und Nr. 4 SGB II ausgeführt, dass für eine Berücksichtigung von Partnereinkommen beim Kind nicht zu prüfen sei, ob sich im Verhältnis des Partners zum Kind ein Einstandswille feststellen lasse, wie er innerhalb einer eheähnlichen Gemeinschaft bestehen müsse.[35] Nach dieser Entscheidung kommt eine unmittelbare Übertragung der zur Einstands- und Verantwortungsgemeinschaft entwickelten Kriterien nicht in Betracht. Zur Begründung hat der 14. Senat u.a. angeführt, die Beziehungen zwischen Eltern und Kindern seien nicht durch die Annahme eines wechselseitigen Einstandswillens, sondern allenfalls eines einseitigen Einstandswillens gekennzeichnet. Soweit die Eltern keine unterhaltsrechtlichen Verpflichtungen mehr träfen, könne ein Einstandswille nicht ohne weiteres unterstellt werden. Unabhängig davon, ob der Entscheidung des 14. Senats zum SGB II zu folgen ist, stellt sich die Rechtslage im SGB XII abweichend dar. Denn durch den Verweis in § 20 Satz 2 SGB XII auf § 39 SGB XII wird klargestellt, dass im Verhältnis zu den Kindern des Partners die widerlegbare Vermutungsregelung für das Bestehen einer Haushaltsgemeinschaft Anwendung findet und eine Einstehensgemeinschaft in diesem Verhältnis nicht besteht.[36]

Unbehilflich bei der Ausfüllung des Begriffs der eheähnlichen Gemeinschaft ist das Konstrukt des BVerwG, wonach eine eheähnliche Gemeinschaft nicht oder nicht mehr vorliege, wenn einer der Partner Leistungen nur vorschussweise im Wege der **Nothilfe** für den Sozialhilfeträger erbringe.[37] Die (darlehensweise) Erbringung von Unterstützungsleistungen gehört zu denjenigen objektiven Umständen, die mittelbar den Schluss auf das Vorliegen einer Gemeinschaft zulassen können. Für den Begriff der eheähnlichen Gemeinschaft selbst sind derartige äußere Umstände aber ohne Belang.

d. Beendigung

Hinsichtlich der **Beendigung der eheähnlichen Gemeinschaft** hat bereits das BVerfG darauf hingewiesen, dass eine eheähnliche Gemeinschaft jederzeit ohne ein rechtlich geregeltes Verfahren wieder

---

[33] BSG v. 23.08.2012 - B 4 AS 34/12 R - SozR 4-4200 § 7 Nr. 32.
[34] BSG v. 23.08.2012 - B 4 AS 34/12 R - SozR 4-4200 § 7 Nr. 32.
[35] BSG v. 13.11.2008 - B 14 AS 2/08 R - FamRZ 2009, 1057.
[36] *Neumann* in: Hauck/Noftz, SGB XII, § 20 Rn. 32; vgl. auch Rn. 49.
[37] BVerwG v. 17.05.1998 - 5 C 16/93 - BVerwGE 98, 195, 201 f.

beendet werden kann.[38] Die einzelnen Partner entscheiden also selbst über Begründung, Fortbestand und Beendigung der eheähnlichen Gemeinschaft. Ein bestimmtes rechtliches Verfahren ist für die Beendigung nicht vorgeschrieben. Ändert der Partner sein Verhalten und beabsichtigt er, sein Einkommen oder Vermögen zukünftig ausschließlich zur Befriedung eigener Bedürfnisse oder zur Erfüllung eigener Verpflichtungen zu verwenden, so besteht die eheähnliche Gemeinschaft von diesem Zeitpunkt an nicht mehr. Zwar wird eine derartige Änderung der inneren Einstellung des Partners regelmäßig mit einer Auflösung der Wohngemeinschaft einhergehen, jedoch ist ein solcher Zusammenhang nicht zwingend.

34 Eine hinreichend sichere Feststellung wird dem Sozialhilfeträger jedoch nur ermöglicht, wenn die Entscheidung zur Beendigung durch **äußere Umstände** hinreichend klar dokumentiert wird.[39] Die bloße Erklärung, die Partnerschaft aufgelöst zu haben, aber aus praktischen und wirtschaftlichen Erwägungen die Wohngemeinschaft fortzuführen, genügt nicht.[40] Es sprechen darüber hinaus gute Gründe dafür, dem Leistungsberechtigten die Feststellungslast hinsichtlich der Beendigung einer eheähnlichen Gemeinschaft zuzuweisen. Ab dem Zeitpunkt der Beendigung sind sozialhilferechtliche Leistungen in vollem Umfang zu erbringen.

2. Feststellung der eheähnlichen Gemeinschaft

35 Die im Rahmen der Amtsermittlung (§ 20 SGB X) festzustellenden Umstände erstrecken sich sowohl auf die **objektiven** (Partnerschaft; Wohn- und Wirtschaftsgemeinschaft) als auch auf die **subjektiven Voraussetzungen** der eheähnlichen Partnerschaft.

36 Das BVerfG hat sich in der Entscheidung vom 17.11.1992 auch zu der Frage der Feststellung der Merkmale einer eheähnlichen Gemeinschaft geäußert.[41] Es hat darauf hingewiesen, dass sich die problematischen inneren Tatsachen häufig nur anhand von **Indizien** (Hinweistatsachen) feststellen lassen. Es ist folglich anhand von objektiv vorliegenden Tatsachen zu ermitteln, ob der Schluss auf eine innere Bindung im Sinne einer Verantwortungs- und Einstehensgemeinschaft gerechtfertigt ist. Als solche Hinweistatsachen hat das BVerfG z.B. die lange Dauer des Zusammenlebens, die Versorgung von Kindern und Angehörigen im gemeinsamen Haushalt und die Befugnis, über Einkommen und Vermögensgegenstände des anderen Partners zu verfügen, angesehen. Die genannten Indizien sind weder abschließend, noch müssen sie kumulativ vorliegen, sondern der Träger bzw. das Gericht muss sich seine Überzeugung aufgrund einer Bewertung der vorliegenden Tatsachen bilden.

37 Hierbei wird der Hinweistatsache der **Dauer des Zusammenlebens** in Rspr. und Literatur zum Teil eine etwas herausgehobene Bedeutung zuerkannt.[42] Soweit in Anlehnung an § 7 Abs. 3a Nr. 2 SGB II auf einen Zeitraum von einem Jahr abgestellt wird,[43] vermag dies trotz der vergleichbaren Interessenlage nicht zu überzeugen. Auch die vom BSG zum Sperrzeitenrecht entwickelte Dreijahresfrist[44] kann nicht als Beweisregel herangezogen werden. Da der Gesetzgeber eine Vermutungsregelung bewusst nicht in das SGB XII aufgenommen hat, verbietet sich die strikte Übernahme der dort geregelten Anknüpfungstatsachen. Es können deshalb abhängig von den Umständen des Einzelfalls kürzere oder längere Zeiträume einen entsprechenden Rückschluss rechtfertigen.

38 Der Katalog der zur Feststellung des Einstandswillens heranzuziehenden **Hilfstatsachen** ist nicht abschließend und in der Praxis breiter aufzufächern.[45] Das Vorliegen einzelner Merkmale lässt ebenso wenig den Schluss auf das Vorliegen einer eheähnlichen oder lebenspartnerschaftsähnlichen Gemeinschaft zu, wie das Fehlen bestimmter Eigenschaften einen Gegenschluss rechtfertigt. Die Beurteilung ist jeweils von einer Beurteilung der Umstände des Einzelfalls in ihrer Gesamtbetrachtung abhängig. Zu berücksichtigen sind etwa

- ein gemeinsames Konto oder die wechselseitige Verfügungsmacht über die Konten der Partner,
- die Übernahme gemeinschaftlicher Verpflichtungen (z.B. der Miete) oder von Verpflichtungen des Partners,

---

[38] BVerfG v. 17.11.1992 - 1 BvL 8/87 - BVerfGE 87, 234 = SozR 3-4100 § 137 Nr. 3.
[39] *Neumann* in: Hauck/Noftz, SGB XII, § 20 Rn. 13.
[40] OVG Münster v. 28.02.2001 - 22 B 1771/00.
[41] BVerfG v. 17.11.1992 - 1 BvL 8/87 - BVerfGE 87, 234 = SozR 3-4100 § 137 Nr. 3.
[42] LSG Hamburg v. 08.02.2007 - L 5 B 21/07 ER AS - NDV-RD 2007, 39; *Debus*, SGb 2006, 82, 83 f.; *Grube* in: Grube/Wahrendorf, SGB XII, § 20 Rn. 13; *Neumann* in: Hauck/Noftz, SGB XII, § 20 Rn. 18.
[43] Etwa *Groth* in: BeckOK § 20 SGB XII Rn. 10; *Schoch* in: LPK-SGB II, § 20 Rn. 5.
[44] BSG v. 29.04.1998 - B 7 AL 56/97 R - SozR 3-4100 § 119 Nr.15.
[45] Vgl. hierzu etwa *Coseriu* in: KSW, § 20 SGB XII Rn. 3.

- Bürgschaften zugunsten des Partners,
- gemeinsame Schulden,
- der Abschluss von gemeinsamen Versicherungen oder von Versicherungen zugunsten des anderen Partners,
- gemeinsame Anschaffungen,
- gemeinsame Urlaube, gemeinsames Verbringen von Sonn- und Feiertage, gemeinsamer Besuch von festlichen Veranstaltungen und Familienfeiern,
- die Dauer des Zusammenlebens in einer Haushaltsgemeinschaft,
- die gemeinsame Nutzung mindestens eines Wohnraums,
- nicht klar abgrenzbare Wohnbereiche,
- eine einheitliche Haushaltsführung mit gemeinsamen Einkäufen,
- die Zubereitung und Einnahme gemeinsamer Mahlzeiten,
- das Zusammenleben mit gemeinsamen Kindern,
- emotionale Verbundenheit und das Bestehen von sexuellen Beziehungen,
- die gemeinsame Erziehung und Betreuung eines Kindes des Partners,
- die Aufnahme von Angehörigen in die Haushaltsgemeinschaft sowie
- die Dauer und die Intensität der Bekanntschaft vor dem Zusammenleben, Gründe für das Zusammenziehen.

Geschlechtliche Beziehungen können als Hinweistatsachen gewürdigt werden, wenn sie bekannt sind. Ein wichtiges Indiz ist auch die Geburt eines gemeinsamen Kindes.[46] Jedoch setzt die Annahme einer eheähnlichen Gemeinschaft umgekehrt die Feststellung von Intimbeziehungen nicht voraus. 39

Es ist ohne festgelegte Beweisregeln durch eine **Würdigung sämtlicher Umstände des Einzelfalls** im Rahmen einer Gesamtbetrachtung festzustellen, ob sie den Schluss auf die maßgebenden inneren Tatsachen zulassen. Weder das Vorliegen einzelner Merkmale noch das Fehlen bestimmter Hilfstatsachen führt zwingend zu einer bestimmten Schlussfolgerung hinsichtlich des Bestehens oder Nichtbestehens einer eheähnlichen Gemeinschaft. Entscheidend ist das Gesamtbild der Indizien.[47] Von einer eheähnlichen Gemeinschaft kann bereits ausgegangen werden, wenn gewichtige, durchgreifende Indizien auf das Bestehen einer Verantwortungs- und Einstehensgemeinschaft der Partner hinweisen.[48] Durchgreifende Gründe für eine Lockerung der Darlegungs- und Nachweispflicht liegen trotz im Einzelfall zwangsläufig auftretender Schwierigkeiten bei der Aufklärung des maßgebenden Sachverhalts nicht vor.[49] Zur Konkretisierung des Anforderungsniveaus ist es sinnvoll, einen Vergleich mit einer typischen Ehe anzustellen.[50] Hierbei ist allerdings einschränkend zu berücksichtigen, dass die Organisation der Lebensführung in der Ehe – und damit auch in der eheähnlichen Gemeinschaft – einer ganz erheblichen Spannbreite unterliegt, da die Rollenverteilung den Vorstellungen und Wünschen der Partner unterliegt. Unabdingbar ist allerdings das Vorliegen einer Haushalts- und Wirtschaftsgemeinschaft. 40

Der Nachweis der Voraussetzungen für das Vorliegen einer Einstehens- und Verantwortungsgemeinschaft ist im Rahmen der **Amtsermittlung** (§ 20 SGB X) vom Sozialhilfeträger und im gerichtlichen Verfahren vom Sozialgericht (§ 103 SGG) zu führen.[51] Hierbei wird in einem ersten Ermittlungsschritt auf die Aussagen der Partner abzustellen sein, da nur sie selbst unmittelbare Hinweise auf die maßgebenden inneren Tatsachen geben können.[52] Die Amtsermittlung umfasst ferner die objektiven Hilfstatsachen, die einen mittelbaren Schluss auf die Merkmale einer eheähnlichen Partnerschaft zulassen. Unzulässig sind Nachforschungen zum Bestehen von geschlechtlichen Beziehungen.[53] 41

Eine an Hilfstatsachen anknüpfende formalisierte **Vermutungsregelung**, wie sie durch das Gesetz zur Fortentwicklung der Grundsicherung für Arbeitsuchende vom 20.07.2006[54] in § 7 Abs. 3a SGB II eingefügt worden ist, existiert hinsichtlich der eheähnlichen Gemeinschaft für das SGB XII nicht. Da für 42

---

[46] LSG NRW v. 24.11.2006 - L 19 B 116/06 AS ER.
[47] BVerwG v. 17.05.1995 - 5 C 16/93 - BVerwGE 98, 195, 200 f. = BVerwGE 98, 195, 200 f.; *Grube* in: Grube/Wahrendorf, SGB XII, § 20 Rn. 14 *Coseriu* in: KSW. § 20 Rn. 4.
[48] *Hohm* in: Schellhorn/Schellhorn/Hohm, SGB XII, § 20 Rn. 5.
[49] *Grube* in: Grube/Wahrendorf, SGB XII, § 20 Rn. 17.
[50] *Coseriu* in: KSW, § 20 SGB XII Rn. 4.
[51] *Zeitler* in: Mergler/Zink, SGB XII, § 20 Rn. 6; zur Mitwirkungspflicht des Antragstellers vgl. Rn. 54.
[52] *Apidopoulos* in: Linhart/Adolph, § 20 Rn. 40; *Coseriu* in: KSW, § 20 Rn. 8; kritisch: *Grube* in: Grube/Wahrendorf, SGB XII, § 20 Rz 17.
[53] BVerwG 17.05.1995 - 5 C 16/93 - BVerwGE 98, 195, 201.
[54] BGBl I 2006, 1706.

das Vorliegen einer eheähnlichen Gemeinschaft keine Beweisvermutung existiert, kann auch aus einer bestehenden Wohngemeinschaft zwischen Mann und Frau nicht im Sinne einer Regel auf das Vorliegen einer eheähnlichen Gemeinschaft geschlossen werden.[55] Deshalb liegt im Sozialhilferecht die Feststellungslast (objektive Beweislast) für das Vorliegen der objektiven und subjektiven Merkmale einer eheähnlichen Lebensgemeinschaft jedenfalls beim Sozialhilfeträger.[56] Dies gilt unabhängig von dem Umstand, dass die Beweislast für das Vorliegen der Anspruchsvoraussetzung Bedürftigkeit beim Hilfesuchenden liegt. Sprechen bei einer Gesamtschau keine überwiegenden Gründe für oder gegen das Bestehen einer eheähnlichen Lebensgemeinschaft, kann von einer solchen nicht ausgegangen werden.

43 Allein aus dem Umstand, dass der Sozialhilfeträger die Motive für das Zusammenleben nicht kennen kann, lässt sich ebenfalls **keine Umkehrung der Feststellungslast** herleiten.[57] Dies gilt auch bei einer längeren Dauer des Zusammenlebens, die aber immerhin als Indiz herangezogen werden kann. Auch bei einer längeren Dauer einer Wohngemeinschaft führt die allgemeine Lebenserfahrung nicht schon deshalb zwingend zur Annahme des Vorliegens einer eheähnlichen Gemeinschaft, sondern es ist eine Einzelfallbetrachtung anzustellen.

3. Rechtsfolgen

44 Bei Vorliegen der hierfür geltenden Voraussetzungen wird die eheähnliche Gemeinschaft hinsichtlich der Voraussetzungen und des Umfangs der Sozialhilfe wie nicht getrennt lebende Ehegatten behandelt. § 20 SGB XII gilt für alle Kapitel des SGB XII. Dies wirkt sich in der ersten Linie insofern aus, als das **Einkommen und Vermögen** des Partners nach § 27 SGB XII in gleicher Weise zu berücksichtigen ist, wie Einkommen und Vermögen eines Ehegatten.

45 Da eine Schlechterstellung der eheähnlichen oder lebenspartnerähnlichen Gemeinschaft nicht zu den Zielen des § 20 SGB XII gehört, ist dem Partner ein etwaiger **Mehrbedarf** nach § 30 Abs. 3 SGB XII zuzubilligen, wenn der Partner nicht wesentlich an der Erziehung beteiligt ist.[58]

46 Ferner sind **Unterhaltsleistungen** des Partners als Abzugsposten zu berücksichtigen, weil Zahlungen, auf die ein Anspruch des früheren Ehegatten oder von Kindern besteht, nicht als bereites Einkommen zu bewerten sind.[59]

47 Dies gilt auch für **anderweitige Verpflichtungen** des Partners, weil der Verpflichtungswille des Partners zum Einstand nur im Rahmen des ihm zur Verfügung stehenden Einkommens und Vermögens angenommen werden kann. Der Partner wird durch das Sozialhilferecht nicht verpflichtet, sich vertragswidrig zu verhalten und seine Verpflichtungen nicht zu erfüllen.[60]

4. Verfassungsrechtliche Fragen

48 Die Vorgängerregelungen zu § 20 SGB XII (§ 122 BSHG; § 137a AFG; § 193 Abs. 2 SGB III) waren verfassungsrechtlich außerordentlich umstritten. Sie wurden unter dem Gesichtspunkt eines **Verstoßes gegen Art. 3 GG** beanstandet, weil eine ungerechtfertigte Ungleichbehandlung gegenüber der Ehe darin gesehen wurde, dass innerhalb der Gemeinschaft keine gesetzlichen Unterhaltspflichten bestehen. Zudem könnten eheähnliche Gemeinschaften auf der anderen Seite die Eheleuten eingeräumten Vergünstigungen nicht beanspruchen. Gleichwohl hat das BVerfG die Ungleichbehandlung durch eine engere Auslegung des Begriffs im Sinne einer Verantwortungs- und Einstehensgemeinschaft gerechtfertigt.[61] Der so konkretisierte Begriff der eheähnlichen Gemeinschaft ist nach der Entscheidung des BVerfG auch nicht dem Vorwurf ausgesetzt, er sei zu unbestimmt.

---

[55] *Schoch* in: LPK-SGB XII, § 20 Rn. 20.
[56] BVerwG 24.06.1999 - 5 B 114/98; *Grube* in: Grube/Wahrendorf, SGB XII, § 20 Rn. 16; *Neumann* in: Hauck/Noftz, SGB XII, § 20 Rn. 16; *Schoch* in: LPK-SGB XII, § 20 Rn. 20.
[57] LSG Baden-Württemberg v. 21.09.2006 - L 7 SO 5441/05 - ZFSH/SGB 2006, 742-749; *Neumann* in: Hauck/Noftz, SGB XII, § 20 Rn. 16; *Debus*, SGb 2006, 82, 83; a.A. *Zeitler* in: Mergler/Zink, SGB XII, § 20 Rn. 7.
[58] *Apidopoulos* in: Linhart/Adolph, § 20 SGB XII Rn. 37; *Coseriu* in: KSW, § 20 SGB XII Rn. 10; *Neumann* in: Hauck/Noftz, SGB XII, § 20 Rn. 29.
[59] BSG v. 11.12.2007 - B 8/9b SO 23/06 R - FamRZ 2008, 1068; *Apidopoulos* in: Linhart/Adolph, § 20 SGB XII Rn. 36.
[60] *Apidopoulos* in: Linhart/Adolph, § 20 SGB XII Rn. 38; *Coseriu* in: KSW, § 20 SGB XII Rn. 10.
[61] BVerfG v. 17.11.1992 - 1 BvL 8/87 - BVerfGE 87, 234 = SozR 3-4100 § 137 Nr. 3.

IV. Entsprechende Geltung des § 39 SGB XII (Satz 2)

Satz 2 erklärt § 39 SGB XII für entsprechend anwendbar. § 39 SGB XII enthält Vermutungen, die die **Haushaltsgemeinschaft** betreffen. § 39 Satz 1 SGB XII besagt, dass Personen, die gemeinsam mit anderen Personen in einer Wohnung leben, gemeinsam wirtschaften und einander Leistungen zum Lebensunterhalt erbringen, soweit das nach ihrem Einkommen oder Vermögen erwartet werden kann. Diese Vermutung kann widerlegt werden und gilt für die in § 39 Satz 3 SGB XII genannten Personen nicht. 49

Welche **praktische Bedeutung** dem Verweis auf § 39 SGB XII (bis 31.12.2010 § 36 SGB XII) in § 20 Satz 2 SGB XII zukommt, ist umstritten. Ein Teil der Literatur vertritt die Auffassung, der Verweis sei überflüssig, weil die Vermutungsregelung keine Bedeutung für die Feststellung einer eheähnlichen Gemeinschaft habe.[62] Dieser Auffassung ist jedenfalls insoweit zuzustimmen, als die widerlegbare Vermutungsregelung des § 39 SGB XII auf die Partner einer eheähnlichen Gemeinschaft keine Anwendung findet.[63] 50

Die Bedeutung des Verweises kann aber zunächst darin gesehen werden, dass die Vermutungsregelung des § 39 SGB XII im **Verhältnis der Kinder** des einkommensschwachen Partners zum einkommensstarken Partner heranzuziehen ist. Daraus ist umgekehrt aber auch zu folgern, dass im Verhältnis vom einkommensstarken Mitglied der Haushaltsgemeinschaft zu den Kindern des Partners keine Einstehensgemeinschaft besteht.[64] Das Bestehen einer Haushaltsgemeinschaft kann also in diesem Verhältnis widerlegt werden. 51

Dem Verweis auf § 39 SGB XII ist zudem zu entnehmen, dass bezogen auf die Partner (hilfsweise) das **Vorliegen einer Haushaltsgemeinschaft** zu prüfen ist, wenn sich eine eheähnliche Gemeinschaft i.S. des § 20 SGB XII nicht feststellen lässt. Einer ausdrücklichen Regelung dieser Frage hätte es allerdings nicht bedurft. 52

C. Praxishinweise

Das Vorliegen einer Einstehens- und Verantwortungsgemeinschaft beruht in wesentlicher Hinsicht auf inneren Tatsachen, auf die in Zweifelsfällen nur anhand von objektiven Hilfstatsachen (Indizien, Hinweistatsachen) geschlossen werden kann (vgl. Rn. 38). Nach § 20 SGB X muss der Sozialhilfeträger im Rahmen der Amtsermittlungspflicht den entscheidungserheblichen Sachverhalt auch insoweit von Amts wegen ermitteln. Hierzu bietet es sich insbesondere an, den **beteiligten Partner** bei der Ermittlung des Sachverhalts heranzuziehen (vgl. § 21 Abs. 2 Satz 1 SGB X), denn dessen Darstellung erlaubt einen unmittelbaren Zugang zu den fraglichen inneren Tatsachen. Der Partner ist im Rahmen des § 117 Abs. 2 SGB XII zur Auskunft verpflichtet. Allerdings berechtigt die Weigerung des Partners, Angaben zu seinem Einkommen oder Vermögen zu machen, nicht dazu, die Sozialhilfe nach § 66 SGB I gegenüber dem Hilfebedürftigen zu verweigern. Fehlende Angaben können aber dazu führen, dass das Leistungsbegehren nach den Regeln über die objektive Feststellungslast verweigert werden kann, weil die Anspruchsvoraussetzung der Hilfebedürftigkeit nicht feststellbar ist. 53

Hinsichtlich der Voraussetzungen für das Vorliegen einer eheähnlichen Gemeinschaft trifft den Antragsteller selbst nach § 60 Abs. 1 Nr. 1 SGB I eine **Mitwirkungspflicht**: Nach der genannten Regelung muss er alle Tatsachen angeben, die für die Leistung erheblich sind. Der Antragsteller muss auf Verlangen des Sozialhilfeträgers auch der Erteilung der erforderlichen Auskünfte durch Dritte zustimmen. Die Auskunft durch Dritte ist erforderlich, wenn Anhaltspunkte dafür vorliegen, dass die Angaben des Hilfesuchenden falsch oder unvollständig sind. Andererseits muss er auch Auskünfte über Dritte erteilen, insbesondere über deren Einkommens- oder Vermögensverhältnisse, soweit sie ihm bekannt sind. Es besteht jedoch keine Obliegenheit des Hilfebedürftigen, Nachweise über Einkommens- und Vermögensverhältnisse des Partners zu beschaffen.[65] Die Leistungserheblichkeit der Tatsachen beurteilt sich nach den Tatbestandsvoraussetzungen des konkret geltend gemachten Anspruchs,[66] erstreckt sich mithin auch auf Hilfstatsachen, die einen Schluss auf das Bestehen bzw. Nichtbestehen ei- 54

---

[62] *Grube* in: Grube/Wahrendorf, SGB XII, § 20 Rn. 24.
[63] LSG Baden-Württemberg v. 21.09.2006 - L 7 SO 5441/05 - FEVS 58, 234-240; *Neumann* in: Hauck/Noftz, SGB XII, § 20 Rn. 31.
[64] *Neumann* in: Hauck/Noftz, SGB XII, § 20 Rn. 31.
[65] *Hohm* in: Schellhorn/Schellhorn/Hohm, SGB XII, § 20 Rn. 8.
[66] *Kampe* in: jurisPK-SGB I, § 60 Rn. 31.

§ 20

ner eheähnlichen Gemeinschaft zulassen. Den Partner, der selbst keine Sozialhilfeleistungen beansprucht, trifft keine eigene Mitwirkungspflicht. Er ist vielmehr zur Auskunft nach § 117 Abs. 2 SGB XII zur Auskunft verpflichtet.[67]

55 Hinweise auf die fraglichen Hilfstatsachen lassen sich, soweit die Angaben der Mitglieder der Haushaltsgemeinschaft zu Zweifeln Anlass geben, durch einen **Hausbesuch** ermitteln.[68] Denn eine Besichtigung der Räumlichkeiten als regelmäßigem Aufenthaltsort der Partner kann Rückschlüsse auf das Vorliegen einer eheähnlichen Gemeinschaft zulassen. Der Hausbesuch erlaubt ggf. nicht nur Hinweise auf das Vorliegen einer Haushalts- und Wirtschaftsgemeinschaft, sondern auch auf das Vorliegen von Hilfstatsachen, die einen Rückschluss auf den Einstandswillen rechtfertigen können.[69] Aus einem derartigen Hausbesuch durch Mitarbeiter des Sozialhilfeträgers können sich erfahrungsgemäß selbst dann Hinweise auf das Bestehen einer Verantwortungs- und Einstehensgemeinschaft ergeben, wenn die Partner aufgrund einer Ankündigung des Hausbesuches entsprechende Vorkehrungen treffen konnten. Die Besichtigung der Wohnverhältnisse der Gemeinschaft durch den Träger der Sozialhilfe gehört als Maßnahme der Augenscheineinnahme nach § 21 Abs. 1 Satz 2 Nr. 4 SGB X zu den zulässigen Maßnahmen der Sachaufklärung. Allerdings korrespondiert mit diesem Beweismittel keine Mitwirkungspflicht des Leistungsberechtigten. Denn es ergibt sich aufgrund der §§ 60 ff. SGB I keine Obliegenheit des Antragstellers zur Duldung eines Hausbesuchs.[70] Dies bedeutet jedoch andererseits nicht, dass bei der Beweiswürdigung keine nachteiligen Folgerungen aus der Weigerung gezogen werden dürfen.[71]

56 Den Sozialhilfeträger trifft auch die objektive Feststellungslast für das Vorliegen des Einstandswillens der Partner.[72] Lässt eine Gesamtwürdigung der Angaben des Anspruchstellers und des mit ihm zusammenlebenden Dritten sowie der ansonsten festgestellten Hilfstatsachen den Schluss auf das Vorliegen einer eheähnlichen Gemeinschaft und eine darauf beruhende Überzeugungsbildung nicht zu, so sind Leistungen der Sozialhilfe **ohne Berücksichtigung von Einkommen und Vermögen des Dritten** zu erbringen, wenn nicht die Vermutungsregelung nach § 39 SGB XII eingreift. Steht andererseits das Vorliegen einer eheähnlichen Gemeinschaft fest, lassen sich jedoch die Einkommensverhältnisse der Partner nicht feststellen, trägt der Antragsteller die objektive Feststellungslast für das Vorliegen von Hilfebedürftigkeit.

---

[67] *Neumann* in Hauck/Noftz, SGB XII, § 20 Rn. 25; a.A. SG Dortmund v. 17.12.2012 - S 41 SO 426/12 ER; *Schoch* in: LPK-SGB XII, § 20 Rn. 22.
[68] *Coseriu* in: KSW, § 20 SGB XII Rn. 7.
[69] *Coseriu* in: KSW, § 20 SGB XII Rn. 8; unzutreffend *Groth* in: BeckOK, § 20 SGB XII Rn. 12.
[70] OVG Nordrhein-Westfalen v. 22.02.1989 - 8 B 3716/88 - NJW 1990, 729, 730; *Neumann* in: Hauck/Noftz, SGB XII, § 20 Rn. 27.
[71] *Neumann* in: Hauck/Noftz, SGB XII, § 20 Rn. 28; *Coseriu* in: KSW, § 10 SGB XII Rn. 8; a.A. LSG Sachsen-Anhalt v. 22.04.2005 - L 2 B 9/05 AS ER - NZS 2006, 262, 264.
[72] *Schoch* in: LPK-SGB XII, § 20 Rn. 19.

§ 21 SGB XII Sonderregelung für Leistungsberechtigte nach dem Zweiten Buch

(Fassung vom 24.03.2011, gültig ab 01.01.2011)

¹Personen, die nach dem Zweiten Buch als Erwerbsfähige oder als Angehörige dem Grunde nach leistungsberechtigt sind, erhalten keine Leistungen für den Lebensunterhalt. ²Abweichend von Satz 1 können Personen, die nicht hilfebedürftig nach § 9 des Zweiten Buches sind, Leistungen nach § 36 erhalten. ³Bestehen über die Zuständigkeit zwischen den beteiligten Leistungsträgern unterschiedliche Auffassungen, so ist der zuständige Träger der Sozialhilfe für die Leistungsberechtigung nach dem Dritten oder Vierten Kapitel an die Feststellung einer vollen Erwerbsminderung im Sinne des § 43 Absatz 2 Satz 2 des Sechsten Buches und nach Abschluss des Widerspruchsverfahrens an die Entscheidung der Agentur für Arbeit zur Erwerbsfähigkeit nach § 44a Absatz 1 des Zweiten Buches gebunden.

Gliederung

A. Basisinformationen 1	a. Erwerbsfähige und Angehörige 19
I. Textgeschichte/Gesetzgebungsmaterialien 1	b. Leistungsberechtigung dem Grunde nach 24
II. Parallelvorschrift des SGB II	2. Rechtsfolgen 55
(§ 5 Abs. 2 SGB II) 6	IV. Ausnahme für Leistungen nach § 36 SGB XII
III. Systematische Zusammenhänge 8	(Satz 2) 63
B. Auslegung der Norm 10	V. Streit über Zuständigkeit (Satz 3) 68
I. Regelungsgehalt der Norm allgemein 10	1. Rechtslage bis 31.12.2010 68
II. Normzweck 15	2. Rechtslage ab 01.01.2011 70
III. Generelle Abgrenzung zum SGB II (Satz 1) ... 19	C. Praxishinweise 76
1. Tatbestandsmerkmale 19	

A. Basisinformationen

I. Textgeschichte/Gesetzgebungsmaterialien

§ 21 SGB XII hatte vor dem 01.01.2005 im **BSHG keine Vorgängervorschrift**. Dies ist ohne weiteres nachvollziehbar, weil sich die Notwendigkeit der Zuständigkeitsabgrenzung zwischen SGB II und SGB XII erst mit Inkrafttreten dieser beiden Gesetze am 01.01.2005 ergab. Mit dem SGB II ist ein neues Existenzsicherungssystem für Erwerbsfähige und deren Angehörige geschaffen worden; der früheren Alhi nach dem SGB III kam diese Funktion nicht zu; sie sollte den Lebensstandard auf abgesenktem Niveau sichern.[1]   1

§ 21 SGB XII beruht insoweit auf dem **Gesetz zur Einordnung des Sozialhilferechts in das SGB** vom 27.12.2003.[2] Satz 1 enthielt zu diesem Zeitpunkt noch den Ausnahmetatbestand „der Leistungen nach § 34, soweit sie nicht nach § 22 Abs. 5 des Zweiten Buches zu übernehmen sind"; im früheren Satz 2 war auf die Anwendbarkeit des § 45 SGB II bei unterschiedlichen Auffassungen der zuständigen Leistungsträger über die Zuständigkeit verwiesen. In der Gesetzesbegründung[3] ist ausgeführt, die Vorschrift korrespondiere mit den §§ 5 Abs. 2, 7 Abs. 4 und 45 des Zweiten Buches. Zur Vermeidung von Schnittstellen und im Hinblick auf das abgestimmte Leistungsniveau würden in Satz 1 ergänzende Leistungen der Hilfe zum Lebensunterhalt ausgeschlossen.   2

Mit dem **Gesetz zur Änderung des SGB II und anderer Gesetze vom 24.03.2006**[4] wurde die Ausnahmeregelung zu § 34 SGB XII mit Wirkung ab 01.04.2006 zunächst aufgrund einer Beschlussempfehlung des 11. Ausschusses (Ausschuss für Arbeit und Soziales) gestrichen, wobei zur Begründung ausgeführt ist,[5] es handele sich um eine Folgeänderung zur Änderung des § 22 Abs. 5 und 6 SGB II.   3

---

[1] Vgl. nur *Spellbrink* in: Spellbrink/Eicher, Kasseler Hb des Arbeitsförderungsrechts, 2003, § 13 Rn. 17 m.w.N. zur Rspr. des BVerfG.
[2] BGBl I 2003, 3022.
[3] BT-Drs. 15/1514, S. 57 zu § 21.
[4] BGBl I 2006, 558.
[5] BT-Drs. 16/688, S. 15 zu Art. 3.

Die Regelung des § 34 SGB XII zur **Übernahme von Mietschulden** werde in das SGB II übernommen. Damit sei die entsprechende Ausnahmeregelung des § 21 SGB II nicht mehr notwendig. Nicht lange danach wurde jedoch mit Wirkung ab 01.08.2006 durch das **Gesetz zur Fortentwicklung der Grundsicherung für Arbeitsuchende vom 20.07.2006**[6] als (vermeintliche) Korrektur mit dem neuen **Satz 2** wiederum eine Ausnahmeregelung eingefügt. Danach können nunmehr Personen, die nicht hilfebedürftig nach § 9 des Zweiten Buches sind, doch wieder Leistungen nach § 34 SGB XII erhalten. Die Wiedereinführung der früheren Ausnahmeregelung wurde damit begründet,[7] dass es sich um die Beseitigung eines Versehens handele. Die Träger der Sozialhilfe sollten Miet- und Energieschulden von erwerbsfähigen Personen, die keine Leistungen nach dem SGB II erhielten, wie dies § 22 Abs. 5 SGB II für die (zusätzliche) Übernahme dieser Schulden vorschreibe, weiterhin nach § 34 übernehmen können. Der frühere Satz 2 wurde Satz 3.

4   Mit Wirkung ab 01.01.2011 wurde **Satz 3** neu gefasst. Statt des Verweises auf § 45 SGB II bei „Streit über die Zuständigkeit" ordnet Satz 3 nunmehr aufgrund der Fassung des **Gesetzes zur Weiterentwicklung der Organisation der Grundsicherung für Arbeitsuchende vom 03.08.2010**[8] bei unterschiedlichen Auffassungen der beteiligten Leistungsträger ausdrücklich eine **Bindung** des zuständigen Sozialhilfeträgers **an die Feststellung einer vollen Erwerbsminderung** an, nachdem zunächst im Gesetzentwurf der Fraktionen der CDU/CSU und FDP nur eine (Folge-)Änderung des in Satz 3 bezeichneten „§ 45 SGB II" in „§ 44a SGB II" vorgesehen war.[9] In der BT-Drs. 17/1940[10] ist zu § 44a SGB II und den §§ 21, 45 SGB XII ausgeführt, Ziel der Regelung müsse es sein, durch eine gute Abstimmung des Verfahrens der Sozialleistungsträger widersprüchliche Ergebnisse bei Begutachtungen sowie zeit- und kostenaufwändige Mehrfachbegutachtungen zu vermeiden.

5   Rückwirkend ab 01.01.2011 wurde – ohne inhaltliche Änderung – durch das **Gesetz zur Ermittlung von Regelbedarfen und zur Änderung des Zweiten und Zwölften Buches Sozialgesetzbuch** vom 24.03.2011 die Angabe „§ 34" durch die Angabe „§ 36" ersetzt. Dies geschah im Hinblick darauf, dass § 34 SGB XII mit einer neuen Überschrift zu § 36 SGB XII wurde.

II. Parallelvorschrift des SGB II (§ 5 Abs. 2 SGB II)

6   § 21 SGB XII ist in einem engen Kontext zu **§ 5 Abs. 2 SGB II** zu sehen. Dieser wird in der Gesetzesbegründung als **Korrespondenznorm** bezeichnet (vgl. Rn. 2), obwohl er einen anderen Wortlaut aufweist als § 21 SGB XII. In § 5 Abs. 2 Satz 1 SGB II heißt es, der Anspruch auf Leistungen zur Sicherung des Lebensunterhalts nach dem SGB II schließe Leistungen nach dem 3. Kapitel des SGB XII (Hilfe zum Lebensunterhalt) aus. § 5 Abs. 2 Satz 2 SGB II sah zunächst noch – wie § 21 SGB XII – eine Ausnahme für Leistungen nach § 34 SGB XII vor, soweit sie nicht nach § 22 Abs. 5 SGB II zu übernehmen waren. Nach Satz 3 sind Leistungen des 4. Kapitels des SGB XII (Leistungen der Grundsicherung im Alter und bei Erwerbsminderung) gegenüber dem Sozialgeld (§§ 19 Abs. 1 Satz 2, 23 SGB II; bis 31.12.2010 § 28 SGB II) nachrangig (vgl. näher § 19 Abs. 1 Satz 2 SGB II).

7   Mit dem Gesetz zur Änderung des SGB II und anderer Gesetze vom 24.03.2006[11] wurde jedoch mit der Aufhebung der Ausnahmeregelung in § 21 SGB XII zur Übernahme von **Schulden nach § 34 SGB XII** (vgl. Rn. 3) auch die in § 5 Abs. 2 Satz 2 SGB II geregelte Ausnahme des Anwendungsverbots für Leistungen nach dem SGB XII mit Wirkung ab 01.04.2006 **gestrichen**. Begründet wurde dies damit, dass die Regelung des § 34 SGB XII in das SGB II übernommen werde; damit sei ein Verweis nicht mehr nötig.[12] Allerdings erfolgte dann später wieder eine Korrektur im SGB XII (vgl. dazu Rn. 3), weil § 22 Abs. 5 SGB II den Bezug von Leistungen der Kosten der Unterkunft voraussetzt, also nur für KdU-Leistungsempfänger Anwendung findet.[13]

---

[6] BGBl I 2006, 1706.
[7] BT-Drs. 16/1410, S. 34 zu Art. 8 Nr. 2.
[8] BGBl I 2010, 1112.
[9] BT-Drs. 17/1555, S. 33 zu Art. 2 Abs. 3.
[10] BT-Drs. 17/1940, S. 20 zu Nr. 8.
[11] BGBl I 2006, 558.
[12] BT-Drs. 16/688, S. 13 zu Art. 1 Nr. 1.
[13] BSG v. 17.06.2010 - B 14 AS 58/09 R - juris Rn. 19.

III. Systematische Zusammenhänge

Im Sinne einer **externen Systematik** ist für die Auslegung der Norm ihre Wechselwirkung mit § 5 Abs. 2 SGB II von wesentlicher Bedeutung. Anders als die Gesetzesbegründung jedoch nahezulegen scheint, ergibt sich dies nicht ohne weiteres aus dem Wortlaut der beiden Vorschriften. Vielmehr muss eine **aufeinander abgestimmte Auslegung** gesucht werden.[14] Anders ausgedrückt: Die beiden Normen müssen interdependent so interpretiert werden, dass sich aus ihnen keine unterschiedlichen Rechtsfolgen ergeben.

8

Was die **interne Systematik** (innerhalb des SGB XII) betrifft, ist § 21 SGB XII gewissermaßen als vor die Klammer gezogene **Ausschlussnorm** für bestimmte Leistungen des SGB XII zu verstehen.[15] Bevor Leistungen gewährt werden, ist immer vorab zu prüfen, ob und inwieweit diese nicht nach § 21 SGB XII ausgeschlossen sind. Die Regelung wirkt sich unter den in ihr genannten Voraussetzungen – insoweit allerdings entgegen dem Wortlaut des § 5 Abs. 2 SGB II – nicht nur auf Leistungen nach dem 3., sondern auch auf solche nach dem 4. Kapitel („Leistungen für den Lebensunterhalt) aus (vgl. dazu näher Rn. 55 ff.). Leistungen nach dem 5.-9. Kapitel, also besondere Sozialhilfeleistungen (nach der früheren Terminologie des BSHG Hilfen in besonderen Lebenslagen), werden demgegenüber selbst den Personen gewährt, die Anspruch auf Leistungen nach dem SGB II besitzen.[16] Ausdrücklich sind zudem Leistungen des § 36 Abs. 1 SGB XII (bis 31.12.2010 § 34 SGB XII - Übernahme von Schulden) möglich, wobei sich dies insbesondere auf vorbeugende Leistungen nach § 15 Abs. 1 SGB XII bezieht (vgl. dazu Rn. 67).[17] Ausgeschlossen sind, soweit Ausländer dem Grunde nach leistungsberechtigt nach dem SGB II sind, auch Leistungen für den Lebensunterhalt nach § 23 SGB XII (vgl. dazu Rn. 34). Die Erstattung von Aufwendungen für SGB-II-Berechtigte im Falle der Nothilfe (§ 25 SGB XII) ist nur möglich, soweit es sich um Nothilfe für Leistungen nach dem 5.-9. Kapitel handelt.[18] Leistungen der Beratung, Unterstützung und Aktivierung (§ 11 SGB XII) dürfen wegen ihres Annexcharakters ebenfalls nur erbracht werden, soweit sie sich auf besondere Leistungen des 5.-9. Kapitels beziehen.[19] Bei stationären und teilstationären Leistungen führt der Ausschluss von Leistungen für den Lebensunterhalt dazu, dass die Kosten nicht übernommen werden, die darauf im Rahmen der stationären bzw. teilstationären Leistung entfallen; die Übernahme der Gesamtkosten unter Einschluss der Kosten für den Lebensunterhalt mit erst anschließender Heranziehung zu diesen (sog. Bruttoprinzip; etwa § 92 Abs. 1 SGB XII) ist damit ausgeschlossen (vgl. näher dazu Rn. 55 f.).[20]

9

B. Auslegung der Norm

I. Regelungsgehalt der Norm allgemein

Satz 1 dient der allgemeinen **Systemabgrenzung** zwischen SGB II und SGB XII im Bereich der Leistungen für den Lebensunterhalt (vgl. dazu Rn. 15). Insoweit wird primär auf die Erwerbsfähigkeit zu-

10

---

[14] Allgemein zur Notwendigkeit einer Harmonisierung: *Stölting/Greiser*, SGb 2010, 631 ff.; *Coseriu* in: Bender/Eicher, Sozialrecht eine Terra incognita, 2009, S. 225, 255 f.; vgl. zur Harmonisierung unter Berücksichtigung unterschiedlicher Gesetzeszwecke *Eicher* in: Knickrehm/Rust, Arbeitsmarktpolitik in der Krise, 2010, S. 73 ff.; eher zurückhaltend *Wahrendorf* in: Siebenhaar/Wahrendorf, Sozialrecht im Spannungsfeld von Politik und Praxis, 2010, S. 79, 89 f.

[15] LSG Berlin-Brandenburg v. 21.06.2012 - L 20 AS 1322/12 B ER - juris Rn. 43.

[16] Vgl. etwa: BSG v. 26.08.2008 - B 8/9b SO 18/07 R - SozR 4-3500 § 18 Nr. 1; BSG v. 11.12.2007 - B 8/9b SO 12/06 R - SozR 4-3500 § 21 Nr. 1; BSG v. 18.02.2010 - B 4 AS 29/09 R - SozR 4-1100 Art. 1 Nr. 7 Rn. 26; BSG v. 07.11.2006 - B 7b AS 14/06 R - BSGE 97, 242 ff. Rn. 22 = SozR 4-4200 § 20 Nr. 1; BSG v. 19.08.2010 - B 14 AS 13/10 R - SozR 4-3500 § 73 Nr. 3; BVerfG v. 07.11.2007 - 1 BvR 1840/07 - SGb 2008, 409 f.; *Knickrehm*, NZS 2007, 128 ff.

[17] Zur vorbeugenden Leistung für Alg-II-Berechtigte BSG v. 13.07.2010 - B 8 SO 14/09 R - BSGE 106, 268 ff. = SozR 4-4200 § 16 Nr. 5.

[18] Vgl. dazu BSG v. 19.05.2009 - B 8 SO 4/08 R - BSGE 103, 178 ff. = SozR 4-3500 § 25 Nr. 1.

[19] Vgl. dazu BSG v. 13.07.2010 - B 8 SO 14/09 R - BSGE 106, 268 ff. Rn. 23 ff. = SozR 4-4200 § 16 Nr. 5.

[20] Vgl. zur Prüfung, ob Mittagessen Bestandteil der Eingliederungshilfe ist: BSG v. 11.12.2007 - B 8/9b SO 21/06 R - BSGE 99, 252 ff. = SozR 4-3500 § 28 Nr. 3 (Arbeitsbereich einer WfbM); BSG v. 09.12.2008 - B 8/9b SO 11/07 R (an WfbM angegliederte Förderstätte); vgl. auch die polemische Anm. dazu von *Fahlbusch*, SGb 2010, 301 ff.

rückgegriffen, die das maßgebliche Abgrenzungskriterium dafür darstellt.[21] Wegen der in den §§ 7 Abs. 2, 19 Abs. 1 Satz 2 SGB II (bis 31.12.2010 § 28 SGB II) vorgesehenen Leistungen (Sozialgeld) auch an Erwerbsunfähige im Rahmen einer Bedarfsgemeinschaft nach dem SGB II wird indes alternativ auf die Leistungsberechtigung nach dem SGB II als Angehöriger abgestellt.

11   Aus der Systemabgrenzung entstehen andererseits wegen des gleichen Ziels der Existenzsicherung **Abstimmungsprobleme** zwischen den beiden Systemen; anders ausgedrückt, ggf. müssen Normen des SGB II und des SGB XII trotz unterschiedlichen Wortlauts u.U. **harmonisiert** werden (vgl. Rn. 18 ff.).

12   Dass Hilfe zum Lebensunterhalt nach dem SGB XII nur Personen erhalten können, die älter als 65 Jahre (vgl. Rn. 43 ff.) oder nicht erwerbsfähig sind (vgl. Rn. 19 ff.), hat allerdings auch **mittelbare Auswirkungen auf die Auslegung anderer Normen**. Alter und Erwerbsunfähigkeit allein sind, weil sie ohnedies Voraussetzungen für den Bezug von Hilfe zum Lebensunterhalt sind, keine Umstände, die einen begründeten Fall i.S.d. § 82 Abs. 3 Satz 3 SGB XII für einen höheren Einkommensfreibetrag rechtfertigen.[22]

13   Satz 2 enthält eigentlich **eine im SGB XII systemwidrige Regelung**. Es mag zwar zutreffen, dass § 22 Abs. 8 (bis 31.12.2010 Abs. 5) SGB II Leistungen der Schuldenübernahme i.S.d. § 36 SGB XII (bis 31.12.2010 § 34 SGB XII) nur für die Personen vorsieht, deren Kosten der Unterkunft auch übernommen werden; jedoch ist dies kein Grund, eine „**Korrekturregelung**" im SGB XII zu platzieren. Richtiger wäre es gewesen, die Regelung des § 22 Abs. 8 (bis 31.12.2010 Abs. 5) SGB II der des SGB XII anzupassen, wenn man der Meinung ist, diese sei weiter gefasst und decke zu Recht zusätzliche Bedarfslagen ab. Der Systemwechsel und Wechsel des zuständigen Leistungsträger ist nicht nachvollziehbar. Der Vorschrift kommt wohl eher die Bedeutung einer salvatorischen Klausel für alle (noch) nicht erkannten Bedarfsfälle zu.

14   Satz 3 schließlich enthält für die Schnittfläche zwischen SGB II und SGB XII eine verfahrensrechtliche Regelung. Sie knüpft an die Normen des SGB II an, die die **Klärung der Erwerbsfähigkeit** zum Ziel haben. Im Grunde besitzt Satz 3 jedoch keine eigenständige Bedeutung, sondern enthält nur einen **deklaratorischen Hinweis** auf das, was sich ohnedies aus § 44a SGB II, bis 31.12.2010 i.V.m. § 45 SGB II, ergibt. Bis zur Klärung der Erwerbsfähigkeit nach den dortigen Vorgaben, wird diese, ohne dass dies das SGB II bzw. § 21 SGB XII ausdrücklich anordnet, fingiert.[23] Insoweit hat sich durch die Neufassung des § 44a SGB II mit Wirkung ab 01.01.2001 nichts geändert.

II. Normzweck

15   Treffend ist der Normzweck des § 21 SGB XII beschrieben in der BT-Drs. 17/1940[24] zur Änderung des § 21 mit Wirkung ab 01.01.2011 (vgl. dazu Rn. 4). Dort ist zu Recht betont, die Erwerbsfähigkeit sei für die Zuordnung zu dem Rechtskreis des SGB II einerseits und des SGB XII andererseits entscheidend. Anders ausgedrückt: Das SGB II und das SGB XII sind, soweit es Leistungen für den Lebensunterhalt betrifft, **nebeneinander stehende Existenzsicherungssysteme**, die sich grundsätzlich gegenseitig ausschließen.[25] Der Leistungsempfänger soll möglichst nur einem Existenzsicherungssystem unterworfen werden.[26] Deutlich hervorgehoben wird dies in § 3 Abs. 3 Satz 1 Halbsatz. 2 SGB II, wonach die im SGB II vorgesehenen Leistungen den Bedarf der erwerbsfähigen Bedürftigen und der mit ihnen in einer Bedarfsgemeinschaft lebenden Personen (normativ) decken. Dies gilt trotz des dem (scheinbar) widersprechenden Wortlauts des § 5 Abs. 2 Satz 2 SGB II („Leistungen des 4. Kapitels des SGB XII vorrangig") auch für die Grundsicherung im Alter und bei Erwerbsminderung (§§ 41 ff. SGB XII); „vorrangig" bedeutet in diesem Zusammenhang im Hinblick auf § 19 Abs. 1 Satz 2 SGB II (bis 31.12.2010 § 28 Abs. 1 Satz 1 SGB II; „soweit"), dass allenfalls ein Spitzbetrag an Sozialgeld zu zahlen ist, was jedoch die grundsätzliche Systemabgrenzung nicht berührt (vgl. näher dazu Rn. 43 ff.).

---

[21] Vgl. BSG v. 09.02.2010 - B 4 AS 29/09 R - SozR 4-1100 Art. 1 Nr. 7 Rn. 35 ff.; vgl. die Kommentierung zu § 45 SGB XII Rn. 27 f., vgl. auch *Rixen*, info also 2006, 153 ff., und *Udsching*, SuP 2012, 322 ff.

[22] BSG v. 14.04.2011 - B 8 SO 12/09 R - BSGE 108, 123 ff. = SozR 4-3500 § 82 Nr. 7.

[23] BSG v. 07.11.2006 - B 7b AS 10/06 R - BSGE 97, 231 ff. Rn. 19 f. = SozR 4-4200 § 22 Nr. 2; vgl. auch *Blüggel*, SGb 2011, 9, 17.

[24] BT-Drs. 17/1940, S. 20 zu Nr. 8.

[25] BSG v. 07.11.2006 - B 7b AS 14/06 R - BSGE 97, 242 ff. Rn. 19 = SozR 4-4200 § 20 Nr. 1; BSG v. 19.05.2009 - B 8 SO 4/08 R - BSGE 103, 178 ff. Rn. 13 = SozR 4-3500 § 25 Nr. 1; BSG v. 12.12.2013 - B 14 AS 90/12 R - juris Rn. 50.

[26] BSG v. 07.11.2006 - B 7b AS 10/06 R - BSGE 97, 231 ff. Rn. 18 = SozR 4-4200 § 22 Nr. 2.

Während der Leistungsausschluss für das 3. Kapitel des SGB XII vom SGB-II-Anspruch dem Grunde nach ausgeht, ergibt sich im gegenläufigen Sinn ein Leistungsausschluss für das Sozialgeld bei einem Anspruch auf Leistungen nach dem 4. Kapitel des SGB XII.

Die gesetzlich vorgesehene **Systemabgrenzung** zwingt allerdings im Einzelfall zur **harmonisierenden Auslegung** einzelner Normen des SGB II und des SGB XII (vgl. dazu Rn. 18 ff.). 16

Im Einzelnen ist **Satz 1** dabei die **Grundregel**. **Satz 2** soll nach der Gesetzesbegründung einen vermeintlichen **Fehler korrigieren** (vgl. dazu Rn. 3). **Satz 3** schließlich soll sowohl in der bis 31.12.2010 als auch in der ab 01.01.2011 geltenden Fassung sicherstellen, dass unterschiedliche Auffassungen zur Erwerbsfähigkeit schnell und möglichst einvernehmlich bereinigt werden können;[27] insbesondere sollen widersprüchliche Ergebnisse im Interesse auch des Leistungsempfängers [28] sowie zeit- und kostenaufwändige Mehrfachbegutachtungen vermieden werden.[29] Allerdings hat Satz 3 sowohl in der alten wie in der neuen Fassung nur **deklaratorische Bedeutung**, weil sich die darin angeordnete Rechtsfolge ohnedies bereits aus den §§ 44a, 45 SGB II a.F. (vgl. auch § 8 Abs. 1 Satz 5 der bis 31.12.2010 geltenden Einigungsstellen-Verfahrensverordnung) bzw. § 44a SGB II n.F. ergibt. Weder der Hinweis in Satz 3 auf § 45 SGB II a.F. noch ab 01.01.2011 die ausdrückliche Anordnung einer Bindungswirkung wären deshalb erforderlich gewesen. Wollte man keine Bindungswirkung annehmen, wäre das Einigungsstellenverfahren nach § 45 SGB II a.F. bzw. das Verfahren zur Feststellung der Erwerbsfähigkeit nach § 44a n.F. SGB II konterkariert. 17

Letztlich wird mit § 21 SGB XII und § 5 Abs. 2 SGB II die **Aufstockung** von Alg II bzw. Sozialgeld durch Leistungen für den Lebensunterhalt nach dem SGB XII **verhindert**.[30] Insoweit muss gleichwohl bezweifelt werden, ob die Ausführungen in der Gesetzesbegründung (vgl. Rn. 2), das Leistungsniveau zwischen beiden Büchern sei aufeinander abgestimmt, sodass im Regelfall keine Nachteile für die Leistungsberechtigten eintreten könnten, wirklich zutrifft.[31] Die Rechtsstreitigkeiten betreffend notwendige Harmonisierungen zeugen vom Gegenteil.[32] 18

III. Generelle Abgrenzung zum SGB II (Satz 1)

1. Tatbestandsmerkmale

a. Erwerbsfähige und Angehörige

Die Erwerbsfähigkeit ist der **zentrale Begriff des SGB II** (vgl. § 7 Abs. 1 Satz 1 Nr. 2 SGB II) für die Abgrenzung zum SGB XII (vgl. Rn. 10). Sie ist in § 8 SGB II definiert und untergliedert sich in eine solche aus gesundheitlicher (Absatz 1) und aus rechtlicher Sicht (Absatz 2). Letzteres ist für Ausländer von Bedeutung, die nur dann erwerbsfähig sind, wenn ihnen die Aufnahme einer Beschäftigung auch erlaubt ist oder erlaubt werden könnte. Soweit es die Erwerbsfähigkeit aus gesundheitlicher Sicht betrifft, lehnt sich § 8 Abs. 1 SGB II an § 43 Abs. 2 Satz 2 SGB VI an,[33] also an die Definition der vollen Erwerbsminderung in der gesetzlichen Rentenversicherung. Allerdings beruht die Formulierung in § 8 Abs. 1 SGB II auf einem Redaktionsversehen. § 8 Abs. 1 SGB II ist richtigerweise so zu lesen, dass erwerbsfähig ist, wer nicht wegen Krankheit oder Behinderung auf **nicht** absehbare Zeit außerstande ist, unter den üblichen Bedingungen des allgemeinen Arbeitsmarktes mindestens drei Stunden er- 19

---

[27] BT-Drs. 15/1514, S. 57 zu § 21.
[28] Vgl. BSG v. 07.11.2006 - B 7b AS 10/06 R - BSGE 97 ff., 231 Rn. 19 f. = SozR 4-4200 § 22 Nr. 2.
[29] BT-Drs. 17/1940, S. 20 zu Nr. 8.
[30] *Voelzke* in: Hauck/Noftz, SGB XII, K § 21 Rn. 9, Stand Dezember 2007.
[31] *Voelzke* in: Hauck/Noftz, SGB XII, K § 21 Rn. 9, Stand Dezember 2007.
[32] Dazu insbesondere *Stölting/Greiser*, SGb 2010, 631 ff. m.w.N.; vgl. auch BSG v. 10.05.2011 - B 4 AS 100/10 R - SozR 4-4200 § 21 Nr. 12 Rn. 19 f. zu den unterschiedlichen Formulierungen für Mehrbedarfe wegen kostenaufwändiger Ernährung in § 21 Abs. 5 SGB II und § 30 Abs. 5 SGB XII, und BSG v. 12.12.2013 - B 14 AS 90/12 R - zu den unterschiedlichen Regelungen eines Privilegierten Hausgrundstücks; vgl. außerdem: BSG v. 09.06.2011 - B 8 SO 1/10 R und B 8 SO 11/10 R - sowie insgesamt zur Berücksichtigung von Einkommen bei gemischten Bedarfsgemeinschaften BSG v. 09.06.2011 - B 8 SO 20/09 R - BSGE 108, 241 ff. = SozR 4-3500 § 82 Nr. 8; dazu auch *Haberstumpf-Münchow/Kruse*, info also 2012, 108 ff.; zur Freibetragsregelung des § 82 Abs. 3 Satz 1 SGB XII für Sozialgeldempfänger BSG v. 24.11.2011 - B 14 AS 201/10 R - SozR 4-4200 § 11 Nr. 44; zu Unrecht Harmonisierungsbedarf angenommen für nach § 7 Abs. 1 Satz 2 SGB II ausgeschlossene Leistungsbezieher durch LSG Berlin-Brandenburg v. 21.06.2012 - L 20 AS 1322/12 B ER.
[33] BT-Drs. 15/1516, S. 52.

werbstätig zu sein.[34] **Erwerbsfähigkeit** wird auch **fingiert**, solange sie zwischen den Leistungsträgern des SGB II und SGB XII nicht geklärt ist (vgl. Rn. 68 und Rn. 72).[35] Zur Erwerbsfähigkeit von Kindern und Jugendlichen vgl. Rn. 23.

20 Obwohl sich der Begriff der Erwerbsfähigkeit also am Recht der gesetzlichen Rentenversicherung orientiert, sind bei der Auslegung bzw. Konkretisierung doch strukturelle Besonderheiten des SGB II zu beachten. Erwerbsfähigkeit ist deshalb ausgehend von Sinn und Zweck des SGB II eigenständig zu interpretieren. Erwerbsfähigkeit im Sinne des SGB II meint insgesamt die Fähigkeit, durch eine Erwerbstätigkeit, also den Einsatz der eigenen Arbeitskraft, den Lebensunterhalt ganz oder zum Teil unter den üblichen Bedingungen des allgemeinen Arbeitsmarktes aus eigenen Mitteln und Kräften bestreiten zu können.[36] Das SGB II ist darauf ausgerichtet, Erwerbsfähige in den Arbeitsmarkt zu integrieren und dabei möglichst weitgehende Erwerbspotenziale zu erschließen, was insbesondere bei der Beurteilung von Bedeutung ist, ob der Leistungsempfänger noch unter den üblichen Bedingungen des allgemeinen Arbeitsmarktes erwerbsfähig sein kann. Insoweit ist die **Rechtsprechung zur** gesetzlichen Rentenversicherung, die bei **Summierung ungewöhnlicher Leistungseinschränkungen** ggf. eine volle Erwerbsminderung annimmt, **nicht** auf das SGB II **übertragbar**.[37]

21 Das SGB II erweitert in § 7 Abs. 2 i.V.m. § 19 Abs. 1 Satz 2 (bis 31.12.2010 § 28 Abs. 1 SGB II) die Leistungsberechtigung auf Personen, die mit erwerbsfähigen Hilfebedürftigen in einer Bedarfsgemeinschaft leben; diese erhalten jedoch kein Alg II, sondern Sozialgeld, unabhängig davon, ob der Erwerbsfähige selbst einen Anspruch besitzt.[38] Dem trägt die Erwähnung der **Angehörigen** als möglichen Anspruchsberechtigten in § 21 SGB XII Rechnung. Wegen der Verknüpfung des Angehörigenbegriffs mit der Anspruchsberechtigung nach dem SGB II kann für die nähere Bestimmung nicht auf § 16 Abs. 5 SGB X zurückgegriffen werden. Vielmehr können nur Angehörige gemeint sein, die auch einen Anspruch auf Sozialgeld haben können, also solche, die mit dem Erwerbsfähigen in einer Bedarfsgemeinschaft leben.[39] Dies sind unter den näheren Voraussetzungen des § 7 Abs. 3 SGB II im Haushalt lebende Eltern, Ehegatten, Lebenspartner, Partner einer nichtehelichen Lebensgemeinschaft und dem Haushalt angehörende unverheiratete Kinder im Alter bis zum 25. Lebensjahr.

22 Die Aussage, für den Anspruch auf Sozialgeld komme es nicht darauf an, ob der Erwerbsfähige selbst einen Anspruch nach dem SGB II besitze (vgl. Rn. 21), muss allerdings relativiert werden. Es wäre sinnwidrig, bei Leistungsausschlussnormen, die zu einem Wechsel des Leistungsempfängers in das SGB XII führen (vgl. Rn. 34 ff.) dem Angehörigen Sozialgeld zuzugestehen, sodass es auf diese Weise zu einer gemischten Bedarfsgemeinschaft käme. Bleibt der Leistungsempfänger allerdings im System des SGB II (vgl. etwa zum Auszubildenden Rn. 38), wäre es sinnwidrig, dem Angehörigen Leistungen nach dem SGB XII zuzugestehen; auch hier würde ohne Not eine im SGB II/SGB XII nicht erwünschte gemischte Bedarfsgemeinschaft mit allen daraus resultierenden Abstimmungsproblemen geschaffen.

23 § 7 SGB II und damit auch § 5 Abs. 2 SGB II sowie § 21 SGB XII gehen mithin davon aus, dass zum einen die Erwerbsfähigkeit prinzipiell nicht vom Alter abhängig ist, wie § 7 Abs. 1 Satz 1 Nr. 1 SGB II zeigt, also nicht von vornherein Personen, die das 15. Lebensjahr noch nicht vollendet haben oder die Altersgrenze für den Bezug von Altersrente erreicht haben, erwerbsunfähig sind, zum andern aber, dass auch nicht Erwerbsfähige unter bestimmten Voraussetzungen leistungsberechtigt im Sinne des SGB II sind. Allerdings ergibt sich aus der Klammerdefinition des § 7 Abs. 1 Satz 1 SGB II („erwerbsfähiger Hilfebedürftiger") logisch kaum nachvollziehbar, dass das Alter dann doch ebenso wie die weitere Voraussetzung des gewöhnlichen Aufenthalts in der Bundesrepublik Deutschland normativ als Bestandteil der Erwerbsfähigkeit verstanden wird. Gleichwohl sind die entsprechenden Personen nur als Angehörige anspruchsberechtigt, wenn sie mit einem im „eigentlichen Sinne erwerbsfähigen" Hilfebe-

---

[34] Allgemeine Ansicht; vgl. nur BSG v. 21.12.2009 - B 14 AS 42/08 R - BSGE 105, 201 ff. Rn. 15 = SozR 4-4200 § 8 Nr. 1.

[35] BSG v. 07.11.2006 - 7b AS 10/06 R - BSGE 97, 231 ff. Rn. 19 = SozR 4-4200 § 22 Nr. 2; vgl. auch *Blüggel*, SGb 2005, 377 ff., und *ders.*, SGb 2011, 9, 17.

[36] *Eicher* in: Eicher/Schlegel, SGB III a.F., § 22 Rn. 69 m.w.N.

[37] BSG v. 21.12.2009 - B 14 AS 42/08 R - BSGE 105, 201 ff. = SozR 4-4200 § 8 Nr. 1 m.w.N.; vgl. auch *Mrozynski*, ZfSH/SGB 2004, 198, 201, und *Rixen*, info also 2006, 153 ff.

[38] Allgemeine Ansicht: vgl. nur *Kohte/Greiner* in Kreikebohm/Spellbrink/Waltermann, Kommentar zum Sozialrecht 3. Aufl., § 23 SGB II Rn. 7-8.

[39] Allgemeine Meinung: vgl. nur *Coseriu* in Kreikebohm/Spellbrink/Waltermann, Kommentar zum Sozialrecht 3. Aufl., § 21 SGB XII Rn. 3.

dürftigen in einer Bedarfsgemeinschaft leben.[40] Die Klammerdefinition ist nur in die Norm aufgenommen worden, um die Anspruchsberechtigung terminologisch zu umschreiben und um in anderen Vorschriften auf diese Umschreibung zurückzugreifen. Als gelungen kann es nicht bezeichnet werden, innerhalb eines Satzes der **Erwerbsfähigkeit** zwei **verschiedene Bedeutungen** beizumessen. Hinzu kommt, dass Personen unter 15 Jahren nicht arbeiten dürfen (JArbSchG); sie sind deshalb aus rechtlichen Gründen erwerbsunfähig.[41]

b. Leistungsberechtigung dem Grunde nach

aa. Allgemeines

Sind die unterschiedlichen Formulierungen in § 21 SGB XII und § 5 Abs. 2 SGB II, soweit es den betroffenen Personenkreis betrifft, noch ohne allzu große Schwierigkeiten aufeinander abstimmbar, so gilt dies bereits nicht mehr für die weitere Tatbestandsvoraussetzung eines „Anspruchs dem Grunde nach", wie es § 21 SGB XII formuliert. In § 5 Abs. 2 SGB II wird demgegenüber „der Anspruch auf Leistungen" (= Zahlungsanspruch) genannt. Nähme man die divergenten Termini ernst, ergäbe sich ein kaum gewollter Bruch zwischen beiden Normen, der deshalb durch eine **normübergreifende Auslegung** geschlossen werden muss. Versteht man die Regelungen richtigerweise als solche der Systemabgrenzung (vgl. Rn. 10), kann es nicht auf einen bestehenden Anspruch, sondern nur auf einen Anspruch dem Grunde nach ankommen. § 5 Abs. 2 SGB II ist mithin unsauber formuliert. 24

Zwar ist Alg II nach dem Normzweck des § 21 SGB XII (vgl. Rn. 18) nicht durch Leistungen zum Lebensunterhalt nach dem SGB XII aufzustocken;[42] jedoch kommt es nur auf den Anspruch auf **Alg II** an, von einer **Leistungsbewilligung** geht **keine Bindungswirkung** aus.[43] 25

Damit ist allerdings noch nicht geklärt, was unter einem Anspruch dem Grunde nach zu verstehen ist. Hier hilft der Rückgriff auf andere Vorschriften – wie etwa § 130 Abs. 1 SGG, § 42 SGB I, § 7 Abs. 5 SGB II (vgl. bereits die von § 7 Abs. 5 SGB II abweichende frühere Regelung des § 22 SGB XII; vgl. seit 01.01.2011 § 27 SGB II) – wenig. Vielmehr ist eine **funktionsdifferente** Auslegung unter Berücksichtigung der Zwecke der jeweiligen Norm erforderlich. Der Normzweck des § 21 SGB XII ist entscheidend; es muss deshalb die Frage beantwortet werden, ob der Gesetzgeber die betroffenen Personen dem System des SGB II oder dem des SGB XII unterwerfen wollte. Hierfür sind **verschiedene Fallgruppen** zu bilden. 26

bb. Fehlen von Anspruchsvoraussetzungen des SGB II

Die Anspruchsvoraussetzungen des SGB II ergeben sich allgemein aus dessen § 7 Abs. 1 und 2. Danach sind – abgesehen von der Erwerbsfähigkeit im eigentlichen Sinn (vgl. dazu Rn. 21 f.) und der Angehörigeneigenschaft – Hilfebedürftigkeit und gewöhnlicher Aufenthalt in der Bundesrepublik Deutschland erforderlich. Das **Alter** (Vollendung des 15. Lebensjahres, Nichterreichen der Regelaltersgrenze) hat wegen der Erstreckung der Leistungen auf Angehörige (vgl. Rn. 21 f.) nur Bedeutung für Personen, die keiner Bedarfsgemeinschaft angehören. Diese sind dem SGB-II-System nicht unterworfen, damit auch nicht dem Grunde nach anspruchsberechtigt. Unter-15-Jährige und Personen, die die Regelaltersgrenze des § 7a SGB II erreicht haben, sind dann nicht von vornherein von Leistungen nach dem SGB II ausgeschlossen, wenn sie mit einer erwerbsfähigen Person in einer Bedarfsgemeinschaft leben; sie können Sozialgeld erhalten (§ 19 Abs. 1 Satz 2 SGB II; bis 31.12.2010 § 28 SGB II). Während letzteres für Kinder und Jugendliche (vgl. zu deren rechtlichen Erwerbsunfähigkeit Rn. 23) unstreitig ist, wird dies in der Literatur für die zweite Personengruppe teilweise abgelehnt; in der Rechtsprechung ist dies bislang offen gelassen worden.[44] Es gibt jedoch keinen Grund, die zweite Gruppe anders zu behandeln. Beide Personengruppen sind mithin, wenn sie mit einer erwerbsfähigen Person in einer Bedarfsgemeinschaft leben, dem Grunde nach leistungsberechtigt nach dem SGB II (§ 19 27

---

[40] Vgl. nur: *Spellbrink/G. Becker* in: Eicher, SGB II, 3. Aufl. 2013, § 19 Rn. 10, und *Kohte/Greiner* in: Kreikebohm/Spellbrink/Wal-termann, Kommentar zum Sozialrecht 3. Aufl., § 23 SGB II Rn. 7-8.
[41] Vgl. LSG Nordrhein-Westfalen v. 11.12.2008 - L 9 AS 13/08 Rn. 31 ff. und L 9 AS 34/08 - Rn. 28 ff.
[42] Vgl. nur BSG v. 11.12.2007 - B 8/9b SO 12/06 R - SozR 4-3500 § 21 Nr. 1 Rn. 14 m.w.N.
[43] BSG v. 11.12.2007 - B 8/9b SO 12/06 R - SozR 4-3500 § 21 Nr. 1 Rn. 14; vgl. zur vergleichbaren Problematik im Verhältnis von Eingliederungsleistungen des SGB II zu Leistungen des SGB III a.F. *Eicher* in: Eicher/Schlegel, SGB III, § 22 Rn. 61, Stand März 2010.
[44] Vgl. dazu m.w.N. BSG v. 16.10.2007 - B 8/9b SO 2/06 R - BSGE 99, 131 ff. Rn. 18 = SozR 4-3500 § 28 Nr. 1.

Abs. 1 Satz 2; bis 31.12.2010 § 28), sofern nicht andere Ausschlussgründe vorliegen (etwa § 7 Abs. 4 SGB II; vgl. dazu Rn. 34 ff.) oder ein Anspruch auf Grundsicherung im Alter und bei Erwerbsminderung besteht (vgl. Rn. 43 ff.).

28 Im Übrigen haben die **Jobcenter** (gemeinsame Einrichtungen bzw. Optionskommunen; vgl. zu dieser Bezeichnung § 6d SGB II) die Möglichkeit, entsprechend den Vorgaben der §§ 5 Abs. 3 Satz 1, 12a SGB XII selbst einen **Antrag auf Altersrente** für einen Sozialgeldempfänger zu stellen.

29 Dies gilt auch bei fehlender **Hilfebedürftigkeit**. Zwar könnte man meinen, wegen der angeblichen Abstimmung der Leistungen zwischen den beiden Existenzsicherungssystemen sei Sozialhilfe (Lebensunterhalt) für nach dem SGB II Nichthilfebedürftige völlig undenkbar; jedoch könnte dieser normative Schluss (vgl. Rn. 2) in der Sache wegen unterschiedlicher Regelungen zum Bedarf und der Berücksichtigung von Einkommen und Vermögen trügerisch sein (vgl. Rn. 8 und Rn. 18). Es kann mithin nicht kategorisch ausgeschlossen werden, dass ein Nichthilfebedürftiger im Sinne des SGB II doch hilfebedürftig nach den Vorschriften des SGB XII ist. Ihm können dann aber wegen der Systemabgrenzungsfunktion des § 21 SGB XII (vgl. Rn. 10, Rn. 15 und Rn. 18) keine Leistungen für den Lebensunterhalt nach dem SGB XII zugestanden werden; bei Ablehnung von Alg II/Sozialgeld wegen fehlender Hilfebedürftigkeit bedarf es schon deshalb keiner Prüfung nach dem SGB XII.

30 Bei fehlendem „**gewöhnlichen Aufenthalt**" macht § 24 SGB XII deutlich, dass Leistungen nach dem SGB XII möglich sein müssen. Dies ist in der Sache nachvollziehbar. Bei gewöhnlichem Aufenthalt im Ausland mangelt es am Bezug zum inländischen Arbeitsmarkt, sodass es nicht um die Erschließung von Erwerbspotenzialen gehen kann (vgl. Rn. 20). Insoweit wird die betreffende Person wie ein Nichterwerbsfähiger behandelt. Auch Sozialgeld (§ 19 Abs. 1 Satz 2 SGB II; bis 31.12.2010 § 28 SGB II) als Angehöriger scheidet aus, weil hierfür eine Bedarfsgemeinschaft (§ 7 Abs. 3 und 3a SGB II) vorausgesetzt wird und dafür ebenso ein gewöhnlicher Aufenthalt in der Bundesrepublik Deutschland erforderlich ist.

cc. Fehlender Antrag auf Leistungen nach dem SGB II

31 Das SGB II geht davon aus, dass Leistungen nur auf entsprechenden Antrag und auch grundsätzlich erst ab Antragstellung erbracht werden (§ 37 SGB II), Ausnahme seit 01.01.2011 § 37 Abs. 2 Satz 2 SGB II (Rückwirkung des Antrags auf Leistungen zur Sicherung des Lebensunterhalts auf den Monatsersten). Dieser Antrag ist lediglich verfahrens-, und obwohl er materiellrechtliche Auswirkungen hat, **keine materiellrechtliche Anspruchsvoraussetzung**.[45] Das SGB II folgt insoweit dem Modell des SGB III (vgl. dort die §§ 323 ff.). Anders ist die Rechtslage im SGB XII, wo in § 18 zugunsten des Hilfeempfängers (bereits) die Kenntnis des Sozialhilfeträgers (auch ohne Antrag) ausreicht (vgl. dazu die Kommentierung zu § 18 SGB XII Rn. 9 ff.). Nur bei der Grundsicherung im Alter und bei Erwerbsminderung (§§ 41 ff. SGB XII) ist der Antrag materiellrechtliche Voraussetzung; jedoch ist anstelle der Grundsicherung im Alter und bei Erwerbsminderung bei fehlendem Antrag und Kenntnis von der Hilfebedürftigkeit Hilfe zum Lebensunterhalt zu gewähren.[46] Im SGB II hat sich der Gesetzgeber mithin dezidiert für ein Modell entschieden, das den Hilfeempfänger als mündigen (erwerbsfähigen) Bürger in die Verantwortung nimmt. Verspätete Anträge sind allenfalls über den sozialrechtlichen Herstellungsanspruch (vgl. dazu die Kommentierung zu § 10 SGB XII Rn. 69 ff.) oder eine nachträgliche Antragstellung gemäß § 40 Abs. 3 SGB II i.V.m. § 28 SGB X korrigierbar.[47]

32 Seit 01.01.2011 sind im SGB XII weitere Leistungen – allerdings wohl nur verfahrensrechtlich – **antragsabhängig** (§ 34a Abs. 1 Satz 1 SGB XII), und zwar einzelne Leistungen des Bildungspakets für Schülerinnen und Schüler sowie Kinder und Jugendliche (§ 34 SGB XII). Anders als in § 37 Abs. 2 Satz 1 SGB II ist allerdings nicht ausdrücklich angeordnet, dass für Zeiten vor Antragstellung trotz eventueller Kenntnis des Sozialhilfeträgers (§ 18 SGB XII) keine Leistungen erbracht werden. Zumindest ist auch im SGB XII eine Leistungserbringung über den sozialrechtlichen Herstellungsanspruch bei fehlender Beratung über die Möglichkeit bzw. Notwendigkeit der Antragstellung zu bejahen, selbst wenn die Beratung darüber (vgl. § 11 SGB XII) anders als im SGB II (vgl. § 6 Abs. 2 Satz 2 i.V.m. § 37 Abs. 1 Satz 2 SGB II) nicht ausdrücklich normiert ist.

---

[45] BSG v. 23.03.2010 - B 14 AS 6/09 R - BSGE 106, 78 ff. Rn. 15 m.w.N. = SozR 4-4200 § 37 Nr. 2; BSG v. 19.08.2010 - B 14 AS 10/09 R - SozR 4-4200 § 23 Nr. 10 Rn. 16 m.w.N.

[46] BSG v. 29.09.2009 - B 8 SO 13/08 R - BSGE 104, 207 ff. Rn. 16.

[47] Dazu insbes. *Eicher/Greiser* in: Eicher, SGB II, 3. Aufl. 2013, § 40 Rn. 177 ff.

In der Literatur ist es bislang streitig, ob der Leistungsempfänger bei fehlender Antragstellung auf Leistungen nach dem SGB II unter das Regime des SGB XII fällt;[48] in der höchstrichterlichen Rechtsprechung ist dies noch nicht geklärt.[49] Akzeptiert man die Entscheidung des Gesetzgebers in § 37 SGB II, führt kein Weg daran vorbei, den Leistungsempfänger **allein dem SGB II** zu unterwerfen.[50] Entschärft wird das Problem ohnedies dadurch, dass man im Falle der Antragstellung beim Sozialhilfeträger mit Hilfe des sog. Meistbegünstigungs- bzw. Gesamtfallgrundsatzes[51] den Antrag beim Sozialhilfeträger auch als Antrag auf Leistungen nach dem SGB II versteht.[52] Gemäß § 16 SGB I ist dieser Antrag dann an den zuständigen Leistungsträger des SGB II weiterzuleiten und gilt ab dem Zeitpunkt der früheren Antragstellung als gestellt.[53] Es besteht auf diese Weise keine Notwendigkeit, die vom Gesetzgeber gewollte Systemtrennung im Bereich der Leistungen zum Lebensunterhalt (vgl. Rn. 10) aufzuheben.

33

dd. Leistungsausschlüsse im SGB II

Liegen die Anspruchsvoraussetzungen nach dem SGB II für Leistungen nach diesem Buch vor, garantiert dies noch keinen Leistungsanspruch. Das SGB II sieht nämlich mehrere **Ausschlusstatbestände** vor, die wegen der schon vielfach erwähnten Systemabgrenzungsfunktion des § 21 SGB XII (vgl. Rn. 10) zur **Anwendung des SGB XII** führen können. Alle Ausschlusstatbestände des SGB II erstrecken sich auf das Sozialgeld (§ 19 Abs. 1 Satz 2 i.V.m. § 27 SGB II, bis 31.12.2010 § 28 SGB II; „keine Leistungen nach diesem Buch" bzw. „keinen Anspruch auf Leistungen zur Sicherung des Lebensunterhalts").[54] Dies bedeutet allerdings nicht, dass dann das SGB XII tatsächlich Leistungen für den Lebensunterhalt vorsehen muss; es wird gewissermaßen nur eine Anwendungssperre beseitigt, und das SGB XII kann eigene Ausschlussnormen enthalten, die ggf. sogar denselben Ausschlusstatbestand aufgreifen wie das SGB II. Vgl. zu Konsequenzen für den Angehörigen Rn. 22.

34

Dies ist etwa bei § 7 Abs. 1 Satz 2 SGB II der Fall, der **bestimmte Ausländer**[55] und Leistungsberechtigte nach § 1 Asylbewerberleistungsgesetz[56] vom **Leistungsbezug** nach dem SGB II **ausschließt,** wobei dahinstehen kann, ob dies in vollem Umfang der Erwerbszentriertheit des SGB II (vgl. Rn. 19) geschuldet ist. Damit ist der Weg offen für den Lebensunterhalt nach dem SGB XII, wobei der dortige Leistungsanspruch jedoch ebenfalls gewissen Einschränkungen unterliegt (§ 23 SGB XII); insbesondere sind Leistungen nach § 23 Abs. 2 SGB XII ebenso wie nach dem SGB II für Leistungsberechtigte nach § 1 AsylbLG ausgeschlossen. Insoweit existiert ein eigenes, drittes Existenzsicherungssystem.[57]

35

Ein weiterer Ausschlusstatbestand ist in **§ 7 Abs. 4 SGB II** normiert. Danach erhält Leistungen nach dem SGB II nicht, wer in einer stationären Einrichtung (Vgl. zum unterschiedlichen Einrichtungsbegriff des SGB XII und SGB II die Kommentierung zu § 27b SGB XII sowie die Kommentierung zu § 13 SGB XII) untergebracht ist, Rente wegen Alters oder Knappschaftsausgleichsleistung o.ä. Leistungen öffentlich-rechtlicher Art bezieht. Der Aufenthalt in einer Einrichtung zum Vollzug richterlich angeordneter Freiheitsentziehung ist gleichgestellt.[58] Nach der Rechtsprechung des BSG handelt es sich bei dieser Norm, soweit es die Unterbringung in Einrichtungen betrifft, um eine „verkappte" Re-

36

---

[48] Vgl. nur: *Voelzke* in: Hauck/Noftz, SGB XII, K § 21 Rn. 54 ff. m.w.N., Stand Januar 2014 (SGB XII); *Meyerhoff* in: jurisPK-SGB II, 3. Aufl., § 5 Rn. 68 (SGB II); *Knickrehm/Hahn* in Eicher, SGB II, 3. Aufl., § 5 Rn 18.
[49] BSG v. 19.05.2009 - B 8 SO 4/08 R - BSGE 103, 178 ff. Rn. 13 = SozR 4-3500 § 25 Nr. 1.
[50] LSG Berlin-Brandenburg v. 22.03.2006 - L 23 B 1065/05 SO ER m.w.N.
[51] BSG v. 18.03.2008 - B 8/9b SO 9/06 R - BSGE 100, 131 ff. Rn. 10 m.w.N. = SozR 4-3500 § 90 Nr. 3.
[52] BSG v. 18.03.2008 - B 8/9b SO 9/06 R - BSGE 100, 131 ff. Rn. 10 m.w.N. = SozR 4-3500 § 90 Nr. 3.
[53] Vgl. dazu BSG v. 26.08.2008 - B 8/9b SO 18/07 R - SozR 4-3500 § 18 Nr. 1 Rn. 22 ff.
[54] A.A. für § 7 Abs. 4a SGB II LSG Baden-Württemberg v. 14.07.2010 - L 3 AS 3552/09.
[55] Dazu BSG v. 19.10.2010 - B 14 AS 23/10 R- BSGE 107, 66 ff. = SozR 4-4200 § 7 Nr. 21; vgl. auch *Mangold*, VSSR 2008, 243 ff.
[56] Dazu BSG v. 21.12.2009 - B 14 AS 66/08 R - SozR 4-4200 § 7 Nr. 14.
[57] Vgl. zur Anwendung des SGB XII bei einem Leistungsausschluss nach § 7 Abs. 1 Satz 2 SGB II den Beschluss des LSG Berlin-Brandenburg v. 28.06.2012 - L 14 AS 933/12 B ER - juris Rn. 20 m.w.N.; a.A. LSG Berlin-Brandenburg v. 21.06.2012 - L 20 AS 1322/12 B ER - juris Rn. 43; zur Anwendung des § 7 Abs. 1 Satz 2 Nr. 2 SGB II vgl. etwa BSG v. 25.01.2012 - B 14 AS 138/11 R - SozR 4-4200 § 7 Nr. 28 Rn. 18 ff, BSG v. 30.01.2013 - B 4 AS 54/12 R - SozR 4-4200 § 7 Nr. 34 und BSG v. 30.01.2013 - B 4 AS 37/12 R - SozR 4-4200 § 7 Nr. 33; zur zweifelhaften Europarechtskonformität der Leistungsausschlüsse des § 7 Abs. 1 Satz 2 Nr. 1 und 2 SGB II auch *Hofmann/Kummer*, ZESAR 2013, 199 ff.
[58] Vgl. dazu BSG v. 24.02.2011 - B 14 AS 81/09 R - SozR 4-4200 § 7 Nr. 24 und BSG v. 21.06.2011 - B 4 AS 128/10 R. Vgl. zum Leistungsausschluss wegen Bezugs einer ausländischen Altersrente das Urteil des BSG v. 16.05.2012 - B 4 AS 105/11 R - SozR 4-4200 § 7 Nr. 30.

gelung der Erwerbsunfähigkeit.[59] Auch bei den übrigen Varianten ist von einem Ausscheiden aus dem Erwerbsleben auszugehen.[60] Schon deshalb ist es zwingend, statt der Leistungen für den Lebensunterhalt nach dem SGB II solche nach dem SGB XII zu erbringen.

37 Einen Bezug zur Erwerbsfähigkeit bzw. zum Ziel der Ausschöpfung von Arbeitsmarktpotenzialen (vgl. Rn. 20) weist auch § 7 Abs. 4a SGB II mit seinem Leistungsausschluss bei **fehlender Erreichbarkeit** auf.[61] Zwar wird in der Literatur zu Recht darauf hingewiesen, dass das SGB II keine Verfügbarkeit kenne wie das SGB III.[62] Dies bedeutet aber nicht, dass § 7 Abs. 4a SGB II ausschließlich der Missbrauchskontrolle dient. Dass dies bis 31.12.2010 nicht der Fall ist, belegt die Änderung der Vorschrift mit der Beschränkung auf Erwerbsfähige (vgl. die Neufassung ab 01.01.2011).[63] Wegen der doppelten Zielsetzung kam bis 31.12.2010 eine Anwendung des § 7 Abs. 4a SGB II nur auf Erwerbsfähige nicht in Betracht;[64] dies wäre außerdem mit dem eindeutigen Wortlaut der Norm nicht vereinbar gewesen. Für die ähnliche Situation bei § 428 SGB III hat das BSG die Anwendbarkeit der Erreichbarkeitsanordnung ebenso bejaht.[65] **Seit 01.01.2011** ist die Rechtslage insoweit anders, als zum einen die Erreichbarkeitsanordnung nur noch übergangsweise bis zum Erlass einer Verordnung gilt (§§ 7 Abs. 4a, 13 Abs. 3, 77 Abs. 1 SGB II) und zum anderen die Regelung expressis verbis **nur noch für Erwerbsfähige** anwendbar ist.

38 Schließlich könnte aus § 7 Abs. 5 SGB II für **Auszubildende** die Anwendung der Vorschriften des SGB XII über die Leistungen für den Lebensunterhalt resultieren[66], das allerdings seinerseits einen fast identischen Ausschlussgrund in § 22 enthält. Hier ist die Anwendung des SGB XII bereits deshalb ausgeschlossen, weil das SGB II in § 27 Abs. 4 SGB II (bis 31.12.2010 § 7 Abs. 5 Satz 2) eine Härtefallregelung – wenn auch in Form eines Darlehens – enthält und damit doch wieder im Sinne eines Rückausschlusses eine Leistungsberechtigung nach dem SGB II dem Grunde nach normiert. Dies gilt umso mehr unter Berücksichtigung des § 27 Abs. 3 SGB II (bis 31.12.2010 § 22 Abs. 7 SGB II) mit seinem Zuschuss zu den ungedeckten angemessenen Kosten für Unterkunft und Heizung.[67] Selbst wenn dieser Zuschuss gemäß § 27 Abs. 1 Satz 2 SGB II (bis 31.12.2010 § 19 Abs. 1 Satz 2 SGB II) nicht als Alg II gilt, ist er doch eine Leistung nach dem SGB II. Der Gesetzgeber hat somit Härtefällen bereits im SGB II Rechnung getragen. Dass die Regelung im SGB XII (§ 22) insoweit günstiger ist, als neben Darlehen auch Beihilfen möglich sind, ist ohne Bedeutung.

38.1 Vgl. zum Leistungsausschluss des § 7 Abs. 5 SGB II auch BSG v. 02.04.2014 - B 4 AS 26/13 R.

39 Hinzu kommt, dass seit 01.01.2011 in § 27 Abs. 2 SGB II von der Rechtsprechung des BVerwG und des BSG anerkannte Ausnahmen vom Leistungsausschluss für Mehrbedarfe außerhalb des ausbildungsgeprägten Bedarfs (vgl. dazu die Kommentierung zu § 22 SGB XII Rn. 49 f.) ins Gesetz übernommen worden sind.

40 Die bezeichnete Ausschlussnorm des § 7 Abs. 5 SGB II greift jedoch **nicht bei** dem Bezug von **Ausbildungsgeld** nach § 105 SGB III.[68]

---

[59] BSG v. 07.05.2009 - B 14 AS 16/08 R - FEVS 61, 241 ff. m.w.N.

[60] Vgl. zur vergleichbaren Situation im Arbeitsförderungsrecht: BSG v. 18.12.2008 - B 11 AL 32/07 R - BSGE 102, 211 ff. Rn. 28 = SozR 4-4300 § 142 Nr. 4; BSG v. 29.10.1997 - 7 RAr 10/97 - BSGE 81, 134, 139 = SozR 3-4100 § 142 Nr. 2 S. 12.

[61] LSG Baden-Württemberg v. 14.07.2010 - L 3 AS 3552/09 - juris Rn. 43; vgl. zur Rechtsnatur des § 7 Abs. 4a SGB II als Ausschlussnorm das Urteil des BSG v. 16.05.2012 - B 4 AS 166/11 R - juris Rn. 21 ff.

[62] Allgemeine Ansicht: vgl. nur *Spellbrink/G. Becker* in: Eicher, SGB II, 3. Aufl., § 7 Rn. 146.

[63] BT-Drs. 17/3404 (Entwurf eines Gesetzes zur Ermittlung von Regelbedarfen und zur Änderung des Zweiten und Zwölften Buches Sozialgesetzbuch).

[64] So aber LSG Baden-Württemberg v. 14.07.2010 - L 3 AS 3552/09 - juris Rn. 43; einschränkend *Winkler*, info also 2007, 3, 9.

[65] BSG v. 30.06.2005 - B 7a/7 AL 98/04 R - BSGE 95, 43 ff. Rn. 8 = SozR 4-4300 § 428 Nr. 2; ausführlich zur Problematik bei § 428 SGB III *Becker* in: Eicher/Schlegel, SGB III a. F., § 428 Rn. 21a ff., Stand August 2007.

[66] Vgl. zum Sinn dieser Regelung (Nachrang gegenüber BAföG und SGB III): BSG v. 06.09.2007 - B 14/7b AS 36/06 R - BSGE 99, 67 ff. = SozR 4-4200 § 7 Nr. 6; BSG v. 06.09.2007 - B 14/7b AS 28/06 R - SozR 4-4200 § 7 Nr. 8; BSG v. 30.09.2008 - B 4 AS 28/07 R - SozR 4-4200 § 7 Nr. 9; insgesamt zur Rspr. *Behrend/Lauterbach/Bieresborn/Gutzler*, NZS 2010, 619, 621.

[67] Dazu *Behrend/Lauterbach/Bieresborn/Gutzler*, NZS 2010, 619, 621.

[68] LSG Hamburg v. 06.07.2011 - L 5 AS 191/11 B ER; vgl. zum Leistungsausschluss gemäß § 7 Abs. 5 SGB II („dem Grunde nach förderungsfähig im Rahmen des BAföG") bei Urlaubssemester BSG v. 22.03.2012 - B 4 AS 102/11 R - SozR 4-4200 § 7 Nr. 27 Rn. 12 ff.; zu Ausnahmen vom Leistungsausschluss im SGB II vgl. auch *Behrend* in: Sozialrecht als Menschen-recht, 3. Deutscher Sozialgerichtstag, 2011, S. 41 ff.

Da die §§ 31-32 SGB II nicht als Ausschlussnormen, sondern nur als **Absenkungsnormen** ausgestaltet sind (vgl. zur „Restleistungspflicht" § 31 Abs. 3 Sätze 6 und 7 sowie Abs. 5 Sätze 5 und 6 SGB II; vgl. dazu auch Rn. 66), ist ein Anspruch dem Grunde nach auf Leistungen nach dem SGB II weiterhin zu bejahen. Des ausdrücklichen Ausschlusses von Leistungen der Hilfe zum Lebensunterhalt nach dem SGB XII in § 31b Abs. 2 SGB II hätte es nicht bedurft. Unzulässig ist es, im Einzelfall auf Hilfen zur Überwindung besonderer sozialer Schwierigkeiten nach den §§ 67, 68 SGB XII zurückzugreifen;[69] insoweit erfasst der Leistungsausschluss des § 21 Satz 1 SGB XII auch den integrierten Lebensunterhalt der besonderen Leistungen des 5.-9. Kapitels des SGB XII (vgl. Rn. 55 ff.). Richtigerweise müssen Lösungen über § 31a Abs. 3 SGB II i.V.m. § 4 Abs. 1 Nr. 3 SGB II (Rest-Sachleistungen) gefunden werden. Eine Schuldübernahme gegenüber dem Maßnahmeträger des SGB XII muss insoweit als Sachleistung verstanden werden. 41

Der Hilfebedürftige hat dann also ggf. einen Anspruch (Reduzierung des Entschließungsermessens auf Null) auf **Schuldübernahme** (vgl. zur Schuld des Hilfebedürftigen Rn. 57) im Sinne einer Sachleistung bzw. auf **Zahlung an den Leistungserbringer des SGB XII** (Zahlung eines Dritten gemäß § 267 BGB) im Sinne einer geldwerten Leistung. Während bei ersterer der Leistungserbringer mit dem Schuldbeitritt des Leistungsträgers einen Zahlungsanspruch erwirbt (vgl. dazu in anderem Zusammenhang die Kommentierung zu § 75 SGB XII), werden bei der reinen Zahlung durch einen Dritten überhaupt keine Rechte des Leistungserbringers gegenüber dem SGB-II-Leistungsträger begründet.[70] Anspruchsberechtigt sowohl bzgl. des Anspruchs auf Schuldübernahme als auch auf Zahlung an den Dritten ist mithin alleine die hilfebedürftige Person; diese kann jedoch ihren Anspruch gegenüber dem SGB-II-Leistungsträger an den Leistungserbringer des SGB XII abtreten (vgl. dazu Rn. 56). Ob die Schuld vom SGB-II-Leistungsträger übernommen wird oder von diesem nur als Drittem gezahlt wird, steht im (Handlungs-)Ermessen des SGB-II-Leistungsträgers. 42

ee. Rechtslage bei der Grundsicherung im Alter und bei Erwerbsminderung (§§ 41 ff. SGB XII)

Besondere Probleme wirft das Verhältnis der Grundsicherung im Alter und bei Erwerbsminderung zu den Leistungen des SGB II auf. Die Formulierung des § 21 SGB XII (Leistungen „für den Lebensunterhalt") legt nahe, dass auch die Grundsicherungsleistungen im Alter und bei Erwerbsminderung vom Leistungsausschluss wegen einer SGB-II-Anspruchsberechtigung dem Grunde nach erfasst sind; denn auch sie gehören zu den Leistungen **für** den Lebensunterhalt. Hätte der Gesetzgeber mit der Formulierung nur die Hilfe zum Lebensunterhalt des 3. Kapitels des SGB XII gemeint, hätte er dies in § 21 SGB XII zum Ausdruck bringen können. Allerdings folgert dies die **Literatur allgemein**[71] aus § 5 Abs. 2 SGB II, wonach der Anspruch auf Leistungen zur Sicherung des Lebensunterhalts nach dem SGB II (nur) Leistungen nach dem 3. Kapitel des Zwölften Buches ausschließt. Zusätzlich heißt es in **§ 5 Abs. 2 Satz 2 SGB II**, die Grundsicherung im Alter und bei Erwerbsminderung sei **gegenüber dem Sozialgeld vorrangig**. Vorrangigkeit bedeutet allerdings (vgl. § 104 SGB X), dass zwei Leistungsansprüche nebeneinander bestehen, wobei die nachrangige Leistung aber nur solange und soweit erbracht wird, wie die vorrangige nicht gewährt wird.[72] Dies wäre unter Umständen ebenso der Fall, wenn der Anspruch auf Sozialgeld (erst) mit Bewilligung oder Zahlung von Leistungen nach den §§ 41 ff. SGB XII wegfiele, wie dies in vielen Ruhensvorschriften im Sozialrecht vorgesehen ist und der § 104 SGB XII verwandten Konstellation des § 103 SGB X entspricht.[73] Diesem Verständnis folgt jedoch das SGB II gerade nicht, wie dessen § 19 Abs. 1 Satz 2 (bis 31.12.2010 § 28 Abs. 1 Satz 1) zeigt. Dort wird nämlich formuliert, nichterwerbsfähige Angehörige erhielten Sozialgeld (nur), soweit sie keinen **Anspruch** auf Leistungen nach dem 4. Kapitel des Zwölften Buches (Grundsicherung im Alter und bei Erwerbsminderung) hätten. Insoweit sind auch Leistungsausschlüsse von Bedeutung (vgl. etwa § 41 43

---

[69] Vgl. zu dieser Praxis den Bericht der Gemeinsamen Kommission der Justizministerkonferenz sowie der Konferenz der Arbeits- und Sozialminister zur Erarbeitung von Änderungsvorschlägen auf dem Gebiet des Sozialrechts vom 27.10.2010, S. 52.

[70] Vgl. zur ähnlichen Situation des § 22 Abs. 7 SGB II BT-Drs. 17/3404, S. 161 zu § 22 Abs. 1.

[71] Vgl. nur: *Knickrehm/Hahn* in: Eicher, SGB II, 3. Aufl., § 5 Rn. 17; *Knickrehm* in: Kreikebohm/Spellbrink/Waltermann, Kommentar zum Sozialrecht, § 5 SGB II Rn. 7; *Meyerhoff* in: jurisPK-SGB II, 3. Aufl., § 5 Rn. 68.

[72] Vgl. allgemein nur *Roos* in: von Wulffen/Schütze, SGB X, 8. Aufl., § 104 Rn. 5 m.w.N.; vgl. auch zu § 10 SGB VIII BVerwG v. 23.09.1999 5 C 26/98 BVerwGE 109, 325 ff.

[73] Vgl. nur: *Roos* in: von Wulffen/Schütze, SGB X, 8. Aufl., § 103 Rn. 9 und § 104 Rn. 5; *Böttiger* in: LPK-SGB X, 3. Aufl., § 103 Rn. 5 und § 104 Rn. 3.

Abs. 4 SGB XII); allerdings kommt dann die Subsidiarität des Anspruchs auf Hilfe zum Lebensunterhalt (§ 19 Abs. 2 Satz 2 – bis 31.12.2010 Satz 3 – SGB XII) wegen des fortbestehenden Sozialgeldanspruchs nicht zum Tragen (§ 21 Satz 1 SGB XII). Der Anspruch auf Sozialgeld besteht also von vornherein nicht, soweit bereits ein Anspruch auf Grundsicherung im Alter und bei Erwerbsminderung zu bejahen ist; ob die Leistung tatsächlich (schon) erbracht wird, ist ohne Bedeutung.

44 All dies gilt auch für Schülerinnen und Schüler sowie Kinder und Jugendliche (§ 19 Abs. 2 SGB II), soweit diese im Rahmen der Grundsicherung im Alter und bei Erwerbsminderung (4. Kap. des SGB XII) einen Anspruch auf Leistungen aus dem **Bildungspaket** (§ 42 Nr. 3 SGB XII i.V.m. den §§ 34, 34a SGB XII) besitzen.

45 Die Subsidiarität des Anspruchs auf Hilfe zum Lebensunterhalt kann aber dazu führen, dass neben die Grundsicherungsleistungen ergänzend Leistungen der Hilfe zum Lebensunterhalt treten (vgl. dazu die Kommentierung zu § 19 SGB XII Rn. 28 f.). Es ist zweifelhaft, ob in diesem Fall aufstockende Leistungen im Sinne eines „Spitzbetrags" (vgl. dazu im Folgenden Rn. 47 ff.) an Sozialgeld nach Maßgabe des SGB II zu zahlen sein sollen.

46 Wegen des Antrags als materiellrechtlicher Voraussetzung (vgl. Rn. 43) entsteht der Anspruch auf Grundsicherungsleistungen frühestens mit Antragstellung. Allerdings besitzt das **Jobcenter** (vgl. zu dieser Bezeichnung § 6d SGB II) die Möglichkeit, nach Maßgabe des § 5 Abs. 3 Satz 1 SGB II den **Antrag** statt des Leistungsempfängers zu **stellen** (vgl. dazu Rn. 53 f.).

47 Es mag dahinstehen, ob man diese Konstellation noch von § 21 Satz 1 SGB XII erfasst sehen will. Ist der Hilfeempfänger bedürftig und erfüllt er die Voraussetzungen der §§ 41 ff. SGB XII einschließlich der Antragstellung (vgl. Rn. 31) –, unterfällt er jedenfalls aufgrund § 5 Abs. 2 SGB II i.V.m. § 19 Abs. 1 Satz 2 SGB II (bis 31.12.2010 § 28 SGB II) dem SGB II wohl nur aus Billigkeitsgründen allenfalls noch hinsichtlich eines evtl. überschießenden Betrags.[74] Grundsätzlich ist mithin eine Zuständigkeit des SGB XII gewollt. Ein Vorrang-/Nachrangverhältnis ist dies nicht, der „**Spitzbetrag**" ändert hieran nichts; unterhalb dieses Spitzbetrags besteht auch keine Leistungsberechtigung auf Sozialgeld dem Grunde nach. Auch hier gilt mithin das Prinzip der Systemabgrenzung (vgl. Rn. 10). Sähe man dies anders, müsste Sozialgeld auch in Höhe der Grundsicherung nach den §§ 41 ff. SGB XII gezahlt werden, bis die Grundsicherung ihrerseits tatsächlich erbracht wird. Dies entspräche nicht dem in der Gesetzesbegründung (vgl. Rn. 15) geäußerten Willen des Gesetzgebers. Die Zahlung eines Spitzbetrages nach § 19 Abs. 1 Satz 2 SGB II (bis 31.12.2010 § 28 Abs. 1 Satz 1 SGB II) dürfte ohnedies in der Praxis kaum von Bedeutung sein; abgesehen davon, dass das Leistungsniveau des SGB II höher sein müsste (vgl. Rn. 48), dürfte ohnedies oft der Ausschlussstatbestand des § 7 Abs. 4 SGB II (Bezug einer Rente wegen Alters) eingreifen (vgl. Rn. 36). Selbst bei Annahme eines Vorrangs der Grundsicherung im Alter und bei Erwerbsminderung vor dem Sozialgeld (vgl. Rn. 43) ergäbe sich nichts anderes. Die Formulierung „vorrangig" in § 5 Abs. 2 SGB II ist mithin unsauber. Dies gilt auch für die Leistungen des **Bildungspakets** (vgl. Rn. 44).

48 Ein höheres Leistungsniveau des SGB II könnte sich daraus ergeben, dass die Regelungen des SGB II und SGB XII entgegen der normativen Beteuerung im Bereich der Bedarfe und der Einkommens- bzw. Vermögensberücksichtigung nicht aufeinander abgestimmt sind (vgl. Rn. 18). Unterschiedlich hohe Leistungen können aber auch daraus resultieren, dass in einer Bedarfsgemeinschaft des SGB II die Einzelansprüche nicht wie im SGB XII vertikal, sondern horizontal errechnet werden, sodass derjenige, der allein überhaupt nicht bzw. in geringerem Umfang bedürftig ist, letztlich mehr erhält.[75] Es muss allerdings bezweifelt werden, dass in diesen Fällen ein Spitzbetrag an Sozialgeld zu zahlen ist.

49 Nichts anderes kann gelten für einen Mehrbetrag aufgrund der zweifelhaften Rechtsprechung des 14. Senats des BSG zur horizontalen Berechnung in einer Bedarfsgemeinschaft mit Kindern.[76] Diese Rechtsprechung führt nämlich dazu, dass der persönliche Bedarf des Kindes nur mittels höherer Leistungen an die Eltern gedeckt wird, weil diese im Verhältnis gegenüber dem Kind „zu viel" erhalten; ihr Anteil an der Gesamtleistung Alg II/Sozialgeld bestimmt sich gerade nicht wie beim Kind nach dem persönlichen Bedarf. Selbst wenn der 14. Senat betont, in gemischten Bedarfsgemeinschaften sei auch der Sozialhilfeempfänger Mitglied,[77] müssen doch Lösungen im SGB II selbst gefunden werden, damit

---

[74] Dazu etwa *Saitzek* in: Eicher, SGB II, 3. Aufl., § 23 Rn. 14 m.w.N.
[75] BSG v. 07.11.2006 - B 7b AS 8/06 R - BSGE 97, 217 ff. Rn. 15 = SozR 4-4200 § 22 Nr. 1.
[76] BSG v. 18.06.2008 - B 14 AS 55/07 R - SozR 4-4200 § 9 Nr. 4 Rn. 34: horizontale Berechnung nach § 9 Abs. 2 Satz 3 SGB II durch prozentualen Vergleich der Bedarfe, bei den Eltern nach dem abstrakten normativen Bedarf ohne Berücksichtigung von Einkommen, beim Kind nach dem konkreten Bedarf unter Berücksichtigung des Kindeseinkommens, bei Erwachsenen nach dem normativen Bedarf.
[77] BSG v. 15.04.2008 - B 14/7b AS 58/06 R - SozR 4-4200 § 9 Nr. 5 Rn. 31.

dessen Leistungen gerecht nur unter den Mitgliedern der Bedarfsgemeinschaft, die Leistungen nach dem SGB II erhalten, „verteilt" werden.[78] Im Rahmen des SGB XII muss demgegenüber gewährleistet werden, dass nicht durch Berücksichtigung von Schonvermögen[79] bzw. von geschütztem Einkommen[80] des Partners wegen ungünstigerer Regelungen des SGB XII der Bedarfsgemeinschaft des SGB II dort geschützte Werte entzogen werden und dadurch die Regelungen des SGB II konterkariert werden.

Deshalb führt auch nicht die Berücksichtigung von nach dem SGB II geschütztem, nach dem SGB XII aber ungeschütztem Vermögen bzw. von entsprechendem Einkommen des Partners im Rahmen einer gemischten Bedarfsgemeinschaft zu einem Wechsel des Leistungsempfängers aus dem SGB XII ins SGB II.[81] Dies würde der Intention des Gesetzgebers widersprechen (vgl. dazu Rn. 9) und im Übrigen beim Bezug von Altersrenten ohnedies an § 7 Abs. 4 SGB II scheitern (vgl. dazu Rn. 26 und Rn. 28). Die Leistungen der beiden Systeme müssen koordiniert bzw. harmonisiert werden (vgl. Rn. 14).[82] Nur höchst hilfsweise, etwa wenn eine solche Koordinierung oder Harmonisierung ohne Verlust von Leistungen für die Bedarfsgemeinschaft nicht möglich ist, sollte für Grundsicherungsleistungen ein Spitzbetrag an Sozialgeld gezahlt werden. Die Fassung „soweit" erscheint vor diesem Hintergrund eher gewählt worden zu sein, weil sich der Gesetzgeber nicht sicher war, ob die Regelungen des SGB II und SGB XII so aufeinander abgestimmt sind, dass strukturelle Brüche nicht entstehen.   50

Keine Veranlassung zur Zahlung eines **Spitzbetrags** besteht naturgemäß zum Ausgleich niedriger Leistungen wegen durch den Sozialhilfeträger erfolgter **Aufrechnung.** Dies würde die Aufrechnung ad absurdum führen. Nichts anderes kann gelten für die **Einschränkung der Leistungen** nach § 26 Abs. 1 Satz 1 Nr. 2 SGB XII. Bei der Aufrechnung folgt dies im Übrigen bereits daraus, dass diese als Erfüllungssurrogat gerade einen Anspruch zumindest für eine logische Sekunde vor dessen Erfüllung durch die Aufrechnung voraussetzt. Die Leistungserfüllung führt also nicht zu einem Wechsel in das System des SGB II.   51

Dass demgegenüber § 41 Abs. 4 SGB XII (**Entfallen des Anspruchs auf Grundsicherungsleistungen, wenn die Bedürftigkeit in den letzten 10 Jahren vorsätzlich oder grob fahrlässig herbeigeführt wurde**) zu einem Wechsel ins SGB II führt (vgl. Rn. 43), mag wenig sinnvoll sein, ist aber aufgrund der eindeutigen gesetzlichen Regelung hinzunehmen.   52

Stellt der Leistungsempfänger den nach § 41 Abs. 1 SGB XII für die Entstehung des Anspruchs auf Leistungen der Grundsicherung im Alter und bei Erwerbsminderung erforderlichen **Antrag** nicht, kann der **SGB-II-Leistungsträger** dies nach Maßgabe des § 5 Abs. 3 SGB II selbst tun. Auf diese Weise kann dem Anspruch auf Leistungen der §§ 41 ff. SGB XII zur Entstehung verholfen und der Anspruch auf Sozialgeld (§ 19 Abs. 1 Satz 2 i.V.m. § 27 SGB II) zum Wegfall gebracht werden. Der SGB-II-Leistungsträger hat es also auch durch Stellen eines Antrags auf Altersrente selbst in der Hand, von seiner Leistungspflicht befreit zu werden. Auch hier würde im Übrigen nichts anderes gelten, wenn man mit der h.M. von einem Vorrang der Grundsicherung im Alter und bei Erwerbsminderung ausginge (vgl. Rn. 43).   53

Damit hat jedenfalls der Begriff der **Vorrangigkeit** (vgl. Rn. 43) im Hinblick auf diese Möglichkeit der Antragstellung eine gewisse Berechtigung. Die Formulierung zeigt also zumindest, dass der Leistungsempfänger gezwungen werden kann, Grundsicherungsleistungen in Anspruch zu nehmen.   54

2. Rechtsfolgen

Hieran schließt sich nahtlos die Rechtsfolge an, dass die SGB-II-Leistungsberechtigung dem Grunde nach **Hilfen** zum Lebensunterhalt zwar nur nach dem 3. Kapitel des SGB XII ausschließt, sich grundsätzlich bis auf einen Spitzbetrag (vgl. Rn. 47) allerdings auch ein gegenseitiger Leistungsausschluss zwischen Sozialgeld und dem 4. Kapitel (Grundsicherung im Alter und bei Erwerbsminderung nach den §§ 41 ff. SGB XII) ergibt. Die Umschreibung der Leistungen **für den Lebensunterhalt** erfasst außerdem Fälle stationärer bzw. teilstationärer Leistungen mit inkludierten Lebensunterhaltsleistungen.[83] Anders gewendet: Werden im Rahmen der stationären bzw. teilstationären Leistungen zum Lebensunterhalt miterbracht, weil sie untrennbar zu den stationären bzw. teilstationären Leistungen gehören,   55

---

[78] Vgl. BSG v. 15.04.2008 - B 14/7b AS 58/06 R - SozR 4-4200 § 9 Nr. 5.
[79] Dazu etwa BSG v. 18.03.2008 - B 8/9b SO 11/06 R - BSGE 100, 139 ff. = SozR 4-3500 § 82 Nr. 4.
[80] Dazu BSG v. 09.06.2011 - B 8 SO 20/09 R - BSGE 108, 241 ff. = SozR 4-3500 § 82 Nr. 8.
[81] Dazu BSG v. 09.06.2011 - B 8 SO 20/09 R - BSGE 108, 241 ff. = SozR 4-3500 § 82 Nr. 8.
[82] BSG v. 09.06.2011 - B 8 SO 20/09 R - BSGE 108, 241 ff. = SozR 4-3500 § 82 Nr. 8.
[83] Vgl. zum Mittagessen als integralem Bestandteil einer Eingliederungshilfeleistung BSG v. 11.12.2007 - B 8/9b SO 21/06 R - BSGE 99, 252 ff. = SozR 4-3500 § 28 Nr. 3; BSG v. 09.12.2008 - B 8/9b SO 11/07 R.

müssen diese aus der Gesamtleistung des SGB XII herausgerechnet werden.[84] Die §§ 92, 92a SGB XII können insoweit keine Anwendung finden; es dürfen mithin keine die Leistungen zum Lebensunterhalt umfassenden Leistungen gewährt werden, zu deren Finanzierung die Leistungsempfänger bzgl. des Lebensunterhalts erst nachträglich herangezogen werden (sog. Bruttoprinzip); dies gilt ebenso für die sog. erweiterte Hilfe im Rahmen des § 19 Abs. 5 SGB XII.[85] Auch die Erbringung der Leistung gegen nachträgliche Erstattung ist nämlich eine Leistung für den Lebensunterhalt (zu daraus erwachsenden Problemen vgl. Rn. 77).

56 **Herausrechnen der Leistungen für den Lebensunterhalt** bedeutet in diesem Zusammenhang nicht, dass die insoweit anfallenden tatsächlichen Kosten der Leistungserbringer bzw. die Höhe der Grundpauschale nach § 76 Abs. 2 SGB XII maßgeblich sind. Vielmehr ist zu ermitteln, mit welchem Betrag der Anteil der Leistungen zum Lebensunterhalt bereits im Regelsatz der Hilfe zum Lebensunterhalt bzw. der Grundsicherungsleistungen enthalten ist.[86]

57 Die auf diese Weise herausgerechneten Kosten für den Lebensunterhalt muss der **Hilfebedürftige selbst aus** dem ihm gewährten bzw. zustehenden **Alg II/Sozialgeld** nach dem SGB II **tragen**.[87] Er kann seinen Anspruch hierauf jedoch an den Leistungserbringer des SGB XII abtreten; das SGB II kennt keine § 17 Abs. 1 SGB XII (Verbot der Abtretung; vgl. dazu die Kommentierung zu § 17 SGB XII Rn. 17 ff.) vergleichbare Regelung. Besondere Probleme können sich bei der Absenkung von Alg II/Sozialgeld ergeben (vgl. dazu Rn. 41 f.).

58 Ausgeschlossen sind auch **Leistungen nach § 27 Abs. 3 SGB XII**.[88] Die Kritik von *Krahmer*[89] an der Rechtsprechung des BSG enthält keine neuen Gesichtspunkte. Soweit dem BSG vorgeworfen wird, (unter Rn. 20) falsch zitiert zu haben, ist dies verfehlt. Das kritisierte Zitat beginnt mit „vgl."; dies bedeutet nach den üblichen Zitiergepflogenheiten, dass der Inhalt des zitierten Textes nicht wörtlich wiedergegeben ist, und zwar im konkreten Fall insbesondere im Hinblick auf den davor in einer Parenthese enthaltenen Verweis auf § 64 SGB XII, der nur als Erläuterung des BSG selbst zu verstehen ist, ohne dass diese Aussage den Autoren der bezeichneten Zitate zuzuschreiben ist.

59 Wenn unter Rn. 55 ausgeführt wurde, §§ 92, 92a SGB XII fänden auf Leistungen für den Lebensunterhalt keine Anwendung, dann bedeutet dies natürlich nur, dass diese Vorschriften für diese inkludierten Teilleistungen nicht gelten. Folgt man dem nicht, müsste das sogenannte Bruttoprinzip (vgl. Rn. 55) erweitert werden um diese eigentlich nicht zu erbringenden Teilleistungen, und der Hilfeempfänger müsste gem. § 92 Abs. 1 und 2 SGB XII zu einem **Kostenbeitrag** in Höhe des nach Rn. 56 zu ermittelnden Betrags herangezogen werden (vgl. allgemein die Kommentierung zu § 92 SGB XII Rn. 68). Durch diesen Kostenbeitrag würde das Existenzminimum nicht unterschritten werden, weil dem Hilfeempfänger Leistungen für den Lebensunterhalt nach dem SGB II – anders als nach dem SGB XII (vgl. insoweit die Kommentierung zu § 92 SGB XII Rn. 67) – mangels einer § 27a Abs. 4 Satz 1 SGB XII vergleichbaren Regelung „ungekürzt" zustehen.

60 **Leistungen nach dem 5.-9. Kapitel** sind demgegenüber, soweit keine Leistungen für den Lebensunterhalt mit betroffen sind,[90] nicht ausgeschlossen. Dies gilt insbesondere für die Hilfe in sonstigen Lebenslagen nach § 73 SGB XII, der von der Rechtsprechung als Auffangnorm in atypischen Bedarfsfällen auch für Alg-II-Empfänger herangezogen wird.[91] Denkbar ist auch Hilfe zur Pflege nach den §§ 61 ff.

---

[84] A.A. für teilstationäre Maßnahmen: LSG Berlin-Brandenburg v. 17.08.2007 - L 23 B 167/07 SO ER - FEVS 59, 165 ff.; *Bernzen*, Gutachten vom 20.02.2009 für die Diözese Rheinland Westfalen Lippe; *Brünner/Philipp*, Gutachten vom 20.11.2009 für den Fachverband Ev. Wohnungslosen- und Straffälligenhilfe in Bayern und den Kath. Männerfürsorgeverein München.

[85] A.A. *Brünner/Philipp*, Gutachten vom 20.11.2009 für den Fachverband Ev. Wohnungslosen- und Straffälligenhilfe in Bayern und den Kath. Männerfürsorgeverein München.

[86] Vgl. dazu BSG v. 11.12.2007 - B 8/9b SO 21/06 R - BSGE 99, 252 ff. = SozR 4-3500 § 28 Nr. 3; BSG v. 09.12.2008 - B 8/9b SO 11/07 R.

[87] Anders als hier vertreten ist das LSG Baden-Württemberg (v. 18.04.2012 - L 2 SO 5276/10) mit dem LSG Berlin-Brandenburg (v. 17.08.2007 - L 23 B 167/07 SO ER - FEVS 59, 165 ff.) der Ansicht, § 21 Satz 1 SGB XII komme bei stationären Maßnahmen nach den §§ 67, 68 SGB XII nicht zur Anwendung.

[88] BSG v. 11.12.2007 - B 8/9b SO 12/06 R - SozR 4-3500 § 21 Nr. 1 Rn. 14.

[89] ZFSH/SGB 2011, 399 ff.

[90] A.A. für § 67 *Luthe* in: Hauck/Noftz, SGB XII, K § 67 Rn. 26, Stand März 2009; *Brünner/Philipp*, Gutachten vom 20.11.2009 für den Fachverband Ev. Wohnungslosen- und Straffälligenhilfe in Bayern und den Kath. Männerfürsorgeverein München.

[91] BSG v. 19.08.2010 - B 14 AS 13/10 R - SozR 4-3500 § 73 Nr. 3 m.w.N.

SGB XII, insbesondere in Form der Haushaltshilfe bei Pflegestufe „Null",[92] und damit auch die Haushaltshilfe nach § 70 SGB XII als Hilfe in anderen Lebenslagen.[93] Auch die Übernahme von Bestattungskosten nach § 74 SGB XII besitzt in der Praxis eine besondere Relevanz.[94] Da Leistungen nach dem 5.-9. Kapitel für SGB-II-Leistungsberechtigte möglich sind, hat das BSG folgerichtig die Anwendung des § 25 SGB XII (Nothilfe), bezogen auf diese Leistungen, bejaht.[95] Gleiches gilt für Beratungs- und Unterstützungsleistungen (§ 11 SGB XII) im Zusammenhang mit Leistungen des 5.-9. Kapitels[96] und für vorbeugende und nachgehende Leistungen (§ 15 SGB XII) im Zusammenhang mit den Leistungen des 5.-9. Kapitels und der dazu ggf. zu erbringenden Annexleistung der Beratungs- und Unterstützungsleistung des § 11 SGB XII.[97] Leistungen nach § 24 SGB XII in Form der Sozialhilfe für Deutsche im Ausland sind bereits deshalb möglich, weil insoweit keine Anspruchsberechtigung dem Grunde nach auf Leistungen nach dem SGB II besteht (vgl. Rn. 30).

Die Entscheidung des BSG zur **Schuldnerberatung**[98] enthält entgegen einer unzutreffenden Behauptung in der Literatur[99] nicht die Aussage, Beratung nach § 11 SGB XII setze einen tatsächlichen Bezug einer Sozialleistung voraus, sondern nur, dass die begehrte Beratung (im entschiedenen Fall durch einen zu bezahlenden Dritten) in Verbindung steht mit denkbaren (künftigen) Sozialhilfeleistungen, die auch dem SGB-II-Leistungsempfänger offenstehen. Entgegen der (weniger von einer sauberen juristischen Deduktion als von einer sozialpolitischen Erwartung getragenen) Kritik *Krahmers* bedarf es dabei keines Rückgriffs auf § 14 SGB I. Diese Vorschrift ist enger gefasst, weil sie weder Geldleistungen für eine Beratung durch Dritte noch sonstige Unterstützungshandlungen normiert; sie verpflichtet ohnedies nicht zur Beratung außerhalb des eigenen Zuständigkeitsbereichs.[100] Der Vorwurf, in der Entscheidung hätte auf § 14 SGB I eingegangen werden müssen, ist deshalb verfehlt. **61**

Eingliederungshilfeleistungen in Form der **sozialen Reha** gemäß § 54 SGB III i.V.m. § 55 SGB IX[101] oder in Form der beruflichen Reha gemäß § 54 Abs. 1 Satz 1 SGB XII[102] sind ebenfalls denkbar und durchaus praxisrelevant. Schließlich ist an Hilfen zur Überwindung besonderer sozialer Schwierigkeiten nach § 67 SGB XII (vgl. insoweit Rn. 41),[103] Altenhilfe nach § 71 SGB XII, weil diese keine strenge Altersgrenze kennt, und Blindenhilfe nach § 72 SGB XII zu denken, weil Blindheit nicht Erwerbsunfähigkeit zur Folge haben muss. **62**

IV. Ausnahme für Leistungen nach § 36 SGB XII (Satz 2)

Systemwidrig durchbrochen (vgl. Rn. 13) wird die Systemabgrenzung zwischen SGB II und SGB XII (vgl. Rn. 10) in § 21 Satz 2 SGB XII, nach dem auch Personen, die nicht hilfebedürftig nach § 9 SGB II sind, Leistungen des § 36 (bis 31.12.2010 § 34) SGB XII erhalten können (Übernahme von Schulden, wenn dies zur Sicherung der Unterkunft oder zur Behebung einer vergleichbaren Notlage gerechtfertigt ist). Es fragt sich jedoch, wo der Gesetzgeber den besonderen Korrekturbedarf gesehen hat; die Regelung hat **kaum einen Anwendungsbereich**. Aus ihr zu schließen, § 36 SGB XII finde entgegen den üblichen Anspruchsvoraussetzungen und der Systematik ohne (bereits bestehende) Hilfebedürftigkeit Anwendung,[104] ist nicht begründbar. Dies widerspricht § 19 Abs. 1 und 2 i.V.m. §§ 27, 41 SGB XII, **63**

---

[92] Dazu BSG v. 26.08.2008 - B 8/9b SO 18/07 R - SozR 4-3500 § 18 Nr. 1 m.w.N.
[93] Zur Abgrenzung zu den §§ 61 ff. SGB XII BSG v. 26.08.2008 - B 8/9b SO 18/07 R - SozR 4-3500 § 18 Nr. 1 Rn. 13 m.w.N.
[94] Dazu BSG v. 29.09.2009 - B 8 SO 23/08 R - BSGE 74, 219 ff. = SozR 4-3500 § 74 Nr. 1; vgl. zur bei Übernahme von Bestattungskosten (§ 74 SGB XII) erforderlicher Beratung und Unterstützung von Alg-II-Empfängern auch BSG v. 25.08.2011 - B 8 SO 20/10 R - BSGE 109, 61 ff. Rn. 23 = SozR 4-3500 § 74 Nr. 2.
[95] BSG v. 19.05.2009 - B 8 SO 4/08 R - BSGE 103, 178 ff. = SozR 4-3500 § 25 Nr. 1.
[96] BSG v. 13.07.2010 - B 8 SO 14/09 R - BSGE 106, 268 ff. Rn. 23 = SozR 4-4200 § 16 Nr. 5.
[97] Vgl. dazu BSG v. 13.07.2010 - B 8 SO 14/09 R - BSGE 106, 268 ff. Rn. 23 = SozR 4-4200 § 16 Nr. 5.
[98] BSG v. 13.07.2010 - B 8 SO 14/09 R - BSGE 106, 268 ff. = SozR 4-4200 § 16 Nr. 5.
[99] *Krahmer*, Sozialrecht aktuell 2011, 161 ff.
[100] *Mönch-Kalina* in: juris PK-SGB I, 2. Aufl., § 14 Rn. 39 m.w.N.
[101] Vgl. etwa zu Hörgerätebatterien BSG v. 19.05.2009 - B 8 SO 32/07 R - BSGE 103, 171 ff. = SozR 4-3500 § 54 Nr. 5.
[102] Vgl. zur Petö-Therapie BSG v. 29.09.2009 - B 8 SO 19/08 R - SozR 4-3500 § 54 Nr. 6; vgl. auch die Anm. von *Pattar*, SGb 2010, 652 ff.
[103] Vgl. zur Schuldnerberatung BSG v. 13.07.2010 - B 8 SO 14/09 R - BSGE 106, 268 ff. Rn. 24 = SozR 4-4200 § 16 Nr. 5.
[104] So aber *Voelzke* in: Hauck/Noftz, K § 21 Rn. 86, Stand Januar 2014.

der für die Hilfen zum Lebensunterhalt bzw. die Leistungen der Grundsicherung im Alter und bei Erwerbsminderung (vgl. insoweit die Verweisung auf § 36 SGB XII in § 42 SGB XII) zwingend eine Hilfebedürftigkeit voraussetzt.

64 Allerdings enthält § 42 Nr. 4 SGB XII seit 01.01.2011 anders als zuvor § 42 Satz 1 Nr. 4 SGB XII a.F. keine ausdrückliche Verweisung mehr auf § 36 SGB XII; die Geltung dieser Vorschrift ergibt sich jedoch mittelbar durch die Bezugnahme auf die Aufwendungen für Unterkunft und Heizung, zu denen systematisch auch § 36 SGB XII gehört.

65 Ist der Leistungsempfänger andererseits hilfebedürftig im Sinne des SGB II, erhält er wegen der vorrangigen Berücksichtigung von Einkommen und Vermögen auf die Geldleistung der Agentur für Arbeit (§ 19 Abs. 3 Satz 2 SGB III) regelmäßig auch Leistungen der KdU nach § 22 SGB II. Allenfalls gilt dies nicht für unter 25-Jährige nach Maßgabe des § 22 Abs. 5 SGB II. In seinem Anwendungsbereich wäre mithin eine Relevanz des § 21 Satz 2 SGB XII denkbar; andererseits ist kaum erkennbar, wieso bei diesen Personen die Notwendigkeit für die Anwendung des § 36 SGB XII besteht, weil ihnen ja gerade zuzumuten ist, bei ihren Eltern zu leben. Es verbleibt somit die eher theoretische Anwendung des § 36 SGB XII auf **Nichthilfebedürftige nach dem SGB II**, die allerdings **hilfebedürftig nach dem SGB XII** sind, was wegen der fehlenden Abstimmung der beiden Leistungssysteme nicht von vornherein undenkbar ist (vgl. Rn. 18). Selbst für die Fälle des § 27 Abs. 3 SGB II, wonach vom Leistungsausschluss nach § 7 Abs. 5 SGB II betroffene Auszubildende gleichwohl einen Zuschuss zu ihren ungedeckten angemessenen Kosten für Unterkunft und Heizung erhalten, ist ein Anwendungsbereich nicht eröffnet. Obwohl dieser Zuschuss nach § 27 Abs. 1 Satz 2 SGB II nicht als Arbeitslosengeld II gilt, ist er doch eine Leistung für Unterkunft und Heizung im Sinne des § 27 Abs. 8 SGB II, sodass daneben die Übernahme von Schulden nach dieser Vorschrift möglich ist und kein Bedarf besteht, auf § 36 SGB XII zurückzugreifen. Seit 01.01.2011 ist dies ausdrücklich in § 27 Abs. 5 SGB II geregelt.

66 Ein Bedürfnis für Leistungen des § 36 (bis 31.12.2010 § 34) SGB XII ist auch nicht erkennbar, soweit bei Anwendung der §§ 31-32 SGB II Alg II/Sozialgeld bei wiederholter Pflichtverletzung unter Einschluss der KdU-Leistungen um **100% gemindert** wird. Dadurch entstehende Schulden gegenüber dem Vermieter können durch „Restleistungen" nach § 31a Abs. 3 SGB II übernommen werden; insoweit handelt es sich um Sachleistungen i.S.d. Vorschrift.

67 Der Anwendungsbereich des § 36 SGB XII verlagert sich damit im Wesentlichen auf **vorbeugende und nachgehende Leistungen** im Sinne des § 15 SGB XII. Danach soll Sozialhilfe vorbeugend geleistet werden, wenn eine drohende Notlage ganz oder teilweise abgewendet werden kann (Absatz 1), bzw. auch nach Beseitigung einer Notlage geleistet werden, wenn dies geboten ist, um die Wirksamkeit der zuvor erbrachten Leistung zu sichern (Absatz 2). Auch dieser Anwendungsbereich dürfte jedoch „überschaubar" sein. Wieso der Gesetzgeber also einen gravierenden Korrekturbedarf gesehen hat (vgl. Rn. 3), ist nur schwer nachvollziehbar. Noch weniger einleuchtend ist, wieso die Lösung in der Anwendung des SGB XII gesucht wurde, die mit einem unnötigen Systemwechsel verbunden ist.

V. Streit über Zuständigkeit (Satz 3)

1. Rechtslage bis 31.12.2010

68 Bis 31.12.2010 **verwies** § 21 Satz 3 SGB XII bei unterschiedlichen Auffassungen der Leistungsträger (gemeint: Leistungsträger des SGB II und des SGB XII) auf das **Verfahren der Einigungsstelle** nach § 45 SGB II.[105] Die Vorschrift hatte nur deklaratorische Bedeutung. Denn die Pflicht zur Einschaltung der Einigungsstelle ergab sich schon aus § 44a SGB II in der bis 31.12.2010 geltenden Fassung. Widersprach der Sozialhilfeträger einer Feststellung der Erwerbsfähigkeit durch den SGB-II-Leistungsträger (§ 44a Abs. 1 Satz 2 SGB II a.F.) nicht, war er nach Sinn und Zweck der Regelung an die Feststellung der Erwerbsfähigkeit gebunden. Demgemäß hieß es in § 44 Abs. 1 Satz 1 SGB II a.F., die Agentur für Arbeit (ersatzweise die Arbeitsgemeinschaften bzw. die Optionskommunen) stellten fest, ob der Arbeitsuchende erwerbsfähig ist. Der Spruch der Einigungsstelle war dann für die Sozialhilfeträger gemäß § 8 Abs. 1 Satz 5 der Einigungsstellen-Verfahrensverordnung bindend. Bis zur Abstimmung des SGB-II-Leistungsträgers mit dem Sozialhilfeträger bzw. bis zum Spruch der Schiedsstelle war Erwerbsfähigkeit fingiert.[106]

---

[105] Vgl. zu diesem Verfahren *Blüggel*, SGb 2005, 377 ff.
[106] BSG v. 07.11.2006 - B 7b AS 10/06 R - BSGE 97, 231 ff. Rn. 19 = SozR 4-4200 § 22 Nr. 2; *Blüggel* in: Eicher/Spellbrink, SGB II, 2. Aufl. 2008, § 44a Rn. 26 ff.

Ungenau war die Formulierung des § 21 Abs. 3 SGB XII jedoch insofern, als sie bei **unterschiedlichen Auffassungen** über die Zuständigkeit generell auf § 45 SGB II verwies. Soweit es die Zuständigkeitsabgrenzung zwischen dem SGB II und SGB XII betraf, entschied die Einigungsstelle **nur über die Erwerbsfähigkeit**, nicht jedoch über die Angehörigeneigenschaft im Sinne des § 28 SGB II für das Sozialgeld, die ggf. auch die Zuständigkeit bestimmt (vgl. Rn. 21 f.). Für diese ist indes Voraussetzung, dass eine Bedarfsgemeinschaft mit einem erwerbsfähigen Hilfebedürftigen im Sinne des SGB II besteht, sodass die Feststellung der Erwerbsfähigkeit mittelbar von Bedeutung ist. Bei aus anderen Gründen unterschiedlichen Auffassungen über die SGB-II-Leistungsberechtigung dem Grunde nach, die ebenfalls die Zuständigkeit beeinflussen, spielte § 45 SGB II nicht einmal mittelbar eine Rolle (vgl. zu Lösungsmöglichkeiten Rn. 76 f.). § 45 SGB II war außerdem nicht einschlägig, soweit es die Klärung der Dauerhaftigkeit einer vollen Erwerbsminderung (§ 41 Abs. 3 SGB XII) als Voraussetzung eines Anspruchs auf Grundsicherung im Alter und bei Erwerbsminderung betraf; hier gilt § 45 SGB XII (vgl. dazu die Kommentierung zu § 45 SGB XII Rn. 36). Insoweit war eine **analoge Anwendung des § 45 SGB II a.F. ausgeschlossen.** 69

2. Rechtslage ab 01.01.2011

An dieser Rechtslage hat sich ab 01.01.2011 nur insoweit etwas geändert, als mit dem Gesetz zur Weiterentwicklung der Organisation der Grundsicherung für Arbeitsuchende (vgl. Rn. 4) die Vorschrift des § 45 im SGB II über die Einigungsstelle aufgehoben wurde. An die Stelle des Einigungsverfahrens trat nun ein **neues Abstimmungsverfahren.**[107] Die SGB-II-Leistungsträger entscheiden weiterhin über die Erwerbsfähigkeit, mithin mittelbar auch über die abgeleitete Leistungsberechtigung eines Angehörigen; diesem Umstand trägt der neue Wortlaut des Satzes 3 Rechnung, indem dort (nur noch) eine Bindungswirkung an die Feststellung bzw. die Entscheidung der Erwerbsfähigkeit normiert ist. Die Anordnung dieser Bindungswirkung ist jedoch weiterhin deklaratorisch; sie ergibt sich bereits aus § 44a SGB II. 70

Die **Unterscheidung** in Satz 3 zwischen der **Feststellung** einer vollen Erwerbsminderung und der **Entscheidung** nach Abschluss des Widerspruchsverfahrens beruht auf der normativen Ausgestaltung des Abstimmungsverfahrens in § 44a Abs. 1 SGB II n.F. Nach dessen Satz 1 stellt die Agentur für Arbeit (ersatzweise die gemeinsame Einrichtung bzw. die Optionskommune) fest, ob der Arbeitsuchende erwerbsfähig ist. Der Entscheidung kann nach Satz 2 Nr. 2 u.a. der Sozialhilfeträger widersprechen. Nach Satz 4 entscheidet im Widerspruchsfall der Leistungsträger des SGB II, nachdem er eine gutachterliche Stellungnahme beim nach § 109a Abs. 2 SGB VI zuständigen Träger der Rentenversicherung eingeholt hat, an die er, nicht jedoch die Sozialgerichte, im Streitfall (vgl. Rn. 74) gebunden ist (Satz 6).[108] § 44a Abs. 1 SGB II unterscheidet mithin formal zwischen der Feststellung der Erwerbsfähigkeit ohne Abstimmungsverfahren und einer in gewisser Weise formalisierten Entscheidung über die Erwerbsfähigkeit nach einem Widerspruch. Insoweit handelt es sich nicht um ein Widerspruchsverfahren nach dem SGG. 71

Schwierigkeiten bereitet die Abstimmung indes dadurch, dass § 44a SGB II **keine ausdrücklichen Vorschriften über das Verfahren** selbst enthält. Wie bis 31.12.2010 muss eine Erwerbsfähigkeitsfiktion angenommen werden, wenn der SGB-II-Leistungsträger keinen Abstimmungsversuch mit dem Sozialhilfeträger unternommen hat.[109] Die Erwerbsfähigkeit muss auch während des Verfahrens des Widerspruchs bis zur abschließenden Entscheidung des SGB-II-Leistungsträgers fingiert werden.[110] Dies macht § 44a Abs. 1 Satz 7 SGB II deutlich; danach haben die SGB-II-Leistungsträger bei Vorliegen der übrigen Voraussetzungen Leistungen der Grundsicherung für Arbeitsuchende bis zur Entscheidung über den Widerspruch zu erbringen. Wie nach dem bis 31.12.2010 geltenden Recht handelt es sich um eine endgültige, nicht um eine vorläufige Leistung.[111] 72

Probleme könnten sich in der Praxis stellen, weil § 44a SGB II n.F. **keine Frist für den Widerspruch** des Sozialhilfeträgers vorsieht. Hier hilft nur ein Rückgriff auf das Gebot der engen Zusammenarbeit der Leistungsträger nach § 86 SGB X. Der SGB-II-Leistungsträger könnte den Sozialhilfeträger auf- 73

---

[107] Vgl. dazu *Blüggel*, SGb 2011, 9, 16 ff.
[108] Vgl. zum alten Recht *Blüggel* in: Eicher/Spellbrink, SGB II, 2. Aufl. 2008, § 44a Rn. 12.
[109] Zum früheren Recht BSG v. 07.11.2006 - B 7b AS 10/06 R - BSGE 97, 231 ff. Rn. 20 f. = SozR 4-4200 § 22 Nr. 2; zum neuen Recht *Blüggel*, SGb 2011, 9, 17, und *ders.* in: Eicher, SGB II, 3. Aufl., § 44a Rn. 72.
[110] *Blüggel*, SGb 2011, 9, 17; *ders.* in: Eicher, SGB II, 3. Aufl., § 44a Rn. 66.
[111] Zum alten Recht BSG v. 23.03.2010 - B 8 SO 17/09 R - BSGE 106, 62 ff. Rn. 15 f. = SozR 4-3500 § 82 Nr. 6; zum neuen Recht *Blüggel*, SGb 2011, 9, 16.

fordern, binnen angemessener Frist zu widersprechen, wobei die Angemessenheit der Frist sich nach den Umständen des Einzelfalles richten müsste. Nach Ablauf der Frist könnte dann die Erwerbsfähigkeitsfiktion wegen fehlenden Widerspruchs entfallen. Wird verspätet widersprochen, könnte allerdings die Leistungspflicht nach § 44a Abs. 1 Satz 7 SGB II n.F. und Erwerbsfähigkeitsfiktion (ex nunc) bis zur Entscheidung über den Widerspruch wiederaufleben. Die Rechtsprechung zu dieser neuen Vorschrift bleibt abzuwarten.

74 Indes ist nur der Sozialhilfeträger im Rahmen des Verwaltungsverfahrens an die Entscheidung über die Erwerbsfähigkeit **gebunden, nicht** jedoch das **Gericht** im Klageverfahren.[112] Wie nach der bis zum 31.12.2010 geltenden Rechtslage steht es einem Hilfebedürftigen frei, statt der Leistung nach dem SGB II eine solche nach dem SGB XII zu erstreiten, wenn und weil er nicht erwerbsfähig und nicht dem Grunde nach anspruchsberechtigt nach dem SGB II ist. Die Feststellung bzw. Entscheidung der SGB-II-Leistungsträger ist im Gerichtsverfahren ebenso wie das vom Rentenversicherungsträger erstellte Gutachten, an das der SGB-II-Leistungsträger seinerseits gebunden ist, überprüfbar.[113]

75 Wie nach der alten Rechtslage (vgl. Rn. 69) findet **§ 44a SGB II nicht analog** Anwendung bei der Beurteilung der Dauerhaftigkeit einer EU.

C. Praxishinweise

76 Aus der Entscheidung des Gesetzgebers, die **Systeme** des SGB II und des SGB XII im Bereich der Leistungen für den Lebensunterhalt möglichst zu **trennen** (vgl. Rn. 15) können sich, soweit nicht (nur) die Klärung der Erwerbsfähigkeit erforderlich ist (vgl. dazu Rn. 68 ff.), naturgemäß rechtliche **Abstimmungsprobleme** ergeben, wenn beide Leistungsträger unter Hinweis auf die Zuständigkeit des anderen eine Leistungspflicht ablehnen (vgl. zu den Problemfeldern Rn. 69). Hier bieten sich im Wesentlichen zwei rechtliche Lösungswege an, wobei ggf. Leistungsansprüche im Verfahren des einstweiligen Rechtsschutzes durchgesetzt werden müssen und im Gerichtsverfahren auf § 75 Abs. 2 SGG (unechte notwendige Beiladung[114]) zu achten ist:

77 Im SGB-II-Bereich ist an die Möglichkeit der **vorläufigen Leistung**[115] zu denken (§ 40 Abs. 1 Nr. 1a SGB II i.V.m. § 328 SGB III).[116] Mangels entsprechender Regelung im SGB XII muss dort ggf. auf § 42 SGB I (Vorschuss) oder § 43 SGB I (vorläufige Leistung wegen streitiger oder ungeklärter Zuständigkeit) zurückgegriffen werden.[117]

78 Besondere praktische, aber auch rechtliche Probleme bereitet der Ausschluss von Leistungen für den Lebensunterhalt bei **stationären und teilstationären** Maßnahmen wegen der integrierten Kosten für den Lebensunterhalt, die **aus den Maßnahmekosten herauszurechnen sind** (vgl. Rn. 55). Die Schwierigkeiten beginnen bereits damit, dass insoweit nicht auf die Grundpauschale des § 76 Abs. 2 SGB XII zurückgegriffen werden kann. Diese ist nämlich nicht identisch mit dem (reinen Rechenposten) des notwendigen Unterhalts in Einrichtungen nach § 27b Abs. 1 Satz 1 SGB XII (vgl. die Kommentierung zu § 27b SGB XII). Der Leistungsanteil muss vielmehr fiktiv entsprechend den Vorschriften der §§ 27 ff. SGB XII ermittelt werden (vgl. auch den Anhang zu § 13).

79 Da der Leistungsempfänger den fehlenden „Leistungsteil" bei Bedürftigkeit vom SGB-II-Leistungsträger erhalten muss, (zur Realisierung des fehlenden „Leistungsteils" durch Zahlung des Hilfebedürftigen, Abtretung des gegenüber dem SGB-II-Leistungsträger bestehenden Anspruchs bzw. durch Zahlung des SGB-II-Leistungsträgers unmittelbar an den Leistungserbringer des SGB XII vgl. Rn. 57 und

---

[112] Zur Überprüfungspflicht durch das Gericht BSG v. 23.03.2010 - B 8 SO 17/09 R - BSGE 106, 62 ff. Rn.15 = SozR 4-3500 § 82 Nr. 5 und BSG v. 09.06.2011 - B 8 SO 1/10 R - juris Rn. 19.

[113] BSG v. 23.03.2010 - B 8 SO 17/09 R - BSGE 106, 62 ff. Rn. 15 f. = SozR 4-3500 § 82 Nr. 6; *Blüggel* in: Eicher/Spellbrink, SGB II, 2. Aufl. 2008, Rn. 56 f.; *ders.*, SGb 2011, 9, 16 f., *ders.* in: Eicher SGB II, 3. Aufl., § 44a Rn. 84.

[114] Zu deren Voraussetzungen vgl. nur BSG v. 13.07.2010 - B 8 SO 14/09 R - BSGE 106, 268 ff. Rn. 12 m.w.N. = SozR 4-4200 § 16 Nr. 5.

[115] Vgl. zu Problemen vorläufiger Leistung gemäß § 328 SGB III (Auslegung und Umfang der Vorläufigkeit; Ermessen; Klage auf endgültige Leistung) ausführlich BSG v. 06.04.2011 - B 4 AS 119/10 R - BSGE 108, 86 ff. = SozR 4-1500 § 54 Nr. 21.

[116] Grundlegend dazu: *Eicher* in: Eicher/Schlegel, SGB III, § 328 Rn. 22 ff., Stand Mai 2008; *ders./Greiser* in: Eicher, SGB II, 3. Aufl., § 40 Rn. 34 ff.

[117] Zum Konkurrenzverhältnis zwischen § 328 SGB III und den §§ 42, 43 SGB I: *Eicher* in: Eicher/Schlegel, SGB III, § 328 SGB III Rn. 83 ff., und *ders./Greiser* in: Eicher, SGB II, 3. Aufl., § 40 Rn. 62 ff.; BSG v. 01.07.2010 - B 11 AL 19/09 R - BSGE 106, 244 ff. Rn. 17= SozR 4-1200 § 42 Nr. 2.

Rn. 42) zeigt sich hier wieder die Notwendigkeit zur Abstimmung der Systeme des SGB II und SGB XII (vgl. Rn. 17). Sie kann nicht mit dem pauschalen Argument abgelehnt werden, es handele sich schließlich um zwei grundsätzlich unterschiedliche Leistungssysteme für Erwerbsfähige und Nichterwerbsfähige; vielmehr muss sich die Rechtfertigung der Unterschiede in den einzelnen Konstellationen punktuell – regelmäßig – Erwerbszentriertheit des SGB II entnehmen lassen. Bei stationären und teilstationären Maßnahmen ist eine **enge Zusammenarbeit** der Leistungsträger des SGB II und des SGB XII gemäß § 86 SGB X erforderlich; dieser hat für die Hilfe zur Überwindung besonderer sozialer Schwierigkeiten in § 68 Abs. 3 SGB XII eine besondere Ausprägung erfahren. Im Rahmen der notwendigen Zusammenarbeit kann es u.U. erforderlich werden, dass der SGB-II-Leistungsträger den Sozialhilfeträger mit der Leistungserbringung beauftragt (§ 88 SGB X). Dem steht nicht dessen Absatz 1 Satz 2 entgegen, wonach die Möglichkeit – bei Ermessensreduktion auf Null: die Verpflichtung – u.a. nicht im Recht der Sozialhilfe gilt. Die Vorschrift verbietet jedoch nicht die Beauftragung eines Sozialhilfeträgers durch einen anderen Leistungsträger, der außerhalb der in § 88 Abs. 1 Satz 2 SGB X genannten Rechtsgebiete tätig ist, wie dies für das SGB II zutrifft.[118]

Die Notwendigkeit einer Beauftragung kann sich insbesondere ergeben, wenn eine Einrichtung in Fällen der §§ 67, 68 SGB XII zur Erbringung der Leistung nur gegen entsprechende Absicherung durch den Sozialhilfeträger bereit ist, etwa gegen Zusicherung (§ 34 SGB X) auf Kostenübernahme. Eine solche ist nicht nur nach den §§ 67 ff. SGB XII möglich, sondern auch nach den §§ 24 Abs. 2, 4 Abs. 1 Nr. 3 SGB II. 80

Klagt ein **Sozialhilfeempfänger** – Empfänger von Hilfe zum Lebensunterhalt bzw. von Leistungen zur Grundsicherung im Alter und bei Erwerbsminderung – auf **höhere Leistungen** und stellt sich dabei heraus, dass er eigentlich nicht nach dem SGB XII, sondern nach dem **SGB II leistungsberechtigt** ist, muss der SGB-II-Leistungsträger gegebenenfalls als anderer Leistungsträger gemäß § 75 Abs. 2 SGG beigeladen werden (sogenannte unechte notwendige Beiladung). Der Bezug von Hilfe zum Lebensunterhalt oder von Leistungen der Grundsicherung im Alter und bei Erwerbsminderung alleine führt nicht zu einer Berechtigung auf höhere Leistungen, sondern auch diese ist an das Bestehen eines Anspruchs selbst geknüpft (vgl. dazu näher Rn. 24 ff. und Rn. 43). Der – trotz Bewilligungsbescheid – materiellrechtlich fehlerhafte Bezug von entsprechenden Leistungen führt unter den Voraussetzungen des § 107 SGB X zur (fingierten) Erfüllung des in Wahrheit zustehenden Anspruchs nach dem SGB II. Sind die Voraussetzungen der Erfüllungsfiktion nach dieser Vorschrift nicht erfüllt, weil ein Erstattungsanspruch nicht besteht, ist die zu Unrecht erbrachte Leistung bei der eigentlich zu erbringenden Leistung als Einkommen zu berücksichtigen, solange die zu Unrecht bewilligte Sozialhilfeleistung nicht zurückgenommen ist. Das Gleiche gilt natürlich auch im umgekehrten Fall, wenn sich bei einer Klage auf höheres Alg II herausstellt, dass eigentlich (höhere) Leistungen nach dem SGB XII zustünden. Die Privilegierung von Hilfeleistungen gemäß § 82 Abs. 1 Satz 1 SGB XII bzw. nach der entsprechenden Regelung des SGB II – zum Einkommen gehören nicht „Leistungen nach diesem Gesetz" – kann in diesem Fall nicht zur Anwendung kommen (vgl. zu dieser Problematik die Kommentierung zu § 82 SGB XII Rn. 35). 81

---

[118] Vgl. nur *Engelmann* in: von Wulffen/Schütze, SGB X, 8. Aufl., § 88 Rn. 15b.

§ 22 SGB XII Sonderregelungen für Auszubildende

(Fassung vom 20.12.2011, gültig ab 01.04.2012)

(1) ¹Auszubildende, deren Ausbildung im Rahmen des Bundesausbildungsförderungsgesetzes oder der §§ 51, 57 und 58 des Dritten Buches dem Grunde nach förderungsfähig ist, haben keinen Anspruch auf Leistungen nach dem Dritten und Vierten Kapitel. ²In besonderen Härtefällen können Leistungen nach dem Dritten oder Vierten Kapitel als Beihilfe oder Darlehen gewährt werden.

(2) Absatz 1 findet keine Anwendung auf Auszubildende,

1. die auf Grund von § 2 Abs. 1a des Bundesausbildungsförderungsgesetzes keinen Anspruch auf Ausbildungsförderung oder auf Grund von § 60 des Dritten Buches keinen Anspruch auf Berufsausbildungsbeihilfe haben,

2. deren Bedarf sich nach § 12 Abs. 1 Nr. 1 des Bundesausbildungsförderungsgesetzes oder nach § 62 Absatz 1 des Dritten Buches bemisst oder

3. die eine Abendhauptschule, eine Abendrealschule oder ein Abendgymnasium besuchen, sofern sie aufgrund von § 10 Abs. 3 des Bundesausbildungsförderungsgesetzes keinen Anspruch auf Ausbildungsförderung haben.

Gliederung

A. Basisinformationen 1
I. Textgeschichte/Gesetzgebungsmaterialien 1
II. Vorgängervorschriften 5
III. Parallelvorschriften 7
IV. Systematische Zusammenhänge 11
V. Ausgewählte Literaturhinweise 15
B. Auslegung der Norm 16
I. Regelungsgehalt und Bedeutung der Norm 16
II. Normzweck 19
III. Anspruchsausschluss (Absatz 1 Satz 1) 23
1. Förderungsfähige Ausbildung 23
a. BAföG-Berechtigte 30
b. Berufsausbildungsbeihilfe-Berechtigte 41
2. Ausschlusswirkung 47
IV. Härteregelung (Absatz 1 Satz 2) 53
1. Allgemeines 53
2. Allgemeine Härtegründe 57

3. Arbeitsmarktbezogene Gründe 62
a. Vor dem Abschluss stehende Ausbildung 64
b. Unterbrechung durch Behinderung oder Krankheit 65
c. Einzige Zugangsmöglichkeit zum Arbeitsmarkt 66
4. Leistungsumfang 67
V. Anspruchserhaltung in Sonderfällen (Absatz 2) 70
1. Anspruchsausschluss auf Grund von § 2 Abs. 1a BAföG oder § 60 SGB III 71
2. Bemessung des Bedarfs nach § 12 Abs. 1 Nr. 1 BAföG oder nach § 62 Abs. 1 SGB III 75
3. Besuch einer Abendhauptschule, einer Abendrealschule oder eines Abendgymnasiums.......... 79
C. Praxishinweise 81

A. Basisinformationen

I. Textgeschichte/Gesetzgebungsmaterialien

1 § 22 SGB XII geht in seiner ursprünglichen Fassung auf das **Gesetz zur Einordnung des Sozialhilferechts in das Sozialgesetzbuch** vom 27.01.2003[1] zurück. Die Vorschrift war im damaligen Gesetzgebungsverfahren gegenüber dem ursprünglichen Gesetzentwurf[2] nicht geändert worden.

2 Vom 07.12.2006 bis zum bis zum 31.12.2007 galt § 22 SGB XII in der Fassung, die er durch das **Gesetz zur Änderung des Zwölften Buches Sozialgesetzbuch und anderer Gesetze** vom 02.12.2006[3] erhalten hatte. Dieses Gesetz hatte in Absatz 1 Satz 1 die Wörter „Hilfe zum Lebensunterhalt" durch die Wörter „Leistungen nach dem Dritten und Vierten Kapitel" ersetzt. Außerdem hat Absatz 1 Satz 2 durch dieses Gesetz seine derzeitige Fassung erhalten.[4]

---

[1] BGBl I 2003, 3022.
[2] BT-Drs. 15/1514.
[3] BGBl I 2006, 2670.
[4] Materialien: BT-Drs. 16/2711 i.d.F. BT-Drs. 16/3005.

Seit dem 01.01.2008 gilt das Gesetz in der Fassung des **Zweiundzwanzigsten Gesetzes zur Änderung des Bundesausbildungsförderungsgesetzes** vom 23.12.2007.[5] Dieses Gesetz hat in Absatz 2 die Nr. 3 angefügt.[6]

Die Vorschrift ist durch das **Gesetz zur Verbesserung der Eingliederungschancen am Arbeitsmarkt** v. 20.12.2011[7] mit Wirkung v. 01.04.2012 in der Weise geändert worden, dass die Verweise auf Vorschriften des SGB III in Absatz 1 Satz 1 und in Absatz 2 Nr. 1 und Nr. 2 jeweils an die ebenfalls ab 01.04.2012 geltende neue Systematik des SGB III angepasst worden sind. Inhaltliche Änderungen ergeben sich hierdurch nicht.

II. Vorgängervorschriften

Die Vorschrift geht auf den inhaltsgleichen § 26 BSHG zurück. § 26 BSHG mit dem hier interessierenden Inhalt war durch das Haushaltsstrukturgesetz vom 22.12.1981[8] in das BSHG eingefügt worden. Das Haushaltsstrukturgesetz hatte zugleich die §§ 31-35 BSHG aufgehoben, die als Hilfe in besonderen Lebenslagen die **Ausbildungshilfen** vorgesehen hatten. Durch § 26 BSHG war die Ausbildungsförderung grundsätzlich nicht mehr Bestandteil der Sozialhilfe. Dies wurde damit begründet, dass die sozialrechtlichen Ausbildungshilfen neben dem BAföG und dem AFG nur noch untergeordnete Bedeutung gehabt hätten.

Die letzte Fassung des § 26 BSHG, der für die Regelung in § 22 SGB XII Vorbildfunktion zukommt, geht auf das BSHG-Reformgesetz vom 23.07.1996[9] zurück. Durch dieses Gesetz war § 26 BSHG um einen Absatz 2 erweitert worden. Zugleich war in Absatz 1 Satz 2 die Möglichkeit einer **Gewährung im Darlehenswege** eröffnet worden. Spätere Änderungen des § 26 SGB XII waren nur noch redaktioneller Natur.

III. Parallelvorschriften

Für die Grundsicherung für Arbeitsuchende gilt die praktisch bedeutsamere Parallelregelung des § 7 Abs. 5 und 6 SGB II. Auszubildende, die eine nach dem BAföG oder nach den §§ 51, 57 und 58 SGB III förderungsfähige Ausbildung durchlaufen, sind nicht nur von Leistungen nach dem SGB XII, sondern ebenso von denen des SGB II ausgeschlossen. Derjenige Auszubildende, der die Leistungsvoraussetzungen nach dem BAföG oder nach dem SGB III nicht erfüllt, erhält bei Hilfebedürftigkeit also insgesamt **keine Fürsorgeleistungen**, sondern wird darauf verwiesen, entweder seine Ausbildung aufzugeben oder seinen Lebensunterhalt durch eine Nebenerwerbstätigkeit zu sichern.[10]

Wegen des in § 21 Satz 1 SGB XII geregelten Vorrangs der Grundsicherung findet § 7 Abs. 5 und 6 SGB II und § 27 SGB II für alle erwerbsfähigen Leistungsberechtigten sowie deren Angehörige Anwendung, soweit die Voraussetzungen des § 7 Abs. 2 Satz 1 SGB II vorliegen. Die Regelung in § 7 Abs. 5 und 6 SGB II bildet die Absätze 1 Satz 1 und Absatz 2 des § 22 SGB XII inhaltsgleich ab. Eine dem § 22 Abs. 1 Satz 2 SGB XII ähnelnde Härteregelung findet sich jetzt in § 27 Abs. 4 Satz 1 SGB II. **Die Erforderlichkeit einer Ausschlussregelung im SGB II** ergibt sich daraus, dass Auszubildende regelmäßig erwerbsfähig sind, jedoch gleichfalls nicht unter das nach § 21 SGB XII vorrangige Leistungssystem des SGB II fallen sollen.

Mit Wirkung vom 01.04.2011 hat der Gesetzgeber in § 27 SGB II eine zusätzliche Regelung über „Leistungen für Auszubildende" eingefügt,[11] in der alle Leistungen systematisch zusammengefasst werden, die Auszubildende im Grundsicherungsrecht beanspruchen können. Mit dieser Regelung greift der Gesetzgeber die Rspr. des BSG und des BVerwG auf, wonach sich der Leistungsausschluss nur auf den **ausbildungsbedingten oder ausbildungsgeprägten Bedarf** erstreckt (vgl. Rn. 50). Hiernach stehen Auszubildenden für bestimmte Bedarfe Leistungen als Zuschuss oder Darlehen zu. Zu den Zuschussleistungen rechnen nach § 27 Abs. 2 SGB II der Mehrbedarf für Schwangere (§ 21 Abs. 2 SGB II), der Mehrbedarf für Alleinerziehende (§ 21 Abs. 3 SGB II), der Mehrbedarf für kostenaufwändige Ernährung (§ 21 Abs. 5 SGB II) und der Mehrbedarf für unabweisbare, laufende, nicht nur einma-

---

[5] BGBl I 2007, 3254.
[6] Materialien: BT-Drs. 16/1572 i.d.F. 16/7214.
[7] BGBl I 2011, 2854.
[8] BGBl I 1981, 1523.
[9] BGBl I 1996, 1088.
[10] BSG v. 06.09.2007 - B 14/7b AS 36/06 R - BSGE 99, 67 = SozR 4-4200 § 7 Nr. 6.
[11] Gesetz zur Ermittlung von Regelbedarfen und zur Änderung des Zweiten und Zwölften Buches Sozialgesetzbuch vom 24.03.2011, BGBl I 2011, 453; Materialien: BT-Drucks. 17/3404, S. 103.

lige besondere Bedarfe (§ 21 Abs. 6 SGB II). Die Leistungen werden nur erbracht, soweit die Bedarfe nicht durch zu berücksichtigendes Einkommen oder Vermögen gedeckt werden.[12] Die Bedarfe werden dem Auszubildenden bzw. dem Studenten als Zuschuss geleistet, weil die Leistungen nicht im Rahmen der Härteregelung erbracht werden. Ferner eröffnet § 27 Abs. 3 SGB II die Gewährung eines Zuschusses zu den ungedeckten Kosten der Unterkunft. § 27 Abs. 4 Satz 1 SGB II gibt dem Grundsicherungsträger die Möglichkeit, im Wege der Ermessensentscheidung bei besonderer Härte Leistungen an Auszubildende als Darlehen zu erbringen. § 27 Abs. 4 Satz 2 SGB II sieht vor, dass für den Monat der Aufnahme der Ausbildung als Überbrückungszahlung Leistungen zur Sicherung des Lebensunterhalts erbracht werden können, wenn in dem Monat, in dem die Leistungen erbracht werden, voraussichtlich Einnahmen anfallen. Schließlich stellt § 27 Abs. 5 SGB II klar, dass Mietschulden auch für Auszubildende übernommen werden können. Eine § 27 SGB II entsprechende Regelung wurde zwar nicht ausdrücklich in das SGB XII aufgenommen, jedoch ist davon auszugehen, dass die dort geregelten Grundsätze für das Sozialhilferecht entsprechend heranzuziehen sind.

10 Auch ohne ausdrückliche Regelung geht die h.M. davon aus, dass Studenten und Auszubildende zusätzlich zu den in § 27 SGB II ausdrücklich geregelten Leistungen auch die **Eingliederungsleistungen** nach den §§ 16 ff. SGB II beanspruchen können, wenn deren spezifische Voraussetzungen vorliegen.[13]

IV. Systematische Zusammenhänge

11 § 22 SGB XII ist in den Zweiten Abschnitt „Anspruch auf Leistungen" des Ersten Kapitels „Allgemeine Vorschriften" des SGB XII eingebettet. Die Vorschrift grenzt die Sozialhilfe **gegenüber der Ausbildungsförderung nach dem BAföG und dem SGB III** ab. Sie dient dazu, den Vorrang der speziellen Förderungsgesetze auch auf der Ebene des Sozialhilferechts durchzusetzen. Die klare Abgrenzung beider Leistungssysteme wird auch durch die Härteregelung des Absatzes 1 Satz 2 nicht durchbrochen, denn die dort geregelten Hilfen lassen im Ergebnis regelmäßig lediglich eine Angleichung der Sozialhilfeleistungen an die Ausbildungsförderung zu.[14]

12 Die Vorschrift findet für **Leistungsansprüche nach dem AsylbLG** entsprechende Anwendung.[15]

13 Das **Verhältnis von SGB XII und SGB II** ist in § 21 SGB XII und § 5 Abs. 2 SGB II abschließend geregelt. Die Ausschlusswirkung bei Anspruch auf Leistungen nach dem SGB II ist gedanklich vorrangig zu prüfen.[16]

14 Soweit nach § 22 Abs. 1 Satz 2 SGB XII Leistungen aufgrund des Vorliegens eines besonderen Härtefalls gewährt werden, wird **§ 38 SGB XII** verdrängt, weil es sich bei der Härteregelung um die für Auszubildende speziellere Regelung handelt.[17]

V. Ausgewählte Literaturhinweise

15 *Felix*, Ausschluss der Hilfe zum Lebensunterhalt für Studenten durch das BVerwG, NVwZ 1995, 245-247; *Fleischmann*, § 26 BSHG und die Reform des Sozialhilferechts, NDV 1996, 398-402; *Grühn*, Anm. zu BSG v. 22.03.2012 - B 4 AS 102/11 R, SGb 2013, 114-117; *Gutmann*, Soziale Rechte von Kindern und Jugendlichen, InfAuslR 2006, 142-147; *Marschner*, Der Ausschluss von Sozialhilfeleistungen für Auszubildende, NVwZ 1995, 870-871; *Spellbrink*, Studenten und Hartz IV — Wer hat in Ausnahmefällen Anspruch auf die Grundsicherung?, SozSich 2008, 30-34; *Treichel*, Der Leistungsausschluss nach § 7 Abs. 5 SGB II bei Bezug von Ausbildungsgeld als Irrtum des Gesetzgebers?, NZS 2013, 805.

B. Auslegung der Norm

I. Regelungsgehalt und Bedeutung der Norm

16 § 22 Abs. 1 Satz 1 SGB XII sieht einen Leistungsausschluss für Leistungen nach dem Dritten Kapitel (Hilfe zum Lebensunterhalt) und Vierten Kapitel (Grundsicherung im Alter und bei Erwerbsminderung) während einer Ausbildung vor, die nach dem BAföG oder nach den §§ 51, 57 und 58 SGB III

---

[12] *Söhngen* in: jurisPK-SGB II, § 27 Rn. 22; *Bernzen* in: Eicher, SGB II, § 27 Rn. 24 ff.
[13] *Knickrehm* in: KSW, § 27 SGB II Rn. 2.
[14] OVG Saarland v. 28.08.2001 - 3 W 9/01 - FEVS 53, 326.
[15] LSG Berlin-Brandenburg v. 15.11.2005 - L 23 B 1008/05 AY ER - Breith. 2006, 410-412; *Coseriu* in: KSW, § 22 Rn. 1; *Schlette* in: Hauck/Noftz, SGB XII, § 22 Rn. 1.
[16] *Thie* in: LPK-SGB XII, § 22 Rn. 3.
[17] OVG Saarland v. 28.08.2001 - 3 W 9/01 - FEVS 53, 326; *Schlette* in: Hauck/Noftz, SGB XII, § 22 Rn. 47.

förderungsfähig ist. Der **generelle Anspruchsausschluss** wird durch die Härteregelung des Absatzes 1 Satz 2 und die in Absatz 2 geregelten Ausnahmen abgemildert. Bei Vorliegen einer besonderen Härte kann der Sozialhilfeträger nach Absatz 1 Satz 2 die Leistungen im Ermessenswege als Beihilfe oder Darlehen gewähren. Absatz 2 ordnet an, dass der Förderungsausschluss für bestimmte Tatbestände nicht eingreift, in denen die Bestimmungen des Förderungsrechts keine oder nur geringe Leistungsansprüche vorsehen.

Die praktische Bedeutung des § 22 SGB XII ist eher gering zu veranschlagen, weil Auszubildende in aller Regel **erwerbsfähig im Sinne des SGB II** sind und deshalb bereits aus diesem Grunde nach § 21 SGB XII keine Leistungsansprüche nach dem SGB XII erwerben. 17

Der Anspruchsausschluss bedeutet im Ergebnis wegen des **nicht bedarfsdeckenden Charakters der Ausbildungsförderung**, dass der Auszubildende die Ausbildung durch die Hilfe Dritter (insbesondere der Eltern), durch eine ausbildungsbegleitende Tätigkeit oder durch die Aufnahme eines Darlehens kofinanzieren muss. Stehen dem Auszubildenden derartige Möglichkeiten nicht zur Verfügung, muss die Ausbildung in der Konsequenz der Struktur der gesetzlichen Regelungsstruktur ggf. unterbrochen oder sogar aufgegeben werden. 18

II. Normzweck

§ 22 SGB XII enthält keine besondere Ausprägung des sozialhilferechtlichen Nachranggrundsatzes, denn sie enthält die darüber deutlich hinausgehende Anordnung, dass sozialhilferechtlich beachtliche Bedarfe nicht vorliegen, wenn eine Ausbildung dem Grunde nach förderungsfähig ist.[18] Der Zweck der Regelung liegt vielmehr darin, den ausbildungsförderungsrechtlichen Spezialregelungen möglichst umfassend zur Geltung zu verhelfen. Hierbei ist Grundlage des Verständnisses des § 22 SGB XII, dass die Ausbildungsförderung im BAföG und im SGB III, die jeweils die Kosten der Ausbildung und den Lebensunterhalt umfasst, sondergesetzlich abschließend geregelt ist. 19

Die Vorschrift soll die Sozialhilfe davon befreien, eine (versteckte) **Ausbildungshilfe auf einer zweiten Ebene** zu sein.[19] Da die Ausbildungsförderung nach dem BAföG und die Berufsausbildungsbeihilfe nach dem SGB III auch die Kosten des Lebensunterhalts umfassen, wird verhindert, dass die Sozialhilfe durch die Sicherstellung des allgemeinen Lebensunterhalts das Betreiben einer dem Grunde nach anderweitig förderbaren Ausbildung ermöglicht. Es soll mit anderen Worten kein Ersatzförderungssystem installiert werden, das die im BAföG oder SGB III geregelten speziellen Anspruchsvoraussetzungen aushebelt und die Lasten der Ausbildungsförderung der Sozialhilfe auferlegt.[20] Insoweit ist es Sinn und Zweck des § 22 SGB XII, die Inanspruchnahme von ergänzender Sozialhilfe zu verhindern, wenn die Notlage durch eine abstrakt förderungsfähige Ausbildung verursacht wird. Ein Wahlrecht des Auszubildenden, Ausbildungsförderung oder Sozialhilfe in Anspruch zu nehmen, ist diesem nicht eingeräumt. Die Sozialhilfe soll deshalb regelmäßig nicht dazu dienen, das Betreiben einer dem Grunde nach förderungsfähigen Ausbildung durch Sicherstellung des allgemeinen Lebensunterhalts sicherzustellen. Der vorstehende Grundsatz wird jedoch dadurch relativiert, das § 27 SGB II und das entsprechende Leistungsangebot im SGB XII (zur entsprechenden Heranziehung des § 27 Abs. 3 SGB XII vgl. Rn. 52) Lücken im Leistungsangebot schließen.[21] 20

Die Zielsetzung des § 22 SGB XII wird vielfach als **systemwidrig und sozialpolitisch verfehlt** kritisiert.[22] Dieser Einschätzung kann jedenfalls in dieser Allgemeinheit nicht zugestimmt werden, denn dem Gesetzgeber ist es grundsätzlich unbenommen, für die Ausbildungsförderung ein gesondertes Leistungssystem zur Verfügung zu stellen, das er in der Folge gegen die Sozialhilfe (und die Grundsicherung für Arbeitsuchende) abgrenzt.[23] Die Abgrenzungsregelung fußt also auf der – vom Ansatz her hinzunehmenden – Auffassung des Gesetzgebers, dass die Leistungen des BAföG und des SGB III bedarfsgerecht ausgestaltet sind und neben dem speziellen Ausbildungsbedarf auch den Lebensunterhalt 21

---

[18] *Grube* in: Grube/Wahrendorf, SGB XII, § 22 Rn. 4; *Hohm* in: Schellhorn/Schellhorn/Hohm, SGB XII, § 2 Rn. 6; *Schlette* in: Hauck/Noftz, SGB III, § 22 Rn. 6.

[19] St. Rspr.: BVerwG v. 12.02.1981 - 5 C 51/80 - BVerwGE 61, 352, 358 f.; BVerwG v. 17.01.1985 - 5 C 29/84 - BVerwGE 71, 12, 15 ff.; BVerwG v. 07.06.1989 - 5 C 3/86 - BVerwGE 82, 125, 129; ebenso BSG v. 30.09.2008 - B 4 AS 28/07 R - SozR 4-4200 § 7 Nr. 9; BSG v. 01.07.2009 - B 4 AS 67/08 R - SGb 2009, 536; BSG v. 27.09.2011 - B 4 AS 145/10 R - SozR 4-4200 § 7 Nr. 26.

[20] BVerwG v. 14.10.1993 - 5 C 16/91 - BVerwGE 94, 224.

[21] *Grühn*, SGb 2013, 114, 115

[22] *Felix*, NVwZ, 1995, 245; *Hohm* in: Schellhorn/Schellhorn/Hohm, SGB XII, § 22 Rn. 9.

[23] *Schlette* in: Hauck/Noftz, SGB XII, § 22 Rn. 3.

des Betroffenen abdecken, so dass eine Aufstockung der Leistungen nicht erforderlich ist. Aus diesem Grunde dürfte sozialpolitisch eine Lösung der Problematik eher darin zu suchen sei, die vorrangige Ausbildungsförderung als bedarfsdeckendes Leistungssystem auszugestalten.

22 Eine durch den Leistungsausschluss herbeigeführte **verfassungswidrige Benachteiligung** haben die Rspr.[24] und die überwiegende Literatur[25] bislang verneint, weil der Gesetzgeber wegen der zwischen den in Frage kommenden Gruppen bestehenden Unterschiede berechtigt ist, die Leistungen zur Sicherung des Lebensunterhalts unterschiedlich zu regeln. Die unterschiedliche Behandlung rechtfertigt sich dadurch, dass die Sicherung des Lebensunterhalts durch ein anderes Sozialleistungssystem erfolgen soll. Zwar kann diese Systementscheidung im Einzelfall dazu führen, dass während einer Ausbildung keine Sozialleistungen bezogen werden können. Soweit eine Ausbildung angetreten wird, ohne die Anforderungen des einschlägigen Leistungssystems zu erfüllen, handelt es sich jedoch um eine vom Auszubildenden selbst zu verantwortende Entscheidung.[26] Ein verfassungsrechtlicher Anspruch auf eine individuelle staatliche Ausbildungsförderung besteht nicht.[27]

III. Anspruchsausschluss (Absatz 1 Satz 1)

1. Förderungsfähige Ausbildung

23 Die Ausschlusswirkung betrifft nur im Rahmen des **BAföG** und der **§§ 51, 57 und 58 SGB III** förderungsfähige Ausbildungen. Die Abgrenzung zwischen Förderungsfähigkeit nach BAföG oder SGB III kann bei der Anwendung des § 22 Abs. 1 Satz 1 SGB XII letztlich dahinstehen, solange jedenfalls feststeht, dass die Förderungsvoraussetzungen für eine Ausbildungsförderung dem Grunde nach vorliegen. Von der Ausschlusswirkung nicht erfasst werden hingegen anderweitige Formen der Förderung der beruflichen Bildung. Als Ausnahmeregelung ist § 22 Abs. 1 Satz 1 SGB XII eng auf die ausdrücklich geregelten Förderungsarten begrenzt.[28] Eine Übertragung der Ausschlusswirkung auf ähnlich gelagerte Sachverhalte ist nicht statthaft. Nicht zum Anspruchsausschluss führt deshalb etwa der Umstand, dass der Anspruchsteller Teilnehmer einer nach den §§ 81 ff. SGB III geförderten beruflichen Weiterbildungsmaßnahme ist oder er Förderungsleistungen nach dem Gesetz zur Förderung der beruflichen Aufstiegsfortbildung (sog. Meister-BAföG) erhält.

24 Die Ausschlusswirkung nach § 22 Abs. 1 Satz 1 SGB XII tritt bereits dann ein, wenn eine Ausbildung auf der Grundlage der genannten Vorschriften **dem Grunde nach** förderungsfähig ist. Zum Leistungsausschluss führt die im konkreten Einzelfall durchlaufene Ausbildung, wenn sie dem Grunde nach mit Leistungen der Ausbildungsförderung förderungsfähig ist. Nach der Rechtsprechung des BSG zur Parallelregelung des SGB II kommt es auf die abstrakte Förderfähigkeit an.[29] Entscheidend ist auf die sachlichen Förderkriterien abzustellen. Es ist allein aufgrund von abstrakten Kriterien, losgelöst von der Person des Auszubildenden, über die Förderfähigkeit der Ausbildung zu befinden. Unerheblich ist folglich, ob der Auszubildende Leistungen nach dem BAföG oder den §§ 51, 57 und 58 SGB III tatsächlich bezieht.[30] Der Ausschluss greift bei genereller Förderungsfähigkeit also auch dann, wenn individuelle Gründe einer Förderung entgegenstehen. Für den Anspruchsausschluss ist allein maßgebend, ob den Sozialhilfeleistungen die Funktion zukäme, dass der Hilfesuchende eine Ausbildung auf Kosten der Sozialhilfe betreibt.[31]

25 Allein die Förderungsfähigkeit dem Grunde nach zieht den Förderungsausschluss nach sich. Außer Betracht bleiben demgegenüber **individuelle Versagensgründe**, die im Verhältnis zum Träger der Förderungsleistung eintreten.[32] Scheidet die Förderung einer dem Grunde nach förderungsfähigen Ausbil-

---

[24] BVerwG v. 18.07.1994 - 5 B 25/94 - Buchholz 436.0 § 26 BSHG Nr. 13; BSG v. 06.09.2007 - B 14/7b AS 36/06 R - BSGE 99, 67, 76 = SozR 4-4200 § 7 Nr. 6.

[25] *Thie* in: LPK-SGB XII, § 22 Rn. 5; *Schlette* in: Hauck/Noftz, SGB XII, § 22 Rn. 2; a.A. *Marschner*, NVwZ 1995, 870, 870.

[26] So zu der Parallelregelung des SGB II BSG v. 06.09.2007 - B 14/7b AS 28/06 R - SozR 4-4200 § 7 Nr. 8.

[27] *Schlette* in: Hauck/Noftz, SGB XII, § 22 Rn. 3.

[28] *Hohm* in: Schellhorn/Schellhorn/Hohm, SGB XII, § 22 Rn. 16.

[29] BSG v. 06.09.2007 - B 14/7b AS 36/06 R - BSGE 99, 67, Rn. 15.

[30] BSG v. 22.03.2012 - B 4 AS 102/11 R - SozR 4-4200 § 7 Nr. 27; BSG v. 28.03.2013 - B 4 AS 59/12 R - SozR 4-1300 § 45 Nr. 13 Rn. 20 zur rückwirkenden Bewilligung von BAföG-Leistungen.

[31] BVerwG v. 08.08.1989 - 5 B 43/89 - Buchholz 436.0 § 26 BSHG Nr. 6.

[32] BSG v. 06.09.2007 - B 14/7b AS 36/06 R - BSGE 99, 67, 77 = SozR 4-4200 § 7 Nr. 6; BSG v. 30.09.2008 - B 4 AS 28/07 R - SozR 4-4200 § 7 Nr. 9; BSG v. 01.07.2009 - B 4 AS 67/08 R - SGb 2009, 536.

dung schon im primär zuständigen System aus, führt dies nicht zur Leistungspflicht des nachrangigen Sozialhilfesystems.

Es kommt für das Eingreifen des Ausschlussgrundes nicht darauf an, ob die Ausbildung **ursächlich für die Hilfebedürftigkeit** ist. Dies bedeutet, dass Auszubildende, deren Ausbildung im Rahmen des BAföG oder des SGB III dem Grunde nach förderungsfähig ist, nach § 22 Abs. 1 Satz 1 SGB XII auch dann von Hilfe zum Lebensunterhalt für Zeiten der Ausbildung ausgeschlossen sind, wenn sie – betrieben sie die Ausbildung nicht – aus tatsächlichen oder rechtlichen Gründen keinen Arbeitsplatz finden könnten.[33] Es ist also nicht zu untersuchen, ob der Hilfebedarf auch durch andere Umstände verursacht wird.[34] Ohne Bedeutung ist deshalb, aus welchen persönlichen Gründen (z.B. Erziehung von Kindern, Krankheit, Behinderung, Schwangerschaft, Haft, Arbeitsplatzmangel, rechtliche Gründe usw.) der Auszubildende unabhängig von der Ausbildung Hilfe zum Lebensunterhalt beanspruchen müsste. 26

Auf die **Eignung des Auszubildenden** für die Ausbildung kommt es für das Eingreifen des Ausschlusstatbestandes nicht an.[35] Ohne Belang ist deshalb auch, ob eine förderbare Ausbildung mit einer Intensität betrieben wird, dass regelmäßig Prüfungsleistungen abgelegt werden. Auch die tatsächliche zeitliche Inanspruchnahme durch die Ausbildung (das Studium) ist unerheblich. 27

Die Ausschlusswirkung greift nur ein, wenn die **konkret durchlaufene Ausbildung** von den in Absatz 1 genannten Förderbestimmungen (BAföG oder §§ 51, 57 und 58 SGB III) erfasst wird. Ist dies im Einzelfall – z.B. bei einer von § 2 BAföG nicht erfassten schulischen Ausbildung – nicht der Fall, kann Hilfe zum Lebensunterhalt nach den allgemeinen Vorschriften beansprucht werden. Andere Förderungen außerhalb des BAföG oder der §§ 51, 57 und 58 SGB III – z.B. die Förderung der beruflichen Weiterbildung nach dem SGB III,[36] Begabtenförderung, Stipendien usw. – verdrängen die Leistungen nach dem Dritten und Vierten Kapitel des SGB XII nicht.[37] 28

Voraussetzung für die Förderungsfähigkeit einer Ausbildung dem Grunde nach ist der Besuch einer Ausbildungsstätte. Nicht vom Ausschluss betroffen ist derjenige, der seine **Ausbildung nicht (mehr) betreibt**, da es sich insoweit um eine Förderungsvoraussetzung für den Anspruch auf Ausbildungsförderung handelt. Ein Auszubildender besucht eine Ausbildungsstätte, solange er dieser organisationsrechtlich angehört und die Ausbildung an der Ausbildungsstätte tatsächlich betreibt. Ein Anspruch auf Sozialhilfe besteht deshalb grundsätzlich auch während eines Urlaubssemesters, wenn der Student der Hochschule entweder organisationsrechtlich nicht mehr angehört oder die organisationsrechtliche Zugehörigkeit zwar weiterhin vorliegt, er sein Studium aber tatsächlich nicht betreibt.[38] Hingegen bleibt es beim Leistungsausschluss für den Fall einer Scheinimmatrikulation.[39] 29

a. BAföG-Berechtigte

Die Ausschlusswirkung des Absatzes 1 Satz 1 erfasst zunächst Auszubildende, deren Ausbildung im Rahmen des BAföG dem Grunde nach förderungsfähig ist. Grundsätzlich förderungsfähig ist grundsätzlich der Besuch der **in § 2 BAföG genannten Ausbildungsstätten**. Auszubildende befinden sich danach in einer förderungsfähigen Ausbildung, wenn sie eine der in § 2 Abs. 1 BAföG genannten Ausbildungsstätten oder eine durch Landesrecht oder Bundesrechtsverordnung gemäß § 2 Abs. 2 und 3 BAföG als gleichwertig anerkannte Ausbildungsstätte besuchen oder Fernunterricht nach § 3 BAföG absolvieren. 30

Förderungsfähig ist zunächst der Besuch von weiterführenden **allgemeinbildenden Schulen** und Berufsfachschulen, einschließlich der Klassen aller Formen der beruflichen Grundbildung, ab Klasse 10, deren Besuch eine abgeschlossene Berufsausbildung nicht voraussetzt (§ 2 Abs. 1 Satz 1 Nr. 1 BAföG). Die genannten Ausbildungen sind jedoch nur dem Grunde nach förderungsfähig, wenn die einschränkenden Voraussetzungen des § 2 Abs. 1a BAföG vorliegen. Die Förderungsfähigkeit dem 31

---

[33] BVerwG v. 14.10.1993 - 5 C 16/91 - BVerwGE 94, 224, 227 zur Schwangerschaft als Hinderungsgrund; *Grube* in: Grube/Wahrendorf, SGB XII, § 22 Rn. 3.
[34] OVG Saarland v. 28.08.2001 - 3 W 9/01 - FEVS 53, 326.
[35] BSG v. 06.09.2007 - B 14/7b AS 36/06 R - BSGE 99, 67, 74 = SozR 4-4200 § 7 Nr. 6; BSG v. 01.07.2009 - B 4 AS 67/08 R - SGb 2009, 536.
[36] BSG v. 30.08.2010 - B 4 AS 97/09 R - SozR 4-4200 § 7 Nr. 19.
[37] *Adolph* in: Linhart/Adolph, § 22 SGB XII Rn. 23; *Dauber* in: Mergler/Zink, § 22 SGB XII Rn. 9.
[38] BSG v. 22.03.2012 - B 4 AS 102/11 R - SozR 4-4200 § 7 Nr. 27; vgl. hierzu *Reichel*, jurisPR-SozR 12/2012, Anm. 2 und *Grühn*, SGb 2013, 114; BSG v. 22.08.2012 - B 14 AS 197/11 R; ebenso: LSG Nordrhein-Westfalen v. 24.05.2012 - L 9 SO 427/10.
[39] LSG Berlin-Brandenburg v. 15.01.2010 - L 23 AY 1/07.

§ 22

Grunde nach kann danach nur bejaht werden, wenn der Auszubildende nicht bei seinen Eltern wohnt und zusätzlich einer der drei in der Regelung genannten Gründe hinzukommt, weil die Ausbildungsstätte von der Wohnung der Eltern aus nicht erreichbar ist oder der Auszubildende einen eigenen Haushalt führt, weil er verheiratet war oder ist oder er mit einem Kind zusammenlebt. Während der Besuch von allgemeinbildenden Schulen die Anspruchsberechtigung grundsätzlich unberührt lässt, wenn der Schüler bei seinen Eltern wohnt, wird der von § 2 Abs. 1a BAföG erfasste Personenkreis auf die Ausbildungsförderung verwiesen.

32 Nach § 2 Abs. 1 Satz 1 Nr. 3 BAföG ist auch der Besuch von **Fach- bzw. Fachoberschulklassen**, die eine abgeschlossene Berufsausbildung voraussetzen, dem Grunde nach förderungsfähig. Ohne Bedeutung für den Ausschlusstatbestand ist hingegen der durch § 2 Abs. 1 Nr. 2 BAföG einbezogene Personenkreis der Fach- oder Fachoberschüler ohne Berufsabschluss, denen in einem mindestens zweijährigen Bildungsgang ein berufsqualifizierender Abschluss vermittelt wird, weil die Ausschlusswirkung insoweit durch die Rückausnahme in § 22 Abs. 2 Nr. 2 SGB XII wieder aufgehoben wird.

33 Ausbildungsförderung wird ferner für den Besuch von **Abendhauptschulen, Berufsaufbauschulen, Abendrealschulen, Abendgymnasien und Kollegs** sowie von **höheren Fachschulen** und **Akademien** (§ 2 Abs. 1 Satz 1 Nr. 4 und 5 BAföG) geleistet.

34 Schließlich bewirkt auch die Ausbildung an **Hochschulen** (§ 2 Abs. 1 Satz 1 Nr. 6 BAföG) die Ausschlusswirkung.

35 Unter den in § 3 BAföG genannten Voraussetzungen ist auch eine in Form von Fernunterricht durchgeführte Ausbildung förderungsfähig.

36 Die BAföG-Berechtigung setzt voraus, dass die Ausbildung an einer Ausbildungsstätte **tatsächlich durchgeführt** wird. Es fehlt also an einer Grundvoraussetzung für eine Förderung nach dem BAföG, wenn und solange der Auszubildende von der Ausbildungsstätte beurlaubt ist.[40] Dies ermöglicht den Sozialhilfebezug während der Zeit der Beurlaubung. Zweifelhaft ist, ob der Ausschlussgrund auch eingreift, wenn ein Student sich zwar immatrikuliert hat, er das Studium aber – ohne sich beurlauben zu lassen – tatsächlich nicht betreibt. Die Rspr. neigt dazu, dies allein nach den „objektiven Verhältnissen" zu beurteilen, also die bloße Immatrikulation ausreichen zu lassen.[41] Dies erscheint zweifelhaft, weil es auch in diesen Fällen an einem tatsächlichen Besuch der Ausbildungsstätte fehlt. Die restriktive Handhabung dürfte wohl mit den zu befürchtenden Nachweisschwierigkeiten zusammenhängen. Dies rechtfertigt es jedoch nicht, dem „Scheinstudenten" von vornherein nicht den Nachweis zu eröffnen, er betreibe das Studium nicht. Die hilfsweise anzustellende Überlegung, Studenten bei einer „pro-forma-Immatrikulation" jedenfalls Leistungen aufgrund der Härteklausel des Absatzes 1 Satz 2 zu gewähren, stellt sich unter diesen Voraussetzungen nicht.

37 Der Förderungsfähigkeit dem Grunde nach steht nicht entgegen, dass die in den §§ 8-10 BAföG genannten **persönlichen Voraussetzungen** der Förderung nicht vorliegen. Ein Ausschluss wird also auch herbeigeführt, wenn ein ausländischer Auszubildender die Voraussetzungen des § 8 BAföG nicht erfüllt, es an der persönlichen Eignung nach § 9 BAföG fehlt oder die Altersgrenze des § 10 Abs. 3 BAföG überschritten ist.[42] Insoweit ist jedoch die Ausnahme nach § 22 Abs. 2 Nr. 3 SGB XII zu beachten (vgl. Rn. 79).

38 Auch andere Gründe, die einer BAföG-Förderung entgegenstehen, führen zum Leistungsausschluss des Absatzes 1 Satz 1, soweit sie in der Person des Hilfesuchenden oder seinen individuellen Umständen angelegt sind. Dies gilt etwa für die Überschreitung der **Höchstförderungsdauer** des § 15a BAföG. Auch eine **Zweitausbildung**, für die jedoch die besonderen Anforderungen nach § 7 Abs. 2 oder Abs. 3 BAföG nicht erfüllt werden, führt zum Förderungsausschluss.[43] Erfolgt die Versagung von Förderungsleistungen für ein im Grunde nach dem BAföG förderungsfähiges Studium wegen der abstrakten Förderungsfähigkeit, wird diese auch nicht dadurch ausgeschlossen, dass zugleich auch die Fördervoraussetzungen des § 7 Abs. 1a BAföG und des § 7 Abs. 2 Nr. 3 BAföG nicht erfüllt sind.[44] Schließlich steht auch die Einstellung der BAföG-Förderung wegen Nichtvorlage der erforderlichen **Leistungsnachweise** (§ 48 BAföG) ersatzweisen Leistungsansprüchen nach dem SGB XII entgegen.

---

[40] BVerwG v. 25.08.1999 - 5 B 153/99 - Buchholz 436.0 § 26 BSHG Nr. 14.
[41] LSG Berlin-Brandenburg v. 15.11.2005 – L 23 B 1008/05 AY ER - Breithaupt 2006, 410; OVG Lüneburg v. 10.11.1997 - 12 L 878/97 - FEVS 48, 464.
[42] BSG v. 01.07.2009 - B 4 AS 67/08 R - SGb 2009, 536; BSG 30.08.2010 - B 4 AS 97/09 R - SozR 4-4200 § 7 Nr. 19.
[43] BVerwG v. 13.05.1993 - 5 B 82/92 - Buchholz 436.0 § 26 BSHG Nr. 8.
[44] BSG v. 27.09.2011 - B 4 AS 145/10 R - SozR 4-4200 § 7 Nr. 26.

Ist es auf **Art oder Umfang der Ausbildung** selbst zurückzuführen, dass eine Förderung nach dem BAföG nicht erfolgen kann, so wird diese Ausbildung von der Ausschlusswirkung nicht erfasst. Nicht zu einem Ausschluss von den Leistungen zur Sicherung des Lebensunterhalts führen nach diesem Maßstab zunächst sämtliche Ausbildungen, die im Katalog des § 2 Abs. 1 BAföG nicht enthalten sind und deren Förderungsfähigkeit auch nicht durch Verordnung nach § 2 Abs. 3 BAföG hergestellt wird. Nicht förderungsfähig sind danach insbesondere betriebliche Ausbildungen, auch wenn sie z.T. schulisch durchgeführt werden. Insoweit ist aber zu prüfen, ob eine Förderungsfähigkeit nach den §§ 51, 57 und 58 SGB III in Betracht kommt. 39

Ebenfalls nicht zum Anspruchsausschluss führen Ausbildungen, die die sonstigen ausbildungsbezogenen Anforderungen der §§ 2-6 BAföG nicht erfüllen. Dies gilt z.B. für den in § 2 Abs. 5 Satz 1 BAföG geregelten Ausschlussgrund wegen des **Umfangs der Ausbildung**. Danach wird Ausbildungsförderung nur geleistet, wenn der Ausbildungsabschnitt mindestens ein Schul- oder Studienhalbjahr dauert und die Ausbildung die Arbeitskraft des Auszubildenden im Allgemeinen voll in Anspruch nimmt. Nicht vom Anspruchsausschluss erfasst werden Teilzeitstudiengänge, die die Arbeitskraft des Studierenden nicht in vollem Umfang in Anspruch nehmen. Auch das Vorliegen der in § 2 Abs. 6 BAföG aufgeführten Ausschlusstatbestände (Leistungsansprüche bei beruflicher Weiterbildung nach dem SGB III oder SGB II – Nr. 1; Leistungen nach den Regelungen der Länder über die Förderung des wissenschaftlichen und künstlerischen Nachwuchses oder von den Begabtenförderungswerken – Nr. 2; Anwärterbezüge als Beschäftigter im öffentlichen Dienst oder ähnliche Leistungen aus öffentlichen Mitteln – Nr. 3; Anspruch auf Ausbildungsbeihilfe nach den §§ 44, 176 Abs. 4 StVollzG als Gefangener – Nr. 4) führt zur Nichtanwendbarkeit der Ausschlussregelung des Absatzes 1 Satz 1. 40

b. Berufsausbildungsbeihilfe-Berechtigte

Der Ausschluss von Leistungen zur Sicherung des Lebensunterhalts trifft auch diejenigen, deren Ausbildung nach den §§ 51, 57 und 58 SGB III dem Grunde nach förderungsfähig ist. Erfasst werden hiervon Auszubildende, denen dem Grunde nach ein Anspruch auf Berufsausbildungsbeihilfe zusteht. Eine Ausbildung ist nach § 57 Abs. 1 SGB III förderungsfähig, wenn sie in einem nach dem **Berufsbildungsgesetz**, der Handwerksordnung oder dem Seemannsgesetz staatlich anerkannten Ausbildungsberuf betrieblich oder außerbetrieblich oder nach dem Altenpflegesetz betrieblich durchgeführt wird und der dafür vorgeschriebene **Berufsausbildungsvertrag** abgeschlossen worden ist. Dies gilt auch, soweit die Voraussetzungen für eine Förderung im Ausland vorliegen (§ 58 SGB III). 41

Neben den in § 58 Abs. 1 SGB III genannten Ausbildungen führen auch die in § 51 SGB III genannten **berufsvorbereitenden Bildungsmaßnahmen** den Leistungsausschluss des Absatzes 1 Satz 1 herbei. Soweit für diese Ausbildungen ein Bedarf nach § 62 Abs. 1 SGB III zugrunde gelegt wird, bleibt allerdings der Anspruch auf SGB-XII-Leistungen nach § 22 Abs. 2 Nr. 2 SGB XII erhalten. 42

Keinen Förderungsausschluss löst die **Förderung der beruflichen Weiterbildung** (§§ 81 ff. SGB III) aus. Der Förderungsausschluss greift bereits dann nicht, wenn eine nach objektiven Kriterien als Weiterbildungsmaßnahme i.S. des SGB III zu bewertende Bildungsmaßnahme absolviert wird. Auf die grundsätzliche Förderungsfähigkeit der Ausbildung nach dem BAföG kommt es dann nicht an.[45] Die deshalb im Einzelfall erforderliche Abgrenzung zu beruflichen Weiterbildungsmaßnahmen ist ausschließlich anhand des Charakters der Maßnahme nach objektiven Kriterien vorzunehmen.[46] Eine entsprechende Anwendung des für die Berufsausbildungsbeihilfe geltenden Leistungsausschlusses auf sonstige Förderungsmöglichkeiten nach dem SGB III kommt nicht in Betracht.[47] 43

Auch für die Berufsausbildungsförderung nach dem SGB III gilt, dass das Fehlen individueller Voraussetzungen für eine Förderung unerheblich ist. Ohne Bedeutung für das Eingreifen des Förderungsausschlusses ist deshalb, ob eine Förderung mit Berufsausbildungsbeihilfe im Einzelfall ausgeschlossen ist, weil es sich um eine sog. **Zweitausbildung** handelt. Hierbei handelt es sich um eine personenbezogene Voraussetzung für die Förderungsfähigkeit im Einzelfall.[48] Leistungen zur Sicherung des Lebensunterhalts nach dem SGB XII kann der Auszubildende in derartigen Fällen nur erhalten, wenn er 44

---

[45] BSG v. 30.08.2010 - B 4 AS 97/09 R - SozR 4-4200 § 7 Nr. 19; hierzu *Reichel*, jurisPR-SozR 20/2008, Anm. 2.
[46] BSG v. 29.01.2008 - B 7/7a AL 68/06 R - SozR 4-4300 § 60 Nr. 1; hierzu *Sommer*, jurisPR-SozR 20/2008, Anm. 3.
[47] *Schlette* in: Hauck/Noftz, SGB XII, § 22 Rn. 14.
[48] BSG v. 30.09.2009 - B 4 AS 28/07 R - SozR 4-4200 § 7 Nr. 9.

die Voraussetzungen des § 60 SGB III bzw. § 62 Abs. 1 SGB III erfüllt oder die Härtefallregelung nach Absatz 1 Satz 2 zur Anwendung kommt. Hingegen führt die berufliche Umschulung nicht zum Leistungsausschluss.

45 Nicht vom Förderungsausschluss werden Ausbildungen erfasst, die die **objektiven Anforderungen** der §§ 51, 57 und 58 SGB III nicht erfüllen. Dies gilt z.B. für staatlich nicht anerkannte Ausbildungsberufe. Insoweit ist aber gleichwohl zu fragen, ob während des Durchlaufens der Ausbildung die sozialhilferechtlichen Anspruchsvoraussetzungen erfüllt sind. Letzteres ist zu verneinen, wenn der Antragsteller nach § 11 Abs. 3 Satz 4 i.V.m. § 39a SGB XII zur Sicherstellung seines Lebensunterhalts durch Aufnahme einer zumutbaren Tätigkeit verpflichtet ist.

46 Umstritten ist die Frage, ob der Anspruch auf **Ausbildungsgeld** nach den §§ 102 ff. SGB III ebenfalls zum Leistungsausschluss führt. Die überwiegende Auffassung in der Rechtsprechung und Literatur zur Parallelregung in § 7 Abs. 5 SGB II geht davon aus, dass der Leistungsausschluss nicht eingreife, weil die §§ 102 ff. SGB III die Regelungen über die Berufsausbildungsbeihilfe im Ergebnis verdrängen.[49] Dafür, dass als Leistung zur Teilhabe am Arbeitsleben ausgestaltete Bildungsmaßnahmen nicht unter den Leistungsausschluss fallen, spricht die auf einen umfassenden behinderungsgerechten Ausgleich gerichtete Zielsetzung von Rehabilitationsmaßnahmen, die über die auf berufliche Eingliederung gerichtete Ausbildungsförderung hinausgeht.[50] Eine Entscheidung des BSG steht bisher aus.

2. Ausschlusswirkung

47 Die Rechtsfolge des Absatzes 1 liegt darin, den Anspruch auf Leistungen nach dem **Dritten Kapitel** (Hilfe Zum Lebensunterhalt – §§ 27-40 SGB XII) und dem **Vierten Kapitel** (Grundsicherungsleistungen im Alter und bei Erwerbsminderung – §§ 41-46a SGB XII) grundsätzlich auszuschließen.

48 Nicht von der Ausschlusswirkung erfasst werden von vornherein die **besonderen Sozialhilfeleistungen** nach dem Fünften bis Neunten Kapitel des SGB XII. Damit bleiben etwa Hilfen zur Gesundheit (§§ 47-52 SGB XII) oder Leistungen der Eingliederungshilfe für behinderte Menschen (§§ 53-60 SGB XII) ohne Einschränkungen möglich. So kann z.B. Eingliederungshilfe für behinderungsbedingten Wohnraum oder Ausbildungsbedarf geleistet werden.[51]

49 Der Leistungsausschluss ist nur auf die **Person des Auszubildenden selbst** bezogen, so dass der Ehegatte, Lebenspartner, Kinder oder andere Angehörige von der Ausschlusswirkung nicht erfasst werden. Dies gilt selbst dann, wenn die Voraussetzungen einer Bedarfs- oder Haushaltsgemeinschaft vorliegen. Der erwerbsunfähige Ehegatte/Partner und das Kind eines Auszubildenden haben den „normalen" Anspruch auf Hilfe zum Lebensunterhalt. Ob Dritten ein Anspruch auf Hilfe zum Lebensunterhalt zusteht, beurteilt sich allein nach den §§ 27 ff. SGB XII.

50 Nach der Rspr. des BVerwG zu § 26 BSHG erfasst die Ausschlusswirkung zudem nicht jeden im Dritten Kapitel geregelten Bedarf des Lebensunterhalts, sondern nur ein ausschließlich **ausbildungsgeprägter Bedarf** wird insoweit ausgeschlossen.[52] Diese Rspr. ist auf § 22 SGB XII übertragbar.[53] Zu diesem ausgeschlossenen ausbildungsgeprägten Bedarf gehört allerdings neben dem spezifisch ausbildungsbezogenen Bedarf der Bedarf zur Sicherstellung des allgemeinen Lebensunterhalts während der Ausbildung, der neben den Ausbildungskosten durch das Ausbildungsförderungsrecht gewährleistet werden soll.[54] Leistungen sind neben dem System der Ausbildungsförderung hingegen zu erbringen, wenn der Bedarf durch eine besondere, nicht ausbildungsbedingte Bedarfslage entstanden ist.[55]

---

[49] Hessisches LSG v. 24.01.2010 - L 6 AS 168/08; LSG Schleswig-Holstein v. 14.06.2011 - L 3 AS 61/11 B ER; LSG Berlin/Brandenburg v. 16.01.2012 - L 26 AS 2360/11 B ER; a.A. LSG Niedersachsen/Bremen v. 04.07.2012 - L 15 AS 168/12 B ER; *Treichel*, NZS 2013, 805.

[50] Zu § 7 Abs. 5 SGB II *Valgolio* in: Hauck/Noftz, SGB II, § 7 Rn. 301; kritisch *Bernzen* in: Eicher, SGB II, § 27 Rn. 48.

[51] Vgl. zu einem behinderungsbedingten Zuschuss zu den Wohnkosten SG Leipzig v. 19.09.2012 - S 17 AS 1142/12.

[52] BVerwG v. 17.01.1985 - 5 C 29/84 - BVerwGE 71, 12, 14 ff.; BVerwG v. 14.10.1993 - 5 C 16/91 - BVerwGE 94, 224, 226.

[53] Zu § 7 Abs. 5 SGB II: BSG v. 06.09.2007 - B 14/7b AS 60/06 R - SozR 4-4200 § 7 Nr. 5; BSG v. 27.09.2011 - B 4 AS 160/10 R - SozR 4-4200 § 26 Nr. 2; *Schlette* in: Hauck/Noftz, SGB XII, § 20 Rn. 21; *Thie* in: LPK-SGB XII, § 22 Rn. 13.

[54] BVerwG v. 03.12.1992 - 5 C 15/90 - BVerwGE 91, 254, 255.

[55] BVerwG v. 14.10.1993 - 5 C 16/91 - BVerwGE 94, 224; SG 6.9.2007 - B 14/7b AS 36/06 R - BSGE 99, 67 = SozR 4-4200 § 7 Nr. 6; BSG 27.9.2011 - B 4 AS 160/10 R = SozR 4-4200 § 7 Nr. 25.

Hingegen werden mit Rücksicht auf die Begrenzung auf ausbildungsgeprägten Bedarf von dem Ausschlusstatbestand Leistungen nicht erfasst, die einen Bedarf betreffen, der zwar nach seiner Zuordnung im Gesetz Hilfe zum Lebensunterhalt ist, der jedoch dazu dient, einen Bedarf zu decken, der durch besondere – **von der Ausbildung unabhängige** – **Umstände** in der Person des Hilfesuchenden begründet ist. Die Öffnung für bestimmte Leistungen des Dritten Kapitels ist damit zu begründen, dass die Ausbildung nicht daran scheitern soll, dass ein besonderer Bedarf, der von der Ausbildung unabhängig ist, nicht befriedigt werden kann. Nicht zum ausbildungsgeprägten Bedarf gehören insbesondere die Mehrbedarfszuschläge nach § 30 SGB XII. Besondere, nicht ausbildungsbezogene Belastungen können z.B. durch Krankheit oder Behinderung, Schwangerschaft, Kinderpflege und -betreuung sowie (Allein-) Erziehung begründet werden. 51

Das SGB II enthält mit § 27 Abs. 3 SGB II eine Regelung, die einen **Zuschuss zu den Wohnkosten** für einen in der Regelung im Einzelnen beschriebenen Personenkreis von Schülern, Studenten und Auszubildenden regelt. Der Zuschuss wird in Höhe der Differenz zwischen den tatsächlichen angemessenen Wohnkosten und dem in der Ausbildungsförderung enthaltenen Anteil für Wohnkosten gezahlt. Diese Regelung wurde vor dem Hintergrund eingeführt, dass die pauschalierte Ausbildungsförderung jeweils auch Ansätze für die Unterkunftskosten enthält, die jedoch häufig hinter den tatsächlichen Unterkunftskosten zurückbleiben. Deshalb soll für den einbezogenen Personenkreis eine vergleichbar unbelastete Fortführung der Ausbildung ermöglicht werden, wie bei Kindern von Eltern, die den Wohnkostenanteil selbst tragen können.[56] Gleichwohl wird der Zuschuss nach § 27 Abs. 3 SGB II als systematische Fehlentscheidung des Gesetzgebers kritisiert, die z.B. zu der weitergehenden Frage führt, ob sich die Berücksichtigung von Einkommen und Vermögen nach den Vorschriften des SGB II oder des BAföG richten soll.[57] Ungeachtet der verfehlten systematischen Stellung des § 27 Abs. 3 SGB II sprechen die überwiegenden Gründe dafür, die Regelung auch für Leistungsberechtigte nach dem SGB XII entsprechend anzuwenden.[58] Denn das Unterlassen einer Parallelregelung im SGB XII beruht infolge der gleichsinnigen Interessenlage offenbar auf einem gesetzgeberischen Versehen. Abgesehen von der soeben erwähnten entsprechenden Anwendung des § 27 Abs. 3 SGB II ist allerdings eine aufstockende Bedarfsdeckung der Ausbildungsförderung durch Sozialhilfeleistungen ausgeschlossen, soweit sie den allgemeinen Lebensbedarf betrifft. 52

IV. Härteregelung (Absatz 1 Satz 2)

1. Allgemeines

Eine Ausnahme von dem Ausschlussgrund des Absatzes 1 Satz 1 eröffnet Satz 2 der Vorschrift für besondere Härtefälle. § 22 Abs. 1 SGB XII liegt ein Regel-Ausnahmeverhältnis zugrunde.[59] Die Vorschrift des Satzes 2 eröffnet in besonderen Härtefällen Leistungen nach dem Dritten oder Vierten Kapitel als **Beihilfe** oder **Darlehen**. Sie kommt aufgrund ihres Ausnahmecharakters nur zur Anwendung, wenn der Hilfebedarf im Hinblick auf den Lebensunterhalt durch die Ausbildung entsteht. 53

Bei dem Begriff „besonderer Härtefall" handelt es sich um einen **unbestimmten Rechtsbegriff**, der der vollen gerichtlichen Kontrolle unterliegt.[60] Der Verwaltung steht auch keine Einschätzungsprärogative zu. 54

Die Reichweite dieser Ausnahme ist durch eine **Gegenüberstellung mit dem Regeltatbestand** des Satzes 1 zu ermitteln. Auch bei der Anwendung der Härteregelung ist deshalb der Zweck des Ausschlusses zu berücksichtigen, die Sozialhilfe davon zu befreien, eine versteckte Ausbildungsförderung auf zweiter Ebene zu sein. Aus individuellen Versagensgründen, die einer Förderung nach dem BAföG oder dem SGB III entgegenstehen, lassen sich keine besonderen Härtefälle konstruieren. Hieraus ist weiter abzuleiten, dass Hilfebedürftige, die eine förderungsfähige Ausbildung betreiben, die nach den einschlägigen Leistungsgesetzen nicht (mehr) gefördert werden kann, grundsätzlich gehalten sind, von der Ausbildung ganz oder vorübergehend Abstand zu nehmen, um für die Dauer der Hilfebedürftigkeit den Ausschluss von der Hilfe zum Lebensunterhalt abzuwenden. 55

---

[56] *Krauß* in: Hauck/Noftz, SGB II, § 22 Rn. 165.
[57] Vgl. dazu *Krauß* in: Hauck/Noftz, SGB II, § 22 Rn. 173.
[58] *Grube* in: Grube/Wahrendorf, SGB XII, § 22 Rn. 1; *Schlette* in: Hauck/Noftz, SGB XII, § 22 Rn. 23.
[59] Vgl. zu § 7 Abs. 3 SGB II BSG 06.09.2007 - B 14/7b AS 36/06 R - SozR 4-4200 § 7 Nr. 6.
[60] BSG v. 06.09.2007 - B 14/7b AS 36/06 R - SozR 4-4200 § 7 Nr. 6.

56 Ein Härtefall kann folglich nur aus einer **Abweichung vom Regelfall** hergeleitet werden. Dabei wird der Ausnahmecharakter durch das Wort „besondere" noch verstärkt. In der Konsequenz der durch die dem Ausnahmecharakter Rechnung tragende Rspr. herausgearbeiteten allgemeinen und arbeitsmarktbezogenen Härtegründe liegt es, dass Hilfebedürftige, die eine abstrakt förderfähige Ausbildung betreiben und konkret nicht gefördert werden, in der Regel gehalten sind, von der Ausbildung ganz oder vorübergehend Abstand zu nehmen, um für die Dauer der Hilfebedürftigkeit den Ausschluss von Leistungen der Sozialhilfe abzuwenden.[61] Alternativ verbleibt ihm die Möglichkeit, mit Tätigkeiten neben der Ausbildung seinen Lebensunterhalt zu bestreiten oder die Hilfe Dritter bzw. private Darlehen in Anspruch zu nehmen.

2. Allgemeine Härtegründe

57 Ein besonderer Härtefall im Sinne der Vorschrift liegt nach der sehr restriktiven Rspr. des BVerwG, der das BSG hinsichtlich der Voraussetzungen für das Vorliegen von allgemeinen Härtegründen weitegehend gefolgt ist, vor, wenn die Folgen des Anspruchsausschlusses über das Maß dessen hinausgehen, das regelmäßig mit der Versagung von Hilfe zum Lebensunterhalt verbunden ist.[62] Eine Härte kann nach diesen Maßstäben nicht allein damit begründet werden, dass eine Ausbildung nach den ausbildungsförderungsrechtlichen Leistungsgesetzen nicht (mehr) gefördert werden kann. Ein besonderer Härtefall liegt vielmehr erst vor, wenn Gründe hinzutreten, die einen Ausschluss von der Sozialhilfe mit Rücksicht auf den Gesetzeszweck als **übermäßig hart**, d.h. unzumutbar oder in hohem Maße unbillig erscheinen lassen würden.[63]

58 Nach dieser engen Formel kommt die Annahme eines Härtefalls nur in eng begrenzten Ausnahmefällen in Betracht. Keine Härte resultiert daraus, dass die Leistungen der Ausbildungsförderung **nicht bedarfsdeckend** sind. Keine andere Beurteilung ist dadurch geboten, dass die Sätze der Ausbildungsförderung unter den Sätzen der Sozialhilfe liegen. Der Gesetzgeber durfte davon ausgehen, dass es sich bei Auszubildenden regelmäßig um junge Menschen handelt, die einerseits ihre Lebensführung vorübergehend einschränken können und von denen andererseits erwartet werden kann, dass sie sich etwas hinzuverdienen.

59 Auch die **nicht rechtzeitige Gewährung** der Ausbildungsförderungsleistungen stellt keine besondere Härte dar. Der Auszubildende ist insoweit gehalten, den Antrag auf die Ausbildungsförderungsleistungen so rechtzeitig zu stellen, dass es nicht zu Verzögerungen im Leistungsbeginn kommt. Gegebenenfalls sind beim Träger der Ausbildungsförderung Vorausleistungen oder Vorschüsse zu fordern. Eine Vorleistungspflicht des Sozialhilfeträgers mit der Folge eines Erstattungsanspruchs nach § 104 SGB XII kommt nur dann ausnahmsweise in Betracht, wenn der Auszubildende aus Gründen, die er nicht zu vertreten hat, an einer rechtzeitigen Antragstellung gehindert ist.[64]

60 Auch soweit der Auszubildende von Leistungen des BAföG oder des SGB III mit Rücksicht darauf **vollständig ausgeschlossen** ist, dass er die persönlichen Voraussetzungen der Förderung nicht erfüllt, wird eine besondere Härte in aller Regel nicht vorliegen. Zu berücksichtigen ist zusätzlich, dass das Ausbildungsförderungsrecht seinerseits schon Ausnahme- und Härtebestimmungen für besondere Situationen vorsieht. Greifen die Ausnahmetatbestände nicht, besteht in aller Regel kein Anlass für die Anwendung der sozialhilferechtlichen Härteklausel.[65]

61 Als allgemeine Härtegründe bleiben folglich **allgemeine Notlagen**, die durch die Ausbildungsförderung nicht aufgefangen werden können. Als Beispiel für eine derartige Notlage kann z.B. eine fortgeschrittene Schwangerschaft gelten, die aufgrund des gesetzlichen Mutterschutzes keinen Abbruch der Ausbildung bewirkt.[66] Auch für Alleinerziehende mit einem Kleinkind wird man einen Härtefall annehmen können.[67] Das Vorliegen von Krankheit oder Behinderung dürfte hingegen nur dann einen Härtefall begründen, wenn die gesundheitlichen Beeinträchtigungen dauerhaft und schwerwiegend

---

[61] *Adolph* in: Linhart/Adolph, § 22 SGB XII Rn. 36.
[62] BVerwG v. 14.10.1993 - 5 C 16/91 - BVerwGE 94, 224, 228; BSG v. 01.07.2009 - B 4 AS 67/08 R.
[63] BVerwG v. 14.10.1993 - 5 C 16/91 - BVerwGE 94, 224, 228; BSG v. 01.07.2009 - B 4 AS 67/08 R.
[64] *Grube* in: Grube/Wahrendorf, SGB XII, § 22 Rn. 35.
[65] *Grube* in: Grube/Wahrendorf, SGB XII, § 22 Rn. 40.
[66] OVG Lüneburg v. 29.09.1995 - 4 M 5332/95 - NVwZ-RR 1996, 422; vgl. aber auch BVerwG v. 14.10.1993 - 5 C 16/91 - BVerwGE 94, 224, 228.
[67] OVG Lüneburg v. 26.06.2002 - 4 LB 35/02 - FEVS 54, 379; OVG Saarland v. 28.08.2001 - 3 W 9/01 - FEVS 53, 326.

sind und die Hilfebedürftigkeit auch nach Abbruch der Ausbildung fortbestehen würde.[68] Schließlich muss der Auszubildende die denkbaren Selbsthilfemöglichkeiten zur Abwendung der Notlage ergriffen haben.

3. Arbeitsmarktbezogene Gründe

In seiner Rspr. zur Parallelregelung des § 27 Abs. 4 SGB II hat das BSG unter Berufung auf den Grundsatz des Förderns hervorgehoben, dass im Anwendungsbereich der Härteregelung dem Ziel der Grundsicherung, die Erwerbstätigen bei der **Aufnahme einer Erwerbstätigkeit** zu unterstützen, hinreichend Rechnung zu tragen ist.[69] Dem im SGB II entwickelten Ansatz, auch arbeitsmarktbezogene Gründe bei der Konkretisierung des unbestimmten Rechtsbegriffs der besonderen Härte zuzulassen, kommt im SGB XII zwangsläufig eine geringere Bedeutung zu. Gleichwohl erscheint eine abweichende Auslegung schon wegen des übereinstimmenden Ziels, den Hilfesuchenden bei der Überwindung der Hilfebedürftigkeit zu unterstützen (vgl. § 1 SGB XII), nicht vertretbar. Die Konkretisierung der besonderen Härte durch arbeitsmarktbezogene Fallgruppen ist auf das SGB XII übertragbar.[70] Die im Geltungsbereich des SGB II entwickelten drei Fallgruppen können deshalb grundsätzlich auch bei der Anwendung des § 22 Abs. 1 Satz 2 SGB XII herangezogen werden. 62

Die vom BSG gebildeten Fallgruppen sind als **abschließend** anzusehen. Der gegenüber der Rspr. des BVerwG stärkeren Ausrichtung an der beruflichen Wiedereingliederung des Leistungsberechtigten kann insbesondere nicht entnommen werden, dass jegliche Verbesserung der beruflichen Einsatzmöglichkeiten zur Annahme einer Härte führen würde. Der Grundgedanke der individuellen Ausbildungsförderung, dem Auszubildenden nur einen qualifizierten Berufsabschluss zu finanzieren, ist zu respektieren.[71] So begründet weiterhin eine abgeschlossene oder abgebrochene Erstausbildung keinen Härtefall für die zweite Ausbildung. Allein die Gefahr, nach Abbruch einer Ausbildung geringere Chancen auf dem Arbeitsmarkt zu haben und möglich weiterhin auf Sozialhilfe angewiesen zu sein, begründet keine besondere Härte.[72] Vergleichbare Überlegungen gelten für die Überschreitung der Förderungshöchstdauer nach § 15a BAföG. Eine abweichende Beurteilung kann angebracht sein, wenn ein Studienabschluss konkret absehbar ist (akute Examensphase).[73] 63

a. Vor dem Abschluss stehende Ausbildung

Ein besonderer Härtefall ist anzunehmen, wenn wegen einer Ausbildungssituation Hilfebedarf entstanden ist, der nicht durch BAföG oder Berufsausbildungsbeihilfe gedeckt ist, und deswegen begründeter Anlass besteht, die vor dem Abschluss stehende Ausbildung werde nicht beendet und damit drohe das Risiko zukünftiger Erwerbslosigkeit, verbunden mit weiterer Hilfebedürftigkeit.[74] Es muss insoweit die durch objektive Umstände belegbare Aussicht bestehen, die Ausbildung werde **in absehbarer Zeit durch einen Abschluss zu Ende gebracht** werden. Letzteres kann insbesondere dadurch belegt werden, dass eine Meldung zur Prüfung bereits erfolgt ist, wenn alle Voraussetzungen für die Ablegung der Prüfung erfüllt sind. Diese Voraussetzung liegt jedenfalls nicht vor, wenn lediglich ein Sechstel der Ausbildungszeit zurückgelegt worden ist.[75] 64

b. Unterbrechung durch Behinderung oder Krankheit

Ein besonderer Härtefall kann ferner abgenommen werden, wenn die bereits weit fortgeschrittene und bisher kontinuierlich betriebene Ausbildung auf Grund der konkreten Umstände des Einzelfalls wegen einer Behinderung oder Krankheit gefährdet ist.[76] Auch für diese Fallgruppe gilt allerdings, dass die Ausbildung in absehbarer Zeit zu Ende gebracht werden muss. 65

---

[68] *Schlette* in: Hauck/Noftz, SGB XII, § 22 Rn. 42.
[69] BSG v. 06.09.2007 - B 14/7b AS 36/06 R - BSGE 99, 67, 74 = SozR 4-4200 § 7 Nr. 6; BSG v. 30.09.2008 - B 4 AS 28/07 R - SozR 4-4200 § 7 Nr. 9; BSG v. 01.07.2009 - B 4 AS 67/08 R - SGb 2009, 536.
[70] *Thie* in: LPK-SGB XII, § 22 Rn. 16.
[71] BSG v. 27.09.2011 - B 4 AS 145/10 R - SozR 4-4200 § 7 Nr. 26.
[72] BSG v. 06.09.2007 - B 14/7b AS 36/06 R - BSGE 99, 67, 74 = SozR 4-4200 § 7 Nr. 6.
[73] *Schlette* in: Hauck/Noftz, SGB XII, § 22 Rn. 35 m.w.N.
[74] BSG v. 06.09.2007 - B 14/7b AS 36/06 R - BSGE 99, 67, 74 = SozR 4-4200 § 7 Nr. 6.
[75] BSG v. 06.09.2007 - B 14/7b AS 28/06 R - SozR 4-4200 § 7 Nr. 8.
[76] BSG v. 06.09.2007 - B 14/7b AS 36/06 R - BSGE 99, 67, 74 = SozR 4-4200 § 7 Nr. 6; BSG v. 01.07.2009 - B 4 AS 67/08 R - juris Rn. 20 - SGb 2009, 536.

c. Einzige Zugangsmöglichkeit zum Arbeitsmarkt

66 Schließlich erkennt die Rspr. des BSG einen besonderen Härtefall an, wenn nur eine nach den Vorschriften des BAföG oder den §§ 60-62 SGB III förderungsfähige Ausbildung die einzige Zugangsmöglichkeit zum Arbeitsmarkt darstellt.[77] Die Ausbildung muss in dieser Fallkonstellation objektiv belegbar die **einzige Zugangsmöglichkeit** zum Arbeitsmarkt darstellen und der Berufsabschluss nicht auf andere Weise erreichbar sein.

4. Leistungsumfang

67 Nach Absatz 1 Satz 2 können bei Vorliegen eines besonderen Härtefalls Leistungen nach dem Dritten oder Vierten Kapitel als Beihilfe oder als Darlehen gewährt werden. Der Wortlaut der Regelung legt zunächst nahe, dass auch bei Vorliegen eines besonderen Härtefalls der Sozialhilfeträger Ermessen hinsichtlich des „Ob" der Leistungsgewährung zustehen könnte. Ein derartiges **Entschließungsermessen** ist dem Sozialhilfeträger nach der Struktur der Regelung jedoch gleichwohl nicht zuzubilligen,[78] denn alle berücksichtigungsfähigen Gesichtspunkte müssen insoweit bereits bei der Prüfung des besonderen Härtefalls berücksichtigt werden. Es verbleiben folglich keine Gesichtspunkte, die bei Vorliegen der tatbestandlichen Voraussetzungen ein Absehen von der Leistungsgewährung rechtfertigen könnten.

68 Ein Ermessensspielraum steht dem Sozialhilfeträger jedoch bei der Frage zu, ob die Leistungen als **Beihilfe oder als Darlehen** zu gewähren sind. Insoweit weicht die Vorschrift im Übrigen von der Parallelregelung in § 27 Abs. 4 Satz 1 SGB II ab, denn dort ist lediglich eine darlehensweise Gewährung von Leistungen zur Sicherung des Lebensunterhalts vorgesehen. Die unterschiedlichen Regelungen sind damit zu rechtfertigen, dass es erwerbsfähigen Leistungsberechtigten eher möglich sein wird, das Darlehen nach Abschluss der Ausbildung zurückzuzahlen.[79] Dies weist zugleich auf den entscheidenden Maßstab für die vom Sozialhilfeträger zu treffende Ermessensentscheidung hin. Entscheidend ist nämlich, ob die begründete Aussicht besteht, dass der Leistungsberechtigte nach dem Abschluss der Ausbildung zu einer Rückzahlung in der Lage sein wird.

69 Auch hinsichtlich des **Umfangs der Leistungsgewährung** ist dem Sozialhilfeträger ein Ermessensspielraum zuzubilligen. Dass Leistungen nach dem Dritten und Vierten Kapitel zu gewähren sind, bedeutet nicht, die Leistungen müssten auch der Höhe nach den gesetzlich geregelten Leistungen des SGB XII entsprechen.[80] Regelmäßig wird es nicht ermessensfehlerhaft sein, die Sozialhilfeleistung auf die Höhe der Leistung nach dem BAföG oder den §§ 51, 57 und 58 SGB III zu begrenzen. Der im Dritten und Vierten Kapitel vorgesehene Leistungsrahmen begrenzt die Leistungen jedoch jedenfalls der Höhe nach.

V. Anspruchserhaltung in Sonderfällen (Absatz 2)

70 Die nach § 22 Abs. 2 vorgesehenen Ausnahmen vom Anspruchsausschluss greifen ein, wenn der Auszubildende **keinen oder nur einen geringen Anspruch** auf Ausbildungsförderung nach dem BAföG oder auf Berufsausbildungsbeihilfe nach dem SGB III hat. Es handelt sich um eine Rückausnahme zu § 22 Abs. 1 Satz 1 SGB XII. Auf zusätzliche individuelle Gründe kommt es bei Vorliegen der genannten Ausnahmen nicht mehr an.

1. Anspruchsausschluss auf Grund von § 2 Abs. 1a BAföG oder § 60 SGB III

71 Der nach § 22 Abs. 1 Satz 1 SGB XII angeordnete Leistungsausschluss findet nach Absatz 2 Nr. 1 keine Anwendung auf Auszubildende, die auf Grund von § 2 Abs. 1a BAföG keinen Anspruch auf Ausbildungsförderung oder auf Grund von § 60 SGB III keinen Anspruch auf Berufsausbildungsbei-

---

[77] BSG v. 04.09.2008 - B 4 AS 28/07 R - SozR 4-4200 § 7 Nr. 9; BSG v. 01.07.2009 - B 4 AS 67/08 R - juris Rn. 21 - SGb 2009, 536.

[78] Regelmäßig Ermessensreduzierung auf Null: BSG v. 06.09.2007 - B 14/7b AS 36/06 R - SozR 4-4200 § 7 Nr. 6; *Decker* in: Oestreicher, § 22 SGB XII Rn. 45; *Grube* in: Grube/Wahrendorf, SGB XII, § 22 Rn. 48; *Schlette* in: Hauck/Noftz, SGB XII, § 22 Rn. 46; *Thie* in: LPK-SGB XII, § 22 Rn. 9; einschränkend *Adolph* in: Linhart/Adolph, § 22 SGB XII Rn. 43; a.A. OVG Saarland v. 28.08.2001 - 3 W 9/01 - FEVS 53, 326.

[79] BSG v. 06.09.2007 - B 14/7b As 36/06 R - SozR 4-4200 § 7 Nr. 6.

[80] *Grube* in: Grube/Wahrendorf, SGB XII, § 22 Rn. 49; *Hohm* in: Schellhorn/Schellhorn/Hohm, § 22 Rn. 25; *Schlette* in: Hauck/Noftz, SGB XII, § 22 Rn. 46; a.A. *Coseriu* in: KSW, § 22 Rn. 22; *Thie* in: LPK-SGB XII, § 22 Rn. 20, die jeweils die Sicherung des soziokulturellen Existenzminimums im Sinne des Sozialhilferechts für erforderlich halten.

hilfe haben. Die genannten Ausschlussgründe müssen die einzigen Versagensgründe sein, um den Zugang zu den Leistungen des Dritten und Vierten Kapitels des SGB XII zu eröffnen. Ist die Ausbildungsförderung oder Berufsausbildungsbeihilfe auch aus anderen in der Person des Auszubildenden liegenden Gründen abzulehnen, bleibt es bei dem Ausschluss nach Absatz 1 Satz 1.[81]

§ 2 Abs. 1a BAföG betrifft nur Auszubildende, die die in § 2 Abs. 1 Satz 1 Nr. 1 BAföG genannten Ausbildungsstätten besuchen. Hierdurch soll die typische Schülerausbildung vom Vorrang der Ausbildungsförderung ausgenommen werden. Bei den Ausbildungsstätten handelt es sich um weiterführende allgemeinbildende Schulen und Berufsfachschulen, einschließlich der Klassen aller Formen der beruflichen Grundbildung, ab Klasse 10 sowie von Fach- und Fachoberschulklassen, deren Besuch eine abgeschlossene Berufsausbildung nicht voraussetzt. Für den Besuch der genannten Ausbildungsstätten wird Ausbildungsförderung nur geleistet, wenn der Auszubildende nicht **im Haushalt seiner Eltern** wohnt und er zusätzlich eine der in Absatz 1a Satz 1 Nr. 1-3 genannten Voraussetzungen erfüllt. Die zusätzlichen Anforderungen sind erfüllt, wenn von der Wohnung der Eltern aus eine Ausbildungsstätte nicht zumutbar erreichbar ist (Nr. 1), der Auszubildende einen eigenen Haushalt führt und verheiratet ist oder war (Nr. 2), der Auszubildende einen eigenen Haushalt führt und mit mindestens einem Kind zusammenlebt (Nr. 3). Liegen die Voraussetzungen des § 2 Abs. 1a BAföG für eine Gewährung von Ausbildungsförderung nicht vor, kann vom Auszubildenden zwar kein Anspruch auf Ausbildungsförderung, jedoch ein Anspruch nach dem Dritten oder Vierten Kapitel des SGB XII geltend gemacht werden. 72

Die Voraussetzungen für die Förderung einer beruflichen Ausbildung nach § 60 Abs. 1 SGB III liegen nur vor, wenn der Auszubildende **außerhalb des Haushalts der Eltern oder eines Elternteils** wohnt (Nr. 1) und er die Ausbildungsstätte von der Wohnung der Eltern oder eines Elternteils aus nicht in angemessener Zeit erreichen kann (Nr. 2). Von den genannten Anforderungen lässt § 60 Abs. 2 SGB III absehen, wenn entweder der Auszubildende das 18. Lebensjahr vollendet hat (Nr. 1), er verheiratet war oder ist (Nr. 2), er mit mindestens einem Kind zusammenlebt (Nr. 3) oder er aus schwerwiegenden sozialen Gründen nicht auf die Wohnung der Eltern oder eines Elternteils verwiesen werden kann (Nr. 4). Soweit die letztgenannten Tatbestände mit § 2 Abs. 1a BAföG übereinstimmen, ist eine gleichgerichtete Auslegung vorzunehmen.[82] Bei der Auslegung des Merkmals „schwerwiegende soziale Gründe" nach Nr. 4 dürfen die Anforderungen an den Schweregrad der Störung nicht überzogen werden. Hierbei ist zusätzlich zu berücksichtigen, dass mit zunehmendem Alter die Zumutbarkeit des Zusammenlebens für beide Seiten abnimmt.[83] Erfüllt der Auszubildende die Voraussetzungen des § 60 Abs. 2 SGB III nicht, ist er von den Leistungen des Dritten und Vierten Kapitels des SGB XII nicht ausgeschlossen. 73

Die Regelung führt insofern zu **unstimmigen Ergebnissen**, als dem erfassten Personenkreis ein Zugang zu Sozialhilfeleistungen eröffnet wird, während verheiratete und über 18-jährige Personen einen Zugang nur über § 22 Abs. 1 Satz 2 SGB XII erhalten. Diesen Ungereimtheiten ist für den genannten Personenkreis durch eine großzügige Anwendung der Härteregelung Rechnung zu tragen. 74

2. Bemessung des Bedarfs nach § 12 Abs. 1 Nr. 1 BAföG oder nach § 62 Abs. 1 SGB III

Der Leistungsausschluss nach § 22 Abs. 1 Satz 1 SGB XII greift ferner nicht ein, wenn sich der Bedarf des Auszubildenden nach dem Schülerbedarf des § 12 Abs. 1 Nr. 1 BAföG bzw. des § 62 Abs. 1 SGB III richtet. Die erfassten Schüler und Auszubildenden erhalten das sog. **Mini-BAföG**, weil ihr Bedarf derzeit mit monatlich 216 € festgesetzt worden ist. Der Gesetzgeber gibt zu erkennen, dass er diese Leistungen nicht als bedarfsdeckend ansieht. Deshalb werden ergänzende bzw. aufstockende Sozialhilfeleistungen zugelassen. 75

Die Anwendung der Ausnahmeregelung setzt voraus, dass Leistungen nach § 12 Abs. 1 Nr. 1 BAföG oder nach § 62 Abs. 1 SGB III **tatsächlich bezogen** werden.[84] Wird der Auszubildende tatsächlich nicht gefördert, bleibt es bei dem Anspruchsausschluss nach Abs. 1 Satz 1. Lediglich die Härteklausel des Absatzes 1 Satz 2 kann ggf. in Anspruch genommen werden. 76

Abweichend von § 7 Abs. 6 Nr. 2 SGB III enthält § 22 Abs. 2 Nr. 2 SGB II keinen Verweis auf § 124 Abs. 1 Nr. 1 SGB III. Es handelt sich um eine Bestimmung, die für das **Ausbildungsgeld** bei berufsvorbereitenden Maßnahmen, unterstützter Beschäftigung und bei Grundausbildung ebenfalls die Zu- 77

---

[81] *Coseriu* in: KSW, § 22 SGB XII Rn. 7.
[82] BSG v. 02.06.2004 - B 7 AL 38/03 R - BSGE 93, 42, 50.
[83] *Brecht-Heitzmann* in: Gagel, § 60 SGB III Rn. 36.
[84] LSG Berlin-Brandenburg v. 24.01.2008 - L 26 B 61/08 AS PKH - zu § 7 Abs. 6 SGB II.

grundelegung eines Bedarfs nach § 12 Abs. 1 Nr. 1 BAföG bei Unterbringung im Haushalt der Eltern oder eines Elternteils vorschreibt. Es sind keine Gründe dafür ersichtlich, der für das SGB II angeordneten Ausnahme vom Leistungsausschluss nicht auch im SGB XII Geltung zu verschaffen. Es ist vielmehr von einem redaktionellen Versehen des Gesetzgebers auszugehen. Geht man davon aus, dass der Leistungsausschluss des § 22 Abs. 1 Satz 1 SGB XII durch Ausbildungsgeld förderungsfähige Ausbildungen ohnehin nicht erfasst (vgl. Rn. 46), käme einer derartigen Regelung ohnehin nur klarstellende Funktion zu.

78 Das BSG hat zur Parallelregelung in § 7 Abs. 6 Nr. 2 SGB II über den Umfang der Berücksichtigung der nach § 12 Abs. 1 Nr. 1 BAföG bzw. § 62 Abs. 1 SGB III zufließenden Leistungen als **Einkommen** entschieden.[85] Die insoweit entwickelten Grundsätze sind sinngemäß auf das SGB XII zu übertragen. Hiernach sind die Ausbildungsförderungsleistungen teilweise als zweckbestimmte Leistungen (§ 83 SGB XII) von der Einkommensberücksichtigung ausgenommen. Hierbei ist der Anteil der Zweckbestimmung in pauschalierter Form zu bestimmen. Das BSG ist davon ausgegangen, dass die Ausbildungsförderung über die Existenzsicherung des Begünstigten hinausgeht, weil sie auch der Deckung der Kosten der Ausbildung dient. Der Betrag der vom Einkommen abzusetzenden Pauschale wird anhand eines Prozentsatzes von 20 von demjenigen Betrag ermittelt, mit dem ein entsprechender Leistungsberechtigter seinen gesamten Bedarf nach den einschlägigen Regelungen des BAföG bzw. des SGB III decken muss. In der Folge kann ein Leistungsberechtigter auf diese Weise zwar höhere Leistungen erhalten, als sie Auszubildende beanspruchen können, die auf Leistungen des BAföG oder des SGB III beschränkt sind. Das BSG äußert im Ergebnis gleichwohl keine Bedenken, weil es sich um die vom Gesetzgeber bewusst in Kauf genommene Folge der Verknüpfung der insgesamt pauschalierten und nicht durchgehend bedarfsdeckenden Ausbildungsförderung mit einem am konkreten Bedarf orientierten Leistungssystem handele.[86] Über den pauschalierten zweckbestimmten Anteil der Ausbildungsförderung hinaus können keine konkret bezifferten Ausbildungskosten zusätzlich vom Einkommen abgesetzt werden.

3. Besuch einer Abendhauptschule, einer Abendrealschule oder eines Abendgymnasiums

79 Die in Absatz 2 Nr. 3 geregelte Ausnahme geht auf das Gesetz vom 23.12.2007[87] zurück. Geregelt ist eine Ausnahme vom Anspruchsausschluss des Absatzes 1 Satz 1 für die Zeit eines Besuchs einer Abendhauptschule, einer Abendrealschule oder eines Abendgymnasiums, wenn der Anspruch auf Ausbildungsförderung nach § 10 Abs. 3 BAföG ausgeschlossen ist. Nach Satz 1 dieser Vorschrift wird Ausbildungsförderung nicht geleistet, wenn der Auszubildende bei Beginn des Ausbildungsabschnitts, für den er Ausbildungsförderung beantragt, das **30. Lebensjahr vollendet** hat. Die Regelung soll verhindern, dass Ausbildungen des Zweiten Bildungswegs nach Überschreiten des 30. Lebensjahrs möglicherweise gerade in der Abschlussphase wieder aufgegeben werden müssen.[88]

80 Eine **Ausnahme von dem Anspruchsausschluss** gilt nach § 10 Abs. 3 Satz 2 BAföG – soweit hier erheblich –, wenn der Auszubildende die Zugangsvoraussetzungen für die zu fördernde Ausbildung in einer Fachoberschulklasse, deren Besuch eine abgeschlossene Berufsausbildung voraussetzt, an einer Abendhauptschule, einer Berufsaufbauschule, einer Abendrealschule, einem Abendgymnasium, einem Kolleg oder durch eine Nichtschülerprüfung oder eine Zugangsprüfung zu einer Hochschule erworben hat (Nr. 1), der Auszubildende aus persönlichen oder familiären Gründen, insbesondere der Erziehung von Kindern bis zu zehn Jahren, gehindert war, den Ausbildungsabschnitt rechtzeitig zu beginnen (Nr. 3), oder der Auszubildende infolge einer einschneidenden Veränderung seiner persönlichen Verhältnisse bedürftig geworden ist und noch keine Ausbildung, die nach dem BAföG gefördert werden kann, berufsqualifizierend abgeschlossen hat (Nr. 4). Hierbei gelten die genannten Ausnahmen nur, wenn der Auszubildende die Ausbildung unverzüglich nach Erreichen der Zugangsvoraussetzungen, dem Wegfall der Hinderungsgründe oder dem Eintritt einer Bedürftigkeit infolge einschneidender Veränderungen seiner persönlichen Verhältnisse aufnimmt. Wird Ausbildungsförderung aufgrund der Ausnahmeregelung nicht geleistet, kann der Auszubildende Leistungen nach dem Dritten und Vierten Kapitel des SGB XII beanspruchen.

---

[85] BSG v. 17.03.2009 - B 14 AS 63/07 R - NDV-RD 2009, 116-119.
[86] BSG v. 17.03.2009 - B 14 AS 63/07 R - juris Rn. 31 - NDV-RD 2009, 116-119.
[87] BGBl I 2007, 3254; vgl. schon Rn. 3.
[88] BT-Drs. 16/7214, S. 24.

C. Praxishinweise

Die Aufnahme und der Besuch einer förderungsfähigen Ausbildung gehören zu denjenigen Tatsachen, die der Leistungsberechtigte dem Sozialhilfeträger im Rahmen seiner **Mitwirkungspflichten** nach § 60 Abs. 1 Nr. 1 und 2 SGB I mitzuteilen hat. Von der Vorschrift werden alle Tatsachen umfasst, die für die Leistung erheblich sind.[89] Da bereits der tatsächliche Besuch einer abstrakt förderfähigen Ausbildung den Leistungsausschluss begründet, kommt es hinsichtlich der möglichen Verletzung einer Mitteilungspflicht auf die Beantragung von Ausbildungsförderungsleistungen nicht an, da der Antrag für die Ausschlusswirkung nicht erheblich ist.[90] Hingegen kann die Bewilligung von Ausbildungsförderungsleistungen für den Anspruch auf Sozialhilfe insoweit (zusätzlich) rechtserheblich sein, als die andere Leistung als Einkommen zu berücksichtigen ist.[91]

81

---

[89] *Kampe* in: jurisPK-SGB I, § 60 Rn. 29 ff.
[90] BSG v. 28.03.2013 - B 4 AS 59/12 R - SozR 4-1300 § 45 Nr. 13, Rn. 23.
[91] BSG v. 28.03.2013 - B 4 AS 59/12 R - SozR 4-1300 § 45 Nr. 13, Rn. 26.

§ 23 SGB XII Sozialhilfe für Ausländerinnen und Ausländer

(Fassung vom 02.12.2006, gültig ab 07.12.2006)

(1) [1]Ausländern, die sich im Inland tatsächlich aufhalten, ist Hilfe zum Lebensunterhalt, Hilfe bei Krankheit, Hilfe bei Schwangerschaft und Mutterschaft sowie Hilfe zur Pflege nach diesem Buch zu leisten. [2]Die Vorschriften des Vierten Kapitels bleiben unberührt. [3]Im Übrigen kann Sozialhilfe geleistet werden, soweit dies im Einzelfall gerechtfertigt ist. [4]Die Einschränkungen nach Satz 1 gelten nicht für Ausländer, die im Besitz einer Niederlassungserlaubnis oder eines befristeten Aufenthaltstitels sind und sich voraussichtlich dauerhaft im Bundesgebiet aufhalten. [5]Rechtsvorschriften, nach denen außer den in Satz 1 genannten Leistungen auch sonstige Sozialhilfe zu leisten ist oder geleistet werden soll, bleiben unberührt.

(2) Leistungsberechtigte nach § 1 des Asylbewerberleistungsgesetzes erhalten keine Leistungen der Sozialhilfe.

(3) [1]Ausländer, die eingereist sind, um Sozialhilfe zu erlangen, oder deren Aufenthaltsrecht sich allein aus dem Zweck der Arbeitssuche ergibt, sowie ihre Familienangehörigen haben keinen Anspruch auf Sozialhilfe. [2]Sind sie zum Zweck einer Behandlung oder Linderung einer Krankheit eingereist, soll Hilfe bei Krankheit insoweit nur zur Behebung eines akut lebensbedrohlichen Zustandes oder für eine unaufschiebbare und unabweisbar gebotene Behandlung einer schweren oder ansteckenden Erkrankung geleistet werden.

(4) Ausländer, denen Sozialhilfe geleistet wird, sind auf für sie zutreffende Rückführungs- und Weiterwanderungsprogramme hinzuweisen; in geeigneten Fällen ist auf eine Inanspruchnahme solcher Programme hinzuwirken.

(5) [1]In den Teilen des Bundesgebiets, in denen sich Ausländer einer ausländerrechtlichen räumlichen Beschränkung zuwider aufhalten, darf der für den tatsächlichen Aufenthaltsort zuständige Träger der Sozialhilfe nur die nach den Umständen unabweisbar gebotene Leistung erbringen. [2]Das Gleiche gilt für Ausländer, die einen räumlich nicht beschränkten Aufenthaltstitel nach den §§ 23, 23a, 24 Abs. 1 oder § 25 Abs. 3 bis 5 des Aufenthaltsgesetzes besitzen, wenn sie sich außerhalb des Landes aufhalten, in dem der Aufenthaltstitel erstmals erteilt worden ist. [3]Satz 2 findet keine Anwendung, wenn der Ausländer im Bundesgebiet die Rechtsstellung eines ausländischen Flüchtlings genießt oder der Wechsel in ein anderes Land zur Wahrnehmung der Rechte zum Schutz der Ehe und Familie nach Artikel 6 des Grundgesetzes oder aus vergleichbar wichtigen Gründen gerechtfertigt ist.

Gliederung

A. Basisinformationen 1	2. Von der Einschränkung des Absatzes 1 Satz 1 ausgenommene Ausländer 28
I. Textgeschichte/Gesetzgebungsmaterialien 1	a. Ausländer mit gefestigtem Aufenthaltsstatus (Absatz 1 Satz 4) 28
II. Vorgängervorschrift 5	
III. Parallelvorschriften 7	b. Sonderregelungen (Absatz 1 Satz 5) 29
IV. Ausgewählte Literaturhinweise 8	3. Ausschluss von Leistungen nach dem SGB XII 47
B. Auslegung der Norm 9	
I. Regelungsgehalt und Bedeutung der Norm 9	a. Leistungsberechtigte nach dem AsylbLG (Absatz 2) 47
II. Normzweck 15	
III. Inhalt der Vorschrift 18	b. Missbilligte Inanspruchnahme von Sozialhilfe (Absatz 3) 53
1. Einschränkung der Sozialhilfe nach Absatz 1 18	
a. Ausländer 18	c. Verhältnis zu § 2 SGB XII 72
b. Tatsächlicher Aufenthalt in der BRD 21	
c. Umfang der Leistungen 22	d. Verfassungsmäßigkeit 73

4. Rückführungs-, Weiterwanderungsprogramme (Absatz 4) 77
5. Reduzierte Leistungsgewährung 79
a. Verstoß gegen räumliche Beschränkungen (Absatz 5 Satz 1) 79
b. Aufenthaltserlaubnis aus völkerrechtlichen, humanitären oder politischen Gründen (Absatz 5 Satz 2) 82
6. Ausländerrechtliche Konsequenzen bei der Inanspruchnahme von Sozialhilfe 86

A. Basisinformationen

I. Textgeschichte/Gesetzgebungsmaterialien

Die Vorschrift überträgt im Wesentlichen inhaltsgleich den bis zum 31.12.2004 geltenden § 120 BSHG.[1] Sie wurde mit Wirkung vom 01.01.2005 durch das Gesetz zur Einordnung des Sozialhilferechts in das Sozialgesetzbuch,[2] geändert durch das Zuwanderungsgesetz vom 30.07.2004,[3] eingeführt. 1

§ 23 Abs. 1 Satz 4 SGB XII wurde durch das Zuwanderungsgesetz wie folgt gefasst: „Die Einschränkungen nach Satz 1 gelten nicht für Ausländer, die im Besitz einer Niederlassungserlaubnis oder eines befristeten Aufenthaltstitels sind und sich voraussichtlich dauerhaft im Bundesgebiet aufhalten." 2

§ 23 Abs. 5 Satz 2 SGB XII wurde durch das Zuwanderungsgesetz wie folgt gefasst und ergänzt die Fallgestaltungen, in denen Ausländer sich einer ausländerrechtlichen räumlichen Beschränkung zuwider aufhalten und deshalb von dem für den tatsächlichen Aufenthaltsort zuständigen Träger der Sozialhilfe nur die nach den Umständen unabweisbare Leistung erhalten: „Das Gleiche gilt für Ausländer, die einen räumlich nicht beschränkten Aufenthaltstitel nach den §§ 23, 23a, 24 Abs. 1 oder § 25 Abs. 3 bis 5 des Aufenthaltsgesetzes besitzen, wenn sie sich außerhalb des Landes aufhalten, in dem der Aufenthaltstitel erstmals erteilt worden ist." Diese Änderungen haben auf Wunsch der Länder eine Regelung aufgegriffen, die bereits in dem vom BVerfGE mangels Zustimmung des Bundesrates (es fehlte an der gemäß Art. 52 Abs. 3 Satz 1 GG erforderlichen Mehrheit) mit Art. 78 GG für unvereinbar und daher nichtig[4] erklärten **Zuwanderungsgesetz** vom 20.06.2002 als Änderung des § 120 Abs. 1 BSHG vorgesehen war.[5] § 23 Abs. 5 Satz 2 SGB XII soll der gleichmäßigen Lastenverteilung unter den Ländern und Gemeinden bei Sozialhilfebedürftigkeit von in ihrem Zuständigkeitsbereich sich aufhaltenden Ausländern dienen. Neben einer ausdrücklichen räumlichen Beschränkung, die einen Eingriff in die Freizügigkeit darstellt, soll nach der Gesetzesbegründung die Gewährung von reduzierten Leistungen der Sozialhilfe auch bei Inhabern einer Aufenthaltserlaubnis aus völkerrechtlichen, humanitären oder politischen Gründen erforderlich sein, um den Anstieg von Sozialhilfekosten in Gebieten, die eine höhere Konzentration von Ausländern aufweisen, zu vermeiden. Diese Einschränkung sollte nach § 23 Abs. 5 Satz 3 SGB XII aber nicht für Asylberechtigte sowie für Personen, die Flüchtlinge im Sinne der Genfer Flüchtlingskonvention sind, gelten, weil hier der Eingriff in die Freizügigkeit nicht mit der Genfer Flüchtlingskonvention in Einklang zu bringen wäre.[6] § 23 Abs. 5 Satz 2 SGB XII soll nach der Gesetzesbegründung des Zuwanderungsgesetzes auch dann keine Anwendung finden, wenn der Wechsel in ein anderes Land aus wichtigem Grund erfolgt, der ein dem Schutz von Ehe und Familie vergleichbares Gewicht hat (§ 23 Abs. 5 Satz 3 SGB XII).[7] 3

Durch das Gesetz zur Änderung des Zwölften Buches Sozialgesetzbuch und anderer Gesetze vom 02.12.2006[8] wurde § 23 SGB XII mit Wirkung vom 07.12.2006 geändert. In § 23 Abs. 3 Satz 1 SGB XII wurden nach dem Wort „erlangen" die Wörter „oder deren Aufenthaltsrecht sich allein aus dem **Zweck der Arbeitssuche** ergibt, sowie ihre Familienangehörigen" eingefügt. Die Einfügung sollte einen der Regelung im SGB II entsprechenden Leistungsausschluss für Ausländer normieren und damit zugleich sicherstellen, dass Ausländer, die nach § 7 Abs. 1 Satz 2 SGB II keinen Anspruch auf Leistungen nach dem SGB II haben, auch aus dem SGB XII keine Ansprüche herleiten können. Mit der Regelung wurde Art. 24 Abs. 2 i.V.m. Art. 14 Abs. 4 lit. b der Richtlinie 2004/38/EG des Europäischen Parlaments und des Rates vom 29.04.2004 umgesetzt. 4

---

[1] BT-Drs. 15/1514, S. 58.
[2] BGBl I 2003, 3022.
[3] BGBl I 2004, 1950.
[4] BVerfG v. 18.12.2002 - 2 BvF 1/02 - BVerfGE 106, 310.
[5] BGBl I 2002, 1946.
[6] BT-Drs. 15/1514, S. 58, vgl. schon BT-Drs. 15/420, S. 122.
[7] BT-Drs. 15/420, S. 122.
[8] BGBl I 2006, 2670.

II. Vorgängervorschrift

5 Bis zum 31.12.2004 galt die im Wesentlichen inhaltsgleiche Regelung des § 120 BSHG. Allerdings nimmt § 23 Abs. 1 Satz 3 SGB XII Ausländer, die im Besitz einer Niederlassungserlaubnis oder eines befristeten Aufenthaltstitels sind und sich voraussichtlich dauerhaft im Bundesgebiet aufhalten, von den Einschränkungen des § 23 Abs. 1 Satz 1 SGB XII aus.

6 § 23 SGB XII lässt außerdem in Absatz 1 Satz 2 die Regelungen des 4. Kapitels (Leistungen der **Grundsicherung im Alter und bei Erwerbsminderung**; §§ 41 ff. SGB XII), die zuvor im GSiG geregelt waren, unberührt. Daneben kannte § 120 BSHG auch nicht die Gewährung reduzierter Leistungen für Ausländer, die einen räumlich nicht beschränkten Aufenthaltstitel nach § 23 AufenthG (aus völkerrechtlichen oder humanitären Gründen oder zur Wahrung politischer Interessen der Bundesrepublik Deutschland), § 23a AufenthG (Härtefälle), § 24 Abs. 1 AufenthG (vorübergehender Schutz nach der Richtlinie 2001/55/EG bei Massenzustrom von Vertriebenen, die nicht in ihr Herkunftsland zurückkehren können) oder § 25 Abs. 3-5 AufenthG (Aufenthaltserlaubnis aus humanitären oder persönlichen Gründen) besitzen, wenn sie sich außerhalb des Landes aufhalten, in dem der Aufenthaltstitel erstmals erteilt worden ist (vgl. dazu Rn. 3).

III. Parallelvorschriften

7 Im Recht der Grundsicherung für Arbeitsuchende findet sich eine Sonderregelung über Leistungen für Ausländer bzw. deren Ausschluss in § 7 Abs. 1 Satz 2 Nr. 1-3 SGB II. Eine Parallelvorschrift zu § 23 Abs. 4 SGB XII (Rückführungs- und Weiterwanderungsprogrammen) enthält für Leistungsberechtigte nach dem AsylbLG § 11 Abs. 1 AsylbLG. Eine Leistungsreduzierung bei einem Verstoß gegen ausländerrechtliche räumliche Beschränkungen entsprechend § 23 Abs. 5 Satz 1 SGB XII enthält das Asylbewerberleistungsrecht in § 11 Abs. 2 AsylbLG.

IV. Ausgewählte Literaturhinweise

8 *Basse*, Sozialhilfe für Ausländer, ZfF 1985, 217; *Bethäuser*, Zur Auslegung des Art. 1 des Europäischen Fürsorgeabkommens, DVBl 1983, 536; *Birk*, Sozialleistungen (insbesondere Jugendhilfe, Sozialhilfe) und Ausländerrecht bei minderjährigen Ausländern, RdJB 1986, 152; *Deibel*, Geldleistungen im Rahmen des Asylbewerberleistungsgesetzes, ZFSH/SGB 1994, 359; *ders.*, Sozialhilfe für Ausländer, NWVBl 1996, 48; *Deiseroth*, Genfer Flüchtlingskonvention und Sozialhilfe – zugleich ein Beitrag zur Auslegung völkerrechtlicher Verträge durch innerstaatliche Gerichte, DVBl 1998, 116; *ders.*, Die Genfer Flüchtlingskonvention als Kontrollmaßstab im Verfassungsbeschwerdeverfahren, ZAR, 200, 7; *Eichenhofer*, Deutsches Sozialhilferecht und Europäisches Gemeinschaftsrecht, ZfF 1999, 109; *ders.*, Soziale Sicherung nichterwerbstätiger EU-Bürger, ZESAR 2012, 357; *ders.*, Menschenwürde durch den Sozialstaat – Für alle Menschen?, SGb 2012, 565; *ders.*, Anmerkung zum Urteil des BSG vom 19.10.2010 - B 14 AS 23/10; *Fasselt*, Europarecht und Sozialhilfe, ZFSH/SGB 2004, 655; *Fenge*, 15 Jahre Europäisches Fürsorgeabkommen – Rückblick, Inhalt und Würdigung, ZFSH 1979, 257; *Fuchs*, Deutsche Grundsicherung und europäisches Koordinationsrecht, NZS 2007, 1; *Giesen*, Die Vorgaben des EG-Vertrages für das Internationale Sozialrecht, 1999; *Goletz*, Neuregelung der Leistungen an Asylbewerberinnen und Asylbewerber, ZfF 1993, 249; *Greiser*, Europarechtliche Spielräume des Gesetzgebers in der Verhinderung sozialleistungsmotivierter Wanderbewegungen, ZESAR 2014, 18; *Gutmann*, Soziale Rechte von Kindern und Jugendlichen, InfAuslR 2006, 2182; *Hailbronner*, Unionsbürgerschaft und Zugang zu den Sozialsystemen, JZ 2005, 1138; *ders.*, Ansprüche nicht erwerbstätiger Unionsbürger auf gleichen Zugang zu den sozialen Leistungen, ZFSH/SGB 2009, 195; *ders.*, Die Rechtsstellung der De-facto-Flüchtlinge in den EG-Staaten: Rechtsvergleichung und europäische Harmonisierung, 1993; *Haverkate/Huster*, Europäisches Sozialrecht, 1999; *Hayungs*, Die sozialhilferechtliche Stellung der sogenannten de-facto-Flüchtlinge, 1997; *Hofmann*, Verfassungs- und sozialhilferechtliche Probleme der Stellung Asylsuchender und geduldeter Ausländer, ZAR 1990, 10; *Huber*, Auswirkungen des Empfangs von Sozialhilfe auf den Aufenthaltsstatus von EG- und Nicht-EG-Ausländern nach dem Gesetz zur Neuregelung des Ausländerrechts, NDV 1991, 30; *Janda*, Migranten im Sozialstaat, Monographie 2012; *Klerks*, Anspruch von Asylbewerbern auf Krankenbehandlung, info also, 2014, 36; *Korde/Berger/Delhey*, Sozialhilfe für Ausländer – ein Beitrag zur Genesis und Struktur des § 120 BSHG, ZFSH/SGB 1987, 393; *Kunkel/Frey*, Können Unionsbürger von Leistungen nach dem SGB II und XII ausgeschlossen werden?, ZFSH 2008, 387; *Linhart/Adolph*, Einstieg in die Sozialhilfewanderung in der Europäischen Union?, NDV 2004, 282; *Muckel*, Sozialrecht 2003; *Pfohl*, Sozialhilfe für Konventionsflüchtlinge, NVwZ 1998, 1048; *Röseler*, Sachleistungen für alle Flüchtlinge?,

NVwZ 1994, 1084; *Sauer*, Sachleistungen in Einrichtungen zur Unterbringung Asylsuchender trotz entsprechender Anwendbarkeit des BSHG (§ 2 AsylbLG), RsDE 28, 31; *ders.*, Sozialhilferechtliche Inländergleichbehandlung und Art. 23 Genfer Flüchtlingskonvention, InfAuslR 1993, 134; *Schreiber*, Der Arbeitslosengeld II-Anspruch von Unionsbürgern und Drittstaatenangehörigen, info also 2008, 3 ff.; *ders.*, Die Bedeutung des Gleichbehandlungsanspruchs aus Art. 12 i.V.m. Art. 18 EGV für Grundsicherungsleistungen (SGB II und SGB XII), ZESAR 2006, 423; *Schuler*, 25 Jahre deutsches Ausländersozialrecht, InfAuslR 2004, 15; *ders.*, Sozialrecht – Leistungsausschluss für Unionsbürger – Europarechtswidrigkeit, ZESAR 2014, 44; *Sieveking*, Zur Bedeutung des Arbeitslosengeldes II für Ausländer, ZAR 2004, 283; *ders.*, Statusrechte von Ausländern, 1992; *Strick*, Ansprüche alter und neuer Unionsbürger auf Sozialhilfe und Arbeitslosengeld II, NJW 2005, 182; *Thym*, Sozialleistungen für und Aufenthalt von nichterwerbstätigen Unionsbürgern, NZS 2014, 81; *Westpfahl/Stoppa*, Die EU-Osterweiterung und das Ausländerrecht, InfAuslR 2004, 133; *Wiegand*, Zum Sozialhilfeanspruch bei einem Urlaub oder Verwandtenbesuch im Ausland, SozSich 2013, 389; *Zuleeg*, Zur Einwirkung des Europäischen Gemeinschaftsrechts auf die Sozialhilfe nach dem BSHG, NDV 1987, 342.

B. Auslegung der Norm

I. Regelungsgehalt und Bedeutung der Norm

§ 23 SGB XII regelt, unter welchen Voraussetzungen und in welchem Umfang Ausländer Sozialhilfe beziehen können, und sieht für diesen Personenkreis einen **reduzierten Leistungskatalog** vor, in dem – von Ausnahmen abgesehen (vgl. § 23 Abs. 1 Sätze 3 und 4 SGB XII) – (nur) ein Mindestmaß an Leistungen zur Deckung des Bedarfs für den Lebensunterhalt garantiert wird (Absatz 1). 9

Absatz 1 regelt in den Sätzen 1-3 Art und Umfang der an Ausländer zu erbringenden Leistungen. Als **Pflichtleistung** sind nach Absatz 1 Satz 1 neben den Leistungen nach dem Dritten Kapitel (Hilfe zum Lebensunterhalt) Leistungen nach § 48 SGB XII (Hilfe bei Krankheit), § 50 SGB XII (Hilfe bei Schwangerschaft und Mutterschaft) sowie nach den §§ 61 ff. SGB XII (Hilfe zur Pflege) zu erbringen. Die Vorschriften über die Grundsicherung im Alter und bei Erwerbsminderung bleiben unberührt, sind also unabhängig vom Ausländerstatus zu erbringen, wenn ihre Voraussetzungen vorliegen. Alle übrigen Leistungen der Sozialhilfe können als **Ermessensleistungen** erbracht werden. Absatz 1 Sätze 4-5 regelt die Ausnahmen von der nach § 23 Abs. 1 Sätze 1-3 SGB XII eingeschränkten Anspruchsberechtigung und macht diese Ausnahmen entweder vom Aufenthaltsstatus oder von Sonderregelungen über Leistungen der Sozialhilfe (etwa zwischenstaatlichen Vereinbarungen) abhängig. 10

Absatz 2 schließt Leistungsberechtigte nach § 1 des AsylbLG von Leistungen der Sozialhilfe ganz aus und korrespondiert mit der Regelung des § 9 Abs. 1 AsylbLG. **Leistungsberechtigte nach § 1 des AsylbLG** erhalten nur die im AsylbLG vorgesehenen Leistungen. Soweit § 2 AsylbLG sogenannte Analogleistungen, also Leistungen in entsprechender Anwendung des SGB XII, vorsieht, bleibt es bei dem Leistungsausschluss nach Absatz 2, weil auch Analogleistungen keine Leistungen nach dem SGB XII sind (vgl. Rn. 48).[9] 11

Einen Leistungsausschluss sieht Absatz 3 in Fällen vor, in denen die **beabsichtigte Inanspruchnahme von Sozialhilfe** für den Entschluss zur Einreise in das Bundesgebiet von prägender Bedeutung gewesen ist, also ein finaler Zusammenhang zwischen dem Einreiseentschluss und der Inanspruchnahme von Sozialhilfe i.S. eines ziel- und zweckgerichteten Handelns besteht. 12

Absatz 4 betrifft das Zusammenspiel zwischen dem Bezug von Sozialhilfeleistungen und **Rückführungs- und Weiterwanderungsprogrammen**, auf die hinzuweisen ist. In Einzelfällen soll der Sozialhilfeträger sogar auf die Inanspruchnahme solcher Programme hinwirken. 13

Absatz 5 regelt, unter welchen Voraussetzungen nur die unabweisbar gebotene Leistung zu erbringen ist, und knüpft dies an einen Verstoß gegen eine **räumliche Beschränkung** des Aufenthaltstitels durch eine Auflage bzw. (bei bestimmten Aufenthaltstiteln) an den tatsächlichen Aufenthalt außerhalb des Landes, in dem der Aufenthaltstitel (erstmals) erteilt wurde. 14

II. Normzweck

Der Anspruch des Ausländers ist gegenüber dem Anspruch eines Deutschen mit **wesentlichen Einschränkungen** versehen, um **keine Anreize** für eine Einreise in die BRD mit dem Ziel der Inanspruchnahme von Sozialhilfe oder der Arbeitsaufnahme (vgl. auch § 7 Abs. 1 Satz 2 Nr. 2 SGB II) zu setzen 15

---

[9] BSG v. 17.06.2008 - B 8/9b AY 1/07 R - BSGE 101, 49 Rn. 14 = SozR 4-3520 § 2 Nr. 2.

bzw. den Antrieb für eine Ausreise (Rückführung oder Weiterwanderung) zu verstärken. Dieses Bestreben zeigt auch § 23 Abs. 4 SGB XII, wonach Ausländer, denen Sozialhilfe geleistet wird, auf für sie zutreffende Rückführungs- und Weiterwanderungsprogramme hinzuweisen sind und in geeigneten Fällen sogar auf eine Inanspruchnahme solcher Programme hinzuwirken ist.

16   Mit § 23 SGB XII verfolgt der Gesetzgeber in erster Linie **haushaltspolitische Ziele**; die aus dem Steueraufkommen für Hilfen in Notlagen zur Verfügung gestellten Mittel sollen so weit wie möglich den eigenen Staatsangehörigen vorbehalten bleiben.[10] Dieses Ziel ist angesichts der Rechtsprechung des BVerfG[11] verfassungsrechtlich nicht haltbar, sofern auch existenzsichernde Leistungen betroffen sind; denn Art. 1 Abs. 1 GG i.V.m. Art. 20 Abs. 1 GG gewährt einen Anspruch auf Gewährung eines menschenwürdigen Existenzminimums als Menschenrecht, das deutschen und ausländischen Staatsangehörigen, die sich in der BRD aufhalten, gleichermaßen zusteht.

17   Die Einschränkungen des § 23 Abs. 1 Satz 1 SGB XII betreffen nach Sinn und Zweck der Norm nur Ausländer, die sich **vorübergehend im Bundesgebiet** aufhalten. Halten sie sich (voraussichtlich) dauerhaft im Bundesgebiet auf und haben sie einen durch einen entsprechenden Aufenthaltstitel (Niederlassungserlaubnis nach § 9 AufenthG, gleichgestellte Erlaubnis zum Daueraufenthalt-EG nach § 9a AufenthG, eine befristete Aufenthaltserlaubnis nach § 7 AufenthG) gefestigten Aufenthaltsstatus, gelten die Einschränkungen des § 23 Abs. 1 Satz 1 SGB XII hingegen nicht (§ 23 Abs. 1 Satz 4 SGB XII).

III. Inhalt der Vorschrift

1. Einschränkung der Sozialhilfe nach Absatz 1

a. Ausländer

18   Ausländer ist nach der Begriffsbestimmung des § 2 Abs. 1 AufenthG jeder, der **nicht Deutscher** im Sinne des Art. 116 Abs. 1 GG ist. Deutscher im Sinne des Art. 116 Abs. 1 GG ist vorbehaltlich anderweitiger gesetzlicher Regelung, wer die deutsche Staatsangehörigkeit besitzt oder Flüchtling oder vertriebener deutscher Volkszugehöriger oder als dessen Ehegatte oder Abkömmling in dem Gebiet des Deutschen Reichs nach dem Stande vom 31.12.1937 Aufnahme gefunden hat. Durch Bundesgesetz kann eine abweichende Regelung getroffen werden. Solche Regelungen enthalten das StAG in § 7, wonach Spätaussiedler und die in den Aufnahmebescheid einbezogenen Familienangehörigen mit der Ausstellung der Bescheinigung nach § 15 Abs. 2 des Bundesvertriebenengesetzes die deutsche Staatsangehörigkeit erwerben (Spätaussiedler – vgl. auch § 4 Abs. 3 BVFG), und die Übergangsvorschrift des § 40a StAG, wonach Statusdeutsche im Sinne des Art. 116 Abs. 1 GG, die die deutsche Staatsangehörigkeit noch nicht besaßen, die Statusdeutscheneigenschaft aber am 01.08.1999 bereits innehatten, an diesem Tag deutsche Staatsangehörige wurden.

19   Da die Legaldefinition des § 2 Abs. 1 AufenthG die Ausländereigenschaft negativ (jeder, der nicht Deutscher ist) abgrenzt, ist auch der **Staatenlose** Ausländer, während Personen mit doppelter Staatsbürgerschaft keine Ausländer sind, wenn sie auch die deutsche Staatsbürgerschaft besitzen.

20   EU-Ausländer sind begrifflich Ausländer im Sinne von § 23 SGB XII. Einem **Bürger der Europäischen Union**, der im Aufnahmemitgliedstaat nicht kraft Art. 45 AEUV, 49 AEUV oder 56 AEUV ein Aufenthaltsrecht besitzt, kann dort bereits aufgrund seiner Unionsbürgerschaft in unmittelbarer Anwendung von Art. 21 Abs. 1 AEUV ein Aufenthaltsrecht zustehen. Die Wahrnehmung dieses Rechts unterliegt den in dieser Bestimmung genannten Beschränkungen und Bedingungen, zu denen das Erfordernis ausreichender Existenzmittel gehört, jedoch haben die zuständigen Behörden dafür Sorge zu tragen, dass bei der Anwendung dieser Beschränkungen und Bedingungen die allgemeinen Grundsätze des Gemeinschaftsrechts und insbesondere der Grundsatz der Verhältnismäßigkeit beachtet werden. Sobald der nicht wirtschaftlich aktive Unionsbürger jedoch eine Aufenthaltserlaubnis besitzt, kann er unter Berufung auf Art. 18 AEUV eine Leistung der Sozialhilfe wie das Existenzminimum beanspruchen.[12] Art. 18 AEUV, der die **Diskriminierung** aus Gründen der Staatsangehörigkeit verbietet, steht nach der Rechtsprechung des EuGH einer nationalen Regelung nicht entgegen, die die Staatsangehörigen der Mitgliedstaaten von Sozialhilfeleistungen ausschließt, die Drittstaatsangehörigen gewährt werden.[13]

---

[10] BVerwG v. 20.10.1981 - 5 C 16/80 - Buchholz 436.0 § 120 BSHG Nr. 3.
[11] BVerfG v. 18.07.2012 - 1 BvL 10/10, 1 BvL 2/11 - BVerfGE 132, 134 = SozR 4-3520 § 3 Nr. 2.
[12] EuGH v. 07.09.2005 - C-456/02 - NZA 2005, 757.
[13] EuGH v. 04.06.2009 - C-22/08, C-23/08 - SozR 4-6035 Art. 39 Nr. 5.

b. Tatsächlicher Aufenthalt in der BRD

Einen Sozialhilfeanspruch haben Ausländer nur dann, wenn sie sich tatsächlich – und sei es auch nur vorübergehend – auf dem Territorium der BRD aufhalten. Anders als bei deutschen Staatsangehörigen (§ 24 SGB XII) sieht das SGB XII keine Leistungen für Ausländer vor, die sich im Ausland aufhalten.

c. Umfang der Leistungen

Die an Ausländer zu erbringende Sozialhilfe ist nach § 23 Abs. 1 SGB XII beschränkt auf:
- die **Hilfe zum Lebensunterhalt** nach dem Dritten Kapitel (§§ 27-40 SGB XII);
- die **Hilfe bei Krankheit** nach § 48 SGB XII, die allerdings in den Fällen des § 23 Abs. 3 Satz 2 SGB XII auf Behebung eines akut lebensbedrohlichen Zustandes oder eine unaufschiebbare und unabweisbar gebotene Behandlung einer schweren oder ansteckenden Erkrankung beschränkt ist;
- die Hilfe bei Schwangerschaft und Mutterschaft nach § 50 SGB XII;
- die Hilfe zur Pflege nach dem Siebten Kapitel (§§ 61-66 SGB XII).

Leistungen der **Grundsicherung im Alter und bei Erwerbsminderung** nach dem Vierten Kapitel (§§ 41-46 SGB XII) sind nicht in § 23 Abs. 1 Satz 1 SGB XII genannt. Da nach § 23 Abs. 1 Satz 2 SGB XII die Vorschriften des Vierten Kapitels aber unberührt bleiben, kann der Ausländer auch diese Leistungen beziehen. Weshalb der Gesetzgeber die Leistungen des Vierten Kapitels nicht einfach mit in den Katalog des § 23 Abs. 1 Satz 1 SGB XII aufgenommen hat, wird nicht deutlich. Besonderheiten ergeben sich hierdurch nicht.

Einen Anspruch auf **Eingliederungshilfe** für behinderte Menschen, Hilfe zur Überwindung besonderer sozialer Schwierigkeiten, vorbeugende Gesundheitshilfe, Hilfe zur Familienplanung sowie bei Sterilisation und auf Hilfen in anderen Lebenslagen haben Ausländer in der Regel hingegen nicht. Diese Leistungen können aber im Ermessenswege (§ 17 Abs. 2 SGB XII) erbracht werden, soweit dies im Einzelfall gerechtfertigt ist (§ 23 Abs. 1 Satz 3 SGB XII). Für eine Rechtfertigung im **Einzelfall** genügt ein bestehender Bedarf allein nicht, weil dieser ohnehin für jede Hilfe vorausgesetzt wird und deshalb nicht die besondere Rechtfertigung für die Leistung ersetzen kann. Deshalb müssen besondere Umstände hinzukommen, die es darüber hinaus gerechtfertigt erscheinen lassen, dass entgegen der Regel des § 23 Abs. 1 Satz 1 SGB XII weitergehende Hilfen geleistet werden.

Besondere Umstände, die – gegebenenfalls erst **kumulativ** – den Einzelfall begründen und eine Ermessensentscheidung nach sich ziehen, können insbesondere der aufenthaltsrechtliche Status des Ausländers (Verfestigung des Aufenthaltsstatus, ohne dass der Ausländer die Voraussetzungen des § 23 Abs. 1 Satz 3 SGB XII erfüllt etc.), sein Alter, die familiäre Situation, (nachteilige) Auswirkungen auf Angehörige, eine Behinderung, die Ursache für den Eintritt der Sozialhilfebedürftigkeit, die Folgen des Sozialhilfebezugs für den Ausländer, die Art, Umfang und Dringlichkeit des zu deckenden Bedarfs und schließlich auch die prognostische Dauer des Sozialhilfebezugs (Folgekosten) sein.

Liegen die tatbestandlichen Voraussetzungen des § 23 Abs. 1 Satz 3 SGB XII vor, d.h. ist es auf Grund besonderer Umstände (Einzelfall) gerechtfertigt, Sozialhilfe zu erbringen, die über die in § 23 Abs. 1 Satz 1 SGB XII genannten Leistungen hinausgeht, hat der Ausländer einen Anspruch auf eine ermessensfehlerfreie Entscheidung, die sowohl das **„Ob"** (Entschließungsermessen) als auch das **„Wie"** (Auswahlermessen) der Entscheidung bzw. Leistung betrifft.

In extremen Ausnahmefällen wird das **Ermessen auf Null reduziert** sein. Dies dürfte bei besonderen Notlagen, die die Gefahr einer nicht unerheblichen Beeinträchtigung existenzieller Rechtsgüter beinhalten, der Fall sein, so etwa bei nicht anders abzuwendenden Gefahren für Leib und Leben oder Gesundheit des Hilfebedürftigen. Die Leistung muss die einzige Möglichkeit sein, der Notlage zu begegnen. Ein solches Verständnis gebietet schon die Rechtsprechung des BVerfG,[14] wonach Art. 1 Abs. 1 GG i.V.m. Art. 20 Abs. 1 GG einen Anspruch auf Gewährung eines menschenwürdigen Existenzminimums als Menschenrecht gewährt, das deutschen und ausländischen Staatsangehörigen, die sich in der BRD aufhalten, gleichermaßen zusteht.

---

[14] BVerfG v. 18.07.2012 - 1 BvL 10/10, 1 BvL 2/11 - BVerfGE 132, 134 = SozR 4-3520 § 3 Nr. 2.

§ 23

2. Von der Einschränkung des Absatzes 1 Satz 1 ausgenommene Ausländer

a. Ausländer mit gefestigtem Aufenthaltsstatus (Absatz 1 Satz 4)

28 Die Einschränkungen des § 23 Abs. 1 Satz 1 SGB XII betreffen nur Ausländer, die sich vorübergehend im Bundesgebiet aufhalten. Für Ausländer, die einen gefestigten Aufenthaltsstatus haben, weil sie im Besitz eines entsprechenden Aufenthaltstitels sind (Niederlassungserlaubnis nach § 9 AufenthG oder die gleichgestellte Erlaubnis zum Daueraufenthalt-EG nach § 9a AufenthG oder eine befristete Aufenthaltserlaubnis nach § 7 AufenthG) und sich voraussichtlich **dauerhaft im Bundesgebiet** aufhalten, gelten nach § 23 Abs. 1 Satz 4 SGB XII die Einschränkungen des § 23 Abs. 1 Satz 1 SGB XII hingegen nicht. Ob sich ein Ausländer voraussichtlich auf Dauer im Bundesgebiet aufhalten wird, ist **prognostisch** zu beurteilen und kann bei einer Niederlassungserlaubnis, die unbefristet erteilt wird, regelmäßig angenommen werden. Bei einer befristeten Aufenthaltserlaubnis ist der Aufenthaltszweck (§§ 16 ff. AufenthG) von besonderer Bedeutung für die Prognose. So dürfte der Aufenthalt zum Zweck der Ausbildung (§ 16 AufenthG) zu einer negativen Prognose führen, während der Aufenthalt zum Zweck des Familiennachzugs (§§ 27 ff. AufenthG) eher eine positive Prognose rechtfertigt. Allerdings kann bei veränderten tatsächlichen Umständen eine neue Prognose erforderlich sein, die eine erneute (zugunsten oder zulasten des Ausländers) Entscheidung durch den Sozialhilfeträger erforderlich macht. Insoweit findet dann auch § 48 SGB X Anwendung.

b. Sonderregelungen (Absatz 1 Satz 5)

29 Nach § 23 Abs. 1 Satz 5 SGB XII bleiben Rechtsvorschriften, nach denen außer den in § 23 Abs. 1 Satz 1 SGB XII genannten Leistungen auch sonstige Leistungen der Sozialhilfen zu erbringen sind oder erbracht werden sollen, unberührt. Die Regelung bezieht sich auf Leistungsberechtigte, die auf Grund inner- oder **zwischenstaatlichen Rechts** Deutschen gleichgestellt sind. Im Einzelnen:

aa. Unionsbürger

30 Nach Art. 18 AEUV (**Diskriminierungsverbot**) genießen Arbeitnehmer, die Unionsbürger sind, und ihre Familienangehörigen die gleichen sozialen und steuerlichen Vergünstigungen wie Deutsche.[15] Arbeitnehmer sind nach § 2 Abs. 1 Nr. 1 FreizügG/EU Unionsbürger, die sich als Arbeitnehmer, zur **Arbeitssuche** oder zur Berufsausbildung aufhalten wollen. Sie haben aber i.d.R. ohnehin einen Aufenthaltsstatus, der sie nach § 23 Abs. 1 Satz 4 SGB XII von den Einschränkungen nach § 23 Abs. 1 Satz 1 SGB XII ausnimmt (vgl. aber § 23 Abs. 3 SGB XII). Zudem ermöglicht das Europäische Fürsorgeabkommen (EFA; vgl. dazu Rn. 31) Unionsbürgern (außer Österreich und Finnland, die nicht Vertragsstaaten des EFA sind) ohnehin die Inanspruchnahme von Sozialhilfeleistungen wie einem Deutschen.

bb. Europäisches Fürsorgeabkommen (EFA)

31 Nach Art. 1 EFA vom 11.12.1953[16] ist jeder der Vertragsschließenden verpflichtet, den Staatsangehörigen der anderen Vertragsstaaten, die sich in irgendeinem Teil seines Gebietes, auf das dieses Abkommen Anwendung findet, erlaubt aufhalten und nicht über ausreichende Mittel verfügen, in gleicher Weise wie seinen eigenen Staatsangehörigen und unter den **gleichen Bedingungen** (Voraussetzungen, Art und Umfang) die Leistungen der sozialen und der Gesundheitsfürsorge zu gewähren, die in der in diesem Teil seines Gebietes geltenden Gesetzgebung vorgesehen sind. Art. 1 EFA ist unmittelbar **geltendes Bundesrecht**. Seiner Anwendbarkeit steht weder vorrangig anzuwendendes anderes Bundesrecht noch Gemeinschaftsrecht entgegen. In Deutschland lebende arbeitslose Ausländer sind nicht vom Bezug von Sozialhilfe ausgeschlossen, wenn sie sich auf das EFA berufen können. Zu den Vertragsschließenden des EFA gehören neben Deutschland Belgien, Dänemark, Estland, Frankreich, Griechenland, Irland, Island, Italien, Luxemburg, Malta, Niederlande, Norwegen, Portugal, Schweden, Spanien, Türkei und Vereintes Königreich. Einbezogen sind gemäß Zusatzprotokoll auch Flüchtlinge i.S.d. Genfer Flüchtlingskonvention (vgl. Rn. 37). Österreich (vgl. Rn. 40) und Finnland gehören nicht zu den Unterzeichnerstaaten.

---

[15] Zur sozialen Sicherung nichterwerbsfähiger EU-Bürger vgl. eingehend *Eichenhofer*, ZESAR 2012, 357, der sich in seinem Aufsatz damit auseinandersetzt, welche Regelungen das Europäische Sozialrecht vorsieht und wie sich das europäische Sozialrecht auf das Sozialrecht der BRD unter Berücksichtigung des Anwendungsvorrangs auswirkt.

[16] BGBl II 1956, 564.

Leistungen nach dem SGB XII sind **Fürsorgeleistungen** i.S.d. EFA. Im Anhang I der Bekanntmachung der Neufassung der Anhänge I, II und III zum EFA vom 20.09.2001[17] war als Fürsorgegesetz im Sinne von Art. 1 EFA zwar nur das BSHG in der Fassung der Bekanntmachung vom 23.03.1994[18] aufgeführt; nach der Einordnung des BSHG in das SGB durch Gesetz zur Einordnung des Sozialhilferechts in das Sozialgesetzbuch vom 27.12.2003[19] bestand aber darüber Einigkeit, dass dies aber in gleicher Weise auch für das SGB XII (und das SGB II[20]) galt. Der Anhang I ist inzwischen aufgrund Erklärung der BRD vom 15.12.2011 geändert und das SGB XII sowie das SGB II ausdrücklich aufgenommen worden.

32

Liegen die Voraussetzungen für einen Leistungsausschluss nach § 23 Abs. 3 Satz 1 Alt. 1 SGB XII vor, ist der Ausländer also **eingereist, um Sozialhilfe** zu erlangen, kann er sich nicht auf das EFA berufen, auch wenn ihm – zu Recht oder zu Unrecht – der Aufenthalt erlaubt worden ist. Das EFA gewährt nämlich nach seiner grundlegenden Konzeption nur den Staatsangehörigen anderer Vertragsstaaten den sozialen Schutz durch den Aufenthaltsstaat, die zur **Zeit des Eintritts der Hilfsbedürftigkeit** dort bereits ihren gewöhnlichen Aufenthalt hatten (vgl. ausführlich dazu die Anhang zu § 23 - Die Sozialhilfe als Gegenstand des Europäischen Rechts Rn. 84 ff.).[21]

33

Lag die Hilfebedürftigkeit bereits bei der Einreise des Ausländers vor, besteht aber **kein finaler Zusammenhang** zwischen dem Einreiseentschluss und der Inanspruchnahme von Sozialhilfe i.S. eines ziel- und zweckgerichteten Handelns, das für den Entschluss zur Einreise von prägender Bedeutung gewesen ist,[22] ist die Gleichstellung des Ausländers mit einem Deutschen nach dem EFA zwar ausgeschlossen (vgl. die Anhang zu § 23 - Die Sozialhilfe als Gegenstand des Europäischen Rechts Rn. 101 ff.); er kann aber dennoch Leistungen nach § 23 Abs. 1 SGB XII beziehen, weil es für einen (gänzlichen) Leistungsausschluss nach § 23 Abs. 3 Satz 1 Alt. 1 SGB XII an dem erforderlichen Vorsatz fehlt; nur die Privilegierung durch das EFA entfällt.

34

Ergibt sich das Aufenthaltsrecht alleine aus dem Zweck der **Arbeitssuche**, ist die Ausschlussregelung des § 23 Abs. 3 Satz 1 SGB XII – hier in seiner zweiten Alternative – nicht anwendbar, wenn sich der in Deutschland lebende arbeitslose Ausländer auf das EFA berufen kann.[23] Dabei spielt es keine Rolle, ob der Ausländer sich bei Beginn der Arbeitssuche bereits im Bundesgebiet aufgehalten hat oder zu diesem Zweck eingereist ist (vgl. ausführlich und m.w.N. die Anhang zu § 23 - Die Sozialhilfe als Gegenstand des Europäischen Rechts Rn. 99 f.). Leistungen nach dem SGB II kommen hingegen nicht in Betracht, nachdem die Bundesregierung einen **Vorbehalt** (Art. 16 lit. b) EFA, veröffentlicht am 19.12.2011) bezogen auf Leistungen nach dem SGB II für Staatsangehörige der anderen Vertragschließenden erklärt hat.[24] Die nach der Rechtsprechung des BSG[25] bestehende Anwendbarkeit des EFA auf Personen, die Leistungen der Grundsicherung für Arbeitsuchende nachsuchen, ist damit obsolet. Ein entsprechender Vorbehalt ist für SGB-XII-Leistungen allerdings nicht aufgenommen worden. Er erstreckt sich nicht auf Sozialhilfeleistungen (str., vgl. ausführlich die Anhang zu § 23 - Die Sozialhilfe als Gegenstand des Europäischen Rechts Rn. 97 f.). Erwerbsfähige Ausländer, deren Aufenthaltsrecht sich allein aus dem Zweck der Arbeitssuche ergibt und die wegen des in das EFA aufgenommenen Vorbehalts nicht (mehr) leistungsberechtigt nach dem SGB II sind, können deshalb (nur) Leistungen nach dem SGB XII verlangen, weil weder der Leistungsausschluss nach § 21 Satz 1 SGB XII noch – wegen der Anwendbarkeit des EFA – der Leistungsausschluss nach § 23 Abs. 3 Satz 1 Alt. 2 SGB XII greift.

35

Einen Vorbehalt hat die Bundesregierung für das SGB XII (für das BSHG wurde die Erklärung bereits am 10.10.1990 erklärt) auch hinsichtlich der Hilfe zur Überwindung besonderer sozialer Schwierigkeiten aufgenommen (§§ 67-69 SGB XII) und insoweit erklärt, keine Verpflichtung zu übernehmen, diese

36

---

[17] BGBl II 2001, 1086 ff.
[18] BGBl I 1993, 646, 2975.
[19] BGBl I 2003, 3022.
[20] BSG v. 19.10.2010 - B 14 AS 23/10 R - BSGE 107, 66 = SozR 4-4200 § 7 Nr. 21.
[21] OVG Hamburg v. 08.02.1989 - Bs IV 8/89 - NVwZ-RR 1990, 141 ff.; OVG Münster v. 25.04.1985 - 8 A 266/84 - NDV 1985, 367 ff.; OVG Berlin v. 22.04.2003 - 6 S 9.03 - FEVS 55, 186 ff.
[22] BVerwG v. 30.10.1979 - 5 C 31/78 - BVerwGE 59, 73.
[23] BSG v. 19.10.2010 - B 14 AS 23/10 R - BSGE 107, 66 = SozR 4-4200 § 7 Nr. 21 zu der entsprechenden Ausschlussnorm des § 7 Abs. 1 Satz 2 Nr. 2 SGB II.
[24] Zur Wirksamkeit des Vorbehalts BSG v. 12.12.2013 - B 4 AS 9/13 R - juris Rn. 23 - ZFSH/SGB 2014, 158; vgl. die Anhang zu § 23 - Die Sozialhilfe als Gegenstand des Europäischen Rechts Rn. 95 f.
[25] BSG v. 19.10.2010 - B 14 AS 23/10 R - BSGE 107, 66 = SozR 4-4200 § 7 Nr. 21.

im SGB XII vorgesehene Hilfe an Staatsangehörige der übrigen Vertragsstaaten in gleicher Weise und unter den gleichen Bedingungen wie den eigenen Staatsangehörigen zuzuwenden, ohne jedoch auszuschließen, dass auch in diesen Fällen Hilfen in geeigneten Fällen gewährt werden (BGBl I 2012, 144). Durch die Worte „in geeigneten Fällen" sollte die Leistungspflicht des Sozialhilfeträgers nach dem Willen der Bundesregierung wohl nicht auf bestimmte, nicht näher definierte Fallkonstellationen beschränkt, sondern für Staatsangehörige der übrigen Vertragsstaaten die Pflichtleistung des § 67 SGB XII („sind ... zu erbringen") in eine Ermessensleistung umgestaltet werden.

cc. Genfer Flüchtlingskonvention (GK)

37 Nach Art. 23 der GK vom 28.07.1951[26] gewähren die vertragsschließenden Staaten den Flüchtlingen (und ihren Ehegatten und Kindern), die sich rechtmäßig in ihrem Staatsgebiet aufhalten, auf dem Gebiet der öffentlichen Fürsorge und sonstigen Hilfeleistungen die **gleiche Behandlung wie ihren eigenen Staatsangehörigen**. Art. 1 der GK definiert einen Flüchtling als Person, die sich außerhalb des Landes befindet, dessen Staatsangehörigkeit sie besitzt oder in dem sie ihren ständigen Wohnsitz hat, und die wegen ihrer Rasse, Religion, Nationalität, Zugehörigkeit zu einer bestimmten sozialen Gruppe oder wegen ihrer politischen Überzeugung eine wohlbegründete Furcht vor Verfolgung hat und den Schutz dieses Landes nicht in Anspruch nehmen kann oder wegen dieser Furcht vor Verfolgung nicht dorthin zurückkehren kann.

38 Zu den anerkannte Flüchtlingen gehören in erster Linie **politisch Verfolgte** nach Art. 16a Abs. 1 GG, die die Rechtsstellung als Asylberechtigte nach § 2 Abs. 1 AsylVfG genießen, und die **Konventionsflüchtlinge**, denen die Flüchtlingseigenschaft zuerkannt wurde (§ 3 AsylVfG). Vor einer Anerkennung als Flüchtling hat dieser Personenkreis nur Anspruch auf Leistungen nach dem AsylbLG, das Leistungen nach dem SGB XII ausschließt (vgl. Rn. 47). Mit der Anerkennung als Asylberechtigter oder als Konventionsflüchtling hat der Ausländer einen Anspruch auf Erteilung einer Aufenthaltserlaubnis nach § 25 Abs. 1 bzw. § 25 Abs. 2 AufenthG, die ohnehin dazu führt, dass die Einschränkungen nach § 23 Abs. 1 Satz 1 SGB XII nicht gelten, weil der Aufenthalt des Flüchtlings typischerweise auf Dauer angelegt ist (§ 23 Abs. 1 Satz 4 SGB XII).

39 Flüchtlinge sind auch die bis zum 31.12.2004 nach dem früheren Gesetz über Maßnahmen für im Rahmen humanitärer Hilfsaktionen aufgenommene Flüchtlinge vom 22.07.1980[27] sowie die ab dem 01.01.2005 nach § 23 Abs. 2 AufenthG aufgenommenen **Kontingentflüchtlinge**. Schließlich gehören zum Personenkreis der anerkannten Flüchtlinge auch Heimatlose nach dem Gesetz über die Rechtsstellung heimatloser Ausländer im Bundesgebiet v. 24.04.1951.[28] **Heimatlose Ausländer** im Sinne dieses Gesetzes sind fremde Staatsangehörige oder Staatenlose unter den weiteren Voraussetzungen des § 1 dieses Gesetzes. Staatenlos ist, wer unter nationalen Gesetzen keine Staatsbürgerschaft eines Landes besitzt, d.h. der rechtliche Bund, der normalerweise zwischen einer Regierung und einer Einzelperson geschlossen wird, besteht nicht (Art. 1 des Übereinkommens über die Rechtsstellung der Staatenlosen vom 28.09.1954).[29]

dd. Abkommen zwischen der Bundesrepublik Deutschland und der Republik Österreich über Fürsorge und Jugendwohlfahrtspflege

40 Für **österreichische Staatsangehörige**, die sich in der Bundesrepublik aufhalten, findet das Abkommen zwischen der Bundesrepublik Deutschland und der Republik Österreich über Fürsorge und Jugendwohlfahrtspflege vom 17.01.1966 (DÖFA)[30] Anwendung. Nach Art. 2 Abs. 1 DÖFA kommt es für die Gewährung der Fürsorge (Sozialhilfe) dabei nur darauf an, ob sich der Staatsangehörige der einen Vertragspartei im Hoheitsgebiet der anderen Vertragspartei tatsächlich aufhält, gleich ob es sich um den gewöhnlichen Aufenthalt oder den vorübergehenden, den legalen oder illegalen Aufenthalt handelt.

---

[26] Verkündet mit Gesetz vom 01.09.1953, BGBl II 1953, 559, in Kraft getreten am 22.04.1954 gemäß Bekanntmachung des Bundesministers des Auswärtigen vom 25.04.1954, BGBl II 1954, 619.
[27] BGBl I 1980, 1057, aufgehoben m.W.v. 01.01.2005 durch das ZuwandG v. 30.07.2004, BGBl I 2004, 1950.
[28] BGBl I 1951, 269, zuletzt geändert durch Gesetz v. 30.07.2004, BGBl I 2004, 1950.
[29] BGBl II 1976, 474.
[30] BGBl II 1969, 1.

Österreichische Staatsangehörige sind nach dem DÖFA bei der Gewährung von Leistungen der Sozialhilfe **Deutschen gleichgestellt**, es sei denn, sie sind in die BRD eingereist, um entsprechende Vergünstigungen aus dem Abkommen in Anspruch zu nehmen.[31] Insoweit ist die Rechtslage mit Staatsangehörigen der Vertragsstaaten des EFA, dem Österreich nicht beigetreten ist, vergleichbar. 41

Die Gewährung von Sozialhilfe an einen österreichischen Staatsangehörigen setzt nach dem deutsch-österreichischen Fürsorgeabkommen allerdings nicht voraus, dass die **Hilfsbedürftigkeit erst nach der Aufenthaltsnahme im Bundesgebiet** eingetreten ist. Abschnitt A Nr. 1 des Schlussprotokolls macht deutlich, dass bestehende Hilfsbedürftigkeit allein nicht ausreicht, von den Vergünstigungen des Abkommens ausgeschlossen zu sein. Hinzutreten muss als Bestandteil des Einreisezwecks der Vorsatz, diese Vergünstigungen in Anspruch zu nehmen.[32] Hierfür ist ein finaler Zusammenhang zwischen dem Einreiseentschluss und der Inanspruchnahme von Sozialhilfe i.S. eines ziel- und zweckgerichteten Handelns erforderlich, das für den Entschluss zur Einreise von prägender Bedeutung gewesen sein muss.[33] 42

ee. Vereinbarung zwischen der Bundesrepublik Deutschland und der Schweizer Eidgenossenschaft über die Fürsorge für Hilfsbedürftige

Die Schweiz ist kein Vertragsstaat des EFA. Für Schweizer Staatsangehörige, die sich in der Bundesrepublik aufhalten, findet aber die Vereinbarung zwischen der Bundesrepublik Deutschland und der Schweizer Eidgenossenschaft über die Fürsorge für Hilfsbedürftige vom 14.07.1952[34] Anwendung, die **eine Gleichstellung von Deutschen und Schweizern**, die sich in der Bundesrepublik aufhalten, vorsieht. Dabei ist jeder vertragsschließende Teil verpflichtet, dafür zu sorgen, dass in seinem Gebiet den hilfsbedürftigen Angehörigen des anderen Teils die erforderliche Verpflegung und Krankenfürsorge nach den am Aufenthaltsort für die eigenen Angehörigen geltenden Grundsätzen zuteilwird, bis ihre Rückkehr in die Heimat ohne Nachteil für ihre und anderer Gesundheit geschehen kann. Eine Ausnahme hiervon macht die Vereinbarung aber in den Fällen, in denen schon die Einreise erfolgt ist, um sich wegen einer zum Zeitpunkt der Einreise bestehenden Erkrankung pflegen zu lassen. Dann findet (nur) § 23 Abs. 3 Satz 2 SGB XII Anwendung. 43

ff. Nato Truppenstatut

Das Zusatzabkommen vom 03.08.1959[35] zum NATO-Truppenstatut vom 02.08.1959[36] sieht in Art. 13 Abs. 1 vor, dass zwischenstaatliche Abkommen oder andere im Bundesgebiet geltende Bestimmungen über soziale Sicherheit und Fürsorge auf Mitglieder einer Truppe, eines zivilen Gefolges und auf deren Angehörige nicht angewendet werden. Art. 1 Abs. 1 lit. c NATO-Truppenstatut definiert als „Angehörige" den Ehegatten eines Mitglieds einer Truppe oder des zivilen Gefolges sowie ein dem Mitglied gegenüber unterhaltsberechtigtes Kind. Die **Verantwortung** für die Mitglieder der Truppe und ihrer Angehörigen **trägt danach allein deren Heimatstaat**, sodass Leistungen nach § 23 SGB XII überhaupt nicht zu erbringen sind. Im Einzelfall kann dies aber zu Verwerfungen führen, wenn der Entsendestaat seiner Verantwortung nicht gerecht wird und keine entsprechenden Leistungen erbringt. In diesen Fällen ist § 23 SGB XII verfassungskonform auszulegen und Sozialhilfe nach dessen Absatz 1 zu zahlen. 44

gg. Diplomaten

Ausländer mit Diplomatenstatus haben während der Dauer ihres Aufenthalts im Bundesgebiet zur Sicherung der Funktion des diplomatischen Dienstes keinen Anspruch auf Sozialhilfe. Die Gewährung von Sozialhilfe wäre mit dem **Wesen und der Funktion des diplomatischen Dienstes** unvereinbar.[37] 45

---

[31] Nr. 1 des Schlussprotokolls Abkommen zwischen der Bundesrepublik Deutschland und der Republik Österreich über Fürsorge und Jugendwohlfahrtspflege.
[32] BVerwG v. 19.06.1980 - 5 C 66/79 - FEVS 28, 441.
[33] BVerwG v. 30.10.1979 - 5 C 31/78 - BVerwGE 59, 73.
[34] BGBl II 1953, 31.
[35] BGBl II 1961, 1190.
[36] BGBl II 1961, 183, 1218.
[37] BVerwG v. 29.02.1996 - 5 C 23/95 - BVerwGE 100, 300; die gegen diese Entscheidung erhobenen Verfassungsbeschwerden hat das BVerfG mit Beschluss vom 04.06.1996 - 1 BvR 1108/96 und mit Beschluss vom 08.03.2002 - 1 BvR 967/99 nicht zur Entscheidung angenommen.

46 Dem einzelnen Diplomaten kann dieser Ausschlussgrund aber nicht entgegengehalten werden, wenn er seine diplomatischen Aufgaben aus Gründen etwa der Bürgerkriegssituation in seinem Herkunftsland nicht mehr erfüllen kann und deshalb jegliche **dienstliche Tätigkeit faktisch einstellt**. Gegebenenfalls muss er seinen Willen, sich auch weiterhin der Wahrnehmung diplomatischer Aufgaben zu enthalten, durch die Rückgabe seines Diplomatenpasses dokumentieren.[38]

3. Ausschluss von Leistungen nach dem SGB XII

a. Leistungsberechtigte nach dem AsylbLG (Absatz 2)

47 Leistungsberechtigte nach dem AsylbLG erhalten **keine Leistungen der Sozialhilfe**. Der Gesetzgeber hat im AsylbLG für Ausländer mit ungesichertem Aufenthaltsstatus ein eigenes Konzept zur Sicherung des Lebensbedarfs entwickelt und dabei auch Regelungen über die Gewährung von Leistungen abweichend vom Recht der Sozialhilfe getroffen, insbesondere Art und Umfang der Sozialleistungen an Ausländer grundsätzlich von der voraussichtlichen Dauer ihres Aufenthalts in Deutschland und dem Vorbezug abgesenkter Leistungen[39] für einen bestimmten Zeitraum abhängig gemacht.[40] Folgerichtig sieht § 23 Abs. 2 SGB XII für den vom AsylbLG umfassten Personenkreis den generellen Ausschluss von (allen) Leistungen des SGB XII vor.

48 **Leistungsberechtigte** nach dem AsylbLG sind nach dessen § 1 Abs. 1 Ausländer, die sich tatsächlich im Bundesgebiet aufhalten und die
1. eine Aufenthaltsgestattung nach dem AsylVfG besitzen,
2. über einen Flughafen einreisen wollen und denen die Einreise nicht oder noch nicht gestattet ist,
3. wegen des Krieges in ihrem Heimatland eine Aufenthaltserlaubnis nach § 23 Abs. 1 oder § 24 AufenthG oder die eine Aufenthaltserlaubnis nach § 25 Abs. 4 Satz 1, Abs. 4a oder 5 AufenthG besitzen,
4. eine Duldung nach § 60a AufenthG besitzen,
5. vollziehbar ausreisepflichtig sind, auch wenn eine Abschiebungsandrohung noch nicht oder nicht mehr vollziehbar ist,
6. Ehegatten, Lebenspartner oder minderjährige Kinder der in den Nrn. 1-5 genannten Personen sind, ohne dass sie selbst die dort genannten Voraussetzungen erfüllen, oder
7. einen Folgeantrag nach § 71 AsylVfG oder einen Zweitantrag nach § 71a AsylVfG stellen.

49 Ausländer, die im Besitz eines von § 1 Abs. 1 Nr. 3 AsylbLG nicht erfassten Aufenthaltstitels sind, gehören (allein wegen eines solchen Aufenthaltstitels) nicht zu den Leistungsberechtigten nach dem AsylbLG. Unterfällt der Ausländer gleichzeitig dem in § 1 Abs. 1 AsylbLG genannten Personenkreis, ist er nach der **Kollisionsnorm** (zum Meinungsstreit vgl. die Kommentierung zu § 1 AsylbLG Rn. 138 ff.) **des § 1 Abs. 2 AsylbLG** für die ersten sechs Monate der Geltungsdauer des Aufenthaltstitels nach dem AsylbLG leistungsberechtigt mit der Folge, dass er nach § 23 Abs. 2 SGB XII von Sozialhilfeleistungen ausgeschlossen ist. Eine solche Fallgestaltung kann etwa bei einem Ausländer vorliegen, dem eine Aufenthaltserlaubnis nicht aus humanitären, sondern aus familiären Gründen (z.B. Familiennachzug) erteilt wird, der aber gleichwohl die Anerkennung als Asylberechtigter beantragt (vgl. die Kommentierung zu § 1 AsylbLG Rn. 138). Ungeachtet des § 1 Abs. 1 Nr. 1 AsylbLG endet die „Leistungsberechtigung" nach dem AsylbLG gemäß § 1 Abs. 2 AsylbLG nach Ablauf von sechs Monaten. Der Ausländer kann fortan Leistungen nach dem SGB XII (oder dem SGB II) beziehen, weil erst ab diesem Zeitpunkt eine soziale Einbindung des Ausländers anerkannt wird, die es rechtfertigt, ihn aus dem Anwendungsbereich des AsylbLG herauszunehmen.[41] Nach anderer, vom Wortlaut des § 1 Abs. 2 AsylbLG nicht gedeckter Auffassung, wird die Norm auf Ausländer erstreckt, die nach § 1 Abs. 1 AsylbLG leistungsberechtigt gewesen sind und denen eine andere als in § 1 Abs. 1 Nr. 3 AsylbLG genannte Aufenthaltserlaubnis erteilt wird.[42] Die Auffassung verkennt aber, dass die „in

---

[38] BVerwG v. 29.02.1996 - 5 C 23/95 - BVerwGE 100, 300.
[39] Zur Unvereinbarkeit von § 3 AsylbLG mit dem GG, soweit Geldleistungen betroffen sind: BVerfG v. 18.07.2012 - 1 BvL 10/10, 1 BvL 2/11 - BVerfGE 132, 134 = SozR 4-3520 § 3 Nr. 2.
[40] Zur Verfassungsmäßigkeit eines eigenes Konzepts zur Sicherung des Lebensbedarfs: BVerfG v. 06.07.2004 - 1 BvL 4/97 - BVerfGE 111, 160, 174; 111, 176, 185; BVerfG v. 11.07.2006 - 1 BvR 293/05 - BVerfGE 116, 229; BVerwG v. 29.09.1998 - 5 B 82/97 - FEVS 49, 97.
[41] BT-Drs. 12/4451, S. 7.
[42] OVG Niedersachsen v. 04.02.1999 - 4 M 137/99 - juris Rn. 24 - NVwZ-Beil. 1999, 47, 48; LSG Bayern v. 12.01.2006 - L 11 B 598/05 AS ER - juris Rn. 23 - Breithaupt 2006, 419.

Absatz 1 bezeichneten Ausländer" i.S.v. § 1 Abs. 2 AsylbLG nur Ausländer sein können, die nach Absatz 1 leistungsberechtigt sind (nicht aber irgendwann in der Vergangenheit waren) bzw. (ohne die Regelung in § 1 Abs. 2 AsylbLG) wären (so zu Recht die Kommentierung zu § 1 AsylbLG Rn. 140).

Leistungsberechtigte nach dem AsylbLG erhalten lediglich sog. **Grundleistungen** nach § 3 AsylbLG zur Deckung des notwendigen Bedarfs an Ernährung, Unterkunft, Heizung, Kleidung, Gesundheits- und Körperpflege und Gebrauchs- und Verbrauchsgütern des Haushalts vorrangig in Form von Sachleistungen, und zusätzlich erhalten Leistungsberechtigte einen monatlichen Geldbetrag zur Deckung persönlicher Bedürfnisse des täglichen Lebens. Trotz des Vorrangs der Sachleistungen werden Leistungen nach dem AsylbLG i.d.R. als Geldleistungen erbracht. Das BVerfG hat die Regelung des § 3 AsylbLG – soweit sie Geldleistungen betrifft – angesichts der seit 1993 unverändert gebliebenen, evident zu geringen Höhe der Leistungen für unvereinbar mit dem Grundrecht auf Gewährleistung eines menschenwürdigen Existenzminimums aus Art. 1 Abs. 1 GG in Verbindung mit dem Sozialstaatsprinzip des Art. 20 Abs. 1 GG erklärt und den Gesetzgeber verpflichtet, unverzüglich für den Anwendungsbereich des AsylbLG eine Neuregelung zur Sicherung des menschenwürdigen Existenzminimums zu treffen.[43] Der Gesetzgeber hat den Begriff „unverzüglich" offensichtlich missverstanden. Bislang ist es nicht zur Neuregelung gekommen, sodass die vom BVerfG vorgesehene Verfahrensweise[44] in der Übergangszeit weiterhin zur Anwendung gelangt. 50

Abweichend von § 3 AsylbLG ist das SGB XII auf diejenigen Leistungsberechtigten entsprechend anzuwenden, die über eine Dauer von insgesamt 48 Monaten Leistungen nach § 3 AsylbLG erhalten haben und die Dauer des Aufenthalts nicht rechtsmissbräuchlich selbst beeinflusst haben.[45] Diese sogenannten **Analogleistungen** sind aber keine Leistungen nach dem SGB XII, sondern weiter Leistungen nach dem AsylbLG. Dies zeigt schon § 9 Abs. 1 AsylbLG, wonach Berechtigte nach dem AsylbLG gerade „keine Leistungen" nach dem SGB XII oder vergleichbaren Landesgesetzen beziehen.[46] 51

Hält sich ein Ausländer, der analogleistungsberechtigt ist und (noch) zu dem in § 1 Abs. 2 AsylbLG genannten Personenkreis gehört (vgl. dazu Rn. 49), außerhalb des Landes auf, in dem der Aufenthaltstitel (naturgemäß erstmals) erteilt wurde, muss er bei der nach § 2 AsylbLG vorgesehenen entsprechenden Anwendung des SGB XII befürchten, nur noch die nach den Umständen **unabweisbare Leistung** gem. § 23 Abs. 5 Satz 2 SGB XII zu erhalten, obwohl der Aufenthaltstitel keine räumliche Beschränkung enthält. Hierdurch kann es zu geringeren Leistungen kommen als bei dem Leistungsberechtigten nach dem AsylbLG, der Grundleistungen bezieht (vgl. aber die Kommentierung zu § 2 AsylbLG Rn. 131, die § 23 Abs. 5 SGB XII angesichts der Sonderregelung des § 11 Abs. 2 AsylbLG nicht für anwendbar hält). 52

b. Missbilligte Inanspruchnahme von Sozialhilfe (Absatz 3)

aa. Einreise zum Sozialhilfebezug

Ausländer, die eingereist sind, um Sozialhilfe zu erlangen, haben keinen Anspruch auf Sozialhilfe. Mit der Regelung soll die **missbräuchliche Inanspruchnahme** der Leistungen nach dem SGB XII verhindert und die Leistungsfähigkeit der Grundsicherungssysteme garantiert werden. 53

Die Vorschrift verlangt einen **finalen Zusammenhang** zwischen dem Einreiseentschluss und der Inanspruchnahme von Sozialhilfe i.S. eines ziel- und zweckgerichteten Handelns. Hierfür genügt ein nur fahrlässiges Verhalten bei der Einschätzung der Hilfebedürftigkeit und der Möglichkeit, sich selbst helfen zu können, nicht. Erforderlich ist vielmehr, dass nach den objektiven Umständen von einem Wissen und Wollen mindestens im Sinne eines Vorsatzes ausgegangen werden kann, der für den Entschluss zur Einreise von **prägender Bedeutung** gewesen sein muss, ohne dass hierin auch ein „unlauteres Verhalten" gesehen werden müsste. Das Wissen und Wollen setzt nicht die Kenntnis des deutschen Sozialhilferechts mit seinen vielfältigen Möglichkeiten voraus.[47] 54

---

[43] BVerfG v. 18.07.2012 - 1 BvL 10/10, 1 BvL 2/11 - BVerfGE 132, 134 = SozR 4-3520 § 3 Nr. 2.
[44] BVerfG v. 18.07.2012 - 1 BvL 10/10, 1 BvL 2/11 - BVerfGE 132, 134 = SozR 4-3520 § 3 Nr. 2.
[45] Vgl. zu den Voraussetzungen des § 2 Abs. 1 AsylbLG grundlegend BSG v. 17.06.2008 - B 8/9b AY 1/07 R - BSGE 101, 49 ff. = SozR 4-3520 § 2 Nr. 2.
[46] BSG v. 17.06.2008 - B 8/9b AY 1/07 R - BSGE 101, 49 Rn. 14 = SozR 4-3520 § 2 Nr. 2; zu Analogleistungen nach dem BSHG: BT-Drs. 12/5008, S. 15 zu § 1a.
[47] BVerwG 30.10.1979 - 5 C 31/78 - BVerwGE 59, 73.

55 Der erforderliche Zusammenhang zwischen der Einreise und der missbilligten Inanspruchnahme von Sozialhilfe besteht nicht nur, wenn der Wille, Sozialhilfe zu erlangen, der **einzige Einreisegrund** ist. Beruht die Einreise des Ausländers auf verschiedenen Motiven, ist das Erfordernis des finalen Zusammenhangs auch erfüllt, wenn der Zweck der Inanspruchnahme von Sozialhilfe für den Einreiseentschluss von zumindest prägender Bedeutung ist; es genügt aber nicht, dass der Sozialhilfebezug beiläufig verfolgt oder anderen Einreisezwecken untergeordnet und in diesem Sinne (nur) billigend in Kauf genommen wird.[48]

56 Da der Anspruchsausschluss einen finalen Zusammenhang zwischen der Einreise und der Inanspruchnahme von Sozialhilfe voraussetzt, kann er bei Ausländern, die in der Bundesrepublik geboren sind, nicht greifen. Die Worte **„sowie ihre Familienangehörigen"** sind mit dem Gesetz zur Änderung des Zwölften Buches Sozialgesetzbuch und anderer Gesetze vom 02.12.2006[49] eingeführt worden und beziehen sich erkennbar allein auf den gleichzeitig eingeführten Anspruchsausschluss für Ausländer, deren Aufenthaltsrecht sich allein aus dem Zweck der Arbeitssuche ergibt. Die Entstehungsgeschichte der Ergänzung der Vorschrift belegt dies. In § 23 Abs. 5 SGB XII sollte nämlich nur eine § 7 Abs. 1 Satz 2 SGB II entsprechende Regelung aufgenommen werden, wonach Ausländer, deren Aufenthaltsrecht sich allein aus dem Zweck der Arbeitssuche ergibt, und ihre Familienangehörigen von Leistungen nach dem SGB II ausgeschlossen sind. Dieser Personenkreis sollte – damit der Ausschluss von Leistungen nach dem SGB II im Ergebnis nicht leerläuft – auch von Leistungen nach dem SGB XII ausgeschlossen sein, sodass sich die Worte „sowie ihre Familienangehörigen" erkennbar nicht auf Familienangehörige von Ausländern erstrecken, die eingereist sind, um Sozialhilfe zu erlangen.

57 Im Umkehrschluss bedeutet dies aber auch, dass Familienangehörige von Ausländern, die eingereist sind, um Sozialhilfe zu erlangen, nur dann von dem Leistungsausschluss betroffen sind, wenn auch in ihrer Person ein finaler Zusammenhang zwischen dem Einreiseentschluss und der Inanspruchnahme von Sozialhilfe i.S. eines ziel- und zweckgerichteten Handelns gegeben ist. Eine **Zurechnung des Verhaltens** des nach § 23 Abs. 3 Satz 1 SGB XII ausgeschlossenen Ausländers unter Familienangehörigen scheidet also aus.[50] Allerdings werden der Entschluss zur Einreise in die BRD und der Grund hierfür unter Familienangehörigen in der Regel von einem gemeinsamen Willen getragen sein. Etwas anderes gilt aber dann, wenn der Familienangehörige mit Rücksicht auf sein Alter (Kleinkind) noch nicht fähig war, in Bezug auf seine Aufenthaltsnahme einen natürlichen Willen zu haben.[51]

58 Der Leistungsausschluss nach § 23 Abs. 3 Satz 1 SGB XII erstreckt sich auf alle Leistungen der Sozialhilfe, auf Leistungen, die der Krankenbehandlung dienen, allerdings nur unter den Einschränkungen des § 23 Abs. 3 Satz 2 HS. 2 SGB XII, wonach jedenfalls Hilfe für **unaufschiebbare und lebensbedrohliche Behandlung** zu gewähren ist (vgl. Rn. 61). Dies bedeutet, dass der Ausländer auch von den Leistungen der Grundsicherung im Alter und bei Erwerbsminderung nach den §§ 41 ff. SGB XII ausgeschlossen ist. Der Wortlaut von § 23 Abs. 1 Satz 2 SGB XII, wonach die Vorschriften des Vierten Kapitels unberührt bleiben, steht dem nicht entgegen, weil auch diese Leistungen Leistungen der Sozialhilfe nach § 23 Abs. 3 Satz 1 SGB XII sind.

59 Gleiches gilt nach der Rechtsprechung des BVerwG auch für Sozialhilfeleistungen, die in Anwendung von Rechtsvorschriften im Sinne von § 23 Abs. 1 Satz 5 SGB XII erbracht wurden, weil der **Vorbehalt zugunsten anderer Rechtsvorschriften** die Anwendbarkeit des der Verhütung von Missbrauch dienenden § 23 Abs. 3 Satz 1 SGB XII nicht ausschließt, sondern lediglich die Erweiterung des in § 23 Abs. 1 Satz 1 SGB XII aufgeführten Leistungskatalogs betreffe.[52]

60 Diese Rechtsprechung ist auch auf das **Europäische Fürsorgeabkommen** (EFA) vom 11.12.1953[53] übertragbar. Der vom innerstaatlichen Recht zu beachtende Art. 1 EFA enthält zwar die Verpflichtung jedes Vertragsstaates, den Staatsangehörigen der anderen Vertragsstaaten, die sich erlaubt auf seinem

---

[48] BVerwG 04.06.1992 - 5 C 22/87 - BVerwGE 90, 212.
[49] BGBl I 2006, 2670.
[50] Ähnlich bei dem von der Rechtsordnung missbilligten Verhalten der Beeinflussung der Aufenthaltsdauer nach § 2 Abs. 1 AsylbLG, BSG v. 17.06.2008 - B 8/9b AY 1/07 R - BSGE 101, 49 Rn. 48 = SozR 4-3520 § 2 Nr. 2.
[51] A.A. zu § 120 BSHG: BVerwG v. 30.10.1979 - 5 C 31/78 - BVerwGE 59, 73, 76, das auf den Willen des Sorgeberechtigten abstellt.
[52] BVerwG v. 10.12.1987 - 5 C 32/85 - BVerwGE 78, 314 zu der Meistbegünstigungsklausel in Art. 1 Abs. 2 des am 17.02.1929 unterzeichneten und am 11.01.1931 in Kraft getretenen Niederlassungsabkommens zwischen dem Deutschen Reich und dem Kaiserreich Persien (RGBl II 1930, 1002 und 1006 ff. und RGBl II 1931, 9; BGBl II 1955, 829).
[53] BGBl II 1956, 563.

Gebiet aufhalten und nicht über ausreichende Mittel verfügen, in gleicher Weise wie seinen eigenen Staatsangehörigen und unter den gleichen Bedingungen die Leistungen der Fürsorge zu gewähren. Ist der Ausländer aber eingereist, um Sozialhilfe zu erlangen, kann er sich nicht auf das EFA berufen, weil es nur den Staatsangehörigen anderer Vertragsstaaten den sozialen Schutz durch den Aufenthaltsstaat gewährt, die zur Zeit des Eintritts der Hilfsbedürftigkeit dort bereits ihren gewöhnlichen Aufenthalt hatten (vgl. Rn. 33 sowie die Anhang zu § 23 - Die Sozialhilfe als Gegenstand des Europäischen Rechts Rn. 105).

bb. Einreise zur Krankenbehandlung

Ist der Ausländer zum Zwecke der Krankenbehandlung eingereist, ist er insoweit nicht schon deshalb von Leistungen nach dem SGB XII ausgeschlossen. Vielmehr soll ihm nach § 23 Abs. 3 Satz 2 SGB XII die Hilfe gewährt werden, die zur Behebung eines **akuten lebensbedrohlichen Zustandes** oder für eine unaufschiebbare und unabweisbar gebotene Behandlung einer **schweren oder ansteckenden Krankheit** erforderlich ist. Nicht die Heilung ist danach das Ziel der zu gewährenden Hilfe, sondern nur die Abwendung eines besonders schwerwiegenden krankhaften und für den Betroffenen lebensgefährlichen Zustandes. 61

Aus dem Wort „soll" ergibt sich, dass die Entscheidung der Behörde über die Gewährung von Hilfe bei Krankheit in der Regel als **gebundene Entscheidung** zu ergehen hat. In atypischen Fällen ist dem Sozialhilfeträger allerdings Ermessen eingeräumt. Dabei wird er aber berücksichtigen müssen, dass Hilfe bei Krankheit ohnehin nur in eng begrenzten, meist lebensbedrohlichen Fällen in Frage kommt, die eine Ermessensreduzierung auf Null zur Folge haben dürften, so dass es letztlich auch in **atypischen Fällen** regelmäßig bei der gebundenen Entscheidung verbleibt. 62

cc. Aufenthaltsrecht wegen Arbeitssuche[54]

Ausländer, deren Aufenthaltsrecht sich allein aus dem Zweck der Arbeitssuche ergibt, sind ebenfalls von Sozialhilfeleistungen ausgeschlossen. Ausländer, die eine Arbeit suchen, gehören in der Regel zum Kreis der **Leistungsberechtigten nach dem SGB II**.[55] Diese sind allerdings nach der gleichlautenden Regelung in § 7 Abs. 1 Satz 2 SGB II von Leistungen nach dem SGB II ausgeschlossen. 63

Der zunächst im SGB XII noch nicht vorgesehene Ausschluss von Leistungen nach dem SGB XII ist mit Wirkung vom 07.12.2006 durch das Gesetz zur Änderung des Zwölften Buches Sozialgesetzbuch und anderer Gesetze vom 02.12.2006 eingeführt worden und sollte im Hinblick auf die entsprechende Regelung in § 7 Abs. 1 Satz 2 SGB II sicherstellen, dass der von Leistungen nach dem SGB II ausgeschlossene Ausländer keinen Leistungsanspruch nach dem SGB XII herleiten kann. Dies hatte etwa das LSG NRW zu Recht mit der Begründung angenommen, der Ausländer habe dem Grunde nach keinen Leistungsanspruch nach dem SGB II; deshalb greife der Leistungsausschluss des § 21 Abs. 1 SGB XII nicht.[56] 64

Unter den Leistungsausschluss fallen auch Leistungen nach dem **Fünften bis Neunten Kapitel**. Hilfebedürftige, die solche Leistungen beanspruchen, dürften aber eher selten eine Beschäftigung suchen (zur Einreise zum Zwecke der Krankenbehandlung vgl. Rn. 61 f.). 65

Die Arbeitssuche muss auf eine **abhängige Beschäftigung** gerichtet sein. Selbstständige Tätigkeiten sind von dem Begriff der Arbeitssuche nicht erfasst,[57] weil die Ausübung einer solchen Tätigkeit im Belieben des Ausländers steht, jedenfalls keiner „Suche" bedarf. Die Arbeitssuche muss sich aber nicht zwingend auf versicherungspflichtige Beschäftigungen erstrecken, auch wenn dies die Regel sein dürfte. Letztlich entspricht der Begriff der Arbeitssuche dem des § 15 Satz 2 SGB III. Außer Betracht bleiben nur Tätigkeiten, die einen so geringen Umfang haben, dass sie sich als völlig untergeordnet und unwesentlich darstellen.[58] 66

Der Ausschluss erstreckt sich nach dem Wortlaut der Vorschrift auch auf **Familienangehörige**. Der Begriff des Familienangehörigen ist im SGB XII weder definiert noch näher bestimmt. Angesichts des als Ergänzung zu § 7 Abs. 1 Satz 2 Nr. 2 SGB II eingeführten Leistungsausschlusses können Familienangehörige aber nur Personen sein, die mit dem nach § 7 Abs. 1 Satz 2 Nr. 2 SGB II von Leistungen 67

---

[54] Vgl. dazu unter Berücksichtigung europarechtlicher Regelungen die Anhang zu § 23 - Die Sozialhilfe als Gegenstand des Europäischen Rechts.
[55] Vgl. aber LSG NRW v. 03.11.2006 - L 20 B 248/06 AS ER - Breith 2007, 796.
[56] LSG NRW v. 03.11.2006 - L 20 B 248/06 AS ER - Breith 2007, 796.
[57] Hessisches LSG v. 13.09.2007 - L 9 AS 44/07 ER - FEVS 59, 110.
[58] EuGH v. 04.06.2009 - C-22/08, C-23/08 - SozR 4-6035 Art 39 Nr. 5 - Vatsouras und Koupatantze.

nach dem SGB XII ausgeschlossenen Ausländer in Bedarfsgemeinschaft leben; das sind im Haushalt lebende Eltern, Ehegatten, Lebenspartner oder dem Haushalt angehörende unverheiratete Kinder, die das 25. Lebensjahr noch nicht vollendet haben (§ 7 Abs. 3 SGB II).

68 Das Merkmal des Aufenthalts „allein aus dem Zweck der Arbeitssuche" verlangt ein ziel- und zweckgerichtetes Handeln des Ausländers. Erforderlich ist dabei, dass nach den objektiven Umständen von einem Wissen und Wollen mindestens im Sinne eines Vorsatzes ausgegangen werden kann, der für den Aufenthalt im Bundesgebiet von prägender Bedeutung ist. Es genügt also nicht, dass der **Zweck der Arbeitssuche** beiläufig verfolgt oder anderen Aufenthaltszwecken untergeordnet wird. Der Begriff allein ist allerdings nicht so zu verstehen, dass der Ausländer keine anderen, der Arbeitssuche **untergeordneten Zwecke** mit verfolgen darf, sondern in dem Sinne, dass ihn bei einem (gedachten) Wegfall des Aufenthaltszwecks nichts mehr im Bundesgebiet hält, er also ausreisen würde.

69 Der Aufenthaltszweck kann sich während der Dauer des Aufenthalts ändern. Studenten etwa, denen eine **Aufenthaltserlaubnis zu Studienzwecken** erteilt wird (§ 16 Abs. 1 AufenthG), dürfen sich nach erfolgreichem Abschluss des Studiums zum Zwecke der Suche nach einer studienbezogenen Beschäftigung noch ein Jahr aufhalten (§ 16 Abs. 4 AufenthG). Für die Dauer dieses Jahres ist der Zweck des Aufenthalts die Arbeitssuche, die auch das Aufenthaltsrecht begründet.

70 Ergibt sich das Aufenthaltsrecht alleine aus dem Zweck der **Arbeitssuche**, ist die Ausschlussregelung des § 23 Abs. 3 Satz 1 SGB XII – in seiner zweiten Alternative – nicht anwendbar, wenn sich der in Deutschland lebende arbeitssuchende Ausländer auf das **EFA** berufen kann (vgl. Rn. 35 und die Anhang zu § 23 - Die Sozialhilfe als Gegenstand des Europäischen Rechts Rn. 97 f.).[59]

71 Der Ausschluss betrifft im Übrigen aber auch **Unionsbürger**, die nicht unter das EFA fallen. Zur Vereinbarkeit des Ausschlusses von Arbeitsuchenden von der Sozialhilfe mit europäischem Primär- und Sekundärrecht vgl. ausführlich die Anhang zu § 23 - Die Sozialhilfe als Gegenstand des Europäischen Rechts Rn. 16-83. In Bezug auf das SGB II wurde diese Frage vom BSG dem EuGH vorgelegt.[60]

c. Verhältnis zu § 2 SGB XII

72 Dem Anspruch eines leistungsberechtigten Ausländer kann nicht entgegengehalten werden, er müsse im Rahmen der **Selbsthilfe den Geltungsbereich des SGB XII verlassen** und in sein Heimat- oder das Herkunftsland zurückkehren (sog. Nachranggrundsatz, § 2 SGB XII). § 2 Abs. 1 SGB XII regelt keinen eigenständigen Ausschlusstatbestand, sondern umschreibt vergleichbar dem Grundsatz des Forderns in § 1 Satz 2 SGB XII nur ein Gebot der Sozialhilfe, das insbesondere durch die Regelungen über den Einsatz von Einkommen (§§ 82 ff. SGB XII) und Vermögen (§§ 90 f. SGB XII) oder sonstige leistungshindernde Normen konkretisiert wird und nur bzw. zumindest regelmäßig im Zusammenhang mit ihnen zu sehen ist.[61] Als Ausschlussnorm kann § 2 SGB XII deshalb allenfalls in extremen Ausnahmefällen greifen, wenn sich der Hilfebedürftige etwa strikt weigert, jede auch noch so naheliegende Möglichkeit zu nutzen, um seine Hilfebedürftigkeit zu beenden, insbesondere wenn diese Weigerung das Ziel vor Augen hat, weiterhin Leistungen nach dem SGB XII beziehen zu können (vgl. dazu die Kommentierung zu § 2 SGB XII). Auch Sinn und Zweck des § 23 Abs. 1 Satz 1 SGB XII zeigen, dass die den Nachrang der Sozialhilfe unter anderem begründende Selbsthilfe nicht in der Ausreise bestehen kann.[62]

d. Verfassungsmäßigkeit

73 Zwar muss die Bundesrepublik Deutschland zum Schutz der Leistungsfähigkeit ihrer Sozialleistungsträger, die im öffentlichen Interesse erhalten werden muss, notwendigerweise Schranken setzen. § 23 Abs. 1 SGB XII enthält unter diesem Blickwinkel zugunsten von Ausländern auch eher großzügige Regelungen.[63] Ein **völliger Ausschluss von Leistungen** lässt sich aber nicht mit Art. 1 Abs. 1 i.V.m. Art. 20 GG vereinbaren. Zwar steht es im sozialpolitischen Ermessen des Gesetzgebers, für Ausländer besondere Regelungen zur Sicherung ihres Lebensbedarfs zu entwickeln, nicht aber, Leistungen, die zur Deckung des Lebensunterhaltes dienen, gänzlich zu versagen. Es besteht nämlich die Verpflichtung

---

[59] BSG v. 19.10.2010 - B 14 AS 23/10 R - BSGE 107, 66 = SozR 4-4200 § 7 Nr. 21 zu der entsprechenden Ausschlussnorm des § 7 Abs. 1 Satz 2 Nr. 2 SGB II.
[60] BSG v. 12.12.2013 - B 4 AS 9/13 R - ZFSH/SGB 2014, 158; ebenso SG Leipzig v. 03.06.2013 - S 17 AS 2198/12.
[61] BSG v. 26.08.2008 - B 8/9b SO 16/07 R - FEVS 60, 346.
[62] BVerwG v. 25.08.1999 - 5 B 153/99 - Buchholz 436.0 § 120 BSHG Nr. 10.
[63] BVerwG v. 20.10.1981 - 5 C 16/80 - Buchholz 436.0 § 120 BSHG Nr. 3.

des Staates, die **Mindestvoraussetzungen für ein menschenwürdiges Dasein** zu garantieren und dem mittellosen Bürger diese Mindestvoraussetzungen erforderlichenfalls durch Sozialleistungen zu sichern.[64] Nach der Rechtsprechung des BVerfG[65] gewährt Art. 1 Abs. 1 GG i.V.m. Art. 20 Abs. 1 GG insoweit einen Anspruch auf Gewährung eines menschenwürdigen Existenzminimums als **Menschenrecht**, das deutschen und ausländischen Staatsangehörigen, die sich in der BRD aufhalten, gleichermaßen zusteht.

Ein **genereller Leistungsausschluss** führte auch dazu, dass Ausländer, die eingereist sind, um Sozialhilfe zu erlangen, schlechter gestellt werden als **Leistungsberechtigte nach dem AsylbLG**, die sich in das Bundesgebiet begeben haben, um Leistungen nach dem AsylbLG zu erlangen, weil dieser Personenkreis, zu denen sogar vollziehbar Ausreisepflichtige gehören, nach § 1a AsylbLG (immerhin) die nach den Umständen unabweisbar gebotenen Leistungen erhält.

74

Zur Lösung dieses Konflikts ist eine **verfassungskonforme Auslegung** des § 23 Abs. 3 Satz 1 SGB XII geboten, die gerade keinen absoluten, rechtsvernichtenden Charakter der zur Verhütung von Missbrauch dienenden Bestimmung gebietet. Der Ausländer, der sich mit dem dort genannten Ziel in den Geltungsbereich des SGB XII begibt, ist lediglich vom (Rechts-)Anspruch auf die in § 23 Abs. 1 SGB XII vorgesehenen Leistungen ausgeschlossen. Dieser Ausschluss lässt aber gleichwohl – gegebenenfalls modifiziert – eine **Hilfegewährung im Ermessenswege** nach § 23 Abs. 1 Satz 3 SGB XII zu, weil es Lebenssachverhalte geben kann, bei denen nach dem auch bei der Anwendung des § 23 SGB XII zu berücksichtigenden Gesamtverständnis des Sozialhilferechts die Leistung von (unter Umständen eingeschränkter) Hilfe selbst dann möglich bleiben muss, wenn der Ausländer Leistungen der Sozialhilfe missbräuchlich in Anspruch nimmt.[66]

75

Das dem Sozialhilfeträger hiernach eröffnete Ermessen bei der Entscheidung darüber, ob dem Hilfebedürftigen Hilfe zum Lebensunterhalt gewährt werden kann, obwohl er sich in den Geltungsbereich des Bundessozialhilfegesetzes begeben hat, um Sozialhilfe zu erlangen, ist nicht schon wegen der bestehenden Notlage auf Null reduziert mit der Folge, dass nur die Gewährung der begehrten Hilfe zum Lebensunterhalt – in voller Höhe – rechtmäßig wäre. Vielmehr sind im Ermessenswege insbesondere bei **Art und Umfang der Leistungen** Einschnitte möglich, die ihre Grenze aber bei dem zum Lebensunterhalt Unerlässlichen haben dürften, weil angesichts der Rechtsprechung des BVerfG[67] das Existenzminimum gewährleistet sein muss; insoweit ist das Ermessen dann auf Null reduziert.

76

4. Rückführungs-, Weiterwanderungsprogramme (Absatz 4)

Nach § 23 Abs. 4 SGB XII sind Ausländer, denen Sozialhilfe geleistet wird, auf für sie zutreffende Rückführungs- und Weiterwanderungsprogramme hinzuweisen; in geeigneten Fällen ist auf eine Inanspruchnahme solcher Programme hinzuwirken. Wie die Hinweise erfolgen sollen und insbesondere welche Maßnahme der Sozialhilfeträger ergreifen darf, um auf die Inanspruchnahme eines Rückführungsprogramms hinzuwirken, sagt die Vorschrift nicht. Sie ermächtigt jedenfalls nicht, **belastende Verwaltungsakte** zu erlassen.

77

Im Umkehrschluss hierzu statuiert die Regelung **keine Pflicht des Ausländers**, derartige Programme, auf die er hingewiesen wird, tatsächlich auch in Anspruch zu nehmen, so dass hieraus auch keine leistungsrechtlichen Konsequenzen gezogen werden dürfen. Letztlich umschreibt die Regelung nur die Zielvorstellung des Gesetzgebers, Sozialhilfeleistungen an Ausländer, die sich nur vorübergehend in der Bundesrepublik aufhalten, nach Möglichkeit nicht oder nur für eine begrenzte Zeit zu zahlen.

78

5. Reduzierte Leistungsgewährung

a. Verstoß gegen räumliche Beschränkungen (Absatz 5 Satz 1)

Nach § 98 Abs. 1 Satz 1 SGB XII ist für die Sozialhilfe der Träger der Sozialhilfe zuständig, in dessen Bereich sich die Leistungsberechtigten aufhalten. Bei Ausländern kann die gleichmäßige Belastung von Sozialhilfeträgern durch ausländerrechtliche räumliche Aufenthaltsbeschränkungen gesteuert werden. Grundsätzlich wird ein Aufenthaltstitel gemäß § 12 Abs. 1 AufenthG zwar für das (gesamte) Bundesgebiet erteilt. Nach § 12 Abs. 2 Satz 2 AufenthG können aber das Visum und die Aufenthaltserlaubnis (auch nachträglich) mit **Auflagen** verbunden werden, zu denen insbesondere eine räumliche Be-

79

---

[64] BVerfG v. 29.05.1990 - 1 BvL 20/84, 1 BvL 26/84, 1 BvL 4/86 - BVerfGE 82, 60.
[65] BVerfG v. 18.07.2012 - 1 BvL 10/10, 1 BvL 2/11 - BVerfGE 132, 134 = SozR 4-3520 § 3 Nr. 2.
[66] BVerwG v. 10.12.1987 - 5 C 32/85 - BVerwGE 78, 314.
[67] BVerfG v. 18.07.2012 - 1 BvL 10/10, 1 BvL 2/11 - BVerfGE 132, 134 = SozR 4-3520 § 3 Nr. 2.

schränkung gehört, die nach § 51 Abs. 6 AufenthG auch bei Wegfall des Aufenthaltstitels in Kraft bleibt. Entsprechendes gilt nach § 12 Abs. 4 AufenthG für den Aufenthalt eines Ausländers, der keines Aufenthaltstitels bedarf. Während eine Auflage nach § 12 Abs. 2 und 4 AufenthG in das Ermessen der Behörde gestellt ist, sieht § 61 AufenthG bei vollziehbar ausreisepflichtigen Ausländern (von Ausnahmefällen abgesehen) sogar zwingend (gebundene Entscheidung) eine räumliche Beschränkung des Aufenthalts vor.

80 Bei einem Verstoß gegen ausländerrechtliche räumliche Beschränkungen kann sich die **örtliche Zuständigkeit** des Sozialhilfeträgers ändern. Um die damit verbundenen Belastungen zu verringern, ermöglicht § 23 Abs. 5 SGB XII dem nunmehr zuständigen Sozialhilfeträger, herabgesetzte Leistungen auf dem Niveau einer nach den Umständen **unabweisbar gebotenen Leistung** zu erbringen. Ziel von § 23 Abs. 5 Satz 1 SGB XII ist nach der Gesetzesbegründung[68] die gleichmäßige Lastenverteilung unter den Ländern und Gemeinden bei Sozialhilfebedürftigkeit von in ihrem Zuständigkeitsbereich sich aufhaltenden Ausländern. Ob es einer solchen Regelung tatsächlich bedarf, scheint angesichts der Verpflichtung des Ausländers nach § 12 Abs. 3 AufenthG, den Teil des Bundesgebiets, in dem er sich ohne Erlaubnis der Ausländerbehörde einer räumlichen Beschränkung zuwider aufhält, unverzüglich zu verlassen, zweifelhaft. Die Vorschrift hat insoweit auch einen versteckten **Strafcharakter** (ein Verstoß gegen die räumliche Beschränkung ist schon nach den §§ 95, 98 AufenthG strafbewährt).

81 Wohnsitzauflagen gegenüber **anerkannten Flüchtlingen**, die Sozialhilfeleistungen beziehen, verstoßen gegen die völkerrechtliche Verpflichtung des Art. 23 GK, Konventionsflüchtlinge und eigene Staatsangehörige auf dem Gebiet der öffentlichen Fürsorge gleich zu behandeln, wenn die Auflagen zum Zweck der angemessenen Verteilung öffentlicher Sozialhilfelasten verfügt werden.[69] Aus dem Zusammenspiel der in Art. 26 GK gewährten Freizügigkeit mit dem Grundsatz fürsorgerechtlicher Gleichbehandlung in Art. 23 GK ergibt sich, dass freizügigkeitsbeschränkende Maßnahmen gegenüber Flüchtlingen nicht zum Zweck der angemessenen Verteilung öffentlicher Sozialhilfelasten eingesetzt werden dürfen. Verfolgt die Ausländerbehörde bei der Anordnung von Wohnsitzauflagen derartige fiskalische Ziele, macht sie von ihrem Ermessen in einer dem Zweck der Ermächtigung nicht entsprechenden Weise Gebrauch. Rechtmäßig ist eine solche die Sozialhilfegewährung nach Art. 23 GK erfassende Regelung deshalb nur als Folge einer aus anderen Gründen gerechtfertigten aufenthaltsrechtlichen Beschränkung.[70]

b. Aufenthaltserlaubnis aus völkerrechtlichen, humanitären oder politischen Gründen (Absatz 5 Satz 2)

82 Die Gewährung von reduzierten Leistungen der Sozialhilfe ist gemäß § 23 Abs. 5 Satz 2 SGB XII außer in den Fällen des Verstoßes gegen ausdrückliche räumliche Beschränkungen für Ausländer vorgesehen, die einen räumlich nicht beschränkten Aufenthaltstitel nach den §§ 23, 23a, 24 Abs. 1 oder § 25 Abs. 3-5 AufenthG (Abschnitt 5 des Zweiten Kapitels des AufenthG: **Aufenthalt aus völkerrechtlichen, humanitären oder politischen Gründen**) besitzen, wenn sie sich außerhalb des Landes aufhalten, in dem der Aufenthaltstitel erstmals erteilt worden ist.

83 Dies ist für erforderlich gehalten worden, um den **Anstieg von Sozialhilfekosten** in Gebieten, die eine höhere Konzentration von Ausländern aufweisen, zu vermeiden. § 23 Abs. 5 Satz 2 SGB XII findet aus verfassungsrechtlichen Gründen nach § 23 Abs. 5 Satz 3 SGB XII allerdings keine Anwendung, wenn der Ausländer die Rechtsstellung eines ausländischen Flüchtlings genießt oder der Wechsel in ein anderes Land im Hinblick auf Art. 6 GG (etwa Zuzug zum Ehegatten) oder aus vergleichbar wichtigen Gründen gerechtfertigt ist. Entscheidend für das Vorliegen der Voraussetzungen des § 23 Abs. 5 Satz 2 SGB XII ist die erstmalige Erteilung des Aufenthaltstitels, nicht dessen Verlängerung.[71]

84 Die Einschränkung gilt nicht für **Asylberechtigte** oder Personen, die **Flüchtlinge** im Sinne der Genfer Flüchtlingskonvention sind, da hier der Eingriff in die Freizügigkeit nicht mit der Genfer Flüchtlingskonvention in Einklang zu bringen ist. Die Nichtanwendbarkeit des § 23 Abs. 5 Satz 2 SGB XII aus anderen wichtigen Gründen tritt nur dann ein, wenn diese Gründe ein dem Schutz von Ehe und Familie vergleichbares Gewicht haben.

---

[68] BT-Drs. 15/420, S. 122.
[69] BVerwG v. 15.01.2008 - 1 C 17/07 - BVerwGE 130, 148 ff.
[70] BVerwG v. 15.01.2008 - 1 C 17/07 - BVerwGE 130, 148 ff.
[71] BVerwG v. 13.11.2003 - 5 C 54/02 - NDV-RD 2004, 76.

Da in den Fällen des § 23 Abs. 5 Satz 2 SGB XII der Aufenthalt des Ausländers räumlich nicht beschränkt ist, sind die insoweit vorgesehenen Einschränkungen des Sozialhilfeanspruchs aber auch in den übrigen Fällen verfassungsrechtlich kaum haltbar, weil der Ausländer gleichwohl – jedenfalls mittelbar – gezwungen ist, sich in dem die Aufenthaltserlaubnis ausstellenden Land aufzuhalten. Die Gewährung reduzierter Leistungen ist angesichts der Rechtsprechung des BVerfG[72], wonach Art. 1 Abs. 1 GG i.V.m. Art. 20 Abs. 1 GG einen Anspruch auf Gewährung eines menschenwürdigen Existenzminimums als **Menschenrecht** gewährt, das deutschen und ausländischen Staatsangehörigen, die sich in der BRD aufhalten, gleichermaßen zusteht, nur dann zu rechtfertigen, wenn dem Ausländer ein strafbewährtes oder zumindest sozialwidriges Verhalten vorgeworfen werden kann, das er selbst abzustellen in der Lage ist. An einem solchen sozialwidrigen oder strafbewährtem Verhalten fehlt es aber, wenn ein Ausländer sich seiner Aufenthaltserlaubnis entsprechend legal in einem Bundesland aufhält, in dem die Aufenthaltserlaubnis nicht ausgestellt wurde. Das Sozialhilferecht kann insoweit trotz bestehender Freizügigkeit nicht der Steuerung des Zuzugs von Ausländern in bestimmte Bundesländer dienen; dies muss vielmehr dem Aufenthaltsrecht vorbehalten bleiben. 85

6. Ausländerrechtliche Konsequenzen bei der Inanspruchnahme von Sozialhilfe

Die Erteilung eines Aufenthaltstitels setzt nach § 5 Abs. 1 Nr. 1 AufenthG u.a. voraus, dass der Lebensunterhalt gesichert ist. Von dieser sogenannten **Regelerteilungsvoraussetzung** ist allerdings in den in § 5 Abs. 3 AufenthG genannten Fällen abzusehen. So besteht etwa aus humanitären Gründen (§ 5 Abs. 3 Satz 1 i.V.m. § 25 Abs. 1-3 AufenthG) oder zum Zwecke des Familiennachzugs zu Deutschen (§ 28 Abs. 1 Satz 2 AufenthG) auch bei mangelnder Sicherung des Lebensunterhalts ein Rechtsanspruch auf Erteilung der Aufenthaltserlaubnis. Diese Grundsätze gelten auch bei der Verlängerung eines Aufenthaltstitels (§ 8 Abs. 1 AufenthG). 86

Als Kehrseite von der oben beschriebenen Regelerteilungsvoraussetzung kann ein Ausländer nach § 55 Abs. 2 Nr. 6 AufenthG ausgewiesen werden, wenn er für sich, seine Familienangehörigen oder für sonstige Haushaltsangehörige Sozialhilfe in Anspruch nimmt, es sei denn, er genießt einen besonderen **Ausweisungsschutz** nach § 56 Abs. 1 AufenthG. Der besondere Ausweisungsschutz ist von der Dauer des Aufenthalts i.V.m. dem jeweiligen Aufenthaltstitel abhängig. Daneben genießen auch Ausländer, die mit einem deutschen Familienangehörigen oder Lebenspartner in familiärer oder lebenspartnerschaftlicher Lebensgemeinschaft leben, sowie Asylberechtigte und anerkannte Konventionsflüchtlinge einen solchen Ausweisungsschutz. 87

Die Entscheidung der Ausländerbehörde nach § 55 Abs. 2 Nr. 6 AufenthG liegt in ihrem Ermessen. Im Hinblick auf die Regelbeispiele für einen besonderen **Abschiebungsschutz** nach § 56 Abs. 1 AufenthG muss insbesondere die Dauer des Aufenthalts und die mit ihr verbundene Integration des Ausländers Berücksichtigung finden. Daneben können Gesichtspunkte wie das Alter, eine Behinderung, die Ursache für den Eintritt der Sozialhilfebedürftigkeit und schließlich auch die prognostische Dauer des Sozialhilfebezugs von Bedeutung sein. 88

Schweizer und Österreichische Staatsangehörige können nach der Vereinbarung zwischen der Bundesrepublik Deutschland und der Schweizer Eidgenossenschaft über die Fürsorge für Hilfsbedürftige bzw. nach dem Abkommen zwischen der Bundesrepublik Deutschland und der Republik Österreich über Fürsorge und Jugendwohlfahrtspflege nicht (mehr) ausgewiesen werden, wenn sie sich bereits ein Jahr ununterbrochen regelmäßig im Bundesgebiet aufgehalten haben. Die Unterbrechung des Aufenthalts durch einen Urlaub oder einen vergleichbaren Auslandsaufenthalt unterbricht den regelmäßigen Aufenthalt nicht. 89

Soweit das **Europäische Fürsorgeabkommen** (EFA) Anwendung findet, ist eine Ausweisung nur unter den Voraussetzungen von Art. 6 und 7 EFA möglich. Art. 6 Abs. a EFA stellt dabei den Grundsatz auf, dass eine Ausweisung nicht allein deshalb erfolgen darf, weil der Staatsangehörige eines anderen Vertragsschließenden hilfsbedürftig ist. Art. 7 Abs. a EFA regelt hiervon unter recht engen Voraussetzungen eine Ausnahme, wobei Art. 7 Abs. b EFA die Vertragsstaaten zu einer „großen Zurückhaltung" bei einer derartigen „Rückschaffung" verpflichtet. Gegen **Unionsbürger** darf nach Art. 14 Abs. 4 der Richtlinie 2004/38/EG keine Ausweisung verfügt werden, wenn sie Arbeitnehmer oder Selbstständige sind (lit. a) oder in das Hoheitsgebiet des Aufnahmestaates eingereist sind, um Arbeit zu suchen; in diesem Fall dürfen die Unionsbürger und ihre Familienangehörigen nicht ausgewiesen werden, solange sie nachweisen können, dass sie weiterhin Arbeit suchen und dass sie eine begründete Aussicht haben, eingestellt zu werden (lit. b).[73] 90

---

[72] BVerfG v. 18.07.2012 - 1 BvL 10/10, 1 BvL 2/11 - BVerfGE 132, 134 = SozR 4-3520 § 3 Nr. 2.
[73] Vgl. dazu LSG NRW v. 12.03.2014 - L 7 AS 106/14 B ER - juris Rn. 13 m.w.N.

Anhang zu § 23 SGB XII - Die Sozialhilfe als Gegenstand des Europäischen Rechts

Gliederung

A. Der Ausschluss in § 23 Abs. 3 SGB XII und das Gebot der Gleichbehandlung von EU-Bürgern 1
I. Allgemeines 1
II. Rechtmäßiger Aufenthalt als Leistungsvoraussetzung? 2
III. Der Ausschluss von Arbeitsuchenden (§ 23 Abs. 3 Satz 1 Alt. 2 SGB XII) 5
1. Einführung 5
2. Arbeitsuche als einziger Zweck des Aufenthalts 8
a. Familienzusammenführung 8
b. Arbeitnehmer, Selbstständige und solche, denen dieser Status erhalten bleibt 12
c. Kein Aufenthaltsrecht? 15.1
3. Vereinbarkeit des Ausschlusses von Arbeitsuchenden mit Europäischem Primärrecht 16
a. Grundlage des Ausschlusses von Arbeitsuchenden in der Bereichsausnahme des Art. 24 Abs. 2 EGRL 38/04 16
b. Anwendbarkeit der Bereichsausnahme aus Art 24 Abs. 2 EGRL 38/04 18
c. Vereinbarkeit der Bereichsausnahme aus Art 24 Abs. 2 EGRL 38/04 mit Art. 18 AEUV 22
4. Vereinbarkeit des Ausschlusses von Arbeitsuchenden mit Europäischem Sekundärrecht 48
a. Allgemeines 48
b. Anwendbarkeit der EGVO 883/04 50
c. Rechtfertigung der Ungleichbehandlung 63
5. Exkurs: Die Leistungen der Grundsicherung für Arbeitsuchende 69
a. Allgemeines 69
b. Die Einstufung der Leistungen der Grundsicherung für Arbeitsuchende 70
c. Die Entscheidung des EuGH vom 04.06.2009 und Art. 45 AEUV 75
d. Die Verbindung zum deutschen Arbeitsmarkt 79
IV. Ausschluss bei Einreise zur Erlangung von Sozialhilfe (§ 23 Abs. 3 Satz 1 Alt. 1 SGB XII) 83

B. Der Ausschluss in § 23 Abs. 3 SGB XII und das Europäische Fürsorgeabkommen 84
I. Allgemeines 84
II. Anwendbarkeit des EFA auf Leistungen nach dem SGB II und dem SGB XII 89
1. Die Leistungen nach dem SGB XII 89
2. Exkurs: Die Leistungen nach dem SGB II 94
3. Folgen des Ausschlusses von SGB-II-Leistungen für die Leistungen nach dem SGB XII 97
III. Verhältnis des EFA zum Ausschluss in § 23 Abs. 3 SGB XII 99
1. Ausschluss von Arbeitsuchenden 99
a. Grundsätzlicher Vorrang des EFA 99
b. Sonderfall: Bedürftigkeit bei Einreise 101
2. Ausschluss bei Einreise zur Erlangung von Sozialhilfe 105

C. § 23 Abs. 3 Satz 1 SGB XII und Art. 14 EMRK 106
I. Allgemeines 106
II. Anwendbarkeit des Art. 14 EMRK 110
1. Teilhabe aus der Eigentumsgarantie (Art. 1 ZP I) 110
2. Teilhabe aus dem allgemeinen Diskriminierungsverbot (Art. 1 ZP XII) 114
III. Rechtfertigung einer Ungleichbehandlung 116

D. Exkurs: § 23 Abs. 3 SGB XII und Art. 1, Art. 20 GG 119

E. Prüfungsschema für die Praxis 124

A. Der Ausschluss in § 23 Abs. 3 SGB XII und das Gebot der Gleichbehandlung von EU-Bürgern

I. Allgemeines

1 In § 23 Abs. 3 Satz 1 SGB XII findet sich ein **Anspruchsausschluss** für Ausländer, die eingereist sind, um **Sozialhilfe zu erlangen**, oder deren Aufenthaltsrecht sich allein aus dem Zweck der **Arbeitssuche** ergibt. Inwieweit dies mit europäischem Primär- und Sekundärrecht im Einklang steht, wird in Rn. 5 und Rn. 83 geprüft. In beiden Fällen ist bei den Leistungen nach dem Vierten Kapitel (Leistungen bei Alter und Erwerbsminderung) zudem zu prüfen, ob der Ausländer einen gewöhnlichen Aufenthalt im Bundesgebiet hat (vgl. Rn. 2).

II. Rechtmäßiger Aufenthalt als Leistungsvoraussetzung?

2 Die Leistungen nach dem Vierten Kapitel (vgl. § 41 Abs. 1 SGB XII), aber auch die der Grundsicherung für Arbeitsuchende (vgl. § 7 Abs. 1 Nr. 4 SGB II) setzen einen **gewöhnlichen Aufenthalt** im Bundesgebiet voraus (anders bei den Leistungen nach dem Dritten Kapitel). Den gewöhnlichen Aufenthalt hat nach § 30 Abs. 3 Satz 2 SGB I jemand dort, wo er sich unter Umständen aufhält, die erkennen lassen, dass er an diesem Ort oder in diesem Gebiet nicht nur vorübergehend verweilt. Bei der

Prognose bezüglich dieser **Zukunftsoffenheit** des derzeitigen Aufenthalts spielt auch die Rechtmäßigkeit des Aufenthalts mit hinein.

Sehr weitgehend hat der **4. Senat** dieses Merkmal **im Rentenrecht** ausgelegt.[1] Danach lag kein gewöhnlicher Aufenthalt mehr vor, sobald im jeweils streitigen Zeitraum bereits eine bindende Entscheidung der Ausländerbehörde vorliegt, die den Aufenthalt des Ausländers auflösend befristet oder an einen vorübergehenden Zweck bindet.[2] Diese enge Auslegung hat der nunmehr für die Grundsicherung für Arbeitsuchende zuständige 4. Senat des BSG nicht fortgeführt.[3] Allerdings ist auch nach dieser Rechtsprechung Voraussetzung des Leistungsbezugs, dass der Ausländer über einen Aufenthaltstitel verfügt, der den persönlichen Aufenthalt zulässt.[4] Die für den gewöhnlichen Aufenthalt notwendige **Zukunftsoffenheit** des Aufenthalts nimmt das BSG bei **EU-Bürgern** aber **regelmäßig an**.[5] Dabei spielen auch die Beschränkungen des § 13 FreizügG/EU – nach dem 01.01.2014 nur noch für Kroaten relevant – keine Rolle.[6]

3

Enger hat dies – zumindest bislang – das LSG Nordrhein-Westfalen gesehen[7] und einen „**prognostisch auf Dauer gesicherten Aufenthalt**" gefordert.[8] Dabei wird auf den Sinn und Zweck der Eingliederung in den Arbeitsmarkt rekurriert. Dies geht vor dem Hintergrund der EuGH-Rechtsprechung zu weit. Der EuGH hat es in der Rechtssache Bidar verworfen, dass eine Beihilfe nur dann gewährt wird, wenn der EU-Bürger im Aufnahmemitgliedstaat auch dauernd ansässig ist.[9]

4

III. Der Ausschluss von Arbeitsuchenden (§ 23 Abs. 3 Satz 1 Alt. 2 SGB XII)

1. Einführung

Der Anspruchsausschluss von Arbeitsuchenden **verstößt in seiner jetzigen gesetzlichen Form** (ohne erforderliche europarechtskonforme Auslegung) **gegen Europarecht**.[10] Wenn die Leistungsgewährung nicht zu einer **unangemessenen Belastung** wird, verstößt ein Ausschluss von den Leistungen der Sozialhilfe gegen die primärrechtliche Regelung des Art. 18 AEUV (allgemeines Gleichbehandlungsgebot, vgl. dazu Rn. 38).[11] Bezüglich der Leistungen nach dem Vierten Kapitel liegt dann auch ein Verstoß gegen Art. 4 EGV 883/04 (Gleichbehandlungsgebot im Anwendungsbereich der sog. Koordinationsverordnung, vgl. dazu Rn. 48) vor.[12]

5

Der Anspruchsausschluss kann aber **europarechtskonform** ausgelegt werden. Der Anspruchsausschluss ist wirksam, solange dadurch erreicht wird, dass die Gewährung von Leistungen **nicht zu einer unangemessenen Belastung** für den gewährenden Staat wird (vgl. dazu Rn. 38).[13]

6

---

[1] Vgl. BSG v. 03.04.2001 - B 4 RA 90/00 R; BSG v. 30.09.1993 - 4 RA 49/92.
[2] BSG v. 30.09.1993 - 4 RA 49/92; a.A. BSG v. 09.08.1995 - 13 RJ 59/93.
[3] Vgl. BSG v. 30.01.2013 - B 4 AS 54/12 R.
[4] Vgl. BSG v. 16.05.2007 - B 11b AS 37/06 R.
[5] Vgl. BSG v. 30.01.2013 - B 4 AS 54/12 R.
[6] Vgl. BSG v. 30.01.2013 - B 4 AS 54/12 R.
[7] Vgl. LSG Nordrhein-Westfalen v. 28.06.2011 - L 19 AS 317/11 B ER.
[8] Sich dem anschließend: SG Darmstadt v. 25.03.2013 - S 16 AS 1089/12 ER.
[9] EuGH v. 15.03.2005 - C-209/03 - juris Rn. 61 - Slg. 2005, I-2119 - Bidar.
[10] Ob ein solcher völliger Leistungsausschluss gegen das Grundgesetz verstößt (so: *Husmann*, NZS 2009, 652, 654; *Strick*, NJW 2005, 2182, 2185; *Kingreen*, SGb 2013, 132, 137 ff.; andere Ansicht: LSG Niedersachsen-Bremen v. 26.02.2010 - L 15 AS 30/10 B ER - juris Rn. 30), da nach Art. 1 Abs. 1 GG, Art. 20 Abs. 1 GG das Existenzminimum zu gewähren ist (vgl. dazu: BVerfG v. 09.02.2010 - 1 BvL 1/09, 1 BvL 3/09, 1 BvL 4/09 - NJW 2010, 505-518), wird in einem Exkurs unter Rn. 119 ff. erörtert.
[11] Ähnlich: *Schreiber*, ZESAR 2006, 423 ff.; ohne die hier gemachte Differenzierung (zum SGB II): *Hofmann/Kummer*, ZESAR 2013, 199, 205; a.A. *Schlette* in: Hauck/Noftz, SGB XII, § 23 Rn. 54m, Stand: 07/2012; in diese Richtung auch: *Hohm* in: Schellhorn/Schellhorn/Hohm, SGB XII, 18. Aufl. 2010, § 23 Rn. 29d; mit Einschränkung auch: *Decker* in: Oestreicher, SGB II/SGB XII, § 23 SGB XII, Stand: 07/2008; vgl. zur Herleitung eines Anspruchs auf Sozialhilfe aus Art. 18 AEUV: EuGH v. 20.09.2001 - C-184/99 - Slg 2001, I-6193 - Grzelczyk; EuGH v. 07.09.2004 - C-456/02 - Slg. 2004, I-7573 - Trojani.
[12] Noch weitergehend, ohne die hier vorgeschlagene europarechtskonforme Auslegung: SG Dresden v. 03.08.2011 - S 36 AS 3461/11 ER - juris Rn. 47; *Schreiber*, NZS 2012, 647, 651; *Eichenhofer*, ZESAR 2012, 357, 359.
[13] Ähnlich: *Schreiber*, ZESAR 2006, 423 ff.; zum SGB II (dort allerdings Verbindung zum deutschen Arbeitsmarkt): *Hackethal* in: jurisPK-SGB II, 3. Aufl. 2012, § 7 SGB II Rn. 38; *A. Loose* in: GK-SGB II, § 7 Rn. 68, Stand: 09/2012; so im Ergebnis auch: LSG Niedersachsen-Bremen v. 23.05.2012 - L 9 AS 347/12 B ER; a.A. beispielsweise: *Hofmann/Kummer*, ZESAR 2013, 199, 205.

7 Der Anspruchsausschluss in § 23 Abs. 3 Satz 1 Alt. 2 SGB XII ist ohnedies nur anwendbar, wenn die **Arbeitssuche nicht der einzige Zweck** des Aufenthalts ist (vgl. Rn. 8).[14]

2. Arbeitssuche als einziger Zweck des Aufenthalts

a. Familienzusammenführung

8 Ein anderer Aufenthaltszweck (als der der Arbeitssuche) kann sich aus der **Familienzusammenführung** ergeben. Freizügigkeitsberechtigt sind nach § 2 Abs. 2 Nr. 6 FreizügG/EU, § 3 Abs. 1 FreizügG/EU grundsätzlich auch Familienangehörige von EU-Bürgern. Dies sind nach § 3 Abs. 2 FreizügG/EU einerseits der **Ehegatte** und die **Verwandten in absteigender Linie** des EU-Bürgers oder seines Ehegatten, die noch nicht 21 Jahre alt sind (Nr. 1), andererseits die Verwandten in aufsteigender und in absteigender Linie des EU-Bürgers oder seines Ehegatten, denen dieser oder sein Ehegatte Unterhalt gewährt.

9 Der **eheähnliche Partner** ist kein Familienangehöriger in diesem Sinne.[15] Eine oben genannte familiäre Bindung besteht innerhalb einer eheähnlichen Gemeinschaft aber über ein gemeinsames Kind. Der zunächst in der Rechtsprechung vertretenen Ansicht, dass dies erst mit der Geburt des Kindes, nicht bereits in der Schwangerschaft möglich ist,[16] ist das BSG nicht gefolgt.[17] Es hat **bereits vor der Geburt ein Aufenthaltsrecht** aus familiären Gründen angenommen, wenn beide Elternteile bereits in Verhältnissen leben, welche eine gemeinsame Übernahme der elterlichen Verantwortung sicher erwarten lasse.[18]

10 Bezüglich dieses vorgeburtlichen Schutzes greift das BSG auf eine verwaltungsgerichtliche Rechtsprechung zurück.[19] Danach ist die Vaterschaft eines Ausländers auch hinsichtlich des ungeborenen Kindes geeignet, einen Umstand darzustellen, der u.a. unter dem Gesichtspunkt des Schutzes der Familie nach Art. 6 Abs. 1 GG **aufenthaltsrechtliche Vorwirkungen** im Sinne eines Abschiebungshindernisses entfaltet. Hierbei geht die verwaltungsgerichtliche Rechtsprechung allerdings unterschiedlich weit. Unstreitig ist insoweit, dass eine solche Vorwirkung besteht, wenn eine Risikoschwangerschaft (oder anderweitige Hilfsbedürftigkeit der Mutter) vorliegt.[20] Unterschiedlich wird aber in der verwaltungsgerichtlichen Rechtsprechung der vom BSG entschiedene Fall gesehen, dass beide Elternteile bereits in Verhältnissen leben, welche eine gemeinsame Übernahme der elterlichen Verantwortung sicher erwarten lassen.[21]

11 Ist aber eine **Familienzusammenführung im Ausland möglich und zumutbar**, so ergibt sich aus Art. 6 GG, Art. 8 EMRK, Art. 7 EuGRC kein Aufenthaltsrecht aus Familienzusammenführung, wenn die Verwandtschaft zwischen eheähnlichen Partnern nur über die gemeinsamen Kinder besteht und die Voraussetzungen des § 4 FreizügG/EU (hinreichende Existenzmittel und Krankenversicherungsschutz) nicht erfüllt sind.[22]

---

[14] BSG v. 30.01.2013 - B 4 AS 54/12 R; LSG Niedersachsen-Bremen v. 14.01.2008 - L 8 SO 88/07 ER
[15] BSG v. 30.01.2013 - B 4 AS 54/12 R - juris Rn. 33 unter Verweis auf: BVerwG v. 27.02.1996 - 1 C 41/93 - BVerwGE 100, 287 ff.; *Dienelt*: in Renner, AuslR, 9. Aufl. 2011, § 7 AufenthG, Rn. 20; vgl. auch: LSG Baden-Württemberg v. 16.05.2012 - L 3 AS 1477/11.
[16] Vgl. LSG Baden-Württemberg v. 16.05.2012 - L 3 AS 1477/11.
[17] Vgl. BSG v. 30.01.2013 - B 4 AS 54/12 R.
[18] BSG v. 30.01.2013 - B 4 AS 54/12 R.
[19] OVG Berlin-Brandenburg v. 03.09.2012 - OVG 11 S 40.12; OVG Hamburg v. 10.12.2009 - 3 Bs 209/09; Sächsisches OVG v. 02.10.2009 - 3 B 482/09; Bayrischer VGH v. 28.11.2011 - 10 CE 11.2746; OVG des Saarlandes v. 24.04.2008 - 2 B 199/08; OVG Sachsen-Anhalt v. 15.04.2008 - 2 M 84/08; OVG Lüneburg v. 29.06.2010 - 8 ME 159/10.
[20] Vgl. OVG Berlin-Brandenburg v. 03.09.2012 - OVG 11 S 40.12; OVG Hamburg v. 10.12.2009 - 3 Bs 209/09; Sächsisches OVG v. 02.10.2009 - 3 B 482/09; Bayrischer VGH v. 28.11.2011 - 10 CE 11.2746; OVG des Saarlandes v. 24.04.2008 - 2 B 199/08; OVG Sachsen-Anhalt v. 15.04.2008 - 2 M 84/08; OVG Lüneburg v. 29.06.2010 - 8 ME 159/10.
[21] Anerkannt von: OVG Berlin-Brandenburg v. 03.09.2012 - OVG 11 S 40.12; ähnlich: OVG Hamburg v. 10.12.2009 - 3 Bs 209/09; Sächsisches OVG v. 02.10.2009 - 3 B 482/09; ablehnend: Bayrischer VGH v. 28.11.2011 - 10 CE 11.2746; OVG des Saarlandes v. 24.04.2008 - 2 B 199/08; OVG Sachsen-Anhalt v. 15.04.2008 - 2 M 84/08; OVG Lüneburg v. 29.06.2010 - 8 ME 159/10.
[22] SG Osnabrück v. 20.08.2013 - S 16 AS 991/10.

b. Arbeitnehmer, Selbstständige und solche, denen dieser Status erhalten bleibt

Ist der EU-Bürger bereits **Arbeitnehmer** oder **Selbstständiger** im Sinne des EU-Rechts, oder **bleibt ihm sein Status als Arbeitnehmer erhalten**, so findet der Ausschluss in § 23 Abs. 3 Satz 1 Alt. 2 SGB XII ebenfalls keine Anwendung.[23]

Dabei ist zu berücksichtigen, dass der Arbeitnehmerbegriff hier **weit zu verstehen** ist.[24] So hat der EuGH bereits in den 60er Jahren entschieden, dass der Arbeitnehmerbegriff einen „übernationalen Inhalt" hat und sich nicht nach dem Recht der einzelnen Mitgliedstaaten bestimmen lasse.[25] Er hat danach beispielsweise Studienreferendare als Arbeitnehmer i.S.d. Gemeinschaftsrechts angesehen.[26] Sogar Studenten hat der EuGH unter gewissen Voraussetzungen unter den Anwendungsbereich gefasst.[27] Auch die Arbeitssuche kann unter diesen weiten Anwendungsbereich fallen.[28]

Ob eine solche **selbstständige Tätigkeit** vorliegt, ist im **Einzelfall** zu ermitteln. Die Anmeldung eines Gewerbes ist hierfür ebenso wenig hinreichend[29] wie ein Internetauftritt[30].

Nach Art. 7 Abs. 3 EGRL 38/04 (umgesetzt in § 2 Abs. 3 FreizügG/EU) bleibt die Erwerbstätigeneigenschaft dem Unionsbürger, der seine Erwerbstätigkeit als Arbeitnehmer oder Selbstständiger nicht mehr ausübt, **in folgenden Fällen erhalten**:

1. Er ist wegen einer **Krankheit oder eines Unfalls** vorübergehend arbeitsunfähig.
2. Er stellt sich bei ordnungsgemäß bestätigter **unfreiwilliger Arbeitslosigkeit** nach **mehr als einjähriger Beschäftigung** dem zuständigen „Arbeitsamt" zur Verfügung.
3. Er stellt sich bei ordnungsgemäß bestätigter unfreiwilliger Arbeitslosigkeit nach Ablauf seines auf weniger als ein Jahr befristeten Arbeitsvertrags oder bei im Laufe der ersten zwölf Monate eintretender unfreiwilliger Arbeitslosigkeit dem zuständigen Arbeitsamt zur Verfügung; in diesem Fall bleibt die Erwerbstätigeneigenschaft während **mindestens sechs Monaten aufrechterhalten**.
4. Er beginnt eine **Berufsausbildung**.

c. Kein Aufenthaltsrecht?

Der **19. Senat des LSG Nordrhein-Westfalen** lässt den Ausschluss auch dann unangewendet, wenn sich EU-Bürger **ohne Aufenthaltsgrund** im Sinne des gemeinschaftsrechtlichen Freizügigkeitsrechts aufhalten (LSG NRW v. 10.10.2013 - L 19 AS 129/13). Da die Bemühungen der Kläger, eine Arbeitsstelle zu erhalten, zum Zeitpunkt der Antragstellung seit über einem Jahr erfolglos und auch für die Zukunft nicht erfolgversprechend gewesen seien, seien die Kläger nicht mehr zur Arbeitssuche freizügigkeitsberechtigt. Sie gehörten damit nicht zu dem ausgeschlossenen Personenkreis. Ähnlich ist eine Entscheidung des **31. Senats des LSG Berlin-Brandenburg** einzuordnen, das den Ausschluss in § 7 Abs. 1 Satz 2 Nr. 2 SGB II dann nicht anwendet, „wenn der Ausländer erklärt, **nicht arbeiten zu wollen** und die eine entsprechende Verpflichtung enthaltende Eingliederungsvereinbarung nicht unterschreibt" (LSG Berlin-Brandenburg v. 06.03.2014 - L 31 AS 1348/13). In den Fällen des „strukturellen Sozialleistungsmissbrauchs" bestehe ein Anspruch auf SGB-II-Leistungen „bis zur Vollziehung von aufenthaltsbeendenden Maßnahmen."

Diese Rechtsprechung ist **kritisch zu sehen** (ebenso: LSG Niedersachsen-Bremen v. 15.11.2013 - L 15 AS 365/13 B ER). Die Entscheidungen knüpfen daran an, dass materiell kein Aufenthaltsrecht mehr bestehe. Problematisch an dieser Einordnung und der daraus geschlossenen Nichtanwendbarkeit des Leistungsausschlusses ist, dass in diesen Fällen formell noch ein Aufenthaltsrecht besteht, solange eine Aufenthaltsbeendigung noch nicht betrieben wurde. Eine Aufenthaltsbeendigung setzt nach § 7 Abs. 1 Satz 1 FreizügG/EU voraus, dass **die Ausländerbehörde festgestellt hat**, dass das Recht auf

---

[23] So auch: *Herbst* in: Mergler/Zink, SGB XII, § 23 Rn. 47c, Stand 08/2008; *Spellbrink/G. Becker* in: Eicher, SGB II, 3. Aufl. 2012, § 7 Rn. 43; *A. Loose* in: GK-SGB II, § 7 Rn. 68, Stand: 09/2012; selbst wenn der Ausschluss tatbestandlich Anwendung fände, so verstieße er gegen das Gleichbehandlungsgebot des Art. 24 Abs. 1 EGRL 38/04, da die Ausnahmevorschrift in Art. 24 Abs. 2 EGRL 38/04 gerade nicht für Arbeitnehmer und Selbstständige und solche, denen dieser Status erhalten bleibt, gilt.

[24] Vgl. dazu beispielsweise: EuGH v. 23.03.1982 - 53/81 - Slg. 1982, 1035 - Levin.

[25] EuGH v. 19.03.1964 - 75/63 - Slg. 1964, 379 - Unger.

[26] EuGH v. 29.04.1986 - 66/85 - Slg. 1986, 2121 - Lawrie-Blum.

[27] EuGH v. 21.06.1988 - 39/86 - Slg. 1988, 3161 - Lair.

[28] EuGH v. 04.06.2009 - C-22/08 und C-23/08 - juris Rn. 38 - Slg 2009, I-4585 ff. - Vatsouras, Koupatantze; so auch bereits: EuGH v. 23.03.2004 - C-138/02 - Slg. 2004, I-2703 - Collins.

[29] Hessisches LSG v. 13.09.2007 - L 9 AS 44/07 ER; *A. Loose* in: GK-SGB II, § 7 Rn. 48, Stand: 09/2012.

[30] LSG Berlin-Brandenburg v. 11.01.2010 - L 25 AS 1831/09 B ER.

Anhang zu § 23

Einreise und Aufenthalt nicht besteht. Die Ausländerbehörde muss also festgestellt haben, dass entweder die Voraussetzungen der Freizügigkeit nach § 5 Abs. 5 FreizügG/EU entfallen sind oder nach § 6 FreizügG/EU aus Gründen der öffentlichen Ordnung, Sicherheit und Gesundheit der Verlust des Freizügigkeitsrechts vorliegt (daran ebenfalls anknüpfend: LSG Niedersachsen-Bremen v. 15.11.2013 - L 15 AS 365/13 B ER). Letzteres dürfte selten relevant sein. Es muss also in den hier interessierenden Fällen von der Ausländerbehörde festgestellt worden sein, dass die **Voraussetzungen des § 2 Abs. 2 Nr. 1 FreizügG/EU nicht mehr vorliegen** (vgl. dazu etwa: OVG Bremen v. 21.01.2011 - 1 B 242/10).

15.3 Bis zum Erlass eines solchen Feststellungsakts der zuständigen Behörde gilt für EU-Bürger zunächst eine **Vermutung der Freizügigkeit** (BVerwG v. 16.11.2010 - 1 C 17/09; OVG Bremen v. 21.01.2011 - 1 B 242/10; so auch: BSG v. 30.01.2013 - B 4 AS 54/12 R; in diese Richtung auch bereits der Gesetzgeber: BT-Drs. 15/420, S. 101 f.). Wird der Tatbestand des § 2 Abs. 2 Nr. 1 FreizügG/EU darüber hinaus ohnehin als **Auffangtatbestand** gesehen (in diese Richtung: LSG Berlin-Brandenburg v. 02.08.2012 - L 5 AS 1297/12 B ER - juris Rn. 3; so wohl auch LSG Berlin-Brandenburg v. 22.08.2013 - L 29 AS 1952/13 B ER - juris Rn. 27 ff.; a.A. LSG Sachsen-Anhalt v. 01.11.2013 - L 2 AS 841/13 B ER - juris Rn. 30; SG Darmstadt v. 29.10.2013 - S 16 AS 534/13 ER - juris Rn. 56; Dienelt in: Renner, AuslR, 10. Aufl. 2013, § 2 FreizügG/EU Rn. 59), so besteht das Freizügigkeitsrecht sogar materiell fort. Auch wenn Letzteres wohl zu verneinen sein dürfte, so entsteht nach den oben zitierten Entscheidungen die **widersprüchliche Situation**, dass der EU-Bürger, dessen Freizügigkeitsrecht nach § 2 Abs. 2 Nr. 1 FreizügG/EU (materiell) entfallen ist, aufenthaltsrechtlich bis zur Betreibung einer Aufenthaltsbeendigung so behandelt wird, als bestehe das Recht auf Freizügigkeit noch, sozialrechtlich hingegen auf die materielle Rechtsposition geschaut wird (vgl. dazu auch: *Kador/Greiser*, ZFSH/SGB 2014, 152, 152 f.).

15.4 Zudem ist die weite Auslegung auch mit **Sinn und Zweck der Norm** vereinbar und **verstößt nicht gegen Europarecht**. Sinn und Zweck des Ausschlusses ist es, eine unangemessene Belastung der sozialen Sicherungssysteme zu verhindern. Der Gesetzgeber hat sich an Art. 24 Abs. 2 EGRL 38/04 orientiert (zum vergleichbaren § 7 Abs. 1 Satz 2 Nr. 2 SGB II: BT-Drs. 16/5065, 234), der wiederum – in Anknüpfung an den 16. Erwägungsgrund der Richtlinie – eine unangemessene Beanspruchung von Sozialleistungen verhindern soll (vgl. dazu Rn. 34 und Rn. 41; vgl. dazu auch: EuGH v. 19.09.2013 - C-140/12 – Brey). Dieser Sinn und Zweck wird in den Fällen, in denen die Arbeitsplatzsuche entweder aussichtslos oder nicht gewollt ist, erst recht erfüllt (vgl. Hessisches LSG v. 14.10.2009 - L 7 AS 166/09 B ER; LSG Berlin-Brandenburg v. 19.07.2012 - L 12 AS 511/11; gegen diesen Erst-Recht-Schluss: LSG NRW v. 10.10.2013 - L 19 AS 129/13; Hessisches LSG v. 30.09.2013 - L 6 AS 433/13 B ER - juris Rn. 24, LSG Berlin-Brandenburg v. 25.03.2013 - L 31 AS 362/13 B ER).

15.5 Gegen einen solchen „Erst-Recht-Schluss" kann nicht vorgebracht werden, es läge **keine planwidrige Unvollständigkeit** des Gesetzes vor (so aber: LSG NRW v. 10.10.2013 - L 19 AS 129/13). Zunächst kann bezweifelt werden, ob die oben genannte Auslegung sich bereits im Bereich der richterlichen Rechtsfortbildung befindet, da § 7 Abs. 1 Satz 2 Nr. 2 SGB II auch so verstanden werden kann, dass die formale Position (**Vermutung der Freizügigkeit**, vgl. dazu Rn. 15.2) zur Erfüllung des Wortlauts ausreichend ist (andere Ansicht: LSG Berlin-Brandenburg v. 06.03.2014 - L 31 AS 1348/13 - juris Rn. 26). Der Begriff „Zweck der Arbeitssuche" wird dann nicht subjektiv, sondern objektiv verstanden. Entscheidend ist also nicht, ob der EU-Bürger tatsächlich Arbeit suchen will, sondern dass der Zweck der Arbeitssuche die einzige Möglichkeit ist, aus der sich ein Aufenthaltsrecht ergeben kann und das Bestehen dieses Aufenthaltsrecht vor Einleitung von aufenthaltsbeendenden Maßnahmen auch vermutet wird. Zum anderen ist aus den oben zitierten Gesetzgebungsmaterialien nicht ersichtlich, dass der Fall eines fehlenden materiellen Freizügigkeitsrechts gesehen wurde. Allein der Umstand, dass die Beanspruchung von Leistungen auch **durch eine zwangsweise Beendigung des Aufenthalts** möglich ist, führt ebenfalls nicht zu einem anderen Ergebnis (andere Ansicht: LSG Berlin-Brandenburg v. 06.03.2014 - L 31 AS 1348/13 - juris Rn. 26). Dass in diesem Fall ggf. eine andere Möglichkeit besteht, der unangemessenen Beanspruchung der Leistungen zu begegnen (Abschiebung), bedeutet nicht, dass die hier vertretene weite Auslegung nicht dennoch vom Sinn und Zweck der Norm gedeckt ist.

15.6 Auch **europarechtlich** ist der Fall, dass keine Verbindung mit dem Aufenthaltsstaat besteht und eine Arbeitssuche nicht erfolgsversprechend oder nicht gewollt ist, nicht problematisch (so aber wohl: LSG Berlin-Brandenburg v. 06.03.2014 - L 31 AS 1348/13 - juris Rn. 26), da in einem solchen Fall von einer unangemessenen Inanspruchnahme von Sozialleistungen ausgegangen werden kann (vgl. dazu näher Rn. 31 ff. und Rn. 41 ff.). Wie eine solche Konstellation **verfassungsrechtlich** zu bewerten ist (dazu LSG NRW v. 10.10.2013 - L 19 AS 129/13), ist eine andere Frage (vgl. dazu Rn. 119 ff.). Verfassungsrechtlich ist stets zumindest eine Mindestsicherung zu gewähren (Rn. 119 ff.; vgl. dazu auch *Coseriu*, § 23 Rn. 73 ff.). Dies ist aber nicht über eine restriktive Auslegung des Ausschlusses zu lösen, sondern – zumindest bei einer missbräuchlichen Inanspruchnahme – über eine Anwendung des § 23 Abs. 1 Satz 3 SGB XII (ebenso: *Coseriu*, § 23 Rn. 73 ff.; vgl. zur Problematik der unbestimmten Rechtsbegriffe in der Existenzsicherung: *Frerichs*, § 1 AsylbLG, Rn. 46 ff.).

3. Vereinbarkeit des Ausschlusses von Arbeitsuchenden mit Europäischem Primärrecht

a. Grundlage des Ausschlusses von Arbeitsuchenden in der Bereichsausnahme des Art. 24 Abs. 2 EGRL 38/04

Der Ausschluss von Arbeitsuchenden von der Sozialhilfe steht, wenn der EU-Bürger **noch keine Verbindung zur deutschen Gesellschaft** hat, mit dem europäischen Primärrecht im Einklang. 16

Insoweit kann sich der deutsche Gesetzgeber auf **Art. 24 Abs. 2 EGRL 38/04** berufen. Danach können andere Personen als Arbeitnehmer und solche, denen der Status erhalten bleibt, von der Sozialhilfe ausgenommen werden. Dieser Ausschluss findet auf die Leistungen der Sozialhilfe Anwendung (vgl. Rn. 18), er ist bei europarechtskonformer Auslegung zudem mit europäischem Primärrecht vereinbar (vgl. Rn. 22). 17

b. Anwendbarkeit der Bereichsausnahme aus Art 24 Abs. 2 EGRL 38/04

Der Ausschluss in Art. 24 Abs. 2 EGRL 38/04, der es dem Mitgliedstaat ermöglicht, Leistungen der Sozialhilfe von der Gleichbehandlung auszunehmen, ist auf die Leistungen nach dem SGB XII anwendbar. 18

Etwas anderes ergibt sich nicht daraus, dass es sich bei den Leistungen nach dem Vierten Kapitel um eine **besondere beitragsunabhängige Geldleistung** im Sinne des Art. 3 Abs. 3 EGV 883/04 handelt (vgl. zur Einordnung Rn. 60).[31] Eine Leistung kann gleichzeitig eine beitragsunabhängige Geldleistung im Sinne des Art. 3 Abs. 3 EGV 883/04 und Sozialhilfe i.S.d. Art. 24 Abs. 2 EGRL 38/04 sein.[32] Der Begriff der beitragsunabhängigen Geldleistung ist ein besonderer Begriff der EGV 883/04, den der EuGH bezogen auf die Koordination herausgebildet hat.[33] In der Unionsbürgerrichtlinie wird der Begriff der **Sozialhilfe in einem weiteren Verständnis** gebraucht.[34] 19

Der Begriff der Sozialhilfe bezieht sich nach der Rechtsprechung des EuGH zumindest in Art. 7 EGRL 38/04 auf sämtliche von öffentlichen Stellen eingerichteten Hilfssysteme, die auf nationaler, regionaler oder örtlicher Ebene bestehen und die ein Einzelner in Anspruch nimmt, der nicht über ausreichende Existenzmittel zur **Bestreitung seiner Grundbedürfnisse** und derjenigen seiner Familie verfügt und deshalb während seines Aufenthalts möglicherweise die öffentlichen Finanzen des Aufnahmemitgliedstaats belasten muss, was Auswirkungen auf das gesamte Niveau der Beihilfe haben kann, die dieser Staat gewähren kann.[35] Danach sind auch die Leistungen nach dem Vierten Kapitel des SGB XII (Leistungen bei Alter und Erwerbsminderung) als Leistungen der Sozialhilfe im Sinne des Art 24 Abs. 2 EGRL 38/04 einzuordnen. 20

Dieser weite Ansatz ist bei der **Auslegung des Art 24 Abs. 2 EGRL 38/04** zu berücksichtigen.[36] Zwar hat das BVerwG betont, dass für Art. 24 Abs. 2 EGRL 38/04 ein anderer Maßstab gelten könne,[37] dies dürfte sich aber wohl vor allem auf die Aussagen des EuGH in der Rechtssache Vatsouras/Koupatantze beziehen, dass Leistungen, die den Zugang zum Arbeitsmarkt erleichtern sollen, nicht unter Art. 24 21

---

[31] So zur Grundsicherung für Arbeitsuchende: LSG Bayern v. 04.05.2009 - L 16 AS 130/09 B ER - juris Rn. 26.
[32] EuGH v. 19.09.2013 - C-140/12 - Brey; BSG v. 12.12.2013, B 4 AS 9/13 R; LSG Niedersachsen-Bremen v. 26.02.2010 - L 15 AS 30/10 B ER - juris Rn. 17 ff.; *Heinig*, ZESAR 2008, 465, 471; *Schreiber*, info also 2009, 195, 196; *Hoffmann/Kummer*, ZESAR 2013, 199, 202; andere Ansicht: LSG Bayern v. 04.05.2009 - L 16 AS 130/09 B ER - juris Rn. 25.
[33] Vgl. zur Entwicklung *Greiser* in: jurisPK-SGB XII, 1. Aufl. 2011, Vorbemerkung i.d.F. v. 06.08.2013 Rn. 3 ff.; zur Definition Rn. 50.
[34] Zu Art. 7 EGRL 38/04: EuGH v. 19.09.2013 - C-140/12 - Brey; zu einer vergleichbaren Regelung in Art. 7 Abs. 1 lit c EGRL 86/03 bereits: EuGH v. 04.03.2010 - C-578/08 - juris Rn. 49 - Slg. 2010, I-01839 - Chakroun.
[35] EuGH v. 19.09.2013 - C-140/12 - Rn. 61 - Brey unter Bezugnahme auf: EuGH v. 15.03.2005 - C-209/03 - Slg. 2005, I-2119 - Bidar; EuGH v. 18.11.2008 - C-158/07 - Slg. 2008, I-08507 - Förster.
[36] *Hoffmann/Kummer*, ZESAR 2013, 199, 202.
[37] Vgl. dazu auch die Schlussanträge des Generalanwalts in der Rechtssache EuGH v. 19.09.2013 - C-140/12 - juris Rn. 37 - Brey.

Abs. 2 EGRL 38/04 gefasst werden können.[38] Diese Problematik stellt sich bei den Leistungen nach dem Vierten Kapitel aber gerade nicht.

c. Vereinbarkeit der Bereichsausnahme aus Art 24 Abs. 2 EGRL 38/04 mit Art. 18 AEUV

aa. Allgemeines

22 Bei europarechtskonformer Auslegung (Verhinderung einer unangemessenen Belastung des leistungsgewährenden Staats) ist Art. 24 Abs. 2 EGRL 38/04 **mit dem europäischen Primärrecht** vereinbar.[39] In Bezug auf das SGB II wurde diese Frage nun vom SG Leipzig und vom BSG dem EuGH vorgelegt.[40] Die Bereichsausnahme verstößt nach der hier vertretenen Ansicht unter Berücksichtigung der oben genannten Auslegung nicht gegen das allgemeine Gleichbehandlungsgebot aus Art. 18 Abs. 1 AEUV. Danach ist unbeschadet besonderer Bestimmungen der Verträge im Anwendungsbereich der Verträge jede Diskriminierung aus Gründen der Staatsangehörigkeit verboten. Dieses Diskriminierungsverbot ist auf die Gewährung von Leistungen, auch der Sozialhilfe, anwendbar.[41]

23 Dieses Diskriminierungsverbot gilt nach der Rechtsprechung des EuGH **nicht unbeschränkt** (vgl. Rn. 27).

24 Es kann hier zur **Verhinderung von sozialleistungsmotivierten Wanderbewegungen** eingeschränkt werden (vgl. dazu Rn. 34).

25 Dies ist allerdings – bezüglich der Leistungen der Sozialhilfe – nur möglich, wenn die Leistungsgewährung für den gewährenden Staat eine unangemessene Belastung darstellen würde (vgl. Rn. 38).

26 Dafür kann ein **Mindestaufenthalt in Deutschland von sechs Monaten** gefordert werden (vgl. Rn. 41).

bb. Einschränkbarkeit des Art. 18 Abs. 1 AEUV

27 Die primärrechtlichen Diskriminierungsverbote klingen ihrem Wortlaut nach sehr strikt.[42] Das lässt zunächst vermuten, diese Verbote würden absolut wirken, also außerhalb primärrechtlicher Regelungen keine Rechtfertigung zulassen. Dies ist zumindest bei sog. mittelbaren Diskriminierungen nach ganz h.M. nicht der Fall.[43] Eine mittelbare Diskriminierung liegt vor, wenn eine Regelung zwar nicht an die Staatsangehörigkeit anknüpft, aber durch ein anderes Unterscheidungskriterium in gleicher Weise wirkt, also andere EU-Bürger regelmäßig benachteiligt werden.[44] Hier hat der EuGH – auch in Bezug auf die Teilhabe an Sozialleistungen – ausgeführt, eine Ungleichbehandlung sei gerechtfertigt, wenn sie auf objektiven, von der Staatsangehörigkeit der Betroffenen unabhängigen Erwägungen beruhe und in einem angemessenen Verhältnis zu einem legitimen Zweck stünde, der mit den nationalen Rechtsvorschriften verfolgt würde.[45]

---

[38] EuGH v. 04.06.2009 - C-22/08, C-23/08 - Slg 2009, I-4585 - Vatsouras/Koupatantze.

[39] EuGH v. 19.09.2013 - C-140/12 - Brey; zum SGB II (dort allerdings Verbindung zum deutschen Arbeitsmarkt): *Hackethal* in: jurisPK-SGB II, 3. Aufl. 2012, § 7 SGB II Rn. 38; *A. Loose* in: GK-SGB II, § 7 Rn. 68, Stand: 09/2012; so im Ergebnis auch: LSG Niedersachsen-Bremen v. 23.05.2012 - L 9 AS 347/12 B ER; a.A. beispielsweise: *Hofmann/Kummer*, ZESAR 2013, 199, 205.

[40] SG Leipzig v. 03.06.2013 - S 17 AS 2198/12; BSG v. 12.12.2013 - B 4 AS 9/13 R.

[41] Vgl. dazu ausführlich *Greiser* in: jurisPK-SGB XII, 1. Aufl. 2011, Vorbemerkung i.d.F. v. 06.08.2013 Rn. 6-11. Allgemein: EuGH v. 12.05.1998 - C-85/96 - juris Rn. 61-64 - Slg. 1997, I-2691 - Martinez Sala; zur Sozialhilfe: EuGH v. 20.09.2001 - C-184/99 - Slg 2001, I-6193 - Grzelczyk; EuGH v. 07.09.2004 - C-456/02 - Slg. 2004, I-7573 - Trojani.

[42] Art. 18 Abs. 1 AEUV; Art. 21 Abs. 2 EuGRC: „... ist [...] jede Diskriminierung aus Gründen der Staatsangehörigkeit verboten"; aber auch: Art. 45 Abs. 2 AEUV: „... Abschaffung jeder auf der Staatsangehörigkeit beruhenden unterschiedlichen Behandlung ..."

[43] Vgl. dazu zu Art. 18 AEUV: *Epiney* in: Callies/Ruffert, EUV/AEUV, 4. Aufl. 2011, Art. 18 AEUV Rn. 40; *Streinz* in: Streinz, EUV/AEUV, 2. Aufl. 2012, Art. 18 AEUV Rn. 58 jeweils m.w.N.; vgl. zudem: *Greiser*, ZESAR 2014, 18, 20; zu Art. 45 Abs. 2 AEUV: *Brechmann* in: Callies/Ruffert, EUV/AEUV, 4. Aufl. 2011, Art. 45 AEUV Rn. 48; *Franzen* in: Streinz, AEUV/AEUV, 2. Aufl. 2012, Art. 45 Rn. 84 m.w.N. zu Art. 45 AEUV; vgl. zudem aus der sozialrechtlichen Rechtsprechung: LSG Nordrhein-Westfalen v. 15.06.2007 - L 20 B 59/07 AS ER - juris Rn. 21; LSG Niedersachsen-Bremen v. 02.08.2007 - L 9 AS 447/07 ER - juris Rn. 23 - ZFSH/SGB 2008, 299-303; *Fasselt* in: Fichtner/Wenzel, SGB XII, § 23 Rn. 32; a.A. *Husmann*, NZS 2009, 652, 654.

[44] Vgl. dazu beispielsweise: EuGH v. 12.02.1974 - EuGH152/73.

[45] EuGH v. 24.11.1998 - C-274/96 - juris Rn. 27 - Slg. 1998, I-7637 - Beckel u. Franz; EuGH v. 11.06.2002 - C-224/98 - juris Rn. 36 - Slg. 2002, I-6191 - D'Hoop; EuGH v. 23.03.2004 - C-138/02 - Slg. 2004, I-2703 - Collins; EuGH v. 15.03.2005 - C-209/03 - Slg. 2005, I-2119 - Bidar.

Eine Verbindung zur deutschen Gesellschaft zu fordern, stellt eine **von der Staatsangehörigkeit unabhängige Erwägung** dar (vgl. Rn. 31). 28

Legitimer Zweck der Einschränkung stellt das Verhindern von sozialleistungsmotivierten Wanderbewegungen dar (vgl. dazu Rn. 34). 29

Ein Mindestaufenthalt von sechs Monaten stellt sich als **verhältnismäßig** dar, diesen Zweck zu erreichen (vgl. Rn. 41). 30

cc. Von der Staatsangehörigkeit der Betroffenen unabhängige Erwägungen

Unter Berücksichtigung der hier vertretenen europarechtskonformen Auslegung (keine Beziehung zur deutschen Gesellschaft) ist es nicht problematisch, dass Art. 24 Abs. 2 EGRL 38/04 eine sog. **unmittelbare Ungleichbehandlung** ermöglicht, die Staatsangehörigkeit also das Differenzierungskriterium ist. Auch derartige unmittelbare Ungleichbehandlungen sind nach der Rechtsprechung des EuGH einer Rechtfertigung zugänglich.[46] 31

Auch wenn die Bereichsausnahme in Art. 24 Abs. 2 EGRL 38/04 **an die Staatsangehörigkeit anknüpft**, beruht sie bei der hier vertretenen Auslegung auf objektiven, von der Staatsangehörigkeit unabhängigen Erwägungen.[47] Anknüpfungspunkt der Regelung und die Erwägungen, die dieser Regelung zugrunde liegen, müssen nicht übereinstimmen. Der EuGH hat es bereits mehrfach als rechtmäßig angesehen, wenn ein Mitgliedstaat eine Beihilfe erst gewährt, nachdem das Bestehen einer **tatsächlichen Verbindung** mit dem Arbeitsmarkt oder der Gesellschaft des Aufnahmestaates festgestellt wurde.[48] Bei Inländern wird diese Verbindung zum Arbeitsmarkt unwiderleglich unterstellt, bei Unionsbürgern ist dies im Einzelfall zu ermitteln. Damit wird zwar in der Prüfintensität nach der Staatsangehörigkeit unterschieden, nicht aber, was die Voraussetzungen des Zugangs zu den Leistungen angeht. Dies zumindest hat der EuGH sogar für eine Rechtfertigung einer Ungleichbehandlung vor dem Hintergrund des weitgehenden Diskriminierungsverbots nach Art. 45 Abs. 2 AEUV[49] als möglich angesehen.[50] 32

Der EuGH hat in dieser Entscheidung zudem die an die Staatsangehörigkeit anknüpfende Bereichsausnahme in Art. 24 Abs. 2 EGRL 38/04 gerade nicht als mit Primärrecht unvereinbar verworfen, sondern lediglich eine Auslegung „**im Lichte der Arbeitnehmerfreizügigkeit**" gefordert.[51] Weiter erkennt es der EuGH an, dass differenziert wird, wenn die Leistungsgewährung für den gewährenden Staat andernfalls eine **unangemessene Belastung** würde.[52] 33

dd. Fiskalische Gründe als legitimer Zweck

Ein legitimer Zweck im oben genannten Sinne ergibt sich aus der **Verhinderung von sozialleistungsmotivierten Wanderbewegungen**.[53] Der EuGH hat in Bezug auf die Beschränkung des allgemeinen Gleichbehandlungsgebots solche wirtschaftlichen Gründe als Rechtfertigung einer Ungleichbehand- 34

---

[46] In diese Richtung bereits: EuGH v. 02.10.1997 - C-122/96 - Slg 1996, I-05325 - Saldanha; vgl. zudem: EuGH v. 05.06.2008 - C-164/07 - Slg 2008, I-4143 - Wood; EuGH v. 16.12.2008 - C-524/06 - Slg 2008, I-09705 - Huber; EuGH v. 06.10.2009 - C-123/08 - Slg 2009, I-9621 - Wolzenburg; aus der Literatur: *Holoubeck* in: Schwarze, EU-Kommentar, 3. Aufl. 2012, Art. 18 AEUV Rn. 21; im Zusammenhang der hier erörterten Problematik: *Hofmann/Kummer*, ZESAR 2013, 199, 203; *Schreiber*, info also 2009, 195, 195.

[47] Andere Ansicht: *Hofmann/Kummer*, ZESAR 2013, 199, 203.

[48] Bezüglich einer Verbindung zur Gesellschaft: EuGH v. 15.03.2005 - C-209/03 - juris Rn. 59 - Slg. 2005, I-2119 - Bidar; EuGH v. 18.11.2008 - C-158/07 - Slg. 2008, I-08507 - Förster; bezüglich einer Verbindung zum Arbeitsmarkt: EuGH v. 04.06.2009 - C-22/08 und C-23/08 - juris Rn. 38 - Slg 2009, I-4585 ff. - Vatsouras/Koupatantze; so auch bereits: EuGH v. 11.07.2002 - C-224/98 - juris Rn. 38 - Slg 2002, I-6191 - D'Hoop; anknüpfend: EuGH v. 15.09.2005 - C-258/04 - juris Rn 30 - Ioannidis; vgl. auch: EuGH v. 23.03.2004 - C-138/02 - Slg. 2004, I-2703 - Collins.

[49] Vgl. dazu: *Schreiber*, info also 2009, 195, 195; *Hofmann/Kummer*, ZESAR 2013, 199, 203; ausführlich: *Greiser*, ZESAR 2014, 18, 22 ff.

[50] EuGH v. 04.06.2009 - C-22/08 und C-23/08 - juris Rn. 38 - Slg 2009, I-4585 ff. - Vatsouras/Koupatantze; so auch bereits: EuGH v. 23.03.2004 - C-138/02 - Slg. 2004, I-2703 - Collins.

[51] EuGH v. 04.06.2009 - C-22/08, C-23/08 - Slg 2009, I-4585 - Vatsouras/Koupatantze.

[52] EuGH v. 19.09.2013 - C-140/12 - Brey; aber auch bereits: EuGH v. 15.03.2005 - C-209/03 - Slg. 2005, I-2119 - Bidar.

[53] LSG Hessen v. 13.09.2007 - L 9 AS 44/07 ER - juris Rn. 50; LSG Niedersachsen-Bremen v. 02.08.2007 - L 9 AS 447/07 ER - juris Rn. 21 - ZFSH/SGB 2008, 299-303; andere Ansicht: *Schreiber*, info also 2008, 3, 7; zweifelnd ebenfalls: LSG Berlin-Brandenburg v. 30.05.2008 - L 14 B 282/08 AS ER.

lung grundsätzlich anerkannt. In der Rechtssache Bidar hat er ausgeführt, es stehe jedem Mitgliedstaat frei, darauf zu achten, dass die Gewährung von Beihilfen zur Deckung des Unterhalts von Studenten aus anderen Mitgliedstaaten **nicht zu einer übermäßigen Belastung werde**.[54]

35 Dagegen spricht nicht, dass der EuGH in einem anderen Zusammenhang die Rechtfertigung einer solchen **Ungleichbehandlung aus fiskalischen Gründen** nicht anerkannt hat.[55] In der Entscheidung, auf die sich diese Ansicht stützt, hat der EuGH eine Einschränkung des Verbots der Ungleichbehandlung zwar nur aus Gründen der öffentlichen Ordnung, Sicherheit oder Gesundheit gelten lassen, wobei **wirtschaftliche Ziele** keine Gründe der öffentlichen Ordnung seien.[56] In der zitierten Entscheidung standen jedoch Bestimmungen zur Prüfung, die die Dienstleistungsfreiheit und hier insbesondere das Aufenthaltsrecht beschränkten. Hier waren also die engen **Schranken des jetzigen Art. 52 Abs. 1 AEUV** (auf den Art. 62 AEUV verweist) zu beachten.

36 Zudem greift der EuGH auch in diesen Fällen auf ungeschriebene Einschränkungsmöglichkeiten zurück.[57] So hat der EuGH beispielsweise in der Rechtssache Collins ausgeführt, dass in Bezug auf Leistungen der sozialen Teilhabe eine Ungleichbehandlung gerechtfertigt sei, wenn sie auf **objektiven, von der Staatsangehörigkeit der Betroffenen unabhängigen Erwägungen** beruhe und in einem angemessenen Verhältnis zu dem Zweck stehe, der mit den nationalen Rechtsvorschriften zulässigerweise verfolgt werde.[58] Es findet sich hier also gerade keine Begrenzung auf bestimmte Rechtfertigungsgründe.

37 **Auch zur Sozialhilfe** hat der EuGH kein unbeschränktes Teilhaberecht konstatiert.[59] In der Rechtssache Trojani hat er vielmehr ausgeführt, dass sich ein EU-Bürger für den Bezug von Sozialhilfe auf Art. 18 AEUV berufen könne, „wenn er sich im Aufnahmemitgliedstaat für eine bestimmte Dauer rechtmäßig aufgehalten hat oder eine Aufenthaltserlaubnis hat".[60] Dies wird bestätigt durch eine Entscheidung des EuGH vom 19.09.2013,[61] in der der EuGH erneut klargemacht hat, dass die Mitgliedstaaten darauf achten dürfen, dass die Leistungsgewährung nicht zu einer unangemessenen Belastung wird.

ee. Reichweite dieses legitimen Zwecks

38 Wirtschaftliche – fiskalische – Interessen der Mitgliedstaaten können danach grundsätzlich einen legitimen Zweck darstellen, Leistungen nicht an andere Staatsangehörige zu gewähren. Allerdings lässt der EuGH dies in seiner bisherigen Rechtsprechung nur in vergleichsweise **engen Grenzen** zu. Eine Beschränkung ist im Rahmen des Art. 18 AEUV nur möglich, damit die Leistungspflicht für den gewährenden Staat nicht zu einer unangemessenen Belastung wird. Bei Studentenbeihilfen und Leistungen, die den Zugang zum Arbeitsmarkt erleichtern sollen, sieht es der EuGH als legitim an, wenn der Mitgliedstaat überprüft, ob der EU-Bürger bereits eine irgendwie geartete **Beziehung zum eigenen Staat** hat.[62] Im Bereich der Sozialhilfe hat der EuGH die Einschränkung bislang nicht derart spezifiziert, sondern allgemein auf die unangemessene Belastung der Mitgliedstaaten abgestellt.[63] Ob dennoch vorrangig auf eine **Verbindung zur deutschen Gesellschaft** abzustellen ist, wie es hier bislang vertreten

---

[54] EuGH v. 15.03.2005 - C-209/03 - Slg. 2005, I-2119 - Bidar.
[55] So aber: *Schreiber*, info also 2008, 3, 6 f. unter Bezugnahme auf: EuGH v. 16.01.2003 - C-388/01 - Slg. 2003, I-721 - Kommission/Italien.
[56] EuGH v. 16.01.2003 - C-388/01 - Slg. 2003, I-721 - Kommission/Italien, unter Bezugnahme auf: EuGH v. 14.11.1995 - C-484/93 - Slg. 1995, I-3955.
[57] Vgl. zu Art. 45 AEUV ausführlich: *Greiser*, ZESAR 2014, 18, 23 f.
[58] EuGH v. 23.03.2004 - C-138/02 - Slg. 2004, I-2703 - Collins, unter Bezugnahme auf: EuGH v. 24.11.1998 - C-274/96 - Slg 1998, I-7637-7660.
[59] Vgl. dazu: EuGH v. 20.09.2001 - C-184/99 - Slg 2001, I-6193- Grzelczyk; EuGH v. 07.09.2004 - C-456/02 - Slg. 2004, I-7573 - Trojani.
[60] Vgl. dazu auch: OVG Bremen v. 15.11.2007 - S2 B 426/07.
[61] EuGH v. 19.09.2013 - C-140/12 - Brey.
[62] Bezüglich einer Verbindung zur Gesellschaft: EuGH v. 15.03.2005 - C-209/03 - juris Rn. 59 - Slg. 2005, I-2119 - Bidar; EuGH v. 18.11.2008 - C-158/07 - Slg. 2008, I-08507 - Förster; bezüglich einer Verbindung zum Arbeitsmarkt: EuGH v. 04.06.2009, C-22/08 und C-23/08 - juris Rn. 38 - Slg 2009, I-4585 ff. - Vatsouras/Koupatantze; so auch bereits: EuGH v. 11.07.2002 - C-224/98 - juris Rn. 38 - Slg 2002, I-6191 - D'Hoop; anknüpfend: EuGH v. 15.09.2005 - C-258/04 - juris Rn. 30 - Ioannidis; vgl. auch: EuGH v. 23.03.2004 - C-138/02 - Slg. 2004, I-2703 - Collins.
[63] EuGH v. 19.09.2013 - C-140/12 - Brey.

wurde,[64] erscheint dementsprechend fraglich. Übergeordnetes Kriterium ist, dass die Leistungsgewährung **nicht zu einer unangemessenen Belastung** für den gewährenden Staat werden soll.[65] Die Formel der „Verbindung zum deutschen Arbeitsmarkt" ist zumindest nicht praxisrelevant im SGB XII. Diese Formel benutzt der EuGH bei Leistungen, die den **Zugang zum Arbeitsmarkt erleichtern sollen**. Solche können nicht versagt werden, wenn eine tatsächliche Verbindung zum Arbeitsmarkt besteht.[66] Bei den Leistungen nach dem **Dritten** Kapitel (Hilfe zum Lebensunterhalt), **Vierten** Kapitel (Leistungen im Alter und bei Erwerbsminderung), **Fünften** Kapitel (Hilfe zur Gesundheit), **Siebten** Kapitel (Hilfe zur Pflege) handelt es sich jedoch bereits nicht um solche Leistungen, die den Zugang zum Arbeitsmarkt erleichtern sollen.[67] Etwas anderes ist lediglich bezüglich der Eingliederungshilfe (Leistungen nach dem **Siebten** Kapitel) möglich, da diese nach § 53 Abs. 3 Satz 2 SGB XII auch dazu dienen soll, den behinderten Menschen zu erleichtern, einen angemessenen Beruf oder eine sonstige angemessene Tätigkeit auszuüben. Diese Leistungen dürften aber in der Praxis im Rahmen des Ausschlusses des § 23 Abs. 3 Satz 1 Alt. 2 SGB XII kaum eine Rolle spielen.

39

Etwas anderes – also ein Verzicht auf einschränkende Voraussetzungen – ergibt sich nicht aus der Entscheidung **Vatsouras/Koupatantze**.[68] Dort hat der EuGH zwar festgestellt, dass außerhalb der Arbeitnehmerfreizügigkeit kein Anhaltspunkt gegeben sei, dass Art. 24 Abs. 2 EGRL 38/04 gegen Primärrecht verstößt.[69] Der EuGH hat den Schwerpunkt in dieser Entscheidung aber auf die Arbeitnehmerfreizügigkeit gelegt. Er hat eine Tendenz geäußert, dass die in dem Fall streitigen Leistungen der **Grundsicherung für Arbeitsuchende keine Sozialhilfe** darstellen. Dementsprechend wird für die Leistungen der Sozialhilfe einerseits auf vorherige Entscheidungen des EuGH zurückzugreifen sein,[70] zudem ist die bereits mehrfach zitierte Entscheidung des EuGH vom 19.09.2013 heranzuziehen.[71]

40

ff. Verhältnismäßigkeit – die sog. unangemessene Belastung

Zur Beurteilung der Frage, ob ein Sozialhilfeleistungsempfänger die Sozialhilfeleistungen dieses Staates **unangemessen in Anspruch** nimmt, hat der EuGH an den 16. Erwägungsgrund der EGRL 38/04 angeknüpft.[72] Danach ist entscheidend, ob ein dauerhafter oder vorübergehender Leistungsbezug vorliegt, wie lange sich der EU-Bürger bereits in diesem Land aufhält, wie hoch der gewährte Sozialhilfebetrag ist und welche persönlichen Umstände des Betreffenden im Übrigen vorliegen. Ergänzend hat der EuGH gefordert, die Höhe und die Regelmäßigkeit der dem EU-Bürger verfügbaren Einkünfte, den Umstand, dass diese Einkünfte die nationalen Behörden zur Ausstellung einer Anmeldebescheinigung bewogen haben, und den Zeitraum zu berücksichtigen, in dem ihm die beantragte Leistung voraussichtlich gezahlt werden wird.[73]

41

Bezugspunkt der Unangemessenheit der Belastung kann aber **nicht nur der einzelne Leistungsempfänger** sein. Der EuGH formuliert insoweit vorsichtig, es könne zur genaueren Beurteilung des Ausmaßes der Belastung, die eine solche Zahlung für das nationale Sozialhilfesystem darstellen würde, von Bedeutung sein, den Anteil derjenigen Empfänger dieser Leistung zu ermitteln, die Unionsbürger und Empfänger einer derartigen Leistung in einem anderen Mitgliedstaat sind.[74]

42

Wie lassen sich diese Vorgaben nun **für den Gesetzgeber bzw. Rechtsanwender umsetzen**? In ihrer Gänze dürften die Kriterien nicht administrierbar sein. Eine **Standardisierung durch den Gesetzgeber** wäre also de lege ferenda deshalb äußerst wünschenswert. Dabei dürfte der Mindestaufenthalt wohl nach der Entscheidung des EuGH vom 19.09.2013[75] nicht derart im Vordergrund der Prüfung ste-

43

---

[64] *Greiser* in: jurisPK-SGB XII, 1. Aufl. 2011, Vorbemerkung i.d.F. vom 10.06.2013 Rn. 32.
[65] EuGH v. 15.03.2005 - C-209/03 - Slg. 2005, I-2119 - Bidar.
[66] EuGH v. 04.06.2009 - C-22/08, C-23/08 - Slg 2009, I-4585 - Vatsouras/Koupatantze.
[67] OVG Bremen v. 15.11.2007 - S2 B 426/07; LSG Berlin-Brandenburg v 08.06.2009 - L 34 AS 790/09 B ER; SG Berlin v. 25.03.2010 - S 26 AS 8114/08 jeweils zu den Leistungen zur Sicherung des Lebensunterhalts nach dem SGB II.
[68] EuGH v. 04.06.2009 - C-22/08, C-23/08 - info also 2009, 217 ff. - Vatsouras/Koupatantze; so aber: *Schlette* in: Hauck/Noftz, SGB XII, K § 23 Rn. 54m, Stand: 07/2012.
[69] EuGH v. 04.06.2009 - C-22/08, C-23/08 - info also 2009, 217 ff. - Vatsouras/Koupatantze; so aber: *Schlette* in: Hauck/Noftz, SGB XII, K § 23 Rn. 54m, Stand: 07/2012.
[70] Ähnlich: *Schreiber*, info also 2009, 195, 195.
[71] EuGH v. 19.09.2013 - C-140/12 - Brey.
[72] EuGH v. 19.09.2013 - C-140/12 - juris Rn. 69 - Brey.
[73] EuGH v. 19.09.2013 - C-140/12 - juris Rn. 78 - Brey.
[74] EuGH v. 19.09.2013 - C-140/12 - juris Rn. 78 - Brey.
[75] EuGH v. 19.09.2013 - C-140/12 - juris Rn. 78 - Brey.

hen, wie es hier bislang vertreten wurde.[76] Dennoch kann ein solcher Mindestaufenthalt aber wohl weiterhin gefordert werden. Bezogen auf die Entscheidung Trojani stellt dies eine Ausfüllung des Begriffs der „bestimmten Dauer" dar, die sich der EU-Bürger rechtmäßig im Mitgliedstaat aufgehalten haben muss.[77] Eine Ausnahme muss aber für eine kurzfristige vorübergehende Leistungsgewährung gemacht werden. Gleiches könnte für einen lediglich ergänzenden Bezug gelten, soweit er nur einen geringen Umfang aufweist. Auch müssen die Umstände des Einzelfalls, also auch die persönlichen Umstände des EU-Bürgers, berücksichtigt werden.

43.1 Der **Generalanwalt** Melchior Wathelet hat in dem Vorlageverfahren Dano in seinen Schlussanträgen vom 20.05.2014 – sicherlich etwas überraschend – die Ansicht vertreten, dass der Anwendungsbereich des § 23 Abs. 3 SGB XII **nicht zu beschränken ist** (EuGH, Schlussanträge vom 20.05.2014 - C-333/13; Vorlage des SG Leipzig v. 03.06.2013 - S 17 AS 2198/12). Nach seiner Ansicht verstößt der Ausschluss des § 23 Abs. 3 SGB XII weder gegen europäisches Primär- noch Sekundärrecht. Er leitet zunächst her, dass es dem Willen des europäischen Gesetzgebers widerspräche, wenn ein EU-Bürger, der seine Freizügigkeit einzig und allein mit dem Ziel ausübt, Sozialhilfe in einem anderen Mitgliedstaat zu erhalten, nicht von den Leistungsbezug ausgenommen werden könnte (Rn. 105 ff. der Schlussanträge). Dabei stützt er sich auf Art. 7 Abs. 1 lit. b EGRL 38/04, der für einen Aufenthalt von länger als drei Monaten grundsätzlich voraussetzt, dass der EU-Bürger über **hinreichende Existenzmittel** und einen Krankenversicherungsschutz verfügt (vor allem Rn. 113 der Schlussanträge).

43.2 Unter Rückgriff auf die Rechtfertigungsmöglichkeiten, die der EuGH in den Rechtssachen **Bidar** (C-209/03; vgl. dazu Rn. 34 und Rn. 38), **Collins** (C-132/03, vgl. dazu Rn. 38) und **Kohll** (C-158/96; vgl. dazu Rn. 77) anerkannt hat, sieht der Generalanwalt die Regelung des § 23 Abs. 3 SGB XII als gerechtfertigt an: „Im Ergebnis ist das von den im Ausgangsverfahren in Rede stehenden Rechtsvorschriften gewählte Kriterium – dass sich der Betroffene in das deutsche Staatsgebiet einzig und allein mit dem Ziel begibt, eine Beschäftigung zu suchen oder Sozialhilfe zu beziehen – geeignet, das **Fehlen einer tatsächlichen Verbindung** mit dem Gebiet des Aufnahmemitgliedstats und einer Integration in diesen darzulegen. Es erlaubt es, die wirtschaftliche Lebensfähigkeit des Systems sicherzustellen und sein finanzielles Gleichgewicht nicht zu gefährden. Die Vorschriften verfolgen daher ein legitimes Ziel im Sinne der angeführten Rechtsprechung. Die gewählte Voraussetzung steht meines Erachtens außerdem im Verhältnis zu dem mit dem nationalen Recht legitim verfolgten Ziel."

43.3 Dies steht in ziemlich klarem Gegensatz zur Rechtsprechung des EuGH in der **Rechtssache Brey** (C-140/12), in der eine stärkere Prüfung des Einzelfalls gefordert wird (vgl. dazu Rn. 41). Gegen die **Notwendigkeit einer näheren Prüfung** beruft sich der Generalanwalt auf eine Entscheidung des EuGH aus September 2013 (C-546/11). Dort habe der EuGH ausgeführt, dass „in der Regel nicht verlangt werden [kann], dass eine Maßnahme [...] vorschreibt, dass jeder Einzelfall individuell geprüft wird, [...] da die fragliche Regelung in technischer und wirtschaftlicher Hinsicht handhabbar bleiben muss" (Rn. 132 der Schlussanträge unter Bezugnahme auf: EuGH v. 26.09.2013 - C-546/11 - juris Rn. 70). Diese Entscheidung ist allerdings zu einer **völlig anderen Thematik**, nämlich dem Beamtenrecht, ergangen. Dass daraus Schlüsse für die in der Rechtssache Brey vorgesehene Prüfung des Einzelfalls gezogen werden können, erscheint fraglich. Ohne weitere Eingrenzung kann wohl nicht von dem Aufenthaltszweck der Arbeitssuche allein auf eine fehlende Verbindung zum Mitgliedstaat und eine unangemessene Belastung des Mitgliedstaats geschlossen werden.

43.4 Die weite Anerkennung des Ausschlusses im deutschen Recht ist in Bezug auf die Leistungen der Grundsicherung für Arbeitsuchende zudem deshalb problematisch, da die vom Generalanwalt diskutierte **Verbindung zum Mitgliedstaat**, in den der EU-Bürger eingereist ist, nach der Rechtsprechung des EuGH auch durch **Arbeitssuche** hergestellt werden kann (vgl. dazu näher Rn. 80). Der Schluss von der Arbeitssuche auf die fehlende Verbindung zum Mitgliedstaat dürfte mit dieser Rechtsprechung des EuGH nicht im Einklang stehen. Eine so weitgehende Rechtfertigung des Ausschlusses von Leistungen der Grundsicherung für Arbeitsuchende wäre nur möglich, wenn die Rechtsprechung des EuGH zu den Sozialleistungen, die den **Zugang zum Arbeitsmarkt erleichtern sollen**, keine Rolle spielt. Auf diese Rechtsprechungsentwicklung (vor allem in der Rechtssache Collins, C-132/03, vgl. dazu Rn. 38) hat der EuGH aber in der Entscheidung Vatsouras/Koupantze – ebenfalls zur Grundsicherung für Arbeitsuchende nach dem SGB II – seinen Schwerpunkt gelegt (EuGH v. 04.06.2009 - C-22/08, C-23/08; vgl. dazu näher Rn. 75 ff.). Außerdem hat das BSG die Leistungen der Grundsicherung für Arbeitsuchende in seinem **Vorlagebeschluss** (BSG v. 12.12.2013 - B 4 AS 9/13 R) – zumindest auch – als Arbeits-

---

[76] *Greiser* in: jurisPK-SGB XII, 1. Aufl. 2011, Vorbemerkung i.d.F. vom 10.06.2013 Rn. 33.

[77] Vgl. dazu: EuGH v. 07.09.2004 - C-456/02 - Slg. 2004, I-7573 - Trojani.

marktleistungen angesehen (vgl. dazu Rn. 74). Da der EuGH in der Entscheidung Vatsouras/Koupatantze zudem entschieden hat, dass es den nationalen Behörden und Gericht obliegt, die Leistung einzuordnen (EuGH v. 04.06.2009 - C-22/08, C-23/08; vgl. dazu näher Rn. 70), ist insoweit vom EuGH wohl auch keine vom Vorlagebeschluss abweichende Beurteilung zu erwarten.

Die weite Anerkennung des Ausschlusses im deutschen Recht mag nicht zuletzt **mit dem vorgelegten Fall zusammenhängen**. Der Generalanwalt hat sich ggf. von der dort vorliegenden Konstellation leiten lassen (darauf deutet etwa Rn. 131 der Schlussanträge hin), in der eine Verbindung zum Arbeitsmarkt tatsächlich nicht sehr naheliegend ist. Nach dem Vorlagebeschluss hat die dortige Klägerin keinen erlernten oder angelernten Beruf und war bislang weder in Deutschland noch in Rumänien erwerbstätig (SG Leipzig v. 03.06.2013 - S 17 AS 2198/12 - juris Rn. 4). Dies aber ist natürlich nicht die einzige unter den Ausschluss fallende Konstellation.

43.5

gg. Europarechtskonforme Auslegung

Auch wenn sowohl der Ausschluss in Art. 24 Abs. 2 EGRL 38/04 als auch der Ausschluss in § 23 Abs. 3 Satz 1 Alt. 2 SGB XII nicht in allen diesem Ausschluss unterfallenden Konstellationen mit europäischem Primärrecht im Einklang steht, so folgt hieraus nicht die Nichtigkeit des Ausschlusses bzw. der Ausschlüsse. Diese sind vielmehr europarechtskonform auszulegen.[78]

44

Nach der Rechtsprechung des EuGH ist ein Normkonflikt zwischen nationalem und europäischem Recht vorrangig durch eine **europarechtskonforme Auslegung** aufzulösen.[79] Dass die dargestellte „Lesart" der Vorschrift mit dem Wortlaut nicht zu vereinbaren ist, steht einer europarechtskonformen Auslegung nicht entgegen. Zwar stellt der mögliche **Wortsinn** nach nationaler Auslegungslehre grundsätzlich die **Grenze der Auslegung** dar,[80] die europarechtskonforme Auslegung geht jedoch weiter. Nach der Rechtsprechung des EuGH hat das innerstaatliche Gericht eine innerstaatliche Vorschrift unter voller Ausschöpfung des Beurteilungsspielraums, den ihm das nationale Recht einräumt, in Übereinstimmung mit den Anforderungen des Unionsrechts auszulegen und anzuwenden.[81] Dementsprechend fallen in der nationalen Rechtsanwendung anerkannte Fälle der Rechtsfortbildung – wie beispielsweise die Analogie und die teleologische Reduktion – auch unter die europarechtskonforme Auslegung.[82]

45

§ 23 Abs. 3 Satz 1 Alt. 2 SGB III ist im Rahmen einer europarechtskonformen Auslegung **teleologisch zu reduzieren**. Ein hinter der Vorschrift stehender Gesetzeszweck, aus dem hergeleitet werden kann, dass der Wortlaut der Vorschrift zu weit ist, lässt sich hier dadurch begründen, dass der Wille des europäischen Gesetzgebers auf die nationale Ebene „heruntergebrochen" wird. Hier ist – wegen der unterschiedlichen Normgeber – auf den Willen des höherrangigen Normgebers abzustellen. Nach den primärrechtlichen Vorgaben in Art. 18 AEUV ist eine Differenzierung nach der Staatsangehörigkeit nur in dem vom EuGH aufgezeigten, und dargestellten (vgl. Rn. 38) Spielraum möglich.

46

Die Vorschrift des nationalen Gesetzgebers ist zudem **planwidrig zu weit gewählt** worden. Eine planwidrige Unvollständigkeit des Normtextes – hier bezogen auf die Einschränkung des Anwendungsbereichs – ist Voraussetzung der gesetzesimmanenten Rechtsfortbildung.[83] Dies gilt auch für die europarechtskonforme Auslegung;[84] eine europarechtskonforme Auslegung contra legem ist nicht möglich.[85] Die Planwidrigkeit ergibt sich hier daraus, dass der nationale Gesetzgeber die Reichweite der Grenzen, in denen eine Differenzierung nach der Staatsangehörigkeit möglich ist, nicht erkannt hat und nicht davon auszugehen ist, dass er diese Grenzen überschreiten wollte. Der Gesetzgeber hat sich an Art. 24 Abs. 2 EGRL 38/04 orientiert.[86]

47

---

[78] Zum SGB II: *Hackethal* in: jurisPK-SGB II, 3. Aufl. 2012, § 7 SGB II Rn. 38; *A. Loose* in: GK-SGB II, § 7 Rn. 68, Stand: 09/2012; so im Ergebnis auch: LSG Niedersachsen-Bremen v. 23.05.2012 - L 9 AS 347/12 B ER; a.A. *Hofmann/Kummer*, ZESAR 2013, 199, 205; in diese Richtung wohl auch eher der Vorlagebeschluss des BSG: BSG v. 12.12.2013 - B 4 AS 9/13 R.

[79] Vgl. beispielsweise: EuGH v. 10.06.2010 - C-395/08, C-396/08 - NZA 2010, 753 - Bruno und Pettini.

[80] H.M. vgl. beispielsweise: *Larenz*, Methodenlehre der Rechtswissenschaft, S. 324.

[81] EuGH v. 10.06.2010 - C-395/08, C-396/08 - NZA 2010, 753 - Bruno und Pettini; EuGH v. 18.12.2007 - C-357/06 - Slg 2007 I-12311 - Frigerio Luigi & C.; EuGH v. 11.01.2007 - C-208/05 - Slg 2007 I-181 - ITC; EuGH v. 04.02.1988 - C-157/86 - Slg 1988, 673 - Murphy.

[82] *Canaris*, JZ 2003, 831, 834.

[83] *Larenz*, Methodenlehre der Rechtswissenschaft, 6. Aufl., S. 370, speziell zur teleologischen Reduktion: S. 391 ff.;

[84] Vgl. dazu beispielsweise: BGH v. 26.11.2008 - VIII ZR 200/05 - NJW 2009, 427.

[85] EuGH v. 04.07.2006 - C-212/06 - Slg 2006 I-06057 - Adeneler.

[86] Zum vergleichbaren § 7 Abs. 1 Satz 2 Nr. 2 SGB II: BT-Drs. 16/5065, 234.

4. Vereinbarkeit des Ausschlusses von Arbeitsuchenden mit Europäischem Sekundärrecht

a. Allgemeines

48 Der Anspruchsausschluss verstößt unter Berücksichtigung der **dargestellten europarechtskonformen Auslegung nicht gegen Art. 4 EGVO 883/04**.[87] Eine Anwendbarkeit – auf EU-Bürger, die bereits eine Verbindung zur deutschen Gesellschaft haben – verstößt aber – neben Art. 18 AEUV – auch gegen Art. 4 EGVO 883/04. In Bezug auf das SGB II wurde diese Frage nun vom SG Leipzig und vom BSG des EuGH vorgelegt.[88]

49 Nach diesem Gleichbehandlungsgebot aus Art. 4 EGV 883/04 haben Personen im Anwendungsbereich der Verordnung die gleichen Rechte und Pflichten aufgrund der Rechtsvorschriften eines Mitgliedstaats wie die Staatsangehörigen dieses Staates, soweit die Verordnung selbst nichts anderes bestimmt. Das Diskriminierungsverbot ist hier zwar zumindest für die **Leistungen nach dem Vierten Kapitel** anwendbar (vgl. Rn. 60), eine Beschränkung dieses Diskriminierungsverbots in dem oben genannten Umfang (vgl. Rn. 41) lässt sich hier aber aus Art. 24 Abs. 2 EGRL 38/04 herleiten (vgl. Rn. 63).

b. Anwendbarkeit der EGVO 883/04

aa. Persönliche Anwendbarkeit

50 Die EGVO 883/04 ist bei den besonderen beitragsunabhängigen Geldleistungen nur anwendbar, wenn der EU-Bürger eine **Sozialleistung bezieht oder bezogen** hat.[89]

51 Nach **Art. 2 Abs. 1 EGVO 883/04** gilt die Verordnung unter anderem für Staatsangehörige eines Mitgliedstaats, Staatenlose und Flüchtlinge mit Wohnort in einem Mitgliedstaat, für die die Rechtsvorschriften eines oder mehrerer Mitgliedstaaten gelten, sowie für ihre Familienangehörigen und Hinterbliebenen. Danach sind vom persönlichen Anwendungsbereich sämtliche Unionsbürger umfasst, wenn für sie die **Rechtsvorschriften eines oder mehrerer Mitgliedstaaten gelten oder galten**.[90] Rechtsvorschriften in diesem Sinne sind nach Art. 1 lit. l EGVO 883/04 für jeden Mitgliedstaat die Gesetze, Verordnungen, Satzungen und alle anderen Durchführungsvorschriften, die sich auf die in Art. 3 Abs. 1 EGVO 883/04 genannten Zweige der sozialen Sicherheit beziehen.[91] An dieser Stelle kann dabei noch dahinstehen, ob es sich bei den Leistungen nach dem SGB XII um sog. besondere beitragsunabhängige Geldleistungen handelt (vgl. Rn. 53), denn auch diese unterfallen dem Begriff der Rechtsvorschriften – zumindest in diesem Zusammenhang – nicht.[92]

52 Deshalb ist ein **aktueller oder vergangener Bezug von Sozialleistungen** notwendig, damit die EGVO 883/04 persönlich anwendbar ist.[93] Ein rein abstraktes Unterliegen des Versicherungsschutzes in den einzelnen Zweigen der Sozialversicherung ist nicht hinreichend. Allerdings reicht ein früherer Versicherungsschutz auf der anderen Seite wohl aus.[94] Bei arbeitsuchenden Unionsbürgern hat es das SG Berlin ausreichen lassen, dass ein Anspruch auf Vermittlungsleistungen nach dem SGB III besteht.[95] Zudem löst der Bezug von Kindergeld eine Anwendbarkeit der EGVO 883/04 aus, da es sich hierbei um Familienleistungen nach Art. 3 Abs. 2 lit. j EGVO 883/04 handelt.[96]

---

[87] Zum SGB II: LSG Nordrhein-Westfalen v. 02.10.2012 - L 19 AS 1393/12 B ER; SG Osnabrück v. 20.10.2011 - S 16 AS 711/11 ER dem folgend: LSG Niedersachsen-Bremen v. 23.05.2012 - L 9 AS 47/12 B ER; andere Ansicht: Hessisches LSG v. 14.07.2011 - L 7 AS 107/11 B ER; ähnlich LSG Niedersachsen-Bremen v. 11.08.2011 - L 15 AS 188/11 B ER.

[88] SG Leipzig v. 03.06.2013 - S 17 AS 2198/12; BSG v. 12.12.2013 - B 4 AS 9/13 R.

[89] Vgl. dazu: Hofmann/*Kummer*, ZESAR 2013, 199, 206; wohl auch: *Schreiber*, NZS 2012, 647, 649.

[90] *Hofmann/Kummer*, ZESAR 2013, 199, 206.

[91] *Hofmann/Kummer*, ZESAR 2013, 199, 206.

[92] *Schreiber*, NZS 2012, 647, 649.

[93] *Hofmann/Kummer*, ZESAR 2013, 199, 206; wohl auch: *Schreiber*, NZS 2012, 647, 649; andere Ansicht, wonach ein abstraktes Unterfallen ausreicht: *Eichenhofer*, Sozialrecht der EU, 4. Aufl., Rn. 101.

[94] *Hofmann/Kummer*, ZESAR 2013, 199, 206; wohl auch: *Schreiber*, NZS 2012, 647, 649.

[95] SG Berlin v. 19.12.2012 - S 55 AS 18011/12.

[96] BSG v. 12.12.2013 - B 4 AS 9/13 R; so auch bereits: SG Berlin v. 19.12.2012 - S 55 AS 18011/12.

bb. Sachliche Anwendbarkeit

Sachlich anwendbar ist dies Diskriminierungsverbot aus Art. 4 EGV 883/04 dann, wenn es sich bei den Vorschriften nach dem SGB XII um **Rechtsvorschriften i.S.d. Art. 4 EGV 883/04** handelt. Dies ist der Fall, soweit es sich um besondere beitragsunabhängige Geldleistungen (Art. 3 Abs. 3 EGVO 883/04, Art. 70 EGVO 883/04) handelt. Dies ist zumindest bei den Leistungen nach dem **Vierten Kapitel** (Leistungen bei Alter und Erwerbsminderung) gegeben. 53

Insoweit ist zur Bestimmung des Inhalts des Tatbestandsmerkmals „Rechtsvorschriften" i.S.d. Art. 4 EGVO 883/04 – im Gegensatz zur Frage des persönlichen Anwendungsbereichs – **nicht auf die Definition des Art. 1 lit. I EGV 883/04** zurückzugreifen.[97] Nach Art. 3 Abs. 3 EGVO 883/04 ist die Verordnung auch auf die besonderen beitragsunabhängigen Geldleistungen vollständig anwendbar. Dies ergibt sich aus einem Umkehrschluss aus Art. 70 Abs. 3 EGVO 883/04, in dem lediglich die Vorschrift des Art. 7 EGVO 883/04 von der Anwendung auf besondere beitragsunabhängige Geldleistungen ausgenommen ist. Diese Ausnahme führt aber nur dazu, dass Mitgliedstaaten bei diesen Leistungen auch weiterhin einen Wohnsitz im Inland als Leistungsvoraussetzung fordern können.[98] Art 4 EGVO 883/04 ist auf besondere beitragsunabhängige Geldleistungen also anwendbar. 54

Eine solche Leistung liegt va. bei den Leistungen nach dem Vierten Kapitel vor. Die Definition der besonderen beitragsunabhängigen Geldleistungen knüpft in Art. 70 Abs. 2 EGV 883/04 an **drei Merkmale** an: 55
1. die Bestimmung der Leistung,
2. die Finanzierung der Leistung und
3. die Eintragung in dem Anhang X zu der Verordnung.

Die Leistung muss erstens **dazu bestimmt sein**, entweder einen zusätzlichen, ersatzweisen oder ergänzenden Schutz gegen die Risiken zu gewähren, die von den in Art. 3 Abs. 1 EGV 883/04 genannten Zweigen der sozialen Sicherheit gedeckt sind, oder dazu bestimmt sein, allein dem besonderen Schutz des Behinderten zu dienen, der eng mit dem sozialen Umfeld dieser Person in dem betreffenden Mitgliedstaat verknüpft ist. Soweit es sich um eine Leistung handelt, die ein Risiko im Sinne des Art. 3 Abs. 1 EGV 883/04 betrifft, so muss die Leistung zudem der betreffenden Personen ein Mindesteinkommen zur Bestreitung des Lebensunterhalts garantieren, das in Beziehung zu dem wirtschaftlichen und sozialen Umfeld in dem betreffenden Mitgliedstaat steht. 56

Die **Finanzierung der Leistung** muss ausschließlich durch „obligatorische Steuern zur Deckung der allgemeinen öffentlichen Ausgaben" erfolgen. Die Gewährung und Berechnung der Leistung darf nicht von Beiträgen der Leistungsempfänger abhängen. Jedoch bestimmt die Verordnung auch, dass Leistungen, die zusätzlich zu einer beitragsabhängigen Leistung gewährt werden, nicht allein aus diesem Grund als beitragsabhängige Leistungen zu betrachten sind. 57

Zudem muss die Leistung nach Art. 70 Abs. 2 EGV 883/04 **im Anhang X dieser Verordnung eingetragen** sein. Dieser Eintrag wurde vom EuGH zunächst als konstitutiv angesehen.[99] Führe der Gemeinschaftsgesetzgeber eine Regelung in dem Anhang auf, so ergebe sich daraus, dass die auf der Grundlage dieser Regelung gewährten Leistungen besondere beitragsunabhängige Geldleistungen seien.[100] Diese Rechtsprechung hat der EuGH im Jahr 2001 abgeändert.[101] Danach ist nun im Einzelnen materiell zu prüfen, ob eine beitragsunabhängige Sonderleistung (jetzt Geldleistung) vorliegt.[102] 58

Die Leistungen nach dem **Dritten Kapitel** des SGB XII (Hilfe zum Lebensunterhalt) stellen Leistungen der sozialen Fürsorge (früher Sozialhilfe) nach Art. 3 Abs. 5 EGV 883/04 dar. Es liegt kein Bezug zu einer Leistung nach Art. 3 Abs. 1 EGV 883/04 vor.[103] Eine derartige Leistung zur Sicherung des Lebensunterhalts deckt keines der genannten Risiken ab.[104] Diese Leistungen unterliegen damit bereits nicht der Koordinierung. 59

---

[97] Bayerisches LSG v. 19.06.2013 - L 16 AS 847/12; in diese Richtung auch: BSG v. 12.12.2013 - B 4 AS 9/13 R; andere Ansicht: LSG Rheinland-Pfalz v. 21.08.2012 - L 3 AS 250/12 B ER; vgl. dazu auch: *Greiser/Kador*, ZFSH/SGB 2014, 152, 156.

[98] Bayerisches LSG v. 19.06.2013 - L 16 AS 847/12.

[99] EuGH v. 04.11.1997 - C-20/96 - Slg. 1997, I-6082, 6095 - Snares; so noch: *Fuchs*, NZS 2007, 1, 3; anders allerdings nunmehr: *Fuchs* in: Fuchs, Art. 4 EWGV 1408/71 Rn. 29.

[100] EuGH seit: EuGH v. 04.11.1997 - C-20/96 - Slg. 1997, I-6082, 6095 - Snares.

[101] EuGH v. 08.03.2001 - C-215/99 - Slg. 2001, I-1901 - Jauch.

[102] EuGH v. 08.03.2001 - C-215/99 - Slg. 2001, I-1901 - Jauch; dagegen wohl: *Luthe* in: Hauck/Noftz, SGB XII, E 10, Rn. 218, Stand: 02/2013.

[103] Vgl. dazu: *Luthe* in: Hauck/Noftz, SGB XII, E 10, Rn. 221, Stand: 02/2013.

[104] EuGH v. 27.03.1985 - C-122/84 - Slg. 1985, 1027 zu einer belgischen Regelung.

Anhang zu § 23

60 Bezogen auf die Leistungen nach dem **Vierten Kapitel** (Leistungen bei Alter und Erwerbsminderung) liegt eine beitragsunabhängige Sonderleistung vor.[105] Die Leistung steht mit Risiken des Art. 3 Abs. 1 EGV 883/04 im Zusammenhang, nämlich dem **Risiko des Alters** einerseits und **der Erwerbsunfähigkeit** andererseits. Sie dienen einem ersatzweisen oder ergänzenden Schutz vor allem zu den Leistungen nach dem SGB VI. Zwar sind sie bedürftigkeitsabhängig, § 43 SGB XII, schaffen aber Besonderheiten bei Vermögenseinsatz und Unterhaltsansprüchen.[106] Die Leistungen nach dem Vierten Kapitel sind „Nachfolger" der Leistungen nach dem vorherigen **Gesetz über eine bedarfsorientierte Grundsicherung im Alter und bei Erwerbsminderung** (GSiG),[107] die zum 01.01.2005 in das SGB XII überführt wurden.[108] Auch wenn mit dieser Überführung die ursprüngliche Überlegung, ein eigenständiges Gesetz für diese Grundsicherung zu schaffen, wieder aufgegeben wurde, so sind die oben angesprochenen Besonderheiten des Unterhaltsregresses fortgeführt worden.[109] Zudem erfolgte zum 05.05.2005 die Eintragung dieser Leistungen in den Anhang IIa der EWGV 1408/71.[110]

61 Die Leistungen nach dem **Fünften Kapitel** (Hilfe zur Gesundheit) lassen sich zwar einem Risiko nach Art. 3 Abs. 1 EGV 883/04 zuordnen, dennoch fallen diese Leistungen unter den Begriff der medizinischen Fürsorge in Art. 3 Abs. 5 EGV 883/04, weshalb diese Leistungen insgesamt aus der Koordination herausfallen. Das vorrangige soziale System ist die gesetzliche Krankenversicherung nach dem SGB V,[111] darüber hinausgehende Leistungen werden nach den §§ 47 ff. SGB XII nicht gewährt.[112]

62 Ob dies auch für die Leistungen nach dem **Siebten Kapitel** (Hilfe zur Pflege) gilt,[113] könnte deshalb fraglich sein, da die soziale Pflegeversicherung nach dem SGB XI nicht so ausgestaltet ist, dass das Risiko vollständig abgedeckt wird. Eine Einstufung kann hier aber ebenso dahinstehen wie bei den Leistungen nach dem **Sechsten Kapitel** (Eingliederungshilfe)[114], da diese für den Ausschluss nach § 23 Abs. 3 Satz 1 Alt. 2 SGB XII keine praktische Relevanz haben dürften.

c. Rechtfertigung der Ungleichbehandlung

63 Im oben dargestellten Umfang (Verhinderung einer unangemessenen Belastung) lässt sich eine Ungleichbehandlung auch vor dem Hintergrund des Art. 4 EGVO 883/04 rechtfertigen.[115]

64 Für eine Rechtfertigung kann einerseits wohl auf Art. 24 Abs. 2 EGRL 38/04 zurückgegriffen werden. In beiden Fällen (Art. 4 EGV 883/04 und Art. 24 Abs. 2 EGRL 38/04) liegt europäisches Sekundärrecht vor, so dass Art 4 EGV 883/04 nicht höherrangig ist. Art. 24 Abs. 2 EGV 883/04 geht aber als **speziellere Regelung** vor (lex specialis derogat legi generali). Dieser Rechtsgrundsatz ist auch auf europarechtlicher Ebene anwendbar.[116] Es ist nicht ersichtlich, warum dieser Vorrang nur bei expliziter Nennung der spezielleren Vorschrift in der allgemeinen gegeben sein soll.[117]

65 Ein unbegrenzter Vorrang der Regelung in Art. 4 EGV 883/04 ergibt sich auch nicht daraus, dass Art. 24 Abs. 2 EGRL dem nationalen Gesetzgeber nur ermöglicht, eine einschränkende Regelung zu treffen, Art. 4 EGV 883/04 aber (zwingendes) Verordnungsrecht darstellt.[118] Ein **formeller Vorrang**

---

[105] Dafür: *Luthe* in: Hauck/Noftz, SGB XII, E 10, Rn. 221, Stand: 02/2013; andere Ansicht: *Fuchs*, NZS 2007, 1, 2 f.
[106] *Luthe* in: Hauck/Noftz, SGB XII, E 10, Rn. 221, Stand: 02/2013; andere Ansicht: *Fuchs*, NZS 2007, 1, 2.
[107] Vom 26.06.2001, BGBl I 2001, 1310,
[108] Art. 1 des Gesetzes vom 27.12.2003, BGBl I 2003, 3022; vgl. dazu die Beschlussempfehlung des Vermittlungsausschusses, BT-Drs. 15/2260, 2 f.
[109] Vgl. zu den ursprünglichen Zielen des GSiG: BT-Drs. 14/5150, S. 48.
[110] EGV 647/05; nunmehr Anhang X der EGV 883/04, eingeführt durch EGV 988/2009.
[111] *Luthe* in: Hauck/Noftz, SGB XII, E 10, Rn. 222, Stand: 02/2013.
[112] BSG v. 15.11.2012 - B 8 SO 6/11 R - SozR 4-3500 § 49 Nr. 1.
[113] So *Luthe* in: Hauck/Noftz, SGB XII, E 10, Rn. 222, Stand: 02/2013.
[114] Zur Einordnung als beitragsunabhängige Sonderleistung: *Luthe* in: Hauck/Noftz, SGB XII, E 10, Rn. 222, Stand: 02/2013.
[115] Ähnlich: LSG Niedersachsen-Bremen v. 23.05.2012 - L 9 AS 47/12 B ER; vgl. auch SG Osnabrück v. 20.08.2013 - S 16 AS 991/10, Rn 52; im Ergebnis ebenso: LSG Niedersachsen-Bremen v. 15.11.2013 - L 15 AS 365/13 B ER; andere Ansicht: *Schreiber*, NZS 2012, 647, 650.
[116] *Hetmeier* in: Lenz/Borchardt, EU-Verträge Kommentar, Art. 288 AEUV Rn. 35; *Ruffert* in: Calliess/Ruffert, EUV/AEUV, 4. Aufl. 2011, Art. 288 AEUV Rn. 73; in diese Richtung auch die Rechtsanwendung in: EuGH v. 17.10.2002 - C-35/02 - juris Rn. 33 - Slg 2003, 12229 - Vogel.
[117] So aber: LSG Nordrhein-Westfalen v. 06.06.2013 - L 6 AS 170/13 B ER/L 6 AS 171/13 B - juris Rn. 37, da Verordnung und Richtlinie am gleichen Tag erlassen wurden.
[118] So aber: SG Dresden v. 03.08.2011 - S 36 AS 3461/11 ER - juris Rn. 47; *Schreiber*, NZS 2012, 647, 651; *Eichenhofer*, ZESAR 2012, 357, 359.

von Verordnungen vor Richtlinien ist im **EU-Recht nicht geregelt**.[119] Würde Art. 4 EGV 883/04 stets zwingend vorgehen, bezöge sich der Ausschluss in Art. 24 Abs. 2 EGRL 38/04 im Wesentlichen auf die Leistungen nach dem **Dritten Kapitel** (Hilfe zum Lebensunterhalt). Der Anspruchsausschluss hätte damit einen sehr geringen Anwendungsbereich.

Zudem käme es zu der **widersprüchlichen Situation**, dass der Diskriminierungsschutz aus Art. 4 EGV 883/04 in Bezug auf beitragsunabhängige Leistungen bei Arbeitslosigkeit des EU-Bürgers weiterginge als bei den Leistungen bei Arbeitslosigkeit nach Art. 3 Abs. 1 EGVO 883/04. Diese sind nämlich – im Gegensatz zu anderen Bereichen des europäischen Sozialrechts – lediglich **lückenhaft geregelt**.[120] Ein umfassender Schutz des Wanderarbeitnehmers gegen Arbeitslosigkeit ist hier gerade nicht vorgesehen. Eine weitergehende Absicherung wurde zwar bereits häufig gefordert,[121] derartige Reformanstrengungen[122] hatten aber jeweils keinen Erfolg. Auch durch die EGV 883/04 ist die Lückenhaftigkeit des Schutzes nicht abgeschafft.[123] Es kommt zu einer „Schieflage", wenn bei diesen Leistungen kaum Koordination stattfindet, aber keinerlei Rechtfertigung einer Ungleichbehandlung bei der Gewährung von Sozialhilfeleistungen (oder Alg-II-Leistungen) möglich ist.[124]

66

Der hier vertretene Ansatz, dass aus Art. 4 EGV 883/04 kein engerer Maßstab folgt als aus dem Primärrecht, wird wohl durch die **Entscheidung des EuGH vom 19.09.2013 bestätigt**.[125] Der EuGH hat eine Differenzierung nach der Staatsangehörigkeit auch vor dem Hintergrund des Art. 4 EGV 883/04 dann zugelassen, wenn der Bezug von Sozialhilfe zu einer übermäßigen Belastung des gewährenden Staats würde (vgl. zur übermäßigen Belastung näher Rn. 41).[126]

67

Hier wird die weitere EuGH-Rechtsprechung abzuwarten sein. Die hier aufgeworfene Frage wurde dem EuGH nunmehr vom **SG Leipzig**[127], aber auch vom **BSG**[128] **vorgelegt**.

68

5. Exkurs: Die Leistungen der Grundsicherung für Arbeitsuchende

a. Allgemeines

Etwas anders stellt sich die Situation bei den Leistungen der Grundsicherung für Arbeitsuchende dar. Hier kann sich der nationale Gesetzgeber nicht auf Art. 24 Abs. 2 EGRL 38/04 berufen[129] (vgl. Rn. 70), allerdings ist hier der Leistungsausschluss nicht europarechtswidrig, sondern **europarechtskonform auszulegen**. Es ist zu prüfen, ob eine Verbindung – hier aber zum deutschen Arbeitsmarkt – vorliegt (vgl. Rn. 75).

69

b. Die Einstufung der Leistungen der Grundsicherung für Arbeitsuchende

Finanzielle Leistungen, die unabhängig von ihrer Einstufung nach nationalem Recht den **Zugang zum Arbeitsmarkt erleichtern sollen**, können nicht als „Sozialhilfeleistungen" i.S.d. Art. 24 Abs. 2 EGRL 38/04 eingestuft werden;[130] dabei macht der EuGH es zur Aufgabe der **nationalen Behörden** und gegebenenfalls der innerstaatlichen Gerichte, grundlegende Merkmale der Leistung zu prüfen, insbesondere ihren Zweck und die Voraussetzungen ihrer Gewährung.[131]

70

---

[119] *Hetmeier* in: Lenz/Borchardt, EU-Verträge Kommentar, Art. 288 AEUV Rn. 35; vgl. dazu auch: LSG Nordrhein-Westfalen v. 06.06.2013 - L 6 AS 170/13 B ER/L 6 AS 171/13 B - juris Rn. 37.
[120] Vgl. dazu umfassend: *Greiser/Kador*, ZFSH/SGB 2011, 507 ff.
[121] Vgl. beispielsweise: *Eichenhofer*, ZIAS 1991, 162 ff., 184 ff.; *Gagel*, Festschrift zum 40jährigen Bestehen der Landessozialgerichtsbarkeit in Rheinland-Pfalz, S. 383 ff.
[122] Vgl. beispielsweise: KOM (1998) 779 - endg. - ABl. C 38 vom 12.02.1999.
[123] Vgl. *Karl* in: Das neue Sozialrecht der EU, S. 39, 52 f.; vgl. auch: *Greiser/Kador*, ZFSH/SGB 2011, 507, 507.
[124] LSG Niedersachsen-Bremen v. 15.11.2013 - L 15 AS 365/13 B ER.
[125] EuGH v. 19.09.2013 - C-140/12 - Brey; kritisch hierzu, aber ebenso ausgelegt: *Schreiber*, ZESAR 2014, 36, 47.
[126] EuGH v. 19.09.2013 - C-140/12 - Brey.
[127] SG Leipzig v. 03.06.2013 - S 17 AS 2198/12.
[128] BSG v. 12.12.2013 - B 4 AS 9/13 R.
[129] LSG Bayern v. 04.05.2009 - L 16 AS 130/09 B ER; *Eichenhofer*, ZESAR 2012, 357, 359 f.; a.A. LSG Niedersachsen-Bremen v. 26.02.2010 - L 15 AS 30/10 B ER - juris Rn. 17 ff.; LSG Baden-Württemberg v. 16.05.2012 - L 3 AS 1477/11 - juris Rn. 65; *Heinig*, ZESAR 2008, 465, 471; *Hofmann/Kummer*, ZESAR 2013, 199, 201 f.; offen gelassen: BSG v. 30.01.2013 - B 4 AS 54/12 R - juris Rn. 25 f.
[130] EuGH v. 04.06.2009 - C-22/08 und C-23/08 - juris Rn. 40, 45 - Slg 2009, I-4585 ff. - Vatsouras/Koupatantze; so auch: EuGH v. 23. 03.2004, C-138/02 - juris Rn. 63 - Slg 2004, I-2703-2757 - Collins.
[131] EuGH v. 04.06.2009 - C-22/08 und C-23/08 - juris Rn. 40, 45 - Slg 2009, I-4585 ff. - Vatsouras/Koupatantze; so auch: EuGH v. 23. 03.2004, C-138/02 - juris Rn. 63 - Slg 2004, I-2703-2757 - Collins.

71 Für die Qualifizierung einer Leistung ist auch Art. 70 EGV 883/04 heranzuziehen. Das Arbeitslosengeld II **stellt nach mittlerweile ganz h.M.** eine solche Leistung dar.[132]

72 Aus der Einstufung als beitragsunabhängige Sonderleistung folgt zwar nicht, dass keine Sozialhilfe im Sinne des Art. 24 Abs. 2 EGRL 38/04 vorliegt (vgl. Rn. 19), allerdings spricht viel dafür, dass es sich bei den Leistungen der Grundsicherung um solche Leistungen handelt, die den **Zugang zum Arbeitsmarkt erleichtern sollen**. Zwar lässt sich nicht bestreiten, dass die SGB-II-Leistungen Bestandteile der Sozialhilfe aufweisen. Sie haben die aus der Sozialhilfe kommende Aufteilung von Regelleistung und Kosten der Unterkunft und Heizung,[133] sind also bedarfs-, aber auch bedürftigkeitsabhängig. Schließlich wurden im SGB II 2005 Arbeitslosenhilfe und Sozialhilfe zusammengeführt.[134] Dies ändert aber nichts an der **grundsätzlichen Zwecksetzung der Leistungen**.[135] Dies dürfte in Bezug auf die aktiven Leistungen nach den §§ 14 ff. SGB II zunächst unproblematisch sein. Dann aber liegt es nahe, dass die Leistungen sich in der europarechtlichen Einstufung nicht nach passiven und aktiven Leistungen aufteilen lassen.[136]

73 Zwar dienen die Leistungen zur Sicherung des Lebensunterhalts natürlich – wie der Name schon sagt – auch der **Existenzsicherung**. Auch differenziert § 1 Abs. 3 SGB II zwischen den einzelnen Leistungsarten.[137] Insgesamt ergibt sich aus den §§ 1 ff. SGB II aber eine deutliche Zwecksetzung, **Leistungsberechtigte in Arbeit einzugliedern**. Durch die Änderungen zum 01.04.2011[138] wurde die Erfüllung des grundrechtlich gesicherten Anspruchs auf Sicherung eines menschenwürdigen Existenzminimums zwar in § 1 Abs. 1 SGB II aufgenommen, dennoch überwiegen die Regelungen, die sich auf die Eingliederung in den Arbeitsmarkt beziehen, auch weiterhin. Der Gesetzgeber sieht trotz der Änderung des § 1 Abs. 1 SGB II zudem die Eingliederung in Arbeit weiterhin als „eines der vorrangigen Ziele der Grundsicherung für Arbeitsuchende" an.[139] Die Existenzsicherung ist hier die **Vorbedingung** für die erfolgreiche Arbeitsuche.[140] Zudem sind die Leistungen zum Lebensunterhalt gerade durch die Sanktionsnormen auch mit dem Zweck der Arbeitsuche verbunden.[141]

74 Das **BSG** sieht die Leistungen nach dem SGB II in seinem **Vorlagebeschluss** vom 12.12.2013 ebenfalls als Arbeitsmarktleistungen, aber auch als Sozialhilfeleistungen i.S.d. Art. 24 Abs. 2 EGRL 38/2004 an.[142] Dies stellt einen wirklich neuen Aspekt in der Diskussion dar, da bislang explizit oder zumindest implizit vorausgesetzt wurde, dass sich diese beiden Einordnungen ausschließen.

c. Die Entscheidung des EuGH vom 04.06.2009 und Art. 45 AEUV

75 Der EuGH hat den Ausschlussgrund nach § 7 Abs. 1 Satz 2 Nr. 2 SGB II (Ausschluss von arbeitsuchenden Ausländern im SGB II) **nicht als primärrechtswidrig eingestuft**, sondern hat ihn **im Lichte der Arbeitnehmerfreizügigkeit** ausgelegt.[143] Ein Ausschluss von Leistungen, die den Zugang zum Arbeitsmarkt erleichtern sollen, sei nur solange möglich, wie der EU-Bürger noch keine **tatsächliche Verbindung mit dem Arbeitsmarkt** dieses Staates vorweisen könne.[144] Bei Inländern wird eine sol-

---

[132] BSG v. 18.01.2011 - B 4 AS 14/10 R - BSGE 107, 206 ff.; *Greiser* in: Eicher/Schlegel, SGB III, Art. 61 Rn. 32; *Kador* in: jurisPK-SGB I, 2. Aufl. 2011, Art. 70 EGVO 883/2004 Rn. 27; a.A. LSG Niedersachsen-Bremen v. 26.02.2010 - L 15 AS 30/10 B ER - juris Rn. 17 ff.

[133] Darauf stellen beispielsweise das LSG Nordrhein-Westfalen (v. 22.06.2010 - L 1 AS 36/08 - juris 30; das LSG Niedersachsen-Bremen (v. 26.02.2010 - L 15 AS 30/10 B ER - juris Rn. 21) und *Hofmann/Kummer* (ZESAR 2013, 199, 202) ab.

[134] Vgl. dazu ausführlich: BT-Drs. 15/1516, S. 1 ff, 43 ff.

[135] *Spellbrink/G. Becker* in: Eicher, SGB II, 3. Aufl. 2013, § 7 Rn. 55.

[136] So aber: LSG Baden-Württemberg v. 25.08.2010 - L 7 AS 3769/10 ER-B - juris Rn. 15; LSG Berlin-Brandenburg v. 08.01.2010 - L 34 AS 2082/09 B ER - juris Rn. 8; in diese Richtung auch: *Hofmann/Kummer*, ZESAR 2013, 199, 202; wie hier: *Spellbrink/G. Becker* in: Eicher, SGB II, 3. Aufl. 2013, § 7 Rn. 55; *Valgolio* in: Hauck/Noftz, SGB II, § 7 Rn. 134; *Gerenkamp* in: Mergler/Zink, SGB II, § 7 Rn. 13c, Stand 2/2010.

[137] Darauf stellen *Hofmann/Kummer* (ZESAR 2013, 199, 202) ab.

[138] Durch das Gesetz zur Ermittlung von Regelbedarfen und zur Änderung des Zweiten und Zwölften Buch Sozialgesetzbuch vom 24.03.2011, BGBl I 2011, 453.

[139] BT-Drs. 17/3404, S. 91.

[140] *Valgolio* in: Hauck/Noftz, SGB II, § 7 Rn. 134; *Spellbrink/G. Becker* in: Eicher, SGB II, 3. Aufl. 2013, § 7 Rn. 55.

[141] *Gerenkamp* in: Mergler/Zink, SGB II, § 7 Rn. 13c, Stand 2/2010.

[142] BSG v. 12.12.2013 - B 4 AS 9/13 R - juris Rn. 44 ff., insb. Rn. 48.

[143] EuGH v. 04.06.2009 - C-22/08, C-23/08 - Slg 2009, I-4585 - Vatsouras/Koupatantze.

[144] EuGH v. 04.06.2009 - C-22/08 und C-23/08 - juris Rn. 38 - Slg 2009, I-4585 ff. - Vatsouras/Koupatantze; so auch bereits: EuGH v. 23.03.2004 - C-138/02 - Slg 2004, I-2703-2757 - Collins.

che Verbindung zum Arbeitsmarkt unwiderleglich unterstellt, bei Unionsbürgern ist dies im Einzelfall zu ermitteln. Es ist ebenfalls – wie bereits die Qualität der Leistung an sich – durch die nationalen Behörden und innerstaatlichen Gerichte zu prüfen.[145]

Soweit noch keine Verbindung zum deutschen Arbeitsmarkt besteht, ist die Arbeitnehmerfreizügigkeit wohl bereits tatbestandlich nicht betroffen.[146] Die letztlich wirtschaftlichen Gründe, sozialleistungsmotivierte Wanderbewegungen zu verhindern, können nicht unter die im Schrankenvorbehalt des **Art. 45 Abs. 3 AEUV** genannten **Gründe der öffentlichen Ordnung, Sicherheit oder Gesundheit** gefasst werden.[147] Über die (geschriebenen) Rechtfertigungsgründe des Art. 45 Abs. 3 AEUV hinaus kann ein Eingriff in die Arbeitnehmerfreizügigkeit zwar dann gerechtfertigt sein, wenn zwingende Gründe des Allgemeininteresses vorliegen und der Eingriff verhältnismäßig ist (**immanente Schranke**), wobei die Einzelheiten streitig sind.[148] **Rein wirtschaftliche Gründe** stellen aber zumindest keinen zwingenden Grund des Allgemeininteresses dar.[149]   76

Zwar sieht der EuGH in diesem Zusammenhang eine Ungleichbehandlung zudem als gerechtfertigt an, wenn sie – der bereits oben angesprochenen Formel entsprechend – auf **objektiven**, von der Staatsangehörigkeit der Betroffenen unabhängigen **Erwägungen** beruht und in einem **angemessenen Verhältnis** zu einem **legitimen Zweck** steht, der mit den nationalen Rechtsvorschriften verfolgt wird.[150] Auch hier erkennt der EuGH **rein wirtschaftliche Gründe** aber nicht an.[151] Anders hat der EuGH allerdings eine erhebliche Gefährdung des finanziellen Gleichgewichts des Systems der sozialen Sicherheit eingestuft.[152] Ob eine solche vorliegt, hat er in der Entscheidung vom 04.06.2009 aber nicht näher geprüft. Es spricht danach viel dafür, dass der EuGH bei einer fehlenden Verbindung zum Arbeitsmarkt die Arbeitnehmerfreizügigkeit bereits tatbestandlich als nicht anwendbar ansieht.[153]   77

Soweit der Tatbestand nicht eingreift, ist eine Differenzierung nach der Staatsangehörigkeit möglich. Eine darüber hinausgehende Differenzierung nach der Staatsangehörigkeit ist nicht möglich. Insoweit sind die deutschen Regelungen **europarechtskonform auszulegen** (vgl. dazu Rn. 101). Eine einschränkende Regelung durch den Gesetzgeber wäre auch hier wünschenswert.[154]   78

d. Die Verbindung zum deutschen Arbeitsmarkt

Bei der Überprüfung, ob eine Verbindung zum deutschen Arbeitsmarkt vorliegt, stehen Beschäftigung und Beschäftigungssuche im Vordergrund, sind aber nicht allein entscheidend.   79

Sofern der Betroffene noch keine Beschäftigung hat, ist u.a. entscheidend, ob der Betroffene **während eines angemessenen Zeitraums tatsächlich eine Beschäftigung** in dem betreffenden Mitgliedstaat **gesucht hat**.[155] Wann ein solcher angemessener Zeitraum vorliegt, hat der EuGH offen gelassen und   80

---

[145] EuGH v. 04.06.2009 - C-22/08 und C-23/08 - juris Rn. 38 - Slg 2009, I-4585 ff. - Vatsouras/Koupatantze; vgl. auch bereits EuGH v. 11.07.2002 - C-224/98 - juris Rn. 38 - Slg. 2002, I-6191 - D'Hoop; EuGH v. 23. 03.2004 - C-138/02 - juris Rn. 29 - Slg 2004, I-2703-2757 - Collins; vgl. auch *Geiger*, info also 2010, 147, 151.

[146] Ausführlich zur Dogmatik des Art. 45 AEUV: *Greiser* in: ZESAR 2014, 18, 22 ff.

[147] EuGH v. 16.01.2003 - C-388/01 - Slg. 2003, I-721 - Kommission/Italien, unter Bezugnahme auf: EuGH v. 14.11.1995 - C-484/93 - Slg. 1995, I-3955; die Schranke aus Art. 45 Abs. 3 AEUV ist dabei auf das Diskriminierungsverbot nach Art. 45 Abs. 2 AEUV nach h.M. übertragbar: EuGH v. 16.01.2003 - C-388/01 - Slg. 2003, I-721 - Kommission/Italien; EuGH v. 06.10.2009 - C-153/08 - juris Rn. 37 - Slg. 2009, I-09735 - Kommission/Spanien; in diese Richtung auch: EuGH v. 07.05.1998 - C-350/96 - Slg. 1998, I-02521 - Clean Car Autoservice; so zudem beispielsweise: *Becker* in: Ehlers, Europäische Grundrechte und Grundfreiheiten, 3. Aufl. 2009, § 9 Rn 47; zum Meinungsstand: *Riesenhuber*, Europäisches Arbeitsrecht, 2009, S. 75 Rn. 40; zudem: *Cordewener*, Europäische Grundfreiheiten und nationales Steuerrecht, S. 147; für unmittelbare Diskriminierungen implizit abgelehnt von: *Brechmann* in: Calliess/Ruffert, AEUV/EGV, 4. Aufl. 2011, Art. 45 AEUV Rn. 46.

[148] Vgl. dazu ausführlich: *Greiser*, ZESAR 2014, 18, 22 ff.

[149] Vgl. dazu beispielsweise: EuGH v. 05.06.1997 - C-398/95 - Slg. 1997, I-3091 - SETTG.

[150] Zur Teilhabe an Sozialleistungen: EuGH v. 23.05.1996 - C-237/94 - Slg. 1996, I-2617 - juris Rn. 19 - O'Flynn; EuGH v. 11.07.2002 - C-224/98 - juris Rn. 36 - Slg. 2002, I-6191 - D'Hoop; EuGH v. 23.03.2004 - C-138/02 - Slg. 2004, I-2703 - Collins; darüber hinaus: EuGH v. 15.01.1998 - C-15/96 - Slg. 1998, I-00047 - Schöning-Kougebetopoulou; EuGH v. 30.11.2000 - C-195/98 - juris Rn. 40 - Slg. 2000, I-10497 - Österreichischer Gewerkschaftsbund.

[151] EuGH v. 16.02.2006 - C-185/04 - Slg. 2006, I-01453 - Öberg.

[152] EuGH v. 28.04.1998 - C-158/96 - Slg. 1998, I-1931 - Kohll.

[153] Vgl. dazu ausführlich: *Greiser*, ZESAR 2014, 18, 22 ff.

[154] Zum Spielraum des Gesetzgebers: *Greiser*, ZESAR 2014, 18, 22 ff.

[155] EuGH v. 04.06.2009 - C-22/08, C-23/08 - Slg 2009, I-4585 - Vatsouras/Koupatantze.

stellt es damit in die Prüfungskompetenz nationaler Behörden.[156] Hier würde sich eine typisierende Regelung – etwa **drei Monate** – anbieten, die Ausnahmen in Härtefällen zulässt.[157] Eine solche Regelung wurde in der Rechtsprechung allerdings bislang nicht herausgearbeitet. Auch die Frage, wann die Bewerbungsbemühungen ausreichend sind, hat der EuGH der Prüfung der nationalen Behörden überlassen. Hier können die Maßstäbe herangezogen werden, die in der **Rechtsprechung** dazu entwickelt wurden, was in einer **Eingliederungsvereinbarung** verlangt werden kann.[158]

81 Bei Unionsbürgern, die bereits in einem weisungsabhängigen Beschäftigungsverhältnis gestanden haben, wird eine Verbindung zum deutschen Arbeitsmarkt zunächst unterstellt, ihnen bleibt der **Status als Arbeitnehmer zunächst erhalten** (vgl. Rn. 15).

82 Auch darüber hinaus kann aber eine Verbindung zum nationalen Arbeitsmarkt aufgebaut werden. Für eine solche Verbindung können sich aus dem **familiären Kontext** Anhaltspunkte ergeben.[159] Dabei ist das Bestehen enger, insbesondere persönlicher Bindungen zum Aufnahmemitgliedstaat, in dem sich die Betroffene nach ihrer Eheschließung mit einem Angehörigen dieses Staates niedergelassen hat und in dem sich seither ihr gewöhnlicher Aufenthalt befindet, geeignet, zur Entstehung einer dauerhaften Bindung zwischen ihr und dem Aufnahmemitgliedstaat, einschließlich dessen Arbeitsmarkt, beizutragen.[160]

IV. Ausschluss bei Einreise zur Erlangung von Sozialhilfe (§ 23 Abs. 3 Satz 1 Alt. 1 SGB XII)

83 Der Ausschluss von Leistungen bei einer Einreise zur Erlangung von Sozialhilfe **verstößt nicht gegen höherrangiges Recht**, da für die ersten drei Monate ohnedies nach Art. 24 Abs. 2 EGRL 38/04 ein Ausschluss vom Bezug insgesamt möglich ist.[161] Auch diesbezüglich wird die Konformität mit dem europäischen Primärrecht in Frage gestellt. Es wird argumentiert, dass diese Einschränkung mit dem Diskriminierungsverbot des Art. 18 Abs. 1 AEUV nicht im Einklang stehe.[162] Allerdings ist zur Rechtfertigung darauf hinzuweisen, dass sich aus der Rechtsprechung des EuGH zu den Rechtssachen Grzelczyk[163] und Trojani[164] kein zwingender Anspruch auf Teilhabe für die Zeit direkt nach der Einreise ergibt (vgl. Rn. 37). Für einen solchen Fall ist ein Ausschluss mit dem Primärrecht vereinbar. Dies gilt umso mehr für eine Einreise, um Leistungen der Sozialhilfe zu beziehen.

B. Der Ausschluss in § 23 Abs. 3 SGB XII und das Europäische Fürsorgeabkommen

I. Allgemeines

84 Der Ausschluss in § 23 Abs. 3 Satz 1 SGB XII verstößt bezüglich des Ausschlusses von **Arbeitsuchenden** gegen **Art. 1 Europäisches Fürsorgeabkommen** (vgl. dazu Rn. 99). Nach der hier vertretenen Ansicht gilt allerdings dann etwas anderes, wenn der Ausländer bedürftig eingereist ist (vgl. dazu Rn. 101). Der Ausschluss bei Einreise zur **Erlangung von Sozialhilfe** steht mit dem Fürsorgeabkommen im Einklang (vgl. dazu Rn. 105).

85 Das Europäische Fürsorgeabkommen[165] wurde am **11.12.1953** als Vertrag 014 von den Mitgliedern des Europarates in Paris unterzeichnet. Es trifft Regelungen für den Bezug von Fürsorgeleistungen von Staatsangehörigen, die sich legal im Gebiet eines anderen Unterzeichnerstaates aufhalten.

---

[156] EuGH v. 04.06.2009 - C-22/08, C-23/08 - Slg 2009, I-4585 - Vatsouras/Koupatantze.
[157] Es wurde der hälftige Zeitraum von sechs Monaten gewählt, den der EuGH einem freizügigkeitsberechtigten EU-Bürger grundsätzlich zur Arbeitssuche zugesteht, vgl. dazu: EuGH v. 26.02.1991 - C-292/89 - Antonissen.
[158] Zu dieser Rechtsprechung vgl. im Einzelnen: *Kador* in: Eicher, SGB II, 3. Aufl. 2013, § 15 Rn. 40 ff.
[159] EuGH v. 21.07.2011 - C-503/09 - Stewart; EuGH v. 25.10.2012 - C-367/11 - ZESAR 2013, 182 ff.
[160] EuGH v. 25.10.2012 - C-367/11 - ZESAR 2013, 182 ff. unter Verweis auf: EuGH v. 22.09.1988 - 236/87 - Slg. 1988, 5125 - Bergemann.
[161] Vgl. dazu: *Strick*, NJW 2005, 2182, 2185; ebenso: *Fasselt* in: Fichtner/Wenzel, § 23 Rn. 30.
[162] So: *Husmann*, NZS 2009, 652, 654.
[163] EuGH v. 20.09.2001 - C-184/99 - Slg 2001, I-6193 - Grzelczyk.
[164] EuGH v. 07.09.2004 - C-456/02 - Slg. 2004, I-7573 - Trojani.
[165] BGBl II 1956, 564.

Art. 1 EFA bestimmt, dass jeder der Vertragschließenden sich verpflichtet, den Staatsangehörigen der anderen Vertragschließenden, die sich in irgendeinem Teil seines Gebietes erlaubt aufhalten und nicht über ausreichende Mittel verfügen, **in gleicher Weise wie seinen eigenen Staatsangehörigen Fürsorge** zu gewähren. Außerdem darf der Mitgliedstaat nach Art. 1 EFA auch keine abweichenden Regelungen treffen, was die Bedingungen angeht, unter denen die Leistungen bezogen werden können. 86

Das EFA wurde durch das **Zustimmungsgesetz vom 15.05.1956**[166] nach Art. 59 Abs. 2 Satz 1 GG in innerstaatlich geltendes Recht transformiert. Es begründet Rechte und Pflichten des Einzelnen.[167] Unterzeichnerstaaten sind Belgien, Bundesrepublik Deutschland, Dänemark, Frankreich, Griechenland, Irland, Island, Italien, Luxemburg, Malta, Niederlande, Norwegen, Portugal, Schweden, Spanien, Türkei und Vereinigtes Königreich. 87

Das Fürsorgeabkommen ist auf die Leistungen nach dem SGB XII anwendbar (vgl. Rn. 89), das Gleichbehandlungsgebot aus Art. 1 EFA geht dem Anspruchsausschluss für Arbeitsuchende in § 23 Abs. 3 Satz 1 Alt. 2 SGB XII vor (vgl. dazu Rn. 99), etwas anderes gilt aber für den Ausschluss bei Einreise zur Erlangung von Sozialhilfe in § 23 Abs. 3 Satz 1 Alt. 1 (vgl. dazu Rn. 105). 88

II. Anwendbarkeit des EFA auf Leistungen nach dem SGB II und dem SGB XII

1. Die Leistungen nach dem SGB XII

Die Leistungen nach dem SGB XII unterfallen dem **Begriff der Fürsorgeleistungen nach Art. 1 EFA**. Einen Vorbehalt hat die Bundesregierung nur für die Hilfe zur Überwindung besonderer sozialer Schwierigkeiten (**§§ 67-69 SGB XII**) erklärt. 89

In Art. 2 Abs. a (i) EFA wird der Begriff der Fürsorge näher erläutert; als „Fürsorge" wird dabei jede Fürsorge bezeichnet, die der jeweilige Staat nach den geltenden Rechtsvorschriften gewährt und wonach Personen ohne ausreichende Mittel die Mittel für ihren Lebensbedarf sowie die Betreuung erhalten, die ihre Lage erfordert. 90

Im **Anhang I zum EFA** sind die jeweiligen nationalen Regelungen, die dem Abkommen unterfallen, aufgezählt. Soweit sich in diesen Vorschriften – wie in Deutschland zum 01.01.2005 mit Einführung des SGB XII – eine Änderung ergibt, haben die Vertragsschließenden dem Generalsekretär des Europarats nach Art. 16 lit. b EFA alle neuen Rechtsvorschriften mitzuteilen, die in Anhang I noch nicht aufgeführt sind. Dieser Mitteilungspflicht ist die Bundesregierung mittlerweile nachgekommen. Im Anhang I findet sich seit dem 19.12.2011 das SGB XII.[168] Die sich bislang stellende Frage, ob es einer Leistungspflicht entgegensteht, dass vorher noch das BSHG genannt war, ist damit obsolet geworden.[169] 91

Die Mitteilung nach Art. 16 EFA hat zwar nur klarstellende Bedeutung, um die übrigen Vertragsstaaten über den Stand der Fürsorgegesetzgebung im mitteilenden Vertragsstaat zu informieren.[170] **Auch materiell-rechtlich** liegen bei den Leistungen nach dem SGB XII aber Fürsorgeleistungen nach Art. 2 Abs. a (i) vor.[171] 92

Nach Art. 16 lit. b EFA können die Vertragschließenden hinsichtlich der Anwendung neuer Vorschriften einen Vorbehalt erklären. Bezüglich der Leistungen nach dem SGB XII hat die Bundesregierung einen solchen nur hinsichtlich der Hilfe zur Überwindung besonderer sozialer Schwierigkeiten (**§§ 67-69 SGB XII**) erklärt (zum SGB II vgl. Rn. 95).[172] 93

---

[166] BGBl II 1956, 563.
[167] Vgl. BVerfG v. 18.05.2000 - 5 C 29/98 - BVerfGE 111, 200 ff.
[168] Vgl. http://conventions.coe.int/treaty/Commun/ListeDeclarations.asp?NT=014&CM=8&DF=09/02/2012&CL=GER&VL=1 (abgerufen am 28.03.2014).
[169] Vgl. dazu *Greiser* in: jurisPK-SGB XII, 1. Aufl. 2011, Vorbemerkung i.d.F. v. 06.08.2013 Rn. 52 ff.
[170] BSG v. 19.10.2010 - B 14 AS 23/10 R; so auch bereits: BVerwG v. 18.05.2000 - 5 C 29/98 - juris Rn. 19 - BVerwGE 111, 200-213 unter Bezugnahme auf: Denkschrift zum Europäischen Fürsorgeabkommen und dem Zusatzprotokoll, BT-Drs. 2/1882, S. 23; ebenso: LSG Niedersachsen-Bremen v. 14.01.2008 - L 8 SO 88/07 ER - juris Rn. 40 - FEVS 59, 369-376; LSG Berlin-Brandenburg v. 11.11.2009 - L 10 AS 1801/09 - juris Rn. 32 - InfAuslR 2010, 203-208; andere Ansicht: LSG Bayern v. 04.05.2009 - L 16 AS 130/09 B ER - juris Rn. 30; LSG Berlin-Brandenburg v. 25.11.2008 - L 5 B 801/08 AS ER, jeweils bezüglich des SGB II.
[171] BSG v. 19.10.2010 - B 14 AS 23/10 R.
[172] Vgl. BGBl II 2012, 144.

2. Exkurs: Die Leistungen nach dem SGB II

94 Auch die Leistungen nach dem SGB II sind von der Bundesregierung als Fürsorgeleistungen im Sinne des Art. 1 EFA angemeldet worden.[173] Auch hierbei handelt es sich – zumindest nach der Rechtsprechung des BSG – um Fürsorgeleistungen im Sinne des EFA.[174]

95 Hier hat die Bundesregierung aber von der Möglichkeit nach Art. 16 lit. b EFA Gebrauch gemacht, einen **Vorbehalt** auf die Staatsangehörigen der anderen Vertragschließenden zu erklären, um den Leistungsausschluss im SGB II wiederherzustellen.[175] Dieser Vorbehalt ist wirksam.[176]

96 Dem steht nicht entgegen, dass die Vertragsstaaten dem Generalsekretär des Europarats nach Art. 16 lit. b EFA gleichzeitig mit der Mitteilung neuer Rechtsvorschriften ihre Vorbehalte in Bezug auf die Anwendung dieser Rechtsvorschriften mitteilen müssen.[177] Der Leistungsausschluss in § 7 Abs. 1 Satz 2 Nr. 2 SGB II ist zwar schon zum 28.08.2007 in Kraft getreten,[178] ohne dass gleichzeitig ein Vorbehalt erklärt worden ist. Allerdings hat die Bundesregierung das SGB II auch erst mit der Erklärung vom 19.12.2011 als neue Rechtsvorschriften mitgeteilt. Diese waren bis dato (ebenfalls) nicht im Anhang I zum EFA aufgeführt. Die Mitteilung der „neuen" Rechtsvorschriften und des Vorbehalts sind dementsprechend „gleichzeitig" erfolgt.[179] Daran ändere auch der Zeitpunkt des Inkrafttretens der maßgebenden Vorschriften nichts, weil eine **Frist** zur Mitteilung neuer Vorschriften im **EFA nicht vorgesehen** ist.

3. Folgen des Ausschlusses von SGB-II-Leistungen für die Leistungen nach dem SGB XII

97 Ausländer, die wegen des Vorbehalts in Art. 16 lit. b EFA keinen Anspruch auf Leistungen nach dem SGB II haben, können einen Anspruch auf Leistungen nach dem SGB XII haben. **§ 21 SGB XII** steht dem **nicht entgegen**.[180] Nach § 21 SGB XII sind Personen, die nach dem SGB II als Erwerbsfähige oder als Angehörige dem Grunde nach leistungsberechtigt sind, von den Leistungen nach dem SGB XII ausgeschlossen. Findet der Anspruchsausschluss des § 7 Abs. 1 Satz 2 Nr. 2 SGB II Anwendung, so ist der Ausländer aber gerade nicht dem Grunde nach leistungsberechtigt nach dem SGB II.

98 Auch die **Bundesregierung** vertritt wohl die Auffassung, dass der bezüglich des SGB II erklärte Vorbehalt Leistungen nach dem SGB XII nicht ausschließt. In der schriftlichen Antwort der Bundesregierung auf die Frage des Abgeordneten *Markus Kurth* wird ausgeführt, dass der von der Bundesregierung erklärte Vorbehalt nach Artikel 16b EFA (nur) die Erbringung von Leistungen der Grundsicherung für Arbeitsuchende nach dem SGB II betreffe. Der hinsichtlich des SGB XII erklärte Vorbehalt beziehe sich ausschließlich auf Leistungen der Hilfe in besonderen sozialen Schwierigkeiten nach dem Achten Kapitel des SGB XII und sei lediglich zur Anpassung des bereits seit dem Jahr 2001 bestehenden Vorbehalts hinsichtlich dieser Hilfeart an die geltende Rechtslage erfolgt.[181]

---

[173] Vgl. http://conventions.coe.int/treaty/Commun/ListeDeclarations.asp?NT=014&CM=8&DF=09/02/2012&CL=GER&VL=1 (abgerufen am 28.03.2014).

[174] Zum SGB II: BSG v. 19.10.2010 - B 14 AS 23/10 R.

[175] Vgl. BGBl II 2012, 144.; vgl. auch insoweit http://conventions.coe.int/treaty/Commun/ListeDeclarations.asp?NT=014&CM=8&DF=09/02/2012&CL=GER&VL=1 (abgerufen am 28.03.2014).

[176] BSG v. 12.12.2013 - B 4 AS 9/13 R; LSG Berlin-Brandenburg v. 03.04.2012 - L 5 AS 2157/11 B ER; LSG Niedersachsen-Bremen v. 20.07.2012 - L 9 AS 563/12 B ER; SG Berlin v. 14.05.2012 - S 124 AS 7164/12 ER; a.A. LSG Berlin-Brandenburg v. 23.05.2012 - L 25 AS 837/12 B ER; kritisch auch: LSG Rheinland-Pfalz v. 21.08.2012 - L 3 AS 250/12 B ER - juris Rn. 39 ff. - NZS 2013, 34 ff.; SG Düsseldorf v. 26.04.2012 - S 10 AS 1258/12 ER; offen gelassen: LSG Nordrhein-Westfalen v. 04.07.2012 - L 19 AS 763/12 B ER.

[177] So aber: LSG Berlin-Brandenburg v. 23.05.2012 - L 25 AS 837/12 B ER; kritisch auch: LSG Rheinland-Pfalz v. 21.08.2012 - L 3 AS 250/12 B ER - juris Rn. 39 ff. - NZS 2013, 34 ff.; SG Düsseldorf v. 26.04.2012 - S 10 AS 1258/12 ER.

[178] Gesetz zur Umsetzung aufenthalts- und asylrechtlicher Richtlinien der Europäischen Union v. 19.08.2007, BGBl I 2007, 1970.

[179] LSG Berlin-Brandenburg v. 03.04.2012 - L 5 AS 2157/11 B ER; LSG Berlin-Brandenburg v. 21.06.2012 - L 20 AS 1322/12 B ER; LSG Berlin-Brandenburg v. 05.03.2012 - L 29 AS 414/12 B ER; LSG Niedersachsen-Bremen v. 20.07.2012 - L 9 AS 563/12 B ER.

[180] LSG Berlin-Brandenburg v. 28.06.2012 - L 14 AS 933/12 B ER; andere Ansicht: LSG Berlin-Brandenburg v. 21.06.2012 - L 20 AS 1322/12 B ER.

[181] BT-Drs. 17/8699, S. 32 zu Nr. 60.

III. Verhältnis des EFA zum Ausschluss in § 23 Abs. 3 SGB XII

1. Ausschluss von Arbeitsuchenden

a. Grundsätzlicher Vorrang des EFA

Der Ausschluss des § 23 Abs. 3 Satz 1 Alt. 2 SGB XII (Ausschluss von Arbeitsuchenden) gilt grundsätzlich nicht für Ausländer, die Rechte aus dem EFA ableiten können.[182] In § 23 Abs. 3 Satz 1 Alt. 2 SGB XII ist eine Abweichung von den Regeln des EFA nicht hinreichend geregelt. Dass der Ausschluss in § 23 Abs. 3 Satz 1 Alt. 2 SGB XII später in Kraft getreten ist, genügt für einen Vorrang vor dem EFA allein nicht hin.   99

Der gewohnheitsrechtlich anerkannte Grundsatz „**lex posterior derogat legi priori**"[183] gilt zwar grundsätzlich auch im Verhältnis von einfachem Bundesgesetzesrecht zu völkerrechtlichem Vertragsrecht, das nach Art. 59 Abs. 1 Satz 1 GG in innerstaatliches Recht mit dem Rang eines einfachen Bundesrechts transformiert worden ist.[184] Es kann aber nicht davon ausgegangen werden, dass der Gesetzgeber von völkerrechtlichen Verpflichtungen abweichen wollte, sofern er dies nicht klar bekundet.[185] Ein **klarer gesetzgeberischer Wille zur Abänderung des EFA ist nicht erkennbar**.[186] Ein solcher ergibt sich nicht daraus, dass sich in § 23 Abs. 5 SGB XII eine Beschränkung des dort geregelten Ausschlusses finde, die in § 23 Abs. 3 SGB XII gerade nicht zu finden ist.[187] Ein solches indirektes Argument ist für die Derogation einer völkerrechtlichen Verpflichtung nicht hinreichend.   100

b. Sonderfall: Bedürftigkeit bei Einreise

Wenn der Ausländer bereits **bei der Einreise bedürftig** war, so ergibt sich die Anwendbarkeit des Ausschlusses allerdings aus dem Sinn und Zweck des EFA.[188]   101

Es war nicht Ziel des Abkommens, „demjenigen, der bereits bedürftig ist, die Möglichkeit einzuräumen, sich **unter den Vertragsstaaten das Land auszusuchen**, in dem er öffentliche Hilfe in Anspruch nehmen möchte".[189] Dies lässt sich aus den **Gesetzesunterlagen** zum EFA herleiten. In der Denkschrift zum EFA und zum Zusatzprotokoll heißt es: 102

„Gemeinsam beschreiten hiermit die Vertragschließenden einen Weg des sozialen Schutzes für die Staatsangehörigen aller beteiligten Staaten, die den gewöhnlichen Aufenthalt in irgendeinem dieser Staaten beizubehalten wünschen, aber ohne die soziale Hilfe des Aufenthaltsstaates nicht beizubehalten vermögen."[190]

Daraus ist zu schließen, dass sich das EFA an Personen richtet, die ihren gewöhnlichen Aufenthalt bereits in dem Staat haben.[191]   103

---

[182] BSG v. 19.10.2010 - B 14 AS 23/10 R; LSG Berlin-Brandenburg v. 30.05.2008 - L 14 B 282/08 AS ER; LSG Berlin-Brandenburg v. 11.11.2009 - L 10 AS 1801/09 - juris Rn. 32 - InfAuslR 2010, 203-208; LSG Niedersachsen-Bremen v. 14.01.2008 - L 8 SO 88/07 ER - FEVS 59, 36-376; *Herbst* in: Mergler/Zink, SGB XII, § 23 Rn. 41a, Stand: 08/2008; offen gelassen: LSG Berlin-Brandenburg v. 30.01.2009 - L 25 B 1969/08 AS ER; andere Ansicht: *Birk* in: LPK-SGB XII, § 23 Rn. 30.

[183] Vgl. zu diesem Grundsatz: BSG v. 21.03.1991 - 4/1 RA 51/89 - NZA 1991, 830; BVerwG v. 10.08.1990 - 4 C 3/90 - BVerwGE 85, 289-294.

[184] BVerwG v. 18.05.2000 - 5 C 29/98 - BVerwGE 111, 200-213; OVG Berlin v. 22.04.2003 - 6 S 9.03 - FEVS 55, 186-192; so auch: BGH v. 19.12.1957 - III ZR 134/57 - BGHZ 26, 200-204.

[185] BSG v. 19.10.2010 - B 14 AS 23/10 R; vgl. dazu auch bereits: BVerwG v. 18.05.2000 - 5 C 29/98 - juris Rn. 29 - BVerwGE 111, 200-213; OVG Berlin v. 22.04.2003 - 6 S 9.03 - FEVS 55, 186-192; andere Ansicht: OVG Hamburg v. 08.02.1989 - Bs IV 8/89 - juris Rn. 19 - NVwZ-RR 1990, 141-143, da es sich nicht um höherrangiges Völkerrecht nach Art. 25 GG handele.

[186] BSG v. 19.10.2010 - B 14 AS 23/10 R.

[187] So aber: *Schlette* in: Hauck/Noftz, SGB XII, § 23 Rn. 54k unter Bezugnahme auf Rn. 45, Stand: 07/2012.

[188] *Herbst* in: Mergler/Zink, SGB XII, § 23 Rn. 41a, Stand: 08/2008; weiter noch: *Schlette* in: Hauck/Noftz, SGB XII, § 23 Rn. 54k, Stand: 07/2012.

[189] OVG Berlin v. 22.04.2003 - 6 S 9.03 - juris Rn. 15 - FEVS 55, 186-192; so auch zum SGB XII: *Schlette* in: Hauck/Noftz, SGB XII, § 23 Rn. 45, 07/2012; bezogen auf den erstmaligen Grenzübertritt ebenfalls: *Herbst* in: Mergler/Zink, SGB XII, § 23 Rn. 41a, Stand: 08/2008; *Fasselt* in: Fichtner/Wenzel, § 23 Rn. 30; weitergehend (Herleitung bereits aus dem Wortlaut): *Decker* in: Österreicher Kommentar, SGB XII, § 23 Rn. 58, Stand: 07/2008.

[190] BT-Drs. 2/1882, S. 22.

[191] OVG Hamburg v. 08.02.1989 - Bs IV 8/89 - juris Rn. 20 - NVwZ-RR 1990, 141-143; OVG Berlin v. 22.04.2003 - 6 S 9.03 - juris Rn. 15 - FEVS 55, 186-192.

Anhang zu § 23

104 Diesem Ansatz ist das **BSG** ausdrücklich **nicht gefolgt**.[192] Es überzeuge nicht, eine dem § 23 Abs. 3 Satz 1 Alt. 1 SGB XII vergleichbare Regelung in das SGB II „hineinzulesen". **Art. 1 EFA** stelle allein auf die Rechtmäßigkeit des Aufenthalts des um Hilfe Ersuchenden, nicht aber auch auf einen Aufenthalt vor Eintritt der Hilfsbedürftigkeit ab. Dies kann zwar nicht bestritten werden, dennoch ergibt sich diese Beschränkung – wie bereits erörtert – aus dem **Sinn und Zweck des EFA**. Dass die Einschränkung im Wortlaut des Abkommens keinen Ausdruck gefunden hat, steht dieser Auslegung nicht entgegen. Es handelt sich insoweit um eine **teleologische Reduktion**.

2. Ausschluss bei Einreise zur Erlangung von Sozialhilfe

105 Dass der Ausschluss des § 23 Abs. 3 Satz 1 Alt. 1 SGB XII auch für Personen gilt, die Rechte aus dem EFA ableiten können, ist wohl mittlerweile weitestgehend unumstritten.[193] Bereits in der verwaltungsgerichtlichen Rechtsprechung vertrat die ganz herrschende Meinung, dass der Ausschluss von dem EFA unberührt bleibe.[194] Diese Ansicht vertritt auch das sozialrechtliche Schrifttum nunmehr.[195] Diese Lösung ist ebenfalls mit dem **Sinn und Zweck der Regelungen des EFA** zu begründen (vgl. Rn. 102).

C. § 23 Abs. 3 Satz 1 SGB XII und Art. 14 EMRK

I. Allgemeines

106 Ein weiteres völkerrechtliches Gleichbehandlungsgebot findet sich in **Art. 14 der Europäischen Menschenrechtskonvention (EMRK)**.[196] Ob der Europäische Gerichtshof für Menschenrechte (EGMR) den Ausschluss in § 23 Abs. 3 SGB XII als mit diesem Gebot vereinbar ansehen wird, lässt sich noch nicht abschließend beurteilen, da hier die Entwicklung der Rechtfertigungsdogmatik noch nicht abgeschätzt werden kann (vgl. dazu Rn. 118). Zumindest aber wird der Schutz aus diesem Artikel in Zukunft eine größere Rolle spielen (vgl. dazu Rn. 114).

107 Nach Art. 14 EMRK ist der Genuss der in der Konvention anerkannten Rechte und Freiheiten **ohne Diskriminierung** insbesondere wegen des Geschlechts, der Rasse, der Hautfarbe, der Sprache, der Religion, der politischen oder sonstigen Anschauung, der nationalen oder sozialen Herkunft, der Zugehörigkeit zu einer nationalen Minderheit, des Vermögens, der Geburt oder eines sonstigen Status zu gewährleisten. Die EMRK gilt im Range eines **förmlichen Bundesgesetzes** und muss von der rechtsprechenden Gewalt als vorrangige Auslegungshilfe beachtet werden (Vorrang der konventionsgemäßen Auslegung).[197] Dabei ist die Auslegung durch den EGMR maßgeblich.

108 Die Rechte aus der EMRK sind zunächst Abwehrrechte, eine leistungsrechtliche Dimension war – zumindest bislang – eher die Ausnahme. Mittlerweile hat der Gerichtshof aus den Konventionsrechten aber auch grundlegende Verpflichtungen der Vertragsstaaten in der sozialen Sicherung abgeleitet (sog. „obligations positives" bzw. **„positiv obligations"**).[198] Art. 14 EMRK hat aber für sich keine eigenständige Bedeutung, sondern gilt nach seinem Wortlaut nur für den „Genuss der in dieser Konvention anerkannten Rechte und Pflichten" (**Grundsatz der Akzessorietät**).[199] Es bedarf also eines durch die Konvention eingeräumten Rechts als Grundlage der Gleichbehandlung.

---

[192] BSG v. 19.10.2010 - B 14 AS 23/10 R - SGb 2010, 710-711.

[193] OVG Hamburg v. 08.02.1989 - Bs IV 8/89 - NVwZ-RR 1990, 141-143; OVG Münster v. 25.04.1985 - 8 A 266/84 - NDV 1985, 367-369; OVG Berlin v. 22.04.2003 - 6 S 9.03 - FEVS 55, 186-192; *Schlette* in: Hauck/Noftz, SGB XII, § 23 Rn. 45; Stand: 07/2012; *Herbst* in: Mergler/Zink, SGB XII, § 23 Rn. 41a, Stand: 08/2008; *Fasselt* in: Fichtner/Wenzel, § 23 Rn. 30; andere Ansicht: VG Würzburg v. 21.02.1990 - W 3 K 88.1363 - NVwZ-RR 1990, 575-579.

[194] OVG Hamburg v. 08.02.1989 - Bs IV 8/89 - NVwZ-RR 1990, 141-143; OVG Münster v. 25.04.1985 - 8 A 266/84 - NDV 1985, 367-369; OVG Berlin v. 22.04.2003 - 6 S 9.03 - FEVS 55, 186-192; andere Ansicht: VG Würzburg v. 21.02.1990 - W 3 K 88.1363 - NVwZ-RR 1990, 575-579.

[195] *Schlette* in: Hauck/Noftz, SGB XII, § 23 Rn. 45, Stand: 07/2012; *Herbst* in: Mergler/Zink, SGB XII, § 23 Rn. 41a, Stand: 08/2008; *Fasselt* in: Fichtner/Wenzel, § 23 Rn. 30; *Decker* in: Österreicher, SGB XII, § 23 Rn. 58, Stand: 07/2008.

[196] BGBl II 1952, 685; vgl. dazu auch die Kommentierung zu § 1 AsylbLG Rn. 53 ff.

[197] BVerfG v. 14.10.2004 2 BvR 1481/04 - BVerfGE 111, 307, 325 f.; BVerfG v. 04.05.2011 - 2 BvR 2333/08 u.a. - juris Rn. 86 ff m.w.N.

[198] *J. Iliopoulos-Strangas* in: HGR VI/1, § 145 Rn. 53.

[199] Vgl. hierzu *Meyer-Ladewig*, EMRK-Kommentar, 3. Aufl. 2011, Art. 14 EMRK Rn. 5 ff. m.w.N.

Für den hier relevanten Bereich ist dafür auf die sog. **Zusatzprotokolle** zurückzugreifen. Nach Art. 1 des 1. Zusatzprotokolls zur EMRK (**Eigentumsgarantie**) hat jede natürliche oder juristische Person das Recht auf Achtung ihres Eigentums. Niemandem darf danach sein Eigentum entzogen werden, es sei denn, dass das öffentliche Interesse es verlangt. Dies wiederum ist nur unter den durch Gesetz und durch die allgemeinen Grundsätze des Völkerrechts vorgesehenen Bedingungen möglich. Nach Art. 1 des 12. Zusatzprotokolls (**Allgemeines Diskriminierungsverbot**) ist der Genuss eines **jeden** gesetzlich niedergelegten Rechtes ohne Diskriminierung zu gewährleisten. 109

II. Anwendbarkeit des Art. 14 EMRK

1. Teilhabe aus der Eigentumsgarantie (Art. 1 ZP I)

Ein Schutz aus der Eigentumsgarantie ist für die Leistungen nach dem SGB XII vor allem im Rahmen der **Eingliederungshilfe** und der **Hilfe zur Pflege** denkbar. Abschließend lässt sich dies noch nicht beurteilen (vgl. näher Rn. 112). 110

Ein umfassender Diskriminierungsschutz gilt bei **beitragsabhängigen Sozialleistungen**, wenn diese einen „vermögenswerten Charakter" aufweisen. Hier dürften ausländische Staatsangehörige nicht anders behandelt werden als Inländer.[200] Diese Leistungen fallen unproblematisch unter die oben zitierte Eigentumsgarantie aus Art 1 des 1. Zusatzprotokolls (ZP I EMRK). Die Leistungen nach dem SGB XII stellen aber gerade keine solchen beitragsabhängigen Leistungen dar. 111

Eine **Finanzierung** der begehrten Leistung **aus Beiträgen** ist aber **keine notwendige Bedingung** mehr für das Unterfallen der Sozialleistung unter die Eigentumsgarantie des Art. 1 ZP I.[201] Inwieweit die Leistungen nach den einzelnen Kapiteln des SGB XII aber unter diese Rechtsprechung fallen, ist noch nicht abschließend zu beantworten. Zum einen ist zu dieser Erweiterung noch keine umfassende Rechtsprechung des EGMR zu verzeichnen, zudem findet sich (bislang) keine Kategorisierung, wie dies in der Rechtsprechung des EuGH zu den besonderen beitragsunabhängigen Geldleistungen der Fall war, was letztlich in der Kodifikation in Art. 4 Abs. 2a EGV 1408/71 (jetzt: Art. 70 EGV 883/04) gemündet hat.[202] 112

Die Rechtsprechungsentwicklung des EGMR bezog sich – soweit ersichtlich – zuletzt auf Leistungen, die in anderen Ländern auch als Versicherungsleistungen ausgestaltet sind,[203] bzw. Leistungen für besonders schutzbedürftige Personen.[204] Unter die letztgenannte Gruppe dürfen die **Eingliederungshilfe** (Leistungen nach dem Sechsten Kapitel), ggf. aber auch die **Hilfe zur Pflege** (Leistungen nach dem Siebten Kapitel) fallen. Die Hilfe zum Lebensunterhalt (Leistungen nach dem Dritten Kapitel) und die Leistungen bei Alter und Erwerbsminderung (Viertes Kapitel) haben hingegen weder einen Bezug zu Versicherungsleistungen noch richten sie sich an einen besonders schutzbedürftigen Personenkreis. Diese Leistungen dürften also wohl nicht unter die Eigentumsgarantie fallen. 113

2. Teilhabe aus dem allgemeinen Diskriminierungsverbot (Art. 1 ZP XII)

Einen noch weitergehenden Diskriminierungsschutz bietet Art. 1 Abs. 1 des 12. Zusatzprotokolls (ZP XII) der EMRK. Danach ist – wie oben bereits erwähnt – **der „Genuss eines jeden auf Gesetz beruhenden Rechts" ohne Diskriminierung** zu gewährleisten.[205] Das Zusatzprotokoll ist seit dem 01.04.2005 in Kraft, aber von Deutschland und anderen größeren Staaten **noch nicht ratifiziert** worden.[206] Mit Ratifizierung des Protokolls würden die Leistungen nach dem SGB XII vollständig vom Anwendungsbereich des Diskriminierungsverbots erfasst. 114

---

[200] Vgl. etwa BSG v. 10.07.2012 - B 13 R 17/11 R - juris Rn. 57 m.w.N.; ausführlich hierzu die Kommentierung zu § 1 AsylbLG Rn. 55.
[201] EGMR v. 16.09.1996, Beschwerde Nr. 39/1995/545/631 (Gaygusuz ./. Österreich), JZ 1997, 405; EGMR v. 12.04.2006, Beschwerde Nr. 65731/01 (Stec u.a. ./. VK); EGMR v. 30.09.2003, Beschwerde Nr. 40892/98 (Poirrez ./. Frankreich).
[202] Vgl. dazu ausführlich Greiser in: jurisPK-SGB XII, 1. Aufl. 2011, Vorbemerkung i.d.F. v. 10.06.2013 Rn. 3 ff.
[203] Versorgung bei Arbeitsunfall, EGMR v. 12.04.2006, Beschwerde Nr. 65731/01 (Stec u.a. ./. VK).
[204] Französische Behindertenbeihilfe, EGMR v. 30.09.2003, Beschwerde Nr. 40892/98 (Poirrez ./. Frankreich); vgl. auch die Kommentierung zu § 1 AsylbLG Rn. 57.
[205] Vgl. hierzu *Meyer-Ladewig*, EMRK-Kommentar, 3. Aufl. 2011, Art. 14 EMRK Rn. 4.
[206] Vgl. *R. Bernhardt*, HGR VI/1, § 144 Rn. 3 ff.

115 Insgesamt ist hier bezogen auf das Recht zur Teilhabe an Sozialleistungen also eine mit dem **EU-Recht vergleichbare Entwicklung** erkennbar. Auch in der Rechtsprechung des EuGH entwickelte sich das Recht auf Teilhabe an Leistungen schließlich ausgehend von Leistungen der (beitragsfinanzierten) Sozialversicherung über die besonderen beitragsunabhängigen Geldleistungen zur Teilhabe an Grundsicherungsleistungen.[207]

III. Rechtfertigung einer Ungleichbehandlung

116 Die Entwicklung der Rechtfertigungsdogmatik kann in Bezug auf den hier relevanten Bereich der Leistungen nach dem SGB XII noch nicht abgeschätzt werden.

117 Nach der Rechtsprechung des EGMR ist eine ungleiche Behandlung dann diskriminierend, wenn es für sie keine objektive und angemessene Rechtfertigung gibt, d.h. wenn mit ihr kein **legitimes Ziel** verfolgt wird oder die eingesetzten Mittel zum angestrebten Ziel **nicht in einem angemessenen Verhältnis** stehen.[208] Den Konventionsstaaten ist ein gewisser Ermessensspielraum eingeräumt bei der Beurteilung der Frage, ob und inwieweit Unterschiede bei ansonsten ähnlichen Situationen eine unterschiedliche Behandlung rechtfertigen.[209]

118 Diese Rechtfertigungsdogmatik erinnert an die oben dargestellte Rechtfertigungsformel des EuGH von den „objektiven Gründen". Danach wäre hier eine Anknüpfung an die Rechtfertigungsüberlegungen zu Art. 18 AEUV denkbar. Die **Verhinderung von sozialleistungsmotivierten Wanderbewegungen** könnte auch insoweit einen legitimen Zweck darstellen. Welcher konkrete Maßstab sich hier in Zukunft abzeichnen wird und ob dieser von der Rechtfertigungsdogmatik des EuGH abweicht, ist noch nicht absehbar.

D. Exkurs: § 23 Abs. 3 SGB XII und Art. 1, Art. 20 GG

119 Der europarechtlich zulässige vollständige Ausschluss von Leistungen, wenn noch keine Verbindung zur Gesellschaft besteht bzw. eine unangemessene Belastung vorläge, verstößt gegen das Grundrecht auf Gewährleistung eines menschenwürdigen Existenzminimums. Zumindest eine **Mindestsicherung** ist auch in diesem Fall zu gewähren.[210]

120 Das BVerfG hat sich bislang zweimal ausführlich zu diesem Grundrecht geäußert und zwar im Februar 2010 zum SGB II[211] und im Juli 2012 zum AsylbLG.[212] Danach stellt dieses **Grundrecht auf Gewährleistung eines menschenwürdigen Existenzminimums** ein Menschenrecht dar, welches gleichermaßen Deutschen und ausländischen Staatsangehörigen zusteht.[213] Es stellt einen unmittelbaren verfassungsrechtlichen Leistungsanspruch dar. Dieser gewährleistet das gesamte Existenzminimum durch eine einheitliche grundrechtliche Garantie, die sowohl die physische Existenz des Menschen, also Nahrung, Kleidung, Hausrat, Unterkunft, Heizung, Hygiene und Gesundheit, als auch die Sicherung der Möglichkeit zur Pflege zwischenmenschlicher Beziehungen und zu einem Mindestmaß an Teilhabe am gesellschaftlichen, kulturellen und politischen Leben umfasst (sog. **soziokulturelles Existenzminimum**).[214] Dieser Anspruch kann nach der Rechtsprechung des BVerfG weder aufgrund von migrationspolitischen Erwägungen – zur Minimierung von Anreizen sozialleistungsmotivierter Wanderbewegungen – verringert werden[215] noch kann pauschal nach dem Aufenthaltstitel differenziert werden.[216] Eine Differenzierung ist nur möglich, sofern der Bedarf an **existenznotwendigen Leistun-**

---

[207] Vgl. dazu ausführlich Greiser in: jurisPK-SGB XII, 1. Aufl. 2011, Vorbemerkung i.d.F. vom 10.06.2013 Rn. 3 ff.
[208] Vgl. etwa: EGMR v. 25.10.2005 - 59140/00 (Okpisz ./. Deutschland).
[209] EGMR v. 25.10.2005 - 59140/00 (Okpisz ./. Deutschland); EGMR v. 11.06.2002 - 36042/97 (Willis); EGMR v. 18.06.1999 - 29515/95 (Larkos).
[210] LSG Niederachsen-Bremen v. 15.11.2013 - L 15 AS 365/13 B ER; LSG Nordrhein-Westfalen v.06.09.2012 - L 7 AS 758/12 B ER - juris Rn. 14; LSG Nordrhein-Westfalen v. 28.11.2012 - L 7 AS 2109/11 B ER - juris Rn. 14; SG Darmstadt v. 29.10.2013 - S 16 AS 534/13 ER - juris Rn. 83; *Mangold/Pattar*, VSSR 2008, 243, 267; vgl. dazu auch: *Greiser/Kador*, ZFSH/SGB 2014, 152, 153 f.
[211] BVerfG v. 09.02.2010 - 1 BvL 1/09, 1 BvL 3/09, 1 BvL 4/09.
[212] BVerfG v. 18.07.2012 - 1 BvL 10/10, 1 BvL 2/11.
[213] BVerfG v. 09.02.2010 - 1 BvL 1/09, 1 BvL 3/09, 1 BvL 4/09 - juris Rn. 62.
[214] BVerfG v. 09.02.2010 - 1 BvL 1/09, 1 BvL 3/09, 1 BvL 4/09 - juris Rn. 64.
[215] BVerfG v. 18.07.2012 - 1 BvL 10/10, 1 BvL 2/11 - juris Rn. 95.
[216] BVerfG v. 18.07.2012 - 1 BvL 10/10, 1 BvL 2/11 - juris Rn. 73.

gen von dem anderer Bedürftiger signifikant abweicht und dies folgerichtig in einem inhaltlich transparenten Verfahren anhand des tatsächlichen Bedarfs gerade dieser Gruppe belegt werden kann.[217]

Anknüpfungspunkt für ein solches signifikantes Abweichen eines Bedarfs kann die **geringe Bleibeperspektive** sein. Liegt weder ein Bezug zum deutschen Arbeitsmarkt noch zur deutschen Gesellschaft vor, so kann daraus ggf. auf eine geringere Bleibeperspektive geschlossen werden. EU-Bürgern ist zudem möglich, soweit die Mittel hierzu vorhanden sind oder zur Verfügung gestellt werden, jederzeit in ihr Heimatland zurückkehren.[218] Dies unterscheidet sie etwa von Inhabern einer Duldung nach § 60a AufenthG, bei denen eine freiwillige Rückkehr nur teilweise, eine zwangsweise Abschiebung gar nicht möglich ist. Eine zwangsweise Abschiebung hat bei Unionsbürgern zwar auch hohe Hürden, ist aber durchaus denkbar. Eine negative Bleibeperspektive in Deutschland wirkt sich dann zwar nicht auf die Gewährung des physischen, wohl aber auf das soziokulturelle Existenzminimum aus.

121

Soweit der Gesetzgeber sich hier am **Regelbedarfsermittlungsgesetz (RBEG)** orientiert,[219] dürften dabei **Ansparbeträge** zumindest in deutlich geringerem Umfang nötig sein (beispielsweise in Abteilung 5: Innenausstattung, Haushaltsgeräte und -gegenstände). Auch in den Abteilungen 7 (Verkehr) und 8 (Nachrichtenübermittlung) sind Kürzungen denkbar. Die den Abteilungen 9 bis 11 zugerechneten Posten (Abteilung 9: Freizeit, Unterhaltung, Kultur; Abteilung 10: Bildung; Abteilung 11: Beherbergungs- und Gaststättendienstleistungen) können ggf. sogar entfallen. Immer im Hinterkopf zu behalten ist aber, dass diese Kürzung nicht dazu führen darf, dass nur noch das physische Existenzminimum „übrig bleibt".

122

Die Höhe der Leistungen kann dabei ggf. danach gestaffelt werden, ob **eine Aufenthaltsbeendigung durchsetzbar ist**. Liegt kein materielles Aufenthaltsrecht mehr vor, so kann möglicherweise auf eine geringere Bleibeperspektive geschlossen werden. Dies setzt allerdings voraus, dass in Fällen, in denen eine Arbeitsplatzsuche keine Aussicht auf Erfolg hat, eine Aufenthaltsbeendigung tatsächlich betrieben wird. Ist dies nicht der Fall und erfolgt überwiegend keine Rückreise, so kann nicht mehr typisierend auf eine geringe Bleibeperspektive geschlossen werden. Wie sich die Dinge hier entwickeln, wird die Zukunft zeigen müssen. Problematisch an dieser Lösung ist zudem, dass die Einordnung der Leistungshöhe von der – zumindest im Einzelfall – nicht so leicht zu beantwortenden Frage abhängt, ob der EU-Bürger noch aussichtsreich nach Arbeit sucht. Hier wäre eine sich auf eine typisierende Betrachtungsweise stützende Regelung durch den Gesetzgeber wahrscheinlich unverzichtbar. Wird allerdings nicht differenziert, so stellt sich die Frage, ob es dann überhaupt gerechtfertigt ist, typisierend von einer geringeren Bleibeperspektive auszugehen.

123

E. Prüfungsschema für die Praxis

Danach ergibt sich nach dem derzeitigen Stand von Gesetzeslage und Rechtsprechung folgende Prüfungsreihenfolge für die Leistungen zur Sicherung des Lebensunterhalts nach SGB XII (unter Berücksichtigung des SGB II):

124

1. Frage:
Ergibt sich aus der Familienzusammenführung ein Aufenthaltsrecht des EU-Bürgers (vgl. dazu Rn. 8)?
- Wenn **Ja**, besteht – bei Vorliegen der übrigen Voraussetzungen – ein Anspruch auf Leistungen nach dem SGB II,[220] die Leistungen nach dem SGB XII sind nach § 21 SGB XII gesperrt.
- Wenn **Nein**, stellt sich die …

2. Frage:
Ist der EU-Ausländer durch Ausübung einer Tätigkeit Arbeitnehmer oder Selbstständiger im Sinne des europäischen Rechts (vgl. dazu Rn. 13)?
- Wenn **Ja**, dann besteht – bei Vorliegen der übrigen Voraussetzungen – ein Anspruch auf Leistungen nach dem SGB II.
- Wenn **Nein**, stellt sich die …

---

[217] BVerfG v. 18.07.2012 - 1 BvL 10/10, 1 BvL 2/11 - juris Rn. 73.
[218] Vgl. auch *Mangold/Pattar*, VSSR 2008, 243, 267 f.
[219] Gesetz zur Ermittlung der Regelbedarfe nach § 28 des Zwölften Buches Sozialgesetzbuch vom 24.03.2011, BGBl I 2011, 453; vgl. zur Methodenwahl: BVerfG v. 09.02.2010 - 1 BvL 1/09, 1 BvL 3/09, 1 BvL 4/09 - juris Rn. 139; BVerfG v. 18.07.2012 - 1 BvL 10/10, 1 BvL 2/11 - juris Rn. 71.
[220] Auch in den ersten drei Monaten des Aufenthalts: BSG v. 30.01.2013 - B 4 AS 37/12 R; so auch: LSG Nordrhein-Westfalen v. 12.01.2012 - L 19 AS 383/11; a.A. LSG Baden-Württemberg v. 27.04.2011 - L 3 AS 1411/11 ER-B.

3. Frage:
Ist dem EU-Ausländer der Status als Arbeitnehmer oder Selbstständiger nach europäischem Recht erhalten geblieben (vgl. dazu Rn. 15)?
- Wenn **Ja**, dann besteht – bei Vorliegen der übrigen Voraussetzungen – ein Anspruch auf Leistungen nach dem SGB II.
- Wenn **Nein**, stellt sich die …

4. Frage:
Besteht durch Arbeitssuche bereits ein Bezug zum deutschen Arbeitsmarkt (vgl. dazu Rn. 79)?
- Wenn **Ja**, dann besteht – bei Vorliegen der übrigen Voraussetzungen – ein Anspruch auf Leistungen nach dem SGB II.
- Wenn **Nein**, stellt sich die …

5. Frage:
Würde die Leistungsgewährung zu einer unangemessenen Belastung führen (vgl. dazu Rn. 41)?
- Wenn **Nein**, dann besteht – bei Vorliegen der übrigen Voraussetzungen – ein Anspruch auf Leistungen nach dem SGB XII.
- Wenn **Ja**, stellt sich die …

6. Frage:
Kommt der EU-Ausländer aus einem Land, dass das EFA unterzeichnet hat (vgl. dazu Rn. 87)?
- Wenn **Nein**, dann besteht – unter ausschließlicher Betrachtung des Europarechts – endgültig weder Anspruch auf Leistungen nach dem SGB II noch des SGB XII, verfassungsrechtlich ist aber eine Mindestsicherung geboten (vgl. dazu Rn. 119).
- Wenn **Ja**, stellt sich die …

7. Frage:
Ist der EU-Ausländer bedürftig eingereist (vgl. dazu Rn. 101)?
- Wenn **Ja**, so besteht nach der hier vertretenen Ansicht[221] – unter ausschließlicher Betrachtung des Europarechts – endgültig weder Anspruch auf Leistungen nach dem SGB II noch des SGB XII, verfassungsrechtlich ist aber eine Mindestsicherung geboten (vgl. dazu Rn. 119).
- Wenn **Nein**, so besteht auch nach der hier vertretenen Auffassung – bei Vorliegen der übrigen Voraussetzungen – ein Anspruch auf Leistungen nach dem SGB XII.

---

[221] A.A. BSG v. 19.10.2010 - B 14 AS 23/10 R.

§ 24 SGB XII Sozialhilfe für Deutsche im Ausland

(Fassung vom 27.12.2003, gültig ab 01.01.2004)

(1) [1]Deutsche, die ihren gewöhnlichen Aufenthalt im Ausland haben, erhalten keine Leistungen. [2]Hiervon kann im Einzelfall nur abgewichen werden, soweit dies wegen einer außergewöhnlichen Notlage unabweisbar ist und zugleich nachgewiesen wird, dass eine Rückkehr in das Inland aus folgenden Gründen nicht möglich ist:

1. Pflege und Erziehung eines Kindes, das aus rechtlichen Gründen im Ausland bleiben muss,
2. längerfristige stationäre Betreuung in einer Einrichtung oder Schwere der Pflegebedürftigkeit oder
3. hoheitliche Gewalt.

(2) Leistungen werden nicht erbracht, soweit sie von dem hierzu verpflichteten Aufenthaltsland oder von anderen erbracht werden oder zu erwarten sind.

(3) Art und Maß der Leistungserbringung sowie der Einsatz des Einkommens und des Vermögens richten sich nach den besonderen Verhältnissen im Aufenthaltsland.

(4) [1]Die Leistungen sind abweichend von § 18 zu beantragen. [2]Für die Leistungen zuständig ist der überörtliche Träger der Sozialhilfe, in dessen Bereich die antragstellende Person geboren ist. [3]Liegt der Geburtsort im Ausland oder ist er nicht zu ermitteln, wird der örtlich zuständige Träger von einer Schiedsstelle bestimmt. [4]§ 108 Abs. 1 Satz 2 gilt entsprechend.

(5) [1]Leben Ehegatten oder Lebenspartner, Verwandte und Verschwägerte bei Einsetzen der Sozialhilfe zusammen, richtet sich die örtliche Zuständigkeit nach der ältesten Person von ihnen, die im Inland geboren ist. [2]Ist keine dieser Personen im Inland geboren, ist ein gemeinsamer örtlich zuständiger Träger nach Absatz 4 zu bestimmen. [3]Die Zuständigkeit bleibt bestehen, solange eine der Personen nach Satz 1 der Sozialhilfe bedarf.

(6) Die Träger der Sozialhilfe arbeiten mit den deutschen Dienststellen im Ausland zusammen.

Gliederung

A. Basisinformationen ... 1	b. Ausnahmen ... 24
I. Textgeschichte ... 1	c. Leistungen nach dem Konsulargesetz ... 45
II. Vorgängervorschrift ... 7	2. Nachrang (Absatz 2) ... 47
III. Parallelvorschriften ... 8	a. Leistungen des Aufenthaltsstaates ... 47
IV. Systematische Zusammenhänge ... 10	b. Anspruch auf Sozialleistungen durch den Aufenthaltsstaat ... 49
V. Ausgewählte Literaturhinweise ... 11	
B. Auslegung der Norm ... 12	3. Art und Maß der Leistungserbringung (Absatz 3) ... 53
I. Regelungsgehalt und Bedeutung der Norm ... 12	
II. Normzweck ... 15	4. Antrag (Absatz 4) ... 58
III. Inhalt der Vorschrift ... 16	5. Zuständigkeit (Absätze 4 und 5) ... 62
1. Sozialhilfe für Deutsche im Ausland (Absatz 1) ... 16	6. Zusammenarbeit (Absatz 6) ... 63
a. Grundsatz ... 16	**C. Praxishinweise** ... 64

A. Basisinformationen

I. Textgeschichte

1 Die Vorschrift wurde durch das Gesetz zur Einordnung des Sozialhilferechts in das Sozialgesetzbuch vom 27.12.2003[1] mit Wirkung (bereits) zum 01.01.2004 (vgl. dazu Rn. 6) eingeführt und blieb seitdem unverändert.

2 Im Entwurf der Bundesregierung[2] lautete die Vorschrift noch:
(1) Deutschen, die ihren gewöhnlichen Aufenthalt im Ausland haben und im Ausland der Leistung bedürfen, kann in besonderen Notfällen Sozialhilfe geleistet werden.
(2) Soweit es im Einzelfall der Billigkeit entspricht, kann Sozialhilfe unter den Voraussetzungen des Absatzes 1 auch Familienangehörigen von Deutschen geleistet werden, wenn sie mit diesen in Haushaltsgemeinschaft leben.
(3) Leistungen werden nicht erbracht, soweit sie von dem hierzu verpflichteten Aufenthaltsland oder von anderen erbracht werden oder zu erwarten sind. Leistungen werden ferner nicht erbracht, wenn die Heimführung geboten ist.
(4) Art und Maß der Leistungserbringung sowie der Einsatz des Einkommens und des Vermögens richten sich nach den besonderen Verhältnissen im Aufenthaltsland.
(5) Für die Leistungen zuständig ist der überörtliche Träger der Sozialhilfe, in dessen Bereich die leistungsberechtigte Person geboren ist. Liegt der Geburtsort der leistungsberechtigten Person im Ausland oder ist er nicht zu ermitteln, wird der örtlich zuständige Träger von einer Schiedsstelle bestimmt. § 103 Abs. 1 Satz 2 gilt entsprechend.
(6) Leben Ehegatten oder Lebenspartner, Verwandte und Verschwägerte bei Einsetzen der Sozialhilfe zusammen, richtet sich die örtliche Zuständigkeit nach der ältesten Person von ihnen, die im Inland geboren ist. Ist keine von ihnen im Inland geboren, ist ein gemeinsamer örtlich zuständiger Träger nach Absatz 5 zu bestimmen. Die Zuständigkeit bleibt bestehen, solange eine von ihnen der Sozialhilfe bedarf.
(7) Die Träger der Sozialhilfe arbeiten mit den deutschen Dienststellen im Ausland zusammen.
(8) Auf Deutsche, die innerhalb des in Artikel 116 Abs. 1 des Grundgesetzes genannten Gebiets geboren sind und dort ihren gewöhnlichen Aufenthalt haben, findet Absatz 3 Satz 2 keine Anwendung.
(9) Deutsche, die ihren gewöhnlichen Aufenthalt im Ausland haben und am 1. Juli 1992 Leistungen nach § 119 des BSHG bezogen haben, erhalten bei fortdauernder Bedürftigkeit weiterhin Sozialhilfe nach dieser Vorschrift in der bis zum 26. Juni 1993 geltenden Fassung, wenn sie zu diesem Zeitpunkt das 60. Lebensjahr vollendet hatten oder die Leistung für eine stationäre Einrichtung erhielten.

3 Der Entwurf fasste lediglich die bisherigen zwei Vorschriften des BSHG zur Leistung von Sozialhilfe für Deutsche im Ausland zusammen. Die Absätze 1-8 entsprachen dabei im Wesentlichen inhaltsgleich dem bisherigen § 119 BSHG und Absatz 9 dem bisherigen § 147b Satz 1 BSHG. Die Verordnungsermächtigung des bisherigen § 119 Abs. 7 Satz 2 BSHG wurde in Angleichung an die Systematik des Sozialgesetzbuchs an das Ende des Kapitels (§ 27 des Regierungsentwurfs) gestellt.

4 Die heutige Fassung beruht auf der Beschlussempfehlung des Ausschusses für Gesundheit und Soziale Sicherung vom 15.10.2003.[3] Im entsprechenden **Ausschussbericht**[4] heißt es:
„Die in § 119 des Bundessozialhilfegesetzes enthaltene Vorschrift über die Sozialhilfegewährung an Deutsche im Ausland wird durch die Neufassung von § 24 auf außergewöhnliche Notlagen in den drei in § 24 Abs. 1 genannten Ausnahmefällen beschränkt. Grund hierfür ist, dass als Hilfegrund im geltenden Recht ausschließlich auf den unbestimmten Begriff der „besonderen Notfälle" abgestellt wird, der von der Rechtsprechung teilweise sehr weit ausgelegt worden ist mit der Folge, dass die Berechtigung einer Sozialhilfegewährung an Deutsche im Ausland in der öffentlichen Diskussion generell in Frage gestellt worden ist und sogar die Akzeptanz der Sozialhilfe als unterstes soziales Netz gelitten hat. Seitens der Bundesregierung besteht ergänzend zur Neufassung von § 24 die Absicht, die Vereinbarung zwischen der Bundesrepublik Deutschland und der Schweizerischen Eidgenossenschaft über die Fürsorge für Hilfsbedürftige vom 14. Juli 1952 (BGBl. 1952 II S. 31) durch Verhandlungen mit der

---

[1] BGBl I 2003, 3022.
[2] BT-Drs. 15/1514, S. 11 f.
[3] BT-Drs. 15/1735, S. 21 f.
[4] BT-Drs. 15/1761, S. 6.

Schweiz der neuen Rechtslage anzupassen oder zu kündigen (nächster Kündigungstermin: 31. März 2004). Abhängig vom Ausgang dieser Verhandlungen muss § 95 (Zuständigkeit aufgrund der deutsch-schweizerischen Fürsorgevereinbarung) eventuell aufgehoben werden."

Die Ausschussempfehlung, die eine erhebliche Einschränkung der Inanspruchnahme von Sozialhilfe im Ausland für Deutsche vorschlägt, ist auf einen im August 2003 mehrfach durch die Presse gegangenen Fall eines Deutschen zurückzuführen, der als vermeintlicher „Sozialschnorrer" in Miami Beach lebte und zur Finanzierung eines Appartements in unmittelbarer Strandnähe Leistungen nach § 119 BSHG bezog („**Florida-Rolf**").[5] Zuvor hatte dieser einen Anspruch auf Sozialhilfeleistungen erfolgreich (im Wege der Zurückverweisung) bis zum BVerwG durchgefochten.[6] Die öffentliche Empörung löste schließlich der Beschluss des OVG Niedersachsen aus, wonach auch bei einem Deutschen (eben jenem „Florida-Rolf") im Ausland die Kosten einer unangemessen teuren Wohnung so lange anzuerkennen seien, als es nicht möglich oder zuzumuten sei, durch einen Wohnungswechsel die Aufwendungen zu senken.[7]

Abweichend von dem weit überwiegenden Teil der Bestimmungen des SGB XII, die zum 01.01.2005 in Kraft getreten sind, ist § 24 SGB XII nach Art. 70 Abs. 2 des Gesetzes vom 27.12.2003[8] bereits am **01.01.2004 in Kraft** getreten. Der frühe Zeitpunkt des Inkrafttretens ist ebenfalls auf den Fall „Florida-Rolf" zurückzuführen. Die Übergangsregelung des § 132 Abs. 2 Satz 1 SGB XII sieht allerdings vor, dass bei einer über den 31.12.2003 fortdauernden Bedürftigkeit unter weiteren Voraussetzungen auch ab 01.01.2004 Leistungen (weiter) erbracht werden.

II. Vorgängervorschrift

Vorgängervorschrift zu § 24 SGB XII war **§ 119 BSHG**, der (nur) bis zum 31.12.2003 galt und nach seinem offenen Wortlaut einen breiteren Anwendungsbereich hatte (vgl. dazu Rn. 2 ff.). § 119 Abs. 7 BSHG hat der Gesetzgeber als Übergangsregelung in modifizierter Form in § 133 SGB XII übernommen (Sonderregelung für Deutsche, die außerhalb des Geltungsbereichs des BSHG, aber innerhalb des in Art. 116 Abs. 1 GG genannten Gebietes geboren sind). Die ohnehin fast bedeutungslos gewordene Regelung des § 147b BSHG (für Deutsche mit gewöhnlichem Aufenthalt im Ausland, die am 01.07.1993 Leistungen nach § 119 BSHG bezogen haben) hat er gestrichen. Deutsche, die am 31.12.2003 Leistungen nach § 147b BSHG bezogen haben, erhalten die Leistungen bei fortdauernden Bedürftigkeit allerdings weiter (§ 132 Abs. 1 SGB XII). Zu den Übergangsregelungen §§ 132, 133 SGB XII vgl. die Kommentierung zu § 132 SGB XII und die Kommentierung zu § 133 SGB XII.

III. Parallelvorschriften

Eine Parallelvorschrift zu § 24 SGB XII enthält **§ 5 Konsulargesetz** (KonsG). Danach sollen die Konsularbeamten Deutschen, die in ihrem Konsularbezirk hilfsbedürftig sind, die erforderliche Hilfe leisten, wenn die Notlage auf andere Weise nicht behoben werden kann. Für Deutsche, die ihren gewöhnlichen Aufenthalt in einem ausländischen Staat haben, gilt dies nur dann nicht, wenn sie gleichzeitig die Staatsangehörigkeit dieses Staates besitzen und auch ihr Vater oder ihre Mutter sie besitzt oder besessen hat; Gleiches gilt für deren Abkömmlinge. Diesem Personenkreis kann allerdings jedoch Hilfe gewährt werden, soweit es im Einzelfall der Billigkeit entspricht.

Das **SGB II** kennt **keine Leistungen** für Deutsche, die ihren gewöhnlichen Aufenthalt im Ausland haben, und knüpft die Leistungsberechtigung an den gewöhnlichen Aufenthalt im Bundesgebiet (§ 7 Abs. 1 Satz 1 Nr. 4 SGB II). Dies rechtfertigt sich schon aus der Erwerbsbezogenheit des SGB II (vgl. z.B. § 1 Abs. 1 Satz 2 SGB II, § 2 Abs. 1 SGB II).

IV. Systematische Zusammenhänge

§ 24 SGB XII ist im Zusammenhang mit § 30 SGB I zu sehen, der für alle Bereiche des SGB das **Territorialitätsprinzip** in der Ausprägung als Wohnortprinzip (Wohnsitz oder ständiger Aufenthalt) statuiert. Für die Anwendung der Vorschriften des SGB ist i.d.R. nicht die Staatsangehörigkeit des Betroffenen, sondern dessen Wohnsitz oder ständiger Aufenthalt im Bundesgebiet entscheidend. § 24 SGB XII macht von diesem Prinzip in eng begrenzten Fällen eine Ausnahme.

---

[5] Ausführlich dazu: *Brandner*, NVwZ 2009, 211, 213.
[6] BVerwG v. 05.06.1997 - 5 C 3/97 - Buchholz 436.0 § 119 BSHG Nr. 5; nachfolgend: OVG Niedersachsen v. 20.03.2003 - 4 ME 67/03 und OVG Niedersachsen v. 11.08.2003 - 4 ME 310/03.
[7] OVG Niedersachsen v. 11.08.2003 - 4 ME 310/03 - NJW 2003, 3289 f.
[8] OVG Niedersachsen v. 11.08.2003 - 4 ME 310/03 - NJW 2003, 3289 f.

V. Ausgewählte Literaturhinweise

11 *Baur*, Sozialhilfe für Deutsche im Ausland (§ 24 SGB XII), NVwZ 2004, 1322; *Brühl*, Florida-Rolf, Viagra-Kalle und Yacht-Hans, info also 2004, 3; *Hammel*, Sozialhilfe für Deutsche im Ausland (§ 24 SGB XII) – Zur Interpretation einer umstrittenen Norm, ZfSH/SGB 2008, 396; *Hammel*, Sozialhilfe für Deutsche im Ausland (§ 119 BSHG) – Eine überflüssige oder eine in seiner Tragweite nicht überschaubare Leistung?, ZfSH/SGB 2003, 598 und 666; *Thüsing*, „Florida-Rolf" – Von der Macht der Medien und dem Sinn der Sozialhilfe, NJW 2003, 3246.

B. Auslegung der Norm

I. Regelungsgehalt und Bedeutung der Norm

12 Nach § 24 **Abs. 1** Satz 1 SGB XII wird Sozialhilfe nur noch in Deutschland gezahlt. Anders als unter der Geltung des § 119 BSHG wird von Deutschen bei Eintritt von Bedürftigkeit im Ausland grundsätzlich die **Rückkehr** nach Deutschland erwartet. Hiervon macht Absatz 1 Satz 2 bei Vorliegen einer außergewöhnlichen Notlage eine Ausnahme, soweit eine Rückkehr aus einem der drei in § 24 Abs. 1 SGB XII abschließend aufgezählten objektiven Hinderungsgründe nicht möglich ist. Als Hinderungsgründe nennt das Gesetz die Erziehung eines Kindes, das selbst aus rechtlichen Gründen im Ausland bleiben muss, die stationäre Unterbringung sowie die Schwere der Pflegebedürftigkeit und schließlich hoheitliche Gewalt (Inhaftierung).

13 § 24 **Abs. 2** SGB XII übernimmt § 119 Abs. 3 Satz 1 BSHG und ist eine Ausprägung des sogenannten **Nachranggrundsatzes** des § 2 SGB XII. Danach schließen nicht nur Einkommen und Vermögen (§ 2 SGB XII i.V.m. §§ 82 ff. SGB XII bzw. §§ 90 f. SGB XII) sowie tatsächliche Leistungen des Aufenthaltslandes oder anderer einen Sozialhilfeanspruch im Ausland aus, sondern schon die Möglichkeit (Anspruch) eines Bezugs anderer vergleichbarer Leistungen im Aufenthaltsstaat. Im europäischen Ausland wird hier insbesondere das Europäische Fürsorgeabkommen vom 11.12.1953[9] zu einem Ausschluss von Leistungen nach § 24 SGB XII führen.

14 § 24 **Abs. 3** SGB XII übernimmt unverändert § 119 Abs. 4 BSHG und stellt für die zu erbringende Leistung allein auf die **Lebensverhältnisse** im Aufenthaltsstaat ab. § 24 **Abs. 4** Satz 1 SGB XII macht Leistungen für Deutsche im Ausland in Abkehr vom Kenntnisgrundsatz des § 18 SGB XII von einem **Antrag** abhängig. Satz 2 und § 24 **Abs. 5** SGB XII bestimmen den sachlich und örtlich **zuständigen** Sozialhilfeträger nach dem Geburtsort des Hilfesuchenden, bei mehreren verwandten Hilfesuchenden, des ältesten Hilfesuchenden. § 24 **Abs. 6** SGB XII entspricht § 119 Abs. 6 BSHG und sieht eine Zusammenarbeit der Sozialhilfeträger mit den Deutschen **Dienststellen im Ausland** vor, ohne dies weiter zu konkretisieren.

II. Normzweck

15 § 24 SGB XII bezweckt zur Vermeidung eines Missbrauchs einen grundsätzlichen Ausschluss von Sozialhilfeleistungen für Deutsche im Ausland. Nur in begrenzten Fällen, wenn eine Rückkehr nach Deutschland nicht möglich ist, soll Sozialhilfe geleistet werden, und auch dann nur in drei konkret normierten, abschließenden Fallgestaltungen. Von einer Öffnungsklausel hat der Gesetzgeber bewusst abgesehen.

III. Inhalt der Vorschrift

1. Sozialhilfe für Deutsche im Ausland (Absatz 1)

a. Grundsatz

16 Als Grundsatz enthält § 24 SGB XII den Ausschluss von Leistungen für Deutsche, die ihren gewöhnlichen Aufenthalt im Ausland haben. Wer **Deutscher** ist, regelt Art. 116 Abs. 1 GG. Deutscher ist danach vorbehaltlich anderweitiger gesetzlicher Regelung, wer die deutsche Staatsangehörigkeit besitzt oder Flüchtling oder vertriebener deutscher Volkszugehöriger ist oder als dessen Ehegatte oder Abkömmling in dem Gebiet des Deutschen Reichs nach dem Stande vom 31.12.1937 Aufnahme gefunden hat. Durch Bundesgesetz kann eine abweichende Regelung getroffen werden. Solche Regelungen enthält das StAG in § 7, wonach Spätaussiedler und die in den Aufnahmebescheid einbezogenen Familienangehörigen mit der Ausstellung der Bescheinigung nach § 15 Abs. 1 oder Abs. 2 des Bundesver-

---

[9] BGBl II 1956, 564.

triebenengesetzes die deutsche Staatsangehörigkeit erwerben (Spätaussiedler – vgl. auch § 4 Abs. 3 BVFG), und der Übergangsvorschrift des § 40a StAG, wonach Statusdeutsche im Sinne des Art. 116 Abs. 1 GG, die die deutsche Staatsangehörigkeit noch nicht besaßen, die Statusdeutscheneigenschaft aber am 01.08.1999 bereits inne hatten, an diesem Tag deutsche Staatsangehörige wurden.

Familienangehörige des nach § 24 SGB XII anspruchsberechtigten Deutschen, die selbst nicht deutsche Staatsangehörige sind, etwa der **ausländische Ehepartner**, können keinen Anspruch auf Leistungen nach § 24 SGB XII erwerben. Bis 31.12.2003 konnte aus Billigkeitsgründen Sozialhilfe auch Familienangehörigen von Deutschen gewährt werden, wenn sie mit diesem in Haushaltsgemeinschaft lebten (§ 119 Abs. 2 BSHG). Eine Weitergewährung entsprechender Leistungen scheidet nach der Übergangsregelung des § 132 Abs. 2 SGB XII aus, weil von ihr nur Deutsche einbezogen sind.

17

Der Begriff des **gewöhnlichen Aufenthalts** ist in § 30 Abs. 3 Satz 2 SGB I definiert als ein Ort, an dem sich jemand unter Umständen aufhält, die erkennen lassen, dass er an diesem Ort oder in diesem Gebiet nicht nur vorübergehend verweilt. Der gewöhnliche Aufenthalt orientiert sich überwiegend an **tatsächlichen Merkmalen**. Allein der Wille eines Menschen, sich an einem Ort nicht nur vorübergehend aufzuhalten, ist nicht entscheidend, wenn die tatsächlichen Verhältnisse einem solchen Willen entgegenstehen.[10] Maßgebend ist vielmehr, wo nach den jeweiligen Umständen der Betroffene auf unabsehbare Zeit und nicht nur vorübergehend den Mittelpunkt seiner Lebensbeziehungen setzt. Zu diesen Umständen zählt insbesondere ein bisheriger längerer Aufenthalt im Ausland mit einer gewissen Verfestigung der Lebensverhältnisse an dem betreffenden Ort, insbesondere in familiärer, sozialer und beruflicher Hinsicht, und dessen Gestaltung. Der Aufenthalt muss in der Regel auf Dauer angelegt sein; objektive Hindernisse dürfen einem dauerhaften Aufenthalt nicht entgegenstehen.

18

Ein gewöhnlicher Aufenthalt im Sinne von § 24 SGB XII kann nicht angenommen werden, wenn der Aufenthalt im Ausland von einem ständigen Wechsel der Orte und von jeweils nur kurzer Dauer geprägt oder der Aufenthalt rechtlich befristet ist.[11] Dies kann z.B. bei einem **Nichtsesshaften** der Fall sein.

19

Einer analogen Anwendung von § 24 SGB XII für Personen, die keinen gewöhnlichen Aufenthalt im Ausland haben, sich aber im Ausland aufhalten und in eine außergewöhnliche Notlage geraten, bedarf es auch dann nicht, wenn für den Deutschen keine Rückkehrmöglichkeit besteht.[12] Hat der Antragsteller keinen gewöhnlichen Aufenthalt im Ausland, so kann die erforderliche Hilfe im Rahmen des **§ 5 KonsG** geleistet werden (vgl. Rn. 45). Allerdings sind derartige Notlagen auch durch eine funktionsdifferente Auslegung des Begriffs des „gewöhnlichen Aufenthalts" in § 24 SGB XII in den Griff zu bekommen, indem der Begriff des gewöhnlichen Aufenthalts nicht an einen bestimmten Ort oder eine Region, sondern allgemein an das Ausland geknüpft wird. Eine solche am Wortlaut orientierte Auslegung wird den möglichen Konstellationen der Hilfe für Deutsche im Ausland besser gerecht.

20

Für die Annahme eines gewöhnlichen Aufenthalts im Ausland genügt nicht der **Urlaub** im Ausland, eine zeitlich befristete Beschäftigung im Ausland, ein Auslandssemester eines Studenten oder der Auslandseinsatz eines Soldaten. Ein **Studium** im Ausland kann hingegen dort den gewöhnlichen Aufenthalt begründen, wenn auch der Lebensmittelpunkt in das Ausland verlagert wird und die Dauer des Studiums (und damit des Aufenthalts) ungewiss ist, also nicht von vornherein feststeht, dass und wann der Student wieder in das Bundesgebiet (oder an einen anderen Ort) zurückkehrt. Ob ein gewöhnlicher Aufenthalt im Ausland begründet wird, ist im Einzelfall anhand der äußeren und inneren Umstände zu beurteilen. Dies kann schon beginnend mit dem ersten Tag des Aufenthalts im Ausland **zukunftsbezogen** beurteilt werden.[13]

21

§ 24 SGB XII findet keine Anwendung für Deutsche mit gewöhnlichem Aufenthalt im Ausland für die Zeit, in der sie sich nur vorübergehend (z.B. wegen Besuchs, Urlaubs oder wegen einer ärztlichen Behandlung) in der Bundesrepublik aufhalten. Die Regelung setzt nämlich nach Wortlaut, Systematik sowie Sinn und Zweck einen **tatsächlichen Aufenthalt im Ausland** voraus. Dies zeigt schon Absatz 1, der einen Anspruch nur dann zubilligt, wenn eine „Rückkehr in das Inland" nicht möglich ist. Auch Absatz 2 und Absatz 3 nehmen Bezug auf das Ausland und die dort bestehenden besonderen Verhältnisse. Ist § 24 SGB XII für die Dauer des Aufenthalts im Bundesgebiet also nicht anwendbar, kann ein Hilfebedürftiger jedoch nicht mit der Begründung völlig schutzlos sein, ein Sozialhilfeanspruch nach

22

---

[10] BSG v. 31.01.1980 - 8a/3 RK 23/77 - BSGE 49, 254, 256 = SozR 2200 § 315a Nr. 11.
[11] BVerwG v. 31.08.1995 - 5 C 11/94 - BVerwGE 99, 158.
[12] So aber zu § 119 BSHG BVerwG v. 31.08.1995 - 5 C 11/94 - DVerwGE 99, 158 ff.
[13] A.A. BVerwG v. 31.08.1995 - 5 C 11/94 - BVerwGE 99, 158, das auf eine Verfestigung des Aufenthalts im Ausland durch eine gewisse Dauer abstellt.

den allgemeinen Vorschriften scheitere an dem fehlenden Wohnsitz oder gewöhnlichen Aufenthalt im Bundesgebiet i.S.v. **§ 30 Abs. 1 SGB I**. Das Grundrecht auf Gewährleistung eines menschenwürdigen Existenzminimums nach Art. 1 Abs. 1 GG in Verbindung mit Art. 20 Abs. 1 GG gebietet insoweit eine verfassungskonforme Anwendung des § 30 Abs. 1 SGB I dahin, dass als Anknüpfungssachverhalt für einen Sozialhilfeanspruch auf den **tatsächlichen Aufenthalt** abzustellen ist.[14] Diesen Anknüpfungssachverhalt wählt auch das SGB XII selbst für einen Anspruch eines Ausländers nach § 23 Abs. 1 SGB XII. Genügt für die Anwendung des SGB XII dort schon der tatsächliche Aufenthalt im Bundesgebiet, kann für den Anspruch eines deutschen Staatsangehörigen nichts anderes gelten. Auch die örtliche Zuständigkeit nach § 97 Abs. 1 SGB XII orientiert sich nicht an dem ständigen, sondern an dem tatsächlichen Aufenthalt.

23   § 24 SGB XII findet keine Anwendung für Deutsche mit gewöhnlichem Aufenthalt im Ausland für vor Antritt der Auslandsreise im Zuständigkeitsbereich des örtlichen Sozialhilfeträgers bereits entstandene und während der Auslandsreise im Inland fortbestehende Bedarfslagen.[15]

b. Ausnahmen

aa. Außergewöhnliche Notlage

24   Ausnahmen vom Grundsatz des Leistungsausschlusses lässt Absatz 1 Satz 2 zu unter der Voraussetzung, dass Leistungen wegen einer **außergewöhnlichen Notlage** unabweisbar sind und eine Rückkehr in das Inland nicht möglich ist. Der Begriff der außergewöhnlichen Notlage ist als unbestimmter Rechtsbegriff gerichtlich voll überprüfbar. Er ist eng auszulegen. Hierunter ist die nachhaltige Gefährdung existenzieller Rechtsgüter (insbesondere Leben und körperliche Unversehrtheit) zu verstehen, die das Eingreifen des Staates wegen seiner Verantwortung für seine Staatsangehörigen unausweichlich macht. Eine außergewöhnliche Notlage liegt deshalb nicht schon vor, wenn der Betroffene bedürftig ist, also überhaupt eine Notlage besteht. Vielmehr müssen außerordentliche Umstände hinzutreten, die sich ihrer Art nach von Situationen, die üblicherweise im Ausland sozialhilferechtlichen Bedarf hervorrufen, deutlich abheben. Für den Eintritt einer außergewöhnlichen Notlage kommt es nicht entscheidend darauf an, ob die außergewöhnliche Hilfebedürftigkeit plötzlich und unvorhergesehen eingetreten ist und ob sie innerhalb einer verhältnismäßig kurzen Zeitspanne wieder beseitigt werden kann.[16]

25   Die außergewöhnliche Notlage kann aus einer „einfachen" Notlage erwachsen. Sie muss nach der Gesetzesbegründung zwar über eine „besondere" Notlage (Notfall), wie sie noch § 119 BSHG vorsah, hinausgehen[17]. In der Regel werden sich diese Begriffe aber decken, da auch die **besondere Notlage** nach der Rechtsprechung des BVerwG die Gefahr einer nicht unerheblichen Beeinträchtigung existenzieller Rechtsgüter voraussetzte.[18] Nur soweit das BVerwG daneben verlangte, dass dieser Gefahr allein durch Hilfegewährung im Ausland begegnet werden könne, weil dem Bedürftigen eine Rückkehr nach Deutschland nicht zumutbar sei, sind die Voraussetzungen für Leistungen nach § 24 SGB XII verschärft worden. Die Unzumutbarkeit der Rückkehr ist nach geltendem Recht nicht mehr ausreichend; vielmehr muss die Rückkehr an einem objektiven Hinderungsgrund scheitern.

26   Von einer außergewöhnlichen Notlage wird bei einer Gefährdung des **physischen Existenzminimums** immer auszugehen sein. Dies ist z.B. der Fall, wenn der um Hilfe Nachsuchende völlig mittellos und (schuldlos) nicht in der Lage ist, seine Situation auch nur ansatzweise zu verbessern. Eine Gefährdung existenzieller Rechtsgüter hat das BVerwG auch bei einer nicht unerheblichen Beeinträchtigung des Rechts auf angemessene Schulbildung bejaht.[19]

---

[14] Vgl. zur verfassungskonformen Auslegung von § 30 Abs. 1 SGB I beim Arbeitslosengeldanspruch eines in Grenznähe wohnenden Arbeitslosen BVerfG v. 30.12.1999 - 1 BvR 809/95 - SozR 3-1200 § 30 Nr. 20; BSG v. 07.10.2009 - B 11 AL 25/08 R - BSGE 104, 280 ff. = SozR 4-1200 § 30 Nr. 5.

[15] SG Karlsruhe v. 15.04.2013 - S 1 SO 1033/13 m.w.N.; Anschluss an BVerwG v. 22.12.1998 - 5 C 21/97 = FEVS 51, 145.

[16] BVerwG v. 05.06.1997 - 5 C 3/97 - Buchholz 436.0 § 119 BSHG Nr. 5.

[17] BT-Drs. 15/1761, S. 6.

[18] BVerwG v. 05.06.1997 - 5 C 17/96 - Buchholz 436.0 § 119 BSHG Nr. 4.

[19] BVerwG v. 05.06.1997 - 5 C 4/96 - BVerwGE 105, 44 ff.

bb. Unabweisbare Leistung

Die Hilfeleistung nach § 24 SGB XII muss zur Abwendung der Notlage unabweisbar sein, also die einzige Möglichkeit sein, der Notlage zu begegnen. Dieses Tatbestandsmerkmal ist untrennbar verbunden mit den Gründen, aus denen die Rückkehr für den Betroffenen nicht möglich ist. Ist eine Rückkehr in das Bundesgebiet nämlich möglich, kann dort die entsprechende Hilfe erbracht werden. Die Hilfeleistung nach § 24 SGB XII ist dann nicht zur Behebung der Notlage unabweisbar. 27

cc. Unmöglichkeit der Rückkehr

Bei Eintritt der Bedürftigkeit im Ausland wird von dem Betroffenen zunächst erwartet, dass er zur Abwendung der Notlage in das Inland zurückkehrt. Hiervon macht das Gesetz nur drei Ausnahmen, in denen der Hilfebedürftige an der Rückkehr aus dem Ausland **objektiv gehindert** ist. Die Unzumutbarkeit der Rückkehr genügt allein nicht. Mit der Rückkehr ist gleichzeitig die Aufgabe des gewöhnlichen Aufenthalts im Ausland verbunden. Es würde also nicht genügen, dass der Hilfebedürftige (nur) bereit ist (zur Bereitschaft, zurückzukehren vgl. Rn. 31), allein für den Bezug der notwendigen Leistung nach Deutschland zu reisen, um sodann wieder zum Ort seines gewöhnlichen Aufenthalts im Ausland zurückzukehren. 28

Trotz des Wortlauts von § 24 SGB XII, der von „**Rückkehr in das Inland**" spricht, findet die Regelung auch auf Deutsche Anwendung, die im Ausland geboren sind und niemals in Deutschland gelebt haben. Es kann nicht davon ausgegangen werden, dass der Gesetzgeber als anspruchsberechtigte Personen für ausnahmsweise zu gewährende Sozialhilfe ins Ausland lediglich Deutsche im Blick hatte, die vormals in Deutschland gelebt und irgendwann ihren gewöhnlichen Aufenthalt in einem ausländischen Staat genommen haben und nach Eintritt der Hilfebedürftigkeit aus dem Ausland wegen bestimmter Hindernisgründe nicht in das Inland, nach Deutschland zurückkehren können.[20] Es ist kein sachlicher Grund erkennbar, die beiden Personengruppen unterschiedlich zu behandeln. Statt der „Rückkehr" ist insoweit aber die Unmöglichkeit der Verlagerung des gewöhnlichen Aufenthalts in das Bundesgebiet zu fordern. 29

Ein objektiver Hinderungsgrund ist gegeben, wenn ein Elternteil wegen eines zu erziehenden (eigenen) Kindes, das selbst aus rechtlichen Gründen im Ausland verbleiben muss, also nicht ausreisen darf, nicht zurückkehren kann. Die beiden anderen Ausnahmen, in denen eine Rückkehr objektiv unmöglich ist, sind die stationäre Unterbringung sowie die Schwere der Pflegebedürftigkeit (§ 24 Abs. 1 Satz 2 Nr. 2 SGB XII) und hoheitliche Gewalt (z.B. Inhaftierung, § 24 Abs. 1 Satz 2 Nr. 3 SGB XII). Dieser **Katalog** der Ausnahmeregelungen ist nach Wortlaut und nach dem Willen des Gesetzgebers abschließend.[21] Insoweit besteht grundsätzlich eine Gestaltungsfreiheit des Gesetzgebers, ob und unter welchen Voraussetzungen er Sozialhilfe an Deutsche im Ausland erbringen will.[22] Allerdings ist er bei der Bestimmung der Leistungsempfänger an den allgemeinen Gleichheitssatz (Art. 3 GG) gebunden und darf bei der näheren Abgrenzung des Kreises der Leistungsberechtigten nicht sachwidrig differenzieren. In diesem Sinne problematisch sind Fallgestaltungen, in denen eine außergewöhnliche Notlage vorliegt, also existenzielle Rechtsgüter (Leben oder Gesundheit) bedroht sind, der Hilfebedürftige objektiv an der Rückkehr gehindert ist und der Sachverhalt nicht im Rahmen einer **verfassungskonformen Auslegung** unter einen der Ausnahmetatbestände subsumiert werden kann. Ob derartige Sachverhalte außerhalb der gesetzlich genannten Ausnahmetatbestände denkbar sind, mag fraglich sein. Der Gesetzgeber ist jedenfalls im Rahmen der ihm grundsätzlich zustehenden Gestaltungsfreiheit davon ausgegangen. Sonst hätte es keines abschließenden Katalogs bedurft; vielmehr hätte z.B. folgender Wortlaut genügt: „... dass eine Rückkehr nicht möglich oder wegen der Pflege und Erziehung eines Kindes, das aus rechtlichen Gründen im Ausland bleiben muss, nicht zumutbar ist." 30

§ 24 SGB XII setzt allein auf die objektive Unmöglichkeit der Rückkehr ab. Der Hinderungsgrund muss also kausal dafür sein, dass der Hilfebedürftige im Ausland verbleibt. Daneben muss aber als Mindestvoraussetzung beim Hilfebedürftigen auch eine **ernsthafte Bereitschaft** bestehen, zur Beseitigung der Hilfebedürftigkeit nach Deutschland zurückzukehren, weil das objektive Hindernis anderenfalls nicht ursächlich für die unterlassene Rückkehr ist.[23] Allerdings wird diese Bereitschaft – soweit 31

---

[20] A.A. SG Köln v. 22.02.2012 - S 21 SO 335/11.
[21] BT-Drs. 15/1761, S. 6.
[22] BVerfG v. 06.05.1975 - 1 BvR 332/72 - BVerfGE 39, 316, 326 = SozR 2600 § 60 Nr. 1; BVerfG v. 29.05.1990 - 1 BvL 20/84 u.a. - BVerfGE 82, 60, 81 = SozR 3-5870 § 10 Nr. 1 m.w.N.
[23] LSG Baden-Württemberg v. 27.06.2011 - L 2 SO 2138/11 ER-B.

keine entgegengesetzten Anhaltspunkte ersichtlich sind – in der Regel zu bejahen sein, weil bei einer erheblichen Beeinträchtigung existenzieller Rechtsgüter unterstellt werden kann, dass der Hilfebedürftige die bestehenden Möglichkeiten zur Abwendung der Notlage ergreift. Es genügt aber nicht, dass der Hilfebedürftige lediglich zu einem vorübergehenden Aufenthalt im Bundesgebiet mit dem Ziel, Sozialhilfe zu beziehen, bereit ist (vgl. Rn. 28). Soweit darüber hinausgehend in der Literatur aber verlangt wird, auch zumutbare ernsthafte Rückkehranstrengungen anzustellen,[24] ist dem nicht zu folgen. Bei objektiver Unmöglichkeit der Rückkehr dennoch **Rückkehranstrengungen** zu fordern, ist nicht zu rechtfertigen.

32 **Unzumutbarkeit** der Rückkehr bedingt i.d.R. keine Unmöglichkeit. Gegebenenfalls unzumutbar, nicht aber unmöglich ist die Ausreise z.B. bei einer Ehe mit einem Staatsangehörigen des Aufenthaltsstaates, der entweder mit in das Bundesgebiet reisen oder nachziehen kann.[25] Problematisch ist aber der Fall, in dem der Ehegatte selbst auf Dauer – etwa wegen eines Ausreiseverbots – aus rechtlichen Gründen in seinem Heimatland bleiben muss. Die unterschiedliche Behandlung zu § 24 Abs. 1 Nr. 1 SGB XII lässt sich nur mit dem Sorgerecht des Elternteils gegenüber minderjährigen Kindern erklären, das – anders als gegenüber Erwachsenen (Kindern oder Ehegatte) – eine gesteigerte Verantwortung begründet.

33 Die Grenzen zwischen Unzumutbarkeit und Unmöglichkeit sind allerdings fließend. Die Unmöglichkeit ist nicht im logisch-naturwissenschaftlichen Sinn zu interpretieren, es handelt sich vielmehr um ein normatives Merkmal. Es ist schon dann erfüllt, wenn eine Rückkehr einen Schaden hervorruft, der bei **wertender Abwägung** unter Berücksichtigung von Sinn und Zweck des § 24 SGB XII ein Rückkehrverlangen der Behörde schlechthin ausschließt. So kann der Verlust persönlich notwendiger und lebenswichtiger sozialer Beziehungen im Falle einer Rückkehr nach Deutschland eine Unmöglichkeit begründen, wenn gesundheitliche Schäden wegen seelischer Entwurzelung zu erwarten sind.[26] Die soziale Verwurzelung im Ausland genügt für sich gesehen aber nicht, um die Unmöglichkeit der Rückkehr zu begründen, etwa bei einem Hilfebedürftigen, der bereits als Kind in das Aufenthaltsland eingereist und der deutschen Sprache nicht mächtig ist.[27]

34 Der Hinderungsgrund „**Pflege und Erziehung eines Kindes**" (§ 24 Abs. 1 Satz 2 Nr. 1 SGB XII) setzt nicht bei dem Hilfebedürftigen, sondern bei dem Kind selbst an. Entscheidend ist dabei, dass nämlich das Kind aus rechtlichen Gründen im Ausland bleiben muss. In erster Linie kommt hier das Aufenthaltsbestimmungs- oder das Sorgerecht des anderen Elternteils in Betracht. Die Regelung ist im Lichte von Art. 6 GG zu sehen. Da der Hinderungsgrund eng mit der elterlichen Sorge verknüpft ist, ist für den Begriff des Kindes nicht die Definition in § 7 Abs. 1 Nr. 1 SGB VIII (wer noch nicht 14 Jahre alt ist) heranzuziehen. Maßgebend ist vielmehr der Zeitpunkt der Volljährigkeit (§ 2 BGB), mit dem die elterliche Sorge nach § 1626 BGB endet. Wird das Kind nach ausländischem Recht zu einem anderen Zeitpunkt volljährig, ist maßgebend, ob es nach internationalem Privatrecht im Ausland als volljährig behandelt wird. Das Kind muss nicht zwingend ein leibliches sein, sondern kann Adoptiv-, Stief- oder Pflegekind sein, das unter den Schutzbereich des Art. 6 GG fällt.[28]

35 Ein **Kind** mit deutscher Staatsangehörigkeit, das im Ausland lebt und aus rechtlichen Gründen im Ausland bleiben muss, wird selbst auch von der Ausnahmeregelung des § 24 Abs. 1 Nr. 1 SGB XII erfasst. Der insoweit nicht eindeutige Wortlaut lässt eine solche Auslegung noch zu. Dies ist auch sinnvoll, weil sich eine außergewöhnliche Notlage in der Regel nicht nur auf den Elternteil, sondern auch auf das Kind erstrecken dürfte. Unterfällt das Kind danach dem Schutzbereich des § 24 SGB XII, kann der Anspruch des deutschen Kindes auch nicht davon abhängig gemacht werden, ob (auch) der Elternteil deutscher Staatsangehöriger ist.[29]

---

[24] Vgl. *Berlit* in: LPK-SGB XII, 9. Aufl. 2012, § 24 Rn. 9 m.w.N.

[25] Zur nichtehelichen Lebensgemeinschaft: BVerwG v. 05.06.1997 - 5 C 17/96 - Buchholz 436.0 § 119 BSHG Nr. 4.

[26] BVerwG v. 05.06.1997 - 5 C 3/97 - Buchholz 436.0 § 119 BSHG Nr. 5.

[27] Vgl. noch zu § 119 BSHG: Niedersächsisches OVG v. 23.04.1997 - 4 L 5793/96 - NdsRpfl 1997, 232.

[28] BVerfG v. 17.10.1984 - 1 BvR 284/84 - BVerfGE 68, 176, 187 (Pflegekind); BVerfG v. 18.04.1989 - 2 BvR 1169/84 - BVerfGE 80, 81, 90 (Adoptivkind), BGH v. 11.05.2005 - XII ZR 211/02 - BGHZ 163, 84, 91 f. (Stiefkind).

[29] Für eine entsprechende Anwendung: *Baur* in: Mergler/Zink, SGB XII, § 24 Rn. 22, Stand September 2011; a.A. *Bieback* in: Grube /Wahrendorf, SGB XII, 4. Aufl. 2012, § 24 SGB XII Rn. 22.

Das Gesetz stellt in § 24 Abs. 1 Satz 2 Nr. 2 Alt. 1 SGB XII nur auf die tatsächliche **stationäre Unterbringung** ab. Dass eine Rückkehr bei stationärer Unterbringung objektiv unmöglich ist, ist hingegen weder zwingend noch vom Gesetz typisierend unterstellt. Deshalb muss immer der Nachweis erbracht werden, dass ein Ursachenzusammenhang zwischen der längerfristigen stationären Betreuung und der Hinderung an einer Rückkehr des Hilfebedürftigen in das Bundesgebiet besteht. Hierzu muss auch dokumentiert werden, dass die stationäre Betreuung überhaupt erforderlich ist und – etwa wegen der Schwere der Behinderung oder Erkrankung – eine Rückkehr in das Bundesgebiet nicht zulässt. Ein Deutscher mit einer leichten Behinderung, der in einer Behinderteneinrichtung auf Dauer betreut wird, kann also keine Leistungen nach § 24 SGB XII erhalten, wenn ambulante Leistungen ausreichend wären und die erforderliche Betreuung einer Rückkehr nach Deutschland nicht entgegensteht. Diese Umstände können gegebenenfalls aber auch schon bei der Beurteilung der „außergewöhnlichen Notlage" bedeutsam sein.

36

Aus welchen Gründen eine stationäre Unterbringung erfolgt und welcher Art die Einrichtung sein muss, sagt die Vorschrift nicht. Aus dem Begriff der „Betreuung" sowie aus der alternativ genannten Voraussetzung der Schwere der Pflegebedürftigkeit lässt sich aber schließen, dass in erster Linie **Pflegeeinrichtungen** und **Behinderteneinrichtungen** gemeint sind, sodass etwa die Unterbringung in einem Internat nicht erfasst wird.

37

Der Begriff der Einrichtung deckt sich nicht mit dem Einrichtungsbegriff des **§ 13 SGB XII**. Einrichtungen in diesem Sinn sind alle Organisationen, die Maßnahmen der Sozialhilfe gewähren und ihrem Wesen, ihrer Struktur und ihrer Zweckbestimmung nach zu gewähren in der Lage sind, ungeachtet in welcher Trägerschaft sie betrieben werden, ob sie ausschließlich, vorwiegend oder bloß gelegentlich Empfänger von Sozialhilfe aufnehmen und betreuen oder ob sie im Rahmen ihrer Kostensätze Sozialhilfefälle berücksichtigen oder nicht.[30] Die Rechtsprechung definiert danach die Einrichtung nach § 13 SGB XII als einen der Hilfe nach dem SGB XII dienender, in einer besonderen Organisationsform unter verantwortlicher Leitung zusammengefassten Bestand an persönlichen und sächlichen Mitteln, der auf eine gewisse Dauer angelegt und für einen größeren, wechselnden Personenkreis bestimmt ist.[31] Derartige Einrichtungen, die sich an den **Zielen des SGB XII** orientieren oder ihnen dienen, existieren im Ausland naturgemäß nicht. Der Einrichtungsbegriff ist vielmehr abstrakt zu verstehen und danach auszurichten, welche Leistungen (Betreuung, Pflege, Behindertenhilfe etc.) im Einzelfall dort erbracht werden. Auch Krankenhäuser können danach vom Einrichtungsbegriff des § 24 Abs. 1 Nr. 2 SGB XII erfasst sein.

38

Für die stationäre Unterbringung ergänzt § 24 Abs. 1 Satz 2 Nr. 2 SGB XII den Tatbestand aber um ein Zeitmoment („längerfristig"), weil nur dann eine außergewöhnliche Notlage, die unabweisbare Leistungen erfordert, vorliegen kann. Ob eine längerfristige stationäre Unterbringung zu bejahen ist, ist nicht rückschauend, sondern mit Eintritt der außergewöhnlichen Notlage prognostisch zu beurteilen. **Längerfristig**, also ein längerer Zeitraum, ist erst bei einer gewissen Zeitspanne, deren konkretes Ende in der Regel nicht bestimmt werden kann, anzunehmen. Maßgebend ist eine Beurteilung im Einzelfall, in die die Schwere der Notlage und die Dringlichkeit der Hilfe einzufließen haben. Beträgt die Dauer der Unterbringung voraussichtlich mindestens **sechs Monate**, ist immer von einer längerfristigen stationären Unterbringung auszugehen. Sechs Monate werden vom Gesetzgeber, wenn er eine gewisse Dauer festschreiben will, auch in anderen Regelungen als Grenze normiert, etwa in § 7 Abs. 4 SGB II, §§ 2, 84 Abs. 2, 90 Abs. 1 Nr. 1 SGB IX, §§ 11 Abs. 2 Nr. 1, 43 Abs. 4 Nr. 3 SGB VI. Der Begriff längerfristig ist gegebenenfalls auch in Relation zur Lebenserwartung zu sehen, wenn sich der Hilfebedürftige wegen einer tödlichen Erkrankung im Krankenhaus befindet und nur noch eine kurze Lebenserwartung hat.

39

Soweit es die Schwere der Pflegebedürftigkeit (§ 24 Abs. 1 Satz 2 Nr. 2 Alt. 2 SGB XII) betrifft, ist nicht auf die **Pflegestufe** abzustellen, sondern darauf, ob die erforderliche Pflege die Rückkehr nicht zulässt. Die Pflegebedürftigkeit muss also kausal für das Unvermögen, in das Inland zurückzukehren, sein. Bei der Pflegestufe I und wohl auch bei der Pflegestufe II dürfte dies aber eher eine Ausnahme sein. Eine auf die Pflegebedürftigkeit zurückzuführende Transportunfähigkeit rechtfertigt immer die Annahme der Unmöglichkeit der Rückkehr, ist aber nicht zwingend. So begründet etwa auch die Gefahr gesundheitlicher Schädigung bei Heimführung die Unmöglichkeit der Rückkehr.[32] Allein die Un-

40

---

[30] Luthe in: Hauck/Noftz, SGB XII, K § 13 Rn. 23, Stand August 2011.
[31] BVerwG v. 24.02.1994 - 5 C 24/92 - BVerwGE 95, 149 ff.
[32] BVerwG v. 05.06.1997 - 5 C 3/97 - Buchholz 436.0 § 119 BSHG Nr. 5 (Schäden wegen seelischer Entwurzelung).

zumutbarkeit der Rückkehr wegen der Schwere der Pflegebedürftigkeit genügt hingegen nicht für die Annahme der Unmöglichkeit der Rückkehr. Allerdings sind die Grenzen insoweit fließend.

41 Als **hoheitliche Gewalt** i.S.v. § 24 Abs. 1 Satz 2 Nr. 3 SGB XII kommt in erster Linie eine Inhaftierung in Betracht. Da aber nicht allein eine Inhaftierung, sondern auch andere hoheitliche Maßnahmen die Rückkehr unmöglich machen können (Aufenthalts- oder Reisebeschränkungen), hat der Gesetzgeber – anders als bei der stationären Betreuung – auf ein Zeitmoment verzichtet. Dennoch kann nach Sinn und Zweck der Vorschrift und dem bewusst engen Anwendungsbereich der Ausnahmeregelungen die Dauer einer Inhaftierung eine Rolle spielen; eine Berücksichtigung der Dauer erfolgt hier aber unter dem Tatbestandsmerkmal der außergewöhnlichen Notlage. Die kurzfristige Festnahme und Inhaftierung etwa in einer Ausnüchterungszelle nach übermäßigem Alkoholgenuss kann eine außergewöhnliche Notlage nicht hervorrufen.

42 Die **Unmöglichkeit der Rückkehr** in das Inland muss nachgewiesen werden.[33] Die bloße Glaubhaftmachung oder die Wahrscheinlichkeit sind für die Annahme, dass eine Rückkehr nicht möglich ist, nicht ausreichend. Das Amtsermittlungsprinzip wird durch das Nachweiserfordernis nicht berührt[34]. Häufig wird der Hilfesuchende nämlich ohne die Hilfe der angegangenen Behörde nicht in der Lage sein, die von ihm geforderten Nachweise zu beschaffen. Kann der Nachweis von dem Hilfesuchenden selbst und/oder im Wege der Amtsermittlung nicht erbracht werden, geht dies zu Lasten des Hilfesuchenden.

43 § 24 SGB XII stellt für die Unmöglichkeit der Heimkehr **nicht** auf die **finanziellen Verhältnisse** des Hilfesuchenden ab. Die Kosten für eine Heimkehr sind nicht von dem Sozialhilfeträger zu übernehmen. Eine Heimschaffung nach Deutschland kommt aber mit finanzieller Hilfe der Botschaft oder der Konsulate in Betracht. Nach § 5 Abs. 4 KonsG können die Konsularbeamten die Hilfe auch dadurch leisten, dass sie dem Hilfesuchenden die Reise an den Ort des gewöhnlichen Aufenthalts oder „an einen anderen Ort", mithin die Heimkehr, ermöglichen.

dd. Ermessen

44 § 24 Abs. 1 Satz 2 SGB XII sieht zwar keine gebundene Entscheidung vor. Liegen die engen Voraussetzungen für eine Ausnahme vor, dürfte das Ermessen der Behörde, von seltenen Einzelfällen abgesehen, aber auf **Null reduziert** sein (intendiertes Ermessen), weil existenzielle Rechtsgüter des Hilfesuchenden gefährdet sind und keine andere Möglichkeit besteht, diese Gefahr abzuwenden, so dass öffentliche Belange in aller Regel zurücktreten müssen. Dies betrifft aber nur das Entschließungsermessen. Hinsichtlich Art und Umfang der Leistung bleibt es beim Auswahlermessen (§ 17 Abs. 2 Satz 1 SGB XII; vgl. auch die Kommentierung zu § 17 SGB XII Rn. 31 ff.), bei dem allerdings nach § 24 Abs. 3 SGB XII auf den Lebensstandard im Aufenthaltsland abzustellen ist. Die Leistung muss aber in jedem Fall geeignet sein, die außergewöhnliche Notlage zu beseitigen.

c. Leistungen nach dem Konsulargesetz

45 Sind Leistungen nach § 24 SGB XII ausgeschlossen, etwa weil keine außergewöhnliche Notlage vorliegt oder eine Rückkehr in das Bundesgebiet möglich ist, kommen Leistungen nach § 5 KonsG in Betracht. Allerdings ist auch die **Konsularhilfe** wie die Sozialhilfe subsidiär. Die erforderliche Hilfe soll nach § 5 Abs. 1 KonsG nur geleistet werden, wenn die Notlage auf andere Weise nicht behoben werden kann.

46 Leistungen nach § 5 KonsG sind auf eine kurzfristige Hilfe ausgerichtet und werden längstens für die Dauer von zwei Monaten erbracht. Sie gehen für diesen Zeitraum als originäre Leistungen des materiellen konsularischen Rechts den Leistungen nach § 24 SGB XII vor.[35] Dieser **Vorrang** der Leistungen nach dem KonsG ist auch § 24 Abs. 2 SGB XII zu entnehmen.[36] Dauert die Notlage eines Hilfeempfängers aber länger als zwei Monate, so ist vom Eintritt der Hilfsbedürftigkeit an (rückwirkend) Hilfe nach dem SGB XII oder in entsprechender Anwendung des SGB XII durch den zuständigen Sozialhilfeträger zu gewähren (so ausdrücklich § 5 Abs. 6 Satz 1 KonsG).[37] Nach § 5 Abs. 6 Satz 2 KonsG

---

[33] Bayerisches Landessozialgericht v. 28.01.2014 - L 8 SO 146/12.
[34] A.A. *Bieback* in: Grube/Wahrendorf, SGB XII, 4. Aufl. 2011, § 24 Rn. 21; Bayerisches Landessozialgericht v. 28.01.2014 - L 8 SO 146/12.
[35] *Baur*, NVwZ 2004, 13221, 323.
[36] Vgl. Landessozialgericht Baden-Württemberg v. 25.02.2010 - L 7 SO 5106/07 - ZFSH/SGB 2010, 353.
[37] OVG NRW v. 28.01.1992 - 8 B 7/92 - NVwZ 1993, 393.

bleibt § 5 Abs. 4 KonsG, der die Übernahme der Kosten der Rückführung ermöglicht, unberührt. Dies ist auch notwendig, weil diese Kosten nicht nach § 24 SGB XII von dem Sozialhilfeträger übernommen werden können (vgl. Rn. 32).

2. Nachrang (Absatz 2)

a. Leistungen des Aufenthaltsstaates

Werden die nach § 24 Abs. 1 SGB XII unabweisbaren Leistungen von dem hierzu verpflichteten Aufenthaltsland oder von anderen[38] (tatsächlich) erbracht, sind von dem angegangenen Sozialhilfeträger keine Leistungen zu erbringen (§ 24 Abs. 2 Alt. 1 SGB XII). Insoweit ergänzt die Regelung den sogenannten **Nachranggrundsatz** des § 2 Abs. 1 SGB XII. Da es in einem solchen Fall bereits an der außergewöhnlichen Notlage fehlt, hat die Vorschrift (zu den zu erwartenden Leistungen vgl. unten) nur klarstellende Bedeutung. Zu den Leistungen des hierzu verpflichteten Aufenthaltslandes gehören insbesondere solche, die sich aus zwischenstaatlichen Vereinbarungen ergeben, etwa das **Europäische Fürsorgeabkommen** vom 11.12.1953[39], die Deutsch-Schweizerische Fürsorgevereinbarung vom 14.07.1952[40] sowie das Deutsch-Österreichische Abkommen über Fürsorge und Jugendwohlfahrtspflege vom 17.01.1966.[41] Zu den Vertragsschließenden des Europäischen Fürsorgeabkommens gehören neben Deutschland Belgien, Dänemark, England, Estland, Frankreich, Griechenland, Irland, Island, Italien, Luxemburg, Malta, Niederlande, Norwegen, Portugal, Schweden, Spanien, Türkei und Zypern, sodass Leistungen nach § 24 SGB XII jedenfalls für Deutsche im Europäischen Ausland eher eine Ausnahme sein dürften. 47

Sind die Leistungen des Aufenthaltsstaates für Ausländer geringer als für eigene Staatsangehörige, sind **ergänzende Leistungen** durch den Sozialhilfeträger nicht nach Absatz 2 ausgeschlossen. Ein Ausschluss setzt nach dem Wortlaut der Vorschrift voraus, dass Leistungen nicht erbracht werden, wenn „sie" vom Aufenthaltsstaat oder anderen erbracht werden oder zu erwarten sind (vgl. dazu Rn. 49 ff.). Der Leistungsausschluss setzt also Leistungen in einem Umfang voraus, der die Leistungen ohne den Leistungsausschluss bestimmen würde. Das **Leistungsniveau** für Leistungen gemäß § 24 SGB XII richtet sich nach dessen Absatz 3 nach den Verhältnissen des Aufenthaltsstaates, mithin nach den Leistungen, die Inländer bei einer Notlage erhalten. Sind für Ausländer geringere Leistungen vorgesehen, kann der Leistungsausschluss damit auch nur insoweit gelten. 48

b. Anspruch auf Sozialleistungen durch den Aufenthaltsstaat

Leistungen nach § 24 Abs. 2 Alt. 2 SGB XII sind auch schon dann nicht zu erbringen, wenn vergleichbare Leistungen des hierzu verpflichteten Aufenthaltslandes (oder von anderen) zu erwarten sind, der Hilfebedürftige also einen Anspruch auf Leistungen gegen den Aufenthaltsstaat (oder von anderen) hat. Insoweit beinhaltet die Regelung eine über den **Nachranggrundsatz** des § 2 SGB XII hinausgehende Regelung und ist lex specialis. Sie besagt, dass der Hilfesuchende kein Wahlrecht zwischen Leistungen nach dem SGB XII und Leistungen des Aufenthaltslandes hat.[42] Letztere sind vorrangig in Anspruch zu nehmen. 49

Im Gegensatz zu § 24 Abs. 2 Alt. 2 SGB XII sind nach § 2 Abs. 1 SGB XII Leistungen nur ausgeschlossen, wenn der Hilfebedürftige die erforderlichen Leistungen von anderen (tatsächlich) „erhält". Hat der lebende Hilfebedürftige einen Anspruch auf Leistungen zum Lebensunterhalt gegen andere Sozialleistungsträger, darf der Sozialhilfeträger deshalb in Fällen ohne Auslandsberührung – von Ausnahmen abgesehen – nicht ohne Weiteres unter Hinweis auf § 2 SGB XII Leistungen ablehnen, sondern muss selbst als nachrangig verpflichteter Leistungsträger die Leistungen erbringen und einen **Erstattungsanspruch** gegen den vorrangig verpflichteten Leistungsträger geltend machen (§ 104 SGB X). Er kann nach § 95 SGB XII auch selbst die Feststellung einer Sozialleistung betreiben. Bei Ansprüchen gegen Dritte, die keine Leistungsträger i.S.v. § 12 SGB I sind, kann der Sozialhilfeträger die Ansprüche bis zur Höhe seiner Aufwendungen auf sich überleiten (§ 93 SGB XII). Der in § 2 50

---

[38] Zu Leistungen nach dem KonsG Landessozialgericht Baden-Württemberg v. 25.02.2010 - L 7 SO 5106/07 - ZFSH/SGB 2010, 353; vgl. auch Rn. 42 ff.
[39] BGBl II 1956, 564, ausführlich *Greiser* in: jurisPK-SGB XII, 1. Aufl. 2011, Vorbemerkung i.d.F. vom 06.08.2013, Rn. 47 ff.
[40] DGBl II 1953, 32.
[41] BGBl II 1966, 2.
[42] BT-Drs. 15/1761, S. 6.

SGB XII vorgesehene Nachrang wird letztlich durch § 104 SGB X und durch § 93 SGB XII verwirklicht. Entsprechende Möglichkeiten hat der Sozialhilfeträger bei Leistungen für Deutsche im Ausland nicht. Deshalb kann dort die Schwelle, welche Initiative von dem Hilfebedürftigen erwartet wird, höher angesetzt werden.

51 Nach Absatz 2 besteht nach oben Gesagtem kein Wahlrecht zwischen Sozialhilfe nach dem SGB XII und Leistungen nach den Regelungen des Aufenthaltsstaates. Ob Leistungen von dem (hierzu verpflichteten) Aufenthaltsstaat zu erwarten sind, erfordert eine gerichtlich voll überprüfbare **Prognoseentscheidung**. Eine Prognose zu Lasten des Antragstellers kann dabei in der Regel nur richtig (und eine hierauf gestützte Entscheidung rechtmäßig) sein, wenn eine „Verpflichtung" – insbesondere auf Grund gesetzlicher Regelungen – des Aufenthaltsstaates besteht, Leistungen zu erbringen. Liegen Fürsorgeleistungen des Aufenthaltsstaates in behördlichem Ermessen, fehlt es an einer solchen Verpflichtung. Im Rahmen der gerichtlichen Überprüfung einer solchen Prognose sind nur die Tatsachen zu berücksichtigen, die im Zeitpunkt der ex-ante-Betrachtung erkennbar sind. Endet das von dem Hilfesuchenden im Aufenthaltsstaat eingeleitete Verfahren mit einem der Prognose widersprechenden Ergebnis (vgl. dazu Rn. 47), wird die Prognoseentscheidung damit nicht rechtswidrig. Es liegt im Wesen einer Prognose, dass ihre Richtigkeit zu einem bestimmten Zeitpunkt durch spätere Entwicklungen nicht rückschauend widerlegt werden kann.[43]

52 Werden Leistungen von der zuständigen Behörde des Aufenthaltsstaates abgelehnt, müssen, wenn im Übrigen die Voraussetzungen von § 24 Abs. 1 SGB XII vorliegen, Sozialhilfeleistungen erbracht werden, ohne dass sich der Sozialhilfeträger (noch) darauf berufen kann, es bestünde wegen eines vermeintlichen Anspruchs gegen den Aufenthaltsstaat keine Notlage. § 24 Abs. 2 SGB XII sieht einen Ausschluss von Leistungen nämlich nur vor, wenn Leistungen des Aufenthaltsstaates „zu erwarten sind". Leistungen sind dann nicht (mehr) zu erwarten, wenn eine öffentliche Stelle die Leistungen abgelehnt hat. Von einem mittellosen Hilfeempfänger, dem die Rückkehr nach Deutschland nicht möglich ist, kann nicht verlangt werden, dass er einen vermeintlichen Leistungsanspruch auch gerichtlich geltend macht und gegebenenfalls sogar den Instanzenzug durchläuft und erst nach erfolglosem Abschluss eines solchen Verfahrens Sozialhilfe nach § 24 Abs. 1 SGB XII erhält. Der Sozialhilfeträger muss die behördliche **Entscheidung des Aufenthaltsstaates** insoweit respektieren. Die Sozialhilfe ist bei Vorliegen der übrigen Voraussetzungen ab diesem Zeitpunkt (nicht etwa ab einer zuvor erfolgten Antragstellung; vgl. Rn. 58) zu zahlen.

3. Art und Maß der Leistungserbringung (Absatz 3)

53 Art und Maß der Leistungserbringung sowie der Einsatz des Einkommens und des Vermögens richten sich nach den besonderen **Verhältnissen im Aufenthaltsland**. Die Regelung konkretisiert das nach § 17 Abs. 2 Satz 1 SGB XII auszuübende Ermessen und ist eng verknüpft mit § 24 Abs. 2 SGB XII, wonach vorrangig Leistungen des Aufenthaltslandes zu beanspruchen sind. Damit ist nicht das allgemeine Lebensniveau im Inland, sondern das des Aufenthaltslandes für Art und Maß der Leistungserbringung maßgebend.

54 Hat sich ein Deutscher entschlossen, seinen ständigen Wohnsitz im Ausland zu nehmen, ist es zur Vermeidung einer Überversorgung nur folgerichtig, als Vergleichsmaßstab für etwa zu gewährende Leistungen der Sozialhilfe – seinem Entschluss entsprechend – nur ein Leistungsniveau zugrunde zu legen, das ihm die Möglichkeit gibt, sein **Existenzminimum** entsprechend den Verhältnissen im Aufenthaltsstaat zu gewährleisten.[44] Eine Ungleichbehandlung Deutscher im Ausland gegenüber denjenigen im Inland ist durch die Besonderheiten der Sozialhilfe gerechtfertigt, die keinen Leistungsexport vorsieht. Der allgemeine Gleichheitssatz (Art. 3 Abs. 1 GG) ist dadurch nicht verletzt, solange das Existenzminimum des Hilfebedürftigen mit den (geringeren) Leistungen im Ausland gesichert ist.[45] Wollte man ein anderes (höheres) Leistungsniveau zu Grunde legen, wäre eine entsprechende Regelung nicht mit Absatz 2 kompatibel, die bei Leistungen des dazu verpflichteten Aufenthaltsstaates einen Leistungsausschluss vorsieht; denn es ist kaum zu erwarten, dass der Aufenthaltsstaat für Ausländer eine höhere Leistung als für seine eigenen Staatsangehörigen vorsieht.

55 Eine Orientierung an den besonderen Verhältnissen im Aufenthaltsland kann durchaus zur Folge haben, dass das deutsche Lebens- und Unterstützungsniveau in Ländern mit geringem Lebensstandard (teilweise) unterschritten wird.[46] Allerdings kann die Hilfe nach § 24 SGB XII nicht generell auf das

---

[43] BSG v. 23.02.1988 - 10 RKg 17/87 - BSGE 63, 47, 49 = SozR 5870 § 1 Nr. 14.
[44] Vgl. auch Bayerisches Landessozialgericht v. 28.01.2014 - L 8 SO 146/12.
[45] Bayerisches Landessozialgericht v. 28.01.2014 - L 8 SO 146/12.
[46] Bayerisches Landessozialgericht v. 28.01.2014 - L 8 SO 146/12.

allgemeine Lebensniveau im Aufenthaltsland beschränkt werden. Kann die außerordentliche Notlage i.S. von § 24 Abs. 1 SGB XII anders nicht beseitigt werden, sind auch Leistungen zu erbringen, die über den allgemeinen Standard im Aufenthaltsland hinausgehen. § 24 Abs. 3 SGB XII ist im Lichte der Aufgaben und Ziele der Sozialhilfe auszulegen, wonach dem Hilfeempfänger die Führung eines Lebens zu ermöglichen ist, das der **Würde des Menschen** entspricht.[47] Ist etwa das physische Existenzminimum bei Anwendung des in § 24 Abs. 3 SGB XII vorgesehenen Maßstabs gefährdet (z.B. in Ländern der Dritten Welt, wenn dort der allgemeine Lebensstandard noch nicht einmal ein zur Aufrechterhaltung der Gesundheit ausreichendes Essen und Trinken ermöglicht), müssen über das Leistungsniveau des Aufenthaltsstaates hinausgehende Leistungen erbracht werden. Die Regelung des § 24 Abs. 1 SGB XII geht insoweit vor.

Welche Leistungen zu erbringen sind, sagt § 24 SGB XII nicht. § 8 SGB XII ist für die Palette der denkbaren Leistungen nicht maßgebend.[48] Die **Art der Leistung** bestimmt sich vielmehr ebenfalls nach den besonderen Verhältnissen im Aufenthaltsland. Werden dort zur Abwendung einer existenziellen Notlage Leistungen erbracht, die das SGB XII nicht oder nicht in dieser Form kennt, muss der Sozialhilfeträger ebenfalls derartige Leistungen erbringen. Dies dürfte aber eher ein theoretisches Problem sein, weil die von dem Sozialhilfeträger zu erbringenden Leistungen in aller Regel eine **Geldleistung** zur Sicherung des Lebensunterhaltes oder Hilfen zur Gesundheit oder zur Pflege sein dürften, die in einer zumindest vergleichbaren Art auch vom SGB XII vorgesehen sind. Spezialgesetzliche Regelungen des SGB XII zur Art (Geld-, Sach- oder Dienstleistung, § 10 SGB XII; einmalige Leistungen, § 31 SGB XII; Mehrbedarfe, § 30 SGB XII) oder Höhe der Leistung (Regelbedarf, §§ 27a, 28, 28a, 29 SGB XII; bis 31.12.2010: Regelsatz § 28 SGB XII; angemessener Barbetrag, § 27b Abs. 2 SGB XII; bis 31.12.2010 § 35 Abs. 2 SGB XII), zu einem Leistungsausschluss (etwa für Auszubildende) oder zur Deckelung der Leistung (§ 54 Abs. 1 Satz 2 SGB XII) finden keine Anwendung. Auch dies dürfte selten zu Verwerfungen führen, weil derartige spezialgesetzliche Regelungen selten im Zusammenhang mit einer „außergewöhnlichen Notlage" und „unabweisbaren" Leistungen stehen.

56

In der Rechtsprechung wird zum Teil angenommen, dass § 24 Abs. 1 Satz 1 SGB XII auf die Gewährung von Sozialhilfe in Form der Übernahme der Bestattungskosten nach § 74 SGB XII anwendbar sei, sodass die Übernahme von Bestattungskosten daher bei Deutschen, die ihren gewöhnlichen Aufenthalt im Ausland haben, im Einzelfall (wenn auch unter den Voraussetzungen des § 24 Abs. 1 Satz 2 SGB XII) in Betracht käme.[49] Diese Rechtsprechung verkennt schon im Ansatz, dass § 8 SGB XII für die Palette der denkbaren Leistungen nicht maßgebend ist. Im Übrigen dürfte ein Anspruch aus § 24 SGB XII ohnehin an dem Fehlen einer außergewöhnlichen Notlage, der objektiv möglichen Rückkehr oder an vorrangigen Leistungen nach dem KonsG scheitern.[50]

57

4. Antrag (Absatz 4)

Anders als bei anderen Sozialhilfeleistungen (mit Ausnahme der Grundsicherung im Alter und bei Erwerbsminderung) und der Vorgängerregelung des § 119 BSHG genügt nicht schon die **Kenntnis** von einer außergewöhnlichen Notlage eines Deutschen mit gewöhnlichem Aufenthalt im Ausland, um Leistungen zu erbringen. Vielmehr ist ein Antrag zu stellen mit der Folge, dass Leistungen (erst) ab Antragstellung erbracht werden. Hat der Sozialhilfeträger zunächst keine Leistungen erbracht, weil er zu Recht davon ausgehen durfte, dass entsprechende Leistungen vom Aufnahmestaat erbracht werden (§ 24 Abs. 2 SGB XII), und lehnt der Aufnahmestaat entgegen dieser Erwartung Leistungen ab, ist für den **Beginn der Leistung** nicht der Antrag, sondern die behördliche Entscheidung des Aufnahmestaates maßgebend, weil bis zu diesem Zeitpunkt ein Leistungsausschluss bestand.

58

Der Antrag muss nicht bei dem örtlich und sachlich zuständigen Sozialhilfeträger, sondern kann nach § 16 Abs. 1 Satz 2 SGB I formlos (auch) bei der **amtlichen Vertretung der BRD** im Ausland gestellt werden, die den Antrag unverzüglich weiterzuleiten hat. Ein solcher Antrag gilt als zu dem Zeitpunkt gestellt, in dem er bei der amtlichen Vertretung der BRD eingegangen ist. Amtliche Vertretungen im Ausland sind Botschaften, Konsulate, Gesandtschaften und Handelsvertretungen der BRD.

59

---

[47] BVerwG v. 05.06.1997 - 5 C 4/96 - BVerwGE 105, 44 ff.
[48] A.A *Bieback* in: Grube/Wahrendorf, SGB XII, 4. Aufl. 2012, § 24 Rn. 36.
[49] Landessozialgericht Baden-Württemberg v. 16.10.2013 - L 2 SO 3798/12; SG Düsseldorf v. 15.11.2011 - S 42 SO 182/10; Bayerisches LSG v. 19.11.2009 - L 8 SO 86/09 FEVS 61, 541.
[50] Im Ergebnis ebenso: Landessozialgericht Baden-Württemberg v. 16.10.2013 - L 2 SO 3798/12; SG Düsseldorf v. 15.11.2011 - S 42 SO 182/10; Bayerisches LSG v. 19.11.2009 - L 8 SO 86/09 - FEVS 61, 541.

60 Der Anspruch setzt zwar einen Antrag des Leistungsberechtigten voraus, dies bedeutet aber nicht, dass der Sozialhilfeträger bis dahin untätig bleiben darf, wenn er die existenzielle Notlage erkennt. Er hat dann darauf hinzuwirken, dass der Hilfebedürftige bei den zuständigen Behörden des Aufenthaltsstaates (wenn von diesem Sozialleistungen zu erwarten sind) einen Leistungsantrag oder bei dem zuständigen Sozialhilfeträger bzw. einer mit ihm zusammenarbeitenden Dienststelle im Ausland einen Antrag nach § 24 SGB XII stellt, und entsprechend zu beraten (§ 14 SGB I, §§ 8, 10 Abs. 2 SGB XII). Kommt er seiner **Beratungspflicht** nicht nach und stellt der Leistungsberechtigte deshalb zunächst keinen Antrag, kommt ein sozialrechtlicher **Herstellungsanspruch** in Frage (vgl. dazu die Kommentierung zu § 10 SGB XII Rn. 69 ff.). Der Leistungsberechtigte ist dann gegebenenfalls so zu stellen, wie er stehen würde, wäre der Antrag schon bei Eintritt der außergewöhnlichen Notlage gestellt worden. Ob rückwirkend Leistungen zu erbringen sind, hängt dann allerdings davon ab, ob nach Sinn und Zweck des § 24 SGB XII noch ein Bedarf für die Vergangenheit erbracht werden kann, der der Abwendung der existenziellen Notlage dient. Insoweit kann auf die Rechtsprechung des BSG zu rückwirkenden Leistungen bei Anwendung des § 44 Abs. 4 SGB X zurückgegriffen werden.[51]

61 Beratungsfehler oder gar eine Spontanberatungspflicht des zuständigen deutschen Sozialhilfeträgers sind i.d.R. kaum denkbar. Hier ist eher an ein Fehlverhalten einer deutschen Dienststelle im Ausland (Botschaft, Konsulat) zu denken. Einen Beratungsfehler einer deutschen Dienststelle im Ausland muss sich der zuständige Sozialhilfeträger zurechnen lassen. Dies beruht auf der Verpflichtung der **Zusammenarbeit** zwischen dem zuständigen Sozialhilfeträger und den deutschen Dienststellen im Ausland (§ 24 Abs. 6 SGB XII) im Sinne eines arbeitsteiligen Zusammenwirkens.[52]

5. Zuständigkeit (Absätze 4 und 5)

62 Sachlich zuständig ist der **überörtliche Träger** der Sozialhilfe (vgl. § 97 Abs. 1 SGB XII), ohne dass es einer gesonderten landesrechtlichen Regelung (§ 97 Abs. 2 Satz 1 SGB XII) bedarf. Wer überörtliche Träger der Sozialhilfe ist, wird gemäß § 3 Abs. 3 SGB XII nach Landesrecht bestimmt. Hinsichtlich der örtlichen Zuständigkeit stellt § 24 Abs. 4 Satz 2 SGB XII auf den **Geburtsort** im Inland ab, bei einer Einsatzgemeinschaft auf den Geburtsort der ältesten Person dieser Einsatzgemeinschaft im Inland (§ 24 Abs. 5 Satz 1 SGB XII). Liegt der Geburtsort im Ausland oder ist er unbekannt, bestimmt das Bundesverwaltungsamt als Schiedsstelle (vgl. § 108 Abs. 2 SGB XII) den örtlich zuständigen Leistungsträger. Die einmal begründete Zuständigkeit für mehrere Personen bleibt bestehen, solange eine der Personen der Sozialhilfe bedarf.

6. Zusammenarbeit (Absatz 6)

63 Nach § 24 Abs. 6 SGB XII arbeiten der Sozialhilfeträger und die deutschen Dienststellen im Ausland (Botschaften, Konsulate) zusammen. Die Zusammenarbeit ist keine bloße Amtshilfe i.S.v. § 3 SGB X, vielmehr eine Arbeitsteilung i.S. einer Wahrnehmung der Aufgaben des Sozialhilfeträgers. Die Zusammenarbeit erstreckt sich deshalb nicht nur auf die Entgegennahme des Antrags und der Abwicklung der (Geld-)Leistungen, sondern insbesondere auch auf die für § 24 Abs. 2 SGB XII erforderlichen Feststellungen und die hierzu gegebenenfalls erforderlichen Ermittlungen. Die deutschen Dienststellen im Ausland haben aber nicht die Befugnis, eine Entscheidung über den Antrag zu treffen. Die Entscheidungsbefugnis wird von dem Begriff der „Zusammenarbeit" nicht umfasst.

C. Praxishinweise

64 Entscheidungen des zuständigen überörtlichen Trägers der Sozialhilfe (auch Widerspruchsbescheide) sind (nur) bekannt zu geben (§ 37 Abs. 1 SGB X, § 85 Abs. 3 Satz 1 SGG). Die **Bekanntgabe im Ausland** kann, soweit keine zwischenstaatlichen Regelungen existieren, durch einfachen Brief erfolgen. Für den Beginn der Rechtsbehelfsfrist ist der tatsächliche Zugang maßgebend. Die Zugangsfiktion (§ 37 Abs. 2 Satz 1 SGB X) gilt – soweit keine elektronische Übermittlung erfolgt (vgl. § 37 Abs. 2 Satz 2 SGB X) – nicht („im Inland").[53] Die Behörde kann auch die förmliche Zustellung wählen. Dann

---

[51] BSG v. 29.09.2009 - B 8 SO 16/08 R - BSGE 104, 213 ff. = SozR 4-1300 § 44 Nr. 20.
[52] BSG v. 24.07.1985 - 10 RKg 18/84 - BSGE 58, 283, 284 = SozR 1200 § 14 Nr. 20; BSG v. 26.11.1985 - 12 RK 41/84 - BSGE 59, 190, 191 = SozR 5750 Art 2 § 51a Nr. 63.
[53] Dazu *Engelmann* in: von Wulffen, SGB X, 8. Aufl. 2014, § 37 Rn. 11.

erfolgt die Zustellung nach § 9 VwZG sowohl für den Ausgangs[54]- als auch den Widerspruchsbescheid (§ 85 Abs. 3 Satz 2 SGG).

In einem Klageverfahren empfiehlt es sich, eine kombinierte Anfechtungs- und Leistungsklage nach den §§ 54 Abs. 1 und 4, 56 SGG zu erheben, obwohl Ermessensleistungen betroffen sind. Liegt eine außergewöhnliche Notlage vor, dürfte das Ermessen regelmäßig auf Null reduziert sein (vgl. Rn. 44). Dem Hilfesuchenden wird durch ein Bescheidungsurteil auch nicht geholfen. Angesichts der existenziellen Betroffenheit müssen ohnehin in erster Linie (gegebenenfalls schon vor einer Entscheidung durch den Sozialhilfeträger) Anträge auf Erlass einer einstweiligen Anordnung gestellt werden mit dem Ziel, die Leistung vorläufig (letztlich aber unter Vorwegnahme der Hauptsache) nach § 86b Abs. 2 SGG zu erbringen.

---

[54] BSG v. 26.10.1989 - 12 RK 21/89 - SozR 1500 § 84 Nr. 6.

§ 25 SGB XII Erstattung von Aufwendungen Anderer

(Fassung vom 27.12.2003, gültig ab 01.01.2005)

¹Hat jemand in einem Eilfall einem Anderen Leistungen erbracht, die bei rechtzeitigem Einsetzen von Sozialhilfe nicht zu erbringen gewesen wären, sind ihm die Aufwendungen in gebotenem Umfang zu erstatten, wenn er sie nicht auf Grund rechtlicher oder sittlicher Pflicht selbst zu tragen hat. ²Dies gilt nur, wenn die Erstattung innerhalb angemessener Frist beim zuständigen Träger der Sozialhilfe beantragt wird.

Gliederung

A. Basisinformation 1	a. Zuständiger Sozialhilfeträger 35
I. Textgeschichte/Gesetzgebungsmaterialien 1	b. Hypothetische Leistungspflicht 36
II. Vorgängervorschriften 2	4. Keine Leistungstragungspflicht des Nothelfers 42
III. Parallelvorschriften 4	
IV. Systematische Zusammenhänge 6	a. Bestehen einer rechtlichen Pflicht 42
V. Ausgewählte Literaturhinweise 10	b. Bestehen einer sittlichen Pflicht 46
B. Auslegung der Norm 11	5. Antrag in angemessener Frist 48
I. Regelungsgehalt und Bedeutung der Norm 11	a. Antrag an den zuständigen Träger 48
II. Normzweck 13	b. Form und Frist 52
III. Die Regelungen im Einzelnen 15	IV. Rechtsfolge 57
1. Leistungserbringung durch einen Dritten 15	1. Anspruchshöhe 57
a. Anspruchsberechtigter Personenkreis 15	2. Verzinsung 61
b. Anforderungen an die erbrachte Leistung 18	V. Verfahrensfragen 64
2. Vorliegen eines Eilfalls 20	1. Beweislast 64
a. Bedarfsbezogenes Moment 20	2. Verjährung 67
b. Sozialhilferechtliches Moment 24	**C. Praxishinweise** 68
3. Hypothetische Leistungsverpflichtung des Sozialhilfeträgers 34	I. Kostenprivilegierung des Nothelfers 68
	II. Anwendbarkeit des § 44 SGB X 69

A. Basisinformation

I. Textgeschichte/Gesetzgebungsmaterialien

1   Die Vorschrift wurde durch das Gesetz zur Einordnung des Sozialhilferechts in das Sozialgesetzbuch vom 23.12.2003¹ als Teil des neu geschaffenen SGB XII mit Wirkung vom 01.01.2005 eingeführt. Sie hat seit ihrer Einführung keine Änderungen im Wortlaut erfahren.

II. Vorgängervorschriften

2   Der Vorschrift liegt der Gedanke zu Grunde, dass den berechtigten Interessen derjenigen Personen, die in dringenden Notfällen die erforderliche Hilfe leisten, Rechnung getragen werden soll.² Bereits das BSHG enthielt bei seiner Einführung im Jahr 1962³ eine entsprechende Regelung in § 121 BSHG. Mit dieser Norm wurden die bislang in den Ausführungsvorschriften der Länder befindlichen Bestimmungen bundeseinheitlich geregelt.⁴

3   Mit Einführung des SGB XII hat der Gesetzgeber den Wortlaut gegenüber der Vorgängerregelung geringfügig modifiziert. So wurde die „Gewährung von Hilfe" durch „Erbringen von Leistungen" ersetzt. Daneben wurde die tatbestandliche Voraussetzung, dass der Träger der Sozialhilfe bei rechtzeitiger Kenntnis Hilfe nach dem BSHG gewährt haben würde, durch die Formulierung ersetzt, dass bei rechtzeitigem Einsetzen von Sozialhilfe die Leistungen nicht zu erbringen gewesen wären. Die Veränderungen sind allerdings rein sprachlicher Natur, ohne dass mit ihnen eine inhaltliche Änderung erfolgen

---

[1] BGBl I 2003, 3022.
[2] BT-Drs. III/1799, S. 61 (zu § 114 BSHG).
[3] BGBl I 1961, 815, 836.
[4] BT-Drs. III/1799, S. 61 (zu § 114 BSHG).

sollte.[5] Satz 2 wurde aus Klarstellungsgründen um den Zusatz ergänzt, wonach der erforderliche Antrag beim zuständigen Träger der Sozialhilfe zu stellen ist.[6]

III. Parallelvorschriften

Eine vergleichbare Regelung findet sich im SGB II für die Grundsicherung für Arbeitsuchende nicht. Dies eröffnet die Möglichkeit, in besonderen Fallkonstellationen § 25 SGB XII auch bei **Leistungsberechtigten nach dem SGB II** zur Anwendung gelangen zu lassen. Denn zwar war es das gesetzgeberische Ziel, Schnittstellen zwischen dem SGB II und dem SGB XII zu vermeiden,[7] was er mit den Regelungen in § 5 Abs. 2 SGB II und § 21 SGB XII zum Ausdruck gebracht hat. Mit diesen Konkurrenzregeln ist allerdings nur ein Exklusivitätsverhältnis für die Hilfen zum Lebensunterhalt geschaffen worden.[8] Dagegen schließen § 5 Abs. 2 SGB II, § 21 SGB XII erwerbsfähige Hilfebedürftige ausdrücklich nicht von den Leistungen nach dem Fünften bis Neunten Kapitel des SGB XII aus. Praktisch relevant wird dies insbesondere bei erwerbsfähigen Hilfebedürftigen, die in Notsituationen eine Krankenbehandlung in Anspruch nehmen, aber – etwa auf Grund eines fehlenden Antrags auf Leistungen nach dem SGB II – nicht krankenversichert sind. Ihnen kann ein Anspruch auf Krankenbehandlung nach den §§ 48, 52 SGB XII zustehen, so dass dem Nothelfer über § 25 SGB XII seine Aufwendungen zu erstatten sind.[9]

In Rechtsprechung[10] und Literatur[11] wurde lange Zeit außerdem eine entsprechende Anwendung des § 25 SGB XII auf **Leistungsberechtigte nach dem AsylbLG** für möglich gehalten. Das BSG hat dieser Auffassung jedoch jüngst eine Absage erteilt. Der 7. Senat[12] begründet das Fehlen einer Regelungslücke überzeugend mit den strukturellen Unterschieden im Sozialhilferecht einerseits und dem Asylbewerberleistungsrecht andererseits: Der das Sozialhilferecht bestimmende Kenntnisgrundsatz lässt die Leistungen nach dem SGB XII erst dann einsetzen, wenn der Sozialhilfeträger Kenntnis von der Bedarfssituation erlangt hat. § 25 SGB XII füllt daher eine Bedarfslücke, die bis zur Kenntniserlangung des Sozialhilfeträgers entstehen kann (sog. sozialhilferechtlicher Notfall). Da das Asylbewerberleistungsrecht eine Kenntnis von einem Bedarfsfall aber gerade nicht voraussetzt, kann es einen solchen Notfall dort nicht geben. Der Gesetzgeber ging bei Schaffung des AsylbLG davon aus, dass der Asylantrag den Beginn der Leistungen nach diesem Gesetz markiert. Auch wenn inzwischen auch anderen Personengruppen, die niemals ein Asylverfahren durchlaufen haben, Leistungen nach dem AsylbLG offen stehen, so ändert dies nichts daran, dass der Gesetzgeber eine Anpassung an das BSHG bzw. SGB XII nicht vorgenommen hat und damit offenbar weiterhin einen entsprechenden Bedarf an einer § 25 SGB XII vergleichbaren Regelung bewusst verneint hat.

IV. Systematische Zusammenhänge

Bei dem Anspruch des Nothelfers handelt es sich um eine spezielle **sozialhilferechtliche Form der Geschäftsführung ohne Auftrag** (GoA).[13] Er ist allerdings den zivilrechtlichen Regelungen der GoA (§§ 677 ff. BGB) nur nachgebildet, so dass ein unmittelbarer oder entsprechender Rückgriff auf diese Vorschriften grundsätzlich nicht in Betracht kommt. Sofern das BSG ausführt, ein Rückgriff auf die Regelungen der GoA sei ausgeschlossen „abgesehen davon, ob es sich überhaupt um ein objektiv fremdes Geschäft handele",[14] so ist diese Formulierung missverständlich. Das SGB XII behandelt die Not-

---

[5] BT-Ds. 15/1514, S. 58.
[6] BT-Drs. 15/1761, S. 6.
[7] BT-Drs. 15/1514, S. 57 (zu § 21).
[8] A.A. *Neumann* in: Hauck/Noftz, SGB XII, § 25 Rn. 5, Stand: 03/2012, der § 25 SGB XII auch auf Leistungen zur Sicherung des Lebensunterhalts für anwendbar hält.
[9] Vgl. hierzu BSG v. 19.05.2009 - B 8 SO 4/08 R - SozR 4-3500 § 25 Nr. 1; ebenso *Bieback* in: Grube/Wahrendorf, SGB XII, § 25 Rn. 5; *Coseriu* in: Kreikebohm/Spellbrink/Waltermann, Sozialrecht, 3. Aufl. 2013, § 25 Rn. 2; a.A. *Schoch* in: LPK-SGB XII, § 25 Rn. 4, der eine entsprechende Anwendung vollständig ausschließt.
[10] Vgl. nur SG Hildesheim v. 23.10.2012 - S 42 AY 127/08; LSG Hamburg v. 21.06.2012 - L 4 AY 4/11 - juris; LSG NRW v. 12.12.2011 - L 20 AY 4/11 - juris; LSG Berlin-Brandenburg v. 20.03.2007 - L 23 B 27/06 AY PKH - SAR 2007, 93.
[11] *Bieback* in: Grube/Wahrendorf, SGB XII, § 25 Rn. 4; *Neumann* in: Hauck/Noftz, SGB XII, § 25 Rn. 4, Stand: 03/2012; *Schoch* in: LPK-SGB XII, § 25 Rn. 4.
[12] BSG v. 30.10.2013 - B 7 AY 2/12 R - juris.
[13] BVerwG v. 27.01.1971 - V C 74,70 - BVerwGE 37, 133, 134; BSG v. 11.06.2008 - B 8 SO 45/07 B - SozR 4-1500 § 183 Nr. 7.
[14] BSG v. 23.08.2013 - B 8 SO 19/12 R - juris Rn. 21.

hilfe-Fälle lediglich wie ein objektiv fremdes Geschäft, tatsächlich handelt es sich aber um ein eigenes Geschäft des Nothelfers. Denn der Sozialhilfeträger ist nicht zur Erbringung der Leistung, insbesondere der Krankenhausbehandlung, verpflichtet, sondern nur zur Kostenerstattung (vgl. § 267 Abs. 7 Satz 1 SGB V). Die Voraussetzungen eines Kostenerstattungsanspruchs des Nothelfers gegenüber dem Sozialhilfeträger werden daher durch § 25 SGB XII abschließend geregelt. Die öffentlich-rechtlichen Regeln schließen insoweit einen Rückgriff auf das Zivilrecht aus.[15]

7 Aus diesem Grunde ist es unerheblich, ob ein Krankenhaus, das in einem Eilfall einen nicht krankenversicherten Patienten behandelt, davon ausgeht, ein eigenes Geschäft zu führen, weil es seine Verpflichtung aus § 109 Abs. 4 SGB V i.V.m. mit den jeweiligen Vorschriften im Sicherstellungsvertrag des Landes erfüllen will. Denn der Tatbestand des § 25 SGB XII setzt nach seinem eindeutigen Wortlaut nicht voraus, dass der Nothelfer davon ausgehen muss, ein fremdes Geschäft zu führen. Die irrtümliche Eigengeschäftsführung (sog. **unechte Geschäftsführung ohne Auftrag**) schließt daher – anders als im Privatrecht, § 687 Abs. 1 BGB – bei einem objektiv fremden Geschäft einen Anspruch nach § 25 SG XII nicht aus.[16]

8 Ein Rückgriff auf das Rechtsinstitut der GoA scheidet selbst dann aus, wenn der Hilfebedürftige anspruchsberechtigt nach dem **AsylbLG** ist. § 25 SGB XII findet im Asylbewerberleistungsrecht weder direkt noch analog Anwendung (vgl. dazu Rn. 5). Hat der Gesetzgeber aber eine solche Regelung für entbehrlich gehalten, darf diese Entscheidung nicht über einen Rückgriff auf das Rechtsinstitut ausgehöhlt werden. Dies würde einen unzulässigen Eingriff in das umfassend geregelte Kompetenz- und Zuständigkeitsgefüge des AsylbLG bedeuten.[17]

9 § 25 SGB XII regelt die Ansprüche des Nothelfers abschließend, ein Rückgriff auf das staatshaftungsrechtliche Institut des **enteignenden Eingriffs** scheidet aus. Selbst die durch den Nothelfer zu tragende Beweislast hinsichtlich der Hilfebedürftigkeit und die daraus resultierenden Nachteile rechtfertigen einen Anspruch aus enteignendem Eingriff nicht.[18]

V. Ausgewählte Literaturhinweise

10 *Coseriu*, Zahlungsansprüche des Maßnahme- gegen den Sozialhilfeträger, Sozialrecht aktuell 2012, 99 ff.; *Flachsbarth*, Krankenhausvergütung bei mittellosen Patienten, PKR 2012, 2 ff.; *Heinz*, Der Erstattungsanspruch des Krankenhausträgers nach Erbringung medizinischer Behandlung in Eilfällen – zu den Anforderungen an aussichtsreiche Anträge auf Kostenerstattung, ZfSH/SGB 2011, 314 ff.; *Leber*, Der sozialhilferechtliche Notfall, KH 2010, 343 ff.; *Schwarz*, Erstattung von Behandlungskosten nach der Eilfallregelung des § 25 SGB XII, KH 2009, 1022 ff.

10.1 *Makoski*, Kostenerstattung für eine stationäre Krankenhausbehandlung für Personen, die dem AsylbLG unterfallen, jurisPR-MedizinR 4/2014, Anm. 2.

B. Auslegung der Norm

I. Regelungsgehalt und Bedeutung der Norm

11 § 25 SGB XII gewährt in Fällen, in denen der an sich für die Leistung zuständige Sozialhilfeträger nicht oder nicht schnell genug über den Leistungsfall in Kenntnis gesetzt werden kann, einem Dritten einen Anspruch auf Ersatz der angemessenen Aufwendungen, die ihm dadurch entstehen, dass er die Leistungen erbringt, für die bei rechtzeitiger Kenntnis der Sozialhilfeträger die Kosten zu tragen hätte. Der in der Regel private Dritte erfüllt damit ausnahmsweise (auch) eine **öffentliche Aufgabe**.[19]

12 Größter praktischer **Anwendungsbereich** ist die Erbringung von Krankenbehandlungen durch Krankenhäuser in Notsituationen an Hilfebedürftige, die nicht krankenversichert sind. Durch Änderungen im Recht der gesetzlichen Krankenversicherung hat sich allerdings die Zahl der Fälle, in denen der Anspruch nach § 25 SGB XII zum Tragen kommt, deutlich verringert: Zum einen besteht seit Inkrafttreten der Absätze 2 bis 7 des § 264 SGB V[20] zum 01.01.2004 eine Leistungspflicht der Krankenkassen für Krankenbehandlungen von Personen, die Leistungen nach dem Dritten bis Neunten Kapitels des

---

[15] BSG v. 23.08.2013 - B 8 SO 19/12 R - juris Rn. 21 m.w.N.
[16] BSG v. 23.08.2013 - B 8 SO 19/12 R - juris Rn. 21.
[17] BSG v. 30.10.2013 - B 7 AY 2/12 R - juris Rn. 25.
[18] BGH v. 10.02.2005 - III ZR 330/04 - NJW 2005, 1363.
[19] BSG v. 12.12.2013 - B 8 SO 13/12 R - juris Rn. 19.
[20] Vgl. Art. 1 Nr. 152 des Gesetzes zur Modernisierung der gesetzlichen Krankenversicherung (GMG) v. 14.11.2003, BGBl I 2003, 2190, 2230.

SGB XII, laufende Leistungen nach § 2 AsylbLG oder Krankenhilfeleistungen nach dem SGB VIII erhalten. Zudem sichert die zum 01.04.2007 eingeführte Auffangversicherung des § 5 Abs. 1 Nr. 13 SGB V[21] den Krankenversicherungsschutz von Personen, die keinen anderweitigen Anspruch auf Absicherung im Krankheitsfall haben, sofern sie zuletzt gesetzlich krankenversichert waren oder bisher nicht gesetzlich oder privat krankenversichert waren. Durch diese gesetzlichen Neuregelungen hat sich die Zahl der Personen, die ohne Krankenversicherungsschutz sind, erheblich reduziert. Auf Grund ihrer nunmehr geringen Bedeutung wird die Vorschrift mitunter als „zahnloser Tiger" und „sozialrechtliches Rudiment" bezeichnet.[22] Gleichwohl besteht nach wie vor ein Anwendungsbereich, der sich allerdings vor allem auf solche Personen beschränkt, die trotz Hilfebedürftigkeit einen Antrag auf Leistungen der Sozialhilfe oder der Grundsicherung für Arbeitsuchende (vgl. dazu Rn. 4) noch nicht gestellt haben.

II. Normzweck

Mit der Schaffung des § 25 SGB XII bzw. seiner Vorgängervorschrift § 121 BSHG verfolgte der Gesetzgeber die Intention, die Hilfsbereitschaft Dritter im Interesse in Not geratener Menschen zu erhalten und zu stärken und Hilfe auch in Fällen sicherzustellen, in denen Leistungen des Sozialhilfeträgers zu spät kämen oder wegen Zeitablaufs ins Leere gingen.[23] **13**

Die Norm dient damit einem ähnlichen Zweck wie die Regelung des **§ 19 Abs. 6 SGB XII**, der die berechtigten Interessen von Einrichtungen und Pflegepersonen schützt, die im Vertrauen auf das Eingreifen der Sozialhilfe Leistungen an den Hilfebedürftigen erbringen, obwohl eine Entscheidung des Sozialhilfeträgers noch aussteht (vgl. die Kommentierung zu § 19 SGB XII Rn. 55). **14**

III. Die Regelungen im Einzelnen

1. Leistungserbringung durch einen Dritten

a. Anspruchsberechtigter Personenkreis

Die gesetzliche Regelung sieht vor, dass „jemand" einem anderen eine Leistung erbringt, die an sich in den Aufgabenbereich des Sozialhilfeträgers gefallen wäre. Aus dieser Konstruktion ergibt sich, dass Nothelfer grundsätzlich **jeder Dritte** sein kann, der vom Sozialhilfeträger und dem Hilfebedürftigen personenverschieden ist. In Betracht kommen sowohl natürliche als auch juristische Personen des Privat- oder des öffentlichen Rechts.[24] **15**

Der **Hilfebedürftige** selbst besitzt keinen Nothilfeanspruch. Etwaig aus einer Nothilfe resultierende Schulden des Nothilfeempfängers gegenüber dem Nothelfer kann der Hilfebedürftige daher nicht mit Erfolg gegenüber dem Sozialhilfeträger geltend machen. Eine Kostentragung durch den Sozialhilfeträger kann vielmehr allein dadurch erreicht werden, dass der Nothelfer selbst gegen den Sozialhilfeträger seinen Anspruch aus § 25 SGB XII realisiert.[25] **16**

Ausgeschlossen sind darüber hinaus **Sozialhilfeträger** – unabhängig von der örtlichen Zuständigkeit – sowie **andere Sozialleistungsträger**. Deren Ansprüche hatte der Gesetzgeber offensichtlich bei der Schaffung der Norm nicht im Sinn, weil deren Einsatzbereitschaft nicht erst durch eine in Aussicht gestellte finanzielle Kompensation gefördert werden muss, sondern ihr Tätigwerden bereits auf einer gesetzlichen Verpflichtung beruht. Sie sind hinsichtlich ihrer Erstattungsansprüche gegenüber dem zuständigen Sozialhilfeträger daher auf die §§ 106 ff. SGB XII bzw. die §§ 102 ff. SGB X zu verweisen.[26] **17**

b. Anforderungen an die erbrachte Leistung

Bei der erbrachten Leistung muss es sich um eine solche handeln, für die der Sozialhilfeträger bei rechtzeitiger Kenntnis die Kosten zu tragen gehabt hätte. Ein objektiv fremdes Geschäft des Dritten ist daher, anders als bei der zivilrechtlichen GoA, nicht erforderlich.[27] **18**

---

[21] Vgl. Art. 1 Nr. 2 lit. a sublit. cc des Gesetzes zur Stärkung des Wettbewerbs in der gesetzlichen Krankenversicherung v. 26.03.2007, BGBl I 2007, 378.
[22] *Rein*, ZfSH/SGB 2012, 592, 594.
[23] BT-Drs. III/1799, S. 61 (zu § 114 BSHG); ebenso BSG v. 23.08.2013 - B 8 SO 19/12 R - juris Rn. 19; BSG v. 19.05.2009 - B 8 SO 4/08 R - SozR 4-3500 § 25 Nr. 1 Rn. 14; BVerwG v. 14.06.2001 - 5 C 21/00 - BVerwGE 114, 326, 332; BVerwG v. 03.12.1992 - 5 C 32/89 - BVerwGE 91, 245, 248.
[24] Vgl. dazu *Heinz*, ZfSH/SGB 2011, 314.
[25] BVerwG v. 03.12.1992 - 5 C 32/89 - BVerwGE 91, 245.
[26] So auch *Neumann* in: Hauck/Noftz, SGB XII, § 25 Rn. 8, Stand 3/2012.
[27] Missverständlich insoweit BSG v. 23.08.2013 - B 8 SO 19/12 R - juris Rn. 21.

19 Erforderlich ist darüber hinaus eine **aktive Leistungserbringung** im Sinne eines zielgerichteten Handelns durch den Nothelfer. Daran fehlt es etwa, wenn ein Pharmaunternehmen lediglich Arzneimittel bereitstellt, die durch einen Arzt ohne vorherige Rücksprache in einer Notsituation an einen Hilfebedürftigen verabreicht werden. In einer solchen Konstellation kommt lediglich der Arzt als anspruchsberechtigter Nothelfer in Betracht.[28]

2. Vorliegen eines Eilfalls

a. Bedarfsbezogenes Moment

20 Der Anspruch des Nothelfers setzt weiter das Vorliegen eines Eilfalls voraus. Ein solcher ist bei Zusammentreffen eines bedarfsbezogenen mit einem sozialhilferechtlichen Moment zu bejahen.[29]

21 Das **bedarfsbezogene Moment** beschreibt den Umstand, dass ein beim Nothilfeempfänger bestehender Bedarf nach dem Dritten bis Neunten Kapitel des SGB XII unabwendbar ist und unmittelbar durch den Nothelfer gedeckt werden muss. Es erfordert die Notwendigkeit eines sofortigen Eingreifens durch den Nothelfer und dauert fort, solange der Einsatz des Nothelfers erforderlich und alternativlos ist. Dass der Betroffene nicht unmittelbar nach einem Unfall, sondern erst einige Tage später ärztliche Hilfe in Anspruch nimmt, steht der Annahme eines Eilfalls nicht entgegen, solange der Nothelfer bei objektiver Betrachtung des Sachverhalts berechtigt davon ausgehen durfte, dass ein sofortiges Eingreifen erforderlich war.[30]

22 Die Notwendigkeit sofortiger Hilfe betrifft insbesondere **medizinische Notfälle**, ohne allerdings auf diese beschränkt zu sein. Eine Eilbedürftigkeit wurde beispielsweise angenommen

- bei Vorliegen lebensbedrohlicher Infektionen auf Grund von vorausgegangenen Säureverätzungen,[31]
- bei Zustand nach einem Herzinfarkt[32] oder Schlaganfall[33],
- bei einer unmittelbar bevorstehenden Geburt,[34]
- bei Vorliegen einer Infektion, die bei nicht unmittelbarer Behandlung zum Verlust einer Gliedmaße geführt hätte,[35]
- bei Verdacht auf eine akute Blinddarmentzündung,[36]
- bei einem Zustand nach Heroinintoxikation,[37]
- bei einer Knochenfraktur,[38]
- wenn eine Person im betrunkenen Zustand hilflos aufgefunden wird.[39]

23 Ist eine medizinische Behandlung oder ein sonstiges Tätigwerden demgegenüber nicht sofort erforderlich, weil sie bzw. es noch Aufschub duldet, ohne dass dem Hilfebedürftigen bei nicht unmittelbarer Behandlung gesundheitliche Nachteile drohen würden, ist das Vorliegen eines Eilfalls zu verneinen. Dies ist etwa anzunehmen

- bei Operationen, deren sofortige Durchführung nicht indiziert ist,[40]
- bei der Durchführung von Rehabilitationsmaßnahmen,[41]
- bei der Übernahme von Bestattungskosten,[42]
- bei der Bestellung eines Badewannenlifts vor Einschaltung des Sozialhilfeträgers,[43]
- bei der Durchführung einer zahnprothetischen Behandlung.[44]

---

[28] SG Marburg v. 11.02.2010 - S 9 SO 23/08.
[29] BSG v. 23.08.2013 - B 8 SO 19/12 R - juris Rn. 17 ff.
[30] LSG Hamburg v. 26.10.2011 - L 5 SO 50/10 - juris Rn. 25.
[31] BSG v. 23.08.2013 - B 8 SO 19/12 R - juris.
[32] LSG Niedersachsen-Bremen v. 26.11.2009 - L 8 SO 172/07 - juris; LSG Berlin-Brandenburg v. 29.11.2007 - L 23 SO 119/06 - FEVS 59, 475.
[33] BSG v. 12.12.2013 - B 8 SO 13/12 R - juris.
[34] SG Düsseldorf v. 23.10.2012 - S 42 AY 127/08 - juris.
[35] LSG Nordrhein-Westfalen v. 18.04.2011 - L 20 SO 78/10 - KHE 2011/145.
[36] LSG Nordrhein-Westfalen v. 14.11.2007 - L 12 SO 14/07 - juris.
[37] SG Aachen v. 24.01.2006 - S 20 SO 107/05 - EuG 2007, 138.
[38] OVG Lüneburg v. 11.06.2003 - 4 LB 583/02 - SAR 2003, 106.
[39] BVerwG v. 03.12.1992 - 5 C 32/89 - BVerwGE 91, 245.
[40] SG Düsseldorf v. 15.12.2009 - S 42(24) SO 27/06 - SAR 2010, 26.
[41] VG Meiningen v. 13.07.2006 - 8 K 289/03.Me - juris.
[42] VG Münster v. 10.01.2006 - 5 K 1004/04 - juris.
[43] Bayrischer VGH v. 25.11.2003 - 12 ZB 02.3143 - juris.
[44] VGH Baden-Württemberg v. 09.07.1997 - 6 S 3239/96 - juris.

b. Sozialhilferechtliches Moment

Das **sozialhilferechtliche Moment** trägt dem Umstand Rechnung, dass ein Anspruch des Nothelfers nur solange bestehen kann, wie der Sozialhilfeträger keine Kenntnis vom Leistungsfall hatte. Die mangelnde Kenntnis lässt sich dem Wortlaut der Norm nicht unmittelbar entnehmen. Die Formulierung „bei rechtzeitigem Einsetzen von Sozialhilfe" verweist allerdings auf die Regelung des § 18 SGB XII, wonach die Sozialhilfe einsetzt, sobald dem Träger das Vorliegen der Leistungsvoraussetzungen bekannt wird. Die Unkenntnis wird daher tatbestandlich von § 25 Satz 1 SGB XII vorausgesetzt.[45]

Zwischen dem Anspruch des Nothelfers und dem des Hilfebedürftigen besteht somit ein **Exklusivitätsverhältnis**: Sobald der Sozialhilfeträger Kenntnis von der Hilfebedürftigkeit hat, setzt nach § 18 SGB XII der Anspruch des Hilfebedürftigen ein, der dann einen Anspruch des Nothelfers ausschließt. Die Kenntnis bildet somit die **Zäsur** für die unterschiedlichen Ansprüche.[46] Dies gilt auch, wenn ein Antrag bei einem unzuständigen Sozialleistungsträger gestellt wurde; § 16 SGB I gilt hier entsprechend.[47] Nach diesen Grundsätzen ist für einen Anspruch nach § 25 SGB XII kein Raum, wenn der Sozialhilfeträger den Anspruch verneint und ein Dritter die Leistung erbringt.[48] Auch, wenn der Nothilfeempfänger die Sozialhilfeleistungen ablehnt, endet der Anspruch des Nothelfers mit der Kenntnis des Sozialhilfeträgers. Einen weitergehenden Anspruch hat der Gesetzgeber ausdrücklich nicht gewollt.[49]

Der Anspruch des Nothelfers besteht demnach nur dann, wenn eine **rechtzeitige Leistung** des Sozialhilfeträgers **objektiv nicht zu erlangen** ist. Erforderlich ist daher ein Eilfall in dem Sinne, dass die Notsituation keine Zeit zur Unterrichtung des zuständigen Sozialhilfeträgers und dessen Entschließung zur Hilfegewährung lässt.[50]

Unproblematisch liegt diese Voraussetzung vor, wenn der Sozialhilfeträger wegen **fehlender Dienstbereitschaft** nicht erreichbar ist, also am Wochenende, an Feiertagen, in den Abend-/Nachtstunden oder generell außerhalb der Öffnungszeiten. Ist der Sozialhilfeträger zu Beginn einer längeren stationären Behandlung nicht erreichbar, so ist er umgehend nach wiedereingetretener Dienstbereitschaft zu unterrichten.

Die Voraussetzung kann aber auch dann vorliegen, wenn der Träger zwar erreichbar ist und unterrichtet werden könnte, aber die Umstände des Einzelfalls seine Einschaltung aus Sicht des Nothelfers nicht nahelegen, weil nach dem Kenntnisstand des Nothelfers die Leistungspflicht eines Dritten (typischerweise einer Krankenkasse) besteht.[51] Den Nothelfer trifft grundsätzlich die **Obliegenheit**, den Sozialhilfeträger informieren, sobald ihm Umstände bekannt werden, die für eine Leistungspflicht des Sozialhilfeträgers sprechen, wenn ihm dies zumutbar und möglich ist.

Unterlässt der Nothelfer im Falle der medizinischen Hilfeleistung die erforderliche Aufklärung des Versicherungsstatus, so lässt bereits dieser Umstand das Vorliegen eines Eilfalls entfallen. Der **Umfang der Prüfobliegenheit** ergibt sich dabei aus den Prüfpflichten des Nothelfers, also in der Regel des Krankenhauses, im Verhältnis zur Krankenkasse. Erfüllt er diese Verpflichtungen und stellt sich später heraus, dass der Hilfebedürftige gleichwohl nicht krankenversichert war, so kann der Nothelfer dem Sozialhilfeträger entgegenhalten, es hätten keine Hinweise auf das Fehlen einer Mitgliedschaft bestanden. In der Regel wird das Krankenhaus diese Obliegenheiten erfüllen, wenn es sich vom Hilfebedürftigen eine gültige Versichertenkarte nebst Lichtbildausweis, der ihn als Inhaber der Karte ausweist, vorlegen lässt.[52]

Dies gilt allerdings nur so lange, wie **keine gegenteiligen Hinweise** vorliegen. Erklärt daher die vom Hilfebedürftigen benannte Krankenkasse, der Versichertenstatus sei noch ungeklärt, so ergibt sich aus der nunmehr entstandenen Unsicherheit eine Obliegenheit des Krankenhauses zur Unterrichtung des Sozialhilfeträgers.[53]

---

[45] BSG v. 12.12.2013 - B 8 SO 13/12 R - juris Rn. 17.
[46] BSG v. 12.12.2013 - B 8 SO 13/12 R - juris Rn. 17; BSG v. 23.08.2013 - B 8 SO 19/12 R - juris Rn. 18.
[47] BSG v. 13.02.2014 - B 8 SO 58/13 B - juris.
[48] LSG Nordrhein-Westfalen v. 13.09.2007 - L 9 SO 8/06 - juris Rn. 18.
[49] Vgl. BT-Drs. 13/3904, S. 22 und 48 und dazu BSG v. 30.10.2013 - B 7 AY 2/12 R - juris Rn. 47.
[50] BVerwG v. 30.10.1979 - 5 C 31/78 - BVerwGE 59, 73, 75; BVerwG v. 31.05.2001 - 5 C 20/00 - BVerwGE 114, 298, 300.
[51] BSG v. 23.08.2013 - B 8 SO 19/12 R - juris Rn. 20.
[52] BSG v. 23.08.2013 - B 8 SO 19/12 R - SozR 4 Rn. 22 ff.
[53] Offen gelassen insoweit BSG v. 23.08.2013 - B 8 SO 19/12 R - juris Rn. 25.

31 Irrt sich der Nothelfer in Bezug auf seine Obliegenheit, den Sozialhilfeträger zu informieren, so geht diese **Fehleinschätzung** grundsätzlich zu seinen Lasten. So hat der Bayrische VGH eine Kostentragungspflicht durch den Sozialhilfeträger für einen Hilfebedürftigen verneint, der sich zu Beginn eines stationären Aufenthaltes in einer psychiatrischen Klinik in Abschiebehaft befand, die allerdings noch während des Aufenthaltes endete. Die Einrichtung ging davon aus, dass die JVA auch für die weiteren Kosten einstehen würde und unterließ es daher, den Sozialhilfeträger zu informieren.[54] Das Gericht hatte allerdings damals noch eine analoge Anwendbarkeit des § 121 BSHG auf Leistungsberechtigte nach dem AsylbLG angenommen, die das BSG (für die Nachfolgevorschrift des § 25 SGB XII) inzwischen verneint hat (vgl. dazu Rn. 5).

32 Auch ein Irrtum des Nothelfers über die **wirtschaftliche Leistungsfähigkeit** des Hilfebedürftigen lässt einen Eilfall entfallen. Die Angabe des Hilfebedürftigen, er werde die Kosten für eine Krankenhausbehandlung selbst tragen, reicht selbst dann nicht aus, wenn er eine entsprechende vertragliche Vereinbarung unterzeichnet.[55] Auch die Einzahlung eines Kostenvorschusses und der Nachweis eines Diplomatenstatus befreien den Nothelfer von der Obliegenheit, die Zahlungsfähigkeit des Patienten zu prüfen.[56] Auf eine Unvorhersehbarkeit des Hilfebedarfs kann sich der Nothelfer daher grundsätzlich nicht berufen. Durch dieses enge Verständnis der Norm soll vermieden werden, dass der Sozialhilfeträger gleichsam zum Ausfallbürgen wird, der immer dann in Anspruch genommen werden kann, wenn sich eine Forderung gegenüber dem Hilfebedürftigen als nicht realisierbar herausstellt.[57]

33 Allerdings setzt § 25 SGB XII – anders als die zivilrechtlichen Vorschriften über die GoA – **keinen Fremdgeschäftsführungswillen** voraus (vgl. dazu bereits Rn. 7). Es ist demnach für den Anspruch unschädlich, wenn das behandelnde Krankenhaus davon ausgeht, eine eigene Verpflichtung aus § 109 Abs. 4 SGB V in Verbindung mit dem jeweiligen Sicherstellungsvertrag zu erfüllen, weil es irrtümlich eine Krankenversicherung des Hilfebedürftigen unterstellt, die tatsächlich nicht besteht.[58]

3. Hypothetische Leistungsverpflichtung des Sozialhilfeträgers

34 Ein Anspruch des Nothelfers gegenüber dem Sozialhilfeträger besteht nur dann, wenn der Träger bei rechtzeitiger Kenntnis von der Sachlage zur Erbringung von Sozialhilfeleistungen gegenüber dem Hilfebedürftigen verpflichtet gewesen wäre. Erforderlich ist daher eine hypothetische Betrachtung aus Sicht des für den konkreten Fall zuständigen Sozialhilfeträgers, also desjenigen Trägers, der bei rechtzeitiger Kenntnis sachlich und örtlich zuständig gewesen wäre.[59]

a. Zuständiger Sozialhilfeträger

35 Bei der Bestimmung der Zuständigkeit kann vor allem die **örtliche Zuständigkeit** Probleme bereiten, wenn der Hilfebedürftige Nothilfe an einem Ort benötigt, der von seinem gewöhnlichen Aufenthalt abweicht und der in den örtlichen Zuständigkeitsbereich eines anderen Sozialhilfeträgers fällt,[60] oder wenn der Hilfebedürftige zum Zwecke der Nothilfe in den Zuständigkeitsbereich eines anderen Sozialhilfeträgers verbracht wird[61]. § 25 SGB XII begründet jedoch keine eigene Zuständigkeit für die Fälle der Nothilfe, sondern knüpft an die Voraussetzungen einer gesetzlichen Zuständigkeit an, so dass § 98 SGB XII auch hier zur Anwendung kommt. Dabei ist für stationäre Behandlungen bei unklarem gewöhnlichem Aufenthalt insbesondere § 98 Abs. 2 Satz 3 SGB XII zu beachten, der für einen Eilfall den nach § 98 Abs. 1 SGB XII zu bestimmenden Träger für zuständig erklärt.

b. Hypothetische Leistungspflicht

36 Da die Vorschrift eine hypothetische Leistungspflicht des Sozialhilfeträgers voraussetzt, muss der Hilfebedürftige im Zeitpunkt der Nothilfe alle Anspruchsvoraussetzungen für die konkrete Sozialhilfeleistung, die zu erbringen gewesen wäre, erfüllen. Zu prüfen sind daher insbesondere die **Eigentums- und Vermögenssituation** des Hilfebedürftigen, aber auch **Leistungsausschlüsse** (z.B. §§ 22 Abs. 1 Satz 1 und 23 Abs. 3 Satz 1 SGB XII).

---

[54] Bayrischer VGH v. 27.04.2006 - 12 BV 04.3020 - KHuR 2006, 126.
[55] BSG v. 12.12.2013 - B 8 SO 13/12 R.
[56] BVerwG v. 31.05.2001 - 5 C 20/00 - BVerwGE 114, 298.
[57] So bereits BVerwG v. 28.03.1974 - V C 27.73 - BVerwGE 45, 131, 133.
[58] BSG v. 23.08.2013 - B 8 SO 19/12 R - juris Rn. 21.
[59] BVerwG v. 14.06.2001 - 5 C 21/00 - BVerwGE 114, 326.
[60] Vgl. dazu BVerwG v. 25.11.2004 - 5 C 67/03 - BVerwGE 122, 260.
[61] Vgl. dazu BVerwG v. 14.06.2001 - 5 C 21/00 - BVerwGE 114, 326.

Wegen des Grundsatzes des **Nachrangs der Sozialhilfe** (§ 2 SGB XII) dürfen auch keine vorrangigen Leistungspflichten Dritter, insbesondere anderer Sozialleistungsträger, bestehen. Allerdings stellt sich hier das Problem, dass der Nachranggrundsatz nur dann greift, wenn diese Leistungen tatsächlich auch erbracht werden, ein durchsetzbarer Anspruch des Hilfebedürftigen allein reicht nicht aus (vgl. die Kommentierung zu § 2 SGB XII Rn. 13). Dementsprechend hat das BSG einen Nothilfeanspruch ausgeschlossen, wenn der Hilfebedürftige Mitglied einer gesetzlichen Krankenversicherung ist, weil dann durch die Maßnahme des Nothelfers (Krankenhaus) die vorrangige Krankenversicherungsleistung als Sachleistung bereits erbracht worden wäre.[62] Auf einen privat krankenversicherten Hilfebedürftigen lässt sich diese Argumentation allerdings nicht übertragen, weil in einem solchen Fall kein Sachleistungsverschaffungsanspruch nach § 27 SGB V, sondern nur ein Kostenerstattungsanspruch besteht und es daher zunächst an einer tatsächlichen Leistungserbringung fehlt.

37

Hat es der Hilfebedürftige **ausdrücklich abgelehnt**, Leistungen der Sozialhilfe in Anspruch zu nehmen, so scheidet auch ein Anspruch des Nothelfers aus, weil Sozialhilfe nicht aufgezwungen werden darf.[63] In diesem Fall ist der Nothelfer auf seine zivilrechtlichen Ansprüche gegenüber dem Hilfebedürftigen beschränkt, auch wenn diese nicht oder nur schwer realisierbar sind. Etwas anderes soll allerdings dann gelten, wenn der Nothilfeempfänger im Anschluss an den Eilfall selbst Leistungen der Sozialhilfe in Anspruch nimmt und keinen plausiblen Grund dafür nennen kann, warum er Leistungen für den Nothilfezeitraum ablehnt.[64]

38

Leistungen, die bei rechtzeitigem Einsetzen von Sozialhilfe zu erbringen gewesen wären, können alle **Leistungen im Sinne des § 8 SGB XII** sein, wobei den Leistungen der Krankenhilfe zahlenmäßig das größte Gewicht zukommt. Ist eine Leistung der Sozialhilfe gesetzlich als Ermessensleistung ausgestaltet und wird eine solche Leistung durch den Nothelfer erbracht, so reduziert allein dieser Umstand das Ermessen, welches durch den Sozialhilfeträger auszuüben gewesen wäre, nicht auf Null. Der Sozialhilfeträger hat daher nachträglich im Rahmen des Erstattungsanspruchs zu prüfen, ob er bei rechtzeitiger Kenntnis das Ermessen so ausgeübt hätte, dass er die durch den Nothelfer erbrachte Leistung gewährt hätte.[65] Für den Nothelfer steigt daher bei Ermessensleistungen das Risiko, dass er die Kosten für seine Aufwendungen nicht erstattet erhält.

39

Umstritten ist, ob auch Fälle der sog. **unechten Sozialhilfe** nach § 19 Abs. 5 SGB XII als Leistungen anzusehen sind, die der Sozialhilfeträger bei rechtzeitiger Kenntnis zu erbringen gehabt hätte. Hierunter fallen Fallgestaltungen, in denen der Sozialhilfeträger vorläufig Leistungen erbringt, obwohl dem Hilfebedürftigen die Aufbringung der Mittel aus seinem Einkommen oder Vermögen an sich zuzumuten wäre (vgl. dazu die Kommentierung zu § 19 SGB XII Rn. 35 ff.). Grund dafür ist überwiegend, dass für die Höhe der einzusetzenden Eigenmittel oftmals aufwendige Ermittlungen, die längere Zeit in Anspruch nehmen, erforderlich sind. Für die Vorgängerregelung des § 19 Abs. 5 SGB XII, § 29 Satz 1 BSHG, hatte das BVerwG bereits entschieden, dass es in einem Eilfall für den Erstattungsanspruch des Nothelfers nicht darauf ankommen könne, ob sich bei weiteren Ermittlungen des Sozialhilfeträgers später herausstelle, dass zum Hilfezeitpunkt Hilfebedürftigkeit nicht vorgelegen habe.[66] Da § 19 Abs. 5 SGB XII der Vorgängerregelung des § 29 Satz 1 BSHG zwar nicht wortgleich entspricht, aber nach der Gesetzesbegründung die Regelung inhaltsgleich übertragen werden sollte,[67] wird mitunter vertreten, diese Rechtsprechung auch weiterhin auf § 25 SGB XII anzuwenden.[68] Dafür spricht, dass § 25 SGB XII die Hilfsbereitschaft Dritter in Notsituationen fördern soll. Wenn aber in einer solchen Situation die Hilfebedürftigkeit selbst für den Sozialhilfeträger kurzfristig nicht zu ermitteln wäre, so dass er vorläufig Leistungen erbracht hätte, so ist schwer verständlich, warum für den Nothelfer, der über geringere Ermittlungsmöglichkeiten als der Sozialhilfeträger verfügt, ein strengerer Prüfungsmaßstab gelten soll.

40

Steht nach abschließender Prüfung schließlich fest, dass dem Hilfebedürftigen der Einsatz von Einkommen und/oder Vermögen zuzumuten gewesen wäre, so wäre mit der zuvor geschilderten Auffassung eine Kostenerstattung zwischen Hilfebedürftigem und Sozialhilfeträger vorzunehmen. Dies erscheint auf den ersten Blick interessengerecht und plausibel, übersieht jedoch, dass die Gewährung der

41

---

[62] BSG v. 23.08.2013 - B 8 SO 19/12 R - juris Rn. 26.
[63] BSG v. 23.08.2013 - B 8 SO 19/12 R - juris Rn. 27.
[64] Vgl. *Schoch* in: LPK-SGB XII, § 25 Rn. 25.
[65] *Coseriu* in: Kreikebohm/Spellbrink/Waltermann, Sozialrecht, 3. Aufl. 2013, § 25 Rn. 4.
[66] BVerwG v. 17.01.2002 - 5 B 89/01 - FEVS 53, 497.
[67] BT-Drs. 15/1514, S. 57 (zu § 19 Abs. 4).
[68] So auch *Neumann* in: Hauck/Noftz, SGB XII, § 25 Rn. 18, Stand 03/2012.

unechten Sozialhilfe immer das Einverständnis des Hilfebedürftigen voraussetzt (vgl. dazu etwa die Kommentierung zu § 19 SGB XII Rn. 38). Ein solches kann aber nicht bereits in der Inanspruchnahme der Nothilfeleistung gesehen werden, so dass es bereits an einer tatbestandlichen Voraussetzung für die Leistungsgewährung nach § 19 Abs. 5 SGB XII fehlt. Lehnt der Hilfebedürftige zudem nachträglich die Gewährung von Sozialhilfe ab, so besteht auch für den Nothelfer kein Anspruch nach § 25 SGB XII. In einem solchen Fall verbliebe dann das Risiko, die bereits an den Nothelfer erbrachten Leistungen von diesem zurückzuerhalten, beim Sozialhilfeträger. Eine solche Risikoverteilung entspricht jedoch nicht dem gesetzgeberischen Willen, der eine Kostentragungspflicht des Sozialhilfeträgers nur bei Vorliegen aller Anspruchsvoraussetzungen mit Ausnahme der Kenntnis begründen wollte. Die Fälle der unechten Sozialhilfe nach § 19 Abs. 5 SGB XII sind daher nicht geeignet, den Anwendungsbereich des § 25 SGB XII zu erweitern.[69]

4. Keine Leistungstragungspflicht des Nothelfers

a. Bestehen einer rechtlichen Pflicht

42 Aufwendungsersatz erhält der Nothelfer nur dann, wenn ihn selbst weder eine rechtliche noch eine sittliche Verpflichtung trifft, die entstandenen Kosten selbst zu tragen. Bei dieser Tatbestandsvoraussetzung handelt es sich um eine spezielle Ausprägung des Nachranggrundsatzes (§ 2 Abs. 1 SGB XII).

43 Eine **rechtliche Pflicht** zur Kostentragung kann sich aus Gesetz oder Vertrag ergeben. Als gesetzliche Verpflichtung kommen vor allem Unterhaltspflichten nach den §§ 1601 ff. BGB in Betracht. So erhält eine Mutter, die bei einem Auslandsaufenthalt die Krankenbehandlungskosten ihres Kindes übernommen hat, (ungeachtet der übrigen tatbestandlichen Voraussetzungen) auch deshalb keinen Kostenersatz als Nothelferin, weil sie als Unterhaltsverpflichtete zur Tragung der Aufwendungen verpflichtet war.[70] Über § 20 SGB XII werden Partner einer ehe- oder lebenspartnerschaftsähnlichen Gemeinschaft den (unterhaltspflichtigen) Ehegatten gleichgestellt.

44 Eine durch den Nothelfer begangene unerlaubte Handlung, die in eine Schadensersatzpflicht (vgl. **§ 823 BGB**) mündet, steht als rechtliche Pflicht ebenfalls einem Anspruch nach § 25 SGB XII entgegen. Demgegenüber erfüllen weder die in **§ 323c StGB** strafrechtlich bewährte allgemeine Hilfeleistungspflicht noch die berufs- und zulassungsrechtlichen Verpflichtungen eines Arztes das Tatbestandsmerkmal einer rechtlichen Pflicht im Sinne des § 25 SGB XII, weil sie nur zur Hilfeleistung, nicht aber zur Kostentragung verpflichtet.

45 Als **vertragliche Verpflichtungen** kommen insbesondere Abreden über Hilfeleistungen als Gegenleistung für gewährte Vorleistungen in Betracht. Der VGH Baden-Württemberg hat eine rechtliche Pflicht allerdings für den Fall verneint, in dem der Hilfegewährende auf Grund der Notlage des Hilfebedürftigen daran gehindert war, sich von einem anfechtbaren Vertrag zu lösen.[71] Nicht ausreichend ist auch der Abschluss eines Behandlungsvertrages zwischen Krankenhaus und Patient, weil dieser allein zur Behandlung, nicht aber zur Tragung der hierfür entstehenden Kosten verpflichtet.[72]

b. Bestehen einer sittlichen Pflicht

46 Der Begriff der **sittlichen Pflicht** zur Erbringung von Zuwendungen an einen anderen findet sich nicht nur im Sozialrecht (vgl. etwa § 11a SGB II, § 194 Abs. 3 Nr. 8 SGB III in der bis zum 31.12.2004 geltenden Fassung, § 84 SGB XII), sondern auch in zivilrechtlichen Vorschriften etwa über die Pflicht- und Anstandsschenkung (§ 534 BGB) und im Bereicherungsrecht (§ 814 BGB, Kenntnis von der Nichtschuld). Das BSG hat daher unter dem Gesichtspunkt der Einheit der Rechtsordnung zur Bestimmung des Begriffs der sittlichen Pflicht auch auf zivilrechtliche Entscheidungen zurückgegriffen. Es kam zu dem Ergebnis, dass eine sittliche Verpflichtung nur dann bejaht werden kann, wenn innerhalb der Beziehung des Zuwendenden zum Zuwendungsempfänger selbst besondere Umstände gegeben sind, die die Zuwendung oder Unterstützung als zwingend geboten erscheinen lassen. Allgemeine Gesichtspunkte der Sittlichkeit – etwa was von einem „anständigen" Steuerbürger zu erwarten sei etc. – könnten eine sittliche Verpflichtung zur Unterhaltsleistung dagegen nicht begründen.[73]

---

[69] So im Ergebnis auch *Heinz*, ZfSH/SGB 2011, 314, 315 f., der darauf abstellt, dass es sich bei § 19 Abs. 5 SGB XII um eine Ermessensentscheidung handele, deren Ergebnis nicht vorhersehbar sei.
[70] OVG Nordrhein-Westfalen v. 13.09.1991 - 8 E 1043/91 - FEVS 42, 327.
[71] VGH Baden-Württemberg v. 22.03.1971 - VI 41/69 - FEVS 19, 25.
[72] BVerwG v. 30.10.1979 - 5 C 31/78 - BVerwGE 59, 73.
[73] BSG v. 17.03.2005 - B 7a/7 AL 4/04 R - SozR 4-4300 § 194 Nr. 7.

Eine sittliche Verpflichtung wird vor allem bei nicht **unterhaltsverpflichteten Verwandten** des Hilfebedürftigen angenommen. Bestätigt sich die gesetzliche Vermutung des § 39 SGB XII für die Mitglieder einer Haushaltsgemeinschaft, so ist auch für sie eine sittliche Verpflichtung zur gegenseitigen Hilfeleistung anzunehmen, soweit dies nach ihrem Einkommen und Vermögen erwartet werden kann.[74] Das Bestehen einer sittlichen Pflicht ist von der verwaltungsgerichtlichen Rechtsprechung darüber hinaus grundsätzlich für ein Kloster angenommen worden, in dem ein sog. „Hauskind", das dort als Kind aufgenommen und sein Leben lang nicht sozialversicherungspflichtig und unentgeltlich dort gearbeitet hatte, Heimpflegekosten als Hilfe zum Lebensunterhalt begehrte.[75] Allerdings könne diese sittliche Pflicht entfallen, wenn die Versorgung der Klägerin zu einer unzumutbaren wirtschaftlichen Belastung werde, die nicht erst bei einer Existenzgefährdung erreicht werde. 47

5. Antrag in angemessener Frist

a. Antrag an den zuständigen Träger

Anders als die Sozialhilfeleistungen an den Hilfebedürftigen, die bereits bei Kenntnis des Sozialhilfeträgers von der Notlage zu erbringen sind (vgl. § 18 Abs. 1 SGB XII), setzt der Anspruch des Nothelfers einen Antrag an den zuständigen Sozialhilfeträgers voraus. 48

Auf den Antrag des Nothelfers ist **§ 16 SGB I** entsprechend anwendbar: Danach ist auch die Antragstellung bei einem unzuständigen Leistungsträger für die Wirksamkeit des Antrags unschädlich, weil den unzuständigen Träger eine Pflicht zur Weiterleitung an den zuständigen Träger trifft. Zwar setzt § 16 SGB I einen Antrag auf eine Sozialleistung im Sinne des § 11 SGB I voraus. Als eine solche Sozialleistung im eigentlichen Sinne ist der Anspruch des Nothelfers nicht zu qualifizieren, weil nur solche Leistungen darunter fallen, die ein Leistungsträger des Sozialrechts dem Bürger zur Erfüllung der in den besonderen Teilen des Sozialgesetzbuchs konkretisierten sozialen Rechte erbringt.[76] Bei dem Anspruch nach § 25 SGB XII handelt es sich aber lediglich um einen Aufwendungsersatzanspruch, der gerade nicht mit den Rechten des Hilfebedürftigen korrespondiert: Er ist kein übergegangener Anspruch des Hilfebedürftigen, sondern ein eigener Anspruch des Nothelfers. Der 8. Senat des BSG spricht insoweit von einer „Sozialhilfeleistung im weiten Sinne", die er aber nicht als Sozialleistung im Sinne des § 11 SGB I verstanden wissen will.[77] Gleichwohl ist eine analoge Anwendung des § 16 SGB I gerechtfertigt. § 16 SGB I soll die Schwierigkeiten des Bürgers, angesichts des gegliederten Systems der sozialen Sicherheit den zuständigen Träger zu bestimmen, ausgleichen und verhindern, dass sein Anspruch allein aus diesen formalen Gründen scheitert. Der Nothelfer, der in der Regel über keine detaillierten Kenntnisse hinsichtlich der Zuständigkeiten verfügt, bedarf dieses Schutzes in gleicher Weise.[78] 49

Wird daher der Antrag beim sachlich oder örtlich unzuständigen Sozialhilfeträger oder auch bei einem anderen Sozialleistungsträger[79] gestellt, so ist dieser verpflichtet, den Antrag an den zuständigen Träger weiterzuleiten (§ 16 Abs. 2 Satz 1 SGB I). Der Zeitpunkt der Antragstellung beim unzuständigen Träger ist dann für die Frage der rechtzeitigen Antragstellung maßgeblich, § 16 Abs. 2 Satz 2 SGB I. Dies gilt selbst dann, wenn der unzuständige Träger den Antrag nicht an den zuständigen Träger weiterleitet.[80] Die Formulierung in § 25 SGB XII, wonach der Antrag beim zuständigen Träger der Sozialhilfe zu stellen ist, hat insofern keine Bedeutung für die Rechtzeitigkeit des Antrags. 50

Wer der **zuständige Sozialhilfeträger** ist, bestimmt sich nach den allgemeinen Vorschriften. Anzuwenden sind daher § 97 SGB XII für die sachliche und § 98 SGB XII für die örtliche Zuständigkeit (vgl. zur Zuständigkeit in Zweifelsfällen bereits Rn. 35). 51

---

[74] A.A. *Schoch* in: LPK-SGB XII, § 25 Rn. 21.
[75] BVerwG v. 04.09.1980 - 5 C 55/79 - FEVS 29, 45.
[76] Vgl. hierzu *Mönch-Kalina* in: jurisPK-SGB I, § 11 Rn. 22.
[77] BSG v. 23.08.2013 - B 8 SO 19/12 R - juris Rn. 30; BSG v. 11.06.2008 - B 8 SO 45/07 B - SozR 4-1500 § 183 Nr. 7 Rn. 8 f.
[78] So im Ergebnis auch OVG Nordrhein-Westfalen v. 16.05.2000 - 22 A 1560/97 - ZfSH/SGB 2001, 340; Niedersächsisches OVG v. 13.01.1997 - 12 L 5245/95 - juris; VG Arnsberg v. 23.05.1986 - 5 K 1084/85 - ZfSH/SGB 1987, 255; VG Arnsberg v. 11.04.1986 - 5 K 1284/86, ZfSH/SGB 1986, 614.
[79] Vgl. dazu BSG v. 26.08.2008 - B 8/9b SO 18/07 R - SozR 4-3500 § 18 Nr. 1.
[80] BSG v. 26.08.2008 - B 8/9b SO 18/07 R - SozR 4-3500 § 18 Nr. 1 Rn. 22.

b. Form und Frist

52 Der Antrag ist an **keine besonderen Formerfordernisse** geknüpft. Inhaltlich muss der Antragsteller verdeutlichen, dass er Leistungen als Nothelfer begehrt, sowie die Person und die wesentlichen Umstände der Nothilfe benennen. Den Sozialhilfeträger trifft dann im Rahmen der Amtsermittlung die Verpflichtung, das Vorliegen aller weiteren Tatbestandsvoraussetzungen, insbesondere die Hilfebedürftigkeit der in Not geratenen Person, aufzuklären.

53 Der Antrag ist schließlich **innerhalb angemessener Frist** zu stellen, wobei es hinsichtlich der Rechtzeitigkeit allein auf den Erstantrag ankommt, auch wenn dieser beim unzuständigen Träger gestellt wurde (§ 16 Abs. 2 Satz 2 SGB I). Der Gesetzgeber hat sich zur Bestimmung der Frist eines unbestimmten Rechtsbegriffs bedient, der den jeweiligen Umständen des Einzelfalls Rechnung trägt und gerichtlich voll überprüfbar ist. Eine für alle Fälle geltende, feste Frist war ersichtlich nicht durch den Gesetzgeber gewollt. Sachgerecht ist daher weder eine Orientierung am Begriff der Unverzüglichkeit im Sinne des § 121 BGB noch an der Sechs-Monats-Frist des § 28 Satz 1 SGB X.[81] Bei der Ausfüllung des Begriffs sind vielmehr die Belange und Möglichkeiten der unmittelbar Beteiligten, also des Nothelfers und des Sozialhilfeträgers, zu berücksichtigen: Auf der Seite des Hilfeleistenden ist das gesetzlich anerkannte Interesse an einer Entschädigung für die geleistete Hilfe ebenso in Rechnung zu stellen wie die sich an den Verhältnissen des Einzelfalles ausrichtende Verpflichtung, sorgsam die Interessen desjenigen zu wahren, der für die Kosten der Hilfe erstattungspflichtig sein könnte. Der Träger der Sozialhilfe hat seinerseits ein berechtigtes Interesse daran, alsbald über den Hilfsfall unterrichtet zu werden, um die notwendigen Vorkehrungen treffen zu können.[82]

54 Für die Frage nach der angemessenen Frist ist hingegen nicht der Umstand zu berücksichtigen, dass sich mit fortschreitendem Zeitablauf die Sachverhaltsaufklärung naturgemäß erschwert.[83] Die Möglichkeit, den Sachverhalt nachträglich umfassend aufklären zu können, betrifft nämlich allein die Interessen des Hilfeleistenden, weil er die Beweislast dafür trägt, dass die Voraussetzungen für Leistungen der Sozialhilfe tatsächlich vorlagen (vgl. zur Beweislast die Ausführungen Rn. 64).

55 Entsprechend den **Umständen des Einzelfalls** sind daher in der Rechtsprechung sehr unterschiedliche Zeiträume für angemessen gehalten worden:
- Ein Antrag viereinhalb Monate nach Entlassung aus dem Krankenhaus wurde als noch angemessen angesehen, weil der Antrag nur vier Tage nach der Mitteilung gestellt wurde, dass wegen Sozialhilfebezugs eine Begleichung der Kosten durch den Hilfebedürftigen nicht mehr erfolgen werde.[84]
- Ein Antrag mehr als ein Jahr nach Abschluss der letzten Krankenhausbehandlung wurde als verspätet angesehen.[85]
- Ein Antrag 15 Tage nach Kenntnis des Nothelfers, dass das Sozialamt keine Leistungen für den Hilfebedürftigen erbringt, hat das SG Aachen als in angemessener Frist gestellt angesehen.[86]
- Das LSG Rheinland-Pfalz hat einen Antrag zehn Tage nach Eintritt des Eilfalls als ausreichend angesehen.[87]
- Die vorsorgliche Anmeldung eines Erstattungsanspruchs durch ein Krankenhaus als Nothelfer gegenüber dem Sozialhilfeträger ist grundsätzlich geeignet, dem Erfordernis einer Antragstellung in angemessener Frist gerecht zu werden. Erklärt der Nothelfer allerdings gleichzeitig, er werde seine Kosten vorrangig anderweitig geltend machen und kommt er erst eineinhalb Jahre später auf den Antrag bei dem Sozialhilfeträger zurück, so ist die Frist nicht mehr gewahrt. Anderenfalls wäre nämlich noch nach Jahren eine Geltendmachung des Anspruchs möglich, ohne dass die Umstände des Einzelfalls dies erforderlich machen würden.[88]
- Eine Antragstellung durch ein Krankenhaus mehr als ein Jahr nach Kenntnis vom fehlenden Krankenversicherungsschutz des Hilfebedürftigen ist nicht mehr als angemessen anzusehen.[89]
- Das BSG hat jüngst eine Frist von einem Monat, die regelmäßig mit dem Ende des Eilfalls beginnen soll, aus Gründen der Verwaltungspraktikabilität für angemessen gehalten.[90]

---

[81] BVerwG v. 27.01.1971 - V C 74.70 - BVerwGE 37, 133 ff.
[82] So auch *Bieback* in: Grube/Wahrendorf, SGB XII, § 25 Rn. 34.
[83] BVerwG v. 27.01.1971 - V C 74.70 - BVerwGE 37, 133 ff.
[84] BVerwG v. 27.01.1971 - V C 74.70 - BVerwGE 37, 133 ff.
[85] OVG Berlin v. 25.11.2004 - 6 B 9.02 - FEVS 56, 545 ff.
[86] SG Aachen v. 20.11.2007 - S 20 SO 67/06 - juris.
[87] LSG Rheinland-Pfalz v. 11.12.2007 - L 3 SO 25/06 - juris.
[88] LSG Nordrhein-Westfalen v. 25.02.2008 - L 20 SO 63/07 - FEVS 60, 157 ff.
[89] LSG Baden-Württemberg v. 11.07.2012 - L 2 SO 3706/11 - ZfSH/SGB 2012, 605 ff.
[90] BSG v. 23.08.2013 - B 8 SO 19/12 R - juris Rn. 28.

Der **Beginn der angemessenen Frist** wird in der Rechtsprechung uneinheitlich gehandhabt. Teilweise wird davon ausgegangen, dass die Frist erst mit Kenntnis des Nothelfers von der wahrscheinlichen Sozialhilfebedürftigkeit zu laufen beginnt.[91] Andererseits wird vertreten, dass die Frist nicht erst dann zu laufen beginnen könne, wenn endgültig feststehe, dass Versicherungsschutz nicht gewährt werde. Anderenfalls würde der Sozialhilfeträger endgültig in die gesetzlich nicht bezweckte Rolle des Ausfallbürgen gedrängt.[92] Der 8. Senat des BSG hat in seiner jüngsten Entscheidung allerdings angedeutet, dass die Frist mit Ende des Eilfalles zu laufen beginne, obwohl zu diesem Zeitpunkt noch nicht festgestanden hatte, dass ein Krankenversicherungsschutz nicht bestand. Letztlich hat sich der Senat allerdings nicht abschließend festgelegt, weil er den Rechtsstreit für weitere Ermittlungen an das LSG zurückverwiesen hatte.[93]

56

IV. Rechtsfolge

1. Anspruchshöhe

Der Erstattungsanspruch besteht nicht in Höhe der tatsächlichen Aufwendungen, sondern lediglich „**in gebotenem Umfang**". Auch hierbei handelt es sich um einen gerichtlich voll überprüfbaren unbestimmten Rechtsbegriff. Maßstab sind insoweit die Kosten, die der zuständige Sozialhilfeträger bei rechtzeitiger Kenntnis hätte aufwenden müssen.[94] Es kann daher zu einer Deckungslücke beim Nothelfer kommen.

57

Nimmt der Hilfebedürftige etwa Wahlleistungen wie Chefarztbehandlung oder Einzelzimmer bei einer Krankenhausbehandlung in Anspruch, so sind die hierfür entstehenden Mehrkosten vom Sozialhilfeträger nicht zu erstatten. Der Nothelfer muss sich allerdings nicht entgegenhalten lassen, dass die an sich erstattungsfähige Nothilfeleistung – beispielsweise auf Grund vertraglicher Vereinbarung mit dem Sozialhilfeträger – durch einen Dritten preisgünstiger hätte erbracht werden können, wenn die Hilfeleistung keinen Aufschub duldete.

58

Da es sich bei dem Anspruch des Nothelfers nach § 25 SGB XII um einen Aufwendungsersatzanspruch handelt, wird die Höhe des Erstattungsbetrags nicht nur durch deren gebotenen Umfang begrenzt, sondern auch durch die Höhe der **tatsächlich aufgewandten Kosten**. Der Nothelfer kann sich also zur Erhöhung seines Anspruchs nicht darauf berufen, dass der Sozialhilfeträger einen höheren Betrag bei rechtzeitiger Kenntnis hätte einsetzen müssen, wenn tatsächlich nur geringere Aufwendungen angefallen sind.

59

Werden Hilfen zur Gesundheit nach dem fünften Kapitel des SGB XII – der praktisch wichtigste Fall der Nothilfe – erbracht, so richten sich die Ansprüche des Nothelfers wegen § 52 SGB XII grundsätzlich nach dem SGB V. Für **Krankenhausbehandlungen** bedeutet dies, dass grundsätzlich die für die Behandlung vereinbarten **Fallpauschalen** erstattungsfähig sind, die das Krankenhaus nach § 109 Abs. 4 Satz 3 SGB V i.V.m. § 7 KHEntgG, § 17b KHG und der jeweils gültigen Fallpauschalenvereinbarung von der Krankenkasse verlangen könnte. Ist nur ein Teil der Behandlung als Nothilfeleistung erstattungsfähig, so ist die Aufteilung der erstattungsfähigen Kosten in Abhängigkeit von der tatsächlich für die Fallpauschale in Anspruch genommene Zahl der Krankenhaustage – **pro rata temporis** – vorzunehmen.[95]

60

2. Verzinsung

Der Anspruch des Nothelfers gegen den Sozialhilfeträger ist nicht zu verzinsen. **§ 44 SGB I** findet keine Anwendung, weil es sich beim Anspruch des Nothelfers nach § 25 SGB XII nicht um eine Geldleistung im Sinne § 11 Satz 1 SGB I handelt, die dem Einzelnen nach den Vorschriften des SGB zur Verwirklichung seiner sozialen Rechte gewährt wird.[96]

61

---

[91] Vgl. z.B. SG Aachen v. 20.11.2007 - S 20 SO 67/06 - juris, und daran anschließend *Bieback* in: Grube/Wahrendorf, SGB XII, § 25 Rn. 35.

[92] OVG Nordrhein-Westfalen v. 11.03.2005 - 12 A 4031/03 - juris.

[93] BSG v. 23.08.2013 - B 8 SO 19/12 R - juris Rn. 28.

[94] BSG v. 23.08.2013 - B 8 SO 19/12 R - juris Rn. 29.

[95] BSG v. 23.08.2013 - B 8 SO 19/12 R - juris Rn. 29 im Anschluss an BSG v. 19.09.2007 - B 1 KR 39/06 R - SozR 4-2500 § 19 Nr. 4; a.A. noch LSG Nordrhein-Westfalen v. 12.12.2011 - L 20 AY 4/11 - juris; LSG Nordrhein-Westfalen v. 28.01.2013 - L 20 SO 554/11 - juris sowie *Leber*, KH 2010, 343, 344.

[96] BSG v. 23.08.2013 - B 8 SO 19/12 R - juris Rn. 30; a.A. ohne weitere Begründung noch LSG Niedersachsen-Bremen v. 26.11.2009 - L 8 SO 172/07 - juris Rn. 27.

62 Das BSG begründet eine Ablehnung des Zinsanspruchs außerdem mit dem Sinn und Zweck des § 44 SGB I: Der Gesetzgeber habe mit der Regelung nur dem Umstand Rechnung tragen wollen, dass soziale Geldleistungen in der Regel die Lebensgrundlage des Hilfebedürftigen bildeten und bei verspäteter Zahlung nicht selten Kreditaufnahmen, die Auflösung von Ersparnissen oder die Einschränkung der Lebensführung notwendig machten.[97] Eine vergleichbare Lage bestehe für den Nothelfer aber typischerweise nicht, so dass weder eine analoge Anwendung des § 44 SGB I noch der §§ 284, 285, 288 oder 291 BGB in Betracht komme.[98]

63 Dies schließt jedoch nicht aus, im Falle der Verurteilung einer beigeladenen Krankenversicherung dem als Nothelfer eingetretenen Krankenhaus **Prozesszinsen** nach § 69 Satz 4 SGB V i.V.m. §§ 291, 288 Abs. 1 Satz 2 BGB zuzusprechen.[99]

V. Verfahrensfragen

1. Beweislast

64 Der Nothelfer trägt die materielle Beweislast dafür, dass ein Eilfall vorgelegen hat und dass der Sozialhilfeträger bei rechtzeitiger Kenntnis Hilfe gewährt haben würde.[100] Im Falle einer Krankenhausbehandlung schließt das ein, dass der Patient im Zeitpunkt der Aufnahme in das Krankenhaus und bis zum Ende des Eilfalls hilfebedürftig gewesen ist. Verfassungsrechtliche Bedenken hinsichtlich der Beweislastverteilung bestehen – insbesondere im Hinblick auf den Gleichheitsgrundsatz des Art. 3 Abs. 1 GG – nicht, weil die Pflicht zur Gewährung von Nothilfe grundsätzlich jedermann trifft.[101]

65 Diese Beweislastverteilung wird insbesondere in Fällen kritisiert, in denen der Patient nach der Krankenhausbehandlung nicht mehr auffindbar ist, etwa weil er keinen festen Wohnsitz hat. Dem Krankenhaus stehen – anders als dem Sozialhilfeträger – auch nur begrenzte Ermittlungsmöglichkeiten hinsichtlich der Einkommens- und Vermögensverhältnisse des Hilfebedürftigen zu, so dass die Risikoverteilung oftmals als ungerecht empfunden wird.[102] Sind die Anspruchsvoraussetzungen nicht nachweisbar, so verbleibt für das Krankenhaus nur der Patient als Schuldner, der oftmals nicht leistungsfähig sein wird, anderweitige Ansprüche bestehen nicht. So hat der BGH auch für einen solchen Fall einen staatshaftungsrechtlichen Anspruch des Krankenhauses aus enteignendem Eingriff abgelehnt.[103]

66 Trotz dieser Beweislastverteilung ist der Träger der Sozialhilfe im Rahmen seiner **Amtsermittlung** verpflichtet, das Vorliegen der anspruchsbegründenden Tatsachen aufzuklären. Die Unaufklärbarkeit geht jedoch zu Lasten des Nothelfers, weil § 25 SGB XII insofern keine Beweislastumkehr anordnet. Es verbleibt daher grundsätzlich bei dem Prinzip, dass derjenige, der einen Anspruch geltend macht, dessen Voraussetzungen beweisen muss.[104] Eine ungenügende Aufklärung der Umstände kann jedoch im Rahmen der Beweiswürdigung Berücksichtigung finden.[105]

2. Verjährung

67 Nach der Rechtsprechung des OVG Berlin unterliegt der Anspruch des Nothelfers der **vierjährigen Verjährung** des § 45 Abs. 1 SGB I.[106] Allerdings erscheint fraglich, ob angesichts der notwendigen Antragstellung innerhalb angemessener Frist überhaupt noch Raum für Fallgestaltungen verbleibt, in denen eine Verjährung zum Tragen kommen kann.

---

[97] BT-Drs. 7/868, S. 30 (zu § 44).
[98] BSG v. 23.08.2013 - B 8 SO 19/12 R - juris Rn. 30.
[99] LSG Nordrhein-Westfalen v. 18.04.2011 - L 20 SO 78/10 - KHE 2011/145.
[100] BVerwG v. 28.03.1974 - V C 27.73 - BVerwGE 45, 131 ff.; zuletzt bestätigt durch BSG v. 23.08.2013 - B 8 SO 19/12 R - juris Rn. 24.
[101] LSG Berlin-Brandenburg v. 29.11.2007 - L 23 SO 119/06 - FEVS 59, 475 ff.
[102] Vgl. etwa *Leber*, KH 2010, 343, 345 f.; *Schwarz*, KH 2009, 1022, 1023.
[103] BGH v. 10.02.2005 - III ZR 330/04 - NJW 2005, 1363 f.
[104] BVerwG v. 28.03.1974 - V C 27.73 - BVerwGE 45, 131 ff.
[105] BVerwG v. 30.12.1996 - 5 B 202/95 - juris.
[106] OVG Berlin v. 25.11.2004 - 6 B 9.02 - FEVS 56, 545 ff.

C. Praxishinweise

I. Kostenprivilegierung des Nothelfers

Macht der Nothelfer seinen Anspruch gegenüber dem Sozialhilfeträger gerichtlich geltend, so gehört er zu dem in § 183 Satz 1 SGG genannten Personenkreis der Leistungsempfänger und ist insoweit von der Pflicht zur Zahlung von Gerichtskosten befreit. Denn Leistungsempfänger ist nicht nur, wer Sozialleistungen im Sinne des § 11 SGB I erhält. Ausreichend sind vielmehr auch Sozialleistungen im weiteren Sinne. Unter diesen Begriff fällt auch der Anspruch des Nothelfers, weil er sich als Fortwirkung des ursprünglichen Sozialhilfeanspruchs des Hilfebedürftigen darstellt.[107]

68

II. Anwendbarkeit des § 44 SGB X

Die Rücknahme eines unanfechtbaren Verwaltungsaktes nach § 44 SGB X setzt nach dessen Absatz 1 unter anderem voraus, dass eine Sozialleistung zu Unrecht nicht erbracht worden ist. Da der Anspruch des Nothelfers keine Sozialleistung im Sinne des § 11 SGB I darstellt, sondern nach der Rechtsprechung des BSG lediglich eine Sozialleistung im weiten Sinne, stellt sich die Frage, ob auch der Nothelfer sich auf die Vorschrift des § 44 SGB X berufen kann. Das BSG hat diese Frage jüngst offen gelassen, jedoch angedeutet, dass es dazu neigt, den Aufwendungsersatzanspruch des Nothelfers als **Sozialleistung im Sinne des § 44 SGB X** ausreichen zu lassen.[108] Dies erscheint konsequent, weil der Senat bereits für die verfahrensrechtliche Norm des § 183 SGG den Aufwendungsersatzanspruch des Nothelfers als eine Sozialleistung im weiten Sinne ausreichen ließ (vgl. dazu bereits Rn. 68).

69

---

[107] BSG v. 11.06.2008 - B 8 SO 45/07 B - SozR 4-1500 § 183 Nr. 7 Rn. 7 ff.
[108] BSG v. 12.12.2013 - B 8 SO 13/12 R - juris Rn. 14.

§ 26 SGB XII Einschränkung, Aufrechnung

(Fassung vom 27.12.2003, gültig ab 01.01.2005)

(1) ¹Die Leistung soll bis auf das zum Lebensunterhalt Unerlässliche eingeschränkt werden

1. bei Leistungsberechtigten, die nach Vollendung des 18. Lebensjahres ihr Einkommen oder Vermögen vermindert haben in der Absicht, die Voraussetzungen für die Gewährung oder Erhöhung der Leistung herbeizuführen,
2. bei Leistungsberechtigten, die trotz Belehrung ihr unwirtschaftliches Verhalten fortsetzen.

²So weit wie möglich ist zu verhüten, dass die unterhaltsberechtigten Angehörigen oder andere mit ihnen in Haushaltsgemeinschaft lebende Leistungsberechtigte durch die Einschränkung der Leistung mitbetroffen werden.

(2) ¹Die Leistung kann bis auf das jeweils Unerlässliche mit Ansprüchen des Trägers der Sozialhilfe gegen eine leistungsberechtigte Person aufgerechnet werden, wenn es sich um Ansprüche auf Erstattung zu Unrecht erbrachter Leistungen der Sozialhilfe handelt, die die leistungsberechtigte Person oder ihr Vertreter durch vorsätzlich oder grob fahrlässig unrichtige oder unvollständige Angaben oder durch pflichtwidriges Unterlassen veranlasst hat, oder wenn es sich um Ansprüche auf Kostenersatz nach den §§ 103 und 104 handelt. ²Die Aufrechnungsmöglichkeit wegen eines Anspruchs ist auf drei Jahre beschränkt; ein neuer Anspruch des Trägers der Sozialhilfe auf Erstattung oder auf Kostenersatz kann erneut aufgerechnet werden.

(3) Eine Aufrechnung nach Absatz 2 kann auch erfolgen, wenn Leistungen für einen Bedarf übernommen werden, der durch vorangegangene Leistungen der Sozialhilfe an die leistungsberechtigte Person bereits gedeckt worden war.

(4) Eine Aufrechnung erfolgt nicht, soweit dadurch der Gesundheit dienende Leistungen gefährdet werden.

Gliederung

A. Basisinformationen 1
I. Textgeschichte/Gesetzgebungsmaterialien 1
II. Vorgängervorschrift 2
III. Parallelvorschriften 3
IV. Systematische Zusammenhänge 5
V. Ausgewählte Literaturhinweise 6
B. Auslegung der Norm 7
I. Regelungsgehalt und Bedeutung der Norm 7
II. Normzweck 9
III. Inhalt der Vorschrift 10
1. Einschränkung der Leistung 10

a. Einschränkung nach Absatz 1 Satz 1 Nr. 1 10
b. Die Einschränkung der Leistung nach Absatz 1 Satz 1 Nr. 2 20
c. Rechtsfolge 23
2. Aufrechnung 28
a. Allgemeines 28
b. Anwendung der Vorschriften des BGB 29
c. Voraussetzungen der Aufrechnung nach den Absätzen 2-4 33
d. Aufrechnungsverbot 52
e. Rechtsfolge 53

A. Basisinformationen

I. Textgeschichte/Gesetzgebungsmaterialien

1 Die Vorschrift wurde mit Wirkung vom 01.01.2005 durch das Gesetz zur Einordnung des Sozialhilferechts in das Sozialgesetzbuch vom 27.12.2003[1] eingeführt und gilt seitdem unverändert.

II. Vorgängervorschrift

2 § 26 Abs. 1 Satz 1 SGB XII überträgt weitgehend § 25 Abs. 2 Nr. 1 und 2 BSHG, § 26 Abs. 1 Satz 2 SGB XII entspricht § 25 Abs. 3 BSHG. § 26 Abs. 2 und 3 SGB XII überträgt den früheren § 25a Abs. 1

---

[1] BGBl I 2003, 3022.

und 2 BSHG. § 26 Abs. 4 SGB XII überträgt § 29a BSHG, wobei er nach seinem Wortlaut im Gegensatz zur früheren Regelung nur für Aufrechnungen gilt. Die im § 25 Abs. 1 BSHG geregelte Kürzung der Hilfe zum Lebensunterhalt bei Weigerung, zumutbare Arbeit aufzunehmen oder zumutbaren Maßnahmen im Rahmen von Arbeitsgelegenheiten nachzukommen, ist hingegen nunmehr leicht geändert in § 39a Abs. 1 SGB XII (bis 31.12.2010: § 39 Abs. 1 SGB XII) geregelt. Der bisherige § 25a BSHG wird durch § 26 Abs. 2 Satz 1 SGB XII auf die Aufrechnungsmöglichkeit bei **Kostenersatzpflicht** und **Vertreterhandeln** sowie bei Unterlassen (vgl. hierzu aber Rn. 3) erweitert. Die Frist nach § 26 Abs. 2 Satz 2 HS. 1 SGB XII wurde im Vergleich zur bisherigen Regelung des § 25a Abs. 1 Satz 2 BSHG von zwei auf drei Jahre verlängert.

III. Parallelvorschriften

Eine dem § 26 Abs. 2 SGB XII entsprechende Vorschrift enthält **§ 43 SGB II a.F.** Während § 43 Satz 1 SGB II a.F. die Veranlassung durch vorsätzlich oder grob fahrlässig unrichtige oder unvollständige Angaben des Hilfebedürftigen sanktioniert, ergibt sich aus dem Wortlaut des § 26 Abs. 2 Satz 1 SGB XII eine Erweiterung auf den Tatbestand des pflichtwidrigen Unterlassens. Tatsächlich liegt jedoch keine weitergehende Regelung als in § 43 Satz 1 SGB II a.F. vor. Denn das vorsätzliche oder grob fahrlässige Unterlassen einer für die Leistung maßgeblichen Mitteilung (vgl. § 60 Abs. 1 Nr. 2 SGB I) von Umständen ist dem aktiven Tun gleichzustellen.[2] Zudem sind keine Gründe für eine unterschiedliche Behandlung von Empfängern von Leistungen nach dem SGB XII und SGB II erkennbar. 3

§ 43 SGB II hat durch das Gesetz zur Ermittlung von Regelbedarfen und zur Änderung des Zweiten und Zwölften Buches Sozialgesetzbuch vom 24.03.2011[3] in der Neufassung durch Bekanntmachung vom 13.05.2011[4] mit Wirkung vom 01.04.2011 einen völlig neuen Inhalt und eine gänzlich neue Struktur erhalten. Die Neuregelung nennt nunmehr die konkreten Erstattungsvorschriften, die zur Aufrechnung führen können, und sieht in ihrem Absatz 4 die Erklärung der Aufrechnung (allein) durch Verwaltungsakt vor (vgl. dazu Rn. 43). 4

IV. Systematische Zusammenhänge

§ 26 SGB XII gehört zum Zweiten Abschnitt des Zweiten Kapitels des SGB XII und damit zu den Normen, die den **Anspruch auf Leistungen** regeln. Er ist mithin für alle Leistungen nach dem SGB XII (§ 8 SGB XII) anwendbar. In Bezug auf die Leistungen der Grundsicherung im Alter und bei Erwerbsminderung (§§ 41 ff. SGB XII) ist allerdings **§ 41 Abs. 4 SGB XII** zu beachten, der einen Anspruchsausschluss für Leistungen nach dem Vierten Kapitel für Personen regelt, die in den letzten zehn Jahren die Bedürftigkeit vorsätzlich oder grob fahrlässig herbeigeführt haben, und damit für die Leistungen nach dem Vierten Kapitel als speziellere Vorschrift § 26 Abs. 1 Nr. 1 SGB XII verdrängt.[5] Wenn ein Fall des § 41 Abs. 4 SGB XII vorliegt und der Hilfebedürftige von den Leistungen nach den §§ 41 ff. SGB XII ausgeschlossen ist, kommen für ihn jedoch wiederum die Leistungen nach den §§ 27 ff. SGB XII in Betracht, und diesbezüglich sind dann die Einschränkung nach § 26 Abs. 1 Satz 1 Nr. 1 SGB XII (absichtliche Vermögensminderung) sowie die Aufrechnung nach § 26 Abs. Abs. 2 Satz 1 SGB XII (Erstattung nach § 103 SGB XII) grundsätzlich denkbar (vgl. die Kommentierung zu § 41 SGB XII Rn. 168 ff.). 5

V. Ausgewählte Literaturhinweise

Berlit, Das neue Sanktionensystem, ZfSH/SGB 2005, 707 und 2006, 11; *Luthe*, Sozialhilfe – Vermögenseinsatz – angemessener Bestattungsvorsorgevertrag – Verwertbarkeit – Härte, SGb 2009, 38-40; *Schoch*, Rückforderung und Aufrechnung in der Grundsicherung für Arbeitsuchende (SGB II), der Sozialhilfe (SGB XII) und nach dem Sozialverwaltungsverfahren (SGB X), ZfF 2008, 241-250; *Wehrhahn*, Auf- und Verrechnung durch Verwaltungsakt?, SGb 2007, 467 und ThürVBl 2008, 241. 6

---

[2] *Coseriu/Holzhey* in: Linhart/Adolph, SGB II/SGB XII/AsylbLG, § 43 SGB II Rn. 21, Stand Oktober 2007; *Eicher* in: Eicher/Spellbrink, SGB II, 2. Aufl. 2008, § 43 Rn. 19; *Schütze* in: von Wulffen, SGB X, 7. Aufl. 2010, § 45 Rn. 49 m.w.N.

[3] BGBl I 2011, 453.

[4] BGBl I 2011, 850.

[5] *Schlette* in: Hauck/Noftz, SGB XII, Stand August 2013, § 26 Rn. 6.

B. Auslegung der Norm

I. Regelungsgehalt und Bedeutung der Norm

7 § 26 SGB XII regelt in Absatz 1 die **Einschränkung der Leistung**, in den Absätzen 2-4 die **Aufrechnung**. Die Möglichkeit der Einschränkung in den zwei Fallkonstellationen absichtliches Herbeiführen der Bedürftigkeit sowie unwirtschaftliches Verhalten sollte bereits nach der Vorgängerregelung in § 25 Abs. 2, 3 BSHG den Hilfeempfänger dazu bewegen, sein missbilligtes Verhalten aufzugeben, ihn mithin in seinem Selbsthilfebestreben zu fördern.[6] Daneben ist die Regelung jedoch auch als Sanktionsvorschrift bei vom Gesetzgeber als missbräuchlich angesehener Inanspruchnahme von Sozialhilfeleistungen zu sehen.[7] § 26 Abs. 1 Nr. 1 SGB XII (Einkommens-/Vermögensminderung) dürfte in der Praxis kaum Bedeutung erlangen, da zum einen der Bezug von Sozialhilfeleistungen kaum erstrebenswert ist, wenn man sich anderweitig behelfen kann[8], zum anderen der für eine Anwendung dieser Norm erforderliche Nachweis der Absicht nur selten tatsächlich gelingen dürfte.[9]

8 § 26 Abs. 2-4 SGB XII ist eine **Sonderregelung zur Aufrechnung**. Die Aufrechnung ist allgemein in § 51 SGB I geregelt. Allerdings kommt sie bei Personen, die Leistungen nach dem SGB XII beziehen, nicht zum Tragen, denn nach § 51 Abs. 2 SGB I ist eine Aufrechnung gegen Ansprüche auf laufende Geldleistungen bis zu deren Hälfte möglich, wenn der Leistungsberechtigte nicht nachweist, dass er dadurch hilfebedürftig im Sinne des SGB XII oder SGB II wird. Die Aufrechnungsmöglichkeit (erstmals eingeführt durch das Gesetz zur Umsetzung des FKPG vom 23.06.1993[10] als § 25a BSHG) beruhte auf der Erwägung, dass Überzahlungen, die durch falsche oder unrichtige Angaben des Hilfeempfängers verursacht worden waren und aus denen Erstattungs- oder Schadensersatzansprüche resultieren, ohne eine spezielle Regelung folgenlos blieben, weil eine Aufrechnung nach § 51 Abs. 2 SGB I wegen bestehender Hilfebedürftigkeit ausscheidet. Der Sozialhilfeträger hatte deshalb bis zum Inkrafttreten des § 25a BSHG keine Möglichkeit, bei **Missbrauch der Sozialhilfe** aufzurechnen.[11]

II. Normzweck

9 In Anlehnung an die früheren §§ 25, 25a BSHG regelt § 26 SGB XII die Einschränkung der Leistung und die gegenüber § 51 SGB I verschärfte Aufrechnung. Bei § 26 Abs. 1 SGB XII (Einschränkung) handelt es sich um eine **Sanktionsvorschrift** bei zielgerichteter Verminderung von Einkommen und Vermögen zum Zwecke der Inanspruchnahme von Sozialhilfe (Nr. 1) oder bei unwirtschaftlichem Verhalten (Nr. 2). Damit wird der Grundsatz, dass der Grund für die Hilfebedürftigkeit keine Bedeutung hat, ausnahmsweise durchbrochen.[12] Die Einschränkung nach § 26 Abs. 1 Satz 1 Nr. 1 SGB XII soll jeden Anreiz, Sozialhilfe ohne Not in Anspruch zu nehmen, vermeiden. Sie ist – anders als die Aufrechnung – zeitlich unbeschränkt für die Dauer des Leistungsbezuges vorgesehen. § 26 Abs. 1 Satz 1 Nr. 2 SGB XII soll den Leistungsberechtigten zu einem anderen, nämlich wirtschaftlichen Verhalten bewegen, und hat insoweit auch eine **Erziehungsfunktion**.

III. Inhalt der Vorschrift

1. Einschränkung der Leistung

a. Einschränkung nach Absatz 1 Satz 1 Nr. 1

10 Nach § 26 Abs. 1 Satz 1 Nr. 1 SGB XII soll die Leistung bis auf das zum Lebensunterhalt **Unerlässliche** eingeschränkt werden bei Leistungsberechtigten, die nach Vollendung des 18. Lebensjahres ihr Einkommen oder Vermögen in der Absicht vermindert haben, die Voraussetzungen für die Gewährung der Leistung herbeizuführen.

---

[6] *Schlette* in: Hauck/Noftz SGB XII, Stand August 2013, § 26 Rn. 9.
[7] *Coseriu* in: Kommentar zum Sozialrecht, 3. Aufl. 2013, § 26 Rn. 2.
[8] *Schlette* in: Hauck/Noftz, SGB XII, Stand August 2013, § 26 Rn. 11.
[9] *Coseriu* in: Kommentar zum Sozialrecht, 3. Aufl. 2013, § 26 Rn. 4.
[10] BGBl I 1993, 944.
[11] Vgl. zu § 43 SGB II *Coseriu/Holzhey* in: Linhart/Adolph: SGB II/SGB XII/AsylbLG, Stand Juli 2010, § 43 SGB II Rn. 1.
[12] *Streichsbier* in: Grube/Wahrendorf, SGB XII, 3. Aufl. 2010, § 26 Rn. 1.

Die Vorschrift sanktioniert sowohl ein Verhalten während des laufenden als auch vor Beginn des Leistungsbezugs[13] und ist anwendbar, wenn die Einkommens- bzw. Vermögensminderung durch einen **Volljährigen** vorgenommen wurde. Wesentlich für die Bestimmung des Alters ist der Zeitpunkt der Vornahme der Handlung.[14] Da die Vorschrift Sanktionscharakter hat, ist die Beschränkung auf Volljährige im Hinblick auf die verminderte Einsichtsfähigkeit Minderjähriger, deren ohnehin bestehende Einschränkungen nach dem BGB und den für sie nicht hinnehmbaren zeitlich unbeschränkten Folgen des § 26 Abs. 1 SGB XII folgerichtig[15], zumal die Vorschrift wegen des finalen, vom Gesetzgeber missbilligten Verhaltens einen **Schuldvorwurf** voraussetzt, der bei Minderjährigen nicht greifen kann.

Auch Personen, die nach § 104 BGB zum Zeitpunkt der Handlung **geschäftsunfähig** oder wegen psychischer Erkrankung oder körperlicher, geistiger oder seelischer Behinderung die **notwendige Einsichtsfähigkeit** für ihr Handeln nicht hatten und betreuungsbedürftig i.S.d. § 1896 BGB waren, sind nicht von § 26 Abs. 1 Satz 1 Nr. 1 SGB XII erfasst.[16] Zwar werden hier ausdrücklich nur Leistungsberechtigte nach Vollendung des 18. Lebensjahres benannt, Geschäftsunfähige sowie Betreute bedürfen jedoch eines vergleichbaren Schutzes wie Minderjährige. Deshalb ist die Vorschrift nach ihrem Sinn und Zweck teleologisch auf diesen Personenkreis auszuweiten. Bei fehlender Einsichtsfähigkeit ist im Übrigen ein Schuldvorwurf (vgl. Rn. 11) ausgeschlossen.

Das durch § 26 Abs. 1 Satz 1 Nr. 1 SGB XII sanktionierte Verhalten besteht in einer Minderung des Einkommens/Vermögens, um die Voraussetzungen für die Gewährung oder Erhöhung der Leistung herbeizuführen. Minderung ist jede tatsächliche Reduzierung von **vorhandenem Einkommen/Vermögen**. Das bloße Unterlassen der Erzielung von Einkommen oder Vermögen ist nicht ausreichend.[17]

Die Einkommens- bzw. Vermögensminderung muss durch den Leistungsberechtigten **selbst** vorgenommen worden sein. Handlungen eines **Vertreters** bleiben unberücksichtigt, weil in Absatz 1 – anders als in Absatz 2 – Vertreter nicht mit aufgeführt sind.[18]

Die Einkommens- bzw. Vermögensminderung muss mit **direktem Vorsatz** vorgenommen worden sein.[19] Nur dann kann der Leistungsberechtigte mit ihr die Absicht verfolgt haben, das vom Gesetzgeber missbilligte Ziel zu erreichen, nämlich die Voraussetzungen für die Gewährung der Hilfe herbeizuführen. Der Leistungsberechtigte muss sich mithin über sein Verhalten und die Folgen für die Leistungsvoraussetzungen bewusst gewesen sein. Bloß fahrlässiges Verhalten oder bedingter Vorsatz, also das billigende Inkaufnehmen des Eintritts der Hilfebedürftigkeit, reichen nicht aus. Der Leistungsempfänger muss sich bei der Minderung seines Einkommens/Vermögens maßgeblich davon leiten lassen, hierdurch die Voraussetzungen für staatliche Hilfeleistungen zu schaffen.[20] Werden also in erster Linie mit der Minderung des Vermögens/Einkommens andere Absichten verfolgt, ist § 26 Abs. 1 Satz 1 Nr. 1 SGB XII nicht anwendbar.[21] Wenn **mehrere Absichten** verfolgt werden, ist festzustellen, welche hiervon ausschlaggebend für den Entschluss zum Mindern des Einkommens/Vermögens war. Ist etwa die Herbeiführung der Hilfebedürftigkeit lediglich ein „Zwischenziel", also die Absicht hierauf notwendiger Bestandteil der eigentlichen Absicht für einen anderen „Erfolg", ist dies für eine Anwendung des § 26 Abs. 1 SGB XII nicht ausreichend.

Wenn zum Beispiel das Einkommen oder Vermögen vermindert wurde, weil es Angehörigen zugutekommen soll, verfolgt der Leistungsberechtigte hiermit **altruistische Absichten**, selbst wenn er sich über den Eintritt der Hilfebedürftigkeit durch die Handlung bewusst gewesen ist.[22] Wenn eine Hilfebedürftige von einer Erbschaft, die ihr der Bruder hinterlassen hat, nicht profitieren will, weil ihr Bruder sie in der Kindheit sexuell missbraucht hatte, und sie deshalb an ihre Tochter verschenkt, dann ist diese Schenkung trotz der Tatsache, dass die Hilfeempfängerin hierdurch hilfebedürftig wird und dies auch weiß, nicht in einer nach § 26 Abs. 1 Satz 1 Nr. 1 SGB XII erforderlichen Absicht erfolgt.[23] Gegebenenfalls besteht in derartigen Fällen ein **Anspruch auf Rückgewähr** der Schenkung nach § 528 Abs. 1

---

[13] Schlette in: Hauck/Noftz, SGB XII, Stand August 2013, § 26 Rn. 10.
[14] Schlette in: Hauck/Noftz, SGB XII, Stand August 2013, § 26 Rn. 16.
[15] Coseriu in: Kommentar zum Sozialrecht, 3. Aufl. 2013, § 26 Rn. 2.
[16] Schlette in: Hauck/Noftz, SGB XII, Stand Juni 2010, § 26 Rn. 16.
[17] Hohm in: Schellhorn/Schellhorn/Hohm, SGB XII, 17. Aufl. 2006, § 26 Rn. 10.
[18] Schlette in: Hauck/Noftz, SGB XII, Stand August 2013, § 26 Rn. 16.
[19] BSG v. 18.03.2008 - B 8/9b SO 9/06 R - juris Rn. 23 - BSGE 100, 131-138 = SozR 4-3500 § 90 Nr. 3.
[20] LSG Berlin-Brandenburg v. 10.10.2007 - L 23 B 146/07 SO ER - juris Rn. 22; SAR 2008, 2 ff.
[21] Coseriu in: Kommentar zum Sozialrecht, 3. Aufl. 2013, § 26 Rn. 3.
[22] Coseriu in: Kommentar zum Sozialrecht, 3. Aufl. 2013, § 26 Rn. 3.
[23] LSG Berlin-Brandenburg v. 1010.2007 - L 23 B 146/07 SO ER - juris Rn. 22; SAR 2008, 2 ff.

BGB. Dieser Anspruch führt jedoch nicht zum Wegfall des sozialhilferechtlichen Bedarfs, solange er nicht tatsächlich realisiert ist. Insbesondere kann der Sozialhilfeträger den Leistungsberechtigten nicht auf den Nachrang der Sozialhilfe nach § 2 SGB XII verweisen und damit eine Leistungsgewährung ablehnen, weil es sich bei dieser Norm um einen bloßen Programmsatz handelt, der nicht als Leistungsausschlussnorm zu sehen ist.[24] Ferner fallen Fälle, in denen der Leistungsberechtigte sein Vermögen ausgibt, um sich **Träume/Wünsche** zu erfüllen oder ein luxuriöses Leben zu ermöglichen, nicht unter die Norm. Gegebenenfalls kann dieser Fall jedoch ein Fall des § 26 Abs. 1 Satz 1 Nr. 2 SGB XII sein (vgl. Rn. 21). Zwar kann hierin ein **sozialwidriges Verhalten** gesehen werden, ein solches reicht jedoch nicht für die Absicht i.S.d. § 26 Abs. 1 Satz 1 Nr. 1 SGB XII aus.[25] In den aufgezeigten Fällen kommt allerdings ein Anspruch des Sozialhilfeträgers auf Kostenersatz nach den §§ 103, 104 SGB XII in Betracht mit der Folge, dass gegebenenfalls eine Aufrechnung nach § 26 Abs. 2-4 SGB XII möglich ist (vgl. dazu Rn. 38).

17 In der Praxis ist die Anwendung des § 26 Abs. 1 Nr. 1 SGB XII denkbar in Fällen, in denen der Leistungsberechtigte eine Lebensversicherung abgeschlossen hat und unmittelbar vor oder auch während des Antragsverfahrens auf Leistungen der Grundsicherung einen Verwertungsausschluss vereinbart, um das bereits angesparte Kapital aus der Versicherung nicht für seinen Lebensunterhalt einsetzen zu müssen.[26]

18 Eine **analoge Anwendung** des § 26 Abs. 1 Satz 1 Nr. 1 SGB XII zu Lasten der Hilfeberechtigten auf Fälle, bei denen ihr Verhalten „bloß sozialwidrig" ist, bei denen aber die damit verbundene Absicht der Schaffung der Voraussetzungen der Hilfebedürftigkeit nicht vorliegt, scheidet aus, da dies allein schon wegen des Strafcharakters der Norm **grundsätzlich unzulässig** ist.[27]

19 Der Sozialhilfeträger trägt die **materielle Beweislast** für das Vorliegen der Voraussetzungen des § 26 Abs. 1 Satz 1 Nr. 1 SGB XII. Selbst wenn sich die Tatsache der Einkommens- bzw. Vermögensminderung in der Regel nachweisen lässt, etwa, weil sie sich aus den im Rahmen der Antragstellung vom Hilfebedürftigen vorgelegten Kontoauszügen ergibt, ist die mit der Verminderung verbundene Absicht der damit bezweckten Schaffung der Leistungsvoraussetzungen nur schwer oder gar nicht feststellbar. Deshalb dürfte nur in extremen Ausnahmefällen eine Einschränkung nach dieser Norm erfolgreich sein.

b. Die Einschränkung der Leistung nach Absatz 1 Satz 1 Nr. 2

20 Die Fortsetzung unwirtschaftlichen Verhaltens trotz Belehrung führt nach dieser Norm ebenfalls zur Einschränkung der Leistung auf das Unerlässliche. Auch hier kann das Verhalten vor Beginn oder während des Leistungsbezugs sanktioniert werden[28], wobei in den meisten Fällen eine Belehrung erst aufgrund der Kenntnis des Sozialhilfeträgers vom unwirtschaftlichen Verhalten während des Leistungsbezugs erfolgen dürfte. „**Unwirtschaftliches Verhalten**" ist ein Verhalten, das einer vernünftigen Wirtschaftsweise in Bezug auf den Lebensunterhalt in besonderem Maße widerspricht, so vor allem ein verschwenderischer, sinnloser oder fortgesetzt vorzeitiger Verbrauch der zur Verfügung stehenden Mittel.[29] In Betracht kommen der **vorzeitige Verbrauch** der gewöhnlich für einen Monat bewilligten Leistungen deutlich vor Monatsende ohne das Vorliegen eines nachvollziehbaren Grundes hierfür[30] (ein derartiger Grund könnte etwa eine besondere Bedarfslage durch Verlust/Beschädigung eines unentbehrlichen Gebrauchsgegenstandes sein), zum Beispiel durch Anschaffung von Gegenständen, die nicht zum sozialhilferechtlichen Bedarf gehören oder durch anderweitigen zweckwidrigen Verbrauch, oder auch die **Haltung eines Pkws**, der nicht erforderlich ist, dessen Unterhalts- und Betriebskosten außer Verhältnis zum im Regelsatz enthaltenen Betrag für die Nutzung öffentlicher Verkehrsmittel stehen und dessen Haltung die Deckung des sozialhilferechtlichen Bedarfs gefährdet.[31] Der Pkw gehört zwar gegebenenfalls zum Schonvermögen, dies rechtfertigt jedoch nicht die Annahme, dass dessen Unterhaltung einem wirtschaftlichen Verhalten entsprechen muss. Allerdings hat der Hilfeempfänger grundsätzlich selbst das Recht zu entscheiden, wofür er die ihm bewilligten Leistungen verbraucht.

---

[24] BSG v. 02.02.2010 - B 8 SO 21/08 R - juris Rn. 13 - info also 2010, 138.
[25] *Coseriu* in: Kommentar zum Sozialrecht, 3. Aufl. 2013, § 26 Rn. 3.
[26] BSG v. 25.08.2011 - B 8 SO 19/10 R - juris Rn. 19 - SGb 2011, 571.
[27] *Coseriu* in: Kommentar zum Sozialrecht, 3. Aufl. 2013, § 26 Rn. 3.
[28] *Schlette* in: Hauck/Noftz, SGB XII, Stand August 2013, § 26 Rn. 17.
[29] OVG Niedersachsen v. 29.08.1988 - 4 B 202/88 - FEVS 38, 145.
[30] *Schlette* in: Hauck/Noftz, SGB XII, Stand August 2013, § 26 Rn. 19.
[31] *Conradis* in: LPK-SGB XII, 8. Aufl. 2008, § 26 Rn. 7.

Unwirtschaftliches Verhalten ist insoweit nur dann im Sinne des § 26 Abs. 1 Satz 1 Nr. 2 SGB XII „vorwerfbar", wenn hierdurch eine zusätzliche Bedarfslage gegenüber dem Sozialhilfeträger entsteht.[32] Dabei muss das unwirtschaftliche Verhalten durch den Leistungsberechtigten erfolgen. Wenn ein **Angehöriger, der nicht Hilfeempfänger ist**, sich unwirtschaftlich verhält, und hierdurch die Deckung des Bedarfs des Hilfeempfängers gefährdet ist, ist § 26 Abs. 1 Satz 1 Nr. 2 SGB XII nicht anwendbar. Dies ergibt sich aus dem Wortlaut der Norm, der allein „Leistungsberechtigte" benennt. 21

Welche **Anforderungen an die Belehrung** im Sinne des § 26 Abs. 1 Satz 1 Nr. 2 SGB XII zu stellen sind, ergibt sich aus dem Text nicht. Die Belehrung hat jedoch jedenfalls eine **Warn- und Erziehungsfunktion**. Dem Hilfeberechtigten soll die sozialhilferechtliche Pflichtwidrigkeit seines Tuns klargemacht und er hierdurch zu einer Verhaltensänderung bewegt werden.[33] Deshalb muss die Belehrung bezogen auf den Einzelfall ergehen und die Rechtsfolge klar bezeichnen. Sie setzt naturgemäß ein zuvor bestehendes unwirtschaftliches Verhalten voraus. Dieses Verhalten muss dem Leistungsberechtigten konkret aufgezeigt werden, damit er weiß, was ihm vorgeworfen wird und wie er sein unwirtschaftliches Verhalten zu ändern hat.[34] Wenn er das unwirtschaftliche Verhalten noch abstellen kann, ist ihm ein **Zeitfenster** vorzugeben, in dem er tätig werden muss. Wenn irgendwann später erneut unwirtschaftliches Verhalten besteht, ist die Belehrung zu wiederholen. Nur so kann die Belehrung ihrer Warnfunktion gerecht werden.[35] Wenn keine ausreichende Belehrung erfolgt ist, ist eine Einschränkung rechtswidrig. Die Belehrung kann auch durch Zeitablauf ihre Wirkung verlieren (vgl. Rn. 25). 22

c. Rechtsfolge

Die Leistung soll bis auf das zum Lebensunterhalt Unerlässliche eingeschränkt werden. Das „**zum Lebensunterhalt Unerlässliche**" ist als gerichtlich voll überprüfbarer unbestimmter Rechtsbegriff nach den Umständen des Einzelfalls festzustellen. Bei der Regelleistung kann eine Kürzung nur den Teil der Regelleistung betreffen, der für die persönlichen Dinge des Lebens vorgesehen ist. Eine prozentuale Festlegung lässt sich dem Gesetz nicht entnehmen. Im Hinblick auf § 39a Abs. 1 Satz 1 SGB XII (bis 31.12.2010: § 39 Abs. 1 Satz 1 SGB XII), der eine Einschränkung der Leistung um bis zu 25 v.H. des maßgebenden Regelsatzes bei erstmaligem Verstoß gegen die Verpflichtung zur Arbeitsaufnahme ausdrücklich regelt, dürfte auch im Rahmen des § 26 Abs. 1 SGB XII das zum Lebensunterhalt Unerlässliche 75 v.H. der maßgeblichen Regelleistung betragen.[36] Von der Rechtsprechung wurden diesbezüglich jedenfalls 80 v.H.[37] angenommen. Allerdings findet sich auch in § 43 Satz 1 SGB II, der die Aufrechnung im Bereich des SGB II regelt, ein konkreter Wert: Diese Norm lässt eine Aufrechnung bis zu einem Betrag in Höhe von 30 v.H. der Regelleistung zu. Eine unterschiedliche Behandlung von Leistungsberechtigten nach dem SGB II und XII ist jedoch nicht gerechtfertigt. Im Hinblick auf die Harmonisierung beider Grundsicherungssysteme ist aus diesem Grund auch eine Einschränkung auf **70 v.H. der Regelleistung** möglich. 23

Ein Ermessen ist dem Sozialhilfeträger bei der Entscheidung über die Einschränkung der Leistung und deren Umfang in der Regel nicht eingeräumt. Bei § 26 Abs. 1 SGB XII handelt es sich um eine **Sollvorschrift**. Damit kann nur in **atypischen Fällen** von der Einschränkung abgesehen werden.[38] Der Sozialhilfeträger hat bei seiner Entscheidung die Ziele der Sozialhilfe zu berücksichtigen, er muss abwägen, wie diese am besten erreicht werden können. Wenn also die Einschränkung der Leistung nicht zum erwünschten Erfolg führen kann (z.B. bei einem Verhalten mit Krankheitswert – etwa Alkoholabhängigkeit), liegt in der Regel ein atypischer Fall vor. In einem derartigen Fall hat der Sozialhilfeträger Ermessen auszuüben, und dies dürfte bis hin zu einer Ermessensreduzierung auf Null im Beispielsfall dazu führen, die Leistung nicht einzuschränken, zumindest wenn der Hilfeempfänger bereit ist, sich einer gebotenen Therapie zu unterziehen. Bei einer Ablehnung der Therapie dürfte die Einschränkung der Leistung allerdings ausgeschlossen sein, wenn gerade dieses Verhalten auf der Krankheit beruht. Eine andere Möglichkeit, die in derartigen Fällen als milderes Mittel im Vergleich zur Einschränkung 24

---

[32] *Streichsbier* in: Grube/Wahrendorf, SGB XII, 3. Aufl. 2010, § 26 Rn. 6.
[33] *Schlette* in: Hauck/Noftz, SGB XII, Stand August 2013, § 26 Rn. 22.
[34] *Streichsbier* in: Grube/Wahrendorf, SGB XII, 3. Aufl. 2010, § 26 Rn. 6.
[35] Coseriu in: Kommentar zum Sozialrecht, 3. Aufl. 2013, § 26 Rn. 7.
[36] *Streichsbier* in: Grube/Wahrendorf, SGB XII, 3. Aufl. 2010, § 26 Rn. 4.
[37] LSG Baden-Württemberg v. 29.01.2007 - L 7 SO 5672/06 ER-B - juris Rn. 6; SG Aachen v. 09.03.2007 - S 20 SO 8/07 ER - juris Rn. 21.
[38] *Coseriu* in: Kommentar zum Sozialrecht, 3. Aufl. 2013, § 26 Rn. 8.

in Betracht kommt, wäre zum Beispiel die Gewährung von **Sach- statt Geldleistungen** (§ 10 Abs. 3 SGB XII: bessere Erreichbarkeit des Ziels der Sozialhilfe; bis 31.12.2010: § 10 Abs. 3 Satz 1 SGB XII), soweit dies gesetzlich möglich ist.

25 Die Einschränkung der Leistung erfolgt **durch Verwaltungsakt**. Sie kann auch mit einer Leistungsbewilligung, etwa für den sich an das Fehlverhalten anschließenden Bewilligungszeitraum, verbunden werden. Da sie Sanktions-, aber auch **Erziehungscharakter** hat, muss sie – zumindest in den Fällen des § 26 Abs. 1 Satz 1 Nr. 2 SGB XII – **zeitnah** zum missbilligten Verhalten des Hilfeempfängers erfolgen. Es dürfte mithin nicht zulässig sein, nach ordnungsgemäßer Belehrung und angemessener Fristsetzung zur Abstellung des Verhaltens nach Ablauf der Frist mehrere Monate tatenlos abzuwarten und erst dann die Leistung einzuschränken. Die Belehrung verliert in diesen Fällen mangels fortwirkender Warnfunktion ihre Wirkung. Eine Sanktion setzt dann eine erneute (ordnungsgemäße) Belehrung voraus.

26 Die **Dauer der Einschränkung** ist gesetzlich nicht geregelt. Zu berücksichtigen sind jedoch immer das Ziel der Sozialhilfe und der Grund der Einschränkung. Erfolgt die Einschränkung, weil der Leistungsempfänger sein Vermögen/Einkommen vermindert hat und ein Fall des § 26 Abs. 1 Satz 1 Nr. 1 SGB XII vorliegt, wäre ein Kriterium für die Festsetzung der Dauer der Einschränkung, welcher Hilfebedarf hierdurch erforderlich geworden ist. Soll der Leistungsempfänger etwa zu einem wirtschaftlichen Verhalten angehalten werden, ist es sinnvoll, die Einschränkung zunächst auf einen kurzen Zeitraum zu beschränken, um danach prüfen zu können, ob durch diese Maßnahme der **angestrebte Zweck erreicht** wurde. Hinsichtlich der Dauer der Einschränkung gilt § 17 Abs. 2 SGB XII mit der Folge, dass **Ermessen** auszuüben ist, weil auch die Dauer der Einschränkung Art und Umfang der Leistung betrifft. Ist der mit der Einschränkung erfolgte Zweck erreicht, ist ein über diesen Zeitraum hinausreichender Bescheid nach § 48 Abs. 1 Satz 2 Nr. 1 SGB X wegen Änderung der Verhältnisse aufzuheben.

27 Zu beachten ist ferner § 26 Abs. 1 Satz 2 SGB XII, wonach die **unterhaltsberechtigten Angehörigen** oder andere mit dem von der Einschränkung Betroffenen in Haushaltsgemeinschaft lebende Leistungsberechtigte weitgehend nicht von der Einschränkung betroffen werden sollen. Es handelt sich hierbei um eine **Schutzvorschrift** für die Leistungsberechtigten, die selbst keine eine Einschränkung auslösende Handlung im Sinne des § 26 Abs. 1 Satz 1 SGB XII ausgeübt haben, allerdings aufgrund ihrer persönlichen Umstände durch eine Einschränkung betroffen werden können, insbesondere kommen hier die Kinder oder Partner in Betracht. Zwar haben die Leistungsberechtigten jeweils einen eigenen **Individualanspruch** auf Sozialhilfe zur Deckung ihres eigenen Bedarfs, durch die Einschränkung der Leistung eines Mitglieds ihres Haushaltes sind sie jedoch in der Regel tatsächlich mit betroffen, da in der Regel „aus einem Topf" gewirtschaftet wird. Der Sozialhilfeträger muss in derartigen Fällen Maßnahmen zur Durchsetzung dieses Schutzes der Angehörigen treffen. Wenn er hierzu tatsächlich oder rechtlich nicht in der Lage ist, liegt ein atypischer Fall vor mit der Folge, dass der Sozialhilfeträger Ermessen ausüben muss, ob und in welchem Umfang eine Einschränkung erfolgt (vgl. Rn. 24).[39]

2. Aufrechnung

a. Allgemeines

28 § 26 Abs. 2-4 SGB XII regelt die Zulässigkeit der **Aufrechnung** im Rahmen des SGB XII und beinhaltet insoweit eine Modifikation (§ 37 Abs. 1 SGB I) zu § 51 SGB I. Diese Vorschrift kommt für Leistungsempfänger nach dem SGB XII nicht in Betracht, weil nach dessen Absatz 2 eine Aufrechnung ausgeschlossen ist, wenn der Hilfebedürftige nachweist, durch die Aufrechnung hilfebedürftig im Sinne des SGB XII oder SGB II zu werden. Die Aufrechnung nach § 26 Abs. 2-4 SGB XII ist nur für spezielle Fallgestaltungen des **Leistungsmissbrauchs** möglich, da mit ihr eine massive Einschränkung des soziokulturellen Existenzminimums verbunden ist. Die Regelungslücke für **Altfälle** aus dem BSHG wurde mit der Übergangsregelung des § 65e SGB II in der ab dem 01.08.2006 geltenden Fassung geschlossen. § 26 Abs. 2 Satz 1 SGB XII regelt die Aufrechnung für den Bereich des SGB XII abschließend. Deshalb ist eine Aufrechnung mit anderen Ansprüchen des Sozialhilfeträgers gegen den Hilfeempfänger – anders als nach § 51 SGB I – nicht möglich. Der Wortlaut des § 26 Abs. 2 Satz 1 SGB XII spricht von „Leistungen". Leistungen können jedoch nicht mit Ansprüchen aufgerechnet werden, hier fehlt es bereits an der Gleichartigkeit. Aufgerechnet werden können nur Ansprüche (Forde-

---

[39] So auch *Hohm* in: Schellhorn/Schellhorn/Hohm, SGB XII, 17. Aufl. 2006, § 26 Rn. 7.

rungen), nicht aber (Geld-)Leistungen. Der Gesetzgeber hat insoweit ungenau formuliert, allerdings ist sein Wille hinsichtlich des Ziels der Vorschrift noch erkennbar, so dass die Formulierung ausreichend bestimmt ist.[40]

b. Anwendung der Vorschriften des BGB

Für die Aufrechnung gelten die zivilrechtlichen Vorschriften der §§ 387 ff. BGB. Die **Aufrechnung** ist definiert als wechselseitige Tilgung zweier sich gegenüberstehender Forderungen durch einseitige Willenserklärung. Sie erfolgt grundsätzlich nach den §§ 3-396 BGB, soweit sie nicht durch öffentlich-rechtliche Normen, die gegenüber den zivilrechtlichen Vorschriften des BGB lex specialis sind, verdrängt werden.[41] So verbietet zwar § 394 BGB die Aufrechnung gegen Forderungen, die unpfändbar wären (§§ 850 ff. ZPO), und § 17 Abs. 1 Satz 2 SGB XII sagt, dass Sozialhilfeleistungen nicht pfändbar sind, nach § 26 Abs. 2 SGB XII ist die Aufrechnung jedoch sogar ohne Berücksichtigung des soziokulturellen Existenzminimums bis zu dem für den Lebensunterhalt Unerlässlichen möglich.[42] § 387 BGB fordert zunächst für eine Aufrechnung, dass eine Aufrechnungslage besteht. Zwei Forderungen, **Hauptforderung** des Aufrechnenden (= Passivforderung) und **Gegenforderung** des Aufrechnungsgegners (= Aktivforderung oder Aufrechnungsforderung), müssen sich in **Gegenseitigkeit und Gleichartigkeit** gegenüberstehen.[43] Gegenseitigkeit bedeutet, dass der Aufrechnende, hier also der Leistungsträger nach dem SGB XII, Gläubiger der Gegenforderung und Schuldner der Hauptforderung sein muss; umgekehrt muss der Aufrechnungsgegner (Leistungsberechtigter) Schuldner der Gegenforderung und Gläubiger der Hauptforderung sein.[44] Für § 26 Abs. 2-4 SGB XII bedeutet dies, dass die Aufrechnung allein im Verhältnis zwischen dem Hilfeempfänger von Leistungen nach dem SGB XII und dem Leistungsträger für Leistungen nach dem SGB XII möglich ist.[45] Weiterhin ist nach § 387 BGB die Gleichartigkeit des Gegenstandes der Forderung notwendig, was bei § 26 Abs. 2 SGB XII regelmäßig unproblematisch ist, weil sich zwei Geldansprüche gegenüberstehen: der Anspruch auf Erstattung zu Unrecht geleisteter Sozialhilfe einerseits und der Anspruch auf Zahlung laufender Sozialhilfe andererseits.[46]

29

Nach **Ansicht des BSG** gelten die Vorschriften des **BGB** allerdings nicht unmittelbar, sondern nur **entsprechend**, sodass nicht aus § 388 BGB abgeleitet werden kann, die Aufrechnung müsse durch (öffentlich-rechtliche) Willenserklärung vorgenommen werden.[47]

30

Die Gegenforderung muss voll **wirksam und fällig** sein. Es muss sich demnach um eine Forderung handeln, deren Erfüllung erzwungen werden kann und der keine Einreden entgegenstehen[48] (vgl. hierzu Rn. 43). Die Hauptforderung muss im Gegensatz zur Gegenforderung lediglich erfüllbar und nicht zugleich voll wirksam und fällig sein[49] (vgl. hierzu Rn. 42).

31

Die Aufrechnung erfolgt durch die **Aufrechnungserklärung** gegenüber dem anderen (§ 388 BGB). Sie ist eine einseitig empfangsbedürftige Willenserklärung und als Gestaltungsrecht unwiderruflich und bedingungsfeindlich (§ 388 Satz 2 BGB).[50] Rechtsfolge der wirksamen Aufrechnung ist nach § 389 BGB das Erlöschen der Haupt- und der Gegenforderung. Diese Wirkung tritt in der jeweils festgestellten Höhe ein und wirkt im Zivilrecht auf den Zeitpunkt der Entstehung der Aufrechnungslage zurück.[51]

32

---

[40] *Coseriu* in: Kommentar zum Sozialrecht, 3. Aufl. 2013, § 26 Rn. 9.
[41] BSG v. 26.04.1967 - 9 RV 280/66 - SozR Nr. 2 zu § 21 BVG.
[42] *Coseriu* in: Kommentar zum Sozialrecht, 3. Aufl. 2013, § 26 Rn. 10.
[43] *Grüneberg* in: Palandt, Bürgerliches Gesetzbuch, 73. Aufl. 2014, § 387 Rn. 3 ff.
[44] *Grüneberg* in: Palandt, Bürgerliches Gesetzbuch, 73. Aufl. 2014, § 387 Rn. 5, 6.
[45] *Hohm* in: Schellhorn/Schellhorn/Hohm, SGB XII, 17. Aufl. 2006, § 26 Rn. 21.
[46] *Coseriu* in: Kommentar zum Sozialrecht, 3. Aufl. 2013, § 26 Rn. 11.
[47] BSG v. 31.08.2011 - GS 2/10 - juris Rn. 16 - BSGE 109, 81 ff. = SozR 4-1200 § 53 Nr. 4; vgl. hierzu auch *Schaer*, jurisPR-SozR 7/2012, Anm. 1.
[48] *Grüneberg* in: Palandt, Bürgerliches Gesetzbuch, 73. Aufl. 2014, § 387 Rn. 11.
[49] *Grüneberg* in: Palandt, Bürgerliches Gesetzbuch, 73. Aufl. 2014, § 387 Rn. 12.
[50] *Grüneberg* in: Palandt, Bürgerliches Gesetzbuch, 73. Aufl. 2014, § 388 Rn. 1.
[51] *Grüneberg* in: Palandt, Bürgerliches Gesetzbuch, 73. Aufl. 2014, § 389 Rn. 2.

c. Voraussetzungen der Aufrechnung nach den Absätzen 2-4

aa. Haupt- und Gegenforderung

33 Die Aufrechnung kann nach § 26 Abs. 2 Satz 1 SGB XII bis auf das jeweils Unerlässliche mit Ansprüchen des Sozialhilfeträgers gegen den Leistungsempfänger erfolgen, wenn es sich um Ansprüche auf Erstattung zu Unrecht erbrachter Leistungen der Sozialhilfe handelt, die die leistungsberechtigte Person oder ihr Vertreter durch vorsätzlich oder grob fahrlässig unrichtige oder unvollständige Angaben oder durch pflichtwidriges Unterlassen veranlasst hat, oder wenn es sich um Ansprüche auf Kostenersatz nach den §§ 103 und 104 SGB XII handelt.

34 Mit **Erstattungsansprüchen** meint der Gesetzgeber Ansprüche nach § 50 SGB X.[52] Nach dieser Norm sind bereits erbrachte Leistungen zu erstatten, soweit ein Verwaltungsakt aufgehoben worden ist (§ 50 Abs. 1 SGB X) oder soweit Leistungen ohne Verwaltungsakt zu Unrecht erbracht worden sind (§ 50 Abs. 2 SGB X). Hierüber ist ein Bescheid zu setzen (§ 50 Abs. 3 SGB X). Wenn eine Leistung zunächst aufgrund eines Bescheides erbracht wurde, dieser sich jedoch im Nachhinein als fehlerhaft erweist, muss dieser zunächst nach den Vorschriften über die Rücknahme oder Aufhebung (§§ 45, 48 SGB X) aufgehoben werden. Bei Leistungsgewährung ohne Verwaltungsakt bedarf es naturgemäß keiner Aufhebung. Der Erstattungsanspruch kann regelmäßig bezogene Leistungen und einmalige Leistungen betreffen. Der Anspruch auf Erstattung entsteht erst mit der Festsetzung nach § 50 Abs. 3 SGB X.

35 Nach § 26 Abs. 2 SGB XII reicht jedoch nicht jeder Erstattungsanspruch nach § 50 SGB X aus. Vielmehr ist erforderlich, dass der Leistungsempfänger **vorsätzlich oder grob fahrlässig** unrichtige oder unvollständige Angaben gemacht oder solche – etwa bezogen auf die Änderung der Verhältnisse (§ 60 Abs. 1 Nr. 2 SGB I) – unterlassen hat. **Vorsätzlich** handelt, wer bewusst und gewollt falsche Angaben macht. Der bedingte Vorsatz ist ausreichend. Er liegt dann vor, wenn der Handelnde billigend in Kauf nimmt, fehlerhaft zu handeln.[53] Der Begriff der **groben Fahrlässigkeit** ist in § 45 Abs. 2 Satz 3 Nr. 3 HS. 2 SGB X definiert. Grobe Fahrlässigkeit liegt danach vor, wenn der Begünstigte die erforderliche Sorgfalt in besonders schwerem Maße verletzt hat. Wenn der Leistungsempfänger auf Grund einfachster und nahe liegender Überlegungen sicher das von ihm geforderte Verhalten hätte erkennen können, liegt grobe Fahrlässigkeit vor.[54] Maßgeblich für die Beurteilung der groben Fahrlässigkeit ist ein subjektiver Fahrlässigkeitsmaßstab.[55]

36 Das Verhalten des Hilfeempfängers muss **kausal** für die (Weiter-)Bewilligung der Leistung sein. An einem solchen Kausalzusammenhang fehlt es, wenn die Aufhebung oder Rücknahme der Bewilligung allein auf § 48 Abs. 1 Satz 2 Nr. 3 oder Nr. 4 SGB X gestützt werden kann.[56] Durch § 26 Abs. 2 SGB XII wird erheblich in das soziokulturelle Existenzminimum eingegriffen, ein solcher Eingriff kann nur mit einem **besonders verwerflichen Verhalten** des Leistungsempfängers gerechtfertigt werden, nicht aber, wenn er bloß grob fahrlässig die Rechtswidrigkeit der Leistungsbewilligung nicht erkannt hat oder der Bescheid allein wegen erzielten Einkommens zurückgenommen wird. Wenn allerdings der Leistungsempfänger von ihm erzielten Einkommens vorsätzlich oder grob fahrlässig nicht mitgeteilt hat, liegen neben den Voraussetzungen des § 48 Abs. 1 Satz 2 Nr. 3 SGB X auch die Voraussetzungen des § 48 Abs. 1 Satz 2 Nr. 2 SGB X vor, die – nach Aufhebung der Leistungsbewilligung und durch Verwaltungsakt nach § 50 Abs. 3 SGB X geltend gemachter Erstattung – zur Aufrechnung selbst dann berechtigen, wenn der Leistungsträger seinen Aufhebungsbescheid allein auf § 48 Abs. 1 Satz 2 Nr. 3 SGB X gestützt hat.[57]

37 Der Kausalzusammenhang ist im Übrigen nach der **Lehre der wesentlichen Bedingung**[58] zu bestimmen.[59] Eine Bedingung für den Eintritt des Erfolges (hier die zu Unrecht bewilligte Leistung) ist hiernach als ursächlich oder mitursächlich im Rechtssinne anzusehen, wenn sie im Verhältnis zu anderen Einzelbedingungen wegen ihrer besonderen Beziehung zum Erfolg zu dessen Eintritt wesentlich mitgewirkt hat. Allein die Tatsache, dass der Hilfeempfänger eine Ursache im Sinne einer „conditio sine

---

[52] *Streichsbier* in: Grube/Wahrendorf, SGB XII, 3. Aufl. 2010, § 26 Rn. 12.
[53] *Streichsbier* in: Grube/Wahrendorf, SGB XII, 3. Aufl. 2010, § 26 Rn. 12.
[54] BSG v. 25.01.1994 - 7 RAr 14/93 - SozR 3-1300 § 48 Nr. 32.
[55] St. Rspr., unter anderem BSG v. 05.09.2006 - B 7a AL 14/05 R - SozR 4-4300 § 144 Nr. 15.
[56] *Coseriu* in: Kommentar zum Sozialrecht, 3. Aufl. 2013, § 26 Rn. 15.
[57] *Coseriu* in: Kommentar zum Sozialrecht, 3. Aufl. 2013, § 26 Rn. 15.
[58] Wesentlichkeitstheorie, BSG v. 28.06.1991 - 11 RAr 81/90 - SozR 3-4100 § 119 Nr. 6.
[59] *Coseriu* in: Kommentar zum Sozialrecht, 3. Aufl. 2013, § 26 Rn. 16.

qua non" gesetzt hat, ist nach der Wesentlichkeitstheorie für einen Kausalzusammenhang im Sinne des § 26 Abs. 2 SGB XII nicht ausreichend, wenn der Leistungsträger die Überzahlung im Sinne einer wesentlichen Bedingung (mit)verursacht hat. Hat also der Sozialhilfeträger ein Mitverschulden an der rechtswidrigen Bewilligung, muss geprüft werden, welche der Ursachen, also auf der einen Seite das Verschulden des Hilfeempfängers, auf der anderen das des Sozialhilfeträgers, als rechtlich wesentlich für die rechtswidrige Bewilligung anzusehen ist.

Kostenersatzansprüche nach den §§ 103, 104 SGB XII sind Ansprüche bei schuldhaftem (vorsätzlichem oder grob fahrlässigem) Verhalten (vgl. zu den Einzelheiten die Kommentierung zu § 103 SGB XII und die Kommentierung zu § 104 SGB XII). Eine Regelung zur besonderen Verwerflichkeit des Handelns des Hilfebedürftigen ist im Gegensatz zu den Erstattungsansprüchen nach § 50 SGB X in § 26 Abs. 2 SGB XII nicht explizit enthalten, die §§ 103 und 104 SGB XII enthalten jedoch bereits vergleichbare Einschränkungen. Der Verweis auf die §§ 103, 104 SGB XII enthält keine Beschränkung auf die Person des Hilfeempfängers, so dass auch gegenüber Dritten, zum Beispiel dem Vertreter des Hilfebedürftigen oder dem Erben, die entsprechend der §§ 103 oder 104 SGB XII „besonders verwerflich" gehandelt haben, über § 26 Abs. 2-4 SGB XII eine Aufrechnung erfolgen kann.[60] Voraussetzung hierfür ist jedoch, dass sich diese Dritten selbst auch im Leistungsbezug nach dem SGB XII befinden. 38

Ferner werden von der Aufrechnungsmöglichkeit nach § 26 Abs. 3 SGB XII Ansprüche aufgrund von **Mehrfachleistungen** erfasst. Es handelt sich hierbei um Leistungen für Bedarfe, die bereits in der Vergangenheit durch Leistungen der Sozialhilfe gedeckt worden waren, allerdings dann nochmals – in der Regel zur Abwendung eines schweren Nachteils für den Hilfeempfänger – erbracht worden sind. Gemeint sind zum Beispiel Fälle, in denen der Hilfeempfänger die ihm vom Sozialhilfeträger gewährten Leistungen für Kosten der Unterkunft zweckwidrig verwendet hat, also hiervon nicht die Miete gezahlt hat, hierdurch Mietschulden aufgelaufen sind und der Sozialhilfeträger zur Abwendung der Kündigung der Wohnung diese Mietrückstände übernimmt und damit ein zweites Mal denselben Bedarf deckt. Ferner kommt die Übernahme von Energiekostenrückständen zur Verhinderung einer drohenden Sperre durch den Energieversorgungsunternehmer in Betracht.[61] Nicht erfasst ist die Übernahme von Schulden, die bereits vor Beginn des Leistungsbezugs entstanden sind, weil in diesem Fall der Bedarf mangels Leistungsbezug zum Bedarfszeitpunkt gerade noch nicht bereits durch Leistungen des Sozialhilfeträgers gedeckt worden sein kann. Wenn eine solche Leistung eine aufrechenbare Forderung im Sinne des § 26 Abs. 3 SGB XII sein soll, muss sie jedoch in Form eines Darlehens erbracht worden sein. Ist sie (versehentlich) als Zuschuss gewährt worden, fehlt es an einem **Rückforderungsanspruch** des Sozialhilfeträgers gegenüber dem Hilfeempfänger und damit an der Gegenforderung für die Aufrechnung. Spezialgesetzliche Regelungen – hier kommt insbesondere § 37 Abs. 4 SGB XII (bis 31.12.2010: § 37 Abs. 2 SGB XII) hinsichtlich der Rückzahlung des Darlehens in Betracht – gehen der Aufrechnung nach § 26 Abs. 3 SGB XII vor.[62] 39

Da der Aufrechnende in Fällen des § 26 Abs. 2 SGB XII der Sozialhilfeträger ist, ist die **Gegenforderung** der Erstattungsanspruch nach § 50 SGB X, §§ 103, 104 SGB XII bzw. der Anspruch auf Rückzahlung des Darlehens im Sinne des § 26 Abs. 3 SGB XII. Die für die Aufrechnung notwendige **Hauptforderung**, gegen die der Sozialhilfeträger aufrechnen will, ist der Zahlungsanspruch des Hilfeempfängers auf **laufende Leistungen zum Lebensunterhalt**. Ansprüche auf andere Leistungen sind von § 26 Abs. 2 SGB XII nicht erfasst, wenn sie „zum Leben unerlässlich" sind. So kann mit dem Mehrbedarf nach § 30 Abs. 5 SGB XII (für kostenaufwendige Ernährung), der sowieso nur bei entsprechendem Bedarf gewährt wird, keinesfalls aufgerechnet werden. Auch Leistungen der Kosten der Unterkunft sind zum Leben unerlässlich, weil durch die Leistung nach § 35 SGB XII (bis 31.12.2010: § 29 SGB XII) in der Regel der Bedarf in tatsächlich anfallender Höhe gedeckt wird (Ausnahme Unangemessenheit), eine Minderung der Kosten durch den Leistungsempfänger dazu führen würde, dass auch die hierfür gewährten Leistungen entsprechend dem nunmehr geringeren Bedarf geringer würden, und damit eine etwaige Aufrechnung mit dieser Leistung dazu führen würde, dass der Bedarf tatsächlich nicht mehr gedeckt ist. 40

---

[60] *Schlette* in: Hauck/Noftz, SGB XII, Stand August 2013, § 26 Rn. 49.
[61] *Schlette* in: Hauck/Noftz, SGB XII, Stand August 2013 § 26 Rn. 51.
[62] *Coseriu* in: Kommentar zum Sozialrecht, 3. Aufl. 2013, § 26 Rn. 25.

bb. Wirksamkeit und Fälligkeit

41 Die **Hauptforderung** muss lediglich **erfüllbar**, nicht jedoch zugleich voll wirksam und fällig sein (vgl. Rn. 31). Da hier allein der Anspruch auf Hilfe zum Lebensunterhalt in Betracht kommt, ist ausreichend, wenn der Sozialhilfeträger eine derartige Leistung bewilligt hat. Auch wenn der Bewilligungsbescheid (noch) nicht bestandskräftig ist, etwa weil der Leistungsberechtigte im Wege des Widerspruchs oder der Klage höhere Leistungen der Hilfe zum Lebensunterhalt begehrt, etwa weil seines Erachtens sein Einkommen fehlerhaft angerechnet worden ist, kann dies eine Aufrechnung nicht verhindern.

42 Allerdings muss die **Gegenforderung** voll wirksam und fällig sein (vgl. Rn. 31). Deshalb muss der Erstattungsbescheid nach § 50 SGB X **bestandskräftig** oder zumindest vorläufig vollziehbar sein.[63]

cc. Aufrechnungserklärung

43 Zivilrechtlich erfolgt die Aufrechnungserklärung nach § 388 BGB durch einseitige Willenserklärung (vgl. Rn. 29). Innerhalb des Sozialrechts ist streitig[64], ob die Aufrechnung durch Verwaltungsakt[65] oder durch eine verwaltungsrechtliche Willenserklärung erfolgen muss.[66] Da § 26 Abs. 2 SGB XII letztlich nur im Zusammenhang mit den zivilrechtlichen Vorschriften (§§ 387 ff. BGB) gesehen werden kann, ist die Aufrechnungserklärung allein als **verwaltungsrechtliche Willenserklärung** abzugeben. Sie kann **kein Verwaltungsakt** sein, weil eine öffentlich-rechtliche Ermächtigungsgrundlage fehlt. Wollte man die gegenteilige Auffassung vertreten, hätte dies zur Folge, dass § 388 BGB, die eine einseitige Willenserklärung vorsieht, zu einer Ermächtigungsgrundlage für Verwaltungsakte im öffentlichen Recht mutierte. Dem widerspricht auch nicht das in § 26 Abs. 2 Satz 1 bzw. Abs. 3 SGB XII geregelte Ermessen. Eine Ermessensausübung muss nicht auf Verwaltungsakte beschränkt sein, sie kann vielmehr bei jedem Verwaltungshandeln gefordert werden.[67] Etwas anderes gilt ferner nicht im Hinblick auf die in § 24 Abs. 2 Nr. 7 SGB X geregelte Anhörung. In dieser Vorschrift hat der Gesetzgeber die Aufrechnung nicht verbindlich als Verwaltungsakt qualifiziert.[68]

44 Für den Bereich des SGB II sieht allerdings § 43 Abs. 4 SGB II in der Neufassung der Bekanntmachung vom 13.05.2011[69] mit Wirkung vom 01.04.2011 im Gegensatz zu § 26 SGB XII ausdrücklich vor, dass die Erklärung der Aufrechnung (allein) durch Verwaltungsakt zu erfolgen hat. Damit besteht im Bereich des SGB II nunmehr eine ausdrückliche gesetzliche Ermächtigung für den Erlass eines Verwaltungsakts.

45 Ein ähnlicher Streit bestand auch hinsichtlich der **Verrechnung** nach § 52 SGB I.[70] Allerdings könnte hier etwas anderes als bei der Aufrechnung gelten, weil das BGB die „Verrechnung" nicht kennt, eine Ermächtigung zur Verrechnung nur im SGB I existiert und insoweit jedenfalls nachvollziehbar § 52 SGB I als Ermächtigung zum Erlass eines Verwaltungsakts gesehen werden kann. Das BSG hat nunmehr die Handlungsform eines **Verwaltungsaktes** für zulässig erachtet. Die nur entsprechend anwendbaren Vorschriften des BGB zur Aufrechnung werden durch öffentlich-rechtliche Normen in Bezug auf die Rechtsnatur der Verrechnung gestaltend überlagert.[71] Dass er zur Aufrechnung ebenso wenig entschieden hat[72] wie zur Frage, ob die Verrechnung (oder die Aufrechnung) zwingend in der Gestalt

---

[63] *Streichsbier* in: Grube/Wahrendorf, SGB XII, 3. Aufl. 2010, § 26 Rn. 14; zur Verrechnung BSG v. 24.07.2003 - B 4 RA 60/02 R - SozR 4-1200 § 52 Nr. 1; a.A. *Eicher* in: Eicher/Spellbrink, SGB II, 1. Aufl. 2005, § 43 Rn. 9 unter Hinweis auf BSG v. 12.11.1980 - 1 RA 105/79 - SozR 1200 § 51 Nr. 8; diese Entscheidung betraf aber einen Verwaltungsakt, der mangels aufschiebender Wirkung von Widerspruch und Klage volle Rechtswirkung entfaltete.

[64] Vgl. zum Streitstand: *Eicher* in: Eicher/Schlegel, SGB III, Stand 9/06, § 333 Rn. 14 ff.; *Coseriu/Holzhey* in: Linhart/Adolph: SGB II, SGB XII AsylbLG, Stand Juli 2010, § 43 SGB II, Rn. 27; *Wehrhahn*, SGb 2007, 467 ff.

[65] BSG v. 25.03.1982 - 10 RKg 2/81 - SozR 1200 § 52 Nr. 6; BSG v. 27.03.1996 - 14 REg 10/95 - SozR 3-1200 § 51 Nr. 5; *Conradis* in: LPK-SGB XII, 8. Aufl., § 26 Rn. 24.

[66] BSG v. 24.07.2003 - B 4 RA 60/02 R - SozR 4-1200 § 52 Nr. 1.

[67] *Coseriu* in: Kommentar zum Sozialrecht, 3. Aufl. 2013, § 26 Rn. 20.

[68] BayVGH v. 13.01.1997 - 12 CE 96.504 - FEVS 47, 353.

[69] BGBl I 2011, 850.

[70] BSG v. 25.02.2010 - B 13 R 76/09 R - entschieden am 31.08.2011 - GS 2/10 - BSGE 109, 81 ff. = SozR 4-1200 § 52 Nr. 4.

[71] BSG v. 31.08.2011 - GS 2/10 - juris Rn. 17 - BSGE 109, 81 ff. = SozR 4-1200 § 52 Nr. 4.

[72] BSG v. 31.08.2011 - GS 2/10 - juris Rn. 11.

eines Verwaltungsakts vorzunehmen ist[73], beruht allein darauf, dass dies nicht entscheidungserheblich war. Ein Wahlrecht wäre indes kaum begründbar; entweder erfüllt die Verrechnungs-/Aufrechnungserklärung die Voraussetzungen eines Verwaltungsaktes, oder sie erfüllt sie nicht; für eine Wahl bleibt kein Spielraum.

dd. Umfang der Aufrechnung

Der Sozialhilfeträger kann **„bis auf das jeweils Unerlässliche"** aufrechnen (§ 26 Abs. 2 Satz 1 SGB XII). Die vom Gesetzgeber gewählte Terminologie weicht dahingehend von § 26 Abs. 1 Satz 1 SGB XII ab, als dort die Formulierung „bis auf das zum Lebensunterhalt Unerlässliche" zu finden ist. Gemeint ist jedoch in beiden Absätzen dasselbe. Es ist kein Grund ersichtlich, als Grenzen der Einschränkung bzw. der Aufrechnung unterschiedliche Regelungen zu treffen. Deshalb kann auf die Kommentierung zu Absatz 1 verwiesen werden (vgl. Rn. 23). 46

ee. Ermessen

§ 26 Abs. 2 Satz 1 und Abs. 3 SGB XII („kann") ist eine Ermessensvorschrift. Der Sozialhilfeträger muss hinsichtlich der Frage, ob er aufrechnet (Entschließungsermessen) und wann (Zeitpunkt) und wie (Umfang und Dauer) er von der Aufrechnungslage Gebrauch macht (Auswahlermessen) und die Aufrechnung tatsächlich erklärt, Ermessen ausüben.[74] Mit dem Wort „kann" ist nicht lediglich gemeint, dass unter mehreren Möglichkeiten der Erfüllung der (Gegen-)Forderung die Aufrechnung gewählt werden kann.[75] Im Rahmen der Ermessensausübung sind die allgemeinen sozialhilferechtlichen Grundsätze, insbesondere die Ziele der Sozialhilfe, zu beachten. Alle relevanten Umstände sind in die Entscheidung einzubeziehen. Als derartige Umstände kommen insbesondere das **Ausmaß des Verschuldens** des Hilfeempfängers (grobe Fahrlässigkeit, Vorsatz, Absicht, wiederholt falsche Angaben), ein eventuelles **Mitverschulden** des Sozialhilfeträgers, die **Höhe** der Überzahlung, die **persönliche und familiäre Situation** des Hilfebedürftigen, die Auswirkungen auf die Familien- bzw. Haushaltsangehörigen und das individuelle Ausmaß der mit der Aufrechnung verbundenen **Einschränkung** des täglichen Lebens in Betracht. Zu berücksichtigen ist jedoch auch der eigentliche Zweck der Norm, nämlich die Sanktion eines **unredlichen Verhaltens** des Leistungsempfängers durch eine faktische Leistungskürzung. Ferner kann hinsichtlich der Dauer und der Höhe der Aufrechnung eine Rolle spielen, ob die Aufrechnung im Hinblick auf die zeitliche Schranke des § 26 Abs. 2 Satz 2 SGB XII eine **vollständige Tilgung** des Erstattungs- oder Ersatzanspruchs ermöglicht. Die Ermessenserwägungen können dazu führen, dass im Einzelfall ganz von der Aufrechnung abgesehen, der Tilgungszeitraum gestreckt oder die Aufrechnung insgesamt verringert wird.[76] 47

ff. Anhörung

Da dem Leistungsempfänger durch eine wirksame Aufrechnung weniger Leistungen ausgezahlt werden müssen als ohne, ist die Aufrechnung als **belastende Maßnahme** zu qualifizieren, und damit ist eine Anhörung nach § 24 SGB X erforderlich. Zwar spricht § 24 Abs. 1 SGB X davon, dass (nur) „vor Erlass eines Verwaltungsakts" (vgl. dazu Rn. 43) anzuhören ist, in § 24 Abs. 2 Nr. 7 SGB X nennt er jedoch auch die Aufrechnung. Damit kommt es auf die Streitfrage, ob die Aufrechnung durch Verwaltungsakt oder verwaltungsrechtliche Willenserklärung zu erfolgen hat (vgl. Rn. 43 ff.), nicht an, denn völlig unabhängig hiervon ist eine Anhörung durchzuführen (arg. e. § 24 Abs. 2 Nr. 7 SGB X). Hiervon kann nach § 24 Abs. 2 Nr. 7 SGB X nur abgesehen werden, wenn mit Ansprüchen von weniger als 70 € aufgerechnet werden soll. Dies wird bei einer Aufrechnung nach § 26 Abs. 2-4 SGB XII häufig der Fall sein, wenn nur von Monat zu Monat die Aufrechnung erfolgt, denn es kann nur bis zum „Unerlässlichen" aufgerechnet werden. In Anbetracht der Höhe des Regelsatzes von derzeit 391 €[77] und wenn man davon ausgeht, dass das „Unerlässliche" wenigstens 75 v.H. dieses Betrages (etwa 293 €) ist (vgl. Rn. 24), könnte bis zu einem Betrag von etwa 100 € aufgerechnet werden. Die Ausschöpfung dieses vollen Betrages dürfte jedoch nur selten ermessensgerecht sein. Ob allerdings von der Anhörung abgesehen wird, steht im Ermessen der Behörde, das heißt, sie kann durchaus auch in den Fällen des 48

---

[73] BSG v. 31.08.2011 - GS 2/10 - juris Rn. 13.
[74] BSG v. 16.09.1981 - 4 RJ 107/78 - SozR 1200 § 51 Nr. 11.
[75] So aber BSG v. 05.12.1994 - 12 RK 85/92 - SozR 3-2400 § 28 Nr. 1 und BSG v. 24.07.2003 - B 4 RA 60/02 - SozR 4-1200 § 52 Nr. 1 jeweils zur Verrechnung nach § 28 Nr. 1 SGB IV bzw. § 52 SGB I.
[76] *Coseriu* in: Kommentar zum Sozialrecht, 3. Aufl. 2013, § 26 Rn. 21.
[77] RBSFV 2014 BR-Drs. 673/13.

§ 24 Abs. 2 SGB X anhören. Im Zweifelsfall sollte der Leistungsträger immer anhören, weil das **Absehen von der Anhörung** die Ausübung von Ermessen voraussetzt und die verfahrensrechtliche Ermessensentscheidung hinsichtlich der in den Tatbeständen des Absatzes 2 des § 24 SGB X enthaltenen unbestimmten Rechtsbegriffe der vollen gerichtlichen Nachprüfung unterliegt.[78]

gg. Dauer der Aufrechnung

49 Die Aufrechnungsmöglichkeit wegen eines Anspruchs ist nach § 26 Abs. 2 Satz 2 SGB XII auf **drei Jahre** beschränkt. Über die Frage, wann dieser Zeitraum beginnt, schweigt das Gesetz. Nach einer Ansicht beginnt sie mit dem **Zeitpunkt der Erklärung** und Durchführung der Aufrechnung.[79] Damit würde allein der Vollzug der Aufrechnung auf drei Jahre beschränkt sein, während es keine Rolle spielt, wann die Aufrechnungserklärung erfolgt. Der Sanktionscharakter der Vorschrift dürfte einer derartigen Auslegung entgegenstehen, denn im Extremfall könnte der Sozialhilfeträger hiernach noch viele Jahre nach dem sanktionierten Verhalten die Aufrechnung erklären. Nach dem Wortlaut der Norm, der von „Aufrechnungsmöglichkeit" spricht, könnte die Frist auch mit dem Vorliegen der Tatbestandsvoraussetzungen für die Aufrechnung und damit mit dem **Tag, an dem die Aufrechnung erstmals möglich wäre**, beginnen, gegebenenfalls ohne dass der Leistungsträger hiervon Kenntnis hat. In diesem Fall könnten die Leistungen bereits zum Zeitpunkt der Erbringung zurückgefordert werden. Letztlich wäre möglicher Beginn der Frist die **Entstehung des durchsetzbaren Anspruchs**, also zum Beispiel der Eintritt der Bestandskraft (vgl. dazu Rn. 42) des Erstattungsbescheides nach § 50 SGB X. Zwar hat es der Sozialhilfeträger selbst in der Hand, wann der Anspruch entsteht, jedoch ergibt sich eine zeitliche Beschränkung im Ergebnis bereits aus der Jahresfrist des § 45 Abs. 4 Satz 2 SGB X.[80] Nach dem Sinn und Zweck der Vorschrift, dem Leistungsträger die Durchsetzung von speziellen Erstattungs- und Ersatzansprüchen trotz Hilfebedürftigkeit des Leistungsempfängers zu ermöglichen, ist dieser letzten Auslegung der Vorzug zu geben.

50 Fraglich ist insoweit ferner, ob der Vollzug der Aufrechnung einer zeitlichen Beschränkung unterliegt. Dies ist zu bejahen, denn mit der Aufrechnung erfolgt ein deutlicher Eingriff in das soziokulturelle Existenzminimum. Auch wenn die Vorschrift Sanktionscharakter hat, muss immer der **Grundsatz der Verhältnismäßigkeit** gewahrt werden. Deshalb ist in Anlehnung an § 26 Abs. 2 Satz 2 SGB XII die Drei-Jahres-Frist als Obergrenze der Aufrechnung zu sehen. Nur eine so verstandene zeitliche Beschränkung auf einen **Zeitrahmen** von drei Jahren[81] verhindert eine mit dem Grundsatz der Verhältnismäßigkeit nicht mehr zu vereinbarende dauerhafte Einschränkung des soziokulturellen Existenzminimums.

51 Wenn der Leistungsberechtigte allerdings **erneut Anlass zu einer Aufrechnung** nach § 26 Abs. 2-4 SGB XII gibt, liegt ein neuer Fall vor, so dass die Frist für die Aufrechnung erneut beginnt. In derartigen Fällen können sich die Zeiträume (teilweise) decken, so dass faktisch eine Verkürzung der Gesamtdauer eintreten kann. Der Sozialhilfeträger kann in diesen Fällen, in denen sich die Aufrechnungsmöglichkeiten zeitlich „überlappen", jedoch nicht doppelt aufrechnen, da bereits die erste Aufrechnung „auf das Unerlässliche" beschränkt ist, und der Hilfeempfänger keinesfalls weniger Leistungen als „das Unerlässliche" bekommen darf, weil dann sein Existenzminimum nicht mehr gesichert wäre, was gegen seinen grundrechtlichen Schutz verstieße.

d. Aufrechnungsverbot

52 Eine Aufrechnung erfolgt nach § 26 Abs. 4 SGB XII nicht, soweit dadurch der **Gesundheit dienende Leistungen**, die der Leistungsträger erbringt, gefährdet werden. Nach dem Sinn und Zweck der Regelung gehören hierzu neben den Hilfen zur Gesundheit (§§ 47 ff. SGB XII) auch Leistungen der Eingliederungshilfe für behinderte Menschen (§§ 53 ff. SGB XII), Leistungen der Hilfe zur Pflege (§§ 61 ff. SGB XII) und Hilfen in anderen Lebenslagen (§§ 70 ff. SGB XII). Eine Gefährdung im Sinne von § 26 Abs. 4 SGB XII liegt vor, wenn der mit dieser Leistung bezweckte Erfolg ernsthaft bedroht ist.

---

[78] *Mutschler* in: KassKomm-SGB, SGB X, § 24 Rn. 32.
[79] *Hohm* in: Schellhorn/Schellhorn/Hohm, SGB XII, 17. Aufl. 2006, § 26 Rn. 26; *Schaefer* in: Fichtner/Wenzel, Kommentar zur Grundsicherung, 3. Aufl. 2005, § 26 Rn. 13; *Streichsbier* in: Grube/Wahrendorf, SGB XII, 3. Aufl. 2010, § 26 Rn. 15.
[80] *Coseriu* in: Kommentar zum Sozialrecht, 3. Aufl. 2013, § 26 Rn. 23.
[81] BT-Drs. 15/1514, S. 58.

e. Rechtsfolge

Durch die Aufrechnung **erlöschen** die Haupt- und die Gegenforderung, und zwar im festgestellten Umfang. Die im Zivilrecht geltende **Rückwirkung** auf den Zeitpunkt des Entstehens der Aufrechnungslage (vgl. Rn. 33) dürfte für das SGB XII keine Bedeutung haben, weil der Sozialhilfeträger den Zeitpunkt des Entstehens der Aufrechnungslage durch den Erlass des Erstattungsbescheides nach § 50 Abs. 3 SGB X bzw. §§ 103, 104 SGB XII und damit der Feststellung der Gegenforderung letztlich selbst bestimmen kann.

Drittes Kapitel: Hilfe zum Lebensunterhalt

Erster Abschnitt: Leistungsberechtigte, notwendiger Lebensunterhalt, Regelbedarfe und Regelsätze

§ 27 SGB XII Leistungsberechtigte

(Fassung vom 24.03.2011, gültig ab 01.01.2011)

(1) Hilfe zum Lebensunterhalt ist Personen zu leisten, die ihren notwendigen Lebensunterhalt nicht oder nicht ausreichend aus eigenen Kräften und Mitteln bestreiten können.

(2) ¹Eigene Mittel sind insbesondere das eigene Einkommen und Vermögen. ²Bei nicht getrennt lebenden Ehegatten oder Lebenspartnern sind das Einkommen und Vermögen beider Ehegatten oder Lebenspartner gemeinsam zu berücksichtigen. ³Gehören minderjährige unverheiratete Kinder dem Haushalt ihrer Eltern oder eines Elternteils an und können sie den notwendigen Lebensunterhalt aus ihrem Einkommen und Vermögen nicht bestreiten, sind vorbehaltlich des § 39 Satz 3 Nummer 1 auch das Einkommen und das Vermögen der Eltern oder des Elternteils gemeinsam zu berücksichtigen.

(3) ¹Hilfe zum Lebensunterhalt kann auch Personen geleistet werden, die ihren notwendigen Lebensunterhalt aus eigenen Mitteln und Kräften bestreiten können, jedoch einzelne erforderliche Tätigkeiten nicht verrichten können. ²Von den Leistungsberechtigten kann ein angemessener Kostenbeitrag verlangt werden.

Gliederung

A. Basisinformationen 1	1. Hilfe zum Lebensunterhalt (Absatz 1) 13
I. Textgeschichte 1	a. Einsatzgemeinschaft 13
II. Vorgängervorschrift 3	b. Selbsthilfe 22
III. Parallelvorschriften 4	2. Berücksichtigung von Einkommen und
IV. Systematische Zusammenhänge 5	Vermögen (Absatz 2) 24
V. Ausgewählte Literaturhinweise 6	a. Einsatzgemeinschaft 24
B. Auslegung der Norm 7	b. Gemischte Bedarfsgemeinschaft 38
I. Regelungsgehalt und Bedeutung der Norm 7	3. Hilfen zum Lebensunterhalt ohne materielle
II. Normzweck 12	Bedürftigkeit (Absatz 3) 42
III. Inhalt der Vorschrift 13	C. Praxishinweise 53

A. Basisinformationen

I. Textgeschichte

1   Der mit Wirkung vom 01.01.2005 durch das Gesetz zur Einordnung des Sozialhilferechts in das Sozialgesetzbuch[1] eingeführte § 27 SGB XII definierte in seinen Absätzen 1 und 2 zunächst noch (wenn auch nicht abschließend, wie sich aus dem Wort „insbesondere" ergab) den unbestimmten Rechtsbegriff des „notwendigen Lebensunterhalts". Die Regelung wurde durch Art. 3 Nr. 8 des Gesetzes zur Ermittlung von Regelbedarfen[2] und zur Änderung des Zweiten und Zwölften Buches Sozialgesetzbuch v. 24.03.2011 mit Wirkung v. 01.01.2011 neu gefasst. Die Definition über den notwendigen Lebensunterhalt wurde in dem neu eingefügten § 27a Abs. 1 SGB XII aufgenommen, während § 27 Abs. 1 und 2 SGB XII nunmehr die Leistungsberechtigung nach dem Dritten Kapitel regelt und diesem vorangestellt wird. § 27 Abs. 1 SGB XII entspricht dabei im Wesentlichen dem bis 31.12.2010 geltenden § 19 Abs. 1 Satz 1 SGB XII. § 27 Abs. 2 SGB XII übernimmt die bis 31.12.2010 in § 19 Abs. 1 Satz 2 SGB XII enthaltene Regelung. § 27 Abs. 3 SGB XII ist inhaltlich nicht geändert, jedoch sprachlich überarbeitet worden.

---

[1] BGBl I 2003, 3022.
[2] BGBl I 2011, 453.

Die zum 01.01.2011 eingeführte **Neufassung** hat der Gesetzgeber damit begründet, dass § 19 Abs. 1 SGB XII, dessen Inhalte in § 27 Abs. 1 und 2 SGB XII übernommen wurden, als allgemeine Vorschrift im Zweiten Kapitel verortet sei und (nur) allgemeine Regelungen enthalte. Der Inhalt von § 19 Abs. 1 SGB XII sei deshalb auf wesentliche Grundsätze zu beschränken und die konkreten Bestimmungen zur Leistungsberechtigung künftig als Eingangsvorschrift dem Dritten Kapitel voranzustellen. § 27 Abs. 1 und 2 SGB XII konkretisiere als grundlegende Norm die zentralen Voraussetzungen für eine Leistungsberechtigung in Ergänzung der allgemeinen Vorschrift des § 19 Abs. 1 SGB XII.[3] Die Gesetzesbegründung, die § 19 SGB XII wegen seiner Stellung im Zweiten Kapitel nur als allgemeine (also nicht den Anspruch selbst regelnde) Vorschrift versteht, vermag nicht zu überzeugen; denn § 19 SGB XII konkretisiert entgegen der Gesetzesbegründung durchaus zentrale Voraussetzungen für eine Leistungsberechtigung, etwa in § 19 Abs. 4 SGB XII, der die Berücksichtigung von Einkommen und Vermögen bei Schwangeren bzw. bei Müttern (oder Vätern) mit Kleinkindern betrifft, oder in § 19 Abs. 5 SGB XII, der die sogenannte „unechte" Sozialhilfe regelt. Selbst § 19 Abs. 1 SGB XII nennt annähernd wortgleich wie § 27 Abs. 1 SGB XII als zentrale Anspruchsvoraussetzung die **Hilfebedürftigkeit**, die sich daraus ergibt, dass der notwendige Lebensunterhalt nicht oder nicht ausreichend aus eigenen Mitteln bestritten werden kann. Daher ist § 19 SGB XII – wie auch die Überschrift „Leistungsberechtigte" belegt – nach wie vor nicht als bloßer Programmsatz, sondern als Anspruchsgrundlage zu verstehen. Notlagenspezifisch bestehen aber grundsätzlich unterschiedliche Leistungsvoraussetzungen, die ihren Niederschlag bei den einzelnen Leistungen gefunden haben, sodass § 19 SGB XII hinsichtlich der Leistungsberechtigung nicht isoliert, sondern nur im Zusammenhang mit den konkreten Voraussetzungen der in Frage stehenden Leistung (bei der Hilfe zum Lebensunterhalt etwa i.V.m. § 27 SGB XII) betrachtet werden kann.

II. Vorgängervorschrift

§ 27 SGB XII überträgt (wie zuvor bis 31.12.2011 § 19 SGB XII) die den Personenkreis der Leistungsberechtigten umreißende Regelung des § 11 BSHG. Vorgängerregelungen von Absatz 1 sind bis 31.12.2004 die im Wesentlichen inhaltsgleiche Regelung des § 11 Abs. 1 Satz 1 BSHG und vom 01.01.2005 bis zum 31.12.2011 § 19 Abs. 1 Satz 1 SGB XII. Vorgängerregelungen von Absatz 2 sind (bis 31.12.2004) § 11 Abs. 1 Satz 2 BSHG bzw. (vom 01.01.2005 bis zum 31.12.2011) § 19 Abs. 1 Satz 2 SGB XII. § 19 Abs. 3 SGB XII schließlich entspricht dem bis 31.12.2004 geltenden § 11 Abs. 3 BSHG.

III. Parallelvorschriften

Wer Leistungsberechtigter ist, ist im SGB II in § 7 SGB II geregelt, im AsylbLG in § 1 AsylbLG. Anders als § 27 Abs. 1 und 2 SGB XII beinhalten sowohl **§ 7 SGB II** als auch **§ 1 AsylbLG** aber fest umrissene persönliche Voraussetzungen für die Gewährung der Leistung. Insbesondere kennt das SGB XII keine Bedarfsgemeinschaft, wie sie § 7 SGB II vorsieht.

IV. Systematische Zusammenhänge

Die Trennung zwischen der im BSHG noch vorgesehenen Hilfe zum Lebensunterhalt und der Hilfe in besonderen Lebenslagen ist im SGB XII zugunsten gleichwertiger Leistungen bei unterschiedlichen Notlagen nach dem Dritten bis Neunten Kapitel aufgegeben worden. Die in § 27 SGB XII geregelte Leistungsberechtigung entspricht deshalb der jeweiligen – § 19 SGB XII konkretisierenden – dem Vierten bis Neunten Kapitels vorangestellten **Grundnorm** über die Anspruchsberechtigung (z.B. § 41 SGB XII, § 53 SGB XII etc.).

V. Ausgewählte Literaturhinweise

Alber-Noack, Bedarfsgemeinschaft – Quo Vadis? Was tun mit der Bedarfsgemeinschaft?, ZfSH/SGB 1996, 113; *Brech*, Die gemischte Bedarfsgemeinschaft und die horizontale Berechnung der Hilfe zum Lebensunterhalt für Stiefkinder, ZfF 2003, 241; *Kolakowski/Schwabe*, Einzelanspruch auf HLU – die „richtige" Berechnungsmethode, ZfF 1995, 241; *Kulle*, Der Einkommenseinsatz nach den diversen Berechnungsmethoden im Rahmen des SGB II und des SGB XII, DVP 2012, 178; *Schoch*, Die sozialhilferechtliche Einkommensberücksichtigung in Haushaltsgemeinschaften, info also 1997, 107; *Schoch*, Einzelanspruch und Bedarfsgemeinschaft, NDV 2002, 8; *Schoch*, Die Bedarfsgemeinschaft, die Einsatzgemeinschaft und die Haushaltsgemeinschaft nach dem SGB II und SGB XII,

---

[3] BT-Drs. 17/3404, S. 119.

ZfF 2004, 169; *Schoch*, Selbstbehalt in der Einsatzgemeinschaft, info also 2003, 147; *Schulte*, Verteilungsprobleme in der nur teilweise sozialhilfeberechtigten Bedarfs (Einstands-)gemeinschaft, ZfSH/SGB 1990, 471; *Schwabe*, Die Berechnung des Einzelanspruchs bei der Hilfe zum Lebensunterhalt außerhalb von Anstalten, Heimen und gleichartigen Einrichtungen, ZfF 1993, 201; *Spellbrink*, Die horizontale Methode der Ermittlung der Hilfebedürftigkeit gem. § 9 Abs. 2 Satz 3 SGB II und ihre Konsequenzen, Sozialrecht aktuell 2008, 10; *Spellbrink*, Die Bedarfsgemeinschaft gemäß § 7 SGB II eine Fehlkonstruktion?, NZS 2007, 121; *Stephan*, SGB II und SGB XII – Rechtliche Konflikte um die Bedarfsgemeinschaft, SozSich 2009, 434; *Udsching*, Wer erhält Grundsicherung und wer Sozialhilfe? SuP 2012, 322; *Wahrendorf*, Die gemischte „Bedarfsgemeinschaft" im Sozialhilferecht, Sozialrecht aktuell 2012, 50.

B. Auslegung der Norm

I. Regelungsgehalt und Bedeutung der Norm

7 § 27 Abs. 1 SGB XII umfasst die zentralen Voraussetzungen für eine Leistungsberechtigung und konkretisiert damit die allgemeine Vorschrift in § 19 Abs. 1 SGB XII. § 27 Abs. 2 SGB XII definiert die „eigenen Mittel" weitergehend. So zählen zu den eigenen Mitteln das Einkommen und Vermögen sowie vorrangige Sozialleistungen. Letztere umfassen beispielsweise bei erwerbsfähigen Personen auch die Leistungen nach dem SGB II.[4]

8 Der ausdrückliche Hinweis in § 27 Abs. 2 Satz 2 SGB XII auf die „gemeinsame" Berücksichtigung von Einkommen und Vermögen soll nach Auffassung des Gesetzgebers bewirken, dass die Leistungsberechnung für die Familienmitglieder, die in einer Einstandsgemeinschaft leben, einheitlich und in der Regel gemeinsam erfolgt und eine Leistungsberechnung nur dann für einzelne Familienmitglieder durchgeführt wird, wenn zum Beispiel minderjährigen Kindern ausreichend eigenes Einkommen und Vermögen zur Verfügung steht.[5] Dieses gesetzgeberische Ziel wird allein durch die Worte der **gemeinsamen Berücksichtigung** nicht erreicht. Tatsächlich hat jedes Mitglied der Einstandsgemeinschaft einen eigenen Leistungsanspruch (**Individualanspruch**, vgl. Rn. 27, Rn. 56 f.) mit der Folge, dass jedes Mitglied der Einsatzgemeinschaft seinen Leistungsanspruch getrennt und unabhängig von den übrigen Mitgliedern der Einsatzgemeinschaft geltend machen kann und die Leistung dementsprechend für jedes Mitglied der Einstandsgemeinschaft konkret bestimmt werden muss (zur Berechnung des Einzelanspruchs bei Einkommen und Vermögen vgl. Rn. 30 ff.).

9 Auch nach dem Recht des SGB II hat jeder Bedürftige trotz des Instituts der **Bedarfsgemeinschaft** einen Individualanspruch.[6] Hinzu kommt dort allerdings – anders als nach dem SGB XII –, dass nach § 9 Abs. 2 Satz 3 SGB II jede Person der Bedarfsgemeinschaft im Verhältnis des eigenen (normativen) Bedarfs zum Gesamtbedarf als hilfebedürftig gilt, wenn in einer Bedarfsgemeinschaft nicht der gesamte Bedarf aus eigenen Kräften und Mitteln gedeckt ist (vgl. Rn. 31). Im Einzelfall führt diese Regelung dazu, dass in einer Bedarfsgemeinschaft selbst derjenige, dessen individueller Bedarf durch Einkommen gedeckt ist, wie ein Hilfebedürftiger behandelt wird und ihm auf diese Weise, ohne dass individuelle Hilfebedürftigkeit vorliegt, ein anteiliger individueller Anspruch gleichwohl zugestanden werden muss.

10 Im Unterschied zur Regelung der bisherigen §§ 11 Abs. 1 Satz 2 und 28 Abs. 1 Satz 1 des Bundessozialhilfegesetzes werden **Lebenspartner** nach dem Lebenspartnerschaftsgesetz, die nicht getrennt leben, in die Bedürftigkeitsprüfung einbezogen, welche die Träger der Sozialhilfe im Rahmen der Hilfe nach dem Dritten Kapitel durchzuführen haben. Die Ausdehnung der Prüfung auf das Einkommen und Vermögen der eingetragenen Lebenspartner von Hilfesuchenden trägt dem Umstand Rechnung, dass Lebenspartner nach § 5 des Lebenspartnerschaftsgesetzes einander Fürsorge und Unterstützung, insbesondere angemessenen Unterhalt, zu leisten haben. Der Nachrang der Sozialhilfe erfordert es, auch von Lebenspartnern, die eine solche Unterhaltspflicht kraft Gesetzes trifft, zu verlangen, dass sie wie nicht getrennt lebende Ehegatten füreinander vorrangig ihr Einkommen und Vermögen einsetzen.

---

[4] Vgl. aber BSG v. 09.06.2011 - B 8 SO 20/09 R - BSGE 108, 241 = SozR 4-3500 § 82 Nr. 8, wonach Arbeitslosengeld II bei der Bewilligung von Sozialhilfe aber nicht als Partnereinkommen zu berücksichtigen ist.

[5] BT-Drs. 15/1514, S. 57.

[6] BSG v. 07.11.2006 - B 7b AS 8/06 R - juris Rn. 11 ff. - BSGE 97, 217 = SozR 4-4200 § 22 Nr. 1; BSG v. 27.02.2008 - B 14/7b AS 32/06 R - juris Rn. 30 - BSGE 100, 83 = SozR 4-4200 § 20 Nr. 6.

§ 27 Abs. 3 SGB XII bestimmt, dass entgegen dem in Absatz 1 normierten Grundsatz Hilfe zum Lebensunterhalt auch geleistet werden kann, wenn zwar **keine Hilfebedürftigkeit** besteht, aber einzelne erforderliche Tätigkeiten nicht verrichtet werden können und die deshalb erforderlichen Hilfen nicht aus eigenen Mitteln bestritten werden können.

II. Normzweck

§ 27 SGB XII regelt als Grundnorm die Leistungsberechtigung nach dem Dritten Kapitel des SGB XII. Den notwendigen Lebensunterhalt und damit zusammenhängend die Höhe der Leistung konkretisieren die §§ 27a ff. SGB XII. Wie sich Einkommen und Vermögen (eigene Mittel) auf die Leistungsberechtigung auswirken, ist den §§ 82 ff. SGB XII zu entnehmen.

III. Inhalt der Vorschrift

1. Hilfe zum Lebensunterhalt (Absatz 1)

a. Einsatzgemeinschaft

§ 27 Abs. 1 SGB XII normiert als Grundnorm (i.V.m. § 19 Abs. 1 SGB XII) den Anspruch auf Hilfe zum Lebensunterhalt nach dem Dritten Kapitel. Die Vorschrift setzt in § 27 Abs. 2 Satz 2 SGB XII unausgesprochen eine Einsatzgemeinschaft voraus. Zur Einsatzgemeinschaft gehören danach nicht dauernd getrennt lebende Ehepaare und Lebenspartner nach dem Lebenspartnerschaftsgesetz, nicht aber **eheähnliche Lebensgemeinschaften** sowie lebenspartnerschaftsähnliche Lebensgemeinschaften.[7] Allerdings dürfen diese Lebensgemeinschaften nach § 20 Satz 1 SGB XII nicht besser gestellt werden als Ehegatten mit der Folge, dass die (widerlegbare und im Einzelfall nicht anzuwendende) **Vermutung der Bedarfsdeckung** nach § 39 SGB XII anzuwenden ist. Von der Einsatzgemeinschaft, die auch als Einstandsgemeinschaft (früher auch Bedarfsgemeinschaft[8], was angesichts der in § 7 SGB II genannten Bedarfsgemeinschaft[9] nur zu Irritationen führen würde) bezeichnet wird, weil deren Mitglieder, wovon der Gesetzgeber typisierend ausgeht, bereit sind, füreinander einzustehen, ist die reine Haushaltsgemeinschaft zu unterscheiden, für die § 39 SGB XII gilt.

Ob Ehepaare und Lebenspartner **dauernd getrennt leben**, bestimmt sich nicht nach § 1567 Abs. 1 BGB, sondern im Rahmen einer funktionsdifferenten Auslegung eigenständig nach Sinn und Zweck sozialhilferechtlicher Vorschriften und Maßstäbe.[10] Ein Getrenntleben liegt danach vor, wenn sich aus den die Beziehung der Ehegatten zueinander kennzeichnenden Gesamtumständen ergibt, dass mindestens einer von ihnen den Willen hat, sich vom anderen Ehegatten unter Aufgabe der bisherigen Lebensgemeinschaft auf Dauer zu trennen. Die Annahme eines derartigen Trennungswillens setzt nicht voraus, dass die Eheleute keinerlei Kontakt mehr zueinander haben.[11] Maßgebend ist deshalb, ob die Lebens- und Wirtschaftsgemeinschaft der Ehe- oder Lebenspartner nach den tatsächlichen Verhältnissen nicht nur vorübergehend aufgehoben ist und der **Wille, füreinander einzustehen**, nicht mehr besteht.

Trotz unterschiedlicher Zielrichtung werden sich die Begriffe des Getrenntlebens im Sinne des § 27 Abs. 2 Satz 2 SGB XII und des § 1567 Abs. 1 BGB aber im Wesentlichen decken. Ein Getrenntleben ist z.B. auch innerhalb der Ehewohnung möglich. Eine (vorübergehende) **örtliche Trennung** – etwa aus beruflichen Gründen – führt andererseits nicht zum Getrenntleben und damit zur Aufhebung der Einsatzgemeinschaft.

Ebenso wenig ist es für die Annahme eines Getrenntlebens i.S. der sozialhilferechtlichen Vorschriften ausreichend, dass Ehegatten wegen des **pflegebedingten Aufenthalts** eines von ihnen in einem Heim oder sonstiger **stationärer Unterbringung** eines Ehegatten räumlich voneinander getrennt leben und eine Wirtschaftsgemeinschaft zwischen ihnen nicht mehr besteht.[12] Dies gilt selbst dann, wenn wegen des gesundheitlichen Zustands des Pflegebedürftigen ein Ende der räumlichen Trennung nicht mehr zu

---

[7] Anders bei der Bedarfsgemeinschaft nach dem SGB II, § 7 Abs. 3 Nr. 3c SGB II.
[8] Vgl. etwa *Alber-Noack*, ZfSH/SGB 1996, 113 ff.
[9] Zum Konstrukt der Bedarfsgemeinschaft nach dem SGB II: *Spellbrink*, NZS 2007, 121.
[10] BVerwG v. 26.01.1995 - 5 C 8/93 - BVerwGE 97, 344 ff.
[11] BVerwG v. 26.01.1995 - 5 C 8/93 - BVerwGE 97, 344 ff.
[12] Landessozialgericht Berlin-Brandenburg v. 02.04.2009 - L 23 SO 37/09 B ER - FEVS 61, 263 ff.; Schleswig-Holsteinisches LSG v. 29.06.2011 - L 9 SO 25/09; Hessisches LSG v. 29.07.2008 - L 7 SO 133/07 ER - FEVS 60, 212.

erwarten ist. Eine Einsatzgemeinschaft kann sogar angenommen werden, wenn die Eheleute entsprechend ihrem einvernehmlich gewählten Ehemodell zum Zeitpunkt der Eheschließung und in der Folgezeit keinen gemeinsamen räumlichen Lebensmittelpunkt haben.[13]

17 Zur Einsatzgemeinschaft gehören nach § 27 Abs. 2 Satz 3 SGB XII auch **minderjährige Kinder** der Ehegatten oder zumindest eines Elternteils, soweit sie unverheiratet sind und ihren Bedarf nicht aus eigenem Einkommen oder Vermögen decken können. Dies bedeutet, dass bei ihnen – vorbehaltlich der Regelung des § 39 Abs. 1 Satz 3 Nr. 1 SGB XII – Elterneinkommen zu berücksichtigen ist. Der im Gesetz geregelte **Vorbehalt** ist überflüssig und zudem falsch, er hat jedenfalls keinen erkennbaren Sinn. Eine Sonderregelung für minderjährige Schwangere, die in einer Einsatzgemeinschaft leben, beinhaltet nämlich schon § 19 Abs. 4 SGB XII (vgl. die Kommentierung zu § 19 SGB XII Rn. 31 ff.). Sie sind hierdurch ausreichend geschützt. Volljährige Schwangere, für die § 39 SGB XII gilt, sind nicht Mitglieder der Einsatzgemeinschaft. Möglicherweise handelt es sich um ein gesetzgeberisches Versehen, wenn klarstellend ein Verweis auf § 19 Abs. 4 SGB XII gewollt war. Können minderjährige Kinder ihren Bedarf selbst durch Einkommen oder Vermögen decken, ist anders als bei Ehegatten ihr Einkommen oder Vermögen nur bei ihnen zu berücksichtigen, so dass es nicht auch bedarfsdeckend für die hilfebedürftigen Eltern einzusetzen ist. Diese Kinder gehören deshalb auch nicht zur Einsatzgemeinschaft im Sinne des SGB XII. Allerdings können bürgerlich-rechtliche Unterhaltsansprüche der Eltern oder des Elternteils gegen das Kind bestehen, die dann nach § 94 Abs. 1 SGB XII kraft Gesetzes auf den Träger der Sozialhilfe übergehen. § 94 Abs. 1 Satz 3 SGB XII greift insoweit nicht. Gegebenenfalls greift daneben auch hier die **Vermutungsregelung** des § 39 SGB XII.

18 Nicht unter § 27 Abs. 2 Satz 2 SGB XII fallen auch **volljährige oder minderjährige verheiratete Kinder**. Deren Bedarfsdeckung kann nur über die Vermutung nach § 39 SGB XII erfolgen. Umgekehrt kann bei vermögenden volljährigen oder minderjährigen verheirateten Kindern die Bedarfsdeckung der in der Haushaltsgemeinschaft lebenden bedürftigen Eltern vermutet werden.

19 Da Kinder im Sinne von § 27 Abs. 2 Satz 2 SGB XII nur leibliche und nach den §§ 1741 ff. BGB angenommene (adoptierte) Kinder sein können, greift in dem Verhältnis zwischen Stiefeltern und **Stiefkindern** ebenfalls nur § 39 SGB XII. Das Stiefkind wird auch nicht über das Verhältnis zu einem Elternteil in die Einstandsgemeinschaft zu einem Stiefelternteil einbezogen. Leben z.B. minderjährige unverheiratete Kinder in einem Haushalt mit ihrer Mutter und ihrem Stiefvater zusammen, kann nach § 27 Abs. 2 Satz 2 SGB XII nur Einkommen und Vermögen ihrer Mutter, nicht auch Einkommen und Vermögen ihres Stiefvaters berücksichtigt werden. Letztlich ist **von zwei Einsatzgemeinschaften** (früher noch als „Gemischte Bedarfsgemeinschaft" bezeichnet[14]) auszugehen, die zum Teil personenidentisch sind: Mutter und Kind(er) sowie Mutter und Stiefvater. Einkommen und Vermögen des Stiefvaters kann beim Stiefkind nur nach Maßgabe des § 39 SGB XII oder nur dann berücksichtigt werden, wenn es der Mutter tatsächlich zugewendet wird und damit deren Einkommen oder Vermögen erhöht.[15]

20 Eine andere Lösung der **Stiefkinderproblematik** hat das SGB II gefunden, indem die **Bedarfsgemeinschaft des SGB II** völlig anders zusammengesetzt ist, weil nach Auffassung des Gesetzgebers nur so alle Mitglieder der Bedarfsgemeinschaft in den Genuss der Leistungen nach den §§ 16 ff. SGB II kommen können. Nach § 7 Abs. 3 Nr. 4 SGB II gehören zur Bedarfsgemeinschaft nämlich neben den erwerbsfähigen Hilfebedürftigen und dessen Partner seine im Haushalt lebenden Eltern und die **dem Haushalt angehörenden unverheirateten Kinder** dieser Personen, wenn sie das 25. Lebensjahr noch nicht vollendet haben, soweit sie die Leistungen zur Sicherung ihres Lebensunterhalts nicht aus eigenem Einkommen oder Vermögen beschaffen können. Dies hat zur Folge, dass nach § 9 Abs 2 Satz 2 SGB II bei der Feststellung des Hilfebedarfs des (unverheirateten) Stiefkindes, das mit einem Elternteil in einer Bedarfsgemeinschaft lebt, auch das Einkommen und Vermögen des Stiefvaters zu berücksichtigen ist. Das BSG[16] hat hierzu die Auffassung vertreten, dass das verfassungsrechtlich nicht zu beanstanden sei[17], weil typisierend davon ausgegangen werden dürfe, dass zur Überwindung einer Notlage

---

[13] BSG v. 18.02.2010 - B 4 AS 49/09 R - FamRZ 2010, 973.
[14] *Brech*, ZfF 2003, 241.
[15] BVerwG v. 26.11.1998 - 5 C 37/97 - BVerwGE 108, 36 ff.
[16] BSG v. 13.11.2008 - B 14 AS 2/08 R - BSGE 102, 76 ff. = SozR 4-4200 § 9 Nr. 7 (die Verfassungsbeschwerde wurde nach zunächst erfolgter Bewilligung von PKH nicht zur Entscheidung angenommen, BVerfG v. 29.05.2013 - 1 BvR 1083/09 - ZFSH/SGB 2013, 579); BSG v. 18.02.2010 - B 4 AS 5/09 R - juris Rn. 14 - info also 2010, 185.
[17] A.A. *Stephan*, SozSich 2009, 434, die die Regelungen des § 9 Abs 2 Sätze 2 und 3 SGB II für verfassungswidrig hält.

zunächst der Partner einer ehelichen oder vergleichbaren Lebensgemeinschaft in Anspruch genommen wird, bevor staatliche Hilfe gewährt wird, wenn diese Partnerschaft mit derjenigen nicht dauernd getrennt lebender Ehegatten bzw. der eingetragenen Lebenspartnerschaften, in denen Unterhaltsansprüche tatsächlich bestehen, vergleichbar sei.[18] Diese Auffassung vertritt das BSG auch bei volljährigen Kindern, weil die Zugehörigkeit zum Haushalt eines leiblichen Elternteils sich nicht im bloßen „Leben unter einem Dach" erschöpfe, auch wenn ein zusätzlicher Einstandswille des Stiefelternteils gegenüber dem erwachsenen Stiefkind nicht zu fordern sei. Wenn ein solcher Haushalt mit einem leiblichen Elternteil bestehe, sei auch bei erwachsenen Kindern ähnlich wie bei eheähnlichen Gemeinschaften die gesetzgeberische Vermutung gerechtfertigt, dass die Mittel des (Ehe-)Paares für den Lebensunterhalt aller dem Haushalt angehörenden Personen verwandt werden.[19] Diese Rechtsprechung geht allerdings von einer „funktionierenden" **Patchwork-Familie** aus. Bei atypischen Fällen, in denen es zu Konflikten zwischen Stiefelternteil und Stiefkind kommt, vermag sie aber nicht zu überzeugen. Hier kann gegebenenfalls aber schon zweifelhaft sein, ob solche Kinder dem „Haushalt" angehören. Im SGB XII ließe sich eine solche Problematik über die „unechte Sozialhilfe" nach § 19 Abs. 5 SGB XII lösen. Eine entsprechende Vorschrift kennt das SGB II aber nicht.

Ob minderjährige Kinder dem **Haushalt** ihrer Eltern oder eines Elternteils angehören, ist vergleichbar der Frage des Getrenntlebens nach Sinn und Zweck des § 27 Abs. 2 Satz 2 SGB XII zu beantworten. Deshalb ist bei minderjährigen Kindern, die vorübergehend außerhalb des Haushaltes der Eltern leben (z.B. während eines Krankenhausaufenthaltes), die Haushalts- und damit die Einsatzgemeinschaft nicht aufgehoben. Minderjährige Kinder von getrennt lebenden oder geschiedenen Eltern, die sich zeitweise bei dem einen und zeitweise bei dem anderen Elternteil aufhalten, können allerdings **Mitglieder zweier Haushalte** sein und damit sowohl mit dem Vater als auch mit der Mutter eine (zeitweise) Einsatzgemeinschaft bilden.[20]

21

b. Selbsthilfe

Einen Anspruch auf Hilfe zum Lebensunterhalt hat nach § 27 Abs. 1 Satz 1 SGB XII nur derjenige, der seinen notwendigen Unterhalt nicht oder nicht ausreichend aus eigenen Kräften und Mitteln beschaffen kann (**Selbsthilfemöglichkeit**). Die Regelung korrespondiert insoweit mit der Aufgabe der Sozialhilfe, den Leistungsberechtigten so weit wie möglich zu befähigen, unabhängig von Leistungen des Sozialhilfeträgers zu leben (§ 1 Abs. 1 SGB XII), sowie dem so genannten Nachranggrundsatz des § 2 SGB XII. Nach den Regeln der objektiven Beweislast trägt der Hilfebedürftige die Beweislast für die anspruchsbegründenden Tatsachen des § 27 Abs. 1 SGB XII, mithin auch (als „negatives" Tatbestandsmerkmal) dafür, dass er zur Selbsthilfe außerstande ist.

22

Aus **eigenen Kräften** kann der Leistungsberechtigte seinen Lebensunterhalt etwa durch Einsatz seiner Arbeitskraft sichern. Als **eigene Mittel** kommen in erster Linie Einkommen oder Vermögen in Betracht. § 27 Abs. 2 Satz 1 SGB XII ist insoweit im Zusammenhang mit dem Nachranggrundsatz (§ 2 SGB XII) zu sehen, der von demjenigen, der Leistungen nach dem SGB XII beansprucht, zunächst verlangt, seine eigenen Möglichkeiten zur Sicherung seines Lebensunterhaltes auszuschöpfen. Dies bedeutet allerdings nicht, dass etwa dann, wenn der Lebensunterhalt des Anspruchstellers durch Einsatz seiner Arbeitskraft, seines Einkommens oder seines Vermögens gesichert werden könnte, kein Anspruch auf Leistungen besteht. Vielmehr wird die Grundnorm des § 27 Abs. 2 Satz 1 SGB XII ebenso wie § 2 SGB XII insbesondere durch § 39 SGB XII (Ablehnung der Aufnahme einer Tätigkeit; vgl. auch § 11 Abs. 3 Satz 4 SGB XII), die §§ 82 ff. SGB XII (einzusetzendes **Einkommen**) und die §§ 90 f. SGB XII (einzusetzendes **Vermögen**) konkretisiert.[21] In der Regel darf nur unter den dort genannten Voraussetzungen die Sozialhilfe vermindert oder gegebenenfalls ganz versagt werden. Eine Geringfügigkeitsgrenze kennt das Gesetz dabei nicht, sieht man davon ab, dass nach § 88 Abs. 1 Nr. 2 SGB XII der Einsatz des Einkommens, der unterhalb der Einkommensgrenze liegt, auch dann verlangt werden kann, wenn zur Deckung des Bedarfs nur geringfügige Mittel erforderlich sind.

23

---

[18] BSG v. 18.02.2010 - B 4 AS 5/09 R - juris Rn. 35 - info also 2010, 185.
[19] BSG v. 14.03.2012 - B 14 AS 17/11 R - BSGE 110, 204 = SozR 4-4200 § 9 Nr 10.
[20] Vgl. zum Recht des SGB II: BSG v. 07.11.2006 - B 7b AS 14/06 R - SozR 4-4200 § 20 Nr. 1.
[21] BSG v. 26.08.2008 - B 8/9b SO 16/07 R - FEVS 60, 346; BSG v. 02.02.2010 - B 8 SO 21/08 R; vgl. im Einzelnen die Kommentierung zu § 2 SGB XII Rn. 11 ff.

2. Berücksichtigung von Einkommen und Vermögen (Absatz 2)

a. Einsatzgemeinschaft

24 Nach § 27 Abs. 2 Satz 2 SGB XII ist der Leistungsanspruch bzw. dessen Umfang nicht nur von dem Einsatz eigenen Einkommens und Vermögens abhängig (zur Struktur der Einkommensanrechnung bei stationären und teilstationären Sozialhilfeleistungen vgl. Kommentierung zu Anhang zu § 13 SGB XII - Überblick über die Struktur der Einkommensanrechnung bei stationären und teilstationären Sozialhilfeleistungen SGB XII). Bei nicht getrennt lebenden Ehegatten (vgl. Rn. 14) oder Lebenspartnern wird auch das Einkommen und Vermögen des Partners berücksichtigt. Lebenspartner im Sinne des Satzes 2 sind Personen, die gemäß dem Lebenspartnerschaftsgesetz eine Lebenspartnerschaft begründet haben.[22] Ebenso müssen sich minderjährige unverheiratete Kinder, die dem Haushalt ihrer Eltern oder eines Elternteils angehören, auf das Einkommen der Eltern oder des Elternteils verweisen lassen (**Einsatzgemeinschaft**). § 27 Abs. 2 Satz 2 SGB XII erweitert hierdurch den Nachranggrundsatz auf Dritte.

25 Auf bestehende **Unterhaltsansprüche** nach dem BGB, die der Unterhaltsschuldner nicht erfüllt, stellt § 27 Abs. 2 SGB XII hingegen nicht ab. Insoweit wird in der Praxis allerdings auf den Nachranggrundsatz verwiesen,[23] wenn es dem Hilfebedürftigen zumutbar ist, sie zu realisieren, obwohl § 94 Abs. 1 Sätze 1 und 2 SGB XII gerade zeigt, dass der Sozialhilfeträger nur dann keine Sozialhilfe zu erbringen hat, wenn der Unterhaltsanspruch durch **laufende Zahlung** (Einkommen i.S.v. § 82 SGB XII) erfüllt wird, während in anderen Fällen Sozialhilfe zu erbringen ist und (im Gegenzug) der Unterhaltsanspruch auf den Sozialhilfeträger kraft Gesetzes übergeht.

26 Trotz der gemeinsamen Berücksichtigung des Einkommens und Vermögens, das (auch) der Deckung des Bedarfs des Mitglieds der Einsatzgemeinschaft dient, das selbst ohne Einkommen und Vermögen ist, müssen Leistungen der Sozialhilfe ohne Berücksichtigung von Einkommen und Vermögen gewährt werden, wenn das Einkommen und Vermögen dem Bedürftigen tatsächlich nicht zur Deckung des eigenen Bedarfs zur Verfügung steht, weil sich z.B. der Ehemann weigert, seiner bedürftigen Ehefrau Leistungen zu erbringen. Die **gemeinsame Berücksichtigung des Einkommens** setzt nach Sinn und Zweck der Vorschrift voraus, dass es den Mitgliedern der Einsatzgemeinschaft auch gemeinsam zur Verfügung steht (sog. Tatsächlichkeitsprinzip). Der Sozialhilfeträger kann in diesen Fällen einen Kostenersatzanspruch nach § 103 Abs. 1 SGB XII geltend machen. Denkbar ist aber auch ein Aufwendungsersatzanspruch nach § 19 Abs. 5 SGB XII gegen denjenigen, der das Einkommen oder Vermögen einzusetzen hat.

27 Obwohl § 27 Abs. 2 Satz 2 SGB XII davon spricht, dass das Einkommen und Vermögen „gemeinsam" zu berücksichtigen ist, bedeutet dies nicht, dass die Mitglieder einer Einsatzgemeinschaft vergleichbar der Gesamthandsgemeinschaft des BGB (nur) einen (gemeinsam geltend zu machenden) Anspruch auf Leistungen haben. Vielmehr ändert die Formulierung in § 27 Abs. 2 Satz 2 SGB XII nichts daran, dass die jeweiligen Mitglieder der Einsatzgemeinschaft wie zuvor unter der Geltung des BSHG[24] **Individualansprüche** gegen den Sozialhilfeträger haben.[25]

28 Ist ein Ehegatte im Hinblick auf eigenes Einkommen nicht bedürftig, wird seine Bedürftigkeit auch nicht wie im System des SGB II durch eine **horizontale Berechnung** der Leistungsansprüche (vgl. § 9 Abs. 2 Satz 3 SGB II) fingiert mit der Folge eines eigenen Leistungsanspruchs. Zwar trifft § 27 Abs. 2 Satz 2 SGB XII keine Regelung darüber, in welchem Umfang Einkommen eines Ehepartners zu berücksichtigen ist, wenn es zur Deckung des gesamten Bedarfs der Mitglieder einer Einsatzgemeinschaft nicht ausreicht. Schon das Fehlen einer § 9 Abs. 2 Satz 3 SGB II vergleichbaren Regelung zwingt aber dazu, Einkommen eines Mitglieds einer Einsatzgemeinschaft nur soweit zu berücksichtigen, als es seinen **sozialhilferechtlich bestehenden Bedarf übersteigt**.[26] Dies lässt sich auch aus § 19 Abs. 2 Satz 2 SGB XII in der bis 31.12.2010 geltenden Fassung bzw. § 43 Abs. 1 SGB XII (der die Grundsicherung im Alter und bei Erwerbsminderung betrifft) herleiten, wonach Einkommen und Vermögen des Partners nur zu berücksichtigen ist, soweit es dessen notwendigen Lebensunterhalt übersteigt. Trotz der in § 19 Abs. 1 Satz 1 SGB XII insoweit etwas ungenauen Formulierung ist kein Grund

---

[22] BT-Drs. 15/1514, S. 57.
[23] BVerwG v. 13.05.1996 - 5 B 52/96 - Buchholz 436.0 § 2 BSHG Nr. 20; OVG Brandenburg v. 16.12.1997 - 4 B 142/97 - FEVS 48, 405.
[24] Dazu BVerwG v. 22.10.1992 - 5 C 65/88 - FEVS 43, 268.
[25] BSG v. 09.06.2011 - B 8 SO 20/09 R - juris Rn. 19 - BSGE 108, 241 ff. = SozR 4-3500 § 82 Nr. 8.
[26] A.A. Auffassung wohl *Groth* in: Rolfs/Giesen/Kreikebohm/Udsching – Sozialrecht – SGB II, SGB III, SGB VIII, SGB XII, § 19 SGB XII Rn. 5.

ersichtlich, Einkommen und Vermögen des Partners bei Leistungen nach dem Dritten und dem Vierten Kapitel des SGB XII unterschiedlich zu behandeln.

Die grundlegend unterschiedliche Konstruktion bei der Berücksichtigung von Einkommen und Vermögen im Recht des SGB II und im Sozialhilferecht wirkt sich auch auf den **Übergang von Ansprüchen** gegen einen nach bürgerlichem Recht Unterhaltspflichtigen aus. So wird der Übergang des Anspruchs zwar jeweils ausgeschlossen, wenn die unterhaltspflichtige Person bei Erfüllung des Anspruch selbst hilfebedürftig würde (vgl. § 33 Abs. 2 Satz 3 SGB II bzw. § 94 Abs. 3 Satz 1 Nr. 1 SGB XII), bei der vorzunehmenden Vergleichsberechnung ist aber im SGB II auch der Bedarf von Angehörigen einer bestehenden Bedarfsgemeinschaft einzubeziehen, während im SGB XII der Bedarf der Mitglieder einer Einsatzgemeinschaft unberücksichtigt bleibt.[27]

29

Wie die Berücksichtigung von Einkommen und Vermögen zu erfolgen hat, sagt § 27 Abs. 2 SGB XII nicht. Einkommen und Vermögen ist bei Sozialhilfeleistungen zunächst (nach jeder Berechnungsmethode vgl. Rn. 33) allein bei demjenigen zu berücksichtigen, der es erzielt oder besitzt (**vertikale Einkommensberücksichtigung**). Dies zeigt – wie oben dargelegt – insbesondere § 43 Abs. 1 SGB XII. Dort ist – anders als in § 27 Abs. 2 Satz 2 SGB XII, der von einer „gemeinsamen" Berücksichtigung von Einkommen spricht – ausdrücklich geregelt, dass die Einkommen und Vermögen des nicht getrennt lebenden Ehegatten oder Lebenspartners, die **dessen notwendigen Lebensunterhalt übersteigen**, zu berücksichtigen sind.

30

Das SGB II hat einen anderen Weg gewählt. Nach dessen § 9 Abs. 2 Satz 3 gilt jede Person der Bedarfsgemeinschaft im Verhältnis des eigenen (normativen) Bedarfs zum Gesamtbedarf als hilfsbedürftig, wenn in einer Bedarfsgemeinschaft nicht der gesamte Bedarf aus eigenen Kräften und Mitteln gedeckt ist (**horizontale Einkommensberücksichtigung**).[28] Dies hat im Recht des SGB II zur Folge, dass in einer Bedarfsgemeinschaft selbst derjenige, dessen individueller Bedarf durch Einkommen gedeckt ist, wie ein Hilfebedürftiger behandelt wird und ihm auf diese Weise, ohne dass individuelle Hilfebedürftigkeit vorliegt, ein anteiliger individueller Anspruch gleichwohl zugestanden werden muss. Die Berücksichtigung von Einkommen und Vermögen bei der vertikalen Einkommensberücksichtigung führt hingegen nicht zu einer gegebenenfalls nur fiktiven Hilfebedürftigkeit desjenigen, der Einkommen erzielt oder Vermögen besitzt (vgl. Rn. 9).

31

Wird der sozialhilferechtliche Bedarf eines Mitglieds der Einstandsgemeinschaft durch dessen Einkommen oder Vermögen vollständig gedeckt, ist der überschießende Betrag bei den übrigen Mitgliedern der Einsatzgemeinschaft zu berücksichtigen. Nicht maßgebend sind der Selbstbehalt nach der **Düsseldorfer Tabelle** oder die **Pfändungsfreigrenzen** der ZPO. Ebenso sind keine Zuschläge auf den sozialhilferechtlichen Bedarf – etwa aus Billigkeitsgründen – vorzunehmen. Zu berücksichtigen sind aber natürlich die vom Einkommen nach § 82 Abs. 2 und 3 SGB XII abzusetzenden Beträge, außer Betracht zu bleibendes Einkommen (§§ 83 f. SGB XII), Schonvermögen (§ 90 Abs. 2 SGB XII) und Härtefälle (§§ 84 Abs. 2, 90 Abs. 3 SGB XII), zur gemischten Bedarfsgemeinschaft vgl. Rn. 33 f. Einkommen, das an Personen, die nicht zur Einsatzgemeinschaft zählen, weitergeleitet wird, ist zwar anrechenbares Einkommen, in eng begrenzten Einzelfällen mindert es aber nicht den Anspruch des Hilfebedürftigen auf Sozialhilfe, wenn die tatsächliche Lage des Einkommensbeziehers in dem Sinne beeinflusst wird, dass er nicht in der Lage ist, seinen notwendigen Unterhalt aus eigenen Mitteln (ausreichend) zu beschaffen, also sogenannte **bereite Mittel** fehlen.[29]

32

Kann der Bedarf aller Mitglieder der Einsatzgemeinschaft durch das Einkommen oder Vermögen eines Mitglieds der Einsatzgemeinschaft gänzlich gedeckt werden, hat kein Mitglied der Einsatzgemeinschaft einen Anspruch auf Sozialhilfeleistungen. Genügt der überschießende Teil nicht, um den Bedarf aller Mitglieder der Einsatzgemeinschaft zu decken, stellt sich die Frage, wie das **überschießende Einkommen oder Vermögen** auf die anderen Mitglieder der Einsatzgemeinschaft zu verteilen ist. Diskutiert werden drei Berechnungsmethoden:[30]

33

---

[27] BGH v. 23.10.2013 - XII ZB 570/12 - BGHZ 198, 305.

[28] Dazu: BSG v. 15.04.2008 - B 14/7b AS 58/06 R - SozR 4-4200 § 9 Nr. 5 und BSG v. 18.06.2008 - B 14 AS 55/07 R - SozR 4-4200 § 9 Nr. 4.

[29] BVerwG v. 15.12.1977 - V C 35.77 - BVerwGE 55, 148 ff. (zur Erfüllung des Anspruchs eines minderjährigen Kindes auf Unterhalt gepfändetes Einkommen); BSG v. 11.12.2007 - B 8/9b SO 23/06 R - BSGE 99, 262 ff. = SozR 4-3500 § 82 Nr. 3 (Weiterleitung des an den Kindergeldberechtigten gezahlten Kindergeldes für ein volljähriges, außerhalb des Haushalts lebendes Kind).

[30] BSG v. 09.06.2011 - B 8 SO 20/09 R - juris Rn. 23 - BSGE 108, 241 ff. = SozR 4-3500 § 82 Nr. 8; eingehend mit Berechnungsbeispielen: *Alber-Noack*, ZfSH/SGB 1996, 113 ff.

- **Kaskadenmethode**: Hier wird vorab einer Person so viel aus dem zu berücksichtigenden Einkommen angerechnet, bis sie nicht mehr hilfebedürftig ist.[31] Dieser Vorgang wird, soweit es der Einkommensüberschuss erlaubt, bei möglichst vielen Mitgliedern der Einstandsgemeinschaft wiederholt. **Beispiel**: In der Einsatzgemeinschaft leben Vater (Alleinverdiener mit 1.200 € zu berücksichtigendem Einkommen; Bedarf 461 €), Mutter (Bedarf 461 €), Kind 12 Jahre (Bedarf 392 €), Kind 10 Jahre (Bedarf 392 €). Zunächst ist der Bedarf des Vaters von dem zu berücksichtigenden Einkommen in Abzug zu bringen. Es verbleiben: 739 €. Dieser Betrag ist sodann bei der Mutter zu berücksichtigen und um deren Bedarf zu kürzen. Es verbleiben: 278 €. Dieser Betrag ist nunmehr zur Deckung des Bedarfs des 12-Jährigen einzusetzen. Bei einem Bedarf von 392 € verbleibt ein ungedeckter Bedarf von 114 €. Beim 10-Jährigen kann überhaupt kein Einkommen des Vaters mehr berücksichtigt werden. Folge: Der 12-Jährige hat einen Anspruch auf Hilfe zum Lebensunterhalt in Höhe von 114 €, der 10-Jährige in Höhe von 392 €. Vater und Mutter haben keinen Anspruch. Dieses Ergebnis ist wenig befriedigend, weil es der Realität entspricht, dass alle Mitglieder der Einsatzgemeinschaft schon wegen der (gegenüber Minderjährigen gesteigerten) Unterhaltspflicht an dem Einkommen des Vaters teilhaben. Auch müsste überlegt werden, bei wem das verbleibende Einkommen als erstes zu berücksichtigen ist: bei der Mutter oder einem der Kinder. Würde man zunächst bei einem Kind ansetzen, bliebe die Frage, bei welchem und warum? Ein solches Verfahren ist nur schwer mit dem von § 19 SGB XII normierten individuellen Leistungsanspruch in Einklang zu bringen, weil es das Bestehen und den Umfang eines sozialhilferechtlichen Anspruches von der Entscheidung des Sozialhilfeträgers (oder im Klagefalle des Gerichts) abhängig macht, welches Mitglied der Einsatzgemeinschaft in welcher Rangfolge in die Berechnung eingestellt wird.[32]
- **Kopfteilmethode**: Der den Bedarf des Nichtleistungsberechtigten überschießende Betrag wird auf die übrigen Mitglieder der **Einsatzgemeinschaft nach Köpfen** verteilt. Im Beispiel oben würde dies bedeuten, dass zunächst der Bedarf des Vaters von dem einzusetzenden Einkommen in Abzug zu bringen wäre und der überschießende Betrag von 739 € zu gleichen Teilen (246,33 €) auf die Mutter und die beiden Kinder zu verteilen wäre. Diese Methode kann aber zu Verwerfungen führen, wenn bei der Verteilung nach Köpfen der Bedarf einzelner Mitglieder der Einsatzgemeinschaft gedeckt wäre. Was soll dann mit dem den Kopfteil überschießenden Betrag geschehen? Wie soll dieser Betrag wieder verteilt werden?
- **Verhältnis- oder Prozentmethode**: Der den Bedarf des Nichtleistungsberechtigten überschießende Betrag wird auf die übrigen Mitglieder der Einsatzgemeinschaft nach deren Verhältnis an dem Gesamtbedarf (ohne den Nichtleistungsberechtigten) verteilt. Im Beispielsfall würde dies zu folgender Lösung führen: Der Gesamtbedarf von Mutter und Kindern beträgt 1.245 €, 37% hiervon entfallen auf die Mutter und jeweils 31,5% auf die Kinder. Der überschießende Betrag von 739 € ist dann in Höhe von 273,42 € (37% von 739 €) bei der Mutter und in Höhe von jeweils 232,79 € (31,5% von 739 €) bei den beiden Kindern zu berücksichtigen. Der Anspruch der Mutter würde 187,58 € (461 € – 273,42 €) und der der Kinder jeweils 159,21 € (392 € – 232,79 €) betragen. Diese Methode scheint auf den ersten Blick zwar die komplizierteste zu sein, sie ist aber gleichzeitig die **sachgerechteste**.[33] Sie entspricht insoweit auch der Unterhaltsberechnung in Mangelfällen nach der Düsseldorfer Tabelle. Im Einzelfall kann es aber auch gerechtfertigt sein, eine der beiden anderen Methoden anzuwenden, um zu angemessenen Ergebnissen zu gelangen.[34]

34 Neben der Frage, bei wem vorhandenes Einkommen und Vermögen zu berücksichtigen ist, stellt sich regelmäßig auch die Frage, wie, also bei welchem von mehreren Bedarfen die Berücksichtigung zu erfolgen hat. Das SGB XII enthält hierzu nur in § 89 SGB XII eine rudimentäre Regelung für Hilfen des Fünften bis Neunten Kapitels, die als allgemeiner Rechtsgedanke auch auf andere Leistungen übertragen werden kann. Dessen Absatz 1 bestimmt, dass das bei einem Bedarf bereits berücksichtigte Einkommen nicht bei einem weiteren gleichzeitig bestehenden Bedarf erneut berücksichtigt werden darf. Mehr als klarstellende Bedeutung hat § 89 Abs. 1 SGB XII zunächst nicht, weil dasselbe Einkommen logischerweise nicht bei zwei **gleichzeitig bestehenden Bedarfen** berücksichtigt werden kann.

---

[31] Vgl. etwa LSG NRW v. 29.10.2012 - L 20 SO 63/09.

[32] OVG Schleswig-Holstein v. 16.02.2002 - 2 L 137/01 - info also 2002, 129; vgl. aber BSG v. 09.06.2011 - B 8 SO 20/09 R - juris Rn. 23 - BSGE 108, 241 ff. = SozR 4-3500 § 82 Nr. 8.

[33] BSG v. 09.06.2011 - B 8 SO 20/09 R - juris Rn. 23 - BSGE 108, 241 ff. = SozR 4-3500 § 82 Nr. 8; *Alber-Noack*, ZfSH/SGB 1996, 113, 122.

[34] Anwendung der Kaskadenmethode in Fällen einer Gemischten Bedarfsgemeinschaft, BSG v. 09.06.2011 - B 8 SO 20/09 R - juris Rn. 23 - BSGE 108, 241 ff. = SozR 4-3500 § 82 Nr. 8.

Aus der Bezugnahme auf „gleichzeitig" bestehende Bedarfe kann aber auch geschlossen werden, dass eine Einkommensanrechnung zunächst bei dem zuerst entstehenden Bedarf erfolgen muss (**Faktizität**), im Übrigen aber **kein Vorrang** einzelner (gleichzeitig bestehender) Bedarfe besteht, der Sozialhilfeträger deshalb also zunächst in seiner Entscheidung frei ist, bei welchem von mehreren gleichzeitig bestehenden Bedarfen er das Einkommen berücksichtigen will. Insoweit handelt es sich (mittelbar) um eine **Ermessensentscheidung** über Art und Maß der Leistungserbringung (§ 17 Abs. 2 Satz 1 SGB XII), die gerichtlich nur auf Ermessensfehler überprüfbar ist. Hat der Sozialhilfeträger seine Wahl (ermessensfehlerfrei) getroffen, ist er hieran gebunden. Dies ergibt sich schon aus § 89 Abs. 1 SGB XII, der eine erneute Berücksichtigung des Einkommens verbietet. 35

Sind die Bedarfe nicht gleichzeitig eingetreten, ist das Einkommen bei dem zuerst eingetretenen Bedarf zu berücksichtigen. Eine vorrangige Einkommensberücksichtigung bei dem zuerst eingetretenen Bedarf sieht bei verschiedenen Leistungsträgern auch § 89 Abs. 2 SGB XII vor. Ist für die Deckung der Bedarfe nur ein Leistungsträger zuständig und wird die Sozialhilfe zeitabschnittsweise (in der Regel ein Monat) gewährt, ist ein **zuerst eingetretener Bedarf** nur im **ersten Zeitabschnitt** gegeben. Für weitere Zeitabschnitte ist der Sozialhilfeträger wieder frei; der Träger der Sozialhilfe kann seine (Ermessens-)Entscheidung im Hinblick auf die sie tragenden Gründe und Ziele überprüfen und im Einzelfall zugunsten einer anderen Berücksichtigung des Einkommens auf bestehende Bedarfe ändern (§ 17 Abs. 2 Satz 2 SGB XII). 36

Hat der Sozialhilfeträger bei mehreren gleichzeitig bestehenden Bedarfen eine Bestimmung darüber getroffen, auf welchen Bedarf einzusetzendes Einkommen oder Vermögen anzurechnen ist, ist auch das Gericht hieran gebunden. Ist eine konkrete Bestimmung nicht getroffen worden, kann das Gericht selbst eine solche Bestimmung vornehmen, die aber nicht dazu führen darf, dass der hilfesuchende Kläger etwa durch die Beschränkung des Streitgegenstandes einen Vorteil zieht. Wäre eine **Reihenfolge** für die Berücksichtigung von Bedarfen **zwingend**,[35] hätte dies zur Konsequenz, dass nicht streitige Leistungen bestandskräftig festgestellt sind und gegebenenfalls einer Korrektur durch die Behörde selbst bedürften, während eine Korrektur durch das Gericht durch eine Berücksichtigung von Einkommen im Rahmen der im Gerichtsverfahren streitigen Leistung nicht möglich wäre.[36] 37

b. Gemischte Bedarfsgemeinschaft

Bei einer so genannten gemischten Bedarfsgemeinschaft aus Partnern, die verschiedenen Leistungssystemen (SGB II/SGB XII) unterfallen, erfolgt die **Berücksichtigung auch des Einkommens des SGB-II-Leistungsberechtigten ausschließlich nach den Regelungen des SGB XII**.[37] Umgekehrt ist bei der Prüfung der Hilfebedürftigkeit nach dem SGB II das einzusetzende Einkommen des nicht leistungsberechtigten Mitglieds der Bedarfsgemeinschaft (z.B. Altersrentner) nach den Vorschriften des SGB II zu berechnen, so dass bei der Ermittlung der vom Einkommen abzusetzenden Beträge z.B. für Beiträge zu privaten Versicherungen des aus dem Leistungssystem des SGB II ausgeschlossenen Mitglieds der Bedarfsgemeinschaft nicht auf § 82 Abs 2 Nr. 3 SGB XII zurückzugreifen ist, sondern § 11 Abs. 2 Nr. 3 SGB II i.V.m. § 3 Abs. 1 Nr. 1 Alg II-V Anwendung findet. Allerdings wächst der ungedeckte Gesamtbedarf entgegen der Verteilungsregel in § 9 Abs 2 Satz 3 SGB II allein dem leistungsberechtigten Mitglied der Bedarfsgemeinschaft zu. § 9 Abs 2 Satz 3 SGB II ist insoweit verfassungskonform einschränkend auszulegen.[38] 38

Auch wenn die Berücksichtigung von Einkommen und Vermögen des SGB-II-Leistungsberechtigten ausschließlich nach den Regelungen des SGB XII erfolgt, sind die entsprechenden Vorschriften des SGB II gegebenenfalls zu beachten, um unbillige Ergebnisse zu vermeiden. **Besonderheiten des SGB II** können etwa im Rahmen von **Härtefallregelungen** berücksichtigt werden.[39] 39

---

[35] Diskutiert wird insbesondere folgende Reihenfolge: Einkommen und Vermögen sind zunächst bei laufenden, dann bei einmaligen Leistungen und – außerhalb vollstationärer Leistungen – zuerst bei den Leistungen der Hilfe zum Lebensunterhalt und erst danach bei den sonstigen Hilfen zu berücksichtigen, wobei im Rahmen der einzelnen Leistungen der Hilfe zum Lebensunterhalt auf das anteilige Verhältnis zum Gesamtbedarf abzustellen ist; vgl. etwa *Schoch* in: LPK-SGB XII, § 89 SGB XII Rn. 6.

[36] BSG v. 26.08.2008 - B 8/9b SO 10/06 R - juris Rn. 16 - BSGE 101, 217 = SozR 4-3500 § 35 Nr. 2.

[37] LSG NRW v. 29.10.2012 – L 20 SO 63/09; Vgl. zur Bedürftigkeitsprüfung in Mischhaushalten auch *Haberstumpf-Münchow/Kruse*, info also 2012, 108 ff.

[38] BSG 15.04.2008 B 14/7b AS 58/06 R - SozR 4-4200 § 9 Nr. 5 Rn. 46 ff.

[39] BSG v. 18.03.2008 - B 8/9b SO 9/06 - BSGE 100, 131 = SozR 4-3500 § 90 Nr. 3 zu dem nach dem SGB II geschützten Pkw.

40 Deshalb muss etwa ein nach dem SGB II zugunsten des SGB-II-Leistungsberechtigten geschütztes **Vermögen** nicht ohne weiteres zur Deckung des Bedarfs des SGB-XII-Leistungsberechtigten eingesetzt werden, weil es nach dem SGB XII nicht geschützt ist. Hat der SGB-II-Leistungsberechtigte z.B. ein nach § 12 Abs. 3 Nr. 2 SGB II geschütztes (angemessenes) Kraftfahrzeug oder den Freibetrag nach § 12 Abs. 2 SGB II ausschöpfendes Vermögen, muss dem über die Härteregelung des § 90 Abs. 3 SGB XII Rechnung getragen werden, wenn das SGB XII hinsichtlich der Verwertbarkeit strengere Regelungen vorsieht. Anderenfalls würden Sinn und Zweck der Vorschriften des SGB II konterkariert und der dort vorgesehene Schutz ins Leere gehen.

41 Gleiches gilt für die **Einkommensberücksichtigung**. Führt diese bei gemischten Bedarfsgemeinschaften zu unbilligen Ergebnissen gegenüber reinen Bedarfsgemeinschaften mit identischen Einkommensverhältnissen, ist gegebenenfalls zur Korrektur dieses Ergebnisses und zur **Harmonisierung** der beiden nicht aufeinander abgestimmten Existenzsicherungssysteme auf § 82 Abs. 3 Satz 3 SGB XII zurückzugreifen.[40] Danach kann abweichend von § 82 Abs. 3 Satz 1 SGB XII in begründeten Fällen ein anderer Betrag vom Einkommen abgesetzt werden. Im Sinne einer Öffnungsklausel oder eines Auffangtatbestands[41] ermöglicht es die Regelung dem Sozialhilfeträger, zur Vermeidung einer Ungleichbehandlung von einer Einkommensanrechnung ganz oder teilweise abzusehen.[42] § 82 Abs. 3 Satz 3 SGB XII ist dabei als generelle Härteklausel für alle denkbaren Einkommen zu verstehen und deshalb auch die einschlägige Norm, um gegebenenfalls aus der unterschiedlichen Regelung zum Kindergeld resultierende sachwidrige Ergebnisse zu vermeiden.[43]

3. Hilfen zum Lebensunterhalt ohne materielle Bedürftigkeit (Absatz 3)

42 Hilfen zum Lebensunterhalt (teilweise als „**kleine Haushaltshilfe**" bezeichnet[44]) können nach Absatz 3 auch dann geleistet werden, wenn Personen zwar grundsätzlich aufgrund ihrer finanziellen Situation in der Lage wären, ihren notwendigen Lebensunterhalt selbst zu bestreiten, aber einzelne für diesen erforderliche Verrichtungen, etwa hauswirtschaftliche Arbeiten, nicht ausführen können.

43 Nach seinem eindeutigem Wortlaut kommt § 27 Abs. 3 SGB XII nur zur Anwendung, wenn keine Hilfebedürftigkeit i.S. des § 27 Abs. 2 SGB XII i.V.m. den §§ 82-84 SGB XII gegeben ist.[45] Bei Bedürftigkeit ist nach der Rechtsprechung des BVerwG (zur Vorgängervorschrift des § 11 Abs. 3 BSHG) nicht Hilfe zur Pflege zu gewähren (§§ 61 ff. SGB XII), sondern der Regelsatz abweichend festzulegen (§ 22 Abs. 1 Satz 2 BSHG, heute § 27a Abs. 4 Satz 1 SGB XII).[46] Hieran ist jedoch nicht festzuhalten. Die Rechtsprechung des BVerwG hätte zur Folge, dass Empfänger von Leistungen nach dem SGB II, für die § 27a Abs. 4 Satz 1 SGB XII weder direkt noch analog anwendbar ist, für die aber ebenfalls die besonderen Leistungen des SGB XII in Betracht kommen, ohne rechtfertigenden Grund ungleich behandelt würden. Der Umstand, dass § 27 Abs. 3 SGB XII bei **fehlender Bedürftigkeit** (ausnahmsweise) die Gewährung von „Hilfe zum Lebensunterhalt" ermöglicht, rechtfertigt nicht die Annahme, dass bei bestehender Bedürftigkeit auch nach Inkrafttreten des SGB XI und der Neufassung der Hilfe zur Pflege im BSHG am 01.04.1995 Haushaltshilfeleistungen für einzelne Verrichtungen statt unter die §§ 61 ff. SGB XII unter die allgemeine Hilfe zum Lebensunterhalt nach § 27a SGB XII zu subsumieren sind.[47] Die §§ 61 ff. SGB XII stellen in diesen Fällen, wie insbesondere auch § 61 Abs. 5 Nr. 4 SGB XII zeigt, einschlägige Spezialvorschriften dar (vgl. die Kommentierung zu § 61 SGB XII Rn. 36). Dies bedeutet zugleich, dass entgegen der Rechtsprechung des BVerwG die Hilfebedürftigkeit nach allgemeinen Regeln zu beurteilen ist und nicht danach, ob der Berechtigte trotz der **Hinzurechnung** des Wertes der jeweiligen erforderlichen Einzelleistungen zu seinem Bedarf unter Berücksichtigung seines Einkommens und Vermögens finanziell nicht bedürftig ist.[48]

---

[40] *Stölting/Greiser*, SGb 2010, 631, 635.

[41] Vgl. auch *Schmidt*, § 82 SGB XII Rn. 68; *Decker* in: Oestreicher, SGB II/SGB XII, § 82 SGB XII Rn. 106, Stand Juni 2011.

[42] Vgl. dazu schon BSG v. 23.03.2010 - juris Rn. 29 ff. - B 8 SO 17/09 R - BSGE 106, 62 ff. = SozR 4-3500 § 82 Nr. 6; BSG v. 23.03.2010 - B 8 SO 15/08 R - juris Rn. 18).

[43] BSG v. 09.06.2011 - B 8 SO 20/09 R - juris Rn. 23 - BSGE 108, 241 ff. = SozR 4-3500 § 82 Nr. 8.

[44] Vgl. Hessisches LSG v. 04.07.2006 - L 9 SO 24/06 ER - ASR 2007, 137139; kritisch zur Begriffsverwendung BSG v. 11.12.2007 - B 8/9b SO 12/06 R - SozR 4-3500 § 21 Nr. 1.

[45] BSG v. 11.12.2007 - B 8/9b SO 12/06 R - SozR 4-3500 § 21 Nr. 1; BVerwG v. 15.12.1995 - 5 C 8.94 - FEVS 47, 63 ff. zur Vorgängervorschrift des § 11 Abs. 3 BSHG.

[46] BVerwG v. 15.12.1995 - 5 C 8/94 - FEVS 47, 63 ff.

[47] BSG v. 11.12.2007 - B 8/9b SO 12/06 R - SozR 4-3500 § 21 Nr. 1 Rn. 16.

[48] BVerwG v. 15.12.1995 - 5 C 8/94 - FEVS 47, 63 ff.

Angesichts der vorrangig anzuwendenden §§ 61 ff. SGB XII hat § 27 Abs. 3 SGB XII fast keine praktische Bedeutung mehr. Ein **denkbarer Anwendungsfall** könnte gegeben sein, wenn ein Anspruch auf Leistungen nach den §§ 61 ff. SGB XII unter Berücksichtigung der (gegenüber der Hilfe zum Lebensunterhalt günstigeren) Einkommensgrenzen nicht gegeben ist und – mangels Hilfebedürftigkeit – deshalb nur Leistungen nach § 27 Abs. 3 SGB XII in Frage kommen oder der Berechtigte schon zur Organisation einer bestimmten Dienstleistung nicht in der Lage ist[49] (etwa weil es im jeweiligen örtlichen Gebiet keine privaten Anbieter gibt).[50] Beim „betreuten Wohnen" kann eine Hilfe zur hauswirtschaftlichen Versorgung nach § 27 Abs. 3 SGB XII erfolgen.[51] 44

Eine Überschneidung des Anwendungsbereichs des § 27 Abs. 3 SGB XII mit der Hilfe zur **Weiterführung des Haushalts** (§ 70 SGB XII, sogenannte „große Haushaltshilfe") dürfte nicht in Betracht kommen, da Zielrichtung dieser Leistung nicht die behindertenbezogene Pflege in Form der hauswirtschaftlichen Versorgung ist (also nicht Sicherung des notwendigen Lebensunterhaltes der hilfebedürftigen Person wie bei § 27 Abs. 3 SGB XII), sondern die persönliche Betreuung von Haushaltsangehörigen sowie die zur Weiterführung des Haushalts erforderliche Tätigkeit.[52] Im Übrigen wäre auch diese Leistung gegenüber § 27 Abs. 3 SGB XII vorrangig. Die Hilfe zur Weiterführung des Haushalts nach § 70 SGB XII ist grundsätzlich anders als die Leistungen nach § 27 Abs. 3 SGB XII nur vorübergehend (§ 70 Abs. 1 Satz 2 SGB XII), was aber nicht gilt, wenn durch die Leistungen die Unterbringung in einer stationären Einrichtung vermieden oder aufgeschoben werden kann (§ 70 Abs. 1 Satz 3 SGB XII). Zudem ist diese Hilfe umfassend, der Betreffende nimmt also anders als bei § 27 Abs. 3 SGB XII nicht mehr die planende, leitende Funktion bei der Führung des Haushalts wahr. 45

Für Leistungsberechtigte nach dem SGB II ist § 27 Abs. 3 SGB XII nicht entsprechend anwendbar, da § 5 Abs. 2 SGB II und § 21 Satz 1 SGB XII eine Gewährung von Leistungen nach dem Dritten Kapitel des SGB XII ausdrücklich ausschließen.[53] Deshalb kommen auch Aufstockungsleistungen für **SGB-II-Leistungsberechtigte** nicht in Betracht. Entscheidend ist aber nur, ob ein Anspruch auf Leistungen nach dem SGB II besteht, nicht aber, ob tatsächlich Leistungen nach dem SGB II bezogen werden. Werden zu Unrecht Leistungen nach dem SGB II bezogen, entfaltet die Entscheidung des Jobcenters also keine Bindungswirkung.[54] 46

Für einen „Anspruch" nach dem SGB II ist es nicht entscheidend, ob ein **Antrag** gestellt wurde, weil ein solcher keine materiell-rechtliche Anspruchsvoraussetzung ist, sondern nur verfahrensrechtliche Bedeutung hat (str., vgl. eingehend die Kommentierung zu § 21 SGB XII Rn. 31 f.). Der Anspruch nach dem SGB II setzt allerdings Hilfebedürftigkeit voraus. Fehlt es hieran, wären nach dem Wortlaut des § 5 Abs. 2 SGB II zwar Leistungen nach dem Dritten Kapitel des SGB XII nicht ausgeschlossen, nach § 21 Satz 1 SGB XII erhalten aber Personen, die dem Grunde nach leistungsberechtigt nach dem SGB II sind, keine Leistungen für den Lebensunterhalt. Den Worten „dem Grunde nach" ist zu entnehmen, dass § 21 SGB XII eine generelle Kompetenzabgrenzung enthält (vgl. die Kommentierung zu § 21 SGB XII Rn. 19), die auf die Erwerbsfähigkeit abstellt. Für den Personenkreis der Erwerbsfähigen kommen aber, wie im Übrigen auch für die Empfänger von Hilfe zum Lebensunterhalt nach dem SGB XII, die besonderen Leistungen des SGB XII in Betracht, also z.B. die **Hilfe zur Pflege** oder die Hilfe zur **Weiterführung des Haushalts**, soweit sie deren Voraussetzungen erfüllen. 47

Bei den Leistungen nach § 27 Abs. 3 SGB XII handelt es sich um **Ermessensleistungen**. Dabei ist insbesondere zu berücksichtigen, wie hoch die Kosten für die Leistungen nach § 27 Abs. 3 SGB XII sind, in welchem Umfang der Berechtigte der Hilfen bedarf, welche Möglichkeiten er zur Selbsthilfe hat, weil er nicht bedürftig ist, inwieweit der Betroffene noch selbst zu einer Organisation der Deckung des betreffenden Bedarfs in der Lage ist und ob der Bedarf dem Kernbereich der Existenzsicherung, also dem sogenannten physischen Existenzminimum zuzuordnen ist. Für den Fall, dass der Hilfebedürftige zu einer Eigenorganisation nicht mehr in der Lage ist und es sich um Leistungen der physischen Existenzsicherung handelt, kann das Entschließungsermessen auf Null reduziert sein, sodass eine Leistung zu erbringen ist. 48

---

[49] Zu diesem Aspekt Hessisches LSG v. 04.07.2006 - L 9 SO 24/06 ER - ASR 2007, 137139.
[50] BSG v. 18.03.2008 - B 8/9b SO 9/06 R - juris Rn. 10 - BSGE 100, 131 = SozR 4-3500 § 90 Nr. 3.
[51] Vgl. *Adolph* in: Linhart/Adolph, SGB II SGB XII AsylbLG, § 27 SGB XII Rn. 153, Stand: Juni 2012.
[52] Vgl. BSG v. 11.12.2007 - B 8/9b SO 12/06 R - SozR 4-3500 § 21 Nr. 1.
[53] BSG v. 26.08.2008 - B 8/9b SO 18/07 R - SozR 4-3500 § 18 Nr. 1; BSG v. 11.12.2007 - B 8/9b SO 12/06 R - SozR 4-3500 § 21 Nr. 1; LSG Hamburg v. 03.07.2003 - L 5 B 159/05 ER AS - SozSich 2005, 314, LSG Nordrhein-Westfalen v. 16.09.2005 - L 20 B 9/05 SO ER - NDV-RD 2005, 127-128.
[54] BSG v. 11.12.2007 - B 8/9b SO 12/06 R - SozR 4-3500 § 21 Nr. 1 Rn. 14.

49 Der **Umfang** der dem Hilfebedürftigen zu gewährenden Leistungen nach § 27 Abs. 3 SGB XII bestimmt sich nach denjenigen Verrichtungen, die er gesundheitsbedingt nicht selbst wahrnehmen kann. Zur Ermittlung dieser Verrichtungen kann der Sozialhilfeträger oder das Sozialgericht den Sozialpsychiatrischen Dienst des Gesundheitsamtes heranziehen, der eine zur Bewertung geeignete Dienststelle ist.[55] Daneben sind aber alle sonst denkbaren Erkenntnisquellen zu nutzen, die Aufschluss über den erforderlichen Bedarf geben können. Werden Leistungen nach § 27 Abs. 3 SGB XII erbracht, ist eine gleichzeitige pauschale Kürzung des Mehrbedarfszuschlages (§ 30 Abs. 1 Nr. 1 SGB XII) um etwa ein Drittel unzulässig.[56] Denn der Mehrbedarfszuschlag nach § 30 Abs. 1 Nr. 1 SGB XII enthält gerade keinen spezifischen „Bedarfsposten" für eine Haushaltskraft.

50 Vom Ermessen nicht umfasst (zunächst) ist die **Höhe der Leistung**, weil sonst § 27 Abs. 3 Satz 2 SGB XII, wonach ein angemessener Kostenbeitrag verlangt werden kann, keinen Sinn ergäbe. Ermessen kann insoweit nur hinsichtlich der Auswahl aus mehreren geeigneten Leistungen ausgeübt werden (Auswahlermessen). Die Höhe der Leistung kann aber über den Kostenbeitrag gesteuert werden. Auch insoweit hat die Behörde Ermessen auszuüben. Dieses Ermessen erstreckt sich sowohl auf die Frage, ob überhaupt ein **Kostenbeitrag** verlangt wird, als auch darauf, in welcher Höhe dieser Beitrag festgesetzt werden soll. Er muss aber angemessen sein. Die Behörde kann deshalb keinen Kostenbeitrag verlangen, der dem Betroffenen im Ergebnis keinen oder nur einen marginalen (Kosten-)Vorteil bringt.

51 Als unbestimmter Rechtsbegriff unterliegt die Angemessenheit einer vollen richterlichen Überprüfung. Anhaltspunkte für die **Angemessenheit** können sich aus den Einkommens- und Vermögensverhältnissen ergeben, gegebenenfalls auch aus § 87 Abs. 1 Satz 2 SGB XII abgeleitet werden (vgl. die Kommentierung zu § 87 SGB XII). Auch der Grundsatz einer sparsamen und wirtschaftlichen Haushaltsführung kann beachtet werden; aus ihm lässt sich regelmäßig die Rechtmäßigkeit einer Inanspruchnahme zum Kostenbeitrag begründen, zumal eine Bedürftigkeit des Leistungsberechtigten hierdurch nicht ausgelöst wird. Die Anforderung einer vollen Kostenerstattung ist im Hinblick auf diesen Umstand aber nicht zulässig.

52 Der Kostenbeitrag ist im Wege des **Leistungsbescheides** gegen den Leistungsberechtigten geltend zu machen[57] und kann mit der Bewilligungsentscheidung verbunden werden.

C. Praxishinweise

53 Leistet der Sozialhilfeträger trotz eines Anspruch nach § 19 Abs. 1 SGB XII i.V.m. § 27 Abs. 1 SGB XII nicht und wird der Bedarf vor der Entscheidung durch den Sozialhilfeträger oder bei einer Klage oder einem Antrag auf Erlass einer einstweiligen Anordnung durch das Sozialgericht mit Hilfe Dritter oder durch Einsatz von Schonvermögen gedeckt, erledigt sich das Begehren des Hilfebedürftigen nicht. Insbesondere findet der Grundsatz „**keine Leistungen für die Vergangenheit**" keine Anwendung. Aus Gründen des effektiven Rechtsschutzes ist deshalb in einem solchen Fall selbst bei (inzwischen) fehlender gegenwärtiger Bedürftigkeit Sozialhilfe auch für die Vergangenheit zu gewähren.[58]

54 Etwas anderes gilt aber in den Fällen, in denen etwa durch rigorosen Verzicht der **gegenwärtige Bedarf** nicht gedeckt wurde, später aber auch nicht nachgeholt werden kann. Ein ablehnender Bescheid hat sich in diesen Fällen bereits auf andere Weise erledigt (§ 39 Abs. 2 SGB X).[59] Dies kann etwa bei Einmalleistungen – z.B. einem Schulausflug oder einer Klassenfahrt nach § 34 Abs. 2 SGB XII – der Fall sein. Hat der Schüler wegen der rechtswidrigen Leistungsablehnung nicht an der Klassenfahrt teilgenommen, können die entsprechenden Kosten deshalb im späteren Widerspruchs- oder Klageverfahren nicht zugesprochen werden. Gleiches gilt für Mehrbedarfe, bei denen nur die Höhe des Bedarfs,

---

[55] LSG NRW v. 23.03.2011 - L 12 SO 593/10.
[56] LSG NRW v. 23.03.2011 - L 12 SO 408/10.
[57] *Dauber* in: Mergler/Zink, SGB XII und AyslbLG, § 27 SGB XII, Rn. 25 Stand: September 2011; *Schoch* in: LPK-SGB XII, 9. Aufl. 2012, § 27 Rn. 44.
[58] BVerwG v. 14.09.1972 - V C 62.72, V B 35.72 - BVerwGE 40, 343, 346; BVerwG v. 10.05.1979 - V C 79.77 - BVerwGE 58, 68, 74; BVerwG v. 30.04.1992 - 5 C 12/87 - BVerwGE 90, 154, 156; BVerwG v. 30.04.1992 - 5 C 26/88 - BVerwGE 90, 160, 162; BVerwG v. 02.09.1993 - 5 C 50/91 - BVerwGE 94, 127, 133; BVerwG v. 05.05.1994 - 5 C 43/91 - BVerwGE 96, 18, 19.
[59] BSG v. 29.09.2009 - B 8 SO 16/08 R - juris Rn. 17 - BSGE 104, 213 ff. = SozR 4-1300 § 44 Nr. 20.

nicht aber der (nachzuweisende) Bedarf als solcher vom Gesetzgeber typisierend unterstellt wird, z.B. für kostenaufwändige Ernährung nach § 30 Abs. 5 SGB XII. Hat der Kranke auf die kostenaufwändige Ernährung verzichtet, existiert kein durch eine nachträgliche Leistung zu deckender Bedarf.

Dies gilt aber nicht entsprechend für den Regelsatz, mit dem der Regelbedarf zu decken ist, weil es sich insoweit um eine pauschalierte Leistung handelt, die typisierend von einer Bedarfsdeckung ausgeht und (anders als beim Mehrbedarf für kostenaufwändige Ernährung) nicht nur die Höhe des nachzuweisenden Bedarfs typisierend pauschaliert. Diese Leistungen dienen nicht nur der Befriedigung eines aktuellen, sondern auch eines zukünftigen und vergangenen Bedarfs,[60] und nehmen daher nicht an der von der verwaltungsgerichtlichen Rechtsprechung angenommenen „**Existenzschwäche**" des Sozialhilfeanspruchs[61] teil. Deshalb muss der Nachweis einer anderweitigen Bedarfsdeckung hier nicht geführt werden. 55

Dem Umstand, dass das SGB XII für die Mitglieder einer Einsatzgemeinschaft Individualansprüche vorsieht, müssen auch die **Leistungsbescheide** ausreichend Rechnung tragen. Sie dürfen als Leistungsbetrag keinen Gesamtbetrag auswerfen, der lediglich im Anhang des Bescheids, auf den verwiesen wird, näher erläutert wird. Die **konkrete Berechnung des Individualanspruchs** muss sich aus dem Bescheid selbst ergeben. Dabei reicht es aus, wenn durch Auslegung des Bescheides noch hinreichend deutlich die Bewilligung von Leistungen an die einzelnen Mitglieder der Einsatzgemeinschaft als Einzelverfügungen (Verwaltungsakte i.S. des § 31 SGB X) erkennbar wird und aus dem Anhang zum Bewilligungsbescheid die einzelnen die jeweiligen Mitglieder der Einsatzgemeinschaft betreffenden Leistungsbeträge nachvollzogen werden können. Dies genügt den Anforderungen an die Bestimmtheit eines Verwaltungsaktes (§ 33 SGB X). Ist dies im Einzelfall nicht möglich, ist bereits der Bewilligungsbescheid rechtswidrig, weil Leistungen nicht an eine Einsatzgemeinschaft bewilligt werden dürfen, sondern nur an die einzelnen Mitglieder der Einsatzgemeinschaft.[62] Virulent wird dies aber seltener bei Leistungsbescheiden als vielmehr bei Bescheiden, die die Bewilligung aufheben und die Erstattung der Leistung verlangen, etwa wenn sich der Bescheid mit der Erstattungsforderung (als Gesamtbetrag) nur an ein Mitglied der Einsatzgemeinschaft richtet. 56

Der Umstand, dass das SGB XII für die Mitglieder einer Einsatzgemeinschaft Individualansprüche vorsieht, hat auch zur Folge, dass einzelne Mitglieder der Einsatzgemeinschaft nicht mit einer **eigenen Klage die Ansprüche aller Mitglieder** der Einsatzgemeinschaft verfolgen können, auch nicht als (gesetzliche) Prozessstandschafter.[63] Da eine Abtretung von Sozialhilfeansprüchen nach § 17 Abs. 1 Satz 2 SGB XII nicht möglich ist, ist selbst dieser Weg der „Bündelung" der Ansprüche der Mitglieder der Einsatzgemeinschaft verbaut. Hierauf ist insbesondere dann zu achten, wenn Fristen (etwa die Klagefrist) einzuhalten sind. 57

---

[60] *Eicher* in: Eicher/Spellbrink, SGB II, 3. Aufl. 2013, § 40 Rn. 23 f.
[61] *Rothkegel*, Sozialhilferecht, 2005, Teil II Kap 5 Rn. 6 f.
[62] BSG v. 07.11.2006 - B 7b AS 8/06 R juris Rn. 14 BSGE 97, 217 = SozR 4-4200 § 22 Nr. 1.
[63] Zum Recht des SGB II: BSG v. 07.11.2006 - B 7b AS 8/06 R - juris Rn. 13 - BSGE 97, 217 = SozR 4-4200 § 22 Nr. 1.

§ 27a SGB XII Notwendiger Lebensunterhalt, Regelbedarfe und Regelsätze

(Fassung vom 24.03.2011, gültig ab 01.01.2011)

(1) ¹Der für die Gewährleistung des Existenzminimums notwendige Lebensunterhalt umfasst insbesondere Ernährung, Kleidung, Körperpflege, Hausrat, Haushaltsenergie ohne die auf Heizung und Erzeugung von Warmwasser entfallenden Anteile, persönliche Bedürfnisse des täglichen Lebens sowie Unterkunft und Heizung. ²Zu den persönlichen Bedürfnissen des täglichen Lebens gehört in vertretbarem Umfang eine Teilhabe am sozialen und kulturellen Leben in der Gemeinschaft; dies gilt in besonderem Maß für Kinder und Jugendliche. ³Für Schülerinnen und Schüler umfasst der notwendige Lebensunterhalt auch die erforderlichen Hilfen für den Schulbesuch.

(2) ¹Der gesamte notwendige Lebensunterhalt nach Absatz 1 mit Ausnahme der Bedarfe nach dem Zweiten bis Vierten Abschnitt ergibt den monatlichen Regelbedarf. ²Dieser ist in Regelbedarfsstufen unterteilt, die bei Kindern und Jugendlichen altersbedingte Unterschiede und bei erwachsenen Personen deren Anzahl im Haushalt sowie die Führung eines Haushalts berücksichtigen.

(3) ¹Zur Deckung der Regelbedarfe, die sich nach den Regelbedarfsstufen der Anlage zu § 28 ergeben, sind monatliche Regelsätze zu gewähren. ²Der Regelsatz stellt einen monatlichen Pauschalbetrag zur Bestreitung des Regelbedarfs dar, über dessen Verwendung die Leistungsberechtigten eigenverantwortlich entscheiden; dabei haben sie das Eintreten unregelmäßig anfallender Bedarfe zu berücksichtigen.

(4) ¹Im Einzelfall wird der individuelle Bedarf abweichend vom Regelsatz festgelegt, wenn ein Bedarf ganz oder teilweise anderweitig gedeckt ist oder unabweisbar seiner Höhe nach erheblich von einem durchschnittlichen Bedarf abweicht. ²Besteht die Leistungsberechtigung für weniger als einen Monat, ist der Regelsatz anteilig zu zahlen. ³Sind Leistungsberechtigte in einer anderen Familie, insbesondere in einer Pflegefamilie, oder bei anderen Personen als bei ihren Eltern oder einem Elternteil untergebracht, so wird in der Regel der individuelle Bedarf abweichend von den Regelsätzen in Höhe der tatsächlichen Kosten der Unterbringung bemessen, sofern die Kosten einen angemessenen Umfang nicht übersteigen.

Gliederung

A. Basisinformationen 1
I. Textgeschichte/Gesetzgebungsmaterialien 1
II. Vorgängervorschriften/historische Entwicklung 5
III. Parallelvorschriften 12
IV. Untergesetzliche Vorschriften 16
V. Systematische Zusammenhänge 17
VI. Ausgewählte Literaturhinweise 20
B. Auslegung der Norm 21
I. Regelungsgehalt und Bedeutung der Norm 21
II. Normzweck 27
III. Der Begriff des „notwendigen Lebensunterhalts" (Absatz 1) 31
1. Grundlegende Bedarfstatbestände (Absatz 1 Satz 1) 37
a. Allgemeines 37
b. Ernährung 39
c. Kleidung 45
d. Körperpflege 48
e. Hausrat 50
f. Haushaltsenergie 53
g. Unterkunft 55
h. Heizung 56
i. Persönliche Bedürfnisse des täglichen Lebens 60
2. Sonstige Bedarfstatbestände 65
3. Besondere Bedarfe von Kindern und Jugendlichen (Absatz 1 Sätze 2 und 3) 69
4. Auswirkungen der Definition des notwendigen Lebensunterhalts 71
IV. Regelbedarf und Regelbedarfsstufen (Absatz 2) 73
1. Allgemeines 73
2. Regelbedarfsstufe 1 76
3. Regelbedarfsstufen 2 und 3 77
4. Regelbedarfsstufen 4-6 81

V. Deckung der Regelbedarfe durch Regelsätze (Absatz 3) 82
VI. Abweichende Festlegung der Regelsätze (Absatz 4 Satz 1) 86
  1. Allgemeines 86
  2. Bedarf ganz oder teilweise anderweitig gedeckt 90
  3. Erhebliche Abweichung vom durchschnittlichen Bedarf 99

VII. Anteiliger Regelsatz (Absatz 4 Satz 2) 110
VIII. Bedarfsbemessung bei Unterbringung (Absatz 4 Satz 3) 112
IX. Übergangsregelung für Regelbedarfsstufen 4-6 117
X. Allgemeine Übergangsregelung 118
C. Praxishinweise 119

A. Basisinformationen

I. Textgeschichte/Gesetzgebungsmaterialien

Die Vorschrift ist zum **01.01.2011** aufgrund des Art. 3 Nr. 8 des Gesetzes zur Ermittlung von Regelbedarfen und zur Änderung des Zweiten und Zwölften Buches Sozialgesetzbuch vom 24.03.2011[1] in Kraft getreten, nachdem das BVerfG[2] die Berechnung der Regelleistung nach dem SGB II für verfassungswidrig erklärt und dem Gesetzgeber eine Neuregelung bis zum 31.12.2010 auferlegt hatte. Es handelt sich **nicht** um eine **komplette Neuregelung**, da sie sich mit gewissen sprachlichen und inhaltlichen Abweichungen an die Vorgängervorschriften in den **§§ 27 und 28 SGB XII a.F.** anlehnt (vgl. Rn. 5 ff.).

1

Die **Gesetzesbegründung**[3] führt u.a. aus, dass in § 27a SGB XII Inhalte zur Abgrenzung des notwendigen Lebensunterhaltes, dem Grundsatz der Gewährung von Regelsätzen sowie der abweichenden Regelsatzfestsetzung aus den bisherigen §§ 27 und 28 übernommen und entsprechend dem sich aus dem **Urteil des BVerfG v. 09.02.2010**[4] ergebenden Änderungsbedarf weiterentwickelt werden. Weitere **Gesetzesmaterialien** sind die Beschlussempfehlung und der Bericht des Ausschusses für Arbeit und Soziales vom 01./02.12.2010[5] sowie die Beschlussempfehlungen des Vermittlungsausschusses vom 09.02.2011[6] und 23.02.2011[7].

2

Die wesentlichen auf **verfassungsrechtlichen Vorgaben** beruhenden inhaltlichen Änderungen sind insoweit allerdings nicht in § 27a SGB XII enthalten. Es handelt sich zunächst um die durch das BVerfG geforderte **Festlegung der Regelsatzhöhe durch Gesetz** und nicht durch bloße Verordnung[8], die sich nun aus dem Gesetz zur Ermittlung der Regelbedarfe nach § 28 des Zwölften Buches Sozialgesetzbuch vom 24.03.2011 (RBEG)[9] i.V.m. § 28 SGB XII und der zugehörigen Anlage sowie den ebenfalls stark überarbeiteten Vorschriften über die **Fortschreibung der Regelbedarfsstufen** und Regelsätze (§§ 28a und 29 SGB XII) ergibt. Eine weitere wichtige Neuerung ist die **eigene Berechnung der Regelsätze für Kinder und Jugendliche** unter Einbeziehung auch von Leistungen für Bildung[10], ebenfalls im RBEG (§ 6). Ansonsten wurden die Regelbedarfe nun weitgehend ohne Abschläge in einzelnen Kategorien der bundesweiten Einkommens- und Verbrauchsstichprobe (EVS; aktuell ausgewertet die EVS 2008, in der Auswertung die EVS 2013) des Statistischen Bundesamtes berechnet, weil das BVerfG hier nicht unerhebliche Anforderungen an die **Nachvollziehbarkeit von Abschlägen** gestellt hatte[11]. Dafür wurde die Bezugsgruppe bei den erwachsenen Leistungsempfängern auf untersten 15% festgelegt, statt wie bisher auf das unterste Quintil der Einkommensbezieher (vgl. auch die Kommentierung zu § 28 SGB XII Rn. 29 f.). Zur Vermeidung von **Zirkelschlüssen** wurden, wie

3

---

[1] BGBl I 2011, 453.
[2] BVerfG v. 09.02.2010 - 1 BvL 1/09, 1 BvL 3/09, 1 BvL 4/09 - BVerfGE 125, 175; vgl. zu den Anforderungen an den Gesetzgeber *Meßling*, Festschrift für Jäger, S. 787 ff.; *Rothkegel*, ZFSH/SGB 2010, 135 ff.; vgl. auch *Riehle*, Sozialrecht aktuell 2010, 213, 214: „An die Stelle der inhaltlichen Kontrolle rückt die Kontrolle des Verfahrens."
[3] BT-Drs. 17/3404, S. 120.
[4] BVerfG v. 09.02.2010 - 1 BvL 1/09, 1 BvL 3/09, 1 BvL 4/09 - BVerfGE 125, 175.
[5] BT-Drs. 17/4032, BT-Drs. 17/4095.
[6] BT-Drs. 17/4719.
[7] BT-Drs. 17/4830.
[8] BVerfG v. 09.02.2010 - 1 BvL 1/09, 1 BvL 3/09, 1 BvL 4/09 - juris Rn. 136 - BVerfGE 125, 175.
[9] BGBl I 2011, 453.
[10] Zu diesem Erfordernis vgl. BVerfG v. 09.02.2010 - 1 BvL 1/09, 1 BvL 3/09, 1 BvL 4/09 - juris Rn. 181 f., 190 ff. - BVerfGE 125, 175.
[11] BVerfG v. 09.02.2010 - 1 BvL 1/09, 1 BvL 3/09, 1 BvL 4/09 - juris Rn. 170 ff. - BVerfGE 125, 175.

vom BVerfG gefordert[12], über die bisherigen Bezieher von Sozialhilfe hinaus auch Bezieher von Leistungen zur Sicherung des Lebensunterhaltes nach dem SGB II aus der Vergleichsgruppe genommen. Nicht ausgeschlossen aus dieser Gruppe wurden allerdings die Bezieher von solchen Leistungen, die über ein weiteres Einkommen verfügen (z.B. sog. „**Aufstocker**", vgl. hierzu die Kommentierung zu § 28 SGB XII Rn. 33 f.).

4   Die **Materialien zur Vorgängernorm** des § 27 SGB XII a.F. (im Entwurf noch § 28) enthalten keine eigenständige Gesetzesbegründung, sondern nur den Hinweis, dass darin die verschiedenen Regelungen des BSHG zum notwendigen Lebensunterhalt zusammengefasst werden.[13] Die Materialien zur Vorgängerregelung des § 28 SGB XII a.F.[14] erläutern insbesondere die Neukonzeption der Regelsätze mit einer gegenüber dem BSHG stärkeren Pauschalierung der Leistungen.

II. Vorgängervorschriften/historische Entwicklung

5   **Absatz 1** entspricht mit kleineren Abweichungen im Wesentlichen § 27 Abs. 1 und 2 SGB XII a.F., der wiederum inhaltsgleich den früheren § 12 BSHG übernommen hatte.[15] Wegen der Umstrukturierungen im Rahmen der Einführung des SGB XII, insbesondere durch die stärkere Pauschalierung von Leistungen (vgl. z.B. Absatz 2), ist gegenüber dem BSHG ein **Bedeutungswandel** der Regelung eingetreten (vgl. hierzu Rn. 23), so dass nicht mehr ohne weiteres auf ältere Kommentierungen und die Gesetzesbegründungen zu der Vorgängervorschrift des § 12 BSHG zurückgegriffen werden kann. Abweichungen zu § 27 SGB XII a.F. ergeben sich durch eine sprachliche Überarbeitung und die Erweiterung um Bedarfe für Bildung für Schülerinnen und Schüler sowie für Teilhabe am sozialen und kulturellen Leben für Kinder und Jugendliche.[16] Der bisherige § 27 Abs. 3 SGB XII a.F. ist auch nach der Neuregelung weiter in § 27 Abs. 3 SGB XII enthalten und wurde nicht in § 27a SGB XII übernommen. Dies ist systematisch zutreffend, da in der aktuellen Fassung § 27 SGB XII die zuvor in § 19 SGB XII a.F. geregelten Leistungsberechtigten nennt und § 27 Abs. 3 SGB XII a.F. den leistungsberechtigten Personenkreis erweiterte.[17]

6   Die **Absätze 2 und 3** gehen auf den bisherigen § 28 Abs. 1 Satz 1 SGB XII a.F. zurück, verknüpfen aber nun den notwendigen Lebensunterhalt nicht mehr unmittelbar mit den Regelsätzen, sondern führen als Zwischenstufe die Regelbedarfe ein[18], die nach Regelbedarfsstufen erfasst werden. Dies ist gegenüber der bisherigen Sprachregelung, wo noch von „Bedarfen" und „Sonderbedarfen" die Rede war, etwas **verständlicher**. Allerdings hat die zusätzliche Einführung der Regelbedarfe und Regelbedarfsstufen zu einer erheblichen Ausweitung der Normierung geführt, da nun nicht nur die Regelbedarfe ermittelt werden müssen (§ 28 SGB XII in Verbindung mit dem RBEG), sondern auch die Regelbedarfsstufen fortgeschrieben (§ 28a SGB XII) und die Regelsätze festgesetzt und fortgeschrieben werden müssen (§ 29 Abs. 1 SGB XII). In Absatz 4 Satz 1 ist die Differenzierung auch nicht sauber durchgehalten („Im Einzelfall wird der individuelle Bedarf abweichend vom Regelsatz festgelegt"). Letztlich ist die neue Systematik eine Reaktion auf die Anforderung des BVerfG[19], die existenzsichernden Leistungen müssten nach einem nachvollziehbaren System berechnet sein, weshalb sich der Gesetzgeber bemüht hat, insgesamt **Unklarheiten** zu beseitigen. Nicht ganz nachvollziehbar ist allerdings, dass § 20 SGB II, der bisher von der „Regelleistung" sprach, nunmehr nur noch von Regelbedarfen spricht.[20] Dort wird etwas unglücklich formuliert, der Regelbedarf werde als monatlicher Pauschalbetrag „berücksichtigt". Insoweit fehlt also der im SGB XII vorhandene Zwischenschritt zwischen Regelbedarf und den zur Deckung desselben gewährten Regelsätzen.

---

[12] BVerfG v. 09.02.2010 - 1 BvL 1/09, 1 BvL 3/09, 1 BvL 4/09 - juris Rn. 139 - BVerfGE 125, 175.
[13] BT-Drs. 15/1514, S. 58 zu § 28.
[14] BT-Drs. 15/1514, S. 59 zu § 29.
[15] Vgl. BT-Drs. 15/1514, S. 58 zu § 28; *Ottersbach* in: Jahn, SGB XII, § 27a Rn. 1, Stand: 01.04.2013.
[16] BT-Drs. 17/3404, S. 120.
[17] Nach BSG v. 11.12.2007- B 8/9b SO 12/06 R - SozR 4-3500 § 21 Nr. 1 setzt der Anspruch gemäß § 27 Abs. 3 SGB XII wie bereits nach § 11 Abs. 3 BSHG (vgl. BVerwG v. 15.12.1995 - 5 C 8.94 - FEVS 47, 63) gerade eine fehlende Hilfebedürftigkeit voraus.
[18] Vgl. BT-Drs. 17/3404, S. 120: Einführung des Begriffs „Regelbedarf".
[19] BVerfG v. 09.02.2010 - 1 BvL 1/09, 1 BvL 3/09, 1 BvL 4/09 - juris Rn. 143 - BVerfGE 125, 175.
[20] *Wahrendorf* in: Grube/Wahrendorf, SGB XII, 4. Aufl. 2012, § 27a Rn. 5; vgl. auch *Ottersbach* in: Jahn, SGB XII, § 27a Rn. 32, Stand: 01.04.2013.

Die in der bisherigen Regelung des **§ 28 Abs. 1 Satz 1 SGB XII a.F.** aufgeführten **Mehr- und Sonderbedarfe** werden in § 27a Abs. 2 SGB XII nun nicht mehr einzeln benannt, sondern durch einen **pauschalen Verweis** auf die Bedarfe nach dem Zweiten bis Vierten Abschnitt erfasst, was die Vorschrift sprachlich etwas verschlankt. Weil gegenüber der Vorgängerregelung neue Bedarfe erfasst wurden (z.B. § 34 SGB XII), wäre eine Aufführung im Einzelnen nicht mehr gut lesbar gewesen.

7

Die jetzt in **Absatz 2 Satz 2** aufgeführte Festlegung, dass die Regelbedarfsstufen bei **Kindern und Jugendlichen altersbedingte Unterschiede** berücksichtigen und bei Erwachsenen deren Anzahl im Haushalt, war bereits in § 3 der früheren Regelsatz-Verordnung (**Regelsatz-VO** vom 03.06.2004[21] mit Wirkung zum 01.01.2005, zuletzt geändert durch Artikel 17 des Gesetzes vom 02.03.2009[22]) vorgesehen. Dabei erfolgte aber eine eigenständige Berechnung der Bedarfe für Kinder und Jugendliche nicht. Neu sind nun insbesondere die gesonderten Bildungs- und Teilhabeleistungen der §§ 34, 34a SGB XII. Bei mehreren erwachsenen Personen in einem Haushalt bestand in § 3 Regelsatz-VO a.F. ebenfalls bereits eine ähnliche Regelung für eine Kürzung der Leistung solcher Personen, die **sonstige Haushaltsangehörige** sind. Diese wurde durch das **BSG** aber einschränkend dahingehend ausgelegt, dass der verringerte Satz von 80% der einem sogenannten Haushaltsvorstand zu gewährenden Leistung nur in Betracht kam, wenn eine **Bedarfsgemeinschaft** im Sinne des SGB II vorlag.[23] Wenn der Gesetzgeber bei § 20 SGB II typisierend von prozentualen Abschlägen von der Regelleistung wegen Haushaltsersparnis nur bei Angehörigen einer Bedarfsgemeinschaft ausgehe, könne unter Gleichbehandlungsgesichtspunkten anderes auch für Empfänger von Leistungen von Hilfe zum Lebensunterhalt nach dem SGB XII nicht gelten. Diese Rechtsprechung will der Gesetzgeber „korrigieren" (vgl. Rn. 79), auch wenn in der Begründung zu § 27a SGB XII selbst ausgeführt ist, dass die Neuregelung „grundsätzlich" der heutigen Einteilung der Regelsätze entspreche.[24]

8

Eine unmittelbare Vorgängerregelung zu **Absatz 3 Sätze 2 und 3** gibt es nicht. Die Klarstellungen entsprechen aber der bisherigen gesetzgeberischen Vorstellung, die schon mit dem Wechsel vom BSHG zum SGB XII und der damit verbundenen verstärkten Pauschalierung von Leistungen zum Ausdruck kam.

9

Vorgängerregelungen zu **Absatz 4** sind § 28 Abs. 1 Satz 2 SGB XII a.F. (neuer Satz 1), für den eine sprachliche Anpassung erfolgt[25] **und § 28 Abs. 5 SGB XII a.F.** (neuer Satz 3), der inhaltlich unverändert[26], aber sprachlich angepasst übernommen wird. Für **Satz 2** gibt es keine Vorgängerregelung. Die Norm entspricht aber der bisherigen Praxis. Eine Vorgängerregelung zu § 28 Abs. 5 SGB XII a.F. gab es im **BSHG** nicht. Dieser übernahm aber die Regelung des § 3 Abs. 3 der Regelsatzverordnung zu § 22 BSHG.

10

Historisch[27] gehen die Regelsätze auf den durch die Reichsverordnung über die Fürsorgepflicht vom 13.02.1924[28] eingeführten Richtsatz zurück. Seit 1955 wurde der Richtsatz aufgrund eines Bedarfsmengenschemas bemessen, das einem **Warenkorbmodell** entsprach. Eine Regelsatzverordnung mit bundeseinheitlicher Festlegung von Aufbau und Inhalt der Regelsätze gab es ab 1962.[29] Die Anpassung der Regelsätze erfolgte zunächst auf der Grundlage des Warenkorbs unter Berücksichtigung der Preisentwicklung, wobei durch das 2. Haushaltstrukturgesetz vom 22.12.1981[30] dann eine Deckelung der Regelsätze unterhalb des Preisanstiegs vorgenommen wurde. Ab 01.07.1990 wurde übergangsweise zurückgehend auf ein Gutachten des Deutschen Vereins[31] erstmals ein auf dem tatsächlichen Verbrauch basierendes **Statistikmodell** eingeführt, das sich an der Entwicklung des Nettoein-

11

---

[21] BGBl I 2004, 1067.

[22] BGBl I 2009, 416.

[23] BSG v. 19.05.2009 - B 8 SO 8/08 R - NDV-RD 2009, 119-123; vgl. auch *Coseriu*, Sozialrecht aktuell 2010, 205, 207 f.

[24] BT-Drs. 17/3404, S. 120.

[25] BT-Drs. 17/3404, S. 120: Ergänzung von „individueller Bedarf". Entgegen der Begründung war der Begriff „im Einzelfall" auch schon in § 28 Abs. 1 Satz 2 SGB XII enthalten.

[26] Vgl. BT-Drs. 17/3404, S. 120.

[27] Vgl. zur historischen Entwicklung auch die umfangreiche Darstellung bei BVerfG v. 09.02.2010 - 1 BvL 1/09, 1 BvL 3/09, 1 BvL 4/09 - juris Rn. 41 ff. - BVerfGE 125, 175.

[28] RGBl I 1924, 100.

[29] BGBl I 1962, 562.

[30] BGBl I 1981, 1323.

[31] Neues Bedarfsbemessungssystem für die Regelsätze in der Sozialhilfe: Ableitung der Regelsätze für sonstige Haushaltsangehörige, 1989.

kommens, des Verbraucherverhaltens und der Lebenshaltungskosten orientieren sollte, was Raum für wertende Betrachtungsweisen des Verordnungsgebers ließ. Zum 01.08.1996 fanden sich erstmals direkt in § 22 Abs. 3 BSHG[32] Vorgaben zur statistischen Festsetzung der Regelsätze, die aber schon durch die damalige Übergangsvorschrift des § 22 Abs. 6 BSHG nicht zum Tragen kamen und letztlich durch weitere Verlängerungen der Übergangsregelungen erst mit der Einführung des § 28 SGB XII a.F. maßgeblich wurden. In der Entwicklung zeigt sich, dass **fiskalische Erwägungen** bei der Bemessung der Regelsätze von Beginn an eine Rolle gespielt haben.

III. Parallelvorschriften

12 Die § 27a Abs. 1-3 SGB XII entsprechende Regelung im Bereich der Grundsicherungsleistungen ist **§ 20 SGB II**. Dieser spricht mittlerweile ebenfalls von einem **Regelbedarf für den notwendigen Lebensunterhalt** (früher „Regelleistung zur Sicherung des Lebensunterhalts"), wobei dann ausgeführt wird, dass dieser insbesondere Ernährung, Kleidung, Körperpflege, Hausrat, Haushaltsenergie ohne die auf die Heizung und Erzeugung von Warmwasser entfallenden Anteile sowie persönliche Bedürfnisse des täglichen Lebens umfasst. Zu den persönlichen Bedürfnissen des täglichen Lebens gehört nach § 20 Abs. 1 Satz 2 SGB II in vertretbarem Umfang eine Teilhabe am sozialen und kulturellen Leben in der Gemeinschaft. Der Sprachgebrauch von SGB II und SGB XII wurde insoweit also angeglichen, auch wenn im SGB II nach wie vor keine explizite Beschreibung des notwendigen Lebensunterhaltes vorgenommen wird. Dass eine solche im Rahmen des SGB XII erfolgt, dürfte eher historisch aus der Anlehnung an das BSHG (vgl. Rn. 5) zu erklären sein, wo durch die vielfältigeren Regelungen von Einzelbedarfen eine gesonderte Ausformulierung des allgemeinen Leistungsinhalts noch sinnvoller war als heute (vgl. auch Rn. 23). § 20 SGB II erwähnt anders als § 27a Abs. 1 Satz 1 SGB XII die Unterkunft und Heizung nicht, weil diese in § 22 SGB II gesondert geregelt sind und § 20 SGB II den notwendigen Lebensunterhalt nicht umfassend beschreibt.

13 Als Parallelvorschrift zu Absatz 4 Satz 1 ist, nachdem das BVerfG das Fehlen einer solchen Klausel zur Festlegung eines individuell abweichenden Bedarfs beanstandet hatte[33], nunmehr **§ 21 Abs. 6 SGB II** zum 03.06.2010 eingeführt worden, der allerdings vom Wortlaut her geringfügig abweicht und vor allem allenfalls einen **Mehrbedarf**, aber **keinen Minderbedarf** erfassen kann (vgl. zur Problematik bei Absatz 4 Satz 1 Rn. 99).

14 Eine Parallelvorschrift zu **Absatz 4 Satz 2** ist **§ 41 Abs. 1 SGB II**, der allerdings eine klarere Regelung für die Berechnung der Teilleistung enthält. Gleiches gilt für **§ 134 SGB III**. Im Ergebnis ist jedoch auch Absatz 4 Satz 2 entsprechend auszulegen (vgl. Rn. 110 f.).

15 Da § 27a Abs. 2-4 SGB XII unmittelbar nur für Hilfeempfänger gilt, die nicht in **Einrichtungen** (vgl. **§ 13 Abs. 2 SGB XII**)[34] untergebracht sind, muss für Personen in Einrichtungen eine eigenständige Regelung über die Erbringung des notwendigen Lebensunterhaltes getroffen werden. Diese findet sich in **§ 27b SGB XII**, wobei teilweise der weitere notwendige Lebensunterhalt durch den angemessenen Barbetrag zur persönlichen Verfügung (ein Anteil der Regelbedarfsstufe 1 nach der Anlage zu § 28 SGB XII) erbracht wird (vgl. § 27b Abs. 2 SGB XII).

IV. Untergesetzliche Vorschriften

16 Die Leistungen für den in § 27a Abs. 1 SGB XII genannten notwendigen Lebensunterhalt werden außerhalb von Einrichtungen zu einem erheblichen Teil durch die Regelsätze nach Absatz 3 erbracht, deren Höhe sich nach den Regelbedarfsstufen bemisst, die wiederum den Regelbedarf abbilden sollen. Sofern die Länder abweichende Regelsätze aufgrund von regionalen Auswertungen der EVS oder als Mindestregelsätze gemäß § 29 Abs. 2 und 3 SGB XII festlegen, müssen sie diese gemäß § 29 Abs. 4 SGB XII in den Jahren, in denen keine Neuermittlung aufgrund einer neuen EVS erfolgt, jeweils zum 01.01. eines Jahres durch Rechtsverordnung mit der Veränderungsrate der Regelbedarfe fortschreiben, die sich aus der **Rechtsverordnung gemäß § 40 SGB XII** ergibt. In § 40 SGB XII wird das

---

[32] Geändert durch das Gesetz zur Reform des Sozialhilferechts vom 23.07.1996, BGBl I 1996, 1088.

[33] In BVerfG v. 09.02.2010 - 1 BvL 1/09, 1 BvL 3/09, 1 BvL 4/09 - juris Rn. 205 ff. - BVerfGE 125, 175 wird eine fehlende Öffnungsklausel für in Sonderfällen auftretende laufende Bedarfe nicht von der Regelleistung erfasster Art oder atypischen Umfangs für verfassungswidrig erklärt, wenn die Bedarfe so erheblich sind, dass sie auch unter Berücksichtigung von Einsparmöglichkeiten des Hilfebedürftigen an anderer Stelle nicht gedeckt werden können; vgl. hierzu auch *Jaritz*, Sozialrecht aktuell 2010, 96 ff.

[34] Vgl. zur unterschiedlichen Verwendung des Einrichtungsbegriffs im SGB XII und dem SGB II *Mrozynski*, ZFSH/SGB 2009, 328.

Bundesministerium für Arbeit und Soziales (BMAS) im Einvernehmen mit dem Bundesministerium der Finanzen (BMF) ermächtigt, durch Rechtsverordnung mit Zustimmung des Bundesrates den für die Fortschreibung der Regelbedarfsstufen nach § 28a SGB XII maßgeblichen Vomhundertsatz zu bestimmen und die **Anlage zu § 28 SGB XII** um die sich durch die Fortschreibung nach § 40 Satz 1 Nr. 1 SGB XII zum 01.01. eines Jahres ergebenden Regelbedarfsstufen zu ergänzen.

V. Systematische Zusammenhänge

Die Vorschrift steht einerseits in systematischem Zusammenhang mit der in **§ 1 Satz 1 SGB XII** genannten Aufgabe der Sozialhilfe, den Leistungsberechtigten die Führung eines Lebens zu ermöglichen, das der Würde des Menschen entspricht und die wiederum das verfassungsrechtlich durch Art. 1 Abs. 1 GG und den in Art. 20 Abs. 1 GG verankerten Sozialstaatsgrundsatz geschützte **Existenzminimum**[35] ausgestaltet. Andererseits trifft Absatz 1 selbst keine abschließenden Aussagen über den zu deckenden notwendigen Lebensunterhalt, sondern nennt, soweit dieser nicht wie im Regelfall bei den Regelsätzen nach Absatz 2 oder dem angemessenen Barbetrag nach 27b Abs. 2 SGB XII zu einer Einheit verknüpft ist, **eigenständig einklagbare Teilaspekte** desselben[36]. Deren nähere Ausformung neben der Deckung der Regelbedarfe und individuellen Bedarfe durch Regelsätze nach den Absätzen 2-4 wird auch den folgenden Vorschriften überlassen, insbesondere dem Zweiten bis Vierten Abschnitt des Dritten Kapitels.

17

Die Ermittlung der Regelbedarfe und korrespondierend (Absatz 3) der Regelsätze erfolgt nach **§ 28 SGB XII in Verbindung mit RBEG**. Die Fortschreibung der Regelbedarfsstufen in Jahren, in denen keine Neuermittlung nach § 28 SGB XII erfolgt, regelt **§ 28a SGB XII**. § 29 SGB XII wiederum trifft Bestimmungen über die Neufestsetzung und Fortschreibung der Regelsätze bzw. deren länderspezifische Festlegung.

18

Eine **Unterbringung** einer Person in einer anderen Familie, insbesondere in einer Pflegefamilie, oder bei anderen Personen als bei den Eltern oder einem Elternteil gemäß **Absatz 4 Satz 3** kann auch zu vorrangigen (vgl. § 10 Abs. 4 SGB VIII) Leistungen gemäß § 27 Abs. 1 SGB VIII i.V.m. § 33 SGB VIII führen (Hilfe zur Erziehung). Selbst im Anwendungsbereich des § 27a Abs. 4 Satz 3 SGB XII ist teilweise auf die zu § 39 SGB VIII entwickelten Sätze für Leistungen zum Unterhalt abzustellen (vgl. im Einzelnen Rn. 115).

19

VI. Ausgewählte Literaturhinweise

Becker, Bedarfsgerechtigkeit und sozio-kulturelles Existenzminimum, Frankfurt 2006; *I. Becker*, Bewertung der Neuregelungen des SGB II – Methodische Gesichtspunkte der Bedarfsbemessung vor dem Hintergrund des „Hartz-IV-Urteils" des Bundesverfassungsgerichts – Gutachten für die Hans-Böckler-Stiftung, SozSich 2011, Sonderheft, 7; *Burghardt*, Perspektiven einer Grundsicherung von Kindern, RsDE Nr 68, 36 (2009); *Busse/Pyzik*, Das Regelbedarfsdarlehen zur Sicherung des Lebensunterhaltes, NDV 2009, 94 u. 136; *Coseriu*, Das „neue" Sozialhilferecht, in: Bender/Eicher (Hrsg.), Sozialrecht – eine Terra incognita, 2009, S. 225; *Dauber*, Pauschalierung von Sozialhilfeleistungen, DVP 2004, 193; *Greiser/Stölting*, Regelsatzverordnung reloaded? Normenklarheit und Normenwahrheit bei der Festlegung der Regelbedarfsstufen im SGB XII, DVBl 2012, 1353; *Groth*, Neue Leistungen für Bildung und Teilhabe im SGB II, SGB XII und BKGG, jurisPR-SozR 8/2011, Anm. 1; *Heinz*, Die Mehrbedarfszuschläge der Hilfe zum Lebensunterhalt nach dem SGB XII und der sozialrechtliche Herstellungsanspruch als Instrument der Korrektur fehlgeschlagener Betreuung Hilfebedürftiger, ZfF 2009, 12; *Knickrehm*, Neue „Härtefallregelung" im SGB II und Gewährleistung des Existenzminimums, SR 2011, 45; *dies.*, Bilanz der ersten Jahre „Grundsicherung für Arbeitsuchende", in: Bender/Eicher (Hrsg.), Sozialrecht – eine Terra incognita, 2009, S. 193; *Könemann*, Der verfassungsunmittelbare Anspruch auf das Existenzminimum, Hamburg 2005; *Kötter*, Nach der Reform ist vor der Reform? – Die Neuregelung der Regelbedarfe im SGB II und SGB XII, info also 2011, 99; *Krodel*, Sozialgerichtliche Eilverfahren und Existenzsicherung – Beispiele aus der Rechtsprechung, NZS 2007, 20; *ders.*, Maßstab der Eilentscheidung und Existenzsicherung, NZS 2006, 637; *Kunkel*, Existenzsicherung in SGB II und SGB XII, ZfSH/SGB 2004, 280; *Langer*, Verfassungsmäßigkeit der Regelbedarfe des SGB II zweifelhaft, RdLH 2012, 58; *Lenze*, Das gesellschaftliche Existenzminimum auf dem Prüfstand, Streit 2009, 76; *Luthe*, Aktivierende Bedarfssicherung, NDV 2003, 167; *Luthe/Dittmar*,

20

---

[35] Vgl. hierzu bereits BVerfG v. 19.12.1951 - BvR 220/51 - BVerfGE 1, 97 = SozR Nr. 1 zu Art. 1 GG; BVerfG v. 29.05.1990 1 BvL 20/84, 1 BvL 26/84, 1 BvL 4/86 BVerfGE 82, 60 = SozR 3 5870 § 10 Nr. 1.

[36] Vgl. zur Abtrennbarkeit eines Streitgegenstandes auch BSG v. 26.08.2008 - B 8/9b SO 10/06 R - BSGE 101, 217 = SozR 4-3500 § 133a Nr. 1.

Das Existenzminimum der Gegenwart, SGb 2004, 272; *Martens*, Nach der neuen EVS: Der neue Regelsatz müsste weit über 400 Euro liegen – Wie der Satz durch statistische Tricks heruntergerechnet wurde, SozSich 2010, 331; *ders.*, Tabellengrundlage zu den Regelsatzberechnungen der Bundesregierung, ASR Sonderheft, 2011, 50; *Meßling*, Grundrechtsschutz durch Gesetzgebungsverfahren – Zum Urteil des Bundesverfassungsgerichts vom 9. Februar 2010 (SGB II-Regelsatz-Urteil) in Festschrift für Renate Jäger, Grundrechte und Solidarität, Durchsetzung und Verfahren, 2011; *Mogwitz*, Neuermittlung der Regelbedarfe für das SGB II und SGB XII, jurisPR-SozR 6/2011, Anm. 1; *Mrozynski*, Die Grundsicherung für Arbeitsuchende im Kontext des Fürsorgesystems, SGb 2009, 450 u. 512; *ders.*, Zum Bedeutungsverlust der Abgrenzung von Dauer und Einmaligkeit bei Bedarfen in der Grundsicherung für Arbeitsuchende, ZFSH/SGB 2012, 75; *ders.*, Einmaliger, unabweisbar gebotener und atypischer Bedarf in der Grundsicherung für Arbeitsuchende, SGb 2010, 677; *Müller-Schneider/Voigt*, Die Grundsicherung von Kindern in westlichen Wohlfahrtsgesellschaften, SF 2011, 33; *Münder*, Verfassungsrechtliche Bewertung des Gesetzes zur Ermittlung von Regelbedarfen und zur Änderung des Zweiten und Zwölften Buches Sozialgesetzbuch vom 24.03.2011 – BGBl I S. 453 – Gutachten für die Hans-Böckler-Stiftung, SozSich 2011, Sonderheft, 63; *Riehle*, Notwendige Existenzbedingungen oder Existenzminimum, ZFSH/SGB 2006, 643; *Rixen*, Sind die neuen „Hartz-IV"-Regelleistungen verfassungsgemäß?, SozSich 2013, 73; *Rothkegel*, Hartz-IV-Regelsätze und gesellschaftliche Teilhabe – die geplanten Änderungen im Lichte des Urteils des Bundesverfassungsgericht, ZFSH/SGB 2011, 69; *ders.*, Ist die Rechtsprechung des Bundesverwaltungsgerichts zur Sozialhilfe durch Hartz IV überholt?, SGb 2006, 74; *ders.*, Rechtliche Prinzipien der Sicherung des Lebensunterhaltes nach dem SGB II, SGB XII und AsylbLG, ZfSH/SGB 2005, 391; *Schnath*, Auswirkungen des neuen Grundrechts auf Gewährleistung des Existenzminimums auf die besonderen Hilfen nach dem Zwölften Buch Sozialgesetzbuch (SGB XII) – Sozialhilfe, Sozialrecht aktuell 2010, 173 ff.; *Schwabe*, Die Zusammensetzung des Regelsatzes im SGB XII bzw. Regelleistung im SGB II in Höhe von 359 € ab dem 01.07.2009, ZfF 2009, 145; *ders.*, Einzelbeträge aus den Regelbedarfsstufen des SGB II und XII ab 1.1.2011, ZfF 2011, 97; *ders.*, Einzelbeträge aus den Regelbedarfsstufen des SGB II und XII ab dem 1.1.2012, ZfF 2012, 1; *ders.*, Einzelbeträge aus den Regelbedarfsstufen des SGB II und XII sowie des Asylbewerberleistungsgesetzes ab 1.1.2013, ZfF 2013, 1; *ders.*, Einzelbeträge aus den Regelbedarfsstufen des SGB II und XII sowie des Asylbewerberleistungsgesetzes ab 1.1.2014, ZfF 2014, 1; *Seiler*, Das Grundrecht auf ein menschenwürdiges Existenzminimum, JZ 2010, 500; *Söhngen*, Abweichende Regelsatzfestlegung im Rahmen der Sozialhilfe, jurisPR-SozR 21/2008, Anm. 5; *Spellbrink*, Zur Zukunft der pauschalierten Leistungsgewährung im SGB II nach der Entscheidung des BVerfG vom 9.2.2010, Sozialrecht aktuell 2010, 88; *Spindler*, Sechs Jahre Ringen um das Existenzminimum – und kein Ende. Zum Urteil des Bundesverfassungsgerichts vom 9. Februar 2010, info also 2010, 51; *Wahrendorf*, Die gemischte „Bedarfsgemeinschaft" im Sozialhilferecht, Sozialrecht aktuell 2012, 50; *Waibel*, Geldleistungen zur Sicherung notwendigen Lebensunterhalts nach SGB II und SGB XII und Sozialversicherung der Leistungsbezieher, WzS 2005, 129, 169, 204; *Wallerath*, Zur Dogmatik eines Rechts auf Sicherung des Existenzminimums, JZ 2008, 157.

B. Auslegung der Norm

I. Regelungsgehalt und Bedeutung der Norm

21 Absatz 1 definiert **nicht abschließend** („insbesondere", vgl. Rn. 37) Teilaspekte (vgl. Rn. 31) des **unbestimmten Rechtsbegriffs**[37] „notwendiger Lebensunterhalt". Dabei geht dieser Begriff insbesondere durch die nähere Ausgestaltung in Absatz 1 Satz 2 über das sogenannte physische Existenzminimum hinaus und schließt das **soziokulturelle Existenzminimum** mit ein.[38] Es soll zwar nicht der durch-

---

[37] Vgl. *Ottersbach* in: Jahn, SGB XII, § 27a Rn. 5, Stand: 01.04.2013.

[38] Zur Unterscheidung auch ohne spezifische Nennung des Begriffs vgl. BVerfG v. 09.02.2010 - 1 BvL 1/09, 1 BvL 3/09, 1 BvL 4/09 - juris Rn. 135 - BVerfGE 125, 175; BSG v. 22.04.2008 - B 1 KR 10/07 R - SozR 4-2500 § 62 Nr. 6; zur dogmatischen Herleitung vgl. *Wallerath*, JZ 2008, 157; die nähere Ausgestaltung der dem Begriff zugrunde liegenden Anforderungen erfolgte durch das BVerwG, vgl. hierzu etwa BVerwG v. 12.04.1984 - 5 C 95/80 - BVerwGE 69, 146; BVerwG v. 13.12.1990 - 5 C 17/88 - BVerwGE 87, 212; BVerwG v. 09.02.1995 - 5 C 2/93 - BVerwGE 97, 376; BVerwG v. 18.12.1996 - 5 C 47/95 - BVerwGE 102, 366; vgl. auch *Deibel*, ZFSH/SGB 2013, 249 f.; *Ottersbach* in: Jahn, SGB XII, § 27a Rn. 7, Stand: 01.04.2013; *Rixen*, Sozialrecht aktuell 2010, 81, 82 ff.; *Knickrehm*, Bilanz der ersten Jahre „Grundsicherung für Arbeitsuchende", in: Bender/Eicher (Hrsg.), Sozialrecht – eine Terra incognita, 2009, S. 193, 211 ff.; *Bieresborn*, Sozialrecht aktuell 2007, 88; *Bieback*, NZS 2005, 337; *Däubler*, NZS 2005, 225; zum Begriff des soziokulturellen Existenzminimums bereits *Leibfried*, NDV 1981, 261.

schnittliche Lebensstandard erreicht werden, verhindert werden muss aber im Hinblick auf die Vorgaben des § 1 Satz 1 SGB XII („Leben in Würde"), die Ausprägungen des Grundrechts auf Gewährleistung eines menschenwürdigen Existenzminimums sind[39], eine **soziale Ausgrenzung** der Leistungsempfänger[40]. Eine Einschränkung auf das Unentbehrliche im Sinne des physischen Existenzminimums sieht das SGB XII z.B. in der Form des „unerlässlichen Lebensunterhalts" in **§ 26 SGB XII als Sanktion** vor (vgl. auch weitere Einschränkungsmöglichkeiten in § 39 SGB XII und die Möglichkeit des Kostenersatzes bei schuldhaftem Herbeiführen der Leistungsvoraussetzungen in § 103 SGB XII).

§ 27a Abs. 1 Satz 2 HS. 2 SGB XII stellt klar, dass die Teilhabe am sozialen und kulturellen Leben in der Gemeinschaft „in besonderem Maße" zu berücksichtigen ist und **Satz 3** legt fest, dass bei Schülerinnen und Schülern der notwendige Lebensunterhalt auch die erforderliche Hilfen für den Schulbesuch umfasst. Damit weicht die Norm von der unmittelbaren Vorgängerregelung des § 27 Abs. 2 SGB XII a.F. ab, welche die Einbeziehung des besonderen, insbesondere des durch ihre Entwicklung und ihr Heranwachsen bedingten Bedarfs bei **Kindern und Jugendlichen** in deren notwendigen Lebensbedarf regelte. Bei dieser sollte durch die Änderung des Wortlauts der Vorgängervorschrift des § 12 Abs. 2 BSHG zum 01.08.1996[41] von „durch das Wachstum bedingten Bedarf" in die bis zum 31.12.2010 geltende Fassung nicht mehr nur auf die äußere Entwicklung, sondern auch auf die **Entwicklung zu einem selbständigen und gemeinschaftsfähigen Menschen** abgestellt werden.[42] Darin wurde die aus Art. 6 GG abzuleitende Pflicht der Gemeinschaft zum Schutz des Aufwachsens von Kindern und Jugendlichen konkretisiert, die auch in den Leistungen der Kinder- und Jugendhilfe (SGB VIII) ihren besonderen Ausdruck hat. Während die letztgenannten Leistungen bei Erziehung der Kinder und Jugendlichen im Elternhaus Hilfestellung für die Erziehung bieten, dienen die Hilfen zum Lebensunterhalt nach dem SGB XII vorrangig der **materiellen Grundversorgung** und gehen darüber hinaus. Dabei besteht keine generelle Vorrangigkeit der Leistungen nach dem SGB VIII, sondern nur im Rahmen des jeweiligen Geltungsbereichs. Durch die **Neuregelung** hat sich daran im Kern nicht geändert, auch wenn nicht mehr explizit auf den besonderen durch die Entwicklung und das Heranwachsen bedingten Bedarf abgestellt wird. Gegenüber dem früheren Rechtszustand ist durch die neu eingeführten Bildungs- und Teilhabeleistungen (§§ 34, 34a SGB XII)[43], die nach dem alten System in der Zuständigkeit der Bundesländer gesehen wurden, was das BVerfG beanstandete[44], insgesamt sogar eine **deutliche Verbesserung** eingetreten. Denn spezielle Leistungen für Kinder und Jugendliche gab es abgesehen von dem fortgeführten (§ 34 Abs. 3 SGB XII) Schulbedarf in § 28a SGB XII a.F. kaum.

22

§ 27a Abs. 1 Satz 1 SGB XII hat trotz der aus den Vorgängervorschriften des BSHG und § 27 SGB XII a.F. bis auf eine Umstellung der Reihenfolge der benannten Bedarfe fast wortgleich übernommenen Inhalte des notwendigen Lebensunterhaltes (vgl. Rn. 5) gegenüber der entsprechenden früheren Regelung des BSHG **stark an Bedeutung verloren**.[45] Dies hängt damit zusammen, dass nach der Konzeption des BSHG ein **weitgehend geschlossenes System pauschalierter Leistungen**, wie es dem SGB XII zugrunde liegt, noch nicht verwirklicht war.[46] So wurden nach § 21 Abs. 1a BSHG in wesentlich größerem Umfang Einzelleistungen erbracht und waren einklagbar, die heute in den Regelsätzen erfasst sind (z.B. Instandsetzung von Hausrat in größerem Umfang oder die Beschaffung von Gebrauchsgütern von längerer Gebrauchsdauer und von höherem Anschaffungswert). Die Vorgängerregelung des § 27a Abs. 1 SGB XII in § 12 Abs. 1 und 2 BSGH stellte damit unmittelbar die Grenze für die insofern zu erbringenden Einzelleistungen dar. Denn diese mussten zum notwendigen Lebensunterhalt gehören. Grundsätze und sogenannte Strukturprinzipien, die das BVerwG zu der Vorgängernorm § 12 BSHG ausgearbeitet hat,[47] müssen daher unter Beachtung des Bedeutungswandels kri-

23

---

[39] Vgl. zu diesem Grundrecht BVerfG v. 09.02.2010 - 1 BvL 1/09, 1 BvL 3/09, 1 BvL 4/09 - juris Rn. 133 - BVerfGE 125, 175.
[40] *Falterbaum* in: Hauck/Noftz, SGB XII, K 27a Rn. 2, Stand: Dezember 2011.
[41] Gesetz zur Reform des Sozialhilferechts vom 23.07.1996, BGBl I 1996, 1088.
[42] Vgl. die Begründung zu den Beschlüssen des 14. Ausschusses (Ausschuss für Gesundheit), BT-Drs. 13/3904, S. 44.
[43] Vgl. dazu *Groth*, jurisPR-SozR 8/2011, Anm. 1.
[44] BVerfG v. 09.02.2010 - 1 BvL 1/09, 1 BvL 3/09, 1 BvL 4/09 - juris Rn. 181 f. - BVerfGE 125, 175.
[45] Vgl. auch *Adolph* in: Jehle/Linhart/Adolph, SGB II SGB XII AsylbLG, § 27a Rn. 4, Stand: Juni 2012; *Dauber* in: Mergler/Zink, SGB XII, § 27a Rn. 3, Stand: November 2012.
[46] Vgl. im Einzelnen *Mrozynski*, ZFSH/SGB 2012, 75 ff.
[47] Vgl. allgemein zu den Strukturprinzipien *Rothkegel*, SGb 2006, 74, 75; *Rothkegel*, ZFSH/SGB 2005, 391; kritisch zum SGB-II-Bereich *Spellbrink* in: Eicher/Spellbrink, SGB II, 2. Aufl. 2008, vor § 1 Rn. 4 ff. (in 3. Aufl. nicht mehr vorhanden).

§ 27a   jurisPK-SGB XII / Gutzler

tisch überprüft werden, ebenso wie Entscheidungen zu einzelnen Bedarfstatbeständen. Jedenfalls handelt es sich bei den Strukturprinzipien nicht um über dem sonstigen Recht stehende „Supranormen". Vielmehr müssen sich entsprechende Grundsätze aus dem Gesetz ableiten lassen, oder es gibt sie schlicht nicht.[48] So ist zum Beispiel der **Individualisierungsgrundsatz**, auch wenn er in § 9 Abs. 1 SGB XII weiterhin seine Grundlage hat, durch die Regelsätze nach Absatz 3 und die weitgehende Pauschalierung von Leistungen stark eingeschränkt worden.[49] Dass dies aber nicht uneingeschränkt gelten kann, ergibt sich schon daraus, dass § 27a Abs. 4 Satz 1 SGB XII die Möglichkeit einer abweichenden Festlegung der Regelsätze vorsieht, wenn im Einzelfall ein Bedarf ganz oder teilweise anderweitig gedeckt ist oder unabweisbar seiner Höhe nach erheblich von einem durchschnittlichen Bedarf abweicht. **Grenze der Bestimmung eines** solchen **unabweisbaren Bedarfs** ist aber wiederum der „notwendige Lebensunterhalt" nach § 27a Abs. 1 SGB XII, was auch im Rahmen des **§ 37 SGB XII** für im Ausnahmefall zu gewährende **Darlehen** gilt.[50]

24 Mit den **Absätzen 2-4** werden wesentliche Elemente der früher zentralen Vorschrift des § 28 SGB XII a.F. übernommen, wodurch der jetzigen Regelung des § 27a SGB XII insgesamt wiederum eine **erhebliche Bedeutung** zukommt.[51] Durch Absatz 2 wird die Verknüpfung des notwendigen Lebensbedarfs mit dem Regelbedarf und dessen Ausgestaltung durch die Regelbedarfsstufen vorgenommen. Absatz 3 stellt dann die Verbindung zwischen Regelbedarfen bzw. Regelbedarfsstufen und den als Leistung zu gewährenden Regelsätzen her, wodurch quasi ein sprachlicher Zwischenschritt eingeführt wird, der in der Vorgängerregelung des § 28 SGB XII a.F. so noch nicht vorhanden war. Vielmehr wurde dort formuliert, der notwendige Lebensunterhalt werde „nach Regelsätzen erbracht" (vgl. auch bereits Rn. 6).

25 Nach der Vorstellung des Gesetzgebers bildet das Sozialhilferecht des SGB XII das **Referenzsystem** für zahlreiche, insbesondere steuerfinanzierte Fürsorgeleistungen, einschließlich der Leistung des Arbeitslosengeldes II (**Alg II**) im SGB II.[52] Tatsächlich hat allerdings die Bemessung des Alg II wegen der erheblich größeren Zahl der Empfänger[53] und der unmittelbaren gesetzlichen und bundeseinheitlichen Festlegung der Regelleistung (jetzt: Regelbedarf) im SGB II nicht nur umgekehrt wieder Auswirkungen auf die Festsetzung der Regelsätze für Hilfe zum Lebensunterhalt nach dem SGB XII gehabt. Dadurch, dass das System des **SGB II** bis zum 03.06.2010 keine **Öffnungsklausel** wie in Absatz 4 Satz 1 (früher § 28 Abs. 1 Satz 2 SGB XII) vorsah[54] und deshalb Bedarfslagen auftraten, die nur im Ausnahmefall über einen Rückgriff auf das SGB XII angemessen gelöst werden konnten (z.B. auf § 73 SGB XII), konnte das **Leistungsniveau** bei vergleichbaren Personen im Einzelfall sogar niedriger sein.[55] Auch die über die Regelleistung und die Regelsätze hinausgehenden gesonderten Leistungen sind zwar weitgehend einheitlich geregelt, im SGB II ist aber z.B. die Übernahme von Aufwendungen zur Alterssicherung nur in geringerem Maße als in § 33 SGB XII vorgesehen (vgl. § 26 SGB II).[56] Da es den Regelbedarf zudem in § 20 Abs. 1 SGB II gesetzlich mit dem zu sichernden Lebensunterhalt

---

[48] Vgl. auch BSG v. 26.08.2008 - B 8 SO 26/07 R - SozR 4-1300 § 44 Nr. 15 zum angeblichen Ausschluss von Leistungen für die Vergangenheit aufgrund von Strukturprinzipien; *Coseriu*, Das „neue" Sozialhilferecht, in: Bender/Eicher (Hrsg.), Sozialrecht – eine Terra incognita, 2009, S. 225, 252 ff.; zur vergleichbaren Problematik im Asylbewerberleistungsgesetz vgl. ausführlich BSG v. 17.06.2008 - B 8 AY 5/07 R - SozR 4-3520 § 9 Nr. 1.

[49] Vgl. auch *Wahrendorf* in: Grube/Wahrendorf, SGB XII, 4. Aufl. 2012, § 28 Rn. 20; *Falterbaum* in: Hauck/Noftz, SGB XII, K 27a Rn. 35, Stand: Dezember 2011.

[50] Vgl. *Roscher* in: LPK-SGB XII, 9. Aufl. 2012, § 27a Rn. 3; *Schmidt* in: Oestreicher, SGB XII/SGB II, § 27a SGB XII Rn. 15, Stand: November 2011; vgl. auch *Adolph* in: Jehle/Linhart/Adolph, SGB II SGB XII AsylbLG, § 27a Rn. 5, Stand: August 2013, „bei der Auslegung sämtlicher spezieller Regelungen im SGB XII zu berücksichtigen".

[51] Vgl. auch *Schmidt* in: Oestreicher, SGB XII/SGB II, § 27a SGB XII Rn. 3, Stand: November 2011; *Dauber* in: Mergler/Zink, SGB XII, § 27a Rn. 2, Stand: November 2012.

[52] Vgl. neuere BT-Drs. 17/3404, S. 97 zu § 20; BT-Drs. 15/1514, S. 1; zustimmend z.B. *Falterbaum* in: Hauck/Noftz, SGB XII, K 27a Rn. 44, Stand: Dezember 2011; *Wahrendorf* in: Grube/Wahrendorf, SGB XII, 4. Aufl. 2012, § 27a Rn. 17; *Dauber* in: Mergler/Zink, SGB XII, § 28 Rn. 2, Stand: November 2012; *Adolph* in: Jehle/Linhart/Adolph, SGB II SGB XII AsylbLG, § 28 Rn. 2, Stand: August 2013.

[53] Vgl. auch *Coseriu*, Das „neue" Sozialhilferecht, in: Bender/Eicher (Hrsg.), Sozialrecht – eine Terra incognita, 2009, S. 225, 229 f.

[54] Zur Verfassungswidrigkeit dieses Zustandes vgl. BVerfG v. 09.02.2010 - 1 BvL 1/09, 1 BvL 3/09, 1 BvL 4/09 - juris Rn. 206 ff. - BVerfGE 125, 175.

[55] Vgl. BSG v. 27.01.2009 - B 14 AS 5/08 R - Sozialrecht aktuell 2009, 111-119: „Der ggf. etwas knapper ausfallende Leistungsrahmen des SGB II …".

[56] Vgl. auch *Ockenga*, ZFSH/SGB 2006, 143, 145.

verknüpft, stellt sich insgesamt die Frage, ob nicht Referenzsystem mittlerweile eher das SGB II ist, als das SGB XII. Letztlich kann aber allenfalls davon ausgegangen werden, dass die Wertungen des SGB II im Einzelfall auf die Auslegung des SGB XII übertragen werden können.[57] Eine Ersetzung als Referenzsystem ist damit nicht verbunden, denn die Struktur des SGB XII ist in sich stimmiger und geht vom **Leistungsspektrum** deutlich über die bloße Sicherung des Lebensunterhaltes hinaus. Zudem verweist § 20 Abs. 5 SGB II für die Anpassung der Regelleistung auf die Regelung des § 28a SGB XII, knüpft also gerade an das SGB XII als Referenzsystem an.[58] Im Hinblick auf die Grundsicherungsleistungen ist allerdings durch das Gesetz zur Ermittlung von Regelbedarfen und zur Änderung des Zweiten und Zwölften Buches Sozialgesetzbuch vom 24.03.2011[59] eine **weitere Annäherung der beiden Systeme** erfolgt.

Nicht nur für das SGB II bleibt das SGB XII damit Referenzsystem, auch in zahlreichen anderen Bereichen wird auf die dort festgelegte Mindestsicherung zurückgegriffen. So hat das **BVerfG** festgelegt, dass das auf der Grundlage des sozialhilferechtlichen Gesamtbedarfs zu bemessende **Existenzminimum nicht besteuert** werden darf.[60] Das so bestimmte Existenzminimum spielt auch im **Unterhaltsrecht**[61] eine Rolle (z.B. bei der Festlegung des Selbstbehalts), bei den Pfändungsfreigrenzen des **§ 850c ZPO** bzw. der Zulässigkeit von **Aufrechnung und Verrechnung** (§§ 51, 52 SGB I), dem **Kinderzuschlag** nach § 6a Bundeskindergeldgesetz oder den Einkommensgrenzen für die Gewährung von **Prozesskostenhilfe** ohne Selbstbeteiligung (vgl. § 115 ZPO). Wegen dieser so vielfältigen Bezugnahme auf Festsetzungen des SGB XII steht die dortige Bedarfsbestimmung unter einem erheblichen Legitimationsdruck.[62]

26

II. Normzweck

Zweck des **Absatzes 1** ist es, unter Berücksichtigung der besonderen Bedürfnisse von Kindern und Jugendlichen im Hinblick auf die Teilhabe am sozialen und kulturellen Laben eine **beschreibende Annährung** an die Grundlagen der aus dem SGB XII resultierenden Leistungspflichten zu finden, die einerseits zum Teil konkrete Vorgaben für den zu deckenden Bedarf machen soll, gleichzeitig aber so offen ist, dass sie durch Auslegung der Gerichte einem Wandel der gesellschaftlichen Verhältnisse (vgl. Rn. 35) bzw. individuellen Besonderheiten und Lebensentwürfen (vgl. § 9 SGB XII) ohne größere Schwierigkeiten angepasst werden kann. Dass bei diesen widerstreitenden Interessen eine gewisse **Unschärfe der Regelung** nicht zu vermeiden ist, liegt auf der Hand.

27

Mit **Absatz 2** wird der **neue Begriff des Regelbedarfs eingeführt**. Dieser tritt hinsichtlich der Bedarfsermittlung für die Höhe der pauschalierten monatlichen Leistung und damit auch hinsichtlich der Abgrenzung gegenüber den übrigen zum notwendigen Lebensunterhalt zählenden Bedarfen an die Stelle des bisher mehrdeutigen Begriffs des Regelsatzes.[63] Zweck ist eine sprachlich klarere Gestaltung. Es wird klargestellt, dass der notwendige Lebensunterhalt nach Absatz 1 bis auf die in Kapitel 3 Absätze 2-4 genannten Sonder- und Mehrbedarfe vollständig in den Regelbedarf einfließen soll. Weiter wird durch Absatz 2 die Grundlage für eine abweichende Festsetzung der Regelbedarfsstufen und damit in der Folge auch der Regelsätze (Absatz 3, § 29 Abs. 1 SGB XII) im Hinblick auf **altersbedingte Unterschiede bei Kindern- und Jugendlichen** sowie bei **erwachsenen Personen** hinsichtlich deren **Anzahl in einem Haushalt** gelegt. Berücksichtigt werden können soll zum einen ein altersangepasster Bedarf bei Kindern- und Jugendlichen, zum anderen eine Ersparnis bei den Kosten der Führung eines Haushalts, dem mehrere erwachsene Personen angehören. Dies soll weitgehend dem frühe-

28

---

[57] *Coseriu*, Das „neue" Sozialhilferecht, in: Bender/Eicher (Hrsg.), Sozialrecht – eine Terra incognita, 2009, S. 225, 255 beschreibt dies als Prozess der „Harmonisierung"; vgl. auch *Stölting/Greiser*, SGb 2010, 631 ff., die unter Berücksichtigung der Rechtsprechung des BSG in beiden Bereichen den aus ihrer Sicht bestehenden Harmonisierungsbedarf aufzeigen.

[58] Vgl. auch *Behrend*, jurisPK-SGB II, 3. Aufl., § 20 Rn. 3; *Mogwitz*, jurisPR-SozR 6/2011, Anm. 1; *Mogwitz*, ZFSH/SGB 2011, 323, 324.

[59] BGBl I 2011, 453.

[60] BVerfG v. 10.11.1998 - 2 BvL 42/93 - BVerfGE 99, 246.

[61] *Schmidt* in: Oestreicher, SGB XII/SGB II, § 27a SGB XII Rn. 4, Stand: November 2011.

[62] Vgl. auch *Wenzel* in: Fichtner/Wenzel, SGB XII/AsylbLG/SGB II/BKGG, 4. Aufl. 2009, § 28 Rn. 3; *Falterbaum* in: Hauck/Noftz, SGB XII, K 27a Rn. 44, Stand: Dezember 2011.

[63] BT-Drs. 17/3404, S. 120; vgl. auch *Schmidt* in: Oestreicher, SGB XII/SGB II, § 27a SGB XII Rn. 17, Stand: November 2011.

§ 27a   jurisPK-SGB XII / Gutzler

ren Recht entsprechen[64], was aber im Hinblick auf die Einschränkungen der Rechtsprechung zur Annahme einer Haushaltsersparnis (vgl. auch Rn. 8) jedenfalls bei der Regelbedarfsstufe 3 in der konkreten Ausgestaltung nicht zutrifft[65].

29 In **Absatz 3** wird gegenüber der Vorgängerregelung des § 28 SGB XII a.F. ebenfalls eine **sprachliche Klarstellung** vorgenommen. Der **Begriff Regelsatz** beschränkt sich danach auf die zu zahlende Leistung[66] und betrifft im Unterschied zum bisherigen Recht nicht mehr die Zusammensetzung und Ermittlung der Leistungshöhe, da dies vom Regelbedarf nach Absatz 2 umfasst ist.[67] Eine inhaltliche Klarstellung erfolgt in Satz 2, der den bereits erwähnten (vgl. Rn. 23) **pauschalen Charakter der Regelsätze** nach dem SGB XII betont und auch auf das Erfordernis des Ansparens für langfristige Bedarfe verweist. Eine Neuerung gegenüber den Regelsätzen nach dem bisherigen § 28 SGB XII a.F. ist damit nicht verbunden, da diese ebenfalls schon langfristige Bedarfe mitumfassten. Mit einer Ergänzung in § 11 Abs. 2 (Nr. 4) SGB XII soll aber nun in der **Beratung durch die Sozialhilfeträger** darauf hingewiesen werden.[68]

30 **Absatz 4** fasst sehr unterschiedliche Fälle zusammen, in denen der übliche Regelsatz im Sinne des Absatzes 3 nicht gewährt wird. Satz 1 statuiert eine wichtige **Öffnungsklausel**, mit der eine individuelle Abweichung von den ansonsten auf der Grundlage von statistischen Mittelwerten berechneten Regelbedarfsstufen ermöglicht wird. Diese ist verfassungsrechtlich geboten, um das grundrechtlich gesicherte Existenzminimum auch bei im Einzelfall höheren Bedarfen zu sichern.[69] Satz 2 soll eine Klarstellung hinsichtlich der Fälle enthalten, bei denen eine Leistungsberechtigung nur für **Teilmonate** besteht, was im Kern dem geltenden Recht entspricht. Leider wird keine klare Regelung getroffen (vgl. dazu im Einzelnen Rn. 110 f.) und es findet sich lediglich in der Gesetzesbegründung die Aussage, der anteilige Leistungsbetrag sei immer auf der Grundlage eines Monats mit 30 Tagen zu berechnen.[70] Satz 3 trifft eine Sonderregelung für in einer anderen Familie oder bei anderen Personen als den Eltern oder einem Elternteil untergebrachte Leistungsberechtigte, weil in diesen Fällen regelmäßig abweichend von den Regelsätzen die tatsächlichen **Unterbringungskosten** erbracht werden sollen, soweit sie im Hinblick auf diese Unterbringung angemessen sind.

III. Der Begriff des „notwendigen Lebensunterhalts" (Absatz 1)

31 § 27a Abs. 1 SGB XII beschreibt **ohne** Begründung eines **konkreten Leistungsanspruchs** den in Absatz 2 und in anderen Vorschriften des SGB XII (z.B. die §§ 27, 27b, 41 SGB XII) verwendeten unbestimmten Rechtsbegriff des notwendigen Lebensunterhalts und **definiert** als grundsätzlich selbständig einklagbare **Teilaspekte** die grundlegenden Bedarfstatbestände (vgl. Rn. 37 ff.). Diese umfassen den notwendigen Lebensunterhalt nicht abschließend (vgl. Rn. 37).

32 Die **tatsächliche Deckung** des in § 27a Abs. 1 SGB XII beschriebenen „notwendigen Lebensunterhalts" geschieht außerhalb von stationären Einrichtungen abgesehen von den Kosten für Unterkunft und Heizung, die grundsätzlich (vgl. die Pauschalierungsmöglichkeit für Heizkosten in § 35 Abs. 4 Sätze 2 und 3 SGB XII) in tatsächlicher Höhe übernommen werden (vgl. § 35 Abs. 1 Satz 1, Abs. 4 Satz 1 SGB XII), und von bestimmten Sonder- bzw. Mehrbedarfen (vgl. Drittes Kapitel Abschnitte 2-4), in der Regel **über pauschale Regelsätze** (vgl. die Absätze 3 und 4), wobei grundsätzlich eine Kontrolle der Mittelverwendung für die einzelnen Bedarfstatbestände innerhalb der pauschalen Leistungen nicht erfolgt und eine **bestimmte Mittelverwendung** auch **nicht erwartet** wird. Dies ist einerseits Ausdruck der aus der Menschenwürde (Art. 1 GG) und der freien Entfaltung der Persönlichkeit (Art. 2 ff. GG) resultierenden **Selbstbestimmung** des Einzelnen[71], andererseits aber auch Folge der fehlenden Kontrollierbarkeit der tatsächlichen Verwendung der erbrachten Leistungen sowie des

---

[64] BT-Drs. 17/3404, S. 120.
[65] Vgl. auch Bericht des Ausschusses für Arbeit und Soziales (11. Ausschuss), BT-Drs. 17/4095, S. 11 f.
[66] *Schmidt* in: Oestreicher, SGB XII/SGB II, § 27a SGB XII Rn. 17, 22, Stand: November 2011.
[67] BT-Drs. 17/3404, S. 120.
[68] BT-Drs. 17/3404, S. 120.
[69] Vgl. auch BVerfG v. 09.02.2010 - 1 BvL 1/09, 1 BvL 3/09, 1 BvL 4/09 - juris Rn. 206 ff. - BVerfGE 125, 175, wonach das Fehlen einer solchen Öffnungsklausel in der zum Entscheidungszeitpunkt geltenden Fassung des SGB II nicht verfassungsgemäß war. Seit dem 03.06.2010 findet sich eine entsprechende Regelung in § 21 Abs. 6 SGB II. Zur rückwirkenden Anwendbarkeit der verfassungsrechtlichen Härtefallregelung vgl. BSG v. 18.02.2010 - B 4 AS 29/09 R - BSGE 105, 279 mit Anm. *Groth*, jurisPR-SozR 13/2011, Anm. 2.
[70] BT-Drs. 17/3404, S. 120.
[71] Vgl. *Falterbaum* in: Hauck/Noftz, SGB XII, K 27a Rn. 1, 46, Stand: Dezember 2011.

Wunsches des Gesetzgebers, durch die Pauschalen eine **Verwaltungsvereinfachung** und letztlich eine **Deckelung der Leistungspflicht** zu bewirken. Der zweite Aspekt wird auch belegt durch den Umstand, dass für den vergleichsweise großen und abgrenzbaren Posten der Unterkunft und Heizung eine Leistungserbringung in tatsächlicher Höhe erfolgt, weil hier bei allen tatsächlichen Schwierigkeiten eine Kontrolle durch die Verwaltung noch möglich scheint und in Ansätzen tatsächlich durchgeführt wird (z.B. Prüfung der angemessenen Höhe der Heizkosten). Generell steht der **Grundsatz des Vorrangs von Geldleistungen vor Sachleistungen** (z.B. auch Gutscheine; Sachleistungsverschaffung durch Deckung von Heimkosten), der Ausdruck des genannten Selbstbestimmungsrechts des Einzelnen ist, unter dem Vorbehalt, dass nicht die Sachleistung das Ziel der Sozialhilfe erheblich besser oder wirtschaftlicher erreichen kann oder der Leistungsberechtigte eine andere Leistungsform wünscht (**§ 10 Abs. 3 SGB XII**).[72] Das ist auch der Fall, wenn anhand der tatsächlichen Umstände zu erwarten ist, dass bei Gewährung von Geldleistungen der notwendige Lebensunterhalt nicht gedeckt wird (vgl. jetzt z.B. auch die neue Regelung in § 35 Abs. 1 Satz 2 SGB XII). Bei der **Unterbringung in stationären Einrichtungen** ist zudem die eigenverantwortliche Mittelverwendung stark eingeschränkt, was durch § 27b SGB XII berücksichtigt wird. Die Rechtsprechung sieht die in der Einrichtung erbrachten Teile des notwendigen Lebensunterhaltes als Sachleistung in Form der Sachleistungsverschaffung an.[73] Es erfolgt insoweit gerade keine Zahlung des Sozialhilfeträgers an den Betroffenen, vielmehr ist dem Gesetzeskonzept eine Zahlung direkt an die Einrichtung zu entnehmen.

Der Begriff des „notwendigen Lebensunterhalts" ist **bewusst offen und auslegungsbedürftig gestaltet**, er findet auch in § 27a Abs. 1 SGB XII keine wirkliche Definition. Vor allem die Nennung der Teilhabe am sozialen und kulturellen Leben in der Gemeinschaft in Absatz 1 Satz 2 in „vertretbarem" Umfang[74] macht deutlich, dass entsprechend der Rechtsprechung des BVerfG[75] **nicht nur das physische Existenzminimum** erfasst sein soll (zur Abgrenzung von physischem und soziokulturellem Existenzminimum vgl. bereits Rn. 21). 33

Ein Grund für die „offene" Formulierung in § 27 SGB XII ist, dass nach der Rechtsprechung des BVerfG – wie in vielen anderen Bereichen auch – dem Gesetzgeber ein **weiter Gestaltungsspielraum** bei der Ausgestaltung der einzelnen Leistungen eingeräumt wird.[76] Davon ist für einen wesentlichen Teil des notwendigen Lebensunterhalts außerhalb stationärer Einrichtungen (vgl. zu diesen § 27b SGB XII) in den §§ 27a ff. SGB XII und dem Regelbedarfs-Ermittlungsgesetz Gebrauch gemacht worden. § 28 Abs. 2 und 3 SGB XII bestimmt z.B., dass bei der Ausgestaltung der Regelsätze im Rahmen eines **statistischen Modells**[77] eine Orientierung nicht am durchschnittlichen Lebensstandard, sondern an den **unteren Einkommensgruppen** zu erfolgen hat. 34

Ein weiterer Grund für die noch ausfüllungsbedürftige Beschreibung des „notwendigen Lebensunterhalts" in § 27a Abs. 1 SGB XII ist der Umstand, dass der Begriff einem **zeitlichen und gesellschaftlichen Wandel** unterliegt.[78] Bereits nach der Rechtsprechung des BVerwG zur weitgehend inhaltsgleichen Vorgängervorschrift des § 12 Abs. 1 BSHG war der Begriff des „notwendigen Lebensunterhalts" 35

---

[72] Vgl. hierzu ausführlich *Falterbaum* in: Hauck/Noftz, SGB XII, K 27a Rn. 58, Stand: Dezember 2011, der sich auch mit der leistungsrechtlichen Einordnung von Gutscheinen befasst.

[73] Vgl. BSG v. 28.10.2008 - B 8 SO 22/07 R - BSGE 102, 1 = SozR 4-1500 § 75 Nr. 9.

[74] Vgl. zu diesem Gesichtspunkt bereits BVerwG v. 12.04.1984 - 5 C 95/80 - BVerwGE 69, 146 (Weihnachtsbeihilfen) und BVerwG v. 18.02.1993 - 5 C 22/91 - BVerwGE 92, 109 (Tauffeier), jeweils als einmalige Bedarfe außerhalb der Regelsätze.

[75] Vgl. hierzu bereits BVerfG v. 19.12.1951 - BvR 220/51 - BVerfGE 1, 97 = SozR Nr. 1 zu Art. 1 GG; BVerfG v. 18.06.1975 - 1 BvL 4/74 - BVerfGE 40, 121; BVerfG v. 29.05.1990 - 1 BvL 20/84, 1 BvL 26/84, 1 BvL 4/86 - BVerfGE 82, 60 = SozR 3-5870 § 10 Nr. 1; ausführlich BVerfG v. 09.02.2010 - 1 BvL 1/09, 1 BvL 3/09, 1 BvL 4/09 - BVerfGE 125, 175; näher ausgestaltet zunächst durch das BVerwG, vgl. hierzu etwa BVerwG v. 12.04.1984 - 5 C 95/80 - BVerwGE 69, 146; BVerwG v. 13.12.1990 - 5 C 17/88 - BVerwGE 87, 212; BVerwG v. 09.02.1995 - 5 C 2/93 - BVerwGE 97, 376; BVerwG v. 18.12.1996 - 5 C 47/95 - BVerwGE 102, 366.

[76] Vgl. hierzu bereits BVerfG v. 19.12.1951 - BvR 220/51 - BVerfGE 1, 97 = SozR Nr. 1 zu Art. 1 GG; BVerfG v. 29.05.1990 - 1 BvL 20/84, 1 BvL 26/84, 1 BvL 4/86 - BVerfGE 82, 60 = SozR 3-5870 § 10 Nr. 1; ausführlich BVerfG v. 09.02.2010 - 1 BvL 1/09, 1 BvL 3/09, 1 BvL 4/09 - juris Rn. 133, 138 ff. - BVerfGE 125, 175.

[77] Zur grundsätzlichen verfassungsrechtlichen Unbedenklichkeit dieser Berechnungsmethode vgl. BSG v. 23.11.2006 - B 11b AS 1/06 R - SozR 4-4200 § 20 Nr. 3, zu § 20 SGB II.

[78] Vgl. auch BVerfG v. 09.02.2010 - 1 BvL 1/09, 1 BvL 3/09, 1 BvL 4/09 - juris Rn. 138 - BVerfGE 125, 175; *Wahrendorf* in: Grube/Wahrendorf, SGB XII, 4. Aufl. 2012, § 27a Rn. 12, *Falterbaum* in: Hauck/Noftz, SGB XII, K 27a Rn. 2, Stand: Dezember 2011; *Ottersbach* in: Jahn, SGB XII, § 27a Rn. 8, Stand: 01.04.2013; *Hohmann-Dennhardt*, TuP 2011, 177, 179.

abhängig von den jeweils **herrschenden Lebensgewohnheiten** und Erfahrungen[79] sowie von der **allgemeinen Wirtschaftslage** und damit auch der Finanzlage der öffentlichen Haushalte[80]. Ein Anschauungswandel lässt sich gut am Beispiel des **Fernsehgerätes** verdeutlichen, das noch 1988 durch das BVerwG nicht einmal in Form eines gebrauchten Schwarz-Weiß-Gerätes als zu den persönlichen Bedürfnissen des täglichen Lebens gehörig angesehen,[81] bei dem 1995 eine entsprechende Zuordnung offen gelassen[82] und das erst 1997 als Gegenstand zur Befriedigung eines persönlichen Bedürfnisses des täglichen Lebens eingestuft wurde[83]. In der Praxis gelingt die Anpassung an den gesellschaftlichen Wandel im Rahmen der Regelsätze nach § 27a Abs. 3 SGB XII durch die **Rückkopplung an** das in § 28 Abs. 3 und 4 SGB XII und dem RBEG ausgeführte **Statistikmodell**.

36 Die **Auslegung** des Inhalts des „notwendigen Lebensunterhalts" durch die rechtsanwendende Behörde ist im Rahmen der diesen Begriff verwendenden Anspruchsnormen (vgl. auch Rn. 31) nach Maßgabe der in Rn. 32 ff. genannten Vorgaben **allenfalls eingeschränkt gerichtlich überprüfbar**. Schwierigkeiten bestehen insoweit, als der notwendige Lebensunterhalt in Form von Pauschalen erbracht wird, insbesondere durch die Regelsätze nach § 27a Abs. 3 und 4 SGB XII. Das BVerwG hatte bereits zu den Regelsätzen nach dem BSHG ausgeführt, diese seien nur eingeschränkt überprüfbar, weil den Ländern bei der konkreten Festsetzung der Regelsätze nach allgemeiner Auffassung eine Einschätzungsprärogative – teilweise wird auch von Gestaltungsspielraum, Vertretbarkeit der Wertungen oder administrativer Letztentscheidungsbefugnis gesprochen – zusteht. Die Regelsatzfestsetzung sei ein Akt wertender Erkenntnis und gestaltender sozialpolitischer Entscheidung darüber, mit welcher Regelsatzhöhe der notwendige Lebensunterhalt für den Regelbedarf sichergestellt ist.[84] Für die Regelleistung zur Sicherung des Lebensunterhaltes nach dem SGB II hatte das BSG in ähnlicher Weise eine „Vertretbarkeitsprüfung" durchgeführt und diese bei Erwachsenen nicht beanstandet.[85] Hingewiesen wurde dabei auch darauf, dass die Regelleistung eingebettet sei in ein Gesamtleistungssystem, in dem darüber hinaus weitere Leistungen erbracht werden.[86] Im Hinblick darauf, dass die Hilfebedürftigen die Leistung des Regelsatzes eigenverantwortlich einsetzen dürfen und kein konkreter Warenkorb der Bedarfsdeckung mehr aufgestellt wird (vgl. Rn. 11), erscheint dieser eingeschränkte Prüfungsmaßstab grundsätzlich angemessen. Dabei müssen nach der Entscheidung des **BVerfG v. 09.02.2010**[87] aber die grundrechtlich gesicherten Anforderungen an die Plausibilität und Transparenz der gesetzgeberischen Entscheidung erfüllt werden, also insbesondere eine Festlegung auf hinreichender empirischer Grundlage. Da die Festlegung der Höhe der Regelsätze nicht mehr im Wege einer Rechtsverordnung erfolgt, sondern durch ein Regelbedarfs-Ermittlungsgesetz, können die Gerichte aber allenfalls die dort festgelegten Regelungen verfassungskonform auslegen, oder, wenn dies nicht möglich ist, dem BVerfG zur Entscheidung vorlegen (Art. 100 Abs. 1 GG)[88].

1. Grundlegende Bedarfstatbestände (Absatz 1 Satz 1)

a. Allgemeines

37 § 27a Abs. 1 Satz 1 SGB XII definiert eine Reihe von grundlegenden Bedarfsgegenständen als Teilelemente des „notwendigen Lebensunterhalts". Abgesehen davon, dass diese selbst auslegungsbedürftig und gesellschaftlichen Veränderungen unterworfen sind (vgl. dazu Rn. 35), ist diese **Aufzählung typischer Bedarfstatbestände**, die regelmäßig bei jedem Menschen in der einen oder anderen Form vorkommen und Grundlage der Führung eines Lebens in Würde sind (vgl. § 1 Abs. 1 SGB XII), **nicht abschließend** („insbesondere").[89] Darüber hinaus gibt es im Dritten Kapitel noch weitere Bedarfsgegen-

---

[79] BVerwG v. 22.04.1970 - V C 98.69 - BVerwGE 35, 178.
[80] BVerwG v. 12.04.1984 - 5 C 95/80 - BVerwGE 69, 146.
[81] BVerwG v. 03.11.1988 - 5 C 69/85 - BVerwGE 80, 349.
[82] BVerwG v. 24.02.1994 - 5 C 34/91 - BVerwGE 95, 145.
[83] BVerwG v. 18.12.1997 - 5 C 7/95 - BVerwGE 106, 99; zur Wohnungserstausstattung gehört der Fernseher nach der neueren Rechtsprechung des BSG nicht, vgl. BSG v. 24.02.2011 - B 14 AS 75/10 R - SozR 4-4200 § 23 Nr. 11.
[84] BVerwG v. 18.12.1996 - 5 C 47/95 - BVerwGE 102, 366.
[85] BSG v. 23.11.2006 - B 11b AS 1/06 R - BSGE 97, 265 = SozR 4-4200 § 20 Nr. 3.
[86] Vgl. auch BSG v. 27.01.2009 - B 14/11b AS 9/07 R - ZFE 2009, 116.
[87] BVerfG v. 09.02.2010 - 1 BvL 1/09, 1 BvL 3/09, 1 BvL 4/09 - BVerfGE 125, 175.
[88] A.A. *Greiser/Stölting*, DVBl 2012, 1353 ff., die teilweise von einer Verwerfungskompetenz ausgehen.
[89] *Falterbaum* in: Hauck/Noftz, SGB XII, K 27a Rn. 8, 15, Stand: Dezember 2011; *Wahrendorf* in: Grube/Wahrendorf, SGB XII, 4. Aufl. 2012, § 27a Rn. 11; *Ottersbach* in: Jahn, SGB XII, § 27a Rn. 11, Stand: 01.04.2013; *Dauber* in: Mergler/Zink, SGB XII, § 27a Rn. 4, Stand: November 2012.

stände, die ebenfalls dem notwendigen Lebensbedarf zuzuordnen sind, auch wenn sie nicht in eine der in Absatz 1 Satz 1 genannten Gruppen fallen (z.B. die **Kosten für Gesundheit**, § 32 SGB XII, oder – prospektiv betrachtet – die **Kosten einer angemessenen Alterssicherung**, § 33 SGB XII). In anderen Vorschriften werden die in § 27a Abs. 1 Satz 1 SGB XII genannten grundlegenden Bedarfstatbestände auch außerhalb der Regelsätze nach § 27a Abs. 3 SGB XII näher ausgestaltet (Absatz 2 Satz 1; vgl. z.B. die §§ 30, 31, 34, 35, 36 SGB XII). Daneben müssen **weitere Bedarfslagen** (vgl. hierzu auch Rn. 86 ff.) nach § 27a Abs. 4 Satz 1 SGB XII berücksichtigt werden, wenn im Einzelfall ein Bedarf unabweisbar seiner Höhe nach erheblich von einem durchschnittlichen Bedarf abweicht.

Die Bestimmung des Inhalts der in § 27a Abs. 1 Satz 1 SGB XII genannten grundlegenden Bedarfstatbestände kann nicht im Hinblick auf die regelmäßige Erfassung eines Großteils des „notwendigen Lebensunterhalts" in den **Regelsätzen nach den Absätzen 3 und 4** unterbleiben, denn sie ist auch in anderen Bereichen von Bedeutung (vgl. Rn. 23, Rn. 31). 38

b. Ernährung

Zum Ernährungsbedarf gehören **Nahrungsmittel** und **Getränke**. Im Hinblick auf den derzeitigen Stand der möglichen Versorgung in der Gesamtbevölkerung muss grundsätzlich eine **vollwertige Ernährung** einschließlich der notwendigen Nährstoffe gewährleistet sein, die dem Erkenntnisstand der Ernährungswissenschaften (vgl. z.B. Deutsche Gesellschaft für Ernährung e.V.) entspricht.[90] 39

Außerhalb stationärer Einrichtungen ist der **Ernährungsbedarf im Regelsatz** nach § 27a Abs. 3 SGB XII **enthalten**. Das **RBEG** sah bei Erwachsenen für Ernährung einen Anteil von 100% aus der Abteilung 01 (Nahrungsmittel, alkoholfreie Getränke) der EVS 2008 in Höhe von 128,46 € vor. Enthalten war ein Substitutionsbetrag von 2,99 € für Mineralwasser anstatt der in Abteilung 02 enthaltenen alkoholische Getränke.[91] Tabakwaren – sofern man sie überhaupt in Zusammenhang mit Ernährung bringen kann – sind nicht mehr enthalten. Hinzu kommen 28,5% aus der Abteilung 11 (Beherbergungs- und Gaststättenleistungen), was einen Betrag von 7,16 € ausmachte. **Kinder** von 0 bis unter 6 Jahre erhielten aus Abteilung 01 100% zuzüglich eines Korrekturbetrages von 10,32 €[92], insgesamt also 78,67 €, und aus Abteilung 11 28,5%, was 1,44 € ausmachte. Kinder von 6 bis unter 14 Jahren erhielten aus Abteilung 01 100% zuzüglich eines Korrekturbetrages von 12,78 €[93], also insgesamt 96,55 €, und aus der Abteilung 11 28,5%, also 3,51 €. **Jugendliche** von 14 bis unter 18 Jahren erhielten aus der Abteilung 01 100% zuzüglich eines Substitutionsbetrages von 2,95 € für Mineralwasser anstatt der in der Abteilung 02 enthaltenen alkoholischen Getränke zusammen 124,02 €. Hinzu kommen 28,5% aus der Abteilung 11, also 4,78 €. Die Gesamtregelbedarfe wurden seit Erstellung der EVS regelmäßig fortgeschrieben (vgl. § 7 RBEG, § 28a SGB XII i.V.m. § 40 SGB XII, § 134 SGB XII und § 138 SGB XII).[94] 40

Da die **Ernährungsgewohnheiten** auch bei der übrigen Bevölkerung **differieren** (vgl. z.B. die Nationale Verzehrstudie II aus dem Jahre 2008 im Auftrag des Bundesministeriums für Ernährung, Landwirtschaft und Verbraucherschutz[95]) und der Einsatz der im Rahmen der Sozialhilfe zur Verfügung gestellten Mittel für eine gesunde Ernährung nicht verpflichtend vorgegeben ist, kann aus dem Umstand, dass bei der genannten Verzehrstudie eine signifikant höhere Betroffenheit der unteren Einkommensschichten von Adipositas festgestellt wurde, noch nicht auf eine zu niedrige Festlegung der Regelsätze mit der Folge einer ungesunden Ernährung geschlossen werden. Dies gilt insbesondere deshalb, weil der Anteil der normalgewichtigen Männer in der untersten Einkommensschicht sogar vergleichsweise hoch ist. Eine ältere Studie zu den Regelsätzen nach dem BSHG gelangte zu dem Ergebnis, dass diese 41

---

[90] Vgl. auch *Falterbaum* in: Hauck/Noftz, SGB XII, K 27a Rn. 19, Stand: Dezember 2011; *Roscher* in: LPK-SGB XII, 9. Aufl. 2012, § 27a Rn. 5; *Adolph* in: Jehle/Linhart/Adolph, SGB II SGB XII AsylbLG, § 27a Rn. 23, Stand: Juni 2012; *Ottersbach* in: Jahn, SGB XII, § 27a Rn. 12, Stand: 01.04.2013; anders wohl *Wahrendorf* in: Grube/Wahrendorf, SGB XII, 4. Aufl. 2012, § 27a Rn. 14, der darauf hinweist, dass sich die Ernährungspauschalen an den statistisch ermittelten Werten orientieren. Das übersieht, dass das physische Existenzminimum jedes Einzelnen gedeckt sein muss und so die Ermöglichung einer vollwertigen Ernährung (ggf. durch internen Ausgleich) gerade auch Kriterium für die verfassungsrechtliche Bewertung der statistischen Auswertung sein muss.

[91] Vgl. BT-Drs. 17/3404, S. 53 f.

[92] Zur Berechnung vgl. BT-Drs. 17/3404, S. 67.

[93] Zur Berechnung vgl. BT-Drs. 17/3404, S. 75.

[94] Vgl. zu den hochgerechneten Einzelwerten *Schwabe*, ZfF 2012, 1; *ders.*, ZfF 2013, 1; *ders.*, ZfF 2014, 1.

[95] www.mri.bund.de/NationaleVerzehrsstudie (abgerufen am 08.04.2014).

§ 27a

nicht ausreichten, um eine bedarfsgerechte Ernährung zu sichern.[96] Ob dies gegenwärtig noch so ist, wurde für Erwachsene bislang wissenschaftlich fundiert nicht belegt (vgl. aber auch Rn. 42). Bei der Frage, ob im Einzelfall **Gutachten zur Überprüfung der Angemessenheit der Regelsätze** eingeholt werden müssen[97], ist zu berücksichtigen, dass sich die Regelsätze im Bereich der Ernährung in erheblichem Umfang an dem orientieren, was die unteren 15 bzw. 20% der Einkommensbezieher (ohne Empfänger von Leistungen der Sozialhilfe) dafür durchschnittlich aufwenden. Eine Besserstellung der Bezieher von Leistungen der Sozialhilfe ist insoweit nur schwerlich zu rechtfertigen.

42 Für **Kinder** und **Jugendliche** besteht nun nach § 34 Abs. 6 SGB XII seit dem 01.01.2011 ein Anspruch auf Übernahme der Mehraufwendungen für **gemeinschaftliche Mittagsverpflegung** bei Schülerinnen und Schülern sowie Kindern, die eine Kindertagesstätte besuchen, oder für die Kindertagespflege geleistet wird, § 9 RBEG sieht die Erhebung eines **Eigenanteils** vor.

43 Für **Kranke, Genesende, behinderte** oder von einer Krankheit oder Behinderung bedrohte **Menschen**, die einer **kostenaufwändigeren Ernährung** bedürfen, ist ein entsprechender Mehrbedarf in § 30 Abs. 5 SGB XII vorgesehen (vgl. die Kommentierung zu § 30 SGB XII). Die **Empfehlungen des Deutschen Vereins** zur Gewährung von Krankenkostzulagen in der Sozialhilfe vom 01.10.2008 gelangen zu dem Ergebnis, dass nach dem damaligen Regelsatz die Ernährung mit **Vollkost** möglich war und schließen daher für bestimmte in den Empfehlungen aufgeführte Erkrankungen, dass kein Mehrbedarf besteht[98] (vgl. im Einzelnen die Kommentierung zu § 30 SGB XII Rn. 103 ff.).

44 Für die Ernährung kann aber abgesehen von der Frage, ob die in den Regelsätzen enthaltenen Anteile für Ernährung überhaupt ausreichen (vgl. bereits Rn. 41), auch ein von den Regelsätzen **nach unten abweichender Bedarf** gemäß § 28 Abs. 1 Satz 2 SGB XII bestehen, z.B. wenn im Rahmen der Eingliederungshilfe in einer Werkstatt für behinderte Menschen (WfbM) nach dem SGB XII ein **kostenloses Mittagessen** gewährt wird.[99] Der abweichende Bedarf ist insoweit abzugrenzen von auf einen Bedarf anzurechnendem Einkommen, das auch in geldwerten Sachleistungen bestehen kann (vgl. die §§ 82 ff. SGB XII). Wenn aufgrund der Drittleistung ein abweichender Bedarf festzusetzen ist (vgl. hierzu Rn. 90 ff.), kommt eine Berücksichtigung als Einkommen nicht mehr in Betracht.

c. Kleidung

45 Zum Bedarf für Kleidung gehören auch **Schuhe**. Dem Leistungsberechtigten muss im Regelfall ein **mehrfaches Wechseln der Kleidung** innerhalb einer Woche möglich sein, weil dies im Hinblick auf das Ziel erforderlich ist, eine soziale Ausgrenzung zu vermeiden (vgl. Rn. 21). Die Verwendung **gebrauchter, gereinigter Kleidung** ist im Hinblick auf die zunehmende Verbreitung von Second-Hand-Läden bzw. entsprechende Internetverkäufe und deren Nutzung auch durch Personen, die nicht auf Leistungen der Sozialhilfe angewiesen sind, zumutbar.[100] Diese Problematik spielt aber anders als noch bei der Leistungserbringung nach dem BSHG, wo die Beschaffung von Kleidung grundsätzlich ein einmaliger Bedarf gemäß § 21 Abs. 1a Nr. 1 BSHG mit einer individuellen Bedarfsprüfung gewesen ist, keine bedeutende Rolle mehr[101] und ist im Wesentlichen nur noch für die Erstausstattung relevant (vgl. Rn. 47).

46 Seit dem 01.01.2005 wird der **Bedarf** außerhalb stationärer Einrichtungen **durch den Regelsatz nach Absatz 3** (bis 31.12.2010 nach § 28 SGB XII) **mit umfasst**. Das RBEG sah bei Erwachsenen 100% der Ausgaben nach Abteilung 03 (Bekleidung und Schuhe) der aktuell ausgewerteten EVS 2008 vor, also 30,40 €, wobei Ausgaben für „Chemische Reinigung von Kleidung, Waschen, Bügeln und Färben" nicht berücksichtigt wurden. Dies betrifft nur das Waschen außer Haus, Kosten für Wasch- und Bügelmaschinen sowie Waschmittel wurden erfasst.[102] Enthalten waren auch die Kosten für notwendige Reparaturen von Kleidung und Schuhwerk. Für Kinder von 0 bis unter 6 Jahre wurden 100% der Abteilung 03 berücksichtigt, also 31,18 €, für Kinder von 6 bis unter 14 Jahre ebenfalls 100%, also

---

[96] *Karg* u.a., NDV 1984, 357, 362.
[97] Vgl. *Roscher* in: LPK-SGB XII, 9. Aufl. 2012, § 27a Rn. 5; dagegen *Wahrendorf* in: Grube/Wahrendorf, SGB XII, 4. Aufl. 2012, § 27a Rn. 14; *Ottersbach* in: Jahn, SGB XII, § 27a Rn. 12, Stand: 01.04.2013.
[98] Kritisch zu den Berechnungen mit zahlreichen Beispielen *Bruckemann/Izkowskij*, Sozialrecht aktuell 2011, 15 ff.
[99] BSG v. 11.12.2007 - B 8/9b SO 21/06 R - SozR 4-3500 § 28 Nr. 3 mit Anmerkung *Söhngen*, jurisPR-SozR 21/2008, Anm. 5; vgl. auch *Coseriu*, Sozialrecht aktuell 2010, 117, 179.
[100] Vgl. auch *Falterbaum* in: Hauck/Noftz, SGB XII, K 27a Rn. 21, Stand: Dezember 2011; *Wahrendorf* in: Grube/Wahrendorf, SGB XII, 4. Aufl. 2012, § 27a Rn. 15; *Ottersbach* in: Jahn, SGB XII, § 27a Rn. 14, Stand: 01.04.2013.
[101] Vgl. auch *Falterbaum* in: Hauck/Noftz, SGB XII, K 27a Rn. 21, Stand: Dezember 2011.
[102] Vgl. auch BT-Drs. 17/3404, S. 54.

33,32 €, und für Jugendliche von 14 bis unter 18 Jahre auch 100%, also 37,21 €. Die Gesamtregelbedarfe wurden seit Erstellung der EVS regelmäßig fortgeschrieben (vgl. § 7 RBEG, § 28a SGB XII i.V.m. § 40 SGB XII, § 134 SGB XII und § 138 SGB XII).[103]

Einmalige Leistungen für Kleidung sind nur noch in Ausnahmefällen vorgesehen, so nach § 31 Abs. 1 Nr. 2 SGB XII als Erstausstattung für Bekleidung bzw. Erstausstattungen bei Schwangerschaft und bei Geburt oder nach dessen Nr. 3 für orthopädisches Schuhwerk. Hierzu hat sich, wie schon nach früherem Recht zu den einmaligen Bedarfen, eine **umfangreiche Kasuistik** entwickelt, welche Kleidungsstücke bzw. Schuhe in die jeweiligen Kategorien einzuordnen sind. Insoweit wird auf die Kommentierung zu § 31 SGB XII verwiesen. Jedenfalls begründet nicht jeder normale Wachstumsschritt bei Kindern und Jugendlichen einen erneuten Anspruch auf Erstausstattung.[104] Bei der Bestimmung des Inhalts der jeweiligen Leistung sind die zu § 27a Abs. 1 SGB XII entwickelten Grundsätze zu berücksichtigen, denn es handelt sich um notwendigen Lebensunterhalt im Sinne der Vorschrift (vgl. Rn. 32 ff.). Ggf. kommt aber auch (z.B. bei **Kindern und Jugendlichen**[105]) ein **erhöhter Bekleidungsbedarf** nach § 27a Abs. 4 Satz 1 SGB XII in Betracht, insbesondere um eine soziale Ausgrenzung zu vermeiden. Dieser ist grundsätzlich ebenfalls in Form von Geldleistungen zu erbringen (§ 10 Abs. 3 SGB XII). Einmalige Leistungen in Form von Darlehen gemäß § 37 SGB XII sind bei Kleidung für besondere Anlässe möglich (z.B. Taufe, Hochzeit, etc.).[106]

47

d. Körperpflege

Zu den Aufwendungen für Körperpflege gehören **Haut- und Körperpflege-** sowie **Reinigungsartikel**, Produkte und Dienstleistungen (Friseur) für die **Haarpflege** und -reinigung sowie Artikel für **Rasur** und **Zahnpflege**.[107] Auch erforderliche **Fußpflege** für ältere Menschen wird einbezogen[108], soweit es sich nicht um medizinische Leistungen handelt. Der Bedarf für Körperpflege wird außerhalb stationärer Einrichtungen ebenfalls **durch den Regelsatz nach § 27a Abs. 3 SGB XII erfasst**. Vorgesehen war nach RBEG für Erwachsene ein Betrag von 22,34 (100% von Abteilung 12 – laufende Nrn. 75-80 – der EVS 2008; die Abteilung enthält auch Ausgaben für andere Bedarfe als die der Körperpflege), für Kinder von 0 bis unter 6 Jahre von 8,87 €, für Kinder von 6 bis unter 14 Jahre von 7,08 € und für Jugendliche von 14 bis unter 18 Jahre von 10,21 €. Die Gesamtregelbedarfe wurden seit Erstellung der EVS regelmäßig fortgeschrieben (vgl. § 7 RBEG, § 28a SGB XII i.V.m. § 40 SGB XII, § 134 SGB XII und § 138 SGB XII).[109]

48

Ein **gesundheitsbedingter überdurchschnittlicher (erhöhter) Reinigungs- oder Pflegemehraufwand** kann, soweit er nicht im Rahmen von Krankenbehandlung nach § 264 SGB V bzw. Krankenversicherungs- (vgl. § 32 SGB XII) und Pflegeleistungen zu erbringen ist, gemäß § 27a Abs. 4 Satz 1 SGB XII berücksichtigt werden (vgl. auch Rn. 102).

49

e. Hausrat

Zum notwendigen Bedarf für Hausrat zählen Einrichtungsgegenstände, die für eine **geordnete Haushaltsführung** notwendig sind.[110] Außerdem werden erfasst Haushaltsgegenstände für die Zubereitung, Lagerung und den Verzehr von Nahrungsmitteln, Haushaltsgeräte zur Reinigung bzw. für den sonstigen hauswirtschaftlichen Bedarf (z.B. Bügeleisen) und Elektrogeräte zur Deckung des erforderlichen Informationsbedarfs (Radio, Fernseher). Die Anschaffung von gebrauchten Gegenständen ist regelmäßig zumutbar[111], soweit nicht hygienische Gründe entgegenstehen. Die Kasuistik verschiedener erfasster Haushaltsgegenstände ist denkbar vielfältig.[112]

50

---

[103] Vgl. zu den hochgerechneten Einzelwerten *Schwabe*, ZfF 2012, 1; *ders.*, ZfF 2013, 1; *ders.*, ZfF 2014, 1.

[104] Vgl. BSG v. 23.03.2010 - B 14 AS 81/08 R - SozR 4-4200 § 20 Nr. 8.

[105] Vgl. *Wenzel* in: Fichtner/Wenzel, Kommentar zur Grundsicherung, 4. Aufl. 2009, § 27 SGB XII Rn. 6; *Ottersbach* in: Jahn, SGB XII, § 27a Rn. 14, Stand: 01.04.2013.

[106] *Roscher* in: LPK-SGB XII, 9. Aufl. 2012, § 27a Rn. 7.

[107] *Wahrendorf* in: Grube/Wahrendorf, SGB XII, 4. Aufl. 2012, § 27a Rn. 16.

[108] *Ottersbach* in: Jahn, SGB XII, § 27a Rn. 16, Stand: 01.04.2013 m.w.N.

[109] Vgl. zu den hochgerechneten Einzelwerten *Schwabe*, ZfF 2012, 1; *ders.*, ZfF 2013, 1; *ders.*, ZfF 2014, 1.

[110] *Wahrendorf* in: Grube/Wahrendorf, SGB XII, 4. Aufl. 2012, § 27a Rn. 17; *Ottersbach* in: Jahn, SGB XII, § 27a Rn. 117, Stand: 01.04.2013.

[111] *Ottersbach* in: Jahn, SGB XII, § 27a Rn. 18, Stand: 01.04.2013; *Dauber* in: Mergler/Zink, SGB XII, § 27a Rn. 12, Stand: November 2012 m.w.N.

[112] Vgl. den Überblick bei *Dauber* in: Mergler/Zink, SGB XII, § 27a Rn. 2, Stand: November 2012, der auch zahlreiche Beispiele aus der Rechtsprechung aufführt.

51 Die Eingruppierung in diese Bedarfsgruppe orientiert sich – wie bei allen Bedarfen des notwendigen Lebensunterhalts – an den jeweils **herrschenden gesellschaftlichen Verhältnissen** (vgl. Rn. 35), an den **individuellen Lebensumständen** (z.B. Einzelperson oder Familie, Alter eventuell vorhandener Kinder) bzw. am **sozialen Umfeld**. Deshalb kann nur unter dem Vorbehalt der Berücksichtigung eines zwischenzeitlich eingetretenen gesellschaftlichen (Anschauungs-)Wandels auf die Rechtsprechung der Verwaltungsgerichte zu § 21 Abs. 1a Nr. 6 BSHG zurückgegriffen werden. Dies ist in der Praxis auch nur dann erforderlich, soweit es sich nicht um einen bereits vorhandenen Haushalt handelt, denn für einen solchen wird der „notwendige Lebensunterhalt" außerhalb stationärer Einrichtungen **durch** die in § 27a Abs. 3 SGB XII vorgesehenen **Regelsätze abgedeckt**.[113] Vorgesehen war nach dem RBEG eine Berücksichtigung der Abteilungen 05, 08 und 09 der EVS aus 2008. Die berücksichtigten geringen Beträge für Haushaltgroßgeräte erklären sich aus dem Umstand, dass eine Erstanschaffung in der Regel über die Erstausstattung der Wohnung finanziert werden kann (§ 31 Abs. 1 Nr. 1 SGB XII, vgl. dazu Rn. 52) und nach dieser Anschaffung ein **Ansparen für den Ersatz** nach der längeren Laufzeit erwartet wird.[114] Ein **Fernsehgerät** ist nach Auffassung des BSG im insoweit vergleichbaren Leistungssystem des SGB II nicht im Rahmen der Erstausstattung zu erbringen.[115] Zur Erstausstattung gehörten nur „wohnraumbezogene Gegenstände, die für eine geordnete Haushaltsführung und ein an den herrschenden Lebensgewohnheiten orientiertes Wohnen erforderlich sind". Hierzu zähle ein Fernsehgerät nicht. Es sei weder ein Einrichtungsgegenstand noch ein Haushaltsgerät und sei für die grundlegenden Bedürfnisse Aufenthalt, Schlafen und Essen nicht erforderlich. Ggf. kann aber für die Anschaffung ein **Darlehen** erbracht werden. Auch auf diese Weise ist die Ansparung für die Anschaffung möglich.

52 Lediglich außerhalb der Regelsätze ist für die Wohnungserstausstattung gemäß § 31 Abs. 1 Nr. 1 SGB XII („**Wohnungserstausstattung**") als einmaligem Bedarf eine Abgrenzung zu treffen, ob ein Hausratsgegenstand zum „notwendigen Lebensunterhalt" gehört (vgl. zur ähnlichen Regelung für die Erstausstattung von Kleidung Rn. 47). Dabei sind die aus § 27a Abs. 1 SGB XII entwickelten Wertungen (vgl. Rn. 32 ff.) zu berücksichtigen, denn es handelt sich um „notwendigen Lebensunterhalt" im Sinne der Vorschrift. Wegen der Einzelheiten zu den erfassten Möbeln, Geräten und sonstigen Gegenständen vgl. die Kommentierung zu § 31 SGB XII. Ein in der Praxis nicht selten auftretendes Problem ist insofern die Frage, ob eine „Erstausstattung" auch bei Auftreten einer neuen (familiären) Situation des Leistungsberechtigten in Betracht kommt, insbesondere bei erstmaliger Einrichtung eines eigenen „**Kinderzimmers**" für Kinder, die bisher als Säuglinge im Zimmer der Eltern geschlafen haben. Dies ist vom Wortlaut des Gesetzes nicht ausgeschlossen und entspricht seinem Sinn und Zweck, denn die Regelsätze umfassen grundsätzlich nur Ersatzbeschaffungen.[116]

f. Haushaltsenergie

53 Der Begriff der Haushaltsenergie wurde neu in die Aufzählung mitaufgenommen und war bis zum 31.12.2010 nicht in der **Vorgängerregelung des § 27 Abs. 1 SGB XII a.F.** enthalten. Eine Begründung für die Änderung findet sich nicht.[117] Mit der Aufnahme erfolgt eine Anpassung an den Sprachgebrauch des § 20 Abs. 1 SGB II, wo die Haushaltsenergie schon seit dem 01.06.2007 benannt wird. Dort hatte dies die Funktion klarzustellen, dass auch dieser Bereich der Regelleistung unterfällt. Zwingend war die ausdrückliche Nennung im SGB XII nicht, denn der notwendige Lebensunterhalt war dort schon immer offen definiert und es wurde pauschal festgelegt, dass dieser abgesehen von den gesonderten Regelungen für Mehr- oder Sonderbedarfe durch die Regelsätze abgedeckt wird (§ 28 Abs. 1 SGB XII a.F.).

---

[113] Vgl. zur Problematik von Aufwendungen für Teilmöblierung einer Wohnung *Spindler*, info also 2009, 131; vgl. auch BSG v. 07.05.2009 - B 14 AS 14/08 R - SozR 4-4200 § 22 Nr. 20.

[114] Vgl. zum Ansparensprinzip auch *Adolph* in: Jehle/Linhart/Adolph, SGB II SGB XII AsylbLG, § 27a Rn. 77, Stand: Juni 2012; *Schmidt* in: Oestreicher, SGB XII/SGB II, § 27a SGB XII Rn. 26, Stand: November 2011; *Falterbaum* in: Hauck/Noftz, SGB XII, K 27a Rn. 9 f., Stand: Dezember 2011; *Dauber* in: Mergler/Zink, SGB XII, § 27a Rn. 12, Stand: November 2012.

[115] BSG v. 24.02.2011 - B 14 AS 75/10 R - SozR 4-4200 § 23 Nr. 11.

[116] Vgl. auch BSG v. 23.05.2013 - B 4 AS 79/12 R - SozR 4-4200 § 24 Nr. 5, Jugendbett statt Kleinkinderbett als Erstausstattung.

[117] Vgl. BT-Drs. 17/3404, S. 120, wo als Neuerungen nur die Bedarfe für Bildung für Schülerinnen und Schüler sowie für Teilhabe am sozialen und kulturellen Leben für Kinder und Jugendliche genannt werden.

Ein besonderes **Abgrenzungsproblem** für die Kosten der **Warmwasserbereitung** als Teil der Haushaltsenergie von den Heizkosten ergab sich, soweit keine getrennte Abrechnung erfolgte (vgl. dazu auch Rn. 58). Der Gesetzgeber hat insoweit zum 01.01.2011 in den §§ 30 Abs. 7 und 35 Abs. 4 SGB XII eine Lösung gefunden, die den Bedarf für Haushaltenergie weitgehend vom Regelsatz abkoppelt (und diesen damit faktisch um mehr als 5 € in der Regelbedarfsstufe 1 erhöht). Sofern eine **zentrale Erzeugung** von Warmwasser erfolgt (und dann in der Regel einen Abgrenzbarkeit nicht mehr gegeben ist), werden die Kosten wie die Heizkosten nach § 35 Abs. 4 Satz 1 SGB XII in **tatsächlicher Höhe** erbracht, soweit sie angemessen sind. Wenn eine **dezentrale Erzeugung** erfolgt, wird ein **Mehrbedarf** nach § 30 Abs. 7 SGB XII anerkannt, der für jede im Haushalt lebende leistungsberechtigte Person entsprechend ihrer Regelbedarfsstufe nach der Anlage zu § 28 jeweils 2,3 v.H. der Regelbedarfsstufen 1 bis 3, 1,4 v.H. der Regelbedarfsstufe 4, 1,2 v.H. der Regelbedarfsstufe 5 oder 0,8 v.H. der Regelbedarfsstufe 6 beträgt, soweit nicht im Einzelfall ein abweichender Bedarf besteht oder ein Teil des angemessenen Warmwasserbedarfs durch Leistungen nach § 35 Abs. 4 SGB II gedeckt wird. Zu Recht wird darauf hingewiesen, dass die Herausnahme der Warmwasserbereitung aus dem notwendigen Lebensunterhalt systematisch nicht richtig ist, weil dieser nicht auf die pauschale Regelsatzleistung beschränkt ist, wie sich aus § 27a Abs. 2 Satz 1 SGB XII ergibt.[118]

54

g. Unterkunft

Der Anteil der Kosten für Unterkunft am „notwendigen Lebensunterhalt" bereitet insoweit keine Schwierigkeiten, als er anders als die übrigen in § 27a Abs. 1 SGB XII genannten Bedarfe nicht über pauschale Regelsätze erbracht wird, sondern gemäß § 35 Abs. 1 SGB XII **grundsätzlich in tatsächlicher Höhe**.[119] Probleme ergeben sich aber häufig hinsichtlich der Frage der **Angemessenheit der Unterkunft**, bei der die Wertungen des § 27a Abs. 1 SGB XII mit einzubeziehen sind (vgl. Rn. 33 ff.), und der Anforderungen an die bei unangemessener Unterkunft erforderliche Wohnungssuche. Auch die Frage, ob **Tilgungsleistungen** im Rahmen einer Finanzierung zu den Kosten der Unterkunft zählen, ist im Bereich der Sozialhilfe noch nicht eindeutig geklärt.[120] Wegen der Einzelheiten kann auf die Kommentierung zu § 35 SGB XII verwiesen werden.

55

h. Heizung

Heizungsbedarf im Sinne der explizit genannten grundlegenden Bedarfe nach § 27a Abs. 1 SGB XII sind nur die Aufwendungen für die **Beheizung der Wohnung**, **nicht** sonstige Aufwendungen für **Haushaltsenergie** (z.B. Kochfeuerung, Warmwasseraufbereitung). Die Abgrenzung ist im Rahmen des § 27a Abs. 1 SGB XII nur bedingt von Bedeutung, denn auch die Kosten für Haushaltsenergie sind im angemessenen Rahmen „notwendiger Lebensunterhalt". Für die Frage, in welchem Umfang Leistungen zu erbringen sind, ist die Unterscheidung allerdings relevant, denn für die Heizkosten trifft § 35 SGB XII eine gesonderte Regelung. Sie sind in angemessenem Umfang **in tatsächlicher Höhe** zu übernehmen, wozu bei Angemessenheit auch eventuelle **Nachzahlungen bei abschlagsweiser Zahlung** gehören. Hinsichtlich der Einzelheiten hierzu kann auf die Kommentierung zu § 35 SGB XII verwiesen werden. Für die Kosten bei zentraler Warmwasserbereitung vgl. Rn. 54.

56

Abgrenzungsschwierigkeiten treten unter Umständen in älteren Rechtsstreitigkeiten auf, wenn die Kosten für Heizung und **Warmwasseraufbereitung** in einer **gemeinsamen Verbrauchsabrechnung** nicht differenziert erfasst werden können, weil ein einheitliches Heizsystem vorliegt.

57

Das BSG hatte für den Bereich des **SGB II** und noch für die Daten aus der **EVS 1998** unter Berücksichtigung der Modellrechnungen des Deutschen Vereins, wonach Kosten für die Warmwasserbereitung 30% der Haushaltsenergie ausmachen, im Regelsatz enthaltenen Anteil errechnet, der gemäß der allgemeinen Rentenentwicklung zu dynamisieren war und für 2005 in West-Deutschland **6,22 €** für eine allein lebende erwachsene Person ausmachte. Nur dieser Betrag durfte von den Gesamtkosten für Heizung und Warmwasser in Abzug gebracht werden. Verworfen wurde eine Anlehnung an § 9 der Heizkostenverordnung mit pauschal 18% der Heizkosten und eine solche an § 6 Abs. 1 Nr. 2 der Wohngeldverordnung, wonach pro Quadratmeter Wohnfläche 0,15 € für Warmwasserbereitung abgezogen werden.[121] Das BSG schien das gefundene Ergebnis im Hinblick auf die Unsicherheit der

58

---

[118] *Falterbaum* in: Hauck/Noftz, SGB XII, K 27a Rn. 27, Stand: Dezember 2011; *Dauber* in: Mergler/Zink, SGB XII, § 27a Rn. 14, Stand: November 2012.
[119] Vgl. auch *Ottersbach* in: Jahn, SGB XII, § 27a Rn. 28, Stand: 01.04.2013.
[120] Vgl. für das insoweit vergleichbare Problem im SGB II BSG v. 18.06.2008 - B 14/11b AS 67/06 R - SozR 4-4200 § 22 Nr. 13.
[121] BSG v. 27.02.2008 - B 14/11b AS 15/07 R - SozR 4-4200 § 22 Nr. 5.

Berechnungsgrundlage selbst als nicht ganz befriedigend zu erachten. Anders ist der Hinweis, dem Gesetz- bzw. Verordnungsgeber bleibe es unbenommen, im Rahmen des § 27 SGB II (a.F.) die Kosten für Warmwasserbereitung anders zu definieren bzw. zu bestimmen,[122] kaum zu erklären. **Gleichbehandlungsprobleme** bereitete der Umstand, dass die „Privilegierung" des Leistungsempfängers durch Kappung des Abzugsbetrags nur gelten sollte, wenn eine konkrete Erfassung des Einzelverbrauchs nicht erfolgte. Durch den fehlenden Nachweis eines über den Regelsatz hinausgehenden Verbrauchs wurden zudem **einseitig** die Kreise und kreisfreien Städte als für die Heizkosten zuständige **kommunale Träger belastet**.[123] Der Vorschlag von *Lauterbach*, auch bei getrennter Messung den im Regelsatz enthaltenen Betrag als Kosten der Heizung anzusehen[124], fand im Gesetz allerdings keine Stütze.

59   Ab dem **01.01.2011** findet sich nun eine gesonderte Regelung in **§ 35 Abs. 4 Satz 1 SGB XII** (vgl. auch Rn. 54), wodurch sich die bisherige Problematik nicht mehr stellt, weil bei zentraler Warmwasserbereitung die Kosten in tatsächlicher Höhe übernommen werden, was eine Abgrenzung in diesen Fällen entbehrlich macht.

i. Persönliche Bedürfnisse des täglichen Lebens

60   Der am wenigsten greifbare Begriff innerhalb der grundlegenden Bedarfsgegenstände ist der der „persönlichen Bedürfnisse des täglichen Lebens". Durch § 27a Abs. 1 Satz 2 SGB XII wird er insoweit konkretisiert, dass dazu u.a., aber nicht ausschließlich, „in vertretbarem" Umfang die „Teilnahme am sozialen und kulturellen Leben gehört". Klar ist jedenfalls, dass mit der Verwendung des Wortes „**täglich**" **nicht „jeden Tag"** vorkommende Bedürfnisse gemeint sind, sondern „**im normalen Alltag**" auftretende.[125] Die persönlichen Bedürfnisse sind schon vom Begriff her abhängig von der **persönlichen Lebensführung**. Damit wird auch dem in § 9 Abs. 1 SGB XII formulierten Anspruch Rechnung getragen, dass die Sozialhilfe u.a. dem besonderen Bedarf des Leistungsberechtigten entsprechen, die Teilnahme am Leben in der Gemeinschaft ermöglichen und die Führung eines menschenwürdigen Lebens sichern soll.

61   Beispiele sind etwa Kosten für **Bücher, Zeitungen, Veranstaltungen, Vereine, Gastgeschenke** und auch **Internetzugang**.[126]

62   Außerhalb stationärer Einrichtungen werden die „persönlichen Bedürfnisse des täglichen Lebens" allerdings **grundsätzlich durch die Regelsätze nach den Absätzen 3 und 4 abgedeckt**, so dass dem Einzelnen, sofern er nicht einen überdurchschnittlichen Bedarf im Sinne des § 27a Abs. 4 Satz 1 SGB XII geltend machen kann, keine zusätzlichen Leistungen zu gewähren sind. Insofern ist es nicht richtig, die „persönlichen Bedürfnisse des täglichen Lebens" von den Leistungen der Regelsätze abzugrenzen. Die Regelsätze enthalten gemäß der Begründung zum Regelbedarfs-Ermittlungsgesetz mit Werten aus den Abteilungen 07 (Verkehr), 08 (Nachrichtenübermittlung) und 09 (Freizeit und Kultur) sowie 12 (Andere Waren und Dienstleistungen) der **EVS** (aus 2008) zahlreiche Einzelgegenstände und Dienstleistungen, die diesem Bereich zuzuordnen sind.[127] Teilweise findet hinsichtlich des Informationsbedarfs eine **Überschneidung mit der Kategorie Hausrat** statt (vgl. Rn. 50). Die persönliche Gestaltung des Einzelnen beschränkt sich insoweit auf die Möglichkeit zur eigenen Zusammenstellung der für ihn wichtigen Elemente in finanziell bescheidenem Umfang.

63   Eine Bedarfsdeckung erfolgt nur im Rahmen des für die Gewährleistung des Existenzminimums Notwendigen. Damit ist die bereits beschriebene Einschränkung auf Bedarfe, die nach der allgemeinen **gesellschaftlichen Anschauung** zum „notwendigen Lebensbedarf" gehören (vgl. Rn. 35), vorzunehmen. Zu berücksichtigen sein können aber auch grundrechtlich geschützte Positionen. So hatte es das BVerfG im Hinblick auf Art. 6 Abs. 2 Satz 1 GG nicht als zulässig angesehen, sich bei Kosten für **Besuche bei auswärts wohnenden Kindern**, die ebenfalls zu den Grundbedürfnissen des täglichen Lebens zählen, an die Rechtsprechung der Zivilgerichte zu § 1634 Abs. 2 Satz 1 BGB a.F. (jetzt: § 1684 Abs. 3 und 4 BGB, gerichtliche Regelung des Umgangsrechts in Konfliktfällen) anzulehnen.[128] Fahr-

---

[122] BSG v. 27.02.2008 - B 14/11b AS 15/07 R - SozR 4-4200 § 22 Nr. 5.
[123] Vgl. *Groth*, jurisPR-SozR 20/2008, Anm. 2.
[124] *Lauterbach*, NZS 2009, 57.
[125] Vgl. auch *Roscher* in: LPK-SGB XII, 9. Aufl. 2012, § 27a Rn. 15; *Falterbaum* in: Hauck/Noftz, SGB XII, K 27a Rn. 29, Stand: Dezember 2011.
[126] Vgl. auch *Falterbaum* in: Hauck/Noftz, SGB XII, K 27a Rn. 29, Stand: Dezember 2011; *Wahrendorf* in: Grube/Wahrendorf, SGB XII, 4. Aufl. 2012, § 27a Rn. 20; *Ottersbach* in: Jahn, SGB XII, § 27a Rn. 24, Stand: 01.04.2013; *Dauber* in: Mergler/Zink, SGB XII, § 27a Rn. 16, 38, Stand: November 2012.
[127] Vgl. auch *Wahrendorf* in: Grube/Wahrendorf, SGB XII, 4. Aufl. 2012, § 27a Rn. 20.
[128] BVerfG v. 25.10.1994 - 1 BvR 1197/93 - NJW 1995, 1342.

kosten zur Wahrnehmung des Umgangsrechts mit dem minderjährigen getrennt lebenden Kind können über eine Anwendung des § 73 SGB XII (Hilfe in sonstigen Lebenslagen) beansprucht werden, soweit es sich um Fahrkosten der hilfebedürftigen Person handelt.[129] Soweit die Fahrkosten der Kinder betroffen sind, könnten nur diese entsprechende Ansprüche geltend machen.[130]

Gesondert sind nach § 34 Abs. 2 SGB XII die einmaligen Kosten für **Schulausflüge** und **mehrtägige Klassenfahrten** nach den schulrechtlichen Bestimmungen zu übernehmen (Entsprechendes gilt für Ausflüge und Fahrten von Kindern in Kindertageseinrichtungen, § 34 Abs. 2 Satz 2 SGB XII), wobei das BSG für die entsprechende Norm im SGB II (§ 28 Abs. 2 SGB II; zum Entscheidungszeitpunkt noch § 23 Abs. 3 Satz 1 Nr. 3 SGB II a.F.) eine Deckelung durch pauschale Sätze zu Recht nicht zugelassen hat.[131] Außerdem enthält § 34 weitere Leistungen zur Deckung der in § 27a Abs. 1 Satz 3 SGB XII genannten **speziellen Bildungs- und Teilhabebedarfe von Kindern und Jugendlichen** (z.B. Mitgliedsbeiträge in Vereinen, musische Bildung; Teilnahme an Freizeiten, Kosten für Nachhilfe etc.; vgl. im Einzelnen die Kommentierung zu § 34 SGB XII). Auch die **Leistungen der Altenhilfe** (§ 71 SGB XII) decken Grundbedürfnisse des täglichen Lebens ab.[132] 64

2. Sonstige Bedarfstatbestände

Weitere in § 27 Abs. 1 SGB XII nicht genannte Bedarfstatbestände des „notwendigen Lebensunterhalts" sind zwar möglich, weil die dortige Aufzählung nicht abschließend ist („insbesondere", vgl. Rn. 37). Solche sind aber **nur in Ausnahmefällen denkbar**. Keine solchen Ausnahmefälle sind die Leistungen für Unterkunft und Heizung, die einmaligen Bedarfe nach § 31 SGB XII, der Mehrbedarf für Ernährung nach § 30 SGB XII oder die Leistungen für Bildung und Teilhabe, weil diese bereits Ausformungen der in § 27a Abs. 1 SGB XII genannten grundlegenden Bedarfstatbestände sind.[133] 65

Es handelt sich bei der **Öffnungsklausel** mit der Einbeziehung weiterer ungenannter Bedarfsgegenstände letztlich um eine Ausprägung des Prinzips der **individuellen Bedarfsdeckung** (§ 9 Abs. 1 SGB XII). Durch die Öffnungsmöglichkeit kann auch dem bereits angesprochenen gesellschaftlichen Wandel der Anschauung Rechnung getragen werden, was zum notwendigen Lebensunterhalt gehört (vgl. Rn. 35). Bei den überdurchschnittlichen Bedarfen nach § 27a Abs. 4 Satz 1 SGB XII gibt es solche aus den Bereichen der grundlegenden Bedarfsgegenstände (z.B. erhöhte Aufwendungen für Kleidung bei Übergrößen) und solche, die sich diesen nicht zuordnen lassen, aufgrund der allgemeinen Anschauung aber gleichwohl zum „notwendigen Lebensbedarf" nach § 27a Abs. 1 SGB XII gehören (z.B. erhöhte Aufwendungen für Gesundheit, vgl. Rn. 102). Jedenfalls findet aber im Hinblick auf das geschlossene System der Regelsätze (§ 27a Abs. 2 und 3 SGB XII) **keine generelle Öffnung für weitere Bedarfstatbestände** statt.[134] 66

Sonstige Bedarfsgegenstände sind aber **Beiträge zur Kranken- und Pflegeversicherung** (§ 32 SGB XII) und nach der geltenden Anschauung die **Kosten einer angemessenen Alterssicherung** (§ 33 SGB XII). **Kosten für Aufwendungen zur Erhaltung der Gesundheit** (solange sie nicht in die Kategorie „Körperpflege" fallen wie bspw. die Zahnpflege) sind ebenfalls als sonstiger Bedarf im Sinne des § 27a Abs. 1 SGB XII anzusehen.[135] 67

Nicht mehr zu den sonstigen Bedarfsgegenständen gehören anders als noch nach dem BSHG (vgl. § 15 BSHG a.F.) **Bestattungskosten**. Diese können als Hilfe in anderen Lebenslagen nach § 74 SGB XII übernommen werden. Ebenfalls nicht erfasst werden grundsätzlich die Kosten für das Halten eines Kraftfahrzeuges, weil ein solches regelmäßig nur bei im Sozialhilferecht häufig nicht in Betracht kommender Berufstätigkeit erforderlich ist.[136] 68

---

[129] BSG v. 07.11.2006 - B 7b AS 14/06 R - BSGE 97, 242 mit Anmerkung *Behrend*, jurisPR-SozR 9/2007, Anm. 1.
[130] BSG v. 07.11.2006 - B 7b AS 14/06 R - BSGE 97, 242 mit Anmerkung *Behrend*, jurisPR-SozR 9/2007, Anm. 1.
[131] BSG v. 13.11.2008 - B 14 AS 36/07 R - FamRZ 2009, 506.
[132] BSG v. 07.11.2006 - B 7b AS 14/06 R - BSGE 97, 242.
[133] Vgl. auch *Falterbaum* in: Hauck/Noftz, SGB XII, K 27a Rn. 15, Stand: Dezember 2011.
[134] Vgl. auch *Wahrendorf* in: Grube/Wahrendorf, SGB XII, 4. Aufl. 2012, § 27a Rn. 32.
[135] Vgl. zur Problematik der Kosten für notwendige nichtverschreibungspflichtige Medikamente *Krauß* in: Hauck/Noftz, SGB II, K § 20 Rn. 54, Stand: April 2010, die allerdings zu Recht auch auf § 34 SGB V hinweist.
[136] Vgl. dazu bereits BVerwG v. 19.12.1997 - 5 C 7/96 - BVerwGE 106, 105.

3. Besondere Bedarfe von Kindern und Jugendlichen (Absatz 1 Sätze 2 und 3)

69 Die Verpflichtung zur besonderen Berücksichtigung des Bedarfs von Kindern und Jugendlichen (bis Vollendung des 18. Lebensjahrs) bei der **Teilhabe am sozialen und kulturellen Leben**[137] und bei Schülerinnen und Schülern der erforderlichen Hilfen für den Schulbesuch wird konkretisiert durch die neu zum 01.01.2011 eingefügten zusätzlichen Leistungen nach den **§§ 34, 34a SGB XII**, die in § 34 Abs. 3 SGB XII auch die wie bisher seit dem 01.01.2009 in § 28a SGB XII a.F. vorgesehene Leistung für den **Schulbedarf** in Höhe von 100 € (nun aufgeteilt in zwei Teilleistungen von 70 € zu Beginn des ersten Schulhalbjahres und 30 € zu Beginn des zweiten Schulhalbjahres) und in § 34 Abs. 2 Nr. 2 SGB XII die bisher in § 31 Abs. 1 Nr. 3 SGB XII a.F. geregelten Leistungen für **mehrtägige Klassenfahrten** im Rahmen der schulrechtlichen Bestimmungen (ergänzt nun um **eintägige Ausflüge**) einschließen. Neu hinzugekommen sind seit dem 01.01.2011 Kosten für **Schülerbeförderung** (§ 34 Abs. 4 SGB XII), für Nachhilfe (§ 34 Abs. 5 SGB XII), für **gemeinschaftliche Mittagsverpflegung** (§ 34 Abs. 6 SGB XII) und für **Mitgliedsbeiträge** in den Bereichen Sport, Spiel, Kultur und Geselligkeit sowie Unterricht in künstlerischen Fächern oder vergleichbaren Aktivitäten bzw. für die Teilnahme an Freizeiten (§ 34 Abs. 7 SGB XII; beschränkt auf monatlich 10 €). Die ursprüngliche Beschränkung der zusätzlichen Leistung für Schulbedarf auf die Jahrgangstufe 10 hatte zu Kritik geführt[138], weil gemutmaßt wurde, dass Kindern von Hilfeempfängern nicht der Besuch eines Gymnasiums ermöglicht werden solle[139]. **Vor dem 01.01.2009** ist der **Bedarf für Schulbücher** teilweise als durch die Hilfe in sonstigen Lebenslagen gemäß **§ 73 SGB XII** zu decken angesehen worden.[140] Dem ist die Rechtsprechung des BSG allerdings nicht gefolgt und hat auch eine rückwirkende Anwendung der speziellen Schulbedarfsregelungen abgelehnt.[141] Die Kosten eines Schulschließfachs sollen in den Regelsätzen enthalten sein.[142]

70 Mit den neuen Leistungen zur **Bildung und Teilhabe** setzt der Gesetzgeber Vorgaben des BVerfG um, wonach die Ausgaben für Bildung bei Kindern und Jugendlichen bei der Bestimmung des Existenzminimums in angemessener Weise zu berücksichtigen sind, wobei keine Festlegung auf die Art der Leistungserbringung erfolgte.[143] Die Leistungen für Bildung waren zuvor durch den Bundesgesetzgeber als in der Zuständigkeit der Länder angesiedelt angesehen worden. Hinsichtlich der Leistung für den **Schulbedarf** erfolgte entgegen der deutlichen Kritik des BVerfG zur vergleichbaren Regelung des § 24a SGB II („offensichtlich freihändig geschätzt", „fügt sich methodisch nicht in das Leistungssystem des SGB II ein")[144] keine inhaltliche Änderung.

4. Auswirkungen der Definition des notwendigen Lebensunterhalts

71 Durch § 27a Abs. 1 SGB XII wird **unmittelbar kein Leistungsanspruch** im Sinne des § 17 Abs. 1 Satz 1 SGB XII begründet. Denn es wird in der Regelung nicht bestimmt, dass der Leistungsempfänger einen Anspruch auf Deckung des notwendigen Lebensunterhaltes hat.[145] Ein Leistungsanspruch ergibt sich außerhalb von stationären Einrichtungen für einen Großteil der Bedarfe erst aus Absatz 3 in Form der Regelsätze bzw. den in den §§ 30 ff. SGB XII genannten Leistungen für Mehr- und Sonderbedarfe.

72 Aus dem Zusammenspiel der Regelung des § 27a Abs. 1 SGB XII mit dessen Absatz 2 ergibt sich allerdings, dass der ermittelte **„notwendige Lebensunterhalt" grundsätzlich zu decken** ist. Außerhalb stationärer Einrichtungen geschieht dies im Wesentlichen über die Regelsätze nach Absatz 3. Es besteht eine **Wechselwirkung zwischen den Anspruchsnormen des SGB XII und § 27a Abs. 1 SGB XII** zum einen in der Weise, dass die anspruchsbegründenden Normen auf die Vorschrift durch die Verwendung des Begriffs „notwendiger Lebensunterhalt" Bezug nehmen (vgl. hierzu Rn. 31), zum anderen darin, dass im Sinne einer Kontrolle geprüft werden muss, ob die in § 27a Abs. 1 SGB XII auf-

---

[137] Vgl. hierzu auch *Lenze*, ZKJ 2011, 17, 18 ff.; vgl. auch BT-Drs. 17/3404, S. 59.
[138] Vgl. zur Problematik auch *Groth/Leopold*, info also 2009, 59.
[139] Vgl. auch die Kleine Anfrage der Fraktion DIE LINKE vom 17.02.2009, BT-Drs. 16/12010, und die Antwort der Bundesregierung vom 26.03.2009, BT-Drs. 16/12482.
[140] LSG RP v. 25.11.2008 - L 3 AS 76/07 - ZFSH/SGB 2009, 157-160.
[141] BSG v. 10.05.2011 - B 4 AS 11/10 R - SozR 4-4200 § 44 Nr. 2; BSG v. 19.08.2010 - B 14 AS 47/09 R - SozR 4-3500 § 73 Nr. 2 mit Anm. *Klaus*, jurisPR-SozR 4/2010, Anm. 1; kritisch zur gleichen Behandlung der Schüler beim Regelsatz in Ländern mit und ohne Lernmittelfreiheit *Lenze*, ZKJ 2011, 17, 20.
[142] Th. LSG v. 04.12.2007 - L 7 AS 1150/07 ER - FEVS 60, 77-78.
[143] Vgl. BVerfG v. 09.02.2010 - 1 BvL 1/09, 1 BvL 3/09, 1 BvL 4/09 - juris Rn. 180 ff., 197 - BVerfGE 125, 175.
[144] BVerfG v. 09.02.2010 - 1 BvL 1/09, 1 BvL 3/09, 1 BvL 4/09 - juris Rn. 203 - BVerfGE 125, 175.
[145] Vgl. auch *Ottersbach* in: Jahn, SGB XII, § 27a Rn. 9 f., Stand: 01.04.2013.

geführten Bedarfstatbestände im Rahmen der pauschalen Leistungen, insbesondere der Regelsätze und den abweichenden Festlegungen nach Absatz 4 Satz 1, in angemessener Weise enthalten sind. Andernfalls würde die Gesamtregelung nicht den verfassungsrechtlichen Anforderungen an ein transparentes und sachgerechtes Verfahren zur Bestimmung der existenzsichernden Leistungen[146] genügen, weil sie in sich widersprüchlich wäre. Nicht in den Regelsätzen enthalten sein müssen allerdings die gesondert in Kapitel 3 Abschnitt 2-4 aufgeführten Leistungen des notwendigen Lebensunterhaltes. Es ist vielmehr zu berücksichtigen, dass es sich um ein Gesamtleistungssystem handelt, von dem die Regelsätze zwar einen wesentlichen Teil, aber nicht die einzige Leistung darstellen. Soweit für die genannten weiteren Bedarfe eine ausdrückliche besondere gesetzliche Regelung vorliegt, kann zudem § 27a Abs. 1 SGB XII als allgemeinerer Regelung insoweit keine Kontrollfunktion zukommen.

IV. Regelbedarf und Regelbedarfsstufen (Absatz 2)

1. Allgemeines

Mit **Absatz 2 Satz 1** wird die Verbindung zwischen dem als Begriff neu eingeführten Regelbedarf und dem in Absatz 1 definierten notwendigen Lebensunterhalt hergestellt. Der gesamte notwendige Lebensunterhalt mit Ausnahme der in den Abschnitten 2-4 des Dritten Kapitels genannten Mehr- und Sonderbedarfe bzw. Leistungen für Unterkunft, Warmwasser und Heizung sollen den Regelbedarf ergeben, der nach Satz 2 wiederum in Regelbedarfsstufen unterteilt ist. Damit verabschiedet sich der Gesetzgeber von der unschönen Formulierung, „der gesamte Bedarf des notwendigen Lebensunterhalts (…) werde nach Regelsätzen erbracht", wie es noch in § 28 Abs. 1 Satz 1 SGB XII a.F. zu lesen war. Die **Neueinführung** der **Begriffe „Regelbedarf"** und **„Regelbedarfsstufen"** macht die Regelung aber nur bedingt übersichtlicher. Bei den in den Abschnitten 2-4 genannten Bedarfen handelt es sich um die Mehrbedarfe nach § 30 SGB XII, die einmaligen Bedarfe nach § 31 SGB XII, die Bedarfe für Beiträge zur Kranken- und Pflegeversicherung nach § 32 SGB XII, die Bedarfe für Beiträge für die Vorsorge nach § 33 SGB XII, die Bedarfe für Bildung und Teilhabe nach den §§ 34, 34a SGB XII, die Bedarfe für Unterkunft und Heizung nach den §§ 35, 35a und die Bedarfe zur Sicherung der Unterkunft nach § 36 SGB XII.

73

Wie die Regelbedarfsstufen tatsächlich berechnet werden, ergibt sich nicht unmittelbar aus § 27a Abs. 2 SGB XII, sondern aus **§ 28 SGB XII** i.V.m. dem **RBEG**.

74

Insgesamt gibt es derzeit **sechs Regelbedarfsstufen**. Dabei wird anhand statistischer Auswertungen des tatsächlichen Verbrauchsverhaltens unter Berücksichtigung der unteren **15%** der **Einpersonenhaushalte** (§ 2 Nr. 1 RBEG) für die **Regelbedarfsstufe 1** und der unteren **20% Familienhaushalte** (§ 2 Nr. 2 RBEG) für die **Regelbedarfsstufen 4-6** bezogen auf das Nettoeinkommen (vgl. § 4 RBEG) jeweils ein Durchschnittswert errechnet. Damit weicht der Gesetzgeber von der bisherigen generellen Anknüpfung an das untere Quintil ab, die allerdings so auch nur in der früheren Regelsatzverordnung enthalten war, § 28 Abs. 3 SGB XII a.F. sprach ähnlich wie die aktuelle Fassung in § 28 Abs. 2 Satz 2 SGB XII von den unteren Einkommensgruppen. Eine entsprechende **Absenkung der Vergleichsgruppe war zu erwarten**. Zum einen war die Gruppe der Empfänger von Leistungen nach den SGB II, die nach der Rechtsprechung des BVerfG[147] zur Vermeidung von Zirkelschlüssen ebenso wie die Empfänger von Leistungen nach dem Dritten und Vierten Kapitel des SGB XII aus der Vergleichsgruppe zu entfernen waren, gegenüber den früheren Beziehern von Sozialhilfe stark angestiegen. Zum anderen hatte das Bundesverfassungsgericht ausgeführt, dass es nicht zu prüfen habe, ob die Wahl einer anderen Referenzgruppe, zum Beispiel des zweiten Zehntels oder Dezils, angemessen gewesen wäre. Denn die Wahl des untersten Quintils beruhte auf der sachgerechten Erwägung, die Referenzgruppe der Bezieher von geringen Einkommen möglichst breit zu fassen, um statistisch zuverlässige Daten zu verwenden.[148] Schließlich hatte das BVerfG eine Reihe von Abschlägen bei den tatsächlichen Verbrauchsausgaben als empirisch nicht hinreichend belegt angesehen[149] und im Gesetzgebungsverfahren konnten offenbar entsprechende Belege nicht gefunden werden, da nahezu alle Kategorien der EVS, die als regelsatzrelevant angesehen werden, zu 100% einfließen.[150] Daher bot sich eine

75

---

[146] Vgl. BVerfG v. 09.02.2010 - 1 BvL 1/09, 1 BvL 3/09, 1 BvL 4/09 - juris Rn. 139 - BVerfGE 125, 175.
[147] BVerfG v. 09.02.2010 - 1 BvL 1/09, 1 BvL 3/09, 1 BvL 4/09 - juris Rn. 139 - BVerfGE 125, 175.
[148] BVerfG v. 09.02.2010 - 1 BvL 1/09, 1 BvL 3/09, 1 BvL 4/09 - juris Rn. 169 - BVerfGE 125, 175.
[149] Vgl. BVerfG v. 09.02.2010 - 1 BvL 1/09, 1 BvL 3/09, 1 BvL 4/09 - juris Rn. 175 ff. - NJW 2010, 505.
[150] Vgl. auch BT-Drs. 17/3404 S. 43: Auf geschätzte Abschläge bei der Bestimmung der Höhe zu berücksichtigender Verbrauchsausgaben in den Sonderauswertungen, sogenannte Einzelpositionen, wird verzichtet.

Veränderung der Referenzgruppe als Ausweg an, wenn die Regelsätze nicht allzu stark steigen sollten. Das BSG hat die **Absenkung der Vergleichsgruppe von 20% auf 15%** (vgl. hierzu auch die Kommentierung zu § 28 SGB XII Rn. 30) als verfassungskonform angesehen und dies mit dem gesetzgeberischen Gestaltungsspielraum sowie dem Umstand begründet, dass durch die Herausnahme der Empfänger von Leistungen zur Sicherung des Lebensunterhaltes die Schwelle der einbezogenen Haushalte in die Grundbetrachtung sogar höher gelegen habe als bei der letzten Auswertung einer EVS[151].

2. Regelbedarfsstufe 1

76 Die geringsten Schwierigkeiten ergeben sich bei der **Regelbedarfsstufe 1**, die für alleinstehende und alleinerziehende Leistungsberechtigte gilt. Diese wird aus den **tatsächlichen Verbrauchsausgaben** der **Einpersonenhaushalte** unmittelbar berechnet, wobei lediglich gewisse Bedenken gegen die Auswahl des Umfangs der Referenzhaushalte (15% statt 20% wie nach früherem Recht und bei den Familienhaushalten, vgl. hierzu die Kommentierung zu § 28 SGB XII Rn. 29 f.) und hinsichtlich einiger Abschläge von den Verbrauchsausgaben der Referenzhaushalte bestehen (vgl. die Kommentierung zu § 28 SGB XII Rn. 39). Sie ersetzt den früheren „Eckregelsatz"[152], wobei bewusst auf diesen Begriff verzichtet wird[153], weil das BVerfG die Ableitung von Regelsätzen aus dem Eckregelsatz ohne empirische Grundlage beanstandet hatte[154]. Die in der Regelbedarfsstufe 1 berücksichtigten tatsächlichen Verbrauchsausgaben ergeben sich aus **§ 5 RBEG**.[155] Der 14. Senat des BSG hat die ab dem 01.01.2011 geltende Regelbedarfsstufe 1 für Alleinerziehende als verfassungskonform angesehen.[156] Die Verfassungsbeschwerden gegen diese Urteile sind nicht zur Entscheidung angenommen worden.[157] Dem hat sich der 4. Senat bezüglich der ebenfalls dieser Regelbedarfsstufe unterfallenden Alleinstehenden angeschlossen.[158]

3. Regelbedarfsstufen 2 und 3

77 Die **Regelbedarfsstufen 2 und 3** werden **nicht gesondert** berechnet[159], sondern beruhen auf den Vorgaben der § 27a Abs. 2 Satz 2 SGB XII, wonach bei erwachsenen Personen bei der Ausgestaltung der Regelbedarfsstufen deren Anzahl im Haushalt berücksichtigt werden soll.

78 Die **Regelbedarfsstufe 2** betrifft Ehegatten und Lebenspartner sowie andere erwachsene Leistungsberechtigte, die in einem gemeinsamen Haushalt leben und gemeinsam wirtschaften. Für Partner einer Bedarfsgemeinschaft hat das BVerfG diese Kürzung auf insgesamt **180%** für zwei Personen als empirisch hinreichend belegt angesehen, wobei ausgeführt wird, sie beruhe auf der modifizierten Differenzrechnung des Deutschen Vereins für öffentliche und private Fürsorge, die der Regelung des § 2 Abs. 3 Regelsatzverordnung 1990 zugrunde lag. Der Deutsche Verein habe diesen Wert ermittelt, indem er als Referenzgruppe Ehegatten ohne Kinder mit einem verfügbaren Nettoeinkommen über der Sozialhilfeschwelle gewählt, für sie den regelleistungsrelevanten Verbrauch entsprechend dem Verfahren wie bei einem Alleinstehenden bestimmt, d.h. nur die einzelnen Ausgabepositionen in den einzelnen Abteilungen der EVS berücksichtigt habe, die auch bei einem Alleinstehenden berücksichtigt worden seien, und anschließend die Differenz zwischen den Beträgen für Ehegatten und für Alleinstehende gebildet habe. Diese Methode sei zur Bestimmung des Existenzminimums von in einer Bedarfsgemeinschaft lebenden Partnern ohne Kinder geeignet.[160] Damit dürfte die Regelbedarfsstufe 2 eine hinreichende **empirische Grundlage** haben, auch wenn eine eigene neuere statistische Auswertung wünschenswert gewesen wäre.[161] Im Fall einer gemischten Bedarfsgemeinschaft zwischen einem Empfänger von Grundleistungen nach dem AsylbLG und einer Empfängerin von Leistungen zur Sicherung des Lebensunterhal-

---

[151] BSG v. 12.07.2012 - B 14 AS 153/11 R - BSGE 111, 211.
[152] Vgl. BT-Drs. 17/3404, S. 121.
[153] Vgl. BT-Drs. 17/3404, S. 121 zu § 28.
[154] BVerfG v. 09.02.2010 - 1 BvL 1/09, 1 BvL 3/09, 1 BvL 4/09 - juris Rn. 190 ff. - BVerfGE 125, 175.
[155] *Mogwitz*, jurisPR-SozR 6/2011, Anm. 1.
[156] BSG v. 12.07.2012 - B 14 AS 153/11 R - BSGE 111, 211 und BSG v. 12.07.2012 - B 14 AS 189/11 R.
[157] BVerfG v. 20.11.2012 - 1 BvR 2203/12; BVerfG v. 27.12.2012 - 1 BvR 2471/12; vgl. auch *Rixen*, SozSich 2013, 73 ff.
[158] BSG v. 28.03.2013 - B 4 AS 47/12 R.
[159] Vgl. auch BT-Drs. 17/3404, S. 130 f.
[160] BVerfG v. 09.02.2010 - 1 BvL 1/09, 1 BvL 3/09, 1 BvL 4/09 - juris Rn. 189 - BVerfGE 125, 175.
[161] Angemahnt auch durch *I. Becker*, SozSich extra 2011, 7, 15; vgl. zu den praktischen Schwierigkeiten einer solchen statistischen Auswertung BT-Drs. 17/3404, S. 130 f.

tes nach dem SGB II hat das **BSG**[162] eine Kürzung der SGB-II-Leistungen auf 90% der Regelleistung für rechtswidrig erklärt, da im streitigen Zeitraum nach der bis zum 30.06.2006 geltenden Fassung des § 20 Abs. 3 SGB II für diese Kürzung grundsätzlich eine **Bedarfsgemeinschaft** von zwei Empfängern von Leistungen nach dem SGB II vorausgesetzt wurde. Dies ergab sich aus der Verwendung des Wortes „jeweils" und dürfte sich durch die geltende Fassung, die von „jede dieser Personen" spricht, inhaltlich nicht wesentlich geändert haben. Eine analoge Anwendung kam im entschiedenen Fall aus Sicht des BSG trotz Vorliegens einer Bedarfsgemeinschaft nicht in Betracht, weil anders als bei einer Bedarfsgemeinschaft zwischen einem Empfänger von Leistungen nach dem SGB XII und einem nach dem SGB II[163] keine Vergleichbarkeit der Sicherungssysteme bestand. Aus Gleichbehandlungsgesichtspunkten musste dies auch für eine Bedarfsgemeinschaft aus einem Empfänger von Leistungen nach dem SGB XII und einem solchen nach dem AsylbLG gelten, zumal sowohl die frühere Regelsatz-VO (§ 3 Abs. 3) als auch die geltende Fassung zur Regelbedarfsstufe 2 nach der Anlage zu § 28 SGB XII ähnliche Formulierungen („jeweils") enthalten. Ob dies nach der Entscheidung des **BVerfG** zur Verfassungswidrigkeit der Leistungen nach dem AsylbLG[164] uneingeschränkt fortgelten kann, erscheint zweifelhaft. Hier ist die Vergleichbarkeit der Systeme wegen der differenzierten Leistungen im Einzelfall zu überprüfen. Für den Fall, dass ein Ehegatte oder Lebenspartner einer **Bedarfsgemeinschaft stationär** untergebracht ist, ist, wenn es sich nicht nur um einen kurzfristigen Aufenthalt handelt, für das im Haushalt verbleibende Mitglied nicht die Regelbedarfsstufe 2, sondern die Regelbedarfsstufe 1 maßgeblich, weil dann ein gemeinsames Wirtschaften „aus einem Topf", das die pauschale Annahme einer entsprechenden Haushaltsersparnis rechtfertigt, nicht vorliegt.[165]

Problematisch erscheint die **Regelbedarfsstufe 3**.[166] Hierzu gibt es bisher überhaupt keine empirischen Daten, was verfassungsrechtlich zumindest bedenklich ist.[167] Zudem besteht eine **Gleichbehandlungsproblematik** mit entsprechenden Haushaltsgemeinschaften im System des SGB II, wonach im Haushalt lebende Kinder, welches das 25. Lebensjahr vollendet haben, einen eigenen vollen Leistungsanspruch entsprechend Regelbedarfsstufe 1 haben, weil sie nicht Mitglied der Bedarfsgemeinschaft sind (vgl. § 7 Abs. 1 und Abs. 3 Nrn. 2 und 4 SGB II). Begründet wird der Unterschied in einem Bericht des Ausschusses für Arbeit und Soziales[168] damit, dass es Systemunterschiede zwischen dem SGB II und dem SGB XII gebe. Insbesondere wurde auf die Pflicht zu Aufnahme einer Erwerbstätigkeit abgestellt und auf die Berücksichtigung von Unterhaltspflichten innerhalb der Bedarfsgemeinschaften des SGB II. Beides trifft aber nicht den Kern der unterschiedlichen Behandlung. Denn warum aufgrund der Pflicht zur Aufnahme einer Erwerbstätigkeit ein höherer Bedarf entstehen sollte, erschließt sich nicht. Auch warum die Berücksichtigung von Unterhaltspflichten im Gegensatz zur Regelung im SGB XII den Gesamtbedarf im SGB-II-Bereich erhöhen sollte, ist nicht erkennbar. Die Argumentation in der Gesetzesbegründung übernimmt das LSG Niedersachsen-Bremen[169] und hält die Ungleichbehandlung für gerechtfertigt. Die in Rn. 78 und Rn. 80 referierte und zur alten Rechtslage ergangene Rechtsprechung des BSG[170] zu gemischten Bedarfsgemeinschaften sei auf das seit dem 01.01.2011 geltende Recht nicht übertragbar. Allerdings verweist das LSG im Verfahren des einstweiligen Rechtsschutzes darauf, dass eine etwaige Klärung verfassungsrechtlicher Fragen einem Hauptsacheverfahren vorbehalten bleiben müsse[171]. Auch weitere Gerichte halten die in Rn. 79 beschriebene Ungleichbehandlung für gerechtfertigt.[172] Teilweise wird immerhin Prozesskostenhilfe für Verfahren gewährt, in denen statt

---

[162] BSG v. 06.10.2011 - B 14 AS 171/10 R - BSGE 109, 176.
[163] Vgl. hierzu BSG v 16.10.2007 - B 8/9b SO 2/06 R - BSGE 99, 131.
[164] BVerfG v. 18.07.2012- 1 BvL 10/10, 1 BvL 2/11 - BVerfGE 132, 134.
[165] Vgl. BSG v. 16.04.2013 - B 14 AS 71/12 R - juris Rn. 22 - SozR 4-4200 § 9 Nr. 12.
[166] Vgl. auch *Langer*, RdL 2010, 141, 142; *Langer*, RdL 2011, 55, 56 mit Hinweis auf die Vereinbarung eines entsprechenden Überprüfungsauftrages im Vermittlungsausschuss; *I. Becker*, SozSich extra 2011, 7, 16; *Münder*, SozSich extra 2011, 63, 82 f.
[167] Vgl. auch *Behrend*, jurisPK SGB II, 3. Aufl., § 20 Rn. 91, 96 f. m.w.N.; Greiser/Stölting, DVBl 2012, 1353 ff.; *Münder*, SozSich extra 2011, 63, 82 f.; LSG Nordrhein-Westfalen v. 06.02.2012 - L 20 SO 527/11 B; mehrere parlamentarische Anfragen BT-Drs. 17/3807 Nr. 41, BT-Drs. 17/5016 Nr. 77 und 78, BT-Drs. 17/6658 Nr. 55.
[168] BT-Drs. 17/4095, S. 27.
[169] LSG Niedersachsen-Bremen v. 24.10.2011 - L 8 SO 275/11 B ER.
[170] BSG v. 19.05.2009 - B 8 SO 8/08 R - SozR 4-3500 § 42 Nr. 2.
[171] Vgl. zu diesem Aspekt auch vgl. LSG Nordrhein-Westfalen v. 18.04.2011 - L 20 SO 133/11 B ER.
[172] SG Aachen v. 13.12.2011 - S 20 SO 79/11; SG Berlin v. 04.12.2012 - S 51 SO 2013/11: SG Magdeburg v. 19.03.2013 - S 16 SO 114/11.

der Stufe 3 die Stufe 1 begehrt wird.[173] *Greiser* und *Stölting*[174] sehen die Regelbedarfsstufe 3 als gleichheitswidrig an und prüfen, wie diese Ungleichbehandlung korrigiert werden kann. Dabei gelangen sie zu dem Ergebnis, dass die Festlegung der Regelbedarfsstufen in der Anlage zu § 28 SGB XII aufgrund der Rechtsprechung des BVerfG lediglich Verordnungsrang haben könnte, weil das RBEG nur für das Jahr 2011 und auch dann nur in Verbindung mit der Anlage eine gesetzliche Regelung treffe. Dies könnte für diese Festlegung eine Verwerfungskompetenz der Sozialgerichte begründen. Diese These ist interessant, allerdings stünde dann eventuell die gesamte Regelung der Leistungsgewährung nach dem 3. Und 4. Kapitel des SGB XII nicht mehr im Einklang mit den Vorgaben des BVerfG, das die Festlegung des Existenzminimums durch ein Parlamentsgesetz fordert[175]. Durch die unmittelbare gesetzliche Steuerung der Inhalte der Anlage zu § 28 SGB XII dürfte eine Verwerfungskompetenz der Gerichte allerdings ausgeschlossen sein.

80 Insbesondere weil mit der Einführung einer neuen Regelbedarfsstufe 3 für alle Mitglieder einer Haushaltsgemeinschaft (nicht zwingend einer Bedarfsgemeinschaft im Sinne des SGB II) eine **Abweichung von der bisherigen Rechtsprechung des BSG**[176] erfolgt, worauf im Ausschussbericht auch hingewiesen wird[177], wäre hier eine eingehendere Begründung zu erwarten gewesen. Denkbar ist, die Anwendung der Regelbedarfsstufe 3 auf Fälle zu begrenzen, in denen überhaupt **kein eigener Haushalt** (auch nicht in Teilen) geführt wird. Nur in diesen Fällen könnte mit einiger Sicherheit auf die empirische Grundlage der Regelbedarfsstufe 2 zurückgegriffen werden, wobei allerdings fraglich ist, ob damit ohne Weiteres auch eine lineare Haushaltsersparnis bei einer nicht begrenzten Zahl von Haushaltsangehörigen belegt werden kann. Insoweit ergibt sich zudem ein Problem der möglichen **Diskriminierung behinderter Menschen**. Denn regelmäßig dürften es diese sein, die überhaupt nicht zur Führung eines eigenen Haushaltes in der Lage sind.

4. Regelbedarfsstufen 4-6

81 Die gesonderte Bildung und Berechnung von eigenen **Regelbedarfsstufen 4-6 für Kinder und Jugendliche** beruht auf den Vorgaben des BVerfG, wonach Kinder (und Jugendliche) „keine kleinen Erwachsenen" sind[178] und damit nicht einfach ein pauschaler Abschlag auf den Regelsatz eines Erwachsenen erfolgen darf. Die Berechnung wird auf der Grundlage der Familienhaushalte durchgeführt, wobei es sich nach der Definition des § 2 Nr. 2 RBEG um Haushalte mit einem Kind handelt (vgl. insoweit auch die Kommentierung zu § 2 RBEG). Dies ermöglicht es, **Altersstufen mit vergleichbarem Bedarf** zu bilden, wobei es sich nach den Gesetzesmaterialien nicht wirklich belegen lässt, dass es sich bei den drei Altersgruppen um jeweils in sich weitgehend homogene Gruppen handelt.[179] Allerdings fordert § 27a Abs. 2 Satz 2 SGB XII, dass die Regelbedarfsstufen die bei Kindern und Jugendlichen altersbedingten Unterschiede berücksichtigen. Da Ausgangspunkt der Berechnung Haushalte mit nur einem Kind sind, werden mögliche **Synergien bei mehreren Kindern** (Kleidung, Fahrräder, Spielzeug, Schulbedarf etc.) nicht in die Berechnung miteinbezogen. Dieser Vorteil verbleibt den kinderreichen Familien. Die in den Regelbedarfsstufen 4-6 berücksichtigten tatsächlichen Verbrauchsausgaben sind in § 6 RBEG aufgeführt.[180] Das BSG ging nicht von einer Verfassungswidrigkeit des **Regelbe-**

---

[173] LSG Nordrhein-Westfalen v. 28.06.2013 - L 9 SO 111/13 B.
[174] DVBl 2012, 1353 ff.
[175] BVerfG v. 09.02.2010 - 1 BvL 1/09, 1 BvL 3/09, 1 BvL 4/09 - juris Rn. 136 - BVerfGE 125, 175.
[176] BSG v. 19.05.2009 - B 8 SO 8/08 R - NDV-RD 2009, 119-123; vgl. auch Rn. 8.
[177] BT-Drs. 17/4095, S. 12, 13 f.
[178] BVerfG v. 09.02.2010 - 1 BvL 1/09, 1 BvL 3/09, 1 BvL 4/09 - juris Rn. 191 - BVerfGE 125, 175.
[179] Vgl. auch BT-Drs. 17/3404, S. 65: An den bisherigen drei Altersstufen von Kindern unter 6 Jahren, Kindern von 6 bis unter 14 Jahren und Jugendlichen von 14 bis unter 18 Jahren werde in ihrer bestehenden Abgrenzung festgehalten, da sich durch die Sonderauswertungen keine Hinweise ergeben hätten, die eine abweichende Altersstufung gerechtfertigt hätten. Die Entscheidung, an den bestehenden Altersstufen festzuhalten, werde auch durch die Ergebnisse von Gesprächen mit Experten und Praktikern gestützt. Daraus habe sich ergeben, dass es in Wissenschaft und Praxis keinen allgemeinen bzw. fachübergreifenden Konsens über einheitliche und eindeutige Altersabgrenzungen gibt. Auf dieser Grundlage wurde werde konstatiert, dass die Vielgestaltigkeit der individuellen Bedarfe und unterschiedlichen Zeitspannen, in denen Kinder und Jugendliche Entwicklungsphasen durchlaufen, bei pauschalierten Leistungen entsprechend pauschalierte Berücksichtigung der relevanten Bedarfe und damit auch der zugrunde zu legenden Altersstufen rechtfertigen und auch erfordern; vgl. zur erfolgten Überprüfung der Altersstufen nun auch den Bericht nach § 10 RBEG und insoweit die Kommentierung zu § 10 RBEG Rn. 10.
[180] *Mogwitz*, jurisPR-SozR 6/2011, Anm. 1.

darfs für ein zweijähriges Kind aus[181]. Sowohl die Methode (Bestimmung eines Verteilungsschlüssels für die Zuordnung der Bedarfe zu einzelnen Personen innerhalb der Familie) zur Bestimmung des kindlichen Bedarfs, als auch die Aufspaltung der Grundsicherungsleistungen in Regelbedarf sowie Bildungs- und Teilhabebedarfe führt nach Ansicht des Vierten Senats nicht zu einer Verletzung von Verfassungsrecht.[182] Regelbedarf und Bedarfe für Bildung und Teilhabe zusammengenommen deckten den grundsicherungsrelevanten Bedarf von Kindern und Jugendlichen; nicht entscheidend sei dabei, dass das zweijährige Kind im konkreten Fall keine Teilhabeleistungen in Anspruch genommen habe und nicht festgestellt worden sei, welche Teilhabeangebote in seiner Wohnortgemeinde beziehungsweise seinem sozialen Umfeld tatsächlich vorhanden seien.[183] Die Teilhabemöglichkeiten seien zwar abhängig von den örtlichen Verhältnissen, die Leistungsansprüche sollten jedoch lediglich gewährleisten, dass den Betroffenen eine Teilhabe im Rahmen der bestehenden örtlichen Infrastruktur ermöglicht werde.[184] Unschädlich sei auch, dass der Gesetzgeber das Existenzminimum im Bildungs- und Teilhabebereich durch Sach- oder Dienstleistungen (vor allem Gutscheine) und nicht durch Geldleistungen sichere.[185]

V. Deckung der Regelbedarfe durch Regelsätze (Absatz 3)

Durch Absatz 3 wird, nachdem bereits Absatz 2 den notwendigen Lebensunterhalt des Absatzes 1 mit dem Regelbedarf verknüpft hat, der in sogenannte Regelbedarfsstufen unterteilt ist, die Verbindung zwischen den Regelbedarfen und den Regelsätzen hergestellt. Die **Terminologie** ist insoweit nicht ganz stimmig, da Absatz 2 von „dem Regelbedarf", Abs. 3 aber von „den Regelbedarfen" spricht, für die nach Satz 1 „Regelsätze" zu gewähren sind, während in Satz 2 wiederum nur von „dem Regelsatz" zur Bestreitung des Regelbedarfs die Rede ist. Gemeint sind offenbar einmal die Regelbedarfe aller Hilfebedürftigen, während die Bezugnahme auf „den Regelbedarf" und „den Regelsatz" den jeweiligen Regelbedarf bzw. Regelsatz im konkreten Falle meint (für die dann allerdings wiederum eine allgemeine Regelung getroffen wird).

82

Absatz 3 trifft selbst **keine Regelung über** die **Höhe** des jeweiligen **Regelsatzes**, legt aber fest, dass die Regelsätze spiegelbildlich den **Regelbedarfsstufen** gemäß der Anlage zu § 28 entsprechen. Damit betrifft die insbesondere an der Regelbedarfsstufe 3 geübte Kritik (vgl. hierzu Rn. 79 f.) auch die Regelsätze. Die Ermittlung der Regelbedarfe als Grundlage der Regelsätze erfolgt nach **§ 28 SGB XII** in Verbindung mit dem **RBEG**. Eine **Fortschreibung** der Regelbedarfsstufen in Jahren, in denen keine Neuermittlung nach § 28 SGB XII durchgeführt wird, regelt **§ 28a SGB XII**. **§ 29 SGB XII** sieht sowohl für die Neuermittlung als auch (in eingeschränktem Umfang, § 29 Abs. 4 SGB XII) für Fälle der Fortschreibung eine Möglichkeit zur abweichenden Bestimmung der Regelsätze anhand von regionalen Auswertungen der bundesweiten Einkommen- und Verbrauchsstichprobe vor. Auf die entsprechenden Kommentierungen wird Bezug genommen.

83

Die Regelung übernimmt vom Wortlaut her nicht die Einschränkung des § 28 Abs. 1 SGB XII a.F., wonach die Regelsätze nur den notwendigen **Lebensunterhalt außerhalb von Einrichtungen** decken. Auch aus der Anlage zum aktuellen § 28 SGB XII, auf die Bezug genommen wird, ergibt sich solches nicht ausdrücklich. Da aber § 27b SGB XII insoweit eine Sonderregelung trifft, gelten die Regelsätze nach § 27a Abs. 3 SGB XII nach wie vor nur für Hilfebedürftige außerhalb von Einrichtungen.[186]

84

Absatz 3 Satz 2 beinhaltet eine **Klarstellung**, die aber gegenüber dem bisherigen Recht keine Neuerung bringt. Durch die Einführung des SGB XII wurde eine weitgehende Pauschalierung der zu erbringenden Leistungen vorgenommen (vgl. Rn. 23) und auch die ab dem 01.01.2005 bis zum 31.12.2010 gewährten Regelsätze umfassten, flankiert von § 10 Abs. 3 SGB XII, der einen Vorrang von Geldleistungen vor Sach- und Dienstleistungen vorsieht, eine eigenverantwortliche Aufteilung und die grundsätzliche Verpflichtung zur Deckung auch längerfristiger Bedarfe wie etwa Ersatzbeschaffungen für Möbel und sogenannte Weißware, für die es nach dem BSHG bei insgesamt deutlich niedrigeren Regelsätzen noch in gewissem Umfang Einzelleistungen gab. Dass die Aufnahme dieser Klarstellung in den Gesetzestext erfolgt, dürfte mit den Anforderungen des BVerfG an ein **transparentes und sach-**

85

---

[181] BSG v. 28.03.2013 - B 4 AS 12/12 R - SozR 4-4200 § 20 Nr. 18.
[182] BSG v. 28.03.2013 - B 4 AS 12/12 R - juris Rn. 39, 47 f. - SozR 4-4200 § 20 Nr. 18.
[183] BSG v. 28.03.2013 - B 4 AS 12/12 R - juris Rn. 44, 48 - SozR 4-4200 § 20 Nr. 18.
[184] BSG v. 28.03.2013 - B 4 AS 12/12 R - juris Rn. 49 - SozR 4-4200 § 20 Nr. 18.
[185] BSG v. 28.03.2013 - B 4 AS 12/12 R - juris Rn. 47 - SozR 4-4200 § 20 Nr. 18.
[186] Vgl. auch *Ottersbach* in: Jahn, SGB XII, § 27a Rn. 40, Stand: 01.04.2013.

gerechtes Verfahren zur Bestimmung der existenzsichernden Leistungen[187] zusammenhängen. Notwendig war sie allerdings nicht zwingend, da sich diese Systematik bereits aus dem Zusammenspiel der Absätze 1-3 des § 27a SGB XII ergibt. Sinnvoll ist generell allerdings der **Hinweis** auf diese Anforderung an die Verwendung der Regelsätze in **§ 11 Abs. 3 Satz 5 SGB XII**, auch wenn dem natürlich entgegengehalten werden kann, dass eine entsprechende Beratung nicht selten wenig effektiv sein dürfte.

VI. Abweichende Festlegung der Regelsätze (Absatz 4 Satz 1)

1. Allgemeines

86 § 27a Abs. 4 Satz 1 SGB XII sieht vor, dass von den grundsätzlich für alle Bezieher von Leistungen zur Sicherung des Lebensunterhaltes nach dem SGB XII geltenden allgemeinen Regelsätzen abweichende Festsetzungen vorgenommen werden müssen, wenn im Einzelfall ein **Bedarf ganz oder teilweise anderweitig gedeckt** ist oder unabweisbar seiner Höhe nach **erheblich von einem durchschnittlichen Bedarf abweicht**. Es besteht insoweit **kein Ermessen** des Trägers der Sozialhilfe. Wann dies der Fall ist, ist im Einzelnen sehr umstritten. Dies dürfte auch damit zusammenhängen, dass die Herauslösung eines einzelnen Bedarfs aus den als Pauschalen konzipierten Regelsätzen, die der Hilfebedürftige gerade eigenverantwortlich und auch durch Verschiebungen zwischen den einzelnen Bedarfen nutzen soll,[188] Probleme bereitet[189]. Das „**Herauslösen**" einzelner von den Regelsätzen grundsätzlich erfasster Bedarfe ist ebenso wie im Gegenzug die Geltendmachung weiterer Bedarfe, die nach der Konzeption von den Regelsätzen abgedeckt sein müssen, nur im Ausnahmefall zuzulassen. Auch **einmalige Bedarfe** kommen für eine Anwendung des § 27a Abs. 4 Satz 1 SGB XII in Betracht. Die gegenteilige Auffassung[190] stützt sich unzutreffend auf ältere Rechtsprechung zum BSHG,[191] der noch die im SGB XII weitgehend aufgegebene (vgl. Rn. 23) Unterscheidung zwischen einmaligen und laufenden Leistungen zugrunde lag. Einmalige Bedarfe können daher nur dann eine Erhöhung nicht auslösen, wenn sie in den §§ 30 ff. SGB XII gesondert erbracht werden. Denn diese Regelungen dürfen durch § 27a Abs. 4 Satz 1 SGB XII nicht ausgehebelt werden. Es dürften wegen einer fehlenden Einschränkung in der Vorschrift und dem grundsätzlichen Abstellen auf einen Bedarfsmonat auch **einzelne Monate** mit abweichendem Bedarf möglich sein.[192] Bei in Einrichtungen zum Vollzug richterlich angeordneter Freiheitsentziehung untergebrachten Personen soll nach Auffassung des Landessozialgerichts Nordrhein-Westfalen vom 07.05.2012[193] abweichend von der grundsätzlichen Tragung der sonstigen Lebenshaltungskosten im Rahmen der **vorläufigen Unterbringung** nach § 126a StPO ein Barbetrag zu gewähren sein, der sich als abweichender Bedarf gemäß § 28 Abs. 1 Satz 2 SGB XII a.F. (bis 31.12.2010) bzw. des § 27a Abs. 4 Satz 1 SGB XII bestimmt und vom Gericht auf 15% des Regelsatzes eines Haushaltsvorstandes (bis zum 31.12.2010) bzw. der Regelbedarfsstufe 1 (ab dem 01.01.2011) geschätzt wird. Dagegen soll ein Anspruch auf Leistungen in **stationären Einrichtungen** gemäß § 35 Abs. 2 Satz 2 SGB XII a.F. (bis 31.12.2010) oder § 27b Abs. 2 Satz 2 SGB XII nicht gegeben sein, weil der in diesen Vorschriften genannte Einrichtungsbegriff nicht erfüllt werde. Die Heranziehung des § 27a Abs. 4 Satz 1 SGB XII erscheint sachgerecht, auch wenn eine teilweise Leistungsgewährung eher einen Sonderfall darstellt, zumal die Vorschrift nicht nur eine Abweichung vom Regelsatz nach oben, sondern auch nach unten erlaubt, wenn der Bedarf – wie hier durch die **Unterbringung** – anderweitig gedeckt ist (vgl. auch Rn. 99). Im Revisionsverfahren vor dem Bundessozialgericht[194] wurde durch das Gericht ebenfalls ein Geldbetrag für erforderlich gehalten, allerdings als Hilfe zum Lebensunterhalt nach Absatz 4 Satz 1 Alternative 2. Die Schätzung auf 15% des Regelsatzes wurde jedoch im Hinblick auf die Rechtsprechung des BVerfG[195] wegen der fehlenden tatsächli-

---

[187] Vgl. BVerfG v. 09.02.2010 - 1 BvL 1/09, 1 BvL 3/09, 1 BvL 4/09 - juris Rn. 139 - BVerfGE 125, 175.
[188] Vgl. auch BT-Drs. 15/1514, S. 59 zu § 29.
[189] Vgl. auch *Ottersbach* in: Jahn, SGB XII, § 27a Rn. 44, Stand: 01.04.2013; zweifelnd, ob dies überhaupt möglich ist, *Sartorius*, info also 2005, 56, 58.
[190] Vgl. *Heinz*, ZfF 2009, 12, 13; *Falterbaum* in: Hauck/Noftz, SGB XII, K 27a Rn. 63, Stand: Dezember 2011.
[191] Vgl. z.B. BVerwG v. 15.12.1994 - 5 C 55/92 - BVerwGE 97, 232.
[192] *Schmidt* in: Oestreicher, SGB XII/SGB II, § 27a SGB XII Rn. 40, Stand: November 2011.
[193] LSG Nordrhein-Westfalen v. 07.05.2012 - L 20 SO 55/12.
[194] B 8 SO 16/12 R.
[195] BVerfG v. v. 09.02.2010 - 1 BvL 1/09, 1 BvL 3/09, 1 BvL 4/09 - BVerfGE 125, 175.

chen Datengrundlagen als kritisch angesehen. Daraufhin erfolgte eine Einigung der Beteiligten, um eine Zurückverweisung zur weiteren Sachaufklärung zu vermeiden.

§ 27a Abs. 4 Satz 1 SGB XII ermöglicht **keine generelle Überprüfung der Regelsätze** für alle Hilfeempfänger, weil nur die aufgeführten erhöhten oder verminderten Bedarfslagen erfasst werden.[196] Dabei tritt natürlich auch wieder das Problem der Vergleichsgruppe auf, die zur Bestimmung des über- oder unterdurchschnittlichen Bedarfs heranzuziehen ist. Die Praxis behalf sich daher im SGB XII gelegentlich mit einem Rückgriff auf **§ 73 SGB XII** (atypische Bedarfslage), was den Vorteil hatte, dass dieser Weg auch den Beziehern von Leistungen nach dem SGB II vermeintlich offen stand.[197] Allerdings ist darauf hinzuweisen, dass Bedarfe, die grundsätzlich von den Regelsätzen erfasst werden (z.B. Gesundheitsaufwendungen),[198] eigentlich nicht zu einer Anwendung des § 73 SGB XII führen können (vgl. zur Abgrenzung auch Rn. 106). Insofern ist der Rückgriff auf § 73 SGB XII allenfalls als „Notlösung" möglich; es sind daran hohe Anforderungen zu stellen.[199]

87

Die zu § 27a Abs. 4 Satz 1 SGB XII angestellten Überlegungen stehen unter dem Vorbehalt der Verfassungsmäßigkeit. Das **BVerfG** hat in seiner Entscheidung zur Verfassungswidrigkeit der Berechnung der Regelleistung in ihrer bis zum 31.12.2010 geltenden Form deutlich gemacht, dass die im **SGB II** bis zum 03.06.2010 fehlende Öffnungsklausel für in Sonderfällen nicht erfasster Art auftretende Bedarfe oder solche, die einen atypischen Umfang haben, zur Deckung des menschenwürdigen Existenzminimums unverzichtbar ist[200]. Dies wurde ausdrücklich nicht aus Gleichbehandlungsgesichtspunkten hergeleitet, sondern ist direkt aus dem Grundrecht auf menschenwürdige Existenz abzuleiten. Diese Erwägungen sind, weil sie einen vergleichbaren Personenkreis betreffen, **auf Empfänger von Hilfe zum Lebensunterhalt nach dem SGB XII zu übertragen**. Bei der Auslegung des § 27a Abs. 4 Satz 1 SGB XII müssen daher die Vorgaben des BVerfG beachtet werden. Eine wesentliche Abweichung gegenüber der bisherigen Auslegung der Norm dürfte sich dadurch allerdings nicht ergeben, denn auch das BVerfG spricht von einem Anspruch auf Leistungen bei unabweisbarem, laufendem, nicht nur einmaligem und besonderem Bedarf nur im Falle einer erheblichen Abweichung des Bedarfs von der Gesamtsumme der dem Hilfebedürftigen gewährten Leistungen.[201]

88

Ein über § 27a Abs. 4 Satz 1 SGB XII hinausgehender **Anspruch aus dem Grundgesetz** könnte nur unter dem Gesichtspunkt anzunehmen sein, dass das BVerfG für die vorgelegten Fälle eine Gleichbehandlungsproblematik ausdrücklich verneint hat, weil nicht ersichtlich sei, dass bei Bezug von Leistungen nach dem SGB XII (also auch nach dem mit § 27a Abs. 4 Satz 1 SGB XII inhaltsgleichen § 28 Abs. 1 Satz 2 SGB XII a.F.) ein höherer Anspruch bestünde.[202] Daraus könnte geschlossen werden, dass auch die Anwendung von § 27a Abs. 4 Satz 1 SGB XII nicht zu einer verfassungskonformen Lösung geführt hätte. Die Ausführungen betreffen allerdings nur die Zulässigkeit der Vorlagefrage, insbesondere die Entscheidungserheblichkeit, welche für die Gleichbehandlungsproblematik verneint wurde. Im Rahmen der nach Annahme der Zulässigkeit erfolgten Prüfung der Regelleistung als solcher unter dem Aspekt der Gewährleistung einer menschenwürdigen Existenz, die entscheidungserheblich war, war dann allerdings eine umfassende auch abstrakte Prüfung vorzunehmen. Dadurch lässt sich erklären, dass im Rahmen dieser Prüfung durch das BVerfG für überdurchschnittliche „typische" Bedarfe dann keine über § 27a Abs. 4 Satz 1 SGB XII hinausgehenden Vorgaben gemacht werden. Die außerdem durch das BVerfG genannten „**atypischen**" Bedarfe müssen wegen des eingeschränkten Regelungsbereichs von § 27a Abs. 4 Satz 1 SGB XII jedoch über eine entsprechende Auslegung des **§ 73 SGB XII** oder der sonst im SGB XII aufgeführten Regelungen über Sonderbedarfe abgedeckt werden, wenn man im Bereich des SGB XII eine Verfassungswidrigkeit vermeiden will.

89

---

[196] Vgl. LSG Baden-Württemberg v. 01.02.2007 - L 7 SO 4267/05 - FEVS 58, 451.

[197] Vgl. z.B. für Kosten für Schulbücher LSG Rheinland-Pfalz v. 25.11.2008 - L 3 AS 76/07 - ZFSH/SGB 2009, 157-160, wobei insoweit eine atypische Bedarfslage zweifelhaft erscheint; ablehnend insoweit auch BSG v. 10.05.2011 - B 4 AS 11/10 R; vgl. zu atypischen Bedarfslagen beim Umgangsrecht auch BSG v. 07.11.2006 - B 7b AS 14/06 R - BSGE 97, 242 = SozR 4-4200 § 20 Nr. 1; vgl. nun auch die Regelung des § 21 Abs. 6 SGB II.

[198] Hierzu *Fahlbusch*, RsDE Nr 69, 47, 56 f.

[199] Vgl. BSG v. 07.11.2006 - B 7b AS 14/06 R - BSGE 97, 242 = SozR 4-4200 § 20 Nr. 1.

[200] BVerfG v. 09.02.2010 - 1 BvL 1/09, 1 BvL 3/09, 1 BvL 4/09 - juris Rn. 208 - BVerfGE 125, 175.

[201] BVerfG v. 09.02.2010 - 1 BvL 1/09, 1 BvL 3/09, 1 BvL 4/09 - juris Rn. 208 - BVerfGE 125, 175; nach *Spellbrink*, Sozialrecht aktuell 2010, 88, 90, soll der durch das BVerfG gewährte Schutz deutlich hinter dem im Sozialhilfebericht zurückbleiben.

[202] BVerfG v. 09.02.2010 - 1 BvL 1/09, 1 BvL 3/09, 1 BvL 4/09 - juris Rn. 125 - BVerfGE 125, 175.

2. Bedarf ganz oder teilweise anderweitig gedeckt

90 Eine abweichende Festsetzung des Regelsatzes muss erfolgen, wenn der Bedarf ganz oder teilweise anderweitig gedeckt ist. Dies entspricht dem bereits in § 2 Abs. 1 SGB XII aufgestellten Grundsatz des **Nachrangs der Sozialhilfe**, führt aber in der Praxis nicht selten zu Problemen. Zunächst muss es sich um einen von den Regelsätzen umfassten Bedarf handeln (vgl. Rn. 32 ff.).

91 Darüber hinaus bedarf es aber insbesondere einer praktikablen Abgrenzung der Fälle der anderweitigen Bedarfsdeckung von den Regelungen über die **Einkommensberücksichtigung in den §§ 82 ff. SGB XII**. Teilweise wurde hierzu vertreten, dass im Rahmen des inhaltsgleichen § 28 Abs. 1 Satz 2 SGB XII a.F. jedenfalls solche Einkünfte nicht zur anderweitigen Bedarfsdeckung führen können, für die eine ausdrückliche Freistellung von der Einkommensberücksichtigung in den §§ 82 ff. SGB XII vorgesehen ist.[203] Nach einer weitergehenden Auffassung gehen dann, wenn ein Bedarf durch Einkommen im Sinne der §§ 82 ff. SGB XII gedeckt ist, die Regelungen über die Einkommensanrechnung vor.[204]

92 Das **BSG** hat diese Ansätze als für eine sinnvolle Abgrenzung nicht hinreichend verworfen.[205] Weil davon auszugehen sei, dass letztlich jegliches Erzielen von Einkommen dazu führe, dass der in § 28 Abs. 1 Satz 1 SGB XII a.F. (jetzt § 27a Abs. 1 SGB XII) normativ festgeschriebene Bedarf anderweitig gedeckt sei, müsse zur Abgrenzung darauf abgestellt werden, ob es sich um eine Leistung der Sozialhilfe oder um eine Leistung Dritter handele. **Zweck** des § 28 Abs. 1 Satz 2 Alt. 1 SGB XII a.F. sei es lediglich, eine **Doppelberücksichtigung von Sozialhilfeleistungen** zu vermeiden, so dass die Regelung nur bei Bezug anderweitiger Sozialhilfeleistungen in Betracht komme. Unerheblich sei, ob tatsächlich ein Anspruch auf die Leistung bestehe. Es reiche vielmehr aus, dass die Leistung zur Verfügung gestellt und durch den Hilfebedürftigen wahrgenommen werde. Alle **Zuwendungen Dritter** könnten hingegen allenfalls als **Einkommen** im Sinne der §§ 82 ff. SGB XII berücksichtigt werden.

93 Die Lösung des BSG überzeugt insofern, als sie eine sehr **praktikable Abgrenzung** der Anwendungsbereiche der anderweitigen Bedarfsdeckung und der Einkommensanrechnung ermöglicht.[206] Zudem wird dadurch eine gewisse Harmonisierung mit dem SGB II geschaffen, das eine abweichende Festsetzung der Regelleistung bei anderweitiger Bedarfsdeckung nicht vorsieht, aber natürlich Regelungen über die Einkommensberücksichtigung. Die abweichende Festsetzung des Regelsatzes wird damit auf Fälle beschränkt, die sich quasi systemimmanent im Bereich des SGB XII abspielen, das mit den besonderen Leistungen auch weitaus größere Möglichkeiten für Doppelleistungen bietet als das SGB II. Insoweit könnte, wie es das BSG ausdrücklich tut, auch darüber hinweggegangen werden, dass die Gesetzesbegründung zu § 28 Abs. 1 Satz 2 SGB XII a.F.[207] wohl von einem weiter gefassten Anwendungsbereich ausgegangen ist.

94 Ganz zweifelsfrei ist die Lösung des BSG allerdings nicht, denn die Prämisse, jedes Einkommen führe zu einer Deckung des von § 27a Abs. 4 Satz 1 SGB XII beschriebenen Bedarfs, erscheint angreifbar. Zwar ist nach der Regelung nicht erforderlich, dass ein Bedarf durch die weitere Leistung entfällt, sondern nur, dass er ganz oder teilweise gedeckt wird. Streng genommen führt aber auch und gerade wenn es sich um eine **Geldleistung** handelt, **nicht unmittelbar zu einer Bedarfsdeckung**. Denn der Bedarf besteht in dem notwendigen Lebensunterhalt nach § 27a Abs. 1 SGB XII. Insoweit hätte zur Abgrenzung z.B. von einem Vorrang des § 27a Abs. 4 Satz 1 SGB XII bei unmittelbarer Bedarfsdeckung durch Leistungen Dritter ausgegangen werden können. Dass aber auch bereits die Möglichkeit der unmittelbaren Bedarfsdeckung durch eine zur Verfügung stehende Geldleistung für die Bedarfsdeckung nach § 27a Abs. 4 Satz 1 SGB XII ausreichen muss, lässt sich schon dem Wortlaut des § 27a Abs. 2 SGB XII entnehmen. Danach ergibt der gesamte notwendige Lebensunterhalt mit Ausnahme der Bedarfe nach dem Zweiten bis Vierten Abschnitt den Regelbedarf, der wiederum nach § 27a Abs. 3 SGB XII durch Regelsätze gedeckt wird, bei denen es sich grundsätzlich ebenfalls um Geldleistungen handelt. Stärker gegen die These, dass ein Einkommen immer zu einer Bedarfsdeckung führt, spricht der Fall, dass eine **Sachleistung durch einen Dritten** (nicht den Sozialhilfeträger) erfolgt, mit der eine unmittelbare Bedarfsdeckung nicht möglich ist, z.B. die Schenkung eines für den Hilfebedürftigen nicht verwendbaren Schmuckstücks. Dieses könnte allenfalls nach dem Verkauf der Bedarfsde-

---

[203] Vgl. auch *Mrozynski*, ZFSH/SGB 2009, 328, 334 ff.
[204] Vgl. *Adolph* in: Jehle/Linhart/Adolph, SGB II SGB XII AsylbLG, § 27a Rn. 87, Stand: Juni 2012.
[205] BSG v. 11.12.2007 - B 8/9b SO 21/06 R - BSGE 99, 252.
[206] Vgl. auch *Ottersbach* in: Jahn, SGB XII, § 27a Rn. 49, Stand: 01.04.2013.
[207] BT-Drs. 15/1514, S. 59 zu § 29 Abs. 1 Satz 2.

ckung dienen. Der Gesetzgeber geht aber selbst in § 19 Abs. 1 SGB XII davon aus, dass Hilfe zum Lebensunterhalt nur solchen Personen zu leisten ist, die ihren notwendigen Lebensunterhalt nicht ausreichend aus eigenen Kräften und Mitteln, insbesondere ihrem Einkommen oder Vermögen, beschaffen können. Das ist allerdings auch mit Sachleistungen möglich, die nicht unmittelbar der Bedarfsdeckung dienen. Durchgreifende Bedenken ergeben sich also gegen die Abgrenzung des BSG hieraus nicht.

Ein weiterer Einwand gegen die Abgrenzungslösung des BSG könnte sein, dass Zuwendungen Dritter nicht ohne Weiteres alle als Einkommen gemäß §§ 82 ff. SGB XII angesehen werden können, auch wenn sie den von den Regelsätzen erfassten Bedarf decken. Dies gilt z.B. für Zuwendungen, die einen Marktwert im eigentlichen Sinne nicht haben, wie etwa die regelmäßige Gewährung von Mahlzeiten durch die Eltern des Hilfebedürftigen. Aus der fehlenden Möglichkeit, diese Zuwendungen jederzeit in Geld umwandeln zu können, wird teilweise geschlossen, dass es sich nicht um Einkommen handelt.[208] Entsprechend werden durch § 1 Abs. 1 Nr. 11 der zum SGB II erlassenen **ALG-II-Verordnung**[209] bestimmte geldwerte Vorteile von der Einkommensanrechnung ausgeschlossen, z.B. seit dem 01.01.2008 die **kostenlose Verpflegung**, die außerhalb der in den §§ 2 (Einkommen aus nicht selbständiger Arbeit), 3 (Einkommen aus selbständiger Arbeit, Gewerbebetrieb oder Land- und Forstwirtschaft) und 4 Nr. 4 (Einkommen aus Wehr- und Ersatzdienstverhältnissen) genannten Einkommensarten gewährt wird. Da im SGB II eine § 27a Abs. 4 Satz 1 SGB XII hinsichtlich einer anderweitigen Bedarfsdeckung vergleichbare Vorschrift fehlt, hat diese Verpflegung dort **keine Auswirkung auf die Regelleistung**.[210] Zum einen ist aber eine entsprechende Beurteilung solcher Zuwendungen im SGB XII durch die gesetzlichen Regelungen nicht zwingend vorgegeben, zum anderen stellt sich die Frage, ob die Empfänger von Leistungen nach dem SGB XII unter Gleichbehandlungsgesichtspunkten (Art. 3 Abs. 1 GG) insoweit überhaupt schlechter behandelt werden können als Empfänger von Leistungen nach dem SGB II. Dies ist zu verneinen, weil es hierfür keine sachliche Begründung gibt.[211]

Ein zusätzliches Problem der generellen Zuordnung von Zuwendungen Dritter zum Einkommen nach den §§ 82 ff. SGB XII ist der Umstand, dass dort für die **Bewertung von Sachbezügen** nach § 2 Abs. 1 der Durchführungsverordnung zu § 82 SGB XII grundsätzlich die zwischenzeitlich aufgehobene Sachbezugsverordnung nach § 17 Abs. 2 SGB IV angewendet werden soll. Dies könnte im Hinblick auf die dort aufgeführten vergleichsweise hohen Bewertungen zu einer zu restriktiven Kürzung der Sozialhilfeleistung führen, da die für die einzelnen Bedarfsgegenstände in den Regelsätzen berücksichtigten Beträge überschritten werden. Insoweit muss, soweit es dem Hilfebedürftigen nicht zumutbar ist, eine Sachzuwendung durch Dritte zu Geld zu machen (z.B. einen sehr hochwertigen Fernseher) und damit den Mehrwert tatsächlich zu realisieren, bei der Berücksichtigung als Einkommen beachtet werden, dass die Regelsätze für einzelne Bedarfsgruppen nur typisierend einen bestimmten Wert ansetzen. Die Einkommensberücksichtigung darf dann nicht über diesen Wert hinausgehen bzw. muss sich anteilig an diesem orientieren.[212] Zu den Einzelheiten vgl. die Ausführungen zur vergleichbaren Problematik bei der abweichenden Bedarfsfestsetzung nach § 27a Abs. 4 Satz 1 SGB XII in Rn. 97. Diese abweichende Bewertung lässt sich auch an § 2 Abs. 1 Satz 2 der Durchführungsverordnung zu § 82 SGB XII ablesen, der ausdrücklich bestimmt, dass die Verpflichtung, den notwendigen Lebensunterhalt im Einzelfall nach dem Dritten Kapitel des Zwölften Buches Sozialgesetzbuch sicherzustellen, unberührt bleibt. Es soll also durch die Einkommensberücksichtigung nicht zu einer Unterdeckung kommen.

Die Berechnung der durch anderweitige Leistungen zur Verfügung gestellten Bedarfsdeckung kann auch im Rahmen des § 27a Abs. 4 Satz 1 SGB XII **nicht anhand des Marktwertes**[213] oder auf Grundlage z.B. der steuerrechtlichen **Sachbezugsverordnungen** bestimmt werden. Denn es kommt auf den konkreten Vorteil für den Hilfebedürftigen in Bezug auf den jeweiligen Regelsatz an. Aus diesem Grunde kann auf die nach der Durchführungsverordnung zu § 82 SGB XII für die Bewertung von Sachbezügen grundsätzlich maßgebliche zwischenzeitlich aufgehobene Sachbezugsverordnung nach

---

[208] Vgl. z.B. *Kochhan*, info also 2007, 65; LSG Niedersachsen-Bremen v. 25.02.2008 - L 9 AS 839/07 ER - FEVS 59, 524 (SGB-II-Bereich); für einen weiteren Einkommensbegriff *Mrozynski*, ZFSH/SGB 2009, 328, 336.

[209] Arbeitslosengeld-II/Sozialgeld-Verordnung v. 17.12.2007 (BGBl I 2007, 2942).

[210] Vgl. z.B. *Peters*, NDV 2007, 425; hierzu auch BSG v. 18.06.2008 - B 14 AS 22/07 R - BSGE 101, 70 = SozR 4-4200 § 11 Nr. 11.

[211] Vgl. BSG v. 23.03.2010 - B 8 SO 17/09 R - BSGE 106, 62 für in einer Werkstätte für behinderte Menschen zur Verfügung gestellte kostenlose Mittagessen.

[212] § 2 VO zu § 82 SGB XII; ausdrücklich offen gelassen in BSG v. 11.12.2007 - B 8/9b SO 21/06 R - BSGE 99, 252 = SozR 4-3500 § 28 Nr. 3.

[213] Vgl. auch *Falterbaum* in: Hauck/Noftz, SGB XII, K 27a Rn. 65, Stand: Dezember 2011.

§ 17 Abs. 2 SGB IV[214] (ab 01.01.2007 gilt die Sozialversicherungsentgeltverordnung[215]) ebenfalls nicht uneingeschränkt zurückgegriffen werden. Vielmehr ist zu prüfen, welcher Anteil des jeweiligen Regelsatzes durch die anderweitige Leistung gedeckt wird. Da der Regelsatz nicht mehr auf der Grundlage eines festen Warenkorbes bestimmt wird (vgl. Rn. 11), muss als Hilfskonstruktion auf die der Regelsatzfestlegung zugrunde liegenden Abteilungen der **EVS** zurückgegriffen und der geldwerte Vorteil in Bezug auf diese eingeordnet werden.[216] Hierzu ist der entsprechende Anteil der Bedarfsdeckung für den konkreten Hilfebedürftigen oder soweit angemessen auch allgemein zu bestimmen[217] und von dem für die jeweilige Abteilung vorgesehenen Teil des Regelsatzes in Abzug zu bringen. Es können aber Wertungen der Sachbezugsverordnung, etwa über die Aufteilung der Anteile von einzelnen Mahlzeiten an den Aufwendungen für Nahrung insgesamt, übernommen werden.[218]

98 Da nach der Konzeption der Regelsätze **kein fester Warenkorb** festgelegt ist, der dem Hilfebedürftigen zur Verfügung steht, sondern dieser vielmehr mit dem ihm zur Verfügung gestellten Geld wirtschaften und seinen notwendigen Lebensunterhalt ggf. auch durch Umschichtung der für die einzelnen Bedarfsgruppen zur Verfügung stehenden Mittel bestreiten soll, können zudem nicht alle im Wege der Sozialhilfe erbrachten Leistungen ohne Weiteres als bedarfsmindernd angesehen werden. Insoweit ist im Hinblick auf die pauschale Leistungserbringung (vgl. auch § 27a Abs. 3 Satz 2 SGB XII) zu berücksichtigen, ob sich die Leistungen auf zwingend zu deckende Bedarfe beziehen, also quasi das **physische Existenzminimum** betroffen ist (zur Abgrenzung vom soziokulturellen Existenzminimum vgl. Rn. 21), oder ob einzelne Bedarfe darüber hinaus gedeckt werden. Sofern das physische Existenzminimum betroffen ist, erscheint eine Absenkung unproblematisch. Denn in diesem Bereich hat der Hilfebedürftige keine Ausweichmöglichkeit, der Bedarf ist zwingend zu decken. Die **kostenlose Leistung von Nahrung** durch einen Träger der Sozialhilfe (z.B. im Rahmen der Eingliederungshilfe in einer Werkstätte für behinderte Menschen) ermöglicht daher eine abweichende Festsetzung der Regelsätze.[219] Bei Leistungen von Trägern der Sozialhilfe, welche das soziokulturelle Existenzminimum decken, ist eine Einzelfallentscheidung zu treffen und im Zweifel eine abweichende Festsetzung nicht vorzunehmen. Die Möglichkeit, etwa im Rahmen der Altenhilfe nach § 71 SGB XII Leistungen zum gesellschaftlichen Engagement oder zum Besuch von Veranstaltungen oder Einrichtungen, die der Geselligkeit, der Unterhaltung, der Bildung oder den kulturellen Bedürfnissen alter Menschen dienen, zu erbringen, deckt zwar ggf. einen Teil des bestehenden Bedarfs in Form der persönlichen Bedürfnisse des täglichen Lebens. Eine abweichende Festsetzung der Regelsätze kommt aber insoweit regelmäßig nicht in Betracht, weil der Hilfebedürftige nicht verpflichtet wäre, den Regelsatz für genau diese Leistungen aufzuwenden.

3. Erhebliche Abweichung vom durchschnittlichen Bedarf

99 Eine abweichende Festsetzung der Regelsätze muss auch erfolgen, wenn ein Bedarf „**unabweisbar**" erheblich von einem durchschnittlichen Bedarf abweicht. Sehr umstritten ist, ob dies nicht nur eine **Abweichung** nach oben, also zugunsten des Hilfebedürftigen, ermöglicht, sondern **auch nach unten**, also zu dessen Lasten. Hauptsächlich mit dem Wortlaut und vor allem mit der Verwendung des Begriffs „unabweisbar" wird argumentiert, dass nur eine Abweichung nach oben möglich sein soll.[220] Tatsächlich verwendet das Gesetz dieses Wort in § 37 Abs. 1 SGB XII bei der Frage, ob zur Bedarfsdeckung ein Darlehen gewährt werden kann, was selbstverständlich nur Fälle betrifft, in denen der Hilfebedürftige einen Mehrbedarf hat. Gerade der Vergleich mit dieser Vorschrift zeigt allerdings, dass § 27a Abs. 4 Satz 1 SGB XII offener formuliert ist, denn in § 37 Abs. 1 SGB XII ist die Rede von einem „unabweisbar gebotenen" Bedarf. In § 27a Abs. 4 Satz 1 SGB XII ist hingegen von einem „unabweisba-

---

[214] Vom 19.12.1994 (BGBl I 1994, 3849), zuletzt geändert durch die Dritte Verordnung zur Änderung von gemeinsamen Vorschriften für die Sozialversicherung vom 16.12.2005 (BGBl I 2005, 3493).
[215] Verordnung über die sozialversicherungsrechtliche Beurteilung von Zuwendungen des Arbeitgebers als Arbeitsentgelt vom 21.12.2006 (BGBl I 2006, 3385).
[216] Vgl. zur Aufschlüsselung der Regelsätze auch *Schwabe*, ZfF 2009, 145.
[217] Vgl. z.B. den Rückgriff auf allgemeine Modellrechnungen des Deutschen Vereins beim ähnlichen Problem der Bestimmung des Anteils der Warmwasserbereitung an der in den Regelsätzen enthaltenen Haushaltsenergie BSG v. 27.02.2008 - B 14/11b AS 15/07 R - BSGE 100, 94 = SozR 4-4200 § 22 Nr. 5.
[218] BSG v. 11.12.2007 - B 8/9b SO 21/06 R - BSGE 99, 252 = SozR 4-3500 § 28 Nr. 3.
[219] Vgl. auch BSG v. 11.12.2007 - B 8/9b SO 21/06 R - BSGE 99, 252 = SozR 4-3500 § 28 Nr. 3; LSG Niedersachsen-Bremen v. 28.07.2006 - L 8 SO 45/06 ER - FEVS 58, 154-157.
[220] *Roscher* in: LPK-SGB XII, 9. Aufl. 2012, § 27a Rn. 25.

ren" erheblichen Abweichen die Rede. Das spricht dafür, dass der Begriff hier eher im Sinne von „ohne Möglichkeit des Beweises des Gegenteils" verstanden werden muss. Dadurch ist der Wortlaut wohl eher so zu verstehen, dass eine Abweichung auch nach unten möglich ist.[221] Denn hier hätte ebenfalls die Möglichkeit bestanden, ansonsten eine Klarstellung vorzunehmen. Allerdings wäre eine Abweichung vom Regelsatz nach unten unter Gleichbehandlungsgesichtspunkten (vgl. Art. 3 Abs. 1 GG) wohl nur dann zulässig, wenn der unterdurchschnittliche Bedarf speziell nur oder zumindest weit überwiegend die Personengruppe der Empfänger von Hilfe zum Lebensunterhalt nach dem SGB XII betrifft, weil das SGB II eine solche Abweichung nach unten von der Regelleistung nach § 20 SGB II nicht vorsieht und eine Ungleichbehandlung sachlich dann nicht zu rechtfertigen wäre.

Die Abweichung muss vom **durchschnittlichen Bedarf** vorliegen, ohne dass dieser näher konkretisiert wird. Aus dem Zusammenhang mit den Regelsätzen und deren Bildung auf statistischer Grundlage gemäß **§ 28 Abs. 2-4 SGB XII und RBEG** (vgl. Rn. 74) muss davon ausgegangen werden, dass es sich um den durchschnittlichen Bedarf der unteren 15% (erwachsene Hilfeempfänger) bzw. 20% (Kinder und Jugendliche) der Einkommensgruppen ohne Bezieher von Leistungen zur Sicherung des Lebensunterhaltes nach dem SGB II bzw. SGB XII handelt, wie er den Regelsätzen zugrunde liegt. Damit ist der jeweilige konkrete überdurchschnittliche bzw. unterdurchschnittliche Bedarf mit den durch die **EVS** erhobenen Werten abzugleichen. 100

Es muss eine **„erhebliche" Abweichung** vorliegen. Dies beruht auf dem Umstand, dass der Hilfebedürftige durch die Regelsätze in die Lage versetzt werden sollte, einzelne Bedarfsspitzen durch Rücklagen auszugleichen, und ggf. auch Umschichtungen in den einzelnen Bedarfsgruppen vornehmen muss.[222] Es handelt sich um einen **unbestimmten Rechtsbegriff**, der **voll gerichtlich überprüfbar** ist.[223] Die Annahme einer starren Grenze (etwa 10% des Regelsatzes[224]) verbietet sich.[225] So kommt es insbesondere auch darauf an, ob eine Abweichung des Bedarfs nach oben vorliegt. Bei einer solchen Abweichung nach oben ist zu prüfen, wie sehr der Hilfebedürftige dadurch belastet wird. Dabei ist zu berücksichtigen, ob es sich um eine länger dauernde Abweichung vom durchschnittlichen Bedarf handelt, oder ob nur eine kurzfristige Abweichung vorliegt. Soweit es sich um eine nur kurzfristige (kürzer als drei Monate) Abweichung handelt, sollte eine solche in Höhe von bis zu 5% des Regelsatzes grundsätzlich nicht zu einer abweichenden Festsetzung führen müssen. Bei dauerhafteren Abweichungen kann die Grenze auch darunter liegen. Gerade im Bereich des soziokulturellen Existenzminimums ist auch zu prüfen, ob überhaupt insgesamt wegen der internen Ausgleichsmöglichkeiten tatsächlich ein abweichender Bedarf besteht.[226] Soweit eine Abweichung nach unten vorliegt, sind einerseits der Verwaltungsaufwand zu berücksichtigen, der mit einer abweichenden Festsetzung einhergeht, andererseits aber auch Gleichbehandlungsgesichtspunkte im Verhältnis zu anderen Leistungsempfängern.[227] Eine Absenkung muss erfolgen, soweit es nicht angemessen erscheint, dem Betroffenen den entstandenen Vorteil zu belassen. 101

Beispiele für eine nach oben abweichende Festsetzung sind ein erhöhter Bedarf von Kleidung bei Vorliegen deutlicher **Über- bzw. Untergrößen**,[228] Mehrkosten für erforderliches **Essen auf Rädern**,[229] er- 102

---

[221] So auch *Dauber* in: Mergler/Zink, SGB XII, § 27a Rn. 33, Stand: November 2012; *Wahrendorf* in: Grube/Wahrendorf, SGB XII, 4. Aufl. 2012, § 27a Rn. 34; *Adolph* in: Jehle/Linhart/Adolph, SGB II SGB XII AsylbLG, § 27a Rn. 85, Stand: Juni 2012; *Schmidt* in: Oestreicher, SGB XII/SGB II, § 27a SGB XII Rn. 42, Stand: November 2011; *Falterbaum* in: Hauck/Noftz, SGB XII, K 27a Rn. 66, Stand: Dezember 2011; *Ottersbach* in: Jahn, SGB XII, § 27a Rn. 53, Stand: 01.04.2013.

[222] Vgl. auch *Falterbaum* in: Hauck/Noftz, SGB XII, K 27a Rn. 67, Stand: Dezember 2011.

[223] *Adolph* in: Jehle/Linhart/Adolph, SGB II SGB XII AsylbLG, § 27a Rn. 94, Stand: Juni 2012; vgl. auch *Dauber* in: Mergler/Zink, SGB XII, § 27a Rn. 35, Stand: November 2012.

[224] Als „Faustregel" sah diesen Wert noch an *Adolph* in: Jehle/Linhart/Adolph, SGB II SGB XII AsylbLG, § 28 Rn. 6, Stand: Mai 2007; anders die aktuelle Fassung in § 27a Rn. 98 ff., gibt es keinen einheitlichen Vomhundertsatz…".

[225] *Dauber* in: Mergler/Zink, SGB XII, § 27a Rn. 35, Stand: November 2012.

[226] Vgl. auch LSG Nordrhein-Westfalen v. 23.09.2013 - L 20 SO 279/12 zu einem Kabelanschluss für ausländische Mitbürger.

[227] *Ottersbach* in: Jahn, SGB XII, § 27a Rn. 57, Stand: 01.04.2013.

[228] Vgl. bereits die Gesetzesbegründung BT-Drs. 15/1514, S. 59 zu § 29; *Schmidt* in: Oestreicher, SGB XII/SGB II, § 27a SGB XII Rn. 38, Stand: November 2011; *Falterbaum* in: Hauck/Noftz, SGB XII, K 27a Rn. 69, Stand: Dezember 2011; *Dauber* in: Mergler/Zink, SGB XII, § 27a Rn. 38, Stand: November 2012 m.w.N.

[229] Vgl. SG Lüneburg v. 22.02.2005 - S 23 SO 29/05 ER - info also 2005, 135; *Falterbaum* in: Hauck/Noftz, SGB XII, K 27a Rn. 69, Stand: Dezember 2011.

hebliche Belastungen durch **nicht verschreibungspflichtige Medikamente**,[230] erhebliche **Fahrkosten zu medizinischen Behandlungen**[231] oder ein erhöhter Reinigungsbedarf bei **HIV-Infektion**[232]. Denkbar ist auch ein übermäßiger **Stromverbrauch aus medizinischen Gründen** bei Nutzung stromintensiver Geräte, allerdings nur bei aussagekräftigen ärztlichen Unterlagen über die Notwendigkeit.[233] Ein behinderungsbedingter Mehrbedarf kann ebenfalls zu berücksichtigen sein,[234] etwa erhöhte **Fahrkosten für Transporte mit Taxis**, Leistungen eines **Mobilen Sozialen Hilfsdienstes** oder die Inanspruchnahme von **Dienstleistungen für alltägliche Verrichtungen**,[235] soweit hier nicht ein Ausgleich durch andere Leistungsträger oder im Rahmen der speziellen Mehrbedarfe nach § 30 SGB XII erfolgt. Eine über die in § 30 SGB XII genannten Leistungen hinausgehende Berücksichtigung eines überdurchschnittlichen Bedarfs kann für die dort aufgeführten Fallgestaltungen nicht erfolgen, weil die dortige Regelung spezieller ist.[236] Eine abweichende Festsetzung wegen Kosten für erforderliche **Nachhilfe** zur Erreichung der Versetzung[237] kommt als Anwendungsbereich des § 27a Abs. 4 Satz 1 SGB XII ebenso wie erhöhte Kosten für **Schulspeisungen** nicht mehr in Betracht, weil § 34 SGB XII nun für diese Bereiche eine Sonderregelung trifft.

103 Kein erheblich nach oben abweichender Bedarf ist anzunehmen für **Zuzahlungen zu Medikamenten** bis zur Belastungsgrenze[238], auch nicht für die **Praxisgebühr**, da letztere bereits keinen überdurchschnittlichen Bedarf darstellt. Der Eigenanteil für **orthopädische Schuhe** stellt keinen überdurchschnittlichen Bedarf dar, da er nur die Ersparnis bei der ansonsten erforderlichen Beschaffung normaler Schuhe ausgleicht, die im Regelsatz enthalten ist.[239] Soweit ein darüber hinausgehender erhöhter Verschleiß vorliegt, kann dieser bereits durch eine Mehrbedarfsleistung nach § 31 Abs. 1 Nr. 3 SGB XII erfasst sein, so dass auch dafür § 27a Abs. 4 Satz 1 SGB XII nicht anwendbar ist.[240] Ein mietvertraglich geschuldeter **Zuschlag für Schönheitsreparaturen** gehört zu den Kosten der Unterkunft und kann daher nicht erfasst sein.[241] Ebenso soll der **wachstumsbedingte Kleiderverschleiß** bei Kindern grundsätzlich keinen besonderen nach oben abweichenden Bedarf darstellen.[242] Das gilt auch für Kosten für Verhütungsmittel[243] und die Gebühr für einen Kirchenaustritt[244].

---

[230] In diese Richtung SG Lüneburg v. 11.08.2005 - S 30 AS 328/05 ER - ZfF 2006, 85; vgl. auch *Dauber* in: Mergler/Zink, SGB XII, § 27a Rn. 38, Stand: November 2012.

[231] Vgl. auch *Wenzel* in: Fichtner/Wenzel, SGB XII/AsylbLG/SGB II/BKGG, 4. Aufl. 2009, § 28 Rn. 8; *Falterbaum* in: Hauck/Noftz, SGB XII, K 27a Rn. 69, Stand: Dezember 2011; eine einmalig stattfindende Behandlung mit Fahrkosten in Höhe von 13,50 € sieht das LSG Hessen v. 26.06.2008 - L 7 SO 43/08 B ER - SAR 2008, 99, allerdings für eine Erhöhung nicht als ausreichend an.

[232] Vgl. *Falterbaum* in: Hauck/Noftz, SGB XII, K 27a Rn. 69, Stand: Dezember 2011; *Schmidt* in: Oestreicher, SGB XII/SGB II, § 27a SGB XII Rn. 38, Stand: November 2011; abgelehnt im SGB-II-Bereich durch LSG Berlin-Brandenburg v. 24.04.2007 - L 19 B 400/07 AS ER - FEVS 58, 562.

[233] Vgl. LSG Berlin-Brandenburg v. 16.04.2007 - 23 B 186/06 SO ER - FEVS 58, 510.

[234] Vgl. auch *Pöld-Krämer*, NDV 2005, 369, 375 f.; *Wenzel* in: Fichtner/Wenzel, SGB XII/AsylbLG/SGB II/BKGG, 4. Aufl. 2009, § 28 Rn. 8.

[235] Vgl. zu einer Betreuungspauschale LSG Nordrhein-Westfalen v. 29.07.2009 - L 12 SO 51/08; ablehnend allerdings im SGB II-Bereich zu einem erhöhten Fahrbedarf aufgrund von Schwerbehinderung eines Kindes BSG v.06.05.2010 - B 14 AS 3/09 R - SozR 4-4200 § 28 Nr. 3.

[236] BSG v. 29.09.2009 - B 8 SO 5/08 R - SGb 2009, 716 zu Aufwendungen für erhöhten Verschleiß bei orthopädischen Schuhen.

[237] Einen Anwendungsfall des § 28 Abs. 1 Satz 2 SGB XII a.F. nahm insoweit noch *Adolph* in: Jehle/Linhart/Adolph, SGB II SGB XII AsylbLG, § 28 Rn. 6, Stand: Mai 2007, an.

[238] BSG v. 16.12.2010 - B 8 SO 7/09 R - BSGE 107, 169 mit Anm. *Schumacher*, RdLH 2011, 18 f. und Anm. *Wunder*, SGb 2012, 47 ff.; *Schmidt* in: Oestreicher, SGB XII/SGB II, § 27a SGB XII Rn. 36, Stand: November 2011; für Empfänger von Arbeitslosengeld II vgl. BSG v. 22.04.2008 - B 1 KR 10/07 R - BSGE 100, 221-238 = SozR 4-2500 § 62 Nr. 6.

[239] Vgl. Bayerisches LSG v. 19.06.2006 - L 11 B 358/06 SO ER - FEVS 58, 233.

[240] Vgl. BSG v. 29.09.2009 - B 8 SO 5/08 R - SGb 2009, 716; *Schmidt* in: Oestreicher, SGB XII/SGB II, § 27a SGB XII Rn. 36, Stand: November 2011.

[241] LSG Baden-Württemberg v. 17.04.2008 - L 7 SO 5988/07; *Schmidt* in: Oestreicher, SGB XII/SGB II, § 27a SGB XII Rn. 36, Stand: November 2011.

[242] Vgl. BSG v. 23.03.2010 - B 14 AS 81/08 R - SozR 4-4200 § 20 Nr. 8 mit Anm. *Reichel*, jurisPR-SozR 19/2010, Anm. 1

[243] BSG v. 15.11.2012 - B 8 SO 6/11 R - BSGE 112, 188 m. Anm. *Hammel*, ZFSH/SGB 2013, 509.

[244] LSG Nordrhein-Westfalen v. 04.12.2012 - L 9 SO 383/12 B.

Ein nach unten abweichender Bedarf kann im Ausnahmefall angenommen werden, wenn eine erheblich niedrigere Abnutzung der Kleidung wegen **Bettlägerigkeit** erfolgt, es sei denn, dadurch entstehen an anderer Stelle höhere Kosten, z.B. Stromkosten für Beleuchtung oder die Versorgung mit Nahrungsmitteln.

104

Kein erheblich nach unten abweichender Bedarf ist regelmäßig bei **Obdachlosigkeit** anzunehmen, denn die Ersparnisse durch das fehlende Innehaben eines Hausstandes werden häufig durch erhöhte Ausgaben für den Kauf von warmen Speisen und Getränken und ggf. erhöhte Fahrkosten ausgeglichen.[245] Zumindest dürfte in der Praxis eine Ersparnis durch den beweispflichtigen Träger der Sozialhilfe eher nicht zu führen sein. Hinzu kommt, dass unter Gleichbehandlungsgesichtspunkten eine Kürzung des Regelsatzes kaum zu rechtfertigen wäre, weil das SGB II eine entsprechende Möglichkeit nicht vorsieht. Abweichungen nach unten aufgrund hypothetischer, von der individuellen Lebensgestaltung des Hilfeempfängers abhängiger Ersparnisse - wie etwa einer Möblierungspauschale bei Anmietung einer möblierten Wohnung - sind nicht zulässig.[246]

105

Abzugrenzen sind die Fälle des § 27a Abs. 4 Satz 1 SGB XII von denjenigen des **§ 73 SGB XII**. § 73 SGB XII betrifft nur Fälle, in denen ein **atypischer Bedarf** vorliegt, wogegen unter § 27a Abs. 4 Satz 1 SGB XII Fälle erfasst werden, in denen ein gesteigerter oder verminderter typischer Bedarf vorliegt. Die Abgrenzung ist im Einzelnen schwierig, weil sie auch von der Bildung der jeweiligen Vergleichsgruppe abhängt. Umstritten ist die Abgrenzung bei Bedarfen, die sowohl als atypisch als auch als überdurchschnittlich angesehen werden könnten, z.B. im Bereich der Mobilität. Dies gilt etwa für **Kosten für Fahrten zu inhaftierten oder pflegebedürftigen Angehörigen** oder auch für **Kosten zur Wahrnehmung des Umgangsrechts** mit getrennt lebenden Kindern. Systematisch erscheint es richtiger, die Fahrkosten des Hilfebedürftigen als Fälle des § 27a Abs. 4 Satz 1 SGB XII anzusehen, denn es handelt sich um einen überdurchschnittlichen Bedarf in einer grundsätzlich durch den Regelsatz erfassten Bedarfsgruppe.[247] Abzugrenzen sind die Kosten der Angehörigen oder Kinder für ihre Fahrten, die nur im Rahmen einer bei diesen bestehenden Hilfebedürftigkeit zu berücksichtigen wären.[248]

106

Der über- bzw. unterdurchschnittliche Bedarf muss „**unabweisbar**" sein. Das bedeutet, dass ein überdurchschnittlicher Bedarf nicht durch zumutbare Maßnahmen des Hilfeempfängers beseitigt werden kann[249] und auch den Rahmen des im Bereich der Existenzsicherung Angemessenen nicht übersteigt. Daher erfüllen z.B. Kosten für höherwertigen **Zahnersatz** dieses Kriterium ebenso wenig wie etwa Aufwendungen für **Privatschulen**, wenn zumutbar eine kostenfreie öffentliche Schule besucht werden kann. Ein unabweisbar unterdurchschnittlicher Bedarf bedeutet, dass dieser im Sinne einer Prognoseentscheidung mit hoher Wahrscheinlichkeit vorliegen und quantifizierbar sein muss.

107

Soweit ein **überdurchschnittlicher Bedarf** im Sinne des § 27a Abs. 4 Satz 1 SGB XII nicht erweislich ist, geht dies nach den allgemeinen Regeln der **Beweislast** zu Lasten des Leistungsempfängers, denn die Festlegung der Regelsätze in § 27a Abs. 4 Satz 1 SGB XII besagt, dass der notwendige Lebensunterhalt im Regelfall mit den Regelsätzen zu decken ist.[250] Zuvor sind allerdings die Träger der Sozialhilfe nach dem Untersuchungsgrundsatz verpflichtet, auch alle für den Betroffenen günstigen Umstände zu ermitteln (§ 20 Abs. 2 SGB X), was sich im gerichtlichen Verfahren mit dem Amtsermittlungsgrundsatz fortsetzt (§ 103 SGG). Eine Verpflichtung, ohne Anhaltspunkte generell einen möglichen überdurchschnittlichen Bedarf zu überprüfen, besteht jedoch nicht.[251] Wenn eingewandt wird, eine solche Beweislast widerspräche den Grundsätzen des Sozialverwaltungsverfahrens,[252] überzeugt

108

---

[245] Vgl. auch *Dauber* in: Mergler/Zink, SGB XII, § 27a Rn. 31, Stand: November 2012; LSG Niedersachsen-Bremen v. 01.11.2011 - L 8 SO 308/11 B ER - ZFSH/SGB 2012, 210.

[246] BSG v. 20.09.2012 - B 8 SO 4/11 R - BSGE 112, 54.

[247] Vgl. auch SG Reutlingen v. 20.04.2005 - S 3 SO 780/05 ER - info also 2005, 228; LSG Baden-Württemberg v. 17.08.2005 - L 7 SO 2117/05 ER; undifferenziert *Falterbaum* in: Hauck/Noftz, SGB XII, K 27a Rn. 69, Stand: Dezember 2011, der eine Leistungspflicht ggf. aus beiden Normen annehmen will.

[248] Vgl. auch BSG v. 07.11.2006 - B 7b AS 14/06 R - BSGE 97, 242 = SozR 4-4200 § 20 Nr. 1.

[249] So auch *Ottersbach* in: Jahn, SGB XII, § 27a Rn. 54, Stand: 01.04.2013; vgl. auch *Adolph* in: Jehle/Linhart/Adolph, SGB II SGB XII AsylbLG, § 27a Rn. 100, Stand: Juni 2012.

[250] *Wahrendorf* in: Grube/Wahrendorf, SGB XII, 4. Aufl. 2012, § 27a Rn. 37; *Ottersbach* in: Jahn, SGB XII, § 27a Rn. 59, Stand: 01.04.2013.

[251] Vgl. zum Umfang der Amtsermittlung BSG v. 05.04.2001 - B 13 RJ 23/00 R - SozR 3-2600 § 43 Nr. 25; vgl. aber auch *Roscher* in: LPK-SGB XII, 9. Aufl. 2012, § 27a Rn. 27: Sozialhilfeträger muss von vornherein die Möglichkeit und die Notwendigkeit einer Abweichung nach oben in Betracht ziehen.

[252] *Falterbaum* in: Hauck/Noftz, SGB XII, K 27a Rn. 72, Stand: Dezember 2011.

das nicht. Die Regelsätze dienen u.a. einer Verwaltungsvereinfachung, die nicht erreicht würde, wenn der Träger der Sozialhilfe in jedem Einzelfall intensiv ermitteln müsste, ob nicht doch an irgendeiner Stelle ein überdurchschnittlicher Bedarf vorliegt. Mit den Folgen ihrer Auffassung setzt sich die Gegenmeinung daher auch gar nicht auseinander.

109 Wenn ein **unterdurchschnittlicher Bedarf** nicht erweislich ist, geht dies nach den allgemeinen Regeln der **Beweislast** zu Lasten des Trägers der Sozialhilfe und dieser muss den vollen Regelsatz leisten.[253] In der Praxis dürfte eine abweichende Festsetzung nach unten ohnehin kaum vorkommen (vgl. zur Problematik Rn. 104 f.).

VII. Anteiliger Regelsatz (Absatz 4 Satz 2)

110 Sofern der Leistungsanspruch nur für einen **Teilmonat** besteht, ist der Regelsatz anteilig zu zahlen. Hinweise, wie dies im Einzelnen zu berechnen ist, ergeben sich aus der gesetzlichen Regelung selbst nicht. Der Umstand, dass anders als bei § 41 Abs. 1 SGB II nicht ausdrücklich geregelt wird, von welcher Anzahl von Tagen im Monat dabei auszugehen ist (dort immer 30 Tage), könnte darauf schließen lassen, dass bei den Regelsätzen nach dem SGB XII die tatsächliche Anzahl von Tagen mit den Tagen der Leistungsberechtigung ins Verhältnis zu setzen sein könnte. Dagegen spricht aber zum einen die Gesetzesbegründung, die ebenfalls ausführt, dass für **ganze Monate stets 30 Tage** zugrunde zu legen seien[254], zum anderen die Systematik der Regelsätze. Diese sind nämlich immer in monatlich gleicher Höhe zu erbringen, unabhängig von der Dauer des jeweiligen Monats.

111 Die **konkrete Berechnung** erfolgt, indem die Höhe des zustehenden Regelsatzes durch 30 geteilt und mit der Anzahl der Tage der Leistungsberechnung multipliziert wird. Eine Besonderheit ergibt sich im Monat **Februar**, der regelmäßig nur 28 Tage hat. Hier ist z.B. bei einer Leistungsberechtigung von 27 Tagen nur ein Leistungsanspruch von 27/30 des jeweiligen Regelsatzes gegeben, bei einer solchen von 28 Tagen allerdings in voller Höhe des Regelsatzes, weil dann die Regelung über die anteilige Erbringung nicht greift. Bei **Monaten mit 31 Tagen** wird dagegen der Leistungsanspruch in voller Höhe des Regelsatzes bereits erreicht, wenn die Leistungsberechtigung eine Dauer von 30 Tagen umfasst.

VIII. Bedarfsbemessung bei Unterbringung (Absatz 4 Satz 3)

112 § 27a Abs. 4 Satz 3 SGB XII sieht eine Ausnahme von der pauschalierten Erbringung der Hilfe zum Lebensunterhalt nach den Regelsätzen gemäß § 27a Abs. 3 SGB XII für den Fall der Unterbringung von hilfebedürftigen Personen in einer **anderen Familie** oder bei **anderen Personen als bei den Eltern oder einem Elternteil** vor. Die Regelung gilt für **Kinder, Jugendliche und Erwachsene** in gleichem Maße und trägt dem Umstand Rechnung, dass eine nicht selbst erwerbsfähige Person in den Haushalt aufgenommen wird.

113 Wann eine Unterbringung vorliegt, definiert das Gesetz nicht. Eine solche ist anzunehmen, wenn die hilfebedürftige Person bei ihren Eltern oder einem Elternteil nicht mehr ohne **Gefährdung ihrer körperlichen Unversehrtheit oder ihrer Entwicklung** leben kann.[255] In der Regel erfolgt die Unterbringung in einer Pflegefamilie oder bei sonstigen Personen durch die nach § 69 Abs. 3 SGB VIII zuständigen Jugendämter.

114 Häufig kam eine Anwendung der Vorschrift bei **Großeltern** in Betracht, da für diese die an sich vorrangige (vgl. § 10 Abs. 4 SGB VIII; Ausnahme: Leistungen nach § 34 Abs. 6 SGB VII und Eingliederungshilfe für behinderte junge Menschen) Hilfe zur Erziehung nach den §§ 27 Abs. 1 i.V.m § 33 SGB VIII nach älterer Rechtsprechung des BVerwG nicht selten ausgeschlossen war, weil sie unterhaltspflichtig sind und ihr Wille, die Pflege nur gegen finanzielle Unterstützung zu übernehmen, für eine Unterbringung in einer anderen Pflegefamilie sprechen sollte.[256] Zwischenzeitlich ist allerdings eine Klarstellung in § 27 Abs. 2a SGB VIII erfolgt. Danach entfällt der Anspruch auf Hilfe zur Erziehung nicht dadurch, dass eine andere unterhaltspflichtige Person bereit ist, diese Aufgabe zu übernehmen. Die Gewährung von Hilfe zur Erziehung setzt in diesem Fall voraus, dass diese Person bereit und

---

[253] *Wahrendorf* in: Grube/Wahrendorf, SGB XII, 4. Aufl. 2012, § 27a Rn. 37; *Ottersbach* in: Jahn, SGB XII, § 27a Rn. 59, Stand: 01.04.2013.

[254] BT-Drs. 17/3404, S. 120; so auch *Falterbaum* in: Hauck/Noftz, SGB XII, K 27a Rn. 74, Stand: Dezember 2011; *Ottersbach* in: Jahn, SGB XII, § 27a Rn. 60, Stand: 01.04.2013.

[255] *Ottersbach* in: Jahn, SGB XII, § 27a Rn. 65, Stand: 01.04.2013.

[256] BVerwG v. 12.09.1996 - 5 C 31/95 - NJW 1997, 2831; vgl. zur Problematik auch *Roscher* in: LPK-SGB XII, 9. Aufl. 2012, § 27a Rn. 33; *Wenzel* in: Fichtner/Wenzel, SGB XII/AsylbLG/SGB II/BKGG, 4. Aufl. 2009, § 28 Rn. 20.

geeignet ist, den Hilfebedarf in Zusammenarbeit mit dem Träger der öffentlichen Jugendhilfe nach Maßgabe der §§ 36 und 37 SGB VIII zu decken. Aufnehmende Personen können neben den Großeltern auch alle sonstigen geeigneten Personen sein, ohne dass ein verwandtschaftliches Verhältnis vorliegen muss.

Zu übernehmen sind in der Regel die **tatsächlichen Unterbringungskosten**, also alle damit im Zusammenhang stehenden Kosten, soweit sie angemessen sind. In der Praxis werden als angemessen häufig die zu der vorrangigen Regelung[257] des **§ 39 SGB VIII** entwickelten Sätze für Leistungen zum Unterhalt (Sachaufwand ohne Kosten der Erziehung) angesehen.[258] Nach den die Träger der Sozialhilfe und die Gerichte nicht bindenden Empfehlungen des Deutschen Vereins betragen diese für das Jahr 2014 bundeseinheitlich für Kinder von 0-6 Jahren 504 €, für Kinder von 6-12 Jahren 584 € und für Personen von 12-18 Jahren 671 €, worin jeweils 82,40 € Miet- und Heizkostenanteil enthalten sind. Für 2011 betragen sie bundeseinheitlich für Kinder von 0-6 Jahren 477 €, für Kinder von 6-12 Jahren 552 € und für Personen von 12-18 Jahren 634 €, worin jeweils 87,50 € Miet- und Heizkostenanteil enthalten sind. Die jeweils aktuellen Empfehlungen können auf der Internetseite des Deutschen Vereins abgerufen werden.[259] An die Pflegepersonen gezahltes Kindergeld ist dabei nicht anzurechnen. Soweit tatsächlich zwingend höhere Kosten entstehen müssen, können allerdings auch diese übernommen werden. 115

Die tatsächlichen Unterbringungskosten sind nur „**in der Regel**" zu übernehmen, in atypischen Fällen ist also eine Ausnahme möglich. Ein solcher atypischer Fall könnte allenfalls angenommen werden, wenn zwischen der hilfebedürftigen und der aufnehmenden Person ein **besonderes Näheverhältnis** (z.B. aufgrund familiärer Beziehungen) besteht und im Ausnahmefall davon ausgegangen werden kann, dass die aufnehmende Person aufgrund dieses Näheverhältnisses und ihrer eigenen finanziellen Situation die über die Regelsätze hinausgehenden Kosten der Unterkunft von sich aus tragen wird. 116

IX. Übergangsregelung für Regelbedarfsstufen 4-6

Eine Übergangsregelung für die **Kinder und Jugendliche** betreffenden Regelbedarfsstufen findet sich in **§ 134 SGB XII**. Danach waren abweichend von § 28a SGB XII die Regelbedarfsstufen 4-6 der Anlage zu § 28 SGB XII nicht mit dem sich nach der Verordnung nach § 40 SGB XII ergebenden Vomhundertsatz fortzuschreiben, solange sich durch die entsprechende Fortschreibung der Beträge nach § 8 Abs. 1 Nr. 4-6 RBEG keine höheren Beträge ergaben. Dies beruht auf dem Umstand, dass bei der Berechnung der Regelbedarfsstufen für Kinder und Jugendliche zum 01.01.2011 (vgl. die §§ 6, 8 Abs. 1 RBEG) Werte ermittelt wurden, die unter den bisher gewährten Leistungen lagen. Insoweit enthält **§ 8 Abs. 2 RBEG** eine **Bestandsschutzregelung**. Dieser Bestandsschutz wurde durch die Übergangsregelung in § 134 SGB XII bei zukünftigen Kostensteigerungen abgeschmolzen. Zum 01.01.2013 wurden erstmals alle Regelbedarfsstufen von 4-6 erhöht, ab dem 01.01.2014 hatte § 134 SGB XII keine Auswirkungen mehr auf die Höhe der Leistungen. 117

X. Allgemeine Übergangsregelung

In **§ 137 SGB XII** ist geregelt, dass wenn es durch das Inkrafttreten des Gesetzes zur Ermittlung von Regelbedarfen und zur Änderung des Zweiten und Zwölften Buches Sozialgesetzbuch zu einer Verminderung des Regelbedarfs nach § 27a Abs. 3 Satz 1 SGB XII oder § 42 Nr. 1 SGB XII kommt, die für den Zeitraum vom **01.01.-31.03.2011** bereits erbrachten Regelsätze nicht zu erstatten sind und auch eine Aufrechnung unzulässig ist. Dies betraf insbesondere die **Regelbedarfsstufe 3**, weil hier von einer bestehenden Rechtsprechung des BSG nach unten abgewichen wurde (vgl. auch Rn. 8, Rn. 80).[260] 118

---

[257] Vgl. *Adolph* in: Jehle/Linhart/Adolph, SGB II SGB XII AsylbLG, § 27a Rn. 113, Stand: Juni 2012; *Falterbaum* in: Hauck/Noftz, SGB XII, K 27a Rn. 76, Stand: Mai 2013.

[258] Vgl. auch *Falterbaum* in: Hauck/Noftz, SGB XII, K 27a Rn. 77, Stand: Mai 2013; *Ottersbach* in: Jahn, SGB XII, § 27a Rn. 64, Stand: 01.04.2013; *Dauber* in: Mergler/Zink, SGB XII, § 27a Rn. 41, Stand: November 2012.

[259] www.deutscher-verein.de (abgerufen am 08.04.2014).

[260] Vgl. auch *Mogwitz*, jurisPR-SozR 6/2011, Anm. 1.

C. Praxishinweise

119 Die **praktische Bedeutung von § 27a Abs. 1 SGB XII** in der täglichen Rechtsanwendung ist **begrenzt**, da daraus keine unmittelbaren Ansprüche hergeleitet werden können (vgl. Rn. 31). Insbesondere bei der Geltendmachung **überdurchschnittlicher Bedarfe** nach § 27a Abs. 4 Satz 1 SGB XII ist aber die Fragestellung, was als „notwendiger Lebensunterhalt" anzusehen ist, unter Hinzuziehung des Absatzes 1 zu klären.

120 Die Regelsätze können als **eigenständiger Streitgegenstand** unabhängig von Kosten der Unterkunft und Heizung (§ 35 SGB XII) bzw. von den weiteren Leistungen nach den §§ 30-34a SGB XII geltend gemacht werden, wenn der entsprechende Bescheid einen abtrennbaren Verfügungssatz enthält und die Klägerseite ihren Klageantrag entsprechend beschränkt.[261] Zwar ist im **SGB II** zwischenzeitlich eine Änderung insoweit eingetreten, dass nach § 19 Abs. 1 SGB II nun eine einheitliche Leistung anzunehmen ist.[262] Im SGB XII sind entsprechende Änderungen allerdings bisher nicht vorgenommen worden, so dass weiterhin von einer **Abtrennbarkeit** auszugehen ist. Kein von der Regelsatzfestsetzung nach § 27a Abs. 3 SGB XII trennbarer eigenständiger Streitgegenstand ist die Frage, ob ein abweichender Bedarf nach § 27a Abs. 4 Satz 1 SGB XII vorliegt, denn die abweichende Festsetzung ist nur Begründungselement für die Höhe des zuerkannten Regelsatzes.

121 Zur Verfassungsmäßigkeit der Regelbedarfsstufen bzw. Regelsätze vgl. die Kommentierung zu § 28 SGB XII Rn. 50.

---

[261] Vgl. zur Abgrenzung von Streitgegenständen bei der Gewährung von Hilfe zum Lebensunterhalt BSG v. 19.05.2009 - B 8 SO 8/08 R - BSGE 103, 181.

[262] Vgl. BT-Drs. 17/3404 S. 98 zu § 22; kritisch hierzu die Stellungnahme des Deutschen Richterbundes Nr. 11/2011.

§ 27b SGB XII Notwendiger Lebensunterhalt in Einrichtungen

(Fassung vom 24.03.2011, gültig ab 01.01.2011)

(1) ¹Der notwendige Lebensunterhalt in Einrichtungen umfasst den darin erbrachten sowie in stationären Einrichtungen zusätzlich den weiteren notwendigen Lebensunterhalt. ²Der notwendige Lebensunterhalt in stationären Einrichtungen entspricht dem Umfang der Leistungen der Grundsicherung nach § 42 Nummer 1, 2 und 4.

(2) ¹Der weitere notwendige Lebensunterhalt umfasst insbesondere Kleidung und einen angemessenen Barbetrag zur persönlichen Verfügung; § 31 Absatz 2 Satz 2 ist nicht anzuwenden. ²Leistungsberechtigte, die das 18. Lebensjahr vollendet haben, erhalten einen Barbetrag in Höhe von mindestens 27 vom Hundert der Regelbedarfsstufe 1 nach der Anlage zu § 28. ³Für Leistungsberechtigte, die das 18. Lebensjahr noch nicht vollendet haben, setzen die zuständigen Landesbehörden oder die von ihnen bestimmten Stellen für die in ihrem Bereich bestehenden Einrichtungen die Höhe des Barbetrages fest. ⁴Der Barbetrag wird gemindert, soweit dessen bestimmungsgemäße Verwendung durch oder für die Leistungsberechtigten nicht möglich ist.

Gliederung

A. Basisinformationen 1
I. Textgeschichte/Gesetzgebungsmaterialien 1
II. Vorgängervorschriften.......................... 5
III. Parallelvorschriften 6
IV. Systematische Zusammenhänge 7
1. Allgemeines zu den Absätzen 1 und 2 7
2. Verhältnis zu den besonderen Hilfen nach dem SGB XII 18
V. Ausgewählte Literaturhinweise...................... 22
B. Auslegung der Norm 23
I. Regelungsgehalt und Bedeutung der Norm 23
II. Normzweck 25
III. Notwendiger Lebensunterhalt in Einrichtungen (Absatz 1) 30
1. Lebensunterhalt mit Bezug zu einer Einrichtung 30
2. Vom Lebensunterhalt in Einrichtungen umfasste Leistungen (Absatz 1 Satz 1).................. 32
3. Berechnung des in Einrichtungen erbrachten Lebensunterhalts nach § 42 Nr. 1, 2 und 4 SGB XII (Absatz 1 Satz 2) 35
IV. Weiterer notwendiger Lebensunterhalt (Absatz 2) 42
1. Vom weiteren notwendigen Lebensunterhalt umfasste Leistungen 42
2. Barbetrag zur persönlichen Verfügung 53
a. Vom Barbetrag erfasste Bedarfe 53
b. Zur persönlichen Verfügung 55
c. Ausschluss von § 31 Abs. 2 Satz 2 SGB XII 60
d. Höhe des Barbetrags 61
e. Höhe des Barbetrags vor Vollendung des 18. Lebensjahres 69
f. Minderung des Barbetrags 73
V. Verhältnis der Leistungen der Grundsicherung im Alter und bei Erwerbsminderung zu denjenigen nach § 27b SGB XII 75
VI. Hilfe zum Lebensunterhalt in stationären Einrichtungen und Regelbedarfe nach dem SGB II 79
C. Praxishinweise 86

A. Basisinformationen

I. Textgeschichte/Gesetzgebungsmaterialien

Die Vorgängerregelung des § 27b SGB XII in **§ 35 SGB XII a.F.** wurde durch das Gesetz zur Einordnung des Sozialhilferechts in das Sozialgesetzbuch vom 27.12.2003[1] eingefügt. **1**

Noch vor Inkrafttreten des SGB XII mit Wirkung zum 01.01.2005 wurde Absatz 1 Satz 2 durch das Gesetz zur Änderung des Gesetzes zur Einordnung des Sozialhilferechts in das Sozialgesetzbuch vom 09.12.2004[2] in die Norm aufgenommen. Der Regelungsbedarf wurde gesehen, weil § 27 Abs. 3 BSHG, also die vormalige **Verklammerung der Hilfe zum Lebensunterhalt in Einrichtungen mit den Hilfen in besonderen Lebenslagen**, als einheitliche Leistung keine Entsprechung im SGB XII fand.[3] Der Gesetzgeber ordnete die Leistungen zum Lebensunterhalt in stationären Einrichtungen sys- **2**

---

[1] BGBl I 2003, 3022.
[2] BGBl I 2004, 3305.
[3] BT-Drs. 15/1514, S. 53 f.

§ 27b

tematisch ausdrücklich den Leistungen der Hilfe zum Lebensunterhalt zu, musste dann aber – mit § 35 Abs. 1 Satz 2 SGB XII a.F. (ab 01.01.2011: § 27b Abs. 1 Satz 2 SGB XII) – ein Verfahren zur Bestimmung der Höhe der Lebensunterhaltskosten in stationären Einrichtungen sowie der darin abgebildeten Bedarfe finden.[4]

3 Mit dem Gesetz zur Änderung des Zwölften Buches Sozialgesetzbuch und anderer Gesetze vom 02.12.2006[5] ist mit Wirkung zum 07.12.2006 in § 35 Abs. 1 Satz 2 SGB XII a.F. (ab 01.01.2011: § 27b Abs. 1 Satz 2 SGB XII) die Formulierung „in stationären Einrichtungen" ergänzt und der **Barbetrag** nach § 35 Abs. 2 Satz 2 SGB XII a.F. mit Wirkung vom 01.01.2007 auf 27 vom Hundert des Eckregelsatzes angehoben worden.

4 Mit Art. 3 Nr. 8 des **Gesetzes zur Ermittlung von Regelbedarfen und zur Änderung des Zweiten und Zwölften Buches Sozialgesetzbuch** vom 24.03.2011[6] ist § 35 Abs. 1 und 2 SGB XII a.F. inhaltsgleich in § 27b SGB XII übernommen worden. Dies beruht auf der Neustrukturierung des Dritten Kapitels mit der Zusammenfassung des notwendigen Lebensunterhalts, sowie der Regelbedarfe und Regelsätze im Dritten Kapitel[7]. Der bisherige § 35 Abs. 3 bis 5 SGB XII a.F. findet sich nunmehr in der Darlehensregelung des § 37 SGB XII.

II. Vorgängervorschriften

5 Im **BSHG** existierte keine Vorgängervorschrift zu § 27b Abs. 1 SGB XII – bis zum 31.12.2010: § 35 Abs. 1 SGB XII. § 27b Abs. 2 SGB XII – bis zum 31.12.2010: § 35 Abs. 2 SGB XII – übernimmt weitgehend den bisherigen § 21 Abs. 3 BSHG zum angemessenen Barbetrag zur persönlichen Verfügung.

III. Parallelvorschriften

6 Vergleichbare Vorschriften im SGB II bestehen nicht, weil die Grundsicherung für Arbeitsuchende keine Hilfe in Einrichtungen kennt.

IV. Systematische Zusammenhänge

1. Allgemeines zu den Absätzen 1 und 2

7 § 27b SGB XII **korrespondiert mit den §§ 28 ff. SGB XII**, die den Lebensunterhalt für nicht erwerbsfähige Menschen außerhalb von Einrichtungen erfassen. § 27b SGB XII umschreibt zum einen den in stationären und teilstationären Einrichtungen („darin") **tatsächlich erbrachten Lebensunterhalt** (Absatz 1 Satz 1 Halbsatz 1) und zum anderen den davon zu unterscheidenden, **allein in stationären Einrichtungen** bereitgestellten **weiteren notwendigen Lebensunterhalt** (Absatz 1 Satz 1 Halbsatz 2, Absatz 2). Die Regelungen in Absatz 2 zum weiteren notwendigen Lebensunterhalt gelten entsprechend nur für Leistungen in stationären Einrichtungen.

8 § 27b SGB XII hat damit einen **weiten praktischen Anwendungsbereich**, weil die Regelung sowohl für Fälle mit einer normalen „heimüblichen persönlichen Betreuung in Altenheimen" als z.B. auch für Pflegeheime, Wohnheime im Rahmen der Eingliederungshilfe und bei stationären Hilfen zur Überwindung besonderer sozialer Schwierigkeiten heranzuziehen ist.[8] Auch bei der Grundsicherung im Alter und bei Erwerbsminderung hat § 27b SGB XII Bedeutung (vgl. dazu Rn. 23; vgl. Rn. 75 ff.).

9 § 27b SGB XII steht weiter in **engem Zusammenhang** mit den **§§ 75 ff. SGB XII**, ohne allerdings Vorgaben zur inhaltlichen Ausgestaltung des in Einrichtungen tatsächlich erbrachten Lebensunterhalts (Absatz 1 Satz 1 Halbsatz 1) zu machen. Der konkrete Lebensunterhalt in Einrichtungen wird vielmehr durch das **Leistungserbringungsrecht nach den §§ 75 ff. SGB XII** gestaltet. Teil der Vergütungsvereinbarungen nach § 75 Abs. 3 Satz 1 Nr. 2 SGB XII sind die **Grundpauschalen für Unterkunft und Verpflegung** (§ 76 Abs. 2 Satz 1 SGB XII). Die Leistung für Bewohner von stationären Einrichtungen in Form von tatsächlich bereitgestellter Unterkunft und Verpflegung wird durch den **weiteren notwendigen Lebensunterhalt** i.S.d. § 27b Abs. 1 Satz 1 HS. 2, Abs. 2 SGB XII ergänzt, der insbesondere **Kleidung** und einen angemessenen **Barbetrag zur persönlichen Verfügung** umfasst.

---

[4] Vgl. ausführlich zu den diskutierten Optionen *Fahlbusch*, RsDE 63, 51 ff., 54 f.
[5] BGBl I 2006, 2670.
[6] BGBl I 2011, 453.
[7] BT-Drs. 17/3404, S. 120.
[8] *Mrozynski*, Grundsicherung und Sozialhilfe, III.6, Rn. 81, 91, Stand Oktober 2011.

Da das zwischen dem **Leistungsberechtigten und dem Sozialhilfeträger** bestehende **Rechtsverhältnis** den **vorrangigen rechtlichen Maßstab** für die übrigen Rechtsbeziehungen bildet und der sozialhilferechtlichen Beziehung zwischen dem Sozialhilfeträger und der Einrichtung eine **dienende Funktion** zukommt, ist über das sozialhilferechtliche Leistungserbringungsrecht (§§ 75 ff. SGB XII) der wesentliche Teil des **Existenzminimums der Leistungsberechtigten in stationären Einrichtungen** zu gewährleisten. Ergänzend ist der weitere notwendige Lebensunterhalt zu erbringen, der insbesondere den ggf. angemessen zu erhöhenden Barbetrag für die besonderen Bedarfe des persönlichen Bereichs umfasst.[9]

Der **Gesamtleistung „Hilfe zum Lebensunterhalt in Einrichtungen"** liegt – anders als der Hilfe zum Lebensunterhalt außerhalb von Einrichtungen durch Verbraucherstichproben nach der Einkommens- und Verbrauchstichprobe (EVS) – **keine systematische Ermittlung der Bedarfe von Leistungsberechtigten in stationären Einrichtungen** zugrunde.

§ 27b Abs. 1 Satz 2 SGB XII, wonach der notwendige Lebensunterhalt in stationären Einrichtungen dem Umfang der Leistungen der Grundsicherung nach § 42 Satz 1 Nr. 1-3 SGB II „entspricht", bestimmt nur einen Betrag, bis zu dessen Höhe die stationären Leistungen als Leistungen zum Lebensunterhalt i.S. des Dritten Kapitels des SGB XII „gelten" („**Rechengröße**"). Die Regelung beinhaltet keine **höhenmäßige Begrenzung** des in Einrichtungen geleisteten Lebensunterhalts.

Diese **„fiktive" Zuordnung** hat Auswirkungen im Rahmen der **Heranziehung des Hilfebedürftigen und dessen Angehörigen** zu den Kosten der Einrichtung, weil bis zur Höhe des gesetzlich festgelegten Betrages nicht die **günstigeren Einkommensgrenzen** für die Leistungen nach dem Fünften bis Neunten Kapitel des SGB II nach den §§ 85 ff. SGB XII eingreifen. Vielmehr ist das Einkommen für die stationären Leistungen zum Lebensunterhalt nach Maßgabe der §§ 82 ff., 92a SGB XII einzusetzen. Auch die Schutzvorschrift zum Einsatz des Vermögens nach § 90 Abs. 3 Satz 2 SGB XII kommt nicht zur Anwendung.

Auf § 27b Abs. 1 Satz 2 SGB II ist auch für die **Bemessung** von **Beiträgen zur freiwilligen Krankenversicherung** für freiwillig versicherte pflegebedürftige Bezieher von Leistungen nach dem SGB XII zurückzugreifen. Die Bemessung der Beiträge zur freiwilligen Krankenversicherung erfolgt auf der Grundlage der **Festlegung der beitragspflichtigen Einnahmen** nach einer allgemeinen Satzungsregelung (§ 240 SGB V). Insofern hat der 12. Senat des BSG darauf hingewiesen, dass für die beitragsrechtliche Bewertung der Hilfe zum Lebensunterhalt in Einrichtungen – als beitragspflichtige Einnahme – nicht auf die **Grundpauschale** und **anteilige Investitionsbeträge** abgestellt werden kann.[10]

Als notwendigen Lebensunterhalt in Einrichtungen erhalten Heimbewohner, die am 31.12.2004 Anspruch auf einen **zusätzlichen Barbetrag** nach § 21 Abs. 3 Satz 4 BSHG hatten, ergänzend zum Barbetrag zur persönlichen Verfügung nach § 35 Abs. 2 Satz 1 SGB XII diese Leistung weiterhin in der für den vollen Kalendermonat Dezember 2004 festgestellten Höhe (**§ 133a SGB XII**). Der zusätzliche Barbetrag ist Bestandteil des angemessenen Barbetrags zur persönlichen Verfügung nach § 27b Abs. 2 SGB XII und damit in seinem Fortbestand von einem weiteren Aufenthalt in der Einrichtung abhängig.[11] Bei dem Barbetrag zur persönlichen Verfügung nach § 27b Abs. 2 Satz 1 SGB XII und dem zusätzlichen Barbetrag nach § 133a SGB XII handelt es sich dabei um eine **einheitliche Leistung**, die insgesamt der Erfüllung persönlicher Bedürfnisse des Hilfeempfängers dient.[12]

§ 97 Abs. 4 SGB XII bestimmt, dass die **sachliche Zuständigkeit** für eine stationäre Leistung auch die sachliche Zuständigkeit für Leistungen umfasst, die gleichzeitig nach den anderen Kapiteln zu erbringen sind. Dies betrifft Fallgestaltungen, in denen neben der Hilfe zum Lebensunterhalt auch Hilfen nach den §§ 47 ff. SGB XII erbracht werden.

In Höhe des Barbetrags und ggf. des Zusatzbarbetrags (§ 133a SGB XII) erkennt der BGH auch **unterhaltsrechtlich** einen entsprechenden **Bedarf** an.[13]

---

[9] *Behrend*, Sozialrecht aktuell 2012, 117 ff., 118.
[10] Vgl. BSG v. 21.12.2011 - B 12 KR 22/09 R - juris Rn 34 ff.; vgl. auch zur Beitragsbemessung für Sozialhilfeempfänger nach den ab 01.01.2009 geltenden Beitragsverfahrensgrundsätzen für Selbstzahler *Padé*, jurisPR-SozR 18/2012, Anm. 2; *Gerlach*, SGb 2013, 108 ff.
[11] Vgl. die Kommentierung zu § 133a SGB XII Rn. 16; BSG v. 26.08.2008 - B 8/9b SO 10/06 R - BSGE 101, 217 ff. = SozR 4-3500 § 133a Nr. 1.
[12] BSG v. 26.08.2008 - B 8/9b SO 10/06 R - juris Rn. 18 - BSGE 101, 217 ff. = SozR 4-3500 § 133a Nr. 1.
[13] BGH v. 28.07.2010 - XII ZR 140/07 - juris Rn. 16.

2. Verhältnis zu den besonderen Hilfen nach dem SGB XII

18 Der Standort des § 27b SGB XII im Dritten Kapitel der Hilfe zum Lebensunterhalt macht deutlich, dass die Leistungen des notwendigen Lebensunterhalts in Einrichtungen nicht **Teil der besonderen Hilfen nach dem Fünften bis Neunten Kapitel** des SGB XII sind.

19 Allerdings enthält § 27b Abs. 1 Satz 1 SGB XII keine Aussage dazu, welcher **sozialhilferechtlichen Leistungsart** die in einer stationären oder teilstationären Einrichtung jeweils erbrachte konkrete Leistung zuzuordnen ist. Dies bestimmt sich vielmehr nach ihrem Sinn und Zweck.

20 So hat das BSG entschieden, dass das **Mittagessen in einer Werkstatt für behinderte Menschen** notwendiger, integraler Bestandteil der Eingliederungshilfe für behinderte Menschen nach den §§ 53 ff. SGB XII ist, weil es nicht nur anlässlich der Unterbringung auf Grund eines örtlichen oder zeitlichen Bezugs zur Einrichtung gewährt wird, sondern ein **funktionaler Zusammenhang** mit der in der Einrichtung gewährten Eingliederungshilfe besteht.[14] Soweit es um die **anteiligen Kosten dieses Bestandteils der Eingliederungshilfe** geht, ist zu berücksichtigen, dass das Mittagessen nicht nur der Eingliederungshilfe, sondern auch dem Lebensunterhalt (der Ernährung) zu dienen bestimmt ist. Insofern erfolgt – bei Hilfe in teilstationären Einrichtungen (vgl. zur Festsetzung von Kostenbeiträgen bei vollstationären Maßnahmen im Rahmen der erweiterten Hilfe die Kommentierung zu § 92 SGB XII) – nach § 27 Abs. 4 SGB XII eine **Festlegung des individuellen Bedarfs abweichend vom Regelsatz**, wenn der Regelbedarf durch das Mittagessen in der Werkstatt ganz oder teilweise gedeckt ist. Hierbei ist der im Regelsatz für den Regelbedarf **normativ vorgesehene Betrag** zu berücksichtigen.[15] Diese Grundsätze sind auch in Fallgestaltungen heranzuziehen, in denen z.B. bei der **Hilfe zu einer angemessenen Schulbildung i.S. des § 54 Abs. 1 Satz 1 Nr. 1 SGB XII** diese Hilfe heilpädagogische sowie – als sonstige Maßnahmen – ein gemeinsames Mittagessen einschließen, die erforderlich und geeignet sind, um dem behinderten Kind den Schulbesuch im Rahmen der allgemeinen Schulpflicht zu ermöglichen und zu erleichtern.

21 Soweit die konkret erbrachte Leistung als **Hilfe in besonderen Lebenslagen** nach dem Fünften bis Neunten Kapitel anzusehen ist, gelten die Einkommensgrenzen nach den §§ 85 ff. SGB XII und die Schutzvorschrift zur Vermögensberücksichtigung nach § 90 Abs. 3 Satz 2 SGB XII.

V. Ausgewählte Literaturhinweise

22 *Baur/Mertins*, Sozialhilfe nach dem SGB XII in stationären Einrichtungen, NDV 2006, 179 ff.; *Behrend*, Hilfe zum Lebensunterhalt in Einrichtungen, SozialRecht aktuell 2012, 117 ff.; *Bress-Brandmeier/Gühlstorf*, Einwendungen gegen den unterhaltsrechtlichen Bedarf bei der Gewährung von Sozialhilfe in stationären Pflegeeinrichtungen, ZfF 2008, 158 ff.; *Conradis*, Weihnachtsbeihilfe für Bewohner von Einrichtungen, info also 2006, 105; *Deutscher Verein/Rasch*, Gutachten vom 15.2.2013 – Gewährung des Mehrbedarfs in Einrichtungen; *Fahlbusch*, § 35 SGB XII – Notwendiger und weiterer Lebensunterhalt in Einrichtungen und ein Barbetrag, RsDE Nr. 63, 51 (2006); *Gerlach*, Anmerkung zu BSG v. 21.12.2011 - B 12 KR 22/09 R; *Hammel*, Anmerkung zu LSG Nordrhein-Westfalen vom 7.5.2012 - L 20 SO 55/12, ASR 2012, 194 ff.; *Meier*, Wer verwaltet den Barbetrag, BtPrax 2011, 68 ff.; *Mrozynski*, Stationäre Unterbringung – Leistungsrechtliche Konsequenzen und Anrechnung von Einkommen, ZFSH/SGB 2009, 328; *Niemann*, Sozialhilfe im Heim nach dem SGB XII – insbesondere für verheiratete Bewohner, NDV 2006, 35; *Niemann/Renn*, Der Barbetrag nach § 21 Abs. 3 BSHG, RsDE 1990, 29; *Ruschmeier*, Pflegewohngeld und Sozialhilfe nach dem SGB XII in einer stationären Einrichtung, DVP 2006, 500; *Schoch*, Handbuch Barbetrag im Sozialhilferecht, 2. Aufl. 1999; *Schoch*, Barbetrag zur persönlichen Verfügung in stationären Einrichtungen, ZfF 2007, 97; *Schoch*, Das sozialrechtliche Dreiecksverhältnis in der Sozialhilfe, br 2008, 71 ff.; *Spranger*, Grundrechtliche Dimensionen des Barbetrages nach § 21 Abs. 3 BSHG, BtPrax 1999, 19; *Wolthusen*, Der angemessene Barbetrag in stationären Einrichtungen der Sozialhilfe nach § 27b Abs. 2 SGB XII für Leistungsberechtigte bis zur Vollendung des 18. Lebensjahres, ZfF 2012, 121 ff.

---

[14] BSG v. 09.12.2008 - B 8/9b SO 10/07 R - juris Rn. 18 ff. - BSGE 102, 126 ff. = SozR 4-3500 § 54 Nr. 3; vgl. zur Kostenübernahme für den vom Einrichtungsträger in der stationären Einrichtung aufgrund ihrer Funktion neben der eigentlichen Aufgabenerfüllung (Maßnahme nach § 67 SGB XII) mitgewährten Lebensunterhalt nach § 35 Abs. 1 SGB XII LSG Berlin-Brandenburg v. 17.08.2007 - L 23 B 167/07 SO ER.

[15] Vgl. BSG v. 09.12.2008 - B 8/9b S 10/07 R - SozR 4-3500 § 54 Nr. 3 Rn. 23; BSG v. 11.12.2007 - B 8/9b SO 21/06 R - BSGE 99, 252 ff. = SozR 4-3500 § 28 Nr. 3.

B. Auslegung der Norm

I. Regelungsgehalt und Bedeutung der Norm

Absatz 1 beschreibt den notwendigen Lebensunterhalt in teilstationären und stationären Einrichtungen (Satz 1) und enthält aber eigentlich eine **Rechengröße** zur Ermittlung des Umfangs des notwendigen Lebensunterhalts in stationären Einrichtungen durch einen Verweis auf die Leistungen der Grundsicherung im Alter und bei Erwerbsminderung nach § 42 Nr. 1, 2 und 4 SGB XII (Satz 2). 23

Absatz 2 bestimmt den Inhalt des **weiteren notwendigen Lebensunterhalts** und enthält insbesondere Regelungen zum angemessenen **Barbetrag** zur persönlichen Verfügung. 24

II. Normzweck

§ 27b Abs. 1 und 2 SGB XII enthält Regelungen, mit denen die **Besserstellung von stationär untergebrachten Leistungsberechtigten gegenüber ambulant versorgten Leistungsberechtigten** abgebaut (§ 13 Abs. 1 Satz 2 SGB XII) und deren Gleichstellung ermöglicht werden soll.[16] 25

Mit der Zuordnung der Leistungen zum Lebensunterhalt in stationären Einrichtungen zu den Leistungen der Hilfe zum Lebensunterhalt – § 27b SGB XII ist Bestandteil der Hilfe zum Lebensunterhalt nach dem Dritten Kapitel des SGB XII – geht eine **weitergehende Berücksichtigung des Einkommens und Vermögens** des Leistungsberechtigten und seines nicht getrennt lebenden Ehegatten oder Lebenspartners als nach dem BSHG einher. Im **Unterschied zur bisherigen Rechtslage nach dem BSHG**, bei der bezüglich der gesamten stationären Hilfe in besonderen Lebenslagen einschließlich des Lebensunterhalts die besonderen Einkommens- und Vermögensgrenzen der §§ 79 ff. BSHG und der VO zu Durchführung des § 88 Abs. 2 Nr. 8 BSHG für Hilfen in besonderen Lebenslagen galten, muss seit In-Kraft-Treten des SGB XII für den Anteil der stationären Leistungen, die den Leistungen zum Lebensunterhalt zugeordnet werden, jegliches Einkommen eingesetzt werden. 26

Als **„Umsetzungsvorschrift"** bestimmt § 27b Abs. 1 Satz 2 SGB XII, in welchem Umfang die Leistungen in stationären Einrichtungen als **Leistungen zum Lebensunterhalt** anzusehen sein sollen. Nach Angaben des Gesetzgebers geschah die Bezugnahme auf § 42 SGB XII „aus Gründen der **Praktikabilität** und **Verwaltungsvereinfachung**".[17] 27

Im Zusammenhang mit der Einfügung des Wortes „stationäre" vor dem Wort „Einrichtungen" in § 35 Abs. 1 Satz 2 SGB II a.F. (ab 01.01.2011: § 27b Abs. 1 Satz 2 SGB XII) spricht der Gesetzgeber von einem „bloßen Rechnungsbetrag".[18] Da die monatliche Grundpauschale nach § 76 Abs. 2 SGB XII und der auf den Lebensunterhalt entfallende Investitionsbetrag regelmäßig den Regelsatz und die Kosten der Unterkunft übersteigen, wäre ohne die **„Rechengröße"** des § 27b Abs. 1 Satz 2 SGB XII der Lebensunterhalt in einer stationären Einrichtung deutlich teurer als bei ambulanter Versorgung, was wiederum Auswirkungen auf den Umfang der Einkommens- und Vermögensheranziehung hat. 28

Mit § 27b Abs. 2 Satz 1 SGB XII stellt der Gesetzgeber klar, dass die **Bekleidung** und der **Barbetrag** eigenständige Hilfen in stationären Einrichtungen sind. Der Barbetrag zur persönlichen Verfügung nach § 27b Abs. 2 SGB XII soll den Heimbewohnern in einem bescheidenen Umfang eine freie, selbstbestimmte und -gestaltete, eben „persönliche" Lebensführung ermöglichen. 29

III. Notwendiger Lebensunterhalt in Einrichtungen (Absatz 1)

1. Lebensunterhalt mit Bezug zu einer Einrichtung

§ 27b SGB XII ist nur auf **Einrichtungen im engeren sozialhilferechtlichen Sinne** anwendbar.[19] Der Begriff der teilstationären und stationären Einrichtung wird in § 13 Abs. 2 SGB XII legaldefiniert.[20] Umfasst sind hiernach alle Einrichtungen, die der Pflege, der Behandlung oder sonstigen nach dem SGB XII zu deckenden Bedarfe oder der Erziehung dienen. Bei Einrichtungen handelt es sich um einen in einer **besonderen Organisationsform** zusammengefassten Bedarf von personellen und sächlichen Mitteln unter verantwortlicher Trägerschaft. Sie müssen auf eine **gewisse Dauer** angelegt sowie auf einen **wechselnden Personenkreis** zugeschnitten sein und **Leistungen der Sozialhilfe** erbringen. Weiteres wesentliches Merkmal einer Einrichtung i.S. des Sozialhilferechts ist die **räumliche Bindung** 30

---

[16] BT-Drs. 15/1514, S. 52.
[17] BT-Drs. 15/3977, S. 8.
[18] BT-Drs. 16/2711, S. 11; *Fahlbusch*, RsDE 63, 51 ff., 58.
[19] *Mrozynski*, ZFSH/SGB 2009, 328 ff., 333.
[20] BSG v. 13.07.2010 - B 8 SO 13/09 R - BSGE 106, 264 ff. Rn. 13 = SozR 4-3500 § 19 Nr. 2 Rn. 12.

an ein Gebäude.[21] In **stationären Einrichtungen** übernimmt der Einrichtungsträger – anders als in teilstationären Einrichtungen – von der Aufnahme der leistungsberechtigten Person bis zu ihrer Entlassung nach Maßgabe eines angewandten Gesamtkonzepts die **Gesamtverantwortung für die tägliche Lebensführung** der leistungsberechtigten Person.[22]

31 Bei anderen Einrichtungen, z.B. **Strafanstalten**, fehlen diese Merkmale.[23] Auch bei einer **einstweiligen Unterbringung nach § 126a StPO** befindet sich der Betreffende nicht in einer Einrichtung im Sinne des § 27b SGB XII i.V.m. § 13 Abs. 2 SGB XII, weil diese – auch wenn der tatsächliche Ablauf demjenigen im Krankenhaus entsprechen kann – dem Vollzug einer gerichtlich angeordneten Freiheitsentziehung dient. Allerdings kann dann ein **Taschengeld** zu den sozialhilferechtlich anzuerkennenden Bedürfnissen des täglichen Lebens gehören, die nicht durch **Sachleistungen der Justizverwaltung** gedeckt sind.[24] Bei der **Bedarfsbemessung** kann weder auf § 27b Abs. 2 Satz 2 SGB XII zurückgegriffen werden noch lassen sich die Höhe des Taschengeldes aus einzelnen Abteilungen des EVS ableiten. In der mündlichen Verhandlung zur Revision gegen das Urteil des Landessozialgerichts Nordrhein-Westfalen vom 07.05.2012 (L 20 SO 55/12) am 28.02.2013, die zur Vermeidung einer Zurückverweisung vergleichsweise beendet wurde, hat der 8. Senat (B 8 SO 16/12 R) zu erkennen gegeben, dass er § 27b SGB XII mangels Unterbringung in einer Einrichtung nicht für anwendbar hält, sondern § 27a Abs. 4 Satz 1 SGB XII (**abweichender Regelsatz bei unabweisbar seiner Höhe nach erheblich abweichendem Bedarf**) heranzuziehen sei. Allerdings sei eine Schätzung auf einen bestimmten Anteil des Regelsatzes wegen der fehlenden tatsächlichen Datengrundlagen unter Berücksichtigung der Rechtsprechung des BVerfG[25] kritisch.

2. Vom Lebensunterhalt in Einrichtungen umfasste Leistungen (Absatz 1 Satz 1)

32 Nach § 27b Abs. 1 Satz 1 SGB XII umfasst der **notwendige Lebensunterhalt in Einrichtungen** den **darin erbrachten** sowie in stationären Einrichtungen zusätzlich den davon zu unterscheidenden „**weiteren notwendigen Lebensunterhalt**", der in § 27b Abs. 2 SGB XII näher umschrieben wird.

33 Der **weitere notwendige Lebensunterhalt** in **stationären Einrichtungen** beinhaltet insbesondere Kleidung und einen angemessenen Barbetrag zur persönlichen Verfügung (§ 27b Abs. 2 SGB XII).

34 Der angemessene Barbetrag zur persönlichen Verfügung beträgt bei Leistungsberechtigten, die das 18. Lebensjahr vollendet haben, mindestens 27% des Eckregelsatzes (§ 27b Abs. 2 Satz 2 SGB XII). Hinsichtlich des weiteren notwendigen Lebensunterhalts in Einrichtungen enthält § 27b Abs. 2 SGB XII sowohl hinsichtlich der hiervon umfassten **Leistungsarten** („insbesondere") also auch der **Höhe des Barbetrags** („mindestens") **offene Formulierungen**.

3. Berechnung des in Einrichtungen erbrachten Lebensunterhalts nach § 42 Nr. 1, 2 und 4 SGB XII (Absatz 1 Satz 2)

35 § 27b Abs. 1 Satz 2 SGB XII bestimmt, dass der **notwendige Lebensunterhalt in stationären Einrichtungen** dem Umfang der Leistungen der Grundsicherung nach § 42 Nrn. 1, 2 und 4 SGB XII entspricht.

36 Da sich Inhalt und Höhe der in Einrichtungen erbrachten Leistungen faktisch ausschließlich nach den **vertraglich vereinbarten Regelungen der §§ 75 ff. SGB XII** bzw. in Ausnahmefällen nach § 75 Abs. 4 SGB XII und den in Absatz 2 enthaltenen zusätzlichen Bestimmungen richten,[26] hat § 27b Abs. 1 Satz 2 SGB XII die **Funktion**, die Höhe des Anteils des notwendigen Lebensunterhalts an den tatsächlich erbrachten Leistungen in Einrichtungen zur Festlegung des Kostenbeitrags des Hilfebedürftigen festzulegen, also denjenigen Anteil zu bestimmen, den dieser z.B. aus seiner Rente zu den Aufwendungen des Sozialhilfeträgers beitragen muss.

---

[21] BSG v. 13.07.2010 - B 8 SO 13/09 R m.w.N.; vgl. zum Taschengeld für Strafgefangene auch OLG Celle v. 25.09.2013 - 1 Ws 375/13 - ZfSH/SGB 2014, 36.
[22] *Dauber* in: Mergler/Zink, SGB XII, Stand 8/2013, § 27b Rn. 2.
[23] *Dauber* in: Mergler/Zink, SGB XII, Stand 8/2013, § 27b Rn. 2.
[24] LSG Nordrhein-Westfalen v. 07.05.2012 - L 20 SO 55/12 mit Anmerkung von *Hammel* zur vorangegangenen gleichgerichteten Rspr. der Verwaltungsgerichtsbarkeit, ASR 2012, 194 ff.
[25] BVerfG v. 09.02.2010 - 1 BvL 1/09, 1 BvL 3/09, 1 BvL 4/09 - NJW 2010, 505.
[26] *Schellhorn*, SGB XII, 18. Aufl. 2010, § 35 Rn. 8; a.A. ev. *Falterbaum* in: Hauck/Noftz, Stand 6/2012, K § 27b SGB XII Rn. 5.

Mit der pauschalierenden Regelung des § 27b Abs. 1 Satz 2 SGB XII hat der Gesetzgeber indirekt auch ausgedrückt, dass die **Abgrenzung zwischen der Hilfe zum laufenden Lebensunterhalt** und den **besonderen Hilfen** nicht in der Weise erfolgen kann, dass die in der Vergütungspauschale nach § 76 Abs. 2 Satz 1 SGB XII vereinbarte Pauschale für Unterkunft und Verpflegung (Grundpauschale) der Hilfe zum Lebensunterhalt bzw. der Grundsicherung im Alter und bei Erwerbsminderung zugeordnet wird, während die im Vergütungsvertrag nach § 76 Abs. 2 Satz 1 SGB XII vereinbarte Maßnahmepauschale als Eingliederungshilfe angesehen wird 37

Es erfolgt im Grundsatz eine individuelle, an der **Person des Hilfebedürftigen orientierte Berechnung**. Dabei gehört zu den Grundsicherungsleistungen zunächst die sich für die leistungsberechtigte Person nach der Anlage zu § 28 ergebende Regelbedarfsstufe. Dies ist bei voll erwerbsgeminderten Erwachsenen, die nach dem SGB XII leistungsberechtigt sind, bei stationärer Betreuung in einer Einrichtung regelmäßig die **Regelbedarfsstufe 3** für „eine erwachsene, leistungsberechtigte Person, die weder einen eigenen Haushalt führt, noch als Ehegatte, Lebenspartner oder in eheähnlicher oder lebenspartnerschaftlicher Gemeinschaft einen gemeinsamen Haushalt führt".[27] Es ergibt sich ein Regelbedarf von 80 v.H. des vollen Regelsatzes, d.h. ab 01.01.2014 einen Betrag i.H.v. 105,57 €. 38

Eventuelle **Mehrbedarfszuschläge** und **einmalige Bedarfe** sind nach den §§ 27b Abs. 1 Satz 2, 42 Nr. 2, 30 SGB XII und § 31 SGB XII zu berücksichtigen. Allerdings beinhalten die §§ 30, 31 SGB XII auch Mehrbedarfe und einmalige Bedarfe, die in stationären Einrichtungen regelmäßig nicht Teil des in Einrichtungen tatsächlich erbrachten notwendigen Lebensunterhalts sind.[28] Diese (lebensumstandsbezogenen) Mehrbedarfe können nicht in die nur fiktive Berechnung des Anteils der Hilfe zum Lebensunterhalt in die Einrichtung an den Gesamtkosten nach § 27b Abs. 1 Satz 2 SGB XII einbezogen werden.[29] Dies gilt etwa für den einzelfallbezogenen Mehrbedarf für gehbehinderte Menschen nach § 30 Abs. 1 SGB XII. Auch **atypische, im Einzelfall auftretende Bedarfe** können bei der Berechnung der Maßstabsgröße nicht berücksichtigt werden.[30] 39

Die Aufwendungen für Unterkunft und Heizung werden bei der Ermittlung der Eigenbeteiligung des Hilfebedürftigen aus seinem Einkommen in Höhe der **durchschnittlichen angemessenen Aufwendungen für die Warmmiete** eines Einpersonenhaushaltes im Bereich des nach § 98 SGB XII zuständigen Trägers der Sozialhilfe zugrunde gelegt (§ 42 Nr. 4 SGB XII). Insofern erfolgt bei stationärer Unterbringung nach der Gesetzesbegründung zur Vorgängerregelung in § 3 Abs. 1 Satz 1 Nr. 2 GSiG eine **fiktive Berechnung der Kosten für Unterkunft und Heizung** auf der Grundlage der durchschnittlichen Aufwendungen des örtlichen Trägers der Sozialhilfe für den entsprechenden Haushalt. 40

Nur bis zur Höhe dieses nach den dargestellten Grundsätzen berechneten Anteils der Hilfe zum Lebensunterhalt an dem notwendigen Lebensunterhalt in Einrichtungen kann ein **Einsatz von Einkommen und Vermögen des Leistungsberechtigten** für die stationären Leistungen der Einrichtung nach den allgemeinen Regelungen zur Einkommens- und Vermögensberücksichtigung (§§ 82 ff., 90, 92, 92a SGB XII) erfolgen. 41

IV. Weiterer notwendiger Lebensunterhalt (Absatz 2)

1. Vom weiteren notwendigen Lebensunterhalt umfasste Leistungen

§ 27b Abs. 2 Satz 1 SGB XII beinhaltet als „weiteren notwendigen Lebensunterhalt" dasjenige, das im Regelfall **zusätzlich zu den Leistungen des Heimes**, die von der Grundpauschale (§ 76 Abs. 2 SGB XII) erfasst sind, erbracht wird. Mit der in § 27b Abs. 2 Satz 1 SGB XII genannten Kleidung und dem Barbetrag zur persönlichen Verfügung wird der weitere notwendige Lebensunterhalt in Einrichtungen **offen formuliert** („insbesondere").[31] 42

---

[27] Vgl. zur Verfassungsmäßigkeit der Regelbedarfsstufe 3 die beim BSG anhängigen Verfahren B 8 SO 31/12 R, B 8 SO 12/13 R und B 8 SO 14/13 R.
[28] Vgl. BSG v. 29.09.2009 – B 8 SO 5/08 R – BSGE 104, 200 ff. zu den von der Mehrbedarfsleistung nach § 30 Abs. 1 SGB XII erfassten Bedarfen.
[29] Gutachten des Deutschen Vereins vom 15.02.2013 – Gewährung des Mehrbedarfs in Einrichtungen.
[30] *Falterbaum* in: Hauck/Noftz, SGB XII, Stand 6/2012, K § 27b Rn. 17; *Fahlbusch*, RsDE 63, 51 ff., 59.
[31] BSG v. 11.12.2007 - B 8/9b SO 22/06 R - SozR 4-3500 § 35 Nr. 1.

§ 27b

43 Der gesonderten Erwähnung der **Kleidung** in § 27b Abs. 2 SGB XII ist zu entnehmen, dass hiermit ein **einrichtungstypischer Bedarf** der Heimbewohner an Kleidung als wesensmäßiger Bestandteil abgedeckt werden sollte, der jedenfalls nicht aus dem Barbetrag zu tragen ist.[32] Der Bedarf an notwendiger Kleidung ist einzelfallbezogen zu ermitteln und nicht ungeprüft anhand einer **pauschalierten Preisliste** des Sozialhilfeträgers festzulegen.[33]

44 Unter Berücksichtigung der Entscheidung des BVerfG vom 09.02.2010[34] ist aus **Transparenzgründen** eine **Abgrenzung zwischen den Leistungen** erforderlich, die vom Barbetrag und denen des sonstigen weiteren notwendigen Lebensunterhalts, bei dem die Kosten für Kleidung nur exemplarisch („insbesondere") in § 27b Abs. 5 Satz 1 SGB XII genannt werden, erfasst werden, weil der **Barbetrag nicht als beliebiges Auffangbecken** für alle weiteren Bedarfe des Lebensunterhalts verwandt werden darf.[35]

45 So kann als **Leistung des weiteren notwendigen Lebensunterhalts** – nicht als erhöhter Barbetrag bzw. als Eingliederungshilfe – die **Übernahme der angemessenen Internetkosten** erforderlich werden. Dies hat der beklagte Sozialhilfeträger in einem Verfahren vor dem 8. Senat des Bundessozialgerichts dann anerkannt, wenn das Wohnheim des Leistungsberechtigten einen Internetzugang in keiner Form anbietet.[36] Dem liegt zugrunde, dass von dem Barbetrag nur die persönlichen Bedarfe erfasst sind, während die Nutzung des Internets vom Gesetzgeber jedoch zumindest seit dem 01.01.2007 (beruhend auf der Einkommens- und Verbrauchsstichprobe 2003) außerhalb stationärer Leistungen bei der Ermittlung der Regelbedarfe berücksichtigt wurde, dem auch im Rahmen stationärer Leistungen Rechnung zu tragen ist.

46 Auch **Leistungen für Bildung und Teilhabe für behinderte Kinder in stationären Einrichtungen**, wie z.B. einer Heilstätte, können ggf. dem weiteren notwendigen Lebensunterhalt i.S. des § 27b Abs. 2 SGB XII zuzuordnen sein. Die für Bedarfe der Bildung und Teilhabe vorgesehenen Leistungen nach § 28 SGB II können nicht erbracht werden, weil der Leistungsausschluss nach § 7 Abs. 4 SGB II eingreift. Allerdings ist zu prüfen, ob die entsprechenden Bedarfe auch bereits über die Leistungen der Eingliederungshilfe zu decken sind.[37]

47 Weiter können Kosten für die **Räumung einer Wohnung** als Leistung des weiteren notwendigen Lebensunterhalts in Einrichtungen nach § 27b Abs. 2 SGB XII (§ 35 Abs. 2 SGB XII a.F.) anzusehen sein, wenn dieser zusätzliche Bedarf erst während des Bezugs der stationären Leistung entsteht.[38]

48 Welche weiteren Bedarfe von dem weiteren notwendigen Lebensunterhalt umfasst sind, ist auch ausgehend vom **individuellen Bedarf** unter Berücksichtigung der Inhalte der zwischen dem Sozialhilfeträger und den Trägern der Einrichtungen getroffenen Vereinbarungen nach den §§ 75 ff. SGB XII, insb. zur Grundpauschale nach § 76 Abs. 2 Satz 1 SGB XII, zu beurteilen. Liegen **Leistungsstörungen im „sozialhilferechtlichen Dreieck"** vor, können nicht gedeckte Bedarfe nach § 27b SGB XII auszugleichen sein (vgl. hierzu die Kommentierung zu § 75 SGB XII). Als Beispiel kann eine von einem Heimträger direkt von den Heimbewohnern verlangte **gesonderte Vergütung für eine Wäschekennzeichnung** in Pflegeheimen genannt werden, die erst durch eine heimordnungsrechtliche Anordnung beseitigt werden konnte.[39]

49 In einem weiteren Revisionsverfahren gegen ein Urteil des Landessozialgerichts Schleswig-Holstein vom 29.06.2011,[40] in dem die Klägerin hilfsweise höhere Leistungen des weiteren notwendigen Lebensunterhalts in einer Einrichtung mit der Begründung einer „**unzureichenden Verpflegung und Hygiene**" in der Einrichtung, erhöhten finanziellen Aufwendungen für **Nahrungs- und Putzmittel** sowie für **nicht verschreibungspflichtige Medikamente** geltend gemacht hat, hat das BSG eine weitere

---

[32] Vgl. auch SG Stuttgart v. 27.09.2006 - S 15 SO 843/06 - SAR 2006, 126-129, wonach es sich bei einem nicht unerheblichen Teil von Hilfebedürftigen in stationären Einrichtungen um ständig bettlägerige oder in ihrer Mobilität erheblich eingeschränkte Personen handelt, was den Umfang und die Art der Bekleidung nicht in vergleichbarem Maße der Pauschalierung zugänglich mache wie bei Hilfebedürftigen außerhalb von Einrichtungen.

[33] SG Lüneburg v. 11.06.2013 - S 22 SO 29/12.

[34] BVerfG v. 09.02.2010 - 1 BvL 1/09, 1 BvL 3/09, 1 BvL 4/09.

[35] Vgl. BSG v. 23.08.2013 - B 8 SO 17/12 R - juris Rn. 36.

[36] Vgl. Terminbericht des BSG Nr. 60/12 vom 15.11.2012 zur Terminvorschau Nr. 60/12 – abrufbar unter www.bundessozialgericht.de (abgerufen am 31.03.2014).

[37] Vgl. hierzu die Fallschilderung in Sozialrecht aktuell 2013, 70 ff.

[38] Vgl. BSG v 15.11.2012 - B 8 SO 25/11 R.

[39] Hessischer Verwaltungsgerichtshof v. 08.08.2013 - 10 A 902/13 - KrV 2013, 221 ff.

[40] LSG Schleswig-Holstein v. 29.06.2011 - L 9 SO 31/10.

Sachaufklärung des Berufungsgerichts für erforderlich gehalten. Es sei zu klären, ob – bezogen auf die Aufwendungen für Ernährung und Reinigung – die behaupteten zusätzlichen Kosten auf einem sogenannten **Systemversagen** beruhten.[41]

Indem der 8. Senat des BSG in seiner Entscheidung vom 23.08.2013[42] weiter darauf hingewiesen hat, dass zu klären sei, welche **Arzneimittel erforderlich** seien, die die **Klägerin selbst zu tragen habe** (weil eine vorrangige Leistungspflicht der Krankenkasse nicht besteht), geht er davon aus, dass auch Kosten für nicht verschreibungspflichtige Medikamente als Leistungen des weiteren notwendigen Lebensunterhalts erfasst sein können. Dem ist zuzustimmen, weil sich das **BVerfG**[43] bei der **zumutbaren Kostenbelastung** durch **nicht verschreibungspflichtige Medikamente** nicht zwingend am Existenzminimum und den in den Regelbedarfen enthaltenen Anteilen für die „Kosten der Gesundheit" orientiert. Entsprechend kann schon aus diesem Grund nicht unterstellt werden, dass diese Aufwendungen (vollständig) bereits im Barbetrag enthalten sind.

50

Einrichtungsbewohner im Sozialhilfebezug können auch nicht darauf verwiesen werden, den Anspruch gegenüber ihrer Krankenkasse geltend zu machen. Die Erwägungen des BVerfG zur **Zulässigkeit von Eigenbeteiligungen** zur **Kostensenkung im Gesundheitswesen** enthalten keine konkreten Vorgaben (an die Krankenkassen oder den Gesetzgeber), auf die sich ein SGB-II- oder SGB-XII-Leistungsempfänger im **Ausnahmefall einer medizinisch als notwendig nachgewiesenen Behandlung mit nicht verschreibungspflichtigen Medikamenten** und erhöhter Kostenbelastung ggf. berufen könnte.[44]

51

Auch die „**heimübliche persönliche Betreuung**" des hilfebedürftigen Bewohners[45] kann als Leistung des weiteren notwendigen Lebensunterhalts anzuerkennen sein; allerdings ist auch hier vorrangig zu prüfen, ob diese Leistungen nicht Teil der besonderen Hilfen nach dem Fünften bis Neunten Kapitel des SGB XII sind.

52

2. Barbetrag zur persönlichen Verfügung

a. Vom Barbetrag erfasste Bedarfe

Mit dem **Barbetrag zur persönlichen Verfügung** soll der Leistungsberechtigte die persönlichen Bedürfnisse des täglichen Lebens bestreiten. Nach den Vorstellungen des Gesetzgebers bei der Umbenennung des ursprünglich in § 21 Abs. 3 BSHG geregelten „Taschengeldes" in den „Barbetrag zur persönlichen Verfügung" sollen damit die **persönlichen Bedürfnisse des täglichen Lebens**, d.h. Aufwendungen für Körperpflege und Reinigung, für die Instandhaltung der Schuhe, Kleidung und Wäsche in kleinerem Umfang sowie für die Beschaffung von Wäsche und Hausrat von geringem Anschaffungswert abgegolten werden.[46] Das **BVerwG** hat in seiner Rechtsprechung zur Vorgängerregelung des BSHG hierin eine Anlehnung an die **Bedarfspositionen** gesehen, die nach § 1 Abs. 1 der Regelsatzverordnung von den laufenden Leistungen für den notwendigen Lebensunterhalt nach Regelsätzen erfasst würden. Nach der Vorstellung des Gesetzgebers sei der Barbetrag zur persönlichen Verfügung folglich (jedenfalls auch) zur Deckung solcher Bedarfe gedacht, die bei der Hilfegewährung außerhalb von Einrichtungen zum Regelbedarf im Sinne des § 22 Abs. 1 BSHG i.V.m. § 1 Abs. 1 RSV gehörten und nach § 1 Abs. 2 RSV durch die Regelsatzleistungen gedeckt würden.[47]

53

Wie bei der **Gesamtleistung der „Hilfe zum Lebensunterhalt in Einrichtungen"** liegt – anders als bei der Hilfe zum Lebensunterhalt außerhalb von Einrichtungen – auch dem Barbetrag **keine systematische Ermittlung der erfassten Bedarfe von Leistungsberechtigten in stationären Einrichtungen** zugrunde. Das BSG hat insofern zu Recht darauf hingewiesen, dass es sich um einen „**schwer quantifizierbaren Bedarf**" handele.[48] Es hat weiter betont, der angemessene Barbetrag diene nur dazu, die persönlichen Bedürfnisse des täglichen Lebens, Aufwendungen für Körperpflege und Reinigung, für die Instandhaltung der Schuhe, Kleidung und Wäsche in kleinerem Umfang sowie die Beschaffung von Wäsche und Hausrat von geringem Anschaffungswert abzugelten;[49] vgl. zur möglichen Erhöhung des Barbetrags auch Rn. 63.

54

---

[41] Vgl. BSG v. 23.08.2013 - B 8 SO 17/12 R.
[42] Vgl. BSG v. 23.08.2013 - B 8 SO 17/12 R - SozR 4-3500 § 92a Nr. 1.
[43] Vgl. BVerfG v. 12.12.2012 - 1 BvR 69/09.
[44] BVerfG v. 12.12.2012 - 1 BvR 69/09.
[45] Vgl. hierzu *Mrozynski*, Grundsicherung und Sozialhilfe, III.6 Rn. 77, Stand Oktober 2011.
[46] BT-Drs. 9/1859, S. 2.
[47] BVerwG v. 08.07.2004 - 5 C 42/03 - BVerwGE 121, 251 ff.
[48] BSG v. 23.08.2013 - B 8 SO 17/12 R - SozR 4-3500 § 92a Nr. 1.
[49] BSG v. 15.11.2013 - B 8 SO 25/11 R - SozR 4-3500 § 35 Nr. 3 Rn. 14.

b. Zur persönlichen Verfügung

55 Der angemessene Barbetrag wird dem Hilfebedürftigen **zur persönlichen Verfügung** geleistet. Dies entspricht der in § 1 Satz 1 SGB XII geforderten Leistungserbringung mit Orientierung an der „**Würde des Menschen**". Hieraus folgt, dass dem erwachsenen Hilfebedürftigen die Möglichkeit belassen werden muss, im Rahmen der ihm nach dem BSHG zustehenden Mittel **seine Bedarfsdeckung frei zu gestalten**, ohne dass ein Nachweis über den Verbrauch gefordert werden kann.[50] Insofern unterfällt es der **Einräumung eines elementaren Freiraums** bei dem Hilfebedürftigen, dass ihm mittels des Barbetrags als Geldleistung **Außenkontakte mit eigenen Gestaltungs- und Entscheidungsmöglichkeiten** verbleiben sollen.

56 Da der angemessene Barbetrag nach § 27b Abs. 2 SGB XII zur persönlichen Verfügung des Leistungsberechtigten, und nicht des Trägers der stationären Einrichtung steht, ist die **Überweisung oder Auszahlung des Barbetrags an den Einrichtungsträger** ohne ausdrückliche Zustimmung des Hilfeempfängers oder seines gesetzlichen Vertreters **grundsätzlich unzulässig**.[51]

57 Die **Barbetragsverwaltung** durch die Einrichtung im Auftrag des Betroffenen ist allerdings möglich, wie sich bereits aus der Regelung des § 13 Abs. 1 Nr. 10 HeimG ergibt. Hiernach hat der Träger der Einrichtung nach den Grundsätzen einer ordnungsgemäßen Buch- und Aktenführung Aufzeichnungen über den Betrieb zu machen und die Qualitätssicherungsmaßnahmen und deren Ergebnisse so zu dokumentieren, dass sich aus ihnen der ordnungsgemäße Betrieb des Heims ergibt. Dies betrifft auch **die für die Bewohnerinnen und Bewohner verwalteten Gelder oder Wertsachen**. Die Vorschrift trägt dem Umstand Rechnung, dass Bewohner nicht in allen Fällen in der Lage sind, ihr Bargeld selbst zu verwalten, und deshalb die Verwaltung durch die Einrichtung erforderlich sein kann.[52]

58 Eine **Barbetragsverwaltung durch die Einrichtung** kann nach § 15 Abs. 2 des Gesetzes zur Regelung von Verträgen über Wohnraum mit Pflege- oder Betreuungsleistungen (Wohn- und Betreuungsvertragsgesetz – WBVG) vom 29.07.2009[53] bei Einverständnis des Leistungsberechtigten auch **geboten sein**. In Verträgen mit Verbrauchern, die Leistungen nach dem Zwölften Buch Sozialgesetzbuch in Anspruch nehmen, müssen die Vereinbarungen den aufgrund des Zehnten Kapitels des Zwölften Buches Sozialgesetzbuch getroffenen Regelungen entsprechen (§ 15 Abs. 2 Satz 1 WBVG). Vereinbarungen, die diesen Regelungen nicht entsprechen, sind unwirksam (§ 15 Abs. 2 Satz 2 WBVG i.V.m. § 15 Abs. 1 Satz 2 WBVG).

59 Der BGH hat hierzu ausgeführt, dass die **Annahme und Verwaltung von Barbeträgen** als Leistung der Sozialhilfe zum Bestandteil einer Leistungsvereinbarung im Rahmen der **Eingliederungshilfe** nach § 75 Abs. 3 SGB XII gehören könne. Nicht **jede einzelne Betreuungsmaßnahme**, die mit der Zuordnung zu einem bestimmten Leistungstyp verbunden sei, müsse eigens in einem Leistungsangebot aufgeführt sein, um für den Leistungserbringer verbindlich zu sein, weil in Verträgen mit Verbrauchern, die Leistungen nach dem SGB XII in Anspruch nehmen, die Vereinbarungen den aufgrund des Zehnten Kapitels des SGB XII getroffenen Regelungen entsprechen müssten.[54] Dem stehe eine für den **Aufgabenbereich der Vermögenssorge eingerichtete Betreuung** nicht entgegen, weil diese den Betreuer nicht zur tatsächlichen Verwaltung der Barbeträge verpflichte. Die faktische Führung des Betroffenen durch das Heimpersonal stelle eine „andere Hilfe" im Sinne des § 1896 Abs. 2 Satz 2 BGB dar, für die ein gesetzlicher Vertreter nicht notwendig sei.[55] Im Rahmen des Aufgabenkreises der Vermögenssorge besteht in diesen Fallgestaltungen eine **Verpflichtung des Betreuers** zur Überprüfung der bestimmungsgemäßen Verwendung der Gelder des Betreuten durch die Einrichtung.[56]

c. Ausschluss von § 31 Abs. 2 Satz 2 SGB XII

60 Nach § 27b Abs. 2 Satz 1 HS. 2 SGB XII findet § 31 Abs. 2 Satz 2 SGB XII keine Anwendung. Einkommen, welches ein Berechtigter innerhalb eines Zeitraums von bis zu sechs Monaten nach Ablauf des Monats erwirbt, in dem über die Leistungen zum weiteren notwendigen Lebensunterhalt entschieden worden ist, darf daher nicht berücksichtigt werden.

---

[50] BVerwG v. 16.01.1986 - 5 C 72/84 - BVerwGE 72, 354.
[51] *Schoch*, br 2008, 71 ff., 72.
[52] Vgl. BT-Drs. 14/5399, S. 29; BGH v. 02.12.2010 - III ZR 19/10 - juris Rn. 21 m.w.N.
[53] BGBl I 2009, 2319.
[54] Vgl. BGH v. 02.12.2010 - III ZR 19/10 - MDR 2011, 103; vgl. auch LSG Baden-Württemberg v. 27.06.2011 - L 7 SO 797/11 ER-B.
[55] BGH v. 02.12.2010 - III ZR 19/10 - juris Rn. 18 f.
[56] Vgl. *Meier*, BtPrax 2011, 68 ff.

d. Höhe des Barbetrags

Höhe des Barbetrags ab Vollendung des 18. Lebensjahres: Nach § 27b Abs. 2 Satz 2 SGB XII erhalten Leistungsberechtigte, die das 18. Lebensjahr vollendet haben, seit dem 01.01.2007 einen Barbetrag in Höhe von mindestens 27 vom Hundert des Eckregelsatzes (ab 01.01.2011: der Regelbedarfsstufe 1 nach der Anlage zu § 28). Der mit dem Inkrafttreten des SGB XII ab 01.01.2005 als angemessener Barbetrag angesehene Betrag i.H.v. 26 vom Hundert des Eckregelsatzes entsprach hinsichtlich seiner Höhe dem bis zum 31.12.2004 in § 21 Abs. 3 BSHG genannten Anteil (30 v.H. des Regelsatzes) unter Berücksichtigung des Umstandes, dass sich der Eckregelsatz durch die **Einbeziehung der bisherigen einmaligen Leistungen** um ca. 15 v.H. erhöht hatte.   61

Die bis Ende 2004 geltende Festlegung der Höhe des Barbetrags mit 30 vom Hundert der Regelbedarfsstufe 1 beruhte auf einer **Berechnung des Deutschen Vereins**, der die Höhe des „angemessenen Taschengeldes" dadurch festsetzen wollte, dass er – wie ursprünglich beim Regelsatz – **Warenkörbe** herangezogen hat, deren Inhalt mit Preisen bewertet und so die Summe des angemessenen Taschengeldes ermittelt hat.[57] Der Barbetragsanteil i.H.v. mindestens 27 vom Hundert des aktuellen Regelbedarfs entspricht seit dem 01.01.2014 durch die Fortschreibung der Regelbedarfsstufen (vgl. **Regelbedarfsstufen-Fortschreibungsverordnung 2014** – RBSFV 2014) vom 15.10.2013 einem Betrag i.H.v. 105,57 €.[58]   62

Bei der Festlegung des **Barbetrags in dieser pauschalierten Höhe** wird der tatsächliche, auf den Einzelfall bezogene Umfang der Sachversorgung in dem jeweiligen Heim, insb. die konkret vereinbarte Pauschale für Unterkunft und Verpflegung (§ 76 Abs. 2 SGB XII), zunächst nicht berücksichtigt. Allerdings handelt es sich bei dem in stationären Einrichtungen tatsächlich erbrachten Lebensunterhalt (§ 27b Abs. 1 Satz 1 SGB XII) und dem weiteren notwendigen Lebensunterhalt (§ 27b Abs. 2 Satz 1 SGB XII) um einander **korrespondierende Komplexleistungen mit Bedarfsdeckungsfunktion**.[59] Unter Berücksichtigung von Einzelfallgesichtspunkten (§ 9 Abs. 1 SGB XII) ist deshalb zu prüfen, ob der **gesetzliche Mindestbarbetrag ausreicht**, um zusammen mit dem in der Einrichtung geleisteten Lebensunterhalt den notwendigen Lebensunterhalt des Hilfebedürftigen vollständig sicherzustellen.[60] Ist die Notwendigkeit der Hilfe dargetan oder sonst erkennbar (vgl. § 18 SGB XII), obliegt die weitere Sachaufklärung dem Sozialhilfeträger.[61]   63

Dabei können **Lücken in der Bedarfsdeckung** dadurch entstehen, dass die Grundpauschale in ihrer Funktion anders als der Regelbedarf der Hilfe zum Lebensunterhalt aufgebaut ist, sich nicht **unmittelbar am Hilfebedarf des Einzelnen** orientiert und in pauschalierter Form die tatsächlichen Kosten der jeweiligen Einrichtung für Unterkunft und Verpflegung widerspiegelt. Im Regelfall wird man allerdings davon ausgehen können, dass die Leistungsvereinbarungen die auftretenden **Bedarfe an Unterkunft und Verpflegung der Bewohner** decken und von ihnen auch diejenigen Mehrbedarfe erfasst werden, die – wie z.B. eine kostenaufwändigere Ernährung – im Rahmen der stationären Unterbringung als Verpflegung erbracht werden können.   64

Mit der **Festsetzung des Barbetrags zur persönlichen Verfügung i.H.v. mindestens 27 vom Hundert** hat der Gesetzgeber eine Wertung vorgenommen, wie hoch der Betrag zumindest bemessen werden muss, um seine **komplementäre Bedarfsdeckungsfunktion** in durchschnittlichen Fällen zu sichern,[62] ohne dass im Einzelnen nachvollzogen werden kann, **welche regelsatzrelevanten Anteile aus welcher Bedarfsrubrik**[63] in die Festsetzung der Höhe des Barbetrags eingeflossen und ob bzw. ggf. in welcher Weise von dem tatsächlich in der Einrichtung gewährten Lebensunterhalt umfasst sind. Auch wenn das BVerfG in seinem Urteil vom 09.02.2010[64] davon ausgegangen ist, dass der Gesetzgeber mit dem Statistikmodell – und damit auch Ableitungen hieraus – eine vertretbare Methode zur realitätsnahen Bestimmung des Existenzminimums gefunden hat,[65] wirkt sich die in seiner Ent-   65

---

[57] Empfehlungen für die Gewährung von Taschengeld nach dem BSHG, kleine Schriften des Deutschen Vereins, 1973.
[58] BGBl 2013, 3856; BR-Drs. 673/13.
[59] Vgl. BVerwG v. 08.07.2004 - 5 C 42/03 - juris Rn. 14 - BVerwGE 121, 251 ff.
[60] BSG v. 26.08.2008 - B 8/9b SO 10/06 R - juris Rn. 29 - BSGE 101, 217 ff. = SozR 4-3500 § 133a Nr. 1; so zuvor schon BVerwG v. 08.07.2004 - 5 C 42/03 - BVerwGE 121, 251 ff.
[61] BSG v. 26.08.2008 - B 8/9b SO 18/07 R - SozR 4-3500 § 18 Nr. 1; vgl. auch die Kommentierung zu § 18 SGB XII.
[62] *Schellhorn*, SGB XII, 18. Aufl. 2010, § 35 Rn. 15 ff.
[63] Vgl. hierzu *Schwabe*, ZfF 2014, 1 ff.
[64] BVerfG v. 09.02.2010 - 1 BvL 1/09, 3/09, 4/09.
[65] BVerfG v. 09.02.2010 - 1 BvL 1/09, 3/09, 4/09 - juris Rn. 162 ff.

scheidung für die Zeit ab Ende 2010 geforderte **Neubemessung aller existenznotwendigen Aufwendungen in einem transparenten und sachgerechten Verfahren** nach dem tatsächlichem Bedarf[66] auch auf die Festlegung der Höhe des Barbetrags bei der Hilfe in stationären Einrichtungen aus.

66 Mit dem Barbetrag soll ein **schwer quantifizierbarer Bedarf** abgedeckt werden, der darin besteht, dass dem Hilfeempfänger über den institutionell vorgegebenen Rahmen hinaus mit einem „**Taschengeld**" **ein persönlicher Freiraum zur Deckung zusätzlicher Aufwendungen** unter Berücksichtigung seines Wunsch- und Wahlrechts (§ 9 Abs. 2 Satz 1 SGB XII) verbleiben soll, um **Bedarfe zu decken, die außerhalb des erforderlichen institutionellen Angebots** liegen, insbesondere bezüglich des soziokulturellen Bereichs, oder das im eigentlichen Sinne durch die Einrichtung bereits gesicherte existenzielle Minimum überschreiten. Hieraus hat der für Sozialhilfe zuständige 8. Senat des BSG zu Recht gefolgert, dass nur ein **Verständnis des Barbetrags** als **nicht weiter zu verifizierender Basisbetrag** den vom BVerfG gestellten **Transparenzanforderungen** genüge.[67]

67 Die vom Ersten Senat des Bundesverfassungsgerichts in seiner Entscheidung vom 09.02.2010 für die Regelleistungen nach dem SGB II geforderte Schaffung eines **Anspruchs auf Leistungen zur Sicherung eines unabweisbaren, laufenden, nicht nur einmaligen, besonderen Bedarfs** für die nach dem SGB II Leistungsberechtigten ist in der Sozialhilfe bei der Hilfe zum Lebensunterhalt innerhalb von Einrichtungen bereits realisiert. Nach § 27b Abs. 2 Satz 2 SGB XII ist es mittels einer „**Öffnungsklausel**" (Barbetrag in Höhe von **mindestens** 27 vom Hundert) ebenso wie bei Sozialhilfe außerhalb von Einrichtungen (vgl. hierzu § 27a Abs. 4 SGB XII) möglich, unabweisbare, laufende oder einmalige Bedarfe, die nicht bereits durch die Grundpauschale aufgefangen werden, mit einer **Erhöhung des Barbetrags** zu berücksichtigen. Bei einer **einzelfallbezogenen Prüfung**, ob eine Erhöhung des Barbetrags unter Berücksichtigung der tatsächlich in der Einrichtung zur Verfügung gestellten Sachleistungen geboten ist, kann als allgemeiner Gesichtspunkt einfließen, dass der Gesetzgeber des SGB XII – soweit dies unter Berücksichtigung der **unterschiedlichen Bedarfslagen** möglich ist – eine Besser- oder Schlechterstellung der Einrichtungsbewohner gegenüber den Empfängern ambulanter Hilfen beenden wollte.[68]

68 Weitere Anhaltspunkte für die **Erhöhung des Mindestbarbetrags** können sich aus einer entsprechenden Anwendung des § 27a Abs. 4 Satz 1 SGB XII ergeben, weil der Barbetrag in gleicher Weise wie der Regelbedarf insgesamt pauschaliert die von der Grundpauschale nach § 76 Abs. 2 SGB XII regelmäßig nicht umfassten persönlichen Bedürfnisse des täglichen Lebens entsprechend § 27a Abs. 1 Satz 1 SGB XII als **Teil des notwendigen Lebensunterhalts** typisierend abdecken soll.

e. Höhe des Barbetrags vor Vollendung des 18. Lebensjahres

69 Für Leistungsberechtigte, die das 18. Lebensjahr noch nicht vollendet haben, setzen die zuständigen Landesbehörden oder die von ihnen bestimmten Stellen für die in ihrem Bereich bestehenden Einrichtungen die Höhe des Barbetrages fest (§ 27b Abs. 2 Satz 3 SGB XII). Die **Art und Weise der Bemessung des Barbetrags** ist gesetzlich nicht näher geregelt.

70 Allerdings wird man den Regelungen zum Barbetrag für Erwachsene entnehmen müssen, dass es sich um einen „angemessenen Barbetrag" (§ 27b Abs. 2 Satz 1 SGB XII) handeln muss, der als **Mindestbarbetrag** ggf. unter Berücksichtigung der individuellen Verhältnisse der Minderjährigen zu erhöhen ist. Da der Barbetrag zur persönlichen Verfügung Teil des **sozio-kulturellen Existenzminimums im Bereich der persönlichen Bedürfnisse des täglichen Lebens** ist, erscheint es wenig überzeugend, dass die von den zuständigen Landesministerien zumeist in Runderlassen oder Verwaltungsvorschriften festgesetzten Barbeträge für Kinder und Jugendliche **hinsichtlich ihrer Höhe und der Altersstaffelung** erheblich differieren. Zumeist erfolgt eine Abstimmung mit den Barbeträgen für Kinder und Jugendliche nach § 39 Abs. 2 SGB VIII.[69]

71 Die Festlegung der Barbeträge für Kinder und Jugendliche in Runderlassen und Verwaltungsvorschriften ist auch vor dem Hintergrund der vom **BVerfG in seinem Urteil vom 09.02.2010**[70] formulierten Anforderungen an die Bemessung des sozio-kulturellen Existenzminimums – auch im Bereich der persönlichen Bedürfnisse des täglichen Lebens – bedenklich. Insofern ist zu beachten, dass das BVerfG für Kinder und Jugendliche einen Systemwechsel von einer prozentual abgeleiteten zu einer originären

---

[66] BVerfG v. 09.02.2010 - 1 BvL 1/09, 3/09, 4/09 - juris Rn. 171 ff.
[67] Vgl. BSG v. 23.08.2013 - B 8 SO 17/12 R - juris Rn. 37.
[68] BT-Drs. 15/1514, S. 54.
[69] Vgl. zu den landesrechtlichen Regelungen im Einzelnen *Wolthusen*, ZfF 2012, 121 ff.
[70] BVerfG v. 09.02.2010 - 1 BvL 1/09, 3/09, 4/09 - BVerfGE 125, 175 ff., 225.

Bedarfsfeststellung auf der Grundlage der Bemessung aller existenznotwendigen Aufwendungen folgerichtig in einem transparenten und sachgerechten Verfahren gefordert hat. Das BVerfG hat weiter festgelegt, dass – zur Ermöglichung einer verfassungsgerichtlichen Kontrolle – für den Gesetzgeber die Obliegenheit besteht, die zur Bestimmung des Existenzminimums im Gesetzgebungsverfahren eingesetzten Methoden und Berechnungsschritte nachvollziehbar offenzulegen. Der Schutzgehalt des Art. 1 Abs. 1 Grundgesetz verlange, dass die verfassungsrechtliche **Gewährleistung eines menschenwürdigen Existenzminimums durch ein Parlamentsgesetz** erfolgen müsse, das einen konkreten Leistungsanspruch des Bürgers gegenüber dem zuständigen Leistungsträger enthalte.[71]

Insofern verweist *Wolthusen*[72] – nach detaillierter Darstellung der Rechtsgrundlagen und Höhe der Barbeträge für Kinder und Jugendliche in den einzelnen Bundesländern für das Jahr 2012 – darauf, dass das **BVerwG bereits in seiner Entscheidung vom 08.07.2004**[73] die Auffassung vertreten habe, dass sich die Bemessung des Barbetrags an der Bemessung der Regelsätze (nunmehr Regelbedarfsstufen nach der Anlage zu § 28 SGB XII) orientieren solle.

f. Minderung des Barbetrags

§ 27b Abs. 2 Satz 4 SGB XII bestimmt, dass der Barbetrag gemindert wird, soweit dessen **bestimmungsgemäße Verwendung** durch oder für den Leistungsberechtigen nicht möglich ist. Ob der Hilfeempfänger oder ein anderer für ihn den Barbetrag tatsächlich bestimmungsgemäß verwendet, ist hiernach unerheblich, da allein darauf abgestellt wird, ob die bestimmungsgemäße Verwendung des Barbetrags möglich ist oder nicht.[74] Dabei sind die **gesamten Umstände des Einzelfalls** zu berücksichtigen.

Einschränkungen in einzelnen Lebensbereichen rechtfertigen eine Kürzung grundsätzlich nicht, weil diese durch Bedarfe in anderen Bereichen kompensiert werden können.[75] Wenn der Leistungsberechtigte nicht in der Lage ist, den Barbetrag selbst zur Deckung des persönlichen Bedarfs einzusetzen, muss der Sozialhilfeträger prüfen, ob die **zweckmäßige Verwendung** ersatzweise durch andere Personen, etwa durch den **Ehepartner** oder durch **Sachleistungen** ermöglicht werden kann.[76] Ist auch dies – etwa bei bettlägerigen Leistungsberechtigten mit einer hohen Pflegestufe oder Komapatienten – nicht möglich, kommt eine Minderung des Barbetrags – etwa auf die Mittel für Körperpflege und Kosmetika – in Betracht. Entsprechend reduziert sich auch der unterhaltsrechtliche Bedarf.[77]

V. Verhältnis der Leistungen der Grundsicherung im Alter und bei Erwerbsminderung zu denjenigen nach § 27b SGB XII

Ein **Anspruch auf Leistungen nach § 27b SGB XII** besteht neben den Leistungen der Grundsicherung im Alter und bei Erwerbsminderung nach den §§ 41 ff. SGB XII. Zwar gehen die Leistungen der Grundsicherung im Alter und bei Erwerbsminderung nach § 19 Abs. 2 Satz 3 SGB XII der Hilfe zum Lebensunterhalt nach dem Dritten Kapitel des SGB XII und damit auch den Leistungen nach § 27b SGB XII vor. Dieser **Vorrang** dient aber in erster Linie der Umsetzung und Sicherstellung des „**Wechsels**" von der Hilfe zum Lebensunterhalt nach den §§ 27 ff. SGB XII zur Grundsicherung im Alter und bei Erwerbsminderung als einer **besonders ausgestalteten Sozialhilfe** mit einem weitergehenden Ausschluss des **Unterhaltsrückgriffs** (§ 43 SGB XII).[78]

Dagegen handelt es sich bei § 27b Abs. 1 Satz 1 SGB XII in erster Linie um eine Vorschrift zur „**Art der Leistungserbringung**", die – trotz des Fehlens eines ausdrücklichen Verweises in den §§ 41 ff. SGB XII – bei der Grundsicherung im Alter und bei Erwerbsminderung Anwendung findet. Auch bei einer Anspruchsberechtigung nach den §§ 41 ff. SGB XII wird der notwendige Lebensunterhalt in der Weise erbracht, dass dieser – **auf der Grundlage der Vereinbarungen nach den §§ 76 ff. SGB XII** – in Form von Unterkunft und Verpflegung „tatsächlich" erbracht wird und (daneben) der weitere notwendige Lebensunterhalt, also regelmäßig der angemessene Barbetrag zur persönlichen Verfügung,

---

[71] Vgl. *Behrend*, Sozialrecht aktuell 2012, 117 ff., 122.
[72] *Wolthusen*, ZfF 2012, 121 ff., 124.
[73] BVerwG v. 08.07.2004 - 5 C 43/03 - FEVS 56, 481.
[74] *Niemann/Renn*, RsDE 1990, 29 ff., 35.
[75] *Falterbaum* in: Hauck/Noftz, SGB XII, Stand 6/2012, K § 27b Rn. 32.
[76] *Ruschmeier*, DVP 2006, 500 ff., 506.
[77] *Bress-Brandmaier/Gühlstorf*, ZfF 2008, 158 ff., 159.
[78] Vgl. in anderem Zusammenhang BSG v. 29.09.2009 - B 8 SO 13/08 R - juris Rn. 12 - BSGE 104, 207 ff.

nach Maßgabe des § 27b Abs. 2 SGB XII ausgezahlt wird.[79] Entsprechend kann die **„Bewilligung" von Grundsicherungsleistungen** nur noch die **Feststellung** beinhalten, dass in der stationären Leistung in der angegebenen Höhe eine – normativ bestimmte – Grundsicherungsleistung für den Lebensunterhalt enthalten ist, für den die günstigeren Einkommens- und Vermögensanrechnungsvorschriften des Grundsicherungsrechts gelten (vgl. die Kommentierung zu § 42 SGB XII Rn. 23).

77 Dass weder die §§ 41 ff. SGB XII noch § 27b SGB XII einen **ausdrücklichen Hinweis** auf den Bezug von Grundsicherungsleistungen im Alter und bei Erwerbsminderung in stationären Einrichtungen enthalten, dürfte darauf zurückzuführen sein, dass diese zuvor im Grundsicherungsgesetz (GSiG) geregelten Leistungen erst durch Beschlussempfehlung des Vermittlungsausschusses in das SGB XII integriert worden sind.[80]

78 Ausgehend von der gesetzgeberischen Konzeption des § 27b Abs. 2 SGB XII kann dabei – wegen der **offenen Formulierungen** des weiteren notwendigen Lebensunterhalts („insbesondere", „mindestens")[81] – der Anspruch nach § 27b SGB XII im Einzelfall denjenigen nach den §§ 41 ff. SGB XII übersteigen. Dies kann sich daraus ergeben, dass als weiterer notwendiger Lebensunterhalt nach § 27b Abs. 2 SGB XII Leistungen erbracht werden (vgl. hierzu z.B. Rn. 44 ff.), die über die Grundsicherungsleistungen für den Lebensunterhalt hinausreichen. Diese **Leistungen des weiteren notwendigen Lebensunterhalts (§ 27b Abs. 2 SGB XII)** werden nicht als Grundsicherungsleistungen erbracht, so dass das Rückgriffsverbot des § 43 Abs. 2 i.V.m. § 94 Abs. 1 Satz 3 HS. 2 SGB XII keine Anwendung findet (vgl. hierzu auch die Kommentierung zu § 42 SGB XII Rn. 23).

VI. Hilfe zum Lebensunterhalt in stationären Einrichtungen und Regelbedarfe nach dem SGB II

79 Schnittstelle für die Leistungserbringung nach dem SGB II oder dem SGB XII und damit auch für Leistungen nach § 27b SGB XII ist zunächst das **Vorliegen bzw. Nichtbestehen von Erwerbsfähigkeit** i.S. des § 8 SGB II. Erwerbsfähige Hilfebedürftige fallen grundsätzlich unter das SGB II. Sie haben nach den §§ 20 ff. SGB II Anspruch auf Leistungen zur Sicherung des Lebensunterhalts. Nach **§ 21 Satz 1 SGB XII** erhalten Personen, die nach dem Zweiten Buch als Erwerbsfähige oder als Angehörige dem Grunde nach leistungsberechtigt sind, keine Leistungen für den Lebensunterhalt. Auch schließt der Anspruch auf Leistungen zur Sicherung des Lebensunterhalts nach dem SGB II Leistungen nach dem Dritten Kapitel des SGB XII aus (**§ 5 Abs. 2 SGB II**).

80 Weitere **Schnittstelle** für die Frage, ob Leistungen zum notwendigen Lebensunterhalt nach § 27b SGB XII oder Leistungen der Grundsicherung für Arbeitsuchende gewährt werden, ist § 7 Abs. 4 SGB II. Hiernach sind in einer **stationären Einrichtung untergebrachte Personen** ausgeschlossen von Leistungen nach dem SGB II, soweit sie nicht voraussichtlich für weniger als sechs Monate in einem Krankenhaus untergebracht sind (§ 7 Abs. 4 Satz 3 Nr. 1 SGB II) oder in einer stationären Einrichtung untergebracht sind und unter den üblichen Bedingungen des allgemeinen Arbeitsmarktes (tatsächlich) mindestens 15 Stunden wöchentlich erwerbstätig sind (§ 7 Abs. 4 Satz 3 Nr. 2 SGB II). Zu § 7 Abs. 4 SGB II hat der für die Grundsicherung für Arbeitsuchende zuständige 14. Senat des BSG ausgeführt, die Regelung enthalte die **gesetzliche Fiktion der Erwerbsunfähigkeit**, mit welcher der Gesetzgeber den Leistungsausschluss nach § 5 Abs. 2 SGB II i.V.m. § 21 SGB XII vermeide. Die Zuweisung von Hilfebedürftigen zum System des SGB II oder des SGB XII entscheide sich im Rahmen des § 7 Abs. 4 SGB II nicht anhand der individuellen Leistungsfähigkeit bzw. Erwerbsfähigkeit des Hilfebedürftigen. Eine stationäre Einrichtung i.S. des § 7 Abs. 4 SGB II liege vielmehr vor, wenn die **objektive Struktur und Art der Einrichtung** es nicht zulasse, dass ein Hilfebedürftiger drei Stunden täglich auf dem allgemeinen Arbeitsmarkt einer Erwerbstätigkeit nachgehe.[82]

81 Diese an der **(funktionellen) Möglichkeit zur Aufnahme einer mindestens 15-stündigen wöchentlichen Erwerbstätigkeit** auf dem allgemeinen Arbeitsmarkt orientierte Definition der stationären Einrichtung i.S. des § 7 Abs. 4 SGB II stimmt nicht (vollständig) mit dem **sozialhilferechtlichen Begriff**

---

[79] Vgl. BSG v. 15.11.2012 - B 8 SO 25/11 R, wonach die Leistungen des § 27b Abs. 2 SGB XII (im konkreten Fall: Kosten der Räumung einer Wohnung bei einem Umzug ins Pflegeheim) nicht als solche der Grundsicherung im Alter und bei Erwerbsminderung, sondern – ggf. ergänzend – als solche der Hilfe zum Lebensunterhalt nach den Vorschriften der §§ 27 ff. SGB XII zu übernehmen sind.

[80] BT-Drs. 15/2260, S. 3; *Niemann*, NDV 2006, 35 ff., 36.

[81] BSG v. 11.12.2007 - B 8/9b SO 22/06 R - SozR 4-3500 § 35 Nr. 1.

[82] BSG v. 07.05.2009 - B 14 AS 16/08 R - FEVS 61, 241; BSG v. 06.09.2007 - B 14/7b AS 16/07 R - BSGE 99, 88 ff. = SozR 4-4200 § 7 Nr. 7.

der **vollstationären Einrichtung** i.S. des § 13 Abs. 1 SGB XII überein. Dieser knüpft an die Erbringung einer Gesamtleistung unter verantwortlicher Leitung an und schließt Unterkunft und Verpflegung tagsüber und nachts sowie die Einbindung des Einzelfalls in ein von der Einrichtung erbrachtes Gesamtkonzept an Hilfen ein (vgl. Rn. 30). Es können sich – etwa im Bereich der **Wohnungslosenhilfe und anderer Leistungen der Hilfe zur Überwindung besonderer sozialer Schwierigkeiten nach den §§ 67 ff. SGB XII** – Fallkonstellationen ergeben, in denen in einer vollstationären Einrichtung nach dem SGB XII Untergebrachte einen **Freiraum von mehr als drei Stunden täglich zur eigenverantwortlichen Lebensgestaltung** und damit zur Aufnahme einer Erwerbstätigkeit zur Verfügung haben oder einzelne Bewohner tatsächlich i.S. des § 7 Abs. 4 Satz 3 Nr. 2 SGB II auf dem allgemeinen Arbeitsmarkt (vorübergehend) erwerbstätig sind.

Nach dem **Wortlaut des § 21 Satz 1 SGB XII** („erhalten keine Leistungen für den Lebensunterhalt") sind auch diese in einer stationären Einrichtung lebenden Personen von dem Leistungsausschluss von SGB-XII-Leistungen erfasst. So kann die Situation einer **unklaren Zuständigkeit des Jobcenters oder des SGB-XII-Trägers** bei einzelnen Bewohnern einer Einrichtung, z.B. der Wohnungslosenhilfe, entstehen. Diese wenig geglückte Zuständigkeitsregelung bei Einrichtungsbewohnern war nach der **Entstehungsgeschichte** des § 21 SGB XII nicht beabsichtigt. In der ursprünglichen Fassung des Entwurfs zu § 21 SGB XII war eine ausdrückliche (Rück-)Ausnahme des Leistungsausschlusses von Personen mit Leistungsberechtigung nach § 27b SGB XII vorgesehen. Dies wurde damit begründet, dass die u.a. für den notwendigen Lebensunterhalt in Einrichtungen getroffene Ausnahme von dem Leistungsausschluss sich auf solche Leistungen beziehe, die wegen „des Zusammenhangs mit anderen kommunalen Aufgaben und Leistungen sachgerecht vom Träger der Sozialhilfe erbracht werden" könnten.[83] Erst **im Verlauf des Gesetzgebungsverfahrens** ist diese Ausnahme für Leistungen zum Lebensunterhalt in stationären Einrichtungen in § 21 SGB XII des Entwurfs gestrichen worden.[84] Zeitgleich strebte der Gesetzgeber mit der Regelung des § 7 Abs. 4 SGB II einen **gänzlichen Ausschluss von Beziehern stationärer SGB-XII-Leistungen** von Leistungen nach dem SGB II an.[85]

82

Das LSG Baden-Württemberg hat im Falle der **Unterbringung eines Leistungsberechtigten** in einer Einrichtung nach den §§ 67, 68 SGB XII die Ausschlussregelungen des § 5 Abs. 2 SGB II, § 21 SGB XII grundsätzlich für anwendbar gehalten, weil sich der Kläger in einer stationären Einrichtung befunden habe, nach deren „objektiver Struktur" er drei Stunden täglich auf dem allgemeinen Arbeitsmarkt einer Erwerbstätigkeit habe nachgehen können. Der Anwendungsbereich dieser Regelungen (§ 21 SGB XII bzw. § 5 Abs. 2 SGB II) müsse **im Wege der teleologischen Reduktion** dahingehend eingegrenzt werden, dass nach Sinn und Zweck der Vorschrift bei grundsätzlicher Leistungsberechtigung nach dem SGB XII lediglich Leistungen zum Lebensunterhalt nach dem SGB XII außerhalb von Einrichtungen ausgeschlossen sein könnten. § 27b SGB XII sei in diesem Zusammenhang aber nur als „Rechengröße" zu sehen und begründe keinen individuellen Anspruch der Hilfe zum Lebensunterhalt.[86] Gegen diese – den Bedürfnissen der Praxis möglicherweise entgegenkommende Lösung – dürfte allerdings die oben wiedergegebene Entstehungsgeschichte des § 21 SGB XII, § 7 Abs. 4 SGB II sprechen.

83

Erfasst der Leistungsausschluss nach § 21 SGB XII auch Leistungen in Einrichtungen nach § 27b SGB XII, kann sich dies gleichzeitig auf die **Höhe der Kosten** nach den §§ 75 ff. SGB XII auswirken, die der Sozialhilfeträger **der jeweiligen Einrichtung** – ggf. gekürzt um einen Anspruch des Hilfebedürftigen nach dem SGB II – zu leisten hat. Dies wiederum führt dazu, dass die Einrichtung vom dem Leistungsberechtigten die Geltendmachung von SGB-II-Ansprüchen mit möglicherweise anderen Vorgaben der Jobcenter verlangt. Deshalb wird der Sozialhilfeträger – insbesondere bei Leistungsberechtigten nach § 67 SGB XII – prüfen müssen, ob nicht **fachliche Aspekte** die Leistungserbringung „ohne Rücksicht auf Einkommen und Vermögen" des Sozialhilfeberechtigten rechtfertigen können oder die Hilfe zum Lebensunterhalt integraler Bestandteil der Leistungen nach den §§ 67 ff. SGB XII ist.

84

---

[83] BT-Drs. 15/1514, S. 57.

[84] Beschlussempfehlung des Ausschusses für Gesundheit und Soziale Sicherung vom 15.10.2003 (BT-Drs. 15/1734, S. 19).

[85] § 7 Abs. 4 SGB II a.F. lautete: „Leistungen nach diesem Buch erhält nicht, wer in einer stationären Einrichtung untergebracht ist oder Rente wegen Alters bezieht"; vgl. Beschlussempfehlung des Ausschusses für Wirtschaft und Arbeit vom 15.10.2003 (BT-Drs. 15/1728, S. 172).

[86] LSG Baden-Württemberg v. 18.04.2012 - L 2 SO 5276/10 - rechtskräftig.

85 Vgl. zu den leistungsrechtlichen Konsequenzen für den Hilfebedürftigen und Lösungsansätzen ausführlich die Kommentierung zu § 21 SGB XII Rn. 47, 57 und 79.

C. Praxishinweise

86 Zur **Struktur der Einkommensberücksichtigung bei stationären und teilstationären Maßnahmen** vgl. die Kommentierung zu Anhang zu § 13 SGB XII - Überblick über die Struktur der Einkommensanrechnung bei stationären und teilstationären Sozialhilfeleistungen SGB XII.

§ 28 SGB XII Ermittlung der Regelbedarfe

(Fassung vom 24.03.2011, gültig ab 01.01.2011)

(1) Liegen die Ergebnisse einer bundesweiten neuen Einkommens- und Verbrauchsstichprobe vor, wird die Höhe der Regelbedarfe in einem Bundesgesetz neu ermittelt.

(2) [1]Bei der Ermittlung der bundesdurchschnittlichen Regelbedarfsstufen nach § 27a Absatz 2 sind Stand und Entwicklung von Nettoeinkommen, Verbraucherverhalten und Lebenshaltungskosten zu berücksichtigen. [2]Grundlage hierfür sind die durch die Einkommens- und Verbrauchsstichprobe nachgewiesenen tatsächlichen Verbrauchsausgaben unterer Einkommensgruppen.

(3) [1]Für die Ermittlung der Regelbedarfsstufen beauftragt das Bundesministerium für Arbeit und Soziales das Statistische Bundesamt mit Sonderauswertungen, die auf der Grundlage einer neuen Einkommens- und Verbrauchsstichprobe vorzunehmen sind. [2]Sonderauswertungen zu den Verbrauchsausgaben von Haushalten unterer Einkommensgruppen sind zumindest für Haushalte (Referenzhaushalte) vorzunehmen, in denen nur eine erwachsene Person lebt (Einpersonenhaushalte), sowie für Haushalte, in denen Paare mit einem Kind leben (Familienhaushalte). [3]Dabei ist festzulegen, welche Haushalte, die Leistungen nach diesem Buch und dem Zweiten Buch beziehen, nicht als Referenzhaushalte zu berücksichtigen sind. [4]Für die Bestimmung des Anteils der Referenzhaushalte an den jeweiligen Haushalten der Sonderauswertungen ist ein für statistische Zwecke hinreichend großer Stichprobenumfang zu gewährleisten.

(4) [1]Die in Sonderauswertungen nach Absatz 3 ausgewiesenen Verbrauchsausgaben der Referenzhaushalte sind für die Ermittlung der Regelbedarfsstufen als regelbedarfsrelevant zu berücksichtigen, soweit sie zur Sicherung des Existenzminimums notwendig sind und eine einfache Lebensweise ermöglichen, wie sie einkommensschwache Haushalte aufweisen, die ihren Lebensunterhalt nicht ausschließlich aus Leistungen nach diesem oder dem Zweiten Buch bestreiten. [2]Nicht als regelbedarfsrelevant zu berücksichtigen sind Verbrauchsausgaben der Referenzhaushalte, wenn sie bei Leistungsberechtigten nach diesem Buch oder dem Zweiten Buch

1. durch bundes- oder landesgesetzliche Leistungsansprüche, die der Finanzierung einzelner Verbrauchspositionen der Sonderauswertungen dienen, abgedeckt sind und diese Leistungsansprüche kein anrechenbares Einkommen nach § 82 oder § 11 des Zweiten Buches darstellen oder

2. nicht anfallen, weil bundesweit in einheitlicher Höhe Vergünstigungen gelten.

[3]Die Summen der sich nach den Sätzen 1 und 2 ergebenden regelbedarfsrelevanten Verbrauchsausgaben der Referenzhaushalte sind Grundlage für die Prüfung der Regelbedarfsstufen, insbesondere für die Altersabgrenzungen bei Kindern und Jugendlichen. [4]Die für die Ermittlung der Regelbedarfsstufen zugrunde zu legenden Summen regelbedarfsrelevanter Verbrauchsausgaben sind mit der sich nach § 28a Absatz 2 ergebenden Veränderungsrate entsprechend fortzuschreiben. [5]Die Höhe der nach Satz 3 fortgeschriebenen Summen der regelbedarfsrelevanten Verbrauchsausgaben sind jeweils bis unter 0,50 Euro abzurunden sowie von 0,50 Euro an aufzurunden und ergeben die Regelbedarfsstufen (Anlage).

Gliederung

A. Basisinformationen 1	IV. Untergesetzliche Normen 11
I. Textgeschichte/Gesetzgebungsmaterialien 1	V. Systematische Zusammenhänge 12
II. Vorgängervorschriften 4	VI. Ausgewählte Literaturhinweise 14
III. Parallelvorschriften 9	**B. Auslegung der Norm** 15

§ 28

I. Regelungsgehalt und Bedeutung der Norm 15
II. Normzweck 21
III. Neuermittlung der Höhe der Regelbedarfe (Absatz 1) 25
IV. Kriterien zur Bestimmung der Regelbedarfsstufen (Absatz 2) 27
V. Vorgaben für die Sonderauswertungen der EVS (Absatz 3) 31
1. Beauftragung des Statistischen Bundesamtes 31
2. Mindeststandards Referenzhaushalte/Sonderauswertungen 32
3. Ausschluss von Leistungsempfängern nach dem SGB II und XII 33
4. Gewährleistung eines hinreichenden Stichprobenumfangs 36
VI. Ermittlung der Regelbedarfsstufen (Absatz 4) 38

1. Ausschluss bestimmter Verbrauchsausgaben (Absatz 4 Sätze 1 und 2) 38
a. Existenzsicherung bei einfacher Lebensweise ... 38
b. Anderweitige Bedarfsdeckung oder fehlender Bedarf 41
2. Summe relevanter Verbrauchsausgaben (Absatz 4 Satz 3) 43
3. Fortschreibung der Verbrauchsausgaben (Absatz 4 Satz 4) 44
4. Rundungsregelung (Absatz 4 Satz 5) 45
VII. Anlage zu § 28 SGB XII 46
VIII. Übergangsregelung für die Regelbedarfsstufen 4-6 48
IX. Allgemeine Übergangsregelung 49
C. Praxishinweise 50

A. Basisinformationen

I. Textgeschichte/Gesetzgebungsmaterialien

1   Mit Wirkung zum **01.01.2011** ist durch Art. 3 Nr. 8 des Gesetzes zur Ermittlung von Regelbedarfen und zur Änderung des Zweiten und Zwölften Buches Sozialgesetzbuch vom 24.03.2011[1] eine **nahezu komplette Neufassung** des § 28 SGB XII in Kraft getreten. Hintergrund war der Umstand, dass das **BVerfG** in seiner **Entscheidung vom 09.02.2010**[2] die **Berechnung der Regelleistung** nach dem SGB II für **verfassungswidrig** erklärt hat, und im Zuge der erforderlichen Neuregelung im SGB-II-Bereich auch die vergleichbare Systematik im SGB-XII-Bereich (insbesondere die bisherigen §§ 27 f. SGB XII; heute §§ 27a-29 SGB XII) vollständig überarbeitet wurden. Entsprechend verweist die Gesetzesbegründung zur Neuregelung[3] auf Vorgaben der verfassungsgerichtlichen Entscheidung, insbesondere das Erfordernis einer Bemessung der Regelsätze durch ein Bundesgesetz (nun Gesetz zur Ermittlung der Regelbedarfe nach § 28 des Zwölften Buches Sozialgesetzbuch vom 24.03.2011 – RBEG)[4] und nicht mehr, wie nach der ursprünglichen Fassung des § 28 SGB XII vorgesehen, durch Rechtsverordnung. Weitere **Gesetzesmaterialien** sind die Beschlussempfehlung bzw. der Bericht des Ausschusses für Arbeit und Soziales vom 01./02.12.2010[5] sowie die Beschlussempfehlungen des Vermittlungsausschusses vom 09.02.2011[6] und 23.02.2011[7].

2   Im Zuge der Neuregelung sind **wichtige Bereiche** der ursprünglich zentralen Norm des § 28 SGB XII a.F. **in andere Vorschriften übernommen** worden. Zunächst wurde die in § 28 Abs. 1 Satz 1 SGB XII a.F. enthaltene Verknüpfung zwischen der Deckung des Bedarfs für den notwendigen Lebensunterhalt und den Regelsätzen mit einigen begrifflichen Änderungen (vgl. die Kommentierung zu § 27a SGB XII Rn. 28 f.) in die Absätze 2 und 3 des § 27a SGB XII verlagert. Die nach § 28 Abs. 1 Satz 2 SGB XII a.F. mögliche abweichende Festsetzung der Regelsätze aufgrund individueller Besonderheiten findet sich nun in § 27a Abs. 4 Satz 1 SGB XII. Die bisher in § 28 Abs. 2 Sätze 1 und 4 SGB XII a.F. i.V.m. § 4 der Regelsatz-Verordnung (Regelsatz-VO vom 03.06.2004[8] mit Wirkung zum 01.01.2005, zuletzt geändert durch Art. 17 des Gesetzes vom 02.03.2009[9]) a.F. normierte Fortschreibung der Regelsätze ist nun in § 28a SGB XII geregelt. In § 29 SGB XII findet sich jetzt die Festsetzung regionaler Regelsätze, die bisher in § 28 Abs. 2 Sätze 1 und 2 SGB XII a.F. i.V.m. § 2 Abs. 1 und 4 der Regelsatz-VO a.F. geregelt war. Das zuvor in § 28 Abs. 4 SGB XII a.F. normierte und weit-

---

[1] BGBl I 2011, 453.
[2] BVerfG v. 09.02.2010 - 1 BvL 1/09, 1 BvL 3/09, 1 BvL 4/09 - BVerfGE 125, 175.
[3] BT-Drs. 17/3404, S. 121.
[4] BGBl I 2011, 453.
[5] BT-Drs. 17/4032, BT-Drs. 17/4095.
[6] BT-Drs. 17/4719.
[7] BT-Drs. 17/4830.
[8] BGBl I 2004, 1067.
[9] BGBl I 2009, 416.

gehend inhaltsgleich bereits aus § 22 Abs. 4 BSHG übernommene **Lohnabstandsgebot** ist nach der Neuregelung weder im SGB XII noch im SGB II mehr gesetzlich verankert.[10] Die bisher in § 28 Abs. 5 SGB XII a.F. geregelte und auf **§ 3 Abs. 3 Regelsatz-VO** zu § 22 BSHG zurückgehende Sonderregelung für in einer anderen Familie oder bei anderen Personen untergebrachte Personen ist nun in § 27a Abs. 4 Satz 3 SGB XII normiert.

Deutlich umfänglicher wurden dagegen in der aktuellen Fassung des § 28 SGB XII die **Bestimmungen über die Festsetzung der Regelbedarfsstufen** und in der Folge auch der Regelsätze (vgl. § 29 Abs. 1 SGB XII), die vor der Beanstandung durch das BVerfG (vgl. Rn. 1) weitgehend der früheren Regelsatz-Verordnung überlassen worden waren. 3

II. Vorgängervorschriften

§ 28 SGB XII in seiner **ursprünglichen Fassung** ist zum **01.01.2005** aufgrund des Gesetzes zur Einordnung des Sozialhilferechts in das Sozialgesetzbuch vom 27.12.2003[11] in Kraft getreten. Die frühere Regelung lehnte sich zwar an den zuvor geltenden § 22 BSHG an. Durch die Ausweitung der durch die Regelsätze erfassten Pauschalierungen und den weitgehenden **Wegfall** der vorher in § 21 BSHG geregelten **einmaligen Leistungen** stellte sie aber eine der wesentlichen Änderungen gegenüber dem BSHG dar (vgl. dazu Rn. 5). Entsprechend erläuterte die Gesetzesbegründung der ursprünglichen Fassung des § 28 SGB XII[12] die Neukonzeption der Regelsätze und die sonstigen Änderungen gegenüber dem bisherigen Recht. 4

§ 28 SGB XII in seiner bis zum 31.12.2010 geltenden Fassung entsprach der Vorgängervorschrift des **§ 22 BSHG** nur zum Teil und ging über die dort vorgenommene Pauschalierung von Leistungen weit hinaus.[13] Insbesondere die weitgehende Einbeziehung der bisher in **§ 21 BSHG** geregelten **einmaligen Leistungen** (z.B. Kleidung, Haushaltsgeräte etc.) in die **Pauschalierung** hatte zu einer deutlich größeren Bedeutung der Regelsätze geführt und ließ einen uneingeschränkten Rückgriff auf Literatur und Rechtsprechung zu diesen einmaligen Leistungen nicht mehr zu. An dem System der weitgehenden Pauschalierung wird auch nach der Neuregelung festgehalten. 5

Durch das Gesetz zur Änderung des Zwölften Buches Sozialgesetzbuch und anderer Gesetze vom 02.12.2006[14] wurde Absatz 2 Satz 3 der früheren Fassung des § 28 SGB XII mit Wirkung zum 07.12.2006 insoweit geändert, als die bisher bis 2010 vorgesehene maximale Abweichung (bis zu 14 €) der Regelsätze für den Haushaltsvorstand in den **neuen Bundesländern** von den durchschnittlichen Regelsätzen für diesen in den alten Bundesländern aufgehoben wurde. Die Gesetzesbegründung[15] führte dazu aus, dass aus sozialpolitischen Gründen auf die bisherige Differenzierung zwischen alten und neuen Ländern verzichtet wird. Zudem wurde durch Einfügung eines neuen Satzes 2 die Möglichkeit eröffnet, die **Ermächtigung zur Festsetzung der Regelsätze** nach Satz 1 auf die zuständigen Landesministerien zu übertragen, wie es auch noch geltendem Recht entspricht. Schließlich wurde die nach dem BSHG geltende starre **Verpflichtung zur Festsetzung der Regelsätze zum 01.07.** eines jeden Jahres auf Jahre beschränkt, in denen eine Neubemessung der Regelsätze erfolgte (weil eine neue Einkommens- und Verbrauchsstichprobe – EVS – vorlag) oder in dem sich der damals für die Fortschreibung der Regelsätze maßgebliche Rentenwert in der gesetzlichen Rentenversicherung veränderte (vgl. zur Fortschreibung die Kommentierung zu § 28a SGB XII Rn. 19 ff.). Durch das Gesetz zur Förderung von Familien und haushaltsnahen Dienstleistungen vom 22.12.2008 (Familienleistungsgesetz[16]) war in der ursprünglichen Fassung des § 28 SGB XII mit Wirkung zum 01.01.2009 in dessen Absatz 1 als 6

---

[10] *Martens*, SozSich 2010, 331, 332 Fn. 4 und *Rothkegel*, ZFSH/SGB 2011, 69, 73 weisen darauf hin, dass dieses Prinzip jedenfalls kein Argument gegen eine Existenzsicherung des leistungsberechtigten Personenkreises ist; vgl. auch *Martens*, SozSich 2010, 103 ff.

[11] BGBl I 2003, 3022.

[12] BT-Drs. 15/1514, S. 59 zu § 29.

[13] Unter der Geltung des BSHG war eine weitergehende Pauschalierung nur in Modellprojekten nach § 101a BSHG möglich. Die positiven Zwischenergebnisse dieser Projekte werden in der Gesetzesbegründung zu § 28 SGB XII in der ursprünglichen Fassung auch als Grund für die Ausweitung angegeben. Kritisch äußern sich hierzu z.B. *Rothkegel*, ZFSH/SGB 2004, 396, 404 oder *Ottersbach* in: Jahn, SGB XII, § 28 Rn. 6, Stand: 01.04.2013 die anmerken, eine Auswertung der Projekte sei bei Erlass des SGB XII noch gar nicht durchgeführt gewesen.

[14] BGBl I 2006, 2670.

[15] BT-Drs. 16/2711, S. 10.

[16] BGBl I 2008, 2955.

§ 28

nicht von den Regelsätzen umfasste Leistung im Sinne einer Folgeänderung[17] das neu eingeführte Schulbedarfspaket in Höhe von 100 € je Schuljahr gemäß § 28a SGB XII a.F. neben den bereits bisher genannten Sonderbedarfen aufgenommen. Mit dem Gesetz zur Regelung des Assistenzpflegebedarfs im Krankenhaus vom 30.07.2009 wurde in Absatz 5 der Zusatz „insbesondere in einer Pflegefamilie" ergänzt.

7   Übernommen wurde in § 28 Abs. 3 SGB XII in der ursprünglichen Fassung die in § 22 Abs. 3 BSHG bereits angelegte Ermittlung der Regelsätze auf der Grundlage der Einkommens- und Verbrauchsstichprobe (**EVS**), die unter Geltung des BSHG allerdings wegen der **Übergangsregelung** des **§ 22 Abs. 6 BSHG** bis zum 31.12.2004 keine wirkliche Anwendung fand, weil übergangsweise die Anpassung der 1998 geltenden Regelsätze ausschließlich in Anlehnung an die Rentenentwicklung erfolgte.

8   Die **Anknüpfung an die Ermittlung der Regelbedarfe aus der EVS** setzt § 28 SGB XII in der geltenden Fassung konsequent fort und trifft in seinen vier Absätzen zahlreiche Vorgaben für das einzuhaltende Verfahren, um im Sinne der Rechtsprechung des BVerfG den Anforderungen an ein transparentes und sachgerechtes Verfahren zur Bestimmung der existenzsichernden Leistungen[18] zu genügen. Weitere Inhalte des § 28 SGB XII a.F. sind nun allerdings in anderen Vorschriften enthalten (vgl. auch Rn. 2).

III. Parallelvorschriften

9   Als Parallelvorschrift ist **§ 20 Abs. 5 Satz 2 SGB II** anzusehen, wonach für die Neuermittlung der Regelbedarfe im SGB II § 28 SGB XII in Verbindung mit dem RBEG (vgl. Rn. 1) entsprechende Anwendung findet.

10 Eine weitere Beauftragung des Statistischen Bundesamtes – ähnlich der in Absatz 3 – enthält **§ 28a Abs. 3 SGB XII** für die Fortschreibung der Regelbedarfsstufen.

IV. Untergesetzliche Normen

11 Nach § 28 Abs. 4 Satz 5 SGB XII sind die Regelbedarfsstufen in einer Anlage zu der Norm zu erfassen. Dies hat insofern Bedeutung, als das SGB XII in zahlreichen Vorschriften auf die Regelbedarfsstufen gemäß der **Anlage zu § 28 SGB XII** verweist (z.B. die §§ 27b Abs. 2, 30 Abs. 3, 85, 88 Abs. 2 SGB XII). Deshalb ist es z.B. auch erforderlich, dass bei einer Fortschreibung der Regelbedarfsstufen nach § 28a SGB XII eine Änderung der Anlage zu § 28 SGB XII erfolgt, was nach **§ 40 Satz 1 Nr. 2 SGB XII** durch **Rechtsverordnung** erfolgt. Gleiches gilt für die Festlegung länderspezifischer oder regionaler Regelsätze gemäß § 29 SGB XII, wobei dessen Absatz 5 bereits im Gesetz festlegt, dass die abweichend festgesetzten Regelsätze als Regelbedarfsstufen nach der Anlage zu § 28 SGB XII gelten (vgl. hierzu auch die Kommentierung zu § 29 SGB XII Rn. 29).

V. Systematische Zusammenhänge

12 § 28 SGB XII regelt die Neufestsetzung der Regelbedarfsstufen in Jahren, in denen eine Neuauswertung der EVS erfolgt. Wesentliche Grundlagen hierfür (z.B. die Verknüpfung der Deckung des Bedarfs für den notwendigen Lebensunterhalt mit den Regelbedarfen, dann den Regelbedarfsstufen und schließlich den Regelsätzen oder die Differenzierung nach alleinstehenden Erwachsenen, sonstigen Haushaltsangehörigen bzw. Kindern und Jugendlichen bei den Regelbedarfsstufen) ergeben sich dabei aus der zentralen Norm des **§ 27a SGB XII**. **§ 29 Abs. 1 Satz 1 SGB XII** sieht dann vor, dass die nach § 28 SGB XII neu ermittelten Regelbedarfsstufen als neue Regelsätze gelten, solange die Länder keine abweichende Festsetzung nach § 29 Abs. 2 -4 SGB XII vornehmen. § 28a SGB XII regelt das Verfahren und die Kriterien der Fortschreibung der Regelsätze in den Jahren, in denen keine Neuauswertung einer EVS und Neufestsetzung nach § 28 SGB XII erfolgt. Eine Sonderregelung zur Fortschreibung der Regelbedarfsstufen zum 01.01.2012 findet sich in **§ 138 SGB XII** (vgl. Rn. 44).

13 § 28 SGB XII trifft zwar grundlegende Festlegungen für die Neuermittlung der Regelbedarfsstufen, die konkrete Ermittlung erfolgt aber durch ein weiteres Bundesgesetz, das **RBEG** (vgl. bereits Rn. 1).[19]

---

[17] Vgl. auch BT-Drs. 16/10809, S. 16.

[18] Vgl. BVerfG v. 09.02.2010 - 1 BvL 1/09, 1 BvL 3/09, 1 BvL 4/09 - juris Rn. 139 - BVerfGE 125, 175.

[19] BGBl I 2011, 453; *Wahrendorf* in: Grube/Wahrendorf, SGB XII, 4. Aufl. 2012, § 28 Rn. 25; vgl. auch *Mogwitz*, jurisPR-SozR 6/2011, Anm. 1, das Verhältnis zueinander sei wie „Grundgesetz" und „Ausführungsgesetz"; *Falterbaum* in: Hauck/Noftz, SGB XII, K 28 Rn. 8, 37, Stand: Februar 2012, das RBEG ist ein Art Ausführungsgesetz zu den §§ 27a ff. SGB XII.

VI. Ausgewählte Literaturhinweise

Adamy/Kolff, Viel Theater und wenig Beifall – Der faule Hartz-IV-Kompromiss, SozSich 2011, 85; *Becker*, Bedarfsgerechtigkeit und sozio-kulturelles Existenzminimum, Frankfurt 2006; *I. Becker*, Bewertung der Neuregelungen des SGB II - Methodische Gesichtspunkte der Bedarfsbemessung vor dem Hintergrund des "Hartz-IV-Urteils" des Bundesverfassungsgerichts - Gutachten für die Hans-Böckler-Stiftung, SozSich 2011, Sonderheft, 7; *P. Becker*, Grundsicherung für Arbeitsuchende 2.0 – Die Neuregelungen durch das RBEG vor dem Hintergrund der bisherigen Rechtslage und Rechtsprechung, ZFSH/SGB 2011, 185; *Dauber*, Pauschalierung von Sozialhilfeleistungen, DVP 2004; *Greiser/Stölting*, Regelsatzverordnung reloaded? Normenklarheit und Normenwahrheit bei der Festlegung der Regelbedarfsstufen im SGB XII, DVBl 2012, 1353; *Hörmann*, Rechtsprobleme des Grundrechts auf Gewährleistung eines menschenwürdigen Existenzminimums, Hamburg 2013, zugl. Diss. Universität Bochum 2012; *Könemann*, Der verfassungsunmittelbare Anspruch auf das Existenzminimum, Hamburg 2005; *Langer*, Neuregelungen im Grundsicherungsrecht des SGB II und SGB XII – (K)ein großer Wurf?, RdLH 2011, 55; *Kötter*, Nach der Reform ist vor der Reform? - Die Neuregelung der Regelbedarfe im SGB II und SGB XII, info also 2011, 99; *Lenze*, Warum die Bundesregierung erneut verfassungsriskante Regelbedarfe vorlegt, WSI-Mitteilungen 2011, 534; *dies.*, Sind die neuen Hartz-IV-Sätze verfassungskonform?, NVwZ 2011, 1104; *Luthe/Dittmar*, Das Existenzminimum der Gegenwart, SGb 2004, 272; *Martens*, Nach der neuen EVS: Der neue Regelsatz müsste weit über 400 Euro liegen – Wie der Satz durch statistische Tricks heruntergerechnet wurde, SozSich 2010, 331; *ders.*, Tabellengrundlage zu den Regelsatzberechnungen der Bundesregierung, ASR Sonderheft 2011, 50; *ders.*, Die Fortschreibung des Regelsatzes ab 1.1.2011, ASR 2011, 178; *Mogwitz*, Neuermittlung der Regelbedarfe für das SGB II und SGB XII, jurisPR-SozR 6/2011, Anm. 1; *dies.*, Die neue Regelbedarfsermittlung, ZFSH/SGB 2011, 323; *Münder*, Verfassungsrechtliche Bewertung des Gesetzes zur Ermittlung von Regelbedarfen und zur Änderung des Zweiten und Zwölften Buches Sozialgesetzbuch vom 24.03.2011 - BGBl I S. 453 - Gutachten für die Hans-Böckler-Stiftung, SozSich 2011, Sonderheft, 63; *Palsherm*, Ist der gefundene Kompromiss verfassungskonform?, SozSich 2011, 63; *Riehle*, Notwendige Existenzbedingungen oder Existenzminimum, ZFSH/SGB 2006, 643; *Rixen*, Sind die neuen „Hartz-IV"-Regelleistungen verfassungsgemäß?, SozSich 2013, 73; *Rothkegel*, Hartz-IV-Regelsätze und gesellschaftliche Teilhabe – die geplanten Änderungen im Lichte des Urteils des Bundesverfassungsgerichts, ZFSH/SGB 2011, 69; *Schwabe*, Die Zusammensetzung des Regelsatzes im SGB XII bzw. Regelleistung im SGB II in Höhe von 359 € ab dem 01.07.2009, ZfF 2009, 145; *ders.*, Einzelbeträge aus den Regelbedarfsstufen des SGB II und XII ab 1.1.2011, ZfF 2011, 97; *ders.*, Einzelbeträge aus den Regelbedarfsstufen des SGB II und XII ab dem 1.1.2012, ZfF 2012, 1; *ders.*, Einzelbeträge aus den Regelbedarfsstufen des SGB II und XII sowie des Asylbewerberleistungsgesetzes ab 1.1.2013, ZfF 2013, 1; *ders.*, Einzelbeträge aus den Regelbedarfsstufen des SGB II und XII sowie des Asylbewerberleistungsgesetzes ab 1.1.2014, ZfF 2014, 1; *Ungerer*, Verfassungsmäßigkeit der Neuermittlung des Regelbedarfs für Alleinstehende, SuP 2013, 57; *Wallerath*, Zur Dogmatik eines Rechts auf Sicherung des Existenzminimums, JZ 2008, 157.

B. Auslegung der Norm

I. Regelungsgehalt und Bedeutung der Norm

§ 28 SGB XII regelt die **Neufestsetzung der Regelbedarfsstufen** bei Vorliegen der Ergebnisse einer **bundesweiten neuen EVS**, wobei sich die Norm eng an den Vorgaben des BVerfG in seiner Entscheidung vom 09.02.2010[20] orientiert.

Ohne einen **konkreten Zeitpunkt** für die Neufestsetzung festzulegen, knüpft Absatz 1 die Verpflichtung, eine solche vorzunehmen, an das Vorliegen der Ergebnisse einer neuen bundesweiten EVS und verweist auf die konkrete Festsetzung in einem Bundesgesetz, derzeit das RBEG (vgl. Rn. 1).

Absatz 2 enthält verschiedene **für die Ermittlung zu berücksichtigende Faktoren**, macht aber gleichzeitig deutlich, dass hauptsächlich von Bedeutung die nachgewiesenen tatsächlichen Verbrauchsausgaben unterer Einkommensgruppen sind.

Absatz 3 macht Vorgaben für die Durchführung von **Sonderauswertungen der EVS** durch das Statistische Bundesamt und legt einen **Mindeststandard** für die **Auswahl der Referenzhaushalte** fest. Darüber hinaus wird bestimmt, dass diese Referenzhaushalte einen für statistische Zwecke hinreichend

---

[20] BVerfG v. 09.02.2010 - 1 BvL 1/09, 1 BvL 3/09, 1 BvL 4/09 - juris Rn. 139 ff. - BVerfGE 125, 175.

19 großen **Stichprobenumfang** gewährleisten müssen. Schließlich wird festgelegt, dass (zwingend) eine Regelung über den **Ausschluss** von Referenzhaushalten getroffen werden muss, in **denen Empfänger von Leistungen nach dem SGB II und SGB XII** leben.

19 **Absatz 4** schafft die Möglichkeit, bestimmte in der Sonderauswertung der EVS ermittelte Verbrauchsausgaben bei der Festlegung der Regelbedarfsstufen nicht zu berücksichtigen. Dies gilt für Verbrauchsausgaben, soweit sie nicht **zur Sicherung des Existenzminimums** erforderlich sind, über die **Ermöglichung einer einfachen Lebensweise** einkommensschwacher Haushalte ohne Bezug von Grundsicherungsleistungen hinausgehen, für den leistungsberechtigten Personenkreis wegen **bundeseinheitlicher Vergünstigungen** (zu nur in einzelnen Bundesländern vorhandenen Vergünstigungen vgl. die Kommentierung zu § 29 SGB XII Rn. 19) nicht anfallen oder durch **anderweitige Leistungen** abgedeckt sind (die nicht als Einkommen den Leistungsanspruch reduzieren). Für die zwischen der Erhebung der EVS und deren Auswertung liegenden Zeiträume ist eine entsprechende Anwendung der **Fortschreibungsregeln des § 28a SGB XII** vorgesehen und darüber hinaus eine **Rundungsregel**, die bei den Regelbedarfsstufen zu vollen Eurobeträgen führt.

20 Die **Bedeutung** des § 28 SGB XII ist nach der Neuregelung zum 01.01.2011 **stark zurückgegangen**. Aufgrund der **Verlagerung zahlreicher Regelungsinhalte** in andere Paragraphen (vgl. Rn. 2) beinhaltet die zuvor zentrale Norm nur noch einen, wenngleich wichtigen Teilaspekt der Regelsatzfestsetzung, nämlich die Neuermittlung der Regelbedarfsstufen. Auch dieser Bereich wird aber nicht vollständig durch § 28 SGB XII abgedeckt. Denn dieser enthält insbesondere im Hinblick auf die tatsächliche Auswahl der Referenzhaushalte und den Ausschluss bestimmter Bezieher von Leistungen nach dem SGB XII und SGB II aus den Referenzhaushalten nur sehr allgemeine Vorgaben. Die konkrete Ausgestaltung bleibt dann dem **RBEG** vorbehalten[21], das z.B. hinsichtlich der Frage der Fortschreibung der regelbedarfsrelevanten Verbrauchsausgaben in seinem § 7 Abs. 2 SGB XII als speziellere Norm sogar von den allgemeineren Vorgaben des § 28 Abs. 4 Satz 4 SGB XII abweicht.

II. Normzweck

21 Nach Absatz 1 erfolgt die Neuermittlung der Regelbedarfe in einem **gesonderten Bundesgesetz**, weil das BVerfG[22] eine Festlegung der konkreten Leistungsansprüche durch ein Parlamentsgesetz als erforderlich ansieht[23], die bisher im Bereich der Sozialhilfe vorgenommene Festlegung durch Rechtsverordnungen der Länder gemäß der bisherigen Regelsatz-VO a.F. also nicht ausreichte. Die Vorgabe, wann eine Neuermittlung vorzunehmen ist, entspricht im Grundsatz der des bisherigen § 28 Abs. 3 Satz 5 SGB XII a.F.[24], allerdings wird nun kein **fester Anpassungszeitpunkt** mehr angegeben (vgl. auch Rn. 26).

22 **Absatz 2** soll den Inhalt des § 28 Abs. 3 Sätze 2 und 3 SGB XII a.F. in **präzisierter Form** zusammenfassen und legt als **Datengrundlage** wie bisher die durch die aktuelle **EVS** nachgewiesenen tatsächlichen Verbrauchsausgaben unterer Einkommensgruppen fest.[25]

23 **Absatz 3** soll gegenüber § 28 a.F. und der Regelsatzverordnung die **Auswertung** einer EVS durch Sonderauswertungen **präzisieren**.[26] Dabei werden **Mindestanforderungen** für die zu berücksichtigenden Referenzhaushalte getroffen, was aber zusätzliche Sonderauswertungen nicht ausschließen soll.[27] So müssen neben den zuvor ausschließlich verwendeten **Einpersonenhaushalten** auch **Familienhaushalte** mit einem Kind berücksichtigt werden, was dazu dient, gemäß den Anforderungen des BVerfG[28] den tatsächlichen Bedarf von Kindern und Jugendlichen auf empirischer Grundlage zu ermitteln[29]. Dadurch soll auch der bisherige „**Eckregelsatz**" entfallen, aus dem früher die Regelsätze für andere Personen (Partner, Kinder, sonstige Haushaltsangehörige etc.) abgeleitet wurden[30] (vgl. aber zur Problematik der Ableitung der Regelbedarfsstufen 2 und 3 die Kommentierung zu § 27a SGB XII Rn. 77 ff.). Durch die Regelung zur Festlegung der Herausnahme von Beziehern von Leistungen nach

---

[21] Vgl. auch *Schmidt* in: Oestreicher, SGB XII/SGB II, § 28 SGB XII Rn. 13, Stand: November 2011.
[22] BVerfG v. 09.02.2010 - 1 BvL 1/09, 1 BvL 3/09, 1 BvL 4/09 - juris Rn. 136 - BVerfGE 125, 175.
[23] Vgl. auch BT-Drs. 17/3404, S. 121.
[24] BT-Drs. 17/3404, S. 121.
[25] BT-Drs. 17/3404, S. 121.
[26] BT-Drs. 17/3404, S. 121.
[27] BT-Drs. 17/3404, S. 121.
[28] BVerfG v. 09.02.2010 - 1 BvL 1/09, 1 BvL 3/09, 1 BvL 4/09 - juris Rn. 190 ff. - BVerfGE 125, 175.
[29] BT-Drs. 17/3404, S. 121.
[30] BT-Drs. 17/3404, S. 121.

dem SGB XII und SGB II aus den Referenzhaushalten der EVS bei der Ermittlung des Regelbedarfs sollen **Zirkelschlüsse** vermieden werden.[31] Der Anteil der danach verbleibenden Haushalte unterer Einkommensschichten an allen Haushalten der jeweiligen Haushaltstypen muss aber so bemessen sein, dass die für die statistischen Auswertungen im Rahmen einer Sonderauswertung **hinreichende Fallzahl** gewährleistet wird[32], um eine Bemessung der Regelbedarfsstufen auf empirischer Grundlage zu ermöglichen.

Mit der in **Absatz 4 Satz 1** vorgenommenen Beschränkung der Berücksichtigung der Verbrauchsausgaben der Referenzhaushalte auf die Sicherung des Existenzminimums sowie die Ermöglichung einer einfachen Lebensweise soll das Ziel der existenzsichernden Systeme gewährleistet werden, dass **leistungsberechtigte Personen** in der **Öffentlichkeit** nicht als solche erkennbar sind.[33] Ausgeschlossen werden nach **Absatz 4 Satz 2**, um eine Doppelversorgung bzw. die Leistung auf einen nicht vorhandenen Bedarf zu vermeiden, sowohl Verbrauchsausgaben, für die **anderweitige Leistungsansprüche** bestehen (sofern diese nicht als Einkommen zu berücksichtigen sind, vgl. hierzu aber die Kommentierung zu § 27a SGB XII Rn. 91 ff.), oder für die beim leistungsberechtigten Personenkreis **bundesweit einheitliche Vergünstigungen** bestehen. Mit **Absatz 4 Satz 3** wird Bezug genommen auf die Festlegungen des § 27a Abs. 2 Satz 2 SGB XII. Die entsprechende Anwendung des § 28a Abs. 2 SGB XII gemäß § 28 Abs. 4 Satz 4 SGB XII dient der **Überbrückung** der Zeit zwischen der Erhebung der Verbrauchsausgaben und der Auswertung der EVS (Auswertung der EVS 2003 erst 2006; Auswertung der EVS 2008 erst 2010). Damit wird der Anforderung des BVerfG Rechnung getragen, dass der das Existenzminimum deckende **Leistungsanspruch fortwährend zu überprüfen** und weiterzuentwickeln ist, weil der elementare Lebensbedarf eines Menschen grundsätzlich nur in dem Augenblick befriedigt werden kann, in dem er besteht.[34] **Absatz 4 Satz 5** dient schließlich dem Zweck, dass die Regelbedarfsstufen jeweils auf **volle Euro-Werte** lauten, was eine gewisse Verwaltungsvereinfachung bedeutet.

III. Neuermittlung der Höhe der Regelbedarfe (Absatz 1)

Die Höhe der Regelbedarfe, die gemäß § 27a Abs. 2 SGB XII den gesamten notwendigen Lebensbedarf mit Ausnahme der Bedarfe nach dem Zweiten bis Vierten Abschnitt des SGB XII abdecken und für die nach § 27a Abs. 3 SGB XII monatliche Regelsätze zu erbringen sind, wird nach § 28 Abs. 1 SGB XII immer dann in einem **Bundesgesetz** neu ermittelt, wenn die Ergebnisse einer bundesweiten neuen EVS vorliegen. Die **EVS** des Statistischen Bundesamtes wird nur alle fünf Jahre durchgeführt und beruht auf einer repräsentativen Befragung. Eine gesetzliche Verpflichtung zur Teilnahme besteht nicht, das heißt alle Haushalte nehmen auf freiwilliger Basis an der EVS teil, wobei rund 60.000 private Haushalte in Deutschland befragt werden, darunter fast 13.000 Haushalte in den neuen Ländern und Berlin-Ost.[35] Die EVS ist damit die größte Erhebung dieser Art innerhalb der Europäischen Union.[36] Vier Gruppen zeichnen jeweils über ein Quartal, insgesamt verteilt auf ein Jahr, ihre Verbrauchsausgaben in einem Haushaltsbuch auf.[37] Die letzte ausgewertete EVS stammt aus dem Jahr **2008**, aktuell wird die EVS 2013 ausgewertet. Mit einer Auswertung, insbesondere der Erstellung der für die Festsetzung der Regelbedarfshöhe maßgeblichen Sonderauswertungen nach § 28 Abs. 3 und SGB XII, ist allerdings nach den Erfahrungen mit der vorangegangenen EVS nicht vor 2015 zu rechnen.[38] Erst dann liegen „die Ergebnisse" im Sinne des § 28 Abs. 1 SGB XII vor. Das BSG hat die Anknüpfung an die

---

[31] BT-Drs. 17/3404, S. 121; vgl. auch die entsprechenden Ausführungen durch BVerfG v. 09.02.2010 - 1 BvL 1/09, 1 BvL 3/09, 1 BvL 4/09 - juris Rn. 168 - BVerfGE 125, 175.
[32] BT-Drs. 17/3404, S. 121.
[33] BT-Drs. 17/3404, S. 121.
[34] BVerfG v. 09.02.2010 - 1 BvL 1/09, 1 BvL 3/09, 1 BvL 4/09 - juris Rn. 140 - BVerfGE 125, 175 m.w.N.
[35] https://www.destatis.de/DE/ZahlenFakten/GesellschaftStaat/EinkommenKonsumLebensbedingungen/Einkommen EinnahmenAusgaben/Aktuell_Einkommensverteilung_EVS.html (abgerufen am 07.04.2014).
[36] https://www.destatis.de/DE/ZahlenFakten/GesellschaftStaat/EinkommenKonsumLebensbedingungen/Einkommen EinnahmenAusgaben/Aktuell_Einkommensverteilung_EVS.html (abgerufen am 07.04.2014).
[37] Vgl. *Mogwitz*, ZFSH/SGB 2011, 323, 324.
[38] Vgl. auch *Ottersbach* in: Jahn, SGB XII, § 28 Rn. 6, Stand: 01.04.2013; *Falterbaum* in: Hauck/Noftz, SGB XII, K 28 Rn. 41, Stand: Februar 2012; *Lenze* in: LPK-SGB XII, 9. Aufl. 2012, § 28 Rn. 1; *Dauber* in: Mergler/Zink, SGB XII, § 29 Rn. 9, Stand: November 2012; Statistisches Bundesamt, Ausschuss für Arbeit und Soziales, Protokoll 17/41, 658.

EVS zur Ermittlung der Regelbedarfsstufen als sachgerecht angesehen, insbesondere beziehe die EVS 2008 auch bereits in vollem Umfang die letzte **Mehrwertsteuererhöhung** ein, da die Datenerhebung allein im Jahr 2008 durchgeführt wurde, nicht bereits in früheren Zeiträumen.[39]

26   Absatz 1 sieht zwar bei Vorliegen der Ergebnisse eine Verpflichtung zur Neuermittlung der Regelbedarfshöhe vor, sieht aber anders als etwa § 28a Abs. 1 SGB XII für die Fortschreibung der Regelbedarfsstufen **keinen festen Zeitpunkt** vor. § 28 Abs. 2 Satz 3 SGB XII in der bis zum 31.12.2010 geltenden Fassung gab insoweit noch einen festen Termin vor, nämlich den 01.07. des entsprechenden Jahres. Die fehlende zeitliche Festlegung ist problematisch. Denn nach der Rechtsprechung des BVerfG ist zu beachten, dass der das Existenzminimum deckende Leistungsanspruch fortwährend zu überprüfen und weiterzuentwickeln ist.[40] Zu berücksichtigen ist allerdings auch, dass ein Gesetzgebungsverfahren eine gewisse Zeit in Anspruch nimmt, und dass eine Fortschreibung der Regelbedarfsstufen und in der Folge der Regelsätze (§ 29 Abs. 1 SGB XII) auch in den Jahren zwischen den Neuermittlungen nach § 28a SGB XII erfolgt. Damit erscheint es noch vertretbar, wovon die Gesetzesbegründung ausgeht[41], dass eine Neufestsetzung nach der Neuermittlung **jeweils zum 01.01.** des auf das Vorliegen der Ergebnisse folgenden Jahres erfolgen wird. Um ein systematisch aufeinander abgestimmtes Verhältnis von § 28 SGB XII und § 28a SGB XII zu erreichen, muss diese Neufestsetzung zum 01.01. dann als Neuermittlung im Sinne des § 28a Abs. 1 SGB XII angesehen werden. Eine klarere zeitliche Festlegung unmittelbar im Gesetz wäre wünschenswert gewesen.

IV. Kriterien zur Bestimmung der Regelbedarfsstufen (Absatz 2)

27   Absatz 2 enthält **drei Kriterien**, die bei der Ermittlung der bundesdurchschnittlichen Regelbedarfsstufen nach § 27a Abs. 2 SGB XII Berücksichtigung finden sollen. Damit lehnt sich die Regelung an § 28 Abs. 3 Satz 2 SGB XII in der bis zum 31.12.2010 geltenden Fassung an. Wie bereits dort handelt es sich allerdings um Bemessungsparameter, die für sich genommen **keine eigenständige Bedeutung** haben, weil die tatsächliche Grundlage der Regelbedarfsstufenbemessung die statistisch ermittelten Verbrauchsausgaben in Haushalten in unteren Einkommensgruppen auf Basis der Daten der alle fünf Jahre durchgeführten **EVS** (vgl. Rn. 25) sind, wie es auch § 28 Abs. 2 Satz 2 SGB XII ausführt.

28   Welche Haushalte als untere Einkommensgruppen zu betrachten sind, deren durch die EVS nachgewiesene tatsächliche Verbrauchausgaben Grundlage der Ermittlung der Regelbedarfsstufen sein sollen, legt § 28 SGB XII nicht selbst fest. Dies ergibt sich vielmehr aus **§ 4 RBEG**. Danach werden nach Herausnahme bestimmter Empfänger von Leistungen nach dem SGB XII und SGB II (§ 3 RBEG, vgl. auch Rn. 33 f.) von den Einpersonenhaushalten nach § 2 Nr. 1 RBEG die unteren **15%** der Haushalte und von den Familienhaushalten nach § 2 Nr. 2 RBEG die unteren **20%** der Haushalte berücksichtigt.

29   Bei der vorherigen Auswertung waren gemäß § 2 Abs. 3 der Regelsatz-VO a.F. noch die untersten **20% der Einpersonenhaushalte** berücksichtigt worden, nicht nur **15%**, wobei die Empfänger von Leistungen der Sozialhilfe nicht berücksichtigt wurden. Eine schlüssige Begründung für die Änderung dieses Maßstabes bei den Einzelhaushalten gibt die Gesetzesbegründung nicht[42], sie ist aber im Hinblick auf die Motive erstaunlich offen. Dort wird ausgeführt[43], dass der Anteil der zur Vermeidung von Zirkelschlüssen ausgeschlossenen Personen mit 8,6% der Haushalte deutlich höher liege als bei der Auswertung der vorherigen EVS und dass eine Einbeziehung der untersten 20% zu einer deutlichen Steigerung der für die Ermittlung der der Regelbedarfe relevanten Konsumausgaben geführt hätte. Deshalb würden, um dem geeigneten Maßstab für das menschenwürdige Existenzminimum zu folgen, für die Abgrenzung der Referenzgruppen nur die unteren 15% zugrunde gelegt. Dadurch wurde, weil im Gegenzug zahlreiche Abschläge von den Verbrauchsausgaben, die noch die vorangegangenen Regelsätze enthielten und die wegen ihrer oft empirisch nicht belegbaren Höhe durch das BVerfG beanstandet wurden[44], ein nur geringfügig erhöhter Regelsatz für Alleinstehende berechnet. Letztlich findet sich darin eine **klare gesetzgeberische Wertung** zur Begrenzung der Ausgaben.[45] Denn die Argumentation mit der Größe der Gruppe der zur Vermeidung von Zirkelschlüssen ausgeschlossenen Personen

---

[39] BSG v. 12.07.2012 - B 14 AS 153/11 R - juris Rn. 34 - BSGE 111, 211.
[40] BVerfG v. 09.02.2010 - 1 BvL 1/09, 1 BvL 3/09, 1 BvL 4/09 - juris Rn. 140 - BVerfGE 125, 175 m.w.N.
[41] BT-Drs. 17/3404, S. 121.
[42] Vgl. auch *Rothkegel*, ZFSH/SGB 2011, 6, 719; *Langer*, RdL 2010, 141 f.; *Martens*, SozSich 2010, 331, 333, der durch diese Änderung der Referenzgruppe einen niedrigeren Regelsatz von 18 € errechnet.
[43] Vgl. BT-Drs. 17/3404, S. 89.
[44] BVerfG v. 09.02.2010 - 1 BvL 1/09, 1 BvL 3/09, 1 BvL 4/09 - juris Rn. 171 ff. - BVerfGE 125, 175.
[45] Vgl. auch *Mogwitz*, ZFSH/SGB 2011, 323, 326.

zielt ja gerade darauf ab, die Funktion des Ausschlusses zu unterlaufen, wenn im Gegenzug die einzubeziehende Gruppe verkleinert wird.[46] Prinzipiell dürfte diese gesetzgeberische Wertung allerdings nicht zu beanstanden sein, da auch das **BVerfG**[47] gerade keinen festen Anteil der zu berücksichtigenden Haushalte festgelegt hat. Es hat lediglich ausgeführt, der Gesetzgeber habe davon ausgehen können, dass die Verbrauchsausgaben des untersten Quintils eine geeignete Datengrundlage liefern. Es habe nicht zu prüfen, ob die Wahl einer anderen Referenzgruppe, zum Beispiel des zweiten Zehntels oder Dezils, angemessener gewesen wäre. Denn die Wahl des untersten Quintils beruhe auf der sachgerechten Erwägung, die Referenzgruppe der Bezieher von geringen Einkommen möglichst breit zu fassen, um statistisch zuverlässige Daten zu verwenden. Allenfalls wird man der Entscheidung ein gewisses Unbehagen entnehmen können, wenn die Grenze zu weit unten angesiedelt wird.

Problematisch erscheint allerdings, dass bei den **Familienhaushalten**, deren Verbrauchausgaben Grundlage für die Bemessung der Leistungen für Kinder und Jugendliche sind, die unteren **20%** der Haushalte berücksichtigt werden, ohne dass es für diese Unterscheidung eine sachliche Rechtfertigung gibt[48] als den Umstand, die Leistungen der Kinder und Jugendlichen nicht zu deutlich unter das bisherige Niveau fallen zu lassen. Selbst bei Anwendung des großzügigeren Maßstabs bei diesem Personenkreis kam es allerdings bereits zu Abweichungen nach unten, für die in § 8 Abs. 2 RBEG eine Bestandsschutzregelung enthalten ist. Dieser Bestandsschutz wurde bei zwischenzeitlich steigenden Verbrauchsausgaben aufgrund der Übergangsregelung in § 134 SGB XII abgeschmolzen (vgl. auch Rn. 48). Auch bezüglich der Familienhaushalte ist die Argumentation der Gesetzesbegründung, bei diesen würde ein deutlich geringerer Anzahl von Haushalten vorliegen, die aufgrund von Zirkelschlüssen heraus zu rechnen seien[49], nicht schlüssig. Denn dadurch werden gerade die ausgeschlossenen Haushalte mittelbar doch berücksichtigt. Das BSG hat die **Absenkung der Vergleichsgruppe von 20% auf 15%** als verfassungskonform angesehen und dies mit dem gesetzgeberischen Gestaltungsspielraum sowie dem Umstand begründet, dass durch die Herausnahme der Empfänger von Leistungen zur Sicherung des Lebensunterhaltes die Schwelle der einbezogenen Haushalte in die Grundbetrachtung sogar höher gelegen habe als bei der letzten Auswertung einer EVS.[50] Damit hat es die Begründung des Gesetzgebers akzeptiert, dass durch die zur Vermeidung von Zirkelschlüssen erforderliche Herausnahme ein geringerer Anteil gewählt werden könne. Dies ist gerade im Hinblick auf die tatsächlich in die Auswertung einbezogene vergleichsweise geringe Zahl der Haushalte (vgl. auch Rn. 37) nicht unproblematisch.

V. Vorgaben für die Sonderauswertungen der EVS (Absatz 3)

1. Beauftragung des Statistischen Bundesamtes

Nach Absatz 3 Satz 1 beauftragt das BMAS das Statistische Bundesamt mit Sonderauswertungen einer neuen EVS (vgl. auch die Kommentierung zu § 1 RBEG Rn. 10 f.). Die hierfür maßgeblichen Parameter ergeben sich aus **§ 28 Abs. 3 SGB XII i.V.m. dem RBEG**. Das Statistische Bundesamt ist gemäß § 2 Abs. 1 des Gesetzes über die Statistik für Bundeszwecke (BStatG)[51] eine selbständige Bundesoberbehörde im Geschäftsbereich des Bundesministers des Innern. Nach § 2 Abs. 3 BStatG führt es seine

---

[46] Vgl. *Palsherm,* SozSich 2011, 63, 68; kritisch auch *Martens,* SozSich 2010, 331 ff., der zudem zutreffend darauf verweist, dass der letztlich errechnete Wert von 364 € schon Ende 2008 im Siebten Existenzminimumsbericht für das Jahr 2010 angesetzt worden ist; keine Bedenken gegen die Begründung hatte z.B. LSG Baden-Württemberg v. 10.06.2011 - L 12 AS 1077/11.

[47] BVerfG v. 09.02.2010 - 1 BvL 1/09, 1 BvL 3/09, 1 BvL 4/09 - juris Rn. 168 - BVerfGE 125, 175.

[48] Vgl. auch *Rothkegel,* ZFSH/SGB 2011, 69, 71 f.; *Ottersbach* in: Jahn, SGB XII, § 28 Rn. 30, Stand: 01.04.2013; *Dauber* in: Mergler/Zink, SGB XII, § 29 Rn. 16, Stand: November 2012; *Münder,* SozSich extra 2011, 63, 73 f.; kritisch ebenfalls *Falterbaum* in: Hauck/Noftz, SGB XII, K 28 Rn. 28, 44, Stand: Februar 2012, der allerdings auch auf den weiten Gestaltungsspielraum des Gesetzgebers abstellt; vgl. auch *Mogwitz,* ZFSH/SGB 2011, 323, 326 f., die die gesetzgeberischen Erwägungen als nachvollziehbar erläutert, und *Rixen,* Sozialrecht aktuell 2011, 121, 122 f., der die Argumentation der Gesetzesbegründung für überzeugend hält; ebenso *Groth,* NZS 2011, 571, 574.

[49] Vgl. BT-Drs. 17/3404, S. 89.

[50] BSG v. 12.07.2012 - B 14 AS 153/11 R - BSGE 111, 211; zustimmend *Ottersbach* in: Jahn, SGB XII, § 28 Rn. 29, Stand: 01.04.2013; vgl. auch *Wahrendorf* in: Grube/Wahrendorf, SGB XII, 4. Aufl. 2012, § 28 Rn. 45, Ermessensspielraum des Gesetzgebers nicht überschritten.

[51] BGBl I 1987, 462, 565; zuletzt geändert durch Art. 3 des Gesetzes v. 07.09.2007 (BGBl I 2007, 2246).

Aufgaben nach den Anforderungen der fachlich zuständigen Bundesminister im Rahmen eines mit der Finanzplanung abgestimmten Aufgabenprogramms und der verfügbaren Haushaltsmittel auf der Grundlage der jeweils sachgerechten Methoden durch.

2. Mindeststandards Referenzhaushalte/Sonderauswertungen

32 Absatz 3 Satz 2 legt fest, dass Sonderauswertungen zumindest zu den Verbrauchsausgaben von Einpersonenhaushalten (alleinstehende erwachsene Person) und zu Familienhaushalten (Paare mit einem Kind) vorzunehmen sind. Ausdrücklich („**zumindest**") offen lässt das Gesetz damit an dieser Stelle, ob auch weitere Referenzhaushalte erfasst werden. Dies ist aber in § 2 RBEG dahingehend entschieden, dass auch nur die „zumindest" zu erfassenden Haushalte tatsächlich als Referenzhaushalte anzusehen sind. Die nun neu festgelegte Sonderauswertung für Familienhaushalte ermöglicht die Bestimmung der tatsächlichen Verbrauchsausgaben von Kindern und Jugendlichen auf empirischer Grundlage.[52] Zweifelhaft ist allerdings, dass dabei **keine einzelnen Verbrauchsausgaben der jeweiligen Familienmitglieder** erfasst werden, sondern sich der Aufteilungsmaßstab aus einer im Auftrag des Bundesministeriums für Familie, Senioren, Frauen und Jugend erstellten **Studie „Kosten des Kindes"** ergibt[53], die auf der Grundlage der EVS 1998 erstellt wurde[54] (vgl. im Einzelnen auch die Kommentierung zu § 6 RBEG Rn. 15 ff.).

3. Ausschluss von Leistungsempfängern nach dem SGB II und XII

33 Gemäß Abs. 3 Satz 3 ist festzulegen, welche Haushalte, die Leistungen nach dem SGB XII oder SGB II erhalten, nicht als Referenzhaushalte zu berücksichtigen sind. Die etwas unschöne Formulierung, wonach „Haushalte" Leistungen erhalten, bezieht sich auf die in den Haushalten lebenden Personen. Die Festlegung, welche Haushalte auszuschließen sind, wird nicht im Rahmen der Beauftragung durch das BMAS nach Satz 1 vorgenommen, auch wenn die gesetzliche Formulierung („dabei") diesen Schluss zulassen könnte. Sie ist vielmehr im Bundesgesetz gemäß Absatz 1 zu treffen. Dabei besteht zur Vermeidung von **Zirkelschlüssen** bei der Festlegung der Referenzgruppen nur die Möglichkeit, den Umfang des Ausschlusses festzulegen, nicht jedoch einen solchen Ausschluss gar nicht vorzusehen.[55] Eine entsprechende Regelung enthält § 3 RBEG. Danach sind **Empfänger von Leistungen der Hilfe zum Lebensunterhalt** sowie von **Grundsicherung im Alter und bei Erwerbsminderung** nach dem Dritten und Vierten Kapitel des SGB XII und von **Arbeitslosengeld II** oder **Sozialgeld** nach dem SGB II ausgeschlossen, es sei denn, sie haben nicht als Einkommen zu berücksichtigendes **Erwerbseinkommen**, einen Zuschlag nach § 24 SGB II (Fassung bis zum 31.12.2010) bzw. Elterngeld bezogen, oder hatten einen Anspruch auf Eigenheimzulage.

34 Die an den Ausnahmen für den Ausschluss geübte Kritik[56], insbesondere bei sogenannten „**Aufstockern**", also Personen, die neben einem Erwerbseinkommen zur Deckung ihres Existenzminimums ergänzende Leistungen der Grundsicherung nach dem SGB II beziehen, ist unberechtigt[57] (vgl. auch die Kommentierung zu § 3 RBEG Rn. 27). Beim Bezug eines Erwerbseinkommens verbleibt diesen Personen aufgrund bestimmter **Einkommensfreibeträge** (vgl. insbesondere § 11b SGB II) insgesamt ein Einkommen, das über dem Niveau der Existenzsicherung liegt. Insoweit besteht nicht mehr die Gefahr eines Zirkelschlusses, denn dieser Personenkreis unterscheidet sich nicht signifikant von Beziehern geringer Einkommen, die insgesamt knapp über dem Niveau der Existenzsicherung liegen. Vielmehr würde der Ausschluss dieses Personenkreises das Ergebnis verfälschen, weil dann mittelfristig durch das dadurch bedingte Ansteigen der Regelbedarfsstufen wiederum mehr Personen in den Kreis der „Aufstocker" fallen würden.

35 Bisher nicht hinreichend geklärt ist das Problem der **verdeckten Armut**[58], d.h. die Einbeziehung von Personen in die Referenzhaushalte, die eigentlich einen Leistungsanspruch hätte, diesen aus persönli-

---

[52] Vgl. auch BVerfG v. 09.02.2010 - 1 BvL 1/09, 1 BvL 3/09, 1 BvL 4/09 - juris Rn. 191 ff. - BVerfGE 125, 175.
[53] Vgl. BT-Drs. 17/3404, S. 64 f.
[54] Vgl. *Behrend* in: jurisPK-SGB II, 3. Aufl., § 20 Rn. 77; BT-Drs. 17/3404, S. 64.
[55] Vgl. auch BVerfG v. 09.02.2010 - 1 BvL 1/09, 1 BvL 3/09, 1 BvL 4/09 - juris Rn. 168 - BVerfGE 125, 175.
[56] Vgl. z.B. *Rothkegel*, ZFSH/SGB 2011, 69, 73; *Langer*, RdL 2010, 141 f.; *Lenze* in: LPK-SGB XII, 9. Aufl. 2012, § 28 Rn. 15.
[57] Vgl. *Mogwitz*, ZFSH/SGB 2011, 323, 325: „vertretbar"; auch *Palsherm*, SozSich 2011, 63, 69 hält den fehlenden Ausschluss zumindest nicht für „evident verfassungswidrig".
[58] Vgl. auch *Rothkegel*, ZFSH/SGB 2011, 69, 74; *I. Becker*, SozSich extra 2011, 7, 20 ff.; *Münder*, SozSich extra 2011, 63, 70 ff.; *Groth*, NZS 2011, 571, 573; ausführlich auch die Kommentierung zu § 3 RBEG Rn. 19.

chen Gründen aber nicht geltend machen[59]. Das BVerfG hatte die bisherige fehlende Einbeziehung wegen der nicht vorliegenden empirischen Daten nicht für verfassungswidrig gehalten.[60] Das BSG hat die Herausnahmeregelungen (vgl. dazu auch die Kommentierung zu § 3 RBEG Rn. 15 ff.) zumindest für die letzte Erhebung durch die EVS 2008 gebilligt.[61] Die zum Teil vorgeschlagene Anknüpfung an **Mindesteinkommensgrenzen** sei keine bessere Alternative, da selbst Leistungsempfänger mit Mehrbedarfen über diesen Grenzen liegen könnten. Zum Problem der **verdeckten Armut** hätten sich im Gesetzgebungsverfahren keine konkreten Anhaltspunkte für Verzerrungen ergeben. Gleiches gelte für mögliche einbezogene Empfänger von **Asylbewerberleistungen**.[62] Hier bleibe aber auch nach der Rechtsprechung des BVerfG ein Prüfauftrag für den Gesetzgeber bei künftigen Auswertungen[63] bestehen. Keine Verzerrung entstehe durch sogenannte atypische Haushalte, denn insbesondere **Auszubildende**[64] lebten entweder nicht in Einpersonenhaushalten, sondern bei den Eltern, oder hätten Leistungen oberhalb des Existenzminimums aufgrund des Zuschusses nach § 22 Abs. 7 in der Fassung des Gesetzes zur Fortentwicklung der Grundsicherung für Arbeitsuchende (GSiFoG) vom 20.07.2006[65] erhalten. Die Zahl der ungleichmäßig innerhalb eines Jahres verdienenden **Selbständigen**[66] sei nicht quantifizierbar. Im Übrigen würde durch die EVS in 4 Quartalen das ganze Jahr abgedeckt, so dass die Gefahr von „Ausreißern" in dieser Gruppe minimiert werde.[67] In § 10 Abs. 2 Nr. 1 RBEG findet sich insoweit nun ein entsprechender **Prüfauftrag** zur Ermittlung valider Daten (vgl. die Kommentierung zu § 10 RBEG Rn. 12 ff.).

4. Gewährleistung eines hinreichenden Stichprobenumfangs

Nach Absatz 3 Satz 4 ist ein für statistische Zwecke hinreichender Stichprobenumfang zu gewährleisten. Dies geht auf eine Formulierung des BVerfG zurück, wonach die damalige Wahl des untersten Quintils auf der sachgerechten Erwägung beruht habe, die Referenzgruppe der Bezieher von geringen Einkommen möglichst breit zu fassen, um statistisch zuverlässige Daten zu verwenden.[68] Welche Größe eine Stichprobe haben muss, um statistisch signifikante Durchschnittswerte zu ermitteln, beruht auf einer Vielzahl von Faktoren, insbesondere der **Bevölkerungszahl** und der **Verbreitung bestimmter Verbrauchsausgaben**. Im Rahmen der EVS 2008 konnte eine solche Signifikanz bei den Einzelhaushalten in nahezu allen Abteilungen erreicht werden. Lediglich bei zwei quantitativ kleinen Positionen (motorbetriebenes Werkzeug für die Wohnung und Uhren) wurde der regelbedarfsrelevante Anteil mittels des sogenannten **Wägungsschemas** des Statistischen Bundesamtes bestimmt.[69] Zahlreicher sind die nur geringen Stichprobenergebnisse bei den **Kindern und Jugendlichen**, wo häufig weniger als 25 Haushalte die jeweiligen Ausgaben aufwiesen.[70]

Erfasst wurden insgesamt **1.678 Einpersonenhaushalte** und **523 Familienhaushalte**.[71]

36

37

---

[59] Hierzu auch ausführlich mit weiteren Nachweisen *Mogwitz*, ZFSH/SGB 2011, 323, 325 f.
[60] BVerfG v. 09.02.2010 - 1 BvL 1/09, 1 BvL 3/09, 1 BvL 4/09 - juris Rn. 169 - BVerfGE 125, 175.
[61] BSG v. 12.07.2012 - B 14 AS 153/11 R - juris Rn. 39 ff. - BSGE 111, 211.
[62] Vgl. die Kommentierung zu § 3 RBEG Rn. 17; *I. Becker*, SozSich extra 2011, 7, 27; *Münder*, SozSich extra 2011, 63, 69 f.
[63] Also nicht bereits die vorliegende EVS von 2008; vgl. auch *Dauber* in: Mergler/Zink, SGB XII, § 29 Rn. 15, Stand: November 2012; *Falterbaum* in: Hauck/Noftz, SGB XII, K 28 Rn. 27, Stand: Februar 2012.
[64] Vgl. die Kommentierung zu § 3 RBEG Rn. 18; *I. Becker*, SozSich extra 2011, 7, 24 ff.; *Münder*, SozSich extra 2011, 63, 69.
[65] BGBl I 2006, 1706
[66] Vgl. die Kommentierung zu § 3 RBEG Rn. 20, *I. Becker*, SozSich extra 2011, 7, 27.
[67] BSG v. 12.07.2012 - B 14 AS 153/11 R - juris Rn. 39 ff. - BSGE 111, 211.
[68] BVerfG v. 09.02.2010 - 1 BvL 1/09, 1 BvL 3/09, 1 BvL 4/09 - juris Rn. 168 - BVerfGE 125, 175.
[69] Vgl. BT-Drs. 17/3404, S. 52 f.
[70] Vgl. auch *Martens*, SozSich 2010, 331, 335; *Lenze*, ZKJ 2011, 17, 19; zu diesem Problem auch *Mogwitz*, ZFSH/SGB 2011, 323, 332 f.; *Ottersbach* in: Jahn, SGB XII, § 28 Rn. 37, Stand: 01.04.2013; *Lenze* in: LPK-SGB XII, 9. Aufl. 2012, § 28 Rn. 16; *Münder*, SozSich extra 2011, 63, 74 f.; ausführlich *I. Becker*, SozSich extra 2011, 7, 29 ff.
[71] Vgl. die Gegenäußerung der Bundesregierung, BT-Drs. 17/3982, S. 1; *Mogwitz*, ZFSH/SGB 2011, 323, 327.

VI. Ermittlung der Regelbedarfsstufen (Absatz 4)

1. Ausschluss bestimmter Verbrauchsausgaben (Absatz 4 Sätze 1 und 2)

a. Existenzsicherung bei einfacher Lebensweise

38 Nach Absatz 4 Satz 1 werden von den in den **Sonderauswertungen** nach **Absatz 3 i.V.m. dem RBEG** ermittelten Verbrauchsausgaben nur diejenigen für die Ermittlung der Regelbedarfsstufen übernommen, die zur Sicherung des Existenzminimums notwendig sind und eine einfache Lebensweise ermöglichen, wie sie einkommensschwache Haushalte aufweisen, die ihren Lebensunterhalt nicht ausschließlich aus Leistungen nach dem SGB XII oder SGB II bestreiten. Gemeint ist, wie sich aus dem zweiten Teil des Satzes nach dem Wort „und" ergibt, das sogenannte **soziokulturelle Existenzminimum**, das über das bloße physische Existenzminimum hinausgeht (vgl. hierzu die Kommentierung zu § 27a SGB XII Rn. 21). Die Einschränkung auf die dieses Existenzminimum sichernden Verbrauchsausgaben ermöglicht den **Ausschluss** von darüber hinausgehenden Ausgaben, die gelegentlich auch im Bereich der unteren Einkommensgruppen vorkommen.

39 Von dieser Möglichkeit hat der Gesetzgeber beim **RBEG** zwar vergleichsweise sparsam, aber doch in nicht unerheblicher Höhe Gebrauch gemacht (vgl. im Einzelnen auch die Kommentierung zu § 5 RBEG Rn. 17 ff. und die Kommentierung zu § 6 RBEG Rn. 23 ff.). Weniger augenfällig ist dies z.B. beim Ausschluss der Kosten für **chemische Reinigung**, der mit dem normalerweise fehlenden Bedürfnis im betroffenen Personenkreis begründet wird.[72] Weitere Beispiele sind etwa der Ausschluss von Aufwendungen für **Garten**, **Schnittblumen**, **Spenden**, **Pauschalreisen**, **Gaststättenbesuchen** oder **Mobiltelefonen**.[73] Ob alle diese Positionen begründet als nicht regelbedarfsrelevant ausgeschlossen wurden[74], dürfte sich danach bestimmen, ob dies den **gesellschaftlichen Vorstellungen** entspricht und nicht zu einer sozialen Ausgrenzung der Leitungsberechtigten führt[75] (vgl. auch die Kommentierung zu § 27a SGB XII Rn. 21). Zwar wird teilweise zu Recht darauf hingewiesen, dass die entsprechende Festlegung Aufgabe des Parlaments ist.[76] Dieses ist aber nicht berechtigt, Ausschlüsse willkürlich vorzunehmen und sollte sich grundsätzlich an der **Lebenswirklichkeit** der unteren Einkommensgruppen orientieren. Noch deutlicher fällt der Ausschluss von Kraftstoffverbrauch und Schmiermitteln ins Gewicht, der mit dem fehlenden Existenzsicherungszweck des Haltens eines **Kraftfahrzeugs** begründet wird.[77] Insoweit musste dann sogar die Referenzgruppe angepasst werden.[78] Denn es durfte nur noch der Mobilitätsbedarf von Personen berücksichtigt werden, die kein Kraftfahrzeug haben. Ansonsten wäre nämlich die teilweise Deckung des Mobilitätsbedarfs bei Haltern eines Kfz durch Nutzung desselben nicht mehr berücksichtigt worden, was das Ergebnis verfälscht hätte. Auch so ist die Verengung der Referenzgruppe nicht unbedenklich. Denn ob es sich bei der Gruppe von Personen, die auf ein Kfz verzichtet, um einen repräsentativen Bevölkerungsdurchschnitt handelt, darf bezweifelt werden (vgl. auch die Kommentierung zu § 5 RBEG Rn. 22).[79] Noch einen Schritt weiter geht der Gesetzgeber bei den **alkoholischen Getränken**. Der Ausschluss der Einbeziehung dieser Position soll im Hinblick auf die dann fehlende Flüssigkeit durch 12 Liter Mineralwasser zu einem fiktiv angesetzten Preis von 2,99 € kompensiert werden.[80]

40 Die Herausnahme bzw. Ersetzung einzelner Positionen der tatsächlichen Verbrauchsausgaben ist im Hinblick darauf, dass der Regelbedarfsbemessung nicht mehr ein **Warenkorbmodell** zugrunde liegt (vgl. zu solchen Modellen unter Geltung des BSHG die Kommentierung zu § 27a SGB XII Rn. 11), bedenklich[81] (vgl. auch die Kommentierung zu § 5 RBEG Rn. 12 ff.). Abgebildet wird nämlich ein tat-

---

[72] Vgl. BT-Drs. 17/3404, S. 54 ff.; kritisch insgesamt zu dieser Begründung *Rothkegel*, ZFSH/SGB 2011, 69, 76 f.; *I. Becker*, SozSich extra 2011, 7, 38 f.

[73] Vgl. die Liste der Abzüge bei *Palsherm*, SozSich 2011, 63, 67; vgl. auch *Martens*, SozSich 2010, 331, 333 f.; kritisch zum Ausschluss der Mobiltelefonie *I. Becker*, SozSich extra 2011, 7, 41.

[74] Hiervon gehen *Mogwitz*, ZFSH/SGB 2011, 323, 328 ff. und LSG Baden-Württemberg v. 10.06.2011 - L 12 AS 1077/11, aus.

[75] *Adolph* in: Jehle/Linhart/Adolph, SGB II SGB XII AsylbLG, § 28 Rn. 48, Stand: Juni 2012.

[76] *Mogwitz*, ZFSH/SGB 2011, 323, 329.

[77] Vgl. BT-Drs. 17/3404, S. 59.

[78] Vgl. BT-Drs. 17/3404, S. 59.

[79] Vgl. *Lenze*, ZKJ 2011, 17, 19.

[80] Vgl. BT-Drs. 17/3404, S. 59; kritisch *I. Becker*, SozSich extra 2011, 7, 36 ff.

[81] *Wahrendorf* in: Grube/Wahrendorf, SGB XII, 4. Aufl. 2012, § 28 Rn. 50; *Adamy/Kolf*, SozSich 2011, 85, 87 f.; *I. Becker*, SozSich extra 2011, 7, 44 ff. ; a.A. *Ottersbach* in: Jahn, SGB XII, § 28 Rn. 42, Stand: 01.04.2013.

sächliches Verbrauchsverhalten mit **internen Ausgleichsfaktoren**, das nicht beliebig modifizierbar ist.[82] Dennoch hat das BVerfG diese Methode grundsätzlich gebilligt, wenn die Abschläge nachvollziehbar begründet sind.[83] Das **BSG** hat nahezu sämtliche **Herausnahmen von Einzelbedarfen** bei der aktuellen EVS-Auswertung als im Sinne der Rechtsprechung des BVerfG nachvollziehbar begründet angesehen und verweist dabei auch auf den Gestaltungsspielraum des Gesetzgebers.[84] Es bestünden keine konkreten Anhaltspunkte dafür, dass diese das Statistikmodell verzerren würden, lediglich die Herausnahme eines Teilbetrages für „sonstige persönliche Gegenstände aus der Abteilung 12" werde nicht erläutert; dafür habe der Gesetzgeber aber Mitgliedsbeiträge an Organisationen berücksichtigt, was nicht zwingend erforderlich gewesen wäre.[85]

b. Anderweitige Bedarfsdeckung oder fehlender Bedarf

Nach Abs. 4 Satz 2 Nr. 1 werden Verbrauchsausgaben der Referenzhaushalte nicht einbezogen, wenn sie bei Leistungsberechtigten nach dem SGB XII oder dem SGB II durch **bundes- oder landesgesetzliche Leistungsansprüche** abgedeckt sind und diese kein anrechenbares Einkommen nach § 82 SGB XII oder § 11 SGB II darstellen. Diese Regelung kann nur als missglückt angesehen werden. Zum einen dürfte ein Ausschluss unter Gleichbehandlungsgesichtspunkten nur erfolgen, wenn eine Bedarfsdeckung sowohl im SGB XII als auch im SGB II erfolgt („**und**", nicht „oder"), es sei denn, eine unterschiedliche Behandlung der Personenkreise ergäbe sich aus der jeweiligen Struktur der Leistungsberechtigten. Zum anderen können bei einer grundsätzlich bundeseinheitlich gewährten Leistung landesgesetzliche Leistungsansprüche nur zu einer generell zu berücksichtigenden Bedarfsdeckung führen, wenn sie **in allen Bundesländern einheitlich** gewährt werden. Ansonsten könnte allenfalls eine gesonderte Regelsatzfestlegung nach § 29 Abs. 2 oder 3 SGB XII erfolgen. Soweit ersichtlich, gibt es für die Regelung hinsichtlich landesgesetzlicher Leistungsansprüche in der Praxis derzeit auch keinen Anwendungsbereich. Ein Beispiel für einen zulässigen Ausschluss ist z.B. die Position **Nachhilfe** der Abteilung 10, weil insoweit sowohl § 28 Abs. 5 SGB II als auch § 34 Abs. 5 SGB XII einen gesonderten Leistungsanspruch vorsehen.[86]

41

Gemäß Abs. 4 Satz 2 Nr. 2 werden darüber hinaus Verbrauchsausgaben der Referenzhaushalte nicht berücksichtigt, die bei Leistungsberechtigten nach dem SGB XII oder SGB II nicht anfallen, weil bundesweit in einheitlicher Höhe Vergünstigungen gelten. Hinsichtlich der Verwendung des Wortes „oder" gelten die gleichen Bedenken wie bei Rn. 41. Ansonsten wurde hier darauf geachtet, dass es sich um eine Vergünstigung in bundeseinheitlich gleicher Höhe handeln muss. Ein Beispiel ist etwa die Rundfunkgebühr, für die sowohl Empfänger von Leistungen nach dem SGB XII als auch nach dem SGB II eine Befreiung erlangen können.[87]

42

2. Summe relevanter Verbrauchsausgaben (Absatz 4 Satz 3)

Absatz 4 Satz 2 bestimmt, dass die Summen der regelbedarfsrelevanten Verbrauchsausgaben abzüglich der in den Sätzen 1 und 2 desselben Absatzes genannten Ausgaben Grundlage für die „Prüfung" der Regelbedarfsstufen seien. Auch dieser Satz ist missglückt, denn inwieweit eine weitergehende **„Prüfung"** von Regelbedarfsstufen erfolgen soll, ist nicht ersichtlich und wird auch aus der Regelung nicht deutlich. Vielmehr geht es um die **Ermittlung der Regelbedarfsstufen**, für die Satz 2 wenig Konkretes hergibt. Allerdings verweist er erneut auf die bereits in § 27a Abs. 2 SGB XII angesprochenen Altersunterschiede bei Kindern und Jugendlichen (vgl. hierzu die Kommentierung zu § 27a SGB XII Rn. 81). Gemeint ist wohl, dass sich aus den bereinigten Verbrauchsausgaben Rückschlüsse

43

---

[82] Kritisch auch *Martens*, SozSich 2010, 331, 333 f.; *Palsherm*, SozSich 2011, 63, 66 ff.; *I. Becker*, ArchSozArb 2011, 12 ff.; *Dauber* in: Mergler/Zink, SGB XII, § 29 Rn. 18, Stand: November 2012; als problematisch sehen *Lenze*, ZKJ 2011, 17, 19 und *Rothkegel*, ZFSH/SGB 2011, 69, 77, insbesondere den entsprechenden Abzug bei Nichtkonsumenten an (z.B. den Abzug von 16 € für alkoholische Getränke bei Jugendlichen ab dem 14. Lebensjahr); a.A. insoweit *Mogwitz*, ZFSH/SGB 2011, 323, 331.

[83] BVerfG v. 09.02.2010 - 1 BvL 1/09, 1 BvL 3/09, 1 BvL 4/09 - juris Rn. 171 - BVerfGE 125, 175; darauf weist auch *Mogwitz*, ZFSH/SGB 2011, 323, 328 f. zutreffend hin.

[84] BSG v. 12.07.2012 - B 14 AS 153/11 R - juris Rn. 51-79 - BSGE 111, 211; vgl. auch *Falterbaum* in: Hauck/Noftz, SGB XII, K 28 Rn. 29, 32, Stand: Februar 2012: die Festlegung des Existenzminimums muss geradezu zwangsläufig von Bewertungen des Gesetzgebers geprägt sein.

[85] BSG v. 12.07.2012 - B 14 AS 153/11 R - juris Rn. 51-79 - BSGE 111, 211.

[86] Vgl. auch *Mogwitz*, ZFSH/SGB 2011, 323, 330.

[87] So auch *Lenze* in: LPK-SGB XII, 9. Aufl. 2012, § 28 Rn. 17.

auf die Bildung der einzelnen Regelbedarfsstufen ergeben sollen. Dass dies nur zum Teil gelingt, ist bereits an anderer Stelle (vgl. die Kommentierung zu § 27a SGB XII Rn. 77 ff.) dargelegt worden. Für diese Regelbedarfsstufen sollen dann jeweils Summenwerte berechnet werden. Die **vollständigen Auswertungen der Ergebnisse** der Sonderauswertungen sind als Anlage zur Gesetzesbegründung zum RBEG abgedruckt.[88]

3. Fortschreibung der Verbrauchsausgaben (Absatz 4 Satz 4)

44 Da zwischen der Erhebung der Daten der EVS und deren Auswertung häufig ein größerer Zeitraum liegt, bedarf es der **Anpassung der tatsächlichen Verbrauchsausgaben**, weil ansonsten nicht ein gegenwärtiger Bedarf, sondern ein lange zurückliegender Bedarf abgebildet würde, der eventuell zur Deckung des verfassungsrechtlich gesicherten Existenzminimums nicht mehr ausreichen könnte (vgl. bereits Rn. 24). Verwiesen wird für die **Fortschreibung auf § 28a Abs. 2 SGB XII** (vgl. hierzu die Kommentierung zu § 28a SGB XII Rn. 19 ff.). Abweichend vom dort festgelegten Zeitraum (01.07. des Vorvorjahres bis 30.06. des Vorjahres) wurde allerdings nach **§ 7 Abs. 2 RBEG** für die Fortschreibung zum 01.01.2011 auf die Veränderung aus den Jahresdurchschnittswerten des Jahres 2009 gegenüber dem Jahr 2008 abgestellt, was die Betroffenen etwas schlechter stellte. Eine Korrektur wurde durch **§ 138 SGB XII** zum 01.01.2012 vorgenommen, durch dessen Nr. 1 zunächst die Berücksichtigung des Zeitraumes vom 01.01.2010 bis zum 30.06.2010 verzögert nachgeholt wurde, bevor dann nach Nr. 2 gemäß § 28a SGB XII die regelmäßige Fortschreibung erfolgte.

4. Rundungsregelung (Absatz 4 Satz 5)

45 Absatz 4 Satz 5 enthält eine Rundungsregelung für die gemäß Satz 3 zu bestimmenden Summenwerte der Regelbedarfsstufen. Die Rundung erfolgt erst nach Aufsummierung aller Verbrauchsausgaben (nicht bei den einzelnen Verbrauchsausgaben) in der üblichen Weise, so dass bei **Nachkommastellen** unter 0,50 € auf den **vollen Euro** ab-, ansonsten aufzurunden ist. Diese Regelung ist etwas missverständlich, da von Summen von unter 0,50 € und solchen ab 0,50 € gesprochen wird. Streng dem Wortlaut nach ergibt sie daher keinen Sinn. Deshalb ist davon auszugehen, dass als Gegenstand der Rundung die Nachkommastellen gemeint sein müssen.[89]

VII. Anlage zu § 28 SGB XII

46 In der Anlage zu § 28 SGB XII sind die derzeit bestehenden sechs Regelbedarfsstufen und die Höhe der jeweils zu gewährenden Leistung aufgeführt. Die Aufteilung der **Regelbedarfsstufen** geht im Wesentlichen auf die Vorgaben des § 27a Abs. 2 Satz 2 SGB XII zurück, wonach der Regelbedarf in Regelbedarfsstufen unterteilt ist, die bei Kindern und Jugendlichen altersbedingte Unterschiede und bei erwachsenen Personen deren Anzahl im Haushalt sowie die Führung eines Haushalts berücksichtigen (zu den einzelnen Stufen vgl. die Kommentierung zu § 27a SGB XII Rn. 76 ff.). Konkret ausgestaltet werden die Stufen dann durch die **§§ 5, 6 und 8 RBEG**.

47 Die Anlage zu § 28 SGB XII dient dem Zweck, **Veränderungen der Regelbedarfsstufen** und in der Folge auch der zu erbringenden Regelsätze (vgl. § 29 Abs. 1 SGB XII) durch Rechtsverordnung vornehmen zu können, wie dies etwa bei der Fortschreibung nach § 28a SGB XII durch Rechtsverordnung nach § 40 SGB XII geschieht (vgl. bereits Rn. 44). Damit diese Änderungen auch **in anderen Bereichen des SGB XII** Berücksichtigung finden, wird in den entsprechenden Normen immer auf die Regelbedarfsstufen nach der Anlage zu § 28 SGB XII Bezug genommen (vgl. die §§ 27b Abs. 2, 29 Abs. 5, 30 Abs. 3, 37 Abs. 4, 42 Nr. 1, 82 Abs. 3, 85, 88 Abs. 2, 92 Abs. 2, 134 SGB XII). Die Anlage zu § 28 SGB XII wurde wie in Rn. 13 beschrieben gemäß §§ 28a, 138 SGB XII an die geänderten Sätze angeglichen durch § 2 der Verordnung zur Fortschreibung der Regelbedarfsstufen nach § 138 Nr. 2 SGB XII für das Jahr 2012 (Regelbedarfsstufen-Fortschreibungsverordnung 2012) vom 17.10.2011[90] mit Wirkung zum 01.01.2012. Weitere Anpassungen erfolgten 2013[91] und 2014[92].

---

[88] Vgl. BT-Drs. 17/3404, S. 139 ff.

[89] Vgl. auch BT-Drs. 17/3404, S. 121 zu § 28 SGB II „Die fortgeschriebenen Werte ergeben nach Anwendung der Rundungsregelung die Regelbedarfsstufen in ganzen Euro-Beträgen".

[90] BGBl I 2090

[91] Vgl. Regelbedarfsstufen-Fortschreibungsverordnung 2013 vom 18.10.2012, BGBl I 2012, 2173.

[92] Vgl. Regelbedarfsstufen-Fortschreibungsverordnung 2014 vom 15.10.2013, BGBl I 2013, 3856.

VIII. Übergangsregelung für die Regelbedarfsstufen 4-6

Eine Übergangsregelung für die **Kinder und Jugendliche** betreffenden Regelbedarfsstufen findet sich in § 134 SGB XII. Danach sind abweichend von § 28a SGB XII die Regelbedarfsstufen 4-6 der Anlage zu § 28 SGB XII nicht mit dem sich nach der Verordnung nach § 40 SGB XII ergebenden Vomhundertsatz fortzuschreiben, solange sich durch die entsprechende Fortschreibung der Beträge nach § 8 Abs. 1 Nr. 4-6 RBEG keine höheren Beträge ergeben würden. Dies beruht auf dem Umstand, dass bei der Berechnung der Regelbedarfsstufen für Kinder und Jugendliche zum 01.01.2011 (vgl. die §§ 6, 8 Abs. 1 RBEG) Werte ermittelt wurden, die unter den bisher gewährten Leistungen lagen. Insoweit enthält § 8 Abs. 2 RBEG eine **Bestandsschutzregelung**. Dieser Bestandsschutz wurde durch die Übergangsregelung in § 134 SGB XII bei zukünftigen Kostensteigerungen abgeschmolzen (vgl. im Einzelnen die Kommentierung zu § 134 SGB XII).

48

IX. Allgemeine Übergangsregelung

In § 137 SGB XII ist geregelt, dass dann, wenn es durch das Inkrafttreten des Gesetzes zur Ermittlung von Regelbedarfen und zur Änderung des Zweiten und Zwölften Buches Sozialgesetzbuch zu einer Verminderung des Regelbedarfs nach § 27a Abs. 3 Satz 1 SGB XII oder § 42 Nr. 1 SGB XII kommt, die für den Zeitraum vom 01.01.-31.03.2011 bereits erbrachten Regelsätze nicht zu erstatten sind und auch eine Aufrechnung unzulässig ist. Dies betrifft insbesondere die **Regelbedarfsstufe 3**, weil hier durch die gesetzliche Neuregelung von einer bestehenden Rechtsprechung des BSG nach unten abgewichen wird (vgl. auch die Kommentierung zu § 27a SGB XII Rn. 80).[93]

49

C. Praxishinweise

Die **Verfassungsmäßigkeit** der derzeit geltenden Regelbedarfsstufen bzw. der entsprechend festgesetzten Regelbedarfe in § 20 Abs. 2-4 SGB II ist durch die bisher vorliegende Rechtsprechung überwiegend angenommen worden.[94] Allerdings hat die 55. Kammer des SG Berlin eine Verfassungswidrigkeit der Regelbedarfsstufen angenommen und die Frage dem BVerfG zur Prüfung vorgelegt.[95] Zuvor hatte das BSG eine Sprungrevision an das zuständige SG zurückverwiesen, weil die Beteiligten keine Beschränkung des Streitgegenstandes allein auf die Verfassungsmäßigkeit der Regelbedarfsstufen vornehmen könnten.[96] Allerdings sind in der Entscheidung einige kritische Anmerkungen zu Unstimmigkeiten der Neuregelung enthalten. Bezüglich der **Regelbedarfsstufe 1** geht das **BSG** auch in Ansehung der Gründe des SG Berlin für die Vorlage jedoch nicht von einer Verfassungswidrigkeit aus.[97] Die Verfassungsbeschwerden gegen die Urteile wurden nicht zur Entscheidung angenommen[98], die Vorlagen des SG Berlin sind allerdings noch offen. Das BSG konnte sich auch nicht von einer Verfassungswidrigkeit der **Regelbedarfe für Ehegatten und für ein zweijähriges Kind** überzeugen[99]. Sowohl die Methode (Bestimmung eines Verteilungsschlüssels für die Zuordnung der Bedarfe zu einzelnen Personen innerhalb der Familie) zur Bestimmung des kindlichen Bedarfs, als auch die Aufspaltung der Grundsicherungsleistungen in Regelbedarf sowie Bildungs- und Teilhabebedarfe führt nach Ansicht des Vierten Senats nicht zu einer Verletzung von Verfassungsrecht.[100] Regelbedarf und Bedarfe für Bildung und Teilhabe zusammengenommen deckten den grundsicherungsrelevanten Bedarf

50

---

[93] Vgl. auch *Mogwitz*, jurisPR-SozR 6/2011, Anm. 1.
[94] Vgl. etwa SG Aachen v. 20.07.2011 - S 5 AS 177/11, SG Aachen v. 13.12.2011 - S 20 SO 79/11 und SG Aachen v. 29.01.2013 - S 20 SO 130/12; SG Oldenburg v. 27.06.2011 - S 48 AS 664/11; LSG Baden-Württemberg v. 10.06.2011 - L 12 AS 1077/11 und LSG Baden-Württemberg v. 21.10.2011 - L 12 AS 3445/11; Bay. LSG v. 27.05.2011 - L 7 AS 342/11 PKH; LSG Niedersachsen-Bremen v. 24.10.2011 - L 8 SO 275/11 B ER; LSG NRW v. 06.02.2012 - L 20 SO 527/11 B (Regelbedarfsstufe 3); SG Duisburg v. 20.03.2012 - S 17 AS 2049/11 und S 17 AS 1701/11; 18. Kammer des SG Berlin v. 29.03.2012 - S 18 AS 38234/10; LSG Sachsen-Anhalt v. 19.11.2013 - L 2 AS 355/12 B; vgl. aber auch LSG Nordrhein-Westfalen v. 19.04.2012 - L 7 AS 1134/11 B, LSG Nordrhein-Westfalen v. 04.10.2012 - L 7 AS 1491/12 B und LSG Nordrhein-Westfalen v. 28.01.2013 - L 7 AS 429/12 B, PKH-Gewährung wegen möglicher Verfassungswidrigkeit.
[95] SG Berlin v. 25.04.2012 - S 55 AS 9238/12.
[96] BSG v. 25.01.2012 - B 14 AS 131/11 R.
[97] BSG v. 12.07.2012 - B 14 AS 153/11 R - BSGE 111, 211; BSG v. 12.07.2012 - B 14 AS 189/11 R.
[98] BVerfG v. 20.11.2012 - 1 BvR 2203/12 und BVerfG v. 27.12.2012 - 1 BvR 2471/12; zur Bedeutung vgl. *Rixen*, SozSich 2013, 73 ff.
[99] BSG v. 28.03.2013 - B 4 AS 12/12 R.
[100] BSG v. 28.03.2013 - B 4 AS 12/12 R - juris Rn. 39, 47 f. - SozR 4-4200 § 20 Nr. 18.

von Kindern und Jugendlichen; nicht entscheidend sei dabei, dass das zweijährige Kind im konkreten Fall keine Teilhabeleistungen in Anspruch genommen habe und nicht festgestellt worden sei, welche Teilhabeangebote in seiner Wohnortgemeinde beziehungsweise seinem sozialen Umfeld tatsächlich vorhanden seien.[101] Die Teilhabemöglichkeiten seien zwar abhängig von den örtlichen Verhältnissen, die Leistungsansprüche sollten jedoch lediglich gewährleisten, dass den Betroffenen eine Teilhabe im Rahmen der bestehenden örtlichen Infrastruktur ermöglicht werde.[102] Unschädlich sei auch, dass der Gesetzgeber das Existenzminimum im Bildungs- und Teilhabebereich durch Sach- oder Dienstleistungen (vor allem Gutscheine) und nicht durch Geldleistungen sichere.[103]

---

[101] BSG v. 28.03.2013 - B 4 AS 12/12 R - juris Rn. 44, 48 - SozR 4-4200 § 20 Nr. 18.
[102] BSG v. 28.03.2013 - B 4 AS 12/12 R - juris Rn. 49 - SozR 4-4200 § 20 Nr. 18.
[103] BSG v. 28.03.2013 - B 4 AS 12/12 R - jursi Rn. 47 - SozR 4-4200 § 20 Nr. 18.

Anlage zu § 28 SGB XII - Regelbedarfsstufen nach § 28 in Euro

(Fassung vom 15.10.2013, gültig ab 01.01.2014)

gültig ab	Regelbedarfsstufe 1	Regelbedarfsstufe 2	Regelbedarfsstufe 3	Regelbedarfsstufe 4	Regelbedarfsstufe 5	Regelbedarfsstufe 6
1. Januar 2011	364	328	291	287	251	215
1. Januar 2012	374	337	299	287	251	219
1. Januar 2013	382	345	306	289	255	224
1. Januar 2014	391	353	313	296	261	229

Regelbedarfsstufe 1:

Für eine erwachsene leistungsberechtigte Person, die als alleinstehende oder alleinerziehende Person einen eigenen Haushalt führt; dies gilt auch dann, wenn in diesem Haushalt eine oder mehrere weitere erwachsene Personen leben, die der Regelbedarfsstufe 3 zuzuordnen sind.

Regelbedarfsstufe 2:

Für jeweils zwei erwachsene Leistungsberechtigte, die als Ehegatten, Lebenspartner oder in eheähnlicher oder lebenspartnerschaftsähnlicher Gemeinschaft einen gemeinsamen Haushalt führen.

Regelbedarfsstufe 3:

Für eine erwachsene leistungsberechtigte Person, die weder einen eigenen Haushalt führt, noch als Ehegatte, Lebenspartner oder in eheähnlicher oder lebenspartnerschaftsähnlicher Gemeinschaft einen gemeinsamen Haushalt führt.

Regelbedarfsstufe 4:

Für eine leistungsberechtigte Jugendliche oder einen leistungsberechtigten Jugendlichen vom Beginn des 15. bis zur Vollendung des 18. Lebensjahres.

Regelbedarfsstufe 5:

Für ein leistungsberechtigtes Kind vom Beginn des siebten bis zur Vollendung des 14. Lebensjahres.

Regelbedarfsstufe 6:

Für ein leistungsberechtigtes Kind bis zur Vollendung des sechsten Lebensjahres.

Die Anlage (zu § 28 SGB XII) wurde durch Art. 3 Nr. 42 Gesetz v. 24.03.2011 I, 453 m.W.v. 01.01.2011 in das SGB XII eingefügt. Zu den regelmäßigen Änderungen vgl. auch die Kommentierung zu § 28 SGB XII Rn. 46. [1]

§ 28a SGB XII Fortschreibung der Regelbedarfsstufen

(Fassung vom 24.03.2011, gültig ab 01.01.2011)

(1) ¹In Jahren, in denen keine Neuermittlung nach § 28 erfolgt, werden die Regelbedarfsstufen jeweils zum 1. Januar mit der sich nach Absatz 2 ergebenden Veränderungsrate fortgeschrieben. ²§ 28 Absatz 4 Satz 5 gilt entsprechend.

(2) ¹Die Fortschreibung der Regelbedarfsstufen erfolgt aufgrund der bundesdurchschnittlichen Entwicklung der Preise für regelbedarfsrelevante Güter und Dienstleistungen sowie der bundesdurchschnittlichen Entwicklung der Nettolöhne und -gehälter je beschäftigten Arbeitnehmer nach der Volkswirtschaftlichen Gesamtrechnung (Mischindex). ²Maßgeblich ist jeweils die Veränderungsrate, die sich aus der Veränderung in dem Zwölfmonatszeitraum, der mit dem 1. Juli des Vorvorjahres beginnt und mit dem 30. Juni des Vorjahres endet, gegenüber dem davorliegenden Zwölfmonatszeitraum ergibt. ³Für die Ermittlung der jährlichen Veränderungsrate des Mischindexes wird die sich aus der Entwicklung der Preise aller regelbedarfsrelevanten Güter und Dienstleistungen ergebende Veränderungsrate mit einem Anteil von 70 vom Hundert und die sich aus der Entwicklung der Nettolöhne und -gehälter je beschäftigten Arbeitnehmer ergebende Veränderungsrate mit einem Anteil von 30 vom Hundert berücksichtigt.

(3) Das Bundesministerium für Arbeit und Soziales beauftragt das Statistische Bundesamt mit der Ermittlung der jährlichen Veränderungsrate für den Zeitraum nach Absatz 2 Satz 2 für

1. die Preise aller regelbedarfsrelevanten Güter und Dienstleistungen und
2. die durchschnittliche Nettolohn- und -gehaltssumme je durchschnittlich beschäftigten Arbeitnehmer.

Gliederung

A. Basisinformationen 1	1. Allgemeines 19
I. Textgeschichte/Gesetzgebungsmaterialien 1	2. Mischindex 21
II. Vorgängervorschriften 2	a. Zusammensetzung 21
III. Parallelvorschriften 5	b. Preisentwicklung regelbedarfsrelevanter Güter und Dienstleistungen 22
IV. Untergesetzliche Normen 6	c. Entwicklung der Nettolöhne und -gehälter 23
V. Systematische Zusammenhänge 7	3. Zeitraum 24
VI. Ausgewählte Literaturhinweise 8	V. Ermittlungen durch das Statistische Bundesamt (Absatz 3) 25
B. Auslegung der Norm 9	VI. Übergangsregelung für Regelbedarfsstufen 4 bis 6 28
I. Regelungsgehalt und Bedeutung der Norm 9	VII. Übergangsregelung zum 01.01.2012 29
II. Normzweck 11	**C. Praxishinweise** 30
III. Fortschreibungszeitpunkt und Rundung (Absatz 1) 16	**D. Reformbestrebungen** 31
IV. Bestimmung der Veränderungsrate (Absatz 2) 19	

A. Basisinformationen

I. Textgeschichte/Gesetzgebungsmaterialien

1   Durch Art. 3 Nr. 8 des Gesetzes zur Ermittlung von Regelbedarfen und zur Änderung des Zweiten und Zwölften Buches Sozialgesetzbuch vom 24.03.2011[1] ist eine **komplette Neufassung** des § 28a SGB XII mit Wirkung zum **01.01.2011** in Kraft getreten. Die bisherige Fassung des § 28a SGB XII ist mit gewissen Änderungen in die neuen Leistungen für Bildung und Teilhabe gemäß **§ 34 SGB XII** übernommen worden (Absatz 3), dessen alte Fassung ihrerseits abgelöst wurde durch § 36 SGB XII.

---

[1] BGBl I 2011, 453.

Damit sollen die **Vorgaben des BVerfG**, das die bisherige Fortschreibung auf der Grundlage der Rentenentwicklung (vgl. auch Rn. 4) für die entsprechenden Regelungen im SGB II verfassungswidrig erklärt hat[2], umgesetzt werden.[3] Weitere **Gesetzesmaterialien** sind die Beschlussempfehlung und der Bericht des Ausschusses für Arbeit und Soziales vom 01./02.12.2010[4] sowie die Beschlussempfehlungen des Vermittlungsausschusses vom 09.02.2011[5] und 23.02.2011[6].

II. Vorgängervorschriften

§ 28a SGB XII in seiner **ursprünglichen Fassung** ist zum **01.01.2009** aufgrund des Gesetzes zur Förderung von Familien und haushaltsnahen Dienstleistungen (Familienleistungsgesetz) vom 22.12.2008[7] in Kraft getreten. Durch das Gesetz zur verbesserten steuerlichen Berücksichtigung von Vorsorgeaufwendungen (Bürgerentlastungsgesetz-Krankenversicherung) vom 16.07.2009[8] wurde mit Wirkung zum 23.07.2009 die davor geltende **Beschränkung** der Leistung bis zum Abschluss der **Jahrgangstufe 10**[9] **aufgehoben**. Dies geschah auch aufgrund öffentlicher Proteste gegen die mit dem Gesetz aus Sicht der Kritiker vermittelte Vorstellung, Kinder von Sozialhilfeempfängern (und entsprechend Empfängern von Arbeitslosengeld II) müssten nur bis zur 10. Klasse die Schule besuchen.[10] Außerdem wurden **berufsbildende Schulen** mit aufgenommen und das Erfordernis aufgestellt, in dem Monat, in welchem der erste Tag des neuen Schuljahres liegt, Hilfen zum Lebensunterhalt zu erhalten.

2

§ 28a SGB XII in seiner **jetzigen Fassung** löst die Vorgaben des **§ 28 Abs. 2 SGB XII** in der bis zum 31.12.2010 geltenden Fassung und der konkretisierenden Regelung in **§ 4 der damaligen Regelsatz-Verordnung** (Regelsatz-VO vom 03.06.2004[11] mit Wirkung zum 01.01.2005, zuletzt geändert durch Artikel 17 des Gesetzes vom 02.03.2009[12]) ab. Danach veränderte sich der „Eckregelsatz" jeweils zum 01.07. eines Jahres, in dem keine Neubemessung der Regelsätze nach § 28 Abs. 3 Satz 5 des SGB XII a.F. erfolgte, um den Vomhundertsatz, um den sich der aktuelle Rentenwert in der gesetzlichen Rentenversicherung änderte.

3

Die **Vorgängerreglungen**, auf die im Bereich des SGB II Bezug genommen worden war, wurden durch das BVerfG in seiner Entscheidung vom 09.02.2010 als **nicht verfassungskonform** angesehen.[13] Die Orientierung an der Entwicklung des **aktuellen Rentenwerts** stelle einen **sachwidrigen Maßstabswechsel** dar. Während die statistische Ermittlungsmethode nach § 28 Abs. 3 Satz 2 SGB XII (a.F.) auf Nettoeinkommen, Verbraucherverhalten und Lebenshaltungskosten abstelle, setze eine Fortschreibung nach dem aktuellen Rentenwert an den Faktoren der Entwicklung der Bruttolöhne und -gehälter, des Beitragssatzes zur allgemeinen Rentenversicherung, in der Zeit vom 01.07.2005 bis zum 01.07.2013 zusätzlich des Altersvorsorgeanteils (§ 255e SGB VI) und an einem Nachhaltigkeitsfaktor an und sei daher letztlich für eine realitätsgerechte Fortschreibung des Existenzminimums nicht tauglich.

4

---

[2] BVerfG v. 09.02.2010 - 1 BvL 1/09, 1 BvL 3/09, 1 BvL 4/09 - BVerfGE 125, 175.
[3] Vgl. BT-Drs. 17/3404, S. 121 f.
[4] BT-Drs. 17/4032, BT-Drs. 17/4095.
[5] BT-Drs. 17/4719.
[6] BT-Drs. 17/4830.
[7] BGBl I 2008, 2955.
[8] BGBl I 2009, 1959.
[9] Die Gesetzesmaterialien zur Ausgangsfassung (BT-Drs. 16/10809, S. 23) hatten keine Begründung für die Beschränkung der Leistung bis zum Abschluss der 10. Klasse enthalten. In einer Antwort der Bundesregierung (BT-Drs. 16/12482, S. 2 f.) zu einer Kleinen Anfrage (BT-Drs. 16/12010, Fraktion DIE LINKE) wird dazu ausgeführt, die Ursprungsfassung konzentriere sich auf den Erwerb eines allgemeinbildenden Schulabschlusses, der eine qualifizierte Berufsausbildung wesentlich erleichtere. Zu diesem Zeitpunkt war aber bereits durch die Große Koalition vereinbart, dass eine Ausweitung der Förderung bis zum Abitur erfolgen soll, was im ursprünglichen Entwurf des Bürgerentlastungsgesetz-Krankenversicherung noch nicht geregelt war. Die Ergänzungen wurden nach der Vereinbarung aufgrund von Formulierungshilfen der zuständigen Ministerien in das Gesetz aufgenommen.
[10] Kritisch auch der Bundesrat, Stellungnahme vom 07.11.2008, Anlage 3 zu BT-Drs. 16/10809, S. 20; *Groth/Leopold*, info also 2009, 56, 62; *Schürmann*, Kindschaftsrecht und Jugendhilfe 2009, 107; *Wenzel* in: Fichtner/Wenzel, XII/AsylbLG/SGB II/BKGG, 4. Aufl. 2009, § 28a Rn. 4.
[11] BGBl I 2004, 1067.
[12] BGBl I 2009, 416.
[13] BVerfG v. 09.02.2010 - 1 BvL 1/09, 1 BvL 3/09, 1 BvL 4/09 - juris Rn. 184 - BVerfGE 125, 175.

III. Parallelvorschriften

5   Eine Parallelvorschrift zu § 28a SGB XII ist **§ 20 Abs. 5 SGB II**. Dieser regelt, dass die Regelbedarfe nach den Absätzen 2-4 des § 20 SGB II sowie nach § 23 Nr. 1 SGB II jeweils zum 01.01. eines Jahres entsprechend § 28a des SGB XII in Verbindung mit der Verordnung nach § 40 Satz 1 Nr. 1 SGB XII angepasst werden.

IV. Untergesetzliche Normen

6   Der für die Veränderungsrate nach § 28a Abs. 1 und 2 SGB XII zur Fortschreibung der Regelsätze maßgebliche Vomhundertsatz wird durch **Rechtsverordnung nach § 40 Satz 1 Nr. 1 SGB XII** festgelegt.

V. Systematische Zusammenhänge

7   § 28 SGB XII regelt die Neufestsetzung der Regelbedarfsstufen in Jahren, in denen eine Neuauswertung der EVS erfolgt. **§ 29 Abs. 1 Satz 1 SGB XII** sieht dann vor, dass diese neu ermittelten Regelbedarfsstufen als neue Regelsätze gelten, solange die Länder bzw. Träger der Sozialhilfe keine abweichende Festsetzung nach **§ 29 Abs. 2-4 SGB XII** vornehmen. § 28a SGB XII regelt das Verfahren und die Kriterien der Fortschreibung der Regelsätze in den Jahren, in denen keine Neuauswertung einer EVS erfolgt. Nachdem die Ermittlung der für die Kriterien des § 28a Abs. 2 SGB XII maßgeblichen Daten durch das Statistische Bundesamt entsprechend der Beauftragung durch das Bundesministerium für Arbeit und Soziales (BMAS) gemäß § 28a Abs. 3 SGB XII erfolgt ist, legt das BMAS im Einvernehmen mit dem Bundesministerium der Finanzen (BMF) durch Rechtsverordnung anhand dieser Kriterien durch Rechtsverordnung mit Zustimmung des Bundesrates nach **§ 40 Satz 1 Nr. 1 SGB XII** den für die Fortschreibung der Regelbedarfsstufen maßgeblichen Vomhundertsatz fest. Dieser Vomhundertsatz ist dann zudem Grundlage für die Fortschreibung der durch die Länder oder Träger der Sozialhilfe bestimmten regionalen Regelsätze gemäß **§ 29 Abs. 2 und 3 SGB XII** (vgl. § 29 Abs. 4 SGB XII) und auch die fortgeschriebenen Regelbedarfsstufen gelten nach § 29 Abs. 1 Satz 2 SGB XII als neue Regelsätze. Eine Sonderregelung zur Fortschreibung der Regelbedarfsstufen zum **01.01.2012** findet sich in **§ 138 SGB XII** (vgl. Rn. 29). Eine weitere enthält § 134 SGB XII für die Fortschreibung der Regelbedarfsstufen 4 bis 6 (vgl. Rn. 28). Welche Güter und Dienstleistungen für die Anwendung des § 28a SGB XII als regelsatzrelevant anzusehen sind, ergibt sich aus den Festlegungen der **§§ 5 und 6** des Gesetzes zur Ermittlung der Regelbedarfe nach § 28 des Zwölften Buches Sozialgesetzbuch vom 24.03.2011 (**RBEG**)[14] und den in der Gesetzesbegründung[15] aufgeführten zugehörigen Berechnungsgrundlagen. Die Fortschreibung der in der EVS 2008 ermittelten Werte zum Inkrafttreten der neuen Regelbedarfsstufen zum 01.01.2011 regelt **§ 7 RBEG** in Anlehnung an § 28a SGB XII (vgl. Rn. 29).

VI. Ausgewählte Literaturhinweise

8   *I. Becker,* Bewertung der Neuregelungen des SGB II – Methodische Gesichtspunkte der Bedarfsbemessung vor dem Hintergrund des „Hartz-IV-Urteils" des Bundesverfassungsgerichts – Gutachten für die Hans-Böckler-Stiftung, SozSich 2011, Sonderheft, 7; *Ebel/Wolz,* Berechnung eines regelbedarfsrelevanten Verbraucherpreisindex für die Fortschreibung der Regelbedarfsstufen nach SGB XII, WiSta 2012, 1122; *Kötter,* Nach der Reform ist vor der Reform? – Die Neuregelung der Regelbedarfe im SGB II und SGB XII, info also 2011, 99; *Martens,* Die Fortschreibung des Regelsatzes ab 1.1.2011, ASR 2011, 178; *ders.,* Entwicklung der Strompreise und der Stromkosten im Regelsatz, SozSich 2012, 233; *Mogwitz,* Neuermittlung der Regelbedarfe für das SGB II und SGB XII, jurisPR-SozR 6/2011, Anm. 1; *Münder,* Verfassungsrechtliche Bewertung des Gesetzes zur Ermittlung von Regelbedarfen und zur Änderung des Zweiten und Zwölften Buches Sozialgesetzbuch vom 24.03.2011 – BGBl I S. 453 – Gutachten für die Hans-Böckler-Stiftung, SozSich 2011, Sonderheft, 63; *Schwabe,* Einzelbeträge aus den Regelbedarfsstufen des SGB II und des SGB XII sowie des Asylbewerberleistungsgesetzes ab 1.1.2014, ZfF 2014, 1.

---

[14] BGBl I 2011, 453.
[15] BT-Drs. 17/3404, S. 52 ff.

B. Auslegung der Norm

I. Regelungsgehalt und Bedeutung der Norm

§ 28a SGB XII regelt die **Fortschreibung der Regelsätze** im Bereich der Sozialhilfe in den Jahren, in denen **keine Neufestsetzung** bei Vorliegen der Ergebnisse einer neuen EVS gemäß § 28 SGB XII erfolgt (vgl. die Kommentierung zu § 28 SGB XII Rn. 25) und ist sowohl für alle Bezieher von Leistungen der Grundsicherung nach dem Dritten und Vierten Kapitel maßgeblich, als auch über die Verweisung in § 20 Abs. 5 SGB II für die Anpassung der Regelbedarfe nach den Absätzen 2-4 des § 20 SGB II sowie nach § 23 Nr. 1 SGB II. Erfasst werden also auch **alle Empfänger von Arbeitslosengeld II und Sozialgeld**. Weil eine neue EVS nur alle fünf Jahre erhoben wird, ist die Fortschreibung daher in vier von fünf Jahren nach § 28a SGB XII vorzunehmen.

9

Die Fortschreibung der Regelsätze nach § 28a SGB XII erfolgt aufgrund der durch das Statistische Bundesamt innerhalb eines Zwölfmonatszeitraumes erhobenen Daten zur **Entwicklung der Preise aller regelbedarfsrelevanten Güter und Dienstleistungen** mit einem Anteil von **70%** (vgl. im Einzelnen auch Rn. 22) und zur **Entwicklung der Nettolöhne und -gehälter** je beschäftigten Arbeitnehmer mit einem Anteil von **30%** (vgl. im Einzelnen Rn. 23) jeweils zum 01.01. eines Jahres, wenn nicht § 28 SGB XII Anwendung findet.

10

II. Normzweck

Durch § 28a SGB XII sollen nach der Gesetzesbegründung die Vorgaben des BVerfG, das die bisherige Fortschreibung der Regelsätze auf der Grundlage der Rentenentwicklung für verfassungswidrig erklärt hat[16] (vgl. auch Rn. 4), umgesetzt werden.[17] Der in § 28a SGB XII verwendete **Mischindex** (vgl. Rn. 21 ff.) wird auf Ausführungen des BVerfG gestützt[18], wonach die Preisentwicklung bei der Fortschreibung nicht unberücksichtigt bleiben könne, weil die Abdeckung des Existenzminimums bei steigenden Preisen zu höheren Aufwendungen führe.[19] Zudem ergebe sich aus dem Urteil des BVerfG, dass von der Nettoeinkommensentwicklung das Konsumniveau abhängig sei und das soziokulturelle Existenzminimum auch eine Teilhabe an der allgemeinen Wohlstandsentwicklung beinhalte.[20] Als Indikator für die Nettoeinkommensentwicklung werden die Nettolöhne und Nettogehälter gewählt, da diese für die überwiegende Mehrzahl der Haushalte, die nicht von existenzsichernden Sozialleistungen leben, die Haupteinkommensquelle darstellen.[21] Zur geplanten langfristigen Umstellung de lege ferenda auf die **Laufende Wirtschaftsrechnung** des Statistischen Bundesamtes vgl. Rn. 31.

11

Absatz 1 knüpft an **§ 4 der Regelsatz-VO a.F.** an, wonach für Jahre, in denen keine Neuermittlung der Regelbedarfe (nun nach § 28 SGB XII) vorzunehmen war, die Regelsätze fortzuschreiben waren. Die **Fortschreibung** der Regelbedarfsstufen soll jedoch nun **jeweils zum 01.01.** und nicht wie früher zum 01.07. eines Jahres erfolgen, um die Fortschreibungstermine an die Termine der gesetzlichen Ermittlung von Regelbedarfen nach § 28 SGB XII anzugleichen.[22] Bereits in der Vergangenheit seien die Neubemessungen auf Grundlage einer Sonderauswertung der EVS zum 01.01. eines Jahres vorgenommen worden, weshalb durch die Neuregelung im Ergebnis vermieden werden könne, dass in Jahren, für die die Regelbedarfe neu zu ermitteln sind, zwei Erhöhungen stattfänden – die Ermittlung zum 01.01. und die Fortschreibung zum 01.07., während in den übrigen Jahren nur eine Erhöhung stattfände (nämlich die Fortschreibung zum 01.07.).[23] Diese Begründung überzeugt nicht, da bereits § 4 der Regelsatz-VO a.F. vorsah, dass eine Fortschreibung zum 01.07. nur in den Jahren erfolgen sollte, in denen keine Neuermittlung der Regelsätze vorgenommen wurde. Wenn also zum 01.01. eine Anpassung auf der Grundlage der EVS vorgenommen worden wäre, wäre zum 01.07. keine mehr vorzunehmen gewesen. Zu begrüßen ist grundsätzlich eine Angleichung an die Festsetzung aufgrund der Neuermittlung nach § 28 SGB XII. Problematisch ist allerdings, dass diese Regelung gar keine Zeitpunkte

12

---

[16] BVerfG v. 09.02.2010 - 1 BvL 1/09, 1 BvL 3/09, 1 BvL 4/09 - juris Rn. 184 ff. - BVerfGE 125, 175.
[17] Vgl. BT-Drs. 17/3404, S. 121 f.
[18] Vgl. BT-Drs. 17/3404, S. 121.
[19] Vgl. BVerfG v. 09.02.2010 - 1 BvL 1/09, 1 BvL 3/09, 1 BvL 4/09 - juris Rn. 186. - BVerfGE 125, 175.
[20] BT-Drs. 17/3404, S. 121; vgl. auch BVerfG v. 09.02.2010 - 1 BvL 1/09, 1 BvL 3/09, 1 BvL 4/09 - juris Rn. 186 - BVerfGE 125, 175.
[21] BT-Drs. 17/3404, S. 121 f.
[22] BT-Drs. 17/3404, S. 122.
[23] BT-Drs. 17/3404, S. 122; vgl. auch *Ottersbach* in: Jahn, SGB, § 28a SGB XII Rn. 10, Stand: 01.04.2013.

für die Neuermittlung festlegt (vgl. auch die Kommentierung zu § 28 SGB XII Rn. 26), sondern lediglich bestimmt, dass eine solche durch Bundesgesetz zu erfolgen hat, wenn die Ergebnisse einer bundesweiten neuen EVS vorliegen.

13 **Absatz 1 Satz 2** enthält über einen Verweis auf § 28 Abs. 4 Satz 5 SGB XII eine **Rundungsregel** für die Regelbedarfsstufen, damit auch bei einer Fortschreibung volle Eurobeträge zu gewähren sind. Die Gesetzesbegründung, wonach durch diese Regelung die Veränderungsrate des Mischindexes auf zwei Nachkommastellen berechnet werden soll[24], ist unzutreffend. Denn § 28 Abs. 4 Satz SGB XII regelt die Auf- und Abrundung auf volle Euro-Beträge. Eine Bestimmung zur Begrenzung der Veränderungsrate auf zwei Nachkommastellen findet sich hingegen in § 40 Satz 2 SGB XII.

14 Nach **Absatz 2** liegt der Fortschreibung ein **Mischindex** zugrunde. Die deutlich stärkere Gewichtung der **Preisentwicklung (70%)** rechtfertigt sich nach der Gesetzesbegründung[25] daraus, dass es sich bei den Leistungen nach dem SGB XII um Leistungen zur physischen Existenzsicherung handelt, deren realer Wert zu sichern ist (vgl. auch bereits Rn. 11). Die Einbeziehung der **Veränderung der Nettolöhne und Nettogehälter** je Beschäftigten **(30%)** wird damit begründet, ein alleiniges Abstellen auf die Preisentwicklung hätte zur Folge, dass Leistungsberechtigte von der Wohlfahrtsentwicklung ausgeschlossen würden.[26] Es ist allerdings eher davon auszugehen, dass damit ein Rest der auch für die nach der Regelsatz-VO a.F. mittelbar maßgeblichen Lohnentwicklung als Berechnungsgrundlage erhalten bleiben sollte, damit nicht die Leistungen nach dem SGB II und SGB XII deutlich stärker steigen als die Löhne und Gehälter, bei denen es häufig keinen Inflationsausgleich gibt. Im Ergebnis ist dies wohl dadurch gerechtfertigt, dass sich das Konsumverhalten zumindest teilweise an der Lohnentwicklung orientiert und sich damit regelmäßig eine geringere Entwicklung auch in niedrigerem allgemeinem Konsum auswirkt. Dieser ist dann auch wieder Grundlage der Bemessung der Leistungsberechtigten nach dem SGB II und SGB XII. Für die Veränderung der Nettolöhne und Nettogehälter je Beschäftigten werden die Ergebnisse der **Volkswirtschaftlichen Gesamtrechnung** herangezogen, da es keine andere Lohnstatistik von vergleichbarer Aktualität gibt.[27] Der maßgebliche Zeitraum vom zweiten Halbjahr des Vorjahres bis zum ersten Halbjahr des laufenden Jahres (das Jahr der Festsetzung mit Wirkung für das Folgejahr) wurde gewählt, weil dies der kürzest mögliche Zeitraum für die Ermittlung der Veränderungsrate und ein **Verordnungsverfahren** (Verordnung nach § 40 SGB XII) ist, das noch rechtzeitig vor dem Fortschreibungstermin (01.01. des Folgejahres) abgeschlossen werden kann.[28]

15 Nach **Absatz 3** hat das BMAS das Statistische Bundesamt mit der Erstellung eines Preisindexes für die regelbedarfsrelevanten Güter und Dienstleistungen sowie der Veränderungsrate der bundesdurchschnittlichen Nettolohn- und -gehaltssumme zu beauftragen, wodurch der Konsumstruktur von Menschen mit niedrigen Einkommen Rechnung getragen werden soll.[29] Eine gesonderte **Beauftragung** ist deshalb erforderlich, weil die entsprechende Statistik im Rahmen der Volkswirtschaftlichen Gesamtrechnung auf Kalenderjahre abstellt, bei § 28a Abs. 2 SGB XII der maßgebliche Zeitraum aber vom 01.07. bis zum darauffolgen 30.06. gerechnet wird.[30]

III. Fortschreibungszeitpunkt und Rundung (Absatz 1)

16 **Absatz 1 Satz 1** legt fest, dass in Jahren, in denen keine Neuermittlung nach § 28 SGB XII erfolgt, eine Anpassung der Regelbedarfsstufen jeweils **zum 01.01.** mit einer nach § 28a Abs. 2 SGB XII zu ermittelnden **Veränderungsrate** vorgenommen werden muss.[31] Da die Ergebnisse einer neuen EVS zeitlich deutlich nach den Erhebungen liegen (2006 für die EVS 2003 und 2010 für die EVS 2008) wurde die Festsetzung regelmäßig zum 01.01. des Jahres vorgenommen, das auf das Jahr folgt, in dem die Ergebnisse vorliegen. Es ist davon auszugehen, dass dies auch zukünftig so erfolgen wird, zumal es dazwischen noch der Durchführung eines Gesetzgebungsverfahrens bedarf (vgl. § 28 Abs. 1 SGB XII). Um die lange Zeitdauer zwischen Erhebung und Auswertung mit zu berücksichtigen, wird eine **Fortschreibung für die Zwischenzeit** entsprechend § 28a Abs. 2 SGB XII durchgeführt (vgl. auch § 28 Abs. 4

---

[24] BT-Drs. 17/3404, S. 122.
[25] BT-Drs. 17/3404, S. 122.
[26] BT-Drs. 17/3404, S. 122.
[27] BT-Drs. 17/3404, S. 122.
[28] BT-Drs. 17/3404, S. 122.
[29] BT-Drs. 17/3404, S. 123.
[30] BT-Drs. 17/3404, S. 123.
[31] Vgl. auch *Adolph* in: Jehle/Linhart/Adolph, SGB II/SGB XII/AsylbLG, § 28a SGB XII Rn. 14, Stand: Juni 2012.

Satz 4 SGB XII und § 7 RBEG), d.h. es wird praktisch rückwirkend die bisherige Fortschreibung aufgrund der neuen Ausgangszahlen aktualisiert. Damit ergibt sich insgesamt ein **konsistentes System**, auch wenn zu Recht darauf hingewiesen wird, dass ggf. auch kürzere Abstände zwischen Ermittlung und Inkrafttreten mögliche gewesen wären.[32] Wenn aufgrund einer Neuermittlung nach § 28 SGB XII wie bisher eine Anpassung zum 01.01. eines Jahres erfolgt, wird die erste Fortschreibung nach § 28a Abs. 2 SGB XII dann zum 01.01. des Folgejahres vorgenommen. So wird, allerdings jeweils mit einem halben Jahr Verspätung (vgl. § 28a Abs. 2 Satz 2 SGB XII), eine Anpassung der existenzsichernden Leistungen an die Preis- und Lohnentwicklung erreicht.

Absatz 1 Satz 2 sieht für die konkrete Bestimmung der Regelbedarfsstufen die entsprechende Anwendung des § 28 Abs. 4 Satz 5 SGB XII vor. Dadurch werden auch die fortgeschriebenen Regelbedarfsstufen (und in der Folge die Regelsätze, vgl. § 29 Abs. 1 SGB XII) jeweils nach den üblichen **Rundungsregeln** auf **volle Euro-Beträge** gerundet[33], nachdem diese durch Multiplikation der vorherigen Regelbedarfsstufen mit der Veränderungsrate nach § 28a Abs. 2 SGB XII errechnet wurden. 17

Der in Absatz 1 verwendete Begriff der „**Veränderungsrate**" bezieht sich auf die aus dem **Mischindex** (vgl. Rn. 21 ff.) errechnete Veränderungsrate, nicht auf die in Absatz 2 Satz 3 genannten beiden einzelnen Veränderungsraten. Insoweit wäre die Verwendung unterschiedlicher Begriffe für die einzelnen Veränderungsraten wünschenswert gewesen. 18

IV. Bestimmung der Veränderungsrate (Absatz 2)

1. Allgemeines

Die Fortschreibung der Regelbedarfsstufen nach Absatz 1 (und damit auch der Regelsätze, vgl. § 29 Abs. 1 SGB XII) erfolgt mit der nach den Vorgaben des Absatzes 2 zu bestimmenden Veränderungsrate. Es handelt sich um einen **Prozentwert**, der auf **zwei Nachkommastellen** begrenzt und nach der üblichen Methode entsprechend gerundet wird (vgl. § 40 Satz 2 SGB XII). Dass § 40 Satz 1 Nr. 1 SGB XII nur von einem „nach § 28a SGB XII maßgeblichen **Vomhundertsatz**" spricht, ist missglückt, denn dieser Begriff taucht in § 28a SGB XII nicht auf. Gemeint ist aber die dort aufgeführte und aus dem Mischindex errechnete Veränderungsrate. 19

Eine **Veränderung** ist nach **oben** oder **unten** möglich, wobei aufgrund insbesondere der Preissteigerung im Bereich der Güter und Dienstleistungen regelmäßig mit einer Erhöhung zu rechnen ist. Angepasst werden durch die Veränderungsrate alle Regelbedarfsstufen gemäß der Anlage zu § 28 SGB XII. Es wird eine **einheitliche Veränderungsrate** festgelegt, keine gesonderte für die einzelnen Regelbedarfsstufen. Eine Sonderregelung für die Kinder und Jugendliche betreffenden Regelbedarfsstufen findet sich allerdings in § 134 SGB XII (vgl. Rn. 28). Die Veränderungsrate errechnet sich de lege lata aus einem Mischindex aus der Preisentwicklung regelbedarfsrelevanter Güter und Dienstleistungen sowie der Nettolohn- und -gehaltsentwicklung (vgl. im Einzelnen Rn. 21 ff.). Zu langfristigen Reformbestrebungen hin zur Nutzung der **laufenden Wirtschaftsrechnung** (LWR) des Statistischen Bundesamtes zur Bestimmung der Veränderungsrate vgl. Rn. 31. 20

2. Mischindex

a. Zusammensetzung

Der zur Bestimmung der Veränderungsrate maßgebliche Mischindex setzt sich zu **70 Prozent** aus der bundesdurchschnittlichen **Entwicklung der Preise** regelbedarfsrelevanter Güter und Dienstleistungen und zu **30 Prozent** aus der bundesdurchschnittlichen **Entwicklung der Nettolöhne und Gehälter** je beschäftigten Arbeitnehmer zusammen. Das BSG hat die **Zusammensetzung des Mischindexes** als sachgerechten Anknüpfungspunkt für die Fortschreibung der Regelbedarfsstufen angesehen.[34] Die Regelung des § 28a SGB XII wurde auch durch das BVerfG für die Übergangsregelung bei Beziehern von Leistungen nach dem AsylbLG in Bezug genommen.[35] 21

---
[32] *Ottersbach* in: Jahn, SGB, § 28a SGB XII Rn. 13, Stand: 01.04.2013.
[33] Vgl. auch *Lenze* in: LPK-SGB XII, 9. Aufl. 2012, § 28a Rn. 4.
[34] BSG v. 12.07.2012 - B 14 AS 153/11 R - juris Rn. 79 - BSGE 111, 211; vgl. auch bereits LSG Baden-Württemberg v. 10.06.2011 - L 12 AS 1077/11 - ZFSH/SGB 2011, 649 und v. 21.10.2011 - L 12 AS 3445/11.
[35] BVerfG v. 18.07.2012 - 1 BvL 10/10, 1 BvL 2/11 - juris Rn. 110 - BVerfGE 132, 134.

b. Preisentwicklung regelbedarfsrelevanter Güter und Dienstleistungen

22 Die bundesdurchschnittliche Preisentwicklung regelbedarfsrelevanter Güter und Dienstleistungen bezieht sich auf regelbedarfsrelevante Verbrauchsausgaben der Einpersonenhaushalte nach **§ 5 RBEG**, also des Regelbedarfs für **alleinstehende Erwachsene**.[36] Dies erscheint insoweit problematisch, als dadurch die Veränderungsrate bei Kindern nicht gesondert berechnet wird, überdurchschnittliche Preissteigerungen in diesem Bereich also keine Berücksichtigung finden.[37] Im Hinblick darauf, dass es sich aber um eine pauschalierte Regelung handelt, die zudem in regelmäßigen Abständen bei Neuauswertung der jeweiligen EVS überprüft wird, erscheint die getroffene Festsetzung noch angemessen. Die Ermittlung der Preisentwicklung erfolgt gemäß § 28a Abs. 3 SGB XII durch das Statistische Bundesamt, das insoweit einen speziellen und von den allgemeinen durchschnittlichen Verbrauchsausgaben abweichenden **Preisindex** erstellt.[38] Zur Übergangsregelung des § 134 SGB XII vgl. Rn. 28.

c. Entwicklung der Nettolöhne und -gehälter

23 Die **bundesdurchschnittliche Entwicklung** der Nettolöhne und -gehälter erfasst anders als die Preisentwicklung, welche speziell auf die Bedarfe der alleinstehenden erwachsenen Leistungsberechtigten abstellt, nicht nur die **Löhne und Gehälter** der unteren Einkommensschichten, sondern die **aller abhängig Beschäftigten** entnommen aus den Ergebnissen der **Volkswirtschaftlichen Gesamtrechnung**.[39] Dies wird damit begründet, dass es keine andere Lohnstatistik von vergleichbarer Aktualität gebe.[40] Im Ergebnis dürfte sich damit keine Schlechterstellung der Leistungsberechtigten ergeben, da die Lohnentwicklung in den oberen Einkommensbereichen in den letzten Jahren deutlich stärker war als in den unteren.[41]

3. Zeitraum

24 Der Zeitraum erfasst die Zeit **vom 01.07. des Vorvorjahres bis zum 30.06. des Vorjahres** der Fortschreibung nach Absatz 1. Nur so ist sichergestellt, dass die nach § 40 Satz 1 Nr. 1 SGB XII erforderliche Verordnung rechtzeitig erlassen werden kann.[42] Dabei wird davon ausgegangen, dass die Neuermittlung der Regelbedarfsstufen nach § 28 SGB XII auch zukünftig mit Wirkung zum 01.01. des auf die Auswertung der Ergebnisse folgenden Jahres vorgenommen werden wird (vgl. bereits Rn. 12). Dann werden für die Fortschreibung die ersten sechs Monate aus dem Jahr der Neuermittlung und die letzten sechs Monate aus dem Vorjahr herangezogen und sie erfolgt zum 01.01. des Folgejahres. Zur erstmaligen Fortschreibung der in der EVS 2008 ermittelten Werte zum Inkrafttreten der Neuregelung zum 01.01.2011 vgl. die Kommentierung zu § 7 RBEG Rn. 11 ff.

V. Ermittlungen durch das Statistische Bundesamt (Absatz 3)

25 Nach Absatz 3 wird das Statistische Bundesamt durch das BMAS mit der Ermittlung der jährlichen Veränderungsrate für die Preise aller regelbedarfsrelevanten Güter und Dienstleistungen sowie für die durchschnittliche Nettolohn- und -gehaltssumme je durchschnittlich beschäftigten Arbeitnehmer (vgl. hierzu Rn. 22 f.) beauftragt. Auch wenn die Formulierung hinsichtlich der Nettolohn- bzw. Nettogehaltsentwicklung von Absatz 2 Satz 1 und Absatz 3 geringfügig abzuweichen scheint, ist doch immer die **jährliche Veränderung der bundesweiten (nur Inländer) durchschnittlichen Nettolöhne und -gehälter** gemeint, die auch im Rahmen der Volkswirtschaftlichen Gesamtrechnung des Bundes durch das Statistische Bundesamt erfasst wird (allerdings mit abweichenden Zeiträumen, vgl. auch Rn. 27).

---

[36] Vgl. BT-Drs. 17/3404, S. 123; zur Berechnung vgl. *Ebel/Wolz*, WiSta 2012, 1122.
[37] Vgl. auch *Schmidt* in: Oestreicher, SGB XII/SGB II, § 28a SGB XII Rn. 18, Stand: November 2011.
[38] Vgl. BT-Drs. 17/3404, S. 123.
[39] *Ottersbach* in: Jahn, SGB, § 28a SGB XII Rn. 12, Stand: 01.04.2013.
[40] Vgl. BT-Drs. 17/3404, S. 122.
[41] IAB-Stellungnahme 3/2013 Nr. 2.2, abrufbar unter http://doku.iab.de/stellungnahme/2013/sn0313.pdf; (abgerufen am 07.04.2014; *Brenke*, Zunehmende Lohnspreizung in Deutschland, DIW Wochenbericht 6/2007, abrufbar unter www.diw.de/documents/publikationen/73/55741/07-6-1.pdf (abgerufen am 07.04.2014); *Dustman/Ludsteck/Schönberg*, Revisiting the German Wage Structure, IZA Discussion Paper No. 2685, März 2007, abrufbar unter http://ftp.iza.org/dp2685.pdf (in englischer Sprache, abgerufen am 07.04.2014); vgl. auch *Ottersbach* in: Jahn, SGB, § 28a SGB XII Rn. 12, Stand: 01.04.2013; kritisch zu dieser Komponente des Mischindexes insgesamt *Lenze*, in: LPK-SGB XII, 9. Aufl. 2012, § 28a Rn. 5.
[42] Vgl. auch BT-Drs. 17/3404, S. 122.

Die Werte für die **regelbedarfsrelevanten Güter und Dienstleistungen** (vgl. zu den relevanten Positionen Rn. 23) wurden vor Einführung der Neufassung des § 28a SGB XII (vgl. Rn. 1) nicht gesondert erfasst und unterscheiden sich in der Zusammensetzung teilweise erheblich vom sogenannten allgemeinen Verbraucherpreisindex (VPI) des Statistischen Bundesamtes.[43]

26

Die Werte für die **Entwicklung der bundesweiten durchschnittlichen Nettolöhne und -gehälter** wurden bereits vor der Gesetzesänderung quartalsweise erfasst. Durch die Festlegung eines abweichenden Zeitraumes in § 28a Abs. 2 Satz 2 SGB XII (vgl. Rn. 24) statt des derzeit in der **Volkswirtschaftlichen Gesamtrechnung** verwendeten Kalenderjahres müssen die Quartale nur im Hinblick auf einen anderen Jahreszeitraum ausgewertet werden[44], was ohne Schwierigkeiten möglich ist.

27

VI. Übergangsregelung für Regelbedarfsstufen 4 bis 6

Eine Übergangsregelung für die **Kinder und Jugendliche** betreffenden Regelbedarfsstufen findet sich in **§ 134 SGB XII**. Danach sind abweichend von § 28a SGB XII die Regelbedarfsstufen 4 bis 6 der Anlage zu § 28 SGB XII nicht mit dem sich nach der Verordnung nach § 40 SGB XII ergebenden Vomhundertsatz fortzuschreiben, solange sich durch die entsprechende Fortschreibung der Beträge nach § 8 Abs. 1 Nr. 4-6 RBEG keine höheren Beträge ergeben würden. Dies beruht auf dem Umstand, dass bei der Berechnung der Regelbedarfsstufen für Kinder und Jugendliche zum 01.01.2011 (vgl. die §§ 6, 8 Abs. 1 RBEG) Werte ermittelt wurden, die unter den bisher gewährten Leistungen lagen. Insoweit enthält § 8 Abs. 2 RBEG eine **Bestandsschutzregelung**. Dieser Bestandsschutz wurde durch die Übergangsregelung in § 134 SGB XII bei zukünftigen Kostensteigerungen abgeschmolzen. Zum 01.01.2013 wurden erstmals alle Regelbedarfsstufen von 4 bis 6 erhöht, da die durch § 134 SGB XII vorgesehene Abschmelzung dann vollständig erfolgt ist und jeweils ein Rest an Erhöhung verbleibt. Zum 01.01.2014 wurden alle Regelbedarfsstufen in gleicher Weise um die Veränderungsrate nach § 28a Abs. 2 SGB XII angepasst, so dass die Übergangsregelung für die Regelbedarfsstufen 4 bis 6 nunmehr ihre Bedeutung verloren hat (vgl. auch Rn. 30).

28

VII. Übergangsregelung zum 01.01.2012

Abweichend vom in § 28a SGB XII für die Fortschreibung der Verbrauchsausgaben festgelegten Zeitraum (01.07. des Vorvorjahres bis 30.06. des Vorjahres) wurde nach **§ 7 Abs. 2 RBEG** für die Fortschreibung zum 01.01.2011 auf die Veränderung aus den Jahresdurchschnittswerten des Jahres 2009 gegenüber dem Jahr 2008 abgestellt, was die Betroffenen etwas schlechter stellte. Eine Korrektur wurde durch **§ 138 SGB XII** zum 01.01.2012 vorgenommen.[45] Durch dessen Nr. 1 wurde zunächst die Berücksichtigung des Zeitraumes vom **01.01.2010 bis zum 30.06.2010** nachgeholt (höhere Regelbedarfsstufe 1 um 3 €, andere Regelbedarfsstufen entsprechend), bevor dann nach Nr. 2 gemäß § 28a SGB XII die regelmäßige Fortschreibung erfolgte. Damit ist diese Übergangsregelung ebenfalls obsolet geworden.[46]

29

C. Praxishinweise

Die jeweilige Veränderung der Nettolöhne und -gehälter, die zu 30 Prozent in die Veränderungsrate zur Fortschreibung der Regelbedarfsstufen eingeht, kann quartalsweise über die **Internetseiten des Statistischen Bundesamtes**[47] abgerufen werden. Zum **01.01.2014** wurden alle Regelbedarfsstufen gemäß der Verordnung zur Bestimmung des für die Fortschreibung der Regelbedarfsstufen nach § 28a des Zwölften Buches Sozialgesetzbuch maßgeblichen Prozentsatzes sowie zur Ergänzung der Anlage zu § 28 des Zwölften Buches Sozialgesetzbuch für das Jahr 2014[48] um 2,27 Prozent erhöht und das Ergebnis wurde auf volle Euro gerundet. Die Regelbedarfsstufen betragen ab diesem Datum:

30

Regelbedarfsstufe 1:	391 €
Regelbedarfsstufe 2:	353 €
Regelbedarfsstufe 3:	313 €

---

[43] Vgl. auch BT-Drs. 17/3404, S. 123.
[44] Vgl. auch *Lenze* in: LPK-SGB XII, 9. Aufl. 2012, § 28a Rn. 8.
[45] Sehr kritisch zur verzögerten Umsetzung *Butterwege*, SozSich 2011, 325, 329; *Adamy/Kolf*, SozSich 2011, 85, 86 f.; *Buntenbach*, SozSich etra 2011, 4; vgl. auch *Fahlbusch*, NDV 2011, 234, 235.
[46] *Ottersbach* in: Jahn, SGB, § 28a SGB XII Rn. 5, Stand: 01.04.2013.
[47] www.destatis.de (abgerufen am 07.04.2014).
[48] Regelbedarfsstufen-Fortschreibungsverordnung 2014 – RBSFV 2014; BGBl I 2013, 3856.

Regelbedarfsstufe 4:	296 €
Regelbedarfsstufe 5:	261 €
Regelbedarfsstufe 6:	229 €

D. Reformbestrebungen

31 Ausweislich der Gesetzesbegründung[49] ist langfristig angestrebt, als Grundlage der Fortschreibung nach § 28a SGB XII die jährliche **Laufende Wirtschaftsrechnung** (LWR) des Statistischen Bundesamtes heranzuziehen, weil diese die einzige statistische Grundlage darstelle, die jährlich Daten zur Entwicklung des regelbedarfsrelevanten Verbrauchs liefere und damit indirekt alle drei der maßgeblichen Parameter der Bedarfsermittlung (Verbrauch, Preise, Nettolohnentwicklung) abbilde.[50] Allerdings müsse zunächst geprüft werden, ob über die LWR für die Fortschreibung valide Daten gewonnen werden könnten, weshalb dafür ein beim Statistischen Bundesamt in Auftrag gegebenes **Forschungsprojekt** einen Nachweis erbringen müsse.[51] Der Bericht zu Möglichkeiten der Weiterentwicklung der für die Ermittlung von Regelbedarfen anzuwendenden Methodik gemäß § 10 RBEG vom Juni 2103 (vgl. die Kommentierung zu § 10 RBEG) enthält hierzu noch keine Angaben.

---

[49] Vgl. BT-Drs. 17/3404, S. 122.

[50] Diese Variante mit ihren Vorteilen nennt auch bereits BVerfG v. 09.02.2010 - 1 BvL 1/09, 1 BvL 3/09, 1 BvL 4/09 - juris Rn. 187 - BVerfGE 125, 175; vgl. auch *Ottersbach* in: Jahn, SGB, § 28a SGB XII Rn. 8, Stand: 01.04.2013, § 28a SGB XII sei nur eine Übergangsregelung.

[51] Vgl. BT-Drs. 17/3404, S. 122.

§ 29 SGB XII Festsetzung und Fortschreibung der Regelsätze

(Fassung vom 24.03.2011, gültig ab 01.01.2011)

(1) ¹Werden die Regelbedarfsstufen nach § 28 neu ermittelt, gelten diese als neu festgesetzte Regelsätze (Neufestsetzung), solange die Länder keine abweichende Neufestsetzung vornehmen. ²Satz 1 gilt entsprechend, wenn die Regelbedarfe nach § 28a fortgeschrieben werden.

(2) ¹Nehmen die Länder eine abweichende Neufestsetzung vor, haben sie die Höhe der monatlichen Regelsätze entsprechend der Abstufung der Regelbedarfe nach der Anlage zu § 28 durch Rechtsverordnung neu festzusetzen. ²Sie können die Ermächtigung für die Neufestsetzung nach Satz 1 auf die zuständigen Landesministerien übertragen. ³Für die abweichende Neufestsetzung sind anstelle der bundesdurchschnittlichen Regelbedarfsstufen, die sich nach § 28 aus der bundesweiten Auswertung der Einkommens- und Verbrauchsstichprobe ergeben, entsprechend aus regionalen Auswertungen der Einkommens- und Verbrauchsstichprobe ermittelte Regelbedarfsstufen zugrunde zu legen. ⁴Die Länder können bei der Neufestsetzung der Regelsätze auch auf ihr Land bezogene besondere Umstände, die die Deckung des Regelbedarfs betreffen, berücksichtigen. ⁵Regelsätze, die nach Absatz 1 oder nach den Sätzen 1 bis 4 festgesetzt worden sind, können von den Ländern als Mindestregelsätze festgesetzt werden. ⁶§ 28 Absatz 4 Satz 4 und 5 gilt für die Festsetzung der Regelsätze nach den Sätzen 1 bis 4 entsprechend.

(3) ¹Die Länder können die Träger der Sozialhilfe ermächtigen, auf der Grundlage von nach Absatz 2 Satz 5 bestimmten Mindestregelsätzen regionale Regelsätze festzusetzen; bei der Festsetzung können die Träger der Sozialhilfe regionale Besonderheiten sowie statistisch nachweisbare Abweichungen in den Verbrauchsausgaben berücksichtigen. ²§ 28 Absatz 4 Satz 4 und 5 gilt für die Festsetzung der Regelsätze nach Satz 1 entsprechend.

(4) Werden die Regelsätze nach den Absätzen 2 und 3 abweichend von den Regelbedarfsstufen nach § 28 festgesetzt, sind diese in den Jahren, in denen keine Neuermittlung der Regelbedarfe nach § 28 erfolgt, jeweils zum 1. Januar durch Rechtsverordnung der Länder mit der Veränderungsrate der Regelbedarfe fortzuschreiben, die sich nach der Rechtsverordnung nach § 40 ergibt.

(5) Die nach den Absätzen 2 und 3 festgesetzten und nach Absatz 4 fortgeschriebenen Regelsätze gelten als Regelbedarfsstufen nach der Anlage zu § 28.

Gliederung

A. Basisinformationen 1	III. Neue Regelsätze und länderspezifische Abweichungen (Absatz 1) 14
I. Textgeschichte/Gesetzgebungsmaterialien 1	
II. Vorgängervorschriften 3	IV. Festsetzung länderspezifischer Regelsätze (Absätze 2-3) 16
III. Parallelvorschriften 5	
IV. Untergesetzliche Normen 6	V. Fortschreibung länderspezifischer Regelsätze (Absatz 4) 28
V. Systematische Zusammenhänge 7	
VI. Ausgewählte Literaturhinweise 8	VI. Gleichstellung länderspezifischer Regelsätze mit Regelbedarfsstufen (Absatz 5) 29
B. Auslegung der Norm 9	
I. Regelungsgehalt und Bedeutung der Norm 9	
II. Normzweck 10	**C. Praxishinweise** 30

A. Basisinformationen

I. Textgeschichte/Gesetzgebungsmaterialien

1 Durch Art. 3 Nr. 8 des Gesetzes zur Ermittlung von Regelbedarfen und zur Änderung des Zweiten und Zwölften Buches Sozialgesetzbuch vom 24.03.2011[1] ist eine **komplette Neufassung** des § 29 SGB XII mit Wirkung zum **01.01.2011** in Kraft getreten. Die bisherige Fassung des § 29 SGB XII ist mit kleineren Änderungen in § 35 SGB XII übernommen worden, dessen alte Fassung ihrerseits abgelöst wurde durch § 27b SGB XII.

2 An **Gesetzesmaterialien** liegen vor die Gesetzesbegründung[2], die Beschlussempfehlung bzw. der Bericht des Ausschusses für Arbeit und Soziales vom 01./02.12.2010[3] sowie die Beschlussempfehlungen des Vermittlungsausschusses vom 09.02.2011[4] und 23.02.2011[5].

II. Vorgängervorschriften

3 § 29 SGB XII in seiner **ursprünglichen Fassung** wurde durch Art. 1 des Gesetzes zur Einordnung des Sozialhilferechts vom 27.12.2003[6] mit Wirkung zum 01.01.2005 eingeführt und regelte die Übernahme der **Kosten für Unterkunft und Heizung** im Rahmen der Hilfe zum Lebensunterhalt außerhalb von Einrichtungen. Durch Art. 10 Nr. 1 des Gesetzes zur Vereinfachung der Verwaltungsverfahren im Sozialrecht (Verwaltungsvereinfachungsgesetz)[7] vom 21.03.2005 sind mit Wirkung zum 30.03.2005 die Umzugskosten mit aufgenommen worden. Durch Art. 1 Nr. 6 des Gesetzes zur Änderung des Zwölften Buches des Sozialgesetzbuchs und anderer Gesetze vom 02.12.2006[8] wurde mit Wirkung zum 07.12.2006 der 2. Halbsatz an § 29 Abs. 1 Satz 7 SGB XII a.F. angefügt, wodurch geregelt wurde, dass Mietkautionen als Darlehen erbracht werden sollen.

4 § 29 SGB XII in seiner jetzigen Fassung orientiert sich an den Vorgaben des **§ 28 Abs. 2 SGB XII** in der bis zum 31.12.2010 geltenden Fassung[9] und der konkretisierenden Regelung in **§ 2 Abs. 1 und 4 der damaligen Regelsatz-Verordnung** (Regelsatz-VO vom 03.06.2004[10] mit Wirkung zum 01.01.2005, zuletzt geändert durch Artikel 17 des Gesetzes vom 02.03.2009[11]). Wie bisher können bei der Festsetzung der Regelbedarfsstufen (früher nur als Regelsätze für verschiedene Personengruppen bezeichnet) regionale Auswertungen der bundesweiten Einkommens- und Verbrauchsstichprobe (EVS; derzeit ausgewertet EVS 2008) des Statistischen Bundesamtes zugrunde gelegt und regionale Besonderheiten berücksichtigt werden. Für die Leistungen der **Grundsicherung im Alter und bei Erwerbsminderung** ist § 29 SGB XII aufgrund der Neuregelung des § 42 Nr. 1 SGB XII zum 01.01.2013 im Wesentlichen nicht anwendbar.[12]

III. Parallelvorschriften

5 Eine Parallelvorschrift zu § 29 SGB XII gibt es im **SGB II** nicht. § 20 Abs. 5 SGB II regelt lediglich, dass die Regelbedarfe nach den Absätzen 2-4 des § 20 SGB II sowie nach § 23 Nr. 1 SGB II jeweils zum 01.01. eines Jahres entsprechend § 28a SGB XII in Verbindung mit der Verordnung nach § 40 Satz 1 Nr. 1 SGB XII angepasst werden und dass für die Neuermittlung der Regelbedarfe § 28 des Zwölften Buches in Verbindung mit dem Gesetz zur Ermittlung der Regelbedarfe nach § 28 des Zwölften Buches Sozialgesetzbuch vom 24.03.2011 (RBEG)[13] entsprechende Anwendung findet. Die Fest-

---

[1] BGBl I 2011, 453.
[2] BT-Drs. 17/3404, S. 123.
[3] BT-Drs. 17/4032, BT-Drs. 17/4095.
[4] BT-Drs. 17/4719.
[5] BT-Drs. 17/4830.
[6] BGBl I 2003, 3022.
[7] BGBl I 2005, 818; vgl. zur Begründung BT-Drs. 15/4751, S. 48.
[8] BGBl I 2006, 2670, vgl. zur Begründung BR-Drs. 617/06, S. 16.
[9] Vgl. auch *Adolph* in: Jehle/Linhart/Adolph, SGB II SGB XII AsylbLG, § 85 SGB XII Rn. 15, Stand: Juni 2012; *Schmidt* in: Oestreicher, SGB XII/SGB II, § 29 SGB XII Rn. 3, Stand: November 2011; BT-Drs. 17/3404, S. 123.
[10] BGBl I 2004, 1067.
[11] BGBl I 2009, 416.
[12] Vgl. hierzu *Kirchhoff*, SGb 2013, 441, 443.
[13] BGBl I 2011, 453.

setzung von **regionalen Abweichungen** zu den ansonsten grundsätzlich bundeseinheitlich im SGB XII festgelegten Regelsätzen, die Kern der Regelung des § 29 SGB XII ist, ist im SGB II auch weiterhin **nicht vorgesehen**.

IV. Untergesetzliche Normen

Der für die Fortschreibung der nach § 29 Abs. 1-3 SGB XII festgelegten regionalen Regelsätze maßgebliche **Vomhundertsatz** (in § 29 Abs. 4 SGB XII als **„Veränderungsrate"** bezeichnet) wird durch Rechtsverordnung nach § 40 Satz 1 Nr. 1 SGB XII festgelegt (zur Herkunft der zugrundeliegenden Daten vgl. die Kommentierung zu § 28a SGB XII Rn. 25 ff.).

V. Systematische Zusammenhänge

§ 28 SGB XII regelt die Neufestsetzung der Regelbedarfsstufen in Jahren, in denen eine Neuauswertung der EVS erfolgt. § 29 Abs. 1 Satz 1 SGB XII sieht dann vor, dass diese neu ermittelten Regelbedarfsstufen als neue Regelsätze gelten, solange die Länder keine abweichende Festsetzung nach § 29 Abs. 2-4 SGB XII vornehmen. **§ 28a SGB XII** regelt das Verfahren und die Kriterien der Fortschreibung der Regelsätze in den Jahren, in denen keine Neuauswertung einer EVS erfolgt. Nachdem die Ermittlung der für die Kriterien des § 28a Abs. 2 SGB XII maßgeblichen Daten durch das Statistische Bundesamt entsprechend der Beauftragung durch das Bundesministerium für Arbeit und Soziales (BMAS) gemäß § 28a Abs. 3 SGB XII erfolgt ist, legt das BMAS im Einvernehmen mit dem Bundesministerium der Finanzen (BMF) durch Rechtsverordnung anhand dieser Kriterien durch Rechtsverordnung mit Zustimmung des Bundesrates nach **§ 40 Satz 1 Nr. 1 SGB XII** den für die Fortschreibung der Regelbedarfsstufen maßgeblichen Vomhundertsatz fest. Dieser Vomhundertsatz ist dann zudem Grundlage für die Fortschreibung der durch die Länder bestimmten regionalen Regelsätze gemäß § 29 Abs. 2 und 3 SGB XII (vgl. § 29 Abs. 4 SGB XII) und auch die fortgeschriebenen Regelbedarfsstufen gelten nach § 29 Abs. 1 Satz 2 SGB XII als neue Regelsätze. Die regionalen Sätze gelten darüber hinaus gemäß § 29 Abs. 5 SGB XII als Regelbedarfsstufen nach der **Anlage zu § 28 SGB XII**.

VI. Ausgewählte Literaturhinweise

Junkernheinrich, Kommunale Sozialleistungen im Ländervergleich – Ein Beitrag zur finanzpolitischen Berichterstattung, ZSE 2012, 196; *Kirchhoff,* Änderungen im Recht der Grundsicherung im Alter und bei Erwerbsminderung, SGb 2013, 441; *Martens,* Tabellengrundlage zu den Regelsatzberechnungen der Bundesregierung, ASR Sonderheft, 2011, 50; *Schwabe,* Einzelbeträge aus den Regelbedarfsstufen des SGB II und XII ab 1.1.2011, ZfF 2011, 97; *Strohdal,* Neue Freibeträge in der Prozess- und Verfahrenskostenhilfe, FamRZ 2013, 263.

B. Auslegung der Norm

I. Regelungsgehalt und Bedeutung der Norm

Von größerer praktischer Bedeutung ist derzeit lediglich **Absatz 1** der Norm, worin klargestellt wird, dass die nach § 28 SGB XII neu ermittelten Regelbedarfsstufen als neu festgesetzte Regelsätze gelten und dass dies entsprechend gilt, wenn die Regelbedarfe nach § 28a SGB XII fortgeschrieben werden. Die Festsetzung von regionalen Regelsätzen nach den **Absätzen 2-4** hat hingegen, wie bei den Vorgängerregelungen, bundesweit nur eine **geringe praktische Bedeutung**, da solche kaum festgesetzt wurden (vgl. auch Rn. 21).

II. Normzweck

Absatz 1 ergänzt die Regelung des § 27a Abs. 3 SGB XII und stellt wie dieser die **Verknüpfung zwischen Regelbedarfsstufen und zu gewährenden Regelsätzen** her, allerdings nicht allgemein, sondern lediglich bezogen auf die nach § 28 SGB XII vorzunehmende Neuermittlung in Jahren mit Ergebnissen einer neuen bundesweiten EVS und die nach § 28a SGB XII erfolgende Fortschreibung der Regelbedarfsstufen in den übrigen Jahren. Hinsichtlich dieses Teils ist die Regelung im Hinblick auf die Vorschrift des § 27a Abs. 3 SGB XII eigentlich **redundant**. Denn dort wird für die Höhe der Regelsätze auch Bezug genommen auf die Regelbedarfsstufen der Anlage zu § 28 SGB XII, die aber schon gemäß § 28 Abs. 4 SGB XII für die Neufestsetzung und gemäß § 40 SGB XII für die Fortschreibung zu ergänzen ist. Dass es sich in § 27a Abs. 3 SGB XII nicht um eine starre, sondern um eine **dynamische Verweisung** auf diese Anlage handeln muss, ergibt sich bereits aus der Systematik der §§ 27a,

28, 28a und 29 SGB XII. Der eigentliche Zweck des § 29 Abs. 1 SGB XII ist daher, wie nach bisherigem Recht gemäß der außer Kraft getretenen Regelsatz-VO eine abweichende Festlegung der Regelsätze durch die Länder auf der Grundlage einer regionalen Auswertung der EVS und örtlicher Besonderheiten zu ermöglichen.

11 Die **Absätze 2-3** legen das **Verfahren zur Bestimmung der landesweiten bzw. regionalen Regelsätze** fest und binden die Länder und die Sozialhilfeträger eng an das auf der Grundlage der Rechtsprechung des BVerfG (vgl. die Kommentierung zu § 27a SGB XII Rn. 3) entwickelte Verfahren zur Bestimmung des Existenzminimums in § 28 SGB XII. Allerdings sollen sowohl landesweite (§ 29 Abs. 2 Satz 4 SGB XII, vgl. Rn. 16 ff.) als auch regionale Besonderheiten (§ 29 Abs. 3 Satz 1 HS. 2 SGB XII, vgl. Rn. 20 ff.) Berücksichtigung finden können.[14] Es handelt sich um eine Ausprägung der konkurrierenden Gesetzgebung nach § 74 Abs. 1 Nr. 7 GG.[15]

12 **Absatz 4** stellt sicher, dass die **Fortschreibung** der landesweiten bzw. regionalen Regelsätze nach den Absätzen 2 und 3 in den Jahren, in denen keine neuen Ergebnisse einer EVS (vgl. dazu die Kommentierung zu § 28 SGB XII Rn. 25) vorliegen, entsprechend der Fortschreibung der Regelbedarfe nach § 28 SGB XII gemäß **§ 28a SGB XII** i.V.m. der Rechtsverordnung nach § 40 SGB XII erfolgt.

13 **Absatz 5** stellt die **Verknüpfung** zwischen den von den Ländern bzw. den Trägern der Sozialhilfe festgelegten Regelsätzen und der **Anlage zu § 28 SGB XII** her, indem die abweichend festgelegten Regelsätze als Regelbedarfsstufen nach dieser Anlage gelten. Dies ist erforderlich, weil auch zahlreiche andere Vorschriften des SGB XII auf die Regelbedarfsstufen der Anlage zu § 28 SGB XII Bezug nehmen (z.B. die §§ 27b Abs. 2, 30 Abs. 3, 85, 88 Abs. 2 SGB XII) und nur so länderspezifische bzw. regionale Regelsätze Berücksichtigung finden.

III. Neue Regelsätze und länderspezifische Abweichungen (Absatz 1)

14 Absatz 1 legt fest, dass sowohl nach § 28 SGB XII neu ermittelte als auch nach § 28a SGB XII fortgeschriebene Regelbedarfsstufen als neu festgesetzte und nach § 27a Abs. 3 SGB XII zu gewährende Regelsätze gelten. Auf die fehlende Erforderlichkeit einer solchen Festlegung im Hinblick auf die Regelung des § 27a Abs. 3 SGB XII wurde bereits hingewiesen (vgl. Rn. 10). Zudem sorgt die gewählte Formulierung „Regelbedarfsstufen" gelten als „Regelsätze" für eine gewisse **sprachliche Verwirrung**, durch die eine mit der Zwischenschaltung der neuen Begriffe „Regelbedarfe" und „Regelbedarfsstufen" zwischen die bisher bekannten „notwendiger Lebensunterhalt" und „Regelsatz" bezweckte klarere Sprachregelung (vgl. auch die Kommentierung zu § 27a SGB XII Rn. 28 f.) kaum erreicht wird.

15 Die in Absatz 1 darüber hinaus geregelte Möglichkeit zur **abweichenden Festsetzung der Regelsätze** gilt sowohl für Jahre, in denen Ergebnisse einer bundesweiten neuen Einkommens- und Verbrauchsstichprobe im Sinne des § 28 SGB XII vorliegen, als auch für Jahre, in denen einen Fortschreibung der Regelbedarfsstufen (und in der Folge der Regelsätze) nach § 28a SGB XII erfolgt. Eine erstmalige abweichende Festsetzung ist zum 01.01.2011 möglich gewesen.

IV. Festsetzung länderspezifischer Regelsätze (Absätze 2-3)

16 Die abweichende **Höhe der Regelsätze** bei einer Neufestsetzung nach § 28 SGB XII wird durch **Rechtsverordnung der Landesregierungen** festgesetzt, wobei diese Rechtsverordnung von der nach § 40 SGB XII zu erlassenden Rechtsverordnung über die Festlegung des zur Fortschreibung der Regelbedarfsstufen maßgeblichen Vomhundertsatzes und zur Anpassung der Anlage zu § 28 SGB XII zu unterscheiden ist. Die Zusammensetzung der jeweiligen Landesregierung ergibt sich aus der entsprechenden Landesverfassung. Die bis zum 31.12.2006 bestehende Möglichkeit der sogenannten **neuen Bundesländer**, die Regelsätze für alleinstehende Leistungsberechtigte bis zu 14 € unterhalb des durchschnittlichen entsprechenden Regelsatzes der anderen Länder festzusetzen, ist mittlerweile weggefallen.[16] Die Festsetzung länderspezifischer Regelsätze ist vor dem Hintergrund der Vorgaben des BVerfG kritisch zu sehen, weil die Befugnis auf die Exekutive übertragen wird, ohne dass ein Parla-

---

[14] Vgl. auch *Dauber* in: Mergler/Zink, SGB XII, § 29 Rn. 6, 14, Stand: Juni 2013.
[15] *Dauber* in: Mergler/Zink, SGB XII, § 29 Rn. 2, Stand: Juni 2013 m.w.N.
[16] Vgl. *Falterbaum* in: Hauck/Noftz, SGB XII, K 28 Rn. 11, Stand: Februar 2012; kritisch zur Begründung für diesen Schritt: Stellungnahme des Deutschen Vereins, NDV 2006, 3.

mentsgesetz die Ausgestaltung im Einzelnen regelt.[17] Zur außerdem bestehenden Gleichbehandlungsproblematik vgl. auch Rn. 23 f.

Wie schon seit dem 07.12.2006 bei der früheren Regelsatz-VO (vgl. zu dieser Rn. 4), können die Bundesländer die **Verordnungsermächtigung** auf das zuständige **Landesministerium** übertragen[18], was der Vereinfachung des Festsetzungsverfahrens dient. 17

Die abweichende Neufestsetzung durch die Länder muss sich grundsätzlich vollständig am **Verfahren des § 28 SGB XII** orientieren (vgl. die Kommentierung zu § 28 SGB XII). Eine Abweichung hiervon ist nur insoweit möglich, als **regionale Auswertungen** der EVS verwendet werden dürfen. Darüber hinaus ist wie nach früherem Recht vorgesehen, dass auf das jeweilige Land bezogene besondere Umstände, die die Deckung des Regelbedarfs betreffen, berücksichtigt werden dürfen. Damit ist vom Grundsatz auch eine Abweichung von den zunächst bundeseinheitlich festgesetzten Regelsätzen nach unten möglich[19] (vgl. aber Rn. 23 f.). Die Länder (bzw. ggf. die zuständigen Träger der Sozialhilfe, vgl. Rn. 20) können jederzeit durch Aufhebung der entsprechenden regionalen Festlegungen zu den bundesgesetzlichen Regelsätzen zurückkehren.[20] 18

Die regionalen Auswertungen der EVS stellt wie die bundesweiten das **Statistische Bundesamt** zur Verfügung. Neben den regionalen Auswertungen der EVS können auch auf die einzelnen Länder bezogene **besondere Umstände**, die die Deckung des Regelbedarfs betreffen, berücksichtigt werden. Dies könnten etwa besonders günstige Konditionen des ÖPNV sein oder auch besonders ungünstige. Die praktische Bedeutung der „besonderen Umstände" in einzelnen Ländern dürfte sehr gering sein. Denn entweder sind diese in der regionalen Auswertung der EVS ohnehin abgebildet, oder sie müssten entsprechend der Rechtsprechung des BVerfG[21] **anhand empirischer Grundlagen höhenmäßig bestimmbar** und in dem der Berechnung der Regelsätze zugrunde gelegten System der EVS abbildbar sein.[22] Pauschale Abschläge ohne eine solche Grundlage sind jedenfalls unzulässig. 19

Die Bundesländer können durch Rechtsverordnung bestimmen, dass die gemäß Absatz 2 Sätze 1-4 entsprechend dem Verfahren des § 28 SGB XII ermittelten Regelsätze als **Mindestregelsätze** gelten sollen. Erst dann können die einzelnen **Träger der Sozialhilfe** nach Absatz 3 aufgrund einer entsprechenden Ermächtigung der Länder davon abweichen und regionale Regelsätze festlegen.[23] Dabei dürfen sie **regionale Besonderheiten** sowie **statistisch nachweisbare Abweichungen in den Verbrauchsausgaben** berücksichtigen, wobei auch sie sich an den Festlegungen des § 28 SGB XII orientieren müssen.[24] Die Abweichungen müssen also in einer oder mehrerer der danach zu berücksichtigenden Abteilungen der EVS auftreten. Es handelt sich hierbei um eine **ermessenbegrenzende Regelung**, da die Festlegung der existenzsichernden Leistungen nach der Rechtsprechung des BVerfG[25] einerseits in einem transparenten Verfahren auf empirischer Grundlage erfolgen, andererseits aber auch ein nachvollziehbarer Grund für die Besserstellung vorhanden sein muss. 20

Regionale Besonderheiten sind etwa **deutlich höhere Lebenshaltungskosten** in bestimmten **größeren Städten**. Tatsächlich hatten nach der entsprechenden Ermächtigung in der alten Regelsatz-VO (vgl. Rn. 4) nur einige Träger der Sozialhilfe in Bayern von dieser Möglichkeit Gebrauch gemacht.[26] Nach der Neuregelung hat z.B. die Stadt München durch Verordnung vom 01.01.2014 regionale Regelsätze beschlossen.[27] Nicht erfasst werden höhere **Mieten**, da diese im Regelfall bereits nach § 35 21

---

[17] Vgl. auch *Dauber* in: Mergler/Zink, SGB XII, § 29 Rn. 8 f., Stand: Juni 2013; *Falterbaum* in: Hauck/Noftz, SGB XII, K § 29 Rn. 13, Stand: Dezember 2011; *Roscher* in: LPK-SGB XII, 9. Aufl. 2012, § 29 Rn. 3; *Ottersbach* in: Jahn, SGB XII, § 29 Rn. 11, Stand: 01.04.2013.; für die Verfassungsmäßigkeit *Adolph* in: Jehle/Linhart/Adolph, SGB II SGB XII AsylbLG, § 85 SGB XII Rn. 17., Stand: Juni 2012.

[18] BT-Drs. 17/3404, S. 123.

[19] *Schmidt* in: Oestreicher, SGB XII/SGB II, § 29 SGB XII Rn. 14, Stand: November 2011.

[20] Vgl. auch *Dauber* in: Mergler/Zink, SGB XII, § 29 Rn. 7, Stand: Juni 2013; *Schmidt* in: Oestreicher, SGB XII/SGB II, § 29 SGB XII Rn. 3, Stand: November 2011.

[21] BVerfG v. 09.02.2010 - 1 BvL 1/09, 1 BvL 3/09, 1 BvL 4/09 - juris Rn. 139 - BVerfGE 125, 175.

[22] Vgl. zu dieser Einschränkung auch *Schmidt* in: Oestreicher, SGB XII/SGB II, § 29 SGB XII Rn. 12, Stand: November 2011.

[23] *Adolph* in: Jehle/Linhart/Adolph, SGB II SGB XII AsylbLG, § 85 SGB XII Rn. 38., Stand: Juni 2012.

[24] Vgl. auch BT-Drs. 17/3404, S. 123.

[25] BVerfG v. 09.02.2010 - 1 BvL 1/09, 1 BvL 3/09, 1 BvL 4/09 - juris Rn. 139 - BVerfGE 125, 175.

[26] Stadt München, Landkreis Dachau, Landkreis Fürstenfeldbruck, Landkreis München.

[27] ABl. der Landeshauptstadt München vom Nr. 36 v. 30.11.2013, 549.

Abs. 1 SGB XII in tatsächlicher Höhe im jeweiligen Wohnort zu übernehmen sind, wodurch regionale Besonderheiten berücksichtigt werden.

22 Die zusätzliche Nennung von **statistisch nachweisbaren Abweichungen** in den Verbrauchsausgaben hat dann eine gesonderte Bedeutung, wenn sich (in der Regel geringfügige) Abweichungen der Verbrauchsausgaben nach oben nicht aufgrund regionaler Besonderheiten erklären lassen. Dies macht zusätzlich deutlich, dass eine willkürliche und nicht nachvollziehbare Abweichung der Regelsätze auch nach oben nicht erfolgen soll, was unter Gleichbehandlungsgesichtspunkten zu begrüßen ist.

23 Die abweichende Festsetzung der Regelsatzhöhe durch die Bundesländer steht dem **Modell** der bundeseinheitlichen Festsetzung der **Regelbedarfe nach dem SGB II** gegenüber. Warum im Bereich der Sozialhilfe eine abweichende Festsetzung möglich ist, im SGB II jedoch nicht, ist unter **Gleichbehandlungsgesichtspunkten** nur schwer nachvollziehbar.[28] Dies kann allenfalls mit der langen Tradition der Zuständigkeit der Bundesländer für die Sozialhilfe erklärt werden und dem Umstand, dass im Bereich des SGB II ein schneller Wechsel aus dem Leistungsbezug auf den Arbeitsmarkt beabsichtigt ist, so dass regionale Besonderheiten weniger stark berücksichtigt werden müssen.

24 Die Festsetzung von **abweichenden Regelsätzen** oder von **Mindestregelsätzen unterhalb der bundeseinheitlich festgesetzten Regelbedarfe** des § 20 SGB II ist unter Gleichbehandlungsgesichtspunkten (Art. 3 Abs. 1 GG) problematisch und nur zu rechtfertigen, wenn sie ursächlich auf der fehlenden Erwerbsfähigkeit der Bezieher von Hilfe zum Lebensunterhalt nach dem SGB XII beruhen würde, wovon regelmäßig nicht ausgegangen werden kann.[29]

25 Sowohl für die durch die Länder als auch für die durch die Träger der Sozialhilfe abweichend festgesetzten Regelsätze gilt die Regelung des **§ 28 Abs. 4 Sätze 4 und 5 SGB XII** entsprechend. Das bedeutet, dass die für die Ermittlung der Regelsätze bei der Bestimmung der regionalen Werte der EVS, bei Berücksichtigung besonderer Umstände in einzelnen Ländern oder bei regionalen Besonderheiten zugrunde zu legenden Summen regelbedarfsrelevanter Verbrauchsausgaben für den Zeitraum zwischen Erhebung und Festsetzung mit der **Veränderungsrate nach § 28a Abs. 2 SGB XII** fortzuschreiben sind (vgl. die Kommentierung zu § 28 SGB XII Rn. 19 ff.). Auch die **Rundung der Regelsätze** ist wie bei § 28 Abs. 4 Satz 5 SGB XII vorzunehmen (vgl. die Kommentierung zu § 28 SGB XII Rn. 17). Der Unterschied zur Fortschreibungsregelung des § 29 Abs. 4 SGB XII ist, dass diese erst nach der Festsetzung der länderspezifischen bzw. regionalen Regelsätze für deren Fortschreibung gilt.

26 Die früher in § 114 Abs. 1 BSHG enthaltene Vorgabe, vor der Festlegung der Regelsätze **sozial erfahrene Personen** zu hören, ist in § 116 Abs. 1 SGB XII nicht übernommen worden. Die Regelung spricht nur noch von der Anhörung beim Erlass allgemeiner Verwaltungsvorschriften, also bei Normen des Verwaltungsbinnenrechts.

27 Eine gerichtliche **abstrakte Normenkontrolle** der Rechtsverordnungen nach den Absätzen 2 und 3 wie nach § 47 VwGO ist im Gegensatz zum früheren Recht[30] nicht mehr möglich, da das SGG eine entsprechende Möglichkeit für die untergesetzlichen Regelungen nach § 29 SGB XII nicht vorsieht.[31] Nur für § 22a Abs. 1 SGB II ist in § 55a SGG nun eine Normenkontrolle vorgesehen, die auf die hier vorliegende Konstellation jedoch nicht anwendbar ist. Die rechtmäßige abweichende Festsetzung der Regelsätze ist vielmehr **inzident** bei Streitigkeiten um die Höhe der Leistung gerichtlich zu überprüfen.[32]

V. Fortschreibung länderspezifischer Regelsätze (Absatz 4)

28 Absatz 4 bestimmt, dass die nach den Absätzen 2 und 3 abweichend von den Regelbedarfsstufen festgesetzten Regelsätze in Jahren, in denen keine Neufestsetzung aufgrund einer neuen Auswertung der EVS gemäß § 28 SGB XII erfolgt, mit der Veränderungsrate fortzuschreiben sind, die sich aus § 40 SGB XII ergibt. Gemeint ist die Veränderungsrate im Sinne des § 28a Abs. 1 und 2 SGB XII, die durch den Vomhundertsatz nach § 40 Satz 1 Nr. 1 SGB XII ausgedrückt wird. Die Sonderregelung des § 138

---

[28] Vgl. auch *Dauber* in: Mergler/Zink, SGB XII, § 29 Rn. 9, Stand: Juni 2013; *Falterbaum* in: Hauck/Noftz, SGB XII, K § 29 Rn. 17, Stand: Dezember 2011; *Roscher* in: LPK-SGB XII, 9. Aufl. 2012, § 29 Rn. 5.

[29] Vgl. auch *Ottersbach* in: Jahn, SGB XII, § 29 Rn. 11, Stand: 01.04.2013.

[30] Vgl. BVerwG v. 25.11.1993 - 5 N 1/92 - BVerwGE 94, 335.

[31] Vgl. BSG v. 28.04.1999 - B 6 KA 52/98 R - SGb 1999, 402, auch zur ausnahmsweise angenommenen Möglichkeit einer Normenkontrolle im Wege einer Feststellungsklage.

[32] Vgl. auch LSG Nordrhein-Westfalen v. 01.08.2006 - L 20 B 217/06 AS ER.

SGB XII war für die Fortschreibung zum 01.01.2012 zu beachten. Eigene Veränderungsraten dürfen die für die regionalen Regelsätze Zuständigen nicht festlegen.[33] Die Fortschreibung erfolgt durch Rechtsverordnung der Länder[34], auch soweit Festlegungen durch Sozialhilfeträger erfolgt sind.[35]

VI. Gleichstellung länderspezifischer Regelsätze mit Regelbedarfsstufen (Absatz 5)

Da das SGB XII in zahlreichen Vorschriften auf die Regelbedarfsstufen gemäß der **Anlage zu § 28 SGB XII** verweist (z.B. §§ 27b Abs. 2, 30 Abs. 3, 85, 88 Abs. 2 SGB XII), müssen auch diese bei einer abweichenden Festsetzung der Länder oder Träger der Sozialhilfe nach § 29 Abs. 2 und 3 SGB XII oder deren Fortschreibung (§ 29 Abs. 2 Satz 6, Abs. 3 Satz 2 und Abs. 4 SGB XII) angepasst werden. Dies regelt § 29 Abs. 5 SGB XII. Begrifflich nicht ganz zweifelsfrei erfolgt dabei (wie auch in umgekehrter Richtung in Absatz 1) eine **Gleichstellung** der abweichend festgesetzten Regelsätze mit den Regelbedarfsstufen. Dies ist erforderlich, da der Gesetzgeber in § 29 Abs. 2 und 3 SGB XII das von ihm neu eingeführte Begriffschema „notwendiger Lebensunterhalt", „Regelbedarf", „Regelbedarfsstufen" und „Regelsätze", wie es in § 27a SGB XII entwickelt wird, nicht durchhält. Vielmehr wird insoweit im Wesentlichen wie auch in der früheren Regelsatz-VO nur mit dem Begriff der „Regelsätze" gearbeitet.

29

C. Praxishinweise

Die **praktische Bedeutung** des § 29 SGB XII tendiert hinsichtlich der Festsetzung abweichender Regelsätze durch die Länder und Träger der Sozialhilfe gegen **Null**, was auch mit dem Umstand zusammenhängt, dass im Parallelsystem des SGB II eine solche regionale Festsetzung des Regelbedarfs nicht vorgesehen ist.[36]

30

---

[33] *Dauber* in: Mergler/Zink, SGB XII, § 29 Rn. 16, Stand: Juni 2013 m.w.N.
[34] *Dauber* in: Mergler/Zink, SGB XII, § 29 Rn. 16, Stand: Juni 2013.
[35] *Schmidt* in: Oestreicher, SGB XII/SGB II, § 29 SGB XII Rn. 24, Stand: November 2011.
[36] Vgl. auch *Ottersbach* in: Jahn, SGB XII, § 29 Rn. 4, Stand: 01.04.2013.

Zweiter Abschnitt: Zusätzliche Bedarfe
§ 30 SGB XII Mehrbedarf

(Fassung vom 24.03.2011, gültig ab 01.01.2011)

(1) Für Personen, die

1. die Altersgrenze nach § 41 Abs. 2 erreicht haben oder
2. die Altersgrenze nach § 41 Abs. 2 noch nicht erreicht haben und voll erwerbsgemindert nach dem Sechsten Buch sind,

und durch einen Bescheid der nach § 69 Abs. 4 des Neunten Buches zuständigen Behörde oder einen Ausweis nach § 69 Abs. 5 des Neunten Buches die Feststellung des Merkzeichens G nachweisen, wird ein Mehrbedarf von 17 vom Hundert der maßgebenden Regelbedarfsstufe anerkannt, soweit nicht im Einzelfall ein abweichender Bedarf besteht.

(2) Für werdende Mütter nach der 12. Schwangerschaftswoche wird ein Mehrbedarf von 17 vom Hundert der maßgebenden Regelbedarfsstufe anerkannt, soweit nicht im Einzelfall ein abweichender Bedarf besteht.

(3) Für Personen, die mit einem oder mehreren minderjährigen Kindern zusammenleben und allein für deren Pflege und Erziehung sorgen, ist, soweit kein abweichender Bedarf besteht, ein Mehrbedarf anzuerkennen

1. in Höhe von 36 vom Hundert der Regelbedarfsstufe 1 nach der Anlage zu § 28 für ein Kind unter sieben Jahren oder für zwei oder drei Kinder unter sechzehn Jahren, oder
2. in Höhe von 12 vom Hundert der Regelbedarfsstufe 1 nach der Anlage zu § 28 für jedes Kind, wenn die Voraussetzungen nach Nummer 1 nicht vorliegen, höchstens jedoch in Höhe von 60 vom Hundert der Regelbedarfsstufe 1 nach der Anlage zu § 28.

(4) [1]Für behinderte Menschen, die das 15. Lebensjahr vollendet haben und denen Eingliederungshilfe nach § 54 Abs. 1 Satz 1 Nr. 1 bis 3 geleistet wird, wird ein Mehrbedarf von 35 vom Hundert der maßgebenden Regelbedarfsstufe anerkannt, soweit nicht im Einzelfall ein abweichender Bedarf besteht. [2]Satz 1 kann auch nach Beendigung der in § 54 Abs. 1 Satz 1 Nr. 1 bis 3 genannten Leistungen während einer angemessenen Übergangszeit, insbesondere einer Einarbeitungszeit, angewendet werden. [3]Absatz 1 Nr. 2 ist daneben nicht anzuwenden.

(5) Für Kranke, Genesende, behinderte Menschen oder von einer Krankheit oder von einer Behinderung bedrohte Menschen, die einer kostenaufwändigen Ernährung bedürfen, wird ein Mehrbedarf in angemessener Höhe anerkannt.

(6) Die Summe des nach den Absätzen 1 bis 5 insgesamt anzuerkennenden Mehrbedarfs darf die Höhe der maßgebenden Regelbedarfsstufe nicht übersteigen.

(7) [1]Für Leistungsberechtigte wird ein Mehrbedarf anerkannt, soweit Warmwasser durch in der Unterkunft installierte Vorrichtungen erzeugt wird (dezentrale Warmwassererzeugung) und denen deshalb keine Leistungen für Warmwasser nach § 35 Absatz 4 erbracht werden. [2]Der Mehrbedarf beträgt für jede im Haushalt lebende leistungsberechtigte Person entsprechend ihrer Regelbedarfsstufe nach der Anlage zu § 28 jeweils

1. 2,3 vom Hundert der Regelbedarfsstufen 1 bis 3,
2. 1,4 vom Hundert der Regelbedarfsstufe 4,

3. 1,2 vom Hundert der Regelbedarfsstufe 5 oder
4. 0,8 vom Hundert der Regelbedarfsstufe 6,

soweit nicht im Einzelfall ein abweichender Bedarf besteht oder ein Teil des angemessenen Warmwasserbedarfs durch Leistungen nach § 35 Absatz 4 gedeckt wird.

Gliederung

A. Basisinformationen 1	d. Abweichende Festsetzung des Bedarfs 81
I. Textgeschichte/Gesetzesbegründung 1	e. Nachträgliche Leistungserbringung 82
II. Systematische Zusammenhänge 15	4. Zuschlag für behinderte Menschen in Ausbildung (Absatz 4) 83
III. Ausgewählte Literaturhinweise..................... 18	a. Behinderte Menschen 83
B. Auslegung der Norm 19	b. Leistungen der Eingliederungshilfe 86
I. Regelungsgehalt und Bedeutung der Norm 19	c. Ausbildungsförderung nach BAföG oder SGB III 89
II. Parallelen im SGB II 23	d. Rechtsfolgen in den Fällen des Absatzes 4 Satz 1 90
III. Tatbestandsmerkmale und Rechtsfolgen 32	e. Kann-Leistungen nach Absatz 4 Satz 2 91
1. Gehbehinderte Menschen (Absatz 1) 32	f. Nachträgliche Gewährung des Zuschlags? 92
a. Zuschlag für alte gehbehinderte Menschen (Absatz 1 Nr. 1) 32	5. Mehrbedarf für kostenaufwändige Ernährung (Absatz 5) 94
b. Zuschlag für gehbehinderte Menschen bei voller Erwerbsminderung (Absatz 1 Nr. 2) 36	a. Berechtigte 94
c. Merkzeichen G 42	b. Anspruchsvoraussetzungen 96
d. Nachträgliche Gewährung des Zuschlags? 48	c. Höhe des Anspruchs 99
e. Verhältnis zu anderen Anspruchsgrundlagen..... 53	d. Nachträgliche Gewährung des Zuschlags 113
f. Abweichende Feststellung des Bedarfs 57	6. Begrenzung bei der Summierung der Zuschläge (Absatz 6) 115
2. Werdende Mütter (Absatz 2) 60	7. Mehrbedarf für Warmwasserversorgung (Absatz 7) 118
a. Anspruchszeitraum 60	a. Anspruchsvoraussetzungen 118
b. Zu deckende Bedarfe 64	b. Höhe des Mehrbedarfs 120
c. Abweichende Festsetzung 65	c. Nachträgliche Erbringung des Mehrbedarfszuschlags 121
d. Nachträgliche Gewährung des Zuschlags? 66	**C. Praxishinweise** 123
3. Alleinerziehendenzuschlag (Absatz 3) 67	
a. Sinn und Zweck der Regelung 67	
b. Zusammenleben mit einem oder mehreren minderjährigen Kindern und alleinige Sorge für deren Pflege und Erziehung 70	
c. Rechtsfolgen, abweichende Festsetzung des Bedarfs 78	

A. Basisinformationen

I. Textgeschichte/Gesetzesbegründung

Erste **Vorläuferregelungen** des heutigen § 30 SGB XII gab es bereits vor dem Inkrafttreten des Bundessozialhilfegesetzes im **Fürsorgerecht**; dem heutigen § 30 Abs. 1 und 3 vergleichbare Vorschriften wurden erstmals durch Art. VII des Gesetzes über die Änderung und Ergänzung fürsorgerechtlicher Bestimmungen vom 20.08.1953 geschaffen.[1] Für Personen, die das 65. Lebensjahr vollendet hatten, oder schwererwerbsbeschränkte Personen wurde danach ein Mehrbedarf in Höhe von 20 v.H. des für sie maßgebenden Richtsatzes anerkannt. Einen Zuschlag erhielten auch Mütter, die mit mindestens 2 Kindern im Volksschulalter zusammenlebten und allein für deren Pflege und Erziehung sorgten.[2]

1

Unmittelbare **Vorgängervorschrift** des § 30 SGB XII im Sozialhilferecht war **§ 23 BSHG**; § 23 BSHG war von Anfang an als Regelung über Mehrbedarfszuschläge im BSHG enthalten und knüpfte teilweise an die fürsorgerechtlichen Bestimmungen an. Die ursprüngliche Fassung des **Bundessozialhilfegesetzes** vom 30.06.1961[3] war weniger ausdifferenziert als in ihrer heutigen Form. Sie enthielt zunächst nur Regelungen über einen Mehrbedarfszuschlag von 20 v.H. des maßgeblichen Regelsatzes für Personen, die das 65. Lebensjahr vollendet hatten, für Personen unter 65 Jahren, die erwerbsunfähig im

2

---

[1] BGBl I 1953, 967.
[2] Zur Gesetzesbegründung vgl. BT-Drs. 01/3440, S. 10.
[3] BGBl I 1961, 815.

§ 30

Sinne der gesetzlichen Rentenversicherung waren, über einen Zuschlag für werdende Mütter (§ 23 Abs. 1 BSHG), über einen Zuschlag für Alleinerziehende (§ 23 Abs. 2 BSHG), über einen Erwerbstätigenzuschlag (§ 23 Abs. 3 BSHG) und über die kumulative Gewährung der Zuschläge (§ 23 Abs. 4 BSHG).[4]

3   Der Zuschlag nach § 23 Abs. 1 BSHG wurde mit dem **Gesetz zur Änderung des Bundessozialhilfegesetzes** vom 31.08.1965[5] auf 30 v.H. des Regelsatzes erhöht; mit der Änderung sollte nach der Gesetzesbegründung der wirtschaftlichen Lage der Kleinstrentner Rechnung getragen werden[6]. Mit dem **Zweiten Gesetz zur Änderung des Bundessozialhilfegesetzes** vom 14.08.1969[7] wurden die Alleinerziehendenzuschläge von 20 auf 30 v.H. (bei zwei oder drei Kindern unter 16 Jahren) bzw. von 30 auf 40 v.H. (ab vier Kindern) des maßgeblichen Regelsatzes angehoben. Im Rahmen von Haushaltskonsolidierungsmaßnahmen wurde mit dem **Haushaltsstrukturgesetz** vom 22.12.1981[8] der Zuschlag des § 23 Abs. 1 BSHG wieder auf 20 v.H. des maßgeblichen Regelsatzes reduziert. Auch der Alleinerziehendenzuschlag der ersten Stufe (zwei oder drei Kinder) wurde wieder auf 20 v.H. des maßgeblichen Regelsatzes gekürzt. Ferner wurden Zuschläge, die bisher im Bereich der Hilfe für besondere Lebenslagen geregelt gewesen waren, abgeschafft (Zuschlag für behinderte Menschen, § 41 BSHG, und Zuschlag im Rahmen der Tuberkulosehilfe, § 53 BSHG) und stattdessen – unter engeren tatbestandlichen Voraussetzungen und unter Anwendung der ungünstigeren Einkommensgrenzen für die Hilfe zum Lebensunterhalt – die Zuschläge des § 23 Abs. 1 Nr. 4 BSHG (Zuschlag von 20 v.H. des maßgeblichen Regelsatzes für Tuberkulosekranke), des § 23 Abs. 3 BSHG (Zuschläge für behinderte Menschen in Maßnahmen der Eingliederungshilfe) und des § 23 Abs. 4 Nr. 2 BSHG (Krankenkostzuschlag) eingeführt.

4   Das **Vierte Gesetz zur Änderung des BSHG** vom 21.06.1985[9] brachte eine Herabsetzung der Altersgrenze des § 23 Abs. 1 BSHG auf 60 Jahre; nach der amtlichen Begründung sollte dem Umstand Rechnung getragen werden, dass altersbedingte Beeinträchtigungen, die erhöhte Aufwendungen für den Lebensunterhalt erforderten, sich bereits ab dem 60. Lebensjahr häuften[10]. Der Alleinerziehendenzuschlag wurde auf Fälle der Erziehung von nur einem Kind unter sieben Jahren erweitert; zur Begründung hieß es, auch diese Personengruppe habe wegen der Sorge um die Kinder weniger Zeit, um preisbewusst einzukaufen, und müsse zugleich höhere Aufwendungen zur Kontaktpflege und zur Unterrichtung in Erziehungsfragen tragen.[11]

5   Mit dem **Einigungsvertrag**[12] wurde § 23 Abs. 1 Nr. 1 und 2 BSHG auf das Beitrittsgebiet für nicht anwendbar erklärt (Anlage I Kapitel X Sachgebiet H Abschnitt III Nr. 3 lit. d).

6   Mit dem **Schwangeren- und Familienhilfegesetz** vom 27.07.1992[13] wurde der Zuschlag für werdende Mütter für die Zeit ab der 13. Schwangerschaftswoche erweitert. Die Sätze für den Zuschlag für Alleinerziehende wurden von 20 auf 40 bzw. von 40 auf 60 v.H. erhöht. Die Änderungen standen im Zusammenhang mit Neuregelungen zum Schutz des vorgeburtlichen/werdenden Lebens.[14]

7   1993 wurde § 23 BSHG mit dem **Gesetz zur Umsetzung des Föderalen Konsolidierungsprogramms** vom 26.06.1993[15] geändert. Die Altersgrenze des § 23 Abs. 1 BSHG wurde wieder auf 65 Jahre angehoben; die Änderung ging auf eine Initiative der Ministerpräsidenten der Länder zurück.[16] Der Mehrbedarfszuschlag für Tuberkulosekranke wurde ganz gestrichen. Der Erwerbstätigenzuschlag des § 23 Abs. 4 Nr. 1 BSHG entfiel; stattdessen wurde ein Einkommensfreibetrag (§ 76 Abs. 2a BSHG) eingeführt. In § 23 Abs. 5 BSHG wurde die Höhe der insgesamt zu gewährenden Zuschläge auf die Höhe des maßgebenden Regelsatzes begrenzt.[17]

---

[4] Zur Gesetzesbegründung vgl. BT-Drs. 03/1799, S. 42.
[5] BGBl I 1965, 1027.
[6] BT-Drs. 04/3552, S. 2.
[7] BGBl I 1969, 1153.
[8] BGBl I 1981, 1523.
[9] BGBl I 1985, 1081.
[10] BT-Drs. 10/3079, S. 5.
[11] BT-Drs. 10/3079, S. 5.
[12] BGBl II 1990, 885.
[13] BGBl I 1992, 1398.
[14] BT-Drs. 12/2605 (neu), S. 2 ff.
[15] BGBl I 1993, 944.
[16] BR-Drs. 121/93, S. 213.
[17] BR-Drs. 121/93, S. 213, BT-Drs. 12/4748, S. 100.

Im Gesetzgebungsverfahren zum **Gesetz zur Reform des Sozialhilferechts** vom 23.07.1996[18] war zunächst die völlige Abschaffung der Zuschläge für alte und erwerbsunfähige Menschen erwogen worden[19]; es wurde die Auffassung vertreten, dass entsprechende Aufwendungen durch Leistungen nach § 11 Abs. 3 BSHG und § 68 Abs. 1 BSHG zielgenauer übernommen werden könnten; bei einem Alter von 65 Jahren könne auch nicht mehr generell von Gebrechlichkeit ausgegangen werden[20]. Auf eine Beschlussempfehlung des Vermittlungsausschusses wurde dann schließlich der bis dahin alten und erwerbsunfähigen Personen gewährte Zuschlag des § 23 Abs. 1 BSHG an den Besitz eines Schwerbehindertenausweises mit dem Merkzeichen G gekoppelt und damit tatbestandlich erheblich eingeschränkt. In Satz 2 wurde eine „Besitzstandsregelung" geschaffen, mit der die bis zum 31.07.1996 geltende Regelung über den Höchstbetrag weiter für Personen anzuwenden war, für die bis zu diesem Zeitpunkt ein Mehrbedarf nach dieser Vorschrift anerkannt war. Der Mehrbedarf für Schwangere war fortan in § 23 Abs. 1a BSHG geregelt. Mit einer Neufassung des § 152 BSHG wurden u.a. für das Land Berlin die sich noch aus Anlage I Kapitel X Sachgebiet H Abschnitt III Nr. 3 des Einigungsvertrages ergebenden Einschränkungen aufgehoben.

8

Mit dem **Gesetz zur Änderung des § 152 BSHG** vom 20.12.1996[21] wurde § 152 Satz 2 BSHG dahingehend erweitert, dass (auch) die Maßgaben nach Anlage I Kapitel X Sachgebiet H Abschnitt III Nr. 3 lit. d des Einigungsvertrages (d.h. die Nichtanwendbarkeit des § 23 Abs. 1 Nr. 1 und 2 BSHG im Beitrittsgebiet) nicht mehr gelten sollten. § 23 BSHG war damit im gesamten Bundesgebiet anwendbar.

9

Mit dem **Altersvermögensgesetz** vom 26.06.2001[22] wurde in § 23 Abs. 1 Satz 1 Nr. 2 BSHG das Wort „erwerbsunfähig" durch „voll erwerbsgemindert" ersetzt. Mit Einführung des **Neunten Buches Sozialgesetzbuch**[23] kam es in den Absätzen 1, 3 und 4 zu redaktionellen Anpassungen; in Absatz 3 wurde zudem der Verweis auf § 40 Abs. 1 Nr. 3-5 BSHG durch einen Verweis auf § 40 Abs. 1 Nr. 3-6 BSHG ersetzt.

10

Im Zuge der **Einordnung des Sozialhilferechts in das Sozialgesetzbuch** zum 01.01.2005[24] sollte nach der Gesetzesbegründung mit § 30 SGB XII der bis dahin geltende § 23 BSHG im Wesentlichen inhaltsgleich übertragen werden. Die Besitzstandsregelung für den Zuschlag nach § 23 Abs. 1 BSHG wurde nicht übernommen, um die bestehende Ungleichbehandlung mit dem Gesetz über die Grundsicherung im Alter und bei Erwerbsminderung und mit den neuen Bundesländern zu beseitigen.[25] Die Prozentsätze wurden durchgängig abgesenkt. Grund dafür war die Neukonzeption der Regelsätze, die künftig alle pauschalierbaren Leistungen der Hilfe zum Lebensunterhalt umfassen sollten, so dass der Bezugsbetrag für die Zuschläge höher wurde. Die tatsächliche Höhe der Leistungen sollte im Wesentlichen unverändert bleiben.[26] Erst im Laufe des Gesetzgebungsverfahrens wurde die Regelung über den Alleinerziehendenzuschlag erweitert; sie wurde auf Vorschlag des Ausschusses für Gesundheit und soziale Sicherung auf alle Kinder bis zur Volljährigkeit ausgedehnt.[27]

11

Das **Gesetz zur Änderung des Zwölften Buches Sozialgesetzbuch und anderer Gesetze** vom 02.12.2006[28] brachte eine Änderung des § 30 Abs. 1 Satz 1 SGB XII; „einen Ausweis nach § 69 Abs. 5 des Neunten Buches mit dem Merkzeichen G besitzen," wurde ersetzt durch „durch einen Bescheid der nach § 69 Abs. 4 des Neunten Buches zuständigen Behörde oder durch einen Ausweis nach § 69 Abs. 5 des Neunten Buches die Feststellung des Merkzeichens G nachweisen,". Nach dem vor der Gesetzesänderung geltenden Recht war der Mehrbedarf davon abhängig gewesen, dass die Leistungsberechtigten tatsächlich einen entsprechenden Schwerbehindertenausweis besaßen; der Besitz eines entsprechenden Feststellungsbescheides nach dem Neunten Buch Sozialgesetzbuch reichte nicht aus. Der Mehrbedarf konnte deshalb auch erst ab dem Zeitpunkt der Ausstellung des Schwerbehindertenausweises und damit regelmäßig erst mehrere Wochen nach Bekanntgabe des Feststellungsbescheides in An-

12

---

[18] BGBl I 1996, 1088.
[19] BR-Drs. 141/96, S. 4; BT-Drs. 13/3904, S. 12.
[20] BT-Drs. 13/3904, S. 37.
[21] BGBl I 1996, 2083.
[22] BGBl I 2001, 1310, 1334.
[23] BGBl I 2001, 1109.
[24] Gesetz zur Einordnung des Sozialhilferechts in das Sozialgesetzbuch vom 27.12.2003, BGBl I 2003, 3022.
[25] BT-Drs. 15/1514, S. 66 zu § 31 des Gesetzentwurfs der Regierungsfraktionen.
[26] BT-Drs. 15/1514, S. 66 zu § 31 des Gesetzentwurfs der Regierungsfraktionen.
[27] BT-Drs. 15/1734, S. 25.
[28] BGBl I 2006, 2670.

spruch genommen werden.[29] Nach dem neuen Recht sollte ein Schwerbehindertenausweis für die Geltendmachung des Mehrbedarfszuschlags entbehrlich sein, wovon man sich eine Entlastung sowohl der Hilfebedürftigen als auch der Behörden versprach.[30]

13 Durch das **RV-Altersgrenzenanpassungsgesetz** vom 20.04.2007[31] wurde § 30 Abs. 1 SGB XII an die geänderten Altersgrenzen des § 41 SGB XII für die Leistungen der Grundsicherung im Alter und bei Erwerbsminderung angepasst.

14 Mit dem **Gesetz zur Ermittlung von Regelbedarfen und zur Änderung des Zweiten und Zwölften Buches Sozialgesetzbuch** vom 24.03.2011[32] wurden in § 30 Abs. 1-4 SGB XII redaktionelle Anpassungen wegen der Umstellung der Regelsätze auf Regelbedarfsstufen vorgenommen; Absatz 6 wurde in diesem Zusammenhang neu gefasst. Eine materielle Änderung war damit nicht beabsichtigt[33]. Ein neu angefügter Absatz 7 regelt seither die Anerkennung von Mehrbedarfen in Fällen dezentraler Warmwassererzeugung.

II. Systematische Zusammenhänge

15 Die Mehrbedarfstatbestände des § 30 SGB XII stehen im Kontext der Regelungen über die Hilfe zum Lebensunterhalt (§§ 27 ff. SGB XII); sie gehören zu den „Zusätzlichen Bedarfen" des 2. Abschnitts des 3. Kapitels. Nach § 27a Abs. 2 Satz 1 SGB XII ergibt grundsätzlich der gesamte notwendige Lebensunterhalt des § 27a Abs. 1 SGB XII mit Ausnahme der Bedarfe nach dem 2. bis 4. Abschnitt den monatlichen Regelbedarf. § 27a Abs. 4 Satz 1 SGB XII ermöglicht dabei im Einzelfall eine vom Regelbedarf abweichende Festsetzung des individuellen Bedarfs dann, wenn ein Bedarf (u.a.) unabweisbar seiner Höhe nach erheblich von einem durchschnittlichen Bedarf abweicht. Die speziellen Bedarfe des § 30 SGB XII, die anders als die einmaligen Bedarfe nach § 31 SGB XII kontinuierlich über einen längeren Zeitraum bestehen, sind deshalb vom Anwendungsbereich des § 27a SGB XII und insbesondere von § 27a Abs. 4 Satz 1 SGB XII abzugrenzen; beide Regelungen sind letztlich **Ausprägungen** des in § 9 SGB XII einfachrechtlich normierten **Individualisierungsgrundsatzes** und des in Art. 1 GG verfassungsrechtlich verankerten **Bedarfsdeckungsgrundsatzes**.[34]

16 Systematische Zusammenhänge bestehen auch mit den Regelungen des 5. bis 9. Kapitels des SGB XII (im BSHG: Hilfen in besonderen Lebenslagen). Insbesondere gibt es **sachliche Überschneidungen** zwischen § 30 Abs. 1 Nr. 2 SGB XII und § 30 Abs. 4 SGB XII einerseits und den Regelungen über die **Eingliederungshilfe** der §§ 53 ff. SGB XII andererseits sowie zwischen § 30 Abs. 1 Nr. 1 SGB XII und § 71 SGB XII (**Altenhilfe**). Eine Parallelität der Regelungen besteht jeweils in der sachlichen Anknüpfung an bestimmte Lebenssituationen, wobei § 30 Abs. 1 und 4 SGB XII für diese Lebenssituationen typisierte Mehrbedarfe mit der Möglichkeit der individuellen Abweichung gewähren, die Eingliederungs- und Altenhilfe jedoch von vornherein am individuellen Bedarf ausgerichtete Leistungen vorsehen.

17 Die Mehrbedarfe des § 30 SGB XII haben nicht nur Bedeutung für die Leistungen zum Lebensunterhalt nach dem **3. Kapitel des SGB XII**, sondern über die Verweisung des § 42 Satz 1 Nr. 2 SGB XII auch für die Leistungen nach dem **4. Kapitel** (Grundsicherung im Alter und bei Erwerbsminderung).

III. Ausgewählte Literaturhinweise

18 *Brehm/Schifferdecker,* Der neue Warmwasserbedarf im SGB II, SGb 2011, 505 ff.; *Dau*, Mehrbedarf von Kindern mit Merkzeichen G, jurisPR-SozR 10/2009, Anm. 1; *Dau*, Mehrbedarf bei Erwerbsminderung und Merkzeichen G, jurisPR-SozR 1/2009, Anm. 5; *Deutscher Verein*, Empfehlungen für die Gewährung von Krankenkostzulagen in der Sozialhilfe, 2. Aufl. 1997; *Deutscher Verein*, Empfehlungen des Deutschen Vereins zur Gewährung von Krankenkostzulagen in der Sozialhilfe, 3. Aufl. 2008; *Deutscher Verein*, Mehrbedarf nach §§ 23, 24 BSHG und Einkommensgrenzen nach §§ 79, 81 BSHG, 1991; *Deutscher Verein*, Inhalt und Bemessung des gesetzlichen Mehrbedarfs nach dem BSHG, Kleinere Schriften des Deutschen Vereins für öffentliche und private Fürsorge, Heft 55, 1976; *Düring*, Die Mehrbedarfe nach § 21 SGB II, Das SGB II in der Praxis der Sozialgerichte – Bilanz und Perspektiven 2010, 59-78 (Reihe DSTG-Praktikerleitfäden); *Gagel*, Rückwirkende Entscheidungen

---

[29] Nds. OVG v. 16.07.2001 - 12 PA 2413/01 und v. 14.01.2004 - 12 PA 562/03.
[30] BT-Drs. 16/2711, S. 11.
[31] BGBl I 2007, 554.
[32] BGBl I 2011, 453.
[33] BT-Drs. 17/3404, S. 204.
[34] Hierzu grundlegend zuletzt BVerfG v. 09.02.2010 - 1 BvL 1/09, 1 BvL 3/09, 1 BvL 4/09.

über Schwerbehinderung, Schwerbehindertenausweis sowie Merkzeichen und ihre Folgen; Behindertenrecht 2009, 189-192; *Heder*, Sozialhilferechtliche Ansprüche Alleinerziehender und ihrer Kinder, 1999, Würzburg; *Heinz*, Die Mehrbedarfszuschläge der Hilfe zum Lebensunterhalt nach dem SGB XII und der sozialrechtliche Herstellungsanspruch als Instrument der Korrektur fehlgeschlagener Betreuung Hilfebedürftiger, ZfF 2009, 12-19; *Heinz*, Die Abgeltung von Mehrbedarf bei Menschen mit Behinderung nach dem sozialen Entschädigungsrecht einerseits und nach dem Fürsorgerecht des SGB XII andererseits – eine Gegenüberstellung, WzS 2009, 330-336; *Heinz*, Parallele Gewährung von Grundrente für Berechtigte nach dem Sozialen Entschädigungsrecht und Mehrbedarfszuschlag gemäß § 30 Abs. 1 und 4 SGB XII für Menschen mit behinderungsbedingtem Mehrbedarf?, ZfF 2012, 169 ff.; *Kiesow*, Rückwirkende Zuerkennung bei Merkzeichen G, LSG Niedersachsen-Bremen, Urt. v. 25.02.2010 - L 8 SO 219/07, Diskussionsforum Rehabilitations- und Teilhaberecht, www.reha-recht.de, Forum A Leistungen zur Rehabilitation und Teilhabe - Diskussionsbeitrag Nr. 6/2011; *Klaiber*, Problemkreis Vererbung von sozialrechtlichen Ansprüchen am Beispiel einer kostenaufwendigen Ernährung gemäß § 30 SGB XII, Sozialrecht aktuell 2013, 100-103; *Klaus*, Hälftiger Mehrbedarf für Alleinerziehende bei wöchentlicher Abwechslung in Kinderbetreuung, jurisPR-SozR 23/2009, Anm. 2; *Lietzmann*, Alleinerziehende in der Grundsicherung, IAB-Forum 2009, Nr. 1, 70-75; *Löher*, Empfehlungen des Deutschen Vereins zur Gewährung von Krankenkostenzulagen in der Sozialhilfe, NDV 2008, 503-509; *Nebe*, Mehrbedarf bei erheblicher Gehbehinderung (Merkzeichen G) – effektiver Rechtsschutz bei rückwirkender Feststellung, SGb 2011, 193 ff; *Rausch/Stennert*, Gewährung des Mehrbedarfs in Einrichtungen, NDV 2013, 236; *Schumacher*, Voraussetzungen für Mehrbedarf für kostenaufwendige Ernährung, RdLH 2011, 176-177; *Trenk-Hinterberger*, Sozialhilfe Mehrbedarf/Besitzstand, SGb 2012, 157-160.

B. Auslegung der Norm

I. Regelungsgehalt und Bedeutung der Norm

Nach § 30 Abs. 1 SGB XII werden Zuschläge in Höhe von regelmäßig 17 v.H. der maßgebenden Regelbedarfsstufe für Personen anerkannt, die die Feststellung des Merkzeichens G nachweisen können und die entweder die Altersgrenze des § 41 Abs. 2 SGB XII überschritten haben oder voll erwerbsgemindert nach dem SGB VI sind. Für werdende Mütter wird nach § 30 Abs. 2 SGB XII ab dem vierten Schwangerschaftsmonat ein Zuschlag in der gleichen Höhe gewährt. Alleinerziehende erhalten einen Zuschlag nach Maßgabe des § 30 Abs. 3 SGB XII, der nach Zahl und Alter der Kinder gestaffelt ist. Behinderte Menschen, die das 15. Lebensjahr vollendet haben, erhalten nach § 30 Abs. 4 SGB XII einen Zuschlag von 35 v.H. der maßgebenden Regelbedarfsstufe bei Erhalt von Eingliederungshilfen nach § 54 Abs. 1 Satz 1 Nr. 1-3 SGB XII. Der Zuschlag kann auch noch nach Abschluss der Maßnahmen für eine Übergangszeit weiter geleistet werden (§ 30 Abs. 4 Satz 2 SGB XII). § 30 Abs. 5 SGB XII ermöglicht die Gewährung von Krankenkostzulagen in individuell festzustellender angemessener Höhe. Nach § 30 Abs. 6 SGB XII darf die Summe der anzuerkennenden Mehrbedarfe die Höhe des maßgebenden Regelsatzes nicht übersteigen. Nach § 30 Abs. 7 Satz 1 SGB XII wird für Leistungsberechtigte ein Mehrbedarf anerkannt, soweit Warmwasser durch in der Unterkunft installierte Vorrichtungen erzeugt wird (dezentrale Wassererzeugung) und denen deshalb keine Leistungen für Warmwasser nach § 35 Abs. 4 SGB XII erbracht werden; § 30 Abs. 7 Satz 2 SGB XII enthält nähere Regelungen über die Höhe des Zuschlags.

19

Die **Pauschalierung** von existenzsichernden Leistungen, wie sie bereits im BSHG durch die Gewährung von Leistungen in Form von Regelsätzen (§ 22 BSHG) neben einmaligen Leistungen vorhanden war (§ 21 Abs. 1a BSHG) und wie sie mit der Einordnung des Sozialhilferechts in das Sozialgesetzbuch mit der Ablösung der einmaligen Leistungen des § 21 Abs. 1a BSHG durch die Gewährung von erhöhten Regelsätzen noch verstärkt worden ist, steht in einem **Spannungsverhältnis zu dem Individualisierungsgrundsatz** des § 9 SGB XII und dem auch **verfassungsrechtlich verankerten Bedarfsdeckungsgrundsatz**. Eine Öffnungsklausel für die ansonsten pauschalierten Bedarfe enthält daher für das Sozialhilferecht § 27a Abs. 4 Satz 1 SGB XII, der jedoch eine Anpassung des Regelbedarfs nur im Einzelfall zulässt und hierbei einen nach seiner Höhe „unabweisbar" erheblichen von einem durchschnittlichen Bedarf abweichenden Mehrbedarf voraussetzt.

20

Um einerseits dem **Bedarfsdeckungsgrundsatz** gerecht zu werden, andererseits aber die Entscheidungen über die Leistungsgewährung **nicht mit überbordenden Einzelfallprüfungen** zu belasten, hat der Gesetzgeber – wiederum ganz überwiegend **pauschalierend** – in **typisierender Anknüpfung** an aus-

21

gewählte Lebenssituationen oder persönliche Eigenschaften Sonderbedarfe definiert, die regelmäßig bei der Leistungsgewährung zu berücksichtigen sind. Auch die so definierten Sonderbedarfe enthalten wiederum Öffnungsklauseln, die eine abweichende Leistungsgewährung im Einzelfall ermöglichen. Bis auf die Krankenkostzulage nach § 30 Abs. 5 SGB XII werden die Bedarfe durch prozentuale Bezugnahme auf Regelbedarfsstufen definiert. Lediglich in den Fällen des § 30 Abs. 5 SGB XII ist ein „angemessener", am konkreten tatsächlichen Mehrbedarf orientierter Zuschlag zu gewähren; durch Heranziehung der Empfehlungen über die Gewährung von Krankenkostzulagen in der Sozialhilfe des Deutschen Vereins für öffentliche und private Fürsorge hat die Praxis ganz überwiegend versucht, auch für diese Fälle eine nachvollziehbare, gleichmäßige und vorhersehbare Rechtsanwendung zu erreichen.

22 Entsprechend ihrem Charakter als existenzsichernde Leistungen besteht auf die Mehrbedarfszuschläge nach § 30 SGB XII ein **Rechtsanspruch**. Ein **Ermessensspielraum** der Behörde besteht **nicht**, auch nicht für die Festsetzung abweichender Bedarfe; eine abweichende Festsetzung muss durch Besonderheiten des Einzelfalls gerechtfertigt sein. Lediglich **§ 30 Abs. 4 Satz 2 SGB XII** ist als „kann"-Bestimmung ausgestaltet; aus der Formulierung wird allgemein die Befugnis der Behörde zur **Ermessensausübung** in diesen Fällen abgeleitet (vgl. Rn. 91).

II. Parallelen im SGB II

23 Vergleichbare Regelungen über Mehrbedarfszuschläge finden sich in den **§§ 21, 23 SGB II**. § 21 SGB II ist dabei weitgehend parallel zu § 30 SGB XII ausgestaltet.

24 In **§ 21 SGB II fehlt eine dem Zuschlag nach § 30 Abs. 1 SGB XII entsprechende Mehrbedarfsregelung für alte und voll erwerbsgeminderte Personen**. Für eine Normierung des Zuschlags nach § 30 Abs. 1 Nr. 1 SGB XII gibt es im SGB II kein Bedürfnis, weil die mit dem Zuschlag angesprochene Altersgruppe dem Leistungssystem des SGB XII und dort insbesondere dem Vierten Kapitel (Leistungen bei Grundsicherung im Alter und bei Erwerbsminderung) zugeordnet ist. Das BSG hat zudem entschieden, dass auch bei einem – von Leistungen nach dem SGB II ausgeschlossenen (§ 7 Abs. 4 SGB II) – Altersrentner, der eine Bedarfsgemeinschaft im Sinne des § 7 SGB II mit einem erwerbsfähigen Hilfebedürftigen bildet und der seinen eigenen Bedarf mit seiner Rente decken kann, bei der Ermittlung des Gesamtbedarfs für die Bedarfsgemeinschaft grundsätzlich von den Regelungen des SGB II auszugehen sei. In solchen Fällen soll dann auf den Rentner wohl § 28 Abs. 1 Satz 3 Nr. 4 SGB II i.d.F. des Gesetzes zur Fortentwicklung der Grundsicherung für Arbeitsuchende[35] bzw. ab dem 01.01.2011 § 23 Nr. 4 SGB II (und nicht § 30 Abs. 1 Nr. 1 SGB XII direkt oder analog) anwendbar sein[36].

25 Der **Zuschlag nach § 30 Abs. 1 Nr. 2 SGB XII findet hingegen im SGB II seit dem Gesetz zur Fortentwicklung der Grundsicherung für Arbeitsuchende**[37] **eine Entsprechung in § 23 Nr. 4 SGB II** (vor dem 1.1.2011: § 28 Abs. 1 Satz 3 Nr. 4 SGB II). Zielgruppe dieses Zuschlags sind Personen, die zwar voll erwerbsgemindert, aber nicht dauerhaft voll erwerbsgemindert sind; bei dauerhafter voller Erwerbsminderung können Leistungen nach dem SGB XII bezogen werden, was Leistungen nach dem SGB II ausschließt (§ 19 Abs. 2 Satz 1 SGB II). Für Zeiträume vor Inkrafttreten des Fortentwicklungsgesetzes war im SGB II § 30 Abs. 1 Nr. 2 SGB XII analog anzuwenden.[38]

26 Die Änderung des § 30 Abs. 1 Satz 1 SGB XII im Hinblick auf den Nachweis des Merkzeichens G durch das Gesetz zur Änderung des Zwölften Buches Sozialgesetzbuch und anderer Gesetze vom 02.12.2006[39] wurde in § 28 SGB II (in der bis zum 31.12.2010 geltenden Fassung) nicht nachvollzogen. Wegen der zwischen beiden Rechtsgebieten anzustrebenden Harmonisierung[40] hätte sich insoweit aber eine analoge Anwendung im SGB II aufgedrängt; Gründe für unterschiedliche Nachweiserfordernisse in beiden Rechtsgebieten sind nicht ersichtlich. Allerdings **hat der Gesetzgeber** auch bei der Überführung der Regelung in § 23 Nr. 4 SGB II **zum 01.01.2011 auf die nahe liegende Angleichung an § 30 Abs. 1 Nr. 1 SGB XII verzichtet**.

27 Die Zuschläge nach § 21 Abs. 2, 4 und 5 SGB II (**in der bis zum 31.12.2010** geltenden Fassung) konnten unmittelbar nur erwerbsfähigen hilfebedürftigen Personen gewährt werden. Nach § 28 Abs. 1 Satz 2 SGB II umfasste aber das Sozialgeld, das nicht erwerbsfähigen Angehörigen einer Bedarfsge-

---

[35] Gesetz zur Fortentwicklung der Grundsicherung für Arbeitsuchende vom 20.07.2006, BGBl I 2006, 1706.
[36] So wohl BSG v. 15.04.2008 - B 14/7b AS 58/06 R.
[37] Gesetz zur Fortentwicklung der Grundsicherung für Arbeitsuchende vom 20.07.2006, BGBl I 2006, 1706.
[38] BSG v. 21.12.2009 - B 14 AS 42/08 R; vgl. auch BSG v. 15.04.2008 - B 14/7b AS 58/06 R.
[39] BGBl I 2006, 2670.
[40] Zu diesem Gesichtspunkt BSG v. 26.08.2008 - B 8/9b SO 16/07 R.

meinschaft gewährt werden konnte, die Leistungen nach § 19 Satz 1 SGB II; dies waren die Leistungen zum Lebensunterhalt einschließlich (u.a.) der Leistungen für Mehrbedarfe.[41] Nach § 28 Abs. 1 Satz 3 SGB II erfolgte die Leistungsgewährung an nicht erwerbsfähige Personen nach Maßgabe des § 28 Abs. 1 Satz 3 Nr. 1-4 SGB II; die Bedeutung der Verweise des § 28 Abs. 1 Satz 3 Nr. 2 und 3 SGB II auf § 21 Abs. 4 SGB II erschöpfte sich im Wesentlichen darin, die Eingrenzung des berechtigten Personenkreises auf behinderte Menschen ab Vollendung des 15. Lebensjahres herbeizuführen[42]; auch insoweit bestand seit dem Gesetz zur Fortentwicklung der Grundsicherung für Arbeitsuchende[43] eine Parallelität zu § 30 Abs. 4 SGB XII[44]. Soweit § 28 Abs. 1 Satz 3 Nr. 2 und 3 SGB II anders als § 21 Abs. 4 SGB II und § 30 Abs. 4 SGB XII nicht auf § 54 Abs. 1 Nr. 3 SGB XII verwiesen, handelte es sich um ein Redaktionsversehen.[45] Insoweit konnte man deshalb davon ausgehen, dass zwischen SGB II und SGB XII inhaltlich kein Unterschied bestand. **Seit dem 01.01.2011** hat sich die Gesetzessystematik im SGB II geändert. Die Mehrbedarfe des § 21 SGB II werden jetzt grundsätzlich unmittelbar auch Sozialgeldempfängern gewährt. Besonderheiten sind in § 23 SGB II geregelt. Der Anwendungsbereich des § 21 Abs. 4 SGB II, wo Erwerbsfähigkeit vorausgesetzt wird und so bei Sozialgeldempfängern die Leistungsvoraussetzungen nicht unmittelbar vorliegen, wird durch § 23 Abs. 1 Nrn. 2 und 3 SGB II auf den Bezug von Sozialgeld erweitert. Dabei wird der Anwendungsbereich nach dem Wortlaut der Regelung noch immer auf § 54 Abs. 1 Nrn. 1 und 2 SGB XII eingeschränkt. Dennoch wird weiter die Auffassung vertreten, es handele sich um ein Redaktionsversehen.[46]

Teilweise wurde die Auffassung vertreten, dass auch nach Einfügung des § 28 Abs. 1 Satz 3 Nr. 4 SGB II durch das Fortentwicklungsgesetz bzw. ab dem 01.01.2011 von § 23 Nr. 4 SGB II die Gewährung des Zuschlags für Personen mit Merkzeichen G nach § 28 Abs. 1 Satz 3 Nr. 4 SGB II bzw. § 23 Nr. 4 SGB II nur für Sozialgeld-, nicht aber (erwerbsfähige) Alg-II-Bezieher ein **Gleichbehandlungsproblem** auch im Hinblick auf den Zuschlag nach § 30 Abs. 1 Nr. 2 SGB XII aufwerfe; es sei offen, wieso nur Alg-II-Anspruchsberechtigte von dem Zuschlag für Merkzeichen G ausgeschlossen seien.[47] Die historische Entwicklung macht aber deutlich, dass der Zuschlag immer schon volle Erwerbsminderung vorausgesetzt hat; die unterschiedliche Behandlung von erwerbsfähigen und nicht erwerbsfähigen Hilfebedürftigen entspricht mithin dem Willen des Gesetzgebers und verstößt auch nicht gegen Art. 3 Abs. 1 GG.[48] Die tatbestandliche Begrenzung des § 28 Abs. 1 Satz 3 Nr. 4 SGB II bzw. § 23 Nr. 4 SGB II auf nichterwerbsfähige Personen könnte deshalb im Vergleich zu § 30 Abs. 1 Nr. 1 SGB XII Gleichbehandlungsprobleme allenfalls insofern aufwerfen, als § 28 Abs. 1 Satz 3 Nr. 4 SGB II bzw. § 23 Nr. 4 SGB II sowohl fehlende Erwerbsfähigkeit im Sinne des § 8 SGB II als auch volle Erwerbsminderung nach dem SGB VI voraussetzen, wohingegen der Zuschlag nach § 30 Abs. 1 Nr. 2 SGB XII nur volle Erwerbsminderung nach dem SGB VI voraussetzt; nach der Rechtsprechung des Bundessozialgerichts müssen die rentenversicherungsrechtliche und grundsicherungsrechtliche Beurteilung der Erwerbsfähigkeit nicht übereinstimmen.[49] Personen, die – etwa beim Bezug einer Arbeitsmarktrente – voll erwerbsgemindert im rentenversicherungsrechtlichen Sinne und zugleich erwerbsfähig im Sinne des § 8 SGB II sind, sind allerdings dem Leistungssystem des SGB II zugeordnet (vgl. § 21 SGB XII). Insofern kann sich ein Gleichbehandlungsproblem aufgrund der unterschiedlichen Voraussetzungen für den Zuschlag nach § 30 Abs. 1 Nr. 2 SGB XII und den Zuschlag nach § 28 Abs. 1 Satz 3 Nr. 4 SGB II bzw. § 23 Nr. 4 SGB II kaum ergeben. Das **BSG** hat dementsprechend eine **analoge Anwendung des § 30 Abs. 1 Nr. 2 SGB XII** nach Inkrafttreten des § 28 Abs. 1 Satz 3 Nr. 4 SGB II für den Fall des Bezugs einer Arbeitsmarktrente **abgelehnt**, falls Erwerbsfähigkeit im Sinne des § 8 SGB II vorliegt.[50]

28

---

[41] *Knickrehm* in: Eicher/Spellbrink, SGB II, 2. Aufl., § 28 Rn. 27.
[42] Vgl. *Knickrehm* in: Eicher/Spellbrink, SGB II, 2. Aufl., § 28 Rn. 28.
[43] Gesetz zur Fortentwicklung der Grundsicherung für Arbeitsuchende vom 20.07.2006, BGBl I 2006, 1706.
[44] Vgl. die Übergangsregelung des § 69 SGB II zum Gesetz zur Fortentwicklung der Grundsicherung für Arbeitsuchende.
[45] So *Knickrehm* in: Eicher/Spellbrink, SGB II, 2. Aufl., § 28 Rn. 28 mit historischen Argumenten.
[46] *Saitzek* in: Eicher, SGB II, 3. Aufl., § 23 Rn. 25.
[47] So wohl *Knickrehm* in: Eicher/Spellbrink, SGB II, 2. Aufl., § 28 Rn. 29; anders jetzt *Saitzek* in: Eicher, SGB II, 3. Aufl., § 23 Rn. 33.
[48] Vgl. BSG v. 18.02.2010 - B 4 AS 29/09 R.
[49] BSG v. 07.11.2006 - B 7b AS 10/06 R.
[50] BSG v. 21.12.2009 - B 14 AS 42/08 R; BSG v. 18.02.2010 - B 4 AS 29/09 R.

29 Unterschiedlich formuliert sind § 30 Abs. 5 SGB XII und § 21 Abs. 5 SGB II. Wesentliche inhaltliche Unterschiede dürften damit aber nicht verbunden sein. Nach der Gesetzesbegründung zu § 21 Abs. 5 SGB II sollte mit der neuen Formulierung eine Präzisierung erreicht werden[51], so dass eine parallele Auslegung des § 21 Abs. 5 SGB II und des § 30 Abs. 5 SGB II angezeigt ist (vgl. Rn. 95).

30 Mit dem **Gesetz zur Abschaffung des Finanzplanungsrates und zur Übertragung der fortzuführenden Aufgaben auf den Stabilitätsrat sowie zur Änderung weiterer Gesetze** vom 27.05.2010[52] wurde § 21 Abs. 6 SGB II eingefügt, der im SGB II die Deckung laufender unabweisbarer Bedarfe ermöglicht; der alte Absatz 6 wurde zu Absatz 7 (ab dem 01.01.2011: Absatz 8). Die Parallele zu dieser Regelung findet sich im SGB XII nicht in § 30, sondern in dem inhaltlich allerdings weitergehenden § 27a Abs. 4 Satz 1 SGB XII (seit dem 01.01.2011, zuvor in § 28 Abs. 1 Satz 2 SGB XII).

31 Die Zuschläge des § 21 SGB II in der bis zum 31.12.2010 geltenden Fassung nahmen nicht wie § 30 SGB XII auf den „Regelsatz", sondern entsprechend der Systematik des Leistungsrechts des SGB II auf die maßgebende „Regelleistung" im Sinne des § 20 SGB II Bezug; ein wesentlicher inhaltlicher Unterschied ergab sich daraus nicht. In der aktuellen Fassung nimmt § 21 SGB II auf Regelbedarfe und § 30 SGB XII auf Regelbedarfsstufen Bezug; ein wesentlicher inhaltlicher Unterschied ist auch damit nicht verbunden. Anders als im SGB XII fehlen im SGB II – außer in § 21 Abs. 7 SGB II – Öffnungsklauseln für die Festsetzung der einzelnen abweichenden Bedarfe. Dies entsprach dem ursprünglich mit dem Leistungsrecht des SGB II verfolgten und sich vom SGB XII bewusst absetzenden Konzept weitestgehender Pauschalierung. Dieses Konzept hat jedoch in seiner strikten Form nicht die Billigung des Bundesverfassungsgerichts gefunden, welches dem Gesetzgeber aufgegeben hatte, insoweit Änderungen herbeizuführen[53]; dies ist durch die Einfügung der am 03.06.2010 in Kraft getretenen Öffnungsklausel des § 21 Abs. 6 SGB II geschehen.

III. Tatbestandsmerkmale und Rechtsfolgen

1. Gehbehinderte Menschen (Absatz 1)

a. Zuschlag für alte gehbehinderte Menschen (Absatz 1 Nr. 1)

aa. Altersgrenze

32 § 30 Abs. 1 Nr. 1 SGB XII und zuvor § 23 Abs. 1 Satz 1 Nr. 1 BSHG legten bis zu den Änderungen des RV-Altersgrenzenanpassungsgesetzes vom 20.04.2007[54] eine fixe Altersgrenze fest. Sie hatte zuletzt bei 65 Jahren gelegen. Mit der durch das RV-Altersgrenzenanpassungsgesetz eingeführten Bezugnahme auf § 41 Abs. 2 SGB XII wurde die Altersgrenze einerseits an den frühestmöglichen Beginn der Leistungen der Grundsicherung im Alter (§§ 41 ff. SGB XII) und gleichzeitig an das Ende der Leistungsberechtigung im System der Grundsicherung für Arbeitsuchende (§§ 7 Abs. 1 Satz 1 Nr. 1, 7a SGB II) angepasst. Das Ende der Leistungsberechtigung im SGB II und der Beginn der Leistungsberechtigung in der Grundsicherung im Alter sind mit der **Regelaltersgrenze in der gesetzlichen Rentenversicherung** harmonisiert (vgl. die §§ 35, 235 SGB VI). Für Personen, die vor dem 01.01.1947 geboren sind, liegt die Regelaltersgrenze nach wie vor bei 65 Jahren. Für später geborene Personen wird sie stufenweise angehoben; für die Jahrgänge ab 1964 liegt sie bei 67 Jahren.

bb. Zu deckende Bedarfe

33 Ursprünglich war die Gewährung des Zuschlags nur an das Überschreiten einer Altersgrenze gekoppelt. Sinn und Zweck des Zuschlags war anfänglich – worauf eine Gesetzesbegründung zu seiner Erhöhung aus dem Jahr 1965 hinweist, nach der die **wirtschaftliche Lage von Kleinstrentnern verbessert** werden sollte[55] – wohl weniger die Deckung eines konkreten gegenständlichen Mehrbedarfs als vielmehr das Bestreben, generell die wirtschaftliche Lage alter Menschen zu verbessern. Soweit ersichtlich wurden erst im Zuge späterer Bemühungen zur Haushaltskonsolidierung intensivere Überlegungen angestellt, welche konkreten Bedarfe die Gewährung der Mehrbedarfszuschläge des § 23 Abs. 1 BSHG rechtfertigen könnten; auf der Grundlage eines Beschlusses der Ministerpräsidenten der Länder sollte u.a. eine Überprüfung der gesetzlich geregelten und vom Regelsatz abhängigen Mehrbe-

---

[51] BT-Drs. 15/1516, S. 57.
[52] BGBl I 2010, 671.
[53] BVerfG v. 09.02.2010 - 1 BvL 1/09, 1 BvL 3/09, 1 BvL 4/09.
[54] BGBl I 2007, 554.
[55] BT-Drs. 04/3552, S. 2.

darfszuschläge mit dem Ziel der Kosteneinsparung erfolgen.[56] Der Deutsche Verein für öffentliche und private Fürsorge kam in einer gutachtlichen Stellungnahme zu dem Ergebnis, dass die **Grenzlinien zwischen besonderen Bedarfen alter Menschen, die einerseits durch Mehrbedarfszuschläge, andererseits als (auf die Deckung konkreter gegenständlicher Bedarfe gerichteter) Altenhilfe nach § 75 BSHG zu befriedigen seien, nicht immer trennscharf gezogen werden** könnten, dass aber die Gewährung eines Zuschlags für alte Menschen insgesamt gerechtfertigt sei. Ältere Menschen seien wegen ihrer geringeren Mobilität vielfach darauf angewiesen, im räumlichen Nahbereich einzukaufen, so dass ein preisgünstiger Einkauf häufig nicht möglich sei. Ältere Menschen hätten häufig höhere Aufwendungen für Telefon und Porto, da sie verstärkt Kontakte pflegten und wegen eingeschränkter Mobilität zunehmend auf diese Medien angewiesen seien. Sie benötigten verstärkt zusätzliches Fahrgeld für öffentlichen Nahverkehr, da sie im Straßenverkehr häufig unsicher, verstärkt auch gehbehindert seien, so dass auch auf kurzen Wegstrecken Verkehrsmittel benutzt werden müssten. Als Folge der verminderten Leistungsfähigkeit seien gelegentliche Hilfeleistungen, insbesondere im Haushalt, nötig, für die man sich häufig mit „kleineren Aufmerksamkeiten" bedanke. Viele alte Menschen hätten einen erhöhten Bedarf für Wäsche und Reinigungskosten und an Arzneimitteln, der von der Krankenkasse in der Regel nicht übernommen würde.[57]

Nachdem im Gesetzgebungsverfahren über das Gesetz zur Reform des Sozialhilferechts des Jahres 1996[58] zunächst die Abschaffung der Zuschläge für alte und erwerbsunfähige Menschen erwogen worden war[59], wurde schließlich mit dem Gesetz der bis dahin alten und erwerbsunfähigen Personen gewährte Zuschlag des § 23 Abs. 1 BSHG an den Besitz eines Schwerbehindertenausweises mit dem **Merkzeichen G** gekoppelt. Der Zuschlag für alte Menschen hat sich so von einer wenig konkretisierten, zumindest auch auf eine wirtschaftliche Besserstellung gerichteten Leistung zu einem **konkret auf die Folgen einer Gehbehinderung ausgerichteten Ausgleich** gewandelt. Die Gesetzesbegründung liefert keine Anhaltspunkte dafür, an welche konkreten Bedarfe fortan gedacht war. Aufgrund der Ergebnisse der gutachtlichen Äußerung des Deutschen Vereins aus dem Jahr 1991 wird man aber davon ausgehen müssen, dass mit dem Zuschlag fortan in erster Linie pauschal die vom Deutschen Verein ermittelten Bedarfspositionen gedeckt werden sollten, die an eine eingeschränkte Mobilität anknüpfen.[60]

34

Die Übergangsregelung des § 23 Abs. 1 Satz 2 BSHG, wonach (bis zum 31.12.2004) der Mehrbedarf nach § 23 Abs. 1 BSHG in der am 31.07.1996 geltenden Fassung für Personen weiter galt, für die zu diesem Zeitpunkt ein Mehrbedarf nach dieser Vorschrift anerkannt war (erwerbsunfähige Personen bzw. Personen über 65 Jahre), hat im SGB XII keine Entsprechung mehr; der Gesetzgeber hat diese Regelung aus dem BSHG nicht mehr in das SGB XII übernommen. Dies ist auch verfassungsrechtlich nicht zu beanstanden.[61]

35

b. Zuschlag für gehbehinderte Menschen bei voller Erwerbsminderung (Absatz 1 Nr. 2)

aa. Begriff der vollen Erwerbsminderung

Voraussetzung für den Zuschlag nach § 30 Abs. 1 Nr. 2 SGB XII ist volle Erwerbsminderung nach dem Sechsten Buch Sozialgesetzbuch.

36

Voll erwerbsgemindert sind nach § 43 Abs. 3 Satz 2 SGB VI Personen, die wegen Krankheit oder Behinderung auf nicht absehbare Zeit außerstande sind, unter den üblichen Bedingungen des allgemeinen Arbeitsmarkts mindestens drei Stunden täglich erwerbstätig zu sein.

37

Der **Inhalt dieser rentenrechtlichen Definition deckt sich nicht zwingend mit fehlender Erwerbsfähigkeit im Sinne des § 8 SGB II**, obwohl die Formulierung des § 8 SGB II erkennbar an die rentenrechtliche Definition des § 43 Abs. 3 Satz 2 SGB VI anknüpft; entsprechend dem Sinn und Zweck des SGB II, möglichst weitgehend Erwerbspotentiale zu erschließen, kann Erwerbsfähigkeit im SGB II im Einzelfall aber noch vorliegen, wenn dies im Sinne der Definition des SGB VI nicht mehr der Fall ist,

38

---

[56] Vgl. *Deutscher Verein*, Mehrbedarf nach §§ 23, 24 BSHG und Einkommensgrenzen nach §§ 79, 81 BSHG, 1991, S. 7.
[57] Vgl. *Deutscher Verein*, Mehrbedarf nach §§ 23, 24 BSHG und Einkommensgrenzen nach §§ 79, 81 BSHG, 1991, S. 14-17.
[58] Gesetz v. 23.07.1996, BGBl I 1996, 1088.
[59] BR-Drs. 141/96, S. 4.
[60] Vgl. BSG v. 29.09.2009 - B 8 SO 5/08 R.
[61] BSG v. 16.12.2010 - B 8 SO 9/09 R.

insbesondere etwa im Fall der sogenannten Arbeitsmarktrenten.[62] Gerade in diesen Fällen, in denen eine Rente wegen voller Erwerbsminderung auch dann gewährt wird, wenn das Leistungsvermögen des Betroffenen noch untervollschichtige Tätigkeiten zulässt, entsprechende Teilzeitarbeitsplätze aber nicht zur Verfügung stehen, stellt sich aber die Frage, ob eine Gewährung des Zuschlags nach § 30 Abs. 1 Nr. 2 SGB XII gerechtfertigt sein kann. Denn die Annahme der vollen Erwerbsminderung knüpft in diesen Fällen nicht nur an persönliche Eigenschaften an, sondern auch an die Lage auf dem Arbeitsmarkt; für die Gewährung eines Mehrbedarfs kann die Lage am Arbeitsmarkt jedoch kaum ein geeignetes Kriterium sein. Allerdings dürften Konstellationen, in denen sich dieses Kriterium tatsächlich auswirkt, nahezu ausgeschlossen sein. Denn Personen, die voll erwerbsgemindert im Sinne des § 43 Abs. 3 Satz 2 SGB VI sind und denen eine Arbeitsmarktrente gewährt werden könnte oder tatsächlich gewährt wird, werden regelmäßig dem Leistungssystem des SGB II zugeordnet sein (vgl. § 21 SGB XII). Die Frage der Gewährung des Zuschlags nach § 30 Abs. 1 Nr. 2 SGB XII stellt sich dann nicht und der Zuschlag nach § 23 Nr. 4 SGB II setzt sowohl fehlende Erwerbsfähigkeit nach § 8 SGB II als auch volle Erwerbsminderung im Sinne des SGB VI voraus.[63]

39 Der **Erwerbsminderungsbegriff des § 30 Abs. 1 Nr. 2 SGB XII deckt sich auch nicht mit dem des § 41 Abs. 3 SGB XII.** § 41 SGB XII normiert (u.a.) die Voraussetzungen für den Bezug von Leistungen zur Grundsicherung bei Erwerbsminderung und setzt u.a. dauerhafte volle Erwerbsminderung voraus. Die Definition der dauerhaften vollen Erwerbsminderung des § 41 Abs. 3 SGB XII knüpft zwar auch an den rentenrechtlichen Begriff der Erwerbsminderung an. Zusätzlich muss aber unwahrscheinlich sein, dass die volle Erwerbsminderung behoben werden kann. Zudem modifiziert § 41 Abs. 3 SGB XII anders als § 30 Abs. 1 Nr. 2 SGB XII den rentenrechtlichen Begriff der Erwerbsminderung ausdrücklich insoweit, als die Beurteilung unabhängig von der jeweiligen Arbeitsmarktlage zu erfolgen hat. In Fällen, in denen eine unbefristete Rente wegen voller Erwerbsminderung gewährt wird, kann vom Vorliegen dauerhafter voller Erwerbsminderung ausgegangen werden (vgl. § 102 Abs. 2 Satz 5 SGB VI).

40 Voll erwerbsgemindert sind nach § 43 Abs. 2 Satz 3 SGB VI (u.a.) auch Personen im Sinne des § 1 Satz 1 Nr. 2 SGB VI (u.a. in **anerkannten Werkstätten für behinderte Menschen Tätige**), die wegen Art oder Schwere der Behinderung nicht auf dem allgemeinen Arbeitsmarkt tätig sein können. Bei der Vorschrift sollte es sich um eine – klarstellende – Reaktion des Gesetzgebers auf Rechtsprechung des Bundessozialgerichts[64] zu § 1247 RVO handeln[65], wonach abhängig vom Entgelt Erwerbsfähigkeit auch bei behinderten Menschen vorliegen konnte, die in Werkstätten für behinderte Menschen tätig waren. Angesichts der gegenüber § 1247 RVO (Erwerbsunfähigkeit) veränderten allgemeinen Definition der vollen Erwerbsminderung des § 43 Abs. 2 Satz 2 SGB VI und den gesetzlichen Voraussetzungen für den Zugang zu einer Werkstatt für behinderte Menschen (§ 136 SGB IX) dürfte die Bedeutung des § 43 Abs. 2 Satz 3 Nr. 1 SGB VI abgenommen haben.

bb. Zu deckende Bedarfe

41 Aus welchen Gründen mit dem Gesetz zur Reform des Sozialhilferechts[66] der bis dahin erwerbsunfähigen Personen gewährte Zuschlag des § 23 Abs. 1 BSHG an den Besitz eines Schwerbehindertenausweises mit dem Merkzeichen G gekoppelt wurde, wurde in den Gesetzgebungsmaterialien – wie auch in den Fällen des § 23 Abs. 1 Nr. 1 BSHG – nicht konkret mitgeteilt. Für den Zuschlag des § 23 Abs. 1 Nr. 2 BSHG, der in den zuvor geltenden Fassungen nur Erwerbsunfähigkeit vorausgesetzt hatte, waren konkret zu deckende Bedarfe nicht benannt worden; der Deutsche Verein für öffentliche und private Fürsorge hatte in seiner gutachtlichen Äußerung des Jahres 1991 lediglich darauf hingewiesen, dass die zur Erwerbsunfähigkeit führenden Umstände nach Art und Schwere unterschiedlich seien, die Gruppe der Erwerbsunfähigen aber dennoch einen typischen Mehrbedarf habe, der die Gewährung des Zuschlags rechtfertige.[67] Auch der Zuschlag für voll erwerbsgeminderte Personen hat sich so von einer wenig konkretisierten, zumindest auch auf eine wirtschaftliche Besserstellung gerichteten Leistung zu **einem konkret auf die Folgen einer Gehbehinderung gerichteten Ausgleich** gewandelt. Bei der Be-

---

[62] Vgl. *Blüggel* in: Eicher, SGB II, 3. Aufl., § 8 Rn. 7 ff., 43 f.; BSG v. 07.11.2006 - B 7b AS 10/06 R.
[63] BSG v. 21.12.2009 - B 14 AS 42/08 R; BSG v. 18.02.2010 - B 4 AS 29/09 R.
[64] BSG v. 22.04.1992 - 5 RJ 40/91.
[65] Näher hierzu *Gürtner* in: KassKomm-SGB, SGB VI, § 43 Rn. 59.
[66] Gesetz v. 23.07.1996, BGBl I 1996, 1088.
[67] *Deutscher Verein*, Mehrbedarf nach §§ 23, 24 BSHG und Einkommensgrenzen nach §§ 79, 81 BSHG, 1991, S. 18.

antwortung der Frage, welche Bedarfe konkret von dem Zuschlag gedeckt werden sollen, wird man deshalb auch hier in erster Linie an die in der gutachtlichen Stellungnahme des Deutschen Vereins im Zusammenhang mit § 23 Abs. 1 Nr. 1 BSHG benannten, an eingeschränkte Beweglichkeit anknüpfenden Bedarfspositionen zu denken haben (vgl. Rn. 33).

c. Merkzeichen G

Beide Varianten des Mehrbedarfszuschlags nach § 30 Abs. 1 SGB XII knüpfen an den Nachweis der Feststellung des Merkzeichens G an. Das Merkzeichen G betrifft ein „weiteres gesundheitliches Merkmal" im Sinne des § 69 Abs. 4 und 5 Satz 1 SGB IX. Konkret ist die Feststellung einer erheblichen Einschränkung der Bewegungsfähigkeit im Straßenverkehr erforderlich; eine solche liegt vor bei Personen, die infolge einer Einschränkung des Gehvermögens (auch durch innere Leiden oder infolge von Anfällen oder von Störungen der Orientierungsfähigkeit) nicht ohne erhebliche Schwierigkeiten oder nicht ohne Gefahren für sich oder andere Wegstrecken im Ortsverkehr zurückzulegen vermögen, die üblicherweise noch zu Fuß zurückgelegt werden (§ 146 Abs. 1 Satz 1 SGB IX); ohne Schwerbehindertenausweis mit eingetragenem Merkzeichen G (vgl. die §§ 69 Abs. 5, 145 SGB IX, § 3 Abs. 2 SchwbAwV) kann die unentgeltliche Beförderung nach § 145 SGB IX nicht in Anspruch genommen werden. **42**

Die Zuschläge nach § 30 Abs. 1 SGB XII können auch verlangt werden, wenn anstelle der Voraussetzungen des Merkzeichens G die des **Merkzeichens aG** (außergewöhnliche Gehbehinderung, § 3 Abs. 1 Nr. 1 SchwbAwV) festgestellt sind[68]; der Begriff der außergewöhnliche Gehbehinderung ist graduell stärker als der der erheblichen Einschränkung. **43**

Das Gesetz unterscheidet beim behördlichen Verfahren zwischen den für die Nachteilsausgleiche (durch Verwaltungsakt) zu treffenden Feststellungen (§ 69 Abs. 4 SGB IX) und dem auf Antrag aufgrund dieser Feststellungen auszustellenden Ausweis (§ 69 Abs. 5 SGB IX). Seit Inkrafttreten der Änderungen des Gesetzes zur Reform des Sozialhilferechts des Jahres 1996[69], mit dem der Zusammenhang der Zuschläge des § 23 Abs. 1 BSHG mit dem Merkzeichen G erst hergestellt worden war, waren die Zuschläge des § 23 Abs. 1 BSHG und dann des § 30 Abs. 1 SGB XII zunächst vom „Besitz" eines Schwerbehindertenausweises mit dem Merkzeichen G abhängig gewesen. Nach dem eindeutigen Gesetzeswortlaut konnte deshalb der Hilfebedürftige den Mehrbedarf erst dann verlangen, wenn der Schwerbehindertenausweis ausgestellt war und sich in seinem Besitz befand.[70] Dies konnte dazu führen, dass auch nach Bekanntgabe des Feststellungsbescheids noch einige Zeit vergehen konnte, bis der Zuschlag gewährt werden konnte. **44**

Diesen Zustand hat der Gesetzgeber mit dem Gesetz zur Änderung des Zwölften Buches Sozialgesetzbuch und anderer Gesetze vom 02.12.2006[71] geändert. Seither ist Voraussetzung für die Gewährung des Zuschlags der Nachweis der „Feststellung" des Merkzeichens G. Da der Feststellungsbescheid und der Schwerbehindertenausweis faktisch denselben Beweiswert haben und zudem ein Teil der betroffenen Leistungsberechtigten – bis auf den Mehrbedarf – keine der mit dem Ausweis verbundenen Vorteile nutzen kann, konnte nach Einschätzung des Gesetzgebers erwartet werden, dass die Mehrzahl dieser Leistungsberechtigten auf Grund der vorgesehenen Änderung in Zukunft auf die Ausstellung des Ausweises verzichten würde. Die Änderung sollte so den Zugang der Leistungsberechtigten zu den ihnen zustehenden Leistungen erleichtern, indem sie von nicht erforderlichen Behördengängen bzw. vermeidbarem Schriftverkehr mit Behörden entlasten sollte, und so gleichzeitig bei den für das Feststellungsverfahren zuständigen Behörden und den Trägern der Sozialhilfe zum Abbau von Verwaltungsaufwand beitragen.[72] **45**

Mit der Änderung ist allerdings ausgehend vom Wortlaut der aktuellen Gesetzesfassung nicht nur eine Verfahrensvereinfachung erreicht worden. Die Feststellung der Voraussetzungen für das Merkzeichen G kann rückwirkend erfolgen; im Schwerbehindertenausweis ist dann als Beginn der Gültigkeit des Ausweises – falls die Voraussetzungen nicht erst später eingetreten sind – der Tag des Eingangs des Antrags auf Feststellung der Voraussetzungen einzutragen.[73] Da nach dem jetzigen Gesetzeswortlaut **46**

---

[68] *Münder* in: LPK-SGB XII, § 30 Rn. 5; *Dauber* in: Mergler/Zink, Sozialgesetzbuch XII und Asylbewerberleistungsgesetz, § 30 Rn. 12.
[69] Gesetz v. 23.07.1996, BGBl I 1996, 1088.
[70] Nds. OVG v. 16.07.2001 - 12 PA 2413/01 und Nds. OVG v. 14.01.2004 - 12 PA 562/03.
[71] BGBl I 2006, 2670.
[72] BT-Drs. 16/2711, S. 11.
[73] BSG v. 07.11.2001 - B 9 SB 3/01 R.

der Besitz der entsprechenden Dokumente ausdrücklich nicht mehr Anspruchsvoraussetzung ist, sondern die Dokumente nur noch Nachweisfunktion haben, könnte nunmehr auch die **rückwirkende Gewährung des Zuschlags** in Betracht gezogen werden.[74] Zwar lässt sich aus der Gesetzesbegründung insoweit nicht entnehmen, dass eine sachliche Änderung gewollt war; der Verzicht auf das Erfordernis des Besitzes der Beweisurkunden als Tatbestandsvoraussetzung legt eine entsprechende Auslegung jedoch nahe. Es wird deshalb vertreten, dass einer nachträglichen Änderung jedenfalls dann nichts im Wege steht, wenn der Mehrbedarf von Anfang an geltend gemacht wurde und dann bei – späterer – Erteilung des Feststellungsbescheids bzw. des Schwerbehindertenausweises entsprechende – ablehnende – Leistungsbescheide noch nicht bestandskräftig geworden sind.[75]

47 Das Landessozialgericht Niedersachsen-Bremen hat mittlerweile – noch zur alten Rechtslage – entschieden, dass für zurückliegende Zeiten bis zur Feststellung des Merkzeichens G der Zuschlag nicht gewährt werden könne; in einem obiter dictum hat es zur neuen Rechtslage aber ausgeführt, es genüge nach wie vor nicht, dass die Voraussetzungen für das Merkzeichen G vorlägen.[76] Das Bundessozialgericht hat dieses Urteil aufgehoben und die Sache zurückverwiesen. Zwar habe das LSG zu Recht entschieden, dass die Zuerkennung eines pauschalierten Mehrbedarfs nach § 30 Abs. 1 Nr. 2 SGB XII den Besitz eines Schwerbehindertenausweises mit dem Merkzeichen „G" voraussetze und eine rückwirkende Gewährung dieser pauschalen Leistung für Zeiten vor der Erstellung des Ausweises ausscheide; jedoch hätte geprüft werden müssen, ob zuvor ein tatsächlicher höherer Bedarf vorgelegen habe, der abweichend vom Regelsatz eine höhere Leistung gerechtfertigt hätte (vgl. § 28 Abs. 1 Satz 2 SGB XII a.F., § 27a Abs. 4 Satz 1 SGB XII n.F.). Verfassungsrechtlichen Gesichtspunkten sei damit jedenfalls Rechnung getragen; die Verfassung gebiete keine Deckung eines in Grund und Höhe nur unterstellten Bedarfs, eine Ungleichbehandlung zu anderen Personen liege nicht vor.[77] Zur neuen Rechtslage hat das Gericht sich noch nicht geäußert. Das LSG Baden-Württemberg vertritt hierzu die Auffassung, dass auch nach der Änderung des § 30 Abs. 1 Nr. 2 SGB XII sich die Rechtslage ab dem 07.12.2006 nicht dahingehend geändert habe, dass nun auf die Feststellungswirkung des NachteilsausgleichsG oder das Vorliegen seiner Voraussetzungen für die Inanspruchnahme des Mehrbedarfs abzustellen sei; die Rechtslage habe sich ab dem 07.12.2006 nur insoweit verändert, als nun nicht mehr nur ein Ausweis, sondern auch der – regelmäßig früher ergangene – Bescheid der zuständigen Behörde zum Nachweis der Feststellung des Merkzeichens G ausreiche; nach dem klaren Gesetzeswortlaut müsse ein entsprechender Bescheid der nach § 69 Abs. 4 SGB IX zuständigen Stelle ergangen sein oder der Ausweis vorliegen, um den Mehrbedarf zu begründen.[78] Die in dieser Rechtsprechung erkennbare Tendenz vermag in ihrer Begründung nicht völlig zu überzeugen. Der Wortlaut des § 30 Abs. 1 Nr. 2 SGB XII spricht – entgegen der Auffassung des LSG Stuttgart – gerade nicht mehr klar gegen eine rückwirkende Gewährung des Zuschlags. Auch der Ansatz, die verfassungsrechtlichen Bedenken gegen die Verweigerung der rückwirkenden Gewährung durch Anwendung von § 27a Abs. 4 Satz 1 SGB XII auszuräumen, wird den Betroffenen im Regelfall wenig helfen; die Eigentümlichkeit der in Frage stehenden Zuschläge besteht gerade darin, dass sie faktisch kaum konkret zu beziffern sind (z.B. Mehrkosten mangels Erreichbarkeit einer günstigen Einkaufsmöglichkeit).

d. Nachträgliche Gewährung des Zuschlags?

aa. Unterschiedlicher rechtlicher Ausgangspunkt bei Leistungen nach dem 3. und 4. Kapitel

48 Unabhängig von der vorstehenden Problematik ist allerdings fraglich, ob eine rückwirkende Leistungserbringung auch dann möglich ist, wenn der Mehrbedarf erst **nach Eintritt der Bestandskraft** von Leistungsbescheiden geltend gemacht wird und er dem Sozialhilfeträger auch erst dann bekannt wird, obwohl die Voraussetzungen für die Gewährung des Zuschlags von Anfang an vorgelegen hätten. Eine solche Situation kann dann entstehen, wenn die erforderlichen Nachweisunterlagen oder zumindest Informationen zum Entscheidungszeitpunkt der Behörde nicht vorlagen, weil der Hilfebedürftige man-

---

[74] So bereits zur alten Gesetzesfassung – allerdings wohl gegen den Wortlaut – *Grube* in: Grube/Wahrendorf, SGB XII, § 30 Rn. 11.
[75] So wohl auch *Münder* in: LPK-SGB XII, § 30 Rn. 6; auch *Grube* in: Grube/Wahrendorf, SGB XII, § 30 Rn. 8; vgl. dazu auch *Nebe*, SGb 2011, 193 ff., die aus verfassungsrechtlichen Gründen (Art. 19 Abs. 4 GG) die Notwendigkeit einer rückwirkenden Leistungsbewilligung bejaht.
[76] LSG Niedersachsen-Bremen v. 25.02.2010 - L 8 SO 219/07.
[77] BSG v. 10.11.2011 - B 8 SO 12/10 R.
[78] LSG Baden-Württemberg v. 18.09.2013 - L 2 SO 404/13.

gels Kenntnis von der leistungsrechtlichen Erheblichkeit der Feststellung des Merkzeichens G dem Sozialhilfeträger nichts darüber mitgeteilt hat. Man wird in solchen Fällen aufgrund der unterschiedlichen Zugangsvoraussetzungen zu den Leistungen des 3. und 4. Kapitels (Kenntnisgrundsatz, § 18 SGB XII, und Antragsprinzip, § 41 SGB XII) für die rechtliche Beurteilung unterscheiden müssen zwischen der Hilfe zum Lebensunterhalt nach dem 3. Kapitel einerseits und den Leistungen der Grundsicherung im Alter und bei Erwerbsminderung (4. Kapitel) andererseits.

bb. Leistungen nach dem 4. Kapitel

Die Korrektur bestandskräftiger Bescheide kann unter den Voraussetzungen des § 44 SGB X[79] oder – sofern während eines Bewilligungsabschnitts nachträgliche Änderungen eingetreten sind – auch des § 48 SGB X in Betracht kommen.

49

Für Leistungen nach dem 4. Kapitel des SGB XII gilt nicht der Kenntnisgrundsatz des § 18 Abs. 1 SGB XII, sondern ein **Antragserfordernis** (§ 41 SGB XII). An einem fehlenden Antrag scheitert die Erbringung der Zuschläge aber regelmäßig nicht. Zwar handelt es sich nach der Rechtsprechung des BSG bei den einzelnen Bestandteilen der Hilfe zum Lebensunterhalt nicht um bloße Berechnungselemente einer Gesamtleistung, sondern um einzelne Leistungen[80], weswegen wohl auch auf die Erbringung der einzelnen Leistungen gerichtete Anträge zu stellen sind. Ein Antrag auf Leistungen nach dem 4. Kapitel wird aber stets so ausgelegt werden können, dass er alle in Betracht kommenden Leistungen – also auch Zuschläge nach § 30 SGB XII – umfasst.[81] Auch wird man in den Fällen des § 48 SGB X – wenn die Voraussetzungen für die Gewährung des Zuschlags erst während eines Bewilligungsabschnitts eintreten – nicht annehmen können, dass mit der – zunächst rechtmäßigen – Ablehnung der Zuschlagsgewährung der Antrag „verbraucht" ist und bei Eintritt der Änderung ein neuer Antrag erforderlich ist. Zwar handelt es sich grundsätzlich bei ablehnenden Entscheidungen über laufende Leistungen nicht um Entscheidungen mit Dauerwirkung, so dass nach Eintritt der Bestandskraft der Ablehnung ein neuer Antrag erforderlich ist, wenn wieder Leistungen geltend gemacht werden sollen. Anders ist es jedoch dann, wenn für einen bestimmten (Bewilligungs-)Zeitraum über alle in Betracht kommenden Leistungen entschieden wird. In solchen Fällen wirkt eine (Teil-)Ablehnung für den gesamten Bewilligungsabschnitt.

50

Steht eine fehlende Antragstellung einer Leistungserbringung nicht entgegen, so ist im Übrigen zur Frage, ob eine **nachträgliche Bedarfsdeckung** in Betracht kommt, die neuere Rechtsprechung des BSG zur Anwendung des **§ 44 SGB X** auf Leistungen der Sozialhilfe zu beachten.[82] Danach kann die nachträgliche Gewährung des Zuschlags unter Abänderung bestandskräftiger Bewilligungsbescheide wegen Bedarfswegfalls und damit Unanwendbarkeit des § 44 SGB X von vornherein allenfalls dann ausscheiden, wenn es sich um einen Mehrbedarf handelt, der in seiner tatbestandlichen Anknüpfung nicht auf einer Typisierung beruht. Dies ist aber bei den Mehrbedarfen nach § 30 Abs. 1 SGB XII nicht der Fall; der Bedarf als solcher knüpft regelmäßig (Ausnahme: abweichende Festsetzung nach § 30 Abs. 1 Satz 2 SGB XII) nicht an einen konkreten und nachweisbaren individuellen Bedarf an, sondern beruht auf typisierenden Annahmen. Eine Nachzahlung nach § 44 SGB X kann demnach in Betracht kommen, wenn zusätzlich – so die Rechtsprechung des BSG – die Bedürftigkeit nicht zwischenzeitlich temporär oder auf Dauer ganz entfallen ist. Dabei bedarf es bei pauschalierten Leistungen – wie etwa dem Regelbedarf – nicht des Nachweises unterbliebener anderweitiger Bedarfsdeckung, wenn sie nicht nur der Befriedigung eines aktuellen, sondern auch eines zukünftigen und vergangenen Bedarfs dienen. Auch dies dürfte auf die Zuschläge nach § 30 Abs. 1 SGB XII zutreffen, zumal es sich bei dem Sonderbedarf des § 30 Abs. 1 SGB XII um nichts anderes als eine Ergänzung des Regelbedarfs nach § 27a SGB II in typisierender Anknüpfung an bestimmte persönliche Voraussetzungen handelt. Nichts anderes dürfte auch für die Anwendung des **§ 48 SGB X** gelten. § 48 SGB X ist indes nur auf Dauerverwaltungsakte anwendbar; ob solche vorliegen, hängt von der konkreten Gestaltung der Bescheide ab. War demzufolge der Leistungsberechtigte im Besitz eines Schwerbehindertenausweises mit dem Merkzeichen G und hatte lediglich die Behörde keine Kenntnis davon, so ist der Mehrbedarf nach § 30 Abs. 1 SGB XII im Rahmen des § 44 SGB X ohne Nachweis konkreter anderweitiger Bedarfsdeckung nachträglich zu gewähren.[83]

51

---

[79] Zur Anwendbarkeit des § 44 SGB X im Sozialhilferecht z.B. BSG v. 26.08.2008 - B 8 SO 26/07 R.
[80] BSG v. 26.08.2008 - B 8/9b SO 10/06 R.
[81] Vgl. SG Freiburg v. 06.12.2012 - S 6 SO 24/10.
[82] BSG v. 29.09.2009 - B 8 SO 16/08 R.
[83] SG Freiburg v. 06.12.2012 - S 6 SO 24/10.

cc. Leistungen nach dem 3. Kapitel

52 Für die Hilfe zum Lebensunterhalt nach dem 3. Kapitel gilt kein Antragserfordernis, sondern der **Kenntnisgrundsatz** (§ 18 SGB XII); dieser setzt die Kenntnis der zuständigen Stellen von den Voraussetzungen der „Leistungen" voraus. Zweifelhaft ist, ob es sich bei dem Zuschlag nach § 30 Abs. 1 SGB XII um eine eigenständige „Leistung" im Sinne des § 18 Abs. 1 SGB II handelt. Auch hier ist auf die im Zusammenhang mit dem Streitgegenstandsbegriff ergangene neue Rechtsprechung des BSG hinzuweisen, wonach es sich bei den einzelnen Bestandteilen der Hilfe zum Lebensunterhalt nicht um bloße Berechnungselemente einer Gesamtleistung, sondern um einzelne Leistungen handelt.[84] Würde man diesen Leistungsbegriff auf § 18 Abs. 1 SGB XII übertragen, so müsste sich die Kenntnis der zuständigen Stelle (auch) auf die Voraussetzungen aller in Betracht kommenden Einzelleistungen beziehen; bei fehlender Kenntnis der Voraussetzungen für eine Einzelleistung und insbesondere der Voraussetzungen für einen Zuschlag nach § 30 SGB XII würde die Sozialhilfe (nur) insoweit nicht einsetzen.[85] Letzteres erscheint gerade in den Fällen des § 30 Abs. 1 SGB XII, die nicht an einen konkret nachzuweisenden individuellen Bedarf anknüpfen, als unbillig. Im Hinblick auf die oben dargestellte Situation bei den Leistungen nach dem 4. Kapitel würde sich zudem ein Wertungswiderspruch ergeben; Sinn des Kenntnisgrundsatzes kann es nicht sein, die Betroffenen schlechter zu stellen als ein Antragserfordernis. Der Kenntnisgrundsatz des § 18 SGB XII als Voraussetzung für das Einsetzen der Hilfe wird deshalb mehr im Sinne einer Kenntnis des Gesamtfalls als einer Kenntnis sämtlicher tatbestandlichen Voraussetzungen aller in Betracht kommenden Einzelleistungen zu verstehen sein.

e. Verhältnis zu anderen Anspruchsgrundlagen

53 Der Mehrbedarf nach § 30 Abs. 1 SGB XII ist abzugrenzen gegenüber den Regelsätzen des § 27a SGB XII einerseits und gegenüber Leistungen nach den Kapiteln 5-9, insbesondere der Eingliederungshilfe (§§ 53 ff. SGB XII), der Hilfe zur Pflege (§§ 61 ff. SGB XII) und den Hilfen in anderen Lebenslagen und hier wiederum der Altenhilfe (§ 71 SGB XII) andererseits.

54 Das Verhältnis zwischen dem Regelbedarf und § 30 SGB XII war bis zum 31.12.2010 in § 28 Abs. 1 Satz 1 SGB XII geregelt; dort hieß es ausdrücklich, dass der gesamte Bedarf des notwendigen Lebensunterhalts außerhalb von Einrichtungen mit Ausnahme von Leistungen für Unterkunft und Heizung und der Sonderbedarfe nach den §§ 30-34 SGB XII nach Regelsätzen erbracht werde. In der Sache hat sich ab dem 01.01.2011 keine wesentliche Änderung ergeben. In den §§ 30 ff. SGB XII sind nunmehr – nach der Überschrift zum 2. Abschnitt des 3. Kapitels – „zusätzliche Bedarfe" geregelt. Für zusätzliche Bedarfe, die im Zusammenhang mit einer Gehbehinderung stehen, für die das Merkzeichen G festgestellt ist, wird deshalb eine abweichende Festsetzung des Bedarfs nach § 27a Abs. 4 Satz 1 SGB XII in der Regel nicht in Betracht kommen[86]; eine Anwendbarkeit von § 27a Abs. 4 Satz 1 SGB XII kann in Betracht kommen, wo § 30 SGB XII eine Regelungslücke lässt, etwa dann, wenn die Voraussetzungen für das Merkzeichen G (noch) nicht festgestellt sind[87].

55 Nicht ausdrücklich geregelt ist das Verhältnis des Mehrbedarfs nach § 30 Abs. 1 SGB XII zu Leistungen der Eingliederungs- oder Altenhilfe. Das Bundesverwaltungsgericht hatte zum BSHG darauf hingewiesen, dass die Regelungen über die **Hilfe in besonderen Lebenslagen (§§ 27 ff. BSHG) als Sonderregelungen den Vorschriften über die Hilfe zum Lebensunterhalt vorgingen.**[88] Daran wird auch im SGB XII im Grundsatz festzuhalten sein. Leistungen nach dem 5.-9. Kapitel können aber nur dann in Betracht kommen, soweit die Bedarfe nicht ohnehin schon durch die – im SGB XII weitergehend als zuvor – pauschalierten Bedarfe und Mehrbedarfe im Rahmen der Hilfe zum Lebensunterhalt gedeckt sind. Vor diesem Hintergrund hat das BSG entschieden, dass **mit der Gehbehinderung zusammenhängende Mehrbedarfe an Gebrauchsgegenständen des täglichen Lebens mit dem Zuschlag nach § 30 Abs. 1 SGB XII abgegolten** seien und deshalb weitere Leistungen der Eingliederungshilfe nicht in Betracht kämen[89]; soweit mithin Bedarfe mit dem Zuschlag nach § 30 Abs. 1 SGB XII bereits abgegolten werden, geht die Regelung den Hilfen nach den Kapiteln 5-9 vor.

---

[84] BSG v. 26.08.2008 - B 8/9b SO 10/06 R.
[85] So möglicherweise *Grube* in: Grube/Wahrendorf, SGB XII, Sozialhilfe, § 18 Rn. 23: Für typisierte Bedarfe komme es auf die Kenntnis der im Gesetz vorgesehenen Leistungsvoraussetzungen an.
[86] Vgl. BSG v. 29.09.2009 - B 8 SO 5/08 R.
[87] Vgl. hierzu BSG v. 10.11.2011 - B 8 SO 12/10 R.
[88] BVerwG v. 19.05.1994 - 5 C 20/91; offen gelassen noch von OVG NRW v. 20.03.1991 - 8 A 2093/88; vgl. hierzu auch *Bieritz-Harder* in: Bieritz-Harder/Conradis/Thie, SGB XII, § 54 Rn. 22.
[89] BSG v. 29.09.2009 - B 8 SO 5/08 R.

Im Zusammenhang mit behinderungsbedingten Mehrbedarfen ist seit dem Gesetz zur Ermittlung von Regelbedarfen und zur Änderung des Zweiten und Zwölften Buches Sozialgesetzbuch vom 24.03.2011[90] die besondere Regelung für die Anschaffung und Reparaturen von orthopädischen Schuhen, Reparaturen von therapeutischen Geräten und Ausrüstungen sowie die Miete von therapeutischen Geräten zu beachten; Leistungen hierfür werden gesondert erbracht (**§ 31 Abs. 1 Nr. 3 SGB XII**). Nach der Gesetzesbegründung[91] waren diese Verbrauchsausgaben zuvor bei der Regelsatzbemessung eingerechnet worden und sollten künftig nicht mehr für den Regelbedarf berücksichtigt werden, weil diese Kosten nur selten anfielen; dies führe bei der Durchschnittsbildung in der Einkommens- und Verbrauchsstichprobe zu geringen Beträgen, die allen Leistungsberechtigten zu Gute kämen; im Bedarfsfall fielen jedoch relativ hohe Ausgaben hierfür an, die aus dem in den Regelbedarf eingerechneten Betrag nicht gedeckt werden könnten. § 31 Abs. 1 Nr. 3 SGB XII ist gegenüber § 30 Abs. 1 SGB XII eine speziellere Regelung für einen konkreten Bedarf, der auf die Gewährung des pauschalierten Bedarfs nach § 30 Abs. 1 SGB XII in der Regel keinen Einfluss hat (vgl. hierzu auch die Kommentierung zu § 31 SGB XII). Im Anwendungsbereich des § 31 Abs. 1 Nr. 3 SGB XII kann dementsprechend auch nicht mehr argumentiert werden, dass der Bedarf durch den Zuschlag nach § 30 Abs. 1 SGB XII bereits abgegolten sei.

56

f. Abweichende Feststellung des Bedarfs

Nach § 30 Abs. 1 SGB XII wird ein Mehrbedarf von 17 v.H. der maßgebenden Regelbedarfsstufe anerkannt, soweit nicht im Einzelfall ein abweichender Bedarf besteht.

57

Nach dem Wortlaut kann die Festsetzung sowohl eines höheren als auch eines niedrigeren Mehrbedarfs in Betracht kommen. Angesichts der kaum spezifizierten Bedarfe, die mit dem Zuschlag nach § 30 Abs. 1 SGB XII abgegolten werden sollen, erscheint der Anwendungsbereich für eine abweichende Festsetzung des Bedarfs aber gering. Geht man mit der Rechtsprechung des BSG[92] davon aus, dass mit dem Zuschlag auch ein behinderungsbedingter Mehrbedarf an Gegenständen des täglichen Gebrauchs ausgeglichen werden soll, so käme eine abweichende Festsetzung des Mehrbedarfs in Betracht, wenn angesichts des Verhältnisses von konkretem gegenständlichem Mehrbedarf und Höhe des Regelzuschlags der Mehrbedarf als vom Regelzuschlag nicht mehr als gedeckt angesehen werden kann.

58

Eine Kürzung des Mehrbedarfs ist dann denkbar, wenn durch die Erbringung sonstiger Leistungen, etwa Hilfe zur Pflege, der mit § 30 SGB XII abzugeltende Mehrbedarf ganz oder teilweise wegfällt.[93] Auch bei der Gewährung einer Grundrente nach dem Sozialen Entschädigungsrecht stellt sich die Frage einer Kürzung.[94] Vgl. zum **Verhältnis zu § 31 Abs. 1 Nr. 3 SGB XII** die Kommentierung zu § 31 SGB XII Rn. 47.

59

2. Werdende Mütter (Absatz 2)

a. Anspruchszeitraum

Werdende Mütter erhalten nach der **12. Schwangerschaftswoche** einen Zuschlag in Höhe von 17 v.H. der maßgebenden Regelbedarfsstufe.

60

Die Schwangerschaft und ihr Beginn, der für die Bestimmung des Anspruchszeitraums maßgeblich ist, können durch die Bescheinigung eines Arztes oder einer Hebamme nachgewiesen werden. In der Praxis lassen sich die Behörden den Mutterpass vorlegen und bestimmen den Beginn des Anspruchszeitraums durch Rückrechnung ausgehend vom dort vermerkten voraussichtlichen Geburtstermin. Der Anspruch auf Mehrbedarf besteht bis einschließlich zum Tag der Entbindung.[95] Dafür, dass der Zuschlag bis zum Ende des Geburtsmonats zu gewähren wäre, gibt es keine Hinweise[96]; die Formulierung („werdende Mütter") spricht vielmehr gegen eine solche Auslegung.

61

---

[90] BGBl I 2011, 453.
[91] BT-Drs. 17/3404, S. 205.
[92] BSG v. 29.09.2009 - B 8 SO 5/08 R.
[93] Vgl. OVG Bremen v. 17.05.1988 - 2 BA 12/88; allerdings muss dann konkret begründet werden, dass der Mehrbedarf anderweitig gedeckt werden kann.
[94] Hierzu *Heinz*, ZfF 2012, 169 ff.
[95] *Grube* in: Grube/Wahrendorf, SGB XII, § 30 Rn. 22; *Dauber* in: Mergler/Zink, Sozialgesetzbuch XII und Asylbewerberleistungsgesetz, § 30 Rn. 13; auch *Behrend* in: jurisPK-SGB II, § 21 Rn. 17; *Knickrehm/Hahn* in: Eicher, SGB II, 3. Aufl., § 21 Rn. 23.
[96] So aber *Schellhorn* in: Schellhorn/Schellhorn/Hohm, SGB XII Sozialhilfe, § 30 Rn. 11; *Falterbaum* in: Hauck/Noftz, SGB XII, § 30 Rn. 2; *Münder* in: LPK-SGB XII, § 30 Rn. 14.

62 Liegt der tatsächliche Geburtstermin vor dem prognostizierten, so kommt eine Aufhebung der Leistungsbewilligung und ggf. eine Rückforderung der überzahlten Leistungen nach den §§ 48, 50 SGB X in Betracht.[97] Für die Zukunft muss die Leistungsbewilligung nach § 48 Abs. 1 Satz 1 SGB X aufgehoben werden. Eine rückwirkende Aufhebung ab dem Zeitpunkt der Entbindung wird allenfalls unter den Voraussetzungen des § 48 Abs. 1 Satz 2 Nr. 2 SGB X in Betracht kommen. Voraussetzung wäre, dass der Sozialhilfeträger vorsätzlich oder grob fahrlässig nicht über die Geburt informiert wurde. Ob dies der Fall ist, ist in Ansehung der besonderen Umstände im Einzelfall zu prüfen.

63 Ab dem Zeitpunkt der Entbindung kommen andere Ansprüche in Betracht. Im Rahmen der Leistungen nach dem SGB XII kann ab dem Tag der Entbindung (einschließlich) Anspruch auf Alleinerziehendenzuschlag bestehen (§ 30 Abs. 3 SGB XII). Außerhalb des SGB XII können Ansprüche auf Elterngeld nach dem Bundeselterngeldgesetz sowie Ansprüche auf Kindergeld nach dem Einkommensteuer- oder dem Bundeskindergeldgesetz oder Kinderzuschlag nach dem Bundeskindergeldgesetz bestehen.

b. Zu deckende Bedarfe

64 Der Zuschlag war im Bundessozialhilfegesetz von Anfang an in § 23 BSHG geregelt; in seiner jetzigen Form geht er zurück auf das Schwangeren- und Familienhilfegesetz vom 27.07.1992[98]; seither wird er bereits ab der 13. Schwangerschaftswoche gewährt. Die Verbesserungen standen im Zusammenhang mit Neuregelungen zum Schutz des vorgeburtlichen/werdenden Lebens[99]. Als konkret zu deckende Bedarfe kommen Kosten in Betracht, die im Zusammenhang mit der Schwangerschaft anfallen. **Zu nennen sind vor allem erhöhte Kosten für Nahrungsmittel, Körperpflege, Reinigung der Wäsche, erhöhte Fahrtkosten und Informationsbedarf**[100]. Umstandskleidung gehört **nicht** dazu; insoweit ist § 31 Abs. 1 Nr. 2 SGB XII (bis zum 31.10.2010: § 31 Abs. 1 Nr. 3 SGB XII) die speziellere Regelung.

c. Abweichende Festsetzung

65 § 30 Abs. 2 SGB XII enthält eine Öffnungsklausel für eine abweichende Bedarfsfestsetzung. Die Öffnungsklausel scheint nur eine geringe praktische Bedeutung erlangt zu haben; für ihre Anwendung müssen jedenfalls Besonderheiten des Einzelfalls vorliegen, die eine abweichende Festsetzung rechtfertigen. Neben der Öffnungsklausel des § 30 Abs. 2 SGB XII wird die abweichende Festsetzung des Regelsatzes nach § 27a Abs. 4 Satz 1 SGB II wegen schwangerschaftsbedingter Bedarfe regelmäßig nicht in Betracht kommen[101]; § 30 Abs. 2 SGB XII ist für schwangerschaftsbedingte Mehrbedarfe eine Sonderregelung. Die Möglichkeit der abweichenden Feststellung des Regelsatzes nach § 27a Abs. 4 Satz 1 SGB XII für anderweitige besondere Bedarfslagen bleibt aber unberührt.

d. Nachträgliche Gewährung des Zuschlags?

66 Fraglich ist auch hier, ob der Mehrbedarf noch rückwirkend gewährt werden kann, wenn er erst nach Eintritt der Bestandskraft von Leistungsbescheiden geltend gemacht wird und er dem Sozialhilfeträger auch erst dann bekannt wird. Die Überlegungen zur nachträglichen Erbringung des Zuschlags nach § 30 Abs. 1 SGB XII sind auf den Zuschlag nach § 30 Abs. 2 SGB XII übertragbar (vgl. Rn. 48).

3. Alleinerziehendenzuschlag (Absatz 3)

a. Sinn und Zweck der Regelung

67 Nach § 30 Abs. 3 SGB XII wird für Personen, die mit einem oder mehreren minderjährigen Kindern zusammenleben und allein für deren Pflege und Erziehung sorgen, ein Mehrbedarf nach näherer Maßgabe von Nr. 1 und Nr. 2 anerkannt, soweit kein abweichender Bedarf besteht.

68 Nach den sich aus den Gesetzgebungsmaterialien ergebenden Vorstellungen des Gesetzgebers ist die Gewährung des Zuschlags vor allem dadurch gerechtfertigt, dass Alleinerziehende wegen der Sorge für ihre Kinder weniger Zeit haben, preisbewusst einzukaufen und zugleich höhere Aufwendungen zur Kontaktpflege und zur Unterrichtung in Erziehungsfragen tragen müssen.[102] In einer gutachtlichen Äußerung des Deutschen Vereins aus dem Jahr 1991[103] wurde – wohl vor dem Hintergrund von Überle-

---

[97] So auch *Knickrehm/Hahn* in: Eicher, SGB II, 3. Aufl., § 21 Rn. 25.
[98] BGBl I 1992, 1398.
[99] BT-Drs. 12/2605 (neu), S. 2 ff.
[100] *Grube* in: Grube/Wahrendorf, SGB XII, § 30 Rn. 27; *Knickrehm/Hahn* in: Eicher, SGB II, 3. Aufl. § 21 Rn. 19.
[101] Ähnlich wohl *Grube* in: Grube/Wahrendorf, SGB XII, § 30 Rn. 28.
[102] BT-Drs. 10/3079, S. 5.
[103] *Deutscher Verein*, Mehrbedarf nach §§ 23, 24 BSHG und Einkommensgrenzen nach §§ 79, 81 BSHG, 1991, S. 19 ff.

gungen zur Haushaltskonsolidierung – der Versuch einer weiteren Konkretisierung der Bedarfe unternommen. Man kam zu dem Ergebnis, dass Alleinerziehende oftmals auf vorübergehende Beaufsichtigung der Kinder durch andere Personen oder sonstige gelegentliche Hilfen anderer Personen angewiesen seien. Für die Aufrechterhaltung dieser Hilfestellungen seien kleine Aufmerksamkeiten notwendig. Weil die Alleinerziehenden ihre Kinder nur begrenzt allein lassen könnten, seien für sie Telefongespräche und der Briefwechsel zur Kontaktpflege mit anderen Erwachsenen von großer Bedeutung; hierdurch entstünden zusätzliche Aufwendungen. Alleinerziehende müssten oftmals schnell wieder zu Hause sein, weswegen sie verstärkt auf die Inanspruchnahme öffentlicher Verkehrsmittel angewiesen seien. Da das Spielen mit dem anderen Elternteil fehle, müsse mehr Beschäftigungs- und Spielmaterial angeschafft werden. Alleinerziehende hätten häufig, da die Arbeitsteilung und der Gedankenaustausch mit einem Partner fehlten, einen höheren Aufwand, um sich über Fragen der Kinderbetreuung und der Erziehung, der Gesunderhaltung und der Berufsausbildung zu unterrichten.

Mit dem Schwangeren- und Familienhilfegesetz vom 27.07.1992[104] wurden die Sätze für den Zuschlag für Alleinerziehende deutlich erhöht. Die Änderungen standen im Zusammenhang mit Neuregelungen zum Schutz des vorgeburtlichen/werdenden Lebens.[105]

b. Zusammenleben mit einem oder mehreren minderjährigen Kindern und alleinige Sorge für deren Pflege und Erziehung

Der Begriff des **Zusammenlebens**, der im Grundsicherungsrecht auch in anderen Zusammenhängen eine Rolle spielt (vgl. § 7 Abs. 3, 3a SGB II), verlangt mehr als ein bloßes Zusammenwohnen. Erforderlich ist eine darüber hinausgehende personale Komponente; im vorliegenden Zusammenhang tritt dieser Bedeutungsausschnitt allerdings in den Hintergrund, weil auch das weitere Tatbestandsmerkmal „alleinige Sorge für deren Pflege und Erziehung" eine solche personale Komponente in der Beziehung zwischen dem Alleinerziehenden und dem Kind ohnehin voraussetzt. Erforderlich ist aber jedenfalls das Bestehen einer Haushaltsgemeinschaft.[106]

Die Begriffe „**Pflege und Erziehung**" knüpfen an die verfassungsrechtlichen Begriffsbildungen des Art. 6 Abs. 2 GG an.[107] Sie beschreiben die umfassende Verantwortung für die Lebens- und Entwicklungsbedingungen des Kindes. Pflege konkretisiert die Sorge für das körperliche Wohl, Erziehung die Sorge für die seelische und geistige Entwicklung. Es geht um die gesamte Sorge für das Kind, mithin die Ernährung, Bekleidung, Gestaltung des Tagesablaufs und emotionale Zuwendung.[108] Der Begriff der Pflege ist in diesem Zusammenhang nicht identisch mit dem Pflegebegriff des SGB XI und auch nicht mit dem Pflegebegriff der §§ 61 ff. SGB XII.

Der Alleinerziehendenzuschlag steht nicht nur leiblichen Eltern oder Inhabern der Personensorge zu.[109] Als anspruchsberechtigt kommen vielmehr auch **Stief- oder Pflegeelternteile, Geschwister oder Großelternteile** in Betracht; der Kreis der Anspruchsberechtigten weist zwar Parallelen mit dem Kreis der Erziehungsberechtigten des § 7 Abs. 1 Nr. 6 SGB VIII auf.[110] Es kommt aber vor allem darauf an, wer sich tatsächlich um die Kinder kümmert und an ihrer Erziehung beteiligt ist.[111] Die Gewährung des Zuschlags kommt selbst dann in Betracht, wenn Pflegekinder erzogen werden und hierfür ein Pflegegeld nach § 39 SGB III gewährt wird.[112]

Alleinerziehend ist eine hilfebedürftige Person dann nicht, wenn sie entweder während der Betreuungszeit von dem anderen Elternteil oder Partner (oder einer sonstigen Person) in einem Umfang unterstützt wird, der es rechtfertigt, von einer nachhaltigen Entlastung auszugehen, oder – in den Fällen von sog. „Wechselmodellen"[113], d.h. der Wahrnehmung der Pflege und Erziehung von mehreren Per-

---

[104] BGBl I 1992, 1398.
[105] BT-Drs. 12/2605 (neu), S. 2 ff.
[106] BSG v. 27.01.2009 - B 14/7b AS 8/07 R; BSG v. 03.03.2009 - B 4 AS 50/07 R; BSG v. 02.07.2009 - B 14 AS 54/08 R; jeweils zu § 21 SGB II.
[107] *Grube* in: Grube/Wahrendorf, SGB XII, § 30 Rn. 29.
[108] BSG v. 03.03.2009 - B 4 AS 50/07 R - BSGE 102, 290-295.
[109] BSG v. 03.03.2009 - B 4 AS 50/07 R - BSGE 102, 290-295.
[110] So *Grube* in: Grube/Wahrendorf, SGB XII, § 30 Rn. 29.
[111] BSG v. 03.03.2009 - B 4 AS 50/07 R - BSGE 102, 290-295; *Münder* in: LPK-SGB XII, § 30 Rn. 16.
[112] BSG v. 27.01.2009 - B 14/7b AS 0/07 R.
[113] Zu diesem Begriff BGH v. 28.02.2007 - XII ZR 161/04.

sonen im Wechsel – wenn eine derartige Entlastung innerhalb des Zeitraums eintritt, den das Kind sich bei der anderen Person aufhält[114]. Allein die (potentielle) Möglichkeit des Rückgriffs auf andere Personen oder Einrichtungen führt nicht zum Anspruchsausschluss[115].

74 Für sog. „**Wechselmodelle**" hat das **BSG** entschieden, dass bei Betreuung des Kindes durch beide Elternteile im Wechsel bei mindestens wöchentlichen Betreuungsintervallen die Zuerkennung eines Mehrbedarfs noch gerechtfertigt ist. In der Woche, in dem sich das Kind bei dem hilfebedürftigen Elternteil aufhalte, trete keine finanzielle oder sonst wie geartete Entlastung in einem Umfang ein, dass die Zuerkennung eines Mehrbedarfs nicht mehr gerechtfertigt wäre. Während der Betreuungsintervalle entstünden dem Hilfebedürftigen die dem pauschalen Mehrbedarf zugrunde liegenden erhöhten Aufwendungen. Eine finanzielle Belastung trete insoweit jedenfalls dann nicht ein, wenn sich die betreuenden Personen die Kosten hälftig teilten. In der Betreuungswoche wirke sich die fehlende Arbeitsteilung mit einem Partner nach wie vor erheblich aus. Die erhöhten Aufwendungen, z.B. für kostenaufwändigere Einkäufe und die Kosten der Kinderbetreuung zur Aufrechterhaltung der Außenkontakte, ließen sich nicht außerhalb der Betreuungszeit im erforderlichen Umfang kompensieren. Es sei allerdings geboten, die Rechtsfolgen des § 21 Abs. 3 SGB II teleologisch zu reduzieren, und den Mehrbedarf auf die Hälfte der ausdrücklich geregelten Leistungen zu reduzieren. Zudem sei es nicht gerechtfertigt, diese Überlegungen auf andere Konstellationen zu übertragen, in denen tatsächlich abweichende Betreuungsanteile praktiziert würden. Sei ein Elternteil in geringerem als hälftigem zeitlichem Umfang für die Pflege und Erziehung des Kindes zuständig, so stehe die Leistung allein dem anderen Teil zu. Die Zuerkennung des hälftigen Mehrbedarfs erscheine auch dann nicht gerechtfertigt, wenn sich Betreuung in kürzeren als wöchentlichen Intervallen vollziehe.[116] Diese Überlegungen können auf § 30 SGB XII übertragen werden, wobei es wegen der Möglichkeit der abweichenden Festsetzung keiner teleologischen Reduktion bedarf. Im Übrigen wird man aber auch die Besonderheiten des Einzelfalls zu berücksichtigen haben, etwa wie bei kleineren Betreuungsintervallen die Betreuung konkret ausgestaltet ist und wie die Lasten auf die Beteiligten verteilt sind.

75 **Alleinige Sorge** liegt auch noch dann vor, wenn bei der Pflege und Erziehung kein anderer gleichberechtigt und unentgeltlich in erheblichem Umfang mitwirkt bzw. wenn der hilfebedürftige Elternteil nicht von dem anderen Elternteil oder Partner nachhaltig unterstützt wird.[117] Ein Erziehender sorgt nur dann nicht allein für die Pflege und Erziehung des Kindes, wenn ihn eine andere Person so nachhaltig bei der Pflege und Erziehung des Kindes unterstützt, wie es sonst der andere Elternteil zu tun pflegt.[118] Gelegentliche Hilfeleistungen von Bekannten oder Verwandten stehen deshalb der Gewährung des Zuschlags nicht entgegen. Ist eine Familie unvollständig und sorgt nur ein Elternteil für die Pflege und Erziehung der Kinder, ist der Mehrbedarfszuschlag nur in begrenzten Ausnahmefällen nicht zu gewähren.[119] Ein Anspruch auf den Alleinerziehendenzuschlag kann mithin auch bei Abwesenheit eines Elternteils bestehen, etwa im Fall berufsbedingter Abwesenheit oder bei der Verbüßung einer Freiheitsstrafe.[120] Allerdings wird der Zeitraum eine Erheblichkeitsschwelle überschreiten müssen.[121] Eine Unterstützung in erheblichem Umfang soll dann vorliegen, wenn der Vater eines Kindes wegen berufsbedingter Abwesenheit nur an zwei Tagen in der Woche bei Pflege und Erziehung des Kindes mitwirken kann.[122] Der Mehrbedarf entfällt nicht, wenn eine pflegebedürftige alleinerziehende Mutter der Betreuung durch Pflegekräfte bedarf.[123]

76 Der Anspruch auf Mehrbedarf kann **entfallen**, wenn der **Erziehende mit anderen Personen zusammenlebt**. Es ist jeweils auf die konkreten Umstände des Einzelfalls abzustellen. Lebt die erziehende Person in eheähnlicher oder gleichgeschlechtlicher Gemeinschaft, so kommt es darauf an, ob sich der

---

[114] Vgl. BSG v. 03.03.2009 - B 4 AS 50/07 R - BSGE 102, 290-295; BSG v. 02.07.2009 - B 14 AS 54/08 R; BSG v. 23.08.2012 - B 4 AS 167/11 R; *Münder* in: LPK-SGB XII, § 30 Rn. 16.

[115] BSG v. 23.08.2012 - B 4 AS 167/11 R.

[116] BSG v. 03.03.2009 - B 4 AS 50/07 R - BSGE 102, 290-295; vgl. auch BSG v. 02.07.2009 - B 14 AS 54/08 R.

[117] LSG Niedersachsen-Bremen v. 13.05.2008 - L 9 AS 119/08 ER.

[118] OVG Lüneburg v. 22.07.1988 - 4 B 227/88.

[119] *Münder* in: LPK-SGB XII, § 30 Rn. 19.

[120] *Münder* in: LPK-SGB XII, § 30 Rn. 19; *Knickrehm/Hahn* in: Eicher, SGB II, 3. Aufl.; § 21 Rn. 34; a.A. im Hinblick auf berufsbedingte Abwesenheiten *Grube* in: Grube/Wahrendorf, SGB XII, § 30 Rn. 33.

[121] *Knickrehm/Hahn* in: Eicher, SGB II, 3. Aufl.; § 21 Rn. 34; hierzu auch LSG Sachsen-Anhalt v. 25.05.2012 - L 5 AS 456/11 B ER.

[122] LSG Niedersachsen-Bremen v. 13.05.2008 - L 9 AS 119/08 ER.

[123] OVG Bayern v. 30.04.2003 - 12 B 98.1814.

Partner bzw. die Partnerin an der Erziehung beteiligt. Es erscheint zwar denkbar, dass Letzteres nicht der Fall ist. Dies müsste aber verifiziert werden. Insbesondere dürften die Umstände in einem solchen Fall für eine Wahrscheinlichkeit der Beteiligung sprechen.[124] Der Anspruch auf Mehrbedarf kann auch dann entfallen, wenn sich Eltern, Großeltern oder Verwandte in erheblichem Umfang an Pflege und Erziehung beteiligen.[125] Er kann andererseits aber auch zustehen, wenn eine Mutter, die ihre beiden Kinder betreut, mit ihren Eltern und ihrer Schwester in einem Haus zusammen wohnt.[126] Der Gewährung des Mehrbedarfs steht nicht entgegen, dass die Hilfebedürftige mit ihren Kindern in einem Frauenhaus[127] oder in einer Gemeinschaftsunterkunft mit Kinderbetreuung[128] aufgenommen ist.

Zu § 21 Abs. 3 SGB II wird die Auffassung vertreten, dass der Mehrbedarfszuschlag auch dann zu gewähren sei, wenn ein Alleinerziehender bei der Betreuung von Pflegekindern Pflegegeld nach § 39 SGB VIII erhält.[129] Die Tatbestandsvoraussetzungen für die Gewährung des Zuschlags liegen in diesen Fällen jedenfalls vor. Fraglich kann insoweit nur sein, ob der in den Leistungen an den Pflegeelternteil enthaltene Erziehungsbeitrag mit dem Mehrbedarfszuschlag eine identische Zweckbestimmung hat[130], so dass der Erziehungsbeitrag auf den Zuschlag als Einkommen (§ 11 SGB II) anzurechnen wäre[131]. Dies wird man indes schon mit der Erwägung verneinen können, dass der Erziehungsbeitrag im Sinne des § 39 SGB VIII unabhängig davon gewährt wird, ob eine oder mehrere Pflegepersonen an der Pflege und Erziehung beteiligt sind.[132] Zudem enthält mittlerweile § 11 Abs. 4 SGB II bzw. ab dem 01.01.2011 § 11a Abs. 3 SGB II eine spezielle Regelung für die Berücksichtigung des Erziehungsbeitrages als Einkommen. Eine Anrechnung speziell auf den Alleinerziehenzuschlag ist dort nicht vorgesehen. Diese Überlegungen wären auch auf § 30 Abs. 3 SGB XII zu übertragen, wobei sich im Hinblick auf die Möglichkeit der abweichenden Festsetzung des Zuschlags die Frage der übereinstimmenden Zweckbestimmung nicht erst bei der Einkommensanrechnung, sondern schon bei der Bedarfsbemessung stellen würde; im Bereich des SGB XII dürften derartige Konstellationen ohnehin allerdings nur selten vorkommen.

c. Rechtsfolgen, abweichende Festsetzung des Bedarfs

Der Zuschlag wird gewährt in Höhe von 36 v.H. der Regelbedarfsstufe 1 nach der Anlage zu § 28 SGB XII für ein Kind unter sieben Jahren oder für zwei oder drei Kinder unter sechzehn Jahren (Nr. 1) oder in Höhe von 12 v.H. der Regelbedarfsstufe 1 für jedes Kind, wenn die Voraussetzungen nach Nr. 1 nicht vorliegen, höchstens jedoch in Höhe von 60 v.H. der Regelbedarfsstufe 1 (Nr. 2).

Ein Zuschlag kommt danach **für Kinder unter 18 Jahren** in Betracht; Voraussetzung ist nicht, dass das Kind unter 16 Jahren alt ist.[133] Etwas anderes ergibt sich weder aus dem Wortlaut noch aus der Systematik der Regelung. Zudem dürfte es sich bei der Erweiterung des Zuschlags auf Kinder unter 18 Jahren um eine bewusste Entscheidung des Gesetzgebers gehandelt haben; die Formulierung der Norm wurde im Laufe des Gesetzgebungsverfahrens geändert und die Einschränkung auf Kinder unter 16 Jahren gestrichen.[134]

Nr. 1 und Nr. 2 stehen nach dem Wortlaut der Regelung in einem tatbestandlichen Ausschlussverhältnis. Insofern besteht ein Unterschied zu § 21 Abs. 3 SGB II, wonach Nr. 2 in Fällen anwendbar ist, in denen dies für den Betroffenen günstiger ist als die Anwendung der Nr. 1. Bei der abweichenden Formulierung des § 21 Abs. 3 SGB II dürfte es sich um die Beseitigung eines Formulierungsfehlers in § 30 Abs. 3 Nr. 2 SGB XII handeln; auch § 30 Abs. 3 Nr. 2 SGB XII wird man deshalb in Fällen anzuwen-

---

[124] *Knickrehm/Hahn* in: Eicher, SGB II, 3. Aufl., § 21 Rn. 32 mit Hinweis auf LSG NRW v. 07.04.2006 - L 20 B 74/06 AS ER; ähnlich *Münder* in: LPK-SGB XII, § 30 Rn. 16 mit Hinweis auf OVG Niedersachsen v. 24.02.1972 - IV A 141/70, wonach eine gesetzliche Vermutung, dass der Partner sich beteiligt, nicht bestehe.
[125] LSG Niedersachsen-Bremen v. 27.07.2007 - L 13 AS 50/07 ER; SG Berlin v. 22.03.2005 - S 59 AS 522/05.
[126] BSG v. 23.08.2012 - B 4 AS 167/11 R.
[127] VG Köln v. 28.01.1988 - 5 K 5420/86.
[128] OVG Berlin v. 06.06.1996 - 6 S 261.95.
[129] BSG v. 14.01.2009 - B 14/7b AS 8/07 R; OVG Bremen v. 04.07.2007 - S1 B 235/07; LSG Berlin-Brandenburg v. 19.03.2009 - L 25 AS 1446/07; *Knickrehm/Hahn* in: Eicher, SGB II, 3. Aufl., § 21 Rn. 29.
[130] Ablehnend *Knickrehm/Hahn* in: Eicher, SGB II, 3. Aufl., § 21 Rn. 29.
[131] Zur Zweckbestimmung des Erziehungsbeitrags vgl. BSG v. 29.09.2007 - B 7b AS 12/06 R und BSG v. 01.07.2009 - B 4 AS 9/09 R.
[132] OVG Bremen v. 04.07.2007 - S1 B 235/07.
[133] *Münder* in: LPK-SGB XII, § 30 Rn. 20; a.A. *Grube* in: Grube/Wahrendorf, SGB XII, § 30 Rn. 36.
[134] BT-Drs. 15/1734, S. 25.

den haben, in denen dies für den Alleinerziehenden günstiger ist. Die in § 30 Abs. 3 Nr. 1 genannten Fälle formulieren Mindestanforderungen für die Gewährung des Zuschlags, d.h. die genannten Konstellationen müssen nicht genau so vorliegen, wie sie benannt sind; der Zuschlag von 36 v.H. ist etwa auch dann zu gewähren, wenn neben einem Kind unter sieben Jahren noch ein Kind im Altern von 17 Jahren im Haushalt lebt; die im Ergebnis ungünstigere Anwendung der Nr. 2 in einem solchen Fall wäre nicht verständlich. Tatbestandlich ist dann von Nr. 1 aber auch der Fall umfasst, dass ein Kind unter sieben Jahren und drei weitere Kinder vorhanden sind. Nach Nr. 2 ergibt sich in einem solchen Fall ein Satz vom 48 v.H. Es kann deshalb – wohl entgegen der Formulierung des § 30 Abs. 3 SGB XII – zu Überschneidungen der tatbestandlichen Voraussetzungen von Nr. 1 und Nr. 2 kommen; das Konkurrenzverhältnis ist wie in § 21 Abs. 3 SGB II dadurch aufzulösen, dass Nr. 2 nur dann angewendet wird, wenn dies zu einem günstigeren Ergebnis führt.[135]

d. Abweichende Festsetzung des Bedarfs

81 Der Mehrbedarf nach § 30 SGB XII kann auch abweichend festgesetzt werden („soweit kein abweichender Bedarf besteht"). Eine abweichende Festsetzung kommt in Betracht, wenn besondere Umstände des Einzelfalls vorliegen. Eine Festsetzung auf einen niedrigeren Betrag ist denkbar, wenn zumindest ein Teil der Bedarfe, die der Gesetzgeber typisierend bei der Festsetzung des Zuschlags in seiner Regelhöhe berücksichtigt hat (vgl. Rn. 68), anderweitig gedeckt sind. Dies soll in Betracht kommen können, wenn der Alleinerziehende in einer Wohnunterkunft lebt, wo Kinderbetreuung zumindest teilweise angeboten wird.[136] Auch die sog. „Wechselmodelle" mit abwechselnder Betreuung können ein Anwendungsfall für eine abweichende Festsetzung sein.[137] Ein höherer Bedarf soll nicht bereits anzuerkennen sein, wenn jemand allein für die Erziehung von zwei oder drei Kindern unter sieben Jahren sorgt.[138]

e. Nachträgliche Leistungserbringung

82 Fraglich ist auch hier, ob der Mehrbedarf auch noch rückwirkend gewährt werden kann, wenn er erst nach Eintritt der Bestandskraft von Leistungsbescheiden geltend gemacht wird und er dem Sozialhilfeträger auch erst dann bekannt wird. Die Überlegungen zur nachträglichen Erbringung des Zuschlags nach § 30 Abs. 1 SGB XII sind auf den Zuschlag nach § 30 Abs. 3 SGB XII übertragbar (vgl. Rn. 48); denn auch der Alleinerziehendenzuschlag setzt keinen individuellen nachweisbaren Hilfebedarf voraus;[139] der Bedarf wird vom Gesetzgeber typisierend unterstellt.

4. Zuschlag für behinderte Menschen in Ausbildung (Absatz 4)

a. Behinderte Menschen

83 Für behinderte Menschen, die das 15. Lebensjahr vollendet haben und denen Eingliederungshilfe nach § 54 Abs. 1 Satz 1 Nr. 1-3 SGB XII geleistet wird, wird ein Mehrbedarf von 35 v.H. der maßgebenden Regelbedarfsstufe anerkannt, soweit nicht im Einzelfall ein abweichender Bedarf besteht.

84 Das Tatbestandsmerkmal „behindert" hat **eigenständige Bedeutung**. Denn Leistungen nach § 54 Abs. 1 Satz 1 Nr. 1-3 SGB XII können nicht nur Personen erhalten, die behindert sind, sondern auch Personen, die von Behinderung bedroht sind (§ 53 Abs. 1 SGB XII). Nach der Formulierung des § 30 Abs. 4 SGB XII sind von Behinderung bedrohte Menschen nicht umfasst; die Formulierung grenzt sich insoweit von § 30 Abs. 5 SGB XII ab, wo von Behinderung bedrohte Menschen als mögliche Anspruchsinhaber ausdrücklich benannt sind.[140] Anders als sonstige Teile des Sozialgesetzbuchs (z.B. § 19 SGB III) enthält das SGB XII keine eigene Definition des Behinderungsbegriffs, so dass auf § 2 SGB IX zurückzugreifen ist. Nach § 2 Abs. 1 SGB IX sind Menschen behindert, wenn ihre körperliche Funktion, geistige Fähigkeit oder seelische Gesundheit mit hoher Wahrscheinlichkeit länger als sechs Monate von dem für das Lebensalter typischen Zustand abweichen und daher ihre Teilhabe am Leben in der Gesellschaft beeinträchtigt ist.

---

[135] So auch *Münder* in: LPK-SGB XII, § 30 Rn. 23.
[136] *Grube* in: Grube/Wahrendorf, SGB XII, § 30 Rn. 37.
[137] Zum SGB II: BSG v. 03.03.2009 - B 4 AS 50/07 R - BSGE 102, 290-295.
[138] OVG Lüneburg v. 27.03.1991 - 4 L 227/89, allerdings noch zu § 23 BSHG in der Fassung des Vierten Änderungsgesetzes.
[139] Bayerischer VGH v. 30.04.2003 - 12 B 98.1814.
[140] So auch *Schellhorn* in: Schellhorn/Schellhorn/Hohm, SGB XII – Sozialhilfe, § 30 Rn. 22.

Neben dem Mehrbedarf nach § 30 Abs. 4 SGB XII kann der Mehrbedarf nach § 30 Abs. 1 Nr. 2 SGB XII für behinderte Menschen mit Merkzeichen G nicht gewährt werden (§ 30 Abs. 4 Satz 3 SGB XII). 85

b. Leistungen der Eingliederungshilfe

Voraussetzung für die Gewährung des Zuschlags sind „Leistungen" der **Eingliederungshilfe** nach § 54 Abs. 1 Satz 1 Nr. 1-3 SGB XII. 86

Aus dieser Formulierung folgt zum einen, dass ein Anspruch auf derartige Leistungen nicht ausreicht. Entsprechende Leistungen müssen **tatsächlich erbracht** werden.[141] Unerheblich ist, ob die Leistung durch Verwaltungsakt bewilligt worden ist.[142] Ausreichend kann auch sein, wenn die Kostenübernahme für Leistungen der Eingliederungshilfe erst nachträglich bewilligt wird, etwa wenn sie vor Gericht erstritten wird[143] (vgl. Rn. 92). Das BSG hat zu § 21 Abs. 4 SGB II entschieden, dass die Gewährung des Zuschlags bei Leistungen zur Teilhabe am Arbeitsleben nur in Betracht komme, wenn eine Teilnahme an einer regelförmigen Maßnahme erfolge.[144] Die Überlegungen, die zu den Entscheidungen geführt haben, dürften auf sonstige Maßnahmen – auch solche der Eingliederungshilfe – zwar übertragbar sein; allerdings dürfte die Durchführung von nicht regelförmigen Maßnahmen in den Fällen des § 54 Abs. 1 Satz 1 Nr. 1-3 SGB XII die Ausnahme sein; bei Maßnahmen, bei denen ausnahmsweise ein Mehrbedarf nicht festgestellt werden kann, wäre nach § 30 Abs. 4 SGB XII – anders als nach § 21 Abs. 4 SGB II – ohnehin eine vom Regelfall abweichende Feststellung des Bedarfs möglich. 87

Aus der Formulierung des § 30 Abs. 4 SGB XII folgt zum anderen, dass **der Zuschlag ausschließlich bei Leistungen eines Sozialhilfeträgers nach § 54 Abs. 1 Satz 1 Nr. 1-3 SGB XII** gewährt werden kann, nicht bei vorrangigen Leistungen anderer Sozialleistungsträger oder der Schulverwaltung; der Gesetzgeber geht davon aus, dass die Leistungen anderer Träger bedarfsdeckend angelegt sind.[145] 88

c. Ausbildungsförderung nach BAföG oder SGB III

Der Zuschlag kann Auszubildenden, deren Ausbildung im Rahmen des Bundesausbildungsförderungsgesetzes oder der §§ 51, 57 f. SGB III dem Grunde nach förderungsfähig ist, in der Regel nicht gewährt werden. Denn in diesen Fällen können nach **§ 22 Abs. 1 SGB XII** keine Leistungen nach dem 3. oder 4. Kapitel des SGB XII erbracht werden (soweit nicht einer der Anwendungsausschlüsse des § 22 Abs. 2 SGB XII oder ein Härtefall vorliegt). Zwar schließt § 22 Abs. 1 SGB XII nach der Rechtsprechung des Bundesverwaltungsgerichts zur Vorgängerregelung des § 26 BSHG, die insoweit auf § 22 SGB XII übertragbar ist, nur die Deckung ausbildungsgeprägter Bedarfe aus; nicht ausgeschlossen ist die Deckung solcher Bedarfe, die durch besondere Umstände geprägt sind, die von der Ausbildung unabhängig sind.[146] Bei dem Mehrbedarf des § 30 Abs. 4 SGB XII handelt es sich aber gerade um einen ausbildungsgeprägten Bedarf, der damit auch vom Ausschluss des § 22 Abs. 1 SGB XII umfasst ist.[147] 89

d. Rechtsfolgen in den Fällen des Absatzes 4 Satz 1

Liegen die Voraussetzungen des § 30 Abs. 4 Satz 1 SGB XII vor, so ist ein Mehrbedarf in Höhe von 35 v.H. der maßgebenden Regelbedarfsstufe anzuerkennen. In Einzelfällen kann ein abweichender Bedarf festgesetzt werden. Es müssen besondere Umstände des Einzelfalls vorliegen, die gerade einen abweichenden ausbildungsbedingten Mehrbedarf bei der Deckung des Lebensunterhalts begründen; § 27a Abs. 4 Satz 1 SGB XII kommt insoweit nicht zur Anwendung. Der eigentliche Bedarf für die Ausbildung selbst wird über die Leistungen nach § 54 Abs. 1 Satz 1 Nr. 1-3 SGB XII gedeckt.[148] 90

---

[141] Vgl. BSG v. 25.06.2008 - B 11b AS 19/07 R zu § 21 Abs. 4 SGB II; BSG v. 22.03.2010 - B 4 AS 59/09 R.
[142] BSG v. 22.03.2010 - B 4 AS 59/09 R.
[143] *Dauber* in: Mergler/Zink, SGB XII, § 30 Rn. 22.
[144] BSG v. 22.03.2010 - B 4 AS 59/09 R; BSG v. 06.04.2011 - B 4 AS 3/10 R.
[145] So *Schellhorn* in: Schellhorn/Schellhorn/Hohm, SGB XII – Sozialhilfe, § 30 Rn. 23.
[146] BVerwG v. 17.01.1985 - 5 C 29/84; zu § 21 SGB II auch BSG v. 06.09.2007 - B 14/7b AS 36/06 R und B 14/7b AS 28/06 R.
[147] Niedersächsisches OVG v. 22.03.2006 - 4 LB 153/04 zu § 23 Abs. 3 BSHG; *Dauber* in: Mergler/Zink, Sozialgesetzbuch XII und Asylbewerberleistungsgesetz, Rn. 22.
[148] Zur Abgrenzung der Leistungen zum Lebensunterhalt zu den Hilfen in besonderen Lebenslagen unter Geltung des BSHG vgl. BVerwG v. 19.10.1995 - 5 C 28/95.

e. Kann-Leistungen nach Absatz 4 Satz 2

91 Nach § 30 Abs. 4 Satz 2 SGB XII können Leistungen nach § 30 Abs. 4 Satz 1 SGB XII während einer angemessenen Übergangszeit, insbesondere einer Einarbeitungszeit, erbracht werden. Aus der Formulierung „können" wird allgemein die Verpflichtung zur Ermessensausübung abgeleitet.[149] Für die Ermessensausübung gelten die Maßstäbe des § 39 SGB I; danach ist das **Ermessen** entsprechend dem Zweck der Ermächtigung auszuüben und sind die gesetzlichen Grenzen des Ermessens einzuhalten. Die Vorschrift hat Fälle im Auge, in denen im Anschluss an eine nach § 54 Abs. 1 Satz 1 Nr. 1-3 SGB XII geförderte Ausbildung eine Tätigkeit aufgenommen wird, aus der keine den Lebensunterhalt deckenden Einnahmen erzielt werden.

f. Nachträgliche Gewährung des Zuschlags?

92 In Fällen, in denen die Kostenübernahme für Maßnahmen nach § 54 Abs. 1 Satz 1 Nr. 1-3 SGB XII erst nachträglich erstritten und bewilligt wird, kommt die nachträgliche Gewährung des Zuschlags jedenfalls dann in Betracht, wenn noch nicht bestandskräftig über den Zuschlag entschieden wurde.

93 Im Übrigen sind die Überlegungen zur nachträglichen Gewährung des Zuschlags nach § 30 Abs. 1 SGB XII auf den Zuschlag nach § 30 Abs. 4 SGB XII übertragbar (vgl. Rn. 48); denn auch der Zuschlag nach § 30 Abs. 4 SGB XII setzt keinen individuell nachweisbaren Hilfebedarf voraus[150]; der Bedarf wird vom Gesetzgeber typisierend unterstellt.

5. Mehrbedarf für kostenaufwändige Ernährung (Absatz 5)

a. Berechtigte

94 Nach § 30 Abs. 5 SGB XII wird ein Mehrbedarf in angemessener Höhe anerkannt für Kranke, Genesende, behinderte Menschen oder von einer Krankheit oder von einer Behinderung bedrohte Menschen, die einer kostenaufwändigen Ernährung bedürfen.

95 Die Definition des Kreises der Anspruchsberechtigten ist in § 21 Abs. 5 SGB II anders formuliert als in § 30 Abs. 5 SGB XII; nach § 21 Abs. 5 SGB II sind anspruchsberechtigt erwerbsfähige **Hilfebedürftige, die aus medizinischen Gründen einer aufwändigen Ernährung bedürfen**. Nach der Gesetzesbegründung zu § 21 Abs. 5 SGB II[151] sollte mit der Formulierung eine Präzisierung dahingehend erreicht werden, als der Mehrbedarf nur bei Nachweis des Bedarfs aus medizinischen Gründen anzuerkennen sei. Auch zu § 23 Abs. 4 BSHG war aber schon die Auffassung vertreten worden, dass Voraussetzung für die Gewährung des Zuschlags ein ursächlicher Zusammenhang zwischen einer drohenden oder bestehenden Erkrankung und der Notwendigkeit einer kostenaufwändigen Ernährung sei.[152] Insofern dürften inhaltliche Unterschiede zwischen § 21 Abs. 5 SGB II und § 30 Abs. 5 SGB XII nicht beabsichtigt sein. Sinn und Zweck der Leistungen ist es in beiden Fällen, drohende oder bestehende Gesundheitsschäden abzuwenden oder zu verhindern.[153] Von daher dürfte auch der Aufzählung des Kreises der möglichen Anspruchsberechtigten in § 30 Abs. 5 SGB XII keine allzu große Bedeutung mehr zukommen. Auch das BSG hebt in einer Entscheidung betreffend § 21 Abs. 5 SGB II die inhaltliche Parallelität von § 21 Abs. 5 SGB II und § 30 Abs. 5 SGB XII hervor und weist darauf hin, dass für die Gewährung eines Mehrbedarfszuschlags ein ursächlicher Zusammenhang zwischen einer bestehenden oder drohenden Erkrankung und der Notwendigkeit einer besonderen kostenaufwendigen Ernährung erforderlich sei; ein aus anderen Gründen erhöhter Kalorienbedarf rechtfertige die Gewährung eines Mehrbedarfs nach diesen Vorschriften deshalb nicht.[154] Die Begriffe „behindert" und „von Behinderung bedroht" sind im Übrigen in § 2 Abs. 1 SGB IX definiert, die Begriffe der „Krankheit" oder der „drohenden Krankheit" spielen in den §§ 47 ff. SGB XII eine zentrale Rolle.

---

[149] *Schellhorn* in: Schellhorn/Schellhorn/Hohm, SGB XII – Sozialhilfe, § 30 Rn. 24; *Dauber* in: Mergler/Zink, Sozialgesetzbuch XII und Asylbewerberleistungsgesetz, § 30 Rn. 22; *Adolph* in: Linhart/Adolph, Sozialgesetzbuch II Sozialgesetzbuch XII Asylbewerberleistungsgesetz, § 30 Rn. 12.
[150] Bayerischer VGH v. 30.04.2003 - 12 B 98.1814.
[151] BT-Drs. 15/1516, S. 57.
[152] *Hofmann* in: LPK-BSHG, § 23 Rn. 28.
[153] *Knickrehm/Hahn* in: Eicher, SGB II, 3. Aufl., § 21 Rn. 52.
[154] Vgl. BSG v. 10.05.2011 - B 4 AS 100/10 R.

b. Anspruchsvoraussetzungen

Voraussetzung für die Gewährung des Zuschlags ist, dass aufgrund einer Krankheit oder Behinderung ein Mehrbedarf für eine kostenaufwändige Ernährung besteht. Ob eine Krankheit oder Behinderung besteht oder droht und dadurch ein Ernährungsmehrbedarf verursacht ist, ist von Amts wegen zu ermitteln (§ 20 SGB X, § 103 SGG). Die Hilfebedürftigen trifft im Verwaltungsverfahren dabei eine Mitwirkungsobliegenheit; nach § 62 SGB I soll sich derjenige, der Sozialleistungen beantragt oder erhält, auf Verlangen des zuständigen Leistungsträgers ärztlichen oder psychologischen Untersuchungsmaßnahmen unterziehen, soweit diese für die Entscheidung über die Leistung erforderlich sind. Die Praxis der Leistungsträger, entsprechende ärztliche Bescheinigungen über Erkrankungen und deswegen erforderliche besondere Kostformen zu verlangen, stößt insoweit nicht auf Bedenken. Vielmehr sind solche Bescheinigungen regelmäßig erforderlich; sie müssen nicht nur den Gesundheitsschaden benennen, sondern auch das Erfordernis einer besonderen Kostform darlegen.[155] Die Grenzen der Mitwirkung nach § 65 SGB I werden durch die Vorlage entsprechender Bescheinigungen allenfalls in Ausnahmefällen erreicht werden können. Eventuell erforderliche **Kosten für die Bescheinigungen können nach § 65a Abs. 1 Satz 1 SGB I auf Antrag vom Leistungsträger erstattet werden**. Die Entscheidung über die Übernahme der Kosten für die Bescheinigungen steht dabei im Ermessen des Leistungsträgers.[156] Bei der Gewährung von existenzsichernden Leistungen wird die Kostenübernahme allerdings regelmäßig angezeigt sein.[157] Im Bereich des SGB II wird dies in den Handlungsempfehlungen der Bundesagentur für Arbeit zu § 21 SGB II (Nr. 21.27, Stand 20.02.2013) bis zu einer Höchstgrenze wohl auch als Regelfall angenommen; für den Bereich des SGB XII kann nichts anderes gelten. Zur medizinischen Sachverhaltsaufklärung kann verlangt werden, dass behandelnde Ärzte von der Schweigepflicht entbunden werden und der Verwertung von ärztlichen Unterlagen im Verfahren zugestimmt wird; mangelnde Mitwirkung insoweit kann eine Leistungsversagung (§ 66 SGB I) zur Folge haben.[158]

Anspruch auf einen Zuschlag nach § 30 Abs. 5 SGB XII kann nur für Ernährungsmehrbedarf in Betracht kommen. Kein Zuschlag kann deshalb gewährt werden für andere medizinisch bedingte Bedarfe, insbesondere etwa für Hygienebedarf[159] oder Arzneimittel[160]. Ein Zuschlag für Ernährungsmehrbedarf soll auch dann ausgeschlossen sein, wenn ärztlicherseits eine Gewichtsreduktion empfohlen ist[161]; entscheidend wird aber sein, welche konkrete Ernährung erforderlich ist[162]. Krankhaftes Untergewicht kann zu Mehrbedarf führen[163]. Allein die weite Verbreitung einer Erkrankung (hier: Laktoseintoleranz) entbindet nicht von der Feststellung eines besonderen, medizinisch begründeten Ernährungsbedürfnisses im Einzelfall.[164]

Ist eine (drohende) Erkrankung oder Behinderung und ein dadurch bedingter Ernährungsmehrbedarf festgestellt, so besteht auf die Gewährung eines Mehrbedarfs ein **Anspruch**. Die Entscheidung steht **nicht im Ermessen** des Leistungsträgers. Der Mehrbedarfszuschlag ist in **angemessener Höhe** zu gewähren. Der Begriff der Angemessenheit ist **gerichtlich voll überprüfbar**. Es handelt sich um einen **unbestimmten Rechtsbegriff**.[165] Ein Beurteilungsspielraum besteht nicht. Angemessen ist die Höhe des Zuschlags dann, wenn der tatsächlich anfallende Mehrbedarf mit dem Zuschlag gedeckt werden kann.[166] Angemessen kann die Gewährung eines Zuschlags auch nur dann sein, wenn **tatsächlich eine an den gesundheitlichen Erfordernissen ausgerichtete besondere Ernährung mit dem dadurch bedingten Mehraufwand durchgeführt** wird; durch den Begriff der angemessenen Höhe wird der Zuschlag an den tatsächlichen Bedarf gekoppelt.

---

[155] LSG NRW v. 09.12.2008 - L 13 AS 4462/07.
[156] *Kampe* in: jurisPK-SGB I, § 65a Rn. 23 ff.
[157] Vgl. BSG v. 06.12.2007 - B 14/7b AS 50/06 R zur regelmäßig angezeigten Übernahme für die Kosten der Wahrnehmung eines Meldetermins.
[158] LSG Nordrhein-Westfalen v. 23.03.2011 - L 12 SO 592/10.
[159] LSG Berlin-Brandenburg v. 24.04.2007 - L 19 B 400/07 AS ER.
[160] BSG v. 27.02.2008 - B 14/7b AS 64/06.
[161] SG Dresden v. 30.08.2006 - S 23 AS 1372/06 ER.
[162] Vgl. BSG v. 27.02.2008 - B 14/7b AS 32/06 R.
[163] SG Gießen v. 09.07.2013 - S 22 AS 866/11 WA zu § 21 Abs. 5 SGB II.
[164] BSG v. 14.02.2013 - B 14 AS 48/12 R.
[165] BSG v. 27.02.2008 - B 14/7b AS 64/06 R.
[166] Vgl. *Knickrehm/Hahn* in: Eicher, SGB II, 3. Aufl., § 21 Rn. 61 zu § 21 SGB II; auch *Münder* in: LPK-SGB XII, § 30 Rn. 28.

c. Höhe des Anspruchs

99 Im Bereich der Sozialhilfe und auch im Bereich der Grundsicherung für Arbeitsuchende hatten für die Höhe der zu gewährenden Zuschläge zunächst die Empfehlungen für die Gewährung von Krankenkostzulagen in der Sozialhilfe des Deutschen Vereins für öffentliche und private Vorsorge (in der 2. Auflage 1997, nachfolgend: Empfehlungen 1997) eine zentrale Bedeutung. Diese Empfehlungen waren in erster Auflage im Jahr 1974 erschienen. 1997 waren sie aufgrund gewandelter diätetischer und ernährungsmedizinischer Erkenntnisse fortgeschrieben worden. Zur Erstellung der Empfehlungen wurden Erkenntnisse aus medizinischen und ernährungswissenschaftlichen Fachbereichen verwertet; es wurden hierzu Gutachten verschiedener Institutionen sowie einzelner Sachverständiger eingeholt, darunter des vormaligen Bundesgesundheitsamts, der Deutschen Akademie für Ernährungsmedizin zusammen mit der Medizinischen Universitätsklinik Freiburg i. Br. und der Deutschen Gesellschaft für Ernährung.[167]

100 Die Rechtsprechung und auch die Fachliteratur hatten in diesen Empfehlungen teilweise **antizipierte Sachverständigengutachten** gesehen[168]; sie wurden deshalb häufig als Entscheidungsgrundlage herangezogen[169]. Die Rolle der Empfehlungen 1997 hatte mit dem Vierten Gesetz für moderne Dienstleistungen am Arbeitsmarkt sogar noch eine gewisse normative Verankerung erfahren; denn im Zusammenhang mit § 21 SGB II war in der Gesetzesbegründung ausdrücklich auf die Empfehlungen Bezug genommen und ihre Rolle zur Bestimmung der angemessenen Höhe des Mehrbedarfszuschlags betont worden.[170] In der Fachliteratur wurde deshalb die Auffassung vertreten, dass den Empfehlungen – ähnlich wie früher den Anhaltspunkten für die ärztliche Gutachtertätigkeit im sozialen Entschädigungsrecht und nach dem Schwerbehindertengesetz[171] – ein normähnlicher Charakter zukomme und sie daher nur einer eingeschränkten gerichtlichen Kontrolle unterlägen; grundsätzlich seien daher die Empfehlungen anzuwenden; nur im Einzelfall sei bei entsprechenden Anhaltspunkten zu prüfen, ob ein veränderter Stand wissenschaftlicher Erkenntnisse oder individuelle Besonderheiten zu abweichenden Ergebnissen führen könnten.[172] Die Bundesagentur für Arbeit hatte in ihren Handlungsempfehlungen zu § 21 Abs. 5 SGB II auf die Empfehlungen 1997 Bezug genommen. Das Bundesverfassungsgericht hatte im Hinblick auf § 30 Abs. 5 SGB XII die Bedeutung der Empfehlungen hervorgehoben und hierzu ausgeführt, dass sowohl die Gesetzesbegründung wie auch die Literatur auf die Empfehlungen zurückgriffen; ein Abweichen von den Empfehlungen sei daher begründungsbedürftig und setze entsprechende Fachkompetenz voraus, die im sozialgerichtlichen Verfahren entweder einzuholen oder – im Falle eigener Sachkunde des Gerichts – darzulegen sei.[173]

101 Die Aktualität der Empfehlungen 1997 wurde allerdings vor allem im Hinblick auf Zuschläge bei Diabeteserkrankungen und bei Erkrankungen, für die Vollkost empfohlen wurde, von der Rechtsprechung zunehmend in Zweifel gezogen. Insbesondere kamen ein vom Landschaftsverband Westfalen-Lippe veröffentlichter „Begutachtungsleitfaden für den Mehrbedarf bei krankheitsbedingter kostenaufwändiger Ernährung (Krankenkostzulagen) gem. § 23 Abs. 4 BSHG"[174], der von einer Arbeitsgruppe gutachterlich tätiger Ärztinnen und Ärzte an der Akademie für öffentliches Gesundheitswesen in Düsseldorf erstellt worden war, und ein „Rationalisierungsschema 2004" des Bundesverbandes Deutscher Ernährungsmediziner[175] zu abweichenden Ergebnissen; in die Empfehlungen 1997 war noch das „Rationalisierungsschema 1994" eingeflossen. Die unterschiedlichen Empfehlungen führten so zunehmend zu einer Rechtszersplitterung.[176]

---

[167] Empfehlungen 1997, S. 6.
[168] *Münder* in: LPK-SGB XII, § 30 Rn. 29.
[169] Vgl. OVG Niedersachsen v. 13.10.2003 - 12 LA 385/03; VGH Hessen v. 27.06.1991 - 9 TG 1258/91.
[170] BT-Drs. 15/1516, S. 57.
[171] Vgl. hierzu BSG vom 18.09.2003 - B 9 SB 3/02 R; zur verfassungsrechtlichen Beurteilung BVerfG v. 06.03.1995 - 1 BvR 60/95.
[172] *Münder* in: LPK-SGB XII, § 30 Rn. 29.
[173] BVerfG v. 20.06.2006 - 1 BvR 2673/05.
[174] www.lwl.org/spur-download/Mehrbedarf.pdf (abgerufen am 28.03.2014).
[175] http://www.daem.de/docs/rationalisierungsschema2004.pdf.
[176] Vgl. LSG Niedersachsen-Bremen v. 26.02.2007 - L 6 AS 71/07 ER; LSG Hessen v. 05.02.2007 - L 7 AS 241/06 ER; LSG NRW v. 20.12.2006 - L 20 B 286/06 AS ER; LSG Baden-Württemberg v. 15.12.2006 - L 12 AS 4271/06.

Das **BSG** hat vor diesem Hintergrund zu Beginn des Jahres 2008 die **Bedeutung** der Empfehlungen 1997 **relativiert**. Es hat darauf hingewiesen, dass es sich bei den Empfehlungen nicht um Rechtsnormen handele. Eine Rechtsgrundlage für die Erstellung finde sich nicht. Es fehle für die Erstellung an jedweder demokratischen Legitimation. Sie seien derzeit auch nicht als antizipierte Sachverständigengutachten anzusehen, sondern lediglich als allgemeine Empfehlungen, die geeignet seien, als Grundlage für eine gleichmäßige und kontinuierliche Praxis und Rechtsprechung zu dienen. Es könne derzeit nicht mehr davon ausgegangen werden, dass die Empfehlungen in allen Punkten allgemeine und im Wesentlichen unumstrittene aktuelle Erfahrungswerte wiedergäben. Die Empfehlungen stützten sich auf Gutachten aus den Jahren 1991-1996. Die inzwischen eingetretenen Veränderungen seien nicht durch Aktualisierung nachvollzogen worden. Im „Begutachtungsleitfaden für den Mehrbedarf bei krankheitsbedingter kostenaufwändiger Ernährung (Krankenkostzulage) gemäß § 23 Abs. 4 BSHG" des Landschaftsverbandes Westfalen-Lippe aus dem Jahr 2002 werde kritisiert, dass die Empfehlungen in einigen Punkten nicht mehr dem Stand der Wissenschaft entsprächen und manche Erkenntnisse nicht folgerichtig umgesetzt seien. Dementsprechend fänden sich in diesem Leitfaden zum Teil von den Empfehlungen abweichende Bewertungen. Das gelte auch für das „Rationalisierungsschema 2004" des Bundesverbandes Deutscher Ernährungsmediziner. Die Empfehlungen könnten somit derzeit zwar im Regelfall noch als Orientierungshilfe dienen. Sie entbänden aber nicht von der Ermittlungspflicht im Einzelfall, sobald Besonderheiten, insbesondere von den Empfehlungen abweichende Bedarfe geltend gemacht würden. Dabei könne es zum einen auf Grund der konkreten Umstände des Einzelfalls gerechtfertigt sein, das Erfordernis der Krankenkostzulage auch für eine Erkrankung zu bejahen, die im Katalog der Empfehlungen nicht vorgesehen sei. Es könne sich zum anderen aber auch für eine der genannten Krankheiten oder damit gleichzusetzenden Erkrankungen im Einzelfall ein höherer oder niedrigerer Mehrbedarf als in den Empfehlungen vorgesehen ergeben.[177]

Der Deutsche Verein hat die aufgetretenen Diskrepanzen zu den Ergebnissen des Rationalisierungsschemas 2004 und dem Begutachtungsleitfaden des Landschaftsverbandes Westfalen-Lippe zum Anlass für eine Überarbeitung seiner Empfehlungen genommen; die überarbeiteten Empfehlungen liegen seit Ende 2008 vor (Empfehlungen des Deutschen Vereins zur Gewährung von Krankenkostzulagen in der Sozialhilfe, Stand: 01.10.2008; nachfolgend: **Empfehlungen 2008**).[178] Einbezogen waren auch medizinische Sachverständige aus dem Bereich der Bundesagentur für Arbeit sowie von der Akademie für öffentliches Gesundheitswesen vorgeschlagene Ärzte. Wichtige Arbeitsgrundlagen waren das „Rationalisierungsschema 2004" des Bundesverbandes Deutscher Ernährungsmediziner und anderer Fachverbände[179] sowie eine wissenschaftliche Ausarbeitung der Deutschen Gesellschaft für Ernährung zu den Lebensmittelkosten bei einer vollwertigen Ernährung vom April 2008[180]. Datengrundlage für die Berechnungen zu den „Lebensmittelkosten im Rahmen einer vollwertigen Ernährung" sowie für die Bemessung der 2008 geltenden Regelsätze war die Einkommens- und Verbrauchsstichprobe 2003.[181]

Nach den Empfehlungen 2008 ist für die Erkrankungen Hyperlipidämie, Hyperurikämie, Gicht, Hypertonie, kardinale und renale Ödeme, Diabetes mellitus (Zuckerkrankheit – Typ II und Typ I, konventionell und intensiviert konventionell behandelt), Ulcus duodeni, Ulcus ventriculi, Neurodermitis und Leberinsuffizienz eine Vollkost angezeigt. Ein krankheitsbedingter Mehraufwand soll in der Regel zu verneinen sein. Es sei davon auszugehen, dass der auf der Grundlage der EVS 2003 bemessene Regelsatz den notwendigen Aufwand für eine Vollkost decke.[182] Zwar stehe nach der EVS 2003 für eine alleinstehende Person tagesdurchschnittlich für Nahrung Getränke und Genussmittel ein Betrag von 4,52 € zur Verfügung und zwar habe eine Studie der Deutschen Gesellschaft für Ernährung ergeben, dass der durchschnittliche Aufwand für Vollkost 6,21 € täglich betrage. Eine gesunde und aus ernährungswissenschaftlicher Sicht auch allen Menschen ohne besondere diätetische Anforderungen empfohlene Ernährung sei aber aus dem Regelsatz finanzierbar, wenn die Preise der eingekauften Lebensmittel im unteren Viertel der Preisstreuung lägen.[183]

---

[177] BSG v. 27.02.2008 - B 14/7b AS 64/06 R.
[178] www.deutscher-verein.de/05-empfehlungen/empfehlungen_archiv/empfehlungen2008/pdf/DV%2025-08.pdf (abgerufen am 28.03.2014).
[179] http://www.daem.de/docs/rationalisierungsschema2004.pdf.
[180] www.dge.de/pdf/ws/Lebensmittelkosten-vollwertige-Ernaehrung.pdf (abgerufen am 28.03.2014).
[181] Empfehlungen 2008, S. 10.
[182] Empfehlungen 2008, S. 11 f.; vgl. BSG v. 20.02.2014 - B 14 AS 65/12 R: Eisenmangelanämie.
[183] Empfehlungen 2008, S. 18, 19; hierzu auch SG Chemnitz v. 09.10.2013 - S 26 AS 3702/11.

105 Bei verzehrenden (konsumierenden) Erkrankungen mit erheblichen körperlichen Auswirkungen wie z.B. fortschreitendem/fortgeschrittenem Krebsleiden, HIV/AIDS, Multipler Sklerose sowie schweren Verläufen entzündlicher Darmerkrankungen wie Morbus Crohn und Colitis ulcerosa könne im Einzelfall ein erhöhter Ernährungsbedarf vorliegen. Gleiches gelte für andere Erkrankungen, die mit einer gestörten Nährstoffaufnahme bzw. Nährstoffverwertung – Malabsorption/Maldigestion – einhergingen. Ob und ggf. in welcher Höhe ein Mehrbedarf bestehe, sei im Einzelfall auf der Grundlage des Krankheitsverlaufs und des körperlichen Zustands der leistungsberechtigten Person zu beurteilen.[184]

106 Bei Glutenunverträglichkeit und Niereninsuffizienz seien spezielle Kostformen einzuhalten, die einen erhöhten Aufwand für Ernährung bedingten. Insoweit bestünden zu den Ernährungserfordernissen bei Niereninsuffizienz im Rahmen einer eiweißdefinierten Kost, Niereninsuffizienz mit Dialysediät sowie Zöliakie bzw. Sprue keine neuen Erkenntnisse gegenüber den Empfehlungen von 1997.[185]

107 Als Regelwerte für Krankenkostzulagen werden vor diesem Hintergrund empfohlen:
- konsumierende Erkrankungen, gestörte Nährstoffaufnahme bzw. Nährstoffverwertung: 10% des Eckregelsatzes,
- Niereninsuffizienz, die mit einer eiweißdefinierten Kost behandelt wird: 10% des Eckregelsatzes,
- Niereninsuffizienz mit Dialysediät: 20% des Eckregelsatzes,
- Zöliakie, Sprue: 20% des Eckregelsatzes.

108 Für Minderjährige werden keine Empfehlungen ausgesprochen.[186] Der Bedarf muss im Einzelfall ermittelt werden.

109 Liegen mehrere Erkrankungen vor, von denen schon jede für sich die Gewährung eines Krankenkostzuschlages rechtfertigen würde, ist nach den Besonderheiten des Einzelfalls zu entscheiden.[187] Nach den Handlungsanweisungen der Bundesagentur für Arbeit zu § 21 Abs. 5 SGB II (Nr. 21.30, Stand: 20.01.2010) soll – wohl noch unter Rückgriff auf die Empfehlungen 1997 – bei Vorliegen mehrerer Erkrankungen der höchste in Betracht kommende Zuschlag gezahlt werden. Entscheidend wird im Einzelfall sein, ob die durch die verschiedenen Krankheiten verursachten Mehrbedarfe sich unterscheiden oder ganz oder teilweise decken. Dies wird im Einzelfall entschieden werden müssen, ggf. auch durch Einholung sachverständigen Rats.[188]

110 Die **Rechtsprechung der Landessozialgerichte hat die Empfehlungen 2008 angewandt**. Unterschiede wurden im Hinblick auf die rechtliche Qualifikation gemacht. Teilweise wurden die Empfehlungen ausdrücklich (wieder) als antizipiertes Sachverständigengutachten qualifiziert[189], teilweise wurden sie nur als Orientierungshilfen angesehen[190] und teilweise wurde die Frage ausdrücklich offen gelassen oder nicht thematisiert[191]. Bei der konkreten Ermittlung des Bedarfs indes bestehen allenfalls geringe Unterschiede. Jedenfalls solange ein Verfahrensbeteiligter nicht substantiiert vorträgt, dass Zweifel an Feststellungen, Auffassungen oder Beurteilungen von fachkundigen Stellen, insbesondere an den Empfehlungen 2008, bestehen und sich dem Gericht solche Zweifel auch nicht aufdrängen, muss sich ein Gericht nicht veranlasst sehen, weitere Ermittlungen anzustellen; es kann deshalb auch davon ausgegangen werden, dass die Regelleistung für Alleinstehende und der Regelsatz für Haushaltsvorstände

---

[184] Empfehlungen 2008, S. 12.
[185] Empfehlungen 2008, S. 13.
[186] Empfehlungen 2008, S. 11.
[187] Empfehlungen 2008, S. 13; anders noch die Empfehlungen 1997, S. 15: Lagen die Voraussetzungen für die Gewährung mehrerer Krankenkostzulagen gleichzeitig vor, so sollte in der Regel nur eine – und zwar die höchste – gewährt werden; BSG v. 27.02.2008 - B 14/7b AS 64/06 R.
[188] BSG v. 27.02.2008 - B 14/7b AS 64/06 R; ähnlich wohl auch *Münder* in: LPK-SGB XII, § 30 Rn. 31; *Lang/Knickrehm* in: Eicher/Spellbrink, SGB II, § 21 Rn. 56.
[189] LSG Niedersachsen-Bremen v. 03.02.2009 - L 9 B 339/08 AS; Hessisches LSG v. 22.12.2008 - L 7 SO 7/08 B ER; LSG Mecklenburg-Vorpommern v. 19.12.2008 - L 8 B 386/08.
[190] LSG Schleswig-Holstein v. 09.12.2009 - L 9 SO 12/08.
[191] LSG NRW v. 15.03.2010 - L 19 (20) AS 51/09; Sächsisches LSG v. 15.02.2010 - L 3 AS 780/09 NZB; LSG NRW v. 14.01.2010 - L 7 B 480/09 AS; LSG Berlin-Brandenburg v. 09.12.2009 - L 10 AS 1717/09; LSG NRW v. 02.11.2009 - L 12 B 57/09 SO; Sächsisches LSG v. 27.08.2009 - L 3 AS 245/08; LSG NRW v. 22.07.2009 - L 19 AS 41/08; LSG Baden-Württemberg v. 10.07.2009 - L 12 AS 3241/08; LSG NRW v. 12.03.2009 - L 19 B 54/09 AS; LSG Niedersachsen-Bremen v. 22.01.2009 - L 8 SO 32/07; LSG Baden-Württemberg v. 09.12.2008 - L 13 AS 4462/07.

den Mindestaufwand für eine Vollkost decken.[192] Die Empfehlungen können auch rückwirkend angewendet werden.[193]

Ob im Übrigen die Empfehlungen 2008 insgesamt als antizipiertes Sachverständigengutachten angesehen werden können, war von Anfang an zweifelhaft. Denn charakteristisch für antizipierte Sachverständigengutachten ist, dass ihre generelle Richtigkeit durch Einzelfallgutachten nicht widerlegt werden kann.[194] In den Empfehlungen 2008 wird ausgeführt, dass für die neuen Empfehlungen – anders als für die Empfehlungen 1997 – keine vollständig neue Datengrundlage vorgelegen habe. Die wissenschaftliche Ausarbeitung DGE 2008 sei auf den erforderlichen Aufwand für eine Vollkost beschränkt. Hilfsweise sei im Übrigen auf die 1997 empfohlenen Beträge zurückgegriffen worden; dabei sei eine Fortschreibung mit dem Preisindex für Nahrungsmittel und alkoholfreie Getränke erfolgt. Für die Bemessung der Zulage bei „konsumierenden Erkrankungen, gestörter Nährstoffaufnahme bzw. Nährstoffverwertung" hätten keine empirisch begründeten Bezugswerte vorgelegen.[195] Dass mithin die Empfehlungen 2008 nur im Hinblick auf einen Zuschlag bei Erkrankungen, die eine Vollkosternährung erfordern, auf einer aktuellen Datenbasis beruhen, und die Empfehlungen ohnehin sehr offen formuliert sind („regelmäßig", „in der Regel")[196], **spricht gegen die Bewertung als antizipiertes Sachverständigengutachten.**

111

Entsprechend hat sich auch das **BSG** zu den Empfehlungen 2008 positioniert. Nach einer Entscheidung zu § 21 Abs. 5 SGB II werde auch durch die Empfehlungen 2008 die grundsätzliche Verpflichtung der Verwaltung und der Gerichte der Sozialgerichtsbarkeit, die Besonderheiten des jeweiligen Sachverhalts von Amts wegen aufzuklären, nicht aufgehoben. Die Empfehlungen 2008 ersetzten nicht eine gegebenenfalls erforderliche Begutachtung im Einzelfall. Die Empfehlungen 2008 könnten aber jedenfalls als Orientierungshilfe dienen und es seien weitere Ermittlungen im Einzelfall nur erforderlich, sofern Besonderheiten, insbesondere von den Empfehlungen abweichende Bedarfe, substantiiert geltend gemacht werden. Da die Empfehlungen des Deutschen Vereins keine Rechtsnormqualität hätten, gebe es auch keine Hinderungsgründe, die darin enthaltenen medizinischen und ernährungswissenschaftlichen Erkenntnisse auch mit den Ergebnissen der Amtsermittlung zu vergleichen bzw. in diese einfließen zu lassen, wenn diese Zeiträume betreffen, die vor der Veröffentlichung der neuen Empfehlungen am 01.10.2008 lägen. Die Ernährung mit einer sogenannten „Vollkost" bei Diabetes mellitus I/II unterfalle nicht § 21 Abs. 5 SGB II, da es sich nicht um eine Krankenkost handele, auf die die Vorschrift abziele, sondern um eine Ernährungsweise, die auf das Leitbild des gesunden Menschen Bezug nehme. **Die Vollkost sei aus der Regelleistung zu bestreiten.** Für die allgemeine Kritik, dass eine ausgewogene Ernährung nicht aus dem Regelsatz zu finanzieren sei, sei § 21 Abs. 5 SGB II kein Auffangtatbestand.[197] Bei den Empfehlungen 2008 handele es sich **nicht um ein antizipiertes Sachverständigengutachten**, das normähnlich angewandt werden könnte.[198] Sie erfüllten weder nach ihrer Konzeption noch nach ihrer Entstehungsgeschichte die Anforderungen an antizipierte Sachverständigengutachten, die von den Gerichten in normähnlicher Weise angewandt werden könnten.[199]

112

d. Nachträgliche Gewährung des Zuschlags

Anders als in den Fällen der Absätze 1-4 wird der Ernährungsmehrbedarf vom Gesetzgeber nicht typisierend unterstellt; er ist vielmehr in angemessener Höhe – d.h. ausgehend von einem tatsächlich vorhandenen und festzustellenden Bedarf – zu decken. Sowohl im Rahmen der Leistungen nach dem 3. Kapitel als auch im Rahmen der Leistungen nach dem 4. Kapitel kann deshalb im Rahmen des Zugunstenverfahrens nach § 44 SGB X eine rückwirkende Gewährung des Zuschlags allenfalls dann in Betracht kommen, wenn dargelegt werden kann, dass entsprechende Aufwendungen für die Deckung des Mehrbedarfs tatsächlich in der Vergangenheit getätigt wurden. Die leistungsberechtigte Person muss insbesondere selbst Kenntnis von einem Bedarf für kostenaufwendige Ernährung gehabt haben.[200]

113

---

[192] Vgl. Sächsisches LSG v. 15.02.2010 - L 3 AS 780/09 NZB.
[193] Sächsisches LSG v. 27.08.2009 - L 3 AS 245/08.
[194] Vgl. BSG v. 18.09.2003 - B 9 SB 3/02 R.
[195] Empfehlungen 2008, S. 20, 21.
[196] Empfehlungen 2008, S. 11-14.
[197] BSG v. 10.05.2011 - B 4 AS 100/10 R.
[198] BSG v. 22.11.2011 - B 4 AS 138/10 R.
[199] BSG v. 14.02.2013 - B 14 AS 48/12 R.
[200] Vgl. BSG v. 20.02.2014 - B 14 AS 65/12 R.

114 Fraglich ist allerdings, ob etwas anderes dann gilt, wenn der Mehrbedarf deshalb nicht (vollständig) gedeckt werden konnte, weil die Behörde – trotz rechtzeitiger Geltendmachung des Bedarfs im Verwaltungs- und Gerichtsverfahren – während des Verfahrens zu Unrecht nicht geleistet hat und sich erst im Laufe des Verfahrens – etwa nach der Einholung von Gutachten – der Mehrbedarf bestätigt; derartige Situationen können sowohl bei Erstantragstellung als auch bei nachträglicher Änderung der Verhältnisse (§ 48 SGB X) entstehen. Es stehen sich hier einerseits das Gebot **effektiven Rechtsschutzes** (Art. 19 GG) und andererseits der (teilweise) **Wegfall des Bedarfs** durch Zeitablauf gegenüber. Letzteres würde zwar für einen (nachträglichen) Wegfall des Anspruchs auf Mehrbedarfszuschlag sprechen; das Gebot effektiven Rechtsschutzes wird aber verlangen, einen Zuschlag zumindest dann auch nachträglich zuzusprechen, wenn vorgetragen wird, dass im Rahmen der zur Verfügung stehenden Mittel versucht wurde, die Ernährung an die krankheitsbedingten Erfordernisse anzupassen.

6. Begrenzung bei der Summierung der Zuschläge (Absatz 6)

115 Nach § 30 Abs. 6 SGB XII darf die Summe des insgesamt anzuerkennenden Mehrbedarfs die Höhe der maßgebenden Regelbedarfsstufe nicht übersteigen.

116 Mit dem Gesetz zur Ermittlung von Regelbedarfen und zur Änderung des Zweiten und Zwölften Buches Sozialgesetzbuch vom 24.03.2011[201] ist Absatz 6 im Zusammenhang mit der Umstellung auf Regelbedarfsstufen auf eine Beschlussempfehlung des Vermittlungsausschusses[202] neu gefasst worden (zu den Regelbedarfsstufen vgl. die Kommentierung zu Anlage zu § 28 SGB XII und § 8 des Gesetzes zur Ermittlung der Regelbedarfe nach § 28 SGB XII, verkündet als Art. 1 des Gesetzes zur Ermittlung von Regelbedarfen und zur Änderung des Zweiten und Zwölften Buches Sozialgesetzbuch). Die Begrenzung der Gesamtsumme der Mehrbedarfe erstreckt sich nur auf die Mehrbedarfe nach den Absätzen 1-5, nicht auf den Mehrbedarf nach dem seither neu eingefügten Absatz 7; der Mehrbedarf für die Warmwassererzeugung hat insofern eine Sonderstellung, als er bei zentraler Warmwassererzeugung im Rahmen der Kosten für Unterkunft und Heizung (§ 35 Abs. 4 SGB XII) gedeckt wird (vgl. Rn. 118); von daher scheidet eine Begrenzung nach Absatz 6 aus.

117 Die Regelung steht in einem gewissen **Spannungsverhältnis zum Bedarfsdeckungsgrundsatz**.[203] Vordergründig scheint sich der Konflikt auch nicht durch Rückgriff auf die Regelsatzanpassung des § 27a Abs. 4 Satz 1 SGB XII auflösen zu lassen, da nach § 27a Abs. 2 Satz 1 SGB XII die Bedarfe nach § 30 SGB XII ausdrücklich nicht durch den Regelsatz des § 27a SGB XII gedeckt werden sollen. Denkbar und vom Wortlaut gedeckt erscheint allerdings gerade im Hinblick auf die auch verfassungsrechtliche Problematik eine Auslegung, wonach die Bedarfe des § 30 SGB XII aus dem Anwendungsbereich des § 27a SGB XII nur insoweit ausgeschlossen sind, als sie nach § 30 SGB XII auch tatsächlich gedeckt werden können, was jenseits der Grenze des § 30 Abs. 6 SGB XII nicht mehr der Fall ist. Für eine solche Auslegung könnte auch sprechen, dass § 27a Abs. 4 Satz 1 SGB XII eine dem § 30 Abs. 6 SGB XII entsprechende Begrenzung nicht kennt, dafür für die Anerkennung höherer Bedarfe aber deren Unabweisbarkeit verlangt, wogegen § 30 SGB XII Mehrbedarfe – mit Ausnahme des § 30 Abs. 5 SGB XII – typisierend und pauschalierend gewährt. Würde also im sachlichen Anwendungsbereich des § 30 SGB XII tatsächlich einmal die Grenze des § 30 Abs. 6 SGB XII überschritten werden, so wäre die Gewährung eines Mehrbedarfs über die Grenze hinaus von der konkreten Unabweisbarkeit des Bedarfs nach § 27a Abs. 4 Satz 1 SGB XII abhängig. Zur Unabweisbarkeitsprüfung gehört die Frage von Einsparmöglichkeiten (vgl. die Definition der Unabweisbarkeit in § 21 Abs. 6 SGB II in der ab dem 03.06.2010 gültigen Fassung).

7. Mehrbedarf für Warmwasserversorgung (Absatz 7)

a. Anspruchsvoraussetzungen

118 Nach § 30 Abs. 7 Satz 1 SGB XII wird für Leistungsberechtigte ein Mehrbedarf anerkannt, soweit Warmwasser durch in der Unterkunft installierte Vorrichtungen erzeugt wird (dezentrale Warmwassererzeugung) und denen deshalb keine Leistungen für Warmwasser nach § 35 Abs. 4 SGB XII erbracht werden. § 30 Abs. 7 Satz 2 SGB XII regelt die Höhe des Zuschlags. Die Regelung ist im Hinblick auf die Änderung der Systematik bei der Berücksichtigung der Warmwasserbereitungskosten (vgl. § 27a Abs. 1 SGB XII und § 35 Abs. 4 Satz 1 SGB XII) mit dem **Gesetz zur Ermittlung von Regelbedar-**

---

[201] BGBl I 2011, 453.
[202] BT-Drs. 17/4830, S. 3.
[203] So auch *Knickrehm/Hahn* in: Eicher, SGB II, 3. Aufl., § 21 Rn. 85 zur Parallelregelung des § 21 Abs. 8 SGB II.

fen und zur Änderung des Zweiten und Zwölften Buches Sozialgesetzbuch vom 24.03.2011[204] ein **Absatz 7** angefügt worden. Sie wurde erst im Laufe des Gesetzgebungsverfahrens auf Vorschlag des Vermittlungsausschusses in die Beschlussvorlage aufgenommen[205] und ist rückwirkend zum 01.01.2011 in Kraft getreten. Sie entspricht inhaltlich im Wesentlichen § 21 Abs. 7 SGB II. Aus welchen Gründen der Mehrbedarfszuschlag bei dezentraler Warmwassererwärmung im Kontext des § 30 SGB XII und nicht im Zusammenhang mit den Kosten für Unterkunft und Heizung nach § 35 SGB XII geregelt wurde, erschließt sich ohne weiteres nicht.[206]

Im Falle einer zentralen Warmwassererzeugung werden die Kosten hierfür nach der Neuregelung zusammen mit den sonstigen Nebenkosten im Rahmen der Leistungen für Unterkunft und Heizung im angemessenen Rahmen übernommen (§ 35 Abs. 4 Satz 1 SGB XII). Erfolgt die **Warmwasserbereitung** hingegen **dezentral**, werden die Leistungen hierfür im Rahmen des **Mehrbedarfszuschlags nach § 30 Abs. 7 SGB XII** erbracht. Dezentrale Warmwasserbereitung erfolgt etwa über Boiler oder Durchlauferhitzer. Erfolgt die Warmwasserbereitung sowohl zentral als auch dezentral, kommen beide Regelungen zur Anwendung. 119

b. Höhe des Mehrbedarfs

Die Höhe des jeweiligen Mehrbedarfszuschlags ist durch einen prozentualen Anteil an der maßgeblichen Regelbedarfsstufe vorgegeben (zu den Regelbedarfsstufen vgl. Anlage zu § 28 SGB XII und § 8 des Gesetzes zur Ermittlung der Regelbedarfe nach § 28 SGB XII, verkündet als Art. 1 des Gesetzes zur Ermittlung von Regelbedarfen und zur Änderung des Zweiten und Zwölften Buches Sozialgesetzbuch). Für den Fall, dass ein **abweichender Bedarf** besteht oder **ein Teil des angemessenen Wasserbedarfs durch Leistungen nach § 35 Abs. 4 SGB XII gedeckt** wird, enthält Absatz 7 eine **Öffnungsklausel**. Angesichts der Öffnungsklausel, die im **Einzelfall** die Berücksichtigung tatsächlicher Kosten zulässt, werden die festgesetzten Pauschalen vor allem dann Bedeutung haben, wenn die tatsächlichen Kosten nicht festgestellt werden können; dies wird nicht selten vorkommen, insbesondere etwa, wenn das Warmwasser mit Elektroboilern bereitet und der Energieverbrauch nicht getrennt von der sonstigen Haushaltsenergie erfasst wird; wenn eine getrennte Erfassung erfolgt und die Kosten höher sind als die in Absatz 7 festgelegten Beträge, wird sich bei der Einzelfallbeurteilung wie in § 35 Abs. 4 SGB XII die Frage nach der Angemessenheit der Kosten stellen.[207] Eine abweichende Festsetzung des Mehrbedarfs wird jedenfalls in Fällen nahe liegen, in denen krankheitsbedingt oder aufgrund veralteter Installationen ein höherer Aufwand entsteht.[208] Wenn für eine Wohnung die Warmwasserbereitung sowohl über zentrale als auch über dezentrale Einrichtungen erfolgt und die gleichzeitige Erbringung von Leistungen nach Absatz 7 und § 35 Abs. 4 SGB XII erforderlich macht, wird die Ermittlung der Höhe des Mehrbedarfszuschlags – sofern keine konkrete Erfassung erfolgt – auf praktische Schwierigkeiten stoßen; die Regelwerte des § 30 Abs. 7 Satz 2 SGB XII sind auf solche Fälle gerade nicht zugeschnitten. 120

c. Nachträgliche Erbringung des Mehrbedarfszuschlags

In Fällen, in denen der Mehrbedarf erst nachträglich erstritten und bewilligt wird, kommt die nachträgliche Gewährung des Zuschlags jedenfalls dann in Betracht, wenn noch nicht bestandskräftig über den Zuschlag entschieden wurde. Das BSG hat zu § 21 Abs. 7 SGB II entschieden, dass allein aufgrund fehlender Angaben des Hilfebedürftigen nicht geschlossen werden könne, dass ein Mehrbedarf bei dezentraler Warmwassererzeugung gemäß § 21 Abs. 7 SGB II nicht bestehe, wenn im Antragsformular Angaben zur dezentralen oder zentralen Warmwassererzeugung nicht abgefragt worden seien. Die der Entscheidung zugrunde liegenden Erwägungen sind auf die Sozialhilfe übertragbar, wo es einen allgemeinen Antragsgrundsatz ohnehin nicht gibt (§ 18 SGB XII). Bei der Kenntnis des Leistungsträgers nach § 18 Abs. 1 SGB XII kann es nur auf die Kenntnis von der Leistungsberechtigung an sich, nicht aber auf die Kenntnis jeder einzelnen für den Leistungsumfang relevanten Tatsache ankommen; die relevanten Tatsachen sind vom Leistungserbringer von Amts wegen zu ermitteln (§ 20 SGB X). 121

---

[204] BGBl I 2011, 453.
[205] BT-Drs. 17/4917, S. 5.
[206] Zu den §§ 21, 22 SGB II vgl. *Knickrehm/Hahn* in: Eicher, SGB II, 3. Aufl., § 21 Rn. 78.
[207] Zu dieser Frage LSG Chemnitz v. 11.09.2013 – L 7 AS 1574/12 NZB; LSG NRW v 28.05.2013 – L 9 AS 540/13 B.
[208] Vgl. *Knickrehm/Hahn* in: Eicher, SGB II, 3. Aufl., § 21 Rn. 81.

122 Auch bei einer nachträglichen Korrektur bestandskräftiger Bescheide im Rahmen des § 44 SGB X wird man von der Möglichkeit einer nachträglichen Leistungserbringung auszugehen haben, jedenfalls dann, wenn – entsprechend der Rechtsprechung des BSG[209] – nicht zwischenzeitlich Hilfebedürftigkeit weggefallen ist. Dies wird unabhängig davon zu gelten haben, ob der Zuschlag nach den pauschalen Sätzen des § 30 Abs. 7 Satz 2 SGB XII oder nach einer tatsächlichen Erfassung der Kosten zu gewähren ist. Denn man wird regelmäßig davon ausgehen können, dass die in Frage stehenden Kosten bei Nichtgewährung des Zuschlags aus dem Regelsatz bestritten wurden und insofern der Bedarf nicht durch Zeitablauf erloschen ist.

C. Praxishinweise

123 Bei den Mehrbedarfszuschlägen kann es sich prozessual um eigene Streitgegenstände handeln.[210] Eine entsprechende Einschränkung des Streitgegenstandes mit dem damit einhergehenden eingeschränkten Ermittlungsumfang ist daher im Gerichtsverfahren möglich.[211]

124 Über die Festsetzung abweichender Bedarfe wird nicht durch eigenständige Verwaltungsakte entschieden[212]; die abweichende Festsetzung erfolgt im Rahmen der Entscheidung über die Höhe der Leistung.

---

[209] BSG v. 29.09.2009 - B 8 SO 16/08 R.
[210] BSG v. 26.08.2008 - B 8/9b SO 10/06 R.
[211] A.A. für Leistungen nach dem SGB II: BSG v. 22.03.2010 - B 4 AS 59/09 R.
[212] BSG v. 11.12.2007 - B 8/9b SO 21/06 R.

§ 31 SGB XII Einmalige Bedarfe

(Fassung vom 24.03.2011, gültig ab 01.01.2011)

(1) Leistungen für

1. Erstausstattungen für die Wohnung einschließlich Haushaltsgeräten,
2. Erstausstattungen für Bekleidung und Erstausstattungen bei Schwangerschaft und Geburt sowie
3. Anschaffung und Reparaturen von orthopädischen Schuhen, Reparaturen von therapeutischen Geräten und Ausrüstungen sowie die Miete von therapeutischen Geräten

werden gesondert erbracht.

(2) [1]Einer Person, die Sozialhilfe beansprucht (nachfragende Person), werden, auch wenn keine Regelsätze zu gewähren sind, für einmalige Bedarfe nach Absatz 1 Leistungen erbracht, wenn sie diese nicht aus eigenen Kräften und Mitteln vollständig decken kann. [2]In diesem Falle kann das Einkommen berücksichtigt werden, das sie innerhalb eines Zeitraums von bis zu sechs Monaten nach Ablauf des Monats erwerben, in dem über die Leistung entschieden worden ist.

(3) [1]Die Leistungen nach Absatz 1 Nr. 1 und 2 können als Pauschalbeträge erbracht werden. [2]Bei der Bemessung der Pauschalbeträge sind geeignete Angaben über die erforderlichen Aufwendungen und nachvollziehbare Erfahrungswerte zu berücksichtigen.

Gliederung

A. Basisinformationen 1	c. Erstausstattungen für Schwangerschaft und Geburt (Nr. 2 Fall 2) 37
I. Textgeschichte/Gesetzgebungsmaterialien 1	d. Einmalige Bedarfe für orthopädische Schuhe, therapeutische Geräte und Ausrüstungen (Nr. 3) 42
II. Vorgängervorschrift 4	
III. Parallelvorschrift 7	
IV. Systematische Zusammenhänge 9	e. Abschließender Katalog der einmaligen Bedarfe 51
V. Ausgewählte Literaturhinweise 15	
B. Auslegung der Norm 16	2. Erweiterung der Hilfebedürftigkeit (Absatz 2) ... 53
I. Regelungsgehalt und Bedeutung der Norm 16	IV. Rechtsfolgen 59
II. Normzweck 20	1. Pflicht zur Leistungserbringung 59
III. Tatbestandsmerkmale 22	2. Pauschalierung (Absatz 3) 61
1. Einmalige Bedarfe (Absatz 1) 22	3. Ausstattungsstandard 65
a. Erstausstattungen für die Wohnung einschließlich Haushaltsgeräten (Nr. 1) 22	**C. Praxishinweise** 69
	I. Leistungsbegehren und -antrag 69
b. Erstausstattungen für Bekleidung (Nr. 2 Fall 1) 34	II. Streitgegenstand 73
	III. Klageart 74

A. Basisinformationen

I. Textgeschichte/Gesetzgebungsmaterialien

Die Regelung trat wie das gesamte SGB XII zum 01.01.2005 in Kraft.[1] Die Gesetzesmaterialien zum Entwurf des Gesetzes zur Einordnung des Sozialhilferechts in das Sozialgesetzbuch sind in BT-Drs. 15/1514 enthalten.

§ 31 **Abs. 1 Nr. 2** SGB XII wurde mit Wirkung vom 01.08.2006 geändert.[2] Er lautete bis dahin: „Erstausstattungen für Bekleidung einschließlich bei Schwangerschaft und Geburt." Die Änderung hatte folgendes Ziel: „Es wird klargestellt, dass eine komplette Babyerstausstattung als einmalige Leistung

---
[1] Art. 1 des Gesetzes vom 27.12.2003, BGBl I 2003, 3022.
[2] Art. 8 Nr. 3 des Gesetzes vom 20.07.2006, BGBl I 2006, 1706.

übernommen werden kann. Die bisherige uneinheitliche Handhabung in der Praxis bei der Gewährung von Hilfen zur Beschaffung eines Kinderwagens soll durch die Klarstellung beseitigt werden."[3]

3 § 31 **Abs. 1 Nr. 3** und **Abs. 2 Satz 1** SGB XII sind durch das Gesetz zur Ermittlung von Regelbedarfen und zur Änderung des Zweiten und Zwölften Buches Sozialgesetzbuch vom 24.03.2011[4] mit Wirkung vom 01.01.2011 **neu gefasst** worden.

II. Vorgängervorschrift

4 Die Regelung des § 31 **Abs. 1** SGB XII „überträgt im wesentlichen inhaltsgleich die bisherigen einmaligen Leistungen im Sinne des § 21 Abs. 1a des Bundessozialhilfegesetzes, die nicht in den Regelsatz einbezogen werden".[5] Dies gilt nicht für § 31 Abs. 1 **Nr. 3** SGB XII, weil dieser zum 01.01.2013 neu gefasst wurde. Die Regelung des § 31 **Abs. 2** „überträgt inhaltsgleich den bisherigen § 21 Abs. 2 des Bundessozialhilfegesetzes".[6]

5 Auf die Rechtsprechung und Literatur zu **§ 21 BSHG**, der mit Ablauf des 31.12.2004 außer Kraft getreten und durch § 31 SGB XII „ersetzt" worden ist, kann gleichwohl – falls überhaupt – nur sehr begrenzt zurückgegriffen werden. Grund hierfür ist, dass der **Katalog einmaliger Bedarfe** in § 31 Abs. 1 SGB XII **deutlich enger** gefasst ist als der des früheren § 21 Abs. 1a BSHG. Dies ist eine Folge der „Neukonzeption der Regelsätze"[7] in § 27a SGB XII (bis 31.12.2010: § 28 SGB XII), die eine umfassende Bedarfsdeckung durch die Regelsätze erstrebt. Die frühere Regelung eröffnete zudem mit einmaligen Leistungen für „besondere Anlässe" (§ 21 Abs. 1a Nr. 7 BSHG) ein zusätzliches Leistungsspektrum und einen fruchtbaren Boden für Kasuistik. Auf das frühere „Abc einmaliger Leistungen" kann deshalb nicht mehr rekurriert werden;[8] der Weg muss vielmehr stets über einen der Tatbestände des § 31 Abs. 1 SGB XII führen.

6 Die Regelung des § 31 **Abs. 3** SGB XII hat keine Vorgängervorschrift.

III. Parallelvorschrift

7 Das Pendant zu § 31 SGB XII ist im **Grundsicherungsrecht** der dortige **§ 24 Abs. 3 SGB II**; auf die entsprechende Rechtsprechung und Literatur kann deshalb zurückgegriffen werden. Diese Norm regelt im Grundsicherungsrecht des SGB II die Voraussetzungen entsprechender einmaliger Bedarfe. Das Grundsicherungsrecht nach dem SGB II ist – grob skizziert – für die Existenzsicherung erwerbsfähiger Hilfebedürftiger (und ihrer erwerbsunfähigen Angehörigen) zuständig,[9] während das Sozialhilferecht nach dem SGB XII ältere und erwerbsunfähige Hilfebedürftige absichert[10]. Die Konzeption der beiden Normen ist im Wesentlichen identisch. Eine **Gemeinsamkeit** besteht insbesondere hinsichtlich des Leistungskataloges, der in § 31 Abs. 1 SGB XII und § 24 Abs. 3 Satz 1 SGB II identisch ist. Gemeinsam ist beiden Normen ferner, dass die Leistungen als Zuschuss (und nicht darlehensweise) erbracht werden.[11]

8 Ein **Unterschied** zwischen den beiden Normen des § 31 SGB XII einerseits und des § 24 Abs. 3 SGB II andererseits besteht zunächst insofern, als im Sozialhilferecht des SGB XII die Geldleistung grundsätzlich Vorrang vor der Sachleistung hat (§ 10 Abs. 3 SGB XII), während im Grundsicherungsrecht des SGB II Geld- und Sachleistungen grundsätzlich gleichrangig nebeneinanderstehen (§ 4 Abs. 1 SGB II).[12] Allerdings ist dieser Unterschied nur ein formaler, weil die Leistungen des § 24 Abs. 3 SGB II in der Praxis regelmäßig ebenfalls als Geldleistungen erbracht werden. Zudem normiert § 10 Abs. 3 SGB XII zwar den Vorrang der Geldleistung vor der Sachleistung, macht hiervon jedoch unter anderem dann eine Ausnahme, wenn die Sachleistung das Ziel der Sozialhilfe erheblich besser erreichen kann.[13]

---

3 BT-Drs. 16/1410, S. 24 (mit S. 34).
4 BGBl I 2011, 453.
5 BT-Drs. 15/1514, S. 60.
6 BT-Drs. 15/1514, S. 60.
7 BT-Drs. 15/1514, S. 59.
8 Vgl. *Hofmann* in: LPK-SGB XII, § 31 Rn. 2.
9 §§ 7, 28 SGB II.
10 § 21 Satz 1 SGB XII.
11 Zu § 24 Abs. 3 SGB II: *Blüggel* in: Eicher, SGB II, § 24 Rn. 89.
12 *Hofmann* in: LPK-SGB XII, § 31 Rn. 3.
13 Zu § 10 Abs. 3 SGB XII: BSG v. 28.10.2008 - B 8 SO 22/07 R - BSGE 102, 1; BSG v. 19.05.2009 - B 8 SO 32/07 R - BSGE 103, 171.

IV. Systematische Zusammenhänge

Die **Sozialhilfe** umfasst gemäß § 8 SGB XII insbesondere die 9
- Hilfe zum Lebensunterhalt (§§ 27-40 SGB XII) und die
- Grundsicherung im Alter und bei Erwerbsminderung (§§ 41-46 SGB XII).

Alle in § 8 SGB XII aufgezählten sieben Leistungsarten stehen aber gleichrangig nebeneinander. Die Gesetzgebung hat damit die bisherige Zweiteilung in Hilfe zum Lebensunterhalt (§§ 11-26 des bis zum 31.12.2004 geltenden BSHG) einerseits und Hilfe in besonderen Lebenslagen (§§ 27-75 BSHG) andererseits wegen der veränderten Bedeutung der einzelnen Leistungen aufgegeben.[14] 10

Bei der **Hilfe zum Lebensunterhalt** sowie der **Grundsicherung im Alter und bei Erwerbsminderung**[15] erhalten die Hilfebedürftigen insbesondere 11
- den Regelsatz (§ 27a SGB XII),
- Leistungen für Unterkunft und Heizung (§ 35 SGB XII) und
- Mehrbedarfe (§ 30 SGB XII) sowie einmalige Bedarfe (§ 31 SGB XII).

Diese Leistungen sollen sicherstellen, dass der notwendige Lebensunterhalt gewährt wird. Dieser umfasst insbesondere Ernährung, Unterkunft, Kleidung, Körperpflege, Hausrat, Heizung und persönliche Bedürfnisse des täglichen Lebens, in vertretbarem Umfang auch Beziehungen zur Umwelt und Teilnahme am kulturellen Leben (§ 27a Abs. 1 SGB XII). Die Leistungen für Unterkunft und Heizung sichern das Obdach, während der Regelsatz den gesamten sonstigen notwendigen Lebensunterhalt des Hilfebedürftigen sicherstellt. 12

Mehrbedarfe (§ 30 SGB XII) und **einmalige Bedarfe** (§ 31 SGB XII) sieht das Gesetz nur unter den dort genannten Voraussetzungen vor. Die Gesetzgebung ging **typisierend** davon aus, dass sämtliche übrigen Bedarfe durch den Regelsatz (§ 27a SGB XII) abgedeckt werden (müssen). 13

Aber auch die Bedarfe des Regelsatzes können abweichend festgelegt werden, wenn im Einzelfall ein Bedarf unabweisbar seiner Höhe nach erheblich von einem durchschnittlichen Bedarf abweicht (§ 27a Abs. 4 Satz 1 SGB XII). Dies ist im Grundsicherungsrecht nach dem SGB II anders: Dort ist eine abweichende Festlegung der Bedarfe nach der einfach-rechtlichen Konzeption kategorisch ausgeschlossen (§ 3 Abs. 3 Satz 2 SGB II). 14

V. Ausgewählte Literaturhinweise

Hammel, Zuwendungen der freien Wohlfahrtspflege - Ergänzung oder Ersatz öffentlicher Leistungen?, NDV 2013, 474-479; *Heinz*, Mehrbedarfszuschläge der Hilfe zum Lebensunterhalt nach dem SGB XII und der sozialrechtliche Herstellungsanspruch als Instrument der Korrektur fehlgeschlagener Betreuung Hilfebedürftiger; ZfF 2009, 12-19; *Krahmer*, Verfassungsrechtliche Bedenken gegen die Hartz-IV-Gesetze (SGB II und SGB XII): Insbesondere das Beispiel ungedeckten Bedarfs der Hilfe zum Lebensunterhalt bei nicht angespartem oder abhanden gekommenem Arbeitslosengeld II – zugleich ein Beitrag zu § 5 Abs. 2 Satz 1 SGB II sowie zu § 21 Satz 1 SGB XII, ZfF 2004, 178-182; *Langer*, Fernsehgerät zählt nicht zur Wohnungserstausstattung, RdLH 2011, 174-175; *Mrozynski*, Zum Bedeutungsverlust der Abgrenzung von Dauer und Einmaligkeit bei Bedarfen in der Grundsicherung für Arbeitsuchende, ZFSH/SGB 2012, 75-82; *Münker*, Ersatz der bei einem vom Grundsicherungsträger veranlassten Umzug unbrauchbar gewordenen Möbel, jurisPR-SozR 12/2010, Anm. 3; *Palmsherm*; Neue einmalige Leistungen für orthopädische Schuhe und therapeutische Geräte in der Grundsicherung für Arbeitsuchende und der Sozialhilfe; DVfR Forum A - 24/2011; *Rothkegel*, Sozialhilferecht im Umbruch, ZfSH/SGB 2004, 396-409; Schellhorn, Einordnung des Sozialhilferechts in das Sozialgesetzbuch – das neue SGB XII, NDV 2004, 167-176; *Schütze*, Rechtsprechung zu Mehr- und Sonderbedarfen in besonderen Not- und Sondersituationen, SozSich 2007, 113-118. 15

B. Auslegung der Norm

I. Regelungsgehalt und Bedeutung der Norm

§ 31 SGB XII normiert, unter welchen Voraussetzungen **einmalige** Bedarfe zu erbringen sind. 16

§ 31 **Abs. 1** SGB XII zählt die konkreten einmaligen Bedarfe abschließend[16] auf. Dies sind 17

---

[14] *Coseriu* in: Bender/Eicher, Sozialrecht – eine Terra incognita, Festschrift 50 Jahre saarländische Sozialgerichtsbarkeit, 2009, S. 225, 230 f.

[15] Für die Grundsicherung im Alter und bei Erwerbsminderung vgl. § 42 SGB XII.

[16] BT-Drs. 15/1514, S. 60.

- Erstausstattungen
  - für die Wohnung einschließlich Haushaltsgeräten (Nr. 1),
  - für Bekleidung (Nr. 2),
  - bei Schwangerschaft und Geburt (Nr. 2), sowie
- Anschaffung und Reparatur von orthopädischen Schuhen, Reparaturen von therapeutischen Geräten und Ausrüstungen sowie Miete von therapeutischen Geräten (Nr. 3).

18 § 31 **Abs. 2** SGB XII regelt die (Grenz-)Fälle, in denen Hilfebedürftige nur insoweit hilfebedürftig sind, als sie zwar die „normalen" Bedarfe des täglichen Lebens, die mit dem Regelsatz (§ 27a SGB XII) zu bestreiten sind, aus ihrem eigenen Einkommen oder Vermögen aufbringen können, sie aber die besonderen, atypischen Bedarfe des § 31 Abs. 1 SGB XII wirtschaftlich nicht mehr „schultern" können.

19 § 31 **Abs. 3** SGB XII normiert, unter welchen Voraussetzungen die Leistungen für einmalige Bedarfe als Pauschalbeträge erbracht werden dürfen.

II. Normzweck

20 § 31 SGB XII normiert, dass und unter welchen Voraussetzungen **einmalige** Bedarfe zu erbringen sind.

21 Sämtliche anderen **laufenden** Bedarfe können und müssen nach der gesetzlichen Konzeption grundsätzlich durch den Regelsatz (§ 27a SGB XII) oder die Mehrbedarfe (§§ 30, 32-34 SGB XII) abgedeckt werden. Den einmaligen Bedarfen des § 31 SGB XII ist gemein, dass die Gesetzgebung sie als **atypische Bedarfslagen** betrachtet, so dass es – eben wegen ihrer Atypik – gerechtfertigt und erforderlich ist, dass sie „gesondert erbracht" (§ 31 Abs. 1 SGB XII) werden. Es handelt sich also um spezielle Bedarfe, die **erheblich vom durchschnittlichen Bedarf abweichen**.[17]

III. Tatbestandsmerkmale

1. Einmalige Bedarfe (Absatz 1)

a. Erstausstattungen für die Wohnung einschließlich Haushaltsgeräten (Nr. 1)

aa. Erstausstattung

22 Der Ausdruck „Erstausstattung" wird gesetzlich nicht näher konkretisiert. Eine „**Erst**ausstattung" liegt nach dem **Wortlaut** zunächst dann vor, wenn die in § 31 Abs. 1 Nr. 1 (und Nr. 2) SGB XII aufgezählten Gegenstände dem Hilfebedürftigen noch gar nicht zur Verfügung stehen und damit **erstmals angeschafft** werden müssen (Erstbeschaffung). Besitzt ein Hilfebedürftiger also zum Beispiel noch keine Waschmaschine, besteht insoweit ein bislang noch nicht gedeckter Bedarf, der erstmals zu befriedigen ist.

23 Schwieriger sind jedoch die Fallkonstellationen zu beurteilen, in denen dem Hilfebedürftigen die Gegenstände **bereits zur Verfügung standen**, dies aber nun **nicht mehr oder nicht mehr uneingeschränkt** der Fall ist. Dies kann insbesondere dann der Fall sein, wenn die Gegenstände vernichtet oder nicht mehr verfügbar sind, wie zum Beispiel nach einem Wohnungsbrand. Der Gesetzgeber hat in der Begründung des Gesetzentwurfs auf die frühere Regelung des § 21 Abs. 1a des Bundessozialhilfegesetzes verwiesen (vgl. Rn. 5). Als Beispiele für Situationen, in denen Erstausstattungen gewährt werden können, hat er einen **Wohnungsbrand** oder eine **Erstanmietung nach einer Haft** genannt.[18] Dies zeigt, dass nach der legislativen Konzeption also nicht allein die **Erstbeschaffung** erfasst wird, sondern auch eine **Ersatzbeschaffung** den Anspruch gemäß § 31 Abs. 1 SGB XII begründen kann.

24 Die Erstausstattung ist insbesondere auch von einem **Erhaltungs- bzw. Ergänzungsbedarf** abzugrenzen, der im Hinblick auf einen konkreten Anlass entsteht, und lediglich den bereits vorhandenen Bestand ergänzt oder erweitert.[19]

25 Bei der damit erforderlichen **Abgrenzung** ist stets an dem zuvor dargestellten „**Normalfall**" der Erstausstattung anzusetzen, in dem die fraglichen Gegenstände **erstmals** angeschafft werden müssen. Bei **anderen** Sachverhalten ist damit zu fragen, ob diese **wertend wie eine Erstausstattung zu verstehen** bzw. mit einer solchen gleichzusetzen sind. Dies ist der Fall, wenn eine **atypische Bedarfslage** vor-

---

[17] So zu § 24 Abs. 3 SGB II: BSG v. 19.09.2008 - B 14 AS 64/07 R - BSGE 101, 268-273; BSG v. 01.07.2009 - B 4 AS 77/08 R - NJW 2010, 462-463.
[18] BT-Drs. 15/1514, S. 60.
[19] So zu § 24 Abs. 3 SGB II: LSG Bayern v. 23.04.2009 - L 11 AS 125/08 - KuR 2009, 287.

liegt, die wertungsmäßig mit einer „Erstausstattung" vergleichbar ist, so dass es – eben wegen ihrer Atypik – gerechtfertigt ist, dass Leistungen „gesondert erbracht" (so § 31 Abs. 1 SGB XII), also neben dem Regelsatz gewährt werden (vgl. bereits Rn. 21). Die Gewährung einmaliger Bedarfe ist dabei immer nur **„auf Grund außergewöhnlicher Umstände"**[20] zulässig. Das „Außergewöhnliche" besteht darin, dass es sich um eine spezielle Bedarfslage handeln muss, die **erheblich vom durchschnittlichen Bedarf** abweicht[21] und für den Hilfebedürftigen im Vergleich zu anderen Hilfebedürftigen ein „Sonderopfer" darstellt. Die Gesetzgebung ging hierbei von Bedarfen aus, „die bei vielen bzw. dem überwiegenden Teil der Leistungsberechtigten überhaupt nicht [zu ergänzen: oder nicht in diesem Umfang oder Häufigkeit – der Verf.] entstehen".[22] Der **übliche Verschleiß von Gebrauchsgegenständen** ist daher kein außergewöhnlicher Umstand. **Fahrlässiges Verhalten** im Zusammenhang mit dem Verlust der Wohnungsausstattung steht dem Anspruch nicht entgegen.[23] Allenfalls kommt ein Kostenersatz nach § 103 SGB XII in Betracht.

Ein außergewöhnlicher Umstand kann aber etwa bei der Neubegründung eines Haushalts nach einer **Trennung der (Ehe-)Partner** gegeben sein.[24] Möglicherweise kann ein (Ehe-)Partner von dem anderen Partner dann allerdings die Herausgabe der dort verbliebenen Haushaltsgegenstände verlangen. Ob ein solcher Herausgabeanspruch besteht, richtet sich nach den Eigentums- bzw. den Besitzverhältnissen (§§ 985, 861 BGB). Gegenstände, die sich im Eigentum des anderen Ehegatten befinden, können nur ausnahmsweise nach § 9 der Verordnung über die Behandlung der Ehewohnung und des Hausrats vom 21.10.1944 (Hausratsverordnung)[25] dem anderen Ehegatten zugewiesen werden, wenn der Eigentümer nicht auf ihre Weiterbenutzung angewiesen ist und es ihm zugemutet werden kann, sie dem anderen zu überlassen (vgl. auch die §§ 1361 ff. BGB).[26] Zu fragen ist aber in jedem Fall, ob ein Ehegatte oder Partner etwaige Herausgabeansprüche gegenüber seinem Ehegatten/Partner überhaupt zeitnah realisieren kann und er auf die Geltendmachung dieser Ansprüche verwiesen werden darf. Denn allein das Bestehen von Ansprüchen schließt eine Hilfebedürftigkeit nicht aus, weil § 2 Abs. 1 SGB XII keine eigenständige Ausschlussnorm ist.[27] Eine Hilfebedürftigkeit kann ausnahmsweise nur dann ausgeschlossen sein, wenn ein Hilfebedürftiger sich von vornherein weigert, bestehende und ohne weiteres realisierbare Ansprüche durchzusetzen.[28]

26

Eine **Ersatzbeschaffung** ist der Erstausstattung einer Wohnung mit Einrichtungsgegenständen dann wertungsmäßig gleichzusetzen, wenn vorhandene Ausstattungsgegenstände allein **durch einen vom Grundsicherungsträger veranlassten Umzug** in eine angemessene Wohnung unbrauchbar geworden sind.[29] Der Grundsicherungsträger hat jedoch nicht schon dann für Ausstattungsgegenstände aufzukommen, wenn diese zwar weiterhin funktionsfähig sind, ihrem Besitzer jedoch nicht mehr gefallen, sie nicht mehr optimal zur neuen Wohnung passen oder wenn die Gegenstände ohnehin – auch ohne den Umzug – wegen Unbrauchbarkeit hätten durch andere Gegenstände ersetzt werden müssen. Vielmehr ist es dem Hilfeempfänger auch in diesen Fällen zumutbar, auf etwa aus Entgelt, Entgeltersatzleistungen oder auch der Regelleistung zu bildende Rücklagen zurückzugreifen, um für Ersatz zu sorgen.[30] Ein Anspruch kann grundsätzlich auch bestehen, wenn eine Wohnungseinrichtung bereits vorhanden war und bei **Zuzug aus dem Ausland** untergeht.[31]

27

---

[20] BT-Drs. 15/1514, S. 60.
[21] Vgl. zu § 24 Abs. 3 SGB II: BSG v. 19.09.2008 - B 14 AS 64/07 R - BSGE 101, 268-273; BSG v. 01.07.2009 - B 4 AS 77/08 R - NJW 2010, 462-463.
[22] BT-Drs. 15/1514, S. 59.
[23] BSG v. 27.09.2011 - B 4 AS 202/10 R.
[24] So zu § 24 Abs. 3 SGB II: BSG v. 19.09.2008 - B 14 AS 64/07 R - EuG 2009, 326.
[25] RGBl I 1944, 256 – abgedruckt in Palandt, BGB, Anh zu §§ 1361a, 1361b.
[26] So zu § 24 Abs. 3 SGB II: BSG v. 19.09.2008 - B 14 AS 64/07 R - BSGE 101, 268-273. Ebenso zuvor *Ottersbach* in: Jahn/Jung, § 31 Rn. 8.
[27] BSG v. 29.09.2009 - B 8 SO 23/08 R - ZFSH/SGB 2010, 42; BSG v. 02.02.2010 - B 8 SO 21/08 R.
[28] BSG v. 29.09.2009 - B 8 SO 23/08 R - ZFSH/SGB 2010, 42.
[29] So zu § 24 Abs. 3 SGB II: BSG v. 01.07.2009 - B 4 AS 77/08 R - NJW 2010, 462-463.
[30] BSG v. 01.07.2009 - B 4 AS 77/08 R - NJW 2010, 462-463.
[31] BSG v. 27.09.2011 - B 4 AS 202/10 R.

bb. Für die Wohnung

28 Leistungen für Erstausstattungen für die Wohnung setzen voraus, dass es sich um **wohnraumbezogene Gegenstände** handelt, die eine geordnete Haushaltsführung und ein an den herrschenden Lebensgewohnheiten orientiertes Wohnen ermöglichen.[32] Zum Erstausstattungsbedarf gehören insbesondere **Möbel** und **Lampen**.[33] Bei der erstmaligen Beschaffung eines **Jugendbettes** – nachdem das Kind dem Kinderbett entwachsen ist – handelt es sich nach der Rechtsprechung des BSG[34] um eine Erstausstattung für die Wohnung.

29 Ein **Fernsehgerät** gehört nach der Rechtsprechung des BSG[35] dagegen **nicht** zu einer Erstausstattung einer Wohnung. Es sei weder ein Einrichtungsgegenstand noch ein Haushaltsgerät. Aus der Tatsache, dass „Fernsehen" ein elementarer Bestandteil der herrschenden Lebensgewohnheiten sei und etwa 95% der Bevölkerung mit Möglichkeiten zum Empfang von Fernsehprogrammen ausgestattet seien, folge nichts anderes. Die Sicherstellung von Freizeit-, Informations- und Unterhaltungsbedürfnissen, der das Fernsehen diene, solle grundsätzlich aus der Regelleistung erfolgen. Insoweit erforderliche Konsumgegenstände, die wie das Fernsehgerät entsprechend verbreitet sind, aber nicht zur Erstausstattung einer Wohnung zählen, könnten nur noch darlehensweise erbracht werden.[36]

30 Zu den Leistungen für Erstausstattungen für die Wohnung zählen ebenfalls **nicht Kosten der Einzugsrenovierung**, z.B. für Teppichbodenbelag oder Tapeten. Sie dienen vielmehr dem Herstellen der Bewohnbarkeit der Unterkunft und sind damit originär den Kosten der Unterkunft zuzurechnen. Denn die Erstausstattung umfasst die Ausstattung, nicht dagegen die Herrichtung der Wohnung. Kosten der Einzugsrenovierung können allerdings Bestandteil der Kosten der Unterkunft (§ 35 SGB XII) sein.[37]

cc. Einschließlich Haushaltsgeräten

31 Der Anspruch gemäß § 31 Abs. 1 Nr. 3 SGB XII ist nicht notwendig auf eine **komplette Ausstattung** ausgerichtet, sondern kann sich auch auf **Einzelgegenstände** beziehen.[38] Denn ansonsten würde derjenige ungerechtfertigt benachteiligt, der noch über eine Teilausstattung verfügt.[39] Welche Gegenstände benötigt werden, hängt jeweils von den Besonderheiten des Einzelfalles ab.[40]

32 Die Übernahme der Kosten für Haushaltsgeräte setzt voraus, dass diese zu den für eine geordnete Haushaltsführung erforderlichen Haushaltsgeräten zählen.[41] Insbesondere eine **Waschmaschine** gehört hierzu und ist deshalb bei Vorliegen der weiteren Voraussetzungen als Erstausstattung anzusehen.[42] Gleiches gilt etwa für **Herd, Kochtöpfe, Staubsauger, Bügeleisen** und **Kühlschrank**.[43]

33 Ein **Computer** ist bereits begrifflich kein „Haushaltsgerät" im Sinne des § 31 Abs. 1 Nr. 3 SGB XII.

b. Erstausstattungen für Bekleidung (Nr. 2 Fall 1)

34 Zum Ausdruck der **Erstausstattung** vgl. Rn. 22 ff.

35 Ein Erstausstattungsbedarf für **Bekleidung** kann z.B. durch eine krankheitsbedingte große Gewichtszu- oder Gewichtsabnahme oder durch eine unzureichende Bekleidungsausstattung nach Haft oder Wohnungslosigkeit begründet werden.[44]

36 Das normale Wachstum von Kindern stellt dagegen keinen außergewöhnlichen Umstand dar, der eine Erstausstattung mit Bekleidung rechtfertigt.[45] Kleidung für eine Kommunionfeier wird ebenfalls nicht erfasst.[46]

---

[32] So zu § 24 Abs. 3 SGB II: BSG v. 16.12.2008 - B 4 AS 49/07 R - BSGE 102, 194-201.
[33] So zu § 24 Abs. 3 SGB II: LSG NRW v. 29.10.2007 - L 20 AS 12/07; LSG NRW v. 02.03.2009 - L 19 AS 78/08.
[34] BSG v. 23.05.2013 - B 4 AS 79/12 R - zu § 24 Abs. 3 Satz 1 Nr. 1 SGB II.
[35] BSG v. 24.02.2011 - B 14 AS 75/10 R. Ebenso BSG v. 09.06.2011 - B 8 SO 3/10 R.
[36] BSG v. 24.02.2011 - B 14 AS 75/10 R, zu § 24 Abs. 3 Satz 1 Nr. 1 SGB II.
[37] Vgl. zum SGB II BSG v. 16.12.2008 - B 4 AS 49/07 R - DVP 2009, 438.
[38] So zu § 23 Abs. 3 SGB II: BSG v. 19.09.2008 - B 14 AS 64/07 R - BSGE 101, 268-273.
[39] BSG v. 19.09.2008 - B 14 AS 64/07 R - BSGE 101, 268-273.
[40] BSG v. 19.09.2008 - B 14 AS 64/07 R - BSGE 101, 268-273.
[41] BSG v. 19.09.2008 - B 14 AS 64/07 R - BSGE 101, 268-273.
[42] BSG v. 19.09.2008 - B 14 AS 64/07 R - BSGE 101, 268-273 unter Hinweis auf BVerwGE 107, 234.
[43] So zu § 24 Abs. 3 SGB II: LSG NRW v. 29.10.2007 - L 20 AS 12/07; LSG NRW v. 02.03.2009 - L 19 AS 78/08.
[44] *Hofmann* in: LPK-SGB XII, § 31 Rn. 7.
[45] So zu § 24 Abs. 3 SGB II: BSG v. 23.03.2010 - B 14 AS 81/08 R; LSG NRW v. 17.09.2008 - L 12 AS 57/07.
[46] So zu § 24 Abs. 3 SGB II: LSG Bayern v. 23.04.2009 - L 11 AS 125/08 - KuR 2009, 287.

c. Erstausstattungen für Schwangerschaft und Geburt (Nr. 2 Fall 2)

§ 31 Abs. 1 Nr. 2 SGB XII wurde mit Wirkung vom 01.08.2006 geändert (vgl. Rn. 2). Die Änderung hatte folgendes Ziel: „Es wird klargestellt, dass eine **komplette Babyerstausstattung** als einmalige Leistung übernommen werden kann [und nicht nur die Bekleidung – der Verf.]. Die bisherige uneinheitliche Handhabung in der Praxis bei der Gewährung von Hilfen zur Beschaffung eines Kinderwagens soll durch die Klarstellung beseitigt werden."[47]

Regelungsziel ist damit die Übernahme einer kompletten Babyerstausstattung. Deshalb gehört nicht nur der in den Gesetzesmaterialien ausdrücklich erwähnte **Kinderwagen**, sondern auch ein **Auto-Kindersitz** zur Erstausstattung bei Geburt.[48] Im Übrigen ist er im Falle des Transports eines Kindes im Auto gesetzlich vorgeschrieben. Denn Kinder bis zum 12. Lebensjahr, die kleiner als 1,50 Meter sind, müssen im Auto durch besondere Kinderrückhaltesysteme geschützt werden (§ 21 Abs. 1a StVO).

Zur Babyerstausstattung gehören ferner u.a. **Kinderbett**, **Bettwäsche**, **Babyschlafsack** (angesichts der Empfehlungen zur Vermeidung des „plötzlichen Säuglings- bzw. Kindstodes" statt eines Oberbettes und eines Kopfkissens zu benutzen), **Wickelauflage**, **Fläschchen** und **Babybekleidung**.[49] Bei der erstmaligen Beschaffung eines **Jugendbettes** – nachdem das Kind dem Kinderbett entwachsen ist – handelt es sich nach der Rechtsprechung des BSG[50] um eine Erstausstattung für die Wohnung i.S.d. § 31 Abs. 1 Nr, 1 SGB XII.

Die politisch kontrovers diskutierte Frage nach den Kosten der Ausübung von Sexualität sowie die damit verbundenen **Verhütungskosten** ist aus rechtlicher Sicht dahingehend zu beantworten, dass diese **keinen** Sonderbedarf gemäß § 31 Abs. 3 Satz 1 Nr. 2 SGB XII begründen, weil dieser Bedarf als Gesundheitskosten vom Regelbedarf umfasst ist.[51] Dem wird entgegengehalten, dass der Regelbedarf für Gesundheitspflege (bei Einpersonenhaushalten) 15,55 € monatlich beträgt (§ 5 Abs. 1 RBEG, Abteilung 6) und die Verhütungskosten höher seien. In der gesetzlichen Krankenversicherung haben Versicherte (nur) bis zum vollendeten 20. Lebensjahr Anspruch auf Versorgung mit empfängnisverhütenden Mitteln, soweit sie ärztlich verordnet werden (§ 24a Abs. 2 SGB V). Allerdings begründet die Notwendigkeit einer Verhütung **keine atypische** Bedarfslage (vgl. Rn. 25).

Die Babyerstausstattung ist so rechtzeitig vor der Geburt zu erbringen, dass sie noch ohne Schwierigkeiten von der Schwangeren beschafft werden kann (z.B. im sechsten Monat der Schwangerschaft).[52]

d. Einmalige Bedarfe für orthopädische Schuhe, therapeutische Geräte und Ausrüstungen (Nr. 3)

§ 31 Abs. 1 Nr. 3 SGB XII ist durch das Gesetz zur Ermittlung von Regelbedarfen und zur Änderung des Zweiten und Zwölften Buches Sozialgesetzbuch vom 24.03.2011[53] mit Wirkung vom 01.01.2011 geändert worden. Der dort bislang erfasste einmalige Bedarf für mehrtägige Klassenfahrten ist seit diesem Zeitpunkt Teil der Bedarfe für Bildung und Teilhabe (§ 34 Abs. 2 SGB XII). Die Nr. 3 des § 31 Abs. 1 SGB XII erfasst nun einen einmaligen Bedarf für die

- Anschaffung und Reparaturen von orthopädischen Schuhen,
- Reparaturen von therapeutischen **Geräten und Ausrüstungen** sowie
- Miete von **therapeutischen Geräten**.

In der Gesetzesbegründung[54] heißt es hierzu: „Diese Verbrauchsausgaben wurden bislang bei der Regelsatzbemessung eingerechnet und sollen künftig **nicht mehr für den Regelbedarf** berücksichtigt werden, da diese Ausgaben **nur selten anfallen**. Dies führt bei der Durchschnittsbildung in der Einkommens- und Verbrauchsstichprobe zu geringen Beträgen, die allen Leistungsberechtigten zu Gute kommen. Im Bedarfsfall fallen jedoch relativ hohe Ausgaben hierfür an, die aus dem in den Regelbedarf eingerechneten Betrag nicht gedeckt werden können."

Bei der Anwendung der Nr. 3 des § 31 Abs. 1 SGB XII stellt sich zunächst die Frage, wie sich diese Norm zu den **Ansprüchen aus der Krankenversicherung** verhält, welche die in § 31 Abs. 1 Nr. 3

---

[47] BT-Drs. 16/1410, S. 24 (mit S. 34).
[48] A.A. zu § 24 Abs. 3 SGB II: LSG Berlin-Brandenburg v. 24.04.2008 - L 5 B 1973/07 AS PKH.
[49] Vgl. auch *Schwengers* in: Kruse/Reinhard u.a., § 31 Rn. 4.
[50] BSG v. 23.05.2013 - B 4 AS 79/12 R - zu § 24 Abs. 3 Satz 1 Nr. 1 SGB II.
[51] Vgl. zum SGB II LSG Baden-Württemberg v. 13.12.2010 - L 13 AS 4732/10 B.
[52] *Schwengers* in: Kruse/Reinhard u.a., § 31 Rn. 4.
[53] BGBl I 2011, 453.
[54] BT-Drs. 17/3404, S. 124.

SGB XII genannten Gegenstände erfassen. In der Gesetzesbegründung[55] war noch ein entsprechender Verweis auf Ansprüche gegen „vorrangige Leistungsträger" vorgesehen, der jedoch nicht in die Gesetzesfassung eingegangen ist, weil sich dies bereits aus den allgemeinen Grundsätzen ergebe.[56] Ein Krankenversicherungsschutz besteht bei sozialhilferechtlichen Leistungsberechtigten insbesondere bei der in der Praxis regelmäßig praktizierten Übernahme freiwilliger Beiträge zur Krankenversicherung durch den Sozialhilfeträger gemäß § 32 SGB XII, ferner bei einer „unechten Krankenversicherung" gemäß § 264 SGB V (vgl. § 48 Satz 2 SGB XII und die Kommentierung zu § 48 SGB XII Rn. 23). Solange und soweit (!) der Leistungsberechtigte **Leistungen** seiner (gesetzlichen oder privaten) **Krankenversicherung tatsächlich erhält** bzw. erhalten hat, die seinen durch § 31 Abs. 1 Nr. 3 SGB XII erfassten Bedarf decken, gelangt § 31 Abs. 1 Nr. 3 SGB XII somit nicht zur Anwendung.

45 Ob dies auch für **noch nicht erfüllte** Ansprüche des Leistungsberechtigten gegenüber seiner Krankenversicherung gilt, dürfte zweifelhaft und nach höchstrichterlicher Rechtsprechung zu **verneinen** sein.[57] Denn das BSG hat bereits entschieden, dass ein Leistungsberechtigter nicht auf den Klageweg verwiesen werden darf, um evtl. bestehende Ansprüche gegen Dritte zu realisieren, wenn diese der Forderung widersprechen.[58] Der Nachrang von Leistungen nach dem SGB II wird in den Fällen, in denen der Hilfebedürftige seine vorrangigen Ansprüche gegenüber einem Dritten trotz entsprechender Bemühungen nicht rechtzeitig durchsetzen kann, vielmehr durch den **Übergang der Ansprüche** des Hilfebedürftigen gegen Dritte nach **§ 93 Abs. 1 SGB XII** verwirklicht.[59] Allerdings betraf diese höchstrichterliche Rechtsprechung Ansprüche gegen private Dritte, nicht dagegen gegen andere Sozialleistungsträger.

46 Sofern und soweit **keine** entsprechenden krankenversicherungsrechtlichen Leistungen bezogen werden, gelangt § 31 Abs. 1 Nr. 3 SGB XII zur Anwendung, um den insoweit ungedeckten Bedarf zu decken. Dies betrifft insbesondere die **Eigenanteile**[60] bzw. **Zuzahlungen** der Leistungsberechtigten **in der gesetzlichen Krankenversicherung**. Dies gilt jedoch **nur hinsichtlich der in Nr. 3 enumerativ aufgezählten Gegenstände**, (weiterhin) **nicht** dagegen für die Zuzahlungen zu Arzneimitteln und (den zum 01.01.2013 abgeschafften) **Praxisgebühren**.[61]

47 **Orthopädische Schuhe** sind **Hilfsmittel gemäß § 33 Abs. 1 Satz 1 SGB V**. Nach früherer Rechtsprechung des BSG sind sie zugleich Gebrauchsgegenstände des täglichen Lebens; ob dies aufgrund der neueren Rechtsprechung des BSG noch gilt und sich Versicherte bei der Versorgung mit orthopädischen Schuhen krankenversicherungsrechtlich noch einen **Eigenanteil** anrechnen lassen müssen, könnte krankenversicherungsrechtlich zweifelhaft sein[62], ist aber jedenfalls Praxis. Dieser Eigenanteil beträgt bis zu 76 € pro Schuhpaar.[63] Der Mehrbedarf nach § 31 Abs. 1 Nr. 3 SGB XII tritt neben den des **§ 30 Abs. 1 SGB XII**. Dieser Mehrbedarf des § 30 Abs. 1 SGB XII erfasst auch weitergehende behinderungsbedingt erhöhte Aufwendungen für Schuhe.[64] Mangels eines normativen Anknüpfungspunktes ist dessen Absenkung („soweit nicht im Einzelfall ein abweichender Bedarf besteht") nicht gerechtfertigt.

48 Der in § 31 Abs. 1 Nr. 3 SGB XII verwendete Begriff der „**therapeutischen Geräte und Ausrüstungen**" ist gesetzlich nicht definiert. Auch das Hilfsmittelrecht des SGB V (§ 33 SGB V) kennt diesen Begriff nicht. Das **Hilfsmittelverzeichnis der Spitzenverbände der Krankenkassen** (§ 139 SGB V) unterscheidet Hilfsmittel i.S.v. § 33 SGB V in Anlehnung an das Therapieziel in 34 Produktgruppen; dort werden unter der **Nr. 32** insbesondere „therapeutische Bewegungsgeräte" genannt.[65] Der von § 31 Abs. 1 Nr. 3 SGB XII verwendete Ausdruck der „therapeutischen Geräte und Ausrüstungen" ist demgegenüber weiter gefasst. Bei der Konkretisierung des Tatbestandsmerkmals „therapeutisch" kann die

---

[55] BT-Drs. 17/3958, S. 16.
[56] BT-Drs. 17/3982, S. 9.
[57] Vgl. BSG v. 29.09.2009 - B 8 SO 23/08 R - BSGE 104, 219.
[58] BSG v. 29.09.2009 - B 8 SO 23/08 R - BSGE 104, 219.
[59] So zu § 33 SGB II als grundsicherungsrechtlichem Pendant zu § 93 SGB XII BSG v. 27.01.2009 - B 14 AS 42/07 R; vgl. auch BSG v. 10.05.2011 - B 4 KG 1/10 R.
[60] Diese werden in der Gesetzesbegründung ausdrücklich genannt: BT-Drs. 17/3404, S. 124.
[61] Vgl. BSG v. 16.12.2010 - B 8 SO 7/09 - BSGE 107, 169.
[62] So *Beck* in: jurisPK-SGB V, § 33 Rn. 75. Vgl. zur Abgrenzung auch LSG Nordrhein-Westfalen v. 26.11.2008 - L 11 KR 58/07.
[63] *Behrend* in: jurisPK-SGB II, § 24 Rn. 66.
[64] BSG v. 29.09.2009 - B 8 SO 5/08 R - BSGE 104, 200 ff. = SozR 4-3500 § 30 Nr. 1.
[65] *Beck* in: jurisPK-SGB V, § 33 Rn. 24. Das Hilfsmittelverzeichnis ist keine abschließende „Positivliste": BSG v. 03.08.2006 - B 3 KR 25/05 R - SozR 4–2500 § 33 Nr. 13.

Definition der **Hilfsmittel gemäß § 33 Abs. 1 Satz 1 SGB V** von Nutzen sein. Danach sind Hilfsmittel Gegenstände, die im Einzelfall erforderlich sind, um den **Erfolg der Krankenbehandlung zu sichern**, einer **drohenden Behinderung vorzubeugen** oder eine **Behinderung auszugleichen**.

Danach könnte insbesondere auch die **Reparatur einer Brille** von § 31 Abs. 1 Nr. 3 SGB XII erfasst sein; von vornherein dagegen nicht ihr Kauf, weil § 31 Abs. 1 Nr. 3 SGB XII bei therapeutischen Geräten – anders als bei orthopädischen Schuhen – nur die Reparatur und Miete nennt. Zweifel bestehen hinsichtlich der Kosten für die Reparatur einer Brille aber deshalb, weil es der Gesetzgebung bei der Neufassung der Nr. 3 des § 31 Abs. 1 SGB XII nach der Gesetzesbegründung darauf ankam, „**relativ hohe Ausgaben** (...), die aus dem in den Regelbedarf eingerechneten Betrag nicht gedeckt werden können"[66], zu erfassen (wie diese z.B. bei dem Kauf orthopädischer Schuhe entstehen), **nicht** also **niedrige Ausgaben oder Bagatellbeträge**; bei einer Brille handelt es sich zudem um ein typisches und langlebiges Gebrauchsgut.[67] Allerdings findet sich diese legislative Zielsetzung im Normtext nicht wieder, so dass entsprechende Rechtsstreitigkeiten vorprogrammiert sein dürften.   49

Die **tatsächlichen Kosten** der in § 31 Abs. 1 Nr. 3 SGB XII aufgezählten einmaligen Bedarfe sind **ohne Beschränkung auf einen Höchstbetrag** zu übernehmen. Dieses Ergebnis folgt aus einer systematischen Auslegung. Denn die Möglichkeit einer Pauschalierung von Leistungen eröffnet § 31 Abs. 3 Satz 1 SGB XII (auch weiterhin) nur für die Fälle der Nr. 1 und 2 des Absatzes 1, und damit nicht für die dortige Nr. 3 (vgl. bereits Rn. 43).   50

e. Abschließender Katalog der einmaligen Bedarfe

§ 31 Abs. 1 SGB XII enthält – so die Gesetzesbegründung – einfach-rechtlich „eine abschließende Aufzählung der entsprechenden Bedarfe".[68]   51

Kosten für **Passfotos**[69] oder für den Glaseinsatz einer **Schlafzimmertür**[70] sind deshalb nicht gemäß § 31 SGB XII erstattungsfähig. Aus § 31 SGB XII ergibt sich auch kein Anspruch auf eine **Weihnachtsbeihilfe**.[71] Nicht erstattungsfähig sind auch Aufwendungen für die Teilnahme an einer **Familienfeier** (Goldene Hochzeit).[72]   52

2. Erweiterung der Hilfebedürftigkeit (Absatz 2)

§ 31 Abs. 2 **Satz 1** SGB XII ordnet an, dass Leistungen nach Absatz 1 auch erbracht werden, wenn den Leistungsberechtigten keine Regelsätze zu gewähren sind, sie aber die **Aufwendungen für die einmaligen Bedarfe** des § 31 Abs. 1 SGB XII nicht aus eigenen Kräften und Mitteln vollständig decken können. § 31 Abs. 2 SGB XII regelt die (Grenz-)Fälle, in denen Hilfebedürftige nur insoweit hilfebedürftig sind, als sie zwar die „normalen" Bedarfe des täglichen Lebens, die mit dem Regelsatz (§ 27a SGB XII) zu bestreiten sind, aus ihrem eigenen Einkommen oder Vermögen aufbringen können, sie aber die besonderen, atypischen Bedarfe des § 31 Abs. 1 SGB XII wirtschaftlich nicht mehr „schultern" können, so dass sie nur hinsichtlich dieser einmaligen Bedarfe bedürftig sind bzw. werden, sie also „erst durch ungedeckte einmalige Bedarfe zu Leistungsberechtigten werden"[73].   53

Die Regelung ist damit aus systematischer Sicht eine Erweiterung der allgemeinen Vorschriften über die Hilfebedürftigkeit (insb. § 19 SGB XII).   54

Die **Bedarfsberechnung** richtet sich nach den **allgemeinen Grundsätzen** (§§ 27 ff. SGB XII). In der bisherigen Sozialhilfepraxis unter Geltung des BSHG (vgl. hierzu Rn. 5) ist demgegenüber häufig von einem um 10% erhöhten Regelbedarf ausgegangen worden, um kleinere eigene Bedarfsdeckungen des Hilfebedürftigen zu berücksichtigen, für die er Hilfe nicht beansprucht hat, obwohl er dies nach dem umfangreichen Katalog des früheren § 21 Abs. 1a BSHG eigentlich hätte tun können. Eine derartige Praxis hat sich mit Inkrafttreten des SGB XII überholt,[74] weil das SGB XII außer in § 31 Abs. 1   55

---

[66] BT-Drs. 17/3404, S. 124.
[67] Vgl. zu § 24 SGB II *Herold-Tews* in: Löns/Herold-Tews, SGB II, § 24 Rn. 25; vgl. BT-Drs. 17/3404, S. 103.
[68] So wörtlich BT-Drs. 15/1514, S. 60.
[69] LSG NRW v. 16.02.2009 - L 20 B 7/09 SO NZB - ZFSH/SGB 2009, 246.
[70] LSG Bayern v. 29.07.2008 - L 11 B 577/08 SO ER - FEVS 60, 410.
[71] LSG NRW v. 28.07.2008 - L 20 SO 24/08; vgl. aber zur Erstattungsfähigkeit der Weihnachtsbeihilfe 2005 gemäß § 35 Abs. 2 Satz 1 SGB XII BSG v. 11.12.2007 - B 8/9b SO 22/06 R - SozR 4-3500 § 35 Nr. 1 (a.A. LSG NRW v. 28.07.2008 - L 20 SO 24/08). Hierzu *Sommer*, jurisPR-SozR 19/2008, Anm. 3.
[72] So zu § 23 Abs. 3 SGB II: LSG Hessen v. 10.04.2006 - L 9 AS 44/06 ER - info also 2006, 226.
[73] BT-Drs. 17/3404, S. 124.
[74] So *Grube* in: Grube/Wahrendorf, § 31 Rn. 21.

SGB XII keine weiteren einmaligen Bedarfe vorsieht.[75] Im Übrigen existiert hierfür keine Rechtsgrundlage, nicht einmal ein normativer Anknüpfungspunkt. Rechte im SGB dürfen aber nur begründet, geändert und aufgehoben werden, soweit ein Gesetz es vorschreibt oder zulässt (§ 31 i.V.m. § 37 Sätze 1 und 2 SGB I).

56 Die **Einkommensberechnung** richtet sich ebenfalls nach den allgemeinen Grundsätzen (insb. §§ 19 ff., 82 ff. SGB XII). Gemäß § 31 Abs. 2 **Satz 2** SGB XII kann das **Einkommen „berücksichtigt"** werden, das die gemäß § 31 Abs. 2 Satz 1 SGB XII Leistungsberechtigten innerhalb eines Zeitraums von bis zu sechs Monaten nach Ablauf des Monats erwerben, in dem über die Leistung entschieden worden ist. Dies ist eine **Sonderregelung zu § 82 SGB XII**, wonach grundsätzlich das Einkommen einzusetzen ist, das im Bewilligungszeitraum erzielt worden ist. Der Zeitrahmen des § 31 Abs. 2 Satz 1 SGB XII kann unter Umständen über den Bewilligungszeitraum hinausreichen.

57 „Kann" ist dabei als Kompetenz-Kann zu verstehen, also als entsprechende Ermächtigung des Sozialhilfeträgers. Dem Sozialhilfeträger wird dagegen **kein Ermessen** (i.S.d. § 39 SGB I) eingeräumt.[76] Denn es ist kein (hinreichender) sachlicher Grund ersichtlich, der es rechtfertigen könnte, in diesen Fällen ausnahmsweise von der Berücksichtigung des Einkommens abzusehen und eine entsprechende Ungleichbehandlung gegenüber der generell vorzunehmenden Einkommensanrechnung rechtfertigen könnte (Art. 3 Abs. 1 GG).

58 Dieses Einkommen i.S.d. § 31 Abs. 2 Satz 2 SGB XII ist – soweit es in Ansatz zu bringen ist (§ 82 SGB XII) – von dem festgestellten Hilfebedarf abzuziehen und sodann die **Differenz** als Hilfe zu erbringen; übersteigt das maßgebliche Einkommen den Hilfebedarf, sind keine Leistungen zu erbringen. Soweit vertreten wird, dass bei der zukünftigen Erzielung von Einkommen die Leistungen immer in voller Höhe zu erstatten seien,[77] findet diese Auffassung im Gesetz keine Stütze. Denn mit der Formulierung „Einkommen berücksichtigt" in § 31 Abs. 2 Satz 2 SGB XII knüpft die Gesetzgebung an die allgemeinen Vorschriften der Einkommensberücksichtigung an (insb. § 19 Abs. 5 SGB XII). Es ist damit nicht erkennbar, dass die Gesetzgebung hier Sonderrecht im vorgenannten Sinne schaffen wollte.

IV. Rechtsfolgen

1. Pflicht zur Leistungserbringung

59 Liegen die tatbestandlichen Voraussetzungen des § 31 Abs. 1 SGB XII vor, **sind** die entsprechenden Leistungen zu erbringen („werden erbracht", § 31 Abs. 1 SGB XII). Denn auf Sozialhilfe besteht gemäß § 17 Abs. 1 Satz 1 SGB XII ein (gebundener) **Anspruch**, soweit – wie hier der Fall – bestimmt wird, dass die Leistung zu erbringen ist. Ein Ermessen ist dem Sozialhilfeträger damit insoweit nicht eröffnet.

60 Im Sozialhilferecht des SGB XII hat die Geldleistung grundsätzlich Vorrang vor der Sachleistung (§ 10 Abs. 3 SGB XII). Allerdings macht § 10 Abs. 3 SGB XII hiervon jedoch unter anderem dann eine Ausnahme, wenn die Sachleistung das Ziel der Sozialhilfe erheblich besser erreichen kann.[78]

2. Pauschalierung (Absatz 3)

61 § 31 Abs. 3 **Satz 1** SGB XII normiert, dass die Leistungen für einmalige Bedarfe gemäß § 31 Abs. 1 **Nr. 1 und 2** SGB XII als Pauschalbeträge erbracht werden können. Da die **Nr. 3** (mehrtägige Klassenfahrten) des § 31 Abs. 1 SGB XII nicht genannt wird, ist dort eine derartige Pauschalierung unzulässig.

62 Die Formulierung „können" verdeutlicht, dass den Sozialhilfeträgern **insoweit Ermessen** eröffnet ist. Ihr Ermessen haben sie entsprechend dem Zweck der Ermächtigung auszuüben und die gesetzlichen Grenzen des Ermessens einzuhalten (§ 39 Abs. 1 SGB I, § 54 Abs. 2 Satz 2 SGG).

63 Gemäß § 31 Abs. 3 **Satz 2** SGB XII sind bei der Bemessung der Pauschalbeträge „geeignete Angaben über die erforderlichen Aufwendungen und nachvollziehbare Erfahrungswerte zu berücksichtigen". Die Pauschalierung muss damit auf einer hinreichend validen und belastbaren Datenbasis fußen. Was dies allerdings konkret bedeutet, sagt das Gesetz nicht. Auch die Gesetzesbegründung spricht insoweit

---

[75] *Gröschel-Gundermann* in: Linhart/Adolph, § 31 Rn. 10.
[76] A.A. *Grube* in: Grube/Wahrendorf, § 31 Rn. 28; *Schwengers* in: Kruse/Reinhard u.a., § 31 Rn. 7. Differenzierend *Falterbaum* in: Hauck/Noftz/Voelzke, K § 31 Rn. 17: „Unklar ist, ob sich das Ermessen nur auf die Wahl der Monatszahl bezieht oder auch auf den Umfang des einzusetzenden Einkommens."
[77] Vgl. *Grube* in: Grube/Wahrendorf, § 31 Rn. 22 f.
[78] BSG v. 28.02.2008 - B 8 SO 22/07 R - BSGE 102, 1; BSG v. 19.05.2009 - B 8 SO 32/07 R - BSGE 103, 171.

nur von „ausreichenden Erfahrungswerten".[79] Der Verweis auf „ausreichende Erfahrungswerte" deutet darauf hin, dass insoweit ein **schlüssiges Konzept** gefordert ist. Einen solchen Handlungs- und Kontrollmaßstab hat das BSG im Grundsicherungsrecht nach dem SGB II bereits entwickelt und zugrunde gelegt. Zum einen geschah dies bei der Prüfung der Erforderlichkeit (i.S.d. § 3 Abs. 1 Satz 1 SGB II) einer Eingliederungsleistung nach § 16 Abs. 2 Satz 1 SGB II,[80] zum anderen bei der Bestimmung der angemessenen Kosten für Unterkunft und Heizung gemäß § 22 Abs. 1 SGB II.[81] Die vom Grundsicherungsträger gewählte Datengrundlage müsse – so das BSG – „lediglich auf einem schlüssigen Konzept beruhen, das eine hinreichende Gewähr dafür bietet, die aktuellen Verhältnisse des örtlichen Mietwohnungsmarktes wiederzugeben".[82]

Es bietet sich an, einen solchen Maßstab auch hier zugrunde zu legen. Verwendet der Sozialhilfeträger also Pauschalen, müssen diese eine hinreichende Gewähr dafür bieten, die **aktuellen Preisverhältnisse des Marktes** wiederzugeben. Es muss sich damit um nachvollziehbare Erfahrungswerte handeln, die hinreichend empirisch abgesichert sind.[83] Die innerhalb der Pauschale angesetzten Preise für die einzelnen Gegenstände (Möbel, Haushaltsgeräte, Bekleidung etc.) müssen damit die marktüblichen Preise widerspiegeln. Im Grundsicherungsrecht nach dem SGB II (vgl. dort § 24 Abs. 3 SGB II) werten einige Grundsicherungsträger z.B. örtliche Inserate oder Angebote aus, um die marktüblichen Preise der einzelnen Gegenstände zu ermitteln und belegen zu können. Nach der Rechtsprechung des BSG muss die Höhe der Pauschalen **auf der Grundlage von Bezugsquellen, Preislisten etc. nachvollziehbar** sein.[84] 64

3. Ausstattungsstandard

Steht fest, dass die einmaligen Bedarfe des § 31 Abs. 1 SGB XII zu decken sind, fragt sich, **welchen Ausstattungsstandard** der Leistungsberechtigte beanspruchen kann. Diese Frage stellt sich allerdings nur bei **Nr. 1** und **Nr. 2** des § 31 Abs. 1 SGB XII. Denn bei mehrtägigen Klassenfahrten gemäß § 31 Abs. 1 **Nr. 3** SGB XII sind die **tatsächlichen Kosten** ohne Beschränkung auf einen Höchstbetrag zu übernehmen, wenn die Klassenfahrt im Rahmen der schulrechtlichen Bestimmungen stattfindet und das Schulrecht selbst keine Kostenobergrenze für Klassenfahrten vorsieht.[85] 65

Bei den Gegenständen der Nr. 1 und 2 des § 31 Abs. 1 SGB XII ist deshalb zu fragen, welcher **Ausstattungsstandard** zu wählen ist. Ausdrückliche Vorgaben hierzu trifft § 31 SGB XII nicht. Dies ist im Grundsicherungsrecht des SGB II anders, weil § 24 Abs. 3 Satz 6 (bis 31.12.2010: § 23 Abs. 3 Satz 6 SGB II) (im Rahmen der Pauschalierung) auf „erforderliche Aufwendungen" rekurriert. Die Maßstäbe im Grundsicherungsrecht des SGB II und im Sozialhilferecht sind im Ergebnis aber gleich. Denn die allgemeine Regelung des § 9 Abs. 2 Satz 1 SGB XII ordnet für das Sozialhilferecht an, dass Wünschen der Leistungsberechtigten, die sich auf die Gestaltung der Leistung richten, entsprochen werden soll, soweit sie **angemessen** sind; auf den Umfang der Angemessenheit beschränkt das SGB XII die Leistungen regelmäßig.[86] Ergänzend gibt § 10 Abs. 3 Satz 1 SGB XII bei der Prüfung, ob die Gelleistung Vorrang vor der Sachleistung hat, als Maßstab vor, auf welche Weise das Ziel der Sozialhilfe „**wirtschaftlicher** erreicht" werden kann. Nimmt man das Lohnabstandsgebot des § 28 Abs. 4 SGB XII (i.d.F. bis 31.12.2010) als „Obergrenze" eines von der Sozialhilfe abzugeltenden Bedarfs hinzu,[87] verdeutlicht dies, dass bei den einmaligen Bedarfen des § 31 Abs. 1 SGB XII (ebenso wie bei 66

---

[79] BT-Drs. 15/1514, S. 60 unter Verweis auf die frühere Rspr. des BVerwG zur Pauschalierung bei einmaligen Leistungen. Diese hatte entschieden, dass spezifische „Untersuchungen" vorausgegangen sein müssen, vgl. *Falterbaum* in: Hauck/Noftz/Voelzke, K § 31 Rn. 20.

[80] BSG v. 23.11.2006 - B 11b AS 3/05 R - SozR 4-4200 § 16 Nr. 1.

[81] BSG v. 19.03.2008 - B 11b AS 43/06 R - info also 2008, 233; BSG v. 19.03.2008 - B 11b AS 41/06 R - SozR 4-4200 § 22 Nr. 7.

[82] BSG v. 18.06.2008 - B 14/7b AS 44/06 R - FEVS 60, 145-150.

[83] So zu § 24 Abs. 3 SGB II: BSG v. 20.08.2009 - B 14 AS 45/08 R - NDV-RD 2010, 7-9.

[84] BSG v. 13.04.2011 – B 14 AS 53/10 R - SozR 4-4200 § 23 Nr. 12.

[85] So zu § 23 Abs. 3 SGB II: BSG v. 13.11.2008 - B 14 AS 36/07 R - BSGE 102, 68-73, vgl. bereits Rn. 39.

[86] §§ 5 Abs. 3 Satz 2, 6 Abs. 2 Satz 1, 11 Abs. 5 Satz 3, 13 Abs. 1 Satz 5, 25 Abs. 2, 27 Abs. 3, 28 Abs. 5, 29 Abs. 4 und 5, 31 Abs. 4 Satz 1, 32 Abs. 5 Satz 1, 33 Abs. 1 und 2, 35 Abs. 2 Satz 1, 42 Satz 1 Nr. 2, 53 Abs. 3, 54 Abs. 1 Satz 1 Nr. 1-3, 55 Satz 2, 65, 66 Abs. 3, 70 Abs. 4, 82 Abs. 2 Nr. 3, 85 Abs. 1 Nr. 2, Abs. 2 Satz 1 Nr. 2, 87 Abs. 1 und 2, 88 Abs. 1 Satz 2, 90 Abs. 2 Nr. 4 und 9, Abs. 3, 92 Abs. 2 Satz 1 Nr. 2 und 4, 92a Abs. 2 und 3 SGB XII.

[87] Hierzu *Wahrendorf* in: Grube/Wahrendorf, § 28 SGB XII Rn. 38.

den einmaligen Bedarfen des § 24 Abs. 3 SGB II) ein (nur) **einfacher Ausstattungsstandard**[88] zugrunde zu legen ist. Nach der Rechtsprechung des BSG sind pauschale Geldbeträge für Erstausstattungen für die Wohnung einschließlich Haushaltsgeräten und für Bekleidung so zu bemessen, dass der Hilfebedürftige mit dem gewährten Betrag **einfache und grundlegende Wohnbedürfnisse** in vollem Umfang befriedigen bzw. sich in **menschenwürdiger Weise** kleiden kann.[89]

67 Nach der Rechtsprechung des BSG sind pauschale Geldbeträge für Erstausstattungen für die Wohnung einschließlich Haushaltsgeräten und für Bekleidung so zu bemessen, dass der Hilfebedürftige mit dem gewährten Betrag einfache und grundlegende Wohnbedürfnisse in vollem Umfang befriedigen bzw. sich in menschenwürdiger Weise kleiden kann. Die Höhe der Pauschalen muss dabei auf der Grundlage von Bezugsquellen, Preislisten etc. nachvollziehbar sein.[90]

68 Nach der Rechtsprechung des BSG kann ein Leistungsempfänger grundsätzlich auch auf den Kauf von **gebrauchten Artikeln** verwiesen werden; dies verstößt nicht gegen die Menschenwürde, zumal der Kauf in „Secondhand-Läden" in weiten Bevölkerungskreisen allgemein üblich ist.[91]

C. Praxishinweise

I. Leistungsbegehren und -antrag

69 Die Sozialhilfe, mit Ausnahme der Leistungen der Grundsicherung im Alter und bei Erwerbsminderung, setzt ein, sobald dem Träger der Sozialhilfe oder den von ihm beauftragten Stellen **bekannt** wird, dass die Voraussetzungen für die Leistung vorliegen (§ 18 Abs. 1 SGB XII). Eines Antrages bedarf es dann nicht.

70 Die **Leistungen der Grundsicherung im Alter und bei Erwerbsminderung** setzen dagegen einen **Antrag** voraus (§ 41 Abs. 1 Satz 1 SGB XII).[92] Da diese Leistungen gemäß § 42 Nr. 2 SGB XII auch die einmaligen Bedarfe entsprechend § 31 SGB XII „umfassen", gilt das Antragserfordernis im Anwendungsbereich der Leistungen der Grundsicherung im Alter und bei Erwerbsminderung auch für die einmaligen Bedarfe gemäß § 31 SGB XII.

71 Begehrt oder beantragt ein Hilfebedürftiger Sozialhilfeleistungen, ist durch **Auslegung nach dem objektiven Empfängerhorizont** (entsprechend §§ 133, 157 BGB) zu ermitteln, ob sich sein Begehren/Antrag auch auf einmalige Bedarfe gemäß § 31 SGB XII erstreckt. Denn im Rahmen der Sozialhilfe erhalten die Hilfebedürftigen (§§ 8, 42 SGB XII, vgl. Rn. 11) insbesondere
- den Regelbedarfe (§ 28 SGB XII),
- Aufwendungen für Unterkunft und Heizung (§ 35 SGB XII) sowie
- Mehrbedarfe (§ 30 SGB XII) sowie einmalige Bedarfe (§ 31 SGB XII).

72 Bei den einmaligen Bedarfen handelt es sich gegenüber dem Regelsatz sowie den Leistungen für Unterkunft und Heizung um **eigenständige Bedarfe** sowie um einen eigenständigen Streit- bzw. Verfahrensgegenstand. Das bedeutet, dass ein Antrag/Begehren auf Sozialhilfe nicht stets zugleich auch einen Antrag/ein Begehren auf einstweilige Bedarfe umfasst.[93] Dies muss in dem Begehren des Hilfesuchenden vielmehr – jedenfalls konkludent – zum Ausdruck kommen. Nach dem **Meistbegünstigungsgrundsatz** ist im Zweifel davon auszugehen, dass ohne Rücksicht auf den Wortlaut eines Antrags all die Leistungen begehrt werden, die den größten Nutzen bringen können.[94]

---

[88] So zu den Kosten der Einzugsrenovierung gemäß § 22 Abs. 1 SGB II: BSG v. 16.12.2008 - B 4 AS 49/07 R - BSGE 102, 194-201. Ferner zu § 24 Abs. 3 SGB II: BSG v. 20.08.2009 - B 14 AS 45/08 R - NDV-RD 2010, 7-9: „Standard (…), der den herrschenden Lebensgewohnheiten auch unter Berücksichtigung einfachster Verhältnisse" entspricht.

[89] BSG v. 13.04.2011 - B 14 AS 53/10 R - SozR 4-4200 § 23 Nr. 12.

[90] BSG v. 13.04.2011 - B 14 AS 53/10 R - SozR 4-4200 § 23 Nr. 12.

[91] BSG v. 13.04.2011 - B 14 AS 53/10 R - SozR 4-4200 § 23 Nr. 12.

[92] Vgl. zum erneuten Antrag nach Ablauf des Bewilligungszeitraums BSG v. 29.09.2009 - B 8 SO 13/08 R - SozSichplus 2010, Nr. 2, 9.

[93] So zu § 24 Abs. 3 SGB II: LSG Sachsen-Anhalt v. 13.10.2008 - L 7 AS 146/07: „Leistungen zur Wohnungserstausstattung sind in einem Antrag auf laufende Leistungen zur Sicherung des Lebensunterhalts nicht erkennbar mit inbegriffen, denn sie betreffen einen speziellen, mit dem Bezug einer Wohnung verbundenen einmaligen Bedarf. Sofern nicht ausnahmsweise besondere Umstände vorliegen, ist ein Bedarf an Wohnungsausstattung neben dem Antrag auf Leistungen zur Sicherung des Lebensunterhaltes geltend zu machen."

[94] BSG v. 26.08.2008 - B 8/9b SO 18/07 R - SozR 4-3500 § 18 Nr. 1 Rn. 22; BSG v. 21.07.1977 - 7 RAr 132/75 - BSGE 44, 164, 166 f.; BSG v. 15.11.1979 - 7 RAr 75/78 - BSGE 49, 114, 115 f.

II. Streitgegenstand

Bei dem Anspruch auf Leistungen für einmalige Bedarfe gemäß § 31 SGB XII handelt es sich um einen **eigenständigen abtrennbaren Streitgegenstand** (hierzu ausführlich die Kommentierung zu § 8 SGB XII). Denn über die einmalige Leistung kann eine gesonderte Entscheidung des zuständigen Trägers in Gestalt eines eigenen Verfügungssatzes (§ 31 SGB X) ergehen. Die Leistungen nach § 31 SGB XII stehen auch nicht notwendig im Verhältnis der Akzessorietät zu anderen Leistungen des SGB XII. Sie können nach § 31 Abs. 2 SGB XII vielmehr auch erbracht werden, wenn Hilfebedürftige Regelsatzleistungen benötigen. Sowohl dem Grunde als auch der Höhe nach sind sie vom Vorliegen der Voraussetzungen für die Gewährung des Regelsatzes (§ 27a SGB XII) sowie der Kosten für Unterkunft und Heizung (§ 35 SGB XII) unabhängig.[95]

73

III. Klageart

Die statthafte Rechtsschutzform richtet sich stets nach dem **Begehren des Rechtsschutzsuchenden**.

74

Begehrt ein Hilfebedürftiger Leistungen für Erstausstattungen für die Wohnung in Form bestimmter Gegenstände und ohne sich auf eine bestimmte Art der Leistung (Geld- oder Sachleistung) zu beschränken, steht dem Sozialhilfeträger zwar insoweit kein Handlungsermessen zu. Denn auf derartige Leistungen besteht ein Rechtsanspruch. Allerdings räumt ihm § 10 Abs. 1 (und 3) SGB XII ein Auswahlermessen dergestalt ein, dass er die Leistungen als Sach- oder Geldleistungen, unter den Voraussetzungen des § 31 Abs. 3 SGB XII auch in Form von Pauschalbeträgen, erbringen kann. Richtige Klageart ist deshalb dann – sofern nicht ausnahmsweise eine Ermessensreduzierung auf Null vorliegt - die kombinierte **Anfechtungs- und Verpflichtungsklage** in Form der „Verpflichtungsbescheidungsklage" gemäß § 54 **Abs. 1** Satz 1 SGG.[96] In den übrigen Fällen entspricht regelmäßig eine kombinierte **Anfechtungs- und Leistungsklage** gemäß § 54 **Abs. 4** SGG dem Begehren des Hilfebedürftigen.

75

Ein Fall der **Ermessensreduktion auf Null** liegt nach der Rechtsprechung des BSG[97] dann vor, wenn der Sozialhilfeträger durch **interne Verwaltungsrichtlinien** dahin gebunden sei, für die Erstausstattung einer Wohnung stets eine Leistung in Geld (in pauschalierter Höhe) statt einer Sachleistung zu erbringen. Bestünden verwaltungsinterne Regelungen, mit denen sich der Sozialhilfeträger entsprechend binde, könne er nicht ohne Ermessensfehlgebrauch, insbesondere nicht ohne Verstoß gegen den Gleichbehandlungsgrundsatz (Art. 3 Abs. 1 GG), zu einer Ablehnung der Leistung als Geldleistung gelangen.

76

Ein Anspruch auf Kostenerstattung kommt nach der Rechtsprechung des BSG auch bei einer **Selbstbeschaffung unaufschiebbarer Sozialleistungen** (also in Eil- und Notfällen) sowie im Falle **rechtswidriger Leistungsablehnung** in Betracht. Denn dies sei Ausdruck eines allgemeinen Rechtsgedankens im Sozialrecht.[98] Es erscheint allerdings als fraglich, ob im Sozialrecht tatsächlich ein entsprechender „allgemeiner Rechtsgedanke" existiert, wonach sich der Primäranspruch in diesen Fällen in einen Sekundäranspruch (Kostenerstattung) umwandelt; das BSG hat hierfür jedenfalls keinen normativen Anknüpfungspunkt benannt. Zu erwägen sein könnte stattdessen, ob der Sozialhilfeträger in diesen besonderen Fällen nicht zu einer nachträglichen Ermessensausübung berechtigt bzw. verpflichtet ist.

77

---

[95] So die Argumentation des BSG zu den Leistungen für Erstausstattungen einer Wohnung gemäß § 24 Abs. 3 SGB II: BSG v. 19.09.2008 - B 14 AS 64/07 R - BSGE 101, 268-273; im Ergebnis ebenso BSG v. 01.07.2009 - B 4 AS 77/08 R - NJW 2010, 462-463. Zu den Leistungen für eine mehrtägige Klassenfahrt nach § 23 Abs. 3 SGB II a.F. BSG v. 13.11.2008 - B 14 AS 36/07 R - BSGE 102, 68-73. Zur Weihnachtsbeihilfe BSG v. 11.12.2007 - B 8/9b SO 22/06 R - SozR 4-3500 § 35 Nr. 1. Ferner BSG v. 26.08.2008 - B 8/9b SO 10/06 R - BSGE 101, 217.

[96] So für Leistungen für Erstausstattungen für die Wohnung gemäß § 24 Abs. 3 SGB II BSG v. 01.07.2009 - B 4 AS 77/08 R - NJW 2010, 462-463; BSG v. 20.08.2009 - D 14 AS 45/08 R NDV RD 2010, 7-9

[97] BSG v. 19.08.2010 - B 14 AS 36/09 R.

[98] BSG v. 19.08.2010 - B 14 AS 36/09 R. Ebenso zu § 24 Abs. 3 SGB II BSG v. 23.05.2013 - B 4 AS 79/12 R.

§ 32 SGB XII Beiträge für die Kranken- und Pflegeversicherung

(Fassung vom 22.12.2011, gültig ab 01.04.2012)

(1) [1]Für Pflichtversicherte im Sinne des § 5 Abs. 1 Nr. 13 des Fünften Buches, des § 2 Abs. 1 Nr. 7 des Zweiten Gesetzes über die Krankenversicherung der Landwirte, für Weiterversicherte im Sinne des § 9 Abs. 1 Nr. 1 des Fünften Buches und des § 6 Abs. 1 Nr. 1 des Zweiten Gesetzes über die Krankenversicherung der Landwirte sowie für Rentenantragsteller, die nach § 189 des Fünften Buches als Mitglied einer Krankenkasse gelten, werden die Krankenversicherungsbeiträge übernommen, soweit die genannten Personen die Voraussetzungen des § 27 Absatz 1 und 2 erfüllen. [2]§ 82 Abs. 2 Nr. 2 und 3 ist insoweit nicht anzuwenden. [3]Bei Pflichtversicherten im Sinne des § 5 Abs. 1 Nr. 13 des Fünften Buches und des § 2 Abs. 1 Nr. 7 des Zweiten Gesetzes über die Krankenversicherung der Landwirte, die die Voraussetzungen des § 27 Absatz 1 und 2 nur wegen der Zahlung der Beiträge erfüllen, sind die Beiträge auf Anforderung der zuständigen Krankenkasse unmittelbar und in voller Höhe an diese zu zahlen; die Leistungsberechtigten sind hiervon sowie von einer Verpflichtung nach § 19 Abs. 5 schriftlich zu unterrichten. [4]Die Anforderung der Krankenkasse nach Satz 4 hat einen Nachweis darüber zu enthalten, dass eine zweckentsprechende Verwendung der Leistungen für Beiträge durch den Leistungsberechtigten nicht gesichert ist.

(2) [1]Für freiwillig Versicherte im Sinne des § 9 Abs. 1 Nr. 2 bis 8 des Fünften Buches oder des § 6 Abs. 1 Nr. 2 des Zweiten Gesetzes über die Krankenversicherung der Landwirte können Krankenversicherungsbeiträge übernommen werden, soweit die Voraussetzungen des § 27 Absatz 1 und 2 erfüllt sind. [2]Zur Aufrechterhaltung einer freiwilligen Krankenversicherung werden solche Beiträge übernommen, wenn Hilfe zum Lebensunterhalt voraussichtlich nur für kurze Dauer zu leisten ist. [3]§ 82 Abs. 2 Nr. 2 und 3 ist insoweit nicht anzuwenden.

(3) Soweit nach den Absätzen 1 und 2 Beiträge für die Krankenversicherung übernommen werden, werden auch die damit zusammenhängenden Beiträge zur Pflegeversicherung übernommen.

(4) Die Übernahme der Beiträge nach den Absätzen 1 und 2 umfasst bei Versicherten nach dem Fünften Buch auch den Zusatzbeitrag nach § 242 des Fünften Buches.

(5) [1]Besteht eine Krankenversicherung bei einem Versicherungsunternehmen, werden die Aufwendungen übernommen, soweit sie angemessen und die Voraussetzungen des § 19 Abs. 1 erfüllt sind. [2]Besteht die Leistungsberechtigung voraussichtlich nur für kurze Dauer, können zur Aufrechterhaltung einer Krankenversicherung bei einem Versicherungsunternehmen auch höhere Aufwendungen übernommen werden. [3]§ 82 Abs. 2 Nr. 2 und 3 ist insoweit nicht anzuwenden. [4]Soweit nach den Sätzen 1 und 2 Aufwendungen für die Krankenversicherung übernommen werden, werden auch die Aufwendungen für eine Pflegeversicherung übernommen. [5]Die zu übernehmenden Aufwendungen für eine Krankenversicherung nach Satz 1 und die entsprechenden Aufwendungen für eine Pflegeversicherung nach Satz 4 sind an das Versicherungsunternehmen zu zahlen, bei dem die leistungsberechtigte Person versichert ist.

Gliederung

A. Basisinformationen 1
I. Textgeschichte/Gesetzgebungsmaterialien 1
II. Vorgängervorschrift 5
III. Parallelvorschriften 6
IV. Systematische Zusammenhänge 7

V. Ausgewählte Literaturhinweise 8
B. Auslegung der Norm 9
I. Regelungsgehalt und Bedeutung der Norm 9
II. Normzweck 13
III. Inhalt der Vorschrift 14

1. Pflichtversicherte und Weiterversicherte in der gesetzlichen Krankenversicherung (Absatz 1).... 14
a. Personenkreis 14
b. Bedürftigkeit 20
c. Rechtsfolge 23
d. Zahlung unmittelbar an Krankenkasse 26
2. Freiwillig Versicherte (Absatz 2) 30
a. Personenkreis 30
b. Bedürftigkeit 35
c. Rechtsfolge 36
d. Sonderfall: „voraussichtlich kurze Dauer der Leistungsberechtigung" 40
3. Beiträge zur Pflegeversicherung (Absatz 3) 42
4. Zusatzbeitrag (Absatz 4) 46
5. Privat Versicherte (Absatz 5) 48
a. Allgemeines 48
b. Anspruchsvoraussetzungen 59
c. Angemessenheit der Aufwendungen................ 60
d. Rechtsfolge 72
e. Sonderfall: „voraussichtlich kurze Dauer der Leistungsberechtigung" 74
f. Beiträge zur Pflegeversicherung 77
C. Praxishinweise 83
I. Beginn der Übernahme der Beiträge 83
II. Vorläufiger Rechtsschutz 86
III. Unmittelbare Zahlung an die Krankenkasse 90
IV. Wahltarife und Prämienzahlung der Krankenkasse an den Versicherten 91
D. Ausblick... 94

A. Basisinformationen

I. Textgeschichte/Gesetzgebungsmaterialien

Die Vorschrift wurde zunächst mit Wirkung vom 01.01.2005 durch das Gesetz zur Einordnung des Sozialhilferechts in das Sozialgesetzbuch[1] eingeführt und übertrug nahezu inhaltsgleich den bisherigen § 13 BSHG. Bezieher von Leistungen nach dem SGB XII sind nicht allein aufgrund des Leistungsbezugs in der gesetzlichen Kranken- und Pflegeversicherung pflichtversichert.[2] Für sie gilt, wenn kein anderweitiger Krankenversicherungsschutz besteht, die **„Quasiversicherung" des § 264 SGB V**. Unter bestimmten Umständen können sie jedoch in der gesetzlichen oder privaten Kranken- und Pflegeversicherung versichert sein. Durch das GKV-Wettbewerbsstärkungsgesetz vom 26.03.2007[3] wurde mit § 5 Abs. 1 Nr. 13 SGB V eine allgemeine Versicherungspflicht (mit Einschränkungen) in der gesetzlichen Krankenkasse zum 01.04.2007 eingeführt, ferner sollte ergänzend ein Basistarif in der privaten Krankenversicherung eingeführt werden, damit musste § 32 SGB XII neu gefasst werden[4], was durch das Gesetz zum Schutz vor den Gefahren des Passivrauchens vom 20.07.2007[5] mit Wirkung zum 01.04.2007 erfolgt ist. Eine hierzu gleich lautende Vorschrift befand sich zwar bereits in Art. 10 des GKV-Wettbewerbsstärkungsgesetzes, diese sollte allerdings erst zum 01.01.2009 in Kraft treten. 1

§ 32 SGB XII wurde durch das Gesetz zur Ermittlung von Regelbedarfen und zur Änderung des Zweiten und Zwölften Buches Sozialgesetzbuch vom 24.03.2011[6] mit Wirkung vom 01.01.2011 an die eingefügten § 27 Abs. 1 und 2 SGB XII, die als Anspruchsgrundlage für Leistungen nach dem Dritten Kapitel den gleichfalls geänderten § 19 Abs. 1 SGB XII ersetzen sollen, angepasst und jeweils die Angabe „§ 19 Abs. 1" durch die Wörter „§ 27 Abs. 1 und 2" ersetzt. Daneben wurden die Wörter „in der ab 1. Januar 2009 geltenden Fassung", die heute keine Bedeutung mehr haben, gestrichen. Das Datum 01.01.2009 betraf den Zeitpunkt der Einführung des kassenindividuellen Zusatzbeitrags (§ 242 SGB V) durch das GKV-WSG vom 26.03.2007[7]. 2

§ 32 Abs. 5 SGB XII wurde durch das Vierte Gesetz zur Änderung des Vierten Buches Sozialgesetzbuch und anderer Gesetze vom 22.12.2011[8] m.W.v. 01.04.2012 geändert und der Satz: „Die zu übernehmenden Aufwendungen für eine Krankenversicherung nach Satz 1 und die entsprechenden Aufwendungen für eine Pflegeversicherung nach Satz 4 sind an das Versicherungsunternehmen zu zahlen, bei dem die leistungsberechtigte Person versichert ist." eingefügt. Durch die unmittelbare Zahlung der (angemessenen) Aufwendungen an das Versicherungsunternehmen sollen Fehlsteuerungen vermieden und das Beitragszahlungsverfahren bei privat krankenversicherten SGB-XII-Leistungsbeziehern den Verfahren nach dem SGB II (vgl. § 26 Abs. 4 SGB II) angepasst und vereinfacht werden[9]. 3

---

[1] BGBl I 2003, 3022.
[2] *Schmidt* in: Oestreicher, SGB XII, Stand November 2008, § 32 Rn. 1.
[3] BGBl I 2007, 378.
[4] Gesetzentwurf v. 24.10.2006, BT-Drs. 16/3100.
[5] BGBl I 2007, 1595.
[6] BGBl I 2011, 453.
[7] BGBl I 2007, 378.
[8] BGBl I 2011, 3057.
[9] BT-Drs. 17/7991, S. 17 zu Nr. 6.

4 § 32 Abs. 5 SGB XII gilt nach seinem ausdrücklichen Wortlaut nur für die zu übernehmenden Aufwendungen nach Satz 1. Werden bei Leistungsfällen, die nur von kurzer Dauer sind, nach § 32 Abs. 5 Satz 2 SGB XII höhere Aufwendungen übernommen, bleibt es also wie bisher bei der Zahlung dieser Aufwendungen an den Hilfebedürftigen. Dies erscheint auch sachgerecht, weil von Leistungsbeziehern, die (prognostisch) schon nach kurzer Zeit nicht mehr auf Sozialhilfe angewiesen sind, eine **zweckentsprechende Verwendung** der an sie gezahlten Beträge erwartet werden kann. Im Übrigen entspricht dies auch der Verwaltungspraktikabilität. Weshalb die unmittelbare Zahlung der Beiträge als gebundene Entscheidung nicht auch bei Pflichtversicherten angeordnet wurde, sondern dort weiterhin die Anforderung durch die Krankenkasse voraussetzt und mit der Gefährdung der zweckentsprechenden Verwendung verknüpft bleibt, ist nicht nachvollziehbar.

II. Vorgängervorschrift

5 § 13 BSHG hatte die Übernahme von Kranken- und Pflegeversicherungsbeiträgen geregelt, der berechtigte Personenkreis war jedoch auf Weiterversicherte nach dem SGB V und Rentenantragsteller beschränkt, außerdem gab es keine Übernahme von Beiträgen zur privaten Kranken- und Pflegeversicherung. Mit Einführung des SGB XII wurde § 13 BSHG zunächst weitgehend übernommen, der berechtigte Personenkreis auf Weiterversicherte nach dem KVLG erweitert. § 32 SGB XII ist sodann im Hinblick auf die Einführung der Versicherungspflicht in der gesetzlichen Krankenversicherung zum 01.04.2007 vollständig neu gefasst worden.[10]

III. Parallelvorschriften

6 § 32 SGB XII regelt die Übernahme von Kranken- und Pflegeversicherungsbeiträgen durch den Sozialhilfeträger. Eine vergleichbare Vorschrift für Leistungen nach dem SGB II findet sich in **§ 26 SGB II** (bis 31.12.2010: § 26 Abs. 2, 3, 4 SGB II). Vom Leistungsumfang ergeben sich allerdings Unterschiede. So wird zum Beispiel hinsichtlich der Übernahme der Aufwendungen zur privaten Krankenversicherung ausdrücklich auf § 12 Abs. 1c Sätze 5 und 6 VAG verwiesen (§ 26 Abs. 1 Nr. 1 SGB II), vgl. hierzu Rn. 62, ferner ist die Übernahme des Zusatzbeitrags nach § 242 SGB V nach § 26 Abs. 3 SGB II (bis 31.12.2010: § 26 Abs. 4 SGB XII) als Ermessensleistung ausgestaltet, wenn für Bezieher von Arbeitslosengeld II oder Sozialgeld der Wechsel der Krankenkasse eine besondere Härte bedeuten würde (vgl. hierzu Rn. 46 f.).

IV. Systematische Zusammenhänge

7 § 32 SGB XII gehört zum Dritten Kapitel des SGB XII und damit strukturell zur **Hilfe zum Lebensunterhalt**. Erfasst werden also alle für diese Hilfeart geltenden Vorschriften. Ein Anspruch nach § 32 SGB XII ist über § 42 Satz 1 Nr. 2 SGB XII (bis 31.12.2010: § 42 Satz 1 Nr. 4 SGB XII) auch bei Empfängern von Leistungen der Grundsicherung im Alter oder bei Erwerbsminderung möglich. Für Leistungsberechtigte nach dem SGB II hingegen besteht nach § 21 SGB XII und für Auszubildende nach § 22 Abs. 1 Satz 1 SGB XII ein Leistungsausschluss in Bezug auf Hilfen zum Lebensunterhalt (vgl. zur Notwendigkeit eines im SGB XII geregelten Ausschlusses die Kommentierung zu § 21 SGB XII Rn. 38) und damit auch auf Leistungen nach § 32 SGB XII, es sei denn, bei dem Auszubildenden liegt ein besonderer Härtefall nach § 22 Abs. 1 Satz 2 SGB XII vor, der zur Leistungsgewährung (Beihilfe oder Darlehen) führt: in diesem Fall ist § 32 SGB XII anwendbar.[11]

V. Ausgewählte Literaturhinweise

8 *Behrendt*, Freiwillige Weiterversicherung in der gesetzlichen Krankenversicherung nach Beendigung des Arbeitslosengeld-II-Bezugs wegen fehlender Erwerbsfähigkeit, jurisPR-SozR 23/2006, Anm. 2; *Geiger*, Auswirkungen des Gesetzes zur Stärkung des Wettbewerbs in der gesetzlichen Krankenversicherung für (ehemalige) Bezieher von Arbeitslosengeld I und Hilfebedürftige nach dem SGB II/XII, info also 2007, 199-205; *Geiger*, Krankenversicherung mit Schuldenfalle – Probleme der Beitragsbelastung in der Auffangversicherung nach § 5 Abs. 1 Nr. 13 SGB V, info also 2008, 147-150; *Klerks*, Der Beitrag für die private Krankenversicherung im Basistarif bei hilfebedürftigen Versicherungsnehmern nach dem SGB II und dem SGB XII, info also 2009, 153; *Lauterbach*, Übernahme der Beiträge zur privaten Kranken- und Pflegeversicherung durch die Sozialhilfeträger, NJ 2010, 43, 44; *Luik*, BSG

---

[10] BGBl I 2007, 1595.
[11] *Coseriu* in: Kommentar zum Sozialrecht, 3.Aufl., § 32 Rn. 1.

schließt "PKV-Beitragslücke", Sozialrecht aktuell 2011, 85 ff.; *Wendtland*, Die Gesundheitsversorgung der Empfänger staatlicher Fürsorgeleistungen zur Sicherung des Lebensunterhalts, ZSR 2007, 423-446.

B. Auslegung der Norm

I. Regelungsgehalt und Bedeutung der Norm

§ 32 SGB XII bestimmt, unter welchen Voraussetzungen Kranken- und Pflegeversicherungsbeiträge durch den Sozialhilfeträger zu übernehmen sind. In den Absätzen 1 und 2 werden die **Leistungsberechtigten** aufgezählt und die Übernahme der Beiträge zur **Krankenversicherung** geregelt, Absatz 3 trifft Bestimmungen zur Übernahme der Beiträge zur **Pflegeversicherung**, Absatz 4 sieht vor, dass die Beitragsübernahme auch die **Zusatzbeiträge** nach § 242 SGB V umfasst, und Absatz 5 trifft Regelungen zur Erstattung von Aufwendungen für eine **private Kranken- und Pflegeversicherung**. 9

Die praktische Relevanz des § 32 SGB XII dürfte in Bezug auf Pflichtversicherte in der gesetzlichen Krankenversicherung nach **§ 5 Abs. 1 Nr. 13 SGB V** gering sein.[12] Zwar ist § 5 Abs. 1 Nr. 13 SGB V ein **Auffangtatbestand** für Personen, die keinen anderweitigen Krankenversicherungsschutz haben, dies gilt aber nach § 5 Abs. 8a SGB V, § 2 Abs. 6a KVLG nicht für Empfänger laufender Leistungen nach dem Dritten, Vierten, Sechsten und Siebten Kapitel des SGB XII. Damit erfasst die Erstattung von Pflichtbeiträgen nach § 32 SGB XII in der gesetzlichen Kranken- und Pflegeversicherung lediglich den Personenkreis, der allein aufgrund der Verpflichtung zur Zahlung von Beiträgen in die gesetzliche Kranken- und Pflegeversicherung überhaupt erst hilfebedürftig wird.[13] Zwar erhält dieser Personenkreis in diesem Fall dann auch Leistungen nach dem Dritten Kapitel, nämlich in Form der (ggf. anteiligen) Übernahme der Beiträge, allerdings sind hier § 5 Abs. 8a SGB V bzw. § 2 Abs. 6a KVLG so auszulegen, dass es in diesen Fällen bei der Versicherungspflicht bleibt. Andernfalls würde § 32 Abs. 1 SGB XII hinsichtlich der Versicherungspflicht nach § 5 Abs. 1 Nr. 13 SGB V leer laufen.[14] Ferner kommen Berechtigte in Betracht, die bereits **vor Beginn der Hilfebedürftigkeit nach § 5 Abs. 1 Nr. 13 SGB V versichert** waren. In diesem Fall endet die Mitgliedschaft nicht dadurch, dass nunmehr Leistungen nach dem Dritten, Vierten, Sechsten oder Siebten Kapitel bezogen werden (§ 190 Abs. 13 Satz 1 Nr. 1 Satz 2 SGB V).[15] Eine Unterbrechung des Bezugs von Leistungen nach dem Dritten, Vierten, Sechsten oder Siebten Kapitel bis zu einer Dauer von weniger als einem Monat führt nicht zur Versicherung nach § 5 Abs. 1 Nr. 13 SGB V.[16] 10

Empfänger von **Leistungen nach dem Fünften Kapitel** (Hilfen zur Gesundheit) sind nicht von der Versicherung nach § 5 Abs. 1 Nr. 13 SGB V ausgeschlossen. Es dürfte sich hier jedoch nur um einen kleinen Personenkreis handeln, die meisten Empfänger von Hilfen zur Gesundheit dürften auch laufende Hilfen nach dem Dritten, Vierten, Sechsten oder Siebten Kapitel beziehen. 11

Empfänger von Leistungen nach dem SGB XII, die nicht der Versicherungspflicht unterliegen und auch nicht anderweitig abgesichert sind, erhalten im Krankheitsfall Leistungen nach **§ 264 Abs. 2 SGB V** durch die gesetzliche Krankenversicherung. Die Kosten hierfür werden der gesetzlichen Kasse durch den Sozialhilfeträger erstattet.[17] Ferner hat der Sozialhilfeträger die Kosten für Leistungen der Hilfe zur Gesundheit (§§ 47 ff. SGB XII), der Hilfe zur Pflege (§§ 61 ff. SGB XII) und der Eingliederungshilfe für behinderte Menschen (§§ 53 ff. SGB XII) zu tragen, soweit nicht nach § 264 SGB V Leistungen erbracht werden. 12

II. Normzweck

§ 32 SGB XII dient der Aufgabe der Sozialhilfe, dem Leistungsberechtigten (§ 27 SGB XII) die Führung eines Lebens zu ermöglichen, das der Würde des Menschen entspricht (§ 1 Abs. 1 SGB XII). Eine Hilfeleistung zur Erreichung dieses Zwecks kann auch erforderlich sein, wenn allein aufgrund der Verpflichtung zur Zahlung von Beiträgen zur (gesetzlichen oder privaten) Krankenversicherung Hilfebedürftigkeit besteht. Empfänger von Leistungen nach dem SGB XII haben hiernach einen Anspruch auf einen **ausreichenden Schutz im Krankheitsfall**. Soweit eine Krankenversicherung besteht und die 13

---

[12] BSG v. 13.06.2007 - B 12 KR 29/06 - SozR 4-2500 § 9 Nr. 1.
[13] *Schmidt* in: Oestreicher, SGB XII, Stand November 2008, § 32 Rn. 15.
[14] *Coseriu* in: Kommentar zum Sozialrecht, 3. Aufl.,§ 32 Rn. 2.
[15] *Flint* in: Grube/Wahrendorf, SGB XII, 3. Aufl. 2010, § 32 Rn. 9.
[16] *Falterbaum* in: Hauch/Noftz, SGB XII, Stand August 2013, § 32 Rn. 22.
[17] BSG v. 17.06.2008 - B 1 KR 30/07 R - SGb 2008, 469.

Beiträge hierfür nicht bereits vom Einkommen gezahlt werden, besteht unter den in § 32 SGB XII bestimmten Voraussetzungen ein Anspruch auf Übernahme dieser Beiträge. Es handelt sich jedenfalls nicht um eine „Art" vorbeugende Hilfe i.S.v. § 15 Abs. 1 SGB XII im engeren Sinn[18], denn der Bedarf hinsichtlich der Beiträge zur Kranken- und Pflegeversicherung besteht in den Fällen des § 32 SGB XII bereits, eine drohende Notlage, von der § 15 Abs. 1 SGB XII ausgeht, liegt deshalb gerade nicht vor.

III. Inhalt der Vorschrift

1. Pflichtversicherte und Weiterversicherte in der gesetzlichen Krankenversicherung (Absatz 1)

a. Personenkreis

14   Im Absatz 1 ist in Satz 1 der **leistungsberechtigte** Personenkreis aufgezählt. Es handelt sich um **Pflichtversicherte** nach § 5 Abs. 1 Nr. 13 SGB V (vgl. Rn. 10), § 2 Abs. 1 Nr. 7 KVLG, Weiterversicherte nach § 9 Abs. 1 Nr. 1 SGB V und § 6 Abs. 1 Nr. 1 KVLG sowie Rentenantragsteller, die nach der Nahtlosigkeitsregelung des § 189 SGB V als Mitglied der gesetzlichen Krankenversicherung gelten, soweit die genannten Personen die Voraussetzungen des § 27 Abs. 1 und 2 SGB XII (bis 31.12.2010: § 19 Abs. 1 SGB XII) erfüllen.

15   Pflichtversicherte nach **§ 5 Abs. 1 Nr. 13 SGB V** sind Personen, die keinen anderweitigen Anspruch auf Absicherung im Krankheitsfall haben und zuletzt gesetzlich krankenversichert waren (a) oder bisher nicht gesetzlich oder privat krankenversichert waren, es sei denn, dass sie zu den in § 5 Abs. 5 SGB V (Personen, die in einer Einrichtung der Jugendhilfe für eine Erwerbstätigkeit befähigt werden sollen) oder den in § 6 Abs. 1 oder 2 SGB V (Arbeiter und Angestellte mit einen Einkommen oberhalb der Jahresarbeitsentgeltgrenze sowie Beihilfe- oder Fürsorgeberechtigte) genannten Personen gehören oder bei Ausübung ihrer beruflichen Tätigkeit im Inland gehört hätten (b). Die Statusversicherung nach § 264 SGB V stellt keinen anderweitigen Anspruch auf Absicherung im Krankheitsfall im Sinne des § 5 Abs. 1 Nr. 13 SGB V dar. Anderenfalls würde die Aufnahme von Versicherten nach § 5 Abs. 1 Nr. 13 SGB V in den berechtigten Personenkreis des § 32 Abs. 1 SGB XII leer laufen.

16   Pflichtversicherte nach § 2 Abs. 1 Nr. 7 KVLG sind Personen, die die Voraussetzungen für eine Versicherungspflicht nach § 5 Abs. 1 Nr. 13 SGB V erfüllen.

17   **Weiterversicherte** nach § 9 Abs. 1 Satz 1 SGB V sind Personen, die als Mitglieder aus der **Versicherungspflicht ausgeschieden** sind, etwa Personen, die durch mehrfaches Überschreiten der Jahresarbeitsentgeltgrenze nach § 6 Abs. 1 Nr. 1 SGB V versicherungsfrei geworden sind, und in den letzten fünf Jahren vor dem Ausscheiden mindestens vierundzwanzig Monate oder unmittelbar vor dem Ausscheiden ununterbrochen mindestens zwölf Monate versichert waren, und die der Versicherung beigetreten sind. Bei der Vorversicherungszeit werden Zeiten der Mitgliedschaft nach § 189 SGB V und Zeiten, in denen eine Versicherung allein deshalb bestanden hat, weil Arbeitslosengeld II zu Unrecht bezogen wurde, nicht berücksichtigt. Tatsächlich handelt es sich hierbei um Personen, die in der Vergangenheit pflichtversichert waren, mittlerweile jedoch eine freiwillige Versicherung in der gesetzlichen Krankenversicherung haben.

18   **Weiterversicherte** nach § 6 Abs. 1 Satz 1 KVLG sind Personen, die aus der Versicherungspflicht nach diesem Gesetz ausgeschieden sind und in den letzten fünf Jahren vor dem Ausscheiden mindestens vierundzwanzig Monate oder unmittelbar vor dem Ausscheiden ununterbrochen mindestens zwölf Monate versichert waren, und die der Versicherung beigetreten sind; Zeiten der Mitgliedschaft nach § 23 KVLG und Zeiten, in denen eine Versicherung allein deshalb bestanden hat, weil Arbeitslosengeld II zu Unrecht bezogen wurde, werden nicht berücksichtigt. § 6 Abs. 1 Satz 1 KVLG ist die Parallelvorschrift zu § 9 Abs. 1 Satz 1 SGB V für Personen, die der landwirtschaftlichen Versicherung angehören.

19   Nach § 189 Abs. 1 Satz 1 SGB V gelten Personen als Mitglieder, die eine **Rente der gesetzlichen Rentenversicherung beantragt** haben und bestimmte versicherungsrechtliche Voraussetzungen erfüllen (Formalmitgliedschaft). Dies gilt nicht für Personen, die nach anderen Vorschriften versicherungspflichtig oder nach § 6 Abs. 1 SGB V (also Arbeiter und Angestellte mit Einkommen oberhalb der Jahresarbeitsentgeltgrenze, Beihilfe- und Fürsorgeberechtigte u.Ä.) versicherungsfrei sind. Die Mitgliedschaft beginnt mit dem Tag der Stellung des Rentenantrags. Sie endet mit dem Tod oder mit dem Tag, an dem der Antrag zurückgenommen oder die Ablehnung des Antrags unanfechtbar wird. Das Versicherungsverhältnis dient dem Schutz des Antragstellers und besteht auch dann, wenn sich später he-

---

[18] So *Flint* in: Grube/Wahrendorf, 3. Aufl. 2010, § 32 Rn. 3.

rausstellt, dass ein Rentenanspruch nicht besteht und damit die Voraussetzungen für eine gesetzliche Krankenversicherung eigentlich von Anfang an nicht gegeben waren.[19] Rentenantragsteller, die diese Voraussetzungen erfüllen, müssen in der Regel den Beitrag selbst entrichten. Wenn der Rentenantrag erfolgreich ist, wandelt sich die Formalmitgliedschaft in eine Mitgliedschaft nach § 5 Abs. 1 Nr. 11, 12 SGB V. Diese Art der Mitgliedschaft wird von § 32 SGB XII nicht erfasst. Da der Berechtigte in diesem Fall Rentenbezieher wird und damit nach § 226 i.V.m. § 228 SGB V die Rente der Beitragsbemessung zugrunde gelegt und der Beitrag insoweit direkt vom Einkommen abgeführt wird, besteht für § 32 SGB XII kein Raum mehr. Nach bestandskräftiger Ablehnung des Rentenantrags hingegen kann sich der Betroffene bei Vorliegen der Vorversicherungszeiten nach § 9 Abs. 1 Nr. 1 SGB V freiwillig versichern. Es verbleibt in diesem Fall bei einer Anwendbarkeit des § 32 Abs. 1 Satz 1 Alt. 3 SGB XII.

b. Bedürftigkeit

Nach Absatz 1 Satz 1 ist weiter Voraussetzung, dass eine diesem Personenkreis zugehörige Person die **Voraussetzungen des § 27 Abs. 1 und 2 SGB XII** (bis 31.12.2010: § 19 Abs. 1 SGB XII) erfüllt. Sie muss mithin unter Berücksichtigung des Einkommens und Vermögens (auch der Personen i.S.d. § 27 Abs. 2 Satz 2 SGB XII – bis 31.12.2010: § 19 Abs. 1 Satz 2 SGB XII – und Partner einer eheähnlichen Gemeinschaft, die nach § 20 SGB XII den Ehepartnern gleichgestellt sind[20]) nicht in der Lage sein, ihren notwendigen Lebensunterhalt im Sinne des Dritten Kapitels (vollständig) selbst zu decken. Wegen der Einzelheiten wird auf die Kommentierung zu § 27 SGB XII Rn. 13 ff., 23 ff. verwiesen.

20

Nach Satz 2 ist § 82 Abs. 2 Nr. 2 und 3 SGB XII bei der Einkommensermittlung nicht anzuwenden. Nach dieser Vorschrift sind vom Einkommen Pflichtbeiträge zur Sozialversicherung (Nr. 2) sowie Beiträge zu öffentlichen oder privaten Versicherungen oder ähnlichen Einrichtungen, soweit diese Beiträge gesetzlich vorgeschrieben oder nach Grund und Höhe angemessen sind, sowie geförderte Altersvorsorgebeiträge (Nr. 3) abzusetzen. Die **Bereinigung des Einkommens** nach § 82 Abs. 2 Nr. 2 und 3 SGB XII, also der Abzug der Beiträge vom Einkommen, ist mithin **nicht durchzuführen**. Wenn vom Einkommen zunächst die Beiträge abgezogen würden und der Bedarf hieraus errechnet würde, gleichzeitig jedoch nach § 32 Abs. 1 SGB XII ein Anspruch auf Beitragsübernahme besteht, würden die Beiträge zur Kranken- und Pflegeversicherung letztlich doppelt berücksichtigt, was durch die Einfügung des Satzes 2 in § 32 Abs. 1 SGB XII verhindert werden soll.[21] Die Einschränkung der Einkommensbereinigung kann allerdings nur die Beiträge zur Kranken- und Pflegeversicherung betreffen, andere Beiträge, etwa zu einer Haftpflichtversicherung, stehen in keinerlei Zusammenhang zu § 32 SGB XII und sind nicht gemeint, so dass über die Formulierung „insoweit" eine sinnentsprechende Auslegung erfolgen muss. Inwieweit § 82 Abs. 2 Nr. 3 SGB XII (Beiträge zu öffentlichen oder privaten Versicherungen, soweit sie gesetzlich vorgeschrieben oder nach Grund und Höhe angemessen sind) in Bezug auf das Einkommen von Pflichtversicherten nach § 32 Abs. 1 SGB XII anwendbar sein sollte, erschließt sich nicht. In Betracht kommen nur Versicherungsbeiträge einer Pflegeversicherung, die für privat Krankenversicherte gesetzlich vorgeschrieben sind (§ 23 SGB XI), dieser Fall betrifft aber gerade nicht den in § 32 Abs. 1 SGB XII genannten Personenkreis. Eine zusätzliche Pflegeversicherung (Pflegetagegeld) entspricht ihrem Versicherungsumfang nach nicht den in § 32 SGB XII geregelten Sachverhalten, so dass diese Beiträge nicht von der Einkommensbereinigung ausgeschlossen sind, hier ist jedoch, da sie nicht gesetzlich vorgeschrieben sind, die Angemessenheit zu hinterfragen.

21

Der Verweis auf die Nichtanwendbarkeit des § 82 Abs. 2 Nr. 2 und 3 SGB XII (in dessen gebotener einschränkender Auslegung) gilt allerdings nicht hinsichtlich des Einkommens des **nicht hilfebedürftigen Partners**, das nach den §§ 27 Abs. 2 Satz 2 (bis 31.12.2010: § 19 Abs. 1 SGB XII), 20 SGB XII Berücksichtigung findet (vgl. auch die Kommentierung zu § 82 SGB XII Rn. 77).

22

c. Rechtsfolge

Rechtsfolge ist ein **Anspruch auf Übernahme** der Krankenversicherungsbeiträge durch den Sozialhilfeträger. Diese sind in der Höhe zunächst nicht beschränkt. Allerdings sind sie nur im Rahmen des tat-

23

---

[19] *Falterbaum* in: Hauck/Noftz, SGB XII, Stand August 2013, § 32 Rn. 29.
[20] *Bieritz-Harder/Birk* in: LPK-SGB XII, 8. Aufl., § 32 Rn. 7; *Grube* in: Grube/Wahrendorf, SGB XII, 3. Aufl., § 32 Rn. 18.
[21] *Flint* in: Grube/Wahrendorf, 3. Aufl. 2010, § 32 Rn. 6; *Falterbaum* in: Hauck/Noftz, Stand August 2013, § 32 Rn. 16; *Schmidt* in: Oestreicher: SGB XII, Stand November 2008, § 32 Rn. 12.

§ 32 jurisPK-SGB XII / Holzhey

sächlichen ungedeckten Bedarfs zu übernehmen, wie sich aus der Formulierung „soweit" ergibt.[22] Aus dem Begriff der „Übernahme" ist nicht zu schließen, dass es sich um einen Sachleistungsanspruch handelt. Vielmehr ist § 32 SGB XII auf eine **Geldleistung** gerichtet. Dies zeigt sich schon an § 32 Abs. 1 Satz 3 SGB XII, wonach (erst) auf Anforderung der Krankenkasse die Zahlung überhaupt an sie zu erfolgen hat (vgl. dazu Rn. 26 ff.).

24 Scheidet der Bedürftige aus dem System des SGB XII aus, wechselt er in das System des SGB II und entsteht der **Bedarf wegen der Fälligkeit der Beitragspflicht erst im Folgemonat**, besteht kein Anspruch mehr nach dem SGB XII, sondern nach dem SGB II[23].

25 Zu den Beiträgen zählen auch fällige **Säumniszuschläge und Mahngebühren** nach rechtswidriger Ablehnung der Übernahme von Beiträgen[24].

d. Zahlung unmittelbar an Krankenkasse

26 Für Versicherte nach § 5 Abs. 1 Nr. 13 SGB V bzw. § 2 Abs. 1 Nr. 7 KVLG, die nur wegen der Zahlung der Beiträge bedürftig im Sinne des § 27 Abs. 1 und 2 SGB XII (bis 31.12.2010: § 19 Abs. 1 SGB XII) sind, sind die **Beiträge in voller Höhe auf Anforderung** der zuständigen Krankenkasse unmittelbar an diese zu zahlen (§ 32 Abs. 1 Satz 3 SGB XII), der Leistungsberechtigte ist hiervon sowie von einer Verpflichtung nach § 19 Abs. 5 SGB XII schriftlich zu unterrichten. Nach Satz 4 dieser Vorschrift hat die Anforderung nach Satz 4 (redaktionelles Versehen, gemeint ist offensichtlich Satz 3) der Krankenkasse einen Nachweis darüber zu enthalten, dass eine zweckentsprechende Verwendung der Leistungen für Beiträge durch den Leistungsberechtigten nicht gewährleistet ist.

27 Grundsätzlich sind mithin die Beiträge entsprechend der Bedürftigkeit (gegebenenfalls nur anteilig) an den Berechtigten auszuzahlen. Nur wenn die Krankenkasse die **Zahlung unmittelbar an sich** gegenüber dem Leistungsträger anfordert und den in Satz 4 geforderten **Nachweis** erbringt, muss der Leistungsträger an diese zahlen. Der Nachweis dürfte regelmäßig darin bestehen, dass Säumnis des Berechtigten hinsichtlich der Zahlung der Beiträge in der Vergangenheit aufgetreten und auch zukünftig zu erwarten ist.[25] Eine bloße Behauptung und auch eine bloße Anforderung ohne den entsprechenden Nachweis reichen nicht aus (vgl. hierzu Rn. 90).

28 Einen anderen Weg hat der Gesetzgeber bei Privatversicherten gewählt. Nach § 32 Abs. 5 Satz 5 SGB XII in der ab 01.04.2012 geltenden Fassung des Vierten Gesetzes zur Änderung des Vierten Buches Sozialgesetzbuch und anderer Gesetze vom 22.12.2011[26] sind die zu übernehmenden Aufwendungen für eine Krankenversicherung nach Satz 1 und die entsprechenden Aufwendungen für eine Pflegeversicherung nach Satz 4 **unmittelbar an das Versicherungsunternehmen** zu zahlen, bei dem die leistungsberechtigte Person versichert ist.

29 Falls die Zahlung unmittelbar an die Krankenkasse erfolgt, sind die Beiträge **in voller Höhe** zu zahlen. Damit gilt das „**Bruttoprinzip**" (vgl. hierzu die Kommentierung zu § 19 SGB XII Rn. 35). Die Krankenkasse soll hierdurch von dem Risiko der Geltendmachung des restlichen Beitrags gegenüber dem Leistungsberechtigten entlastet werden.[27] An der Höhe der Leistung durch den Sozialhilfeträger (gegebenenfalls nur anteilige Übernahme der Beiträge) ändert dies aber nichts.[28] Der Leistungsempfänger hat dem Sozialhilfeträger den Anteil der gezahlten Beiträge, der über das Bestehen der Bedürftigkeit hinaus erbracht wurde, nach § 19 Abs. 5 SGB XII zu ersetzen. Die Regelung dient allerdings auch der Verwaltungspraktikabilität in den Fällen wechselnden Einkommens, in denen der Bedarf gegebenenfalls monatlich unterschiedlich hoch ist. Hier wären ansonsten jeweils unterschiedlich hohe Beiträge durch den Leistungsberechtigten und den Sozialhilfeträger an die Krankenversicherung zu zahlen.

---

[22] Bericht des Gesundheitsausschusses v. 01.02.2007, BT-Drs. 16/4247: „Die Höhe des von der Sozialhilfe im Einzelfall zu übernehmenden Anteils an den Pflichtbeiträgen hängt von der Leistungsfähigkeit des Pflichtversicherten ab."
[23] BSG v. 15.11.2012 - B 8 SO 3/11 R - SozR 4-3500 § 32 Nr. 2 = NvwZ-RR 2013, 765 ff.
[24] BSG v. 15.11.2012 - B 8 SO 3/11 R - SozR 4-3500 § 32 Nr. 2 = NvwZ-RR 2013, 765 ff.
[25] *Falterbaum* in: Hauck/Noftz, SGB XII, Stand August 2013, § 32 Rn. 33.
[26] BGBl I 2011, 3057.
[27] *Falterbaum* in: Hauck/Noftz, SGB XII, Stand August 2013, § 32 Rn. 33.
[28] *Coseriu* in: Kommentar zum Sozialrecht, 3. Aufl., § 32 Rn. 6.

2. Freiwillig Versicherte (Absatz 2)

a. Personenkreis

Absatz 2 regelt die Übernahme von Beiträgen für **freiwillig Versicherte** im Sinne des § 9 Abs. 1 Nr. 2-8 SGB V, wobei Nr. 3 dieser Vorschrift ohnehin weggefallen ist, und des § 6 Abs. 1 Nr. 2 KVLG.

Nach § 9 Abs. 1 Nr. 2-8 SGB V können der Versicherung beitreten:
- Personen, deren Versicherung nach § 10 SGB V erlischt oder nur deswegen nicht besteht, weil die Voraussetzungen des § 10 Abs. 3 SGB V vorliegen, wenn sie oder der Elternteil, aus dessen Versicherung die Familienversicherung abgeleitet wurde, die in Nr. 1 genannte Vorversicherungszeit erfüllen (Nr. 2), also **„ehemalige" Familienversicherte**,
- **schwerbehinderte Menschen** im Sinne des SGB IX, wenn sie, ein Elternteil, ihr Ehegatte oder ihr Lebenspartner in den letzten fünf Jahren vor dem Beitritt mindestens drei Jahre versichert waren, es sei denn, sie konnten wegen ihrer Behinderung diese Voraussetzungen nicht erfüllen; die Satzung kann das Recht zum Beitritt von einer Altersgrenze abhängig machen (Nr. 4),
- Arbeitnehmer, deren Mitgliedschaft durch **Beschäftigung im Ausland** endete, wenn sie innerhalb von zwei Monaten nach Rückkehr in das Inland wieder eine Beschäftigung aufnehmen (Nr. 5),
- innerhalb von sechs Monaten nach dem Eintritt der Versicherungspflicht **Bezieher einer Rente der gesetzlichen Rentenversicherung**, die nach dem 31.03.2002 nach § 5 Abs. 1 Nr. 11 SGB V versicherungspflichtig geworden sind (durch Erfüllung der Voraussetzungen für den Anspruch einer Rente), deren Anspruch auf Rente schon an diesem Tag bestand, die aber nicht die Vorversicherungszeit nach § 5 Abs. 1 Nr. 11 SGB V in der seit dem 01.01.1993 geltenden Fassung erfüllt hatten und die deswegen bis zum 31.03.2002 freiwillige Mitglieder waren (Nr. 6),
- innerhalb von sechs Monaten nach ständiger Aufenthaltsnahme im Inland oder innerhalb von drei Monaten nach Ende des Bezugs von Arbeitslosengeld II **Spätaussiedler** sowie deren gemäß § 7 Abs. 2 Satz 1 des Bundesvertriebenengesetzes leistungsberechtigte Ehegatten und Abkömmlinge, die bis zum Verlassen ihres früheren Versicherungsbereichs bei einem dortigen Träger der gesetzlichen Krankenversicherung versichert waren (Nr. 7),
- innerhalb von sechs Monaten ab dem 01.01.2005 Personen, die **in der Vergangenheit laufende Leistungen zum Lebensunterhalt** nach dem Bundessozialhilfegesetz bezogen haben und davor zu keinem Zeitpunkt gesetzlich oder privat krankenversichert waren (Nr. 8).

Für die **Berechnung der Vorversicherungszeiten** nach Satz 1 Nr. 1 gelten 360 Tage eines Bezugs von Leistungen, die nach § 339 des Dritten Buches berechnet werden, als zwölf Monate.

Nach § 6 Abs. 1 Nr. 2 KVLG können Personen der Versicherung beitreten, deren Versicherung nach § 7 KVLG erlischt oder nur deswegen nicht besteht, weil die Voraussetzungen des § 10 Abs. 1 Nr. 4 oder Abs. 3 SGB V vorliegen, wenn sie oder der Elternteil, aus dessen Versicherung die Familienversicherung abgeleitet wurde, die in Nr. 1 genannte Vorversicherungszeit erfüllen, also **ehemalige Familienversicherte**.

Der **Beitritt** ist der Krankenkasse innerhalb von drei Monaten **anzuzeigen**, im Falle des Absatzes 1 Nr. 2 nach Beendigung der Versicherung oder nach dem Beginn der Unterhaltsberechtigung gegenüber dem Mitglied.

b. Bedürftigkeit

Voraussetzung für einen Anspruch nach § 32 Abs. 2 SGB XII ist ferner, dass die Person bedürftig im Sinne des § 27 Abs. 1 und 2 SGB XII (bis 31.12.2010: § 19 Abs. 1 SGB XII) ist. Auch hier ist § 82 Abs. 2 Nr. 2, 3 SGB XII nicht anzuwenden. Hinsichtlich der Einzelheiten wird auf Rn. 20 ff. verwiesen.

c. Rechtsfolge

Der Leistungsträger hat grundsätzlich ein **Ermessen**, ob Krankenversicherungsbeiträge in Höhe des **tatsächlichen Bedarfs** („soweit") übernommen werden. Bei den Ermessenserwägungen wird insbesondere zu berücksichtigen sein, welche Folgen die unterlassene Übernahme der Beiträge für den SGB-XII-Leistungsträger oder den Versicherten im Krankheitsfall haben kann, für welche Dauer die Beiträge voraussichtlich zu erbringen sind und welche Möglichkeiten der Versicherte in Zukunft hat, sich gegen das Risiko der Krankheit zu schützen.[29] Ferner sind die Dauer der bereits bestehenden Kran-

---
[29] *Coseriu* in: Kommentar zum Sozialrecht, 3. Aufl., § 32 Rn. 7.

kenversicherung sowie Kostengesichtspunkte einzubeziehen. So wird es in der Regel für den Sozialhilfeträger günstiger sein, die Krankenversicherungsbeiträge bei einem Hilfeempfänger zu übernehmen, der chronisch krank und hierdurch regelmäßig auf medizinische Hilfe und Medikamente angewiesen ist. Die Höhe der Beiträge selbst kann seit der Einführung des Gesundheitsfonds kein Ermessenskriterium mehr sein, da im Gegensatz zur früheren Regelung, wonach jede Krankenkasse durch Satzung den Beitragssatz bestimmt hat, nach § 241 Abs. 1 SGB V in der Fassung des Gesetzes zur Stärkung des Wettbewerbs in der gesetzlichen Krankenversicherung[30] seit dem 01.01.2009 ein einheitlicher durch die Bundesregierung festgelegter Beitragssatz für alle gesetzlichen Krankenkassen gilt.

37 Säumniszuschläge und Mahngebühren gehören, wenn sie aufgrund einer rechtswidrigen Ablehnung der Übernahme der Kosten durch den Leistungsträger entstanden sind, ebenfalls zu den zu übernehmenden Krankenversicherungskosten.[31]

38 Aus welchem Grund der Gesetzgeber hinsichtlich der Übernahme von Beiträgen zur Krankenversicherung zwischen „**Pflichtversicherten**" bzw. Weiterversicherten (gebundene Entscheidung), vgl. hierzu Rn. 17 f., und freiwillig Versicherten (bis auf eine Ausnahme Ermessensleistung) einen Unterschied macht, erschließt sich nicht. Aufgrund der systematischen Zuordnung des § 32 SGB XII in das Dritte Kapitel geht der Gesetzgeber davon aus, dass die Beiträge zur Kranken- und Pflegeversicherung zur Hilfe zum Lebensunterhalt gehören. Insoweit ist die Unterscheidung nur damit erklärbar, dass die freiwillige Versicherung durch den Hilfeempfänger gerade nicht verpflichtend ist, er diese jederzeit beenden (§ 191 Nr. 4 SGB V) und ohne diese Versicherung anderweitige Hilfen im Krankheitsfall von dem Leistungsträger beanspruchen kann (§ 264 SGB XII bzw. Hilfen zur Gesundheit nach den §§ 47-52 SGB XII). Andererseits hat der Gesetzgeber mit § 193 Abs. 3 des Versicherungsvertragsgesetzes (VVG) eine **allgemeine Versicherungspflicht in der Krankenversicherung** einführen wollen (vgl. hierzu Rn. 49 ff). Im Hinblick hierauf dürften die Ermessenserwägungen nur noch in seltenen Ausnahmefällen dazu führen, dass die Beiträge zur freiwilligen Krankenversicherung nicht übernommen werden.[32] Erst recht gilt dies unter Berücksichtigung, dass (angemessene) Beiträge zur privaten Krankenversicherung zu übernehmen sind (vgl. Rn. 72 ff).

39 Vgl. zum **Wechsel aus dem System des SGB XII in das des SGB II** Rn. 24.

d. Sonderfall: „voraussichtlich kurze Dauer der Leistungsberechtigung"

40 Im Fall des Absatzes 2 Satz 2 SGB XII sind die Beiträge zu übernehmen (gebundene Entscheidung), wenn die Hilfe zum Lebensunterhalt voraussichtlich nur für kurze Dauer zu leisten ist und die Beitragszahlung zur Aufrechterhaltung der freiwilligen Versicherung erfolgt. Die Behörde hat zur Frage der voraussichtlichen Dauer der Hilfeleistung zum Zeitpunkt der Antragstellung bzw. der Kenntnis des Hilfebedarfs eine gerichtlich voll überprüfbare **Prognoseentscheidung** zu treffen, wobei alle Umstände des Einzelfalls zu berücksichtigen sind (vgl. hierzu die Kommentierung zu § 24 SGB XII Rn. 51). Als voraussichtlich kurze Dauer ist jedoch in der Regel zumindest ein Zeitraum von bis zu sechs Monaten anzusehen, die Terminologie entspricht der des § 38 Abs. 1 Satz 1 SGB XII zur Darlehensgewährung, so dass auf die Kommentierung zu § 38 SGB XII Rn. 55 verwiesen werden kann.[33] Wenn sich die Prognose über die Dauer des Hilfebedarfs später als falsch erweist, ist die Prognose keinesfalls von Beginn an als falsch zu werten, vielmehr hat der Leistungsträger aufgrund der nunmehr geänderten Prognose ab diesem Zeitpunkt neu über die Beitragsübernahme zu entscheiden. In den Fällen, in denen die Prognoseentscheidung eine voraussichtlich kurze Dauer des Leistungsbezugs ergibt (positive Prognose), sind die Beiträge zu übernehmen. Wenn die Beitragsübernahme für einen Bewilligungszeitraum von mehreren Monaten bewilligt wird (= Dauerverwaltungsakt), während dieser Zeit jedoch eine Änderung eintritt, aufgrund der die – vormals positive – Prognose nicht mehr aufrechtzuerhalten ist, dann ist § 48 SGB X anwendbar. Ist die Leistung hingegen aufgrund einer negativen Prognose abgelehnt worden, handelt es sich bei diesem Bescheid nicht um einen Dauerverwaltungsakt. Bei einer später eintretenden Änderung findet § 48 SGB X deshalb keine Anwendung.

---

[30] BGBl I 2007, 378.
[31] BSG v. 15.11.2012 - B 8 SO 3/11 R - SozR 4-3500 § 32 Nr. 2 = NVwZ-RR 2013, 765 ff.
[32] Ermessensreduzierung auf Null: *Bieritz-Harder/Birk* in: LPK-SGB XII, 8. Aufl. § 32 Rn. 19; *Flint* in: Grube/Wahrendorf: SGB XII, 3. Aufl., § 32 Rn. 11; *Falterbaum* in: Hauck/Noftz, SGB XII, Stand August 2013, § 32 Rn. 20.
[33] Vgl. die Kommentierung zu § 38 SGB XII Rn. ff.; *Bieritz-Harder/Birk* in: LPK-SGB XII, 8. Aufl., § 32 Rn. 15.

Bei einem Fall des § 32 Abs. 2 Satz 2 SGB XII ist § 38 Abs. 1 SGB XII zu beachten. Hiernach können Leistungen nach § 32 SGB XII als **Darlehen** gewährt werden, wenn sie voraussichtlich nur für kurze Dauer zu erbringen sind.[34] Das bedeutet: Die Entscheidung, ob Beiträge zu übernehmen sind, ist im Falle des § 32 Abs. 2 Satz 2 SGB XII eine **gebundene Entscheidung**, während die Frage, ob die Übernahme durch Beihilfe oder Darlehen erfolgt, sodann im Wege der **Ermessensausübung** (vgl. § 17 Abs. 2 SGB XII) zu entscheiden ist. Sollte der Leistungsträger nach ausreichender Ermessensausübung eine Bewilligung als Darlehen beabsichtigen, hat er nunmehr noch ein Auswahlermessen hinsichtlich der Art der Darlehensgewährung (Verwaltungsakt? Öffentlich-rechtlicher Vertrag? Rückzahlungsmodalitäten?), vgl. im Einzelnen hierzu die Kommentierung zu § 38 SGB XII Rn. 39 ff.   **41**

3. Beiträge zur Pflegeversicherung (Absatz 3)

Absatz 3 bestimmt den Anspruch auf Übernahme der Beiträge zur Pflegeversicherung. Die in der gesetzlichen Krankenversicherung Pflichtversicherten sind nach § 20 Abs. 1 Satz 1 SGB XI, die in der gesetzlichen Krankenversicherung freiwillig Versicherten nach § 20 Abs. 3 SGB XI in der gesetzlichen Pflegeversicherung pflichtversichert; die Beitragspflicht zur Pflegeversicherung sowie die Höhe der Beiträge ergeben sich aus den §§ 54 ff. SGB XI. Voraussetzung für den Anspruch auf Übernahme der Beiträge zur Pflegeversicherung ist, dass auch die Beiträge zur Krankenversicherung nach § 32 Abs. 1 oder 2 SGB XII übernommen werden. Damit ist die Übernahme der **Beiträge zur Pflegeversicherung akzessorisch** zur Übernahme der Krankenversicherungsbeiträge, und zwar unabhängig davon, ob die Krankenversicherungsbeiträge als Pflicht- oder als Ermessensleistung übernommen werden, eine eigenständige Prüfung der Voraussetzungen nach Absatz 1 oder 2 hat nicht mehr zu erfolgen.[35]   **42**

Zur Übernahme von **Säumniszuschlägen und Mahngebühren** vgl. Rn. 25.   **43**

Zu einer möglichen **analogen Anwendung** der Vorschrift für das **SGB II** vgl. BSG v. 15.11.2012[36].   **44**

Denkbar ist allerdings der Fall, dass der Berechtigte nicht allein wegen der Krankenversicherungsbeiträge, sondern erst durch den Hinzutritt der Pflegeversicherungsbeiträge bedürftig im Sinne des § 27 Abs. 1 und 2 SGB XII (bis 31.12.2010: § 19 Abs. 1 SGB XII) wird. Sinn und Zweck des § 32 SGB XII ist es, unter bestimmten Umständen die Beiträge zur Kranken- und – hierzu akzessorisch – zur Pflegeversicherung zu übernehmen. Deshalb kann die **Bedarfsberechnung** nur unter Berücksichtigung der Kranken- und Pflegeversicherungsbeiträge **insgesamt** erfolgen.   **45**

4. Zusatzbeitrag (Absatz 4)

Nach Absatz 4 ist der kassenindividuelle Zusatzbeitrag nach § 242 SGB V von den zu übernehmenden Krankenversicherungsbeiträgen umfasst. Diese Regelung war aufgrund der Einführung des § 242 SGB V zum 01.01.2009[37] erforderlich geworden, um eine **umfassende Beitragsübernahme** bei entsprechendem Bedarf zu gewährleisten.   **46**

Fraglich ist in diesem Zusammenhang, ob der Leistungsträger den Hilfebedürftigen im Wege der **Pflicht zur Selbsthilfe** nach § 2 SGB XII verpflichten kann, zwecks Verringerung seines Bedarfs in eine Krankenkasse mit einem geringeren oder überhaupt keinem Zusatzbeitrag zu wechseln. Dies ist abzulehnen, weil zum einen auch Leistungsempfänger nach dem SGB XII ein Recht auf freie Kassenwahl haben müssen, zum anderen § 32 Abs. 4 SGB XII keine Beschränkung der Übernahme des Zusatzbeitrags etwa auf den geringsten von einer Krankenkasse erhobenen Zusatzbeitrag enthält. Ohnehin dürften die Regelungen der §§ 1, 2 SGB XII ohne besondere Konkretisierung reine Programmsätze sein, also in der Regel keinen Anspruchsausschluss rechtfertigen.   **47**

5. Privat Versicherte (Absatz 5)

a. Allgemeines

Absatz 5 betrifft privat Versicherte, bei denen eine Krankenversicherung bei einem Versicherungsunternehmen besteht. Hier werden statt der Beiträge die Aufwendungen für die Kranken- und Pflegeversicherung übernommen, soweit sie angemessen sind und soweit Bedürftigkeit nach § 27 Abs. 1 und 2   **48**

---

[34] Vgl. zur Darlehensgewährung nach § 38 SGB XII BT-Drs. 9/842, S. 86.
[35] *Falterbaum* in Hauck/Noftz, SGB XII, Stand August 2013, § 32 Rn. 34.
[36] BSG v. 15.11.2012 - B 8 SO 3/11 R.
[37] BGBl I 2007, 378.

§ 32

SGB XII (bis 31.12.2010: § 19 Abs. 1 SGB XII) vorliegt. Besteht die Leistungsberechtigung voraussichtlich nur für kurze Dauer, können zur Aufrechterhaltung einer Krankenversicherung bei einem privaten Versicherungsunternehmen auch höhere Aufwendungen übernommen werden.

49 Ab dem 01.07.2007 wurde unter bestimmten Voraussetzungen ein **Rechtsanspruch auf den Abschluss einer privaten Krankenversicherung** für nicht Krankenversicherte eingeführt, wenn diese zu einem früheren Zeitpunkt dort versichert waren (§ 315 SGB V). Außerdem besteht seit dem 01.01.2009 die Pflicht zum Abschluss einer privaten Krankenversicherung mindestens mit dem Basistarif (§ 193 Abs. 3 VVG in der Fassung des Gesetzes zur Reform des Versicherungsvertragsrechts[38]), dies gilt allerdings für folgende Personengruppen nicht:
- Versicherte oder Pflichtversicherte in der gesetzlichen Krankenversicherung,
- Inhaber von Ansprüchen auf freie Heilfürsorge, Beihilfeberechtigte oder Inhaber vergleichbarer Ansprüche im Umfang der jeweiligen Berechtigung,
- Leistungsberechtigte nach dem AsylbLG und
- Empfänger laufender Leistungen nach dem Dritten, Vierten, Sechsten und Siebten Kapitel des SGB XII, wenn der Leistungsbezug vor dem 01.01.2009 begonnen hat.

Mit dieser Neuregelung können sich auch Personen mit niedrigem Einkommen privat versichern, insbesondere kommen Leistungsberechtigte, die erst seit dem 01.01.2009 im Leistungsbezug stehen, in Betracht.[39]

50 Die privaten Versicherungen wurden mit dem Gesetz zur Stärkung des Wettbewerbs in den gesetzlichen Krankenversicherungen (GKV-Wettbewerbsstärkungsgesetz)[40] zur Schaffung spezieller Tarife zu einer Absicherung entsprechend der gesetzlichen Krankenversicherung ab dem 01.07.2007 verpflichtet. Es handelte sich hierbei um Standardtarife. Ab dem 01.01.2009 wurden diese Tarife in sogenannte Basistarife überführt (§ 315 Abs. 4 SGB V in der ab 01.01.2009 geltenden Fassung). Der Basistarif muss mit seinem Leistungsumfang mit dem **Leistungskatalog der gesetzlichen Krankenversicherung vergleichbar** sein (= substitutive Krankenversicherung, § 12 Abs. 1a Satz 1 Versicherungsaufsichtsgesetz (VAG) in der ab 01.01.2009 geltenden Fassung[41]). Er darf hierbei den Höchstbetrag der GKV nach § 257 Abs. 2a Satz 1 Nr. 2 SGB V nicht überschreiten (§ 12 Abs. 1c Satz 1 VAG in der ab 01.01.2009 geltenden Fassung). Möglich ist allerdings die Vereinbarung eines Selbstbehalts in Höhe von 300 €, 600 €, 900 € und 1.200 € (§ 12 Abs. 1a Satz 3 VAG).

51 Das VAG enthält in § 12 Abs. 1c Sätze 4-6 VAG in der ab dem 01.01.2009 geltenden Fassung Bestimmungen betreffend Sozialhilfeempfängern:
„Entsteht allein durch die Zahlung des Beitrags nach Satz 1 (= Basistarif) oder Satz 3 (Tarif bei Beihilfeberechtigten) Hilfebedürftigkeit im Sinne des Zweiten oder des Zwölften Buches Sozialgesetzbuch, **vermindert sich der Beitrag** für die Dauer der Hilfebedürftigkeit **um die Hälfte**; die Hilfebedürftigkeit ist vom zuständigen Träger nach dem Zweiten oder dem Zwölften Buch Sozialgesetzbuch auf Antrag des Versicherten zu prüfen und zu bescheinigen. Besteht auch bei einem nach Satz 4 verminderten Beitrag Hilfebedürftigkeit im Sinne des Zweiten oder des Zwölften Buches Sozialgesetzbuch, beteiligt sich der zuständige Träger nach dem Zweiten oder Zwölften Buch Sozialgesetzbuch auf Antrag des Versicherten im erforderlichen Umfang, soweit dadurch Hilfebedürftigkeit vermieden wird. Besteht unabhängig von der Höhe des zu zahlenden Beitrags Hilfebedürftigkeit nach dem Zweiten oder Zwölften Buch Sozialgesetzbuch, gilt Satz 4 entsprechend; der zuständige Träger zahlt den Betrag, der auch für einen Bezieher von Arbeitslosengeld II in der gesetzlichen Krankenversicherung zu tragen ist."

52 Bei **§ 12 Abs. 1c Satz 6 VAG** handelt es sich jedoch **nicht** um eine **selbständige Anspruchsgrundlage**; für einen Anspruch müssen vielmehr die Voraussetzungen des § 32 SGB XII erfüllt sein.[42] Das bedeutet, dass sich bei einem Leistungsausschluss nach § 22 SGB XII kein Anspruch aus der Regelung des VAG ergibt; vielmehr muss ein Anspruch nach dem SGB XII zumindest realisierbar sein.[43]

53 Für den **Standardtarif**, der von Juli 2007 bis Dezember 2008 galt, gab es eine derartige Regelung nicht.

---

[38] BGBl I 2007, 2631.
[39] *Schmidt* in: Oestreicher, SGB XII, Stand November 2008, § 32 Rn. 42.
[40] BGBl I 2007, 378.
[41] Art. 44, 46 Abs. 10 GKV-Wettbewerbsstärkungsgesetz, BGBl I 2007, 378.
[42] Vgl. zum SGB II BSG v. 27.09.2011 - B 4 AS 160/10 R - SozR 4-4200 § 26 Nr. 2 = NZS 2012, 349 ff.
[43] BSG v. 27.09.2011 - B 4 AS 160/10 R - SozR 4-4200 § 26 Nr. 2 = NZS 2012, 349 ff.

Das bedeutet zunächst, dass sich der Beitrag zum Basistarif auf die Hälfte reduziert, wenn allein durch die Zahlung des Beitrags Hilfebedürftigkeit im Sinne des SGB XII entsteht. Die Hilfebedürftigkeit ist durch den zuständigen Träger auf Antrag des Berechtigten zu bescheinigen. Diese Regelung der **Beitragsreduzierung** ist nur auf den Basistarif anzuwenden und wurde vom BVerfG als **verfassungsgemäß** angesehen.[44] Die Reduzierung auf die Hälfte erfolgt unabhängig davon, in welchem Ausmaß Hilfebedürftigkeit eintritt. Selbst wenn also ein unter Berücksichtigung des vollen Beitrags nur geringer ungedeckter Bedarf im Sinne des SGB XII vorhanden ist, muss der Beitrag auf die Hälfte reduziert werden. In der Konsequenz hat etwa ein Versicherter, der hinsichtlich des vollen Beitrags zur Basisversicherung mit einem Euro bedürftig wird, letztlich durch die in diesem Fall durchzuführende Beitragsreduzierung auf den halben Beitrag einen deutlichen wirtschaftlichen Vorteil im Vergleich zu dem Versicherten, der gerade noch seinen vollen Beitrag entrichten kann, ohne hierdurch hilfebedürftig zu werden. 54

Die Beitragsreduzierung betrifft nur den Beitrag, nicht aber den gegebenenfalls vereinbarten Selbstbehalt.[45] Der Versicherungsnehmer hat jedoch, soweit keine vertragliche Bindung besteht, die Möglichkeit, nach § 204 VVG einen **Tarifwechsel** dahingehend vorzunehmen, dass der vorher vereinbarte Selbstbehalt reduziert oder ganz aufgehoben wird. Wenn Dritte mitversichert sind (zum Beispiel Kinder), kommt es bei der Frage der Hilfebedürftigkeit allein auf die Verhältnisse des Versicherungsnehmers als Prämienschuldner an. Wenn er hilfebedürftig ist, ist nicht nur seine, sondern auch die Prämie des mitversicherten Dritten zu halbieren.[46] 55

Wenn trotz der Reduzierung des Beitrags auf die Hälfte Hilfebedürftigkeit bestehen würde, hat sich der Sozialhilfeträger im erforderlichen Umfang **an den Kosten zu beteiligen**, soweit hierdurch Hilfebedürftigkeit vermieden wird (§ 12 Abs. 1c Satz 5 VAG). 56

Wenn unabhängig von der Höhe des zu zahlenden Beitrags Hilfebedürftigkeit besteht, bleibt es bei der Reduzierung des Beitrags auf die Hälfte, der Sozialhilfeträger muss hiernach allerdings nur den Betrag zahlen, der auch für einen SGB-II-Leistungsempfänger in der gesetzlichen Krankenversicherung (GKV) zu zahlen wäre. Problematisch ist in diesem Fall, dass der auf die Hälfte reduzierte Beitrag des Basistarifs der privaten Krankenversicherung höher sein kann als der Beitrag des SGB-II-Leistungsbeziehers zur GKV. Wenn man in diesem Fall allein § 12 Abs. 1c Satz 6 VAG anwenden würde, kommt es – von Ausnahmen abgesehen – zu einer **Deckungslücke**. Insoweit ist das Verhältnis zwischen § 12 Abs. 1c VAG und § 32 Abs. 5 SGB XII fraglich (vgl. hierzu Rn. 62). Ferner findet sich hier auch ein Wertungswiderspruch: Wenn nämlich die Hilfebedürftigkeit nur aufgrund der Beitragslast besteht (vgl. Rn. 56), hat der Sozialhilfeträger den Anteil zu zahlen, der zur Abwendung der Hilfebedürftigkeit erforderlich ist. Das kann durchaus ein höherer Betrag sein als der eines SGB-II-Leistungsempfängers zur GKV, eine Deckelung ist hier nicht geregelt.[47] Ein Grund für diese **unterschiedliche Behandlung** ist nicht erkennbar.[48] 57

Fraglich ist insoweit auch, **ab wann** die Beitragsreduzierung zu erfolgen hat. Nach dem Wortlaut der Norm dürfte diese unabhängig von der Kenntnis des Versicherungsunternehmens und dem Nachweis des Leistungsträgers eintreten, sobald **Hilfebedürftigkeit** besteht, und dann für die gesamte Dauer der Hilfebedürftigkeit. Dies führt zwar hinsichtlich der Berechnung eines etwaigen Prämienrückstandes (mit der Folge eines Eintretens des Ruhens der Versicherung) durch das Versicherungsunternehmen zu einer erheblichen Rechtsunsicherheit.[49] Dies ist jedoch in Kauf zu nehmen, da die Halbierung des Beitrags durch den Gesetzgeber zum Schutz des Versicherungsnehmers und zur Aufrechterhaltung des Versicherungsschutzes im Basistarif selbst bei Eintritt der Bedürftigkeit gewollt ist. Würde man insoweit der Ansicht folgen, dass entgegen des Wortlautes der Vorschrift die Halbierung des Beitrags erst mit Kenntnis des Versicherungsunternehmens von den Voraussetzungen hierfür eintreten würde[50], könnte bereits ein Beitragsrückstand aufgelaufen sein, der zum Ruhen der Versicherung führt. Nach § 193 Abs. 6 Sätze 1, 2 VVG führt nämlich ein Prämienrückstand, der Prämienanteile für zwei Monate übersteigt, sodann angemahnt wird und der zwei Wochen nach Zugang der Mahnung immer noch höher ist als der Prämienanteil für einen Monat, zum Ruhen der Leistung. Das Ruhen endet allerdings mit 58

---

[44] BVerfG v. 10.06.2009 - 1 BvR 706/08 - NJW 2009, 2033.
[45] *Voit* in: Prölss/Martin, Versicherungsvertragsgesetz, 28. Aufl., § 193 Rn. 35.
[46] *Voit* in: Prölss/Martin, Versicherungsvertragsgesetz, 28. Aufl., § 193 Rn. 35.
[47] LSG Baden-Württemberg v. 23.09.2010 - L 7 SO 2430/10 ER-B - juris Rn. 10.
[48] Vgl. auch *Schmidt* in: Oestreicher, SGB XII, Stand November 2008, § 32 Rn. 52.
[49] *Voit* in: Prölss/Martin, Versicherungsvertragsgesetz, 28. Aufl., § 193 Rn. 46.
[50] So wohl *Voit* in: Prölss/Martin, Versicherungsvertragsgesetz, 28. Aufl., § 193 Rn. 46.

Eintritt der Hilfebedürftigkeit nach § 193 Abs. 6 Satz 5 Alt. 2 VVG. Auch hier stellt der Wortlaut des Gesetzes nicht auf die Kenntnis des Versicherungsunternehmens ab. Damit wäre nachträglich eine Korrektur durchzuführen, wenn die Hilfebedürftigkeit „rückwirkend" festgestellt wird. Es ist nicht einzusehen, dass das Ruhen der Versicherung für die gesamte Zeit der Hilfebedürftigkeit korrigiert werden kann, die Beitragshalbierung jedoch unter Umständen erst deutlich nach Beginn der Hilfebedürftigkeit erfolgt. Der Versicherungsnehmer hätte eine Schuldenlast, die gerade nicht gewollt ist.

b. Anspruchsvoraussetzungen

59 Der Hilfeempfänger muss eine Krankenversicherung bei einem Versicherungsunternehmen haben. Mit Versicherungsunternehmen sind **privatrechtliche Anbieter** gemeint. Ferner muss er bedürftig sein. Hierzu gilt das in Rn. 20 ff. Gesagte. Auch hier ist hinsichtlich der Beiträge zur Kranken- und Pflegeversicherung keine Einkommensbereinigung nach § 82 Abs. 2 Nr. 2 und 3 SGB XII (soweit dies gleichartige Versicherungsleistungen betrifft) vorzunehmen.

c. Angemessenheit der Aufwendungen

60 „Angemessenheit" ist ein unbestimmter Rechtsbegriff, der der vollen gerichtlichen Kontrolle unterliegt. Der Leistungsumfang des Basistarifs ist immer angemessen, da er dem der gesetzlichen Krankenversicherung entsprechen muss (§ 12 Abs. 1a Satz 1 VAG). Eine darüber hinausgehende Absicherung, etwa durch **Ergänzungstarife** (Chefarztbehandlung, Einzelzimmer bei stationärer Behandlung usw.) oder durch einen anderen als den Basistarif mit der Folge der Absicherung eines größeren Leistungsumfangs als dem, der der GKV entspricht, ist in der Regel nicht mehr als angemessen anzusehen.

61 Die „Angemessenheit" hat jedoch insbesondere in Bezug auf die Höhe der Kosten der privaten Krankenversicherung erhebliche Bedeutung: Im Gegensatz zu den Beiträgen der gesetzlichen Kranken- und Pflegeversicherung ergeben sich bei einer privaten Absicherung deutliche Unterschiede in den Kosten. Zwar sind die Versicherungsunternehmen nach § 12 Abs. 1a S. 1 VAG verpflichtet, einen branchenweit einheitlichen **Basistarif** anzubieten, diese Einheitlichkeit **erfasst jedoch nur den Leistungsumfang**. Hinsichtlich der Höhe des Beitrags besteht lediglich die Vorgabe, dass er den Höchstbetrag der GKV nicht übersteigen darf (§ 12 Abs. 1c Satz 1 VAG).

62 Das Sozialleistungsverhältnis zwischen dem Leistungsberechtigten und dem Sozialhilfeträger bestimmt sich nach dem SGB XII. § 12 Abs. 1c Satz 6 HS. 2 VAG enthält allerdings die Regelung, dass der Sozialhilfeträger den Beitrag zu übernehmen hat, den er auch für einen SGB-II-Leistungsbezieher in der GKV zu übernehmen hätte. Insoweit ist fraglich, ob diese Norm zur Auslegung des Begriffs der Angemessenheit im Sinne des § 32 Abs. 5 SGB XII herangezogen werden kann.

63 Zunächst findet sich im SGB XII, anders als im SGB II, das ausdrücklich in § 26 Abs. 1 Satz 2 Nr. 1 SGB II (bis 31.12.2010: § 26 Abs. 2 Satz 1 Nr. 1 SGB II) § 12 Abs. 1c Sätze 5 und 6 VAG nennt, **kein Verweis auf § 12 VAG**. Hieraus kann geschlossen werden, dass der Gesetzgeber ausdrücklich eine Geltungsanordnung für erforderlich erachtet hat, im Umkehrschluss also § 12 Abs. 1c VAG mangels entsprechender Geltungsanordnung nicht auf das Sozialhilfeverhältnis durchschlägt.[51] Auch ist diese Vorschrift nach ihrem Sinn und Zweck nicht auf das Sozialhilfeverhältnis anwendbar. Das VAG regelt nach seinem § 1 die staatliche Aufsicht über private Versicherungsunternehmen, die nicht Träger der Sozialversicherung sind. § 12 VAG bestimmt, wie eine substitutive Krankenversicherung anzubieten ist.[52] Das – rein privatrechtliche – Verhältnis zwischen Versicherung und (bedürftigem) Versicherungsnehmer bestimmt sich wiederum nach § 193 Abs. 5 VVG i.V.m. § 12 VAG.

64 Die Regelung, dass der Hilfeträger sich bei Bedürftigkeit des Versicherungsnehmers an den Kosten zu beteiligen hat, wird teilweise „eher" als **„Zahlungsanweisung"**, die sich nur auf das Verhältnis zwischen Sozialleistungsträger und Krankenversicherungsunternehmen beziehen kann, gesehen.[53] Dem ist entgegenzuhalten, dass zwischen Sozialleistungsträger und Versicherungsunternehmen weder vertragliche noch sonstige Beziehungen bestehen. Insbesondere kann der Sozialhilfeträger weder bestimmen, welche Versicherung der Hilfeempfänger wählt, noch kann er für ihn eine Versicherung abschließen, und letztlich ist der Hilfeträger auch nicht Schuldner der Forderung, die das Versicherungsunternehmen allein gegen seinen Versicherungsnehmer hat (vgl. hierzu auch Rn. 72).

---

[51] LSG NRW v. 18.12.2009 - L 9 B 49/09 SO ER - juris Rn. 25 = SAR 2010, 14 ff.; LSG Hessen v. 18.01.2010 - L 7 SO 182/09 B ER - juris Rn. 29.
[52] LSG Hessen v. 18.01.2010 - L 7 SO 182/09 B ER - juris Rn. 30.
[53] LSG Baden-Württemberg v. 23.09.2010 - L 7 SO 2430/10 ER-B - juris Rn. 9.

Das Versicherungsunternehmen hat jedenfalls keinen Anspruch gegen den Sozialhilfeträger. Im Ergebnis enthält das SGB XII damit eine gegenüber dem SGB II günstigere Regelung. Dabei erscheint es zwar zweifelhaft, ob eine unterschiedliche Behandlung von SGB-XII-Leistungsempfängern und SGB-II-Leistungsempfängern im Lichte von Art. 3 GG gerechtfertigt ist, weil die Erwerbsbezogenheit des SGB II hier kein sachliches Kriterium für eine Ungleichbehandlung sein kann. Dieses Problem ist allerdings nicht im Rahmen der Auslegung des § 32 SGB XII, sondern bei der Anwendung des SGB II zu lösen.

65

Das BSG hat für den Bereich des SGB II nunmehr zur Lösung des aufgetretenen Konflikts eine planwidrige Regelungslücke bei der Tragung von Beiträgen zur privaten Krankenversicherung von Alg-II-Beziehern angenommen. Diese Lücke sei – hinsichtlich der offenen Beiträge – durch eine analoge Anwendung der Regelung für freiwillig in der gesetzlichen Krankenversicherung versicherte Personen (§ 26 Abs. 1 Satz 1 Nr. 1 SGB II; bis 31.03.2011: § 26 Abs. 2 Satz 1 Nr. 2 SGB II) zu schließen, so dass die Übernahme der Beiträge in voller Höhe auch für den Bereich des SGB II zu erfolgen hat.[54]

66

§ 12 Abs. 1c Satz 6 HS. 2 VAG kann nicht dazu führen, dass anstatt des tatsächlich anfallenden Bedarfs lediglich ein Teil hiervon durch den Sozialhilfeträger zu übernehmen ist. Der Hilfeempfänger hat einen Anspruch darauf, dass sein **Existenzminimum gesichert** ist. Dies folgt aus dem Sozialstaatsprinzip und dem Recht auf ein menschenwürdiges Dasein (Art. 20 Abs. 1, Art. 1 Abs. 1 GG). Der Gesetzgeber hat zur Deckung des Bedarfs, der grundrechtlich geschützt ist, umfangreiche Regelungen in den Systemen der Grundsicherung sowohl im SGB XII als auch im SGB II vorgesehen. Nach der gesetzgeberischen Entscheidung gehören hierzu auch die Kosten einer Krankenversicherung mit dem Leistungsumfang der GKV. Ferner hat der Gesetzgeber mit der Einführung einer Versicherungspflicht für alle eine **umfassende Absicherung im Krankheitsfall** über die GKV oder die private Krankenversicherung sicherstellen wollen. Diese gesetzgeberische Absicht, die vom Ziel getragen ist, ein allgemeines Lebensrisiko abzusichern, dass sich bei jedem und jederzeit realisieren und ihn mit unabsehbaren Kosten belasten kann, ist legitim und verfassungsrechtlich zulässig über den vom Gesetzgeber gewählten Weg der Pflichtversicherung nach § 193 Abs. 3 VVG in Verbindung mit dem Kontrahierungszwang nach Absatz 5 dieser Vorschrift.[55] Die Beitragsbegrenzung nach § 12 Abs. 1c Satz 4-6 VAG ist nach Einführung von Versicherungspflicht und Kontrahierungszwang unerlässlich, um Personen, die sich aus wirtschaftlichen Gründen die Normaltarife nicht leisten können, dennoch eine private Krankenversicherung zu ermöglichen. Damit wird der eingeschränkten Leistungsfähigkeit dieser Personengruppe Rechnung getragen.[56] Hierzu würde im **Wertungswiderspruch** stehen, wenn ein Sozialhilfeempfänger lediglich einen Teil seiner gegenüber dem Versicherungsunternehmen geschuldeten Kosten der privaten Krankenversicherung im (auf die Hälfte reduzierten) Basistarif erstattet bekommen würde. In diesem Fall müsste er, wollte er der Pflicht zu einer Krankenversicherung nachkommen und sich auch vertrags- und gesetzestreu verhalten, den nicht gedeckten Anteil anderweitig, im Normalfall mit seinem Regelsatz, absichern. Damit wäre jedoch sein soziokulturelles Existenzminimum nicht mehr gesichert, da bei der Berechnung der Höhe des Regelsatzes – unabhängig von den derzeit in Bezug auf die Regelleistung des SGB II offenen Berechnungsmodalitäten[57] – jedenfalls derartige Beiträge zur Krankenversicherung nicht mitberücksichtigt worden sind. Deshalb ist § 12 Abs. 1c Satz 6 VAG nicht zur Auslegung des Begriffs der Angemessenheit der Aufwendungen heranzuziehen. Der privat Krankenversicherte hat in der Regel keine günstigere Möglichkeit, sich zu versichern, als im Basistarif. Damit sind die Aufwendungen für den Basistarif, die aufgrund § 12 Abs. 1c Satz 4-6 VAG sowieso bereits auf die Hälfte reduziert sind, angemessen.[58]

67

---

[54] BSG v. 18.01.2011 - B 4 AS 108/10 R - BSGE 107, 217 ff. = SozR 4-4200 § 26 Nr. 1.
[55] BVerfG v. 10.06.2009 - 1 BvR 706/08 - juris Rn. 171 - BVerfGE 123, 186 ff.
[56] BVerfG v. 10.06.2009 - 1 BvR 706/08 - juris Rn. 184 - BVerfGE 123, 186 ff.
[57] BVerfG v. 09.02.2010 - 1 BvL 1/09, 1 BvL 3/09, 1 BvL 4/09 zur Frage der Berechnung des Regelsatzes nach dem SGB II.
[58] So unter anderem LSG NRW v. 18.12.2009 - L 9 B 49/09 SO ER - SAR 2010, 14 ff.; LSG Baden-Württemberg v. 23.09.2010 - L 7 SO 2430/10 ER-B; LSG Hessen v. 18.01.2010 - L 7 SO 182/09 B ER; LSG Baden-Württemberg v. 30.06.2009 - L 2 SO 2529/09 ER-B; SG Duisburg v. 16.06.2010 - S 2 SO 180/09 -; offen gelassen: LSG NRW v. 16.10.2009 - L 20 B 56/09 SO ER; Angemessenheit nur in Höhe der Begrenzung des § 12 Abs. 1c Satz 6 VAG: SG Ulm v. 27.01.2010 - S 2 SO 1156/09; Urteil aufgehoben durch BSG v. 10.11.2011 - B 8 SO 21/10 R - BSGE 109, 281 ff. = SozR 4-3500 § 32 Nr. 1: jedenfalls sei der halbe Basistarif angemessen.

§ 32 jurisPK-SGB XII / Holzhey

68 Auch das LSG Niedersachsen-Bremen[59] sieht als angemessen grundsätzlich die Beiträge, welche der Leistungsberechtigte seiner privaten Krankenversicherung tatsächlich schuldet. Seit dem 01.01.2009 seien dies bei Bedürftigkeit Aufwendungen in Höhe des halbierten Basistarifes. § 12 Abs. 1c Satz 6 HS. 2 VAG treffe nämlich keine Bestimmung für Leistungsbezieher nach dem SGB XII. Im Gegensatz zu § 12 Abs. 1c Satz 5 VAG, der den zuständigen Träger nach dem SGB II oder SGB XII anspreche, sei in § 12 Abs. 1c Satz 6 HS. 2 VAG nur der zuständige Träger angesprochen, der den Betrag zu zahlen habe, der auch für einen Bezieher von Alg II in der gesetzlichen Krankenversicherung zu tragen sei. Damit werde allein ein Bezug zu § 26 Abs. 2 Nr. 1 SGB II (bis 31.03.2011: § 26 Abs. 2 Nr. 1 SGB II) hergestellt, der ausdrücklich regle, dass für Bezieher von Alg II oder Sozialgeld, die in der gesetzlichen Krankenversicherung nicht versicherungspflichtig und nicht familienversichert seien und die für den Fall der Krankheit bei einem privaten Krankenversicherungsunternehmen versichert seien, § 12 Abs. 1c Sätze 5 und 6 VAG gelte. Mithin könne der Begriff der Angemessenheit des § 32 Abs. 5 SGB XII nicht durch Verweis auf § 12 Abs. 1c Satz 6 VAG ausgefüllt werden. Vielmehr sei der Beitrag im Basistarif gemeint.

69 Entsprechend der unter Bezugnahme auf die hier unter Rn. 64 vertretenen Auffassung hat auch das Bayerische LSG[60] entschieden, dass nur ein Anspruch auf Übernahme eines Aufwands besteht, der Leistungen im Umfang des Basistarifs sicherstellt. In dieser Entscheidung wird auch darauf hingewiesen, dass die Angemessenheit des Aufwands nur Merkmal einer **wirtschaftlichen Betrachtung** ist, ohne dass damit – ohne Rückgriff auf § 26 Abs. 1 SGB XII – eine Leistungskürzung – etwa wegen Zweckverfehlung – verbunden werden kann.

70 Das BSG ist der unter Rn. 64 geäußerten Rechtsansicht gefolgt.[61]

71 Offen bleibt jedoch weiterhin, ob bzw. wann **im Einzelfall** auch **höhere Beiträge** als nach dem Basistarif oder dem halbierten Basistarif angemessen sein können.[62]

d. Rechtsfolge

72 Die angemessenen Aufwendungen zur Krankenversicherung sind durch den Sozialhilfeträger entsprechend dem **tatsächlichen Bedarf** zu übernehmen. Der Hilfeempfänger hatte bis zum 31.03.2012 einen Anspruch darauf, dass diese Beiträge an ihn selbst ausgezahlt werden. Die Kommentierung zu § 193 VVG geht davon aus, dass die Beteiligung des Sozialhilfeträgers an den Kosten der Krankenversicherung dergestalt erfolgt, dass dieser die **Zahlung unmittelbar an das Versicherungsunternehmen** zu leisten hat.[63] Dass das Versicherungsunternehmen selbst einen Anspruch gegen den Hilfeträger aus § 12 Abs. 1c VAG haben könnte, ist jedoch falsch. In diesem Fall bräuchte man die Regelung des § 32 Abs. 5 SGB XII nicht. Es dürfte sich deshalb bei den Regeln zur Kostenbeteiligung nach § 193 VVG eher um einen Verweis auf das SGB XII bzw. SGB II handeln, will man dem Gesetzgeber nicht ein ungeschicktes Gesetzgebungsverhalten vorwerfen. Anspruchsinhaber ist insoweit der Leistungsberechtigte. Den Charakter als Zahlungsanspruch betont auch das Bayerische LSG.[64]

73 Seit dem 01.04.2012 sind die Aufwendungen unmittelbar an das Versicherungsunternehmen zu zahlen. Dem § 32 Abs. 5 SGB XII wurde durch das Vierte Gesetz zur Änderung des Vierten Buches Sozialgesetzbuch und anderer Gesetze vom 22.12.2011[65] ein Satz 5 mit dem Wortlaut angefügt: „Die zu übernehmenden Aufwendungen für eine Krankenversicherung nach Satz 1 und die entsprechenden Aufwendungen für eine Pflegeversicherung nach Satz 4 sind an das Versicherungsunternehmen zu zahlen, bei dem die leistungsberechtigte Person versichert ist." Hierdurch hat sich der Streit über die Frage, ob eine **unmittelbare Zahlung** an das Versicherungsunternehmen erfolgen darf oder sogar muss, erledigt. Eine entsprechende Regelung für den Bereich des SGB II hat der Gesetzgeber in § 26 Abs. 4 SGB II ebenfalls mit Wirkung zum 01.04.2012 getroffen.[66]

---

[59] LSG Niedersachsen-Bremen v. 09.11.2010 - L 8 SO 28/10 B ER - FEVS 62, 405 ff.
[60] BayrLSG v. 19.07.2011 - L 8 SO 26/11 - juris Rn. 31 - ZFSH/SGB 2011, 706 ff.
[61] BSG v. 10.11.2011 - B 8 SO 21/10 R - BSGE 109, 281 ff. = SozR 4-3500 § 32 Nr. 1; vgl. zur Entscheidung des BSG auch *Luik*, Sozialrecht aktuell 2011, 85 ff.
[62] Vgl. BSG v. 18.01.2011 - B 4 AS 108/10 R - juris Rn. 20 - BSGE 107, 217 ff. = SozR 4-4200 § 26 Nr. 1.
[63] *Voit* in: Prölss/Martin, Versicherungsvertragsgesetz, 28. Aufl., § 193 Rn. 37.
[64] BayrLSG v. 19.07.2011 - L 8 SO 26/11 - juris Rn. 42 - ZFSH/SGB 2011, 706 ff.
[65] BGBl I 2011, 3057.
[66] BGBl I 2011, 3057.

e. Sonderfall: „voraussichtlich kurze Dauer der Leistungsberechtigung"

Zur Aufrechterhaltung einer Krankenversicherung bei einem Versicherungsunternehmen können nach § 32 Abs. 5 Satz 2 SGB XII auch **höhere Aufwendungen** übernommen werden, wenn die Leistungsberechtigung voraussichtlich nur für kurze Dauer besteht.

Die Frage der „voraussichtlich kurzen Dauer" ist **prognostisch** zu beurteilen (vgl. Rn. 40). Der Sozialhilfeträger hat, soweit er dies bejaht, ein Ermessen dahingehend, ob er höhere Aufwendungen übernimmt. In Betracht kommt zum Beispiel der Fall, dass ein Bedürftiger nicht im Basis-, sondern in einem Tarif, der mehr Leistungen als die GKV vorsieht, versichert ist. Die Beitragsreduzierung nach § 12 Abs. 1c Sätze 4-6 VAG betrifft lediglich den Basistarif. Damit hat er deutlich höhere Aufwendungen für seine Krankenversicherung, die nicht mehr als angemessen anzusehen sind. In die **Ermessenserwägungen** wird der Sozialhilfeträger einzubeziehen haben, ob ein Wechsel in den Basistarif zumutbar ist, hier insbesondere, ob der Versicherte nach einer Unterbrechung nach seinen Vertragsbedingungen wieder in den ursprünglichen Tarif wechseln kann[67], und auch, welche Folgen der Hilfebedürftige für seinen Krankenversicherungsschutz in der Zukunft zu erwarten hat, wenn er seine Prämien nicht in voller Höhe bezahlen kann. Je kürzer die voraussichtliche Dauer des Hilfebedarfs, umso größer dürfte das Interesse am Erhalt der bisherigen Versicherung sein. Führt die Ermessensentscheidung zu einer Bewilligung, besteht ferner ein Ermessen hinsichtlich der Frage, ob die Kosten als Zuschuss oder als Darlehen zu gewähren sind (vgl. § 38 SGB XII), und, falls eine darlehensweise Bewilligung erfolgen soll, in welcher Form dies geschieht (vgl. auch Rn. 40 und die Kommentierung zu § 38 SGB XII Rn. 39 ff.).

Der Anspruch des Hilfeberechtigten nach § 32 Abs. 5 Satz 1 SGB XII auf die Übernahme zumindest der angemessenen Kosten der Krankenversicherung bleibt hiervon unberührt, so dass zumindest diese Kosten zu übernehmen sind. Die Auffassung, dass mit § 32 Abs. 5 Satz 2 SGB XII klargestellt worden sei, dass der Sozialhilfeträger die Übernahme der Krankenversicherungsbeiträge auch **ganz versagen** könne[68], widerspricht dem Bericht des Gesundheitsausschusses zur Übernahme der Beiträge zur privaten Krankenversicherung.[69] Außerdem soll die Vorschrift des Satzes 2 bestimmte Personen begünstigen.

f. Beiträge zur Pflegeversicherung

Nach § 32 Abs. 5 Satz 4 SGB XII werden die Aufwendungen für eine Pflegeversicherung übernommen, soweit nach den Sätzen 1 und 2 die Aufwendungen für die Krankenversicherung übernommen werden. Die Regelung entspricht der des § 32 Abs. 3 SGB XII (vgl. Rn. 41 f.). Versicherte der privaten Krankenversicherung haben nach § 23 SGB XI grundsätzlich die **Pflicht**, auch eine **Pflegeversicherung abzuschließen**, es sei denn, sie unterfallen § 23 Abs. 5 SGB XI (bereits Pflege auf nicht absehbare Dauer in einer stationären Einrichtung und bereits Erhalt von Pflegeleistungen nach § 35 Abs. 6 BVG, § 44 SGB VII, § 34 BeamtVG, oder nach Gesetzen, die eine entsprechende Anwendung des BVG vorsehen, sofern sie keine Familienangehörigen haben, für die nach § 25 SGB XI eine Familienversicherung in der sozialen Pflegeversicherung bestünde).

§ 32 Abs. 5 Satz 4 SGB XII enthält keine Beschränkung auf die „angemessenen" Kosten der Pflegeversicherung. Während § 26 Abs. 2 Satz 1 SGB II regelt, dass für Bezieherinnen und Bezieher von Arbeitslosengeld II oder Sozialgeld, die in der sozialen Pflegeversicherung weder versicherungspflichtig noch familienversichert sind, für die Dauer des Leistungsbezugs die Aufwendungen für eine **angemessene private Pflegeversicherung** im notwendigen Umfang übernommen werden, enthält § 32 Abs. 5 Satz 4 SGB XII die Formulierung: „Soweit ... Aufwendungen für die Krankenversicherung übernommen werden, werden auch die Aufwendungen für eine Pflegeversicherung übernommen".

Auch in der privaten Pflege-Pflichtversicherung wurden ergänzend zu den Vorgaben der sozialverträglichen Durchführung der Pflegeversicherung weitere soziale Regelungen zur Begrenzung der Beiträge bei niedrigen Einkommen analog zum Basistarif in der privaten Krankenversicherung geschaffen. Der mit dem Pflegeversicherungs-Weiterentwicklungsgesetz vom 28.05.2008[70] neu gefasste § 110 Abs. 2

---

[67] *Falterbaum* in: Hauck/Noftz, SGB XII, Stand August 2013, § 32 Rn. 40.

[68] So wohl *Falterbaum* in: Hauck/Noftz, SGB XII, Stand August 2013, § 32 Rn. 40, der durch die Einführung des Basistarifs in der GKV (offensichtliches Versehen, gemeint ist die private Krankenversicherung) nicht mehr die Gefahr des vollständigen Verlusts des Krankenversicherungsschutzes aufgrund kurzer Hilfebedürftigkeit sieht.

[69] Bericht des Gesundheitsausschusses v. 01.02.2007, BT-Drs. 16/4247: „Im Unterschied dazu sind allerdings angemessene Aufwendungen für eine private Krankenversicherung zu übernehmen, während bei kurzzeitiger Hilfebedürftigkeit höhere Aufwendungen übernommen werden können. Dies bedeutet im letzteren Fall, dass zumindest die Aufwendungen in angemessener Höhe zu übernehmen sind."

[70] BGBl I 2008, 874.

Sätze 3, 4 SGB XI sieht vor: „Für Personen, die im Basistarif nach § 12 des Versicherungsaufsichtsgesetzes versichert sind und deren Beitrag zur Krankenversicherung sich nach § 12 Abs. 1c Satz 4 oder 6 des Versicherungsaufsichtsgesetzes vermindert, darf der Beitrag 50 vom Hundert des sich nach Absatz 1 Nr. 2 Buchstabe e ergebenden Beitrags nicht übersteigen …". § 110 Abs. 1 Nr. 2 e SGB XI regelt zur Sicherstellung, dass die Belange der Personen, die nach § 23 SGB XI zum Abschluss eines Pflegeversicherungsvertrages bei einem privaten Krankenversicherungsunternehmen verpflichtet sind, ausreichend gewahrt werden und dass die Verträge auf Dauer erfüllbar bleiben, ohne die Interessen der Versicherten anderer Tarife zu vernachlässigen, die Verpflichtung der privaten Krankenversicherungsunternehmen, keine Prämienhöhe, die den Höchstbeitrag der sozialen Pflegeversicherung übersteigt, und bei Personen, die nach § 23 Abs. 3 einen Teilkostentarif abgeschlossen haben, keine Prämienhöhe, die 50 vom Hundert des Höchstbeitrages der sozialen Pflegeversicherung übersteigt, festzusetzen. Das bedeutet, dass der Beitrag zur privaten Pflegeversicherung für Personen, die wegen Eintritts der Bedürftigkeit in der privaten Krankenversicherung zum halben Basistarif versichert sind, ebenfalls entsprechend zu mindern ist. Der Beitrag dieser Versicherten beträgt mithin höchstens die Hälfte des Höchstbeitrags. Beiträge bis zu diesem Betrag sind insoweit immer als angemessen anzusehen (vgl. zur Angemessenheit der Krankenversicherungsbeiträge Rn. 61 ff.).

80 Wenn der Beitrag im Einzelfall höher ist, ist fraglich, ob der Sozialhilfeträger die Leistung auf den hälftigen Höchstbeitrag beschränken kann. Für den Bereich des SGB II hat das BSG eine Deckelung bejaht, ausgehend von dem insoweit ausdrücklichen Wortlaut in § 26 SGB II.[71] Für den Bereich des SGB XII gibt es bisher keine entsprechende Entscheidung des BSG. Das LSG Niedersachsen-Bremen hat die Begrenzung der Leistungen für die Beiträge zur privaten Pflegeversicherung auf den hälftigen Höchstbetrag bejaht, ohne aber im Einzelnen auf die Tatsache, dass der Gesetzgeber für die Pflegeversicherung gerade nicht „angemessen" in Satz 4 eingefügt hat, einzugehen.[72] Dem ist im Ergebnis zuzustimmen. Die „Angemessenheit", die für die Krankenversicherungsbeiträge gilt, ist auch auf die Pflegeversicherungsbeiträge anzuwenden. Das ergibt sich aus dem neu eingefügten § 32 Abs. 5 Satz 5 SGB XII, der besagt, dass die zu übernehmenden Aufwendungen für eine Krankenversicherung nach Satz 1 und die **entsprechenden** Aufwendungen für eine Pflegeversicherung nach Satz 4 an das Versicherungsunternehmen zu zahlen sind. Mit „entsprechend" stellt der Gesetzgeber einen Bezug zur Formulierung „angemessen" in Satz 1 her, so dass auch für die Pflegeversicherung nur angemessene Beiträge zu berücksichtigen sind. Ein anderes Ergebnis würde auch dem Sinn und Zweck des Gesetzes widersprechen. Über die Leistungen des SGB XII soll das Existenzminimum abgesichert werden. Es wäre hiermit nicht zu vereinbaren, wenn Leistungsbezieher nach diesem Gesetz einen Anspruch auf eine teurere und damit gegebenenfalls bessere Pflegeversicherung hätten als etwa SGB-II-Leistungsbezieher.

81 Zusatz-Pflegeversicherungen unterfallen jedoch nicht § 32 Abs. 4 Satz 4 SGB XII.[73]

82 Wie auch die Beiträge zur privaten Krankenversicherung sind auch die Beiträge zur privaten Pflegeversicherung aufgrund des § 32 Abs. 5 Satz 5 SGB XII unmittelbar an das Versicherungsunternehmen, bei dem der Leistungsempfänger versichert ist, zu zahlen.

C. Praxishinweise

I. Beginn der Übernahme der Beiträge

83 Da es sich bei den Leistungen nach § 32 SGB XII um Leistungen der Hilfe zum Lebensunterhalt handelt und die allgemeinen Vorschriften hierzu anwendbar sind, sind die (ggf. anteiligen) Beiträge **ab Kenntnis** des Sozialhilfeträgers von der Notlage (§ 18 SGB XII) zu übernehmen. Eine eigenständige Geltendmachung des Anspruchs ist bei Personen, die bereits Leistungen der Grundsicherung beziehen, nicht erforderlich. Auch wenn der Leistungsträger erst während des Bezugszeitraums Kenntnis vom Bedarf hinsichtlich § 32 SGB XII erhält, hat er die Leistungen entsprechend des Bedarfs ggf. auch rückwirkend ab Kenntnis der Notlage zu gewähren (Gesamtfallgrundsatz).[74]

---

[71] BSG v. 16.10.2012 - B 14 AS 11/12 R - SozR 4-4200 § 26 Nr. 3.
[72] LSG Niedersachsen-Bremen v. 09.11.2010 - L 8 SO 28/10 B ER - FEVS 62, 405 ff.
[73] *Schmidt* in: Oestreicher, SGB XII, Stand November 2008, § 32 Rn. 57.
[74] *Grube* in: Grube/Wahrendorf, SGB XII, 3. Aufl., § 18 Rn. 32.

Wenn der Berechtigte allerdings **allein durch die Beiträge** zur Kranken- und Pflegeversicherung **bedürftig** wird, hat der Leistungsträger in der Regel erst Kenntnis vom Bedarf, wenn der Leistungsberechtigte dies anzeigt. In diesem Fall tritt die Leistungspflicht des Hilfeträgers erst ab diesem Zeitpunkt ein. Eine rückwirkende Bewilligung ist nach § 18 SGB XII nicht möglich (vgl. die Kommentierung zu § 18 SGB XII Rn. 39 ff.). 84

Bei Beziehern von Leistungen der Grundsicherung im Alter und bei Erwerbsminderung umfassen die Leistungen nach § 42 Satz 1 Nr. 2 SGB XII (bis 31.12.2010: § 42 Satz 1 Nr. 4 Alt. 1 SGB XII) auch die Leistungen des § 32 SGB XII. Allerdings sind die Leistungen nach § 41 Abs. 1 SGB XII **antragsabhängig**. Damit kann die Leistung erst ab Antragstellung gewährt werden. Auch hier ist allerdings ausreichend, wenn allgemein Leistungen der Grundsicherung im Alter oder bei Erwerbsminderung beantragt werden und sich der genaue Bedarf erst später ergibt. 85

II. Vorläufiger Rechtsschutz

Die Rechtsprechung zum Vorliegen eines **Anordnungsgrundes** im Sinne des § 86b Abs. 2 SGG ist uneinheitlich, soweit es um die Frage geht, ob im Rahmen des vorläufigen Rechtsschutzes der Sozialhilfeträger verpflichtet werden kann, in Fällen, in denen der Hilfeempfänger unabhängig von den Beiträgen zur privaten Kranken- und Pflegeversicherung hilfebedürftig ist, anstatt den Aufwendungen in der Höhe, wie sie auch ein SGB-II-Leistungsempfänger in der GKV bezahlen müsste, die tatsächlich anfallenden, wegen § 12 Abs. 1c VAG auf die Hälfte reduzierten Kosten des Basistarifs zu übernehmen. Eilbedürftigkeit wird insoweit mit der Begründung abgelehnt, dass der Versicherungsschutz nach § 193 Abs. 6 Satz 5 VVG auch bestehen bleibt, wenn **Beitragsrückstände** auflaufen.[75] Ferner wird vertreten, dass § 35 VVG, der eine Aufrechnung rückständiger Prämienforderungen mit Erstattungsansprüchen, etwa für Arzthonorare, des Versicherungsnehmers zulässt, durch § 193 Abs. 6 VVG verdrängt werde. Hiernach ruhen die Leistungsansprüche bei Verzug, das Ruhen endet allerdings mit Eintritt der Hilfebedürftigkeit des Versicherungsnehmers. Das gesetzgeberische Ziel, für jedermann einen Krankenversicherungsschutz zu erreichen, würde verfehlt, wenn neben dem Ruhen bzw. dem Ende des Ruhens nach Eintritt der Hilfebedürftigkeit auch eine Aufrechnungsmöglichkeit bestünde, denn hierdurch käme es trotz formal weiter bestehender Versicherung faktisch zu einem Leistungsausschluss.[76] 86

Dem widersprechend wird die **Eilbedürftigkeit** bejaht mit der Begründung, dass die Leistungen der Hilfe zum Lebensunterhalt der Sicherstellung eines menschenwürdigen Lebens dienten, ohne den Erlass einer einstweiligen Anordnung ein Beitragsrückstand auflaufen würde und die Konsequenzen hieraus für den Hilfebedürftigen nicht absehbar seien.[77] Diesbezüglich wurde darauf verwiesen, dass ein privat versicherter Hilfeempfänger die Arztrechnung zunächst selbst zahlen müsse und sodann Erstattung gegenüber seiner Versicherung beanspruchen könne. Bei aufgelaufenen Beitragsschulden könne das Versicherungsunternehmen nach den §§ 387 ff., 394 Satz 2 BGB mit dem Erstattungsanspruch des Hilfeempfängers aufrechnen. Damit wäre dem Hilfeempfänger mangels ausreichender finanzieller Mittel faktisch eine **medizinische Versorgung**, die Teil seines durch Art. 20 Abs. 1 und Art. 1 Abs. 1 GG geschützten Existenzminimums ist, **verschlossen**. Ob eine solche Aufrechnung allerdings wegen § 394 S. 1 BGB zulässig wäre[78], müsse gegebenenfalls zivilrechtlich und damit gerichtskostenpflichtig geprüft werden. Dies sei jedenfalls für das Eilverfahren nicht zu berücksichtigen, da es dem Hilfeempfänger nicht zuzumuten sei, zunächst eine zivilrechtliche Entscheidung hierüber einzuholen.[79] Im Hinblick auf die komplizierte Rechtslage und zur Sicherstellung des Schutzes des Hilfeempfängers sei es geboten, den Sozialhilfeträger zur Übernahme der Kosten des (auf die Hälfte reduzierten) Basistarifs im Wege des vorläufigen Rechtsschutzes zu verpflichten.[80] 87

---

[75] So LSG NRW v. 28.05.2010 - L 20 SO 114/10 B ER, wobei in dieser Entscheidung tendenziell § 12 Abs. 1c Satz 6 VAG als Auslegungshilfe für die Angemessenheit der Höhe des Beitrags herangezogen wird und insoweit bereits der Anordnungsanspruch fraglich ist.

[76] LSG NRW v. 16.10.2009 - L 20 B 56/09 SO ER - juris Rn. 32 - Sozialrecht aktuell 2009, 238 ff. = NDV-RD 2009, 145 ff.

[77] LSG Hessen v. 18.01.2010 - L 7 SO 182/09 B ER, wobei § 12 Abs. 1c Satz 6 VAG nicht für die Frage der Angemessenheit der Kosten der Krankenversicherung heranzuziehen sei.

[78] BGH v. 16.06.1993 - XII ZR 6/92 - BGHZ 123, 49: auch bei einer an sich zulässigen Aufrechnung müsse das Existenzminimum verbleiben.

[79] LSG Hessen v. 14.12.2009 - L 7 SO 165/09 B ER - juris Rn. 75.

[80] LSG Bayern v. 15.05.2009 - L 8 SO 51/09 B ER - juris Rn. 26.

88 Wenn man der Ansicht folgt, dass die **Angemessenheit** der Kosten der privaten Krankenversicherung nicht in Anlehnung an § 12 Abs. 1c Satz 6 VAG auszulegen ist (vgl. Rn. 61 ff.), ergeben sich für den Anspruch auf Übernahme der Kosten in Höhe der tatsächlich anfallenden Prämie (in Höhe des **halben Basistarifs**) deutliche Erfolgsaussichten im Hauptsacheverfahren. Ein Anordnungsantrag ist begründet, wenn das Gericht auf Grund einer hinreichenden Tatsachenbasis durch Glaubhaftmachung (§ 86b Abs. 2 Satz 4 SGG i.V.m. den §§ 920 Abs. 2, 294 Abs. 1 ZPO) und bzw. oder im Wege der Amtsermittlung (§ 103 SGG) einen Anordnungsanspruch bejahen kann. Ein solcher Anordnungsanspruch liegt vor, wenn das im Hauptsacheverfahren fragliche materielle Recht mit überwiegender Wahrscheinlichkeit gegeben ist. Darüber hinaus muss in Abwägung der für die Verwirklichung des Rechts bestehenden Gefahr einerseits und der Notwendigkeit einer Regelung eines vorläufigen Zustandes andererseits ein Anordnungsgrund zu bejahen sein.[81] Die Anforderungen an die Glaubhaftmachung durch den Antragsteller des Eilverfahrens dürfen dabei aus Gründen des Grundrechtsschutzes nach Art. 19 Abs. 4 des Grundgesetzes (GG), nicht überspannt werden.[82]

89 Je wahrscheinlicher der geltend gemachte Anspruch besteht, desto geringere Anforderungen sind an den **Anordnungsgrund** zu stellen, insbesondere dann, wenn es sich – wie hier – bei den Leistungen nach § 32 SGB XII um Leistungen der Hilfe zum Lebensunterhalt und damit Leistungen existenzieller Bedeutung für den Hilfeempfänger handelt. In diesen Fällen sind deshalb sowohl Anordnungsanspruch als auch Anordnungsgrund zu bejahen.

III. Unmittelbare Zahlung an die Krankenkasse

90 Problematisch könnte in den Fällen des § 32 Abs. 1 Sätze 3, 4 SGB XII sein, wenn eine Krankenversicherung die Säumnis des Hilfeempfängers bloß behauptet oder die Beitragszahlung nur anfordert, ohne einen **Nachweis über eine frühere Säumnis** vorzulegen, und der Sozialhilfeträger an die Krankenkasse zahlt. Wenn in einem solchen Fall gegen den Willen des Hilfeberechtigten die Beiträge zur Krankenversicherung direkt an die Krankenkasse gezahlt werden, kann der Hilfeberechtigte nicht nochmals Beitragszahlung an sich selbst verlangen. Sein Bedarf ist durch die Zahlung des Sozialhilfeträgers gedeckt und damit Erledigung eingetreten. In diesem Fall könnte durch den Leistungsberechtigten allenfalls die **Feststellung** begehrt werden, dass die Zahlung des Beitrags unmittelbar an die Krankenkasse rechtswidrig war. Auch ein Erstattungsbegehren nach § 19 Abs. 5 SGB XII durch den SGB-XII-Leistungsträger dürfte jedenfalls dann, wenn der Leistungsberechtigte nicht selbst die Beiträge an die Krankenkasse gezahlt hat, möglich sein. Anders verhält es sich aber, wenn der Hilfeträger zu Unrecht Leistungen gewährt und die Beiträge an die Krankenkasse gezahlt hat, wenn also die Leistungserbringung bereits dem Grunde nach rechtswidrig war. Da die Rückforderung nach § 19 Abs. 5 SGB XII eine rechtmäßige Leistungserbringung voraussetzt, würde in einem solchen Fall § 19 Abs. 5 SGB XII nicht anwendbar sein, vielmehr wäre hier § 45 SGB X einschlägig.

IV. Wahltarife und Prämienzahlung der Krankenkasse an den Versicherten

91 Nach § 53 SGB V kann eine Krankenkasse in ihrer Satzung für Mitglieder und auch für mitversicherte Familienangehörige verschiedene Wahltarife anbieten. Diesen Wahltarifen ist gemein, dass bei Vorliegen der Voraussetzungen Prämien auszuzahlen sind. Es handelt sich bei diesen Zahlungen um **Einkommen** im Sinne des § 82 SGB XII. Zwar dienen die Prämien unter anderem dazu, die Versicherten zu bestimmtem Verhalten zu motivieren, etwa am Hausarztmodell teilzunehmen, eine Zweckbestimmung im Sinne des § 83 Abs. 1 SGB XII ist hierin aber nicht zu sehen. Fraglich ist, wie Fälle zu behandeln sind, in denen ein Versicherter zunächst einen Wahltarif z.B. nach § 53 Abs. 1 SGB V (**Selbstbehalt**) abgeschlossen hat und sodann während der Bindungsfrist (in diesem Fall nach § 53 Abs. 8 Satz 1 SGB V drei Jahre) anspruchsberechtigt im Sinne des SGB XII wird. Im genannten Fall müsste der Versicherte einen Teil der Behandlungskosten bis zur Selbstbehaltsgrenze aus eigenem Einkommen bezahlen, was ihm, sobald er im Leistungsbezug nach dem SGB XII ist, kaum noch möglich wäre. Dieser Selbstbehalt ist jedenfalls kein Beitrag, der über § 32 SGB XII zu übernehmen wäre.

92 Die Satzung der Krankenkasse hat nach § 53 Abs. 8 Satz 3 SGB V „Sonderkündigungsrechte in besonderen Härtefällen" vorzusehen. Ein besonderer Härtefall liegt nicht schon bei finanziellen Nachteilen vor, sondern erst dann, wenn außergewöhnliche Umstände dazu führen, dass dem Versicherten ein

---

[81] Vgl. *Schoch* in: Schoch/Schmidt-Aßmann/Pietzner, Kommentar zur Verwaltungsgerichtsordnung, 1996, § 123 Rn. 62.

[82] BVerfG v. 12.05.2005 - 1 BvR 569/05 - NVwZ 2005, 927.

Festhalten am Tarif unzumutbar ist.[83] Das wurde etwa für den Fall angenommen, dass für den Wahltarif zusätzliche Prämien anfallen und der Versicherte diese nicht mehr aufbringen kann.[84] Ob der Eintritt der Hilfebedürftigkeit im Zusammenhang mit dem Wahltarif „Selbstbehalt" ein besonderer Härtefall ist, ist fraglich, denn mit diesem Tarif sind keine zusätzlichen Beiträge verbunden, und ob tatsächlich Behandlungskosten anfallen, die selbst zu tragen sind, und wenn ja in welchem Umfang, dürfte in den meisten Fällen offen sein. Fraglich ist auch, ob von einem SGB-XII-Leistungsbezieher die Ausübung des Sonderkündigungsrechts überhaupt verlangt werden kann. Allerdings regelt § 53 Abs. 8 Satz 6 SGB V, dass Mitglieder, deren Beiträge **vollständig von Dritten** getragen werden, nur Tarife nach § 53 Abs. 3 SGB V wählen können. Befindet sich das Mitglied bei Eintritt des SGB-XII-Leistungsfalls in einem anderen Wahltarif als demjenigen für „Besondere Versorgungsformen", ist dessen Fortsetzung rechtlich unmöglich geworden, sodass er von Gesetzes wegen zu beenden ist.[85] Nach dieser Lösung stellt sich das Problem, dass der Versicherte einen bestimmten Geldbetrag für Behandlungskosten aus seinem eigenen Einkommen tragen muss (= Selbstbehalt), nicht.

Das gilt nach dem ausdrücklichen Wortlaut des § 53 Abs. 8 Satz 6 SGB XII allerdings nicht für Versicherte, bei denen **nur ein Teil der Beiträge** vom Sozialhilfeträger übernommen wird. In einem solchen Fall wäre, wenn der Wahltarif nicht beendet wird, gegebenenfalls in dem Monat, in dem Behandlungskosten fällig werden, für die keine Erstattung der Krankenkasse erfolgt, der Regelbedarf nach § 27a Abs. 4 SGB XII abweichend festzusetzen. 93

D. Ausblick

Derzeit gibt es **Gesetzesvorschläge**, um das Nebeneinander von § 32 SGB XII und § 264 SGB V aufzulösen und den Krankenversicherungsschutz von SGB-XII-Empfängern zu vereinfachen. Der Entwurf eines Gesetzes zur Einbeziehung von Empfängern von Krankenhilfeleistungen nach dem SGB XII, dem SGB VIII und § 2 AsylbLG in die gesetzliche Kranken- und Pflegeversicherung[86] sieht deshalb eine Abschaffung des **Kostenerstattungsverfahrens** nach § 264 SGB V bei Krankenbehandlung für unversicherte Leistungsempfänger und die Aufnahme dieser Personen in die Mitgliedschaft der GKV vor, mit der Folge, dass auch für diesen Personenkreis nunmehr § 32 SGB XII Anwendung finden soll. Im Hinblick auf § 193 Abs. 3 Satz 1 VVG erscheint eine solche Lösung auch sinnvoll und interessengerecht zu sein. Der Gesetzentwurf wurde in der Bundesratssitzung am 05.11.2010 den Ausschüssen zugewiesen.[87] 94

---

[83] *Lang* in: Becker/Kingreen: SGB V, 3. Aufl., § 53 Rn. 26.
[84] *Schlegel* in: jurisPK-SGB V, 1. Aufl. 2007, § 53 Rn. 155.
[85] *Dreher* in: jurisPK-SGB V, 2. Aufl. 2012, § 50 Rn. 151; a.A.: kein gesetzlicher Beendigungstatbestand, sondern Sonderkündigungsrecht *Schlegel* in: jurisPK-SGB V, 1. Aufl. 2007, § 53 Rn. 156.
[86] Vgl. dazu BR-Drs. 673/10.
[87] Plenarprotokoll 876, 409 B.

§ 33 SGB XII Beiträge für die Vorsorge

(Fassung vom 12.04.2012, gültig ab 01.01.2013)

(1) Um die Voraussetzungen eines Anspruchs auf eine angemessene Alterssicherung zu erfüllen, können die erforderlichen Aufwendungen übernommen werden, insbesondere

1. Beiträge zur gesetzlichen Rentenversicherung,
2. Beiträge zur landwirtschaftlichen Alterskasse,
3. Beiträge zu berufsständischen Versorgungseinrichtungen, die den gesetzlichen Rentenversicherungen vergleichbare Leistungen erbringen,
4. Beiträge für eine eigene kapitalgedeckte Altersvorsorge in Form einer lebenslangen Leibrente, wenn der Vertrag nur die Zahlung einer monatlichen auf das Leben des Steuerpflichtigen bezogenen lebenslangen Leibrente nicht vor Vollendung des 60. Lebensjahres vorsieht, sowie
5. geförderte Altersvorsorgebeiträge nach § 82 des Einkommensteuergesetzes, soweit sie den Mindesteigenbeitrag nach § 86 des Einkommensteuergesetzes nicht überschreiten.

(2) Um die Voraussetzungen eines Anspruchs auf ein angemessenes Sterbegeld zu erfüllen, können die erforderlichen Aufwendungen übernommen werden.

Gliederung

A. Basisinformationen 1	a. Sicherungsarten 22
I. Textgeschichte/Gesetzgebungsmaterialien 1	b. Angemessenheit 29
II. Vorgängervorschriften............................ 4	c. Erforderlichkeit der Aufwendungen............. 33
III. Parallelvorschriften 5	2. Sterbegeld (Absatz 2)........................... 38
IV. Systematische Zusammenhänge 6	a. Sterbegeld 38
V. Ausgewählte Literaturhinweise.................. 12	b. Angemessenheit 39
B. Auslegung der Norm 13	c. Erforderlichkeit 43
I. Regelungsgehalt und Bedeutung der Norm 13	V. Rechtsfolgen 45
II. Normzweck 17	1. Übernahme 45
III. Allgemeines 18	2. Ermessen 48
IV. Tatbestandsvoraussetzungen.................... 22	VI. Praxishinweise 53
1. Alterssicherung (Absatz 1) 22	

A. Basisinformationen

I. Textgeschichte/Gesetzgebungsmaterialien

1 In seiner **ursprünglichen Fassung** bei Inkrafttreten des SGB XII[1] lautete § 33 SGB XII:
„Um die Voraussetzungen eines Anspruchs auf eine angemessene Alterssicherung oder auf ein angemessenes Sterbegeld zu erfüllen, können die erforderlichen Kosten übernommen werden." Die Vorschrift entsprach inhaltlich dem früheren § 14 BSHG.[2]

2 Mit dem Zweiten Gesetz zur Änderung des Vierten Buches Sozialgesetzbuch und anderer Gesetze vom 21.12.2008 ist § 33 SGB XII mit Wirkung ab 01.01.2009 – ausschließlich klarstellend – neu gefasst worden.[3] Durch die exemplarische, nicht abschließende **Aufzählung der unterschiedlichen Formen der Altersvorsorge** wird die zunehmende Bedeutung der zusätzlichen kapitalgedeckten Altersvorsorge (§ 33 Abs. 1 Nr. 4 und 5 SGB XII) als Ergänzung zu den obligatorischen Alterssicherungssystemen (§ 33 Abs. 1 Nr. 1-3 SGB XII) verdeutlicht.[4]

---

[1] BGBl I 2003, 3022.
[2] BT-Drs. 15/1514, S. 60.
[3] BGBl I 2008, 2933.
[4] BT-Drs. 16/10488, S. 19.

Mit Wirkung zum 01.01.2013 ist durch das Gesetz zur Neuordnung der Organisation der landwirtschaftlichen Sozialversicherung (LSV-Neuordnungsgesetz – LSV-NOG) v. 12.04.2012[5] als **Träger für die landwirtschaftliche Sozialversicherung** eine bundesunmittelbare Körperschaft des öffentlichen Rechts mit Selbstverwaltung, die „Sozialversicherung für Landwirtschaft, Forsten und Gartenbau" errichtet worden. Der Begriff der „landwirtschaftlichen Alterskassen" in § 33 Abs. 1 Nr. 2 SGB XII wurde in „landwirtschaftliche Alterskasse" geändert (Art. 13 Abs. 28 LSV-NOG).   3

II. Vorgängervorschriften

§ 33 SGB XII entspricht seinem Inhalt nach der Regelung des § 14 BSHG.[6]   4

III. Parallelvorschriften

Das SGB II enthielt in § 26 Abs. 1 SGB II i.d.F. bis zur Neufassung durch das Haushaltsbegleitgesetz 2011 vom 09.12.2010[7] mit Wirkung zum 01.01.2011 eine Zuschussregelung zu Versicherungsbeiträgen für Bezieher von Alg II, die nach § 6 Abs. 1b SGB VI von der **Versicherungspflicht in der gesetzlichen Rentenversicherung befreit** waren. Da mit dem Haushaltsbegleitgesetz 2011 die Versicherungspflicht von SGB-II-Leistungsempfänger wegen des Bezugs von Arbeitslosengeld II in der Rentenversicherung (§ 3a Satz 1 Nr. 3a SGB VI a.F.) generell gestrichen worden ist, ist die Regelung des § 26 Abs. 1 SGB II a.F. ersatzlos entfallen. Die Zeit des **Bezugs von Alg II** wird nunmehr als **Anrechnungszeit** (§ 58 SGB VI) berücksichtigt.   5

IV. Systematische Zusammenhänge

Soweit **Versicherungsbeiträge Bestandteil des notwendigen Lebensunterhalts** und die Beiträge angemessen sind, werden sie in der Regel pauschal durch den Regelsatz abgegolten. § 33 SGB XII normiert **Ausnahmen** von diesem Grundsatz, indem Beiträge für die Vorsorge rechtssystematisch als weitere Leistungen zur Sicherung des Lebensunterhalts erfasst werden.   6

Die Übernahme von Beiträgen zur Altersvorsorge ist eine **Form der Hilfe**, die auch bei der Grundsicherung im Alter und bei Erwerbsminderung Anwendung findet (§ 42 Satz 1 Nr. 4 SGB XII). Sie kann in gewisser Weise als **vorbeugende Hilfe** (§ 15 Abs. 1 SGB XII) verstanden werden.   7

§ 33 SGB XII steht in einem **systematischen Zusammenhang mit § 82 Abs. 2 Nr. 3 SGB XII**.[8] Nach § 82 Abs. 2 Nr. 3 SGB XII sind von dem Einkommen abzusetzen: 1. auf das Einkommen entrichtete Steuern, 2. Pflichtbeiträge zur Sozialversicherung einschließlich der Beiträge zur Arbeitsförderung und 3. Beiträge zu öffentlichen oder privaten Versicherungen oder ähnlichen Einrichtungen, soweit diese Beiträge gesetzlich vorgeschrieben oder nach Grund und Höhe angemessen sind, sowie geförderte Altersvorsorgebeiträge nach § 82 des Einkommensteuergesetzes, soweit sie den Mindesteigenbeitrag nach § 86 des Einkommensteuergesetzes nicht überschreiten.   8

Ist **eigenes Einkommen vorhanden**, kann sich durch den Abzug von Beiträgen für eine angemessene Alterssicherung das zu berücksichtigende Einkommen mindern. Ist kein Einkommen vorhanden bzw. übersteigen die Beiträge zur Alterssicherung im Einzelfall das anrechenbare Einkommen, ist eine Übernahme der (restlichen) Beiträge durch den Sozialhilfeträger nach § 33 SGB XII zu prüfen.   9

Der **Begriff der angemessenen Alterssicherung** findet sich – im Zusammenhang mit der Anrechnung von Vermögen – auch in § 90 Abs. 3 Satz 2 SGB XII und in § 65 Abs. 1 SGB XII, der die Übernahme von Beiträgen für eine angemessene Alterssicherung der Pflegeperson regelt.   10

§ 33 SGB XII korrespondiert mit § 74 SGB XII, der die Tragung der erforderlichen **Kosten einer Bestattung** regelt.   11

V. Ausgewählte Literaturhinweise

Armborst, Neues vom intendierten Ermessen, info also 2002, 132; *Falterbaum*, Die Übernahme der Beiträge zur Kranken-, Pflege- und Rentenversicherung durch den Sozialhilfeträger, ZfSH/SGB 1999, 643 ff.; *Witte*, Private Altersvorsorge durch Lebensversicherungen im Sozialhilferecht, info also 1997, 114 ff.   12

---

[5] BGBl I 2012, 579.
[6] BT-Drs. 15/1514, S. 60.
[7] BGBl I 2010, 1885.
[8] Vgl. BVerwG v. 27.06.2002 - 5 C 43/01 - BVerwGE 116, 342 ff., 344; *Witte*, info also 1997, 114 ff., 116.

B. Auslegung der Norm

I. Regelungsgehalt und Bedeutung der Norm

13 § 33 SGB XII sieht – als Ermessensleistung – Sozialhilfe für die Übernahme der erforderlichen Aufwendungen für eine angemessene Alterssicherung oder ein angemessenes Sterbegeld aus Sozialhilfemitteln vor. Es handelt sich um übliche, von einer gesetzlichen oder privaten Versicherung übernommene Kosten, die – als **Vorsorge für das Alter und den Tod** – auch sonst **üblicherweise von der Bevölkerung** getragen werden.

14 Erfasst wird die **Vorsorge für die Zukunft**, indem Sozialhilfemittel für einen Bedarf (Entrichtung von Versicherungsbeiträgen) bereit gestellt werden, durch dessen Deckung Ansprüche auf Leistungen erworben oder aufrechterhalten werden, die einem weitergehenden, seinerseits zwar sozialhilferechtlich berücksichtigungsfähigen, aber erst künftig entstehenden und noch nicht einmal notwendig und stets in die Zuständigkeit der Sozialhilfe fallenden Bedarf (der Sicherung des Lebensunterhalts im Alter bzw. der Deckung von Bestattungskosten) gelten.[9]

15 **Absatz 1** regelt die Übernahme von Aufwendungen für eine angemessene Alterssicherung und nennt – exemplarisch – wesentliche Formen der Alterssicherung.

16 **Absatz 2** schafft eine Grundlage für die Tragung der erforderlichen Kosten für ein angemessenes Sterbegeld durch den Sozialhilfeträger.

II. Normzweck

17 Mit der Vorschrift soll dem Leistungsberechtigten die Möglichkeit gegeben werden, eine begonnene **Alterssicherung** oder **Sterbegeldversicherung fortzusetzen**. Die Sicherung bereits bestehender Alterssicherungen bei Eintritt von Sozialhilfebedürftigkeit dient der Einsparung von Sozialhilfeaufwendungen im Alter und bei Tod („**Präventionsgedanke**"). Durch die Berücksichtigung des Sterbegeldes sollen „besondere Härten vermieden werden, die dadurch entstehen, dass vor allem alte Menschen, denen die finanzielle Sicherstellung ihrer Bestattung erfahrungsgemäß besonders am Herzen liegt, eine einmal begonnene Sterbegeldversicherung mit eigenen Mitteln nicht fortführen können".[10]

III. Allgemeines

18 § 33 SGB XII ist **Bestandteil der Hilfe zum Lebensunterhalt**. Es müssen daher zum Zeitpunkt der Übernahme von Vorsorgeaufwendungen die Voraussetzungen für eine Leistungsberechtigung nach § 19 SGB XII gegeben sein; ggf. ist allerdings § 15 SGB XII zu beachten.

19 Nach § 33 SGB XII ist die Übernahme von Beiträgen für eine (bestehende) Alterssicherung bzw. Sterbegeldversicherung sowohl von einer **Angemessenheit der Alterssicherung** bzw. **Sterbegeldversicherung** an sich als auch der **Erforderlichkeit der Aufwendungen** für deren Sicherstellung abhängig. Liegen die **tatbestandlichen Voraussetzungen** des § 33 Abs. 1 SGB XII oder des § 33 Abs. 2 SGB XII vor, entscheidet der Sozialhilfeträger nach **pflichtgemäßem Ermessen**.[11]

20 Nach dem Zweck der Vorschrift und der Art der verwendeten **unbestimmten Rechtsbegriffe** (angemessene Alterssicherung, erforderliche Aufwendungen) handelt es sich um eine Vorschrift mit unbestimmten Rechtsbegriffen und einem Folgeermessen auf Seiten des Sozialhilfeträger, nicht jedoch um eine unlösbare Verbindung zwischen **unbestimmten Rechtsbegriffen** und einer **Ermessensausübung i.S. einer Koppelungsvorschrift**, bei der die unbestimmten Rechtsbegriffe in den Ermessensbereich hineinragen und zugleich den Inhalt und die Grenzen der pflichtgemäßen Ermessensausübung bestimmen.[12] Nicht ganz einfach zu beantworten ist allerdings, welche Kriterien bei der Angemessenheit der Alterssicherung und welche bei der Erforderlichkeit der Aufwendungen zu prüfen sind, zumal z.B. in der mit § 33 Abs. 2 SGB XII vergleichbaren Vorschrift des § 74 SGB XII ähnliche Kriterien allein im Rahmen der „Erforderlichkeit" der Kosten einer Beerdigung zu prüfen sind.

21 Zwar fließen bei der **Auslegung** der beiden unbestimmten Rechtsbegriffe (**angemessene Alterssicherung, erforderliche Aufwendungen**) prognostische Elemente in die Wertung ein, dem Sozialhilfeträger steht bei seinen **Prognoseentscheidungen** zur Angemessenheit der künftigen Alterssicherung des Hilfebedürftigen und zur Erforderlichkeit der Übernahme von Vorsorgeaufwendungen jedoch **kein**

---

[9] BVerwG v. 27.06.2002 - 5 C 43/01 - BVerwGE 116, 342, 346.
[10] BT-Drs. 3/2673, S. 4.
[11] BT-Drs. 16/10488, S. 19.
[12] BVerwG v. 19.10.1971 - GmS-OGB 3/70 = BVerwGE 39, 355; BSG v. 06.11.1985 - 10 RKg 3/84 - BSGE 59, 111, 115.

Beurteilungsspielraum zu. Es gilt der allgemeine Grundsatz, dass die Notwendigkeit einer Prognose die gerichtliche Kontrolldichte von Verwaltungsentscheidungen nicht einschränkt.[13] Ein Beurteilungsspielraum oder eine **Einschätzungsprärogative** wird einer Behörde z.B. bei Entscheidungen mit einem höchstpersönlichen Charakter oder bei solchen zugestanden, bei denen der zu beurteilende Sachverhalt die **besonderen Fachkenntnisse** des dafür zuständigen Gremiums bzw. der zuständigen Behörde erfordert.[14] Diese Voraussetzungen liegen hier bei der Anwendung des § 33 SGB XII nicht vor. Es handelt sich um eine **prognostische Einzelbeurteilung**, die tatsächlichen Feststellungen im gerichtlichen Verfahren mit gleicher Sicherheit zugänglich ist wie im Verwaltungsverfahren.

IV. Tatbestandsvoraussetzungen

1. Alterssicherung (Absatz 1)

a. Sicherungsarten

Um die Voraussetzungen eines Anspruchs auf eine angemessene Alterssicherung zu erfüllen, können die in den Nrn. 1-5 im Einzelnen aufgezählten Beiträge zu verschiedenen **Formen der Alterssicherung** übernommen werden. Die Aufzählung ist nicht abschließend („insbesondere"), soll also offen für **neue Formen der Alterssicherung** sein. 22

Zu den Kosten für eine Alterssicherung durch Beiträge zur gesetzlichen Rentenversicherung i.S.d. Nr. 1 gehören die **Beiträge für eine freiwillige Versicherung** innerhalb der gesetzlichen Rentenversicherung i.S.d. § 7 SGB VI. In der gesetzlichen Rentenversicherung können sich nach § 7 Abs. 1 Satz 1 SGB VI diejenigen Personen freiwillig versichern, die nicht versicherungspflichtig sind und das 16. Lebensjahr vollendet haben. Insbesondere in Fallgestaltungen, in denen Antragsteller in der gesetzlichen Rentenversicherung versichert waren und die **allgemeine Wartezeit** für einen Anspruch auf die Regelaltersrente des § 35 SGB VI von fünf Jahren mit Beitragszeiten (noch) nicht erfüllt haben (§ 50 Abs. 1 SGB VI), kann eine Alterssicherung in der gesetzlichen Rentenversicherung durch Fortzahlung von freiwilligen Beiträgen erhalten werden. 23

Für freiwillig Versicherte gilt eine besondere **Mindestbeitragsbemessungsgrundlage** (§ 167 SGB VI) von monatlich 450 €.[15] Entsprechend beläuft sich der Mindestbetrag im **Jahre 2014 auf 85,05 €**. Zu den Kosten der Alterssicherung kann auch eine **Beitragsnachzahlung zur gesetzlichen Rentenversicherung** i.S.d. §§ 204 ff. SGB VI gehören. 24

Nach Nr. 2 können auch die erforderlichen Aufwendungen für **Beiträge zur landwirtschaftlichen Alterskasse** übernommen werden. In der Alterskasse der Landwirte sind nach dem Gesetz über die Alterssicherung der Landwirte (ALG) vom 29.07.1994[16] selbstständige Landwirte und ihre mitarbeitenden Familienangehörigen kraft Gesetzes pflichtversichert (§ 1 ALG). Die §§ 4 und 5 ALG sehen – unter weiteren Voraussetzungen – eine **Berechtigung zu einer freiwilligen (Weiter-)Versicherung** für Ehegatten von ehemaligen Landwirten und Personen vor, die zuletzt als Landwirt versichert waren und nicht mehr versicherungspflichtig sind. Von der Möglichkeit einer freiwilligen Weiterversicherung erfasst sind ehemalige Landwirte allerdings nur dann, wenn sie die **Wartezeit von fünf Jahren** bereits erfüllt haben (§ 5 Abs. 1 Nr. 1 ALG). 25

Nr. 3 regelt, dass Beiträge zu **berufsständischen Versorgungseinrichtungen**, die den gesetzlichen Rentenversicherungen vergleichbare Leistungen erbringen, übernommen werden können. Die für die sog. kammerfähigen freien Berufe (z.B. Ärzte, Apotheker, Architekten, Notare, Rechtsanwälte, Steuerberater, Tierärzte, Wirtschaftsprüfer, Zahnärzte) zuständigen berufsständischen Versorgungseinrichtungen bestehen auf landesrechtlicher Grundlage. Sie stehen kraft ihres Versorgungsauftrags nur den Angehörigen der jeweiligen Berufsgruppe offen. 26

Nr. 4 bestimmt, dass Beiträge für eine eigene **kapitalgedeckte private Altersvorsorge** in Form einer lebenslangen Leibrente übernommen werden können, wenn der Vertrag nur die Zahlung einer monatlichen, auf das Leben des Steuerpflichtigen bezogenen lebenslangen Leibrente nicht vor Vollendung des 60. Lebensjahres (ab 01.01.2012: des 62. Lebensjahres) vorsieht. Diese Bedingungen entsprechen 27

---

[13] BSG v. 29.07.1993 - 11/9b RAr 5/92 - SozR 3-4100 § 60 Nr. 1 S. 5f.

[14] BSG v. 02.12.1992 - 6 RKa 54/91 - BSGE 71, 280, 282 = SozR 3-2500 § 116 Nr. 3; BSG v. 31.03.1992 - 9b RAr 18/91 - BSGE 70, 226, 228 = SozR 3-4100 § 45 Nr. 2; BSG v. 26.09.1990 - 9b/11 RAr 151/88 - BSGE 67, 228, 230 f = SozR 3-4100 § 36 Nr. 1.

[15] § 167 SGB VI i.d.F. der Gesetze vom 23.12.2002 - BGBl I 2002, 4621 - und vom 05.12.2012 - BGBl I 2012, 2474.

[16] BGBl I 1994, 1890.

den Voraussetzungen der **„Rürup-Rente"** als seit 2005 staatlich geförderter Basisrente. Diese Beiträge sind zugleich **Sonderausgaben i.S.d. § 10 Abs. 1 Nr. 2 lit. b EStG**. Anders als bei der **„Riester-Rente"** war bei dieser Form privater Altersvorsorge zunächst eine Vertrags-Zertifizierung nach dem Altersvorsorgeverträge-Zertifizierungsgesetz (AltZertG)[17] nicht vorgesehen; es galten jedoch nach § 10 Abs. 1 Nr. 2 lit. b EStG ähnliche Einschränkungen (Anspruch auf einen lebenslange Leibrente frühestens ab Vollendung des 60. Lebensjahres, ohne Anspruch auf Auszahlung, nicht vererblich, veräußerbar, übertragbar, beleihbar oder kapitalisierbar). Ab 2010 sind nach § 10 Abs. 2 EStG auch für diese Altersvorsorgebeiträge die Zertifizierungsvoraussetzungen des AltZertG anwendbar.[18]

28 Nr. 5 sieht vor, dass **geförderte Altersvorsorgebeträge nach § 82 EStG** übernommen werden können, soweit sie den Mindesteigenbeitrag nach § 86 EStG nicht überschreiten. Nach § 82 Abs. 1 EStG sind geförderte Altersvorsorgebeträge im Rahmen der in § 10a EStG genannten Grenzen Beiträge, die der Zulageberechtigte zugunsten eines auf seinen Namen laufenden Vertrags leistet, der nach § 5 AltZertG zertifiziert ist. Von § 82 Abs. 2 EStG sind auch Einzahlungen in **Pensionskassen/Pensionsfonds** und **betriebliche Alterskassen**[19] erfasst.[20]

b. Angemessenheit

29 Der Begriff der Angemessenheit einer bereits bestehenden bzw. durch ergänzende Sozialhilfemittel herzustellenden Alterssicherung ist als **unbestimmter Rechtsbegriff** unter Berücksichtigung von Sinn und Zweck des § 33 SGB XII auszulegen, zu dessen Tatbestandsmerkmalen er gehört.[21] Zu berücksichtigen ist daher, dass sich § 33 SGB XII im Dritten Kapitel des SGB XII befindet, der die Hilfe zum Lebensunterhalt regelt. Als **„Obergrenze"** einer Förderung der Alterssicherung durch Übernahme von Beiträgen zur Altersvorsorge ist daher festzuhalten, dass eine angemessene Alterssicherung regelmäßig nicht mehr vorliegt, wenn – bei prognostischer Betrachtung – sichergestellt ist, dass der Leistungsberechtigte – ausgehend von dem bisher erreichten Niveau der Alterssicherung – **im Alter keine Hilfe zum Lebensunterhalt** in Anspruch nehmen muss, ihm also bereits ausreichende finanzielle Mittel zur Deckung des Regelbedarfs, der Kosten der Unterkunft und eventueller Mehrbedarfe zur Verfügung stehen.[22] § 33 SGB XII enthält keine Garantie einer über dem Sozialhilfeniveau liegenden Alterssicherung.

30 Bei der **Ermittlung der Höhe der künftigen Alterssicherung** müssen die erwartbaren Ansprüche gegen die gesetzliche Rentenversicherung und zusätzliche private Versicherungen zusammen betrachtet werden.[23] Zu berücksichtigen sind evtl. Unterhaltsansprüche, die Ansprüche eines Ehegatten auf vorrangige Sozialleistungen[24] oder auch ein angemessenes Hausgrundstück oder anderes Sachvermögen als geschütztes Vermögen (vgl. § 90 Abs. 2 Nr. 8 SGB XII).

31 Eine Alterssicherung ist aber nicht nur dann angemessen i.S.d. § 33 Abs. 1 SGB XII, wenn die Beitragsübernahme dazu führt, dass dem Hilfesuchenden ab Eintritt des Versicherungsfalls durch die ihm zustehende Altersrente allein oder in Verbindung mit sonstigen Einnahmen zumindest Mittel in einer Höhe zur Verfügung stehen, die der **Höhe des sozialhilferechtlichen Bedarfs** nach dem Dritten und Vierten Kapitel entsprechen.[25] Da auch ein Durchschnittsverdiener, der Beiträge zur gesetzlichen Rentenversicherung entrichtet, durch diese Zahlungen erst nach vielen Jahren eine oberhalb des Sozialhilfeniveaus liegende Alterssicherung erreicht, ist davon auszugehen, dass auch in Fallgestaltungen, in denen die **spätere Altersrente möglicherweise unter dem sozialhilferechtlichen Bedarf bleibt**, also

---

[17] Altersvorsorgeverträge-Zertifizierungsgesetz vom 26.06.2001 – BGBl I 2001, 1310.
[18] *Heinicke* in: Schmidt, EStG, 32. Aufl. 2013, § 10 Rn, 83, 165 ff.
[19] Gesetz zur Verbesserung der betrieblichen Altersversorgung – Betriebsrentengesetz – BetrAVG – vom 19.12.1974 – BGBl I 1974, 3610.
[20] *Drenseck* in: Schmidt, EStG, 32. Aufl. 2013, § 82 Rn. 4 f.
[21] Vgl. BVerwG v. 27.06.2002 - 5 C 43/01 - BVerwGE 116, 342, 343.
[22] BVerwG v. 22.03.1990 - 5 C 40/86; LSG Niedersachsen-Bremen v. 22.03.2007 - L 8 SO 39/06 - juris Rn. 35; vgl. OVG Hamburg v. 25.11.1998 - 4 Bs 373/98 - FEVS 49, 423, 425; *Flint* in: Grube/Wahrendorf, SGB XII, 4. Aufl. 2012, § 33 SGB XII Rn. 8; a.A. *Falterbaum* in: Hauck/Noftz, SGB II, K § 33 Rn. 14, Stand 2/2010.
[23] *Wenzel* in: Fichtner/Wenzel, 4. Aufl. 2009, § 33 Rn. 5.
[24] BVerwG v. 10.09.1992 - 5 C 25/88 - FEVS 43, 313, 315.
[25] So aber OVG Saarlouis v. 27.07.1989 - 1 R 200/87 - FEVS 42, 126, 128.

nur eine die Sozialhilfe teilweise entlastende Alterssicherung vorliegt, eine Beitragsübernahme durch den Sozialhilfeträger möglich ist.[26]

Da eine **Vorsorge gegen die allgemeinen Lebensrisiken** als solche kaum jemals als „unvernünftig" angesehen werden kann und dementsprechend auch unter wirtschaftlich beengten Verhältnissen getroffen zu werden pflegt, beurteilt sich die „Angemessenheit" von Vorsorgeaufwendungen allgemein – ebenso wie die Absetzbarkeit von Beiträgen für private Versicherungen[27] – auch danach, ob und in welchem Umfang es sich um **übliche Versicherungen für Bezieher geringer Einkommen** knapp oberhalb der Sozialhilfegrenze handelt. 32

c. Erforderlichkeit der Aufwendungen

Erscheint eine angemessene Alterssicherung (noch) nicht ausreichend gewährleistet, ist die Beantwortung der Frage, ob die Hilfe erforderlich ist, von einer **prognostischen Wertung** abhängig.[28] Zur **Ermittlung möglicher Deckungslücken** ist eine möglichst exakte Abklärung mit Hilfe des Rentenversicherungsträgers, etwa durch **Einholung einer Rentenauskunft**, erforderlich (§ 149 SGB VI). Auf der Grundlage der gegenwärtig bekannten allgemeinen und individuellen Gegebenheiten, orientiert an typischen Erwartungen hinsichtlich des gewöhnlichen Verlaufs eines solchen Lebens, ist zu prüfen, ob ein **angemessenes Alterssicherungseinkommen** entsprechend den Leistungssätzen des Sozialhilferechts im maßgebenden Beurteilungszeitraum bzw. eine deutliche Verminderung der Abhängigkeit von Sozialhilfe erreicht werden kann.[29] 33

Dabei können z.B. das Alter des Hilfebedürftigen, absehbare künftige Verhältnisse, eine mögliche spätere Berufstätigkeit, die zu erwartende Höhe und Dauer der Rentenzahlungen, ein unwiederbringlicher Verlust von Beitragszeiten und erhebliche Einbußen bei der zu erwartenden Rente als **Faktoren** berücksichtigt werden. 34

Ist der Erwerb einer Alterssicherung durch die Übernahme von Beiträgen zur **Erfüllung der erforderlichen Wartezeit** für eine Rente aus der gesetzlichen Alterssicherung im Streit, ist im Wege einer prognostischen Betrachtung einzuschätzen, ob auch ohne die Leistungen des Sozialhilfeträgers die erforderliche Versicherungszeit erfüllt werden kann. Dabei können die **persönlichen Verhältnisse des Hilfebedürftigen** (Alter, Erwerbsunfähigkeit) und der Umfang der bisherigen Rentenanwartschaften (auch aus Kindererziehungszeiten, wegen Pflegeleistungen oder wegen eines Versorgungsausgleichs anlässlich einer Ehescheidung) berücksichtigt werden. 35

Führt die aus Sicht des Sozialhilfeträgers erforderliche Hilfe dazu, dass der Umfang einer „angemessenen Alterssicherung", also der sozialhilferechtliche Bedarf möglicherweise überschritten wird, ist dies hinzunehmen, weil eine „**Punktlandung auf Sozialhilfeniveau**" weder zwingend erforderlich noch ohne weiteres möglich sein wird.[30] 36

Bei **privaten Versicherungen** wird ggf. auch zu prüfen sein, ob die Alterssicherung vorübergehend beitragsfrei oder beitragsgemindert fortgeführt werden kann. 37

2. Sterbegeld (Absatz 2)

a. Sterbegeld

Eine Sterbegeldversicherung ist eine meist **lebenslängliche Kapitallebensversicherung auf den Todesfall** mit einer relativ niedrigen Versicherungssumme, die vor allem die Beerdigungskosten und andere direkt mit dem Tod verbundene Aufwendungen abdecken soll (sog. „Klein-Lebensversicherungen"). Entscheidend für die Einordnung als Sterbegeldversicherung ist die **subjektive Zweckbestimmung** des Leistungsberechtigten, die sich in den objektiven Umständen der Ausgestaltung der Versicherung widerspiegeln muss. 38

---

[26] *H. Schellhorn* in: Schellhorn/Schellhorn/Hohm, SGB XII, 18. Aufl. 2010, § 33 Rn. 8; LSG Niedersachsen-Bremen v. 22.03.2007 - L 8 SO 39/06 - juris Rn. 39; BVerwG v. 24.06.1999 - 5 C 18.98 - FEVS 51, 167, 168.

[27] Vgl. hierzu BSG v. 29.09.2009 - B 8 SO 13/08 R - BSGE 104, 207 ff., Rn. 19 ff.

[28] *Flint* in: Grube/Wahrendorf, SGB XII, 3. Aufl. 2010, § 33 Rn. 11.

[29] Vgl. für die weitgehend parallele Fragestellung der angemessenen Alterssicherung einer Pflegeperson (§ 69 Abs. 3 Satz 2 BSHG, § 65 Abs. 2 SGB XII) BVerwG v. 22.06.1978 - V C 31.77 - BVerwGE 56, 88, 95.

[30] *Flint* in: Grube/Wahrendorf, SGB XII, 4. Aufl. 2012, § 33 Rn. 10.

b. Angemessenheit

39 Ein Sterbegeld ist zunächst nur dann als angemessen anzusehen, wenn der Hilfebedürftige mit einer entsprechenden Versicherung bereits **vor dem Bezug von Hilfe zum Lebensunterhalt** begonnen hat.[31] Dies ergibt sich aus den Gesetzesmaterialien zu § 14 BSHG. Hiernach sollen durch die Aufnahme des **Sterbegeldes als Sozialhilfeleistung** „besondere Härten vermieden werden, die dadurch entstehen, dass vor allem alte Menschen, denen die finanzielle Sicherstellung ihrer Bestattung erfahrungsgemäß besonders am Herzen liegt, eine einmal begonnene Sterbegeldversicherung mit eigenen Mitteln nicht fortführen können".[32]

40 Bei der Angemessenheit des Sterbegeldes ist aber auch zu berücksichtigen, dass von den **gesetzlichen Krankenversicherungen** seit 01.01.2004 ein **Sterbegeld** nicht mehr geleistet wird. Andererseits bringt § 74 SGB XII zum Ausdruck, dass die erforderlichen Kosten einer Bestattung vom Sozialhilfeträger übernommen werden, soweit den hierzu Verpflichteten nicht zugemutet werden kann, die Kosten zu tragen. Das BVerwG und ihm zustimmend das BSG haben dem Wunsch des Menschen, für die Zeit nach seinem Tod durch eine angemessene Bestattung und Grabpflege vorzusorgen, Rechnung getragen und Vermögen aus einem Bestattungsvorsorgevertrag sowohl für eine **angemessene Bestattung** als auch für eine **angemessene Grabpflege** unter weiteren Voraussetzungen als Schonvermögen i.S.d. Härtefallregelung (§ 90 Abs. 3 SGB XII) gewertet.[33]

41 Die Angemessenheit der vereinbarten **Höhe eines Sterbegeldes** (und der daraus folgenden Beitragshöhe) beurteilt sich nach den Mitteln, die für eine angemessene Bestattung und eine angemessene Grabpflege aufzuwenden sind. Bestattungskosten sind als angemessen anzusehen, wenn die **ortsüblichen Kosten einer Beerdigung** einschließlich der Nebenkosten damit abgedeckt werden können.[34] Die Angemessenheit einer Grabpflege beurteilt sich nach den Besonderheiten des Einzelfalls, wobei eine **Grabpflege** jedenfalls dann angemessen ist, wenn sie für die Dauer der Mindestruhezeit das Grab in einem der maßgeblichen Friedhofsordnung entsprechenden Zustand hält.[35]

42 Insgesamt ist bei der **Prüfung der Kosten (Beiträge) für die konkret abgeschlossene Sterbegeldversicherung** eine den Individualitätsgrundsatz berücksichtigende Entscheidung zu treffen (§ 9 Abs. 1 SGB XII), bei der ggf. auch die angemessenen Wünsche des Sozialhilfeempfängers und religiöse Bekenntnisse zu beachten sind; insofern ergeben sich Anknüpfungspunkte aus der Rechtsprechung des BSG zu § 74 SGB XII.[36] Liegt das vereinbarte Sterbegeld deutlich über der Schwelle der Angemessenheit, ist die Möglichkeit einer Umstellung der Sterbegeldversicherung zu prüfen.

c. Erforderlichkeit

43 Auch die Tragung der Aufwendungen für ein angemessenes Sterbegeld durch den Sozialhilfeträger muss sich daran orientieren, wie hoch die Wahrscheinlichkeit ist, dass ohne die gegenwärtige Hilfeleistung Sozialhilfe in Zukunft erforderlich werden wird. Allerdings darf **keine ausschließliche Orientierung an wirtschaftlichen Gesichtspunkten** erfolgen, weil auch die in Gesetzesmaterialien zum Ausdruck kommende Intention zu beachten ist, älteren Menschen die Fortführung der Sterbegeldversicherung zu ermöglichen.

44 Eine Übernahme von Beiträgen für eine Sterbegeldversicherung ist daher nur dann gerechtfertigt, wenn nach den **Umständen des Einzelfalls** eine gewisse Wahrscheinlichkeit dafür spricht, dass – z.B. zur Deckung der Bestattungskosten – überhaupt Sozialhilfe benötigt wird. Für die zu erstellende Prognose ist vorrangig auf die Person des Leistungsberechtigten, der die Versicherung abgeschlossen hat, abzustellen. Die Prognose, dass in absehbarer Zeit Kosten für die Bestattung entstehen, kann nicht getroffen werden, wenn die Person, die die Übernahme der Kosten begehrt, noch relativ jung ist und auch keine Anhaltspunkte dafür vorliegen, dass **in absehbarer Zeit** Kosten für die Bestattung anfallen.[37]

---

[31] BVerwG v. 27.06.2002 - 5 C 43/01 - FEVS 54, 5; so auch *Falterbaum* in: Hauck/Noftz, K § 33 Rn. 16, Stand 2/2010; *Dauber* in: Mergler/Zink, SGB XII, § 33 Rn. 12, Stand 6/2013.

[32] BT-Drs. 3/2673, S. 4.

[33] BVerwG v. 11.12.2003 - 5 C 84/02 - FEVS 56, 302 ff., 306; BSG v. 18.03.2008 - B 8/9b SO 9/06 R - BSGE 100, 131 ff. = SozR 4-3500 90 Nr. 3.

[34] *Dauber* in: Mergler/Zink, SGB XII, § 33 Rn. 12, Stand 6/2013.

[35] BVerwG v. 11.12.2003 - 5 C 84/02 - FEVS 56, 302 ff., 306.

[36] Vgl. zuletzt BSG v. 25.08.2011 - B 8 SO 20/10 R - BSGE 109, 61 ff. = SozR 4-3500 § 74 Nr. 2.

[37] BVerwG v. 27.06.2002 - 5 C 43/01 - FEVS 54, 5, 7 f. (36 Jahre).

V. Rechtsfolgen

1. Übernahme

Bei der **Übernahme von Beiträgen** i.S.v. § 33 SGB XII handelt es sich um eine **Geldleistung** i.S.d. § 10 SGB XII. Gemeint ist, dass der Sozialhilfeträger die Beiträge an den hilfebedürftigen Leistungsberechtigten erbringt, damit dieser seinerseits die Beiträge an den zuständigen Rentenversicherungsträger, die private Sterbegeldversicherung etc. weiterleiten kann. Anders als etwa bei der Übernahme von Beiträgen durch die Bundesagentur für Arbeit nach § 207a SGB III bei einer Befreiung von der Versicherungspflicht in der Kranken- und Pflegeversicherung tritt der Träger der Grundsicherung nicht in die Rechtsposition des Beitragsschuldners ein.

45

Wie bei der in § 74 SGB XII vorgesehenen „Übernahme der erforderlichen Bestattungskosten" ist auch die Übernahme der erforderlichen Aufwendungen für einen Anspruch auf eine angemessene Alterssicherung **nicht i.S. eines Schuldbeitritts** zur Zahlungsverpflichtung des Hilfeempfängers gegenüber dem Versicherer zu verstehen.[38] Dies folgt aus § 10 Abs. 3 SGB XII, der den Vorrang der Geldleistung normiert.

46

Ein Anspruch auf Übernahme der Beiträge (allerdings nicht im Sinne einer Übernahme von Schulden) besteht auch, wenn der Leistungsberechtigte **rechtsverbindliche Erklärungen** bereits abgegeben und Zahlungen geleistet hat, bevor der Sozialhilfeträger hiervon i.S.d. **§ 18 SGB XII Kenntnis** erlangt hat.[39]

47

2. Ermessen

Bei der Übernahme der Beiträge für die Vorsorge handelt es sich um eine „Kann-Vorschrift", die dem Sozialhilfeträger einen **Ermessensspielraum** einräumen soll, um die **Besonderheiten des Einzelfalls** unter Beachtung des Individualisierungsprinzips (§ 9 Abs. 1 Satz 1 SGB XII) zu berücksichtigen.[40]

48

Als **Ermessenskriterien** können im Rahmen der vorbeugenden Hilfe nach § 33 SGB XII insbesondere die Rücksichtnahme auf frühere Lebensverhältnisse des Hilfebedürftigen, die Sicherheit der Prognose über die künftige Alterssicherung bzw. das Sterbegeld und wirtschaftliche Erwägungen berücksichtigt werden.[41]

49

Die **Risiken für den Sozialhilfeträger** liegen in der **prognostischen Beurteilung** und sind umso höher, je weniger absehbar ist, ob und in welchem Umfang der Hilfebedürftige später, vor Erreichen des Rentenalters, noch in der Lage sein wird, selbst Beiträge für seine Altersrente in einem Umfang zu leisten, der ihm ebenfalls im Alter ein Leben ohne Hilfe zum Lebensunterhalt ermöglichen würde. Vorleistungen weit in die Zukunft hinein sind fragwürdig.[42] Sind die **prognostischen Wertungen** der Angemessenheit der Alterssicherung und der Erforderlichkeit weiterer Beitragszahlungen **unsicher**, wird es unter Ermessensgesichtspunkten regelmäßig nicht zu beanstanden sein, wenn die Übernahme der Vorsorgeaufwendungen abgelehnt wird.[43]

50

Bei der Einbeziehung **von wirtschaftlichen Gesichtspunkten** muss der Sozialhilfeträger berücksichtigen, dass nach der gesetzgeberischen Konzeption des § 33 SGB XII eine Altersvorsorge aus Sozialhilfemitteln grundsätzlich möglich sein soll. Insofern können die voraussichtlichen Kosten nach § 33 SGB XII denjenigen einer möglichen Leistungsübernahme der Alterssicherung aus Sozialhilfemitteln gegenübergestellt werden.[44]

51

Bei der Ermessensentscheidung zur Übernahme der Beiträge für eine **Sterbegeldversicherung** kann auch deren Ausgestaltung berücksichtigt werden. Dies betrifft z.B. die Fragen, ob die Leistung ab einem bestimmten Lebensalter automatisch fällig wird, eine **unwiderrufliche Bezugsberechtigung** zu Gunsten eines Bestattungsunternehmens in Verbindung mit dem Verzicht auf die gewöhnlichen Rückkaufsmöglichkeiten vereinbart ist oder die Verwertung durch Kündigung als „Altersvorsorgevermögen" i.S.d. § 168 Abs. 3 Versicherungsvertragsgesetz ausgeschlossen ist.

52

---

[38] BSG v. 29.09.2009 - B 8 SO 23/08 R - BSGE 104, 219 = SozR 4-3500 § 74 Nr. 1, jeweils Rn. 9; BSG v. 28.10.2008 - B 8 SO 22/07 R - BSGE 102, 1 = SozR 4-1500 § 75 Nr. 9.
[39] *Flint* in: Grube/Wahrendorf, SGB XII, 4. Aufl. 2012, § 33 Rn. 21.
[40] BT-Drs. 16/10488, S. 19.
[41] *Schmidt* in: Oestreicher, SGB II/SGB XII, § 33 Rn. 11, Stand 11/2008.
[42] BVerwG v. 24.06.1999 - 5 C 18/98 - FEVS 51, 167 ff.
[43] So auch *Flint* in: Grube/Wahrendorf, SGB XII, 4. Aufl. 2012, § 33 Rn. 16.
[44] *Schmidt* in: Oestreicher, SGB II/SGB XII, § 33 Rn. 11, Stand 11/2008.

VI. Praxishinweise

53 Wird im **sozialgerichtlichen Verfahren** beantragt, den Sozialhilfeträger zu höheren Leistungen zu verurteilen, ist hiervon ggf. auch die Erbringung höherer Leistungen der Hilfe zum Lebensunterhalt unter Berücksichtigung von Beiträgen für die Vorsorge nach § 33 SGB XII umfasst. [45]

54 Die Frage der Angemessenheit der Alterssicherung und der Erforderlichkeit einer Beitragstragung setzt eine **Prognoseentscheidung** voraus, die zu dem Zeitpunkt zu stellen ist, zu dem über den Anspruch aus § 33 SGB XII entschieden wird. Stellt sich die Prognose später als unzutreffend heraus, berührt dies nicht die Rechtmäßigkeit der Leistungsgewährung.[46]

55 Die **gerichtliche Nachprüfung** der **unbestimmten Rechtsbegriffe** der „**Angemessenheit**" sowie der „**Erforderlichkeit**" erfolgt hinsichtlich des Sinngehalts, der Feststellung der Tatsachengrundlage und der Anwendung des unbestimmten Rechtsbegriffs auf die im Einzelfall festgestellten Tatsachen.

---

[45] BSG v. 09.06.2011 - B 8 SO 11/10 R - juris Rn. 23.
[46] *Schmidt* in: Oestreicher, SGB II/SGB XII, § 33 Rn. 10, Stand 11/ 2008.

Dritter Abschnitt: Bildung und Teilhabe

§ 34 SGB XII Bedarfe für Bildung und Teilhabe

(Fassung vom 07.05.2013, gültig ab 01.08.2013)

(1) ¹Bedarfe für Bildung nach den Absätzen 2 bis 7 von Schülerinnen und Schülern, die eine allgemein- oder berufsbildende Schule besuchen, sowie Bedarfe von Kindern und Jugendlichen für Teilhabe am sozialen und kulturellen Leben in der Gemeinschaft nach Absatz 6 werden neben den maßgebenden Regelbedarfsstufen gesondert berücksichtigt. ²Leistungen hierfür werden nach den Maßgaben des § 34a gesondert erbracht.

(2) ¹Bedarfe werden bei Schülerinnen und Schülern in Höhe der tatsächlichen Aufwendungen anerkannt für

1. Schulausflüge und
2. mehrtägige Klassenfahrten im Rahmen der schulrechtlichen Bestimmungen.

²Für Kinder, die eine Kindertageseinrichtung besuchen, gilt Satz 1 entsprechend.

(3) Bedarfe für die Ausstattung mit persönlichem Schulbedarf werden bei Schülerinnen und Schülern für den Monat, in dem der erste Schultag liegt, in Höhe von 70 Euro und für den Monat, in dem das zweite Schulhalbjahr beginnt, in Höhe von 30 Euro anerkannt.

(4) ¹Für Schülerinnen und Schüler, die für den Besuch der nächstgelegenen Schule des gewählten Bildungsgangs auf Schülerbeförderung angewiesen sind, werden die dafür erforderlichen tatsächlichen Aufwendungen berücksichtigt, soweit sie nicht von Dritten übernommen werden und es der leistungsberechtigten Person nicht zugemutet werden kann, sie aus dem Regelbedarf zu bestreiten. ²Als zumutbare Eigenleistung gilt in der Regel in Betrag in Höhe von 5 Euro monatlich.

(5) Für Schülerinnen und Schüler wird eine schulische Angebote ergänzende angemessene Lernförderung berücksichtigt, soweit diese geeignet und zusätzlich erforderlich ist, um die nach den schulrechtlichen Bestimmungen festgelegten wesentlichen Lernziele zu erreichen.

(6) ¹Bei Teilnahme an einer gemeinschaftlichen Mittagsverpflegung werden die entstehenden Mehraufwendungen berücksichtigt für

1. Schülerinnen und Schüler und
2. Kinder, die eine Tageseinrichtung besuchen oder für die Kindertagespflege geleistet wird.

²Für Schülerinnen und Schüler gilt dies unter der Voraussetzung, dass die Mittagsverpflegung in schulischer Verantwortung angeboten wird. ³In den Fällen des Satzes 2 ist für die Ermittlung des monatlichen Bedarfs die Anzahl der Schultage in dem Land zugrunde zu legen, in dem der Schulbesuch stattfindet.

(7) ¹Für Leistungsberechtigte bis zur Vollendung des 18. Lebensjahres wird ein Bedarf zur Teilhabe am sozialen und kulturellen Leben in der Gemeinschaft in Höhe von insgesamt 10 Euro monatlich berücksichtigt für

1. Mitgliedsbeiträge in den Bereichen Sport, Spiel, Kultur und Geselligkeit,
2. Unterricht in künstlerischen Fächern (zum Beispiel Musikunterricht) und vergleichbare angeleitete Aktivitäten der kulturellen Bildung und
3. die Teilnahme an Freizeiten.

²Neben der Berücksichtigung von Bedarfen nach Satz 1 können auch weitere tatsächliche Aufwendungen berücksichtigt werden, wenn sie im Zusammenhang mit der Teilnahme an Aktivitäten nach Satz 1 Nummer 1 bis 3 entstehen und es den Leistungsberechtigten im begründeten Ausnahmefall nicht zugemutet werden kann, diese aus dem Regelbedarf zu bestreiten.

Gliederung

A. Basisinformationen 1
  I. Textgeschichte und Gesetzesbegründung............ 1
  II. Vorgängervorschriften.. 11
  III. Systematische Zusammenhänge 12
  IV. Ausgewählte Literaturhinweise 26
  V. Internetadressen... 27
B. Auslegung der Norm 29
  I. Regelungsgehalt und Bedeutung der Norm........ 29
  II. Normzweck 32
  III. Tatbestandsmerkmale und Rechtsfolgen 33
  1. Leistungsgrundsätze (Absatz 1) 33
    a. Gesonderte Berücksichtigung der Leistungen.... 33
    b. Schülerinnen und Schüler allgemein- oder berufsbildender Schulen 35
    c. Abweichungen zu § 28 Abs. 1 SGB II 38
    d. Kinder und Jugendliche 39
    e. Teilhabe am sozialen und kulturellen Leben in der Gemeinschaft 40
  2. Ausflüge und Klassenfahrten (Absatz 2) 41
    a. Allgemeines.. 41
    b. Begriffsbestimmungen 43
    c. Aufwendungen 47
    d. Kindertageseinrichtungen 50
  3. Schulbedarf (Absatz 3) 51
    a. Geldleistung: 100 Euro in zwei Tranchen.......... 51
    b. Pauschale 52
    c. Keine empirische Ermittlung notwendig........... 53
    d. Anschaffung von Gegenständen für den Schulbesuch 54
    e. Kein Antrag erforderlich 55
    f. Abweichung zum SGB II 56
  4. Schülerbeförderung (Absatz 4) 57

    a. Allgemeines.. 57
    b. Erforderlichkeit der Aufwendungen, insbesondere „nächstgelegene" Schule 58
    c. Geldleistung 63
    d. Ausschlussgrund 1: Kostenübernahme nach Landesrecht oder durch Dritte 64
    e. Ausschlussgrund 2: Zumutbares Bestreiten der Kosten aus dem Regelbedarf und Selbstbehalt von 5 €? 65
  5. Lernförderung (Absatz 5) 68
    a. Allgemeines.. 68
    b. Anspruchsberechtigte: Schülerinnen und Schüler 72
    c. Ergänzung der schulischen Angebote 73
    d. Finale Ausrichtung auf wesentliche Lernziele ... 74
    e. Geeignetheit 75
    f. Zusätzliche Erforderlichkeit 81
    g. Angemessenheit 83
  6. Gemeinschaftliche Mittagsverpflegung (Absatz 6) 84
    a. Ziel der Leistungen 84
    b. Anspruchsvoraussetzung 87
    c. Bedarf und Eigenanteil 88
  7. Teilhabe am sozialen und kulturellen Leben in der Gemeinschaft (Absatz 7) 91
    a. Anspruchsberechtigte 91
    b. Antragserfordernis 92
    c. Ziele der Leistungen 93
    d. Verhältnis zum 4. und 6. Kapitel des SGB XII ... 94
    e. Budget 96
    f. Inhalt der Leistungen 98
    g. Erbringung der Leistung 103

A. Basisinformationen

I. Textgeschichte und Gesetzesbegründung

1 Der neue Dritte Abschnitt des Dritten Kapitels (§§ 34, 34a SGB XII) wurde m.W.v. 01.01.2011 durch Art. 3 Nr. 12 und Art. 14 Abs. 1 des Gesetzes zur Ermittlung von Regelbedarfen und zur Änderung des Zweiten und Zwölften Buches Sozialgesetzbuch v. 24.03.2011[1] in das SGB XII eingefügt. Außerdem ist mit § 131 SGB XII eine Übergangsregelung für verschiedene Sachverhalte geschaffen worden. Diese war insbesondere wegen der rückwirkenden Inkraftsetzung notwendig.

2 Die bisherigen Regelungen des § 34 SGB XII in der ab 01.01.2005 geltenden Fassung sind durch die Neuregelung komplett ersetzt worden. § 34 SGB XII a.F. enthielt Regelungen über Hilfe zum Lebensunterhalt in Sonderfällen, die jetzt in § 36 SGB XII (Sonstige Hilfen zur Sicherung der Unterkunft) normiert sind.

3 Die Neustrukturierung des ganzen Dritten Kapitels geht auf das Urteil des Bundesverfassungsgerichts vom 09.02.2010 zurück.[2] Dem Gesetzgeber wurde aufgegeben, die Regelleistungen nach dem SGB II

---

[1] BGBl I 2011, 453.
[2] BVerfG v. 09.02.2010 - 1 BvL 1/09 u.a. - BVerfGE 125, 175.

und dem SGB XII verfassungskonform neu zu bestimmen. Mit den neuen Leistungen für **Bildung und Teilhabe** beabsichtigt der Gesetzgeber, für Kinder und Jugendliche aus besonders förderungsbedürftigen Haushalten ein gleichberechtigtes Maß an Teilhabe am Leben in der Gemeinschaft zu gewährleisten wie auch den gleichartigen Zugang zu Bildung im schulischen und außerschulischen Bereich zu ermöglichen.[3] Die Gesetzesbegründung verweist auch auf den Aspekt der „Nachhaltigkeit". Durch die stärkere Unterstützung in den Bereichen Bildung und Teilhabe ermögliche der Gesetzgeber Kindern und Jugendlichen einen besseren Zugang zu Förderung und kultureller Bildung; dies trage nachhaltig dazu bei, dass Kinder und Jugendliche in der Zukunft ein eigenständiges und selbstbestimmtes Leben führen könnten.[4]

Bei der Ausgestaltung der neuen Leistungen soll es nach der **Gesetzesbegründung** nicht darum gehen, bestehende Vergünstigungen vor Ort zu ersetzen, sondern die Leistungen sollen tatsächliche **Zusatzleistungen** für Kinder und Jugendliche darstellen, die bestehende Leistungsangebote ergänzen.[5] Die **Erbringung** der Leistungen soll nur z.T. als Geldleistung, regelmäßig aber in **unbarer Form** erfolgen. Dadurch will der Gesetzgeber sicherstellen, dass die Leistung beim Kind ankommt; Eltern stünden zugleich in der Ausübung ihrer Erziehungsverantwortung in der Pflicht, dass die zur Verfügung stehenden Leistungen auch in Anspruch genommen werden. Auch die Leistungsträger werden darauf verpflichtet, die Inanspruchnahme der Leistungen durch **Beratung** und Anstöße gegenüber den Eltern sowie durch **Kooperation** und Netzwerkbildung mit allen Akteuren vor Ort zu befördern. Die neu eingeführten Leistungen für Bildung und Teilhabe sollen auf bestehende Strukturen an den Schulen und in der Gemeinschaft vor Ort aufsetzen und diese stärken. Deshalb orientiere sich die Ausgestaltung an einer Belebung der örtlichen Strukturen, der Stärkung von ehrenamtlichen Projekten und der Entwicklung neuer sozialer Strukturen, wo diese bisher fehlen und berücksichtige außerdem die Entwicklung und Stärkung zivilgesellschaftlichen Engagements.[6]

Die umfangreiche Gesetzesbegründung im Gesetzentwurf der Regierungskoalition[7] zeigt auch die hohe politische Bedeutung, die dem Thema Bildung und Existenzsicherung für Kinder und Jugendliche nach dem Urteil des Bundesverfassungsgerichts vom 09.02.2010 beigemessen wird. **Bildung** als Schlüssel zur „nachhaltigen Überwindung von Hilfebedürftigkeit" wird ins Zentrum der Begründung gerückt. Die Leistungen zur Deckung der Bedarfe für Bildung und Teilhabe werden als eigenständige Bedarfe neben dem Regelbedarf anerkannt, um einerseits das menschenwürdige **Existenzminimum** von Kindern und Jugendlichen, Schülerinnen und Schülern im Bereich der gesellschaftlichen Teilhabe sicherzustellen und andererseits durch zielgerichtete Leistungen eine stärkere Integration hilfebedürftiger Kinder und Jugendlicher in die Gemeinschaft zu erreichen. Bildung und Teilhabe am sozialen und kulturellen Leben seien erforderlich, um die materielle Basis für **Chancengerechtigkeit** herzustellen.

Die Gesetzesbegründung stellt außerdem heraus, wie der bereits im bisherigen Recht anerkannte Grundsatz, dass bei Kindern und Jugendlichen der notwendige Lebensunterhalt auch deren besonderen, insbesondere den durch ihre Entwicklung und ihr Heranwachsen bedingten Bedarf umfasst (§ 27 Abs. 2 SGB XII a.F., vgl. dazu die Kommentierung zu § 27 SGB XII Rn. 48 ff.), nun durch die neuen Leistungen konkretisiert wird. Im Unterschied zum bisherigen Recht würden nicht nur mehrtägige Klassenfahrten, sondern auch **eintägige Schulausflüge** als Bedarf anerkannt; außerdem seien auch Ausflüge von Kindern mitumfasst, die eine Kindertageseinrichtung besuchten.[8] Damit werde Anregungen aus der schulischen Praxis entsprochen. Es habe sich in der Vergangenheit gezeigt, dass Schülerinnen und Schüler aus bedürftigen Haushalten an Klassenausflügen wegen der damit verbundenen Kosten seltener teilnehmen würden. In Schulen mit einem hohen Anteil von Kindern im Bezug existenzsichernder Leistungen würden deshalb bisweilen gar keine Klassenausflüge mehr stattfinden. Dieser für die Sozialisation von Kindern und Jugendlichen negativen Entwicklung solle mit den neuen Leistungen entgegengewirkt werden.[9]

Im ursprünglichen Entwurf der Vorschrift noch nicht enthalten war die Übernahme von **Schülerbeförderungskosten** (§ 34 Abs. 4 SGB XII). Dies wurde erst nach dem Bericht und der **Beschlussempfehlung des Ausschusses für Arbeit und Soziales** des Deutschen Bundestags eingefügt.[10] Im Bericht des

---

[3] BT-Drs. 17/3404, S. 43.
[4] BT-Drs. 17/3404, S. 45.
[5] I.d.S. auch BSG v. 28.03.2013 - B 4 AS 12/12 R - juris Rn. 49 f. - SozR 4-4200 § 20 Nr. 18.
[6] BT-Drs. 17/3404, S. 43.
[7] BT-Drs. 17/3404, S. 42 f., 124 f.
[8] BT-Drs. 17/3404, S. 124.
[9] BT-Drs. 17/3404, S. 104 zu § 28 SGB II.
[10] BT-Drs. 17/4032, S. 18 f.

Ausschusses wird zur Begründung angeführt, dass das Bundesverfassungsgericht den Gesetzgeber u.a. dazu verpflichtet habe, hilfebedürftige Schülerinnen und Schüler mit den für den Schulbesuch notwendigen Mitteln auszustatten, soweit insbesondere die Länder im Rahmen der schulrechtlichen Bestimmungen dafür keine gleichwertigen Leistungsansprüche bereithielten.[11] Die Praxis belege, dass in **Flächenkreisen** und in größeren Städten die nächstgelegene Schule von Schülerinnen und Schülern häufig nicht in zumutbarer Weise fußläufig oder mit dem Fahrrad erreicht werden könne. Meist müsse für die Schülerbeförderung auf öffentliche Verkehrsmittel zurückgegriffen werden, wobei die hierdurch entstehenden Kosten im Regelbedarf nicht vollständig abgebildet würden. Für den Bereich Verkehr würden nach § 6 des Regelbedarfs-Ermittlungsgesetzes 14 Euro (vom Beginn des 7. bis zur Vollendung des 14. Lebensjahres) bzw. 12,62 Euro (vom Beginn des 15. bis zur Vollendung des 18. Lebensjahres) berücksichtigt. Die Kosten für eine Schülermonatskarte würden häufig über den im Regelbedarf für Verkehr berücksichtigten Beträgen liegen. Schülerbeförderungskosten würden in einigen Bundesländern regelhaft nur bis zum Abschluss der Sekundarstufe I vollständig vom Träger der Schülerbeförderung übernommen. Die Leistung nach § 34 Abs. 4 SGB II würde dementsprechend im Wesentlichen Schüler der Sekundarstufe II betreffen. Berücksichtigungsfähig seien nur die **notwendigen** Aufwendungen für die Beförderung zur nächstgelegenen Schule des gewählten Bildungsgangs. Auf diesen Betrag sei die Leistung auch dann beschränkt, wenn die Schülerin oder der Schüler tatsächlich eine weiter entfernte Schule besuche. Soweit in den Schulgesetzen der Länder eine vollständige oder teilweise Kostenübernahme insbesondere durch die Träger der Schülerbeförderung vorgesehen sei, sei diese ebenso anzurechnen, wie eine Kostenübernahme durch Dritte.[12] Verbrauchsausgaben der Referenzgruppe für Verkehr könnten dann auf die zu übernehmenden Kosten für eine Schülermonatsfahrkarte angerechnet werden, wenn diese Karte auch für den privaten Mobilitätsbedarf nutzbar sei.[13]

8   Im Vermittlungsverfahren in den Monaten Januar bis März 2011 wurde Absatz 6 der Vorschrift neu gefasst und festgelegt, dass die Mittagsverpflegung in schulischer Verantwortung angeboten werden muss; außerdem wurden einige redaktionelle (sprachliche) Anpassungen vorgenommen.[14]

9   Durch Art. 2 Nr. 2 des Gesetzes zur Änderung des Zweiten Buches Sozialgesetzbuch und anderer Gesetze v. 07.05.2013[15] ist § 34 SGB XII m.W.v. 01.08.2013 geändert worden. Eingefügt wurde ein neuer § 34 Abs. 4 **Satz 2** SGB XII. Danach gilt bei den Schülerbeförderungskosten als zumutbare Eigenleistung in der Regel ein Betrag in Höhe von 5 € monatlich. Dies soll nach der **Gesetzesbegründung** auf Erfahrungswerten der kommunalen Träger beruhen und der Verwaltungsvereinfachung dienen.[16]

10 Außerdem wurde § 34 Abs. 7 **Satz 2** SGB XII eingefügt. Danach können neben der Berücksichtigung von Bedarfen nach Satz 1 auch weitere tatsächliche Aufwendungen berücksichtigt werden, wenn sie im Zusammenhang mit der Teilnahme an Aktivitäten nach Satz 1 Nr. 1-3 entstehen und es den Leistungsberechtigten im begründeten Ausnahmefall nicht zugemutet werden kann, diese aus dem Regelbedarf zu bestreiten. Die Neuregelung soll nach der **Gesetzesbegründung** die Teilhabe am sozialen und kulturellen Leben in der Gemeinschaft erleichtern.[17] Das „Mitmachen" scheitere oft daran, dass die nötige Ausrüstung fehle (z.B. Musikinstrumente, Schutzkleidung für bestimmte Sportarten). Soweit allerdings für entsprechende Bedarfe bereits in der Regelbedarfsermittlung Verbrauchsausgaben als regelbedarfsrelevant berücksichtigt worden sind, könnten nicht nach § 28 Abs. 7 SGB II/§ 34 Abs. 7 SGB XII zusätzliche Leistungen gewährt werden. Ermöglicht werden solle jedoch durch die Änderung, dass in **begründeten Ausnahmefällen** der nach § 28 Abs. 7 SGB II/§ 34 Abs. 7 SGB XII anzuerkennende Bedarf neben Beiträgen für Sportvereine, Unterrichtsgebühren oder Freizeiten auch für Ausrüstung und Ähnliches verwendet werden kann. Ein solcher Ausnahmefall könne zum Beispiel vorliegen, wenn aufgrund einer besonderen Bedarfslage nachweisbar eine **Finanzierung von Ausrüstungsgegenständen aus dem Regelbedarf nicht zumutbar sei**.[18]

---

[11] BT-Drs. 17/4095, S. 37.
[12] BT-Drs. 17/4095, S. 38.
[13] BT-Drs. 17/4095, S. 38.
[14] BT-Drs. 17/4719, S. 11; BT-Drs. 17/4830, S. 5.
[15] BGBl I 2013, 1167.
[16] BR-Drs. 752/12, S. 5 f.
[17] BR-Drs. 752/12, S. 7 f.; BT-Drs. 17/12036, S. 7 f.
[18] BT-Drs. 17/12036, S. 8.

II. Vorgängervorschriften

Die Bildungs- und Teilhabeleistungen bzw. die Berücksichtigung besonderer Bedarfe bei Kindern und Jugendlichen haben Vorläufer bereits im **BSHG**. § 21 Abs. 1a Nr. 3 BSHG enthielt eine Regelung über die Gewährung einmaliger Leistungen für die Beschaffung besonderer Lernmittel für Schülerinnen und Schüler.[19] § 12 Abs. 2 BSHG enthielt bis 31.07.1996 die Regelung, dass bei Kindern und Jugendlichen der notwendige Lebensunterhalt auch den besonderen, vor allem den durch das Wachstum bedingten Bedarf umfasst. Ab 01.08.1996 stellte § 12 Abs. 2 BSHG auf den bei Kindern und Jugendlichen durch ihre Entwicklung und ihr Heranwachsen bedingten Bedarf ab.[20] Diese Formulierung nahm § 27 Abs. 2 SGB XII a.F. (vgl. dazu die Kommentierung zu § 27 SGB XII Rn. 48 ff.) auf, welcher die Aussage enthielt, dass bei Kindern und Jugendlichen der notwendige Lebensunterhalt auch deren besonderen Bedarf, insbesondere den durch ihre Entwicklung und ihr Heranwachsen bedingten Bedarf umfasse. Diese Norm hat durch ihre offene Formulierung allerdings auch das Bewusstsein dafür geschärft, dass eine weitere konkrete Ausformung dieses Grundsatzes notwendig ist (vgl. die Kommentierung zu § 27 SGB XII Rn. 50 f.). Konkretisiert wurde diese Vorschrift vor dem Urteil des Bundesverfassungsgerichts vom 09.02.2010 durch § 31 Abs. 1 Nr. 3 SGB XII a.F. (Leistungen für mehrtägige Klassenfahrten) und m.W.v. 01.10.2009 durch § 28a SGB XII a.F. (Zusätzliche Leistungen für die Schule, sog. „Schulbedarfspaket").[21]

11

III. Systematische Zusammenhänge

Die Leistungen zur Deckung der Bedarfe für Bildung und Teilhabe sind Teil der „**Hilfe zum Lebensunterhalt**", die im **Dritten Kapitel** geregelt ist. Anspruchsgrundlage ist § 19 Abs. 1 SGB XII i.V.m. § 27 Abs. 1 SGB XII. Ausgangspunkt ist § 27a Abs. 1 Satz 1 SGB XII. Danach umfasst der für die Gewährleistung des **Existenzminimums** notwendige Lebensunterhalt insbesondere Ernährung, Kleidung, Körperpflege, Hausrat, Haushaltsenergie ohne die auf Heizung und Erzeugung von Warmwasser entfallenden Anteile, persönliche Bedürfnisse des täglichen Lebens sowie Unterkunft und Heizung. Das Bundesverfassungsgericht hat im Urteil vom 09.02.2010 erklärt, dass das Grundrecht auf Gewährleistung eines menschenwürdigen Existenzminimums aus **Art. 1 Abs. 1 GG i.V.m. dem Sozialstaatsprinzip des Art. 20 Abs. 1 GG** als **subjektiv öffentliches Recht**[22] jedes Leistungsberechtigten nicht nur diejenigen materiellen Voraussetzungen sichert, die für seine physische Existenz notwendig sind, sondern dass dazu auch ein Mindestmaß an Teilhabe am gesellschaftlichen, kulturellen und politischen Leben gehört. Der Gesetzgeber muss die zu erbringenden Leistungen an dem jeweiligen Entwicklungsstand des Gemeinwesens und den bestehenden Lebensbedingungen ausrichten.

12

Auf die Leistungen besteht bei Vorliegen der Tatbestandsvoraussetzungen ein Rechtsanspruch i.S. des § 38 SGB I.[23] Auch das Bundesverfassungsgericht geht von gesetzlichen Ansprüchen („Anspruchsnormen") aus.[24] Es handelt sich um einen **Individualanspruch** desjenigen, der den entsprechenden Bedarf geltend macht. Auch im SGB II ist dies so; es handelt sich nicht um Leistungen für die gesamte Bedarfsgemeinschaft.[25]

13

§ 27a Abs. 1 Satz 2 SGB XII greift dies auf und normiert, dass zu den persönlichen Bedürfnissen des täglichen Lebens in vertretbarem Umfang eine Teilhabe am sozialen und kulturellen Leben in der Gemeinschaft gehört (vgl. die Kommentierung zu § 27a SGB XII Rn. 69 ff.). Dies gilt in besonderem

14

---

[19] Vgl. dazu *Wenzel* in: Fichtner/Wenzel, BSHG, 2. Aufl. 2003, § 21 Rn. 8.
[20] Gesetz zur Reform des Sozialhilferechts vom 23.07.1996, BGBl I 1996, 1088. Zur Systematik der Regelungen des BSHG im Unterschied zum SGB XII vgl. die Kommentierung zu § 27 SGB XII Rn. 11.
[21] I.d.F. des Gesetzes zur Förderung von Familien und haushaltsnahen Dienstleistungen, BGBl I 2008, 2955.
[22] BSG v. 22.04.2008 - B 1 KR 10/07 R - juris Rn. 34; BSG v. 27.01.2009 - B 14/11b AS 9/07 R - juris Rn. 25 jeweils m.w.N.; zum verfassungsrechtlichen und ideengeschichtlichen Hintergrund vgl. auch BVerwG v. 24.06.1954 - V C 78.54 - BVerwGE 1, 159 = NJW 1954, 1541; VGH München v. 08.03.1949 - Nr. 308 I 48 - DÖV 1949, 875 f.
[23] LSG Baden-Württemberg v. 23.01.2013 - L 2 AS 580/12 - juris Rn. 44; vgl. auch *Leopold* in: jurisPK-SGB II, 3. Aufl. 2012, § 29 Rn. 88.
[24] BVerfG v. 18.07.2012 - 1 BvL 10/10 u.a. - juris Rn. 122 - ZFSH/SGB 2012, 450 in der Gegenüberstellung von § 28 SGB II und § 34 SGB XII zum AsylbLG; teilweise war dies nach Einführung der B+T-Leistungen bestritten worden, *Lenze* in: Münder, LPK-SGB II, 4. Aufl. 2011, § 28 Rn. 39.
[25] BSG v. 10.09.2013 - B 4 AS 12/13 AS - SozR 4-4200 § 28 Nr. 8.

Maß für Kinder und Jugendliche. Für Schülerinnen und Schüler umfasst der notwendige Lebensunterhalt auch die erforderlichen Hilfen für den Schulbesuch (§ 27a Abs. 1 Satz 3 SGB XII). **Hilfe zum Lebensunterhalt** setzt sich zusammen aus Leistungen zur Deckung

- des monatlichen Regelbedarfs (§ 27a Abs. 2 Satz 1 SGB XII),
- zusätzlicher Bedarfe, insbesondere Mehrbedarf (§§ 30-33 SGB XII),
- der Bedarfe für **Bildung und Teilhabe** (§ 34 SGB XII) und
- der Bedarfe für Unterkunft und Heizung (§ 35 SGB XII).

15 In § 9 RBEG ist ergänzend zu § 34 Abs. 6 SGB XII (gemeinschaftliche **Mittagsverpflegung**) geregelt, dass bei Kindern, die eine Kindertageseinrichtung besuchen sowie bei Schülerinnen und Schülern zur Ermittlung der Mehraufwendungen je Schultag für die ersparten häuslichen Verbrauchsausgaben für ein Mittagessen (**Eigenanteil**) ein Betrag von einem Euro berücksichtigt wird (vgl. dazu Rn. 88 ff.).

16 Im Elften Kapitel (Einsatz von eigenem Einkommen und Vermögen) enthält § 82 Abs. 1 Satz 3 SGB XII jetzt die Regelung, dass das **Kindergeld** bei Minderjährigen dem jeweiligen Kind nicht als Einkommen zuzurechnen ist, soweit es bei diesem zur Deckung der Bedarfe nach § 34 SGB XII benötigt wird.

17 Die **Erbringung** der Bildungs- und Teilhabeleistungen ist in § 34a SGB XII geregelt und sieht einige vom Normalfall abweichende Grundsätze vor. Zur Deckung der **Regelbedarfe** werden monatliche Regelsätze (Pauschalbeträge) als **Geldleistung** gewährt (§ 27a Abs. 3 SGB XII). Die Regelbedarfe von Kindern und Jugendlichen sind eigenständig ermittelt worden und jetzt in § 8 Abs. 1 Nr. 4-6 RBEG geregelt. Auch die Leistungen zur Deckung der zusätzlichen bzw. der Mehrbedarfe und Unterkunftskosten werden in Form der Geldleistung erbracht. Für die Erbringung der **Bildungs- und Teilhabeleistungen** trifft § 34a SGB XII hingegen eine eigenständige Regelung. Danach kommen nicht nur Geld-, sondern vor allem auch **Sachleistungen** in Betracht. Die Leistungen des Schulbedarfspakets und der Schülerbeförderung werden als Geldleistung, die anderen Leistungen als Sachleistungen erbracht (die Verwendung des Begriffs Dienstleistung hat eher Auffangfunktion, da echte Dienstleistungen schwer vorstellbar sind), zur Abgrenzung von Geld-, Sach- und Dienstleistungen vgl. die Kommentierung zu § 10 SGB XII Rn. 15 ff. In **§ 131 SGB XII** ist eine **Übergangsregelung** insbesondere für die rückwirkende Antragstellung und abweichende Formen der Leistungserbringung normiert.

18 Die im **Vierten Kapitel** geregelten Leistungen der **Grundsicherung im Alter und bei Erwerbsminderung** umfassen gemäß § 42 Nr. 3 SGB XII auch die Bedarfe für Bildung und Teilhabe nach dem Dritten Abschnitt des Dritten Kapitels, ausgenommen jedoch die Bedarfe nach § 34 Abs. 7 SGB XII (Teilhabe am sozialen und kulturellen Leben in der Gemeinschaft), da diese nur bis zum vollendeten 18. Lebensjahr berücksichtigt werden. Der notwendige Lebensunterhalt in Einrichtungen umfasst den darin erbrachten sowie in **stationären Einrichtungen** zusätzlich den weiteren notwendigen Lebensunterhalt (§ 27b Abs. 1 Satz 1 SGB XII). Der notwendige Lebensunterhalt in stationären Einrichtungen entspricht dem Umfang der Leistungen der Grundsicherung nach § 42 Nr. 1, 2 und 4 SGB XII, es wird also gerade nicht auf die Regelung des § 42 Nr. 3 SGB XII (Bedarfe für Bildung und Teilhabe) Bezug genommen. Hier muss im Einzelfall geprüft werden, ob Leistungen zur Deckung der Bedarfe nach § 34 SGB XII über § 27b Abs. 2 Satz 1 SGB XII (weiterer notwendiger Lebensunterhalt) zu erbringen sind. Die Formulierung „insbesondere" in § 27b Abs. 2 Satz 1 SGB XII lässt Raum für die Prüfung individueller Bedarfe (vgl. die Kommentierung zu § 27b SGB XII Rn. 42). So ist es z.B. denkbar, dass im Zuge der Unterbringung in eine stationäre Einrichtung noch Mitgliedsbeiträge i.S.d. § 34 Abs. 7 SGB XII fällig werden. Der Ausschluss von Bedarfen nach § 34 Abs. 7 SGB XII, den § 42 Nr. 3 SGB XII vornimmt, gilt hier nicht, da auch Personen unter 18 Jahren betroffen sein können.

19 Das Teilhabebudget nach § 34 Abs. 7 SGB XII bleibt bei der Erbringung von Leistungen nach dem **Sechsten Kapitel** des SGB XII unberücksichtigt. Dies ergibt sich aus § 34a Abs. 1 Satz 3 SGB XII. Die Leistungen der **Eingliederungshilfe**,[26] insbesondere zur Teilhabe am Leben in der Gemeinschaft (§ 54 Abs. 1 Satz 1 SGB XII i.V.m. §§ 55 ff. SGB IX) sind also neben dem Teilhabebudget zu gewähren. Jene gehören zu den Rehabilitationsleistungen, während das Teilhabebudget zur Existenzsicherung gehört.[27] **Leistungen der öffentlichen Jugendhilfe** gehen grundsätzlich den Leistungen nach dem SGB XII vor (§ 10 Abs. 4 Satz 1 SGB VIII), abweichend hiervon gehen Leistungen nach § 27a

---

[26] Zur Abgrenzung der Hilfe zum Lebensunterhalt zur Eingliederungshilfe vgl. BSG v. 09.12.2008 - B 8/9b SO 10/07 R - BSGE 102, 126 = SozR 4-3500 § 54 Nr. 3.

[27] Zur Abgrenzung der B+T-Leistungen zu den Reha-Leistungen des SGB IX vgl. etwa SG Koblenz v. 26.08.2013 - S 8 KR 355/13.

Abs. 1 i.V.m. § 34 Abs. 6 SGB XII (gemeinschaftliches Mittagessen) den Leistungen nach dem SGB VIII vor (§ 10 Abs. 4 Satz 2 SGB VIII).

Praktische Bedeutung hat der Vorrang von Leistungen der Kinder- und Jugendhilfe vor allem bei der Lernförderung (§ 28 Abs. 5 SGB II, § 34 Abs. 5 SGB XII). Hier gehen die Leistungen nach den §§ 27 ff. SGB VIII (Hilfe zur Erziehung) und § 35a SGB VIII (Eingliederungshilfe für seelisch behinderte Kinder und Jugendliche, z.B. heilpädagogische Maßnahmen) vor.[28] Ein Nebeneinander des SGB II/XII-Bildungspakets und der Leistungen der öffentlichen Jugendhilfe besteht dagegen im Bereich der Jugend- und Schulsozialarbeit (§ 13 SGB VIII). Die sozialpädagogischen Hilfen des SGB VIII verfolgen andere und grundlegendere (Integrations-)Ziele als die SGB II-Leistungen.[29] Leistungen der Eingliederungshilfe für seelisch behinderte oder von Behinderung bedrohte Kinder sind den Leistungen für Bildung und Teilhabe gegenüber vorrangig. Ist das Prüfungsverfahren nach § 35a Abs. 1a SGB VIII noch nicht eingeleitet, kann im Eilfall gleichwohl eine Verpflichtung des SGB-II- bzw. SGB-XII-Trägers bestehen, zunächst Lernförderung nach § 34 SGB XII/§ 28 Abs. 5 SGB II zu leisten.[30]

Träger der Leistungen sind im SGB XII gemäß §§ 97 Abs. 1, 3 Abs. 1 und 2 SGB XII die örtlichen Träger der Sozialhilfe (kreisfreie Städte und Kreise), soweit nicht nach Landesrecht etwas anderes bestimmt wird oder nach Landesrecht die Zuständigkeit eines überörtlichen Trägers bestimmt ist.

Im **SGB II** sind die Leistungen zur Deckung der Bedarfe für Bildung und Teilhabe in § 28 SGB II geregelt, die Leistungserbringung in § 29 SGB II.[31] Die Leistungen des § 28 SGB II entsprechen denen des § 34 SGB XII (vgl. auch Rn. 39). Das SGB II war auch der eigentliche Auslöser für die Einführung der neuen Leistungen. Die Vorlagebeschlüsse des Bundessozialgerichts vom 27.01.2009,[32] in denen das Gericht neben der fehlenden eigenständigen Ermittlung des Bedarfs u.a. auf Ungleichbehandlungen zum SGB XII hinwies, weil dort über Öffnungsklauseln ein kinderspezifischer Bedarf in gewissen Grenzen berücksichtigt werden konnte, waren letztlich der Anlass für das Bundesverfassungsgericht, dem Gesetzgeber eine realitätsgerechte eigenständige Ermittlung des Existenzminimums von Kindern und Jugendlichen aufzugeben, das Thema Bildung in den Vordergrund zu rücken und in diesem Zusammenhang vor einem Ausschluss von Lebenschancen bei Kindern und Jugendlichen zu warnen.[33] Im SGB II sind die **Kommunen Träger** der Leistungen (§ 6 Abs. 1 Satz 1 Nr. 2 SGB II). Erbracht werden die Leistungen dort entweder durch die gemeinsamen Einrichtungen (§ 44b SGB II), es sei denn, die Trägerversammlung beauftragt gemäß § 44c Abs. 2 Satz 2 Nr. 4 SGB II Dritte mit der Erbringung (z.B. die Kommunen), oder durch die zugelassenen kommunalen Träger (§§ 6a, 6b SGB II).

Ein Bezieher von Leistungen nach dem BAföG, der einen eigenen Hausstand hat, ist nach § 7 Abs. 5 SGB II von zusätzlichen Leistungen für Bildung und Teilhabe nach dem SGB II ausgeschlossen; dies gilt auch für den Zuschuss zu einer Klassenfahrt; insofern liegt auch **keine besondere Lebenslage i.S.v. § 73 SGB XII** vor.[34]

Im Bundeskindergeldgesetz sind Leistungen für Bildung und Teilhabe in § 6b BKGG geregelt. Wenn **Wohngeld** bezogen oder wenn **Kinderzuschlag** geleistet wird, besteht gem. § 6b Abs. 1 BKGG ein Anspruch auf Leistungen für Bildung und Teilhabe für das Kind. Die Leistungen entsprechen den Leistungen zur Deckung der Bedarfe nach § 28 Abs. 2-7 SGB II und damit auch den Leistungen nach § 34 Abs. 2-7 SGB XII.

Nach dem Urteil des BVerfG v 18.07.2012 muss auch für Kinder und Jugendliche, die Leistungen nach § 3 AsylbLG erhalten, eine § 28 Abs. 1 Satz 1 SGB II bzw. § 34 Abs. 1 Satz 1 SGB XII entsprechende Bedarfsdeckung mit einem Rechtsanspruch gesichert sein.[35]

---

[28] Vgl. LSG Schleswig-Holstein v. 21.12.2011 - L 6 AS 190/11 B ER - juris Rn. 32; SG Marburg v. 01.11.2012 - S 5 AS 213/12 ER - juris Rn. 39; VG Stuttgart 19.02.2013 - 7 K 623/12 (Rechtschreibschwäche und seelische Störung).

[29] *Wiesner/Struck*, SGB VIII, 4. Aufl. 2011, § 13 Rn. 3, 12 ff. „Sozialisationshilfen".

[30] SG Itzehoe v. 22.08.2013 - S 10 AS 156/13 ER.

[31] Vgl. dazu *Groth* in: Groth/Luik/Siebel-Huffmann, Das neue Grundsicherungsrecht, 2011, S. 95 ff.

[32] BSG v. 27.01.2009 - B 14/11b AS 9/07 R; BSG v. 27.01.2009 - B 14 AS 5/08 R.

[33] BVerfG v. 09.02.2010 - 1 BvL 1/09 u.a. - juris Rn. 192 - BVerfGE 125, 175.

[34] LSG Berlin-Brandenburg v. 13.05.2013 - L 31 AS 1100/13 B PKH - info also 2013, 182; zur Abgrenzung der B+T-Leistungen nach den §§ 34, 34a SGB XII bzw. den §§ 28, 29 SGB II zu den Härtefallregelungen der § 21 Abs. 6 SGB II bzw. § 73 SGB XII vgl. BSG v. 10.09.2013 - B 4 AS 12/13 AS - SozR 4-4200 § 28 Nr. 8, Rn. 26 ff.

[35] BVerfG v. 18.07.2012 - 1 BvL 10/10 u.a. - SozR 4-3520 § 3 Nr. 2 Rn. 122; vgl. die Kommentierung zu § 2 AsylbLG Rn. 135, ausführlich zu Leistungen für Asylbewerber SG Hildesheim v. 12.12.2012 - S 42 AY 100/11 - juris Rn. 19 ff.

IV. Ausgewählte Literaturhinweise

26 *Armborst*, Das Bildungspaket oder – Hartz IV reloaded/overloaded?, ArchsozArb 2011, 4 ff.; *Becker, I.*, Bedarfe von Kindern und Jugendlichen nach dem Statistikmodell – Konzept für eine sachgerechte und verfassungskonforme Ermittlung, ArchsozArb 2011, 23 ff.; *Becker, P.*, Die neuen Leistungen für Bildung und Teilhabe im SGB II, SGb 2012, 185 ff.; *Bieback*, Existenzsicherung ohne Bildung, RdJB 2010, 137 ff.; *Blüggel*, Verfassungsmäßigkeit der Regelleistung für Kinder im Grundsicherungsrecht des SGB II, jurisPR-SozR 15/2009, Anm. 1; *Brandi*, Soziale Teilhabe und Sport – zur Umsetzung des Kinderbildungspakets in Sportvereinen, ArchsozArb 2011, 58 ff.; *Brose*, Die Lernförderung nach dem Bildungspaket: Eine kritische Zwischenbilanz, NZS 2013, 51 ff.; *Bühler-Niederberger/Mierendorff/Lange* (Hrsg.)., Kindheit zwischen fürsorglichem Zugriff und gesellschaftlicher Teilhabe, Wiesbaden 2010; *Burghardt*, Perspektiven einer Grundsicherung von Kindern, RsDE 68 (2009), 36 ff.; *Demmer*, Welche Konsequenzen hat das „Bildungspaket" für die Praxis der Bildungseinrichtungen?, ArchsozArb 2011, 48 ff.; *Deutscher Verein für öffentliche und private Fürsorge*, Zweite Empfehlungen des Deutschen Vereins zur Umsetzung der Leistungen für Bildung und Teilhabe v. 25.09.2012, abrufbar unter www.sgb-ii.net/portal/material_aktuell/material_bielefeld/mat_ag5/DV_BuT-Empfehlungen_2.pdf/at_download/file (abgerufen am 02.04.2014); *Deutsches Institut für Jugendhilfe und Familienrecht e.V.*, Bildung und Teilhabe für Kinder und Jugendliche nach SGB II: eine Strukturkritik, Stellungnahme der Ständigen Fachkonferenz 1 „Grund- und Strukturfragen des Jugendrechts" des Deutschen Instituts für Jugendhilfe und Familienrecht e.V. (DIJuF) vom 05.02.2013, JAmt 2013, 74 ff.; *Engels/Apel*, Inanspruchnahme der Leistungen für Bildung und Teilhabe – empirische Befunde, Landkreis 2013, 169 ff.; *Fahlbusch*, Arbeitskreis „Grundsicherung und Sozialhilfe", NDV 2011, 234 ff.; *Finis Siegler*, Das Bildungs- und Teilhabepaket in der Umsetzung, NDV 2013, 68 ff.; *v. zur Gathen/Struck*, Soziale Teilhabe lässt nicht in Bildungspäckchen packen! Zu den Neuregelungen im SGB II für Kinder und Jugendliche, ArchsozArb 2011, 78 ff.; *Gerlach*, Die neuen Sozialleistungen auf der Grundlage des § 6b BKGG – Bildung und Teilhabe außerhalb „klassischer" existenzsichernder Transferleistungssysteme – Neuigkeiten im Kindergeldrecht, ZfF 2012, 145 ff.; *Groth*, Neue Leistungen für Bildung und Teilhabe im SGB II, SGB XII und BKGG, jurisPR-SozR 8/2011, Anm. 1; *Groth*, Leistungen für Bildung und Teilhabe, in: Berlit/Conradis/Sartorius, Existenzsicherungsrecht, 2. Aufl. 2013, S. 544 ff.; *Groth/Leopold*, Das Schulbedarfspaket nach § 24a SGB II und § 28a SGB XII, info also 2009, 59 ff.; *Groth/Leopold*, Das Schuldbedarfspaket (§ 24a SGB II und § 28a SGB XII), ein Nachtrag, info also 2009, 206 ff.; *Groth/Luik/Siebel-Huffmann*, Das neue Grundsicherungsrecht, 2011; *Haase*, Zur ersten Novellierung der Leistungen für Bildung und Teilhabe, LKV 2013, 351; *Henneke*, Bildungs- und Teilhabepaket für Kinder im Sozialhilfebezug gebietet Aufhebung von § 3 Abs. 2 SGB XII, Der Landkreis 2011, 3; *Henneke*, Das bundesfinanzierte spitz abgerechnete Bildungs- und Teilhabepaket im SGB II als kommunale Selbstverwaltungsaufgabe – Sieht so ein Ferkel der eierlegenden Wollmilchsau aus?, Der Landkreis 2011, 66 ff.; *Hilligardt/Rost/Stark*, Leistungen für Bildung Teilhabe – Die Umsetzung in Hessen, Landkreis 2013, 173 ff.; *Höft-Dzemski*, Grundsicherung für Arbeitsuchende – Verfassungswidrigkeit der Höhe der Regelleistungen bzw. des Sozialgeldes für arme Kinder, NDV-RR 2009, 48 ff.; *Hohm*, Kostenübernahme für mehrtägige Klassenfahrt, jurisPR-SozR 13/2004, Anm. 5; *Hohmann-Dennhardt*, Menschenwürde im Sozialstaat des 21. Jahrhunderts, TuP 2011, 177 ff.; *Keller/Wiesner*, Grundsicherung für Arbeitsuchende und Bildungspaket für Kinder – welche Umsetzungschancen und -hindernisse gibt es im „ländlichen Raum"?, ArchsozArb 2011, 64 ff.; *Klesse*, Leistungen für Bildung und Teilhabe – Erste Empfehlungen zur Auslegung der neuen Regelungen im SGB II und XII sowie im Bundeskindergeldgesetz, NDV 2012, 7 ff., 61 ff.; *Langer, T.*, Nachhilfe – gefährlich oder hilfreich?, RdJB 2012, 99 ff.; *Lenze*, Die Gewährleistung des Existenzminimums von Kindern im föderalen System, NZS 2010, 534 ff.; *Lenze*, Regelleistung und gesellschaftliche Teilhabe, WSI-Mitteilungen 2010, 523 ff.; *Lenze*, Bildung und Teilhabe zwischen Jobcenter und Jugendamt, ZKJ 2011, 17 ff.; *Leis*, Geltendmachung von Sonderbedarf für eine Klassenfahrt und den Nachhilfeunterricht, jurisPR-FamR 5/2007, Anm. 5; *Leubecher*, Die Umsetzung des Bildungs- und Teilhabepakets im ländlichen Raum, NDV 2013, 281 ff.; *Markovic*, Weiterer Reformbedarf bei den Leistungen für Bildung und Teilhabe, NDV 2013, 145 ff.; *Martens*, Was arme Kinder brauchen, SozSich 2009, 340 ff.; *Münder*, Linderung der Familien- und Kinderarmut durch das Jugendhilfe- und Grundsicherungsrecht, SDSRV 57 (2007), 105 ff.; *Müller-Schneider/Voigt*, Die Grundsicherung von Kindern in westlichen Wohlfahrtsgesellschaften, Sozialer Fortschritt 2011, 33 ff.; *Rein*, Der Kostenbeitrag für Mittagessen in Kindertageseinrichtungen – Diskriminierung behinderter Kinder durch § 92 Abs. 2 Satz 3 SGB XII?, ZFSH/SGB 2014, 16 ff.; *Riehle*, Hartz IV und die Kinder,

Kind-Prax 2005, 133 f.; *Rothkegel*, Hartz-IV-Regelsätze und gesellschaftliche Teilhabe – die geplanten Änderungen im Lichte des Urteils des Urteils des Bundesverfassungsgerichts, ZFSH/SGB 2011, 69 ff.; *Schumacher*, Soziale Leistungen für Kinder mit Behinderung im Fadenkreuz zwischen Jugend- und Sozialhilfe, Sozialrecht aktuell 2013, 57 ff.; *Schürmann*, Kindesunterhalt im Spannungsfeld von Familien- und Sozialrecht, SGb 2009, 200 ff.; *Schürmann*, Zur Bemessung des Existenzminimums von minderjährigen Kindern – Anmerkung zur Entscheidung des BVerfG vom 09.02.2010, FamRZ 2010, 441 ff.; *SGB II/SGB XII-Redaktion*, Was gilt jetzt eigentlich und wenn ja, ab wann? – Inkrafttreten der Änderungen zum SGB II/SGB XII in dem Gesetz zur Ermittlung von Regelbedarfen und zur Änderung des Zweiten und Zwölften Buches Sozialgesetzbuch, info also 2/2011, 51 ff.; *Walter*, Das Bildungs- und Teilhabepaket aus kommunaler Perspektive, ArchsozArb 2011, 38 ff.; *Welti*, Teilhabe im sozialen Rechtsstaat, Betrifft Justiz 2011, 81 ff.; *Wenner*, Neue Hartz-IV-Urteile des BSG – Erfolg für Schüler – Kosten für Klassenfahrten sind voll zu erstatten, SozSich 2008, 391 ff.

V. Internetadressen

www.bildungspaket.bmas.de (abgerufen am 02.04.2014), dort beispielsweise auch **fremdsprachige Broschüren** mit verschiedenen Informationen zum Inhalt des Bildungs- und Teilhabepakets und zum Prozedere (www.bmas.de/DE/Themen/Arbeitsmarkt/Grundsicherung/Bildungspaket/inhalt.html (abgerufen am 22.04.2014), dort unter: Publikationen zum Bildungspaket); Arbeitshilfe „Bildungs- und Teilhabepaket" des Ministeriums für Arbeit, Integration und Soziales des Landes Nordrhein-Westfalen, 1. Aufl., Stand 28.04.2011, unter www.mais.nrw.de/08_PDF/003/faq_bildungs_teilhabepaket.pdf (abgerufen am 02.04.2014); Einblicke in die föderale Struktur des Bildungswesens in der Bundesrepublik nebst Erläuterungen unter www.kmk.org/fileadmin/doc/Dokumentation/Bildungswesen_pdfs/dossier_de_ebook.pdf (abgerufen am 22.04.2014). 27

Die vom Ministerium für Arbeit, Integration und Soziales des Landes Nordrhein-Westfalen herausgegebene „Arbeitshilfe Bildungs- und Teilhabepaket" steht mittlerweile in der 5. Aufl., Stand: 01.08.2013 unter https://broschueren.nordrheinwestfalendirekt.de/broschuerenservice/staatskanzlei/arbeitshilfe-bildungs-und-teilhabepaket/1615 zum Download bereit (abgerufen am 02.04.2014). 28

B. Auslegung der Norm

I. Regelungsgehalt und Bedeutung der Norm

Die §§ 28 f. SGB II und die §§ 34 f. SGB XII sind eine direkte Reaktion des Gesetzgebers auf das Urteil des Bundesverfassungsgerichts vom 09.02.2010.[36] Mit der eindrücklichen Formulierung „**Kinder sind keine kleinen Erwachsenen**"[37] wies das Bundesverfassungsgericht darauf hin, dass im Zuge der Ermittlung des Existenzminimums ein besonderer kinder- und altersspezifischer Bedarf zu ermitteln ist und gab dem Gesetzgeber folgende Grundsätze für die Neuregelung mit auf den Weg: Der Bedarf von Kindern, der zur Sicherstellung eines menschenwürdigen Existenzminimums gedeckt werden muss, hat sich an kindlichen Entwicklungsphasen und an dem, was für die Persönlichkeitsentfaltung eines Kindes erforderlich ist, auszurichten. Vor allem bei schulpflichtigen Kindern ist ein besonderer altersspezifischer Bedarf zu berücksichtigen. Notwendige Aufwendungen zur Erfüllung schulischer Pflichten gehörten zu ihrem existentiellen Bedarf. Ohne Deckung dieser Kosten droht hilfebedürftigen Kindern der **Ausschluss von Lebenschancen**, weil sie ohne den Erwerb der notwendigen Schulmaterialien, wie Schulbücher, Schulhefte oder Taschenrechner, die Schule nicht erfolgreich besuchen können. 29

Anders als im SGB II gab es im früheren SGB XII über die Öffnungsklausel des § 28 Abs. 1 Satz 2 SGB XII a.F. (jetzt § 27a Abs. 4 Satz 1 SGB XII) bereits die Möglichkeit, bei Kindern und Jugendlichen **abweichende Bedarfe** zu berücksichtigen.[38] Nach dem Regelungskonzept des SGB II hingegen war die Regelleistung, auch für Kinder und Jugendliche, pauschaliert und abschließend.[39] Kinder von Sozialhilfeempfängern sind im Rahmen des SGB XII entgegen Art. 3 Abs. 1 GG besser behandelt worden als die Kinder von Leistungsempfängern nach dem SGB II, ohne dass eine solche Ungleichbehand- 30

---

[36] BVerfG v. 09.02.2010 - 1 BvL 1/09 u.a. - BVerfGE 125, 175.
[37] BVerfG v. 09.02.2010 - 1 BvL 1/09 u.a. - juris Rn. 191 - BVerfGE 125, 175.
[38] Vgl. dazu insbesondere BSG v. 27.01.2009 - B 14/11b AS 9/07 R - juris Rn. 37; BSG v. 27.01.2009 - B 14 AS 5/08 R - juris Rn. 41.
[39] Vgl. BT-Drs. 15/1516, S. 56; vgl. dazu *Spellbrink* in: Eicher/Spellbrink, SGB II, 2. Aufl. 2008, § 20 Rn. 8 und Rn. 35 ff.

lung in irgendeiner Weise gerechtfertigt war.⁴⁰ Der Gesetzgeber hat mit den Neuregelungen in den §§ 28 f. SGB II und §§ 34 f. SGB XII nunmehr den Rechtszustand harmonisiert und Kinder von Leistungsempfängern beider Systeme gleichgestellt.

31 § 34 SGB II konkretisiert den besonderen kinder- und altersspezifischen Bedarf, indem für **sechs** unterschiedliche Bedarfssituationen Ansprüche geschaffen werden. Dies betrifft Bedarfe für:

- eintägige Ausflüge und mehrtägige Fahrten (mit auswärtiger Übernachtung) der Schulen und Kindertagesstätten (§ 34 Abs. 2 SGB XII),
- Ausstattung mit persönlichem Schulbedarf (§ 34 Abs. 3 SGB XII),
- Schülerbeförderungskosten (§ 34 Abs. 4 SGB XII),
- Lernförderung (§ 34 Abs. 5 SGB XII),
- Mehraufwendungen bei gemeinschaftlicher Mittagsverpflegung (§ 34 Abs. 6 SGB XII) und
- Teilhabe am sozialen und kulturellen Leben in der Gemeinschaft; dies betrifft Mitgliedsbeiträge in den Bereichen Sport, Spiel, Kultur und Geselligkeit; Unterricht in künstlerischen Fächern und vergleichbaren angeleiteten Aktivitäten der kulturellen Bildung sowie Teilnahme an Freizeiten (§ 34 Abs. 7 SGB XII).

II. Normzweck

32 Die Norm ist ein neuer eigenständiger **Baustein** im System der **Existenzsicherung**.⁴¹ Die Bedarfe für Bildung und Teilhabe werden als eigenständige Bedarfe neben dem Regelbedarf **gesondert** anerkannt. Hilfe zum Lebensunterhalt nach dem SGB XII setzt sich nach der Neustrukturierung des Dritten Kapitels nunmehr zusammen aus dem monatlichen Regelbedarf, den zusätzlichen Bedarfen, den Bedarfen für Unterkunft und Heizung und den Bedarfen für Bildung und Teilhabe. Damit wird das Urteil des Bundesverfassungsgerichts vom 09.02.2010 umgesetzt, aber auch ein neuer Akzent auf das Thema Bildung und Teilhabe bei Kindern und Jugendlichen gesetzt, und zudem auf diesem Gebiet der Sachleistungsgedanke in den Vordergrund gerückt. Die Leistungen für Bildung und Teilhabe sollen dazu dienen, besondere Bedarfslagen bei Kindern und Jugendlichen im Einzelfall gezielt zu decken.⁴² Letztlich geht es darum, durch die gesonderte Berücksichtigung der Bedarfe für Bildung und Teilhabe **Chancengerechtigkeit** in einem möglichst frühen Stadium zu schaffen, gesellschaftliche **Exklusionsprozesse zu vermeiden** und die Bedingungen zu schaffen, die es Schülerinnen und Schülern aus einkommensschwachen Haushalten durch Entwicklung und Entfaltung ihrer Fähigkeiten ermöglichen, ihren Lebensunterhalt später aus eigenen Kräften bestreiten zu können.⁴³

III. Tatbestandsmerkmale und Rechtsfolgen

1. Leistungsgrundsätze (Absatz 1)

a. Gesonderte Berücksichtigung der Leistungen

33 § 34 Abs. 1 SGB XII beschreibt einführend die in § 34 Abs. 2-7 SGB XII abschließend⁴⁴ geregelten Bedarfe von Kindern und Jugendlichen in den Bereichen **Bildung und Teilhabe**. Die Bedarfe für Bildung und Teilhabe werden neben den maßgebenden Regelbedarfsstufen „gesondert" berücksichtigt (§ 34 Abs. 1 Satz 1 SGB XII). Zur Deckung dieser Bedarfe werden Leistungen „gesondert erbracht" (§ 34 Abs. 1 Satz 2 SGB XII i.V.m. § 34a SGB XII). **Die Bedarfe nach § 34 SGB XII allein können Hilfebedürftigkeit auslösen**. Auch wenn keine Regelsätze zu gewähren sind, werden trotzdem für Bedarfe nach § 34 SGB XII Leistungen erbracht, wenn diese nicht aus eigenen Kräften und Mitteln vollständig gedeckt werden können (§ 34a Abs. 1 Satz 2 SGB XII). Anspruchsgrundlage ist § 19 Abs. 1 SGB XII i.V.m. § 27 Abs. 1 SGB XII.

---

⁴⁰ BSG v. 27.01.2009 - B 14/11b AS 9/07 R - juris Rn. 37.
⁴¹ Zur Konzeption der B+T-Leistungen als Teil der Existenzsicherung vgl. BSG v. 28.03.2013 - B 4 AS 12/12 R - juris Rn. 43 ff. - SozR 4-4200 § 20 Nr. 18.
⁴² Vgl. zu § 28 SGB II BSG v. 10.09.2013 - B 4 AS 12/13 - SozR 4-4200 § 28 Nr. 8, Rn. 15.
⁴³ Vgl. BT-Drs. 17/3404, S. 104 zu § 28 SGB II und BVerfG v. 09.02.2010 - 1 BvL 1/09, 3/09, 4/09 - juris Rn. 192.
⁴⁴ BT-Drs. 17/3404, S. 124.

Bei den Leistungen für Bildung und Teilhabe nach § 28 SGB II bzw. § 34 SGB XII handelt es sich um abtrennbare Verfügungen, weshalb die Beteiligten mit einer ausdrücklichen Erklärung den Streitgegenstand hierauf beschränken können.[45]

b. Schülerinnen und Schüler allgemein- oder berufsbildender Schulen

Bedarfe für **Bildung** werden anerkannt für **Schülerinnen und Schüler**, die eine allgemein- oder berufsbildende Schule besuchen. Dies entspricht der bereits im bisherigen § 28a SGB XII („Zusätzliche Leistung für die Schule") geltenden Abgrenzung. Gemeint ist nicht der schulrechtliche Begriff der Schülerin oder des Schülers, d.h., es kommt nicht darauf an, ob Schulpflicht besteht,[46] sondern entscheidend ist der tatsächliche Schulbesuch. Der Begriff der „allgemeinbildenden Schule", bei deren Besuch Anspruch auf Leistungen für Schulbedarfe besteht, wird nicht durch die Schulgesetze der Länder, sondern vorrangig durch bundesrechtliche Maßstäbe ausgestaltet.[47]

Allgemeinbildende Schulen (vgl. zum Ganzen die Kommentierung zu § 28a SGB XII Rn. 15) sind Regelschulen[48] (Grundschule, Hauptschule, Realschule, Gymnasium, Gesamtschule), Förderschulen, Sonderschulen und Kollegs; auch Abendschulen, -realschulen und -gymnasien.[49] Es muss – anders als noch von mir in der Vorauflage vertreten – kein allgemeinbildender Schulabschluss (Hauptschul- oder Realschulabschluss bzw. Abitur) angestrebt werden. Das BSG verlangt keinen bestimmten Schulabschluss.[50] Insoweit verweist es auf Wortlaut, Entstehungsgeschichte und Teleologie der Regelung; es hat deshalb den Leistungsanspruch eines geistig behinderten Kindes auch bei Erfüllung der Schulpflicht in einer staatlich anerkannten Förderschule bejaht.

Auch **private Ersatzschulen**, die einen anerkannten allgemeinbildenden Schulabschluss anbieten, werden von der Regelung erfasst (vgl. die Kommentierung zu § 28a SGB XII Rn. 15). Die Vielfalt unseres Schulbildungswesens bedingt eine weite Auslegung des Begriffs „allgemein- oder berufsbildende Schule", um dem Zweck der Vorschrift gerecht zu werden. In den Erläuterungen des Sekretariats der Ständigen Konferenz der Kultusminister der Länder zum Bildungswesen in der Bundesrepublik Deutschland 2011/2012 wird zur Grundstruktur des Schulbildungswesens u.a. ausgeführt:
„Die Bildungsgänge der Hauptschule und der Realschule werden auch an Schularten mit zwei Bildungsgängen mit nach Ländern unterschiedlichen Bezeichnungen angeboten. Die folgenden Schularten fassen die Bildungsgänge der Haupt- und der Realschule pädagogisch und organisatorisch zusammen: Mittelschule (Sachsen), Regelschule (Thüringen), Sekundarschule (Bremen, Sachsen-Anhalt), Erweiterte Realschule (Saarland), Verbundene Haupt- und Realschule (Hessen), Haupt- und Realschule (Hamburg), Regionale Schule (Mecklenburg-Vorpommern), Realschule plus (Rheinland-Pfalz), Regionalschule (Schleswig-Holstein), Oberschule (Brandenburg), Mittelstufenschule (Hessen).
Der Bildungsgang des Gymnasiums wird auch an Schularten mit drei Bildungsgängen angeboten. Die folgenden Schularten umfassen die drei Bildungsgänge der Hauptschule, der Realschule und des Gymnasiums: Integrierte Gesamtschule, Kooperative Gesamtschule, Integrierte Sekundarschule (Berlin), Oberschule (Bremen, Niedersachsen), Stadtteilschule (Hamburg), teilweise die Regionale Schule (Mecklenburg-Vorpommern), Gemeinschaftsschule (Schleswig-Holstein, Thüringen, Saarland).

---

[45] LSG Baden-Württemberg v. 23.01.2013 - L 2 AS 580/12 - juris Rn. 28 ff.; SG Darmstadt v. 27.03.2012 - S 1 AS 1217/11; SG Kassel v. 03.08.2012 - S 10 AS 958/11; SG Berlin v. 12.09.2012 - S 55 AS 34011/11; andere Begründung bei BSG v. 10.09.2013 - B 4 AS 12/13 AS - SozR 4-4200 § 28 Nr. 8, Rn. 14 f. (Individualanspruch). Zum vor dem 01.04.2011 geltenden Recht vgl. bereits BSG v. 10.05.2011 - B 4 AS 11/10 - SozR 4-4200 § 44 Nr. 2 Rn. 15, Schulbedarf; BSG v. 13.11.2008 - B 14 AS 36/07 R - BSGE 102, 68 = SozR 4-4200 § 23 Nr. 1 und BSG v. 22.11.2011 - B 4 AS 204/10 R - SozR 4-4200 § 23 Nr. 15, Klassenfahrt, jeweils m.w.N. Zu Besonderheiten des einstweiligen Rechtsschutzes vgl. SG Itzehoe v. 22.08.2013 - S 10 AS 156/13 ER, SG Berlin v. 26.04.2013 - S 197 AS 10018/13 ER - ZFSH/SGB 2013, 606 und SG Stade v. 22.11.2012 - S 28 AS 781/12 ER - ZFSH/SGB 2013, 115.

[46] BT-Drs. 17/3404, S. 104.

[47] BSG v. 19.06.2012 - B 4 AS 162/11 R - SozR 4-4200 § 24a Nr. 1.

[48] Vgl. z.B. § 11 Abs. 3 Nr. 1 Hessisches Schulgesetz; § 5 Abs. 2 Nr. 1 Niedersächsisches Schulgesetz.

[49] Vgl. zu ländertypischen Bezeichnungen der Haupt- und Realschulen das Diagramm mit Anmerkungen in: Sekretariat der Ständigen Konferenz der Kultusminister der Länder in der Bundesrepublik Deutschland (Hrsg.), Das Bildungswesen in der Bundesrepublik Deutschland 2011/2012, abrufbar unter www.kmk.org/fileadmin/doc/Dokumentation/Bildungswesen_pdfs/dossier_de_ebook.pdf (abgerufen am 02.04.2014), S. 29 f.

[50] BSG v. 19.06.2012 - B 4 AS 162/11 R - SozR 4-4200 § 24a Nr. 1.

Die allgemeinbildenden Schulabschlüsse nach Jahrgangsstufe 9 und 10 tragen in einzelnen Ländern besondere Bezeichnungen. Der nachträgliche Erwerb dieser Abschlüsse an Abendschulen und beruflichen Schulen oder durch eine Externenprüfung ist möglich. Zugangsvoraussetzung ist die formelle Berechtigung zum Besuch der gymnasialen Oberstufe, die nach Jahrgangsstufe 9 oder 10 erworben wird. Der Erwerb der Allgemeinen Hochschulreife erfolgt seit 2012 in der Mehrzahl der Länder nach Jahrgangsstufe 12 (achtjähriges Gymnasium).

Die Berufsoberschule besteht bisher nur in einigen Ländern und bietet Absolventen mit Mittlerem Schulabschluss und abgeschlossener Berufsausbildung bzw. fünfjähriger Berufstätigkeit die Möglichkeit zum Erwerb der Fachgebundenen Hochschulreife. Bei Nachweis von Kenntnissen in einer zweiten Fremdsprache ist der Erwerb der Allgemeinen Hochschulreife möglich.

Die Fachoberschule ist eine zweijährige Schulart, die aufbauend auf dem Mittleren Schulabschluss mit Jahrgangsstufen 11 und 12 zur Fachhochschulreife führt. Für Absolventen mit Mittlerem Schulabschluss und einer beruflichen Erstausbildung ist der unmittelbare Eintritt in Jahrgangsstufe 12 der Fachoberschule möglich. Die Länder können auch eine Jahrgangsstufe 13 einrichten. Der Besuch der Jahrgangsstufe 13 führt zur Fachgebundenen Hochschulreife und unter bestimmten Voraussetzungen zur Allgemeinen Hochschulreife.

Berufsfachschulen sind berufliche Vollzeitschulen verschiedener Ausprägung im Hinblick auf Zugangsvoraussetzungen, Dauer und Abschlüsse. In ein- oder zweijährigen Bildungsgängen wird eine berufliche Grundausbildung, in zwei- oder dreijährigen Bildungsgängen eine Berufsausbildung vermittelt. In Verbindung mit dem Abschluss eines mindestens zweijährigen Bildungsgangs kann unter bestimmten Voraussetzungen die Fachhochschulreife erworben werden. […]

Fachschulen dienen der beruflichen Weiterbildung (Dauer 1–3 Jahre) und setzen grundsätzlich den Abschluss einer einschlägigen Berufsausbildung in einem anerkannten Ausbildungsberuf und eine entsprechende Berufstätigkeit voraus. Unter bestimmten Voraussetzungen ist zusätzlich der Erwerb der Fachhochschulreife möglich. […]

An Pädagogischen Hochschulen (nur in Baden Württemberg) wird für verschiedene Lehrämter ausgebildet. Im Einzelfall ist auch ein Studium für Berufe im außerschulischen Bildungs- und Erziehungsbereich möglich.

Die Berufsakademie ist eine Einrichtung des tertiären Bereichs in einigen Ländern, die eine wissenschaftsbezogene und zugleich praxisorientierte berufliche Bildung durch die Ausbildung an einer Studienakademie und in einem Betrieb im Sinne des dualen Systems vermittelt."[51]

c. Abweichungen zu § 28 Abs. 1 SGB II

38 § 34 Abs. 1 SGB XII sieht **keine Altersobergrenze** vor und der Leistungsbezug ist bei einem Anspruch auf Ausbildungsvergütung nicht zwingend ausgeschlossen. Anders als in § 28 Abs. 1 Satz 2 SGB II gibt es keine Beschränkung auf Schülerinnen und Schüler, die das 25. Lebensjahr noch nicht vollendet haben. Im SGB II hat der Gesetzgeber diese Beschränkung damit gerechtfertigt, dass die schulische Ausbildung bis zu diesem Zeitpunkt abgeschlossen sein sollte.[52] Ebenfalls abweichend vom SGB XII ist in § 28 Abs. 1 SGB II als negatives Tatbestandsmerkmal geregelt, dass leistungsberechtigt nur ist, wer keine Ausbildungsvergütung erhält. Zur Begründung hat der Gesetzgeber ausgeführt, dass Auszubildende, die eine Ausbildungsvergütung erhalten und damit über Einkommen i.S.d. § 11 Abs. 1 SGB II verfügen, die Aufwendungen für die Ausbildung vom Einkommen absetzen und darüber hinaus den Erwerbstätigenfreibetrag in Anspruch nehmen können.[53]

d. Kinder und Jugendliche

39 Bedarfe für die **Teilhabe** am sozialen und kulturellen Leben in der Gemeinschaft werden für **Kinder und Jugendliche** anerkannt. Die anzuerkennenden Bedarfe entsprechen denen nach § 28 SGB II. Im SGB II ist an dieser Stelle außer von Kindern und Jugendlichen zwar auch von „jungen Erwachsenen" die Rede, jedoch ist sowohl in § 34 Abs. 7 SGB XII als auch in § 28 Abs. 7 SGB II die **Vollendung des 18. Lebensjahres** als Grenze der Anspruchsberechtigung einheitlich normiert.

---

[51] www.kmk.org/fileadmin/doc/Dokumentation/Bildungswesen_pdfs/dossier_de_ebook.pdf (abgerufen am 10.03.2014), S. 29 f.
[52] BT-Drs. 17/3404, S. 104.
[53] BT-Drs. 17/3404, S. 104.

e. Teilhabe am sozialen und kulturellen Leben in der Gemeinschaft

Der Begriff Teilhabe meint allgemein das **Einbezogensein** in einen bestimmten Kontext, in eine bestimmte Lebenssituation. Teilhaben bedeutet **an etwas beteiligt** sein, einen Anteil an etwas haben, einer Sache teilhaftig sein.[54] Im Bereich des Grundrechts auf Gewährleistung des soziokulturellen Existenzminimums aus Art. 1 Abs. 1 GG i.V.m. dem Sozialstaatsprinzip aus Art. 20 Abs. 1 GG ist der Bezugspunkt das **soziale und kulturelle Leben**, also das, was schon da ist, was sich vor Ort abspielt, „denn der Mensch als Person existiert notwendig in sozialen Bezügen".[55] Das bedeutet aber auch, dass weder die Jobcenter im SGB II noch die Sozialhilfeträger im SGB XII das soziale und kulturelle Leben der Gemeinschaft durch Schaffung von Angeboten erst entwickeln und ausgestalten, sondern dass es den Leistungsberechtigten ermöglicht werden soll, **an den vorhandenen Angeboten teilzuhaben**, d.h., von ihnen nicht ausgeschlossen zu sein.[56] „Auch soweit Teilhaberechte nicht von vornherein auf das jeweils Vorhandene beschränkt sind, stehen sie doch unter dem Vorbehalt des Möglichen im Sinne dessen, was der Einzelne vernünftigerweise von der Gesellschaft beanspruchen kann. [...] Das Grundgesetz hat ... die Spannung Individuum – Gemeinschaft im Sinne der Gemeinschaftsbezogenheit und Gemeinschaftsgebundenheit der Person entschieden."[57] Die Leistungsträger müssen also z.B. nicht erst einen Sportverein gründen. Die „Teilhabe" kommt auch nicht von selbst zu den Leistungsberechtigten nach Hause, sondern sie muss mit anderen Menschen, eben in der Gemeinschaft, außerhalb der eigenen vier Wände in Anspruch genommen werden. Deshalb ist es erforderlich, dass man sich über bestehende Angebote informiert, sich etwas aussucht und dorthin geht. Hier existieren vielleicht zu Beginn gewisse Hemmschwellen, z.B. weil man sich als Leistungsberechtigter „outet". Deshalb müssen die Träger unterstützend tätig werden, etwa zunächst durch geeignete Beratung und dann durch effektive und zügige Leistungserbringung, sei es durch Ausgabe von Gutscheinen oder Direktzahlungen an Anbieter.

40

2. Ausflüge und Klassenfahrten (Absatz 2)

a. Allgemeines

Für **eintägige Schulausflüge** und **mehrtägige Klassenfahrten** im Rahmen der schulrechtlichen Bestimmungen werden gemäß § 34 Abs. 2 Satz 1 SGB XII Bedarfe bei Schülerinnen und Schülern in Höhe der **tatsächlichen Aufwendungen** anerkannt; Entsprechendes gilt für Kinder, die eine Kindertageseinrichtung besuchen. Die Vorschrift entspricht § 28 Abs. 2 SGB II. Im bisherigen Recht (§ 31 Abs. 1 Nr. 3 SGB XII a.F.; § 23 Abs. 3 Satz 1 Nr. 3 SGB II a.F.) waren nur mehrtägige Klassenfahrten erfasst. Die Leistungen werden nur auf **Antrag** erbracht (§ 34a Abs. 1 Satz 1 SGB XII).[58] Sie wurden nach der ursprünglichen Gesetzeskonzeption gemäß § 34a Abs. 2 Satz 1 SGB XII insbesondere in Form von personalisierten **Gutscheinen**, welche an die Schülerinnen und Schüler ausgegeben werden, oder **Direktzahlungen** an die Schulen erbracht. Seit Beginn des neuen Schuljahrs 2013/2014 entscheiden die kommunalen Träger nach pflichtgemäßem Ermessen, ob die Leistung als Geldleistung erbracht wird (§ 34a Abs. 2 Satz 2 SGB XII).[59]

41

Die Vorschrift soll die gleichberechtigte Teilnahme aller Schülerinnen und Schüler (vgl. Rn. 35) an diesen Veranstaltungen ohne Rücksicht auf die wirtschaftliche Situation ihrer Eltern sicherstellen. Der Gesetzgeber geht – sicher nicht zu Unrecht – davon aus, dass das Fernbleiben von schulischen Gemeinschaftsveranstaltungen Kinder und Jugendliche in ihrer Entwicklungsphase besonders nachhaltig negativ prägen kann und hält die mit der Regelung verbundenen Ziele der Teilhabe am sozialen und kulturellen Leben in der Gemeinschaft nur für erreichbar, wenn die Aufwendungen für Klassenfahrten und Schulausflüge in **tatsächlicher Höhe** berücksichtigt werden,[60] weshalb **keine Angemessenheitsprüfung** stattfindet. Für mehrtägige Klassenfahrten war die volle Kostenübernahme in tatsächlicher Höhe nach der bisherigen Rechtslage bereits von der Rechtsprechung anerkannt;[61] dies galt auch für erfor-

42

---

[54] *J. und W. Grimm*, Deutsches Wörterbuch, Bd. 11, 1935, Sp. 353 (theil) sub. 4 lit. b α und Sp. 359; *Wahrig* Deutsches Wörterbuch, Jubiläumsausgabe 1991, S. 1269; *Duden*, 22. Aufl. 2000, S. 957.
[55] BVerfG v. 09.02.2010 - 1 BvL 1/09 u.a. - juris Rn. 135 m.w.N. - BVerfGE 125, 175.
[56] BSG v. 28.03.2013 - B 4 AS 12/12 R - juris Rn. 49 f. - SozR 4-4200 § 20 Nr. 18.
[57] BVerfG v. 18.07.1972 - 1 BvL 32/70, 1 BvL 25/71 - juris Rn. 59 ff. - BVerfGE 33, 303 - NJW 1972, 1561 - Numerus-Clausus.
[58] Vgl. BSG v. 28.03.2013 - B 4 AS 12/12 R - juris Rn. 18 - SozR 4-4200 § 20 Nr. 18.
[59] Vgl. BR-Drs. 752/12, S. 2; BT-Drs. 17/12036, S. 5.
[60] BT-Drs. 17/3404, S. 104.
[61] BSG v. 13.11.2008 - B 14 AS 36/07 R - BSGE 102, 68, 70 f. = SozR 4-4200 § 23 Nr. 1.

derliche Vorbereitungsausflüge, wenn ohne eine Teilnahme hieran eine spätere Teilnahme an der Klassenfahrt nicht möglich war.[62] Bislang nicht gesondert erstattungsfähig waren Kosten für eintägige Klassenfahrten, welche aus der Regelleistung bestritten werden mussten.[63]

b. Begriffsbestimmungen

43 **Mehrtägige** Klassenfahrten (z.B. Schullandheim, Studienfahrt) sind dadurch gekennzeichnet, dass zumindest eine Übernachtung außerhalb der Wohnung des Schülers notwendig ist.[64] Die Klassenfahrten müssen im Rahmen der **schulrechtlichen Bestimmungen** stattfinden, wie auch überhaupt der Begriff der „Klassenfahrt" sich als Rechtsbegriff darstellt, der sich nach dem jeweils einschlägigen Landesrecht (Schulgesetze der Länder ggf. mit Ausführungsbestimmungen) beurteilt.[65] Bei diesen landesrechtlichen Rechtsnormen bzw. Verwaltungsvorschriften handelt es sich um nicht revisibles Landesrecht (§ 162 SGG).[66]

44 Eine Übersicht über die Schulgesetze der Länder liefert der Deutsche Bildungsserver.[67] Liegt eine Genehmigung durch die Schulaufsichtsbehörde vor, bedarf es keiner weiteren Prüfung durch die Verwaltung oder die Gerichte, ob die Klassenfahrt im Rahmen der schulrechtlichen Bestimmungen stattfindet.[68] Es kommt auch nicht darauf an, ob eine Klassenfahrt Pflichtbestandteil des Lehrplans ist.[69]

45 Der Begriff der Klasse ist **nicht formal auf den bestimmten Klassenverband begrenzt**. Eine „Klasse" im Sinne der Norm ist auch ein den Klassenverband ersetzender Kurs, z.B. in der gymnasialen Oberstufe, es genügt eine außerunterrichtliche, von der Schule organisierte Veranstaltung mit einer Mehrzahl von Schülern, mit mindestens einer auswärtigen Übernachtung, die sich im Rahmen des jeweiligen Landesrechts abspielt, z.B. auch ein Schüleraustausch.[70]

46 Bei **eintägigen** Ausflügen (z.B. Wandertag, Zoo- oder Museumsbesuch) gilt der einschränkende Zusatz, wonach die Veranstaltung im Rahmen der schulrechtlichen Bestimmungen stattfinden muss, nicht. Erforderlich ist aber immer bei beiden Varianten, Ausflug und Klassenfahrt, dass es sich um eine schulische Veranstaltung handelt; privat organisierte Fahrten unterfallen nicht dem Anwendungsbereich der Vorschrift. Je nach Ausgestaltung des Landesrechts können Schulfahrten auch außerhalb der Unterrichtszeit, z.B. während der Schulferien, durchgeführt werden.[71]

c. Aufwendungen

47 **Aufwendungen** im Sinne dieser Vorschrift sind nur diejenigen, die von der Schule selbst und durch den Ausflug oder die Klassenfahrt unmittelbar veranlasst sind, also insbesondere Transport, Unterkunft, Verpflegung, Eintrittsgelder, z.B. aber auch die Kosten für das Ausleihen einer Skiausrüstung für das Winterschullandheim,[72] nicht hingegen private Fahrten.[73] Taschengelder für zusätzliche Ausgaben während der Klassenfahrten und Ausflüge sind vom anzuerkennenden Bedarf nicht erfasst; sie sind aus dem Regelsatz zu bestreiten.[74] Umgekehrt sind aber auch keine ersparten Aufwendungen für den häuslichen Lebensunterhalt in Abzug zu bringen.[75]

---

[62] BSG v. 23.03.2010 - B 14 AS 1/09 R - SozR 4-4200 § 23 Nr. 9.
[63] BSG v. 23.03.2010 - B 14 AS 6/09 R - BSGE 106, 78, 79 = SozR 4-4200 § 37 Nr. 2.
[64] BSG v. 23.03.2010 - B 14 AS 1/09 R - juris Rn. 15 - SozR 4-4200 § 23 Nr. 9.
[65] BSG v. 13.11.2008 - B 14 AS 36/07 R - BSGE 102, 68, 70 = SozR 4-4200 § 23 Nr. 1; *Blüggel* in: jurisPK-SGB XII, 1. Aufl. 2011, § 31 Rn. 41. Vgl. etwa zum sächsischen Landesrecht eingehend Sächsisches LSG v. 19.11.2013 - L 3 AS 1200/13 NZB - juris Rn. 20 ff.
[66] BSG v. 13.11.2008 - B 14 AS 36/07 R - BSGE 102, 68, 70 = SozR 4-4200 § 23 Nr. 1.
[67] www.bildungsserver.de/zeigen.html?seite=72 (abgerufen am 18.08.2011).
[68] LSG Mecklenburg-Vorpommern v. 25.09.2008 - L 8 AS 38/08; *O. Loose* in: GK-SGB II, § 23 Rn. 43.2 (12. EL, November 2009).
[69] SG Ulm v. 17.02.2006 - S 3 AS 3968/05 - juris Rn. 25.
[70] BSG v. 22.11.2011 - B 4 AS 204/10 R - SozR 4-4200 § 23 Nr. 15.
[71] SG Berlin v. 27.09.2011 - S 148 AS 35486/09.
[72] *O. Loose* in: GK-SGB II, § 23 Rn. 45.1 (12. EL, November 2009); *Blüggel* in: jurisPK-SGB XII, 1. Aufl. 2011, § 31 Rn. 45.
[73] SG Berlin v. 27.09.2011 - S 148 AS 35486/09.
[74] BT-Drs. 17/3404, S. 124; *O. Loose* in: GK-SGB II, § 23 Rn. 45.1 (12. EL, November 2009); zu § 23 Abs. 3 SGB II vgl. LSG Nordrhein-Westfalen v. 04.02.2008 - L 20 B 8/08 AS ER - Breith 2008, 878; SG für das Saarland v. 16.1.2012 - S 12 AS 6/12 ER
[75] SG Ulm v. 17.02.2006 - S 3 AS 3968/05 - juris Rn. 24; Niedersächsisches OVG v. 06.07.1990 - 4 L 99/89 - FEVS 42, 79.

Die Inanspruchnahme der **Unterstützung durch Dritte** (z.B. schulischer Hilfsfonds) ist zwar grundsätzlich zumutbar (vgl. die Kommentierung zu § 31 SGB XII). Die Hilfebedürftigkeit entfällt aber nur, wenn Leistungen von dritter Seite, die den Bedarf decken, tatsächlich erbracht werden. Die Schüler dürfen deshalb auch vom Sozialhilfeträger nicht auf eine vorrangige Inanspruchnahme dieser Mittel verwiesen werden.[76] § 2 Abs. 1 SGB XII ist keine eigenständige Ausschlussnorm.[77] Die Vorschrift stellt gerade nicht darauf ab, ob der Hilfesuchende die Leistung erhalten (beanspruchen) kann, sondern ob er sie tatsächlich erhält (vgl. dazu die Kommentierung zu § 2 SGB XII Rn. 13).

Zur Erstattung von Aufwendungen bei zu Unrecht verweigerter Sachleistung nach einer durchgeführten Klassenfahrt vgl. BSG v. 22.11.2011[78].

d. Kindertageseinrichtungen

Die Bedarfe für eintägige und mehrtägige Ausflüge werden auch bei Kindern, die eine **Kindertageseinrichtung** besuchen, in tatsächlicher Höhe anerkannt (§ 34 Abs. 2 Satz 2 SGB XII). Der Begriff der Kindertageseinrichtung ist im gleichen Sinn auszulegen wie § 22 Abs. 1 Satz 1 SGB VIII und umfasst damit neben Kindergärten – unabhängig von ihrer Bezeichnung im einzelnen Fall – auch Krabbelgruppen, Kinderhorte, Kleinspielkreise, Kinderkrippen etc., gemeint sind Einrichtungen zur Betreuung von Kindern im Vorschulalter.[79] Tageseinrichtungen sind gem. § 22 Abs. 1 Satz 1 SGB VIII Einrichtungen, in denen sich Kinder für einen Teil des Tages oder ganztägig aufhalten und in Gruppen gefördert werden. Hierunter fallen z.B. Kindergarten, Kinderkrippe, Hort, Kindertagesstätte. Die Einschränkung des § 34 Abs. 2 Satz 1 SGB XII, wonach die mehrtägige Klassenfahrt „im Rahmen der schulrechtlichen Bestimmungen" stattfinden muss, gilt hier nicht, weshalb tatsächliche Aufwendungen aller mehrtägigen Fahrten der Kindertageseinrichtung anerkannt werden. Im Übrigen gelten die vorstehenden Ausführungen entsprechend.

3. Schulbedarf (Absatz 3)

a. Geldleistung: 100 Euro in zwei Tranchen

Bedarfe für die Ausstattung mit persönlichem Schulbedarf werden bei Schülerinnen und Schülern (vgl. Rn. 35) für den Monat, in dem der **erste Schultag** liegt, in Höhe von 70 € und für den Monat, in dem das **zweite Schulhalbjahr** beginnt, in Höhe von 30 € anerkannt. Die Leistung wird gemäß § 34a Abs. 2 Satz 2 SGB XII als **Geldleistung** erbracht. Anspruchsberechtigt sind ausschließlich Schülerinnen und Schüler; insoweit kann ggf. bei einer Mehrheit von Klägern nur diesem Personenkreis gesondert PKH bewilligt werden.[80]

b. Pauschale

Der Leistungsempfänger kann mit der **Pauschale** selbst wirtschaften und sich das Geld einteilen. Der Bedarf wird erstmals für das Schuljahr 2011/2012 berücksichtigt (§ 131 Abs. 1 SGB XII). Die bisherige Regelung des § 28a Satz 2 SGB XII a.F., wonach der zuständige Träger der Sozialhilfe im begründeten Einzelfall einen **Nachweis** über eine zweckentsprechende **Verwendung** der Leistung verlangen kann, findet sich jetzt in § 34a Abs. 5 Satz 1 SGB XII. Es liegt allerdings im Wesen der Pauschale, dass Anhaltspunkte über eine zweckwidrige Verwendungen seitens des Leistungsträgers schwer zu begründen sind (vgl. die Kommentierung zu § 34a SGB XII).

c. Keine empirische Ermittlung notwendig

Der Schulbedarf wird zwar überwiegend bereits bei der Ermittlung des **Regelbedarfs** berücksichtigt, weil die Ausgaben dafür in unterschiedlichen regelsatzrelevanten Positionen der Einkommens- und Verbrauchsstichprobe erfasst werden. Mit der Anerkennung als zusätzlicher Bedarf hat der Gesetzgeber dem Umstand Rechnung getragen, dass die umfassten Schulbedarfe nicht zuverlässig vollständig aus dem Regelbedarf herausgerechnet werden können. **Verfassungsrechtlich unproblematisch** ist die nicht näher begründete Höhe der festgesetzten insgesamt **100 €**, auch wenn das Bundesverfassungsge-

---

[76] *Wieland* in: *Estelmann*, SGB II, § 23 Rn. 41 (24. EL, Dezember 2010).
[77] BSG v. 26.08.2008 - B 8/9b SO 16/07 R - FEVS 60, 346; BSG v. 29.09.2009 - B 8 SO 23/08 R - BSGE 104, 219, 224 f. = SozR 4-3500 § 74 Nr. 1; BSG v. 02.02.2010 - B 8 SO 21/08 R.
[78] BSG v. 22.11.2011 - B 4 AS 204/10 R = SozR 4-4200 § 23 Nr. 15 Rn. 24 ff. m.w.N. und nunmehr m.W.v. 01.08.2013 § 34b SGB XII.
[79] BSG v. 28.03.2013 - B 4 AS 12/12 R - juris Rn. 46 - SozR 4-4200 § 20 Nr. 18.
[80] Sächsisches LSG v. 24.10.2013 - L 3 AS 830/13 B PKH - juris Rn. 15 f.

richt im Urteil v. 09.02.2010 zu § 24a SGB II a.F. die „offensichtlich freihändig(e)" Schätzung und fehlende empirische Ermittlung kritisiert hatte.[81] Zwischenzeitlich liegen nach der Auswertung der EVS 2008 ausreichend valide Daten vor, die zwar keine Ermittlung auf den letzten Cent, aber eine ausreichende Annäherung ermöglichen. Die Position „Sonstige Verbrauchsgüter (Schreibwaren, Zeichenmaterial u.a.)" in Abteilung 09 der EVS 2008 ist wegen der gesonderten Berücksichtigung des Bedarfs in § 34 Abs. 3 SGB XII bzw. § 28 Abs. 3 SGB II bei der Ermittlung des Regelbedarfs von Kindern zwischen 6 und 17 Jahren nicht berücksichtigt worden; sie hätte je nach Altersstufe monatlich lediglich zwischen 1,91 € und 2,86 € gelegen.[82] Der Gesetzgeber liegt also – vereinfacht gesagt – deutlich über dem Betrag, der zur Existenzsicherung erforderlich ist, weshalb eine genaue empirische Ermittlung verfassungsrechtlich nicht erforderlich ist.[83]

d. Anschaffung von Gegenständen für den Schulbesuch

54 Die Anerkennung eines zusätzlichen Bedarfs für die persönliche Schulausstattung dient wie bereits die Vorgängerregelung des bisherigen § 28a SGB XII dazu, hilfebedürftigen Schülerinnen und Schülern die Anschaffung von Gegenständen zu erleichtern, die für den Schulbesuch benötigt werden. Die Gesetzesbegründung[84] nennt beispielhaft, nicht abschließend, eine Reihe von Gegenständen, die zur persönlichen Schulausstattung gehören:

- Schulranzen und Schulrucksack,
- Sportzeug und
- für den persönlichen Ge- und Verbrauch bestimmte Schreib-, Rechen- und Zeichenmaterialien (Füller, Kugelschreiber, Blei- und Malstifte, Taschenrechner, Geodreieck, Hefte und Mappen, Tinte, Radiergummis, Bastelmaterial, Knetmasse).

Es handelt sich jeweils um Einmalzahlungen. Bis zur nächsten Zahlung aus dem Schulbedarfspaket sind dann Ausgaben für Verbrauchsmaterialien, die nachgekauft werden müssen, aus dieser Pauschale zu bestreiten.

e. Kein Antrag erforderlich

55 Anders als bei den anderen Bedarfen des § 34 SGB XII ist für die Berücksichtigung der Bedarfe für die Ausstattung mit persönlichem Schulbedarf **kein Antrag** erforderlich. Dies folgt aus § 34a Abs. 2 Satz 1 SGB XII. Es gilt der Kenntnisgrundsatz (§ 18 Abs. 1 SGB XII) und es ist davon auszugehen, dass der zuständige Sozialhilfeträger weiß, dass die Kinder in die Schule gehen.[85]

f. Abweichung zum SGB II

56 Im **SGB II** wird am 01.08. eines jeden Jahres (formaler Beginn des Schuljahres[86]) die erste und am 01.02. des darauf folgenden Jahres die zweite Zahlung geleistet. Im SGB XII wird dagegen auf den ersten Tag des Schuljahres abgestellt. Hier kann es also wegen der unterschiedlichen Ferienregelungen in den Ländern Abweichungen geben. Probleme können sich hieraus nur ergeben, wenn ein Wechsel zwischen den beiden Sicherungssystemen erfolgt. Da es sich jeweils um existenzsichernde Leistungen handelt, muss jedenfalls bei einem Wechsel aus dem SGB II in das SGB XII die Leistung nicht erneut erbracht werden, auch wenn der tatsächliche Schuljahresbeginn nach dem 01.08. liegt (vgl. die Kommentierung zu § 28a SGB XII Rn. 8). Sachliche Gründe für die unterschiedlichen Regelungen in SGB II/SGB XII sind nicht ersichtlich, so dass bei einem Wechsel in das jeweils andere Leistungssystem auf den Gleichklang bzw. eine Harmonisierung zu achten ist.

---

[81] BVerfG v. 09.02.2010 - 1 BvL 1/09 u.a. - juris Rn. 203 - BVerfGE 125, 175.
[82] BT-Drs. 17/3404, S. 105.
[83] Ebenso *Voelzke* in: Hauck/Noftz, SGB II, § 28 Rn. 59.
[84] BT-Drs. 17/3404, S. 124.
[85] *Wenzel* in: Fichtner/Wenzel, SGB XII/AsylbLG/SGB II/BKGG, 4. Aufl. 2009, § 28a Rn. 5; vgl. die Kommentierung zu § 28a SGB XII Rn. 21.
[86] Vgl. z.B. § 7 Abs. 1 SchulG NRW; § 26 SchulG BW; Art. 5 Abs. 1 Bayerisches Gesetz über das Erziehungs- und Unterrichtswesen. Die in § 28 Abs. 3 SGB II gewählten Daten (01.02. und 01.08. eines Jahres) für die Berücksichtigung des persönlichen Schulbedarfes sind als zulässige Stichtagsregelung nicht im Wege einer Analogie erweiterungsfähig (LSG Nordrhein-Westfalen v. 22.10.2012 - L 19 AS 1412/12 - juris Rn. 29 ff.).

4. Schülerbeförderung (Absatz 4)

a. Allgemeines

Um auf die jeweiligen landesrechtlichen Besonderheiten flexibel reagieren zu können, bedient sich die Norm unbestimmter Rechtsbegriffe.[87] Anspruchsberechtigt sind Schülerinnen und Schüler (vgl. Rn. 35), die für den Besuch der **nächstgelegenen** Schule des gewählten Bildungsgangs auf Schülerbeförderung **angewiesen** sind. Ihnen werden gemäß § 34 Abs. 4 SGB XII die dafür **erforderlichen** tatsächlichen Aufwendungen berücksichtigt; jedoch sind auch zwei Ausschlussgründe normiert. Die Aufwendungen werden nur berücksichtigt, soweit sie **nicht von Dritten** übernommen werden und es der leistungsberechtigten Person nicht **zugemutet** werden kann, sie aus dem **Regelbedarf** zu bestreiten. Mit dieser neuen, erst auf Veranlassung des Ausschusses für Arbeit und Soziales eingefügten Vorschrift (vgl. dazu Rn. 7) trägt der Gesetzgeber dem Umstand Rechnung, dass nach der bisherigen Rechtslage Schülerbeförderungskosten nach dem SGB II nicht erstattet werden konnten und auch die Anwendbarkeit des § 73 SGB XII verneint wurde,[88] gleichwohl ein gewisses Unbehagen bestand, ob vor allem im ländlichen Raum ein Bestreiten dieser Kosten aus dem Regelsatz zumutbar sei und sich dies nach Auswertung der EVS 2008 teilweise bestätigte.[89]

57

b. Erforderlichkeit der Aufwendungen, insbesondere „nächstgelegene" Schule

Erforderlichkeit ist ein gerichtlich voll überprüfbarer **unbestimmter Rechtsbegriff**. Er enthält regelmäßig das Element der Geeignetheit und das Element der Verhältnismäßigkeit, letzteres im Bereich der Leistungsverwaltung auch in der Ausprägung des Grundsatzes der Wirtschaftlichkeit und Sparsamkeit.

58

Anerkannt werden nur die erforderlichen Aufwendungen für die Beförderung zur **nächstgelegenen** Schule des **gewählten Bildungsgangs** (z.B. Grundschule, Hauptschule, Realschule, Gymnasium, Gesamtschule, Gemeinschaftsschule) berücksichtigt. Auf diesen Betrag ist nach der Gesetzesbegründung die Leistung auch dann beschränkt, wenn die Schülerin oder der Schüler tatsächlich eine weiter entfernte Schule besucht.[90] Wer nicht die nächstgelegene Schule, sondern eine weiter entfernt liegende Schule besucht, bekommt also ebenfalls einen Zuschuss zu den Fahrtkosten. Dieser ist allerdings auf die Höhe der Kosten beschränkt, die zur Beförderung zur nächstgelegenen Schule anfallen würden. Die Formulierung in der Gesetzesbegründung zielt auf eine geographische Betrachtung des Begriffs „nächstgelegen" ab. Es kommt aber auch im Besuch derjenigen Schule in Betracht, zu deren Besuch die Beförderungszeit am kürzesten und damit auch in der Regel am kostengünstigsten ist. Dann sind nur diese Aufwendungen erforderlich (Grundsatz der Wirtschaftlichkeit und Sparsamkeit). „Nächstgelegene" Schule i.S.d. Vorschrift ist nur eine, an der auch Plätze für die Leistungsempfänger tatsächlich verfügbar sind. Daher prüfen die Gerichte zu Recht, ob die nächstgelegene Schule des gewählten Bildungsgangs, wobei auf eine geografische Betrachtungsweise abgestellt wird, überhaupt über die erforderliche Kapazität verfügt, um den Schüler aufnehmen zu können.[91]

59

Falls bei Schülerinnen und Schülern ein **pädagogischer Sonderbedarf** besteht, richtet sich die Frage, welches die nächstgelegene Schule ist, nach der Entscheidung der zuständigen Schulbehörde und nach der nächstgelegenen geeigneten Schule.[92] Es kommt auf die Umstände des im Einzelfall bestehenden Sonderbedarfs an.

60

Die Schülerinnen und Schüler müssen auf die Beförderung **angewiesen** sein. Auch dies ist ein **unbestimmter Rechtsbegriff**, der unter Beachtung landesrechtlicher Bestimmungen gerichtlich voll zu prüfen ist. Es kommt auf die individuellen Umstände des Einzelfalles an, sowohl auf die Infrastruktur vor Ort als auch auf die individuellen Verhältnisse der Schülerin oder des Schülers.

61

---

[87] Vgl. *Groth* in: Groth/Luik/Siebel-Huffmann, Das neue Grundsicherungsrecht 2011, S. 102; zur gerichtlichen Kontrolldichte bei unbestimmten Rechtsbegriffen vgl. zuletzt BVerfG v. 31.05.2011 - 1 BvR 857/07 - juris Rn. 70 ff.

[88] BSG v. 28.10.2009 - B 14 AS 44/08 R - SozR 4-4200 § 7 Nr. 15.

[89] BT-Drs. 17/4095, S. 37.

[90] BT-Drs. 17/4095, S. 37.

[91] LSG Berlin Brandenburg v. 05.09.2012 - L 14 BK 2/12 B ER - juris Rn. 10.

[92] Vgl. die „Arbeitshilfe Bildungs- und Teilhabepaket" des Ministeriums für Arbeit, Integration und Soziales des Landes Nordrhein-Westfalen, 5. Aufl., Stand. 01.08.2013, abrufbar unter https://broschueren.nordrheinwestfalendirekt.de/broschuerenservice/staatskanzlei/arbeitshilfe-bildungs-und-teilhabepaket/1615, S. 30 ff., (abgerufen am 02.04.2014).

62 Als **Aufwendungen** für die Schülerbeförderung kommen alle Ausgaben für Verkehrsdienstleistungen oder Verkehrsmittel in Betracht, die unmittelbar mit dem Besuch der Schule zusammenhängen. Als erforderliche Schülerbeförderungskosten sind nach der Gesetzesbegründung grundsätzlich diejenigen Aufwendungen anzusehen, die auch vom Träger der Schülerbeförderung übernommen werden würden, hätte die leistungsberechtigte Person gegen diesen noch einen Leistungsanspruch.[93] Die Aufwendungen müssen **tatsächlich** anfallen.

c. Geldleistung

63 Die Aufwendungen für die Schülerbeförderung werden als **Geldleistung** erbracht (§ 34a Abs. 2 Satz 2 SGB XII). Im begründeten Einzelfall – tatsächliches Anfallen der Aufwendungen zweifelhaft – kann der zuständige Träger der Sozialhilfe gemäß § 34a Abs. 5 SGB XII einen **Nachweis** über eine zweckentsprechende Verwendung der Leistung verlangen und ggf. die Bewilligungsentscheidung widerrufen.

d. Ausschlussgrund 1: Kostenübernahme nach Landesrecht oder durch Dritte

64 Teilweise ist in den **Schulgesetzen der Länder** eine vollständige oder teilweise Kostenübernahme insbesondere durch die Träger der Schülerbeförderung vorgesehen.[94] Diese ist ebenso anzurechnen[95] wie eine Kostenübernahme durch Dritte. Dritte in diesem Sinne können sowohl Wohlfahrtsverbände als auch sonstige Personen aus dem privaten Umfeld des Schülers oder der Schülerin sein,[96] wenn z.B. Fahrgemeinschaften gebildet werden. Voraussetzung ist aber immer, dass eine Kostenübernahme faktisch erfolgt ist (vgl. Rn. 48). Die Sozialhilfeträger dürfen die Leistungsberechtigten nicht einfach auf eine vorrangige Inanspruchnahme einer etwaigen Kostenübernahme durch Dritte verweisen.

e. Ausschlussgrund 2: Zumutbares Bestreiten der Kosten aus dem Regelbedarf und Selbstbehalt von 5 €?

65 Der Leistungsanspruch ist im Übrigen davon abhängig, dass es der Schülerin oder dem Schüler nicht zugemutet werden kann, die Aufwendungen für die Schülerbeförderung aus dem Regelbedarf zu bestreiten. Auch bei dem Tatbestandsmerkmal der „**Zumutbarkeit**" handelt es sich um einen **unbestimmten Rechtsbegriff**, welcher der uneingeschränkten gerichtlichen Kontrolle unterliegt. In der Praxis wird dies auf die Frage hinauslaufen, ob von den Schülerbeförderungskosten die im Regelbedarf enthaltenen Verkehrsaufwendungen in Abzug gebracht werden können. In der ursprünglichen Gesetzesbegründung ist darauf abgestellt worden, dass die in Abteilung 7 der EVS 2008 enthaltenen Verbrauchsausgaben der Referenzgruppe für Verkehr zu berücksichtigen seien, wie sie sich aus § 6 Abs. 1 RBEG ergeben würden:
- 11,79 € bei Kindern bis zur Vollendung des 6. Lebensjahres (§ 6 Abs. 1 Nr. 1 RBEG),
- 14,00 € bei Kindern vom Beginn des siebten bis zur Vollendung des 14. Lebensjahres (§ 6 Abs. 1 Nr. 2 RBEG),
- 12,62 € bei Jugendlichen vom Beginn des 15. bis zur Vollendung des 18. Lebensjahres (§ 6 Abs. 1 Nr. 3 RBEG).

Diese Beträge könnten im Regelfall auf die zu übernehmenden Kosten für eine Schülermonatsfahrkarte angerechnet werden, wenn diese Karte auch für den privaten Mobilitätsbedarf nutzbar sei, z.B. eine Monatsnetzkarte für den ÖPNV.[97] Ein vollständiger Abzug ist aber nur gerechtfertigt, wenn die mit dem Regelbedarf sichergestellte soziale Teilhabe durch Mobilität durch die erhaltene Fahrkarte sichergestellt ist, dies ist z.B. bei einer Fahrkarte zu verneinen, die zwar für den Schulbesuch genutzt wird, aber nur für einen Teil des Nahbereichs gilt, weil dann das Existenzminimum nicht mehr sichergestellt ist.[98]

---

[93] BT-Drs. 17/4095, S. 38.
[94] Z.B. werden in Nordrhein-Westfalen Schülerfahrkosten nach der Schülerfahrkostenverordnung erstattet, http://www.schulministerium.nrw.de/docs/Recht/Schulrecht/Verordnungen/SchuelerfahrkostenVO.pdf (abgerufen am 02.04.2014); vgl. hierzu auch die Arbeitshilfe „Bildungs- und Teilhabepaket" des Ministeriums für Arbeit, Integration und Soziales des Landes Nordrhein-Westfalen, Stand 01.08.2013, S. 32, unter https://broschueren.nordrheinwestfalendirekt.de/broschuerenservice/staatskanzlei/arbeitshilfe-bildungs-und-teilhabepaket/1615 (abgerufen am 02.04.2014).
[95] BT-Drs. 17/4095, S. 38.
[96] BT-Drs. 17/4095, S. 38.
[97] BT-Drs. 17/4095, S. 38.
[98] Vgl. die Beispiele bei *Groth* in: Groth/Luik/Siebel-Huffmann, Das neue Grundsicherungsrecht 2011, S. 102 f.

Bereits früh ist darauf hingewiesen worden, dass die Verwendung des Zumutbarkeits-Kriteriums ist in einem System der pauschalierten Bedarfsdeckung[99] ohne entsprechende eindeutige Rechtsgrundlage durchaus zweifelhaft ist und es wurde der Verwaltung empfohlen, auf einen „Abschlag" für den Freizeitanteil ganz zu verzichten.[100] Wenn die gesetzlichen Voraussetzungen für die Leistungsgewährung dem Grunde nach vorliegen (d.h. insbesondere Hilfebedürftigkeit), dürfte regelmäßig von Unzumutbarkeit auszugehen sein.[101] Die Frage der zumutbaren Eigenbeteiligung in Form von Richtwerten auf der statistischen Grundlage der Verbrauchsausgaben wird überdies nur schwer befriedigend und rechtssicher gelöst werden können.[102]

66

Um den dargelegten Problemen zu begegnen und eine rechtssichere Regelung zu schaffen, wurde mit m.W.v. 01.08.2013 durch Art. 2 Nr. 2a des Gesetzes zur Änderung des Zweiten Buches Sozialgesetzbuch und anderer Gesetze v. 07.05.2013[103] ein neuer Satz 2 in § 34 Abs. 4 SGB XII eingefügt. Danach gilt als **zumutbare Eigenleistung in der Regel ein Betrag in Höhe von 5 € monatlich**. Leider wird in der Gesetzesbegründung[104] nicht nachvollziehbaren Daten mitgeteilt, wie der Betrag zustande kommt, der faktisch aus dem Kinderregelsatz weggenommen wird, er ist hoffentlich nicht freihändig ins Blaue hinein geschätzt. Die Begründung teilt lediglich mit: „Aus der Erfahrung der Verwaltungspraxis der kommunalen Träger ergibt sich dabei ein Durchschnittswert von 5 Euro monatlich, der regelmäßig als zumutbar gelten kann und bei der Rechtsanwendung zu Grunde zu legen ist. Dem Gesichtspunkt besonderer örtlicher oder persönlicher Verhältnisse wird dadurch Rechnung getragen, dass in Fällen, die von der Regel abweichen, eine andere Festsetzung des Eigenanteils möglich bleibt".[105] Nachdem die zeitgleiche Einführung des neuen § 34b SGB XII (Berechtigte Selbsthilfe) insbesondere mit rechtswidriger Leistungsablehnung und säumigem Handeln der kommunalen Träger begründet wird (vgl. die Kommentierung zu § 34b SGB XII), fragt man sich allerdings, woher nun valide Erfahrungswerte dieser Träger kommen sollen. Die Bundesregierung vertritt in ihrer Stellungnahme sogar die (auf anderen Daten beruhende?) Auffassung, dass „mindestens" 5 € abzusetzen seien, und erklärt, dies ergebe sich „aus der Auswertung empirischer Daten zum durchschnittlichen Mobilitätsverhalten von Schülerinnen und Schülern".[106] Nachdem die Gesetzesbegründung mitteilt, es handle sich um einen Durchschnittswert und es bleibe Raum für Abweichungen im Einzelfall, empfiehlt es sich im Wege einer verfassungskonformen Anwendung der Regelung weiterhin vom Grundfall der Unzumutbarkeit auszugehen (vgl. Rn. 66), es sei denn, im Einzelfall ist ein Selbstbehalt von 5 € nachvollziehbar zu bestimmen.

67

5. Lernförderung (Absatz 5)

a. Allgemeines

Mit § 34 Abs. 5 SGB XII berücksichtigt der Gesetzgeber, dass auch außerschulische Lernförderung (Nachhilfe) vom Anspruch auf Sicherung eines menschenwürdigen **Existenzminimums** erfasst sein kann.[107] Systematisch handelt es sich um einen **Mehrbedarf**; eine Berücksichtigung bei den Regelbedarfen wäre angesichts der Tatsache, dass nur ein kleiner Teil der Leistungsberechtigten den Bedarf hat, verfehlt gewesen.[108] Die Norm enthält zahlreiche **unbestimmte Rechtsbegriffe**, um den Bedürfnissen des Einzelfalles gerecht zu werden und auch, um die Lernförderung als Ausnahmetatbestand auf diejenigen Fälle zu beschränken, in denen die Versetzung oder der Schulabschluss gefährdet sind. Außerschulische Lernförderung ist nach der Vorstellung des Gesetzgebers nur in Ausnahmefällen erforderlich und sei außerdem in der Regel nur kurzzeitig notwendig, um vorübergehende Lernschwächen

68

---

[99] Vgl. BSG v. 18.06.2008 - B 14 AS 22/07 R - BSGE 101, 70 = SozR 4-4200 § 11 Nr. 11; BSG v. 21.06.2011 - B 4 AS 118/10 R - SozR 4-4200 § 40 Nr. 3.

[100] Empfehlungen des Deutschen Vereins, NDV 2012, 61, 63.

[101] Vgl. zu § 74 SGB XII BSG v. 25.08.2011 - B 8 SO 20/10 R - juris Rn. 25 f. - BSGE 109, 61 SozR 4-3500 § 74 Nr. 2.

[102] Vgl. BT-Drs. 17/8279, S. 73 f.; BT-Drs. 17/8732, S. 13; SG Chemnitz v. 30.03.2012 - S 22 AS 5853/11; SG Berlin v. 01.06.2012 - S 37 AS 1126/12; SG Kassel v. 03.08.2012 - S 10 AS 958/11.

[103] BGBl. I, S. 1167

[104] BR-Drs. 752/12, BT-Drs. 17/12036.

[105] BR-Drs. 752/12, S. 6.

[106] BT-Drs. 17/12036, 10; weitere Angaben zu den Daten werden jedoch auch hier nicht gemacht. Deutliche Kritik auch vom Deutschen Verein, NDV 2013, 145.

[107] BT-Drs. 17/3404, S. 105.

[108] Vgl. *Groth* in: Groth/Luik/Siebel-Huffmann, Das neue Grundsicherungsrecht, 2011, S. 103.

zu beheben.[109] Ob letzteres bei einer Gefährdung der Versetzung bzw. des Schulabschlusses zutrifft, muss aber im konkreten Einzelfall geprüft werden. Erforderlich können auch mittel- und längerfristige Maßnahmen sein, zumal die Gesetzesbegründung ja gerade auch auf den „Nachhaltigkeitsaspekt" abstellt.[110]

69   Die Leistungen werden nur auf **Antrag** erbracht (§ 34a Abs. 1 Satz 1 SGB XII). § 131 Abs. 2 SGB XII sieht für den Übergangszeitraum die rückwirkende Antragstellung bis 30.06.2011 vor. Erbracht wird die Leistung zur Deckung eines tatsächlich bestehenden Bedarfs in Form von personalisierten **Gutscheinen** oder **Direktzahlungen an Anbieter** von Leistungen zur Deckung dieser Bedarfe (§ 34a Abs. 2 Satz 2 SGB XII).

70   Leistungen der **Jugendhilfe** (§ 35a SGB VIII)[111] sind **vorrangig** (§ 10 Abs. 4 Satz 1 SGB VIII).[112] Gesondert zu erbringen sind ggf. Leistungen der **Eingliederungshilfe** nach dem Sechsten Kapitel des SGB XII (§§ 53 Abs. 1, 54 Abs. 1 SGB XII),[113] wenn die Anspruchsvoraussetzungen (insb. Behinderung, § 2 SGB IX) vorliegen. Insbesondere bei außerschulischer Lernförderung ist der in § 10 Abs. 3 Satz 1 SGB VIII normierte Grundsatz des Vorrangs von Leistungen der Kinder- und Jugendhilfe nach § 35a SGB VIII zu beachten.[114]

71   Die Feststellung der Anspruchsvoraussetzungen, die von der Verwaltung von Amts wegen zu ermitteln sind (§ 20 SGB X), wird in der Praxis nicht selten schwierig sein und muss unter Einbeziehung der Schule und der Lehrer stattfinden, da sie über die notwendige Sachkunde verfügen, um der Verwaltung die erforderliche **Prognose** zu ermöglichen. Die Leistungsvoraussetzungen stellen sich wie folgt dar:
- Berechtigte: Schülerinnen und Schüler,
- eine das schulischen Angebote ergänzende Lernförderung,
- finale Ausrichtung auf die Erreichung der nach den schulrechtlichen Bestimmungen festgelegten wesentlichen Lernziele,
- Angemessenheit der Lernförderung,
- Geeignetheit der Lernförderung (Prognose) und
- zusätzliche Erforderlichkeit der Lernförderung.

b. Anspruchsberechtigte: Schülerinnen und Schüler

72   Die Leistungen können nur von Schülerinnen und Schülern beansprucht werden (vgl. Rn. 35).

c. Ergänzung der schulischen Angebote

73   Die Angebote dürfen nicht der schulischen Verantwortung unterliegen, da insoweit die Aufgaben- und Finanzierungsverantwortung bei den Ländern liegt.[115] In vielen Schulen gibt es bereits neben dem Unterricht zusätzliche Angebote zur Lernförderung (z.B. Hilfe bei den Hausaufgaben, Förderstunden im Rahmen eines Ganztagsangebots).[116] Die Wahrnehmung dieser Angebote geht der Inanspruchnahme privatgewerblicher Nachhilfe vor; auch weil sie in der Regel besser geeignet sein dürften, auf die der Schule und den Lehrern bekannten Defizite einzugehen.[117] Es muss deshalb vom Sozialhilfeträger erst bei der Schule des Antragstellers geklärt werden, welche Angebote es dort gibt (Amtsermittlungsgrundsatz, § 20 SGB X) und den Leistungsberechtigten zur Verfügung stehen, ob also der Bedarf tatsächlich anderweitig gedeckt ist (vgl. Rn. 48).

---

[109] BT-Drs. 17/3404. S. 124 f.

[110] BT-Drs. 17/3404, S. 45; vgl. Rn. 3.

[111] Zur Eingliederungshilfe nach § 35a SGB VIII bei schulischen Leistungsstörungen des Kindes und zu den Tatbestandsvoraussetzungen des vorrangigen § 35a SGB VIII aus jüngerer Zeit etwa VG Hannover v. 10.02.2012 - 3 A 2962/11 (Lese- und Rechtschreibschwäche); VG München v. 22.02.2012 - M 18 K 11.1810 (Legasthenie-Therapie) und VG Augsburg v. 06.03.2012 - Au 3 K 11.347 (Kosten der Einzelintegration im Kinderhort).

[112] Zur Abgrenzung der Lernförderung zu den Leistungen der Jugendhilfe vgl. SG Itzehoe v. 22.08.2013 - S 10 AS 156/13 ER.

[113] Zur Abgrenzung der Hilfe zum Lebensunterhalt zur Eingliederungshilfe vgl. BSG v. 09.12.2008 - B 8/9b SO 10/07 R - BSGE 102, 126 = SozR 4-3500 § 54 Nr. 3.

[114] Vgl. Schleswig-Holsteinisches LSG v. 21.12.2011 - L 6 AS 190/11 B ER; VG Stuttgart 19.12.2013 - 7 K 623/12 (Rechtschreibschwäche und seelische Störung).

[115] *Groth* in: Groth/Luik/Siebel-Huffmann, Das neue Grundsicherungsrecht, 2011, S. 104.

[116] Weitere Beispiele in der Arbeitshilfe „Bildungs- und Teilhabepaket" des Ministeriums für Arbeit, Integration und Soziales des Landes Nordrhein-Westfalen, 2011, S. 24.

[117] BT-Drs. 17/3404, S. 125.

d. Finale Ausrichtung auf wesentliche Lernziele

Die wesentlichen Lernziele ergeben sich aus den jeweiligen nicht revisiblen (§ 162 SGG, vgl. Rn. 43) landesrechtlichen Bestimmungen. Dies werden in erster Linie die Versetzung in die nächsthöhere Klassenstufe oder am Ende der erfolgreiche Schulabschluss sein,[118] kann aber auch je nach den landesrechtlichen Bestimmungen schon ab einem niedrigschwelligeren Anhaltspunkt bejaht werden.[119] Eine bloße Verbesserung von Notenstufen bzw. eine Verbesserung des Notendurchschnitts allgemein oder das Erreichen einer besseren Schulartempfehlung (z.B. Gymnasium statt Realschule) sind keine wesentlichen Lernziele. Nicht förderbar ist grundsätzlich eine längerfristige Nachhilfeleistung, um den Wechsel in eine höhere Schulart zu ermöglichen.[120] Lernförderung kann jedoch in Betracht kommen, wenn unverschuldete Umstände (z.B. Krankheit) der Erreichung einer der Leistungsfähigkeit des Schülers entsprechenden Schulart entgegenstehen.[121] In Förderschulen kann statt der Versetzung in die nächsthöhere Klassenstufe auch das Erreichen der in landesrechtlich bestimmten Förderplänen gesteckten Ziele wesentliches Lernziel sein.[122] Bei Schülern, die aufgrund sonderpädagogischen Förderbedarfs voraussichtlich lernzieldifferent beschult werden, sind gemäß den sich aus dem jeweiligen Landesrecht ergebenden Grundsätzen der inklusiven Schule die individuellen Lernziele maßgeblich.[123]

74

e. Geeignetheit

Das Begriffsbündel „geeignet und zusätzlich erforderlich" auseinanderzuhalten, fällt schwer, da es hier Überschneidungen gibt. Die Geeignetheit muss sich am Ziel der Lernförderung ausrichten und kann von der Verwaltung nur im Wege einer **prognostischen Einzelfallbeurteilung** festgestellt werden, die der uneingeschränkten gerichtlichen Überprüfung unterliegt.[124] Eine Prognose ist dann fehlerfrei und verbindlich, wenn sie aufgrund der vorhandenen Umstände und Zahlen nachvollziehbar ist, insbesondere nicht gegen Denkgesetze und Erfahrungssätze verstößt.[125] Behördliche Prognosen brauchen eine **verlässliche Tatsachengrundlage**, damit eine realistische Beurteilung der Erfolgsaussichten stattfinden kann. Grundlage der Prognose sind die bis zum Abschluss des Verwaltungsverfahrens bekannten und erkennbaren Umstände. Die Behörde muss diese Umstände fehlerfrei ermitteln und dabei von den Angaben des Antragstellers im Leistungsantrag ausgehen.[126] Lernförderbedarfe können insbesondere von den Lehrkräften festgestellt werden. Auch im gerichtlichen Verfahren dürften sachverständige Zeugenauskünfte der unterrichtenden Lehrer einzuholen sein.[127]

75

Auch der Antragsteller hat aufgrund seiner Mitwirkungspflicht nach § 60 Abs. 1 Nr. 1 SGB I alle für die Leistung erheblichen Tatsachen anzugeben,[128] z.B. den „blauen Brief" oder aktuelle Klassenarbeiten vorzulegen. Es obliegt dann der Verwaltung, z.B. bei der Schule oder den betreffenden Lehrern weitere Auskünfte einzuholen.

76

Geeignetheit hat zwei Aspekte: Erstens muss die **Person des Antragstellers** prognostisch die Gewähr dafür bieten, dass die Nachhilfe etwas bringen wird, bei eindeutig negativer Prognose besteht kein Anspruch. Das ist gerichtlich voll überprüfbar.[129] Die Lernförderung ist auch dann nicht geeignet, wenn das Lernziel objektiv nicht mehr erreicht werden kann,[130] sondern nach den schulrechtlichen Bestimmungen beispielsweise ein Wechsel der Schulform und eine Wiederholung der Klasse angezeigt

77

---

[118] BT-Drs. 17/3404, S. 105;vgl. LSG Nordrhein-Westfalen v. 07.03.2013 - L 2 AS 1679/12 B.
[119] SG Stade v. 22.11.2012 - S 28 AS 781/12 ER; SG Darmstadt v. 16.12.2013 – S 1 AS 467/12.
[120] LSG Sachsen-Anhalt v. 28.06.2011 – L 5 AS 40/11 B ER.
[121] LSG Sachsen-Anhalt v. 13.05.2011 - L 5 AS 498/10 B ER.
[122] SG Itzehoe v. 03.04.2012 - S 11 AS 50/12 ER - ZFSH/SGB 2012, 476.
[123] SG Stade v. 22.11.2012 - S 28 AS 781/12 ER - juris Rn. 2 m.w.N.
[124] BSG v. 29.07.1993 - 11/9b RAr 5/92 - SozR 3-4100 § 60 Nr. 1; BSG v. 11.05.2000 - B 7 AL 18/99 R - SozR 3-4100 § 36 Nr. 5. Zu § 28 Abs. 5 SGB II vgl. SG Frankfurt v. 05.05.2011 - S 26 AS 463/11 ER.
[125] BSG v. 30.08.2007 - B 10 EG 6/06 R - SozR 4-7833 § 6 Nr. 4.
[126] BSG v. 16.12.1999 - B 14 EG 1/99 R - SozR 3-7833 § 6 Nr. 22.
[127] Vgl. SG Stade v. 22.11.2012 - S 28 AS 781/12 ER; SG Dortmund v. 20.12.2013 - S 19 AS 1036/12; SG Speyer v. 27.03.2012 - S 6 AS 362/12 ER - ZFSH/SGB 2012, 491.
[128] Zur Wechselwirkung von Amtsermittlungsgrundsatz und Mitwirkungspflicht vgl. BSG v. 18.12.1986 - 4a RJ 83/85 - SozR 1200 § 44 Nr. 16.
[129] Zu den identischen Voraussetzungen des § 28 Abs. 5 SGB II vgl. SG Frankfurt v. 05.05.2011 - S 26 AS 463/11 ER (vgl. dazu auch BT-Drs. 17/6541, S. 58 f.).
[130] SG Oldenburg v. 11.04.2011 - S 49 AS 611/11 ER.

sind.[131] Bei gravierenden strukturellen Defiziten, die eine grundsätzliche Überforderung des Schülers beim Besuch einer höheren Schule zeigen, besteht kein Anspruch auf Lernförderung. In diesem Fall ist vielmehr in eine geeignetere Schulform zu wechseln.[132]

78 Falls die Ursache für die vorübergehende Lernschwäche in unentschuldigtem Fehlen oder vergleichbaren Ursachen liegt, ist eine differenzierte und an der Erkenntnis, dass Kinder auch insoweit keine kleinen Erwachsenen sind, ausgerichtete Beurteilung notwendig.[133] Die von den Gesetzesbegründern formulierte Notwendigkeit von Anzeichen einer nachhaltigen Verhaltensänderung, andernfalls Lernförderung nicht erforderlich sei, ist deshalb in dieser Schärfe problematisch und muss im Einzelfall genau geprüft, darf aber keinesfalls schematisch angewandt werden.[134]

79 Zweitens muss die Nachhilfe von geeigneten Dritten geleistet werden. Auch das ist gerichtlich voll überprüfbar. Das können beispielsweise sein:[135]
- Studenten, die das Lehramt des Faches studieren,
- eine ältere Schülerin oder ein älterer Schüler mit guten Noten (die von der Schule oder von Lehrern empfohlen werden können),
- eine pensionierte Lehrkraft,
- eine Mitarbeiterin oder ein Mitarbeiter eines Wohlfahrtverbandes (Caritas, Diakonie, Arbeiterwohlfahrt etc.),
- ein anerkannter Träger der Weiterbildung.

80 Die Berücksichtigung von Wünschen der Antragsteller erscheint unter dem Gesichtspunkt der Verbesserung der Erfolgsaussichten sinnvoll. Empfehlenswert dürfte auch sein, dass der Sozialhilfeträger ggf. mit dem Schulamt und dem Jugendamt zusammenarbeitet. Ob die Lernförderung als Einzelförderung oder als Gruppenangebot ausgestaltet wird, ist eine Einzelfallbeurteilung und hängt von den jeweiligen Umständen ab.

f. Zusätzliche Erforderlichkeit

81 Auch die Erforderlichkeit der Lernförderung bezieht sich auf das Lernziel, das sich wiederum im Einzelfall je nach Schulform und Klassenstufe aus den schulrechtlichen Bestimmungen des jeweiligen Landes ergibt. „Erforderlichkeit" ist ebenfalls ein unbestimmter Rechtsbegriff, der der uneingeschränkten gerichtlichen Überprüfung unterliegt (vgl. Rn. 58). Dem Begriff „zusätzlich" noch einen eigenständigen Gehalt zuzuweisen, fällt schwer. Der Gesetzgeber will damit offenbar den Ausnahmecharakter der Lernförderung unterstreichen. Im Begriff der Erforderlichkeit ist der Grundsatz der **Verhältnismäßigkeit** enthalten, welcher hier in der Ausprägung des Grundsatzes der **Wirtschaftlichkeit und Sparsamkeit** zu beachten ist, d.h., bei gleicher Geeignetheit ist die preisgünstigere Alternative zu wählen. Jede Verwendung von Haushaltsmitteln muss sich an den Maßstäben der Notwendigkeit und Erforderlichkeit orientieren. Die Begriffe beschreiben im Haushaltswesen eine Zweck-Mittel-Relation mit dem Ziel, bei der Verwendung der Mittel das Maß des Notwendigen nicht zu überschreiten.[136] Der Inhalt des Gebots der Wirtschaftlichkeit und Sparsamkeit lässt sich danach umschreiben entweder im Sinne des Maximalprinzips, d.h. mit gegebenen Mitteln den größtmöglichen Nutzen zu erreichen oder im Sinne des Minimalprinzips, d.h. einen bestimmten Zweck mit den geringstmöglichen Mitteln zu erreichen. Der Gesetzgeber hat dies offenbar mit der Verwendung des Begriffs „angemessen" nochmals gesondert zum Ausdruck bringen wollen.

82 Außerschulische Lernförderung soll zwar nach der Vorstellung des Gesetzgebers nur in Ausnahmefällen erforderlich und außerdem in der Regel nur **kurzzeitig** notwendig sein, um vorübergehende Lernschwächen zu beheben.[137] Ob letzteres bei einer Gefährdung der Versetzung bzw des Schulabschlusses

---

[131] BT-Drs. 17/3404, S. 105.
[132] SG Itzehoe v. 22.08.2013 - S 10 AS 156/13 ER unter Hinweis auf *Groth* in: Berlit/Conradis/Sartorius, Handbuch Existenzsicherung, 2. Aufl. 2013, Kap. 27 Rn. 31.
[133] Darauf weist zu Recht *Leopold* in: jurisPK-SGB II, 3. Aufl. 2012, § 28 Rn. 107 unter Bezugnahme auf BVerfG v. 09.02.2010 - 1 BvL 1/09 u.a. - juris Rn. 191 - BVerfGE 125, 175 hin.
[134] Im Ergebnis ebenso auch *Groth* in: Groth/Luik/Siebel-Huffmann, Das neue Grundsicherungsrecht, 2011, S. 104.
[135] Vgl. die Beispiele in der Arbeitshilfe „Bildungs- und Teilhabepaket" des Ministeriums für Arbeit, Integration und Soziales des Landes Nordrhein-Westfalen, 2011, S. 27 m.w.N.
[136] BSG v. 26.08.1983 - 8 RK 29/82 - SozR 2100 § 69 Nr. 3; vgl. auch BSG v. 30.05.1978 - 1 RA 5/77 - BSGE 46, 198, 200 = SozR 2200 § 1237a Nr. 3; BSG v. 29.02.1984 - 8 RK 27/82 - SozR 2100 § 69 Nr. 4.
[137] BT-Drs. 17/3404, S. 105.

zutrifft, muss aber im **konkreten Einzelfall** geprüft werden.[138] Lernförderung kann daher je nach Lage des Einzelfalls auch dann zu gewähren sein, wenn sie voraussichtlich für längere Zeit erforderlich ist.[139]

g. Angemessenheit

Auch die „Angemessenheit" ist ein unbestimmter Rechtsbegriff, der der uneingeschränkten gerichtlichen Überprüfung unterliegt. Nach dem vorstehend Ausgeführten wäre hier weniger (an unbestimmten Rechtsbegriffen) vielleicht mehr gewesen. Der Aspekt der Wirtschaftlichkeit und Sparsamkeit, auf den die Gesetzesbegründung abzielt, ist bereits im Begriff der „Erforderlichkeit" enthalten (vgl. Rn. 81). Angemessen soll Lernförderung nach der Gesetzesbegründung zu § 28 SGB II sein, auf die die Begründung zu § 34 SGB XII Bezug nimmt, wenn sie im Rahmen der örtlichen Angebotsstruktur auf kostengünstige Anbieterstrukturen zurückgreift. Die Angemessenheit der Höhe der Vergütung richte sich dabei nach der konkret benötigten Lernförderung und den ortsüblichen Sätzen.[140] Angemessen bedeutet, dass im Einzelfall das rechte Maß genommen werden muss, d.h. auf die individuelle Bedarfslage des Antragstellers Rücksicht genommen werden muss. Die Gesetzesbegründung scheint mir hier – in Fortsetzung der nicht ganz passenden Verwendung des Angemessenheitsbegriffs an dieser Stelle – ein wenig über das Ziel hinauszuschießen. Sollen die Sozialhilfeträger nach der Vorstellung des Gesetzgebers aufgerufen sein, „schlüssige Konzepte" über den örtlichen Anbietermarkt mit transparenten Daten, regelmäßiger Überprüfung der Marktverhältnisse etc. zu entwickeln?[141] Es geht vorliegend um einzelne individuelle Maßnahmen, bei denen ein schlichter Angebotsvergleich vor Ort ausreichen dürfte. Dass die Jobcenter und Sozialhilfeträger ein Auge auf etwaige Missbrauchsgefahren (Mitnahmeeffekte) haben, versteht sich von selbst.

83

6. Gemeinschaftliche Mittagsverpflegung (Absatz 6)

a. Ziel der Leistungen

§ 34 Abs. 6 SGB XII gewährt einen ebenfalls systematisch als Mehrbedarf einzuordnenden Bedarf für Schülerinnen und Schüler (vgl. Rn. 35), die an einer in schulischer Verantwortung angebotenen Mittagsverpflegung teilnehmen und für Kinder, die eine Tageseinrichtung besuchen oder für die Kindertagespflege geleistet wird und die dort das Mittagessen einnehmen. Die Teilnahme an einer Gemeinschaftsverpflegung ist nach der Gesetzesbegründung ein wichtiges Element der sozialen Teilhabe, um **Ausgrenzungsprozesse** und eventuelle negative Auswirkungen auf den schulischen Erfolg zu verhindern.[142] Dabei hat der Gesetzgeber vor allem im Blick, dass das Schulmittagessen nicht nur dem Zweck der Nahrungsaufnahme dient, sondern auch eine **sozialintegrative Funktion** besitzt.[143] Mit der Vorschrift trägt der Gesetzgeber der Tatsache Rechnung, dass das Schulmittagessen im Regelfall höhere Kosten verursacht, als im Regelbedarf für die Mittagsverpflegung enthalten sind. Diese Kosten sollen ausgeglichen werden, damit Schülerinnen und Schüler, die auf Leistungen angewiesen sind, nicht faktisch von der schulischen Mittagsverpflegung ausgeschlossen werden.

84

Die Kosten einer selbst organisierten Mittagsverpflegung von Schülern können weder aus religiösen Gründen noch aus gesundheitlichen Gründen übernommen werden,[144] je nach den Umständen des Einzelfalls kommt aber eine abweichende Leistungserbringung nach § 27a Abs. 4 Satz 1 SGB XII oder ein Mehrbedarf nach § 30 Abs. 5 SGB XII in Betracht. Leistungen für die gemeinschaftliche Mittagsverpflegung werden als Sach- und Dienstleistungen erbracht; eine Auszahlung der für diese Bedarfe vorgesehenen Leistungen an die Eltern der Berechtigten kommt nicht in Betracht,[145] außer in Fällen einer Selbstbeschaffung bei rechtswidriger Leistungsablehnung als Kostenerstattungsanspruch.

85

Abweichend von § 10 Abs. 4 Satz 1 SGB VIII, der den regelmäßigen Vorrang der Jugendhilfe vor dem SGB XII regelt, gehen die Leistungen nach § 27a Abs. 1 i.V.m. § 34 Abs. 6 SGB XII den Leistungen nach dem SGB VIII vor (§ 10 Abs. 4 Satz 2 SGB VIII).

86

---

[138] SG Wiesbaden v. 03.01.2012 - S 23 AS 899/11 ER; SG Itzehoe v. 03.04.2012 - S 11 AS 50/12 ER - ZFSH/SGB 2012, 476.
[139] SG Itzehoe v. 22.08.2013 - S 10 AS 156/13 ER; SG Dortmund v. 20.12.2013 - S 19 AS 1036/12.
[140] BT-Drs. 17/3404, S. 105 f.
[141] In diese Richtung wohl Leopold in: jurisPK-SGB II, 3. Aufl. 2012, § 28 Rn. 115.
[142] BT-Drs. 17/3404, S. 106.
[143] Vgl. etwa zum Mittagessen in einer WfbM und zur Abgrenzung der Hilfe zum Lebensunterhalt zur Eingliederungshilfe BSG v. 09.12.2008 - B 8/9b SO 10/07 R - BSGE 102, 126 = SozR 4-3500 § 54 Nr. 3.
[144] Bayerisches LSG v. 30.01.2012 - L 7 BK 1/12 B ER.
[145] SG Kassel v. 28.08.2013 - S 6 AS 309/12.

b. Anspruchsvoraussetzung

87 Erste Anspruchsvoraussetzung ist die **tatsächliche Teilnahme**. Außerdem muss das Mittagessen **gemeinschaftlich** ausgegeben und eingenommen werden; das Brötchen vom Kiosk fällt also nicht hierunter. Für Schülerinnen und Schüler gilt, dass die Mittagsverpflegung in **schulischer Verantwortung** angeboten werden muss (§ 34 Abs. 6 Satz 2 SGB XII), z.B. in einer schuleigenen Mensa. Falls es sich um Einrichtungen oder Kooperationen außerhalb des Schulgeländes handelt, ist erforderlich, dass die Schule dort die Organisationshoheit innehat oder die Mittagsverpflegung verantwortet.[146] Nach der **Übergangsregelung** des § 131 Abs. 4 Satz 2 SGB XII ist zu beachten, dass § 34 Abs. 6 Satz 2 SGB XII mit der Maßgabe gilt, dass die entstehenden Mehraufwendungen als Bedarf auch berücksichtigt werden, wenn Schülerinnen und Schüler das Mittagessen in einer **Einrichtung nach § 22 SGB VIII** einnehmen (vgl. die Kommentierung zu § 131 SGB XII Rn. 47). Im Hinblick auf die Funktion des gemeinschaftlichen Mittagessens als wichtiges Element der sozialen Teilhabe und zur Verhinderung von Ausgrenzungsprozessen ist der Begriff der Einrichtung i.S.d. § 22 SGB VIII weit auszulegen.[147] Es handelt sich nicht nur um Einrichtungen im formellen Sinn, sondern die Norm zielt auf unterschiedliche Formen der Kindertagesbetreuung ab, insbesondere Tageseinrichtungen (Einrichtungen, in denen sich Kinder für einen Teil des Tages oder ganztägig aufhalten und in Gruppen gefördert werden) sowie die Kindertagespflege, die von einer geeigneten Tagespflegeperson in ihrem Haushalt oder im Haushalt des Personensorgeberechtigten geleistet wird. Der Begriff der Einrichtungen nach § 22 SGB VIII ist mit dem Begriff der Kindertageseinrichtung in § 34 Abs. 2 Satz 2 SGB XII deckungsgleich.[148]

c. Bedarf und Eigenanteil

88 § 34 Abs. 6 SGB XII deckt nur die „Mehraufwendungen" gegenüber den häuslichen Aufwendungen für das Mittagessen. **Mehraufwand** ist der Betrag, um den der Preis für das tägliche Mittagessen über dem sich aus dem Regelbedarf rechnerisch ergebenden Ernährungsanteil für das Mittagessen liegt.[149] Nach § 9 Sätze 1 und 2 RBEG wird deshalb für die gemeinschaftliche Mittagsverpflegung zur Ermittlung der Mehraufwendungen je Schultag für die ersparten häuslichen Verbrauchsausgaben für ein Mittagessen (Eigenanteil) ein Betrag von einem Euro berücksichtigt (für das SGB II ist dies in § 5a Nr. 3 Alg II-V geregelt); dies gilt für Schülerinnen und Schüler ebenso wie für Kinder, die eine Kindertagesstätte besuchen. Auch die Rechtsprechung des Bundessozialgerichts zur abweichenden Festsetzung der Regelsätze bei Einnahme eines Mittagessens in einer Werkstatt für behinderte Menschen[150] ist im Hinblick auf § 9 RBEG zu modifizieren. Die Berechnung des Eigenanteils von einem Euro basiert auf der Sonderauswertung „Familienhaushalte mit einem Kind unter 18 Jahren" der EVS 2008 und stellt insofern eine vereinfachte Ermittlung dar, als keine Differenzierung nach Altersstufen vorgenommen wurde, dafür aber der Eigenanteil nach unten abgerundet wurde.[151] Verfassungsrechtlich ist dies unproblematisch, da eine ausreichende Ermittlungstiefe und ein ausreichendes Begründungsniveau gegeben sind.[152]

89 Für die Ermittlung des monatlichen **Bedarfs** wird bei Schülerinnen und Schülern die durchschnittliche Anzahl der Schultage in dem Land zugrunde gelegt, in dem der Schulbesuch stattfindet (§ 34 Abs. 6 Satz 3 SGB XII). Für die Bedarfsberechnung sind dann die tatsächlichen täglichen Kosten für das Mittagessen – abzüglich Eigenanteil – mit der Anzahl der Schultage zu multiplizieren. Abweichungen aufgrund von beweglichen Ferientagen, Unterrichtsausfall, schulinterner Fortbildungen, vorübergehender Erkrankung und Klassenfahrten sind nicht zu berücksichtigen.[153] Für die Kinder, die eine Tageseinrichtung besuchen oder für die Kindertagespflege geleistet wird, fehlt eine entsprechende Regelung, so dass es dort darauf ankommt, an welchen und an wie vielen Tagen das Kind die Einrichtung besucht.[154] Diese unterschiedliche Regelung rechtfertigt sich daraus, dass Kinder teilweise eben nicht die ganze

---

[146] *Groth* in: Groth/Luik/Siebel-Huffmann, Das neue Grundsicherungsrecht, 2011, S. 105.

[147] Vgl. BT-Drs. 17/3404, S. 125; *Groth* in: GK-SGB II, § 77 Rn. 87 ff.

[148] *Groth* in: Groth/Luik/Siebel-Huffmann, Das neue Grundsicherungsrecht, 2011, Rn. 96.

[149] Vgl. BT-Drs. 17/3404, S. 90.

[150] BSG v. 11.12.2007 - B 8/9b SO 21/06 R - juris Rn. 17 ff. - BSGE 99, 252, 256 ff. = SozR 4-3500 § 28 Nr. 3; BSG v. 09.12.2008 - B 8/9b SO 10/07 R - juris Rn. 23 - BSGE 102, 126, 133 = SozR 4-3500 § 54 Nr. 3.

[151] Die Berechnung im Einzelnen ist unter BT-Drs. 17/3404, S. 90 nachzulesen.

[152] Vgl. dazu insgesamt *Mogwitz*, ZFSH/SGB 2011, 323, 333 f.

[153] BT-Drs. 17/3404, S. 106.

[154] Vgl. *Groth* in: Groth/Luik/Siebel-Huffmann, Das neue Grundsicherungsrecht, 2011, S. 105.

Woche in der Kita sind, während bei Schülerinnen und Schülern typisierend (auch aus Gründen der Verwaltungsvereinfachung) davon ausgegangen wird, dass der Schulbesuch an den vorgesehenen Schultagen stattfindet.

Abweichend hiervon werden wegen der rückwirkenden Inkraftsetzung des Gesetzes gemäß § 131 Abs. 4 Satz 1 SGB XII für die Zeit vom 01.01.2011 bis zum 31.03.2011 die entstehenden Mehraufwendungen pauschal in Höhe von monatlich 26 € berücksichtigt. Diese **Übergangsregelung** gilt nicht nur für Schülerinnen und Schülern, sondern auch für Kinder, für die Kindertagespflege geleistet wird oder die eine Tageseinrichtung besuchen, an der eine gemeinschaftliche Mittagsverpflegung angeboten wird.

7. Teilhabe am sozialen und kulturellen Leben in der Gemeinschaft (Absatz 7)

a. Anspruchsberechtigte

Gegenüber den Absätzen 2-6 der Vorschrift fasst § 34 Abs. 7 SGB XII den Kreis der Anspruchsberechtigten anders. Anspruchsberechtigt sind nicht nur Schülerinnen und Schüler oder Kinder, die eine Tageseinrichtung besuchen oder für die Kindertagespflege geleistet wird, sondern allgemein „Leistungsberechtigte", allerdings nur bis zur Vollendung des 18. Lebensjahres, also alle Kinder und Jugendlichen, die noch nicht volljährig sind.

b. Antragserfordernis

Im ursprünglichen Gesetzentwurf[155] der Regierungskoalition war noch nicht vorgesehen, dass ein gesonderter Antrag für die Leistungen zu stellen sei. Das Antragserfordernis des § 34a Abs. 1 Satz 1 SGB XII wurde erst nach der Beschlussempfehlung des Ausschusses für Arbeit und Soziales auf die Leistungen zur Teilhabe am sozialen und kulturellen Leben in der Gemeinschaft nach § 34 Abs. 7 SGB XII ausgeweitet.[156] Zur Begründung wurde ausgeführt, dies sei erforderlich, um in Fällen der Leistungserbringung durch Direktzahlung (§ 34a Abs. 2 Satz 1, Abs. 4 SGB XII) das konkret ausgewählte Leistungsangebot sowie das Vorliegen der Anspruchsvoraussetzungen überprüfen zu können.[157] Die Übergangsregelung des § 131 Abs. 2 SGB XII sieht für den Zeitraum 01.01. bis 31.05.2011 die Möglichkeit der Antragstellung bis 30.06.2011 vor; der Antragszeitpunkt wird dann auf den 01.01.2011 fingiert.

c. Ziele der Leistungen

Das Teilhabebudget nach § 34 Abs. 7 SGB XII bzw. § 28 Abs. 7 SGB II betrifft **nur außerschulische** Aktivitäten.[158] Leistungen zur Deckung des Bedarfs nach § 34 Abs. 7 SGB XII dienen unmittelbar dazu, den Anspruch auf gesellschaftliche **Teilhabe** (vgl. Rn. 40) im Rahmen des Grundrechts auf Gewährleistung eines menschenwürdigen Existenzminimums zu erfüllen. Kinder und Jugendliche aus einkommensschwachen Haushalten sollen nach dem Willen des Gesetzgebers besser in bestehende Vereins- und Gemeinschaftsstrukturen integriert und der Kontakt mit Gleichaltrigen intensiviert werden.[159] Prägend für die Entwicklung der **sozialen Kompetenz**, die **Entfaltung von Persönlichkeit und Identität**, die individuelle Entwicklung der Sinne und der kreativen Fertigkeiten sei insbesondere die Auseinandersetzung mit Kunst und Kultur.[160] Kindern und Jugendlichen soll außerdem im Zeitalter medialer Vielfalt ein aufgeklärter Umgang mit Medien ermöglicht werden.[161]

d. Verhältnis zum 4. und 6. Kapitel des SGB XII

Leistungen der **Grundsicherung im Alter und bei Erwerbsminderung** nach dem 4. Kapitel des SGB XII umfassen zwar auch Bedarfe für Bildung und Teilhabe (§ 42 Nr. 3 SGB XII). Das Teilhabebudget nach § 34 Abs. 7 SGB XII wird hier aber nicht geleistet, da dieser Bedarf nur bis zum vollendeten 18. Lebensjahr berücksichtigt wird und deshalb für Bezieher von Leistungen der Grundsicherung im Alter und bei Erwerbsminderung nicht in Betracht kommt.

---

[155] BT-Drs. 17/3404, S. 32.
[156] BT-Drs. 17/4032, S. 17.
[157] Vgl. BT-Drs. 17/4095, S. 38.
[158] BSG v. 10.09.2013 - B 4 AS 12/13 R - SozR 4-4200 § 28 Nr. 8; LSG Baden-Württemberg v. 23.01.2013 - L 2 AS 580/12 - juris Rn. 57.
[159] BT-Drs. 17/3404, S. 106.
[160] BT-Drs. 17/3404, S. 106.
[161] BT-Drs. 17/3404, S. 106.

95 Leistungen der **Eingliederungshilfe**, insbesondere zur Teilhabe am Leben in der Gemeinschaft (§ 54 Abs. 1 Satz 1 SGB XII i.V.m. §§ 55 ff. SGB IX) sind zusätzlich zum Teilhabebudget zu gewähren. Auf diese Rehabilitationsleistungen findet keinerlei Anrechnung statt. Das Teilhabebudget bleibt bei der Erbringung von Leistungen nach dem 6. Kapitel des SGB XII unberücksichtigt (§ 34a Abs. 1 Satz 3 SGB XII).

e. Budget

96 Bei Kindern und Jugendlichen wird ein Bedarf in Höhe von **10 € monatlich** berücksichtigt. Dieses neben den Regelbedarfen zu berücksichtigende Budget ist pauschaliert und verfassungskonform.[162] Bei der Bemessung der Regelbedarfe von Kindern und Jugendlichen sind die Positionen „Außerschulische Unterrichte, Hobbykurse" in der Abteilung 09 und „Mitgliedsbeiträge an Organisationen ohne Erwerbszweck" in Abteilung 12 der EVS 2008 unberücksichtigt geblieben, die sonst mit bis zu 3,58 € monatlich in die Bemessung des Regelbedarfs eingegangen wären.[163] Der Betrag von 10 € monatlich liegt weit darüber, so dass verfassungsrechtlich wegen des insoweit bestehenden Gestaltungsspielraums des Gesetzgebers keine Bedenken bestehen. Der Betrag ist auch realitätsgerecht. So geht beispielsweise der im Auftrag des Bundesinstituts für Sportwissenschaft, der Deutschen Sporthochschule Köln und des Deutschen Olympischen Sportbundes herausgegebene Sportentwicklungsbericht 2009/2010 bei der Hälfte aller Sportvereine von jährlichen Mitgliedsbeiträgen für Kinder und Jugendliche von 25 € bis 30 € im Jahr aus.[164] Der Gesetzgeber hat in der Begründung hierauf Bezug genommen und auch betont, dass der eigentlich sich aus der EVS 2008 ergebende Betrag bewusst erheblich überschritten werde, um sicherzugehen, dass Kinder und Jugendliche aus Haushalten im Bezug existenzsichernder Leistungen eine wirkliche Teilhabechance erhalten würden.[165] Das Budget reiche regelmäßig noch aus, neben einer Mitgliedschaft im Sportverein auch andere Aktivitäten zur gesellschaftlichen Teilhabe in Anspruch zu nehmen.

97 Nicht zu beanstanden ist, dass das Budget an **bestimmte Verwendungszwecke** geknüpft ist, denn mit der Zurverfügungstellung des Geldbetrags allein könnte nicht sichergestellt werden, dass die Geldmittel auch dazu verwendet werden, den Teilhabeanteil – als kindgerechter Sicherstellung des soziokulturellen Existenzminimums – eines Kindes zu decken.[166] Wenn das Budget erschöpft ist, kann im Regelfall nicht auf § 21 Abs. 6 SGB II/§ 73 SGB XII ausgewichen werden.[167]

f. Inhalt der Leistungen

98 Der in § 34 Abs. 7 SGB XII aufgeführte Katalog orientiert sich an den **Inhalten der Jugendarbeit des Kinder- und Jugendhilferechts**. In der Gesetzesbegründung ist beispielhaft besonders die außerschulische Jugendbildung sowie Jugendarbeit in Sport, Spiel, Kultur und Geselligkeit angeführt.[168] Der Leistungskatalog nennt in einer **abschließenden** Aufzählung folgende Aufwendungen:
- Mitgliedsbeiträge in den Bereichen Sport, Spiel, Kultur und Geselligkeit,
- Unterricht in künstlerischen Fächern (z.B. Musikunterricht) und vergleichbare angeleitete Aktivitäten der kulturellen Bildung und
- die Teilnahme an Freizeiten

99 Die Leistungen nach § 34 Abs. 7 SGB XII und § 28 Abs. 7 SGB II dienen nur dazu, außerschulische Bedarfe zu decken.[169] Förderfähig sind institutionell organisierte Aktivitäten in den genannten Bereichen.[170]

100 Die Vorschrift zielt auf **reale (nicht virtuelle) gemeinschaftliche Aktivitäten** mit Gleichaltrigen und auf das Ziel der gemeinschaftlichen Teilhabe ab.[171] Vereinsmitgliedsbeiträge im Sportverein können

---

[162] BSG v. 28.03.2013 - B 4 AS 12/12 R - juris Rn. 47 -SozR 4-4200 § 20 Nr. 1, Rn. 52; LSG Baden-Württemberg v. 23.01.2013 - L 2 AS 580/12 - juris Rn. 53 m.w.N.
[163] Vgl. BT-Drs. 17/3404, S. 72, 106.
[164] www.dosb.de/de/sportentwicklung/bildung/news/ (abgerufen am 02.04.2014).
[165] BT-Drs. 17/3404, S. 106.
[166] BSG v. 28.03.2013 - B 4 AS 12/12 R - juris Rn. 47 -SozR 4-4200 § 20 Nr. 1.
[167] LSG Nordrhein-Westfalen v. 07.03.2013 - L 2 AS 1679/12 B.
[168] BT-Drs. 17/3404, S. 106.
[169] BSG v. 10.09.2013 - B 4 AS 12/13 AS - SozR 4-4200 § 28 Nr. 8, Rn. 22.
[170] Vgl. SG Darmstadt v. 27.03.2012 - S 1 AS 1217/11: Kursgebühr für einen Babyschwimmkurs außerhalb einer Vereinsmitgliedschaft.
[171] BT-Drs. 17/3404, S. 107.

also auch anerkannt werden, wenn eine Individualsportart mit anderen gemeinsam im Verein ausgeübt wird; eine Beschränkung auf reine Mannschaftssportarten ist nicht gemeint. Spiel ist eine „Beschäftigung aus Freude an ihr selbst", eine „unterhaltende Beschäftigung nach bestimmten Regeln".[172] **Nicht** erfasst sind gesetzlich verbotene Spiele (z.B. Glücksspiele i.S.d. § 284 StGB). Nicht mit den Zielen der Leistung vereinbar wäre auch die Teilnahme an kostenpflichtigen Internet-Videospielen in einer virtuellen Online-Gemeinschaft, eben ohne den Kontakt zu realen Menschen.[173] Es soll nicht zuletzt die soziale Kompetenz gefördert werden, also die Fähigkeit und Bereitschaft, unterschiedliche Lebenswirklichkeiten wahrzunehmen und anzuerkennen und dazu gehört z.B. auch, dass man bei Konflikten nicht einfach den „Off"-Knopf drücken kann. Für den **individuellen** Besuch öffentlicher Einrichtungen (Eintrittsgelder für Zoo, Schwimmbad, Diskothek, Kino usw.) kann die Leistung ebenfalls nicht in Anspruch genommen werden.[174] Nicht zu den anerkannten **Bedarfen gehören außerdem Fahrtkosten**.[175]

Erforderliche **Ausrüstungsgegenstände** (z.B. Badmintonschläger, Fußballschuhe) waren nach der ursprünglichen Gesetzeskonzeption nicht vom Teilhabebudget umfasst, dies ist aber m.W.v. 01.08.2013 geändert worden. Nunmehr können auch Ausrüstungsgegenstände vom Budget erworben werden (§ 34 Abs. 7 Satz 2 SGB XII).[176] Die Neuregelung soll die Teilhabe am sozialen und kulturellen Leben in der Gemeinschaft erleichtern (vgl. Rn. 10).[177] Soweit die Gesetzesbegründung darauf abstellt, dass keine zusätzlichen Leistungen gewährt werden könnten, falls für entsprechende Bedarfe bereits in der Regelbedarfsermittlung Verbrauchsausgaben als regelbedarfsrelevant berücksichtigt worden seien, ist dies in dieser Allgemeinheit nicht falsch, verkennt aber den Budget-Charakter der Leistung. Die gesetzlich vorgesehene Leistungserbringung als Budget belässt dem Leistungsempfänger die Freiheit, selbst zu bestimmen, welche von den **im Rahmen des Gesetzeszwecks** des entstehenden Aufwendungen und anfallenden Bedarfe er mit diesem Teilhabebudget deckt.[178]Eine solche Auslegung führt nicht zu einer Erhöhung des Budgets von monatlich 10 €; insoweit hat die Gesetzesbegründung recht, wenn sie darauf hinweist, dass es keine „zusätzlichen" Leistungen gibt. Zur Ansparmöglichkeit vgl. Rn. 104. 101

„Kultur" meint neben der Gesamtheit der geistigen und künstlerischen Ausdrucksformen auch die geistig-seelische (Allgemein-)Bildung.[179] Der Begriff Kunst ist weit auszulegen.[180] Unterricht kann in allen Disziplinen genommen werden, die eine gestaltende schöpferische Tätigkeit zum Gegenstand haben (z.B. Musik, Malerei, Schauspiel). Unter Aktivitäten der **kulturellen Bildung** fallen insbesondere die Angebote von Volkshochschulen, Theaterworkshops und vergleichbare Gemeinschaftsveranstaltungen ebenso wie museumspädagogische Angebote und Aktivitäten zur Stärkung der **Medienkompetenz**. Sie umfassen nach der Gesetzesbegründung insbesondere alle Aspekte der Medienkritik, Medienkunde, Mediennutzung und Mediengestaltung (z.B. Bücher, Zeitschriften, Internet, Hörfunk und Fernsehen und pädagogisch wertvolle Kinoprojekte).[181] 102

g. Erbringung der Leistung

Die Bedarfe nach § 34 Abs. 7 SGB XII werden gemäß § 34a Abs. 2 Satz 1 SGB XII insbesondere mittels **personalisierter Gutscheine** oder **Direktzahlungen an Anbieter** gewährt. Die Formulierung „insbesondere" lässt Spielraum für die Notwendigkeiten und Bedürfnisse vor Ort, z.B. ist es denkbar, dass ein Verein auf einer Einzugsermächtigung besteht (wie es der Normalfall ist). Insoweit kommt auch eine Erbringung als Geldleistung in Betracht. Die Übergangsregelung des § 131 Abs. 4 Sätze 2 und 3 SGB XII sieht vor, dass pauschal ein Bedarf von 10 € monatlich berücksichtigt wird, wenn im Zeitraum 01.01. bis 31.03.2011 tatsächlich Aufwendungen für Teilhabe am sozialen und kulturellen 103

---

[172] *Wahrig*, Deutsches Wörterbuch, Jubiläumsausgabe 1991, S. 1203.
[173] A.A. *Leopold* in: jurisPK-SGB II, 3. Aufl. 2012, § 28 Rn. 134.
[174] *Groth*, jurisPR-SozR 8/2011, Anm. 1.
[175] BT-Drs. 17/3404, S. 107.
[176] Art. 2 Nr. 2b des Gesetzes zur Änderung des Zweiten Buches Sozialgesetzbuch und anderer Gesetze v. 07.05.2013 (BGBl. I, S. 1167) vgl. BR-Drs. 752/12, S. 2; BT-Drs. 17/12036, S. 5. In diese Richtung bereits LSG Baden-Württemberg v. 23.01.2013 - L 2 AS 580/12 - juris Rn. 64.
[177] BR-Drs. 752/12, S. 7 f.; BT-Drs. 17/12036, S. 7 f.
[178] LSG Baden-Württemberg v. 23.01.2013 - L 2 AS 580/12 - juris Rn. 64.
[179] *Wahrig*, Deutsches Wörterbuch, Jubiläumsausgabe 1991, S. 800.
[180] BVerfG v. 24.02.1971 - 1 BvR 435/68 - juris Rn. 47 ff. - BVerfGE 30, 173 - Mephisto.
[181] BT-Drs. 17/3404, S. 106.

§ 34

Leben entstanden sind und sieht hierfür eine Geldleistung an die Leistungsberechtigten vor. Falls im Zeitraum vom 01.04. bis zum 31.05.2011 Aufwendungen entstanden sind, darf die Verwaltung diese ebenfalls durch Geldleistung decken (vgl. die Kommentierung zu § 131 SGB XII Rn. 43 ff.).

104 Das Teilhabebudget nach § 34 Abs. 7 SGB XII bzw. § 28 Abs. 7 SGB II kann auch kumuliert und wie ein Budget angespart werden.[182]

---

[182] BR-Drs. 752/12, S. 8; BT-Drs. 17/12036, S. 8; LSG Baden-Württemberg v. 23.01.2013 - L 2 AS 580/12 - juris Rn. 66.

§ 34a SGB XII Erbringung der Leistungen für Bildung und Teilhabe

(Fassung vom 07.05.2013, gültig ab 01.08.2013)

(1) [1]Leistungen zur Deckung der Bedarfe nach § 34 Absatz 2 und 4 bis 7 werden auf Antrag erbracht. [2]Einer nachfragenden Person werden, auch wenn keine Regelsätze zu gewähren sind, für Bedarfe nach § 34 Leistungen erbracht, wenn sie diese nicht aus eigenen Kräften und Mitteln vollständig decken kann. [3]Die Leistungen zur Deckung der Bedarfe nach § 34 Absatz 7 bleiben bei der Erbringung von Leistungen nach dem Sechsten Kapitel unberücksichtigt.

(2) [1]Leistungen zur Deckung der Bedarfe nach § 34 Absatz 2 und 5 bis 7 werden erbracht durch Sach- und Dienstleistungen, insbesondere in Form von personalisierten Gutscheinen oder Direktzahlungen an Anbieter von Leistungen zur Deckung dieser Bedarfe (Anbieter); die zuständigen Träger der Sozialhilfe bestimmen, in welcher Form sie die Leistungen erbringen. [2]Sie können auch bestimmen, dass die Leistungen nach § 34 Absatz 2 durch Geldleistungen gedeckt werden. [3]Die Bedarfe nach § 34 Absatz 3 und 4 werden jeweils durch Geldleistungen gedeckt. [4]Die zuständigen Träger der Sozialhilfe können mit Anbietern pauschal abrechnen.

(3) [1]Werden die Bedarfe durch Gutscheine gedeckt, gelten die Leistungen mit Ausgabe des jeweiligen Gutscheins als erbracht. [2]Die zuständigen Träger der Sozialhilfe gewährleisten, dass Gutscheine bei geeigneten vorhandenen Anbietern oder zur Wahrnehmung ihrer eigenen Angebote eingelöst werden können. [3]Gutscheine können für den gesamten Bewilligungszeitraum im Voraus ausgegeben werden. [4]Die Gültigkeit von Gutscheinen ist angemessen zu befristen. [5]Im Fall des Verlustes soll ein Gutschein erneut in dem Umfang ausgestellt werden, in dem er noch nicht in Anspruch genommen wurde.

(4) [1]Werden die Bedarfe durch Direktzahlungen an Anbieter gedeckt, gelten die Leistungen mit der Zahlung als erbracht. [2]Eine Direktzahlung ist für den gesamten Bewilligungszeitraum im Voraus möglich.

(5) [1]Im begründeten Einzelfall kann der zuständige Träger der Sozialhilfe einen Nachweis über eine zweckentsprechende Verwendung der Leistung verlangen. [2]Soweit der Nachweis nicht geführt wird, soll die Bewilligungsentscheidung widerrufen werden.

Gliederung

A. Basisinformationen 1	2. Grundsatz der unbaren Leistungserbringung
I. Textgeschichte und Gesetzesbegründung 5	(Absatz 2) 36
II. Vorgängervorschriften 9	a. Ausnahme: Geldleistung 36
III. Systematische Zusammenhänge 10	b. Regelfall: unbare Erbringung, insbesondere
IV. Ausgewählte Literaturhinweise 19	durch Sachleistungen 38
V. Internetadressen 20	c. Pflichtgemäßes Ermessen des Sozialhilfe-
B. Auslegung der Norm 21	trägers 42
I. Regelungsgehalt und Bedeutung der Norm 21	d. Dreiecksverhältnis 43
II. Normzweck 26	e. Kostenerstattung nach selbstbeschaffter
III. Tatbestandsmerkmale und Rechtsfolgen 27	Leistung 48
1. Leistungsgrundsätze (Absatz 1) 27	f. Qualitätskontrolle? 52
a. Antragserfordernis 27	3. Bedarfsdeckung durch Ausgabe von Gutschei-
b. Bedarfsauslösende Ausgestaltung der	nen (Absatz 3) 53
Leistungen 32	a. Allgemeines 53
c. Verhältnis zum 6. Kapitel (Eingliederungs-	b. Leistungserbringung nur durch Gutscheinaus-
hilfe) 34	gabe bei gleichzeitiger Gewährleistungsverant-
d. Weitere Leistungsgrundsätze 35	wortung der Träger? 55

c. Ausgabezeitraum der Gutscheine 61
d. Befristung der Gültigkeit 64
e. Neuausstellung bei Verlust 66
4. Bedarfsdeckung durch Direktzahlung an Anbieter (Absatz 4) 68
5. Verwendungsnachweis und Widerruf der Bewilligung (Absatz 5) 70
a. Nachweis zweckentsprechender Verwendung im Einzelfall 70
b. Widerruf der Bewilligung 73

A. Basisinformationen

1 Der neue Dritte Abschnitt des Dritten Kapitels (§§ 34, 34a SGB XII) wurde m.W.v. 01.01.2011 durch Art. 3 Nr. 12 und Art. 14 Abs. 1 des Gesetzes zur Ermittlung von Regelbedarfen und zur Änderung des Zweiten und Zwölften Buches Sozialgesetzbuch v. 24.03.2011[1] in das SGB XII eingefügt. Außerdem ist mit § 131 SGB XII eine Übergangsregelung für verschiedene Sachverhalte geschaffen worden. Diese war insbesondere wegen der rückwirkenden Inkraftsetzung notwendig.

2 Die Neustrukturierung des ganzen Dritten Kapitels geht auf das Urteil des Bundesverfassungsgerichts vom 09.02.2010 zurück.[2] Dem Gesetzgeber wurde aufgegeben, die Regelleistungen nach dem SGB II und dem SGB XII verfassungskonform neu zu bestimmen. Mit den neuen Leistungen für **Bildung und Teilhabe** beabsichtigt der Gesetzgeber, für Kinder und Jugendliche aus besonders förderungsbedürftigen Haushalten ein gleichberechtigtes Maß an Teilhabe am Leben in der Gemeinschaft zu gewährleisten wie auch den gleichartigen Zugang zu Bildung im schulischen und außerschulischen Bereich zu ermöglichen.[3]

3 § 34a SGB XII knüpft an § 34 SGB XII (Bedarfe für Bildung und Teilhabe) an und regelt die **Erbringung** der Leistungen. Diese sollen nur z.T. als Geldleistung und überwiegend in **unbarer Form** erbracht werden. Dadurch will der Gesetzgeber sicherstellen, dass die Leistung „beim Kind ankommt". Die Leistungsträger werden darauf verpflichtet, die Inanspruchnahme der Leistungen durch **Beratung** und Anstöße gegenüber den Eltern sowie durch **Kooperation** und Netzwerkbildung mit allen Akteuren vor Ort zu befördern (vgl. die Kommentierung zu § 34 SGB XII Rn. 3 ff.). Detaillierte Regelungen sind im Gesetzgebungsverfahren zwar bewusst vermieden worden, da die Sorge vor zu viel Bürokratie geäußert wurde. Dies bringt es jetzt aber mit sich, dass sich nun umgekehrt relativ wenige Vorgaben für die konkrete Handhabung vor Ort im Gesetz finden. Auch die Gesetzesbegründung des Regierungsentwurfs sowie der Bericht und die Beschlussempfehlung des Ausschusses für Arbeit und Soziales können nur bedingt herangezogen werden, da § 34a SGB XII erst im Vermittlungsverfahren seine endgültige Gestalt bekommen hat; die Regelungen weichen vom ursprünglichen Entwurf erheblich ab.

4 Die Leistungen für Bildung und Teilhabe nach den §§ 34 und 34a SGB XII werden von den Trägern der Sozialhilfe und damit im Wesentlichen von den Kommunen als eigene Aufgabe ausgeführt. Aus diesem Grund kann der Bund den Kommunen keine Vorgaben für den Verwaltungsvollzug machen. Der Gesetzgeber hat allerdings betont, dass die rechtliche Ausgestaltung von Leistungsansprüchen und Leistungsgewährung im SGB XII den **Parallelvorschriften im SGB II** entspricht. Dadurch soll gewährleistet werden, dass **Doppelstrukturen für die Leistungserbringung entbehrlich** sind und die Kommunen bei der Ausführung der Bildungs- und Teilhabeleistungen keine Unterschiede danach vornehmen müssen, ob die Schülerinnen und Schüler sowie Kinder und Jugendlichen leistungsberechtigt sind nach dem SGB XII oder nach dem SGB II sind.[4] Aus der Ausführung als eigene Aufgabe folgt, dass die Ausgaben von den ausführenden Stellen, also den Behörden der Länder, zu tragen sind. Eine **Finanzierung** durch den Bund von Leistungen für Bildung und Teilhabe, die für Leistungsberechtigte in der Hilfe zum Lebensunterhalt (Drittes Kapitel SGB XII) erbracht werden, gibt es deshalb nicht. Angesichts der geringen Anzahl von Kindern und Jugendlichen bzw. Schülerinnen und Schülern, die leistungsberechtigt in der Hilfe zum Lebensunterhalt sind, geht die Bundesregierung von **jährlichen Kosten** für die Leistungen für Bildung und Teilhabe in einer Größenordnung von rund **10 Mio. €** aus.[5] Sofern Leistungsberechtigte in der Grundsicherung im Alter und bei Erwerbsminderung (Viertes Kapitel SGB XII) als volljährige und dauerhaft voll erwerbsgeminderte Schülerinnen oder Schüler Leistungen für Bildung erhalten, beteiligt sich der Bund an den entstehenden Kosten im Rahmen der Bundesbetei-

---

[1] BGBl I 2011, 453.
[2] BVerfG v. 09.02.2010 - 1 BvL 1/09 u.a. - BVerfGE 125, 175.
[3] BT-Drs. 17/3404, S. 43.
[4] Vgl. BT-Drs. 17/5633, S. 7.
[5] Vgl. BT-Drs. 17/5633, S. 10.

ligung. Nach der Protokollerklärung des Vermittlungsausschusses ist außerdem vorgesehen, dass der Bund nach einem Stufenplan ab dem Jahr 2014 die Kosten der Grundsicherung im Alter und bei Erwerbsminderung vollständig übernimmt.[6]

I. Textgeschichte und Gesetzesbegründung

Die gesonderte Vorschrift des § 34a SGB XII über die Erbringung der Leistungen wurde gegenüber dem ursprünglichen Entwurf[7] im Zuge des Vermittlungsverfahrens im Januar/Februar 2011 verändert und neu formuliert.[8] Insbesondere wurde auf Wunsch der Länder in Absatz 2 Satz 1 letzter Halbsatz geregelt, dass die zuständigen Träger der Sozialhilfe bestimmen, in welcher Form (personalisierte Gutscheine oder Direktzahlungen an Drittanbieter) sie die Leistungen erbringen. Der Bundesrat hatte in einer umfangreichen Stellungnahme[9] die Bundesregierung aufgefordert, die Länder finanziell in die Lage zu versetzen, ihr Angebot insbesondere in den zentralen Bereichen Schulsozialarbeit und Mittagessen an Kindertagesstätten und Ganztagsschulen auszuweiten.

Die Gesetzesbegründung[10] stellt insbesondere heraus, dass die Bedarfe des § 34 SGB XII Hilfebedürftigkeit auslösen (§ 34a Abs. 1 Satz 2 SGB XII). Auch Schülerinnen und Schüler bzw. Kinder und Jugendliche, deren notwendiger Lebensunterhalt ansonsten aus eigenen Kräften und Mitteln bestritten werden könne, hätten einen Leistungsanspruch, wenn die eigenen Mittel nicht oder nur teilweise für die Deckung der Bedarfe für Bildung und Teilhabe ausreichen würden. Teilhabebedarfe nach § 34 Abs. 7 SGB XII würden keine Leistungsansprüche in der Eingliederungshilfe ersetzen (§ 34a Abs. 1 Satz 3 SGB XII). Ein Großteil der ursprünglichen Gesetzesbegründung kann zur Auslegung der Norm nicht mehr herangezogen werden, da die Vorschrift im Vermittlungsverfahren gründlich umgeändert wurde. Für eine Reihe von Fragen im Zusammenhang mit der Umsetzung des Bildungs- und Teilhabepakets finden sich Erläuterungen und Hinweise in Antworten der Bundesregierung auf sog. kleine Anfragen.[11]

Die in der Gesetzesbegründung außerdem angedachte perspektivische Leistungserbringung über elektronische Abrechnungssysteme (Chipkarte) nimmt Bezug auf die letztlich nicht verwirklichten Ideen des Entwurfs des § 29 Abs. 5 SGB II, der ein elektronisches Abrechnungssystem im SGB II vorsah.[12]

Die Vorschrift wurde durch das Gesetz zur Änderung des Zweiten Buches Sozialgesetzbuch v. 07.05.2013[13] m.W.v. 01.08.2013 geändert. Eingefügt wurde § 34a Abs. 2 **Satz 2** SGB XII. Danach können die Träger der Sozialhilfe auch bestimmen, dass die Leistungen nach § 34 Abs. 2 SGB XII (Klassenfahrten und Schulausflüge) durch Geldleistungen gedeckt werden. Der bisherige Satz 2 wurde zu Satz 3. Neu eingefügt wurde auch § 34a Abs. 2 **Satz 4** SGB XII. Danach können die zuständigen Träger der Sozialhilfe mit Anbietern pauschal abrechnen. Die **Gesetzesbegründung**[14] führt aus, dass bei Klassenausflügen oder Ausflügen von Kindergärten häufig Bedarfslagen auftreten würden, die regelmäßig durch Bargeld zu decken seien. Auch bei Klassenfahrten würden Schwierigkeiten auftreten, wenn kein „Anbieter" existiere, mit dem oder die Sachleistung oder Direktzahlung abgewickelt werden könne. In diesen Fällen würden Lehrkräfte in die Zwangslage kommen, die Nichtteilnahme bedürftiger Kinder, Schülerinnen und Schüler in Kauf zu nehmen oder ungewollt in die Rolle eines Leistungsanbieters und Zwischenfinanzierers zu treten, ohne dazu verpflichtet zu sein. Um diese Schwierigkeiten zu vermeiden, werde den Leistungsträgern die Möglichkeit eingeräumt, nach Ermessen zu der früher geübten Praxis zurückzukehren, diese Bedarfe durch Geldleistungen zu decken.[15] Die neue Möglichkeit der pauschalen Abrechnung mit Anbietern harmonisiere den Rechtszustand mit dem SGB II (§ 29 Abs. 1 Satz 3 SGB II) und diene der Verwaltungsvereinfachung und der Verringerung des Aufwands beim Übergang zwischen den Rechtskreisen und bei der Abrechnung.[16]

---

[6] Vgl. Plenarprotokoll des Bundesrats vom 25.02.2011, S. 80 (C).
[7] BT-Drs. 17/3404, S. 32.
[8] BT-Drs. 17/4719, S. 6.
[9] BR-Drs. 661/10 (B) v. 26.11.2010, S. 3 ff.
[10] BT-Drs. 17/3404, S. 125.
[11] Vgl. etwa BT-Drs. 17/5633, BT-Drs. 17/5675 und BT-Drs. 17/6831.
[12] BT-Drs. 17/3404, S. 19 f., 108 f.
[13] BGBl. I, S. 1167
[14] BR-Drs. 752/12, S. 11.
[15] BR-Drs. 752/12, S. 11.
[16] BR-Drs. 752/12, S. 11.

II. Vorgängervorschriften

9 § 34a SGB XII hat keine direkte Vorgängervorschrift. Die Bildungs- und Teilhabeleistungen bzw. die Berücksichtigung besonderer Bedarfe bei Kindern und Jugendlichen haben Vorläufer bereits im BSHG und der bis 31.12.2010 gültigen Fassung des SGB XII (vgl. die Kommentierung zu § 34 SGB XII Rn. 11). In § 28a Satz 2 SGB XII in der bis 31.12.2010 gültigen Fassung war für die zusätzlichen Leistungen für die Schule bestimmt, dass der Sozialhilfeträger im begründeten Einzelfall einen Nachweis über die zweckentsprechende Verwendung der Leistung verlangen kann.

III. Systematische Zusammenhänge

10 Teilweise abweichend vom Normalfall der Leistungserbringung in Form von Geldleistungen sieht § 34a SGB XII Sonderregelungen für die **Erbringung** der Bildungs- und Teilhabeleistungen vor. Die Leistungen zur Deckung der Bedarfe für Bildung und Teilhabe sind Teil der „**Hilfe zum Lebensunterhalt**", die im **Dritten Kapitel** geregelt ist. Zur Deckung der **Regelbedarfe** werden monatliche Regelsätze (Pauschalbeträge) als **Geldleistung** gewährt (§ 27a Abs. 3 SGB XII). Auch die Leistungen zur Deckung der zusätzlichen bzw. der Mehrbedarfe und Unterkunftskosten werden in Form der Geldleistung erbracht. Die Leistungen der Sozialhilfe werden erbracht in Form von Dienstleistungen, Geldleistungen und Sachleistungen (§ 10 Abs. 1 SGB XII). Geldleistungen haben gem. § 10 Abs. 3 SGB XII Vorrang vor Sachleistungen, soweit im SGB XII nicht etwas anderes bestimmt ist oder mit Sachleistungen das Ziel der Sozialhilfe erheblich besser oder wirtschaftlicher erreicht werden kann oder die Leistungsberechtigten es wünschen.

11 **Abweichend** hiervon normiert § 34a Abs. 2 Satz 1 SGB XII, dass Leistungen zur Deckung der Bedarfe nach § 34 Abs. 2 und 5-7 SGB XII „durch Sach- und Dienstleistungen, insbesondere in Form von personalisierten Gutscheinen oder Direktzahlungen an Anbieter von Leistungen zur Deckung dieser Bedarfe (Anbieter)" erbracht werden und dass die zuständigen Träger der Sozialhilfe nach pflichtgemäßem Ermessen (§ 17 Abs. 2 Satz 1 SGB XII) bestimmen, in welcher Form sie die Leistungen erbringen. Die grundsätzliche Entscheidung des Gesetzgebers, die Leistungen als Sach- und Dienstleistungen zu erbringen, ist verfassungsrechtlich unbedenklich.[17]

12 Die Verwendung des Begriffs Dienstleistung hat eher Auffangfunktion, da echte Dienstleistungen schwer vorstellbar sind.[18] Allgemein gehören zur Dienstleistung insbesondere die Beratung in Fragen der Sozialhilfe und die Beratung und Unterstützung in sonstigen sozialen Angelegenheiten (§ 10 Abs. 2 SGB XII). Die Bedarfe nach § 34 Abs. 3 und 4 SGB XII (Schulbedarfspaket und der Schülerbeförderung) werden gem. § 34a Abs. 2 Satz 2 SGB XII jeweils durch Geldleistungen gedeckt.

13 Nach dem m.W.v. 01.08.2013 in Kraft getretenen § 34a Abs. 2 **Satz 2** SGB XII können (pflichtgemäßes Ermessen) die Träger der Sozialhilfe auch bestimmen, dass die Leistungen nach § 34 Abs. 2 SGB XII (**Klassenfahrten und Schulausflüge**) durch **Geldleistungen** gedeckt werden. Damit sollen die Nichtteilnahme bedürftiger Kinder, Schülerinnen und Schüler und Abrechnungsschwierigkeiten vermieden werden. Dies sind auch die maßgeblichen Kriterien bei der Ermessensausübung. Nach dem ebenfalls m.W.v. 01.08.2013 eingefügten § 34a Abs. 2 **Satz 4** SGB XII können die zuständigen Träger der Sozialhilfe mit Anbietern pauschal abrechnen. Damit wird eine Verwaltungsvereinfachung und Harmonisierung mit dem Rechtskreis des SGB II angestrebt (§ 29 Abs. 1 Satz 3 SGB II). Vor In-Kraft-Treten der § 34b SGB XII/§ 30 SGB II hat die Verwaltung faktisch bereits entgegen § 29 SGB II/§ 34b SGB XII Geldleistungen erbracht, um den Ausschluss leistungsberechtigter Personen bei einer förderungswürdigen Veranstaltung zu vermeiden.[19]

14 Die Leistungen der **Eingliederungshilfe**[20], insbesondere zur Teilhabe am Leben in der Gemeinschaft (§ 54 Abs. 1 Satz 1 SGB XII i.V.m. den §§ 55 ff. SGB IX) sind also neben dem Teilhabebudget zu gewähren. Jene gehören zu den Rehabilitationsleistungen, während das Teilhabebudget zur Existenzsicherung gehört. Leistungen zur Prävention oder Rehabilitation sind zum Erreichen der nach dem SGB IX mit diesen Leistungen verbundenen Ziele vorrangig zu erbringen (§ 14 Abs. 1 SGB XII).

---

[17] BSG v. 28.03.2013 - B 4 AS 12/12 R - juris Rn. 47 - SozR 4-4200 § 20 Nr. 18.

[18] Zur Abgrenzung von Geld-, Sach- und Dienstleistungen vgl. die Kommentierung zu § 10 SGB XII Rn. 15 ff.; Mrozynski, SGB I, 4. Aufl. 2010, § 11 Rn. 18 ff.

[19] Vgl. Haase, LKV 2013, 351, 352.

[20] Zur Abgrenzung der Hilfe zum Lebensunterhalt zur Eingliederungshilfe vgl. BSG v. 09.12.2008 - B 8/9b SO 10/07 R - BSGE 102, 126, 129 ff. = SozR 4-3500 § 54 Nr. 3.

In **§ 131 SGB XII** ist eine **Übergangsregelung** insbesondere für die rückwirkende Antragstellung und abweichende Formen der Leistungserbringung normiert.

Im SGB II bestehen mit den §§ 28, 29, 77 Abs. 7-11 SGB II Parallelvorschriften (vgl. die Kommentierung zu § 34 SGB XII Rn. 22). Im SGB II würde es für Fälle, in denen der Bedarf aller erwerbsfähigen Personen gedeckt ist, an einer erwerbsfähigen hilfebedürftigen Person zur Bildung einer Bedarfsgemeinschaft fehlen. Deshalb ist dort wegen der Besonderheiten der Bedarfsgemeinschaft in § 7 Abs. 2 Satz 3 SGB II gesondert geregelt, dass ggf. nur ein Kind wegen der Bedarfe für Bildung und Teilhabe leistungsberechtigt sein kann.[21]

Gemäß § 2 Abs. 1 AsylbLG können Leistungen zur Deckung der Bedarfe für Bildung und Teilhabe auch an bestimmte Leistungsberechtigte nach dem AsylbLG (sogenannte „Analog-Berechtigte") erbracht werden (vgl. dazu die Kommentierung zu § 2 AsylbLG Rn. 116 ff.). Nach § 6 Abs. 1 Alt. 3 AsylbLG können an Kinder, die nach § 3 AsylbLG leistungsberechtigt sind, sonstige Leistungen gewährt werden, wenn sie zur Deckung von deren besonderen Bedürfnissen im Einzelfall geboten sind. Hierzu können auch die Leistungen für Bildung und Teilhabe zählen.[22] Der Bundesrat hat mit Beschluss vom 23.09.2011[23] die Bundesregierung aufgefordert, den Kindern, Jugendlichen und jungen Erwachsenen mit Leistungsbezug nach § 3 AsylbLG den Zugang zu den Leistungen des Bildungs- und Teilhabepakets zu ermöglichen sowie die dadurch entstehenden Mehrbelastungen der kommunalen Haushalte vor dem Hintergrund der finanziellen Gesamtsituation der Kommunen durch eine künftige Kostenbeteiligung des Bundes aufzufangen.

Die Vorschriften des **Zehnten Kapitels** (Einrichtungen, §§ 75 ff. SGB XII) sind **nicht anwendbar**. Die Ausgabe personalisierter Gutscheine setzt zwar vernünftigerweise Vereinbarungen zwischen dem zuständigen Träger der Sozialhilfe und den Leistungsanbietern voraus, zumal die Träger aufgrund ihrer Gewährleistungspflicht im Voraus wissen müssen, ob ein Anbieter den Gutschein einlöst.[24] Jedoch finden auf die Erbringung der Bildungs- und Teilhabeleistungen die §§ 75 ff. SGB XII keine Anwendung (vgl. dazu die Kommentierung zu § 75 SGB XII Rn. 27), insbesondere müssen die Sozialhilfeträger mit den Anbietern keine Leistungs- und Prüfungsvereinbarungen abschließen. Die §§ 75 ff. SGB XII knüpfen an § 13 SGB XII an. § 34a SGB XII regelt hingegen für einen Teilbereich der Hilfe zum Lebensunterhalt eine eigenständige Form der Leistungserbringung.

IV. Ausgewählte Literaturhinweise

Ahrens, Gutscheine, BB 1996, 2477 ff.; *Armborst*, Das Bildungs- und Teilhabepaket des Bundes und die Umsetzung in Ländern und Kommunen, ArchsozArb 2012, Nr. 2, 44 ff.; *Brandi*, Soziale Teilhabe und Sport – zur Umsetzung des Kinderbildungspakets in Sportvereinen, ArchsozArb 2011, 58 ff.; *Demmer*, Welche Konsequenzen hat das „Bildungspaket" für die Praxis der Bildungseinrichtungen?, ArchsozArb 2011, 48 ff.; *Deutscher Verein für öffentliche und private Fürsorge*, Zweite Empfehlungen des Deutschen Vereins zur Umsetzung der Leistungen für Bildung und Teilhabe v. 25.09.2012, abrufbar unter www.sgb-ii.net/portal/material_aktuell/material_bielefeld/mat_ag5/DV_BuT-Empfehlungen_2.pdf/at_download/file (abgerufen am 02.04.2014); *Dillmann*, Sozialhilfe und Verfahren – ein nicht immer harmonisches Paar, DVP 2011, 90 ff.; *Engels/Apel*, Inanspruchnahme der Leistungen für Bildung und Teilhabe – empirische Befunde, Landkreis 2013, 169 ff.; *Finis Siegler*, Das Bildungs- und Teilhabepaket in der Umsetzung, NDV 2013, 68 ff.; *Groth*, Neue Leistungen für Bildung und Teilhabe im SGB II, SGB XII und BKGG, jurisPR-SozR 8/2011, Anm. 1; *Groth/Luik/Siebel-Huffmann*, Das neue Grundsicherungsrecht, 2011; *Haase*, Zur ersten Novellierung der Leistungen für Bildung und Teilhabe, LKV 2013, 351; *Henneke*, Kommunale Bildungs- und Teilhabeangebote nach dem SGB, Zweites, Achtes und Zwölftes Buch, Der Landkreis 2011, 194 ff.; *Keller/Wiesner*, Grundsicherung für Arbeitsuchende und Bildungspaket für Kinder – welche Umsetzungschancen und -hindernisse gibt es im „ländlichen Raum"?, ArchsozArb 2011, 64 ff.; *Klerks*, Leistungen für Bildung und Teilhabe gem. §§ 28, 29 SGB II, info also 2011, 147 ff.; *Kunkel*, Datenschutz in der Sozial- und Jugendhilfe nach der Neuregelung des Sozialdatenschutzes, ZFSH/SGB 1995, 225 ff.; *Lenze*, Bildung und Teilhabe zwischen Jobcenter und Jugendamt, ZKJ 2011, 17 ff.; *Markovic*, Weiterer Reformbedarf bei den Leistungen für Bildung und Teilhabe, NDV 2013, 145 ff.; *Sell*, Teilhabe und Bildung als Sachleistungen: bis-

---

[21] BT-Drs. 17/3404, S. 92; vgl. dazu *Groth* in: Groth/Luik/Siebel-Huffmann, Das neue Grundsicherungsrecht 2011, Rn. 289 f.; *Hackethal* in: jurisPK-SGB II, 3. Aufl. 2011, § 7 Rn. 47.
[22] Vgl. BT-Drs. 17/6164, S. 69.
[23] BR-Drs. 364/11 (B).
[24] BT-Drs. 17/4095, S. 38.

herige Erfahrungen mit Gutschein- und Chipkartensystemen, ArchSozArb 2011, 24 ff.; *Spindler*, Aufgaben und Inhalte sozialer Beratung in Zeiten nach Hartz, TuP 2007, 36 ff.; *Vorholz*, Das Bildungs- und Teilhabepaket für bedürftige Kinder, Der Landkreis 2011, 188 ff.; *Zimmermann*, Das Teilhabe- und Bildungspaket, NJ 2011, 265 ff. und die Kommentierung zu § 34 SGB XII Rn. 26.

V. Internetadressen

20 Die vom Ministerium für Arbeit, Integration und Soziales des Landes Nordrhein-Westfalen herausgegebene „Arbeitshilfe Bildungs- und Teilhabepaket" 5. Aufl., Stand: 01.08.2013 steht unter https://broschueren.nordrheinwestfalendirekt.de/broschuerenservice/staatskanzlei/arbeitshilfe-bildungs-und-teilhabepaket/1615 zum Download bereit (abgerufen am 02.04.2014). Vgl. auch die Kommentierung zu § 34 SGB XII Rn. 27. Das BMAS hat außerdem unter 01805/676721 ein Infotelefon eingerichtet (0,14 €/Minute aus dem Festnetz).

B. Auslegung der Norm

I. Regelungsgehalt und Bedeutung der Norm

21 § 34a SGB XII regelt die Leistungsformen zur Erbringung von Leistungen zur Deckung der Bedarfe für Bildung und Teilhabe und enthält Sonderregelungen zu § 10 SGB XII und § 27a Abs. 3 SGB XII. Der persönliche Schulbedarf und die Kosten der Schülerbeförderung werden durch Geldleistungen an leistungsberechtigte Personen gedeckt (§ 34a Abs. 2 Satz 2 SGB XII). Im Übrigen sind die Bedarfe durch Sachleistungen zu decken, wobei personalisierte Gutscheine und Direktzahlungen an Leistungsanbieter als Formen der Leistungserbringung besonders benannt werden (§ 34a Abs. 2 Satz 1 SGB XII). Für die Zeit zwischen dem 01.01.2011 und dem 31.05.2011 gibt es Übergangsregelungen, die u.a. auch Kostenerstattung in Geld vorsehen (§ 131 SGB XII). § 34a Abs. 1 Satz 3 SGB XII stellt klar, dass das Teilhabebudget (§ 34 Abs. 7 SGB XII) bei der Erbringung von Leistungen nach dem 6. Kapitel des SGB XII unberücksichtigt bleibt, Eingliederungshilfeleistungen namentlich zur Teilhabe am Leben in der Gemeinschaft (§ 54 Abs. 1 Satz 1 SGB XII i.V.m. den §§ 55 ff. SGB IX), also zusätzlich zum Teilhabebudget zu gewähren sind.

22 Absatz 1 regelt **Grundsätze der Leistungserbringung**, insbesondere die Notwendigkeit eines **gesonderten Antrags** für die Leistungen zur Deckung der Bedarfe nach § 34 Abs. 2 und 4-7 SGB XII (Schul- und Kita-Ausflüge sowie Klassenfahrten, Schülerbeförderung, Lernförderung, Mittagsverpflegung, Teilhabe am sozialen und kulturellen Leben). Absatz 1 Satz 2 stellt klar, dass die Bedarfe des § 34 SGB XII Hilfebedürftigkeit auslösen können. Einer nachfragenden Person werden, auch wenn keine Regelsätze zu gewähren sind, zur Deckung der Bedarfe nach § 34 SGB XII Leistungen auch dann erbracht, wenn sie die Bedarfe nach § 34 SGB XII nicht aus eigenen Kräften und Mitteln vollständig decken kann.

23 Absatz 2 enthält Regelungen zu den **Formen** der Leistung und bestimmt, dass die Leistungen zur Deckung der Bedarfe nach § 34 Abs. 3 und 4 SGB XII (Schulbedarf, Schülerbeförderung) durch Geldleistungen erbracht werden, im Übrigen jedoch grundsätzlich das **Sachleistungsprinzip** („Sach- und Dienstleistungen"), insbesondere in Form von personalisierten Gutscheinen oder Direktzahlungen an Drittanbieter zur Anwendung kommen soll. Nachdem durch das Gesetz zur Änderung des Zweiten Buches Sozialgesetzbuch und anderer Gesetze v. 07.05.2013[25] § 34a Abs. 2 **Satz 2** SGB XII m.W.v. 01.08.2013 eingefügt wurde, können (pflichtgemäßes Ermessen, § 39 Abs. 1 SGB I) die Träger der Sozialhilfe auch bestimmen, dass die Leistungen nach § 34 Abs. 2 SGB XII (Klassenfahrten und Schulausflüge) durch Geldleistungen gedeckt werden. Damit sollen die Nichtteilnahme bedürftiger Kinder, Schülerinnen und Schüler und Abrechnungsschwierigkeiten vermieden werden. Dies sind auch die maßgeblichen Kriterien bei der Ermessensausübung. Neu eingefügt wurde auch § 34a Abs. 2 **Satz 4** SGB XII. Danach können die zuständigen Träger der Sozialhilfe mit Anbietern pauschal abrechnen. Damit wird eine Harmonisierung mit dem Rechtskreis des SGB II erreicht (§ 29 Abs. 1 Satz 3 SGB II).

24 Die Absätze 3 und 4 konkretisieren die Regelungen zur Leistungserbringung weiter und regeln Details zur Leistungserbringung mittels Gutschein oder Direktzahlung an Anbieter. Es obliegt der fachlichen Verantwortung der zuständigen Träger der Sozialhilfe, zu bestimmen, in welcher Form sie die Leistungen erbringen (§ 34a Abs. 2 Satz 1 letzter Halbsatz SGB XII). Diese Regelung war im Gesetzentwurf

---

[25] BGBl I 2013, 1167.

der Bundesregierung[26] noch nicht enthalten und wurde eingefügt, um eine Harmonisierung mit § 29 SGB II zu erreichen.[27] Im SGB II sind Träger der Leistungen für Bildung und Teilhabe die Kreise und kreisfreien Städte (§ 6 Abs. 1 Satz 1 Nr. 2 SGB II).

Absatz 5 schließlich normiert die Möglichkeit für den zuständige Träger der Sozialhilfe, im Einzelfall einen Nachweis über eine zweckentsprechende Verwendung der Leistung verlangen. Soweit der Nachweis nicht geführt wird, soll die Bewilligungsentscheidung widerrufen werden.

II. Normzweck

Mit den §§ 28 f. SGB II und den §§ 34 f. SGB XII hat der Gesetzgeber das Urteil des Bundesverfassungsgerichts vom 09.02.2010[28] umgesetzt, in welchem das Gericht die eigenständige Berücksichtigung eines besonderen kinder- und altersspezifischen Bedarfs anmahnte („**Kinder sind keine kleinen Erwachsenen**").[29] Die Regelbedarfe von Kindern und Jugendlichen sind eigenständig ermittelt worden und jetzt in § 8 Abs. 1 Nr. 4-6 RBEG geregelt. Mit den neuen Leistungen für **Bildung und Teilhabe** (§ 34 SGB XII) beabsichtigt der Gesetzgeber, für Kinder und Jugendliche aus besonders förderungsbedürftigen Haushalten ein gleichberechtigtes Maß an Teilhabe am Leben in der Gemeinschaft zu gewährleisten wie auch den gleichartigen Zugang zu Bildung im schulischen und außerschulischen Bereich zu ermöglichen.[30] Gleichzeitig hat der Gesetzgeber für die **Erbringung** der neuen Leistungen vorgesehen, dass diese nur z.T. als Geldleistung, regelmäßig aber in **unbarer Form** erfolgen soll. Dadurch soll sichergestellt werden, dass die Leistung beim Kind ankommt; Eltern stünden zugleich in der Ausübung ihrer Erziehungsverantwortung in der Pflicht, dass die zur Verfügung stehenden Leistungen auch in Anspruch genommen werden.[31] Auch die Leistungsträger werden darauf verpflichtet, die Inanspruchnahme der Leistungen durch **Beratung** und Anstöße gegenüber den Eltern sowie durch **Kooperation** und Netzwerkbildung mit allen Akteuren vor Ort zu befördern.

III. Tatbestandsmerkmale und Rechtsfolgen

1. Leistungsgrundsätze (Absatz 1)

a. Antragserfordernis

Abweichend vom Kenntnisgrundsatz des § 18 Abs. 1 SGB XII enthält § 34a Abs. 1 Satz 1 SGB XII spezielle Regelungen zum Antragserfordernis für die Bedarfe für Bildung und Teilhabe (ausgenommen den persönlichen Schulbedarf).[32] Im Gesetzentwurf der Bundesregierung waren zunächst nur die Bedarfe für die Lernförderung und die schulische Mittagsverpflegung vom gesonderten Antragserfordernis umfasst. Aufgrund des Berichts des Ausschusses für Arbeit und Soziales wurde dies ausgeweitet.[33] Die Ausdehnung des Antragserfordernisses sei erforderlich, um in Fällen der Leistungserbringung durch Direktzahlung das konkret ausgewählte Leistungsangebot sowie das Vorliegen der Anspruchsvoraussetzungen überprüfen zu können.[34]

Bei den Leistungen für Bildung und Teilhabe nach § 28 SGB II bzw. § 34 SGB XII handelt es sich um abtrennbare Verfügungen, die aufgrund ihrer Eigenständigkeit isoliert geltend gemacht werden können, weshalb die Beteiligten mit einer ausdrücklichen Erklärung den Streitgegenstand hierauf beschränken können.[35]

Auf gesonderten **Antrag** werden Leistungen zur Deckung folgender Bedarfe erbracht:
- eintägige Ausflüge und mehrtägige Fahrten (mit auswärtiger Übernachtung) der Schulen und Kindertagesstätten (§ 34 Abs. 2 SGB XII),
- Schülerbeförderungskosten (§ 34 Abs. 4 SGB XII),
- Lernförderung (§ 34 Abs. 5 SGB XII),

---

[26] BT-Drs. 17/3404, S. 32.
[27] BT-Drs. 17/4095, S. 38.
[28] BVerfG v. 09.02.2010 - 1 BvL 1/09 u.a. - BVerfGE 125, 175.
[29] BVerfG v. 09.02.2010 - 1 BvL 1/09 u.a. - juris Rn. 191 - BVerfGE 125, 175.
[30] BT-Drs. 17/3404, S. 43.
[31] Vgl. BT-Drs. 17/3404, S. 43 ff.
[32] Zum Antragserfordernis vgl. BSG v. 28.03.2013 - B 4 AS 12/12 R - juris Rn. 18 - SozR 4-4200 § 20 Nr. 18.
[33] BT-Drs. 17/4095, S. 18.
[34] BT-Drs. 17/4095, S. 38.
[35] BSG v. 10.09.2013 - B 4 AS 12/13 AS - SozR 4-4200 § 28 Nr. 8; LSG Baden-Württemberg v. 23.01.2013 - L 2 AS 580/12 - juris Rn. 28 ff.

- Mehraufwendungen bei gemeinschaftlicher Mittagsverpflegung (§ 34 Abs. 6 SGB XII) und
- Teilhabe am sozialen und kulturellen Leben in der Gemeinschaft; dies betrifft Mitgliedsbeiträge in den Bereichen Sport, Spiel, Kultur und Geselligkeit; Unterricht in künstlerischen Fächern und vergleichbaren angeleiteten Aktivitäten der kulturellen Bildung sowie Teilnahme an Freizeiten (§ 34 Abs. 7 SGB XII).

30 Dies erfordert nicht, dass ein schriftlicher Antrag beim Träger der Sozialhilfe gestellt werden muss, eine mündliche Erklärung, dass ein entsprechender Bedarf besteht, ist ausreichend.[36] Neben den allgemeinen Auskunfts- und Beratungspflichten (§§ 13-15 SGB I) sind die Leistungsträger auch verpflichtet, darauf hinzuwirken, dass klare und sachdienliche Anträge gestellt und unvollständige Angaben ergänzt werden (§ 16 Abs. 1 SGB I), und im Einzelfall konkret zu beraten (§ 11 SGB XII). Immer zu beachten ist bei der Auslegung der Anträge der Grundsatz der **Meistbegünstigung**, welcher besagt, dass sich die Auslegung eines Antrags danach zu richten hat, was als Leistung möglich ist, wenn jeder verständige Antragsteller mutmaßlich seinen Antrag bei entsprechender Beratung angepasst hätte und keine Gründe für ein anderes Verhalten vorliegen.[37] Je nach den Besonderheiten des Einzelfalles (vgl. § 9 Abs. 1 SGB XII) kann sich die allgemeine **Beratungspflicht** der Verwaltung gem. § 11 Abs. 1 SGB XII zu einer konkreten „Spontanberatungspflicht" verdichten.[38] Gerade zur Beratungspflicht bei Rechts- und Gesetzesänderungen gibt es eine Reihe von höchstrichterlichen Entscheidungen.[39] Nach der Rechtsprechung des Bundessozialgerichts ist im Wege des **sozialrechtlichen Herstellungsanspruchs** ggf. auch eine verspätete Antragstellung zuzulassen, wenn seitens der Verwaltung gegen Beratungspflichten verstoßen wurde.[40]

31 Für die Berücksichtigung der Bedarfe für die Ausstattung mit persönlichem **Schulbedarf** (§ 34 Abs. 3 SGB XII) ist **kein Antrag** erforderlich. Dies folgt aus § 34a Abs. 2 Satz 1 SGB XII. Es gilt der Kenntnisgrundsatz (§ 18 Abs. 1 SGB XII) und es ist davon auszugehen, dass der zuständige Sozialhilfeträger weiß, dass die Kinder in die Schule gehen.[41]

b. Bedarfsauslösende Ausgestaltung der Leistungen

32 Die Bedarfe für Bildung und Teilhabe als Teil des notwendigen Lebensunterhalts sind hilfebedürftigkeitsauslösend. Der Anspruch ergibt sich aus § 19 Abs. 1 i.V.m. § 17 Abs. 1 Satz 1 SGB XII. In § 34a Abs. 1 Satz 2 SGB XII ist deklaratorisch bestimmt, dass einer nachfragenden Person auch dann, wenn keine Regelsätze zu gewähren sind, Leistungen für Bedarfe nach § 34 SGB XII erbracht werden, wenn diese Bedarfe nicht aus eigenen Kräften und Mitteln vollständig gedeckt werden können. Die Bedarfe des § 34 SGB XII seien als eigenständige Bedarfe neben dem Regelbedarf anerkannt und könnten allein Hilfebedürftigkeit auslösen.[42]

33 Auf die Leistungen besteht bei Vorliegen der Tatbestandsvoraussetzungen ein Rechtsanspruch i.S. des § 38 SGB I.[43] Auch das Bundesverfassungsgericht geht im Urteil vom 18.07.2012[44] in der Gegenüberstellung von § 28 SGB II und § 34 SGB XII zum AsylbLG von gesetzlichen Ansprüchen („Anspruchsnormen") im SGB II/XII aus.[45]

---

[36] BT-Drs. 17/3404, S. 125.

[37] Vgl. dazu etwa BSG v. 26.08.2008 - B 8/9b SO 18/07 R - SozR 4-3500 § 18 Nr. 1; BSG v. 10.03.1994 - 7 RAr 38/93 - BSGE 74, 77, 79 = SozR 3-4100 § 104 Nr 11 S. 47 m.w.N.

[38] Vgl. dazu BSG v. 08.02.2007 - B 7a AL 22/06 R - BSGE 98, 108, 113 = SozR 4-4300 § 324 Nr. 3, S. 21 f. m.w.N.; zur Beratungspflicht des § 14 Abs. 1 SGB I vgl. etwa BSG v. 05.04.2000 - B 5 RJ 50/98 R - SozR 3-1200 § 14 Nr. 29, S. 99 und *Mönch-Kalina* in: jurisPK-SGB I, § 14 Rn. 25 ff.

[39] Zur Beratungspflicht bei noch nicht verkündeten Gesetzen vgl. BSG v. 02.09.2004 - B 7 AL 18/04 R - juris Rn. 23 - NZA 2005, 98; allgemein bei Gesetzesänderungen BSG v. 27.07.2004 - B 7 SF 1/03 R - SozR 4-1200 § 14 Nr. 5 S. 8; zum Stand des Gesetzgebungsverfahrens BSG v. 25.01.1996 - 7 RAr 60/94 - SozR 3-3200 § 86a Nr. 2 S. 6; zu zukünftigen Rechtsentwicklungen BSG v. 26.10.1994 - 11 RAr 5/94 - SozR 3-1200 § 14 Nr. 16 S. 51 und allgemein zu Rechtsänderungen BSG v. 10.12.2003 - B 9 VJ 2/02 R - SozR 4-3100 § 60 Nr. 1 S. 7.

[40] BSG v. 08.02.2007 - B 7a AL 22/06 R - BSGE 98, 108, 113 = SozR 4-4300 § 324 Nr. 3, S. 21 f.; vgl. auch die Kommentierung zu § 10 SGB XII Rn. 69 ff.

[41] *Wenzel* in: Fichtner/Wenzel, SGB XII/AsylbLG/SGB II/BKGG, 4. Aufl. 2009, § 28a Rn. 5; vgl. die Kommentierung zu § 28a SGB XII Rn. 21.

[42] BT-Drs. 17/3404, S. 124 f. Zu Besonderheiten des SGB II vgl. Rn. 16.

[43] LSG Baden-Württemberg v. 23.01.2013 - L 2 AS 580/12 - juris Rn. 44.

[44] BVerfG v. 18.07.2012 - - 1 BvL 10/10 u.a. - juris Rn. 122.

[45] Zur Konzeption der B+T-Leistungen als Teil der Existenzsicherung vgl. BSG v. 28.03.2013 - B 4 AS 12/12 R - juris Rn. 43 ff. - SozR 4-4200 § 20 Nr. 18.

c. Verhältnis zum 6. Kapitel (Eingliederungshilfe)

§ 34a Abs. 1 Satz 3 SGB XII bestimmt, dass das Teilhabebudget (§ 34 Abs. 7 SGB XII) bei der Erbringung von Leistungen nach dem 6. Kapitel des SGB XII unberücksichtigt bleibt. Es ist immer im Einzelfall zu prüfen, ob Leistungsansprüche in der Eingliederungshilfe bestehen, ob Leistungen der Eingliederungshilfe, insbesondere zur Teilhabe am Leben in der Gemeinschaft (§ 54 Abs. 1 Satz 1 SGB XII i.V.m. den §§ 55 ff. SGB IX) erforderlich sind.

d. Weitere Leistungsgrundsätze

Die **allgemeinen Regeln der Leistungserbringung** sind zu beachten, insbesondere bei der Erbringung durch Gutscheine und Direktzahlung an Anbieter, um die Effektivität der Leistungserbringung sicherzustellen. Die allgemeinen Beratungspflichten der §§ 13-15 SGB I werden in § 11 SGB XII besonders ausgeformt. Die Beratung betrifft u.a. die persönliche Situation, den Bedarf sowie die eigenen Kräfte und Mittel sowie die mögliche Stärkung der Selbsthilfe zur aktiven Teilnahme am Leben in der Gemeinschaft. Die Leistungen richten sich gemäß § 9 Abs. 2 SGB XII nach der Besonderheit des Einzelfalles, insbesondere nach der Art des Bedarfs und den örtlichen Verhältnissen. Die besonderen Verhältnisse in der Familie der Leistungsberechtigten sollen berücksichtigt werden, insbesondere soll der Zusammenhalt der Familie gefestigt werden (§ 16 SGB XII). Gemäß § 17 Abs. 1 Nr. 1 SGB I sind die Leistungsträger verpflichtet, darauf hinzuwirken, dass jeder Berechtigte **die ihm zustehenden Sozialleistungen in zeitgemäßer Weise, umfassend und zügig erhält**. Außerdem wirken die Leistungsträger gemäß § 17 Abs. 3 Satz 1 SGB I in der **Zusammenarbeit mit gemeinnützigen und freien Einrichtungen und Organisationen** darauf hin, dass sich ihre Tätigkeit und die der genannten Einrichtungen und Organisationen zum Wohl der Leistungsempfänger wirksam ergänzen.

2. Grundsatz der unbaren Leistungserbringung (Absatz 2)

a. Ausnahme: Geldleistung

Gemäß § 10 Abs. 3 SGB XII ist eigentlich die Geldleistung im SGB XII der Regelfall. § 34a Abs. 2 Satz 1 SGB XII bestimmt abweichend hiervon, dass Leistungen zur Deckung der Bedarfe nach § 34 Abs. 2 und 5-7 SGB XII durch Sach- und Dienstleistungen erbracht werden, insbesondere in Form von personalisierten Gutscheinen oder Direktzahlungen an Anbieter von Leistungen zur Deckung dieser Bedarfe. Unter **Geldleistung** ist nicht schon die bloße Gewährung eines geldwerten Vorteils, sondern nur die Zahlung eines Geldbetrages zu verstehen.[46] Durch **Geldleistung** werden nur die folgenden **Bedarfe** gedeckt:

- Ausstattung mit persönlichem Schulbedarf (§ 34 Abs. 3 SGB XII) und
- Schülerbeförderungskosten (§ 34 Abs. 4 SGB XII)
- nach pflichtgemäßem Ermessen im Einzelfall: Klassenfahrten und Schulausflüge (§ 34 Abs. 2 Satz 2 SGB XII).

§ 34a Abs. 2 **Satz 2** SGB XII wurde durch das Gesetz zur Änderung des Zweiten Buches Sozialgesetzbuch und anderer Gesetze v. 07.05.2013[47] m.W.v. 01.08.2013 eingefügt. Danach können (pflichtgemäßes Ermessen) die Träger der Sozialhilfe auch bestimmen, dass die Leistungen nach § 34 Abs. 2 SGB XII (Klassenfahrten und Schulausflüge) durch Geldleistungen gedeckt werden. Damit sollen die Nichtteilnahme bedürftiger Kinder, Schülerinnen und Schüler sowie Abrechnungsschwierigkeiten vermieden werden. Dies sind auch die maßgeblichen Kriterien bei der Ermessensausübung.

b. Regelfall: unbare Erbringung, insbesondere durch Sachleistungen

Sachleistung ist die Hingabe von Sachen, d.h. von körperlichen Gegenständen (§ 90 BGB);[48] sie kann auch Elemente einer Dienstleistung enthalten.[49] Das im Bereich des Bildungs- und Teilhabepakets **vorherrschende Prinzip der unbaren Leistungserbringung** betrifft folgende Bedarfe:

- Lernförderung (§ 34 Abs. 5 SGB XII),
- Mehraufwendungen bei gemeinschaftlicher Mittagsverpflegung (§ 34 Abs. 6 SGB XII),

---

[46] *Meyerhoff* in: jurisPK-SGB II, 3. Aufl 2012, § 4 Rn. 32; *Burkiczak* in: Estelmann, SGB II, § 29 Rn. 9 (Stand Oktober 2011).
[47] BGBl I 2013, 1167; vgl. BR-Drs. 752/12, S. 2.
[48] BSG v. 04.12.1997 - 7 RAr 24/96 - juris Rn. 19.
[49] Vgl. *Mrozynski*, SGB I, 4. Aufl. 2010, § 11 Rn. 25.

- Teilhabe am sozialen und kulturellen Leben in der Gemeinschaft; dies betrifft Mitgliedsbeiträge in den Bereichen Sport, Spiel, Kultur und Geselligkeit; Unterricht in künstlerischen Fächern und vergleichbaren angeleiteten Aktivitäten der kulturellen Bildung sowie Teilnahme an Freizeiten (§ 34 Abs. 7 SGB XII) und
- je nach pflichtgemäßer Ausübung des Ermessens nach § 34 Abs. 2 Satz 2 SGB XII auch eintägige Ausflüge und mehrtägige Fahrten (mit auswärtiger Übernachtung) der Schulen und Kindertagesstätten; hier ist auch die Geldleistung möglich.

39 Personalisierte **Gutscheine** (zum Gutschein vgl. die Kommentierung zu § 10 SGB XII Rn. 67 ff.) oder **Direktzahlungen** an Anbieter (Geldzahlungen, die nicht an den Leistungsberechtigten, sondern an Dritte gehen, vgl. § 267 BGB) werden beispielhaft hervorgehoben; auch andere Möglichkeiten sind denkbar, wie etwa ein lange Zeit favorisiertes elektronisches Abrechnungssystem (Chipkarte).[50] Die im Entwurf des § 34a Abs. 2 SGB XII noch vorgesehenen **Kostenübernahmeerklärungen** sind im Laufe des Gesetzgebungsverfahrens zwar entfallen, sind aber weiterhin möglich, da die Träger selbst nach pflichtgemäßem Ermessen bestimmen, in welcher Form sie die Leistungen erbringen; Gutscheine und Sachleistungen sind lediglich beispielhaft in einer nicht abschließenden Aufzählung („insbesondere") genannt.

40 Die Formulierung „insbesondere" lässt auch Spielräume für die Notwendigkeiten und Bedürfnisse vor Ort, z.B. ist es auch denkbar (und wird vielfach der Normalfall sein), dass ein Verein auf einer Einzugsermächtigung besteht. Insoweit kommt auch eine Erbringung als Geldleistung an den Hilfebedürftigen in Betracht, um den Besonderheiten des Einzelfalles (§ 9 Abs. 2 SGB XII) und den Erfordernissen einer zeitgemäßen Leistungserbringung (§ 17 Abs. 1 Nr. 1 SGB I) gerecht zu werden. § 34a Abs. 2 **Satz 4** SGB XII wurde durch das Gesetz zur Änderung des Zweiten Buches Sozialgesetzbuch und anderer Gesetze v. 07.05.2013[51] m.W.v. 01.08.2013 eingefügt. Danach können die zuständigen Träger der Sozialhilfe **mit Anbietern pauschal abrechnen**, womit man sich wieder der ursprünglichen Konzeption des ersten Gesetzentwurfs annähert, der seinerzeit im Verfahren wieder aufgegeben wurde.[52] Damit wird eine Harmonisierung mit dem Rechtskreis des SGB II erreicht (§ 29 Abs. 1 Satz 3 SGB II). Die Pauschalen müssen sich an der Zahl der Leistungsberechtigten und an der durchschnittlichen Inanspruchnahme orientieren, regelmäßig überprüft und ggf. angepasst werden.[53]

41 Leistungen für die gemeinschaftliche Mittagsverpflegung werden als Sach- und Dienstleistungen erbracht; eine Auszahlung der für diese Bedarfe vorgesehenen Leistungen an die Eltern der Berechtigten kommt nicht in Betracht,[54] außer in Fällen einer Selbstbeschaffung bei rechtswidriger Leistungsablehnung als Kostenerstattungsanspruch. Generell kann der Gutscheinwert nicht in bar ausgezahlt werden.[55]

c. Pflichtgemäßes Ermessen des Sozialhilfeträgers

42 Die zuständigen Träger der Sozialhilfe bestimmen, in welcher Form sie die Leistungen erbringen (§ 34a Abs. 2 Satz 1 letzter Halbsatz SGB XII). Über die Art der Leistungserbringung ist nach pflichtgemäßem Ermessen zu entscheiden, soweit das Ermessen nicht ausgeschlossen wird (§ 17 Abs. 2 Satz 1 SGB XII). Das Ermessen wird durch § 34a Abs. 2 Satz 1 letzter Halbsatz SGB XII nicht ausgeschlossen. Kurzzeitig war im Gesetzgebungsverfahren noch erwogen worden, das „pflichtgemäße Ermessen" der Träger explizit in § 34a Abs. 2 Satz 1 letzter Halbsatz SGB XII aufzunehmen,[56] dies war jedoch wegen § 17 Abs. 2 Satz 1 SGB XII überflüssig. Nicht das „Ob" der Leistung, sondern nur das „Wie" der Erbringung steht im Ermessen des Sozialhilfeträgers. Die §§ 75 ff. SGB XII finden keine Anwendung (vgl. Rn. 18). Der Leistungsberechtigte hat keinen Anspruch auf eine bestimmte Form der Leistungserbringung, sondern nur einen Anspruch auf ermessensfehlerfreie Entscheidung über die Form der Leistungserbringung.[57]

---

[50] BT-Drs. 17/3404, S. 125.
[51] BGBl I 2013, 1167.
[52] Vgl. BT-Drs. 17/3404, S. 107 zu § 29 Abs. 3 SGB II des Entwurfs.
[53] Vgl. BT-Drs. 17/3404, S. 107 zu § 29 Abs. 3 SGB II des Entwurfs.
[54] SG Kassel v. 28.08.2013 - S 6 AS 309/12.
[55] Bayerisches LSG v. 30.01.2012 - L 7 BK 1/12 B ER, betreffend Kosten der Mittagsverpflegung.
[56] Vgl. Bericht und Beschlussempfehlung des Ausschusses für Arbeit und Soziales, BT-Drs. 17/4095, S. 38.
[57] Vgl. *Groth* in: Groth/Luik/Siebel-Huffmann, Das neue Grundsicherungsrecht, 2011, Rn. 330.

d. Dreiecksverhältnis

Sozialhilfeträger, Leistungsberechtigter und Anbieter stehen sich in einem Dreiecksverhältnis gegenüber, es sei denn es werden kommunale Angebote wahrgenommen (§ 34a Abs. 3 Satz 2 SGB XII). **Anbieter** ist jede natürliche oder juristische Person, die Leistungen zur Deckung der Bedarfe nach § 34 Abs. 2 und 5-7 SGB XII anbietet.

In diesem Dreiecksverhältnis soll der Sozialhilfeträger nach dem gesetzlichen Gesamtkonzept die ihm obliegende Leistung grundsätzlich nicht in bar als Geldleistung an den Leistungsberechtigten erbringen. Er zahlt nicht an den Leistungsberechtigten, sondern ohne Umweg direkt an den Anbieter bzw. nach Abrechnung der von den Anbietern eingereichten **Gutscheine**. Die Ausgabe eines **Gutscheins** ist keine Sachleistung im engen Sinne, bei der dem Leistungsberechtigten der zu befriedigende Bedarf unmittelbar zugewandt wird, sondern der Leistungsberechtigte erhält eine Sachleistung in Form der **Sachleistungsverschaffung**,[58] da er mit dem Gutschein in die Lage versetzt wird, sich die zur Deckung des Bedarfs notwendige Sachleistung zu verschaffen.

Soweit es sich um eine **Direktzahlung** handelt, findet zwar ein Geldtransfer statt, jedoch wird gemäß § 267 BGB direkt an Dritte (Anbieter) gezahlt. Aus der Sicht des Leistungsempfängers, der keine Geldzahlung erhält, sondern vom Dritten eine Sachleistung, stellt sich die Direktzahlung somit als Sachleistung dar.[59]

Im Fall der **Kostenübernahmeerklärung** überweist der zuständige Träger der Sozialhilfe die Kosten unmittelbar an den Anbieter der Leistungen.[60] Es handelt sich gegenüber dem Leistungsberechtigten um eine Schuldübernahme durch Verwaltungsakt mit Drittwirkung in der Form eines Schuldbeitritts;[61] gegenüber dem Anbieter findet ein deklaratorisches Schuldanerkenntnis statt.[62] Vom Gesichtspunkt der Verwaltungsvereinfachung her gesehen ist die Kostenübernahmeerklärung nicht die schlechteste Sache.

§ 34a Abs. 2 **Satz 4** SGB XII wurde durch das Gesetz zur Änderung des Zweiten Buches Sozialgesetzbuch und anderer Gesetze v. 07.05.2013[63] m.W.v. 01.08.2013 eingefügt, um eine Verwaltungsvereinfachung und eine Harmonisierung mit § 29 Abs. 1 Satz 3 SGB II zu erreichen. Danach können die zuständigen Träger der Sozialhilfe **mit Anbietern pauschal abrechnen**. Gerade für Kostenübernahmeerklärungen hatte die Konzeption des ersten Gesetzentwurfs die pauschalierte Abrechnung vorgesehen.[64]

e. Kostenerstattung nach selbstbeschaffter Leistung

Die Erstattung von Kosten bei Selbstbeschaffung unaufschiebbarer Sozialleistungen (also in Eil- und Notfällen) sowie im Falle rechtswidriger Leistungsablehnung ist Ausdruck eines allgemeinen Rechtsgedankens im Sozialrecht (**Systemversagen**) wie er etwa in § 13 Abs. 3 SGB V oder § 15 SGB IX Ausdruck gefunden hat.[65] Ein solcher Anspruch setzt aber in den Fällen des Antragserfordernisses (vgl. Rn. 27 f.) voraus, dass der Sozialhilfeträger vor Inanspruchnahme einer vom Leistungsberechtigten selbst beschafften Leistung mit dem Leistungsbegehren in der Sache befasst wurde. Eine Kostenerstattung kommt damit grundsätzlich erst bei tatsächlicher Selbstbeschaffung einer Leistung **nach einer rechtswidrigen Leistungsablehnung** in Betracht, es sei denn, es würde ein Eil- oder Notfall vorliegen. Einer zu Unrecht abgelehnten Leistung ist eine Leistung gleichzusetzen, deren Bewilligung zu Unrecht aufgehoben wurde.[66] Liegen die Voraussetzungen vor, wandelt sich ein Sachleistungsanspruch in einen

---

[58] BSG v. 28.10.2008 - B 8 SO 22/07 R - BSGE 102, 1, 5 = SozR 4-1500 § 75 Nr. 9; vgl. die Kommentierung zu § 10 SGB XII Rn. 23.
[59] Vgl. BSG v. 08.04.1992 - 10 RKg 31/90 - juris Rn. 23; *Meyerhoff* in: jurisPK-SGB II, 3. Aufl. 2011, § 4 Rn. 32; *Burkiczak* in: Estelmann, SGB II, § 29 Rn. 7 (Stand Oktober 2011).
[60] BT-Drs. 17/3404, S. 125.
[61] Vgl. BSG v. 28.10.2008 - B 8 SO 22/07 R - juris Rn. 24 ff. - BSGE 102, 1, 7 f. = SozR 4-1500 § 75 Nr. 9.
[62] Vgl. BSG v. 17.05.2000 - B 3 KR 33/99 R - BSGE 86, 166, 170 = SozR 3-2500 § 112 Nr. 1; BSG v. 16.12.2008 - B 1 KN 3/08 KR R - BSGE 102, 181, 183 f. = SozR 4-2500 § 109 Nr. 15 Rn. 15.
[63] BGBl I 2013, 1167, BR-Drs. 752/12, S. 9.
[64] Vgl. BT-Drs. 17/3404, S. 107 zu § 29 Abs. 3 SGB II des Entwurfs.
[65] Für den Rechtskreis des SGB II vgl. BSG v. 19.08.2010 - B 14 AS 10/09 R - SozR 4-4200 § 23 Nr. 10 m.w.N.; zu § 13 Abs. 3 SGB V als Ausdruck eines allgemeines Rechtsgedankens vgl. BSG v. 30.10.2001 - B 3 KR 27/01 R - BSGE 89, 50, 56 f. = SozR 3-3500 § 12 Nr. 1 m.w.N., vgl. auch BSG v. 10.09.2013 (B 4 AS 12/13 AS - SozR 4-4200 § 28 Nr. 8, Rn. 16, 18 unter Hinweis auf BSG v. 23.05.2013 - B 4 AS 79/12 R.
[66] BSG v. 09.12.2008 - B 8/9b SO 10/07 - BSGE 102, 126 ff. = SozR 4-3500 § 54 Nr. 3.

auf Geld gerichteten Kostenerstattungsanspruch um.[67] Dem Hilfesuchenden kann dann eine zwischenzeitliche Selbstbeschaffung der begehrten Leistung auch nicht unter dem Gesichtspunkt einer „Zweckverfehlung" der ursprünglich beantragten Leistung entgegengehalten werden.[68]

49 Durch das Gesetz zur Änderung des Zweiten Buches Sozialgesetzbuch und anderer Gesetze v. 07.05.2013[69] wurde eine neuer § 34b SGB XII m.W.v. 01.08.2013 eingefügt (vgl. auch die Parallelvorschrift § 30 SGB II). Grund für die Einführung waren offene Fragen rund um die Erfüllungsfiktion bei gleichzeitiger Gewährleistungsverantwortung der kommunalen Träger und offenbar auch Probleme der Leistungserbringung insgesamt. Die Vorschrift verpflichtet den Sozialhilfeträger zur Übernahme der berücksichtigungsfähigen Aufwendungen, wenn der Leistungsberechtigte durch Zahlung an Anbieter in Vorleistung geht und soweit die Voraussetzungen einer Leistungsgewährung zur Deckung der Bedarfe im Zeitpunkt der Selbsthilfe nach § 34 Abs. 2 und 5-7 SGB II vorlagen und zum Zeitpunkt der Selbsthilfe der Zweck der Leistung durch Erbringung als Sach- oder Dienstleistung ohne eigenes Verschulden nicht oder nicht rechtzeitig zu erreichen war. Da ein Anspruch auf Erstattung selbstbeschaffter Leistungen in den Fällen des gesonderten Antragserfordernisses grundsätzlich voraussetzt, dass der Sozialhilfeträger vor Inanspruchnahme einer vom Leistungsberechtigten selbst beschafften Leistung mit dem Leistungsbegehren in der Sache befasst wurde, normiert § 34b Satz 2 SGB II eine Antragsfiktion. War es dem Leistungsberechtigten nicht möglich, rechtzeitig einen Antrag zu stellen, gilt dieser als zum Zeitpunkt der Selbstvornahme gestellt.

50 Im Dreiecksverhältnis ist auch die Konstellation denkbar, dass ein Anbieter sich z.B. weigert, einen vom Träger an den Leistungsberechtigten ausgegebenen Gutschein einzulösen. Dann käme aus Trägersicht entweder eine Leistungserbringung durch Direktzahlung oder als Geldleistung in Betracht. Wegen des existenzsichernden Charakters der Bildungs- und Teilhabeleistungen kann aber auch eine Selbstbeschaffung in solchen Fällen nicht verwehrt werden (der Leistungsberechtigte muss allerdings dafür die Kosten vorschießen). Wegen der Gewährleistungspflicht des Trägers aus § 34a Abs. 3 Satz 2 SGB XII muss sich der Träger die **Weigerung des Anbieters zurechnen** lassen, einen Gutschein einzulösen oder die Leistung nicht zu erbringen.

51 Die Rechtsprechung zur Schadenminderungspflicht des Leistungsberechtigten aus dem Rechtskreis der gesetzlichen Krankenversicherung zu § 13 Abs. 3 SGB V[70] ist in Fällen nicht einlösbarer Gutscheine aufgrund der Gewährleistungspflicht der Träger nur insoweit übertragbar, dass der Berechtigte jedenfalls nicht schlechter gestellt werden darf, als wenn der Träger seiner Gewährleistungspflicht nachgekommen wäre, also rechtzeitig geleistet hätte. Für die Fälle rechtswidriger Leistungsablehnung gilt dasselbe.[71] Vor einer Selbstbeschaffung muss der Leistungsberechtigte auch nicht weitere Anbieter „durchprobieren", solange bis irgendwann einer den Gutschein annimmt, oder den Träger von der Weigerung des Anbieters in Kenntnis setzen, damit der Träger seiner Gewährleistungspflicht nachkommen und auf den Anbieter einwirken kann. Aufgrund der Gewährleistungspflicht des Trägers ist mit der gescheiterten Einlösung des Gutscheins bei einem Anbieter der Fall des Systemversagens eingetreten und der Weg der Selbstbeschaffung eröffnet.

f. Qualitätskontrolle?

52 Besondere Regelungen zur Qualitätskontrolle, etwa ein Zertifizierungsverfahren wie in den §§ 84 ff. SGB III, fehlen. In § 34a Abs. 3 Satz 2 SGB XII wird lediglich darauf abgestellt, dass Gutscheine bei „geeigneten" Anbietern eingelöst werden sollen. Zu Recht wird darauf hingewiesen, dass ohne die Festlegung von Qualitätsmaßstäben die Möglichkeit besteht, dass z.B. extremistische Vereine oder Gruppierungen als Anbieter auftreten könnten und solange kein Vereins- oder Parteiverbot ausgesprochen ist, eine Ablehnung nicht ohne weiteres möglich sein dürfte.[72] Außerdem wird z.B. häufig auch erst bei Einreichung des Gutscheins durch den Anbieter beim Träger bekannt werden, welche Teilha-

---

[67] Vgl. für das SGB II: BSG v. 19.08.2010 - B 14 AS 10/09 R - SozR 4-4200 § 23 Nr. 10 m.w.N.; BSG v. 19.8.2010 - B 14 AS 36/09 R.

[68] Vgl. BSG v. 11.12.2007 - B 8/9b SO 12/06 R - SozR 4-3500 § 21 Nr. 1; BSG v. 17.06.2010 - B 14 AS 58/09 R - BSGE 106, 190 = SozR 4-4200 § 22 Nr. 41; *Grube*, Sozialrecht aktuell 2010, 11, 12.

[69] BGBl I 2013, 1167.

[70] BSG 16.12.1993 - 4 RK 5/92 - BSGE 73, 271, 289 = SozR 3-2500 § 13 Nr. 4; vgl. auch BSG 17.06.2010 - B 14 AS 58/09 R - juris Rn. 35 - BSGE 106, 190 ff.

[71] Vgl. dazu auch *Behrend* in: jurisPK-SGB II, 3. Aufl. 2011, § 77 Rn. 52; *Luik* in: jurisPK-SGB IX, § 15 Rn. 27 ff.

[72] *Groth* in: Groth/Luik/Siebel-Huffmann, Das neue Grundsicherungsrecht 2011, Rn. 333 f.; *Leopold* in: jurisPK-SGB II, 3. Aufl. 2012, § 29 Rn. 29 f.

beangebote vom Leistungsberechtigten aus dem Teilhabebudget finanziert wurden. Insoweit ist den Trägern zu empfehlen, im Vorfeld Vereinbarungen mit Anbietern zu schließen, um auf diesem Wege ein Mindestmaß an Qualitätskontrolle sicherzustellen (vgl. auch Rn. 58 f.). In der Zusammenarbeit mit gemeinnützigen und freien Einrichtungen und Organisationen haben die Leistungsträger gemäß § 17 Abs. 3 SGB I jedenfalls darauf hinzuwirken, dass sich ihre Tätigkeit und die der genannten Einrichtungen und Organisationen zum Wohl der Leistungsempfänger wirksam ergänzen.

3. Bedarfsdeckung durch Ausgabe von Gutscheinen (Absatz 3)

a. Allgemeines

Allen Gutscheinen ist gemein, dass eine Urkunde ausgestellt wird, die einen Leistungswert verkörpert, indem ein Anspruch auf eine Leistung verbrieft wird.[73] Zivilrechtliche Erwägungen sind im öffentlich-rechtlichen Dreiecksverhältnis nur eingeschränkt anwendbar, da die Gutscheine nach Sinn und Zweck der Regelung nicht handelbar und das in ihnen verkörperte Zahlungsversprechen nicht abtretbar sein soll (§ 398 BGB). Es sind deshalb keine Wert- oder Inhaberpapiere (§§ 807, 808 BGB). Der Sozialhilfeträger erwirbt nicht den Gutschein bei einem Anbieter und gibt ihn dann an den Leistungsberechtigten zur Einlösung, sondern der Träger selbst stellt im **öffentlich-rechtlichen Dreiecksverhältnis** den Gutschein in personalisierter Form aus, damit sich der Leistungsberechtigte die Sachleistung verschaffen kann. Erst dann kann der Anbieter den Gutschein wieder beim Träger einreichen und abrechnen. Der Gutschein muss nach Sinn und Zweck der Regelung ein **Zahlungsversprechen** an einen Anbieter enthalten. Hieraus ergibt sich bereits die Notwendigkeit, dass der Sozialhilfeträger im Voraus mit geeigneten Anbietern Vereinbarungen trifft, sonst dürfte das Ganze kaum administrierbar sein. Die Frage, wie zu verfahren ist, wenn geeignete Anbieter keine Gutscheine annehmen wollen, wird sich in der Praxis auch stellen. In diesem Fall dürfte die Direktzahlung, eine Kostenübernahmeerklärung oder auch die Geldleistung (vgl. Rn. 40) die praktikablere Lösung sein. Anders stellen sich die Regelungen im **SGB III** dar, aus denen im Vergleich die **Regelungsunterschiede** zum SGB II/SGB XII deutlich werden. Im SGB III beruht das Vermittlungshonorar aus § 421g Abs. 2 Sätze 2 und 3 SGB III auf einem öffentlich-rechtlichen **gesetzlichen** Zahlungsanspruch.[74] Ein Arbeitsuchender, der dem Vermittler einen Vermittlungsgutschein vorlegt, kann die Vergütung abweichend von § 266 BGB in Teilbeträgen zahlen. Die **Vergütung** ist nach Vorlage des Vermittlungsgutscheins bis zu dem Zeitpunkt **gestundet**, in dem die Agentur für Arbeit nach Maßgabe von § 421g SGB III gezahlt hat (§ 296 Abs. 4 Satz 2 SGB III). Eine entsprechende Regelung fehlt im SGB II/SGB XII.

53

Die **Personalisierung** der Gutscheine soll sicherstellen, dass nur der Berechtigte den Gutschein in Anspruch nimmt und Missbräuchen, wie z.B. einer Kommerzialisierung, vorbeugen. Sowohl der Anbieter als auch der Sozialhilfeträger nach der Einreichung des Gutscheins durch den Anbieter können so die Identität und den Weg der Leistungserbringung nachvollziehen. Die Personalisierung kann auf verschiedene Weise erfolgen, entweder durch den Namen oder eine Kennziffer. Zu beachten sind datenschutzrechtliche Anforderungen (§§ 67 ff. SGB X: Schutz der **Sozialdaten**), insbesondere der Grundsatz der **Erforderlichkeit**. Eine Einwilligung ist zwar nicht erforderlich, da die Personalisierung gesetzlich angeordnet ist (§ 67b Abs. 1 Satz 1 SGB X).[75] Trotzdem dürfte es zweckmäßig sein, eine entsprechende Einwilligung des Berechtigten (§ 67b Abs. 2 SGB X) bereits auf dem Antragsformular vorzusehen, um etwaigen Streit bezüglich der Erforderlichkeit zu vermeiden, insbesondere dann, wenn nicht lediglich eine Kennziffer, sondern der Name verwendet werden soll.

54

b. Leistungserbringung nur durch Gutscheinausgabe bei gleichzeitiger Gewährleistungsverantwortung der Träger?

Die Regelungen des § 34a Abs. 3 Satz 1 SGB XII einerseits, wonach die Leistungen bereits mit **Ausgabe** des jeweiligen Gutscheins als **erbracht** gelten, wenn die Bedarfe durch Gutscheine gedeckt werden, und des § 34a Abs. 3 Satz 2 SGB XII andererseits, wonach die Träger trotzdem eine **Gewährleistungspflicht** bezüglich der Einlösbarkeit der Gutscheine trifft, sind nur verständlich, wenn man die

55

---

[73] Vgl. dazu *Ahrens*, BB 1996, 2477 unter Hinweis auf BGH v. 15.12.1953 - I ZR 167/53 - BGHZ 11, 274, 278.

[74] BSG v. 06.04.2006 - B 7a AL 56/05 R - BSGE 96, 190 = SozR 4-4300 § 421g Nr. 1 Rn. 15; *Urmersbach* in: Eicher/Schlegel, SGB III, § 421g Rn. 36 f., Stand August 2009; *Peters-Lange* in: Gagel, SGB III, § 421 g Rn. 23a, Stand Dezember 2009.

[75] *Burkiczak* in: Estelmann, SGB II, § 29 Rn. 9 (Stand Oktober 2011); a.A. *Leopold* in: jurisPK-SGB II, 3. Aufl. 2012, § 29 Rn. 40.

Entstehungsgeschichte des Gesetzes zur Ermittlung von Regelbedarfen und zur Änderung des Zweiten und Zwölften Buches Sozialgesetzbuch v. 24.03.2011[76] insgesamt betrachtet. In der Begründung des Gesetzentwurfs der Bundesregierung wird zu § 34a Abs. 3 Satz 1 SGB XII (Leistung gilt mit Ausgabe des Gutscheins als erbracht) ausgeführt, dies bedeute u.a., dass der Träger der Sozialhilfe nicht für die Einlösung der Gutscheine verantwortlich sei. Genau dies ist aber im Vermittlungsverfahren letztlich anders geregelt worden, weshalb die ursprüngliche Gesetzesbegründung nur mit größter Vorsicht „zu genießen" ist. Es kann sonst zu unklaren Auslegungsergebnissen kommen, wenn man diese Normentwicklung nicht beachtet und die nicht mehr passende Begründung zum ersten Entwurf eins zu eins auf die Normauslegung der Endfassung anwendet.[77]

56 Ursprünglich hatte der Gesetzentwurf der Bundesregierung nämlich eine ganz neue Systematik der Leistungserbringung vorgesehen und wollte den „Gutschein" als eine neue eigenständige Form der Leistungserbringung in § 10 Abs. 1 SGB XII normieren und damit insbesondere von der Sachleistung unterscheiden.[78] Mit dieser geplanten Änderung in § 10 Abs. 1 SGB XII einher ging im Gesetzentwurf der Bundesregierung die Anpassung von § 10 Abs. 3 SGB XII. Die bisherige Regelung, wonach Gutscheine eine Unterform der Sachleistungen darstellen, wurde gestrichen und Gutscheine neben den Sachleistungen als eigenständige Leistungsform aufgezählt.[79] Hierauf sollte die Regelung des § 34a Abs. 3 Satz 1 SGB XII aufbauen, wonach die Leistungen bereits mit Ausgabe des jeweiligen Gutscheins als erbracht gelten. Die Einführung des Gutscheins als neuer Leistungsform hat sich dann aber im Gesetzgebungsverfahren nicht durchgesetzt. **Gutscheine bleiben ein Unterfall der Sachleistung.** Jedenfalls gibt es keinen Grund, den unter dem BSHG noch bestehenden[80] und unter dem SGB XII bereits ausgestandenen Streit[81] wieder aufleben zu lassen. § 10 Abs. 1 SGB XII wurde sodann im Vermittlungsverfahren inhaltlich wieder wie gehabt gefasst, aber die anderen Folgeänderungen in § 10 Abs. 3 Satz 2 SGB XII und § 34a Abs. 3 Satz 1 SGB XII wurden nicht entsprechend wieder rückgängig gemacht, was jetzt zu Schwierigkeiten bei der Normauslegung und dem Erkennen des Gesamtkonzepts führt.

57 Im Vermittlungsverfahren wurde demgegenüber in § 34a Abs. 3 Satz 2 SGB XII als **Korrektiv** geregelt, dass die Träger die Einlösung der Gutscheine bei geeigneten vorhandenen Anbietern oder zur Wahrnehmung eigener kommunaler Angebote gewährleisten, und damit die Regelung des § 34a Abs. 3 Satz 1 SGB XII stillschweigend entschärft. Insoweit gilt auch hier der aus dem Zivilrecht bekannte Befund, dass sich der Aussteller eines Gutscheins bisweilen stärker verpflichtet, „als ihm dies genehm sein mag."[82] Mit der Ausgabe des Gutscheins ist jedenfalls für den Sozialhilfeträger die Leistungserbringung noch nicht beendet, da er im Sinne einer Gewährleistung (Garantie) für die Einlösung des Gutscheins haftet bzw. dessen Einlösung sicherstellen muss. Als weiteres Korrektiv wurde in § 34a Abs. 3 Satz 5 SGB XII geregelt, dass ein Gutschein im Fall des Verlustes erneut in dem Umfang ausgestellt werden soll, in dem er noch nicht in Anspruch genommen wurde.

58 Weiter zu beachten ist, dass die Aussage in der Gesetzesbegründung zur Erstfassung der Norm, wonach die Träger keinen Sicherstellungsauftrag hätten, darauf abzielt, dass die Träger selbst **keine Teilhabeangebote schaffen** müssen, sondern Teilhabe an vorhandenen Angeboten und Einrichtungen anknüpft (vgl. die Kommentierung zu § 34 SGB XII Rn. 40). Man kann dies als Konkretisierung der ohnehin bestehenden grundsätzlichen Pflicht der Träger aus § 17 Abs. 1 Nr. 1 SGB I sehen, wonach die Leistungsträger verpflichtet sind, darauf hinzuwirken, dass jeder Berechtigte **die ihm zustehenden Sozialleistungen in zeitgemäßer Weise, umfassend und zügig erhält**. Außerdem wirken die Leistungsträger gemäß § 17 Abs. 3 Satz 1 SGB I in der Zusammenarbeit mit gemeinnützigen und freien Einrich-

---

[76] BGBl I 2011, 453.
[77] Vgl. zum identischen § 29 Abs. 2 SGB II: *Klerks*, info also 2011, 147, 150, der sogar immer noch von der neuen Leistungsform des Gutscheins ausgeht; *Zimmermann*, NJ 2011, 265, 271, der die unzutreffende Auffassung vertritt, der Leistungsberechtigte trage das Risiko der Einlösung des Gutscheins. Ähnlich wie hier *Leopold* in: jurisPK-SGB II, 3. Aufl. 2012, § 29 Rn. 46.
[78] BT-Drs. 17/3404, S. 29, 119. Vgl. den Bericht und die Beschlussempfehlung des Ausschusses für Arbeit und Soziales, BT-Drs. 17/4095, S. 38 f.
[79] Vgl. die Begründung in BT-Drs. 17/3404, S. 119 zu Nr. 3 Buchstabe c.
[80] Vgl. BVerwG v. 04.03.1993 - 5 C 27/91 - BVerwGE 92, 169 (Leistung, die jedenfalls keine Geldleistung ist); VGH Baden-Württemberg v. 23.06.1998 - 7 S 2308/97 - FEVS 49, 168 (Mischform).
[81] Vgl. BT-Drs. 15/1514, S. 56 (Klarstellung, dass Gutscheine und andere unbare Formen der Verrechnung Sachleistungen sind).
[82] *Ahrens*, BB 1996, 2477, 2481.

tungen und Organisationen darauf hin, dass sich ihre Tätigkeit und die der genannten Einrichtungen und Organisationen zum Wohl der Leistungsempfänger wirksam ergänzen; dies gilt auch beim Ziel der Effektivität der Gutscheineinlösung. Es besteht eine Art kommunale „Strukturverantwortung" zur Beobachtung, Pflege und Weiterentwicklung geeigneter Angebote. In diese Richtung zielt auch der Hinweis des Gesetzgebers auf die Notwendigkeit der **Kooperation und Netzwerkbildung mit allen Akteuren vor Ort**.[83]

Auch das BSG hat darauf hingewiesen, dass die Kommunen zwar nicht eigene Angebote bereitstellen müssen, die B+T-Leistungen gewährleisten sollen, dass den Leistungsberechtigten eine Teilhabe im Rahmen der bestehenden örtlichen Infrastruktur ermöglicht werde. Für die Existenzsicherung ist es insoweit ausreichend, wenn die Inanspruchnahme entsprechender Angebote durch die Teilhabeleistungen sichergestellt wird.[84] 59

Es ist im Vermittlungsverfahren mit § 34a Abs. 3 Satz 2 SGB XII also auch eine Art der Sicherstellung als Verpflichtung der Träger normiert worden, zwar nicht gerichtet auf Schaffung neuer Angebote, aber gerichtet auf **Teilhabe an vorhandenen Angeboten**. Die Gesetzesbegründung zu § 29 SGB II formulierte dies so: „Um Teilhabe zu ermöglichen, tragen die ... Leistungsträger die Verantwortung dafür, dass vor Ort mit genügend vorhandenen Leistungsanbietern Vereinbarungen abgeschlossen werden, die es Kindern und Jugendlichen ermöglichen, auf verlässlicher Grundlage Leistungsangebote für Bildung und Teilhabe in Anspruch nehmen zu können."[85] Auch wenn die ursprünglich vorgesehene Pflicht zum Abschluss von Vereinbarungen letztlich nicht Gesetz geworden ist, müssen die Träger in ihrem eigenen wohlverstandenen Interesse schon bei der Ausstellung und Ausgabe des Gutscheins geprüft und sichergestellt haben, dass eine Einlösung möglich ist. Nur so ergibt § 34a Abs. 3 Satz 1 SGB XII vor dem Hintergrund des folgenden Satzes noch Sinn. Die **Gewährleistung des menschenwürdigen Existenzminimums darf nicht vom Verhalten Dritter abhängen**, sondern muss durch ein subjektiv-öffentliches Recht gegenüber dem Leistungsträger abgesichert sein.[86] Die Erfüllungsfiktion von Satz 1 kann deshalb überhaupt nur eintreten, wenn bereits bei Ausgabe des Gutscheins sichergestellt ist, dass er eingelöst werden kann. **Keine Erfüllung liegt bei der Ausgabe wertloser Gutscheine vor**.[87] Der Berechtigte muss deshalb auch nicht erst mehrere Anbieter aufsuchen, um eine Einlösung des Gutscheins vielleicht doch noch irgendwo zu erreichen (vgl. auch Rn. 51). Die Ausgabe personalisierter Gutscheine setzt auch nach Auffassung des Ausschusses für Arbeit und Soziales des Deutschen Bundestags Vereinbarungen zwischen dem zuständigen Träger der Sozialhilfe und den Leistungsanbietern voraus.[88] Die Träger können in diesem Rahmen auch eine angebotsspezifische **Qualitätskontrolle** umsetzen. 60

c. Ausgabezeitraum der Gutscheine

Gutscheine können gemäß § 34a Abs. 3 Satz 3 SGB XII für den gesamten Bewilligungszeitraum im Voraus ausgegeben werden. Mit der Regelung wird einerseits eine Verwaltungsvereinfachung bezweckt, andererseits dem Budgetgedanken Rechung getragen, indem der individuelle Entscheidungsspielraum bei der Inanspruchnahme von Angeboten erhöht wird Der Leistungsberechtigte soll die Möglichkeit haben, den Betrag über einen gewissen Zeitraum anzusparen, ggf. für einen einmaligen kostspieligeren Einsatz. Hiervon zu unterscheiden ist die Gültigkeitsdauer der Gutscheine (vgl. Rn. 64). 61

Der Bewilligungszeitraum der Hilfe zum Lebensunterhalt hängt von den Besonderheiten des Einzelfalles ab (§ 9 Abs. 1 SGB XII); die Regelung des § 44 Abs. 1 Satz 1 SGB XII (in der Regel 12 Monate) gilt nur für Leistungen der Grundsicherung im Alter und bei Erwerbsminderung. Es steht zwar im Ermessen der Verwaltung, für welchen Zeitraum sie die Gutscheine ausgibt („können"), hierbei sind aber angemessene Wünsche der Leistungsberechtigten, die sich auf die Gestaltung der Leistung richten, zu beachten (§ 9 Abs. 2 Satz 1 SGB XII). 62

---

[83] BT-Drs. 17/3404, S. 43.
[84] Vgl. BSG v. 28.03.2013 - B 4 AS 12/12 R - juris Rn. 49 f. - SozR 4-4200 § 20 Nr. 18.
[85] BT-Drs. 17/3404, S. 107.
[86] BVerfG v. 09.02.2010 - 1 BvL 1/09 u.a. - juris Rn. 136 - BVerfGE 125, 175.
[87] *Burkiczak* in: Estelmann, SGB II, § 29 Rn. 19 (Stand Oktober 2011); a.A. *Zimmermann*, NJ 2011, 265, 271.
[88] BT-Drs. 17/4095, S. 38.

63 Der Gesetzgeber hat in der Begründung des Gesetzes zur Änderung des Zweiten Buches Sozialgesetzbuch und anderer Gesetze v. 07.05.2013[89] nochmals darauf hingewiesen, dass die Leistungen aus dem Teilhabebudget angespart bzw. kumuliert werden können.[90]

d. Befristung der Gültigkeit

64 Die Gültigkeit von Gutscheinen ist gemäß § 34a Abs. 3 Satz 4 SGB XII angemessen zu befristen. Eine Befristung ist gemäß § 32 Abs. 2 Nr. 1 SGB X eine Bestimmung, nach welcher eine Begünstigung oder Belastung zu einem bestimmten Zeitpunkt beginnt, endet oder für einen bestimmten Zeitraum gilt. Die Befristung der Gutscheine dient nach der Gesetzesbegründung der Zuordnung zur gegenwärtigen Hilfebedürftigkeit und zu den Haushaltsjahren.[91] Die „Angemessenheit" der Befristung ist als unbestimmter Rechtsbegriff gerichtlich voll überprüfbar. Die **Dauer** der Befristung muss in einem sachlichen Zusammenhang mit dem Leistungszweck, d.h. dem Gegenstand des Gutscheins und dessen Inhalt stehen.[92] Da Gutscheine für einen gesamten Bewilligungszeitraum im Voraus ausgegeben werden können, dürfte eine entsprechende Befristung praktikabel sein, muss sich jedoch immer an den Erfordernissen und Umständen des Einzelfalles messen lassen.

65 Das Ende der Befristung führt bei nicht eingelösten beziehungsweise genutzten Gutscheinen zu einem Verfall des darin enthaltenen Zahlungsversprechens (vgl. Rn. 53). In dieser Frist nicht eingelöste Gutscheine verfallen. Der Leistungsberechtigte kann den Gutschein dann nicht mehr nutzen. Ein Anbieter kann nach Ablauf der Gültigkeit den Gutschein noch beim Sozialhilfeträger einlösen und verliert nicht seinen Vergütungsanspruch, wie es in der Gesetzesbegründung heißt,[93] da die Leistung nicht an den Anbieter erbracht wird. Der Eintritt des Fristablaufs betrifft nur den Leistungsberechtigten. Alles andere wäre auch kontraproduktiv, denn dies würde dazu führen, dass Anbieter schon einige Zeit vor dem Ablauf der Gültigkeit die Einlösung verweigern würden, um nicht das Risiko des Anspruchsverlustes zu tragen.[94] Ein Anbieter hat nur dann keinen Vergütungsanspruch, wenn er abgelaufene Gutscheine angenommen hat.

e. Neuausstellung bei Verlust

66 Im Fall des Verlustes soll ein Gutschein gemäß § 34a Abs. 3 Satz 5 SGB XII erneut in dem Umfang ausgestellt werden, in dem er noch nicht in Anspruch genommen wurde. Diese Regelung wurde im Vermittlungsverfahren aufgenommen, um eine Harmonisierung mit § 29 Abs. 2 Satz 5 SGB II zu erreichen. Dort hatte bereits der Gesetzentwurf eine solche Regelung enthalten. Zur Begründung waren Billigkeitsgründe angeführt worden.[95] Da der Leistungserfolg bereits mit der Ausgabe des Gutscheins als eingetreten gelte, wäre der Leistungsträger auch im Fall des Verlustes zur Neuausstellung nicht verpflichtet. Dies sei nicht interessengerecht, weil die Gutscheine in personalisierter Form zu erbringen seien und nur vom Leistungsberechtigten selbst eingelöst werden dürften. Soweit Teile des Gutscheins bereits in Anspruch genommen worden seien, sei der Zweck des Gutscheins allerdings erreicht worden. Deshalb könne eine erneute Ausstellung insoweit nicht verlangt werden.

67 Der Restwert des Gutscheins ist von Amts wegen zu ermitteln (§ 20 SGB X). Der Leistungsberechtigte hat durch geeignete Angaben darzutun, bei welchen Anbietern er Teile des Gutscheins eingelöst hat. Dies kann der Träger mit den von Anbietern eingereichten Gutscheinen abgleichen. Bleiben nach Amtsermittlung Zweifel an der Höhe des Restwerts, trägt der Leistungsberechtigte die Beweislast. In Betracht kommt auch eine Schätzung (§ 202 SGG i.V.m. § 287 Abs. 2 ZPO).[96] Eine behördliche Schätzung darf von den Gerichten nur übernommen werden, wenn sie diese vollinhaltlich nachzuvollziehen vermögen und für zutreffend erachten.[97]

---

[89] BGBl I 2013, 1167.
[90] BR-Drs. 752/12, S. 8; BT-Drs. 17/12036, S. 8; vgl. auch LSG Baden-Württemberg v. 23.01.2013 - L 2 AS 580/12 - juris Rn. 66.
[91] BT-Drs. 17/3404, S. 109, 125.
[92] *Engelmann* in: v. Wulffen, SGB X, 6. Aufl. 2008, § 32 Rn. 13; BT-Drs. 17/3404, S. 109.
[93] BT-Drs. 17/3404, S. 109, 125.
[94] Vgl. auch *Leopold* in: jurisPK-SGB II, 3. Aufl. 2011, § 29 Rn. 56; *Burkiczak* in: Estelmann, SGB II, § 29 Rn. 19 (Stand Oktober 2011).
[95] BT-Drs. 17/3404, S. 109.
[96] Vgl. BSG v. 20.08.2009 - B 14 AS 41/08 R - juris Rn. 27; Landessozialgericht Niedersachsen-Bremen v. 26.04.2004 - L 3 KA 12/04 ER - juris Rn. 56.
[97] BSG v. 17.09.1997 - 6 RKa 86/95 - SozR 3-5550 § 35 Nr. 1.

4. Bedarfsdeckung durch Direktzahlung an Anbieter (Absatz 4)

§ 34a Abs. 4 Satz 1 SGB XII bestimmt (entsprechend § 34a Abs. 3 Satz 1 SGB XII beim Gutschein), dass im Falle der Direktzahlung an Anbieter die Leistungen mit der Zahlung als erbracht gelten. Eine Direktzahlung ist wie beim Gutschein für den gesamten Bewilligungszeitraum im Voraus möglich (§ 34a Abs. 4 Satz 2 SGB XII). Wird eine Leistung für Bildung und Teilhabe im Wege der Direktzahlung erbracht und beantragt eine leistungsberechtigte Person die Übernahme der Kosten hierfür beim zuständigen Träger der Sozialhilfe, überweist dieser – die Leistungsberechtigung vorausgesetzt – das Honorar an den Leistungsanbieter, ohne dass nach der Vorstellung des Gesetzgebers zwischen diesem und dem Träger der Sozialhilfe eine vertragliche Beziehung bestehen soll.[98] Es bleibt dann nur ein gesetzlicher Vergütungsanspruch, ohne dass eine ausreichende gesetzliche Regelung vorliegt (vgl. Rn. 53 zu den Regelungen im SGB III). Aus Gründen der Verwaltungsvereinfachung ist keine Verpflichtung zum Abschluss von Vereinbarungen mit geeigneten Anbietern normiert worden. Gleichwohl sind Vereinbarungen sinnvoll, um die Effektivität der Leistungserbringung und ein Mindestmaß an Qualitätskontrolle sicherzustellen (vgl. Rn. 52, Rn. 58 f.). In diesen Vereinbarungen sollten auch Regelungen zu einem vertraglichen Vergütungsanspruch, dessen Fälligkeit und zu etwaigen Leistungsstörungen aufgenommen werden.

68

Die **Erfüllungsfiktion** des § 34a Abs. 4 Satz 1 SGB XII ist wie bei den Gutscheinen zu handhaben,[99] d.h. dass der Sozialhilfeträger zwar keinen Sicherstellungsauftrag in Bezug auf die Bereitstellung von Angeboten hat, aber vor der Direktzahlung an Anbieter prüfen und sicherstellen muss, dass der Leistungsberechtigte sich die Sachleistung dort tatsächlich verschaffen kann (vgl. Rn. 58 f.). Der – nach der Vorstellung des Gesetzgebers gesetzliche – Vergütungsanspruch des Anbieters gegenüber dem Sozialhilfeträger kann erst fällig werden, wenn sich der Leistungsberechtigte die Sachleistung verschafft hat. Sonst würde der Berechtigte das Insolvenzrisiko des Anbieters tragen. Diese Risikoverteilung wäre nicht interessengerecht. Entgegen der in der Literatur vorherrschenden Auffassung muss die Erfüllungsfiktion deshalb auch unter dem Vorbehalt störungsfreier Leistungserbringung stehen, d.h. der Leistungsberechtigte trägt nicht das Realisierungsrisiko und muss nicht gegenüber dem Anbieter (privatrechtliche) Ansprüche geltend machen, sondern hat gegenüber dem Träger die unter Rn. 48 ff. näher erläuterten Vorgehensmöglichkeiten. Auch hier gilt, dass die **Gewährleistung des menschenwürdigen Existenzminimums nicht vom Verhalten Dritter abhängen darf**, sondern durch ein subjektiv-öffentliches Recht gegenüber dem Leistungsträger abgesichert sein muss.[100] Eine Direktzahlung ist zwar wie beim Gutschein für den gesamten Bewilligungszeitraum im Voraus möglich (§ 34a Abs. 4 Satz 2 SGB XII), die Ausführungen unter Rn. 61 f. gelten entsprechend, aber der Sozialhilfeträger trägt dann das Risiko der Insolvenz des Anbieters.

69

5. Verwendungsnachweis und Widerruf der Bewilligung (Absatz 5)

a. Nachweis zweckentsprechender Verwendung im Einzelfall

Zur Harmonisierung mit § 29 Abs. 4 SGB II ist in § 34a Abs. 5 Satz 1 SGB XII aufgenommen worden, dass der Leistungsträger im begründeten **Einzelfall** vom Leistungsberechtigten einen Nachweis über eine zweckentsprechende Verwendung der Leistung verlangen kann. Es kann sich insoweit nur um Ausnahmefälle handeln und es müssen konkrete Anhaltspunkte für eine zweckwidrige Verwendung vorliegen. Nur bei einem entsprechenden **Anlass** darf der Träger den Verwendungsnachweis verlangen. Nicht möglich sind hingegen turnusmäßige Überprüfungen oder anlasslose Stichproben.[101]

70

Diese Nachweispflicht war zunächst auf Empfehlung des Ausschusses für Arbeit und Soziales nur für den Erbringungsweg der Direktzahlung vorgesehen, weil es bei diesem Erbringungsweg an Vereinbarungen zwischen Leistungsträgern und Leistungsanbietern fehle, mit deren Hilfe die tatsächliche Inanspruchnahme des Leistungsangebots sichergestellt werden könne.[102]

71

---

[98] BT-Drs. 17/4095, S. 38.
[99] Anders die überwiegende Literaturmeinung: *Leopold* in: jurisPK-SGB II, 3. Aufl. 2012, § 29 Rn. 67; *Burkiczak* in: Estelmann, SGB II, § 29 Rn. 23 (Stand Oktober 2011); *Breitkreuz* in: BeckOK Sozialrecht, § 29 Rn. 4 (Stand September 2011).
[100] BVerfG v. 09.02.2010 - 1 BvL 1/09 u.a. - juris Rn. 136 - BVerfGE 125, 175.
[101] Schon zu § 24a Satz 2 SGB II a.F. hat der Bundesrat dies in einer Stellungnahme vom 07.11.2008 so formuliert, dass der Amtsermittlungsgrundsatz (§ 20 SGB X) ausreichend sei, um das Normziel zu erreichen, vgl. BR-Drs. 753/08 (Beschluss), S. 6 f.; vgl. auch *Loose* in: GK-SGB II, § 24a Rn. 24 (11. Ergänzungslieferung Oktober 2009).
[102] BT-Drs. 17/4095, S. 39.

72 Im Falle der **Geldleistung** (Schulbedarf, Schülerbeförderung) ist zu beachten, dass die Leistung beim Schulbedarfspaket als zweimaliges Budget zur Verfügung gestellt wird und der Leistungsberechtigte selbst planen und entscheiden soll, wann er sich welche Dinge anschafft. Es empfiehlt sich daher ein großzügiger Maßstab des Sozialhilfeträgers.[103] Die Vorlage von Kaufbelegen/Quittungen über den Erwerb von Schulbedarf bzw. von Schülermonatsfahrkarten genügt als Nachweis zweckentsprechender Verwendung, kann aber Leistungsmissbrauch auch nicht verhindern. Im Falle des **Gutscheins** ist durch die Personalisierung Missbräuchen vorgebeugt (vgl. Rn. 54). Im Falle der Direktzahlung ist davon auszugehen, dass der Sozialhilfeträger sicherstellt, vom Anbieter rechtzeitig informiert zu werden. Außerdem gilt die „Leistung" bereits mit der Ausgabe des Gutscheins bzw. mit der Direktzahlung als erbracht und der Sozialhilfeträger soll keinen Sicherstellungsauftrag haben, weshalb jedenfalls im Bereich der Teilhabeleistungen nach § 34 Abs. 7 SGB XII eine Nachweispflicht überhaupt erst Sinn ergeben dürfte, wenn auch der Träger sich bei der Leistungserbringung nachhaltig und konkret engagiert hat.

b. Widerruf der Bewilligung

73 Soweit der Nachweis i.S. des § 34a Abs. 5 Satz 1 SGB XII nicht geführt wird, soll die Bewilligungsentscheidung widerrufen werden (§ 34a Abs. 5 Satz 2 SGB XII). Diese Regelung modifiziert § 47 SGB X, dessen Anwendung wegen der Frage, ob und inwieweit in der Leistungsbewilligung konkrete Zweckbestimmungen vorgenommen werden durften, im Rahmen des früheren § 28a Satz 2 SGB XII umstritten war.[104] Im Übrigen gelten die Regelungen der §§ 44 ff. SGB X.

---

[103] Vgl. die Kommentierung zu § 28a SGB XII Rn. 24 f. und die Kommentierung zu § 28a SGB XII ff.; vgl. auch *Groth* in: Groth/Luik/Siebel-Huffmann, Das neue Grundsicherungsrecht 2011, Rn. 337, 340 f.
[104] Vgl. *Groth/Siebel-Huffmann*, NJW 2011, 1105, 1107; *Groth/Leopold*, info also 2009, 59, 64; vgl. die Kommentierung zu § 28a SGB XII ff.

§ 34b SGB XII Berechtigte Selbsthilfe

(Fassung vom 07.05.2013, gültig ab 01.08.2013)

¹Geht die leistungsberechtigte Person durch Zahlung an Anbieter in Vorleistung, ist der Träger der Sozialhilfe zur Übernahme der berücksichtigungsfähigen Aufwendungen verpflichtet, soweit

1. unbeschadet des Satzes 2 die Voraussetzungen einer Leistungsgewährung zur Deckung der Bedarfe im Zeitpunkt der Selbsthilfe nach § 34 Absatz 2 und 5 bis 7 vorlagen und
2. zum Zeitpunkt der Selbsthilfe der Zweck der Leistung durch Erbringung als Sach- oder Dienstleistung ohne eigenes Verschulden nicht oder nicht rechtzeitig zu erreichen war.

²War es dem Leistungsberechtigten nicht möglich, rechtzeitig einen Antrag zu stellen, gilt dieser als zum Zeitpunkt der Selbstvornahme gestellt.

Gliederung

A. Basisinformationen 1	b. Anbieter 20
I. Textgeschichte und Gesetzesbegründung 3	c. Vorleistung 21
II. Vorgängervorschriften 6	d. Leistungen nach § 34 Abs. 2, 5-7 SGB XII 24
III. Systematische Zusammenhänge 7	e. Nichterreichbarkeit des Zwecks durch die
IV. Ausgewählte Literaturhinweise 8	Erbringung als Sach- oder Dienstleistung 27
V. Internetadressen 9	f. Kein Verschulden des Leistungsberechtigten 31
B. Auslegung der Norm 10	2. Antragsfiktion 37
I. Regelungsgehalt und Bedeutung der Norm 10	3. Rechtsfolge 38
II. Zweck der Norm 14	a. Gebundene Entscheidung 38
III. Tatbestandsmerkmale und Rechtsfolgen 18	b. „Berücksichtigungsfähige" Aufwendungen 41
1. Anspruchsvoraussetzungen 18	**C. Praxishinweise** 46
a. Leistungsberechtigte Person 18	

A. Basisinformationen

§ 34b SGB XII knüpft an die Vorschriften der §§ 34, 34a SGB XII (Bildungs- und Teilhabepaket) an und regelt Fälle der Leistungsstörung bzw. deren Überwindung durch „berechtigte Selbsthilfe", also die Selbstbeschaffung der Leistungen durch die Leistungsberechtigten und die nachträgliche Kostenerstattung durch die Leistungsträger.

1

Offene Fragen rund um die Erfüllungsfiktion (§ 34a Abs. 3 Satz 1, Abs. 4 Satz 1 SGB XII, § 29 Abs. 2 Satz 1, Abs. 3 Satz 1 SGB II) bei gleichzeitiger Gewährleistungsverantwortung der Leistungsträger (§ 34a Abs. 3 Satz 2 SGB XII, vgl. die Kommentierung zu § 34a SGB XII Rn. 55 ff.) und offenbar auch Probleme der kommunalen Träger mit der Leistungserbringung insgesamt haben m.W.v. 01.08.2013 zur Einführung eines neuen § 34b SGB XII geführt. Geht der Leistungsberechtigte durch Zahlung an Anbieter in Vorleistung, ist nach § 34b SGB XII der kommunale Träger zur Übernahme der berücksichtigungsfähigen Aufwendungen verpflichtet, soweit die Voraussetzungen einer Leistungsgewährung zur Deckung der Bedarfe im Zeitpunkt der Selbsthilfe nach § 34 Abs. 2 und 5-7 SGB XII vorlagen und zum Zeitpunkt der Selbsthilfe der Zweck der Leistung durch Erbringung als Sach- oder Dienstleistung ohne eigenes Verschulden nicht oder nicht rechtzeitig zu erreichen war. Da ein Anspruch auf Erstattung selbstbeschaffter Leistungen in den Fällen des gesonderten Antragserfordernisses des § 34a Abs. 1 Satz 1 SGB XII grundsätzlich voraussetzt, dass der Sozialhilfeträger vor Inanspruchnahme einer vom Leistungsberechtigten selbst beschafften Leistung mit dem Leistungsbegehren in der Sache befasst wurde, normiert § 34b Satz 2 SGB XII eine Antragsfiktion. War es dem Leistungsberechtigten nicht möglich, rechtzeitig einen Antrag zu stellen, gilt dieser als zum Zeitpunkt der Selbstvornahme gestellt.

2

§ 34b

I. Textgeschichte und Gesetzesbegründung

3   § 34b SGB XII ist durch Art. 2 Nr. 4 des Gesetzes zur Änderung des Zweiten Buches Sozialgesetzbuch und anderer Gesetze v. 07.05.2013[1] m.W.v. 01.08.2013 in das SGB XII eingefügt worden und ist eine Folge des sog. „Bildungs- und Teilhabepakets". Durch das Gesetz zur Ermittlung von Regelbedarfen und zur Änderung des Zweiten und Zwölften Buches Sozialgesetzbuch v. 24.03.2011[2] wurden zunächst die §§ 34, 34a SGB XII zusammen mit den §§ 28, 29 SGB II m.W.v. 01.01.2011 in das SGB XII bzw. SGB II eingefügt. Die Bildungs- und Teilhabeleistungen waren eine unmittelbare Reaktion von Politik und Gesetzgebung auf das Urteil des BVerfG vom 09.02.2010[3] (vgl. die Kommentierung zu § 34 SGB XII Rn. 29), wobei die Regelungen deutlich über das hinausgehen, was vom Bundesverfassungsgericht angemahnt wurde.

4   Das „B+T-Paket" war nicht nur während seiner Einführung Gegenstand heftiger Diskussionen (Trägerschaft, Finanzierung, Verwaltungsaufwand), sondern auch danach. Bereits Ende 2012 legten die Länder im Bundesrat **Änderungsvorschläge** vor,[4] die im **Frühjahr 2013** mit Unterstützung der Bundesregierung[5] unverändert[6] umgesetzt wurden. Kernpunkt des Gesetzes zur Änderung des Zweiten Buches Sozialgesetzbuch und anderer Gesetze v. 07.05.2013[7] war die Einführung neuer Regelungen über die „berechtigte Selbsthilfe" der Leistungsberechtigten (§ 34b SGB XII, § 30 SGB II).

5   Die **Gesetzesbegründung** stellt zunächst heraus, dass die Einführung der „B+T-Leistungen" und die grundsätzliche Erbringung als Sachleistungen nicht in Frage stünden. Die Ausgestaltung der Leistungen für Bildung und Teilhabe für Kinder und Jugendliche aus besonders förderungsbedürftigen Haushalten gewährleiste ein gleichberechtigtes Maß an Teilhabe am Leben in der Gemeinschaft und den gleichberechtigten Zugang zu Bildung im schulischen und außerschulischen Bereich.[8] Die Erfahrungen der Praxis der vergangenen zwei Jahre hätten jedoch gezeigt, dass die derzeitigen Regelungen an einigen Punkten zu einem erhöhten Verwaltungsaufwand führen und die Inanspruchnahme ungewollt erschweren würden, hingegen eine unbürokratische Abwicklung gewollt sei und nunmehr die Regelungen für die Leistungserbringung optimiert würden.[9] Die Begründung zu § 34b SGB XII verweist auf die Begründung zu § 30 SGB II.[10] Ungeachtet des Prinzips der Sach- und Dienstleistung könne unter besonderen Voraussetzungen auch eine nachträgliche Erstattung von Aufwendungen geboten sein, die getätigt worden seien, um die Teilnahme an einer der in § 34 Abs. 2 und 5-7 SGB XII geregelten Veranstaltungen zu ermöglichen. Gemeint seien dabei zum einen die Fälle, in denen der in Betracht kommende Anbieter auf Barzahlung durch den Kunden bestehe, aber auch solche, in denen der kommunale Träger die Sach- oder Dienstleistung nicht rechtzeitig veranlassen könne, ohne dass der leistungsberechtigte Person dies zu vertreten hätte. Das betreffe zum einen die Fälle, in denen der Träger rechtswidrig die Leistung verweigere oder säumig handle, zum anderen auch kurzfristig auftretende Bedarfslagen, in denen es nicht möglich sei, rechtzeitig einen Antrag zu stellen. In diesen Fällen werde für die Erstattung der verauslagten Mittel eine Regelung geschaffen, die sowohl für die Leistungsberechtigten als auch die Verwaltung eine eindeutige Rechtsgrundlage bietet, um die Probleme angemessen zu lösen. Keine Erstattung sei dagegen in den Fällen vorgesehen, in denen Leistungsberechtigte aus freien Stücken sich die Leistung selbst beschaffen und die Erstattung ihrer Aufwendungen fordern würden.[11]

II. Vorgängervorschriften

6   § 34b SGB XII hat keine Vorgängervorschriften. Die Erstattung von Kosten bei Selbstbeschaffung unaufschiebbarer Sozialleistungen (also in Eil- und Notfällen) sowie im Falle rechtswidriger Leistungsablehnung ist jedoch nach dem bisherigen Recht und der ständigen BSG-Rechtsprechung ohnehin Ausdruck eines allgemeinen Rechtsgedankens im Sozialrecht („Systemversagen"), wie er etwa in § 13 Abs. 3 SGB V oder § 15 SGB IX Ausdruck gefunden hat.[12] Der **Sachleistungsanspruch wandelt sich**

---

[1] BGBl I 2013, 1167.
[2] BGBl I 2011, 453.
[3] BVerfG v. 09.02.20101 - BvL 1/09 u.a. - BVerfGE 125, 175: „Kinder sind keine kleinen Erwachsenen".
[4] BR-Drs. 752/12.
[5] BT-Drs. 17/12036.
[6] Vgl. Beschlussempfehlung und Bericht des A+S Ausschusses BT-Drs. 17/12412.
[7] BGBl I 2013, 1167.
[8] BT-Drs. 17/12036, S. 1.
[9] BT-Drs. 17/12036, S. 7.
[10] BT-Drs. 17/12036, S. 8.
[11] BT-Drs. 17/12036, S. 8.
[12] Vgl. BSG v. 30.10.2001 - B 3 KR 27/01 R - BSGE 89, 50, 56 f. = SozR 3-3300 § 12 Nr. 1 m.w.N.

in einen auf Geld gerichteten Kostenerstattungsanspruch um.[13] Dem Hilfesuchenden kann dann eine zwischenzeitliche Selbstbeschaffung der begehrten Leistung auch nicht unter dem Gesichtspunkt einer „Zweckverfehlung" der ursprünglich beantragten Leistung entgegengehalten werden.[14] Die neuen § 34b SGB XII und § 30 SGB II sind eng an diese Rechtsprechung angelehnt und kodifizieren sie.

III. Systematische Zusammenhänge

Parallelvorschriften zu den §§ 34-34b SGB XII sind im SGB II die §§ 28-30 SGB II. Die Änderungen 2013 wurden im SGB II und SGB XII parallel vollzogen (§ 30 SGB II, § 34b SGB XII). Vgl. zu der systematischen Einordnung der Bildungs- und Teilhabeleistungen und weiteren Zusammenhängen die Kommentierung zu § 34 SGB XII Rn. 12 ff. und die Kommentierung zu § 34a SGB XII Rn. 10 ff.

7

IV. Ausgewählte Literaturhinweise

Armborst, Das Bildungs- und Teilhabepaket des Bundes und die Umsetzung in Ländern und Kommunen, ArchsozArb 2012, Nr. 2, 44 ff.; *Benz*, Kostenerstattung für selbst beschaffte Leistungen im Rahmen der Heilbehandlung, der medizinischen Rehabilitation oder der Teilhabe, NZS 2002, 511 ff.; *Engels/Apel*, Inanspruchnahme der Leistungen für Bildung und Teilhabe – empirische Befunde, Landkreis 2013, 169 ff.; *Finis Siegler*, Das Bildungs- und Teilhabepaket in der Umsetzung, NDV 2013, 68 ff.; *Haase*, Zur ersten Novellierung der Leistungen für Bildung und Teilhabe, LKV 2013, 351; *Klesse*, Leistungen für Bildung und Teilhabe – Erste Empfehlungen zur Auslegung der neuen Regelungen im SGB II und XII sowie im Bundeskindergeldgesetz, NDV 2012, 7 ff., 61 ff.; *Luik*, Anspruch auf Übernahme der Kosten für selbstbeschaffte Hilfemaßnahme, jurisPR-SozR 5/2013, Anm. 6; *Markovic*, Weiterer Reformbedarf bei den Leistungen für Bildung und Teilhabe, Stellungnahme des Deutschen Vereins anlässlich eines Gesetzentwurfs des Bundesrats, NDV 2013, 145 ff. *Störmer*, Voraussetzungen des Aufwendungsersatzanspruchs für selbstbeschaffte Hilfemaßnahmen, jurisPR-BVerwG 9/2013, Anm. 5 und die Kommentierung zu § 34 SGB XII Rn. 26 sowie die Kommentierung zu § 34a SGB XII Rn. 19.

8

V. Internetadressen

Vgl. die Kommentierung zu § 34 SGB XII Rn. 27.

9

B. Auslegung der Norm

I. Regelungsgehalt und Bedeutung der Norm

§ 34b SGB XII ergänzt § 34a SGB XII (Leistungserbringung) und stellt eine **Ausnahme** vom nach § 34a Abs. 2 Satz 1 SGB XII geltenden Sachleistungsgrundsatz dar. Der Sachleistungsanspruch wandelt sich in einen auf Geld gerichteten Kostenerstattungsanspruch um. Unter bestimmten Voraussetzungen haben die Leistungsberechtigten nach § 34b SGB XII einen Anspruch auf eine nachträgliche Erstattung ihrer Aufwendungen, die sie getätigt haben, um die Teilnahme an einer der in § 34 Abs. 2 und 5-7 SGB XII geregelten Veranstaltungen zu ermöglichen (Schulausflüge und mehrtägige Klassenfahrten, entsprechend auch in Kindertageseinrichtungen, Lernförderung, Schülerbeförderung und außerschulische Teilhabe am sozialen und kulturellen Leben in der Gemeinschaft in Form des monatlichen 10-Euro-Budgets). Die Voraussetzungen einer Leistungsgewährung zur Deckung der genannten Bedarfe, d.h. sämtliche **Anspruchsvoraussetzungen in der Person der Leistungsberechtigten, müssen im Zeitpunkt der Selbsthilfe vorliegen** (§ 34b Satz 1 Nr. 1 SGB XII).

10

Die Selbstbeschaffung ist nach der Gesetzesbegründung (vgl. Rn. 5) insbesondere in folgenden Fällen möglich:

11

- der in Betracht kommende Anbieter akzeptiert die Gutscheine des Sozialhilfeträgers nicht, sondern besteht auf Barzahlung,

---

[13] Vgl. BSG v. 17.06.2010 - B 14 AS 58/09 R - BSGE 106, 190 = SozR 4-4200 § 22 Nr. 41; BSG v. 19.08.2010 - B 14 AS 10/09 R - SozR 4-4200 § 23 Nr. 10; BSG v. 10.09.2013 - B 4 AS 12/13 R - juris Rn. 16 - SozR 4-4200 § 28 Nr. 8.

[14] BSG v. 11.12.2007 - B 8/9b SO 12/06 R - SozR 4-3500 § 21 Nr. 1; BSG v. 17.06.2010 - B 14 AS 58/09 R - BSGE 106, 190 = SozR 4-4200 § 22 Nr. 41.

- der kommunale Träger kann die erforderliche Sach- oder Dienstleistung nicht rechtzeitig veranlassen, ohne dass die leistungsberechtigte Person dies zu vertreten hat, z.B. kurzfristig auftretende Bedarfslagen, in denen es nicht möglich ist, rechtzeitig einen Antrag zu stellen,
- der kommunale Träger handelt pflichtwidrig, indem er entweder rechtswidrig die Leistung verweigert oder säumig handelt.

12 Soweit der Leistungsberechtigte die Leistungsstörung selbst zu vertreten hat, entsteht die Erstattungspflicht des Sozialhilfeträgers nicht (§ 34b Satz 1 Nr. 2 SGB XII).

13 § 34b Satz 2 SGB XII enthält flankierend eine Abweichung vom Antragsprinzip des § 34a Abs. 1 Satz 1 SGB XII. War es dem Leistungsberechtigten nicht möglich, rechtzeitig einen Antrag zu stellen, gilt dieser als zum Zeitpunkt der Selbstvornahme gestellt.

II. Zweck der Norm

14 Die ersten Erfahrungen der Praxis nach der Einführung des Bildungs- und Teilhabepakets haben den Gesetzgeber im Frühjahr 2013 zum „Nachsteuern" bewogen, um die Inanspruchnahme der Leistungen unbürokratischer und „benutzerfreundlicher" auszugestalten (vgl. Rn. 5). Bei der Organisation der insoweit neuen Form der Leistungserbringung seien an verschiedenen Stellen Hindernisse festgestellt worden, die der gewollten unbürokratischen Abwicklung entgegenstehen würden. Hierdurch werde sowohl der Zugang zu den Leistungen erschwert als auch der Aufwand für die Verwaltung erhöht.[15]

15 Vor In-Kraft-Treten der § 34b SGB XII/§ 30 SGB II hat die Verwaltung faktisch auch entgegen § 29 SGB II/§ 34b SGB XII Geldleistungen erbracht, um den Ausschluss leistungsberechtigter Personen bei einer förderungswürdigen Veranstaltung zu vermeiden.[16]

16 Die Erstattung von Kosten bei berechtigter Selbstbeschaffung unaufschiebbarer Sozialleistungen (also in Eil- und Notfällen) sowie im Falle rechtswidriger Leistungsablehnung ist bereits nach dem bisherigen Recht und der ständigen BSG-Rechtsprechung Ausdruck eines allgemeinen Rechtsgedankens im Sozialrecht (vgl. Rn. 6).[17] Auch im Anwendungsbereich des SGB XII (wie auch zuvor des Bundessozialhilfegesetzes) kann dem Leistungsberechtigten eine zwischenzeitliche Selbstbeschaffung der begehrten Leistung unter dem Gesichtspunkt einer „Zweckverfehlung" der ursprünglich beantragten Leistung nicht entgegengehalten werden.[18]

17 Insofern dienen die neuen Vorschriften § 30 SGB II und § 34b SGB XII auch der Klarstellung. Möglicherweise werden durch Einführung der Regelung Leistungsberechtigte auch dazu veranlasst, in Vorleistung zu treten, auch wenn die Voraussetzungen der „berechtigten Selbsthilfe" unklar sind. Zur Vermeidung von Folgeproblemen sollte die Verwaltung insoweit einen großzügigen Maßstab anwenden, auch und gerade im Hinblick auf die gesetzgeberischen Ziele der Optimierung einer unbürokratischen Leistungserbringung und der Sicherstellung der Teilhabeansprüche nach § 34 SGB XII.

III. Tatbestandsmerkmale und Rechtsfolgen

1. Anspruchsvoraussetzungen

a. Leistungsberechtigte Person

18 Soweit Leistungen nach § 34 Abs. 2, 5 und 6 SGB XII in Frage stehen, sind Schülerinnen und Schüler, bei Ausflügen und Fahrten auch Kinder, die eine Kindertageseinrichtung besuchen, anspruchsberechtigt, vgl. hierzu die Kommentierung zu § 34 SGB XII Rn. 35 ff. Soweit es um das außerschulische Bildungs- und Teilhabebudget nach § 34 Abs. 7 SGB XII geht, Kinder und Jugendliche, vgl. die Kommentierung zu § 34 SGB XII Rn. 39 ff.

19 Tritt die leistungsberechtigte Person selbst in Vorleistung, kommt die unterhaltsrechtliche Vermutungsregel des § 1620 BGB nicht zum Tragen.[19] Die Aufwendungen für Bedarfe i.S.v. § 34 SGB XII/§ 28 SGB II sind keine des elterlichen Haushalts, sondern dienen zur Deckung eines Individualbedarfs der leistungsberechtigten Person.[20]

---

[15] BT-Drs. 17/12036, S. 7.
[16] Vgl. *Haase*, LKV 2013, 351, 352.
[17] Vgl. dazu auch *Luik* in: Eicher, SGB II, 3. Aufl. 2013, § 28 Rn. 19.
[18] BSG v. 11.12.2007 - B 8/9b SO 12/06 R - SozR 4-3500 § 21 Nr. 1; BVerwG v. 30.04.1992 - 5 C 12/87 - BVerwGE 90, 154 = Buchholz 436.0 § 5 BSHG Nr. 9.
[19] *Leopold* in: jurisPK-SGB II, 3. Aufl. 2012, § 30 Rn. 21.
[20] BSG v. 10.09.2013 - B 4 AS 12/13 R - juris Rn. 16 - SozR 4-4200 § 28 Nr. 8.

b. Anbieter

Anbieter ist jede natürliche oder juristische Person, die Leistungen zur Deckung der Bedarfe nach § 34 Abs. 2 und 5-7 SGB XII anbietet. 20

c. Vorleistung

Die leistungsberechtigte Person muss durch eine Zahlung an einen Anbieter in Vorleistung getreten sein, d.h. die Zahlung aus eigenen Mitteln erbracht haben, obwohl der Sozialhilfeträger hierfür zuständig und verpflichtet gewesen wäre. Der Normalfall der Leistungserbringung ergibt sich aus § 34a Abs. 2 Satz 1 SGB XII. Danach werden Leistungen zur Deckung der Bedarfe nach § 34 Abs. 2 und 5-7 SGB XII erbracht durch Sach- und Dienstleistungen, insbesondere in Form von personalisierten Gutscheinen oder Direktzahlungen an Anbieter von Leistungen zur Deckung dieser Bedarfe; die zuständigen Träger der Sozialhilfe bestimmen, in welcher Form sie die Leistungen erbringen. Hiervon wird im Rahmen des § 34b SGB XII abgewichen, indem sich das leistungsrechtliche Dreiecksverhältnis (vgl. die Kommentierung zu § 34a SGB XII Rn. 43 ff.) verändert bzw. in eine Kette verwandelt, da der Sozialhilfeträger keine Verbindung mehr zum Anbieter hat. 21

Nicht erforderlich ist entgegen dem missverständlichen Wortlaut der Vorschrift, dass der (häufig minderjährige) Leistungsberechtigte persönlich die Zahlung an den Anbieter vorgenommen hat. Es genügt, wenn der gesetzliche Vertreter (Eltern) die Zahlung vornimmt. Falls sich der Leistungsberechtigte ein Darlehen verschafft, um dadurch die Leistung des Sozialhilfeträgers zu substituieren, kommt auch ein sonstiger Dritter (§ 267 Abs. 1 BGB) in Betracht.[21] 22

In Vorleistung getretene Eltern bzw. Elternteile haben insoweit einen Aufwendungsersatzanspruch nach § 1648 BGB. Machen die Eltern bei der Ausübung der Personensorge oder der Vermögenssorge Aufwendungen, die sie den Umständen nach für erforderlich halten dürfen, so können sie nach § 1648 BGB von dem Kind Ersatz verlangen, sofern nicht die Aufwendungen ihnen selbst zur Last fallen. Für die Geltendmachung dieses Aufwendungsersatzanspruchs reicht die tatsächliche Personen- oder Vermögenssorge; der zahlenden Person muss kein Vertretungs-, Personen- oder Vermögenssorgerecht zustehen.[22] Eltern können auch im Rahmen ihrer Vertretungsberechtigung für das Kind den Antrag beim SGB-XII-Träger stellen. 23

d. Leistungen nach § 34 Abs. 2, 5-7 SGB XII

Umfasst von § 34b SGB XII sind folgende **Leistungen** des § 34 SGB XII, **bei denen eine Selbstbeschaffung in Betracht kommt**: 24
- Schulausflüge und mehrtägige Klassenfahrten,
- Lernförderung,
- Schülerbeförderung und
- außerschulische Teilhabe am sozialen und kulturellen Leben in der Gemeinschaft (10-Euro-Budget/Monat).

Vgl. dazu jeweils im Einzelnen die Kommentierung zu § 34 SGB XII. 25

Die Voraussetzungen einer Leistungsgewährung zur Deckung der genannten Bedarfe müssen **im Zeitpunkt der Selbsthilfe** vorliegen (§ 34b Satz 1 Nr. 1 SGB XII). Hier dürfte einer der Schwerpunkte der Amtsermittlung (§ 20 SGB X) liegen, wenn es z.B. darum geht, ob eine selbstbeschaffte Lernförderung erforderlich und geeignet war. 26

e. Nichterreichbarkeit des Zwecks durch die Erbringung als Sach- oder Dienstleistung

Der Sozialhilfeträger ist zur Übernahme der berücksichtigungsfähigen Aufwendungen verpflichtet, wenn zum Zeitpunkt der Selbsthilfe der Zweck der Leistung durch Erbringung als Sach- oder Dienstleistung ohne eigenes Verschulden nicht oder nicht rechtzeitig zu erreichen war (§ 34b Satz 1 Nr. 2 SGB XII). Diese etwas kryptische Formulierung zielt in erster Linie auf die **zeitlichen Umstände** ab. Bei säumigem Handeln der Träger oder bei rechtswidriger Leistungsablehnung – so die Beispiele in der Gesetzesbegründung[23] – kann der Berechtigte u.U. lange warten, obwohl „der elementare Lebens- 27

---

[21] Vgl. zur Kostenerstattung bei zu Unrecht verweigerter Sachleistung nach einer durchgeführten Klassenfahrt BSG v. 22.11.2011 - B 4 AS 204/10 R - SozR 4-4200 § 23 Nr. 15 Rn. 25 m.w.N.; zu den Beweisanforderungen beim Darlehnsvertrag BSG v. 17.06.2010 - B 14 AS 46/09 R - BSGE 106, 185 – SozR 4 4200 § 11 Nr. 30 Rn. 20 ff

[22] *Götz* in: Palandt, BGB, 72. Aufl. 2013, § 1648 Rn. 1; *Schwer* in: jurisPK-BGB, 6. Aufl. 2012, § 1648 Rn. 3.

[23] BT-Drs. 17/12036, S. 8.

bedarf eines Menschen grundsätzlich nur in dem Augenblick befriedigt werden kann, in dem er besteht".[24] **Leistungszweck** des § 34 SGB XII ist die **gegenwärtige** Sicherung der Teilhabe des Leistungsberechtigten in den dort genannten Sachverhalten.

28 Bei kurzfristig auftretenden Bedarfslagen wird die etwas schwerfällige Leitungserbringung mittels Gutschein oder Direktzahlung ebenfalls gelegentlich Verzögerungen mit sich bringen, die dem Leistungszweck (Sicherung der Teilhabe) und dem **Gegenwärtigkeitsprinzip**[25] zuwider laufen. Entsprechendes gilt, wenn Anbieter auf Barzahlungen bestehen, worauf die Gesetzesbegründung beispielhaft verweist.[26]

29 Abzustellen ist immer auf die jeweiligen Umstände des Einzelfalles und auf den Zeitpunkt der Selbsthilfe.

30 Eine Frist muss der Leistungsberechtigte dem Sozialhilfeträger zwar nach dem Gesetzeswortlaut nicht setzen, gleichwohl dürfte dies ggf. ratsam sein, um einen Leistungsausschluss wegen eigenen Verschuldens auszuschließen (vgl. Rn. 32 f.).

f. Kein Verschulden des Leistungsberechtigten

31 § 34b Satz 1 Nr. 2 SGB XII normiert weiter, dass kein eigenes Verschulden des Leistungsberechtigten zu der (drohenden) Leistungsstörung geführt haben darf. Auch insoweit kommt es auf die Umstände des Einzelfalles an und eine am Gesetzeszweck ausgerichtete vernünftige Handhabung der Norm.

32 Es wird an dieser Stelle um die Frage gehen, ab wann der Leistungsberechtigte selbst agieren darf. Welche Zeitspanne des Zuwartens ihm zuzumuten ist, richtet sich nach den Umständen des Einzelfalles. Generell ist von der Obliegenheit des Leistungsberechtigten auszugehen, die Leistung so rechtzeitig zu beantragen bzw. von seiner Hilfebedürftigkeit Kenntnis zu geben, dass die Hilfe vom Sozialhilfeträger rechtzeitig gewährt werden kann. Hierbei ist auch zu berücksichtigen, dass der Sozialhilfeträger vor Gewährung der Leistung deren tatsächliche und rechtliche Voraussetzungen prüfen muss und ihm dies nicht ohne Zeitaufwand möglich ist.[27]

33 Ein Verschulden des Leistungsberechtigten dürfte daher vorliegen, wenn er ohne plausiblen und nachvollziehbaren Grund die Sach- oder Dienstleistung vor dem Zeitpunkt der Selbsthilfe gar nicht oder erst sehr bzw. zu spät beantragt hat bzw. die Verwaltung nicht mit seinem Begehren befasst hat, obwohl ihm dies möglich und zumutbar war.[28] Dies folgt auch aus der Regelung des § 34b Satz 2 SGB XII. Danach gilt ein Antrag als zum Zeitpunkt der Selbstvornahme gestellt, falls es dem Leistungsberechtigten nicht möglich war, rechtzeitig einen Antrag zu stellen. Auch die Gesetzesbegründung hat diesen Sachverhalt im Blick, wenn sie ausführt, dass keine Erstattungspflicht der Verwaltung besteht, wenn der Leistungsberechtigte sich aus freien Stücken die Leistung selbst beschafft hat und danach die Erstattung fordert.[29]

34 Auf der einen Seite muss also ggf. der Leistungsberechtigte dartun, aus welchen Gründen eine frühere Antragstellung nicht möglich oder zumutbar gewesen ist. Dies gilt sowohl in Fällen, in denen geltend gemacht wird, dass Bedarfslagen (zu) kurzfristig aufgetreten sind, als auch, sofern geltend gemacht wird, dass Anbieter auf kurzfristiger Barzahlung bestanden und Gutscheine oder Direktzahlungen des Leistungsträger abgelehnt haben.

35 Umgekehrt muss auch die Verwaltung ihren **Auskunfts- und Beratungspflichten** in ausreichendem Maße nachgekommen sein (§§ 13-15 SGB I).[30] Verzögerungen oder Leistungsstörungen, die hierauf beruhen, gehen nicht zu Lasten des Leistungsempfängers.

36 Ein schuldhaftes Verhalten der Eltern bzw. eines Elternteils als gesetzlichem Vertreter muss sich der minderjährige Leistungsberechtigte zurechnen lassen, nicht allerdings ein schuldhaftes Verhalten sonstiger Dritter, z.B. der Schule oder eines Lehrers.

---

[24] BVerfG v. 09.02.2010 - 1 BvL 1/09 - BVerfGE 125, 175 = SozR 4-4200 § 20 Nr. 12 Rn. 140.
[25] BVerfG v. 12.05.2005 - 1 BvR 569/05 - juris Rn. 19 - Breith 2005, 803; BVerwG v. 04.02.1988 - 5 C 89/85 - BVerwGE 79, 46 = Buchholz 436.0 § 97 BSHG Nr. 4; BSG v. 29.09.2009 - B 8 SO 16/08 R - BSGE 104, 213 = SozR 4-1300 § 44 Nr. 20 Rn. 13.
[26] BT-Drs. 17/12036, S. 8.
[27] BVerwG v. 30.04.1992 - 5 C 12/87 - BVerwGE 90, 154 = Buchholz 436.0 § 5 BSHG Nr. 9.
[28] I.d.S. auch *Leopold* in: jurisPK-SGB II, 3. Aufl. 2012, § 30 Rn. 34.
[29] BT-Drs. 17/12036, S. 8.
[30] *Luik* in: Eicher, SGB II, 3. Aufl. 2013, Rn. 67 f.

2. Antragsfiktion

War es dem Leistungsberechtigten nicht möglich, rechtzeitig einen Antrag zu stellen, gilt dieser als zum Zeitpunkt der Selbstvornahme gestellt. § 34b Satz 2 SGB XII stellt eine Durchbrechung des Antragsgrundsatzes nach § 34a Abs. 2 Satz 1 SGB XII dar, die in engem Zusammenhang mit dem Grundsatz steht, dass keine Erstattung bei Verschulden des Berechtigten stattfindet (vgl. Rn. 30 ff.). Die Regelung zielt insbesondere auf kurzfristig auftretende Bedarfslagen ab (vgl. Rn. 26 f.). 37

3. Rechtsfolge

a. Gebundene Entscheidung

§ 34b SGB XII räumt dem Sozialhilfeträger **kein Ermessen** ein. Sofern die Anspruchsvoraussetzungen vorliegen, ist der Träger der Sozialhilfe zur Übernahme der berücksichtigungsfähigen Aufwendungen verpflichtet und hat diese in Geld an den Leistungsberechtigten zu zahlen. 38

Soweit § 34a SGB XII dem Sozialhilfeträger ein Ermessen bei der Frage der Leistungserbringung einräumt, so etwa bei § 34a Abs. 2 Satz 2 SGB XII, wonach die Leistungen nach § 34 Abs. 2 SGB XII (Klassenfahrten und Schulausflüge) durch Geldleistungen gedeckt werden können, ist dieses Ermessen nach berechtigter Selbstvornahme entsprechend suspendiert bzw. „automatisch" auf Null reduziert. Auch dies entspricht der Rechtsprechung der obersten Bundesgerichte, wonach bei berechtigter Selbstbeschaffung von Sozialleistungen Ermessens- oder Beurteilungsspielräume der Verwaltung reduziert sind oder sogar auf den Leistungsempfänger übergehen können, wenn er selbst das Geschäft der Verwaltung betreiben muss, um sich die ihm zustehenden Leistungen zu verschaffen und ihm zustehende gesetzliche Ansprüche zu befriedigen.[31] 39

Wenn und soweit der Sozialhilfeträger die berücksichtigungsfähigen Aufwendungen an die leistungsberechtigte Person selbst **erstattet**, können in Vorleistung getretene Eltern bzw. Elternteile den ihnen unter Einhaltung der Voraussetzungen des § 1648 BGB zustehenden Betrag dem Kindesvermögen im Rahmen ihrer Vermögenssorge entnehmen (§§ 1629 Abs. 2, 1795 Abs. 2, 181 BGB).[32] 40

b. „Berücksichtigungsfähige" Aufwendungen

Der unbestimmte Begriff der „berücksichtigungsfähigen" Aufwendungen, die bei der Erstattung berücksichtigt werden, lässt bei positiver Betrachtung der Gesetzestechnik Raum für die notwendige Flexibilität und Berücksichtigung der Umstände des Einzelfalles. Im Grunde ist dieses Adjektiv aber überflüssig (vgl. etwa den Wortlaut von § 15 Abs. 1 Satz 3 SGB IX „zur Erstattung der Aufwendungen verpflichtet"). Gemeint sind die **notwendigen** Aufwendungen. Der Leistungsberechtigte soll so gestellt werden, als hätte der Sozialhilfeträger die Sachleistung rechtzeitig zur Verfügung gestellt. 41

Auszugehen ist zunächst von Tatbestandsmerkmalen der einzelnen Leistungen nach § 34 Abs. 2, 5-7 SGB XII (vgl. i.E. die Kommentierung zu § 34 SGB XII). Die **erforderlichen** Kosten zur **Deckung der dort genannten Bedarfe** sind erstattungsfähig. Dies beurteilt sich differenziert nach den einzelnen Leistungen. Bei Klassenfahrten findet die volle Kostenübernahme in tatsächlicher Höhe ohne Angemessenheitsprüfung statt.[33] Beim Bildungs- und Teilhabebudget bleibt es beim monatlichen Betrag von 10 €, der ggf. kumuliert werden kann. Ggf. können sich auch **zusätzliche erstattungsfähige Aufwendungen wegen der Notwendigkeit der Selbstvornahme** ergeben. 42

Bei der **Lernförderung** kommt es darauf an, dass die selbst beschaffte Leistung entsprechend dem Bündel der dort genannten unbestimmten Rechtsbegriffe jedenfalls erforderlich, d.h. **geeignet und bedarfsgerecht** (gewesen) ist. Der Grundsatz der Wirtschaftlichkeit und Sparsamkeit[34] gilt nicht uneingeschränkt, denn jedenfalls bei fehlerhafter Sachbehandlung durch die Verwaltung ist dem Leistungsberechtigten ein gewisser Spielraum zuzubilligen.[35] 43

---

[31] Vgl. BSG v. 12.08.1982 - 11 RA 62/81 - BSGE 54, 54, 61 f. = SozR 2200 § 1237 Nr. 18; BVerwG v. 18.10.2012 - 5 C 21/11 - NJW 2013, 1111.
[32] Vgl. *Leopold* in jurisPK-SGB II, 3. Aufl. 2012, § 30 Rn. 23, 46 unter Hinweis auf *Schwer* in: jurisPK-BGB, 6. Aufl. 2012, § 1648 Rn. 6; *Götz* in: Palandt, BGB, 72. Aufl. 2013, § 1648 Rn. 1.
[33] BSG v. 13.11.2008 - B 14 AS 36/07 R - BSGE 102, 68, 70 f. = SozR 4-4200 § 23 Nr. 1.
[34] Vgl. BSG v. 30.05.1978 - 1 RA 5/77 - BSGE 46, 198 = SozR 2200 § 1237a Nr. 3.
[35] BVerwG v. 18.10.2012 - 5 C 21/11 - NJW 2013, 1111 mit Anm. *Störmer*, jurisPR-BVerwG 9/2013, Anm. 5 und *Luik*, jurisPR-SozR 5/2013, Anm. 6.

44 Insgesamt gibt es keine generelle Regel, dass die der Verwaltung bei rechtzeitiger Leistungserbringung entstandenen Kosten die Obergrenze für eine Erstattung bilden, sondern es kommt auf die Umstände des Einzelfalles an. Sonst wäre § 34b SGB XII im Grunde wirkungslos, soweit die Norm, wie in der Gesetzesbegründung ausgeführt, Fälle rechtswidriger Leistungsablehnung oder säumigen Handelns der Verwaltung erfassen will. In diesen Fällen sorgt § 34b SGB XII insofern für eine Umkehr der Beweislast[36] und der Sozialhilfeträger kann sich nicht darauf berufen, dass er bei rechtmäßigem Handeln geringere Kosten produziert hätte, etwa weil er eine Ermäßigung hätte nutzen können.

45 Entsprechend den zu § 13 Abs. 3 SGB V von der Rechtsprechung entwickelten Grundsätzen hat der Leistungsberechtigte zwar eine Pflicht zur Schadensminderung; jedoch wirkt sich lediglich eine vorsätzliche oder grob fahrlässige Verletzung dieser Nebenpflicht schädlich auf den Erstattungsanspruch aus.[37]

C. Praxishinweise

46 Ansprüche nach § 34b SGB XII sind beim Sozialhilfeträger geltend zu machen. Die entstandenen Aufwendungen sind nachzuweisen, z.B. durch Quittungen, Kontoauszüge, Verträge etc.

47 Nach Ermittlung des Sachverhalts von Amts wegen (§ 20 SGB X) entscheidet der SGB-XII-Träger durch VA, der ggf. mit der kombinierten Anfechtungs- und Leistungsklage nach § 54 Abs. 4 SGG angefochten (mit dem Verlangen auf Kostenerstattung verknüpft) werden kann.

48 Wenn und soweit der Sozialhilfeträger die berücksichtigungsfähigen Aufwendungen an die leistungsberechtigte Person selbst **erstattet**, können in Vorleistung getretene Eltern bzw. Elternteile den ihnen unter Einhaltung der Voraussetzungen des § 1648 BGB (vgl. Rn. 23) zustehenden Betrag dem Kindesvermögen im Rahmen ihrer Vermögenssorge entnehmen (§§ 1629 Abs. 2, 1795 Abs. 2, 181 BGB).[38]

---

[36] Vgl. zu diesem Gedanken BSG v. 16.12.1993 - 4 RK 5/92 - BSGE 73, 271, 283 = SozR 3-2500 § 13 Nr. 4 zu § 13 Abs. 3 SGB V.
[37] Vgl. BSG v. 16.12.1993 - 4 RK 5/92 - BSGE 73, 271, 289 = SozR 3-2500 § 13 Nr. 4.
[38] Vgl. *Leopold* in: jurisPK-SGB II, 3. Aufl. 2012, § 30 Rn. 23, 46 unter Hinweis auf *Schwer* in: jurisPK-BGB, 6. Aufl. 2012, § 1648 Rn. 6; *Götz* in: Palandt, BGB, 72. Aufl. 2013, § 1648 Rn. 1.

Vierter Abschnitt: Unterkunft und Heizung

§ 35 SGB XII Unterkunft und Heizung

(Fassung vom 24.03.2011, gültig ab 01.01.2011)

(1) ¹Leistungen für die Unterkunft werden in Höhe der tatsächlichen Aufwendungen erbracht. ²Leistungen für die Unterkunft sind auf Antrag der leistungsberechtigten Person an den Vermieter oder andere Empfangsberechtigte zu zahlen. ³Sie sollen an den Vermieter oder andere Empfangsberechtigte gezahlt werden, wenn die zweckentsprechende Verwendung durch die leistungsberechtigte Person nicht sichergestellt ist. ⁴Das ist insbesondere der Fall, wenn

1. Mietrückstände bestehen, die zu einer außerordentlichen Kündigung des Mietverhältnisses berechtigen,
2. Energiekostenrückstände bestehen, die zu einer Unterbrechung der Energieversorgung berechtigen,
3. konkrete Anhaltspunkte für ein krankheits- oder suchtbedingtes Unvermögen der leistungsberechtigten Person bestehen, die Mittel zweckentsprechend zu verwenden, oder
4. konkrete Anhaltspunkte dafür bestehen, dass die im Schuldnerverzeichnis eingetragene leistungsberechtigte Person die Mittel nicht zweckentsprechend verwendet.

⁵Werden die Leistungen für die Unterkunft und Heizung an den Vermieter oder andere Empfangsberechtigte gezahlt, hat der Träger der Sozialhilfe die leistungsberechtigte Person darüber schriftlich zu unterrichten.

(2) ¹Übersteigen die Aufwendungen für die Unterkunft den der Besonderheit des Einzelfalles angemessenen Umfang, sind sie insoweit als Bedarf der Personen, deren Einkommen und Vermögen nach § 27 Absatz 2 zu berücksichtigen sind, anzuerkennen. ²Satz 1 gilt so lange, als es diesen Personen nicht möglich oder nicht zuzumuten ist, durch einen Wohnungswechsel, durch Vermieten oder auf andere Weise die Aufwendungen zu senken, in der Regel jedoch längstens für sechs Monate. ³Vor Abschluss eines Vertrages über eine neue Unterkunft haben Leistungsberechtigte den dort zuständigen Träger der Sozialhilfe über die nach den Sätzen 1 und 2 maßgeblichen Umstände in Kenntnis zu setzen. ⁴Sind die Aufwendungen für die neue Unterkunft unangemessen hoch, ist der Träger der Sozialhilfe nur zur Übernahme angemessener Aufwendungen verpflichtet, es sei denn, er hat den darüber hinausgehenden Aufwendungen vorher zugestimmt. ⁵Wohnungsbeschaffungskosten, Mietkautionen und Umzugskosten können bei vorheriger Zustimmung übernommen werden; Mietkautionen sollen als Darlehen erbracht werden. ⁶Eine Zustimmung soll erteilt werden, wenn der Umzug durch den Träger der Sozialhilfe veranlasst wird oder aus anderen Gründen notwendig ist und wenn ohne die Zustimmung eine Unterkunft in einem angemessenen Zeitraum nicht gefunden werden kann.

(3) ¹Der Träger der Sozialhilfe kann für seinen Bereich die Leistungen für die Unterkunft durch eine monatliche Pauschale abgelten, wenn auf dem örtlichen Wohnungsmarkt hinreichend angemessener freier Wohnraum verfügbar und in Einzelfällen die Pauschalierung nicht unzumutbar ist. ²Bei der Bemessung der Pauschale sind die tatsächlichen Gegebenheiten des örtlichen Wohnungsmarkts, der örtliche Mietspiegel sowie die familiären Verhältnisse der Leistungsberechtigten zu berücksichtigen. ³Absatz 2 Satz 1 gilt entsprechend.

§ 35

(4) ¹Leistungen für Heizung und zentrale Warmwasserversorgung werden in tatsächlicher Höhe erbracht, soweit sie angemessen sind. ²Die Leistungen können durch eine monatliche Pauschale abgegolten werden. ³Bei der Bemessung der Pauschale sind die persönlichen und familiären Verhältnisse, die Größe und Beschaffenheit der Wohnung, die vorhandenen Heizmöglichkeiten und die örtlichen Gegebenheiten zu berücksichtigen.

Gliederung

A. Basisinformationen 1	a. Wohnungsbeschaffungskosten 137
I. Textgeschichte/Gesetzgebungsmaterialien 1	b. Umzugskosten 140
II. Vorgängervorschriften 5	c. Übernahme von Mietkautionen als Darlehen ... 145
III. Parallelvorschriften 8	d. Vorherige Zustimmung 147
IV. Systematische Zusammenhänge 9	5. Pauschalierung der Leistungen für die Unterkunft (Absatz 3) 158
V. Ausgewählte Literaturhinweise 11	a. Allgemeines 158
B. Auslegung der Norm 12	b. Verfügbarkeit von freiem Wohnraum 162
I. Regelungsgehalt und Bedeutung der Norm 12	c. Im Einzelfall nicht unzumutbar 164
II. Normzweck 17	d. Bemessungsparameter 165
III. Inhalt der Norm 19	e. Rechtsform der Pauschalierung 169
1. Leistungen für die Unterkunft (Absatz 1 Satz 1) 19	6. Leistungen für Heizung und zentrale Warmwasserversorgung (Absatz 4) 170
a. Begriff der Unterkunft 20	a. Aktuelle Aufwendungen 173
b. Aufwendungen für die Unterkunft 24	b. Angemessenheit 181
c. Angemessenheit der Aufwendungen (Absatz 2 Sätze 1 und 2) 64	c. Kostensenkungsverfahren 188
d. Leistungsumfang 105	d. Pauschalierung 192
2. Direktleistung (Absatz 1 Sätze 2-5) 109	C. Praxishinweise 196
3. Umzug während des Leistungsbezugs in eine andere Unterkunft (Absatz 2 Sätze 3 und 4) 124	I. Abtrennbarer Streitgegenstand 196
a. Inkenntnissetzen des (neuen) zuständigen Sozialhilfeträgers 124	II. Nachbesserung des schlüssigen Konzepts 199
b. Aufwendungen der neuen Unterkunft ... 129	III. Satzungslösung 200
4. Übernahme von Wohnungsbeschaffungskosten, Mietkautionen und Umzugskosten (Absatz 2 Sätze 5 und 6) 134	IV. Zahlung an Dritte 201
	V. Gewährung von Darlehen für eine Mietkaution 202

A. Basisinformationen[1]

I. Textgeschichte/Gesetzgebungsmaterialien

1   Das Sozialhilferecht wurde zum 01.01.2005 im Rahmen der sog. **Hartz-Gesetzgebung** bzw. der sog. „**Agenda 2010**" durch Art. 1 des Gesetzes zur Einordnung des Sozialhilferechts in das Sozialgesetzbuch vom 27.12.2003[2] eingegliedert.[3] Damit wurden die bisherigen Regelungen zu den Kosten der Unterkunft und Heizung des **§ 22 BSHG bzw. des § 3 RSV** (Verordnung zur Durchführung des § 22 BSHG) – mit einigen Änderungen (vgl. hierzu Rn. 5) – in § 29 SGB XII a.F. übernommen.

2   Mit Wirkung zum 30.03.2005 wurden die Umzugskosten in die Vorschrift aufgenommen (Art. 10 Nr. 01 des **Gesetzes zur Vereinfachung der Verwaltungsverfahren im Sozialrecht** vom 21.03.2005[4], Verwaltungsvereinfachungsgesetz)[5].

---

[1] Die Kommentierung basiert auf der Kommentierung des § 35 SGB XII durch *Link* in der 1. Aufl. des jurisPK-SGB XII. Einzelne Passagen wurden aus der Kommentierung aus der Vorauflage übernommen.
[2] BGBl I 2003, 3022.
[3] Vgl. allgemein zu den Gesetzesmaterialien BT-Drs. 15/1514; BR-Drs. 559/03; BT-Drs. 15/1734; BT-Drs. 15/1761; BT-Drs. 15/2260.
[4] BGBl I 2005, 818.
[5] Vgl. hierzu BT-Drs. 15/4751, 48, wonach es sich um eine Klarstellung handelt, dass auch die Umzugskosten bei vorheriger Zustimmung zu übernehmen sind.

Mit Wirkung zum 07.12.2006 wurde die regelmäßig darlehensweise Erbringung von Mietkautionen in den 2. Halbsatz zu § 29 Abs. 1 Satz 7 SGB XII a.F. eingefügt (Art. 1 Nr. 6 des **Gesetzes zur Änderung des Zwölften Buches Sozialgesetzbuch und anderer Gesetze** vom 02.12.2006[6]). 3

Mit Wirkung zum 01.01.2011[7] (Art. 3 Nr. 13 des **Gesetzes zur Ermittlung von Regelbedarfen und zur Änderung des Zweiten und Zwölften Buches Sozialgesetzbuch vom 24.03.2011**[8]) wurden die Leistungen für Unterkunft und Heizung an die Regelungen der §§ 22-22c SGB II n.F. angeglichen[9] und sind nunmehr mit neuer Struktur im Vierten Abschnitt in den §§ 35 (Unterkunft und Heizung), 35a (Satzungsregelung), 36 (Sonstige Hilfen zur Sicherung der Unterkunft) SGB XII geregelt. § 29 SGB XII a.F. entspricht im Wesentlichen § 35 SGB XII n.F. mit kleineren Ergänzungen bzw. Änderungen (die in § 35 SGB XII normierten Änderungen basieren im Wesentlichen auf dem Gesetzesentwurf der Bundesregierung vom 21.10.2010[10]): In § 35 Abs. 1 Sätze 2 bis 5 SGB XII wurde die **Direktzahlung an Dritte** (Vermieter oder andere Empfangsberechtigte) durch Regelbeispiele ergänzt. Das Gesetz sieht nunmehr **zwei Alternativen** vor: die Direktzahlung **auf Antrag** des Leistungsberechtigten (§ 35 Abs. 1 Satz 2 SGB XII) und nach (gebundenem) **Ermessen** des Leistungsträgers (§ 35 Abs. 1 Sätze 3 und 4 SGB XII). In § 35 Abs. 1 Satz 5 SGB XII ist die **Informationspflicht** des Leistungsträgers geregelt. Die Direktleistung ist ein Instrument zur Umsetzung des Sinn und Zwecks der Leistungen, nämlich der Sicherstellung des Grundbedürfnisses Wohnen. Sie ist damit im Vorfeld des § 36 SGB XII (Schuldübernahme) angesiedelt. Denn mit Hilfe der Direktzahlungen können Miet- oder (unterkunftsbezogene) Stromschulden vermieden werden. Die **Warmwasseraufbereitung** wurde in die Leistungen für Unterkunftskosten durch Ergänzung des § 35 Abs. 4 Satz 1 SGB XII („und zentrale Wasserversorgung") aufgenommen.[11] § 35a SGB XII n.F. sieht für die Leistungen für Unterkunft und Heizung nach § 35 Abs. 1, Abs. 2 und Abs. 4 SGB XII unter bestimmten Voraussetzungen die entsprechende Geltung einer im Bereich des SGB II nach den §§ 22a-22c SGB II n.F. erlassenen Satzung vor.[12] Den Trägern der Sozialhilfe wurde keine eigene Satzungsermächtigung erteilt.[13] In § 36 SGB XII wurden im Wesentlichen die Regelungen des § 34 SGB XII a.F. zur Schuldenübernahme und zu den Mitteilungspflichten der Gerichte bei Räumungsklagen übernommen (vgl. hierzu die Kommentierung zu § 36 SGB XII). Der bisherige § 35 SGB XII a.F. wurde mit Wirkung zum 01.01.2011 zu § 27b SGB XII (vgl. die Kommentierung zu § 27b SGB XII).[14] 4

II. Vorgängervorschriften

Bis zum 31.12.2004 regelte **§ 3 der RSV zu § 22 BSHG** die laufenden Leistungen für die Unterkunft. Die Regelungen wurden im Wesentlichen in § 29 SGB XII a.F. übernommen. Es kam jedoch sowohl zu sprachlichen Änderungen, die mit der Einordnung des Sozialhilferechts in das Sozialgesetzbuch verbunden waren, als auch zu Neuregelungen. 5

Bis zum 31.12.2010 regelte **§ 29 SGB XII a.F.** die Übernahme der Kosten für Unterkunft und Heizung. § 29 Abs. 1 SGB XII a.F. entsprach im Wesentlichen dem bisherigen § 3 Abs. 1 RSV. Während § 3 Abs. 1 Satz 2 RSV die Bedarfe von auch unangemessenen Unterkunftskosten allerdings solange 6

---

[6] BGBl I 2006, 2670; vgl. hierzu BR-Drs. 617/06, 16, wonach es sich um eine Klarstellung handele, dass eine bei Abschluss eines Mietvertrages vom Träger der Sozialhilfe gestellte Mietkaution als Darlehen geleistet werden soll. Durch eine darlehensweise Erbringung der Mietkaution könne sichergestellt werden, dass diese vom Leistungsberechtigten nach der Rückzahlung bzw. der Freigabe durch den Vermieter an den Träger der Sozialhilfe zurückgezahlt werde.

[7] Vgl. Art. 14; Art. 3 Nr. 13 (§ 35a SGB XII) wurde mit Wirkung ab 01.04.2011 eingefügt.

[8] BGBl I 2011, 453.

[9] Vgl. hierzu BR-Drs. 661/10, S. 205 ff. zu Nr. 13; zum inhaltsgleichen Gesetzentwurf der Fraktionen der CDU/CSU und FDP vgl. BT-Drs. 17/3404.

[10] BR-Drs. 661/10, S. 205 ff. zu Nr. 13; BR-Drs. 789/10; Plenarprotokoll 17/79 v. 03.12.2010.

[11] Vgl. BT-Drs. 17/4719, S. 5 f. Während des ersten Vermittlungsverfahrens einigte man sich darauf, die Kosten für die Warmwasseraufbereitung komplett im Rahmen der Unterkunftskosten und nur bei dezentraler Aufbereitung (Wasserboiler) als Mehrbedarf zu übernehmen (vgl. die §§ 27a Abs. 1 Satz 1, 30 Abs. 7, 35 Abs. 4 Satz 1 SGB XII). Auf Vorschlag des Vermittlungsausschusses vom 09.02.2011 wurden die Kosten für die Warmwasseraufbereitung daher insgesamt neu geregelt.

[12] Vgl. *Piepenstock* in: jurisPK-SGB II, 3. Aufl. 2012, §§ 22a ff. sowie die Kommentierung zu § 35a SGB XII; vgl. zu § 35a SGB XII: BSG v. 17.10.2013 - B 8 AS 70/12 R.

[13] BT-Drs. 17/3404, S. 126.

[14] Art. 3 Nr. 8 des Gesetzes zur Ermittlung von Regelbedarfen und zur Änderung des Zweiten und Zwölften Buches Sozialgesetzbuch vom 24.03.2011, BGBl I 2011, 453.

anerkannte, wie es dem Betroffenen nicht möglich oder nicht zuzumuten war, die Aufwendungen durch einen Wohnungswechsel, durch Vermieten oder auf andere Weise zu senken, beschränkt § 29 SGB XII a.F. bzw. § 35 SGB XII n.F. die Anerkennung unangemessener Unterkunftskosten nunmehr in der Regel auf längstens sechs Monate. Aus systematischen Gründen wurde in § 29 Abs. 1 Satz 6 SGB XII a.F. der bisherige § 15a Abs. 1 Satz 3 BSHG aufgenommen. Anders als in § 3 RSV, der keine einmaligen[15], sondern lediglich laufende Leistungen für Unterkunft und Heizung umfasste, erfasst § 29 SGB XII a.F. bzw. § 35 SGB XII n.F. auch einmalige Leistungen für Unterkunft und Heizung. In § 29 Abs. 1 Satz 6 SGB XII a.F. war vorgesehen, Leistungen an den Vermieter oder an andere Empfangsberechtigte zu erbringen. § 29 SGB XII ermöglichte die Pauschalierung von Leistungen für die Unterkunft (§ 29 Abs. 2 SGB XII a.F.) und für die Heizung (§ 29 Abs. 3 Sätze 2 und 3 SGB XII a.F.).

7   **§ 35 Abs. 1 SGB XII** entspricht im Wesentlichen § 29 Abs. 1 Sätze 1 und 6 SGB XII a.F. Die früheren Regelungen von § 29 Abs. 1 Sätze 2-5, 7 und 8 SGB XII a.F. finden sich nunmehr in **§ 35 Abs. 2 SGB XII**, die des § 29 Abs. 2 SGB XII a.F. in **§ 35 Abs. 3 SGB XII** und die des § 29 Abs. 3 SGB XII in **§ 35 Abs. 4 SGB XII**.

III. Parallelvorschriften

8   Die **§§ 22-22c SGB II** regeln für den Bereich der Grundsicherung für Arbeitsuchende nach dem SGB II die Leistungen für Bedarfe für Unterkunft und Heizung. Die Regelungen in § 22 SGB II unterscheiden sich insbesondere seit den Änderungen durch das Gesetz zur Ermittlung von Regelbedarfen und zur Änderung des Zweiten und Zwölften Buches Sozialgesetzbuch[16] nicht nur im Aufbau, sondern weichen auch im Wortlaut[17] sowie teilweise inhaltlich voneinander ab. Zwar ist eine Angleichung der Regelungen des SGB XII und SGB II insofern erfolgt, als die Satzungslösung im SGB II in § 22a Abs. 2 SGB II nunmehr – im Gegensatz zu den früheren Regelungen im SGB II[18] – die Pauschalierung von Heizkosten erlaubt (§ 35 Abs. 4 Satz 2 SGB XII). Unterschiede zwischen den Regelungen im SGB II und SGB XII bestehen aber hinsichtlich folgender Regelungen:

- Eine Pauschalisierung für Leistungen für Bedarfe für Unterkunft und Heizung ist - abgesehen von der Regelung des § 22a Abs. 2 SGB II und abweichend von § 35 Abs. 3 Satz 1 und Abs. 4 Satz 2 SGB XII – im SGB II nicht zulässig.
- Im Falle eines nicht erforderlichen Umzugs beschränken sich die Leistungen für die ggf. höheren neuen Bedarfe für Unterkunft und Heizung im SGB II auf die bisherigen angemessenen Unterkunftskosten, während § 35 Abs. 2 Satz 4 SGB XII keine Beschränkung auf die bisherigen, sondern nur regelmäßig auf die angemessenen neuen Unterkunftskosten bestimmt (vgl. Rn. 130).
- Die Direktzahlung an den Vermieter oder andere Empfangsberechtigte erlaubt das SGB XII - jedenfalls dem Wortlaut von § 35 Abs. 1 Sätze 2 und 3 SGB XII nach - nur im Hinblick auf die Leistungen für die Unterkunft, während § 22 Abs. 7 Satz 1 SGB II ausdrücklich auch die Leistungen für die Heizung erfasst (vgl. Rn. 110 ff.).
- Während § 22 Abs. 1 Satz 4 SGB II ein Absehen von einer Kostensenkungsaufforderung bei Unwirtschaftlichkeit erlaubt, fehlt eine entsprechende Regelung in § 35 Abs. 2 Satz 2 SGB XII (vgl. Rn. 107).
- Während § 22 Abs. 2 SGB II bei selbst bewohntem Wohneigentum i.S.d. § 12 Abs. 3 Satz 1 Nr. 4 SGB II als Bedarf für Unterkunft unter bestimmten Voraussetzungen auch unabweisbare Aufwendungen für Instandhaltung und Reparatur anerkannt, hat der Gesetzgeber eine entsprechende Regelung in § 35 SGB XII nicht aufgenommen.
- Während § 22 Abs. 3 SGB II für Rückzahlungen und Guthaben die Minderung der Aufwendungen für Unterkunft und Heizung und den Zeitpunkt regelt, findet sich keine entsprechende Regelung in § 35 SGB XII.

Davon, dass der Gesetzgeber diese Unterschiede im SGB II und SGB XII bewusst geregelt hat, kann – auch wenn die Unterschiede bereits in der Vergangenheit durch die Literatur kritisiert[19] wurden – mangels näherer Begründung in den Gesetzesmaterialien nicht unbedingt ausgegangen werden. Die teil-

---

[15] Einmalige Leistungen wurden von § 21 Abs. 1a BSHG erfasst.
[16] BGBl I 2011, 453.
[17] § 35 Abs. 2 Sätze 5 und 6 SGB XII verwendet den Begriff „Zustimmung", derweil verwendet § 22 Abs. 4 SGB II den Begriff „Zusicherung".
[18] Vgl. hierzu BSG v. 16.05.2007 - B 7b AS 40/06 R - SozR 4-4200 § 22 Nr. 4.
[19] *Grube* in: Grube/Wahrendorf, SGB XII, 4. Aufl. 2012, § 35 Rn. 1; *Berlit* in: LPK-SGB XII, 9. Aufl. 2012, § 35 Rn. 6; *Scheider* in: Schellhorn/Schellhorn/Hohm, SGB XII, 18. Aufl. 2010, § 29 Rn. 4.

weise Identität der Regelungsgegenstände im SGB II und SGB XII im Hinblick auf die Leistungen für Unterkunft und Heizung gebietet es, bei Anwendung des § 35 SGB XII auch die entsprechende Regelung im SGB II zu berücksichtigen, ohne dem unterschiedlichen Wortlaut dabei eine maßgebende Bedeutung beizumessen. Das BSG verweist regelmäßig auf Entscheidungen zum jeweils anderen Rechtsgebiet.[20] Auch im Bereich anderer Vorschriften des SGB II und SGB XII prüft das BSG eine entsprechende Anwendung bei Vergleichbarkeit der Interessenlagen[21] bzw. eine harmonisierende Auslegung[22] aufgrund des allgemeinen Gleichheitssatzes des Art. 3 Abs. 1 GG[23], wenn kein Grund ersichtlich ist, einen Gesichtspunkt im SGB II bzw. SGB XII gänzlich außen vor zu lassen[24]. Wenngleich die entsprechende Anwendung von Regelungen des jeweils anderen Leistungssystems zur Einebnung dieser Unterschiede durch Gleichbehandlung nicht in Betracht kommt, wenn diese auf unterschiedlichen Regelungskonzepten beruhen[25], bleibt eine modifizierte Übertragung der Regelungen aus dem jeweils anderen Leistungssystem zu prüfen, die den Gedanken der Harmonisierung nicht aus den Augen verliert[26]. Bei der Frage, ob im Bereich der Leistungen für Unterkunft und Heizung der teilweise unterschiedliche Wortlaut in SGB II und SGB XII letztlich auch zu einer unterschiedlichen Regelung der Sachverhalte führt, ist anhand von Sinn und Zweck der Regelung bei vergleichbarer Fallkonstellation eine harmonisierende Auslegung oder Analogie zugunsten[27] der Leistung beanspruchenden Person zu prüfen[28].

IV. Systematische Zusammenhänge

§ 35 SGB XII regelt den Bedarfsgegenstand Unterkunft und Heizung, der Teil des notwendigen Lebensunterhalts für die Gewährleistung des Existenzminimums[29] ist (§ 27a Abs. 1 Satz 2 SGB XII). Neben den laufenden und einmaligen Leistungen der Unterkunft, Heizung und Warmwasser deckt § 35 SGB XII auch die Kosten für Wohnungsbeschaffung, Mietkautionen und Umzugskosten ab. § 35a SGB XII ordnet unter bestimmten Voraussetzungen die entsprechende Geltung von Satzungen nach den §§ 22a ff. SGB II für die Kosten der Unterkunft und der Heizung im SGB XII an und verdrängt in diesen Fällen die Möglichkeit des Sozialhilfeträgers zur Pauschalierung in § 35 Abs. 3 und Abs. 4 Sätze 2 und 3 SGB XII.

9

Die Vorschrift des § 35 SGB XII steht im Zusammenhang mit weiteren, der Erfüllung des Grundbedürfnisses Wohnen dienenden Vorschriften: § 36 SGB XII regelt mit sonstigen Hilfen zur Sicherung der Unterkunft unmittelbar wohnungserhaltende Maßnahmen (Übernahme bereits entstandener Schulden bei drohender Wohnungslosigkeit, Mitteilungspflichten der Zivilgerichte bei Räumungsklagen; vgl. hierzu die Kommentierung zu § 36 SGB XII). Während der Anspruch aus § 35 SGB XII auf eine Geldleistung gerichtet ist, also insbesondere keinen Anspruch auf Verschaffung einer Wohnung be-

10

---

[20] Vgl. zur Abtrennbarkeit des Streitgegenstandes im SGB XII wie im SGB II: BSG v. 10.11.2011 - B 8 SO 18/10 R - juris Rn. 12 - NVwZ-RR 2012, 313; BSG v. 17.10.2013 - B 14 AS 70/12 R - juris Rn. 35; vgl. zur Angemessenheit der Kosten der Unterkunft und Heizung: BSG v. 23.03.2010 - B 8 SO 24/08 R - juris Rn. 13 - SozR 4-3500 § 29 Nr. 1; andererseits BSG v. 15.11.2012 - B 8 SO 25/11 R - juris Rn. 21 - SozR 4-3500 § 35 Nr. 3, wonach offen gelassen wurde, ob die Obliegenheit nach dem SGB II, seinen Umzug grundsätzlich selbst zu organisieren und durchzuführen, auch im SGB XII besteht.

[21] BSG v. 16.10.2007 - B 8/9b SO 2/06 R - juris Rn. 19 - BSGE 99, 131; hierzu *Conradis*, jurisPR-SozR 2/2009, Anm. 1.

[22] BSG v. 11.12.2007 - B 8/9b SO 23/06 R - juris Rn. 21 - BSGE 99, 262; hierzu *Sommer*, jurisPR-SozR 23/2008, Anm. 5; BSG v. 09.06.2011 - B 8 SO 20/09 R - juris Rn. 24 - BSGE 108, 241; kein Raum für eine Harmonisierung besteht bei Vorliegen eines sachlichen Grundes für eine Differenzierung bei den der Anrechenbarkeit von Vermögen zugrunde liegenden unterschiedlichen Regelungskonzepten von SGB II und SGB XII, da nur im SGB II aufgrund typisierend nur vorübergehendem Leistungsbezug die Verschonung von bestimmten Vermögen bezweckt wird: BSG v. 25.08.2011 - B 8 SO 19/10 R - juris Rn. 18.

[23] BSG v. 23.03.2010 - B 8 SO 17/09 R - juris Rn. 37, 40 - SozR 4-3500 § 82 Nr. 6; vgl. auch BSG v. 09.06.2011 - B 8 SO 11/10 R - juris Rn. 19, 21.

[24] BSG v. 18.03.2008 - B 8/9b SO 9/06 R - juris Rn. 25 - BSGE 100, 131; hierzu *Luthe*, SGb 2009, 38.

[25] BSG v. 12.12.2013 - B 14 AS 90/12 R - juris Rn. 41, 42.

[26] BSG v. 12.12.2013 - B 14 AS 90/12 R - juris Rn. 54.

[27] BSG v. 12.12.2013 - B 14 AS 90/12 R - juris Rn. 50, 54; vgl. *Berlit* in: LPK-SGB XII, 9. Aufl. 2012, § 35 Rn. 6, der von Wortlautabweichungen nicht auf Regelungsunterschiede schließt, sich jedoch gegen eine unmittelbare oder analoge Anwendung von Leistungsbeschränkungen des § 22 SGB II im SGB XII ausspricht.

[28] Vgl. *Piepenstock* in: jurisPK-SGB II, 3. Aufl. 2012, § 22.

[29] BVerfG v. 09.02.2010 - 1 BvL 1/09 u.a. - juris Rn. 135 - BVerfGE 125, 175.

gründet[30], sehen andere Vorschriften weitergehende überstützende Leistungen vor: Unterstützung (Beratung, persönliche Betreuung) und weitere mit der Wohnungs- bzw. Unterkunftssuche in Zusammenhang stehende Leistungen zur Beschaffung[31] sowie (präventive[32]) Maßnahmen zur Erhaltung einer Wohnung können Personen, bei denen besondere Lebensverhältnisse mit sozialen Schwierigkeiten[33] verbunden sind, zur Überwindung dieser Schwierigkeiten nach den §§ 67, 68 Abs. 1 Satz 1 SGB XII zustehen, z.B. bei (drohender) Obdachlosigkeit bzw. während einer Inhaftierung.[34] Die Hilfe nach § 68 SGB XII i.V.m. § 4 Abs. 2 DVO§69SGBXII umfasst auch sonstige Leistungen zur Erhaltung und Beschaffung einer Wohnung nach dem 3. Kapitel des SGB XII, wobei die besondere Einkommensprivilegierung des § 68 SGB XII auch bei Verweis auf das 3. Kapitel fortgilt (vgl. die Kommentierung zu § 68 SGB XII Rn. 31). Darüber hinaus können behinderten Menschen Hilfen bei der Beschaffung, dem Umbau, der Ausstattung und der Erhaltung einer Wohnung, die den besonderen Bedürfnissen der behinderten Menschen entspricht, zustehen (§ 54 Abs. 1 Satz 1 SGB XII i.V.m. § 55 Abs. 2 Nr. 5 SGB IX). § 105 Abs. 2 SGB XII bestimmt, dass von den bei den Leistungen nach § 27a SGB XII oder § 42 SGB XII berücksichtigten Kosten der Unterkunft, mit Ausnahme der Kosten für Heizungs- und Warmwasserversorgung, 56% nicht der Rückforderung unterliegen.[35] Auf die Kosten der Unterkunft nimmt auch § 85 Abs. 1 Nr. 2 und Abs. 2 Satz 1 Nr. 2 SGB XII im Rahmen der Ermittlung der Einkommensgrenze für Leistungen nach dem Fünften bis Neunten Kapitel Bezug. Zudem dient der Vermögensverwertungsschutz in § 90 Abs. 2 Nr. 8 SGB XII dem Grundbedürfnis des Wohnens (vgl. die Kommentierung zu § 90 SGB XII).[36]

V. Ausgewählte Literaturhinweise

11 *Bätge*, Zur Rechtmäßigkeit von kommunalen Satzungen nach den §§ 22a ff. SGB II und zum maßgeblichen Rechtsschutz, Sozialrecht aktuell 2011, 131; *Behrend*, Zusammenhänge zwischen Existenzsicherungs- und Familienrecht, Anregungen für die Praxis, jM 2014, 28 ff.; *Beige/Ulrich*, Kosten der Unterkunft – Rechtsgrundlagen und Anwendungsprobleme, NZS 2013, 17; *Berlit*, Aufteilung der Wohnkosten bei bloßer Wohngemeinschaft, Anmerkung zu BSG v. 22.08.2013 - B 14 AS 85/12 R, jurisPR-SozR 7/2014, Anm. 1; *ders.*, Neuere Rechtsprechung zu den Kosten von Unterkunft und Heizung (Teil I), SGb 2011, 619 ff.; *ders.*, Neuere Rechtsprechung zu den Kosten von Unterkunft und Heizung (Teil II), SGb 2011, 678 ff.; *ders.*, Sicherung einheitlicher Unterkunftskostengewährung durch Rechtsprechung (insb. des BSG) und kommunale Vielfalt?, info also 2010, 195; *ders.*, Entlastung durch Regulierung und Pauschalierung? Zu Novellierungsvorschlägen beim Recht der Unterkunftskosten, ArchSozArb 2010, 84; *ders.*, Die Hartz IV-Rechtsprechung – geklärte und offene Fragen, info

---

[30] *Berlit* in: LPK-SGB XII, 12. Aufl. 2012, § 35 Rn. 9, m.w.N.; *Falterbaum* in: Hauck/Noftz, § 35 Rn. 19, Stand Juli 2012; der auf Geldleistung gerichtete Anspruch kann allerdings auch eine erforderliche Beratung des Leistungsberechtigten umfassen, etwa im Kostensenkungsverfahren im Hinblick auf eine unwirksame Mietvertragsklausel, vgl. hierzu BSG v. 24.11.2011 - B 14 AS 15/11 R - juris Rn. 19 - SozR 4-4200 § 22 Nr. 53.

[31] BSG v. 15.11.2012 - B 8 SO 22/10 R - juris Rn. 17, 18, m.w.N. zur Literatur; LSG Berlin-Brandenburg v. 05.10.2009 - L 23 SO 109/09 B PKH; *Berlit* in: LPK-SGB XII, 9. Aufl. 2012, § 35 Rn. 9, 10, der einen Sachleistungsanspruch gegen den Sozialhilfeträger auf Verschaffung oder Bereitstellung einer Wohnung ablehnt, i.R.d. §§ 67, 68 SGB XII aber in Ausnahmefällen einen Anspruch auf Bereitstellung einer Unterkunft bejaht; allgemein zu § 68 SGB XII *Sunder*, NDV 2002, 21.

[32] Zur Abgrenzung von nicht den aktuellen Unterkunftsbedarf deckenden Leistungen zum Erhalt der Wohnung nach § 36 SGB XII einerseits und den §§ 67, 68 SGB XII andererseits: BSG v. 12.12.2013 - B 8 SO 24/12 R.

[33] Aufgrund bestehender Mietschulden bestehende Schwierigkeiten bei der Anmietung neuen Wohnraums sind allgemeine und nicht besondere Lebensschwierigkeiten: LSG Berlin-Brandenburg v. 04.05.2010 - L 23 SO 46/10 B ER - info also 2010, 182-183.

[34] Vgl. zur Ablehnung eines Anspruchs auf Leistungen zum Erhalt einer Wohnung bei zeitlich nicht beschränkter, nicht nur kurzer Haftstrafe: LSG Berlin-Brandenburg v. 15.04.2011 - L 14 AS 218/11 B ER - NZS 2011, 789; LSG Nordrhein-Westfalen v. 20.06.2011 - L 20 SO 76/08 - juris Rn. 48; SG Duisburg v. 18.02.2013 - S 16 SO 204/11 - juris Rn. 16; Bayerisches LSG v. 17.09.2009 - L 18 SO 111/09 B ER - juris Rn. 24; LSG Nordrhein-Westfalen v. 12.05.2011 - L 9 SO 105/10 - juris Rn. 38; vgl. hierzu aber BSG v. 12.12.2013 - B 8 SO 24/12 R, wonach nicht der Gesamtzeitraum der Haft maßgeblich ist, sondern eine Prognoseentscheidung zu treffen ist, die an die verbleibende Restdauer der Haft bis zum möglichen Eintritt der Notlage anknüpft.

[35] Hierzu *Schwabe*, ZfF 2006, 217.

[36] *Geiger* in: LPK-SGB XII, 9. Aufl. 2012, § 90 SGB XII, Rn. 44; vgl. zur unterschiedlichen Konzeption des Schutzes von selbst bewohntem Immobilienvermögen im SGB XII und SGB II: BSG v. 12.12.2013 - B 14 AS 90/12 R - juris Rn. 42, 46, 47.

also 2008, 243; *ders.*, Die Neuregelung der Kosten für die Unterkunft: Erfahrungen und Auswirkungen, ArchSozArb 2008, 30; *ders.*, Übernahme der tatsächlichen Unterkunftskosten im Rahmen der Gewährung von Arbeitslosengeld II, jurisPR-SozR 9/2007, Anm. 2; *ders.*, Wohnung und Hartz IV, NDV 2006, 5; *BMVBS*, Arbeitshilfe zur Bestimmung der angemessenen Aufwendungen der Unterkunft im Rahmen kommunaler Satzungen, Januar 2013; *Brehm/Schifferdecker*, Die Warmwasserpauschale im Regelsatz des SGB II, SGb 2010, 331; *Brehm/Schifferdecker*, Der neue Warmwasserbedarf im SGB II, SGb 2011, 505; *Bremer*, Die Konkretisierung des Begriffs der Angemessenheit von Heizaufwendungen im SGB II, NZS 2010, 189; *Butzer/Keller*, Kommunale Ermittlungen zu den „KdU" – auf dem Weg zu wichtigen Klarstellungen, NDV 2009, 317; *Deutscher Verein*, Empfehlungen des Deutschen Vereins zu den angemessenen Aufwendungen für Unterkunft und Heizung nach § 22 ff. SGB II und §§ 35 ff. SGB XII vom 12.03.2014; *Deutscher Verein*, Erste Empfehlungen des Deutschen Vereins zu den Leistungen für Unterkunft und Heizung im SGB II (§ 22 SGB II), NDV 2008, 319 (Teil 1), 358 (Teil 2); *Deutscher Verein*, Empfehlungen zur Ausführung einer Satzungsermächtigung bei den Kosten der Unterkunft und Heizung im SGB II und XII, NDV 2011, 349; *Eckhardt*, Zur Frage der Angemessenheit der Energiekosten zur Bereitung von Warmwasser im SGB II, info also 2012, 200; *Frank-Schinke/Geiler*, Schönheitsreparaturen und Renovierungskosten als Kosten der Unterkunft nach § 22 Abs. 1 Satz 1 SGB II unter besonderer Berücksichtigung mietrechtlicher Grundlagen, ZfF 2009, 193; *Fuchsloch*, Anmerkung zu BSG v. 07.11.2006 - B 7b AS 18/06 R - SGb 2007, 550; *Gautzsch*, Mietspiegel und modernisierungsbedingte Mieterhöhungen – Relevanz für die Bestimmung der Kosten der Unterkunft gemäß SGB II und SGB XII?, Sozialrecht aktuell 2011, 137; *Gautzsch*, Kosten der Unterkunft gem. SGB II und SGB XII, NZM 2011, 497 ff.; *Groth*, Anmerkung zum Urteil des 4. Senats des BSG v. 22.03.2012 - B 4 AS 16/11 R - SGb 2013, 249; *ders.*, Aus den Augen, aus dem Sinn? – Verfahrens- und leistungsrechtliche Konsequenzen bei Wechsel des gewöhnlichen Aufenthalts, Anmerkung zu BSG v. 23.05.2012 - B 14 AS 133/11 R, jurisPR-SozR 2/2013, Anm. 2; *Hammel*, Vermüllung als sozialrechtliches Problem, ZfF 2013, 31; *Hammel*, Die Weiterfinanzierung der Wohnung während eines Freiheitsentzugs, NDV 2011, 156 ff.; *Klerks*, Aktuelle Probleme der Unterkunftskosten nach dem SGB II, NZS 2008, 624; *Knickrehm*, Soziale Auswirkungen der mietrechtlichen Energiewende, NZM 2013, 602; *Knickrehm*, Aktuelles aus dem Bereich: Kosten von Unterkunft und Heizung nach § 22 SGB II, in: Spellbrink, Das SGB II in der Praxis der Sozialgerichte – Bilanz und Perspektiven, 2009, 79 ff.; *Knickrehm*, Schlüssiges Konzept, Satzungslösung und Anforderungen des BVerfG vom 09.02.2010, Sozialrecht aktuell 2011, 125; *Knickrehm/Voelzke/Spellbrink*, Kosten der Unterkunft nach § 22 SGB II, DGST Praktikerleitfaden 2009; *Kolf*, Wie teuer dürfen Alg-II-Bezieher wohnen?, SozSich 2005, 203; *Köpp*, Kosten der Unterkunft und Heizung – Die Satzung nach §§ 22a ff. SGB II, Landkreis 2012, 47; *Körtek*, Anmerkung zum Urteil des 14. Senats des BSG v. 24.11.2011 - B 14 AS 15/11 R - SGb 2013, 53; *Krauß*, Die Neuordnung der Kosten der Unterkunft und Heizung – eine erste Stellungnahme aus richterlicher Sicht, Sozialrecht aktuell 2011, 144; *Lauterbach*, Leistungen für Unterkunft und Heizung nach dem SGB II, NJ 2006, 488; *Link*, Hartz IV vor dem BSG: Schutz von Eigentum und Mietwohnraum, Sozialrecht aktuell 2007, 8; *Luik*, Das Normenkontrollverfahren nach § 55a SGG, ZFSH/SGB 2013, 673; *v. Malottki*, Empirische Aspekte bei der Bestimmung von Angemessenheitsgrenzen der Kosten der Unterkunft, info also 2012, 99; *Mecke*, Kosten der Unterkunft nach § 22 SGB II – Diskussionen und Ergebnisse der Kommission SGB II und SGB XII, Sozialrecht im Umbruch – Sozialgerichte im Aufbruch, 2010, 19-25; *Meier*, Unterkunftskosten für volljährige Kinder mit Behinderung im Haushalt der Eltern und das SGB XII, Auswirkungen der Entscheidung des BSG vom 25.08.2011 - B 8 SO 29/10 R - BtPrax 2012, 101; *Mrozynski*, Zum Bedeutungsverlust der Abgrenzung von Dauer und Einmaligkeit bei Bedarfen in der Grundsicherung für Arbeitsuchende, ZFSH/SGB 2012, 75; *Mutschler*, Kosten der Unterkunft: Kommunale Satzung – eine Alternative zum „schlüssigen Konzept"?, NZS 2011, 481; *Nippen*, Der Sicherheitszuschlag im Rahmen der Prüfung der Angemessenheit der Kosten der Unterkunft nach dem SGB II, ZFSH/SGB 2012, 444 ff.; *Paul*, Leistungen für Unterkunft und Heizung in der Sozialhilfe (SGB XII) und in der Grundsicherung für Arbeitsuchende (SGB II), ZfF 2005, 145; *Putz*, Angemessenheit von Unterkunftskosten im Rahmen der Grundsicherung für Arbeitsuchende nach dem SGB II, info also 2004, 198; *Peters/Wrackmeyer*, Erste Entscheidungen des Bundessozialgerichts zum SGB II, NDV 2007, 145; *Rips*, Wohnen in Deutschland mit Hartz IV, WuM 2004, 439; *Rothkegel*, Der rechtliche Rahmen für die Pauschalierung von Sozialhilfeleistungen – insbesondere zur Experimentierklausel des § 101a BSHG, ZfSH/SGB 2002, 657; *Scherney/Kohnke*, Immobilien und Kosten der Unterkunft, 2012; *Schnitzler*, Von der Wohngeldtabelle zur Schlüssigkeitsprüfung – und zurück, SGb 2010, 509; *Wahrendorf*, Zur Angemessenheit von Wohnraum und Unterkunftskosten, SozSich 2006, 134;

Wenner, Auszug aus dem „Hotel Mama" auf Kosten des Steuerzahlers?, SozSich 2005, 413; *Weth*, Kosten der Unterkunft bei nicht erforderlichem Umzug, info also 2012, 35; *Wiemer*, Die aktuelle Rechtsprechung zu den Kosten der Unterkunft und Heizung nach § 22 SGB II (Teil 1), NZS 2012, 9 ff.; *ders.*, Die aktuelle Rechtsprechung zu den Kosten der Unterkunft und Heizung nach § 22 SGB II (Teil 2), NZS 2012, 55 ff.; *Winter*, Kosten der Unterkunft/Mietspiegel, SGb 2012, 366.

B. Auslegung der Norm

I. Regelungsgehalt und Bedeutung der Norm

12 § 35 SGB XII regelt den Bedarfsgegenstand Unterkunft und Heizung als Teil des notwendigen Lebensunterhalts für die Gewährleistung des Existenzminimums[37] (§ 27a Abs. 1 Satz 2 SGB XII). Wohnen ist elementares Grundbedürfnis des Menschen[38], der Norm kommt daher für die Leistungsberechtigten grundlegende Bedeutung zu. Die Anwendung der Norm hat aber nicht nur wesentliche Auswirkungen für den individuellen Anspruch des einzelnen Leistungsberechtigten, sondern gleichzeitig auch Bedeutung für den betroffenen Wohnungsmarkt. Die Bestimmung der anzuerkennenden Aufwendungen für Unterkunft und Heizung – ebenso wie ihre entsprechende Regelung im SGB II – stellt eine Herausforderung für die Rechtsanwender dar.[39]

13 **Absatz 1 Satz 1** begründet einen Anspruch auf Leistungen für die Unterkunft in Höhe der tatsächlichen Aufwendungen der Unterkunft. Eine Begrenzung der zu übernehmenden tatsächlichen Unterkunftskosten auf die angemessenen Unterkunftskosten sieht Absatz 2 Satz 2 i.V.m. Absatz 2 Satz 1 SGB XII vor. **Absatz 1** regelt zudem die Direktzahlung der Unterkunftsleistungen durch den Sozialhilfeträger an den Vermieter oder andere Empfangsberechtigte.

14 **Absatz 2 Sätze 1 und 2** regelt den Fall, dass die tatsächlichen Aufwendungen für die Unterkunft den der Besonderheit des Einzelfalles angemessenen Umfang übersteigen: **Absatz 2 Satz 2** sieht eine Befristung der nach **Absatz 2 Satz 1** anzuerkennenden tatsächlichen Aufwendungen für eine Regelfrist von 6 Monaten vor. **Absatz 2** regelt zudem das Verfahren bei Wohnungswechsel (Inkenntnissetzen des Sozialhilfeträgers von den maßgeblichen Umständen, **Absatz 2 Satz 3**) sowie die Höhe der Leistungen für die Unterkunft nach einem Wohnungswechsel **(Absatz 2 Satz 4)**. **Absatz 2 Satz 5** regelt die Übernahme von Wohnungsbeschaffungskosten, Mietkautionen und Umzugskosten bei vorheriger Zustimmung; Mietkautionen sollen in Form eines Darlehens erbracht werden. **Absatz 2 Satz 6** regelt, wann eine Zustimmung erteilt werden soll.

15 **Absatz 3 Satz 1** eröffnet dem Sozialhilfeträger die Möglichkeit, für seinen Bereich Unterkunftskosten in (monatlich) pauschalierter Form zu erbringen.[40]

16 **Absatz 4 Satz 1** regelt die Leistungen für die Heizung und die zentrale Warmwasserversorgung, die in Höhe der tatsächlichen Aufwendungen erbracht werden, soweit diese angemessen sind. Nach **Absatz 4 Satz 2** können die Leistungen für Heizung (monatlich) pauschaliert werden.

II. Normzweck

17 § 35 SGB XII deckt mit den Leistungen für Unterkunft und Heizung einen maßgeblichen Teil des unmittelbar verfassungsrechtlichen Leistungsanspruchs auf Gewährleistung eines menschenwürdigen Existenzminimums im Bereich der physischen Existenz des Menschen. Gemäß § 27a Abs. 1 Satz 1 SGB XII ist die Übernahme (angemessener) Kosten für **Unterkunft und Heizung** Bestandteil der Leistungen zur **Sicherung des notwendigen Lebensunterhalts**.[41] § 35 SGB XII schützt das **existenzielle Grundbedürfnis Wohnen** und die Funktion der Unterkunft (sei es eine Wohnung oder ein Haus) **als räumlichen Lebensmittelpunkt**.[42] § 35 SGB XII verfolgt als unmittelbar sozialhilferechtlicher

---

[37] BVerfG v. 09.02.2010 - 1 BvL 1/09 u.a. - juris Rn. 135 - BVerfGE 125, 175.
[38] *Grube* in: Grube/Wahrendorf SGB XII, 4. Aufl. 2012, § 35 Rn. 7.
[39] Vgl. *Grube* in: Grube/Wahrendorf, SGB XII, 4. Aufl. 2012, § 35 Rn. 1; vgl. zur (fehlenden) Praxis bei der Ermittlung der angemessenen Unterkunftskosten auch *Luik* in: Eicher, SGB II, 3. Aufl. 2013, § 22 Rn. 8.
[40] Gilt eine Satzung nach den §§ 22a ff. SGB II gemäß § 35a SGB XII entsprechend für den Bereich des SGB XII, scheidet die Pauschalierung nach § 35 Abs. 3 und Abs. 4 Sätze 2 und 3 SGB XII aus, § 35a Satz 3 SGB XII.
[41] Das entsprach auch der zur Rechtslage nach dem BSHG vertretenen Auffassung, vgl. nur BVerwG v. 17.11.1994 - 5 C 11/93 - juris Rn. 8 - BVerwGE 97, 110; BVerwG v. 21.01.1993 - juris Rn. 11 - 5 C 3/91 - BVerwGE 92, 1.
[42] BSG v. 18.02.2010 - B 4 AS 28/09 R - juris Rn. 20 m.w.N. - info also 2010, 186; vgl. zu unter demselben Blickwinkel eingeräumtem Verwertungsschutz einer selbst bewohnten Immobilie: BSG v. 07.11.2006 - B 7b AS 2/05 R - juris Rn. 13 m.w.N. - SozR 4-4200 § 12 Nr. 3.

Zweck die Gewährleistung eines geschützten räumlichen Lebensmittelpunkts mit einer gewissen Privatsphäre einschließlich der Möglichkeit, private Gegenstände zu verwahren[43] sowie darüber hinaus auch den Erhalt des **sozialen Umfelds**[44].

Die Regelungen des § 35 SGB XII setzen den **Verfassungsauftrag** der **Art. 1 Abs. 1, 2 Abs. 2 GG**[45] insoweit um, als ein zu dauerhaftem Wohnen geeigneter (insbesondere nicht Gesundheitsgefahren bergender oder gar krankmachender) und bestimmter Wohnraum notwendiger Bestandteil eines menschenwürdigen Daseins ist. § 35 SGB XII trägt mit den Leistungen zur Unterkunft und Heizung zur Ermöglichung der Führung eines menschenwürdigen, nicht stigmatisierenden, insbesondere im Vergleich zur Referenzgruppe der unteren Einkommensbezieher nicht schlechterstellenden Lebens der Leistungsberechtigten bei.

18

III. Inhalt der Norm

1. Leistungen für die Unterkunft (Absatz 1 Satz 1)

§ 35 Abs. 1 Satz 1 SGB XII begründet einen Anspruch auf Übernahme von Aufwendungen für eine Unterkunft, jedoch keinen Anspruch auf Verschaffung einer Wohnung.[46] Sozialhilfeträger schulden danach **keine Sachleistungen**, vielmehr die Übernahme angemessener tatsächlicher finanzieller Aufwendungen für die Unterkunft. Der Sozialhilfeträger ist nach § 35 SGB XII nicht verpflichtet, dem Leistungsberechtigten eine Unterkunft zur Verfügung zu stellen.

19

a. Begriff der Unterkunft

Die Unterkunft in § 35 Abs. 1 SGB XII definiert sich als zu Wohnzwecken genutzte und geeignete[47] Räumlichkeiten. Maßgeblich ist die subjektive Zweckbestimmung, d.h. es kommt nicht auf die objektive übliche Funktion als Unterkunft an, sondern auf die subjektiven Nutzungszwecke. § 35 Abs. 1 SGB XII beschränkt die Unterkunft nicht auf Wohnungen, sondern spricht (weitergehend) von Unterkunft (vgl. auch § 27a Abs. 1 Satz 1 SGB XII). Unterkunft ist jede Einrichtung oder Anlage, die geeignet ist, vor den Unbilden des Wetters bzw. der Witterung zu schützen und eine gewisse Privatsphäre (einschließlich der Möglichkeit, private Gegenstände zu verwahren) gewährleistet.[48] Anders als Art. 13 GG, der als Abwehrgrundrecht ausgestaltet ist und dessen Schutz nicht nur die für die individuelle Lebensgestaltung und den „privaten Rückzug" ausgewiesenen Wohnräume, sondern auch Geschäftsräume umfasst[49], erfasst § 35 SGB XII nur die zu Wohnzwecken genutzten Räumlichkeiten[50]. Werden

20

---

[43] Vgl. hierzu BSG v. 14.04.2011 - B 8 SO 19/09 R - juris Rn 14 m.w.N. - Sozialrecht aktuell 2011, 195 (zur Berücksichtigung einer mietvertraglich vereinbarten Betreuungspauschale bei der Übernahme der angemessenen Unterkunftskosten).

[44] Zur Berücksichtigung des Rechts auf Verbleib im sozialen Umfeld bei Ermittlung des Vergleichsraums zur Bemessung der Referenzmiete nach § 22 SGB II, vgl. BSG v. 07.11.2006 - B 7b AS 10/06 R - juris Rn. 24 - SozR 4-4200 § 22 Nr. 2 (hierzu *Berlit*, jurisPR-SozR 9/2007, Anm. 2); zur Berücksichtigung des sozialen Umfelds bei der Frage der Zumutbarkeit eines Umzugs: BSG v. 19.02.2009 - B 4 AS 30/08 R - juris Rn. 33 ff. - BSGE 102, 263; zur Bedeutung nicht nur der Wohnumgebung, sondern der konkreten Wohnung mit dem Ergebnis der Unzumutbarkeit des Wohnungswechsels bei älteren Leistungsberechtigten (78 Jahre) mit einer Wohndauer von 10 Jahren: BSG v. 23.03.2010 - B 8 SO 24/08 R - juris Rn. 19, 20 - SozR 4-3500 § 29 Nr. 1; insoweit strenger, weil jeder Umzug in gewissem Maße mit einer Veränderung des sozialen Umfelds einhergeht und dies eine normale Folge ist, die sich aus der gesetzlichen Regelung ergibt, daher eine Unzumutbarkeit ablehnend bei einem nur 56-jährigen Leistungsberechtigen trotz 50-jähriger Wohndauer: BSG v. 13.04.2011 - B 14 AS 32/09 R - juris Rn. 33 - SozR 4-4200 § 22 Nr. 46.

[45] Vgl. auch BSG v. 23.11.2006 - B 11b AS 1/06 R - juris Rn. 47 - SozR 4-4200 § 20 Nr. 3.

[46] Ein Anspruch auf Unterstützung bei der Wohnungsbeschaffung kann sich aus den §§ 67, 68 SGB XII ergeben, vgl. hierzu BSG v. 15.11.2012 - B 8 SO 22/10 R - juris Rn. 18 m.w.N.

[47] Zu Wohnzwecken nicht geeignet ist ein Fahrzeug mit bloßer Übernachtungsmöglichkeit, wenn jegliche wohnliche Einrichtung fehlt, die einen Aufenthalt zu Wohnzwecken ermöglicht und eine Privatsphäre bei alltäglichen Verrichtungen gewährleistet, vgl. LSG Rheinland-Pfalz v. 07.03.2013 - L 3 AS 69/13 B ER - juris Rn. 18 - NZS 2013, 592.

[48] Zum identischen Begriff der Unterkunft in § 22 SGB II vgl. BSG v. 17.06.2010 - B 4 AS 79/09 R - juris Rn. 10 - SozR 4-4200 § 22 Nr. 39.

[49] *Papier* in: Maunz/Dürig, GG, 69. EL 2013, Art. 13 Rn. 1, 6, 13.

[50] Vgl. zu § 22 SGB II BSG v. 23.11.2006 - B 11b AS 3/05 R - juris Rn. 15 m.w.N - SozR 4-4200 § 16 Nr. 1; hierzu *Bieresborn*, jurisPR-SozR 12/2007, Anm. 2.

Räumlichkeiten sowohl gewerblich als auch privat zu Wohnzwecken genutzt, ist vom Unterkunftsbegriff des § 35 SGB XII auch die gemischt genutzte Unterkunft jedenfalls dann erfasst, wenn eine Aufteilung nicht möglich ist und keine weitere zu Wohnzwecken genutzte Unterkunft vorhanden ist.[51]

21 Unter den Begriff der Unterkunft fallen alle **baulichen Anlagen** oder **Teile** davon, die **tatsächlich zu Wohnzwecken genutzt** werden und vor Witterung schützend ein **Mindestmaß an Privatheit** sicherstellen sollen. Erfasst sind Wohnungen, Häuser und einzelne Räume, unabhängig davon, ob der Nutzung ein Mietverhältnis zu Grunde liegt oder sie im Eigentum stehen. Unterkünfte sind damit auch **Not- oder Obdachlosenunterkünfte**[52], **Hotel- und Pensionszimmer**[53] oder auch ein **Bau-/Wohnwagen**[54] bzw. ein **Wohnmobil**[55]. Auch **Wohnschiffe, Frauenhäuser und Gartenhäuser** sind vom Unterkunftsbegriff erfasst.[56] Keine Räumlichkeiten, die ein Mindestmaß an Privatsphäre bieten und daher nicht vom Begriff der Unterkunft erfasst werden, sind Schlafsäcke oder Zelte.[57]

22 Der Begriff der Unterkunft kann auch mehrere getrennte Räumlichkeiten umfassen.[58] Handelt es sich zwar um von Wohnräumen **abgetrennte Räumlichkeiten**, die jedoch als Einheit zu Wohnzwecken und zur Verwahrung privater Gegenstände dienen, können diese auch unter den Unterkunftsbegriff fallen. Ebenso erfasst sind Räumlichkeiten, die zur **Verwahrung von privaten Gegenständen** etwa während des Aufenthalts in einem Obdachlosenheim angemietet werden.[59]

23 Von der Wohnung abgetrennte Räumlichkeiten, die nur zur **Lagerung** von Gegenständen, nicht aber zu Wohnzwecken genutzt werden, stellen grundsätzlich keine Unterkunft dar. Eine **Garage** dient nicht Wohnzwecken und ist daher keine Unterkunft, allerdings können Aufwendungen für eine Garage als untrennbarer Teil der tatsächlichen Aufwendungen für die zu Wohnzwecken genutzte Unterkunft übernommen werden, wenn sich der Mietpreis insgesamt noch im Rahmen der Angemessenheitsgrenze hält und die Unterkunft ohne Garage nicht anmietbar war.[60]

b. Aufwendungen für die Unterkunft

24 § 35 Abs. 1 SGB XII gewährt einen Anspruch auf Übernahme von tatsächlichen aktuellen Aufwendungen – jedoch regelmäßig nach Maßgabe des § 35 Abs. 2 SGB XII begrenzt auf die angemessene Höhe – für eine tatsächlich genutzte Unterkunft.

aa. Tatsächlich genutzte Unterkunft

25 Aufwendungen gemäß § 35 Abs. 1 SGB XII werden berücksichtigt, wenn die Unterkunft **aktuell tatsächlich genutzt** wird.[61] Vorübergehende Abwesenheiten sind unschädlich, wenn die aktuelle Nutzung der Unterkunft dadurch nicht aufgegeben wird (z.B. Krankenhausaufenthalt). Bei längerer Abwe-

---

[51] Vgl. zur Ablehnung der Einordnung eines Künstlerateliers als Unterkunft im Sinne von § 22 SGB II mit der Begründung, dass für eine weitere private Unterkunft zu Wohnzwecken Kosten bereits übernommen werden: BSG v. 23.11.2006 - B 11b AS 3/05 R - juris Rn. 15 - SozR 4-4200 § 16 Nr. 1; vgl. zur Schuldenübernahme nach § 36 Abs. 1 SGB XII bei einer „gemischten" Wohn-/Arbeitssituation LSG Berlin-Brandenburg v. 02.06.2009 - L 14 AS 618/09 B ER - juris Rn. 5.
[52] Zu den Aufwendungen für eine Obdachlosenunterkunft vgl. BVerwG v. 12.12.1995 - 5 C 28/93 - BVerwGE 100, 136.
[53] SG Augsburg v. 23.09.2009 - S 9 AS 187/09 - ASR 2009, 164; VG Braunschweig v. 12.08.1992 - 4 B 4316/92 - info also 1992, 194.
[54] LSG Hessen v. 28.10.2009 - L 7 AS 326/09 B ER; LSG Berlin-Brandenburg v. 12.10.2007 - L 19 B 1700/07 AS ER - FEVS 59, 230; vgl. zur Rechtslage im Wohngeldrecht: VG Trier v. 14.04.2011 - 2 K 1082/10.TR - juris Rn. 20; *Hinrichs*, NZM 2010, 649.
[55] BSG v. 17.06.2010 - B 14 AS 79/09 R - juris Rn. 10 m.w.N., wonach für den tatsächlichen Wohnbedarf die Frage der ordnungsrechtlichen Zulässigkeit der Nutzung der Unterkunft jedenfalls solange unerheblich ist, wie die zuständige Ordnungsbehörde die Nutzung nicht untersagt hat.
[56] Vgl. hierzu die Beispiele von *Dauber* in: Mergler/Zink, Handbuch der Grundsicherung und Sozialhilfe, § 35 Rn. 7, Stand Juni 2013.
[57] *Dauber* in: Mergler/Zink, Handbuch der Grundsicherung und Sozialhilfe, § 35 Rn. 7, Stand Juni 2013, m.w.N.
[58] *Falterbaum* in: Hauck/Noftz, § 35 Rn. 17, Stand Juli 2012.
[59] BSG v. 16.12.2008 - B 4 AS 1/08 R - juris Rn. 21 - SozR 4-4200 § 22 Nr. 14.
[60] BSG v. 07.11.2006 - B 7b AS 10/06 R - juris Rn. 28 - BSGE 97, 231.
[61] LSG Berlin-Brandenburg v. 20.12.2006 - L 5 B 621/06 AS ER - juris Rn. 4; zur Abgrenzung des aktuellen Wohnbedarfs vom Wohnerhaltungsbedarf vgl. BVerwG v. 22.12.1998 - 5 C 21/97 - juris Rn. 19 - NVwZ 2000, 572; vgl. zum vorübergehendem Aufenthalt in einer Justizvollzugsanstalt LSG Niedersachsen-Bremen v. 22.09.2005 - L 8 AS 196/05 ER - Breith 2006, 680.

senheit, die dazu führt, dass die tatsächliche aktuelle Nutzung beendet ist, wird regelmäßig nicht mehr der aktuell bestehende Unterkunftsbedarf abgedeckt. Ob eine tatsächliche Nutzung der Unterkunft besteht oder die Nutzung unterbrochen bzw. beendet ist, ist nach Lage des Einzelfalls aufgrund einer Prognose zu beurteilen. Ausgehend vom Unterkunftsbegriff, der den Schutz des Hilfebedürftigen vor der Witterung, eine gewisse Privatsphäre sowie die Möglichkeit der Lagerung von privaten Gegenständen umfasst und der sich nach dem subjektiven Wohnzweck definiert, erfordert die tatsächliche Nutzung regelmäßig das Übernachten in der Unterkunft. Wesentliches Merkmal der tatsächlichen Nutzung einer Unterkunft ist die physische Anwesenheit des Leistungsberechtigten in der Unterkunft während eines nicht unerheblichen Zeitraums, wobei keine tägliche Anwesenheit erforderlich ist. Ein vorübergehender Aufenthalt ist zwar vom Begriff der Unterkunft umfasst, jedoch nicht hinreichend für eine tatsächliche Nutzung im Sinne der Norm. Gleiches gilt für die Lagerung von persönlichen Gegenständen. Bei Inhaftierten, die während ihres Freigangs ihre Wohnung nur tagsüber aufsuchen können, fehlt es daher regelmäßig an der tatsächlichen Nutzung ihrer Wohnung als Unterkunft.[62] Wird die Wohnung nicht aktuell als Unterkunft genutzt, kommen nur wohnungserhaltende Leistungen nach § 36 Abs. 1 SGB XII oder §§ 67, 68 SGB XII in Betracht. Die Hilfe nach § 68 SGB XII i.V.m. § 4 Abs. 2 DVO§69SGBXII umfasst auch sonstige Leistungen zur Erhaltung und Beschaffung einer Wohnung nach dem 3. Kapitel des SGB XII, wobei die Einkommensprivilegierung des § 68 SGB XII auch bei Verweis auf das 3. Kapitel fortgilt (vgl. die Kommentierung zu § 68 SGB XII Rn. 31). Bei einer **(unvermeidbaren) Doppeltmiete** im Zusammenhang mit einem Auszug findet keine tatsächlich aktuelle Nutzung der weiteren Unterkunft statt, weswegen Aufwendungen nicht nach § 35 Abs. 1 SGB XII, sondern als Wohnungsbeschaffungs- bzw. Umzugskosten nur nach § 35 Abs. 2 Satz 5 SGB XII[63] berücksichtigt werden können.

Nutzt ein Mitglied des Haushalts die Unterkunft aktuell nicht, etwa aufgrund einer **Inhaftierung oder eines Auslandsaufenthalts**, können dessen Aufwendungen grundsätzlich mangels tatsächlicher Nutzung der Unterkunft nicht berücksichtigt werden. Dient die Unterkunft, deren Kosten bisher nach der Kopfteilmethode aufgeteilt wurde, jedoch den weiteren Personen einer Haushaltsgemeinschaft aktuell zur Deckung des Unterkunftsbedarfs, können sich gleichzeitig deren notwendige Aufwendungen erhöhen.[64] Von dem Grundsatz, dass nur Aufwendungen für die aktuell tatsächlich genutzte Wohnung berücksichtigungsfähig sind, ist abzuweichen, wenn ein aktueller Bedarf durch eine fällige Nebenkostennachforderung für eine aktuell nicht mehr genutzte Unterkunft während des Leistungsbezugs eintritt bzw. hierdurch Hilfebedürftigkeit eintritt, soweit es sich nicht um Schulden handelt.[65] Sind **Nebenkostennachforderungen** – nicht als Schulden, sondern etwa aufgrund einer Jahresabrechnung – nachzuzahlen, handelt es sich um einen aktuellen Bedarf. Die Aufwendungen hierfür sind unabhängig davon als Unterkunftsbedarf zu übernehmen, ob die Nebenkosten für die aktuell noch genutzte Unterkunft, oder für eine nicht mehr bewohnte Unterkunft nachgefordert werden.

26

Bei **mehreren aktuell genutzten Unterkünften** (z.B. doppelte Haushaltsführung wegen der Pflege eines Angehörigen oder wegen Erwerbstätigkeit) sind grundsätzlich nur die Aufwendungen für diejenige Unterkunft als Unterkunftsbedarf zu berücksichtigen, die vom Leistungsberechtigten schwerpunktmäßig bzw. überwiegend tatsächlich genutzt wird.[66]

27

---

[62] Offen gelassen in BSG v. 12.12.2013 - B 8 SO 24/12 R.

[63] *Dauber* in: Mergler/Zink, Handbuch der Grundsicherung und Sozialhilfe, § 35 Rn. 22, 71 (tatsächliche Aufwendungen für die Unterkunft nach § 35 Abs. 1 Satz 1 SGB XII, jedenfalls aber Wohnungsbeschaffungskosten), Stand Juni 2013; *Wenzel* in: Fichtner/Wenzel, SGB XII, 4. Aufl. 2009, § 29 Rn. 14 m.w.N.; *Grube* in: SGB XII, 4. Aufl. 2012, § 35 Rn. 69 m.w.N.; *Luik* in: Eicher, SGB II, 3. Aufl. 2013, § 22 Rn. 202 m.w.N.; *Berlit* in: SGB XII, 9. Aufl. 2012, § 35 Rn. 102 m.w.N.

[64] Vgl. zur Unzumutbarkeit der Kostensenkung im SGB II für ein verbliebenes Mitglied der Bedarfsgemeinschaft bei Abwesenheit eines anderen Mitglieds der Bedarfsgemeinschaft von weniger als sechs Monaten: BSG v. 19.10.2010 - B 14 AS 50/10 - juris Rn. 19 - SozR 4-4200 § 22 Nr. 42.

[65] BSG v. 20.12.2007 - B 4 AS 9/11 R - juris Rn. 17 f. - NZS 2012, 471; vgl. auch BSG v. 24.11.2011 - B 14 AS 121/10 R - juris Rn. 15 - SozR 4-4200 § 22 Nr. 58; vgl. zur Abgrenzung des aktuellen Bedarfs der Nebenkostennachforderung im Fälligkeitsmonat vom „tatsächlichen Entstehen" des Bedarfs, der für zur Prüfung der Angemessenheit des Verbrauchs maßgeblich ist: BSG v. 06.04.2011 - B 4 AS 12/10 R - juris Rn. 17 - SozR 4-4200 § 22 Nr. 45.

[66] Vgl. *Piepenstock* in: jurisPK-SGB II, 3. Aufl. 2012, § 22; Hessisches LSG v. 08.10.2007 - L 7 AS 249/07 ER - juris Rn. 31 - FEVS 59, 226; die Berücksichtigung mehrerer Unterkünfte anerkennend: LSG Berlin-Brandenburg v. 13.10.2008 - L 32 B 1712/08 AS ER - juris Rn. 20 - NVwZ-RR 2008, 704; vgl. zur Berücksichtigung von Kosten der doppelten Haushaltsführung bei der Einkommensanrechnung nach dem SGB II: LSG Nordrhein-Westfalen v. 27.11.2008 - L 7 B 137/08 AS ER.

bb. Aktuelle Aufwendungen

28 § 35 Abs. 1 Satz 1 SGB XII berücksichtigt nur **konkret und aktuell anfallende Aufwendungen**. Aufgrund des Aktualitätsgrundsatzes und Bedarfsdeckungsgrundsatzes sind Aufwendungen grundsätzlich in dem Monat zu berücksichtigen, in dem sie anfallen, unabhängig davon, ob es sich um regelmäßig monatlich anfallende Aufwendungen handelt oder einmalige Aufwendungen.[67] Daher ist etwa der Zeitpunkt des Entstehens und der Fälligkeit einer Forderung maßgeblich, während früher getätigte oder erst zukünftig anfallende Aufwendungen keinen aktuellen Unterkunftsbedarf darstellen.

29 Bei **einmalig anfallenden Bedarfen** stellt das BSG daher auf den Zeitpunkt der Fälligkeit einer Zahlungsverpflichtung ab (z.B. Beschaffung von Heizmaterial) und berücksichtigt nur aktuelle tatsächliche Aufwendungen nach Beginn des Leistungszeitraums (Zeitpunkt nach Antragstellung).[68] Für **monatsweise entstehende Kosten** wie die Miete hat das BSG – im Bereich des SGB II – für den Fall, dass die Miete bereits zu einem Zeitpunkt vor Antragstellung, aber im Monat der Antragstellung fällig war, gleichwohl einen tatsächlichen Bedarf – **anteilig** pro Kalendertag – anerkannt; soweit Aufwendungen für Miete für Zeiträume vor dem Monat der Antragstellung begehrt werden, sind sie als Schulden einzuordnen.[69] Die Begründung, wonach bei einmaligen Zahlungsverpflichtungen der Zeitpunkt der Entstehung und der Fälligkeit von besonderer Bedeutung sei, weil in diesen Fällen grundsätzlich offen ist, ob im Bewilligungszeitraum ein derartiger einmaliger Bedarf überhaupt entsteht, rechtfertigt die abweichende Behandlung von regelmäßig monatlich fälligen Aufwendungen nicht. Sowohl beim einmaligen Bedarf als auch beim regelmäßig monatlich entstehenden Bedarf steht fest, dass ein Bedarf vor Beginn des Bewilligungszeitraums bereits fällig war und gedeckt wurde. Eine anteilige Berücksichtigung der Bedarfe, die aktuell nicht mehr bestehen, weil sie bereits gedeckt sind, würde in beiden Fällen gleichsam die Anerkennung hypothetischer Bedarfe bedeuten. Zudem müssten Bedarfe berücksichtigt werden, während damals zugeflossenes Einkommen als solches nicht mehr berücksichtigungsfähig wäre. Sowohl die Rechtsprechung zu den einmaligen Bedarfen als auch die Rechtsprechung zur Abgrenzung von Einkommen und Vermögen mit einer nicht monatsweisen, sondern taggenauen Betrachtung sprechen daher dafür, auch bei der Frage der zu berücksichtigenden monatlich gleichbleibenden Aufwendungen taggenau auf aktuelle tatsächliche Bedarfe abzustellen und damit nur fällige, noch nicht gedeckte Bedarfe anzuerkennen.[70] Der Bedarf besteht im Übrigen auch dann, wenn der Vermieter – etwa aus Kulanz oder aus sozialer bzw. familiärer Rücksichtnahme[71] und ohne auf den (Rest-)Anspruch endgültig zu verzichten – die Mietzinsforderung **stundet bzw. nicht unmittelbar beitreibt**. Zu prüfen bleibt in diesen Fällen indes, ob die (Miet-)Vertragsparteien eine **konkludente Vertragsänderung** dahingehend vorgenommen haben, dass tatsächlich kein oder ein nur geringerer Mietzins geschuldet wird.

30 **Nebenkostennachforderungen** können im Monat der Fälligkeit als aktueller Bedarf berücksichtigt werden. Aktuell ist der Bedarf, wenn Nachforderungen über die in den jeweiligen Monaten fälligen regelmäßigen Abschläge bzw. Vorauszahlungen hinaus erst nach Abrechnung im Fälligkeitsmonat, d.h. im Nachhinein, entstehen.[72] Das BSG unterscheidet für die **Abgrenzung der aktuellen Aufwendungen von Schulden** danach, ob es sich – unabhängig von der zivilrechtlichen Einordnung[73] – um einen tatsächlich eingetretenen und bisher noch nicht vom Leistungsträger gedeckten Bedarf handelt oder

---

[67] Vgl. BSG v. 16.05.2007 - B 7b AS 40/06 R - juris Rn. 9 f. - SozR 4-4200 § 22 Nr. 4.
[68] BSG v. 19.09.2008 - B 14 AS 54/07 R - juris Rn. 19 - NDV-RD 2009, 27.
[69] BSG v. 07.05.2009 - B 14 AS 13/08 R - juris Rn. 14 ff. - ZFSH/SGB 2009, 736; BSG v. 17.06.2010 - B 14 AS 58/09 R - juris Rn. 19 - SozR 4-4200 § 22 Nr. 41.
[70] *Klaus*, jurisPR-SozR 14/2010, Anm. 1; etwas anderes kann allerdings dann gelten, wenn der Leistungsberechtigte zur Zahlung der Miete einen (noch nicht zurückgezahlten) Kredit aufgenommen hat. So lag der Fall wohl bei der Entscheidung des 14. Senats (Inanspruchnahme eines Dispokredits), vgl. BSG v. 19.09.2008 - B 14 AS 54/07 R - NDV-RD 2009, 27. Besteht der Bedarf noch fort, kann eine anteilige Gewährung von Unterkunftskosten gerechtfertigt sein.
[71] Vgl. zum Gedanken der sittlichen Verantwortung zwischen Kindern und Eltern BSG v. 23.03.2010 - B 8 SO 24/08 R.
[72] BSG v. 22.03.2010 - B 4 AS 62/09 R - juris Rn. 13 - SozR 4-4200 § 22 Nr. 38.
[73] BSG v. 20.12.2007 - B 4 AS 9/11 R - juris Rn. 17 f. - NZS 2012, 471; vgl. auch BSG v. 24.11.2011 - B 14 AS 121/10 R - juris Rn. 15 - SozR 4-4200 § 22 Nr. 58; vgl. zur Abgrenzung des aktuellen Bedarfs der Nebenkostennachforderung im Fälligkeitsmonat vom „tatsächlichen Entstehen" des Bedarfs, der für zur Prüfung der Angemessenheit des Verbrauchs maßgeblich ist: BSG v. 06.04.2011 - B 4 AS 12/10 R - juris Rn. 17 - SozR 4-4200 § 22 Nr. 45.

nicht.[74] Unabhängig davon, ob die Nebenkostennachforderung den Abrechnungszeitraum vor Eintritt des Leistungsbezugs betrifft, oder Leistungen bereits während des Abrechnungszeitraums bezogen wurden, ist für die Abgrenzung von Schulden zu einem aktuellen Bedarf maßgeblich, **inwieweit** die Nachforderung bereits noch auf in den abgerechneten Monaten jeweils fälligen Verpflichtungen aus dem Mietverhältnis beruht. Sind Abschlagszahlungen für die abgerechneten Monate noch (teilweise) offen, ist die Nachforderung insoweit nicht als aktueller Bedarf im Monat der Fälligkeit der Jahresabrechnung anzuerkennen. Bestand damals noch kein Leistungsbezug und wurden die damals fälligen Abschläge nicht vollständig gezahlt, handelt es im Zeitpunkt der Nachforderung um Schulden.[75] Stand der Leistungsberechtigte bereits zum Zeitpunkt der Fälligkeit der Abschläge im Leistungsbezug, ist zu prüfen, ob für die abgerechneten Monate mit noch (teilweise) offenen Abschlagsforderungen Leistungen in Höhe der damals fälligen Abschlagsforderungen bereits bewilligt wurden – wurden Leistungen in zu geringer Höhe bewilligt, ist zu prüfen, ob nachträglich höhere Unterkunftskosten zu gewähren sind. Wurden die Leistungen dagegen für die monatlich fälligen Abschlagszahlungen bewilligt und beruhen die noch teilweise offenen Abschlagsforderungen darauf, dass der Leistungsberechtigte die Abschlagszahlungen nicht in voller Höhe an seinen Vermieter gezahlt hat, handelt es sich um Schulden des Leistungsberechtigten, die mit der Geltendmachung in der Nebenkostennachforderung nicht erneut zu einem aktuellen Bedarf werden.[76]

Eine **Erhaltungspauschale** für Wohneigentum stellt daher keine aktuellen und konkreten, d.h. tatsächlichen Aufwendungen dar, solange kein aktueller, konkreter Bedarf gedeckt wird.[77] Anders kann dies beurteilt werden für den Fall der durch die Wohnungseigentümergemeinschaft beschlossenen Instandhaltungsrücklage.[78]   31

cc. Tatsächliche Aufwendungen

Nach § 35 Abs. 1 Satz 1 SGB XII werden Leistungen für die Unterkunft in Höhe der tatsächlichen Aufwendungen erbracht. Eine Beschränkung auf die angemessene Höhe sieht Absatz 2 Satz 2 vor. Mit dem Grundsatz der Übernahme der „tatsächlichen Aufwendungen" lässt sich der Gesetzgeber in § 35 Abs. 1 Satz 1 SGB XII – anders als bei den pauschalierten Regelsätzen – bei den Unterkunftskosten zunächst vom Prinzip der **Einzelfallgerechtigkeit** leiten.[79]   32

Tatsächliche Aufwendungen für die Unterkunft sind tatsächliche **Zahlungen** auf mit der Unterkunft in Zusammenhang stehende fällige Forderungen. Bei tatsächlicher Zahlung ist davon auszugehen, dass tatsächliche Aufwendungen für den Leistungsberechtigten bestehen, so dass die Rechtmäßigkeit der Vereinbarungen über die Miete und die Nebenkosten an dieser Stelle regelmäßig keiner näheren Prüfung bedarf. Wird auf rechtswidrige Mietzinsforderungen tatsächlich gezahlt, hat sich der Leistungsberechtigte allerdings um eine Kostensenkung auf das rechtmäßige (konkret angemessene) Maß zu bemühen (durch Absprache mit dem Vermieter oder durch eine gerichtliche Klärung).[80] Aufwendungen für die Unterkunft, die auf einer zivilrechtlich unwirksamen Grundlage beruhen, sind nicht dauerhaft aus öffentlichen Mitteln zu bestreiten.[81] Das BSG hat für Fälle, in denen der Leistungsträger eine Ver-   33

---

[74] BSG v. 17.06.2010 - B 14 AS 58/09 R - juris Rn. 17, 18 - SozR 4-4200 § 22 Nr. 41.
[75] BSG v. 17.06.2010 - B 14 AS 58/09 R - juris Rn. 19 - SozR 4-4200 § 22 Nr. 41.
[76] BSG v. 17.06.2010 - B 14 AS 58/09 R - juris Rn. 18 - SozR 4-4200 § 22 Nr. 41
[77] BSG v. 03.03.2009 - B 4 AS 38/08 R - juris Rn. 15 - SozR 4-4200 § 22 Nr. 17; BSG v. 17.06.2010 - B 14 AS 79/09 R - juris Rn. 13 - SozR 4-4200 § 22 Nr. 39.
[78] Offen gelassen durch BSG v. 22.08.2012 - B 14 AS 1/12 R - juris Rn. 22, 23 - SozR 4-4200 § 22 Nr. 65; bejahend: LSG Baden-Württemberg v. 26.01.2007 - L 12 AS 3932/06 - ZFSH/SGB 2007, 347; vgl. für die Anerkennung als Unterkunftsbedarf die Sonderumlage für Balkone durch Mehrheitsbeschluss der Eigentümerversammlung: LSG Nordrhein-Westfalen v. 28.02.2013 - L 7 AS 506/11 - juris Rn. 45, 46, derzeit Revision anhängig: B 14 AS 48/13 R.
[79] BSG v. 19.10.2010 - B 14 AS 15/09 R.
[80] BSG v. 23.03.2010 - B 8 SO 24/08 R - juris Rn. 13 - SozR 4-3500 § 29 Nr. 1; vgl. BSG v. 22.08.2013 - B 4 AS 67/12 R - juris Rn. 26 - NDV-RD 2014, 37 zur Aufteilung der Unterkunftskosten nach vertraglicher Abrede und ggf. Möglichkeit der Vertragsanpassung; vgl. BSG v. 29.11.2012 - B 14 AS 161/11 R - juris Rn. 20 - SozR 4-4200 § 22 Nr. 66 zur Pflicht des Leistungsträgers zur Unterstützung und Instruktion des Leistungsberechtigten bei der Durchsetzung realisierbarer Ansprüche aus einem Untermietverhältnis; zur Unterstützung des Leistungsberechtigten gegen den Vermieter bei der Realisierung der Auszahlung eines Guthaben aus einer Betriebskostenabrechnung BSG v. 16.05.2012 - B 14 AS 132/11 R - juris Rn. 24 - SozR 4-4200 § 22 Nr. 60; vgl. *Berlit*, jurisPR-SozR 7/2014, Anm. 1 zu unterschiedlichen Konstellationen der Durchsetzung zivilrechtlicher Ansprüche gegen Dritte in der Rechtsprechung des BSG.
[81] BSG v. 22.09.2009 - B 4 AS 8/09 R - juris Rn. 21 - BSGE 104, 179.

einbarung über Unterkunftskosten für unwirksam hält (unwirksame Staffelmietvereinbarung[82], unwirksame Klausel über Auszugsrenovierung[83]), entschieden, dass es sich gleichwohl um tatsächliche Aufwendungen handelt, die jedoch unabhängig von einer (allgemeinen) Angemessenheitsprüfung allein aufgrund ihrer zivilrechtlichen Unwirksamkeit unangemessen sind und der Leistungsträger daher das Kostensenkungsverfahren zu betreiben hat.

34 Fehlt es bisher an der tatsächlichen Zahlung, ist festzustellen, ob eine solche wirksame Mietzinsforderung besteht oder aber die Nichtzahlung auf der Nichternsthaftigkeit der Mietzinsvereinbarung (Scheingeschäft) beruht. Zudem kann die Nichtzahlung darauf beruhen, dass der Vermieter - insbesondere wegen enger familiärer Beziehungen - nicht (mehr) die gesamte geschuldete Miete verlangt, sondern endgültig und nicht nur vorläufig auf einen Teil der Mietzinsforderung verzichtet.[84] Sind (Miet-)Zahlungen bislang nicht (in voller Höhe) erfolgt, genügt es für die Anerkennung als tatsächliche Aufwendungen für die Unterkunft, wenn der Leistungsberechtigte einer **wirksamen, nicht dauerhaft gestundeten (Mietzins-)Forderung** ausgesetzt ist.[85] Denn die Übernahme der Kosten für die Unterkunft bezweckt, die Unterkunft zu erhalten und den Eintritt von Wohnungslosigkeit zu verhindern, gerade weil es regelmäßig an der Zahlungsfähigkeit des Hilfebedürftigen fehlt. Ausgangspunkt für die tatsächlichen Bedarfe, die Grundlage der tatsächlichen Aufwendungen sind, ist daher die Mietzinsverpflichtung aus dem Mietvertrag.

35 Mietzinsforderungen aus Mietverträgen zwischen **(nahen) Angehörigen** können vom Leistungsträger zu übernehmende tatsächliche Aufwendungen für die Unterkunft sein. Ausgangspunkt für die Beurteilung, ob tatsächliche Aufwendungen bestehen, ist der vereinbarte Mietvertrag. Der im Steuerrecht durchzuführende **Fremdvergleich findet keine Anwendung**, wonach Verträge zwischen nahen Angehörigen nach Inhalt und tatsächlicher Durchführung dem zwischen Fremden Üblichen entsprechen müssen und auch dem Vertragsinhalt gemäß vollzogen werden.[86] Das BSG stellt auf den unterschiedlichen Zweck des Steuerrechts ab. Während im Steuerrecht ein zu günstiger Mietzins als zwischen Fremden nicht üblich anzusehen sein kann, ist es grundsicherungsrechtlich gerade wünschenswert, wenn ein niedriger Mietzins vereinbart wird. Allerdings muss dieser Mietzins auch tatsächlich geschuldet sein, d.h. wirksam vereinbart worden sein. Der Leistungsberechtigte muss einer nicht dauerhaft gestundeten wirksamen, d.h. ernsthaften Mietzinsforderung[87] ausgesetzt sein, d.h. es muss ein dahingehender rechtlicher Bindungswille festzustellen sein[88]. Dies beurteilt sich nach den allgemeinen Grundsätzen. Dass ein Mietvertrag mündlich abgeschlossen wurde, steht der Wirksamkeit der Mietforderung nicht entgegen. Lässt sich dagegen der behauptete Mietvertragsschluss nicht nachweisen oder wurde der Mietvertrag nur zum Schein abgeschlossen (**Scheingeschäft**, § 117 BGB), besteht keine wirksame Mietzinsforderung, die als tatsächlicher Bedarf vom Leistungsträger zu übernehmen wäre. Ein Scheingeschäft liegt vor, wenn einverständlich nur der äußere Schein eines Rechtsgeschäftes hervorgerufen wird, ohne dass die damit verbundenen Rechtsfolgen eintreten sollen. Die zum Schein abgegebenen Erklärungen sind nichtig mit der Folge, dass sie eine wirksame Mietzinsforderung nicht begründen. Ob ein wirksames Mietverhältnis zwischen Familienangehörigen vorliegt, oder ob es sich um ein Scheingeschäft (§ 117 BGB) handelt, beurteilt sich nach den Umständen des jeweiligen Einzelfalls.[89]

---

[82] BSG v. 22.09.2009 - B 4 AS 8/09 R - juris Rn. 22 - BSGE 104, 179.
[83] BSG v. 24.11.2011 - B 14 AS 15/11 R - juris Rn. 15 - SozR 4-4200 § 22 Nr. 53.
[84] BSG v. 23.03.2010 - B 8 SO 24/08 R - juris Rn. 13 - SozR 4-3500 § 29 Nr. 1.
[85] Vgl. BSG v. 03.03.2009 - B 4 AS 37/08 R - juris Rn. 24 - SozR 4-4200 § 22 Nr. 15.
[86] BSG v. 03.03.2009 - B 4 AS 37/08 R - SozR 4-4200 § 22 Nr. 15; der 8. Senat des BSG hat insoweit die Rechtsprechung des 4. Senats (BSG v. 03.03.2009 - B 4 AS 37/08 R - juris Rn. 27 - SozR 4-4200 § 22 Nr. 15) und des 14. Senats (BSG v. 07.05.2009 (B 14 AS 31/07 R - juris Rn. 20 - SozR 4-4200 § 22 Nr. 21) zum Bereich des SGB II für das Sozialhilferecht übernommen (BSG v. 23.03.2010 - B 8 SO 24/08 R - SozR 4-3500 § 29 Nr. 1; BSG v. 25.08.2011 - B 8 SO 1/11 B).
[87] LSG Nordrhein-Westfalen v. 30.07.2013 - L 2 AS 1021/12 - juris Rn. 27 m.w.N.
[88] BSG v. 25.08.2011 - B 8 SO 1/11 B - juris Rn. 7; hierzu *Theesfeld*, jurisPR-MietR 4/2012, Anm. 6; tatsächliche Aufwendungen ablehnend für den Fall, dass weder konkrete Zahlungen erfolgen noch vereinbart sind: BSG v. 20.08.2009 - B 14 AS 34/08 R - juris Rn. 16 - ZFSH/SGB 2009, 681.
[89] Vgl. hierzu auch *Luik* in: Eicher, SGB II, 3. Aufl. 2013, § 22 Rn. 48 m.w.N.; LSG Baden-Württemberg v. 21.11.2012 - L 2 AS 5209/11 - juris Rn. 37 m.w.N.; SG Stuttgart v. 30.06.2013 - S 25 SO 2841/12 - juris Rn. 30.

Zahlt zwischenzeitlich ein Dritter auf die beim Leistungsträger beantragten Kosten der Unterkunft und Heizung, lässt dies den Anspruch auf Leistungen nach § 35 SGB XII nicht entfallen, wenn der Anspruch ursprünglich bestanden hat und feststeht, dass dem Dritten im Falle des Obsiegens gegen den Leistungsträger die vorübergehenden, nicht zum endgültigen Verbleib erfolgten Zahlungen zurückerstattet werden.[90]

dd. Zu berücksichtigende Aufwendungen

Berücksichtigungsfähige tatsächliche Aufwendungen sind die unmittelbar mit der Nutzung einer Unterkunft zur Deckung des Grundbedürfnisses „Wohnen" zusammenhängenden Aufwendungen, also insbesondere **Mietzinszahlungen, Nutzungsentschädigungen** und grundsätzlich auch sonstige die Unterkunft sichernde Zahlungen, wie sie etwa bei der Nutzung im Eigentum des Hilfesuchenden stehender Wohnungen oder Eigenheime oder bei Genossenschaftswohnungen entstehen können.

Nach § 35 Abs. 1 SGB XII berücksichtigungsfähige tatsächliche Aufwendungen umfassen regelmäßig alle Zahlungsverpflichtungen, die sich **aus dem Mietvertrag** für die Unterkunft ergeben.[91] Aufwendungen für Mietwohnungen umfassen die **Kaltmiete** sowie die **mietvertraglich geschuldeten Mietnebenkosten**, insbesondere die **Betriebskosten i.S.v. § 556 BGB i.V.m. § 2 Betriebskostenverordnung**.[92] Nur die Aufwendungen aus mietvertraglich vereinbarten Nebenkosten, die mit der Unterkunft rechtlich und tatsächlich (unvermeidbar) verknüpft sind, sind berücksichtigungsfähig, nicht hingegen „freiwillige" Aufwendungen zur Erreichung eines „besseren Standards"[93]. Der Leistungsberechtigte kann vom Sozialhilfeträger zwar in üblichem und zumutbarem Umfang darauf verwiesen werden, mietvertraglich geschuldete Leistungen (etwa Kosten für Hausmeisterdienste, Treppenhausreinigung) auch in **Eigenleistungen** zu erbringen, wenn hierfür keine Nebenkosten vereinbart sind bzw. sie frei verhandelbar sind; sind die Nebenkosten jedoch nicht optional, sind sie als mietvertraglich unvermeidbar geschuldete Aufwendungen zu berücksichtigen.[94]

Zu den Nebenkosten zählen u.a.:
- **Kosten der Wasserversorgung und Entwässerung**,
- **Kosten der Straßenreinigung und Müllgebühren** (sie sind im Monat der Fälligkeit dem Bedarf zuzurechnen)[95],
- **Schornsteinfegergebühren**,
- Kosten der gemeinschaftlichen **Treppenreinigung**,
- Kosten von **Wasserschaden- und Haushaftpflichtversicherung**,
- laufende Kosten für **Sondereinrichtungen** wie etwa **Fahrstühle**,
- Kosten des **Erhaltungs- und Verschönerungsaufwandes**[96],
- Kosten für die **Gartenpflege**[97].
- **Breitbandkabelanschluss**[98].

Kosten für **Anschlussgebühren** (z.B. für das **Kabelfernsehen**) bzw. **Betrieb einer Gemeinschaftsantenne** können ebenfalls zu den übernahmefähigen Nebenkosten zählen. Hier ist aber nach der Rechtsprechung des BSG zu differenzieren: Kann der Hilfesuchende die damit verbundene Gebührenbelastung nicht vermeiden (etwa weil er sie nicht im Einvernehmen mit dem Vermieter als Mietnebenkosten ausschließen kann), sind die damit verbundenen Kosten notwendige Kosten der Unterkunft und damit von § 35 SGB XII umfasst.[99] Anderes gilt hingegen, wenn in einer Hausgemeinschaft der Einzelne

---

[90] BSG v. 06.10.2011 - B 14 AS 66/11 R - juris Rn. 19 - SozR 4-4200 § 11 Nr. 52.
[91] BSG v. 14.04.2011 - B 8 SO 19/09 R - juris Rn. 15 - Sozialrecht aktuell 2011, 195; BSG v. 07.05.2009 - B 14 AS 14/08 R - juris Rn. 20.
[92] BSG v. 19.02.2009 - B 4 AS 48/08 R - juris Rn. 16 - Sozialrecht aktuell 2009, 157, zur Berücksichtigungsfähigkeit von Aufwendungen für einen Breitbandkabelanschluss.
[93] BSG v. 19.02.2009 - B 4 AS 48/08 R - juris Rn. 19 - Sozialrecht aktuell 2009, 157.
[94] Vgl. zu Schönheitsreparaturen *Luik* in: Eicher, SGB II, 3. Aufl. 2013, § 22 Rn. 48.
[95] BSG v. 15.04.2008 - B 14/7b AS 58/06 R - SozR 4-4200 § 9 Nr. 5.
[96] So jetzt auch BSG v. 19.03.2008 - B 11b AS 31/06 R - SozR 4-4200 § 22 Nr. 10.
[97] LSG Hessen v. 14.03.2006 - L 7 SO 4/06 ER - ZfSH/SGB 2006, 427.
[98] BSG v. 19.02.2009 - B 4 AS 48/08 R - juris Rn. 19 (nur mietvertragliche, mit der Unterkunft rechtlich und tatsächlich verknüpfte Zahlungspflichten, nicht aber freiwillige Kosten).
[99] So zu § 22 SGB II BSG v. 19.02.2009 - B 4 AS 48/08 R - BSGE 102, 274; LSG Baden-Württemberg v. 24.05.2007 - L 7 AS 3135/06 m.w.N. zur Rspr. des BVerwG; a.A. SG Dresden v. 29.06.2010 - S 40 AS 390/09.

oder sonst der Mieter über seinen Anschluss an das Kabelnetz entscheiden kann und das Informationsbedürfnis z.B. bereits durch eine Gemeinschaftsantenne gedeckt werden kann. Dann sind die Kosten nicht zu übernehmen.

40 Auch Aufwendungen für Sach- oder Dienstleistungen oder **andere mietvertraglich geschuldete Nebenkosten**, die nicht unter die Betriebskosten nach § 2 Betriebskostenverordnung fallen, sind berücksichtigungsfähige Aufwendungen für die Unterkunft, wenn sie zwingend mit Begründung und Fortführung des Mietverhältnisses verbunden sind, d.h. wenn sie mit den vertraglichen Vereinbarungen derart verknüpft sind, dass die Unterkunft ohne diese Aufwendungen nicht erlangt oder erhalten werden kann, wenn sie nicht zur Disposition des Leistungsberechtigten stehen und in diesem Sinne einen unausweichlichen Kostenfaktor der Wohnung darstellen, selbst wenn sie ihrer Art nach nicht unmittelbar den sozialhilferechtlichem Grundbedürfnis „Wohnen" dienen.[100]

- Im Falle betreuten Wohnens gehören daher auch die für den Mieter als Bestandteil des Mietvertrages unausweichlichen und nicht zu seiner Disposition stehenden **Betreuungspauschalen** zu den Kosten der Unterkunft i.S.v. § 35 Abs. 1 SGB XII.[101]
- Kosten für **Garage**[102]/**Stellplatz**, wenn die Wohnung ohne die Garage nicht anmietbar ist und der Mietpreis sich insgesamt noch im Rahmen der Angemessenheitsgrenze hält.
- Nutzungsentgelt für Wohnungsmöblierung, wenn die Wohnung ohne den **Möblierungszuschlag**[103] nicht anmietbar ist und der Mietpreis sich insgesamt noch im Rahmen der Angemessenheitsgrenze hält. Ein gleichzeitiger **Abzug einer „Möblierungspauschale"** vom Regelsatz (zur Vermeidung von Doppelleistungen) ist **nicht zulässig**. Sinn und Zweck der pauschalierten Regelleistung widerspricht es, sie in ihre einzelnen Bestandteile aufzulösen und die konkrete Verwendung zu überprüfen.[104]
- Schönheitsreparaturen (diese können im Gegensatz zu Instandhaltungsmaßnahmen den Mietern auferlegt werden).[105]

41 Schließt der Leistungsberechtigte mit seinem Vermieter während des Leistungsbezuges eine **mieterhöhende Modernisierungsvereinbarung**, nach der die Kosten auf ihn umgelegt werden, handelt es sich um Aufwendungen für die Unterkunft nach § 35 Abs. 1 SGB XII. Eine Begrenzung auf die angemessenen Aufwendungen in entsprechender Anwendung von § 35 Abs. 2 Satz 4 SGB XII erfolgt nicht; bei Unangemessenheit ist vielmehr das Kostensenkungsverfahren das geeignete Verfahren.[106]

42 Berücksichtigungsfähig sind Aufwendungen für die Unterkunft selbst dann, wenn die zugrunde liegenden **Mietvertragsklauseln unwirksam** und daher zivilrechtlich Zahlungen nicht geschuldet sind. Es entstehen jedoch gleichwohl Aufwendungen für Unterkunft im Sinne des § 35 Abs. 1 Satz 1 SGB XII durch die tatsächliche Zahlung.[107] Andererseits ist in diesem Fall eine genaue Untersuchung erforderlich, ob die auf einer **rechtswidrigen bzw. unwirksamen Vereinbarung** beruhenden Verpflichtungen nicht durch Absprache mit dem Vermieter oder durch eine gerichtliche Klärung und damit auf das rechtmäßige (konkret angemessene) Maß gesenkt werden können.[108]

---

[100] BSG v. 14.04.2011 - B 8 SO 19/09 R - juris Rn. 14 - Sozialrecht aktuell 2011, 195; *Falterbaum* in: Hauck/Noftz, § 35 Rn. 21, Stand Juli 2012.

[101] BSG v. 14.04.2011 - B 8 SO 19/09 R - juris Rn. 15 - Sozialrecht aktuell 2011, 195; LSG Baden-Württemberg v. 25.11.2010 - L 12 AS 1520/09 - juris Rn. 30 - ZFSH/SGB 2011, 158; LSG Baden-Württemberg v. 08.09.2005 - L 7 SO 2708/05 ER B - juris Rn. 6; *Falterbaum* in: Hauck/Noftz, § 35 Rn. 21, Stand Juli 2012 (mit der Miete erhobene Kosten); a.A. ist *Mrozynski*, ZFSH/SGB 2012, 75, 79, der den Betreuungsanteil ungeachtet einer zivilrechtlichen Einheit von Miet- und Betreuungsvertrag aus sozialrechtlicher Sicht als gesonderte Leistung betrachtet, die ggf. nach § 47 ff. SGB XII oder § 21 Abs. 6 SGB XII zu übernehmen wäre.

[102] BSG v. 07.11.2006 - B 7b AS 10/06 R - juris Rn. 28 - BSGE 97, 231.

[103] So für den „Küchenmöbelzuschlag" BSG v. 15.04.2008 - B 14/7b AS 58/06 - juris Rn. 34 - SozR 4-4200 § 9 Nr. 5.

[104] BSG v. 07.05.2009 - B 14 AS 14/08 R - SozR 4-4200 § 22 Nr. 20;

[105] *Falterbaum* in: Hauck/Noftz, § 35 Rn. 23, Stand Juli 2012.

[106] Vgl. zu § 22 Abs. 1 Satz 2 SGB II: BSG v. 23.08.2012 - B 4 AS 32/12 R - juris Rn. 24 - SozR 4-4200 § 22 Nr. 61; hierzu *Söhngen*, jurisPR-SozR 11/2013, Anm. 1.

[107] Vgl. zu § 22 SGB II LSG Niedersachsen-Bremen v. 22.06.2006 - L 8 AS 165/06 ER; vgl. hierzu auch *Knickrehm* in: Spellbrink, Das SGB II in der Praxis der Sozialgerichte - Bilanz und Perspektiven, 2009, 79, 97 f.

[108] BSG v. 23.03.2010 - B 8 SO 24/08 R - juris Rn. 13 - SozR 4-3500 § 29 Nr. 1; BSG v. 22.09.2009 - B 4 AS 8/09 R - juris Rn. 15 ff. und 21 ff.; vgl. auch *Derksen*, Anmerkung zum Urteil des BSG v. 22.09.2009 - B 4 AS 8/09 R - SGb 2010, 425.

Zu beachten ist, dass **Nebenkostennachforderungen** eines Vermieters im Rahmen einer Jahresabrechnung (aktuelle) Kosten der Unterkunft als auch Mietschulden i.S.d. § 36 SGB XII sein können. Abzustellen ist auf den **Zeitpunkt des Entstehens und der Fälligkeit**: basiert eine Nachforderung (teilweise) auf bereits im vorangegangenen Zeitraum fälligen, nicht beglichenen Abschlagszahlungen, handelt es sich auch nach insoweit erneuter Rechnungstellung nicht um eine neue, erst mit Abrechnung entstandene fällige Forderung, sondern um Schulden. Ergibt dagegen erst die Verbrauchsabrechnung, dass ein höherer Verbrauch als mit den zunächst geschuldeten Abschlägen abgedeckt verursacht wurde, ist die Nachforderung insoweit erst frühestens mit Abrechnung fällig. Auf den Verbrauchszeitraum[109] kommt es nur für die Beurteilung der Angemessenheit der Unterkunftskosten an; die Angemessenheit beurteilt sich nach den tatsächlichen und rechtlichen Bedingungen im Zeitraum der Entstehung der Kosten im tatsächlichen Sinn.[110] Die Nachforderung als tatsächlicher, **aktueller Bedarf ist im Zeitpunkt ihrer Fälligkeit** zu berücksichtigen; im laufenden Bewilligungszeitraum kann es dann zu einer **wesentlichen Änderung i.S.d. § 48 Abs. 1 Satz 2 Nr. 1 SGB X** kommen.[111] Wesentlich ist eine Änderung, wenn der Bescheid aufgrund der objektiven Verhältnisse unter den geänderten Bedingungen so nicht hätte erlassen werden dürfen; ein **eigenständiger Begriff der Wesentlichkeit im SGB XII existiert nicht**.[112] Dadurch, dass die Nachforderung **nicht sofort gezahlt** wird, wandelt sich die als tatsächliche aktuelle Aufwendung anzuerkennende Nachforderung nicht in Schulden. Wird die Nachforderung dem **Leistungsträger nicht sofort mitgeteilt**, steht ihrer Berücksichtigung als aktueller Bedarf im Monat der Fälligkeit **§ 44 Abs. 1 Satz 2 SGB XII i.V.m. § 18 Abs. 1 SGB XII nicht entgegen**, wonach der Bewilligungszeitraum bei einer Änderung der Leistung am Ersten des Monats, in dem die Voraussetzungen für die Änderung eingetreten und mitgeteilt worden sind, beginnt.[113] Der Berücksichtigung der Nachforderung als aktuelle Aufwendung für die Unterkunft steht nicht entgegen, dass die Nachforderung für einen Abrechnungszeitraum erfolgt, in dem der Leistungsberechtigte nicht im Leistungsbezug stand. Ebenso unschädlich ist, wenn er die Unterkunft zwischenzeitlich gewechselt hat, d.h. Kosten für eine nicht mehr bewohnte Wohnung abgerechnet werden.[114]

Aufwendungen sind berücksichtigungsfähig auch für **abgetrennte Räumlichkeiten**, wenn diese einen Bezug zur Funktion des Wohnens haben, d.h. der **Unterbringung von persönlichen Gegenständen** dienen und nicht nur zur Unterstellung eines Autos. Daher können auch **Einlagerungskosten für Möbel**, die wegen der Unterbringung in einer Obdachlosenunterkunft entstehen, als Kosten der Unterkunft übernommen werden, wenn die Höhe der Einlagerungskosten gemessen an den eingelagerten Gegenständen **wirtschaftlich und angemessen** ist. Für die Prüfung der Angemessenheit der Unterkunftskosten für Lagerräume ist dann die Höhe die Gesamtkosten aller angemieteten Räumlichkeiten maßgeblich, wobei die Verhältnisse des Aufenthaltsorts des erwerbsfähigen Hilfebedürftigen maßgebend sind; Aufwendungen für Räumlichkeiten zur Unterbringung persönlicher Gegenstände werden allerdings auch nur dann erbracht, wenn die eingelagerten Gegenstände in einer nachvollziehbaren Relation zu dem Lebenszuschnitt des erwerbsfähigen Hilfebedürftigen stehen (keine Übernahme von Einlagerungskosten für unvernünftige Vorratshaltung oder Sammlerleidenschaft). Aufwendung für die Einlagerungen von Gegenständen sind nicht zu berücksichtigen, wenn sie als nicht geschütztes Vermögen verwertet werden müssten (z.B. ein nicht benötigtes Auto, Antiquitäten etc.).[115]

Kosten der Unterkunft bei selbst bewohnten **Eigenheimen** sind Aufwendungen, die als mit dem Eigentum **unmittelbar verbundene Lasten** zu tragen sind, sowie Aufwendungen, die mit der Wohnfunktion sowie der Erhaltung der Unterkunft verknüpft sind.[116] Grundsätzlich müssen aus Gründen der Gleichbehandlung (Art. 3 Abs. 1 GG) sowohl Eigentümer als auch Mieter bei der Berechnung der zu leistenden Unterkunfts- bzw. Heizkosten (vgl. Absatz 4) im Wesentlichen nach den gleichen Grundsätzen behandelt werden. Zu den Unterkunftskosten für selbst genutzte Hausgrundstücke zählen notwendige

---

[109] Vgl. hierzu BSG v. 07.07.2011 - B 14 AS 154/10 R; BSG v. 22.03.2010 - B 4 AS 62/09 R - SozR 4-4200 § 22 Nr. 38; Bayerisches LSG v. 16.12.2010 - L 7 AS 841/10 B ER; Sächsisches LSG v. 10.09.2009 - L 3 AS 188/08.
[110] So ausdrücklich BSG v. 06.04.2011 - B 4 AS 12/10 R - EuG 2011, 403-407.
[111] BSG v. 06.04.2011 - B 4 AS 12/10 R - juris Rn. 15 - SozR 4-4200 § 22 Nr. 45, wonach durch die Nachforderung der Betriebs- und Heizkosten je nach Fallgestaltung eine wesentliche Änderung der Verhältnisse i.S.d. § 48 SGB X eintreten kann mit der Folge, dass ein gesonderter Antrag nicht Anspruchsvoraussetzung ist.
[112] BSG v. 10.11.2011 - B 8 SO 18/10 R - juris Rn. 16 - SGb 2012, 616
[113] BSG v. 10.11.2011 - B 8 SO 18/10 R - juris Rn. 18 - SGb 2012, 616.
[114] BSG v. 20.12.2011 - B 4 AS 9/11 R - juris Rn. 17 - NZS 2012, 471.
[115] BSG v. 16.12.2008 - B 4 AS 1/08 R - juris Rn. 21 - SozR 4-4200 § 22 Nr. 14.
[116] LSG Baden-Württemberg v. 22.05.2012 - L 13 AS 3213/11 - juris Rn. 18.

Ausgaben, die bei der Berechnung der Einkünfte aus Vermietung und Verpachtung abzusetzen sind (vgl. § 7 Abs. 2 DVO§82SGBXII).[117] Zu den Aufwendungen gehören auch
- die **Grundsteuer** und dauernde Lasten,
- **Steuern auf Grundbesitz**,
- sonstige **öffentliche Ausgaben**,
- Versicherungsbeiträge[118],
- **Erbbauzinsen**,
- der **Erhaltungsaufwand**[119],
- im laufenden Bewilligungsabschnitt fällig gewordene Kosten für die **Erneuerung oder Ausbesserung der Anschlusskanäle** für das mit dem Wohnhaus bebaute Grundstück[120],
- Kosten für die **Erneuerung eines Trinkwasseranschlusses**[121] und sonstige **Aufwendungen zur Bewirtschaftung des Haus- und Grundbesitzes**,
- Kosten für eine Feuerversicherung,
- Wasser- und Abwassergebühren,
- **Gebäudeversicherung** sowie **Gebäudehaftpflichtversicherung**[122], da diese auch in einem Mietverhältnis neben den Kosten für die Gebäudeversicherung umlagefähig sind;

nicht jedoch Kosten einer privaten Haftpflichtversicherung[123].

46 Notwendige Ausgaben für **eigengenutzte Eigenheime** umfassen zudem (angemessene) **Schuldzinsen**, wenn sie als Aufwendungen für mit dem Eigentum **unmittelbar verbundene Last** zu tragen sind (dingliche Sicherung).[124] Berücksichtigungsfähige Schuldzinsen sind solche, die im unmittelbaren Zusammenhang mit dem Eigenheim stehen, d.h. Schuldzinsen für Darlehen, die **zur Bebauung** eines Hausgrundstücks, zum **Kauf** eines Eigenheims oder für eine vor Erstbezug erfolgte **Sanierung** aufgenommen wurden.[125] Die Gewährung einer **Eigenheimzulage** kann die Kosten des tatsächlichen Wohnbedarfs senken, wenn die Eigenheimzulage zu einer monatlichen Reduzierung der real anfallenden Schuldzinsen führt.[126]

47 Nicht in unmittelbarem Zusammenhang mit dem Eigenheim stehen dagegen Schuldzinsen für ein Darlehen zum Kauf einer Einbauküche, die nicht als Unterkunftsaufwendungen zu übernehmen sind.[127] Sind die zur Finanzierung des Eigenheims abgeschlossenen Darlehensverträge durch den Darlehensgeber gekündigt worden, stellt der vom Darlehensgeber geltend gemachte **Verzugsschadensersatz keine** tatsächliche Aufwendung für die Unterkunft dar.[128]

48 Auch **Aufwendungen für Instandhaltungs- und Reparaturmaßnahmen** können als Unterkunftskosten nach § 35 Abs. 1 Satz 1 SGB XII übernommen werden. Zwar hat der Gesetzgeber einen dem **§ 22 Abs. 2 SGB II**[129] entsprechenden Absatz in das SGB XII nicht eingefügt, wonach als Bedarf für die Unterkunft auch **unabweisbare**[130] **Aufwendungen für Instandhaltung und Reparatur** bei selbst bewohntem Wohneigentum im Sinne des § 12 Abs. 3 Satz 1 Nr. 4 SGB II anerkannt werden, soweit diese unter Berücksichtigung der im laufenden sowie den darauffolgenden elf Kalendermonaten anfal-

---

[117] Vgl. BSG v. 15.04.2008 - B 14/7b AS 34/06 R - BSGE 100, 186; BSG v. 19.09.2008 - B 14 AS 54/07 R; BSG v. 03.03.2009 - B 4 AS 38/08 R.
[118] Dazu etwa *Berlit*, NDV 2006, 5, 17.
[119] LSG Berlin-Brandenburg v. 09.05.2006 - L 10 AS 102/06.
[120] BSG v. 24.02.2011 - B 14 AS 61/10 R - info also 2011, 185.
[121] LSG Berlin-Brandenburg v. 30.09.2010 - L 29 AS 328/10.
[122] Offen gelassen: BSG v. 07.07.2011 - B 14 AS 51/10 R - juris Rn. 17 - SGb 2012, 428.
[123] BSG v. 07.07.2011- B 14 AS 51/10 R - juris Rn. 17 - SGb 2012, 428
[124] BSG v. 18.02.2010 - B 14 AS 74/08 R, wobei sich die Angemessenheit nach den Mietkosten einer vergleichbaren angemessenen Mietwohnung richtet; LSG Hessen v. 31.10.2006 - L 9 AS 189/06 ER.
[125] LSG Baden-Württemberg v. 31.08.2006 - L 13 AS 2759/06 ER-B - juris Rn. 5.
[126] BSG v. 18.02.2010 - B 14 AS 74/08 R; bereits angedeutet in BSG v. 03.03.2009 - B 4 AS 38/08 R.
[127] LSG Baden-Württemberg v. 31.08.2006 - L 13 AS 2759/06 ER-B - juris Rn. 5.
[128] LSG Baden-Württemberg v. 22.05.2012 - L 13 AS 3213/11 - juris Rn. 18, 21.
[129] I.d.F. des Art. 2 Nr. 31 des Gesetzes zur Ermittlung von Regelbedarfen und zur Änderung des Zweiten und Zwölften Buches Sozialgesetzbuch v. 24.03.2011 mit Wirkung zum 01.01.2011 (BGBl I 2011, 453). Der Gesetzgeber hat insoweit eine Gleichbehandlung zwischen Mietern und Eigentümern herstellen wollen (BR-Drs. 661/10. S. 158 zu § 22 Abs. 2).
[130] Hilfserwägung bei der Prüfung der Unabweisbarkeit: Hätte ein Mieter gegen seinen Vermieter, der einen Wohnungsmangel nicht beseitigt (fehlende Instandhaltungs- oder Reparaturmaßnahme) einen Mängelbeseitigungs- oder Mietminderungsanspruch?; so zutreffend *Berlit* in: LPK-SGB II, 5. Aufl. 2013, § 22 Rn. 111.

lenden Aufwendungen insgesamt angemessen sind.[131] Die jährliche Betrachtung ermöglicht eine Verteilung regelmäßig anfallender oder größerer Aufwendungen. **Angemessen** sind die Aufwendungen für Instandhaltung und Reparatur demnach, wenn sie die auch für Mieter geltende Angemessenheitsgrenze nicht übersteigen. Bei Mietern bezieht sich diese Angemessenheitsgrenze auf die Gesamtkosten der Unterkunft, die mietvertraglich geschuldet sind.[132] **Übersteigen** unabweisbare Aufwendungen für Instandhaltung und Reparatur den angemessenen Bedarf für die Unterkunft, kann der Leistungsträger insoweit ein **Darlehen** erbringen, das außer in atypischen Fällen dinglich gesichert werden soll. Da die Interessenlage im SGB XII gleich ist und kein Grund für eine unterschiedliche Handhabung der Instandhaltung von selbst bewohntem Immobilieneigentum ersichtlich ist, insbesondere auch nicht aus den Gesetzesmaterialien, können auch im SGB XII bei der Beurteilung der Angemessenheit von Aufwendungen für Reparaturen und Instandhaltung bei selbst bewohntem Wohneigentum die Regelungen des § 22 Abs. 2 SGB II entsprechend berücksichtigt werden (vgl. allgemein hierzu bereits Rn. 8). Aufwendungen für Instandhaltung und Reparatur werden nur dann als Unterkunftskosten übernommen, wenn sie der **Sicherung der Substanz und der Aufrechterhaltung der Bewohnbarkeit** dienen und wenn sie notwendig und unabweisbar sind.[133] Dazu müssen bauliche oder sonstige Mängel bestehen oder unmittelbar drohen, die die Substanz oder Bewohnbarkeit der Immobilie aktuell beeinträchtigen. Die Maßnahmen müssen zeitlich **besonders dringlich** und zudem absolut **unerlässlich**, d.h. für die weitere Bewohnbarkeit erforderlich sein oder ein weiteres Hinausschieben zu schweren Substanzschäden führen.[134] Berücksichtigungsfähig sind nur die Aufwendungen, die der Erhaltung bzw. Wiederherstellung der Wohnung in ihrer bisherigen Substanz dienen (sog. **Erhaltungsaufwand**), nicht jedoch grundlegende Sanierungs- und Erhaltungsarbeiten mit Gestaltungsfolgen.[135] Instandhaltungskosten, die ein **Mehrfamilienhaus** betreffen, das im Eigentum des Leistungsberechtigten steht, sind nur seinem Wohnanteil entsprechend zu berücksichtigen. **Erhaltungsaufwandspauschalen** (für **zukünftige** Aufwendungen) gehören bei bewohnten Eigenheimen **nicht** zu den erstattungsfähigen Unterkunftskosten.[136] Als aktuelle und tatsächliche Aufwendungen sind nur Aufwendungen für **konkrete, tatsächlich durchgeführte Instandsetzungs- oder Instandhaltungsmaßnahmen** berücksichtigungsfähig.[137] Die Pflicht zur Bildung einer Instandhaltungsrückstellung kann sich jedenfalls nur aus der Teilungserklärung oder der Gemeinschaftsordnung und entsprechenden Beschlüssen der Eigentümergemeinschaft ergeben. Wird eine rechtlich bindende Verpflichtung durch Beschluss begründet, auf den hin tatsächlich Zahlungen erfolgen, ist die Zahlung auf die **Instandhaltungsrücklage** als tatsächliche Aufwendung zu berücksichtigen, obwohl eine konkrete tatsächliche Instandhaltung (bisher) nicht stattgefunden hat.[138] Es wird also der finanzielle Bedarf, der im Zusammenhang mit der Unterkunft anfällt, anerkannt, auch wenn der eigentliche Unterkunftsbedarf im Sinne der konkreten Instandhaltung der Unterkunft zu Wohnzwecken noch nicht eingetreten ist. **Nicht** zu den Instandhaltungskosten zählen **wertsteigernde Erneuerungsmaßnahmen**, wobei es nicht auf den Wert der Maßnahme ankommt, sondern darauf, ob die Maßnahme dem Erhalt/der Wiederherstellung oder der Schaffung eines neuen, verbesserten Zustands dient.[139] **Grundlegende Sanierungs- und Erhaltungsarbeiten** und wertstei-

---

[131] Vgl. hierzu auch *Lauterbach* in: Gagel, § 22 SGB II Rn. 91, Stand März 2013.
[132] *Schmidt* in: Oestreicher, § 22 Rn. 126, Stand April 2011.
[133] *Berlit* in: LPK-SGB II, 5. Aufl. 2013, § 22 Rn. 110 m.w.N. (Abwenden der drohenden Unbewohnbarkeit oder behördlichen Nutzungsuntersagung).
[134] LSG Baden-Württemberg v. 26.09.2013 - L 7 AS 1121/13 - juris Rn. 27 m.w.N. zur Literatur.
[135] *Berlit* in: LPK-SGB II, 5. Aufl. 2013, § 22 Rn. 108 m.w.N. aus der Rechtsprechung.
[136] Zwar sieht § 7 Abs. 2 Satz 1 Nr. 4 der Verordnung zur Durchführung des § 82 SGB XII vor, dass zu den notwendigen Ausgaben auch der Erhaltungsaufwand gehört. Allerdings gilt dies nur dann, wenn der Leistungsberechtigte Einkünfte aus Vermietung oder Verpachtung erzielt. Bei selbst genutztem Wohneigentum sind diese Voraussetzungen von vornherein nicht erfüllt, sodass Erhaltungsaufwandspauschalen nicht zu den Unterkunftskosten zählen, vgl. hierzu *Knickrehm* in: Kreikebohm/Spellbrink/Waltermann, 3. Aufl. 2013, § 22 Rn. 19a.
[137] Vgl. BSG v. 03.03.2009 - B 4 AS 38/08 R - SozR 4-4200 § 22 Nr. 17.
[138] Vgl. hierzu auch BSG v. 22.08.2012 - B 14 AS 1/12 R - juris Rn. 23, wonach im konkreten Fall nicht feststand, dass Beschlüsse der Eigentümergemeinschaft überhaupt eine rechtliche Verpflichtung zur Zahlung der Instandhaltungsrücklage begründeten und daher die Übernahme der Aufwendung abgelehnt wurde.
[139] Vgl. LSG Sachsen-Anhalt v. 06.07.2010 - L 5 AS 136/10 B ER - FEVS 62, 378-384 (Darlehen für abflusslose Sammelgrube statt für vollbiologische Kleinkläranlage); LSG Sachsen-Anhalt v. 11.01.2010 - L 5 AS 216/09 B ER (Darlehen für Schornsteinsanierung); Bayerisches LSG v. 18.03.2010 - L 11 AS 455/09 - ZWE 2010, 470-471 (keine Dachvollsanierung, wenn Teilsanierung genügt); Bayerisches LSG v. 16.07.2009 - L 11 AS 447/08 (Streichen der Fassade); allgemein auch LSG Essen v. 30.08.2007 - L 9 B 136/07 AS ER; *Falterbaum* in: Hauck/Noftz, § 35 Rn. 20, Stand Juli 2012.

gernde Erneuerungsmaßnahmen, um eine Heizanlage auf einen neuen, dem aktuellen Stand der Technik entsprechenden Stand zu bringen, sind nicht als notwendige Aufwendungen für die Unterkunft zu berücksichtigen. Die Übernahme der Kosten für den Austausch einer Heizanlage ist nicht gerechtfertigt, wenn noch funktionsfähige Öleinzelöfen vorhanden sind; der Austausch einer defekten Heizungsanlage kann dagegen gerechtfertigt sein, wobei nicht jede Wertsteigerung anspruchsschädlich ist.[140] Ebenfalls nicht als Unterkunftskosten zu berücksichtigen sind Aufwendungen zur Herstellung der Bewohnbarkeit einer bei Erwerb nicht bewohnbaren Immobilie.[141]

49 Die neben der Nettokaltmiete grundsätzlich zu berücksichtigenden angemessenen Betriebskosten i.S.d. § 556 BGB umfassen nicht die Stromkosten für Haushaltsenergie, weil diese in der Regelleistung enthalten sind. **Stromkosten für die Außenbeleuchtung und Gartenpflege** sind nicht als Unterkunftskosten berücksichtigungsfähig, obwohl diese bei Mietwohnungen über die Betriebskostenabrechnung berücksichtigungsfähig wären.[142] Anders verhält es sich dagegen bei Stromkosten für die **Heizungspumpe**. Im Hinblick auf die Gleichbehandlung zwischen dem Eigentümer eines selbst genutzten Hausgrundstücks und einem Mieter ist zu berücksichtigen, dass bei den Vorauszahlungen, die an den Vermieter für die Beheizung der Unterkunft zu leisten sind, Kosten des Betriebs einer zentralen Heizungsanlage enthalten sind.[143]

50 **Tilgungsleistungen** für eine Immobilie sind grundsätzlich **keine berücksichtigungsfähigen Aufwendungen** für Unterkunft und Heizung, weil sie nicht der aktuellen Existenzsicherung, sondern der Vermögensbildung dienen.[144] Sie sind zwar nach Wortlaut und Sinn und Zweck Aufwendungen für die Unterkunft. Jedoch besteht ein Spannungsverhältnis zum nicht gerechtfertigten Vermögensaufbau, das es nur in **besonderen Ausnahmefällen** zulässt, **unvermeidliche (zwingend erforderliche) Tilgungsleistungen**[145] als tatsächliche Aufwendungen für die Unterkunft zu übernehmen. Nach der Rechtsprechung des BVerwG[146] und der früheren Rechtsprechung des BSG zu § 22 Abs. 1 Satz 1 SGB II[147] waren Tilgungsleistungen nie als Aufwendungen für die Unterkunft zu berücksichtigen. Ihre **Berücksichtigung in besonderen Ausnahmefällen** ist nunmehr anerkannt, jedoch nur, wenn ansonsten Wohnungslosigkeit droht und nur in der Höhe angemessener Aufwendungen für eine angemessene Mietwohnung.[148] Die Vermögensbildung durch öffentliche Mittel darf nicht im Vordergrund stehen, sondern muss lediglich Nebenfolge der mit der Kostenübernahme bezweckten Vermeidung eines Verlustes der Unterkunft als räumlichem Lebensmittelpunkt sein.[149] Tilgungsleistungen zur Erhaltung des Wohneigentums müssen **unvermeidbar** sein, d.h. zuvor muss alles unternommen worden sein, um die Tilgungsverpflichtung so niedrig wie möglich zu halten.[150] Zur Darlegung der Unvermeidbarkeit reicht

---

[140] Vgl. LSG Baden-Württemberg v. 26.09.2013 - L 7 AS 1121/13 - juris Rn. 29 (Austausch von funktionsfähigen Öleinzelöfen gegen moderne Gasetagenheizung); vgl. zum Austausch einer Heizungsanlage auch LSG Nordrhein-Westfalen v. 23.11.2010 - L 1 AS 426/10 - juris Rn. 25 - EuG 2011, 327 (berücksichtigungsfähige Aufwendungen für den Austausch einer Heizanlage zur Wiederherstellung der Nutzbarkeit des Hauses bei Totalschaden der alten Heizanlage); LSG Sachsen-Anhalt v. 16.11.2005 - L 2 B 68/05 AS ER - juris Rn. 22 - NDV-RD 2006, 10 (keine berücksichtigungsfähigen Aufwendungen aus dem Austausch einer Heizungsanlage, wenn die Aufwertung über notwendige Kleinreparaturen und Wartungsarbeiten hinausgeht).
[141] SG Mainz v. 02.11.2012 - L 10 AS 367/11 - juris Rn. 37.
[142] BSG v. 07.07.2011 - B 14 AS 51/10 R - juris Rn. 22 - SGb 2011, 522, wonach Mieter deswegen anders zu behandeln sind, weil die Kosten die Mietergemeinschaft insgesamt betreffen und nicht individualisierbar und dem einzelnen Haushalt unmittelbar zuzuordnen sind.
[143] BSG v. 07.07.2011 - B 14 AS 51/10 R - SGb 2011, 522.
[144] BSG v. 22.08.2012 - B 14 AS 1/12 R - juris Rn. 17 - SozR 4-4200 § 22 Nr. 65.
[145] BSG v. 18.06.2008 - B 14/11b AS 67/06 R - juris Rn. 29 - SozR 4-4200 § 22 Nr. 13, wonach die Übernahme von Tilgungsleistungen in einem steuerfinanzierten Sicherungssystem nicht notwendig ausgeschlossen ist und aus dem Gleichbehandlungsgrundsatz geboten sein kann; vgl. hierzu auch *Groth*, jurisPR-SozR 4/2009, Anm. 1; *Knickrehm* in: Kreikebohm/Spellbrink/Waltermann, 3. Aufl. 2013, § 22 Rn. 18.
[146] Vgl. BVerwG v. 28.07.1989 - 5 B 60/89 - Buchholz 436.0 § 77 BSHG Nr. 10.
[147] BSG v. 07.11.2006 - B 7b AS 8/06 R - SozR 4-4200 § 22 Nr. 1 Rn. 35 m.w.N. zur Rspr. und Literatur; *Falterbaum* in: Hauck/Noftz, § 35 Rn. 19, Stand Juli 2012; so auch *Grube* in: Grube/Wahrendorf, SGB XII, 4. Aufl. 2012, § 35 Rn. 47; *Wenzel* in: Fichtner/Wenzel, SGB XII, 4. Aufl. 2009, § 29 Rn. 19.
[148] *Berlit* in: LPK-SGB XII, 9. Aufl. 2012, § 35 Rn. 30, der auf eine nicht zu rechtfertigende Ungleichbehandlung mit Mietern hinweist, wenn sich die Tilgungsleistungen im Rahmen der Angemessenheit bewegen; *ders.*, LPK-SGB II, 5. Aufl. 2013, § 22 Rn. 40.
[149] Vgl. BSG v. 07.07.2011 - B 14 AS 79/10 R - juris Rn. 19 - SozR 4-4200 § 22 Nr. 48.
[150] BSG v. 18.06.2008 - B 14/11b AS 67/06 R - juris Rn. 28 - SozR 4-4200 § 22 Nr. 13.

eine Erklärung der das Darlehen finanzierenden Versicherungsgesellschaft nicht aus, wonach Vollstreckungsmaßnahmen für den Fall ankündigt werden, dass „keine Zahlungen" mehr geleistet würden (fehlende Differenzierung zwischen Darlehenszinsen und Tilgung); es müsse andere Möglichkeiten verschlossen sein, etwa eine Tilgungsaussetzung oder -streckung.[151] Die Übernahme von Tilgungsleistungen ist zum Schutz des Grundbedürfnisses „Wohnen" gerechtfertigt, wenn es um die Erhaltung von Wohneigentum geht, dessen **Finanzierung** im Zeitpunkt des Bezugs von Grundsicherungsleistungen bereits **weitgehend abgeschlossen ist**.[152] Ist die darlehensfinanzierte Eigentumswohnung bereits weitgehend abgezahlt, sodass die zu **zahlende Rate in erster Linie aus einem Tilgungsanteil besteht**, kann auch aus Gleichbehandlungsgesichtspunkten und zur Abwendung von Wohnungslosigkeit eine Übernahme der Tilgungsraten in Betracht kommen.[153] Eine Restschuld von 100.000 €[154] bzw. die Komplettfinanzierung von 60.000 €[155] stellt kein „kleines Restdarlehen" dar. Nach dem BSG besteht ein Spannungsverhältnis zwischen Schutz des Wohnungseigentums einerseits und den Zielen der Existenzsicherung andererseits nur dann, wenn der **Erwerb der Immobilie außerhalb des Leistungsbezugs** erfolgte, nicht jedoch, während bereits Hilfebedürftigkeit bestand. Hilfebedürftigkeit liegt auch beim Bezug von Arbeitslosenhilfe vor. Nur dann, wenn es nicht um den Aufbau, sondern allein um den Erhalt der Unterkunft geht, sind Aufwendungen zu übernehmen.

Vor dem Hintergrund des Spannungsverhältnisses zur Vermögensbildung durch existenzsichernde Leistungen ist auch die Übernahme von **Leibrentenzahlungen** zu beurteilen. Als berücksichtigungsfähig wurden Leibrentenzahlungen anerkannt, wenn das Eigentum bereits vor dem Leistungsbezug übertragen wurde und keine Vermögensbildung stattfindet.[156] 51

Zu den berücksichtigungsfähigen Aufwendungen für ein **Wohnmobil** zählen die **Kraftfahrzeugsteuer** und die Beiträge für die **Kraftfahrzeughaftpflichtversicherung**. Wie bei Wohneigentum[157] können Reparaturkosten und andere **Aufwendungen zur Erhaltung** des Wohnmobils zu Wohnzwecken nur dann berücksichtigt werden, wenn sie konkret, d.h. tatsächlich anfallen, nicht dagegen eine **Pauschale** für die Pflege und Wartung unabhängig vom tatsächlichen Anfallen von Erhaltungskosten.[158] Kosten für **Kraftstoff** sind nicht als Unterkunftskosten zu berücksichtigende Aufwendungen, weil die Straßenverkehrsteilnahme nicht dem Schutzzweck des Wohnens unterfällt.[159] **Stellplatzmiete**[160] sowie die Anschaffungskosten für eine **Solaranlage**[161] zur Stromversorgung eines bewohnten Bauwagens können als Aufwendungen für die Unterkunft anerkannt werden. Sogar Kosten für die Beschaffung eines Wohnwagens[162] wurden als Aufwendungen für die Unterkunft anerkannt. 52

Die **Zulässigkeit** der Nutzung der Unterkunft nach Bauordnungsrecht oder sonstigen öffentlich-rechtlichen Vorschriften ist regelmäßig unbeachtlich für das Vorliegen von tatsächlichen berücksichti- 53

---

[151] BSG v. 18.06.2008 - B 14/11b AS 67/06 R - juris Rn. 30 - SozR 4-4200 § 22 Nr. 13.

[152] BSG v. 16.02.2012 - B 4 AS 14/11 R - juris Rn. 23, wonach der Eigentümer grundsätzlich ebenso wenig wie der Mieter davor geschützt ist, dass sich die Notwendigkeit eines Wohnungswechsels ergeben kann.

[153] Vgl. BSG v. 07.07.2011 - B 14 AS 79/10 R - juris Rn. 19 - SozR 4-4200 § 22 Nr. 48 (die zu zahlende Rate bestand aus einem Tilgungsanteil von knapp 80%, der Zinsanteil betrug zuletzt noch 2,78 €).

[154] BSG v. 22.08.2013 - B 14 AS 78/12 R- juris Rn. 19 - ZFSH/SGB 2014, 100; vgl. hierzu *Körtek*, jurisPR-SozR 8/2014, Anm. 1.

[155] Vgl. BSG v. 07.07.2011 - B 14 AS 79/10 R - juris Rn. 19 - SozR 4-4200 § 22 Nr. 48.

[156] SG Mainz v. 20.03.2012 - S 10 AS 178/12 ER - ZFSH/SGB 2012, 304; vgl. zur Schuldentilgung in Form von Leibrenten als Gegenleistung für den Erwerb der Unterkunft: *Falterbaum* in: Hauck/Noftz, § 35 Rn. 19, Stand Juli 2012.

[157] BSG v. 03.03.2009 - B 4 AS 38/08 R - juris Rn. 15-17 - NZS 2010, 110.

[158] BSG v. 17.06.2010 - B 14 AS 79/09 R - juris Rn. 13 - SozR 4-4200 § 22 Nr. 39.

[159] BSG v. 17.06.2010 - B 14 AS 79/09 R - juris Rn. 14 - SozR 4-4200 § 22 Nr. 39, wonach selbst bei Anerkennung von bei zu Wohnzwecken erforderlichen Kraftstoffkosten eine Übernahme jedenfalls deswegen ausscheidet, weil die Kraftstoffkosten nicht in solche zur Nutzung des Straßenverkehrs und solche zur Nutzung der Unterkunft differenziert werden können.

[160] LSG Sachsen-Anhalt v. 20.11.2011 - L 5 AS 93/11 B ER - juris Rn. 42.

[161] Hierzu LSG Hessen v. 28.10.2009 - L 7 AS 326/09 B ER.

[162] VGH Hessen v. 03.09.1991 - 9 TG 3588/90 - info also 1992, 30 zu den Kosten für die Beschaffung eines Zweitwohnwagens.

gungsfähigen Aufwendungen.[163] Ist die Nutzung unzulässig, sollte der Leistungsträger den Leistungsberechtigten bei der Suche nach einer anderen Unterkunft unterstützen.[164]

54 Aufwendungen für **Beschädigungen** an der Unterkunft oder vertragliche oder deliktische Ansprüche des Vermieters gegen den Mieter wegen eines Fehlgebrauchs der Wohnung sind keine Unterkunftsaufwendungen i.S.d. § 35 Abs. 1 SGB XII, denn sie sind lediglich aus Anlass der Nutzung der betreffenden Wohnung entstanden, dienen aber nicht der Funktion der Unterkunft zum Wohnen.[165]

55 Auch **Aufwendungen der Ordnungsbehörde** zur Abwendung drohender Obdachlosigkeit des Leistungsberechtigten zählen zu den Unterkunftskosten, wenn und soweit vom Untergebrachten Ersatz verlangt wird.[166]

56 Wird die Unterkunft nach einem **Räumungsurteil** aufgrund eines gerichtlich angeordneten Räumungs- und Vollstreckungsschutzes (vgl. die §§ 721, 765a ZPO) weiter genutzt, so sind die (angemessenen) Unterkunftskosten zu übernehmen.

ee. Zuordnung und Aufteilung der Kosten

57 Wohnen mehrere Personen in einer Unterkunft zusammen, kommt es für die Zuordnung und Aufteilung der Aufwendungen für die Unterkunft einerseits darauf an, ob zwischen den Mitbewohnern wirksame vertragliche **Vereinbarungen** über die Kostentragung getroffen wurden sowie andererseits darauf, ob die Personen in **Einsatzgemeinschaft** oder bloßer Wohngemeinschaft zusammenleben.

58 Eine Aufteilung von Aufwendungen für eine Unterkunft nach dem **Kopfteilprinzip** bedeutet, dass jeder Mitbewohner unabhängig von der tatsächlichen Nutzung der Wohnung und unabhängig von den jeweiligen finanziellen Fähigkeiten den gleichen Anteil an Unterkunftskosten schuldet. Die Aufteilung setzt voraus, dass die Wohnung **gemeinsam mit anderen Personen genutzt** wird, also den aktuellen Unterkunftsbedarf weiterer Personen abdeckt.[167] Das Kopfteilprinzip ist eine generalisierende und typisierende Annahme aus Gründen der **Verwaltungspraktikabilität**. Es ist gesetzlich nicht festgeschrieben. Hintergrund des Kopfteilprinzips ist auch, dass die gemeinsame Nutzung einer Wohnung durch mehrere Personen (regelmäßig Familienangehörige) deren Unterkunftsbedarf dem Grunde nach insgesamt abdeckt und in aller Regel eine an der unterschiedlichen Intensität der Nutzung ausgerichtete Aufteilung der Aufwendungen für die Erfüllung des Grundbedürfnisses Wohnen nicht zulässt.[168] Die Kopfteilmethode dient auch zur Vermeidung einer missbräuchlichen[169] Zuordnung von Unterkunftskosten zulasten des Leistungsträgers, d.h. insbesondere in Fällen, in denen eine Kostentragung zwischen mehreren Mitbewohnern zulasten eines leistungsberechtigten Mitbewohners vereinbart wird, damit nicht-leistungsberechtigte Mitbewohner ihre Aufwendungen letztlich nur zulasten und auf Kosten des Sozialhilfeträgers reduzieren.

---

[163] BSG v. 17.06.2010 - B 14 AS 79/09 R - juris Rn. 10 m.w.N., wonach für den tatsächlichen Wohnbedarf die Frage der ordnungsrechtlichen Zulässigkeit der Nutzung der Unterkunft jedenfalls solange unerheblich ist, wie die zuständige Ordnungsbehörde die Nutzung nicht untersagt hat; *Grube* in: Grube/Wahrendorf, SGB XII, 4. Aufl. 2012, § 35 Rn. 14; *Falterbaum* in: Hauck/Noftz, § 35 Rn. 17, Stand Juli 2012, wonach aber Hausbesetzungen in der Regel keinen anzuerkennenden Bedarf begründen; zur grundsätzlichen Unbeachtlichkeit der Frage der ordnungsrechtlichen Zulässigkeit der Nutzung eines Wohnwagens: BSG v. 17.06.2010 - B 14 AS 79/09 R - juris Rn. 10; a.A. LSG Berlin-Brandenburg v. 12.10.2007 - L 19 B 1700/07 AS ER - juris Rn. 6 - FEVS 59, 230; ausdrücklich offen gelassen durch LSG Rheinland-Pfalz v. 07.03.2013 - L 3 AS 69/13 B ER - juris Rn. 18 - NZS 2013, 592.

[164] Vgl. *Falterbaum* in: Hauck/Noftz, § 35 Rn. 17, Stand Juli 2012.

[165] LSG Niedersachsen-Bremen v. 08.03.2012 - L 13 AS 22/12 B ER - juris Rn. 20, zur Abgrenzung von § 22 Abs. 1 SGB II zu § 67 SGB XII für die Kosten durch Fehlgebrauch eines „Messies"; BVerwG v. 03.06.1996 - 5 B 24.96 - juris Rn. 4 (Schulden aufgrund vertragswidrigen Verhaltens sind kein sozialhilferechtlicher Bedarf); LSG Nordrhein-Westfalen v. 09.05.2007 - L 20 B 32/07 AS ER - juris Rn. 14 (Schadenersatz für verlorene Schlüssel bei Auszug); vgl. hierzu auch *Luik* in: Eicher, SGB II, 3. Aufl. 2013, § 22 Rn. 55; *Falterbaum* in: Hauck/Noftz, § 35 Rn. 24, Stand Juli 2012.

[166] BVerwG v. 12.12.1995 - 5 C 28/93 - BVerwGE 100, 136.

[167] BSG v. 13.04.2011 - B 14 AS 71/12 R - juris Rn. 23 - SozR 4-4200 § 9 Nr. 12.

[168] Vgl. nur BVerwG v. 17.11.1994 - 5 C 11/93 - BVerwGE 97, 110, 112; BSG v. 23.11.2006 - B 11b AS 1/06 R - SozR 4-4200 § 20 Nr. 3 Rn. 28 m.w.N.; BSG v. 27.02.2008 - B 14/11b AS 55/06 R - SozR 4-4200 § 22 Nr. 9 Rn. 17 ff.; BSG v. 19.03.2008 - B 11b AS 13/06 R - SozR 4-4200 § 22 Nr. 6 Rn. 13 ff.

[169] Vgl. hierzu BSG v. 14.04.2011 - B 8 SO 18/09 R - juris Rn. 15 - SozR 4-3500 § 29 Nr. 3.

Aus **bedarfsbezogenen Gründen** weicht das BSG für Fälle, in denen ein Mitglied einer Bedarfsgemeinschaft seinen Kopfteil nicht erbringen kann, weil dessen Unterkunftskosten von einer **Sanktion** betroffen waren, zur Vermeidung einer Bedarfsunterdeckung der weiteren leistungsberechtigten Mitglieder der Bedarfsgemeinschaft vom Kopfteilprinzip ab.[170] Der Bedarf der weiteren, nicht sanktionierten Leistungsberechtigten wächst entsprechend vorübergehend an, da sich ihr Bedarf auf die Sicherung der Unterkunft insgesamt bezieht und darin besteht, den tatsächlichen mietvertraglichen Verpflichtungen vollständig nachzukommen.[171] Bei stationärer Unterbringung eines Mitglieds der Bedarfsgemeinschaft fehlt es insoweit an einer gemeinsamen Nutzung der Unterkunft, die Kopfteilmethode ist nicht anzuwenden.[172] Wird eine Unterkunft wegen einer im Vorhinein auf unter sechs Monate beschränkten Ortsabwesenheit nur von einem der Partner einer bestehenden Bedarfsgemeinschaft genutzt, fehlt es ebenfalls an der gemeinsamen Nutzung der Wohnung, so dass für die Kopfteilmethode kein Raum ist.[173]

59

Die Kopfteilmethode ist auch bei besonderem, vom Kopfteilprinzip abweichendem Bedarf nicht anzuwenden. Wenn **Besonderheiten in der Nutzung** der Unterkunft und im tatsächlichen Bedarf der Unterkunft vorliegen, ist die Kopfteilmethode nicht anzuwenden. Eine erhöhte Nutzung der gemeinsam bewohnten Unterkunft kann bei **Behinderung** oder **Pflegebedürftigkeit** in Betracht kommen.[174] Auch die Unterschiede im **gewöhnlichen Aufenthalt** können einen unterschiedlichen Nutzungsumfang bedeuten, welcher zur Abweichung von der Kopfteilmethode führen kann, etwa wenn nicht beide Bewohner ihren gewöhnlichen Aufenthalt dort haben und von einem Bewohner nur ein Kostenanteil erbracht wird.[175] Die Kopfteilmethode findet ebenfalls keine Anwendung bei Personen, die in einer Unterkunft zusammenwohnen und aufgrund **wirksamer vertraglicher Vereinbarung eine Aufteilung** der Aufwendungen vereinbart haben. Wurde ein wirksamer notarieller Vertrag über die Übernahme von Kosten für Licht, Heizung, Wasser, Abwasser auch für den Mitbewohner sowie über ein unentgeltliches Wohnrecht auf Lebenszeit geschlossen, hat der sein Eigenheim bewohnende Leistungsberechtigte die Grundabgaben und üblichen Vorsorgeaufwendungen eines Vermieters unvermeidbar zu tragen, ohne dass er sie auf einen weiteren Mieter umlegen kann. Zu prüfen ist allerdings, ob es sich um einen Vertrag zu Lasten des Sozialhilfeträgers handelt, der unwirksam ist.[176]

60

Bei bestehender **Einsatzgemeinschaft** sind die Unterkunftskosten in der Regel nach der Kopfteilmethode zu berücksichtigen, unabhängig von dem Umfang der jeweiligen Nutzung der Wohnung sowie davon, wer etwa den Mietzins vertraglich gegenüber dem Vermieter schuldet.[177] Auch bei der sog. **gemischten Bedarfsgemeinschaft**[178], in der ein Teil der Mitglieder Leistungen nach dem SGB XII bezieht, ein anderer Teil nach dem SGB II, ist die Kopfteilmethode regelmäßig anzuwenden.[179] Bei **Wohngemeinschaften** findet die Kopfteilmethode dagegen keine Anwendung**,** weil sich hier der individuelle Anteil des Unterkunftsbedarfs nach der intern wirksam vereinbarten Miete richtet.[180]

61

Für **Haushaltsgemeinschaften unter Verwandten** ist die Kopfteilmethode im Regelfall anzuwenden.[181] Lebt der Leistungsberechtigte allerdings mit **nicht-hilfebedürftigen Verwandten** in einer Haushaltsgemeinschaft, und entstehen dem Leistungsberechtigten tatsächlich **keine Unterkunftskosten**, findet auch die Kopfteilmethode keine Anwendung; eine Zuordnung von kopfanteiligen Unterkunftskosten findet nicht statt[182]; nur die **tatsächlichen Aufwendungen** des Leistungsberechtigten

62

---

[170] BSG v. 23.05.2013 - B 4 AS 67/12 R - juris Rn. 22 - SozR 4-4200 § 22 Nr. 68.
[171] BSG v. 23.05.2013 - B 4 AS 67/12 R - juris Rn. 23 - SozR 4-4200 § 22 Nr. 68; vgl. hierzu *Berlit*, jurisPR-SozR 7/2014, Anm. 1.
[172] BSG v. 13.04.2011 - B 14 AS 71/12 R - juris Rn. 23 - SozR 4-4200 § 9 Nr. 12.
[173] BSG v. 19.10.2010 - B 14 AS 50/10 R - juris Rn. 19 - SozR 4-4200 § 22 Nr. 42.
[174] Vgl. LSG Berlin-Brandenburg v. 08.12.2005 - L 14 B 38/05 AS ER - FEVS 58, 6.
[175] Vgl. LSG Hamburg v. 02.07.2009 - L 5 AS 52/07.
[176] BSG v. 29.11.2012 - B 14 AS 36/12 R - juris Rn. 28 - SGb 2013, 598.
[177] Vgl. zum SGB II: BSG v. 22.08.2013 - B 14 AS 85/12 R - juris Rn. 22.
[178] Vgl. zur gemischten Bedarfsgemeinschaft: BSG v. 09.06.2011 - B 8 SO 20/09 R - SGb 2011, 456.
[179] BSG v. 15.04.2008 - B 14/7b AS 58/06 R - SozR 4-4200 § 9 Nr. 5 Rn. 33 ff.; *Falterbaum* in: Hauck/Noftz, § 35 Rn. 26, Stand Juli 2012; LSG München v. 18.01.2011 - L 8 SO 25/10.
[180] Vgl. zum SGB II: BSG v. 22.08.2013 - B 14 AS 85/12 R - juris Rn. 24; *Berlit*, jurisPR-SozR 7/2014, Anm. 1.
[181] Vgl. zum SGB II: BSG v. 22.08.2013 - B 14 AS 85/12 R - juris Rn. 22; *Falterbaum* in: Hauck/Noftz, § 35 Rn. 26, Stand Juli 2012; vgl. hierzu *Berlit*, jurisPR-SozR 7/2014, Anm. 1, der das Kopfteilprinzip auf Bedarfsgemeinschaften beschränkt sieht.
[182] BSG v. 14.04.2011 - B 8 SO 18/09 R - juris Rn. 15 - SozR 4-3500 § 29 Nr. 3.

sind zu berücksichtigen.[183] In Haushaltsgemeinschaften zwischen Verwandten ist die Kopfteilmethode aber anzuwenden, wenn **für einzelne Mitglieder des Haushalts Leistungsausschlüsse** dem Grunde nach bestehen und diese ihren Kopfanteil nicht selbst tragen können. Das BSG hat dies für Fälle, in denen Eltern eine Wohnung gemeinsam mit einem Kind bewohnen, das nicht zur Einsatzgemeinschaft gehört und das nur **geringere Leistungen für die Unterkunft nach dem BAföG** erhält und seinen Kopfteil nicht hat aufbringen können, damit begründet, dass Unterkunftskosten für Dritte nicht geltend gemacht werden könnten.[184] Daher rechtfertigt auch bei einem Zusammenleben von Verwandten in einer **Wohngemeinschaft** der Ausfall der Mietzahlung durch eine Person kein Abweichen vom Kopfteilprinzip.[185] Jedenfalls bei abweichender **vertraglicher Vereinbarung** der Bewohner – auch bei Mitgliedern einer Haushaltsgemeinschaft – findet das **Kopfteilprinzip** keine Anwendung, vielmehr kommt es für die Aufteilung von Aufwendungen für die Unterkunft, die von mehreren Personen genutzt wird, dann maßgeblich auf deren **rechtliche Verpflichtung** aus dem Mietvertrag an.[186] Auch im **Untermietverhältnis** führt die tatsächliche Nutzung einer Unterkunft durch mehrere Personen nicht zur Aufteilung zwischen Hauptmieter und Untermieter nach Kopfteilen der gegenüber dem Vermieter geschuldeten Aufwendungen, wenn der Nutzung durch mehrere Personen bindende vertragliche Regelungen zugrunde liegen. Maßgeblich sind die im Vertragsschluss zwischen Hauptmieter und Vermieter vereinbarten Aufwendungen, die als Unterkunftskosten zu berücksichtigen sind. Die **rechtliche Verpflichtung** des Untermieters zur Zahlung des Mietzinses an den Hauptmieter durch den Untermietvertrag setzt die rechtliche Verpflichtung des Hauptmieters zur Zahlung des vollen Mietzinses gegenüber seinem Vermieter nicht außer Kraft. Die Senkung des Bedarfs für Unterkunft und Heizung ist allein mit dem Abschluss eines Untermietvertrags zum Zwecke der Kostensenkung nicht verbunden.[187]

63 Bestehen **wirksame Untermietverhältnisse**[188] oder sonst rechtlich verbindliche Regelungen (z.B. bei Wohngemeinschaften), sind diese (tatsächlichen) Verhältnisse maßgeblich. Bei einer teilweisen Untervermietung der vom Hilfesuchenden bewohnten Unterkunft muss der Träger der Sozialhilfe laufende Leistungen nur für den dem Hilfesuchenden im Verhältnis zum Untermieter zuzurechnenden Teil der Wohnung in Höhe des sozialhilferechtlich angemessenen Quadratmeterpreises gewähren[189] (vgl. zur Kostensenkung durch Untervermietung Rn. 100). Untermietverhältnissen zwischen **Eltern und erwachsenen Kindern** (vgl. zu Mietverträgen zwischen nahen Angehörigen Rn. 35) wurden bisweilen an der ständigen Rechtsprechung des BFH orientiert zum Fremdvergleich gemessen.[190] Danach sind Verträge zwischen Angehörigen der Besteuerung nur dann zugrunde zu legen, wenn sie zum einen bürgerlich-rechtlich wirksam geschlossen sind und darüber hinaus sowohl die Gestaltung als auch die Durchführung des Vereinbarten dem zwischen Fremden (sog. **Fremdvergleich**) Üblichen entspricht. Teilweise wurde der Maßstab auf § 22 SGB II übertragen.[191] Das BSG ist dem für den Bereich des SGB II **ausdrücklich entgegengetreten**, da es grundsicherungsrechtlich erwünscht sei, wenn der vereinbarte Mietzins etwa aus Gründen der verwandtschaftlichen Verbundenheit niedriger ist, als dieses in einem Mietverhältnis unter Fremden der Fall wäre.[192] Zu prüfen bleibt allerdings, ob der Untermietvertrag auch tatsächlich vollzogen wird[193] und ob der (Unter-)Mietvertrag nur zum Schein geschlossen

---

[183] BSG v. 25.08.2011 - B 8 SO 29/10 R - juris Rn. 12 - SGb 2011, 572; BSG v. 18.02.2010 - B 14 AS 32/08 R - juris Rn. 14 - SozR 4-4200 § 9 Nr. 9.

[184] Vgl. BSG v. 19.03.2008 - B 11b AS 13/06 R - juris Rn. 13 ff. - SozR 4-4200 § 22 Nr. 6; a.A. *Dauber* in: Mergler/Zink, Handbuch der Grundsicherung und Sozialhilfe, § 35 Rn. 43, Stand: Juni 2013, wonach die Kopfteilmethode keine Anwendung findet, wenn ein Mitbewohner einer Haushaltsgemeinschaft seinen Anteil aus den BAföG-Leistungen nicht aufbringen kann.

[185] SG Karlsruhe v. 29.01.2014 - S 17 AS 2895/13 - juris Rn. 32.

[186] BSG v. 29.11.2012 - B 14 AS 161/11 R - juris Rn. 16 - SozR 4-4200 § 22 Nr. 66; a.A. wohl LSG Nordrhein-Westfalen v. 14.07.2006 - L 1 B 23/06 AS ER - FEVS 58, 170; zur schriftlichen Vereinbarung eines Ehepaares bei Getrenntleben: LSG Niedersachsen-Bremen v. 02.08.2006 - L 8 SO 59/06 ER - FEVS 58, 334.

[187] BSG v. 29.11.2012 - B 14 AS 161/11 R - juris Rn. 16 f. - SozR 4-4200 § 22 Nr. 66; OVG Lüneburg v. 27.08.1987 - 4 B 192/87 - FEVS 39, 19.

[188] Hierzu OVG Nordrhein-Westfalen v. 10.10.2001 - 12 E 478/00 - FEVS 53, 430.

[189] OVG Nordrhein-Westfalen v. 10.10.2001 - 12 E 478/00 - FEVS 53, 430.

[190] Zu diesem sog Fremdvergleich im Steuerrecht etwa BFH v. 19.10.1999 - IX R 39/99 - BFHE 190, 173 m.w.N.

[191] SG Karlsruhe v. 29.01.2009 - S 4 SO 5937/07 - SAR 2009, 40; LSG Baden-Württemberg v. 14.03.2008 - L 8 AS 5912/06 - ZFSH/SGB 2008, 354; LSG Baden-Württemberg v. 15.09.2006 - L 8 AS 5071/05.

[192] BSG v. 03.03.2009 - B 4 AS 37/08 R - juris Rn. 27 - SozR 4-4200 § 22 Nr. 15.

[193] Generell BSG v. 23.03.2010 - B 8 SO 24/08 R.

wurde (§ 117 BGB). Diese Grundsätze gelten auch für das SGB XII.[194] Das BSG hat gerade zwischen Eltern und Kindern eine **besondere sittliche Verantwortung** bei der Vereinbarung der Miete angenommen.[195]

c. Angemessenheit der Aufwendungen (Absatz 2 Sätze 1 und 2)

Nach § 35 Abs. 1 Satz 1 SGB XII werden Leistungen für die Unterkunft zwar grundsätzlich in Höhe der **tatsächlichen** Aufwendungen erbracht, nach § 35 Abs. 2 Sätze 1 und 2 SGB XII begrenzt **auf den nach den Besonderheiten des Einzelfalles angemessenen Umfang**. Danach werden tatsächliche, nicht angemessene Aufwendungen solange erbracht, als es den Leistungsberechtigten nicht möglich oder nicht zuzumuten ist, durch einen Wohnungswechsel, durch Vermieten oder auf andere Weise die Aufwendungen zu senken, in der Regel jedoch längstens für sechs Monate. 64

aa. Allgemeines

Der anzuerkennende **angemessene** Wohnbedarf ergibt sich aus der Aufgabe der Sozialhilfe nach § 1 SGB XII, wonach den Leistungsberechtigten die Führung eines Lebens zu ermöglichen ist, das der **Würde des Menschen** entspricht, sowie aus § 27a SGB XII, wonach der **notwendige** Lebensunterhalt zu leisten ist; abzustellen ist daher auf ein Wohnniveau, das einfachen Bedürfnissen entspricht.[196] Angemessen ist der der unteren Einkommensschicht angemessene Wohnstandard.[197] Der **Angemessenheitsbegriff** ist durch die Rechtsprechung des BSG, die insbesondere zu § 22 SGB II ergangen ist und der sich der 8. Senat für § 35 SGB XII angeschlossen hat[198], konkretisiert worden. Die Konkretisierung allein durch die Rechtsprechung – statt einer parlamentsgesetzlichen Konkretisierung – stößt im Hinblick auf die Vorgaben des BVerfG zur Gewährleistung des **Grundrechts auf Gewährleistung eines menschenwürdigen Existenzminimums aus Art. 1 Abs. 1 GG in Verbindung mit dem Sozialstaatsprinzip des Art. 20 Abs. 1 GG**[199] und dem Wesentlichkeitsgrundsatz – auf Bedenken.[200] In der Konsequenz wird teilweise keine Begrenzung auf das Angemessene vorgenommen, sondern die Grenze erst bei deutlich über den üblichen Unterkunftskosten für der Größe und Struktur vergleichbarer Haushalte im geografischen Vergleichsraum liegende Aufwendungen gezogen **(offensichtliches Missverhältnis)**[201] oder aber von vornherein auf die Wohngeldtabelle zuzüglich Sicherheitszuschlag zurückgegriffen[202]. Mit den Leistungen für die Unterkunft nach § 35 SGB XII wird der Anspruch auf Gewährleistung eines menschenwürdigen Existenzminimums durch einen gesetzlichen Anspruch erfüllt. Die vom BVerfG in Bezug auf die verfassungsrechtliche Gewährleistung eines menschenwürdigen Existenzminimums aufgestellten Anforderungen an den Gesetzgeber, seiner verfassungsmäßigen Pflicht zur Bestimmung des Existenzminimums durch Parlamentsgesetz nachzukommen, das einen konkreten Leistungsanspruch des Bürgers gegenüber dem zuständigen Leistungsträger enthält,[203] sehen andere als erfüllt an, die die verfassungsrechtlichen Bedenken insoweit nicht teilen und darauf hin- 65

---

[194] Vgl. hierzu bereits BSG v. 23.03.2010 - B 8 SO 24/08 R; vgl. in diesem Zusammenhang auch BSG v. 29.09.2009 - B 8 SO 16/08 R - juris Rn. 18 m.w.N.
[195] BSG v. 23.03.2010 - B 8 SO 24/08 R.
[196] Vgl. *Dauber* in: Mergler/Zink, Handbuch der Grundsicherung und Sozialhilfe, § 35 Rn. 27, Stand: Juni 2013, wonach den Leistungsberechtigten ein einfaches Leben zu ermöglichen ist und daher auf die Verbrauchsgruppe mit niedrigem Einkommen abzustellen ist.
[197] *Knickrehm* in: Kreikebohm/Spellbrink/Waltermann, 3. Aufl. 2013, § 22 Rn. 15.
[198] BSG v. 23.03.2010 - B 8 SO 24/08 R - juris Rn. 14 - SozR 4-3500 § 29 Nr. 1.
[199] Vgl. BVerfG v. 09.02.2010 -1 BvL 1/09 u.a. - BVerfGE 125, 175 = SozR 4-4200 § 20 Nr. 12.
[200] SG Mainz v. 22.10.2012 - S 17 SO 145/11 - juris Rn. 41; SG Mainz v. 08.06.2012 - S 17 AS 1452/09 - juris Rn. 50 - ZFSH/SGB 2012, 478, 483; SG Dresden v. 25.01.2013 - S 20 AS 4915/11 - juris Rn. 30; SG Leipzig v. 15.02.2013 - S 20 AS 2707/12 - juris Rn. 45 (fehlende Bestimmtheit); SG Mainz v. 18.10.2013 - S 17 AS 1069/12 - juris Rn. 43 (Parlamentsvorbehalt für die Bestimmung des einfachen Wohnstandards als Grenze des unterkunftsbezogenen Existenzminimums); vgl. hierzu *Piepenstock* in: jurisPK-SGB II, 3. Aufl. 2012, § 22 Rn. 82.1.
[201] SG Mainz v. 08.06.2012 - S 17 AS 1452/09 - juris Rn. 84 - ZFSH/SGB 2012, 478, 489 (Angemessenheitsvorbehalt bei offenkundigem Missverhältnis); ebenso SG Leipzig v. 15.02.2013 - S 20 AS 2707/12 - juris Rn. 54 (Korrektiv bei offensichtlichem Missverhältnis – „Luxuswohnung"); SG Mainz v. 18.10.2013 - S 17 AS 1069/12 - juris Rn. 43 (deutlich erkennbar über den ortsüblichen Verhältnissen).
[202] SG Dresden v. 25.01.2013 - S 20 AS 4915/11 - juris Rn. 33.
[203] BVerfG v. 09.02.2010 - 1 BvL 1/09 u.a. - juris Rn. 136 - BVerfGE 125, 175 = SozR 4-4200 § 20 Nr. 12.

weisen, dass die Übernahme angemessener Kosten für Unterkunft und Heizung nach dem individuellen Bedarf sichergestellt ist[204] und die Verwaltung und die Gerichte in die Lage versetzt sind, den tatsächlichen Verhältnissen vor Ort im Wege einer Einzelfallprüfung Rechnung zu tragen[205].

bb. Prüfungsumfang

66 Der Begriff der Angemessenheit beinhaltet keinen gerichtlicher Kontrolle entzogenen Beurteilungsspielraum, kann also im Streitfall vom Gericht **vollständig überprüft** werden.[206] Angemessen ist eine Unterkunft nach der Rechtsprechung des BSG dann, wenn sie nach Ausstattung, Lage und Bausubstanz einfachen und grundlegenden Bedürfnissen entspricht und keinen gehobenen Wohnstandard aufweist, wobei es genügt, dass das Produkt aus Wohnfläche und Standard, das sich in der Wohnungsmiete niederschlägt, angemessen ist, also die zu übernehmende Miete in dem räumlichen Bezirk, der den Vergleichsmaßstab bildet, die angemessene Mietobergrenze nicht überschreitet.[207] Bei der Beurteilung, ob der Aufwand für die Unterkunft einen angemessenen Umfang hat, ist zunächst von der **tatsächlich entrichteten Miete** auszugehen und eine den **Besonderheiten des Einzelfalles** gerecht werdende Betrachtung anzustellen. Die **Prüfung der Angemessenheit** setzt eine **Einzelfallprüfung** voraus, sodass nicht lediglich die für die Bemessung des Wohngeldes bestimmten tabellarischen pauschalierten Höchstbeträge des § 12 WoGG herangezogen werden dürfen; diese dienen allenfalls als Obergrenze, wenn festgestellt ist, dass alle Erkenntnismöglichkeiten erschöpft sind.[208] Das BSG führt insoweit die bundesverwaltungsgerichtliche Rechtsprechung fort, wonach die **Tabellenwerte des § 12 WoGG** zur Beurteilung der Angemessenheit der Kosten der Unterkunft **grundsätzlich ungeeignet** sind.[209] Die Anwendung der Wohngeldtabelle zur Bestimmung der Angemessenheit der Mietaufwendungen kommt erst dann in Betracht, wenn alle anderen Erkenntnismöglichkeiten ausgeschöpft sind.[210] Ein unmittelbarer Rückgriff auf die **Tabellenwerte in § 12 WoGG** als Alternative zum schlüssigen Konzept ist unzulässig. Denn der mit der Gewährung von Wohngeld verfolgte Zweck ist ein anderer als derjenige der Leistungen der Grundsicherung nach dem SGB II oder dem SGB XII.[211] Bei der Gewährung von Wohngeld wird von der Wohnung ausgegangen, wie sie der Wohngeldberechtigte angemietet hat, ohne dass im Einzelfall nachgeprüft wird, inwieweit die Wohnung als solche im Sinne eines notwendigen Bedarfs angemessen ist.[212]

67 Die Angemessenheit der **Kosten** für die Unterkunft beurteilt sich nach der sog. **Produkttheorie**[213] allein nach den Aufwendungen für die Unterkunft und nicht nach den einzelnen Kriterien der konkret bewohnten Unterkunft. Die angemessene Höhe der Unterkunftskosten bestimmt sich aus dem **Produkt**

---

[204] *Luik*, jurisPR-SozR 22/2013, Anm. 1; LSG Baden-Württemberg v. 21.06.2013 - L 1 AS 19/13 - juris Rn. 41; LSG Baden-Württemberg v. 21.06.2013 - L 1 AS 3518/11 ZVW - juris Rn. 39; vgl. allgemein zu den strukturellen Unterschieden der Leistungen für die Unterkunft und der Regelbedarfe *Mrozynski*, ZFSH/SGB 2012, 75, 78, wonach die Kosten der Unterkunft eine hohe Bedarfsindividualität aufweisen und sich die Höhe nach den Besonderheiten des Einzelfalls richtet, d.h. im Einzelfall bedarfsdeckend ist und nicht nach Regelbedarfen und abweichenden Leistungen (laufende, einmalige und abweichende Bedarfen) unterscheidet, also den Leistungen kein Regel-Unterkunftsbedarf im Sinne eines statistisch ermittelten Durchschnittswertes zugrunde liegt.

[205] LSG Baden-Württemberg v. 21.06.2013 - L 1 AS 19/13 - juris Rn. 41.

[206] Vgl. BSG v. 07.11.2006 - B 7b AS 10/06 R - juris Rn. 24- SozR 4-4200 § 22 Nr. 2.

[207] BSG v. 12.12.2013 - B 4 AS 87/12 R - juris Rn. 19.

[208] Vgl. nur BSG v. 07.11.2006 - B 7b AS 10/06 R - juris Rn. 24 - SozR 4-4200 § 22 Nr. 2; für das SGB XII offen gelassen in BSG v. 23.03.2010 - B 8 SO 24/08 R - juris Rn. 17 - SozR 4-3500 § 29 Nr. 1, wonach ein Rückgriff auch nur für die Mietkosten selbst, nicht jedoch für die Mietnebenkosten möglich ist.

[209] BSG v. 07.11.2006 - B 7b AS 18/06 R - SozR 4-4200 § 22 Nr. 3 Rn. 17; vgl. auch BVerwG v. 31.08.2004 - 5 C 8/04 - NJW 2005, 310.

[210] BSG v. 07.11.2006 - B 7b AS 18/06 R - SozR 4-4200 § 22 Nr. 3; eine Ausschöpfung der Erkenntnismöglichkeiten nimmt das LSG Niedersachsen für die Stadt Hannover an, vgl. LSG Niedersachsen v. 24.04.2007 - L 7 AS 494/05 - SozSichplus 2007, Nr. 4, 7; vgl. auch nur LSG Hessen v. 05.01.2007 - L 9 SO 82/06 ER - juris Rn. 34.

[211] *Luik* in: Eicher, SGB II, 3. Aufl. 2013, § 22 Rn. 75.

[212] Vgl. BSG v. 07.11.2006 - B 7b AS 18/06 R - juris Rn. 17 - SozR 4-4200 § 22 Nr. 3.

[213] Dazu BVerwG v. 28.04.2005 - 5 C 15/04 - NVwZ 2005, 1197; VGH München v. 15.10.1993 - 12 CE 93.2538 - FEVS 45, 159; OVG Münster v. 15.03.2004 - 12 A 714/03 - info also 2005, 37; *Berlit*, NDV 2006, 5, 10; *ders.* in: LPK-SGB XII, 9. Aufl. 2012, § 35 Rn. 43; nach der Kombinationstheorie werden dagegen die einzelnen Kriterien einer Unterkunft anhand des Angemessenheitsmaßstabs konkret beurteilt; vgl. hierzu *Rothkegel*, ZfSH/SGB 2002, 657, 665 ff.

aus der für den Leistungsempfänger abstrakt angemessenen **Wohnungsgröße** und dem nach den örtlichen Verhältnissen angemessenen **Mietzins pro Quadratmeter (sog. Referenzmiete)**. Das BSG hat sich nunmehr in ständiger Rechtsprechung – nachdem die Kombinationstheorie bereits vom BVerwG nicht mehr aufgegriffen wurde[214] – für die Anwendung der **Produkttheorie** auch im Rahmen der Grundsicherung für Arbeitsuchende entschieden.[215] Dem sind das BSG und die Instanzgerichte auch im Bereich des § 35 SGB XII zutreffend gefolgt.[216] Das bedeutet, dass die Kosten für die Unterkunft auch dann angemessen sind, wenn die Wohnfläche zwar an sich zu groß ist, der Quadratmeterpreis jedoch besonders günstig ist oder aber die Wohnfläche kleiner ist, dafür der Quadratmeterpreis teurer.

Die Ermittlung der im Einzelfall **angemessenen Aufwendungen** für Unterkunft und Heizung gemäß § 35 Abs. 2 Satz 1, Abs. 4 Satz 1 SGB XII erfolgt anhand der von der Rechtsprechung zu § 22 Abs. 1 Satz 1 SGB II entwickelten **Prüfreihenfolge**[217], die wegen der gleichen Rechtslage auch für das SGB XII Anwendung findet.[218] Zunächst sind die für Hilfebedürftige **abstrakt angemessenen** Aufwendungen für Unterkunft (einschließlich kalte Nebenkosten) in drei Schritten zu ermitteln (abstrakt angemessene Wohnungsgröße; Vergleichsraum und Referenzmiete im Vergleichsraum), wobei individuelle Bedarfe bei der Frage der abstrakten Angemessenheit grundsätzlich unberücksichtigt bleiben. Die abstrakt angemessenen Aufwendungen für die Unterkunft ergeben sich dann nach der anzuwendenden sog. **Produkttheorie** aus dem Produkt der angemessenen Wohnfläche mit der Referenzmiete. Sodann ist die **konkrete Angemessenheit** der Aufwendungen für die Unterkunft zu ermitteln und hierbei individuelle Bedarfe zu berücksichtigen (etwa größerer Raumbedarf aufgrund einer Behinderung). Übersteigen die tatsächlichen Aufwendungen für die Unterkunft die hiernach ermittelten angemessenen Aufwendungen, sind schließlich die Zumutbarkeit und Möglichkeit der Kostensenkung zu prüfen, d.h. ob nach der Struktur des Wohnungsmarktes am konkreten Wohnort der Leistungsberechtigte tatsächlich auch die Möglichkeit hat, eine abstrakt als angemessen eingestufte Wohnung **konkret** auf dem Wohnungsmarkt anmieten zu können.

68

Die Angemessenheit der Aufwendungen nach § 35 Abs. 2 Satz 1 SGB XII bezieht sich auf die Bruttokaltmiete. Eine nach Kaltmiete und kalten Nebenkosten unterscheidende Betrachtung der Angemessenheit erfolgt nicht (mehr). Die Angemessenheit für die Kosten der Unterkunft und die für die Kosten der Heizung sind getrennt voneinander festzustellen.[219]

69

Die Angemessenheit der Kosten für die Nutzung von **Wohneigentum** (z.B. Schuldzinsen, Abgaben) ist an denselben einheitlichen Kriterien zur Beurteilung der Angemessenheit der Aufwendungen zu messen, die für Mietwohnungen gelten.[220]

70

cc. Abstrakte Angemessenheit

Die abstrakt angemessene Leistung für die Unterkunft ist unter Zugrundelegung der sogenannten Produkttheorie in einem mehrstufigen Verfahren zu ermitteln: Zunächst ist die angemessene Wohnungsgröße zu bestimmen, sodann der maßgebliche örtliche Vergleichsraum sowie anschließend – unter Berücksichtigung des angemessenen einfachen Wohnungsstandards – die Nettokaltmiete pro Quadratmeter Wohnfläche für die angemessene Wohnungsgröße auf dem Wohnungsmarkt des maßgeblichen Vergleichsraumes, um die nach der Produkttheorie angemessene Nettokaltmiete zu ermitteln; zuletzt sind zu der Nettokaltmiete die (angemessenen) kalten Betriebskosten zu addieren.

71

In einem ersten Schritt ist die **abstrakt angemessene Wohnfläche** festzustellen. Hierfür ist nach ständiger Rechtsprechung des BSG auf die Wohnraumgrößen für Wohnberechtigte im sozialen Mietwohnungsbau abzustellen.[221] Die Wohnraumgrößen für Wohnberechtigte im sozialen Mietwohnungsbau ergeben sich aus § 10 WoFG i.V.m. den **Ausführungsbestimmungen der Länder über die Förde-**

72

---

[214] BVerwG v. 28.04.2005 - 5 C 15/04 - NVwZ 2005, 1197.
[215] Vgl. nur BSG v. 07.11.2006 - B 7b AS 18/06 R - juris Rn. 20 - SozR 4-4200 § 22 Nr. 3.
[216] BSG v. 23.03.2010 - B 8 SO 24/08 R; Bayerisches LSG v. 29.01.2008 - L 11 SO 72/07; SG Kassel v. 28.10.2009 - S 12 SO 17/09 ER.
[217] Vgl. nur BSG v. 07.11.2006 - B 7b AS 18/06 R - SozR 4-4200 § 22 Nr. 3; BSG v. 27.02.2008 - B 14/7b AS 70/06 R - juris Rn. 17 - SozR 4-4200 § 22 Nr. 8.
[218] BSG v. 23.03.2010 - B 8 SO 24/08 R - juris Rn. 14 - SozR 4-3500 § 29 Nr. 1.
[219] BSG v. 12.12.2013 - B 4 AS 87/12 R - juris Rn. 19.
[220] BSG v. 07.07.2011 - B 14 AS 51/10 R - SGb 2011, 522; BSG v. 18.02.2010 - B 14 AS 74/08 R - juris Rn. 12 - NZS 2011, 68; vgl. hierzu auch *Knickrehm* in: Kreikebohm/Spellbrink/Waltermann, 3. Aufl. 2013, § 22 Rn. 19; *Dauber* in: Mergler/Zink, Handbuch der Grundsicherung und Sozialhilfe, § 35 Rn. 28, Stand Juni 2013.
[221] BSG v. 16.05.2012 - B 4 AS 109/11 R - juris Rn. 18.

rung des sozialen Wohnungsbaus, und zwar aus den **im streitigen Zeitraum gültigen Bestimmungen**. Abzustellen ist auf die aktuellen Ausführungsvorschriften zu § 10 WoFG bzw. andernfalls die sie ersetzenden anderweitigen Verwaltungsregelungen (z.B. Arbeitshilfe).[222] Dass der mit der Angemessenheitsprüfung verbundene Zweck mit den Zwecken des sozialen Wohnungsbaus nicht übereinstimmt, wird hierbei bewusst in Kauf genommen, weil dem Gesichtspunkt der Rechtssicherheit eine überragende Bedeutung zukommt.[223] Das BSG weist insoweit auch darauf hin, dass Leistungsbezieher nach dem SGB II und SGB XII zumindest Teil der Zielgruppe der sozialen Wohnraumförderung als Haushalte sind, die sich am Markt nicht angemessen mit Wohnraum versorgen können und auf Unterstützung angewiesen sind; insbesondere Haushalte mit geringem Einkommen.[224] Zwar werden durch den Rückgriff auf Wohnungsgrößen im sozialen Wohnungsbau auch unterschiedliche Maßstäbe für die Angemessenheit im Vergleich zwischen den Bundesländern und innerhalb der Bundesländer aufgestellt, ohne dass die Unterschiede der Wohnungsgrößen sich an den Zielen der Existenzsicherung im SGB II und SGB XII orientierten. Aus Gründen der **Rechtssicherheit und der Praktikabilität** hält das BSG den Rückgriff auf die Bestimmung aus dem sozialen Wohnungsbau für vertretbar.[225] Bei der Festlegung der angemessenen Wohnfläche im SGB XII bzw. SGB II ist zu beachten, dass es dabei nur auf die qm-Werte, die in den landesrechtlichen Verwaltungsvorschriften festgelegt sind, ankommt und nicht etwa auch auf eine etwaige Differenzierung nach der Raumanzahl.[226] Etwa folgende Größen ergeben sich danach (maßgeblich sind die sich im Einzelfall aus den anzuwendenden jeweiligen Landesvorschriften ergebenden Wohnflächengrenzen, die teilweise abweichen): Alleinstehende **45 bis 50 qm**, zwei Personen **60 qm**, drei Personen **75 bis 80 qm**, vier Personen **85 bis 90 qm**, jede weitere Person **weitere 10 bis 15 qm**. Ob generell eine **Toleranz** anzunehmen ist, wenn[227] etwa die Wohnflächengrenze lediglich um wenige Quadratmeter überschritten wird, hat das BSG – vor dem Hintergrund der Produkttheorie – offen gelassen[228].

73   Da die angemessene anteilige Wohnfläche pro Person mit weiteren **Haushaltsbewohnern** abnimmt (z.B. Wohnfläche bei Alleinwohnendem 45 m², Wohnfläche bei Zweipersonenhaushalt 60 m², d.h. pro Person 30 m² statt bei isolierter Betrachtung 45 m²), ist für die Frage der angemessenen Wohnfläche als Faktor des Produkts Angemessenheit zunächst festzustellen, in welcher Form Personen zusammenwohnen, d.h. als Bedarfs- oder Einstandsgemeinschaft, Haushaltsgemeinschaft oder reine Wohngemeinschaft. Maßgeblich für die Festlegung der angemessenen Wohnfläche ist die **Zahl der Mitglieder einer Einstandsgemeinschaft**.[229] Für das SGB II hat das BSG das Abstellen allein auf die Mitglieder einer Bedarfsgemeinschaft damit begründet, dass das SGB II die Kategorie der Haushaltsgemeinschaft nicht kennt und nur die Personenmehrheit in Form einer Bedarfsgemeinschaft rechtlich relevant ist.[230] Das BSG hat die Wohnfläche im Bereich des SGB II für Mitglieder einer Bedarfsgemeinschaft i.S.d. § 7 Abs. 3 Nr. 3a SGB II und § 7 Abs. 3 Nr. 3b SGB II auch dann zusammen bemessen, wenn die Partner – ohne dass ein Trennungswille vorliegt – dauerhaft in getrennten Wohnungen leben und eine Haushaltsgemeinschaft deshalb nicht besteht.[231] Einem Leistungsberechtigten, der in einer **Wohngemeinschaft** wohnt, ist dagegen dieselbe abstrakt angemessene Wohnfläche zuzuordnen wie im Falle einer allein bewohnten Unterkunft; ein **Abschlag** aufgrund der Nutzung von Gemeinschaftsräumen ist nicht vorzunehmen.[232] Von einer Wohngemeinschaft ist auch dann auszugehen, wenn Verwandte eine

---

[222] BSG v. 16.05.2012 - B 4 AS 109/11 R - juris Rn. 18 f.; BSG v. 07.11.2006 - B 7b AS 18/06 R - SozR 4-4200 § 22 Nr. 3 Rn. 19; vgl. hierzu auch *Rips*, WuM 2004, 439, 441.
[223] BSG v. 16.05.2012 - B 4 AS 109/11 R - juris Rn. 18.
[224] BSG v. 16.05.2012 - B 4 AS 109/11 R - juris Rn. 19.
[225] BSG v. 19.02.2009 - B 4 AS 30/08 R - juris Rn. 18 - BSGE 102, 263.
[226] BSG v. 19.10.2010 - B 14 AS 50/10 R - juris Rn. 21 - SozR 4-4200 § 22 Nr. 42; *Dauber* in: Mergler/Zink, Handbuch der Grundsicherung und Sozialhilfe, § 35 Rn. 30, Stand Juni 2013.
[227] BSG v. 18.05.2008 - B 14/11b AS 61/06 R - SozR 4-4200 § 22 Nr. 12; BSG v. 18.02.2010 - B 14 AS 73/08 R.
[228] BSG v. 23.03.2010 - B 8 SO 24/08 R; BSG v. 17.12.2009 - B 4 AS 50/09 R.
[229] Vgl. zur Bedarfsgemeinschaft im SGB II: BSG v. 18.06.2008 - B 14/11b AS 61/06 R - juris Rn. 21 - SozR 4-4200 § 22 Nr. 12; BSG v. 18.02.2010 - B 14 AS 73/08 R - juris Rn. 23.
[230] BSG v. 19.10.2010 - B 14 AS 50/10 R - juris Rn. 23 - SozR 4-4200 § 22 Nr. 42.
[231] BSG v. 19.10.2010 - B 14 AS 50/10 R - juris Rn. 23 - SozR 4-4200 § 22 Nr. 42.
[232] BSG v. 18.06.2008 - B 14/11b AS 61/06 R - SozR 4-4200 § 22 Nr. 12; vgl. LSG Berlin-Brandenburg v. 20.09.2007 - L 5 B 1280/07 AS ER; LSG Schleswig-Holstein v. 14.09.2006 - L 6 AS 6/06; vgl. hierzu auch *Dauber* in: Mergler/Zink, Handbuch der Grundsicherung und Sozialhilfe, § 35 Rn. 32, Stand Juni 2013, wonach für die angemessene Wohnungsgröße auch Personen außerhalb der Bedarfsgemeinschaft zu berücksichtigen sind, also auch in Haushaltsgemeinschaft zusammenlebende Personen, es sei denn, der oder die Mitbewohner sind nicht hilfebedürftig.

Wohnung gemeinsam nutzen und weder eine Bedarfsgemeinschaft i.S.d. § 7 Abs. 3 SGB II[233] noch eine Einstandsgemeinschaft vorliegt. Das SG Karlsruhe hat für einen aus Verwandten bestehenden Haushalt entschieden, dass Wohnflächen nicht nach einem Mehrpersonenhaushalt zu bemessen sind; allein bei der Bedarfsgemeinschaft sei ein Mehrpersonenhaushalt bei der abstrakt angemessenen Wohnfläche zu berücksichtigen, während das SGB II eine Haushaltsgemeinschaft außer in § 9 Abs. 5 SGB II nicht kenne.[234]

Wohnraumförderungsrechtliche Sonderregelungen, die auf **persönliche Lebensverhältnisse** des Hilfebedürftigen Bezug nehmen (z.B. Alleinerziehung), sind nach der Rechtsprechung des BSG zur Ermittlung der Wohnflächen für die abstrakt angemessene Referenzmiete nicht zu berücksichtigen.[235] Die persönlichen Lebensumstände des Leistungsberechtigten (z.B. behinderte Leistungsberechtigte, Alleinerziehende) führen danach nicht zu einer Veränderung bei der Bestimmung der abstrakt angemessenen Vergleichsmiete, sondern sind erst bei der **konkreten Angemessenheit bzw.** der Kostensenkungsobliegenheit zu berücksichtigen.[236] Besondere Bedarfe wirken sich auf die konkret angemessenen Kosten bzw. die Zumutbarkeit der Kostensenkung aus, denn erst bei der konkreten Angemessenheit können den erheblichen Unterschieden im persönlichen besonderen Bedarf hinreichend Rechnung getragen werden, während die reine Erhöhung der abstrakt angemessenen Wohnraumgröße dem nicht gerecht wird.[237] 74

Bisher ungeklärt war für das SGB II die Frage, wie der **Wohnbedarf in temporären Bedarfsgemeinschaften**[238] zu bemessen und zuzuordnen ist, d.h. ob ein höherer Wohnflächenbedarf für die nur temporär bestehende Bedarfsgemeinschaften besteht, ob es sich um einen individuellen Bedarf (und Anspruch) auf Unterkunft des jeweiligen Mitglieds der temporären Bedarfsgemeinschaften handelt, d.h. insbesondere des besuchenden minderjährigen Kindes – den Grundsätzen des anteiligen Regelbedarfs für Kinder in einer temporären Bedarfsgemeinschaft folgend – oder ob es sich um Raummehrbedarf des Elternteils handelt, damit dieses den geordneten Umgang mit seinem Kind sicherstellen kann.[239] Im SGB II wurde mit dem Gesetz zur Ermittlung von Regelbedarfen und zur Änderung des Zweiten und Zwölften Buchs Sozialgesetzbuch vom 24.03.2011 in § 22b Abs. 3 Satz 2 Nr. 2 SGB II ein ggf. **erhöhter Raumbedarf zur Ausübung des Umgangsrechts dem Elternteil zugeordnet**. Anspruchsinhaber für mögliche erhöhte Wohnkosten ist somit nunmehr nach der gesetzlichen Zuordnung allein der umgangsberechtigte Elternteil, nicht aber das Kind.[240] Diese Wertung ist **auch im SGB XII** zu berücksichtigen. Ob die Wohnkosten i.S.d. § 35 SGB XII angemessen sind, bestimmt sich dann nach dem **zeitlichen Umfang** der Ausübung des Umgangsrechts, dem **Alter, Geschlecht und Entwicklungsstand** der Kinder sowie ggf. individuell erhöhter Raumbedarfe.[241] Der Systematik des BSG hinsichtlich der abstrakten und konkreten Angemessenheit zufolge ist der erhöhte Raumbedarf als individueller Bedarf des Elternteils allerdings nicht in der abstrakten Angemessenheit zu prüfen, die nur auf den gewöhnlichen Leistungsberechtigten abstellt, sondern im Rahmen der **konkreten Angemessenheit**.[242] Hierbei sind dann die Umstände des Einzelfalls zu berücksichtigen, d.h. ob aufgrund des Alters des Kindes, des aktuellen Zuschnitts der Wohnung und der Aufteilung der Zimmer, sowie dem Umstand, dass weitere 75

---

[233] BSG v. 07.05.2009 - B 14 AS 14/08 R - juris Rn. 27 - NZS 2010, 406.
[234] SG Karlsruhe v. 06.02.2014 - S 13 AS 235/13 - juris Rn. 59, 60, das auf die praktischen Probleme eines erwerbstätigen Kindes in einer Bedarfs- bzw. Haushaltsgemeinschaft hinweist, wenn dessen schwankendes Einkommen zeitweise bedarfsdeckend ist.
[235] BSG v. 11.12.2012 - B 4 AS 44/12 R - juris Rn. 14 - NZS 2013, 389; BSG v. 22.08.2012 - B 14 AS 13/12 R - juris Rn. 19 - SGb 2013, 539.
[236] BSG v. 19.02.2009 - B 4 AS 30/08 R - juris Rn. 35 - BSGE 102, 263 = SozR 4-4200 § 22 Nr. 19; BSG v. 27.11.2009 - B 4 AS 27/09 R - juris Rn. 33 - SozR 4-4200 § 22 Nr. 27 (gesundheitliche Aspekte); vgl. auch BSG v. 14.04.2011 - B 8 SO 19/09 R - juris Rn. 17 - SozR 4-3500 § 29 Nr. 2 (Betreuungsangebot); BSG v. 13.04.2011 - B 14 AS 106/10 R - juris Rn. 33-39 - SozR 4-4200 § 22 Nr. 46; ebenso BSG v. 13.04.2013 - B 14 AS 28/12 R - juris Rn. 29 - SozR 4 - 4200 § 22 Nr. 67.
[237] BSG v. 11.12.2012 - B 4 AS 44/12 R - juris Rn. 14 - NZS 2013, 389.
[238] Vgl. zur temporären Bedarfsgemeinschaft: BSG v. 02.07.2009 - B 14 AS 54/08 R - BSGE 104, 48; BSG v. 02.07.2009 - B 14 AS 75/08 R - SozR 4-4200 § 7 Nr. 13.
[239] Vgl. BSG v. 12.06.2013 - B 14 AS 50/12 R - juris Rn. 19 - SozR 4-4200 § 7 Nr. 35.
[240] So auch LSG Niedersachsen-Bremen v. 04.01.2012 - L 11 AS 635/11 B ER - juris Rn. 14 - info also 2012, 270, wonach der höhere Raumbedarf bei der abstrakten Angemessenheit berücksichtigt wird.
[241] *Behrend*, jM 2014, 28 f.
[242] Ebenso für die Frage des erhöhten Raumbedarf bei Alleinerziehung im Rahmen der konkreten Angemessenheit BSG v. 11.12.2012 - B 4 AS 44/12 R - juris Rn. 14 - NZS 2013, 389.

§ 35

Kinder dort wohnen, ein höherer Wohnflächenbedarf besteht.[243] Schwierigkeiten können sich bei der Prognose der Häufigkeit des mehr als sporadischen Besuchs ergeben. Die Prüfung der angemessenen Größe kann durch die **Satzungslösung** auf die Ebene der abstrakten Angemessenheit verlagert werden (§ 35a SGB XII i.V.m. § 22b Abs. 3 Satz 2 Nr. 2 SGB II). Danach sollen in der Satzung Sonderregelungen für Personen getroffen werden, die einen erhöhten Raumbedarf insbesondere wegen der Ausübung des Umgangsrechts haben.[244]

76 Die Ermittlung der **abstrakt angemessenen Wohnfläche bei Wohneigentum** unterscheidet sich nicht von für Mietwohnungen geltenden Wohnflächengrenzen, denn die Angemessenheit von Aufwendungen für Wohneigentum ist nach den gleichen Maßstäben zu beurteilen wie für Mietwohnungen.[245] Die im Rahmen der Vermögensvorschriften anzuerkennende Größe von Wohneigentum ist für die Frage der abstrakten Angemessenheit der Unterkunftskosten unbeachtlich.[246]

77 In einem **zweiten Schritt** ist der **örtliche Vergleichsraum** festzustellen, innerhalb welchem das Mietpreisniveau (Referenzmiete) zu ermitteln ist.[247] Gesetzliche Kriterien zur Bestimmung des räumlichen Vergleichsmaßstabes bestehen nicht. Nach der Rechtsprechung des BSG ist für die repräsentative Bestimmung des Mietpreisniveaus entscheidend, **ausreichend große Räume** der Wohnbebauung (nicht bloße Orts- oder Stadtteile) zu beschreiben, die aufgrund ihrer räumlichen Nähe zueinander, ihrer Infrastruktur und insbesondere ihrer verkehrstechnischen Verbundenheit einen insgesamt betrachtet homogenen Lebens- und Wohnbereich bilden.[248] Bei der Festlegung des örtlichen Vergleichsraums ist dem grundsätzlich zu respektierenden Recht des Leistungsempfängers auf **Verbleib in seinem sozialen Umfeld (wohnortbezogen)** Rechnung zu tragen.[249] Ausgangspunkt für den räumlichen Vergleichsmaßstab ist daher in erster Linie der **Wohnort** des Leistungsberechtigten, ohne dass hierfür der kommunalverfassungsrechtliche Begriff der „Gemeinde" entscheidend sein muss. Bei besonders kleinen Gemeinden, etwa im ländlichen Raum, die über keinen repräsentativen Wohnungsmarkt verfügen, kann es geboten sein, größere Gebiete als Vergleichsmaßstab zusammenzufassen; bei besonders großen Städten kleinere Gebietseinheiten. Die Festlegung des Vergleichsraumes ist für die Frage, ob ein schlüssiges Konzept wegen Erkenntnisausfalls auf Grundlage eines zutreffenden rechtlichen Maßstabs nicht erstellt werden kann, **unumgänglich**. Denn die Entscheidung über ein schlüssiges Konzept oder den Erfolg eigener Ermittlungen setzt die Festlegung eines - örtlichen - Vergleichsraums voraus, auf den sich diese Beurteilung bezieht; das BSG hält daher für unzulässig, den Vergleichsraum dahinstehen zu lassen; eine Wahlfeststellung (Wohnortgemeinde, Bezirk) wird dagegen für zulässig erachtet.[250] Der Vergleichsraum kann **die Stadt umfassen** (z.B. Stadt Berlin[251]; Stadt München[252], Stadt Freiburg[253]),

---

[243] Vgl. hierzu auch *Dauber* in: Mergler/Zink, Handbuch der Grundsicherung und Sozialhilfe, § 35 Rn. 34 m.w.N., Stand Juni 2013, wonach ein weiteres Zimmer gerechtfertigt ist ab einem (ggf. zusammengerechneten) Aufenthalt von 5 Monaten, jedoch kein Wohnflächenmehrbedarf zu berücksichtigen ist bei einem nur wöchentlichen Besuch bzw. 2maligem Übernachten pro Monat.

[244] A.A. BSG v. 11.12.2012 - B 4 AS 44/12 R - juris Rn. 15 - NZS 2013, 389, wonach – für das SGB II – immer eine Einzelfallentscheidung über den individuell erhöhten Bedarf an Unterkunft zu erfolgen hat, die auch beim „Satzungskonzept" nicht bei der Bestimmung der abstrakten Parameter der Bestimmung der Angemessenheitsgrenze angesiedelt werden kann.

[245] BSG v. 07.07.2011 - B 14 AS 51/10 R - SGb 2011, 522; BSG v. 18.02.2010 - B 14 AS 74/08 R - juris Rn. 12 - NZS 2011, 68; vgl. hierzu auch *Knickrehm* in: Kreikebohm/Spellbrink/Waltermann, 3. Aufl. 2013, § 22 Rn. 19.

[246] BSG v. 15.04.2008 - B 14/7b AS 34/06 R - juris Rn. 36 - SozR 4-4200 § 12 Nr. 10; vgl. hierzu auch in: Mergler/Zink, Handbuch der Grundsicherung und Sozialhilfe, § 35 Rn. 28, Stand Juni 2013, a.A. SG Aurich v. 10.02.2005 - S 15 AS 3/05 ER - NZM 2005, 512; SG Lüneburg v. 22.08.2007 - S 25 AS 1233/06 (Vermeidung eines Wertungswiderspruchs zu den Vermögensanrechnungsvorschriften).

[247] BSG v. 10.09.2013 - B 4 AS 77/12 R - juris Rn. 22 - NZS 2014, 149.

[248] BSG v. 12.12.2013 - B 14 AS 87/12 R - juris Rn. 22; BSG v. 19.02.2009 - B 4 AS 30/08 R - juris Rn. 21 - BSGE 102, 263.

[249] BSG v. 07.11.2006 - B 7b AS 10/06 R - juris Rn. 24 - SozR 4-4200 § 22 Nr. 2; BSG v. 20.08.2009 - B 14 AS 41/08 R - juris Rn. 16.

[250] Vgl. BSG v. 11.12.2012 - B 4 AS 44/12 R - juris Rn. 17 - NZS 2013, 389; vgl. auch BSG v. 14.02.2013 - B 14 AS 61/12 R - juris Rn. 22.

[251] BSG v. 19.10.2010 - B 14 AS 50/10 R - juris Rn. 21 - SozR 4-4200 § 22 Nr. 42; BSG v. 19.10.2010 - B 14 AS 2/10 R - juris Rn. 18; BSG v. 13.04.2011 - B 14 AS 85/09 R - SGb 2011, 327 und BSG v. 13.04.2011 - B 14 AS 32/09 R - juris Rn. 19 - SGb 2011, 326.

[252] BSG v. 19.02.2009 - B 4 AS 30/08 R juris Rn. 21 - BSGE 102, 263.

[253] BSG v. 13.04.2011 - B 14 AS 106/10 R - juris Rn. 21 - SGb 2012, 361; vgl. für die Stadt Zweibrücken auch BSG v. 20.08.2009 - B 14 AS 65/08 R - juris Rn. 15 für eine Stadt mit 35.000 Einwohnern.

wenn die einen Vergleichsraum prägenden Merkmale trotz Größe (Fläche und Einwohnerzahl) vorliegen. Für die verkehrstechnische Verbundenheit ist die Erreichbarkeit des Stadtkerns von allen Stadtteilen her mit öffentlichem Nahverkehr zu berücksichtigen; ebenso Pendelzeiten von Randlagen in die innerstädtischen Bezirke, wie sie auch erwerbstätigen Pendlern nach dem SGB III zugemutet werden. Es ist nicht zulässig, nur bestimmte Stadtteile oder besonders niedrigpreisige Wohngegenden zur Ermittlung eines abstrakt angemessenen Mietpreises herauszugreifen.[254] Den **besonderen Belangen** und der konkreten Situation des jeweiligen Leistungsberechtigten (z.B. von Alleinerziehenden oder von Familien mit minderjährigen schulpflichtigen Kindern) ist nicht bereits bei der (abstrakt-generell vorzunehmenden) Festlegung der Vergleichsräume, sondern erst im Rahmen der Zumutbarkeitsregelung Rechnung zu tragen. Das konkrete „soziale Umfeld" und der abstrakte „räumliche Vergleichsmaßstab" sind insoweit nicht deckungsgleich.[255] Der räumliche Vergleichsmaßstab umfasst in der Regel das meist größere Gebiet, in dessen Raum die Vergleichs- bzw. Referenzmieten zu erheben sind.[256] Ob es dem Leistungsberechtigten zugemutet werden kann, sein möglicherweise kleiner zu bemessendes soziales Umfeld zu verlassen, weil die Referenzmiete höher als seine zu zahlende Miete ist, ist im Rahmen der konkreten Angemessenheit zu prüfen.

In einem **dritten Schritt** ist die **Referenzmiete** zu ermitteln, d.h. welche Miete für eine Unterkunft einfachen Standards einer bestimmten (im ersten Schritt festgelegten) Größe auf dem relevanten Wohnungsmarkt im (im zweiten Schritt festgelegten) örtlichen Vergleichsraum aufzuwenden ist. Zu ermitteln ist der den Wohnungsstandard widerspiegelnde angemessene Quadratmeterpreis (Angemessenheitsgrenze). Zugrunde zu legen ist ein einfacher, im unteren Marktsegment liegender Standard; die Wohnung muss hinsichtlich ihrer Ausstattung, Lage und Bausubstanz einfachen und grundlegenden Bedürfnissen genügen.[257] Der unterste Standard ist nach dem BSG nicht angemessen und daher auch nicht in die auszuwertende Datengrundlage einzubeziehen.[258] 78

Die vom Grundsicherungsträger herangezogene Datengrundlage muss auf einem **schlüssigen Konzept** beruhen, das eine hinreichende Gewähr dafür bietet, dass es die **aktuellen Verhältnisse des örtlichen Wohnungsmarktes** wiedergibt.[259] Ein **Konzept** ist ein planmäßiges Vorgehen im Sinne der systematischen Ermittlung und Bewertung genereller, wenngleich orts- und zeitbedingter Tatsachen **für sämtliche Anwendungsfälle** im maßgeblichen Vergleichsraum und **nicht nur ein punktuelles Vorgehen von Fall zu Fall**.[260] Das schlüssige Konzept kann **nicht** durch eine „**Gegenprobe**" ersetzt werden, ob es möglich ist, innerhalb eines Vergleichsraumes Wohnungen bis zur Höhe der Tabellenwerte des WoGG in der angemessenen Wohnraumgröße anzumieten.[261] Das Konzept des Leistungsträgers muss schlüssig sein im Interesse der Überprüfbarkeit des Ergebnisses und die Begrenzung der tatsächlichen Unterkunftskosten auf ein „angemessenes Maß" hinreichend nachvollziehbar machen (Schlüssigkeitsprüfung).[262] 79

Schlüssig ist das Konzept, wenn es mindestens die folgenden Voraussetzungen erfüllt:[263] 80

- die Datenerhebung darf ausschließlich in dem genau eingegrenzten und muss über den **gesamten Vergleichsraum** erfolgen (keine Ghettobildung),
- es bedarf einer nachvollziehbaren **Definition des Gegenstandes der Beobachtung**, z.B. Art der Wohnungen, Differenzierung nach Standard der Wohnungen, Brutto- und Nettomiete (Vergleichbarkeit), Differenzierung nach Wohnungsgröße,
- es müssen Angaben über den **Beobachtungszeitraum** gemacht werden (der Erhebungszeitraum ist einzugrenzen, die gewonnenen Ergebnisse regelmäßig zu überprüfen und bei wesentlichen Änderungen des einschlägigen Mietniveaus ist eine Anpassung der jeweiligen Referenzmiete vorzunehmen),

---

[254] BSG v. 20.08.2009 - B 14 AS 41/08 R - juris Rn. 19 m.w.N.
[255] Vgl. *Knickrehm* in: Spellbrink, Das SGB II in der Praxis der Sozialgerichte – Bilanz und Perspektiven, 2009, 79, 85.
[256] Vgl. zu München BSG v. 19.02.2009 - B 4 AS 30/08 R - BSGE 102, 263; vgl. auch zu Osnabrück BSG v. 18.06.2008 - B 14/7b AS 44/06 R - FEVS 60, 145.
[257] BSG v. 10.09.2013 - B 4 AS 77/12 R - juris Rn. 22 - NZS 2014, 149.
[258] BSG v. 10.09.2013 - B 4 AS 77/12 R - juris Rn. 21 - NZS 2014, 149.
[259] BSG v. 23.03.2010 - B 8 SO 24/08 R - juris Rn. 14, 16 - SozR 4-3500 § 29 Nr. 1.
[260] BSG v. 22.09.2009 - B 4 AS 18/09 R - juris Rn. 19 - BSGE 104, 192.
[261] BSG v. 17.12.2009 - B 4 AS 50/09 R - juris Rn. 22 - SozR 4-4200 § 22 Nr. 29.
[262] BSG v. 10.09.2013 - B 4 AS 77/12 R - juris Rn. 24 - NZS 2014, 149.
[263] BSG v. 23.03.2010 - B 8 SO 24/08 R - juris Rn. 17 - SozR 4-3500 § 29 Nr. 1; BSG v. 18.02.2010 - B 14 AS 73/08 R; BSG v. 22.09.2009 - B 4 AS 18/09 R - BSGE 104, 192.

- es bedarf der Festlegung der **Art und Weise der Datenerhebung** (Erkenntnisquellen, z.B. Mietspiegel), wobei nicht erforderlich ist, dass der Leistungsträger die Daten für das Konzept selbst erhebt,
- die **Repräsentativität** des Umfangs der eingezogenen Daten ist zu belegen,[264]
- es bedarf einer **Validität der Datenerhebung**, das heißt, es muss ein breites Spektrum der Mietwohnungen in die Datenerhebung Eingang gefunden haben[265] (kein Wohnraum, der keinen Aufschluss über die örtlichen Gegebenheiten gibt, wie Wohnraum in Herbergen, Wohnheimen oder solcher, für den im Rahmen von verwandtschaftlichen Verhältnissen nur „Gefälligkeitsmieten" gezahlt werden),
- erforderlich ist ferner die Einhaltung anerkannter **mathematisch-statistischer Grundsätze** der Datenerhebung und Datenauswertung[266],
- schließlich bedarf es Angaben über die gezogenen Schlüsse (z.B. Spannoberwert, gewichteter Durchschnittswert, Kappungsgrenze).

81 Der Sozialhilfeträger hat die **konkreten örtlichen Gegebenheiten** auf dem Wohnungsmarkt zu ermitteln und zu berücksichtigen.[267] Die Verwaltung ist in Ermangelung normativer Grundlagen bis auf Weiteres **nicht auf eine bestimmte Vorgehensweise** festgelegt.

82 Als Datengrundlage kommen insbesondere qualifizierte Mietspiegel i.S.d. § 558d BGB in Betracht.[268] Bei der Erstellung eines schlüssigen Konzepts sind – soweit ein qualifizierter Mietspiegel vorliegt – die **Grundlagendaten**, die im Rahmen der Primärdatenerhebung zum Zweck der Mietspiegelerstellung erhoben wurden, heranzuziehen, um die Häufigkeit von Wohnungen und die nachvollziehbare Abbildung des einfachen Standards durch bestimmte Werte zu ermitteln.[269] Liegen keine Mietspiegel oder Mietdatenbanken nach den §§ 558c bis § 558e BGB vor, ist die Erstellung entsprechender Tabellen und Mietspiegel durch den Leistungsträger zu erwägen.[270] Daten können auch folgenden Quellen entnommen werden: **Mietpreisübersichten** des Verbandes Deutscher Makler, von Vermietern, anderen privaten Organisationen, Datensammlungen von Mieterverbänden[271] oder von Gutachterausschüssen und sonstigen öffentlichen Stellen, **Immobilienanzeigen** in der örtlichen Presse, Statistiken über Leistungsbezieher nach dem SGB II und SGB XII.[272] Das BSG hat auch Statistiken mit Datensätzen über durchschnittliche Mietpreise aus Wohngeldfällen als geeignete Daten für die Bildung der Angemessenheitsgrenze in Betracht gezogen.[273] Nach der Rechtsprechung des BSG[274] kann es je nach Lage der Dinge ausreichend sein, die erforderlichen Daten bei den **örtlichen Wohnungsbaugenossenschaften** zu erheben, wenn die für Hilfeempfänger in Betracht kommenden Wohnungen zum größten Teil im Eigentum dieser Genossenschaften stehen; nicht jedoch dann, wenn die Genossenschaften über keinen ins Gewicht fallenden Anteil am Wohnungsbestand des Vergleichsraumes verfügen und eine Mietpreisabfrage keine valide Datengrundlage für die Angemessenheitsgrenze ergeben kann. Nicht zulässig ist es, nur bestimmte Stadtteile oder besonders niedrigpreisige Wohngegenden zur Ermittlung eines abstrakt angemessenen Mietpreises herauszugreifen; ebenso unzulässig ist der Verweis nur auf bestimmte Wohnungsbaugesellschaften als Anbieter, sofern diese nicht das in Bezug zu nehmende Mietsegment aufgrund einer marktbeherrschenden Stellung im Wesentlichen abdecken. Eine Auswertung nur des Wohnungsbestandes bestimmter Anbieter bei der Erstellung des Konzepts muss Gewähr dafür bieten, dass das untere Mietpreisniveau des gesamten örtlich in Betracht zu ziehenden Mietwohnungsbestandes realistisch abgebildet wird.[275] Dabei ist nicht nur auf die am Markt angebotenen Wohnungen abzustellen (Angebotsmieten), sondern auch auf vermietete Wohnungen (Bestandsmieten).[276] Einem

---

[264] Vgl. BSG v. 18.06.2008 - B 14/7b AS 44/06 R - FEVS 60, 145: 10% als eine Möglichkeit, um ein schlüssiges Konzept zu begründen.

[265] *Knickrehm* in: Kreikebohm/Spellbrink/Waltermann, 3. Aufl. 2013, § 22 Rn. 17.

[266] BSG v. 22.09.2009 - B 4 AS 18/09 R - juris Rn. 16 - BSGE 104, 192.

[267] BSG v. 07.11.2006 - B 7b AS 18/06 R - juris Rn. 23 - SozR 4-4200 § 22 Nr. 3.

[268] BSG v. 13.04.2011 - B 14 AS 106/10 R - juris Rn. 24 - SozR 4-4200 § 22 Nr. 46.

[269] Vgl. hierzu auch *Berlit* in: LPK-SGB XII, 9. Aufl. 2012, § 35 Rn. 49.

[270] BSG v. 18.06.2008 - B 14/7b AS 44/06 R - juris Rn. 7 - FEVS 60, 145.

[271] *Grube* in: Grube/Wahrendorf SGB XII, 4. Aufl. 2012, § 35 Rn. 34.

[272] *Berlit* in: LPK-SGB XII, 9. Aufl. 2012, § 35 Rn. 47.

[273] BSG v. 18.06.2008 - B 14/7b AS 44/06 R - juris Rn. 17 - FEVS 60, 145.

[274] BSG v. 22.09.2009 - B 4 AS 18/09 R - juris Rn. 20 - BSGE 104, 192; BSG v. 20.08.2009 - B 14 AS 41/08 R - juris Rn. 19.

[275] BSG v. 20.08.2009 - B 14 AS 41/08 R.

[276] BSG v. 19.02.2009 - B 4 AS 30/08 R - Rn. 24 - BSGE 102, 263; BSG v. 23.08.2011 - B 14 AS 91/10 R - juris Rn. 24; BSG v. 22.09.2009 - B 4 AS 18/09 R - juris Rn. 22 - BSGE 104, 192; kritisch hierzu: *Berlit* in: LPK-SGB II, 5. Aufl. 2013, § 22 Rn. 68, wonach jedenfalls veraltete Daten oder solche aus atypischen Mietverhältnissen nicht in die Bewertung einfließen dürfen.

Mietspiegel zugrunde liegende Daten sind nach dem BSG grundsätzlich geeignete Datengrundlage, auch wenn sie keine Angebotsmieten enthalten; die Aktualität der Daten ist dadurch gewährleistet, dass nur innerhalb der letzten 4 Jahre vor dem Stichtag neu vereinbarte oder veränderte Mieten Berücksichtigung finden.[277] Das Wohnungsangebot ist ins Verhältnis zu setzen zur Nachfrage insbesondere der Adressaten von Kostensenkungsaufforderungen.[278] Als Datengrundlage ist sämtlicher Wohnraum zu berücksichtigen, der zu dem Zweck der Unterkunft vermietet wird, so etwa auch Wohnraum, bei dem die Miethöhe durch Gesetz oder im Zusammenhang mit einer **Förderzusage** festgelegt worden ist. Dieser ist in Mietspiegeln oder Mietdatenbanken nicht berücksichtigt; werden Mietspiegel zur Ermittlung der Referenzmiete herangezogen, sind die Daten etwa auch um Wohnraum, bei dem die Miethöhe durch Gesetz oder im Zusammenhang mit einer Förderzusage festgelegt worden ist, zu ergänzen. Nicht zu berücksichtigen ist hingegen Wohnraum, dessen Miete keinen zuverlässigen Aufschluss über die örtlichen Gegebenheiten bringen kann; so etwa Wohnraum in **Wohnheimen oder Herbergen und Gefälligkeitsmietverhältnisse** (z.B. Vereinbarung von besonders niedrigen Mieten zwischen Verwandten). Auszunehmen ist auch Wohnraum, der in der Regel nicht länger als ein halbes Jahr und damit nur vorübergehend vermietet werden soll (z.B. Ferienwohnungen, Wohnungen für Montagearbeiter).[279] Ein schlüssiges Konzept kann sowohl auf Wohnungen aus dem Gesamtwohnungsbestand (einfacher, mittlerer, gehobener Standard) als auch auf Wohnungen nur einfachen Standards abstellen.[280] Das BSG hat eine ausreichende Datenbasis bei mindestens 10% des regional in Betracht zu ziehenden Mietwohnungsbestandes bejaht.[281] Unzureichend ist eine Datengrundlage nach dem BSG, die sich aus einem **Wohnungsbestand nur aus Wohnungen von Leistungsempfängern** nach dem SGB II, SGB XII sowie aus 12% Wohnungen von Empfängern von Wohngeld zusammensetzt; nur in der Rubrik der Wohngeldempfänger können Wohnungen enthalten sein, die auch teurer sind als eine nach SGB II oder SGB XII angemessene Wohnung. Bei der **Durchschnittsbildung** errechnet sich ein Angemessenheitswert, der dann unter dem Wert läge, der für einen Teil der Leistungsempfänger als angemessen akzeptiert wird. Kein planmäßiges Vorgehen stellt es in diesem Fall dar, die Durchschnittswerte um einen Sicherheitsaufschlag zu erhöhen.[282] Zur Gewährleistung der Aktualität der Daten sind diese kontinuierlich fortzuschreiben bzw. zu kontrollieren oder mit anderen Daten abzugleichen.[283] Werden Daten aufgrund einer Stichprobe erhoben, bietet es sich nach dem BSG an, diese hinsichtlich Stichprobenumfang und Auswertung an den für Mietspiegel geltenden Standard anzulehnen.[284] Zur Erstellung eines schlüssigen Konzept ist die Einholung eines Sachverständigengutachtens zulässig.

Aus dem Datenbestand zu Wohnungen und Mietpreisen sind sodann **zutreffende Schlüsse** auf die Angemessenheitsgrenze zu ziehen; hierzu muss nachvollziehbar sein, welche Wohnungen in die Datenerhebung einbezogen werden (Erfassung der Wohnungen nach welchen Kriterien).[285] Eine **Durchschnittsbildung** ist möglich, wenn auf alle Wohnungen aus dem Gesamtwohnungsbestand abgestellt wird, also neben Wohnungen einfachen Standards auch auf solche mittleren und gehobenen Standards. Wird nur auf den Wohnungsbestand mit Wohnungen einfachen Standards abgestellt, ist für die Angemessenheitsgrenze der **obere Spannwert** des Segments maßgeblich.[286] In diesem Fall, dass zur Datenerhebung nur die Wohnungen einfachen Standards zugrunde gelegt werden, muss **nachvollziehbar** offen gelegt werden, nach welchen Gesichtspunkten die Auswahl getroffen wurde. Erfolgt bei dem Abstellen auf den Gesamtwohnungsbestand anschließend eine Kappung, um Wohnungen des gehobenen

83

---

[277] BSG v. 10.09.2013 - B 4 AS 77/12 R - juris Rn. 30.
[278] *Berlit* in: LPK-SGB XII, 5. Aufl. 2013, § 22 Rn. 68.
[279] BSG v. 22.09.2009 - B 4 AS 18/09 R - juris Rn. 22 - BSGE 104, 192.
[280] BSG v. 22.09.2009 - B 4 AS 18/09 R - juris Rn. 21 - BSGE 104, 192, wonach dann, wenn sich die Datenerhebung nur auf die Wohnungen des einfachen Standards beschränkt, zur Festlegung der Angemessenheitsgrenze auf den Spannenoberwert, d.h. den oberen Wert der ermittelten Mietpreisspanne, abzustellen ist.
[281] BSG v. 18.06.2008 - B 14/7b AS 44/06 R - juris Rn. 16 - FEVS 60, 145.
[282] BSG v. 23.08.2011 - B 14 AS 91/10 R - juris Rn. 24.
[283] *Berlit* in: LPK-SGB XII, 9. Aufl. 2012, § 35 Rn. 50, wonach eine nur sporadische Auswertung von Zeitungs- und Internetanzeigen nicht genügt; *ders.* in: LPK-SGB II, 5. Aufl. 2013, § 22 Rn. 68.
[284] BSG v. 22.09.2009 - B 4 AS 18/09 R - juris Rn. 24 - BSGE 104, 192.
[285] BSG v. 19.10.2010 - B 14 AS 15/09 R - juris Rn. 20 - SozR 4-4200 § 22 Nr. 42; zur Berücksichtigung aller Baualterklassen bei der Ermittlung der Höchstgrenze der Referenzmiete vgl. Hessisches LSG v. 09.11.2010 - L 7 SO 134/10 B ER; vgl. in diesem Zusammenhang auch ausführlich SG Kassel v. 01.11.2010 - S 12 SO 39/10 ER - ZFSH/SGB 2011, 116-120, wonach dem „Grundsicherungsrelevanten Mietspiegel für die Stadt Kassel mit Stand 1.9.2010" kein schlüssiges Konzept zugrunde liegen soll.
[286] BSG v. 23.08.2011 - B 14 AS 91/10 R - juris Rn. 24.

Standards auszuscheiden, bedarf die **Kappungsgrenze** einer überprüfbaren Begründung. Das Abstellen auf **Durchschnittsmieten** eines Mietspiegels kann zur (rechtswidrigen) „Besserstellung" führen, weil nicht auf das „untere Mietpreisniveau" abgestellt wurde, sondern auf höhere Durchschnittswerte des gesamten Wohnungsmarktes.[287] Teilweise wird für gerechtfertigt gehalten, zum Ausgleich von Härten die herangezogenen Mietspiegelwerte um 10% zu erhöhen.[288]

84   Bei einem weitgehend ausdifferenzierten **Tabellen-Mietspiegel** ist nicht auf einen einfachen Durchschnitt abzustellen, wenn dieser nicht die Gewähr dafür bietet, dass der abgebildete Wert als solcher tatsächlich den Schwerpunkt eines Mietpreises im einfachen Segment abbildet. Sind Mietspannen nach einzelnen Wohnwertmerkmalen (Bauklassen, Größe der Wohnungen und Lage) in Rasterfeldern zusammengestellt, haben einzelne Felder je nach der Anzahl von Wohnungen, die in diesem Segment vertreten sind, eine unterschiedliche Aussagekraft für den Gesamtmarkt. Das arithmetische Mittel für sich genommen bietet damit nicht die Gewähr, dass das einfache Mietsegment realistisch abgebildet wird. Bei der Erstellung eines schlüssigen Konzepts sind – soweit ein qualifizierter Mietspiegel vorliegt – die **Grundlagendaten**, die im Rahmen der Primärdatenerhebung zum Zweck der Mietspiegelerstellung erhoben wurden, heranzuziehen, um die Häufigkeit von Wohnungen und die nachvollziehbare Abbildung des einfachen Standards durch bestimmte Werte zu ermitteln. Andernfalls ist nach dem BSG ein **gewichteter arithmetischer Mittelwert** nach Verteilung der in der Grundgesamtheit abgebildeten Wohnungen zu bilden.[289] Bei einem **Regressionsmietspiegel** ist eine kleinere Stichprobe ausreichend für die Repräsentativität und Validität der Daten.[290]

85   Wird ein qualifizierter Mietspiegel zugrunde gelegt und werden hierbei von den Durchschnittsbeträgen **Abschläge** (von z.B. 6%) für eine überwiegend einfache Bodenausstattung vorgenommen, um dem angemessenen einfachen, im unteren Marktsegment liegenden Wohnungsstandard Rechnung zu tragen, müssten statistische Nachweise hierzu erbracht werden, denen entnommen werden kann, dass es entsprechende Wohnungen in ausreichender Zahl gibt.[291]

86   Im schlüssigen Konzept müssen die Faktoren, die das Produkt „Mietpreis" bestimmen, in die Auswertung eingeflossen sein (Standard, Größe und Ausstattung der Wohnung, wobei sich der Standard nach Lage der konkreten Verhältnisse auch im Jahr des ersten Bezugs bzw. der letzten Renovierung ausdrücken kann).[292] Abzustellen ist auf die im unteren (nicht untersten) Bereich der für vergleichbare Wohnungen am Wohnort des Hilfesuchenden **marktüblichen Wohnungsmieten**.[293] Angemessen sind die Aufwendungen für eine Wohnung nur dann, wenn diese nach Ausstattung, Lage und Bausubstanz einfachen und grundlegenden Bedürfnissen genügt und keinen gehobenen Wohnstandard aufweist.[294] Nicht abzustellen ist auf sog. **Baualtersklassen**. Der Umstand der Baualtersklasse ist für die Deckung des Unterkunftsbedarfs unerheblich, es sei denn, aus den Baualtersklassen kann auf den Standard von Wohnungen im Vergleichsraum geschlossen werden.[295]

87   Es ist **die Aufgabe des Leistungsträgers**, bereits im Verwaltungsverfahren ein schlüssiges Konzept zur Bestimmung der angemessenen Unterkunftskosten zu entwickeln. Die umfassende Ermittlung der Daten sowie deren Auswertung hat bereits für eine sachgerechte Entscheidung im Verwaltungsverfahren vorzuliegen. Im gerichtlichen Verfahren trifft den Leistungsträger bzgl. seines schlüssigen Konzepts ggf. eine **Nachbesserungspflicht**[296] (vgl. zum gerichtlichen Verfahren Rn. 199). Die Aufgabe des Gericht ist im Wesentlichen die Überprüfung der festgesetzten Mietobergrenze anhand der von dem Leistungsträger gelieferten Daten bzw. der zusätzlich im Rahmen der Amtsermittlungspflicht von

---

[287] BSG v. 19.02.2009 - B 4 AS 30/08 R - juris Rn. 25 - BSGE 102, 263.
[288] *Coseriu* in: Kreikebohm/Spellbrink/Waltermann, 3. Aufl. 2013, § 35 Rn. 12.
[289] BSG v. 19.10.2010 - B 14 AS 50/10 R - juris Rn. 30 - SozR 4-4200 § 22 Nr. 42, wonach die Daten der Primärdatenerhebung beigezogen werden sollen, weil die Daten repräsentativ sein müssen, die gezogene Stichprobe ein getreues Abbild des Wohnungsmarktes abgeben muss und die Einhaltung der anerkannten wissenschaftlichen Grundsätze in einer öffentlich zugänglichen Dokumentation niedergelegt sein muss. BSG v. 19.10.2010 - B 14 AS 2/10 R - info also 2011, 90.
[290] BSG v. 10.09.2013 - B 4 AS 77/12 R - juris Rn. 34.
[291] BSG v. 13.04.2011 - B 14 AS 106/10 R - juris Rn. 26 - SozR 4-4200 § 22 Nr. 46.
[292] BSG v. 18.06.2008 - B 14/7b AS 44/06 R - juris Rn. 16 - FEVS 60, 145.
[293] Vgl. nur BSG v. 07.11.2006 - B 7b AS 18/06 R - SozR 4-4200 § 22 Nr. 3 Rn. 20.
[294] BSG v. 07.11.2006 - B 7b AS 18/06 R - SozR 4-4200 § 22 Nr. 3 Rn. 20.
[295] BSG v. 19.02.2009 - B 4 AS 30/08 R - juris Rn. 25 - BSGE 102, 263; BSG v. 13.04.2011 - B 14 AS 106/10 R - juris Rn. 25 - SozR 4-4200 § 22 Nr. 46.
[296] BSG v. 19.10.2010 - B 14 AS 50/10 R - juris Rn. 31 - SozR 4-4200 § 22 Nr. 42; BSG v. 19.10.2010 - B 14 AS 2/10 R - juris Rn. 26 - info also 2011, 90.

ihm angeforderten und vom Leistungsträger zur Verfügung zu stellenden Daten und Unterlagen.[297] Aufgrund der **prozessualen Mitwirkungspflicht nach § 103 Satz 1 SGG**[298] ist der Leistungsträger verpflichtet, dem Gericht eine zuverlässige Entscheidungsgrundlage zu verschaffen und eine unterbliebene Datenerhebung und -aufbereitung nachzuholen. Der Leistungsträger muss die bei ihm vorhandenen Daten sowie die personellen/und oder sachlichen Voraussetzungen für die Erhebung und Auswertung der erforderlichen Daten zur Verfügung stellen.[299] Das Gericht darf sich dann zur Datenauswertung eines Sachverständigengutachtens bedienen.[300] Bleibt das **Nachbesserungsvorhaben** ohne Erfolg und kann ein schlüssiges Konzept nicht erstellt werden, ist schließlich auf die Wohngeldtabelle abzustellen. Das Gericht hat zunächst **festzustellen**, dass es mangels ausreichender Daten kein schlüssiges Konzept erstellen kann. Das BSG verlangt insoweit allerdings die **nachvollziehbare Darlegung seitens des Gerichts**, warum ein schlüssiges Konzept auf der Grundlage der vorhandenen Erkenntnisse und Daten nicht entwickelt werden kann – es muss erkennbar sein, dass das Gericht bei der Feststellung des Erkenntnisausfalls die **generellen rechtlichen Anforderungen für die Erstellung eines schlüssigen Konzepts berücksichtigt** hat, insbesondere auch ein Vergleichsraum bestimmt wurde.[301] An die Amtsermittlungspflicht des Gerichts sind keine zu hohen Anforderungen zu stellen; insbesondere im Hinblick auf **bereits abgelaufene Zeiträume**, für die keine Mietspiegel oder andere Erkenntnismittel vorhanden sind und die Einholung von Sachverständigengutachten ungeeignet ist, **sind von den Gerichten keine unverhältnismäßig aufwändigen Ermittlungen** zu verlangen.[302]

Erst wenn **nach Ausschöpfung aller Ermittlungsmöglichkeiten** zur Überzeugung des Gerichts feststeht, dass ggf. wegen Zeitablaufs keine Erkenntnismöglichkeiten mehr vorhanden sind, sind – nach Ablauf der Frist des § 35 Abs. 2 Satz 2 SGB XII – die **tatsächlichen Aufwendungen** des Leistungsberechtigten für die Unterkunft übernehmen. Die tatsächlichen Aufwendungen werden jedoch „nicht völlig unbegrenzt" sondern begrenzt bis zur Höhe der „durch einen Zuschlag maßvoll erhöhten" **Tabellenwerte des § 12 WoGG**[303] übernommen.[304] Es handelt sich um eine **„Angemessenheitsgrenze nach oben".**[305] Dadurch sollen extrem hohe, per se unangemessene Mieten nicht übernommen werden; bis zu dieser Grenze sind dann die tatsächlichen Unterkunftskosten zu übernehmen. Die Tabellenwerte des WoGG bieten die Grenzwerte für Mietkosten einschließlich der kalten Nebenkosten (vgl. § 9 WoGG), ohne die Mietnebenkosten.[306] Bei der Festsetzung der zu übernehmenden Aufwendungen für die Unterkunft auf Grundlage der Tabellenwerte des § 12 WoGG sind daher zusätzlich noch die warmen Nebenkosten zur berücksichtigen. Weil nur eine rein abstrakte, vom Einzelfall und den konkreten Umständen im Vergleichsraum unabhängige Begrenzung vorgenommen wird, sind die **Höchstbeträge** in der Tabelle in § 12 WoGG maßgeblich. Zu den Tabellenwerten des § 12 WoGG ist ein **„Sicherheitszuschlag" in Höhe von 10%** als „angemessen, aber auch ausreichend" zu addieren.[307] Der Sicherheits-

88

---

[297] BSG v. 20.12.2011 - B 4 AS 19/11 R - juris Rn. 21 - SozR 4-4200 § 22 Nr. 51; hierzu *Theesfeld*, jurisPR-MietR 7/2012, Anm. 3.

[298] BSG v. 23.03.2010 - B 8 SO 24/08 R - juris Rn. 17 - SozR 4-3500 § 29 Nr. 1.

[299] BSG v. 02.07.2009 - B 14 AS 33/08 R.

[300] BSG v. 10.09.2013 - B 4 AS 77/12 R - juris Rn. 26 - NZS 2014, 149.

[301] BSG v. 22.03.2012 - B 4 AS 16/11 R - juris Rn. 16 f. - NZS 2012, 831.

[302] BSG v. 22.03.2012 - B 4 AS 16/11 R - juris Rn. 17 - NZS 2012, 831.

[303] I.d.F. v. 24.09.2008, BGBl I 2008, 1856, gültig ab 01.01.2009; rechte Spalte plus Zuschlag. Vgl. hierzu im Ansatz bereits BSG v. 07.11.2006 - B 7b AS 18/06 R - SozR 4-4200 § 22 Nr. 3 Rn. 23; LSG Niedersachsen v. 24.04.2007 - L 7 AS 494/05 - SozSichplus 2007, Nr. 4, 7; zur Ablehnung der Heranziehung der Wohngeldbemessungsbeträge aufgrund der verschiedenen Zielrichtungen von Wohngeld einerseits und Leistungen für den notwendigen Lebensunterhalt nach dem BSHG anderseits: BVerwG v. 27.11.1986 - 5 C 2/85 - juris Rn. 9 - NVwZ 1987, 791; BVerwG v. 31.08.2004 - 5 C 8/04 - juris Rn. 8 - NJW 2005, 310.

[304] BSG v. 17.12.2009 - B 4 AS 50/09 R; BSG v. 22.09.2009 - B 4 AS 18/09 R - juris Rn. 27; BSG v. 20.08.2009 - B 14 AS 41/08 R; vgl. hierzu bereits BSG v. 07.11.2006 - B 7b AS 18/06 R - SozR 4-4200 § 22 Nr. 3 Rn. 23; BSG v. 17.12.2009 - B 4 AS 50/09 R; dazu auch BSG v. 23.03.2010 - B 8 SO 24/08 R; BSG v. 18.02.2010 - B 14 AS 73/08 R - juris Rn. 29; kritisch zum Zuschlag: *Nippen*, ZFSH/SGB 2012, 444 ff.

[305] BSG v. 17.12.2009 - B 4 AS 50/09 - juris Rn. 27 - NZS 2010, 640.

[306] BSG v. 23.03.2010 - B 8 SO 24/08 R - juris Rn. 17 - SozR 4-3500 § 29 Nr. 1; LSG Baden-Württemberg v. 22.06.2010 - L 13 AS 4212/08 - juris Rn. 41.

[307] BSG v. 22.03.2012 - B 4 AS 16/11 R - juris Rn. 22 - hierzu SGb 2013, 246 mit Anm. *Groth*; BSG v. 11.12.2012 - B 4 AS 44/12 R - juris Rn. 19 - NZS 2013, 389; zunächst hatte das BSG die Höhe des Zuschlags noch offen gelassen, vgl. BSG v. 19.10.2010 - B 14 AS 15/09 R; für einen Zuschlag i.H.v. nur 5% hingegen LSG Baden-Württemberg v. 22.06.2010 - L 13 AS 4212/08 - juris Rn. 34, wonach für die Höhe des Zuschlages der ländlich geprägte Vergleichsraum und anderseits bestehende räumliche und infrastrukturelle Verbindungen zu einer Großstadt berücksichtigt werden.

zuschlag wird nicht dadurch entbehrlich, dass zwischenzeitlich die Höchstbeträge zum 01.01.2009 in der Tabelle zu § 12 Abs. 1 WoGG erhöht worden sind. Die Ermittlung der Höhe des Zuschlags stößt allerdings auf Kritik.[308] Die Höhe des Zuschlages ist ebenso wie die Heranziehung der abstrakten Werte aus § 12 WoGG nach abstrakten Kriterien und ohne regionale Unterschiede zu bestimmen.[309] Der Sicherheitszuschlag dient dem elementaren Bedürfnis auf Sicherung des Wohnraumes.[310] Er soll sicherstellen, dass der Leistungsempfänger in die Lage versetzt wird, im örtlichen Vergleichsraum möglichst sicher eine angemessene Unterkunft zu finden.[311]

89 In einem **vierten Schritt** sind zu der nach den Schritten eins bis drei ermittelten Nettokaltmiete noch die abstrakt-angemessenen[312] **kalten Betriebskosten** hinzuzurechnen.[313] Den kalten Betriebskosten liegt eine vertragliche Vereinbarung über die Umlage auf den Mieter zugrunde (vgl. § 556 BGB und § 20 Neubaumietenverordnung[314]). Diese hat die in § 556 Abs. 1 und Abs. 2 BGB i.V.m. der Betriebskostenverordnung[315] normierten Vorgaben zu beachten.

90 Die Bestimmung der abstrakt **angemessenen kalten Betriebskosten** im Vergleichsraum bezieht sich nicht auf theoretische Wohnungen mit abstrakt angemessenen Betriebskosten, sondern auf die „wirklichen" Gegebenheiten auf dem Mietwohnungsmarkt des Vergleichsraums.[316] Die abstrakt angemessenen kalten Betriebskosten sind aus statistischen Daten von Wohnungen **im unteren Wohnsegment** zu ermitteln; liegen solche Daten nicht vor, ist auf bereits vorliegende Daten aus **Betriebskostenübersichten** zurückzugreifen, und zwar wegen der regionalen Unterschiede insbesondere bei Ver- und Entsorgungsdienstleistungen möglichst auf **örtliche** Übersichten.[317] Es ist auf die **Durchschnittswerte** abzustellen. Dabei kann auf ungefähre Wohnflächen in Betriebskostenübersichten abgestellt werden.[318] Sowohl auf die (nichtamtlichen) Übersichten in Mietspiegeln als auch auf Übersichten der örtlichen Interessenverbände, die an der Anerkennung des Mietspiegels beteiligt waren, kann zur Ermittlung der durchschnittlichen Betriebskosten abgestellt werden. Um die Werte aus den Übersichten zu aktualisieren, sind entweder Rückfragen bei den örtlichen Interessenverbänden zu stellen oder die Werte an die allgemeine Preisentwicklung anzupassen. Auf vom Deutschen Mieterbund für das **gesamte Bundesgebiet** aufgestellte Übersichten zu den Betriebskosten ist nur dann abzustellen, wenn konkrete Anhaltspunkte für eine bessere, d.h. realistischere Abbildung des örtlichen Betriebskostenniveaus fehlen.[319]

dd. Konkrete Angemessenheit

91 Während im Rahmen der abstrakten Angemessenheit der Bedarf von Leistungsberechtigten „ohne persönliche Besonderheiten" anhand abstrakter Kriterien (wohnungsmarktbezogen[320]) ermittelt wird, finden im Rahmen der **konkreten Angemessenheit personenbezogene Umstände des Einzelfalls** Berücksichtigung. Relevante persönliche Besonderheiten des Leistungsberechtigten können den abstrakt angemessenen Unterkunftsbedarf modifizieren.[321] Anknüpfungspunkt für die konkrete Angemessenheit ist § 35 Abs. 2 Satz 1 SGB XII, soweit dieser bestimmt, dass Aufwendungen, die den der **Besonderheit des Einzelfalls angemessenen Umfang** übersteigen, als Bedarf – jedoch zeitlich begrenzt durch die Regelfrist des § 35 Abs. 2 Satz 1 SGB XII – anzuerkennen sind.

92 Im Rahmen der konkreten Angemessenheit sind die personenbezogenen Umstände bei den **jeweiligen mietpreisbildenden Faktoren** zu berücksichtigen. Dies betrifft den Wohnflächenbedarf, den Ver-

---

[308] *Groth*, SGb 2013, 249.
[309] BSG v. 12.12.2013 - B 4 AS 87/12 R - juris Rn. 28.
[310] Vgl. auch BSG v. 17.12.2009 - B 4 AS 50/09 R - juris Rn. 27 - NZS 2010, 640.
[311] BSG v. 12.12.2013 - B 4 AS 87/12 R - juris Rn. 28.
[312] BSG v. 19.10.2010 - B 14 AS 50/10 R - SozR 4-4200 § 22 Nr. 42 und BSG v. 19.10.2010 - B 14 AS 2/10 R - info also 2011, 90.
[313] BSG v. 13.04.2013 - B 14 AS 28/12 R - juris Rn. 27 - SozR 4-4200 § 22 Nr. 67.
[314] Verordnung über die Ermittlung der zulässigen Miete für preisgebundene Wohnungen i.d.F. vom 12.10.1990, BGBl I 2204, zuletzt i.d.F. vom 25.11.2003, BGBl I 2346.
[315] Verordnung zur Berechnung der Wohnfläche, über die Aufhebung von Betriebskosten und zur Änderung anderer Verordnungen – BetrKV – vom 25.11.2003, BGBl I 2346.
[316] BSG v. 22.08.2012 - B 14 AS 13/12 R - juris Rn. 27 - SozR 4-4200 § 22 Nr. 64.
[317] BSG v. 13.04.2013 - B 14 AS 106/10 R - juris Rn. 27 - SozR 4-4200 § 22 Nr. 46,
[318] BSG v. 19.10.2013 - B 4 AS 77/12 R - juris Rn. 32.
[319] BSG v. 19.10.2010 - B 14 AS 50/10 R - juris Rn. 34 - SozR 4-4200 § 22 Nr. 42.
[320] BSG v. 22.08.2012 - B 14 AS 13/12 R - juris Rn. 23 - SozR 4-4200 § 22 Nr. 64.
[321] BSG v. 11.12.2012 - B 4 AS 44/12 R - juris Rn. 14 - NZS 2013, 389.

gleichsraum und den Wohnungsstandard sowie die Referenzgruppe.[322] Zu berücksichtigen sind besondere Umstände wie Krankheit, Behinderung, Pflegebedürftigkeit, Rücksichtnahme auf schulpflichtige Kinder und Alleinerziehung[323], soweit diese Faktoren nach den Umständen des Einzelfalls Auswirkungen auf den Unterkunftsbedarf haben. Ein **Wohnflächenmehrbedarf** oder besonderer unterkunftsbezogener Bedarf hinsichtlich der Wohnungsausstattung ist bei Gehbehinderungen mit Rollstuhlgebrauch naheliegend, trifft jedoch nicht auf jede Behinderung zu.[324] Ist ein Leistungsberechtigter auf einen Rollstuhl angewiesen, wird vertreten, einen Wohnflächenmehrbedarf von 15 m² zu gewähren.[325] Besondere persönliche Lebensumstände des Leistungsberechtigten können auch zu einem **verstärkten Schutz des sozialen Umfelds** im Vergleich zu Leistungsberechtigten ohne persönliche Besonderheiten führen. Solche Umstände für individuelle, „konkret" von den Bedarfen anderer Leistungsberechtigter abweichende Bedarfe sind etwa die Situation von **Alleinerziehenden**, **gesundheitliche Aspekte** sowie ein erforderliches **Betreuungsangebot**. Das BSG begründet das Stufenverhältnis von abstrakter und konkreter Angemessenheit damit, dass auf der Ebene der konkreten Angemessenheit den erheblichen Unterschieden im persönlichen Bedarf im Hinblick auf eine zeitliche Veränderung des Bedarfs besser Rechnung tragen werden kann (Alleinerziehende mit Säugling, Kindergarten- oder Grundschulkind, Kinder in weiterführender Schule oder in einer sonstigen Ausbildung).[326]

Den Leistungsberechtigten trifft bei unangemessenen Aufwendungen eine Kostensenkungsobliegenheit nur bei **Möglichkeit und Zumutbarkeit der Kostensenkung**. Generell muss feststehen, dass aufgrund der abstrakt ermittelten angemessenen Unterkunftskosten auch tatsächlich Wohnungen angemietet werden können.[327] Unerheblich ist aber, wenn in manchen Stadtteilen des Vergleichsraums Wohnungen zu der Angemessenheitsgrenze nicht anzumieten sind.[328]

93

Als **Kostensenkungsmaßnahmen** kommen ein **Wohnungswechsel** und eine **(Unter-)Vermietung** in Betracht. Aufgrund des Öffnungstatbestands („oder auf andere Weise") kommen auch weitere Maßnahmen in Frage: Eine Kostensenkung auf andere Weise kann etwa durch **Verhandlungen des Leistungsberechtigten mit dem Vermieter** über die Senkung des Mietzinses erreicht werden (z.B. bei einem Mietverhältnis zwischen Verwandten).[329] Wenn dem Leistungsberechtigten aber vorgehalten werden soll, nicht durch **Absprachen mit dem Vermieter** eine Kostensenkung versucht zu haben, muss die Kostensenkungsaufforderung **weitere Angaben** enthalten, die den Leistungsberechtigten in die Lage versetzen, mit dem Vermieter in Verhandlung zu treten. Der Leistungsberechtigte muss also erkennen können, welche Kostensenkungsobliegenheiten man von ihm erwartet.[330] Nach der verwaltungsgerichtlichen Rechtsprechung konnte der Leistungsberechtigte unangemessene Kosten durch **freie Mittel** „senken" – etwa den Freibetrag für Erwerbstätige, nicht jedoch Zuwendungen Dritter, weil diese als Einkommen anzurechnen sind –, indem er diese Mittel für die Unterkunftskosten einsetzte und nur noch (geringere) Kosten geltend machte.[331] Das BSG hat bislang offen gelassen, ob es dieser Rechtsprechung folgt.[332] Durchschlagende Bedenken hiergegen bestehen nicht. Zwar werden die Bedarfe für die Unterkunft nicht tatsächlich „gesenkt", denn sie bestehen in gleicher Höhe weiterhin fort; der Leistungsberechtigte deckt sie nur anderweitig mit eigenen Mitteln, bei denen jedoch die Gefahr besteht, dass die Mittel wegfallen oder nicht entsprechend eingesetzt werden und der Unterkunftsbedarf nach wie vor unangemessen hoch geltend gemacht wird. Letztlich soll dem Leistungsberechtigten

94

---

[322] Vgl. zum Maßstab der konkreten Angemessenheit *Knickrehm* in: Kreikebohm/Spellbrink/Waltermann, 3. Aufl. 2013, § 22 Rn. 12.

[323] BSG v. 16.04.2013 - B 14 AS 28/12 R - juris Rn. 13 - NZS 2013, 751 (Alter von 6 Jahren, Alleinerziehung, GdB von 100 sowie Merkzeichen „G", „H", „RF", „Gl"); hierzu *Berlit*, jurisPR-SozR 18/2013, Anm. 2.

[324] *Dauber* in: Mergler/Zink, Handbuch der Grundsicherung und Sozialhilfe, § 35 Rn. 36 m.w.N., Stand Juni 2013, wonach es auf die Behinderung ankommt und etwa Gehörlose keinen Wohnraummehrbedarf haben.

[325] *Dauber* in: Mergler/Zink, Handbuch der Grundsicherung und Sozialhilfe, § 35 Rn. 32 m.w.N., Stand Juni 2013.

[326] BSG v. 11.12.2012 - B 4 AS 44/12 R - juris Rn. 14 - NZS 2013, 389; vgl. auch BSG v. 22.08.2012 - B 14 AS 13/12 R - juris Rn. 20 ff. - SozR 4-4200 § 22 Nr. 64.

[327] BSG v. 13.04.2011 - B 14 AS 106/10 R - juris Rn. 15 - SozR 4-4200 § 22 Nr. 46.

[328] BSG v. 10.09.2013 - B 4 AS 77/12 R - juris Rn. 29.

[329] BSG v. 23.03.2010 - B 8 SO 24/08 R - juris Rn. 13 - SozR 4-3500 § 29 Nr. 1.

[330] Vgl. dazu BSG v. 22.09.2009 - B 4 AS 8/09 - juris Rn 23; BSG v. 23.03.2010 - B 8 SO 24/08 R; *Knickrehm* in: Spellbrink, Das SGB II in der Praxis der Sozialgerichte – Bilanz und Perspektiven, 2009, 97 f.

[331] Vgl. nur BVerwG v. 30.10.2002 - 5 C 11/01 - FEVS 55, 121 m.w.N.

[332] BSG v. 23.03.2010 - B 8 SO 24/08 R - juris Rn. 22 - SozR 4-3500 § 29 Nr. 1.

jedoch so weit wie möglich freistehen, freie Mittel selbstbestimmt einzusetzen; auch sieht § 35 Abs. 2 Satz 2 SGB XII die Kostensenkung durch Vermieten vor, d.h. eben auch durch Deckung von unangemessenen Aufwendungen für die Unterkunft mit Einnahmen.

95 Eine **tatsächliche Unmöglichkeit** liegt vor, wenn es dem Leistungsberechtigten weder durch Wohnungswechsel, durch Untervermietung noch anderweitig möglich ist, die Kosten zu senken. Für die Kostensenkung durch einen **Umzug** muss der Leistungsberechtigte in der Lage sein, auf dem für ihn maßgeblichen Wohnungsmarkt tatsächlich eine Wohnung konkret anzumieten.[333] Der Leistungsberechtigte muss Zugang zu der anzumietenden angemessenen Wohnung haben, d.h. es muss eine realistische Chance bestehen, dass der Vermieter bereit ist, die Wohnung an den Leistungsberechtigten zu vermieten.[334] Hat der Leistungsberechtigte **erfolglos** entsprechende **Wohnungssuchaktivitäten** entwickelt und dies auch nachgewiesen, muss ggf. der Sozialhilfeträger konkrete Unterkunftsalternativen benennen.[335] Wenn ein **qualifizierter Mietspiegel**, der in einem wissenschaftlich gesicherten Verfahren aufgestellt wurde, der Bestimmung des angemessenen Quadratmeterpreises für die Kaltmiete zugrunde liegt und entweder der Durchschnittswert dieses Mietspiegels angewandt wird oder dem Mietspiegel Aussagen zur Häufigkeit von Wohnungen mit dem angemessenen Quadratmeterpreis entnommen werden können, kann davon ausgegangen werden, dass es **in ausreichendem Maße Wohnungen** zu der abstrakt angemessenen Leistung für die Unterkunft gibt.[336] Nach dem BSG ist, wenn ausreichend große Vergleichsräume gebildet wurden, eine objektive Unmöglichkeit einer Unterkunftsalternative nur in seltenen Ausnahmefällen zu begründen, weil es keine allgemeine Wohnungsnot gebe.[337]

96 Nicht einhellig beantwortet wird die Frage, ob eine Unmöglichkeit der Kostensenkung dazu führt, dass die tatsächlichen Aufwendungen als konkret angemessen zu betrachten sind. Besteht keine **konkrete Unterkunftsalternative**, wird einerseits vertreten, dass die tatsächlichen Aufwendungen für Unterkunft dann als konkret angemessen i.S.v. § 35 Abs. 2 Satz 1 SGB XII gelten und in voller Höhe zu übernehmen sind[338]; andererseits wird bei festgestellter Unmöglichkeit bzw. Unzumutbarkeit der Kostensenkung von weiterhin unangemessenen Unterkunftskosten und von einer lediglich eingeschränkten oder ausgesetzten Kostensenkungsobliegenheit ausgegangen[339]. Für das SGB XII hat der 8. Senat des BSG die Einordnung bisher offenlassen können.[340]

97 Die **rechtliche Unmöglichkeit** von einzelnen Kostensenkungsmaßnahmen kommt in Betracht, wenn eine Untervermietung (z.B. Mietvertragsklausel, fehlende Voraussetzungen des § 553 BGB) aus Rechtsgründen ausgeschlossen ist.

98 Die **subjektive Möglichkeit** einer Absenkung der Aufwendungen für Unterkunft und Heizung erfordert die **Kenntnis** des Hilfebedürftigen von notwendigen Kostensenkungsmaßnahmen. Die Kenntnis ist regelmäßig anzunehmen, wenn der Leistungsträger in einem entsprechenden Schreiben den von ihm als angemessen angesehenen Mietpreis angibt.[341] **Irreführende** Angaben und ein **widersprüchliches** Verhalten können die Kostensenkung subjektiv unmöglich machen.

---

[333] BSG v. 23.03.2010 - B 8 SO 24/08 R - juris Rn. 18 - SozR 4-3500 § 29 Nr. 1; vgl. auch BSG v. 07.11.2006 - B 7b AS 18/06 R - juris Rn. 22 m.w.N. - SozR 4-4200 § 22 Nr. 3; vgl. zum SGB II BSG v. 01.06.2010 - B 4 AS 60/09 R - juris Rn. 20 - SozR 4-4200 § 22 Nr. 35: „Die Verpflichtung zur Kostensenkung bei nicht angemessenen Unterkunftskosten nach § 22 Abs. 1 Satz 3 SGB II besteht nur innerhalb des Vergleichsraums; ggf. ist sogar ein noch engerer Raum geschützt, das soziale Umfeld."

[334] Vgl. BSG v. 07.11.2006 - B 7b AS 10/06 R - juris Rn. 25 - SozR 4-4200 § 22 Nr. 2: „konkret verfügbar und zugänglich".

[335] BSG v. 19.03.2008 - B 11b AS 41/06 R - juris Rn. 23 - SozR 4-4200 § 22 Nr. 7.

[336] BSG v. 13.04.2011 - B 14 AS 106/10 R - juris Rn. 30 - SozR 4-4200 § 22 Nr. 46.

[337] BSG v. 19.02.2009 - B 4 AS 30/08 R - juris Rn. 36 - BSGE 102, 263; vgl. *Knickrehm* in: Kreikebohm/Spellbrink/Waltermann, 3. Aufl. 2013, § 22 Rn. 23 (Hinweis auf eine mögliche zwischenzeitliche Änderung der Situation in Ballungsräumen).

[338] So der 14. Senat zum SGB II, BSG v. 13.04.2013 - B 14 AS 28/12 R - juris Rn. 25 - SozR 4-4200 § 22 Nr. 67; vgl. auch BSG v. 07.11.2006 - B 7b AS 18/06 R - juris Rn. 22 m.w.N - SozR 4-4200 § 22 Nr. 3; BSG v. 18.06.2008 - B 14/7b AS 44/06 R.

[339] So der 4. Senat zum SGB II, der die konkrete Angemessenheit und die Berücksichtigung der Umstände des Einzelfalls allein in § 22 Abs. 1 Satz 3 SGB II verortet (§ 35 Abs. 2 Satz 2 SGB XII); BSG v. 19.02.2009 - B 4 AS 30/08 R - juris Rn. 29 ff. - BSGE 102, 263; vgl. auch BSG v. 11.12.2012 - B 4 AS 44/12 R - juris Rn. 14 - NZS 2013, 389; vgl. hierzu *Theesfeld*, jurisPR-MietR 9/2013, Anm. 2.

[340] BSG v. 23.03.2010 - B 8 SO 24/08 R - juris Rn. 18 - SozR 4-3500 § 29 Nr. 1.

[341] BSG v. 22.11.2011 - B 4 AS 219/10 R - juris Rn. 21 - NZS 2012, 468.

Die **Zumutbarkeit** von **Kostensenkungsmaßnahmen** i.S.v. § 35 Abs. 2 Satz 2 SGB XII setzt zunächst voraus, dass tatsächlich eine Kostensenkungsmöglichkeit etwa durch Untervermietung oder in Form des Umzugs in eine andere Wohnung besteht. Bei der Beurteilung der Zumutbarkeit von Kostensenkungsmöglichkeiten sind **grundrechtsrelevante Sachverhalte** oder **Härtefälle** zu berücksichtigen. Der Umzug kann aus schweren **gesundheitlichen Gründen** unzumutbar sein. Zu unterscheiden ist bei der Unzumutbarkeit des Umzugs einerseits die Durchführung des Umzugs, für welchen notwendige Leistungen gewährt werden können, wenn etwa aus gesundheitlichen Gründen der Umzug nicht in Eigenregie durchgeführt werden kann, und andererseits die Unzumutbarkeit des Unterkunftswechsels an sich, etwa bei schweren psychischen Erkrankungen.[342] Im **Regelfall** gilt, dass jeder Umzug in gewissem Maße mit einer Veränderung des unmittelbaren sozialen Umfeldes einhergeht, die das Gesetz für zumutbar erachtet. Allein der Wunsch, sich örtlich nicht zu verändern oder seine Wohnung nicht aufzugeben, genügt nicht; vielmehr müssen **besondere Gründe** vorliegen, die einen Ausnahmefall begründen können. Dazu gehört etwa die Rücksichtnahme auf das soziale und schulische Umfeld minderjähriger **schulpflichtiger Kinder**, die möglichst nicht durch einen Wohnungswechsel zu einem Schulwechsel gezwungen werden sollten; ebenso kann auf **Alleinerziehende** Rücksicht genommen werden, die zur Betreuung ihrer Kinder auf eine besondere Infrastruktur angewiesen sind, die bei einem Wohnungswechsel in entferntere Ortsteile möglicherweise verlorenginge und im neuen Wohnumfeld nicht ersetzt werden könnte. Besondere Umstände kommen in Betracht bei Menschen in Pflegewohngemeinschaften, bei **behinderten oder kranken**[343]**, in der Mobilität eingeschränkten oder pflegebedürftigen Menschen**[344] bzw. bei den sie **betreuenden Familienangehörigen**[345]. Das BSG erkennt bei älteren Menschen an, dass sie **typisierend immobiler** als der Durchschnitt der Bevölkerung sind, weil mit zunehmendem Alter die Anpassungsfähigkeit weiter abnimmt und die Anfälligkeit für Erkrankungen zunimmt und dass wegen des erfahrungsgemäß veränderten Aktionsradius die Wohnung und Wohnumgebung für das körperliche und psychische Wohl des alten Menschen immer mehr an Bedeutung gewinnen.[346] Im Einzelfall können besondere Umstände ein Recht auf **Verbleib im sozialen Umfeld** begründen: Ein Alter von 77 Jahren (für nicht ausreichend wurde ein Alter von z.B. 56 Jahren gehalten[347]), eine lange Wohndauer bei älteren Menschen[348] bzw. eine Wohndauer seit über 10 Jahren sowie besondere Integration in das soziale Umfeld und gesundheitliche Einschränkungen, die in **Relation zu unangemessenen Mehrkosten** in Höhe von insgesamt 60 € im Monat gegen die subjektive Zumutbarkeit eines Umzugs sprechen können.[349] Allein das „Aufrechterhalten des sozialen Umfeldes" und eine „affektive Bindung" an einen bestimmten Stadtteil stehen einem Umzug nicht entgegen.[350] Regelmäßig ist ein Umzug in eine andere Gegend im Vergleichsraum nicht bereits deswegen unzumutbar, weil der Wohnungswechsel einen **längeren Anfahrtsweg** zum sozialen Umfeld (ggf. mit öffentlichen Verkehrsmitteln) bedingt. Das BSG stellt auf Anfahrtswege ab, wie sie erwerbstätigen Pendlern zugemutet werden (§ 140 Abs. 4 Satz 2 SGB III).[351] Danach sind Pendelzeiten von täglich 2,5 Stunden (bei einer Tätigkeit von mehr als sechs Stunden) bzw. 2 Stunden (bei einer Tätigkeit von bis zu sechs Stunden) zumutbar.[352] Im Einzelfall wird jedoch zu prüfen sein, ob der Bezug zum sozialen Umfeld gehalten werden kann oder aber aufgrund einer gesundheitsbedingten Einschränkung der Mobilität die Pendelzeiten im Einzelfall nicht zumutbar sind. Bei der Beurteilung der Zumutbarkeit eines Umzugs als Kostensenkungsmaßnahme ist auch ein prognostisch nur kurzer Leistungsbezug zu berücksichtigen.[353]

99

---

[342] *Dauber* in: Mergler/Zink, Handbuch der Grundsicherung und Sozialhilfe, § 35 Rn. 59, Stand Juni 2013.
[343] Vgl. LSG Niedersachsen-Bremen v. 11.08.2005 - L 7 AS 164/05 ER - juris Rn. 22 - NDV-RD 2005, 123 (Sonderausstattung der Wohnung ohne Teppichboden bei Allergiker).
[344] *Dauber* in: Mergler/Zink, Handbuch der Grundsicherung und Sozialhilfe, § 35 Rn. 28, Stand Juni 2013.
[345] Vgl. BSG v. 19.02.2009 - B 4 AS 30/08 R - juris Rn. 35 - BSGE 102, 263.
[346] BSG v. 23.03.2010 - B 8 SO 24/08 R - juris Rn. 20 - SozR 4-3500 § 29 Nr. 1.
[347] BSG v. 17.12.2009 - B 4 AS 27/09 R - juris Rn. 36 - SozR 4-4200 § 22 Nr. 27.
[348] *Dauber* in: Mergler/Zink, Handbuch der Grundsicherung und Sozialhilfe, § 35 Rn. 28, Stand Juni 2013.
[349] BSG v. 23.03.2010 - B 8 SO 24/08 R - juris Rn. 19 f. - SozR 4-3500 § 29 Nr. 1.
[350] BSG v. 13.04.2011 - B 14 AS 106/10 R - SozR 4-4200 § 22 Nr. 46.
[351] Vgl. BSG v. 19.02.2009 - B 4 AS 30/08 R - juris Rn. 34 - BSGE 102, 263; vgl. auch BSG v. 19.10.2010 - B 14 AS 50/10 R - juris Rn. 24 - SozR 4-4200 § 22 Nr. 42 und BSG v. 19.10.2010 - B 14 AS 2/10 R - juris Rn. 18 - info also 2011, 90; LSG Baden-Württemberg v. 19.01.2010 - L 13 AS 3303/08 - juris Rn. 44.
[352] Vgl. hierzu *Brand* in: Niesel/Brand, Kommentar zum SGB III, 5. Aufl. 2010, § 121 Rn. 9.
[353] *Dauber* in: Mergler/Zink, Handbuch der Grundsicherung und Sozialhilfe, § 35 Rn. 28, Stand Juni 2013.

Zumutbar ist die Kostensenkung durch **Umzug** zudem nur dann, wenn die Gesamtaufwendungen aus Bruttokaltmiete und Heizung/Warmwasser nach einem Umzug niedriger sind als die Gesamtaufwendungen für die bisherige Unterkunft (sog. **Gesamtkostenvergleich**).[354]

100 Ob eine **Untervermietung** als Maßnahme zur Senkung unangemessener Unterkunftsaufwendungen zumutbar ist, muss anhand der Umstände des Einzelfalls beurteilt werden. Die Untervermietung ist an sich als Kostensenkungsmaßnahme geeignet. Zwar ist allein mit dem Abschluss eines Untermietvertrags eine Minderung der vom Hauptmieter tatsächlich zu erbringenden Mietzahlungen und damit die Senkung seines Bedarfs für Unterkunft und Heizung zum Zwecke der Kostensenkung nicht unmittelbar verbunden[355]; Einnahmen aus Untermietung sind vielmehr **als Einkommen** nach § 82 SGB XII anzurechnen[356], jedoch werden eigene tatsächliche Aufwendungen gesenkt, soweit der Untermieter auf die Mietschuld des Hauptmieters einen vereinbarten Anteil zahlt. Die Untervermietung ist auch nicht per se unzumutbar, wenn sie mit einer gemeinsamen Nutzung von Küche, Bad und Toilette einhergeht.[357]

101 Eine **subjektive Unzumutbarkeit** der Kostensenkung kommt in Betracht, wenn der Leistungsträger die angekündigte Leistungsabsenkung über einen längeren Zeitraum nicht vollzieht und der Leistungsberechtigte davon ausgehen darf, dass der Leistungsträger die Aufforderung zur Kostensenkung nicht mehr aufrechterhält. Dies kann der Fall sein, wenn nach einem an den Leistungsberechtigten **ausgehändigten Informationsschreiben** zur Kostensenkungsobliegenheit **anschließend über längere Zeit beanstandungslos, d.h. ohne weitere Hinweise** die tatsächlichen Aufwendungen der Unterkunft übernommen werden.[358] Subjektive Unzumutbarkeit wurde auch in Betracht gezogen bei Ungewissheit über die Anzahl der künftigen Haushaltsmitglieder einer Unterkunft und damit Ungewissheit über den angemessenen Wohnflächenbedarf; insofern kann ein Umzug in eine „derzeit" angemessene Unterkunft nicht verlangt werden, solange die Prognose besteht, dass sich innerhalb kurzer Zeit die Anzahl der Haushaltsmitglieder herausstellen wird und dann ein erneuter Umzug innerhalb kurzer Zeit erforderlich wäre (anhängiger Sorgerechtsstreit[359], Heimunterbringung des Kindes[360]).

102 Die **Kostensenkungsobliegenheit beginnt mit Kenntnis** von der Unangemessenheit der Aufwendungen und den Folgen unterlassener Kostensenkung, die der Leistungsberechtigte in der Regel mit einer Kostensenkungsaufforderung seitens des Leistungsträgers erlangt. Die Kostensenkungsaufforderung ist ein reines **Informationsschreiben**, dass der Leistungsträger die Unterkunftskosten für unangemessen hoch erachtet[361], ohne **Verwaltungsaktqualität**[362]. Gestaltet der Leistungsträger das Informationsschreiben allerdings in Form eines Verwaltungsaktes, liegt ein **Formal-Verwaltungsakt** vor, der bereits mangels Verwaltungsakt-Befugnis rechtswidrig ist.[363] Die Kostensenkungsaufforderung ist nicht **formelle Voraussetzung** für die Absenkung der Leistung auf die angemessene Höhe nach § 35 Abs. 2 SGB XII. Die Kostensenkungsaufforderung hat (lediglich) **Aufklärungs- und Warnfunktion**.[364]

---

[354] *Berlit*, info also 2010, 195, 200, wonach der Vergleich der Gesamtkosten der bisherigen mit den Gesamtkosten einer abstrakt angemessenen neuen Unterkunft auf der Ebene der Unzumutbarkeit der Kostensenkung zu berücksichtigen ist und die Unzumutbarkeit der Kostensenkung durch einen Umzug nicht etwa hinter ökologischen Gesichtspunkten der Vermeidung unangemessen hoher Heizkosten zurücktritt; BSG v. 12.06.2013 - B 14 AS 60/12 R - juris Rn. 33 - ZFSH/SGB 2014, 24.

[355] BSG v. 29.11.2012 - B 14 AS 161/11 R - juris Rn. 17 ff. - SozR 4-4200 § 22 Nr. 66.

[356] Offen gelassen in BSG v. 29.11.2012 - B 14 AS 161/11 R - juris Rn. 17 ff. - SozR 4-4200 § 22 Nr. 66; a.A. SG Leipzig v. 05.02.2008 - S 19 AS 201/08 ER - ZfF 2009, 60; vgl. zur Anrechnung von Einkommen aus Vermietung einer nicht selbst bewohnten Doppelhaushälfte als Einkommen LSG Sachsen v. 26.07.2006 - L 3 B 301/05 AS ER.

[357] Vgl. LSG Hessen v. 05.10.2006 - L 7 AS 126/06 ER - juris Rn. 21 (zumutbare Untervermietung).

[358] BSG v. 22.11.2011 - B 4 AS 219/10 R - juris Rn. 21 - NZS 2012, 468, wonach dieses widersprüchliche Verhalten die Kenntnis der Leistungsberechtigten von der Obliegenheit der Kostensenkung und damit die subjektive Möglichkeit zur Kostensenkung bzw. deren Zumutbarkeit entfallen lässt.

[359] *Dauber* in: Mergler/Zink, Handbuch der Grundsicherung und Sozialhilfe, § 35 Rn. 59, Stand Juni 2013.

[360] BSG v. 11.12.2012 - B 4 AS 44/12 R - juris Rn. 28 - NZS 2013, 389.

[361] Vgl. BSG v. 27.02.2008 - B 14/7b AS 70/06 R - juris Rn. 13.

[362] So ausdrücklich BSG v. 07.11.2006 - B 7b AS 10/06 R - juris Rn. 29 - SozR 4-4200 § 22 Nr. 2; a.A. *Rips*, WuM 2004, 439, 442, jedoch ohne Begründung.

[363] Vgl. zu den Formal-Verwaltungsakten mit weiteren Beispielen *Waschull* in: LPK-SGB X, 2. Aufl. 2007, § 31 Rn. 14a und b.

[364] BSG v. 07.11.2006 - B 7b AS 10/06 R - juris Rn. 29 - SozR 4-4200 § 22 Nr. 2; BSG v. 19.03.2008 - B 11b AS 41/06 R - juris Rn. 20 ff. - SozR 4-4200 § 22 Nr. 7; BSG v. 19.02.2009 - B 4 AS 30/08 R - juris Rn. 40 - BSGE 102, 263 = SozR 4-4200 § 22 Nr. 19.

Kenntnis muss bei allen Leistungsberechtigten, denen die Kostensenkung obliegt, vorliegen. Daher sollte die Kostensenkungsaufforderung an alle Leistungsberechtigten adressiert werden. Diese Funktion erfordert nach dem BSG die **Angabe des aus Sicht des Leistungsträgers angemessenen Mietpreises** (Bruttokaltmiete[365] und Heizkosten sowie Warmwasser) und einen Hinweis auf die Rechtslage.[366] Nur wenn der Leistungsberechtigte die Differenz zwischen den tatsächlichen Kosten der Unterkunft (und Heizung) und den Angaben des Leistungsträgers zu dem von ihm als angemessen angesehenen Betrag kennt, kann der Leistungsberechtigte entscheiden, welche Maßnahmen einer Kostensenkung er ergreifen kann bzw. will. Nach dem BSG stellt die Kostensenkungsaufforderung ein **Angebot zum „Dialog"** dar.[367] Weitergehende Handlungsanweisungen sind entbehrlich, insbesondere muss im Informationsschreiben grundsätzlich keine **konkrete Unterkunftsalternative** benannt werden. Es steht dem Leistungsberechtigten frei, bei weitergehendem Informationsbedarf beim Leistungsträger nähere Einzelheiten zu erfragen, z.B. wie sich der Betrag im Einzelnen errechnet. Ausreichend für die ordnungsgemäße Kostensenkungsaufforderung ist die Mitteilung der **aus Sicht des Leistungsträgers angemessenen Höhe** der Kosten der Unterkunft und Heizung. Im Übrigen unterscheidet die Kostensenkungsaufforderung nicht danach, ob Leistungsempfänger im eigenen Haus oder in einer Mietwohnung leben; bei **Hauseigentümern** besteht keine besondere Beratungs- und Hinweispflicht.[368] Dem Sozialhilfeträger ist es grundsätzlich nicht verwehrt, an **frühere Informationsschreiben** (auch durch den Grundsicherungsträger) bezüglich der Unangemessenheit der Aufwendungen für Unterkunft und Heizung anzuknüpfen (etwa bei zwischenzeitlichem Ein- und Wiederauszug von Haushaltsmitgliedern).[369]

103 Das Informationsschreiben (Kostensenkungsaufforderung) muss **inhaltlich richtig** sein.[370] Ein **fehlerhaftes** Hinweisschreiben kann in Ausnahmefällen zur subjektiven Unmöglichkeit der Kostensenkung führen.[371] Die Angabe der **unzutreffenden Referenzmiete** ist grundsätzlich unerheblich, solange der Leistungsberechtigte nicht seine Kostensenkungsbemühungen daraufhin erfolglos ausrichtet hat. Entspricht die mitgeteilte angemessene Bruttokaltmiete dem maßgeblichen Betrag aus der WoGG-Tabelle, ist diese Angabe nicht offensichtlich unzureichend, um eine Wohnung zu finden.[372] Der Streit darüber, ob die vom Leistungsträger vorgenommene Einschätzung über die Angemessenheit der Unterkunftskosten zutreffend ist, ist grundsätzlich bei der Frage zu klären, welche Aufwendungen im Sinne von § 35 Abs. 2 Satz 1 SGB XII angemessen sind.[373] Teilt der Leistungsträger unrichtige Angemessenheitskriterien mit (abstrakt zu große Wohnraumgrößen, zu enge Wahl des Vergleichsraums bzw. der Ausstattung der Wohnungen durch Angabe von zu hohen Quadratmeterpreisen), sucht der Leistungsberechtigte deswegen auf dem falschen Wohnungsmarkt und findet der Leistungsberechtigte gerade deshalb keine angemessene Wohnung, ist ihm die Kostensenkung solange unmöglich, bis der Irrtum behoben ist. **Widersprüchliches Verhalten** des Leistungsträgers kann nach dem BSG die Kenntnis des Leistungsberechtigten von der Obliegenheit der Kostensenkung und damit die subjektive Möglichkeit zur Kostensenkung bzw. deren Zumutbarkeit entfallen lassen. Widersprüchliches Verhalten kommt nach dem BSG in Betracht, wenn der Leistungsträger trotz Kostensenkungsaufforderung durchgehend die Aufwendungen für die Unterkunft (und ggf. Heizung) in tatsächlicher Höhe ohne wei-

---

[365] BSG v. 10.09.2013 - B 4 AS 77/12 R - juris Rn. 43 - NZS 2014, 149, wonach die Benennung der Nettokaltmiete als Referenzmiete noch als zulässig und ausreichend angesehen wird, um von einer „zutreffenden Kostensenkungsaufforderung" ausgehen zu können, da das BSG erst im Jahr 2010 eindeutig bestimmt hat, dass die Angemessenheitsgrenze durch eine genau zu benennende Bruttokaltmiete zu definieren ist.

[366] BSG v. 19.03.2008 - B 11b AS 41/06 R - juris Rn. 21, 24 - SozR 4-4200 § 22 Nr. 7.

[367] BSG v. 27.02.2008 - B 14/7b AS 70/06 R - juris Rn. 15 - SozR 4-4200 § 22 Nr. 8.

[368] Vgl. BSG v. 19.03.2008 - 11b AS 41/06 R - juris Rn. 14.

[369] BSG v. 07.11.2006 - B 7b AS 18/06 R - juris Rn. 24 - SozR 4-4200 § 22 Nr. 3; sind einmal dem Leistungsempfänger die maßgeblichen Gesichtspunkte bekannt, bedarf es nach der Rspr. des BSG nicht einmal eines Aufklärungsschreibens, BSG v. 27.02.2008 - B 14/7b AS 70/06 R - juris Rn. 13.

[370] Vgl. BSG v. 19.02.2009 - B 4 AS 30/08 R - BSGE 102, 263 zu irreführenden Angaben des Grundsicherungsträgers im Rahmen des § 22 SGB II.

[371] BSG v. 19.02.2009 - B 4 AS 30/08 R - juris Rn. 38 - BSGE 102, 263.

[372] BSG v. 16.04.2013 - B 14 AS 28/12 R - juris Rn. 41 - SozR 4-4200 § 22 Nr. 67.

[373] BSG v. 22.03.2012 - B 4 AS 16/11 R - juris Rn. 19 m.w.N.; vgl. hierzu auch LSG Nordrhein-Westfalen v. 11.12.2012 - L 9 SO 391/12 B ER, L 9 SO 392/12 B - juris Rn. 27.

teren Hinweis übernimmt.[374] Andererseits schadet bloßer Zeitablauf nicht, wenn der Leistungsträger erkennbar an der Kostensenkungsaufforderung festhält.[375]

104 Beruht die Unangemessenheit der tatsächlichen Aufwendungen für die Unterkunft auf der **Unwirksamkeit** bestimmter Regelungen im Mietvertrag (Miethöhe, Schönheitsreparaturklausel, Renovierungsklausel), stellt dies besondere Anforderungen an das vom Leistungsträger durchzuführende Kostensenkungsverfahren: Der Leistungsträger muss dem Leistungsberechtigten seinen **Rechtsstandpunkt** und das von ihm befürwortete **Vorgehen** gegenüber dem Vermieter in einer Weise verdeutlichen, die den Leistungsberechtigten in die Lage versetzt, seine **Rechte gegen den Vermieter durchzusetzen**.[376] Bedarf es zur Kostensenkung einer zivilrechtlichen Klärung, hält das BSG je nach individuellem Kenntnisstand des Leistungsberechtigten regelmäßig weitergehende Informationen und Unterstützung seitens des Leistungsträgers für erforderlich und nimmt andernfalls eine subjektive Unmöglichkeit der Kostensenkung an. Dies gilt insbesondere bei **einmaligen Forderungen** des Vermieters (Kosten der Auszugsrenovierung).[377] Der Leistungsträger muss auf die Unangemessenheit der Aufwendungen nicht nur der Höhe nach, sondern konkret auf die für unwirksam gehaltenen Renovierungsklauseln hinweisen. Ist der Leistungsberechtigte rechtzeitig an den Leistungsträger herangetreten, hat der Leistungsträger jedoch den Leistungsberechtigten nicht auf die Unwirksamkeit hingewiesen, ist es dem Leistungsträger anschließend verwehrt, sich im Nachhinein auf die Unwirksamkeit der Renovierungsklausel zu berufen, um die Kostenübernahme der zwischenzeitlich auf Kosten des Leistungsberechtigten durchgeführten Renovierung als unangemessen abzulehnen.[378]

d. Leistungsumfang

105 Sind **Kostensenkungsmaßnahmen nicht möglich oder subjektiv nicht zumutbar**, werden die tatsächlichen (höheren) Aufwendungen zwar zunächst übernommen, nach dem Gesetzeswortlaut „**in der Regel jedoch längstens für sechs Monate**". Die Norm sieht damit selbst bei Vorliegen von „Unzumutbarkeit oder Unmöglichkeit" vor, dass „in der Regel" spätestens nach sechs Monaten nur noch die Aufwendungen in Höhe der Referenzmiete erstattet werden sollen. Angesichts der gesetzlichen Anordnung des Regelfalls haben Ausnahmen hiervon **exzeptionellen Charakter**, weswegen die Tatbestandsmerkmale der Unmöglichkeit und Unzumutbarkeit eng auszulegen sind.[379] § 35 Abs. 2 Satz 2 SGB XII gewährt dabei **keinen generellen sechsmonatigen Bestandsschutz** für unangemessen hohe Mieten i.S.e. Überlegungsfrist. Im Regelfall ist dem Leistungsberechtigten der Regel-Zeitraum zuzugestehen. Nach Lage des Einzelfalls kann es dem Leistungsberechtigten allerdings obliegen, die unangemessenen Kosten bereits vorher zu senken, wenn dies möglich und zumutbar ist (z.B. bei Einhaltung von Kündigungsfristen). Die Verkürzung der Frist muss begründet sein.[380] Der Leistungsberechtigte soll nicht die erstbeste Wohnung anmieten müssen, sondern während des nach Umständen des Einzelfalls angemessenen, ggf. während des gesamten Zeitraums die Wohnungssuche betreiben können.[381] Die 6-Monats-Frist ist keine Höchstfrist, denn Unmögliches oder Unzumutbares kann vom Leistungsempfänger nicht verlangt werden.[382] Für den darüber hinausgehenden Zeitraum, also den Ausnahmefall der Weitergewährung unangemessen hoher Leistungen für Unterkunft und Heizung, sind dann allerdings nur enge Ausnahmen möglich.[383] Eine generelle Verwaltungspraxis über eine 12-Monats-Regelfrist ist rechtswidrig.[384] Ist die Hilfebedürftigkeit für mindestens einen Monat unterbrochen, wird die Warn- und Aufklärungsfunktion der Kostensenkungsaufforderung in Abhängigkeit von der Dauer der

---

[374] BSG v. 22.11.2011 - B 4 AS 219/10 R - juris Rn. 21 - ZS 2012, 468.
[375] BSG v. 16.04.2013 - B 14 AS 28/12 R - juris Rn. 41 - SozR 4-4200 § 22 Nr. 67.
[376] BSG v. 23.03.2010 - B 8 SO 24/08 R; BSG v. 22.09.2009 - B 4 AS 8/09 R; vgl. hierzu die zustimmende Anmerkung von *Derksen*, SGb 2010, 425; BSG v. 24.11.2011 - B 14 AS 15/11 R - juris Rn. 19 - SGb 2013, 50 (Kosten der Auszugsrenovierung).
[377] BSG v. 24.11.2011 - B 14 AS 15/11 R - juris Rn. 17 - SGb 2013, 50 (Kosten der Auszugsrenovierung).
[378] BSG v. 06.10.2011 - B 14 AS 66/11 R - juris Rn. 14 - SozR 4-4200 § 11 Nr. 52.
[379] So ausdrücklich BSG v. 19.02.2009 - B 4 AS 30/08 R - BSGE 102, 263 Rn. 32.
[380] *Dauber* in: Mergler/Zink, Handbuch der Grundsicherung und Sozialhilfe, § 35 Rn. 62, Stand Juni 2013.
[381] So auch *Knickrehm* in: Spellbrink, Das SGB II in der Praxis der Sozialgerichte – Bilanz und Perspektiven, 2009, 79, 98.
[382] Vgl. *Luik* in: Eicher, SGB II, 3. Aufl. 2013, § 22 Rn. 130; BSG v. 19.02.2009 - B 4 AS 30/08 R - juris Rn. 31 - NJW 2010, 699.
[383] BSG v. 19.02.2009 - B 4 AS 30/08 R - BSGE 102, 263.
[384] Vgl. hierzu BSG v. 19.12.2009 - B 1 AS 1/08 KL zum Schadensersatzanspruch der BRD gegen das Land Berlin.

Unterbrechung noch fortwirken; im Einzelfall ist dann zu prüfen, ob überhaupt eine neue Zumutbarkeitsfrist läuft und ggf. für welche Dauer; dies wird auch davon abhängen, ob es sich um eine prognostisch längerfristige Unterbrechung handelte.[385]

§ 35 Abs. 2 Satz 2 SGB XII enthält eine **Zumutbarkeitsregelung**[386], die es verhindern soll, dass Leistungsberechtigte sofort (bei Eintritt der Hilfebedürftigkeit) gezwungen sind, die bisherige Wohnung aufzugeben. Der Leistungsberechtigte hat ein schutzwürdiges Interesse daran, von einer unvorhergesehenen, abrupten Änderung seiner gefestigten Wohnsituation und von einem Verlust seines bisherigen engeren sozialen Umfeldes für eine Übergangszeit verschont zu bleiben.[387] Schutzbedürftig sind danach insbesondere solche Personen, die bei Eintritt der Hilfebedürftigkeit bereits in einer unangemessenen Wohnung leben. Die Zumutbarkeitsfrist greift auch in Fällen, in denen die Unterkunftskosten während des Leistungsbezugs durch eine Mieterhöhung[388] **unangemessen werden**[389] und in denen sich die anteiligen Unterkunftskosten erhöhen, nachdem ein Haushaltsmitglied auszieht.[390] Entscheidet sich der Leistungsberechtigte trotz möglicher und zumutbarer Kostensenkungsmöglichkeiten gegen einen Umzug, ist er auch während der 6-Monats-Frist grundsätzlich nicht schutzbedürftig, so dass sich die Kostenübernahme gleich auf die als angemessen anzusehenden Unterkunftskosten reduziert.[391] Ein vollständiger Wegfall der Unterkunftsleistungen wäre jedoch rechtswidrig (**kein „Alles-oder-Nichts-Prinzip"**).[392]

106

Die Berücksichtigung von reinen **Wirtschaftlichkeitserwägungen** ist in § 35 SGB XII nicht vorgesehen. Sprachen ausschließlich wirtschaftliche Gründe, ohne dass eine Unzumutbarkeit des Umzugs vorlag, gegen eine Kostensenkungsmaßnahme (etwa hohe Kosten eines Umzugs, einschließlich der Aufwendungen für die Einzugsrenovierung), konnte der Leistungsträger im Regelfall nicht von der Kostensenkungsaufforderung absehen. Nur für den Bereich des SGB II wurde nunmehr mit Wirkung zum 01.01.2011 diese Möglichkeit vorgesehen.[393] Nach **§ 22 Abs. 1 Satz 4 SGB II** gilt sowohl für Mieter als auch für Wohneigentümer, dass eine Absenkung der unangemessenen Aufwendungen nicht gefordert werden muss, wenn dies unter Berücksichtigung der bei einem Wohnungswechsel zu erbringenden Leistungen unwirtschaftlich wäre; es handelt sich dabei um eine Prognoseentscheidung, die grundsätzlich jederzeit abänderbar ist. Bei der Zumutbarkeit ist zu prüfen, ob nur geringfügige Überschreitungen der Angemessenheitsgrenze bei absehbarem Ende des Leistungsbezuges und die erwartbaren Umzugskosten nebst eventuellen Mehrkosten für eine Sonderausstattung in einem Missverhältnis zu den Unterkunftsmehrkosten stehen.[394] Der Leistungsberechtigte hat weder eine subjektives Recht[395] auf Berücksichtigung der Unwirtschaftlichkeit noch auf eine ermessensfehlerfreie Entscheidung des Leistungsträgers. Es handelt sich nicht um eine Ermessensnorm („Kompetenz-Kann").[396] Der Leistungsberechtigte ist auch ausreichend über die Zumutbarkeit der Kostensenkung geschützt. Die **Interessenlage im SGB XII** ist identisch, eine entsprechende Regelung wurde hier jedoch unterlassen, ohne dass hierfür ein Grund ersichtlich ist. Deshalb ist es auch hier geboten, die Regelung des **§ 22 Abs. 1 Satz 4 SGB II entsprechend** im Bereich des SGB XII bei der Frage der Zumutbarkeit einer Kostensenkungsmaßnahme durch Umzug zu berücksichtigen (vgl. hierzu Rn. 8).

107

---

[385] *Dauber* in: Mergler/Zink, Handbuch der Grundsicherung und Sozialhilfe, § 35 Rn. 63 m.w.N., Stand Juni 2013; vgl. hierzu auch LSG Sachsen-Anhalt v. 28.02.2013 - L 5 AS 369/09 - juris Rn. 40 - NZS 2013, 512, derzeit Revision anhängig, B 14 AS 23/13 R.

[386] Vgl. hierzu BSG v. 19.03.2008 - 11b AS 41/06 R - juris Rn. 21.

[387] Vgl. BSG v. 07.11.2006 - B 7b AS 10/06 R - SozR 4-4200 § 22 Nr. 2 Rn. 23 m.w.N.

[388] Instruktiv zu Mieterhöhungen aufgrund der Veränderung der ortsüblichen Miete oder energetischer Modernisierungsmaßnahmen *Gautzsch*, Sozialrecht aktuell 2011, 137, 141.

[389] BSG v. 07.11.2006 - B 7b AS 10/06 R - SozR 4-4200 § 22 Nr. 2 Rn. 23.

[390] BSG v. 16.04.2013 - B 14 AS 28/12 R - juris Rn. 19 - NZS 2013, 751; hierzu *Berlit*, jurisPR-SozR 18/2013, Anm. 2.

[391] Vgl. BSG v. 07.11.2006 - B 7b AS 10/06 R - SozR 4-4200 § 22 Nr. 2 Rn. 25.

[392] BSG v. 07.11.2006 - B 7b AS 10/06 R - Rn. 25 - SozR 4-4200 § 22 Nr. 2.

[393] Vgl. BR-Drs. 661/10, S. 158.

[394] LSG Niedersachsen-Bremen v. 11.08.2005 - L 7 AS 164/05 ER - juris Rn. 22 - NDV-RD 2005, 123.

[395] BR-Drs. 661/10, S. 158.

[396] So aber *Berlit* in: LPK-SGB II, 5. Aufl. 2013, § 22 Rn. 96; vgl. allgemein zu „Kompetenz-Kann"-Vorschriften BSG v. 08.12.2009 - B 8 SO 17/09 R - SozR 4-1500 § 154 Nr. 1; BSG v. 06.08.1999 - B 4 RA 25/98 B - juris Rn. 27 - SozR 3-1500 § 199 Nr. 1.

108 Noch nicht höchstrichterlich entschieden ist bisher die Frage der richtigen Rechtsgrundlage für die Absenkung der Unterkunftskosten auf die angemessene Höhe nach Ablauf der 6-monatigen Regelfrist während eines laufenden Bewilligungszeitraums.[397] Das LSG Bayern[398] hatte die richtige Rechtsgrundlage in § 45 SGB X gesehen; das BSG[399] konnte die Frage in der Revisionsentscheidung offen lassen, sieht jedoch als naheliegend an, dass die Umsetzung der angekündigten Absenkung eine Änderung in den rechtlichen Verhältnissen darstellt und § 48 SGB X zutreffende Anspruchsgrundlage ist. Die „Umsetzung" durch Teilaufhebung der Bewilligung kann jedoch nicht selbst die rechtliche Änderung sein; die Zäsurwirkung durch Ablauf der Regelfrist dürfte vielmehr grundsätzlich ohne weitere Umsetzung eintreten und damit die (endgültige) volle Bewilligung für die Zeit nach Ablauf der Regelfrist von Anfang an rechtswidrig sein.

2. Direktleistung (Absatz 1 Sätze 2-5)

109 Das Gesetz sieht in zwei Fällen die Direktzahlung an den Vermieter oder andere Empfangsberechtigte vor: die Direktzahlung **auf Antrag** des Leistungsberechtigten (§ 35 Abs. 1 Satz 2 SGB XII) und nach (gebundenem) **Ermessen** des Leistungsträgers (§ 35 Abs. 1 Sätze 3 und 4 SGB XII). In § 35 Abs. 1 Satz 5 SGB XII ist die **Informationspflicht** des Leistungsträgers geregelt. Die Direktleistung ist ein Instrument zur Sicherstellung des Grundbedürfnisses Wohnen und greift im Vorfeld der Schuldenübernahme nach § 36 SGB XII.

110 § 35 Abs. 1 Satz 2 SGB XII erlaubt auch die Direktzahlung von **Leistungen für Heizung und zentrale Warmwasserversorgung**. Zwar ist ausdrücklich nur die Direktzahlung für Unterkunftsleistungen vorgesehen. Die Regelung erlaubt jedoch auch die Direktzahlung der **Heizkostenvorauszahlungen** an den Vermieter bzw. Heizenergieversorger oder Heizmateriallieferanten. Zutreffend wird vertreten, dass der Wortlaut nur scheinbar eindeutig ist[400]: Das Gesetz verwendet den Begriff der Leistungen für die Unterkunft in § 35 SGB XII uneinheitlich. § 35 Abs. 1 Satz 5 SGB XII normiert die Unterrichtungspflicht bei Direktzahlung der Leistungen für die Unterkunft „und Heizung". Damit ist der Rückschluss zu ziehen, dass auch die Direktzahlung der Leistungen „für die Unterkunft", auf die sich die Unterrichtungspflicht bezieht, ihrerseits zur Direktzahlung auch der Leistungen für die Heizung ermächtigt. Der Begriff Leistungen für die Unterkunft in § 35 Abs. 1 Satz 2 SGB XII ist nur als Oberbegriff für Unterkunftskosten im Allgemeinen in Abgrenzung zu Regelbedarfsleistungen zu verstehen, enthält mithin keine Abgrenzung zu den Leistungen für Heizung und Warmwasser. Für eine unterschiedliche Regelung im SGB XII im Vergleich zum SGB II sind auch keine Gründe ersichtlich; daher hatte der Gesetzgeber zum 01.01.2011 bereits in § 35 Abs. 1 Satz 5 SGB XII klargestellt, dass Leistungen für die Unterkunft „und Heizung" gemeint sind.

111 Auch einmalige Unterkunftsleistungen (z.B. **Umzugskosten oder Mietsicherheiten**) werden von § 35 Abs. 1 Sätze 2-5 SGB XII erfasst, sodass z.B. auch Zahlungen an den Umzugsunternehmer bzw. an die Umzugshelfer zulässig sind. Ebenfalls wird die Direktzahlung von Mietschulden erfasst (vgl. hierzu die Kommentierung zu § 36 SGB XII Rn. 66).

112 **Auf andere Leistungen** zur Sicherung des Lebensunterhalts kann § 35 Abs. 1 Sätze 2-5 SGB XII **nicht angewendet** werden, d.h. sie bieten keine Grundlage für Energiekostenvorauszahlungen an den Stromlieferanten für Haushaltsstrom.[401] Auch darf ein Teil der Regelleistung (etwa zur „Auffüllung" der mietvertraglich geschuldeten, aber in dieser Höhe nicht für angemessen anerkannten Miete) nicht überwiesen werden.[402] Allerdings kann der Leistungsberechtigte sein **Einverständnis** erklären, dass der Leistungsträger auch einen Teil seiner Regelleistung an den Vermieter überweist. Sein Einverständnis kann der Leistungsberechtigte jederzeit widerrufen. Werden die bewilligten Leistungen für die Unterkunft an den Vermieter gezahlt, deckt die Zahlung jedoch nicht die tatsächlichen unangemessenen Aufwendungen, sollte der Leistungsberechtigte darauf hingewiesen werden, in welcher Höhe die Direktzahlung erfolgt, so dass er sich darauf einstellen kann, welcher Betrag offen und durch ihn selbst

---

[397] Vgl. LSG Nordrhein-Westfalen v. 03.05.2007 - L 20 B 332/06 AS B zur fehlenden wesentlichen Änderung i.S.d. § 48 SGB X bei von Anfang an fehlendem Kostensenkungswillen; vgl. auch SG Berlin v. 11.10.2007 - S 106 AS 21530/07 ER - juris Rn. 28 (fehlende Kostensenkungsaufforderung zum Erlasszeitpunkt des Bewilligungsbescheids).
[398] LSG Bayern v. 11.07.2012 - L 16 AS 127/10.
[399] BSG v. 10.09.2013 - B 4 AS 77/12 R - juris Rn. 14.
[400] *Falterbaum* in: Hauck/Noftz, § 35 Rn. 14, Stand Juli 2012.
[401] LSG Hamburg v. 09.06.2005 - L 5 B 71/05 ER AS.
[402] SG Hamburg v. 24.04.2008 - S 56 AS 796/08 ER - InfAuslR 2009, 39.

zu zahlen ist.[403] Bei der **Übernahme von Energiekostenschulden** aus Haushaltsstrom (vgl. § 36 Abs. 1 SGB XII) kann allerdings geprüft werden, ob die Übernahme an die Einwilligung zur künftigen Direktüberweisung geknüpft wird[404] (vgl. hierzu die Kommentierung zu § 36 SGB XII Rn. 66).

Nach **Absatz 1 Satz 2** sind **auf Antrag** der leistungsberechtigten Person Leistungen für die Unterkunft an den Vermieter oder andere Empfangsberechtigte zu zahlen. Der Leistungsberechtigte hat mithin einen **Anspruch auf Direktzahlung**. Es genügt ein mündlicher Antrag beim Leistungsträger. Die Antragstellung ist Voraussetzung für die Direktzahlung und jederzeit widerrufbar. 113

Der Dritte (z.B. Vermieter, Hausverwaltungsgesellschaften, Versorgungsunternehmen, Heizölliefe- 114 ranten etc.) ist nicht antragsbefugt. Die Direktzahlung begründet auch keinen **Auszahlungsanspruch des Dritten**. Der Dritte ist nur Empfangsberechtigter.[405] Auch wenn sich der Leistungsberechtigte im Mietvertrag insofern bindet, als er hierdurch verpflichtet wird, einen Direktzahlungsantrag gemäß Absatz 1 Satz 2 beim Leistungsträger zu stellen, verbleibt die Antragsbefugnis allein beim Leistungsberechtigten.

Nach **Absatz 1 Satz 3 sollen** – ohne Antrag des Leistungsberechtigten – Leistungen für Unterkunft 115 (und Heizung; vgl. Rn. 110) an den Vermieter oder andere Empfangsberechtigte gezahlt werden, wenn die zweckentsprechende Verwendung durch den Leistungsberechtigten nicht sichergestellt ist.[406] **Zweckentsprechende Verwendung** bedeutet, dass die gewährten Leistungen tatsächlich zur Sicherung der notwendigen Unterkunfts-, Heizungs- und Warmwasserbedarfe eingesetzt werden. Eine zweckentsprechende Verwendung ist **nicht sichergestellt**, wenn aufgrund eines **mehrmaligen** entsprechenden Geschehens die Gefahr weiterer zweckwidriger Mittelverwendung besteht. Ein **einmaliges** zweckentfremdetes Verwerten reicht ebenso wenig aus wie ein bloßer auf eine drohende zweckwidrige Verwendung bezogener **Verdacht**. Die **konkrete Gefahr der zweckwidrigen Verwendung von Leistungen** für die Unterkunft, Heizung und Warmwasser besteht, wenn der Leistungsberechtigte trotz der ihm voll beantragten und bewilligten Leistungen für die Unterkunft die Miete nicht zahlt und erst nachträglich gegenüber dem Leistungsträger die Nichtzahlung der Miete wegen Mietminderung geltend macht; ein solches Verhalten begründet Zweifel an der Zuverlässigkeit hinsichtlich der zweckentsprechenden Verwendung der Leistungen.[407] Im Hinblick auf die Gefahr einer Entmündigung der Hilfebedürftigen ist die Vorschrift restriktiv auszulegen. In jedem Fall sind konkrete Anhaltspunkte zu prüfen. Die **Nichtweiterleitung in der Vergangenheit** ist bei der Einschätzung der zukünftigen Zweckentfremdung maßgeblich zu berücksichtigen; andererseits reicht nicht jede noch so geringfügige und einzige zweckfremde Verwendung in der Vergangenheit aus, eine konkrete Gefahr der zukünftigen zweckentfremdeten Verwendung erwarten zu lassen.

Die Leistungsgewährung nach § 35 Abs. 1 Sätze 2-5 SGB XII an den Dritten führt jedoch **nicht** dazu, 116 dass dieser **Anspruchsinhaber des Leistungsanspruchs** wird. Er hat **nur** einen **Auszahlungsanspruch** im Sinne eines **Rechtsreflexes**, aber keine wehrfähige Rechtsposition. Er hat mithin auch keinen Anspruch auf ermessensfehlerfreie Entscheidung über eine Direktzahlung. Der Leistungsträger hat bei Beantragung der Direktzahlung an den Dritten durch den Leistungsberechtigten die Leistung nur vom Leistungsberechtigten, nicht aber vom Dritten zurückzufordern.[408]

In **Absatz 1 Satz 4** werden Regelbeispiele benannt, in denen von einer nicht zweckentsprechenden 117 Verwendung der Mittel für Unterkunft und Heizung auszugehen ist. Nach **Absatz 1 Satz 4 Nr. 1** ist eine zweckentsprechende Verwendung nicht sichergestellt, wenn Mietrückstände bestehen, die zu einer **außerordentlichen Kündigung** des Mietverhältnisses berechtigen. Dies ist der Fall, wenn der Vermieter wegen des Verzuges Leistungsberechtigter mit der Zahlung der Miete nach § 543 Abs. 2 Satz 1 Nr. 3 BGB berechtigt ist, das Mietverhältnis außerordentlich fristlos aus wichtigem Grund zu kündigen. Hierfür muss der Mieter für **zwei aufeinanderfolgende Termine** mit der Mietzinszahlung, oder mit einem **nicht unerheblichen Teil** der Miete (die Miete für einen Monat übersteigend, § 569

---

[403] SG Hamburg v. 24.04.2008 - S 56 AS 796/08 ER - InfAuslR 2009, 39.
[404] Vgl. LSG Berlin-Brandenburg v. 11.12.2007 - L 28 B 2169/07 AS ER - ZFSH/SGB 2008, 96; LSG Nordrhein-Westfalen v. 12.12.2008 - L 7 B 384/08.
[405] LSG Bayern v. 21.01.2013 - L 7 AS 141/13 - juris Rn. 32 m.w.N. - NZS 2013, 467; LSG Schleswig-Holstein v. 21.03.2013 - L 3 AS 42/10 - juris Rn. 39.
[406] Vgl. allgemein hierzu BSG v. 19.05.2009 - B 8 SO 35/07 R - SozR 4-3500 § 82 Nr. 5.
[407] LSG Baden-Württemberg v. 21.10.2011 - L 12 AS 2016/11 - juris Rn. 20.
[408] So zutreffend SG Karlsruhe v. 26.03.2010 - S 17 AS 1435/09; vgl. auch SG Lüneburg v. 27.08.2008 - S 24 AS 722/08 - Breith 2009, 739.

Abs. 3 Nr. 1 BGB) in Verzug geraten oder in einem Zeitraum, der sich über mehr als zwei Termine erstreckt, mit der Entrichtung der Miete in Höhe eines Betrages in Verzug geraten sein, der die Miete für zwei Monate erreicht.

118 Nach **Absatz 1 Satz 4 Nr. 2** soll an den Energieversorger geleistet werden, wenn **Energiekostenrückstände** bestehen, die zu einer Unterbrechung der Energieversorgung berechtigen. Dies ist der Fall, wenn der Zahlungsverzug Leistungsberechtigter das Energieversorgungsunternehmen zu einer Unterbrechung oder fristlosen Kündigung der Energieversorgung mit Heizenergie bzw. Energie zur Warmwasserbereitung berechtigt (§§ 19 und 21 StromGVV und GasGVV)[409]. Die Ermächtigung für Direktzahlungen an Dritte gilt nur für die Leistungen für **Heizenergie und Warmwasseraufbereitung**. Auch wenn der Wortlaut des § 35 Abs. 1 Satz 4 Nr. 2 SGB XII mit dem Begriff „Energiekostenrückstände" auch Haushaltsenergie erfassen könnte, folgt aus dem Regelungszusammenhang des § 35 SGB XII, dass sich auch die Direktzahlung nur auf die Kosten für Heizung und zentrale Warmwasserversorgung bezieht.[410] Nur die Direktleistung von Aufwendungen Heizung/Warmwasser ist zulässig. Die Direktzahlung ist nicht zulässig bei nicht aufteilbaren Aufwendungen für Haushaltsstrom, Heizung und Warmwasser.[411] In § 19 StromGVV und § 19 GasGVV ist der Betrag der zur Unterbrechung der Energieversorgung berechtigenden Zahlungsverpflichtungen, mit denen der Leistungsberechtigte in Verzug ist, auf mindestens 100 € festgesetzt.

119 Nach **Absatz 1 Satz 4 Nr. 3** sollen Direktzahlungen vorgenommen werden, wenn konkrete Anhaltspunkte für ein **krankheits- oder suchtbedingtes Unvermögen** des Leistungsberechtigten bestehen, die Mittel zweckentsprechend zu verwenden. Im Hinblick auf das informationelle Selbstbestimmungsrecht kann nach den Gesetzesmaterialien vom Vorliegen derartiger Anhaltspunkte erst ausgegangen werden, wenn Leistungsberechtigte in der Vergangenheit die Mittel für Unterkunft und Heizung (z.B. wegen einer bestehenden Drogen- oder Alkoholabhängigkeit) nicht zweckentsprechend verwendet haben.[412] Die Norm ist im Hinblick auf die eingreifende Wirkung restriktiv auszulegen.

120 Nach **Absatz 1 Satz 4 Nr. 4** ist die zweckentsprechende Verwendung nicht sichergestellt, wenn konkrete Anhaltspunkte dafür bestehen, dass die im **Schuldnerverzeichnis** (§ 882b ZPO) eingetragene leistungsberechtigte Person die Mittel nicht zweckentsprechend verwendet. Die Eintragung in das Schuldnerverzeichnis setzt voraus, dass eine eidesstattliche Versicherung über das Vermögen abgegeben wurde (§ 807 ZPO) bzw. dass zur Erzwingung der Abgabe einer eidesstattlichen Versicherung Haft angeordnet oder vollstreckt worden ist oder die Erklärung nach § 284 AO abgegeben wurde. Auch hier soll nach den Gesetzesmaterialien die Ermächtigungsnorm nur greifen, wenn der Leistungsberechtigte bereits in der Vergangenheit die Mittel nicht zweckentsprechend verwendet hat.[413] Die Eintragung in das Schuldnerverzeichnis in Verbindung mit einer in der Vergangenheit bereits zweckwidrigen Verwendung begründet die konkrete Gefahr einer künftig missbräuchlichen Verwendung. Die Interessen Leistungsberechtigter seien durch die Regelungen zur Löschung der Eintragung (§ 882e ZPO) hinreichend gewahrt.

121 Eine durch den Leistungsträger verursachte **verspätete (Direkt-)Zahlung der Miete** an den Vermieter berechtigt diesen **nicht zur Kündigung** des Mietverhältnisses (§ 543 BGB), weil der Leistungsträger nach der Rechtsprechung des BGH **nicht Erfüllungsgehilfe des Mieters** (= Leistungsberechtigten) ist und er (der Mieter) sich damit dessen Verschulden nicht zurechnen lassen muss.[414] Denn der Leistungsberechtigte schaltet den Leistungsträger insoweit nicht als Hilfsperson zur Erfüllung seiner Zahlungsverpflichtungen gegenüber seinem Vermieter ein; vielmehr wendet er sich an die staatliche Stelle, um selbst die notwendigen Mittel für den eigenen Lebensunterhalt zu erhalten. Dabei macht es keinen Unterschied, ob der Leistungsträger die Kosten der Unterkunft an den Leistungsberechtigten selbst zahlt oder direkt an den Dritten überweist. In beiden Fällen nimmt der Leistungsträger hoheitliche Aufgaben wahr, um die Grundsicherung des Hilfebedürftigen zu gewährleisten. Mit dieser Stellung ist die Annahme, die Behörde werde vom Leistungsempfänger als Erfüllungsgehilfe im Rahmen des Mietvertrages über seine Unterkunft eingesetzt, nach zutreffender Ansicht des BGH nicht vereinbar.[415]

---

[409] Verordnung zum Erlass von Regelungen für die Grundversorgung von Haushaltskunden und die Ersatzversorgung im Energiebereich vom 26.10.2006, BGBl I 2006, 2391.
[410] *Falterbaum* in: Hauck/Noftz, § 35 Rn. 37, Stand Juli 2012.
[411] *Knickrehm* in: Kreikebohm/Spellbrink/Waltermann, 3. Aufl. 2013, § 22 Rn. 46.
[412] BR-Drs. 661/10, S. 159.
[413] BR-Drs. 661/10, S. 159.
[414] BGH v. 21.10.2009 - VIII ZR 64/09 - NJW 2009, 3781 m.w.N. zur gegenteiligen Ansicht in der Rechtsprechung und Literatur; vgl. auch die kritische Anmerkung von *Rieble*, NJW 2010, 816.
[415] A.A. *Rieble*, NJW 2010, 816.

§ 35 Abs. 1 Satz 5 SGB XII bestimmt des Weiteren, dass die Leistungsberechtigten **schriftlich** von der Direktzahlung **zu unterrichten** sind. Der Leistungsberechtigte hat grundsätzlich kein schutzwürdiges Interesse daran, dass der Sozialhilfebezug dem Vermieter nicht bekannt wird.[416] Die Entscheidung über die Direktzahlung ist im Rahmen des § 35 Abs. 1 Sätze 3 und 4 SGB XII als Eingriff in das Verfügungsrecht des Hilfebedürftigen über die ihm gewährten Leistungen ein **Verwaltungsakt**[417], sodass der Leistungsberechtigte zuvor **angehört** werden muss (§ 24 SGB X).[418] **Widerspruch** und **Klage** gegen die Direktzahlung haben **aufschiebende Wirkung**.[419]

122

Liegen die Regelbeispiele vor und bestehen **konkrete Zweifel** an der zweckentsprechenden Verwendung, kann von einer Direktzahlung nur noch in atypischen Einzelfällen abgesehen werden.

123

3. Umzug während des Leistungsbezugs in eine andere Unterkunft (Absatz 2 Sätze 3 und 4)

a. Inkenntnissetzen des (neuen) zuständigen Sozialhilfeträgers

§ 35 Abs. 2 Satz 3 SGB XII schreibt vor, dass derjenige, der als Leistungsberechtigter die Unterkunft wechseln will, um eine eventuelle Kostenübernahme nicht zu gefährden, **vor Abschluss des Mietvertrages** den zuständigen Sozialhilfeträger zu den Aufwendungen für die neue Unterkunft in Kenntnis zu setzen hat. Generell kann der Leistungsberechtigte jederzeit von seinem grundrechtlich geschützten Anspruch auf freie Wohnortwahl Gebrauch machen.

124

§ 35 Abs. 2 Satz 3 SGB XII normiert eine Obliegenheit[420], jedoch **keine Anspruchsvoraussetzung** für die spätere Übernahme der angemessenen Aufwendungen für die neue Unterkunft.[421]

125

Die **Informationspflicht** liegt im Interesse sowohl des Sozialhilfeträgers als auch des Hilfeempfängers, denn es können ggf. zusätzliche Aufwendungen vermieden werden **(Aufklärungs- und Warnfunktion)**.[422] In einem Gespräch sollen wohnraumbezogene Handlungsmöglichkeiten des Hilfebedürftigen ausgelotet und dieser ggf. auch vor **unüberlegten Schritten** bewahrt werden. Geschützt werden sollen aber zum anderen **auch die Interessen der Allgemeinheit**, die tangiert werden können, wenn Leistungsberechtigte aufgrund unabgestimmter Entscheidungen mit unangemessenen Kosten belastet werden und dadurch in Notlagen geraten, denen dann mit ggf. erhöhten öffentlichen Mitteln begegnet werden muss.

126

Das rechtzeitige **Inkenntnissetzen** erlaubt es dem Sozialhilfeträger auch, seinen Beratungspflichten nach § 14 SGB I nachzukommen und den Leistungsberechtigten über die Rechtsfolgen des Umzugs in die neue Unterkunft und die erforderliche Einholung von Zusicherungen (zu den Aufwendungen für die neue Unterkunft oder z.B. zur Übernahme der Mietkaution, vgl. hierzu Rn. 152) aufzuklären.

127

Während im SGB XII die Benachrichtigung des für den am künftigen Wohnort zuständigen Sozialhilfeträgers vorgesehen ist, bestimmt § 22 Abs. 4 Satz 1 SGB II (noch) die Zuständigkeit des bisher zuständigen Trägers zur Erteilung einer Zusicherung zu den Aufwendungen für die neue Unterkunft.

128

b. Aufwendungen der neuen Unterkunft

Es besteht ein Anspruch auf Übernahme der Unterkunftskosten jedenfalls in angemessener Höhe. Die Zusicherung ist insoweit nicht Anspruchsvoraussetzung (vgl. aber Rn. 131). Die **Angemessenheit** der Unterkunftskosten misst sich hierbei nicht an den für den früheren Wohnort geltenden Bedingungen, sondern denen des **neuen Wohnortes**[423] (vgl. Rn. 64).

129

Sind die Aufwendungen für die neue Unterkunft höher als die Aufwendungen für die vorherige Unterkunft, sind sie in Höhe der **angemessenen neuen Aufwendungen** zu übernehmen. Die Verpflichtung, nur die angemessenen Aufwendungen zu übernehmen, ist auch nicht davon abhängig, dass der Leistungsberechtigte bereit und in der Lage ist, die Differenz zwischen den angemessenen und den tatsächlichen Kosten der Unterkunft dauerhaft zu übernehmen. Im SGB XII findet anders als in § 22 Abs. 1

130

---

[416] VGH Baden-Württemberg v. 16.04.2002 - 7 S 2670/01.
[417] Vgl. LSG Hamburg v. 09.06.2005 - L 5 B 71/05 ER AS; SG Hamburg v. 24.04.2008 - S 56 AS 796/08 ER; *Falterbaum* in: Hauck/Noftz, § 35 Rn. 27, Stand Juli 2012.
[418] SG Stade v. 21.01.2009 - S 17 AS 795/08 ER; *Berlit* in: LPK-SGB XII, 9. Aufl. 2012, § 35 Rn. 63.
[419] Vgl. zum SGB II: *Greiser* in: Eicher, SGB II, 3. Aufl. 2013, § 39 Rn. 18.
[420] Ebenso *Berlit* in: LPK-SGB XII, 9. Aufl. 2012, § 35 Rn. 79.
[421] BVerwG v. 01.10.1998 - 5 C 6/98 - BVerwGE 107, 239, 241 f.; vgl. in diesem Zusammenhang BSG v. 07.11.2006 - B 7b AS 10/06 R - Rn. 27- SozR 4-4200 § 22 Nr. 2.
[422] Vgl. BT-Drs. 13/2440, S. 33.
[423] Vgl. BSG v. 07.11.2006 - B 7b AS 10/06 R - juris Rn. 26 - SozR 4-4200 § 22 Nr. 2.

Satz 2 SGB II[424] **keine Begrenzung** der neuen Aufwendungen auf die bisherigen Aufwendungen statt. Im SGB II werden nach einem nicht erforderlichen Umzug innerhalb des Vergleichsraums[425] nur noch Unterkunftskosten in bisheriger angemessener Höhe anerkannt, selbst wenn sich die Unterkunftskosten für die neue Wohnung im Rahmen des Angemessenen halten.[426] Die Differenz zwischen den neuen angemessenen, aber im Vergleich zu den alten Unterkunftskosten erhöhten Aufwendungen und den bisherigen Aufwendungen werden nicht anerkannt. Das SGB II erlaubt nicht die Ausschöpfung der Angemessenheitsgrenze durch einen nicht erforderlichen Umzug in eine neue Wohnung mit höheren, wenngleich noch angemessenen Kosten.[427] Eine solche strikte Begrenzung enthält § 35 SGB XII hingegen nicht. Bei nicht erforderlichem Umzug im Anwendungsbereich des SGB XII ist ein **Mehrkostenvergleich** anzustellen. Die **frühere sozialhilferechtliche Rechtsprechung** zum Mehrkostenvergleich nach § 3 Abs. 2 Satz 3 BSHG, nunmehr **§ 9 Abs. 2 Satz 3 SGB XII**[428], ist weiterhin anzuwenden[429]. Höhere angemessene Aufwendungen nach nicht erforderlichem Umzug sind damit nur dann zu übernehmen, soweit für den (nicht erforderlichen) Umzug gleichwohl **plausible, nachvollziehbare und verständliche Gründe** vorliegen, von denen sich auch Nichthilfeempfänger leiten lassen könnten, insbesondere wenn es sich nur um eine verhältnismäßig geringe Erhöhung der Kosten handelt.[430] Für die Gegenansicht spricht, dass im SGB II eine Rechtsgrundlage für den Mehrkostenvergleich ausdrücklich normiert wurde, während eine solche Regelung in § 35 Abs. 2 SGB XII fehlt und daher ohne gesetzliche Regelung im SGB XII die Fortführung der früheren Rechtsprechung fraglich ist. Davon, dass unterschiedliche Regelungen im SGB II und SGB XII regelmäßig auf bewussten Entscheidungen des Gesetzgebers beruhen, kann nicht für jede Vorschrift im SGB II und SGB XII ausgegangen werden. Während eine ausdrückliche Begrenzung im SGB II mangels entsprechender Normierung des Mehrkostenvergleichs wie in § 9 SGB XII notwendig war, ist die Fortführung der bisherigen Rechtslage aus dem Schweigen in § 35 SGB XII anzunehmen. Die Regelung des § 9 Abs. 2 Satz 3 SGB XII in Verbindung mit dem „Schweigen" in § 35 SGB XII gebietet daher weiterhin die Anwendung des Mehrkostenvergleichs.

131 Sind die **Aufwendungen der neuen Unterkunftskosten unangemessen hoch**, ist der Sozialhilfeträger nur zur Übernahme des (die Angemessenheit übersteigenden) Teils der Unterkunftskosten verpflichtet, wenn er **zuvor** seine **Zustimmung** erteilt hat (§ 35 Abs. 2 Satz 4 SGB XII). In zeitlicher Hinsicht genügt es, wenn der Leistungsberechtigte die Zustimmung vor dem Umzug beantragt hat. Liegt die Zustimmung dann vor dem Vertragsabschluss noch nicht vor, kann der Sozialhilfeträger die Kosten nicht allein deshalb nur in geringerer Höhe erbringen.[431]

132 Die vom Gesetz verwendete Formulierung, dass „den Aufwendungen vorher zugestimmt" wurde, ist als **Zusicherung** auszulegen. Die Zusicherung ist ein der späteren Bewilligung von Kosten für Unterkunft und Heizung vorgeschalteter Verwaltungsakt i.S.d. §§ 31, 34 SGB X.[432] Anders als in Fällen des § 35 Abs. 2 Sätze 4 und 5 SGB XII, in denen grundsätzlich ein Interesse des Leistungsberechtigten an

---

[424] § 22 Abs. 1 Satz 2 SGB II wurde durch das Gesetz zur Fortentwicklung der Grundsicherung für Arbeitsuchende v. 20.07.2006 (BGBl I 2006, 1706) neu gefasst und ist seit 01.08.2006 in Kraft.

[425] Die Begrenzung der Anerkennung der Aufwendungen für die neue Unterkunft nach nicht erforderlichem Umzug i.S.v. § 22 Abs. 1 Satz 2 SGB II beschränkt sich auf den Umzug innerhalb des kommunalen Vergleichsraums: BSG v. 01.06.2010 - B 4 AS 60/09 R - juris Rn. 18 ff. - BSGE 106, 147; *Luik* in: Eicher, SGB II, 3. Aufl. 2013, § 22 Rn. 108.

[426] Die Begrenzung der Unterkunftskosten auf die bisherigen angemessenen Aufwendungen entfaltet bei Eintritt eines neuen Leistungsfalls keine Wirkung mehr, d.h. sobald der Leistungsberechtigte für mindestens einen Kalendermonat die Hilfebedürftigkeit überwunden hat und aus dem Leistungsbezug ausgeschieden ist, vgl. BSG v. 09.04.2014 - B 14 AS 23/13 - Terminbericht Nr. 15/14 v. 09.04.2014.

[427] BT-Drs. 16/1410, S. 23.

[428] Nach § 9 Abs. 2 Satz 3 SGB XII soll der Träger der Sozialhilfe in der Regel Wünschen nicht entsprechen, deren Erfüllung mit unverhältnismäßigen Mehrkosten verbunden wäre.

[429] *Berlit* in: LPK-SGB XII, 9. Aufl. 2012, § 35 Rn. 84 m.w.N.; *Grube* in: Grube/Wahrendorf, SGB XII, 4. Aufl. 2012, § 35 Rn. 61; *Tammen* in: Berlit/Conradis/Sartorius, Existenzsicherungsrecht, 2. Aufl. 2013, S. 218 Rn. 57.

[430] BVerwG v. 17.11.1994 - 5 C 11/93 - juris Rn. 13 - NVwZ 1995, 1104; vgl. auch LSG Baden-Württemberg v. 08.09.2005 - L 7 SO 2708/05 ER B, welches den § 9 Abs. 2 Satz 3 SGB XII im Zusammenhang mit § 29 SGB XII a.F. nennt. Im Bereich des SGB XII liegen Entscheidungen zum Mehrkostenvergleich der Unterkunftskosten, soweit ersichtlich, noch nicht vor.

[431] LSG Berlin-Brandenburg v. 26.06.2006 - L 14 B 471/06 AS ER - juris Rn. 4.

[432] BSG v. 15.11.2012 - B 8 SO 22/10 R - juris Rn. 19 - FEVS 64, 486.

der vorangehenden Klärung der Notwendigkeit des Auszugs nachvollziehbar ist, ist im Anwendungsbereich des § 35 Abs. 2 Satz 3 SGB XII kein berechtigtes Interesse an der Vorabklärung der Notwendigkeit des Auszugs ersichtlich. **Anders als im SGB II**, nach dessen § 22 Abs. 1 Satz 2 SGB II von der Erforderlichkeit des Umzugs (innerhalb des Vergleichsraums) die Höhe der zu übernehmenden neuen Unterkunftsleistungen abhängt, enthält § 35 Abs. 2 SGB XII **keine Begrenzung auf die bisherigen Aufwendungen** für die Unterkunft und Heizung. Soweit hier vertreten wird, dass ein Mehrkostenvergleich auch ohne ausdrückliche Normierung in § 35 SGB XII Anwendung finden kann und daher auf plausible, nachvollziehbare und verständliche Gründe abzustellen ist, ist Grundlage der möglichen Begrenzung der künftigen Aufwendungen für die Unterkunft aber eine Gesamtschau der Interessen und der Verhältnismäßigkeit. Die berechtigten Interessen des Leistungsberechtigten sind in Verhältnis zur Erhöhung der künftigen Aufwendungen zu setzen. Ohne konkretes Wohnungsangebot scheide ein „Mehrkostenvergleich" bereits begrifflich aus. Eine Zustimmung kann daher nur im Hinblick auf ein **konkretisiertes Wohnungsangebot** erteilt werden. Es besteht **kein Anspruch auf Erteilung einer Zusicherung** im Hinblick auf die Übernahme künftiger angemessener Unterkunftskosten wegen der **abstrakten Erforderlichkeit** eines Umzugs aus der bisherigen Wohnung in eine nicht näher konkretisierte angemessene Wohnung[433] (vgl. hierzu Rn. 149). Auch eine Feststellungsklage scheidet aus, weil einzelne Tatbestandsmerkmale **(Elementenfeststellungsklage)** im gerichtlichen Feststellungsverfahren nicht vorab geklärt werden können.

An die **Zustimmung** (Zusicherung) ist der Träger gemäß § 34 SGB X[434] gebunden. 133

4. Übernahme von Wohnungsbeschaffungskosten, Mietkautionen und Umzugskosten (Absatz 2 Sätze 5 und 6)

Wohnungsbeschaffungskosten, Mietkautionen und Umzugskosten (sog. **Transaktionskosten**) können bei vorheriger Zustimmung (Zusicherung) übernommen werden; Mietkautionen sollen als Darlehen erbracht werden (§ 35 Abs. 2 Satz 5 SGB XII). Eine Zustimmung soll erteilt werden, wenn der Umzug durch den Träger der Sozialhilfe veranlasst wird oder aus anderen Gründen notwendig ist und wenn ohne die Zustimmung eine Unterkunft in einem angemessenen Zeitraum nicht gefunden werden kann (§ 35 Abs. 2 Satz 6 SGB XII). 134

Voraussetzung der Übernahme ist, dass es sich um Wohnungsbeschaffungskosten, um eine Mietkaution oder um Umzugskosten handelt. Die Zusicherung setzt (als ungeschriebene Voraussetzung) grundsätzlich auch die **Angemessenheit der anfallenden (Umzugs-)Kosten** voraus. 135

Grundsätzlich stellen die Wohnbeschaffungs- oder Umzugskosten einen eigenständigen **abtrennbaren Streitgegenstand** dar, über den isoliert entschieden werden kann.[435] 136

a. Wohnungsbeschaffungskosten

Der Begriff **Wohnungsbeschaffungskosten** ist **weit auszulegen**.[436] Wohnungsbeschaffungskosten sind Aufwendungen, die mit dem Finden und Anmieten der Wohnung verbunden sind.[437] Der Begriff umfasst **Maklergebühren** (wenn die Beauftragung eines Maklers zum Finden und Anmieten einer angemessenen Wohnung unvermeidbar ist – nicht hingegen, wenn die Maklergebühr anlässlich der Veräußerung von Wohnungseigentum anfällt)[438], **Abstandszahlungen, doppelte Mietaufwendungen** – allerdings nur, wenn sie unvermeidbar waren –, **Besichtigungskosten, Zeitungskosten, Annoncekosten, Telefonkosten, Kosten für Anfahrten** etc., **Kauf von Genossenschaftsanteilen** als Voraussetzung für die Miete einer Genossenschaftswohnung sowie etwa auch die **Mietkautionen** und damit ggf. verbundene Kosten für die Errichtung eines Mietkautionskontos. 137

---

[433] BSG v. 06.04.2011 - B 4 AS 5/10 R - info also 2011, 185; LSG Bayern v. 23.05.2013 - L 16 AS 141/13 B ER.
[434] Vgl. hierzu auch *Berlit* in: LPK-SGB XII, 9. Aufl. 2012 § 35 Rn. 83, der annimmt, dass es sich rechtstechnisch nicht um eine Zusicherung handle, weil die Zustimmung mit den berücksichtigungsfähigen Unterkunftskosten lediglich eine unselbstständige Bedarfsgröße für die im Sozialhilferecht einheitliche Leistungsgewährung betreffe.
[435] BSG v. 06.05.2010 - B 14 AS 7/09 R.
[436] Vgl. LSG Niedersachsen-Bremen v. 11.09.2006 - L 9 AS 409/06 ER; LSG Niedersachsen-Bremen v. 10.01.2007 - L 13 AS 16/06 ER; zur Rechtslage nach BSHG OVG Nordrhein-Westfalen v. 08.09.1994 - 24 E 686/94.
[437] BSG v. 16.12.2008 B 4 AS 49/07 R BSGE 102, 194.
[438] BSG v. 18.02.2010 - B 4 AS 28/09 R m.w.N.; LSG Stuttgart v. 30.07.2008 - L 7 AS 2809/08 ER-B; LSG München v. 16.07.2009 - L 11 AS 144/08.

138 Auch **doppelte Mietaufwendungen** zählen zum sozialhilferechtlichen Unterkunftskostenbedarf, wenn der Auszug aus der bisherigen Wohnung notwendig war und deswegen die Mietzeiträume wegen der Kündigungsfrist nicht nahtlos aufeinander abgestimmt werden konnten.[439] Die Unterkunftskosten für die alte Wohnung sind neben den Kosten für die neue Unterkunft dann zu übernehmen, wenn es notwendig gewesen ist, dass der Hilfeempfänger die neue Wohnung zu diesem Zeitpunkt gemietet und bezogen hat.[440] Voraussetzung ist jedoch, dass der Hilfeempfänger alles ihm Mögliche und Zumutbare getan hat, die Aufwendungen für die frühere Wohnung so gering wie möglich zu halten, wozu etwa die Suche nach einem Nachmieter gehört.[441]

139 **Nicht** unter Wohnbeschaffungskosten fallen die Aufwendungen für eine **Ein- oder Umzugsrenovierung**.[442] Die Aufwendungen hierfür können als einmalige Aufwendungen im Rahmen des § 35 Abs. 1 Satz 1 SGB XII übernommen werden, soweit sie angemessen sind.[443]

b. Umzugskosten

140 Umzugskosten erfassen alle Kosten, die **durch das Ausräumen** einer Wohnung und den **Transport** von Möbeln von einem zum anderen Ort anfallen. Unerheblich ist, ob Umzugsziel eine neue Wohnung oder ein Pflegeheim ist.[444] Zu den Kosten gehören **nicht die nur anlässlich des Umzugs anfallenden Kosten**, sondern **nur die unmittelbaren**, wie etwa Transportkosten, Kosten für eine **Hilfskraft**, Kosten für **private Umzugshelfer**, etwa Angehörige[445] sowie für erforderliche **Versicherungen, Benzinkosten** und Kosten für **Verpackungsmaterial**; **Entsorgungskosten** für Gegenstände aus der alten Wohnung, die nicht in die neue Unterkunft mitgenommen werden können.[446] Auch die Kosten eines **Postnachsendeauftrags** wurden als Kosten des Umzugs anerkannt.[447] Kosten für den Umzug aus dem Ausland können in der Regel nicht übernommen werden.[448]

141 Die Maklercourtage für die **Veräußerung von Wohnraum** unterfällt nicht den Umzugskosten. Sie zählt nicht zu den Wohnungsbeschaffungs- oder Umzugskosten und kann auch nicht Gegenstand einer Zusicherung sein.[449] Zu den Umzugskosten zählt auch **nicht** der **Schadenersatzanspruch des Autovermieters** gegen den Leistungsberechtigten, da die Schadenverursachung bei der Teilnahme am allgemeinen Straßenverkehr entstanden ist.[450]

142 Voraussetzung für die Übernahme von Umzugskosten ist deren **Angemessenheit**, die sich an der **Situation von Nicht-Hilfebedürftigen** orientiert, die die Wohnung räumen und in eine neue Unterkunft bzw. ins Pflegeheim umziehen. Maßgeblich sind die **üblichen** Aufwendungen für den Umzug. Nach dem BSG sind Familienmitglieder, Angehörige oder Freunde jedenfalls grundsätzlich nicht verpflichtet, für einen Leistungsberechtigten einen Umzug durchzuführen. Ob die im SGB II bestehende **Obliegenheit, seinen Umzug grundsätzlich selbst zu organisieren** und durchzuführen, im SGB XII gleichermaßen gilt, hat das BSG offen gelassen.[451] Die Kostenübernahme für einen **gewerblich organi-**

---

[439] Zur Übernahme doppelter Kosten für Unterkunft bei Auszug wegen Unterbringung im Pflegeheim LSG Berlin-Brandenburg v. 10.03.2011 - L 15 SO 23/09 - juris Rn. 22, 23 m.w.N.

[440] Nach *Berlit* in: LPK-SGB XII, 9. Aufl. 2012, § 35 Rn. 102 können doppelte Mietaufwendungen als Wohnungsbeschaffungskosten übernommen werden; für die Berücksichtigung der Doppelmiete als Unterkunftskosten nach § 35 Abs. 1 Satz 1 SGB XII: LSG Nordrhein-Westfalen v. 18.02.2010 - L 9 SO 6/08 - FEVS 62, 136-138 und darauf Bezug nehmend LSG Baden-Württemberg v. 22.12.2010 - L 2 SO 2078/10 - Sozialrecht aktuell 2011, 115-116.

[441] Vgl. LSG Baden-Württemberg v. 22.12.2010 - juris Rn. 21 - L 2 SO 2078/10 - Sozialrecht aktuell 2011, 115-116.

[442] Vgl. BSG v. 16.12.2008 - B 4 AS 49/07 R - SozR 4-4200 § 22 Nr. 16 Rn. 13 ff.; vgl. auch *Dauber* in: Mergler/Zink, Handbuch der Grundsicherung und Sozialhilfe, § 35 Rn. 72, Stand Juni 2013, wonach die Auszugsrenovierung sich während des Mietverhältnisses aufgestaut hat und Aufwendungen als tatsächliche Aufwendungen für die Unterkunft nach § 35 Abs. 1 SGB XII zu übernehmen sind, die Kosten der Einzugsrenovierung dagegen als Wohnungsbeschaffungskosten.

[443] Vgl. BSG v. 08.10.2011 - B 14 AS 66/11 R; BSG v. 16.12.2008 - B 4 AS 49/07 R - SozR 4-4200 § 22 Nr. 16 Rn. 24 ff.

[444] BSG v. 15.11.2012 - B 8 SO 25/11 R - juris Rn. 19 - SozR 4-3500 § 35 Nr. 3.

[445] BSG v. 06.10.2011 - B 14 AS 152/10 R; BSG v. 18.02.2010 - B 4 AS 28/09 R; BSG v. 01.07.2009 - B 4 AS 77/08 R - FEVS 61, 145.

[446] BSG v. 15.11.2012 - B 8 SO 25/11 R - juris Rn. 20 m.w.N. - SozR 4-3500 § 35 Nr. 3.

[447] SG Mannheim v. 12.12.2011 - S 10 AS 4474/10 - ZfSH/SGB 2012, 66.

[448] SG Mainz v. 11.05.2012 - S 10 AS 412/12 - ZFSH/SGB 2012, 546, 548.

[449] BSG v. 18.02.2010 - B 4 AS 28/09 R - juris Rn. 15 f. - info also 2010, 186.

[450] BSG v. 06.10.2011 - B 14 AS 152/10 R.

[451] BSG v. 15.11.2012 - B 8 SO 25/11 R - juris Rn. 21 m.w.N. - SozR 4-3500 § 35 Nr. 3.

sierten Umzug kommt nur dann ausnahmsweise in Betracht, wenn der Leistungsberechtigte nicht in der Lage ist (etwa wegen Alters, Krankheit, Behinderung oder Vorhandensein von Kleinkindern), den Umzug selbst durchzuführen.[452] Unabhängig davon, ob die Obliegenheit zur Durchführung eines Umzugs in Eigenregie auch im SGB XII gilt, **sind jedenfalls Umzugskosten möglichst gering zu halten**.[453]

Zur Bestimmung der **notwendigen und angemessenen Umzugskosten** kann auf die Begriffsbestimmungen des **Bundesumzugskostengesetzes** zurückgegriffen werden.[454] Danach können im Regelfall Umzugskosten nur für das Wohnungsmobiliar und die in der Wohnung befindliche übrige persönliche Habe sowie für einen zur Wohnung gehörenden Keller- oder Abstellraum übernommen werden. 143

Nicht zu den Umzugskosten zählen **Ersatzbeschaffungen**, die etwa notwendig werden, weil während des Umzugs ein Möbelstück beschädigt wurde. Die Ersatzbeschaffung kann aber der Erstausstattung einer Wohnung mit Einrichtungsgegenständen (§ 31 Abs. 1 Nr. 1 SGB XII) dann wertungsmäßig gleichzusetzen sein, wenn vorhandene Ausstattungsgegenstände allein durch einen vom Leistungsträger veranlassten Umzug in eine angemessene Wohnung unbrauchbar geworden sind.[455] 144

c. Übernahme von Mietkautionen als Darlehen

Mietkautionen sollen nach § 35 Abs. 2 Satz 5 SGB XII als Darlehen erbracht werden.[456] Entsprechend der Zweistufentheorie ist die Entscheidung über das „Ob" ein Verwaltungsakt, die Ausgestaltung (das „Wie") erfolgt hingegen durch einen Darlehensvertrag. 145

Bei entsprechendem Sicherungsbedürfnis der Leistungsträger sind diese berechtigt, vor Gewährung des Darlehens die **Abtretung des Kautionsrückzahlungsanspruchs** zu verlangen; dies gilt insbesondere für eine vom Leistungsträger nur geforderte stille Abtretung.[457] Die **Sicherung des Darlehensrückzahlungsanspruchs** durch **Abzug von monatlichen Tilgungsraten** von der laufenden Sozialhilfeleistung bzw. durch eine **Aufrechnung** oder einen **Verzicht** ist im Bereich des SGB XII regelmäßig unzulässig, weil einerseits die gesetzlichen Voraussetzungen hierfür (noch) nicht vorliegen und andererseits der Mietkautionsrückzahlungsanspruch noch nicht fällig ist.[458] Im SGB II ist hingegen mit **§ 42a SGB II**, der mit Wirkung zum 01.04.2011 in Kraft getreten ist[459], die Rahmenvorgabe **für alle Darlehen im SGB II** normiert.[460] Danach werden Rückzahlungsansprüche aus Darlehen ab dem Monat, der auf die Auszahlung folgt, durch **monatliche Aufrechnung** in Höhe von 10% des maßgebenden Regelbedarfs getilgt, solange der Darlehensnehmer Leistungen zu Sicherung des Lebensunterhalts bezieht (§ 42a Abs. 2 Satz 1 SGB II).[461] Nach Beendigung des Leistungsbezuges ist der noch nicht getilgte Darlehensbetrag sofort fällig (§ 42a Abs. 4 Satz 1 SGB II). Eine entsprechende Regelung für den Bereich des SGB XII wurde nicht normiert. Lediglich § 37 Abs. 4 SGB XII sieht bei ergänzenden Darlehen einen Einbehalt von 5% der Regelbedarfsstufe 1 vor. Da es sich bei der (Tilgungs-)Aufrechnung um einen wesentlichen Eingriff in die Rechte des Leistungsberechtigten handelt, ist § 42a SGB II nicht analog heranzuziehen. Eine Aufrechnungsmöglichkeit besteht ohne entsprechende Regelung für § 35 SGB XII (vgl. § 31 SGB I) nicht.[462] 146

---

[452] LSG Berlin-Brandenburg v. 14.03.2008 - L 15 B 44/08 SO ER - FEVS 59, 518; BSG v. 15.11.2012 - B 8 SO 25/11 R - juris Rn. 21 m.w.N. - SozR 4-3500 § 35 Nr. 3.
[453] BSG v. 06.05.2010 - B 14 AS 7/09 R.
[454] LSG Berlin-Brandenburg v. 14.03.2008 - L 15 B 44/08 SO ER - FEVS 59, 518.
[455] BSG v. 01.07.2009 - B 4 AS 77/08 R - FEVS 61, 145.
[456] Vgl. LSG Darmstadt v. 09.09.2011 - L 7 SO 190/11 B.
[457] Vgl. LSG Baden-Württemberg v. 11.01.2006 - L 13 AS 4740/05 ER-B.
[458] Vgl. hierzu auch *Weth*, info also 2007, 104, 105 ff.
[459] Art. 2 Nr. 32 des Gesetzes zur Ermittlung von Regelbedarfen und zur Änderung des Zweiten und Zwölften Buches Sozialgesetzbuch vom 24.03.2011, BGBl I 2011, 453.
[460] Vgl. hierzu *Hölzer*, info also 2011, 159; *Conradis*, info also 2011, 115; vgl. zur Rechtslage im SGB II bis 31.03.2011: BSG v. 22.03.2012 - B 4 AS 26/10 R - juris Rn. 14 f., 21, wonach für die Einbehaltung von Teilbeträgen zur Tilgung des Mietkautionsdarlehens keine gesetzliche Grundlage besteht und ein vereinbarter „Verzicht" eine unzulässige Umgehung der Voraussetzungen des § 51 SGB I darstellt.
[461] Zu verfassungsrechtlichen Bedenken gegen die Kürzung des Regelbedarfs um 10% für einen nicht nur vorübergehenden Zeitraum SG Berlin v. 30.09.2011 - S 37 AS 24431/11 ER.
[462] Vgl. zur Rechtslage im SGB II vor Einfügung des § 42a SGB II: BSG v. 22.03.2012 - B 4 AS 26/10 R - SozR 4-1200 § 46 Nr. 3.

d. Vorherige Zustimmung

147 Die vorherige Zustimmung in § 35 Abs. 2 Sätze 3 und 4 SGB XII bezieht sich auf die Wohnungsbeschaffungskosten etc., auch wenn das Gesetz insoweit nicht ausdrücklich das Bezugsobjekt, zu welchem Begehren des Leistungsberechtigten der Leistungsträger zustimmen soll, bezeichnet (gemäß § 35 Abs. 2 Satz 5 SGB XII können die dort genannten Kosten „bei vorheriger Zustimmung" übernommen werden; gemäß § 35 Abs. 2 Satz 6 SGB XII soll „eine Zustimmung" erteilt werden, wenn der Umzug notwendig ist). Das BSG hat ausdrücklich offen gelassen, ob die Erteilung einer **Zusicherung überhaupt materiell-rechtlich Voraussetzung** für die Kostenübernahme ist.[463] Der Wortlaut des § 35 Abs. 2 Satz 5 SGB XII („bei vorheriger Zustimmung") spricht jedoch für eine notwendig vorherige Zusicherung als Anspruchsvoraussetzung für die Kostenübernahme. Sinn und Zweck der vorherigen Befassung ist es, dass der Leistungsträger vor dem Eingehen eines kostenaufwändigen Umzugs Gelegenheit hat zu prüfen, in welcher Höhe welche Maßnahmen erforderlich und angemessen sind.

148 Die erforderliche vorherige (schriftliche; § 34 SGB X) Zustimmung muss vor dem Zeitpunkt erfolgen, zu dem die durch § 35 Abs. 2 Satz 5 SGB XII ersetzbaren Kosten in rechtlich relevanter Weise begründet werden, d.h. also **vor Abschluss** eines mit einem **Umzugsunternehmen geschlossenen Vertrages**. Wird der Umzug gewerblich organisiert, ist ein Kostenvoranschlag der Umzugsfirma einzureichen. Ist die Einholung der vorherigen Zusicherung im konkreten Einzelfall aus wichtigen **Gründen nicht zumutbar** oder wird die Zusicherung in **treuwidriger Weise vom Leistungsträger verzögert**, so kann in diesem Ausnahmefall auf die vorherige Zusicherung verzichtet werden (vgl. Rechtsgedanke des § 22 Abs. 5 Satz 3 SGB II).[464] Dabei kann auch berücksichtigt werden, ob der Leistungsträger den Hilfebedürftigen ohne Rechtsgrund „unter Druck" gesetzt hat, bereits zu einem bestimmten Zeitpunkt seine Kosten zu senken.[465]

149 Sowohl der Anspruch auf Zusicherung nach § 35 Abs. 2 Satz 6 SGB XII als auch der Anspruch auf ermessensfehlerfreie Entscheidung nach § 35 Abs. 2 Satz 5 SGB XII setzten regelmäßig die Prüfung des Einzugs in eine angemessene neue Unterkunft voraus. Die Erteilung der Zusicherung muss daher regelmäßig jeweils **anhand eines konkreten Wohnungsangebots** erfolgen.[466] Denn Gegenstand der Zusicherung sind die Umzugskosten (im weiteren Sinne), deren Übernahme sich nicht nur anhand der Notwendigkeit (oder Erforderlichkeit) des Auszugs, sondern auch nach der Notwendigkeit des Einzugs in die konkrete neue Unterkunft beurteilt. Notwendig ist der Umzug (Auszug, Einzug) grundsätzlich nur, wenn die neue Unterkunft angemessen ist; ebenso ist im Anwendungsbereich des § 35 Abs. 2 Satz 5 SGB XII die Angemessenheit der Aufwendungen für die neue Unterkunft i.R.d. Ermessensentscheidung zu berücksichtigen. In beiden Fällen soll ein erneuter absehbarer Umzug aufgrund unangemessener Unterkunftsaufwendungen vermieden werden; grundsätzlich nicht gerechtfertigt wäre es, etwa Transportkosten für den Einzug in eine unangemessen teure Wohnung zu übernehmen. Ob die Zusicherung zu diesen Umzugskosten erteilt wird, ist notwendig anhand des konkreten Unterkunftsangebots zu beurteilen.[467] § 35 Abs. 2 Satz 5 SGB XII umfasst andererseits auch Ansprüche, die nicht von einem konkreten Wohnungsangebot abhängen. Beabsichtigt der Leistungsberechtigte, kostenpflichtige Wohnungsinserate aufgeben oder möchte er einen Makler beauftragen, ist für ihn die anschließende Übernahme der Kosten bereits im Vorhinein, d.h. bevor ihm die Vorlage eines konkreten Wohnungsangebots möglich ist, von Interesse. In diesen Fällen ist eine Zusicherung der Übernahme der Wohnungsbeschaffungskosten vor Vorlage eines konkreten Wohnungsangebots möglich.

150 Die Zusicherung kann im Verfahren des **einstweiligen Rechtsschutzes** (§ 86b Abs. 2 Satz 2 SGG) begehrt werden.[468] Eine auf Erteilung einer Zusicherung erhobene **Verpflichtungsklage** wird unzulässig (Entfallen des Rechtsschutzinteresses), wenn zwischenzeitlich der Umzug durchgeführt worden ist.[469] Dann ist in einem Streitverfahren wegen der Höhe der Kosten der Unterkunft über den Gegenstand ei-

---

[463] BSG v. 15.11.2012 - B 8 SO 25/11 R - juris Rn. 19 - SozR 4-3500 § 35 Nr. 3.
[464] BSG v. 06.05.2010 - B 14 AS 7/09 R, mit Anm von *Münker*, SGb 2011, 289; SG Mannheim v. 15.03.2007 - S 9 AS 3880/06: Treu-und-Glaube-Einwand nach § 242 BGB.
[465] BSG v. 06.05.2010 - B 14 AS 7/09 R.
[466] LSG Baden-Württemberg v. 20.12.2012 - L 7 SO 1686/12 - juris Rn. 19, 22 (Revision anhängig, Az. B 8 SO 15/13 R).
[467] Vgl. hierzu ausführlich BSG v. 06.04.2011 - B 4 AS 5/10 R - juris Rn. 13 ff. - info also 2011, 185.
[468] Vgl. LSG Berlin-Brandenburg v. 06.05.2009 - L 32 AS 612/09 B ER - LKV 2009, 431.
[469] BSG v. 06.04.2011 - B 4 AS 5/10 R - info also 2011, 185.

ner möglichen Zusicherung selbst zu befinden. Das dortige Klagebegehren ist mit einer **kombinierten Anfechtungs- und Leistungsklage** zu verfolgen. In diesem Verfahren ist als **Vorfrage** notwendigerweise auch über die Erforderlichkeit bzw. Notwendigkeit des Umzuges zu befinden.

Ungeachtet der grundsätzlichen Unzulässigkeit einer abstrakten Zusicherung zu bestimmten Umzugskosten kann ein **nachvollziehbares Interesse** des Leistungsberechtigten daran bestehen, die **Notwendigkeit eines „Umzugs"** bereits frühzeitig abzuklären, bevor ein konkretes Wohnungsangebot vorliegt. Insofern kann die Feststellung der **Notwendigkeit des Auszugs** begehrt werden (abstrakte „Zustimmung zum Umzug" dem Grunde nach). 151

Im Gegensatz zum SGB II (dort: § 22 Abs. 6 SGB II) fehlt in § 35 Abs. 2 Sätze 5 und 6 SGB XII eine Regelung, welcher Sozialhilfeträger für die Erteilung der Zustimmung **örtlich zuständig** ist. Insofern kommt in Betracht, auf die allgemeine Regelung des **§ 98 Abs. 1 Satz 1 SGB XII** abzustellen.[470] Danach ist der Sozialhilfeträger örtlich zuständig, in dessen Bereich sich die Leistungsberechtigten tatsächlich aufhalten.[471] Dies entspricht im Ergebnis auch der Regelung des § 22 Abs. 6 Satz 1 SGB II, wonach für die Wohnungsbeschaffungs- und Umzugskosten der bis zum Umzug zuständige Träger örtlich zuständig ist; für die Mietkaution hingegen ist es nach § 22 Abs. 6 Satz 1 SGB II der Träger am Ort der neuen Unterkunft. Es dürfte nichts dagegen sprechen, diese Regelung entsprechend auch im Rahmen des § 35 Abs. 2 SGB XII anzuwenden, denn der Träger am neuen Ort ist ohnehin (nach dem Umzug) für die Übernahme der Mietkosten örtlich zuständig (vgl. hierzu Rn. 8). 152

Der Leistungsträger ist zur Erteilung einer **Zusicherung** gemäß § 35 Abs. 2 Satz 6 SGB XII verpflichtet, wenn der **Umzug** durch den Träger **veranlasst** oder aus anderen Gründen **notwendig** ist oder eine **andere Unterkunft** ohne die Zusicherung in einem **angemessenen Zeitraum nicht gefunden** werden kann. In diesen Fällen ist das **Ermessen auf Null** reduziert. Die Gewährung von Umzugskosten ist dann **ohne vorherige Zusicherung möglich**.[472] 153

Ein Umzug ist durch den Träger **veranlasst**, wenn der Träger ausdrücklich oder konkludent auf einen Umzug **hingewirkt** hat (z.B. im Zusammenhang mit einer Kostensenkungsaufforderung).[473] Erforderlich ist damit ein Zurechnungszusammenhang. Ein Umzug ist etwa dann nicht veranlasst i.S.v. § 35 Abs. 2 Satz 6 SGB XII, wenn der Leistungsberechtigte den Vergleichsraum verlässt und in einen 400 km entfernten Ort zieht; zu prüfen bleibt dann, ob ein derartiger Umzug ggf. notwendig war.[474] 154

Notwendig ist ein Umzug, wenn zwingende Gründe für den Umzug vorliegen.[475] Der Umzug ist notwendig, wenn der Leistungsberechtigte aus der bisher bewohnten Unterkunft aufgrund vermieterseitiger Kündigung ausziehen muss oder wenn die Wohnung nicht mehr bedarfsgerecht ist. Die Notwendigkeit des Umzugs kann sich insoweit aus **gesundheitlichen Gründen** ergeben, ebenso aus erheblichen **baulichen Mängeln der bisher bewohnten Unterkunft**[476], wegen schlechter **sanitärer Verhältnisse**, wobei die Schwelle zur Gesundheitsgefährdung nicht überschritten sein muss; sowie aus familiären Gründen (**Trennung/Scheidung**).[477] Nicht notwendig ist der Umzug, wenn er nur plausibel, nachvollziehbar und verständlich ist.[478] Das BSG hat zu § 22 Abs. 4 SGB II den notwendigen vom (nur) erforderlichen Umzug abgegrenzt.[479] Während für den erforderlichen Umzug ein hinreichend gewichtiger Grund ausreicht, von dem sich auch ein Nichthilfeempfänger leiten lassen würde (plausibler, nach- 155

---

[470] So *Falterbaum* in: Hauck/Noftz, § 35 Rn. 62, Stand Juli 2012.
[471] Ebenso LSG Baden-Württemberg v. 23.11.2006 - L 7 SO 4415/05 - NVwZ-RR 2007, 255.
[472] BSG v. 15.11.2012 - B 8 SO 25/11 R - juris Rn. 19 - SozR 4-3500 § 35 Nr. 3 (notwendiger Umzug in Pflegeheim).
[473] Vgl. BSG v. 06.05.2010 - B 14 AS 7/09 R.
[474] Vgl. BSG v. 06.05.2010 - B 14 AS 7/09 R.
[475] Vgl. zur Unterscheidung des Begriff „notwendig" von „erforderlich" in § 22 SGB II: BSG v. 24.11.2011 - B 14 AS 107/10 R - juris Rn. 17 - SozR 4-4200 § 22 Nr. 52, wonach dort ein „notwendiger" Umzug i.S.v. „zwingenden Gründen" nicht vorausgesetzt wird, vielmehr ein „erforderlicher" Umzug bei Vorliegen plausibler, nachvollziehbarer und verständlicher Gründe genügt.
[476] OVG Lüneburg v. 18.06.1985 - 4 B 100/84.
[477] VGH Baden-Württemberg v. 26.05.1971 - VI 921/69.
[478] Anders: *Berlit* in: LPK-SGB XII, 9. Aufl. 2012, § 35 Rn. 89; Empfehlung des Deutschen Vereins vom 12.03.2014, S. 95.
[479] Vgl. zur Unterscheidung des Begriff „notwendig" von „erforderlich" in § 22 SGB II: BSG v. 24.11.2011 - B 14 AS 107/10 R - juris Rn. 17 - SozR 4-4200 § 22 Nr. 52, wonach ein „notwendiger" Umzug i.S.v. „zwingenden Gründen" nicht vorausgesetzt wird, vielmehr ein „erforderlicher" Umzug bei Vorliegen plausibler, nachvollziehbarer und verständlicher Gründe genügt.

vollziehbarer und verständlicher Grund, z.B. Vermeidung der Unterbringung von 2 Schulkindern in einem kleinen Zimmer), setzt der notwendige Umzug zwingende Gründe voraus (z.B. Unmöglichkeit des Verbleibs in der bisherigen Wohnung). Über die Umzugskosten etc. ist im Falle des nicht notwendigen Umzugs nach § 35 Abs. 2 Satz 5 SGB XII nach Ermessensausübung zu entscheiden. Notwendig ist der Umzug erst dann, wenn zusätzlich zur Notwendigkeit des Auszugs aus der bisherigen Unterkunft der Einzug in eine neue **kostenangemessene** Unterkunft erfolgt.[480] Ist der Auszug (z.B. wegen Kündigung durch den Vermieter) notwendig, die neuen Mietkosten aber unangemessen teuer, kommt die Übernahme der Umzugskosten nach § 35 Abs. 2 Satz 5 SGB XII in Betracht (z.B. wenn der Leistungsberechtigte den die Angemessenheit überschießenden Teil selbst trägt).

156 Die Übernahme von Wohnungsbeschaffungskosten sowie von Mietkautionen und Umzugskosten steht nach § 35 Abs. 2 Satz 5 SGB XII im **Ermessen** des Leistungsträgers.[481] Wurde eine Zusicherung erteilt, ist der Leistungsträger gebunden.[482] Das BSG hat offen gelassen, ob der Leistungsträger bei der Entscheidung über die Zusicherung Ermessen auszuüben hat und ob die Erteilung einer Zusicherung überhaupt materiell-rechtlich Voraussetzung für die Kostenübernahme ist.[483]

157 Nach § 35 Abs. 2 Satz 6 SGB XII setzt die Erteilung der Zusicherung voraus, dass ohne die Zusicherung eine Unterkunft in einem **angemessenen Zeitraum** nicht gefunden werden kann. Die Bestimmung des angemessenen Zeitraums kann in entsprechender Anwendung der **Sechs-Monats-Frist** des § 35 Abs. 2 Satz 2 SGB XII erfolgen, hierbei sind jedoch stets die Besonderheiten des Einzelfalles zu beachten, sodass auch ein abweichender Zeitraum in Betracht kommt. In den Fällen des § 35 Abs. 2 Satz 6 SGB XII ist das Ermessen des Leistungsträger gebunden („Soll"-Vorschrift); nur in atypischen Fällen ist ein Abweichen vorgesehen.

5. Pauschalierung der Leistungen für die Unterkunft (Absatz 3)

a. Allgemeines

158 Der Träger der Sozialhilfe kann nach § 35 Abs. 3 Satz 1 SGB XII für **seinen Bereich** oder Teilbereiche[484] die Leistungen für die Unterkunft durch eine **monatliche Pauschale** abgelten, wenn auf dem örtlichen Wohnungsmarkt hinreichend angemessener freier Wohnraum verfügbar und in Einzelfällen die Pauschalierung nicht unzumutbar ist.[485] Bei der Bemessung der Pauschale sind die tatsächlichen Gegebenheiten des örtlichen Wohnungsmarkts, der örtliche Mietspiegel sowie die familiären Verhältnisse der Leistungsberechtigten zu berücksichtigen, wobei Absatz 2 Satz 1 entsprechend gilt (§ 35 Abs. 3 Sätze 2 und 3 SGB XII). Seit dem 01.01.2011 ermöglicht nun **§ 22a Abs. 2 SGB II**, die Bedarfe für Unterkunft und Heizung zu pauschalieren.[486] Ist eine entsprechende Satzung erlassen worden und enthält diese Pauschalen nach § 22a Abs. 2 SGB II, bestimmt § 35a Satz 3 SGB XII (vgl. auch die Kommentierung zu § 35a SGB XII), dass der SGB-XII-Leistungsträger keine Pauschalen nach § 35 Abs. 3 und 4 Satz 2 SGB XII festsetzen darf (**Sperrwirkung**).[487] Bedarfsrelevante Abweichungen der Pauschalen können sich ergeben, wenn die Anforderungen an die Pauschalierung in der Satzung nach § 22a SGB II und in § 35 Abs. 3 und Abs. 4 SGB XII voneinander abweichen. § 35 Abs. 3 und 4 SGB XII enthält zwar genauere Vorgaben für die Pauschalierung. So muss nach § 35 Abs. 3 Satz 1 SGB XII „hinreichend angemessener" freier Wohnraum verfügbar sein und § 35 Abs. 3 Satz 2

---

[480] LSG Baden-Württemberg v. 20.12.2012 - L 7 SO 1686/10 - juris Rn. 19 m.w.N. (Revision anhängig, Az. B 8 SO 15/13 R); LSG Niedersachsen-Bremen v. 05.06.2007 - L 13 SO 7/06 ER.
[481] *Dauber* in: Mergler/Zink, Handbuch der Grundsicherung und Sozialhilfe, § 35 Rn. 76, Stand Juni 2013; vgl. zum SGB II BSG v. 06.05.2010 - B 14 AS 7/09 R.
[482] *Coseriu* in: Kreikebohm/Spellbrink/Waltermann, 3. Aufl. 2013, § 35 Rn. 20.
[483] BSG v. 15.11.2012 - B 8 SO 25/11 R - juris Rn. 19 - SozR 4-3500 § 35 Nr. 3.
[484] *Berlit* in: LPK-SGB XII, 9. Aufl. 2012, § 35 Rn. 104.
[485] Vgl. zu den Novellierungsvorschlägen im Bereich des § 22 SGB II *Berlit*, ArchsozArb 2010, 84.
[486] Bis zum 31.12.2010 eröffnete § 27 SGB II a.F. (Ermächtigung zum Erlass einer entsprechenden Rechtsverordnung) die Möglichkeit, Leistungen für Unterkunft (und Heizung) zu pauschalieren, hiervon wurde jedoch keinen Gebrauch gemacht. Mit § 101a BSHG war 1999 eine bis 2004 befristete Experimentierklausel in das BSHG aufgenommen worden, die auf der Grundlage landesrechtlicher Verordnungen Modellvorhaben ermöglichte (vgl. z.B. Pauschalierungsverordnung von Nordrhein-Westfalen vom 22.02.2000). Insgesamt wurde von der Experimentierklausel jedoch äußerst zurückhaltend Gebrauch gemacht, vgl. *Falterbaum* in: Hauck/Noftz, § 35 Rn. 71 Stand Juli 2012; vgl. hierzu insgesamt *Wenzel* in: Fichtner/Wenzel, SGB XII, 4. Aufl. 2009, § 29 Rn. 23. Vgl. *Piepenstock* in: jurisPK-SGB II, 3. Aufl. 2012, § 22a.
[487] Vgl. auch BR-Drs. 661/10, S. 206.

SGB XII sieht vor, dass die tatsächlichen Gegebenheiten des örtlichen Wohnungsmarkts, der örtliche Mietspiegel sowie die familiären Verhältnisse der Leistungsberechtigten zu berücksichtigen sind (vgl. auch die detaillierten Vorgaben des § 35 Abs. 4 Satz 3 SGB XII im Hinblick auf die Heizkosten). In der Sache decken sich die Anforderungen an die Pauschalierung nach § 22a Abs. 2 SGB II nach Auslegung jedoch im Wesentlichen, auch wenn hier lediglich „ausreichend freier Wohnraum" gefordert wird.

Es wird zu Recht darauf hingewiesen, dass die monatliche Pauschalierung im **Spannungsverhältnis** 159 zum Grundsatz der **Bedarfsdeckung** steht.[488] Die Gefahr der Bedarfsunterdeckung besteht.[489] Denn bei der Abgeltungswirkung einer monatlichen Pauschale ist es unerheblich, ob für die Unterkunft tatsächlich unangemessene Kosten anfallen. Sind andererseits geringere Unterkunftskosten angefallen, ist die monatliche Pauschale gleichwohl zu gewähren. Pauschalen sind Instrumente des Gesetzgebers, vor allem in den klassischen Bereichen der **Massenverwaltung**, bestimmte Aufwendungen rechtlich zu konkretisieren, ohne dass es einer Ermittlung oder Überprüfung des tatsächlichen Aufwands im konkreten Einzelfall bedarf. Pauschalen begrenzen den Verwaltungsaufwand und dienen der **Verwaltungspraktikabilität**. Sie sollen zugleich für **Rechtsklarheit** und **Rechtssicherheit** sorgen.[490] Für die Leistungsberechtigten bedeuten sie mehr Eigenverantwortung. Generell sind bei den Pauschalen insbesondere die Anforderungen und Grenzen, die das **BVerfG** in seinem Urteil vom 09.02.2010 aufgestellt hat (u.a. **transparente und realitätsgerechte Ermittlungen**)[491], zu berücksichtigen.

Die Abgeltung der Unterkunftskosten durch eine monatliche Pauschale steht im **Ermessen** des Sozial- 160 hilfeträgers. Selbst wenn die Voraussetzungen für eine monatliche Pauschalierung vorliegen, kann der Sozialhilfeträger von der Einführung einer monatlichen Pauschale absehen. Der Sozialhilfeträger kann Pauschalen **nur für seinen Bereich** festlegen.

Die Festlegung der Pauschalen muss **Folgendes enthalten**: den örtlichen Bereich, für den die Pau- 161 schale gelten soll, Regelungen zum einzubeziehenden Personenkreis (mit den Voraussetzungen, unter denen regelmäßig eine Pauschalierung unzumutbar ist) und die Bemessung bzw. die Höhe der Pauschalen.[492] Ergänzend kann auch auf die Anforderungen des § 22b SGB II (Inhalt der Satzung) Bezug genommen werden.[493]

b. Verfügbarkeit von freiem Wohnraum

Voraussetzung für die Pauschalierung nach § 35 Abs. 3 Satz 1 SGB XII ist, dass auf dem **örtlichen** 162 **Wohnungsmarkt** hinreichend angemessener freier Wohnraum **verfügbar** und in Einzelfällen die Pauschalierung nicht unzumutbar ist. Für die Konturierung des Begriffs des örtlichen Wohnungsmarkts wird man die Rechtsprechung des BSG zur **Festlegung des Vergleichsraums** zur Ermittlung einer angemessenen Referenzmiete am Wohnort oder im weiteren Wohnumfeld heranziehen können. Danach sind **ausreichend große Räume** (nicht bloße Orts- oder Stadtteile) der Wohnbebauung zu definieren, die auf Grund ihrer räumlichen Nähe zueinander, ihrer Infrastruktur und insbesondere ihrer verkehrstechnischen Verbundenheit einen insgesamt betrachtet homogenen Lebens- und Wohnbereich bilden.[494]

Hinreichend freier Wohnraum bedeutet, dass – ähnlich der Rechtsprechung des BSG zur konkreten 163 Angemessenheit der Unterkunftskosten[495] – auf dem örtlichen Wohnungsmarkt auch die **konkrete Möglichkeit** besteht, eine (abstrakt als angemessen eingestufte) Wohnung anmieten zu können. Der Träger hat durch Verwendung vorhandener Daten etwa aus einem Mietspiegel oder durch empirische Untersuchungen, Erhebungen oder Gutachten die Lage des örtlichen Wohnungsmarktes zu erfassen

---

[488] Vgl. nur *Berlit* in: LPK-SGB XII, 9. Aufl. 2012, § 35 Rn. 103; vgl. auch *Goldmann* in: Knickrehm/Voelzke/Spellbrink, Kosten der Unterkunft nach § 22 SGB II, DGST Praktikerleitfaden, S. 56; vgl. auch Deutscher Verein, Empfehlungen des Deutschen Vereins zu den angemessenen Aufwendungen nach §§ 22 ff. SGB II und §§ 35 ff. SGB X.I
[489] *Coseriu* in: Kreikebohm/Spellbrink/Waltermann, 3. Aufl. 2013, § 35 Rn. 23.
[490] Vgl. hierzu ausführlich *Knickrehm/Voelzke* in: Knickrehm/Voelzke/Spellbrink, Kosten der Unterkunft nach § 22 SGB II, DGST Praktikerleitfaden, S. 43 ff.
[491] Vgl. BVerfG v. 09.02.2010 - 1 BvL 1/09, 1 BvL 3/09, 1 BvL 4/09 - BVerfGE 125, 175; vgl. ausführlich hierzu auch *Knickrehm*, Sozialrecht aktuell 2011, 125, 130.
[492] Vgl. hierzu auch BVerwG v. 25.11.2005 - 5 CN 1/03 - BVerwGE 122, 264.
[493] Vgl. *Piepenstock* in: jurisPK-SGB II, 3. Aufl. 2012, § 22b.
[494] Vgl. hierzu ausführlich BSG v. 19.02.2009 - B 4 AS 30/08 R - BSGE 102, 263 Rn. 21.
[495] Vgl. hierzu nur BSG v. 19.02.2009 - B 4 AS 30/08 R - BSGE 102, 263.

und die Verfügbarkeit freien (und angemessenen) Wohnraums zu ermitteln.[496] Der Wohnungsmarkt muss offen sein für die Umzüge gerade in angemessene Wohnungen zu den Pauschalen (**unteres Segment**) und nicht auf einige wenige Quartiere beschränkt sein (Ghettobildung).[497]

c. Im Einzelfall nicht unzumutbar

164 Darüber hinaus ist die Pauschalierung nur zulässig, wenn sie im **Einzelfall nicht unzumutbar** ist. Die Bemessung der Pauschale muss die allgemeinen Unterkunftskosten abdecken. Jedenfalls für Härtefälle muss eine **Öffnungsklausel** vorgesehen sein, die eine **individuelle** Prüfung ermöglicht (Individualisierungsgrundsatz, § 9 SGB XII).[498] Auch im konkreten Einzelfall müssen die (konkret angemessenen) Unterkunftskosten damit abgedeckt werden können. Kann dies bei atypischen Einzelfällen mit der Pauschale nicht gewährleistet werden, müssen die konkret geltend gemachten Unterkunftskosten im Rahmen der Angemessenheit übernommen werden.[499] Dieser Anspruch ergibt sich **unmittelbar aus dem Gesetz** (§ 35 Abs. 1 Satz 1 und Abs. 3 SGB XII), d.h. ein solcher Übernahmeanspruch besteht auch dann, wenn der Sozialhilfeträger bei der Einführung von monatlichen Pauschalen keine Härtefallregelung schafft. Besondere Umstände, die unterkunftsrelevant sind, sind zu berücksichtigen, etwa besondere Bedarfe wegen eines hohen Alters, Krankheit, Pflegebedürftigkeit oder der Zugehörigkeit zu einer besonderen Personengruppe (z.B. ehemalige Obdachlose mit Wohnungsmarktzugangsschwierigkeiten).[500] Pauschalen können auch für einzelne Fallgruppen erstellt werden.[501]

d. Bemessungsparameter

165 Bei der Bemessung der Pauschale sind die **tatsächlichen Gegebenheiten** des örtlichen Wohnungsmarkts, der **örtliche Mietspiegel** sowie die **familiären Verhältnisse** der Leistungsberechtigten zu „berücksichtigen" (§ 35 Abs. 3 Satz 2 SGB XII). Eine strikte Bindung an die genannten Faktoren besteht mithin nicht. Der Sozialhilfeträger soll aber auch nicht völlig frei die monatlichen Pauschalen festlegen dürfen. Insofern ist auch hier von ihm ein **schlüssiges Konzept** zu verlangen, das von den Sozialgerichten auf Plausibilität und Schlüssigkeit zu überprüfen ist.

166 Wo es einen **örtlichen Mietspiegel** nicht gibt, können auch andere Erkenntnisquellen (etwa die Mietpreisübersicht des Verbandes Deutscher Makler) herangezogen werden. Man wird auch hier vom Sozialhilfeträger erwarten müssen, dass er seine Berechnungen zum örtlichen Mietzinsniveau auf empirische Untersuchungen, Erhebungen oder Gutachten stützt. Der Rückgriff auf die Tabellenwerte zu § 12 WoGG ersetzt kein schlüssiges Konzept und ist für die Bestimmung der Pauschale ungeeignet.

167 Bei der **Prüfung der familiären Verhältnisse** (gemeint ist der Personenkreis des § 19 Abs. 1 SGB XII) ist – entsprechend der Prüfung der abstrakten Angemessenheit – die Anzahl der Familienmitglieder und der hierdurch bedingte Bedarf an Wohnraum (Wohnungsgröße) zu berücksichtigen.

168 Die **entsprechende Anwendung des § 35 Abs. 2 Satz 1 SGB XII** (vgl. § 35 Abs. 3 Satz 3 SGB XII) soll sicherstellen, dass Leistungsberechtigte, die bei einer Einführung einer monatlichen Pauschale in einer Unterkunft wohnen, die Aufwendungen für die Unterkunft oberhalb der Pauschale verursachen, übergangsweise die bisherigen Unterkunftskosten erhalten. Es handelt sich damit um eine (temporäre) **Bestandsschutzregelung**. Der fehlende Hinweis auf eine entsprechende Anwendbarkeit des § 35 Abs. 2 **Satz 2** SGB XII ist hierbei unschädlich. Denn nach der Gesetzessystematik konkretisiert Satz 2 die Regelung des Satzes 1 und steht damit mit diesem in unmittelbarem Zusammenhang. Danach sind die die Pauschale übersteigenden Kosten i.d.R. für einen **Zeitraum von sechs Monaten** zu übernehmen.[502]

---

[496] Vgl. *Wenzel* in: Fichtner/Wenzel, SGB XII, 4. Aufl. 2009, § 29 Rn. 24.
[497] *Berlit* in: LPK-SGB XII, 9. Aufl. 2012, § 35 Rn. 106.
[498] *Falterbaum* in: Hauck/Noftz, SGB XII, § 35 Rn. 70, Stand Juli 2012.
[499] Vgl. in diesem Zusammenhang auch die Rechtsprechung des BVerfG zu atypischen Bedarfslagen und der Notwendigkeit von Härtefallregelungen BVerfG v. 09.02.2010 - 1 BvL 1/09, 1 BvL 3/09, 1 BvL 4/09 - NJW 2010, 505.
[500] Vgl. auch BT-Drs. 15/1514, S. 60.
[501] *Dauber* in: Mergler/Zink, Handbuch der Grundsicherung und Sozialhilfe, § 35 Rn. 85, Stand: Juni 2013.
[502] So auch *Grube* in: Grube/Wahrendorf, SGB XII, 4. Aufl. 2012, § 35 Rn. 72; *Wenzel* in: Fichtner/Wenzel, SGB XII, 4. Aufl. 2009, § 29 Rn. 26.

e. Rechtsform der Pauschalierung

Die Festlegung, dass weitere Leistungen der Sozialhilfe nicht individuell bemessen, sondern pauschaliert zu erbringen sind, wird durch die Träger der Sozialhilfe getroffen. § 35 Abs. 3 SGB XII regelt aber nicht, in welcher **Rechtsform**[503] (z.B. Verordnung, Satzung Verwaltungsvorschriften/Richtlinien) der Sozialhilfeträger für seinen Bereich Pauschalen festlegen kann. Das **BVerwG** hat es für zulässig erachtet, die Pauschalierung in Form von **Verwaltungsvorschriften mit unmittelbarer Außenwirkung** zu regeln.[504] Nachdem es sich hierbei aber um abstrakt generelle Regelungen der Exekutive handelt, die rechtliche Außenwirkung gegenüber dem Bürger entfalten und auf diese Weise dessen subjektiv-öffentlichen Rechte unmittelbar berühren, sind sie der Sache nach vom BVerwG als **Rechtsnormen** eingestuft worden.[505] Das BVerwG hat in diesem Zusammenhang auch darauf hingewiesen, dass zur Wirksamkeit dieser Rechtsnormen gehört, dass sie ordnungsgemäß **veröffentlicht** werden.[506] Soll eine – im Bereich des § 35 Abs. 3 SGB XII notwendige – Außenwirkung erzielt werden, muss der Leistungsträger auch eine Außenrechtsnorm erlassen (etwa in Form einer Rechtsverordnung); allerdings müsste der Gesetzgeber dann auch eine entsprechende Ermächtigungsnorm (vgl. Art 80 Abs. 1 GG) schaffen. § 35a SGB XII stellt keine derartige Ermächtigungsnorm dar. Sie ordnet nur die Geltung einer Satzung nach den §§ 22a ff. SGB II an.

169

6. Leistungen für Heizung und zentrale Warmwasserversorgung (Absatz 4)

Nach § 35 Abs. 4 Satz 1 SGB XII werden **Leistungen für Heizung und die zentrale Warmwasserversorgung** in tatsächlicher Höhe erbracht, soweit sie angemessen sind.

170

Seit dem 01.01.2011 sind die Aufwendungen für die **Warmwasserbereitung** nicht mehr der Haushaltsenergie, sondern den Kosten der Heizung zuzuordnen.[507] Bei einheitlichen Energiekostenvorauszahlungen waren bis zum 31.12.2010 die **Kosten für Kochenergie, Beleuchtung, Warmwasserzubereitung** und den Betrieb **elektrischer Geräte** aus den Heizkosten herauszurechnen, da sie bereits durch die Regelsatzleistungen abgegolten waren.[508] Es entsprach der ständigen Rechtsprechung der für das SGB II zuständigen Senate des BSG, dass zur Verhinderung einer Doppelleistung der in der Regelleistung enthaltene Betrag von den Heizkosten abzuziehen war, wenn keine **konkrete Erfassung** der Kosten für die Warmwasserbereitung möglich war.[509] Auf einen in der Jahresabrechnung enthaltenen, nicht nach dem konkreten Verbrauch ermittelten Betrag wurde dagegen nicht abgestellt.[510] Eine Ausnahme von der Pauschalierung kam nur bei einer isolierten Erfassung der Kosten der Warmwasserbereitung in Betracht. Die Herausrechnung einer Warmwasserpauschale ist mit dem Inkrafttreten des Gesetzes zur Ermittlung von Regelbedarfen und zur Änderung des Zweiten und Zwölften Buches Sozialgesetzbuch[511] am 01.01.2011 entfallen.[512] Die **Kosten für die zentrale Warmwasseraufbereitung sind nunmehr im Rahmen der Unterkunftskosten** zu übernehmen bzw. bei **dezentraler Aufbereitung** (Wasserboiler) als **Mehrbedarf** (vgl. §§ 27a Abs. 1 Satz 1, 30 Abs. 7, 35 Abs. 4 Satz 1 SGB XII).[513]

171

Erfolgt die Versorgung mit Warmwasser sowohl zentral als auch dezentral (z.B. Durchlauferhitzer in der Küche, im Übrigen zentrale Warmwasserversorgung), ist der Anteil der zentralen/dezentralen

172

---

[503] *Coseriu* in: Kreikebohm/Spellbrink/Waltermann, 3. Aufl. 2013, § 35 Rn. 24.
[504] BVerwG v. 25.11.2005 - 5 CN 1/03 - BVerwGE 122, 264.
[505] BVerwG v. 25.11.2005 - 5 CN 1/03 - juris Rn. 25 - BVerwGE 122, 264; *Berlit* in: LPK-SGB XII, 9. Aufl. 2012, § 35 Rn. 112.
[506] BVerwG v. 25.11.2005 - 5 CN 1/03 - juris Rn. 31 ff. - BVerwGE 122, 264.
[507] LSG Berlin-Brandenburg v. 25.04.2013 - L 36 AS 2095/12 NK - juris Rn. 92 - m.w.N. (Revision beim BSG anhängig B 4 AS 34/13 R).
[508] Vgl. BSG v. 27.02.2008 - B 14/11b AS 15/07 R - SozR 4-4200 § 22 Nr. 5: Maßgeblich ist danach allein, welcher Anteil der Regelleistung bereits für die Zubereitung von Warmwasser gewährt wird.
[509] Vgl. BSG v. 06.04.2011 - B 4 AS 16/10 R - info also 2011, 186; BSG v. 15.12.2010 - B 14 AS 61/09 R - info also 2011, 137; BSG v. 27.02.2008 - B 14/11b AS 15/07 R - BSGE 100, 94-103; BSG v. 19.03.2008 - B 11b AS 23/06 R - SozR 4-4200 § 24 Nr. 3; vgl. hierzu *Brehm/Schifferdecker*, SGb 2010, 331, 335.
[510] LSG Niedersachsen-Bremen v. 09.07.2012 - L 7 AS 883/11 - juris Rn. 25 m.w.N. - ZFSH 2012, 733.
[511] BGBl I 2011, 453.
[512] Vgl. zur Neuregelung der Warmwasserkosten im Bereich des SGB II *Brehm/Schifferdecker*, SGb 2011, 505.
[513] Vgl. hierzu BR-Drs. 84/11, S. 10.

Warmwasserversorgung zu schätzen und insoweit ein reduzierter Mehrbedarf für dezentrale Warmwasserversorgung anzuerkennen.[514]

a. Aktuelle Aufwendungen

173 § 35 Abs. 4 Satz 1 SGB XII erfasst die **aktuellen Aufwendungen für die Heizung (einschließlich Warmwasser)**.

174 Unter § 35 Abs. 4 Satz 1 SGB XII fallen **sowohl laufende, d.h. regelmäßige monatliche Aufwendungen** als auch **einmalige Aufwendungen**[515], beispielsweise zur **Beschaffung von Heizmaterial**.[516] Der Heizkostenaufwand kann anhand der **Heizkostenabrechnung** bzw. der von den Energieversorgungsunternehmen festgesetzten **Vorauszahlungen**[517] oder auf andere Weise ermittelt werden. Bei **selbstbewohnten Eigenheimen oder Eigentumswohnungen** können einmalige Kosten zur Beschaffung von Heizmaterial anfallen. Die Aufwendungen für die Heizung erfassen nicht nur die umgelegten Kosten bei Zentralheizungen, sondern etwa auch ggf. anfallende **Nachzahlungen**. Von den Aufwendungen für die Heizung erfasst sind auch solche Kosten, die mit der Heizanlage zusammenhängen, wie der Betriebsstrom für die Heizanlage[518] oder die Öltank- und Kesselreinigung[519].

175 Aktuelle Aufwendungen für Heizung/Warmwasser sind in der Regel die monatlich fälligen Vorauszahlungen, die gegenüber dem Vermieter oder Energieversorgungsunternehmen geschuldet werden. Ein Anspruch gemäß § 35 Abs. 4 Satz 1 SGB XII auf früher fällig gewordene oder erst zukünftig entstehende Aufwendungen besteht nicht.[520] Im Regelfall sind die geschuldeten monatlichen Vorauszahlungen an den Mieter oder Abschlagszahlungen an das Versorgungsunternehmen als Aufwendungen für Heizung und dezentrale Warmwasserversorgung zu übernehmen. Liegen Anhaltspunkte für ein unwirtschaftliches Verhalten und unangemessene Kosten vor, ist das Kostensenkungsverfahren einzuleiten.

176 Bei der Beschaffung und Bevorratung mit Heizmaterial handelt es sich im Monat der **Fälligkeit** der Forderung um einen aktuellen Bedarf. Der **aktuelle Bedarf** muss nicht zwingend im aktuellen Heizbedarf selbst bestehen, sondern kann darin bestehen, die Lieferung der Wärme durch den Vermieter bzw. die Lieferung von Heizmaterial bezahlen zu können. Daher sind Aufwendungen für die Beschaffung von Heizmaterial (z.B. Heizöl oder Holz), die als **einmalige Leistung** von § 35 Abs. 4 SGB XII erfasst sind, zwar Aufwendungen, die regelmäßig einen **zukünftigen Heizbedarf** decken sollen, jedoch aufgrund der Fälligkeit der Forderung aktuelle Aufwendungen. Der Bedarf besteht damit in der Übernahme der Geldforderung des Energielieferanten, nicht aber in dem realen Bedarf an Wärme.[521] Die **tatsächlichen Aufwendungen entstehen** dann regelmäßig erst mit der **Lieferung** des Heizmaterials und mit Fälligkeit der Zahlungsforderung. Eine **Kostenübernahmeerklärung** kommt nur in Betracht, wenn der Heizmittellieferant nur gegen sofortige Barzahlung zur Lieferung bereit ist; dann kommt auch eine vorherige Leistung in Betracht.[522] Verfügt der Leistungsberechtigte bei Eintritt bzw. während seiner Hilfebedürftigkeit **noch über Heizmittel**, so besteht im Regelfall kein aktueller Bedarf.[523] Wurde **vor Eintritt der Hilfebedürftigkeit Heizmaterial geliefert**, das während des Sozialhilfebezugs noch nicht (vollständig) bezahlt wurde, kommt ggf. eine **Schuldenübernahme** nach § 36 Abs. 1 SGB XII in Betracht.

177 Bei Nachforderungen aus Jahresabrechnungen für Heizenergie und Warmwasserversorgung sind Schulden von aktuellen Aufwendungen abzugrenzen (vgl. Rn. 30). Nur die aktuellen Aufwendungen werden nach § 35 SGB XII erbracht. Ob **Schulden** i.S.d. § 36 Abs. 1 SGB XII oder tatsächliche Aufwendungen für Heizung i.S.d. § 35 Abs. 4 SGB XII vorliegen, ist ausgehend von dem Zweck des SGB XII, einen tatsächlich eingetretenen und bisher noch nicht vom Leistungsträger gedeckten Bedarf

---

[514] *Falterbaum* in: Hauck/Noftz, SGB XII, § 35 Rn. 82, Stand Juli 2012; Empfehlung des Deutschen Vereins vom 12.03.2014, S. 43.
[515] LSG Sachsen v. 21.10.2013 - L 3 AS 1428/13 B ER - juris Rn. 19.
[516] Vgl. BSG v. 16.05.2007 - B 7b AS 40/06 R - SozR 4-4200 § 22 Nr. 4 Rn. 9; vgl. auch BSG v. 23.11.2006 - B 11b AS 3/06 R - SozR 4-4200 § 11 Nr. 2 Rn. 34.
[517] So LSG Nordrhein-Westfalen v. 28.09.2005 - L 19 B 68/05 AS ER.
[518] BSG v. 07.07.2011 - B 14 AS 51/10 - juris Rn. 15 - SGb 2012, 428.
[519] BSG v. 19.09.2008 - B 14 AS 54/07 R - juris Rn. 18 - NDV-RD 2009, 27.
[520] Vgl. BSG v. 16.05.2007 - B 7b AS 40/06 R - SozR 4-4200 § 22 Nr. 4 Rn. 9 ff.; BSG v. 03.03.2009 - B 4 AS 38/08 R - SozR 4-4200 § 22 Nr. 17.
[521] Vgl. BSG v. 16.05.2007 - B 7b AS 40/06 R - juris Rn. 12 - SozR 4-4200 § 22 Nr. 4.
[522] Vgl. BSG v. 16.05.2007 - B 7b AS 40/06 R - juris Rn. 12 - SozR 4-4200 § 22 Nr. 4.
[523] *Mrozynski*, ZFSH/SGB 2912, 75, 79, m.w.N.

aufzufangen, zu beurteilen. Bezieht sich die **Nachforderung** für Heizung und Warmwasser auf einen während der Hilfebedürftigkeit eingetretenen und bisher noch nicht gedeckten Bedarf, handelt es sich jedenfalls um vom Leistungsträger zu übernehmende tatsächliche Aufwendungen nach § 35 Abs. 4 SGB XII. Hat der Leistungsträger dem Hilfebedürftigen bereits die monatlich an den Vermieter oder das Energieversorgungsunternehmen zu zahlenden Abschlagsbeträge zur Verfügung gestellt, den aktuellen Bedarf in der Vergangenheit also bereits gedeckt, und beruht die **Nachforderung** auf der Nichtzahlung der als Vorauszahlung vom Vermieter geforderten Abschläge für Heiz- und Betriebskosten, handelt es sich um Schulden.[524]

Bei Personen, die **wegen fehlender Hilfebedürftigkeit nicht im laufenden Leistungsbezug** stehen, ist bisher noch nicht höchstrichterlich geklärt, ob durch die Aufwendungen zur Beschaffung (und Bevorratung) von Heizmaterial in einem Monat Hilfebedürftigkeit entsteht. Teilweise wird vertreten,[525] dass der Bedarf nicht allein zum Zeitpunkt der Fälligkeit der Heizkostenforderung zu ermitteln ist, sondern die Kosten auf den voraussichtlichen Verbrauchszeitraum aufzuteilen sind, in dem voraussichtlich tatsächlicher Heizbedarf besteht und für den das Heizmaterial vorgesehen ist. Danach sollen aktuelle Aufwendungen nur vorliegen, wenn im Monat der Fälligkeit bei anteiliger Berücksichtigung der Heizkostenforderung Hilfebedürftigkeit eintritt. Ebenso wird vertreten, dass Einkommen von insgesamt sieben Monaten zu berücksichtigen ist (entsprechend § 31 Abs. 2 Satz 2 SGB XII bzw. § 24 SGB II).[526] **178**

Ist **Kochenergie** als Teil der Haushaltsenergie in den Heizkosten enthalten, ist von den tatsächlichen Aufwendungen für die Heizung (oder im Falle einer Inklusivmiete von den Aufwendungen für die Unterkunft) nicht der in der Regelleistung enthaltene Betrag für den Haushaltsstrom abzuziehen. Auch wenn in den Aufwendungen Anteile **für Haushaltsenergie** auch in den Regelleistung enthalten sind, dürfen die übernommenen Unterkunftskosten nicht zum Zwecke der Vermeidung von Doppelleistungen um den in der Regelleistung enthaltenen Betrag für Haushaltsenergie gemindert werden. Das BSG begründet dies für den Bereich des SGB II damit, dass das Leistungssystem des SGB II eine individuelle Bedarfsermittlung bzw. abweichende Bestimmung der Höhe der Regelleistung grundsätzlich nicht zulässt, die gesonderte Behandlung der Warmwasserbereitungskosten nach altem Recht nicht übertragbar ist und insbesondere ein abzuziehender Betrag aufgrund einer realistischen Abbildung des Verbrauchsanteils für die Kochenergie ermittelt werden müsse, also nicht ins Blaue hinein geschätzt werden darf.[527] Der Abzug von Beträgen für Haushaltsstrom aus einer Inklusivmiete ist auch im Anwendungsbereich des § 35 SGB XII nicht zulässig. **179**

Rückzahlungen aus Nebenkostenvorauszahlungen (z.B. nach Endabrechnung bestehende **Guthaben**) sind im Monat des Zuflusses als **Einkommen** nach § 82 SGB XII anzurechnen, sofern noch Hilfe gewährt wird.[528] Im SGB XII existiert keine dem § 22 Abs. 3 SGB II[529] entsprechende Regelung, wonach Rückzahlungen und Guthaben, die den Kosten für Unterkunft und Heizung zuzuordnen sind, nach dem Monat der Rückzahlung oder der Gutschrift entstehende Aufwendungen mindern. Unerheblich für die Anrechnung der Betriebskostenguthaben ist deren Ursprung, d.h. ob sie allein aus Zahlungen des Hilfebedürftigen resultieren. Anders als im SGB II ist auch unerheblich, ob das Guthaben aus Vorauszahlungen für Haushaltsstrom oder Heizenergie besteht. Die Anrechnung als Einkommen verstößt auch nicht gegen Art. 3 Abs. 1 GG im Vergleich zu den Leistungsberechtigten, die ein Teil ihrer Leistungen ansparen, ohne dass die Ansparungen als Einkommen berücksichtigt würden.[530] Ebenso wie Guthaben, die aus Zeiten stammen, in denen keine Hilfebedürftigkeit bestand, zu berücksichtigen sind, ist es **unerheblich, wer die Zahlungen getätigt** hat. Unerheblich ist auch, ob die Gutschrift mit einer Forderung eines Dritten (etwa dem damaligen Mitbewohner) belastet ist. Denn Einkommen ist zuallererst zur Lebensunterhaltssicherung einzusetzen, nicht hingegen zur Schuldentilgung.[531] Diese vom BSG für das SGB II aufgestellten Grundsätze gelten auch im SGB XII. **180**

---

[524] Vgl. BSG v. 22.03.2010 - B 4 AS 62/09 R - juris Rn. 17.
[525] LSG Baden-Württemberg v. 24.04.2009 - L 12 AS 4195/08 - juris Rn. 48.
[526] Vgl. *Mrozynski*, ZFSH/SGB 2012, 75, 81 f.
[527] BSG v. 24.11.2011 - B 14 AS 151/10 R - juris Rn. 20 ff. - SozR 4-4200 § 22 Nr. 54; BSG v. 19.10.2010 - B 14 AS 50/10 R - juris Rn. 35 - SozR 4-4200 § 22 Nr. 42.
[528] Vgl. zur früheren Rechtslage im SGB II BSG v. 15.04.2008 - B 14/7b AS 58/06 R - SozR 4-4200 § 9 Nr. 5 Rn. 37; OVG Nordrhein-Westfalen v. 05.02.2003 - 12 A 3734/00 - FEVS 55, 52.
[529] Eingefügt durch Gesetz zur Fortentwicklung der Grundsicherung für Arbeitsuchende v. 20.07.2006 (BGBl I 2006, 1706).
[530] Vgl. BSG v. 19.05.2009 - B 8 SO 35/07 R - juris Rn. 16 f. - SozR 4-3500 § 82 Nr. 5.
[531] Vgl. zum SGB II: BSG v. 22.03.2012 - B 4 AS 139/11 R.

b. Angemessenheit

181 Leistungen für Heizung und Warmwasser werden in tatsächlicher Höhe erbracht, soweit sie **angemessen** sind.[532] Bei der Angemessenheitsprüfung ist ein **konkret-individueller Maßstab** anzulegen.[533]

182 Die Angemessenheit der Aufwendungen für Heizung und Warmwasser nach § 35 Abs. 4 Satz 1 SGB XII ist **getrennt** von der Prüfung der Angemessenheit der Aufwendungen für die Unterkunft zu beurteilen.[534] Für § 22 Abs. 1 Satz 1 SGB II hat das BSG eine Gesamtangemessenheitsgrenze für Unterkunfts- und Heizkosten im Sinne einer sog. erweiterten Produkttheorie jedenfalls aus praktischen Gründen für unzulässig gehalten, weil die verlässliche Ermittlung der abstrakt angemessenen Aufwendungen für eine Referenzwohnung für unmöglich gehalten wird.[535] Eine Gesamtangemessenheitsgrenze würde die Bestimmung eines **abstrakt angemessenen Heizkostenpreises** pro Quadratmeter, der sich auf eine Referenzwohnung im unteren Segment des Wohnungsmarktes bezieht, voraussetzen. Der auf die Referenzwohnung bezogene Wert müsste das zu ermittelnde angemessene Heizverhalten, klimatische Bedingungen, wechselnde Energiepreise, Energieträger, den im entsprechenden Mietsegment „typischen" Gebäudestandard und den technischen Stand einer als „typisch" anzusehenden Heizungsanlage umfassen. Das BSG hat für § 22 Abs. 1 Satz 1 SGB II weniger ausdifferenzierte Daten wie die Durchschnittswerte aller Verbraucher bezogen auf den jeweiligen örtlichen Bereich oder das Bundesgebiet als ungeeignet angesehen, weil dies eine Pauschalierung von Kosten der Heizung bedeuten würde, die nach dem § 27 SGB II a.F. dem Verordnungsgeber vorbehalten war. Seit dem 01.01.2011 ermöglicht § 22b Abs. 1 Satz 3 SGB II die Bildung einer **Gesamtangemessenheitsgrenze** (Satzungslösung). Aufgrund der Schwierigkeiten bei der Bestimmung der realitätsgerechten Angemessenheitsgrenze für Heizkosten hat das LSG Berlin-Brandenburg[536] die entsprechende Verordnung des Landes Berlin für unwirksam erklärt. Die Entscheidung liegt dem BSG[537] zur Überprüfung vor. Über § 35a SGB XII kommt die Geltung einer durch Satzung bzw. Rechtsverordnung festgelegten Gesamtangemessenheitsgrenze auch für das SGB XII in Betracht (vgl. die Kommentierung zu § 35a SGB XII).

183 Die Festlegung der Angemessenheitsgrenze der Heizkosten bereitet in der Praxis **Schwierigkeiten**, weil die Aufwendungen für die Heizung von einer Vielzahl von Faktoren abhängen. **Objektive Faktoren** beziehen sich auf das Gebäude und die Wohnung (Baudaten wie Geschosshöhe, Wohnfläche oder auch Alter des bewohnten Gebäudes), die Heizanlage und die klimatischen Verhältnisse am Wohnort.[538] Hinzu treten **subjektive Faktoren**, die das Heizverhalten bestimmen (ältere oder erkrankte, z.B. bewegungseingeschränkte Menschen, Kleinkinder). Zudem kann Berücksichtigung finden, dass nicht erwerbstätige Leistungsberechtigte eine gegenüber dem Durchschnitt deutlich angehobene Zeitspanne in der Wohnung verbringen, was jedenfalls in der kälteren Jahreszeit zu erhöhten Heizkosten führen kann. Wegen der Schwierigkeiten bei der Ermittlung der angemessenen Aufwendungen wird in der Praxis auf einen Grenzwert aus einem regionalen oder andernfalls **bundesweiten Heizspiegel** abgestellt. Aus dem Heizspiegel lässt sich zwar **keine Angemessenheitsgrenze** ermitteln, jedoch ist **„eklatant kostspieliges"** oder **unwirtschaftliches Heizen** vom Leistungsträger nicht zu finanzieren.[539] Aus dem Heizspiegel ist daher ein **Grenzwert** zu ermitteln, dessen Überschreiten ein Indiz für unangemessenes Heizverhalten darstellt und zum Anscheinsbeweis[540] zulasten des Leistungsberechtigten führt. Der Grenzwert wird bestimmt durch das **Produkt** aus dem Wert für „extrem hohe" Heizkosten des **jeweiligen Energieträgers** (rechte Spalte des Heizspiegels) und der für den Haushalt des Hilfebedürftigen **abstrakt angemessenen Wohnfläche** (unabhängig davon, ob die tatsächliche

---

[532] Vgl. hierzu eingehend *Bremer*, NZS 2010, 189; zur Frage der Angemessenheit der Energiekosten zur Bereitung von Warmwasser unter besonderer Berücksichtigung der Ermittlungskonzepte der Städte Berlin, München und Nürnberg vgl. *Eckhardt*, info also 2012, 200 ff.

[533] BSG v. 02.07.2009 - B 14 AS 33/08 R - juris Rn. 27 - SozR 4-4200 § 22 Nr. 25.

[534] BSG v. 12.06.2013 - B 14 AS 60/12 R - juris Rn. 17 - ZFSH/SGB 2014, 24; BSG v. 02.07.2009 - B 14 AS 36/08 R - juris Rn. 18 - BSGE 104, 41; *Grube* in: Grube/Wahrendorf SGB XII, 4. Aufl. 2012, § 35 Rn. 39.

[535] BSG v. 02.07.2009 - B 14 AS 36/08 R - Rn. 19 - BSGE 104, 41.

[536] LSG Berlin-Brandenburg v. 04.09.2013 - L 36 AS 1414/12 NK.

[537] Az. B 4 AS 52/13 R.

[538] Vgl. dazu etwa BSG v. 22.09.2009 - B 4 AS 70/09 - juris Rn. 19; LSG Thüringen v. 07.07.2005 - L 7 AS 334/05 ER.

[539] BSG v. 02.07.2009 - B 14 AS 36/08 R - juris Rn. 21 - BSGE 104, 41.

[540] BSG v. 12.06.2013 - B 14 AS 60/12 R - juris Rn. 23 - ZFSH/SGB 2014, 24.

Wohnfläche die abstrakt angemessene Wohnfläche überschreitet[541] oder unterschreitet[542]). Die tatsächlich anfallenden Kosten sind als angemessen anzusehen, soweit sie diesen Grenzwert nicht überschreiten.[543] Das Überschreiten des Grenzwertes kann Anlass zu einer individuellen Prüfung der Angemessenheit geben, wenn der Leistungsberechtigte darlegt, dass sein Heizverhalten dennoch nicht unwirtschaftlich war. Er hat dies ggf. zu beweisen. Der **Bundesheizspiegel**[544] weist darauf hin, dass er für Einzelfallentscheidungen nach dem SGB II keine Hinweise bietet. Gleichwohl wird die Anwendung des Bundesheizspiegels als vorläufige Bezugsgröße zur Bestimmung abstrakter Angemessenheitswerte der Heizkosten in Ermangelung einer anderen Datengrundlage für zumindest teilweise plausibel gehalten.[545] Nach dem BSG können die von der co2online gGmbH in Kooperation mit dem Deutschen Mieterbund erstellten „**Kommunalen Heizspiegel**" bzw. – soweit diese für das Gebiet des jeweiligen Trägers fehlen – der „**Bundesweite Heizspiegel**" herangezogen werden, um den Grenzwert einer mit Öl, Erdgas oder Fernwärme beheizten Wohnung zu ermitteln.[546] Aus den **Heizspiegeln** ergeben sich Vergleichswerte für öl-, erdgas- und fernwärmebeheizte Wohnungen gestaffelt nach der von der jeweiligen Heizungsanlage zu beheizenden Wohnfläche, die hinsichtlich des Heizenergieverbrauchs zwischen „optimal", „durchschnittlich", „erhöht" und „extrem hoch" unterscheiden. Die **Aktualität** der Daten, die dem jeweiligen Heizspiegel zugrunde liegen, ist zu beachten[547] und ggf. trotz eines vorhandenen regionalen Heizspiegels vorrangig auf einen aktuelleren bundesweiten Heizspiegel abzustellen. Zu berücksichtigen ist dabei auch der Zeitpunkt der Datenerhebung für den Heizspiegel. Ggf. sind die Werte fortzuschreiben. Heizspiegel sind jedoch nur dann geeignet, Grenzwerte zu liefern, wenn sie auch die jeweilige Energieart abbilden. Sind Daten für Strom nicht eingeflossen, kann aus dem Heizspiegel auch kein Grenzwert entnommen werden.[548]

Der Rückgriff auf einen Heizkostenspiegel ist nicht zwingend. Grundsätzlich können auch eigene Datenprogramme zur Bestimmung der angemessenen Heizkosten herangezogen werden, wenn repräsentativ erhobene Daten zum Heizwärmebedarf nach Gebäudealter und -typ und Nutzungsgrade einzelner Heizsysteme eingestellt und die klimatischen Bedingungen, Energiequellen und konkreten Preise des Energieversorgers berücksichtigt werden.[549] Ein Programm genügt den Anforderungen anhand eines schlüssigen Konzepts zur Ermittlung der angemessenen Heizkosten jedoch nicht, wenn es einzelne Faktoren (Baualter, Wärmedämmung, Wirkungsgrad der Wärmeanlage), einen durchschnittlichen Heizwärmebedarf nach Gebäudealter und Gebäudetyp sowie die durchschnittlichen Jahresnutzungsgrade der Heizsysteme in deutschen Haushalten zugrunde legt, ohne dass die konkreten Verhältnisse (Fläche der Fenster, Lage der Wohnung im Haus, Außenwände, Dämmwert der Fenster) berücksichtigt werden.[550] Die schlichte **Orientierung an Durchschnittswerten** bzw. deren Überschreitung wird der durch § 35 Abs. 4 Satz 1 SGB XII gebotenen Einzelfallbetrachtung nicht gerecht.[551] Insofern sind die

184

---

[541] BSG v. 02.07.2009 - B 14 AS 36/08 R - juris Rn. 22 - BSGE 104, 41.
[542] A.A. LSG Niedersachsen-Bremen v. 09.07.2012 - L 7 AS 883/11 - juris Rn. 19 ff. - ZFSH 2012, 733, wonach der Grenzwert nur die tatsächliche (höchstens angemessene) Wohnfläche berücksichtigt.
[543] BSG v. 02.07.2009 - B 14 AS 33/08 R - juris Rn. 27 - SozR 4-4200 § 22 Nr. 25; BSG v. 02.07.2009 - B 14 AS 36/08 R - juris Rn. 20 - BSGE 104, 41; *Grube* in: Grube/Wahrendorf SGB XII, 4. Aufl. 2012, § 35 Rn. 39.
[544] Bundesweiter Heizspiegel 2013, www.heizspiegel.de (abgerufen am 06.05.2014).
[545] *Eckhardt*, info also 2012, 200, 202.
[546] BSG v. 02.07.2009 - B 14 AS 36/08 R - BSGE 104, 41 Rn. 21; vgl. auch BSG v. 19.10.2010 - B 14 AS 2/10 R; BSG v. 13.04.2011 - B 14 AS 106/10 R - SozR 4-4200 § 22 Nr. 46 und BSG v. 13.04.2011 - B 14 AS 85/09 R; ebenso *Dauber* in: Mergler/Zink, Handbuch der Grundsicherung und Sozialhilfe, § 35 Rn. 98, Stand: Juni 2013.
[547] SG Stuttgart v. 22.06.2012 - S 18 AS 2968/12 - juris Rn. 32 - ZFSH 2012, 630.
[548] SG Stuttgart v. 22.06.2012 - S 18 AS 2968/12 - juris Rn. 32 - ZFSH 2012, 630.
[549] SG Stuttgart v. 12.12.2011 - S 18 AS 8899/09 - juris Rn. 31.
[550] SG Stuttgart v. 12.12.2011 - S 18 AS 8899/09 - juris Rn. 31; dem folgend: LSG Niedersachsen-Bremen v. 09.07.2012 - L 7 AS 883/11 - juris Rn. 19 ff. - ZFSH 2012, 733 („Heikos 2.0").
[551] Vgl. BSG v. 22.09.2009 - B 4 AS 70/08 R - juris Rn. 19; LSG Niedersachsen-Bremen v. 15.12.2005 - L 8 AS 427/05 ER.

in der Praxis herangezogenen **Richtwerte**, die quadratmeterbezogen ausgerichtet sind, nur **Anhaltspunkte**, die nach Maßgabe des besonderen Einzelfalles anzupassen sind.[552]

185 Bei **unangemessen großer Unterkunft** ist es nicht zulässig, die Heizkosten entsprechend dem Verhältnis von abstrakt angemessener Wohnfläche zur tatsächlichen Wohnfläche (sog. „Flächenüberhangprinzip") zu kürzen, weil sich aus der Größe der Unterkunft alleine nicht der Schluss der Unangemessenheit der tatsächlichen Heizkosten ziehen lässt. Es ist nämlich möglich, die Heizkosten auch in einer eigentlich nach der Quadratmeterzahl unangemessen großen Unterkunft im abstrakt angemessenen Rahmen zu halten, etwa durch besonders sparsames Heizverhalten oder auf Grund der überdurchschnittlichen Energieeffizienz der Wohnung.[553]

186 Beschaffen Personen in einem Monat einen Vorrat an Heizmaterial, die **nicht im laufenden Leistungsbezug stehen**, aber durch die Kosten der Beschaffung in diesem Monat hilfebedürftig werden, ist die Angemessenheit der Bevorratung mit Heizmaterial näher zu prüfen. Stellt man allein auf die Fälligkeit der Aufwendungen ab, kann allein durch die Gestaltung der Abrechnung der Heizkosten zwischen Mieter und Vermieter, d.h. einmalige Zahlung anstatt monatlicher Abschläge, bzw. durch Bevorratung mit Heizmaterial im großem Umfang eine anspruchsbegründende Hilfebedürftigkeit eintreten, die nach Ansicht des LSG Baden-Württemberg[554] aus Gleichheitsgesichtspunkten nicht zu rechtfertigen ist. Danach ist die Beschaffung von Heizmaterial nur dann angemessen, wenn bei **monatlicher Umrechnung auf den voraussichtlichen Verbrauchszeitraum** bzw. auf den Zeitraum bis zur nächsten Heizmateriallieferung fiktiv Hilfebedürftigkeit bestünde. In diesem Fall sind die Heizkosten als einmaliger Bedarf auch von nicht im laufenden Leistungsbezug stehenden Personen zu übernehmen. Andernfalls mutet das LSG Baden-Württemberg die Zahlung aus Ansparungen zu.

187 Die angemessenen Aufwendungen für zentrale **Warmwasserbereitung** sind abhängig von der Anzahl der Bewohner sowie dem Energieträger. Gegen das Heranziehen von flächenbezogenen Werten hat das LSG Berlin-Brandenburg Bedenken geäußert, weil die Warmwasserkosten nicht unmittelbar mit der Wohnfläche zusammenhängen.[555] Als individuelle Faktoren der angemessenen Warmwasserkosten ist **ein krankheitsbedingter Waschzwang** zu berücksichtigen, wenn dieser einen Mehrverbrauch an Warmwasser verursacht.[556] Lebt der Leistungsberechtigte, der einen krankhaften Warmwassermehrbedarf hat, mit weiteren Personen zusammen, ist sein besonderer (krankheitsbedingter) Bedarf auch bei der Zuordnung der Aufwendungen zu beachten, weil ein besonderer Bedarf die Abweichung vom Kopfteilprinzip gebietet. Höchstrichterliche Rechtsprechung zur Ermittlung der angemessenen Warmwasserkosten liegt bisher nicht vor.

c. Kostensenkungsverfahren

188 Sind die Aufwendungen für die Heizung und zentrale Warmwasserversorgung unangemessen, ist ein **Kostensenkungsverfahren** einzuleiten. Eine Kostensenkung kommt dann durch eine Veränderung des **Heizverhaltens** oder aber durch andere Maßnahmen wie **Umbau, Sanierung** oder **Wohnungswechsel** in Betracht. Unangemessene tatsächliche Aufwendungen für die Heizung werden in entsprechender Anwendung des § 35 Abs. 2 Sätze 1 und 2 SGB XII noch in einem Übergangszeitraum, in dem

---

[552] So auch BSG v. 22.09.2009 - B 4 AS 70/08 R - juris Rn. 19; vgl. auch SG Lüneburg v. 16.02.2010 - S 45 AS 34/10 ER zur Nichtheranziehung des „Bundesweiten Heizspiegels"; vgl. aber auch BSG v. 02.07.2009 - B 14 AS 36/08 R - BSGE 104, 41 Rn. 19 zur Heranziehung von Heizspiegeln; OVG Nordrhein-Westfalen v. 13.09.1988 - 8 A 1239/86 - FEVS 38, 151 zur Berücksichtigung des durchschnittlichen Verbrauchs innerhalb einer Wohnanlage.
[553] BSG v. 02.07.2009 - B 14 AS 33/08 R - juris Rn. 30 - SozR 4-4200 § 22 Nr. 25.
[554] LSG Baden-Württemberg v. 24.04.2009 - L 12 AS 4195/08 - juris Rn. 48, wonach bei fehlenden Ansparungen aber ggf. eine darlehensweise Übernahme in Betracht kommt; a.A. *Mrozynski*, ZFSH/SGB 2012, 75, 81, der für den Bereich des SGB II aufgrund der Rechtsähnlichkeit der Bedarfe für abweichende Bedarfe nach § 24 Abs. 3 SGB II zu den Unterkunftsleistungen und aufgrund der bisherigen Regelung in § 21 BSHG a.F. die entsprechende Anwendung von § 24 Abs. 3 Satz 4 SGB II vorschlägt und damit die (mögliche) Berücksichtigung von Einkommen von insgesamt sieben Monaten.
[555] LSG Berlin-Brandenburg v. 25.04.2013 - L 36 AS 2095/12 NK - juris Rn. 92 m.w.N (Revision beim BSG anhängig B 4 AS 34/13 R).
[556] LSG Celle-Bremen v. 23.02.2011 - L 13 AS 90/08 - ZFSH/SGB 2011, 483.

das Heizverhalten angepasst werden muss bzw. währenddessen ein Umzug zur Senkung der Heizkosten unzumutbar ist, übernommen.[557]

Bei **unangemessenen Heizkosten** sind diese für einen Übergangszeitraum in tatsächlicher Höhe zu übernehmen. **§ 35 Abs. 2 Satz 2 SGB XII** ist **analog** anzuwenden (Regelfrist 6 Monate).[558] Aufgrund des Abrechnungszeitraums von regelmäßig einem Jahr und der ggf. erforderlichen Änderung des Verbrauchsverhaltens kann in Einzelfällen ein längerer Übergangszeitraum zuzubilligen sein.[559] Nach Ablauf der Kostensenkungsfrist besteht nur noch ein Anspruch auf Übernahme der angemessenen Heizkosten. 189

Müssen unangemessene Heizkosten, etwa im Rahmen einer Heizkostennachzahlung, bezahlt werden, kommt eine Übernahme nach § 36 SGB XII in Betracht. 190

Bei fortgesetztem **unwirtschaftlichem Verhalten** des Leistungsberechtigten kann auch die Einschränkung der Leistungen gemäß § 26 Abs. 1 Nr. 2 SGB XII in Betracht gezogen werden. 191

d. Pauschalierung

Die Leistungen können durch eine **monatliche Pauschale** abgegolten werden (§ 35 Abs. 4 Satz 2 SGB XII). Durch die Pauschalierungsermächtigung wird der Rückgriff auf einen weniger ausdifferenzierten Wert als für die Bemessung der abstrakt angemessenen Heizkosten ermöglicht. Bei der Bemessung der Pauschale sind die persönlichen und familiären Verhältnisse, die Größe und Beschaffenheit der Wohnung, die vorhandenen Heizmöglichkeiten und die örtlichen Gegebenheiten zu berücksichtigen (§ 35 Abs. 4 Satz 3 SGB XII). Die Einführung einer Pauschale steht im **Ermessen** des Sozialhilfeträgers (vgl. im Übrigen hierzu auch die Ausführungen zur Pauschalierung nach Absatz 3 und § 22b Abs. 2 SGB II in Rn. 158 ff.). 192

Im Unterschied zu der Pauschalierungsoption des § 35 Abs. 3 Satz 1 SGB XII knüpft § 35 Abs. 4 Satz 2 SGB XII die Heizungspauschalen nicht an den „Bereich" des Leistungsträgers an. Dies ist jedoch in Absatz 4 hineinzulesen.[560] Denn nur der jeweils zuständige Sozialhilfeträger kann für seinen Bereich Heizkostenpauschalen festlegen. 193

Die **persönlichen Verhältnisse** beziehen sich z.B. auf einen ggf. gesteigerten Heizbedarf wegen Alter, Behinderung, wegen eines Kleinkindes oder wegen gesundheitlicher Beeinträchtigungen. Bei der Berücksichtigung der **familiären Verhältnisse** ist die Zahl der Personen, die in der Wohnung bzw. im Haus leben, zu beachten. Bei den Faktoren der **Größe und Beschaffenheit der Wohnung** sind z.B. der Isolierwert der Fenster und des Mauerwerks, die Lage innerhalb des Geschosswohnungsbaus, aber auch die Höhe der Räume etc. zu berücksichtigen. Bei den **örtlichen Gegebenheiten** ist die klimatische Lage des Wohnortes zu beachten.[561] 194

Bei der Pauschale ist durch eine Öffnungsklausel sicherzustellen, dass im **Einzelfall** ein höherer Bedarf übernommen werden kann.[562] Dies gilt letztlich auch im Hinblick auf die ungewisse Dauer der Heizperiode. 195

---

[557] *Dauber* in: Mergler/Zink, Handbuch der Grundsicherung und Sozialhilfe, § 35 Rn. 100, Stand: Juni 2013; *Falterbaum* in: Hauck/Noftz, SGB XII, § 35 Rn. 14, Stand Juli 2012, wonach der Gesetzgeber in § 35 SGB XII den Begriff der Leistungen für die Unterkunft einerseits als Oberbegriff auch für Leistungen für die Heizung verwendet, andererseits zwischen Leistungen für die Unterkunft und Leistungen für Heizung und zentrale Warmwasserversorgung unterscheidet.

[558] Ebenso *Falterbaum* in: Hauck/Noftz, SGB XII, § 35 Rn. 33, Stand Juli 2012; *Berlit* in: LPK-SGB XII, 9. Aufl. 2012, § 35 Rn. 116; *Wenzel* in: Fichtner/Wenzel, SGB XII, 4. Aufl. 2009, § 29 Rn. 26; ebenso – für den Bereich des § 22 SGB II – BSG v. 19.09.2008 - B 14 AS 54/07 R - FEVS 60, 490; wohl auch LSG Berlin-Brandenburg v. 18.09.2012 - L 15 SO 185/12 B ER - juris Rn. 6.

[559] BSG v. 12.06.2013 - B 14 AS 60/12 R - juris Rn. 36 - ZFSH/SGB 2014, 24.

[560] A.A. *Falterbaum* in: Hauck/Noftz, SGB XII, § 35 Rn. 78 (Erhebung nicht auf Gebiet des jeweiligen Sozialhilfeträgers beschränkt).

[561] Vgl. zu alledem auch *Wenzel* in: Fichtner/Wenzel, SGB XII, 4. Aufl. 2009, § 29 Rn. 30.

[562] *Dauber* in: Mergler/Zink, Handbuch der Grundsicherung und Sozialhilfe, § 35 Rn. 101, Stand Juni 2013; VGH Baden-Württemberg v. 28.02.1996 - 6 S 272/95 - FEVS 47, 319; für den Bereich des SGB II besteht nunmehr im Rahmen der Satzungslösung nach § 22a Abs. 2 SGB II die Möglichkeit der Pauschalierung von Heizkosten. Abgesehen davon ist die Pauschalierung von Heizkosten nach § 22 Abs. 1 SGB II aber nicht zulässig, BSG v. 02.07.2009 - B 14 AS 36/08 R - juris Rn. 19 - SozR 4-4200 § 22 Nr. 23.

C. Praxishinweise

I. Abtrennbarer Streitgegenstand

196 Die Leistungen für Unterkunft und Heizung einschließlich Warmwasserkosten sind von übrigen im Bescheid enthaltenen Verfügungen **abtrennbare Verfügungen**.[563] Der Leistungsberechtigte kann daher sowohl im Verwaltungs- als auch im gerichtlichen Verfahren sein Begehren in zulässiger Weise auf Leistungen für Unterkunft und Heizung beschränken.[564] Erforderlich ist eine **eindeutige Beschränkung**.[565] Eine weitergehende Beschränkung des Streitgegenstandes allein auf die Kosten der Unterkunft oder die Aufwendungen für Heizung ist nicht zulässig.[566] Auch die Beschränkung auf die Übernahme einer Nebenkostennachforderung[567] ist nicht möglich, vielmehr ist die Klage auf höhere Leistungen für Unterkunft und Heizung im Abrechnungsmonat zu richten. Durch das Gesetz zur Ermittlung von Regelbedarfen und zur Änderung des Zweiten und Zwölften Buches Sozialgesetzbuch vom 24.03.2011[568] hat sich an der Abtrennbarkeit des Streitgegenstandes „Unterkunft und Heizung" im SGB XII nichts geändert; auch im SGB II ist weiterhin von einer Abtrennbarkeit des Streitgegenstandes auszugehen.

197 Eine von der Abtrennbarkeit des Streitgegenstands „Unterkunft und Heizung" zu unterscheidende Frage ist die nach der festzustellenden Hilfebedürftigkeit.[569]

198 Das **Unstreitigstellen** kann in der Praxis helfen, im Falle nicht abtrennbarer Streitgegenstände das Verfahren zu verschlanken. Das bloße Unstreitigstellen von **unselbständigen** Berechnungselementen innerhalb eines einheitlichen Anspruchs entbindet das Gericht jedoch nicht davon, Feststellungen zu treffen. Durch das Unstreitigstellen der Beteiligten kommt lediglich zum Ausdruck, dass die Beteiligten eines Rechtsstreits von einem bestimmten Sachverhalt ausgehen, die tatsächlichen Grundlagen des Rechtsstreits insoweit aus ihrer Sicht geklärt sind. Das Unstreitigstellen wirkt sich auf den Umfang der Amtsermittlungspflicht des Gerichts aus: Nur wenn die Annahme naheliegt, dass weitere oder abweichende Tatsachen für die Entscheidung des Rechtsstreits von Bedeutung sind, muss das Gericht in eine weitere Ermittlung des tatsächlichen Streitstoffs einsteigen; andernfalls genügt es, dass das Gericht darlegt, welchen Streitstoff es nach eigener Überzeugungsbildung für maßgebend hält, d.h. das Gericht muss einzelne Anspruchselemente auf der Grundlage des unstreitigen Beteiligtenvortrags nachvollziehbar darlegen und feststellen.[570]

II. Nachbesserung des schlüssigen Konzepts

199 Das BSG hat in ständiger Rechtsprechung betont, dass es in erster Linie **Angelegenheit und Verantwortung des Leistungsträgers** ist, bereits im Verwaltungsverfahren ein schlüssiges Konzept zur Bestimmung der angemessenen Unterkunftskosten zu entwickeln.[571] Die Aufgabe des Gerichts ist im Wesentlichen die Überprüfung der festgesetzten Mietobergrenze anhand der von dem Leistungsträger gelieferten Daten bzw. der zusätzlich im Rahmen der Amtsermittlungspflicht von ihm angeforderten und vom Leistungsträger zur Verfügung zu stellenden Daten und Unterlagen.[572] Die umfassende Ermittlung

---

[563] BSG v. 14.04.2011 - B 8 SO 18/09 R - juris Rn. 10 - SozR 4-3500 § 29 Nr. 3; BSG v. 07.11.2006 - B 7b AS 8/06 R - BSGE 97, 217 Rn. 18; BSG v. 02.07.2009 - B 14 AS 36/08 R - BSGE 104, 41 Rn. 13.
[564] Vgl. zur alten Rechtslage nach dem SGB II: BSG v. 10.11.2011, B 8 SO 18/10 R - juris Rn. 12 - NVwZ-RR 2012, 313; BSG v. 23.03.2010 - B 8 SO 24/08 R - juris Rn. 9 - SozR 4-3500 § 29 Nr. 1.
[565] BSG v. 07.11.2006 - B 7b AS 8/06 R - juris Rn. 23 - BSGE 97, 217.
[566] BSG v. 23.03.2010 - B 8 SO 24/08 R - juris Rn. 9 - SozR 4-3500 § 29 Nr. 1; BSG v. 07.11.2006 - B 7b AS 8/06 R - juris Rn. 22 - BSGE 97, 217; BSG v. 02.07.2009 - B 14 AS 36/08 R - juris Rn. 13 - SozR 4-4200 § 22 Nr. 23.
[567] BSG v. 10.11.2011 - B 8 SO 18/10 R - juris Rn. 12 - NVwZ-RR 2012, 313.
[568] BGBl I 2011, 453.
[569] BSG v. 06.10.2011 - B 14 AS 131/10 R - juris Rn. 17, wonach zunächst das Vorhandensein von Vermögen in Form von Wohneigentum, das nicht unter die Schutzvorschrift (§ 90 Abs. 2 Nr. 8 SGB XII) festzustellen ist, sowie auch andere Verwertungsmöglichkeiten als der Verkauf zu prüfen sind.
[570] BSG v. 16.05.2012 - B 4 AS 109/11 R - juris Rn. 26 m.w.N.
[571] BSG v. 19.10.2010 - B 14 AS 50/10 R - SozR 4-4200 § 22 Nr. 42; BSG v. 19.10.2010 - B 14 AS 2/10 R - info also 2011, 90.
[572] BSG v. 20.12.2011 - B 4 AS 19/11 R - juris Rn. 21 - SozR 4-4200 § 22 Nr. 51; hierzu *Theesfeld*, jurisPR-MietR 7/2012, Anm. 3.

der Daten sowie deren Auswertung ist Aufgabe des Leistungsträgers und bereits für eine sachgerechte Entscheidung im Verwaltungsverfahren notwendig. Fehlt es an einem Konzept des Leistungsträgers oder genügt es den Anforderungen nicht, hat das Gericht zwei Möglichkeiten:

- Das Gericht kann den Leistungsträger im Rahmen des gerichtlichen Verfahrens auffordern, das schlüssige Konzept nachzubessern[573], der Leistungsträger ist aufgrund der prozessualen Mitwirkungspflicht nach § 103 Satz 1 SGG[574] verpflichtet, dem Gericht eine zuverlässige Entscheidungsgrundlage zu verschaffen und eine unterbliebene Datenerhebung und -aufbereitung nachzuholen. Durch das Gericht ist anhand der vom SGB-XII-Leistungsträger vorhandenen oder vorzulegenden Daten zu prüfen, ob ein schlüssiges Konzept hieraus erstellt werden kann, welches seinerseits den Anforderungen an ein schlüssiges Konzept genügt. Die Amtsermittlungspflicht des Gerichts ist insofern begrenzt, als keine unverhältnismäßig aufwändigen Ermittlungen seitens des Gerichts durchzuführen sind.[575] Liegen dem Gericht vom Leistungsträger beigebrachte oder anderweitig beschaffte Daten vor, sind diese aufgrund der Amtsermittlungspflicht des Gerichts zu bewerten. Das Gericht kann einen Sachverständigen mit der Auswertung der vorhandenen Daten beauftragen[576] und beschließen, dessen Kosten nach § 192 Abs. 4 SGG der Behörde aufzuerlegen, wenn die Kosten dadurch verursacht wurden, dass die Behörde erkennbare und notwendige Ermittlungen im Verwaltungsverfahren unterlassen hat, die im gerichtlichen Verfahren nachgeholt werden. Hat der SGB-XII-Leistungsträger weder ein schlüssiges Konzept noch hinreichende Daten vorgelegt, hat das Gericht festzustellen und nachvollziehbar darzulegen, dass es mangels ausreichender Daten kein schlüssiges Konzept erstellen kann.[577] Dann ist der Rückgriff auf die Werte aus § 12 WoGG plus Sicherheitszuschlag zulässig.

- Als zweite Möglichkeit kommt gemäß **§ 131 Abs. 5 SGG** die **Zurückverweisung** der Sache an die Behörde in Betracht. Innerhalb der ersten **sechs Monate nach Eingang der Akten der Behörde** hat das Gericht die Möglichkeit, den angefochtenen Verwaltungsakt aufzuheben, wenn es eine weitere Aufklärung für erforderlich hält und die noch notwendigen Ermittlungen nach Art und Umfang erheblich sind. Zugleich kann das Gericht – zum Schutz der Belange des Klägers – eine **einstweilige Regelung** treffen (§ 131 Abs. 5 Satz 2 SGG), die auch in der Verpflichtung zur Fortzahlung der tatsächlichen Unterkunftskosten bestehen kann.[578]

III. Satzungslösung

Begrenzt der Leistungsträger die Übernahme der tatsächlichen Unterkunftskosten (und Heizung) auf eine in einer Satzung nach § 35a SGB XII i.V.m. §§ 22a ff. SGB II festgelegte Angemessenheitsgrenze, steht es dem Leistungsberechtigten frei, entweder eine **Normenkontrollklage** zu erheben oder aber gegen die konkrete Leistungsbewilligung vorzugehen mit der Folge der **Inzidentprüfung** der aus der Satzung übernommenen Angemessenheitsgrenze (vgl. deshalb die Kommentierung zu § 35a SGB XII). **200**

IV. Zahlung an Dritte

In einem Rechtsstreit des Hilfebedürftigen wegen der Direktzahlung an einen Dritten (vgl. hierzu Rn. 109) ist der Dritte **nicht notwendig beizuladen** (§ 75 Abs. 2 SGG), da es sich bei der Entscheidung gegenüber dem Hilfebedürftigen nicht um einen Verwaltungsakt mit Drittwirkung handelt. Die Zahlung an den Dritten stellt sich lediglich als Rechtsreflex dar. Klagt hingegen im Fall der Direktzahlung der Vermieter gegen den Leistungsträger mit der Begründung, dieser komme seiner Zahlungspflicht nicht ordnungsgemäß nach, ist der Leistungsberechtigte **notwendig beizuladen**, weil dessen Leistungs- bzw. Erfüllungsanspruch unmittelbar betroffen ist.[579] **201**

---

[573] BSG v. 19.10.2010 - B 14 AS 50/10 R - juris Rn. 31 - SozR 4-4200 § 22 Nr. 42; BSG v. 19.10.2010 - B 14 AS 2/10 R - juris Rn. 26 - info also 2011, 90.
[574] BSG v. 23.03.2010 - B 8 SO 24/08 R - juris Rn. 17 - SozR 4-3500 § 29 Nr. 1.
[575] BSG v. 22.03.2012 - B 4 AS 16/11 R - juris Rn. 16 - NZS 2012, 831.
[576] BSG v. 10.09.2013 - B 4 AS 77/12 R - juris Rn. 26.
[577] BSG v. 22.03.2012 - B 4 AS 16/11 R - juris Rn. 16 f. - SozR 4-4200 § 22 Nr. 59.
[578] *Knickrehm* in: Spellbrink, Das SGB II in der Praxis der Sozialgerichte – Bilanz und Perspektiven, 2009, 79, 92.
[579] Vgl. zur Eröffnung des Sozialrechtswegs in einem ähnlichen Fall SG Lüneburg v. 27.08.2008 - S 24 AS 722/08 - Breith 2009, 739.

V. Gewährung von Darlehen für eine Mietkaution

202 Die Hilfeleistung durch Darlehen kann durch Verwaltungsakt (Bewilligungsbescheid hinsichtlich des „Ob") und durch Abschluss eines **öffentlich-rechtlichen Vertrags** nach § 53 SGB X (Begründung des Darlehensverhältnisses)[580] erfolgen bzw., wenn sich die Beteiligten nicht auf den Inhalt eines Darlehensvertrages einigen können, einseitig durch einen (weiteren) **Verwaltungsakt**[581] (Festsetzung der Darlehensbedingungen). Richtige Klageart ist die (reine) **Verpflichtungsklage** nach § 54 Abs. 1 SGG (vgl. zum Darlehen die Kommentierung zu § 38 SGB XII Rn. 40 ff.; vgl. zur individuellen Darlehensgewährung die Kommentierung zu § 36 SGB XII Rn. 18).

---

[580] Vgl. zur Darlehensgewährung *Greiser* in: Eicher, SGB II, 3. Aufl. 2013, § 42a Rn. 10; *Streichsbier* in: Grube/Wahrendorf SGB XII, § 38 Rn. 12, 13.

[581] *Coseriu* in: Kreikebohm/Spellbrink/Waltermann, 3. Aufl. 2013, § 36 Rn. 1.

§ 35a SGB XII Satzung

(Fassung vom 24.03.2011, gültig ab 01.04.2011)

¹Hat ein Kreis oder eine kreisfreie Stadt eine Satzung nach den §§ 22a bis 22c des Zweiten Buches erlassen, so gilt sie für Leistungen für die Unterkunft nach § 35 Absatz 1 und 2 des zuständigen Trägers der Sozialhilfe entsprechend, sofern darin nach § 22b Absatz 3 des Zweiten Buches Sonderregelungen für Personen mit einem besonderen Bedarf für Unterkunft und Heizung getroffen werden und dabei zusätzlich auch die Bedarfe älterer Menschen berücksichtigt werden. ²Dies gilt auch für Leistungen für Heizung nach § 35 Absatz 4, soweit die Satzung Bestimmungen nach § 22b Absatz 1 Satz 2 und 3 des Zweiten Buches enthält. ³In Fällen der Sätze 1 und 2 ist § 35 Absatz 3 und 4 Satz 2 und 3 nicht anzuwenden.

Gliederung

A. Basisinformationen 1
I. Textgeschichte/Gesetzgebungsmaterialien 1
II. Systematische Zusammenhänge 2
III. Vereinbarkeit mit höherrangigem Recht 9
1. Gesetzgebungskompetenz des Bundes 9
2. Wesentlichkeitstheorie 10
IV. Ausgewählte Literaturhinweise 12
B. Auslegung der Norm 13
I. Regelungsgehalt und Bedeutung der Norm 13
II. Normzweck 15

III. Tatbestandsmerkmale 18
1. Rechtmäßigkeit der Satzung 18
2. Sonderregelungen für Personen mit einem besonderen Bedarf 22
3. Berücksichtigung der Bedarfe älterer Menschen 24
4. Bestimmungen über die Heizkosten (Satz 2) 26
IV. Rechtsfolgen (Satz 3) 27
C. Praxishinweise 28

A. Basisinformationen

I. Textgeschichte/Gesetzgebungsmaterialien

Die Vorschrift ist durch Art. 3 Nr. 13 des Gesetzes zur Ermittlung von Regelbedarfen und zur Änderung des Zweiten und Zwölften Buches Sozialgesetzbuch vom 24.03.2011 mit Wirkung vom 01.04.2011 in das SGB XII eingefügt worden.[1] In dem ursprünglichen Gesetzentwurf war vorgesehen, dass eine Satzung nach den §§ 22a-22c SGB II ohne weitere Voraussetzungen auch für die Kosten der Unterkunft und Heizung nach § 35 SGB XII gelten solle.[2] Auf Vorschlag des Ausschusses für Arbeit und Soziales (11. Ausschuss) wurde dann die Bedingung für die entsprechende Anwendbarkeit einer Satzung aufgenommen, dass darin Sonderregelungen für Personen mit einem besonderen Bedarf für Unterkunft und Heizung gem. § 22b Abs. 3 SGB II und zusätzlich für die Bedarfe älterer Menschen enthalten sind.[3] Diese Ergänzung begründete der Ausschuss damit, dass das SGB II in § 22b Abs. 3 eine Berücksichtigung der besonderen Bedarfe insbesondere von behinderten Menschen und zur Ausübung eines Umgangsrechtes vorsehe.[4] Die Leistungen nach dem SGB XII, insbesondere die der Grundsicherung nach dem Vierten Kapitel, richteten sich darüber hinaus vor allem an ältere Menschen. Deren Bedarfe seien daher zusätzlich zu berücksichtigen, wenn die Satzung auch für die Leistungen nach dem SGB XII Anwendung finden solle.

II. Systematische Zusammenhänge

Die Vorschrift betrifft die Leistungen für Unterkunft und Heizung nach § 35 SGB XII, die systematisch zur Hilfe zum Lebensunterhalt nach den §§ 27 ff. SGB XII gehören. Die Leistungen der **Grundsicherung im Alter und bei Erwerbsminderung** nach dem Vierten Kapitel umfassen gem. § 42 Nr. 4 SGB XII ebenfalls die Aufwendungen für Unterkunft und Heizung. Der Vorschrift kommt also auch insoweit Bedeutung zu.

---

[1] BGBl I 2011, 453, das abweichende Inkrafttreten zum 01.04.2011 ist in Art. 14 Abs. 3 geregelt.
[2] BT-Drs. 17/3404, S. 33 = BT-Drs. 17/3958 = BR-Drs. 661/10.
[3] BT-Drs. 17/4032, S. 18.
[4] BT-Drs. 17/4095, S. 39.

3 Nach § 35 SGB XII und der Parallelvorschrift in § 22 SGB II werden die Aufwendungen für Unterkunft und Heizung grundsätzlich in voller Höhe von dem Grundsicherungsträger im Rahmen der jeweiligen Leistungen übernommen. Etwas anderes gilt gem. § 35 Abs. 2 und 4 SGB XII und der entsprechenden Norm in § 22 Abs. 1 SGB II nur dann, wenn die Aufwendungen den angemessenen Umfang übersteigen. In diesem Fall werden nach einem Übergangszeitraum von regelmäßig sechs Monaten nur noch die **angemessenen Kosten** übernommen. Voraussetzung dafür ist allerdings, dass der Leistungsberechtigte entweder von dem Leistungsträger zur Senkung der Kosten aufgefordert wurde oder seine Kostensenkungsobliegenheit bereits kennt (vgl. dazu die Kommentierung zu § 35 SGB XII ff.).

4 Der Gesetzgeber hat den Ländern durch die **Satzungsermächtigung** in § 22a SGB II die Möglichkeit gegeben, ihrerseits die Kreise und kreisfreien Städte durch Gesetz zu ermächtigen oder zu verpflichten, die Angemessenheit der Aufwendungen für Unterkunft und Heizung nach dem SGB II in ihrem Gebiet durch Satzung zu bestimmen. Für die Stadtstaaten sind in § 22a Abs. 1 Sätze 3 und 4 SGB II besondere Regelungen vorgesehen. Soweit die Länder von dieser Möglichkeit Gebrauch machen, können die Kommunen die Angemessenheit von Unterkunfts- und Heizkosten nach dem SGB II in ihrem Bereich durch eine Satzung regeln.

5 Von der Ermächtigung in § 22a SGB II haben bislang die Länder Berlin, Hessen und Schleswig-Holstein Gebrauch gemacht.

6 Das Land Berlin hat entsprechend der Sonderregelung in § 22a Abs. 1 Satz 3 SGB II in § 8 des Gesetzes zur Ausführung des Zweiten Buches Sozialgesetzbuch (AG-SGB II) den Senat ermächtigt, durch Rechtsverordnung zu bestimmen, in welcher Höhe Aufwendungen für Unterkunft und Heizung im Land Berlin angemessen sind. Der Senat von Berlin hat am 03.04.2012 auf dieser Grundlage die Verordnung zur Bestimmung der Höhe der angemessenen Aufwendungen für Unterkunft und Heizung nach dem Zweiten und Zwölften Buch Sozialgesetzbuch (Wohnaufwendungenverordnung – WAV v. 03.04.2012[5]) beschlossen, die am 01.05.2012 in Kraft getreten ist. Das LSG Berlin-Brandenburg hat zunächst entschieden, dass die WAV des Landes Berlin auf die Leistungen für die Unterkunft nach dem SGB XII keine Anwendung findet.[6] Anschließend ist dann die WAV insgesamt für unwirksam erklärt worden.[7]

7 Das Land Hessen hat durch § 4a des Hessischen OFFENSIV-Gesetzes die kommunalen Träger sowohl ermächtigt, die angemessenen Aufwendungen für Unterkunft und Heizung in ihrem Gebiet durch Satzung zu bestimmen, als auch eine monatliche Pauschale für diese Bedarfe festzulegen. Auf dieser Grundlage hat z.B. der Vogelsbergkreis am 07.12.2012 eine kommunale Satzung beschlossen, die am 01.01.2013 in Kraft getreten ist.

8 Das Land Schleswig-Holstein hat mit Inkrafttreten des § 2a AG-SGB II/BKGG[8] am 25.05.2012 die Kreise und kreisfreien Städte dazu ermächtigt, durch Satzung zu bestimmen, in welcher Höhe Aufwendungen für Unterkunft und Heizung in ihrem Gebiet angemessen sind. Auf dieser Grundlage hat als erste Kommune in Schleswig-Holstein die Stadt Neumünster am 26.11.2013 eine Satzung beschlossen, die am 01.12.2013 in Kraft getreten ist.

III. Vereinbarkeit mit höherrangigem Recht

1. Gesetzgebungskompetenz des Bundes

9 Die Leistungen für Unterkunft und Heizung gehören – wie das SGB XII insgesamt – zur öffentlichen Fürsorge und unterfallen damit gem. Art. 74 Abs. 1 Nr. 7 GG der konkurrierenden Gesetzgebung. Der Bund hat insoweit gem. Art. 72 Abs. 2 GG die Gesetzgebungskompetenz, wenn und soweit die Herstellung gleichwertiger Lebensverhältnisse im Bundesgebiet oder die Wahrung der Rechts- oder Wirtschaftseinheit im gesamtstaatlichen Interesse eine bundesgesetzliche Regelung erforderlich macht. Diese Voraussetzungen liegen im Hinblick auf die Leistungen für Unterkunft und Heizung vor, so dass dem Bund eine Gesetzgebungskompetenz zusteht, von der er in § 35 SGB XII auch Gebrauch gemacht hat. Die Besonderheit des § 35a SGB XII besteht nun darin, dass der Gesetzgeber hier gerade keine ei-

---

[5] GVBl 2012, 9.
[6] Vgl. LSG Berlin-Brandenburg v. 07.08.2012 - L 36 AS 1162/12 NK, die Revisionsentscheidung des BSG v. 17.10.2013 - B 14 AS 70/12 R lag bei Redaktionsschluss noch nicht vor.
[7] Vgl. LSG Berlin-Brandenburg v. 25.04.2013 - L 36 AS 2095/12 NK, Revision anhängig unter B 4 AS 34/13 R und LSG Berlin-Brandenburg v. 04.09.2013 - L 36 AS 1414/12 NK, Revision anhängig unter B 4 AS 52/13 R.
[8] GVOBl 2012, 509.

gene Regelung trifft, sondern eine kommunale Satzung unter bestimmten Voraussetzungen für entsprechend anwendbar erklärt. Diese gesetzlich angeordnete Geltungserstreckung bezieht sich auf die jeweils gültige Fassung der kommunalen Satzung, so dass es sich um eine **dynamische Verweisung** auf ein solches Regelwerk handelt. Dynamische Verweisungen sind nach der Rechtsprechung des BVerfG nicht schlechthin ausgeschlossen, wenngleich ein besonders strenger Prüfungsmaßstab im Einzelfall geboten sein kann. Bei fehlender Identität der Gesetzgeber bedeute eine dynamische Verweisung mehr als eine bloße gesetzestechnische Vereinfachung; sie führe zur versteckten Verlagerung von Gesetzgebungsbefugnissen und könne daher Bedenken unter bundesstaatlichen, rechtsstaatlichen und demokratischen Gesichtspunkten ausgesetzt sein.[9] Es wäre daher sicher nicht zulässig, wenn der Bundesgesetzgeber eine kommunale Satzung in der jeweils gültigen Fassung für entsprechend anwendbar erklären würde, ohne seinerseits Vorgaben für den Inhalt zu machen. Die Kommunen bedürfen jedoch für den Erlass einer Satzung einer Ermächtigung durch das Land, das seinerseits in § 22a SGB II ermächtigt wird, ein entsprechendes Gesetz zu erlassen. Diese Weitergabe der Rechtsetzungsbefugnis ist verfassungsrechtlich zulässig.[10] Dementsprechend begegnet es grundsätzlich auch keinen Bedenken, wenn die Geltung einer auf dieser Grundlage erlassenen Satzung auf die Leistungen für Unterkunft und Heizung nach dem SGB XII erstreckt wird.

2. Wesentlichkeitstheorie

Die grundsätzliche Zulässigkeit der Weitergabe von Rechtsetzungsbefugnissen ändert indes nichts daran, dass die Vorgaben erfüllt werden müssen, die sich aus der Wesentlichkeitstheorie des BVerfG ergeben. Danach ist der Gesetzgeber verpflichtet, alle wesentlichen Entscheidungen selbst zu treffen, und darf sie nicht anderen Normgebern überlassen.[11] Wann es danach einer Regelung durch den parlamentarischen Gesetzgeber bedürfe, lasse sich nur im Blick auf den jeweiligen Sachbereich und auf die Eigenart des betroffenen Regelungsgegenstandes beurteilen. Die verfassungsrechtlichen Wertungskriterien seien dabei den tragenden Prinzipien des Grundgesetzes, insbesondere den darin verbürgten Grundrechten, zu entnehmen. Danach bedeute wesentlich im grundrechtsrelevanten Bereich in der Regel **„wesentlich für die Verwirklichung der Grundrechte"**. Es bestehen erhebliche Zweifel, ob die Regelungen in § 22 Abs. 1 SGB II und § 35 Abs. 2 SGB XII diesen Erfordernissen genügen, denn der Begriff der „angemessenen Unterkunftskosten" wird dort nicht näher definiert. Dies wäre jedoch nötig, denn das Grundrecht auf Gewährleistung eines menschenwürdigen Existenzminimums begründet einen Anspruch auf Zurverfügungstellung der Mittel, die zur Aufrechterhaltung eines menschenwürdigen Daseins unbedingt erforderlich sind und dazu gehören auch die Unterkunftskosten.[12] Da die Regelungen also die Ausgestaltung eines Grundrechtes betreffen, hätte der Gesetzgeber weitergehende Vorgaben zur Bestimmung der angemessenen Unterkunftskosten machen müssen.[13] Zwar hat das BVerfG in der Entscheidung vom 09.02.2010 ausgeführt, dass § 22 Abs. 1 SGB II die Übernahme angemessener Kosten für Unterkunft und Heizung nach dem individuellen Bedarf sicherstelle.[14] Es darf jedoch bezweifelt werden, dass damit eine verbindliche Aussage zur Vereinbarkeit des § 22 Abs. 1 SGB II mit dem Grundrecht auf Gewährleistung eines menschenwürdigen Existenzminimums getroffen wurde, da sich die Entscheidung auf die Regelleistungen nach dem SGB II bezieht.[15]

Im Hinblick auf die Satzungsermächtigung in § 22a SGB II ist zu berücksichtigen, dass sich in § 22b SGB II zumindest einige Vorgaben finden, wie die angemessenen Unterkunftskosten zu bestimmen sind. So ordnet § 22b Abs. 1 Nr. 1 SGB II an, dass die angemessene Wohnfläche der Struktur des örtlichen Wohnungsmarktes entsprechen soll. Darüber hinaus lässt sich § 22b Abs. 1 Satz 4 SGB II entnehmen, dass Maßstab die Unterkünfte des einfachen Standards auf dem örtlichen Wohnungsmarkt

---

[9] Vgl. BVerfG v. 29.04.2010 - 2 BvR 871/04, 2 BvR 414/08.
[10] Vgl. LSG Berlin-Brandenburg v. 25.04.2013 - L 36 AS 2095/12 NR - juris Rn. 36 ff.
[11] Vgl. BVerfG v. 14.07.1998 - 1 BvR 1640/97 m.w.N.
[12] Vgl. BVerfG v. 09.02.2010 - 1 BvL 1/09, 1 BvL 3/09, 1 BvL 4/09, Rn. 135; *Knickrehm*, Sozialrecht aktuell 2011, 125, 128 ff.; *Krauß*, Sozialrecht aktuell 2011, 144, 145; *Piepenstock* in: jurisPK-SGB II, 3. Aufl. 2012, § 22 Rn. 31.
[13] Vgl. SG Mainz v. 19.04.2013 - S 17 AS 518/12; dem folgend SG Dresden v. 25.01.2013 - S 20 AS 4915/11; SG Leipzig. v. 15.02.2013 - S 20 AS 2707/12; zustimmend *Piepenstock* in: jurisPK-SGB II, § 22 Rn. 82.1; *Stölting* in: Eicher, SGB II, 3. Aufl. 2013, § 1 Rn. 16; *ders.*, SGb 2013, 543, 545 f.; a.A. LSG Baden-Württemberg v. 21.06.2013 - L 1 AS 19/13.
[14] Vgl. BVerfG v. 09.02.2010 - 1 BvL 1/09 u.a., Rn. 148 (letzter Satz).
[15] A.A. *Luik*, ZFSH/SGB 2013, 683, 684; *ders.*, jurisPR-SozR 22/2013, Anm. 1.

sein sollen. Weitere Vorgaben enthält jedoch auch diese Vorschrift nicht, so dass die Erfordernisse der Wesentlichkeitstheorie dadurch nicht erfüllt werden.[16] Dies soll jedoch dann der Fall sein, wenn man ergänzend die zu § 22 SGB II ergangene Rechtsprechung des BSG heranziehe, die von den §§ 22a bis 22c SGB II in Bezug genommen werde.[17] Dagegen lässt sich jedoch einwenden, dass es sich bei der Rechtsprechung des BSG gerade nicht um eine gesetzliche Regelung handelt, die nach der Wesentlichkeitstheorie erforderlich wäre. Es ist daher vom Gesetzgeber zumindest zu erwarten, dass er die angemessene Wohnfläche selbst regelt und Vorgaben macht, wie das untere Segment des örtliche Wohnungsmarktes bestimmt werden kann, etwa in Anlehnung an § 4 RBEG, wonach die unteren 15% bzw. 20% der Haushalte als Referenzhaushalte herangezogen werden.

IV. Ausgewählte Literaturhinweise

12 *Bätge*, Zur Rechtmäßigkeit von kommunalen Satzungen nach den §§ 22a ff. SGB II und zum maßgeblichen Rechtsschutz, Sozialrecht aktuell 2011, 131 ff.; *Deutscher Verein*, Empfehlungen zur Ausführung einer Satzungsermächtigung bei den Kosten der Unterkunft und Heizung im SGB II und SGB XII vom 21.6.2011, NDV 2011, 349 ff.; *Gautzsch*, Kosten der Unterkunft gem. SGB II und SGB XII, NZM 2011, 497 ff.; *Knickrehm*, Schlüssiges Konzept, „Satzungslösung" und Anforderungen des BVerfG vom 9.2.2010, Sozialrecht aktuell 2011, 125 ff.; *Krauß*, Die Neuordnung der Kosten der Unterkunft und Heizung – eine erste Stellungnahme aus richterlicher Sicht, Sozialrecht aktuell 2011, 144 ff.; *Luik*, Das Normenkontrollverfahren nach § 55a SGG, ZFSH/SGB 2013, 673 ff.; *Mutschler*, Kosten der Unterkunft: Kommunale Satzung – eine Alternative zum „schlüssigen Konzept"?, NZS 2011, 481 ff.; *Putz*, Pauschalierung und Angemessenheit von Wohnkosten bei Hartz-IV – Ist die neue Satzungsermächtigung von § 22a SGB II verfassungswidrig? – Hessen ermöglicht Kommunen jetzt die Pauschalierung von Wohnkosten, SozSich 2011, 232 ff.

B. Auslegung der Norm

I. Regelungsgehalt und Bedeutung der Norm

13 Die Vorschrift ordnet unter bestimmten Voraussetzungen die **Geltungserstreckung kraft Bundesrechts** einer Satzung nach den §§ 22a-22c SGB II auf die Leistungen für die Unterkunft und Heizung gem. § 35 SGB XII des zuständigen Trägers der Sozialhilfe an.[18] Der Gesetzgeber begründet diese entsprechende Geltung der Satzung damit, dass dadurch Unterschiede zwischen der Angemessenheitsgrenze nach dem SGB II und der nach dem SGB XII vermieden würden.[19] Dies sei insbesondere für gemischte Bedarfsgemeinschaften von Bedeutung, in denen Leistungsberechtigte nach dem SGB II und nach dem Vierten Kapitel des SGB XII in einem Haushalt lebten. Damit erkennt der Gesetzgeber jedenfalls im Hinblick auf die Unterkunftskosten die Notwendigkeit der **Harmonierung der Vorschriften nach dem SGB II und SGB XII** an.[20] Die Vorschrift gilt nach ihrem Wortlaut nur für Satzungen nach § 22a Abs. 1 Satz 1 SGB II. Sie ist jedoch entsprechend auf andere Rechtsnormen anzuwenden, die aufgrund der Stadtstaatenklauseln in § 22a Abs. 1 Sätze 3 und 4 SGB II erlassen worden sind.[21]

14 Problematisch erscheint der Hinweis des Gesetzgebers, dass eine **eigene Satzungsermächtigung für die Träger der Sozialhilfe** nicht erforderlich sei, da die Kommunen sowohl Träger der Kosten der Unterkunft nach dem SGB II als auch nach dem SGB XII seien.[22] Zwar trifft es zu, dass die kreisfreien Städte und die Kreise gem. § 6 Abs. 1 Nr. 2 SGB II nicht nur Träger der Grundsicherung für Arbeitsuchende im Hinblick auf die Kosten für Unterkunft und Heizung sind, sondern gem. § 3 Abs. 2 SGB XII grundsätzlich auch die örtlichen Träger der Sozialhilfe. Als solche sind sie gem. § 97 Abs. 1 und 3 SGB XII für die Hilfe zum Lebensunterhalt nach dem Dritten Kapitel und die Grundsicherung im Alter

---

[16] So für die Bestimmtheit der WAV auch LSG Berlin-Brandenburg v. 25.04.2013 - L 36 AS 2095/12 NR - juris Rn. 53.

[17] Vgl. LSG Berlin-Brandenburg v. 25.04.2013 - L 36 AS 2095/12 NR - juris Rn. 53; *Putz*, SozSich 2011, 232.

[18] Vgl. *Berlit* in: LPK-SGB XII, 9. Aufl. 2012, § 35a Rn. 7.

[19] Vgl. BT-Drs. 17/3404, S. 126 = BT-Drs. 17/3958 = BR-Drs. 661/10.

[20] Vgl. dazu BSG v. 23.03.2010 - B 8 SO 24/08 R; allgemein zur Notwendigkeit einer Harmonisierung von SGB II und SGB XII: BSG v. 19.05.2009 - B 8 SO 7/08 R; BSG v. 23.03.2010 - B 8 SO 17/09 R; *Coseriu* in: Bender/Eicher, Sozialrecht – eine Terra incognita, 2009, 225, 255 f.; *Stölting/Greiser*, SGb 2010, 631 ff.

[21] Vgl. LSG Berlin-Brandenburg v. 07.08.2012 - L 36 AS 1162/12 NK.

[22] Vgl. BT-Drs. 17/3404, S. 126 = BT-Drs. 17/3958 = BR-Drs. 661/10.

und bei Erwerbsminderung nach dem Vierten Kapitel und damit für die Übernahme der Unterkunftskosten zuständig. Sowohl § 6 Abs. 1 Nr. 2 SGB II als auch die §§ 3 und 97 SGB XII sehen jedoch die Möglichkeit der abweichenden Regelung durch Landesrecht vor, so dass die Träger der Unterkunftskosten nach dem SGB II und nach dem SGB XII nicht unbedingt identisch sein müssen. Dies bedeutet, dass dem Leistungsträger nach dem SGB II durch die entsprechende Anwendung der von ihm erlassenen Satzung unter Umständen die Möglichkeit eingeräumt wird, über die Höhe der Leistungen eines anderen Trägers zu entscheiden.

II. Normzweck

Der Gesetzgeber hat den Begriff der „Angemessenheit" in § 35 Abs. 2 und 4 SGB XII bzw. § 22 Abs. 1 SGB II nicht weiter konkretisiert, so dass dieser durch die Rechtsprechung ausgefüllt werden musste (vgl. zur verfassungsrechtlichen Problematik: Rn. 10 f.). Das **BSG** hat zur Bestimmung der angemessenen Unterkunftskosten ein **mehrstufiges Verfahren** entwickelt:[23] Zunächst sei unter Zugrundelegung der sogenannten Produkttheorie eine generelle Angemessenheitsgrenze für die Unterkunftskosten zu ermitteln (abstrakte Angemessenheit). Soweit der Leistungsberechtigte Einwände erhebe, sei zusätzlich zu prüfen, ob in dem örtlichen Vergleichsraum eine solche abstrakt angemessene Wohnung auch tatsächlich hätte angemietet werden können (konkrete Angemessenheit). Unangemessene Unterkunftskosten seien nach § 22 Abs. 1 SGB II bzw. § 35 Abs. 2 SGB XII weiterhin anzuerkennen, wenn dem Leistungsberechtigen eine Senkung der Kosten, z.B. durch einen Umzug, nicht möglich oder nicht zuzumuten sei. Die Ermittlung der abstrakten Angemessenheitsgrenze müsse auf der Grundlage eines „schlüssigen Konzepts" erfolgen.[24] Dieses sei gerichtlich voll überprüfbar, da es sich bei den angemessenen Unterkunftskosten um einen unbestimmten Rechtsbegriff handele.[25] Ein Beurteilungsspielraum des Leistungsträgers sei der Vorschrift in § 22 SGB II nicht zu entnehmen. Entsprechendes gilt für die Regelung in § 35 SGB XII.[26]

15

Trotz dieser mittlerweile gefestigten Rechtsprechung des BSG stellen die Kosten der Unterkunft weiterhin einen häufigen Streitpunkt im Bereich der Grundsicherungsleistungen nach dem SGB II und SGB XII dar. Der Grund dafür liegt darin, dass die tatsächlichen Verhältnisse des jeweiligen örtlichen Wohnungsmarktes ermittelt werden müssen, was mit erheblichen Unsicherheiten im Hinblick auf die Art und den Umfang der Datenerhebung verbunden ist. Die Einführung der Satzungsermächtigung in § 22a SGB II stellt eine **Reaktion des Gesetzgebers** auf diese Entwicklung dar. Ziel der Regelung sei es, transparent und rechtssicher durch eine Rechtsnorm zu konkretisieren, welche Aufwendungen für Unterkunft und Heizung unter Berücksichtigung der Gegebenheiten des örtlichen Wohnungsmarktes als angemessen anzusehen seien.[27] Der Vorteil einer kommunalen Satzung liege im Vergleich zu einer bundesweiten Regelung in der größeren Sach- und Bürgernähe. Die lokalen Vorschriften könnten unmittelbar den jeweiligen örtlichen Gegebenheiten Rechnung tragen. Darüber hinaus könne die kommunale Satzung, die von der Stadtvertretung oder dem Kreistag erlassen werde, ein höheres Maß an Akzeptanz innerhalb der örtlichen Gemeinschaft beanspruchen. Der Zweck der Satzungsermächtigung besteht also letztlich darin, den Begriff der „Angemessenheit" durch kommunale Satzungen auszufüllen, was dann zu einer Reduzierung der entsprechenden Gerichtsverfahren führen soll.

16

Da sich die Problematik des unbestimmten Rechtsbegriffs und der daraus resultierenden Gerichtsverfahren gleichermaßen im Bereich der Leistungen nach dem SGB XII stellt, sieht § 35a Satz 1 SGB XII unter bestimmten Voraussetzungen die Geltungserstreckung einer kommunalen Satzung auf die Leistungen für Unterkunft und Heizung nach dem SGB XII vor. Der Zweck der Vorschrift liegt also gleichermaßen in der **Konkretisierung des Begriffs der „Angemessenheit" durch eine Satzung** und der damit erhofften Vermeidung von Rechtsstreitigkeiten. Daneben bezweckt die Vorschrift allerdings auch den Schutz der Interessen der Leistungsberechtigten nach dem SGB XII, denn die Satzung gilt nur dann entsprechend, wenn die besonderen Bedarfe für Unterkunft und Heizung berücksichtigt wurden.

17

---

[23] St. Rspr., vgl. zuletzt BSG v. 10.09.2013 - B 4 AS 77/12 R.
[24] St. Rspr., vgl. zuletzt BSG v. 10.09.2013 - B 4 AS 77/12 R.
[25] Vgl. BSG v. 17.12.2009 - B 4 AS 27/09 R.
[26] Vgl. SG Osnabrück v. 06.05.2010 - S 5 SO 172/08 zu § 29 SGB XII a.F.
[27] Vgl. BT-Drs. 17/3404, S. 100 = BT-Drs. 17/3958 = BR-Drs. 661/10.

III. Tatbestandsmerkmale

1. Rechtmäßigkeit der Satzung

18 Erste Voraussetzung für die entsprechende Geltung einer kommunalen Satzung ist, dass diese den Vorschriften der §§ 22a-22c SGB II entspricht. Die **Rechtmäßigkeit** der Satzung ist also auch in einem Verfahren, in dem Leistungen nach § 35 SGB XII im Streit stehen, **inzident zu prüfen**.[28]

19 Die Satzung muss als kommunales Recht nicht nur den inhaltlichen Erfordernissen der §§ 22a-22c SGB II entsprechen, sondern darüber hinaus **formell rechtmäßig** sein. Nach § 22b Abs. 2 SGB II ist der Satzung eine Begründung beizufügen. Diese und die Satzung selbst sind ortsüblich bekannt zu machen. Weitere Verfahrensvorschriften ergeben sich aus dem jeweiligen Landesrecht, insbesondere bedarf es der Beteiligung der zuständigen Gremien der kommunalen Körperschaft.[29] Fehlt eine Begründung oder wird gegen wesentliche Verfahrensvorschriften verstoßen, ist die Satzung rechtswidrig.[30]

20 Die Satzung muss darüber hinaus **materiell rechtmäßig** sein, d.h. den inhaltlichen Anforderungen der §§ 22a-22c SGB II genügen. Insoweit ist zu berücksichtigen, dass die Satzungsermächtigung keine Abkehr von § 22 SGB II und der dazu ergangenen Rechtsprechung der Sozialgerichte bedeutet. Das BSG hat von den Leistungsträgern verlangt, dass sie die Angemessenheit der Unterkunftskosten anhand eines „schlüssigen Konzepts" bestimmen (vgl. dazu die Kommentierung zu § 35 SGB XII ff.). Auszugehen sei dabei von einem einfachen, im unteren Marktsegment liegenden Wohnungsstandard, der hinsichtlich Ausstattung, Lage und Bausubstanz einfachen und grundlegenden Bedürfnissen genüge.[31] Diese Rechtsprechung hat der Gesetzgeber mit der Regelung in § 22a Abs. 3 Satz 1 SGB II aufgegriffen. Auch die weiteren Anforderungen an die Satzung in den §§ 22b und 22c SGB II im Hinblick auf den Inhalt und den Umfang der Datenerhebung entsprechen weitgehend den Vorgaben des BSG zu § 22 Abs. 1 SGB II.[32] So ist z.B. nach § 22c Abs. 1 Satz 2 SGB II ein Rückgriff auf die monatlichen Höchstbeträge nach § 12 Abs. 1 WoGG nur hilfsweise möglich. Dies deckt sich mit der bisherigen Rechtsprechung des BSG, nach der die Wohngeldtabelle lediglich in den Fällen herangezogen werden kann, in denen lokale Erkenntnismöglichkeiten nicht weiterführen.[33] Darüber hinaus hat sich der Gesetzgeber in der Begründung des Gesetzentwurfes ausdrücklich zur Produkttheorie bekannt.[34] Nach dieser kommt es nicht darauf an, dass die von dem Leistungsberechtigten bewohnte Unterkunft den einzelnen Angemessenheitskriterien genügt, sondern maßgeblich ist allein das Produkt aus angemessener Wohnfläche und Standard, der sich in der Wohnungsmiete niederschlägt.[35] Dies soll nach der Vorstellung des Gesetzgebers auch für die kommunalen Satzungen gelten, so dass neben der angemessenen Wohnfläche gem. § 22b Abs. 1 Nr. 1 SGB II und den angemessenen Aufwendungen gem. § 22b Abs. 1 Nr. 2 SGB II auch das Produkt anzugeben sei, um für die Betroffenen transparent zu machen, welcher Betrag ihnen für die Unterkunft zur Verfügung stehe.[36] Insgesamt lässt sich damit festhalten, dass die **Anforderungen** an die kommunalen Satzungen im Hinblick auf den Inhalt und die Datenerhebung **nicht geringer** sind als die, welche das BSG in seiner Rechtsprechung an ein „schlüssiges Konzept" aufgestellt hat.[37] Insoweit besteht auch wenig Spielraum für den Gesetzgeber, da es sich bei den Kosten der Unterkunft um einen Teil des physischen Existenzminimums handelt, das durch Art. 1 Abs. 1 GG i.V.m. Art. 20 Abs. 1 GG uneingeschränkt garantiert wird.[38]

---

[28] Vgl. *Berlit* in: LPK-SGB XII, 9. Aufl. 2012, § 35a Rn. 9; vgl. zur Inzidenzprüfung im SGB II: *Bätge*, Sozialrecht aktuell 2011, 131, 136; *Krauß*, Sozialrecht aktuell 2011, 144, 148.

[29] Vgl. *Bätge*, Sozialrecht aktuell 2011, 131, 132 ff.

[30] Vgl. BT-Drs. 17/3404, S. 101 = BT-Drs. 17/3958 = BR-Drs. 661/10; *Bätge*, Sozialrecht aktuell 2011, 131, 134.

[31] St. Rspr., vgl. zuletzt BSG v. 13.04.2011 - B 14 AS 106/10 R.

[32] Vgl. *Knickrehm*, Sozialrecht aktuell 2011, 125, 128 ff.; *Krauß*, Sozialrecht aktuell 2011, 144, 146.

[33] St. Rspr., vgl. zuletzt BSG v. 26.05.2011 - B 14 AS 132/10 R.

[34] Vgl. BT-Drs. 17/3404, S. 101 = BT-Drs. 17/3958 = BR-Drs. 661/10.

[35] St. Rspr., vgl. zuletzt BSG v. 13.04.2011 - B 14 AS 85/09 R.

[36] Vgl. BT-Drs. 17/3404, S. 101 = BT-Drs. 17/3958 = BR-Drs. 661/10.

[37] Vgl. BSG v. 17.10.2013 - B 14 AS 70/12 R - juris Rn. 31 ff.; *Knickrehm*, Sozialrecht aktuell 2011, 125, 128 ff.; *Krauß*, Sozialrecht aktuell 2011, 144, 146; a.A. offenbar *Piepenstock* in: jurisPK-SGB II, § 22a Rn. 24: Anforderungen des BSG teils zu „kleinteilig".

[38] Vgl. BVerfG v. 09.02.2010 - 1 BvL 1/09, 1 BvL 3/09, 1 BvL 4/09; *Knickrehm*, Sozialrecht aktuell 2011, 125, 128 ff.; *Krauß*, Sozialrecht aktuell 2011, 144, 145.

Abweichungen von der bisherigen Rechtsprechung des BSG ergeben sich insoweit, als gem. § 22a 21
Abs. 2 SGB II nunmehr auch im SGB II im Rahmen einer Satzung die Pauschalierung von Leistungen
zulässig ist.[39] Darüber hinaus wird es dem Leistungsträger gem. § 22b Abs. 1 Satz 3 SGB II ermöglicht, sowohl eine Quadratmeterhöchstmiete als auch eine Gesamtangemessenheitsgrenze festzulegen.[40]

2. Sonderregelungen für Personen mit einem besonderen Bedarf

Weitere Voraussetzung für die entsprechende Anwendung einer Satzung auf die Leistungen nach dem 22
SGB XII ist gem. § 35a Satz 1 SGB XII, dass diese gem. § 22b Abs. 3 SGB II Sonderregelungen für
Personen mit einem besonderen Bedarf enthält. Nach den Vorstellungen des Gesetzgebers kann es sich
dabei sowohl um einen höheren Bedarf, z.B. aufgrund einer Behinderung, als auch um einen niedrigeren Bedarf, z.B. während der Berufsfindungsphase, handeln.[41] Es ist jedoch fraglich, ob sich in einer
Satzung, welche die Angemessenheit von Unterkunftskosten regelt, Abweichungen nach unten vornehmen lassen.[42] Dies würde faktisch bedeuten, dass für bestimmte Personengruppen ein abgesenktes
Existenzminimum gilt, was sich kaum mit dem Gleichheitssatz aus Art. 3 Abs. 1 GG und dem Sozialstaatsprinzip des Art. 20 Abs. 1 GG vereinbaren lässt. Das Gesetz nimmt jedenfalls in § 22b Abs. 3
Satz 2 SGB II ausschließlich Leistungsberechtigte in den Blick, die eine größere Wohnfläche benötigen, wie z.B. behinderte Menschen oder Personen, die regelmäßig das Umgangsrecht mit ihren Kindern ausüben.

Fraglich ist, ob sich die Sonderregelung auf die abstrakte Angemessenheit beziehen muss, oder ob eine 23
Härtefallklausel im Rahmen der konkreten Angemessenheit ausreicht (vgl. zur Unterscheidung zwischen abstrakter und konkreter Angemessenheit: Rn. 15). Nach der Rechtsprechung des BSG zu § 22
SGB II sind wohnraumförderungsrechtliche Sonderregelungen, die auf persönliche Lebensverhältnisse des Hilfebedürftigen Bezug nehmen (z.B. Alleinerziehung), bei der Bestimmung der Wohnflächen als Teil der Ermittlung einer abstrakt angemessenen Referenzmiete im Vergleichsraum nicht zu
berücksichtigen.[43] Besondere Wohnbedürfnisse seien erst auf der Ebene der konkreten Angemessenheit zu berücksichtigen, also bei der Frage, ob und ggf. in welchem Umfang eine Obliegenheit des Leistungsberechtigten besteht, die Unterkunftskosten zu senken. Zwar seien persönliche Lebensumstände
im SGB II bei der Prüfung der Angemessenheit der Kosten (auch soweit sie in einem bestimmten
Raumbedarf Ausdruck finden) nicht unbeachtlich, schon weil § 22 Abs. 1 SGB II die Umstände des
Einzelfalls ausdrücklich in Bezug nehme. Solche Umstände ließen sich aber nicht abstrakt erfassen, sie
seien nach der dargestellten Systematik des § 22 Abs. 1 Sätze 1 und 3 SGB II bei der Frage zu prüfen,
ob dem Leistungsberechtigten, dessen individuelle Kosten im Einzelfall die abstrakten Angemessenheitsgrenzen überschreiten, ein Umzug in eine kostenangemessene Wohnung konkret möglich und zumutbar ist. Demgegenüber verfolgen die Sonderregelungen nach § 22b Abs. 3 SGB II das Ziel, die Berücksichtigung besonderer Bedarfe partiell von der Ebene der konkreten auf die der abstrakten Angemessenheit (vor) zu verlagern.[44] Für diese Auffassung des BSG spricht, dass die kommunalen Satzungen nach der Gesetzesbegründung dazu dienen sollen, die Angemessenheit der nach § 22 Absatz 1
Satz 1 SGB II zu berücksichtigenden Aufwendungen ihrer Höhe nach zu konkretisieren.[45] Dementsprechend sollen die Sonderregelungen nach § 22b Abs. 3 SGB II auch nicht einem individuellen Bedarf, sondern dem typischen Bedarf bestimmter Personengruppen Rechnung tragen.[46] Die §§ 22a bis
22c SGB II und die auf dieser Grundlage beruhenden landesrechtlichen Vorschriften ermächtigen da-

---

[39] Die Regelung ist § 29 Abs. 2 SGB XII a.F. nachgebildet, vgl. BT-Drs. 17/3404, S. 100 = BT-Drs. 17/3958 = BR-Drs. 661/10.
[40] Vgl. dazu kritisch: *Knickrehm*, Sozialrecht aktuell 2011, 125, 129; *Krauß*, Sozialrecht aktuell 2011, 144, 146 f.
[41] Vgl. BT-Drs. 17/3404, S. 101 = BT-Drs. 17/3958 = BR-Drs. 661/10 (das Beispiel eines erhöhten Bedarfs während des stationären Aufenthaltes in einer Suchtklinik ist wenig überzeugend, da die Kosten regelmäßig von einem anderen Leistungsträger übernommen werden, vgl. dazu die Empfehlungen des Deutschen Vereins zur Ausführung einer Satzungsermächtigung bei den Kosten der Unterkunft und der Heizung im SGB II und SGB XII vom 21.06.2011, S. 13).
[42] Verneinend *Berlit* in: LPK-SGB II, 5. Aufl. 2013, § 22b Rn. 40.
[43] Vgl. BSG v. 22.08.2012 - B 14 AS 13/12 R und BSG v. 11.12.2012 - B 4 AS 44/12 R; dazu kritisch *Stölting*, SGb 2013, 539, 543 ff.
[44] Vgl. BSG v. 17.10.2013 - B 14 AS 70/12 R - juris Rn. 36.
[45] Vgl. BT-Drs. 17/3404, S. 100.
[46] Vgl. BT-Drs. 17/3404, S. 101.

her lediglich zum Erlass von untergesetzlichen Normen, deren Ziel die **Bestimmung abstrakt angemessener Bedarfe** ist.[47] Es ist somit nicht ausreichend, wenn die Satzung eine Generalklausel enthält, um im Einzelfall einem besonderen Bedarf Rechnung tragen zu können.[48] Solche Bestimmungen in einer kommunalen Satzung bzw. Verordnung sind vielmehr nicht von der Ermächtigung gedeckt, was zur Unwirksamkeit des gesamten Regelungswerkes führt.[49] Um den abweichenden Bedarf bestimmter Personengruppen feststellen zu können, ist es erforderlich, dass der Grundsicherungsträger zunächst entsprechende Ermittlungen durchführt, „Schätzungen ins Blaue hinein" sind nicht zulässig.[50] Dabei ist es allerdings nicht notwendig, dass jede Abweichung vom durchschnittlichen Bedarf aufgenommen wird, sondern maßgeblich ist eine typisierende Betrachtungsweise. Anlass und Raum für eigenständige Regelungen zugunsten von Personengruppen mit besonderen Bedarfen besteht nach der Rechtsprechung des BSG nur, soweit bei ihnen typischerweise besondere Anforderungen etwa in Bezug auf Raumgröße, Wohnstandard oder -lage bestehen und wegen ihrer Schutzwürdigkeit die Berücksichtigung dessen bereits auf der Ebene der abstrakten Angemessenheitsbestimmung angezeigt erscheint.[51] Diese Regelungen seien jedoch – wie die Normsetzung nach § 22a Abs. 1 SGB II überhaupt – beschränkt auf die Berücksichtigung (typischer) tatsächlicher Lebens- und Wohnverhältnisse vor Ort.

3. Berücksichtigung der Bedarfe älterer Menschen

24 Die Satzung muss darüber hinaus gem. § 35a Satz 1 SGB XII die Bedarfe älterer Menschen berücksichtigen, um sie entsprechend auf die Leistungen nach dem SGB XII anwenden zu können. Hier stellt sich wiederum das Problem, dass die Bedarfe älterer Menschen nach der Rechtsprechung des BSG nicht auf der Ebene der abstrakten Angemessenheit der Unterkunftskosten zu beachten sind, sondern erst im Rahmen der Zumutbarkeitsprüfung nach § 22 Abs. 1 SGB II bzw. § 35 Abs. 2 SGB XII (vgl. dazu die Kommentierung zu § 35 SGB XII f.). Allerdings betont der 8. Senat des BSG in seiner Rechtsprechung, dass insoweit dem Alter der leistungsberechtigten Person eine wesentliche Bedeutung zukommen kann.[52] Die Wohnung und die Wohnumgebung würden für das körperliche und psychische Wohl des alten Menschen immer mehr an Bedeutung gewinnen, da sich der Aktivitätsradius älterer Menschen erfahrungsgemäß verringere. Diese besonderen Umstände seien auch im Rahmen der Prüfung der (subjektiven) Zumutbarkeit eines Umzugs in eine andere Wohnung zu berücksichtigen, entscheidend seien jedoch immer die Umstände des Einzelfalles. Das BSG macht die Übernahme von erhöhten Unterkunftskosten damit davon abhängig, dass in dem konkreten Fall eine Senkung der Aufwendungen nicht verlangt werden kann. Demgegenüber dienen die Sonderregelungen gem. § 22b Abs. 3 SGB II nach der Rechtsprechung des BSG dazu, spezielle Wohnbedürfnisse bereits auf der Ebene der abstrakten Angemessenheit zu berücksichtigen (vgl. dazu Rn. 23). Daher kommt auch eine Geltungserstreckung gem. § 35a SGB XII nur in Betracht, wenn die Satzung eine **abstrakte Regelung hinsichtlich des besonderen Bedarfs älterer Menschen** enthält. Nicht ausreichend ist dementsprechend eine Generalklausel, um den individuellen Bedarfen im Einzelfall Rechnung zu tragen.[53] Vielmehr müssen die besonderen Wohnbedarfe von älteren Menschen ermittelt werden, um auf dieser Grundlage eine abstrakte Regelung treffen zu können.[54] Zur Bedarfsermittlung kommen unterschiedliche Ansätze in Betracht. Nach der Rechtsprechung des LSG Berlin-Brandenburg ist die Berücksichtigung besonderer Unterkunfts- und Heizbedarfe älterer Menschen in der Weise – abstrakt – möglich, dass die Bedarfsermittlung wie bei der Bestimmung des Regelbedarfs zur Sicherung des Lebensunterhalts nach § 20 SGB II nach der Statistikmethode erfolgt. Es seien also die statistisch ermittelten Verbrauchsausgaben der untersten Einkommensgruppen innerhalb der Gruppe der älteren Menschen maßgeblich.[55] Dagegen spricht allerdings, dass nach der bisherigen Rechtsprechung des BSG die angemessenen Unterkunftskosten nicht anhand von Verbrauchsausgaben, sondern anhand des Produktes von

---

[47] Vgl. LSG Berlin-Brandenburg v. 25.04.2013 - L 36 AS 2095/12 NK - juris Rn. 79; Revision anhängig unter B 4 AS 34/13 R.
[48] A.A. *Berlit* in: LPK-SGB XII, 9. Aufl. 2012, § 35a Rn. 6.
[49] Vgl. LSG Berlin-Brandenburg v. 25.04.2013 - L 36 AS 2095/12 NK - juris Rn. 88; Revision anhängig unter B 4 AS 34/13 R.
[50] Vgl. BSG v. 17.10.2013 - B 14 AS 70/12 R - juris Rn. 43.
[51] Vgl. BSG v. 17.10.2013 - B 14 AS 70/12 R - juris Rn. 37.
[52] Vgl. BSG v. 23.03.2010 - B 8 SO 24/08 R.
[53] A.A. *Berlit* in: LPK-SGB XII, 9. Aufl. 2012, § 35a Rn. 6.
[54] Vgl. BSG v. 17.10.2013 - B 14 AS 70/12 R - juris Rn. 38.
[55] Vgl. LSG Berlin-Brandenburg v. 07.08.2012 - L 36 AS 1162/12 NK - juris Rn. 49.

angemessener Wohnfläche und angemessenem Standard, der sich in der Wohnungsmiete niederschlägt, zu bestimmen sind (vgl. dazu Rn. 15). Vorzugswürdig erscheint es daher, bei den Ermittlungen an diesen Faktoren anzusetzen. Dabei ist zu berücksichtigen, dass ältere Menschen nicht generell eine größere Wohnfläche benötigen (quantitativer Bedarf), sondern vielmehr eine besondere Ausstattung, die ihren Bedürfnissen gerecht wird (qualitativer Bedarf). So wird z.B. in Schleswig-Holstein der Bau von altengerechten Wohnungen nach den dortigen Förderbestimmungen[56] nur dann durch öffentliche Mittel unterstützt, wenn sie bestimmte technische Mindeststandards erfüllen (z.B. stufenlose Erreichbarkeit, ggf. mit einem Aufzug oder über eine Rampe; Haus- und Wohnungseingangstüren mit einer Breite von mindestens 90 cm und einer Höhe von mindestens 210 cm; Türen innerhalb der Wohnung mit einer Breite von mindestens 80 cm und einer Höhe von 210 cm; Vorhandensein einer bodengleichen Dusche, Bewegungsfläche im Duschbereich von 120 x 120 cm, Vorhandensein eines Freisitzes mit einer Fläche von mindestens 4 qm). Dies bedeutet, dass sich die besonderen Bedarfe älterer Menschen in der Satzung dadurch berücksichtigen lassen, dass der Leistungsträger ermittelt, welcher Quadratmeterpreis für eine seniorengerechte Wohnung in seinem Bereich im unteren Segment maximal zu zahlen ist. Dieser Wert, der aufgrund der besonderen Ausstattung der Wohnung regelmäßig über dem Quadratmeterpreis des unteren Segments des allgemeinen Wohnungsmarktes liegen wird, ist dann mit der angemessenen Wohnfläche zu multiplizieren, um die Angemessenheitsgrenze für ältere Menschen zu bestimmen. Fraglich ist, ob diese auch dann zur Anwendung gelangt, wenn es sich bei der momentan bewohnten Unterkunft nicht um eine altengerechte Wohnung handelt. Dafür spricht, dass es im Rahmen der Produkttheorie nicht darauf ankommt, dass die Wohnung des Leistungsberechtigten den einzelnen Angemessenheitskriterien genügt.

Zur Bestimmung des Begriffs „ältere Menschen" kann auf die **Altersgrenze in § 41 Abs. 2 SGB XII** zurückgegriffen werden. 25

4. Bestimmungen über die Heizkosten (Satz 2)

Wenn die Satzung gem. § 22b Abs. 1 Sätze 2 und 3 SGB II Bestimmungen über die Heizkosten enthält, gelten diese gem. § 35a Satz 2 SGB XII auch für die Leistungen nach dem SGB XII. Voraussetzung ist jedoch auch insoweit, dass die Satzung Sonderregelungen für Personen mit besonderen Bedarfen und für die Bedarfe älterer Menschen vorsieht, denn § 22b Abs. 3 SGB II gilt gleichermaßen für Unterkunft und Heizung.[57] Damit ist in der Satzung insbesondere auch das erhöhte Wärmebedürfnis von älteren Menschen zu berücksichtigen. 26

IV. Rechtsfolgen (Satz 3)

Erfüllt die Satzung die Voraussetzungen des § 35a Sätze 1 und 2 SGB XII, so gilt sie für die Leistungen für die Unterkunft und Heizung nach § 35 SGB XII entsprechend. Es handelt sich um eine Geltungserstreckung kraft Bundesrechts.[58] Dies bedeutet, dass es im Rahmen der Angemessenheitsprüfung nach § 35 Abs. 2 und 4 SGB XII allein auf die in der Satzung enthaltenen Bestimmungen ankommt, ein Rückgriff auf andere Maßstäbe ist ausgeschlossen. Dem entspricht es, dass die Vorschriften über monatliche Pauschalen in § 35 Abs. 3 und 4 Sätze 2 und 3 SGB XII bei Vorliegen einer Satzung gem. § 35a Satz 3 SGB XII nicht anzuwenden sind. Der Satzung kommt also auch insoweit Vorrang zu.[59] 27

C. Praxishinweise

Die Gültigkeit einer kommunalen Satzung kann gem. §§ 29 Abs. 2 Nr. 4, 55a SGG auf Antrag durch das zuständige Landessozialgericht in einem **abstrakten Normenkontrollverfahren** überprüft werden. Antragsberechtigt ist gem. § 55a Abs. 2 SGG jede natürliche Person, die geltend macht, durch die Anwendung der Rechtsvorschrift in ihren Rechten verletzt zu sein oder in absehbarer Zeit verletzt zu werden. Dies bedeutet, dass auch Leistungsberechtigte nach dem SGB XII einen entsprechenden Antrag stellen können, wenn die Satzung gem. § 35a SGB XII entsprechend angewandt wird und die Kosten der Unterkunft und Heizung auf dieser Grundlage nicht vollständig übernommen werden.[60] Maß- 28

---

[56] Förderung des sozialen Wohnungsbaus in Schleswig-Holstein; Förderung von altengerechten Wohnungen, Erlass des Innenministeriums v. 10.01.2001, Amtsblatt SH 2001, 150 ff.
[57] A.A. *Berlit* in: LPK-SGB XII, 9. Aufl. 2012, § 35a Rn. 12.
[58] Vgl. *Berlit* in: LPK-SGB XII, 9. Aufl. 2012, § 35a Rn. 7.
[59] Vgl. BT-Drs. 17/3404, S. 126 = BT-Drs. 17/3958 = BR-Drs. 661/10.
[60] Vgl. BSG v. 17.10.2013 - B 14 AS 70/12 R - juris Rn. 23.

geblich für die Antragsbefugnis ist allein, ob der Antragsteller geltend machen kann, durch die Norm oder deren Anwendung in seinen rechtlich geschützten Interessen beeinträchtigt zu werden.[61] Wenn die Voraussetzungen einer Geltungserstreckung nach § 35a SGB XII nicht vorliegen, kann auch gerade dies Gegenstand eines Normenkontrollantrages sein.[62]

29 Die Rechtmäßigkeit einer kommunalen Satzung ist darüber hinaus in jedem Verfahren, in dem Leistungen für Unterkunft und Heizung nach § 35 SGB XII im Streit stehen, inzident zu prüfen.[63] Ist bereits ein Verfahren nach § 55a SGG beim Landessozialgericht anhängig, kann das Gericht die **Verhandlung** gem. § 114 Abs. 2a SGG bis zur Entscheidung in dem Antragsverfahren **aussetzen**.

---

[61] Vgl. BSG v. 17.10.2013 - B 14 AS 70/12 R - juris Rn. 22; *Luik*, ZFSH/SGB 2013, 683, 686.
[62] Vgl. BSG v. 17.10.2013 - B 14 AS 70/12 R - juris Rn. 24; *Luik*, ZFSH/SGB 2013, 683, 688.
[63] Vgl. *Berlit* in: LPK-SGB XII, 9. Aufl. 2012, § 35a Rn. 9; zur Inzidenzprüfung im SGB II: *Bätge*, Sozialrecht aktuell 2011, 131, 136; *Krauß*, Sozialrecht aktuell 2011, 144, 148.

§ 36 SGB XII Sonstige Hilfen zur Sicherung der Unterkunft

(Fassung vom 24.03.2011, gültig ab 01.01.2011)

(1) ¹Schulden können nur übernommen werden, wenn dies zur Sicherung der Unterkunft oder zur Behebung einer vergleichbaren Notlage gerechtfertigt ist. ²Sie sollen übernommen werden, wenn dies gerechtfertigt und notwendig ist und sonst Wohnungslosigkeit einzutreten droht. ³Geldleistungen können als Beihilfe oder als Darlehen erbracht werden.

(2) ¹Geht bei einem Gericht eine Klage auf Räumung von Wohnraum im Falle der Kündigung des Mietverhältnisses nach § 543 Absatz 1, 2 Satz 1 Nummer 3 in Verbindung mit § 569 Absatz 3 des Bürgerlichen Gesetzbuchs ein, teilt das Gericht dem zuständigen örtlichen Träger der Sozialhilfe oder der Stelle, die von ihm zur Wahrnehmung der in Absatz 1 bestimmten Aufgaben beauftragt wurde, unverzüglich Folgendes mit:

1. den Tag des Eingangs der Klage,
2. die Namen und die Anschriften der Parteien,
3. die Höhe der monatlich zu entrichtenden Miete,
4. die Höhe des geltend gemachten Mietrückstandes und der geltend gemachten Entschädigung sowie
5. den Termin zur mündlichen Verhandlung, sofern dieser bereits bestimmt ist.

²Außerdem kann der Tag der Rechtshängigkeit mitgeteilt werden. ³Die Übermittlung unterbleibt, wenn die Nichtzahlung der Miete nach dem Inhalt der Klageschrift offensichtlich nicht auf Zahlungsunfähigkeit des Mieters beruht. ⁴Die übermittelten Daten dürfen auch für entsprechende Zwecke der Kriegsopferfürsorge nach dem Bundesversorgungsgesetz verwendet werden.

Gliederung

A. Basisinformationen 1	d. Zur Behebung einer vergleichbaren Notlage 36
I. Textgeschichte/Gesetzgebungsmaterialien 1	e. Rechtfertigung 40
II. Vorgängervorschriften 4	f. Ermessen 50
III. Parallelvorschriften 5	g. Drohende Wohnungslosigkeit 53
IV. Ausgewählte Literaturhinweise 8	h. Form der Leistungsgewährung (Absatz 1 Satz 3) 60
B. Auslegung der Norm 9	i. Direktleistung 66
I. Regelungsgehalt und Bedeutung der Norm 9	2. Mitteilungspflichten der Zivilgerichte (Absatz 2) 67
II. Normzweck 14	**C. Praxishinweise** 73
III. Tatbestandsmerkmale 17	I. Verwaltungsverfahren 73
1. Schuldenübernahme nach Absatz 1 17	II. Darlehensgewährung 74
a. Leistungsberechtigte 17	III. Rechtsschutz 75
b. Schulden 21	
c. Sicherung der Unterkunft 29	

A. Basisinformationen[1]

I. Textgeschichte/Gesetzgebungsmaterialien

§ 36 SGB XII ist mit Wirkung zum 01.01.2011[2] in Kraft getreten und entspricht mit **geringfügigen sprachlichen Änderungen** der Vorgängervorschrift in § 34 SGB XII in der bis zum 31.12.2010 gel-

---

[1] Die Kommentierung basiert auf der Kommentierung des § 36 SGB XII durch *Link* in der 1. Aufl. des jurisPK SGB XII. Einzelne Passagen wurden aus der Kommentierung aus der Vorauflage übernommen.

[2] Art. 3 Nr. 13 des Gesetzes zur Ermittlung von Regelbedarfen und zur Änderung des Zweiten und Zwölften Buches Sozialgesetzbuch vom 24.03.2011, BGBl I 2011, 453.

tenden Fassung. Die Änderungen betreffen Absatz 2 sowie die Überschrift („Sonstige Hilfen zur Sicherung der Unterkunft", zuvor „Hilfe zum Lebensunterhalt in Sonderfällen"). Die Neufassung des § 36 SGB XII erfolgte im Zuge der Neustrukturierung der Vorschriften des Dritten Kapitels im Hinblick auf die Regelungen für Bedarfe zur Sicherung von Unterkunft und Heizung als neuer Vierter Abschnitt (vgl. hierzu die Kommentierung zu § 35 SGB XII Rn. 4). Die Neufassung basiert auf dem Gesetzentwurf der Bundesregierung vom 21.10.2010[3].

2 Die Regelung des früheren § 15a BSHG[4] wurde zum 01.01.2005 in § 34 SGB XII a.F. übernommen **(Gesetz zur Einordnung des Sozialhilferechts in das Sozialgesetzbuch** vom 27.12.2003[5]). Im Vergleich zur Vorgängervorschrift des § 15a BSHG sah der sprachlich neu gefasste § 34 Abs. 1 SGB XII a.F. zur Sicherung der Unterkunft oder zur Behebung einer vergleichbaren Notlage **nur die Übernahme von „Schulden"** vor, während § 15a Abs. 1 BSHG noch allgemein „Hilfe zum Lebensunterhalt" vorsah. Obwohl die Gesetzesbegründung[6] eine inhaltsgleiche Übernahme des § 15a BSHG erläuterte, ist der Anspruch nach § 36 SGB XII auf die Übernahme von Schulden eingegrenzt.[7]

3 Die Direktzahlung an den Vermieter oder andere Empfangsberechtigte war zunächst in § 15a Abs. 1 Satz 3 BSHG (Hilfe zum Lebensunterhalt in Sonderfällen) geregelt und wurde aus systematischen Gründen in **§ 29 Abs. 1 Satz 6 SGB XII a.F.** (Unterkunft und Heizung) eingefügt (seit 01.01.2011: **§ 35 Abs. 1 Sätze 2-5 SGB XII**)[8]. § 15a Abs. 1 Satz 1 BSHG wurde dabei zum Zwecke der besseren Verständlichkeit ohne inhaltliche Änderungen sprachlich im § 34 Abs. 1 Satz 1 SGB XII a.F. neu gefasst[9], Absatz 2 blieb unverändert. Mit Wirkung zum 01.01.2011 wurden die Regelungen zur Direktzahlung insgesamt klarer gefasst und mit einigen exemplarisch genannten Fallbeispielen in § 35 Abs. 1 Sätze 2-5 SGB XII neu geregelt (vgl. hierzu die Kommentierung zu § 35 SGB XII).

II. Vorgängervorschriften

4 Die Regelungen des § 36 SGB XII gehen im Wesentlichen auf **§ 15a BSHG** zurück, der durch das Zweite Änderungsgesetz vom 14.08.1969[10] mit Wirkung zum 01.10.1969 in das BSHG eingefügt und sowohl durch das Gesetz zur Reform des Sozialhilferechts vom 27.07.1969[11] als auch durch das Mietrechtsreformgesetz vom 19.06.2001[12] angepasst worden ist.

III. Parallelvorschriften

5 Im Bereich der Grundsicherung für Arbeitsuchende ist die Schuldenübernahme zur Sicherung der Unterkunft in § 22 Abs. 8 SGB II und die Mitteilungspflichten bei Räumungsklagen in § 22 Abs. 9 SGB II dem § 36 SGB XII entsprechend geregelt.

6 Soweit Leistungen nach § 22 Abs. 1 SGB II erbracht werden, ist eine Schuldübernahme nach § 36 SGB XII ausgeschlossen. Mit Aufhebung des § 5 Abs. 2 Satz 2 SGB II i.d.F. v. 30.07.2004 zum 01.04.2006[13], der die ergänzende Leistungen nach der Vorgängervorschrift zu § 36 SGB XII in § 34 SGB XII a.F. vorsah, wollte der Gesetzgeber im SGB II bewusst auf eine ergänzende Anwendung des § 36 SGB XII verzichten, um den Verwaltungsvollzug praktikabler zu gestalten und um Doppel-

---

[3] BR-Drs. 661/10, S. 206 zu § 36.
[4] Vgl. zum bisherigen Recht auch *Falterbaum* in: Hauck/Noftz, SGB XII K § 36 Rn. 6 ff., Stand November 2012.
[5] BGBl I 2003, 3022.
[6] BT-Drs. 15/1514, S. 60 zu § 35 (die Nummerierung hat sich im Gesetzgebungsverfahren später geändert); vgl. hierzu auch *Streichsbier* in: Grube/Wahrendorf SGB XII, 4. Aufl. 2012, § 36 Rn. 2.
[7] Vgl. hierzu BSG v. 12.12.2013 - B 8 SO 24/12 R.
[8] Vgl. BR-Drs. 661/10, S. 205 zu § 35.
[9] Vgl. BT-Drs. 15/1514, S. 60 zu § 35.
[10] BGBl I 1969, 1153.
[11] BGBl I 1969, 1088.
[12] BGBl I 2001, 1149.
[13] Gesetz zur Änderung des Zweiten Buches Sozialgesetzbuch und anderer Gesetze vom 24.03.2006, BGBl I 2006, 558.

zuständigkeiten zu vermeiden.[14] Grundsätzlich sind Leistungsberechtigte nach dem SGB II auf die Leistungen nach § 22 Abs. 8 SGB II zu verweisen.[15]

Der Anspruch nach § 36 SGB XII ist insgesamt weiter ausgestaltet als die Schuldenübernahme nach § 22 Abs. 8 SGB II. Im Unterschied zu § 36 Abs. 1 SGB XII, der die Schuldenübernahme unabhängig **vom aktuellen Leistungsbezug** vorsieht, setzt die Schuldenübernahme nach § 22 Abs. 8 Satz 1 SGB II voraus, dass dem Leistungsberechtigten Arbeitslosengeld II für den Bedarf für Unterkunft und Heizung erbracht wird. Während § 22 Abs. 8 Satz 3 SGB II vorschreibt, dass **Vermögen** vorrangig einzusetzen ist, regelt § 36 Abs. 1 SGB XII den vorrangigen Vermögenseinsatz nicht, hier besteht nur im Rahmen der allgemeinen Regelung des Nachrangprinzips des § 2 Abs. 1 SGB XII die Pflicht zum Einsatz von Vermögen. Ein für die Leistungsberechtigten wesentlicher Unterschied zwischen der Schuldenübernahme im SGB II und SGB XII ergibt sich aus **§ 22 Abs. 8 Satz 4 SGB II**, wonach Geldleistungen als Darlehen erbracht werden sollen; dagegen sieht § 36 Abs. 1 Satz 3 SGB XII zwar ebenfalls die Erbringung von Geldleistungen – neben der Beihilfe – auch als Darlehen vor; den **Regelfall der darlehensweisen Erbringung** wie im SGB II[16] normiert § 36 Abs. 1 SGB XII dagegen nicht. Als Grund für die unterschiedliche Leistungsform kommt nur die Anknüpfung an die Erwerbsfähigkeit der Leistungsberechtigten im SGB II in Betracht, bei denen es durch Aufnahme einer Erwerbstätigkeit typischerweise häufiger zur Überwindung der Hilfebedürftigkeit kommen kann.[17] Die Regelungen in § 22 Abs. 9 SGB II und § 36 Abs. 2 SGB XII zur Mitteilungspflicht bei **Räumungsklagen** sind inhaltsgleich. Die Nutzungserlaubnis der übermittelten Daten für entsprechende Zwecke der Kriegsopferfürsorge nach dem Bundesversorgungsgesetz (§ 36 Abs. 2 Satz 4 SGB XII) existiert nur im SGB XII.

IV. Ausgewählte Literaturhinweise

Berendes, Zum Anspruch auf Übernahme von Energieschulden nach § 34 Abs. 1 SGB XII und § 22 Abs. 5 SGB II, info also 2008, 151; *Berlit*, Neuere Rechtsprechung zu den Kosten von Unterkunft und Heizung, SGb 2011, 619, 678; *Berlit*, Die Hartz IV-Rechtsprechung – geklärte und offene Fragen, info also 2008, 243; *Deutscher Verein*, Empfehlungen des Deutschen Vereins zur Prävention von Wohnungslosigkeit durch Kooperation von kommunalen und freien Trägern vom 11.09.2013, abrufbar über die Internetseite www.deutscher-verein.de (abgerufen am 05.05.2014); *Drifthaus*, „Never touch a running system"? – Zur Änderung der Rechtsprechung bei der Übernahme von Tilgungsraten bei selbst genutztem Wohneigentum durch die Grundsicherung für Arbeitsuchende, NZS 2006, 642; *Gautzsch*, Kosten der Unterkunft gem. SGB II und SGB XII, NZM 2011, 497; *Gotzen*, Übernahme von Energiekostenrückständen nach § 34 SGB XII, ZfF 2007, 248; *Gotzen*, Unverhältnismäßigkeit einer Stromsperre nach StromGVV und Anträge auf Übernahme von Stromschulden im SGB II/SGB XII, ZfF 2009, 106; *Hammel*, Vermüllung als sozialrechtliches Problem, ZfF 2013, 31; *Hammel*, Zur Auslegung und Anwendung des § 15a BSHG, ZfSH/SGB 1997, 131; *Hammel*, Die Unterbrechung der Stromversorgung bei hilfebedürftigen Personen, info also 2011, 251; *Hammel*, Die Weiterfinanzierung der Wohnung während des Freiheitsentzugs, NDV 2011, 156; *Hammel*, Die Übernahme von Schulden nach § 22 Abs. 5 SGB II, NDV 2010, 335; *Krieger*, Übernahme von Stromgeldschulden durch den Sozialhilfeträger, ZfF 1983, 77; *Paul*, Leistungen für Unterkunft und Heizung in der Sozialhilfe

---

[14] *Schellhorn* in: Schellhorn/Schellhorn/Hohm, SGB XII, 18. Aufl. 2010, § 34 Rn. 2a.

[15] *Berlit* in: LPK-SGB XII, 9. Aufl. 2012 § 36 Rn. 2; nach BSG v. 07.11.2006 - B 7b AS 8/06 R - juris Rn. 36 - SozR 4-4200 § 22 Nr. 11 kam für die Tilgungsraten noch eine ergänzende Anwendung des § 34 SGB XII a.F. in Betracht, weil die Übernahme von Darlehens- oder Tilgungsschulden nicht als Unterkunftsbedarf i.S.d. § 22 Abs. 1 SGB II anerkannt wurde; zwischenzeitlich hat das BSG die Übernahme unvermeidbarer Tilgungsleistungen als Kosten der Unterkunft bis zur Höhe der angemessenen Kosten einer Mietwohnung als Zuschuss nach § 22 Abs. 1 SGB II anerkannt und darüber hinaus als Darlehen in Betracht gezogen, vgl. BSG v. 18.06.2008 - B 14/11b AS 67/06 R - juris Rn. 18 - SozR 4-4200 § 22 Nr. 13; zur Übernahme von Tilgungsleistungen als Schulden bei drohender Wohnungslosigkeit im Rahmen des § 22 Abs. 8 SGB II: *Berlit* in: LPK-SGB II, 5. Aufl. 2013, § 22 Rn. 199; *Schmidt* in: Oestreicher, § 22 Rn. 205, 211, Stand April 2011 (bei im Falle ausbleibender Tilgung drohender Darlehenskündigung); a.A. *Knickrehm* in: Kreikebohm/Spellbrink/Waltermann, 3. Aufl. 2013, § 22 Rn. 48; zur Abgrenzung von aktuellen tatsächlichen Aufwendungen für die Unterkunft von Schulden im SGB II: BSG v. 17.06.2010 - B 14 AS 58/09 R - juris Rn. 17, 18 - SozR 4-4200 § 22 Nr. 41.

[16] Vgl. *Luik* in: Eicher SGB II, 3. Aufl. 2013 § 22 Rn. 231.

[17] Vgl. hierzu *Deutscher Verein*, Empfehlungen des Deutschen Vereins zur Prävention von Wohnungslosigkeit durch Kooperation von kommunalen und freien Trägern vom 11.09.2013, S. 7.

(SGB XII) und in der Grundsicherung für Arbeitsuchende (SGB II), ZfF 2005, 145; *Rieble*, Mietzahlungsverzögerungen durch Sozialbehörde, NJW 2010, 816; *Riethmüller*, Hilfen zur Verhinderung von Obdachlosigkeit nach § 15a BSHG, ZfSH/SGB 1991, 72; *Ruff*, Wenn Hilfesuchende Mietkautionen stellen müssen, NDV 1994, 424; *Ruff*, Die verschiedenen Formen einer Mietkaution durch das Sozialamt, ZfSH/SGB 2003, 202; *Weth*, Rechtsfragen der Rückzahlung von Mietkautionsdarlehen im SGB II, info also 2007, 104. Vgl. im Übrigen auch die Kommentierung zu § 35 SGB XII Rn. 11.

B. Auslegung der Norm

I. Regelungsgehalt und Bedeutung der Norm

9 § 36 Abs. 1 SGB XII ermächtigt die Sozialhilfeträger, **ausnahmsweise Schulden** zu übernehmen. Im Grundsatz gilt, dass es nicht Aufgabe der Sozialhilfe ist, Schulden des Hilfesuchenden zu tilgen.[18] Dieser Grundsatz rechtfertigt sich dadurch, dass mit der Sozialhilfe im Regelfall nur die **aktuelle Bedürftigkeit** beseitigt werden soll.[19] Die Übernahmefähigkeit von Schulden zur Sicherung der Unterkunft stellt eine Ausnahme von diesem Grundsatz dar. Während Schulden grundsätzlich den aktuell notwendigen Lebensbedarf nicht beeinträchtigen, weil der Leistungsberechtigte bei anderweitigen Schulden durch die Pfändungsfreigrenzen geschützt ist, ermächtigen die **§§ 543 Abs. 1, Abs. 2 Satz 1 Nr. 3, 569 Abs. 3 BGB** den Vermieter bei Mietschulden zur außerordentlichen Kündigung.[20] Im Übrigen stellen Energieversorgungsunternehmen bei entsprechenden Schulden die Energieversorgung ein. Damit ist aber der aktuelle Bedarf an Unterkunft und Heizung bzw. Energie gefährdet. Bestehen bei konkreter Gefährdung der Unterkunft bzw. bei vergleichbarer (aktueller) Notlage **konkrete Auswirkungen auf die aktuelle Lebenssituation,** ist eine aktuelle Bedarfslage eingetreten und wird mit der Schuldenübernahme der aktuelle Bedarf gedeckt.[21]

10 Die Schuldenübernahme hat erhebliche Bedeutung in der Praxis. Häufig kann nur durch die Übernahme der Mietschulden oder Schulden bei Energieversorgungsunternehmen der Verbleib in der Unterkunft gesichert werden bzw. die Versorgung mit Energie sichergestellt und eine Energiesperre abgewendet oder beendet werden.[22] Neben dem vorrangigen Zweck der Sicherung des existenziellen Bedarfs an Unterkunft und Energieversorgung führt die Schuldenübernahme auch zum Erhalt der Wohnung in der Funktion als soziales Umfeld des Leistungsberechtigten und vermeidet andererseits Obdachlosigkeit und damit einhergehende Kosten und Verwaltungsaufwand der Behörden.[23]

11 Die Übernahme der Schulden steht im pflichtgemäßen **Ermessen des Sozialhilfeträgers**; gemäß § 36 Abs. 1 Satz 2 SGB XII ist es gebunden. Die Form der Übernahme der Geldleistungen als einmalige Beihilfe oder als Darlehen steht ebenfalls im Ermessen des Sozialhilfeträgers.

12 Damit der Sozialhilfeträger rechtzeitig von einer drohenden Kündigung der Unterkunft erfährt, normiert § 36 Abs. 2 SGB XII für die Zivilgerichte **bestimmte Mitteilungspflichten**. Das Zivilgericht muss dabei den Tag des Eingangs der Klage, die Namen und die Anschrift der Parteien, die Höhe der monatlich zu entrichtenden Miete, die Höhe des geltend gemachten Mietrückstandes und der geltend gemachten Entschädigung und den Termin zur mündlichen Verhandlung, sofern dieser bereits bestimmt ist, mitteilen. Außerdem kann der Tag der Rechtshängigkeit mitgeteilt werden. Dabei entfällt die Mitteilungspflicht, wenn die Nichtzahlung der Miete nach dem Inhalt der Klageschrift offensichtlich nicht auf Zahlungsunfähigkeit des Mieters beruht.

13 § 36 Abs. 1 SGB XII regelt nur die Übernahme von „Schulden". Die Übernahme von Schulden nach § 36 SGB XII ist von der Übernahme von tatsächlichen aktuellen Aufwendungen abzugrenzen. **Nebenkostennachforderungen** können tatsächlicher Unterkunftsbedarf nach § 35 SGB XII oder Schul-

---

[18] BVerwG v. 30.04.1992 - 5 C 12/87 - juris Rn. 19 - NVwZ 1993, 369; vgl. zum Grenzbereich des Tilgungsverbots zur ungerechtfertigten Vermögensbildung und dem Erhaltungsbedarf der Unterkunft: BVerwG v. 24.04.1975 - V C 61/73 - juris Rn. 16, 18 - ZfSH 1976, 143; vgl. auch *Falterbaum* in: Hauck/Noftz, SGB XII K § 36 Rn. 1, Stand November 2012.

[19] Vgl. hierzu auch *Falterbaum* in: Hauck/Noftz, SGB XII K § 36 Rn. 18, Stand November 2012; vgl. zum Gegenwärtigkeitsprinzip BSG v. 29.09.2009 - B 8 SO 16/08 R - juris Rn. 13 - BSGE 104, 213.

[20] Vgl. hierzu BGH v. 21.10.2009 - VIII ZR 64/09 - NJW 2009, 3781, wonach der Leistungsträger nicht Erfüllungsgehilfe des Mieters (= Hilfebedürftigen) ist und er (der Mieter) sich damit dessen Verschulden nicht zurechnen lassen muss; zur gegenteiligen Ansicht *Rieble*, NJW 2010, 816.

[21] *Falterbaum* in: Hauck/Noftz, SGB XII K § 36 Rn. 5, Stand November 2012.

[22] *Streichsbier* in: Grube/Wahrendorf SGB XII, 4. Aufl. 2012 § 36 Rn. 1.

[23] So auch *Falterbaum* in: Hauck/Noftz, SGB XII K § 36 Rn. 10, Stand November 2012.

den nach § 36 Abs. 1 SGB XII sein.[24] Leistungen nach § 35 SGB XII haben Vorrang vor § 36 Abs. 1 SGB XII.[25] Die Schuldenübernahme nach § 36 Abs. 1 SGB XII ist auch **gegenüber den ergänzenden Darlehen nach § 37 SGB XII** abzugrenzen. § 37 SGB XII bezieht sich nur auf den von den Regelsätzen umfassten gegenständlichen Bedarf, während die Leistungen für Unterkunft und Heizung (§ 35 SGB XII) sowie die Schuldübernahme nach § 36 SGB XII nicht zum Regelbedarf gehören (vgl. § 27a Abs. 2 Satz 1 SGB XII).[26] Für die (Haushalts-)Energiekostennachforderung aufgrund übermäßigen Verbrauchs kann § 37 SGB XII einschlägig sein, wenn es sich um einen aktuellen Bedarf handelt[27], nicht jedoch, wenn es sich um Schulden handelt, die nur über § 36 SGB XII übernommen werden können.[28]

II. Normzweck

§ 36 SGB XII bezweckt den Erhalt der **bisherigen Unterkunft**, Abwendung **vergleichbarer Notlagen** im Sinne einer **Bewohnbarkeit** der Unterkunft sowie die Vermeidung von Wohnungslosigkeit im Sinne von **Obdachlosigkeit**. Geschützt ist der **persönliche Lebensbereich „Wohnung"** des Hilfebedürftigen und damit grundsätzlich der Erhalt der konkret bewohnten Wohnung.[29] Mit der Regelung des § 36 Abs. 1 SGB XII wird der besonderen **Bedeutung des Wohnraums** für den Lebensbedarf und der verfassungsrechtlichen Verpflichtung, Wohnraum zu schützen (Art. 13 GG), Rechnung getragen. Sie setzt – zusammen mit § 35 SGB XII – den Verfassungsauftrag der Art. 1 Abs. 1 i.V.m. Art. 20 GG[30] insoweit um, als ein zu dauerhaftem Wohnen geeigneter und bestimmter Wohnraum notwendiger Bestandteil des menschenwürdigen Daseins ist.

Die Norm bezweckt nicht, dem Vermieter oder Energieversorgungsunternehmen als Ausfallbürge des säumigen Mieters bzw. Kunden zu dienen oder den Hilfebedürftigen von finanziellen Belastungen freizustellen.[31] Erst dann, wenn die Unterkunft konkret gefährdet ist und die Unterkunft durch Schuldenübernahme noch gesichert werden kann, dient die Schuldenübernahme dem Zweck des Wohnens.[32]

Durch die Mitteilung der Gerichte nach der Vorschrift des § 36 Abs. 2 SGB XII, die eine **datenschutzrechtlich** relevante gesetzliche Anordnung der Datenübermittlung enthält[33], soll sichergestellt werden, dass der Sozialhilfeträger von Amts wegen von einer Räumungsklage bei Wohnungskündigung wegen Zahlungsverzugs erfährt, damit eine drohende Wohnungslosigkeit vermieden werden kann. Der Sozialhilfeträger wird in die Lage versetzt, auch ohne eigene Initiative des Betroffenen die Schuldenübernahme nach § 36 Abs. 1 SGB XII zu prüfen.

III. Tatbestandsmerkmale

1. Schuldenübernahme nach Absatz 1

a. Leistungsberechtigte

Die Leistungsberechtigung setzt Hilfebedürftigkeit voraus. Der Hilfesuchende muss jedoch **nicht aktuell im laufenden Leistungsbezug** stehen bzw. einen Anspruch auf laufende Leistungen nach § 27 SGB XII haben.[34] Im **Gegensatz zu § 22 Abs. 8 Satz 1 SGB II**, der bestimmt, dass Schulden übernom-

---

[24] Vgl. hierzu BSG v. 22.03.2010 - B 4 AS 62/09 R - juris Rn. 13 - SozR 4-4200 § 22 Nr. 38 (Betriebs- und Heizkostennachforderung als tatsächlicher aktueller Bedarf); zur Abgrenzung von aktuellen tatsächlichen Aufwendungen für die Unterkunft von Schulden: BSG v. 17.06.2010 - B 14 AS 58/09 R - juris Rn. 17, 18 - SozR 4-4200 § 22 Nr. 41.
[25] *Falterbaum* in: Hauck/Noftz, SGB XII K § 36 Rn. 12, Stand November 2012.
[26] *Schellhorn* in: Schellhorn/Schellhorn/Hohm, SGB XII, 18. Aufl. 2010, § 37 Rn. 5.
[27] *Grube* in: Grube/Wahrendorf SGB XII, 4. Aufl. 2012, § 37 Rn. 8.
[28] *Armborst* in: LPK-SGB XII, 9. Aufl. 2012, § 37 Rn. 5.
[29] Eine Schuldenübernahme kommt allerdings nicht in Betracht, wenn der Leistungsberechtigte in eine angemessene Wohnung umziehen kann, denn Erhalt der bisherigen Wohnung an sich wird nicht geschützt: vgl. BSG v. 17.06.2010 - B 4 AS 58/09 R - juris Rn. 28 - SozR 4-4200 § 22 Nr. 41.
[30] Vgl. BVerfG v. 09.02.2010 - 1 BvL 1/09, 1 BvL 3/09, 1 BvL 4/09 zur Unterkunft und Heizung als Teil der vom Existenzminimum umfassten physischen Existenz.
[31] BSG v. 17.06.2010 - B 14 AS 58/09 R - juris Rn. 29 - BSGE 106, 190.
[32] Vgl. *Falterbaum* in: Hauck/Noftz, SGB XII K § 36 Rn. 10, Stand November 2012.
[33] Vgl. *Falterbaum* in: Hauck/Noftz, SGB XII K § 36 Rn. 4, Stand November 2012.
[34] So auch *Falterbaum* in: Hauck/Noftz, SGB XII K § 36 Rn. 17, Stand November 2012; *Berlit* in: LPK-SGB XII, 9. Aufl. 2012, § 36 Rn. 2.

men werden können, sofern Arbeitslosengeld II für Unterkunft und Heizung erbracht wird – jedenfalls muss ein Anspruch dem Grunde nach auf Arbeitslosengeld II bestehen[35] – knüpft § 36 Abs. 1 SGB XII die Schuldenübernahme nicht an weitere Voraussetzungen.[36] Nach dem Wortlaut des § 36 Abs. 1 SGB XII ist ein Anspruch auf laufenden Lebensunterhalt nicht vorausgesetzt; auch aus der Gesetzesbegründung ergibt sich insoweit keine inhaltliche Änderung zu § 15a BSHG. Zudem stellt § 21 Satz 2 SGB XII gerade fest, dass Erwerbsfähige, die nicht hilfebedürftig i.S.d. § 9 SGB II sind, Leistungen nach § 36 SGB XII erhalten können. Damit setzt eine Schuldenübernahme im Bereich des § 36 Abs. 1 SGB XII **nur voraus**, dass die Schulden nicht ausreichend aus eigenen Kräften und Mitteln, insbesondere aus Einkommen und Vermögen, beglichen werden können und deren Übernahme zur Sicherung der Unterkunft oder zur Behebung einer vergleichbaren Notlage gerechtfertigt ist.[37] Dies kann etwa dann der Fall sein, wenn der Betroffene zwar in der Lage ist, seinen gegenwärtigen Lebensunterhalt zu decken, ihm aber die Begleichung von Schulden – wegen seiner begrenzt zur Verfügung stehenden Mittel (Einkünfte) – nicht möglich ist.

18 Bei **mehreren Bewohnern** einer Unterkunft stellt sich die Frage der Leistungsberechtigung im Hinblick auf die Aufteilung der Bedarfe. Wem in welcher Höhe Leistungen der Schuldenübernahme als Zuschuss zu bewilligen sind bzw. wer im Falle der darlehensweisen Gewährung der Schuldenübernahme nicht nur begünstigter Darlehensempfänger, sondern auch zugleich zur Rückzahlung Verpflichteter wird, ist bisher noch nicht geklärt. Für die Aufteilung der zur Schuldenübernahme gewährten Leistungen an mehrere Bewohner einer Unterkunft entsprechend der **individuellen Unterkunftsbedarfe** (Kopfteilprinzip, vgl. die Kommentierung zu § 35 SGB XII Rn. 58) spricht sich das LSG Sachsen (für das SGB II) aus.[38] Hierfür spricht, dass auch die aktuellen Aufwendungen regelmäßig kopfanteilig gewährt werden und die Schuldenübernahme an die früher fälligen, ungedeckten Aufwendungen anknüpft. § 38 Abs. 1 Satz 2 SGB XII erlaubt ein Darlehen an mehrere Mitglieder einer Haushaltsgemeinschaft im Sinne des § 27 Abs. 2 Satz 2 und Satz 3 SGB XII gemeinsam mit der Folge, dass sie für die Rückzahlung als Gesamtschuldner haften (§ 421 BGB).[39] Die Systematik des § 38 Abs. 1 SGB XII spricht dafür, dass die Darlehensgewährung an mehrere Haushaltsmitglieder gemäß § 38 Abs. 1 Satz 2 SGB XII sich auf Darlehen im Sinne des § 38 Abs. 1 Satz 1 SGB XII bezieht, denn die Gewährung an mehrere Personen wurde nicht in einem eigenen Absatz geregelt (dies würde für eine allgemeine Regelung der Darlehensgewährung sprechen), sondern als Satz 2 zu den aufgezählten darlehensweisen Leistungen. § 38 Abs. 1 Satz 1 SGB XII nennt allerdings nur § 35 SGB XII, nicht § 36 SGB XII. Zudem erfasst § 38 Abs. 1 Satz 2 SGB XII nicht die zuschussweise Gewährung, die bei der Schuldenübernahme nach § 36 SGB XII in Betracht kommt.

19 Für **Leistungsberechtigte nach dem SGB II** sind die Regelungen in § 22 Abs. 8 und Abs. 9 SGB II **abschließend**.[40] Während das BSG früher für Tilgungsraten noch eine ergänzende Anwendung des § 34 SGB XII a.F. in Betracht gezogen hat, weil die Übernahme von Darlehens- oder Tilgungsschulden nicht als Unterkunftsbedarf i.S.d. § 22 Abs. 1 SGB II anerkannt wurde[41]; hat das BSG zwischenzeitlich die Übernahme unvermeidbarer Tilgungsleistungen als Kosten der Unterkunft bis zur Höhe der angemessenen Kosten einer Mietwohnung als Zuschuss nach § 22 Abs. 1 SGB II anerkannt und darüber hinaus als Darlehen in Betracht gezogen[42] (vgl. hierzu die Kommentierung zu § 35 SGB XII Rn. 50). Nicht erforderlich ist, dass Leistungsberechtigte nach dem SGB II tatsächlich laufende Leistungen beziehen.[43] Sind sie nach dem SGB II leistungsberechtigt, aber beziehen keine Leistungen nach dem

---

[35] *Luik* in: Eicher SGB II, 3. Aufl. 2013, § 22 Rn. 233 m.w.N., wonach der Ausschluss nur der Personen bezweckt ist, die über hinreichendes Einkommen zur Deckung der laufenden Unterkunftskosten verfügen.

[36] *Falterbaum* in: Hauck/Noftz, SGB XII K § 36 Rn. 17, Stand November 2012.

[37] *Streichsbier* in: Grube/Wahrendorf, SGB XII, 4. Aufl. 2012, § 36 Rn. 1; *Schellhorn* in: Schellhorn/Schellhorn/Hohm, SGB XII, 18. Aufl. 2010, § 34 Rn. 13.

[38] Sächsisches LSG v. 14.04.2013 - L 3 AS 748/11 - juris Rn. 57, Revision anhängig BSG B 4 AS 3/14 R.

[39] *Falterbaum* in: Hauck/Noftz, SGB XII K § 38 Rn. 28, Stand Mai 2013.

[40] Vgl. *Falterbaum* in: Hauck/Noftz, SGB XII K § 36 Rn. 3, 9, 18, Stand November 2012 auch zur abweichenden Rechtslage bis zum 01.04.2006.

[41] BSG v. 07.11.2006 - B 7b AS 8/06 R - juris Rn. 36 - SozR 4-4200 § 22 Nr. 11.

[42] BSG v. 18.06.2008 - B 14/11b AS 67/06 R - juris Rn. 18 - SozR 4-4200 § 22 Nr. 13; vgl. zur Übernahme von Tilgungsleistungen als Schulden bei drohender Wohnungslosigkeit im Rahmen des § 22 Abs. 8 SGB II: *Berlit* in: LPK-SGB II, 5. Aufl. 2013, § 22 Rn. 40, 199; *Schmidt* in: Oestreicher, § 22 Rn. 205, 211, Stand April 2011; a.A. *Knickrehm* in: Kreikebohm/Spellbrink/Waltermann, 3. Aufl. 2013, § 22 Rn. 48.

[43] *Luik* in: Eicher SGB II, 3. Aufl. 2013, § 22 Rn. 233.

SGB II, können ihre Schulden nur nach § 22 Abs. 8 SGB II übernommen werden. Nur dann, wenn Personen eigentlich dem SGB II unterfallen, jedoch nicht hilfebedürftig nach § 9 SGB II sind (und somit die Voraussetzungen der Schuldenübernahme des § 22 Abs. 8 SGB II nicht erfüllen), können ihre Schulden gemäß § 21 Satz 2 SGB XII auch nach § 36 SGB XII übernommen werden.[44]

Für die Leistungsberechtigung von **Auszubildenden** bestehen Beschränkungen nach **§ 22 Abs. 1 SGB XII**, wonach kein Anspruch auf Leistungen nach dem Dritten und Vierten Kapitel des SGB XII besteht und solche Leistungen nur in besonderen Härtefällen geleistet werden können. Im SGB II haben Auszubildende gemäß § 7 Abs. 5 SGB II über die Leistungen nach § 27 Abs. 5 SGB II hinaus keinen Anspruch auf Leistungen zur Sicherung des Lebensunterhalts; nach § 27 Abs. 5 SGB II in der ab 01.04.2011 geltenden Fassung kommt die Übernahme von Schulden nach § 22 Abs. 8 SGB II in Betracht. Es handelt sich um eine Rechtsgrundverweisung, die in dem Falle greift, dass der Auszubildende einen Zuschuss gem. § 27 Abs. 3 SGB II zu den ungedeckten angemessenen Kosten für Unterkunft und Heizung erhält.[45]

20

b. Schulden

Nach § 36 Abs. 1 SGB XII kommt nur die Übernahme von **bestehenden Schulden** in Betracht, die in der Vergangenheit begründet und fällig wurden.[46]

21

Abzugrenzen sind Schulden von **aktuellen tatsächlichen Aufwendungen** für Unterkunft und Heizung (laufende Leistungen nach § 35 Abs. 1 SGB XII) (vgl. hierzu die Kommentierung zu Kommentierung zu § 35 SGB XII Rn. 30). Die Abgrenzung von Schulden zu laufenden Leistungen ist danach vorzunehmen, ob es sich um einen tatsächlich eingetretenen, im Zeitpunkt der Kenntnis des Trägers der Sozialhilfe von der Notwendigkeit der weitergehenden Sicherung der Unterkunft in der Vergangenheit liegenden und bisher noch nicht vom Sozialhilfeträger gedeckten Bedarf handelt.[47] Das BSG nimmt die Abgrenzung ungeachtet der zivilrechtlichen Einordnung der Bedarfe vor.[48] Als tatsächliche aktuelle Aufwendungen für die Unterkunft (§ 35 Abs. 1 SGB XII) zu übernehmende Nachforderungen werden nicht dadurch zu Schulden (§ 36 SGB XII), dass sie nicht innerhalb einer bestimmten Frist beglichen werden.[49] Abzugrenzen sind insbesondere bei **Nebenkostenrechnungen** einerseits aktuelle Aufwendungen, die auf einem höheren als mit dem Abschlag abgedeckten **Verbrauch** beruhen und nach Abrechnung aktuell gefordert werden, und andererseits als Schulden die Nachforderungen, die auf der **Nichtzahlung** der Abschläge gegenüber dem Vermieter/Versorger basieren – Letztere werden bei erneuter Inrechnungstellung nicht zu aktuellen Aufwendungen. § 36 SGB XII erfasst dabei nur den Fall der Schulden, nicht aber der aktuellen Bedarfe im Fälligkeitsmonat. Die Übernahme der aktuellen Bedarfe richtet sich nach § 35 Abs. 1 SGB XII, wenn es sich um Kosten für Unterkunft, Heizung oder Warmwasser handelt, oder aber nach § 37 SGB XII, wenn es sich um Haushaltsstrom handelt.[50] Die Schuldenübernahme nach § 36 Abs. 1 SGB XII ist also auch **gegenüber den ergänzenden Darlehen nach § 37 SGB XII** abzugrenzen. § 37 SGB XII bezieht sich nur auf den von den Regelsätzen umfassten gegenständlichen Bedarf, während § 36 SGB XII Schulden umfasst. Handelt es sich bei der (Haushalts-)Energiekostennachforderung um aktuellen Bedarf aufgrund übermäßigen Verbrauchs, kann § 37 SGB XII einschlägig sein[51], bestehen dagegen Schulden, ist § 36 SGB XII einschlägig.[52]

22

Die Schulden müssen grundsätzlich **mit der Funktion der Unterkunft zum Wohnen in Zusammenhang** stehen. **Beschädigungen** an der Wohnung oder vertragliche oder deliktische Ansprüche des Vermieters gegen den Mieter wegen eines Fehlgebrauchs der Wohnung sind keine Unterkunftsaufwendungen i.S.d. § 35 Abs. 1 SGB XII, denn sie sind lediglich aus Anlass der Nutzung der betreffenden Woh-

23

---

[44] *Falterbaum* in: Hauck/Noftz, SGB XII K § 36 Rn. 18, Stand November 2012.
[45] *Bernzen* in: Eicher SGB II, 3. Aufl. 2013 § 27 Rn. 73.
[46] Vgl. zur Abgrenzung von § 36 SGB XII und § 37 SGB XII: *Hammel*, info also 2011, 251, 254; zur Abgrenzung von Schulden und aktuellen Aufwendungen vgl. BSG v. 22.03.2010 - B 4 AS 62/09 R - juris Rn. 17 (Forderungen für bereits durch den Leistungsträger gedeckter Bedarf sind Schulden).
[47] BSG v. 12.12.2013 - B 8 SO 24/12 R.
[48] BSG v. 17.06.2010 - B 14 AS 58/09 R - juris Rn. 17 - SozR 4-4200 § 22 Nr. 41.
[49] *Coseriu* in: Kreikebohm/Spellbrink/Waltermann, 3. Aufl. 2013, § 36 Rn. 3.
[50] *Hammel*, info also 2011, 251, 254.
[51] *Grube* in: Grube/Wahrendorf SGB XII, 4. Aufl. 2012, § 37 Rn. 8.
[52] *Armborst* in: LPK-SGB XII, 9. Aufl. 2012, § 37 Rn. 5.

nung entstanden, dienen aber nicht der Funktion der Unterkunft zum Wohnen.[53] Der Wortlaut des § 36 Abs. 1 SGB XII setzt zwar keine „Miet-"Schulden voraus. Der mit § 36 SGB XII verfolgte Zweck der Sicherung der Unterkunft stellt diesen Zusammenhang jedoch her. Auch § 36 Abs. 2 Satz 3 SGB XII stellt nur auf die Zahlungsunfähigkeit bzgl. der Mietzahlungen ab. Eine Schuldentragung unabhängig davon, aus welchem Grund Schulden entstanden sind, ist nicht gerechtfertigt.[54]

24 Nach § 36 Abs. 1 SGB XII übernahmefähige Schulden sind insbesondere **Mietschulden, Energie- und Nebenkostenrückstände** (Heizenergie, Warmwasser, Haushaltsenergie, Wasserkosten[55]) bzw. **vor Eintritt der Bedürftigkeit entstandene offene Jahresendabrechnungen.** Mietschulden sind alle Schulden, die im Mietverhältnis gründen.[56] Mietzinsforderungen, **Mietsicherheit**, Abstandszahlungen und Maklergebühr können Schulden i.S.d. § 36 Abs. 1 SGB XII sein, wenn sie nicht aktueller Bedarf i.S.d. § 35 Abs. 1 SGB XII sind.[57] Auch Gesellschafteranteile für Wohnungsbaugenossenschaften, Reparaturkosten bei Wohneigentum und Anliegerbeiträge[58] sind Schulden, die im Zusammenhang mit der Unterkunft stehen, und können zur Sicherung der Unterkunft übernommen werden.

25 Auch Schulden, die nicht aus dem Mietverhältnis entstammen, aber solche **Mietschulden** substituieren, können übernommen werden. Aus dem Sinn und Zweck ergibt sich, dass für die Schuldenübernahme die Rechtfertigung zur **Sicherung der Unterkunft maßgeblich** ist. Das BSG hat daher auch die Schulden aus einem – nach Antragstellung beim Leistungsträger – anderweitig beschafften Darlehen als übernahmefähige Schulden zur Sicherung der Unterkunft anerkannt.[59] Zwar bestehen dann keine Schulden mehr, die eine Gefahr für die Unterkunft darstellen, weil die Wohnungslosigkeit bereits anders abgewendet wurde. Der Anspruch (der zum Zeitpunkt der Antragstellung bestand) entfällt durch nachträgliche Abwendung der drohenden Wohnungslosigkeit allerdings nach Ansicht des BSG nicht, weil an die Stelle der ursprünglich begehrten Übernahme der Schulden gegenüber dem Vermieter die Schulden treten, die gegenüber dem Dritten eingegangen wurden. Die nunmehr **gegenüber dem Dritten bestehenden Schulden** können daher nach § 36 SGB XII übernommen werden. Das BSG leitet die Pflicht zur Schuldenübernahme gegenüber einem Dritten aus dem **allgemein gültigen Rechtsprinzip der Kostenerstattung** bei nicht rechtzeitiger oder rechtswidrig ablehnender Entscheidung her.

26 Darlehenszinsen für ein Darlehen etwa für Wohneigentum stellen aktuelle tatsächliche Aufwendungen dar. **Tilgungsraten** für das Darlehen stellen grundsätzlich keinen mit Leistungen nach dem SGB XII zu übernehmenden Bedarf dar, denn eine Vermögensbildung mit existenzsichernden Leistungen nach dem SGB XII ist grundsätzlich nicht gerechtfertigt (vgl. hierzu auch die Kommentierung zu § 35 SGB XII Rn. 50). In besonderen Ausnahmefällen können Tilgungsleistungen auch als aktuelle Aufwendungen übernommen werden, wenn dies zum Erhalt der Unterkunft gerechtfertigt ist.[60] Ausnahmsweise kann es dann zur Vermeidung von Wohnungslosigkeit entsprechend erforderlich sein, auch Schulden aus der Finanzierung einer – längere Zeit bewohnten und vor dem Eintritt von Hilfebedürf-

---

[53] LSG Niedersachsen-Bremen v. 08.03.2012 - L 13 AS 22/12 B ER - juris Rn. 20, zur Abgrenzung von § 22 Abs. 1 SGB II zu § 67 SGB XII für die Kosten durch Fehlgebrauch eines „Messies"; BVerwG v. 03.06.1996 - 5 B 24.96 - juris Rn. 4 (Schulden aufgrund vertragswidrigen Verhaltens sind kein sozialhilferechtlicher Bedarf); LSG Nordrhein-Westfalen v. 09.05.2007 - L 20 B 32/07 AS ER - juris Rn. 14 (Schadensersatz für verlorene Schlüssel bei Auszug).

[54] Vgl. hierzu aber *Luik* in: Eicher SGB II 3. Aufl. 2013, § 22 Rn. 237, wonach die frühere Rechtsprechung des BVerwG zum vertragswidrigen Verhalten aufgrund der nur noch darlehensweisen Übernahme der Schulden nach § 22 SGB II der Übernahme von Schulden aus Schadensersatzpflichten nicht mehr entgegensteht; wie *Luik* für die Übernahme von Schadensersatzforderungen die Vorauflage: *Link* in: jurisPK-SGB XII, 1. Aufl. 2011, § 36 Rn. 21.

[55] *Knickrehm* in: Kreikebohm/Spellbrink/Waltermann, 3. Aufl. 2013, § 22 SGB II Rn. 47; LSG Nordrhein-Westfalen v. 08.10.2012 - L 12 AS 1442/12 B ER - juris Rn. 18; zu nicht aufschlüsselbaren Schulden für Haushalts- und Heizstrom vgl. LSG Sachsen-Anhalt v. 29.11.2012 - L 5 AS 879/12 B ER.

[56] Vgl. LSG Berlin-Brandenburg v. 06.08.2008 - L 28 B 1019/08 AS ER - juris Rn. 10.

[57] *Streichsbier* in: Grube/Wahrendorf SGB XII, 4. Aufl. 2012 § 36 Rn. 3 m.w.N.; vgl. zum Vorrangverhältnis von § 35 SGB XII zu § 36 SGB XII auch *Falterbaum* in: Hauck/Noftz, SGB XII K § 36 Rn. 12, 15, Stand November 2012.

[58] *Falterbaum* in: Hauck/Noftz, SGB XII K § 36 Rn. 11, Stand November 2012.

[59] BSG v. 17.06.2010 - juris Rn. 20 - B 14 AS 58/09 R - SozR 4-4200 § 22 Nr. 41.

[60] BSG v. 22.08.2012 - B 14 AS 1/12 R - juris Rn. 17.

tigkeit erworbenen – Immobilie zu übernehmen.[61] Können Tilgungsforderungen ausnahmsweise als Schulden nach § 36 SGB XII anerkannt werden, ist jedoch bei der Frage der Sicherung der Unterkunft und bei der Frage der Rechtfertigung vorauszusetzen, dass Tilgungsraten nur für einen begrenzten Zeitraum übernommen werden, um die Wohnung auf Dauer zu sichern, d.h. der Leistungsempfänger muss selbst wieder zur weiteren Rückzahlung des Darlehens fähig sein.[62]

Weitere Kosten, die im Zusammenhang mit der Abwendung von Wohnungslosigkeit entstehen, sind keine Schulden, wenn sie nicht in der Vergangenheit fällig geworden sind. Sind weitergehende Kosten durch eine notwendig gewordene **anderweitige Finanzierung** entstanden (z.B. **Kreditzinsen**), hat das BSG deren Übernahme aber unter dem Gesichtspunkt der Kostenerstattung bei Selbstbeschaffung unaufschiebbarer Sozialleistungen in Betracht gezogen.[63] Die Übernahme **weiterer Kosten als Annex** zu eigentlichen Mietschulden oder anderen Schulden ist praktikabel. Andererseits kann der Anwendungsbereich des § 36 Abs. 1 SGB XII nicht derart ausgeweitet werden, dass damit die Übernahme sämtlicher Kosten ermöglicht wird. Die Abgrenzung zu Fällen der Amtshaftung ist zu beachten ebenso wie der Zusammenhang zum Zweck der Vorschrift, nur ausnahmsweise Schulden zu übernehmen, wenn sie der Sicherung der Unterkunft bzw. Vermeidung von Wohnungslosigkeit dienen. Zahlt ein Sozialhilfeträger rechtzeitig nach Erhebung der Räumungsklage und wird daraufhin nach Erledigungserklärung die Kostenauferlegung auf den Mieter beschlossen, stellen diese **Kosten des Räumungsprozesses regelmäßig keine übernahmefähigen Schulden** dar. Weder handelt es sich bei den Prozesskosten um Schulden, noch ist eine Übernahme der Kosten zur Sicherung der Unterkunft notwendig, denn eine erneute Kündigung des Mietverhältnisses darf der Vermieter nicht auf diese offenen Kosten stützen.[64] Jedenfalls bei allein durch den Mieter verschuldeter Räumungsklage sind daher Prozesskosten nicht als Annex zu Mietschulden zu übernehmen. Etwas anderes gilt in den Fällen, in denen Kosten, die nicht aus dem Mietverhältnis stammen, an die aber ein Vermieter die Fortführung bzw. den Neuabschluss des Mietverhältnisses geknüpft hat (etwa die Kosten der Räumungsklage bei Unheilbarkeit der Kündigung), nicht mehr abwendbar und damit notwendig zur Sicherung der Unterkunft sind.[65]

Erst zu erwartende **künftige Schulden** stellen aktuell keine Schulden dar und unterfallen nicht § 36 Abs. 1 SGB XII – etwa wenn bereits gegenwärtig feststeht, dass künftig fällig werdende Forderungen nicht beglichen werden können (künftige Verpflichtung zur Zahlung von Mietkautionen, zum Erwerb von Genossenschaftsanteilen, Abstandszahlungen oder künftig fällige Mietzinsforderung und Kosten der Einlagerung von Möbeln während der Haft).[66] Anders als nach dem früheren § 15a BSHG, der nicht auf die Übernahme von (bestehenden) Schulden beschränkt war[67], erfasst § 36 Abs. 1 SGB XII nach dem insoweit eindeutigen Wortlaut nur bestehende Schulden.[68] Einer erweiternden Auslegung bedarf es nicht, denn Leistungen zum Erhalt der Wohnung während des Zeitraums der Inhaftierung kommen nach den §§ 67, 68 Abs. 1 SGB XII in Betracht.[69] Von § 68 Abs. 1 SGB XII sind auch vorbeugende Maßnahmen umfasst, wenn durch diese eine drohende Notlage ganz oder teilweise abgewendet werden

---

[61] BSG v. 07.11.2006 - B 7b AS 8/06 R - juris Rn. 36 - NZS 2007, 328; vgl. hierzu *Berlit*, jurisPR-SozR 3/2007, Anm. 2; Sächsisches LSG v. 19.10.2006 - L 3 AS 5/05 - juris Rn. 86 (Tilgungsraten als Darlehen im Notfall); *Luik* in: Eicher SGB II 3. Aufl. 2013, § 22 Rn. 239.

[62] Vgl. BSG v. 07.11.2006 - B 7b AS 8/06 R - SozR 4-4200 § 22 Nr. 1 Rn. 36; OVG Bremen v. 20.05.2008 - S2 B 203/08 - juris Rn. 19 - FEVS 60, 160.

[63] BSG v. 17.06.2010 - juris Rn. 21, 35 - B 14 AS 58/09 R - SozR 4-4200 § 22 Nr. 41.

[64] BGH v. 14.07.2010 - VIII ZR 267/09 - NJZ 2010, 3020; vgl. hierzu auch *Pluta/Heidrich*, jurisPR-InsR 12/2012, Anm. 5.

[65] Vgl. BSG v. 17.06.2010 - B 14 AS 58/09 R - juris Rn. 34 - SozR 4-4200 § 22 Nr. 41.

[66] Vgl. zur Abgrenzung der Schuldenübernahme zu Maßnahmen zur Erhaltung einer Wohnung nach den §§ 67, 68 SGB XII: Bayerisches LSG v. 17.09.2009 - L 18 SO 111/09 B ER - juris Rn. 20 f.; a.A. VG Bremen v. 24.09.2009 - S 5 K 3709/08 - juris Rn. 15, wonach § 34 SGB XII a.F. nicht enger auszulegen sei als § 15a BSHG a.F. und daher auch Einlagerungskosten während einer Inhaftierung umfasst; LSG Sachsen-Anhalt v. 16.11.2005 - L 2 B 68/05 AS ER - juris Rn. 27 (Übernahme von Reparaturkosten durch weite Auslegung des § 34 SGB XII a.F. entsprechend § 15a BSHG a.F.).

[67] Vgl. *Streichsbier* in: Grube/Wahrendorf, SGB XII, 4. Aufl. 2012, § 36 Rn. 2, m.w.N.

[68] Vgl. hierzu auch LSG Sachsen-Anhalt v. 10.03.2010 - L 8 SO 10/09 B - SAR 2010, 77; LSG Berlin-Brandenburg v. 04.05.2010 - L 23 SO 46/10 B ER; Bayerisches LSG v. 17.09.2009 - L 18 SO 111/09 B ER; a.A. VG Bremen v. 24.09.2009 - S 5 K 3709/08 (zu Einlagerungskosten während einer Inhaftierung); SG Duisburg v. 02.05.2011 - S 16 SO 94/09 zur Übernahme einer Haftdauer von bis zu sechs Monaten.

[69] LSG Berlin-Brandenburg v. 15.04.2011 - L 14 AS 218/11 B ER und LSG Berlin-Brandenburg v. 04.05.2010 - L 23 SO 46/10 B ER.

kann.[70] Die Hilfe nach § 68 SGB XII i.V.m. § 4 Abs. 2 DVO§69SGBXII umfasst auch sonstige Leistungen zur Erhaltung und Beschaffung einer Wohnung nach dem 3. Kapitel des SGB XII, wobei die Einkommensprivilegierung des § 68 SGB XII auch bei Verweis auf das 3. Kapitel fortgilt (vgl. die Kommentierung zu § 68 SGB XII Rn. 31). Ungeklärt ist bisher auch die Frage, ob für erst nach Kenntnis des Sozialhilfeträgers entstehende Bedarfe ausnahmsweise eine Schuldenübernahme nach § 36 SGB XII in Betracht kommt, wenn kein Anspruch auf laufende Leistungen nach § 35 SGB XII besteht.[71] Dies dürfte im Hinblick auf den Zweck des § 36 SGB XII, den Erhalt der (ggf. zum Zeitpunkt der Entscheidung der Verwaltung ggf. wieder konkret bewohnten) Wohnung sicherzustellen, zu bejahen sein. Während zwar auch der Anspruch auf Schuldenübernahme sich auf die tatsächlich genutzte Unterkunft beschränkt und insofern eine Schuldenübernahme für eine nicht tatsächlich genutzte Wohnung ebenso ausscheidet wie nach § 35 Abs. 1 SGB XII ein Anspruch auf laufende Leistungen für eine nicht tatsächlich bewohnte Wohnung ausscheidet, schließt dies nicht aus, dass im Zeitpunkt der Entscheidung über die Schuldenübernahme die Wohnung (wieder) tatsächlich genutzt wird und deren Erhalt gerechtfertigt ist trotz aufgelaufener Mietschulden während einer Zeit, in der die Wohnung nicht genutzt wurde.

c. Sicherung der Unterkunft

29 Schulden können zur Sicherung der Unterkunft übernommen werden. Die Übernahme von Mietschulden soll nicht lediglich sicherstellen, dass ein Ort zum Schutz vor der Witterung zur Verfügung steht, an dem der Hilfebedürftige schlafen kann, sondern bezweckt auch den **Schutz des persönlichen Lebensbereichs** „Wohnung" des Hilfebedürftigen.[72] Auf die Unterbringungsmöglichkeiten in einer Not- oder Obdachlosenunterkunft muss der Leistungsberechtigte sich nicht verweisen lassen.

30 Geschützt ist die vom Leistungsberechtigten zu Wohnzwecken genutzte Unterkunft (vgl. zum Begriff der Unterkunft auch die Kommentierung zu § 35 SGB XII Rn. 20). Den Erhalt eines **Künstlerateliers** oder rein **gewerblich genutzte Räume** (z.B. zur Fortsetzung einer selbstständigen Tätigkeit) schützt § 36 Abs. 1 SGB XII dagegen nicht.[73] Allerdings kann die Schuldenübernahme **bei gemischter Nutzung** und fehlender Abtrennbarkeit der Mietverhältnisse in gewerbliche und zu Wohnzwecken dienende Teile in Betracht kommen.[74] § 36 SGB XII bezweckt nicht, den Leistungsberechtigten finanziell durch die Übernahme der Schulden zu entlasten, sondern bezweckt die Sicherstellung seines Wohnbedarfs.[75]

31 Die **Sicherung der Unterkunft** setzt nicht die drohende Obdachlosigkeit voraus. Sie umfasst vielmehr auch den dauerhaften, nicht nur vorübergehenden Erhalt der konkret bewohnten Unterkunft.[76] Liegt allerdings bereits eine **Zusicherung zur Berücksichtigung der Aufwendungen für eine neue Wohnung** bzw. zum Umzug in die neue Wohnung vor, ist regelmäßig anzunehmen, dass es den Hilfebedürftigen nicht mehr um den langfristigen Erhalt der alten Unterkunft geht; die Übernahme von Mietschulden für die alte Unterkunft scheidet dann aus.[77]

---

[70] Wie hier Bayerisches LSG v. 17.09.2009 - L 18 SO 111/09 B ER; BVerwG v. 02.03.1992 - 5 B 139/91 - Buchholz 436.0 § 72 BSHG Nr. 2; *Bieback* in: Grube/Wahrendorf, SGB XII, 4. Aufl. 2012, § 68 Rn. 2; Bayerisches LSG v. 17.09.2009 - L 18 SO 111/09 B ER - juris Rn. 23; vgl. auch LSG Nordrhein-Westfalen Beschluss v. 30.06.2005 - L 20 B 2/05 SO ER, wonach § 4 Abs. 2 der Verordnung zur Durchführung der Hilfe zur Überwindung besonderer sozialer Schwierigkeiten zwar darauf hinweist, dass die Maßnahmen zur Erhaltung einer Wohnung auch Leistungen nach dem Dritten Kapitel des SGB XII, insbesondere nach § 34 SGB XII a.F. (jetzt § 36 SGB XII) umfassen, jedoch daraus nicht geschlossen werden könne, dass sich die Hilfeleistung nach den §§ 67, 68 SGB XII nach den gesetzlichen Voraussetzungen des § 36 SGB XII bestimmt. Denn § 4 Abs. 2 VO sei als Rechtsfolgenverweisung und nicht als Rechtsgrundverweisung zu verstehen; a.A. VG Bremen v. 24.09.2009 - S 5 K 3709/08; *Wolf* in: Fichtner/Wenzel, SGB XII, 4. Aufl. 2009, § 68 Rn. 1.
[71] BSG v. 12.12.2013 - B 8 SO 24/12 R.
[72] Vgl. BSG v. 17.06.2010 - B 14 AS 58/09 R - juris Rn. 28 - SozR 4-4200 § 22 Nr. 41.
[73] Vgl. zu § 22 SGB II: BSG v. 23.11.2006 - B 11b AS 3/05 R - juris Rn. 15 - SozR 4-4200 § 16 Nr. 1 (Künstleratelier).
[74] LSG Berlin-Brandenburg v. 02.06.2009 - L 14 AS 618/09 B ER - juris Rn. 5.
[75] BSG v. 17.06.2010 - B 4 AS 58/09 R - juris Rn. 23, 29 - SozR 4-4200 § 22 Nr. 41.
[76] *Coseriu* in: Kreikebohm/Spellbrink/Waltermann, 3. Aufl. 2013, § 36 Rn. 4.
[77] LSG Sachsen-Anhalt vom 14.02.2013 - L 2 AS 970/12 B - juris Rn. 22.

Wohnungslosigkeit droht (erst) dann einzutreten, wenn die bisher bewohnte Wohnung gefährdet ist **und keine andere angemessene Wohnung** auf dem Markt – nach einem dann zumutbaren und notwendigen Umzug – angemietet werden kann.[78] Auch „drohende Wohnungslosigkeit" kann allerdings nicht unter Hinweis auf Unterbringungsmöglichkeiten in einer Not- oder Obdachlosenunterkunft verneint werden. Ist eine Ersatzwohnung konkret anmietbar und besteht nicht nur die abstrakte Möglichkeit, in dem Marktsegment solche Wohnungen zu finden, ist die Sicherung der bisherigen Unterkunft nicht mehr geschützt.[79]

32

Die Gefahr von Wohnungslosigkeit droht, wenn ein **Räumungsurteil** abgewendet oder eine **drohende Zwangsräumung** verhindert werden muss. Auch wenn noch kein Räumungstitel vorliegt, besteht die Gefahr der Wohnungslosigkeit[80], wenn die **angehäuften Mietschulden** den Vermieter zu einer Kündigung des Mietverhältnisses berechtigen (vgl. auch Rn. 68), denn ab diesem Zeitpunkt hat der Leistungsberechtigte die Fortsetzung des Mietverhältnisses selbst nicht mehr in der Hand, sondern ist auf die Bereitschaft des Vermieters zur Fortsetzung des Mietverhältnisses angewiesen; **die Kündigung muss noch nicht ausgesprochen sein**[81]**, aber jedenfalls ernsthaft zu erwarten sein.**[82] Nach § 543 Abs. 2 Satz 1 Nr. 3 BGB ist ein Vermieter von Wohnraum berechtigt, das Mietverhältnis **außerordentlich** und damit fristlos zu **kündigen**, wenn der Mieter für zwei aufeinander folgende Termine mit der Mietzinszahlung oder einem nicht unerheblichen Teil der Miete in Verzug gerät.[83] Haben sich derartige Mietschulden angehäuft, droht die Gefahr der Wohnungslosigkeit ungeachtet der dem Leistungsberechtigten und den Sozialleistungsträgern durch § 569 Abs. 3 Nr. 2 BGB eröffneten Möglichkeit, das Mietverhältnis (durch Zahlung der Mietrückstände und der Entschädigung nach § 546a Abs. 1 BGB bzw. durch Verpflichtung einer öffentlichen Stelle zur Befriedigung) zu retten.

33

Die Schuldenübernahme muss noch **zur Sicherung der Unterkunft geeignet** sein. Die Schuldenübernahme von Mietschulden ist insbesondere dann zur Abwendung drohender Wohnungslosigkeit geeignet, wenn die Kündigung des Vermieters innerhalb der Zweimonatsfrist des § 569 Abs. 3 Nr. 2 BGB unwirksam wird, d.h. wenn der Vermieter spätestens bis zum Ablauf von zwei Monaten nach Eintritt der Rechtshängigkeit des Räumungsanspruchs hinsichtlich der fälligen Miete und der fälligen Entschädigung nach § 546a Abs. 1 BGB befriedigt wird oder sich eine öffentliche Stelle zur Befriedigung verpflichtet. Die Schuldenübernahme ist dagegen nicht geeignet, wenn die Begleichung der Schulden nicht mehr zur Unwirksamkeit der fristlosen Kündigung nach § 569 Abs. 3 Nr. 2 BGB führt. Dies gilt erst recht, wenn bereits ein rechtskräftiger Räumungstitel vorliegt. Ist der Betroffene bereits durch Urteil verpflichtet, die Wohnung an den Vermieter herauszugeben, und besteht der Vermieter auf die Herausgabe, so kann der Sicherungszweck nicht mehr erreicht werden.[84] Die Schuldentilgung soll nur die Unterkunft sichern, nicht aber – zugunsten des Vermieters und auch des säumigen Mieters selbst – diesen von zivilrechtlichen Erstattungsansprüchen eines Vermieters freistellen. Der Sozialleistungsträger ist auch kein Ausfallbürge des Energieversorgungsunternehmens.[85] Die Schuldenübernahme ist auch nicht mehr zur Sicherung der Unterkunft geeignet, wenn der Betroffene die **Wohnung nicht mehr nutzt** bzw. die **Wohnung bereits geräumt** ist.[86] Ein bereits ergangener Ablehnungsbescheid erledigt sich durch den Auszug auf sonstige Weise nach § 39 Abs. 2 SGB X.[87] Das gilt auch dann, wenn die

34

---

[78] Vgl. BSG v. 17.06.2010 - B 14 AS 58/09 R - SozR 4-4200 § 22 Nr. 41 Rn. 29; LSG Hessen v. 02.06.2008 - L 7 SO 14/08 B ER - FEVS 60, 227.
[79] Vgl. LSG Sachsen-Anhalt v. 14.02.2013 - L 2 AS 970/12 B - juris Rn. 21.
[80] Vgl. LSG Berlin-Brandenburg v. 05.02.2009 - L 26 B 2388/08 AS ER - juris Rn. 24.
[81] Ebenso *Berlit* in: LPK-SGB II, 5. Aufl. 2013, § 22 Rn. 191 (ausreichend ist eine Kündigungslage sowie konkrete Gefahr der Kündigung i.S.e. ernstzunehmenden Ankündigung des Vermieters mit dem Ziel der Räumung); *Luik* in: Eicher SGB II, 3. Aufl. 2013 § 22 Rn. 242; a.A. Bayerisches LSG v. 04.08.2010 - L 8 AS 356/10 B ER; *Falterbaum* in: Hauck/Noftz, SGB XII K § 36 Rn. 13, Stand November 2012.
[82] *Coseriu* in: Kreikebohm/Spellbrink/Waltermann, 3. Aufl. 2013, § 36 Rn. 7.
[83] Vgl. zur Unwirksamkeit der außerordentlichen Kündigung bei verspäteter Zahlung der Miete durch das Jobcenter: BGH v. 21.10.2009 - VIII ZR 64/09 - NJW 2009, 3781 sowie die kritische Anmerkung von *Rieble*, NJW 2010, 816 sowie *Reinelt*, jurisPR-BGHZivilR 24/2009, Anm. 1.
[84] LSG Sachsen-Anhalt v. 23.02.2010 - L 5 AS 2/10 B ER; LSG Berlin-Brandenburg v. 12.10.2009 - L 23 SO 169/09 B ER - juris Rn. 10.
[85] *Hammel*, info also 2011, 251, 253.
[86] Vgl. Sächsisches OVG v. 18.05.1998 - 4 B 37/82; BSG v. 17.06.2010 - B 14 AS 58/09 R - juris Rn. 23 (ersatzloses Entfallen des Anspruch bei zwischenzeitlicher Aufgabe der Wohnung).
[87] Bayerisches LSG vom 18.03.2013 - L 7 AS 141/12 - juris Rn. 35.

Begleichung der Mietschulden Voraussetzung für die Löschung eines Eintrags im Schuldnerregister des zuständigen Amtsgerichts oder eines Negativeintrags bei der SCHUFA ist und durch die Löschung der Zugang zum Wohnungsmarkt ermöglicht werden soll.[88] Kann die Kündigung nicht mehr „geheilt", d.h. unwirksam werden, so können dennoch Mietschulden übernommen werden, wenn der Vermieter bei einer Begleichung der Mietschulden bereit wäre, die Räumungsklage zurückzunehmen und das Mietvertragsverhältnis fortzusetzen.[89] Im Einzelfall können dann ausnahmsweise Kosten (der Räumungsklage), die nicht aus dem Mietverhältnis stammen und die ein Vermieter an die Fortführung bzw. den Neuabschluss des Mietverhältnisses in dem Zeitpunkt knüpft (**Rechtsanwalts-, Gerichts- und Vollstreckungskosten**), wenn eine „Heilung" der Kündigung durch Mietschuldenübernahme nicht mehr möglich ist, als Schulden zur Sicherung der Unterkunft übernommen werden.[90] Kosten der Räumungsklage können sowohl aktuelle tatsächliche Unterkunftskosten darstellen als auch als Mietschulden zu übernehmen sein.[91]

35   Ein Anspruch auf Schuldübernahme besteht i.d.R. nur dann, wenn mit der Leistung die **Unterkunft auf Dauer, d.h. nicht nur vorübergehend erhalten** werden kann.[92] Die Schuldübernahme kann aber auch dann gerechtfertigt sein, wenn sie nicht geeignet ist, dem Hilfesuchenden die Wohnung auf Dauer zu erhalten, sie aber geeignet ist, eine drohende Obdachlosigkeit des Hilfesuchenden und seine **Einweisung in eine Obdachlosenunterkunft zu verhindern**[93] oder zur **zeitlichen Überbrückung** der Suche und Anmietung einer neuen, angemessenen Wohnung dient[94]. Im Hinblick auf die Frage, ob die Unterkunft künftig auf Dauer gehalten werden kann, ist jedenfalls eine Prognoseentscheidung des Sozialhilfeträgers notwendig.[95]

d. Zur Behebung einer vergleichbaren Notlage

36   Mit der in § 36 Abs. 1 SGB XII genannten Behebung einer vergleichbaren Notlage sind solche Konstellationen angesprochen, die mit der **Gefährdung der Sicherung der Unterkunft vergleichbar** sind.[96] Die Notlage muss einen **Bezug zur Unterkunft** haben, um mit dem Verlust der Unterkunft vergleichbar zu sein; nicht jedwede Notlage aus einem anderen Lebensbereich ist hiervon erfasst, sondern nur solche, die sich ihrem Inhalt und Wesen nach mit der Gefährdung der Unterkunft vergleichen lassen, auch wenn sie sich nicht unmittelbar auf die Unterkunft selbst beziehen.[97] Eine Notlage muss den vorhandenen **gegenständlichen Existenzbereich** des Hilfebedürftigen betreffen, etwa seine Energieversorgung oder Wohnraumausstattung.[98] Vergleichbarkeit wird in der Rechtsprechung angenommen, wenn die Lebensführung des Betroffenen in so empfindlicher Weise beeinträchtigt ist, dass der „Interventionspunkt der Sozialhilfe"[99] erreicht wird. Letztlich kommt es darauf an, ob die Notlage zu einer **faktischen Unbewohnbarkeit** der Wohnung führt.[100]

37   Eine vergleichbare Notlage kommt in Betracht bei drohender Sperre der Versorgung mit **Strom**[101], **Heizung**[102] und **Wasser**[103] bzw. jedenfalls dann, wenn die Sperre bereits verhängt wurde[104]. Droht die

---

[88] Vgl. LSG Berlin-Brandenburg v. 29.07.2010 - L 25 AS 1343/10 B ER.
[89] Vgl. LSG Sachsen-Anhalt v. 16.09.2010 - L 5 AS 288/10 B ER - juris Rn. 38.
[90] BSG v. 17.06.2010 - B 14 AS 58/09 R - juris Rn. 34.
[91] Bayerisches LSG v. 30.01.2014 - L 7 AS 676/13 - juris Rn. 25, 27.
[92] Hessisches LSG v. 23.10.2008 - L 7 SO 69/08 B ER, L 7 B 162/08 SO; OVG Hamburg v. 06.01.2000 - 4 Bs 413/99; ebenso *Streichsbier* in: Grube/Wahrendorf, SGB XII, 4. Aufl. 2012 § 36 Rn. 3.
[93] OVG Lüneburg v. 10.03.1982 - 4 B 37/82 - FEVS 32, 184; vgl. zur im Einzelfall ausreichenden vorübergehenden Sicherung auch *Falterbaum* in: Hauck/Noftz, SGB XII K § 36 Rn. 22, Stand November 2012.
[94] Vgl. hierzu OVG Lüneburg v. 26.10.2004 - 4 ME 469/04 - FEVS 56, 254.
[95] Hessisches LSG v. 19.11.2010 - L 7 SO 134/10 B ER; zur dauerhaften Sicherung der Unterkunft vgl. auch LSG Sachsen-Anhalt v. 16.09.2010 - L 5 AS 288/10 B ER.
[96] VGH Mannheim v. 13.01.1993 - 6 S 2619/91 - FEVS 44, 160.
[97] *Coseriu* in: Kreikebohm/Spellbrink/Waltermann, 3. Aufl. 2013, § 36 Rn. 5.
[98] So VGH Mannheim v. 13.01.1993 - 6 S 2619/91 - FEVS 44, 160.
[99] So OVG Münster v. 28.04.1999 - 24 A 4785/97 - FEVS 51, 89.
[100] So auch *Berlit* in: LPK-SGB XII, 9. Aufl. 2012, § 36 Rn. 17.
[101] SG Gießen v. 19.12.2009 - S 26 AS 1621/09 ER.
[102] Vgl. Hessisches LSG v. 17.05.2010 - L 9 AS 69/09; LSG Sachsen v. 11.07.2006 - L 3 B 193/06 AS-ER; Bayerisches LSG v. 07.12.2005 - L 11 B 530/05 SO ER - FEVS 57, 445; SG Lüneburg v. 03.09.2007 - S 25 AS 1083/07 ER; OVG Lüneburg v. 10.01.2003 - 4 ME 19/03 - FEVS 55, 267.
[103] OVG Lüneburg v. 27.06.1990 - 4 A 67/88 - FEVS 42, 92; VG Dessau v. 10.02.2004 - 4 B 116/04.DE - SAR 2004, 67.
[104] LSG Land Nordrhein-Westfalen v. 19.09.2013 - L 7 AS 1591/13 B ER.

Sperre der **Versorgung des Haushalts mit Energie** – insbesondere elektrischer Energie (**drohende Stromsperre**[105] bzw. **bereits eingetretene Stromsperre**[106]) ist die Notlage vergleichbar, weil die Energieversorgung angesichts des Zuschnitts nahezu aller privaten Haushalte nach den heutigen Lebensverhältnissen in der Bundesrepublik Deutschland zum sozialhilferechtlich anerkannten Mindeststandard gehört und ohne elektrischen Strom weder die Möglichkeit der Zubereitung von warmen Mahlzeiten noch der Durchführung der Körperhygiene im ausreichenden Ausmaß besteht.[107] Auf eine Beheizung der Unterkunft mit Propangas, die Beleuchtung mit Kerzen oder die Wassererwärmung mit einem Gaskocher muss sich der Leistungsberechtigte nicht verweisen lassen.[108] Verzichtet das (Energie- oder Wasser-)Versorgungsunternehmen auf die Umsetzung der angedrohten Sperre, so besteht keine aktuelle vergleichbare Notlage mehr.[109]

Eine **vergleichbare Notlage** wurde von der Rechtsprechung **verneint**, wenn es um die Übernahme von **Spielschulden**[110], um die Übernahme von **Tilgungsraten auf Schuldverschreibungen**, die dem Erwerb einer Rentenanwartschaft dienten[111], oder um **entstandene Prozesszinsen**[112] geht. 38

Kosten, die im Zusammenhang mit der Abwendung der drohenden Wohnungslosigkeit durch den Hilfebedürftigen eingegangen werden (**Kreditzinsen**), hat das BSG aus dem allgemeinen **Rechtsgedanken der Erstattung von Kosten bei Selbstbeschaffung unaufschiebbarer Sozialleistungen**/bei rechtswidriger Leistungsablehnung als grundsätzlich übernahmefähig anerkannt, wenn andere Möglichkeiten der Sicherung der Wohnung endgültig ausscheiden (nochmaliger Aufschub durch den Vermieter bis zur endgültigen Entscheidung des Leistungsträgers).[113] 39

e. Rechtfertigung

Schulden können zur Sicherung der Unterkunft oder zur Behebung von vergleichbaren Notlagen nach § 36 Abs. 1 Satz 1 SGB XII nur dann übernommen werden, wenn dies gerechtfertigt ist. Es handelt sich bei diesem Tatbestandsmerkmal um einen **unbestimmten Rechtsbegriff**, der der vollen gerichtlichen Kontrolle unterliegt.[114] Ist die Übernahme der Schulden nicht gerechtfertigt, bedarf es auch keiner Ermessensentscheidung mehr.[115] Das Tatbestandsmerkmal der „Rechtfertigung" als unbestimmter Rechtsbegriff muss mithin erfüllt sein, bevor in die Ermessensausübung eingetreten wird.[116] 40

Im Regelfall ist nur die Sicherung der **angemessenen Unterkunft** gerechtfertigt, weil mit der Schuldenübernahme der langfristige Erhalt der Unterkunft bezweckt ist[117] (vgl. zur Angemessenheit der Aufwendungen für die Unterkunft die Kommentierung zu § 35 SGB XII Rn. 64). 41

Ob die Schuldenübernahme zur Sicherung der Unterkunft gerechtfertigt ist, ist nicht gleichbedeutend mit der Frage, ob die Schuldenübernahme bei drohender Wohnungslosigkeit notwendig ist. § 36 Abs. 1 Satz 1 SGB XII setzt die **Notwendigkeit** der Schuldenübernahme nicht voraus; erst bei der Frage des (gebundenen) Ermessens muss die Notwendigkeit vorliegen (§ 36 Abs. 1 Satz 2 SGB XII; vgl. hierzu Rn. 53 ff.). 42

Bei der Prüfung der Rechtfertigung sind sowohl **Art und Umfang des Bedarfs** und **Selbsthilfemöglichkeiten** (§ 2 Abs. 1 SGB XII) als auch die **Ursachen des Bedarfs** zu berücksichtigen.[118] 43

---

[105] LSG Nordrhein-Westfalen v. 30.01.2013 - L 7 AS 8/13 B ER - juris Rn. 3; LSG Sachsen-Anhalt vom 29.11.2012 - L 5 AS 879/12 B ER - juris Rn. 43 (faktische Unbewohnbarkeit der Wohnung bei Stromsperre); hierzu LSG Nordrhein-Westfalen v. 23.03.2011 - L 12 SO 49/09.

[106] Hessisches LSG v. 17.05.2010 - L 9 AS 69/09 - juris Rn. 39.

[107] OVG Münster v. 28.04.1999 - 24 A 4785/97 - FEVS 51, 89; OVG Münster v. 09.05.1985 - 8 B 2185/84 - FEVS 35, 24; vgl. hierzu auch *Hammel*, info also 2011, 251, 254.

[108] A.A. LSG Nordrhein-Westfalen v. 12.03.2010 - L 12 SO 15/10 B; vgl. zur fehlenden Eilbedürftigkeit der Warmwasserversorgung: LSG Sachsen-Anhalt v. 07.07.2011 - L 5 AS 177/11 B ER - juris Rn. 69.

[109] LSG Nordrhein-Westfalen v. 23.03.2011 - L 12 SO 49/09; LSG Celle-Bremen v. 23.02.2011 - L 13 AS 90/08.

[110] OVG Hamburg v. 05.04.1984 - Bs I 15/84 - FEVS 34, 318.

[111] VGH Mannheim v. 13.01.1993 - 6 S 2619/91 - juris Rn. 26 - FEVS 44, 160 (Rückzahlung eines zum Zweck des Erwerbs einer Rentenanwartschaft aufgenommenen Darlehens).

[112] LSG Sachsen v. 07.11.2007 - L 3 B 490/07 SO-ER - FEVS 59, 527.

[113] BSG v. 17.06.2010 - B 14 AS 58/09 R - juris Rn. 35.

[114] Vgl. LSG Nordrhein-Westfalen v. 09.06.2010 - L 13 AS 147/10 B ER.

[115] Vgl. LSG Hessen v. 02.06.2008 - L 7 SO 14/08 B ER.

[116] Vgl. LSG Nordrhein-Westfalen v. 09.06.2010 - L 13 AS 147/10 B ER.

[117] Vgl. BSG v. 17.06.2010 - B 14 AS 58/09 R - juris Rn. 26 - SozR 4-4200 § 22 Nr. 41 (Voraussetzung der abstrakten Angemessenheit, offen gelassen für Fälle der Unzumutbarkeit).

[118] *Schellhorn* in: Schellhorn/Schellhorn/Hohm, SGB XII, 18. Aufl. 2010, § 34 Rn. 6.

44 Der Hilfebedürftige ist auf zumutbare und geeignete **Selbsthilfemöglichkeiten** zu verweisen. Gerechtfertigt ist die Schuldenübernahme grundsätzlich erst dann, wenn eine Notlage besteht, die der Betroffene nicht aus eigener Kraft beseitigen kann und die für seine weitere Existenz bedrohlich sein kann. Solange und soweit Selbsthilfemaßnahme möglich und zumutbar sind, ist eine Schuldenübernahme nicht gerechtfertigt. Es ist mithin stets zu prüfen, ob sich der Betroffene zumutbar selbst helfen kann.[119]

45 Als Selbsthilfe kommt – unter Berücksichtigung der Umstände des Einzelfalles und der Zumutbarkeit – **stets das Bemühen um eine Ratenzahlungsvereinbarung** mit dem Gläubiger (= z.B. Vermieter oder Stromanbieter)[120] in Betracht. Der Leistungsträger soll nicht zum „Ausfallbürgen der Energieversorgungsunternehmen" werden und nicht das Risiko des Energieversorgers, dass die von ihm an seinen Kunden erbrachten Leistungen auch abgegolten werden, übernehmen; daher ist die Erfüllung von Leistungen und Gegenleistung zunächst auf das Rechtsverhältnis zwischen dem Versorgungsunternehmen und dem Hilfebedürftigen als dessen Kunde beschränkt. Als Selbsthilfemöglichkeiten kommen zudem der **Wechsel des Energieversorgers**[121] sowie der Antrag auf Erlass einer **einstweiligen Verfügung beim Amtsgericht** bei (angedrohter) Energiesperre[122] in Betracht, wenn die Energiesperre unverhältnismäßig ist[123] – mit dem Ziel der Wiederaufnahme der bereits gesperrten Energielieferung[124] bzw. auf Unterlassung der angedrohten Sperrung.[125] Auch wenn die Schuldenübernahme der Sicherung auch der bisherig bewohnten Unterkunft dient, kann ein **zumutbarer Umzug** in eine angemessene andere Unterkunft in Betracht kommen, insbesondere dann, wenn unwirtschaftliches, vorwerfbares Verhalten zu den Schulden führte.[126] Will der Leistungsträger den Leistungsberechtigten auf Selbsthilfemöglichkeiten verweisen, muss der Leistungsberechtigte **Kenntnis** von Selbsthilfemöglichkeiten haben; dem Leistungsträger obliegt die **Beratung und Unterstützung** des Leistungsberechtigten, damit dieser von seiner Selbsthilfemöglichkeit Gebrauch machen kann.[127]

46 Die im Rahmen der Rechtfertigung der Schuldenübernahme zu prüfenden Alternativen umfassen allerdings nicht einen unzumutbaren Verzicht auf die Energielieferung bzw. den Verweis auf unzumutbare Energiequellen.[128]

---

[119] *Streichsbier* in: Grube/Wahrendorf SGB XII, 4. Aufl. 2012, § 36 Rn. 5; LSG Nordrhein-Westfalen v. 23.03.2011 - L 12 SO 49/09; OVG Münster v. 14.09.2001 - 12 A 4923/99 - FEVS 53, 563.

[120] Vgl. LSG Berlin-Brandenburg v. 20.11.2007 - L 20 B 1361/07 AS ER - juris Rn. 21 - FEVS 59, 362; LSG Nordrhein-Westfalen v. 08.10.2012 - L 12 AS 1442/12 B ER - juris Rn. 20; *Hammel*, info also 2011, 251, 253.

[121] Vgl. hierzu LSG Nordrhein-Westfalen v. 13.05. 2013 - L 2 AS 313/13 B ER - juris Rn. 51, wonach der Grundversorger Zahlungsrückstände bei anderen Energielieferern nicht entgegenhalten kann (§ 2 Abs. 5 StromGVV) und der Verweis auf den möglichen Wechsel des Grundversorgers wegen des Kontrahierungszwangs des § 36 Abs. 1 Satz 1 des Gesetzes über die Elektrizitäts- und Gasversorgung vom 26.07.2011 (Energiewirtschaftsgesetz - EnWG – BGBl I 2011, 1554) besonders von Bedeutung sei; ebenso LSG Berlin-Brandenburg v. 24.03.2010 - L 10 AS 393/10 B unter Hinweis auf darauf, dass nach § 36 des Gesetzes über die Elektrizitäts- und Gasversorgung i.V.m. § 6 der Verordnung über Allgemeine Bedingungen für die Grundversorgung von Haushaltskunden und die Ersatzversorgung mit Gas aus dem Niederdrucknetz Kunden grundsätzlich den Anbieter wechseln können, ohne dass der bisherige Grundversorger die Möglichkeit hätte, wegen noch bestehender Schulden die Durchleitung zu verhindern; LSG Nordrhein-Westfalen v. 08.10.2012 - L 12 AS 1442/12 B ER - juris Rn. 20; LSG Land Nordrhein-Westfalen v. 09.10.2013 - L 12 AS 1708/13 B ER - juris Rn. 13.

[122] LSG Nordrhein-Westfalen v. 13.05.2013 - L 2 AS 313/13 B ER - juris Rn. 51 m.w.N; LSG Nordrhein-Westfalen v. 08.10.2012 - L 12 AS 1442/12 B ER - juris Rn. 20; LSG Land Nordrhein-Westfalen v. 09.10.2013 - L 12 AS 1708/13 B ER - juris Rn. 13; a.A. LSG Berlin-Brandenburg v. 14.09.2012 - L 18 AS 2308/12 B ER - juris Rn. 2 jedenfalls für den Fall, dass keine Beratung und Hilfestellung erfolgt.

[123] *Streichsbier* in: Grube/Wahrendorf SGB XII, 4. Aufl. 2012, § 36 Rn. 5; vgl. auch ebenso *Berlit* in: LPK-SGB XII, 9. Aufl. 2012, § 36 Rn. 17 (Schuldenübernahme setzt nicht in jedem Fall das erfolglose zivilgerichtliche Eilverfahren voraus); zur Stromversorgung: § 19 Abs. 2 Satz 2 StromGVV (Verordnung über Allgemeine Bedingungen für die Grundversorgung von Haushaltskunden und die Ersatzversorgung mit Elektrizität aus dem Niederspannungsnetz – Stromgrundversorgungsverordnung vom 26.10.2006, BGBl I 2006, 2391, 2395; zur Gasversorgung: § 24 Abs. 2 NDAV (Verordnung über Allgemeine Bedingungen für den Netzanschluss und dessen Nutzung für die Gasversorgung in Niederdruck – Niederdruckanschlussverordnung vom 01.11.2006; Vorgängervorschrift ist § 33 AVBeltV (Verordnung über Allgemeine Bedingungen für die Elektrizitätsversorgung von Tarifkunden i.d.F. vom 21.06.1979 gültig bis 07.11.2006)).

[124] Vgl. LSG Berlin-Brandenburg v. 08.08.2011 - L 5 AS 1097/11 B ER m.w.N.

[125] Vgl. LSG Niedersachsen-Bremen v. 19.08.2005 - L 7 AS 182/05 ER - juris Rn. 28 - FEVS 57, 436.

[126] BSG v. 17.06.2010 - B 4 AS 58/09 R - juris Rn. 29 - BSGE 106, 190.

[127] LSG Nordrhein-Westfalen v. 13.05. 2013 - L 2 AS 313/13 B ER - juris Rn. 51, 54, *Gotzen*, ZfF 2009, 106.

[128] LSG Berlin-Brandenburg v. 22.06.2006 - L 25 B 459/06 AS ER - juris Rn. 14 - info also 2006, 180; so auch *Hammel*, info also 2011, 251, 254.

Bei der Prüfung, ob die Schuldenübernahme gerechtfertigt ist, kann die **Ursache** der Mietschulden und hierbei das Verhalten des Leistungsberechtigten berücksichtigt werden: Liegt die Ursache der Mietschulden nicht in unwirtschaftlichem Verhalten des Leistungsberechtigten, sondern den **rechtswidrig zu niedrig bewilligten Leistungen**, spricht dies für eine gerechtfertigte Schuldenübernahme.[129] Zulasten des Hilfebedürftigen wird ein wiederholter Zahlungsrückstand berücksichtigt werden können. Es besteht jedoch **kein Grundsatz**, dass eine Schuldenübernahme nur dann in Betracht kommt, wenn der Hilfebedürftige nach den Gesamtumständen **unverschuldet** in Rückstand geraten ist.[130] Beruht die Entstehung der Schulden allerdings auf sozialwidrigem, insbesondere **missbräuchlichem Verhalten**, kann eine Rechtfertigung der Schuldenübernahme abzulehnen sein.[131] Ein missbräuchliches Verhalten, das eine Schuldenübernahme als ungerechtfertigt erscheinen lässt, kann bei **absichtlichem** Begründen von Mietschulden in der Annahme, der Sozialhilfeträger werde sie zu gegebener Zeit übernehmen, anzunehmen sein.[132] Die gerechtfertigte Schuldenübernahme wurde in der Rechtsprechung bezweifelt, wenn der Hilfebedürftige vorrangig Schulden gegenüber Dritten tilgt[133], er eine Stromsperre bewusst provoziert[134], er von Anfang an nicht in der Lage war, die Kosten für die Wohnung zu tragen und bereits in der Vergangenheit Darlehen erhalten hat[135] oder es bereits mehrfach zu Mietrückständen gekommen ist (wiederholter Zahlungsrückstand)[136]. Es sei sachgerecht, bei der Entscheidung über die Übernahme von Mietschulden auf deren Entstehung einzugehen und zu berücksichtigen, dass der Hilfesuchende von vornherein entschlossen gewesen sei, die laufende Miete nicht zu zahlen.[137] Die **wiederholte zweckwidrige Mittelverwendung** (z.B. für Mietzahlungen) kann dafür sprechen, dass der Leistungsempfänger bewusst die Miete im Vertrauen darauf nicht zahlt, dass Rückstände später übernommen werden. In einem solchen Fall **sozialwidrigen Herbeiführens von Mietrückständen** trotz ausreichender Mittel ist eine Hilfegewährung nicht gerechtfertigt.[138] Das BSG hat wirtschaftlich unvernünftiges (vorwerfbares) Handeln des Hilfebedürftigen im Falle drohender Wohnungslosigkeit regelmäßig als unbeachtlich erachtet und den Fall eines zielgerichteten Verhaltens des Hilfeempfängers (insbesondere im Wiederholungsfall) offen gelassen.[139] Besteht eine vorwerfbar verursachte Notlage, die die Existenz des Betroffenen bedroht, bietet es sich an, die Schulden nach § 36 Abs. 1 Satz 3 SGB XII **darlehensweise** zu übernehmen und (ggf. zu einem späteren Zeitpunkt) den Kostenersatzanspruch nach den §§ **103, 104 SGB XII** geltend zu machen. Das OVG Lüneburg sah es in diesem Zu-

47

---

[129] Vgl. LSG Berlin-Brandenburg v. 05.02.2009 - L 26 B 2388/08 AS ER - juris Rn. 31 (Berücksichtigung von rechtswidrig zu niedrig bewilligten Leistungen trotz Bestandskraft der Bewilligungsbescheide, insbesondere wenn kein unwirtschaftliches Verhalten des Hilfebedürftigen vorliegt); LSG Sachsen-Anhalt v. 19.09.2007 - L 2 B 242/07 AS ER - FEVS 59, 455 (Berücksichtigung von Verursachungsbeiträgen); LSG Nordrhein-Westfalen v. 13.05.2013 - L 2 AS 313/13 B ER - juris Rn. 56 (Berücksichtigung von Mitverschulden des Leistungsträgers).

[130] *Berlit* in: LPK-SGB II, 5. Aufl. 2012, § 22 Rn. 196; LSG Nordrhein-Westfalen v. 13.05. 2013 - L 2 AS 313/13 B ER - juris Rn. 56; BSG v. 17.06.2010 - B 14 AS 58/09 R - juris Rn. 31; so aber LSG Berlin-Brandenburg v. 14.10.2010 - L 5 AS 1325/10 B ER - juris Rn. 4; offen gelassen von LSG Baden-Württemberg v. 01.03.2011 - L 12 AS 622/11 ER-B.

[131] *Streichsbier* in: Grube/Wahrendorf SGB XII, 4. Aufl. 2012, § 36 Rn. 5; vgl. zum Rechtsgedanken des § 26 SGB XII in anderem Zusammenhang (dort: Bestattungsvorsorgevertrag) BSG v. 18.03.2008 - B 8/9b SO 9/06 R - BSGE 100, 131 Rn. 23.

[132] *Hammel*, info also 2011, 251, 255 (wissentlich und willentliche zweckfremde Verwendung der Mittel); SG Münster v. 31.01.2008 - S 3 AS 10/08 ER - ZfF 2009, 90; SG Düsseldorf v. 02.03.2007 - S 28 AS 372/06 ER; OVG Hamburg v. 02.04.1990 - Bs IV 88/90 - FEVS 41, 327; LSG Berlin-Brandenburg v. 21.07.2009 - L 34 AS 1090/09 ER B - juris Rn. 8 (keine Übernahme der Stromschulden, wenn die Schuldenübernahme auf die Berücksichtigung von unangemessen hohen tatsächlichen Aufwendungen für die Unterkunft im Nachhinein im Wege der Schuldenübernahme der nicht beglichenen Stromkosten hinausliefe); *Coseriu* in: Kreikebohm/Spellbrink/Waltermann, 3. Aufl. 2013, § 36 Rn. 5.

[133] LSG Nordrhein-Westfalen v. 24.03.2010 - L 12 B 120/09 SO ER.

[134] LSG Sachsen-Anhalt v. 07.07.2011 - L 5 AS 177/11 B ER.

[135] Vgl. LSG Nordrhein-Westfalen v. 10.07.2008 - L 7 B 331/07 AS ER.

[136] LSG Baden-Württemberg v. 01.03.2011 - 12 AS 622/11 ER-B; LSG Berlin-Brandenburg v. 02.06.2010 - L 5 AS 557/10 B ER.

[137] OVG Hamburg v. 02.04.1990 - Bs IV 88/90 - FEVS 41, 327; vgl. zu wiederholten Mietrückständen LSG Hessen v. 12.05.2005 - L 7 SO 3/05 ER.

[138] LSG Baden-Württemberg vom 13.03.2013 - L 2 AS 842/13 ER-B - juris Rn. 15 - ZFSH/SGB 2013, 487.

[139] BSG v. 17.06.2010 - B 14 AS 58/09 R - juris Rn. 31.

sammenhang für gerechtfertigt an, Mietrückstände zur Sicherung der Unterkunft und Stromkostenrückstände zur Abwehr oder Aufhebung einer Stromsperre auch zum **wiederholten** Mal zu übernehmen, wenn der Betroffene diesmal eine intensive **sozialpädagogische Betreuung** in Anspruch nimmt und konkrete Vorkehrungen trifft, um seine finanziellen Verpflichtungen künftig regelmäßig und pünktlich zu erfüllen.[140]

48 Die Schuldenübernahme ist regelmäßig nur zur dauerhaften Sicherung der Unterkunft bzw. Vermeidung von Notlagen gerechtfertigt. Sehr **umfangreiche Schulden** können dafür sprechen, dass die dauerhafte Sicherung der Unterkunft nicht erreicht wird, weil **in Zukunft** die Begleichung der Forderungen (Mietzins, Nebenkostenabschläge) nicht sichergestellt ist.[141] Neben dem Umfang der Schulden können zugunsten eines Hilfebedürftigen aber weitere Umstände berücksichtigt werden (aufgenommene Erwerbstätigkeit, Austausch von Geräten, beabsichtigte sparsame Energienutzung).[142]

49 Im Übrigen kann auch eine nur **teilweise Übernahme** der Schulden gerechtfertigt sein. Dem Sozialhilfeträger steht es demnach frei, nur einen Teil der Schulden zu übernehmen, wenn dadurch die drohende Wohnungslosigkeit oder eine vergleichbare Notlage abgewendet werden kann (z.B. wenn der Vermieter bereits bei teilweiser Übernahme der Schulden von der beabsichtigten Kündigung absieht).

f. Ermessen

50 Die Übernahme der Schulden steht im **pflichtgemäßen Ermessen**[143] (vgl. § 39 SGB I) des Sozialhilfeträgers. Bei der Ermessensausübung hat der Sozialhilfeträger die Besonderheiten des Einzelfalls (§ 9 SGB XII) sowie das Gebot der familiengerechten Hilfe (§ 16 SGB XII), den Nachranggrundsatz (§ 2 SGB XII), das Gebot der Hilfe zur Selbsthilfe (§ 1 Satz 2 SGB XII) und die Stärkung der Eigenständigkeit und Eigenverantwortung zu berücksichtigen.[144]

51 Im Rahmen der Ermessensausübung kann der Sozialhilfeträger das **bisherige Verhalten des Betroffenen**, das zur Schuldenanhäufung geführt hat, und sein aktuelles Bemühen zur Abwendung der Notlage, seine **wirtschaftlichen Umstände** (eventuell vorhandenes, aber geschütztes Barvermögen, vgl. § 90 Abs. 2 Nr. 9 SGB XII) sowie das **bisherige Verhalten des Sozialhilfeträgers** und dessen Verursachungsbeitrag (fehlerhaft zu geringe Bewilligung, unzureichende Beratung) berücksichtigen. Berücksichtigt werden kann auch die Alternative eines Umzugs, hierbei die **Höhe der Schulden** im Verhältnis zu den im Falle eines Umzugs vom Träger aufzuwendenden Folgekosten.[145] Die besonderen Bedürfnisse der von einer Energiesperre **betroffenen Personen** sind zu berücksichtigen.[146]

52 Zwar ist die Übernahme von Mietschulden grundsätzlich nur zur Sicherung einer **angemessenen Unterkunft** gerechtfertigt (vgl. Rn. 41).[147] Unangemessen hohe Aufwendungen, die als aktueller tatsächlicher Bedarf nicht zu übernehmen sind, sollen auch nicht über die Schuldenübernahme anerkannt werden.[148] Allerdings können Mietschulden im Wege des Ermessens im Einzelfall auch bei **unangemessener Unterkunft** übernommen werden, wenn etwa der Leistungsberechtigte **erstmals Hilfen des SGB XII** erhält[149], **minderjährige Kinder** mitbetroffen sind (Vermeidung eines Schulwechsels während des Schuljahres)[150], ein Umzug in eine angemessene Unterkunft aufgrund **schwerwiegender Umstände** derzeit ausgeschlossen ist (z.B. Pflege eines schwer erkrankten/pflegebedürftigen Angehörigen)[151] oder es sich nur um eine **geringfügige Überschreitung der Angemessenheitsgrenze** handelt und zu erwarten ist, dass der Leistungsberechtigte den Differenzbetrag zukünftig tragen können

---

[140] OVG Lüneburg v. 10.01.2003 - 4 ME 19/03 - FEVS 55, 267.
[141] Vgl. hierzu *Hammel*, info also 2011, 251, 256 m.w.N.
[142] So LSG Nordrhein-Westfalen v. 13.05. 2013 - L 2 AS 313/13 B ER - juris Rn. 49.
[143] Zur Ermessensausübung im Rahmen des einstweiligen Rechtsschutzes vgl. LSG Berlin-Brandenburg v. 14.03.2012 - L 29 AS 28/12 B ER.
[144] Vgl. OVG Hamburg v. 02.04.1990 - Bs IV 88/90 - FEVS 41, 327; *Streichsbier* in: Grube/Wahrendorf SGB XII, 4. Aufl. 2012 § 36 Rn. 6.
[145] BSG v. 17.06.2010 - B 14 AS 58/09 R - juris Rn. 31.
[146] SG Bremen v. 11.09.2009 - S 23 AS 1629/09 ER - juris Rn. 15 (ärztlicher Rat der Stromversorgung für herzkranke ältere Person).
[147] Vgl. Bayerisches LSG v. 24.06.2010 - L 7 AS 391/10 B ER; LSG Hessen v. 02.06.2008 - L 7 SO 14/08 B ER.
[148] *Hammel*, info also 2011, 251, 256.
[149] Vgl. LSG Niedersachsen-Bremen v. 26.20.2006 - L 9 AS 529/06 ER.
[150] Vgl. LSG Berlin-Brandenburg 14.01.2008 - L 26 B 2307/07 AS ER; a.A. bei drohender Stromsperre LSG Rheinland-Pfalz v. 27.12.2010 - L 3 AS 557/10 B ER.
[151] Vgl. LSG Berlin-Potsdam 14.01.2008 - L 26 B 2307/07 AS ER.

wird[152]. Wenn der Leistungsberechtigte in der Vergangenheit aber deutlich gemacht hat, nicht willens oder fähig zu sein, in der gebotenen Zuverlässigkeit den übersteigenden Betrag aus dem Regelsatz zu bestreiten, so scheidet i.d.R. die Übernahme der Mietschulden aus.[153]

g. Drohende Wohnungslosigkeit

Nach § 36 Abs. 1 Satz 2 SGB XII **sollen** Schulden übernommen werden, wenn dies **gerechtfertigt** und **notwendig** ist und sonst **Wohnungslosigkeit** einzutreten droht. Mit der Formulierung „**sollen**" bindet der Gesetzgeber die behördliche Ermessensentscheidung, es handelt sich um einen Fall sog. gebundenen Ermessens. Liegen die weiteren Voraussetzungen des § 36 Abs. 1 Satz 2 SGB XII vor, sind im Regelfall Schulden zu übernehmen (Ausnahme: es liegt ein atypischer[154] Fall vor).

Drohende Wohnungslosigkeit bedeutet den drohenden Verlust der bewohnten, kostenangemessenen Wohnung bei fehlender Möglichkeit ebenfalls angemessenen Ersatzwohnraum zu erhalten.[155] Drohende Wohnungslosigkeit bezieht sich im Ausgangspunkt zwar auch auf die **konkret** bewohnte Wohnung, deren Erhalt als persönlicher Lebensbereich des Hilfebedürftigen geschützt ist.[156] Jedenfalls dann, wenn Schulden auf unwirtschaftlichem Verhalten beruhen, ist der Umzug aus einer an sich kostenangemessenen Unterkunft in eine neue Unterkunft zu fordern. Droht keine Obdachlosigkeit und Unterbringung in einer Obdachlosenunterkunft, weil eine andere angemessene Wohnung konkret anmietbar ist, droht regelmäßig keine Wohnungslosigkeit. Somit erfährt die konkret bewohnte Wohnung nur geringen oder letztlich keinen Schutz.[157] Der Verweis auf eine entspannte Lage des Wohnungsmarktes oder die Aufnahme in eine Warteliste eines „geschützten Marktsegments" des Leistungsträgers stellt allerdings keine konkrete Möglichkeit von Ersatzwohnraum dar. Auch „drohende Wohnungslosigkeit" kann allerdings nicht unter Hinweis auf Unterbringungsmöglichkeiten in einer Not- oder Obdachlosenunterkunft verneint werden. Ist eine Ersatzwohnung konkret anmietbar und besteht nicht nur die abstrakte Möglichkeit, in dem Marktsegment solche Wohnungen zu finden, ist die Sicherung der bisherigen Unterkunft nicht mehr geschützt.[158]

Auch wenn bei (angedrohter) Energiesperre keine „Wohnungslosigkeit" an sich droht, gilt die Soll-Vorschrift des § 36 Abs. 1 Satz 2 SGB XII auch für **Energieschulden**,[159] wenn eine der **Wohnungslosigkeit „vergleichbare Notlage"** einzutreten droht.[160] Der Verlust der konkret bewohnten Wohnung an sich droht bei Stromsperrung nicht. Führt die Sperre (Strom, Wasser, Gas) zur faktischen Unbewohnbarkeit der Wohnung, d.h. einer Situation, die einer drohenden Wohnungslosigkeit faktisch gleichzusetzen ist, liegt drohende Wohnungslosigkeit im weiteren Sinne vor (z.B. Energiesperre im Winter). Dann gilt die Regelung des § 36 Abs. 1 Satz 2 SGB XII auch für Energieschulden, d.h. nur in atypischen Fällen darf der Leistungsträger von der Übernahme der Schulden absehen. Droht keine faktische Unbewohnbarkeit, können Energieschulden nur nach der Ermessensentscheidung nach § 36 Abs. 1 Satz 1 SGB XII übernommen werden.

Nach dem BSG **indiziert** die **drohende Wohnungslosigkeit** sowohl die **Rechtfertigung als auch die Notwendigkeit** der Schuldenübernahme (dem Grunde nach zur Abwendung der Wohnungslosigkeit).[161] Führt eine Schuldenlage zu drohender Wohnungslosigkeit[162], ist die Übernahme der Schulden

---

[152] Vgl. LSG Berlin-Brandenburg v. 05.02.2009 - L 26 B 2388/08 AS ER.
[153] Hessisches LSG v. 09.11.2010 - L 7 SO 134/10 B ER.
[154] *Knickrehm* in: Kreikebohm/Spellbrink/Waltermann, 3. Aufl. 2013, § 22 Rn. 49; ob ein atypischer Fall bei wiederholten Schulden aufgrund vorwerfbaren Verhaltens besteht, hat das BSG offen gelassen: BSG v. 17.06.2010 - B 14 AS 58/09 R - juris Rn. 31.
[155] *Streichsbier* in: Grube/Wahrendorf, SGB XII, 4. Aufl. 2012, § 36 Rn. 7.
[156] BSG v. 17.06.2010 - B 14 AS 58/09 R - juris Rn. 28.
[157] *Coseriu* in: Kreikebohm/Spellbrink/Waltermann, 3. Aufl. 2013, § 36 Rn. 7.
[158] Vgl. LSG Sachsen-Anhalt v. 14.02.2013 - L 2 AS 970/12 B - juris Rn. 21.
[159] So auch LSG Niedersachsen-Bremen v. 09.06.2010 - L 13 AS 147/10 B ER - juris Rn. 21 - NZS 2011, 554; LSG Rheinland-Pfalz v. 27.12.2010 - L 3 SO 557/10 B ER; wohl auch *Knickrehm* in: Kreikebohm/Spellbrink/ Waltermann, 3. Aufl. 2013, § 22 Rn. 49; verneinend LSG Berlin-Brandenburg v. 08.08.2011 - L 5 AS 1097/11 B ER - juris Rn. 4 (eine Stromsperre kann nur eine vergleichbare Notlage darstellen, da die Stromsperre das Mietverhältnis über die Wohnung nicht beeinträchtigt).
[160] So auch LSG Nordrhein-Westfalen v. 19.09.2013 - L 7 AS 1591/13 B ER - juris Rn. 15.
[161] BSG v. 17.06.2010 - B 14 AS 58/09 R - juris Rn. 31.
[162] LSG Nordrhein-Westfalen v. 19.09.2013 - L 7 AS 1591/13 B ER - juris Rn. 15.

im Regelfall gerechtfertigt und notwendig.[163] Vorwerfbares Verhalten, das im Rahmen des § 36 Abs. 1 Satz 1 SGB XII zu berücksichtigen ist, ist bei drohender Wohnungslosigkeit regelmäßig nicht zu berücksichtigen. Beim Umfang der Schuldenübernahme prüft das BSG die Rechtfertigung erneut und berücksichtigt hierbei die Abwendung der Notlage mit eigenen Mitteln (Schonvermögen).[164]

57 Die **Notwendigkeit** der Schuldenübernahme bezieht sich auf die drohende Wohnungslosigkeit bzw. vergleichbare Notlage i.S.e. Unbewohnbarkeit der Unterkunft. Ist die Schuldenübernahme (noch) geeignet, die drohende Wohnungslosigkeit zu vermeiden, ist sie notwendig, wenn die Notlage nicht anders abgewendet werden kann.[165] Kann die Wohnungslosigkeit dagegen nicht (mehr) vermieden werden, ist auch die Übernahme der Schulden nicht notwendig. Die Übernahme von Mietschulden kommt dann in Betracht, wenn ein **Räumungsurteil abgewendet** oder eine **drohende Zwangsräumung** vermieden werden kann.[166] Im Grundsatz gilt, dass die Übernahme von Mietschulden nur dann **gerechtfertigt** und notwendig ist, wenn mit der Leistung die **Unterkunft auf Dauer, d.h. nicht nur vorübergehend erhalten** werden kann.[167] Muss der Betroffene die Wohnung ohnehin verlassen, so ist die Übernahme der Schulden im Regelfall nicht notwendig. Ist die **Wohnung gesundheitlich ungeeignet** und strebt der Leistungsberechtigte deshalb kurzfristig einen Umzug an, ist die Schuldenübernahme nicht notwendig.[168] Ist die Kündigung des Mietverhältnisses (auch) aus anderen Gründen erfolgt, ist die Schuldenübernahme zur Vermeidung der Wohnungslosigkeit nicht geeignet und damit auch nicht notwendig. Dies gilt auch, wenn die **Unterkunftskosten unangemessen** sind und vorhandene Einkünfte zur Zahlung des Mietzinses von vornherein nicht ausreichen, die Wohnung also nicht längerfristig gesichert werden kann.[169] Die Schuldübernahme kann aber auch dann gerechtfertigt sein, wenn sie zwar nicht geeignet ist, dem Hilfesuchenden die (unangemessene) Wohnung auf Dauer zu erhalten, sie aber geeignet ist, eine drohende Obdachlosigkeit des Hilfesuchenden und seine Einweisung in eine Obdachlosenunterkunft zu verhindern[170] und zur **zeitlichen Überbrückung** der Suche und Anmietung einer neuen, angemessenen Wohnung dient[171]. Wirtschaftlich unvernünftiges (vorwerfbares) Verhalten des Hilfebedürftigen schließt die Rechtfertigung der Schuldenübernahme bei drohender Wohnungslosigkeit nicht aus.[172] Liegt dagegen ein **zielgerichtetes, missbräuchliches Verhalten** des Hilfeempfängers vor, kann dies die Rechtfertigung der Schuldenübernahme ausschließen.[173]

58 Die bei der Prüfung der Rechtfertigung nach § 36 Abs. 1 Satz 1 SGB XII auch hier berücksichtigungsfähigen Umstände **(Art, Umfang und Ursache des Bedarfs, bisheriges Verhalten des Betroffenen; vgl. Rn. 40 ff.)** schließen regelmäßig Notwendigkeit und Rechtfertigung der Schuldenübernahme nicht aus, wenn diese einziges Mittel zur Abwendung der Wohnungslosigkeit ist. Ist eine Stromsperre bereits erfolgt, ist die Unterkunft längerfristig für Wohnzwecke nicht mehr geeignet. Die Stromsperre führt aber nicht zwangsläufig zur sofortigen Unbewohnbarkeit, die mit einem Wohnungsverlust vergleichbar ist. Im Vergleich zur Stromsperre ist die Beeinträchtigung durch den Verlust der Unterkunft wesentlich stärker. Es ist daher nicht ausgeschlossen, im Rahmen der Rechtfertigung der Schuldenüber-

---

[163] LSG Nordrhein-Westfalen v. 19.09.2013 - L 7 AS 1591/13 B ER - juris Rn. 15.
[164] BSG v. 17.06.2010 - B 14 AS 58/09 R - juris Rn. 33.
[165] *Coseriu* in: Kreikebohm/Spellbrink/Waltermann, 3. Aufl. 2013, § 36 Rn. 9.
[166] *Schellhorn* in: Schellhorn/Schellhorn/Hohm, SGB XII, 18. Aufl. 2010, § 34 Rn. 10.
[167] Hessisches LSG v. 23.10.2008 - L 7 SO 69/08 B ER, L 7 B 162/08 SO; OVG Hamburg v. 06.01.2000 - 4 Bs 413/99; ebenso *Streichsbier* in: Grube/Wahrendorf, SGB XII, 4. Aufl. 2012, § 36 Rn. 7; vgl. zur Schuldenübernahme bei unangemessener Wohnung im Einzelfall *Falterbaum* in: Hauck/Noftz, SGB XII K § 36 Rn. 22, Stand November 2012.
[168] LSG Nordrhein-Westfalen v. 24.03.2010 - L 12 B 120/09 SO ER.
[169] *Knickrehm* in: Kreikebohm/Spellbrink/Waltermann, 3. Aufl. 2013, § 22 Rn. 49; LSG Hessen v. 02.06.2008 - L 7 SO 14/08 B ER; *Coseriu* in: Kreikebohm/Spellbrink/Waltermann, 3. Aufl. 2013, § 36 Rn. 7; *Luik* in: Eicher SGB II, 3. Aufl. 2013 § 22 Rn. 248 m.w.N.
[170] OVG Lüneburg v. 10.03.1982 - 4 B 37/82 - FEVS 32, 184.
[171] Vgl. hierzu OVG Lüneburg v. 26.10.2004 - 4 ME 469/04 - FEVS 56, 254.
[172] BSG v. 17.06.2010 - B 14 AS 58/09 R - juris Rn. 30.
[173] Kritisch zur Berücksichtigung von Verschuldensgesichtspunkten bei drohender Wohnungslosigkeit: *Luik* in: Eicher SGB II, 3. Aufl. 2013 § 22 Rn. 249; vgl. insofern auch BSG v. 17.06.2010 - B 14 AS 58/09 R - juris Rn. 31, wonach Verschulden bei drohender Wohnungslosigkeit zurücktritt und die Frage der möglichen Berücksichtigung von zielgerichtetem Verhalten offen gelassen wird.

nahme das Verhalten des Hilfebedürftigen und die Verursachung der Schulden, insbesondere mehrjähriges unwirtschaftliches Verbrauchsverhalten, das wiederholt zu Energieschuldendarlehen geführt hat, und damit rechtsmissbräuchliches Verhalten, zu berücksichtigen.[174]

Das Ermessen ist gebunden ("soll"). Es ist regelmäßig keine andere Entscheidung als die Übernahme der Schulden denkbar, um den Anspruch des Hilfebedürftigen auf eine angemessene Unterkunft zu sichern. Für die Ausübung von Ermessen verbleibt regelmäßig **kein Spielraum**. 59

h. Form der Leistungsgewährung (Absatz 1 Satz 3)

Nach § 36 Abs. 1 Satz 3 SGB XII können Geldleistungen als **Beihilfe** oder **Darlehen** erbracht werden (vgl. zur individuellen Leistungsgewährung bereits Rn. 18; vgl. zur Frage der individuellen Darlehensgewährung in Abgrenzung zur gemeinsamen Darlehensvergabe an die Mitglieder der Haushaltsgemeinschaft auch die Kommentierung zu § 37 SGB XII Rn. 67 ff.). Ein **Darlehen** kommt sowohl in den Fällen des **§ 36 Abs. 1 Satz 1 SGB XII** ("Kann"-Übernahme) als auch in den Fällen des **§ 36 Abs. 1 Satz 2 SGB XII** ("Soll"-Übernahme) in Betracht (vgl. zur Ausgestaltung die Kommentierung zu § 38 SGB XII Rn. 39 ff.) zur Die Auswahl steht im pflichtgemäßen **Ermessen** (vgl. § 39 SGB I) des Sozialhilfeträgers. 60

Berücksichtigt werden können die Auswirkungen einer lediglich darlehensweisen Gewährung auf die **Zukunftsperspektive** des Leistungsberechtigten. Ebenso kann auch ein eigenes **Fehlverhalten des Leistungsträgers**, soweit es das Entstehen der Schulden mitverursacht hat, gewürdigt werden.[175] 61

Bei der Form der Schuldenübernahme als Darlehen oder Zuschuss ist die realistische Rückzahlungsperspektive[176] zu berücksichtigen. Der Sozialhilfeträger wird bei seiner (Auswahl-)Ermessensentscheidung daher berücksichtigen, ob der Betroffene nur **vorübergehend** oder dauerhaft auf Sozialhilfeleistungen angewiesen sein wird. Schließlich ist § 1 Satz 2 SGB XII, wonach der Leistungsberechtigte zur Selbsthilfe zu befähigen und in seiner Eigenständigkeit zu stärken ist, zu beachten. Bestehen nachvollziehbare Anhaltspunkte dafür, dass es sich nur um eine **vorübergehende Notlage** handelt, so wird nach Sinn und Zweck der Vorschrift die Gewährung eines Darlehens in Betracht kommen.[177] Handelt es sich um einen Empfänger von Hilfen zum Lebensunterhalt, der bei vorausschauender Betrachtung wahrscheinlich **längerfristig** im Leistungsbezug stehen wird, ist im Regelfall – wenn es sich nicht nur um eine vorübergehende Notlage handelt – die Hilfe als Beihilfe zu gewähren. 62

Führt die Schuldenübernahme zu einem Wertzuwachs beim Empfänger (z.B. ausnahmsweise Übernahme von Tilgungsleistungen für ein Eigenheim), kommt i.d.R. nur eine Bewilligung als Darlehen in Betracht.[178] Daher sind auch Leistungen für **Mietkautionsschulden** i.d.R. nur in Form eines **Darlehens** zu erbringen, weil die Mietkaution regelmäßig an den Mieter zurückfließt und es dann nicht statthaft ist, dass dieser die Kaution endgültig behält.[179] Bei entsprechendem Sicherungsbedürfnis des Sozialhilfeträgers ist dieser berechtigt, vor Gewährung des Darlehens die **Abtretung des Kautionsrückzahlungsanspruchs** zu verlangen; dies gilt insbesondere für eine vom Sozialhilfeträger nur geforderte stille Abtretung.[180] Im Rahmen der Ermessensentscheidung kann auch die Sicherung des Darlehens, die bloß teilweise Leistungsgewährung als Zuschuss oder der Erlass der Restschuld bei ernsthafter Tilgungsanstrengung bestimmt werden. 63

Bei der Ausgestaltung der vereinbarten Rückzahlungsmodalitäten ist zu berücksichtigen, dass es nicht schon allein wegen der Darlehensrückzahlung erneut zu Rückständen kommen soll.[181] 64

Die Rückführung eines Darlehens nach § 36 SGB XII ist gesetzlich nicht gesondert geregelt. Die Rückführung eines nach § 36 SGB XII gewährten Darlehens durch **Aufrechnung kann nur bei Vorliegen der Voraussetzungen des § 26 Abs. 3 SGB XII** erfolgen, d.h. wenn die nur ausnahmsweise nochma- 65

---

[174] SG Koblenz v. 04.11.2013 - S 14 AS 724/13 ER - juris Rn. 18.
[175] Sächsisches LSG v. 14.04.2013 - L 3 AS 748/11 - juris Rn. 43.
[176] Vgl. *Berlit* in: LPK-SGB XII, 9. Aufl. 2012, § 36 Rn. 23, wonach die Darlehensgewährung nur bei realistischer Rückzahlungsperspektive ermessensfehlerfrei ist.
[177] *Falterbaum* in: Hauck/Noftz, SGB XII K § 36 Rn. 23, Stand November 2012; *Wenzel* in: Fichtner/Wenzel, SGB XII, 4. Aufl. 2009, § 34 Rn. 3; kritisch *Streichsbier* in: Grube/Wahrendorf, SGB XII, 4. Aufl. 2012, § 36 Rn. 8.
[178] VGH Mannheim v. 08.11.1995 - 6 S 3140/94 - FEVS 46, 287; so auch *Streichsbier* in: Grube/Wahrendorf, SGB XII, 4. Aufl. 2012, § 36 Rn. 8.
[179] Vgl. zur Regelung des § 22 Abs. 3 Satz 3 SGB II BT-Drs. 16/688, S. 14.
[180] Vgl. LSG Baden-Württemberg v. 11.01.2006 - L 13 AS 4740/05 ER-B.
[181] Vgl. *Berlit* in: LPK-SGB XII, 9. Aufl. 2012, § 36 Rn. 24, 25.

lige Deckung eines Bedarfs im Wege der Schuldenübernahme erfolgte, obwohl der Bedarf bereits durch den Leistungsträger gedeckt war.[182] Ein **Abzug monatlicher Tilgungsraten** von den laufenden Hilfeleistungen in Höhe der Tilgungsraten ist i.d.R. unzulässig.[183] Die im SGB II mit Wirkung zum 01.04.2011 in Kraft getretene Aufrechnungsmöglichkeit nach § **42a SGB II** in Höhe von 10 Prozent des maßgebenden Regelbedarfs[184] findet keine entsprechende Anwendung im SGB XII. Bei der (Tilgungs-)Aufrechnung handelt es sich um einen wesentlichen Eingriff in die Rechte des Leistungsberechtigten, so dass – solange noch keine entsprechende Regelung im Bereich des SGB XII normiert wurde (vgl. § 31 SGB I) – keine Möglichkeit besteht, § 42a SGB II analog heranzuziehen. Daher gelangt auch § **37 Abs. 4 Satz 1 SGB XII nicht analog** zur Anwendung.[185]

i. Direktleistung

66 § 36 SGB XII enthält – anders als noch § 15a SGB XII – keine Ermächtigung zur Auszahlung der Leistungen an Dritte. Liegen die Voraussetzungen der Direktzahlung nach § **35 Abs. 1 Sätze 3 und 4 SGB XII** vor, darf der Leistungsträger die Schulden an den Vermieter oder Energieversorger zahlen[186], da die Vorschrift als allgemeine, die Leistungen für die Unterkunft regelnde Bestimmung auch im Rahmen des § 36 SGB XII Anwendung findet.[187] (vgl. hierzu die Kommentierung zu § 35 SGB XII Rn. 109 ff.) In diesem Fall besteht die Unterrichtungspflicht nach § 35 Abs. 1 Satz 5 SGB XII. Der Träger der Sozialhilfe kann die Übernahme von Schulden nach § 36 Abs. 1 Satz 1 SGB XII im Übrigen auch von dem Einverständnis des Leistungsberechtigten mit einer Direktzahlung abhängig machen.[188] Der Hilfeempfänger hat im Falle des § 35 Abs. 1 Sätze 3 und 4 SGB XII kein schutzwürdiges Interesse daran, dass der Sozialhilfebezug dem Vermieter nicht bekannt wird.[189]

2. Mitteilungspflichten der Zivilgerichte (Absatz 2)

67 Mit der Regelung des § 36 Abs. 2 SGB XII soll sichergestellt werden, dass der Sozialhilfeträger von Amts wegen von einer Räumungsklage bei Wohnungskündigung wegen Zahlungsverzugs erfährt, damit eine drohende Wohnungslosigkeit (wiederum von Amts wegen) vermieden werden kann. Dabei **entfällt die Mitteilungspflicht**, wenn die Nichtzahlung der Miete nach dem Inhalt der Klageschrift offensichtlich nicht auf Zahlungsunfähigkeit des Mieters beruht (§ 36 Abs. 2 Satz 3 SGB XII; z.B. wenn die Miete nicht – auch im Wege der Aufrechnung – oder nur teilweise wegen eines Streits über den Gebrauch der Mietsache oder über ihren mangelhaften Zustand gezahlt wird).[190]

68 Nach § **543 Abs. 1 Satz 1 BGB** kann der Vermieter das Mietverhältnis aus wichtigem Grund **außerordentlich fristlos kündigen**. Ein wichtiger Grund liegt nach § 543 Abs. 1 Satz 2 BGB vor, wenn dem Kündigenden unter Berücksichtigung aller Umstände des Einzelfalls, insbesondere eines Verschuldens der Vertragsparteien, und unter Abwägung der beiderseitigen Interessen die Fortsetzung des Mietverhältnisses bis zum Ablauf der Kündigungsfrist oder bis zur sonstigen Beendigung des Mietverhältnisses nicht zugemutet werden kann. Ein **wichtiger Grund** liegt insbesondere vor, wenn der Mieter **für zwei aufeinander folgende Termine mit der Entrichtung der Miete oder eines nicht unerheblichen Teils der Miete in Verzug** ist (§ 543 Abs. 2 Satz 1 Nr. 3a BGB) oder in einem Zeitraum, der sich über mehr als zwei Termine erstreckt, mit der Entrichtung der Miete in Höhe eines **Betrages, der die Miete für zwei Monate erreicht**, in Verzug ist (§ 543 Abs. 2 Satz 1 Nr. 3b BGB). In diesen Fällen ist eine Kündigungsfrist nicht einzuhalten (§ 543 Abs. 3 Satz 2 Nr. 3 BGB). Wird der Vermieter noch **vor Ausspruch der Kündigung befriedigt**, ist die Kündigung ausgeschlossen (vgl. § 543 Abs. 2 Satz 2

---

[182] *Berlit* in: LPK-SGB XII, 9. Aufl. 2012, § 36 Rn. 25.
[183] Ausführlich hierzu *Weth*, info also 2007, 104, 105 ff.; vgl. zu den Voraussetzungen des Verzichts nach § 46 SGB I: *Streichsbier* in: Grube/Wahrendorf, SGB XII, 4. Aufl. 2012, § 36 Rn. 8.
[184] Art. 2 Nr. 32 des Gesetzes zur Ermittlung von Regelbedarfen und zur Änderung des Zweiten und Zwölften Buches Sozialgesetzbuch vom 24.03.2011, BGBl I 2011, 453.
[185] A.A. *Berlit* in: LPK-SGB XII, 9. Aufl. 2012, § 36 Rn. 25; *Falterbaum* in: Hauck/Noftz, SGB XII K § 36 Rn. 24, Stand November 2012.
[186] *Coseriu* in: Kreikebohm/Spellbrink/Waltermann, 3. Aufl. 2013, § 36 Rn. 1.
[187] *Falterbaum* in: Hauck/Noftz, SGB XII K § 36 Rn. 19, Stand November 2012; *Schellhorn* in: Schellhorn/Schellhorn/Hohm, SGB XII, 18. Aufl. 2010, § 34 Rn. 15, wonach § 15a Abs. 1 Satz 3 BSHG nur aus systematischen Gründen in § 29 SGB XII a.F. aufgenommen wurde.
[188] *Schellhorn* in: Schellhorn/Schellhorn/Hohm, SGB XII, 18. Aufl. 2010, § 34 Rn. 15.
[189] VGH Baden-Württemberg v. 16.04.2002 - 7 S 2670/01.
[190] Vgl. die Beispiele bei *Schellhorn* in: Schellhorn/Schellhorn/Hohm, SGB XII, 18. Aufl. 2010, § 34 Rn. 17.

BGB). Der rückständige Teil der Miete ist nicht unerheblich, wenn er die Miete für einen Monat übersteigt (§ 569 Abs. 3 Nr. 2 BGB, Beendigung des Mietverhältnisses über Wohnraum; dies gilt nicht, wenn der Wohnraum nur zum vorübergehenden Gebrauch vermietet ist). Wird der Vermieter spätestens bis zum Ablauf von zwei Monaten nach Eintritt der Rechtshängigkeit des Räumungsanspruchs hinsichtlich der fälligen Miete und der fälligen Entschädigung nach § 546a Abs. 1 BGB befriedigt oder verpflichtet sich eine öffentliche Stelle zur Befriedigung, wird die Kündigung unwirksam. Die Möglichkeit zur Befriedigung des Vermieters mit der Folge des Unwirksamwerdens der Kündigung besteht nicht mehr, wenn bereits innerhalb der vorangegangenen zwei Jahre eine Kündigung ausgesprochen wurde, die nach § 569 Abs. 3 Nr. 2 Satz 1 BGB unwirksam geworden ist. Von diesen Regelungen darf nicht zum Nachteil des Mieters abgewichen werden (vgl. § 569 Abs. 5 BGB).

Die Mitteilungspflicht bezweckt insbesondere, den Sozialhilfeträger nach Kenntniserlangung (§ 18 SGB XII) zu ermöglichen, durch rechtzeitige (zwei Monate nach Rechtshängigkeit) Zahlung der rückständigen Miete (gegenüber dem Hilfebedürftigen im Wege der Schuldenübernahme oder Übernahme tatsächlicher Aufwendungen) oder durch entsprechende Verpflichtungserklärung die **Kündigung unwirksam werden lassen**. Kann die Kündigung nicht mehr unwirksam werden, etwa wegen nicht rechtzeitiger Zahlung, nicht rechtzeitiger Verpflichtungserklärung nach Rechtshängigkeit der Räumungsklage oder wegen einer bereits vorangegangenen Kündigung i.S.d. § 569 Abs. 3 Nr. 2 Satz 1 BGB, ist die Sicherung der Unterkunft noch möglich, wenn der Vermieter bei Begleichung der Mietschulden erklärt, aus der Kündigung keine Rechte herzuleiten, das Mietvertragsverhältnis fortzusetzen, und die Räumungsklage zurücknimmt.[191] Die gerichtlichen Mitteilungspflichten sind daher auch insoweit gerechtfertigt. Beruht die Nichtzahlung der Miete offensichtlich nicht auf Zahlungsunfähigkeit des Mieters (§ 36 Abs. 2 Satz 3 SGB XII), scheidet eine Schuldenübernahme nach § 36 Abs. 1 SGB XII aus, so dass auch eine Mitteilungspflicht nicht besteht. 69

Das Zivilgericht muss den **Tag des Eingangs der Klage**, die **Namen und die Anschriften der Parteien**, die **Höhe der monatlich zu entrichtenden Miete**, die **Höhe des geltend gemachten Mietrückstandes** und der geltend gemachten **Entschädigung** und den **Termin zur mündlichen Verhandlung**, sofern dieser bereits bestimmt ist, mitteilen. Außerdem kann der **Tag der Rechtshängigkeit** (§ 261 ZPO) mitgeteilt werden, der im Hinblick auf den Beginn der Frist nach § 569 Abs. 3 Nr. 2 Satz 1 BGB von Bedeutung ist. Damit wird dem Sozialhilfeträger von Amts wegen **Kenntnis i.S.v. § 18 SGB XII** von einer möglichen Notlage des Mieters verschafft. Der Sozialhilfeträger hat dann wiederum von Amts wegen zu prüfen, ob die Voraussetzungen des § 36 SGB XII (oder anderer Hilfen) vorliegen und welche Maßnahmen zum Erhalt der Wohnung ergriffen werden können. Geht die Mitteilung beim **örtlich unzuständigen Sozialhilfeträger** ein, ist dieser gemäß § 18 Abs. 2 Satz 1 SGB XII verpflichtet, diese an den zuständigen Träger weiterzuleiten. 70

Die **Verpflichtungserklärung** des Sozialhilfeträgers nach **§ 569 Abs. 3 Nr. 2 BGB** ist ein Schuldbeitritt. Die Erklärung ist **zivilrechtlicher Natur**, so dass der Vermieter gegen den Sozialhilfeträger im Zivilrechtsweg vorzugehen hat.[192] 71

Handelt es sich bei dem Mieter um ein **Kriegsopfer**, hat der Sozialhilfeträger die Mitteilung an den Träger der Kriegsopferfürsorge weiterzuleiten (§ 36 Abs. 2 Satz 4 SGB XII). Dieser hat dann von Amts wegen nach dem insoweit **vorrangigen Bundesversorgungsgesetz** zu prüfen, ob Leistungen zur Abwendung der drohenden Wohnungslosigkeit in Betracht kommen. 72

C. Praxishinweise

I. Verwaltungsverfahren

Der Sozialhilfeträger muss **von Amts wegen** (initiativ) tätig werden, wenn er von einer in § 36 SGB XII umschriebenen Notlage Kenntnis erlangt. Eines gesonderten Antrags bedarf es – anders als im Bereich des § 22 Abs. 8 SGB II[193] – nicht. 73

II. Darlehensgewährung

Die Hilfeleistung durch Darlehen erfolgt durch Verwaltungsakt (Bewilligungsbescheid hinsichtlich des „Ob") und Abschluss eines **öffentlich-rechtlichen Vertrags** nach § 53 SGB X (Begründung des 74

---

[191] LSG Sachsen-Anhalt v. 16.09.2010 - L 5 AS 288/10 B ER
[192] BVerwG 18.10.1993 - 5 B 26/93 - BVerwGE 94, 229.
[193] BSG v. 17.06.2010 - B 14 AS 58/09 R - SozR 4-4200 § 22 Nr. 41 Rn. 14.

Darlehensverhältnisses)[194] bzw., wenn sich die Beteiligten nicht auf den Inhalt eines Darlehensvertrages einigen können, einseitig durch einen (weiteren) **Verwaltungsakt**[195] (Festsetzung der Darlehensbedingungen). Richtige Klageart ist die (reine) **Verpflichtungsklage** nach § 54 Abs. 1 SGG. **Darlehensberechtigt** ist derjenige, der den zivilrechtlichen Ansprüchen ausgesetzt ist (vgl. ausführlich zur Darlehensgewährung die Kommentierung zu § 38 SGB XII Rn. 40 ff.)

III. Rechtsschutz

75 Der Leistungsberechtigte kann die Übernahme von Mietschulden im Wege des **einstweiligen Rechtsschutzes** vor den Sozialgerichten geltend machen (§ 86b Abs. 2 Satz 2 SGG).[196] Voraussetzung für den Erlass einer einstweiligen Anordnung ist das Bestehen eines **Anordnungsanspruchs**, d.h. des materiell-rechtlichen Leistungsanspruchs, sowie das Vorliegen eines **Anordnungsgrundes**, d.h. der Eilbedürftigkeit der Regelung zur Abwendung wesentlicher Nachteile und die damit verbundene Unzumutbarkeit, die Entscheidung in der Hauptsache abzuwarten.

76 Im Rahmen des Anordnungsanspruchs ist zu berücksichtigen, dass im Falle des § 36 Abs. 1 Satz 1 SGB XII grundsätzlich nur ein Anspruch auf ermessensfehlerfreie Entscheidung besteht.[197]

77 Die **Dringlichkeit** (Anordnungsgrund) der erstrebten vorläufigen Regelung im Sinne der notwendigen Behebung einer gegenwärtigen Notlage muss hinreichend glaubhaft gemacht werden (§ 86b Abs. 2 Satz 4 SGG i.V.m. § 920 Abs. 2 ZPO). Für die Bejahung des Anordnungsgrundes muss die behauptete drohende Wohnungslosigkeit **glaubhaft gemacht werden**, rein subjektive Einschätzungen und Befürchtungen des Leistungsberechtigten und unsubstantiierte Behauptungen genügen nicht.[198] Soweit ein Anordnungsgrund erst ab der Ankündigung der Räumung im Wege der Zwangsvollstreckung angenommen wird[199], ist diese Auffassung (im Hinblick auf Sinn und Zweck des § 36 Abs. 1 SGB XII) zu eng. Der Leistungsberechtigte muss zudem aber glaubhaft machen, dass er alle Selbsthilfemöglichkeiten (vgl. hierzu Rn. 43) erfolglos ausgeschöpft hat.[200] Schließlich wird in der Rechtsprechung zum Teil berücksichtigt, zu welchem Zeitpunkt der Leistungsberechtigte um Rechtsschutz nachsucht, d.h. wie viel Zeit er z.B. nach einer (ggf. nur angekündigten) Stromsperre verstreichen lässt und wie er das Rechtsschutzverfahren betreibt (z.B. keine oder nur verzögerte Beantwortung von gerichtlichen Anfragen).[201]

78 Das Sozialgericht kann seine Entscheidung im einstweiligen Rechtsschutz auch mit **Auflagen und Nebenbestimmungen** verbinden (vgl. § 86b Abs. 2 Satz 4 SGG i.V.m. § 938 Abs. 1 ZPO: freies Ermessen, welche Anordnungen zur Erreichung des Zweckes erforderlich sind), etwa dahingehend, dass sich der Leistungsberechtigte mit der Ausbezahlung der Darlehenssumme direkt an den Stromversorger einverstanden erklärt.[202]

---

[194] Vgl. zur Darlehensgewährung *Greiser* in: Eicher, SGB II, 3. Aufl. 2013, § 42a Rn. 10; *Streichsbier* in: Grube/Wahrendorf SGB XII, § 38 Rn. 12, 13.
[195] *Coseriu* in: Kreikebohm/Spellbrink/Waltermann, 3. Aufl. 2013, § 36 Rn. 1.
[196] Vgl. nur LSG Nordrhein-Westfalen v. 24.03.2010 - L 12 B 120/09 SO ER.
[197] Vgl. LSG Berlin-Brandenburg v. 14.03.2012 - L 29 AS 28/12 B ER - juris Rn. 31.
[198] LSG Baden-Württemberg v. 02.06.2008 - L 7 SO 14/08 B ER - FEVS 60, 227; LSG Hessen v. 02.06.2008 - L 7 SO 14/08 B ER; LSG Baden-Württemberg v. 15.06.2005 - L 7 SO 1594/05.
[199] So Bayerisches LSG v. 14.10.2010 - L 5 AS 1325/10 B ER.
[200] Vgl. LSG Berlin-Brandenburg v. 20.11.2007 - L 20 B 1361/07 AS ER - FEVS 59, 362.
[201] Vgl. LSG Baden-Württemberg v. 11.06.2008 - L 7 AS 2309/08 ER-B.
[202] Vgl. Bayerisches LSG v. 07.12.2005 - L 11 B 530/05 SO ER - FEVS 57, 445.

Fünfter Abschnitt: Gewährung von Darlehen

§ 37 SGB XII Ergänzende Darlehen

(Fassung vom 24.03.2011, gültig ab 01.01.2011)

(1) Kann im Einzelfall ein von den Regelbedarfen umfasster und nach den Umständen unabweisbar gebotener Bedarf auf keine andere Weise gedeckt werden, sollen auf Antrag hierfür notwendige Leistungen als Darlehen erbracht werden.

(2) [1]Der Träger der Sozialhilfe übernimmt für Leistungsberechtigte nach § 27b Absatz 2 Satz 2 die jeweils von ihnen bis zur Belastungsgrenze (§ 62 des Fünften Buches) zu leistenden Zuzahlungen in Form eines ergänzenden Darlehens, sofern der Leistungsberechtigte nicht widerspricht. [2]Die Auszahlung der für das gesamte Kalenderjahr zu leistenden Zuzahlungen erfolgt unmittelbar an die zuständige Krankenkasse zum 1. Januar oder bei Aufnahme in eine stationäre Einrichtung. [3]Der Träger der Sozialhilfe teilt der zuständigen Krankenkasse spätestens bis zum 1. November des Vorjahres die Leistungsberechtigten nach § 27b Absatz 2 Satz 2 mit, soweit diese der Darlehensgewährung nach Satz 1 für das laufende oder ein vorangegangenes Kalenderjahr nicht widersprochen haben.

(3) In den Fällen des Absatzes 2 Satz 3 erteilt die Krankenkasse über den Träger der Sozialhilfe die in § 62 Absatz 1 Satz 1 des Fünften Buches genannte Bescheinigung jeweils bis zum 1. Januar oder bei Aufnahme in eine stationäre Einrichtung und teilt dem Träger der Sozialhilfe die Höhe der der leistungsberechtigten Person zu leistenden Zuzahlungen mit; Veränderungen im Laufe eines Kalenderjahres sind unverzüglich mitzuteilen.

(4) [1]Für die Rückzahlung von Darlehen nach Absatz 1 können von den monatlichen Regelsätzen Teilbeträge bis zur Höhe von jeweils 5 vom Hundert der Regelbedarfsstufe 1 nach der Anlage zu § 28 einbehalten werden. [2]Die Rückzahlung von Darlehen nach nach Absatz 2 erfolgt in gleichen Teilbeträgen über das ganze Kalenderjahr.

Gliederung

A. Basisinformationen 1
I. Textgeschichte/Gesetzgebungsmaterialien 1
II. Vorgängervorschriften 7
III. Parallelvorschriften 8
IV. Systematische Zusammenhänge 10
B. Auslegung der Norm 14
I. Regelungsgehalt und Bedeutung der Norm 14
II. Normzweck 18
III. Tatbestandsmerkmale 20
1. Ergänzende Darlehen nach Absatz 1 20
a. Regelsonderbedarf 20
b. Subsidiarität der Darlehensgewährung 40
c. Antrag 46

2. Übernahme der Zuzahlungen zur GKV und Zuzahlungsbescheinigung (Absätze 2 und 3) 49
IV. Rechtsfolgen 55
1. Gewährung der Leistung als Darlehen 55
a. Kein Entschließungsermessen hinsichtlich des „Ob" 55
b. Auswahlermessen 57
2. Tilgung des Darlehens nach Absatz 1 durch Einbehaltung 63
3. Rückzahlung des Darlehens in Fällen des Absatzes 2 70
4. Rückzahlung des Darlehens bei Beendigung des Leistungsbezuges 72
C. Praxishinweise 73

A. Basisinformationen

I. Textgeschichte/Gesetzgebungsmaterialien

§ 37 SGB XII ist durch Art. 1 des **Gesetzes zur Einordnung des Sozialhilferechts in das Sozialgesetzbuch** vom 27.12.2003[1] eingeführt worden und aufgrund von dessen Art. 70 Abs. 1 mit Wirkung ab dem 01.01.2005 in Kraft getreten. 1

---

[1] BGBl I 2003, 3022.

2   In der **Begründung** des Gesetzentwurfs der Fraktionen SPD und BÜNDNIS 90/DIE GRÜNEN[2] heißt es zu der im Entwurf noch als § 38 SGB XII vorgesehenen Vorschrift:
„Infolge der weitreichenden Einbeziehung aller Leistungen der Hilfe zum Lebensunterhalt in den monatlich auszuzahlenden Regelsatz kann die Situation entstehen, dass ein notwendiger Bedarf tatsächlich nicht gedeckt werden kann. Ein derartiger Fall liegt beispielsweise vor, wenn mehrere größere Anschaffungen erforderlich sind und eine Neubeschaffung mangels ausreichender Ansparungen nicht möglich ist. In diesen Fällen sollen die Träger der Sozialhilfe die Möglichkeit haben, darlehensweise Leistungen zu erbringen. Absatz 1 lässt dies jedoch nur in sehr engem Rahmen zu. Zum einen muss es sich um einen unabweisbar gebotenen Bedarf handeln. Der Hinweis „auf keine andere Weise" bringt zum Ausdruck, dass die Leistungsberechtigten vorrangig auf eine andere Bedarfsdeckung, etwa aus dem Schonvermögen oder von dritter Seite, verwiesen werden sollen, z.B. auf Gebrauchtwarenlager und Kleiderkammern.
Absatz 2 regelt nur, dass und wie die Rückzahlungsraten während des Bezuges von Hilfe zum Lebensunterhalt einbehalten werden können. Die Rückzahlung des Darlehens selber wird, wie auch in anderen vergleichbaren Vorschriften, nicht geregelt."

3   Bereits vor ihrem Inkrafttreten ist die Norm aufgrund von Art. 2 Nr. 3 des **Gesetzes zur Änderung des Gesetzes zur Einordnung des Sozialhilferechts in das Sozialgesetzbuch** vom 09.12.2004[3] geändert und insoweit in Absatz 2 der Satz 2 angefügt worden.

4   Die auf Vorschlag des Ausschusses für Gesundheit und Soziale Sicherung angefügte Regelung in § 37 Abs. 2 Satz 2 SGB XII, die im ursprünglichen Entwurf eines Gesetzes zur Änderung des Gesetzes zur Einordnung des Sozialhilferechts in das Sozialgesetzbuch[4] noch nicht vorgesehen war, ist im Ausschussbericht[5] wie folgt **begründet** worden:
„§ 37 Abs. 2 regelt die Rückzahlung des Darlehens nach § 35 Abs. 3. Entsprechend der kalenderjährlich wiederkehrenden Belastung durch die Zuzahlungen und um eine tragbare Belastung für die Leistungsberechtigten sicher zu stellen, wird in § 37 Abs. 2 Satz 2 festgelegt, dass die Rückzahlung in gleich hohen Teilbeträgen über das ganze Kalenderjahr erfolgt."

5   Durch Art. 3 Nr. 15 des **Gesetzes zur Ermittlung von Regelbedarfen und zur Änderung des Zweiten und Zwölften Buches Sozialgesetzbuch** vom 24.03.2011[6] ist § 37 SGB XII **neu gefasst** worden. Zunächst ist in Absatz 1 der Vorschrift das Wort „Regelsätzen" durch das Wort „Regelbedarfen" ersetzt worden. Insofern ist terminologisch zu berücksichtigen, dass sich der Begriff „Regelsatz" (vgl. § 27a Abs. 3 SGB XII) nach der Neustrukturierung des Dritten Kapitels des SGB XII auf die zu zahlende Leistung beschränkt und im Unterschied zum bisherigen Recht nicht mehr die Zusammensetzung und Ermittlung der Leistungshöhe betrifft, da dies vom Regelbedarf nach Absatz 2 umfasst ist.[7] Darüber hinaus sind in den neuen Absätzen 2 und 3 die Regelungen des § 35 Abs. 3 und 4 SGB XII in der bis zum 31.12.2010 geltenden Fassung[8] über die Darlehensgewährung für Leistungsberechtigte in stationären Einrichtungen, die einen Barbetrag erhalten, miteinbezogen worden. Dadurch hat der Gesetzgeber die Regelungen für ergänzende Darlehen in einer Vorschrift zusammengefasst. Schließlich ist aus dem bisherigen Absatz 2 des § 37 SGB XII a.F. – mit Modifizierungen (sprachliche Anpassung in Satz 1 mittels Ersetzen des bisherigen Begriffs „Eckregelsatz" durch „Regelbedarfsstufe 1" sowie redaktionelle Anpassung des Verweises in Satz 2, indem die Angabe „§ 35 Abs. 3" durch die Wörter „nach Absatz 2" ersetzt worden ist) – der neue Absatz 4 geworden.

6   Die Begründung zur Neufassung von § 37 SGB XII findet sich in BT-Drs. 17/3404, S. 126/127.

II. Vorgängervorschriften

7   Die Möglichkeit einer Darlehensgewährung war dem BSHG zwar nicht fremd (vgl. etwa die §§ 15a, 15b, 27, 30, 89, 101a BSHG), eine dem jetzigen § 37 SGB XII entsprechende Vorläuferregelung gab es im BSHG allerdings nicht. Insoweit ist diese Neuregelung vor dem Hintergrund der gegenüber dem BSHG neu gestalteten Regelsatz- bzw. Regelbedarfsbemessung im SGB XII zu sehen. Während unter der Geltung des BSHG der Regelsatz in erheblichem Umfang durch die in § 21 BSHG normierten ein-

---

[2] BT-Drs. 15/1514, S. 61/62.
[3] BGBl I 2004, 3305.
[4] BT-Drs. 15/3673.
[5] BT-Drs. 15/3977, S. 8.
[6] BGBl I 2011, 453.
[7] BT-Drs. 17/3404, S. 120.
[8] Vgl. zur Gesetzesbegründung zu § 35 Abs. 3-5 SGB XII a.F. BT-Drs. 15/3977, S. 8.

maligen Leistungen ergänzt wurde, normierte bereits § 28 Abs. 1 Satz 1 SGB XII a.F., dass grundsätzlich der gesamte Bedarf des notwendigen Lebensunterhaltes – abgesehen von einigen wenigen Leistungen für besondere Bedarfe – durch die neuen Regelsätze abgedeckt wird. Nunmehr ergibt sich aus § 27a Abs. 2 Satz 1 SGB XII in der ab dem 01.01.2011 geltenden Fassung, dass der gesamte notwendige Lebensunterhalt nach Absatz 1 – mit Ausnahme der Bedarfe nach dem Zweiten bis Vierten Abschnitt (§§ 30-36 SGB XII n.F.) – den monatlichen Regelbedarf ergibt. Insoweit werden statt der Regelsätze nach der aufgehobenen Regelsatzverordnung nunmehr auf gesetzlicher Grundlage nach Maßgabe der §§ 27a-29 SGB XII i.V.m. dem neuen Regelbedarfs-Ermittlungsgesetz (RBEG) Regelbedarfe festgelegt. Zur Abdeckung der Regelbedarfe wiederum sind nach § 27a Abs. 3 Satz 1 SGB XII Regelsätze zu gewähren.

III. Parallelvorschriften

Für den Bereich der Grundsicherung für Arbeitsuchende sieht **§ 24 Abs. 1 SGB II n.F.** (entspricht im Wesentlichen § 23 Abs. 1 SGB II in der bis zum 31.12.2010 geltenden Fassung) ebenfalls die Erbringung eines vom Regelbedarf umfassten und nach den Umständen unabweisbaren sowie ungedeckten Bedarfs durch ein entsprechendes Darlehen vor. Der bisherige § 23 Abs. 1 SGB II a.F. hatte allerdings gegenüber § 37 SGB XII insoweit einen weiteren Anwendungsbereich, als das SGB II eine abweichende Festsetzung der pauschalierten Regelleistungen wegen atypischer Bedarfslagen, wie sie im SGB XII durch § 28 Abs. 1 Satz 2 SGB XII a.F. ermöglicht wurde, ursprünglich nicht vorsah.[9] Während das SGB XII von Beginn an eine Veränderung der Regelsätze entsprechend des konkreten individuellen Hilfebedarfs erlaubte[10] und in diesen Sachverhalten die Hilfe zum Lebensunterhalt nach dem SGB XII als Zuschuss erbracht werden konnte, wurden Hilfebedürftige nach dem SGB II in § 23 Abs. 1 SGB II a.F. auf eine darlehensweise Inanspruchnahme desselben Bedarfs verwiesen. Allerdings konnten durch die Gewährung eines Darlehens nach § 23 Abs. 1 SGB II a.F. nur vorübergehende Spitzen besonderen Bedarfs aufgefangen werden, während die Gewährung eines Darlehens zur Deckung eines dauerhaften, besonderen Bedarfs ungeeignet war.[11] Wegen dieser Lücke hatte das BVerfG dem Gesetzgeber aufgegeben, im SGB II ebenfalls eine Härtefallregelung in Form eines Anspruchs auf Hilfeleistungen zur Deckung eines unabweisbaren, laufenden, nicht nur einmaligen, besonderen Bedarfs zu schaffen.[12] Vor diesem Hintergrund hat der Gesetzgeber durch das Gesetz zur Abschaffung des Finanzplanungsrates und zur Übertragung der fortzuführenden Aufgaben auf den Stabilitätsrat sowie zur Änderung weiterer Gesetze (!) vom 27.05.2010[13] mit Wirkung zum 03.06.2010 einen neuen **§ 21 Abs. 6 SGB II** in das SGB II eingefügt. Mit dieser Regelung, die auf eine entsprechende Beschlussempfehlung des Haushaltsausschusses[14] zurückgeht, sollte das Urteil des BVerfG umgesetzt und eine Rechtsgrundlage für die geforderte Härtefallregelung im SGB II geschaffen werden[15].

Die durch das Gesetz zur Ermittlung von Regelbedarfen und zur Änderung des Zweiten und Zwölften Buches Sozialgesetzbuch vom 24.03.2011[16] neu geschaffene Regelung in **§ 42a SGB II** enthält im Übrigen **Rahmenvorgaben** für **alle Darlehen im SGB II**[17].

---

[9] Vgl. BSG v. 07.11.2006 - B 7b AS 14/06 R - BSGE 97, 242 = SozR 4-4200 § 20 Nr. 1; BSG v. 28.10.2009 - B 14 AS 44/08 R - SozR 4-4200 § 7 Nr. 15; zur Notwendigkeit einer bis zum 31.12.2010 auch für das SGB II zu schaffenden Härtefallregelung BVerfG v. 09.02.2010 - 1 BvL 1/09, 1 BvL 3/09 und 1 BvL 4/09 - BVerfGE 125, 175 = SozR 4-4200 § 20 Nr. 12.

[10] Vgl. BSG v. 18.06.2008 - B 14 AS 22/07 R - BSGE 101, 70 = SozR 4-4200 § 11 Nr. 11; *Busse/Pyzik*, NDV 2009, 94, 96.

[11] Vgl. BSG v. 07.11.2006 - B 7b AS 14/06 R - BSGE 97, 242 = SozR 4-4200 § 20 Nr. 1; BSG v. 28.10.2009 - B 14 AS 44/08 R - SozR 4-4200 § 7 Nr. 15; BSG v. 19.08.2010 - B 14 AS 13/10 R; BVerfG v. 09.02.2010 - 1 BvL 1/09, 1 BvL 3/09 und 1 BvL 4/09 - BVerfGE 125, 175 = SozR 4-4200 § 20 Nr. 12.

[12] BVerfG v. 09.02.2010 - BVerfG v. 09.02.2010 - 1 BvL 1/09, 1 BvL 3/09 und 1 BvL 4/09 - BVerfGE 125, 175 = SozR 4-4200 § 20 Nr. 12.

[13] BGBl I 2010, 671.

[14] Vgl. zur Begründung der Vorschrift BT-Drs. 17/1465, S. 8/9.

[15] Vgl. hierzu auch *Behrend* in: jurisPK-SGB II, 2. Aufl. 2007, § 21 Rn. 53.2. Zur rückwirkenden Anwendbarkeit der verfassungsrechtlichen Härtefallregelung vgl. BSG v. 18.02.2010 - B 4 AS 29/09 R - BSGE 105, 279 = SozR 4-1100 Art. 1 Nr. 7 mit Anm. *Groth*, jurisPR-SozR 13/2011, Anm. 2.

[16] BGBl I 2011, 453.

[17] BT-Drs. 17/3404, S. 115.

IV. Systematische Zusammenhänge

10 § 37 SGB XII ist nach der Neustrukturierung des Dritten Kapitels des SGB XII durch das Gesetz zur Ermittlung von Regelbedarfen und zur Änderung des Zweiten und Zwölften Buches Sozialgesetzbuch vom 24.03.2010 im Zusammenhang mit **§ 27a Abs. 2 Satz 1 SGB XII** zu sehen. Aus dieser Vorschrift ergibt sich, dass die Regelbedarfe als **grundsätzlich** (vgl. aber Rn. 11) **geschlossenes System** der Bedarfsdeckung hinsichtlich des in § 27a Abs. 1 SGB XII definierten notwendigen Lebensunterhalts ausgestaltet sind. Durch den **weitestgehenden Wegfall** der früher in § 21 BSHG geregelten **einmaligen Leistungen** werden die Hilfebedürftigen verpflichtet, für einmalige Bedarfe nun selbst Rücklagen zu bilden. In der Begründung zu § 27a SGB XII hat der Gesetzgeber zwar explizit darauf hingewiesen, dass die pauschalierten Regelsätze neben den laufenden Bedarfen auch in unregelmäßigen bzw. in großen Abständen anfallende Bedarfe umfassen, was bei der individuellen Ausgabenplanung zu berücksichtigen sei.[18] Unbeschadet dessen hat der Gesetzgeber allerdings auch gesehen – und hieran hat sich durch die umfangreichen, mit Wirkung zum 01.01.2011 erfolgten Änderungen des SGB XII nichts geändert –, dass infolge der weitreichenden Einbeziehung aller Leistungen der Hilfe zum Lebensunterhalt in den monatlich auszuzahlenden Regelsatz die Situation entstehen kann, dass etwa dann, wenn mehrere größere Anschaffungen erforderlich sind und eine Neubeschaffung mangels ausreichender Ansparungen nicht möglich ist, ein notwendiger Bedarf tatsächlich nicht gedeckt werden kann; in diesen Fällen sollen die Sozialhilfeträger die Möglichkeit haben, darlehensweise Leistungen zu erbringen.[19]

11 Zu berücksichtigen ist, dass nicht der gesamte, in § 27a Abs. 1 SGB XII definierte Bedarf des notwendigen Lebensunterhalts von den Regelsätzen erfasst wird, wie § 27a Abs. 2 Satz 1 SGB XII klarstellt. Ausgeschlossen sind vielmehr die Bedarfe nach dem „Zweiten bis Vierten Abschnitt". Dies sind nach der mit Wirkung zum 01.01.2011 erfolgten Neustrukturierung des Dritten Kapitels des SGB XII die in den §§ 30-36 SGB XII normierten zusätzlichen Bedarfe, die Bedarfe für Bildung und Teilhabe sowie Leistungen für Unterkunft und Heizung. Die dort aufgeführten Leistungen gehören also nicht zum Regelbedarf und können daher nicht Gegenstand eines Darlehens nach § 37 SGB XII sein.[20]

12 Abzugrenzen ist der Anwendungsbereich des § 37 SGB XII insbesondere von demjenigen in § 27a Abs. 4 Satz 1 SGB XII (bis zum 31.12.2010: § 28 Abs. 1 Satz 2 SGB XII). Das Recht der Sozialhilfe nach dem SGB XII geht von einer individualisierten Berücksichtigung der Bedarfslagen aus. So ist in **§ 9 SGB XII** weiterhin der **Individualisierungsgrundsatz** normiert, nach dem sich die Leistungen der Sozialhilfe nach der Besonderheit des Einzelfalles, insbesondere nach der Art des Bedarfs richten. **§ 27a Abs. 4 Satz 1 SGB XII ermöglicht eine abweichende Festlegung des Bedarfs**, wenn im Einzelfall ein Bedarf ganz oder teilweise anderweitig gedeckt ist oder unabweisbar seiner Höhe nach erheblich von einem durchschnittlichen Bedarf abweicht. Aufgrund dieser Vorschrift besteht die Möglichkeit einer abweichenden Bemessung der Regelsätze. Ein erheblich vom Durchschnitt abweichender Bedarf im Sinne von § 27a Abs. 4 Satz 1 SGB XII, der eine Erhöhung des Regelsatzes gebietet, liegt in solchen Fällen vor, in denen der Hilfesuchende einen laufenden, nicht nur einmaligen Bedarf hat, der bei der generalisierenden Bemessung der laufenden Leistungen zum Lebensunterhalt nach Regelsätzen nicht berücksichtigt worden ist und auch nicht berücksichtigt werden konnte; davon erfasst werden atypische Bedarfslagen, die von den Bedarfsgruppen nicht abgedeckt werden.[21] Wesentlich ist dabei, dass die Position zwar grundsätzlich im Regelsatz erfasst, aber der Ansatz der Höhe nach aufgrund der individuellen Situation des Hilfeberechtigten nicht ausreichend ist. Gleichzeitig hat diese Regelung eine qualitative Auffangfunktion für all diejenigen Bedarfslagen, die zwar dem notwendigen Lebensunterhalt zugeordnet werden müssen, aber im Modell des typischen Hilfeberechtigten nicht enthalten sind.[22] Erfasst werden davon, trotz Einbeziehung ehemals einmaliger Leistungen, nur Bedarfe, die längerfristig voraussehbar sind. Aus dieser Funktion der abweichenden Bemessung des Regelsatzes ergibt sich, dass im SGB XII das **Darlehen nicht geeignet** ist, einen **dauerhaft und voraussehbar höheren Bedarf** im Rahmen des notwendigen Lebensunterhaltes **auszugleichen**. Eine abweichende Regelsatzbemessung kommt nur in den Fällen in Betracht, in denen der erhöhte Bedarf regelmäßig wiederkehrt.

---

[18] BT-Drs. 17/3404, S. 120.
[19] Vgl. BT-Drs. 15/1514, S. 61/62.
[20] Vgl. zum früheren Rechtszustand bereits *Busse/Pyzik*, NDV 2009, 94, 95.
[21] Vgl. bereits BVerwG v. 15.12.1994 - 5 C 55/92 - BVerwGE 97, 232 = FEVS 45, 401 (zu § 22 Abs. 1 Satz 2 BSHG).
[22] *Busse/Pyzik*, NDV 2009, 94, 95.

Daraus ergibt sich im Umkehrschluss für das Darlehen nach § 37 SGB XII, dass diese Vorschrift nur dann zur Anwendung kommt, wenn eine **vorübergehende Bedarfsspitze**, etwa im Sinne größerer Anschaffungen, auftritt.[23]

Neben § 37 enthält das SGB XII im Übrigen weitere Vorschriften, nach denen die Gewährung eines Darlehens in Betracht kommt. Zu nennen sind insoweit die **§§ 22 Abs. 1 Satz 2, 35 Abs. 2 Satz 5, 36 Abs. 1 Satz 3, 38, 73 Satz 2 und 91 SGB XII**. Nach **§ 42 Nr. 5 SGB XII** gilt § 37 Abs. 1 SGB XII bei Leistungen der Grundsicherung im Alter und bei Erwerbsminderung entsprechend. Allerdings dürfte § 37 Abs. 4 Satz 1 SGB XII auch im Rahmen des § 42 Nr. 5 SGB XII Anwendung finden (vgl. dazu die Kommentierung zu § 42 SGB XII Rn. 27). 13

B. Auslegung der Norm

I. Regelungsgehalt und Bedeutung der Norm

§ 37 **Abs. 1** SGB XII regelt die Voraussetzungen für Fallgestaltungen, in denen ein von den Regelbedarfen zwar umfasster, im Einzelfall aber nicht gedeckter Bedarf auf Darlehensbasis ausgeglichen werden kann. Diese Vorschrift stellt mithin eine **Öffnungsklausel**[24] für unabweisbare Bedarfe dar, die zwar im Grundsatz von den Regelbedarfen umfasst sind, im Einzelfall jedoch nicht oder nicht ausreichend aus den Regelsätzen befriedigt werden können, etwa weil mehrere größere Anschaffungen erforderlich, dafür aber keine ausreichenden Mittel vorhanden sind. 14

§ 37 **Abs. 2 Satz 1** SGB XII sieht die Übernahme von Zuzahlungen zu den Kosten der Krankenbehandlung in Form eines ergänzenden Darlehens für Leistungsberechtigte nach § 27b Abs. 2 Satz 2 SGB XII vor, also für Personen, die in stationären Einrichtungen leben und das 18. Lebensjahr vollendet und deshalb einen Anspruch auf einen Barbetrag zur persönlichen Verfügung haben. § 37 **Abs. 2 Satz 2** SGB XII regelt diesbezüglich die Modalitäten der Auszahlung, § 37 **Abs. 2 Satz 3** SGB XII enthält ebenso wie **Absatz 3** ergänzende Verfahrensregelungen. 15

§ 37 **Abs. 4 Satz 1** SGB XII regelt einen Teil der Modalitäten der Darlehenstilgung und eröffnet für den Fall, dass der Empfänger eines Darlehens nach Absatz 1 weiterhin Hilfe zum Lebensunterhalt erhält, die Möglichkeit, dass der Sozialhilfeträger die Rückzahlung des Darlehens durch monatliche Aufrechnung in Höhe von bis zu 5 v.H. der Regelbedarfsstufe 1 nach der Anlage zu § 28 SGB XII bewirkt. 16

§ 37 **Abs. 4 Satz 2** SGB XII schließlich sieht für den Fall, dass der Sozialhilfeträger für Leistungsberechtigte in stationärer Unterbringung ein Darlehen nach Absatz 2 der Vorschrift erbringt, vor, dass die Darlehensrückzahlung in gleichen Teilbeträgen über das ganze Jahr erfolgt. 17

II. Normzweck

§ 37 SGB XII bringt gegenüber der Pauschalierung durch Regelsätze das **Individualisierungsprinzip** zur Geltung und ermöglicht mit der Gewährung von Darlehen einen **Ausgleich zwischen der Pauschalierung von Leistungen** und der **Sicherstellung der Bedarfsdeckung in Einzelfällen**, in denen der Bedarf durch die Regelsätze tatsächlich nicht gedeckt ist. 18

Die Regelungen in § 37 Abs. 2 und 3 SGB XII sollen die Abwicklung der Zuzahlungen zu den Kosten der Krankenbehandlung, die die Sozialhilfeträger im Wege der Vorleistungen an die jeweilige Krankenkasse erbringen, zwischen Betroffenen, Sozialhilfeträger und stationärer Einrichtung erleichtern und gleichzeitig eine finanzielle Überforderung der stationär untergebrachten Personen vermeiden helfen.[25] 19

III. Tatbestandsmerkmale

1. Ergänzende Darlehen nach Absatz 1

a. Regelsonderbedarf

aa. Allgemeines

§ 37 Abs. 1 SGB XII knüpft die Gewährung eines Darlehens zunächst an die Voraussetzung, dass es um die **Abdeckung eines Bedarfs** gehen muss, **der grundsätzlich von den Regelbedarfen umfasst ist**. Da nach § 27a Abs. 2 Satz 1 SGB XII der gesamte notwendige Lebensunterhalt mit Ausnahme der 20

---

[23] Busse/Pyzik, NDV 2009, 94, 95; Mester, ZfF 2005, 265, 266.

[24] Mester, ZfF 2005, 265.

[25] Vgl. zu § 35 Abs. 3-5 SGB XII a.F. BT-Drs. 15/3977, S. 8.

im Zweiten bis Vierten Abschnitt des Dritten Kapitels genannten Mehr- und Sonderbedarfe bzw. Leistungen für Unterkunft und Heizung den Regelbedarf ergibt, sind dem Grunde nach abweichende Leistungen für alle Bedarfstatbestände des notwendigen Lebensunterhalts denkbar.

21 Bei einem Sonderbedarf, der zwar vom Regelsatz umfasst ist, aber keine einmalige Bedarfsspitze darstellt, sondern dauernd oder regelmäßig wiederkehrt, ist allerdings eine abweichende Bemessung des Regelsatzes nach § 27a Abs. 4 Satz 1 SGB XII vorrangig.[26]

22 Nicht von den Regelsätzen umfasste Sonderbedarfe sind einer Deckung durch Darlehen dagegen von vornherein nicht zugänglich.[27] Dies gilt namentlich für die zusätzlichen Bedarfe nach den §§ 30-33 SGB XII (Mehrbedarf, einmalige Bedarfe, Beiträge für die Kranken- und Pflegeversicherung sowie Beiträge für die Vorsorge), Bedarfe für Bildung und Teilhabe (§§ 34, 34a SGB XII) sowie Unterkunft und Heizung (§§ 35-36 SGB XII).

23 Als für die Ermittlung des Regelbedarfs relevant werden nach dem Gesetz zur Ermittlung der Regelbedarfe nach § 28 SGB XII (RBEG), das durch das Gesetz zur Ermittlung von Regelbedarfen und zur Änderung des SGB II und des SGB XII vom 24.03.2011[28] eingeführt worden ist, nunmehr Verbrauchsausgaben für Nahrungsmittel und alkoholfreie Getränke, Bekleidung und Schuhe, Wohnen, Energie und Wohnungsinstandhaltung, Innenausstattung, Haushaltsgeräte und -gegenstände, Gesundheitspflege, Verkehr, Nachrichtenübermittlung, Freizeit, Unterhaltung und Kultur, Bildung, Beherbergungs- und Gaststättenleistungen sowie andere Waren und Dienstleistungen berücksichtigt (vgl. die §§ 5, 6 RBEG).

bb. Einzelfälle

24 Kosten für **Strom, Warmwasserzubereitung und Kochfeuerung** waren bis zum 31.12.2010 durchweg – jedenfalls soweit sie nicht den Heizkosten zuzuordnen waren – als ohne die Besonderheit des Einzelfalles bei vielen Hilfeempfängern gleichermaßen bestehender, nicht nur einmaliger Bedarf Bestandteil der Regelsätze.[29] Ein besonderes Abgrenzungsproblem für die Kosten der Warmwasserbereitung als Teil der Haushaltsenergie von den Heizkosten ergab sich, soweit keine getrennte Abrechnung erfolgte. Insoweit entsprach es der ständigen Rechtsprechung der für das SGB II zuständigen Senate des BSG, dass zur Verhinderung einer Doppelleistung (nur) der in der Regelleistung enthaltene Betrag für die Zubereitung von Warmwasser von den Heizkosten abzuziehen war, sofern eine konkrete Erfassung der Kosten für die Warmwasserbereitung technisch nicht möglich war.[30] Eine Ausnahme von der Pauschalierung kam nur bei einer isolierten Erfassung der Kosten der Warmwasserbereitung in Betracht. Dies war etwa dann nicht möglich, wenn die nach dem Mietvertrag zu leistende Vorauszahlung für warme Betriebskosten auf die eigentlichen Heizkosten zur Erwärmung der Wohnung und die Kosten der Warmwasserbereitung nicht aufteilbar war.[31] Mit dem Inkrafttreten des Gesetzes zur Ermittlung von Regelbedarfen und zur Änderung des Zweiten und Zwölften Buches Sozialgesetzbuch am 01.01.2011 ist die Herausrechnung einer Warmwasserpauschale allerdings entfallen, denn nunmehr werden die Kosten für die Warmwasseraufbereitung komplett im Rahmen der Unterkunftskosten bzw. bei dezentraler Aufbereitung (Wasserboiler) als Mehrbedarf übernommen (vgl. die §§ 27a Abs. 1 Satz 1, 30 Abs. 7, 35 Abs. 4 Satz 1 SGB XII).

25 Bei einer etwaigen Stromkosten**nach**zahlung handelt es sich allenfalls dann um einen Bedarf im Sinne des § 37 SGB XII, wenn im Abrechnungs- und Verbrauchszeitraum die Abschlagszahlungen entrichtet worden sind und dennoch wegen Mehrverbrauchs ein Nachzahlungsbetrag entstanden ist. Lässt sich ein solcher Nachzahlungsbetrag, der grundsätzlich aus den laufenden Regelsätzen zu erbringen ist, tatsächlich nicht aus den Regelsätzen decken, so ist eine darlehensweise Bedarfserbringung im Rahmen

---

[26] Vgl. Rn. 12 sowie *Armborst* in: LPK-SGB XII, 9. Aufl. 2012, § 37 Rn. 4.
[27] Ebenso *Falterbaum* in: Hauck/Noftz, SGB XII, § 37 Rn. 22; *Schellhorn* in: Schellhorn/Schellhorn/Hohm, SGB XII, 18. Aufl. 2010, § 37 Rn. 5; a.A. *Grube* in: Grube/Wahrendorf, SGB XII, 4. Aufl. 2012, § 37 Rn. 9.
[28] BGBl I 2011, 453.
[29] Vgl. BSG v. 23.11.2006 - B 11b AS 1/06 R - BSGE 97, 265 = SozR 4-4200 § 20 Nr. 3; LSG Baden-Württemberg v. 15.12.2006 - L 12 AS 4271/06.
[30] Vgl. BSG v. 06.04.2011 - B 4 AS 16/10 R - NZS 2011, 827; BSG v. 15.12.2010 - B 14 AS 61/09 R - BSGE 107, 165; BSG v. 27.02.2008 - B 14/11b AS 15/07 R - BSGE 100, 94 = SozR 4-4200 § 22 Nr. 5; BSG v. 19.03.2008 - B 11b AS 23/06 R - SozR 4-4200 § 24 Nr. 3.
[31] Vgl. BSG v. 24.02.2011 - B 14 AS 52/09 R - SGb 2011, 207; BSG v. 19.02.2009 - B 4 AS 48/08 R - BSGE 102, 274 = SozR 4-4200 § 22 Nr. 18.

von § 37 SGB XII denkbar.[32] Eine Darlehensgewährung nach § 37 SGB XII scheidet hingegen von vornherein aus, wenn durch Nichtzahlung der Abschlagsbeträge im Abrechnungs- und Verbrauchszeitraum, also wegen rückständiger Vorauszahlungen gegenüber einem Energieversorgungsunternehmen, **Schulden** aufgelaufen sind.[33] **Droht** wegen der Schulden eine **Sperrung der Energiezufuhr**, so kann es sich, da die Energieversorgung angesichts des Zuschnitts nahezu aller privater Haushalte nach den heutigen Lebensverhältnissen in Deutschland zum sozialhilferechtlichen anerkannten Mindeststandard gehört, um eine dem Verlust der Unterkunft vergleichbare **Notlage im Sinne von § 36 SGB XII**[34] handeln mit der Folge, dass eine Beihilfe oder eine darlehensweise Leistung nach dieser Norm zu prüfen ist (vgl. zur Problematik auch die Kommentierung zu § 36 SGB XII).

Auch die Kosten für die **Beschaffung von Kleidung** – diese wird bereits in § 27a Abs. 1 Satz 1 SGB XII ausdrücklich bei den grundlegenden Bedarfsgegenständen als Teilelemente des „notwendigen Lebensunterhalts" erwähnt – gehören zu den regelbedarfsrelevanten Verbrauchsausgaben (vgl. die §§ 5, 6 RBEG, Abteilung 3).[35] Können sie im Einzelfall nicht aufgebracht werden, kommt eine Darlehensgewährung nach § 37 SGB XII grundsätzlich in Betracht. Die ständige Notwendigkeit teurer Unter- oder Übergrößen stellt allerdings eine Indikation für eine abweichende Regelbedarfsfestlegung im Rahmen von § 27a Abs. 4 Satz 1 SGB XII dar.[36] 26

Nach § 264 Abs. 2 Satz 1 SGB V sind ab dem 01.01.2004 grundsätzlich alle Hilfeempfänger, die nach dem Dritten bis Neunten Kapitel des SGB XII oder nach § 2 AsylbLG laufende Leistungen erhalten und nicht auf Grund anderer Vorschriften selbst (familien-)versichert sind, von den Krankenkassen mit Leistungen der Krankenbehandlung zu versorgen. Sie sind insofern leistungsrechtlich den gesetzlich Krankenversicherten gleichgestellt. Die Regelungen zur Krankenbehandlung nach § 264 SGB V gehen den Leistungen zur Hilfe bei Krankheit nach § 48 Satz 1 SGB XII vor (§ 48 Satz 2 SGB XII).[37] Soweit die Krankenkassen keine Leistungen für die Inanspruchnahme bestimmter medizinischer Versorgung zu erbringen haben, können diese Leistungen auch nicht nach § 48 Satz 1 SGB XII gewährt werden.[38] Der entsprechende Bedarf ist dann aus dem monatlichen Regelsatz, notfalls durch Ansparung, aufzubringen, denn grundsätzlich gehören die bei Krankheit entstehenden Kosten zu den regelbedarfsrelevanten Verbrauchausgaben (**Gesundheitspflege**, vgl. die §§ 5, 6 RBEG, Abteilung 6).[39] 27

Kosten im Bereich der Gesundheitspflege entstehen Sozialhilfeempfängern etwa dadurch, dass diese nach § 62 Abs. 2 Satz 5 SGB V für **Zuzahlungen im Zusammenhang mit den Kosten bei Krankheit** jährlich einen Eigenanteil in Höhe von 2%, chronisch Kranke einen Eigenanteil von 1% des Zwölffachen der Regelleistung aufbringen müssen. Damit sollten Sozialhilfeempfänger bei den Zuzahlungen den Versicherten in der Gesetzlichen Krankenversicherung gleichgestellt werden.[40] Die jeweiligen Zuzahlungen – dies gilt auch für die sog. **Praxisgebühr** nach den §§ 28 Abs. 4, 61 Satz 2 SGB V[41] – sind aus dem Regelsatz zu decken.[42] Auch im Einzelfall nicht von der Krankenkasse gewährte medizinische 28

---

[32] Vgl. LSG Niedersachsen-Bremen v. 19.08.2005 - L 7 AS 182/05 ER - FEVS 57, 436; SG Hamburg v. 14.07.2005 - S 53 SO 347/05 ER.

[33] Vgl. LSG NRW v. 23.03.2011 - L 12 SO 49/09; vgl. zu § 23 Abs. 1 SGB II a.F. LSG Niedersachsen-Bremen v. 19.08.2005 - L 7 AS 182/05 ER - FEVS 57, 436; LSG Baden-Württemberg v. 11.06.2008 - L 7 AS 2309/08 ER-B; SG Berlin v. 08.09.2009 - S 159 AS 27256/09 ER; LSG NRW v. 24.06.2005 - L 12 B 15/05 AS ER; LSG Rheinland-Pfalz v. 04.04.2006 - L 3 ER 41/06 AS.

[34] Vgl. zu § 34 SGB XII a.F. SG Bremen v. 09.12.2009 - S 24 SO 196/09 ER; SG Lüneburg v. 17.09.2009 - S 22 SO 197/08; Bayerisches LSG v. 07.12.2005 - L 11 B 530/05 SO ER; vgl. überdies *Gebhardt* in: BeckOK, SGB XII, § 37 Rn. 4.

[35] Vgl. zum früheren Rechtszustand bereits LSG Hessen v. 10.04.2006 - L 9 AS 44/06 ER - info also 2006, 226.

[36] Vgl. zum alten Recht insoweit ausdrücklich BT-Drs. 15/1514, S. 59.

[37] Vgl. dazu auch die Kommentierung zu § 48 SGB XII Rn. 15; LSG NRW v. 16.01.2009 - L 20 B 116/08 SO - FEVS 60, 477; LSG NRW v. 25.05.2009 - L 20 SO 86/08 - FEVS 61, 284.

[38] LSG NRW v. 16.01.2009 - L 20 B 116/08 SO - FEVS 60, 477.

[39] Vgl. zu § 2 Abs. 2 Nr. 5 RSV bereits LSG NRW v. 16.01.2009 - L 20 B 116/08 SO; LSG NRW v. 14.07.2006 - L 1 B 23/06 AS ER - FEVS 58, 170; LSG Berlin-Brandenburg v. 04.09.2006 - L 5 B 601/06 AS ER; LSG Berlin-Brandenburg v. 28.09.2006 - L 19 B 751/06 AS ER; LSG Baden-Württemberg v. 15.12.2006 - L 12 AS 4271/06.

[40] Vgl. BT-Drs. 15/1525, S. 167.

[41] Vgl. LSG Baden-Württemberg v. 01.02.2007 - L 7 SO 4267/05.

[42] Vgl. die Gesetzesbegründung zur Änderung der RSV durch das GKV-Modernisierungsgesetz, BT-Drs. 15/1525, S. 167; LSG Berlin-Brandenburg v. 16.12.2008 - L 23 B 128/08 SO PKH; LSG NRW v. 09.06.2008 - L 20 SO 65/06.

§ 37

Leistungen sowie das komplette Spektrum nicht verordnungsfähiger Arznei-, Verband-, Heil- und Hilfsmittel müssen aus den allgemeinen Regelsätzen bestritten werden.[43] Dass Empfänger von Leistungen zum Lebensunterhalt nach dem SGB XII aus dem Regelsatz Zuzahlungen zu leisten haben, ist verfassungsrechtlich nicht zu beanstanden.[44] Wird die Belastungsgrenze bereits innerhalb des Kalenderjahres erreicht, hat die Krankenkasse eine Bescheinigung darüber zu erstellen, dass für den Rest des Kalenderjahres keine Zuzahlungen mehr zu leisten sind (§ 62 Abs. 1 Satz 1 SGB V). Wenn die Belastungsgrenze des § 62 SGB V in Einzelfällen bereits innerhalb eines kurzen Zeitraumes erreicht wird, können Sozialhilfeträger die Kosten für die Zuzahlungen nach § 37 Abs. 2 SGB XII darlehensweise übernehmen (vgl. dazu näher Rn. 49 ff.).

29 Für Versicherte, die das 18. Lebensjahr vollendet haben, werden Sehhilfen – bis auf wenige Ausnahmefälle (§ 33 Abs. 1 Sätze 5-7 SGB V) – grundsätzlich nicht mehr von der GKV finanziert. Weil Brillen dem von den Regelsätzen umfassten Bedarf zuzuordnen sind[45] und es sich bei der Anschaffung einer Brille um einen einmaligen Bedarf handelt, kommt grundsätzlich eine darlehensweise Leistungsbewilligung gem. § 37 Abs. 1 SGB XII in Betracht.[46] Denkbar sind insoweit aber auch Leistungen über § 54 SGB XII.[47]

30 Infolge der Rückzahlungsverpflichtung bei darlehensweiser Leistungsbewilligung kann sich im Übrigen insbesondere bei Hilfebedürftigen, die etwa ständig zuzahlungspflichtige Arzneimittel benötigen, mitunter eine langfristige Bedarfsunterdeckung ergeben, so dass in solchen Fällen wiederum eine abweichende Regelbedarfsfestlegung im Rahmen von § 27a Abs. 4 Satz 1 SGB XII zu prüfen ist.

31 Durch die Regelsätze grundsätzlich abgegolten sind auch Fahrtkosten (Verkehr, §§ 5, 6 RBEG, Abteilung 7) sowie Verpflegungskosten (Nahrungsmittel und – alkoholfreie – Getränke, §§ 5, 6 RBEG, Abteilung 1). Allerdings können sich durch die Regelsätze nicht ausreichend gedeckte Bedarfe im Zusammenhang mit der Aufrechterhaltung des persönlichen Kontaktes zu **gemeinsamen Kindern bei Trennung und Scheidung** ergeben. So können durch die **Wahrnehmung des Umgangsrechts** des nicht sorgeberechtigten Elternteils mit den getrennt lebenden Kindern nach § 1684 BGB Fahrt-, Übernachtungs- und Verpflegungskosten[48] entstehen, die hinsichtlich ihrer Höhe nicht aus den Regelsätzen bestritten werden können. Auf der Grundlage des bis zum 31.12.2004 geltenden **BSHG** war anerkannt, dass die Kosten des Umgangsrechts zu den persönlichen Grundbedürfnissen des täglichen Lebens gehörten, für die im Hinblick auf **Art. 6 Abs. 2 Satz 1 GG** über die Regelsätze hinaus einmalige oder laufende Leistungen als Zuschuss zu erbringen waren.[49]

32 Auch unter der Geltung des SGB XII sind die regelmäßig anfallenden notwendigen Kosten für die Ausübung des Umgangsrechts als die den Bedarf auslösende Lebenslage nicht bereits typischerweise durch den Regelsatz abgedeckt.[50] Für den Anwendungsbereich des SGB II hatte das BSG mit Blick auf die durch die Wahrnehmung des Umgangsrechts mit minderjährigen getrennt lebenden Kindern entstehenden Kosten eine Anwendung des § 23 Abs. 1 SGB II a.F. ausgeschlossen, weil es sich bei den Umgangskosten um wiederkehrende Bedarfe handele, die nur schwer einer darlehensweisen Gewährung zugänglich seien, und stattdessen – allerdings vor Einführung von § 21 Abs. 6 SGB II – eine atypische Bedarfslage angenommen, die die Anwendung des § 73 SGB XII rechtfertige.[51]

33 Für den Anwendungsbereich des SGB XII dürfte eine darlehensweise Gewährung und mithin die Anwendung des § 37 SGB XII ebenfalls ausscheiden. Ob für derartige Bedarfssituationen auf die Öffnungsklausel des § 27 Abs. 4 Satz 1 SGB XII zurückzugreifen ist[52], erscheint vor dem Hintergrund der

---

[43] Vgl. LSG NRW v. 21.02.2013 - L 9 SO 455/11 - ZFSH/SGB 2013, 273; LSG NRW v. 09.06.2008 - L 20 SO 65/06; *Kostorz/Wahrendorf*, ZfSH/SGB 2004, 387, 392.

[44] Vgl. BSG v. 16.12.2010 - B 8 SO 7/09 R - BSGE 107, 169 = SozR 4-3500 § 28 Nr. 6 sowie mit Blick auf Bezieher von Alg II BSG v. 22.04.2008 - B 1 KR 10/07 R - BSGE 100, 221 = SozR 4-2500 § 62 Nr. 6.

[45] Vgl. Bayerisches LSG v. 31.08.2007 - L 8 SO 47/07; OVG Bremen v. 19.03.2007 - S1 B 77/07 - FEVS 58, 548.

[46] Vgl. LSG NRW v. 16.01.2009 - L 20 B 116/08 SO.

[47] Vgl. zur Übernahme der Kosten für Hörgerätebatterien nach § 54 SGB XII BSG v. 19.05.2009 - B 8 SO 32/07 R - BSGE 103, 171 = SozR 4-3500 § 54 Nr. 5; zur Petö-Therapie als sozialhilferechtliche Eingliederungshilfe BSG v. 29.09.2009 - B 8 SO 19/08 R - SozR 4-3500 § 54 Nr. 6.

[48] Vgl. auch BGH v. 23.02.2005 - XII ZR 56/02 - NJW 2005, 1493.

[49] Vgl. BVerfG v. 25.10.1994 - 1 BvR 1197/93 - NJW 1995, 1342; BVerwG v. 22.08.1995 - 5 C 15/94 - FEVS 46, 89.

[50] Vgl. bereits LSG Baden-Württemberg v. 17.08.2005 - L 7 SO 2117/05 ER-B - FEVS 57, 164.

[51] Vgl. BSG v. 07.11.2006 - B 7b AS 14/06 R - BSGE 97, 242 = SozR 4-4200 § 20 Nr. 1.

[52] SG Reutlingen v. 20.04.2005 - S 3 SO 780/05 ER; vgl. die Kommentierung zu § 27a SGB XII Rn. 106.

Überlegungen des BSG zu der Parallelvorschrift des § 23 Abs. 1 SGB II a.F. zwar fraglich. Da aber nach der Begründung zur Neuregelung des § 21 Abs. 6 SGB II gerade auch die Kosten des Umgangsrechts ein Anwendungsfall der Härtefallregelung sein sollen[53], spricht einiges dafür, auch im Bereich des SGB XII einen Anwendungsfalls des § 27 Abs. 4 Satz 1 SGB XII anzunehmen. Für die Frage, in welchem Umfang und nach welcher Regelung der Sozialhilfeträger Kosten für das Umgangsrecht zu übernehmen hat, ist im Übrigen zu berücksichtigen, wer als jeweils Bedürftiger Anspruchsinhaber für seine Kosten ist.[54] Denn etwaige Kosten der Angehörigen oder Kinder für ihre Fahrten wären nur im Rahmen einer bei diesen bestehenden Hilfebedürftigkeit zu berücksichtigen.

cc. Unabweisbar gebotener Bedarf

Nach § 37 Abs. 1 SGB XII kommt eine Darlehensfinanzierung nicht für alle Bedarfslagen, welche aktuell nicht über den Regelsatz gedeckt werden können, in Betracht. Erforderlich ist vielmehr, dass es sich um einen nach den Umständen **unabweisbar gebotenen Bedarf** handelt.

34

Fraglich ist, was unter dem unbestimmten, der vollen gerichtlichen Überprüfung unterliegenden[55] Rechtsbegriff der „Unabweisbarkeit" zu verstehen sein soll. Eine allgemeine Definition dieses in verschiedenen Vorschriften des SGB XII auftauchenden Begriffes wird man kaum vornehmen können, denn während § 27a Abs. 4 Satz 1 SGB XII bei einem „unabweisbaren" Bedarf eine zugunsten des Hilfesuchenden abweichende Regelsatzbemessung zulässt, soll die „unabweisbar gebotene Leistung" in § 23 Abs. 5 Satz 1 SGB XII eindeutig eine sehr restriktive Eingrenzung des Hilfeanspruchs von Ausländern bewirken, die unter Missachtung der ihnen auferlegten räumlichen Beschränkungen einen unerlaubten Aufenthaltswechsel vorgenommen haben, denn als „unabweisbar geboten" werden in diesem Zusammenhang regelmäßig nur die Reise- und Verpflegungskosten angesehen, um an den ursprünglichen, legalen Ausgangsort zurückkehren zu können.[56]

35

Als unabweisbar im Sinne des § 37 Abs. 1 SGB XII dürfte ein Bedarf dann anzusehen sein, wenn und soweit sich die Bedarfsdeckung nach der speziellen Lebenssituation des Hilfebedürftigen als **unaufschiebbar** darstellt.[57] Damit ist insbesondere ein zeitliches Element umschrieben[58], denn insoweit ist erforderlich, dass es der Bedarfsdeckung zur Vermeidung einer akuten Notsituation **aktuell und sofort** bedarf, weil anderenfalls ihr Zweck – zumindest teilweise – verfehlt würde[59] (z.B. Notwendigkeit eines Wintermantels zu Beginn der kalten Jahreszeit, Anschaffung unentbehrlicher Haushaltsgegenstände wie z.B. Kühlschrank).

36

Problematisch ist, ob und inwieweit mit dem Begriff der Unabweisbarkeit darüber hinaus auch eine inhaltliche Beschränkung umschrieben wird. Einerseits liegt es nahe, dass die **Bedarfsunterdeckung** durchaus einen **erheblichen Nachteil** bewirken muss. Zwar könnte von einem erheblichen Nachteil im Hinblick auf die grundgesetzliche Garantie der Menschenwürde (Art. 1 Abs. 1 GG) i.V.m. dem Sozialstaatsgebot (Art. 20 Abs. 1 GG) bereits bei jeder Unterschreitung des soziokulturellen Existenzminimums ausgegangen werden[60], andererseits ist zu berücksichtigen, dass § 37 Abs. 1 SGB XII ohnehin nur dann zur Anwendung gelangt, wenn der grundsätzlich von den Regelsätzen gesicherte notwendige Lebensunterhalt im Einzelfall nicht gedeckt ist. Insofern liegt auf der Hand, dass das zusätzliche Merkmal der Unabweisbarkeit einen qualifizierten Sachverhalt kennzeichnen soll. Denn aus § 27a Abs. 2 Satz 1 SGB XII ergibt sich, dass grundsätzlich der gesamte notwendige Lebensunterhalt nach Absatz 1 den monatlichen Regelbedarf ergibt und zur Abdeckung der Regelbedarfe wiederum sind nach § 27a

37

---

[53] Vgl. die Beschlussempfehlung des Haushaltsausschusses zum Entwurf eines Gesetzes zur Abschaffung des Finanzplanungsrates, BT-Drs. 17/1465, S. 9; vgl. hierzu ausführlich auch *Behrend* in: jurisPK-SGB II, § 21 Rn. 96 ff.

[54] Vgl. *Behrend* in: jurisPK-SGB II, § 21 Rn. 99.

[55] Vgl. *Busse/Pyzik*, NDV 2009, 94, 97; *Falterbaum* in: Hauck/Noftz, SGB XII, § 37 Rn. 30.

[56] BVerfG v. 09.02.2001 - 1 BvR 781/98 - InfAuslR 2001, 229; *Schlette* in: Hauck/Noftz, SGB XII, § 23 Rn. 57; *Birk* in: LPK-SGB XII, 9. Aufl. 2012, § 23 Rn. 26; *Kruse* in: Kruse/Reinhard/Winkler/Höfer/Schwengers, SGB XII, 3. Aufl. 2012, § 23 Rn. 11.

[57] Vgl. *Dauber* in: Mergler/Zink, SGB XII, § 37 Rn. 6.

[58] Vgl. *Schellhorn* in: Schellhorn/Schellhorn/Hohm, SGB XII, 18. Aufl. 2010, § 37 Rn. 6; *Wenzel* in: Fichtner/Wenzel, SGB XII, 4. Aufl. 2009, § 37 Rn. 2; *Grube* in: Grube/Wahrendorf, SGB XII, 4. Aufl. 2012, § 37 Rn. 11; *Dauber* in: Mergler/Zink, SGB XII, § 37 Rn. 6; *Schwengers* in: Kruse/Reinhard/Winkler/Höfer/Schwengers, SGB XII, 3. Aufl. 2012, § 37 Rn. 2.

[59] Vgl. *Dauber* in: Mergler/Zink, SGB XII, § 37 Rn. 6.

[60] In diesem Sinne offenbar *Busse/Pyzik*, NDV 2009, 94, 97.

Abs. 3 Satz 1 SGB XII Regelsätze zu gewähren. Da die Regelsätze nach § 27a Abs. 3 Satz 2 SGB XII einen monatlichen Pauschalbetrag zur Bestreitung des Regelbedarfs darstellen, wobei die Leistungsberechtigten auch das Eintreten unregelmäßig anfallender Bedarfe zu berücksichtigen haben, sind die Regelsätze als grundsätzlich geschlossenes System der Bedarfsdeckung hinsichtlich des in § 27a Abs. 1 SGB XII definierten notwendigen Lebensbedarfs ausgestaltet. Daraus folgt dann aber auch, dass das von § 37 SGB XII zusätzlich geforderte Merkmal der Unabweisbarkeit nicht bereits dann vorliegen kann, wenn ein nach § 27a SGB XII an sich notwendiger Bedarf aktuell nicht befriedigt werden kann. Dafür spricht auch, dass es in der Gesetzesbegründung insoweit heißt, das Merkmal der Unabweisbarkeit diene dazu, einen entsprechenden Sonderbedarf „nur in sehr engem Rahmen" zuzulassen.[61] Der Gesetzgeber erachtet mithin gewisse Einschnitte in der Bedarfsdeckung als zumutbar, ohne sogleich die Möglichkeit einer darlehensweisen Sonderleistung zu eröffnen.[62]

38 Soweit andererseits die Unabweisbarkeit (erst) dort gesehen wird, wo eine Bedarfsunterdeckung bis auf **das zum Lebensunterhalt Unerlässliche** eintritt, was dann der Fall sei, wenn eine auf den Regelsatz bezogene Kürzung von 20-30% vorliege[63], erscheint diese an die Auslegung des § 25 Abs. 2 BSHG[64] – Nachfolgeregelung ist insoweit § 26 Abs. 1 SGB XII – angelehnte Auffassung zu restriktiv. Denn gegen die Übernahme der zu § 25 Abs. 2 BSHG entwickelten Maßstäbe wird zu Recht eingewandt, dass eine Gleichstellung von einerseits Hilfeempfängern, die wegen schlichter Bedarfsunterdeckung im Einzelfall ein Darlehen begehren, mit Leistungsberechtigten andererseits, denen ein schwerwiegendes Fehlverhalten (absichtliche Herbeiführung der Hilfebedürftigkeit, § 26 Abs. 1 Satz 1 Nr. 1 SGB XII bzw. Fortsetzung unwirtschaftlichen Verhaltens trotz Belehrung, § 26 Abs. 1 Satz 1 Nr. 2 SGB XII) vorzuwerfen ist, kaum nachvollziehbar erscheint.[65]

39 In diesem Spannungsfeld wird es letztlich auf die **Umstände des Einzelfalles** und die spezielle Lebenssituation des Betroffenen ankommen, ob und wie lange es dem Hilfesuchenden zuzumuten ist, die an sich gebotene Bedarfsdeckung aufzuschieben und Teile des Regelsatzes anzusparen.[66] Offenkundig ist jedenfalls, dass es einem Kirchenaustrittswilligen ohne weiteres zumutbar ist, in der Kirche noch solange Mitglied zu bleiben, bis er die für einen Austritt anfallende Gebühr angespart hat.[67]

b. Subsidiarität der Darlehensgewährung

40 Nach § 37 Abs. 1 SGB XII kommt die Gewährung eines Darlehens zur Sicherung von Regelsonderbedarf darüber hinaus nur dann in Betracht, wenn dieser „**auf keine andere Weise gedeckt werden kann**".

41 Insofern ist zunächst zu prüfen, ob der Bedarf durch **Einschnitte in anderen Bereichen** gedeckt werden kann, denn die Regelsätze sind grundsätzlich so bemessen, dass von der individuellen Situation abhängende, unterschiedliche Bedarfe in eigener Verantwortung – dies ergibt sich nunmehr ausdrücklich auch aus § 27a Abs. 3 Satz 2 SGB XII – auszugleichen sind.[68] Bei einem vorübergehenden außergewöhnlichen Spitzenbedarf sind jedenfalls in einem gewissen Umfang Einschränkungen in anderen Bereichen zumutbar.[69]

42 Ausweislich der Begründung des Gesetzgebers bringt der Hinweis „auf keine andere Weise" zum Ausdruck, dass die Leistungsberechtigten vorrangig auf eine andere Bedarfsdeckung, etwa aus dem Schonvermögen oder von dritter Seite, verwiesen werden sollen, z.B. auf **Gebrauchtwarenlager und Kleiderkammern**.[70] Soweit hierzu kritisch angemerkt worden ist, dass der Verweis auf Kleiderkammern[71] bei einer darlehensgestützten Leistung keine Berechtigung habe, weil der Hilfesuchende nur über

---

[61] BT-Drs. 15/1514, S. 61.
[62] So zutreffend *Mester*, ZfF 2005, 265, 267.
[63] Vgl. *Mester*, ZfF 2005, 265, 267; LSG Hessen v. 11.04.2006 - L 9 AS 43/06 ER - ZFSH/SGB 2007, 33; LSG NRW v. 14.07.2006 - L 1 B 23/06 AS ER - FEVS 58, 170 (Grenze bei 20%iger Bedarfsunterdeckung).
[64] Vgl. hierzu etwa OVG Bremen v. 19.02.1988 - 2 B 17/88 - FEVS 37, 471, 476; Bayerischer VGH v. 05.11.1991 - 12 B 91.219 - FEVS 42, 405, 410.
[65] *Busse/Pyzik*, NDV 2009, 94, 97.
[66] So *Grube* in: Grube/Wahrendorf, SGB XII, 4. Aufl. 2012, § 37 Rn. 11.
[67] So zutreffend LSG NRW v. 04.12.2012 - L 9 SO 383/12 B.
[68] Vgl. *Falterbaum* in: Hauck/Noftz, SGB XII, K § 37 Rn. 34; *Mester*, ZfF 2005, 265, 268; *Dauber* in: Mergler/Zink, SGB XII, § 37 Rn. 7.
[69] Vgl. *Falterbaum* in: Hauck/Noftz, SGB XII, K § 37 Rn. 34.
[70] BT-Drs. 15/1514, S. 61/62.
[71] Vgl. dazu auch LSG NRW v. 20.03.2008 - L 20 B 16/08 SO ER - FEVS 59, 575.

gleichsam vorgestreckte, aber doch eigene, rechtmäßig zugeflossene Mittel verfüge und es damit seiner Dispositionsbefugnis unterliege, ob er von diesen Mitteln lieber neue oder gebrauchte Kleidung erwerbe[72], ist dem zwar insoweit zuzustimmen, dass es jedem Hilfeempfänger grundsätzlich freisteht, wie er die ihm gewährten Leistungen einsetzt. Kann aber der Bedarf, für den ein Darlehen begehrt wird, bereits durch eine Leistung aus der Kleiderkammer gedeckt werden, kommt aufgrund anderweitiger Bedarfsdeckung bereits die Gewährung eines Darlehens nach § 37 SGB XII nicht in Betracht, so dass sich die Frage, ob dem Hilfeempfänger vorgegeben werden kann, auf welche Weise er seine Geldmittel einzusetzen hat, gar nicht erst stellt.

Aufgrund des Umstandes, dass sich nach dem Wortlaut des § 23 Abs. 1 SGB II a.F. explizit eine Pflicht zum Einsatz des in § 12 Abs. 2 Nr. 4 SGB II geregelten Schonvermögens ergab, wurde für § 37 SGB XII die Schlussfolgerung gezogen, dass dort – mangels ausdrücklicher Regelung – auf den Einsatz von Teilen des Schonvermögens für das Darlehen zu verzichten sei.[73] Abgesehen davon aber, dass der Gesetzgeber einen Einsatz des Schonvermögens ausdrücklich für zulässig erachtet hat[74] und nunmehr auch in § 24 Abs. 1 SGB II n.F. eine Bezugnahme auf das vorrangige Vermögen von Schonvermögen nicht mehr enthalten ist, ist die Verweisung auf den Einsatz von Schonvermögen auch mit dem Wortlaut der Vorschrift durchaus vereinbar, denn dort heißt es, dass der Bedarf „auf keine andere Weise" gedeckt werden kann. Damit ist auch ein **vorrangiger Einsatz von Vermögen nicht generell ausgeschlossen**[75], zumal nunmehr auch in § 42a Abs. 1 SGB II geregelt wird, dass Darlehen nach dem SGB II nur erbracht werden, wenn ein Bedarf weder durch „Vermögen nach § 12 Absatz 2 Satz 1 Nummer 1, 1a und 4" noch „auf andere Weise gedeckt" werden kann. Mit Blick auf die Regelung in § 42a Abs. 1 SGB II geht der Gesetzgeber davon aus, dass das dort in Bezug genommene Vermögen gerade belassen wird, um besondere Bedarfe zu decken und notwendige Anschaffungen zu tätigen.[76] Zwar gibt es im SGB XII keine Vermögensfreibeträge i.S.v. § 12 Abs. 2 Nr. 1, 1a SGB II und keine dem Ansparbetrag des § 12 Abs. 2 Satz 1 Nr. 4 SGB II entsprechende Regelung, deren Funktion übernimmt allerdings der kleine Barbetrag nach § 90 Abs. 2 Nr. 9 SGB XII (vgl. die Kommentierung zu § 90 SGB XII Rn. 83). Da nun kein Grund dafür ersichtlich ist, dass Sozialhilfeempfänger im Zusammenhang mit der Gewährung von Darlehen zur Abdeckung vorübergehender Bedarfsspitzen schlechter gestellt werden sollen als Empfänger von Alg II, dürfte ein Einsatz von Schonvermögen nur dann in Betracht kommen, wenn es sich hierbei um Barvermögen i.S. von § 90 Abs. 2 Nr. 9 SGB XII handelt[77], während es nicht zumutbar erscheint, auch anderes Schonvermögen – etwa Familien- und Erbstücke (§ 90 Abs. 2 Nr. 6 SGB XII) – für diesen Zweck einsetzen zu müssen.[78]

43

Nicht verwiesen werden kann auf fiktive Ansparleistungen.[79]

44

Bei Hilfeleistungen Dritter (z.B. Freunden, Verwandten) liegt im Übrigen eine Bedarfsdeckung auf andere Weise, die ein Darlehen nach § 37 SGB XII ausschließen würde, jedenfalls dann nicht vor, wenn der Dritte die erforderliche Hilfe nur deshalb erbringt, weil der Sozialhilfeträger, obwohl er Kenntnis von der Notlage hat, nicht rechtzeitig eingegriffen oder ein Eingreifen abgelehnt hat.[80] Lediglich eine endgültig als sog. „verlorener Zuschuss" (z.B. durch Schenkung) geleistete Dritthilfe wirkt in solchen Fällen anspruchsvernichtend.[81] Die Hilfe eines Dritten schließt die Gewährung eines Darlehens durch den Sozialhilfeträger dagegen dann nicht aus, wenn der Dritte vorläufig – gleichsam anstelle des Sozialhilfeträgers und unter Vorbehalt des Erstattungsverlangens – nur deshalb einspringt, weil der Träger der Sozialhilfe nicht rechtzeitig geholfen oder Hilfe abgelehnt hat.[82]

45

---

[72] *Lang/Blüggel* in: Eicher/Spellbrink, SGB II, 2. Aufl. 2008, § 23 Rn. 22.
[73] *Busse/Pyzik*, NDV 2009, 94, 98.
[74] BT-Drs. 15/1514, S. 61/62.
[75] Vgl. *Dauber* in: Mergler/Zink, SGB XII, § 37 Rn. 7; *Grube* in: Grube/Wahrendorf, SGB XII, 3. Aufl. 2010, § 37 Rn. 9.
[76] BT-Drs. 17/3404, S. 116.
[77] So offenbar auch *Schellhorn* in: Schellhorn/Schellhorn/Hohm, SGB XII, 18. Aufl. 2010, § 37 Rn. 7.
[78] Vgl. *Wenzel* in: Fichtner/Wenzel, SGB XII, 4. Aufl. 2009, § 37 Rn. 3; a.A. *Mester*, ZfF 2005, 265, 268.
[79] Vgl. *Armborst* in: LPK-SGB XII, 9. Aufl. 2012, § 37 Rn. 6; *Mester*, ZfF 2005, 265, 268; *Schellhorn* in: Schellhorn/Schellhorn/Hohm, SGB XII, 18. Aufl. 2010, § 37 Rn. 7.
[80] Vgl. zur Rechtslage nach dem BSHG: OVG Hamburg v. 13.12.1991 - Bf IV 1/91 - FEVS 43, 51; BVerwG v. 02.09.1993 - 5 C 50/91 - BVerwGE 94, 127; BVerwG v. 19.11.1998 - 5 B 36/98 - FEVS 49, 529.
[81] Vgl. BVerwG v. 23.06.1994 - 5 C 26/92 - BVerwGE 96, 152 = FEVS 45, 138.
[82] Vgl. BVerwG v. 23.06.1994 - 5 C 26/92 - BVerwGE 96, 152 = FEVS 45, 138; BVerwG v. 30.04.1992 - 5 C 12/87 - BVerwGE 90, 154 = FEVS 43, 59.

c. Antrag

46 Die Gewährung von Leistungen in Form eines Darlehens setzt schließlich voraus, dass der Hilfebedürftige einen **Antrag** stellt. Hierbei handelt es sich um eine Ausnahme von dem Grundsatz, dass Sozialhilfe nach § 18 Abs. 1 SGB XII antragsunabhängig zu gewähren ist. Da eine schriftliche Antragstellung gesetzlich nicht gefordert wird, reicht auch ein mündlich formulierter Antrag aus. In jedem Falle muss es sich um einen Antrag gerade auf die Erbringung eines Darlehens handeln, so dass dem Leistungsberechtigten ein Darlehen, das er nicht beantragt hat, grundsätzlich nicht aufgedrängt werden kann.

47 Dass die Initiative im Rahmen des § 37 SGB XII vom Hilfebedürftigen auszugehen hat, liegt darin begründet, dass der Sozialhilfeträger in aller Regel keine Kenntnis von der besonderen Bedarfslage hat. Sofern ein entsprechender Bedarf für ihn allerdings erkennbar ist, ist der Sozialhilfeträger gehalten, den Hilfebedürftigen im Rahmen seiner Beratungspflichten (§ 11 SGB XII) auf die Möglichkeit eines ergänzenden Darlehens hinzuweisen.[83]

48 § 37 Abs. 1 SGB XII verlangt abweichend zu der Parallelvorschrift in § 24 Abs. 1 SGB II im Übrigen keinen „Nachweis" des Vorliegens der Tatbestandsvoraussetzungen, so dass der Sozialhilfeträger nach Antragstellung diesbezüglich von Amts wegen zu ermitteln hat.

2. Übernahme der Zuzahlungen zur GKV und Zuzahlungsbescheinigung (Absätze 2 und 3)

49 Die Regelungen in § 37 Abs. 2 und 3 SGB XII in der ab dem 01.01.2011 geltenden Fassung gehen auf § 35 Abs. 3 und 4 SGB XII a.F. zurück. Diese Absätze waren – ebenso wie die zwischenzeitlich obsolete Stichtagsregelung in § 35 Abs. 5 SGB XII a.F. – noch vor dem Inkrafttreten des SGB XII durch das Gesetz zur Änderung des Gesetzes zur Einordnung des Sozialhilferechts in das Sozialgesetzbuch vom 09.12.2004[84] in § 35 SGB XII eingefügt worden. Hintergrund dieser Regelungen war, dass **Empfänger von Leistungen der Hilfe zum Lebensunterhalt** – wie auch andere Personen mit geringem Einkommen – seit dem 01.01.2004 **nicht mehr von Zuzahlungen** (§ 61 SGB V) für bestimmte **Leistungen der Krankenkasse befreit** sind. Erst wenn die Zuzahlungen eine bestimmte **Belastungsgrenze** erreicht haben, werden Versicherte nach § 62 SGB V auf Antrag für den Rest eines Kalenderjahres von weiteren Zuzahlungen befreit. Insoweit erklärt die zuständige Krankenkasse nach § 62 Abs. 1 SGB V bei Erreichen einer Belastungsgrenze von 2%, bei chronisch kranken Menschen und Versicherten, die an einem für ihre Behandlung bestehenden strukturierten Behandlungsprogramm teilnehmen, von 1% des zum Lebensunterhalt notwendigen Bruttoeinkommens innerhalb eines Kalenderjahres durch eine Bescheinigung die Befreiung von weiteren Zuzahlungen. Bei Personen, bei denen die Kosten der Unterbringung in einem Heim oder einer ähnlichen Einrichtung von einem Träger der Sozialhilfe getragen werden, errechnet sich nach § 62 Abs. 2 Satz 5 Nr. 2 SGB V die Belastungsgrenze generell, also ohne individuelle Prüfung, aus dem Regelsatz für die Regelbedarfsstufe 1 nach der Anlage zu § 28 SGB XII.

50 Damit Leistungsberechtigte nach § 27b Abs. 2 Satz 2 SGB XII, also Personen, die in stationären Einrichtungen leben und das 18. Lebensjahr vollendet und deshalb einen Anspruch auf einen Barbetrag zur persönlichen Verfügung haben, die von ihnen geforderten Zuzahlungen leisten können, müssten sie zu Jahresbeginn gegebenenfalls einen erheblichen Teil des ihnen gewährten Barbetrages einsetzen. Um etwaige daraus resultierende finanzielle Überforderungen zu vermeiden, hat der Sozialhilfeträger nach § 37 **Abs. 2 Satz 1** SGB XII die für das ganze Kalenderjahr bis zur Belastungsgrenze nach § 62 SGB V zu leistenden **Zuzahlungen in Form eines ergänzenden Darlehens zu übernehmen**, sofern der Leistungsberechtigte dem nicht widerspricht. Dadurch wird bewirkt, dass bei kostenaufwendigeren Leistungen der GKV, bei denen bereits zu Beginn eines Jahres die gesamte zumutbare Zuzahlung zu leisten ist, die Zuzahlungslast durch das Darlehen auf zwölf Monate verteilt werden kann.[85]

51 Zu beachten ist, dass das Darlehen für die Zuzahlungen – anders als in Fällen des Absatzes 1 – nicht auf Antrag geleistet wird, vielmehr ist dem Leistungsberechtigten ein (formloses) **Widerspruchsrecht** eingeräumt. Das Darlehen wird also von Amts wegen gewährt, allerdings soll der Leistungsberechtigte mit seinem Widerspruchsrecht die Möglichkeit haben, die Zuzahlungen auch selbst zu begleichen.[86] Über das Widerspruchsrecht hat der Sozialhilfeträger den Leistungsberechtigten zu informieren; ein von diesem erklärter Widerspruch wirkt so lange, bis eine anders lautende Erklärung abgegeben wird.[87]

---

[83] *Mester*, ZfF 2005, 265, 266.
[84] BGBl I 2004, 3305.
[85] BSG v. 16.12.2010 - B 8 SO 7/09 R - BSGE 107, 169 = SozR 4-3500 § 28 Nr. 6.
[86] BT-Drs. 15/3977, S. 8.
[87] *Schellhorn* in: Schellhorn/Schellhorn/Hohm, SGB XII, 18. Aufl. 2010, § 35 Rn. 28.

Soweit der Leistungsberechtigte nicht widerspricht und deshalb ein entsprechendes Darlehen gewährt wird, ist zu beachten, dass das Darlehen nach Absatz 2 Satz 1 nicht dem Leistungsberechtigten selbst erbracht wird. Vielmehr erfolgt die **Auszahlung** der für das ganze Kalenderjahr zu erbringenden Zuzahlungen nach § 37 **Abs. 2 Satz 2** SGB XII zum 01.01. oder bei Aufnahme des Leistungsberechtigten in eine stationäre Einrichtung **unmittelbar an die zuständige Krankenkasse**. Diese erhält dadurch eine Leistung durch Dritte i.S.d. § 267 BGB.

Um sicherzustellen, dass die Zuzahlungsbefreiung vom 01.01 eines Jahres an wirkt, hat der Sozialhilfeträger die zuständige Krankenkasse nach der Regelung des § 37 **Abs. 2 Satz 3** SGB XII spätestens bis zum 01.11. des Vorjahres über die zu befreienden Leistungsberechtigten nach § 27b Abs. 2 Satz 2 SGB XII zu **unterrichten**. Durch die Beschränkung der Mitteilungspflicht auf Leistungsberechtigte, die in der Vergangenheit diesem Verfahren nicht bereits widersprochen haben, wird erreicht, dass das Verfahren nicht unnötigerweise auf Personen ausgedehnt wird, die voraussichtlich kein Interesse an einer Darlehensgewährung haben.[88]

Nachdem der Sozialhilfeträger die zuständige Krankenkasse über die zu befreienden Leistungsberechtigten unterrichtet hat, erteilt die Krankenkasse nach § 37 Abs. 3 SGB XII jeweils bis zum 01.01. oder bei Aufnahme in einer stationären Einrichtung die in § 62 Abs. 1 Satz 1 SGB V genannte Bescheinigung und teilt dem Sozialhilfeträger darüber hinaus die Höhe der vom Leistungsberechtigten zu erbringenden Zuzahlungen mit. Die ansonsten von der Krankenkasse gemäß § 62 Abs. 1 Satz 1 i.V.m. Abs. 3 Satz 1 SGB V auszustellende Bescheinigung, die dem Sozialhilfeträger zur Weiterleitung an den Leistungsberechtigten übermittelt wird dient dem **Nachweis gegenüber den Leistungserbringern**. Damit soll erreicht werden, dass der Leistungsberechtigte in einem Schreiben über die Darlehensgewährung und das Widerspruchsrecht informiert wird und gleichzeitig die Befreiungsbescheinigung der Krankenkasse „aus einer Hand" vom Sozialhilfeträger erhält.[89] Auch Veränderungen im Laufe des Kalenderjahres sind unverzüglich mitzuteilen (Absatz 3 Halbsatz 2).

IV. Rechtsfolgen

1. Gewährung der Leistung als Darlehen

a. Kein Entschließungsermessen hinsichtlich des „Ob"

Während es nach § 38 Abs. 1 Satz 1 SGB XII bei Vorliegen der Tatbestandsvoraussetzungen im pflichtgemäßen Ermessen des Sozialhilfeträgers steht, ob die Leistungen als Zuschuss oder als Darlehen erbracht werden, schreibt § 37 Abs. 1 SGB XII vor, dass die Leistungen bei Vorliegen der Voraussetzungen als Darlehen erbracht werden „**sollen**". Liegen die Tatbestandsvoraussetzungen des § 37 Abs. 1 SGB XII vor, hat die nachfragende Person daher **in der Regel** einen **Anspruch** auf das Darlehen, eine **Leistungsversagung** kann **nur in Ausnahmefällen** erfolgen.[90] Angesichts des engen Anwendungsbereichs der Norm am Rande des soziokulturellen Existenzminimums dürften atypische Fälle nur sehr selten sein.[91] Allerdings muss nicht immer der volle Bedarf abgedeckt werden, denn soweit der unabweisbar gebotene Bedarf zumindest teilweise auf andere Weise gedeckt werden kann, kommt auch eine **anteilige Bedarfsdeckung** durch Gewährung eines Darlehens in Betracht.[92]

Wenn Leistungen nach § 37 SGB X erbracht werden, kann dies **nur als Darlehen**, nicht aber in Form eines (verlorenen) Zuschusses erfolgen.[93] Die Auffassung, dass auf der Grundlage von § 37 SGB XII

---

[88] BT-Drs. 15/3977, S. 8.
[89] BT-Drs. 15/3977, S. 8.
[90] Vgl. *Grube* in: Grube/Wahrendorf, SGB XII, 4. Aufl. 2012, § 37 Rn. 13; *Wenzel* in: Fichtner/Wenzel, SGB XII, 4. Aufl. 2009, § 37 Rn. 4; *Schellhorn* in: Schellhorn/Schellhorn/Hohm, SGB XII, 18. Aufl. 2010, § 37 Rn. 10; *Mester*, ZfF 2005, 265, 269; a.A. *Armborst* in: LPK-SGB XII, 9. Aufl. 2012, § 37 Rn. 11: Die „Sollregelung" beziehe sich lediglich auf das „Wie" der Leistungserbringung, so dass ausnahmsweise auch als Zuschuss erbrachte Leistungen in Betracht kämen.
[91] Vgl. *Grube* in: Grube/Wahrendorf, SGB XII, 4. Aufl. 2012, § 37 Rn. 13.
[92] Vgl. *Heinz*, ZfF 2010, 121, 130; *Schellhorn* in: Schellhorn/Schellhorn/Hohm, SGB XII, 18. Aufl. 2010, § 37 Rn. 10; *Mester*, ZfF 2005, 265, 269; *Falterbaum* in: Hauck/Noftz, SGB XII, § 37 Rn. 41.
[93] *Grube* in: Grube/Wahrendorf, SGB XII, 4. Aufl. 2012, § 37 Rn. 13; *Dauber* in: Mergler/Zink, SGB XII, § 37 Rn. 9; *Schellhorn* in: Schellhorn/Schellhorn/Hohm, SGB XII, 18. Aufl. 2010, § 37 Rn. 11; a.A. *Armborst* in: LPK-SGB XII, 9. Aufl. 2012, § 37 Rn. 11: auch als Zuschuss erbrachte Leistungen kämen ausnahmsweise in Betracht.

ausnahmsweise auch als Zuschuss erbrachte Leistungen in Betracht kämen[94], findet im Gesetz keine Stütze. Zur Problematik der **Verzinsung** vgl. im Übrigen die Kommentierung zu § 38 SGB XII Rn. 45 ff.

b. Auswahlermessen

57 Einen Ermessensspielraum hat der Sozialhilfeträger hinsichtlich der Entscheidung, in welcher **Rechtsform und zu welchen Modalitäten** die Darlehensgewährung erfolgt und ob er die Leistungen als **Sach- oder Geldleistung** erbringt (Auswahlermessen). Zwar wurde aus dem Umstand, dass § 23 Abs. 1 SGB II a.F. die Gewährung von Sachleistungen abweichend zu § 37 SGB XII ausdrücklich vorsah – dies gilt auch für die Nachfolgeregelung in § 24 Abs. 1 SGB II – die Schlussfolgerung gezogen, dass als ergänzende Darlehen ausschließlich Geld-, nicht aber Sachleistungen erbracht werden könnten.[95] § 37 SGB XII spricht aber lediglich davon, dass Leistungen „als Darlehen" erbracht werden, und als Darlehen kann vom Darlehensgeber nicht nur ein Geldbetrag zur Verfügung gestellt (vgl. § 488 BGB), sondern darüber hinaus können dem Darlehensnehmer auch vertretbare Sachen überlassen werden (Sachdarlehensvertrag, vgl. § 607 BGB[96]). Da § 37 SGB XII keine (einschränkende) Bezugnahme auf § 488 BGB bzw. auf den Begriff „Geldleistungen" enthält und überdies für eine unterschiedliche Handhabung von § 23 Abs. 1 SGB II a.F. bzw. § 24 Abs. 1 SGB II n.F. einerseits und § 37 SGB XII andererseits kein durchgreifender Grund ersichtlich ist, ist davon auszugehen, dass der Sozialhilfeträger im Rahmen dieser Regelung auch Sachleistungen erbringen kann.[97] Insoweit ist allerdings auch § 10 Abs. 3 SGB XII zu beachten, denn nach dieser Vorschrift hat die Geldleistung Vorrang vor der Sachleistung.

58 Die Modalitäten der Darlehensbewilligung und -rückzahlung sind, auch wenn das SGB XII die Darlehensgewährung in verschiedenen Vorschriften vorsieht, in keiner der Vorschriften näher konkretisiert (anders als etwa im Recht der Ausbildungsförderung).

59 Grundsätzlich kann der Sozialhilfeträger bei der Bewilligung der jeweiligen Sozialhilfeleistung als Darlehen die in seinem pflichtgemäßen Ermessen liegenden Darlehensmodalitäten durch einen **Verwaltungsakt** i.S.d. § 31 SGB X[98] oder alternativ auch mit der Handlungsform des **öffentlich-rechtlichen Vertrages** nach den §§ 53 ff. SGB X regeln (vgl. die Kommentierung zu § 38 SGB XII Rn. 39 und die dortigen Nachweise). § 53 Abs. 1 Satz 2 SGB X stellt es insoweit dem Leistungsträger frei, anstatt einen Verwaltungsakt zu erlassen, einen öffentlich-rechtlichen Vertrag mit demjenigen zu schließen, an den er sonst den Verwaltungsakt richten würde. Die Regelung des § 53 Abs. 2 SGB X, nach deren Inhalt ein öffentlich-rechtlicher Vertrag über Sozialleistungen nur geschlossen werden kann, soweit die Erbringung der Leistungen im Ermessen des Leistungsträgers liegt, steht der Zulässigkeit eines Darlehensvertrages nicht entgegen. Sie kommt bereits deshalb nicht zur Anwendung, weil der Darlehensvertrag einen Austauschvertrag darstellt, für den die Vorschrift des § 53 Abs. 2 SGB X gemäß § 55 Abs. 2 SGB X nicht gilt.[99] Ein Darlehensvertrag als öffentlich-rechtlicher Vertrag bedarf nach § 56 SGB X zwingend der Schriftform (vgl. insoweit auch die Kommentierung zu § 91 SGB XII Rn. 28).

60 Eine zivilrechtliche Ausgestaltung des Darlehensverhältnisses kommt dagegen grundsätzlich nicht in Betracht (vgl. dazu näher die Kommentierung zu § 38 SGB XII Rn. 40). Etwas anderes gilt jedoch für Rechtsstreitigkeiten, die auf der **Abtretung einer zivilrechtlichen Forderung** zur Sicherung des Darlehensrückzahlungsanspruchs beruhen.[100]

61 Soweit der Sozialhilfeträger allein durch Verwaltungsakt handelt, kann er in dem Bescheid sowohl die Rückzahlungsmodalitäten regeln als auch – statt durch einen gesonderten Leistungsbescheid – die Rückzahlungsverpflichtung verbindlich anordnen.[101] Aus dem Inhalt des Bescheides muss für den

---

[94] *Armborst* in: LPK-SGB XII, 3. Aufl. 2008, § 37 Rn. 10.
[95] Vgl. *Mester*, ZfF 2005, 265, 269; *Falterbaum* in: Hauck/Noftz, SGB XII, K § 37 Rn. 17; *Schwengers* in: Kruse/Reinhard/Winkler/Höfer/Schwengers, SGB XII, 3. Aufl. 2012, § 37 Rn. 4.
[96] Unzutreffend insofern *Falterbaum* in: Hauck/Noftz, SGB XII, § 37 Rn. 17, der davon ausgeht, dass eine Sachleistung schon begrifflich nicht als Darlehen erbracht werden könne.
[97] So im Ergebnis auch *Schellhorn* in: Schellhorn/Schellhorn/Hohm, SGB XII, 18. Aufl. 2010, § 37 Rn. 9.
[98] A.A. *Falterbaum* in: Hauck/Noftz, SGB XII, § 37 Rn. 42: eine einseitige Regelung über Verwaltungsakt sei „in aller Regel auszuschließen".
[99] Vgl. OVG Lüneburg v. 27.03.2003 - 12 ME 52/03 - FEVS 54, 526; *Schlette*, ZFSH/SGB 1998, 154, 161.
[100] Vgl. dazu den Beschluss des BSG v. 22.03.2012 - B 8 SO 9/12 R (nach Abtrennung einer Widerklage im Verfahren B 8 SO 24/10 R).
[101] Vgl. OVG Berlin v. 14.05.1987 - 6 B 34.86 - FEVS 37, 195; OVG Münster v. 06.09.2000 - 16 B 941/00.

Empfänger dann hinreichend bestimmbar (§ 33 SGB X) nicht nur hervorgehen, dass die jeweilige Leistung nur darlehensweise bewilligt wird, sondern auch, nach welchen bestimmten Rückzahlungsmodalitäten ab einem bestimmten Zeitpunkt die Leistungen zu erstatten sind.

Sofern sich der Leistungsberechtigte weigert, eine vom Sozialhilfeträger beabsichtigte vertragliche Vereinbarung über die Darlehensmodalitäten abzuschließen, eröffnet diese Weigerung nicht die Möglichkeit, die Leistungsgewährung nunmehr wegen mangelnder Mitwirkung abzulehnen.[102] Denn abgesehen davon, dass eine Mitwirkungsverpflichtung betreffend den Abschluss eines Darlehensvertrages in den §§ 60 ff. SGB I nicht begründet wird, steht dem Leistungsträger ohnedies die Möglichkeit offen, die Darlehensbedingungen durch Verwaltungsakt zu regeln. 62

2. Tilgung des Darlehens nach Absatz 1 durch Einbehaltung

§ 37 Abs. 4 Satz 1 SGB XII bestimmt, dass bei Empfängern von Hilfe zum Lebensunterhalt die Rückzahlung eines Darlehens nach Absatz 1 durch die Einbehaltung von monatlichen Teilbeträgen in Höhe von bis zu 5 v.H. der Regelbedarfsstufe 1 von der Leistung erfolgen kann. Der Sozialhilfeträger hat damit also die Möglichkeit, mit seinem Rückzahlungsanspruch gegen die Leistungen des Hilfeempfängers aufzurechnen.[103] 63

Die Anwendung dieser Sonderregelung setzt zunächst voraus, dass der Empfänger des Darlehens im Zeitpunkt der Rückzahlung des Darlehens (weiterhin) **Hilfe zum Lebensunterhalt** erhält. 64

Bemessungsgrundlage für die Tilgungsrate ist dabei nicht die individuelle Regelbedarfsstufe des Hilfeempfängers, sondern ausschließlich die **Regelbedarfsstufe 1**.[104] Diese ersetzt für alleinlebende und alleinerziehende Leistungsberechtigte den früheren „Eckregelsatz"[105], wobei bewusst auf diesen Begriff verzichtet wird[106], weil das BVerfG die Ableitung von Regelsätzen aus dem Eckregelsatz ohne empirische Grundlage beanstandet hatte.[107] Die in der Regelbedarfsstufe 1 berücksichtigten tatsächlichen Verbrauchsausgaben ergeben sich aus § 5 RBEG. 65

Da bei Beziehern von Hilfe zum Lebensunterhalt zur Tilgung des Darlehens monatliche Teilbeträge in Höhe von bis zu 5 v.H. der Regelbedarfsstufe 1 von der Leistung einbehalten werden **können**, hat der Sozialhilfeträger insoweit eine Ermessensentscheidung zu treffen, ob er von dieser Möglichkeit Gebrauch macht und ob der gesetzliche zulässige Höchstbetrag von 5 v.H. der Regelbedarfsstufe 1 oder ein niedriger Betrag einbehalten wird. Für die Ermessensausübung gelten die Maßstäbe des § 39 SGB I; danach ist das Ermessen entsprechend dem Zweck der Ermächtigung auszuüben und die gesetzlichen Grenzen des Ermessens einzuhalten. 66

Unklarheiten bestehen darüber, in welchem Umfang der Sozialhilfeträger die Tilgung des Darlehens verlangen kann, wenn dieses einer Person erbracht wurde, die in einer Haushaltsgemeinschaft mit Personen lebt, die ebenfalls Hilfe zum Lebensunterhalt erhalten. Insoweit wird zum einen die Auffassung vertreten, dass die Grenze von 5 v.H. der Regelbedarfsstufe 1 eine Obergrenze darstelle, welche auch dann gelte, wenn mehrere Personen einer Bedarfs-/Einsatzgemeinschaft Darlehensnehmer seien, so dass es nicht zulässig sei, bei jedem Mitglied der Bedarfs-/Einsatzgemeinschaft für jede Person der Einstandsgemeinschaft 5 v.H. der Regelbedarfsstufe 1 einzubehalten.[108] Zum anderen wird davon ausgegangen, dass der Abzugsbetrag aufgrund der gesetzlichen Formulierung („jeweils") innerhalb einer Bedarfsgemeinschaft für jede Person in Abzug gebracht werden könne, zumal mit der Zahl der Mitglieder einer Bedarfsgemeinschaft auch die Spielräume wüchsen, bei den Bedarfen Umschichtungen und Ansparungen vornehmen zu können.[109] 67

---

[102] Vgl. *Becker/Schmidbauer*, info also 1991, 3, 6.
[103] Vgl. *Schoch*, ZfF 2008, 241, 248.
[104] Ebenso *Dauber* in: Mergler/Zink, SGB XII, § 37 Rn. 16; *Falterbaum* in: Hauck/Noftz, SGB XII, § 37 Rn. 57; a.A. *Armborst* in: LPK-SGB XII, 9. Aufl. 2012, § 37 Rn. 16, der davon ausgeht, die Tilgungsrate von 5% der Regelbedarfsstufe 1 sei eine Obergrenze, die bei Haushaltsangehörigen an den jeweiligen Regelsatz anzupassen sei.
[105] BT-Drs. 17/3404, S. 121.
[106] BT-Drs. 17/3404, S. 121.
[107] BVerfG v. 09.02.2010 - BVerfG v. 09.02.2010 - 1 BvL 1/09, 1 BvL 3/09, 1 BvL 4/09 - BVerfGE 125, 175 = SozR 4-4200 § 20 Nr. 12.
[108] *Schellhorn* in: Schellhorn/Schellhorn/Hohm, SGB XII, 18. Aufl. 2010, § 37 Rn. 12; so im Ergebnis auch *Grube* in: Grube/Wahrendorf, SGB XII, 4. Aufl. 2012, § 37 Rn. 15.
[109] So *Falterbaum* in: Hauck/Noftz, SGB XII, § 37 Rn. 57.

68 Hier ist zunächst zu berücksichtigen, dass § 37 SGB XII anders als § 38 Abs. 1 Satz 2 SGB XII keine gemeinsame Darlehensvergabe an mehrere Mitglieder von Haushaltsgemeinschaften i.S.v. § 27 Abs. 2 Sätze 2 und 3 und damit keine gesamtschuldnerische Haftung vorsieht, vielmehr erfolgt die Darlehensvergabe individuell an einen Leistungsberechtigten.[110] Dann aber muss auch die **Tilgung des Darlehens individuell** erfolgen, so dass Schuldner des Darlehens jeweils derjenige Begünstigte ist, dem das Darlehen gewährt wurde.[111] Sofern der Sozialhilfeträger auf der Grundlage von § 37 SGB XII z.B. ein Darlehen für die Anschaffung einer Waschmaschine gewährt hat, kann eine Tilgung in Höhe von bis zu 5 v.H. der Regelbedarfsstufe 1 nur bei demjenigen Leistungsberechtigten erfolgen, dem das Darlehen gezahlt worden ist, nicht aber bei anderen Mitgliedern der Haushaltsgemeinschaft, auch wenn diese von dem Darlehen letztlich profitieren.

69 Sofern der Sozialhilfeträger an einen Leistungsbezieher mehrere Darlehen für unterschiedliche Zwecke vergeben haben sollte, stellt der Abzugsbetrag von bis zu 5% der Regelbedarfsstufe 1 für diesen Hilfebezieher gleichzeitig den **Höchstbetrag** dar, denn bei einer höheren Einbehaltungsquote wäre der notwendige Lebensunterhalt auf Dauer nicht mehr sichergestellt.[112] Zwar enthalten die Regelsätze auch Anteile für Bedarfe, für die bisher einmalige Leistungen in Betracht kamen und für die nunmehr Ansparungen aus dem Regelsatz vorzunehmen sind, so durch das Einbehalten eines Betrages bis zu 5 v.H. nur dieser Teil der Regelsatzleistungen betroffen wird.[113] Durch die Einbehaltung eines höheren Teils der laufenden Regelsatzleistung wäre indes die Abdeckung des Lebensunterhalts gefährdet.

3. Rückzahlung des Darlehens in Fällen des Absatzes 2

70 § 37 **Abs. 4 Satz 2** SGB XII trifft eine gesonderte Rückzahlungsregelung für den Fall, dass der Sozialhilfeträger für Leistungsberechtigte in stationärer Unterbringung die jeweils von ihnen bis zur Belastungsgrenze zu leistenden Zuzahlungen zu den Leistungen der gesetzlichen Krankenversicherung in Form eines ergänzenden Darlehens nach Absatz 2 Satz 1 der Vorschrift erbringt. Nach § 37 Abs. 2 Satz 2 SGB XII erfolgt die Auszahlung der für das ganze Kalenderjahr zu leistenden Zuzahlung unmittelbar an die zuständige Krankenkasse zum 01.01. Die **Rückzahlung des Darlehens** erfolgt – ohne dass der Sozialhilfeträger insoweit einen Ermessensspielraum hat[114] – **in gleichen Teilbeträgen über das ganze Jahr**. Durch die entsprechenden Tilgungsraten wird der monatliche Barbetrag (§ 27b Abs. 2 SGB XII) geschmälert. Eine entsprechende Regelung war schon unter der Geltung des BSHG für zulässig erachtet worden.[115]

71 Die Anknüpfung in § 37 Abs. 4 Satz 2 SGB XII an das Kalenderjahr ergibt sich daraus, dass die Belastungsgrenze nach § 62 Abs. 1 Satz 1 SGB V ebenfalls für das Kalenderjahr gilt („während jedes Kalenderjahres"). Grundsätzlich beläuft sich die Belastungsgrenze auf 2 v.H. bzw., bei chronisch Kranken, auf 1 v.H. der jährlichen Bruttoeinnahmen zum Lebensunterhalt (§ 62 Abs. 1 Satz 2 SGB V), wobei sich für Bezieher von Leistungen zum Lebensunterhalt nach dem SGB XII die Belastungsgrenze nicht nach den tatsächlichen Einnahmen, sondern pauschal für die gesamte Bedarfsgemeinschaft nach dem Regelsatz für die Regelbedarfsstufe 1 nach der Anlage zu § 28 SGB XII richtet (§ 62 Abs. 2 Satz 5 SGB V)[116], mithin unter Zugrundelegung der Regelbedarfsstufe 1 von 391 € (ab dem 01.01.2014) auf 93,84 € bzw. 46,92 € jährlich. Der vom Sozialhilfeträger nach § 37 Abs. 4 Satz 2 SGB XII einzubehaltende monatliche Betrag beläuft sich dementsprechend im Jahr 2014 auf 7,82 € bzw. 3,91 €.

4. Rückzahlung des Darlehens bei Beendigung des Leistungsbezuges

72 § 37 SGB XII enthält im Übrigen zwar keine Regelung zur Darlehensrückzahlung bei Beendigung des Bezugs von Leistungen zum Lebensunterhalt. Gleichwohl stellt **§ 37 Abs. 4 SGB XII keine abschließende Tilgungsregelung** in dem Sinne dar, dass nach Beendigung des Bezugs von Leistungen zum Lebensunterhalt eine weitere Rückforderung des Darlehens nicht mehr möglich sein soll. Zum einen ist dem Darlehen die Verpflichtung zur Rückzahlung immanent, zum anderen besteht etwa dann, wenn

---

[110] Vgl. auch *Dauber* in: Mergler/Zink, SGB XII, § 37 Rn. 16.
[111] Vgl. auch *Deutscher Verein*, NDV 2008, 347, 349.
[112] Vgl. auch Dauber in: Mergler/Zink, SGB XII, § 37 Rn. 16; *Falterbaum* in: Hauck/Noftz, SGB XII, § 37 Rn. 57.
[113] *Grube* in: Grube/Wahrendorf, SGB XII, 4. Aufl. 2012, § 37 Rn. 16.
[114] Vgl. *Falterbaum* in: Hauck/Noftz, SGB XII, § 37 Rn. 60.
[115] Vgl. OVG Lüneburg v. 06.05.2004 - 4 ME 88/04 - FEVS 55, 512.
[116] Vgl. zur Verfassungsmäßigkeit der durch das *GKV-Modernisierungsgesetz – GMG – vom 14.11.2003 (*BGBl I 2003, 2190*) geänderten §§ 61, 62 SGB V*: BSG v. 22.04.2008 - B 1 KR 10/07 R - BSGE 100, 221 = SozR 4-2500 § 62 Nr. 6 sowie BSG v. 16.12.2010 - B 8 SO 7/09 R - BSGE 107, 169 = SozR 4-3500 § 28 Nr. 6.

der Hilfebedürftige nach Beendigung des Bezugs von Leistungen zum Lebensunterhalt nach dem SGB XII andere Sozialleistungen bezieht oder die Bedürftigkeit wegen Vermögenszuwachses entfallen ist, überhaupt kein Grund, von der Verpflichtung zur Rückzahlung des Darlehens nunmehr abzusehen. Die Tilgung des Darlehens richtet sich in diesen Fällen nach den bei der Darlehensgewährung festgelegten Modalitäten.[117] Unabhängig davon ist bei der Festlegung der Höhe der Rückzahlungsraten zumindest sicherzustellen, dass auch für die Zukunft der **Lebensbedarf i.S.d. Existenzminimums unangetastet** bleibt. Im Rahmen seiner Ermessensentscheidung über die Höhe der ratenweisen Rückzahlung muss der Sozialhilfeträger darüber hinaus etwaige **sonstige Verbindlichkeiten** des Betroffenen berücksichtigen.

C. Praxishinweise

Lehnt der Sozialhilfeträger einen Antrag auf Gewährung eines Darlehens nach § 37 SGB XII ab, muss der Hilfesuchende dagegen mit einer Anfechtungs- und Verpflichtungsklage in Form der sog. „Verpflichtungsbescheidungsklage" vorgehen.[118] Zwar hat die nachfragende Person bei Vorliegen der Tatbestandsvoraussetzungen des § 37 Abs. 1 SGB XII in der Regel einen Anspruch auf das Darlehen (vgl. Rn. 55), allerdings räumt § 37 SGB XII dem Sozialhilfeträger ein Auswahlermessen dergestalt ein, dass er die Leistungen entweder als Sachleistungen oder als Geldleistungen erbringen kann (vgl. Rn. 57). Insofern hat der Hilfesuchende einen Anspruch auf pflichtgemäße Ausübung des Ermessens (§ 39 Abs. 1 Satz 2 SGB I), nicht aber einen Rechtsanspruch auf eine ganz bestimmte Art der Leistung, sofern nicht eine „Ermessensreduzierung auf Null" eingetreten ist. 73

Soweit der Sozialhilfeträger Leistungen als Darlehen bewilligt und damit die Leistung als Zuschuss abgelehnt hat, hat der Leistungsempfänger, wenn er die Leistung als Zuschuss begehrt, sich dagegen mit der **kombinierten Anfechtungs- und Verpflichtungsklage** zu wehren.[119] Denn der Leistungsträger, der bereits gezahlt hat, kann nicht erneut zur Zahlung verurteilt werden; lediglich der Rechtsgrund der Zahlung muss verändert werden (Zuschuss statt Darlehen). 74

Diese Darlegungen gelten aber nur, wenn und soweit die **Darlehen**sleistungen bereits ausgezahlt und noch nicht zurückgezahlt sind; nur dann bedarf es keiner weiteren Auszahlung. Diesem Ergebnis steht nicht entgegen, dass es sich bei der Darlehensleistung gegenüber einer nicht zurückzahlbaren Geldleistung um ein **Aliud**[120] und es sich bei der Ablehnung letzterer und der Bewilligung ersterer um **zwei unterschiedliche Verwaltungsakte** handelt[121], die u.U. noch ergänzt werden durch weitere Verfügungen (= Verwaltungsakte) zur Rückzahlung des Darlehens im Einzelnen. Sowohl die Darlehensbewilligung als auch Verwaltungsakte zur Rückzahlung des Darlehens erledigen sich gemäß § 39 Abs. 2 SGB X auf andere Weise, wenn der Bescheid über die Ablehnung aufgehoben und der Sozialhilfeträger zur Bewilligung einer nicht rückzahlbaren Leistung verurteilt wird, sodass der Darlehensbewilligungsbescheid durch eine andere Art der Bewilligung ersetzt wird.[122] Damit stehen Rückzahlungsansprüche des Sozialhilfeträgers gemäß § 50 Abs. 2 SGB X dem Leistungsanspruch entgegen; wegen der engen rechtlichen Verknüpfung von Darlehen und nicht rückzahlbarer Geldleistung wäre unter diesen Umständen ein Zahlungsbegehren des Sozialhilfeträgers gemäß § 242 BGB treuwidrig.[123] 75

Folgt man der Ansicht des BSG v. 06.03.1991[124], könnte die Darlehensbewilligung selbst jedenfalls nach § 45 Abs. 3 Satz 2 SGB X zurückgenommen werden, weil ein Wiederaufnahmegrund entspre- 76

---

[117] *Grube* in: Grube/Wahrendorf, SGB XII, 3. Aufl. 2010, § 37 Rn. 11.

[118] Vgl. zu § 23 Abs. 3 SGB II: BSG v. 20.08.2009 - B 14 AS 45/08 R - SozR 4-4200 § 23 Nr. 5; BSG v. 01.07.2009 - B 4 AS 77/08 R - SozR 4-4200 § 23 Nr. 4.

[119] Vgl. BSG v. 18.02.2010 - B 4 AS 5/09 R - info also 2010, 185; BSG v. 19.05.2009 - B 8 SO 7/08 R - SozR 4-5910 § 88 Nr. 3; BSG v. 27.01.2009 - B 14 AS 42/07 R - SozR 4-4200 § 12 Nr. 12; BSG v. 13.11.2008 - B 14 AS 36/07 R - BSGE 102, 68 = SozR 4-4200 § 23 Nr. 1.

[120] Vgl. BSG v. 06.03.1991 - 9b RAr 7/90 - juris Rn. 16 - BSGE 68, 180, 182 f. = SozR 3-1300 § 44 Nr. 1; BSG v. 31.03.1992 - 9b RAr 17/90 - juris Rn. 11.

[121] Vgl. BSG v. 06.03.1991 - 9b RAr 7/90 - juris Rn. 16 - BSGE 68, 180, 182 f. = SozR 3-1300 § 44 Nr. 1; BSG v. 31.03.1992 - 9b RAr 17/90 - juris Rn. 11.

[122] Vgl. zu diesem Gedanken im Rahmen eines Ersetzungsbescheides BSG v. 11.12.2007 - B 8/9b SO 12/06 R - SozR 4-3500 § 21 Nr. 1.

[123] A.A. offenbar im Ergebnis BSG v. 06.03.1991 - 9b RAr 7/90 - BSGE 68, 180 ff. = SozR 3-1300 § 44 Nr. 1, das in einem obiter dictum davon ausgeht, der Leistungsträger müsse den Darlehensbewilligungsbescheid noch gemäß § 45 SGB X aufheben.

[124] BSG v. 06.03.1991 - 9b RAr 7/90 - BSGE 68, 180 ff. = SozR 3-1300 § 44 Nr. 1.

chend § 580 Nr. 6 ZPO vorliegt, der in der Aufhebung der die Bewilligung einer nicht rückzahlbaren Geldleistung ablehnenden Entscheidung zu sehen ist. Die Vorschrift ist insoweit sinngemäß anzuwenden, als statt eines rechtskräftigen Urteils ein bindender Verwaltungsakt aufgehoben worden ist, auf dem die Darlehensbewilligung (als für sich genommen rechtmäßig begünstigender Verwaltungsakt[125]) beruht.[126] Der Sozialhilfeträger müsste und könnte dann gemäß § 26 Abs. 3 SGB XII mit dem Erstattungsanspruch – ggf. auch, wenn die Darlehensbewilligung nicht zurückgenommen wird, mit noch bestehenden Darlehensrückzahlungsansprüchen – gegen den Leistungsanspruch des Sozialhilfeempfängers aufrechnen.

77 Soweit die **Darlehensleistung noch nicht ausgezahlt oder** bereits **teilweise** vom Leistungsempfänger **zurückgezahlt** worden ist, ist bei gebundenen Leistungen die Anfechtungs- und Leistungsklage die richtige Klageart (§ 54 Abs. 1 und 4 SGG). Denn dem Leistungsanspruch des Leistungsempfängers steht kein Gegenrecht des Sozialhilfeträgers (vgl. dazu Rn. 74) gegenüber.

78 Sollten die Darlehensbewilligung selbst und die Rückzahlungsmodalitäten durch **öffentlich-rechtlichen Vertrag** (vgl. dazu die Kommentierung zu § 38 SGB XII) geregelt sein, gilt im Ergebnis nichts anderes. Wenn die vertragliche Vereinbarung nicht bereits nach § 58 SGB X nichtig ist, würden sich Ansprüche der Vertragsparteien aus § 59 SGB X auf Anpassung bzw. Kündigung des Vertrags ergeben. Die von dieser Norm geforderte wesentliche Änderung gegenüber den bei Vertragsschluss maßgeblichen Verhältnissen liegt in der Aufhebung der Entscheidung über die Ablehnung einer rückzahlungsfreien Geldleistung und der Verurteilung des Sozialhilfeträgers zur Gewährung dieser Leistung. Deshalb kann insbesondere der Sozialhilfeträger dem Anspruch des Sozialhilfeempfängers nicht entgegenhalten, dieser sei noch aus dem Darlehensvertrag rückzahlungsverpflichtet; dieses Verlangen wäre treuwidrig (§ 242 BGB[127]).

79 Soll ein Darlehen im Rahmen eines Überprüfungsverfahrens gemäß § 44 SGB X in Verbindung mit § 116a SGB XII in eine nicht rückzahlbare Geldleistung umgewandelt werden, gilt **§ 44 Abs. 4 SGB X** uneingeschränkt.[128] Der Zeitraum, für den die Leistungen nachträglich zu erbringen sind, verschiebt sich also nicht, wenn der Sozialhilfeempfänger noch zur Darlehensrückzahlung verpflichtet ist; entscheidend ist nur, für welche Zeit Zuschüsse zu erbringen waren.[129]

80 Richtige **Klageart** ist im Rahmen des **§ 44 SGB X** – wie auch ansonsten (vgl. dazu die Kommentierung zu § 116a SGB XII) –, soweit die Darlehensleistung noch nicht erbracht ist bzw. bereits zurückgezahlt wurde, die Anfechtungs-, Verpflichtungs- und – bei gebundenen Leistungen – Leistungsklage. Soweit das Darlehen noch nicht zurückgezahlt ist, erledigen sich mit dem Bescheid nach § 44 SGB X bzw. einem entsprechenden Urteil die Darlehensbewilligung bzw. Rückzahlungsverwaltungsakte (vgl. Rn. 74). Der Sozialhilfeempfänger besitzt insoweit keinen weiteren Leistungsanspruch mehr, ist aber auch keinem Erstattungsbegehren mehr ausgesetzt.

81 Die (bestandskräftige) **Ablehnung** eines rückzahlungsfreien Zuschusses muss nicht ausdrücklich ausgesprochen werden. Sie ist vielmehr auch **konkludent** möglich und ist spätestens im Erlass des Darlehensbescheides zu sehen.[130]

82 Ist das Darlehen durch einen **öffentlich-rechtlichen Vertrag** (vgl. dazu die Kommentierung zu § 38 SGB XII) gewährt worden, ist spätestens in der öffentlich-rechtlichen Willenserklärung des Sozialhilfeträgers konkludent die Ablehnung einer nicht rückzahlbaren Geldleistung zu sehen, die nach § 44

---

[125] Vgl. dazu BSG v. 06.03.1991 - 9b RAr 7/90 - BSGE 68, 180 ff. = SozR 3-1300 § 44 Nr. 1.

[126] Vgl. dazu: *Schütze* in: von Wulffen/Schütze, SGB X, 8. Aufl. 2014, § 45 Rn. 72; *Waschull* in: LPK-SGB X, 3. Aufl. 2011, § 45 Rn. 91; *Eicher* in: Eicher/Schlegel, SGB III, § 330 Rn. 8, Stand: Juni 2011; vgl. auch BAG v. 25.11.1980 - 6 AZR 210/80 - BAGE 34, 275 ff. sowie BVerwG v. 09.02.1993 - 11 B 81/92 - Buchholz 310 § 94 VwGO Nr. 7.

[127] Vgl. zur einredeweisen Geltendmachung des § 59 SGB X *Engelmann* in: von Wulffen/Schütze, SGB X, 8. Aufl. 2014, § 59 Rn. 9 m.w.N. zur Rspr. des BVerwG.

[128] BSG v. 28.02.2013 - B 8 SO 4/12 R - FEVS 65, 97; BSG v. 06.03.1991 - 9b RAr 7/90 - BSGE 68,180 ff. = SozR 3-1300 § 44 Nr. 1; BSG v. 31.03.1992 - 9b RAr 17/90; BVerwG v. 09.02.1993 - 11 B 81/92 - juris Rn. 5 - Buchholz 310 § 94 VwGO Nr. 7 m.w.N.; BVerwG v. 01.02.1993 - 11 B 91/92 - Buchholz 436.36 § 17 BAföG Nr. 15.

[129] Vgl. BSG v. 28.02.2013 - B 8 SO 4/12 R - FEVS 65, 97 ; BSG v. 06.03.1991 - 9b RAr 7/90 - BSGE 68,180 ff. = SozR 3-1300 § 44 Nr. 1; BSG v. 31.03.1992 - 9b RAr 17/90; BVerwG v. 09.02.1993 - 11 B 81/92 - juris Rn. 5 - Buchholz 310 § 94 VwGO Nr. 7 m.w.N.; BVerwG v. 01.02.1993 - 11 B 91/92 - Buchholz 436.36 § 17 BAföG Nr. 15.

[130] Vgl. BSG v. 06.03.1991 - 9b RAr 7/90 - juris Rn. 11 - BSGE 68, 180, 181 = SozR 3-1300 § 44 Nr. 1.

SGB X aufzuheben ist. Ist die Ablehnung aufgehoben bzw. der Sozialhilfeträger zur Aufhebung durch das Gericht verurteilt worden, ist der Vertrag, wenn er nicht bereits gemäß § 58 SGB X nichtig ist, nach § 59 SGB X anzupassen (vgl. Rn. 78). Der Sozialhilfeträger kann mithin einem Zahlungsbegehren des Leistungsempfängers nicht entgegenhalten, aufgrund eines wirksamen Darlehensvertrags ergäben sich noch Darlehensrückzahlungsansprüche.

§ 38 SGB XII Darlehen bei vorübergehender Notlage

(Fassung vom 01.10.2013, gültig ab 09.10.2013)

(1) [1] Sind Leistungen nach § 27a Absatz 3 und 4, der Barbetrag nach § 27b Absatz 2 sowie nach den §§ 30, 32, 33 und 35 voraussichtlich nur für kurze Dauer zu erbringen, können Geldleistungen als Darlehen gewährt werden. [2]Darlehen an Mitglieder von Haushaltsgemeinschaften im Sinne des § 19 Abs. 1 Satz 2 können an einzelne Mitglieder oder an mehrere gemeinsam vergeben werden.

(2) Die Regelung des § 105 Abs. 2 findet entsprechende Anwendung.

Gliederung

A. Basisinformationen 1
I. Textgeschichte/Gesetzgebungsmaterialien 1
II. Vorgängervorschriften 5
III. Parallelvorschriften 8
IV. Systematische Zusammenhänge 9
 1. Weitere Möglichkeiten der Darlehensgewährung 9
 2. Ausschluss der Anwendung von § 38 SGB XII 11
 3. Verhältnis zu den §§ 102 ff. SGB X 13
 4. Verhältnis zu den §§ 93, 94 SGB XII 15
B. Auslegung der Norm 16
I. Regelungsgehalt und Bedeutung der Norm 16
II. Normzweck 17
III. Tatbestandsmerkmale 19

 1. Leistungen, die darlehensweise erbracht werden können 19
 2. Für kurze Dauer 22
 3. Änderung der Verhältnisse 26
 4. Voraussichtlich 30
IV. Rechtsfolgen 36
 1. Ermessensentscheidung 36
  a. Entschließungsermessen 36
  b. Auswahlermessen 39
 2. Rückforderung des Darlehens 48
 3. Darlehen an Mitglieder von Haushaltsgemeinschaften 52
 4. Entsprechende Anwendung von § 105 Abs. 2 SGB XII 56

A. Basisinformationen

I. Textgeschichte/Gesetzgebungsmaterialien

1 § 38 SGB XII ist durch Art. 1 des **Gesetzes zur Einordnung des Sozialhilferechts in das Sozialgesetzbuch** vom 27.12.2003[1] eingeführt worden und aufgrund von dessen Art. 70 Abs. 1 mit Wirkung ab dem 01.01.2005 in Kraft getreten.

2 Mit dem **Zweiten Gesetz zur Änderung des Zwölften Buches Sozialgesetzbuch** vom 01.10.2013[2] hat der Gesetzgeber Absatz 1 Satz 1 mit Wirkung zum 09.10.2013 geändert und die Wörter „den §§ 28, 29, 30, 32, 33 und der Barbetrag nach § 35 Abs. 2" durch die Wörter „§ 27a Absatz 3 und 4, der Barbetrag nach § 27b Absatz 2 sowie nach den §§ 30, 32, 33 und 35" ersetzt. Damit hat er die bis dahin übersehenen, durch die umfangreichen Änderungen des SGB XII im Zusammenhang mit dem Gesetz zur Ermittlung von Regelbedarfen und zur Änderung des Zweiten und Zwölften Buches Sozialgesetzbuch vom 24.03.2011[3] notwendig gewordenen Anpassungen in Absatz 1 Satz 1 zwar vorgenommen, allerdings fragt sich, warum dies erst mit Wirkung zum 09.10.2013 geschehen ist. **Unverständlich** ist vor allem, weshalb der Gesetzgeber bei dieser Gelegenheit die fehlerhafte Verweisung in Absatz 1 Satz 2 auf die „Haushaltsgemeinschaft im Sinne des § 19 Abs. 1 Satz 2" nicht ebenfalls korrigiert hat, denn hier steht die Anpassung an die „Haushaltsgemeinschaft im Sinne des **§ 27 Abs. 2 Satz 2 und 3**" weiterhin aus.

3 § 38 SGB XII entspricht im Wesentlichen der Fassung des § 39 im Gesetzentwurf der Fraktionen von SPD und BÜNDNIS 90/DIE GRÜNEN[4]. In der **Begründung** des Gesetzentwurfs[5] heißt es:
„Die Vorschrift überträgt in Absatz 1 inhaltsgleich den bisherigen § 15b des Bundessozialhilfegesetzes. Absatz 2 ist eine Folgeregelung des Wegfalls des Wohngeldes für Leistungsberechtigte der Sozi-

---

[1] BGBl I 2003, 3022.
[2] BGBl I 2013, 3733.
[3] BGBl I 2011, 453.
[4] BT-Drs. 15/1514.
[5] BT-Drs. 15/1514, S. 62.

alhilfe gemäß Artikel 26 des Vierten Gesetzes für moderne Dienstleistungen am Arbeitsmarkt. Die Folgeänderung soll bewirken, dass dadurch die Leistungsberechtigten rechtlich und tatsächlich nicht schlechter gestellt werden als nach geltendem Recht. Der Satz von 56% orientiert sich am tatsächlichen Subventionssatz des geltenden besonderen Mietzuschusses auf der Basis der empirischen Werte der Wohngeldstatistik 2001. Der durchschnittliche Subventionssatz ergibt sich durch Teilung des durchschnittlichen Wohngeldanspruchs durch die durchschnittlich berücksichtigungsfähige Miete."

Während der Ausschussberatungen hat die Vorschrift auf Beschlussempfehlung des federführenden Ausschusses für Gesundheit und Soziale Sicherung[6] in Absatz 2 seine jetzige Fassung – bis auf die abweichende Bezeichnung des Paragraphen (in der Beschlussempfehlung noch Verweis auf „§ 100 Abs. 2 SGB XII") – erhalten. Zur Begründung hierzu heißt es lediglich, es handele sich dabei um eine Folgeänderung zu § 100 Abs. 2 SGB XII.[7] Zur Neufassung dieser Vorschrift wird im Ausschussbericht[8] ausgeführt:

„Mit der Neufassung des Absatzes 2 soll bewirkt werden, dass sich der Ausschluss der Empfänger von Leistungen der Hilfe zum Lebensunterhalt nach § 1 Abs. 2 Wohngeldgesetz – neu – in der Fassung des Artikels 25 Nr. 2 des Entwurfs eines Vierten Gesetzes für moderne Dienstleistungen am Arbeitsmarkt rechtlich und tatsächlich nicht auf die Betroffenen auswirkt. Das Wohngeld unterliegt grundsätzlich nicht der Erstattung. Die Betroffenen werden durch den Ausschluss der Erstattung so gestellt, wie sie stünden, wenn sie Wohngeld erhalten hätten. Ausgenommen sind zum einen die Fälle des § 45 Abs. 2 Satz 3 SGB X. In einer Übergangszeit kann es zudem zu einem Nebeneinander der Leistungen der Hilfe zum Lebensunterhalt mit demjenigen Wohngeld kommen, dessen Bewilligungszeitraum noch nicht abgelaufen ist. In diesen Fällen soll die Erstattung nach § 50 SGB X uneingeschränkt greifen, weil dem Betreffenden bereits für seine Unterkunftskosten Wohngeld geleistet worden ist und es insoweit keinen Ausschluss der Erstattung bedarf. Der Satz von 56% orientiert sich am tatsächlichen Subventionssatz des besonderen Mietzuschusses auf der Basis der empirischen Werte der Wohngeldstatistik 2001."

II. Vorgängervorschriften

§ 38 Abs. 1 SGB XII geht zurück auf **§ 15b BSHG**. In dieser durch Art. 21 Nr. 1 des 2. Haushaltsstrukturgesetzes vom 22.12.1981[9] mit Wirkung zum 01.01.1982 eingeführten Vorschrift war zunächst lediglich normiert, dass Geldleistungen als Darlehen gewährt werden können (im ursprünglichen Gesetzentwurf[10] war die Darlehensgewährung noch als Soll-Regelung vorgesehen), wenn laufende Leistungen zum Lebensunterhalt voraussichtlich nur für kurze Zeit zu gewähren sind. Die dem jetzigen § 38 Abs. 1 Satz 2 SGB XII entsprechende Regelung ist als § 15b Satz 2 BSHG durch das Gesetz zur Umsetzung des Föderalen Konsolidierungsprogramms vom 23.06.1993[11] mit Wirkung zum 27.06.1993 angefügt worden.

§ 38 Abs. 2 SGB XII hat im BSHG keinen Vorläufer.

Abweichend zu § 15b BSHG werden in § 38 Abs. 1 Satz 1 SGB XII diejenigen Leistungen, die in Form eines Darlehens erbracht werden können, nunmehr ausdrücklich genannt.

III. Parallelvorschriften

Vergleichbar mit der Regelung in § 38 Abs. 1 SGB XII bestimmt **§ 24 Abs. 4 SGB II** (bis 31.10.2010: § 23 Abs. 4 SGB II), dass Leistungen zur Sicherung des Lebensunterhaltes als Darlehen erbracht werden können, soweit in dem Monat, für den die Leistungen erbracht werden, voraussichtlich Einnahmen anfallen.

---

[6] BT-Drs. 15/1734.
[7] BT-Drs. 15/1761, S. 7.
[8] BT-Drs. 15/1761, S. 7.
[9] BGBl I 1981, 1523.
[10] BT-Drs. 9/842.
[11] BGBl I 1993, 944.

IV. Systematische Zusammenhänge

1. Weitere Möglichkeiten der Darlehensgewährung

9   Neben § 38 enthält das SGB XII weitere Vorschriften, nach denen die Gewährung eines Darlehens in Betracht kommt. Zu nennen sind insoweit die **§§ 22 Abs. 1 Satz 2, 35 Abs. 2 Satz 5, 36 Abs. 1 Satz 3, 37, 42 Nr. 5, 73 Satz 2 und 91 SGB XII**. Dabei wird in § 42 Nr. 5 SGB XII (lediglich) auf ergänzende Darlehen nach § 37 Abs. 1 SGB XII verwiesen. Darlehen für Leistungsberechtigte in einer stationären Einrichtung (§ 37 Abs. 2-4 SGB XII n.F.) und Darlehen bei vorübergehender Notlage (§ 38 SGB XII) zählen damit weiterhin nicht zum Leistungsumfang der Grundsicherung im Alter und bei Erwerbsminderung.

10 Sofern der Leistungsberechtigte zu dem in § 22 Abs. 1 Satz 1 SGB XII genannten Personenkreis der Auszubildenden gehört und ihm Leistungen aufgrund eines besonderen Härtefalls nach **§ 22 Abs. 1 Satz 2 SGB XII** gewährt werden, **wird § 38 SGB XII verdrängt**, weil es sich bei der Härteregelung um die für Auszubildende speziellere Norm handelt.[12] Der Sozialhilfeträger ist im Rahmen des ihm nach § 22 Abs. 1 Satz 2 SGB XII eingeräumten Ermessens auch nicht an die in § 38 SGB XII bestimmten Voraussetzungen gebunden.[13]

2. Ausschluss der Anwendung von § 38 SGB XII

11 Nach **§ 299 Satz 2 SGB VI** findet § 38 SGB XII „bei Bezug einer Leistung für Kindererziehung" keine Anwendung. Diese Regelung hat folgenden Hintergrund: Nach dem Willen des Gesetzgebers soll Müttern der Jahrgänge vor 1921 (§ 294 SGB VI) bzw. vor 1927 (§ 294a SGB VI) die Leistung für Kindererziehung in vollem Umfang verbleiben, also weder der Einkommensbesteuerung unterliegen (vgl. § 3 Nr. 67 EStG) noch zur Versagung oder Kürzung anderer Sozialleistungen führen. Nach § 299 Satz 1 SGB VI soll die Leistung für Kindererziehung als Einkommen für die Prüfung von nach Grund und Höhe einkommensabhängigen Sozialleistungen unberücksichtigt bleiben. Sozialhilfe darf nach § 299 Satz 2 SGB VI auch nicht wegen der erwarteten Leistung für Kindererziehung vorübergehend als Darlehen gewährt werden.

12 Ebenso fand § 38 SGB XII (Entsprechendes galt zuvor bereits für § 15b BSHG[14]) nach **§ 8 Abs. 1 Satz 2 BErzGG** in der bis zum 31.12.2008 geltenden Fassung bei gleichzeitiger Zahlung von Erziehungsgeld (sowie vergleichbarer Leistungen der Länder) und von Sozialhilfe keine Anwendung. Über **§ 27 Abs. 2 BEEG** (bis zum 17.09.2012: § 27 Abs. 4 BEEG) gilt die bisherige Regelung in § 8 Abs. 1 BErzGG in der bisherigen Fassung unbefristet weiter, soweit in einzelnen Bundesländern noch Landeserziehungsgeld im Anschluss an das Bundeserziehungsgeld gezahlt wird.

3. Verhältnis zu den §§ 102 ff. SGB X

13 In Fällen, in denen eine vorübergehende Notlage deshalb eintritt, weil dem Leistungsberechtigten Sozialleistungen, die gegenüber der Sozialhilfe vorrangig sind, (noch) nicht gewährt oder ausgezahlt sind und deshalb zunächst der Sozialhilfeträger Leistungen erbringt, ist umstritten, ob diese Leistungen durch den Sozialhilfeträger nach § 38 SGB XII in Form eines Darlehens erbracht werden dürfen. Insoweit wird teilweise die Auffassung vertreten, in Anbetracht des kraft Gesetzes entstehenden Erstattungsanspruchs des Sozialhilfeträgers gegenüber dem zuständigen Leistungsträger nach § 104 SGB X bedürfe es der Anwendung von § 38 SGB XII in der Regel nicht, weil es unangemessen wäre, den Leistungsberechtigten zusätzlich oder alternativ mit einer Rückzahlungsverpflichtung zu belasten.[15]

14 Dagegen könnte eingewandt werden, dass sich die Erstattung, die der Sozialhilfeträger vom zuständigen Leistungsträger erhält, im Falle eines dem Leistungsberechtigten nach § 38 SGB XII erbrachten Darlehens als Rückzahlung des Darlehens darstellt mit der Folge, dass der Leistungsberechtigte in Höhe der Erstattung von der Darlehensschuld befreit wird[16], wobei allerdings fraglich ist, ob der Rück-

---

[12] Vgl. die Kommentierung zu § 22 SGB XII Rn. 14; *Streichsbier* in: Grube/Wahrendorf, SGB XII, 4. Aufl. 2012, § 38 Rn. 2; vgl. zum BSHG OVG Saarland v. 28.08.2001 - 3 W 9/01 - FEVS 53, 326; OVG Lüneburg v. 10.11.1997 - 12 L 878/97 - FEVS 48, 468.
[13] Vgl. BVerwG v. 12.04.1989 - 5 B 176/88 - FEVS 38, 397.
[14] Vgl. dazu VG Gelsenkirchen v. 16.09.1992 - 17 K 3805/91 - info also 1993, 38.
[15] *Falterbaum* in: Hauck/Noftz, SGB XII, K § 38 Rn. 22; *Schellhorn* in: Schellhorn/Schellhorn/Hohm, SGB XII, 18. Aufl. 2010, § 38 Rn. 14.
[16] Vgl. BSG v. 29.06.1995 - 11 RAr 87/94 - SozR 3-1300 § 104 Nr. 9; *Streichsbier* in: Grube/Wahrendorf, SGB XII, 4. Aufl. 2012, § 38 Rn. 2.

zahlungsanspruch des Sozialhilfeträgers gegenüber dem Hilfeberechtigten durch die Leistung des anderen Sozialleistungsträgers überhaupt berührt wird.[17] Unabhängig von einer etwaigen Befreiung von der Darlehensschuld bei Erstattung durch den anderen Leistungsträger spricht gegen eine Vorrangigkeit der §§ 102 ff. SGB X aber jedenfalls, dass die §§ 102 ff. SGB X nur Ansprüche der Leistungsträger untereinander, nicht aber das Verhältnis des Leistungsberechtigten gegenüber mehreren Trägern betreffen.[18] Von daher erscheint die Auffassung vorzugswürdig, dass die **§§ 102 ff. SGB XII den § 38 SGB XII nicht verdrängen**.[19] Vor diesem Hintergrund besteht unbeschadet der Erstattungsregelungen in den §§ 102 ff. SGB X kein durchgreifender Grund, im Falle des Vorliegens der Voraussetzungen von der Anwendung des § 38 SGB XII und der Gewährung eines Darlehens von vornherein abzusehen, zumal im Zeitpunkt der Gewährung des Darlehens häufig noch gar nicht feststehen wird, in welcher Höhe und für welchen Zeitraum dem Leistungsberechtigten ein Anspruch gegen den anderen Leistungsträger zusteht.[20] Eine andere Frage ist dagegen, ob das etwaige Bestehen eines Erstattungsanspruchs im Rahmen der Ermessensentscheidung zu berücksichtigen ist (vgl. insoweit Rn. 38).

4. Verhältnis zu den §§ 93, 94 SGB XII

Ebenso wie bei den §§ 102 ff. SGB X ist auch dann, wenn Unterhaltsansprüche (vgl. § 94 SGB XII) oder sonstige Ansprüche (vgl. § 93 SGB XII) vom jeweils Verpflichteten nicht erfüllt werden und hierdurch eine (vorübergehende) Notlage des Leistungsberechtigten entsteht, die Gewährung eines Darlehens – welches eine „Leistung" i.S.d. §§ 93 f. SGB XII darstellt – durch den Sozialhilfeträger nach § 38 SGB XII nicht von vornherein ausgeschlossen.[21] Allerdings dürfte die Zahlung des (Unterhalts-)Verpflichteten betreffend die von den §§ 93 f. SGB XII umfassten Ansprüche vielfach unwahrscheinlicher sein als die des vorrangig verpflichteten Sozialleistungsträgers nach § 104 SGB X[22], so dass der Sozialhilfeträger im Rahmen des ihm durch § 38 SGB XII eingeräumten Ermessens eingehend zu prüfen haben wird, ob die jeweilige Leistung (nur) als Darlehen gewährt werden soll.[23] In jedem Fall ist davon auszugehen, dass sich der Sozialhilfeträger in Fällen, in denen im Zusammenhang mit einer Darlehensgewährung ein Unterhaltsanspruch nach § 94 SGB XII übergeht, zunächst an den Unterhaltspflichtigen halten und diesen zu den Sozialhilfeaufwendungen heranziehen muss.[24] Sofern der Sozialhilfeträger seine Aufwendungen in vollem Umfang vom Unterhaltspflichtigen zurück erlangt, kann er den Leistungsempfänger auf Rückzahlung des Darlehens nicht mehr in Anspruch nehmen, da er nicht mehr zurückverlangen kann, als er an Hilfe tatsächlich aufgewandt hat.[25]

B. Auslegung der Norm

I. Regelungsgehalt und Bedeutung der Norm

§ 38 SGB XII stellt keine eigenständige Anspruchsgrundlage dar, vielmehr wird dem Sozialhilfeträger unter den in der Vorschrift genannten Voraussetzungen die Möglichkeit eröffnet, die dort enumerativ aufgeführten Leistungen abweichend von dem Grundsatz, dass Leistungen der Hilfe zum Lebensunterhalt als nicht rückzahlbarer Zuschuss zu erbringen sind, lediglich als Darlehen zu gewähren. Bei der

---

[17] *Becker/Schmidbauer*, info also 1991, 3, 5.
[18] Vgl. BSG v. 30.01.1985 - 1/4 RJ 107/83 - SozR 1300 § 104 Nr. 4; *Roos* in: von Wulffen/Schütze, SGB X, 8. Aufl. 2014, Vor § 102 Rn. 4.
[19] Vgl. *Streichsbier* in: Grube/Wahrendorf, SGB XII, 4. Aufl. 2012, § 38 Rn. 2; ebenso *Gebhardt* in: BeckOK, SGB XII, § 38 Rn. 3; a.A. offenbar *Coseriu* in: Kommentar zum Sozialrecht, 3. Aufl. 2013, § 38 Rn. 2.
[20] Vgl. *Streichsbier* in: Grube/Wahrendorf, SGB XII, 4. Aufl. 2012, § 38 Rn. 2.
[21] In diesem Sinne offenbar auch *Streichsbier* in: Grube/Wahrendorf, SGB XII, 4. Aufl. 2012, § 38 Rn. 2; *Apidopoulos* in: Linhart/Adolph, SGB II/SGB XII/AsylbLG, § 38 Rn. 31.
[22] Vgl. *Becker/Schmidbauer*, info also 1991, 3, 5.
[23] *Schellhorn* in: Schellhorn/Schellhorn/Hohm, SGB XII, 18. Aufl. 2010, § 38 Rn. 15 geht darüber hinaus davon aus, dass eine Darlehensgewährung nicht erfolgen solle, wenn eindeutig sei, dass der Bedarf des Leistungsberechtigten auf nicht erfüllte Unterhaltsansprüche zurückzuführen sei; der Sozialhilfeträger solle in diesen Fällen den Leistungsberechtigten nicht mit einer Rückzahlungsverpflichtung belasten, sondern die Hilfe als nicht rückzahlbaren Zuschuss erbringen und den säumigen Unterhaltsschuldner, der den beim Leistungsberechtigten bestehenden Bedarf zu vertreten hat, nach § 94 SGB XII zu den Sozialhilfeaufwendungen heranziehen.
[24] *Schellhorn* in: Schellhorn/Schellhorn/Hohm, SGB XII, 18. Aufl. 2010, § 38 Rn. 15.
[25] Vgl. auch *Streichsbier* in: Grube/Wahrendorf, SGB XII, 4. Aufl. 2012, § 38 Rn. 2.

Gewährung von Leistungen für Unterkunft (§ 35 SGB XII) ist die Möglichkeit der Leistungserbringung durch Darlehen durch die entsprechende Geltung von § 105 Abs. 2 SGB XII allerdings beschränkt.

II. Normzweck

17 Indem § 38 SGB XII dem Sozialhilfeträger die Möglichkeit an die Hand gibt, je nach Lage des Einzelfalles auch ein Darlehen als Form der Hilfegewährung in den Fällen zu gewähren, in denen von vornherein abzusehen ist, dass Hilfe nur für kurze Zeit zu erbringen ist, bezweckt die Vorschrift eine **finanzielle Entlastung der Sozialhilfeträger**.[26]

18 Die Vorschrift beruht auf der Überlegung, dass es in solchen Fällen, in denen die Bedürftigkeit voraussichtlich nur vorübergehend bestehen wird, nicht vertretbar erscheint, die Sozialhilfeleistung als nicht rückzahlbaren Zuschuss zu erbringen.[27] Angesichts des Umstandes, dass die Selbsthilfeverpflichtung nicht mit der Hilfegewährung endet und es dem Hilfesuchenden deshalb zuzumuten ist, unter bestimmten Voraussetzungen rückzahlbare Darlehen anzunehmen[28], stellt die Vorschrift eine **Konkretisierung des Grundsatzes der Nachrangigkeit der Sozialhilfe** (§ 2 SGB XII) dar.[29] Sie erweitert zudem die dem Sozialhilfeträger durch § 17 Abs. 2 SGB XII eingeräumte Gestaltungsfreiheit bei der Gewährung von Leistungen zum Lebensunterhalt.[30]

III. Tatbestandsmerkmale

1. Leistungen, die darlehensweise erbracht werden können

19 Im Gegensatz zur früheren Regelung in § 15b BSHG sind die **Leistungen**, die bei vorübergehender Notlage als Darlehen erbracht werden können, nunmehr **ausdrücklich** in der Vorschrift **aufgeführt**. Es handelt sich insoweit um die Leistungen für die Regelbedarfe (§ 27a Abs. 3 und 4 SGB XII), den Barbetrag, der in Einrichtungen als Teil des notwendigen Lebensunterhalts zu gewähren ist (§ 27b Abs. 2 SGB XII), für Mehrbedarf (§ 30 SGB XII), für die Beiträge für die Kranken- und Pflegeversicherung (§ 32 SGB XII), die Beiträge für die Vorsorge (§ 33 SGB XII) sowie die Leistungen für Unterkunft und Heizung (§ 35 SGB XII). Ob der Betroffene einen Anspruch auf die genannten Leistungen hat, richtet sich nach den jeweiligen, in § 38 SGB XII enumerativ aufgezählten Vorschriften und ihren dort geregelten Voraussetzungen. Die Gewährung eines Darlehens kommt sodann in Betracht, wenn die zusätzlichen Voraussetzungen des § 38 SGB XII vorliegen.

20 Angesichts des eindeutigen Wortlauts von § 38 SGB XII fallen die in § 31 Abs. 1 SGB XII geregelten **einmaligen Leistungen nicht unter den Anwendungsbereich** der Vorschrift, und zwar auch dann nicht, wenn sie neben laufenden Leistungen gewährt werden.[31] Insoweit ist eine im Rahmen des früheren § 15b BSHG umstrittene Frage[32] für das SGB XII seitens des Gesetzgebers geklärt worden. Insbesondere ermächtigt auch § 17 Abs. 2 SGB XII den Sozialhilfeträger nicht dazu, grundsätzlich alle Leistungen darlehensweise zu gewähren.[33] Auch bei anderen Leistungen – etwa Sozialhilfe für Ausländer nach § 23 SGB XII, Sozialhilfe für Deutsche im Ausland nach § 24 SGB XII oder den notwendigen Lebensunterhalt in Einrichtungen nach § 27b Abs. 1 SGB XII – ist eine Darlehensgewährung unbeschadet einer voraussichtlich nur kurzen Leistungsdauer nicht zulässig.

21 Leistungen können nach § 38 SGB XII nur dann als Darlehen erbracht werden, wenn es sich dabei um **Geldleistungen** handelt; Dienst- und Sachleistungen (vgl. § 10 Abs. 1 SGB XII) fallen also nicht darunter. Ob es sich um eine Geldleistung handelt, beurteilt sich danach, wie sich die Leistung aus dem **Blickwinkel des Berechtigten** darstellt, nicht danach, in welcher Form der Sozialhilfeträger die Leis-

---

[26] Vgl. *Schlette*, ZFSH/SGB 1998, 154, 161; *Ottersbach* in: Jahn, SGB XII, § 38 Rn. 3.
[27] *Schellhorn* in: Schellhorn/Schellhorn/Hohm, SGB XII, 18. Aufl. 2010, § 38 Rn. 1.
[28] Vgl. bereits die Begründung zu § 15b BSHG in BT-Drs. 9/842, S. 86.
[29] *Falterbaum* in: Hauck/Noftz, SGB XII, K § 38 Rn. 1.
[30] Vgl. *Streichsbier* in: Grube/Wahrendorf, SGB XII, 4. Aufl. 2012, § 38 Rn. 1.
[31] *Streichsbier* in: Grube/Wahrendorf, SGB XII, 4. Aufl. 2012, § 38 Rn. 5; *Dauber* in: Mergler/Zink, SGB XII, § 38 Rn. 5; *Schellhorn* in: Schellhorn/Schellhorn/Hohm, SGB XII, 18. Aufl. 2010, § 38 Rn. 4; kritisch hierzu *Falterbaum* in: Hauck/Noftz, SGB XII, K § 38 Rn. 14.
[32] Vgl. etwa VGH Mannheim v. 24.07.1996 - 6 S 2522/95 - FEVS 47, 216 einerseits (für darlehensweise Hilfegewährung auch bei einmaligen Leistungen) und OVG Bautzen v. 26.11.1997 - 2 S 108/95 - FEVS 48, 462 andererseits.
[33] *Wenzel* in: Fichtner/Wenzel, SGB XII, 4. Aufl. 2009, § 38 Rn. 3; vgl. zum BSHG bereits VG Braunschweig v. 06.07.2000 - 3 A 3239/98 - ZfF 2001, 252; a.A. VGH Mannheim v. 24.07.1996 - 6 S 2522/95 - FEVS 47, 216.

tung einem Dritten gegenüber sicherstellt.[34] So ist etwa das Leistungserbringungsrecht der Sozialhilfe im Bereich der stationären und teilstationären Leistungen, namentlich bei der Eingliederungshilfe wie auch der Heimpflege, durch das so genannte sozialhilferechtliche Dreiecksverhältnis geprägt, das die wechselseitigen Rechtsbeziehungen zwischen dem Träger der Sozialhilfe, dem Leistungsberechtigten und dem Leistungserbringer (Einrichtungsträger) sinnbildlich darstellt und in dem der Sozialhilfeträger nach dem gesetzlichen Gesamtkonzept die ihm obliegende Leistung grundsätzlich nicht als Geldleistung erbringt, da er gerade nicht an den Sozialhilfeempfänger zahlt, um diesem die Zahlung des im Heimvertrag vereinbarten Heimentgelts an den Einrichtungsträger zu ermöglichen, vielmehr ist dem Gesetzeskonzept eine Zahlung ohne Umweg über den Sozialhilfeempfänger direkt an die Einrichtung zu entnehmen; dabei handelt es sich um eine Sachleistung in Form der Sachleistungsverschaffung.[35] Nicht zu den Geldleistungen gehören nach § 10 Abs. 3 SGB XII auch Gutscheine und andere unbare Formen der Verrechnung. Dies war in § 10 Abs. 3 Satz 2 SGB XII in der bis zum 31.12.2010 geltenden Fassung explizit geregelt worden, denn danach gehörten Gutscheine und andere unbare Formen der Verrechnung zu den Sachleistungen. Diese Klarstellung hat der Gesetzgeber mit Wirkung vom 01.01.2011 zwar wieder beseitigt, indem er Absatz 3 neu gefasst und den früheren Satz 2 nicht mehr in die Regelung mit aufgenommen hat. Eine Änderung in der Sache ist damit allerdings nicht eingetreten.

2. Für kurze Dauer

Eine Darlehensgewährung nach § 38 SGB XII setzt weiter voraus, dass die Leistungen **nur für kurze Dauer** zu erbringen sind. Unter diesem unbestimmten Rechtsbegriff, der der vollen gerichtlichen Nachprüfung unterliegt, wird – unter Rückgriff auf die Gesetzesbegründung zu § 15b BSHG[36] – **in der Regel ein Zeitraum von bis zu sechs Monaten** verstanden.[37]

Umstritten ist, ob der Zeitraum von bis zu sechs Monaten gleichsam als (starre) Obergrenze anzusehen ist.[38] Zwar könnte die amtliche Begründung zu § 15b BSHG entsprechend eindeutig sein. Dagegen spricht jedoch, dass der Gesetzgeber eine exakte zeitliche Begrenzung im Gegensatz etwa zu § 31 Abs. 2 Satz 2 SGB XII („innerhalb eines Zeitraums von bis zu sechs Monaten") oder § 87 Abs. 3 SGB XII („innerhalb eines Zeitraums von bis zu drei Monaten") nicht in den Gesetzeswortlaut aufgenommen hat. Soweit dagegen geltend gemacht worden ist, dieses Argument überzeuge nicht, weil gerade bei komplexen Gesetzen „Fehler" des Gesetzgebers nicht selten seien[39], ist hiergegen wiederum einzuwenden, dass der Gesetzgeber – obwohl die Auslegung des Begriffs der „kurzen Dauer" schon unter der Geltung des § 15b BSHG umstritten war[40] – sich auch in § 38 SGB XII (im Gegensatz etwa zur enumerativen Aufzählung der als Darlehen in Betracht kommenden Leistungen) weiterhin für den unbestimmten Rechtsbegriff der „kurzen Dauer" entschieden, auf eine Präzisierung also in Kenntnis der Auslegungsproblematik verzichtet hat.

Vor diesem Hintergrund ist jeweils auf den **Einzelfall abzustellen**, wobei der in der amtlichen Begründung genannte Zeitraum von sechs Monaten allerdings nicht beliebig, sondern nur dann überschritten werden darf, wenn besondere Umstände dies im Einzelfall gerechtfertigt erscheinen lassen.[41] So kann

---

[34] Vgl. *Becker/Schmidbauer*, info also 1991, 3; *Schellhorn* in: Schellhorn/Schellhorn/Hohm, SGB XII, 18. Aufl. 2010, § 38 Rn. 5.

[35] BSG v. 28.10.2008 - B 8 SO 22/07 R - BSGE 102, 1 = SozR 4-1500 § 75 Nr. 9.

[36] BT-Drs. 9/842, S. 86.

[37] Vgl. OVG Lüneburg v. 10.11.1997 - 12 L 878/97 - FEVS 48, 468; VGH Mannheim v. 24.07.1996 - 6 S 2522/95 - FEVS 47, 216; VGH Mannheim v. 22.01.1992 - 6 S 3004/90 - FEVS 42, 248; *Schellhorn* in: Schellhorn/Schellhorn/Hohm, SGB XII, 18. Aufl. 2010, § 38 Rn. 6; *Streichsbier* in: Grube/Wahrendorf, SGB XII, 4. Aufl. 2012, § 38 Rn. 6; *Dauber* in: Mergler/Zink, SGB XII, § 38 Rn. 6; *Wenzel* in: Fichtner/Wenzel, SGB XII, 4. Aufl. 2009, § 38 Rn. 4.

[38] In diesem Sinne etwa *Streichsbier* in: Grube/Wahrendorf, SGB XII, 4. Aufl. 2012, § 38 Rn. 6; *Armborst* in LPK-SGB XII, 9. Aufl. 2012, § 38 Rn. 7: Zeitraum von sechs Monaten „als äußerste Grenze"; *Becker/Schmidbauer*, info also 1991, 3 (zu § 15b BSHG).

[39] So *Becker/Schmidbauer*, info also 1991, 3.

[40] Vgl. etwa *Oestreicher/Schelter/Kunz*, BSHG, § 15b BSHG Rn. 3 und *Mergler/Zink*, BSHG, § 15b Rn. 5 (keine starre Grenze) einerseits und andererseits *Gottschick/Giese*, BSHG, 9. Aufl. 1985, § 15b Rn. 3 („äußerste Grenze"), ebenso *Birk* in: LPK-BSHG, 6. Aufl. 2003, § 15b Rn. 6 sowie *Becker/Schmidbauer*, info also 1991, 3.

[41] Ebenso *Falterbaum* in: Hauck/Noftz, SGB XII, K § 38 Rn. 18; *Dauber* in: Mergler/Zink, SGB XII, § 38 Rn. 6.

ein maßvolles Überschreiten dieses Zeitraums durchaus zulässig sein, wenn dadurch die Notlage voraussichtlich beseitigt werden und erwartet werden kann, dass der Leistungsberechtigte die Rückzahlungsverpflichtung ohne Gefährdung seiner Existenzgrundlage zu erfüllen in der Lage sein wird.

25 **Unzulässig** sind dagegen in jedem Falle sog. **„Kettendarlehen"**, die den grundsätzlich zulässigen Gesamtzeitraum von sechs Monaten überschreiten.[42] Ist der Zeitraum, für den nach § 38 SGB XII Leistungen im Wege eines Darlehens bewilligt worden sind, abgelaufen, so kann eine Weitergewährung als Darlehen nur dann erfolgen, wenn der Gesamtzeitraum von kurzer Dauer ist, also regelmäßig sechs Monate nicht überschreitet. Wurden die Leistungen allerdings schon über eine Dauer von sechs Monaten als Darlehen erbracht und besteht der Anspruch fort, so ist es unzulässig, die Leistungen erneut im Wege eines Darlehens zu gewähren.

3. Änderung der Verhältnisse

26 Umstritten ist, ob § 38 SGB XII auch dann Anwendung finden, mithin eine darlehensweise Leistungsgewährung erfolgen kann, wenn Leistungen nach dem SGB XII bereits seit geraumer Zeit gewährt worden sind, aufgrund einer Änderung in den Verhältnissen des Leistungsberechtigten – etwa wegen bevorstehender Arbeitsaufnahme oder alsbaldiger Bewilligung einer Rente – aber nur noch für kurze Dauer gewährt werden müssen.

27 Insoweit wird teilweise die Auffassung vertreten, dass auch dann, wenn bei bereits längerfristigem Leistungsbezug ein Auslaufen der Hilfe erkennbar werde, eine Darlehensvergabe ab diesem Zeitpunkt gleichwohl unzulässig sei, weil die kurze Dauer von vornherein absehbar sein müsse und der Anwendungsbereich der Norm ansonsten extensiv auf alle Hilfeempfänger ausgedehnt werden könnte, bei denen der Bezug von Hilfe zum Lebensunterhalt irgendwann auslaufe.[43]

28 Allerdings ist zu berücksichtigen, dass Sozialhilfeleistungen nach der verwaltungsgerichtlichen Rechtsprechung **keine rentenähnlichen Dauerleistungen** sind.[44] Sie werden deshalb grundsätzlich nicht über längere, sondern nur für die nächstliegende Zeit bewilligt. Der Sozialhilfeträger kann deshalb seine Entscheidung über ein Hilfebegehren auf einen kurzen Zeitraum beschränken, auch wenn er nicht daran gehindert ist, den Sozialhilfefall für einen längeren Zeitraum („bis auf weiteres"[45]) zu regeln. Entscheidend ist dabei stets der Inhalt des betreffenden Verwaltungsakts, der durch Auslegung zu ermitteln ist, wobei maßgebend ist, wie der Bewilligungsbescheid aus der Sicht des Adressaten zu verstehen ist.[46] Soweit nicht im Bescheid etwas anderes bestimmt ist, kommt ihm über den jeweiligen Bewilligungsmonat keine Dauerwirkung zu (vgl. die Kommentierung zu § 28 SGB XII Rn. 45).

29 Daraus folgt, dass es für die Beurteilung der Sach- und Rechtslage auf den Sachverhalt maßgeblich ankommt, der sich der Behörde im Zeitpunkt ihrer Entscheidung darbietet. Im Falle des § 38 SGB XII ist – über die gegenwärtig bestehende Notlage hinaus – auch noch eine vorausschauende Prognose (vgl. Rn. 30) über deren Wegfall in naher Zukunft zu treffen. Für die dieser Prognose zugrunde liegenden Tatsachen kommt es indes auf die Erkenntnismöglichkeiten im Zeitpunkt der letzten Behördenentscheidung und nicht etwa zu einem in der Vergangenheit liegenden Zeitpunkt erstmaliger Sozialhilfegewährung an. Die Prognose über den bevorstehenden Wegfall der Bedürftigkeit hat sich sonach nach dem Erkenntnisstand im Zeitpunkt der letzten Behördenentscheidung zu richten, dies allerdings bezogen auf den Gesamtzeitraum, für den laufende Sozialhilfe gemäß § 38 SGB XII als Darlehen gewährt werden soll. „Gewährung nur für kurze Dauer" heißt also auch: **„Gewährung nur noch für kurze**

---

[42] *Falterbaum* in: Hauck/Noftz, SGB XII, K § 38 Rn. 19.

[43] *Armborst* in: LPK-SGB XII, 9. Aufl. 2012, § 38 Rn. 6; *Wenzel* in: Fichtner/Wenzel, SGB XII, 4. Aufl. 2009, § 38 Rn. 4; in diesem Sinne ablehnend auch *Schellhorn* in: Schellhorn/Schellhorn/Hohm, SGB XII, 18. Aufl. 2010, § 38 Rn. 9 sowie *Falterbaum* in: Hauck/Noftz, SGB XII, § 38 Rn. 19.

[44] Vgl. BVerwG v. 19.01.1972 - V C 10.71 - BVerwGE 39, 261; BVerwG v. 14.07.1977 - V C 23.76 - FEVS 26, 1; BVerwG v. 22.06.1978 - V C 31.77 - BVerwGE 56, 88; BVerwG v. 26.09.1991 - 5 C 14/87 - BVerwGE 89, 81; vgl. aus der sozialgerichtlichen Rechtsprechung etwa LSG Schleswig-Holstein v. 06.09.2005 - L 9 B 186/05 SO ER - FEVS 57, 356; LSG Berlin-Brandenburg v. 25.03.2010 - L 15 SO 32/09 - FEVS 62, 133; vgl. zu den Leistungen nach dem AsylbLG auch BSG v. 17.06.2008 - B 8/9b AY 1/07 R - BSGE 101, 49 = SozR 4-3520 § 2 Nr. 2.

[45] Vgl. dazu auch BSG v. 08.02.2007 - B 9b AY 2/06 R; BSG v. 11.12.2007 - B 8/9b SO 23/06 R - BSGE 99, 262 = SozR 4-3500 § 82 Nr. 3.

[46] Vgl. BSG v. 08.02.2007 - B 9b AY 1/06 R - BSGE 98, 116 = SozR 4-3520 § 2 Nr. 1.

Dauer" aus der Sicht der Behörde. Auf die vor dem Prognosezeitpunkt liegende Zeit früherer Sozialhilfegewährung kommt es dann nicht an.[47]

4. Voraussichtlich

Die Notlage darf **voraussichtlich** nur von kurzer Dauer sein. Bei der danach zu treffenden **Prognoseentscheidung** muss sich der Sozialhilfeträger an den Verhältnissen zu Beginn der darlehensweisen Bewilligung orientieren.[48] Er hat in Kenntnis der ihm unter Ausschöpfung seiner Ermittlungsmöglichkeiten vorliegenden Tatsachen im Zeitpunkt der Entscheidung zu beurteilen, ob die Notlage voraussichtlich von kurzer Dauer sein wird.[49] Erst wenn dies mit einem **hohen Grad an Wahrscheinlichkeit**[50] angenommen werden kann, besteht Raum für die zu treffende Ermessensentscheidung.

30

Ist ungewiss, ob die Notlage von kurzer Dauer sein wird, liegen die Voraussetzungen für eine Gewährung der jeweiligen Leistungen in Form eines Darlehens nicht vor. Insbesondere ist eine vorsorgliche Leistungsbewilligung, die darin besteht, bei Ungewissheit der künftigen Entwicklung die Leistungen zunächst einmal als Darlehen zu vergeben, um sie bei längerfristiger Hilfebedürftigkeit in eine Beihilfe umzuwandeln, nicht zulässig.[51] Ebenso wenig ist es haltbar, die Entscheidung darüber, ob die Leistung als Zuschuss oder Darlehen erbracht werden soll, deshalb hinauszuzögern, um zu einem späteren Zeitpunkt eine Prognose abgeben zu können.[52]

31

Da nun das Wesen einer Prognoseentscheidung darin besteht, dass zu einem bestimmten Zeitpunkt (Prognosezeitpunkt) für die Zukunft ein bestimmter Sachverhalt vorhergesagt (prognostiziert) wird, führt eine nicht zutreffende Prognose nicht von vornherein zur Rechtswidrigkeit der ursprünglich getroffenen Entscheidung, vielmehr bleibt die **Prognose beachtlich, wenn sie zum Prognosezeitpunkt bei vorausschauender Betrachtung zutreffend** gewesen ist.[53]

32

Eine nicht zutreffende Prognose über die Dauer der Sozialhilfebedürftigkeit ist nur dann rechtlich zu beanstanden, wenn der Sozialhilfeträger die Prognose auf Grund erkennbar unrichtiger Daten erstellt oder die im Einzelfall vorliegenden Erkenntnisse überhaupt nicht berücksichtigt hat.[54] In diesem Falle besteht – solange der Bescheid nicht bestandskräftig ist – ein Anspruch auf Neubescheidung sowie dann, wenn der Bescheid bestandskräftig ist, gemäß **§ 44 Abs. 1 SGB X**[55] ein Anspruch auf Rücknahme des Bescheides[56] und ermessensfehlerfreie Entscheidung über die Umwandlung des Darlehens in eine zuschussweise Hilfeleistung.[57]

33

Erweist sich die ursprüngliche Prognose deshalb als fehlerhaft, weil die Notlage länger als ursprünglich angenommen dauert, wird teilweise die Auffassung vertreten, dass in diesem Fall das Darlehen rückwirkend in eine Beihilfe umzuwandeln sei, weil sich eine fehlerhafte Prognose nicht zu Lasten des Leistungsberechtigten auswirken dürfe.[58] Dem kann in dieser Allgemeinheit mit Blick auf das Wesen

34

---

[47] VGH Mannheim v. 22.01.1992 - 6 S 3004/90 - FEVS 42, 248; OVG Lüneburg v. 10.11.1997 - 12 L 878/97 - FEVS 48, 468; im Ergebnis ebenso *Streichsbier* in: Grube/Wahrendorf, SGB XII, 4. Aufl. 2012, § 38 Rn. 6; *Dauber* in: Mergler/Zink, SGB XII, § 38 Rn. 6.

[48] Bayerisches LSG v. 15.10.2008 - L 8 B 753/08 SO ER - FEVS 60, 471; OVG Lüneburg v. 10.11.1997 - 12 L 878/97 - FEVS 48, 468; *Streichsbier* in: Grube/Wahrendorf, SGB XII, 4. Aufl. 2012, § 38 Rn. 6.

[49] *Schellhorn* in: Schellhorn/Schellhorn/Hohm, SGB XII, 18. Aufl. 2010, § 38 Rn. 7.

[50] Vgl. VGH Mannheim v. 22.01.1992 - 6 S 3004/90 - FEVS 42, 248; *Dauber* in: Mergler/Zink, SGB XII, § 38 Rn. 7; *Streichsbier* in: Grube/Wahrendorf, SGB XII, 4. Aufl. 2012, § 38 Rn. 6; *Apidopoulos* in: Linhart/Adolph, SGB II/SGB XII/AsylbLG, § 38 Rn. 20.

[51] *Armborst* in: LPK-SGB XII, 9. Aufl. 2012, § 38 Rn. 6; *Schellhorn* in: Schellhorn/Schellhorn/Hohm, SGB XII, 18. Aufl. 2010, § 38 Rn. 12.

[52] *Streichsbier* in: Grube/Wahrendorf, SGB XII, 4. Aufl. 2012, § 38 Rn. 6.

[53] Vgl. BSG v. 21.09.2000 - B 11 AL 7/00 R - BSGE 87, 132 = SozR 3-4100 § 128 Nr. 10; BSG v. 10.05.2007 - B 7a AL 14/06 R - SozR 4-4100 § 128 Nr. 6; BSG v. 30.08.2007 - B 10 EG 6/06 R - SozR 4-7833 § 6 Nr. 4; BSG v. 06.09.2007 - B 14/7b AS 60/06 R - SozR 4-4200 § 7 Nr. 5.

[54] *Streichsbier* in: Grube/Wahrendorf, SGB XII, 4. Aufl. 2012, § 38 Rn. 6; *Dauber* in: Mergler/Zink, SGB XII, § 38 Rn. 8.

[55] Zur Anwendbarkeit von § 44 SGB X im SGB XII ausführlich BSG v. 16.10.2007 - B 8/9b SO 8/06 R - BSGE 99, 137 = SozR 4-1300 § 44 Nr. 11; BSG v. 26.08.2008 - B 8 SO 26/07 R - SozR 4-1300 § 44 Nr. 15; BSG v. 29.09.2009 - B 8 SO 16/08 R - BSGE 104, 213 = SozR 4-1300 § 44 Nr. 20.

[56] *Wenzel* in: Fichtner/Wenzel, SGB XII, 4. Aufl. 2009, § 38 Rn. 4; *Armborst* in: LPK-SGB XII, 9. Aufl. 2012, § 38 Rn. 10.

[57] Vgl. *Streichsbier* in: Grube/Wahrendorf, SGB XII, 4. Aufl. 2012, § 38 Rn. 6; *Salje*, DÖV 1988, 333, 336.

[58] *Wenzel* in: Fichtner/Wenzel, SGB XII, 4. Aufl. 2009, § 38 Rn. 5.

einer Prognoseentscheidung (vgl. Rn. 32) indes nicht zugestimmt werden. Allenfalls steht dem Leistungsberechtigten ein Anspruch auf eine erneute Ermessensentscheidung des Trägers darüber zu, ob das Darlehen in einen Zuschuss umgewandelt wird.[59] In Betracht käme insoweit ein auf die darlehensweise Hilfeleistung bezogener Widerruf nach § 46 SGB X.[60] Zu erwägen ist ferner für die Zukunft eine erneute Entscheidung auf der Grundlage von § 48 SGB X wegen einer wesentlichen Änderung der Verhältnisse.[61]

35 Unzulässig ist es dagegen – sofern nicht die Voraussetzungen des § 45 SGB X vorliegen – als Zuschuss gewährte Sozialhilfe nachträglich in ein Darlehen umzuwandeln, wenn sich zu einem späteren Zeitpunkt wider Erwarten herausstellt, dass die in Absatz 1 Satz 1 genannten Leistungen nur für kurze Dauer erforderlich waren.[62] Denn auch der Widerruf eines rechtmäßigen (weil im Prognosezeitpunkt bei vorausschauender Betrachtung eine zutreffende Prognose gestellt worden ist) begünstigenden Verwaltungsaktes ist nach § 47 Abs. 1 SGB X nur für die Zukunft zulässig.

IV. Rechtsfolgen

1. Ermessensentscheidung

a. Entschließungsermessen

36 Sofern die Voraussetzungen des § 38 Abs. 1 Satz 1 SGB XII gegeben sind, liegt es im **pflichtgemäßen Ermessen** des Sozialhilfeträgers, ob die Leistungen als Zuschuss oder als Darlehen erbracht werden. Der durch die Vorschrift eröffnete Ermessensspielraum erstreckt sich zunächst darauf, ob von der Möglichkeit einer Darlehensgewährung überhaupt Gebrauch gemacht wird (Entschließungsermessen).

37 Bei der Entscheidung über das „Ob" eines Darlehens handelt es sich um einen Verwaltungsakt.[63] Das Ermessen muss im Zeitpunkt der Leistungsbewilligung ausgeübt und dem Leistungsberechtigten gegenüber deutlich zum Ausdruck gebracht werden. Aus dem Inhalt des Bescheides muss für den Empfänger also **hinreichend bestimmbar** (§ 33 SGB X) hervorgehen, dass die jeweilige Leistung nur darlehensweise bewilligt wird. Ob die Leistungen als Darlehen bewilligt worden sind, richtet sich nach dem objektiven Empfängerhorizont.[64] Für die Ermessensausübung gelten die Maßstäbe des § 39 SGB I; danach ist das Ermessen entsprechend dem Zweck der Ermächtigung auszuüben und die gesetzlichen Grenzen des Ermessens einzuhalten. Zu beachten ist allerdings, dass die jeweils zu erbringende Hilfe zum Lebensunterhalt ihren Rechtscharakter nicht verliert, so dass eine Pflichtleistung der Hilfe zum Lebensunterhalt unbeschadet dessen, dass der Sozialhilfeträger von der Ermächtigung in § 38 SGB XII Gebrauch macht, eine Pflichtleistung bleibt.[65]

38 Regelmäßig ist die Bewilligung eines Darlehens nur dann ermessensgerecht, wenn der Leistungsberechtigte zur Rückzahlung des Darlehens voraussichtlich in absehbarer Zeit in der Lage sein wird[66], damit das Darlehen – die Rückzahlungsverpflichtung wirkt sich als (ggf. zusätzliche) finanzielle Belastung aus – nicht zu einer belastenden Hypothek[67] für die Zukunft des Leistungsberechtigten wird. Bestehen etwa schon erhebliche Schulden, die bei Beendigung der vorübergehenden Notlage wieder bedient werden müssen, wird häufig nicht damit gerechnet werden können, dass der Leistungsberechtigte das sozialhilferechtliche Darlehen in überschaubarer Zeit zurückzahlen kann. Auch mit Blick auf die Höhe des zu erwartenden Einkommens ist zu prüfen, ob dieses ausreichend sein wird, um das Darlehen

---

[59] Vgl. *Streichsbier* in: Grube/Wahrendorf, SGB XII, 4. Aufl. 2012, § 38 Rn. 6.
[60] *Armborst* in: LPK-SGB XII, 9. Aufl. 2012, § 38 Rn. 11; *Apidopoulos* in: Linhart/Adolph, SGB II/SGB XII/AsylbLG, § 38 SGB XII Rn. 25; *Falterbaum* in: Hauck/Noftz, SGB XII, K § 38 Rn. 17.
[61] Vgl. zur Anwendbarkeit von § 48 SGB X im Zusammenhang mit einer zukunftsbezogenen Prognoseentscheidung BSG v. 28.11.2007 - B 11a AL 47/06 R - SozR 4-4300 § 71 Nr. 3.
[62] *Wenzel* in: Fichtner/Wenzel, SGB XII, 4. Aufl. 2009, § 38 Rn. 4; *Streichsbier* in: Grube/Wahrendorf, SGB XII, 4. Aufl. 2012, § 38 Rn. 6.
[63] *Armborst* in: LPK-SGB XII, 9. Aufl. 2012, § 38 Rn. 12; *Apidopoulos* in: Linhart/Adolph, SGB II/SGB XII/AsylbLG, § 38 Rn. 27; *Salje*, DÖV 1988, 333.
[64] Vgl. BSG v. 19.05.2009 - B 8 SO 7/08 R - SozR 4-5910 § 88 Nr. 3.
[65] *Schellhorn* in: Schellhorn/Schellhorn/Hohm, SGB XII, 18. Aufl. 2010, § 38 Rn. 13.
[66] Vgl. OVG Bremen v. 23.09.1985 - 2 B 95/85 - FEVS 35, 48; *Streichsbier* in: Grube/Wahrendorf, SGB XII, 4. Aufl. 2012, § 38 Rn. 8; *Armborst* in: LPK-SGB XII, 9. Aufl. 2012, § 38 Rn. 13.
[67] Vgl. insoweit zu § 23 Abs. 1 SGB II auch BSG v. 07.11.2006 - B 7b AS 14/06 R - BSGE 97, 242 = SozR 4-4200 § 20 Nr. 1 unter Hinweis auf *Knickrehm*, Sozialrecht aktuell 2006, 159 sowie *Voelzke* in: Hauck/Noftz, SGB II, Einführung Rn. 179d.

– ohne Gefährdung einer angemessenen Lebenshaltung – zurückzuzahlen. Der Sozialhilfeträger muss sich deshalb vor der Entscheidung über die Hilfe ein genaues Bild von der wirtschaftlichen Lage des Leistungsberechtigten und seiner Familie machen, wobei der Grundsatz der familiengerechten Leistungen (§ 16 SGB XII) zu berücksichtigen ist.[68] Ebenso hat der Sozialhilfeträger zu berücksichtigen, ob ihm gegebenenfalls ein Erstattungsanspruch gegen einen anderen Sozialleistungsträger nach § 104 SGB X zusteht. In einem solchen Fall kann es mitunter ermessensfehlerhaft sein, dem Hilfebedürftigen lediglich ein Darlehen zu gewähren.[69] Besteht die Notlage schließlich aufgrund eines Ausfalls von Unterhaltszahlungen, so sind die Erfolgsaussichten einer Heranziehung des Unterhaltspflichtigen nach Forderungsübergang (vgl. dazu Rn. 15) abzuwägen.

b. Auswahlermessen

Der Ermessensspielraum erstreckt sich ferner auf die Entscheidung, in welcher **Rechtsform und zu welchen Modalitäten** die Darlehensgewährung erfolgt (Auswahlermessen). Auch wenn das SGB XII die Darlehensgewährung in verschiedenen Vorschriften vorsieht, sind die Modalitäten der Darlehensbewilligung und -rückzahlung – anders als etwa im Recht der Ausbildungsförderung – in keiner der Vorschriften näher konkretisiert.

Grundsätzlich kann der Sozialhilfeträger bei der Bewilligung der jeweiligen Sozialhilfeleistung als Darlehen die in seinem pflichtgemäßen Ermessen liegenden Darlehensmodalitäten durch einen **Verwaltungsakt** i.S.d. § 31 SGB X oder alternativ auch mit der Handlungsform des **öffentlich-rechtlichen Vertrages** nach den §§ 53 ff. SGB X regeln.[70] § 53 Abs. 1 Satz 2 SGB X stellt es insoweit dem Leistungsträger frei, anstatt einen Verwaltungsakt zu erlassen, einen öffentlich-rechtlichen Vertrag mit demjenigen zu schließen, an den er sonst den Verwaltungsakt richten würde.

Fraglich ist, ob es darüber hinaus zulässig ist, über die Gewährung eines Darlehens nach § 38 SGB XII im Bewilligungsbescheid lediglich dem Grunde nach („durch Darlehen") zu entscheiden und die nähere Ausgestaltung und Abwicklung des Darlehensverhältnisses sodann in zivilrechtlicher Form (sog. Zweistufentheorie[71]) vorzunehmen.[72] Gegen eine solche Ausgestaltung spricht, dass der Verwaltung bei der Erfüllung öffentlicher Aufgaben – wozu selbstredend auch die Gewährung von Sozialhilfe gehört – zum einen kein Recht zukommt, nach Belieben in Formen des Privatrechts auszuweichen[73], zum anderen besteht aufgrund der Regelungen in den §§ 53 ff. SGB X für Verträge im Rahmen eines öffentlich-rechtlichen Rechtsverhältnisses auch **weder Raum noch Bedarf für eine zivilrechtliche Vertragsgestaltung**.[74] Die Annahme eines zivilrechtlichen Vertrages wäre dagegen ein Fremdkörper im öffentlich-rechtlichen Regelungsgefüge des SGB XII.[75] Abgesehen davon wäre es auch misslich, wenn ein letztlich einheitliches Lebensverhältnis – die darlehensweise Gewährung von Sozialleistungen – nicht nur in zwei Rechtsverhältnisse getrennt, sondern diese beiden Rechtsverhältnisse auch noch verschiedenen Rechtsbereichen und damit verschiedenen Rechtswegen zugeordnet würden.

Soweit der Sozialhilfeträger allein durch Verwaltungsakt handelt, kann er in dem Bescheid sowohl die Rückzahlungsmodalitäten regeln als auch – statt durch einen gesonderten Leistungsbescheid – die Rückzahlungsverpflichtung verbindlich anordnen.[76] Aus dem Inhalt des Bescheides muss für den Empfänger dann hinreichend bestimmbar (§ 33 SGB X) nicht nur hervorgehen, dass die jeweilige Leistung nur darlehensweise bewilligt wird, sondern auch, nach welchen bestimmten Rückzahlungsmodalitäten ab einem bestimmten Zeitpunkt die Leistungen zu erstatten sind. Soweit der Sozialhilfeträger einen „Grundbescheid" über die Bewilligung von Leistungen im Wege eines Darlehens erlässt und in der

---

[68] *Streichsbier* in: Grube/Wahrendorf, SGB XII, 4. Aufl. 2012, § 38 Rn. 8.
[69] Vgl. *Dauber* in: Mergler/Zink, SGB XII, § 38 Rn. 10; vgl. auch *Apidopoulos* in: Linhart/Adolph, SGB II/SGB XII/AsylbLG, § 38 SGB XII Rn. 31: es bedarf besonderer Ermessensgründe für ein Darlehen.
[70] Vgl. OVG Berlin v. 14.05.1987 - 6 B 34.86 - FEVS 37, 195; *Armborst* in: LPK-SGB XII, 9. Aufl. 2012, § 38 Rn. 15; *Schellhorn* in: Schellhorn/Schellhorn/Hohm, SGB XII, 18. Aufl. 2010, § 38 Rn. 18; *Wenzel* in: Fichtner/Wenzel, SGB XII, 4. Aufl. 2009, § 38 Rn. 10; *Streichsbier* in: Grube/Wahrendorf, SGB XII, 4. Aufl. 2012, § 38 Rn. 12.
[71] Vgl. (für Subventionsdarlehen) nur BVerwG v. 13.02.1974 - VIII C 193.72 - BVerwGE 45, 13; BGH v. 29.05.1969 - III ZR 172/68 - BGHZ 52, 155; BGH v. 25.10.1973 - III ZR 108/72 - BGHZ 61, 296.
[72] Dies für zulässig erachtend: *Oestreicher/Schelter/Kunz*, BSHG, § 15b BSHG Rn. 6.
[73] Vgl. zur Problematik eingehend *Schlette*, ZFSH/SGB 1998, 154, 157 ff.
[74] *Becker/Schmidbauer*, info also 1991, 3, 6; *Schlette*, ZFSH/SGB 1998, 154, 159.
[75] Vgl. zu § 23 SGB II a.F. auch *Lang/Blüggel* in: Eicher/Spellbrink, 2. Aufl. 2008, SGB II, § 23 Rn. 56.
[76] Vgl. OVG Münster v. 06.09.2000 - 16 B 941/00.

Folgezeit weitere Bescheide folgen, müssen auch diese, wenn die Leistungen weiterhin nur darlehensweise erbracht werden sollen, erkennen lassen, dass es sich nicht um die Gewährung von Leistungen als Zuschuss handelt; in einem solchen Fall wäre es jedenfalls unzulässig, den in den Folgebescheiden unterbliebenen Hinweis auf die darlehensweise Bewilligung in einem später geschlossenen Vertrag gleichsam nachschieben zu wollen.[77]

43 Ein Vertrag betreffend die Gewährung der in § 38 SGB XII aufgeführten Leistungen als Darlehen unterfällt dem Anwendungsbereich der §§ 53 ff. SGB X. Die Regelung des § 53 Abs. 2 SGB X, nach deren Inhalt ein öffentlich-rechtlicher Vertrag über Sozialleistungen nur geschlossen werden kann, soweit die Erbringung der Leistungen im Ermessen des Leistungsträgers liegt, steht der Zulässigkeit eines Darlehensvertrages nicht entgegen. Sie kommt bereits deshalb nicht zur Anwendung, weil der Darlehensvertrag einen Austauschvertrag darstellt, für den die Vorschrift des § 53 Abs. 2 SGB X gemäß § 55 Abs. 2 SGB X nicht gilt.[78] Unabhängig davon wird die Verwendung der Vertragsform deshalb nicht gehindert, weil die Gewährung der Sozialhilfe als Darlehen lediglich die Form der Hilfe betrifft, über die der Sozialhilfeträger gemäß § 38 SGB XII nach pflichtgemäßem Ermessen zu entscheiden hat.[79] Ein Darlehensvertrag als öffentlich-rechtlicher Vertrag bedarf nach § 56 SGB X zwingend der Schriftform.

44 Sofern sich der Leistungsberechtigte weigert, eine vom Sozialhilfeträger beabsichtigte vertragliche Vereinbarung über die Darlehensmodalitäten abzuschließen, eröffnet diese Weigerung nicht die Möglichkeit, die Leistungsgewährung nunmehr wegen mangelnder Mitwirkung abzulehnen.[80] Denn abgesehen davon, dass eine Mitwirkungsverpflichtung betreffend den Abschluss eines Darlehensvertrages in den §§ 60 ff. SGB I nicht begründet wird, steht dem Leistungsträger ohnedies die Möglichkeit offen, die Darlehensbedingungen durch Verwaltungsakt zu regeln.

45 **Zweifelhaft** ist, ob und inwieweit eine **Verzinsung des Darlehens** in Betracht kommt. Typischerweise geht die Gewährung eines Darlehens mit einer Zinszahlung einher. Im Zusammenhang mit der Gewährung eines sozialhilferechtlichen Darlehens wird einerseits die Auffassung vertreten, das Darlehen sei „in jedem Fall zinslos", weil es insoweit an einer Rechtsgrundlage fehle.[81] Auf der anderen Seite des Meinungsspektrums heißt es, es sei „allgemeine Meinung"[82], dass je nach Einzelfall Zinsen verlangt werden könnten, denn eine entgegenstehende Vorschrift sei nicht erkennbar.[83]

46 Klar ist sicherlich, dass § 44 SGB I nicht einschlägig ist, denn diese Bestimmung betrifft die Verzinsung von Sozialleistungen, d.h. von Geldzahlungen, die von den zuständigen Leistungsträgern erbracht werden; für die Rückabwicklung derartiger Zahlungen auf Grund eines Darlehens ist sie nicht anwendbar.[84] Als Rechtsgrundlage kommt aufgrund des in § 61 Satz 2 SGB X enthaltenen Verweises auf die Vorschriften des BGB zwar § 488 Abs. 1 Satz 2 BGB (bis zum 31.12.2001: § 608 BGB) in Betracht, allerdings ist nicht zu verkennen, dass Zinsen eine zusätzliche finanzielle Belastung für den Betroffenen darstellen. Von dem eigentlichen Zweck der Sozialhilfe, den Betroffenen in einer besonderen, anders nicht zu behebenden Notlage zu unterstützen, bliebe dann kaum etwas übrig, zumal sich der Hilfeempfänger ein verzinsliches Darlehen in vielen Fällen auch auf dem Kapitalmarkt oder bei Angehörigen oder Bekannten verschaffen könnte.[85] Da bereits die Gewährung von Sozialhilfe (lediglich) in Form eines Darlehens die Ausnahme darstellt und der Hilfeempfänger im Falle eines verzinslichen Darlehens nicht nur die empfangenen Geldleistungen, sondern sogar mehr zurückzahlen müsste, als er vom Sozialhilfeträger erhalten hat, sollte ein Darlehen auf der Grundlage von § 38 SGB XII **grundsätzlich unverzinslich** gewährt werden.[86] Zur Sicherstellung der Rückerstattung des Darlehens ist es

---

[77] *Streichsbier* in: Grube/Wahrendorf, SGB XII, 4. Aufl. 2012, § 38 Rn. 12.
[78] Vgl. OVG Lüneburg v. 27.03.2003 - 12 ME 52/03 - FEVS 54, 526; *Schlette*, ZFSH/SGB 1998, 154, 161.
[79] Vgl. BSG v. 29.06.1995 - 11 RAr 87/94 - SozR 3-1300 § 104 Nr. 9; OVG Bremen v. 18.02.1986 - 2 BA 42/85 - FEVS 37, 112; *Salje*, DöV 1988, 333, 334; *Aschermann*, ZfF 1989, 121, 124.
[80] *Becker/Schmidbauer*, info also 1991, 3, 6; a.A. *Falterbaum* in: Hauck/Noftz, SGB XII, K § 38 Rn. 24.
[81] *Armborst* in: LPK-SGB XII, 9. Aufl. 2012, § 38 Rn. 15; *Apidopoulos* in: Linhart/Adolph, SGB II/SGB XII/AsylbLG, § 38 SGB XII Rn. 34.
[82] Unter Hinweis auf *Knopp/Fichtner*, BSHG, § 15b Rn. 5; *Mergler/Zink*, BSHG, § 15b Rn. 7; *Oestreicher/Schelter/Kunz*, BSHG, § 15b Rn. 7.
[83] *Becker/Schmidbauer*, info also 1991, 3, 6.
[84] OVG Münster v. 17.05.1988 - 8 A 189/87 - FEVS 41, 193.
[85] *Schlette*, ZFSH/SGB 1998, 154, 163.
[86] *Schlette*, ZFSH/SGB 1998, 154, 163; *Schellhorn* in: Schellhorn/Schellhorn/Hohm, SGB XII, 18. Aufl. 2010, § 10 Rn. 16; so wohl auch *Falterbaum* in: Hauck/Noftz, SGB XII, § 38 Rn. 25.

allerdings zulässig, für den Fall einer nicht fristgerechten Rückzahlung zu vereinbaren, dass die (Rest-)Summe insgesamt fällig wird und ab diesem Zeitpunkt zu verzinsen ist.[87] Ebenso können bei Erhebung einer Leistungsklage durch den Sozialhilfeträger (vgl. dazu Rn. 50) vom Eintritt der Rechtshängigkeit an nach § 291 BGB Prozesszinsen geltend gemacht werden.[88]

Soweit im Übrigen mit Blick auf eine Darlehensgewährung nach § 91 SGB XII die Auffassung vertreten wird, der Sozialhilfeträger habe auch bei der Gewährung von Leistungen der Sozialhilfe als Darlehen durch Verwaltungsakt im Einzelfall die Möglichkeit, Zinsen zu erheben[89], ist dieses Urteil auf die Problematik der Verzinsung eines Darlehens auf der Grundlage von § 38 SGB XII nicht ohne weiteres übertragbar. Denn das LSG hat seine Entscheidung auch damit begründet, die Klägerin habe über ausreichendes Vermögen verfügt, welches für sie lediglich nicht sofort verwertbar gewesen sei, so dass nicht einzusehen sei, warum die eigentlich vermögende Hilfesuchende auf Kosten der Allgemeinheit von den typischen Pflichten eines Darlehensnehmers befreit werden solle. Diese Überlegungen gelten jedenfalls für § 38 SGB XII nicht. 47

2. Rückforderung des Darlehens

Zeigt sich im Nachhinein, dass die ursprüngliche Prognose fehlerhaft war, weil die Notlage wider Erwarten länger als ursprünglich angenommen dauert, steht dem Leistungsberechtigten ein Anspruch auf eine Entscheidung des Trägers darüber zu, ob das Darlehen in einen Zuschuss umgewandelt wird (vgl. Rn. 34). 48

Auch wenn sich die Prognoseentscheidung nicht als fehlerhaft herausstellt, hat der Sozialhilfeträger vor einer Rückforderung des Darlehens zu prüfen, ob und in welcher Weise der Hilfeempfänger durch die Rückzahlungspflicht belastet wird und ob die Belastung mit dem in § 15 SGB XII geregelten Grundsatz der nachgehenden Leistung vereinbar ist.[90] 49

Sofern das Darlehen durch Verwaltungsakt gewährt worden ist, kann es durch Verwaltungsakt auch zurückgefordert werden.[91] 50

Hat der Sozialhilfeträger mit dem Leistungsberechtigten einen öffentlich-rechtlichen Vertrag über das Darlehen geschlossen und kommt dieser seinen vertraglichen Verpflichtungen nicht nach, hat der Sozialhilfeträger – ggf. nach Kündigung des Darlehens – (nur) die Möglichkeit, die Rückzahlung im Wege der **Leistungsklage** gemäß § 54 Abs. 5 SGG geltend zu machen.[92] Auch dann, wenn der Sozialhilfeträger einen Rückforderungsbescheid erlassen könnte, ist die Leistungsklage als zulässig anzusehen, wenn der vom Leistungsträger geltend gemachte Betrag nach Grund und/oder Höhe streitig ist und wenn deshalb ohnehin mit einer gerichtlichen Auseinandersetzung des Rechtsstreits zu rechnen ist; in derartigen Fällen ist es dem Leistungsträger nicht verwehrt, unmittelbar den Klageweg zu bestreiten.[93] 51

3. Darlehen an Mitglieder von Haushaltsgemeinschaften

§ 38 Abs. 1 Satz 2 SGB XII ermöglicht die Vergabe eines Darlehens an einzelne oder an mehrere **Mitglieder einer Haushaltsgemeinschaft,** wobei die weiterhin im Gesetz stehende Bezugnahme auf § 19 Abs. 1 Satz 2 SGB XII im Zusammenhang mit dem Gesetz zur Ermittlung von Regelbedarfen und zur Änderung des Zweiten und Zwölften Buches Sozialgesetzbuch vom 24.03.2011 mit Wirkung ab dem 01.01.2011 in „Haushaltsgemeinschaft im Sinne des **§ 27 Abs. 2 Satz 2 und 3**" hätte geändert werden müssen (vgl. Rn. 2). 52

Soweit aufgrund der unterbliebenen Anpassung von § 38 Abs. 1 Satz 2 SGB XII die Auffassung vertreten wird, dass eine gemeinsame Gewährung von Darlehen an Mitglieder einer Haushaltsgemeinschaft unzulässig sei, da es insoweit (noch) an einer Rechtsgrundlage fehle[94], erscheint dies fraglich. 53

---

[87] *Schlette*, ZFSH/SGB 1998, 154, 163; *Streichsbier* in: Grube/Wahrendorf, SGB XII, 4. Aufl. 2012, § 38 Rn. 12.
[88] Vgl. OVG Münster v. 17.05.1988 - 8 A 189/87 - FEVS 41, 193.
[89] Vgl. LSG Berlin-Brandenburg v. 18.10.2012 - L 23 SO 106/10 (anhängig beim BSG unter B 8 SO 1/13 R).
[90] OVG Bremen v. 11.09.1985 - 2 B 89/85 - FEVS 35, 56.
[91] VGH Mannheim v. 24.07.1996 - 6 S 2522/95 - FEVS 47, 216.
[92] Vgl. *Streichsbier* in: Grube/Wahrendorf, SGB XII, 4. Aufl. 2012, § 38 Rn. 14; *Salje*, DÖV 1988. 333, 335; *Schellhorn* in: Schellhorn/Schellhorn/Hohm, SGB XII, 18. Aufl. 2010, § 10 Rn. 18.
[93] Vgl. OVG Münster v. 17.05.1988 - 8 A 189/87 - FEVS 41, 193; OVG Lüneburg v. 19.12.1984 - 4 A 165/80 - FEVS 36, 297; vgl. zu prozessualen und verwaltungsrechtlichen Fragen auch die Kommentierung zu § 37 SGB XII Rn. 73 ff.
[94] So *Falterbaum* in: Hauck/Noftz, SGB XII, § 38 Rn. 11; *Streichsbier* in: Grube/Wahrendorf, SGB XII, 4. Aufl. 2012, § 38 Rn. 4.

Denn die aktuell unzutreffende Verweisung beruht auf einem offenkundigen Versehen des Gesetzgebers, ohne dass dadurch nunmehr die Zulässigkeit einer gemeinsamen Darlehensvergabe an Mitglieder einer Haushaltsgemeinschaft als solche in Zweifel gezogen wäre.

54 Grundsätzlich gilt zunächst auch hier, dass der Sozialhilfeträger bei einer Darlehensgewährung an Mitglieder von Haushaltsgemeinschaften sowohl durch Verwaltungsakt als auch durch öffentlich-rechtlichen Vertrag tätig werden kann. Bei gemeinsamer Darlehensvergabe an die Bedarfsgemeinschaft muss ein Darlehensvertrag mit sämtlichen Darlehensnehmern abgeschlossen werden[95], wobei die minderjährigen unverheirateten Kinder von ihren Eltern bzw. dem sorgeberechtigten Elternteil vertreten werden. Während bei getrennter Vergabe des Darlehens an jedes einzelne Mitglied der Bedarfsgemeinschaft von jedem Darlehensnehmer nur das ihm gewährte Darlehen zurückgefordert werden kann, nicht auch das seinen Angehörigen gewährte Darlehen[96], löst die **gemeinsame Darlehensvergabe** an die Mitglieder der Haushaltsgemeinschaft eine **gesamtschuldnerische Haftung** aus.[97] Dadurch ist jeder Darlehensnehmer auch zur Rückzahlung des seinen Angehörigen gewährten Darlehens verpflichtet (vgl. auch § 421 BGB). Sofern der Sozialhilfeträger ein Darlehen an mehrere Mitglieder einer Haushaltsgemeinschaft gemeinsam vergibt, muss sich dies im Hinblick auf die sich daraus ergebende gesamtschuldnerische Haftung für die Rückzahlung des Darlehens aus dem Darlehensvertrag oder dem die Hilfe bewilligenden Verwaltungsakt ausdrücklich ergeben.

55 Soweit die Auffassung vertreten wird, dass es bei einer Darlehensgewährung an mehrere Mitglieder einer Haushaltsgemeinschaft nicht erforderlich sei, dass alle an der Darlehensgewährung beteiligten Mitglieder selbst bedürftig sein oder bei allen die sonstigen Voraussetzungen des § 38 Abs. 1 Satz 1 SGB XII erfüllt sein müssten[98], erscheint dies zweifelhaft. Selbst wenn die Leistungen an ein Mitglied der Haushaltsgemeinschaft nur für kurze Dauer zu erbringen sind, weil sich die wirtschaftliche Situation eines anderen Mitglieds der Haushaltsgemeinschaft voraussichtlich dergestalt verbessert, dass der Bedarf auch für die derzeit noch bedürftige Person gedeckt werden kann, bietet sich damit noch keine gemeinsame Darlehensgewährung im Sinne von § 38 Abs. 1 Satz 2 SGB XII an. Denn es ist nicht zu erkennen, dass mit dieser Vorschrift beabsichtigt gewesen sein soll, die Gewährung von Sozialhilfe im Wege eines Darlehens an nicht leistungsberechtigte Personen zu ermöglichen.[99] Insofern kann ein **gemeinsames Darlehen nur an diejenigen Mitglieder der Haushaltsgemeinschaft** vergeben werden, die die **Voraussetzungen des § 38 Abs. 1 Satz 1 SGB XII erfüllen**, so dass nicht nur jeder Darlehensnehmer nach § 19 Abs. 1 SGB XII selbst leistungsberechtigt sein muss, sondern bei jedem Darlehensnehmer auch der Bedarf voraussichtlich nur von kurzer Dauer sein darf.[100] Einem Mitglied der Bedarfsgemeinschaft, das voraussichtlich für längere Zeit Hilfe zum Lebensunterhalt benötigt, ist die Hilfe als nicht rückzahlbarer Zuschuss zu erbringen.[101]

4. Entsprechende Anwendung von § 105 Abs. 2 SGB XII

56 Sofern der Sozialhilfeträger nach § 38 SGB XII ein Darlehen gewährt, gilt nach dessen Absatz 2 die Regelung des **§ 105 Abs. 2 SGB XII entsprechend**. Bei dieser Bestimmung handelt es sich um eine Folgeregelung zu Art. 25 (im Gesetzentwurf noch als Art. 26 bezeichnet, vgl. Rn. 3) des Vierten Gesetzes für moderne Dienstleistungen am Arbeitsmarkt vom 24.12.2003[102], aufgrund dessen mit Wirkung vom 01.01.2005 in das WoGG die Regelung des § 1 Abs. 2 Satz 1 Nr. 3 (seit dem 01.01.2009:

---

[95] *Schellhorn* in: Schellhorn/Schellhorn/Hohm, SGB XII, 18. Aufl. 2010, § 38 Rn. 19.
[96] Vgl. insoweit zur Einführung von § 15b Satz 2 BSHG: BT-Drs. 12/4401, S. 78.
[97] Vgl. BT-Drs. 12/4401, S. 78; *Schellhorn* in: Schellhorn/Schellhorn/Hohm, SGB XII, 18. Aufl. 2010, § 38 Rn. 19; *Wenzel* in: Fichtner/Wenzel, SGB XII, 4. Aufl. 2009, § 38 Rn. 11; *Streichsbier* in: Grube/Wahrendorf, SGB XII, 4. Aufl. 2012, § 38 Rn. 9; *Falterbaum* in: Hauck/Noftz, SGB XII, § 38 Rn. 28; *Coseriu* in: Kommentar zum Sozialrecht, 3. Aufl. 2013, § 38 Rn. 1.
[98] So *Apidopoulos* in: Linhart/Adolph, SGB II/SGB XII/AsylbLG, § 38 SGB XII Rn. 43.
[99] *Streichsbier* in: Grube/Wahrendorf, SGB XII, 4. Aufl. 2012, § 38 Rn. 9.
[100] *Schellhorn* in: Schellhorn/Schellhorn/Hohm, SGB XII, 18. Aufl. 2010, § 38 Rn. 20; *Wenzel* in: Fichtner/Wenzel, SGB XII, 4. Aufl. 2009, § 38 Rn. 11; *Dauber* in: Mergler/Zink, SGB XII, § 38 Rn. 12; *Falterbaum* in: Hauck/Noftz, SGB XII, § 38 Rn. 28.
[101] *Wenzel* in: Fichtner/Wenzel, SGB XII, 4. Aufl. 2009, § 38 Rn. 11; *Falterbaum* in: Hauck/Noftz, SGB XII, § 38 Rn. 28.
[102] BGBl I 2003, 2954.

§ 7 Abs. 1 Satz 1 Nr. 6 WoGG) eingefügt worden ist. Danach sind Empfänger von Leistungen der Hilfe zum Lebensunterhalt nach dem SGB XII, bei deren Berechnung Kosten der Unterkunft berücksichtigt worden sind, von der **Gewährung von Wohngeld ausgeschlossen**.

Durch den Verweis in § 38 Abs. 2 SGB XII auf § 105 Abs. 2 SGB XII wird zum einen geregelt, dass im Falle eines Darlehens für Leistungen nach § 35 SGB XII die auf die Unterkunft entfallenden Kosten – mit Ausnahme der Kosten für Heizungs- und Warmwasserversorgung – in Höhe von 56 v.H. nicht rückzahlungspflichtig sind. Dies bedeutet im Ergebnis, dass von den „kalten" Unterkunftskosten – die Kosten für Heizungs- und Warmwasserversorgung sind herauszurechnen – lediglich ein Anteil in Höhe von 44 v.H. als Darlehen gewährt und dementsprechend zurückgefordert werden kann, während 56 v.H. als nicht rückzahlbare Beihilfe zu erbringen sind.[103] Der Verweis in § 38 Abs. 2 auf die Regelung in § 105 Abs. 2 Satz 1 SGB XII stellt damit sicher, dass bei Leistungen für die Unterkunft die Verpflichtung zur Rückzahlung des Darlehens begrenzt ist und Sozialhilfeempfänger aufgrund des Wegfalls des Anspruchs auf Wohngeld nicht schlechter gestellt werden als nach dem bis zum 31.12.2004 geltenden Recht.[104]

57

Verwiesen wird zum anderen auch auf die Regelung des § 105 Abs. 2 Satz 2 SGB XII. Aufgrund dessen gilt die Begrenzung der Rückzahlungsverpflichtung dann nicht, wenn entweder ein Fall des § 45 Abs. 2 Satz 3 SGB X vorliegt, Leistungen also rechtswidrig erbracht worden sind und der Leistungsempfänger sich nicht auf Vertrauen berufen kann, oder wenn (dies betrifft Übergangsfälle nach Inkrafttreten des SGB XII) neben der Hilfe zum Lebensunterhalt gleichzeitig Wohngeld nach dem WoGG geleistet worden ist (vgl. dazu im Einzelnen die Kommentierung zu § 105 SGB XII Rn. 34 ff.).

58

---

[103] Vgl. *Schellhorn* in: Schellhorn/Schellhorn/Hohm, SGB XII, 18. Aufl 2010, § 38 Rn. 22; *Dauber* in: Mergler/Zink, SGB XII, § 38 Rn. 13.
[104] BT-Drs. 15/1514, S. 62.

Sechster Abschnitt: Einschränkung von Leistungsberechtigung und -umfang
§ 39 SGB XII Vermutung der Bedarfsdeckung

(Fassung vom 24.03.2011, gültig ab 01.01.2011)

¹Lebt eine nachfragende Person gemeinsam mit anderen Personen in einer Wohnung oder in einer entsprechenden anderen Unterkunft, so wird vermutet, dass sie gemeinsam wirtschaften (Haushaltsgemeinschaft) und dass die nachfragende Person von den anderen Personen Leistungen zum Lebensunterhalt erhält, soweit dies nach deren Einkommen und Vermögen erwartet werden kann. ²Soweit nicht gemeinsam gewirtschaftet wird oder die nachfragende Person von den Mitgliedern der Haushaltsgemeinschaft keine ausreichenden Leistungen zum Lebensunterhalt erhält, ist ihr Hilfe zum Lebensunterhalt zu gewähren. ³Satz 1 gilt nicht

1. für Schwangere oder Personen, die ihr leibliches Kind bis zur Vollendung seines sechsten Lebensjahres betreuen und mit ihren Eltern oder einem Elternteil zusammenleben, oder
2. für Personen, die im Sinne des § 53 behindert oder im Sinne des § 61 pflegebedürftig sind und von in Satz 1 genannten Personen betreut werden; dies gilt auch, wenn die genannten Voraussetzungen einzutreten drohen und das gemeinsame Wohnen im Wesentlichen zum Zweck der Sicherstellung der Hilfe und Versorgung erfolgt.

Gliederung

A. Basisinformationen 1	c. Aktuelle Rechtslage............................ 40
I. Textgeschichte/Gesetzgebungsmaterialien 1	4. Ausschluss der Vermutungsregelungen (Satz 3)... 54
II. Vorgängervorschriften......................... 6	a. Schwangerschaft oder Kleinkindbetreuung (Satz 3 Nr. 1) 54
III. Parallelvorschriften 8	
IV. Systematische Zusammenhänge 9	b. Behinderung und Pflegebedürftigkeit (Satz 3 Nr. 2) 62
B. Auslegung der Norm 15	
I. Regelungsgehalt und Bedeutung der Norm........ 15	c. Tatsächliche Leistungsgewährung 67
II. Normzweck 16	IV. Rechtsfolgen................................... 69
III. Tatbestandsmerkmale...................... 18	1. Doppelte Vermutung....................... 69
1. Wohnung oder andere Unterkunft..... 18	a. Haushaltsgemeinschaft..................... 69
2. Zusammenleben mit anderen Personen........... 21	b. Erbringung von Unterhaltsleistungen 71
3. Einsatz von Einkommen/Vermögen kann erwartet werden 29	2. Widerlegung der Vermutung (Satz 2)............. 73
a. Allgemeines... 29	a. Haushaltsgemeinschaft..................... 73
b. Rechtslage zu § 16 BSHG................. 33	b. Erbringung von Unterhaltsleistungen 77

A. Basisinformationen

I. Textgeschichte/Gesetzgebungsmaterialien

1 § 39 SGB XII ist in seiner aktuellen Fassung durch Art. 3 Nr. 17 des **Gesetzes zur Ermittlung von Regelbedarfen und zur Änderung des Zweiten und Zwölften Buches Sozialgesetzbuch** vom 24.03.2011[1] eingeführt worden und aufgrund von dessen Art. 14 Abs. 1 mit Wirkung ab dem 01.01.2011 in Kraft getreten.

2 § 39 SGB XII n.F. entspricht – bis auf geringfügige, sich auf den materiellen Gehalt der Vorschrift nicht auswirkende sprachliche Änderungen – § 36 SGB XII in der bis zum 31.12.2010 geltenden Fassung. Diese Vorschrift war aufgrund des Gesetzes zur Einordnung des Sozialhilferechts in das Sozialgesetzbuch vom 27.12.2003[2] mit Wirkung ab dem 01.01.2005 in Kraft getreten.

---
[1] BGBl I 2011, 453.
[2] BGBl I 2003, 3022.

Die **Begründung** zu § 36 SGB XII a.F. – die Vorschrift entsprach in den Sätzen 1 und 2 der Fassung des § 37 SGB XII im Gesetzentwurf der Fraktionen von SPD und BÜNDNIS 90/DIE GRÜNEN – findet sich in BT-Drs. 15/1514, S. 61.

Die gegenüber dem Gesetzentwurf **geänderte** Fassung von § 36 Satz 3 SGB XII a.F. ging zurück auf die – nicht näher begründete – Beschlussempfehlung des Vermittlungsausschusses.[3] Aufgrund dieser Empfehlung war zum einen die im Entwurf als Satz 3 Nr. 1 ursprünglich vorgesehene Regelung, wonach die (doppelte) Vermutung in Satz 1 (auch) nicht für Minderjährige gelten sollte, aufgehoben worden. Zum anderen war in die Gesetz gewordene Fassung von Satz 3 Nr. 1 mit Blick auf schwangere Personen und solche, die ihr Kind bis zur Vollendung des sechsten Lebensjahres betreuen, das Erfordernis eingefügt worden, dass diese bei ihren Eltern oder einem Elternteil leben.

Die Einfügung der im bisherigen § 36 SGB XII geregelten Vermutung der Bedarfsdeckung als § 39 SGB XII n.F. beruht auf der Neustrukturierung des Dritten Kapitels des SGB XII durch das Gesetz zur Ermittlung von Regelbedarfen und zur Änderung des Zweiten und Zwölften Buches Sozialgesetzbuch, ohne dass sich daraus inhaltliche Änderungen ergeben hätten.[4]

II. Vorgängervorschriften

§ 36 SGB XII a.F. knüpfte an die frühere Regelung in **§ 16 BSHG** an. Soweit in der Begründung des Entwurfs zu § 36 SGB XII a.F. allerdings ausgeführt wurde, dass diese Vorschrift „im Wesentlichen" die bisherige Regelung des § 16 BSHG übertragen habe, wurden dabei zwei nicht unerhebliche, vom Gesetzgeber jedenfalls beabsichtigte Änderungen in ihrer Bedeutung verharmlost. Denn zum einen bezog sich die Vermutung der Bedarfsdeckung nach § 16 BSHG ausschließlich auf Personen, die mit **Verwandten und Verschwägerten** in einer Haushaltsgemeinschaft leben, während § 36 SGB XII a.F. vom Wortlaut her das Zusammenleben mit jeglichen Personen ausreichen ließ (daran hat sich in § 39 SGB XII n.F. nichts geändert). Zum anderen setzte die Vermutung nach § 16 BSHG, wonach der Hilfesuchende von Verwandten oder Verschwägerten Leistungen zum Lebensunterhalt erhält, voraus, dass er mit diesen in einer **Haushaltsgemeinschaft** lebt, ohne dass das Bestehen einer Haushaltsgemeinschaft als solche vermutet wurde. Demgegenüber folgte nach § 36 SGB XII a.F. – auch insoweit hat sich in der Neufassung von § 39 SGB XII nichts geändert – aus dem Zusammenleben mit anderen Personen bereits die Vermutung für das Bestehen einer Haushaltsgemeinschaft.

Neu eingefügt worden war gegenüber der früheren Bestimmung überdies die Regelung in Satz 3.

III. Parallelvorschriften

Für den Bereich der Grundsicherung für Arbeitsuchende stellt **§ 9 Abs. 5 SGB II** – entsprechend (!) der früheren Regelung in § 16 BSHG – die Vermutung auf, dass in Haushaltsgemeinschaft mit Verwandten oder Verschwägerten lebende Hilfebedürftige von diesen Leistungen erhalten, soweit dies nach deren Einkommen oder Vermögen erwartet werden kann. Abgesehen davon also, dass nach dieser Vorschrift die Unterhaltsvermutung auf Verwandte und Verschwägerte beschränkt ist und nicht alle in einer Wohngemeinschaft lebenden Personen erfasst werden, reicht es nach § 9 Abs. 5 SGB II für die Unterhaltsvermutung nicht aus, wenn Verwandte oder Verschwägerte in einem Haushalt lediglich zusammenwohnen; vielmehr muss über die bloße Wohngemeinschaft hinaus der Haushalt im Sinne einer Wirtschaftsgemeinschaft geführt werden, wobei das Vorliegen des Tatbestandsmerkmals der Haushaltsgemeinschaft von Amts wegen festgestellt werden muss.[5] Darüber hinaus enthalten die **§§ 1 Abs. 2, 7 Abs. 2 Alg II-V** konkrete Regeln darüber, welches Einkommen und Vermögen im Rahmen der § 9 Abs. 5 SGB II zugrunde liegenden Vermutung (nicht) zu berücksichtigen ist, während entsprechende ergänzende Regelungen bereits für § 36 SGB XII fehlten und auch für § 39 SGB XII nicht existieren. Ob und gegebenenfalls welche Folgerungen aus diesen „de lege lata unterschiedlichen Vermutungsregelungen"[6] – diese Aussage gilt angesichts dessen, dass § 39 SGB XII n.F. gegenüber § 36 SGB XII a.F. inhaltlich nicht geändert worden ist, auch weiterhin – für die Auslegung der Vorschrift zu ziehen sind, wird an den jeweils erforderlichen Stellen erörtert.

---

[3] BT-Drs. 15/2260.
[4] Vgl. BT-Drs. 17/3404, S. 127.
[5] Vgl. BSG v. 27.01.2009 - B 14 AS 6/08 R - SozR 4-4200 § 9 Nr. 6.
[6] So zu § 36 SGB XII a.F. BSG v. 27.01.2009 - B 14 AS 6/08 R - SozR 4-4200 § 9 Nr. 6.

IV. Systematische Zusammenhänge

9 § 39 SGB XII enthält eine besondere Ausprägung des in **§ 2 Abs. 1 SGB XII** enthaltenen Nachranggrundsatzes[7], denn nach dieser Regelung erhält Sozialhilfe (auch) derjenige nicht, der die erforderliche Leistung „von anderen, insbesondere von Angehörigen" erhält.

10 **Keine Anwendung** findet § 39 SGB XII, wenn die nachfragende Person mit Angehörigen in einer **Einsatzgemeinschaft** im Sinne von **§ 27 Abs. 2 Satz 2 SGB XII** n.F. (bis zum 31.12.2010: § 19 Abs. 1 Satz 2 SGB XII) lebt.[8] Nach dieser Vorschrift ist bei nicht getrennt lebenden Ehegatten oder Lebenspartnern das Einkommen und Vermögen beider Ehegatten oder Partner gemeinsam zu berücksichtigen. Ferner werden Eltern oder ein Elternteil mit in die Einsatzgemeinschaft einbezogen, wenn ein um Sozialhilfe nachfragendes minderjähriges unverheiratetes Kind ihrem Haushalt angehört, § 27 Abs. 2 Satz 3 SGB XII n.F. Da nach § 27 Abs. 2 Satz 2 SGB XII n.F. bei der Prüfung der Leistungsberechtigung in solchen Einsatzgemeinschaften die Berücksichtigung des vorhandenen Einkommens und Vermögens zwingend vorgeschrieben ist, hat diese Regelung Vorrang vor der Vermutungsregelung in § 39 SGB XII.[9]

11 Die in § 27 Abs. 2 Satz 2 SGB XII n.F. zum Ausdruck kommende Einstandspflicht, die möglichen Leistungspflichten eines Sozialhilfeträgers vorgeht, wird über **§ 20 SGB XII** auch auf Personen, die in einer **eheähnlichen oder lebenspartnerschaftsähnlichen Gemeinschaft** leben, erstreckt. Soweit nun § 20 Satz 2 SGB XII die Regelung des § 39 SGB XII für entsprechend anwendbar erklärt[10], stellt sich die Frage, welche Bedeutung diesem Verweis zukommt. Teilweise wird diesbezüglich die Auffassung vertreten, der Verweis sei überflüssig, weil die Vermutungsregelung keine Bedeutung für die Feststellung einer eheähnlichen Gemeinschaft habe.[11] Dieser Auffassung ist jedenfalls insoweit zuzustimmen, als die widerlegbare Vermutungsregelung des § 39 SGB XII im Verhältnis der Partner einer eheähnlichen Gemeinschaft zueinander neben § 20 Satz 1 SGB XII keine Anwendung findet.[12] Rechtsfolge von § 20 Satz 1 SGB XII ist vielmehr in jedem Fall die Anwendung des Berücksichtigungsgebotes in § 27 Abs. 2 Satz 2 SGB XII n.F. Es kommt folglich bei Vorliegen einer eheähnlichen Gemeinschaft nicht darauf an, ob nach der Regelung des § 39 SGB XII Leistungen des Partners erwartet werden könnten oder nicht.[13] Der Regelung in § 122 Satz 2 BSHG hatte das BVerwG die Bedeutung zugemessen, dass die Verschwägerten des Partners einer eheähnlichen Gemeinschaft ebenso zu behandeln sind wie die in § 16 BSHG genannten Verwandten und Verschwägerten des Hilfesuchenden.[14] Dementsprechend ordnet § 20 Satz 2 SGB XII an, dass auf das Verhältnis der Kinder oder anderer Verwandter des einkommensschwachen Partners zum einkommensstarken Partner die Vermutungsregelung des § 39 SGB XII anzuwenden ist.[15] Daraus ist umgekehrt aber auch zu folgern, dass im Verhältnis vom einkommensstarken Mitglied der Haushaltsgemeinschaft zu den Kindern des Partners keine Einsatzgemeinschaft besteht. Das Bestehen einer Haushaltsgemeinschaft kann also in diesem Verhältnis widerlegt werden. Dem Verweis auf § 39 SGB XII ist zudem zu entnehmen, dass bezogen auf die Partner (hilfsweise) das Vorliegen einer Haushaltsgemeinschaft zu prüfen ist, wenn sich eine eheähnliche Gemeinschaft i.S.d. § 20 SGB XII nicht feststellen lässt, wobei es allerdings einer ausdrücklichen Regelung dieser Frage nicht bedurft hätte (vgl. die Kommentierung zu § 20 SGB XII Rn. 50).

12 Ausdrücklich **ausgeschlossen** ist die Anwendung von § 39 Satz 1 SGB XII nach **§ 43 Abs. 1 HS. 2 SGB XII** für die Grundsicherung im Alter und bei Erwerbsminderung, so dass sich der Sozialhilfeträger im Anwendungsbereich des § 43 Abs. 1 HS. 2 SGB XII nicht auf die Vermutungen des § 39 Satz 1 SGB XII stützen kann.[16]

---

[7] *Schellhorn* in: Schellhorn/Schellhorn/Hohm, SGB XII, 18. Aufl. 2010, § 36 Rn. 5.

[8] *Falterbaum* in: Hauck/Noftz, SGB XII, K § 39 Rn. 19; *Coseriu* in: Kommentar zum Sozialrecht, 3. Aufl. 2013, § 39 Rn. 2; *Apidopoulos* in: Linhart/Adolph, SGB II/SGB XII/AsylbLG, § 39 Rn. 22; *Wenzel* in: Fichtner/Wenzel, SGB XII, 4. Aufl. 2009, § 36 Rn. 4.

[9] Vgl. *Schellhorn* in: Schellhorn/Schellhorn/Hohm, SGB XII, 18. Aufl. 2010, § 36 Rn. 10.

[10] Vgl. bereits die Vorgängerregelung in § 122 BSHG, die in Satz 2 die entsprechende Anwendbarkeit von § 16 BSHG bestimmte.

[11] *Grube* in: Grube/Wahrendorf, SGB XII, 4. Aufl. 2012, § 20 Rn. 24.

[12] Vgl. LSG Baden-Württemberg v. 21.09.2006 - L 7 SO 5441/05 - FEVS 58, 234; *Neumann* in: Hauck/Noftz, SGB XII, K § 20 Rn. 31; vgl. die Kommentierung zu § 20 SGB XII Rn. 50; vgl. zu § 122 Satz 2 BSHG bereits BVerwG v. 19.01.1972 - V C 10.71 - BVerwGE 39, 261 = FEVS 19, 401.

[13] LSG Baden-Württemberg v. 21.09.2006 - L 7 SO 5441/05 - FEVS 58, 234.

[14] BVerwG v. 19.01.1972 - V C 10.71 - BVerwGE 39, 261 = FEVS 19, 401.

[15] LSG Baden-Württemberg v. 21.09.2006 - L 7 SO 5441/05 - FEVS 58, 234.

[16] Vgl. dazu auch Bayerisches LSG v. 24.04.2012 - L 8 SO 125/10.

Für die Hilfen nach dem **Fünften bis Neunten Kapitel** ist eine entsprechende Anwendung des § 39 SGB XII nicht vorgesehen.[17] Bei diesen Leistungen wird der Nachranggrundsatz nur über § 19 Abs. 3 SGB XII realisiert.[18] 13

Vorrang hat § 39 SGB XII schließlich **gegenüber § 84 Abs. 2 SGB XII**. Denn diese Vorschrift, die die Berücksichtigung freiwilliger Zuwendungen als Einkommen regelt, wird von § 39 SGB XII verdrängt.[19] 14

B. Auslegung der Norm

I. Regelungsgehalt und Bedeutung der Norm

§ 39 **Satz 1** SGB XII stellt zugunsten des Sozialhilfeträgers die **doppelte Vermutung** auf, dass Personen, die mit einer um Sozialhilfe nachfragenden Person in einer Wohnung oder einer entsprechenden anderen Unterkunft zusammenleben, mit dieser zum einen auch gemeinsam wirtschaften und damit eine **Haushaltsgemeinschaft** bilden, zum anderen, dass eine hilfebedürftige Person von den anderen in der Haushaltsgemeinschaft lebenden Personen – unabhängig vom Bestehen einer bürgerlichrechtlichen Unterhaltspflicht – auch **Unterhaltsleistungen** erhält, soweit dies nach deren Einkommen und Vermögen erwartet werden kann. Diese doppelte Vermutung gilt zur Vermeidung unerwünschter sozialpolitischer Folgen allerdings **nicht** für die in **Satz 3** genannten Personenkreise und kann im Übrigen nach **Satz 2** der Vorschrift **widerlegt** werden. 15

II. Normzweck

§ 39 SGB XII erweitert den in § 2 Abs. 1 SGB XII normierten Nachranggrundsatz, der in der wechselseitigen Anrechnung von Einkommen und Vermögen der Mitglieder einer Einsatzgemeinschaft im Sinne von § 27 Abs. 2 SGB XII n.F. eine besondere Ausprägung findet, auf Mitglieder bloßer Wohngemeinschaften und entspricht der Überlegung, dass die Allgemeinheit nicht zu Leistungen verpflichtet ist, wenn der Hilfebedürftige mit leistungsfähigen Personen in einer (vermuteten) Haushaltsgemeinschaft lebt, solange nicht feststeht, dass dem Hilfebedürftigen durch die anderen Mitglieder der Wohngemeinschaft keine Hilfe zum Lebensunterhalt gewährt wird.[20] Die Vermutung wiederum, dass unterhaltssichernde Leistungen erbracht werden, beruht auf der Annahme, dass Menschen, die mit anderen in einer Wohngemeinschaft zusammenleben, (aus sittlichen Gründen) im Rahmen ihrer Möglichkeiten füreinander einstehen.[21] Der Gesetzgeber geht in diesem Zusammenhang davon aus, dass die Voraussetzungen „gemeinsames Wirtschaften" und „Leistungserbringung" von Personen einer Wohngemeinschaft eher widerlegbar als vom Sozialhilfeträger beweisbar sind.[22] Insofern bietet § 39 SGB XII eine **Handhabe** dafür, **Einkommen und gegebenenfalls Vermögen von leistungsfähigen Personen einer Wohngemeinschaft bei der Prüfung des Bedarfs beim Hilfebedürftigen zu berücksichtigen, ohne dass der Zufluss von Einkommen bei diesem nachgewiesen sein muss**. 16

Aus sozialen Gründen soll die Vermutung allerdings bei Schwangeren sowie bei Personen, die ihr leibliches Kind bis zur Vollendung des sechsten Lebensjahres betreuen und die bei ihren Eltern oder einem Elternteil leben, ebenso wenig gelten wie bei Personen, die wegen Behinderung oder Pflegebedürftigkeit von in der Wohngemeinschaft lebenden Personen betreut werden. 17

---

[17] Vgl. LSG Baden-Württemberg v. 21.09.2006 - L 7 SO 5441/05 - FEVS 58, 234; *Schellhorn* in: Schellhorn/Schellhorn/Hohm, SGB XII, 18. Aufl. 2010, § 36 Rn. 4.

[18] *Grube* in: Grube/Wahrendorf, SGB XII, 4. Aufl. 2012, § 39 Rn. 5.

[19] Ebenso *Apidopoulos* in: Linhart/Adolph, SGB II/SGB XII/AsylbLG, § 39 Rn. 26; vgl. zum Verhältnis von § 16 BSHG zu § 78 Abs. 2 BSHG bereits BVerwG v. 23.02.1966 - V C 93.64 - BVerwGE 23, 255 = FEVS 14, 5.

[20] Vgl. *Dauber* in: Mergler/Zink, SGB XII, § 39 Rn. 2; vgl. zu § 16 BSHG auch *Oestreicher/Schelter/Kunz/Decker*, BSHG, § 16 Rn. 1.

[21] *Falterbaum* in: Hauck/Noftz, SGB XII, K § 39 Rn. 5; vgl. zum früheren Gedanken der sog. „Familiennotgemeinschaft" BVerwG v. 10.02.1960 - V C 262.57 - BVerwGE 10, 145 = FEVS 6, 1; BVerwG v. 29.02.1996 - 5 C 2/95 - FEVS 46, 441.

[22] Vgl. BT-Drs. 15/1514, S. 61 (zu § 36 SGB XII a.F.).

III. Tatbestandsmerkmale

1. Wohnung oder andere Unterkunft

18 Die Anwendung des § 39 SGB XII setzt zunächst voraus, dass die nachfragende Person mit einer oder mehreren anderen Personen gemeinsam in einer **Wohnung** oder einer entsprechenden **anderen Unterkunft** leben muss.

19 Mit dem Begriff „Wohnung" ist nach der Begründung zu § 36 SGB XII a.F. **Wohnraum im Sinne des Wohngeldgesetzes** gemeint.[23] Wohnraum sind danach Räume, die vom Verfügungsberechtigten zum Wohnen bestimmt und hierfür nach ihrer baulichen Anlage und Ausstattung tatsächlich geeignet sind (§ 2 WoGG).

20 Der umfassendere Begriff „Unterkunft" ist § 27 Abs. 1 SGB XII a.F. (jetzt: § 27a Abs. 1 SGB XII) entnommen; die Unterkunft muss wie eine Wohnung nach außen in gewisser Weise abgeschlossen sein.[24] Unterkunft meint damit eine **(private) Wohnung,** einen **Raum** oder **Ähnliches,** wobei insbesondere der Bezug zu Art. 13 GG – Sinn der dort verbürgten Unverletzlichkeit der Wohnung ist die Abschirmung der Privatsphäre in räumlicher Hinsicht[25] – zu beachten ist (vgl. die Kommentierung zu § 29 SGB XII Rn. 18). Unter Unterkunft fallen deshalb alle **baulichen Anlagen** oder **Teile** davon, die **tatsächlich genutzt** werden und vor Witterung schützend ein **Mindestmaß an Privatheit** sicherstellen sollen.[26] Unterkünfte sind demnach auch **Not- oder Obdachlosenunterkünfte**[27], **Hotel- und Pensionszimmer**[28] oder auch ein **Wohnwagen**[29] bzw. **ein Wohnmobil**[30] oder eine zum Wohnen geeignete **Gartenlaube**[31].

2. Zusammenleben mit anderen Personen

21 Von einem **gemeinsamen Leben** von Personen kann dann ausgegangen werden, wenn innerhalb einer Wohnung bestimmte Räume (z.B. Küche, Bad) gemeinsam genutzt und gewisse Dinge im Ablauf des täglichen Lebens (z.B. Einnehmen von Mahlzeiten) gemeinsam erledigt werden.[32] Allein das gemeinsame Leben unter einem Dach bedeutet jedenfalls schon deshalb nicht zwingend ein „Zusammenleben", weil ein Getrenntleben selbst bei Eheleuten auch innerhalb einer Wohnung möglich ist (vgl. § 1567 Abs. 1 Satz 2 BGB).[33] Zu beachten ist, dass der **Tatbestand** des § 39 SGB XII nur auf das Zusammenleben in einer Wohnung oder einer entsprechenden anderen Unterkunft abstellt, es mithin nur auf den objektiven Sachverhalt des „**gemeinsamen Wohnens**" ankommt[34], ohne dass an dieser Stelle maßgebend ist, ob auch gemeinsam gewirtschaftet wird.

22 Indem § 39 SGB XII allein auf das Zusammenleben „**mit anderen Personen**" abstellt, erstreckt sich die Vorschrift vom Wortlaut her – eine entsprechende Ausweitung war nach der Begründung zu § 36 SGB XII a.F. gewollt[35] – auf **alle Mitbewohner**, also z.B. auch auf Freunde oder Bekannte. Damit käme es im Gegensatz zur früheren Regelung in § 16 BSHG sowie anders als nach § 9 Abs. 5 SGB II nicht (mehr) darauf an, ob die nachfragende Person und ihre Mitbewohner miteinander verwandt oder verschwägert sind. Ohnehin ist unerheblich, ob zwischen den zusammenlebenden Personen eine Un-

---

[23] BT-Drs. 15/1514, S. 61.
[24] BT-Drs. 15/1514, S. 61.
[25] Vgl. BVerfG v. 17.02.1998 - 1 BvF 1/91 - BVerfGE 97, 228; BVerfG v. 03.03.2004 - 1 BvR 2378/98, 1 BvR 1084/99 - BVerfGE 109, 279.
[26] LSG Hessen v. 28.10.2009 - L 7 AS 326/09 B ER; vgl. die Kommentierung zu § 29 SGB XII Rn. 20.
[27] BVerwG v. 12.12.1995 - 5 C 28/93 - BVerwGE 100, 136.
[28] SG Augsburg v. 23.09.2009 - S 9 AS 187/09 - ASR 2009, 164.
[29] LSG Hessen v. 28.10.2009 - L 7 AS 326/09 B ER; LSG Berlin-Brandenburg v. 12.10.2007 - L 19 B 1700/07 AS ER - FEVS 59, 230.
[30] BSG v. 17.06.2010 - B 14 AS 79/09 R - SozR 4-4200 § 22 Nr. 39.
[31] LSG Berlin Brandenburg v. 08.03.2006 - L 19 B 42/06 AS ER - FEVS 58, 330.
[32] *Grube* in: Grube/Wahrendorf, SGB XII, 4. Aufl. 2012, § 39 Rn. 6; *Schellhorn* in: Schellhorn/Schellhorn/Hohm, SGB XII, 18. Aufl. 2010, § 36 Rn. 7; *Dauber* in: Mergler/Zink, SGB XII, § 36 Rn. 6; *Schwengers* in: Kruse/Reinhard/Winkler/Höfer/Schwengers, SGB XII, 3. Aufl. 2012, § 39 Rn. 2.
[33] Vgl. *Dauber* in: Mergler/Zink, SGB XII, § 39 Rn. 6; *Grube* in: Grube/Wahrendorf, SGB XII, 4. Aufl. 2012, § 39 Rn. 6; a.A. *Falterbaum* in: Hauck/Noftz, SGB XII, K § 39 Rn. 21: das Nutzen einer gemeinsamen Unterkunft reiche aus, ein „Zusammenleben" sei nicht erforderlich.
[34] Vgl. BT-Drs. 15/1514, S. 61.
[35] BT-Drs. 15/1514, S. 61.

terhaltsverpflichtung besteht. Eine Ausdehnung der Haushaltsgemeinschaft nach § 16 BSHG auf alle Personen einer Wohngemeinschaft war bereits im Entwurf der Bundesregierung eines Gesetzes zur Reform der Sozialhilfe (BSHG-Reformgesetz 1996)[36] vorgesehen (die damalige Begründung[37] zu der beabsichtigten Änderung des § 16 BSHG entsprach in weiten Teilen wortwörtlich derjenigen zu § 36 SGB XII a.F.). Nachdem gegen die Änderung des § 16 BSHG in den parlamentarischen Beratungen allerdings erhebliche Einwendungen erhoben worden waren – die federführenden Ausschüsse haben sich gar für eine **Beschränkung** der Vermutungsregelung allein auf Verwandte ausgesprochen, weil das sinnvolle Zusammenleben von Menschen durch die von der Bundesregierung vorgeschlagene Regelung verhindert werde[38] (diese Begründung hat sich sodann der Bundesrat zu eigen gemacht[39]) –, hat der Gesetzgeber von der ursprünglich geplanten Regelung wieder Abstand genommen.

Mit der in § 36 SGB XII a.F. eingeführten und in § 39 SGB XII beibehaltenen Ausweitung der gesetzlichen Vermutung wird eine Art **öffentlich-rechtliche Einstandspflicht von in Wohngemeinschaften lebenden Personen** installiert.[40] Dies erscheint vor dem Hintergrund, dass sich die gesetzliche Vermutung in der Parallelvorschrift des § 9 Abs. 5 SGB II auf Verwandte und Verschwägerte beschränkt, **verfassungsrechtlich bedenklich**.[41] Zwar mag es zutreffen, dass sich zunehmend Wohngemeinschaften gebildet haben, in denen nicht verwandte oder verschwägerte Personen die Vorteile einer gemeinsamen Haushaltsführung nutzen und sich auch in Notlagen beistehen[42], so dass § 39 SGB XII durchaus eine „moderne Vorschrift"[43] sein mag. Aber abgesehen davon, dass die unterschiedlichen Regelungen in § 9 Abs. 5 SGB II und § 39 SGB XII „nicht sinnvoll"[44] bzw. „nicht nachvollziehbar"[45] sind und eine „Fehlleistung des Gesetzgebers"[46] darstellen, lässt sich für diese Differenzierung mit Blick auf den allgemeinen Gleichheitssatz in **Art. 3 Abs. 1 GG** auch **kein sachlich rechtfertigender Grund** erkennen.[47] Wenn der Gesetzgeber schon der Auffassung ist, dass sich zunehmend Wohngemeinschaften gebildet haben, in denen nicht verwandte oder verschwägerte Personen die Vorteile einer gemeinsamen Haushaltsführung nutzen und sich auch in Notlagen beistehen, erschließt sich nicht, aus welchen Gründen sich diese Erkenntnis auf den unter den Anwendungsbereich des SGB XII fallenden Personenkreis beschränken sollte. Die Annahme, dass in Wohngemeinschaften die Vorteile einer gemeinsamen Haushaltsführung genutzt würden, hat jedenfalls keinen Bezug zur Frage der (fehlenden) Erwerbsfähigkeit. Insofern beruhen die unterschiedlichen Regelungen offenbar allein darauf, dass für das SGB II einerseits und für das SGB XII andererseits unterschiedliche Ministerien bei der Ausarbeitung der jeweiligen Gesetzentwürfe zuständig waren[48], ohne dass der Gesetzgeber als solcher bei der Verabschiedung der Gesetze den notwendigen und gebotenen Gesamtüberblick behalten hat. Völlig unverständlich ist indes, warum der Gesetzgeber die umfangreichen Änderungen des SGB II und des SGB XII durch das Gesetz zur Ermittlung von Regelbedarfen und zur Änderung des Zweiten und Zwölften Buches Sozialgesetzbuch vom 24.03.2011[49] nicht zum Anlass genommen hat, eine Angleichung von § 9 Abs. 5 SGB II einerseits und § 39 SGB XII n.F. andererseits vorzunehmen. Eine Begründung hierzu fehlt jedenfalls vollkommen.

Vor diesem Hintergrund spricht viel dafür, dass die durch die Ausweitung der Vermutungsregelung auf sämtliche Wohngemeinschaften bedingte **Benachteiligung** von nachfragenden Personen im Sinne des SGB XII gegenüber Hilfebedürftigen nach dem SGB II, die in einer Haushaltsgemeinschaft mit leistungsfähigen Personen leben, die aber nicht verwandt oder verschwägert sind, mit **Art. 3 Abs. 1 GG**

---

[36] BT-Drs. 13/2440.
[37] Vgl. insoweit BT-Drs. 13/2440, S. 20.
[38] Vgl. BR-Drs. 452/1/95, S. 13.
[39] Vgl. die Stellungnahme des Bundesrates in der Anlage zu BR-Drs. 452/95, S. 11/12.
[40] *Schellhorn* in: Schellhorn/Schellhorn/Hohm, SGB XII, 18. Aufl. 2010, § 36 Rn. 8.
[41] *Schellhorn* in: Schellhorn/Schellhorn/Hohm, SGB XII, 18. Aufl. 2010, § 36 Rn. 8; *Conradis* in: LPK-SGB XII, 9. Aufl. 2012, § 39 Rn. 2.
[42] Vgl. BT-Drs. 15/1514, S. 61: kritisch hierzu *Deutscher Verein*, NDV 2003, 490, 495.
[43] *Apidopoulos* in: Linhart/Adolph, SGB II/SGB XII/AsylbLG, § 39 Rn. 1.
[44] Vgl. *Deutscher Verein*, NDV 2003, 490, 495; *Conradis* in: LPK-SGB XII, 9. Aufl. 2012, § 39 Rn. 2.
[45] *Gebhardt* in: BeckOK, SGB XII, § 39 Rn. 1.
[46] *Grube* in: Grube/Wahrendorf, SGB XII, 4. Aufl. 2012, § 39 Rn. 1.
[47] *Conradis* in: LPK-SGB XII, 9. Aufl. 2012, § 39 Rn. 2.
[48] Vgl. *Schoch*, ZfF 2004, 169, 175 (Fn. 65).
[49] BGBl I 2011, 453.

nicht vereinbar ist[50], weil mit Blick auf die unterschiedlichen Regelungen in § 39 SGB XII einerseits und § 9 Abs. 5 SGB II andererseits keine unterschiedlichen Funktionen beider Leistungen betroffen sind, so dass auch keine unterschiedlichen Maßstäbe und Kriterien einer verfassungsrechtlich gebotenen Gleichbehandlung herangezogen werden können.

25 Insofern stellt sich die Frage, ob die Regelung in **§ 9 Abs. 5 SGB II** mit ihrer Beschränkung des Anwendungsbereichs auf Verwandte und Verschwägerte nicht – **verfassungskonform – in § 39 SGB XII** gleichsam „**hineingelesen**" werden muss. Dafür spricht, dass das BSG unter Berücksichtigung des allgemeinen Gleichheitssatzes des Art. 3 Abs. 1 GG bereits entschieden hat, dass (auch) für eine Minderung des Regelsatzes bzw. der Regelleistung wegen Annahme einer Haushaltsersparnis zwischen der Personengruppe der SGB-XII- und SGB-II-Leistungsempfänger keine sachlichen Gründe für eine unterschiedliche Behandlung erkennbar seien.[51] Der Gesetzgeber des SGB II habe im Unterschied zur Rechtslage nach dem Sozialhilferecht bewusst auf die Normierung der Rechtsfigur eines „Haushaltsvorstands" verzichtet, und § 20 SGB II gehe typisierend von prozentualen Abschlägen von der Regelleistung wegen Haushaltsersparnis nur bei Angehörigen einer Bedarfsgemeinschaft aus.[52] Ein sachlicher Grund für eine unterschiedliche Behandlung der Leistungsempfänger des SGB II und des SGB XII sei weder den Gesetzesmaterialien zu entnehmen (dies betrifft auch die Begründungen zu § 9 Abs. 5 SGB II einerseits[53] und zu § 36 SGB XII a.F.[54] andererseits, die für eine Differenzierung nichts hergeben) noch sei er sonst erkennbar. Dementsprechend hatte das BSG bereits in einer Entscheidung betreffend die Höhe des Regelsatzes in der Konstellation einer gemischten Bedarfsgemeinschaft (Empfänger von Leistungen der Grundsicherung im Alter und bei Erwerbsunfähigkeit einerseits und Alg-II-Empfängerin andererseits[55]) die **Wertungen des SGB II in die Auslegung der Vorschriften des SGB XII einfließen lassen** und unter Berücksichtigung des Gleichheitssatzes zur Gewährleistung einer einheitlichen – nicht nur dem Einzelfall gerecht werdenden – Leistungshöhe eine analoge Heranziehung des § 20 Abs. 3 SGB II (in der Fassung des Kommunalen Optionsgesetzes vom 30.07.2004[56]) für erforderlich gehalten.[57]

26 Unter Beachtung dieser Rechtsprechung ist aus verfassungsrechtlichen Gründen davon auszugehen, dass auch die Regelung des § 39 SGB XII – entgegen ihrem Wortlaut – **auf Verwandte und Verschwägerte zu begrenzen** ist. Dem kann jedenfalls nicht entgegengehalten werden, dass es sich bei § 39 SGB XII gegenüber § 9 Abs. 5 SGB II um die „modernere" Vorschrift handele.[58]

27 **Verwandt** in gerader Linie sind Personen, deren eine von der anderen abstammt (§ 1589 Satz 1 BGB). Stammen zwei nicht in gerader Linie verwandte Personen von einer dritten Person ab, so handelt es sich um Verwandte in der Seitenlinie (§ 1589 Satz 2 BGB). Der Grad der Verwandtschaft bestimmt sich nach der Zahl der sie vermittelnden Geburten (§ 1589 Satz 3 BGB). Darüber hinaus sind verwandt im Rechtssinne Adoptierende(r) und Kind(er) nach erfolgter Annahme an Kindes statt (§ 1754 Abs. 1 und 2 BGB). Keine Verwandtschaft besteht zwischen Pflegeeltern und Pflegekindern.[59]

28 **Verschwägert** sind die Verwandten eines Ehegatten mit dem anderen Ehegatten (§ 1590 Abs. 1 Satz 1 BGB). Die Linie und der Grad der Schwägerschaft bestimmen sich nach der Linie und dem Grad der sie vermittelnden Verwandtschaft (§ 1590 Abs. 1 Satz 2 BGB). Die Schwägerschaft dauert fort, auch wenn die Ehe, durch die sie begründet wurde, aufgelöst ist (§ 1590 Abs. 2 BGB). Entsprechendes gilt für die Verwandten eines Lebenspartners im Sinne von § 1 Abs. 1 Satz 1 LPartG in Bezug auf den anderen Lebenspartner (vgl. § 11 Abs. 2 LPartG). Keine Schwägerschaft in diesem Sinne besteht dagegen zwischen einem Hilfebedürftigen und Verwandten seines nichtehelichen Partners.[60]

---

[50] So auch *Conradis* in: LPK-SGB XII, 9. Aufl. 2012, § 39 Rn. 2.
[51] BSG v. 19.05.2009 - B 8 SO 8/08 R - BSGE 103, 181 = SozR 4-3500 § 42 Nr. 2.
[52] Unter Hinweis auf BSG v. 07.11.2006 - B 7b AS 6/06 R - BSGE 97, 211 = SozR 4-4200 § 20 Nr. 2.
[53] BT-Drs. 15/1516, S. 53 (zu § 9 Abs. 4 des Entwurfs).
[54] BT-Drs. 15/1514, S. 61.
[55] Vgl. hierzu auch *Berendes*, NZS 2008, 634 ff.
[56] BGBl I 2004, 2014.
[57] BSG v. 16.10.2007 - B 8/9b SO 2/06 R - BSGE 99, 131 = SozR 4-3500 § 28 Nr. 1.
[58] So aber *Apidopoulos* in: Linhart/Adolph, SGB II/SGB XII/AsylbLG, § 39 Rn. 29.
[59] Vgl. *Peters* in: Estelmann, SGB II, § 9 Rn. 70.
[60] Vgl. insoweit zu § 9 Abs. 2 Satz 2 SGB II in der bis zum 31.07.2006 geltenden Fassung BSG v. 13.11.2008 - B 14 AS 2/08 R - BSGE 102, 76 = SozR 4-4200 § 9 Nr. 7.

3. Einsatz von Einkommen/Vermögen kann erwartet werden

a. Allgemeines

Tatbestandsvoraussetzung ist ferner, dass aufgrund der Einkommens- und Vermögensverhältnisse der anderen Personen **erwartet werden kann**, dass sie der nachfragenden Person Leistungen zum Lebensunterhalt erbringen. Bei dem Tatbestandsmerkmal „soweit dies nach deren Einkommen und Vermögen erwartet werden kann", das auf die **Leistungsfähigkeit** der verwandten oder verschwägerten Personen abzielt[61], handelt es sich um einen unbestimmten Rechtsbegriff, der der vollen gerichtlichen Überprüfung unterliegt.[62]   29

Damit der Sozialhilfeträger zu beurteilen in der Lage ist, ob erwartet werden kann, dass das Einkommen und Vermögen der gemeinsam lebenden Personen ausreicht, um auch den Lebensunterhalt der nachfragenden Person sicherzustellen, muss er zunächst Erkenntnisse über das Einkommen und Vermögen der in einer Wohnung oder Unterkunft zusammenlebenden Personen haben, ehe er sich auf die Vermutung des § 39 SGB XII berufen darf.[63] Der Sozialhilfeträger hat also im Rahmen seiner Amtsermittlungspflicht **Feststellungen zu den Einkommens- und Vermögensverhältnissen** zu treffen. Um entsprechende Erkenntnisse zu gewinnen, besteht unter den Voraussetzungen des **§ 117 Abs. 1 Satz 3 SGB XII**[64] eine Verpflichtung der von § 39 SGB XII erfassten Personen, dem Sozialhilfeträger über ihre Einkommens- und Vermögensverhältnisse Auskunft zu erteilen (vgl. hierzu die Kommentierung zu § 117 SGB XII Rn. 25 f.). Auszugehen ist dabei von den tatsächlich vorhandenen, nicht aber von fiktiven Einkommensverhältnissen, so dass z.B. ein nicht in Anspruch genommenes Wohngeld bei den mit der nachfragenden Person zusammenlebenden Haushaltsmitgliedern nicht berücksichtigt werden kann.[65]   30

Ob und gegebenenfalls inwieweit von den Verwandten oder Verschwägerten (vgl. Rn. 26) erwartet werden kann, dass sie Leistungen an den Hilfebedürftigen gewähren, richtet sich allein nach deren **objektiven Einkommens- und Vermögensverhältnissen**. Auf ihre subjektiven Einstellungen gegenüber dem Hilfebedürftigen kommt es dagegen nicht an.[66]   31

Die nähere Bestimmung dessen, was „erwartet" werden kann, setzt eine wertende Entscheidung voraus, die wiederum an einen sachgerechten Bewertungsmaßstab anknüpfen muss. Anhaltspunkte dafür, welche Kriterien hierfür zugrunde zu legen sind, finden sich weder im Wortlaut der Vorschrift noch in der Gesetzesbegründung zu § 36 SGB X a.F. (ebenso wenig zu § 39 SGB XII n.F.). Der Begründung zu § 9 Abs. 5 SGB II lässt sich dagegen entnehmen, dass der Umfang, in dem von den Verwandten oder Verschwägerten der Einsatz von Einkommen oder Vermögen erwartet wird, demjenigen bei § 16 BSHG in der bis zum 31.12.2004 geltenden Fassung entsprechen soll.[67]   32

b. Rechtslage zu § 16 BSHG

Unter der Geltung des § 16 BSHG wurde davon ausgegangen, dass den mit der nachfragenden Person zusammenlebenden Verwandten und Verschwägerten das Einkommen belassen werden müsse, das sie zur **Deckung ihres Eigenbedarfs** benötigen.[68] Nur der Einsatz des über den Eigenbedarf hinausgehenden Einkommens konnte also zur Sicherstellung des Lebensunterhalts der nachfragenden Person erwartet werden. Nach der Rechtsprechung des BVerwG war im Grundsatz davon auszugehen, dass den Verwandten oder Verschwägerten ein **Einkommen verbleiben müsse, das deutlich über dem sozialhilferechtlichen Bedarf der Hilfe zum Lebensunterhalt liegt**.[69]   33

---

[61] Vgl. BSG v. 07.11.2006 - B 7b AS 6/06 R - BSGE 97, 211 = SozR 4-4200 § 20 Nr. 2.

[62] Vgl. OVG Lüneburg v. 29.05.1985 - 4 A 93/82 - FEVS 36, 108, 116 (zu § 16 BSHG); *Grube* in: Grube/Wahrendorf, SGB XII, 4. Aufl. 2012, § 39 Rn. 9; *Dauber* in: Mergler/Zink, SGB XII, § 39 Rn. 8.

[63] *Schoch*, ZfF 2004, 169, 175; *Falterbaum* in: Hauck/Noftz, SGB XII, K § 39 Rn. 23.

[64] Vgl. hierzu LSG Nordrhein-Westfalen v. 07.03.2013 - L 9 SO 13/13 B ER.

[65] Vgl. BVerwG v. 17.01.1980 - 5 C 48/78 - BVerwGE 59, 294 = FEVS 28, 309; *Schellhorn* in: Schellhorn/Schellhorn/Hohm, SGB XII, 18. Aufl. 2010, § 36 Rn. 11.

[66] OVG Hamburg v. 13.12.1991 - Bf IV 1/91 - FEVS 43, 51 (zu § 116 BSHG); *Falterbaum* in: Hauck/Noftz, SGB XII, K § 39 Rn. 23; *Dauber* in: Mergler/Zink, SGB XII, § 39 Rn. 8.

[67] BT-Drs. 15/1516, S. 53.

[68] BVerwG v. 01.10.1998 - 5 C 32/97 - FEVS 49, 55; OVG Münster v. 18.08.1997 - 8 A 4742/96 - NWVBl. 1998, 121; *Wenzel* in: Fichtner, BSHG, 2. Aufl. 2003, § 16 Rn. 12; *Schellhorn/Schellhorn*, BSHG, 16. Aufl. 2002, § 16 Rn. 7a.

[69] BVerwG v. 17.01.1980 - 5 C 48/78 - FEVS 28, 309; BVerwG v. 29.02.1996 - 5 C 2/95 - FEVS 46, 441; BVerwG v. 01.10.1998 - 5 C 32/97 - FEVS 49, 55; ebenso *Gottschick/Giese*, BSHG, 9. Aufl. 1985, § 16 Rn. 5; *Conradis* in: LPK-BSHG, 6. Aufl. 2003, § 16 Rn. 12.

34 Bei der Höhe des anzuerkennenden Eigenbedarfs war ferner danach zu differenzieren, ob und in welcher Weise der Mitbewohner gegenüber der nachfragenden Person **unterhaltspflichtig** ist.[70] Bei der sozialhilferechtlichen Beurteilung, wie weit Unterhaltsleistungen zu erwarten sind, war somit zu berücksichtigen, ob die Leistungen auf bürgerlich-rechtlichen Unterhaltspflichten beruhen. Zwar bestand die Vermutung des § 16 BSHG – ebenso wie diejenige des § 39 SGB XII – unabhängig von einer gesetzlichen Unterhaltsverpflichtung. Lebten aber etwa Verwandte in gerader Linie, z.B. Eltern und ihre volljährigen Kinder, die nach § 1601 BGB einander zum Unterhalt verpflichtet sind, zusammen, wurde im Rahmen der Unterhaltsvermutung nach § 16 BSHG eine bestehende gesetzliche Unterhaltsverpflichtung mit in die Erwägungen einbezogen, weil Leistungen zum Lebensunterhalt der nachfragenden Person von nahen Verwandten, die nach § 1601 BGB zum Unterhalt verpflichtet sind, eher erwartet wurden als von entfernteren Verwandten oder von Verschwägerten.[71]

35 Bestand zwischen den Bewohnern einer Unterkunft eine **gesteigerte Unterhaltspflicht**[72], so konnte mit Blick auf die zivilrechtliche Verpflichtung des Unterhaltspflichtigen nach § 1603 Abs. 2 BGB vermutet werden, dass das über den sozialhilferechtlich anerkannten Eigenbedarf hinausgehende Einkommen und Vermögen vollständig für den Unterhaltsberechtigten eingesetzt wird.[73]

36 Für die Prüfung, inwieweit von **nicht gesteigert unterhaltspflichtigen Angehörigen** Leistungen zum Lebensunterhalt des mit ihnen in Haushaltsgemeinschaft lebenden Hilfesuchenden erwartet werden können, hat das BVerwG die von der Verwaltungspraxis angewandten **Empfehlungen des Deutschen Vereins für die Heranziehung Unterhaltspflichtiger in der Sozialhilfe** gebilligt, weil es der Lebenserfahrung entspreche, von dem Angehörigen zu erwarten, dass er freiwillig das zahle, was der Träger der Sozialhilfe einem Unterhaltspflichtigen an Beitrag zum Lebensunterhalt des Unterhaltsberechtigten zumute.[74] Es sei nicht Sinn des § 16 BSHG, die sozialhilferechtliche Hilfeerwartung an unterhaltsverpflichtete Angehörige über die gesetzlich vorgesehene Inanspruchnahme durch die Träger der Sozialhilfe hinaus zu erweitern.[75] Es war mithin im Einzelfall anhand der Empfehlungen des Deutschen Vereins zu ermitteln, welcher Unterhaltsbeitrag dem Angehörigen nach seinem Einkommen und Vermögen abverlangt werden konnte. Dabei hat das BVerwG sowohl die Empfehlungen des Deutschen Vereins gebilligt, welche für die Berechnung des angemessenen Eigenbedarfs der Verwandten oder Verschwägerten das Doppelte des Regelsatzes des Haushaltsvorstandes am Wohnort der Haushaltsgemeinschaft vorsahen[76] als auch die Praxis nach Überarbeitung der Empfehlung bestätigt, nach welcher nunmehr auf die Leitlinien zum Unterhaltsrecht des OLG Hamm zum Selbstbehalt abgestellt wurde, wobei von dem darüber hinausgehenden Betrag nur 50% als Unterhalt anzusetzen war.[77]

37 Ob die Empfehlungen des Deutschen Vereins Anhaltspunkte für die Anwendung des § 16 BSHG auch bei der Bemessung des Eigenbedarfs von Haushaltsmitgliedern, die der nachfragenden Person nicht nach bürgerlichem Recht zum Unterhalt verpflichtet sind, geben könnten, hat das BVerwG offen gelassen.[78]

38 Von **Stiefeltern** wurde in aller Regel zumindest erwartet, ihr Stiefkind unentgeltlich bei sich wohnen zu lassen, wenn Größe und Ausstattung der Wohnung, für die sie die Miete tragen, nicht durch die Stiefkinder bedingt sind und wegen ihres Aufenthaltes in der Wohnung auch sonst keine Mehraufwen-

---

[70] Vgl. *Conradis* in: LPK-BSHG, 6. Aufl. 2003, § 16 Rn. 15 ff.; *Wenzel* in: Fichtner, BSHG, 2. Aufl. 2003, § 16 Rn. 12.

[71] *Schellhorn/Schellhorn*, BSHG, 16. Aufl. 2002, § 16 Rn. 7.

[72] Aufgrund der vorrangigen Regelung in § 11 Abs. 1 Satz 2 BSHG (jetzt § 19 Abs. 1 Satz 2 SGB XII) konnte § 16 BSHG allerdings nur ausnahmsweise zur Anwendung gelangen, nämlich soweit volljährige Kinder sich vor Vollendung des 21. Lebensjahres in einer allgemeinen Schulausbildung befinden und im Haushalt der Eltern oder eines Elternteils leben.

[73] *Schellhorn/Schellhorn*, BSHG, 16. Aufl. 2002, § 16 Rn. 7b; vgl. zum Eigenbedarf bei gesteigerter Unterhaltspflicht auch die Empfehlungen des Deutschen Vereins, NDV 2000, 129, Rn. 92 ff.

[74] BVerwG v. 29.02.1996 - 5 C 2/95 - FEVS 46, 441; BVerwG v. 01.10.1998 - 5 C 32/97 - FEVS 49, 55.

[75] BVerwG v. 01.10.1998 - 5 C 32/97 - FEVS 49, 55.

[76] Vgl. insoweit *Deutscher Verein für Öffentliche und Private Fürsorge*, NDV 1987, 273 ff.; bestätigt durch BVerwG v. 29.02.1996 - 5 C 2/95 - FEVS 46, 441.

[77] *Deutscher Verein für Öffentliche und Private Fürsorge*, NDV 1995, 1 ff.; bestätigt durch BVerwG v. 01.10.1998 - 5 C 32/97 - FEVS 49, 55.

[78] BVerwG v. 29.02.1996 - 5 C 2/95 - FEVS 46, 441.

dungen für die Unterkunft entstehen[79] und dass die steuerrechtlichen Vorteile sowie das Kindergeld weitergegeben werden.[80]

Zu der Frage, nach welchen Kriterien der **Einsatz von Vermögen** erwartet werden konnte, wurde die Auffassung vertreten, dass der nicht gesteigert unterhaltspflichtige Angehörige Barvermögen erst dann einzusetzen habe, wenn es das Fünffache des maßgeblichen kleinen Barbetrages (§ 88 Abs. 2 Nr. 8 BSHG[81] i.V.m. der DVO zu dieser Vorschrift) übersteigt.[82] Der Deutsche Verein verwies in seinen Empfehlungen zu § 16 BSHG[83] darauf, dass Sachvermögen nicht eingesetzt werden müsse und im Hinblick auf das Geldvermögen bezog er sich auf die Empfehlungen zur Heranziehung Unterhaltspflichtiger in der Sozialhilfe.[84] Berücksichtigt wurden dabei auch die Nähe bzw. die verwandtschaftliche Entfernung zum Hilfesuchenden. 39

c. Aktuelle Rechtslage

aa. Anwendung der zu § 16 BSHG entwickelten Grundsätze?

Für die Frage, wann und in welchem Umfang der Einsatz von Einkommen und Vermögen unter der Geltung von § 39 SGB XII erwartet werden kann, könnte sich zunächst die entsprechende Anwendung der zu § 16 BSHG entwickelten Grundsätze anbieten[85], zumal der Gesetzgeber jedenfalls in der Begründung zu § 9 Abs. 5 SGB II ausdrücklich darauf hingewiesen hat, dass der Umfang, in dem von den Verwandten oder Verschwägerten der Einsatz von Einkommen oder Vermögen erwartet wird, demjenigen bei § 16 BSHG in der bis zum 31.12.2004 geltenden Fassung entsprechen soll.[86] 40

Allerdings ist insofern einerseits problematisch, dass angesichts der vom Gesetzgeber beabsichtigten Ausweitung des Geltungsbereichs von § 36 SGB XII a.F. – und mangels inhaltlicher Änderung der Regelung nunmehr auch von § 39 SGB XII – auf Personen, die nicht mit der nachfragenden Person verwandt oder verschwägert sind, die Kriterien der Unterhaltsverpflichtung und des Verwandtschaftsgrads als Maßstab für den Umfang der zu vermutenden Leistungen an Bedeutung grundsätzlich erheblich verloren haben und deshalb eigentlich neue Kriterien entwickelt werden müssten, aus denen sich ergibt, wann und in welchem Umfang Unterhaltsleistungen vermutet werden können, wofür es bislang keine entsprechend gesicherten Erkenntnisse gibt.[87] Andererseits wiederum ist nach der hier vertretenen Auffassung (vgl. Rn. 26) davon auszugehen, dass der Anwendungsbereich der Vorschrift aus verfassungsrechtlichen Gründen ohnehin auf Verwandte und Verschwägerte begrenzt ist. Vor diesem Hintergrund stellt sich die Frage, ob eine (weitere) **Harmonisierung von § 9 Abs. 5 SGB II einerseits und § 39 SGB XII andererseits** nicht auch an dieser Stelle anzustreben ist. 41

bb. Entsprechende Anwendung der §§ 1 Abs. 2, 7 Abs. 2 Alg II-V?

Zur Konkretisierung der § 9 Abs. 5 SGB II zu Grunde liegenden Vermutung des Einsatzes von Einkommen bestimmt **§ 1 Abs. 2 Satz 1 Alg II-V**, dass die um die Absetzbeträge nach § 11b SGB II bereinigten Einnahmen in der Regel nicht als Einkommen zu berücksichtigen sind, soweit sie einen Freibetrag in Höhe des doppelten Betrags des nach § 20 Abs. 2 SGB II maßgebenden Regelbedarfs zuzüglich der anteiligen Aufwendungen für Unterkunft und Heizung sowie darüber hinausgehende 50% der diesen Freibetrag übersteigenden bereinigten Einnahmen nicht überschreiten. Ferner ordnet **§ 1 Abs. 2 Satz 2 Alg II-V** die entsprechende Geltung des § 11a SGB II an. Mit der Regelung in § 1 Abs. 2 Alg II-V wird zum einen festgelegt, ob der jeweilige Verwandte oder Verschwägerte überhaupt leistungsfähig ist, ob also sein Einkommen einen bestimmten Selbstbehalt überschreitet, zum anderen wird festgelegt, in welchem Umfang das den Selbstbehalt übersteigende Einkommen als Leistung an den Hilfebedürftigen zu berücksichtigen ist.[88] 42

---

[79] OVG Lüneburg v. 08.02.1989 - 4 A 13/88 - FEVS 39, 192; OVG Hamburg v. 13.12.1991 - Bf IV 1/91 - FEVS 43, 51.

[80] VGH München v. 18.02.1993 - 12 B 90.2847 - FEVS 44, 412; Hessischer VGH v. 17.02.2000 - 1 TG 444/00 - FEVS 52, 114.

[81] Jetzt § 90 Abs. 2 Nr. 9 SGB XII.

[82] OVG Lüneburg v. 03.09.1999 - 4 M 2961/99 - FEVS 51, 299.

[83] *Deutscher Verein für Öffentliche und Private Fürsorge*, NDV 2002, 431, 440 Rn. 69.

[84] NDV 2002, 161, 170 Rn. 91.

[85] So ausdrücklich *Dauber* in: Mergler/Zink, SGB XII, § 39 Rn. 8.

[86] BT-Drs. 15/1516, S. 53.

[87] *Grube* in: Grube/Wahrendorf, SGB XII, 4. Aufl. 2012, § 39 Rn. 14.

[88] *Mecke* in: Eicher, SGB II, 3. Aufl. 2013, § 9 Rn. 97.

43 Zur Berücksichtigung von Vermögen regelt **§ 7 Abs. 2 Alg II-V**, dass bei der § 9 Abs. 5 SGB II zu Grunde liegenden Vermutung, dass Verwandte und Verschwägerte an mit ihnen in Haushaltsgemeinschaft lebende Hilfebedürftige Leistungen erbringen, dasjenige Vermögen nicht zu berücksichtigen ist, das nach § 12 Abs. 2 SGB II abzusetzen oder nach § 12 Abs. 3 SGB II nicht zu berücksichtigen ist. Diese Regelung wiederum führt dazu, dass das Vermögen der Mitglieder der Haushaltsgemeinschaft jedenfalls nicht stärker herangezogen wird als das Vermögen des Hilfebedürftigen selbst.[89]

44 Während der Verordnungsgeber insoweit davon ausging, durch die getroffenen Regelungen werde das – bereits unter der Geltung des § 16 BSHG anerkannte – Erfordernis konkretisiert, dass Leistungen von Verwandten und Verschwägerten in der Haushaltsgemeinschaft nur dann erwartet werden können, wenn diesen Angehörigen ein deutlich über den Leistungen zur Sicherung des Lebensunterhalts liegendes Lebensunterhaltsniveau verbleibt[90], wurde mit Blick auf die konkrete Höhe des Selbstbehalts in § 1 Abs. 2 Alg II-V die Auffassung vertreten, diese sei nicht ermächtigungskonform, weil der Schwellenwert des Freibetrages ohne Unterkunftskosten (also der doppelte Satz der nach § 20 Abs. 2 SGB II maßgebenden Regelleistung) für zumeist nicht einmal unterhaltsverpflichtete Verwandte und Verschwägerte geringer sei als im Unterhaltsrecht, das sogar eine größere verwandtschaftliche Nähe voraussetze, durch die die Unterhaltspflicht erst begründet werde.[91]

45 Dieser Ansicht ist das BSG allerdings nicht gefolgt und hat insoweit entschieden, dass die Regelung sich im Rahmen der Zielsetzungen der Ermächtigungsgrundlage halte und nicht gegen höherrangiges Recht verstoße.[92] Dabei hat das BSG ausdrücklich auf die Rechtsprechung des BVerwG zur Vorläuferregelung in § 16 BSHG hingewiesen, in der das BVerwG die auf Empfehlungen des Deutschen Vereins für öffentliche und private Fürsorge beruhende Verwaltungspraxis zur Beurteilung der Leistungsfähigkeit eines mit einem Hilfesuchenden in Haushaltsgemeinschaft lebenden Angehörigen auch ohne gesetzliche Grundlage gebilligt hatte.[93] Auch diese Empfehlungen hätten (zunächst) vorgesehen, dass für die Berechnung des angemessenen Eigenbedarfs der doppelte Regelsatz eines Haushaltsvorstands am Wohnort der Haushaltsgemeinschaft zu Grunde zu legen sei. Dass die überarbeitete Fassung der Empfehlungen des Deutschen Vereins[94] zwischenzeitlich abweichende Maßstäbe zugrunde gelegt habe, ergäbe, so das BSG, keine andere Beurteilung, denn der Verordnungsgeber habe sich nicht an den Maßstaben dieser Empfehlung orientieren müssen.

46 Eine Beschränkung der Regelungsbefugnis des Verordnungsgebers folge auch nicht aus der Begründung zu § 9 Abs. 5 SGB II (vgl. hierzu bereits Rn. 32), denn Folgerungen für den Handlungsspielraum des Verordnungsgebers könnten hieraus schon deshalb nicht hergeleitet werden, weil die in der Begründung niedergelegten Vorstellungen keinen Niederschlag im Wortlaut des § 9 Abs. 5 SGB II (bzw. des § 13 SGB II) gefunden hätten. Unabhängig davon könne dem Hinweis in der Gesetzesbegründung nicht einmal entnommen werden, dass hiermit eine bestimmte Verwaltungspraxis habe fortgeschrieben werden sollen, selbst wenn zusätzlich unterstellt würde, diese wäre aufgrund der aktuellen Empfehlungen des Deutschen Vereins „herrschend" gewesen.

47 Darüber hinaus sei der Eigenanteil des Angehörigen auch nicht aus systematischen Gründen zwingend mit dem für den unterhaltsrechtlichen Selbstbehalt nach der Düsseldorfer Tabelle anzusetzenden Betrag gleichzusetzen, zumal die Regelung des § 9 Abs. 5 SGB II auf die Rechtsprechung des BVerwG zur sog. Familiennotgemeinschaft zurückzuführen sei, die gerade davon ausgegangen sei, dass unabhängig vom Bestehen gesetzlicher Unterhaltsverpflichtungen tatsächlich Unterhaltsleistungen erbracht würden.[95]

48 Schließlich sei auch nicht zu erkennen, dass der „pauschalierte Selbstbehalt" des Mitglieds der Haushaltsgemeinschaft und der daraus abzuleitende Leistungsbetrag ansonsten gegen höherrangiges Recht verstoßen. Dies könne im Ergebnis schon deshalb ausgeschlossen werden, weil Härten im Einzelfall durch eine Widerlegung der Vermutung nach § 9 Abs. 5 SGB II sowie durch die Berücksichtigung besonderer Belastungen im Rahmen des § 1 Abs. 2 Satz 1 Alg II-V Rechnung getragen werden könne.

49 Wenn nach alledem nun berücksichtigt wird,

---

[89] *Striebinger* in: Gagel, SGB II/SGB III, § 9 SGB II Rn. 83.
[90] So die Begründung zu dem Entwurf der Alg II-V (nicht veröffentlicht); vgl. auch *Striebinger* in: Gagel, SGB II/ SGB III, § 9 SGB II Rn. 78.
[91] *Mecke* in: Eicher/Spellbrink, SGB II, 2. Aufl. 2008, § 9 Rn. 60.
[92] BSG v. 19.02.2009 - B 4 AS 68/07 R - BSGE 102, 258 = SozR 4-4225 § 1 Nr. 1.
[93] BVerwG v. 29.02.1996 - 5 C 2/95 - FEVS 46, 441; BVerwG v. 01.10.1998 - 5 C 32/97 - FEVS 49, 55.
[94] *Deutscher Verein für Öffentliche und Private Fürsorge*, NDV 1995, 1.
[95] Unter Hinweis auf BVerwG v. 10.02.1960 - V C 262.57 - BVerwGE 10, 145.

- dass der Gesetzgeber zum einen annimmt, der Umfang, in dem von den Verwandten oder Verschwägerten der Einsatz von Einkommen oder Vermögen im Rahmen der Regelung des § 9 Abs. 5 SGB II erwartet werde, demjenigen bei § 16 BSHG entsprechen soll,
- zum anderen § 36 SGB XII a.F. „im Wesentlichen" die bisherige Regelung des § 16 BSHG übertragen sollte,
- sodann weder im Wortlaut des § 36 SGB XII a.F. bzw. § 39 SGB XII n.F. noch in der Begründung zu § 36 SGB XII a.F. bzw. nunmehr § 39 SGB XII Kriterien vorgegeben werden, wann und in welcher Höhe der Einsatz von Einkommen und Vermögen erwartet werden kann,
- ferner das BSG die Regelung des § 1 Abs. 2 Alg II-V aus den dargelegten Gründen für ermächtigungskonform und nicht gegen höherrangiges Recht verstoßend erachtet und schließlich
- mit der hier vertretenen Auffassung davon ausgegangen wird, dass auch der Anwendungsbereich des § 39 SGB XII auf Verwandte und Verschwägerte zu begrenzen ist, dann bietet sich zur Konkretisierung dessen, was an Einsatz von Einkommen und Vermögen im Rahmen dieser Vorschrift erwartet werden kann, die **entsprechende Anwendung der §§ 1 Abs. 2, 7 Abs. 2 Alg II-V** an.

cc. Weitere Kriterien

Soweit die Regelung des § 1 Abs. 2 Alg II-V als Ausgangspunkt dessen, was an **Einsatz von Einkommen** erwartet werden kann, angewendet wird, ermöglicht die Ausgestaltung dieser Norm in Satz 1 als Regelvorschrift die **Berücksichtigung besonderer Ausnahmetatbestände** und dadurch bedingter zusätzlicher Belastungen.[96] So ist im Einzelfall etwa zu berücksichtigen, ob gegenüber dem Hilfebedürftigen ggfs. vorrangig unterhaltsberechtigte Personen außerhalb der Haushaltsgemeinschaft vorhanden sind[97], ferner kommen als besondere Belastungen Steuern und Versicherungsbeiträge, die im Rahmen der Einkommensbereinigung nicht absetzbar sind, Kosten für eigene Fort- und Weiterbildung, Sonderbedarfe (z.B. für Hilfsmittel) oder Zinsen und Tilgungsbeträge aus Schuldverpflichtungen in Betracht.[98] 50

Auch wenn die normativen Vorgaben keine Differenzierung nach dem Grad der Verwandtschaft und Schwägerschaft enthalten, dürfte ferner – wie schon unter der Geltung von § 16 BSHG – zu berücksichtigen sein, dass **umso geringere Unterhaltsleistungen erwartet werden können, je weniger nahe** die in der gemeinsamen Wohnung lebende (leistungsfähige) Person der Hilfe zum Lebensunterhalt nachfragenden Person steht.[99] 51

Darüber hinaus hat der Sozialhilfeträger stets zu prüfen, ob eine Anrechnung von Unterhaltsleistungen mit dem **Grundsatz familiengerechter Leistungen (§ 16 SGB XII)** zu vereinbaren ist. So ist davon auszugehen, dass eine Anwendung des § 39 SGB XII dann nicht in Betracht kommt, wenn nach den allgemeinen Lebenserfahrungen damit zu rechnen ist, dass die Anrechnung von Unterhaltsleistungen zu einem Auszug eines Familienmitglieds aus der gemeinsamen Wohnung führt.[100] Dementsprechend kann etwa durch eine sensible Auslegung der gesetzlichen Voraussetzungen des § 39 SGB XII auf die besonderen Verhältnisse innerhalb einer Pflegefamilie Rücksicht genommen werden. Denn gerade bei der Aufnahme Minderjähriger darf die Vermutung eines geleisteten Unterhaltsbeitrages nicht die Bereitschaft der aufnehmenden Verwandten zur Hilfeleistung untergraben bzw. zur Auflösung der Haushaltsgemeinschaft führen.[101] 52

Auch mit Blick auf den **Einsatz von Vermögen** dürfte dann, wenn nach der Anwendung des § 7 Abs. 2 Alg II-V grundsätzlich zu berücksichtigendes Vermögen vorhanden ist, noch jeweils unter Berücksichtigung der Umstände des Einzelfalls zu prüfen sein, ob und inwieweit der Einsatz erwartet werden kann. Insoweit gilt insbesondere das unter Rn. 51 Gesagte entsprechend. 53

---

[96] Vgl. auch BSG v. 19.02.2009 - B 4 AS 68/07 R - BSGE 102, 258 = SozR 4-4225 § 1 Nr. 1.
[97] Vgl. *Mecke* in: Eicher, SGB II, 3. Aufl. 2013, § 9 Rn. 101; *Peters* in: Estelmann, SGB II, § 9 Rn. 78.
[98] Vgl. *Hengelhaupt* in: Hauck/Noftz, SGB II, § 9 Rn. 179.
[99] Vgl. *Falterbaum* in: Hauck/Noftz, SGB XII, K § 39 Rn. 42; *Schellhorn* in: Schellhorn/Schellhorn/Hohm, SGB XII, 18. Aufl. 2010, § 36 Rn. 9; *Wenzel* in: Fichtner/Wenzel, SGB XII, 4. Aufl. 2009, § 36 Rn. 10; *Dauber* in: Mergler/Zink, SGB XII, § 39 Rn. 8.
[100] Vgl. *Falterbaum* in: Hauck/Noftz, SGB XII, K § 39 Rn. 27; *Schellhorn* in: Schellhorn/Schellhorn/Hohm, SGB XII, 18. Aufl. 2010, § 36 Rn. 28; *Conradis* in: LPK-SGB XII, 9. Aufl. 2012, § 39 Rn. 8.
[101] Vgl. BVerwG v. 31.03.1977 - V C 22.76 - BVerwGE 52, 214 = FEVS 25, 265; OVG Nordrhein-Westfalen v. 19.12.2002 - 16 A 30/01 - FEVS 55, 58.

4. Ausschluss der Vermutungsregelungen (Satz 3)

a. Schwangerschaft oder Kleinkindbetreuung (Satz 3 Nr. 1)

54 Liegt ein Fall des § 36 Satz 3 SGB XII vor, ist die Anwendung der in Satz 1 normierten doppelten **Vermutung** von vornherein **ausgeschlossen**.

55 Nach § 36 Satz 3 **Nr. 1** SGB XII kann sich der Sozialhilfeträger zum einen dann nicht auf die Vermutungsregelung berufen, wenn eine nachfragende Person schwanger ist oder ihr leibliches Kind bis zur Vollendung seines sechsten Lebensjahres betreut und mit ihren Eltern oder einem Elternteil zusammenlebt.

56 Eine entsprechende Regelung enthält **§ 19 Abs. 4 SGB XII**. Die Vorläuferregelung zu § 19 Abs. 4 SGB XII – § 11 Abs. 1 Satz 3 BSHG – war auf Empfehlung der federführenden Ausschüsse[102] durch das Gesetz zur Reform der Sozialhilfe (BSHG-Reformgesetz 1996) vom 23.07.1996[103] mit Wirkung zum 01.08.1996 in das BSHG eingefügt worden. Diese Vorschrift war als flankierende Regelung im Rahmen der Abtreibungsproblematik zu verstehen und sollte dem **verfassungsrechtlich gebotenen Schutz der Schwangeren und des werdenden Lebens** Rechnung tragen.[104] Nunmehr wird in § 19 Abs. 4 SGB XII zugunsten von minderjährigen unverheirateten Leistungsberechtigten, die bei ihren Eltern oder einem Elternteil leben und die schwanger sind oder ihr leibliches Kind bis zur Vollendung des sechsten Lebensjahres betreuen, die Einsatzgemeinschaft mit den Eltern (§ 27 Abs. 2 Satz 2 SGB XII n.F.) dadurch aufgelöst, dass das Einkommen und Vermögen der Eltern bei der Bedürftigkeitsprüfung nicht berücksichtigt werden darf. Diese Regelung soll insbesondere verhindern, dass eine minderjährige Schwangere (auch) deshalb einen Schwangerschaftsabbruch durchführt, weil wegen der finanziellen Belastung ihrer Eltern im Rahmen der Einsatzgemeinschaft nach § 27 Abs. 2 Satz 2 SGB XII n.F. (bisher § 19 Abs. 1 Satz 2 SGB XII) entsprechender Druck auf ihr lastet.[105] Gleichzeitig wird ihr als werdender Mutter und nach der Entbindung, wenn sie leistungsberechtigt ist, dadurch eine gewisse Selbständigkeit und finanzielle Unabhängigkeit ermöglicht. Die Schwangere bzw. junge Mutter soll also sicher sein, dass sie ihren notwendigen Lebensunterhalt erhält, ohne dass ihre Eltern in Anspruch genommen werden.[106] Anzuwenden ist diese Regelung für den Zeitraum von Beginn der Schwangerschaft bis zur Vollendung des sechsten Lebensjahres einer ihr Kind betreuenden Mutter, soweit die Mutter selbst noch minderjährig und unverheiratet ist. Keine Rolle spielt für die Schutzwirkung der Vorschrift, ob die Schwangerschaft Ursache für die Hilfebedürftigkeit ist.

57 Wird nun die Schwangere oder Mutter des Kindes bis zur Vollendung seines sechsten Lebensjahres volljährig, ist zwar § 19 Abs. 4 SGB XII nicht mehr anzuwenden.[107] Damit aber die von dieser Regelung beabsichtigte Schutzwirkung nunmehr nicht im Rahmen der Zuwendungsvermutung des § 39 Satz 1 SGB XII ins Leere läuft, gilt diese Vermutung nach § 39 Satz 3 Nr. 1 SGB XII von vornherein nicht.

58 Darüber hinaus ist in diesem Zusammenhang auch die Regelung in **§ 94 Abs. 1 Satz 4 XII** zu beachten. Danach gehen Unterhaltsansprüche einer Person, die schwanger ist oder ihr leibliches Kind bis zur Vollendung des sechsten Lebensjahres betreut, auch dann nicht auf den Sozialhilfeträger über, wenn diese mit den Unterhaltspflichtigen im ersten Grade verwandt ist. Wenn aber nach dieser Vorschrift das Prinzip der Nachrangigkeit der Sozialhilfe sogar bezogen auf Verwandte ersten Grades durchbrochen wird, kann erst recht nicht von vornherein vermutet werden, dass andere, der Schwangeren bzw. jungen Mutter ferner stehende Personen, zur Entlastung des Sozialhilfeträgers Unterhaltsleistungen erbringen.[108]

59 Im Rahmen der Anwendung von **§ 9 Abs. 5 SGB II** erfolgt die in § 39 Satz 3 Nr. 1 SGB XII explizit geregelte Schutzwirkung nach allgemeiner Meinung über eine **entsprechende Anwendung von § 9 Abs. 3 SGB II**.[109] Unter Hinweis auf die Regelung in § 36 Satz 3 Nr. 1 SGB XII a.F. ist überdies aus-

---

[102] BR-Drs. 452/1/95, S. 8.
[103] BGBl I 1996, 1088.
[104] Vgl. BR-Drs. 452/1/95, S. 9.
[105] *Schoch*, ZfF 2004, 169, 177.
[106] *Grube* in: Grube/Wahrendorf, SGB XII, 4. Aufl. 2012, § 39 Rn. 25.
[107] *Schoch*, ZfF 2004, 169, 177.
[108] Vgl. *Falterbaum* in: Hauck/Noftz, SGB XII, K § 39 Rn. 63.
[109] Vgl. SG Berlin v. 22.02.2008 - S 123 AS 14752/07; *Thie/Schoch* in: LPK-SGB II, 5. Aufl. 2013, § 9 Rn. 51; *Mecke* in: Eicher, SGB II, 3. Aufl. 2013, § 9 Rn. 109; *Hengelhaupt* in: Hauck/Noftz, SGB II, § 9 Rn. 154; *Löns* in: Löns/Herold-Tews, SGB II, 2. Aufl. 2009, § 9 Rn. 40.

drücklich darauf hingewiesen worden, dass keine sachlichen Gründe dafür gegeben seien, Hilfebedürftige nach dem SGB II gegenüber Leistungsempfängern nach dem SGB XII schlechter zu stellen.[110]

Der Ausschluss der Berücksichtigung von Einkommen und Vermögen nach § 39 Satz 3 Nr. 1 SGB XII ist nach dem Wortlaut der Norm beschränkt auf das Einkommen und Vermögen der **Eltern oder des Elternteils, mit dem die Leistungsberechtigte zusammenlebt**. Lebt sie dagegen mit anderen oder weiteren Personen in einer Haushaltsgemeinschaft – etwa, weil die Eltern bereits verstorben sind, bei ihren Großeltern –, so greift die Vermutungsregelung des § 39 Satz 1 SGB XII ein. Ob das allerdings Sinn und Zweck der Norm entspricht, erscheint zumindest zweifelhaft.[111] 60

Lebt die schwangere oder ihr Kind betreuende Person in einer eheähnlichen Gemeinschaft, ist im Übrigen § 20 SGB XII vorrangig. 61

b. Behinderung und Pflegebedürftigkeit (Satz 3 Nr. 2)

Die Anwendung der Vermutungsregelung in Satz 1 ist gemäß § 39 Satz 3 **Nr. 2** SGB XII zum anderen auch dann ausgeschlossen, wenn die **nachfragende Person behindert oder pflegebedürftig** ist und von einem Mitglied oder mehreren Mitgliedern der Wohngemeinschaft **betreut** wird. Zweck dieser Ausnahmeregelung ist es, die persönliche Leistung der Betreuungsperson(en) innerhalb der Wohngemeinschaft zu honorieren und gleichzeitig einem „Abschieben" in eine stationäre Unterbringung entgegenzuwirken.[112] 62

Erforderlich ist zunächst, dass die nachfragende Person entweder behindert im Sinne von **§ 53 SGB XII** oder pflegebedürftig im Sinne von **§ 61 SGB XII** ist. Nicht erforderlich ist dagegen, dass auch Leistungen der Eingliederungshilfe für behinderte Menschen nach den §§ 53 ff. SGB XII oder der Hilfe zur Pflege nach den §§ 61 ff SGB XII erbracht werden.[113] Nach § 53 Abs. 1 SGB XII gehören zum Kreis der behinderten Menschen im Sinne der Vorschrift diejenigen Personen, die wesentlich in ihrer Fähigkeit, an der Gesellschaft teilzuhaben, eingeschränkt oder von einer solchen wesentlichen Behinderung bedroht sind (vgl. hierzu ausführlich die Kommentierung zu § 53 SGB XII Rn. 18 ff.). Im Hinblick auf das Vorliegen von Pflegebedürftigkeit ist auch eine Pflegebedürftigkeit geringeren Grades nach § 61 Abs. 1 Satz 2 SGB XII ausreichend.[114] 63

Soweit es weiterhin darauf ankommt, dass die nachfragende Person von einer mit ihr zusammenlebenden Person **betreut** wird, ist nicht ganz klar, welchen Umfang die Betreuungsleistungen haben müssen, damit die Regelung des Satzes 1 nicht eingreift. Insofern dürfte davon auszugehen sein, dass die Betreuung des behinderten oder pflegebedürftigen Menschen jedenfalls nicht ausschließlich durch Mitglieder der Wohngemeinschaft erfolgen muss, diese aber zumindest einen so wesentlichen **Teil der Betreuung** wahrnehmen müssen, dass **dadurch eine stationäre Betreuung vermieden** wird.[115] Dementsprechend steht der Annahme einer Betreuung im Sinne von § 39 Satz 3 Nr. 2 SGB XII auch nicht zwingend entgegen, dass der nachfragenden Person ein Berufsbetreuer nach den §§ 1896 ff. BGB bestellt worden ist; vielmehr können auch einzelne Betreuungsleistungen für das Eintreten der Ausnahmeregelung ausreichen, sofern das gemeinsame Wohnen im Wesentlichen zu dem Zweck der Sicherstellung der Hilfe und Versorgung erfolgt und dadurch verhindert wird, dass der behinderte Mensch in eine stationäre Einrichtung aufgenommen werden muss.[116] 64

Nach **Satz 3 Nr. 2 Halbsatz 2** gilt Satz 1 im Übrigen auch dann nicht, wenn eine Behinderung oder Pflegebedürftigkeit einzutreten droht und das gemeinsame Wohnen im Wesentlichen zu dem Zweck der Sicherstellung der Hilfe und Versorgung erfolgt. Dies betrifft insbesondere Personen, die im Sinne von **§ 27 Abs. 3 SGB XII** einzelne für ihren Lebensunterhalt erforderliche Tätigkeiten (z.B. Kochen, Waschen) nicht mehr verrichten können und insoweit auf fremde Hilfe angewiesen sind.[117] Im Ergeb- 65

---

[110] SG Berlin v. 22.02.2008 - S 123 AS 14752/07.

[111] Schoch, ZfF 2004, 169, 177.

[112] BT-Drs. 15/1514, S. 61.

[113] *Dauber* in: Mergler/Zink, SGB XII, § 39 Rn. 13; *Grube* in: Grube/Wahrendorf, SGB XII, 4. Aufl. 2012, § 39 Rn. 30; *Wenzel* in: Fichtner/Wenzel, SGB XII, 4. Aufl. 2009, § 36 Rn. 20.

[114] *Schellhorn* in: Schellhorn/Schellhorn/Hohm, SGB XII, 18. Aufl. 2010, § 36 Rn. 25.

[115] *Grube* in: Grube/Wahrendorf, SGB XII, 4. Aufl. 2012, § 39 Rn. 30.

[116] Vgl. LSG Niedersachsen-Bremen v. 09.11.2007 - L 13 SO 31/07 ER - FEVS 59, 130; *Dauber* in: Mergler/Zink, SGB XII, § 39 Rn. 13.

[117] BT-Drs. 15/1514, S. 61; vgl. allerdings zum beschränkten Anwendungsbereich des § 27 Abs. 3 SGB XII die Kommentierung zu § 27 SGB XII Rn. 53 unter Hinweis auf BSG v. 11.12.2007 - B 8/9b SO 12/06 R - SozR 4-3500 § 21 Nr. 1.

nis sollen damit auch Wohngemeinschaften nicht in die Regelung einbezogen werden, die zur gegenseitigen Hilfe und Unterstützung gebildet werden.[118]

66 In systematischer Hinsicht ist im Übrigen zu berücksichtigen, dass nach der gegenüber § 39 SGB XII vorrangigen Regelung des § 27 Abs. 2 Satz 2 SGB XII n.F. das Einkommen und Vermögen der Eltern zu berücksichtigen ist, sofern Eltern ihr im Haushalt lebendes minderjähriges unverheiratetes Kind, das behindert oder pflegebedürftig ist, betreuen.[119] Soweit behinderte oder pflegebedürftige Menschen, die das 18. Lebensjahr vollendet haben, Anspruch auf Leistungen der Grundsicherung im Alter und bei Erwerbsminderung nach § 41 ff. SGB XII haben, ist die Anwendung des § 39 SGB XII aufgrund von § 43 Abs. 1 HS. 2 SGB XII ausgeschlossen (vgl. Rn. 12).

c. Tatsächliche Leistungsgewährung

67 Zu beachten ist schließlich, dass in den Fällen des § 39 Satz 3 SGB XII lediglich die Anwendung der in Satz 1 normierten Vermutung ausgeschlossen ist. Soweit die nachfragende Person in den von Satz 3 erfassten Fällen von ihren Mitbewohnern **tatsächlich Leistungen** zum Lebensunterhalt **erhält** und der **Bedarf gedeckt** ist, besteht kein Anspruch auf Hilfe zum Lebensunterhalt gegenüber dem Sozialhilfeträger.[120]

68 Ohnedies beinhaltet § 39 SGB XII lediglich die entsprechende Wertung des Gesetzgebers, dass unter Angehörigen einer Haushaltsgemeinschaft eine gegenseitige Unterstützung erst erwartet und also der Zufluss vermutet werden kann, wenn dem Verwandten oder Verschwägerten ein deutlich über den Leistungen zur Sicherung des Lebensunterhalts liegendes Lebenshaltungsniveau verbleibt. Soweit Zuflüsse aber tatsächlich nachgewiesen sind, räumt die Vorschrift aber keine über die §§ 82 Abs. 2 und 3, 83, 84 SGB XII hinausgehende Privilegierung von Einkommen auf Seiten des Hilfebedürftigen ein.[121]

IV. Rechtsfolgen

1. Doppelte Vermutung

a. Haushaltsgemeinschaft

69 Sind die Tatbestandsvoraussetzungen des Satzes 1 erfüllt und liegt kein Ausschlusstatbestand nach Satz 3 vor, so wird (doppelt) vermutet, dass zum einen eine Haushaltsgemeinschaft besteht, in der gemeinsam gewirtschaftet wird, und dass zum anderen die nachfragende Person von Mitgliedern der Haushaltsgemeinschaft Leistungen zum Lebensunterhalt in dem Umfang erhält, in dem dies nach deren Einkommens- und Vermögensverhältnissen erwartet werden kann.

70 § 39 Satz 1 SGB XII stellt damit zunächst die Vermutung auf, dass **Personen, die zusammen wohnen, auch gemeinsam wirtschaften** und demgemäß in einer **Haushaltsgemeinschaft** leben. Der Begriff der Haushaltsgemeinschaft wird gegenüber der Wohngemeinschaft gerade dadurch gekennzeichnet, dass ihre Mitglieder nicht nur vorübergehend in einer Wohnung zusammenleben, sondern einen gemeinsamen Haushalt in der Weise führen, dass sie „aus einem Topf" wirtschaften.[122] Die Anforderungen an das gemeinsame Wirtschaften gehen dabei über die gemeinsame Nutzung von Bad, Küche und gegebenenfalls Gemeinschaftsräumen hinaus, denn auch der in Wohngemeinschaften häufig anzutreffende gemeinsame Einkauf von Grundnahrungsmitteln, Reinigungs- und Sanitärartikeln aus einer von allen Mitbewohnern zu gleichen Teilen gespeisten Gemeinschaftskasse begründet noch keine Wirtschaftsgemeinschaft.[123] Entscheidend ist letztlich, dass der Lebensunterhalt insgesamt auf der Grund-

---

[118] BT-Drs. 15/1514, S. 61.
[119] *Wenzel* in: Fichtner/Wenzel, SGB XII, 4. Aufl. 2009, § 36 Rn. 20.
[120] BT-Drs. 15/1514, S. 61; *Schellhorn* in: Schellhorn/Schellhorn/Hohm, SGB XII, 18. Aufl. 2010, § 36 Rn. 27; angeblich wird in der Praxis durch den Sozialhilfeträger meist nicht geprüft, ob die in § 39 Satz 3 SGB XII genannten Personen bedarfsdeckende Leistungen von ihren Mitbewohnern erhalten, vgl. *Falterbaum* in: Hauck/Noftz, SGB XII, § 39 Rn. 64.
[121] Vgl. zu § 9 Abs. 5 SGB II: BSG v. 18.02.2010 - B 14 AS 32/08 R - SozR 4-4200 § 9 Nr. 9.
[122] Vgl. BSG v. 18.02.2010 - B 4 AS 5/09 R - info also 2010, 185; BSG v. 19.02.2009 - B 4 AS 68/07 R - BSGE 102, 258 = SozR 4-4225 § 1 Nr. 1; vgl. ferner BT-Drs. 15/1516, S. 53 (zu § 9 SGB II); *Hengelhaupt* in: Hauck/Noftz, SGB II, § 9 Rn. 158; *Mecke* in: Eicher, SGB II, 3. Aufl. 2013, § 9 Rn. 89; zu dem Begriff des Wirtschaftens „aus einem Topf" bereits BVerfG v. 16.12.1958 - 1 BvL 3/57, 1 BvL 4/57, 1 BvL 8/58 - BVerfGE 9, 20.
[123] BSG v. 27.01.2009 - B 14 AS 6/08 R - SozR 4-4200 § 9 Nr. 6.

lage einer gemeinsam verabredeten Wirtschaftsführung aus einem (gedachten) gemeinsamen Topf gedeckt wird.[124]

b. Erbringung von Unterhaltsleistungen

Weiterhin stellt § 39 Satz 1 SGB XII die Vermutung auf, dass die nachfragende Person von leistungsfähigen Mitgliedern der Haushaltsgemeinschaft **Leistungen zum Lebensunterhalt auch tatsächlich erhält**, so dass die nachfragende Person der Hilfe zum Lebensunterhalt – zumindest teilweise – nicht bedarf und insoweit ein Anspruch auf Sozialhilfe ausgeschlossen ist. 71

Zu § 16 Satz 1 BSHG ist darüber hinaus die Auffassung vertreten worden, die Vermutung gehe (auch) dahin, dass die Leistungen gerade nicht nur anstelle der Sozialhilfebehörde erbracht worden sind, um das Eintreten eines Notfalles zu verhindern, sondern dass die Leistungen bedarfsdeckend erbracht worden sind.[125] 72

2. Widerlegung der Vermutung (Satz 2)

a. Haushaltsgemeinschaft

Da § 39 Satz 1 SGB XII eine doppelte Vermutung enthält, kann Ansatzpunkt für eine **Widerlegung** der Vermutung sowohl der erste als auch der zweite Vermutungstatbestand sein. Dies stellt § 39 Satz 2 SGB XII dadurch klar, dass der nachfragenden Person Hilfe zum Lebensunterhalt zu gewähren ist, sofern entweder **nicht gemeinsam gewirtschaftet** wird oder die nachfragende Person **von den Mitgliedern der Haushaltsgemeinschaft keine ausreichenden Leistungen zum Lebensunterhalt erhält**. 73

Mit Blick auf die (erste) Vermutung, dass die zusammenlebenden Personen auch gemeinsam wirtschaften und damit eine Haushaltsgemeinschaft bilden, ist zunächst zu berücksichtigen, dass die sich aus der unterschiedlichen Fassung von § 9 Abs. 5 SGB II einerseits und § 39 SGB XII andererseits (vgl. Rn. 8) ergebenden **verfassungsrechtlichen Bedenken** (vgl. Rn. 23 f.) uneingeschränkt auch **hinsichtlich dieser Vermutung** gelten. Denn dafür, dass das Vorliegen des Tatbestandsmerkmals der Haushaltsgemeinschaft im Rahmen von § 9 Abs. 5 SGB II von Amts wegen festgestellt werden muss, während nach § 39 SGB XII aus dem Zusammenleben mit anderen Personen bereits die Vermutung für das Bestehen einer Haushaltsgemeinschaft folgt, lassen sich sachlich rechtfertigende Gründe nicht erkennen, da insofern keine unterschiedlichen Funktionen beider Leistungen betroffen sind. 74

Angesichts dieser verfassungsrechtlichen Bedenken können an die Widerlegung der Vermutung **keine hohen Anforderungen** gestellt werden.[126] In der Regel muss es ausreichen, wenn der Hilfesuchende bzw. die Verwandten/Verschwägerten unter Darlegung nachvollziehbarer Tatsachen erklären, dass nicht gemeinsam gewirtschaftet wird, wobei die Anforderungen an die Widerlegung dann strenger sein dürften, wenn es sich um eine Wohnform handelt, in der üblicherweise gemeinsam gewirtschaftet wird, wie etwa bei Eltern mit ihren (volljährigen) Kindern. 75

Ist das geschehen, liegen also nachvollziehbare Tatsachen vor, die die Vermutung **erschüttern**, so kann der Sozialleistungsträger die Vermutung des Bestehens einer Haushaltsgemeinschaft nicht mehr seiner Entscheidung zu Grunde legen und hat den Sachverhalt gegebenenfalls von Amts wegen weiter aufzuklären. 76

b. Erbringung von Unterhaltsleistungen

Ob und wann die Vermutung, dass die nachfragende Person von leistungsfähigen Mitgliedern der Haushaltsgemeinschaft Leistungen zum Lebensunterhalt erhält, als widerlegt angesehen werden kann, ist nach den **gesamten Umständen des Einzelfalls** zu entscheiden.[127] 77

Auch an die Widerlegung dieser Vermutung wird man **keine überzogenen Anforderungen** stellen können, da zum einen der Vollbeweis einer negativen Tatsache – der Hilfebedürftige erhält keine Leistungen – kaum möglich ist[128], zum anderen ließe sich dies mit dem Wesen und den Grundsätzen der 78

---

[124] *Löns* in: Löns/Herold-Tews, SGB II, 2. Aufl. 2009, § 9 Rn. 35.
[125] BVerwG v. 23.02.1966 - V C 93.64 - BVerwGE 23, 255 = FEVS 14, 5; BVerwG v. 19.11.1998 - 5 B 36/98 - FEVS 49, 529 (Bestätigung von OVG Münster v. 28.11.1997 - 24 A 2780/94); OVG Hamburg v. 13.12.1991 - Bf IV 1/91 - FEVS 43, 51; vgl. auch *Grube* in: Grube/Wahrendorf, SGB XII, 4. Aufl. 2012, § 39 Rn. 15.
[126] Ebenso *Gebhardt* in: BeckOK, SGB XII, § 39 Rn. 4.
[127] Vgl. BT-Drs. 15/1514, S. 61.
[128] Vgl. *Löns* in: Löns/Herold-Tews, SGB II, 2. Aufl. 2009, § 9 Rn. 38.

§ 39

Sozialhilfe, wonach dem wirklich Bedürftigen in allen Fällen geholfen werden soll, nicht vereinbaren.[129] Andererseits wiederum reicht auch schlichtes Bestreiten nicht aus.

79 Die BA verzichtet bei der Anwendung von § 9 Abs. 5 SGB II dann, wenn der Verwandte oder Verschwägerte dem Hilfesuchenden zivilrechtlich nicht zum Unterhalt verpflichtet ist, auf weitere Prüfungen, sofern der Hilfesuchende schriftlich erklärt, dass er keine bzw. lediglich Leistungen in einem bestimmten Umfang erhält und anderweitige Erkenntnisse, die den Wahrheitsgehalt dieser Erklärung in Zweifel ziehen, nicht vorliegen.[130]

80 In allen anderen Fällen müssen zumindest **konkrete, nachvollziehbare und überprüfbare Tatsachen** benannt werden, die geeignet sind, **Zweifel an der Richtigkeit der Vermutung** zu begründen.[131] Ist das geschehen, liegen also konkrete, nachvollziehbare und gegebenenfalls glaubhaft gemachte Tatsachen vor, die die Vermutung in Zweifel ziehen, so kann der Sozialleistungsträger die Unterhaltsvermutung nicht mehr seiner Entscheidung zu Grunde legen und hat mit Blick auf den Amtsermittlungsgrundsatz, der für das Verwaltungs- und Gerichtsverfahren gilt, den Sachverhalt von Amts wegen weiter aufzuklären und den tatsächlichen Umfang der Unterstützungsleistungen des Verwandten/Verschwägerten zu überprüfen.[132]

81 Zur Widerlegung der Vermutung ist nach den jeweiligen Umständen des Einzelfalls etwa von Bedeutung, ob eine zivilrechtliche Unterhaltspflicht besteht, welcher Grad der Verwandtschaft bzw. Schwägerschaft besteht, die Intensität der Beziehung kann von Bedeutung sein, ferner ist von Interesse, in welchen wirtschaftlichen Verhältnissen der Hilfebedürftige aufwächst, ob die Personen in der Haushaltsgemeinschaft unter schon äußerlich erkennbaren Bedingungen zusammenleben, die darauf hindeuten, dass ein Hilfebedarf nicht besteht, ob der Hilfebedürftige diese Verhältnisse für sich nutzt oder wie lange der Hilfebedürftige bereits in der Hausgemeinschaft mit den Verwandten und Verschwägerten lebt.[133] Je höher etwa das Einkommen und Vermögen der Mitbewohner ist, umso höhere Anforderungen sind an die Aussagekraft von Erklärungen der nachfragenden Person zu stellen.[134] Handelt es sich bei einem Verwandten um einen zum Unterhalt verpflichteten Elternteil des Hilfebedürftigen, entspricht es der Lebenserfahrung, dass Eltern ihre Kinder unterstützen.

82 Eine Widerlegung ist grundsätzlich auch möglich, wenn nachgewiesen wird, dass der Verwandte bzw. Verschwägerte nur als Nothelfer zur Überbrückung für den säumigen Leistungsträger einspringen wollte.[135] Die frühere Rechtsprechung des BVerwG zu § 16 BSHG erscheint insoweit nicht ganz eindeutig: Einerseits heißt es etwa, Leistungen, die nur deshalb erbracht worden seien, weil der Träger der Sozialhilfe nicht rechtzeitig eingegriffen habe, also Leistungen anstelle der Sozialhilfebehörde, weil andernfalls ein Notstand eingetreten wäre, würden die Versagung der Sozialhilfe unter Hinweis auf § 16 Satz 1 BSHG nicht rechtfertigen.[136] Dieser Einwand soll andererseits aber jedenfalls dann unbeachtlich sein, wenn der mit dem Hilfesuchenden in Haushaltsgemeinschaft lebende Verwandte/Verschwägerte diesem unterhaltspflichtig ist.[137]

83 Wird die Vermutung nicht widerlegt, liegt insoweit Hilfebedürftigkeit nicht vor, weil der Hilfesuchende die erforderliche Hilfe von anderen ganz oder teilweise erhält. Der Bedarf der nachfragenden Person mindert sich je nach Höhe der vermuteten Leistungen.

---

[129] *Schellhorn* in: Schellhorn/Schellhorn/Hohm, SGB XII, 18. Aufl. 2010, § 36 Rn. 20.

[130] DA der BA zu § 9 SGB II Rn. 9.35.

[131] Vgl. BSG v. 27.01.2009 - B 14 AS 6/08 R - SozR 4-4200 § 9 Nr. 6; BSG v. 19.02.2009 - B 4 AS 68/07 R - BSGE 102, 258 = SozR 4-4225 § 1 Nr. 1 (jeweils zu § 9 Abs. 5 SGB II); *Hengelhaupt* in: Hauck/Noftz, SGB II, § 9 Rn. 184.

[132] *Hengelhaupt* in: Hauck/Noftz, SGB II, § 9 Rn. 184.

[133] Vgl. etwa *Löns* in: Löns/Herold-Tews, SGB II, 2. Aufl. 2009, § 9 Rn. 38; DA der BA zu § 9 SGB II Rn. 9.37.

[134] Vgl. *Conradis* in: LPK-SGB XII, 9. Aufl. 2012, § 39 Rn. 19; *Schellhorn* in: Schellhorn/Schellhorn/Hohm, SGB XII, 18. Aufl. 2010, § 36 Rn. 20; *Dauber* in: Mergler/Zink, SGB XII, § 39 Rn. 10.

[135] Vgl. *Hengelhaupt* in: Hauck/Noftz, SGB II, § 9 Rn. 185; etwas unklar BVerwG v. 23.02.1966 - V C 93.64 - BVerwGE 23, 255 = FEVS 14, 5; zur Problematik auch OVG Hamburg v. 13.12.1991 - Bf IV 1/91 - FEVS 43, 51.

[136] BVerwG v. 31.03.1977 - V C 22.76 - BVerwGE 52, 214 = FEVS 25, 265; vgl. auch BVerwG v. 02.09.1993 - 5 C 50/91 - BVerwGE 94, 127 = FEVS 44, 322.

[137] BVerwG v. 19.11.1998 - 5 B 36/98 - FEVS 49, 529.

§ 39a SGB XII Einschränkung der Leistung

(Fassung vom 24.03.2011, gültig ab 01.01.2011)

(1) [1]Lehnen Leistungsberechtigte entgegen ihrer Verpflichtung die Aufnahme einer Tätigkeit oder die Teilnahme an einer erforderlichen Vorbereitung ab, vermindert sich die maßgebende Regelbedarfsstufe in einer ersten Stufe um bis zu 25 vom Hundert, bei wiederholter Ablehnung in weiteren Stufen um jeweils bis zu 25 vom Hundert. [2]Die Leistungsberechtigten sind vorher entsprechend zu belehren.

(2) § 26 Abs. 1 Satz 2 findet Anwendung.

Gliederung

A. Basisinformationen 1	3. Ablehnung 30
I. Textgeschichte/Gesetzgebungsmaterialien 1	4. Vorherige Belehrung (Absatz 1 Satz 2) 36
II. Vorgängervorschriften 5	IV. Rechtsfolgen 42
III. Parallelvorschriften 9	1. Verminderung der Regelbedarfsstufe in der
IV. Systematische Zusammenhänge 11	ersten Stufe 42
B. Auslegung der Norm 14	2. Weitere Verminderung 46
I. Regelungsgehalt und Bedeutung der Norm 14	3. Dauer der Verminderung 49
II. Normzweck 16	4. Schutz Mitbetroffener (Absatz 2) 50
III. Tatbestandsmerkmale 21	5. Verfahren 53
1. Leistungsberechtigte 21	a. Verhältnis zu § 66 SGB I 53
2. Verpflichtung zur Aufnahme einer Tätigkeit oder Teilnahme an einer erforderlichen Vorbereitung 23	b. Rechtsbehelfe 56

A. Basisinformationen

I. Textgeschichte/Gesetzgebungsmaterialien

§ 39a SGB XII ist durch Art. 3 Nr. 18 des **Gesetzes zur Ermittlung von Regelbedarfen und zur Änderung des Zweiten und Zwölften Buches Sozialgesetzbuch** vom 24.03.2011[1] eingeführt worden und aufgrund von dessen Art. 14 Abs. 1 mit Wirkung ab dem 01.01.2011 in Kraft getreten. **1**

§ 39a SGB XII entspricht im Wesentlichen § 39 SGB XII in der bis zum 31.12.2010 geltenden Fassung, die ihrerseits auf die Regelung des § 40 im Entwurf des Gesetzes zur Einordnung des Sozialhilferechts in das Sozialgesetzbuch der Fraktionen von SPD und BÜNDNIS 90/DIE GRÜNEN[2] zurückging. **2**

Während der damaligen Ausschussberatungen hatte die Vorschrift auf Beschlussempfehlung des federführenden Ausschusses für Gesundheit und Soziale Sicherung[3] in Absatz 1 Satz 1 eine geringfügige Änderung erfahren, indem die Wörter „die Aufnahme einer Tätigkeit" statt „ein Unterstützungsangebot" aufgenommen worden waren. Zur Begründung hierzu hieß es lediglich, es handele sich dabei um eine Klarstellung des Gewollten im Zusammenhang mit § 11 Abs. 3 Satz 4 SGB XII[4]. Die Begründung zu § 39 SGB XII a.F. findet sich im Übrigen in BT-Drs. 15/1514, S. 62 (zu § 40 des Gesetzentwurfs). **3**

In der Gesetzesbegründung zu § 39a SGB XII wird auf die Neustrukturierung des Dritten Kapitels verwiesen und mit Blick auf die Anpassung der Begrifflichkeit – „der maßgebende Regelsatz" in § 39 SGB XII a.F. ist in § 39a SGB XII durch „die maßgebende Regelbedarfsstufe" ersetzt worden – betont, dass diese nicht zu einer materiellen Änderung führe.[5] **4**

II. Vorgängervorschriften

§ 39a SGB XII geht – als Nachfolgeregelung von § 39 SGB XII a.F. – zurück auf **§ 25 BSHG**. In dessen Absatz 1 war seit der durch Gesetz vom 30.06.1961[6] erfolgten Einführung des BSHG normiert, **5**

---

[1] BGBl I 2011, 453.
[2] BT-Drs. 15/1514.
[3] BT-Drs. 15/1734.
[4] BT-Drs. 15/1761, S. 7.
[5] BT-Drs. 17/3404, S. 127.
[6] BGBl I 1961, 815.

dass derjenige, der sich weigert, zumutbare Arbeit zu leisten, keinen Anspruch auf Hilfe zum Lebensunterhalt hat. Diese Regelung ist sodann mehr als 30 Jahre unverändert geblieben. Durch das Gesetz zur Umsetzung des Föderalen Konsolidierungsprogramms (FKPG) vom 23.06.1993[7] wurde der Tatbestand in Absatz 1 mit Wirkung ab dem 27.06.1993 um „zumutbare Arbeitsgelegenheiten" ergänzt. Mit Wirkung zum 01.08.1996 wurde Absatz 1 durch das Gesetz zur Reform des Sozialhilferechts vom 23.07.1996[8] neu gefasst: Zum einen wurde in Satz 1 der Begriff „zumutbare Arbeitsgelegenheit" durch „zumutbare Maßnahmen nach den §§ 19 und 20" ersetzt, zum anderen sind die Regelungen in den Sätzen 2 und 3 eingefügt worden, wonach die Hilfe in einer ersten Stufe um mindestens 25 v.H. des maßgebenden Regelsatzes zu kürzen (Satz 2) und der Hilfeempfänger vorher entsprechend zu belehren war (Satz 3).

6 Mit der Einführung von § 39 SGB XII a.F. war das bis dahin geltende Regelungskonzept des § 25 BSHG allerdings erheblich geändert worden.[9]

7 So wurden nicht nur die bisher in **§ 25 Abs. 2 BSHG** enthaltenen Regelungen betreffend Leistungseinschränkungen bei absichtlicher Verminderung von Vermögen und fortgesetztem unwirtschaftlichen Verhalten aus dem Kontext herausgelöst und **in § 26 Abs. 1 SGB XII eingefügt**.

8 Auch soweit der Gesetzgeber in der Begründung zu § 39 SGB XII a.F. davon ausgegangen ist, dass die Vorschrift im Wesentlichen inhaltsgleich den bisherigen **§ 25 Abs. 1 und 3 BSHG** übertragen habe[10], trifft dies nur sehr bedingt zu. Voraussetzung für eine Leistungseinschränkung ist im Rahmen des SGB XII nicht mehr die „Verweigerung" zumutbarer Arbeit oder einer zumutbaren Arbeitsgelegenheit, sondern die Ablehnung einer solchen Tätigkeit bzw. die Teilnahme an einer erforderlichen Vorbereitung trotz entsprechender (aus § 11 Abs. 3 Satz 4 SGB XII folgender) Verpflichtung. Während nach §25 Abs. 1 Satz 1 BSHG in der bis zum 31.12.2004 geltenden Fassung unter den dort genannten Voraussetzungen der Anspruch auf Hilfe zum Lebensunterhalt insgesamt entfiel, ist eine entsprechende Regelung seit der Neufassung der Vorschrift nicht mehr enthalten. Ferner war der maßgebliche Regelsatz nach § 25 Abs. 1 Satz 2 BSHG „in einer ersten Stufe um mindestens 25 v.H." zu kürzen, während die Leistungseinschränkung nunmehr „um bis zu 25 v.H." erfolgt. Die Kürzungsstufen werden damit zum einen nach oben (statt früher nach unten) begrenzt, zum anderen muss der Umfang der Kürzungen nun stets im Rahmen einer pflichtgemäßen Ermessensprüfung durch den Sozialhilfeträger individuell festgelegt werden. Neu eingeführt wurde überdies die Regelung, dass etwaige weitere Kürzungen in Stufen von jeweils höchstens 25 v.H. des Regelsatzes zu erfolgen haben, während in § 25 Abs. 1 BSHG hinsichtlich der weiteren Kürzungen nichts bestimmt war. Darüber hatte der Sozialhilfeträger nach pflichtgemäßem Ermessen insbesondere unter Beachtung des Grundsatzes der Verhältnismäßigkeit zu entscheiden.[11] Lediglich der Verweis in Absatz 2 auf § 26 Abs. 1 Satz SGB XII und die dort enthaltene „Schutzklausel" für Angehörige und andere in Haushaltsgemeinschaft lebende Leistungsempfänger bedeutet eine inhaltsgleiche Regelung mit § 25 Abs. 3 BSHG.

III. Parallelvorschriften

9 Für erwerbsfähige Hilfebedürftige enthält **§ 31a SGB II** bei Pflichtverletzungen (§ 31 SGB II) ein wesentlich differenzierteres Sanktionssystem und ist hinsichtlich der Rechtsfolgen mit Blick auf den Umfang der Absenkung des Alg II auch strenger als § 39a SGB XII. Dies ist indes allein schon deshalb nachvollziehbar, weil es den Leistungsberechtigten nach dem SGB XII in aller Regel nicht möglich ist, durch ihren Arbeitseinsatz in nennenswertem Umfang einen Beitrag zur Deckung ihres Lebensbedarfs zu leisten.

10 Im Anwendungsbereich des SGB III tritt nach **§ 159 SGB III** n.F. (bis 31.03.2012: § 144 SGB III) bei „versicherungswidrigem" Verhalten im Sinne einer Obliegenheitsverletzung – hierzu zählt nach Absatz 1 Satz 2 Nr. 2 u.a. auch die Arbeitsablehnung – eine Sperrzeit ein.

IV. Systematische Zusammenhänge

11 § 39a SGB XII ist zum einen im Zusammenhang mit dem in **§ 2 SGB XII** geregelten Grundsatz des **Nachrangs der Sozialhilfe** zu sehen. Dessen Absatz 1 hält trotz Übernahme der erwerbsfähigen Leistungsberechtigten in das SGB II – also derjenigen, die unter den üblichen Bedingungen des allgemei-

---

[7] BGBl I 1993, 944.
[8] BGBl I 1996, 1088.
[9] Vgl. auch *Falterbaum* in: Hauck/Noftz, K § 39a Rn. 10.
[10] BT-Drs. 15/1514, S. 62.
[11] VGH Mannheim v. 18.09.2000 - 7 S 1560/00 - FEVS 52, 284.

nen Arbeitsmarktes mindestens drei Stunden täglich erwerbstätig sein können (§ 8 Abs. 1 SGB II) und die deshalb nach § 5 Abs. 2 Satz 1 SGB II keine Leistungen der Hilfe zum Lebensunterhalt nach den §§ 27 ff. SGB XII erhalten – daran fest, dass Sozialhilfe nicht gewährt wird, wenn sich der Leistungsberechtigte vor allem durch den Einsatz seiner Arbeitskraft selbst helfen kann. Indem nun § 39a SGB XII den Leistungsberechtigten dazu anhält, seiner Verpflichtung zur Aufnahme einer Tätigkeit oder der Teilnahme an einer erforderlichen Vorbereitung nachzukommen, ist die Regelung zum einen Ausdruck der vorrangigen Selbsthilfeverpflichtung. Dabei ist klarstellend darauf hinzuweisen, dass § 2 Abs. 1 SGB XII selbst – schon aufgrund der Stellung der Vorschrift in den Allgemeinen Vorschriften des Ersten Kapitels (und nicht in den Vorschriften über die Leistungen und den Anspruch auf Leistungen im Zweiten bis Neunten Kapitel) – keinen eigenständigen Ausschlusstatbestand regelt[12], sondern – ähnlich dem Grundsatz des Forderns in § 1 Abs. 2 SGB XII – ein Gebot der Sozialhilfe in Gestalt einer „Leitsatznorm"[13] darstellt, welches sodann durch leistungshindernde bzw. leistungseinschränkende Normen – wie § 39a SGB XII – konkretisiert wird.[14]

Zum anderen hat der Gesetzgeber berücksichtigt, dass das Sozialhilferecht – wie sich aus der gesamten Systematik der Normen im SGB XII ergibt – neben dem Selbsthilfegrundsatz (Nachrang der Sozialhilfe) von dem **Bedarfsdeckungsgrundsatz** geprägt ist. Da nun bei Personen, die voll erwerbsgemindert sind, eine Tätigkeit nur in engen Grenzen in Betracht kommt und deshalb auch eine eingeschränkte Erwerbsarbeit häufig nicht möglich ist, hat der Gesetzgeber die Minderungsstufen der Leistungsabsenkung entsprechend dem geänderten Personenkreis gegenüber dem früheren Recht moderater ausgestaltet. Insbesondere führt die Ablehnung einer zumutbaren Tätigkeit nicht mehr unmittelbar zu einem vollständigen Verlust des Anspruchs auf Hilfe zum Lebensunterhalt, sondern lediglich zu einer Kürzung des Regelsatzes in Stufen in Höhe von jeweils höchstens 25 v.H.

Diese systematischen Zusammenhänge werden in der Begründung zu § 39 SGB XII a.F. aufgegriffen, indem es dort heißt, dass manche Leistungsberechtigte, wie z.B. voll erwerbsgeminderte Zeitrentner, trotz fehlender Erwerbsfähigkeit im Sinne des SGB II bis zu drei Stunden täglich noch einer eingeschränkten Erwerbstätigkeit nachgehen könnten und es ihrer Pflicht aus § 11 SGB XII zur Annahme eines darauf abzielenden Unterstützungsangebots entspreche, den Regelsatz bei Ablehnung solcher Angebote in Stufen abzusenken.[15]

B. Auslegung der Norm

I. Regelungsgehalt und Bedeutung der Norm

§ 39a SGB XII ordnet eine – ggf. gestufte – Kürzung (lediglich) der maßgebenden Regelbedarfsstufe für den Fall an, dass der Leistungsberechtigte, der Hilfe zum Lebensunterhalt nach den §§ 27 ff. SGB XII erhält, gegen die sich aus § 11 Abs. 3 Satz 4 SGB XII ergebenden Verpflichtungen (ggf. wiederholt) verstößt. Der Anspruch auf andere Leistungen nach dem SGB XII wird durch die Leistungseinschränkung nach § 39a SGB XII nicht berührt.[16]

Im Hinblick darauf, dass Personen, die unter den üblichen Bedingungen des allgemeinen Arbeitsmarktes mindestens drei Stunden täglich erwerbstätig sein können, unter den Anwendungsbereich des SGB II fallen und keine Hilfe zum Lebensunterhalt nach dem SGB XII erhalten, ist die praktische Bedeutung der Regelung letztlich sehr gering.[17] Daran ändert sich auch dadurch nichts, dass § 39a SGB XII grundsätzlich auch auf erwerbsfähige Personen, die nach § 2 Abs. 1 AsylbLG Leistungen in entsprechender Anwendung des SGB XII erhalten, Anwendung finden kann (vgl. die Kommentierung zu § 2 AsylbLG Rn. 133), denn in der Praxis ist davon auszugehen, dass Asylbewerbern entsprechende Tätigkeiten in aller Regel gar nicht erst angeboten werden. Die fehlende praktische Bedeutung der Regelung zeigt sich auch daran, dass es zu § 39 SGB XII a.F. bzw. § 39a SGB XII – im Gegensatz zur Vorgängervorschrift des § 25 BSHG – nahezu keine veröffentlichten Entscheidungen gibt.

---

[12] Vgl. zu § 2 Abs. 1 BSHG bereits OVG Lüneburg v. 15.02.2000 - 12 M 483/00; OVG Münster v. 09.01.2001 - 22 B 1425/00 - FEVS 52, 327 sowie OVG Hamburg v. 12.12.2003 - 4 Bs 525/03 - FEVS 55, 549 m.w.N.

[13] *Wahrendorf* in: Grube/Wahrendorf, SGB XII, 4. Aufl. 2012, § 2 Rn. 1.

[14] Vgl. auch BSG v. 26.08.2008 - B 8/9b SO 16/07 R - FEVS 60, 346.

[15] BT-Drs. 15/1514, S. 62.

[16] Vgl. *Streichsbier* in: Grube/Wahrendorf, SGB XII, 4. Aufl. 2012, § 39a Rn. 2.

[17] Vgl. *Conradis* in: LPK SGB XII, 9. Aufl. 2012, § 39a Rn. 2; *Coseriu* in: Kommentar zum Sozialrecht, 3. Aufl. 2013, § 39a Rn. 1 (Anwendungsbereich „gegen Null"); eine entsprechende Vermutung war bereits vor Inkrafttreten der Regelung geäußert worden, vgl. *Schellhorn*, NDV 2004, 167, 171.

II. Normzweck

16 Eine Leistungseinschränkung nach § 39a SGB XII hat nicht den Charakter einer Strafe[18] im Sinne eines Unwerturteils. Die Vorschrift zeigt vielmehr zum einen die Grenzen staatlich geregelter Solidarität auf und ist zum anderen auf die Motivierung der Selbsthilfekräfte ausgerichtet.[19]

17 So soll der Leistungsberechtigte, der Hilfe zum Lebensunterhalt nach den §§ 27 ff SGB XII erhält, durch § 39a SGB XII zum einen dazu angehalten werden, seiner Verpflichtung nach § 11 Abs. 3 Satz 4 SGB XII zur Aufnahme einer Tätigkeit oder Teilnahme an einer erforderlichen Vorbereitung nachzukommen. Diese „Verpflichtung" ist im Sinne einer **Obliegenheit** zu verstehen, deren **Nichteinhaltung aufgrund der damit verknüpften Leistungseinschränkung mit leistungsrechtlichen Nachteilen** verbunden ist.[20] Das Einstehen der staatlichen Gemeinschaft für wirtschaftliche Notlagen entfällt dabei in dem Maß, wie der Betroffene nicht bereit ist, seine ihm zur Verfügung stehenden Kräfte zur Abwendung der Notlage einzusetzen. Insoweit muss also jedermann aufgrund der vorrangigen Selbsthilfeverpflichtung – nach Maßgabe seiner Kräfte – zur Beschaffung seines notwendigen Lebensunterhalts beitragen, wenn er andernfalls der Allgemeinheit zur Last fiele, denn die Inanspruchnahme der Freiheit ohne jede Rücksichtnahme auf die Gemeinschaft wäre missbräuchlich.

18 Eng verbunden mit der Selbsthilfeverpflichtung des Leistungsberechtigten ist zum anderen die den Sozialhilfeträgern obliegende Aufgabe, den Betroffenen dabei zu helfen, ihrer Verpflichtung nachzukommen. Nach § 1 Satz 2 SGB XII soll die Sozialhilfeleistung den Leistungsempfänger so weit wie möglich befähigen, unabhängig von Sozialhilfe zu leben. Dieses Ziel ist auch bei den in § 39a SGB XII vorgesehenen Leistungskürzungen zu beachten. Insoweit hatte das BVerwG bereits zu § 25 BSHG ausgeführt, das Verständnis dieser Vorschrift **als Hilfenorm, deren Anwendung einen Hilfesuchenden zur Selbsthilfe durch Aufnahme von (zumutbarer) Arbeit motivieren** solle, zeige sich insbesondere darin, dass die Weigerung, zumutbare Arbeit zu leisten, nicht zur Folge habe, dass der Hilfesuchende aus der Betreuung des Sozialhilfeträgers entlassen werde.[21]

19 **Zweifelhaft** ist im Übrigen, ob es sich bei § 39a SGB XII auch um eine **Sanktionsnorm** handelt.[22] Zur inhaltsgleichen Vorgängervorschrift in § 39 SGB XII a.F. wurde dies überwiegend angenommen, ohne die Frage überhaupt zu problematisieren.[23] Das BVerwG war zu § 25 BSHG zunächst davon ausgegangen, dass es sich bei dieser Vorschrift nicht um eine Sanktionsnorm gehandelt, sondern die Regelung im Gesamtsystem der Sozialhilfe eine der vielfältigen Hilfenormen dargestellt habe, deren Sinn und Zweck es sei, den Hilfeempfänger letzten Endes von der Sozialhilfe unabhängig zu machen.[24] In einer späteren Entscheidung hieß es sodann, § 25 BSHG stelle „in erster Linie" eine Hilfenorm dar, in dieser Vorschrift könne aber „auch" eine Sanktionsnorm gesehen werden.[25]

20 Trotz dieser vom BVerwG zur Vorläuferregelung betonten Funktion der Vorschrift als Hilfenorm[26] kann letztlich nicht übersehen werden, dass eine etwaige Leistungseinschränkung vom Betroffenen nicht nur (subjektiv) als erhebliche Sanktion erfahren wird[27], sondern dem Sozialhilfeträger ist mit der in § 39a SGB XII vorgesehenen repressiven Reaktion auf ein Verhalten des Leistungsberechtigten auch objektiv ein **Sanktionsinstrument** in die Hand gegeben.[28] Ohnedies dürfte es den Betroffenen wenig überzeugen, wenn ihm bei einer Leistungskürzung entgegengehalten wird, es handele sich hierbei nicht um eine Sanktion, vielmehr diene die Leistungseinschränkung ausschließlich dazu, ihm dabei zu helfen, von der Sozialhilfe unabhängig zu werden.

---

[18] Vgl. zu § 159 SGB III auch *Coseriu* in: Eicher/Schlegel, SGB III, § 159 Rn. 1 und 83.

[19] *Falterbaum* in: Hauck/Noftz, SGB XII, K § 39a Rn. 7.

[20] Vgl. auch *Blüggel* in: Eicher, SGB II, 3. Aufl. 2013, § 56 Rn. 5/6; *Eicher*, SGb 2005, 553.

[21] BVerwG v. 17.05.1995 - 5 C 20/93 - BVerwGE 98, 203.

[22] Vgl. zu den divergierenden Auffassungen zu § 25 BSHG z.B. *Birk*, ZfSH/SGB 1984, 109, 112 (reine Hilfenorm) einerseits und *Oetker*, DVBl 1983, 1175, 1177 (auch Sanktionsnorm) andererseits.

[23] Vgl. etwa *Conradis* in: LPK-SGB XII, 7. Aufl. 2008, § 39 Rn. 1; *Wenzel* in: Fichtner/Wenzel, SGB XII, 4. Aufl. 2009, § 39 Rn. 2.

[24] BVerwG v. 23.02.1979 - 5 B 114/78 - Buchholz 436.0 § 19 BSHG Nr. 1.

[25] BVerwG v. 10.02.1983 - 5 C 115/81 - BVerwGE 67, 1.

[26] Den Charakter der Vorschrift als „Hilfenorm" betonend auch *Falterbaum* in: Hauck/Noftz, SGB XII, K § 39a Rn. 14.

[27] Vgl. *Streichsbier* in: Grube/Wahrendorf, SGB XII, 4. Aufl. 2012, § 39a Rn. 3.

[28] Vgl. zu § 25 BSHG auch *Brühl*, info also 1997, 117.

III. Tatbestandsmerkmale

1. Leistungsberechtigte

Soweit § 39a SGB XII den Begriff „Leistungsberechtigte" verwendet, können damit nur Leistungsberechtigte im Sinne von **§ 27 SGB XII n.F.** gemeint sein, die einen Anspruch auf Hilfe zum Lebensunterhalt haben, denn nur insoweit kommt eine Minderung der „maßgebenden Regelbedarfsstufe" (vgl. dazu § 27a Abs. 2 Satz 2 SGB XII n.F. sowie § 8 RBEG) in Betracht.

21

Leistungsberechtigte i.S. von § 39a SGB XII können im Übrigen nicht nur Empfänger von Hilfe zum Lebensunterhalt sein, die diese Leistungen in direkter Anwendung der Vorschriften des SGB XII erhalten, sondern grundsätzlich auch (erwerbsfähige) Personen, die nach **§ 2 Abs. 1 AsylbLG** Leistungen in entsprechender Anwendung des SGB XII (sog. Analog-Leistungen[29]) erhalten (vgl. zur fehlenden praktischen Bedeutung aber Rn. 15).

22

2. Verpflichtung zur Aufnahme einer Tätigkeit oder Teilnahme an einer erforderlichen Vorbereitung

Eine Leistungseinschränkung nach § 39a SGB XII setzt voraus, dass der Leistungsberechtigte die **Aufnahme einer Tätigkeit** bzw. die **Teilnahme an einer dafür erforderlichen Vorbereitung** ablehnt, obwohl er dazu **verpflichtet** wäre. Die Voraussetzungen einer entsprechenden Verpflichtung sind in **§ 11 Abs. 3 Satz 4 SGB XII** umschrieben (vgl. dazu im Einzelnen die Kommentierung zu § 11 SGB XII). Dass auf diese Norm zurückzugreifen ist, ergibt sich abgesehen vom Wortlaut des § 39a Abs. 1 Satz 1 SGB XII, der an die Formulierung in § 11 Abs. 3 Satz 4 SGB XII anknüpft, auch daraus, dass die aufgrund der Ausschussberatungen vorgenommene Änderung des § 39 SGB XII a.F. ausdrücklich damit begründet worden ist, es handele sich hierbei um eine Klarstellung des Gewollten im Zusammenhang mit § 11 Abs. 3 Satz 4 SGB XII.[30] Da diese Vorschrift ihrerseits – wie sich aus dem Normkontext und insbesondere aus § 11 Abs. 3 Satz 2 SGB XII ergibt – ein Unterstützungsangebot des Sozialhilfeträgers voraussetzt, hat der Gesetzgeber hiermit deutlich gemacht, dass § 39a SGB XII immer an ein vorheriges Angebot des Sozialhilfeträgers für eine Tätigkeit oder eine entsprechende Vorbereitung anknüpft, der Anstoß mithin jeweils vom Träger der Sozialhilfe ausgehen muss.[31] Es reicht deshalb nicht (mehr) aus, dass der Hilfeempfänger es lediglich unterlässt, sich (aktiv) um Arbeit zu bemühen.[32]

23

In der Ausgestaltung ist das Unterstützungsangebot zwar nicht auf einen bestimmten Tätigkeitsbereich und eine bestimmte Entlohnung ausgerichtet – das Angebot kann auch, muss aber nicht auf eine gemeinnützige, zusätzliche Arbeit gerichtet sein[33] –, der Kreis der in Betracht kommenden Tätigkeiten dürfte gleichwohl aber regelmäßig gering sein. Denn jedenfalls diejenigen Hilfeempfänger, die unmittelbar Leistungen nach dem SGB XII erhalten, sind – da sie nicht erwerbsfähig i.S. von § 8 SGB II sind – schon definitionsgemäß nicht zu einer Tätigkeit von mindestens drei Stunden täglich in der Lage. Insofern beschränkt sich der Anwendungsbereich des § 39a SGB XII regelmäßig darauf, welche Konsequenzen der Sozialhilfeträger daraus zieht, dass der Leistungsberechtigte seine zwar vorhandenen, aber ohnehin eingeschränkten Möglichkeiten zur Tätigkeitsaufnahme nicht nutzt.

24

Unabhängig vom eingeschränkten Anwendungsbereich der Regelung muss das jeweilige Unterstützungsangebot, so es denn erfolgt, auf eine konkrete Tätigkeit bzw. eine konkrete Vorbereitungsmaßnahme gerichtet sein. Nachteilige Folgerungen können aus dem Verhalten des Leistungsberechtigten jedenfalls nur dann gezogen werden, wenn der Sozialhilfeträger das jeweilige Angebot **hinreichend bestimmt** bezeichnet hat. Dies ist in der Rechtsprechung des BVerwG zum Ausschluss bzw. zur Einschränkung der Leistung wegen der Ablehnung gemeinnütziger zusätzlicher Arbeit nach § 25 BSHG[34]

25

---

[29] Vgl. dazu etwa BSG v. 24.03.2009 - B 8 AY 10/07 R - BSGE 103, 28; BSG v. 02.02.2010 - B 8 AY 1/08 R; vgl. auch *Eicher* in: Knickrehm/Rust (Hrsg.), Arbeitsmarktpolitik in der Krise, Festgabe Bieback 2010, S. 71, 83 f.

[30] BT-Drs. 15/1761, S. 7.

[31] Vgl. *Schellhorn* in: Schellhorn/Schellhorn/Hohm, SGB XII, 18. Aufl. 2010, § 39 Rn. 6.

[32] Anders zu § 25 BSHG: BVerwG v. 17.05.1995 - 5 C 20/93 - BVerwGE 98, 203; VGH München v. 25.11.1999 - 12 B 96.12, 12 B 96.250.

[33] Vgl. BVerwG vom 10.02.1983 - 5 C 115/81 - BVerwGE 67, 1 sowie BVerwG v. 13.10.1983 - 5 C 66/82 - BVerwGE 68, 97 (jeweils zu § 25 BSHG: Arbeit im Sinne dieser Vorschrift ist auch die gemeinnützige und zusätzliche Arbeit).

[34] BVerwG v. 10.02.1983 - 5 C 115/81 - BVerwGE 67, 1; BVerwG v. 13.10.1983 - 5 C 66/82 - BVerwGE 68, 97; BVerwG v. 04.06.1992 - 5 C 35/88 - FEVS 43, 89.

§ 39a

sowie in der Rechtsprechung des BSG zum Eintritt von Sperrzeiten bei Arbeitsablehnung (§ 119 Abs. 1 Satz 1 Nr. 2 AFG bzw. § 144 Abs. 1 Satz 1 Nr. 2 SGB III) bzw. bei Ablehnung einer beruflichen Eingliederungsmaßnahme (§ 119 Abs. 1 Satz 1 Nr. 3 AFG bzw. § 144 Abs. 1 Satz 1 Nr. 4 SGB III) bereits seit langem geklärt[35] und vom BSG zuletzt auch auf den Sanktionstatbestand des § 31 SGB II übertragen worden. Insoweit hat das BSG ausgeführt, das Erfordernis der Bestimmtheit des Arbeitsangebotes rechtfertige sich unter der Geltung der Regelungen in den §§ 16 Abs. 2 Satz 3, 31 Abs. 1 Satz 1 Nr. 1d SGB II aus der Überlegung, dass der erwerbsfähige Hilfebedürftige aus Gründen des Rechtsschutzes erkennen müsse, ob die angebotene Arbeitsgelegenheit den inhaltlichen und formellen Anforderungen an eine zulässige Arbeitsgelegenheit, die zur Erreichung des Eingliederungsziels geeignet und erforderlich sei, genüge.[36] Während das BVerwG als Anforderungen an die Bezeichnung von Arbeitsgelegenheiten jedoch formuliert hat, es müsse die Art der Arbeit, ihr zeitlicher Umfang und ihre zeitliche Verteilung sowie die Höhe der angemessenen Entschädigung für Mehraufwendungen im Einzelnen bestimmt sein[37] und das BSG zur Sperrzeit wegen Ablehnung einer beruflichen Eingliederungsmaßnahme darüber hinaus entschieden hat, dass dem Arbeitslosen verbindlich bezeichnet werden müsse, welche Leistungen ihm bei der Teilnahme an der Maßnahme dem Grunde nach zustehen[38], hat das BSG zur Ablehnung eines Arbeitsangebotes die Auffassung vertreten, das Angebot bedürfe nicht in jedem Fall (auch) der Angabe, welcher Lohn gezahlt werden solle[39]. Vielmehr soll es für die Bestimmtheit des Arbeitsangebotes ausreichen, wenn die Agentur für Arbeit den Arbeitgeber sowie die Art der Tätigkeit benennt[40], während die Prüfung der Rechtmäßigkeit einer Sperrzeit unter dem Blickwinkel der Angemessenheit der Vergütung sich im Falle der Ablehnung des Arbeitsangebotes auf den wichtigen Grund verlagert.[41]

26 Damit nun eine vom Sozialhilfeträger nach § 11 Abs. 3 Satz 4 SGB XII benannte Tätigkeit hinreichend bestimmt ist, um im Falle einer Ablehnung eine Leistungskürzung nach § 39a SGB XII zu rechtfertigen, dürfte zu fordern sein, dass in der Unterbreitung des Unterstützungsangebotes auch schon Angaben zur Vergütung enthalten sind. Denn eine Leistungskürzung kommt nach § 39a SGB XII nur dann in Betracht, wenn der Leistungsberechtigte durch die Tätigkeit ein **Einkommen erzielen** kann, weil er nur dann nach § 11 Abs. 3 Satz 4 SGB XII zur Aufnahme einer entsprechenden Tätigkeit überhaupt verpflichtet ist. Der Sozialhilfeträger ist mithin insbesondere nicht befugt, Tätigkeiten zur Erfüllung rein erzieherischer Ziele oder als bloße Beschäftigungstherapie über § 39a SGB XII zu erzwingen.[42]

27 Darüber hinaus muss das Tätigkeitsangebot, wie sich aus § 11 Abs. 3 Satz 4 SGB XII i.V.m. § 11 Abs. 3 Satz 2 SGB XII ergibt, auch zumutbar sein. Die **Zumutbarkeit** einer Tätigkeit kommt bei Personen, die voll erwerbsgemindert sind, nur in engen Grenzen in Betracht, denn oftmals wird selbst eine eingeschränkte Erwerbsarbeit nicht möglich sein.[43] Nur nach Prüfung der jeweiligen Verhältnisse im Einzelfall, insbesondere unter Berücksichtigung der gesundheitlichen und geistigen Möglichkeiten des Leistungsberechtigten, kann der Sozialhilfeträger zu dem Ergebnis kommen, dass eine zeitlich begrenzte Tätigkeit zugemutet werden kann. Die wesentlichen Zumutbarkeitskriterien enthält **§ 11 Abs. 4 SGB XII** (vgl. dazu im Einzelnen die Kommentierung zu § 11 SGB XII). Das Vorliegen der dort aufgeführten Gründe führt dazu, dass die Aufnahme einer Tätigkeit von dem Leistungsberechtigten abgelehnt werden kann, ohne dass eine Leistungseinschränkung nach § 39a SGB XII zulässig ist.

28 Aufgrund der Regelung in § 11 Abs. 4 SGB XII darf einem Leistungsberechtigten eine Tätigkeit nicht zugemutet werden, wenn er wegen Erwerbsminderung, Krankheit, Behinderung oder Pflegebedürftigkeit hierzu nicht in der Lage ist (Satz 1 Nr. 1), er ein der Regelaltersgrenze der gesetzlichen Rentenversicherung entsprechendes Lebensalter erreicht oder überschritten hat (Satz 1 Nr. 2) oder der Tätigkeit

---

[35] BSG v. 11.01.1990 - 7 RAr 46/89 - BSGE 66, 140; BSG v. 16.10.1990 - 11 RAr 65/89 - SozR 3-4100 § 119 Nr. 4.

[36] BSG v. 16.12.2008 - B 4 AS 60/07 R - BSGE 102, 201.

[37] BVerwG v. 10.02.1983 - 5 C 115/81 - BVerwGE 67, 1; BVerwG v. 13.10.1983 - 5 C 66/82 - BVerwGE 68, 97; BVerwG v. 04.06.1992 - 5 C 35/88 - FEVS 43, 89.

[38] BSG v. 11.01.1990 - 7 RAr 46/89 - BSGE 66, 140; BSG v. 16.10.1990 - 11 RAr 65/89 - SozR 3-4100 § 119 Nr. 4.

[39] BSG v. 08.01.2001 - B 11 AL 31/01 R - SozR 3-4300 § 144 Nr. 7.

[40] Vgl. BSG v. 05.09.2006 - B 7a AL 14/05 R - BSGE 97, 73; BSG v. 13.03.1997 - 11 RAr 25/96 - SozR 3-4100 § 119 Nr. 11.

[41] Vgl. BSG v. 08.01.2001 - B 11 AL 31/01 R - SozR 3-4300 § 144 Nr. 7.

[42] Vgl. *Falterbaum* in: Hauck/Noftz, K § 39a Rn. 20.

[43] *Schellhorn* in: Schellhorn/Schellhorn/Hohm, SGB XII, 18. Aufl. 2010, § 39 Rn. 4.

ein sonstiger wichtiger Grund entgegensteht (Satz 1 Nr. 3). Ferner darf eine Tätigkeit nicht zugemutet werden, soweit dadurch die geordnete Erziehung eines Kindes gefährdet würde (Satz 2), und auch sonst sind die Pflichten zu berücksichtigen, die den Leistungsberechtigten durch die Führung eines Haushaltes oder die Pflege eines Angehörigen entstehen (Satz 4).

Schließlich kann auch das Angebot der Teilnahme an einer für die Ausübung einer Tätigkeit erforderlichen **Vorbereitungsmaßnahme** die Anwendung des § 39a SGB XII auslösen, allerdings dürften solche Vorbereitungsmaßnahmen bei den ohnehin eingeschränkten Möglichkeiten für das Angebot einer Tätigkeit relativ selten sein. Auch bei der Teilnahme an einer erforderlichen Vorbereitung zu einer Tätigkeit, mit der Einkommen erzielt werden kann, ist zu berücksichtigen, dass die jeweiligen Leistungsberechtigten in aller Regel nur zu einer Tätigkeit von weniger als drei Stunden täglich in der Lage sind. In Betracht kämen etwa eine Schulung oder Qualifizierungsmaßnahme oder eine besondere Ausstattung mit individuellen Hilfsmitteln, die für eine Tätigkeit notwendig sind, einschließlich der Schulung im Gebrauch dieser Hilfsmittel.[44]

3. Ablehnung

Tatbestandsmerkmal des Absatzes 1 Satz 1 ist ferner, dass der Leistungsberechtigte die Aufnahme einer Tätigkeit bzw. die Teilnahme an einer vorbereitenden Maßnahme „ablehnt". Eine solche Ablehnung kann sowohl gegenüber dem Sozialhilfeträger als auch dem (potentiellen) Arbeitgeber zum Ausdruck gebracht werden, und zwar ausdrücklich oder auch durch konkludentes Verhalten.[45] Dabei kann die Weigerung, eine Tätigkeit aufzunehmen, sowohl in einer allgemeinen Verweigerungshaltung als auch in entsprechenden Äußerungen, die eine solche Haltung dokumentieren, bestehen. Allerdings muss sich aus dem gesamten Verhalten der eindeutige Wille entnehmen lassen, dass der erwerbsfähige Hilfebedürftige nicht bereit ist, die Tätigkeit aufzunehmen.

Zu Verhaltensweisen, bei denen eine konkludente Ablehnung in Betracht kommt, zählen etwa **übertriebene Lohnforderungen, unzureichende Bewerbungsunterlagen** oder **das Verhalten während des Vorstellungsgespräches** (z.B. übertriebene und umfassende Darstellung schlechter Eigenschaften, provokatives Verhalten, merkbare Alkoholisierung) oder Nichterscheinen zu Vorstellungsterminen. Bei einer Bewerbung ist zu prüfen, ob der Inhalt oder die Form der Bewerbung so abschreckend sind, dass der Bewerber schon allein deshalb aus der Auswahl für den Arbeitgeber ausscheidet.

Grundsätzlich hat der Leistungsberechtigte sich als **interessierter Stellenbewerber** zu zeigen und dies auch zum Ausdruck zu bringen.[46] Auf der anderen Seite darf er auf bestehende gesundheitliche Einschränkungen hinweisen und muss sich nicht vorteilhafter darstellen als er tatsächlich ist. **Es besteht keine Verpflichtung zu einer übertrieben positiven Bewerbung.**[47]

Zu verlangen ist darüber hinaus ein **vorwerfbares Verhalten**. Gemeint ist insoweit eine Zurechenbarkeit in dem Sinne, dass der Hilfeempfänger bei Anwendung der ihm zumutbaren Sorgfalt erkennen kann, dass sein Verhalten als Ablehnung aufgefasst werden kann, denn eine Leistungskürzung würde sich als unverhältnismäßig erweisen, wenn allein an einen objektiven Tatbestand angeknüpft würde.[48]

Nicht ausreichend für die Annahme einer „Ablehnung" ist die bloße Nichtentfaltung von Eigenbemühungen im Sinne einer aktiven Arbeitssuche, weil § 39a SGB XII an ein Angebot des Sozialhilfeträgers für eine Tätigkeit oder eine entsprechende Vorbereitung anknüpft, der Anstoß mithin vom Träger der Sozialhilfe ausgehen muss (vgl. Rn. 23).

Da die Vorschrift im Übrigen nur die „Ablehnung" der Aufnahme einer Tätigkeit erfasst, kann eine Sanktion nicht allein an den Abbruch einer entsprechenden Tätigkeit geknüpft werden.[49] Ob aus dem Abbruch einer Arbeit oder Vorbereitungsmaßnahme gegebenenfalls geschlossen werden kann, dass der Leistungsberechtigte eine Tätigkeit grundsätzlich ablehnt, ist eine Frage des jeweiligen Einzelfalls.

---

[44] *Schellhorn* in: Schellhorn/Schellhorn/Hohm, SGB XII, 18. Aufl. 2010, § 39 Rn. 9.
[45] Vgl. BSG v. 09.12.2003 - B 7 AL 106/02 R - SozR 4-4100 § 119 Nr. 3 (zu § 119 AFG); BSG v. 14.07.2004 - B 11 AL 67/03 - BSGE 93, 105 (zu § 144 SGB III); *Coseriu* in: Eicher/Schlegel, SGB III, § 159 Rn. 314.
[46] Vgl. BSG v. 05.09.2006 - B 7a AL 14/05 R - BSGE 97, 73 (zu § 144 SGB III a.F.).
[47] Vgl. BSG v. 09.12.2003 - B 7 AL 106/02 R - SozR 4-4100 § 119 Nr. 3 (zu § 119 AFG).
[48] Vgl. BSG v. 14.07.2004 - B 11 AL 67/03 - BSGE 93, 105 (zu § 144 SGB III a.F.).
[49] Vgl. *Conradis* in: LPK-SGB XII, 9. Aufl. 2012, § 39a Rn. 4.

4. Vorherige Belehrung (Absatz 1 Satz 2)

36 Eine Leistungseinschränkung durch Verminderung des Regelsatzes setzt nach § 39a Abs. 1 Satz 2 SGB XII jeweils eine ordnungsgemäße Rechtsfolgenbelehrung voraus. Eine solche Belehrung muss – entsprechendes gilt im Rahmen einer Sperrzeit nach § 144 SGB III oder einer Sanktion nach § 31 SGB II – **konkret, verständlich, richtig und vollständig** sein und dem Leistungsberechtigten in verständlicher Form zutreffend erläutern, welche Auswirkungen sich aus der Ablehnung der Aufnahme einer Tätigkeit oder der Teilnahme an einer erforderlichen Vorbereitung ergeben.[50] Allgemeine und pauschale Hinweise etwa in vorformulierten Merkblättern oder die alleinige Wiedergabe des Gesetzestextes reichen grundsätzlich nicht aus. Ferner nicht ausreichend ist eine Rechtsfolgenbelehrung, in der lediglich allgemein auf die Mitwirkungspflichten und die Rechtsfolgen des § 66 SGB I hingewiesen wird.[51]

37 Dem Leistungsberechtigten ist mithin hinreichend deutlich und für ihn verständlich zu erläutern, welche Rechtsfolgen eintreten können, wenn die Aufnahme einer Arbeit oder die Teilnahme an einer erforderlichen Vorbereitung abgelehnt wird. Sie muss dabei den individuellen Gegebenheiten und **Besonderheiten des Einzelfalles** Rechnung tragen. Dabei muss die geforderte Handlung für den Leistungsempfänger deutlich werden. Ebenso sind die eintretenden Rechtsfolgen zu beschreiben. Die Belehrung muss also die Möglichkeit einer Kürzung der maßgebenden Regelbedarfsstufe um bis zu 25 v.H. aufzeigen, braucht jedoch noch keine endgültige Entscheidung über eine exakte Kürzungsrate zu treffen.[52]

38 Soweit § 39a Abs. 1 Satz 2 SGB XII regelt, dass die Belehrung „vorher" erfolgen muss, bedeutet dies in erster Linie, dass sie rechtzeitig vor der Vornahme einer Leistungseinschränkung zu erfolgen hat, um dem Leistungsberechtigten die Möglichkeit zu geben, seine ablehnende Haltung zu überdenken und gegebenenfalls zu ändern. Zweckmäßigerweise wird die Belehrung bereits mit dem Angebot einer Tätigkeit bzw. einer Vorbereitungsmaßnahme verbunden. Die vorherige Belehrung muss überdies nicht nur bei der ersten Stufe erfolgen, sondern auch vor weiteren etwaigen Kürzungen.[53]

39 Die Anforderungen an die Rechtsfolgenbelehrung verringern sich auch dann nicht, wenn der Leistungsberechtigte bereits früher über die Rechtsfolgen belehrt worden ist und erwartet werden kann, dass er über die möglichen Konsequenzen seines Verhaltens informiert ist. Denn auf das Kennen oder Kennenmüssen der Rechtsfolgen durch den Leistungsberechtigten kommt es nicht an.[54] Insoweit hat das BSG mehrfach deutlich gemacht, dass die Rechtsfolgenbelehrung im Rahmen der Sperrzeit – für die Leistungseinschränkung nach § 39a SGB XII gilt insoweit nichts anderes – **zwingenden formalen Charakter** hat.[55] Dies ergibt sich aus dem übergeordneten sozialen Schutzzweck der Rechtsfolgenbelehrung, nämlich den Betroffenen jeweils vor den Folgen einer unbegründeten Ablehnung einer angebotenen Tätigkeit zu warnen. Zu § 31 SGB II hat das BSG betont, der Warnfunktion der Rechtsfolgenbelehrung komme im Bereich des SGB II sogar noch eine größere Bedeutung zu als im Bereich der Arbeitsförderung, denn der soziale Schutzzweck, aus dem die Anforderungen an die Rechtsfolgenbelehrung hergeleitet worden sei, spiele bei existenzsichernden Sozialleistungen, wie denen der Grundsicherung für Arbeitsuchende, typischerweise eine noch größere Rolle als bei den klassischen Leistungen des Arbeitsförderungsrechts.[56] Diese Argumentation kann auf § 39a SGB XII ohne weiteres übertragen werden.

---

[50] Vgl. zu § 119 AFG etwa BSG v. 16.09.1999 - B 7 AL 32/98 R - BSGE 84, 270; zu § 144 SGB III BSG v. 01.06.2006 - B 7a AL 26/05 R; zu § 31 SGB II etwa BSG v. 16.12.2008 - B 4 AS 60/07 R - BSGE 102, 201 sowie BSG v. 18.02.2010 - B 14 AS 53/08 R - BSGE 105, 297.

[51] LSG NRW v. 10.09.2007 - L 20 B 85/07 SO ER.

[52] *Schellhorn* in: Schellhorn/Schellhorn/Hohm, SGB XII, 18. Aufl. 2010, § 39 Rn. 11.

[53] Vgl. *Streichsbier* in: Grube/Wahrendorf, SGB XII, 4. Aufl. 2012, § 39a Rn. 9; *Coseriu* in: Kommentar zum Sozialrecht, 3. Aufl. 2013, § 39a Rn. 6.

[54] Vgl. zur Sperrzeit nach § 119 AFG bereits BSG v. 10.12.1981 - 7 RAr 24/81 - BSGE 53, 13; zu § 31 SGB II ebenso BSG v. 17.12.2009 - B 4 AS 30/09 R - SozR 4-4200 § 31 Nr. 3 sowie LSG NRW v. 18.03.2010 - L 6 B 157/09 AS ER.

[55] Vgl. zu § 119 AFG etwa BSG v. 16.03.1983 - 7 RAr 49/82; zu § 144 SGB III BSG v. 01.06.2006 - B 7a AL 26/05 R.

[56] BSG v. 18.02.2010 - B 14 AS 53/08 R.

Die Rechtsfolgenbelehrung kann – da Schriftform etwa im Gegensatz zu § 66 Abs. 3 SGB I nicht vor- 40
geschrieben ist – grundsätzlich mündlich oder schriftlich erfolgen[57], allerdings sollte aus Gründen der
Rechtssicherheit eine schriftliche Belehrung, die am besten in der Akte durch eine Abschrift dokumentiert werden sollte, erfolgen. Denn die Beweislast für das Vorliegen einer ordnungsgemäßen Rechtsfolgenbelehrung trifft den Leistungsträger.

Wird die Belehrung unterlassen oder ist diese unzutreffend, ist eine gleichwohl erfolgte Kürzung des 41
Regelsatzes rechtswidrig.

IV. Rechtsfolgen

1. Verminderung der Regelbedarfsstufe in der ersten Stufe

Aus der Verletzung der in § 39a SGB XII genannten Obliegenheit – vorausgesetzt, die Ablehnung der 42
Aufnahme einer Tätigkeit oder der Teilnahme an einer Vorbereitung dauert im Zeitpunkt der Entscheidung des Trägers der Sozialhilfe noch an[58] – ergibt sich als zwingende Konsequenz[59] eine Minderung
der für den Leistungsberechtigten maßgebenden Regelbedarfsstufe. Hinsichtlich des „**Ob**" einer Leistungskürzung steht dem Sozialhilfeträger also **kein Ermessen** zu. Anders als nach § 25 BSHG in der
bis zum 31.12.2004 geltenden Fassung entfällt dagegen nicht der Anspruch auf Hilfe zum Lebensunterhalt als solcher.

Gemäß § 27a Abs. 2 SGB XII in der ab dem 01.01.2011 geltenden Fassung des Gesetzes zur Ermitt- 43
lung von Regelbedarfen und zur Änderung des Zweiten und Zwölften Buches Sozialgesetzbuch
vom 24.03.2011 ergibt der gesamte notwendige Lebensunterhalt nach Absatz 1 der Vorschrift mit Ausnahme der Bedarfe nach dem Zweiten bis Vierten Abschnitt den monatlichen Regelbedarf (Satz 1).
Dieser ist in Regelbedarfsstufen unterteilt, die bei Kindern und Jugendlichen altersbedingte Unterschiede und bei erwachsenen Personen deren Anzahl im Haushalt sowie die Führung eines Haushalts
berücksichtigen (Satz 2). § 8 RBEG enthält die konkreten Beträge der Regelbedarfsstufen 1 bis 6, die
in die Anlage zu § 28 SGB XII zu übernehmen sind. Maßgebend für eine Kürzung im Rahmen von
§ 39a SGB XII ist die jeweilige, sich aus § 8 RBEG bzw. der Anlage zu § 28 SGB XII ergebende **Regelbedarfsstufe** (und nur diese, nicht auch die sonstigen Leistungen der Hilfe zum Lebensunterhalt)
des betroffenen Leistungsempfängers.

In welchem **Umfang** eine Minderung der maßgebenden Regelbedarfsstufe erfolgt, entscheidet der Trä- 44
ger der Sozialhilfe nach den jeweiligen Verhältnissen im Einzelfall, insbesondere unter Berücksichtigung einer etwaigen Betroffenheit von Angehörigen (§ 39a Abs. 2 i.V.m. § 26 Abs. 1 Satz 2 SGB XII),
nach **pflichtgemäßem Ermessen**. Dies folgt aus der Formulierung „um bis zu", denn danach hat der
Träger der Sozialhilfe jeweils darüber zu entscheiden, in welchem Umfang er die Verminderung der
maßgebenden Regelbedarfsstufe in dem vom Gesetz vorgegebenen Spielraum „bis zu 25 v.H." (als
Obergrenze) vornimmt. Dabei ist neben dem Grundsatz der Verhältnismäßigkeit, den persönlichen
Verhältnissen des Leistungsberechtigten und seiner Familie nach § 16 SGB XII auch Sinn und Zweck
der Regelung (auch) als Hilfenorm zu berücksichtigen, also zu überlegen, ob eine Verminderung der
maßgebenden Regelbedarfsstufe von 25 v.H. oder bereits eine geringere Verminderung geeignet ist,
auf den Leistungsberechtigten dahingehend einzuwirken, dass er seine ablehnende Haltung zur Aufnahme einer Tätigkeit oder zur Teilnahme an einer hierzu erforderlichen Vorbereitung aufgibt.[60]

Im Übrigen ist davon auszugehen, dass der Bescheid, aufgrund dessen der Sozialhilfeträger eine Leis- 45
tungskürzung vornimmt (anders als bei der Sperrzeit nach § 159 SGB III n.F., die kraft Gesetzes eintritt

---

[57] So zu § 31 SGB II auch BSG v. 16.12.2008 - B 4 AS 60/07 R - BSGE 102, 201; vgl. ferner *Streichsbier* in: Grube/Wahrendorf, SGB XII, 4. Aufl. 2012, § 39 Rn. 6; a.A. *Falterbaum* in: Hauck/Noftz, K § 39a Rn. 33 (Schriftform erforderlich).

[58] Vgl. zu § 25 Abs. 1 BSHG: BVerwG v. 17.05.1995 - 5 C 20/93 - BVerwGE 98, 203.

[59] Vgl. *Schellhorn* in: Schellhorn/Schellhorn/Hohm, SGB XII, 18. Aufl. 2010, § 39 Rn. 10; *Conradis* in: LPK SGB XII, 9. Aufl. 2012, § 39a Rn. 5; *Streichsbier* in: Grube/Wahrendorf, SGB XII, 4. Aufl. 2012, § 39a Rn. 5.

[60] *Streichsbier* in: Grube/Wahrendorf, SGB XII, 4. Aufl. 2012, § 39a Rn. 5.

und nicht eines entsprechenden Ausspruchs durch Verwaltungsakt bedarf[61]), **konstitutive Wirkung** hat, zumal der Umfang der Leistungsminderung in jedem Einzelfall gesondert festzustellen ist.

2. Weitere Verminderung

46 Sofern die Einschränkung der maßgebenden Regelbedarfsstufe keine Änderung des Verhaltens des Leistungsberechtigten bewirkt, kann der Träger der Sozialhilfe **bei wiederholten Ablehnungen die Regelbedarfsstufe erneut um jeweils bis zu 25 v.H. kürzen**. Damit sieht das Gesetz unter Berücksichtigung des Charakters des § 39a SGB XII (auch) als Hilfenorm und des Grundsatzes der Verhältnismäßigkeit ein **abgestuftes Vorgehen** vor. Da die Verminderung der Regelbedarfsstufe ein Mittel sein soll, den Leistungsberechtigten auf den Weg zur Selbsthilfe zu führen, wurde zu § 39 SGB XII a.F. teilweise gefordert, dass zwischen den jeweiligen Verringerungen ein gewisser Zeitraum liegt, in dem der Leistungsberechtigte die Möglichkeit hat, sein Verhalten zu überdenken.[62] Auch ein – relativ kurzer – Zeitraum von zwei Wochen zwischen den einzelnen Stufen der Kürzungen war vom BVerwG allerdings nicht beanstandet worden.[63] Ohnedies bekommt der Betroffene die Möglichkeit, sein Verhalten zu überdenken, bereits durch die vor einer weiteren Verminderung erneut notwendige Rechtsfolgenbelehrung (vgl. Rn. 38). Unerheblich ist in jedem Fall, ob ein etwaiger Vorbescheid bereits bestandskräftig ist.[64]

47 Der Sozialhilfeträger muss die Entscheidungen über die Höhe und den Zeitraum der jeweiligen weiteren Kürzung im Rahmen des ihm eingeräumten Ermessens bestimmen und dabei insbesondere die nach der Besonderheit des Einzelfalls gegebene Lage berücksichtigen. Nach dem Wortlaut der Vorschrift besteht auch bei wiederholter Ablehnung hinsichtlich des „Ob" einer Kürzung kein Ermessen, dieses bezieht sich auch hier nur darauf, wie der Träger der Sozialhilfe von der ihm eingeräumten Ermächtigung, die Regelbedarfsstufe bis zu weiteren 25 v.H. zu kürzen, Gebrauch macht. Zeigt der Leistungsberechtigte den Willen oder die Bereitschaft, eine zumutbare Tätigkeit aufzunehmen oder an einer hierzu erforderlichen Vorbereitung teilzunehmen, ist die Regelbedarfsstufe ab diesem Zeitpunkt wieder in vollem Umfang zu leisten.[65] Die bereits früher zu § 25 BSHG vertretene Auffassung, dass der Träger der Sozialhilfe den Leistungsberechtigten auch bei wiederholten Leistungskürzungen weiter zu betreuen hat und ihn nicht gänzlich aus seiner Obhut entlassen darf[66], gilt für § 39a SGB XII uneingeschränkt weiterhin, zumal der Anspruch des Leistungsberechtigten auf Hilfe zum Lebensunterhalt nach dieser Vorschrift ohnehin nicht entfällt.

48 § 39a SGB XII lässt von seinem Wortlaut her nach wiederholter Ablehnung grundsätzlich auch einen völligen Wegfall der jeweiligen Regelbedarfsstufe zu.[67] Eine solch einschneidende Maßnahme bedürfte indes unter Berücksichtigung des Grundsatzes der Verhältnismäßigkeit einer besonders sorgfältigen Prüfung. Eine vollständige Versagung der Regelleistungen dürfte jedenfalls nur unter besonderen Umständen angemessen sein.

3. Dauer der Verminderung

49 Sofern der Leistungsberechtigte trotz bereits erfolgter Leistungseinschränkung weiterhin bei seiner Ablehnung der Aufnahme einer Tätigkeit oder der Teilnahme an einer erforderlichen Vorbereitung bleibt, stellt sich die Frage, wie lange die Verringerung bzw. im äußersten Fall die vollständige Kürzung der Regelbedarfsstufe andauern kann. Soweit nicht die Schutzvorschrift des Absatzes 2 eingreift,

---

[61] Vgl. BSG v. 09.09.1999 - B 11 AL 17/99 R - SozR 3-4100 § 119 Nr. 18 (zu § 119 AFG); BSG v. 01.06.2006 - B 7a AL 26/05 R sowie BSG v. 06.05.2009 - B 11 AL 10/08 R - SozR 4-4300 § 144 Nr. 19 (jeweils zu § 144 SGB III); das Erfordernis einer von der BA zu treffenden Aufhebungsentscheidung besteht dort nur insoweit, als die Entscheidung über die Bewilligung von Leistungen den formellen Rechtsgrund für das Erhalten und Behaltendürfen der jeweils bewilligten Leistung bildet, vgl. BSG v. 03.03.1993 - 11 RAr 49/92 - BSGE 72, 111; BSG v. 05.11.1998 - B 11 AL 29/98 R - BSGE 83, 95; vgl. zu § 31 SGB II auch BSG v. 17.12.2009 - B 4 AS 30/09 R - SozR 4-4200 § 31 Nr. 3: danach setzt die Aufhebung einer Bewilligungsentscheidung wegen des Eintritts einer Sanktion keinen vorgeschalteten, zusätzlich feststellenden Verwaltungsakt voraus.

[62] *Streichsbier* in: Grube/Wahrendorf, SGB XII, 4. Aufl. 2012, § 39a Rn. 6.

[63] BVerwG v. 29.01.1991 - 5 B 3/91 - Buchholz 436.0, § 20 BSHG Nr. 1; für einen als ausreichend anzusehenden Zeitraum von einem Monat nach einer Kürzung: *Dauber* in: Mergler/Zink, SGB XII, § 39a Rn. 12.

[64] Vgl. etwa BSG v. 20.03.1980 - 7 RAr 4/79 (zu §§ 119, 147 AFG).

[65] Vgl. zu § 25 Abs. 1 BSHG: *Brühl*, info also 1997, 117, 119.

[66] Vgl. BVerwG v. 31.01.1968 - V C 22.67 - BVerwGE 29, 99.

[67] Vgl. *Falterbaum* in: Hauck/Noftz, K § 39 Rn. 19.

ist **grundsätzlich auch eine einschneidende Verringerung der Regelbedarfsstufe über einen längeren Zeitraum möglich**.[68] Für eine zeitliche Befristung – insbesondere für eine starre zeitliche Grenze[69] – gibt das Gesetz jedenfalls nichts her. Der Träger der Sozialhilfe wird jedoch die weitere Entwicklung des Falls genau zu beobachten und zu überprüfen haben, ob die Wirkung der von ihm getroffenen Maßnahme – Verringerung der Regelbedarfsstufe – noch Erfolg versprechend ist oder ob andere Maßnahmen als Mittel der Hilfe in Betracht kommen. Ist erkennbar, dass die Verminderung oder vollständige Kürzung der Regelbedarfsstufe untauglich sind, um beim Leistungsberechtigten eine Bereitschaft zur Aufnahme einer Tätigkeit oder zur Teilnahme an einer Vorbereitung hierzu auszulösen, so ist, wenn keine anderen Erfolg versprechenden Maßnahmen in Betracht kommen, „notfalls" Hilfe zum Lebensunterhalt wieder in vollem Umfang – einschließlich des nicht geminderten Regelsatzes – zu leisten.[70]

4. Schutz Mitbetroffener (Absatz 2)

Durch den Verweis in Absatz 2 auf **§ 26 Abs. 1 Satz 2 SGB XII** ist der Sozialhilfeträger verpflichtet, „so weit wie möglich zu verhüten", dass unterhaltsberechtigte Angehörige oder andere mit dem Leistungsberechtigten in Haushaltsgemeinschaft lebende Personen mitbetroffen werden. Bei seiner Ermessensentscheidung hinsichtlich des Umfangs der Verminderung hat der Sozialhilfeträger also zu berücksichtigen, dass grundsätzlich nur derjenige, der seiner Selbsthilfeverpflichtung nicht nachkommt, von der Einschränkung der Leistungen betroffen wird. Dies entspricht auch dem in § 16 SGB XII geregelten Grundsatz der **familiengerechten Leistungserbringung**. Bereits das BVerwG hat zu § 25 BSHG ausgeführt, es gelte „insbesondere zu verhüten, dass der Hilfe Suchende die auf ihn zukommenden Beschränkungen in der Praxis auf seine Angehörigen überwälzt".[71]

Da in aller Regel die Leistungen für alle Mitglieder einer Einstandsgemeinschaft in einem Betrag ausgezahlt werden, ist tatsächlich aber keineswegs sichergestellt, dass die Leistungskürzung nur denjenigen trifft, der seiner Selbsthilfeverpflichtung nicht nachkommt. Gerade bei Familien mit minderjährigen Kindern gehen Kürzungen erfahrungsgemäß vielfach nicht zu Lasten des Haushaltsvorstands, sondern zu Lasten der Angehörigen.[72] Bei der Entscheidung über eine Leistungskürzung nach § 39a SGB XII muss der Sozialhilfeträger deshalb sorgsam vorgehen und soweit wie möglich sicherstellen, dass insbesondere der Bedarf heranwachsender Kinder ausreichend befriedigt wird[73], auch wenn die Möglichkeiten zur Verhinderung solcher Auswirkungen sicherlich begrenzt sind. Zwar können die Leistungen der Hilfe zum Lebensunterhalt an Mitglieder der Einstandsgemeinschaft getrennt ausbezahlt werden, und soweit Auswirkungen einer Leistungskürzung auf Angehörige nicht zu vermeiden sind, hat der Sozialhilfeträger mitunter auch in Betracht zu ziehen, auf eine Leistungskürzung zu verzichten. Aus der Regelung in § 26 Abs. 1 Satz 2 SGB XII („soweit wie möglich") geht aber hervor, dass eine Beeinträchtigung der Interessen von Angehörigen in manchen Fällen in Kauf zu nehmen ist. So hat etwa das OVG Münster – zu dem im Wesentlichen inhaltsgleichen § 25 Abs. 3 BSHG – Ermessensentscheidungen auch dann als rechtmäßig erachtet, wenn sie für einen begrenzten Zeitraum Auswirkungen auf andere Familienmitglieder haben, solange nicht der unerlässliche Lebensunterhalt der Familie unterschritten wird.[74] Der VGH Mannheim hat entschieden, dass für den Fall, dass Auswirkungen der Kürzung auf Angehörige nicht zu vermeiden sind, sicherzustellen sei, dass diesen zumindest das zum Lebensunterhalt Unerlässliche verbleiben müsse.[75]

Eine **Nichtberücksichtigung** der Interessen der Angehörigen bei der Entscheidung über den Umfang der Kürzung bedeutet in jedem Falle eine fehlerhafte Ermessensausübung, welche die Kürzung rechtswidrig macht.[76]

---

[68] Vgl. *Streichsbier* in: Grube/Wahrendorf, SGB XII, 4. Aufl. 2012, § 39a Rn. 7.
[69] A.A. zu § 25 BSHG VGH München v. 02.12.1999 - 12 ZE 99.2267 - FEVS 52, 312: höchstens drei Monate; für eine zeitliche Befristung auch *Wenzel* in: Fichtner/Wenzel, SGB XII, 4. Aufl. 2009, § 39 Rn. 4.
[70] Vgl. zu § 25 BSHG bereits BVerwG v. 31.01.1968 - V C 22.67 - BVerwGE 29, 99.
[71] Vgl. BVerwG v. 31.01.1968 - V C 109.66 - FEVS 15, 136.
[72] Vgl. BVerwG v. 31.01.1968 - V C 22.67 - BVerwGE 29, 99.
[73] Vgl. VGH Mannheim v. 11.10.1999 - 7 S 1755/99 - FEVS 51, 423; *Streichsbier* in: Grube/Wahrendorf, SGB XII, 4. Aufl. 2012, § 39a Rn. 10.
[74] OVG Münster v. 20.05.1998 - 24 B 841/97.
[75] VGH Mannheim v. 11.10.1999 - 7 S 1755/99 - FEVS 51, 423.
[76] *Falterbaum* in: Hauck/Noftz, K § 39a Rn. 37.

5. Verfahren

a. Verhältnis zu § 66 SGB I

53 Sofern die Aufnahme einer Tätigkeit oder die Teilnahme an einer erforderlichen Vorbereitung abgelehnt wird, wird dadurch keine Mitwirkungspflicht im Sinn der §§ 60 ff. SGB I verletzt, da diese Vorschriften nur verfahrensrechtliche Pflichten des Hilfebedürftigen betreffen.[77] Die Pflicht zur Aufnahme einer Tätigkeit oder die Teilnahme an einer erforderlichen Vorbereitung stellt demgegenüber eine materiell-rechtliche Verpflichtung dar. Das BVerwG hat bereits zum Verhältnis von § 25 BSHG zu § 66 SGB I klargestellt, dass § 66 SGB I einen eigenständigen Versagungsgrund bei Nichterfüllung von Verfahrenspflichten regelt und diese Vorschrift auf die sozialhilferechtliche Pflicht zur Selbsthilfe durch Arbeit weder nach seinem Wortlaut noch nach seinem Zweck Anwendung findet; vielmehr besitzen die beiden Vorschriften getrennte Anwendungsbereiche.[78] Dementsprechend hat auch das BSG – unter Bezugnahme auf die Rechtsprechung des BVerwG – entschieden, dass die Obliegenheit des Arbeitslosen zu Eigenbemühungen nach § 119 Abs. 1 Nr. 1 SGB III[79] eine spezielle Verhaltenspflicht darstellt, die sich grundlegend von den Verfahrenspflichten gemäß §§ 60 ff. SGB I unterscheidet, weil es nicht zu den in den §§ 60 ff. SGB I geregelten Pflichten gehört, sich in bestimmter Weise zu verhalten und erst durch dieses Verhalten Tatsachen zu schaffen, deren Angabe der Leistungsträger nach § 60 Abs. 1 Nr. 1 SGB I verlangen darf oder worüber nach § 60 Abs. 1 Nr. 1 SGB I Beweismittel zu bezeichnen oder auf Verlangen vorzulegen sind.[80] Die Pflicht zu Eigenbemühungen – so das BSG – stelle deshalb im Verhältnis zu den verfahrensrechtlichen Mitwirkungspflichten ein rechtliches aliud dar.[81]

54 Mit Blick auf § 31 SGB II in der bis zum 31.03.2011 geltenden Fassung ist überdies entschieden worden, dass auch die Umdeutung eines Leistungsentziehungsbescheids nach § 66 SGB I in einen Sanktionsbescheid nach § 31 SGB II wegen des unterschiedlichen Charakters der Regelungen nicht in Betracht komme.[82]

55 Davon zu unterscheiden ist die Frage, welche Konsequenzen zu ziehen sind, wenn der Leistungsberechtigte etwa eine zumutbare Untersuchung zur Überprüfung seiner gesundheitlichen und geistigen Möglichkeiten, insbesondere auch als Voraussetzung der Überprüfung möglicher Unzumutbarkeitsgründe nach § 11 Abs. 4 SGB XII, verweigert. Soweit auch in diesem Fall die Auffassung vertreten wurde, dass bei einer unberechtigten Verweigerung etwaige Leistungseinschränkungen nicht nach § 66 SGB I zu erfolgen hätten, sondern dieses Verhalten des Leistungsberechtigten ebenfalls zur Anwendung des § 39 SGB XII a.F. führe, weil diese Vorschrift u.a. auch die Nichtteilnahme „an einer erforderlichen Vorbereitung" von Tätigkeiten sanktioniere[83], ist dieser Auffassung nicht zu folgen. Denn eine fehlende Mitwirkung bei für erforderlich gehaltenen Untersuchungsmaßnahmen (§ 62 SGB I) ist typischerweise ein Anwendungsfall von § 66 SGB I, und eine ärztliche oder psychologische Untersuchung ist nicht als Vorbereitungshandlung i.S. von § 39a SGB XII zu qualifizieren.[84]

b. Rechtsbehelfe

56 Die Leistungskürzung stellt einen eigenständigen Verwaltungsakt dar. **Widerspruch und Anfechtungsklage** gegen eine Leistungskürzung haben grundsätzlich – da das SGB XII keine dem § 39 SGB II entsprechende Regelung bereithält[85] – **aufschiebende Wirkung**.[86] Im Falle einer Minderung der Regelbedarfsstufe nach § 39a SGB XII ist trotz der aufschiebenden Wirkung von Widerspruch und Anfechtungsklage beim einstweiligen Rechtsschutz indes ein Vorgehen nach § 86b Abs. 2 SGG erforderlich, weil allein die Feststellung der aufschiebenden Wirkung nicht zur einstweiligen Wiederaufnahme der ungekürzten Leistungen führt.[87]

---

[77] Vgl. BVerwG v. 17.05.1995 - 5 C 20/93 - BVerwGE 98, 203; LSG NRW v. 10.09.2007 - L 20 B 85/07 SO ER; *Streichsbier* in: Grube/Wahrendorf, SGB XII, 4. Aufl. 2012, § 39a Rn. 3; a.A. *Falterbaum* in: Hauck/Noftz, SGB XII, K § 39a Rn. 25.

[78] BVerwG v. 17.05.1995 - 5 C 20/93 - BVerwGE 98, 203.

[79] Vgl. dazu auch BSG v. 20.10.2005 - B 7a AL 18/05 R - BSGE 95, 176.

[80] BSG v. 31.01.2006 - B 11a AL 5/05 R - BSGE 96, 40.

[81] BSG v. 31.01.2006 - B 11a AL 5/05 R - BSGE 96, 40.

[82] LSG Sachsen-Anhalt v. 20.02.2009 - L 5 B 376/08 AS ER.

[83] *Luthe* in: Hauck/Noftz, K § 11 Rn. 48.

[84] Zweifel insoweit auch in der Entscheidung LSG NRW v. 10.09.2007 - L 20 B 85/07 SO ER - FEVS 59, 182.

[85] Vgl. LSG Niedersachsen-Bremen v. 10.08.2006 - L 8 SO 69/06 ER.

[86] Vgl. LSG NRW v. 10.09.2007 - L 20 B 85/07 SO ER - FEVS 59, 182.

[87] So LSG NRW v. 10.09.2007 - L 20 B 85/07 SO ER.

Siebter Abschnitt: Verordnungsermächtigung

§ 40 SGB XII Verordnungsermächtigung

(Fassung vom 24.03.2011, gültig ab 01.01.2011)

[1]Das Bundesministerium für Arbeit und Soziales hat im Einvernehmen mit dem Bundesministerium der Finanzen durch Rechtsverordnung mit Zustimmung des Bundesrates

1. den für die Fortschreibung der Regelbedarfsstufen nach § 28a maßgeblichen Vomhundertsatz zu bestimmen und
2. die Anlage zu § 28 um die sich durch die Fortschreibung nach Nummer 1 zum 1. Januar eines Jahres ergebenden Regelbedarfsstufen zu ergänzen.

[2]Der Vomhundertsatz nach Satz 1 Nummer 1 ist auf zwei Dezimalstellen zu berechnen; die zweite Dezimalstelle ist um eins zu erhöhen, wenn sich in der dritten Dezimalstelle eine der Ziffern von 5 bis 9 ergibt. [3]Die Bestimmungen nach Satz 1 sollen bis zum 31. Oktober des jeweiligen Jahres erfolgen.

Gliederung

A. Basisinformationen ... 1	III. Die Verordnungsermächtigungen (Satz 1) ... 13
I. Textgeschichte/Gesetzgebungsmaterialien ... 1	1. Fortschreibung der Regelbedarfsstufen (Nr. 1) ... 13
II. Vorgängervorschriften ... 3	2. Ergänzung der Anlage zu § 28 SGB XII (Nr. 2) ... 15
III. Parallelvorschriften ... 6	IV. Rundungsvorschrift (Satz 2) ... 16
IV. Systematische Zusammenhänge ... 8	V. Zeitliche Anforderungen (Satz 3) ... 17
V. Ausgewählte Literaturhinweise ... 9	**C. Praxishinweise** ... 19
B. Auslegung der Norm ... 10	
I. Regelungsgehalt und Bedeutung der Norm ... 10	
II. Normzweck ... 12	

A. Basisinformationen

I. Textgeschichte/Gesetzgebungsmaterialien

Die aktuelle Fassung mit Gültigkeit zum **01.01.2011** stellt eine **komplette Neuregelung** dar, die inhaltlich vollständig von den bisherigen Fassungen abweicht. Die ursprüngliche Fassung enthielt die Verordnungsermächtigung zum Erlass der sogenannten Regelsatz-Verordnung (**Regelsatz-VO**) vom 03.06.2004[1] mit Wirkung zum 01.01.2005, zuletzt geändert durch Artikel 17 des Gesetzes vom 02.03.2009[2]), die nun wegen der Ermittlung der Regelsatzhöhe durch das Gesetz zur Ermittlung der Regelbedarfe nach § 28 des Zwölften Buches Sozialgesetzbuch vom 24.03.2011 (RBEG)[3] entfallen konnte. 1

Nach der Gesetzesbegründung[4] soll nun die **Fortschreibung der Regelbedarfsstufen** (vgl. § 27a Abs. 2 Satz 2 SGB XII) in den Jahren, für die keine Neuermittlung von Regelbedarfen nach § 28 SGB XII zu erfolgen hat, nach § 28a SGB XII durch Verordnung gemäß § 40 SGB XII zum 01.01. eines Jahres vorgenommen werden. 2

II. Vorgängervorschriften

§ 40 SGB XII in seiner **ursprünglichen Fassung**, der zum **31.12.2003** aufgrund des Gesetzes zur Einordnung des Sozialhilferechts in das Sozialgesetzbuch (Art. 1 § 40 und Art 70 Abs. 2) vom 27.12.2003[5] in Kraft getreten war, entsprach mit kleineren Änderungen inhaltlich und von der Funktion her **§ 22 Abs. 5 Satz 1 BSHG**. Eine Übernahme von § 22 Abs. 5 Satz 2 BSHG erfolgte deshalb nicht, 3

---

[1] BGBl I 2004, 1067.
[2] BGBl I 2009, 416.
[3] BGBl I 2011, 453.
[4] BT-Drs. 17/3404, S. 127.
[5] BGBl I 2003, 3022.

weil die darauf gestützte Regelung des § 3 der Regelsatzverordnung zu § 22 BSHG (Kosten der Unterkunft und Heizung) in § 29 SGB XII a.F. (jetzt § 35 SGB XII) übernommen wurde.[6] Wegen der inhaltlichen Entsprechung enthielten die Materialien zur ursprünglichen Fassung auch keine eigenständige Gesetzesbegründung. Da aber insbesondere die Bemessung und Fortschreibung der Regelsätze das Referenzsystem für Leistungen nach dem Zweiten Buch darstellen sollten (vgl. dazu die Kommentierung zu § 27 SGB XII Rn. 25 f.), wurde gegenüber der Fassung des BSHG in die Ermächtigung aufgenommen, dass auch das Einvernehmen mit dem (damaligen) Bundesministerium für Wirtschaft und Arbeit herzustellen war.[7] Durch das Gesetz zur Vereinfachung des Verwaltungsverfahrens vom 21.03.2005 (Verwaltungsvereinfachungsgesetz)[8] wurde die in der ersten Fassung enthaltene Vorgabe, dass in der nach § 40 SGB XII zu erlassenden Rechtsverordnung auch die Berechnung der Regelsätze vorzugeben ist, gestrichen, weil die Berechnung erst durch die Bundesländer nach § 28 Abs. 2 SGB XII a.F. erfolgt.[9] Durch den Organisationserlass vom 22.11.2005[10] trat an die Stelle des Bundesministeriums für Gesundheit und Soziale Sicherung das Bundesministerium für Arbeit und Soziales (BMAS). Dem wurde durch Art. 266 der Neunten Zuständigkeitsanpassungsverordnung vom 31.10.2006[11] mit Wirkung zum 08.11.2006 auch insoweit Rechnung getragen, als eine Abstimmung der Rechtsverordnung nicht mehr mit dem Bundesministerium für Wirtschaft und Technik erfolgen musste, weil die Bereiche Arbeit (zuständig für das SGB II) und Soziales (zuständig für das SGB XII) in einem Ministerium verbunden sind.

4 Das **BVerfG** hat, obwohl es in der Entscheidung um Leistungen nach dem SGB II ging, durch Urteil vom 09.02.2010[12] mit einer langen Tradition, die Leistungen zur Sicherung des Lebensunterhaltes nach dem BSHG und dem SGB XII konkret durch Rechtsverordnungen festzulegen, gebrochen. Es hält aus verfassungsrechtlichen Erwägungen ein **Parlamentsgesetz** für erforderlich.[13] Dieses müsse einen **konkreten Leistungsanspruch** des Bürgers gegenüber dem zuständigen Leistungsträger enthalten. Schon aus dem Rechtsstaats- und Demokratieprinzip ergebe sich die Pflicht des Gesetzgebers, die für die Grundrechtsverwirklichung maßgeblichen Regelungen selbst zu treffen.[14] Dies gelte in besonderem Maße, wenn und soweit es um die Sicherung der Menschenwürde und der menschlichen Existenz gehe.[15] Zudem könne sich der von Verfassungs wegen bestehende Gestaltungsspielraum des Parlaments nur im Rahmen eines Gesetzes entfalten und konkretisieren.[16] Schließlich sei die Begründung von Geldleistungsansprüchen auch mit erheblichen finanziellen Auswirkungen für die öffentlichen Haushalte verbunden. Derartige Entscheidungen seien aber dem Gesetzgeber vorbehalten; dafür reiche das Haushaltsgesetz nicht aus, weil der Bürger aus ihm keine unmittelbaren Ansprüche herleiten könne.[17]

5 Für die **jetzige Fassung** des § 40 SGB XII gibt es **keine Vorgängerregelung**, da die Neugestaltung der Anpassungsvorschriften in Jahren, in denen keine neue Einkommens- und Verbrauchsstichprobe (EVS, aktuell die EVS 2008) vorliegt, aufgrund der Rechtsprechung des BVerfG vollständig neu überarbeitet wurde (vgl. auch Rn. 4). Die Anpassung der Regelsatzhöhe erfolgte früher aufgrund des **§ 28 Abs. 2 Satz 2 SGB XII** a.F. i.V.m. **§ 4 der Regelsatz-VO** a.F. um den Vomhundertsatz, um den sich der aktuelle Rentenwert in der gesetzlichen Rentenversicherung veränderte. Dies hatte das BVerfG beanstandet, weil auf die zur Bestimmung des Existenzminimums nicht geeignete Entwicklung des aktu-

---

[6] Vgl. auch BT-Drs. 15/1514, S. 62 zu § 41.
[7] BT-Drs. 15/1514, S. 62. zu § 41.
[8] BGBl I 2005, 818.
[9] Vgl. BR-Drs. 676/04, S. 67.
[10] BGBl I 2005, 3197.
[11] BGBl I 2006, 2407.
[12] BVerfG v. 09.02.2010 - 1 BvL 1/09, 1 BvL 3/09, 1 BvL 4/09 - juris Rn. 136 - BVerfGE 125, 175.
[13] Hieran sieht sich der Gesetzgeber bei der Änderung des § 40 SGB XII gebunden, vgl. BT-Drs. 17/3404, S. 127 zu § 40.
[14] Verweis auf BVerfG v. 24.09.2003 - 2 BvR 1436/02 - BVerfGE 108, 282, 311 m.w.N.
[15] Verweis auf BVerfG v. 18.07.1972 - 1 BvL 32/70, 1 BvL 25/71 - BVerfGE 33, 303, 337; BVerfG v. 28.10.1975 - 2 BvR 883/73, 2 BvR 379/74, 2 BvR 497/74, 2 BvR 526/74 - BVerfGE 40, 237, 249.
[16] Verweis auf BVerfG v. 13.01.1982 - 1 BvR 848/77, 1 BvR 1047/77, 1 BvR 916/78, 1 BvR 1307/78, 1 BvR 350/79, 1 BvR 475/80, 1 BvR 902/80, 1 BvR 965/80, 1 BvR 1177/80, 1 BvR 1238/80, 1 BvR 1461/80 - BVerfGE 59, 231, 263.
[17] Verweis auf BVerfG v. 22.10.1974 - 1 BvL 3/72 - BVerfGE 38, 121, 126.

ellen Rentenwerts abgestellt wurde. Vielmehr stünden andere, sachgerechtere Anpassungsmechanismen zur Verfügung, welche die Bedarfsentwicklung zwischen zwei EVS in größerer Nähe zu den Kriterien der Regelleistungsfestlegung nachzeichnen können.[18]

III. Parallelvorschriften

Im **SGB II** verweist § 20 Abs. 5 SGB II für die Fortschreibung der Regelbedarfe auf eine entsprechende Anwendung der Vorschrift des § 28a SGB XII i.V.m. mit der Verordnung nach § 40 SGB XII[19] sowie für die Neuermittlung der Regelbedarfe eine solche des § 28 SGB XII. 6

Rundungsvorschriften wie in § 40 Satz 2 SGB XII gibt es zahlreiche, vgl. z.B. § 338 Abs. 1 und 2 SGB III oder § 41 Abs. 2 SGB II. 7

IV. Systematische Zusammenhänge

Die Vorschrift steht in engem systematischem Zusammenhang mit **§ 28a SGB XII** und der **Anlage zu § 28 SGB XII**. § 28a SGB XII regelt das Verfahren und die Kriterien der Fortschreibung der Regelsätze in den Jahren, in denen keine Neuauswertung einer EVS erfolgt. Nachdem die Ermittlung der für die Kriterien des § 28a Abs. 2 SGB XII maßgeblichen Daten durch das Statistische Bundesamt entsprechend der Beauftragung durch das BMAS gemäß § 28a Abs. 3 SGB XII erfolgt ist, legt das BMAS im Einvernehmen mit dem Bundesministerium der Finanzen (BMF) durch Rechtsverordnung anhand dieser Kriterien durch Rechtsverordnung mit Zustimmung des Bundesrates nach **§ 40 Satz 1 Nr. 1 SGB XII** den für die Fortschreibung der Regelbedarfsstufen maßgeblichen Vomhundertsatz fest. Dieser Vomhundertsatz ist dann zudem Grundlage für die durch die Länder bestimmten regionalen Regelsätze im Sinne des § 29 Abs. 2 und 3 SGB XII (vgl. § 29 Abs. 4 SGB XII). Da das SGB XII in zahlreichen Vorschriften auf die Regelbedarfsstufen gemäß der Anlage zu § 28 SGB XII verweist (z.B. §§ 27b Abs. 2, 30 Abs. 3, 85, 88 Abs. 2 SGB XII), müssen auch diese angepasst werden, was wiederum durch Rechtsverordnung des BMAS unter entsprechender Mitwirkung des BMF und des Bundesrates geschieht (§ 40 Satz 1 Nr. 2 SGB XII). Zum 01.01.2012 war neben § 28a SGB XII auch die Sonderregelung in § 138 SGB XII zu beachten.[20] 8

V. Ausgewählte Literaturhinweise

Greiser/Stölting, Regelsatzverordnung reloaded? Normenklarheit und Normenwahrheit bei der Festlegung der Regelbedarfsstufen im SGB XII, DVBl 2012, 1353; *Martens,* Die Fortschreibung des Regelsatzes ab 1.1.2011, ASR 2011, 178; *Mogwitz,* Neuermittlung der Regelbedarfe für das SGB II und SGB XII, jurisPR-SozR 6/2011, Anm. 1. 9

B. Auslegung der Norm

I. Regelungsgehalt und Bedeutung der Norm

§ 40 SGB XII enthält eine **Verordnungsermächtigung**, die sich auf die Festsetzung des Vomhundertsatzes bezieht, um den sich die Regelbedarfsstufen nach den §§ 27a Abs. 2, 28 SGB XII in den Jahren, in denen keine Auswertung einer neuen EVS erfolgt, jährlich erhöhen. Weiter besteht die Verordnungsermächtigung zur entsprechenden Anpassung der Regelbedarfsstufen in der Anlage zu § 28 SGB XII. 10

Die **früher erhebliche Bedeutung der Norm** für die **Festsetzung der Regelsätze** durch die aufgrund der Vorschrift erlassene Regelsatz-VO ist nach der einschränkenden Entscheidung des BVerfG (vgl. Rn. 4) **stark zurückgegangen**. Während zuvor noch wesentliche Inhalte und Kriterien der Regelsätze in der Regelsatz-VO enthalten waren, legt nun alle Kriterien für die Fortschreibung der Regelsätze § 28a SGB XII selbst direkt fest. Es kann nur noch die Ermittlung durch das Statistische Bundesamt anhand dieser Kriterien ausgewertet werden. Ein Spielraum verbleibt dem Verordnungsgeber nicht. Dennoch darf nicht verkannt werden, dass die Fortschreibung als solche weiterhin eine erhebliche Bedeutung für die betroffenen Leistungsberechtigten hat und in der Praxis sehr genau geprüft werden dürfte, ob die Verordnung nach § 40 Satz 1 Nr. 1 SGB XII den Anforderungen des § 28a Abs. 2 SGB XII entspricht. 11

---

[18] BVerfG v. 09.02.2010 - 1 BvL 1/09, 1 BvL 3/09, 1 BvL 4/09 - juris Rn. 185 BVerfGE 125, 175.
[19] Vgl. auch *Dauber* in: Mergler/Zink, SGB XII, § 40 Rn. 2, Stand: Juni 2013.
[20] Vgl. auch *Schmidt* in: Oestreicher, SGB XII/SGB II, § 40 SGB XII Rn. 2, Stand: November 2011.

II. Normzweck

12 Zweck der Vorschrift ist es, eine **Fortschreibung** und **Ergänzung** der **Regelbedarfsstufen** (und in der Folge der Regelsätze, § 29 Abs. 1 SGB XII) zu ermöglichen, ohne dass es hierfür in den Jahren zwischen der jeweiligen Auswertung der nur alle fünf Jahre durchgeführten EVS immer eines eigenen Gesetzgebungsverfahrens bedarf. Die Rundungsregelung in Satz 2 dient der Streitvermeidung.[21]

III. Die Verordnungsermächtigungen (Satz 1)

1. Fortschreibung der Regelbedarfsstufen (Nr. 1)

13 Die Fortschreibung der Regelbedarfsstufen nach den §§ 27a Abs. 2, 28 SGB XII erfolgt in den Jahren, in denen keine Neufestsetzung wegen des Vorliegens der Ergebnisse einer neuen EVS nach § 28 Abs. 1 SGB XII durchgeführt wird, nach Maßgabe der Vorgaben des **§ 28a SGB XII**. Berechnet wird ein Vomhundertsatz, der sich nach § 28a Abs. 2 SGB XII (dort jedoch als Veränderungsrate bezeichnet) zu **70 vom Hundert** aus der **Entwicklung der Preise** aller nach dem RBEG (und dessen Begründung) regelsatzrelevanten Güter und Dienstleistungen sowie zu **30 vom Hundert** aus der Entwicklung der **Nettolöhne und Gehälter** je beschäftigten Arbeitnehmer zusammensetzt (vgl. im Einzelnen die Kommentierung zu § 28a SGB XII Rn. 21 f.). Die Veränderung der Regelsätze erfolgt nach § 28a Abs. 1 SGB XII jeweils **zum 01.01. eines Jahres**, wobei die Veränderung nach § 28a Abs. 2 Satz 2 SGB XII aus der Entwicklung im Zeitraum vom 01.07. des Vorvorjahres bis zum 30.06. des Vorjahres berechnet wird. Gemäß § 28a Abs. 3 SGB XII werden die entsprechenden Daten durch das Statistische Bundesamt ermittelt.

14 Die Regelung des § 40 Satz 1 Nr. 1 SGB XII dient dann lediglich dazu, dass die Veränderungsrate auf der Grundlage der so ermittelten Daten durch Rechtsverordnung festgelegt wird. Ein **Regelungs- oder Beurteilungsspielraum** besteht nicht, was auf die Vorgabe des BVerfG zurückgeht, dass der konkrete Leistungsanspruch des Bürgers bei existenzsichernden Leistungen gegenüber dem zuständigen Leistungsträger durch Parlamentsgesetz festgelegt werden muss (vgl. bereits Rn. 4). Die Veränderungsrate wurde bisher für die Jahre 2012[22], 2013[23] und 2014[24] festgelegt.

2. Ergänzung der Anlage zu § 28 SGB XII (Nr. 2)

15 Wie die Bestimmung des Vomhundertsatzes der Veränderungsrate der Regelbedarfsstufen nach § 40 Satz 1 Nr. 1 SGB XII (vgl. Rn. 13 f.) ist auch die entsprechende Ergänzung der Anlage zu § 28 SGB XII eine **strikte Ausführung der gesetzlichen Vorgaben** des § 28a SGB XII, hier von dessen Absatz 1, wonach die Regelbedarfsstufen in den Jahren, in denen keine Neufestsetzung nach § 28 Abs. 1 SGB XII erfolgt, zum 01.01. mit der Veränderungsrate im Sinne von dessen Absatz 2 fortzuschreiben sind. Ein Regelungs- oder Beurteilungsspielraum steht dem Verordnungsgeber auch hierbei nicht zu. Vielmehr müssen die bisher in der Anlage zu § 28 SGB XII enthaltenen Regelbedarfsstufen allesamt um die entsprechend ermittelte und nach § 40 Satz 1 Nr. 1 SGB XII festgelegte Veränderungsrate erhöht oder verringert und fortgeschrieben werden. Die Anlage zu § 28 SGB XII wurde bisher in den Jahren 2012[25], 2013[26] und 2014[27] angepasst.

IV. Rundungsvorschrift (Satz 2)

16 Satz 2 begrenzt die Festsetzung des Vomhundertsatzes nach Satz 1 Nr. 1 auf **zwei Dezimalstellen** (also **zwei Nachkommastellen**) und sieht zur Erreichung dieses Ergebnisses das übliche Rundungsverfahren vor, wonach dann, wenn die dritte Nachkommastelle fünf bis neun beträgt, eine Aufrundung der zweiten Nachkommastelle erfolgt, andernfalls eine Abrundung.

---

[21] *Roscher* in: LPK-SGB XII, 9. Aufl. 2012, § 40 Rn. 2.
[22] Vgl. Regelbedarfsstufen-Fortschreibungsverordnung 2012 vom 17.10.2011, BGBl I 2011, 2090.
[23] Vgl. Regelbedarfsstufen-Fortschreibungsverordnung 2013 vom 18.10.2012, BGBl I 2012, 2173.
[24] Vgl. Regelbedarfsstufen-Fortschreibungsverordnung 2014 vom 15.10.2013, BGBl I 2013, 3856.
[25] Vgl. Regelbedarfsstufen-Fortschreibungsverordnung 2012 vom 17.10.2011, BGBl I 2011, 2090.
[26] Vgl. Regelbedarfsstufen-Fortschreibungsverordnung 2013 vom 18.10.2012, BGBl I 2012, 2173.
[27] Vgl. Regelbedarfsstufen-Fortschreibungsverordnung 2014 vom 15.10.2013, BGBl I 2013, 3856.

V. Zeitliche Anforderungen (Satz 3)

Satz 3 legt fest, dass die Bestimmungen nach Satz 1 jeweils **bis zum 31.10.** des jeweiligen Jahres erfolgen sollen. Dies korrespondiert mit den zeitlichen Vorgaben des § 28a Abs. 1 SGB XII, wonach die Veränderungsrate jeweils zum 01.01. fortgeschrieben wird. Da sich die Berechnung nach § 28a Abs. 2 SGB XII aus dem Zeitraum vom 01.07. des Vorvorjahres bis zum 30.06. des Vorjahres ergibt, kann davon ausgegangen werden, dass die Festlegung nach Satz 3 auch den 31.10. des jeweiligen Vorjahres betrifft.   17

Es handelt sich um eine **Sollvorschrift**, von der nur in atypischen Fällen abgewichen werden darf, etwa dann, wenn eine Erhebung und Auswertung der Daten durch das Statistische Bundesamt gemäß § 28 Abs. 3 SGB XII nicht rechtzeitig erfolgen konnte. Bisher wurde das Verfahren jeweils eingehalten.[28]   18

C. Praxishinweise

Die **praktischen Auswirkungen** des § 40 SGB XII sind im Vergleich zur Vorgängerregelung sehr **gering**. Allenfalls kann gerichtlich überprüft werden, ob die Vorgaben des § 28a SGB XII bei der Bestimmung der Veränderungsrate und entsprechend bei der Anpassung der Regelbedarfsstufen in der Anlage zu § 28 SGB XII eingehalten wurden. Dies dürfte aber aufgrund der Bereitstellung der maßgeblichen Daten durch das Statistische Bundesamt kaum relevant werden.   19

---

[28] Vgl. auch *Dauber* in: Mergler/Zink, SGB XII, § 40 Rn. 5, Stand: Juni 2013.

§ 41 Viertes Kapitel: Grundsicherung im Alter und bei Erwerbsminderung

Erster Abschnitt: Grundsätze

§ 41 SGB XII Leistungsberechtigte

(Fassung vom 24.03.2011, gültig ab 01.01.2011)

(1) ¹Älteren und dauerhaft voll erwerbsgeminderten Personen mit gewöhnlichem Aufenthalt im Inland, die ihren notwendigen Lebensunterhalt nicht aus Einkommen und Vermögen nach den §§ 82 bis 84 und 90 bestreiten können, ist auf Antrag Grundsicherung im Alter und bei Erwerbsminderung zu leisten. ²§ 91 ist anzuwenden.

(2) ¹Leistungsberechtigt wegen Alters nach Absatz 1 ist, wer die Altersgrenze erreicht hat. ²Personen, die vor dem 1. Januar 1947 geboren sind, erreichen die Altersgrenze mit Vollendung des 65. Lebensjahres. ³Für Personen, die nach dem 31. Dezember 1946 geboren sind, wird die Altersgrenze wie folgt angehoben:

für den Geburtsjahrgang	erfolgt eine Anhebung um Monate	auf Vollendung eines Lebensalters von
1947	1	65 Jahren und 1 Monat
1948	2	65 Jahren und 2 Monaten
1949	3	65 Jahren und 3 Monaten
1950	4	65 Jahren und 4 Monaten
1951	5	65 Jahren und 5 Monaten
1952	6	65 Jahren und 6 Monaten
1953	7	65 Jahren und 7 Monaten
1954	8	65 Jahren und 8 Monaten
1955	9	65 Jahren und 9 Monaten
1956	10	65 Jahren und 10 Monaten
1957	11	65 Jahren und 11 Monaten
1958	12	66 Jahren
1959	14	66 Jahren und 2 Monaten
1960	16	66 Jahren und 4 Monaten
1961	18	66 Jahren und 6 Monaten
1962	20	66 Jahren und 8 Monaten
1963	22	66 Jahren und 10 Monaten
ab 1964	24	67 Jahren.

(3) Leistungsberechtigt wegen einer dauerhaften vollen Erwerbsminderung nach Absatz 1 ist, wer das 18. Lebensjahr vollendet hat, unabhängig von der jeweiligen Arbeitsmarktlage voll erwerbsgemindert im Sinne des § 43 Abs. 2 des Sechsten Buches ist und bei dem unwahrscheinlich ist, dass die volle Erwerbsminderung behoben werden kann.

(4) Keinen Anspruch auf Leistungen nach diesem Kapitel hat, wer in den letzten zehn Jahren die Bedürftigkeit vorsätzlich oder grob fahrlässig herbeigeführt hat.

Gliederung

A. Basisinformationen 1	a. Bedeutung des Antrages 113
I. Textgeschichte/Gesetzgebungsmaterialien 1	b. Leistungsbegehren und -antrag 117
II. Vorgängervorschriften 5	c. Form des Antrages 118
III. Parallelvorschriften 9	d. Eingang des Antrages 119
IV. Systematische Zusammenhänge 10	e. Nachweis des Antragseingangs 121
V. Ausgewählte Literaturhinweise 16	f. Antrag an den zuständigen Leistungsträger 125
B. Auslegung der Norm 17	g. Keine Wiedereinsetzung in den vorigen Stand 131
I. Regelungsgehalt und Bedeutung der Norm 17	h. Erfordernis eines Folgeantrages? 132
II. Normzweck 19	5. Hilfebedürftigkeit (Absatz 1 Sätze 1 und 2) 138
III. Tatbestandsmerkmale 20	a. Einkommen 139
1. Ältere Personen (Absatz 1 Satz 1 Fall 1, Absatz 2) 20	b. Vermögen 144
2. Dauerhaft voll erwerbsgeminderte Personen (Absatz 1 Satz 1 Fall 2, Absatz 3) 25	c. Besonderheiten 146
a. Vollendung des 18. Lebensjahres 27	6. Keine vorsätzliche oder grob fahrlässige Herbeiführung der Hilfebedürftigkeit (Absatz 4) 148
b. Volle Erwerbsminderung im Sinne des § 43 Abs. 2 Satz 2 SGB VI 28	a. Herbeiführung der Hilfebedürftigkeit 150
c. Volle Erwerbsminderung unabhängig von der jeweiligen Arbeitsmarktlage 65	b. Vorsatz 154
d. Unwahrscheinlichkeit der Behebung der vollen Erwerbsminderung (Dauerhaftigkeit) 67	c. Grobe Fahrlässigkeit 157
e. Feststellung der Erwerbsminderung 78	d. Beweislast 159
f. Gleichgestellte Personen gemäß § 43 Abs. 2 Satz 3 SGB VI (behinderte Menschen) 86	IV. Rechtsfolgen 164
3. Gewöhnlicher Aufenthalt im Inland (Absatz 1 Satz 1) 100	1. Pflicht zur Leistungserbringung 164
a. Gewöhnlicher Aufenthalt 101	2. Rechtsfolge bei selbst herbeigeführter Hilfebedürftigkeit (Absatz 4) 168
b. Im Inland 110	C. Praxishinweise 173
4. Leistungsantrag (Absatz 1 Satz 1) 113	I. Örtliche Zuständigkeit 173
	II. Unterhaltsrückgriff gegenüber Eltern und Kindern bei Pflegebedürftigkeit 174

A. Basisinformationen

I. Textgeschichte/Gesetzgebungsmaterialien

Die Regelung trat in ihrer ursprünglichen Fassung wie das gesamte SGB XII **zum 01.01.2005** in Kraft.[1]

In **§ 41 Abs. 2 SGB XII** wurde mit Wirkung vom 07.12.2006 ein **Satz 2** eingefügt („§ 91 ist anzuwenden.") durch Art. 1 Nr. 9 des Gesetzes zur Änderung des Zwölften Buches Sozialgesetzbuch und anderer Gesetze vom 02.12.2006[2].

Die **Regelung des § 41 SGB XII** wurde durch das Gesetz zur Anpassung der Regelaltersgrenze an die demografische Entwicklung und zur Stärkung der Finanzierungsgrundlagen der gesetzlichen Rentenversicherung (RV-Altersgrenzenanpassungsgesetz) vom 20.04.2007[3] mit Wirkung vom 01.01.2008 **neu gefasst**.

In der Gesetzesbegründung ist hierzu ausgeführt[4]:

„In **Absatz 1** des neugefassten § 41 werden die bisher in den Absätzen 1 und 2 enthaltenen allgemeinen Anspruchsvoraussetzungen in der Grundsicherung im Alter und bei Erwerbsminderung inhaltlich unverändert zusammengefasst. Die speziellen Anspruchsvoraussetzungen bei Alter und dauerhafter voller Erwerbsminderung, die im bisherigen Absatz 1 enthalten sind, bilden künftig die Absätze 2 und 3.

Der neue **Absatz 2** ersetzt die bisher in Absatz 1 Nr. 1 enthaltene Anspruchsvoraussetzung für leistungsberechtigte ältere Personen. Dazu wird der Begriff der Altersgrenze neu eingeführt, der an die Stelle der Vollendung des 65. Lebensjahres als Leistungsvoraussetzung tritt. (…)

Die Anspruchsvoraussetzung bei dauerhafter voller Erwerbsminderung im neuen **Absatz 3** wird inhalt-

---

[1] Art. 1 des Gesetzes vom 27.12.2003, BGBl I 2003, 3022.
[2] BGBl I 2006, 2670.
[3] BGBl I 2007, 554.
[4] BR-Drs. 2/07, S. 117 f.

lich unverändert aus dem bisherigen Absatz 1 Nr. 2 übernommen. Der in der geltenden Fassung von § 41 SGB XII in Absatz 3 geregelte Ausschluss des Anspruchs auf Grundsicherung im Alter und bei Erwerbsminderung wird in der Neufassung zu **Absatz 4**."

In **§ 41 Abs. 1 Satz 1 SGB XII** wurde das Wort „beschaffen" durch das Wort „bestreiten" durch das Gesetz zur Ermittlung von Regelbedarfen und zur Änderung des Zweiten und Zwölften Buches Sozialgesetzbuch vom 24.03.2011[5] mit Wirkung vom 01.01.2011 ersetzt. Eine inhaltliche Änderung ist hiermit nicht verbunden. In der Gesetzesbegründung heißt es hierzu[6]: „Bei der Änderung in § 41 Absatz 1 Satz 1 handelt es sich um eine Folgeänderung zur Neufassung von § 19 Absatz 1 und 2 sowie von § 27 (hier: Absatz 1). Nach den genannten Vorschriften ist leistungsberechtigt, wer seinen Lebensunterhalt nicht aus eigenen Mitteln „bestreiten" kann (bislang: „beschaffen"). Diese sprachliche Veränderung wird auch für die Leistungsberechtigung nach dem Vierten Kapitel übernommen."

II. Vorgängervorschriften

5 Die Grundsicherung im Alter und bei Erwerbsminderung war bis zum Inkrafttreten des SGB XII am 01.01.2005 im **Gesetz über eine bedarfsorientierte Grundsicherung im Alter und bei Erwerbsminderung (GSiG)**[7] geregelt. Die Tatbestandsvoraussetzungen für die Inanspruchnahme der bedarfsorientierten Grundsicherungen waren in § 1 GSiG und § 2 Abs. 1 Satz 1 GSiG normiert.

6 Ziel des GSiG war es, „für alte und dauerhaft voll erwerbsgeminderte Menschen eine **eigenständige Leistung** vorzusehen, die den grundlegenden Bedarf für den Lebensunterhalt sicherstellt"[8]. Bereits das GSiG wies **strukturelle Unterschiede** gegenüber der bisherigen Absicherung über die Sozialhilfe nach dem (bis zum 31.12.2004 geltenden) BSHG aus. Diese bestanden insbesondere darin, dass im Anwendungsbereich des GSiG der Rückgriff auf unterhaltspflichtige Eltern und Kinder weitgehend ausgeschlossen wurde und die Leistungen pauschaliert erbracht wurden, indem der Regelsatz erhöht wurde.[9]

7 Der Gesetzesentwurf der Regierungsfraktionen zur Einordnung des Sozialhilferechts in das Sozialgesetzbuch vom 05.09.2003[10] sah noch vor, das GSiG als eigenständiges Leistungsgesetz bestehen zu lassen. Erst aufgrund der **Beschlussempfehlung des Vermittlungsausschusses** vom 16.12.2003 wurde **das GSiG aufgehoben** und in das SGB XII – zunächst noch als §§ 41a-f SGB XII – integriert.[11] Auf **Gesetzesmaterialien** kann daher insoweit **nicht** zurückgegriffen werden, weil Vorschläge des Vermittlungsausschusses traditionell nicht begründet werden und die Beratungsprotokolle auf längere Zeit nicht zugänglich sind.[12] Dies erschwert die Gesetzesinterpretation.[13] Allerdings können die **Gesetzesmaterialien zum GSiG** als Vorgängergesetz herangezogen werden.[14]

8 Rechtswidrige Bescheide nach dem GSiG können unter Anwendung des **§ 44 SGB X** ggf. noch **rückwirkend korrigiert** werden; denn das so genannte Zugunstenverfahren gemäß § 44 SGB X findet nach der Rechtsprechung des BSG auch auf das GSiG Anwendung.[15]

III. Parallelvorschriften

9 Eine Parallelvorschrift zu § 41 SGB XII existiert nicht. **Erwerbsfähige Hilfebedürftige** und Hilfebedürftige, welche die in der gesetzlichen Rentenversicherung maßgebliche Altersgrenze noch nicht erreicht haben, werden vielmehr durch das Leistungssystem des **SGB II** erfasst (vgl. die §§ 7 Abs. 1, 8 Abs. 1 SGB II). Dies gilt auch für die **nicht erwerbsfähigen Angehörigen**, die mit erwerbsfähigen Hilfebedürftigen in Bedarfsgemeinschaft leben, „soweit" – so die Formulierung des § 19 Abs. 1 Satz 1

---

[5] BGBl I 2011, 453
[6] BT-Drs. 17/3404 S. 127.
[7] Vom 26.06.2001, BGBl I 2001, 1310.
[8] BT-Drs. 14/5150, S. 48.
[9] BSG v. 16.10.2007 - B 8/9b SO 8/06 R - BSGE 99, 137. Vgl. auch *Wenzel* in: Fichtner, BSHG, 2. Aufl. 2003, vor GSiG Rn. 4. Vgl. zur Pauschalierung § 3 Abs. 1 Nr. 1 GSiG: „Regelsatz zuzüglich 15 vom Hundert des Regelsatzes eines Haushaltsvorstandes nach dem zweiten Abschnitt des Bundessozialhilfegesetzes".
[10] BT-Drs. 15/1514.
[11] BT-Drs. 15/2260, S. 2 f.
[12] Ausführlich *Karmanski* in: Jahn, § 41 SGB XII Rn. 5 m.w.N.
[13] *Karmanski* in: Jahn, § 41 SGB XII Rn. 5.
[14] Insbesondere BT-Drs. 14/5150.
[15] BSG v. 26.08.2008 - B 8 SO 26/07 R - SozR 4-1300 § 44 Nr. 15; BSG v. 29.09.2009 - B 8 SO 16/08 R.

SGB XII – die nicht erwerbsfähigen Angehörigen keinen Anspruch auf Leistungen der Grundsicherung im Alter und bei Erwerbsminderung gemäß §§ 41 ff. SGB XII haben. Die genaue Reichweite dieser Systemabgrenzung („soweit") ist noch nicht geklärt.[16]

IV. Systematische Zusammenhänge

Die **Sozialhilfe** umfasst gemäß § 8 SGB XII insbesondere die   10
- Hilfe zum Lebensunterhalt (§§ 27-40 SGB XII) und die
- **Grundsicherung im Alter und bei Erwerbsminderung (§§ 41-46 SGB XII)**.

Alle in § 8 SGB XII aufgezählten sieben unterschiedlichen Leistungsarten stehen aber grundsätzlich   11
gleichrangig nebeneinander. Die Gesetzgebung hat damit die bisherige Zweiteilung in Hilfe zum Lebensunterhalt (§§ 11-26 des bis zum 31.12.2004 geltenden BSHG) einerseits und Hilfe in besonderen Lebenslagen (§§ 27-75 BSHG) andererseits wegen der veränderten Bedeutung der einzelnen Leistungen aufgegeben.

Die Regelungen über die Grundsicherung im Alter und bei Erwerbsminderung gehen der Hilfe zum Lebensunterhalt als **spezielle Regelungen** vor (§ 19 Abs. 2 Satz 2 SGB XII). Ihnen liegt der Gedanke zugrunde, dass die **Notlage der Hilfebedürftigen** eine **nicht nur vorübergehende** ist. Denn der erfasste Personenkreis ist wegen des Alters oder einer Erwerbsminderung **nicht nur vorübergehend aus dem Arbeitsleben ausgeschieden** und kann sich deshalb auf nicht absehbare Zeit auch nicht durch den Einsatz der eigenen Arbeitskraft selbst helfen. Dies wird beim Alter **typisierend mit Erreichen der maßgeblichen Altersgrenze unterstellt** und bei der Erwerbsminderung **nach einer individuellen Prüfung der Erwerbsfähigkeit festgestellt**.   12

Aufgrund dieses besonderen Personenkreises gibt es wie bereits im bisherigen Recht (zum GSiG vgl.   13
Rn. 5) **strukturelle Unterschiede** der Grundsicherung im Alter und bei Erwerbsminderung gegenüber den in § 8 Nr. 1 und 3-7 SGB XII aufgezählten sonstigen Leistungen der Sozialhilfe:[17]
- Die Leistungen der Grundsicherung im Alter und bei Erwerbsminderung werden nur auf **Antrag** gewährt (§ 44 Abs. 1 Satz 1 SGB XII).
- Der **Beginn des Bewilligungszeitraums** wird – auch bei Änderung der Verhältnisse – auf den Ersten des Monats fixiert (§ 44 Abs. 1 Satz 2 SGB XII). Im übrigen Sozialhilferecht gilt demgegenüber der Kenntnisgrundsatz (§ 18 Abs. 1 SGB XII)[18], wonach die Sozialhilfe (erst) einsetzt, wenn dem Träger der Sozialhilfe (oder einer von ihm beauftragten Stelle) bekannt wird, dass die Voraussetzungen für die Gewährung vorliegen.
- Der Gesetzgeber hat bewusst weitgehend auf einen **Unterhaltsrückgriff gegenüber Kindern und Eltern** verzichtet, der die aktuelle Notlage beseitigen würde und damit einen aktuellen Bedarf entfallen ließe (§ 43 Abs. 2 SGB XII).[19]

Die **Grundsicherung im Alter und bei Erwerbsminderung** (§§ 41-46 SGB XII) umfasst gemäß § 42   14
SGB XII insbesondere
- den Regelbedarfe (§ 28 SGB XII),
- Aufwendungen für Unterkunft und Heizung (§ 35 SGB XII) und
- Mehrbedarfe (§ 30 SGB XII) sowie einmalige Bedarfe (§ 31 SGB XII).

Die Regelungen über die Grundsicherung im Alter und bei Erwerbsminderung sind im Zusammenhang   15
mit der **Grundanspruchsnorm des § 19 Abs. 1 und 2 SGB XII** zu lesen.[20] Denn dort wird die Tatbestandsvoraussetzung der **Hilfebedürftigkeit** grundsätzlich normiert, die (auch) Voraussetzung für die Leistungen der Grundsicherung im Alter und bei Erwerbsminderung ist, allerdings mit Einschränkungen (vgl. § 41 Abs. 1 SGB XII).

V. Ausgewählte Literaturhinweise

Blüggel, Die Prüfung der Erwerbsfähigkeit im SGB II und SGB XII und die Kooperation zwischen den   16
Sozialleistungsträgern, SGb 2011, 9-20; *G. Kirchhoff*, Änderungen im Recht der Grundsicherung im Alter und bei Erwerbsminderung, SGb 2013, 441-447; *Mierzko*, Grundsicherung im Alter bzw. bei Erwerbsminderung und Unterhalt, FuR 2013, 122-124; *Mrozynski*, Grundsicherung für Arbeitsuchende,

---

[16] Zu § 28 Abs. 1 Satz 1 SGB II vgl. auch BSG v. 02.07.2009 - B 14 AS 75/08 R.
[17] BSG v. 16.10.2007 - B 8/9b SO 8/06 R - BSGE 99, 137. Vgl. auch *Coseriu* in: Bender/Eicher, Sozialrecht – eine Terra incognita, Festschrift 50 Jahre saarländische Sozialgerichtsbarkeit, 2009, S. 225, 233.
[18] Zur Bedeutung des „Kenntnisgrundsatzes" BSG v. 29.09.2009 - B 8 SO 23/08 R - ZFSH/SGB 2010, 42.
[19] Zum Vorstehenden BSG v. 16.10.2007 - B 8/9b SO 8/06 R - BSGE 99, 137.
[20] *Coseriu* in: Bender/Eicher, Sozialrecht – eine Terra incognita, Festschrift 50 Jahre saarländische Sozialgerichtsbarkeit, 2009, S. 225, 231.

im Alter, bei voller Erwerbsminderung und die Sozialhilfereform, ZfSH/SGB 2004, 198; *Müller*, Der Rückgriff gegen Angehörige von Sozialleistungsempfängern, 6. Aufl. 2012; *Münder*, Wünsche der Wissenschaft an die sozialgerichtliche Rechtsprechung zur Sozialhilfe, SGb 2006, 186; *Rothkegel*, Rechtliche Prinzipien der Sicherung des Lebensunterhalts nach SGB II, SGB XII und AsylbLG, ZfSH/SGB 2005, 391; *Udsching*, Wer erhält Grundsicherung und wer Sozialhilfe?, SuP 2012, 322-324; *Wendt*, Neuerungen bei der Feststellung der Erwerbsfähigkeit im SGB II, SGB VI und SGB XII, Sozialrecht aktuell 2011, 52-54.

B. Auslegung der Norm

I. Regelungsgehalt und Bedeutung der Norm

17 § 41 SGB XII regelt als „**Grundnorm**" die **Tatbestandsvoraussetzungen der Grundsicherung im Alter und bei Erwerbsminderung**. Den Umfang der Leistungen normiert § 42 SGB XII.

18 In der **praktischen Bedeutung** überwiegt im Sozialhilferecht nach dem SGB XII seit der Reform zum 01.01.2005 (vgl. Rn. 11) die Grundsicherung im Alter und bei Erwerbsminderung die Hilfe zum Lebensunterhalt (§§ 27-40 SGB XII), weil die große Anzahl der erwerbsfähigen Hilfebedürftigen in das für sie eigenständige System des SGB II „ausgegliedert" worden sind.[21]

II. Normzweck

19 § 41 SGB XII normiert die **Tatbestandsvoraussetzungen** für die Inanspruchnahme der Leistungen der Grundsicherung im Alter und bei Erwerbsminderung nach dem Vierten Kapitel des SGB XII.

III. Tatbestandsmerkmale

1. Ältere Personen (Absatz 1 Satz 1 Fall 1, Absatz 2)

20 Leistungsberechtigt gemäß § 41 **Abs. 1 Fall 1** SGB XII sind „ältere (…) Personen". Wer dies ist, sagt § 41 Abs. 2 SGB XII.

21 Gemäß § 41 **Abs. 2 Satz 1** SGB XII ist leistungsberechtigt wegen Alters, wer die Altersgrenze erreicht hat. Personen, die vor dem 01.01.1947 geboren sind, erreichen die Altersgrenze gemäß Absatz 2 **Satz 2** mit Vollendung des 65. Lebensjahres. Dies entspricht der bisherigen Altersgrenze für die **Regelaltersrente aus der gesetzlichen Rentenversicherung**. Die Gesetzgebung hat diese für die in Satz 2 genannten Personen aus Gründen des Vertrauensschutzes beibehalten; Satz 2 ist damit eine **Übergangsregelung** zur Anhebung der Regelaltersgrenze von 65 auf 67 Jahre.[22]

22 Für Personen, die nach dem 31.12.1946 geboren sind, wird die Altersgrenze nach Maßgabe des Absatzes 2 **Satz 3** stufenweise bis zur Vollendung des 67. Lebensjahres angehoben. Denn – so die Gesetzesbegründung – „die Anhebung der Regelaltersgrenze in der gesetzlichen Rentenversicherung auf das 67. Lebensjahr und die damit verbundene Verlängerung der Erwerbsphase um zwei Jahre erfordert eine entsprechende Anpassung der Leistungsberechtigung wegen Alters in der Grundsicherung im Alter und bei Erwerbsminderung in § 41 SGB XII. Durch die Neufassung von § 41 SGB XII wird die Anhebung der Regelaltersrente in § 35 Nr. 1 und § 235 Satz 1 SGB VI vom vollendeten 65. auf das vollendete 67. Lebensjahr nachvollzogen."[23]

23 Das **65. Lebensjahr** ist mit Ablauf des Tages **vollendet**, der dem 66. Lebensjahr vorausgeht (§ 187 Abs. 2 Satz 2 BGB i.V.m. § 26 Abs. 2 SGB X, § 37 Satz 1 SGB I). Ist der Hilfebedürftige also z.B. am 13.05.1945 geboren, vollendet er sein 65. Lebensjahr mit Ablauf des 12.05.2010 (also an diesem Tag um 24.00 Uhr). Wer in einem Schaltjahr am 29.02. geboren ist, steht in Nichtschaltjahren einem am 28.02. Geborenen gleich, da sein Lebensjahr gemäß § 188 Abs. 2 BGB mit Ablauf des 28.02. endet.[24]

24 Der **Nachweis des Geburtsdatums** wird regelmäßig mit dem Personenstandsbuch und den Personenstandsurkunden (Geburtsschein, Geburtsurkunde) erfolgen. Ansonsten ist gemäß § 33a Abs. 1 SGB I (i.V.m. § 37 Satz 1 SGB I) das Geburtsdatum maßgebend, das der Berechtigte oder seine Angehörigen gegenüber einem Sozialleistungsträger bzw. Arbeitgeber erstmals angegeben haben. Gemäß § 33a Abs. 2 SGB I darf davon nur abgewichen werden, wenn der zuständige Leistungsträger feststellt, dass ein Schreibfehler vorliegt oder sich aus einer Urkunde, deren Original vor dem Zeitpunkt der Angabe nach Absatz 1 ausgestellt worden ist, ein anderes Geburtsdatum ergibt.

---

[21] *Coseriu* in: Bender/Eicher, Sozialrecht – eine Terra incognita, Festschrift 50 Jahre saarländische Sozialgerichtsbarkeit, 2009, S. 225, 229 ff.
[22] Vgl. zu § 235 SGB VI BR-Drs. 2/07, S. 110 f.
[23] BR-Drs. 2/07, S. 117 f.
[24] *Heinrichs* in: Palandt, BGB, § 187 Rn. 3.

2. Dauerhaft voll erwerbsgeminderte Personen (Absatz 1 Satz 1 Fall 2, Absatz 3)

Leistungsberechtigt gemäß § 41 Abs. 1 Satz 1 **Fall 2** SGB XII sind „dauerhaft voll erwerbsgeminderte Personen".

Gemäß § 41 **Abs. 3** SGB XII ist leistungsberechtigt wegen einer dauerhaften vollen Erwerbsminderung nach Absatz 1, wer
- das 18. Lebensjahr vollendet hat,
- unabhängig von der jeweiligen Arbeitsmarktlage voll erwerbsgemindert im Sinne des § 43 Abs. 2 SGB VI ist und
- bei dem unwahrscheinlich ist, dass die volle Erwerbsminderung behoben werden kann.

a. Vollendung des 18. Lebensjahres

§ 41 Abs. 3 SGB XII setzt zunächst voraus, dass der Hilfebedürftige das 18. Lebensjahr vollendet hat. Das 18. Lebensjahr beginnt am 18. Geburtstag um 0 Uhr (§ 187 Abs. 2 Satz 2 BGB i.V.m. § 26 Abs. 2 SGB X, § 37 Satz 1 SGB I; vgl. auch § 2 BGB).

b. Volle Erwerbsminderung im Sinne des § 43 Abs. 2 Satz 2 SGB VI

Der Hilfebedürftige muss ferner voll erwerbsgemindert im Sine des § 43 Abs. 2 SGB VI sein.

Die Regelung des § 41 Abs. 3 SGB XII **verweist dynamisch** auf die rentenversicherungsrechtliche Definition der vollen Erwerbsminderung in § 43 Abs. 2 SGB VI in ihrer jeweiligen Fassung. Denn soweit ein Gesetz ohne nähere Kennzeichnung auf die Vorschriften eines anderen Gesetzes verweist, ist dieses Gesetz grundsätzlich in seiner jeweiligen Fassung anzuwenden[25], sofern sich nicht insbesondere aus seinem Sinn und Zweck oder ggf. auch der Entstehungsgeschichte etwas anderes ergibt. Hier ist nicht erkennbar, dass § 41 Abs. 3 SGB XII eine „Zementierung" des Rechtszustandes[26] bewirken wollte.

Die Regelung des **§ 43 Abs. 2 Satz 1 SGB VI** hat **drei Sätze**. In Satz 1 werden im Wesentlichen die besonderen versicherungsrechtlichen Voraussetzungen für die Inanspruchnahme einer Rente wegen Erwerbsminderung aus der gesetzlichen Rentenversicherung definiert. Der Verweis in § 41 Abs. 3 SGB XII auf § 43 SGB VI erfasst deshalb **nicht** diesen **Satz 1** des § 43 Abs. 2 SGB VI, weil die versicherungsrechtlichen Voraussetzungen einer beitragsfinanzierten Sozialversicherungsleistung (§ 4 SGB I) bei einer steuerfinanzierten sozialhilferechtlichen Fürsorgeleistung (§ 9 SGB I) von vornherein keine Rolle spielen.[27] Der Verweis in § 41 Abs. 3 SGB XII auf § 43 Abs. 2 SGB VI ist insoweit folglich teleologisch zu reduzieren[28]; die Gesetzgebung hat bei der Verweisungstechnik wie dargelegt erkennbar unsauber gearbeitet bzw. selbst den Überblick verloren.

Gemäß § 43 Abs. 2 **Satz 2** SGB VI ist voll erwerbsgemindert, wer
- wegen Krankheit oder Behinderung
- auf nicht absehbare Zeit außerstande ist,
- unter den üblichen Bedingungen des allgemeinen Arbeitsmarktes
- mindestens drei Stunden täglich erwerbstätig zu sein.

§ 43 Abs. 2 **Satz 3** SGB VI nennt insoweit gleichgestellte Personen (vgl. dazu Rn. 86 ff.).

aa. Krankheit

Krankheit ist ein **regelwidriger körperlicher, geistiger oder seelischer Zustand**.[29] Spezielle Probleme entstehen u.a. bei einer Suchterkrankung[30], einer psychischen Gesundheitsstörung[31], einer Epilepsieerkrankung[32], bei Analphabetismus[33] oder bei körperlichen Anomalien[34].

---

[25] BSG v. 11.12.1990 - 1 RR 2/88 - BSGE 68, 47, 50.
[26] Vgl. BSG v. 14.07.1994 - 7 RAr 28/93 - BSGE 74, 296, 300.
[27] Ebenso im Ergebnis *Karmanski* in: Jahn, § 41 SGB XII Rn. 13; *Wahrendorf* in: Grube/Wahrendorf, § 41 Rn. 12, jeweils m.w.N.
[28] *Wahrendorf* in: Grube/Wahrendorf, § 41 Rn. 12.
[29] Vgl. für die gesetzliche Rentenversicherung BSG v. 20.12.1960 - 4 RJ 118/59 - BSGE 13, 255, 258 f., BSG v. 25.05.1961 - 5 RKn 3/60 - BSGE 14, 207, 211.
[30] BSG v. 11.05.2000 - B 13 RJ 43/99 R.
[31] BSG v. 06.09.2001 - B 5 RJ 44/00 R - SGb 2001, 753.
[32] LSG Stuttgart v. 15.09.1999 - L 2 RJ 1/98.
[33] BSG v. 10.12.2003 - B 5 RJ 64/02 R - SGb 2004, 112.
[34] BSG v. 19.10.2004 - B 1 KR 3/03 R, B 1 KR 23/03 R und B 1 KR 9/04 R.

34 Die **Behandlungsbedürftigkeit** ist für die Prüfung, ob eine Krankheit vorliegt, in der gesetzlichen Rentenversicherung ohne Bedeutung.[35] Das Erreichen einer für einen **bestimmten Beruf vorgesehenen Altersgrenze** ist für sich allein nicht ausreichend[36]; alterstypische Abnutzungserscheinungen sind keine Krankheiten. Vollendet der Erwerbsfähige jedoch die maßgebliche Altersgrenze des § 41 Abs. 2 SGB XII, geht das SGB II davon aus, dass ihm eine Erwerbstätigkeit fortan nicht mehr zugemutet werden kann.

35 Die Krankheit muss **tatsächlich vorhanden** sein. Eine bloße Verdachtsdiagnose reicht deshalb nicht aus.[37]

36 Die materielle (objektive) **Beweislast** trägt nach allgemeinen Regeln der Hilfebedürftige, weil die volle Erwerbsminderung hier eine anspruchsbegründende Tatsache ist.

bb. Behinderung

37 Menschen sind gemäß § 2 Abs. 1 Satz 1 SGB IX **behindert**, wenn ihre körperliche Funktion, geistige Fähigkeit oder seelische Gesundheit mit hoher Wahrscheinlichkeit länger als sechs Monate von dem für das Lebensalter typischen Zustand abweicht und daher ihre Teilhabe am Leben in der Gesellschaft beeinträchtigt ist. Diese Definition der „Behinderung" des § 2 Abs. 1 Satz 1 SGB IX lehnt sich an den **Behindertenbegriff der Weltgesundheitsorganisation** an (vgl. hierzu die Kommentierung zu § 53 SGB XII Rn. 18). Der Rechtsausdruck Behinderung umfasst damit sämtliche gesellschaftlichen Nachteile. Sein Anwendungsbereich ist nicht notwendigerweise kongruent mit dem der Krankheit. Denn eine Teilhabebeeinträchtigung (Behinderung) muss nicht stets zugleich auch ein regelwidriger körperlicher, geistiger oder seelischer Zustand (Krankheit) sein oder aus diesem herrühren. Erheblich im Sinne des § 41 SGB XII sind Behinderung und Krankheit jedenfalls nur, wenn sie sich auf das Leistungsvermögen des hilfebedürftigen Arbeitsuchenden auswirken. Der Rechtsausdruck Behinderung enthält eine zeitliche Komponente, wonach das Funktionsdefizit „mit hoher Wahrscheinlichkeit länger als sechs Monate" (§ 2 Abs. 1 Satz 1 SGB IX) vorliegen wird.[38] Dieser zeitliche Gesichtspunkt wird jedoch bereits durch das weitere Tatbestandsmerkmal des § 43 Abs. 2 Satz 2 SGB VI („auf nicht absehbare Zeit") erfasst (vgl. dazu Rn. 40 ff.).

cc. Kausalität („wegen")

38 Erwerbsgemindert ist, wessen Erwerbsfähigkeit wegen Krankheit oder Behinderung reduziert oder herabgesunken ist. Dies bedeutet, dass die Krankheit oder die Behinderung (und die von ihnen ausgehenden Funktionseinschränkungen) für das Herabsinken der Erwerbsfähigkeit die **wesentliche Ursache** sein muss.[39]

39 Beruht das Unvermögen, einer Erwerbstätigkeit nachzugehen, dagegen auf **anderen Faktoren**, ist dies rechtlich irrelevant. Unbeachtliche Ursachen sind daher z.B. mangelnde Sprachkenntnisse[40] oder das bloße Erreichen einer für einen bestimmten Beruf vorgesehenen Altersgrenze. Gleiches gilt für zeitliche Beschränkungen wegen **Kindererziehung**. Diese sind außerdem auch im Hinblick auf die besondere Regelung des § 11 Abs. 4 Sätze 2 und 3 SGB XII unbeachtlich, weil danach bei der Leistungsgewährung und der Bestimmung der Mitwirkungsobliegenheiten des Hilfebedürftigen die familienspezifischen Lebensverhältnisse und insbesondere die Kindererziehung zu berücksichtigen sind.[41]

dd. Auf nicht absehbare Zeit

40 Der Hilfebedürftige muss ferner auf **nicht absehbare Zeit** außerstande sein, unter den üblichen Bedingungen des allgemeinen Arbeitsmarktes mindestens drei Stunden täglich erwerbstätig zu sein.

41 Unter „auf nicht absehbare Zeit" wird in der gesetzlichen Rentenversicherung ein **Zeitraum von mindestens sechs Monaten** verstanden. Denn § 101 Abs. 1 SGB VI lässt dort erkennen, dass keine Rente wegen verminderter Erwerbsfähigkeit zu leisten ist, wenn die verminderte Erwerbsfähigkeit innerhalb von sechs Kalendermonaten behoben sein kann.[42]

---

[35] Vgl. BSG v. 25.05.1961 - 5 RKn 3/60 - BSGE 14, 207, 211.
[36] Vgl. BSG v. 03. 10.1979 - 1 RA 31/78 - SozR 2200 § 1246 Nr. 50.
[37] So für Renten aus der gesetzlichen Rentenversicherung BSG v. 27.06.1968 - 4 RJ 377/67 - BSGE 28, 137, 140; BSG v. 28.11.1969 - 1 RA 181/68 - BSGE 30, 154, 156.
[38] Vgl. auch *Bieritz-Harder* in: LPK-SGB XII, § 53 Rn. 8.
[39] Vgl. BSG v. 14.05.1996 - 4 RA 60/94 - BSGE 78, 207, 214.
[40] BSG v. 20.08.1997 - 13 RJ 39/96 - SozR 3–2600 § 43 Nr. 17.
[41] Vgl. auch § 1 Abs. 1 Satz 3 Nr. 4 SGB II und hierzu BT-Drs. 15/1516, S. 52.
[42] *Niesel* in: KassKomm, SGB VI, § 43 Rn. 25.

Wer also zwar gegenwärtig voll erwerbsgemindert ist, die (jedenfalls teilweise) Erwerbsfähigkeit aber 42
voraussichtlich innerhalb von sechs Monaten wieder erlangen wird, ist nicht voll erwerbsgemindert gemäß § 41 Abs. 2 SGB XII. Maßstab für diese **vorausschauende Entscheidung** ist, ob die begründete Aussicht besteht, dass die (jedenfalls teilweise) Erwerbsfähigkeit innerhalb dieser Zeit wieder hergestellt werden kann.

ee. Übliche Bedingungen des allgemeinen Arbeitsmarktes

Das (Rest-)Leistungsvermögen des Betreffenden ist in Beziehung zu setzen zu den üblichen Bedingungen des allgemeinen Arbeitsmarktes. 43

a) Übliche Bedingungen: **Übliche Bedingungen** des allgemeinen Arbeitsmarktes sind solche, die bei 44 einer beachtlichen Zahl von Arbeitsverhältnissen vorhanden sind.[43] Auf übliche Bedingungen nimmt auch § 119 Abs. 5 Nr. 1 SGB III[44] Bezug, so dass die diesbezügliche Rechtsprechung des BSG ergänzend herangezogen werden kann.[45] Danach muss auch die Dauer, Lage und Verteilung der Arbeitszeit üblichen Bedingungen entsprechen.[46] Da nicht sämtliche Bedingungen aller Arbeitsverhältnisse dokumentiert sind oder beschrieben werden können, bestimmt die rentenversicherungsrechtliche Praxis die Anforderungsprofile des allgemeinen Arbeitsmarktes regelmäßig ausgehend von ihrem Pendant, also den **nicht üblichen** Bedingungen des allgemeinen Arbeitsmarktes. Diese werden aus bestimmten **qualitativen Funktionseinschränkungen** abgeleitet, bei denen angenommen wird, dass sie eine Erwerbstätigkeit regelmäßig nicht mehr unter den üblichen Bedingungen gestatten, so dass der Arbeitsmarkt praktisch verschlossen ist.[47] Dies gilt **unabhängig von dem jeweiligen quantitativen Restleistungsvermögen**. So kann etwa eine schwere spezifische Leistungsbehinderung (vgl. Rn. 46) trotz eines zeitlichen Restleistungsvermögens von mehr als drei Stunden täglich Erwerbsunfähigkeit zur Folge haben. In der gesetzlichen Rentenversicherung sind richterrechtlich folgende **Fallgruppen** herausgearbeitet 45 worden:

Summierung ungewöhnlicher Leistungseinschränkungen/Schwere spezifische Leistungsbehinderung: 46
Nach der Rechtsprechung des BSG zur gesetzlichen Rentenversicherung ist eine Erwerbstätigkeit unter den üblichen Bedingungen des allgemeinen Arbeitsmarktes regelmäßig dann nicht mehr möglich, wenn eine **Summierung ungewöhnlicher Leistungseinschränkungen** oder eine **schwere spezifische Leistungsbehinderung** vorliegt. Damit sind qualitative Funktionseinschränkungen gemeint, die entweder in ihrer Summe oder aber bereits für sich genommen Arbeitsbedingungen erfordern, wie sie auf dem allgemeinen Arbeitsmarkt üblicherweise nicht vorzufinden sind. Sie haben die volle Erwerbsminderung zur Folge, wenn nicht eine konkrete Tätigkeit in nennenswerter Anzahl auf dem allgemeinen Arbeitsmarkt vorhanden ist, die der Betreffende trotz seiner Einschränkungen noch ausüben kann. Bei Berufen, die in einem Tarifvertrag erfasst werden, ist grundsätzlich davon auszugehen, dass sie „**in nennenswerter Anzahl**" auf dem allgemeinen Arbeitsmarkt existieren.[48] Im Übrigen kann eine nennenswerte Anzahl nach der Rechtsprechung des BSG bei 60, 185 oder 300 Arbeitsplätzen im Bundesgebiet vorliegen.[49]

Solche **schweren Einschränkungen** können nach höchstrichterlicher Rechtsprechung etwa sein[50]: 47
- besondere Schwierigkeiten hinsichtlich der Gewöhnung und Anpassung an einen neuen Arbeitsplatz[51],
- Einschränkungen bei Arm- und Handbewegungen[52],
- halbstündiger Wechsel vom Sitzen zum Gehen[53],

---

[43] Vgl. BSG v. 05.11.1980 - 4 RJ 71/79.
[44] I.d.F. ab 01.01.2005; bis 31.12.1997 § 103 Abs. 1 Nr. 1 AFG und ab 01.01.1998 § 119 Abs. 3 Nr. 1 SGB III.
[45] BSG v. 31.03.1983 - 13 RJ 65/91 - SozR 3-2200 § 1247 Nr. 14; vgl. auch BSG v. 30.06.1981 - 4 RJ 47/80.
[46] Vgl. BSG v. 21.07.1977 - 7 RAr 132/75 - BSGE 44, 164, 172; BSG v. 20.06.1978 - 7 RAr 45/77 - SozR 4100 § 103 Nr. 17; BSG v. 19.06.1979 - 7 RAr 12/78 - SozR 4100 § 103 Nr. 23.
[47] Vgl. etwa BSG v. 06.06.1986 - 5b RJ 42/85 - SozR 2200 § 1246 Nr. 136.
[48] BSG v. 14.05.1996 - 4 RA 60/94 - BSGE 78, 207, 221.
[49] Nachweise in BSG v. 14.05.1996 - 4 RA 60/94 - BSGE 78, 207, 222 f.
[50] Zusammenfassung nach BSG (Großer Senat) v. 19.12.1996 - GS 2/95 - BSGE 80, 24, 33 f.
[51] BSG v. 30.11.1982 - 4 RJ 1/82 - SozR 2200 § 1246 Nr. 104; BSG v. 01.03.1984 - 4 RJ 43/83 - SozR 2200 § 1246 Nr. 117.
[52] BSG v. 28.08.1991 - 13/5 RJ 47/90 - BSG SozR 3-2200 § 1247 Nr. 8.
[53] BSG v. 28.08.1991 - 13/5 RJ 47/90 - BSG SozR 3-2200 § 1247 Nr. 8.

- regelmäßig einmal in der Woche auftretende Fieberschübe[54] oder
- Einarmigkeit und Einäugigkeit[55]

48 **Nicht ausreichen** soll dagegen z.B.[56]:
- Ausschluss von Tätigkeiten, die überwiegendes Stehen oder ständiges Sitzen erfordern, in Nässe oder Kälte oder mit häufigem Bücken zu leisten sind, besondere Fingerfertigkeiten erfordern oder mit besonderen Unfallgefahren verbunden sind,
- Ausschluss von Arbeiten im Akkord, im Schichtdienst, an laufenden Maschinen,
- Ausschluss von Tätigkeiten, die besondere Anforderungen an das Seh-, Hör- oder Konzentrationsvermögen stellen, oder
- Ausschluss von Tätigkeiten, die häufiges Bücken erfordern.

49 Ein **genereller Maßstab** lässt sich dieser Kasuistik allerdings **nicht** entnehmen. Dies hat seinen Grund darin, dass die Funktionseinschränkungen in den einzelnen Fällen sehr unterschiedlich sind und auch sehr unterschiedliche Auswirkungen auf das jeweilige Erwerbsvermögen haben.

50 **Fehlende Wegefähigkeit**
Die Erwerbsfähigkeit setzt auch die Fähigkeit voraus, Arbeitsplätze aufsuchen zu können.[57] Denn wenn dies nicht (mehr) möglich ist, kann mit dem vorhandenen Leistungsvermögen der Lebensunterhalt nicht aus eigenen Mitteln bestritten werden. Eine gesundheitliche Beeinträchtigung, die nur noch **Fußwege von weniger als 500 Metern** Länge zulässt, stellt in der Regel eine derart schwere Leistungseinschränkung dar, dass sie dem Betreffenden die Erreichung eines Arbeitsplatzes unzumutbar macht.[58] Der Betreffende muss in der Lage sein, diese Wegstrecke täglich viermal mit zumutbarem Zeitaufwand zu Fuß zurückzulegen und zweimal öffentliche Verkehrsmittel während der Hauptverkehrszeiten zu benutzen; der Zeitaufwand ist dann nicht mehr zumutbar, wenn der Betreffende für eine Wegstrecke mehr als etwa 20 Minuten benötigt.[59] Dies gilt bei der gebotenen generalisierenden Betrachtung grundsätzlich ohne Rücksicht auf Besonderheiten der individuellen Wohnlage und der Beschaffenheit in Betracht kommender Wegstrecken.[60] Steht ein **eigenes Auto** zur Verfügung und ist der Hilfebedürftige im Besitz einer gültigen Fahrerlaubnis sowie ausreichender Fahrpraxis, kann dies eine fehlende Wegefähigkeit beseitigen.[61] Ein Rentenversicherungsträger kann durch geeignete **Leistungen zur Teilhabe am Arbeitsleben** eine ausreichende Mobilität wiederherstellen und damit eine fehlende Wegefähigkeit **kompensieren**.[62]

51 **Unübliche Pausen**
Bei der Notwendigkeit (betriebs-)unüblicher Pausen bestehen ernsthafte Zweifel, ob noch Zugang zum Arbeitsmarkt besteht oder ob dieser nicht praktisch verschlossen ist.[63]

52 Übliche Pausen sind **Arbeitszeitunterbrechungen**, auf die **ein Rechtsanspruch** besteht. Ein solcher Anspruch kann sich ergeben aus dem Arbeitszeitgesetz[64], aus Betriebsvereinbarungen (sofern diese nicht ausschließlich im Prämien- und Akkordlohn beschäftigte Arbeitnehmer erfassen), besonderen tarifvertraglichen Regeln oder aus der Fürsorgepflicht des Arbeitgebers als Nebenpflicht aus dem Arbeitsvertrag.[65]

53 Ob weitere (kurze) Arbeitszeitunterbrechungen neben denjenigen, auf die ein Rechtsanspruch besteht, üblich und daher ebenfalls zu berücksichtigen sind, wird nicht einheitlich beurteilt. Manche sind der Auffassung, zur Vollarbeitszeit gehöre auch eine **persönliche Verteilzeit** (Bedürfniszeit) von wenigen Minuten pro Stunde.[66] Das BSG hat darauf hingewiesen, dass der fehlende Rechtsanspruch auf zusätz-

---

[54] Vgl. BSG v. 31.03.1993 - 13 RJ 65/91 - SozR 3-2200 § 1247 Nr. 14.
[55] BSG v. 19.04.1978 - 4 RJ 55/77 - SozR 2200 § 1246 Nr. 30.
[56] BSG v. 01.03.1984 - 4 RJ 43/83 - SozR 2200 § 1246 Nr. 117.
[57] BSG v. 06.06.1986 - 5b RJ 52/85 - SozR 2200 § 1247 Nr. 47; BSG v. 21.02.1989 - 5 RJ 61/88 - SozR 2200 § 1247 Nr. 56.
[58] BSG v. 12.12.2011 - B 13 R 79/11 R - m.w.N.
[59] BSG v. 17.12.1991 - 13/5 RJ 73/90 - SozR 3–2200 § 1247 Nr. 10 m.w.N.
[60] BSG v. 17.12.1991 - 13/5 RJ 73/90 - SozR 3–2200 § 1247 Nr. 10; BSG v. 12.12.2011 - B 13 R 79/11 R - m.w.N.
[61] BSG v. 12.12.2011 - B 13 R 79/11 R - m.w.N.
[62] BSG v. 12.12.2011 - B 13 R 79/11 R - m.w.N.
[63] BSG v. 06.06.1986 - 5b RJ 42/85 - SozR 2200 § 1246 Nr. 136; BSG (Großer Senat) v. 19.12.1996 - GS 2/95 - BSGE 80, 24, 33.
[64] Vom 06.06.1994, BGBl I 1994, 1170; dort Ruhepausen nach § 4.
[65] Vgl. BSG v. 06.06.1986 - 5b RJ 42/85 - SozR 2200 § 1246 Nr. 136; BSG v. 30.05.1984 - 5a RKn 18/83 - SozR 2200 § 1247 Nr. 43.
[66] So z.B. LSG München v. 15.06.2000 - L 14 RA 2/98.

liche Pausen nichts darüber sage, ob gleichwohl in der Praxis Arbeitnehmer zu solchen Bedingungen eingestellt werden. Abzustellen sei deshalb allein auf die tatsächlichen Verhältnisse am Arbeitsmarkt, die maßgebend dafür sind, ob für den Versicherten überhaupt eine Möglichkeit besteht, mit der verbliebenen Leistungsfähigkeit Erwerbseinkommen zu erzielen.[67] Die Erforderlichkeit, zwei zusätzliche Arbeitspausen von je 15 Minuten einzulegen, kann – in Verbindung mit anderen Einschränkungen – in der gesetzlichen Rentenversicherung zur vollen Erwerbsminderung führen.[68] Hierbei wird es wohl auf die **Häufigkeit und die Dauer der zusätzlichen Arbeitspausen** ankommen.[69] Ein Abgrenzungskriterium könnte ferner sein, ob diese Pausen planbar oder nachholbar und damit „kompensierbar" sind.[70]

Nach der Rechtsprechung des BSG zum Rentenversicherungsrecht besteht bei einer „Summierung ungewöhnlicher Leistungseinschränkungen" bzw. bei einer „schweren spezifischen Leistungsbehinderung" eine **Pflicht zur Benennung von Verweisungstätigkeiten**.[71] Denn in diesen Fällen seien die Einschränkungen der Leistungsfähigkeit so erheblich, dass ernste Zweifel aufkommen müssten, ob der Betreffende überhaupt in einem Betrieb einsetzbar sei. Deshalb muss eine konkrete Tätigkeit der Art nach angegeben werden, deren Anforderungsprofil der Betreffende mit seinem Restleistungsvermögen noch erfüllen kann.[72]

b) Allgemeiner Arbeitsmarkt: Der Arbeitsmarkt ist der Bereich einer Volkswirtschaft, in dem sich Angebot an und Nachfrage nach Arbeit begegnen.[73] Er besteht aus einer Vielzahl von Teilarbeitsmärkten, z.B. für bestimmte Wirtschaftsbereiche.[74] Die Rechtsprechung zur gesetzlichen Rentenversicherung hat – soweit ersichtlich – den allgemeinen Arbeitsmarkt bislang nicht positiv beschrieben, sondern ihn negativ abgegrenzt. Teil des allgemeinen Arbeitsmarktes sind danach solche Arbeitsplätze nicht, die z.B. als sogenannte **Schonarbeitsverhältnisse** nur an leistungsgeminderte Betriebsangehörige oder als Aufstiegspositionen nur an **Betriebsfremde** vergeben werden oder nur **in ganz geringer Zahl vorkommen**.[75] Die Beschäftigung in einer **Werkstatt für behinderte Menschen** oder in einer anderen beschützenden Einrichtung stellt ebenfalls keine Tätigkeit auf dem allgemeinen Arbeitsmarkt dar (vgl. § 43 Abs. 2 Satz 3 SGB VI). Dies ergibt sich bereits aus § 136 SGB IX; danach fördert die Werkstatt für Behinderte Menschen (erst) den Übergang geeigneter Personen auf den allgemeinen Arbeitsmarkt (§ 136 Abs. 1 Satz 3 SGB IX). Sofern im Falle einer Summierung ungewöhnlicher Leistungseinschränkungen oder einer schweren spezifischen Leistungsbehinderung keine konkrete Tätigkeit existiert, die der Betreffende noch verrichten kann (vgl. Rn. 54), scheiden derartige besondere Tätigkeiten daher aus; erforderlich ist eine arbeitsmarktgängige Tätigkeit.[76]

Der Normanwender (und auch der medizinische Sachverständige) wird damit auf die **Arbeitsabläufe in der Arbeitswelt** – hier: des allgemeinen Arbeitsmarktes – verwiesen. Bei der Beurteilung der Erwerbsfähigkeit sind diese Abläufe und die mit ihnen verbundenen gesundheitlichen Anforderungen der Arbeitswelt ständig und wechselseitig den individuellen gesundheitlichen Einschränkungen der Erwerbsfähigkeit, dem individuellen Restleistungsvermögen gegenüberzustellen. Das setzt voraus, dass die Arbeitsbedingungen und Arbeitsabläufe – hier die „üblichen Bedingungen des allgemeinen Arbeitsmarktes" – festgehalten und insbesondere arbeitsmedizinisch abgeklärt sind.

ff. Mindestens drei Stunden täglich

Der Hilfebedürftige muss ferner außerstande sein, mindestens drei Stunden täglich erwerbstätig zu sein. Dies setzt eine **Einschränkung der Erwerbsfähigkeit** in **quantitativer Hinsicht** voraus.

c) Einschränkungen der Erwerbsfähigkeit: Die Erwerbsfähigkeit kann im Allgemeinen sowohl in qualitativer als auch in quantitativer Hinsicht eingeschränkt sein.

---

[67] BSG v. 30.05.1984 - 5a RKn 18/83 - SozR 2200 § 1247 Nr. 43; vgl. auch BSG 13.10.1997 - B 13 RJ 49/97.
[68] BSG v. 06.06.1986 - 5b RJ 42/85 - SozR 2200 § 1246 Nr. 136.
[69] *Karmanski* in: Jahn, § 41 SGB XII Rn. 28.
[70] *Karmanski* in: Jahn, § 41 SGB XII Rn. 29 f.
[71] BSG v. 14.09.1995 - 5 RJ 50/94 - SozR 3-2200 § 1246 Nr. 50; BSG (Großer Senat) v. 19.12.1996 - GS 2/95 - BSGE 80, 24, 33 – jeweils m.w.N.; vgl. auch BSG v. 19.08.1997 - 13 RJ 1/94 - BSGE 81, 15, 17 ff.
[72] BSG (Großer Senat) v. 19.12.1996 - GS 2/95 - BSGE 80, 24, 33. Zum hierbei anzustellenden Prüfungs- und Begründungsaufwand zuletzt BSG v. 19.10.2011 - B 13 RJ 78/09 R; hierzu *Lange*, jurisPR-SozR 12/2012, Anm. 4.
[73] *Kamprad* in: Hauck/Noftz, SGB VI, § 43 Rn. 33.
[74] *Kamprad* in: Hauck/Noftz, SGB VI, § 43 Rn. 33.
[75] BSG (Großer Senat) v. 19.12.1996 - GS 2/95 - BSGE 80, 24, 35 m.w.N.
[76] BSG v. 14.05.1996 - 4 RA 60/94 - BSGE 78, 207, 221.

59 **Qualitative Einschränkungen** können sich etwa auf die geistige/psychische Belastbarkeit, die Sinnesorgane, den Bewegungs- und Haltungsapparat oder Gefährdungs- und Belastungsfaktoren beziehen.[77] Die qualitativen Leistungseinschränkungen zeichnen ein positives und ein negatives Leistungsbild:

60 Das positive Leistungsbild beschreibt die Fähigkeiten, über die der Betreffende noch verfügt, und zwar bezogen auf:
- die noch zumutbare Arbeitsschwere (körperlich leichte, leichte bis mittelschwere, schwere Arbeiten),
- die Arbeitshaltung (ständig, überwiegend oder zeitweise im Stehen, Gehen oder Sitzen) und
- die Arbeitsorganisation (Tag-, Früh-/Spät- oder Nachtschicht).

61 Das negative Leistungsbild gibt die Einschränkungen der Erwerbsfähigkeit wieder, bezogen auf:
- die geistig-psychische Belastbarkeit (z.B. Konzentrations- oder Umstellungsfähigkeit, Publikumsverkehr),
- die Sinnesorgane (z.B. Seh-, Hör- und Tastvermögen),
- den Bewegungs-/Haltungsapparat (z.B. die Gebrauchsfertigkeit der Hände, häufiges Bücken oder Zwangshaltungen) sowie
- Gefährdungs- und Belastungssituationen (z.B. Nässe oder Allergene).

62 **Quantitative Einschränkungen** betreffen den zeitlichen Umfang, in dem eine Tätigkeit entsprechend des positiven und negativen Leistungsbildes (noch) ausgeübt werden kann (unter 3 Stunden, 3 bis 6 Stunden, 6 Stunden und mehr).

63 **d) Quantitative Einschränkung der Erwerbsfähigkeit**: Der Hilfebedürftige muss gemäß § 43 Abs. 2 Satz 2 SGB VI außerstande sein, mindestens drei Stunden täglich erwerbstätig zu sein. Dies setzt also eine Einschränkung der Erwerbsfähigkeit in **quantitativer Hinsicht** voraus. Bei einem quantitativen Leistungsvermögen von **unter drei Stunden täglich** liegt gemäß § 43 Abs. 2 Satz 2 SGB VI eine volle Erwerbsminderung vor.

64 Qualitative Einschränkungen der Erwerbsfähigkeit haben nicht stets auch eine quantitative Einschränkung zur Folge. Insoweit kommt es jedoch stets auf die konkreten Umstände des Einzelfalls an. **Qualitative** Einschränkungen können aber dazu führen, dass der Betroffene nicht mehr unter den „üblichen Bedingungen des allgemeinen Arbeitsmarktes" erwerbstätig sein kann (vgl. dazu Rn. 44).

c. Volle Erwerbsminderung unabhängig von der jeweiligen Arbeitsmarktlage

65 Im Recht der gesetzlichen Rentenversicherung ist durch Richterrecht die sogenannte **Arbeitsmarktrente** geschaffen worden. Danach ist eine Rente wegen Erwerbsunfähigkeit (jetzt: volle Erwerbsminderung) auch dann zu gewähren, wenn das Leistungsvermögen des Betreffenden zwar nicht fast aufgehoben ist, sondern noch untervollschichtige Tätigkeiten zulässt (jetzt: Tätigkeiten zwischen drei und unter sechs Stunden täglich), und ihm binnen eines Jahres kein geeigneter und freier (Teilzeit-)Arbeitsplatz in einem zumutbaren Beruf angeboten wird.[78] Die Entstehung des Rechts auf Rente hängt dann folglich nicht von einer Krankheit oder Behinderung, sondern von der jeweiligen Arbeitsmarktlage, nämlich der faktischen Verschlossenheit des Teilzeitarbeitsmarktes ab. Diese unter alter Rechtslage entwickelten Grundsätze sind auch auf die neue Rechtslage in der gesetzlichen Rentenversicherung (ab dem 01.01.2001) übertragbar[79]; zu diesem Zeitpunkt sind die Renten wegen Berufs- und Erwerbsfähigkeit (§§ 43, 44 SGB VI alte Fassung) durch die Renten wegen teilweiser und voller Erwerbsfähigkeit (§ 43 Abs. 1 und 2 SGB VI) „ersetzt" worden. Nach den Grundsätzen der „Arbeitsmarktrente" erhält also unter ihren Voraussetzungen auch derjenige eine Rente wegen voller Erwerbsminderung, der noch **mehr** als drei Stunden täglich erwerbstätig sein kann.

66 Der Anwendungsbereich dieses richterrechtlich entwickelten Instituts der Arbeitsmarktrente erstreckt sich aber **nicht** auf das **SGB XII**. Denn § **41 Abs. 3 SGB XII** ordnet ausdrücklich an, dass die volle Erwerbsminderung „**unabhängig** von der jeweiligen Arbeitsmarktlage" bestehen muss. Das SGB XII schließt damit das sogenannte Institut der Arbeitsmarktrente (bzw. eine Übertragung seiner Aussagen) aus. Dies entspricht der Rechtslage im SGB II (§ 8 Abs. 1 SGB II).[80]

---

[77] Instruktiv VDR (jetzt: Deutsche Rentenversicherung Bund), Das ärztliche Gutachten für die gesetzliche Rentenversicherung, 9/2001.

[78] BSG v. 14.05.1996 - 4 RA 60/94 - BSGE 78, 207, 210.

[79] Vgl. BSG v. 10.07.2002 - B 13 RJ 101/02 B; BSG v. 27.02.2003 - B 13 RJ 215/02 B; *Niesel* in: KassKomm, SGB VI, § 43 Rn. 30; *Kamprad* in: Hauck/Noftz, SGB VI, § 43 Rn. 92; zu Übergangsfällen BSG v. 08.09.2005 - B 13 RJ 10/04 R.

[80] BSG v. 21.12.2009 - B 14 AS 42/08 R - BSGE 105, 201; hierzu *Blüggel* in: Eicher, SGB II, § 8 Rn. 43 f.

d. Unwahrscheinlichkeit der Behebung der vollen Erwerbsminderung (Dauerhaftigkeit)

Die Regelung des § 41 Abs. 3 SGB XII setzt ferner voraus, dass „**unwahrscheinlich** ist, dass die volle Erwerbsminderung behoben werden kann". Ist dies der Fall, liegt eine **dauerhafte** volle Erwerbsminderung im Sinne des § 41 Abs. 1 Satz 1 SGB XII vor. Wenn dagegen **wahrscheinlich** ist, dass die volle Erwerbsminderung behoben werden kann, hat der erwerbsunfähige Hilfebedürftige somit wegen fehlender **Dauerhaftigkeit** keinen Anspruch auf Leistungen der Grundsicherung im Alter und bei Erwerbsminderung. Der in einer derartigen Weise erwerbsunfähige Hilfebedürftige kann dann aber **Hilfe zum Lebensunterhalt nach den §§ 27 ff. SGB XII** beanspruchen (unter den weiteren dort genannten Voraussetzungen).

67

Renten, auf die ein Anspruch unabhängig von der jeweiligen Arbeitsmarktlage besteht, werden unbefristet geleistet, wenn unwahrscheinlich ist, dass die Minderung der Erwerbsfähigkeit behoben werden kann; hiervon ist nach einer **Gesamtdauer der Befristung von neun Jahren** auszugehen, so § 102 Abs. 2 Satz 5 SGB VI. Hintergrund dieser Regelung ist, dass gemäß § 102 Abs. 2 Satz 1 SGB VI Renten wegen verminderter Erwerbsfähigkeit **auf Zeit** geleistet werden. Die Befristung erfolgt für längstens drei Jahre nach Rentenbeginn (Satz 2). Sie kann verlängert werden (Satz 3). Verlängerungen erfolgen für längstens drei Jahre nach dem Ablauf der vorherigen Frist (Satz 4).

68

Es fragt sich, welcher **zeitliche Rahmen** im Anwendungsbereich des SGB XII anzusetzen ist. Denn gemäß § 41 Abs. 3 SGB XII ist festzustellen, ob unwahrscheinlich ist, dass die volle Erwerbsminderung behoben werden kann. Dies erfordert notwendigerweise eine **prognostische Beurteilung**. Sie ist gerichtlich voll überprüfbar, weil dem SGB XII nicht die Wertung zu entnehmen ist, dem Sozialhilfeträger stehe insoweit ein Beurteilungsspielraum zu. Im Rahmen dieser vorausschauenden Beurteilung spielt eine entscheidende Rolle, welcher **zeitliche Rahmen** maßgeblich ist. So haben nicht wenige Krankheiten Karenzzeiten von einigen Wochen oder Monaten, lassen aber gleichwohl die Annahme zu, dass danach die aus der Erkrankung resultierende Einschränkung (oder zeitweise Aufhebung) der Erwerbsfähigkeit behoben sein wird.

69

Eine prognostische Beurteilung ist bereits bei dem Tatbestandsmerkmal „auf nicht absehbare Zeit" (§ 41 Abs. 3 SGB XII i.V.m. § 43 Abs. 2 Satz 2 SGB VI) zu treffen. Denn dort ist zu prüfen, ob der Hilfebedürftige seine Erwerbsfähigkeit (jedenfalls teilweise) voraussichtlich innerhalb von sechs Monaten wieder erlangen wird (vgl. hierzu Rn. 42). Zu diesem Erfordernis der Erwerbsminderung auf „nicht absehbare Zeit" tritt die von § 41 Abs. 3 SGB XII geforderte Unwahrscheinlichkeit der Behebung der vollen Erwerbsminderung hinzu, so dass diese erkennbar eine **eigenständige Bedeutung** haben soll.

70

Zur Bestimmung des bei § 41 Abs. 3 SGB XII maßgeblichen zeitlichen Rahmens bietet es sich zunächst an, die **Regelung des § 102 Abs. 2 Satz 5 SGB VI** in den Blick zu nehmen.[81] Danach ist nach einer Gesamtdauer einer Erwerbsminderung von **neun Jahren** davon auszugehen, dass unwahrscheinlich ist, dass die Minderung der Erwerbsfähigkeit behoben werden kann. Bei einer Gesamtdauer der Erwerbsminderung von neun Jahren wird also gemäß § 102 Abs. 2 Satz 5 SGB VI **unwiderleglich vermutet**, dass eine Behebung der Erwerbsminderung unwahrscheinlich ist.

71

Dies schließt es aber nicht aus, auch außerhalb des Anwendungsbereichs dieser unwiderleglichen Vermutung und damit bereits bei einer kürzeren (voraussichtlichen) Dauer der Erwerbsminderung als neun Jahre davon ausgehen zu können, dass eine Behebung der Erwerbsminderung unwahrscheinlich ist im Sinne des § 41 Abs. 3 SGB XII. Hier ist es sachgerecht und entspricht den legislativen Wertungen, für die Prognose einen **Zeitrahmen von drei Jahren** anzusetzen. Denn einen Zeitraum von drei Jahren gibt die Gesetzgebung bei der Gewährung von Renten wegen Erwerbsminderung als Höchstdauer grundsätzlich vor (§ 102 Abs. 2 Sätze 1 und 3 SGB VI). Ist also unwahrscheinlich, dass die volle Erwerbsminderung auch nach drei Jahren behoben werden kann, steht bei gesetzlich Rentenversicherten fest, dass die befristet gewährte Rente wegen Erwerbsminderung zu verlängern ist. Aus diesem Grund erscheint die Annahme eines Zeitrahmens von drei Jahren auch bei der Anwendung des § 41 Abs. 3 SGB XII als sachgerecht. Denn dann muss davon ausgegangen werden, dass sich der Hilfebedürftige aufgrund der weitgehenden und lang anhaltenden Auswirkungen seiner Erkrankung bzw. Behinderung auf sein Erwerbsvermögen für geraume Zeit nicht durch Einsatz seiner Arbeitskraft selbst helfen kann. Dieser Umstand unterscheidet ihn von den sonstigen Hilfebedürftigen (vgl. § 2 Abs. 1 SGB XII) und rechtfertigt zugleich die Anwendung des eigenständigen Normenregimes der §§ 41 ff. SGB XII. **Voll**

72

---

[81] Vgl. auch *Brühl/Schoch* in: LPK-SGB XII, § 41 Rn. 13: „Anhaltspunkt".

erwerbsgemindert ist damit derjenige, bei dem unwahrscheinlich ist, dass seine volle Erwerbsminderung voraussichtlich innerhalb von drei Jahren behoben werden kann (sofern die sonstigen Voraussetzungen des § 41 SGB XII erfüllt sind).

73 Die volle Erwerbsminderung ist dann **„behoben"** im Sinne des § 41 Abs. 3 SGB XII, wenn der Betreffende voraussichtlich (wieder) unter den üblichen Bedingungen des allgemeinen Arbeitsmarktes mindestens drei Stunden täglich erwerbstätig sein kann (§ 41 Abs. 3 SGB XII i.V.m. § 43 Abs. 2 Satz 2 SGB VI).

74 Bei der Klärung, ob die Erwerbsminderung „behoben" werden kann gemäß § 41 Abs. 3 SGB XII, sind **sämtliche Behandlungsmöglichkeiten** und damit insbesondere auch operative Behandlungsmöglichkeiten zu berücksichtigen. Maßgeblich ist, ob die Erwerbsfähigkeit nach dem allgemein anerkannten Stand der medizinischen Erkenntnisse voraussichtlich gebessert werden kann.[82]

75 Dabei stellt sich die Frage, ob ggf. vorhandene **subjektive Vorbehalte des Hilfebedürftigen gegenüber bestimmten therapeutischen Maßnahmen** außer Betracht zu bleiben haben.[83] Richtig ist, dass es im vorliegenden Kontext nicht um die Grenzen von Mitwirkungsobliegenheiten des Hilfebedürftigen geht, da sich diese auf die Mitwirkung bei der Aufklärung des entscheidungserheblichen Sachverhaltes beziehen (vgl. § 65 Abs. 1 und 2 SGB I); im vorliegenden Kontext ist der Sachverhalt aber aufgeklärt und ausschließlich noch eine prognostische Beurteilung zu treffen. Die Regelung des § 63 SGB I hilft im vorliegenden Kontext damit auch nicht weiter. Diese normiert Mitwirkungsobliegenheiten, soweit es um „Heilbehandlungen" geht. Zwar ordnet sie an, dass derjenige, der „wegen Krankheit oder Behinderung Sozialleistungen beantragt oder erhält, [...] sich auf Verlangen des zuständigen Leistungsträgers einer Heilbehandlung unterziehen [soll], wenn zu erwarten ist, dass sie eine Besserung des Gesundheitszustandes herbeiführen oder eine Verschlechterung verhindern wird". Dies gilt aber zum einen nur dann, wenn der (begehrte) Leistungsbezug „wegen Krankheit oder Behinderung" besteht. Zum anderen sieht das Gesetz als Rechtsfolge der Nichterfüllung der Mitwirkungsobliegenheit ausschließlich die Versagung bzw. die Entziehung der Leistung vor (§ 66 SGB I), um die es im vorliegenden Zusammenhang aber nicht geht. Es bieten sich jedoch systematische Überlegungen an. Denn gemäß **§ 41 Abs. 4 SGB XII** hat keinen Anspruch auf Leistungen der Grundsicherung im Alter und bei Erwerbsminderung, wer in den letzten zehn Jahren die Bedürftigkeit **vorsätzlich oder grob fahrlässig herbeigeführt** hat. Nach der Legaldefinition der groben Fahrlässigkeit im Rahmen der Aufhebung von Verwaltungsakten ist grobe Fahrlässigkeit zu bejahen, wenn die erforderliche Sorgfalt in besonders schwerem Maße verletzt wird (§ 45 Abs. 2 Satz 3 Nr. 3 HS. 2 SGB X). Es bietet sich an, diese legislative Wertentscheidung des § 41 Abs. 4 SGB XII auch hier heranzuziehen. Ergreift also ein Hilfebedürftiger objektiv zur Verfügung stehende therapeutische Behandlungsmöglichkeiten nicht, ist zu prüfen, ob seine **Weigerung** eine **vorsätzliche oder grob fahrlässige Herbeiführung der Erwerbsminderung** darstellt bzw. dieser gleichkommt. Das ist dann der Fall, wenn er eine Behandlungsmöglichkeit unterlässt, obwohl ihre Inanspruchnahme sich in der konkreten Situation aufgedrängt oder jedem ohne weiteres eingeleuchtet hätte (grobe Fahrlässigkeit), oder wenn er bereits keinen Grund für seine Weigerung anführen kann (Vorsatz).

76 Für einen strengeren Maßstab besteht zudem auch kein Anlass. Denn wenn **wahrscheinlich** ist, dass die volle Erwerbsminderung behoben werden kann, hat der erwerbsunfähige Hilfebedürftige zwar keinen Anspruch auf Leistungen der Grundsicherung im Alter und bei Erwerbsminderung, weil es an einer Tatbestandsvoraussetzung des § 41 Abs. 3 SGB XII fehlt. Der in einer derartigen Weise erwerbsunfähige Hilfebedürftige kann dann aber **Hilfe zum Lebensunterhalt nach den §§ 27 ff. SGB XII** beanspruchen (unter den weiteren dort genannten Voraussetzungen).[84] Dies verdeutlicht, dass der Tatbestandsvoraussetzung „Unwahrscheinlichkeit der Behebung der vollen Erwerbsminderung" gemäß § 41 Abs. 3 SGB XII eine **leistungsabgrenzende Funktion innerhalb des Systems des SGB XII** zukommt.

77 Ist diese Tatbestandsvoraussetzung erfüllt, fällt der Betreffende zudem **aus dem Kreis der nach dem Leistungssystem des SGB II potentiell anspruchsberechtigten Personen** grundsätzlich heraus.[85] Denn die dortigen Leistungen setzten die Erwerbsfähigkeit des Hilfebedürftigen voraus (§§ 7 Abs. 1 Satz 1 Nr. 2, 8 Abs. 1 SGB II). Allerdings haben die **nicht erwerbsfähigen Angehörigen**, die mit er-

---

[82] *Karmanski* in: Jahn/Jung, SGB XII, § 41 Rn. 49.
[83] Dies bejahend *Karmanski* in: Jahn/Jung, SGB XII, § 41 Rn. 49.
[84] *Brühl/Schoch* in: LPK-SGB XII, § 41 Rn. 13. Vgl. auch BSG v. 11.12.2007 - B 8/9b SO 21/06 R - BSGE 99, 252, 261.
[85] *Kruse* in: Kruse u.a., § 41 SGB XII Rn. 17.

werbsfähigen Hilfebedürftigen in Bedarfsgemeinschaft leben, einen Anspruch auf Sozialgeld gemäß § 19 SGB XII, „soweit" – so die Formulierung des § 19 Abs. 1 Satz 1 SGB XII – die nicht erwerbsfähigen Angehörigen selbst keinen Anspruch auf Leistungen der Grundsicherung im Alter und bei Erwerbsminderung gemäß §§ 41 ff. SGB XII haben. Die genaue Reichweite dieser Systemabgrenzung („soweit") ist noch nicht geklärt.[86]

e. Feststellung der Erwerbsminderung

Für die Feststellung, ob ein Hilfebedürftiger dauerhaft voll erwerbsgemindert ist, sind Tatsachen zu ermitteln und rechtliche Wertungen vorzunehmen. Die Tatsachen haben die Normanwender von Amts wegen zu ermitteln (§ 20 SGB X, § 103 SGG). Ein wichtiges Beweismittel hierfür ist das **Gutachten eines i.d.R. medizinischen Sachverständigen** (§ 21 Abs. 3 SGB X, § 118 Abs. 1 SGG i.V.m. §§ 402 ff. ZPO). Die rechtliche Würdigung dieses Beweismittels obliegt den Normanwendern. Der Begriff der Erwerbsfähigkeit enthält durch seinen Bezug auf den allgemeinen Arbeitsmarkt zudem Elemente, die mit medizinischen Mitteln nicht festgestellt werden können und einer **rechtlichen Wertung** bedürfen. Bei der rechtlichen **Würdigung eines Gutachtens** ist insbesondere zu fragen, ob der Sachverständige von einem zutreffenden Sachverhalt ausgegangen ist, keine eigenen rechtlichen Wertungen vorgenommen hat und seine sozialmedizinische Leistungsbeurteilung folgerichtig und schlüssig ist.[87] Letzteres ist der Fall, wenn die aufgezeigten quantitativen und qualitativen Leistungseinschränkungen (z.B. keine Überkopfarbeiten) schlüssig aus den beschriebenen Gesundheitsstörungen (z.B. Schultergelenksverletzung) abgeleitet werden. 78

Das SGB XII ordnet in **§ 45 SGB XII** hinsichtlich der Feststellung einer dauerhaften vollen Erwerbsminderung eine enge **Zusammenarbeit zwischen dem Sozialhilfeträger und dem gesetzlichen Rentenversicherungsträger** an. Danach ersucht der Sozialhilfeträger den nach Rentenversicherungsträger, die medizinischen Voraussetzungen des § 41 Abs. 3 SGB XII zu prüfen, wenn es **auf Grund der Angaben und Nachweise des hilfebedürftigen Leistungsberechtigten als wahrscheinlich erscheint**, dass diese erfüllt sind (§ 45 Satz 1 SGB XII); die Entscheidung des Trägers der Rentenversicherung ist für den ersuchenden Träger der Sozialhilfe dann **bindend** (§ 45 Satz 2 SGB XII). Ein solches Ersuchen findet insbesondere dann **nicht statt**, wenn der **Rentenversicherungsträger** die Voraussetzungen des § 41 Abs. 3 SGB XII im Rahmen eines Antrages auf eine Rente wegen Erwerbsminderung **bereits festgestellt hat** (45 Satz 3 SGB XII; im Einzelnen vgl. die Kommentierung zu § 45 SGB XII). 79

Der Sozialhilfeträger muss also den Sachverhalt insoweit nicht selbst voll ausermitteln, sondern muss vielmehr den Rentenversicherungsträger beteiligen. Der Sozialhilfeträger „delegiert" dabei im Ergebnis die **Sachverhaltsermittlung**, soweit es um die Feststellung der Erwerbsminderung geht, auf den Rentenversicherungsträger, sofern es auf Grund der Angaben und Nachweise eines hilfebedürftigen Leistungsberechtigten als wahrscheinlich erscheint, dass eine dauerhafte volle Erwerbsminderung besteht (§ 45 Satz 1 SGB XII). Delegiert wird aber nur die Sachverhaltsermittlung selbst, **nicht** dagegen die **rechtliche Wertung**. Diese muss der Sozialhilfeträger nach wie vor selbst vornehmen. 80

Diese Verpflichtung des Sozialhilfeträgers besteht nur dann, wenn wahrscheinlich erscheint, dass eine **dauerhafte** volle Erwerbsminderung besteht. Denn § 45 Satz 1 SGB XII verweist auf § 41 Abs. 3 SGB XII und damit auf das dortige Tatbestandsmerkmal der „Unwahrscheinlichkeit der Behebung der vollen Erwerbsminderung" (vgl. hierzu Rn. 67 ff.). Darf bzw. muss der Sozialhilfeträger aufgrund der Angaben und Nachweise des Hilfebedürftigen davon ausgehen, dass dessen Erwerbsminderung **nicht dauerhaft** besteht, muss der Sozialhilfeträger den gesetzlichen Rentenversicherungsträger folglich **nicht** beteiligen. Der **Sozialhilfeträger** muss das Erwerbsvermögen des Hilfebedürftigen dann vielmehr **selbst feststellen**. 81

Gelangt der Sozialhilfeträger dabei zu dem Ergebnis, dass eine **volle Erwerbsminderung** gemäß § 43 Abs. 2 Satz 2 SGB VI (i.V.m. § 41 Abs. 3 SGB XII) besteht, die **nicht dauerhaft** ist, muss er dem Hilfebedürftigen (unter den weiteren dort genannten Voraussetzungen) **Hilfe zum Lebensunterhalt** nach den §§ 19, 27 ff. SGB XII gewähren. 82

Kommt der Sozialhilfeträger dagegen nach der Feststellung des Erwerbsvermögens zu dem Ergebnis, dass **keine volle Erwerbsminderung** gemäß § 43 Abs. 2 Satz 2 SGB VI (i.V.m. § 41 Abs. 3 SGB XII) besteht, bedeutet dies, dass der Hilfebedürftige nach der Einschätzung des Sozialhilfeträgers erwerbs- 83

---

[86] Zu § 28 Abs. 1 Satz 1 SGB II a.F. vgl. auch BSG v. 02.07.2009 - B 14 AS 75/08 R.
[87] Hinweise zur sozialmedizinischen Begutachtung gibt z.B. VDR (jetzt: Deutsche Rentenversicherung Bund), Das ärztliche Gutachten für die gesetzliche Rentenversicherung, 9/2001.

fähig ist. Erwerbsfähige Hilfebedürftige unterstehen aber dem eigenständigen Regime des **SGB II** mit den dortigen, gerade für Erwerbsfähige vorgesehenen Instrumenten des „Förderns und Forderns". Gleichwohl darf der Sozialhilfeträger Leistungen nach dem SGB XII nicht sogleich unter Hinweis auf seine fehlende Zuständigkeit ablehnen. Denn sofern der Hilfebedürftige daraufhin Leistungen nach dem SGB II beantragt, könnte die Situation entstehen, dass der Leistungsträger nach dem SGB II Leistungen mit der Begründung ablehnt, der Arbeitsuchende sei (doch) erwerbsunfähig. Der Hilfebedürftige säße dann, bildlich gesprochen, zwischen den Stühlen. Denn ob Grundsicherung nach dem SGB II oder aber dem SGB XII zu leisten ist, richtet sich grundsätzlich (Ausnahme: Sozialgeld für nicht erwerbsfähige Angehörige gemäß § 19 SGB II) danach, ob der Betreffende erwerbsfähig ist (dann SGB II: § 7 Abs. 1 Satz 1 Nr. 2, § 8) oder nicht (dann SGB XII: § 2 Abs. 1, § 21 Satz 1 SGB XII). In dieser Situation muss der Sozialhilfeträger wegen der **Nahtlosigkeitsregelung des § 44a Abs. 1 Satz 7 SGB II**[88] bei dem **SGB-II-Träger** anfragen, wie dieser die Erwerbsfähigkeit beurteilt, wenn der Sozialhilfeträger der Auffassung ist, der Hilfebedürftige sei erwerbsfähig. Umgekehrt hat auch der SGB-II-Träger bei dem Sozialhilfeträger anzufragen, wenn er den Hilfebedürftigen für erwerbsunfähig hält.[89] Der SGB-II-Träger muss dann gemäß § 44a Abs. 1 Satz 7 SGB II bis zu der Entscheidung der Einigungsstelle Leistungen nach dem SGB II erbringen; die Erwerbsfähigkeit des Hilfebedürftigen wird solange fingiert[90] vgl. hierzu ausführlich die Kommentierung zu § 45 SGB XII).

84 Entscheidet der SGB-II-Träger nach der gemäß § 44a Abs. 1 Sätze 4 und 5 SGB II einzuholenden gutachterlichen Stellungnahme des Rentenversicherungsträgers sodann, der Hilfebedürftige sei **erwerbsfähig**, muss der SGB-II-Träger dem Arbeitsuchenden weiterhin Leistungen nach dem SGB II erbringen. Entscheidet der SGB-II-Träger aufgrund der entsprechenden Stellungnahme des Rentenversicherungsträgers, der Hilfebedürftige sei **erwerbsunfähig**, darf der Leistungsträger nach dem SGB XII dem Hilfebedürftigen grundsätzlich nicht (mehr) entgegenhalten, er sei dem Grunde nach leistungsberechtigt nach dem SGB II, so dass das SGB XII deshalb ausscheide. Für den **Sozialhilfeträger** ist die Berufung auf die Einwendung des § 21 Satz 1 SGB XII damit grundsätzlich **ausgeschlossen**, weil er ebenso wie der SGB-II-Träger an die gutachterliche Stellungnahme des Rentenversicherungsträgers gebunden ist (§ 44a Abs. 2 SGB II). Er hat also bei Vorliegen der übrigen Anspruchsvoraussetzungen dem Hilfebedürftigen Sozialhilfe zu bewilligen.

85 Die Erwerbsfähigkeit des Arbeitsuchenden wird damit im System von SGB II und SGB XII grundsätzlich einer **komplexen Prüfung** unterzogen. Dem Erwerbsvermögen des Hilfebedürftigen kommt dabei nicht nur eine **leistungsabgrenzende** Funktion innerhalb des Systems des SGB XII zu, sondern auch eine **systemabgrenzende** Funktion, weil sie grundsätzlich darüber entscheidet, ob das SGB II oder das SGB XII als Sicherungssystem zur Anwendung gelangt.

f. Gleichgestellte Personen gemäß § 43 Abs. 2 Satz 3 SGB VI (behinderte Menschen)

aa. Behinderte Menschen in Werkstätten und anderen Einrichtungen (§ 43 Abs. 2 Satz 3 Nr. 1 SGB VI)

86 Voll erwerbsgemindert sind gemäß § 43 Abs. 2 Satz 3 Nr. 1 SGB VI (i.V.m. § 41 Abs. 3 SGB XII) auch Versicherte nach § 1 Satz 1 Nr. 2 SGB VI, die wegen Art oder Schwere der Behinderung nicht auf dem allgemeinen Arbeitsmarkt tätig sein können.

87 **Versicherte nach § 1 Satz 1 Nr. 2 SGB VI** sind behinderte Menschen, die

- in anerkannten Werkstätten für behinderte Menschen oder in Blindenwerkstätten im Sinne des § 143 SGB IX oder für diese Einrichtungen in Heimarbeit tätig sind (§ 1 Satz 1 **Nr. 2a** SGB VI),
- in Anstalten, Heimen oder gleichartigen Einrichtungen in gewisser Regelmäßigkeit eine Leistung erbringen, die einem Fünftel der Leistung eines voll erwerbsfähigen Beschäftigten in gleichartiger Beschäftigung entspricht; hierzu zählen auch Dienstleistungen für den Träger der Einrichtung (§ 1 Satz 1 **Nr. 2b** SGB VI).

88 **Menschen** sind **behindert** im Sinne des § 1 Satz 1 **Nr. 2** SGB VI, wenn ihre körperliche Funktion, geistige Fähigkeit oder seelische Gesundheit mit hoher Wahrscheinlichkeit länger als sechs Monate von dem für das Lebensalter typischen Zustand abweicht und daher ihre Teilhabe am Leben in der Gesellschaft beeinträchtigt ist (§ 2 Abs. 1 Satz 1 SGB IX, vgl. hierzu Rn. 37).

---

[88] Bis 31.12.2010: § 44a Abs. 1 Satz 3 SGB II.
[89] BSG v. 07.11. 2006 - B 7b AS 10/06 R.
[90] So zu § 44a Satz 3 SGB II a.F. BSG v. 07.11. 2006 - B 7b AS 10/06 R.

Die **Versicherungspflicht nach § 1 Satz 2 Nr. 2a SGB VI** setzt voraus, dass Menschen mit Behinderung in anerkannten Werkstätten für behinderte Menschen oder in Blindenwerkstätten im Sinne des § 143 SGB IX oder für diese Einrichtungen in Heimarbeit tätig sind.[91]   89

Die **Werkstatt für behinderte Menschen** ist gemäß § 136 Abs. 1 Satz 1 SGB IX eine Einrichtung zur Teilhabe behinderter Menschen am Arbeitsleben und zur Eingliederung in das Arbeitsleben. Sie hat denjenigen behinderten Menschen, die wegen Art oder Schwere der Behinderung nicht, noch nicht oder noch nicht wieder auf dem allgemeinen Arbeitsmarkt beschäftigt werden können, eine angemessene berufliche Bildung und eine Beschäftigung zu einem ihrer Leistung angemessenen Arbeitsentgelt aus dem Arbeitsergebnis anzubieten und zu ermöglichen, ihre Leistungs- oder Erwerbsfähigkeit zu erhalten, zu entwickeln, zu erhöhen oder wiederzugewinnen und dabei ihre Persönlichkeit weiterzuentwickeln (so § 136 Abs. 1 Satz 2 SGB IX). Die Werkstatt steht allen behinderten Menschen unabhängig von Art oder Schwere der Behinderung offen, sofern erwartet werden kann, dass sie spätestens nach Teilnahme an Maßnahmen im Berufsbildungsbereich wenigstens ein Mindestmaß wirtschaftlich verwertbarer Arbeitsleistung erbringen werden (§ 136 Abs. 2 Satz 1 SGB IX).   90

Die als **Werkstättenverordnung (WVO)** erlassene Rechtsverordnung der Bundesregierung vom 13.08.1980[92] sieht entsprechend den verschiedenen Aufgabenstellungen der Werkstätten für behinderte Menschen eine **Gliederung in drei Bereiche** vor: 91
- Eingangsverfahren (§ 3 WVO),
- Berufsbildungsbereich (§ 4 WVO) und
- Arbeitsbereich (§ 5 WVO).

Während im **Arbeitsbereich** eine der Behinderung und der herabgesetzten Leistungsfähigkeit angepasste arbeitnehmerähnliche Tätigkeit verrichtet wird, die den dort Tätigen auch eine arbeitnehmerähnliche Rechtsstellung verschafft, werden im **Berufsbildungsbereich** berufsfördernde Bildungsmaßnahmen (Einzelmaßnahmen und Lehrgänge) zur Verbesserung der Eingliederungsmöglichkeiten in das Arbeitsleben unter Einschluss angemessener Maßnahmen zur Weiterentwicklung der Persönlichkeit des Behinderten durchgeführt (§ 4 Abs. 1 Satz 1 WVO).[93] Durch sie sollen die Teilnehmer in die Lage versetzt werden, wenigstens ein Mindestmaß wirtschaftlich verwertbarer Arbeitsleistung zu erbringen (§ 4 Abs. 1 Satz 2 WVO). Die in einer Werkstatt für Behinderte beschäftigten Personen unterliegen nach der Rechtsprechung des BSG auch dann der **Versicherungspflicht**, wenn sie nicht im Arbeitsbereich, sondern im Berufsbildungsbereich (früher: Arbeitstrainingsbereich) eingesetzt werden.[94] Denn das Gesetz bietet keine Handhabe, bezüglich der Versicherung der in Werkstätten für behinderte Menschen tätigen Personen nach der Art der Beschäftigung zu differenzieren und in die Versicherungspflicht nur diejenigen behinderten Menschen einzubeziehen, die wie Arbeitnehmer im Produktionsbereich der Werkstatt beschäftigt werden.[95] Dies muss auch für das grundsätzlich dreimonatige **Eingangsverfahren** (§ 3 Abs. 2 Satz 1 WVO) gelten, weil die behinderten Menschen dort ebenfalls praktische (und nicht nur schulische) Tätigkeiten verrichten. Denn gemäß § 3 Abs. 1 Satz 2 WVO ist es Aufgabe des Eingangsverfahrens festzustellen, ob die Werkstatt die geeignete Einrichtung zur Teilhabe behinderter Menschen am Arbeitsleben und zur Eingliederung in das Arbeitsleben ist, sowie welche Bereiche der Werkstatt und welche Leistungen zur Teilhabe am Arbeitsleben und ergänzende Leistungen oder Leistungen zur Eingliederung in das Arbeitsleben in Betracht kommen.   92

Dies bedeutet zusammengefasst, dass **Versicherte nach § 1 Satz 1 Nr. 2a SGB VI** (i.V.m. § 43 Abs. 2 Satz 3 Nr. 1 SGB VI) **alle** behinderten Menschen sind, die **in einer Werkstatt für behinderte Menschen tätig** sind, unabhängig davon, ob sie im Eingangsbereich, im Berufsbildungs- oder im Arbeitsbereich tätig sind.   93

Gemäß § 45 Satz 3 Nr. 3 SGB XII muss der Sozialhilfeträger an den Rentenversicherungsträger ausnahmsweise dann **nicht** das ansonsten erforderliche **Ersuchen um Prüfung des Erwerbsvermögens** des Hilfebedürftigen richten, wenn der **Fachausschuss einer Werkstatt für behinderte Menschen** über die Aufnahme in eine Werkstatt oder Einrichtung eine **Stellungnahme** abgegeben hat (gemäß § 2   94

---

[91] Hierzu BSG v. 23.03.2010 - B 8 SO 17/09 R.
[92] BGBl I 1980, 1365; zuletzt geändert durch Artikel 8 des Gesetzes vom 22.12.2008 (BGBl I 2008, 2959). Die WVO wurde auf der Grundlage des § 55 Abs. 3 des früheren Schwerbehindertengesetzes erlassen.
[93] So zur Versicherungspflicht gemäß § 5 SGB V: BSG v. 14.02.2001 - B 1 KR 1/00 R - SozR 3-2500 § 44 Nr. 8 m.w.N. Vgl. ferner BSG v. 23.03.2010 - B 8 SO 17/09 R.
[94] So zur Versicherungspflicht gemäß § 5 SGB V: BSG v. 14.02.2001 - B 1 KR 1/00 R - SozR 3-2500 § 44 Nr. 8 m.w.N.
[95] BSG v. 14.02.2001 - B 1 KR 1/00 R - SozR 3-2500 § 44 Nr. 8.

WVO) und der Leistungsberechtigte – so die Formulierung des § 45 Satz 3 Nr. 3 SGB XII – „kraft Gesetzes nach § 43 Abs. 2 Satz 3 Nr. 1 SGB VI als voll erwerbsgemindert gilt" (vgl. hierzu sowie zur Reichweite dieser „Fiktion" ausführlich § 45 SGB XII). Diese Regelung des § 45 Satz 3 Nr. 3 SGB XII für in einer Werkstatt für behinderte Menschen Beschäftigte geht auf Gespräche der kommunalen Spitzenverbände und der Rentenversicherungsträger mit dem (damaligen) Bundesministerium für Wirtschaft und Arbeit zurück, um bei dieser Personengruppe die ggf. aufwändige Prüfung der Erwerbsfähigkeit nicht durchführen zu müssen.[96]

95 Die **Versicherungspflicht nach § 1 Satz 2 Nr. 2b SGB VI** setzt voraus, dass Menschen mit Behinderung in Anstalten, Heimen oder gleichartigen Einrichtungen in gewisser Regelmäßigkeit eine Leistung erbringen, die einem Fünftel der Leistung eines vollerwerbsfähigen Beschäftigten in gleichartiger Beschäftigung entspricht. Nach der Rechtsprechung des BSG gehören zu den Anstalten, Heimen oder gleichartigen Einrichtungen nur solche Einrichtungen, die ihrer Art nach (institutionell) dazu bestimmt und geeignet sind, in vergleichbarer Weise wie anerkannte Werkstätten für behinderte Menschen bzw. Blindenwerkstätten behinderte Menschen zu ihrer Betreuung aufzunehmen.[97]

96 Bei der Ermittlung des **Leistungsfünftels** gemäß § 1 Satz 2 **Nr. 2b** SGB VI werden Dienstleistungen für den Träger der Einrichtung mitberücksichtigt. Es kommt entscheidend auf das Arbeitsergebnis, also den wirtschaftlichen Wert der Arbeitsleistung und nicht auf den Arbeitsaufwand an. Es ist von der Leistungsfähigkeit auszugehen, die ein voll erwerbsfähiger Arbeitnehmer in gleichartiger Beschäftigung während der normalen Arbeitszeit erbringt, wobei der wirtschaftliche Wert der Arbeitsleistung und nicht die Arbeitszeit zu vergleichen ist. Die für die Rentenversicherungspflicht erforderliche Leistungsfähigkeit ist jeweils individuell zu ermitteln.[98]

bb. Behinderte Menschen bei erfolgloser Eingliederung (§ 43 Abs. 2 Satz 3 Nr. 2 SGB VI)

97 Voll erwerbsgemindert sind gemäß § 43 Abs. 2 Satz 3 **Nr. 2** SGB VI ferner Versicherte, die bereits vor Erfüllung der allgemeinen Wartezeit voll erwerbsgemindert waren, in der Zeit einer nicht erfolgreichen Eingliederung in den allgemeinen Arbeitsmarkt.

98 Mit dieser Regelung, die durch das Gesetz zur Reform der Renten wegen Erwerbsminderung eingeführt wurde, wird **rentenversicherungsrechtlich** erreicht, dass die während eines erfolglosen Eingliederungsversuchs zurückgelegten Zeiten auf die Wartezeit von 240 Monaten angerechnet werden.[99] Die Beurteilung, ob der Eingliederungsversuch erfolgreich war, ist nicht abhängig von einer bestimmten Dauer, sondern von den besonderen Umständen des Einzelfalles.[100] **Sozialhilferechtlich** bedeutet der Verweis in § 41 Abs. 3 SGB XII auf die Regelung des § 43 Abs. 2 Satz 3 Nr. 2 SGB VI, dass während eines missglückten Wiedereingliederungsversuchs des behinderten Menschen in den allgemeinen Arbeitsmarkt durchgehend volle Erwerbsminderung vorliegt, sofern die Beschäftigung auf dem allgemeinen Arbeitsmarkt wegen der Behinderung (also nicht aus anderen Gründen) wieder aufgegeben werden musste.[101]

99 Im Anwendungsbereich des **Sozialhilferechts** ist die **Eingliederung behinderter Menschen** in den **§§ 53 ff. SGB XII** normiert. Der Sozialhilfeträger ist zuständig für die medizinische, berufliche und sozialintegrative Eingliederung behinderter Menschen (§ 6 Abs. 1 Nr. 7 i.V.m. § 5 SGB IX), wenn kein anderer Rehabilitationsträger zuständig ist (§ 2 SGB XII). Die sozialhilferechtliche Eingliederungshilfe kommt damit nur dann in Betracht, wenn die versicherungsrechtlichen und persönlichen Voraussetzungen der Rentenversicherung nicht erfüllt sind (bei medizinischer und beruflicher Rehabilitation), wenn kein Krankenversicherungsschutz besteht (bei medizinischer Rehabilitation), wenn für eine berufliche Rehabilitation keinerlei Erfolgsaussichten bestehen (bei medizinischer/beruflicher Rehabilitation durch den Träger der Rentenversicherung oder Arbeitslosenversicherung) und wenn die Zuständigkeit des Jugendhilfeträgers (bei seelischer Behinderung), des Unfallversicherungsträgers (bei Arbeitsunfällen und Berufskrankheiten) sowie des Trägers sozialer Entschädigung (soziale Entschädigungstatbestände) nicht gegeben ist.[102] Bei der **Anwendung des § 43 Abs. 2 Satz 3 Nr. 2 SGB VI**

---

[96] *Wahrendorf* in: Grube/Wahrendorf, SGB XII, § 41 Rn. 14 und § 45 Rn. 5 m.w.N.
[97] BSG v. 28.10.1981 - 12 RK 29/80 - SozR 5085 § 1 Nr. 2, vgl. *Vor* in: jurisPK-SGB VI, § 1 Rn. 64.
[98] *Vor* in: jurisPK-SGB VI, § 1 Rn. 65 m.N.
[99] *Gabke* in: jurisPK-SGB VI, § 43 Rn. 52.
[100] BT-Drs. 14/4230, S. 26.
[101] *Karmanski* in: Jahn/Jung, SGB XII, § 41 Rn. 46.
[102] Zum Vorstehenden: *Luthe* in: jurisPK-SGB VI, § 9 Rn. 43.

kommt es jedoch **nicht** darauf an, **welcher** Sozialleistungsträger die Maßnahmen zur Eingliederung in den Arbeitsmarkt erbracht hat; entscheidend ist, **dass** solche Maßnahmen erbracht werden bzw. worden sind.

3. Gewöhnlicher Aufenthalt im Inland (Absatz 1 Satz 1)

Der Hilfebedürftige muss gemäß § 41 Abs. 1 Satz 1 SGB XII seinen gewöhnlichen Aufenthalt im Inland haben. 100

a. Gewöhnlicher Aufenthalt

Nach der Legaldefinition des gewöhnlichen Aufenthalts in **§ 30 Abs. 3 Satz 2 SGB I** hat den gewöhnlichen Aufenthalt jemand dort, wo er **sich unter Umständen aufhält, die erkennen lassen, dass er an diesem Ort oder in diesem Gebiet nicht nur vorübergehend verweilt**. 101

Diese **Legaldefinition** des gewöhnlichen Aufenthalts in § 30 Abs. 3 Satz 2 SGB I **gilt auch im Anwendungsbereich des SGB XII**. Denn das SGB I gilt für alle Sozialleistungsbereiche des SGB, soweit sich aus den übrigen (besonderen) Büchern des SGB nichts Abweichendes ergibt (§ 37 Satz 1 SGB I). Aus dem SGB XII ergibt sich insoweit „nichts Abweichendes" im Sinne des § 37 Satz 1 SGB I. Denn Aussagen über den gewöhnlichen Aufenthaltsort finden sich im SGB XII im hier vorliegenden Kontext in den §§ 23 und 24 SGB XII sowie in § 98 Abs. 1 Satz 2 SGB XII. Diese Normen treffen aber keine von § 30 Abs. 3 Satz 2 SGB I abweichende Definition des gewöhnlichen Aufenthaltsortes, sondern setzen eine solche Definition des gewöhnlichen Aufenthaltsortes vielmehr voraus. Soweit das BSG die Frage aufgeworfen hat, ob der Begriff des „gewöhnlichen Aufenthalts" nur hinreichend unter Berücksichtigung des Zwecks des Gesetzes bestimmt werden kann, in welchem der Begriff gebraucht wird, oder ob § 30 Abs. 3 Satz 2 SGB I als grundlegende, einheitlich zu verstehende und anzuwendende Regelung anzusehen ist[103], ist diese Frage angesichts der klaren normativen Regelung in § 37 Satz 1 SGB I eher rechtstheoretischer Natur bzw. zu allgemein gestellt. Denn es kommt, wie dargelegt, auf die jeweilige Ausgestaltung (oder gerade sein Fehlen) in den besonderen Büchern des SGB an. 102

Der gewöhnliche Aufenthalt setzt nach der Legaldefinition des § 30 Abs. 3 Satz 2 SGB I („nicht nur vorübergehend") einen (nicht notwendig den einzigen) **faktisch dauerhaften Schwerpunkt der Lebensverhältnisse** voraus. 103

Entscheidend ist damit die über eine vorübergehende Verweildauer hinausgehende **Dauerhaftigkeit** des tatsächlichen Aufenthalts an bestimmten Orten, die sich in bestimmten Umständen manifestieren muss.[104] Dabei ist es **unerheblich**, ob die Person über einen **Wohnsitz** verfügt oder in einer Gemeinde **ordnungsbehördlich angemeldet** ist.[105] 104

Der **gewöhnliche** Aufenthalt ist vom **tatsächlichen Aufenthalt** abzugrenzen. **Tatsächlicher Aufenthalt** bedeutet die physische Anwesenheit des Leistungsberechtigten im Bereich eines Leistungsträgers, **ohne** dass es auf eine längere Verweildauer ankommt.[106] Das Erfordernis, zwischen dem gewöhnlichen und dem tatsächlichen Aufenthaltsort abgrenzen zu müssen, ergibt sich auch aus **§ 98 Abs. 1 SGB XII**[107]. Denn diese Regelung differenziert ausdrücklich zwischen dem tatsächlichen Aufenthalt einerseits und dem gewöhnlichen Aufenthalt andererseits. Auch § 23 Abs. 1 SGB XII setzt diese Differenzierung voraus, weil sie diejenigen Ausländer erfasst, die sich im Inland (nur) tatsächlich aufhalten, dort also nicht ihren gewöhnlichen Aufenthalt haben. Gemäß § 98 Abs. 1 Satz 1 SGB XII ist für die Sozialhilfe der Träger der Sozialhilfe örtlich zuständig, in dessen Bereich sich die Leistungsberechtigten tatsächlich aufhalten. Für Leistungen der Grundsicherung im Alter und bei Erwerbsminderung ist dagegen gemäß § 98 Abs. 1 Satz 2 SGB XII der Träger der Sozialhilfe örtlich zuständig, in dessen Bereich der gewöhnliche Aufenthaltsort des Leistungsberechtigten liegt. Die Regelung des § 98 Abs. 1 Satz 2 SGB XII wiederholt damit zugleich das bereits durch § 41 Abs. 1 SGB XII statuierte Erfordernis des gewöhnlichen Aufenthalts. 105

Hat der Hilfebedürftige also **keinen gewöhnlichen Aufenthalt** (wie z.B. bei Obdachlosen häufig der Fall), kann er **Leistungen der Grundsicherung im Alter und bei Erwerbsminderung nicht beanspruchen**. Er ist stattdessen auf die **Hilfe zum Lebensunterhalt** nach den §§ 19, 27 ff. SGB XII zu verweisen.[108] 106

---

[103] Vgl. BSG v. 18.02.1998 - B 5 RJ 12/97 R - BSGE 82, 23 m.w.N. zur Rspr. des BSG.
[104] *Schlegel* in: jurisPK-SGB I, § 30 Rn. 35.
[105] Vgl. BSG v. 29.01.2002 - B 10/14 EG 8/99 R - SozR 3-7833 § 1 Nr. 27.
[106] Vgl. *Link* in: Eicher, SGB II, § 36 Rn. 31.
[107] Vgl. zum SGB II dort § 36.
[108] So auch *Brühl/Schoch* in: LPK-SGB XII, § 41 Rn. 19.

107   Generell muss am gewöhnlichen Aufenthaltsort der **Schwerpunkt der persönlichen Lebensverhältnisse** liegen.[109] Für die Frage, ob der Aufenthalt „**gewöhnlich**" ist, kommt es in erster Linie auf das rein **tatsächliche Verweilen** an. Für den gewöhnlichen Aufenthalt ist auch ein subjektives Element erforderlich, nämlich der Wille, auf längere Dauer an dem betreffenden Ort zu verweilen.[110] Dieser wird sich aber, um festgestellt bzw. nachgewiesen werden zu können, regelmäßig in objektiven Umständen bzw. Hinweistatsachen (Indizien) manifestieren müssen. Nach einer längeren tatsächlichen Verweildauer wird regelmäßig schon diese Tatsache den gewöhnlichen Aufenthalt begründen. Ist die Verweildauer ungewiss, so genügt es, dass ein längeres Verweilen in Betracht kommt.[111] Dauerhaftigkeit liegt bereits dann vor, wenn und solange der Aufenthalt nicht auf Beendigung angelegt, er also zukunftsoffen ist.[112] Von einem nur **vorübergehenden Aufenthalt** ist auszugehen, wenn der Aufenthalt von vornherein nur von kurzzeitiger Dauer ist (z.B. Besuchsaufenthalte).[113]

108   Im Gegensatz zu § 327 Abs. 1 SGB III ist grundsätzlich kein bestimmter **Zeitpunkt** normiert, zu dem der Hilfebedürftige sich gewöhnlich im Zuständigkeitsbereich des Trägers der Sozialhilfe aufhalten muss.[114] Für den gewöhnlichen Aufenthalt ist daher nicht auf den Eintritt der „leistungsbegründenden Tatbestände" abzustellen. Maßgebend ist grundsätzlich der **gewöhnliche Aufenthalt** des Hilfebedürftigen an dem Tag, an dem er eine Leistung der Grundsicherung im Alter und bei Erwerbsminderung **beantragt**. Denn diese Leistungen werden nur auf Antrag erbracht (§ 41 Abs. 1 SGB XII). Für Leistungen der Grundsicherung im Alter und bei Erwerbsminderung ist gemäß § 98 Abs. 1 Satz 2 SGB XII der Träger der Sozialhilfe örtlich zuständig, in dessen Bereich der gewöhnliche Aufenthaltsort des Leistungsberechtigten liegt. Diese Zuständigkeit bleibt gemäß § 98 Abs. 1 Satz 3 SGB XII bis zur Beendigung der Leistung auch dann bestehen, wenn die Leistung außerhalb seines Bereichs erbracht wird. Ob daraus folgt, dass die hierdurch begründete Zuständigkeit auch dann erhalten bleibt, wenn sich der gewöhnliche Aufenthalt (z.B. durch einen Umzug) ändert, wird unterschiedlich beurteilt.[115]

109   Eine Ausnahme von dem zuvor dargestellten Grundsatz, dass es für die Bestimmung des gewöhnlichen Aufenthalts auf keinen bestimmten Zeitpunkt ankommt, gilt aber für den **Aufenthalt in einer stationären Einrichtung** oder einer **Einrichtung zum Vollzug richterlich angeordneter Freiheitsentziehung**. Gemäß **§ 109 SGB XII** gelten als gewöhnlicher Aufenthalt im Sinne des Zwölften Kapitels und des Dreizehnten Kapitels, Zweiter Abschnitt, **nicht** der Aufenthalt in einer stationären Einrichtung (im Sinne von § 98 Abs. 2 SGB XII) und der auf richterlich angeordneter Freiheitsentziehung beruhende Aufenthalt in einer Vollzugsanstalt. Die Norm des § 109 SGB XII fingiert damit im Ergebnis das Fortbestehen des gewöhnlichen Aufenthalts am früheren, vorangegangenen Ort.[116] Die Regelung des § 109 SGB XII gilt – so die dortige ausdrückliche Anordnung – nur für das Zwölfte und Dreizehnte Kapitel (dort Zweiter Abschnitt) des SGB XII und damit für die örtliche Zuständigkeit der Sozialhilfeträger sowie für die Kostenerstattung zwischen den Sozialhilfeträgern. Für den **Aufenthalt in einer stationären Einrichtung** ordnet die Sonderregelung über die örtliche Zuständigkeit des **§ 98 Abs. 2 SGB XII** folgerichtig an, dass es auf den gewöhnlichen Aufenthalt ankommt, den der Hilfebedürftige **im Zeitpunkt der Aufnahme in die Einrichtung hatte** oder in den zwei Monaten vor der Aufnahme zuletzt gehabt hatte. Für Hilfebedürftige, die sich in **Einrichtungen zum Vollzug richterlich angeordneter Freiheitsentziehung** aufhalten oder aufgehalten haben, gilt dies gemäß § 98 Abs. 4 SGB XII entsprechend. Der Aufenthalt in einer stationären Einrichtung oder in einer Einrichtung zum Vollzug richterlich angeordneter Freiheitsentziehung begründet damit **keinen gewöhnlichen Aufenthalt**. Auch hier bleibt es bei der Fiktion des gewöhnlichen Aufenthalts am früheren, vorangegangenen Ort.

---

[109] BSG v. 27.09.1990 - 4 REg 30/89 - BSGE 67, 243.
[110] So BSG v. 18.02.1998 - B 5 RJ 12/97 R - BSGE 82, 23. Gegen die Berücksichtigung des Willens BSG v. 03.04.2001 - B 4 RA 90/00 R - SozR 3-1200 § 30 Nr. 21 (zu Normen der gesetzlichen Rentenversicherung); *Eicher* in: Eicher/Schlegel, SGB III, § 327 Rn. 31.
[111] Zum Vorstehenden: BSG v. 16.10.1986 - 12 RK 13/86 - BSGE 60, 262.
[112] BSG v. 27.01.1994 - 5 RJ 16/93 - SozR 3-2600 § 56 Nr. 7; vgl. *Schlegel* in: jurisPK-SGB I, § 30 Rn. 36.
[113] *Link* in: Eicher, SGB II, § 36 Rn. 31.
[114] Vgl. zu § 36 SGB II *Link* in: Eicher, SGB II, § 36 Rn. 34.
[115] *Wahrendorf* in: Grube/Wahrendorf, SGB XII, § 98 Rn. 15 m.w.N. Vgl. die Kommentierung zu § 98 SGB XII.
[116] *Link* in: Eicher/Spellbrink, SGB II, § 36 Rn. 25a.

b. Im Inland

Gemäß § 41 Abs. 1 Satz 1 SGB XII muss der Hilfebedürftige seinen persönlichen Aufenthalt im **Inland** haben. Mit Inland ist der räumliche Anwendungsbereich des GG gemeint, auf den sich die gebietsbezogene Hoheitsgewalt der Bundesrepublik Deutschland erstreckt.[117]

Unter welchen Voraussetzungen und in welchem (reduzierten) Umfang **Deutsche mit gewöhnlichem Aufenthalt im Ausland** Leistungen der Sozialhilfe beanspruchen können, normiert **§ 24 SGB XII**.

Die Regelung des **§ 23 SGB XII** regelt, unter welchen Voraussetzungen **Ausländer** mit tatsächlichem (also nicht gewöhnlichem, vgl. Rn. 105) Aufenthalt im Inland Sozialhilfeleistungen in Anspruch nehmen können. Bei einem erstmaligen **Zuzug aus dem Ausland** in das Gebiet der Bundesrepublik ist zu beachten, dass der **gewöhnliche** Aufenthalt erst begründet werden kann, wenn der Aufenthalt nicht nur besuchsweise besteht. Solange der Aufenthalt nur besuchsweise besteht, ist dies kein gewöhnlicher Aufenthalt.[118] Besteht dagegen von Anfang an die Absicht, einen gewöhnlichen Aufenthalt in der Bundesrepublik zu begründen, so erscheint es sachgerecht, dass der Leistungsträger zuständig wird, in dessen Bezirk der Hilfebedürftige erstmalig seinen gewöhnlichen Aufenthalt begründet.[119] Hier sind aber wieder die Vorgaben bzw. Restriktionen des § 23 SGB XII zu beachten (vgl. dazu die Kommentierung zu § 23 SGB XII).

4. Leistungsantrag (Absatz 1 Satz 1)

a. Bedeutung des Antrages

Grundsicherung im Alter und bei Erwerbsminderung ist gemäß § 41 Abs. 1 Satz 1 SGB XII auf **Antrag** zu leisten.

Ergänzend hierzu ordnet § 44 Abs. 1 Satz 2 SGB XII an, dass bei der Erstbewilligung oder bei einer Änderung der Leistung der **Bewilligungszeitraum** am Ersten des Monats beginnt, in dem der **Antrag gestellt** worden ist oder die Voraussetzungen für die Änderung eingetreten und mitgeteilt worden sind. Führt eine Änderung nicht zu einer Begünstigung des Berechtigten, so beginnt der neue Bewilligungszeitraum am Ersten des Folgemonats (§ 44 Abs. 1 Satz 3 SGB XII).

Der Antrag ist für die Leistungen der Grundsicherung im Alter und bei Erwerbsminderung damit eine **materiellrechtliche Anspruchsvoraussetzung**.[120] Er ist in dieser Funktion ein leistungskonstituierender Akt.[121] Zugleich eröffnet er gemäß §§ 8, 18 SGB X ein Verwaltungsverfahren.

Das Antragserfordernis des § 41 Abs. 1 Satz 1 SGB XII unterscheidet die Leistungen der Grundsicherung im Alter und bei Erwerbsminderung von den **sonstigen Leistungen der Sozialhilfe** (vgl. § 8 SGB XII), insbesondere der Hilfe zum Lebensunterhalt (§§ 27 ff. SGB XII). Bei diesen Leistungen setzt die Sozialhilfe gemäß **§ 18 Abs. 1 SGB XII** ein, sobald dem Sozialhilfeträger oder den von ihm beauftragten Stellen **bekannt wird**, dass die Voraussetzungen für die Leistung vorliegen.[122]

b. Leistungsbegehren und -antrag

Beantragt ein Hilfebedürftiger Leistungen der Grundsicherung im Alter und bei Erwerbsminderung, ist durch **Auslegung nach dem objektiven Empfängerhorizont** (entsprechend §§ 133, 157 BGB) zu ermitteln, ob sich sein Antrag auch auf weitere Leistungen und insbesondere auch auf einmalige Bedarfe gemäß § 31 SGB XII erstreckt. Gemäß § 42 Satz 1 SGB XII umfassen die Leistungen der Grundsicherung im Alter und bei Erwerbsminderung insbesondere die dort (unter der Nr. 2) genannten einmaligen Bedarfe nach § 31 SGB XII. Nach dem **Meistbegünstigungsgrundsatz** ist im Zweifel davon auszugehen, dass ohne Rücksicht auf den Wortlaut eines Antrags all die Leistungen begehrt werden, die den größten Nutzen bringen können.[123]

---

[117] *Schlegel* in: jurisPK-SGB I, § 30 Rn. 29.
[118] Vgl. BSG v. 15.03.1995 - 5 RJ 28/94 - SozR 3-1200 § 30 Nr. 13.
[119] Vgl. zum SGB II *Link* in: Eicher, SGB II, § 36 Rn. 36.
[120] BSG v. 29.09.2009 - B 8 SO 13/08 R; *Schellhorn* in: Schellhorn/Schellhorn/Hohm, SGB XII, § 41 Rn. 20; *Münder*, SGB 2006, 186, 189.
[121] So zur Parallelvorschrift des § 37 SGB II BSG v. 30.09.2008 - B 4 AS 29/07 R.
[122] Zur Bedeutung des „Kenntnisgrundsatzes" BSG v. 29.09.2009 - B 8 SO 23/08 R - ZFSH/SGB 2010, 42.
[123] BSG v. 26.08.2008 - B 8/9b SO 18/07 R - SozR 4-3500 § 18 Nr. 1 Rn. 22; BSG v. 21.07.1977 - 7 RAr 132/75 - BSGE 44, 164, 166 f.; BSG v. 15.11.1979 - 7 RAr 75/78 - BSGE 49, 114, 115 f.

c. Form des Antrages

118 Das Gesetz ordnet **nicht** an, dass Anträge schriftlich zu stellen sind.[124] Das Verwaltungsverfahren ist vielmehr an keine Form gebunden, sondern gemäß § 9 SGB X einfach und zweckmäßig durchzuführen. Ein Antrag kann also auch mündlich oder per E-Mail gestellt werden. Da keine Schriftform eingehalten werden muss, muss der Antrag auch nicht zwingend eigenhändig unterschrieben werden.[125]

d. Eingang des Antrages

119 Der Antrag ist eine **einseitige, empfangsbedürftige Willenserklärung**.[126] Der Antrag bedarf damit des „**Empfangs**". Das bedeutet, dass er so in den Bereich des Empfängers gelangen muss, dass dieser unter normalen Umständen die Möglichkeit hat, vom Inhalt der Erklärung Kenntnis zu nehmen.[127] Ein an eine Behörde gerichtetes Schreiben geht mit dem Eingang bei der hierfür eingerichteten Stelle zu, nicht erst mit Vorlage bei dem zuständigen Bediensteten.[128] Der Antrag muss also bei dem Grundsicherungsträger eingehen. Dieser muss, rechtstechnisch gesprochen, die Verfügungsgewalt über den Antrag erhalten.

120 Zum Bereich des Empfängers gehören die von ihm zur Entgegennahme von Erklärungen bereit gehaltenen Einrichtungen wie Briefkasten, Postfach, Telefax, E-Mail-Postfach und Anrufbeantworter.[129] Veröffentlicht der Grundsicherungsträger also eine E-Mail-Adresse, so kann ein Hilfebedürftiger einen Antrag auch per E-Mail stellen. Das gilt aber dann nicht, wenn der Grundsicherungsträger mit der Veröffentlichung seiner E-Mail-Adresse ausdrücklich darauf hinweist, dass diese E-Mail-Adresse zur Entgegennahme von Anträgen nicht bestimmt ist. Denn bei einem derartigen Hinweis kann ein Hilfebedürftiger nicht damit rechnen, dass ein auf diesem Wege gleichwohl eingebrachter Antrag auch zur Kenntnis genommen wird.

e. Nachweis des Antragseingangs

121 Es ist der Hilfebedürftige, der nachweisen muss, dass der Antrag bei dem Grundsicherungsträger eingegangen ist. Denn der Antrag ist eine der Voraussetzungen für die Leistungsgewährung, und die Anspruchsvoraussetzungen hat der Hilfebedürftige nach den allgemeinen Regeln der Beweislast nachzuweisen. Zwar muss der Sozialhilfeträger den Sachverhalt von Amts wegen aufklären. Lässt sich ein Antragseingang aber nicht feststellen bzw. nachweisen, geht dies im Ergebnis zu Lasten des Hilfebedürftigen.

122 Versendet der Hilfebedürftige seinen Leistungsantrag mit der Post als **einfachen Brief**, trägt er das Risiko, dass er den Eingang seines Antrages nicht nachweisen kann, wenn der Antrag auf dem Postweg verloren geht. Denn für normale Postsendungen besteht kein Beweis des ersten Anscheins dahingehend, dass eine zur Post gegebene Sendung den Empfänger auch tatsächlich erreicht.[130]

123 Der Hilfebedürftige kann seinen Antrag auch per **Telefax** stellen. Ein Antrag ist dann per Telefax eingegangen, wenn der Grundsicherungsträger die gesendeten Signale empfangen hat. Das Sendeprotokoll dürfte als Nachweis für sich genommen nicht ausreichen. Es ist aber ein Indiz bei der vorzunehmenden Gesamtwürdigung aller Umstände. Als weiteres Indiz kommt die Abrechnung des Hilfebedürftigen in Betracht, die er von seinem Telekommunikationsunternehmen für die Telekommunikationsverbindungen erhält, sofern dort die Einzelverbindungen (mit Datum und Uhrzeit) aufgelistet sind.[131]

124 Eine Antragstellung per **E-Mail** ist im Sozialhilferecht möglich. Eine E-Mail geht zu, wenn sie bei dem Provider des Empfängers abrufbar gespeichert ist.[132] Bei einer Antragstellung durch E-Mail muss der Versender der E-Mail beweisen, dass die Mail tatsächlich an die E-Mail-Adresse des Sozialhilfeträgers versandt worden und dort angekommen ist.

---

[124] Und zwar weder in § 37 SGB II noch in der allgemeinen Vorschrift des § 16 SGB I.
[125] In § 126 Abs. 1 BGB heißt es dagegen: „Ist durch Gesetz schriftliche Form vorgeschrieben, so muss die Urkunde von dem Aussteller eigenhändig durch Namensunterschrift (…) unterzeichnet werden."
[126] Vgl. *Link* in: Eicher, SGB II, § 37 Rn. 16.
[127] *Ellenberger* in: Palandt, BGB, § 130 Rn. 5.
[128] *Ellenberger* in: Palandt, BGB, § 130 Rn. 6.
[129] Vgl. *Ellenberger* in: Palandt, BGB, § 130 Rn. 5.
[130] LSG NRW v. 17.04.2008 - L 9 AS 69/07.
[131] Hierzu *Leitherer* in: Meyer-Ladewig/Keller/Leitherer, SGG, § 151 Rn. 10d.
[132] *Ellenberger* in: Palandt, BGB, § 130 Rn. 7a.

f. Antrag an den zuständigen Leistungsträger

Anträge auf Sozialleistungen sind gemäß **§ 16 Abs. 1 Satz 1 SGB I** beim **zuständigen** Leistungsträger zu stellen. Im SGB XII ist die sachliche Zuständigkeit in § 97 SGB XII und die örtliche Zuständigkeit in § 98 SGB XII normiert. 125

Anträge werden gemäß **§ 16 Abs. 2 SGB I** aber auch von **unzuständigen** Leistungsträgern entgegengenommen. Anträge, die bei einem unzuständigen Leistungsträger gestellt werden, sind danach unverzüglich an den zuständigen Leistungsträger weiterzuleiten; der Antrag gilt dabei als zu dem Zeitpunkt gestellt, in dem er bei dem unzuständigen Leistungsträger eingegangen ist. 126

Der **gesetzliche Rentenversicherungsträger** ist unter den Voraussetzungen des **§ 46 SGB XII** zur Information, Beratung sowie **Aushändigung eines Antragsformulars** für Leistungen der Grundsicherung bei Erwerbsminderung und im Alter verpflichtet. Gemäß **§ 109a Abs. 1 Satz 3 SGB VI** ist darauf hinzuweisen, dass der Antrag auf Leistungen der Grundsicherung im Alter und bei Erwerbsminderung auch bei dem zuständigen Träger der Rentenversicherung gestellt werden kann, der den Antrag an den zuständigen Träger der Sozialhilfe weiterleitet. Dies entspricht der allgemeinen Regelung des § 16 Abs. 2 SGB I (vgl. hierzu Rn. 125). 127

Eine besondere, in der Praxis bisweilen übersehene gesetzliche Regelung existiert für den Fall, dass die Erwerbsfähigkeit des Hilfebedürftigen im Streit steht. Ist ein Hilfebedürftiger erwerbsfähig, erhält er Grundsicherungsleistungen nach dem SGB II, ist er nicht erwerbsfähig, erhält er grundsätzlich Sozialhilfeleistungen nach dem SGB XII. Hier hat die Gesetzgebung das Problem gesehen, dass ein Hilfebedürftiger zwischen den Stühlen sitzt, wenn der Grundsicherungsträger ihn für erwerbsunfähig und der Sozialhilfeträger ihn für erwerbsfähig hält. In einem derartigen Fall greift die Regelung des **§ 44a Abs. 1 Satz 7 SGB II** ein. Danach hat der SGB-II-Träger Leistungen zu erbringen, bis der Streit über die Zuständigkeit nach Maßgabe des § 44a Abs. 1 SGB II beigelegt ist. Der SGB-II-Träger muss hierbei bei dem Sozialhilfeträger anfragen, wie dieser die Erwerbsfähigkeit des Hilfebedürftigen beurteilt, auch wenn der Hilfebedürftige dort noch keinen Antrag gestellt hat[133]; dies gilt für den Sozialhilfeträger umgekehrt nicht.[134] 128

Des Weiteren ordnet **§ 28 SGB X** unter den dort genannten Voraussetzungen an, dass ein Antrag zeitlich zurückwirken kann, wenn ein Leistungsberechtigter von der Stellung eines Antrages auf eine Sozialleistung abgesehen hat, weil ein Anspruch auf eine andere Sozialleistung geltend gemacht worden ist. Im Grundsicherungsrecht nach dem SGB II ist hierzu die Sonderregelung des § 40 Abs. 3 SGB II zu beachten, wonach der Antrag unverzüglich nach Ablauf des Monats nachzuholen ist, in dem die Ablehnung oder die Erstattung der anderen Leistung bindend geworden ist.[135] Eine solche Sonderregelung existiert aber im Anwendungsbereich des SGB XII nicht. 129

Hat ein Hilfebedürftiger einen Antrag aufgrund einer falschen Beratung durch die Verwaltung nicht gestellt, kann er mittels des richterrechtlich entwickelten Rechtsinstituts des **sozialrechtlichen Herstellungsanspruches**[136] den Antrag gegebenenfalls „nachholen", weil er dann so zu stellen ist, wie er bei ordnungsgemäßer Beratung stünde.[137] 130

g. Keine Wiedereinsetzung in den vorigen Stand

Gemäß **§ 27 Abs. 1 Satz 1 SGB X** ist, sofern jemand ohne Verschulden verhindert war, eine gesetzliche Frist einzuhalten, ihm auf Antrag Wiedereinsetzung in den vorigen Stand zu gewähren. Diese Regelung ist hier jedoch nicht anwendbar. Denn das Antragserfordernis des § 41 Abs. 1 Satz 1 SGB XII begründet keine „gesetzliche Frist" im Sinne des § 27 Abs. 1 Satz 1 SGB X, sondern allein das verfahrensrechtliche Erfordernis eines Antrages.[138] 131

---

[133] BSG v. 07.11.2006 - B 7b AS 10/06 R - BSGE 97, 231.

[134] Ausführlich *Blüggel* in: Eicher, SGB II, § 44a Rn. 73.

[135] Grundlegend hierzu: *Eicher/Greiser* in: Eicher, SGB II, § 40 Rn. 153 ff.

[136] BSG v. 07.05.2009 - B 11 AL 72/08 B; BSG v. 08.02.2007 - B 7a AL 22/06 R - BSGE 98, 108; BSG v. 21.06.2001 - B 7 AL 54/00 R - BSGE 88, 180 m.w.N.

[137] In BSG v. 29.09.2009 - B 8 SO 11/08 R konnte „dahinstehen, ob dieses Rechtsinstitut im Sozialhilferecht anwendbar ist".

[138] So zu der Parallelvorschrift des § 37 SGB II LSG NRW v. 17.04.2008 - L 9 AS 69/07.

h. Erfordernis eines Folgeantrages?

132 Es stellt sich die Frage, ob der Hilfebedürftige einen **Folgeantrag**, also einen erneuten Leistungsantrag stellen muss, wenn der Bewilligungszeitraum der ihm aufgrund seines Erstantrages gewährten Sozialhilfeleistungen endet.

133 Als **Beispiel**: Dem Hilfebedürftigen sind aufgrund seines Leistungsantrages vom 31.01.2010 Grundsicherungsleistungen für den Zeitraum vom 01.01.2010 (§ 44 Abs. 1 Satz 2 SGB XII) bis zum 31.12.2010 (§ 44 Abs. 1 Satz 1 SGB XII) bewilligt worden (Bescheid aus Februar 2010). Erst am 15.04.2011 stellt er den Folgeantrag. Kann er erst ab dem 01.04.2011 die (weitere) Bewilligung der Grundsicherungsleistungen beanspruchen?

134 Der zuständige Sozialhilfesenat des **BSG** hält einen **Folgeantrag** im Anwendungsbereich der Grundsicherungsleistungen **grundsätzlich** für **nicht erforderlich**.[139] Er hat ausgeführt, dass einem Anspruch auf Leistungen der Grundsicherung im Alter und bei Erwerbsminderung nicht entgegensteht, dass der Hilfebedürftige erst verspätet (im Beispielsfall: 15.04.2011), nämlich nach Ablauf des ursprünglichen Bewilligungszeitraums (hier: 31.12.2010) einen (Folge-)Antrag auf Weiterzahlung der Leistung gestellt hat. Denn weder sei sein Erstantrag (hier: vom 31.01.2010) auf einen bestimmten Zeitraum begrenzt gewesen, noch sei in der befristeten (bestandskräftigen) Bewilligung durch den Bescheid (hier: aus Februar 2010) gleichzeitig als Kehrseite der Bewilligung eine Leistungsablehnung für die Zeit nach Ende des Bewilligungszeitraums (hier: ab dem 01.01.2011) zu sehen, so dass sich daraus die Notwendigkeit eines neuen Antrags ergäbe. Das BSG hat aber betont, dass bei einer vorherigen **Aufhebung einer Leistungsbewilligung** die **Notwendigkeit einer erneuten Antragstellung** resultieren könnte.[140]

135 Zur **Begründung** hat das BSG ausgeführt, der einmal gestellte Antrag wirke über den Bewilligungszeitraum hinaus fort und sei nicht verbraucht. Zwar seien die Leistungen der Grundsicherung von einem Antrag abhängig. Dieses Antragserfordernis bringe jedoch lediglich zum Ausdruck, dass der „Wechsel" von der Sozialhilfe zur Grundsicherung (als einer besonders ausgestalteten Sozialhilfe mit einem weitgehenden Ausschluss des Unterhaltsrückgriffs: vgl. jetzt § 43 Abs. 2 SGB XII) nicht von Amts wegen erfolgen sollte. Auch § 6 Satz 1 GSiG (jetzt: § 44 Abs. 1 Satz 1 SGB XII), nach dem die Leistung in der Regel für den Zeitraum von einem Jahr bewilligt wird, begründe nach seinem Wortlaut lediglich die Ermächtigung und zugleich Verpflichtung der Behörde zu einer Befristung der Bewilligung im Sinne von § 32 Abs. 1 SGB X, nicht jedoch eine Begrenzung des Leistungsanspruchs mit einem hieraus abzuleitenden besonderen „Mitwirkungserfordernis" in Form einer weiteren Antragstellung für Folgezeiträume.[141]

136 Im Recht der Grundsicherung spreche die in Ermangelung einer ausdrücklichen gesetzlichen Regelung zur Notwendigkeit eines Antragserfordernisses für Fortzahlungsbewilligungen zu berücksichtigende Systematik und Entstehungsgeschichte der Vorschrift gerade gegen die Notwendigkeit eines Folgeantrags. Während der Erstantrag auf Grundsicherungsleistungen als materiellrechtliche Anspruchsvoraussetzung (§ 41 Abs. 1 SGB XII) eine umfassende Prüfung der Leistungsvoraussetzungen, insbesondere des Vorliegens einer dauerhaften Erwerbsminderung erfordere, diesem Erstantrag also gewissermaßen eine „Türöffnerfunktion" für den Systemwechsel von der Sozialhilfe zur Grundsicherung oder die Wahl des Systems zukomme, gehe der Gesetzgeber nach erstmaliger Bewilligung der Grundsicherungsleistungen von weitgehend gleichbleibenden Verhältnissen aus. Da die Einkommens- und Vermögensverhältnisse bei dem Grundsicherungsberechtigten in der Regel für längere Zeit unverändert bleiben, habe der Gesetzgeber mit der Festlegung des einjährigen Bewilligungszeitraums nur den jährlichen Rentenanpassungen Rechnung tragen wollen.[142]

137 Der Entscheidung des BSG lag dabei ein Lebenssachverhalt zugrunde, der noch nach den **Vorschriften des GSiG** als den Vorgängerregelungen der §§ 41 ff. SGB XII (vgl. hierzu Rn. 5) zu beurteilen war. Angesichts des im vorliegenden Kontext im Wesentlichen identischen Regelungsgehaltes kann aber davon ausgegangen werden, dass die Aussagen des BSG auch **auf das neue Recht der §§ 41 ff. SGB XII zu übertragen sind**; auch das BSG selbst verwies in seiner Begründung mehrfach auf diese Normen und damit das aktuelle Recht, ohne zwischen altem und neuen Recht zu differenzieren.[143]

---

[139] BSG v. 29.09.2009 - B 8 SO 13/08 R. Zustimmend *Bieback*, jurisPR-SozR 8/2010, Anm. 2. Ebenso *Brühl/Schoch* in: LPK-SGB II, § 44 Rn. 9.
[140] BSG v. 29.09.2009 - B 8 SO 13/08 R.
[141] BSG v. 29.09.2009 - B 8 SO 13/08 R m.w.N.
[142] BSG v. 29.09.2009 - B 8 SO 13/08 R.
[143] Vgl. auch *Bieback*, jurisPR-SozR 8/2010, Anm. 2.

5. Hilfebedürftigkeit (Absatz 1 Sätze 1 und 2)

Voraussetzung für die Inanspruchnahme der Grundsicherung im Alter und bei Erwerbsminderung ist gemäß § 41 Abs. 1 **Satz 1** SGB XII ferner, dass die Person ihren notwendigen Lebensunterhalt **nicht aus Einkommen und Vermögen nach den §§ 82-84 und 90 SGB XII** beschaffen kann. Damit wird die allgemeine Vorschrift des **§ 19 Abs. 2 Satz 1 SGB XII** zur Bestimmung der **Hilfebedürftigkeit** konkretisiert sowie der bereits in § 2 SGB XII allgemein normierte **Nachrang der Sozialhilfe** betont. Der „notwendige Lebensunterhalt" im Sinne des § 41 Abs. 1 Satz 1 SGB XII ergibt sich aus dem Leistungskatalog des § 42 SGB XII.

138

a. Einkommen

Die Bestimmung des **Einkommens** ist in den **§§ 82 ff. SGB XII** normiert. Wegen der Einzelheiten wird auf die dortigen Kommentierungen verwiesen.

139

Fraglich ist bei den Leistungen der Grundsicherung im Alter und bei Erwerbsminderung, ob **Kindergeld** leistungsmindernd als Einkommen berücksichtigt werden muss. Diese Frage stellt sich dann, wenn der Hilfebedürftige, der Leistungen der Grundsicherung im Alter und bei Erwerbsminderung bezieht, ein **erwachsenes** Kind ist, das noch kindergeldberechtigt ist. Bei **minderjährigen** Kindern stellt sich diese Frage bei den Grundsicherungen im Alter und bei Erwerbsminderung dagegen von vornherein nicht, weil diese Leistungen gemäß § 41 Abs. 3 SGB XII die Vollendung des 18. Lebensjahres gerade voraussetzen.

140

Gemäß § 82 Abs. 1 Satz 2 SGB XII ist das Kindergeld bei **minderjährigen** Kindern dem jeweiligen Kind als Einkommen zuzurechnen, soweit es bei diesem zur Deckung des notwendigen Lebensunterhaltes benötigt wird. Für **erwachsene** Kinder existiert dagegen keine gesetzliche Regelung.

141

Das BSG hat entschieden, dass das Kindergeld sozialhilferechtlich grundsätzlich eine Einnahme dessen, an den es (als Leistungs- oder Abzweigungsberechtigten) **ausgezahlt** wird.[144] Davon gingen nicht zuletzt auch inzident die von diesem Grundsatz abweichenden ausdrücklichen Zuordnungsregelungen des § 82 Abs. 1 Satz 2 SGB XII und des § 11 Abs. 1 Satz 3 SGB II aus. Das an ein Elternteil als Kindergeldberechtigten ausgezahlte Kindergeld sei nur dann als Einkommen des volljährigen, außerhalb des Haushaltes lebenden Kindes zu berücksichtigen, soweit es ihm zeitnah (innerhalb eines Monats nach Auszahlung bzw. Überweisung des Kindergeldes) tatsächlich **zugewendet** wird und ohne die „Weiterleitung" des Kindergeldes die Voraussetzungen des § 74 EStG für eine **Abzweigung des Kindergeldes** vorliegen würden.

142

Soweit eine solche Zuwendung tatsächlich nicht erfolge, sei das hilfebedürftige Kind **nicht verpflichtet, einen Abzweigungsantrag zu stellen**. Nach § 74 Abs. 1 Satz 1 EStG kann das nach § 66 EStG für ein Kind festgesetzte Kindergeld an das Kind ausbezahlt werden, wenn der Kindergeldberechtigte ihm gegenüber seiner gesetzlichen Unterhaltspflicht nicht nachkommt. Nach § 74 Abs. 1 Satz 3 EStG kann eine Abzweigung an das Kind auch erfolgen, wenn der Kindergeldberechtigte mangels Leistungsfähigkeit nicht unterhaltspflichtig ist oder nur Unterhalt in Höhe eines Betrages zu leisten braucht, der geringer ist als das für die Auszahlung in Betracht kommende Kindergeld. Die Voraussetzungen für eine solche Abzweigung bedürfen nach der Rechtsprechung des BSG aber keiner Prüfung. Denn auf ein in § 74 Abs. 1 EStG vorausgesetztes Unterhaltsdefizit könne es schon deshalb nicht ankommen, weil Grundsicherungsleistungen nach den §§ 41 ff. SGB XII **unabhängig von etwaigen Unterhaltsansprüchen** erbracht werden.[145]

143

b. Vermögen

Die Bestimmung des **Vermögens** ist in **§ 90 SGB XII** geregelt. Zu Einzelheiten vgl. die Kommentierung zu § 90 SGB XII.

144

Die Regelung des **§ 91 SGB XII** über die Darlehensgewährung insbesondere bei nicht sofort verwertbaren Vermögen ist gemäß § 41 Abs. 1 **Satz 2** SGB XII (ebenfalls) anzuwenden.

145

---

[144] BSG v. 26.08.2008 - B 8/9b SO 16/07 R m.w.N. - FamRZ 2009, 44. Vgl. zuvor bereits BSG v. 16.10.2007 - B 8/9b SO 8/06 R - BSGE 99, 137.

[145] Zum Vorstehenden: BSG v. 26.08.2008 - B 8/9b SO 16/07 R - FamRZ 2009, 44.

c. Besonderheiten

146 Gemäß **§ 43 Abs. 1 SGB XII** sind das Einkommen und Vermögen des **nicht getrennt lebenden Ehegatten oder Lebenspartners** sowie des **Partners einer eheähnlichen oder lebenspartnerschaftsähnlichen Gemeinschaft**, die dessen notwendigen Lebensunterhalt übersteigen, zu berücksichtigen (vgl. die Kommentierung zu § 43 SGB XII).

147 Bei den Leistungen der Grundsicherung im Alter und bei Erwerbsminderung hat die Gesetzgebung auf einen **Unterhaltsrückgriff gegenüber Eltern und Kindern** unter den Voraussetzungen des **§ 43 Abs. 2 SGB XII** verzichtet. Tatsächliche Leistungen und Zahlungen, die gleichwohl geleistet werden, sind demgegenüber bedarfsmindernd zu berücksichtigen.[146]

6. Keine vorsätzliche oder grob fahrlässige Herbeiführung der Hilfebedürftigkeit (Absatz 4)

148 Gemäß § 41 Abs. 4 SGB XII hat keinen Anspruch auf Leistungen der Grundsicherung im Alter und bei Erwerbsminderung, wer in den letzten zehn Jahren die Bedürftigkeit vorsätzlich oder grob fahrlässig herbeigeführt hat. Dies ist bei den Leistungen der Hilfe zum Lebensunterhalt (§§ 27 ff. SGB XII) anders geregelt, weil § 103 SGB XII dort einen Kostenersatz bei schuldhaftem Handeln normiert.

149 Die **Frist von zehn Jahren** ist von dem **Tag der Antragstellung** (§ 41 Abs. 1 SGB XII) zu berechnen, weil der Antrag bei den Leistungen der Grundsicherung im Alter und bei Erwerbsminderung konstituierende Bedeutung hat (vgl. Rn. 115). In dem Zehn-Jahres-Zeitraum muss der Hilfebedürftige die Bedürftigkeit (in subjektiv vorwerfbarer Weise) herbeigeführt haben. Die **Hilfebedürftigkeit ist herbeigeführt**, wenn im Zehn-Jahres-Zeitraum der entsprechende **Erfolg** (= Hilfebedürftigkeit) eingetreten ist. Hat sich dieser Erfolg (z.B. Eigentumsübertragung bei Immobilien) im Zehn-Jahres-Zeitraum verwirklicht, ist es damit unerheblich, wenn die zum Erfolg führende Handlung (z.B. Kaufvertrag über Immobilien) möglicherweise außerhalb des Zehn-Jahres-Zeitraumes erfolgte.[147]

a. Herbeiführung der Hilfebedürftigkeit

150 Der Hilfebedürftige muss seine Bedürftigkeit herbeigeführt haben. Damit ist gemeint, dass der Hilfebedürftige sich **selbst hilfebedürftig gemacht** haben muss.

151 Dies kann zum Beispiel dadurch geschehen, dass er vor Antragstellung **Vermögen verschenkt oder „verschleudert"** hat.[148] Der Tatbestand des § 41 Abs. 4 SGB XII ist allerdings erst dann erfüllt, wenn dies auch **in subjektiv vorwerfbarer Weise** geschehen ist, nämlich vorsätzlich oder grob fahrlässig. Der Hilfebedürftige muss also gewusst haben oder hätte ohne weiteres wissen müssen, dass er sich durch diese Weiter- oder Weggabe seines Vermögens bedürftig macht.

152 Es wird im konkreten Fall oftmals nicht einfach sein, die **Grenze** zu bestimmen, ab deren Überschreitung einem Hilfebedürftigen vorzuhalten ist, er habe sich selbst bedürftig gemacht. Hier ist Augenmaß und eine sorgfältige Feststellung sowie Berücksichtigung sämtlicher Lebensumstände gefragt. Als „Faustformel" kann gelten, dass die Grenze dann überschritten wird, wenn der Hilfebedürftige in eklatanter Weise gegen seine Obliegenheit verstoßen hat, **mit seinem Einkommen oder Vermögen sorgsam und verantwortungsvoll umzugehen**. Dies ist dann der Fall, wenn er **sich wirtschaftlich grob unvernünftig verhält**, er also mit seinem Einkommen oder Vermögen so umgeht, wie dies ein umsichtig Handelnder in der Person des Hilfebedürftigen keinesfalls tun würde bzw. getan hätte. Hinzukommen muss aber in jeden Fall die **subjektive Vorwerfbarkeit**, nämlich das vorsätzliche oder grob fahrlässige Verhalten.

153 Hat der Hilfebedürftige **Vermögen verschenkt**, stellt sich vor der Prüfung des § 41 **Abs. 4** SGB XII zunächst die Frage, ob möglicherweise **Rückforderungsansprüche** des Hilfebedürftigen bestehen, die bereits eine **Hilfebedürftigkeit** gemäß § 41 **Abs. 1** SGB XII entfallen lassen könnten mit der weiteren Folge, dass er sich im Ergebnis nicht selbst bedürftig gemacht hat bzw. haben kann; diese **zwei unterschiedlichen Prüfungsebenen** werden bisweilen bei der Prüfung von Schenkungen zu Unrecht vermengt. Ist ein Schenker nach Vollziehung der Schenkung außerstande, seinen angemessenen Unterhalt zu bestreiten, kann er von dem Beschenkten gemäß **§ 528 Abs. 1 Satz 1 BGB** die Herausgabe des Ge-

---

[146] BSG v. 16.10.2007 - B 8/9b SO 8/06 R - BSGE 99, 137.

[147] Anderer Auffassung *Brühl/Schoch* in: LPK-SGB XII, § 41 Rn. 33: Maßgeblich für den Beginn des Zehn-Jahres-Zeitraums sei der Tag „des zurechenbaren Verhaltens". Ebenfalls a.A. *Adolph* in: Linhart/Adolph, SGB XII, § 41 Rn. 119.

[148] So BT-Drs. 14/5150, S. 49 zu § 2 Abs. 2 GSiG.

schenkes nach den Vorschriften über die Herausgabe einer ungerechtfertigten Bereicherung (§§ 818, 819 BGB) fordern.[149] Dieser Rückforderungsanspruch ist jedoch gemäß **§ 529 Abs. 1 BGB nicht durchsetzbar**, wenn der Schenker seine Bedürftigkeit vorsätzlich oder durch grobe Fahrlässigkeit herbeigeführt hat oder wenn zur Zeit des Eintritts seiner Bedürftigkeit seit der Leistung des geschenkten Gegenstandes zehn Jahre verstrichen sind.[150] Das gleiche gilt gemäß **§ 529 Abs. 2 BGB**, wenn der standesgemäße Unterhalt des Beschenkten gefährdet ist.[151] Eine Hilfebedürftigkeit gemäß § 41 Abs. 1 SGB XII könnte also allenfalls dann entfallen, wenn der Hilfebedürftige (als Schenker) einen **rechtlich durchsetzbaren und tatsächlich realisierbaren Anspruch gegenüber dem Beschenkten** hat, sofern zivilrechtliche Rückforderungs- und sonstige Ansprüche nicht von vornherein von der Bedürftigkeitsprüfung auszunehmen[152] und stattdessen ausschließlich mit den Instrumenten der Leistungseinschränkung (§ 26 SGB XII) und des Kostenersatzanspruches (§ 103 SGB XII) zu bewältigen sind. Ein realisierbarer Rückforderungsanspruch dürfte in der Praxis auch angesichts der Einrede des § 529 BGB selten gegeben sein; **Hilfebedürftigkeit** gemäß § 41 **Abs. 1** SGB XII liegt damit vor. Allerdings greift dann der **Leistungsausschluss** des § 41 **Abs. 4** SGB XII ein, sofern der Hilfebedürftige in subjektiv vorwerfbarer Weise gehandelt hat, nämlich vorsätzlich oder grob fahrlässig.

b. Vorsatz

Vorsatz bedeutet das Wissen und das Wollen der zum gesetzlichen Tatbestand gehörenden objektiven Merkmale.[153] Vorsätzlich im Sinne des § 41 Abs. 4 SGB XII handelt damit, **wer seine Hilfebedürftigkeit bewusst herbeiführt und dies auch will**. 154

Unterschieden werden drei verschiedene Erscheinungsformen des Vorsatzes[154]: 155

- **Absicht** liegt dann vor, wenn es dem Betreffenden gerade darauf ankommt, den Eintritt des tatbestandlichen Erfolges herbeizuführen oder den Umstand zu verwirklichen, für den das Gesetz absichtliches Handeln voraussetzt.
- **Direkter Vorsatz** ist dann gegeben, wenn der Betreffende weiß oder als sicher voraussieht, dass sein Handeln zur Verwirklichung des gesetzlichen Tatbestandes führt.
- **Eventualvorsatz** bedeutet, der Betreffende hält es ernstlich für möglich und findet sich damit ab, dass sein Verhalten zur Verwirklichung des gesetzlichen Tatbestandes führt.

Welche Form des Vorsatzes konkret vorliegt, muss bei Anwendung des § 41 Abs. 4 SGB XII nicht festgestellt werden, weil diese Norm jede Form des Vorsatzes erfasst. 156

c. Grobe Fahrlässigkeit

Nach der Legaldefinition der groben Fahrlässigkeit im Rahmen der Aufhebung von Verwaltungsakten ist **grobe Fahrlässigkeit** zu bejahen, wenn die **erforderliche Sorgfalt in besonders schwerem Maße verletzt wird** (§ 45 Abs. 2 Satz 3 Nr. 3 HS. 2 SGB X). 157

Einfache Fahrlässigkeit reicht damit für die Verwirklichung des § 41 Abs. 4 SGB XII **nicht** aus. Der Hilfebedürftige muss also in besonders schwerem Maße gegen seine Obliegenheit verstoßen haben, mit seinem Einkommen oder Vermögen sorgsam und verantwortungsvoll umzugehen. 158

d. Beweislast

Fraglich ist, ob die Regelung des § 41 Abs. 4 SGB XII eine **negative Tatbestandsvoraussetzung** formuliert oder eine **rechtsvernichtende Einwendung**. Nach den allgemeinen Regeln der Beweislastverteilung muss derjenige, der sich auf eine Norm beruft, das Vorliegen ihrer **Tatbestandsvoraussetzungen** nachweisen. Der Anspruchsgegner muss sodann nachweisen, dass ein Anspruch trotz Vorliegen der gesetzlichen Tatbestandsvoraussetzungen nicht gegeben oder nicht durchsetzbar ist. Dies ist dann der Fall, wenn dem Anspruch Einwendungen entgegenstehen, die entweder bereits seine Entstehung hindern (**rechtshindernde Einwendungen**) oder den entstandenen Anspruch vernichten (**rechtsver-** 159

---

[149] Hierzu BSG v. 02.02.2010 - B 8 SO 21/08 R.
[150] § 529 BGB enthält nach der Rechtsprechung des BGH keine (von Amts wegen zu beachtende) Einwendung, sondern eine (zu erhebende) Einrede, so *Weidenkaff* in: Palandt, BGB, § 529 Rn. 1 m.w.N.
[151] BSG v. 02.02.2010 - B 8 SO 21/08 R.
[152] Vgl. hierzu auch BSG v. 02.02.2010 - B 8 SO 21/08 R.
[153] So die „klassische" Definition des Vorsatzes; vgl. zum Strafrecht §§ 15, 16 Abs. 1 StGB und zum Zivilrecht § 276 Abs. 1 Satz 1 BGB, hierzu *Heinrichs* in: Palandt, BGB, § 276 Rn. 10 m.w.N.
[154] Vgl. auch BSG v. 18.03.2008 - B 8/9b SO 9/06 R - BSGE 100, 131.

nichtende Einwendung). Nicht durchsetzbar ist ein Anspruch, wenn dem Anspruchsgegner dauerhafte (z.B. Verjährung) oder vorübergehende (z.B. Zurückbehaltungsrecht) **rechtshemmende Einreden** zustehen und er diese erhebt.

160 Auch wenn das Sozialrecht aufgrund des Untersuchungsgrundsatzes (§ 20 SGB X, § 103 SGG) keine formale Beweislast kennt, kommen gleichwohl die Regeln der **materiellen (objektiven) Beweislast** zur Anwendung. Dies ist dann der Fall, wenn sich trotz Ausschöpfung aller Möglichkeiten der Sachverhaltsermittlung nicht klären lässt, ob die Voraussetzungen einer gesetzlichen Regelung erfüllt sind. Dann ist die Frage zu klären, zu wessen Lasten dies geht.

161 Dies bedeutet hier: Die Gesetzgebung hat § 41 Abs. 4 SGB XII als **negative Tatbestandsvoraussetzung** formuliert („Keinen Anspruch (…) hat, …") und nicht als rechtvernichtende Einwendung. Denn dann hätte die Formulierung lauten müssen: „Der Anspruch entfällt, wenn …". Anhaltspunkte dafür, dass § 41 Abs. 4 SGB XII gleichwohl als rechtsvernichtende Einwendung ausgestaltet sein soll, liegen nicht vor. Der **Hilfebedürftige** muss also **nachweisen**, dass er in den letzten zehn Jahren seine Bedürftigkeit **nicht** vorsätzlich oder grob fahrlässig herbeigeführt hat[155]; er trägt insoweit die materielle Darlegungs- und Beweislast. Da es sich um eine **negative Tatsache** handelt, ist dem jedoch durch eine **Modifizierung der (materiellen) Darlegungslast** zu entsprechen.[156] Denn dem Hilfebedürftigen kann nicht abverlangt werden, das Fehlen aller erdenklichen Umstände zu beweisen, die ein Verschulden im genannten Sinnen begründen könnten, wenn solche Umstände gar nicht im Streit stehen bzw. vom Sozialhilfeträger nicht behauptet werden. Es wird deshalb grundsätzlich zunächst die **bloße und schlichte Behauptung** des Hilfebedürftigen ausreichen, seine Hilfebedürftigkeit nicht selbst herbeigeführt zu haben.[157] Sodann ist es Aufgabe des Sozialhilfeträgers, dies zu **widerlegen**, also das Gegenteil nachzuweisen.[158]

162 Eine **höhere** (anfängliche) **Darlegungslast** des Hilfebedürftigen kann aber ausnahmsweise insbesondere dann angenommen werden, wenn die Einkommens-, Vermögens- sowie Lebensverhältnisse des Antragstellers in der **Zeit vor der Antragstellung** hierzu Veranlassung geben. Hat der Hilfebedürftige zum Beispiel vor Antragstellung über Einkommen oder Vermögen in größerem Umfang verfügt, obliegt ihm die Darlegungs- und (materielle) Beweislast für den Verbleib und die konkrete Verwendung dieses Einkommens oder Vermögens und damit seine Hilfebedürftigkeit.

163 Steht fest (oder lässt sich nicht sicher ausschließen), dass der Hilfebedürftige in den letzten zehn Jahren die Bedürftigkeit vorsätzlich oder grob fahrlässig herbeigeführt hat, hat er gemäß § 41 Abs. 4 SGB XII **keinen Anspruch auf Leistungen der Grundsicherung im Alter und bei Erwerbsminderung**. Der Hilfebedürftige kann dann aber **Hilfe zum Lebensunterhalt** nach den §§ 19, 27 ff. SGB XII beanspruchen.

IV. Rechtsfolgen

1. Pflicht zur Leistungserbringung

164 Wenn die Tatbestandsvoraussetzungen des § 41 SGB XII vorliegen, „ist (…) Grundsicherung im Alter und bei Erwerbsminderung zu leisten". Es handelt sich damit um eine **gebundenen Entscheidung**. Denn auf Sozialhilfe besteht ein Anspruch, soweit bestimmt wird, dass die Leistung zu erbringen ist (§ 17 Abs. 1 Satz 1 SGB XII, § 38 SGB I).

165 Dem Sozialhilfeträger ist hinsichtlich des „Ob" der Leistungserbringung damit **kein Ermessen** eröffnet. Über Art und Weise der Leistungserbringung hat er dagegen nach pflichtgemäßem Ermessen zu entscheiden, soweit das Ermessen nicht ausgeschlossen wird (§ 17 Abs. 2 Satz 1 SGB XII). Hierbei haben allerdings die Geldleistungen Vorrang vor den Sachleistungen, soweit das SGB XII nichts anderes bestimmt (vgl. im Einzelnen § 10 Abs. 3 SGB XII).

166 Zum **Leistungsbeginn** ordnet § 44 Abs. 1 Satz 2 SGB XII kraft Gesetzes und zwingend an, dass bei der Erstbewilligung oder bei einer Änderung der Leistung der Bewilligungszeitraum **am Ersten des Monats** beginnt, in dem der Antrag gestellt worden ist oder die Voraussetzungen für die Änderung ein-

---

[155] Anderer Auffassung *Adolph* in: Linhart/Adolph, SGB XII, § 41 Rn. 126 (ohne Begründung).
[156] Hierzu allg. *Greger* in: Zöller, ZPO, Vor § 284 Rn. 24 m.w.N.
[157] Die Bedeutung der Frage, ob die Regelung des § 41 Abs. 4 SGB XII eine negative Tatbestandsvoraussetzung formuliert oder eine rechtsvernichtende Einwendung, relativiert sich daher in der Praxis insoweit.
[158] Zu diesem „Hin- und Herwandern" des Blicks bei der Verteilung der Beweislast allg. *Greger* in: Zöller, ZPO, Vor § 284 Rn. 24 m.w.N.

getreten und mitgeteilt worden sind. Führt eine Änderung nicht zu einer Begünstigung des Berechtigten, so beginnt der neue Bewilligungszeitraum am Ersten des Folgemonats (§ 44 Abs. 1 Satz 3 SGB XII).
Der **Umfang der Leistungen** richtet sich nach **§ 42 SGB XII**. 167

2. Rechtsfolge bei selbst herbeigeführter Hilfebedürftigkeit (Absatz 4)

Steht fest, dass der Hilfebedürftige in den letzten zehn Jahren die Bedürftigkeit vorsätzlich oder grob 168
fahrlässig herbeigeführt hat, hat er gemäß § 41 Abs. 4 SGB XII **keinen Anspruch auf Leistungen der Grundsicherung im Alter und bei Erwerbsminderung**. Dasselbe gilt für den Fall, dass dies nicht sicher ausgeschlossen werden kann; denn der Hilfebedürftige trägt für diese negative Tatbestandsvoraussetzung die (materielle) Beweislast (vgl. Rn. 161).

Der Hilfebedürftige kann dann aber **Hilfe zum Lebensunterhalt** nach den §§ 19, 27 ff. SGB XII be- 169
anspruchen (unter den weiteren dort genannten Voraussetzungen).[159] Denn mit dem grundgesetzlichen Sozialstaatsgebot (Art. 20 Abs. 1, Art. 28 Abs. 1 GG) sowie der Garantie der Menschenwürde (Art. 1 Abs. 1 und 3 GG) wäre es nicht vereinbar, einem hilfebedürftigen Menschen trotz festgestellter Bedürftigkeit keinerlei existenzsichernde Leistungen zu gewähren, auch wenn er seine Hilfebedürftigkeit selbst herbeigeführt oder hierzu beigetragen hat.

Bei der Gewährung der Hilfe zum Lebensunterhalt ist dann allerdings die Regelung des **§ 26 Abs. 1** 170
Satz 1 Nr. 1 SGB XII zu beachten.[160] Danach soll die Leistung **auf das zum Lebensunterhalt Unerlässliche** eingeschränkt werden bei Leistungsberechtigten, die nach Vollendung des 18. Lebensjahres ihr Einkommen oder Vermögen vermindert haben in der **Absicht**, die Voraussetzungen für die Gewährung oder Erhöhung der Leistung herbeizuführen. Anders als § 41 Abs. 4 SGB XII setzt diese Norm Absicht voraus; direkter Vorsatz oder Eventualvorsatz reichen insoweit also nicht aus (vgl. zu dieser Differenzierung Rn. 154 ff.).

Flankierend zu § 26 Abs. 1 Satz 1 Nr. 1 SGB XII sieht die Regelung des **§ 103 Abs. 1 Satz 1 SGB XII** 171
einen Anspruch des Sozialhilfeträgers auf **Kostenersatz** vor[161]; unter den dort genannten, weiteren Voraussetzungen ist ein **vorsätzliches oder grob fahrlässiges Verhalten** des Hilfebedürftigen erforderlich.[162]

Bei der **Hilfe zum Lebensunterhalt** nach den §§ 19, 27 ff. SGB XII ist zu beachten, dass die Gesetz- 172
gebung dort – anders als bei der Grundsicherung im Alter und bei Erwerbsminderung weitgehend der Fall (§ 43 Abs. 2 SGB XII) – auf einen **Unterhaltsrückgriff** gegenüber Kindern und Eltern **nicht verzichtet** hat. Auf diesem Wege können unlautere Eltern-Kind-Geschäfte wie z.B. Übertragung von Immobilieneigentum ggf. korrigiert werden.

C. Praxishinweise

I. Örtliche Zuständigkeit

Dies richtet sich nach **§ 98 SGB XII**. Örtlich zuständig für Leistungen der Grundsicherung im Alter 173
und bei Erwerbsminderung ist gemäß § 98 Abs. 1 Satz 2 SGB XII grundsätzlich der Sozialhilfeträger, in dessen Bereich sich der Leistungsberechtigte **gewöhnlich aufhält** (vgl. zum gewöhnlichen Aufenthalt Rn. 101).

II. Unterhaltsrückgriff gegenüber Eltern und Kindern bei Pflegebedürftigkeit

Bei den Leistungen der Grundsicherung im Alter und bei Erwerbsminderung hat die Gesetzgebung auf 174
einen **Unterhaltsrückgriff gegenüber Eltern und Kindern** unter den Voraussetzungen des § 43 Abs. 2 SGB XII verzichtet. Gleichwohl kann es in der Praxis zu einem solchen Unterhaltsrückgriff kommen. Denn wird der Hilfebedürftige, der diese Leistungen bezieht, **pflegebedürftig**, reichen die zu der Grundsicherung im Alter und bei Erwerbsminderung hinzutretenden Leistungen der sozialen Pfle-

---

[159] BSG v. 29.09.2009 - B 8 SO 13/08 R; BSG v. 25.08.2011 - B 8 SO 19/10 R. Ebenso *Brühl/Schoch* in: LPK-SGB XII, § 41 Rn. 31.
[160] BSG v. 25.08.2011 - B 8 SO 19/10 R: Ein Leistungsausschluss gemäß § 41 Abs. 4 SGB XII „erstreckt sich allerdings nicht auf die dann ggf. zu erbringende Hilfe zum Lebensunterhalt nach dem Dritten Kapitel des SGB XII. Hier wäre dann nur zu prüfen, ob der Anspruch auf das zum Lebensunterhalt Unerlässliche nach § 26 Abs. 1 Nr. 1 SGB XII einzuschränken ist („soll"). Ggf. kann auch Kostenersatz nach § 103 SGB XII verlangt werden."
[161] BSG v. 25.08.2011 - B 8 SO 19/10 R.
[162] BSG v. 18.03.2008 - B 8/9b SO 9/06 R - BSGE 100, 131.

§ 41

geversicherung nach dem SGB XI häufig bzw. regelmäßig nicht aus, die Kosten der ambulanten oder stationären Pflege zu decken. Der Hilfebedürftige hat dann Anspruch auf **Hilfe zur Pflege** nach dem Siebten Kapitel des SGB XII (§§ 61 ff. SGB XII). Dort ist der Unterhaltsrückgriff gegenüber Eltern und Kindern aber nicht so weitgehend eingeschränkt, wie dies der erwähnte § 43 Abs. 2 SGB XII für die Grundsicherung im Alter und bei Erwerbsminderung nach dem Vierten Kapitel des SGB XII vorsieht.

§ 42 SGB XII Umfang der Leistungen

(Fassung vom 20.12.2012, gültig ab 01.01.2013)

Die Leistungen der Grundsicherung im Alter und bei Erwerbsminderung umfassen:

1. **die Regelsätze nach den Regelbedarfsstufen der Anlage zu § 28; § 27a Absatz 3 und Absatz 4 Satz 1 und 2 ist anzuwenden; § 29 Absatz 1 Satz 1 letzter Halbsatz und Absatz 2 bis 5 ist nicht anzuwenden,**
2. **die zusätzlichen Bedarfe nach dem Zweiten Abschnitt des Dritten Kapitels,**
3. **die Bedarfe für Bildung und Teilhabe nach dem Dritten Abschnitt des Dritten Kapitels, ausgenommen die Bedarfe nach § 34 Absatz 7,**
4. **die Aufwendungen für Unterkunft und Heizung nach dem Vierten Abschnitt des Dritten Kapitels; bei Leistungen in einer stationären Einrichtung sind als Kosten für Unterkunft und Heizung Beträge in Höhe der durchschnittlichen angemessenen tatsächlichen Aufwendungen für die Warmmiete eines Einpersonenhaushaltes im Bereich des nach § 98 zuständigen Trägers der Sozialhilfe zugrunde zu legen,**
5. **ergänzende Darlehen nach § 37 Absatz 1.**

Gliederung

A. Basisinformationen 1	b. Zusätzliche Bedarfe nach dem Zweiten Abschnitt des Dritten Kapitels (Nr. 2)............... 18
I. Textgeschichte/Gesetzgebungsmaterialien 1	
II. Vorgängervorschriften........................... 5	c. Bedarfe für Bildung und Teilhabe nach dem Dritten Abschnitt des Dritten Kapitels (Nr. 3).... 20
III. Parallelvorschriften........................... 7	
IV. Systematische Zusammenhänge 8	d. Aufwendungen für Unterkunft und Heizung nach dem Vierten Abschnitt des Dritten Kapitels (Nr. 4) 21
V. Ausgewählte Literaturhinweise...................... 10	
B. Auslegung der Norm 11	
I. Regelungsgehalt und Bedeutung der Norm 11	e. Ergänzende Darlehen nach § 37 Abs. 1 SGB XII (Nr. 5)................................. 24
II. Normzweck 13	
III. Tatbestandsmerkmale............................ 14	2. Abschließender Leistungskatalog? 28
1. Leistungskatalog der Nr. 1-5........................ 14	**C. Praxishinweise** 36
a. Regelbedarf gemäß Anlage zu § 28 SGB XII (Nr. 1) 16	

A. Basisinformationen

I. Textgeschichte/Gesetzgebungsmaterialien

Die Regelung trat in ihrer ursprünglichen Fassung wie das gesamte SGB XII **zum 01.01.2005** in Kraft[1]. 1

Die Norm des **§ 42 SGB XII** wurde sodann durch mehrere Gesetze geändert. Die Änderungen waren 2 dabei im Wesentlichen redaktioneller Art, allerdings mit folgenden Ausnahmen:

- Durch das Gesetz zur Änderung des Zwölften Buches Sozialgesetzbuch und anderer Gesetze vom 02.12.2006[2] wurde mit Wirkung vom 01.01.2007 geregelt, dass § 42 Nr. 4 SGB XII (bis 31.12.2010 § 42 Satz 1 Nr. 2 SGB XII) nur noch den Aufenthalt in einer **stationären** Einrichtung erfasst (vgl. hierzu Rn. 22).
- Die Nr. 4 des § 42 Satz 1 SGB XII i.d.F. bis 31.12.2010 (jetzt § 42 Nr. 2 SGB XII) wurde durch das Zweite Gesetz zur Änderung des Vierten Buches Sozialgesetzbuch und anderer Gesetze vom 21.12.2008[3] mit Wirkung vom 01.01.2009 um den Passus „sowie von Vorsorgebeiträgen entsprechend § 33" ergänzt. Zur Begründung heißt es[4]: „Da bislang auch Bezieher einer Rente wegen

---

[1] Art. 1 des Gesetzes vom 27.12.2003, BGBl I 2003, 3022.
[2] BGBl I 2006, 2670.
[3] BGBl I 2008, 2933.
[4] BT-Drs. 16/10488, S. 19.

voller Erwerbsminderung nicht in die steuerliche Förderung des Aufbaus einer zusätzlichen kapitalgedeckten Altersvorsorge einbezogen waren, entsprach für diesen Regelungsgegenstand das Sozialhilferecht dem Einkommensteuerrecht. Durch die Einbeziehung dieses Personenkreises in die steuerliche Förderung durch das Eigenheimrentengesetz ergibt sich deshalb der Bedarf einer entsprechenden Angleichung im Sozialhilferecht. Die erforderliche Anpassung des Leistungsumfangs der Grundsicherung im Alter und bei Erwerbsminderung erfolgt durch die Änderung in § 42 Abs. 1 Nr. 4 SGB XII."

- § 42 Satz 1 Nr. 1 SGB XII i.d.F. bis 31.12.2010 (vgl. jetzt § 42 Nr. 1 und 3 SGB XII) wurde durch das Gesetz zur verbesserten steuerlichen Berücksichtigung von Vorsorgeaufwendungen (Bürgerentlastungsgesetz Krankenversicherung) vom 16.07.2009[5] mit Wirkung vom 23.07.2009 um den Passus „sowie die zusätzliche Leistung für die Schule entsprechend § 28a" ergänzt; durch dieses Gesetz wurde zugleich die Regelung des § 28a SGB XII (ab 01.01.2011 § 34 SGB XII) in das SGB XII eingefügt.

3   Durch das Gesetz zur Ermittlung von Regelbedarfen und zur Änderung des Zweiten und Zwölften Buches Sozialgesetzbuch vom 24.03.2011[6] wurde **§ 42 SGB XII** mit Wirkung vom 01.01.2011 geändert und **neu strukturiert**. Die Norm besteht seitdem nur noch aus einem Satz. In der Gesetzesbegründung heißt es[7]: „Durch die Neufassung von § 42 wird die Bestimmung des Leistungsumfangs des Vierten Kapitels (Grundsicherung im Alter und bei Erwerbsminderung) an die Neustrukturierung des Dritten Kapitels angeglichen. Die Verweise auf einzelne Vorschriften des Dritten Kapitels werden dabei vorwiegend durch Verweise auf die betreffenden Abschnitte des Dritten Kapitels ersetzt. Materielle Änderungen ergeben sich hieraus nicht."

4   Durch das Gesetz zur Änderung des Zwölften Buches Sozialgesetzbuch vom 20.12.2012[8] wurde § 42 **Nr. 1** SGB XII mit Wirkung vom 01.01.2013 **neu gefasst**.[9]

II. Vorgängervorschriften

5   Die Grundsicherung im Alter und bei Erwerbsminderung war bis zum Inkrafttreten des SGB XII am 01.01.2005 im **Gesetz über eine bedarfsorientierte Grundsicherung im Alter und bei Erwerbsminderung (GSiG)**[10] geregelt. Die Vorgängervorschrift zu § 42 SGB XII war hierbei § 3 Abs. 1 GSiG.

6   Der Gesetzesentwurf der Regierungsfraktionen zur Einordnung des Sozialhilferechts in das Sozialgesetzbuch vom 05.09.2003[11] sah noch vor, das GSiG als eigenständiges Leistungsgesetz bestehen zu lassen. Erst aufgrund der **Beschlussempfehlung des Vermittlungsausschusses** vom 16.12.2003 wurde **das GSiG aufgehoben** und in das SGB XII – zunächst noch als §§ 41a-f SGB XII – integriert.[12] Auf **Gesetzesmaterialien** kann daher insoweit **nicht** zurückgegriffen werden, weil Vorschläge des Vermittlungsausschusses traditionell nicht begründet werden und die Beratungsprotokolle auf längere Zeit nicht zugänglich sind.[13] Dies erschwert die Gesetzesinterpretation.[14] Allerdings können die **Gesetzesmaterialien zum GSiG** als Vorgängergesetz herangezogen werden.[15]

III. Parallelvorschriften

7   Eine Parallelvorschrift zu § 42 SGB XII existiert nicht. Denn § 42 SGB XII knüpft an die Regelung des § 41 SGB XII an. Diese ist die Grundnorm für die Leistungen der **Grundsicherung im Alter und bei Erwerbsminderung**. Erwerbs**fähige** Hilfebedürftige (und über die mit ihnen in einer Bedarfsgemeinschaft lebenden nichterwerbsfähigen Leistungsberechtigten) und Hilfebedürftige, welche die in der gesetzlichen Rentenversicherung maßgebliche Altersgrenze noch nicht erreicht haben, werden jedoch durch das Leistungssystem des **SGB II** erfasst (vgl. §§ 7 Abs. 1, 8 Abs. 1, 19 SGB II).

---

[5] BGBl I 2009, 1959.
[6] BGBl I 2011, 453.
[7] BT-Drs. 17/3404, S. 127.
[8] BGBl I 2012, 2783
[9] Hierzu BR-Drs. 455/12, S. 17.
[10] Vom 26.06.2001, BGBl I 2001, 1310.
[11] BT-Drs. 15/1514.
[12] BT-Drs. 15/2260; S. 2 f.
[13] Ausführlich *Karmanski* in: Jahn, § 41 SGB XII Rn. 5 m.w.N.
[14] *Karmanski* in: Jahn, § 41 SGB XII Rn. 5.
[15] Insbesondere BT-Drs. 14/5150.

IV. Systematische Zusammenhänge

Die **Sozialhilfe** umfasst gemäß § 8 SGB XII insbesondere die
- Hilfe zum Lebensunterhalt (§§ 27-40 SGB XII) und die
- **Grundsicherung im Alter und bei Erwerbsminderung (§§ 41-46 SGB XII)**.

Die Norm des § 42 SGB XII ist Teil des Vierten Kapitels des SGB XII und damit Bestandteil der Regelungen über die **Grundsicherung im Alter und bei Bedarfssicherung**.

V. Ausgewählte Literaturhinweise

Kirchhoff, Änderungen im Recht der Grundsicherung im Alter und bei Erwerbsminderung, SGb 2013, 441-447.

B. Auslegung der Norm

I. Regelungsgehalt und Bedeutung der Norm

Die Vorschrift des § 41 SGB XII regelt als „Grundnorm" die Tatbestandsvoraussetzungen der **Grundsicherung im Alter und bei Erwerbsminderung**. Den **Umfang** dieser Leistungen normiert § 42 SGB XII.

In der **praktischen Bedeutung** dürfte im Sozialhilferecht nach dem SGB XII seit der Reform zum 01.01.2005 (vgl. die Kommentierung zu § 41 SGB XII Rn. 11) die Grundsicherung im Alter und bei Erwerbsminderung die Hilfe zum Lebensunterhalt (§§ 27-40 SGB XII) überwiegen, weil die große Anzahl der erwerbsfähigen Hilfebedürftigen in das für sie eigenständige System des SGB II „ausgegliedert" worden sind.[16]

II. Normzweck

§ 42 SGB XII normiert, in welchem **Umfang** die Leistungen der Grundsicherung im Alter und bei Erwerbsminderung nach dem Vierten Kapitel des SGB XII in Anspruch genommen werden können.

III. Tatbestandsmerkmale

1. Leistungskatalog der Nr. 1-5

Die Vorschrift des § 41 SGB XII regelt, **welche einzelnen Leistungen** die Grundsicherung im Alter und bei Erwerbsminderung umfasst.

Dies sind:
- Nr. 1: die sich für die leistungsberechtigte Person nach der Anlage zu § 28 SGB XII ergebende Regelbedarfsstufe,
- Nr. 2: die zusätzlichen Bedarfe nach dem Zweiten Abschnitt des Dritten Kapitels,
- Nr. 3: die Bedarfe für Bildung und Teilhabe nach dem Dritten Abschnitt des Dritten Kapitels, ausgenommen die Bedarfe nach § 34 Abs. 7 SGB XII,
- Nr. 4: die Aufwendungen für Unterkunft und Heizung nach dem Vierten Abschnitt des Dritten Kapitels,
- Nr. 5: ergänzende Darlehen nach § 37 Abs. 1 SGB XII.

a. Regelbedarf gemäß Anlage zu § 28 SGB XII (Nr. 1)

Der Leistungskatalog des § 42 Nr. 1 SGB XII verweist auf die sich nach der Anlage zu § 28 SGB XII ergebende **Regelbedarfsstufe**. Insoweit handelt es sich um einen Rechtsgrundverweis auf diese Norm.[17] Es wird deshalb auf die Kommentierung zu § 28 SGB XII verwiesen.

Entgegen vereinzelter Kritik in der Literatur[18] verwies nach Ansicht des BSG die **Nr. 1** i.d.F. bis zum 31.12.2012 auf einen i.S.d. § 27a Abs. 4 Satz 1 SGB XII **individualisierten Regelsatz**.[19] Durch das Gesetz zur Änderung des Zwölften Buches Sozialgesetzbuch vom 20.12.2012[20] wurde § 42 Nr. 1 SGB XII **mit Wirkung vom 01.01.2013 neu gefasst**. In der Gesetzesbegründung wird hierzu ausge-

---

[16] *Coseriu* in: Bender/Eicher, Sozialrecht – eine Terra incognita, Festschrift 50 Jahre saarländische Sozialgerichtsbarkeit, 2009, S. 225, 229 ff.
[17] *Karmanski* in: Jahn, SGB XII, § 41 Rn. 3.
[18] *Schulte-Loh*, ZfF 2008, 152 ff.
[19] BSG v. 11.12.2007 - B 8/9b SO 21/06 R - juris Rn. 20 - BSGE 99, 252 ff. = SozR 4-3500 § 28 Nr. 3.
[20] BGBl I 2012, 2783.

führt[21]: „Dadurch wird der Verweis auf die Regelbedarfsstufen nach der Anlage zu § 28 SGB XII, auf deren Grundlage die Regelsätze zu zahlen sind, gegenüber der geltenden Fassung ergänzt. Durch den Verweis auf § 27a Abs. 3 wird klargestellt, dass monatliche Regelsätze zu zahlen sind und diese ein monatliches Budget darstellen. Der **Verweis auf § 27a Abs. 4 Satz 1** stellt klar, dass im Einzelfall Regelsätze in Anwendung der **Möglichkeit einer abweichenden Regelsatzfestsetzung** gezahlt werden können. Durch die Verweisung auf § 27a Abs. 4 Satz 2 wird die Anwendbarkeit der anteiligen Zahlung des Regelsatzes ermöglicht, wenn der Anspruch nicht für einen ganzen Kalendermonat besteht. Regelsätze nach dem Vierten Kapitel SGB XII sind ausschließlich auf der Grundlage der bundesweit geltenden Regelbedarfsstufen zu zahlen, deshalb ist die Möglichkeit der Festsetzung regionaler Regelsätze nach § 29 Abs. 1 letzter Halbsatz und Abs. 2 bis 5 für Regelsätze, die an Leistungsberechtigte nach dem Vierten Kapitel SGB XII zu zahlen sind, nicht zulässig."

b. Zusätzliche Bedarfe nach dem Zweiten Abschnitt des Dritten Kapitels (Nr. 2)

18   In § 42 **Nr. 2** SGB XII wird auf die **zusätzlichen Bedarfe** nach dem Zweiten Abschnitt des Dritten Kapitels verwiesen. Dies sind
   • die Mehrbedarfe nach § 30 SGB XII,
   • die einmaligen Bedarfe nach § 31 SGB XII,
   • die Krankenversicherungsbeiträge nach § 32 SGB XII und
   • die Vorsorgebeiträge nach § 33 SGB XII.

19   Vgl. zu diesen Leistungen die Kommentierung zu § 30 SGB XII, die Kommentierung zu § 31 SGB XII, die Kommentierung zu § 32 SGB XII und die Kommentierung zu § 33 SGB XII.

c. Bedarfe für Bildung und Teilhabe nach dem Dritten Abschnitt des Dritten Kapitels (Nr. 3)

20   § 42 **Nr. 3** SGB XII verweist auf die **Bedarfe für Bildung und Teilhabe** nach dem Dritten Abschnitt des Dritten Kapitels, also auf die Anspruchsnorm des § 34 (Abs. 1-6) SGB XII sowie auf die Regelung des § 34a SGB XII, welche die Art und Weise der Leistungserbringung regelt. Ausgenommen sind gemäß § 42 Nr. 2 SGB XII die Bedarfe nach § 34 Abs. 7 SGB XII. Diese Beschränkung erfolgte deshalb, weil Teilhabebedarfe nach § 34 Abs. 7 SGB XII nur Minderjährigen zustehen; diese sind jedoch im Vierten Kapitel des SGB XII gemäß § 41 Abs. 3 SGB XII, der die Vollendung des 18. Lebensjahres voraussetzt, nicht anspruchsberechtigt.[22]

d. Aufwendungen für Unterkunft und Heizung nach dem Vierten Abschnitt des Dritten Kapitels (Nr. 4)

21   In § 42 **Nr. 4** SGB XII wird auf die **Bedarfe für Unterkunft und Heizung** nach dem Vierten Abschnitt des Dritten Kapitels verwiesen, also auf die §§ 35, 35a und 36 SGB XII.

22   Befindet sich der Hilfebedürftige in einer **stationären Einrichtung**, sind als **Kosten für Unterkunft und Heizung** gemäß § 42 Nr. 4 **HS. 2** SGB XII Beträge in Höhe der durchschnittlichen angemessenen tatsächlichen Aufwendungen für die Warmmiete eines Einpersonenhaushaltes im Bereich des nach § 98 SGB XII zuständigen Trägers der Sozialhilfe zugrunde zu legen. Bei einer nur **teilstationären** Behandlung findet § 42 Nr. 4 **HS. 2** SGB XII angesichts seines Wortlautes **keine** Anwendung; es verbleibt bei der Anwendung des § 42 Nr. 4 **HS. 1** SGB XII.[23] Die **Warmmiete** umfasst regelmäßig die Kaltmiete, die (kalten) Nebenkosten (Betriebskosten) und die Heizkosten.

23   Allerdings wird man die Regelung des **§ 42 Nr. 4 HS. 2 SGB XII** nicht so verstehen dürfen, dass Grundsicherungsleistungen der §§ 41 ff. SGB XII als Geldleistungen auch bei **stationären Maßnahmen nach dem SGB XII** zu gewähren wären. Nr. 4 des § 42 SGB XII wurde vielmehr unbesehen aus dem bis 31.12.2004 geltenden GSiG (hierzu Rn. 2) übernommen, obwohl sich die Rechtslage wesentlich geändert hat; die Regelung hat deshalb einen Bedeutungswandel erlebt. Während das GSiG auch bei stationären Maßnahmen nach dem BSHG, zu denen nach § 27 Abs. 3 BSHG in der Sache auch die Hilfe zum Lebensunterhalt gehörte, Geldleistungen vorsah, die dann allerdings als Einkommen Be-

---

[21] BR-Drs. 455/12, S. 17.
[22] BT-Drs. 17/3404, S. 127.
[23] Durch das Gesetz zur Änderung des Zwölften Buches Sozialgesetzbuch und anderer Gesetze vom 02.12.2006 (BGBl I 2006, 2670) wurde mit Wirkung vom 01.01.2007 geregelt, dass § 42 Satz 1 Nr. 2 HS. 2 SGB XII a.F. (jetzt § 42 Nr. 4 SGB XII) nur noch den Aufenthalt in einer stationären Einrichtung erfasst (vorher war nach dem Wortlaut auch die teilstationäre Einrichtung erfasst).

rücksichtigung fanden (vgl. § 77 i.V.m. § 85 Abs. 1 Nr. 1 BSHG), bestimmt nunmehr § 27b Abs. 1 Satz 1 SGB XII, dass der notwendige Lebensunterhalt (als solcher) in der stationären Einrichtung erbracht wird; für eine Berücksichtigung von Sozialleistungen als Einkommen ist daher kein Raum. Insoweit ist der notwendige Lebensunterhalt nur ein Rechenposten für die Beurteilung der Bedürftigkeit (vgl. dazu die Kommentierung zu § 27b SGB XII Rn. 25 ff.). Eine „Bewilligung" von Grundsicherungsleistungen kann dann nur noch die **Feststellung** beinhalten, dass in der stationären Leistung in der angegebenen Höhe eine – normativ bestimmte – Grundsicherungsleistung für den Lebensunterhalt enthalten ist, für den (weiterhin) das Rückgriffverbot des § 43 Abs. 2 i.V.m. § 94 Abs. 1 Satz 3 HS. 2 SGB XII gilt. Eine Erbringung von **Grundsicherungsleistungen** (§§ 41 ff. SGB XII) als Geldleistungen bei stationären Maßnahmen kommt schließlich auch hinsichtlich des **weiteren notwendigen Lebensunterhalts** (Barbetrag, Kleidung u.a.) gemäß § 27b Abs. 2 SGB XII nicht in Betracht. Denn § 42 SGB XII verweist nicht auf den jetzigen § 27b SGB XII (vgl. dazu Rn. 29), sodass der weitere notwendige Lebensunterhalt (Barbetrag, Kleidung u.a.) gemäß § 27b Abs. 2 SGB XII nicht als Leistung der Grundsicherung zu erbringen ist, sondern als **Hilfe zum Lebensunterhalt** (vgl. Rn. 33).

e. Ergänzende Darlehen nach § 37 Abs. 1 SGB XII (Nr. 5)

Gemäß § 42 Nr. 5 SGB XII umfassen die Leistungen der Grundsicherung im Alter und bei Erwerbsminderung auch **ergänzende Darlehen** nach § 37 Abs. 1 SGB XII. Diese Regelung war bis zum 31.12.2010 in § 42 Satz 2 SGB XII enthalten.[24] 24

Kann im Einzelfall ein von den Regelsätzen umfasster und nach den Umständen unabweisbar gebotener Bedarf auf keine andere Weise gedeckt werden, sollen gemäß § 37 Abs. 1 SGB XII auf Antrag hierfür notwendige Leistungen als Darlehen erbracht werden. Zum ergänzenden Darlehen gemäß § 37 Abs. 1 SGB XII vgl. die Kommentierung zu § 37 SGB XII. 25

Es fragt sich, ob die Regelung des **§ 37 Abs. 4 Satz 1 SGB XII** (bis 31.12.2010: § 37 Abs. 2 Satz 1 SGB XII) seit dem 01.01.2011 ergänzend anwendbar ist; auf diese Regelung wurde in § 42 Satz 2 HS. 2 SGB XII i.d.F. bis 31.12.2010 noch ausdrücklich verwiesen. Gemäß § 37 Abs. 4 Satz 1 SGB XII können für die Rückzahlung von Darlehen nach § 37 Abs. 1 SGB XII von den monatlichen Regelsätzen Teilbeträge bis zur Höhe von jeweils 5 vom Hundert der Regelbedarfsstufe 1 nach der Anlage zu § 28 SGB XII einbehalten werden. 26

§ 37 Abs. 4 Satz 1 SGB XII dürfte auch im Rahmen des § 42 Nr. 5 SGB XII (weiterhin) Anwendung finden. Gegen eine Anwendung der dort normierten **Einbehaltungsbefugnis des Sozialhilfeträgers** (vgl. hierzu die Kommentierung zu § 37 SGB XII) auf die Darlehensgewährung an Empfänger von Leistungen der Grundsicherung im Alter und bei Erwerbsminderung gemäß § 42 Nr. 5 SGB XII spricht zunächst nicht der Wortlaut dieser Regelung. Zwar verweist sie ausdrücklich nur auf § 37 Abs. 1 – und nicht auf Abs. 4 Satz 1 – SGB XII. Allerdings ist § 37 Abs. 4 Satz 1 SGB XII eine verfahrensrechtliche Annexregelung zu der Anspruchsnorm des § 37 Abs. 1 SGB XII. Auch die Gesetzesbegründung spricht nicht gegen die Anwendung des § 37 Abs. 4 Satz 1 SGB XII im vorliegenden Kontext. Danach zählen „Darlehen für Leistungsberechtigte in einer stationären Einrichtung (§ 37 Abs. 2 bis 4 SGB XII) und Darlehen bei vorübergehender Notlage (§ 38 SGB XII) (...) weiterhin nicht zum Leistungsumfang der Grundsicherung im Alter und bei Erwerbsminderung".[25] Zwar wird dort die Anwendung des § 31 Abs. 4 SGB XII ausgeschlossen. Dieser Ausschluss in der Gesetzesbegründung bezieht sich bei verständiger Auslegung jedoch nur auf § 37 Abs. 4 Satz 2 SGB XII, weil § 37 Abs. 4 SGB XII dort im Zusammenhang mit Darlehen für Leistungsberechtigte in einer stationären Einrichtung gemäß § 31 Abs. 2 SGB XII genannt wird, für die § 37 Abs. 4 Satz 2 SGB XII eine (eigene) verfahrensrechtliche Annexregelung bereithält. Ferner heißt es in der Gesetzesbegründung, dass sich durch die Neufassung des § 42 SGB XII zum 01.01.2011 „materielle Änderungen (...) nicht (ergeben)".[26] 27

2. Abschließender Leistungskatalog?

Es fragt sich, ob der **Leistungskatalog** des § 42 SGB XII **abschließend** ist. 28

In der Literatur wird zum Teil vertreten, der Leistungskatalog des § 42 SGB XII sei unvollständig, weil er nicht auf **§ 27b Abs. 2 SGB XII** (bis 31.12.2010 § 35 Abs. 2 SGB XII) verweist.[27] Dort wird ein 29

---

[24] BT-Drs. 17/3404, S. 127 f.
[25] BT-Drs. 17/3404, S. 127 f.
[26] BT-Drs. 17/3404, S. 127.
[27] So *Brühl/Schoch* in: LPK-SGB XII, § 42 Rn. 15.

weiterer notwendiger Lebensunterhalt in Einrichtungen (vgl. § 13 Abs. 2 SGB XII) begründet, und zwar insbesondere für Kleidung und als angemessener Barbetrag zur persönlichen Verfügung.

30 Einfachrechtlich könnte die Regelung des § 42 SGB XII bei erster Annäherung als abschließende Regelung anzusehen sein. Denn ansonsten hätte die Gesetzgebung weitere Leistungen (und insbesondere die Leistungen gemäß § 27b Abs. 2 SGB XII) in den Katalog des § 42 SGB XII aufnehmen können, was sie jedoch nicht getan hat. Die Konstellation, dass sich ein Hilfebedürftiger in einer Einrichtung befindet, ist zudem seitens der Gesetzgebung auch nicht einfach übersehen worden, wie die Regelung des § 42 Satz 1 Nr. 4 HS. 2 SGB XII verdeutlicht.

31 Eine derartige formal-juristische Interpretation würde jedoch zu kurz greifen und der Gesamtproblematik nicht ausreichend Rechnung tragen. Denn das Problem, ob Empfänger von Leistungen der Grundsicherung im Alter und bei Erwerbsminderung, die in einer Einrichtung leben, Anspruch auf weiteren notwendigen Lebensunterhalt gemäß **§ 27b Abs. 2 SGB XII** haben, wirft zwei Fragen auf:
1. Ist der weitere notwendige Lebensunterhalt gemäß § 27b Abs. 2 SGB XII überhaupt eine eigenständige Leistungsart?
2. Sind Leistungen der Hilfe zum Lebensunterhalt gemäß §§ 27 ff. SGB XII ergänzend/subsidiär anwendbar neben den Leistungen der Grundsicherung im Alter und bei Erwerbsminderung oder schließen diese jene aus?

32 **Zu 1.**: Die Regelung des § 27b SGB XII normiert den „notwendigen Lebensunterhalt in Einrichtungen", erfasst also diejenigen Hilfebedürftigen, die in Einrichtungen leben. Der notwendige Lebensunterhalt für alle Hilfebedürftigen ist im Allgemeinen in den §§ 27 und 27a SGB XII geregelt. Es spricht deshalb vieles dafür, dass der „notwendige Lebensunterhalt in Einrichtungen" des § 27b **Abs. 1** SGB XII keine eigenständige Leistungsart darstellt, sondern nur ein Rechnungsposten bei der Festsetzung des notwendigen Lebensunterhaltes gemäß §§ 27, 27b SGB XII ist, also nur Bedeutung für die Leistungsberechnung hat. Dies wird auch dadurch bestätigt, dass der notwendige Lebensunterhalt in Einrichtungen des § 27b Abs. 1 SGB XII in der Regelung des § 8 SGB XII, die die Leistungsarten des SGB XII aufzählt, nicht (als eigene Leistungsart) genannt wird, sondern stattdessen die „Hilfe zum Lebensunterhalt (§§ 27 bis 40)" insgesamt als eine Leistungsart aufgeführt wird. Dies spricht dafür, auch den **„weiteren** notwendigen Lebensunterhalt" in Einrichtungen des **§ 27b Abs. 2 SGB XII** nicht als eigenständige Leistungsart, sondern ebenfalls nur als ein Berechnungsposten bei der Leistungsfestsetzung anzusehen. Das **BSG** hat jedoch **anders entschieden**; danach werden die in § 27b SGB XII genannten Leistungen nicht als Leistungen der Grundsicherung im Alter und bei Erwerbsminderung, sondern als **Hilfe zum Lebensunterhalt** erbracht.[28]

33 **Zu 2.**: Folgt man der zuvor (unter 1.) vertretenen Auffassung – wie das BSG[29] – nicht, stellt sich die weitere Frage, ob Leistungen der Hilfe zum Lebensunterhalt gemäß §§ 27 ff. SGB XII und damit auch des § 27b SGB XII **ergänzend** bzw. subsidiär anwendbar neben den Leistungen der Grundsicherung im Alter und bei Erwerbsminderung sind.

34 Die Beantwortung dieser Frage hängt von der Auslegung des **§ 19 Abs. 2 Satz 2 SGB XII** ab. Nach dieser Norm gehen die Leistungen der Grundsicherung im Alter und bei Erwerbsminderung (§§ 41 ff. SGB XII) der Hilfe zum Lebensunterhalt (§§ 27 ff. SGB XII) vor. Diese Regelung verdeutlicht die Eigenständigkeit der Grundsicherung im Alter und bei Erwerbsminderung und die Nachrangigkeit der Hilfe zum Lebensunterhalt. Erfüllt ein Hilfebedürftiger die tatbestandlichen Voraussetzungen des § 41 SGB XII für die Inanspruchnahme der Grundsicherung im Alter und bei Erwerbsminderung **nicht**, kann er Hilfe zum Lebensunterhalt nach den §§ 27 ff. SGB XII beanspruchen (bei Vorliegen der dortigen Voraussetzungen).[30] Mit Entscheidungen vom 16.10.2010[31] und 09.06.2011[32] hat der 8. Senat des BSG seine Rechtsprechung zum Nachrang der Grundsicherungsleistung in diesem Sinne bestätigt.

35 Wie ist jedoch der umgekehrte Fall zu beurteilen, in dem ein Hilfebedürftiger die tatbestandlichen Voraussetzungen des § 41 SGB XII für die Inanspruchnahme der Grundsicherung im Alter und bei Erwerbsminderung **erfüllt**? Scheidet eine ergänzende Anwendung der Regelungen über die Hilfe zum Lebensunterhalt (§§ 27 ff. SGB XII) dann aus? Das **BSG** hat diese Frage in der Weise beantwortet,

---

[28] BSG v. 15.11.2012 - B 8 SO 25/11 R.
[29] BSG v. 15.11.2012 - B 8 SO 25/11 R.
[30] *Brühl/Schoch* in: LPK-SGB XII, § 41 Rn. 13. Vgl. auch BSG v. 11.12.2007 - B 8/9b SO 21/06 R - BSGE 99, 252, 261.
[31] BSG v. 16.10.2010 - B 8 SO 9/09 R - juris Rn. 21 - SozR 4-3500 § 30 Nr. 2.
[32] BSG v. 09.06.2011 - B 8 SO 1/10 R und B 8 SO 11/10 R - juris Rn. 23 - SGb 2011, 456-457.

dass die in **§ 27b SGB XII** genannten Leistungen **neben** den Leistungen der Grundsicherung im Alter und bei Erwerbsminderung als Hilfe zum Lebensunterhalt erbracht werden[33]; vgl. dazu die Kommentierung zu § 19 SGB XII.

C. Praxishinweise

Wendet sich ein Hilfebedürftiger dagegen, dass ihm Leistungen nur als **Darlehen** bewilligt und damit – gegenläufig – die Leistung als (verlorener) Zuschuss abgelehnt worden ist, entspricht diesem Rechtsschutzbegehren die kombinierte Anfechtungs- und Verpflichtungsklage nach den §§ 54 Abs. 1 Satz 1 und 56 SGG.[34] Denn der Rechtsgrund der Zahlung muss verändert werden (Zuschuss statt Darlehen).[35] Bei einer reinen Anfechtungsklage würde der Verfügungssatz insgesamt entfallen.[36]

36

---

[33] BSG v. 15.11.2012 - B 8 SO 25/11 R. Vgl. insoweit bereits BSG v. 09.06.2011 - B 8 SO 11/10 R. Vgl. ferner *Mrozynski*, Grundsicherung und Sozialhilfe, III. 10 Rn. 33 f.
[34] BSG v. 19.05.2009 - B 8 SO 7/08 R - SozR 4-5910 § 88 Nr. 3. Ebenso bereits BSG v. 13.11.2008 - B 14 AS 36/07 R - BSGE 102, 68, und nachfolgend BSG v. 18.02.2010 - B 4 AS 5/09 R.
[35] BSG v. 19.05.2009 - B 8 SO 7/08 R - SozR 4-5910 § 88 Nr. 3.
[36] BSG v. 13.11.2008 - B 14 AS 36/07 R - BSGE 102, 68.

§ 43 SGB XII Einsatz von Einkommen und Vermögen, Berücksichtigung von Unterhaltsansprüchen

(Fassung vom 20.12.2012, gültig ab 01.01.2013)

(1) Einkommen und Vermögen des nicht getrennt lebenden Ehegatten oder Lebenspartners sowie des Partners einer eheähnlichen oder lebenspartnerschaftsähnlichen Gemeinschaft, die dessen notwendigen Lebensunterhalt nach § 27a übersteigen, sind zu berücksichtigen; § 39 Satz 1 ist nicht anzuwenden.

(2) Erhalten Leistungsberechtigte nach dem Dritten Kapitel in einem Land nach § 29 Absatz 1 letzter Halbsatz und Absatz 2 bis 5 festgesetzte und fortgeschriebene Regelsätze und sieht das Landesrecht in diesem Land für Leistungsberechtigte nach diesem Kapitel eine aufstockende Leistung vor, dann ist diese Leistung nicht als Einkommen nach § 82 Absatz 1 zu berücksichtigen.

(3) [1]Unterhaltsansprüche der Leistungsberechtigten gegenüber ihren Kindern und Eltern bleiben unberücksichtigt, sofern deren jährliches Gesamteinkommen im Sinne des § 16 des Vierten Buches unter einem Betrag von 100 000 Euro liegt. [2]Es wird vermutet, dass das Einkommen der Unterhaltspflichtigen nach Satz 1 die dort genannte Grenze nicht überschreitet. [3]Zur Widerlegung der Vermutung nach Satz 2 kann der jeweils für die Ausführung des Gesetzes nach diesem Kapitel zuständige Träger von den Leistungsberechtigten Angaben verlangen, die Rückschlüsse auf die Einkommensverhältnisse der Unterhaltspflichtigen nach Satz 1 zulassen. [4]Liegen im Einzelfall hinreichende Anhaltspunkte für ein Überschreiten der in Satz 1 genannten Einkommensgrenze vor, sind die Kinder oder Eltern der Leistungsberechtigten gegenüber dem jeweils für die Ausführung des Gesetzes nach diesem Kapitel zuständigen Trägern verpflichtet, über ihre Einkommensverhältnisse Auskunft zu geben, soweit die Durchführung dieses Buches es erfordert. [5]Die Pflicht zur Auskunft umfasst die Verpflichtung, auf Verlangen des für die Ausführung des Gesetzes nach diesem Kapitel zuständigen Trägers Beweisurkunden vorzulegen oder ihrer Vorlage zuzustimmen. [6]Leistungsberechtigte haben keinen Anspruch auf Leistungen nach diesem Kapitel, wenn die nach Satz 2 geltende Vermutung nach Satz 4 und 5 widerlegt ist.

Gliederung

A. Basisinformationen 1	3. Besonderheiten bei Unterhaltsansprüchen gegenüber Kindern und Eltern (Absatz 3) 26
I. Textgeschichte/Gesetzgebungsmaterialien 1	a. Berücksichtigung von Unterhaltsansprüchen (Sätze 1, 2 und 6) 27
II. Vorgängervorschriften 5	
III. Parallelvorschriften 7	b. Auskunftsobliegenheit des Hilfebedürftigen (Satz 3) 42
IV. Systematische Zusammenhänge 8	
V. Ausgewählte Literaturhinweise 10	c. Auskunftspflicht von Kindern und Eltern des Hilfebedürftigen (Sätze 4 und 5) 52
B. Auslegung der Norm 11	
I. Regelungsgehalt und Bedeutung der Norm 11	IV. Rechtsfolgen 62
II. Normzweck 14	1. Rechtsfolge bei Absatz 1 62
III. Tatbestandsmerkmale 15	2. Rechtsfolge bei Absatz 2 64
1. Besonderheiten bei Einkommen und Vermögen (Absatz 1) 15	3. Rechtsfolgen bei Absatz 3 65
a. Verweis auf die Regelungen der §§ 19 und 20 Satz 1 SGB XII (Satz 1) 15	a. Bei Widerlegung der Vermutung des Gesamteinkommens (Sätze 1 und 2) 65
b. Keine Anwendung des § 39 Satz 1 SGB XII (Satz 2) 20	b. Bei Nichterfüllung der Auskunftsobliegenheit des Hilfebedürftigen (Satz 3) 68
2. Besonderheiten bei der landesrechtlichen Aufstockung von Regelsätzen (Absatz 2) 23	c. Bei Nichterfüllung der Auskunftspflicht von Kindern und Eltern des Hilfebedürftigen (Sätze 4 und 5) 74

A. Basisinformationen

I. Textgeschichte/Gesetzgebungsmaterialien

Die Regelung trat in ihrer ursprünglichen Fassung wie das gesamte SGB XII **zum 01.01.2005** in Kraft (Art. 1 des Gesetzes vom 27.12.2003[1]). 1

In Absatz 1 wurde das Wort „Bedarf" mit Wirkung vom 30.03.2005 durch die Worte „notwendigen Lebensunterhalt" durch Art. 10 des Verwaltungsvereinfachungsgesetzes vom 21.03.2005[2] ersetzt; eine inhaltliche Änderung ist dadurch nicht erfolgt. 2

§ 43 **Abs. 1** SGB XII hat die aktuelle Fassung durch das Gesetz zur Ermittlung von Regelbedarfen und zur Änderung des Zweiten und Zwölften Buches Sozialgesetzbuch vom 24.03.2011[3] mit Wirkung vom **01.01.2011** erhalten. In der Gesetzesbegründung heißt es hierzu[4]: „Die Neufassung von § 43 Absatz 1 stellt eine redaktionelle Überarbeitung dar. Berücksichtigt wird dabei die bei der Anpassung des SGB XII an das Lebenspartnerschaftsgesetz unterbliebene Einbeziehung der „lebenspartnerschaftsähnlichen" Gemeinschaft. Hinzu kommen inhaltliche Vereinfachungen. Der bisherige Verweis auf § 19 ist nicht mehr erforderlich, da der Inhalt des relevanten § 19 Absatz 2 durch Neufassung auf eine allgemeine Einweisungsvorschrift beschränkt wird und der Verweis auf § 20 ist nicht erforderlich, da dessen Inhalt bereits in § 43 Absatz 1 enthalten ist." Ferner wurden in § 43 **Abs. 2 Satz 6** SGB XII die Wörter „der bedarfsorientierten Grundsicherung" durch die Wörter „nach diesem Kapitel" ersetzt. Eine inhaltliche Änderung ist hiermit nicht verbunden. In der Gesetzesbegründung heißt es[5]: „Es handelt sich um eine redaktionelle Änderung. Der Begriff der „bedarfsorientierten Grundsicherung" stammt aus dem mit Einführung des SGB XII aufgehobenen „Gesetz über eine bedarfsorientierte Grundsicherung im Alter und bei Erwerbsminderung (GSiG)" und wird durch die übliche Bezeichnung „nach diesem Kapitel" ersetzt." 3

Durch das Gesetz zur Änderung des Zwölften Buches Sozialgesetzbuch vom 20.12.2012[6] wurden der **jetzige Absatz 2 neu eingefügt** und in den **Sätzen 3 bis 5** des § 43 **Abs. 3** (bisher Abs. 2) mit Wirkung vom **01.01.2013** die Wörter „zuständige Träger der Sozialhilfe" durch die Wörter „jeweils für die Ausführung des Gesetzes nach diesem Kapitel zuständigen Träger" ersetzt. In der Gesetzesbegründung wird zur **Einfügung des neuen Absatz 2** ausgeführt, hierbei handele es sich um eine Ergänzung zur Neufassung in § 42 Nr. 1 SGB XII.[7] Die **Änderung der Sätze 3-5** des § 43 **Abs. 3** SGB XII sei eine „Folgeänderung zur Einfügung eines § 46b SGB XII"[8]; durch die neue Formulierung werde berücksichtigt, dass die Länder die für die Ausführung des Vierten Kapitels SGB XII zuständigen Träger bestimmen[9]. 4

II. Vorgängervorschriften

Die Grundsicherung im Alter und bei Erwerbsminderung war bis zum Inkrafttreten des SGB XII am 01.01.2005 im **Gesetz über eine bedarfsorientierte Grundsicherung im Alter und bei Erwerbsminderung (GSiG)**[10] geregelt. Die Vorgängervorschrift zu § 43 war hierbei § 2 GSiG. 5

Der Gesetzesentwurf der Regierungsfraktionen zur Einordnung des Sozialhilferechts in das Sozialgesetzbuch vom 05.09.2003[11] sah noch vor, das GSiG als eigenständiges Leistungsgesetz bestehen zu lassen. Erst aufgrund der **Beschlussempfehlung des Vermittlungsausschusses** vom 16.12.2003 wurde **das GSiG aufgehoben** und in das SGB XII – zunächst noch als §§ 41a-f SGB XII – integriert.[12] Auf **Gesetzesmaterialien** kann daher insoweit **nicht** zurückgegriffen werden, weil Vorschläge des Ver- 6

---

[1] BGBl I 2003, 3022.
[2] BGBl I 2005, 818.
[3] BGBl I 2011, 453.
[4] BT-Drs. 17/3404 S. 128.
[5] BT-Drs. 17/3404 S. 128.
[6] BGBl I 2012, 2783.
[7] BT-Drs. 17/11382, S. 11. Diese Einfügung des neuen Absatzes 2 in § 43 SGB XII beruht auf der Beschlussempfehlung und dem Bericht des Ausschusses für Arbeit und Soziales.
[8] BR-Drs. 455/12, S. 17.
[9] BR-Drs. 455/12, S. 17.
[10] Vom 26.06.2001, BGBl I 2001, 1310.
[11] BT-Drs. 15/1514.
[12] BT-Drs. 15/2260, S. 2 f.

mittlungsausschlusses traditionell nicht begründet werden und die Beratungsprotokolle auf längere Zeit nicht zugänglich sind.[13] Dies erschwert die Gesetzesinterpretation.[14] Allerdings können die **Gesetzesmaterialien zum GSiG** als Vorgängergesetz herangezogen werden.[15]

III. Parallelvorschriften

7   Eine Parallelvorschrift zu § 43 SGB XII existiert nicht. Denn § 43 SGB XII ist Teil der Leistungen der **Grundsicherung im Alter und bei Erwerbsminderung**. Erwerbs**fähige** Hilfebedürftige (und über sie die nichterwerbsfähigen Leistungsberechtigten, die mit ihnen in einer Bedarfsgemeinschaft leben) und Hilfebedürftige, welche die in der gesetzlichen Rentenversicherung maßgebliche Altersgrenze noch nicht erreicht haben, werden jedoch durch das Leistungssystem des **SGB II** erfasst (§§ 7 Abs. 1, 8 Abs. 1, 19 SGB II).

IV. Systematische Zusammenhänge

8   Die **Sozialhilfe** umfasst gemäß § 8 SGB XII insbesondere die
    - Hilfe zum Lebensunterhalt (§§ 27-40 SGB XII) und die
    - **Grundsicherung im Alter und bei Erwerbsminderung (§§ 41-46 SGB XII)**.

9   Die Norm des § 43 SGB XII ist Teil des Vierten Kapitels des SGB XII und damit Bestandteil der Regelungen über die **Grundsicherung im Alter und bei Bedarfssicherung**.

V. Ausgewählte Literaturhinweise

10 *Dernedde*, Regressforderungen des Sozialhilfeträgers bei Elternunterhalt, Jura 2008, 838; *G. Kirchhoff*, Änderungen im Recht der Grundsicherung im Alter und bei Erwerbsminderung, SGb 2013, 441-447; *G. Kirchhoff*, Partner in der Grundsicherung im Alter und bei Erwerbsminderung (§§ 41 ff. SGB XII), SGb 2014, 57-60; *Mierzko*, Grundsicherung im Alter bzw. bei Erwerbsminderung und Unterhalt, FuR 2013, 122-124; *Müller*, Der Rückgriff gegen Angehörige von Sozialleistungsempfängern, 6. Aufl. 2012.

B. Auslegung der Norm

I. Regelungsgehalt und Bedeutung der Norm

11 Die Vorschrift des § 41 SGB XII regelt als „Grundnorm" die Tatbestandsvoraussetzungen der **Grundsicherung im Alter und bei Erwerbsminderung**. Die Regelung des § 43 SGB XII normiert für die Grundsicherung im Alter und bei Erwerbsminderung nach dem Vierten Kapitel des SGB XII **Besonderheiten**
    - bei der **Berücksichtigung von Einkommen und Vermögen** (Absatz 1),
    - bei der **landesrechtlichen Aufstockung von Regelsätzen** (Absatz 2) sowie
    - bei der Berücksichtigung von **Unterhaltsansprüchen gegenüber Kindern und Eltern** (Absatz 3).

12 Der Norm des § 43 **Abs. 3** SGB XII kommt dabei eine **große praktische Bedeutung** zu. Denn diese Regelung verkörpert den **wesentlichen strukturellen Unterschied** der Grundsicherung im Alter und bei Erwerbsminderung gegenüber den in § 8 Nr. 1 und 3-7 SGB XII aufgezählten sonstigen Leistungen der Sozialhilfe: Bei der Grundsicherung im Alter und bei Erwerbsminderung hat die Gesetzgebung bewusst weitgehend auf einen **Unterhaltsrückgriff gegenüber Kindern und Eltern** verzichtet, der die aktuelle Notlage beseitigen würde und damit einen aktuellen Bedarf entfallen ließe (§ 43 Abs. 2 SGB XII).[16] Die Regelung des § 43 Abs. 2 SGB XII soll insbesondere älteren Menschen die Furcht vor dem staatlichen Unterhaltsrückgriff auf ihre Kinder nehmen.[17]

13 **Andere** zivilrechtliche Unterhaltsverpflichtete (als die Kinder und Eltern) werden dagegen von § 43 Abs. 2 SGB XII **nicht** erfasst. Hier ordnet **§ 94 SGB XII** (bei Vorliegen der dort genannten Voraussetzungen) den **Übergang des Unterhaltsanspruches auf den Sozialhilfeträger** an (vgl. hierzu Rn. 32).

---

[13] Ausführlich *Karmanski* in: Jahn, § 41 SGB XII Rn. 5 m.w.N.
[14] *Karmanski* in: Jahn, § 41 SGB XII Rn. 5.
[15] Insbesondere BT-Drs. 14/5150.
[16] BSG v. 16.10.2007 - B 8/9b SO 8/06 R - BSGE 99, 137.
[17] BT-Drs. 14/4594, S. 43 und 72 f. Vgl. *Karmanski* in: Jahn, § 43 SGB XII Rn. 2.

II. Normzweck

Die Regelung des § 43 SGB XII normiert für die Leistungen der Grundsicherung im Alter und bei Erwerbsminderung **Besonderheiten** bei der **Berücksichtigung von Einkommen und Vermögen** (Absatz 1), bei der **landesrechtlichen Aufstockung von Regelsätzen** (Absatz 2) sowie bei der Berücksichtigung von **Unterhaltsansprüchen gegenüber Kindern und Eltern** (Absatz 3). Nach der Gesetzesbegründung entsprechen die Absätze 1 und 3 des § 43 SGB XII der Zielsetzung des Gesetzes, für alte und dauerhaft erwerbsgeminderte Menschen eine eigene (und eigenständige) soziale Leistung vorzusehen.[18] Hierbei hatte die Gesetzgebung insbesondere die Menschen im Blick, die „keine ausreichenden Rentenansprüche erworben haben"[19] und damit ihre Rentenversicherungsleistungen mit Fürsorgeleistungen aufstocken müssen. Ferner habe „die Furcht vor dem Unterhaltsrückgriff auf die Kinder vor allem ältere Menschen oftmals vom Gang zum Sozialamt" abgehalten"[20].

III. Tatbestandsmerkmale

1. Besonderheiten bei Einkommen und Vermögen (Absatz 1)

a. Verweis auf die Regelungen der §§ 19 und 20 Satz 1 SGB XII (Satz 1)

Gemäß § 43 Abs. 1 **Satz 1** SGB XII sind **Einkommen und Vermögen** des nicht getrennt lebenden **Ehegatten** oder **Lebenspartners** sowie des **Partners einer eheähnlichen oder lebenspartnerschaftsähnlichen Gemeinschaft**, die dessen notwendigen Lebensunterhalt nach § 27a SGB XII übersteigen, zu berücksichtigen. Das Einkommen und Vermögen des Hilfebedürftigen selbst ist gemäß § 41 Abs. 1 SGB XII zu berücksichtigen. Der Umstand, dass anders als bei der Hilfe zum Lebensunterhalt außerhalb von Grundsicherungsleistungen nach dem Gesetzeswortlaut nicht auf eine „gemeinsame" Berücksichtigung von Einkommen und Vermögen abgestellt wird, hat keine Auswirkung auf die Art der Leistungsberechnung.[21]

Die Bestimmung des **Einkommens** ist in den **§§ 82 ff. SGB XII** normiert. Wegen der Einzelheiten wird auf die dortigen Kommentierungen verwiesen. Zur Berücksichtigung von Kindergeld bei den Leistungen der Grundsicherung im Alter und bei Erwerbsminderung vgl. die Kommentierung zu § 41 SGB XII Rn. 140 ff.

Die Bestimmung des **Vermögens** ist in **§ 90 SGB XII** geregelt. Wegen der Einzelheiten wird auf die Kommentierung zu § 90 SGB XII verwiesen.

In einer **gemischten Bedarfsgemeinschaft** (Gemeinschaft von Personen, die verschiedenen Existenzsicherungssystemen – SGB II, SGB XII – unterworfen sind) ist das Einkommen der Personen, die dem SGB II unterworfen sind, nur zu berücksichtigen, soweit es deren Bedarf nach dem SGB XII übersteigt; dabei ist das Kaskadenmodell (vgl. die Kommentierung zu § 19 SGB XII) anzuwenden, wobei, wenn nur ein Leistungsberechtigter nach dem SGB XII vorhanden ist, dessen Bedarf zuletzt nach Maßgabe des § 82 SGB XII, insbesondere dessen Absatz 3, zu decken ist.[22]

Die Norm des § 43 Abs. 1 Satz 1 SGB XII hatte **bis 31.12.2010** keinen eigenständigen Regelungsgehalt. Denn dieser ergab sich in vollem Umfang bereits aus § 19 Abs. 2 Satz 2 SGB XII (nunmehr zum 01.01.2011 aufgehoben) und § 20 Satz 1 SGB XII. Damit erschöpfte sich die Funktion des § 43 Abs. 1 Satz 1 SGB XII darin, den Normanwender daran zu erinnern, dass er bei Anwendung des Grundsicherungsrechts nach dem Vierten Kapitel des SGB XII die Norm des § 19 Abs. 2 Satz 2 SGB XII (nunmehr zum 01.01.2011 aufgehoben) mit der Erweiterung seines sachlichen Anwendungsbereiches in § 20 Satz 1 SGB XII für eheähnliche oder lebenspartnerschaftsähnliche Gemeinschaften im Blick behält.

b. Keine Anwendung des § 39 Satz 1 SGB XII (Satz 2)

Die Regelung des § 43 Abs. 1 **Satz 2** SGB XII **schließt** die **Vermutungsregelung des § 39 Satz 1 SGB XII** für die Grundsicherung im Alter und bei Erwerbsminderung **aus** („§ 39 Satz 1 SGB XII ist nicht anzuwenden").

---

[18] BT-Drs. 14/5150, S. 49 (mit 48).
[19] BT-Drs. 14/5150, S. 48.
[20] BT-Drs. 14/5150, S. 48.
[21] BSG v. 09.06.2011 - B 8 SO 20/09 R - BSGE 108, 241.
[22] BSG v. 09.06.2011 - B 8 SO 20/09 R -.

21 Die Norm des § 39 Satz 1 SGB XII (bis 31.12.2010: § 36 Satz 1 SGB XII) ordnet an, dass, wenn eine Person, die Sozialhilfe beansprucht (nachfragende Person), gemeinsam mit anderen Personen in einer Wohnung oder in einer entsprechenden anderen Unterkunft lebt, **zweierlei vermutet** wird, nämlich dass

- sie gemeinsam wirtschaften, also eine **Haushaltsgemeinschaft besteht**, und
- die nachfragende Person von den anderen Personen Leistungen zum Lebensunterhalt erhält, soweit dies nach ihrem Einkommen und Vermögen erwartet werden kann, also eine **Bedarfsdeckung erfolgt**.[23]

22 Im Anwendungsbereich des § 43 Abs. 1 Satz 2 SGB XII kann sich der Sozialhilfeträger somit nicht auf die Vermutungen des § 39 Satz 1 SGB XII stützen, sondern muss den entsprechenden **Nachweis** erbringen. Wegen der einzelnen Tatbestandsvoraussetzungen des § 39 Satz 1 SGB XII wird auf die Kommentierung zu § 39 SGB XII verwiesen.

2. Besonderheiten bei der landesrechtlichen Aufstockung von Regelsätzen (Absatz 2)

23 Der **Absatz 2** des § 43 SGB XII wurde in § 43 SGB XII durch das Gesetz zur Änderung des Zwölften Buches Sozialgesetzbuch vom 20.12.2012[24] mit Wirkung zum 01.01.2013 **neu eingefügt**; der bisherige Absatz 2 wurde dadurch zu Absatz 3.

24 Gemäß § 43 Abs. 2 SGB XII gilt: Erhalten Leistungsberechtigte nach dem Dritten Kapitel (§§ 27 ff. SGB XII) in einem Land nach § 29 Abs. 1 letzter Halbsatz und Abs. 2-5 SGB XII festgesetzte und fortgeschriebene Regelsätze und sieht das Landesrecht in diesem Land für Leistungsberechtigte nach diesem Kapitel eine aufstockende Leistung vor, dann ist diese Leistung **nicht als Einkommen** nach § 82 Abs. 1 SGB XII **zu berücksichtigen**.

25 Hintergrund für diese Regelung ist folgender: Wird in einem Land von der Festsetzung von Regelsätzen nach § 29 Abs. 1 letzter Halbsatz und Abs. 2-5 SGB XII Gebrauch gemacht, gelten die erhöhten Regelsätze wegen § 42 Nr. 1 SGB XII nach Inkrafttreten des Gesetzes nur für Leistungsberechtigte nach dem Dritten Kapitel SGB XII. Sieht ein Land auf landesrechtlicher Grundlage einen finanziellen Ausgleich in Form einer aufstockenden Leistung für Leistungsberechtigte nach dem Vierten Kapitel SGB XII in Höhe des Differenzbetrags zwischen bundesdurchschnittlichen Regelbedarfsstufen und dem erhöhten Regelsatz vor, dann besteht die Befürchtung, dass diese landesrechtliche Leistung bedarfsmindernd auf Leistungen nach dem Vierten Kapitel SGB XII angerechnet werden könnte. Die mit der aufstockenden landesrechtlichen Leistung angestrebte Gleichstellung von Leistungsberechtigten nach dem Dritten und Vierten Kapitel SGB XII hinsichtlich der Höhe der ihnen für die Bestreitung des notwendigen Lebensunterhalts monatlich zur Verfügung stehenden Mittel könnte dann nicht erreicht werden. Durch den neu einzufügenden Absatz 2 wird deshalb bestimmt, dass die **aufstockende landesrechtliche** Leistung **nicht als Einkommen nach § 82 SGB XII** zu berücksichtigen ist.[25]

3. Besonderheiten bei Unterhaltsansprüchen gegenüber Kindern und Eltern (Absatz 3)

26 Die Norm des § 43 Abs. 3 (bis 31.12.2012: Abs. 2) SGB XII regelt Besonderheiten der Berücksichtigung von **Unterhaltsansprüchen gegenüber Kindern und Eltern**.

a. Berücksichtigung von Unterhaltsansprüchen (Sätze 1, 2 und 6)

aa. Unterhaltsansprüche gegenüber Kindern und Eltern (Satz 1)

27 Bei der Grundsicherung im Alter und bei Erwerbsminderung hat die Gesetzgebung bewusst weitgehend auf einen Unterhaltsrückgriff gegenüber Kindern und Eltern verzichtet.[26] Denn § 43 Abs. 3 (bis 31.12.2012: Absatz 2) Satz 1 SGB XII ordnet an, dass **Unterhaltsansprüche** der Leistungsberechtigten gegenüber ihren **Kindern und Eltern unberücksichtigt** bleiben, sofern deren jährliches Gesamteinkommen im Sinne des § 16 SGB IV unter einem Betrag von 100.000 € liegt. **Andere** zivil-

---

[23] Dies ist im SGB II anders. Dort wird gemäß § 9 Abs. 5 SGB II nur die Bedarfsdeckung selbst vermutet, nicht dagegen das Bestehen einer Haushaltsgemeinschaft, die dort ausdrücklich festgestellt werden muss: BSG v. 18.02.2010 - B 4 AS 5/09 R m.w.N.
[24] BGBl I 2012, 2783.
[25] Zum Vorstehenden BT-Drs. 17/11382, S. 11. Die Einfügung des neuen Absatzes 2 in § 43 SGB XII beruht auf der Beschlussempfehlung und dem Bericht des Ausschusses für Arbeit und Soziales.
[26] BSG v. 16.10.2007 - B 8/9b SO 8/06 R - BSGE 99, 137.

rechtliche Unterhaltsverpflichtete (als die Kinder und Eltern) werden dagegen von § 43 Abs. 3 SGB XII **nicht** erfasst. Hier ordnet **§ 94 SGB XII** (bei Vorliegen der dort genannten Voraussetzungen) den **Übergang des Unterhaltsanspruches auf den Sozialhilfeträger** an (hierzu Rn. 32).

Haben die Eltern oder Kinder des Hilfebedürftigen ein Gesamteinkommen von **unter** 100.000 €, **leisten sie aber gleichwohl tatsächlich Unterhalt an den Hilfebedürftigen**, ist dieser Unterhalt jedoch anspruchsmindernd bzw. -vernichtend zu berücksichtigen (hierzu Rn. 32). **28**

Unterhaltsansprüche bestehen nach dem Zivilrecht kraft Gesetzes zwischen: **29**
- Ehegatten (§§ 1360 ff. BGB),
- Partnern einer geschiedenen oder aufgehobenen Ehe (§§ 1569 ff. BGB[27]),
- eingetragenen Lebenspartnern (§§ 5, 12 LPartG),
- Partnern einer aufgehobenen Lebenspartnerschaft (§ 16 LPartG),
- **Verwandten in gerader Linie (§ 1601 BGB)** und
- nicht miteinander verheirateten Eltern (§ 1615l BGB).

Die Norm des § 43 Abs. 3 Satz 1 SGB XII erfasst nur Unterhaltsansprüche des Hilfebedürftigen gegenüber seinen **Kindern und Eltern**. Dies sind **Verwandte in gerader Linie**, weil es sich – so die Formulierung des § 1589 Satz 1 BGB – um Personen handelt, „deren eine von der anderen abstammt". Der Grad der Verwandtschaft bestimmt sich nach der Zahl der sie vermittelnden Geburten (§ 1589 Satz 3 BGB). Der Hilfebedürftige und seine Eltern sind damit Verwandte **in gerader Linie im ersten Grad**; dasselbe gilt für den Hilfebedürftigen und seine Kinder. **30**

Die Regelung des § 43 Abs. 3 Satz 1 SGB XII erfasst sachlich also nur einen Teilbereich des zuvor dargestellten Spektrums zivilrechtlicher Unterhaltsansprüche, nämlich **nur** die Unterhaltsansprüche des Hilfebedürftigen gegenüber mit ihm in gerader Linie im ersten Grad Verwandten. **31**

Andere zivilrechtliche Unterhaltsverpflichtete werden von § 43 Abs. 3 SGB XII also **nicht** erfasst.[28] Sozialhilferechtlich werden sie – grob skizziert – folgendermaßen behandelt: **32**

- **Nicht getrennt lebende Ehegatten und Lebenspartner**:

Ihr Einkommen und Vermögen ist gemäß **§ 43 Abs. 1 HS. 1 SGB XII** unmittelbar kraft Gesetzes anspruchsmindernd bzw. -vernichtend zu berücksichtigen.

- **Sonstige unterhaltsverpflichtete Personen**:

Hier ordnet **§ 94 SGB XII** den Übergang des Unterhaltsanspruches auf den Sozialhilfeträger an (bei Vorliegen der dort genannten Voraussetzungen). Die Regelung des **§ 94 Abs. 1 Satz 3 HS. 2 SGB XII** stellt noch einmal klar, dass dies aber **nicht** für die Unterhaltsansprüche gegenüber Eltern und Kindern des Leistungsberechtigten nach dem Grundsicherungsrecht des Vierten Kapitels gilt, weil für sie ja die Sonderregelung des § 43 Abs. 3 SGB XII greift. Ferner gehen auch die Unterhaltsansprüche des Hilfebedürftigen gegen Verwandte **zweiten** Grades (vgl. hierzu Rn. 30) auf den Sozialhilfeträger gemäß § 94 Abs. 1 Satz 3 HS. 1 SGB XII nicht über. Die **Auskunftspflicht** der sonstigen Unterhaltsverpflichteten ist **in § 117 Abs. 1 SGB XII** normiert.

Die Regelung des § 43 Abs. 3 Satz 1 SGB XII setzt tatbestandlich ferner voraus, dass das jährliche **Gesamteinkommen** im Sinne des § 16 SGB IV der Kinder bzw. Eltern des Hilfebedürftigen unter einem Betrag von 100.000 € liegt. **33**

Gemäß § 16 SGB IV ist das **Gesamteinkommen** die Summe der Einkünfte im Sinne des Einkommensteuerrechts; es umfasst insbesondere das Arbeitsentgelt (§ 14 SGB IV) und das Arbeitseinkommen (§ 15 SGB IV). **34**

Das Gesamteinkommen im Sinne des § 43 Abs. 3 Satz 1 SGB XII ist die Bezeichnung des Sozialversicherungsrechts für den **einkommensteuerrechtlichen Begriff der „Summe der Einkünfte" i.S.d. § 2 Abs. 3 EStG**.[29] § 16 SGB IV knüpft nicht in jeder Hinsicht an die Grundlagen der Einkommensteuerschuld an, sondern nur bezüglich der Einkunftsquelle (§ 2 Abs. 1 Nr. 1-7 EStG) und des Ergebnisses der tatsächlichen Nutzung der Erwerbsgrundlage, nicht jedoch bezüglich des letztlich steuerpflichtigen Vermögenszuwachses.[30] Sinn und Zweck von § 16 SGB IV ist es, eine einheitliche Legaldefinition für die gesamte Sozialversicherung zu schaffen. Durch die Anknüpfung an die Regelungen des jeweils geltenden Einkommensteuerrechts wird eine eigene Berechnung durch die Sozialversicherung weitgehend vermieden und damit dem Grundsatz der Kompetenznähe Rechnung getragen.[31] **35**

---

[27] Für die aufgehobene Ehe i.V.m. § 1518 Abs. 2 BGB.
[28] Vgl. aber zu tatsächlichen Unterhaltszahlungen: BSG v. 16.10.2007 - B 8/9b SO 8/06 R - BSGE 99, 137.
[29] *Fischer* in: jurisPK-SGB IV, § 16 Rn. 12.
[30] *Fischer* in: jurisPK-SGB IV, § 16 Rn. 12.
[31] *Fischer* in: jurisPK-SGB IV, § 16 Rn. 16 m.w.N.

36 Zu berücksichtigen sind alle **sieben Einkunftsarten des EStG**, das heißt die in § 2 Abs. 1 Satz 1 EStG unter der Überschrift „Umfang der Besteuerung" genannten Einkünfte aus Land- und Forstwirtschaft (Nr. 1), Gewerbebetrieb (Nr. 2), selbständiger Arbeit (Nr. 3), nichtselbständiger Arbeit (Nr. 4), Kapitalvermögen (Nr. 5), Vermietung und Verpachtung (Nr. 6) sowie sonstige Einkünfte (Nr. 7). Zu welcher Einkunftsart Einkünfte im Einzelfall gehören, ergibt sich aus den §§ 13-24 EStG (§ 2 Abs. 1 Satz 2 EStG).[32]

37 Bei **Kindern** des Hilfebedürftigen bezieht sich das Gesamteinkommen **auf jedes Kind einzeln**.[33] Bei den **Eltern** ist dagegen umstritten, ob dies ebenso gilt oder ob die Eltern insoweit zusammen zu „veranlagen" sind. Für eine gesonderte Betrachtung jedes Elternteils wird vorgebracht, dass Eltern und Kinder insoweit gleich zu behandeln seien.[34] Eine gemeinsame „Veranlagung" der Eltern wird demgegenüber damit gerechtfertigt, dass Kinder einen eigenen Steuerbescheid erhielten, die Eltern dagegen nicht.[35] Das **BSG** hat diesen Streit in der Weise höchstrichterlich entschieden, dass § 43 Abs. 3 (bis 31.12.2012: Absatz 2) Satz 1 SGB XII dahin auszulegen ist, dass die Gewährung von Leistungen der Grundsicherung im Alter und bei Erwerbsminderung **erst dann** ausscheidet, wenn **ein** Elternteil ein jährliches Gesamteinkommen i.S.d. § 16 SGB IV von mindestens 100.000 € aufweist, nicht aber bereits dann, wenn beide Elternteile zusammengerechnet ein solches Einkommen erzielen.[36]

38 Haben die Eltern oder Kinder des Hilfebedürftigen ein Gesamteinkommen von **unter** 100.000 €, **leisten** sie aber gleichwohl **tatsächlich Unterhalt an den Hilfebedürftigen**, ist dieser Unterhalt wie jedes andere Einkommen gemäß § 41 Abs. 1 Satz 1 SGB XII anspruchsmindernd bzw. -vernichtend zu berücksichtigen.[37] Die Regelung des § 43 Abs. 3 Satz 1 SGB XII erlaubt nicht den Umkehrschluss, dass tatsächlich geleisteter Unterhalt in einem solchen Fall unberücksichtigt bleiben müsse. Denn nach dieser Norm bleiben „Unterhaltsansprüche" unberücksichtigt, nicht dagegen **faktisch erbrachter Unterhalt**.[38] Die Regelung des § 43 Abs. 3 Satz 1 SGB XII verbietet also ausdrücklich und nach ihrem Sinn und Zweck nur den Rückgriff auf Eltern oder Kinder wegen bestehender Unterhaltsansprüche, nicht aber die grundsätzliche Berücksichtigung tatsächlicher Unterhaltszahlungen.[39] Endet dieser faktisch gewährte Unterhalt jedoch, sind die Leistungen der Grundsicherung im Alter und bei Erwerbsminderung wieder (ungekürzt) zu gewähren. Erfolgt die tatsächliche Gewährung des Unterhalts allerdings nur **darlehensweise**, stellt dies kein zu berücksichtigendes Einkommen dar.[40]

bb. Vermutung eines Gesamteinkommens unter 100.000 € (Satz 2)

39 Gemäß § 43 Abs. 3 **Satz 2** SGB XII wird **vermutet**, dass das Gesamteinkommen der unterhaltspflichtigen Kinder oder Eltern des Hilfebedürftigen die Grenze von 100.000 € (Satz 1) nicht überschreitet.

40 Es handelt sich hierbei um eine **widerlegliche Vermutung**, wie die Sätze 3 und 6 des § 43 Abs. 3 SGB XII eindeutig regeln. Sie gilt damit so lange, bis der **Sozialhilfeträger** den **Beweis des Gegenteils** (§ 202 SGG i.V.m. § 292 ZPO) führt, also den **Vollbeweis** erbringt, dass das Gesamteinkommen der Eltern oder Kinder des Hilfebedürftigen (doch) die Grenze von 100.000 € überschreitet. Ist dies nicht (hinreichend) feststellbar, trägt der Sozialhilfeträger die (materielle) **Beweislast**, so dass es bei der Vermutungsregelung des § 43 Abs. 3 Satz 2 SGB XII verbleibt.[41] Ist der Sachverhalt jedoch deshalb nicht abschließend aufklärbar, weil der Hilfebedürftige seine Auskunftsobliegenheit nicht erfüllt (§ 43 Abs. 3 Satz 3 SGB XII), kann der Sozialhilfeträger die Leistung unter den Voraussetzungen des § 66 SGB I allerdings versagen oder entziehen.

---

[32] Vgl. zu Einzelheiten *Fischer* in: jurisPK-SGB IV, § 16 Rn. 18 ff.

[33] *Karmanski* in: Jahn, § 43 SGB XII Rn. 20; *Brühl/Schoch* in: LPK-SGB XII, § 43 Rn. 9, jeweils m.w.N.

[34] *Karmanski* in: Jahn, § 43 SGB XII Rn. 20; *Wahrendorf* in: Grube/Wahrendorf, § 43 Rn. 13: weite Auslegung wegen des Zwecks des § 43 Abs. 2 SGB XII.

[35] *Brühl/Schoch* in: LPK-SGB XII, § 43 Rn. 9. Im Ergebnis ebenso *Adolph* in: Linhart/Adolph § 43 Rn. 28.

[36] BSG v. 25.04.2013 - B 8 SO 21/11 R.

[37] BSG v. 16.10.2007 - B 8/9b SO 8/06 R - BSGE 99, 137. *Wahrendorf* in: Grube/Wahrendorf, § 43 Rn. 9; *Karmanski* in: Jahn, § 43 SGB XII Rn. 15 m.w.N.

[38] *Brühl/Schoch* in: LPK-SGB XII, § 43 Rn. 5.

[39] BSG v. 16.10.2007 - B 8/9b SO 8/06 R - BSGE 99, 137.

[40] Vgl. zu den Anforderungen an den Nachweis eines Darlehens im Recht des SGB II zuletzt BSG v. 07.05.2009 - B 14 AS 31/07 R („kein Fremdvergleich").

[41] Ebenso *Brühl/Schoch* in: LPK-SGB XII, § 43 Rn. 18.

Um die Einkommensgrenze des § 43 Abs. 3 Satz 1 SGB XII überprüfen und ggf. den Beweis des Gegenteils erbringen zu können, räumen die Sätze 3 bis 5 des § 43 Abs. 3 SGB XII dem Sozialhilfeträger **Auskunftsansprüche** ein, und zwar
- gegenüber dem **Hilfebedürftigen** selbst (Satz 3) sowie
- gegenüber den **Eltern und Kindern** des Hilfebedürftigen (Sätze 4 und 5).

b. Auskunftsobliegenheit des Hilfebedürftigen (Satz 3)

Gemäß § 43 Abs. 3 **Satz 3** SGB XII kann der jeweils für die Ausführung des Gesetzes nach diesem Kapitel zuständige Träger (hierzu § 46b SGB XII) zur Widerlegung der Vermutung nach Satz 2 von dem **Hilfebedürftigen** Angaben verlangen, die Rückschlüsse auf die Einkommensverhältnisse seiner unterhaltspflichtigen Kinder und Eltern nach Satz 1 zulassen.

aa. Rechtsnatur der Auskunftsobliegenheit

Die Regelung des § 43 Abs. 3 Satz 3 SGB XII begründet eine **Mitwirkungsobliegenheit** des Hilfebedürftigen. Denn die Mitwirkungspflichten innerhalb des Sozialrechtsverhältnisses sind rechtsdogmatisch Obliegenheiten des Antragstellers bzw. Leistungsempfängers, **keine (Neben-)Pflichten**; Obliegenheiten und Nebenpflichten sind auch keine synonymen Bezeichnungen. Die Obliegenheiten kennzeichnen sich dadurch, dass sie zugunsten des „Berechtigten" – anders als bei den Pflichten – weder einen (primären) Erfüllungsanspruch noch bei ihrer Verletzung einen (sekundären) Schadensersatzanspruch begründen. Die Befolgung der Obliegenheit ist vielmehr das Gebot des eigenen Interesses, da der Belastete (hier der Hilfebedürftige) bei ihrer Verletzung einen Rechtsverlust bzw. einen rechtlichen Nachteil erleidet.[42]

Diese Frage nach der Rechtsnatur ist nicht nur rechtstheoretisch von Bedeutung, sondern hat praktische Relevanz. Denn zum einen sie hinsichtlich des konkreten Inhalts der Auskunftsobliegenheit des Hilfebedürftigen von Bedeutung (dazu sogleich), zum anderen ist zu bestimmen, welche Rechtsfolge eintritt, wenn der Hilfebedürftige seiner Auskunftsobliegenheit nicht nachkommt.

bb. Inhalt der Auskunftsobliegenheit

Gemäß § 43 Abs. 3 Satz 3 SGB XII kann der jeweils für die Ausführung des Gesetzes nach diesem Kapitel zuständige Träger (hierzu § 46b SGB XII) zur Widerlegung der Vermutung nach Satz 2 von dem Hilfebedürftigen **Angaben verlangen**, die Rückschlüsse auf die Einkommensverhältnisse seiner unterhaltspflichtigen Kinder und Eltern nach Satz 1 zulassen.

„Angaben verlangen" bedeutet, dass der Hilfebedürftige **Tatsachen anzugeben** hat, die hinsichtlich der Einkommensverhältnisse seiner unterhaltspflichtigen Kinder und Eltern (§ 43 Abs. 3 Satz 1 SGB XII) erheblich sind. Der Sozialhilfeträger darf ihn also z.B. fragen, ob Kinder bzw. Eltern vorhanden sind, wie alt sie sind und welchen Beruf sie ausüben.[43]

Die Norm des § 43 Abs. 3 Satz 3 SGB XII ist eine bereichsspezifische Ausgestaltung der allgemeinen Mitwirkungsvorschriften des **§ 60 Abs. 1 Satz 1 Nr. 1 SGB I**. Danach hat, wer Sozialleistungen beantragt oder erhält, alle Tatsachen anzugeben, die für die Leistung erheblich sind. Dies wirft die Frage auf, ob der Hilfebedürftige über diese Angabe von Tatsachen hinaus auch **Änderungen in den Verhältnissen mitzuteilen** (§ 60 Abs. 1 Satz 1 **Nr. 2** SGB I) oder **Beweismittel zu bezeichnen und auf Verlangen des Leistungsträgers vorzulegen** oder ihrer Vorlage zuzustimmen hat (§ 60 Abs. 1 Satz 1 **Nr. 3** SGB I).

Dies hängt von dem Verhältnis der allgemeinen Mitwirkungsvorschriften des SGB I zu den besonderen Mitwirkungsvorschriften in den übrigen Büchern des SGB ab. Dieses Verhältnis ist dogmatisch noch nicht umfassend aufbereitet. Es bestimmt sich nach **§ 37 Satz 1 SGB I**. Danach gelten die Vorschriften des SGB I (ergänzend), soweit sich aus den übrigen Büchern des SGB nichts Abweichendes ergibt. Das SGB I normiert die allgemeinen Mitwirkungsobliegenheiten hinsichtlich ihrer
- Tatbestände (§§ 60-64 SGB I),
- Grenzen (§ 65 SGB I) sowie
- Rechtsfolgen (§§ 66, 67 SGB I).

§ 37 SGB I begründet eine Vermutung dahingehend, dass die Regelungen des SGB I für alle Sozialleistungsbereiche des SGB gelten sollen.[44] Die **§§ 60-67 SGB I** bleiben daher **ergänzend anwendbar**,

---

[42] *Heinrichs* in: Palandt, BGB, Einf. v. § 241 Rn. 13 m.w.N.
[43] *Karmanski* in: Jahn, SGB XII, § 43 Rn. 23.
[44] *Fastabend* in: Hauck/Haines, K § 37 SGB I Rn. 9 m.w.N.

solange und soweit das Normprogramm der besonderen Mitwirkungsobliegenheiten des SGB XII dies nicht ausschließt, also den Lebenssachverhalt nicht ausdrücklich oder stillschweigend abweichend und/oder abschließend regelt. Grundsätzlich ist das SGB XII – wie die anderen Bücher des SGB auch – **für eine ergänzende Anwendung der §§ 60 ff. SGB I offen**.

50 Allerdings ist hier die **Binnensystematik des § 43 Abs. 3 SGB XII** zu berücksichtigen: In seinem Satz 3 normiert das SGB XII Mitwirkungsobliegenheit des Hilfebedürftigen und in seinen Sätzen 4 und 5 Mitwirkungspflichten von Kindern und Eltern des Hilfebedürftigen. Dort – und nur dort – hat die Gesetzgebung auch die Pflicht normiert, „**Beweisurkunden vorzulegen** oder ihrer Vorlage zuzustimmen" (§ 43 Abs. 3 Satz 5 SGB XII). Eine entsprechende Regelung hat die Gesetzgebung bei der Mitwirkungsobliegenheit des Hilfebedürftigen nach § 43 Abs. 3 Satz 3 SGB XII **nicht** getroffen. Im Umkehrschluss ist daraus zu folgern, dass dem Hilfebedürftigen die Vorlage von Beweisurkunden nicht obliegen soll, so dass eine subsidiäre Heranziehung der Regelung des § 60 Abs. 1 Satz 1 **Nr. 3** SGB I ersichtlich **nicht** gewollt ist. Bei einem „Anfangsverdacht" hinsichtlich eines hohen Einkommens soll der Sozialhilfeträger nach der Konzeption des § 43 Abs. 3 SGB XII vielmehr weitere Auskunft und ggf. Beweismittel von den Kindern und Eltern des Hilfebedürftigen anfordern.

51 Die Obliegenheit des § 60 Abs. 1 Satz 1 **Nr. 2** SGB I, Änderungen in den Verhältnissen unverzüglich mitzuteilen, die für die Leistung erheblich sind, kann demgegenüber aber subsidiär herangezogen werden. Denn die Systematik des § 43 Abs. 3 SGB XII lässt – anders als bei der Vorlage von Beweisurkunden – nicht erkennen, dass ein Rückgriff auf § 60 Abs. 1 Satz 1 Nr. 2 SGB I nicht gewollt ist.

c. Auskunftspflicht von Kindern und Eltern des Hilfebedürftigen (Sätze 4 und 5)

52 Liegen im Einzelfall hinreichende Anhaltspunkte für ein Überschreiten der in § 43 Abs. 3 Satz 1 SGB XII genannten Einkommensgrenze vor, sind die Kinder oder Eltern der Leistungsberechtigten gegenüber dem jeweils für die Ausführung des Gesetzes nach diesem Kapitel zuständigen Träger (hierzu § 46b SGB XII) gemäß § 43 Abs. 3 **Satz 4** SGB XII verpflichtet, über ihre Einkommensverhältnisse Auskunft zu geben, soweit die Durchführung des SGB XII es erfordert.

53 Die Formulierung des § 43 Abs. 3 Satz 4 SGB XII („soweit … es erfordert") legt es nahe, ein Stufenverhältnis in der Weise anzunehmen, dass der Sozialhilfeträger **zunächst** den Hilfebedürftigen auf Auskunft in Anspruch nehmen muss und **erst danach** von seinen Eltern oder Kindern Auskunft verlangen darf.[45] Zwingend ergibt sich dieses Stufenverhältnis allerdings aus dem Wortlaut nicht. Ein Auskunftsersuchen, das sich unmittelbar an die Eltern oder Kinder richtet, stellt auch nicht von vornherein und per se eine unverhältnismäßige Indienstnahme dieses Personenkreises dar. Handelt es sich dagegen um Informationen, die dem Hilfebedürftigen bereits vorliegen, dürfte das Auskunftsersuchen zunächst an den Hilfebedürftigen zu richten sein.

aa. Rechtsnatur der Auskunftspflicht

54 Die Auskunftspflicht ist eine **öffentlich-rechtliche Verpflichtung** der Kinder und Eltern als Dritte.[46] § 43 Abs. 3 Satz 4 SGB XII ermächtigt den Sozialhilfeträger, seine öffentlich-rechtliche, der Leistungsgewährung vorgelagerte Aufgabe der Amtsermittlung auch durch Inanspruchnahme Dritter zu erfüllen (§§ 20, 21 SGB X), obwohl diese – eben als Dritte – außerhalb des Sozialrechtsverhältnisses zwischen Sozialhilfeträger und -empfänger stehen. Daraus entsteht ein öffentlich-rechtliches Rechtsverhältnis (bzgl. eines Arbeitgebers wird bisweilen auch von Indienstnahmeverhältnis gesprochen). Anders als die Auskunftsverpflichtung des Hilfebedürftigen nach § 43 Abs. 3 Satz 3 SGB XII, die (nur) eine Obliegenheit ist (vgl. Rn. 43), begründet die Auskunftspflicht der Kinder und Eltern nach § 43 Abs. 3 Satz 4 SGB XII eine (echte) Leistungspflicht (Schuld) des Auskunftspflichtigen.

bb. Persönlicher Anwendungsbereich

55 Die Sätze 4 und 5 des § 43 Abs. 3 SGB XII erfassen **persönlich** ausschließlich die **Kinder oder Eltern des Hilfebedürftigen**, nicht dagegen sonstige unterhaltspflichtige Personen. Für diese **sonstigen unterhaltspflichtigen Personen** kommt vielmehr die (allgemeine) Norm des **§ 117 Abs. 1** (und 5) SGB XII zur Anwendung.

---

[45] So *Brühl/Schoch* in: LPK-SGB II; *Karmanski* in: Jahn, SGB XII, § 43 Rn. 20; *Wahrendorf* in: Grube/Wahrendorf, § 43 Rn. 14.

[46] So für die Auskunftspflicht des Arbeitgebers nach dem Arbeitsförderungsrecht BSG v. 12.02.1980 - 7 RAr 26/79 - BSGE 49, 291; BSG v. 12.12.1990 - 11 RAr 43/88 - SozR 3-4100 § 133 Nr. 1; BSG v. 30.01.1990 - 11 RAr 11/89 - BSGE 66, 188; BSG v. 28.06.1991 - 11 RAr 117/90 - BSGE 69, 114.

cc. Inhalt der Auskunftspflicht

Die Kinder oder Eltern des Hilfebedürftigen sind gegenüber dem Träger der Sozialhilfe gemäß § 43 Abs. 3 **Satz 4** SGB XII verpflichtet, **über ihre Einkommens**verhältnisse Auskunft zu geben, soweit die Durchführung des SGB XII es erfordert. Über ihr **Vermögen** müssen die Kinder oder Eltern **keine** Auskunft erteilen, weil dies gesetzlich nicht angeordnet ist. Einkünfte **aus** Vermögen (z.B. Zinsen) sind jedoch von § 43 Abs. 3 Satz 4 SGB XII wieder umfasst.

Die **Erforderlichkeit** („soweit die Durchführung (…) es erfordert") setzt der Auskunftspflicht der Kinder und Eltern dabei Grenzen. Das Gesetz konkretisiert damit auf der Ebene des einfachen Rechts den verfassungsrechtlichen **Grundsatz der Verhältnismäßigkeit**. Hintergrund hierfür ist, dass Eingriffe in **Grundrechte des GG** nur aufgrund eines Gesetzes erfolgen dürfen: Die Normierung einer Pflicht Dritter zur Preisgabe von Daten greift in deren Recht auf informationelle Selbstbestimmung aus Art. 2 Abs. 1 i.V.m. Art. 1 Abs. 1 GG[47] ein. Deshalb ist insbesondere der Grundsatz der Verhältnismäßigkeit zu beachten. Die Auskunftserteilung muss also für die Aufklärung des Sachverhaltes stets erforderlich und darf für die Betroffenen im Einzelfall nicht unzumutbar sein.

Die Pflicht zur Auskunft umfasst gemäß **§ 43 Abs. 3 Satz 5 SGB XII** die Verpflichtung, auf Verlangen des Trägers der Sozialhilfe **Beweisurkunden** vorzulegen oder ihrer Vorlage zuzustimmen. Diese Pflicht zur Vorlage von Beweismitteln steht im systematischen Zusammenhang mit § 21 Abs. 1 SGB X, wonach die Behörde sich der Beweismittel bedient, die sie zur Ermittlung des Sachverhalts für erforderlich hält.[48] Zu den Beweisurkunden gehören z.B. Lohn- und Gehaltsabrechnungen, Einkommensteuerbescheide und Kontoauszüge.[49]

dd. Handlungsform Verwaltungsakt

Eine Auskunftspflicht eines Dritten darf nach überwiegender Auffassung durch (vollstreckungsfähigen) **Verwaltungsakt** konkretisiert werden.[50]

Dies erscheint **zweifelhaft**. Denn der Gebrauch dieser Handlungsform erfordert eine **gesetzliche Regelung**, die den Leistungsträger ermächtigt, (gerade) durch Verwaltungsakt zu handeln (so z.B. im Rentenversicherungsrecht § 118 Abs. 4 Satz 2 SGB VI). Eine solche Regelung ist deshalb erforderlich, weil der Einsatz dieser Handlungsform einen eigenen Eingriffswert aufweist.[51] Denn indem sie die abstrakt-generelle Regelung des Gesetzes verbindlich konkretisiert und individualisiert, legt die Verwaltung fest, was im Einzelfall rechtens sein soll (§ 40 Abs. 1 Satz 1 SGB XII i.V.m. § 31 SGB X). Eine solche Regelung ist auch nicht entbehrlich. Zwar besteht zwischen dem Sozialhilfeträger und den Eltern bzw. Kindern des Hilfebedürftigen ein öffentlich-rechtliches Rechtsverhältnis. Aber nicht jedes öffentlich-rechtliche Rechtsverhältnis berechtigt den zuständigen Träger der öffentlichen Verwaltung, Ansprüche aus diesem Rechtsverhältnis durch Verwaltungsakt geltend zu machen. Dies ist nur dann der Fall, wenn ein so genanntes Über-/Unterordnungsverhältnis zwischen den Beteiligten besteht.[52]

Eine solche **Sonderrechtsbeziehung** besteht zwischen dem Sozialhilfeträger und den **Eltern bzw. Kindern** des Hilfebedürftigen als Auskunftspflichtigen **nicht**. Diese werden nur einmalig und für eine konkret umschriebene Aufgabe – die Auskunft – „in Dienst genommen"; sie werden „lediglich als Auskunfts- und Beweisperson benötigt"[53]. Allerdings besteht im SGB XII die Besonderheit, dass der Unterhaltsanspruch des Hilfebedürftigen gegenüber **sonstigen** Unterhaltsverpflichteten gemäß § 94

---

[47] Hierzu grundlegend das Volkszählungsurteil des BVerfG v. 15.12.1983 - 1 BvR 209/83 u.a. - BVerfGE 65, 1.
[48] Vgl. *Kampe* in: jurisPK-SGB I, § 60 Rn. 34.
[49] *Karmanski* in: Jahn, § 43 SGB XII Rn. 24.
[50] *Brühl/Schoch* in: LPK-SGB XII, § 43 Rn. 15; *Karmanski* in: Jahn, § 43 SGB XII Rn. 24; *Wahrendorf* in: Grube/Wahrendorf, § 43 Rn. 15; *Adolph* in: Linhart/Adolph § 43 Rn. 46. Ebenso zur Auskunftspflicht nach § 116 Abs. 1 BSHG (heute § 117 SGB XII) BVerwG v. 21.01.1993 - 5 C 22/90 - BVerwGE 91, 375, und BVerwG v. 17.06.1993 - 5 C 43/90 - BVerwGE 92, 330. Vgl. zum Arbeitsförderungsrecht BSG v 16.08.1989 - 7 RAr 82/88 - SozR 4100 § 144 Nr. 1; *Düe* in: Niesel, § 312 SGB III Rn. 4; *Steinmeyer* in: Gagel, § 312 SGB III Rn. 80 und 83; *Voelzke* in: Hauck/Noftz, K § 312 SGB III Rn. 28; a.A. hinsichtlich eines Schadensersatzanspruches des Leistungsträgers der 7. Senat des BSG: BSG v. 12.02.1980 - 7 RAr 26/79 - BSGE 49, 291; BSG v. 20.10.1983 - 7 RAr 41/82 - BSGE 56, 20; BSG v 16.08.1989 - 7 RAr 82/88 - SozR 4100 § 144 Nr. 1; der 11. Senat des BSG bejaht dagegen diese Befugnis: BSGE 66, 188.
[51] *Erichsen* in Erichsen/Ehlers, AllgVerwR, 2002 § 15 I 1 m.w.N., str.
[52] BSG v. 12.02.1980 - 7 RAr 26/79 - BSGE 49, 291; so auch BSG v 16.08.1989 - 7 RAr 82/88 - SozR 4100 § 144 Nr. 1.
[53] Vgl. BSG v. 12.02.1980 - 7 RAr 26/79 - BSGE 49, 291, 295.

SGB XII auf den Sozialhilfeträger übergeht. Dieser Anspruchsübergang führt zu einer Sonderrechtsbeziehung zwischen dem Sozialhilfeträger und den sonstigen Unterhaltsverpflichteten, die in § 94 SGB XII im Einzelnen ausgestaltet ist und über einen singulären Kontakt deutlich hinausgeht. Daraus lässt sich jedoch nicht der (Erst-recht-)Schluss ziehen, dass dies auch für das Verhältnis der **Eltern bzw. Kinder** des Hilfebedürftigen gegenüber dem Sozialhilfeträger gelten müsste. Denn die Gesetzgebung hat die Eltern und Kinder des Hilfebedürftigen von dem Anspruchsübergang des § 94 SGB XII gerade ausgenommen und sie insoweit sozialhilferechtlich „herausgehalten". Dies geschah ganz bewusst, um der Furcht vor allem des älteren Hilfebedürftigen vor dem Unterhaltsrückgriff auf seine Kinder Rechnung zu tragen. Die Regelung des § 94 SGB XII taugt also nicht als Grundlage einer Sonderrechtsbeziehung, soweit es um die Eltern und Kinder des Hilfebedürftigen geht.

IV. Rechtsfolgen

1. Rechtsfolge bei Absatz 1

62 Einkommen und Vermögen des nicht getrennt lebenden Ehegatten oder Lebenspartners sowie des Partners einer eheähnlichen Gemeinschaft, die dessen notwendigen Lebensunterhalt nach diesem Buch übersteigen, sind gemäß § 43 **Abs. 1** HS. 1 SGB XII nach den § 27a SGB XII (bis 31.12.2010: § 19 SGB XII) „zu berücksichtigen".

63 Dies bedeutet, dass sich dieses Einkommen oder Vermögen, soweit es nach den Regelungen des SGB XII zu berücksichtigen ist (vgl. hierzu die §§ 82-84, 90 f. SGB XII), **anspruchsmindernd oder -vernichtend** auswirkt. Zu Einzelheiten vgl. die Kommentierung zu § 19 SGB XII.

2. Rechtsfolge bei Absatz 2

64 Gemäß § 43 Abs. 2 SGB XII ist die **landesrechtliche Aufstockung** von Regelsätzen **nicht** als Einkommen nach § 82 SGB XII zu berücksichtigen.

3. Rechtsfolgen bei Absatz 3

a. Bei Widerlegung der Vermutung des Gesamteinkommens (Sätze 1 und 2)

65 Gemäß § 43 **Abs. 3 Satz 6 SGB XII** haben Hilfebedürftige „**keinen Anspruch**" auf Leistungen der bedarfsorientierten Grundsicherung, wenn die nach § 43 Satz 3 SGB XII geltende Vermutung nach den Sätzen 4 und 5 widerlegt ist. Ist dies der Fall, beseitigt dieser Rückgriff auf das Einkommen der Eltern oder Kinder des Hilfebedürftigen dessen aktuelle Notlage und lässt einen aktuellen Bedarf entfallen.[54] Der **Anspruch** des Hilfebedürftigen auf Leistungen der Grundsicherung im Alter und bei Erwerbsminderung wird folglich in dem Umfang des zulässigen Einkommensrückgriffes **kraft Gesetzes vernichtet bzw. reduziert.**

66 Anders als bei **sonstigen unterhaltspflichtigen Personen** findet bei den Eltern und Kindern des Hilfebedürftigen damit **kein Übergang des Unterhaltsanspruches** gemäß § 94 SGB XII auf den Sozialhilfeträger statt; dies ruft auch die dortige Regelung des **§ 94 Abs. 1 Satz 3 HS. 2 SGB XII** noch einmal in Erinnerung. Bei einem Rückgriff auf das Einkommen von Kindern und Eltern erfolgt vielmehr eine Anspruchsvernichtung bzw. -reduzierung kraft Gesetzes.

67 Im Falle einer Vernichtung des Anspruches auf Leistungen der Grundsicherung im Alter und bei Erwerbsminderung gemäß § 43 Abs. 3 Satz 6 SGB XII kann der Hilfebedürftige aber Leistungen der **Hilfe zum Lebensunterhalt gemäß §§ 27 ff. SGB XII** beanspruchen, weil diese nachrangig anwendbar sind (§ 19 Abs. 2 Satz 2 SGB XII) und § 43 Abs. 3 Satz 6 SGB XII ausdrücklich nur die Leistungen der Grundsicherung im Alter und bei Erwerbsminderung ausschließt.[55] Auf den Sozialhilfeträger geht dann allerdings der Unterhaltsanspruch gegenüber den Kindern bzw. Eltern des Hilfebedürftigen über gemäß § 94 Abs. 1 SGB XII; der Ausschluss dieses Überganges gemäß § 94 Abs. 1 Satz 3 HS. 2 SGB XII greift nicht, weil dieser nach seinem eindeutigen Wortlaut nur die Leistungen der Grundsicherung im Alter und bei Erwerbsminderung erfasst.

b. Bei Nichterfüllung der Auskunftsobliegenheit des Hilfebedürftigen (Satz 3)

68 Das SGB XII hat weder in § 43 SGB XII noch andernorts geregelt, welche Rechtsfolge eintritt, wenn der Hilfebedürftige seiner Obliegenheit zur Auskunftserteilung gemäß § 43 Abs. 3 Satz 3 SGB XII nicht nachkommt.

---

[54] So BSG v. 16.10.2007 - B 8/9b SO 8/06 R - BSGE 99, 137.
[55] Ebenso *Karmanski* in: Jahn, § 43 SGB XII Rn. 12; *Adolph* in: Linhart/Adolph § 43 Rn. 53.

Dies wirft die Frage auf, ob und ggf. unter welchen Voraussetzungen die Regelung des § 66 SGB I, die 69
die **Rechtsfolgen unterbliebener Mitwirkung** im Allgemeinen normiert (Versagung oder Entziehung
der Leistung), **ergänzend herangezogen** werden kann.

Es wurde bereits dargelegt, dass das SGB XII für eine Anwendung der §§ 60 ff. SGB I und folglich 70
auch des § 66 SGB I grundsätzlich offen ist. Es fragt sich aber, **unter welchen Voraussetzungen** im
Anwendungsbereich des SGB XII auf § 66 SGB I zurückgegriffen werden kann. Es kommen zwei Modelle in Betracht: Zum einen wäre es denkbar, dass dann, wenn der Hilfebedürftige seiner im SGB XII
normierten Mitwirkungsobliegenheit nicht nachkommt, die durch § 66 SGB I angeordnete Rechtsfolge
unmittelbar gelten, also ohne weiteres ausgelöst werden soll (Modell 1). Zum anderen könnte die
Rechtsfolge des § 66 SGB I nur dann eintreten, wenn der Hilfebedürftige mit der Nichterfüllung der
besonderen Mitwirkungsobliegenheit zugleich einer allgemeinen Mitwirkungsobliegenheit (der
§§ 60-64 SGB I) nicht nachkommt (Modell 2).

Das SGB XII hat sich für das Modell 2 entschieden. Die besondere Obliegenheit des § 43 Abs. 3 Satz 3 71
SGB XII muss also **zugleich unter einen Tatbestand der allgemeinen Obliegenheiten des SGB I**
fallen, um die (dortige) **Rechtsfolge des § 66 SGB I** auslösen zu können. Der Grund hierfür ist, dass
die ergänzende Heranziehung der Regelungen über die allgemeinen Mitwirkungsobliegenheiten ausschließlich auf § 37 Satz 1 SGB I basiert, der den Anwendungsbereich dieser Regelungen horizontal
auf das gesamte SGB erstreckt. Die §§ 60 ff. SGB I gehören damit zu den Normen, die das Sozialrechtsverhältnis zwischen dem Arbeitsuchenden und dem SGB-II-Träger bestimmen. Die durch § 66
SGB I angeordnete Rechtsfolge setzt aber tatbestandlich voraus, dass der Leistungsempfänger seinen
Mitwirkungsobliegenheiten gemäß §§ 60-64 SGB I nicht nachgekommen ist (vgl. § 66 Abs. 1 Satz 1
und Abs. 2 SGB I: „Kommt der derjenige (. . .) seinen Mitwirkungspflichten nach §§ 60 bis 62, 65
(nach §§ 62 bis 65) nicht nach"). Nach dem Modell 1 würde jedoch nur der Rechtsfolgenausspruch des
§ 66 SGB I isoliert ergänzend herangezogen werden. Dass eine solche partielle Anwendung der allgemeinen Vorschriften über die Mitwirkungsobliegenheiten gewollt sein könnte, lässt sich dem SGB XII
nicht entnehmen. Denn dies würde einen entsprechenden Rechtsfolgenverweis voraussetzen, den das
SGB XII nicht getroffen hat. Im Ergebnis fällt die besondere Obliegenheit des § 43 Abs. 3 Satz 3
SGB XII wie dargelegt aber zugleich unter den Tatbestand der allgemeinen Obliegenheiten des § 60
Abs. 1 Satz 1 Nr. 1 SGB I. Der Eintritt der Rechtsfolge des § 66 SGB I – Versagung oder Entziehung
der Leistung – setzt einen solchen Nachweis wie ausgeführt aber stets voraus und ist damit begründungsbedürftig.

Kommt der Hilfebedürftige seiner Mitwirkungsobliegenheit des § 43 Abs. 3 Satz 3 SGB XII nicht 72
nach, ist der Sozialhilfeträger somit unter den Voraussetzungen des **§ 66 SGB I** berechtigt, die **Leistungen der Grundsicherung im Alter und bei Erwerbsminderung zu versagen oder zu entziehen**.
Dies setzt insbesondere einen entsprechenden schriftlichen vorherigen Hinweis und eine Fristsetzung
gemäß § 66 Abs. 3 SGB I voraus.

Der **Sozialhilfeträger** wird dann allerdings zu **prüfen** haben, ob der **Lebensunterhalt** des Hilfebe- 73
dürftigen anderweitig, insbesondere durch Unterhaltsleistungen der Eltern oder Kinder des Hilfebedürftigen **sichergestellt ist**. Ist dies nicht der Fall, wird der Sozialhilfeträger dem Hilfebedürftigen die
(subsidiäre, vgl. § 19 Abs. 2 Satz 2 SGB XII) **Hilfe zum Lebensunterhalt nach den §§ 27 ff.
SGB XII** zu gewähren haben.

c. Bei Nichterfüllung der Auskunftspflicht von Kindern und Eltern des Hilfebedürftigen (Sätze 4 und 5)

Der Sozialhilfeträger ist nach überwiegender Auffassung berechtigt, die gesetzliche Auskunftspflicht 74
durch **Verwaltungsakt** zu konkretisieren, also mit Bescheid geltend zu machen. Folgt man dem, kann
er diesen Verwaltungsakt mit den Mitteln der **Verwaltungsvollstreckung** durchsetzen. Denn ein Verwaltungsakt kann mit Zwangsmitteln, insbesondere Zwangsgeld oder (Ersatz-)Zwangshaft, durchgesetzt werden, wenn er auf die Vornahme einer Handlung gerichtet ist (§ 37 Satz 1 SGB I i.V.m. § 66
Abs. 1 SGB X und den §§ 6, 9 VwVG, bzw. § 37 Satz 1 SGB I i.V.m. § 66 Abs. 4 SGB X und § 888
ZPO). Die Mitwirkungspflicht der Kinder und Eltern des Hilfebedürftigen ist – anders als die Mitwirkungsobliegenheit des Hilfebedürftigen – eine (echte) Leistungspflicht, also eine auf die Vornahme einer Handlung gerichtete Pflicht.

Eine **Leistungsklage** auf **Erteilung** der Auskunft ist mangels Rechtsschutzbedürfnisses unzulässig. 75
Denn erteilen die Kinder bzw. Eltern die Auskunft nicht, kann die Behörde selbst ihn als Zeugen vernehmen (§ 37 Satz 1 SGB I i.V.m. § 21 Abs. 1 Satz 2 Nr. 2 SGB X), ggf. das Sozialgericht um entspre-

chende, auch eidliche Vernehmung ersuchen (§ 22 SGB X). Folgt man der vorgenannten überwiegenden Auffassung, kann sich der Sozialhilfeträger zudem durch Erlass eines Verwaltungsaktes selbst (und einfacher) einen Vollstreckungstitel schaffen.

76 Eine Leistungsklage auf **Berichtigung** der Auskunft ist ebenfalls unzulässig. Denn der Sozialhilfeträger ist nicht klagebefugt (sofern man § 54 Abs. 1 Satz 2 SGG auf die allgemeine Leistungsklage entsprechend anwendet); jedenfalls fehlt ihm die Prozessführungsbefugnis bzw. das (besondere) Rechtsschutzbedürfnis. Dies deshalb, weil das Bestehen eines Anspruchs auf Berichtigung von vornherein ausgeschlossen ist. Zwar sind die Kinder bzw. Eltern des Hilfebedürftigen gegenüber dem Sozialhilfeträger zur wahrheitsgemäßen Auskunft verpflichtet. Ob ihre Auskunft richtig ist oder nicht, hat der Sozialhilfeträger aber (inzident) im Rahmen der Leistungsgewährung zu prüfen; an den Inhalt der Auskunft ist er nicht gebunden.[56] Ist sie falsch, hat er dies im Rahmen der Beweiswürdigung zu berücksichtigen.

77 **Eine Versagung oder Entziehung der Leistungen gemäß § 66 SGB I** kommt hier **nicht** in Betracht, weil dies nur bei Nichterfüllung einer Mitwirkungsobliegenheit des Hilfebedürftigen zulässig ist, nicht dagegen bei der Verletzung einer (echten) Auskunftspflicht durch Dritte.[57]

78 Bei pflichtwidriger Erfüllung der Auskunftspflicht durch die Eltern oder Kinder des Hilfebedürftigen stehen dem Sozialhilfeträger **keine Maßnahmen des Ordnungswidrigkeitenrechts** zu. Denn hierfür fehlt die erforderliche Rechtsgrundlage. Soweit **§ 117 Abs. 6 SGB XII** den Sozialhilfeträger zu Maßnahmen des Ordnungswidrigkeitenrechts ermächtigt, gilt dies **nicht** für den dortigen **Absatz 1**, der die Auskunftspflicht sonstiger unterhaltspflichtiger Personen erfasst. Für die spezielle Auskunftspflicht der Eltern und Kinder des Hilfebedürftigen bei Leistungen der Grundsicherung im Alter und bei Erwerbsminderung gemäß § 43 Abs. 3 SGB XII existiert von vornherein keine Rechtsgrundlage für Maßnahmen des Ordnungswidrigkeitenrechts.

---

[56] BSG v. 12.12.1990 - 11 RAr 43/88 - SozR 3-4100 § 133 Nr. 1.
[57] Ebenso *Karmanski* in: Jahn, § 43 SGB XII Rn. 26 m.w.N.

Zweiter Abschnitt: Verfahrensbestimmungen

§ 44 SGB XII Besondere Regelungen für Verfahren und Erstattungszahlungen

(Fassung vom 20.12.2012, gültig ab 01.01.2014)

(1) ¹Die Leistung wird in der Regel für zwölf Kalendermonate bewilligt. ²Bei der Erstbewilligung oder bei einer Änderung der Leistung beginnt der Bewilligungszeitraum am Ersten des Monats, in dem der Antrag gestellt worden ist oder die Voraussetzungen für die Änderung eingetreten und mitgeteilt worden sind. ³Bei einer Erstbewilligung nach dem Bezug von Arbeitslosengeld II oder Sozialgeld nach dem Zweiten Buch, der mit Erreichen der Altersgrenze nach § 7a des Zweiten Buches endet, beginnt der Bewilligungszeitraum mit dem Ersten des Monats, der auf den sich nach § 7a des Zweiten Buches ergebenden Monat folgt. ⁴Führt eine Änderung nicht zu einer Begünstigung des Berechtigten, so beginnt der neue Bewilligungszeitraum am Ersten des Folgemonats.

(2) Eine Leistungsabsprache nach § 12 kann im Einzelfall stattfinden.

(3) Die Vorschriften über die Erstattung zwischen den Trägern der Sozialhilfe nach dem Zweiten Abschnitt des Dreizehnten Kapitels sind für Geldleistungen nach diesem Kapitel nicht anzuwenden.

Gliederung

A. Basisinformationen 1	II. Normzweck 11
I. Textgeschichte/Gesetzgebungsmaterialien 1	III. Tatbestandsmerkmale/Rechtsfolgen 12
II. Vorgängervorschriften............................... 4	1. Bewilligungszeitraum (Absatz 1)............... 12
III. Parallelvorschriften................................ 6	a. Dauer des Bewilligungszeitraums (Satz 1) 13
IV. Systematische Zusammenhänge........................ 7	b. Beginn des Bewilligungszeitraums (Sätze 2-4)... 17
V. Ausgewählte Literaturhinweise....................... 9	2. Leistungsabsprache (Absatz 2) 31
B. Auslegung der Norm 10	3. Erstattungszahlungen zwischen Sozialhilfeträgern (Absatz 3)............................. 35
I. Regelungsgehalt und Bedeutung der Norm 10	

A. Basisinformationen

I. Textgeschichte/Gesetzgebungsmaterialien

Die Regelung trat wie das gesamte SGB XII **zum 01.01.2005** in Kraft (Art. 1 des Gesetzes vom 27.12.2003[1]). **1**

In § 44 **Abs. 1** SGB XII ist der jetzige **Satz 3** durch das Gesetz zur Ermittlung von Regelbedarfen und zur Änderung des Zweiten und Zwölften Buches Sozialgesetzbuch vom 24.03.2011[2] mit Wirkung vom 01.01.2011 eingefügt worden. **2**

Durch das Gesetz zur Änderung des Zwölften Buches Sozialgesetzbuch vom 20.12.2012[3] wurde mit Wirkung vom **01.01.2014** die Überschrift des § 44 SGB XII geändert und ein **Absatz 3 eingefügt**. Damit wurde § 44 SGB XII um eine Vorschrift zur Erstattung zwischen Trägern der Sozialhilfe erweitert. **3**

II. Vorgängervorschriften

Die Grundsicherung im Alter und bei Erwerbsminderung war bis zum Inkrafttreten des SGB XII am 01.01.2005 im **Gesetz über eine bedarfsorientierte Grundsicherung im Alter und bei Erwerbsminderung (GSiG)**[4] geregelt. Die Vorgängervorschrift zu § 44 Abs. 1 SGB XII war hierbei § 6 GSiG; § 44 Abs. 2 SGB XII hat keine Vorgängernorm. **4**

---

[1] BGBl I 2003, 3022.
[2] BGBl I 2011, 453.
[3] BGBl I 2012, 2783.
[4] Vom 26.06.2001, BGBl I 2001, 1310.

5   Der Gesetzesentwurf der Regierungsfraktionen zur Einordnung des Sozialhilferechts in das Sozialgesetzbuch vom 05.09.2003[5] sah noch vor, das GSiG als eigenständiges Leistungsgesetz bestehen zu lassen. Erst aufgrund der **Beschlussempfehlung des Vermittlungsausschusses** vom 16.12.2003 wurde **das GSiG aufgehoben** und in das SGB XII – zunächst noch als §§ 41a-41f SGB XII – integriert.[6] Auf **Gesetzesmaterialien** kann daher insoweit **nicht** zurückgegriffen werden, weil Vorschläge des Vermittlungsausschlusses traditionell nicht begründet werden und die Beratungsprotokolle auf längere Zeit nicht zugänglich sind.[7] Dies erschwert die Gesetzesinterpretation.[8] Allerdings können die **Gesetzesmaterialien zum GSiG** als Vorgängergesetz herangezogen werden.[9]

III. Parallelvorschriften

6   Eine direkte Parallelvorschrift zu § 44 SGB XII existiert nicht. Denn § 44 SGB XII ist Teil der Leistungen der **Grundsicherung im Alter und bei Erwerbsminderung**. Erwerbs**fähige** Hilfebedürftige (und über sie die nichterwerbsfähigen Leistungsberechtigten, die mit ihnen in einer Bedarfsgemeinschaft leben) und Hilfebedürftige, welche die in der gesetzlichen Rentenversicherung maßgebliche Altersgrenze noch nicht erreicht haben, werden jedoch durch das Leistungssystem des **SGB II** erfasst (§§ 7 Abs. 1, 8 Abs. 1, 19 SGB II). Beginn und Dauer des Bewilligungszeitraums sind dort in **§ 41 Abs. 1 SGB II** normiert.

IV. Systematische Zusammenhänge

7   Die **Sozialhilfe** umfasst gemäß § 8 SGB XII insbesondere die
    - Hilfe zum Lebensunterhalt (§§ 27-40 SGB XII) und die
    - **Grundsicherung im Alter und bei Erwerbsminderung (§§ 41-46 SGB XII)**.

8   Die Norm des § 44 SGB XII ist Teil des Vierten Kapitels des SGB XII und damit Bestandteil der Regelungen über die **Grundsicherung im Alter und bei Bedarfssicherung**. Sie trifft dort – ebenso wie § 45 SGB XII – ausweislich ihrer Überschrift „**Besondere Regelungen für Verfahren und Erstattungszahlungen**".

V. Ausgewählte Literaturhinweise

9   *Hochheim*, Das Ende des Gegenwärtigkeitsprinzips in der Sozialhilfe? – Anmerkungen zum Urteil des BSG vom 16.10.2007 (B 8/9b SO 8/06 R), NZS 2009, 24; *Kirchhoff*, Änderungen im Recht der Grundsicherung im Alter und bei Erwerbsminderung, SGb 2013, 441-447; *Münder*, Wünsche der Wissenschaft an die sozialgerichtliche Rechtsprechung zur Sozialhilfe, SGb 2006, 186; *Rothkegel*, Rechtliche Prinzipien der Sicherung des Lebensunterhalts nach SGB II, SGB XII und AsylbLG, ZfSH/SGB 2005, 391.

B. Auslegung der Norm

I. Regelungsgehalt und Bedeutung der Norm

10 Die Vorschrift des § 41 SGB XII regelt als „Grundnorm" die Tatbestandsvoraussetzungen der **Grundsicherung im Alter und bei Erwerbsminderung**. Die Regelung des § 44 SGB XII normiert für die Grundsicherung im Alter und bei Erwerbsminderung ausweislich ihrer Überschrift „Besondere Regelungen für Verfahren und Erstattungszahlungen".

II. Normzweck

11 Unter dem Dach des § 44 SGB XII sind ganz unterschiedliche Regelungsgegenstände vereint:
    - § 44 **Abs. 1** SGB XII normiert **Beginn und Dauer des Bewilligungszeitraums** für die Leistungen der Grundsicherung im Alter und bei Erwerbsminderung.
    - § 44 **Abs. 2** SGB XII trifft eine Regelung zur **Leistungsabsprache gemäß § 12 SGB XII**.
    - § 44 **Abs. 3** SGB XII trifft eine Regelung zu **Erstattungszahlungen zwischen den Sozialhilfeträgern**.

---

[5] BT-Drs. 15/1514.
[6] BT-Drs. 15/2260, S. 2 f.
[7] Ausführlich *Karmanski* in: Jahn, SGB XII, § 41 Rn. 5 m.w.N.
[8] *Karmanski* in: Jahn, SGB XII, § 41 Rn. 5.
[9] Insbesondere BT-Drs. 14/5150.

III. Tatbestandsmerkmale/Rechtsfolgen

1. Bewilligungszeitraum (Absatz 1)

Die Norm des § 44 Abs. 1 SGB XII normiert in ihrem Satz 1 die **Dauer** und in ihren Sätzen 2 und 3 den **Beginn** des Bewilligungszeitraums für die Leistungen der Grundsicherung im Alter und bei Erwerbsminderung (§§ 41 ff. SGB XII).

a. Dauer des Bewilligungszeitraums (Satz 1)

Die Leistung wird gemäß § 44 Abs. 1 Satz 1 SGB XII **in der Regel für zwölf Kalendermonate** bewilligt. Die Regelung des § 44 Abs. 1 Satz 1 SGB XII begründet die Ermächtigung und zugleich Verpflichtung der Behörde zu einer **Befristung der Bewilligung im Sinne von § 32 Abs. 1 SGB X**.[10]

Den langen Bewilligungszeitraum von zwölf Kalendermonaten hat die Gesetzgebung bei den anderen Leistungen der Sozialhilfe und insbesondere bei der Hilfe zum Lebensunterhalt (§§ 27 ff. SGB XII) nicht vorgesehen. Der Sonderregelung des § 44 Abs. 1 Satz 1 SGB XII liegt die Erwartung des Gesetzgebers zugrunde, dass sich bei dem leistungsberechtigten Personenkreis der Bezieher von Grundsicherungsleistungen nach den §§ 41 ff. SGB XII **gewöhnlich keine bedeutsamen Veränderungen** ergeben.[11] Soweit es um Änderungen der Erwerbsfähigkeit des Hilfebedürftigen geht, ist diese Annahme folgerichtig, weil die Anspruchsnorm des § 41 Abs. 1 SGB XII voraussetzt, dass die volle Erwerbsminderung auf nicht absehbare Zeit besteht und eine Besserung unwahrscheinlich ist (hierzu im Einzelnen die Kommentierung zu § 41 SGB XII). Laut Gesetzesbegründung zu § 6 GSiG als Vorgängernorm (vgl. Rn. 4) entspricht der Zeitabschnitt von einem Jahr „den Daten der Rentenanpassung [in der gesetzlichen Rentenversicherung: § 68 SGB VI], die mit der Neufestsetzung der Regelsätze der Sozialhilfe identisch sind, so dass es schon deswegen einer Änderung des Leistungsbescheides [...] zu diesem Zeitpunkt bedarf".[12]

Dauer und Beginn des Bewilligungszeitraums zeigen, dass Leistungen der Grundsicherung im Alter und bei Erwerbsminderung nicht beschränkt sind auf die Deckung des gegenwärtig Notwendigen, sondern – wenn auch für einen begrenzten Zeitraum – abhängig von einem nur **prognostischen Bedarf** für einen längeren Zeitraum bewilligt und erbracht werden.[13] Denn anders als im früheren Recht nach dem BSHG erfolgt keine nur monatsweise Bewilligung der Leistungen, sondern eine **Bewilligung** für einen längeren Zeitraum und damit auf Dauer, nämlich in der Regel für zwölf Kalendermonate. Der Sozialhilfeträger muss deshalb zum Zeitpunkt der Leistungsbewilligung notwendigerweise (auch) eine **vorausschauende, prognostische Entscheidung** über den zukünftigen Bedarf des Hilfebedürftigen treffen.

Die Formulierung „**in der Regel**" verdeutlicht, dass auch Bewilligungen für kürzere Zeiträume ausgesprochen werden dürfen.[14] Insbesondere eine Anpassung des (Regel-)Bewilligungszeitraumes an ein bereits begonnenes Kalenderjahr ist damit grundsätzlich möglich, weil § 44 Abs. 1 Satz 1 SGB XII keine zwingenden Vorgaben für die Dauer des Bewilligungszeitraums enthält.[15] Allerdings verlangt die Norm eine Leistungsbewilligung von 12 Kalendermonaten für den Regelfall. Dies bedeutet, dass die **Festsetzung eines abweichenden Bewilligungszeitraums** durch den Sozialhilfeträger zwar **zulässig**, aber **begründungs- bzw. rechtfertigungsbedürftig** ist. Für die Festsetzung eines abweichenden Bewilligungszeitraumes bedarf es somit eines **sachlichen Grundes**.[16] Die abweichende Leistungsbefristung darf dem Zweck des Verwaltungsaktes dabei gemäß **§ 31 Abs. 3 SGB X** nicht zuwiderlaufen. Eine wiederholt nur monatsweise Bewilligung etwa widerspräche der legislativen Konzeption der Grundsicherungsleistungen als Dauerleistungen. An den sachlichen Grund sind keine überzogenen Anforderungen zu stellen. Er muss aber jedenfalls hinreichendes Gewicht haben, warum im konkreten Einzelfall von der § 41 Abs. 1 Satz 1 SGB XII zugrunde liegenden legislativen Wertentscheidung ab-

---

[10] BSG v. 29.09.2009 - B 8 SO 13/08 R (zu § 6 Satz 1 GSiG als Vorgängernorm); *Karmanski* in: Jahn, SGB XII, § 44 Rn. 3.
[11] LSG NRW v. 14.08.2006 - L 20 SO 21/05 - Breithaupt 2007, 627; *Brühl/Schoch* in: LPK-SGB II, § 44 Rn. 4.
[12] BT-Drs. 14/5150, S. 51 (zu der Vorgängerregelung des § 6 GSiG).
[13] BSG v. 16.10.2007 - B 8/9b SO 8/06 R - BSGE 99, 137; *Karmanski* in: Jahn, SGB XII, § 44 Rn. 3.
[14] LSB NRW v. 14.02.2007 - L 12 SO 10/06.
[15] LSG NRW v. 25.01.2008 - L 20 B 132/07 SO ER; *Wahrendorf* in: Grube/Wahrendorf, SGB XII, § 44 Rn. 1.
[16] Vgl. LSG NRW v. 25.01.2008 - L 20 B 132/07 SO ER: keine willkürliche Abweichung.

gewichen werden soll, wonach die Leistungen der Grundsicherung im Alter und bei Erwerbsminderung als Dauerleistung regelmäßig für ein Jahr erbracht werden sollen. Dies kann etwa dann der Fall sein, wenn Änderungen im Bewilligungszeitraum abzusehen bzw. voraussichtlich zu erwarten sind.[17]

b. Beginn des Bewilligungszeitraums (Sätze 2-4)

17 Die Sätze 2 bis 4 des § 44 Abs. 1 SGB XII **differenzieren** zwischen der **Erstbewilligung** der Grundsicherung im Alter und bei Erwerbsminderung und der „**Änderungsbewilligung**".

18 Grund hierfür ist die **Unterschiedlichkeit der beiden Lebenssachverhalte**: Der **Erstantrag** auf Grundsicherungsleistungen erfordert als materiellrechtliche Anspruchsvoraussetzung eine umfassende Prüfung der Leistungsvoraussetzungen des § 41 SGB XII, insbesondere des Vorliegens einer dauerhaften Erwerbsminderung. Dem Erstantrag kommt also gewissermaßen eine „Türöffnerfunktion" für den Systemwechsel von der Hilfe zum Lebensunterhalt (§§ 27 ff. SGB XII) zu der Grundsicherung im Alter und bei Erwerbsminderung oder die Wahl des Systems zu. Demgegenüber geht die Gesetzgebung **nach** erstmaliger Bewilligung der Grundsicherungsleistungen von weitgehend gleichbleibenden Verhältnissen aus.[18]

aa. Erstbewilligung

19 Bei der **Erstbewilligung** beginnt der Bewilligungszeitraum gemäß § 44 Abs. 1 **Satz 2** Fall 1 SGB XII am Ersten des Monats, in dem der **Antrag** gestellt worden ist und sofern die übrigen Anspruchsvoraussetzungen erfüllt sind. Die Erfüllung der übrigen Anspruchsvoraussetzungen ist in § 44 Abs. 1 Satz 2 SGB XII hineinzulesen, weil der Antrag nicht die alleinige Anspruchsvoraussetzung darstellt, also nicht für sich genommen den Anspruch auf Leistungen der Grundsicherung im Alter und bei Erwerbsminderung auslöst.[19] Die Notwendigkeit einer **Antragstellung** ergibt sich bereits aus **§ 41 Abs. 1 Satz 1 SGB XII**. Danach ist Grundsicherung im Alter und bei Erwerbsminderung „auf Antrag" zu leisten. Der Antrag hat für die Leistungen der Grundsicherung im Alter und bei Erwerbsminderung damit bei der Erstbewilligung eine **wesentliche Bedeutung**. Er ist ein leistungskonstituierender Akt.[20] Zugleich eröffnet er gemäß §§ 8, 18 SGB X ein Verwaltungsverfahren.

20 Zu einzelnen **Problemen der Antragstellung**, insbesondere Form und Nachweis der Antragstellung sowie zum Folgeantrag, vgl. ausführlich die Kommentierung zu § 41 SGB XII Rn. 113 ff.

21 In § 44 Abs. 1 SGB XII ist der jetzige **Satz 3** durch das Gesetz zur Ermittlung von Regelbedarfen und zur Änderung des Zweiten und Zwölften Buches Sozialgesetzbuch vom 24.03.2011[21] mit Wirkung vom 01.01.2011 eingefügt worden. Dies stellt nach der Gesetzesbegründung[22] „eine **Folgeänderung zur Änderung des § 7a SGB II** dar. Durch die Änderung in § 7a SGB II wird der Anspruch auf Arbeitslosengeld II für Leistungsberechtigte, deren Bezug wegen des Erreichens der dort geregelten Altersgrenze endet, bis zum Ende des Monats verlängert, in dem das entsprechende Lebensalter vollendet wird. Für diese Personen soll der Bewilligungszeitraum in der Grundsicherung im Alter und bei Erwerbsminderung abweichend von der in Satz 1 enthaltenen Regelung mit dem Ersten des Folgemonats beginnen. Für Bezieher von Arbeitslosengeld II, die auch nach dem altersbedingten Auslaufen des Bezugs hilfebedürftig sind, ergibt sich dadurch ein nahtloser Übergang vom Bezug von Arbeitslosengeld II in den Bezug von Leistungen der Grundsicherung im Alter und bei Erwerbsminderung. Der sich nach § 44 Absatz 1 Satz 2 ergebende Beginn des Bewilligungszeitraums für Leistungen der Grundsicherung im Alter und bei Erwerbsminderung für den gesamten Monat, in dem die Altersgrenze erreicht wird, und die Verlängerung des Anspruchs auf Arbeitslosengeld II bis zum Ende dieses Monats würde bei weiterhin bestehender Hilfebedürftigkeit für den gesamten Monat eine Einkommensanrechnung erforderlich machen. Wegen der anzurechnenden Zahlung des bedarfsdeckenden Arbeitslosengeldes II würde die Leistungsgewährung in der Grundsicherung im Alter und bei Erwerbsminderung erst ab dem Monatsersten des Folgemonats beginnen. Dieses Ergebnis wird durch die Änderung von § 44 Absatz 1 gewährleistet, ohne dass hierfür eine Einkommensanrechnung erforderlich ist."[23]

---

[17] *Wahrendorf* in: Grube/Wahrendorf, § 44 Rn. 1.
[18] Zum Vorstehenden: BSG v. 29.09.2009 - B 8 SO 13/08 R (zum GSiG als Vorgängerregelung).
[19] *Bieback* in: Gagel, § 5 SGB II Rn. 76, mit dem Beispiel des Erreichens der Altersgrenze für die Regelaltersrente (§ 41 Abs. 2).
[20] So zur Parallelvorschrift des § 37 SGB II BSG v. 30.09.2008 - B 4 AS 29/07 R.
[21] BGBl I 2011, 453
[22] BT-Drs. 17/3404 S. 128.
[23] Zum Vorstehenden BT-Drs. 17/3404, S. 128.

bb. Änderung der Leistung

Bei einer **Änderung der Leistung** beginnt der Bewilligungszeitraum gemäß § 44 Abs. 1 **Satz 2 Fall 2** SGB XII am Ersten des Monats, in dem die Voraussetzungen für die Änderung eingetreten und mitgeteilt worden sind. Führt eine Änderung nicht zu einer Begünstigung des Berechtigten, so beginnt der neue Bewilligungszeitraum gemäß § 44 Abs. 1 **Satz 4** SGB XII erst am Ersten des Folgemonats. 22

Anders als bei der Erstbewilligung kommt es hier also **nicht** auf den Zeitpunkt einer **Antragstellung** an. 23

Mit „**Änderung der Leistung**" meint § 44 Abs. 1 Satz 2 Fall 2 SGB XII **jede Änderung in den tatsächlichen oder rechtlichen Verhältnissen**, die bei dem Erlass der Erstbewilligung vorgelegen haben (vgl. § 48 Abs. 1 Satz 1 SGB X), und die den Sozialhilfeträger zu einer **Neufestsetzung der Leistung** berechtigt bzw. verpflichtet. Eine solche Änderung tritt z.B. dann ein, wenn sich die Erwerbsfähigkeit des Hilfebedürftigen in relevantem Umfang verbessert, oder wenn der Hilfebedürftige zu berücksichtigendes Einkommen oder Vermögen erzielt (vgl. § 41 Abs. 1 SGB XII). 24

Die Sätze 2 und 4 des § 44 Abs. 1 SGB XII modifizieren die verfahrensrechtliche Aufhebungsnorm des **§ 48 Abs. 1 SGB X**.[24] Diese Regelung wird durch § 44 Abs. 1 SGB XII auf der **Rechtsfolgenebene** modifiziert; der Tatbestand des § 48 Abs. 1 SGB X bleibt dagegen unverändert und muss damit erfüllt sein, wenn der Sozialhilfeträger einen Leistungsbescheid als Dauerverwaltungsakt abändern will. 25

Gemäß **§ 48 Abs. 1 Satz 1 SGB X** ist ein Verwaltungsakt mit Dauerwirkung, soweit in den tatsächlichen oder rechtlichen Verhältnissen, die bei seinem Erlass vorgelegen haben, eine wesentliche Änderung eintritt, mit Wirkung für die Zukunft aufzuheben. Gemäß § 48 Abs. 1 Satz 2 Nr. 1 SGB X soll der Verwaltungsakt mit Wirkung vom Zeitpunkt der Änderung der Verhältnisse aufgehoben werden, soweit die Änderung zugunsten des Betroffenen erfolgt. Für die Beurteilung der **Wesentlichkeit** einer Änderung gilt das allgemeine Kriterium des § 48 SGB X, dass der Bescheid nach den jetzigen Umständen so nicht mehr erlassen werden dürfte. Andere in der Literatur vertretene Ansichten, erheblich sei erst eine Auswirkung auf den Leistungsanspruch in Höhe von 15%[25], entbehren einer gesetzlichen Grundlage. 26

Die **Bewilligung von Leistungen der Grundsicherung im Alter und bei Erwerbsminderung** ist ein **Verwaltungsakt mit Dauerwirkung**[26], soweit – wie regelmäßig der Fall – Leistungen für mehrere Monate zugesprochen werden. Denn der entsprechende Bewilligungsbescheid setzt das Recht auf laufende Geldleistungen fest. Laufende Geldleistungen sind – im Gegensatz zu einmaligen – solche, die Gegenstand regelmäßig (i.d.R. monatlich) entstehender Zahlungsansprüche aufgrund eines bestimmten sozialen Rechts sind (vgl. § 11 Satz 1 SGB I). 27

Die Regelung des § 48 Abs. 1 SGB X kommt hier **insoweit** aber **nicht** zur Anwendung, weil sich hier aus den übrigen Büchern des SGB „Abweichendes ergibt" (§ 37 Satz 1 SGB I): Die Sätze 2 und 3 des § 44 Abs. 1 SGB XII regeln gegenüber § 48 Abs. 1 SGB X Abweichendes, weil sie zugunsten des Hilfebedürftigen den maßgeblichen Änderungszeitpunkt bei für den Hilfebedürftigen günstigen Änderungen zeitlich vorverlagern (auf den Monatsersten) und bei nachteiligen Änderungen nach hinten verlagern (auf den Ersten des Folgemonates); die Änderung ist zudem immer zwingend vorzunehmen (anders dagegen § 48 Abs. 1 Satz 2 SGB X: „soll"). Bei Änderungen ist nach den Regelungen des § 44 Abs. 1 Sätze 2 und 4 SGB XII damit immer eine **monatsweise Betrachtung** (und keine taggenaue Berechnung) vorzunehmen. 28

Für Änderungen zugunsten des Leistungsempfängers bedeutet dies, dass die erhöhte Grundsicherungsleistung bei **späterer Antragstellung bzw. Mitteilung** erst mit Beginn dieses Monats gezahlt werden kann (a.A. die Gesetzesbegründung zur Vorgängervorschrift des § 6 GSiG[27], die sich allerdings im Gesetzeswortlaut nicht widerspiegelt: Beginn des auf die Veränderung folgenden Monats). Allerdings sind für die Zwischenzeit Leistungen der Hilfe zum Lebensunterhalt nach den §§ 27 ff. SGB XII nach- 29

---

[24] Zur Anwendung der §§ 44 ff. SGB X im Rahmen des GSiG und der §§ 41 ff. SGB XII im Hinblick auf den gesonderten Anwendungsbefehl des § 1 Abs. 1 Satz 2 SGB X vgl. BSG v. 26.08.2008 - B 8 SO 26/07 R - SozR 4-1300 § 44 Nr. 15 Rn. 14 ff. m.w.N.
[25] Vgl. dazu etwa *Falterbaum* in: Hauck/Noftz, SGB XII, K § 44 Rn. 11 m.w.N. (Stand März 2008).
[26] Vgl. BSG v. 16.10.2007 - B 8/9b SO 8/06 R - BSGE 99, 137.
[27] BT-Drs. 14/5150, S. 51 zu § 6.

rangig denkbar[28], wenn der Sozialhilfeträger Kenntnis im Sinne von § 18 SGB XII hat (zu dieser Voraussetzung vgl. die Kommentierung zu § 18 SGB XII).

30 Nach Sinn und Zweck des § 44 Abs. 1 Satz 2 SGB XII, der ausdrücklich auf eine den „Bewilligungszeitraum" betreffende Änderung abstellt, ist die Regelung nicht auf **zusätzliche Einmalbedarfe** anwendbar.[29] Deshalb gilt für einmalige Nebenkosten- oder Heizkostennachforderungen das Gleiche wie im Rahmen des SGB II[30]: Sie gehören als einmalig geschuldete Beträge zum Bedarf im Fälligkeitsmonat.

2. Leistungsabsprache (Absatz 2)

31 Gemäß § 44 Abs. 2 SGB XII kann eine **Leistungsabsprache nach § 12 SGB XII** im Einzelfall stattfinden.

32 Die Regelung des § 44 Abs. 2 SGB XII erinnert den Normanwender daran, dass die Norm des § 12 SGB XII auch auf die Leistungen der Grundsicherung im Alter und bei Erwerbsminderung Anwendung findet. Der Verweis auf § 12 SGB XII ist an sich überflüssig, weil die Norm des § 12 SGB XII Teil des Ersten Abschnittes (des Zweiten Kapitels) des SGB XII ist, der ausweislich seiner Überschrift „Grundsätze der Leistungen" formuliert, und zwar für alle in § 8 aufgelisteten Leistungen des SGB XII.

33 Allerdings nimmt § 44 Abs. 2 SGB XII den Anwendungsbefehl des § 12 SGB XII etwas zurück: Gemäß **§ 12** Satz 1 (und 4) SGB XII „**sollen**" schriftliche Leistungsabsprachen getroffen werden; unter den Voraussetzungen des § 12 Satz 2 SGB XII „ist" ein Förderplan zu erstellen. Die Regelung des **§ 44** Abs. 2 SGB XII ordnet demgegenüber an, dass eine Leistungsabsprache im Einzelfall stattfinden „**kann**".

34 Grund für diese abgeschwächte Pflicht (bzw. für den Hilfebedürftigen Obliegenheit) zum Abschluss einer Leistungsabsprache ist der Umstand, dass bei den Empfängern von Leistungen der Grundsicherung im Alter und bei Erwerbsminderung eben aufgrund ihres Alters bzw. ihrer erheblichen und dauerhaften Erwerbsminderung nicht bzw. jedenfalls nicht in derselben Weise wie insbesondere bei den Empfängern der Hilfe zum Lebensunterhalt (§§ 27 ff. SGB XII) zu erwarten ist, dass sie entsprechend der Zielvorgabe des § 1 Satz 2 SGB XII befähigt werden können, zukünftig unabhängig von Sozialhilfeleistungen zu leben (vgl. bereits Rn. 14).[31] Dementsprechend geringer ist die Notwendigkeit, durch den Abschluss einer Leistungsabsprache den Hilfebedürftigen „aktivieren" zu müssen.

3. Erstattungszahlungen zwischen Sozialhilfeträgern (Absatz 3)

35 Der **Absatz 3** des § 44 SGB XII wurde durch das Gesetz zur Änderung des Zwölften Buches Sozialgesetzbuch vom 20.12.2012[32] mit Wirkung vom 01.01.2014 eingefügt. Damit wurde § 44 SGB XII um eine Vorschrift zur **Erstattung zwischen Trägern der Sozialhilfe** erweitert. Gemäß § 44 Abs. 3 SGB XII sind die Vorschriften über die Erstattung zwischen den Trägern der Sozialhilfe gemäß **§§ 106-112 SGB XII** für Geldleistungen nach diesem Kapitel **nicht anzuwenden**.

36 Die Regelung des § 44 Abs. 3 SGB XII ist vor dem Hintergrund der **Finanzierungsvorschrift des § 46a SGB XII** zu sehen. In der Gesetzesbegründung wird hierzu ausgeführt[33]: „Da der Bund ab diesem Jahr (2014) die Nettoausgaben für Geldleistungen nach dem Vierten Kapitel SGB XII vollständig den Ländern erstattet, besteht für Erstattungszahlungen zwischen den für die Ausführung des Vierten Kapitels SGB XII zuständigen Trägern, soweit sie die genannten Geldleistungen betreffen, **kein Erfordernis mehr**. Nach geltendem Recht sind diese wechselseitigen Erstattungszahlungen zwischen den Trägern der Sozialhilfe vorzunehmen, wenn ein Sozialhilfeträger Leistungen erbringt, für die er nicht zuständig ist. Bezogen auf Leistungen nach dem Vierten Kapitel SGB XII bedeutet dies, dass die Leistungen rechtmäßig erbracht worden sind, aber nicht vom zuständigen Träger, beispielsweise weil die Zuständigkeit erst im Nachhinein festgestellt wird und der leistende Träger deshalb vorläufig geleistet hat. Ab dem Jahr 2014 werden die nach § 46b SGB XII für Geldleistungen nach dem Vierten

---

[28] Dazu allgemein: BSG v. 09.06.2011 - B 8 SO 11/10 R und BSG v. 16.12.2010 - B 8 SO 9/09 R - SozR 4-3500 § 30 Nr. 2 Rn. 18.
[29] BSG v. 10.11.2011 - B 8 SO 18/10 R. Zuvor (und als Vorinstanz) bereits LSG Nordrhein-Westfalen v. 19.04.2010 - L 20 SO 18/09.
[30] Vgl. dazu BSG v. 22.03.2010 - B 4 AS 62/09 R - SozR 4-4200 § 22 Nr. 38 Rn. 13.
[31] Vgl. auch *Gröschel-Gundermann* in: Linhart/Adolph, SGB II/SGB XII/AyslbLG, § 44 Rn. 16.
[32] BGBl I 2012, 2783.
[33] BR-Drs. 455/12, S. 17 f.

Kapitel SGB XII zuständigen Träger die Nettoausgaben für Geldleistungen ohne Anwendung des Zweiten Abschnitt des Dreizehnten Kapitels SGB XII den Ländern melden und in dieser Höhe nach § 46a SGB XII aus dem Bundeshaushalt abrufen."[34]

---

[34] Zum Vorstehenden BR-Drs. 455/12, S. 17 f.

§ 45 SGB XII Feststellung der dauerhaften vollen Erwerbsminderung

(Fassung vom 20.12.2012, gültig ab 01.01.2013)

¹Der jeweils für die Ausführung des Gesetzes nach diesem Kapitel zuständige Träger ersucht den nach § 109a Absatz 2 des Sechsten Buches zuständigen Träger der Rentenversicherung, die medizinischen Voraussetzungen des § 41 Absatz 3 zu prüfen, wenn es auf Grund der Angaben und Nachweise des Leistungsberechtigten als wahrscheinlich erscheint, dass diese erfüllt sind und das zu berücksichtigende Einkommen und Vermögen nicht ausreicht, um den Lebensunterhalt vollständig zu decken. ²Die Entscheidung des Trägers der Rentenversicherung ist bindend für den ersuchenden Träger, der für die Ausführung des Gesetzes nach diesem Kapitel zuständig ist; dies gilt auch für eine Entscheidung des Trägers der Rentenversicherung nach § 109a Absatz 3 des Sechsten Buches. ³Eines Ersuchens nach Satz 1 bedarf es nicht, wenn

1. ein Träger der Rentenversicherung bereits die Voraussetzungen des § 41 Absatz 3 im Rahmen eines Antrags auf eine Rente wegen Erwerbsminderung festgestellt hat oder
2. ein Träger der Rentenversicherung bereits nach § 109a Absatz 2 und 3 des Sechsten Buches eine gutachterliche Stellungnahme abgegeben hat oder
3. der Fachausschuss einer Werkstatt für behinderte Menschen über die Aufnahme in eine Werkstatt oder Einrichtung eine Stellungnahme nach Maßgabe der §§ 2 und 3 der Werkstättenverordnung abgegeben hat und der Leistungsberechtigte kraft Gesetzes nach § 43 Absatz 2 Satz 3 Nummer 1 des Sechsten Buches als voll erwerbsgemindert gilt.

⁴Die kommunalen Spitzenverbände und die Deutsche Rentenversicherung Bund können Vereinbarungen über das Verfahren schließen.

Gliederung

A. Basisinformationen 1
I. Textgeschichte/Gesetzgebungsmaterialien 1
II. Vorgängervorschriften 5
III. Parallelvorschriften 7
IV. Systematische Zusammenhänge 10
V. Ausgewählte Literaturhinweise 12
B. Auslegung der Norm 13
I. Regelungsgehalt und Bedeutung der Norm 13
II. Normzweck 14
III. Tatbestandsmerkmale 17
1. Verpflichtung des Sozialhilfeträgers zum Prüfungsersuchen (Satz 1) 17
a. Wahrscheinlichkeit einer dauerhaften vollen Erwerbsminderung 17
b. Kein ausreichendes Einkommen und Vermögen zur Deckung des Lebensunterhalts 29
c. Pflicht zum Prüfungsersuchen 31
d. Prüfungsersuchen an den zuständigen Rentenversicherungsträger 33

2. Prüfung der Erwerbsminderung durch den Rentenversicherungsträger (Sätze 2 und 4) 36
a. Verfahren 36
b. Entscheidung 40
c. Bindungswirkung der Entscheidung (Satz 2) 41
3. Entbehrlichkeit eines Prüfungsersuchens an den Rentenversicherungsträger (Satz 3) 43
a. Feststellung des Rentenversicherungsträgers (Nr. 1) 44
b. Gutachterliche Stellungnahme des Rentenversicherungsträgers (Nr. 2) 48
c. Stellungnahme des Fachausschusses einer Werkstatt für behinderte Menschen (Nr. 3) 49
4. Rechtsschutz 53
a. Rechtsschutz des Hilfebedürftigen 53
b. Rechtsschutz des Sozialhilfeträgers 55
C. Praxishinweise 60

A. Basisinformationen

I. Textgeschichte/Gesetzgebungsmaterialien

Die Regelung trat in ihrer ursprünglichen Fassung wie das gesamte SGB XII **zum 01.01.2005** in Kraft.[1]

Nach drei redaktionellen Änderungen wurde § 45 SGB XII mit Wirkung **vom 01.01.2009** durch Art. 2d des Gesetzes zur Neuregelung des Wohngeldrechts und zur Änderung des Sozialgesetzbuches vom 24.09.2008[2] inhaltlich geändert, indem sein **bisheriger Absatz 2 aufgehoben** wurde; dort war die **Kostenverteilung für die Zusammenarbeit zwischen Sozialhilfeträger und dem gesetzlichem Rentenversicherungsträger** geregelt. Dieser Absatz 2 lautete: „Die Träger der Sozialhilfe erstatten den Trägern der Rentenversicherung die Kosten und Auslagen nach § 109a Abs. 2 des Sechsten Buches, die auf Grund des Ersuchens nach Absatz 1 entstehen. Die kommunalen Spitzenverbände und die Deutsche Rentenversicherung Bund können Vereinbarungen über die Zahlung von Pauschalbeträgen schließen. Eine Kostenerstattung nach dem Zweiten Abschnitt des Dreizehnten Kapitels findet nicht statt." Diese inhaltliche Änderung basiert auf der Beschlussempfehlung des Vermittlungsausschusses vom 18.06.2008.[3] In der Gesetzesbegründung heißt es hierzu[4]: „Die im bisherigen § 45 Abs. 2 SGB XII enthaltene **Erstattungspflicht der Träger der Sozialhilfe** wird ersetzt durch den im Rentenrecht einzufügenden **§ 224b SGB VI**. Dadurch wird eine **Erstattung des Bundes von Kosten und Auslagen** eingeführt, **die den Trägern der Rentenversicherung für die auf Ersuchen der Träger der Sozialhilfe durchzuführenden Gutachten** zur Feststellung einer dauerhaften vollen Erwerbsminderung entstehen. § 45 Abs. 2 ist deshalb aufzuheben, der Inhalt der Vorschrift beschränkt sich damit auf den bisherigen Absatz 1." Nach dem Ergebnis der vom Bundesministerium für Arbeit und Soziales durchgeführten Überprüfung des Erstattungsbetrages zum 31.12.2004 ergab sich für Gutachtenkosten nach der Grundsicherungsstatistik 2004 für dieses Jahr ein Betrag von rund 8 Mio. €.[5]

Durch das Gesetz zur Weiterentwicklung der Organisation der Grundsicherung für Arbeitsuchende vom 03.08.2010[6] wurde **§ 45 Satz 2 SGB XII** mit Wirkung **vom 01.01.2011** um den Halbsatz 2 ergänzt, ferner wurde in **§ 45 Satz 3 SGB XII** die jetzige Nr. 2 eingefügt (die bisherige Nr. 2 wurde Nr. 3). Diese inhaltlichen Änderungen sind Folgeänderungen[7] zu der zeitgleich vorgenommenen Änderung des § 44a SGB II. Diese Regelung normiert, wer für die Entscheidung eines **Streits zwischen dem SGB-II-Träger und dem Sozialhilfeträger über die Erwerbsfähigkeit eines Hilfebedürftigen** (§§ 7 Abs. 1 Satz 1 Nr. 2, 8 Abs. 1 SGB II) zuständig ist. Bislang war dies die **Gemeinsame Einigungsstelle** (§ 45 SGB II). Seit dem 01.01.2011 ist für den Streitentscheid nunmehr der SGB-II-Träger zuständig (§ 44a Abs. 1 Satz 4 SGB II), der dabei jedoch ebenso wie der Sozialhilfeträger an eine vorher einzuholende gutachterliche Stellungnahme des gesetzlichen Rentenversicherungsträgers gebunden ist (§ 44a Abs. 1 Satz 6, Abs. 2 SGB II); die Regelung über die bisher zuständige Gemeinsame Einigungsstelle (§ 45 SGB II) wurde zum 01.01.2011 aufgehoben. Im Ergebnis entscheidet den Streit zwischen dem SGB-II-Träger und dem Sozialhilfeträger über die Erwerbsfähigkeit eines Hilfebedürftigen seit dem 01.01.2011 damit der **gesetzliche Rentenversicherungsträger**. Im Gesetzesentwurf der Fraktionen der CDU/CSU, SPD und FDP war noch vorgesehen, dass der SGB-II-Träger ein Gutachten des Medizinischen Dienstes der Krankenversicherung einholen muss.[8] Der Gesetzesentwurf der Bundesregierung sah dagegen ein Prüfungsersuchen des SGB-II-Trägers an den gesetzlichen Rentenversicherungsträger vor.[9] Die endgültige Gesetzesfassung – Einholung einer gutachterlichen Stellungnahme des gesetzlichen Rentenversicherungsträgers – geht auf die Beschlussempfehlung des Ausschusses für Arbeit und Soziales zurück.[10] Durch das Gesetz zur Weiterentwicklung der Organisation der Grundsicherung für Arbeitsuchende vom 03.08.2010[11] wurden als weitere Folgeänderung mit Wirkung vom 01.01.2010 ferner **§ 109a SGB VI** und § 224b SGB VI (Begutachtungskosten) geändert.

---

[1] Art. 1 des Gesetzes vom 27.12.2003, BGBl I 2003, 3022.
[2] BGBl I 2008, 1856.
[3] BT-Drs. 16/9627, S. 4.
[4] BR-Drs. 542/07, S. 21.
[5] BT-Drs. 16/6542, S. 3.
[6] BGBl I 2010, 1112.
[7] So BT-Drs. 17/2188, S. 17.
[8] BT-Drs 17/1555, S. 7 und 22.
[9] BT-Drs. 17/1940, S. 11 und 12 f.
[10] BT-Drs. 17/2188, S. 4 und 15.
[11] BGBl I 2010, 1112.

4   Durch das Gesetz zur Änderung des Zwölften Buches Sozialgesetzbuch vom 20.12.2012[12] wurden in den **Sätzen 1 und 2** des § 45 mit Wirkung **vom 01.01.2013** jeweils die Wörter „zuständige Träger der Sozialhilfe" durch die Wörter „jeweils für die Ausführung des Gesetzes nach diesem Kapitel zuständige Träger" ersetzt. In der Gesetzesbegründung wird hierzu ausgeführt, dies sei eine „Folgeänderung zur Einfügung eines § 46b SGB XII"[13]; durch die neue Formulierung werde berücksichtigt, dass die Länder die für die Ausführung des Vierten Kapitels SGB XII zuständigen Träger bestimmen[14].

II. Vorgängervorschriften

5   Die Grundsicherung im Alter und bei Erwerbsminderung war bis zum Inkrafttreten des SGB XII am 01.01.2005 im **Gesetz über eine bedarfsorientierte Grundsicherung im Alter und bei Erwerbsminderung (GSiG)**[15] geregelt. Die Vorgängervorschrift zu § 45 SGB XII **war hierbei § 5 Abs. 2 GSiG. Allerdings wurde** diese Vorgängervorschrift nicht unverändert, sondern **mit Modifikationen** übernommen.

6   Der Gesetzesentwurf der Regierungsfraktionen zur Einordnung des Sozialhilferechts in das Sozialgesetzbuch vom 05.09.2003[16] sah noch vor, das GSiG als eigenständiges Leistungsgesetz bestehen zu lassen. Erst aufgrund der **Beschlussempfehlung des Vermittlungsausschusses** vom 16.12.2003 wurde **das GSiG aufgehoben** und in das SGB XII – zunächst noch als §§ 41a-f SGB XII – integriert.[17] Auf Gesetzesmaterialien kann daher insoweit **nicht** zurückgegriffen werden, weil Vorschläge des Vermittlungsausschusses traditionell nicht begründet werden und die Beratungsprotokolle auf längere Zeit nicht zugänglich sind.[18] Dies erschwert die Gesetzesinterpretation.[19] Allerdings können die **Gesetzesmaterialien zum GSiG** als Vorgängergesetz herangezogen werden.[20]

III. Parallelvorschriften

7   Die Norm des § 45 SGB XII regelt die Zusammenarbeit mit dem gesetzlichen Rentenversicherungsträger und macht dem Sozialhilfeträger hierfür Vorgaben. Die entsprechenden Vorgaben für den **gesetzlichen Rentenversicherungsträger** sind in **§ 109a Abs. 2 SGB VI** normiert.

8   Eine direkte Parallelvorschrift zu § 45 SGB XII existiert im Übrigen nicht. Denn § 45 SGB XII knüpft an die Regelung des § 41 SGB XII an. Diese ist die Grundnorm für die Leistungen der **Grundsicherung im Alter und bei Erwerbsminderung**. Erwerbs**fähige** Hilfebedürftige (und über sie ihre erwerbsunfähigen Angehörigen) und Hilfebedürftige, welche die in der gesetzlichen Rentenversicherung maßgebliche Altersgrenze noch nicht erreicht haben, werden jedoch durch das Leistungssystem des **SGB II** erfasst (vgl. dort die §§ 7 Abs. 1, 8 Abs. 1, 19 SGB II (bis 31.12.2010: 28 SGB II)).

9   Im Leistungssystem des SGB II normiert **§ 44a SGB II** ausweislich seiner Überschrift die „Feststellung von Erwerbsfähigkeit und Hilfebedürftigkeit". Diese Norm regelt insbesondere und vorrangig die Zusammenarbeit zwischen dem **SGB-II-Träger** und dem **Sozialhilfeträger**, soweit die Erwerbsfähigkeit des Hilfebedürftigen im Streit steht. Eine solche Regelung ist besonders wichtig, weil das Erwerbsvermögen des Hilfebedürftigen grundsätzlich darüber entscheidet, ob der SGB-II-Träger (bei Erwerbsfähigkeit) oder der Sozialhilfeträger (bei Erwerbsunfähigkeit) zuständig ist (Ausnahme: Sozialgeld gemäß § 19 Abs. 1 Satz 2 SGB II für nichterwerbsfähige Leistungsberechtigte, die mit erwerbsfähigen Leistungsberechtigten in einer Bedarfsgemeinschaft leben). Die Tatbestandsvoraussetzung der **Erwerbsfähigkeit** des Hilfebedürftigen hat damit eine **systemabgrenzende Funktion** (vgl. dazu noch Rn. 27). Streiten der SGB-II-Träger und der Sozialhilfeträger über das Erwerbsvermögen des Hilfebedürftigen, entscheidet seit dem 01.01.2011 (zur Gesetzesentwicklung vgl. Rn. 3) der SGB-II-Träger den Streit (§ 44a Abs. 1 Satz 4 SGB II). Vorher muss der SGB-II-Träger aber eine **gutachterliche Stellungnahme des gesetzlichen Rentenversicherungsträgers** einholen (§ 44a Abs. 1 Satz 4 SGB II), die für den **SGB-II-Träger und den Sozialhilfeträger verbindlich** ist (§ 44a Abs. 1 Satz 6, Abs. 2 SGB II). So wird ein Zuständigkeitsstreit auf dem Rücken des Hilfebedürftigen vermieden.

---

[12] BGBl I 2012, 2783.
[13] BR-Drs. 455/12, S. 18.
[14] BR-Drs. 455/12, S. 18.
[15] Vom 26.06.2001, BGBl I 2001, 1310.
[16] BT-Drs. 15/1514.
[17] BT-Drs. 15/2260, S. 2 f.
[18] Ausführlich *Karmanski* in: Jahn, § 41 SGB XII Rn. 5 m.w.N.
[19] *Karmanski* in: Jahn, § 41 SGB XII Rn. 5.
[20] Insbesondere BT-Drs. 14/5150.

IV. Systematische Zusammenhänge

Die **Sozialhilfe** umfasst gemäß § 8 SGB XII insbesondere die
- Hilfe zum Lebensunterhalt (§§ 27-40 SGB XII) und die
- **Grundsicherung im Alter und bei Erwerbsminderung (§§ 41-46 SGB XII)**.

Die Norm des § 45 SGB XII ist Teil des Vierten Kapitels des SGB XII und damit Bestandteil der Regelungen über die **Grundsicherung im Alter und bei Bedarfssicherung**. Sie trifft dort – ebenso wie § 44 SGB XII – ausweislich der Überschrift des Zweiten Abschnitts des Vierten Kapitels des SGB XII „Verfahrensbestimmungen".

V. Ausgewählte Literaturhinweise

Blüggel, Die Prüfung der Erwerbsfähigkeit im SGB II und SGB XII und die Kooperation zwischen den Sozialleistungsträgern, SGb 2011, 9-20; *G. Kirchhoff*, Änderungen im Recht der Grundsicherung im Alter und bei Erwerbsminderung, SGb 2013, 441-447; *Mierzko*, Grundsicherung im Alter bzw. bei Erwerbsminderung und Unterhalt, FuR 2013, 122-124; *Mrozynski*, Grundsicherung für Arbeitsuchende, im Alter, bei voller Erwerbsminderung und die Sozialhilfereform, ZfSH/SGB 2004, 198; *Schoch*, Zur Information und Beratung der Rentenversicherungsträger bei der Grundsicherung im Alter und bei Erwerbsminderung, ZfF 2006, 49; *Schoch*, Zur Feststellung der Erwerbsfähigkeit nach dem SGB II und der Erwerbsminderung nach dem Vierten Kapitel SGB XII, NDV 2006, 545; *Udsching*, Wer erhält Grundsicherung und wer Sozialhilfe?, SuP 2012, 322-324; *Wendt*, Neuerungen bei der Feststellung der Erwerbsfähigkeit im SGB II, SGB VI und SGB XII, Sozialrecht aktuell 2011, 52-54.

B. Auslegung der Norm

I. Regelungsgehalt und Bedeutung der Norm

Die Vorschrift des § 41 SGB XII regelt als „Grundnorm" die Tatbestandsvoraussetzungen der **Grundsicherung im Alter und bei Erwerbsminderung**. Die Regelung des § 45 SGB XII normiert für diese Leistungsart das **Verfahren**, wie eine **dauerhafte volle Erwerbsminderung festzustellen** ist. Die dauerhafte volle Erwerbsminderung ist gemäß § 41 Abs. 1 und 3 SGB XII eine der Tatbestandsvoraussetzungen für die Leistungen der Grundsicherung im Alter und bei Erwerbsminderung.

II. Normzweck

Die Norm des **§ 45 SGB XII** ordnet hinsichtlich der Feststellung einer dauerhaften vollen Erwerbsminderung eine enge **Zusammenarbeit zwischen dem Sozialhilfeträger und dem gesetzlichen Rentenversicherungsträger** an. Danach ersucht der Sozialhilfeträger den Rentenversicherungsträger, die medizinischen Voraussetzungen des § 41 Abs. 3 SGB XII zu prüfen, wenn es **auf Grund der Angaben und Nachweise des hilfebedürftigen Leistungsberechtigten als wahrscheinlich erscheint**, dass diese erfüllt sind (§ 45 Satz 1 SGB XII); die Entscheidung des Trägers der Rentenversicherung ist für den ersuchenden Träger der Sozialhilfe dann **bindend** (§ 45 Satz 2 SGB XII). Ein solches Ersuchen findet insbesondere dann **nicht statt**, wenn der **Rentenversicherungsträger** die Voraussetzungen des § 41 Abs. 3 SGB XII im Rahmen eines Antrages auf eine Rente wegen Erwerbsminderung **bereits festgestellt hat** (§ 45 Satz 3 SGB XII). Die Regelung des § 45 SGB XII konkretisiert damit für die Leistungen der Grundsicherung im Alter und bei Erwerbsminderung die in **§ 4 SGB XII statuierte allgemeine Verpflichtung der Sozialleistungsträger zur Zusammenarbeit**.

Der Sozialhilfeträger muss also den Sachverhalt insoweit nicht selbst voll ausermitteln, sondern muss vielmehr den **Rentenversicherungsträger beteiligen**. Der Sozialhilfeträger „delegiert" („externalisiert") dabei im Ergebnis die Ermittlung des Sachverhalts, soweit es um die Feststellung der Erwerbsminderung geht, auf den Rentenversicherungsträger. Grund hierfür ist, dass der gesetzliche Rentenversicherungsträger insoweit über eine jahrzehntelange **praktische Erfahrung und besondere Sachkunde** verfügt, die hier herangezogen wird. Es handelt sich um eine spezialgesetzliche und besondere Ausgestaltung der **Amtshilfe** (§ 37 Satz 1 SGB I i.V.m. §§ 3-7 SGB X)[21].

Die Norm des § 45 SGB XII macht der Verwaltung und damit dem **Sozialhilfeträger** Vorgaben für die Feststellung der dauerhaften vollen Erwerbsminderung und damit das dortige Verwaltungsverfahren. Für die **Gerichte** bleibt es dagegen bei ihrer **Verpflichtung zur umfassenden Sachverhaltsaufklä-**

---

[21] So BT-Drs. 14/5150, S. 50 zu § 5 Abs. 2 GSiG (vgl. hierzu Rn. 5): „auf die Amtshilfe der Rentenversicherungsträger angewiesen".

§ 45

rung gemäß § 103 SGG. Die Tatbestandsvoraussetzung der dauerhaften vollen Erwerbsminderung (§ 41 Abs. 1 Nr. 2 SGB XII) ist damit im gerichtlichen Verfahren wie andere Tatbestandsvoraussetzungen auch **in vollem Umfang** festzustellen (vgl. hierzu Rn. 53). Die in § 45 Satz 2 SGB XII normierte Bindungswirkung der Beurteilung des Erwerbsvermögens durch den **Rentenversicherungsträger** erfasst ausdrücklich nur den Sozialhilfeträger und damit **nicht** die Gerichte; gleiches gilt für die in § 44a Abs. 2 SGB II angeordnete Bindung der Leistungsträger nach dem SGB II, III, V, VI und XII an die gutachterliche Stellungnahme des Rentenversicherungsträgers.

III. Tatbestandsmerkmale

1. Verpflichtung des Sozialhilfeträgers zum Prüfungsersuchen (Satz 1)

a. Wahrscheinlichkeit einer dauerhaften vollen Erwerbsminderung

17 Der Sozialhilfeträger muss den gesetzlichen Rentenversicherungsträger nach Maßgabe des § 45 Satz 1 SGB XII um Prüfung ersuchen, ob der Hilfebedürftige dauerhaft voll erwerbsgemindert ist oder nicht. Dies setzt zunächst voraus, dass es aufgrund der Angaben des Hilfebedürftigen als **wahrscheinlich erscheint**, dass er **dauerhaft voll erwerbsgemindert** ist. Dann ist der „jeweils für die Ausführung des Gesetzes nach diesem Kapitel zuständige Träger" der Sozialhilfe (hierzu Rn. 4) zum Prüfungsersuchen an den gesetzlichen Rentenversicherungsträger verpflichtet.

18 Die Voraussetzungen für eine **dauerhafte volle Erwerbsminderung** sind in **§ 41 Abs. 3 SGB XII** normiert.

19 **Voll erwerbsgemindert** ist gemäß § 41 Abs. 3 SGB XII i.V.m. § 43 Abs. 2 Satz 2 SGB VI, wer
- wegen Krankheit oder Behinderung
- auf nicht absehbare Zeit außerstande ist,
- unter den üblichen Bedingungen des allgemeinen Arbeitsmarktes
- mindestens drei Stunden täglich erwerbstätig zu sein.

20 Wegen der Einzelheiten wird auf die Kommentierung zu § 41 SGB XII verwiesen.

21 **Dauerhaft** voll erwerbsgemindert ist gemäß § 41 Abs. 3 SGB XII derjenige, bei dem unwahrscheinlich ist, dass die volle Erwerbsminderung behoben werden kann (im Einzelnen hierzu vgl. die Kommentierung zu § 41 SGB XII). Die Tatbestandsvoraussetzung der Dauerhaftigkeit wird in § 45 SGB XII ausdrücklich gar nicht genannt. Aus der Überschrift des § 45 SGB XII sowie aus seiner Bezugnahme auf § 41 (Absatz 3) SGB XII sowie auf § 109a SGB VI ergibt sich jedoch, dass § 45 SGB XII die Feststellung der **dauerhaften** vollen Erwerbsminderung normiert.

22 Der Sozialhilfeträger ist verpflichtet, den Rentenversicherungsträger um die Prüfung der dauerhaften vollen Erwerbsminderung zu ersuchen, wenn **wahrscheinlich** ist, dass eine solche dauerhafte volle Erwerbsminderung vorliegt. Die Wahrscheinlichkeit ist eine Einstufung von Aussagen und Urteilen nach dem Grad der Gewissheit. Der Sozialhilfeträger muss die Erwerbsfähigkeit des Hilfebedürftigen nicht erst dann durch den Rentenversicherungsträger prüfen lassen, wenn die dauerhafte volle Erwerbsminderung des Hilfebedürftigen feststeht bzw. nachgewiesen ist, sondern bereits dann, wenn diese wahrscheinlich ist. Ausreichend ist damit ein **herabgesetzter Grad an Gewissheit**. Dies macht Sinn, weil durch die Prüfung durch den Rentenversicherungsträger ja gerade ermittelt werden soll, ob eine dauerhafte volle Erwerbsminderung tatsächlich vorliegt oder nicht.

23 In **welchem Grad** die Wahrscheinlichkeit vorliegen muss, gibt das SGB XII ausdrücklich nicht vor. Hier bietet sich ausgehend von **Sinn und Zweck des § 45 SGB XII** folgende Faustformel an: Ist eine dauerhafte volle Erwerbsminderung **offensichtlich unwahrscheinlich**, ist der Sozialhilfeträger **nicht** verpflichtet, den Rentenversicherungsträger um entsprechende Prüfung zu ersuchen. Dies kann z.B. dann der Fall sein, wenn der Hilfebedürftige eine volle Erwerbsminderung behauptet, aber jegliche Belege hierfür oder sonstige Nachweise fehlen bzw. nicht zu erlangen sind. In **allen anderen Fällen**, in denen eine volle und dauerhafte Erwerbsminderung nicht von vornherein ausgeschlossen werden kann, ist der Sozialhilfeträger dagegen zum Prüfungsersuchen an den Rentenversicherungsträger **verpflichtet**. Ein engerer Maßstab ist nicht angezeigt. Denn die abschließende Feststellung der Erwerbsfähigkeit des Hilfebedürftigen ist innerhalb sowie außerhalb des Systems des SGB XII von großer Bedeutung, weil das Tatbestandsmerkmal der Erwerbsfähigkeit des Hilfebedürftigen eine systemabgrenzende Funktion hat (dazu noch Rn. 27). Außerdem will § 45 die besondere Sachkunde des Rentenversicherungsträgers nutzbar machen, soweit es um die Feststellung des Erwerbsvermögens geht, so dass ein Heranziehen des Rentenversicherungsträgers schon in „Verdachtsfällen" gerechtfertigt ist und Sinn hat.

Grundlage der Wahrscheinlichkeitsbeurteilung sind gemäß § 45 Satz 1 SGB XII die „**Angaben und Nachweise des Hilfebedürftigen**". Ergibt sich insoweit ein erster „Anfangsverdacht", der Hilfebedürftige könne dauerhaft voll erwerbsgemindert sein, kann der Sozialhilfeträger weitere (Vor-)Ermittlungen durchführen[22] und den Hilfebedürftigen insbesondere zur **Mitwirkung bei der Aufklärung des Sachverhaltes** auffordern. Gemäß **§ 60 Abs. 1 Satz 1 Nr. 1 und 3 SGB I** umfasst dies insbesondere die Angabe von Tatsachen, die für die Leistung erheblich sind, die Zustimmung zur Erteilung der Auskünfte durch Dritte sowie die Vorlage von Beweisurkunden. Berichtet ein Hilfebedürftiger bei Antragstellung also etwa von schweren Erkrankungen oder Behinderungen oder einem kürzlich absolvierten Krankenhausaufenthalt, darf ihn der Sozialhilfeträger auffordern, der Anforderung eines ärztlichen Befundberichtes oder eines Krankenhausentlassungsberichtes zuzustimmen. Sobald allerdings wahrscheinlich ist, dass der Hilfebedürftige dauerhaft voll erwerbsgemindert ist, geht die Pflicht zur weiteren Aufklärung des Sachverhaltes gemäß § 45 Satz 1 SGB XII auf den gesetzlichen Rentenversicherungsträger über, der das Erwerbsvermögen dann abschließend „zu prüfen" hat (§ 45 Satz 1 SGB XII). Die **alleinige Untersuchungs- und Beurteilungsbefugnis** weist das Gesetz insoweit also dem **Rentenversicherungsträger** zu.[23] Dieser hat aber keine Entscheidungsbefugnis, denn diese verbleibt bei dem Sozialhilfeträger (vgl. hierzu Rn. 31).

24

Die **Wahrscheinlichkeitsbeurteilung** bezieht sich auf **sämtliche Tatbestandsvoraussetzungen der dauerhaften vollen Erwerbsminderung**. Die gesetzlichen Regelungen verlangen dem Sozialhilfeträger dabei ein **hohes Maß an Differenzierung** ab:

25

- Ist der Hilfebedürftige **wahrscheinlich erwerbsfähig**, findet § 45 SGB XII keine Anwendung. Der Sozialhilfeträger muss den gesetzlichen **Rentenversicherungsträger** also nicht um Prüfung der Erwerbsfähigkeit ersuchen.

Erwerbsfähige Hilfebedürftige unterstehen dem eigenständigen Regime des **SGB II** mit den dortigen, gerade für Erwerbsfähige vorgesehenen Instrumenten des „Förderns und Forderns". Gleichwohl darf der Sozialhilfeträger Leistungen nach dem SGB XII nicht sogleich unter Hinweis auf seine fehlende Zuständigkeit ablehnen. Denn ob Grundsicherung nach dem SGB II oder aber dem SGB XII zu leisten ist, richtet sich grundsätzlich (Ausnahme: Sozialgeld für nicht erwerbsfähige Angehörige gemäß § 19 SGB II) danach, ob der Betreffende erwerbsfähig ist (dann SGB II: dort §§ 7 Abs. 1 Satz 1 Nr. 2, 8 SGB II) oder nicht (dann SGB XII: dort §§ 2 Abs. 1, 21 Satz 1 SGB XII). Dieser absehbaren und bei existenzsichernden Leistungen auch aus verfassungsrechtlichen Gründen (Art. 1 Abs. 1, Art. 20 GG) vorzubeugenden Gefahr des Zuständigkeitsstreits ist die Gesetzgebung durch die Regelung des **§ 44a SGB II** begegnet. Wenn SGB-II-Träger und Sozialhilfeträger die Erwerbsfähigkeit des Hilfebedürftigen unterschiedlich beurteilen, **muss der SGB-II-Träger bis zur Streitentscheidung SGB-II-Leistungen erbringen** (§ 44a Abs. 1 Satz 7 SGB II).

Der Sozialhilfeträger darf und muss den Hilfebedürftigen deshalb **an den zuständigen SGB-II-Träger verweisen** (§ 15 Abs. 2 SGB I); der Zeitpunkt der Antragstellung ist dabei zu vermerken (§ 16 Abs. 2 SGB I).

Im **umgekehrten Fall** – der Hilfebedürftige wendet sich zuerst an den SGB-II-Träger – hat dagegen der Leistungsträger nach dem SGB II bei dem Sozialhilfeträger anzufragen, wenn er den Hilfebedürftigen für erwerbsunfähig hält.[24] Der **SGB-II-Träger** muss dann gemäß **§ 44a Abs. 1 Satz 7 SGB II** bis zu der Entscheidung der Streits Leistungen nach dem SGB II erbringen; die **Erwerbsfähigkeit** des Hilfebedürftigen wird solange **fingiert**.[25] Der SGB-II-Träger entscheidet den Streit, nachdem er zuvor eine **gutachterliche Stellungnahme des Rentenversicherungsträgers** eingeholt hat (§ 44a Abs. 1 Satz 4 SGB II), die ihn und den Sozialhilfeträger (sowie Leistungsträger nach dem SGB II, V und VI) dann bindet (§ 44a Abs. 1 Satz 6, Abs. 2 SGB II). Entscheidet der SGB-II-Träger sodann, nachdem er die gutachterliche Stellungnahme des Rentenversicherungsträgers eingeholt hat, der Hilfebedürftige sei **erwerbsfähig**, muss der SGB-II-Träger dem Arbeitsuchenden weiterhin Leistungen nach dem SGB II erbringen. Entscheidet der SGB-II-Träger aufgrund der entsprechenden gutachterlichen Stellungnahme des Rentenversicherungsträgers, der Hilfebedürftige sei **erwerbsunfähig**, darf der Leistungsträger nach dem SGB XII dem Hilfebedürftigen grundsätzlich nicht (mehr) entgegenhalten, er sei dem Grunde nach leistungsberechtigt nach dem SGB II, so dass das SGB XII deshalb ausscheide. Für den Leistungsträger nach dem SGB XII ist die Berufung auf die Einwendung des § 21 Satz 1 SGB XII

---

[22] *Karmanski* in: Jahn, SGB XII, § 45 Rn. 5.
[23] Vgl. *Karmanski* in: Jahn, SGB XII, § 45 Rn. 5.
[24] BSG v. 07.11.2006 - B 7b AS 10/06 R.
[25] So zu § 44a Satz 3 SGB II a.F. BSG vom 07.11.2006 - B 7b AS 10/06 R.

damit grundsätzlich ausgeschlossen, weil er ebenso wie der SGB-II-Träger an die gutachterliche Stellungnahme des Rentenversicherungsträgers gebunden ist (§ 44a Abs. 2 SGB II). Er hat also bei Vorliegen der übrigen Anspruchsvoraussetzungen dem Hilfebedürftigen Sozialhilfe zu bewilligen.

- Ist der Hilfebedürftige **wahrscheinlich teilweise, aber nicht voll erwerbsgemindert**, findet § 45 SGB XII keine Anwendung. Der Sozialhilfeträger darf und muss den Hilfebedürftigen an den zuständigen SGB-II-Träger verweisen (§ 15 Abs. 2 SGB I); der Zeitpunkt der Antragstellung ist dabei zu vermerken (§ 16 Abs. 2 SGB I). Der SGB-II-Träger kommt hier als zuständiger Leistungsträger in Betracht, weil er für Hilfebedürftige mit teilweiser (aber nicht voller) Erwerbsminderung zuständig ist gemäß §§ 7 Abs. 1 Satz 1 Nr. 2, 8 SGB II.

- Ist der Hilfebedürftige **wahrscheinlich voll erwerbsgemindert, aber nicht dauerhaft**, findet § 45 SGB XII keine Anwendung, weil es an dem Merkmal der Dauerhaftigkeit des § 41 Abs. 3 SGB XII fehlt. Dann hat der Sozialhilfeträger die Erwerbsfähigkeit des Hilfebedürftigen **selbst zu prüfen**. Ihm ist es hier allerdings nicht verwehrt, den Rentenversicherungsträger nach den **allgemeinen** Vorschriften um Amtshilfe zu ersuchen (§ 37 Satz 1 SGB I i.V.m. §§ 3-7 SGB X; vgl. Rn. 15); es besteht aber keine Verpflichtung gemäß § 45 SGB XII hierzu und die Entscheidung des Rentenversicherungsträgers bindet den Sozialhilfeträger dann auch nicht gemäß § 45 Satz 2 SGB XII. Hält der Sozialhilfeträger den Hilfebedürftigen sodann für dauerhaft voll erwerbsunfähig, muss er den gesetzlichen Rentenversicherungsträger gemäß § 45 SGB XII (doch) um Prüfung ersuchen. Hält der Sozialhilfeträger den Hilfebedürftigen nach seiner abschließenden Prüfung dagegen für nicht dauerhaft voll erwerbsunfähig, muss er Hilfe zum Lebensunterhalt (§§ 27 ff. SGB XII) erbringen. Hält der Sozialhilfeträger den Hilfebedürftigen nach seiner abschließenden Prüfung schließlich für erwerbsfähig oder für teilweise erwerbsgemindert, darf und muss er den Hilfebedürftigen an den zuständigen SGB-II-Träger verweisen (§ 15 Abs. 2 SGB I); der Zeitpunkt der Antragstellung ist dabei zu vermerken (§ 16 Abs. 2 SGB I).

- Ist der Hilfebedürftige **wahrscheinlich dauerhaft voll erwerbsgemindert**, findet § 45 SGB XII Anwendung. Der Sozialhilfeträger muss den gesetzlichen Rentenversicherungsträger also um Prüfung der Erwerbsfähigkeit des Hilfebedürftigen ersuchen.

26 In der **Übersicht** stellen sich diese differenzierte Wahrscheinlichkeitsbeurteilung und ihre Konsequenzen wie folgt dar:

Der Hilfebedürftige ist wahrscheinlich	Rechtsfolgen:
erwerbsfähig	§ 45 SGB XII findet **keine** Anwendung. Der Sozialhilfeträger darf und muss den Hilfebedürftigen an den zuständigen SGB-II-Träger verweisen (§ 15 Abs. 2 SGB I); der Zeitpunkt der Antragstellung ist dabei zu vermerken (§ 16 Abs. 2 SGB I).
Teilweise, aber nicht voll erwerbsgemindert	§ 45 SGB XII findet **keine** Anwendung. Der Sozialhilfeträger darf und muss den Hilfebedürftigen an den zuständigen SGB-II-Träger verweisen (§ 15 Abs. 2 SGB I); der Zeitpunkt der Antragstellung ist dabei zu vermerken (§ 16 Abs. 2 SGB I).
Voll erwerbsgemindert, aber nicht dauerhaft	§ 45 SGB XII findet **keine** Anwendung. Sozialhilfeträger muss Erwerbsfähigkeit also **selbst** abschließend prüfen. Hält er den Hilfebedürftigen danach - für dauerhaft voll erwerbsunfähig, muss er Rentenversicherungsträger (doch) um Prüfung ersuchen (§ 45 SGB XII); - für nicht dauerhaft voll erwerbsunfähig, muss er Hilfe zum Lebensunterhalt (§§ 27 ff. SGB XII) erbringen; - für erwerbsfähig oder für teilweise erwerbsgemindert, darf und muss er den Hilfebedürftigen an den zuständigen SGB-II-Träger verweisen (§ 15 Abs. 2 SGB I); der Zeitpunkt der Antragstellung ist dabei zu vermerken (§ 16 Abs. 2 SGB I).
dauerhaft voll erwerbsgemindert	**§ 45 SGB XII findet Anwendung**. Rentenversicherungsträger muss Erwerbsvermögen prüfen.

Das **Tatbestandsmerkmal der Erwerbsfähigkeit** hat damit eine **systemabgrenzende Bedeutung**, und zwar 27

- für die **Systeme von SGB II und SGB XII**: Die **Erwerbsfähigkeit** ist grundsätzlich Anspruchsvoraussetzung für Leistungen nach dem **SGB II** (§§ 7 Abs. 1 Satz 1 Nr. 2, 8 Abs. 1 SGB II; Ausnahme: Sozialgeld gemäß § 19 Abs. 1 Satz 2 SGB II für nichterwerbsfähige Leistungsberechtigte, die mit erwerbsfähigen Leistungsberechtigten in einer Bedarfsgemeinschaft leben), die den Leistungen des SGB XII grundsätzlich vorgehen (§ 5 Abs. 2 SGB II, § 21 Satz 1 SGB XII; Ausnahme: Leistungen der Grundsicherung im Alter und bei Erwerbsminderung der §§ 45 ff. SGB XII gehen dem Sozialgeld des § 19 SGB II vor, so §§ 5 Abs. 2, 19 Abs. 1 Satz 2 SGB II).

- **innerhalb des Systems des SGB XII**: Ist die volle Erwerbsminderung **dauerhaft**, besteht dem Grunde nach Anspruch auf Leistungen der Grundsicherung im Alter und bei Erwerbsminderung (§ 41 Abs. 3 SGB XII), ist die volle Erwerbsminderung **nicht dauerhaft**, besteht dem Grunde nach Anspruch auf Leistungen der **Hilfe zum Lebensunterhalt** (§§ 27 ff. SGB XII).

Man mag hiergegen als **Kritik** rechtspolitisch einwenden, dass eine derartige System- und Zuständigkeitsdifferenzierung die Praxis angesichts der dortigen Massenverwaltung vor große, möglicherweise auch übergroße Aufgaben stellt und der sozialrechtliche Laie dazu neigen könnte, diese Systemausgestaltung als undurchschaubar, vielleicht sogar als kafkaesk zu empfinden. Allerdings ist dem zu entgegnen, dass es für diese differenzierte Ausgestaltung jeweils **gute Gründe** gibt: So ist die Differenzierung der Systeme SGB II und SGB XII nach der Erwerbsfähigkeit der Grundgedanke der „Hartz"-Gesetzgebung, wonach erwerbsfähige Hilfebedürftige in einem eigenen System gefördert und gefordert werden sollen. Die Schaffung eines „Subsystems" der Grundsicherung im Alter und bei Erwerbsminderung innerhalb des SGB XII verfolgte das sozialpolitische Ziel, der besonderen Lebenssituation dauerhaft voll erwerbsgeminderter Hilfebedürftiger und ihrer Angehörigen Rechnung zu tragen, u.a. durch die Unterhaltsprivilegierung von Eltern und Kindern (§ 46 Abs. 2 SGB XII) sowie den längeren Leistungszeitraum (§ 44 Abs. 1 Satz 1 SGB XII). Im Übrigen ist das Verfahren zur Feststellung der Erwerbsfähigkeit im SGB II seit dem 01.01.2011 dem Verfahren gemäß § 45 SGB XII angenähert[26] worden, weil der Rentenversicherungsträger nun jeweils als „Schnittstelle" zwischen SGB-II-Träger und Sozialhilfeträger fungiert (zur Gesetzesentwicklung vgl. Rn. 3). 28

b. Kein ausreichendes Einkommen und Vermögen zur Deckung des Lebensunterhalts

Der Sozialhilfeträger ist nur dann verpflichtet, den gesetzlichen Rentenversicherungsträger um Prüfung der Erwerbsfähigkeit zu ersuchen, wenn das zu berücksichtigende Einkommen und Vermögen des wahrscheinlich dauerhaft Erwerbsgeminderten nicht ausreicht, um den Lebensunterhalt vollständig zu decken, § 45 Satz 1 SGB XII. 29

Damit wiederholt § 45 Satz 1 SGB XII die allgemeine Tatbestandsvoraussetzung der **Hilfebedürftigkeit**. Denn Voraussetzung für die Inanspruchnahme der Grundsicherung im Alter und bei Erwerbsminderung ist gemäß **§ 41 Abs. 1 Satz 1 SGB XII**, dass die Person ihren notwendigen Lebensunterhalt nicht aus Einkommen und Vermögen nach den §§ 82-84 und 90 SGB XII beschaffen kann. Es wird deshalb auf die Kommentierung zu § 41 SGB XII verwiesen. 30

c. Pflicht zum Prüfungsersuchen

Liegen die Voraussetzungen des § 45 Satz 1 SGB XII vor (sowie des § 45 Satz 3 SGB XII nicht vor), ist der **Sozialhilfeträger verpflichtet**, den gesetzlichen Rentenversicherungsträger zu ersuchen, die Erwerbsfähigkeit des Hilfebedürftigen zu prüfen. Denn § 45 Satz 1 SGB XII räumt dem Sozialhilfeträger kein Ermessen ein („ersucht"). Der gesetzliche **Rentenversicherungsträger** hat insoweit die **alleinige Untersuchungs- und Beurteilungsbefugnis**.[27] Der Rentenversicherungsträger hat dagegen **keine Entscheidungsbefugnis**.[28] Für die **Entscheidung** über den von dem Hilfebedürftigen geltend gemachten Anspruch auf Leistungen der Grundsicherung im Alter und bei Erwerbsminderung sind nach wie vor ausschließlich die **Sozialhilfeträger** zuständig. Hierbei müssen sie auf die Sachkompetenz der Rentenversicherungsträger zurückgreifen, soweit es um die Beurteilung der Tatbestandsvoraussetzung einer dauerhaften vollen Erwerbsminderung geht. 31

---

[26] So BT-Drs. 17/1940, S. 12.
[27] Vgl. *Karmanski* in: Jahn, SGB XII, § 45 Rn. 5.
[28] Vgl. zu dieser Differenzierung bereits die Rspr. des BSG zu § 105a AFG (als Vorgängernorm zur heutigen Nahtlosigkeitsregelung des § 125 SGB III): BSG v. 12.06.1992 - 11 RAr 35/91 - BSGE 71, 12.

32　Bis zur Entscheidung des gesetzlichen Rentenversicherungsträgers muss der Sozialhilfeträger dem Hilfebedürftigen **Hilfe zum Lebensunterhalt** (§§ 27 ff. SGB XII) erbringen. Dass Leistungen zur Existenzsicherung überhaupt erbracht werden müssen, ergibt sich zwingend aus der von dem Sozialhilfeträger bejahten Tatbestandsvoraussetzung der **Hilfebedürftigkeit** („das zu berücksichtigende Einkommen und Vermögen nicht ausreicht, ..."), im Übrigen aus der grundgesetzlichen Gewährleistung des Existenzminimums (Art. 1 Abs. 1, Art. 20 GG). Dass die Leistungen der Hilfe zum Lebensunterhalt in dieser Interimszeit erbracht werden müssen, ergibt sich daraus, dass der Sozialhilfeträger das Vorliegen der dauerhaften vollen Erwerbsminderung zwar für wahrscheinlich hält, diese aber noch nicht feststeht. Die Vorrangregelung des § 19 Abs. 2 Satz 2 SGB XII, wonach die Leistungen der Grundsicherung im Alter und bei Erwerbsminderung (§§ 41 ff. SGB XII) den Leistungen der Hilfe zum Lebensunterhalt (§§ 27 ff. SGB XII) vorgehen, greift also in dieser Interimszeit (noch) nicht ein. Die Hilfe zum Lebensunterhalt ist ggf. als Vorschuss zu gewähren (§ 42 SGB XII i.V.m. § 37 Satz 1 SGB I).

d. Prüfungsersuchen an den zuständigen Rentenversicherungsträger

33　Gemäß § 45 Satz 1 SGB XII muss der Sozialhilfeträger sein Prüfungsersuchen an den nach § 109a SGB VI **zuständigen Rentenversicherungsträger** richten.

34　Gemäß **§ 109a Abs. 4 SGB VI**[29] ist zuständig
- Nr. 1: bei Versicherten der Träger der Rentenversicherung, der für die Erbringung von Leistungen an den Versicherten zuständig ist,
- Nr. 2: bei sonstigen Personen der Regionalträger, der für den Sitz des Trägers der Sozialhilfe oder der Agentur für Arbeit örtlich zuständig ist.

35　Wer „Versicherter" im Sinne des § 109a Abs. 4 Nr. 1 SGB VI ist, normieren die Regelungen der §§ 1-8 SGB VI über den in der gesetzlichen Rentenversicherung versicherten Personenkreis. Die zuständigen „Träger der Rentenversicherung" werden in § 23 Abs. 2 SGB I aufgeführt.

2. Prüfung der Erwerbsminderung durch den Rentenversicherungsträger (Sätze 2 und 4)

a. Verfahren

36　Der gesetzliche Rentenversicherungsträger ist **verpflichtet**, auf das Ersuchen des Sozialhilfeträgers die Erwerbsfähigkeit des Hilfebedürftigen zu prüfen. Dies gilt auch dann, wenn er die Einschätzung des Sozialhilfeträgers, eine dauerhafte volle Erwerbsminderung sei wahrscheinlich, nicht teilt. Der Rentenversicherungsträger darf das Prüfungsersuchen des Sozialhilfeträgers also nicht zurückweisen, weil ihn § 45 SGB XII hierzu nicht ermächtigt.[30] Zudem ordnet § 4 Abs. 2-4 SGB X (zur Amtshilfe vgl. Rn. 15) an, dass eine Verweigerung nur unter den gesetzlich eng definierten Voraussetzungen zulässig und insbesondere dann rechtswidrig ist, wenn die ersuchte Behörde das Ersuchen (nur) für unzweckmäßig hält.

37　Das Prüfungsverfahren des Rentenversicherungsträgers gemäß § 45 Sätze 1 und 2 SGB XII ist **kein Verwaltungsverfahren i.S.d. § 8 SGB X**. Denn dies setzt die nach außen wirkende Tätigkeit von Behörden voraus. Daran fehlt es hier. Die Entscheidung des Rentenversicherungsträgers über die Erwerbsfähigkeit des Hilfebedürftigen ist ein rein **interner Abstimmungsprozess zwischen verschiedenen Sozialleistungsträgern**.[31] Es handelt sich um eine spezialgesetzliche und besondere Ausgestaltung der Amtshilfe (hierzu allg. die §§ 3-7 SGB X).[32] Nur das Ergebnis dieses Abstimmungsprozesses erhält Außenwirkung, und zwar ausschließlich über bzw. durch die anschließende Entscheidung des Sozialhilfeträgers gegenüber dem Hilfebedürftigen.[33] Die Prüfung durch den Rentenversicherungsträger ist nur ein „unselbstständige[r] Verfahrensschritt"[34] in dem Verwaltungsverfahren, das in der Entscheidung des Sozialhilfeträgers über den Antrag des Hilfebedürftigen auf Leistungen der Grundsiche-

---

[29] I.d.F. des Gesetzes zur Weiterentwicklung der Organisation der Grundsicherung für Arbeitsuchende vom 03.08.2010 (BGBl I 2010, 1112). Vgl. hierzu Rn. 3.
[30] *Brühl/Schoch* in: LPK-SGB XII, § 45 Rn. 7.
[31] Ebenso zu § 44a SGB II *Blüggel* in: Eicher, SGB II, § 44a Rn. 97.
[32] So BT-Drs. 14/5150, S. 50 zu § 5 Abs. 2 GSiG (vgl. hierzu Rn. 5): „auf die Amtshilfe der Rentenversicherungsträger angewiesen".
[33] So BT-Drs. 14/5150, S. 50 zu § 5 Abs. 2 GSiG (vgl. hierzu Rn. 5): Feststellungen des Rentenversicherungsträgers können „nur über die Entscheidung in der Sache angegriffen und gegebenenfalls gerichtlich angefochten werden (§ 44a VwGO)".
[34] So BT-Drs. 14/5150, S. 50 zu § 5 Abs. 2 GSiG (vgl. hierzu Rn. 5).

rung im Alter und bei Erwerbsminderung mündet; dieser unselbständige Verfahrensschritt ist **nicht selbständig anfechtbar** (§ 44a VwGO analog[35]). Die Gefahr einer Rechtsschutzlücke resultiert daraus nicht. Denn die Entscheidung des Rentenversicherungsträgers ist im Rahmen der gerichtlichen Überprüfung dieser Entscheidung des Sozialhilfeträgers – also inzident – in vollem Umfang überprüfbar (vgl. dazu Rn. 53).

Der **Hilfebedürftige** ist vor der Entscheidung des Rentenversicherungsträgers damit auch nicht anzuhören (nach § 24 SGB X). Das Ergebnis muss der Rentenversicherungsträger gegenüber dem Hilfebedürftigen weder bekannt geben (nach § 37 SGB X) noch begründen (nach § 35 SGB X); dieses erfolgt im Rahmen der Entscheidung des Sozialhilfeträgers gegenüber dem Hilfebedürftigen. Fraglich ist, wer die **Fahrtkosten des Hilfebedürftigen** im Zusammenhang mit der Begutachtung durch den Rentenversicherungsträger zu tragen hat. Gemäß § 224b SGB VI (hierzu Rn. 2) hat der Bund dem Rentenversicherungsträger „Kosten und Auslagen" zu erstatten. Fahrtkosten sind dort jedoch nicht ausdrücklich genannt. Sieht man die Fahrtkosten als „Auslagen" im Sinne des **§ 224b Abs. 1 SGB VI** an, hat der Bund diese dem Rentenversicherungsträger und der **Rentenversicherungsträger** dem Hilfebedürftigen zu erstatten. Verneint man demgegenüber die Anwendung des § 224b SGB VI hat der **Sozialhilfeträger** dem Hilfebedürftigen die Fahrtkosten nach der allgemeinen Regelung des **§ 65a SGB I** zu erstatten.[36] Für letzteres spricht, dass mit „Auslagen" nur eigene Auslagen des Rentenversicherungsträgers gemeint sein dürften, nicht dagegen Auslagen Dritter (hier des Hilfebedürftigen). Die Auslagen des Hilfebedürftigen dürften nur (und erst) dann Auslagen des Rentenversicherungsträgers sein, wenn der Rentenversicherungsträger dem Hilfebedürftigen zu ihrer Erstattung rechtlich verpflichtet ist; eine solche Norm ist indes nicht ersichtlich. 38

Gemäß **§ 45 Satz 4 SGB XII** können die kommunalen Spitzenverbände und die Deutsche Rentenversicherung Bund **Vereinbarungen über das Verfahren** schließen. Im Jahr 2003 haben – noch unter Geltung des GSiG (vgl. Rn. 5) – der Deutsche Landkreistag, der Deutsche Städtetag, der Deutsche Städte- und Gemeindebund und der Verband Deutscher Rentenversicherungsträger eine solche Vereinbarung „zur Regelung des Verfahrens und der Kostenerstattung gem. § 109a Abs. 2 SGB VI, § 5 Abs. 2 GSiG" getroffen. Dort wurde insbesondere Folgendes vereinbart (die dortigen Kostenregelungen sind aufgrund des zwischenzeitlich erlassenen § 224b SGB VI mittlerweile überholt[37]): 39
- Der Sozialhilfeträger verwendet für sein Prüfungsersuchen an den gesetzlichen Rentenversicherungsträger einen **einheitlichen Vordruck**.
- Mit dem Ersuchen legt der Sozialhilfeträger gleichzeitig die bereits vorhandenen **ärztlichen Unterlagen** vor. Außerdem holt er auch die ihm zugänglichen Unterlagen, wie beispielsweise ärztliche Befundberichte, Gutachten und relevante Bescheide vorher ein und sendet diese mit dem Ersuchen mit.
- Der Sozialhilfeträger fügt dem Ersuchen ferner eine Erklärung des Hilfebedürftigen über die **Entbindung von der ärztlichen Schweigepflicht** bei, die es auch dem Rentenversicherungsträger erlaubt, die erforderlichen Ermittlungen durchzuführen.
- Der zuständige Rentenversicherungsträger prüft die eingegangenen Unterlagen und entscheidet im Einzelfall über das **weitere Verfahren** (Entscheidung nach Aktenlage oder persönliche Begutachtung des Hilfebedürftigen).
- Die **Entscheidung der Rentenversicherungsträger** über das Vorliegen bzw. Nichtvorliegen von Erwerbsminderung i.S. von § 43 Abs. 2 SGB VI wird dem ersuchenden Sozialhilfeträger auf einem **einheitlichen Vordruck** (nach vereinbartem Muster) mitgeteilt.

b. Entscheidung

Die Entscheidung des gesetzlichen Rentenversicherungsträgers ist mangels Außenwirkung **kein Verwaltungsakt** i.S.d. § 31 SGB X.[38] Denn der Rentenversicherungsträger entscheidet ausschließlich da- 40

---

[35] *Karmanski* in: Jahn, SGB XII, § 45 Rn. 8; *Brühl/Schoch* in: LPK-SGB XII, § 45 Rn. 17.
[36] Vgl. zu den Fahrtkosten des Hilfebedürftigen bei der Begutachtung gemäß § 44a SGB II auf Veranlassung des SGB-II-Trägers § 59 SGB II i.V.m. § 309 Abs. 4 SGB III, hierzu *Blüggel* in: Eicher, SGB II, § 44a Rn. 52.
[37] Vgl. hierzu für den Erstattungszeitraum ab dem 01.01.2011 die Vereinbarung zwischen dem Bundesministerium für Arbeit und Soziales dem Bundesministerium der Finanzen und der Deutschen Rentenversicherung Bund zur Regelung der Erstattung von Kosten und Auslagen gemäß § 109a Abs. 2 und 3 SGB VI, § 224b SGB VI, § 45 SGB XII und § 44a SGB II.
[38] *Brühl/Schoch* in: LPK-SGB XII, § 45 Rn. 17; *Wahrendorf* in: Grube/Wahrendorf, SGB XII, § 45 Rn. 4; *Winkler* in: jurisPK-SGB VI, § 109a Rn. 49. Vgl. insoweit bereits die Rspr. des BSG zu § 105a AFG (als Vorgängernorm zur heutigen Nahtlosigkeitsregelung des § 125 SGB III): BSG v. 12.06.1992 - 11 RAr 35/91 - BSGE 71, 12.

rüber, ob im konkreten Einzelfall die Tatbestandsvoraussetzung der dauerhaften vollen Erwerbsminderung erfüllt ist. Die Entscheidung des Rentenversicherungsträgers erwächst mangels Verwaltungsaktqualität damit nicht in Bestandskraft (nach § 77 SGG). Die Entscheidung des Rentenversicherungsträgers über die Erwerbsfähigkeit des Hilfebedürftigen ist ein **rein interner Abstimmungsprozess** zwischen verschiedenen Sozialleistungsträgern.

c. Bindungswirkung der Entscheidung (Satz 2)

41 Die **Entscheidung** des gesetzlichen Rentenversicherungsträgers ist für den ersuchenden **Sozialhilfeträger bindend** gemäß § 45 **Satz 2** HS. 1 SGB XII. Die Regelung des § 45 Satz 2 HS. 2 SGB XII stellt mit ihrem Verweis auf § 109a Abs. 3 SGB VI klar, dass dies auch in den Fällen gilt, in denen der SGB-II-Träger eine gutachterliche Stellungnahme des Rentenversicherungsträgers gemäß § 44a Abs. 1 Satz 5 SGB II eingeholt hat; diese Rechtsfolge ergibt sich bereits aus § 44a Abs. 2 SGB II. **Andere Leistungsträger** sind an diese Entscheidung dagegen **nicht** gebunden, weil ein für eine solche (erweiterte) Bindungswirkung erforderlicher Gesetzesbefehl fehlt; die Norm des § 44a Abs. 2 SGB II greift insoweit nicht, weil diese voraussetzt, dass der Rentenversicherungsträger auf Initiative des SGB-II-Trägers eine „gutachterliche Stellungnahme" (i.S.d. § 44a Abs. 1 Satz 4 SGB II) abgegeben hat. **Gerichte** sind mangels gesetzlicher Anordnung an die Entscheidung des Rentenversicherungsträgers dagegen **nicht** gebunden; das Erwerbsvermögen haben sie daher **in vollem Umfang** festzustellen.

42 Die Bindungswirkung hat je nach Entscheidung des gesetzlichen Rentenversicherungsträgers für den Sozialhilfeträger folgende **Konsequenzen**:

- Stellt der Rentenversicherungsträger die **dauerhafte volle Erwerbsminderung** des Hilfebedürftigen fest, muss der Sozialhilfeträger (bei Vorliegen auch der übrigen Anspruchsvoraussetzungen) Leistungen der **Grundsicherung im Alter und bei Erwerbsminderung** (§§ 41 ff. SGB XII) gewähren.
- Stellt der Rentenversicherungsträger die **volle, aber nicht dauerhafte Erwerbsminderung** des Hilfebedürftigen fest, fehlt es (mangels Dauerhaftigkeit) an einer der Tatbestandsvoraussetzungen für Leistungen der Grundsicherung im Alter und bei Erwerbsminderung (§§ 41 ff. SGB XII). Der Sozialhilfeträger muss dem Hilfebedürftigen nach der Entscheidung des Rentenversicherungsträgers somit die nachrangigen (§ 19 Abs. 2 Satz 2 SGB XII) Leistungen der **Hilfe zum Lebensunterhalt** (§§ 27 ff. SGB XII) gewähren. Wegen der vollen Erwerbsminderung sind SGB-II-Träger nicht zuständig (§§ 7 Abs. 1 Satz 1 Nr. 2, 8 Abs. 1 SGB II). Die Entscheidung des Rentenversicherungsträgers bindet auch in diesem Fall den Sozialhilfeträger gemäß § 45 Satz 2 SGB XII. Zwar ordnet § 45 Satz 1 SGB XII nach seinem Wortlaut nur an, dass der Rentenversicherungsträger ausschließlich zu prüfen hat, ob eine dauerhafte volle Erwerbsminderung vorliegt. Ist diese Frage beantwortet, ist der Prüfungsauftrag nach dem Wortlaut des § 45 Satz 1 SGB XII damit an sich erfüllt und der Rentenversicherungsträger muss nicht als „Weniger" noch prüfen, ob eine volle Erwerbsminderung unabhängig von ihrer Dauer gegeben ist oder nicht. Allerdings ist § 45 Satz 1 SGB XII nicht isoliert, sondern im systematischen Zusammenhang mit § 109a SGB VI — seinem an den Rentenversicherungsträger adressierten Pendant — zu sehen. Die zum 01.01.2011 in Kraft getretene Fassung des § 109a Abs. 2 Satz 2 SGB VI[39] bringt zum Ausdruck, dass der Rentenversicherungsträger im Rahmen eines Prüfungsersuchens gemäß § 45 SGB XII nicht nur das Vorliegen oder Nichtvorliegen einer **dauerhaften** vollen Erwerbsminderung, sondern auch prüfen soll, ob eine volle Erwerbsminderung überhaupt gegeben ist oder nicht. Gemäß § 109a Abs. 2 Satz 2 SGB VI muss der Rentenversicherungsträger, sofern nach seiner Prüfung „keine volle Erwerbsminderung vorliegt", ergänzend „eine gutachterliche Stellungnahme [abgeben], ob hilfebedürftige Personen [...] erwerbsfähig im Sinne des § 8 des Zweiten Buches sind". Diese Norm ist so zu lesen, dass mit „volle[r] Erwerbsminderung" die **dauerhafte** volle Erwerbsminderung gemäß des vorausgehenden Satzes 1 des § 109a Abs. 2 SGB VI gemeint ist. Denn andernfalls wäre sie schlicht überflüssig, weil immer dann, wenn keine volle Erwerbsminderung (unabhängig, ob dauerhaft oder vorübergehend) vorliegt, als Kehrseite stets die Erwerbsfähigkeit des § 8 Abs. 1 SGB II zu bejahen ist, so dass keine Notwendigkeit besteht, dies noch eigens zu prüfen.
- Stellt der Rentenversicherungsträger die **nur teilweise Erwerbsminderung** des Hilfebedürftigen oder sogar dessen **Erwerbsfähigkeit** fest, ist der Sozialhilfeträger grundsätzlich nicht mehr zuständig, weil erwerbsfähige (und teilweise erwerbsgeminderte) Hilfebedürftige grundsätzlich dem Leis-

---

[39] I.d.F. des Gesetzes zur Weiterentwicklung der Organisation der Grundsicherung für Arbeitsuchende vom 03.08.2010, BGBl I 2010, 1112.

tungssystem des SGB II unterstehen (§§ 7 Abs. 1 Satz 1 Nr. 2, 8 Abs. 1 SGB II). Die Entscheidung des Rentenversicherungsträgers, die auf ein Prüfungsersuchen des Sozialhilfeträgers gemäß § 109a Abs. 2 Satz 2 SGB VI ergangen ist, bindet gemäß gemäß § 44a Abs. 1a Satz 2 SGB II[40] auch den SGB-II-Träger. Auf einen Widerspruch des Sozialhilfeträgers (§ 44a Abs. 1 Satz 2 SGB II) muss der SGB-II-Träger damit gemäß § 44a Abs. 1 Satz 4 i.V.m. Abs. 1a SGB II die Erwerbsfähigkeit des Hilfebedürftigen feststellen.

3. Entbehrlichkeit eines Prüfungsersuchens an den Rentenversicherungsträger (Satz 3)

Gemäß **§ 45 Satz 3 SGB XII** findet ein Ersuchen des Sozialhilfeträgers an den gesetzlichen Rentenversicherungsträgers um Prüfung der Erwerbsfähigkeit **nicht** statt, wenn
- **Nr. 1**: ein Träger der Rentenversicherung bereits die Voraussetzungen des § 41 Abs. 3 SGB XII im Rahmen eines Antrags auf eine Rente wegen Erwerbsminderung festgestellt hat oder
- **Nr. 2**: ein Träger der Rentenversicherung bereits nach § 109a Abs. 2 und 3 SGB VI eine gutachterliche Stellungnahme abgegeben hat oder
- **Nr. 3**: der Fachausschuss einer Werkstatt für behinderte Menschen über die Aufnahme in eine Werkstatt oder Einrichtung eine Stellungnahme nach Maßgabe der §§ 2 und 3 der Werkstättenverordnung abgegeben hat und der Leistungsberechtigte kraft Gesetzes nach § 43 Abs. 2 Satz 3 Nr. 1 SGB VI als voll erwerbsgemindert gilt.

43

a. Feststellung des Rentenversicherungsträgers (Nr. 1)

Nach der **Nr. 1** des § 45 Satz 3 SGB XII muss der Sozialhilfeträger dann **kein Ersuchen** auf Prüfung der Erwerbsfähigkeit an den gesetzlichen Rentenversicherungsträger richten, wenn dieser die Voraussetzungen des § 41 Abs. 3 SGB XII bereits im Rahmen eines Antrags auf eine Rente wegen Erwerbsminderung festgestellt hat. Der Sinn dieser Regelung erklärt sich eigentlich von selbst. Denn hat der gesetzliche Rentenversicherungsträger diese Feststellung bereits getroffen, muss der Sozialhilfeträger ihn darum nicht mehr ersuchen.

44

Allerdings dürfte der **praktische Anwendungsbereich** des § 45 Satz 3 Nr. 1 SGB XII kleiner sein, als dies nach seiner ersten Lektüre zu vermuten ist. Grund hierfür ist, dass der gesetzliche Rentenversicherungsträger nicht allein die volle Erwerbsminderung festgestellt haben muss, sondern überdies die **dauerhafte** volle Erwerbsminderung. Denn die Regelung des § 41 Abs. 3 SGB XII, auf die § 45 Satz 3 Nr. 1 SGB XII Bezug nimmt, verlangt neben dem Vorliegen der vollen Erwerbsminderung, dass zudem „unwahrscheinlich ist, dass die volle Erwerbsminderung behoben werden kann"; damit ist die Dauerhaftigkeit der Erwerbsminderung gemeint (im Einzelnen hierzu vgl. die Kommentierung zu § 41 SGB XII). Gemäß **§ 102 Abs. 2 Satz 1 SGB VI** werden Renten wegen verminderter Erwerbsfähigkeit aber grundsätzlich **auf Zeit** geleistet. Die Befristung erfolgt für längstens drei Jahre nach Rentenbeginn (Satz 2). Sie kann verlängert werden; dabei verbleibt es bei dem ursprünglichen Rentenbeginn (Satz 3). Verlängerungen erfolgen für längstens drei Jahre nach dem Ablauf der vorherigen Frist (Satz 4). Renten, auf die ein Anspruch unabhängig von der jeweiligen Arbeitsmarktlage besteht, werden dagegen gemäß § 102 Abs. 2 **Satz 5** SGB VI **unbefristet** geleistet, wenn **unwahrscheinlich ist, dass die Minderung der Erwerbsfähigkeit behoben werden kann**; hiervon ist nach einer Gesamtdauer der Befristung von neun Jahren auszugehen.

45

Bei Anwendung des § 45 Satz 3 Nr. 1 SGB XII ist folglich zu beachten, ob der gesetzliche Rentenversicherungsträger tatsächlich auch die **Dauerhaftigkeit** der Erwerbsminderung festgestellt hat. Dies setzt nach dem Ausgeführten die **unbefristete** Bewilligung einer Rente wegen voller Erwerbsminderung aus der gesetzlichen Rentenversicherung voraus.

46

Der Rentenversicherungsträger muss die „Voraussetzungen des § 41 Abs. 3 SGB VI" zudem – so die Formulierung des Gesetzes – „**festgestellt**" (§ 45 Satz 3 Nr. 1 SGB XII) haben. Dies ist ohne Zweifel zunächst dann der Fall, wenn er eine entsprechende Rente wegen dauerhafter voller Erwerbsminderung aus der gesetzlichen Rentenversicherung **bewilligt** und damit insbesondere die dauerhafte volle Erwerbsminderung bejaht hat. Zweifelhaft und kontrovers beurteilt wird dagegen, ob die einen Antrag auf Rente wegen verminderter Erwerbsfähigkeit **ablehnende** Entscheidung des Rentenversicherungsträgers den Sozialhilfeträger von dem Prüfungsersuchen gemäß § 45 Satz 3 Nr. 1 SGB XII ebenfalls

47

---

[40] I.d.F. des Gesetzes zur Weiterentwicklung der Organisation der Grundsicherung für Arbeitsuchende vom 03.08.2010, BGBl I 2010, 1112 ff.

befreit[41] oder nicht.[42] Hier ist danach zu **differenzieren, worauf die Ablehnung beruht**[43]: Hat der Rentenversicherungsträger den Antrag auf Rente wegen verminderter Erwerbsfähigkeit abgelehnt, weil er eine dauerhafte volle Erwerbsminderung verneint hat, muss der Sozialhilfeträger gemäß § 45 Satz 3 Nr. 1 SGB XII kein Prüfungsersuchen an den Rentenversicherungsträger richten, weil dieser mit der Prüfung des Erwerbsvermögens **bereits befasst** war. Hat der Rentenversicherungsträger den Antrag auf Rente wegen verminderter Erwerbsfähigkeit dagegen deshalb abgelehnt, weil z.B. die rentenversicherungsrechtlichen Voraussetzungen (bereits) nicht erfüllt waren, muss der Sozialhilfeträger ein Prüfungsersuchen an den Rentenversicherungsträger richten, weil dieser mit der Prüfung des Erwerbsvermögens **noch nicht befasst** war.

b. Gutachterliche Stellungnahme des Rentenversicherungsträgers (Nr. 2)

48 Gemäß **§ 45 Satz 3 Nr. 2 SGB XII** muss der Sozialhilfeträger an den Rentenversicherungsträger ausnahmsweise dann **nicht** das ansonsten erforderliche **Ersuchen um Prüfung des Erwerbsvermögens** des Hilfebedürftigen richten, wenn ein Rentenversicherungsträger bereits nach § 109a Abs. 2 und 3 SGB VI eine gutachterliche Stellungnahme abgegeben hat. Dies ist aus sich selbst heraus verständlich. Denn § 109a Abs. 2 SGB VI ist das an den Rentenversicherungsträger adressierte Pendant zu § 45 SGB XII. Die Regelung des § 109a Abs. 3 SGB VI erfasst die gutachterliche Stellungnahme, die ein SGB-II-Träger von den Rentenversicherungsträgern gemäß § 44a Abs. 1 Sätze 4 und 5 SGB II einholt. Den beiden Fällen des § 109a Abs. 2 sowie Abs. 3 SGB VI ist gemein, dass ein Rentenversicherungsträger die **Erwerbsfähigkeit des Hilfebedürftigen bereits geprüft** hat, so dass eine erneute Prüfung nicht erforderlich ist und „eine doppelte Befassung der Rentenversicherungsträger mit gleichen Sachverhalten vermieden" wird[44]. Eine **neue gutachterliche Stellungnahme** wird allerdings dann erforderlich sein, wenn sich Anhaltspunkte dafür ergeben, dass sich die Erwerbsfähigkeit des Hilfebedürftigen **seitdem wesentlich verändert** hat. Denn die Regelung des § 44a Abs. 2 HS. 2 SGB II nimmt zur Bindungswirkung der gutachterlichen Stellungnahme des Rentenversicherungsträgers auf § 48 SGB X Bezug und bringt damit nach der Gesetzesbegründung zum Ausdruck, dass diese Bindungswirkung „zeitlich und rechtlich nur bis zum Eintritt der wesentlichen Änderung gelten kann"[45].

c. Stellungnahme des Fachausschusses einer Werkstatt für behinderte Menschen (Nr. 3)

49 Gemäß **§ 45 Satz 3 Nr. 3 SGB XII** muss der Sozialhilfeträger an den Rentenversicherungsträger ausnahmsweise dann **nicht** das ansonsten erforderliche **Ersuchen um Prüfung des Erwerbsvermögens** des Hilfebedürftigen richten, wenn der **Fachausschuss einer Werkstatt für behinderte Menschen** über die Aufnahme in eine Werkstatt oder Einrichtung eine Stellungnahme gemäß §§ 2 und 3 der Werkstättenverordnung abgegeben hat und der Leistungsberechtigte – so die Formulierung des § 45 Satz 3 SGB XII – „kraft Gesetzes nach § 43 Abs. 2 Satz 3 Nr. 1 SGB VI **als voll erwerbsgemindert gilt**".

50 Diese Regelung des § 45 Satz 3 Nr. 3 SGB XII für **in einer Werkstatt für behinderte Menschen Beschäftigte** (hierzu die Kommentierung zu § 41 SGB XII) geht auf Gespräche der kommunalen Spitzenverbände und der Rentenversicherungsträger mit dem (damaligen) Bundesministerium für Wirtschaft und Arbeit zurück, um bei dieser Personengruppe die ggf. aufwändige Prüfung der Erwerbsfähigkeit nicht durchführen zu müssen.[46] Dies sowie die systematische Stellung des § 45 Satz 3 Nr. 3 SGB XII verdeutlichen, dass § 45 Satz 3 Nr. 3 SGB XII **ausschließlich den Sozialhilfeträger** von dessen **Verpflichtung** befreit, an den Rentenversicherungsträger ein Prüfungsersuchen richten zu müssen. Die „Fiktion" des § 45 Satz 3 Nr. 3 SGB XII bindet folglich **nicht** die **Gerichte**. Diese haben das Erwerbsvermögen des Hilfebedürftigen (auch hier) in vollem Umfang festzustellen.[47]

---

[41] *Brühl/Schoch* in: LPK-SGB XII, § 45 Rn. 10, allerdings mit der Einschränkung, dass dies nicht bei einer zwischenzeitlichen Verschlechterung des Gesundheitszustandes gelten soll.
[42] So *Adolph* in: Linhart/Adolph, SGB XII, § 45 Rn. 17.
[43] Vgl. zu dieser Differenzierung auch die Rspr. des BSG zu § 105a AFG (als Vorgängernorm zur heutigen Nahtlosigkeitsregelung des § 125 SGB III): BSG v. 29.04.1998 - B 7 AL 18/97 R - SozR 3-4100 § 105a Nr. 5 m.w.N.
[44] So BT-Drs. 17/2188, S. 15.
[45] So BT-Drs. 17/2188, S. 15.
[46] *Wahrendorf* in: Grube/Wahrendorf, SGB XII, § 41 Rn. 14 und § 45 Rn. 5 m.w.N.
[47] BSG v. 23.03.2010 - B 8 SO 17/09 R.

Allerdings gilt dieser **Dispens** des **Sozialhilfeträgers** gemäß § 45 Satz 3 Nr. 3 SGB XII von seiner Verpflichtung zum Prüfungsersuchen an den Rentenversicherungsträger **nicht uneingeschränkt**. Denn der Sachverhalt kann sich zwischenzeitlich verändert haben. Dies ist dann der Fall, wenn der **Aufenthalt in der Werkstatt für behinderte Menschen zwischenzeitlich insoweit erfolgreich** war, als eine Arbeit auf dem ersten Arbeitsmarkt in Betracht kommt; der Betroffene verbleibt dann in der Betreuung in der Werkstatt, allerdings dort im Außenbereich.[48] In diesen Fällen ist der **Anwendungsbereich des § 45 Satz 3 Nr. 3 SGB XII nach seinem Sinn und Zweck (also teleologisch) zu reduzieren**.[49] Denn der Sozialhilfeträger hat dann möglicherweise berechtigten Anlass, an dem (weiteren) Vorliegen der dauerhaften vollen Erwerbsminderung zu zweifeln und diese nicht mehr für wahrscheinlich halten zu dürfen. Hat er aufgrund der genannten Veränderungen diese berechtigten **Zweifel**, ist er von seiner Verpflichtung zum Prüfungsersuchen an den Rentenversicherungsträger **nicht mehr befreit**, sondern **muss** den Rentenversicherungsträger entsprechend der Grundregel des § 45 Satz 1 SGB XII (wieder) **um Prüfung ersuchen**.

Abzulehnen ist daher die Auffassung, dass der Sozialhilfeträger die Leistungen bei einer Veränderung des Sachverhaltes **ohne** Einschaltung des Rentenversicherungsträgers einstellen darf.[50] Denn dies setzt eine **eigene Prüfungskompetenz des Sozialhilfeträgers** voraus, die ihm das Gesetz aber **nicht** einräumt. Das SGB XII geht in seinem § 45 vielmehr davon aus, dass die dauerhafte volle Erwerbsfähigkeit des Hilfebedürftigen grundsätzlich nicht von dem Sozialhilfeträger, sondern von dem Rentenversicherungsträger festzustellen ist und dies in den Fällen des § 45 Satz 3 SGB XII ausnahmsweise deshalb entbehrlich ist, weil entweder der Rentenversicherungsträger selbst (§ 45 Satz 3 Nr. 1 oder 2 SGB XII) oder aber der Fachausschuss einer Werkstatt für behinderte Menschen (§ 45 Satz 3 Nr. 3 SGB XII) als weitere kompetente Einrichtung hiermit bereits befasst war. Es ist nicht ersichtlich, warum der Sozialhilfeträger hier ausnahmsweise zu einer eigenständigen Prüfung befugt sein soll; der Rentenversicherungsträger verfügt hinsichtlich der Prüfung der Erwerbsfähigkeit des Hilfebedürftigen nach der legislativen Wertentscheidung vielmehr über mehr Erfahrung und Kompetenz, die auch bei in einer Werkstatt für behinderte Menschen Beschäftigten in Anspruch zu nehmen ist.

4. Rechtsschutz

a. Rechtsschutz des Hilfebedürftigen

Die Entscheidung des gesetzlichen **Rentenversicherungsträgers** über das Erwerbsvermögen des Hilfebedürftigen ist kein Verwaltungsakt (vgl. Rn. 40). Sie ist aber im Rahmen der gerichtlichen Kontrolle der Entscheidung des **Sozialhilfeträgers in vollem Umfang** überprüfbar.[51] Denn die Verwaltung ist an Gesetz und Recht gebunden (Art. 20 Abs. 3 GG). Verletzt die öffentliche Gewalt – möglicherweise – subjektive Rechte, steht hiergegen der Rechtsweg offen (Art. 19 Abs. 4 GG).

Das Gericht überprüft das Verwaltungshandeln grundsätzlich in vollem Umfang. Eine Ausnahme soll dann angezeigt sein, wenn das Gesetz der Verwaltung ausnahmsweise durch unbestimmte Rechtsbegriffe einen so genannten **Beurteilungsspielraum** eröffnet.[52] Ein solcher kann insbesondere bei Entscheidungen von weisungsfreien Kollegialorganen oder verwaltungspolitischen Entscheidungen, die wie z.B. Prognoseentscheidungen einer rechtlichen Wertung nicht zugänglich sind, vorliegen. Die gerichtliche Kontrolle beschränkt sich hier insbesondere darauf, ob die Verwaltung von zutreffenden Tatsachen ausgegangen ist, Verfahrensvorschriften eingehalten und keine sachfremden, insbesondere willkürlichen Erwägungen getroffen hat. Die gerichtliche Kontrolle verlagert sich damit von dem Ergebnis auf das Verfahren der behördlichen Entscheidungsfindung. Eine derartige Ausnahme ist hier

---

[48] *Brühl/Schoch* in: LPK-SGB II, § 45 Rn. 13.

[49] Hierzu liegt allerdings noch keine Rechtsprechung des BSG vor.

[50] A.A. *Brühl/Schoch* in: LPK-SGB II, § 45 Rn. 13: Sozialhilfeträger dürfe Ende der Bindungswirkung der Fachausschuss-Entscheidung feststellen und Leistungen nicht mehr erbringen und Hilfebedürftigen auf Leistungen nach dem SGB II verweisen. Ebenso *Karmanski* in: Jahn, SGB XII, § 45 Rn. 6; *Wahrendorf* in: Grube/Wahrendorf, SGB XII, § 45 Rn. 5.

[51] Vgl. insoweit bereits die Rspr. des BSG zu § 105a AFG (als Vorgängernorm zur heutigen Nahtlosigkeitsregelung des § 125 SGB III): BSG v. 12.06.1992 - 11 RAr 35/91 - BSGE 71, 12. Ferner *Wahrendorf* in: Grube/Wahrendorf, SGB XII, § 45 Rn. 7.

[52] Hierzu *Maurer*, Allgemeines Verwaltungsrecht, 15. Aufl. 2004, § 7 Rn. 35 ff. m.w.N.

nicht angezeigt. Denn das Erwerbsvermögen des Hilfebedürftigen ist kein Tatbestandsmerkmal, das keiner rechtlichen Beurteilung zugänglich wäre. Die Erwerbsfähigkeit wird in der gesetzlichen Rentenversicherung vielmehr seit Jahrzehnten gerichtlich überprüft.

b. Rechtsschutz des Sozialhilfeträgers

55 Es fragt sich, ob der Sozialhilfeträger Rechtsbehelfe gegen die Entscheidung des Rentenversicherungsträgers erheben kann, ob ihm also gerichtlicher Rechtsschutz zur Verfügung steht.

56 Der Sozialleistungsträger ist an die Entscheidung des gesetzlichen Rentenversicherungsträgers gegenüber dem Hilfesuchenden – also **nach außen** – gebunden. Das staatliche Gericht kann die Entscheidung des Rentenversicherungsträgers aber in vollem Umfang – inzident – überprüfen (vgl. Rn. 53).

57 Die Entscheidung des gesetzlichen Rentenversicherungsträgers soll den Sozialhilfeträger auch im Verhältnis zum Rentenversicherungsträger binden, also im **Innenverhältnis**. Denn § 45 Satz 2 SGB XII ordnet die Bindungswirkung an, ohne insoweit zwischen Innenverhältnis (zwischen Sozialhilfe- und Rentenversicherungsträger) und Außenverhältnis (zwischen Sozialhilfeträger und Hilfebedürftigem) zu unterscheiden. Es fragt sich aber, ob der Sozialhilfeträger seine Binnenbindungswirkung (gegenüber dem Rentenversicherungsträger) vor Gericht erfolgreich angreifen kann. Die Entscheidung des Rentenversicherungsträgers würde dann gerichtlich nicht inzident, sondern **unmittelbar** überprüft.

58 Als statthafte Klageart kommt insoweit allenfalls eine Feststellungsklage (nach § 55 Abs. 1 Nr. 1 bzw. Nr. 2 SGG analog) in Betracht[53]; Nr. 2 kann nur analog angewandt werden, weil es sich hier nicht um zwei Versicherungsträger der Sozialversicherung handelt. Der Hilfebedürftige wäre dann notwendig beizuladen nach § 75 Abs. 2 Fall 1 SGG.[54]

59 Eine derartige gerichtliche Überprüfbarkeit der **internen** Bindungswirkung dürfte gesetzlich aber nicht gewollt sein. Denn das Prüfungsverfahren des Rentenversicherungsträgers dient gerade dazu, das Erwerbsvermögen des Hilfebedürftigen durch die Heranziehung externen Sachverstandes **abschließend** und verbindlich zu beurteilen. Der Sozialhilfeträger kann lediglich über den Abschluss einer Vereinbarung gemäß § 45 Satz 4 SGB XII in abstrakt-genereller Weise Einfluss auf das Feststellungsverfahren nehmen.

C. Praxishinweise

60 Dem **Erwerbsvermögen des Hilfebedürftigen** kommt im hochdifferenzierten sozialen Sicherungssystem der Bundesrepublik Deutschland eine **Schlüsselfunktion** zu. Denn das Tatbestandsmerkmal der Erwerbsfähigkeit hat eine **systemabgrenzende Bedeutung**, und zwar für die Systeme von SGB II und SGB XII einerseits sowie innerhalb des Systems des SGB XII andererseits (vgl. hierzu Rn. 27). Diese differenzierte Zuständigkeitsverteilung wird in der Praxis nicht immer beachtet bzw. zutreffend umgesetzt.

61 Streiten der **Sozialhilfeträger** und der **SGB-II-Träger** über die Erwerbsfähigkeit des Hilfebedürftigen, ist die in der Praxis häufig übersehene Regelung des **§ 44a Abs. 1 Satz 7 SGB II** zu beachten. Danach erbringt der SGB-II-Träger bis zu der Entscheidung über die Erwerbsfähigkeit des Hilfebedürftigen (nach Einholung einer gutachterlichen Stellungnahme des Rentenversicherungsträgers) **Leistungen nach dem SGB II**. Hält der Sozialhilfeträger den Hilfebedürftigen für erwerbsfähig, darf und muss er ihn an den SGB-II-Träger verweisen und dabei den Tag der Antragstellung vermerken (vgl. hierzu Rn. 25).

62 In der Praxis wird nicht immer beachtet, dass die Norm des § 45 SGB XII der Verwaltung und damit dem **Sozialhilfeträger** Vorgaben für die Feststellung der dauerhaften vollen Erwerbsminderung macht. Sie befreit dagegen nicht die **Gerichte** davon, die Tatbestandsvoraussetzung der dauerhaften vollen Erwerbsminderung (§ 41 Abs. 1 Nr. 2 SGB XII) wie andere Tatbestandsvoraussetzungen auch **in vollem Umfang festzustellen** (vgl. Rn. 53). Dies gilt insbesondere auch dann, wenn der Hilfebedürftige in einer Werkstatt für behinderte Menschen tätig ist und die Werkstatt eine Stellungnahme gemäß § 45 Satz 3 Nr. 3 SGB XII abgegeben hat[55] (vgl. Rn. 50).

---

[53] Vgl. BSG v. 27.10.1987 - 2 RU 27/87.
[54] Vgl. BSG v. 27.10.1987 - 2 RU 27/87.
[55] BSG v. 23.03.2010 - B 8 SO 17/09 R.

§ 46 SGB XII Zusammenarbeit mit den Trägern der Rentenversicherung

(Fassung vom 20.12.2012, gültig ab 01.01.2013)

¹Der zuständige Träger der Rentenversicherung informiert und berät leistungsberechtigte Personen nach § 41, die rentenberechtigt sind, über die Leistungsvoraussetzungen und über das Verfahren nach diesem Kapitel. ²Personen, die nicht rentenberechtigt sind, werden auf Anfrage beraten und informiert. ³Liegt die Rente unter dem 27-fachen Betrag des geltenden aktuellen Rentenwertes in der gesetzlichen Rentenversicherung (§§ 68, 68a, 255e des Sechsten Buches), ist der Information zusätzlich ein Antragsformular beizufügen. ⁴Der Träger der Rentenversicherung übersendet einen eingegangenen Antrag mit einer Mitteilung über die Höhe der monatlichen Rente und über das Vorliegen der Voraussetzungen der Leistungsberechtigung an den jeweils für die Ausführung des Gesetzes nach diesem Kapitel zuständigen Träger. ⁵Eine Verpflichtung des Trägers der Rentenversicherung nach Satz 1 besteht nicht, wenn eine Inanspruchnahme von Leistungen nach diesem Kapitel wegen der Höhe der gezahlten Rente sowie der im Rentenverfahren zu ermittelnden weiteren Einkommen nicht in Betracht kommt.

Gliederung

A. Basisinformationen 1	a. Zuständiger Rentenversicherungsträger............ 17
I. Textgeschichte/Gesetzgebungsmaterialien........... 1	b. Leistungsberechtigte Personen nach § 41
II. Vorgängervorschriften....................................... 4	SGB XII... 21
III. Parallelvorschriften.. 6	c. Informations- und Beratungspflicht................ 23
IV. Systematische Zusammenhänge 8	d. Ausnahme: Keine ausreichende Rentenhöhe
V. Ausgewählte Literaturhinweise......................... 10	(Satz 5)... 28
B. Auslegung der Norm 11	2. Beifügung eines Antragsformulars (Satz 3)...... 32
I. Regelungsgehalt und Bedeutung der Norm........ 11	3. Pflicht zur Weiterleitung eines Sozialhilfe-
II. Normzweck 13	antrages (Satz 4) 35
III. Tatbestandsmerkmale... 16	**C. Praxishinweise** 37
1. Information und Beratung durch den Renten-	
versicherungsträger (Sätze 1, 2 und 5) 16	

A. Basisinformationen

I. Textgeschichte/Gesetzgebungsmaterialien

Die Regelung trat wie das gesamte SGB XII **zum 01.01.2005** in Kraft (Art. 1 des Gesetzes vom 27.12.2003[1]). **1**

§ 46 **Satz 3** SGB XII ist durch das Gesetz zur Ermittlung von Regelbedarfen und zur Änderung des Zweiten und Zwölften Buches Sozialgesetzbuch vom 24.03.2011[2] mit Wirkung **vom 01.01.2011** geändert worden. Eine inhaltliche Änderung ist damit nicht verbunden. In der Gesetzesbegründung heißt es[3]: „Bei der Änderung handelt es sich um die Aktualisierung des Verweises auf die Vorschriften zur Bestimmung des aktuellen Rentenwertes im Sechsten Buch Sozialgesetzbuch." **2**

In § 46 **Satz 4** SGB XII wurde durch das Gesetz zur Änderung des Zwölften Buches Sozialgesetzbuch vom 20.12.2012[4] mit Wirkung **vom 01.01.2013** der bisherige Begriff „Träger der Sozialhilfe" durch „jeweils für die Ausführung des Gesetzes nach diesem Kapitel zuständigen Träger" ersetzt. In der Gesetzesbegründung wird hierzu ausgeführt, dies sei eine „Folgeänderung zur Einfügung eines § 46b **3**

---

[1] BGBl I 2003, 3022.
[2] BGBl I 2011, 453.
[3] BT-Drs. 17/3404, S. 128.
[4] BGBl I 2012, 2783

SGB XII"[5]; durch die neue Formulierung werde berücksichtigt, dass die Länder die für die Ausführung des Vierten Kapitels SGB XII zuständigen Träger bestimmen[6].

II. Vorgängervorschriften

4   Die Grundsicherung im Alter und bei Erwerbsminderung war bis zum Inkrafttreten des SGB XII am 01.01.2005 im **Gesetz über eine bedarfsorientierte Grundsicherung im Alter und bei Erwerbsminderung (GSiG)**[7] geregelt. Die Vorgängervorschrift zu § 46 SGB XII war hierbei **§ 5 Abs. 1 GSiG**. Diese Vorgängervorschrift wurde inhaltlich unverändert übernommen.

5   Der Gesetzesentwurf der Regierungsfraktionen zur Einordnung des Sozialhilferechts in das Sozialgesetzbuch vom 05.09.2003[8] sah noch vor, das GSiG als eigenständiges Leistungsgesetz bestehen zu lassen. Erst aufgrund der **Beschlussempfehlung des Vermittlungsausschusses** vom 16.12.2003 wurde **das GSiG aufgehoben** und in das SGB XII – zunächst noch als §§ 41a-f SGB XII – integriert.[9] Auf **Gesetzesmaterialien** kann daher insoweit **nicht** zurückgegriffen werden, weil Vorschläge des Vermittlungsausschusses traditionell nicht begründet werden und die Beratungsprotokolle auf längere Zeit nicht zugänglich sind.[10] Dies erschwert die Gesetzesinterpretation.[11] Allerdings können die **Gesetzesmaterialien zum GSiG** als Vorgängergesetz herangezogen werden.[12]

III. Parallelvorschriften

6   Die Norm des § 46 SGB XII regelt die Zusammenarbeit mit dem gesetzlichen Rentenversicherungsträger und macht dem Sozialhilfeträger hierfür Vorgaben. Die entsprechenden Vorgaben für den **gesetzlichen Rentenversicherungsträger** sind in **§ 109a Abs. 1 SGB VI** normiert. Die Regelungen des § 109a Abs. 1 SGB VI und des § 46 SGB XII sind insoweit identisch.

7   Eine direkte Parallelvorschrift zu § 46 SGB XII existiert im Übrigen nicht. Denn § 46 SGB XII knüpft an die Regelung des § 41 SGB XII an. Diese ist die Grundnorm für die Leistungen der **Grundsicherung im Alter und bei Erwerbsminderung**. Erwerbs**fähige** Hilfebedürftige (und über sie die nichterwerbsfähigen Leistungsberechtigten, die mit ihnen in einer Bedarfsgemeinschaft leben) und Hilfebedürftige, welche die in der gesetzlichen Rentenversicherung maßgebliche Altersgrenze noch nicht erreicht haben, werden grundsätzlich durch das Leistungssystem des **SGB II** erfasst (vgl. dort §§ 7 Abs. 1, 8 Abs. 1, 19 Abs. 1 Satz 2 SGB II).

IV. Systematische Zusammenhänge

8   Die **Sozialhilfe** umfasst gemäß § 8 SGB XII insbesondere die
  • Hilfe zum Lebensunterhalt (§§ 27-40 SGB XII) und die
  • **Grundsicherung im Alter und bei Erwerbsminderung (§§ 41-46 SGB XII)**.

9   Die Norm des § 46 SGB XII ist Teil des Vierten Kapitels des SGB XII und damit Bestandteil der Regelungen über die **Grundsicherung im Alter und bei Bedarfssicherung**. Sie trifft dort – ebenso wie § 44 SGB XII – ausweislich der Überschrift des Zweiten Abschnitts des Vierten Kapitels des SGB XII „Verfahrensbestimmungen".

V. Ausgewählte Literaturhinweise

10   *Schoch*, Zur Information und Beratung der Rentenversicherungsträger bei der Grundsicherung im Alter und bei Erwerbsminderung, ZfF 2006, 49.

B. Auslegung der Norm

I. Regelungsgehalt und Bedeutung der Norm

11   Hilfebedürftige, die voll erwerbsgemindert sind und deshalb dem Grunde nach Leistungen der Grundsicherung im Alter und bei Erwerbsminderung (§§ 41 ff. SGB XII) beanspruchen können, haben einen

---

[5] BR-Drs. 455/12, S. 18.
[6] BR-Drs. 455/12, S. 18.
[7] Vom 26.06.2001, BGBl I 2001, 1310.
[8] BT-Drs. 15/1514.
[9] BT-Drs. 15/2260, S. 2 f.
[10] Ausführlich *Karmanski* in: Jahn, § 41 SGB XII Rn. 5 m.w.N.
[11] *Karmanski* in: Jahn, § 41 SGB XII Rn. 5.
[12] Insbesondere BT-Drs. 14/5150.

Anspruch auf eine Rente wegen verminderter Erwerbsfähigkeit aus der gesetzlichen Rentenversicherung, sofern sie deren versicherungsrechtliche Voraussetzungen erfüllen. Die **Aufgabenbereiche von Rentenversicherungsträger und Sozialhilfeträger** sind insoweit **eng miteinander verzahnt**.

Die Zusammenarbeit des Sozialhilfeträgers mit dem gesetzlichen Rentenversicherungsträger bei der Feststellung der dauerhaften vollen Erwerbsminderung regelt § 45 SGB XII. Ergänzend hierzu normiert die Regelung des § 46 SGB XII **Informations- und Beratungspflichten** des gesetzlichen **Rentenversicherungsträgers** gegenüber dem erwerbsgeminderten **Hilfebedürftigen**. 12

II. Normzweck

Gemäß **§ 11 Abs. 1 SGB XII** werden Hilfebedürftige zur Erfüllung der Aufgaben des SGB XII beraten und, soweit erforderlich, unterstützt. Diese Regelung verpflichtet den **Sozialhilfeträger**, weil er für die Anwendung des SGB XII zuständig ist. Auch die allgemeine Beratungspflicht des § 14 SGB I erfasst den jeweils zuständigen Sozialleistungsträger (§ 14 Satz 2 SGB I). **Zuständigkeit** sowie **Umfang der Beratungspflicht** sind damit kongruent, es sei denn, gesetzlich ist etwas anderes angeordnet. 13

Eine solche gesetzliche (anderweitige) Regelung existiert in Gestalt des § 46 SGB XII. Diese Norm erstreckt die Informations- und Beratungspflicht des § 11 Abs. 1 SGB XII auf den **gesetzlichen Rentenversicherungsträger**. Da erwerbsgeminderte Hilfebedürftige häufig einen Anspruch auf eine Rente wegen verminderter Erwerbsfähigkeit aus der gesetzlichen Rentenversicherung haben (können) und demzufolge mit dem Rentenversicherungsträger in Kontakt treten, hat diese horizontale Erstreckung der Beratungs- und Auskunftspflicht Sinn. Die Norm des § 46 SGB XII verpflichtet den Rentenversicherungsträger im Ergebnis dazu, über den eigenen „Tellerrand", also den eigenen Zuständigkeits- und Aufgabenbereich, hinauszusehen und auch das SGB XII als nachrangiges Leistungssystem (§ 2 Abs. 1 SGB XII) mit in den Blick zu nehmen. 14

Der Regelung des § 46 SGB XII geht es dabei erkennbar darum, den Sozialleistungsträger in die Informations- und Beratungspflicht zu nehmen, mit dem der Hilfebedürftige bereits in Kontakt getreten ist. Dieser **zuerst angegangene Sozialleistungsträger** soll den **Informations- und Beratungsbedarf des Hilfebedürftigen umfassend abdecken**, soweit es um die Gewährleistung existenzsichernder Leistungen geht. Angesichts des (hoch-)differenzierten Sozialleistungssystems der Bundesrepublik Deutschlands ist diese Regelungsabsicht der Gesetzgebung nachvollziehbar sowie sinnvoll. Der Rentenversicherungsträger wird zudem mit in die Pflicht genommen, um das Ziel der Leistungen der Grundsicherung im Alter und bei Erwerbsminderung zu erreichen, die so genannte verschämte Armut zu vermeiden. 15

III. Tatbestandsmerkmale

1. Information und Beratung durch den Rentenversicherungsträger (Sätze 1, 2 und 5)

Der zuständige Träger der Rentenversicherung informiert und berät gemäß § 46 **Satz 1** SGB XII leistungsberechtigte Personen nach § 41 SGB XII, die rentenberechtigt sind, über die Leistungsvoraussetzungen und über das Verfahren nach diesem Kapitel. Personen, die nicht rentenberechtigt sind, werden gemäß § 46 **Satz 2** SGB XII auf Anfrage beraten und informiert. 16

a. Zuständiger Rentenversicherungsträger

Zur Information und Beratung ist der „**zuständige Träger der Rentenversicherung**" verpflichtet. 17
Gemäß **§ 109a Abs. 4 SGB VI** ist zuständig 18
- Nr. 1: bei Versicherten der Träger der Rentenversicherung, der für die Erbringung von Leistungen an den Versicherten zuständig ist,
- Nr. 2: bei sonstigen Personen der Regionalträger, der für den Sitz des Trägers der Sozialhilfe oder der Agentur für Arbeit örtlich zuständig ist.

Wer „Versicherter" im Sinne des § 109a Abs. 2 Satz 2 Nr. 1 SGB VI ist, normieren die Regelungen der §§ 1-8 SGB VI über den in der gesetzlichen Rentenversicherung versicherten Personenkreis. 19

Die zuständigen „Träger der Rentenversicherung" werden in § 23 Abs. 2 SGB I im Einzelnen aufgeführt. Danach sind zuständig 20
- Nr. 1: in der allgemeinen Rentenversicherung die Regionalträger, die Deutsche Rentenversicherung Bund und die Deutsche Rentenversicherung Knappschaft-Bahn-See,
- Nr. 2: in der knappschaftlichen Rentenversicherung die Deutsche Rentenversicherung Knappschaft-Bahn-See,
- Nr. 3: in der Alterssicherung der Landwirte die landwirtschaftlichen Alterskassen.

b. Leistungsberechtigte Personen nach § 41 SGB XII

21 Der Rentenversicherungsträger muss gemäß § 46 Satz 1 SGB XII „**leistungsberechtigte Personen nach § 41**" informieren und beraten.

22 „**Leistungsberechtigte Personen nach § 41**" sind Personen, die die **Tatbestandsvoraussetzungen des § 41 SGB XII** erfüllen (vgl. hierzu ausführlich die Kommentierung zu § 41 SGB XII). Dies sind also – so § 109a Abs. 1 Satz 1 SGB VI als rentenrechtliches Pendant zu § 46 SGB XII – Personen, die
1. die Regelaltersgrenze erreicht haben oder
2. das 18. Lebensjahr vollendet haben, unabhängig von der jeweiligen Arbeitsmarktlage voll erwerbsgemindert im Sinne des § 43 Abs. 2 SGB VI sind und bei denen es unwahrscheinlich ist, dass die volle Erwerbsminderung behoben werden kann.

c. Informations- und Beratungspflicht

23 Der zuständige Rentenversicherungsträger hat den Hilfebedürftigen gemäß **Satz 1** zu **informieren und beraten**. Gemäß Satz 1 erstreckt sich die Information und Beratung inhaltlich auf die **Voraussetzungen der Leistungen** der Grundsicherung im Alter und bei Erwerbsminderung sowie auf das **Feststellungsverfahren** des Rentenversicherungsträgers nach § 45 SGB XII.

24 Die Regelung des § 46 Satz 1 SGB XII ist eine spezialgesetzliche Normierung der bereits durch **§ 14 SGB I** statuierten allgemeinen Pflicht zur **Beratung**. Der Ratsuchende hat Anspruch auf eine Beratung, die seinem Beratungsbegehren und seinem Empfängerhorizont entspricht und die **klar, unmissverständlich, umfassend und möglichst abschließend** ist. Als besondere Form der Rechtsberatung erfordert sie individuelles Eingehen auf die Sach- und Rechtslage, das Aufzeigen verschiedener Gestaltungsmöglichkeiten, Hinweis auf die Auslegung unbestimmter Rechtsbegriffe, auf Rechtsprechung, auf anhängige Verfahren, beachtliche Gegenmeinungen und auf die Verwaltungspraxis.[13]

25 Der Rentenversicherungsträger muss **rentenberechtigte** hilfebedürftige Rentenantragsteller gemäß Satz 1 von sich aus, also ungefragt und **eigeninitiativ** informieren und beraten und auf die Leistungen der Grundsicherung im Alter und bei Erwerbsminderung nach den §§ 41 ff. SGB XII hinweisen. Dies ergibt sich im Umkehrschluss aus § 46 **Satz 2** SGB XII, wonach **nicht rentenberechtigte** Hilfebedürftige (nur) „**auf Anfrage**" zu beraten und informieren sind. Umfang und Inhalt der Informations- und Beratungspflicht sind aber in beiden Fällen identisch.

26 „**Rentenberechtigt**" sind Personen im Sinne des Rentenrechts dann, wenn sie die **rentenversicherungsrechtlichen Voraussetzungen** für die Inanspruchnahme einer Altersrente (§ 35 SGB VI) oder einer Rente wegen Erwerbsminderung (§ 43 SGB VI) erfüllen. Diese rentenversicherungsrechtlichen Voraussetzungen sind normiert
 • für die Regelaltersrente: in den § 35 SGB XII und §§ 50 Abs. 1, 235 SGB VI,
 • für die Rente wegen Erwerbsminderung: in § 43 SGB XII und §§ 50 Abs. 1, 241 SGB VI.

27 Die Rentenberechtigung gemäß § 46 Satz 1 SGB XII ist entsprechend des Zwecks des § 46 SGB XII auszulegen, eine umfassende Beratung der von Armut bedrohten Personen sicherzustellen. Es **reicht deshalb aus**, dass die **Rentenberechtigung erst bevorsteht**, um die Informations- und Beratungspflicht des § 46 Satz 1 SGB XII auszulösen. Eine Person ist damit bereits dann rentenberechtigt im Sinne des § 46 Satz 1 SGB XII, wenn sie **bei dem Rentenversicherungsträger versichert** ist.[14] Nicht erforderlich ist damit, dass die besonderen rentenversicherungsrechtlichen Voraussetzungen für die Inanspruchnahme der Rentenleistung bereits erfüllt sein müssen.

d. Ausnahme: Keine ausreichende Rentenhöhe (Satz 5)

28 Gemäß § 46 **Satz 5** SGB XII besteht eine Verpflichtung des Trägers der Rentenversicherung nach Satz 1 **nicht**, wenn eine Inanspruchnahme von Leistungen der Grundsicherung im Alter und bei Erwerbsminderung wegen der Höhe der gezahlten Rente sowie der im Rentenverfahren zu ermittelnden weiteren Einkommen nicht in Betracht kommt.

29 Die Regelung des § 46 Satz 5 SGB XII verlangt dabei von dem Rentenversicherungsträger, dass er prüft, welchen Bedarf der Hilfebedürftige nach dem SGB XII geltend machen könnte, der durch die Leistungen der Grundsicherung im Alter und bei Erwerbsminderung abzudecken wäre. Der Rentenver-

---

[13] Zum Vorstehenden: *Mönch-Kalina* in: jurisPK-SGB I, § 14 Rn. 35 m.w.N.
[14] *Karmanski* in: Jahn, SGB XII, § 46 Rn. 3.

sicherungsträger muss damit (inzident) prüfen, ob der Betreffende seinen notwendigen Lebensunterhalt ausreichend aus eigenem Einkommen (und Vermögen) beschaffen kann, ob er also **trotz seiner Rentenberechtigung tatsächlich hilfebedürftig** ist gemäß §§ 41 Abs. 1, 19 Abs. 2 SGB XII.

An **Prüfumfang und -dichte des Rentenversicherungsträgers** sind insoweit angesichts von Sinn und Zweck des § 46 SGB XII **keine überhöhten Anforderungen** zu stellen. Denn die Regelung will sicherstellen, dass der zuerst angegangene Sozialleistungsträger den Informations- und Beratungsbedarf des Hilfebedürftigen umfassend abdeckt, soweit es um die Gewährleistung existenzsichernder Leistungen geht. Deshalb ist der Rentenversicherungsträger von seiner Informations- und Beratungspflicht nur dann befreit, soweit eine Inanspruchnahme von Leistungen der Grundsicherung im Alter und bei Erwerbsminderung wegen der Höhe der gezahlten Rente sowie der im Rentenverfahren zu ermittelnden weiteren Einkommen **offensichtlich** (evident) nicht in Betracht kommt.[15] Nach dem legislativen Regelungszweck ist davon auszugehen, dass der Rentenversicherungsträger in Zweifelsfällen lieber einmal zu viel als zu wenig beraten sollte. Denn die möglichen Konsequenzen bei einer unterbliebenen Beratung wiegen deutlich schwerer als im Falle einer unnötig erfolgten Beratung. 30

Leistungen der Grundsicherung im Alter und bei Erwerbsminderung werden wegen der Höhe der gezahlten Rente sowie der im Rentenverfahren zu ermittelnden weiteren Einkommen regelmäßig dann **offensichtlich** nicht in Betracht kommen, wenn die **in Satz 3 genannte Bezugsgröße** deutlich überschritten wird. Als Faustformel kann hier gelten, dass ab einem Überschreiten dieser Bezugsgröße um 50% eine solche Offensichtlichkeit bejaht werden kann. 31

2. Beifügung eines Antragsformulars (Satz 3)

Liegt eine Rente unter dem 27-fachen Betrag des geltenden aktuellen Rentenwertes in der gesetzlichen Rentenversicherung (§§ 68, 68a und 255e SGB VI), ist der Information gemäß **Satz 3** zusätzlich ein **Antragsformular** für Leistungen der Grundsicherung im Alter und bei Erwerbsminderung **beizufügen**. Grund für diese Regelung ist, dass diese Leistungen nur auf Antrag gewährt werden (§ 41 Abs. 1 SGB XII). 32

Zum **aktuellen Rentenwert** und seiner Entwicklung vgl. die Übersichten bei *Blüggel* in: jurisPK-SGB VI, § 68 Rn. 44 und § 255a Rn. 14. 33

Der Rentenversicherungsträger muss gemäß **§ 109a Abs. 1 Satz 4 SGB VI** zudem darauf hinweisen, dass der **Antrag** auf Leistungen der Grundsicherung im Alter und bei Erwerbsminderung auch bei dem zuständigen **Rentenversicherungsträger gestellt** werden kann, der den Antrag an den zuständigen Träger der Grundsicherung weiterleitet (§ 46 Satz 4 SGB XII). 34

3. Pflicht zur Weiterleitung eines Sozialhilfeantrages (Satz 4)

Der Träger der Rentenversicherung **übersendet** einen eingegangenen **Antrag** mit einer Mitteilung über die Höhe der monatlichen Rente und über das Vorliegen der Voraussetzungen der Leistungsberechtigung gemäß § 46 Satz 4 SGB XII an den zuständigen **Träger der Sozialhilfe**. In § 46 Satz 4 SGB XII wurde durch das Gesetz zur Änderung des Zwölften Buches Sozialgesetzbuch vom 20.12.2012[16] mit Wirkung vom 01.01.2013 der bisherige Rechtsausdruck „Träger der Sozialhilfe" durch „jeweils für die Ausführung des Gesetzes nach diesem Kapitel zuständigen Träger" ersetzt (hierzu Rn. 3). 35

Diese Regelung ist eine spezielle Ausgestaltung der allgemeinen Verpflichtung des **§ 16 Abs. 2 SGB I**.[17] Danach sind Anträge, die bei einem unzuständigen Leistungsträger gestellt werden, unverzüglich an den zuständigen Leistungsträger weiterzuleiten; ist die Sozialleistung von einem Antrag abhängig, gilt der Antrag als zu dem Zeitpunkt gestellt, in dem er bei dem unzuständigen Leistungsträger eingegangen ist. Der Rentenversicherungsträger ist hier nicht nur zur Weiterleitung des Antrages an den Sozialhilfeträger verpflichtet, sondern muss gemäß § 46 Satz 4 SGB XII diesem auch die voraussichtliche Höhe der monatlichen Rente aus der gesetzlichen Rentenversicherung mitteilen. 36

---

[15] *Brühl/Schoch* in: LPK-SGB XII, § 46 Rn. 15.
[16] BGBl I 2012, 2783.
[17] BT-Drs. 14/5150, S. 50.

C. Praxishinweise

37 Der Hilfebedürftige hat hinsichtlich der Beratung einen entsprechenden **Erfüllungsanspruch** (Primäranspruch). Kommt der Rentenversicherungsträger seiner Verpflichtung zur Information und Beratung nicht, unzureichend oder unzutreffend nach, kommen Sekundäransprüche in Betracht, und zwar ein **Schadensersatzanspruch** (§ 839 BGB i.V.m. Art. 34 GG) sowie ein **sozialrechtlicher Herstellungsanspruch**.[18]

38 Ein sozialrechtlicher Herstellungsanspruch kommt dann in Betracht, wenn der Hilfebedürftige es infolge unterbliebener oder falscher Information oder Beratung durch den Rentenversicherungsträger unterlassen hat, einen **Antrag** auf Leistungen der Grundsicherung im Alter und bei Erwerbsminderung zu stellen.[19] Denn hat ein Hilfebedürftiger einen Antrag aufgrund einer falschen Beratung durch die Verwaltung nicht gestellt, kann er mittels des richterrechtlich entwickelten Rechtsinstituts des **sozialrechtlichen Herstellungsanspruches** den Antrag gegebenenfalls „nachholen", weil er dann so zu stellen ist, wie er bei ordnungsgemäßer Beratung stünde.[20] Dies setzt hier voraus, dass dem Sozialhilfeträger ein Fehlverhalten des Rentenversicherungsträgers zuzurechnen ist.[21] Vor Anwendung des sozialrechtlichen Herstellungsanspruches ist allerdings die Regelung des **§ 28 SGB X** zu prüfen. Sie ordnet unter den dort genannten Voraussetzungen an, dass ein Antrag zeitlich zurückwirken kann, wenn ein Leistungsberechtigter von der Stellung eines Antrages auf eine Sozialleistung abgesehen hat, weil ein Anspruch auf eine andere Sozialleistung geltend gemacht worden ist.

---

[18] Zu den Voraussetzungen im Einzelnen *Mönch-Kalina* in: jurisPK-SGB I, § 14 Rn. 37 ff. m.w.N.

[19] A.A. *Gröschel-Gundermann* in: Linhart/Adolph, SGB XII, § 46 Rn. 1 mit der Begründung, im Sozialhilferecht dürften keine Leistungen für die Vergangenheit erbracht werden. Diese These lässt sich indes normativ nicht verankern. Vgl. zur (bejahten) Anwendung des § 44 SGB X BSG v. 26.08.2008 - B 8 SO 26/07 R - SozR 4-1300 § 44 Nr. 15; BSG v. 29.09.2009 - B 8 SO 16/08 R.

[20] Vgl. z.B. BSG v. 21.06.2001 - B 7 AL 54/00 R - BSGE 88, 180 m.w.N.

[21] Vgl. zur Zurechnung des Fehlverhaltens anderer Behörden im Rahmen eines arbeitsteiligen Zusammenwirkens BSG v. 27.07.2004 - B 7 SF 1/03 R - SozR 4-1200 § 14 Nr. 5.

Dritter Abschnitt: Erstattung und Zuständigkeit

§ 46a SGB XII Erstattung durch den Bund

(Fassung vom 01.10.2013, gültig ab 09.10.2013)

(1) Der Bund erstattet den Ländern

1. im Jahr 2013 einen Anteil von 75 Prozent und
2. ab dem Jahr 2014 jeweils einen Anteil von 100 Prozent

der im jeweiligen Kalenderjahr den für die Ausführung des Gesetzes nach diesem Kapitel zuständigen Trägern entstandenen Nettoausgaben für Geldleistungen nach diesem Kapitel.

(2) ¹Die Höhe der Nettoausgaben für Geldleistungen nach Absatz 1 ergibt sich aus den Bruttoausgaben der für die Ausführung des Gesetzes nach diesem Kapitel zuständigen Träger, abzüglich der auf diese Geldleistungen entfallenden Einnahmen. ²Einnahmen nach Satz 1 sind insbesondere Einnahmen aus Aufwendungen, Kostenersatz und Ersatzansprüchen nach dem Dreizehnten Kapitel, soweit diese auf Geldleistungen nach diesem Kapitel entfallen, aus dem Übergang von Ansprüchen nach § 93 sowie aus Erstattungen anderer Sozialleistungsträger nach dem Zehnten Buch.

(3) ¹Der Abruf der Erstattungen durch die Länder ist jeweils zum 15. März, 15. Juni, 15. September und 15. Dezember des jeweiligen Jahres zulässig. ²Soweit die Erstattung für Zahlungen geltend gemacht wird, die wegen des fristgerechten Eingangs beim Empfänger bereits am Ende eines Haushaltsjahres geleistet wurden, aber erst im nächsten Haushaltsjahr fällig werden, ist die für das folgende Haushaltsjahr geltende Erstattung maßgebl

(4) ¹Die Länder gewährleisten die Prüfung, dass die Ausgaben für Geldleistungen der für die Ausführung des Gesetzes nach diesem Kapitel zuständigen Träger begründet und belegt sind und den Grundsätzen für Wirtschaftlichkeit und Sparsamkeit entsprechen. ²Sie haben dies dem Bundesministerium für Arbeit und Soziales durch Nachweis der Bruttoausgaben jeweils für das Land sowie für die nach § 46b zuständigen Träger insgesamt und darunter für

1. Regelsatzleistungen nach § 42 Nummer 1,
2. zusätzliche Bedarfe nach § 42 Nummer 2
3. Bedarfe nach § 42 Nummer 3, soweit sie auf Bedarfe nach § 34 Absatz 3 und 4 entfallen,
4. Unterkunftskosten nach § 42 Nummer 4,
5. Darlehen nach § 42 Nummer 5

sowie für die Einnahmen nach Absatz 2 Satz 2 in tabellarischer Form zu belegen. ³Die Nachweise sind jeweils zum Fünfzehnten der Monate Februar, Mai, August und November für das jeweils abgeschlossene Quartal einzureichen; jedoch erstmals für das erste Quartal 2015 zum 15. Mai 2015.

(5) ¹Die Länder haben erstmals für das Jahr 2015 die Nettoausgaben des jeweiligen Vorjahres bis zum 31. Mai des Folgejahres nachzuweisen. ²Dabei sind die Ausgaben für Geldleistungen entsprechend der Untergliederung der Erhebungen nach § 128c Nummer 1 bis 5, Nummer 6 Buchstabe c und d und Nummer 7 nachzuweisen. ³Die Einnahmen sind nach Absatz 2 Satz 2 nachzuweisen. ⁴Die Nachweise sind jeweils in tabellarischer Form zu erbringen.

§ 46a

Gliederung

A. Basisinformationen 1
I. Textgeschichte/Gesetzgebungsmaterialien 1
II. Vorgängervorschriften 5
III. Parallelvorschriften 6
IV. Systematische Zusammenhänge 7
V. Ausgewählte Literaturhinweise 11
B. Auslegung der Norm 12
I. Regelungsgehalt und Bedeutung der Norm 12
1. Bisherige Rechtslage 12
2. Neuregelungen 14
II. Normzweck 19
III. Tatbestandsmerkmale/Rechtsfolgen 21
1. Erstattung durch den Bund (Absatz 1) 21
a. Nettoausgaben 22
b. Zuständige Träger 23
c. Nettoausgaben für Geldleistungen 24
2. Höhe der Nettoausgaben (Absatz 2) 39
3. Zahlung der Erstattungen (Absatz 3) 44
4. Prüfung der Ausgaben durch die Länder (Absatz 4) 47
5. Nachweis der Ausgaben (Absatz 5) 51

A. Basisinformationen

I. Textgeschichte/Gesetzgebungsmaterialien

1 § 46a SGB XII wurde eingefügt durch Art. 2d des **Gesetzes zur Neuregelung des Wohngeldrechts und zur Änderung des Sozialgesetzbuches** vom 24.09.2008[1]; er trat zum 01.01.2009 in Kraft. Der Bund trug danach in den Jahren von 2009 bis 2012 einen gestaffelten Anteil zwischen 13 und 16 vom Hundert der Nettoausgaben im Vorvorjahr. Der Satz 1 seines Absatzes 1 wurde sodann durch das Gesetz zur Ermittlung von Regelbedarfen und zur Änderung des Zweiten und Zwölften Buches Sozialgesetzbuch vom 24.03.2011[2] mit Wirkung zum 01.01.2011 geändert; eine inhaltliche Änderung war damit nicht verbunden.[3]

2 § 46a SGB XII wurde durch das **Gesetz zur Stärkung der Finanzkraft der Kommunen** vom 06.12.2011[4] zum **01.01.2012** neu gefasst.[5] Der Bund trug danach ab dem Jahr 2012 jeweils einen Anteil von 45 (statt bisher 15) vom Hundert der Nettoausgaben nach diesem Kapitel im Vorvorjahr. Die Höhe der für die Erstattung durch den Bund in einem Kalenderjahr zugrunde zu legenden Nettoausgaben entsprach den in den Ländern angefallenen reinen Ausgaben der Träger der Sozialhilfe nach diesem Kapitel. Abweichend von der bis zum 31.12.2011 geltenden Regelung sah § 46a Abs. 2 Satz 1 SGB XII i.d.F. ab dem 01.01.2012 damit vor, dass sich die an die Länder zu zahlende Bundesbeteiligung unmittelbar aus den Nettoausgaben der Länder ergibt. Hierzu hieß es in der Gesetzesbegründung[6]: „Dies bedeutet, dass die Beteiligungsquote auf die in jedem Land entstandenen Nettoausgaben anzuwenden ist. Aufgrund der mit der geltenden Bundesbeteiligung in den Jahren 2009 bis 2011 gewonnenen Erfahrungen ergibt sich der vom Bund in einem Land zu zahlende Betrag nicht mehr aus dem prozentualen Anteil dieses Landes an den bundesweiten Nettoausgaben."

3 Durch das **Gesetz zur Änderung des Zwölften Buches Sozialgesetzbuch** vom 20.12.2012[7] wurde § 46a SGB XII mit Wirkung vom **01.01.2013** erneut vollständig neu gefasst. Nach Maßgabe seines Absatzes 1 erstattet der Bund den Ländern im Jahr 2013 nunmehr 75 Prozent und ab dem Jahr 2014 100 Prozent der Nettoausgaben. Dieses Gesetz entspricht im Wesentlichen dem eingebrachten Gesetzentwurf der Bundesregierung[8]; Änderungen zu diesem Gesetzentwurf basieren auf der Beschlussempfehlung und dem Bericht des Ausschusses für Arbeit und Soziales[9].

4 Durch das **Zweite Gesetz zur Änderung des Zwölften Buches Sozialgesetzbuch (2. SGBXIIÄndG)** vom 01.10.2013[10] wurde mit Wirkung vom **09.10.2013** in Absatz 4 Satz 3 zweiter Halbsatz jeweils die Angabe „2014" durch die Angabe „2015" sowie in Absatz 5 Satz 1 die Angabe „2014" durch die Angabe „2015" ersetzt. „Es handelt sich dabei um eine Folgeänderung zu der Änderung von § 136

---

[1] BGBl I 2008, 1856.
[2] BGBl I 2011, 453.
[3] BT-Drs. 17/3404, S. 128.
[4] BGBl I 2011, 2563.
[5] BT-Drs. 17/7141.
[6] BT-Drs. 17/7141, S. 8.
[7] BGBl I 2012, 2783.
[8] BR-Drs. 455/12, S. 18 ff.
[9] BT-Drs. 17/11382. Vgl. BR-Drs. 696/12.
[10] BGBl I 2013, 3733.

SGB XII (...). Durch die Änderung von § 136 SGB XII gilt die bislang auf das Jahr 2013 beschränkte Übergangsregelung für Nachweise auch für das Jahr 2014. Deshalb war in § 46a SGB XII in Absatz 4 (...) und 5 (...) jeweils die Jahresangabe für die erstmalige Anwendung dieser Vorschrift für die Vorlage von Nachweisen von 2014 in 2015 zu ändern."[11]

II. Vorgängervorschriften

Die Grundsicherung im Alter und bei Erwerbsminderung war bis zum Inkrafttreten des SGB XII am 01.01.2005 im **Gesetz über eine bedarfsorientierte Grundsicherung im Alter und bei Erwerbsminderung (GSiG)**[12] geregelt. Im GSiG selbst war eine Kostenbeteiligung des Bundes an den Leistungen nicht normiert; eine solche Regelung traf allerdings **§ 34 Abs. 2 Wohngeldgesetz (WoGG)** (vgl. hierzu Rn. 13).

5

III. Parallelvorschriften

Eine direkte Parallelvorschrift zu § 46a SGB XII existiert nicht. Denn § 46a SGB XII regelt die Ausgabenerstattung hinsichtlich der Leistungen der **Grundsicherung im Alter und bei Erwerbsminderung** nach dem Vierten Kapitel des SGB XII. Erwerbs**fähige** Hilfebedürftige und Hilfebedürftige, welche die in der gesetzlichen Rentenversicherung maßgebliche Altersgrenze noch nicht erreicht haben, werden jedoch durch das Leistungssystem des **SGB II** erfasst (vgl. die §§ 7 Abs. 1, 8 Abs. 1, 19 Abs. 1 Satz 2 SGB II). Dort ist die (anteilige) Finanzierung durch den Bund in **§ 46 SGB II** geregelt.

6

IV. Systematische Zusammenhänge

Die **Sozialhilfe** umfasst gemäß § 8 SGB XII insbesondere die

7

- Hilfe zum Lebensunterhalt (§§ 27-40 SGB XII) und die
- **Grundsicherung im Alter und bei Erwerbsminderung (§§ 41-46b SGB XII)**.

Die Norm des § 46a SGB XII ist Teil des Vierten Kapitels des SGB XII und damit Bestandteil der Regelungen über die **Grundsicherung im Alter und bei Erwerbsminderung**. Sie regelt dort die **Beteiligung des Bundes an den Kosten** dieser Leistungen. § 46b SGB XII regelt die Zuständigkeit für die Ausführung des Vierten Kapitels des SGB XII.

8

Als **Übergangsregelung** ist **§ 136 SGB XII** zu beachten (vgl. die Kommentierung zu § 136 SGB XII). Sie vereinfacht angesichts der nicht ausreichenden Vorbereitungszeit für Länder und ausführende Träger bis zum Inkrafttreten des § 46a SGB XII zum 01.01.2013 die **für die Jahre 2013 und 2014 zu erbringenden Nachweise** (§ 46a Abs. 4 und 5 SGB XII) soweit, dass die erforderlichen Daten bei den Trägern verfügbar sind und den Ländern fristgerecht gemeldet werden können.[13]

9

Da der Bund ab dem Jahr 2014 die Nettoausgaben für Geldleistungen nach dem Vierten Kapitel SGB XII vollständig den Ländern erstattet, besteht für **Erstattungszahlungen** zwischen den für die Ausführung des Vierten Kapitels SGB XII zuständigen Trägern, soweit sie diese Geldleistungen betreffen, **kein Erfordernis** mehr.[14] Deshalb normiert **§ 44 Abs. 3 SGB XII** i.d.F. ab dem 01.01.2014, dass die Vorschriften über die Erstattung zwischen den Trägern der Sozialhilfe nach dem Zweiten Abschnitt des Dreizehnten Kapitels des SGB XII für Geldleistungen nach dem Vierten Kapitel des SGB XII nicht anzuwenden sind.

10

V. Ausgewählte Literaturhinweise

Henneke, Ein Jahr danach: Was ist aus den Beschlüssen der Kommission zur Neuordnung der Kommunalfinanzen geworden?, Der Landkreis 2012, 286; *G. Kirchhoff*, Änderungen im Recht der Grundsicherung im Alter und bei Erwerbsminderung, SGb 2013, 441-447.

11

---

[11] BT-Drs. 17/14202, S. 5.
[12] Vom 26.06.2001, BGBl I 2001, 1310.
[13] BT-Drs. 17/11382, S. 15.
[14] BR-Drs. 455/12, S. 18.

B. Auslegung der Norm

I. Regelungsgehalt und Bedeutung der Norm

1. Bisherige Rechtslage

12 Mit dem Inkrafttreten des **GSiG** (vgl. hierzu Rn. 5) wurde eine Erstattung von grundsicherungsbedingten Mehrkosten durch den **Bund** im Rahmen des **Wohngeldgesetzes (WoGG)** zum 01.01.2003 eingeführt. **Grundsicherungsbedingte Mehrkosten** waren diejenigen Kosten, die auf Abweichungen in der Ausgestaltung der besonderen Leistungen nach dem GSiG gegenüber den allgemeinen Leistungen nach dem Bundessozialhilfegesetz (BSHG), der seinerzeitigen Rechtsgrundlage für die Hilfe zum Lebensunterhalt in der Sozialhilfe, zurückzuführen waren. Dies waren im Einzelnen:
- Kosten für arbeitsmedizinische Gutachten zur Feststellung einer medizinisch bedingten dauerhaften vollen Erwerbsminderung[15] (Gutachtenkosten),
- Mehrausgaben für einmalige Leistungen,
- Mehrausgaben wegen des Verzichts auf den in der Sozialhilfe üblichen Unterhaltsrückgriff[16].

13 Für diese Kosten leistete der **Bund** den Ländern einen **finanziellen Ausgleich**. Dessen **Zweck** war es, die Kommunen als Sozialhilfeträger so zu stellen, als ob durchgängig das Recht der Leistungen der „allgemeinen" Hilfe zum Lebensunterhalt (jetzt §§ 27 ff. SGB XII) zur Anwendung kommen würde[17], als ob es insbesondere also nicht die besondere Regelung des (jetzigen) § 43 Abs. 2 SGB XII geben würde, die die Eltern und Kinder von Hilfebedürftigen, die dauerhaft voll erwerbsgemindert sind, hinsichtlich des Unterhaltsrückgriffes gegenüber den Eltern und Kindern sonstiger Hilfebedürftiger privilegiert. Hierfür wurde die hälftige Finanzierung des Wohngeldes durch Bund und Länder ergänzt. In den **Jahren 2003 bis 2008** übernahm der Bund einen zusätzlichen Betrag (Erstattungsbetrag) in Höhe von jährlich 409 Mio. € (**§ 34 Abs. 2 WoGG**). Die Länder leiten die auf sie entfallenden Anteile am Erstattungsbetrag an die Kommunen als Träger der Grundsicherung im Alter und bei Erwerbsminderung weiter.[18]

2. Neuregelungen

14 Der Regelungsstandort der Bundesbeteiligung im Wohngeldgesetz wurde sodann als problematisch angesehen. Die Erstattung für grundsicherungsbedingte Mehrkosten sei „wohngeldfremd", da kein sachlicher Zusammenhang zwischen Erstattungsregelung und der Finanzierung des Wohngeldes durch Bund und Länder bestehe.[19] Auch hinsichtlich der Anpassung der Höhe der bisherigen Bundesbeteiligung bestand Handlungsbedarf.[20]

15 Die bisherige Regelung des **§ 34 Abs. 2 WoGG** über die Erstattung eines Festbetrages wurde daraufhin **aufgehoben** und ab dem **01.01.2009** durch folgende Normen **ersetzt**:
- **§ 46a SGB XII**: Diese Regelung sah eine finanzielle Beteiligung des Bundes an den Nettoausgaben der Grundsicherung im Alter und bei Erwerbsminderung innerhalb des Sozialhilferechts im SGB XII vor.
- **§ 224b SGB VI**: Einführung einer Erstattungsregelung im SGB VI, durch die der Bund den Trägern der gesetzlichen Rentenversicherung (Deutsche Rentenversicherung Bund) die Kosten für Gutachten (hierzu § 45 SGB XII) erstattet.

16 Die Regelung des **§ 46a SGB XII** wurde sodann zum **01.01.2012** sowie zum **01.01.2013** vollständig neu gefasst; die **Beteiligung des Bundes** an den Nettoausgaben der Leistungen des Vierten Kapitels des SGB XII wurde dadurch **sukzessive erhöht**. Sie betrug im Jahr 2013 75 Prozent und beträgt ab dem Jahr 2014 100 Prozent.

17 Die **Bundesbeteiligung** hat sich damit zusammengefasst wie folgt entwickelt:
- im Jahr 2009: 13 Prozent,
- im Jahr 2010: 14 Prozent,
- im Jahr 2011: 15 Prozent,
- im Jahr 2012: 45 Prozent,

---

[15] Hierzu jetzt § 45 SGB XII und § 224b SGB VI.
[16] Hierzu jetzt § 43 Abs. 2 SGB XII.
[17] *Steimer* in: Mergler/Zink, SGB XII, § 46a Rn. 2; *Falterbaum* in: Hauck/Noftz, SGB XII, K § 46a Rn. 1 und 7.
[18] Zum Vorstehenden ausführlich BT-Drs. 16/6542, S. 1-3.
[19] BT Drs. 16/6542, S. 2.
[20] BT Drs. 16/6542, S. 2.

- im Jahr 2013: 75 Prozent,
- ab dem Jahr 2014: 100 Prozent.

Da der Bund damit den Ländern ab dem Jahr 2013 einen mindestens hälftigen Anteil an den Ausgaben erstattet, trat seitdem nach Art. 104a Abs. 3 Satz 2 GG **Bundesauftragsverwaltung gemäß Art. 85 GG** ein.[21]

II. Normzweck

Die Regelung des § 46a SGB XII ordnet für das **Jahr 2013** eine **finanzielle Beteiligung des Bundes** an den Nettoausgaben der Grundsicherung im Alter und bei Erwerbsminderung nach dem Vierten Kapitel des SGB XII in Höhe von **75 Prozent** an, die im Übrigen von den **Kommunen** als Träger der Sozialhilfe aufzubringen sind. **Ab dem Jahr 2014 erstattet** der Bund den Ländern die Nettoausgaben zu **100 Prozent**, also in vollem Umfang. Die Länder leiten die Beteiligung bzw. Erstattung an die Kommunen weiter.

Hintergrund hierfür war die Ankündigung von Bund und Länder im Jahr 2011, dass der Bund seine Beteiligung bis zum Jahr 2014 in drei Schritten zu einer vollen Erstattung ausbaut. Diese Ankündigung stand im Zusammenhang mit der von der Bundesregierung im Jahr 2010 eingesetzten Gemeindefinanzkommission. Zu deren Aufgaben gehörte es, Entlastungsmöglichkeiten auf der Ausgabenseite zu prüfen und Lösungsvorschläge zu den drängenden Problemen des kommunalen Finanzsystems zu erarbeiten, um damit die **finanzielle Situation der Kommunen** zu **verbessern**.[22]

III. Tatbestandsmerkmale/Rechtsfolgen

1. Erstattung durch den Bund (Absatz 1)

Der Bund erstattet den Ländern gemäß § 46a Abs. 1 SGB XII
- **im Jahr 2013** einen Anteil von **75 Prozent** (Nr. 1),
- **ab dem Jahr 2014** jeweils einen Anteil von **100 Prozent** (Nr. 2)

der im jeweiligen Kalenderjahr den für die Ausführung dieses Gesetzes nach diesem Kapitel zuständigen Trägern entstandenen Nettoausgaben für Geldleistungen nach diesem Kapitel.

a. Nettoausgaben

Die „**Nettoausgaben**" ergeben sich gemäß § 46a Abs. 2 Satz 1 SGB XII aus den **Bruttoausgaben** der ständigen Träger abzüglich der darauf entfallenden **Einnahmen** (vgl. hierzu Rn. 41). Bruttoausgaben werden in § 46a Abs. 4 Satz 2 SGB XII erwähnt; dies sind die gezahlten Geldleistungen nach dem Vierten Kapitel des SGB XII.[23] Einnahmen werden in § 46a Abs. 2 Satz 2 SGB XII definiert (vgl. hierzu im Einzelnen Rn. 41).

b. Zuständige Träger

Mit „den für die Ausführung des Gesetzes nach diesem Kapitel **zuständigen Trägern**" sind die nach § **46b SGB XII** (vgl. die Kommentierung zu § 46b SGB XII) zuständigen Sozialleistungsträger gemeint.[24]

c. Nettoausgaben für Geldleistungen

§ 46a SGB XII erfasst nach seinem Absatz 1 ausschließlich „Nettoausgaben für **Geldleistungen**". Die generelle Beschränkung der Erstattungsregelung auf Geldleistungen ergibt sich aus **Art. 104a Abs. 3 Satz 1 GG**.[25] Danach können Bundesgesetze, die Geldleistungen gewähren und von den Ländern ausgeführt werden, bestimmen, dass „die Geldleistungen ganz oder zum Teil vom Bund getragen werden".

Das SGB XII differenziert in § 10 Abs. 1 SGB XII leistungsrechtlich zwischen **Dienst-, Geld- und Sachleistungen**. **Geldleistungen** nach dem Vierten Kapitel des SGB XII sind nach der Gesetzesbegründung zu der erstattungsrechtlichen Vorschrift des § 46a SGB XII **grundsätzlich alle Leistungen**

---
[21] BR-Drs. 455/12, S. 2. Hierzu *Henneke*, Der Landkreis 2012, 286, 289 f.
[22] BR-Drs. 455/12, S. 1 f.
[23] BR-Drs. 455/12, S. 19.
[24] BR-Drs. 455/12, S. 18.
[25] BR-Drs. 455/12, S. 18.

§ 46a

nach § 42 SGB XII.[26] Jedoch gelten nach der Gesetzesbegründung **Ausnahmen** für die gemäß **§ 42 Nr. 3 SGB XII** in Verbindung mit den **§§ 34 und 34a SGB XII** zu erbringenden Leistungen zur Deckung von Bedarfen für

- Schulausflüge und mehrtägige Klassenfahrten nach § 34 Abs. 2 SGB XII,
- Lernförderung nach § 34 Abs. 5 SGB XII und
- gemeinschaftliche Mittagsverpflegung nach § 34 Abs. 6 SGB XII.[27]

26 Für diese Leistungen sieht § 34a Abs. 2 Satz 1 SGB XII nämlich die Erbringung durch **Sach- und Dienstleistungen** vor.[28]

27 **Dienst- und Sachleistungen** sind also von der Erstattungsregelung des § 46a SGB XII **nicht** umfasst. § 46a SGB XII erfasst nach seinem Absatz 1 vielmehr ausschließlich **Geldleistungen**, die zudem nach dem **Vierten Kapitel des SGB XII** entstanden sein müssen.

28 Damit ist in erstattungsrechtlicher Hinsicht eine **Abgrenzung in zweifacher Hinsicht** vorzunehmen: Zum einen sind Leistungen der Grundsicherung im Alter und bei Erwerbsminderung nach dem Vierten Kapitel des SGB XII (§§ 41 ff. SGB XII) von anderen Leistungen nach dem SGB XII (vgl. § 8 SGB XII), insbesondere von den Leistungen der Hilfe zum Lebensunterhalt nach dem Dritten Kapitel (§§ 27 ff. SGB XII) abzugrenzen. Zum anderen sind Geldleistungen von Sach- und Dienstleistungen abzugrenzen.

29 Diese Abgrenzung hat vor allem bei **Leistungserbringungen in vollstationären Einrichtungen** Bedeutung. Nach dem Urteil des BSG vom 28.10.2008[29] wird die in einer Einrichtung erbrachte **vollstationäre Eingliederungshilfe** nach dem Sechsten Kapitel des SGB XII von dem Sozialhilfeträger als **Sachleistung** in der Form der Sachleistungsverschaffung erbracht. Es fragt sich, ob dies die Anwendung des § 46a SGB XII von vornherein ausschließt. Diese Frage stellt sich aufgrund der **Entstehungsgeschichte** des § 46a SGB XII. Denn diese nimmt auf das genannte Urteil des BSG ausdrücklich Bezug und lässt erkennen, dass nach der Vorstellung der Gesetzgebung zwischen der Geldleistung im **leistungsrechtlichen** Sinn und im **erstattungsrechtlichen** Sinn unterschieden werden muss. Im Einzelnen:

30 Nach einem **Änderungswunsch des Bundesrates** im Gesetzgebungsverfahren, der jedoch nicht realisiert wurde, sollte in der Erstattungsregelung des § 46a SGB XII bei der Definition der zu erstattenden Nettoausgaben auf den Begriff Geldleistungen verzichtet werden.[30] Begründet wurde dies damit, dass der Begriff „Geldleistung" im SGB XII nicht ausreichend definiert sei. Zudem habe das BSG (vgl. hierzu Rn. 29) die Rechtsprechung des BVerwG aufgegeben, wonach Sozialhilfeleistungen in Einrichtungen Geldleistungen waren. Folge man dieser Rechtsprechung des BSG, wäre nach dem Wortlaut des Gesetzentwurfs die Auslegung denkbar, dass die Ausgaben für Grundsicherungsleistungen in Einrichtungen nicht unter die Bundeserstattung fielen. Der Bundesrat gehe davon aus, dass ein derartiger Abzug nicht gewollt und deshalb eine Klarstellung geboten sei.[31]

31 Die **Bundesregierung** teilte diese Bedenken des Bundesrates nicht.[32] Die **Anregung des Bundesrats** wurde auch im weiteren Gesetzgebungsverfahren **nicht umgesetzt**. Die Bundesregierung führte aus, dass es sich bei den Leistungen nach dem Vierten Kapitel des SGB XII grundsätzlich um Geldleistungen handele, also um betragsmäßig exakt bezifferte Leistungsansprüche. Eine andere Rechtslage ergebe sich auch nicht durch das Urteil des BSG (vgl. hierzu Rn. 29). Denn die dadurch begründete „Sachleistungsverschaffung" beziehe sich nur auf die in vollstationären Einrichtungen erbrachten Leistungen der Eingliederungshilfe nach dem Sechsten Kapitel des SGB XII. Eine Übertragung auf Leistungen nach dem Vierten Kapitel SGB XII ergebe sich daraus weder unmittelbar noch mittelbar. Der sich für Leistungsberechtigte nach dem Vierten Kapitel SGB XII ergebende notwendige Lebensunterhalt nach § 27b SGB XII stelle unter den oben genannten Voraussetzungen (vgl. Rn. 25) eine nach § 42 SGB XII zu gewährende Geldleistung dar. **Sie werde nicht zur Sachleistung, weil sich die Leistungsberechtigten in einer stationären Einrichtung aufhalten.** Für die Einordnung einer Leistung als Geldleistung sei es unerheblich, wenn die Geldleistung nicht an den Leistungsberechtigten, sondern an Dritte, etwa einen Einrichtungsträger, gezahlt wird. Dies ergebe sich auch daraus, dass es sich zwei-

---

[26] BR-Drs. 455/12, S. 18.
[27] BR-Drs. 455/12, S. 18 f.
[28] BR-Drs. 455/12, S. 19.
[29] BSG v. 28.10.2008 - B 8 SO 22/07 R - BSGE 102, 1.
[30] BR-Drs. 455/12 (B), S. 3 f.
[31] Zum Vorstehenden BR-Drs. 455/12 (B), S. 3 f.
[32] BT-Drs. 17/11055, S. 3.

felsfrei um Geldleistungen handele, wenn beispielsweise zu übernehmende Unterkunftskosten vom Träger der Sozialhilfe nicht an den Leistungsberechtigten, sondern an den Vermieter gezahlt werden. Gleiches gelte, wenn zu übernehmende Beiträge zur Kranken- und Pflegeversicherung unmittelbar an einen Versicherungsträger oder ein Versicherungsunternehmen gezahlt werden. Voraussetzung für eine nach § 46a SGB XII zu erstattende Geldleistung sei deshalb allein, dass es sich um einen betragsmäßig exakt bestimmten und in dieser Höhe an eine leistungsberechtigte Person oder an deren Stelle an einen Dritten zu zahlenden Leistungsanspruch handele.[33]

Diese Rechtsauffassung der Bundesregierung ist für die Norminterpretation als solche an sich unerheblich, weil sie eine Meinungsäußerung der **Exekutive** und nicht der Legislative ist. Allerdings hat der Deutsche Bundestag und damit die **Gesetzgebung** diese Auffassung der Bundesregierung im Ergebnis dadurch übernommen und sich zu Eigen gemacht, dass er die Änderungswünsche des Bundesrates nicht umgesetzt und seine Bedenken damit – ebenso wie die Bundesregierung – für unbegründet gehalten hat. Die Gesetzgebung war offensichtlich – ebenso wie die Bundesregierung – der Auffassung, dass den Ländern bei der Leistungserbringung in stationären Einrichtungen die Nettoausgaben grundsätzlich zu erstatten seien (und die Befürchtung des Bundesrates damit unbegründet sei, dass der Bund dies ablehne), auch wenn das BSG leistungsrechtlich unter den genannten Voraussetzungen von einer Sachleistung ausgeht.

32

Die **Gesetzgebung** versteht den **Rechtsausdruck „Geldleistung"** im Anwendungsbereich der Ausgabenerstattung durch den Bund gemäß § 46a SGB XII damit ersichtlich **anders**, als das **BSG** den Rechtsausdruck „Geldleistung" im Anwendungsbereich des Leistungsrechts des SGB XII interpretiert. Dies bleibt der Gesetzgebung (als „Erstinterpreten") unbenommen, wird ihr von Art. 104a Abs. 3 GG wegen der dortigen legislativen Beurteilungs- und Entscheidungsspielräume[34] nicht untersagt und stellt wegen der unterschiedlichen Regelungsbereiche von Leistungs- und Erstattungsrecht auch keinen Systembruch innerhalb des SGB XII dar.

33

Dies hat zur Konsequenz, dass hinsichtlich des **Rechtsausdrucks „Geldleistung"** zu **differenzieren** ist zwischen der Geldleistung in **leistungsrechtlicher** Hinsicht (§ 10 SGB XII) einerseits und **erstattungsrechtlicher** Hinsicht (§ 46a SGB XII) andererseits. Gefordert ist damit eine funktionsdifferente Auslegung, die den Inhalt der konkreten Rechtsnorm sachbezogen nach ihrer Stellung und Aufgabe in der Rechtsordnung bestimmt[35] und die den Abschied von einer sich allein formal und inhaltsleer an „Begriffen" und „Begriffssystemen" orientierenden Begriffsjurisprudenz zugunsten einer nach den legislativen Wertungen suchenden Wertungsjurisprudenz[36] widerspiegelt. Die Notwendigkeit einer solchen differenzierenden Auslegung ergibt sich – wie zuvor dargelegt – daraus, dass die Gesetzgebung nach den Gesetzgebungsmaterialien auch solche Leistungen nach dem Vierten Kapitel von der Erstattungspflicht des Bundes § 46a SGB XII als umfasst ansieht, die leistungsrechtlich nach der Rechtsprechung des BSG (vgl. Rn. 29) Sachleistungen und damit keine Geldleistungen sind. Dies bedeutet: **Geldleistungen** in **leistungsrechtlicher** Hinsicht sind notwendig auch Geldleistungen in **erstattungsrechtlicher** Hinsicht; **Sachleistungen** in leistungsrechtlicher Hinsicht können nach Maßgabe des zuvor Ausgeführten Geldleistungen in erstattungsrechtlicher Hinsicht sein.

34

Dies hat folgende Konsequenz: Befindet sich der Hilfebedürftige in einer **stationären Einrichtung** und bezieht dort Leistungen der Grundsicherung im Alter und bei Erwerbsminderung nach dem **Vierten Kapitel** des SGB XII, sind als Kosten für Unterkunft und Heizung gemäß § 42 Nr. 4 HS. 2 SGB XII Beträge in Höhe der durchschnittlichen angemessenen tatsächlichen Aufwendungen für die Warmmiete eines Einpersonenhaushaltes im Bereich des nach § 98 SGB XII zuständigen Trägers der Sozialhilfe zugrunde zu legen. Allerdings wird man die Regelung des § 42 Nr. 4 HS. 2 SGB XII **leistungsrechtlich nicht** so verstehen dürfen, dass Grundsicherungsleistungen der §§ 41 ff. SGB XII als **Geldleistungen** auch bei stationären Maßnahmen nach dem SGB XII zu gewähren wären (vgl. die Kommentierung zu § 42 SGB XII). Nr. 4 des § 42 SGB XII wurde vielmehr unbesehen aus dem

35

---

[33] Zum Vorstehenden BT-Drs. 17/11055, S. 3.

[34] Vgl. BVerfG v. 24.06.1986 - 2 BvF 1/83, 2 BvF 5/83, 2 BvF 6/83, 2 BvF 1/85, 2 BvF 2/85 - juris Rn. 143 - BVerfGE 72, 330: „ein verfassungsrechtlich normiertes Gefüge des Finanzausgleichs, das in sich durchaus beweglich und anpassungsfähig ist".

[35] BSG v. 28.09.1993 - 11 RAr 69/92 - BSGE 73, 126, unter Verweis auf *Müller*, Juristische Methodik, 4. Aufl. 1990, S. 196 ff., zur Unterscheidung von Beschäftigungsverhältnissen im beitragsrechtlichen und im leistungsrechtlichen Sinn. Ferner BSG v. 21.07.2009 - 21.07.2009 - BSGE 104, 90; BSG v. 24.03.2009 - B 8 AY 10/07 R - BSGE 103, 28.

[36] *Rüthers*, Rechtstheorie, 2. Aufl. 2005, Rn. 532 und 136 m.N.

§ 46a

bis 31.12.2004 geltenden GSiG übernommen, obwohl sich die Rechtslage wesentlich geändert hat; die Regelung hat deshalb einen Bedeutungswandel erlebt. Während das GSiG auch bei stationären Maßnahmen nach dem BSHG, zu denen nach § 27 Abs. 3 BSHG in der Sache auch die Hilfe zum Lebensunterhalt gehörte, Geldleistungen vorsah, die dann allerdings als Einkommen Berücksichtigung fanden[37], bestimmt nunmehr § 27b Abs. 1 Satz 1 SGB XII, dass der **notwendige Lebensunterhalt** (als solcher) in der stationären Einrichtung erbracht wird; für eine Berücksichtigung von Sozialleistungen als Einkommen ist daher kein Raum. Insoweit ist der notwendige Lebensunterhalt **nur ein Rechenposten** für die Beurteilung der Bedürftigkeit (vgl. dazu die Kommentierung zu § 27b SGB XII). Eine „Bewilligung" von Grundsicherungsleistungen kann dann nur noch die Feststellung beinhalten, dass in der stationären Leistung in der angegebenen Höhe eine – normativ bestimmte – Grundsicherungsleistung für den notwendigen Lebensunterhalt enthalten ist, für den (weiterhin) das Rückgriffsverbot des § 43 Abs. 2 SGB XII gilt (zum Vorstehenden vgl. die Kommentierung zu § 42 SGB XII).

36 Auch wenn hier also **leistungsrechtlich keine Geldleistung** erbracht wird, ist die Grundsicherungsleistung für den notwendigen Lebensunterhalt gemäß § 27b Abs. 1 SGB XII gleichwohl **erstattungsrechtlich als Geldleistung** anzusehen. Denn nach der Gesetzesbegründung stellt der sich für Leistungsberechtigte nach dem Vierten Kapitel SGB XII ergebende notwendige Lebensunterhalt nach § 27b SGB XII erstattungsrechtlich unter den oben genannten Voraussetzungen eine Geldleistung dar.[38] Bekräftigt wird dieses Ergebnis dadurch, dass auch insoweit das **Rückgriffsverbot des § 43 Abs. 2 SGB XII** zur Anwendung gelangt (vgl. Rn. 35 am Ende). Aus dieser durch § 43 Abs. 2 SGB XII normierten weitgehenden **Beschränkung** des in der Sozialhilfe ansonsten üblichen **Unterhaltsrückgriffs** resultieren Mehrkosten für die Länder; diese **Mehrausgaben** sollen durch die Kostenbeteiligung bzw. -erstattung des Bundes gemäß § 46a SGB XII gerade ausgeglichen werden (vgl. Rn. 13).

37 Angesichts der klaren Aussage in der Gesetzesbegründung, wonach der sich für Leistungsberechtigte nach dem Vierten Kapitel SGB XII ergebende notwendige Lebensunterhalt nach § 27b SGB XII erstattungsrechtlich unter den oben genannten Voraussetzungen eine nach § 42 SGB XII zu gewährende Geldleistung darstellt[39], ist es **erstattungsrechtlich** ebenfalls nicht erheblich, dass das BSG **leistungsrechtlich** entschieden hat, dass die in § 27b SGB XII genannten Leistungen neben den Leistungen der Grundsicherung im Alter und bei Erwerbsminderung nach dem Vierten Kapitel als Hilfe zum Lebensunterhalt nach dem **Dritten Kapitel** erbracht werden.[40] Dasselbe müsste konsequenterweise auch für den **weiteren** notwendigen Lebensunterhalt (Barbetrag, Kleidung u.a.) gemäß § 27b **Abs. 2** SGB XII gelten; denn die Gesetzesbegründung[41] trifft hinsichtlich der Erstattungsfähigkeit gemäß § 46a SGB XII jedenfalls keine Differenzierung zwischen Leistungen gemäß § 27b Abs. 1 SGB XII einerseits und § 27b Abs. 2 SGB XII andererseits.

38 Werden dagegen in vollstationären Einrichtungen Leistungen der **Eingliederungshilfe** nach dem **Sechsten Kapitel** des SGB XII erbracht, kommt eine Kostenerstattung bzw. -beteiligung des Bundes gemäß § 46a SGB XII von vornherein **nicht** in Betracht, weil hier keine Leistungserbringung nach dem Vierten Kapitel des SGB XII erfolgt und – anders als bei dem unter Rn. 36 f. Ausgeführten – auch kein „Sachzusammenhang" mit diesen Leistungen hergestellt werden kann.[42] Insoweit gelangt damit auch die Beschränkung des Unterhaltsrückgriffs durch § 43 Abs. 2 SGB XII nicht zur Anwendung. Diese Beschränkung des Unterhaltsrückgriffs verursacht Mehrkosten für die Länder, an welche die Kostenbeteiligung bzw. -erstattung des Bundes gemäß § 46a SGB XII gerade anknüpft (vgl. Rn. 36).

---

[37] Vgl. § 77 i.V.m. § 85 Abs. 1 Nr. 1 BSHG.
[38] BT-Drs. 17/11055, S. 3.
[39] BT-Drs. 17/11055, S. 3.
[40] BSG v. 15.11.2012 - B 8 SO 25/11 R; BSG v. 09.06.2011 - B 8 SO 11/10 R; vgl. die Kommentierung zu § 42 SGB XII sowie die Kommentierung zu § 19 SGB XII.
[41] BT-Drs. 17/11055, S. 3.
[42] Soweit in der Gesetzesbegründung auf das Urteil des BSG v. 28.10.2008 - B 8 SO 22/07 R - BSGE 102, 1 Bezug genommen wird (vgl. hierzu Rn. 29), ist dies an sich nicht das richtige „Referenzurteil", weil es dort um Leistungen der Eingliederungshilfe nach dem Sechsten Kapitel des SGB XII ging. Allerdings hat das BSG dort auch Aussagen zu Sach- und Geldleistungen nach dem SGB XII getroffen.

2. Höhe der Nettoausgaben (Absatz 2)

Die **Höhe der Nettoausgaben** für Geldleistungen ergibt sich gemäß § 46a Abs. 2 **Satz 1** SGB XII aus den **Bruttoausgaben** der für die Ausführung des Gesetzes nach diesem Kapitel zuständigen Träger, abzüglich der auf diese Geldleistungen entfallenden **Einnahmen**.

Bruttoausgaben werden in § 46a Abs. 4 Satz 2 SGB XII erwähnt und sind die **gezahlten Geldleistungen** nach dem Vierten Kapitel des SGB XII.[43] Die Kosten für **Gutachten** zur Feststellung einer dauerhaften vollen Erwerbsminderung von Hilfebedürftigen gemäß § 45 SGB XII werden hiervon **nicht** erfasst[44]; ihre Erstattung ist in § 224b SGB VI (vgl. Rn. 15) speziell geregelt.

Einnahmen sind gemäß § 46a Abs. 2 **Satz 2** SGB XII insbesondere Einnahmen aus
- Aufwendungen, Kostenersatz und Ersatzansprüchen nach dem Dreizehnten Kapitel (§§ 102 ff. SGB XII), soweit diese auf Geldleistungen nach diesem Kapitel entfallen,
- dem Übergang von Ansprüchen nach § 93 SGB XII,
- Erstattungen anderer Sozialleistungsträger nach dem SGB X (§§ 102 ff. SGB X; § 105 SGB XII).

Der Übergang von Ansprüchen gegen einen nach bürgerlichem Recht Unterhaltspflichtigen gemäß § 94 SGB XII wird in § 46a Abs. 2 Satz 2 SGB XII dagegen **nicht** erwähnt. Grund hierfür ist, dass § 94 Abs. 1 Satz 3 HS. 2 SGB XII den Anspruchsübergang für Leistungsberechtigte nach dem Vierten Kapitel des SGB XII gegenüber Eltern und Kindern ausschließt. Auf diese Weise wird der in § 43 Abs. 2 SGB XII (vgl. hierzu bereits Rn. 36) für diesen Personenkreis geregelte weitgehende Ausschluss des Unterhaltsrückgriffs fortgeführt.

Die in § 46a Abs. 2 Satz 2 SGB XII nicht abschließend („insbesondere") genannten **Einnahmen** sind gemäß § 46a Abs. 2 Satz 1 SGB XII von den Bruttoausgaben abzuziehen, um die vom Bund zu erstattenden Nettoausgaben zu bestimmen. Mit diesen „Einnahmen" dürften bereits nach dem Wortlaut nur die bereits **tatsächlich realisierten und damit zugeflossenen Einnahmen** gemeint sein, nicht dagegen die (noch) nicht geltend gemachten bzw. durchgesetzten entsprechenden Ansprüche. Für dieses Ergebnis spricht auch, dass der Bund und die Länder gemäß **Art. 104a Abs. 5 Satz 1 HS. 2 GG** im Verhältnis zueinander für eine ordnungsmäßige Verwaltung haften, so dass der Bund durch das Abstellen (nur) auf tatsächlich zugeflossene Einnahmen hinsichtlich seiner eigenen fiskalischen Belange auch nicht „rechtsschutzlos" gestellt wird. Diese Norm sieht eine **Haftungsregelung** vor, die auf das Auseinanderfallen von Verwaltungs- und Finanzierungszuständigkeit zugeschnitten ist; sie zielt dabei auf sachgerechte Zuordnung der Verantwortung für die durch eine **nicht ordnungsmäßige Verwaltung** entstandenen Schäden.[45] Die Haftungsregelung erfasst insbesondere das Verwaltungshandeln eines Landes im Rahmen der Auftragsverwaltung gemäß Art 85 GG. Die ordnungsmäßige Verwaltung umfasst sämtliche staatliche Aufgaben, die diesen Gebietskörperschaften obliegen; hierzu gehört auch der Vollzug von Bundesgesetzen, die Geldleistungen gewähren und von den Ländern ausgeführt werden.[46] Der Bund könnte somit auf diesem Wege einem Land entgegenhalten, es habe pflicht- bzw. ordnungswidrig nicht dafür Sorge getragen, dass Einkommen im Sinne des § 46a Abs. 2 Satz 2 SGB XII realisiert wird und damit die Nettoausgaben reduziert werden. **Fehlt** es an einem gemäß Art. 104a Abs. 5 Satz 2 GG hinsichtlich der Haftung grundsätzlich vorgesehenen, aber nicht zwingend erforderlichen **Ausführungsgesetz**, wird eine **Beschränkung der Haftung** auf einen Kernbereich, und zwar entweder auf vorsätzliche oder auf schwerwiegende vorsätzliche und grob fahrlässig begangene Pflichtverletzungen (statt „einfaches", objektiv rechtswidriges Verhalten) gefordert.[47] Das **BSG** entscheidet über entsprechende Streitigkeiten im ersten und letzten Rechtszug, weil es sich insoweit um öffentlich-rechtliche Streitigkeit nicht verfassungsrechtlicher Art gemäß § 39 Abs. 2 Satz 1 SGG handelt.[48] Das Land Nordrhein-Westfalen etwa ordnet in § 7 Abs. 7 Satz 1 des Landesausführungsgesetzes zum Sozialgesetzbuch Zwölftes Buch (SGB XII) – Sozialhilfe – für das Land Nordrhein-Westfalen (AG-SGB XII NRW) vom 16.12.2004[49] an, dass die Sozialhilfeträger im Verhältnis zum Land für eine ordnungsmäßige Verwaltung im Sinne des Art. 104a Abs. 5 Satz 1 HS. 2 GG haften.

---

[43] BR-Drs. 455/12, S. 19.
[44] Vgl. auch § 46a Abs. 1 Satz 3 SGB XII i.d.F. bis 31.12.2011: „ohne Gutachtenkosten".
[45] BSG v. 15.12.2009 - B 1 AS 1/08 KL - BSGE 105, 100 m.N. zur Rspr. des BVerfG.
[46] BSG v. 15.12.2009 - B 1 AS 1/08 KL - BSGE 105, 100.
[47] BSG v. 15.12.2009 - B 1 AS 1/08 KL - BSGE 105, 100 m.N. zur Rspr. des BVerwG.
[48] BSG v. 15.12.2009 - B 1 AS 1/08 KL - BSGE 105, 100.
[49] GV. NRW, S. 816 i.d.F. des Gesetzes vom 05.03.2013, GV. NRW, S. 130, in Kraft getreten am 16.03.2013.

3. Zahlung der Erstattungen (Absatz 3)

44 Der Abruf der Erstattungen durch die Länder ist gemäß § 46a Abs. 3 **Satz 1** SGB XII jeweils zum 15.03., 15.06., 15.09. und 15.12. des jeweiligen Jahres zulässig. Die Bundesmittel für die Erstattungszahlungen werden somit **quartalsweise** zum Abruf durch die Länder bereitgestellt.[50] Dies bedeutet, dass die Länder jeweils zum Fünfzehnten der Monate März, Juni, September und Dezember im automatisierten Verfahren für das Haushalts-, Kassen- und Rechnungswesen des Bundes (HKR-Verfahren) die entsprechenden Mittel aus einem Titel im Einzelplan 11 des Bundeshaushaltes (Haushalt des Bundesministeriums für Arbeit und Soziales) zur Auszahlung anordnen können. Die erstmalige Auszahlung in einem Kalenderjahr ist damit ab dem 15.03. möglich.[51] Die Anregung des Bundesrates, „optional die Möglichkeit des monatlichen Abrufs oder des quartalsweisen Abrufs"[52] vorzusehen, um Zinsverluste durch die Vorfinanzierung zu vermeiden, wurde im weiteren Gesetzgebungsverfahren nicht umgesetzt.[53]

45 Die **Kostenbeteiligung bzw. -erstattung des Bundes** gegenüber den **Kommunen** als Sozialhilfeträger erfolgt über die **Länder**, weil es aus verfassungsrechtlichen Gründen zwischen Bund und Kommunen keine unmittelbare Finanzbeziehung geben kann.[54] Die Länder erstatten ihrerseits die Kostenbeteiligung an die Kommunen.

46 Soweit die Erstattung für Zahlungen geltend gemacht wird, die wegen des fristgerechten Eingangs beim Empfänger bereits am Ende eines Haushaltsjahres geleistet wurden, aber erst im nächsten Haushaltsjahr fällig werden, ist gemäß § 46a Abs. 3 **Satz 2** SGB XII die für das folgende Haushaltsjahr geltende Erstattung maßgeblich. Durch Satz 2 wird somit geregelt, welchem **Haushaltsjahr** Zahlungen der zuständigen Träger an Leistungsberechtigte am Ende eines Jahres **zuzuordnen** sind.[55] Nach der Zuordnung zum Haushaltsjahr richtet sich, in welchem Kalenderjahr die Leistung in die zu erstattenden Nettoausgaben eingeht. Da die Leistungen nach dem Vierten Kapitel SGB XII im Voraus gezahlt werden, werden die Leistungen für den Januar eines Jahres noch im Dezember des Vorjahres ausgezahlt. Nach § 46a Abs. 3 Satz 2 SGB XII sind diese Zahlungen nicht dem Jahr zuzuordnen, in dem sie gezahlt werden, sondern dem Jahr, für das sie gezahlt werden. Eine Zahlung im Dezember 2013 für einen Leistungsanspruch im Januar 2014 ist damit dem Haushaltsjahr 2014 zuzuordnen.[56]

4. Prüfung der Ausgaben durch die Länder (Absatz 4)

47 Die Länder gewährleisten gemäß § 46a Abs. 4 **Satz 1** SGB XII die Prüfung, dass die Ausgaben für Geldleistungen der für die Ausführung des Gesetzes nach diesem Kapitel zuständigen Träger begründet und belegt sind und den Grundsätzen für Wirtschaftlichkeit und Sparsamkeit entsprechen.

48 Die Länder haben dem Bundesministerium für Arbeit und Soziales gemäß § 46a Abs. 4 **Satz 2** SGB XII durch Nachweis der Bruttoausgaben jeweils für das Land sowie für die nach § 46b SGB XII zuständigen Träger insgesamt und darunter für
- Regelsatzleistungen nach § 42 Nr. 1 SGB XII,
- zusätzliche Bedarfe nach § 42 Nr. 2 SGB XII,
- Bedarfe nach § 42 Nr. 3 SGB XII, soweit sie auf Bedarfe nach § 34 Abs. 3 und 4 SGB XII entfallen,
- Unterkunftskosten nach § 42 Nr. 4 SGB XII,
- Darlehen nach § 42 Nr. 5 SGB XII sowie für
- die Einnahmen nach § 46a Abs. 2 Satz 2 SGB XII

in tabellarischer Form zu belegen.

49 Die Nachweise sind gemäß § 46a Abs. 4 **Satz 3** SGB XII jeweils zum Fünfzehnten der Monate Februar, Mai, August und November für das jeweils abgeschlossene Quartal einzureichen; jedoch erstmals für das erste Quartal 2015 zum 15.05.2015. Durch das Zweite Gesetz zur Änderung des Zwölften

---

[50] BR-Drs. 455/12, S. 19.
[51] Zum Vorstehenden BR-Drs. 455/12, S. 19.
[52] BR-Drs. 455/12 (B), S. 4.
[53] Vgl. BT-Drs. 17/11055, S. 4; BR-Drs. 696/12, S. 2 f. Ferner Stellungnahme des Deutschen Vereins zum Entwurf eines Gesetzes zur Änderung des Zwölften Buches Sozialgesetzbuch vom 10.08.2012 (Drs. 455/12), NDV 2012, 510.
[54] Vgl. *Falterbaum* in: Hauck/Noftz, SGB XII, K § 46a Rn. 1 und 17; *Steimer* in: Mergler/Zink, SGB XII, § 46a Rn. 4.
[55] BR-Drs. 455/12, S. 19.
[56] Zum Vorstehenden BR-Drs. 455/12, S. 19.

Buches Sozialgesetzbuch (2. SGBXIIÄndG) vom 01.10.2013[57] wurde mit Wirkung vom 09.10.2013 in § 46a Abs. 4 Satz 3 zweiter Halbsatz SGB XII die Angabe „2014" durch die Angabe „2015" ersetzt (hierzu Rn. 4). Die Länder haben dem Bundesministerium für Arbeit und Soziales für das jeweilige Vorquartal und damit für den Zeitraum, für den zuletzt Erstattungszahlungen aus dem Bundeshaushalt abgerufen worden sind, die Nachweise für das Land und die zuständigen Träger zu erbringen.[58]

Die Regelung des § 136 SGB XII (vgl. die Kommentierung zu § 136 SGB XII) ist als **Übergangsregelung** zu beachten. Sie vereinfacht angesichts der nicht ausreichenden Vorbereitungszeit für Länder und ausführende Träger bis zum Inkrafttreten des § 46a SGB XII zum 01.01.2013 die **für die Jahre 2013 und 2014 zu erbringenden Nachweise** soweit, dass die erforderlichen Daten bei den Trägern verfügbar sind und den Ländern fristgerecht gemeldet werden können.[59]   50

5. Nachweis der Ausgaben (Absatz 5)

Die Länder haben gemäß § 46a Abs. 5 **Satz 1** SGB XII erstmals für das Jahr 2015 die Nettoausgaben des jeweiligen Vorjahres bis zum 31.05. des Folgejahres nachzuweisen. Durch das Zweite Gesetz zur Änderung des Zwölften Buches Sozialgesetzbuch (2. SGBXIIÄndG) vom 01.10.2013[60] wurde mit Wirkung vom 09.10.2013 in § 46a Abs. 5 Satz 1 SGB XII die Angabe „2014" durch die Angabe „2015" ersetz (hierzu Rn. 4).   51

Dabei sind gemäß § 46a Abs. 5 **Satz 2** SGB XII die Ausgaben für Geldleistungen entsprechend der Untergliederung der Erhebungen nach § 128c Nr. 1-5, Nr. 6 lit. c und d und Nr. 7 SGB XII nachzuweisen. Die Regelungen des § 128c SGB XII, auf die der zum 01.01.2013 in Kraft getretene § 46a Abs. 5 SGB XII verweist, treten allerdings erst zum 01.01.2015 in Kraft.[61] Bis zum 31.12.2014 greift jedoch die Übergangsregelung des § 136 SGB XII (vgl. Rn. 54).   52

Gemäß § 46a Abs. 5 **Satz 3** SGB XII sind die Einnahmen nach § 46a Abs. 2 Satz 2 SGB XII nachzuweisen. Die Nachweise sind gemäß § 46a Abs. 5 **Satz 4** SGB XII jeweils in tabellarischer Form zu erbringen.   53

Die Regelung des § 136 SGB XII (vgl. die Kommentierung zu § 136 SGB XII) ist als **Übergangsregelung** zu beachten. Sie vereinfacht angesichts der nicht ausreichenden Vorbereitungszeit für Länder und ausführende Träger bis zum Inkrafttreten des § 46a SGB XII zum 01.01.2013 die **für die Jahre 2013 und 2014 zu erbringenden Nachweise** soweit, dass die erforderlichen Daten bei den Trägern verfügbar sind und den Ländern fristgerecht gemeldet werden können.[62]   54

---

[57] BGBl I 2013, 3733.
[58] BR-Drs. 455/12, S. 19.
[59] BT-Drs. 17/11382, S. 15.
[60] BGBl I 2013, 3733.
[61] So der Hinweis in der Stellungnahme des Deutschen Vereins zum Entwurf eines Gesetzes zur Änderung des Zwölften Buches Sozialgesetzbuch vom 10.08.2012 (Drs. 455/12), NDV 2012, 510.
[62] BT-Drs. 17/11382, S. 15.

§ 46b SGB XII Zuständigkeit

(Fassung vom 01.10.2013, gültig ab 01.01.2013)

(1) Die für die Ausführung des Gesetzes nach diesem Kapitel zuständigen Träger werden nach Landesrecht bestimmt, sofern sich nach Absatz 3 nichts Abweichendes ergibt.

(2) Die §§ 3, 6 und 7 sind nicht anzuwenden.

(3) ¹Das Zwölfte Kapitel ist nicht anzuwenden, sofern sich aus den Sätzen 2 und 3 nichts Abweichendes ergibt. ²Bei Leistungsberechtigten nach diesem Kapitel gilt der Aufenthalt in einer stationären Einrichtung und in Einrichtungen zum Vollzug richterlich angeordneter Freiheitsentziehung nicht als gewöhnlicher Aufenthalt; § 98 Absatz 2 Satz 1 bis 3 ist entsprechend anzuwenden. ³Für die Leistungen nach diesem Kapitel an Personen, die Leistungen nach dem Sechsten bis Achten Kapitel in Formen ambulanter betreuter Wohnmöglichkeiten erhalten, ist § 98 Absatz 5 entsprechend anzuwenden.

Gliederung

A. Basisinformationen 1
I. Textgeschichte/Gesetzgebungsmaterialien 1
II. Vorgängervorschriften 3
III. Parallelvorschriften 4
IV. Systematische Zusammenhänge 5
V. Ausgewählte Literaturhinweise 8
B. Auslegung der Norm 9
I. Regelungsgehalt und Bedeutung der Norm 9
II. Normzweck 11
III. Tatbestandsmerkmale/Rechtsfolgen 12
1. Bestimmung durch Landesrecht (Absatz 1) 12
2. Keine Anwendung der sachlichen Zuständigkeitsregelungen (Absatz 2) 13
3. Begrenzte Anwendung der örtlichen Zuständigkeitsregelungen (Absatz 3) 15

A. Basisinformationen

I. Textgeschichte/Gesetzgebungsmaterialien

1 § 46b SGB XII wurde durch das **Gesetz zur Änderung des Zwölften Buches Sozialgesetzbuch** vom 20.12.2012[1] mit Wirkung vom **01.01.2013** in das SGB XII eingefügt. Dieses Gesetz entspricht im Wesentlichen dem eingebrachten Gesetzentwurf der Bundesregierung[2]; Änderungen zu diesem Gesetzentwurf basieren auf der Beschlussempfehlung und dem Bericht des Ausschusses für Arbeit und Soziales[3].

2 Durch das **Zweite Gesetz zur Änderung des Zwölften Buches Sozialgesetzbuch** (2. SGBXIIÄndG) vom 01.10.2013[4] wurde **rückwirkend zum 01.01.2013** in Absatz 1 der Punkt am Ende durch die Wörter „sofern sich nach Absatz 3 nichts Abweichendes ergibt" ersetzt; in Absatz 2 wurden die Wörter „und das Zwölfte Kapitel" gestrichen. Ferner wurde der **Absatz 3 angefügt**. Dadurch hat die Gesetzgebung insbesondere den bis dahin bestehenden umfassenden Ausschluss der Anwendbarkeit der örtlichen Zuständigkeitsregelung des § 98 SGB XII korrigiert.[5]

II. Vorgängervorschriften

3 Die Grundsicherung im Alter und bei Erwerbsminderung war bis zum Inkrafttreten des SGB XII am 01.01.2005 im **Gesetz über eine bedarfsorientierte Grundsicherung im Alter und bei Erwerbsminderung (GSiG)**[6] geregelt.

---

[1] BGBl I 2012, 2783.
[2] BR-Drs. 455/12, S. 18 ff.
[3] BT-Drs. 17/11382. Vgl. BR-Drs. 696/12.
[4] BGBl I 2013, 3733.
[5] Zur Entstehungsgeschichte BT-Drs. 17/13662, S. 6 und BT-Drs. 17/14202, S. 5 f.
[6] Vom 26.06.2001, BGBl I 2001, 1310.

III. Parallelvorschriften

Eine direkte Parallelvorschrift zu § 46b SGB XII existiert nicht. Denn § 46b SGB XII normiert die **zuständigen Träger** für die Leistungen der **Grundsicherung im Alter und bei Erwerbsminderung** nach dem Vierten Kapitel des SGB XII. Erwerbs**fähige** Hilfebedürftige und Hilfebedürftige, welche die in der gesetzlichen Rentenversicherung maßgebliche Altersgrenze noch nicht erreicht haben, werden jedoch durch das Leistungssystem des **SGB II** erfasst (vgl. die §§ 7 Abs. 1, 8 Abs. 1, 19 Abs. 1 Satz 2 SGB II).

IV. Systematische Zusammenhänge

Die **Sozialhilfe** umfasst gemäß § 8 SGB XII insbesondere die
- Hilfe zum Lebensunterhalt (§§ 27-40 SGB XII) und die
- **Grundsicherung im Alter und bei Erwerbsminderung (§§ 41-46b SGB XII)**.

Die Norm des § 46b SGB XII ist Teil des Vierten Kapitels des SGB XII und damit Bestandteil der Regelungen über die **Grundsicherung im Alter und bei Erwerbsminderung**. Sie regelt dort, welche **Träger** für die Erbringung dieser Leistungen **zuständig** sind.

Sie ist daher eine **Sonderregelung** zu den **allgemeinen Zuständigkeitsregelungen** des § 3 SGB XII sowie der §§ 97-101 SGB XII (Zwölftes Kapitel).

V. Ausgewählte Literaturhinweise

Henneke, Ein Jahr danach: Was ist aus den Beschlüssen der Kommission zur Neuordnung der Kommunalfinanzen geworden?, Der Landkreis 2012, 286; *G. Kirchhoff*, Änderungen im Recht der Grundsicherung im Alter und bei Erwerbsminderung, SGb 2013, 441-447.

B. Auslegung der Norm

I. Regelungsgehalt und Bedeutung der Norm

§ 46b SGB XII wurde in das SGB XII eingefügt, weil der **Bund** den Ländern gemäß **§ 46a Abs. 1 SGB XII** im Jahr 2013 75% und damit einen mehr als hälftigen Anteil an den Ausgaben für die Leistungen der Grundsicherung im Alter und bei Erwerbsminderung nach dem Vierten Kapitel des SGB XII **erstattet** hatte; seit dem Jahr 2014 trägt der Bund diese Ausgaben zu 100%. Aufgrund dieser Ausgabenübernahme ist nach Art. 104a Abs. 3 Satz 2 GG **Bundesauftragsverwaltung gemäß Art. 85 GG** eingetreten.[7] Die Eigenverwaltung der Länder nach Art. 84 GG endete damit.

Dies hatte zur Folge, dass das bisher nach Art. 84 Abs. 1 Sätze 1 und 2 GG den Ländern zustehende Recht zur eigenständigen Behördeneinrichtung für diesen Vierten Teil des SGB XII ab dem 01.01.2013 nicht mehr (ohne weiteres) besteht. Denn gemäß Art. 85 Abs. 1 GG bleibt die Einrichtung der Behörden Angelegenheit der Länder, soweit nicht Bundesgesetze mit Zustimmung des Bundesrates etwas anderes bestimmen. Die Bestimmung der für die Ausführung des Vierten Kapitels SGB XII zuständigen Träger wird in § 46b Abs. 1 SGB XII den **Ländern** überlassen.[8] Eine anderweitige Bestimmung durch den Bund i.S.d. Art. 85 Abs. 1 GG erfolgt also nicht.

II. Normzweck

§ 46b SGB XII regelt, **welche Träger** für die Leistungen der Grundsicherung im Alter und bei Erwerbsminderung nach dem Vierten Kapitel des SGB XII **zuständig** sind.

III. Tatbestandsmerkmale/Rechtsfolgen

1. Bestimmung durch Landesrecht (Absatz 1)

Gemäß § 46b **Abs. 1** SGB XII werden die für die Ausführung des Vierten Kapitel des SGB XII **zuständigen Träger** nach **Landesrecht** bestimmt. Die Bestimmung der für die Ausführung des Vierten Kapitels SGB XII zuständigen Träger wird in § 46b Abs. 1 SGB XII damit „entsprechend der Grundregel des Art. 85 Abs. 1 GG"[9] den Ländern überlassen. Gemäß Art. 85 Abs. 1 GG bleibt die Einrichtung der Behörden Angelegenheit der Länder, soweit nicht Bundesgesetze mit Zustimmung des Bundesrates etwas anderes bestimmen. Von dieser Option hat der Bund hier keinen Gebrauch gemacht.

---

[7] BR-Drs. 455/12, S. 2. Hierzu *Henneke*, Der Landkreis 2012, 286, 289 f.

[8] BR-Drs. 455/12, S. 21.

[9] BR-Drs. 455/12, S. 21.

2. Keine Anwendung der sachlichen Zuständigkeitsregelungen (Absatz 2)

13 Gemäß § 46b Abs. 2 SGB XII sind die §§ 3, 6 und 7 SGB XII nicht anzuwenden.

14 § 46b **Abs. 2** SGB XII stellt nach der Gesetzesbegründung klar, dass sich die Regelungsbefugnis der Länder nach Absatz 1 auch auf die Regelungsinhalte der §§ 3, 6 und 7 SGB XII erstreckt.[10] Die Gesetzgebung hat dabei insbesondere die Vorschrift des § 3 SGB XII über die Träger der Sozialhilfe als – zusammen mit § 97 SGB XII – **sachliche Zuständigkeitsregelung** für unanwendbar erklärt[11] und damit insoweit für abweichendes Landesrecht Raum geschaffen. Die Länder haben die Möglichkeit, die in § 3 Abs. 1 SGB XII normierte Trennung von örtlichen und überörtlichen Trägern der Sozialhilfe aufzuheben.[12]

3. Begrenzte Anwendung der örtlichen Zuständigkeitsregelungen (Absatz 3)

15 Gemäß § 46b Abs. 3 **Satz 1** SGB XII ist das Zwölfte Kapitel (§§ 97 ff. SGB XII) – und damit insbesondere die Regelung des **§ 98 SGB XII** über die **örtliche Zuständigkeit** der Sozialhilfeträger – **nicht anzuwenden**, sofern sich aus seinen Sätzen 2 und 3 nichts Abweichendes ergibt.

16 Bei Leistungsberechtigten nach dem Vierten Kapitel des SGB XII (§§ 41 ff. SGB XII) gilt gemäß § 46b Abs. 3 **Satz 2** SGB XII der Aufenthalt in einer **stationären Einrichtung** und in **Einrichtungen zum Vollzug richterlich angeordneter Freiheitsentziehung** nicht als gewöhnlicher Aufenthalt; § 98 Abs. 2 Sätze 1 bis 3 SGB XII ist entsprechend anzuwenden. Gemäß § 98 Abs. 2 Satz 1 SGB XII ist für die stationäre Leistung der Träger der Sozialhilfe örtlich zuständig, in dessen Bereich die Leistungsberechtigten ihren gewöhnlichen Aufenthalt **im Zeitpunkt der Aufnahme** in die Einrichtung haben oder in den zwei Monaten vor der Aufnahme zuletzt gehabt hatten. Waren bei Einsetzen der Sozialhilfe die Leistungsberechtigten aus einer Einrichtung im Sinne des Satzes 1 in eine andere Einrichtung oder von dort in weitere Einrichtungen übergetreten oder tritt nach dem Einsetzen der Leistung ein solcher Fall ein, ist der gewöhnliche Aufenthalt, der für die **erste** Einrichtung maßgebend war, gemäß § 98 Abs. 2 Satz 2 SGB XII entscheidend.

17 Für die Leistungen nach dem Vierten Kapitel des SGB XII (§§ 41 ff. SGB XII) an Personen, die Leistungen nach dem Sechsten bis Achten Kapitel in Formen **ambulanter betreuter Wohnmöglichkeiten** erhalten, ist gemäß § 46b Abs. 3 **Satz 3** SGB XII die Regelung des § 98 Abs. 5 SGB XII entsprechend anzuwenden. Gemäß § 98 Abs. 5 Satz 1 SGB XII ist der Sozialhilfeträger örtlich zuständig, der **vor Eintritt** in diese Wohnform zuletzt zuständig war oder gewesen wäre.

18 § 46b SGB XII in seiner **Ursprungsfassung** (i.d.F. des Gesetzes zur Änderung des Zwölften Buches Sozialgesetzbuch vom 20.12.2012[13], vgl. Rn. 1) hatte noch angeordnet, dass das Zwölftes Kapitel des SGB XII (§§ 97 ff. SGB XII) **insgesamt** nicht anwendbar war. Damit war im Bereich der Leistungen der Grundsicherung im Alter und bei Erwerbsminderung auch § 98 SGB XII als Regelung der örtlichen Zuständigkeit insgesamt nicht anwendbar; insoweit war die Gesetzgebung über das (Regelungs-)Ziel hinausgeschossen und eine Regelungslücke entstanden.[14] Durch das Zweite Gesetz zur Änderung des Zwölften Buches Sozialgesetzbuch (2. SGBXIIÄndG) vom 01.10.2013[15] ist der bis dahin bestehende umfassende Ausschluss der Unabwendbarkeit auch von § 98 SGB XII durch § 46b SGB XII teilweise und **rückwirkend zum 01.01.2013 korrigiert** worden. Mit dieser Korrektur wird eine Spaltung der örtlichen Zuständigkeit beseitigt, zu der es durch § 46b SGB XII in seiner Ursprungsfassung kommen konnte bei stationärer Unterbringung außerhalb des Bundeslandes, in dem zuvor der gewöhnliche Aufenthalt war. Durch die Anwendung von § 98 SGB XII ist jetzt sichergestellt, dass auch bei einem Aufenthalt der Leistungsberechtigten in stationären Einrichtungen und in Einrichtungen zum Vollzug richterlich angeordneter Freiheitsentziehung sowie bei der Inanspruchnahme ambulant betreuter Wohnmöglichkeiten **stets eine einheitliche örtliche Zuständigkeit** besteht. Vgl. im Einzelnen die Kommentierung zu § 98 SGB XII.

---

[10] BR-Drs. 455/12, S. 21.

[11] Vgl. hierzu Stellungnahme des Deutschen Vereins zum Entwurf eines Gesetzes zur Änderung des Zwölften Buchs Sozialgesetzbuch vom 10.08.2012 (BR-Drs. 455/12), NDV 2010, 510. Vgl. zu § 3 Abs. 2 SGB XII *Henneke*, Der Landkreis 2012, 286, 290.

[12] *G. Kirchhoff* in: Hauck/Noftz, SGB XII, § 46b Rn. 7.

[13] BGBl I 2012, 2783.

[14] Vgl. hierzu *Blüggel* in: jurisPK-SGB XII, 1. Aufl. 2011, § 43b.

[15] BGBl I 2013, 3733.

Fünftes Kapitel: Hilfen zur Gesundheit

§ 47 SGB XII Vorbeugende Gesundheitshilfe

(Fassung vom 27.12.2003, gültig ab 01.01.2005)

¹Zur Verhütung und Früherkennung von Krankheiten werden die medizinischen Vorsorgeleistungen und Untersuchungen erbracht. ²Andere Leistungen werden nur erbracht, wenn ohne diese nach ärztlichem Urteil eine Erkrankung oder ein sonstiger Gesundheitsschaden einzutreten droht.

Gliederung

A. Basisinformation 1
I. Textgeschichte/Gesetzgebungsmaterialien 1
II. Vorgängervorschriften.. 3
III. Parallelvorschriften 4
IV. Systematische Zusammenhänge 5
V. Ausgewählte Literaturhinweise............................ 8

B. Auslegung der Norm 9
I. Regelungsgehalt und Bedeutung der Norm 9
II. Normzweck 10
III. Tatbestandsmerkmale.. 11
1. Leistungen nach Satz 1 11
2. Leistungen nach Satz 2 12

A. Basisinformation

I. Textgeschichte/Gesetzgebungsmaterialien

Die Vorschrift findet sich im Fünften Kapitel des SGB XII, in dem die Hilfen zur Gesundheit geregelt sind. Sie ist – wie das gesamte SGB XII – durch das Gesetz zur Einordnung des Sozialhilferechts in das Sozialgesetzbuch vom 27.12.2003[1] eingeführt worden und gem. Art. 70 Abs. 1 dieses Gesetzes zum **01.01.2005** in Kraft getreten.

§ 47 SGB XII stimmt überein mit der Fassung des ursprünglichen Gesetzentwurfes der Fraktionen SPD und Bündnis 90/Die Grünen (hier noch § 42)[2], die im Gesetzgebungsverfahren nicht mehr verändert wurde. Die eigenständige Regelung der vorbeugenden Gesundheitshilfe im SGB XII neben der Hilfe bei Krankheit wird mit deren besonderen Bedeutung begründet. Eine inhaltliche Änderung zu den Regelungen im BSHG sollte damit nicht verbunden sein.[3]

II. Vorgängervorschriften

§ 47 SGB XII entspricht **§ 37 Abs. 2 BSHG** in der Fassung des Art. 28 Nr. 3 des GMG vom 14.11.2003.[4] § 37 Abs. 2 BSHG in dieser Fassung ist vom 01.01.2004 bis 31.12.2004 in Kraft gewesen.

III. Parallelvorschriften

§ 40 SGB VIII sieht im Rahmen der **Kinder- und Jugendhilfe** einen Anspruch auf Krankenhilfe für seelisch behinderte Kinder und Jugendliche vor, dessen Umfang sich nach den §§ 47-52 SGB XII richtet. Nach § 10 Abs. 4 SGB VIII geht dieser Anspruch den Leistungen nach dem SGB XII vor.

IV. Systematische Zusammenhänge

Wer nach § 47 SGB XII leistungsberechtigt ist, ergibt sich zunächst aus der Anspruchsnorm des **§ 19 Abs. 3 SGB XII**, die verlangt, dass der Anspruchsteller und bestimmte mit ihm in einer Einsatzgemeinschaft lebende Personen im Rahmen der Vorschriften des Elften Kapitels des SGB XII (§§ 82-96 SGB XII) zunächst mit ihrem Einkommen und Vermögen einzustehen haben.

Im Übrigen ist § 47 SGB XII – wie die zentrale Regelung dieses Kapitels in § 48 SGB XII (Hilfen bei Krankheit) – im Zusammenhang mit den Vorschriften zur gesetzlichen und privaten **Krankenversicherung** zu sehen. Hilfen zur Gesundheit sind ausgeschlossen, soweit ein anderweitiger Schutz besteht. Wegen der Absicherung fast aller in Deutschland lebender Menschen durch eine Krankenversi-

---

[1] BGBl I 2003, 3022.
[2] BT-Drs. 15/1514, S. 15.
[3] Vgl. BT-Drs. 15/1514, S. 54 und 62 (zu § 42).
[4] BGBl I 2003, 2190.

cherung kommt der vorbeugenden Gesundheitshilfe, ebenso wie den anderen im Fünften Kapitel des SGB XII vorgesehenen Hilfen, praktisch keine Bedeutung mehr zu (ausführlich dazu vgl. die Kommentierung zu § 48 SGB XII Rn. 7 ff.). Auch eine „unechte Krankenversicherung" nach § 264 SGB V (vgl. die Kommentierung zu § 48 SGB XII Rn. 22 ff.) schließt solche Hilfen aus. Der Begriff „Krankenbehandlung" in § 264 Abs. 2 Satz 1 SGB V ist aus systematischen Gründen weit auszulegen.[5] Denn § 264 Abs. 4 SGB V verweist auf § 11 Abs. 1 SGB V, der alle Leistungen der §§ 20-52 SGB V, mithin auch vorbeugende Gesundheitshilfen i.S.v. § 47 SGB XII, umfasst. Besteht dennoch ausnahmsweise ein Anspruch unmittelbar nach § 47 SGB XII, entspricht dieser zudem gemäß § 52 Abs. 1 SGB XII den Leistungen der gesetzlichen Krankenversicherung.

7 Das EU-Koordinationsrecht enthält in **Art. 3 EGV 883/2004** einen Ausschlusstatbestand für medizinische Fürsorgeleistungen, so das der sachliche Anwendungsbereich für die EGV 883/2004 für Leistungen nach § 47 SGB XII nicht gegeben ist (vgl. die Kommentierung zu § 48 SGB XII Rn. 16).

V. Ausgewählte Literaturhinweise

8 Es wird auf die Literaturhinweise in der Kommentierung zu § 48 SGB XII Rn. 17 Bezug genommen.

B. Auslegung der Norm

I. Regelungsgehalt und Bedeutung der Norm

9 § 47 SGB XII normiert in Satz 1 als vorbeugende Gesundheitshilfen einen Rechtsanspruch auf medizinische Vorsorgeleistungen und Untersuchungen. Darüber hinaus enthält Satz 2 eine Öffnungsklausel für weitere Leistungen, wenn nach ärztlichem Urteil die Gefahr einer Krankheit oder eines sonstigen Gesundheitsschadens droht.

II. Normzweck

10 Die vorbeugende Gesundheitshilfe nach § 47 SGB XII ist dem verfassungsrechtlichen Anspruch auf staatliche Gewährleistung einer Versorgung bei Krankheit (vgl. dazu die Kommentierung zu § 48 SGB XII Rn. 19) vorgelagert. Sie betrifft die Verhütung und Früherkennung von Krankheiten. Dieser Leistungszweck wird in der Vorschrift direkt bezeichnet. Der in allgemeiner Form in § 15 Abs. 1 SGB XII formulierte präventive Charakter von Sozialhilfe wird durch § 47 SGB XII für die Hilfen zur Gesundheit konkretisiert.

III. Tatbestandsmerkmale

1. Leistungen nach Satz 1

11 § 47 Satz 1 SGB XII benennt zum einen Leistungen zur Verhütung von Krankheiten und damit einen Teilbereich der im Dritten Abschnitt des **SGB V** (§§ 20-24b SGB V) geregelten Präventions- und Vorsorgeleistungen. Zum anderen werden Leistungen zur Früherkennung von Krankheiten bezeichnet, was den Leistungen des Vierten Abschnittes des SGB V (Gesundheitsuntersuchungen nach § 25 SGB V und Kinderuntersuchungen nach § 26 SGB V) entspricht. Bei den nicht in Bezug genommenen Leistungen des Dritten Abschnitts des SGB V handelt es sich überwiegend um Vorsorge- und Präventionsleistungen für Gruppen, die nicht individuell zu erbringen sind und deshalb als Leistungen nach § 47 SGB XII nicht in Betracht kommen.[6] Damit verbleiben aus dem Leistungskatalog des Dritten Abschnitts des SGB V die Leistungen zur Verhütung der Zahnerkrankungen als Individualprophylaxe nach § 22 SGB V, medizinische Vorsorgeleistungen nach § 23 SGB V und Leistungen zur medizinischen Vorsorge für Mütter und Väter nach § 24 SGB V. Wegen der Einzelheiten dieser vorbeugenden Leistungen wird auf die Kommentierungen zum SGB V verwiesen.

2. Leistungen nach Satz 2

12 Soweit über die Leistungen zur Verhütung und Früherkennung von Krankheiten nach Satz 1 hinaus nach Satz 2 noch andere Leistungen erbracht werden, kann es sich hierbei im Hinblick auf § 52 Abs. 1 SGB V auch nur um Leistungen handeln, die den Leistungen der Krankenversicherung entsprechen,

---

[5] So *Baierl* in: jurisPK-SGB V, § 264 Rn. 26; vgl. auch BSG v. 28.10.2008 - B 8 SO 23/07 R - juris Rn. 35 - BSGE 102, 10-21.

[6] Vgl. *Ottersbach* in: Jahn, SGB XII, § 47 Rn. 10, *Flint* in: Grube/Wahrendorf, SGB XII, § 47 Rn. 3.

also auch im Leistungskatalog des SGB V enthalten sind.[7] In Betracht kommen deshalb allenfalls weitere nach dem Dritten Abschnitt des SGB V individuell zur erbringende Leistungen zur Prävention und Selbsthilfe. Solche sind etwa Leistungen für Schutzimpfungen nach § 20d SGB V und Präventionsleistungen nach § 20 Abs. 1 Satz 1 SGB V. Da es sich bei den Präventionsleistungen um Satzungsleistungen der Krankenkassen handelt, steht die Erbringung dieser Leistung gem. § 52 Abs. 1 Satz 2 SGB XII im Ermessen der Sozialleistungsträger (vgl. die Kommentierung zu § 52 SGB XII Rn. 15).

13 § 47 Satz 2 SGB XII verlangt darüber hinaus, dass ohne die Leistungen „nach ärztlichem Urteil" eine Erkrankung oder ein Gesundheitsschaden einzutreten droht. Erforderlich ist eine ärztliche Prognose. Eine besondere verfahrensrechtliche Obliegenheit des Hilfeempfängers zur Vorlage eines Attests ist der Regelung indes nicht zu entnehmen. Die Anspruchsvoraussetzungen sind nach Maßgabe des § 20 SGB X aufzuklären.

14 Soweit im Dritten Abschnitt des SGB V auch Leistungen zur Empfängnisverhütung und wegen Schwangerschaftsabbruchs und Sterilisation aufgeführt sind, werden diese Leistungen nicht von § 47 SGB XII umfasst. Insoweit enthalten die §§ 49-51 SGB XII speziellere Sonderregelungen, was im Hinblick auf § 52 Abs. 1 SGB XII allerdings ohne Bedeutung ist. Für den Fall des Schwangerschaftsabbruches sind ergänzend die Regelungen des Schwangerschaftshilfegesetzes (SchwHG) vom 21.08.1995[8] heranzuziehen.[9]

---

[7] Vgl. *Schlette* in: Hauck/Noftz, SGB XII, K § 47 Rn. 14; für einen weitergehenden Leistungsanspruch *Flint* in: Grube/Wahrendorf, SGB XII, § 47 Rn. 4.
[8] BGBl I 1995, 1050.
[9] Dazu *Bieritz-Harder* in: LPK-SGB XII, Anhang zu § 48 Rn. 1 ff.

§ 48 SGB XII Hilfe bei Krankheit

(Fassung vom 27.12.2003, gültig ab 01.01.2005)

¹Um eine Krankheit zu erkennen, zu heilen, ihre Verschlimmerung zu verhüten oder Krankheitsbeschwerden zu lindern, werden Leistungen zur Krankenbehandlung entsprechend dem Dritten Kapitel Fünften Abschnitt Ersten Titel des Fünften Buches erbracht. ²Die Regelungen zur Krankenbehandlung nach § 264 des Fünften Buches gehen den Leistungen der Hilfe bei Krankheit nach Satz 1 vor.

Gliederung

A. Basisinformation 1	II. Normzweck 19
I. Textgeschichte/Gesetzgebungsmaterialien 1	III. Tatbestandsmerkmale 20
II. Vorgängervorschriften 3	1. Leistungsziel und -umfang nach Satz 1 20
III. Parallelvorschriften 4	2. Vorrang der Regelungen zur Krankenbehandlung nach § 264 SGB V 22
IV. Systematische Zusammenhänge 6	
V. Ausgewählte Literaturhinweise 17	3. Ausgleich von Leistungseinschränkungen der gesetzlichen Krankenversicherung? 33
B. Auslegung der Norm 18	
I. Regelungsgehalt und Bedeutung der Norm 18	**C. Praxishinweise** 38

A. Basisinformation

I. Textgeschichte/Gesetzgebungsmaterialien

1 Die Vorschrift findet sich im Fünften Kapitel des SGB XII, in dem die Hilfen zur Gesundheit geregelt sind. Sie ist – wie das gesamte SGB XII – durch das Gesetz zur Einordnung des Sozialhilferechts in das Sozialgesetzbuch vom 27.12.2003[1] eingeführt worden und gem. Art. 70 Abs. 1 dieses Gesetzes zum **01.01.2005** in Kraft getreten.

2 § 48 Satz 1 SGB XII stimmt überein mit der Fassung des ursprünglichen Gesetzentwurfes der Fraktionen SPD und Bündnis 90/Die Grünen (hier noch § 43), in dem zur Begründung auf § 37 BSHG hingewiesen wird.[2] Satz 2 ist ohne weitere Begründung auf Empfehlung des Vermittlungsausschusses angefügt worden.[3]

II. Vorgängervorschriften

3 § 48 SGB XII entspricht **§ 37 Abs. 1 BSHG** in der Fassung des Art. 28 Nr. 3 des Gesetzes zur Modernisierung der gesetzlichen Krankenversicherung (GMG) vom 14.11.2003[4]. § 37 Abs. 1 BSHG in dieser Fassung ist vom 01.01.2004-31.12.2004 in Kraft gewesen.[5] Die in § 37 Abs. 2 BSHG enthaltene Regelung der vorbeugenden Gesundheitshilfe hat durch § 47 SGB XII eine eigenständige Regelung erhalten, allerdings ohne inhaltliche Änderung (vgl. die Kommentierung zu § 47 SGB XII Rn. 2 f.).

III. Parallelvorschriften

4 § 40 SGB VIII sieht im Rahmen der **Kinder- und Jugendhilfe** einen Anspruch auf Krankenhilfe für seelisch behinderte Kinder und Jugendliche vor, dessen Umfang sich nach den §§ 47-52 SGB XII richtet. Nach § 10 Abs. 4 SGB VIII geht dieser Anspruch den Leistungen nach dem SGB XII vor.

5 Das **SGB II** enthält keine Parallelvorschriften zu § 48 SGB XII und den weiteren Hilfen zur Gesundheit. Bezieher von Grundsicherungsleistungen nach dem SGB II waren bis zum 31.12.2008 ausnahmslos aufgrund des mit dem SGB II in Kraft getretenen § 5 Abs. 1 Nr. 2a SGB V in der gesetzlichen Krankenversicherung pflichtversichert. Die seit dem 01.01.2009 nach § 5 Abs. 5a SGB V geltenden Ausnahmen betreffen nur Personen, die sich privat versichern müssen.[6] Lediglich für Anspruchsberechtigte nach dem SGB II, die nur deshalb keine Leistungen beziehen, weil sie keinen Antrag gestellt ha-

---

[1] BGBl I 2003, 3022.
[2] Vgl. BT-Drs. 15/1514, S. 15 und 62 (zu § 43).
[3] BT-Drs. 15/2260, S. 4.
[4] BGBl I 2003, 2190.
[5] Zur Entwicklungsgeschichte der Norm: *Hammel*, ZFSH/SGB 2004, 323 ff.
[6] Vgl. *Marlow/Spuhl*, VersR 2009, 593, 594.

ben, kann grundsätzlich ein Anspruch auf Hilfen zur Gesundheit bestehen.[7] Dem dürfte nur theoretische Bedeutung zukommen, weil in diesen Fällen in der Regel eine Versicherungspflicht nach § 5 Abs. 1 Nr. 13 SGB V besteht (vgl. näher dazu Rn. 10).

IV. Systematische Zusammenhänge

Wer nach § 48 SGB XII leistungsberechtigt ist, ergibt sich zunächst aus der Anspruchsnorm des **§ 19 Abs. 3 SGB XII**, die verlangt, dass der Leistungsberechtigte und bestimmte mit ihm in einer Einsatzgemeinschaft lebende Personen im Rahmen der Vorschriften des Elften Kapitels des SGB XII (§§ 82-96 SGB XII) zunächst mit ihrem Einkommen und Vermögen einzustehen haben.

6

§ 48 SGB XII ist des Weiteren im Zusammenhang mit den Regelungen der gesetzlichen und privaten **Krankenversicherung** zu sehen. In § 2 SGB XII (so genannter **Nachranggrundsatz**) wird bestimmt, dass Sozialhilfe nicht erhält, wer sich selbst helfen kann oder wer die erforderliche Leistung von anderen, etwa von Trägern anderer Sozialleistungen, erhält. Deshalb sind Hilfen zur Gesundheit nach dem Fünften Kapitel des SGB XII ausgeschlossen, wenn anderweitiger Krankenversicherungsschutz besteht.[8] Darüber hinaus ist von den Hilfeempfängern, die nicht gesetzlich krankenversichert sind, zu verlangen, eine private Krankenversicherung zum Basistarif abzuschließen.[9] Denn hierzu sind diese unter bestimmten Voraussetzungen seit dem 01.01.2009 unabhängig von § 2 SGB XII gesetzlich verpflichtet. Eine Verletzung dieser Pflicht schließt allerdings für zurückliegende Zeiträume den Leistungsanspruch nicht aus (vgl. Rn. 9 f.). Durch das Gesetz zur Stärkung des Wettbewerbes in der gesetzlichen Krankenversicherung (GKV-WSG) vom 26.03.2007[10] ist ganz konkret damit begonnen worden, für alle in Deutschland lebende Menschen Versicherungsschutz in der gesetzlichen oder privaten Krankenversicherung zu gewährleisten.[11] Seitdem sind von den rund 188.000 Personen (Stand 2003), die keinen Krankenversicherungsschutz hatten,[12] zum 01.05.2009 zusätzlich circa 140.000 Personen in der gesetzlichen Krankenversicherung und weitere 24.000 Personen zusätzlich in der privaten Krankenversicherung versichert.[13] Dementsprechend ist die Zahl der Personen, die Hilfen zur Gesundheit nach dem SGB XII erhalten naben, auch nach 2008[14] weiter zurückgegangen. So wurden solche Hilfen im Laufe des Jahres 2012 nur noch an 28.862 (2009: 32.670; 2010: 30.287; 2011: 29.815) Personen geleistet, am Jahresende 2012 betrug die Zahl der Hilfeempfänger 13.805 (2009: 15.369; 2010: 13.329; 2011: 13.114).[15] Hilfen zur Gesundheit haben somit vor allem wegen der Absicherung einer zunehmenden Zahl von Bürgern durch eine Krankenversicherung kaum noch praktische Bedeutung.[16] So geht das Bundesministerium für Arbeit und Soziales davon aus, dass längerfristig sogar alle Sozialhilfebezieher über eine Krankenversicherung verfügen werden.[17] Zu Recht wird daher bezweifelt, dass das System der Hilfen zur Gesundheit im SGB XII sozialpolitisch sinnvoll und wirtschaftlich ist.[18]

7

Versicherungsschutz in der gesetzlichen Krankenversicherung besteht bei **Versicherungspflicht** nach § 5 SGB V, **freiwilliger Versicherung** nach § 9 SGB V oder **Familienversicherung** nach § 10 SGB V.[19] Entsprechende Regelungen enthält das Zweite Gesetz über die Krankenversicherung der Landwirte (KVLG 1989). Darüber hinaus haben nach § 264 Abs. 1 und insbesondere nach § 264 Abs. 2 SGB V (so genannte **unechte Krankenversicherung**, vgl. dazu Rn. 22 ff.) die Krankenkassen unter bestimmten Voraussetzungen für nicht gesetzlich Versicherte die Kosten zu übernehmen. Auch

8

---

[7] So BSG v. 19.05.2009 - B 8 SO 4/08 R - BSGE 103, 178-181.
[8] Instruktiv zur „Absicherung bei Krankheit" das Schaubild von *Löcher*, ZfS 2006, 78, 81.
[9] So zu Recht LSG Potsdam v. 23.10.2009 - L 23 SO 148/09 B ER.
[10] BGBl I 2007, 378.
[11] Vgl. BT-Drs. 16/3100, S. 1, 85 und i.E. dazu *Schlegel*, jurisPR-SozR 4/2007, Anm. 4.
[12] Vgl. BT-Drs. 16/3100, S. 94.
[13] Vgl. Bundesministerium für Arbeit und Soziales, Sozialbericht 2009, S. 119; zu den Auswirkungen des GKV-WSG vgl. auch *Greß/Walendzik/Wasem*, SF 2009, 147 ff.
[14] Vgl. zur Entwicklung bis 2008 die Vorauflage, Rn. 7.
[15] Recherchiert über das Informationssystem der Gesundheitsberichterstattung des Bundes, www.gbe-bund.de.
[16] Vgl. *Schlette* in: Hauck/Noftz, SGB XII, K § 48 Rn. 14; *Fichtner/Wenzel*, SGB XII, vor § 47 Rn. 3 f.; *Bieritz-Harder/Birk* in: LPK-SGB XII, § 48 Rn. 4.; BSG v. 15.11.2012 - B 8 SO 6/11 R - Rn. 20; vgl aber auch *Bieritz-Harder*, ZFSH/SGB 2012, 514 ff., zu dem dennoch notwendigen „Notfallnetz".
[17] Bundesministerium für Arbeit und Soziales, Sozialbericht 2009, S. 159.
[18] Vgl. *Ottersbach* in: Jahn, SGB XII, Vorbem. zum Fünften Kapitel Rn. 9b.
[19] Dazu im Einzelnen *Felix* in: jurisPK-SGB V, § 5 Rn. 1 ff. und § 10 Rn. 1 ff.; *Baierl* in: jurisPK-SGB V, § 9 Rn. 1 ff.

diese Leistungen gehen – wie durch § 48 Satz 2 SGB XII klargestellt wird – den Hilfen bei Krankheit vor. Aufwendungen der Krankenkassen werden im Rahmen des § 264 Abs. 7 SGB V vom Träger der Sozialhilfe erstattet.

9   Hervorzuheben aus dem Katalog der Versicherungspflichttatbestände in der gesetzlichen Krankenversicherung ist **§ 5 Abs. 1 Nr. 13 SGB V**. Diese erst durch das bereits angesprochene GKV-WSG eingefügte und am 01.04.2007 in Kraft getretene **Auffangregelung** regelt, dass Personen, die keinen anderweitigen Anspruch auf Absicherung im Krankheitsfall haben, auch wenn sie bisher nicht gesetzlich oder privat krankenversichert waren, Mitglied in der gesetzlichen Krankenversicherung werden.[20] Ausgeschlossen ist diese Möglichkeit zwar für hauptberuflich selbstständig Erwerbstätige und für die nach § 6 Abs. 1 oder 2 SGB V versicherungsfreie Personengruppe. Diese Personen haben allerdings seit dem 01.01.2009 die Verpflichtung, eine **private Krankenversicherung** – zum so genannten **Basistarif** – abzuschließen (§ 193 Abs. 3 VVG).[21] Bereits vor dem 01.01.2009 bestand für diese Gruppe seit dem 01.07.2007 die Möglichkeit, gem. §§ 315, 257 Abs. 2a SGB V Versicherungsschutz in einem „Standardtarif" zu verlangen.[22] Versicherungsverträge zum Standardtarif wurden zum 01.01.2009 auf den Basistarif umgestellt (§ 315 Abs. 4 SGB V). Dieser Basistarif muss nach § 12 Abs. 1a VAG Vertragsleistungen enthalten, die in Art, Umfang und Höhe den Leistungen nach dem Dritten Kapitel des SGB V vergleichbar sind, d.h. den Leistungen der gesetzlichen Krankenversicherung entsprechen. Hat der Berechtigte trotz der bestehenden Verpflichtung den Abschluss einer privaten Krankenversicherung unterlassen, steht dies allerdings einem Leistungsanspruch nach dem SGB XII für die Vergangenheit nicht entgegen.[23] Versicherungsschutz kann erst ab Vertragsbeginn eintreten, so dass auch erst ab diesem Zeitpunkt ein bereites Mittel zur Selbsthilfe gegeben ist.[24] Bei schuldhaften Verhalten dürfte indes ein Kostenersatzanspruch des Trägers nach § 103 SGB XII entstehen.

10 Versicherungspflicht nach § 5 Abs. 1 Nr. 13 SGB V kann nicht eintreten, solange laufende Leistungen nach dem Dritten, Vierten, Sechsten und Siebten Kapitel des SGB XII bezogen oder nur für weniger als einen Monat nicht bezogen werden (**§ 5 Abs. 8a Sätze 1 und 2 SGB V**). Auch die Verpflichtung nach § 193 Abs. 3 VVG zum Abschluss einer privaten Krankenversicherung tritt beim Bezug laufender Leistungen nach dem SGB XII nicht ein (§ 193 Abs. 1 Satz 2 Nr. 4 VVG). Von Bedeutung konnten diese Einschränkungen noch für laufende Fälle in einem **Übergangszeitraum** sein. Nach der Unterbrechung des Bezugs laufender Leistungen nach dem Dritten, Vierten, Sechsten und Siebten Kapitel des SGB XII für einen Zeitraum von mehr als einen Monat nach dem 01.01.2009 oder bei Neubeginn eines solchen Leistungsbezugs besteht bei jeder vom Anwendungsbereich des SGB XII umfassten Person Krankenversicherungsschutz in der gesetzlichen oder privaten Krankenversicherung.[25] Insoweit ist durch § 190 Abs. 13 Satz 2 SGB V klargestellt, dass für Versicherte nach § 5 Abs. 1 Nr. 13 SGB V, die erneut Leistungen nach dem Dritten, Vierten, Sechsten oder Siebten Kapitel des SGB XII beziehen, der Versicherungsschutz bestehen bleibt.[26]

11 Das BSG hat aus Wortlaut, Gesetzessystematik und Zweck der Versicherungspflicht nach § 5 Abs. 1 Nr. 13 SGB V abgeleitet, dass es sich bei dieser Versicherungspflicht um eine Auffangversicherung handelt, die **keine Verschiebung der Leistungsverantwortung von den Sozialhilfeträgern zur Solidargemeinschaft** der in der gesetzlichen Krankenversicherung Versicherten bewirken soll. Für den diese Auffangversicherungspflicht ausschließenden „Empfang" laufender Leistungen im Sinne von § 5 Abs. 8a Satz 2 SGB V kommt es deshalb auf den vom Sozialhilfeträger durch Verwaltungsakt bestimmten und zuerkannten Beginn des Leistungsanspruchs an, nicht hingegen auf den Zeitpunkt der Entscheidung, der von Zufälligkeiten abhängen kann.[27]

12 Personen, die bis zum 01.04.2007 nur einen Anspruch auf Gewährung von Krankenhilfe nach § 48 SGB XII hatten und keine laufenden Leistungen nach dem Dritten, Vierten, Sechsten und Siebten Kapitel des SGB XII bezogen haben, sind ebenfalls in der gesetzlichen Krankenversicherung nach § 5

---

[20] Vgl. *Felix* in: jurisPK-SGB V, § 5 Rn. 92 ff.
[21] Vgl. dazu *Marlow/Spuhl*, VersR 2009, 593 ff.; *Bieritz-Harder*, ZFSH/SGB 2012, 514, 516 ff.; zur Verfassungsmäßigkeit der Regelung, BVerfG v. 10.06.2009 - 1 BvR 706/08 u.a. - NZS 2009, 436.
[22] Vgl. *Geiger*, info also 2007, 199, 204; ausführlich dazu *Gutzler* in: jurisPK-SGB V, § 315 Rn. 1 ff.
[23] So auch BSG v. 19.05.2009 - B 8 SO 4/08 R - BSGE 103, 178-181 zur unterlassenen Antragstellung nach dem SGB II; vgl. auch *Bieritz-Harder*, ZFSH/SGB 2012, 514, 518.
[24] Unklar insoweit LSG Potsdam v. 23.10.2009 - L 23 SO 148/09 B ER.
[25] Vgl. Bundesministerium für Arbeit und Soziales, Sozialbericht 2009, S. 159.
[26] Vgl. *Felix* in: jurisPK-SGB V, § 190 Rn. 37.
[27] So BSG v. 06.10.2010 - B 12 KR 25/09 R; dem folgend LSG Essen v. 19.04.2012 - L 5 KR 361/10.

Abs. 1 Nr. 13 SGB V versicherungspflichtig. § 5 Abs. 8a Satz 2 SGB V nimmt Leistungsempfänger, die nur Hilfen zur Gesundheit nach dem Fünften Kapitel des SGB XII beziehen, nämlich ausdrücklich aus von der Rechtsfolge, dass keine Versicherungspflicht eintritt.[28] Bei alleiniger Gewährung von Krankenhilfe nach § 48 SGB XII liegt kein anderweitiger Krankenversicherungsschutz im Sinne von § 5 Abs. 1 Nr. 13 SGB V vor. Deshalb sind reine Krankenhilfefälle zum 01.04.2007 in die **Zuständigkeit der Krankenkasse übergegangen**, wenn zuvor ein versicherungsfreier Zustand oder eine frühere Mitgliedschaft in der gesetzlichen Krankenversicherung bestanden hat.

Fragen im Zusammenhang mit der Gesundheitsversorgung von Sozialhilfeberechtigten werden deshalb künftig, wie zahlreiche Entscheidungen des BSG und der Instanzgerichte belegen, eher die **Versicherungspflicht** in der (gesetzlichen) Krankenversicherung[29] oder die **Beitragsübernahme**[30] betreffen. Grundlage für die Übernahme von Beiträgen zur gesetzlichen und privaten Krankenversicherung ist § 32 SGB XII.[31] Ob und in welchem Umfang Versicherungsschutz in der gesetzlichen Krankenversicherung besteht, ist anhand des SGB V zu bestimmen.[32] Streitigkeiten mit privaten Krankenversicherungen sind privatrechtlicher Art, für die der Sozialrechtsweg nicht eröffnet ist.

13

Zu erwähnen in diesem Zusammenhang ist das **Gesetz zur Beseitigung sozialer Überforderung bei Beitragsschulden** in der Krankenversicherung vom 15.07.2013[33]. Hiermit hat der Gesetzgeber auf das zunehmend anzutreffende Phänomen reagiert, dass insbesondere Pflichtversicherte nach § 5 Abs. 1 Nr. 13 SGB V, aber auch Privatversicherte, Beitragsschulden aufgehäuft hatten, zu deren Begleichung sie kaum mehr in der Lage waren. Dem ist der Gesetzgeber mit einer Abschaffung des 5%igen Säumniszuschlages und verschiedenen Regelungen zur Ermäßigung und dem Erlass von Beitragsschulden begegnet.[34]

14

Problemfälle zum **Umfang der Ansprüche** auf Hilfen zur Gesundheit werden sich innerhalb des SGB XII kaum mehr stellen. Denn nach § 52 Abs. 1 Satz 1 SGB V, der die bezweckte systematische Verschränkung von Leistungen der gesetzlichen Krankenversicherung und den Hilfen zur Gesundheit unterstreicht, entsprechen die Hilfen nach den §§ 47-51 SGB XII den Leistungen der gesetzlichen Krankenversicherung. Danach sind Hilfen zur Gesundheit über den Leistungsumfang der gesetzlichen Krankenversicherung hinaus nicht mehr zulässig.[35] Für die Hilfen bei Krankheit ergibt sich das bereits unmittelbar aus § 48 SGB XII.

15

Nach dem **EU-Koordinationsrecht** handelt es sich bei den Hilfen zur Gesundheit nach dem Fünften Kapitel des SGB XII zwar grundsätzlich um koordinationsfähige Leistungen i.S.v. Art. 3 Abs. 1 a) der EGV 883/2004 (Leistungen bei Krankheit). Doch enthält Art. 3 Abs. 5 EGV 883/2004 einen Ausschlusstatbestand für die „medizinische Fürsorge". Um solche medizinischen Fürsorgeleistungen handelt es sich bei den Hilfen zur Gesundheit nach dem SGB XII zweifellos, so dass der sachliche Anwendungsbereich für das EGV 883/2004 nicht gegeben ist.[36]

16

---

[28] St. Rechtsprechung des BSG, zuletzt BSG v. 20.03.2013 - B 12 KR 8/10 R; BSG v. 03.07.2013 - B 12 KR 2/11 R - jew. m.w.N.

[29] Vgl. BSG v. 06.10.2010 - B 12 KR 25/09 R; BSG v. 21.12.2011 - B 12 KR 13/10 R; BSG v. 20.03.2013 - B 12 KR 8/10 R; LSG Essen v. 17.09.2009 - L 16 (5) KR 206/08 und LSG Essen v. 19.11.2009 - L 16 (11) KR 54/08; LSG Stuttgart v. 26.01.2010 - L 11 KR 2274/09; LSG Essen v. 18.05.2011 - L 12 SO 60/09, jeweils zu § 5 Abs. 1 Nr. 13 SGB V; LSG Essen v. 20.06.2011 - L 20 SO 488/10, auch zu § 193 Abs. 3 Satz 1 VVG.

[30] Vgl. BSG v. 10.11.2011 - B 8 SO 21/10 R; LSG Hessen v. 14.12.2009 - L 7 SO 165/09 B ER; LSG NRW v. 18.12.2009 - L 9 B 49/09 SO ER - SAR 2010, 14-16, jeweils zur Angemessenheit der zu übernehmenden Beiträge i.S.d. § 32 Abs. 5 SGB XII; dazu auch *Geiger*, info also 2008, 147 ff.; *Klerks*, info also 2009, 153 ff.; *Wagner*, jurisPR-SozR 8/2010, Anm. 1.

[31] Allgemein dazu vgl. die Kommentierung zu § 32 SGB XII Rn. 21 ff.; BSG v. 15.11.2012 - B 8 SO 3/11 R.

[32] Instruktiv dazu LSG Essen v. 25.05.2009 - L 20 SO 86/08 - SAR 2009, 122-124.

[33] BGBl I 2013, 2434.

[34] Vgl. zu den Einzelheiten *Schlegel*, jurisPR-SozR 16/2013, Anm. 1; *Algermissen*, NZS 2013, 881 ff.; *Geiger*, info also 2014, 3 ff.

[35] Näher dazu Rn. 33 ff. und die Kommentierung zu § 52 SGB XII Rn. 12 f.; vgl. auch *Fahlbusch*, RsDE 69 (2009), 47 ff.; *Böttiger*, Sozialrecht aktuell 2008, 203, 204, 209 f.

[36] Ausführlich dazu *Fuchs*, NZS 2013, 401 ff.

V. Ausgewählte Literaturhinweise

17 *Bieritz-Harder*, Die „Hilfen zur Gesundheit" nach dem SGB XII – Ein Notfallnetz für Lücken im Krankenversicherungsschutz, ZFSH/SGB 2012, 514-518; *Böttiger*, Ärztlich verordnete Verhütungsmittel als GKV-ergänzende Sozialhilfeleistungen?, Sozialrecht aktuell 2008, 203-210; *Ebsen*, Armut und Gesundheit, SDSRV Bd. 96 (2007), 133-149; *Fahlbusch*, Sozialhilfe als Ausfallbürge im Krankheitsfall?, RsDE 69 (2009), 47-57; *Fuchs*, Der koordinationsrechtliche Ausschlusstatbestand der medizinischen Fürsorge, NZS 2013, 401 ff.; *Geiger*, Auswirkungen des Gesetzes zur Stärkung des Wettbewerbs in der gesetzlichen Krankenversicherung für (ehemalige) Alg I und Hilfebedürftige nach dem SGB II/SGB XII, info also 2007, 199-205; *Geiger*, Krankenversicherungsschutz mit Schuldenfalle – Probleme der Beitragsbelastung in der Auffangversicherung nach § 5 Abs 1 Nr 13 SGB V, info also 2008, 147-150; *Geiger*, Neue Regelungen zum nahtlosen Krankenversicherungsschutz, info also 2014, 3-7; *Greß/Walendzik/Wasem*, Auswirkungen der Maßnahmen gegen Nichtversicherte im GKS-WSG – Eine Zwischenbilanz, SF 2009, 147-154; *Hammel*, Zur Hilfe bei Krankheit bei mittellosen Personen, ZFSH/SGB 2004, 323-345; *Harich*, Krankheitsbedingte Ansprüche im SGB XII und im SGB II, SGb 2012, 584 ff.; *Kostorz/Wahrendorf*, Hilfen bei Krankheit für Sozialhilfeempfänger, ZFSH/SGB 2004, 387-395; *Löcher*, Hilfen zur Gesundheit, ZfS 2006, 78-83; *Marlow/Spuhl*, Die Neuregelungen der privaten Krankenversicherung durch das VVG, VersR 2009, 593-606; *Neumann*, Das medizinische Existenzminimum zwischen Sozialhilfe und Krankenversicherung, RsDE 68 (2008), 1-16; *Wendtland*, Die Gesundheitsversorgung der Empfänger staatlicher Fürsorgeleistungen zur Sicherung des Lebensunterhalts, ZSR 2007, 423-446; *Wenner*, Rationierung, Priorisierung, Budgetierung: verfassungsrechtliche Vorgaben für die Begrenzung und Steuerung von Leistungen der Gesundheitsversorgung, GesR 2009, 169-181; *Zeitler*, Übernahme der Krankenbehandlung für Empfänger von Sozialhilfe durch die gesetzlichen Krankenkassen ab 1. Januar 2004, NDV 2004, 45-51.

B. Auslegung der Norm

I. Regelungsgehalt und Bedeutung der Norm

18 § 48 SGB XII normiert einen Anspruch auf Hilfe bei Krankheit und ist damit die **zentrale Vorschrift** im Rahmen der Gesundheitshilfen im Fünften Kapitel des SGB XII. Dennoch hat die Vorschrift, wie sich aus den systematischen Zusammenhängen ergibt, **kaum mehr** eine **praktische Bedeutung**. Satz 1 enthält einen umfassenden Hinweis auf das SGB V, der ergänzt wird durch die Klarstellung in Satz 2, dass die Regelungen zur Krankenbehandlung nach § 264 SGB V den Ansprüchen nach Satz 1 vorgehen.

II. Normzweck

19 Verfassungsrechtlich besteht ein Anspruch auf **staatliche Gewährleistung der Versorgung bei Krankheit**, der sich aus Art. 1 Abs. 1, Art. 2 Abs. 2 Satz 1 und dem Sozialstaatsprinzip des Art. 20 Abs. 1 GG ableitet.[37] Sichergestellt wird dieser Anspruch über die gesetzliche Krankenversicherung, die als Referenzsystem – auch für den Basistarif der privaten Krankenversicherung (vgl. § 12 Abs. 1 a VAG) – bezeichnet werden kann.[38] § 48 SGB XII bezweckt mit seiner Bezugnahme auf dieses Referenzsystem, dass eine Versorgung bei Krankheit tatsächlich in jedem einzelnen Fall sichergestellt ist.

III. Tatbestandsmerkmale

1. Leistungsziel und -umfang nach Satz 1

20 Als Ziel der Hilfe bei Krankheit beschreibt Satz 1 das Erkennen und Heilen der Krankheit sowie das Verhüten deren Verschlimmerung und das Lindern von Krankheitsfolgen. Diese Beschreibung entspricht der **Definition der Krankenbehandlung** in **§ 27 Abs. 1 Satz 1 SGB V**. Erbracht werden Leistungen zur Krankenbehandlung entsprechend dem Dritten Kapitel Fünfter Abschnitt Erster Titel des SGB V (**§§ 27-43b SGB V**). Zum Verständnis der zentralen Begriffe Krankheit und Notwendigkeit der Krankenbehandlung kann ebenso auf die Kommentierungen zum SGB V[39] verwiesen werden wie zu den einzelnen Maßnahmen der Krankenbehandlung. Letztere ergeben sich aus dem Katalog der in § 27

---

[37] Ausführlich dazu *Wenner*, GesR 2009, 169, 172; *Neumann*, RsDE 68 (2008), 1, 5 ff.; *Ebsen*, SDSRV Bd. 96 (2007), 133, 146 ff.; vgl. auch BVerfG v. 10.06.2009 - 1 BvR 706/08 u.a. - NZS 2009, 436, Rn. 171.
[38] So *Wenner*, GesR 2009, 169, 172.
[39] Vgl. nur *Fahlbusch* in: jurisPK-SGB V, § 27 Rn. 31 ff. und 44 ff.

Abs. 1 Satz 2 SGB V bezeichneten Einzelmaßnahmen, die in § 28 SGB V (Ärztliche und zahnärztliche Behandlung), § 29 SGB V (Kieferorthopädischen Behandlung), § 31 SGB V (Arznei- und Verbandmittel), § 32 SGB V (Heilmittel), § 33 SGB V (Hilfsmittel), § 37 SGB V (Häusliche Krankenpflege), § 37a SGB V (Soziotherapie), § 37b SGB V (Spezialisierte ambulante Palliativversorgung), § 38 SGB V (Haushaltshilfe), § 39 SGB V (Krankenhausbehandlung), § 39a SGB V (Stationäre und ambulante Hospizleistungen), § 40 SGB V (Leistungen zur medizinischen Rehabilitation), § 41 SGB V (Medizinische Rehabilitation für Mütter und Väter), § 42 SGB V (Belastungserprobung und Arbeitstherapie), § 43 SGB V (Ergänzende Leistungen zur Rehabilitation) und in § 43a SGB V (Nichtärztliche sozialpädiatrische Leistungen) näher definiert werden. Zur weiteren Konkretisierung der Leistungen sind im Übrigen die vom gemeinsamen Bundesausschuss erlassenen **Richtlinien für die Hilfe bei Krankheit** heranzuziehen.[40]

Darüber hinausgehende Leistungen kommen als Hilfe zur Krankheit nicht in Betracht, was auch aus **§ 52 Abs. 1 SGB XII** folgt (vgl. näher dazu die Kommentierung zu § 52 SGB XII Rn. 12 f.). Somit entsprechen die Hilfen auch nach § 48 SGB XII den Leistungen der gesetzlichen Krankenversicherung. Nicht ausgeschlossen sind hingegen weitere Leistungen, wenn diese im Rahmen der Eingliederungshilfe für behinderte Menschen nach dem Sechsten Kapitel des SGB XII zu erbringen sind.[41] Gleiches gilt auch für Hilfen nach dem Siebten, Achten oder Neunten Kapitel des SGB XII.

2. Vorrang der Regelungen zur Krankenbehandlung nach § 264 SGB V

§ 48 Satz 2 SGB V hat eher deklaratorischen Charakter, denn er stellt nur klar, was nach § 2 SGB XII ohnehin gilt, nämlich, dass Sozialhilfe nicht erhält, wer die erforderliche Leistung von anderen erhält. Ein solcher Fall liegt vor, wenn nach § 264 Abs. 1 oder Abs. 2 SGB V die Krankenkasse die Krankenbehandlung übernimmt.[42] Der Hilfebedürftige muss, ebenso wie im Falle einer Mitgliedschaft in der GKV, seine Ansprüche gegenüber der Krankenkasse geltend machen (vgl. auch die Kommentierung zu § 2 SGB XII Rn. 8 ff., Kommentierung zu § 2 SGB XII Rn. 20).

Durch **§ 264 Abs. 2 SGB V** ist bereits zum 01.01.2004 ein wesentlicher **Paradigmenwechsel** im Bereich der Hilfen zur Gesundheit vorgenommen worden.[43] Das bis dahin bestehende Bedarfsdeckungsverhältnis zwischen dem Hilfeempfänger und dem Leistungsträger ist für fast alle Hilfeempfänger abgelöst worden durch das **Prinzip der Kostenerstattung zwischen Krankenversicherung und Sozialalleinstungsträger**.[44] Damit verbunden war zwar keine mitgliedschaftsrechtliche, aber eine **leistungsrechtliche und verfahrensrechtliche Gleichstellung** der Hilfeempfänger mit Versicherten in der gesetzlichen Krankenversicherung, ein Rechtsverhältnis, das als „unechte Krankenversicherung"[45] oder „Quasiversicherung"[46] bezeichnet werden kann. So dürfen die Hilfeempfänger eine Krankenkasse wählen (§ 264 Abs. 3 SGB V) und erhalten eine Krankenversicherungskarte (§ 264 Abs. 4 SGB V).[47]

Nach Maßgabe des § 264 Abs. 7 SGB V besteht ein Kostenerstattungsanspruch der Krankenkasse gegenüber dem Sozialhilfeträger. Streitig ist, wie die auf der Grundlage des § 264 SGB V bestehende **Rechtsbeziehung zwischen der Krankenkasse und dem Sozialhilfeträger** zu beurteilen ist.

Der 1. Senat des BSG hat ein gesetzliches **Auftragsverhältnis** nach § 92 SGB X angenommen[48] und daran trotz der entgegenstehenden Auffassung des für das Recht der Sozialhilfe zuständigen 8. Senats,

---

[40] Zu finden im Informationsarchiv des Gemeinsamen Bundesausschusses unter www.g-ba.de/informationen/richtlinien/.

[41] Vgl. zur Abgrenzung BSG v. 19.05.2009 - B 8 SO 32/07 R - BSGE 103, 171-178 - Hörgerätebatterien, dazu *Luik*, jurisPR-SozR 8/2010, Anm 3, und BSG v. 29.09.2009 - B 8 SO 19/08 R - RdLH 2010, 20-21 - Petö-Therapie; ausführlich auch die Kommentierung zu § 54 SGB XII Rn. 11 ff.

[42] So LSG Essen v. 16.01.2009 - L 20 B 116/08 SO - FEVS 60, 477-478 und LSG Essen v. 25.05.2009 - L 20 SO 86/08 - SAR 2009, 122-124; vgl. auch BSG v. 19.05.2009 - B 8 SO 4/08 R - juris Rn. 11 f. - BSGE 103, 178-181.

[43] Ausführlich dazu *Kostorz/Wahrendorf*, ZFSH/SGB 2004, 387 ff.; *Zeitler*, NDV 2004, 45 ff.; *Hammel*, ZFSH/SGB 2004, 323 ff.

[44] Vgl. *Flint* in: Grube/Wahrendorf, SGB XII, § 48 Rn. 1; LSG Essen v. 25.05.2009 - L 20 SO 86/08 - SAR 2009, 122-124.

[45] BSG v. 28.10.2008 - B 8 SO 23/07 R - BSGE 102, 10-21.

[46] *Flint* in: Grube/Wahrendorf, SGB XII, § 48 Rn. 28.

[47] Dazu im Einzelnen *Baierl* in: jurisPK-SGB V, § 264 Rn. 40 ff. und 56 ff.

[48] Vgl. BSG v. 17.06.2008 - B 1 KR 30/07 R - BSGE 101, 42-48.

der von einem **auftragsähnlichen Verhältnis** ausgegangen ist,[49] festgehalten[50]. In der Konsequenz hat der 1. Senat die von den Krankenkassen im Rahmen des § 264 SGB V zu erbringenden Leistungen als den **Sozialhilfeträgern zuzurechnende Sozialleistungen** angesehen.[51] Diese Auffassung kann nicht überzeugen, denn aus Sicht des Leistungsempfängers stellt sich die von ihm – in der Regel als Sachleistung (§ 2 Abs. 2 Satz 1 SGB V) – bezogene Leistung als eine Leistung der Krankenkasse dar.[52] Diese kann er – auch der Auffassung des 1. Senats des BSG[53] – nur gegenüber der Krankenkasse geltend machen. Dass ein Erstattungsanspruch nach § 264 Abs. 7 SGB V besteht, vermag an der Beurteilung der Leistung als Leistung der Krankenkasse nichts zu ändern, denn für den Leistungsberechtigten ist der Erstattungsanspruch in rechtlicher und tatsächlicher Hinsicht ohne Bedeutung.[54] Er setzt nämlich die Erfüllung seines Leistungsanspruchs bereits voraus, vermag diesen also nicht gleichzeitig zu begründen.[55] Letztlich spricht auch die Absicht des Gesetzgebers einer möglichst weitgehenden Gleichstellung von Sozialhilfebeziehern mit Versicherten der Gesetzlichen Krankenversicherung[56] dagegen, Leistungen nach § 264 SGB V dem Sozialhilfeträger als Sozialleistung zuzurechnen. § 264 SGB V ist in dieser Form infolge von finanzpolitischen Bedenken gegen die beabsichtige – auch mitgliedschaftsrechtlich – vollständige Gleichstellung von Sozialhilfebeziehern mit gesetzlich Krankenversicherten geschaffen worden.[57] Diesen Bedenken wird durch den Regelungsgehalt von § 264 Abs. 7 SGB V zur Kostenerstattung ausreichend Rechnung getragen. In Verbindung mit den verfahrensrechtlichen Regelungen liegt es im Hinblick auf § 264 SGB V näher, allenfalls von einem **auftragsähnlichen Verhältnis** zwischen Sozialleistungsträger und Krankenkassen zu sprechen. Jedenfalls rechtfertigt und erfordert es Sinn und Zweck der Regelung gerade nicht, die Leistungen nach § 264 SGB V dem Sozialhilfeträger zuzurechnen.

25.1 Durch Urteil vom 27.05.2014 (B 8 SO 26/12 R) hat der 8. Senat des BSG nochmals betont, dass es sich nicht um ein Auftragsverhältnis im eigentlichen Sinne handelt, bei dem der Beauftragte für den Auftraggeber Leistungen erbringt. Vielmehr entsteht von Gesetzes wegen ein Leistungsverhältnis – ohne Mitgliedschaft – des Sozialhilfeempfängers nur gegenüber der Krankenkasse.

26 Daraus folgt, dass die Sozialleistungsträger selbst keine Leistungen nach § 264 SGB V bewilligen dürfen,[58] weil sie dazu gar nicht berechtigt sind. Auch sind die §§ 105 ff. SGB X in **Rückabwicklungsfällen** nicht anwendbar, die häufig ihren Ausgangspunkt in der fehlerhaften Übernahme der Krankenbehandlung durch eine Krankenkasse nach § 264 SGB V haben. Dies sind Fälle, in denen sich nach erfolgter Krankenbehandlung durch die Krankenkasse auf der Grundlage des § 264 SGB V und Erstattung der Leistungen nach § 264 Abs. 7 SGB V durch den Sozialhilfeträger herausstellt, dass zur Zeit der Krankenbehandlung doch eine gesetzliche Versicherung – unter Umständen bei einer anderen Krankenkasse als derjenigen, die die Leistungen verschafft hat – besteht. Hier wird zu Unrecht – ausgehend von einer dem Sozialhilfeträger zuzurechnenden Leistungserbringung – § 105 SGB X als Anspruchsgrundlage herangezogen.[59] Als Rechtsgrundlage für die (Rück-)Erstattung von Zahlungen nach § 264 Abs. 7 SGB V kommt stattdessen allein ein allgemeiner öffentlich-rechtlicher Erstattungsanspruch in Betracht.[60]

---

[49] BSG v. 28.10.2008 - B 8 SO 23/07 R - BSGE 102, 10-21.
[50] BSG v. 28.09.2010 - B 1 KR 4/10 R; BSG v. 12.11.2013 - B 1 KR 56/12 R.
[51] BSG v. 28.09.2010 - B 1 KR 4/10 R - juris Rn. 24 ff.
[52] So zu Recht SG Dresden v. 22.05.2013 - S 18 KR 577/10 - juris Rn. 49; Revision anhängig unter B 1 KR 20/13 R.
[53] Vgl. BSG v. 17.06.2008 - B 1 KR 30/07 R - juris Rn. 18; BSG v. 28.09.2010 - B 1 KR 4/10 R - juris Rn. 19, jeweils m.w.N.
[54] Vgl. BSG v. 28.10.2008 - B 8 SO 23/07 R - juris Rn. 20.
[55] Vgl. SG Dresden v. 22.05.2013 - S 18 KR 577/10 - juris Rn. 47.
[56] Ausführlich zur Entwicklungsgeschichte zuletzt BSG v. 12.11.2013 - B 1 KR 56/12 R - juris Rn. 14.; vgl. auch *Bieritz-Harder*, ZFSH/SGB 2012, 514 ff.
[57] Vgl. nur *Baierl* in: jurisPK-SGB V, § 264 Rn. 10 f.
[58] So aber LSG Schleswig v. 29.06.2011 - L 9 SO 5/10 - Revision anhängig unter B 8 SO 26/12 R.
[59] So LSG Berlin-Brandenburg v. 08.11.2013 - L 1 KR 268/11 - Revision anhängig unter B 1 KR 12/14 R; LSG München v. 03.05.2012 - L 18 SO 15/08 - Revision anhängig unter B 1 KR 58/12 R.
[60] So SG Dresden v. 22.05.2013 - S 18 KR 577/10 - juris Rn. 58, Revision anhängig unter B 1 KR 20/13 R; vgl. auch BSG v. 28.10.2008 - B 8 SO 23/07 R.

Durch Urteil vom 27.05.2014 (B 8 SO 26/12 R) hat das BSG entsprechend der hier vertretenen Rechts- 26.1
auffassung bestätigt, dass für eine Bewilligung von Leistungen in Form von Hilfe bei Krankheit nach
§ 48 SGB XII i.V.m. § 264 SGB V durch den Sozialhilfeträger keine Rechtsgrundlage existiert. Es hat
insoweit das Urteil des LSG Schleswig v. 29.06.2011 (L 9 SO 5/10) geändert.

Die **Ausschlussfrist des § 111 SGB X** ist in diesem Zusammenhang schon vom Grundsatz her nicht 27
anwendbar.[61] Zur Unanwendbarkeit des § 111 SGB X kommt auch der 1. Senat des BSG trotz Annahme eines Auftragsverhältnisses zwischen Krankenkasse und Sozialhilfeträger und einer dem Sozialhilfeträger zuzurechnenden Leistungserbringung, im Wesentlichen gestützt auf Sinn und Zweck des
Regelungskonzepts und der Regelungssystematik.[62]

Auch bei einer **rückwirkenden Bewilligung** von Hilfe zum Lebensunterhalt entsteht ein Leistungsan- 28
spruch nach § 264 Abs. 2 SGB V, wobei es nicht darauf ankommen kann, ob diese Hilfe zu Recht bewilligt wurde. Deshalb kommen auch in diesen Fällen Hilfen bei Krankheit nach § 48 SGB XII nicht
mehr in Betracht.[63]

§ 264 Abs. 2 Satz 1 SGB V betrifft nicht versicherte Empfänger von Leistungen nach dem SGB XII 29
mit **Ausnahme** der folgenden in § 264 Abs. 2 Satz 2 SGB V genannten Gruppen:
• Empfänger, die voraussichtlich nicht mindestens einen Monat ununterbrochen Hilfe zum Lebensunterhalt beziehen,
• Personen, die ausschließlich Leistungen nach § 11 Abs. 5 Satz 3 SGB XII (Beratung und Unterstützung) beziehen,
• Personen, die ausschließlich Leistungen nach § 33 SGB XII (Leistungen zur Alterssicherung) beziehen und
• die in § 24 SGB XII genannten Personen (Deutsche im Ausland).

Für die beiden ersten Personengruppen – Leistungsbezug für weniger als einen Monat bzw. nur Inan- 30
spruchnahme von Beratung und Unterstützung nach § 11 SGB XII – führt der Ausschluss deshalb nicht
zur Anwendung des § 48 SGB XII, weil in diesen Fällen stets von einer Versicherungspflicht nach § 5
Abs. 1 Nr. 13 SGB V in der gesetzlichen Krankenversicherung oder § 193 Abs. 3 VVG in der privaten
Krankenversicherung auszugehen ist. Denn entweder liegt – wie bei den Leistungen nach § 11 Abs. 5
Satz 3 SGB XII – keine laufende Leistung nach dem Dritten, Vierten, Sechsten oder Siebten Kapitel
des SGB XII vor, oder aber – wie beim kurzzeitigen Bezug – ist jedenfalls von einer Unterbrechung
von mehr als einem Monat auszugehen. Beides steht der Versicherungspflicht nicht entgegen (§ 5
Abs. 8a SGB V, § 193 Abs. 3 Satz 2 Nr. 4 VVG).

Auch für **Deutsche im Ausland** kann § 48 SGB XII nicht zur Anwendung kommen. Abgesehen davon, 31
dass Sozialhilfe für Deutsche im Ausland nach § 24 Abs. 1 Satz 2 SGB XII nur noch in ganz seltenen
Ausnahmefällen erbracht werden kann (vgl. die Kommentierung zu § 24 SGB XII Rn. 24 ff.), richtet
sich nach § 24 Abs. 3 SGB XII Art und Maß der Leistungserbringung nach den besonderen Verhältnissen im Aufenthaltsland. Diese Regelung geht als Spezialbestimmung den Regelungen zur Hilfe bei
Gesundheit im Fünften Kapitel SGB XII vor und erfordert stets eine Einzelfallprüfung unter Berücksichtigung aller Besonderheiten, die die konkrete Hilfe erforderlich machen.

In der Praxis anwendbar bleibt § 48 SGB XII daher für die von § 264 Abs. 2 SGB XII in der dritten 32
Alternative ausgenommene sehr kleine Gruppe von Personen, die über einen längeren Zeitraum lediglich **Leistungen zur Alterssicherung nach § 33 SGB XII** beziehen, aufgrund dieses Umstandes nicht
unter § 264 Abs. 2 SGB V fallen und wegen des Leistungsbezuges nach dem SGB XII auch (noch)
nicht gesetzlich oder privat krankenversichert sind.

3. Ausgleich von Leistungseinschränkungen der gesetzlichen Krankenversicherung?

§ 38 Abs. 2 BSHG in der bis zum 31.12.2003 geltenden Fassung sah noch vor, dass ergänzend zu den 33
Leistungen der Krankenversicherung aufstockende Hilfen zu Gesundheit zu erbringen waren, wenn ein
entsprechender Bedarf bestand.[64] Diese Regelung ist durch das GMG gestrichen worden. Gleichzeitig
hatte nicht nur § 37 Abs. 1 BSHG einen dem § 48 SGB XII entsprechenden Inhalt erhalten. Es erfolgte
außerdem eine **Neukonzeption der Regelsätze**. Mittel zur Gesundheitspflege wurden durch Änderung
der RSV in den Regelsatz miteinbezogen, so dass alle nicht durch die Krankenversicherung gedeckten

---

[61] SG Dresden v. 22.05.2013 - S 18 KR 577/10 - juris Rn. 58.
[62] Vgl. BSG v. 12.11.2013 - B 1 KR 56/12 R.
[63] Anders noch Sächsisches LSG v. 16.04.2009 - L 3 SO 9/08; vgl. dazu Terminbericht des BSG Nr. 19/11 unter 6.
[64] Vgl. *Ottersbach* in: Jahn, SGB XII, Vorbem. zum Fünften Kapitel Rn. 5; *Kostorz/Wahrendorf*, ZFSH/SGB 2004, 387, 389 ff.

§ 48

Kosten (Zuzahlungen; Kosten aufgrund der diversen Leistungsausschlüsse, etwa für Medikamente, kieferorthopädische Behandlungen, Sehhilfen) als vom Regelsatz mitumfasst anzusehen sind.[65] Unter Berücksichtigung von § 52 SGB XII ist die systematische Verschränkung zwischen den Hilfen zur Gesundheit und den Leistungen der Krankenversicherung verbunden mit der Absicht des Gesetzgebers, Hilfeempfänger nach dem SGB XII mit Versicherten in der gesetzlichen Krankenversicherung gleichzustellen, so augenfällig, dass diese Gleichstellung auch die Leistungseinschränkungen umfasst.[66] § 48 SGB XII kann daher keine Grundlage sein, Bedarfe für Hilfen bei Krankheit, die durch die gesetzliche Krankenversicherung nicht mehr gedeckt werden, auszugleichen.[67] Der für Krankenversicherung zuständige 1. Senat des BSG hat die Zuzahlungspflicht und die Hinnahme von Leistungskürzungen, die sich aus dem GMG ergeben, für Bezieher von Arbeitslosengeld II ausdrücklich für verfassungsgemäß gehalten.[68]

34 Auch der für das Recht der Sozialhilfe zuständige 8. Senat des BSG hat die Auffassung vertreten, dass ein Anspruch auf Übernahme von Zuzahlungen zu Arzneimitteln und Praxisgebühren (bis zur jährlichen Belastungsgrenze) nach dem SGB XII nicht besteht. Der 8. Senat geht davon aus, dass diese Kosten vom Regelsatz erfasst werden, und hält dies nicht für verfassungswidrig.[69] Unabhängig von der verfassungsrechtlichen Problematik bestätigt er – wie oben dargelegt –, dass nach **§ 52 Abs. 1 Satz 1 SGB XII** dem Leistungsberechtigten ein Anspruch auf Hilfe bei Krankheit nur entsprechend dem SGB V eingeräumt ist, also auch nur unter Berücksichtigung der dort vorgesehenen Eigenleistungen. Ein Anspruch auf Übernahme von Zuzahlungen kann nicht aus **§ 73 Satz 1 SGB XII** hergeleitet werden. Ein hiervon umfasster atypischer Bedarf liegt nicht vor, weil der Bedarf als Kosten bei Krankheit den Hilfen zum Lebensunterhalt zugeordnet ist. In Betracht komm ggf. den Regelsatz (seit dem 01.01.2011: Regelbedarf) nach § 28 Abs. 1 Satz 2 SGB II in der bis zum 31.12.2010 geltenden Fassung (ab 01.01.2011 nach § 27a Abs. 4 Satz 1 SGB XII) zu erhöhen oder eine Darlehensgewährung nach § 37 SGB XII.[70] Der 14. Senat des BSG hatte demgegenüber bezogen auf den erhöhten Hygienebedarf eines HIV-infizierten Arbeitslosengeld-II-Empfängers die Anwendung von § 73 SGB XII befürwortet.[71]

35 **Verfassungsrechtliche Bedenken** für den Anwendungsbereich des SGB XII waren vor allem im Hinblick auf die festgelegte Höhe der Regelsätze erhoben worden, weil die zugrunde gelegte Einkommens- und Verbrauchsstichprobe Gesundheitsausgaben noch nicht enthalten konnte.[72] Das BVerfG hat gegenüber der Regelsatzfestsetzung nach dem SGB II im Hinblick auf Art. 1 Abs. 1 GG i.V.m. dem Sozialstaatsprinzip des Art. 20 Abs. 1 GG grundsätzliche verfassungsrechtliche Vorgaben gemacht,[73] die in gleicher Weise für das SGB XII von Bedeutung waren. Der Gesetzgeber wurde verpflichtet, ab dem 01.01.2011 alle existenznotwendigen Aufwendungen – und damit auch die Gesundheitskosten – in einem transparenten und sachgerechten Verfahren realitätsgerecht sowie nachvollziehbar auf der Grundlage verlässlicher Zahlen und schlüssiger Berechnungsverfahren neu zu ermitteln. Im Übrigen hat das BVerfG herausgestellt, Art. 1 Abs. 1 GG i.V.m dem Sozialstaatsprinzip des Art. 20 Abs. 1 GG fordere zur Gewährleistung eines menschenwürdigen Lebens, dass die Erfüllung unabweisbarer, laufender, nicht nur einmaliger, **besonderer Bedarfe** sichergestellt ist.

36 Durch das **Gesetz zur Ermittlung von Regelbedarfen und zur Änderung des Zweiten und Zwölften Buches Sozialgesetzbuch** vom 24.03.2011[74] hat der Gesetzgeber dem Urteil des BVerfG zur Re-

---

[65] Vgl. *Kostorz/Wahrendorf*, ZFSH/SGB 2004, 387, 392; *Fahlbusch*, RsDE 69 (2009), 47, 50; vgl. ausführlich dazu die Kommentierung zu § 27a SGB XII Rn. 37 ff. und die Kommentierung zu § 28 SGB XII Rn. 25 ff.

[66] Vgl. *Ebsen*, SDSRV Bd. 96 (2007), 133, 142 f.; *Flint* in: Grube/Wahrendorf, SGB XII, § 48 Rz.1; *Bieritz-Harder/Birk* in: LPK-SGB XII, § 48 Rn. 1 und 13.

[67] Vgl. LSG Erfurt v. 22.04.2004 - L 6 KR 212/04 ER - Zuzahlungen; LSG Stuttgart v. 22.11.2007 - L 7 SO 4180/06 - RdLH 2008, 26-27 - Kosten für nichtverordnungsfähige Salbe; LSG Essen v. 09.06.2008 - L 20 SO 65/06 - Zuzahlungen und LSG Essen v. 16.01.2009 - L 20 B 116/08 SO - Brille; OVG Bremen v. 11.11.2009 - 2 A 248/05 - Praxisgebühr u. Rezeptzuzahlungen.

[68] BSG v. 22.04.2008 - B 1 KR 10/07 R - SozR 4-2500 § 62 Nr. 6.

[69] BSG v. 16.12.2010 - B 8 SO 7/09.

[70] Vgl. BSG v. 16.12.2010 - B 8 SO 7/09 - juris Rn. 12 ff. u. 20.

[71] BSG v. 19.08.2010 - B 14 AS 13/10 R - juris Rn. 15 ff.

[72] Vgl. *Bieritz-Harder/Birk* in: LPK-SGB XII, § 48 Rn. 31; *Wendtland*, ZSR 2007, 423, 441; *Böttiger*, Sozialrecht aktuell 2008, 203, 210; kritisch auch *Kostorz/Wahrendorf*, ZFSH/SGB 2004, 387, 392.

[73] BVerfG v. 09.02.2010 - 1 BvL 1/09 u.a. - JMBl LSA 2010, 88.

[74] BGBl I 2011, 453.

gelsatzfestsetzung nach dem SGB II[75] - Rechnung getragen. Statt der Regelsätze nach der aufgehobenen RSV werden nunmehr ab dem 01.01.2011 auf gesetzlicher Grundlage nach Maßgabe der §§ 27a-29 SGB XII i.V.m. dem neuen Regelbedarfsermittlungsgesetz (RBEG) **Regelbedarfe** festgelegt.[76] Die regelbedarfsrelevanten Gesundheitskosten ergeben sich jeweils aus den Beträgen der Abteilung 6 bezogen auf die entsprechenden Haushalte bzw. Personen (§ 5 RBEG und § 6 RBEG). Eine Möglichkeit der vom Regelbedarf abweichenden Festlegung des individuellen Bedarfs, die dem § 28 Abs. 1 Satz 2 SGB II in der bis zum 31.12.2010 geltenden Fassung entspricht, ergibt sich nunmehr aus § 27a Abs. 4 Satz 1 SGB XII.[77]

Eine für **Zuzahlungen bei Hilfsmitteln** bedeutsame Neuregelung durch das Gesetz zur Ermittlung von Regelbedarfen und zur Änderung des Zweiten und Zwölften Buches Sozialgesetzbuch vom 24.03.2011[78] ergibt sich aus **§ 31 Abs. 1 Nr. 3 SGB XII**, der ebenfalls mit Wirkung zum 01.01.2011 geändert wurde. Danach können nunmehr Leistungen für die Anschaffung und Reparaturen von orthopädischen Schuhen, Reparaturen von therapeutischen Geräten und Ausrüstungen sowie die Miete von therapeutischen Geräten gesondert erbracht werden (Einmaliger Bedarf). In der Gesetzesbegründung ist hierzu ausgeführt, dass diese Verbrauchsausgaben künftig nicht mehr für den Regelbedarf berücksichtigt werden, da sie nur selten anfielen. Dies führe bei der Durchschnittsbildung in der Einkommens- und Verbrauchsstichprobe zu geringen Beträgen, die allen Leistungsberechtigten zu Gute kommen. Im Bedarfsfall fielen jedoch relativ hohe Ausgaben hierfür an, die aus dem in den Regelbedarf eingerechneten Betrag nicht gedeckt werden könnten.[79] 37

C. Praxishinweise

In Anbetracht der fehlenden praktischen Bedeutung der Vorschrift empfiehlt es sich, in der Praxis ein besonderes Augenmerk darauf zu legen, auf welcher Grundlage **Versicherungspflicht** und -schutz in der gesetzlichen oder privaten Krankenversicherung bestehen kann. Damit eng verbunden ist in der Regel die Frage, von wem ggf. die **Beiträge** zu entrichten sind. Insoweit ist von besonderer Bedeutung, dass Beitragsrückstände bei bestehender Hilfebedürftigkeit i.S.d. SGB XII weder in der gesetzlichen noch in der privaten Krankenversicherung zum Ruhen des Versicherungsschutzes mit Leistungseinschränkungen führen (§ 16 Abs. 3a Satz 2 SGB V; § 193 Abs. 6 Satz 5 VVG).[80] 38

---

[75] BVerfG v. 09.02.2010 - 1 BvL 1/09 u.a.
[76] Zu den Einzelheiten vgl. *Mogwitz*, jurisPR-SozR 6/2011, Anm. 1 und die Kommentierung zu § 27a SGB XII ff.
[77] Vgl. BT-Drs. 17/3404, S. 120.
[78] BGBl I 2011, 453.
[79] Vgl. BT-Drs. 17/3404, S. 124.
[80] Vgl. dazu *Geiger*, info also 2008, 147 ff.; *Marlow/Spuhl*, VersR 2009, 593, 602 f.

§ 49 SGB XII Hilfe zur Familienplanung

(Fassung vom 27.12.2003, gültig ab 01.01.2005)

¹Zur Familienplanung werden die ärztliche Beratung, die erforderliche Untersuchung und die Verordnung der empfängnisregelnden Mittel geleistet. ²Die Kosten für empfängnisverhütende Mittel werden übernommen, wenn diese ärztlich verordnet worden sind.

Gliederung

A. Basisinformation 1	B. Auslegung der Norm 9
I. Textgeschichte/Gesetzgebungsmaterialien 1	I. Regelungsgehalt und Bedeutung der Norm 9
II. Vorgängervorschriften............................. 3	II. Normzweck 10
III. Parallelvorschriften 4	III. Tatbestandsmerkmale......................... 11
IV. Systematische Zusammenhänge 5	1. Regelungsgehalt (Satz 1) 11
V. Ausgewählte Literaturhinweise................... 8	2. Regelungsgehalt (Satz 2) 12

A. Basisinformation

I. Textgeschichte/Gesetzgebungsmaterialien

1 Die Vorschrift findet sich im Fünften Kapitel des SGB XII, in dem die Hilfen zur Gesundheit geregelt sind. Sie ist – wie das gesamte SGB XII – durch das Gesetz zur Einordnung des Sozialhilferechts in das Sozialgesetzbuch vom 27.12.2003[1] eingeführt worden und gem. Art. 70 Abs. 1 dieses Gesetzes zum **01.01.2005** in Kraft getreten.

2 § 49 SGB XII stimmt überein mit der Fassung des ursprünglichen Gesetzentwurfes der Fraktionen SPD und Bündnis 90/Die Grünen (hier noch § 44),[2] die inhaltsgleich den bisherigen § 36 BSHG übernommen hat und im Gesetzgebungsverfahren nicht mehr verändert wurde.[3]

II. Vorgängervorschriften

3 § 49 SGB XII entspricht **§ 36 BSHG** in der Fassung von Art. 15 Nr. 6 des Gesetzes vom 19.06.2001 (Einführung des SGB IX).[4] § 36 BSHG war zum 01.07.2001 in Kraft getreten und hatte § 37b BSHG inhaltsgleich ersetzt.

III. Parallelvorschriften

4 § 40 SGB VIII sieht im Rahmen der **Kinder- und Jugendhilfe** einen Anspruch auf Krankenhilfe für seelisch behinderte Kinder und Jugendliche vor, dessen Umfang sich nach den §§ 47-52 SGB XII richtet. Nach § 10 Abs. 4 SGB VIII geht dieser Anspruch den Leistungen nach dem SGB XII vor. Die Problematik der Begrenzung einer Versorgung mit ärztlich verordneten Verhütungsmitteln auf Personen bis zur Vollendung des 20. Lebensjahres durch das SGB V (vgl. Rn. 12 f.) stellt sich hier naturgemäß nur für die durch § 41 Abs. 1 SGB VIII einbezogenen jungen Volljährigen.

IV. Systematische Zusammenhänge

5 Wer nach § 49 SGB XII leistungsberechtigt ist, ergibt sich zunächst aus der Anspruchsnorm des **§ 19 Abs. 3 SGB XII**, die verlangt, dass der Anspruchssteller und bestimmte mit ihm in einer Einsatzgemeinschaft lebende Personen im Rahmen der Vorschriften des Elften Kapitels des SGB XII (§§ 82-96 SGB XII) zunächst mit ihrem Einkommen und Vermögen einzustehen haben.

6 Im Übrigen ist § 49 SGB XII – wie die zentrale Regelung dieses Kapitels in § 48 SGB XII (Hilfen bei Krankheit) – im Zusammenhang mit den Vorschriften zur gesetzlichen und privaten **Krankenversicherung** zu sehen. Hilfen zur Gesundheit sind ausgeschlossen, soweit ein anderweitiger Schutz besteht. Wegen der Absicherung fast aller in Deutschland lebender Menschen durch eine Krankenversicherung kommt der Hilfe zur Familienplanung, ebenso wie den anderen im Fünften Kapitel des

---

[1] BGBl I 2003, 3022.
[2] BT-Drs. 15/1514, S. 15.
[3] Vgl. BT-Drs. 15/1514, S. 62 (zu § 44).
[4] BGBl I 2001, 1046.

SGB XII vorgesehenen Hilfen, praktisch keine Bedeutung mehr zu (vgl. ausführlich dazu die Kommentierung zu § 48 SGB XII Rn. 7 ff.). Auch eine „unechte Krankenversicherung" nach § 264 SGB V (vgl. die Kommentierung zu § 48 SGB XII Rn. 22 ff.) schließt solche Hilfen aus. Der Begriff „Krankenbehandlung" in § 264 Abs. 2 Satz 1 SGB V ist aus systematischen Gründen weit auszulegen.[5] Denn § 264 Abs. 4 SGB V verweist auf § 11 Abs. 1 SGB V, der alle Leistungen der §§ 20-52 SGB V, mithin auch Hilfen zur Familienplanung i.S.v. § 49 SGB XII, umfasst. Besteht dennoch ausnahmsweise ein Anspruch unmittelbar nach § 49 SGB XII, entspricht dieser zudem gemäß § 52 Abs. 1 SGB XII den Leistungen der gesetzlichen Krankenversicherung. Fraglich ist allerdings, ob die Begrenzung der Versorgung mit ärztlich verordneten Verhütungsmitteln auf Personen bis zur Vollendung des 20. Lebensjahres nach § 24a Abs. 2 SGB V auch für § 49 SGB XII von Bedeutung ist.[6]

Das EU-Koordinationsrecht enthält in **Art. 3 EGV 883/2004** einen Ausschlusstatbestand für medizinische Fürsorgeleistungen, so das der sachliche Anwendungsbereich für die EGV 883/2004 für Leistungen nach § 49 SGB XII nicht gegeben ist (vgl. die Kommentierung zu § 48 SGB XII Rn. 16).

V. Ausgewählte Literaturhinweise

Böttiger, Ärztlich verordnete Verhütungsmittel als GKV-ergänzende Sozialhilfeleistungen?, Sozialrecht aktuell 2008, 203-210; *Hammel*, Zur Übernahme der Kosten empfängnisverhütender Mittel bei bedürftigen Personen, ZFSH/SGB 2013, 509-515; im Übrigen wird auf die Literaturhinweise in der Kommentierung zu § 48 SGB XII Rn. 17 Bezug genommen.

B. Auslegung der Norm

I. Regelungsgehalt und Bedeutung der Norm

§ 49 SGB XII normiert als Hilfe zur Familienplanung einen Anspruch auf folgende Leistungen: Ärztliche Beratung, die erforderliche Untersuchung und die Verordnung empfängnisverhütender Mittel. Kosten für letztere werden nach Satz 2 nur übernommen, wenn die Mittel ärztlich verordnet worden sind.

II. Normzweck

Zweck der Regelung ist es, unerwünschte Schwangerschaften durch die genannten Maßnahmen zu vermeiden. Familienplanung soll nicht am Mangel finanzieller Mittel scheitern. Der in allgemeiner Form in § 15 Abs. 1 SGB XII formulierte präventive Charakter von Sozialhilfe wird durch § 49 SGB XII konkretisiert.

III. Tatbestandsmerkmale

1. Regelungsgehalt (Satz 1)

Die in § 49 SGB XII genannten Leistungen entsprechen den unter **§ 24a Abs. 1 SGB V** unter der Überschrift „Empfängnisverhütung" für gesetzlich Krankenversicherte vorgesehenen Ansprüchen, so dass auf die Kommentierungen hierzu verwiesen werden kann.[7]

2. Regelungsgehalt (Satz 2)

§ 49 Abs. 2 SGB XII betrifft die Übernahme von **Kosten für empfängnisverhütende Mittel**. Diese sind, ebenso wie es in § 24a Abs. 2 SGB V geregelt ist,[8] nur nach ärztlicher Verordnung zu übernehmen. Die in § 24a Abs. 2 SGB V enthaltene **Beschränkung auf Versicherte bis zum vollendeten 20 Lebensjahr** fehlt indes in § 49 Abs. 2 SGB XII. Hieraus wird abgeleitet, dass die Kosten für ärztlich verordnete empfängnisverhütende Mittel für alle Hilfeempfänger nach dem SGB XII zu übernehmen seien.[9] § 52 SGB XII stehe dem nicht entgegen, weil die Vorschrift nur eine Rechtsfolgenverweisung darstelle.[10]

---

[5] So *Baierl* in: jurisPK-SGB V, § 264 Rn. 26; vgl. auch BSG v. 28.10.2008 - B 8 SO 23/07 R - juris Rn. 35.
[6] Dazu *Böttiger*, Sozialrecht aktuell 2008, 203 ff. und Rn. 12 f.
[7] Vgl. etwa *Schütze* in: jurisPK-SGB V, § 24a Rn. 9 ff.
[8] Vgl. *Schütze* in: jurisPK-SGB V, § 24a Rn. 25 ff.
[9] *Böttiger*, Sozialrecht aktuell 2008, 203, 208; im Ergebnis auch *Lippert* in: Mergler/Zink, SGB XII, § 49 Rn. 20; *Ottersbach* in: Jahn, SGB XII, § 49 Rn. 8.
[10] *Böttiger*, Sozialrecht aktuell 2008, 203, 206 ff.

13 Trotz der beachtlichen rechtssystematischen und auch verfassungsrechtlichen Argumente entspricht es nicht dem Sinn und Zweck der vom Gesetzgeber vorgenommenen und auch so beabsichtigten Verschränkung und **Angleichung der gesamten Hilfen zur Gesundheit** nach den §§ 47 ff. SGB XII mit den **Leistungen der gesetzlichen Krankenversicherung**, wenn nun gerade im Rahmen des Leistungsspektrums der Hilfen zur Familienplanung ergänzende Hilfen zugelassen würden. Dagegen steht entscheidend, dass Kosten für ärztlich verordnete empfängnisverhütende Mittel über das 20 Lebensjahr hinaus nicht nur allen anderweitig versicherten Hilfeempfängern nach den SGB XII zu erstatten wären, sondern in gleicher Weise auch Hilfebedürftigen nach dem SGB II. § 21 SGB XII schließt Hilfen zur Gesundheit für Leistungsberechtigte nach dem SGB II nämlich nicht aus. Die Folge wäre eine im Vergleich zu den sonstigen Regelungen der Hilfen zur Gesundheit in keinem Verhältnis stehende Ausweitung des Kreises der Anspruchsberichtigten, verbunden mit dem daraus folgenden zusätzlichen Verwaltungsaufwand bei der Umsetzung. Hinzu kommt die Ungereimtheit, dass die Leistungen – mangels entsprechender Rechtsgrundlage – auch ohne die Zuzahlungspflicht zu erbringen wären, die nach den §§ 24a, 31 Abs. 3, 61 SGB V i.V.m. § 52 Abs. 1 Satz 1 SGB XII für die bis zu 20-jährigen Leistungsberechtigen besteht. Beides kann vom Gesetzgeber keinesfalls beabsichtigt gewesen sein, so dass Ansprüche nach § 49 SGB XII in strikter Anwendung des § 52 Abs. 1 Satz 1 SGB XII nur in dem Umfang wie nach § 24a SGB V bestehen.[11] Im Übrigen können aber auch insoweit die Leistungseinschränkungen der gesetzlichen Krankenversicherung beim Vorliegen der entsprechenden Voraussetzungen auszugleichen sein durch eine abweichende Regelsatzfestsetzung im Rahmen des § 28 Abs. 1 Satz 2 SGB XII in der bis zum 31.12.2010 geltenden Fassung, bzw. des § 27a Abs. 4 Satz 1 SGB XII, der durch das Gesetz zur Ermittlung von Regelbedarfen und zur Änderung des Zweiten und Zwölften Buches Sozialgesetzbuch vom 24.03.2011[12] in das SGB XII eingefügt wurde.[13]

14 Entsprechend dieser Rechtsauffassung hat das **BSG**, wie zuvor das LSG Essen, entschieden, dass bei einer gesetzlich krankenversicherten Hilfeempfängerin die Kosten für das Empfängnisverhütungsmittel „Noristerat" (sog. „3-Monats-Spritze") nicht im Rahmen des § 49 SGB XII vom Hilfeträger zu übernehmen sind.[14] Zum gleichen Ergebnis ist das SG Köln bezüglich der Kosten für das Einsetzen eines Verhütungsstäbchens (Implanon) gelangt, hat aber wegen der Behinderung der Hilfeempfängerin eine Pflicht zur Kostenübernahme im Rahmen der Eingliederungshilfe als Leistung zur Teilhabe am Leben in der Gemeinschaft nach den §§ 53, 54 SGB XII i.V.m. § 55 SGB IX angenommen.[15] Doch ist Eingliederungshilfe in Form von Kosten für Verhütungsmittel dann nicht gerechtfertigt, wenn die Notwendigkeit der Verhütung nicht **behinderungsbedingt** ist, sondern sich die Notwendigkeit aus den gleichen Gründen wie bei Nichtbehinderung ergibt.[16]

---

[11] So auch *Flint* in: Grube/Wahrendorf, SGB XII, § 49 Rn. 8; *Bieritz-Harder* in: LPK-SGB XII, § 49 Rn. 4; *Schlette* in: Hauck/Noftz, SGB XII, K § 49 Rn. 9; für die Kinder- und Jugendhilfe *Tammen* in: Frankfurter Kommentar zum SGB VIII, § 40 Rn. 4.

[12] BGBl I 2011, 453; vgl. Dazu BT-Drs. 17/3404, S. 120.

[13] Vgl. dazu die Kommentierung zu § 48 SGB XII Rn. 35; zur Problematik des Regelsatzes in diesem Zusammenhang auch *Wenzel* in: Fichtner/Wenzel, SGB XII, § 49 Rn. 5.; einschränkend BSG v. 15.11.2012 - B 8 SO 6/11 R - juris Rn. 25, wenn es lediglich mit der Versorgung von Kontrazeptiva geht; vgl auch *Hummel*, ZFSH/SGB 2013, 509, 512 ff.

[14] BSG v. 15.11.2012 - B 8 SO 6/11 R; LSG Essen v. 20.07.2010 - L 9 SO 39/08.

[15] SG Köln v. 31.03.2010 - S 21 SO 199/09.

[16] Vgl. BSG v. 15.11.2012 - B 8 SO 6/11 R.

§ 50 SGB XII Hilfe bei Schwangerschaft und Mutterschaft

(Fassung vom 27.12.2003, gültig ab 01.01.2005)

Bei Schwangerschaft und Mutterschaft werden

1. ärztliche Behandlung und Betreuung sowie Hebammenhilfe,
2. Versorgung mit Arznei-, Verband- und Heilmitteln,
3. Pflege in einer stationären Einrichtung und
4. häusliche Pflegeleistungen nach § 65 Abs. 1

geleistet.

Gliederung

A. Basisinformation 1	V. Ausgewählte Literaturhinweise 8
I. Textgeschichte/Gesetzgebungsmaterialien 1	**B. Auslegung der Norm** 9
II. Vorgängervorschriften 3	I. Regelungsgehalt und Bedeutung der Norm 9
III. Parallelvorschriften 4	II. Normzweck 10
IV. Systematische Zusammenhänge 5	III. Leistungsvoraussetzungen und -umfang 11

A. Basisinformation

I. Textgeschichte/Gesetzgebungsmaterialien

Die Vorschrift findet sich im Fünften Kapitel des SGB XII, in dem die Hilfen zur Gesundheit geregelt sind. Sie ist – wie das gesamte SGB XII – durch das Gesetz zur Einordnung des Sozialhilferechts in das Sozialgesetzbuch vom 27.12.2003[1] eingeführt worden und gem. Art. 70 Abs. 1 dieses Gesetzes zum **01.01.2005** in Kraft getreten. 1

Nach der Fassung des ursprünglichen Gesetzentwurfes der Fraktionen SPD und Bündnis 90/Die Grünen (hier noch § 45)[2] sollte inhaltsgleich der bisherige § 36b BSHG übernommen werden.[3] Im Gesetzgebungsverfahren wurde die ursprünglich vorgesehene Nr. 5 (Entbindungsgeld), die in § 36b in seiner bis zum 31.12.2003 geltenden Fassung noch enthalten war, gestrichen. Entbindungsgeld ist seit dem 01.01.2004 nicht mehr im Leistungskatalog der gesetzlichen Krankenversicherung enthalten (§ 195 RVO in der Fassung des GMG vom 14.11.2003[4]). 2

II. Vorgängervorschriften

§ 50 SGB XII entspricht **§ 36b BSHG** in der Fassung des Art. 28 Nr. 2 des GMG vom 14.11.2003.[5] § 36b BSHG in dieser Fassung ist vom 01.01.2004 bis 31.12.2004 in Kraft gewesen. 3

III. Parallelvorschriften

§ 40 SGB VIII sieht im Rahmen der **Kinder- und Jugendhilfe** einen Anspruch auf Krankenhilfe für seelisch behinderte Kinder und Jugendliche vor, dessen Umfang sich nach den §§ 47-52 SGB XII richtet. Nach § 10 Abs. 4 SGB VIII geht dieser Anspruch den Leistungen nach dem SGB XII vor. 4

IV. Systematische Zusammenhänge

Wer nach § 50 SGB XII leistungsberechtigt ist, ergibt sich zunächst aus der Anspruchsnorm des **§ 19 Abs. 3 SGB XII**, die verlangt, dass der Anspruchssteller und bestimmte mit ihm in einer Einsatzgemeinschaft lebende Personen im Rahmen der Vorschriften des Elften Kapitels des SGB XII (§§ 82-96 SGB XII) zunächst mit ihrem Einkommen und Vermögen einzustehen haben. 5

Im Übrigen ist § 50 SGB XII – wie die zentrale Regelung dieses Kapitels in § 48 SGB XII (Hilfen bei Krankheit) – im Zusammenhang mit den Vorschriften zur gesetzlichen und privaten **Krankenversi-** 6

---

[1] BGBl I 2003, 3022.
[2] BT-Drs. 15/1514, S. 15.
[3] Vgl. BT-Drs. 15/1514, S. 62 (zu § 45).
[4] BGBl I 2003, 2190.
[5] BGBl I 2003, 2190.

cherung zu sehen. Hilfen zur Gesundheit sind ausgeschlossen, soweit ein anderweitiger Schutz besteht. Wegen der Absicherung fast aller in Deutschland lebender Menschen durch eine Krankenversicherung kommt den Hilfen bei Schwangerschaft und Mutterschaft, ebenso wie den anderen im Fünften Kapitel des SGB XII vorgesehenen Hilfen, praktisch keine Bedeutung mehr zu (vgl. ausführlich dazu die Kommentierung zu § 48 SGB XII Rn. 7 ff.). Auch eine „unechte Krankenversicherung" nach § 264 SGB V (vgl. die Kommentierung zu § 48 SGB XII Rn. 22 ff.) schließt solche Hilfen aus. Der Begriff „Krankenbehandlung" in § 264 Abs. 2 Satz 1 SGB V ist aus systematischen Gründen weit auszulegen.[6] Denn § 264 Abs. 4 SGB V verweist auf § 11 Abs. 1 SGB V, der alle Leistungen der §§ 20-52 SGB V, mithin auch – vermittelt über § 195 Abs. 2 RVO – Hilfen bei Schwangerschaft und Mutterschaft i.S.v. § 50 SGB XII umfasst. Besteht dennoch ausnahmsweise ein Anspruch unmittelbar nach § 50 SGB XII, entspricht dieser zudem gemäß § 52 Abs. 1 SGB XII den Leistungen der gesetzlichen Krankenversicherung.

7 Das EU-Koordinationsrecht enthält in **Art. 3 EGV 883/2004** einen Ausschlusstatbestand für medizinische Fürsorgeleistungen, so das der sachliche Anwendungsbereich für die EGV 883/2004 für Leistungen nach § 50 SGB XII nicht gegeben ist (vgl. die Kommentierung zu § 48 SGB XII Rn. 16).

V. Ausgewählte Literaturhinweise

8 Es wird auf die Literaturhinweise in der Kommentierung zu § 48 SGB XII Rn. 17 Bezug genommen.

B. Auslegung der Norm

I. Regelungsgehalt und Bedeutung der Norm

9 § 50 SGB XII normiert einen Anspruch auf die unter den Ziffern 1-4 genannten Leistungen bei Schwangerschaft und Mutterschaft. Eine gesonderte Regelung ist geboten, weil Schwangerschaft und Mutterschaft nicht als Krankheit anzusehen sind, so dass ein Anspruch auf Hilfe bei Krankheit nicht zum Tragen kommt.[7]

II. Normzweck

10 Frauen sollen bei Schwangerschaft und Mutterschaft die notwendigen Leistungen erhalten, wenn deren Erbringung nicht durch anderweitige Absicherung oder eigene finanzielle Mittel sichergestellt ist.

III. Leistungsvoraussetzungen und -umfang

11 Der Leistungskatalog des § 50 SGB XII, nämlich ärztliche Behandlung und Betreuung sowie Hebammenhilfe (Nr. 1), Versorgung mit Arznei-, Verband- und Heilmitteln (Nr. 2), Pflege in einer stationären Einrichtung (Nr. 3) und häusliche Pflegeleistungen nach § 65 Abs. 1 SGB XII (Nr. 4), entspricht im Wesentlichen den in **§ 195 Abs. 1 RVO** genannten Leistungen. Zwar sind die Begrifflichkeiten zum Teil unterschiedlich. Da aber auch die Hilfen bei Schwangerschaft und Mutterschaft nach § 52 Abs. 1 Satz 1 SGB XII den Leistungen der gesetzlichen Krankenversicherung entsprechen, kommt dem keine Bedeutung zu. Der Leistungsumfang richtet sich gem. § 195 Abs. 2 RVO nach den für die Leistungen nach dem SGB V geltenden Vorschriften unter Berücksichtigung der in den §§ 196-199 RVO geltenden Sonderregelungen.[8]

12 Deshalb sind auch **Kosten für eine Haushaltshilfe** im Rahmen der Vorschriften zur gesetzlichen Krankenversicherung zu übernehmen, obwohl die Haushaltshilfe in § 50 SGB XII nicht ausdrücklich aufgeführt wird.[9] Nicht in § 50 SGB XII genannt ist das Mutterschaftsgeld, das allerdings als Lohnersatzleistung an das Bestehen eines Beschäftigungsverhältnisses bzw. einen Krankengeldanspruchs anknüpft (§ 200 RVO) und deshalb für Hilfeempfänger nach dem SGB XII ohnehin nicht in Betracht kommt.

---

[6] So *Baierl* in: jurisPK-SGB V, § 264 Rn. 26 vgl. auch BSG v. 28.10.2008 - B 8 SO 23/07 R - juris Rn. 35 - BSGE 102, 10-21.

[7] Vgl. nur BSG v. 13.02.1975 - 3 RK 68/73 - SozR 2200 § 182 Nr. 9; zu den einzelnen Begriffen und der leistungsrechtlichen Einordnung *Kruse* in: LPK-SGB V, Anhang §§ 24a, 24b - § 195 RVO Rn. 1 ff., 10 ff.; *Krauskopf*, Soziale Krankenversicherung, vor § 195 RVO Rn. 5 ff., 12 ff.; *Lode* in: jurisPK-FuB, Kap. 23, Vorbem. Rn. 9 ff.

[8] Näher dazu *Lode* in: jurisPK-FuB, Kap. 23.

[9] Vgl. *Flint* in: Grube/Wahrendorf, SGB XII, § 50 Rn. 6; *Bieritz-Harder* in: LPK-SGB XII, § 50 Rn. 7; *Ottersbach* in: Jahn, SGB XII, § 50 Rn. 12.

§ 51 SGB XII Hilfe bei Sterilisation

(Fassung vom 27.12.2003, gültig ab 01.01.2005)

Bei einer durch Krankheit erforderlichen Sterilisation werden die ärztliche Untersuchung, Beratung und Begutachtung, die ärztliche Behandlung, die Versorgung mit Arznei-, Verband- und Heilmitteln sowie die Krankenhauspflege geleistet.

Gliederung

A. Basisinformation 1	V. Ausgewählte Literaturhinweise 8
I. Textgeschichte/Gesetzgebungsmaterialien 1	B. Auslegung der Norm 9
II. Vorgängervorschriften 3	I. Regelungsgehalt und Bedeutung der Norm 9
III. Parallelvorschriften 4	II. Normzweck 10
IV. Systematische Zusammenhänge 5	III. Leistungsvoraussetzungen und -umfang 11

A. Basisinformation

I. Textgeschichte/Gesetzgebungsmaterialien

Die Vorschrift findet sich im Fünften Kapitel des SGB XII, in dem die Hilfen zur Gesundheit geregelt sind. Sie ist – wie das gesamte SGB XII – durch das Gesetz zur Einordnung des Sozialhilferechts in das Sozialgesetzbuch vom 27.12.2003[1] eingeführt worden und gem. Art. 70 Abs. 1 dieses Gesetzes zum **01.01.2005** in Kraft getreten.   1

Nach der Fassung des ursprünglichen Gesetzentwurfes der Fraktionen SPD und Bündnis 90/Die Grünen (hier noch § 46)[2] sollte inhaltsgleich der bisherige § 36a BSHG übernommen werden.[3] Im Gesetzgebungsverfahren wurden die im Entwurf enthaltenen Wörter „nicht rechtswidrigen" durch die Wörter „durch Krankheit erforderlichen" ersetzt. Dies beruht auf der Änderung des § 24b Abs. 1 und 2 SGB V ab dem 01.01.2004 durch das GMG vom 14.11.2003.[4]   2

II. Vorgängervorschriften

§ 51 SGB XII entspricht **§ 36a BSHG** in der Fassung des Art. 28 Nr. 1 des GMG vom 14.11.2003.[5] § 36a BSHG in dieser Fassung ist vom 01.01.2004-31.12.2004 in Kraft gewesen.   3

III. Parallelvorschriften

§ 40 SGB VIII sieht im Rahmen der **Kinder- und Jugendhilfe** einen Anspruch auf Krankenhilfe für seelisch behinderte Kinder und Jugendliche vor, dessen Umfang sich nach den §§ 47-52 SGB XII richtet. Nach § 10 Abs. 4 SGB VIII geht dieser Anspruch den Leistungen nach dem SGB XII vor.   4

IV. Systematische Zusammenhänge

Wer nach § 51 SGB XII leistungsberechtigt ist, ergibt sich zunächst aus der Anspruchsnorm des **§ 19 Abs. 3 SGB XII**, die verlangt, dass der Anspruchsteller und bestimmte mit ihm in einer Einsatzgemeinschaft lebende Personen im Rahmen der Vorschriften des Elften Kapitels des SGB XII (§§ 82-96 SGB XII) zunächst mit ihrem Einkommen und Vermögen einzustehen haben.   5

Im Übrigen ist § 51 SGB XII – wie die zentrale Regelung dieses Kapitels in § 48 SGB XII (Hilfen bei Krankheit) – im Zusammenhang mit den Vorschriften zur gesetzlichen und privaten **Krankenversicherung** zu sehen. Hilfen zur Gesundheit sind ausgeschlossen, soweit ein anderweitiger Schutz besteht. Wegen der Absicherung fast aller in Deutschland lebender Menschen durch eine Krankenversicherung kommt der Hilfe bei Sterilisation, ebenso wie den anderen im Fünften Kapitel des SGB XII vorgesehenen Hilfen, praktisch keine Bedeutung mehr zu (vgl. ausführlich dazu die Kommentierung zu § 48 SGB XII Rn. 7 ff.). Auch eine „unechte Krankenversicherung" nach § 264 SGB V (vgl. die Kommentierung zu § 48 SGB XII Rn. 22 ff.) schließt solche Hilfen aus. Der Begriff „Krankenbehand-   6

---

[1] BGBl I 2003, 3022.
[2] BT-Drs. 15/1514, S. 15 f.
[3] Vgl. BT-Drs. 15/1514, S. 62 (zu § 46).
[4] BGBl I 2003, 2190.
[5] BGBl I 2003, 2190.

lung" in § 264 Abs. 2 Satz 1 SGB V ist aus systematischen Gründen weit auszulegen.[6] Denn § 264 Abs. 4 SGB V verweist auf § 11 Abs. 1 SGB V, der alle Leistungen der §§ 20-52 SGB V, mithin auch Hilfen bei Sterilisation i.S.v. § 51 SGB XII, umfasst. Besteht dennoch ausnahmsweise ein Anspruch unmittelbar nach § 51 SGB XII, entspricht dieser zudem gemäß § 52 Abs. 1 SGB XII den Leistungen der gesetzlichen Krankenversicherung.

7   Das EU-Koordinationsrecht enthält in **Art. 3 EGV 883/2004** einen Ausschlusstatbestand für medizinische Fürsorgeleistungen, so das der sachliche Anwendungsbereich für die EGV 883/2004 für Leistungen nach § 51 SGB XII nicht gegeben ist (vgl. die Kommentierung zu § 48 SGB XII Rn. 16).

V. Ausgewählte Literaturhinweise

8   Es wird auf die Literaturhinweise in der Kommentierung zu § 48 SGB XII Rn. 17 Bezug genommen.

B. Auslegung der Norm

I. Regelungsgehalt und Bedeutung der Norm

9   § 51 SGB XII normiert für den Fall einer durch Krankheit erforderlichen Sterilisation einen Anspruch auf folgende Leistungen: Ärztliche Untersuchung, Beratung und Begutachtung, die ärztliche Behandlung, die Versorgung mit Arznei-, Verband- und Heilmitteln sowie die Krankenhauspflege. Durch die Begrenzung auf durch Krankheit erforderliche Sterilisationen dürfte der Anwendungsbereich sehr klein sein. Als (unmittelbare) Hilfe zur Krankenbehandlung ist die Sterilisation bereits von § 48 SGB XII umfasst.

II. Normzweck

10 Es handelt sich bei der Hilfe zur Sterilisation um eine sonstige Hilfe im weiteren Zusammenhang mit der **Familienplanung**, die auch Hilfeempfängern nach dem SGBX II zur Verfügung stehen soll.[7]

III. Leistungsvoraussetzungen und -umfang

11 Die in § 51 SGB XII genannten Leistungen entsprechen den unter § 24b Abs. 1 SGB V für gesetzlich Krankenversicherte vorgesehenen Ansprüche bei einer Sterilisation, so dass auf die Kommentierungen hierzu verwiesen werden kann.[8]

---

[6] So *Baierl* in: jurisPK-SGB V, § 264 Rn. 26; vgl. auch BSG v. 28.10.2008 - B 8 SO 23/07 R - juris Rn. 35 - BSGE 102, 10-21.

[7] Vgl. *Ottersbach* in: Jahn, SGB XII, § 51 Rn. 2; *Schütze* in: jurisPK-SGB V, § 24b Rn. 26.

[8] Vgl. etwa *Schütze* in: jurisPK-SGB V, § 24b Rn. 22 ff.

§ 52 SGB XII Leistungserbringung, Vergütung

(Fassung vom 21.03.2005, gültig ab 30.03.2005)

(1) ¹Die Hilfen nach den §§ 47 bis 51 entsprechen den Leistungen der gesetzlichen Krankenversicherung. ²Soweit Krankenkassen in ihrer Satzung Umfang und Inhalt der Leistungen bestimmen können, entscheidet der Träger der Sozialhilfe über Umfang und Inhalt der Hilfen nach pflichtgemäßem Ermessen.

(2) ¹Leistungsberechtigte haben die freie Wahl unter den Ärzten und Zahnärzten sowie den Krankenhäusern entsprechend den Bestimmungen der gesetzlichen Krankenversicherung. ²Hilfen werden nur in dem durch Anwendung des § 65a des Fünften Buches erzielbaren geringsten Umfang geleistet.

(3) ¹Bei Erbringung von Leistungen nach den §§ 47 bis 51 sind die für die gesetzlichen Krankenkassen nach dem Vierten Kapitel des Fünften Buches geltenden Regelungen mit Ausnahme des Dritten Titels des Zweiten Abschnitts anzuwenden. ²Ärzte, Psychotherapeuten im Sinne des § 28 Abs. 3 Satz 1 des Fünften Buches und Zahnärzte haben für ihre Leistungen Anspruch auf die Vergütung, welche die Ortskrankenkasse, in deren Bereich der Arzt, Psychotherapeut oder der Zahnarzt niedergelassen ist, für ihre Mitglieder zahlt. ³Die sich aus den §§ 294, 295, 300 bis 302 des Fünften Buches für die Leistungserbringer ergebenden Verpflichtungen gelten auch für die Abrechnung von Leistungen nach diesem Kapitel mit dem Träger der Sozialhilfe. ⁴Die Vereinbarungen nach § 303 Abs. 1 sowie § 304 des Fünften Buches gelten für den Träger der Sozialhilfe entsprechend.

(4) Leistungsberechtigten, die nicht in der gesetzlichen Krankenversicherung versichert sind, wird unter den Voraussetzungen von § 39a Satz 1 des Fünften Buches zu stationärer und teilstationärer Versorgung in Hospizen der von den gesetzlichen Krankenkassen entsprechend § 39a Satz 3 des Fünften Buches zu zahlende Zuschuss geleistet.

(5) Für Leistungen zur medizinischen Rehabilitation nach § 54 Abs. 1 Satz 1 gelten die Absätze 2 und 3 entsprechend.

Gliederung

A. Basisinformation 1	III. Tatbestandsmerkmale 12
I. Textgeschichte/Gesetzgebungsmaterialien 1	1. Leistungserbringung nach Absatz 1 12
II. Vorgängervorschriften 4	2. Freie Arztwahl und Bonusleistungen nach Absatz 2 16
III. Parallelvorschriften 5	3. Weitere Regelungen zur Leistungserbringung nach Absatz 3 18
IV. Systematische Zusammenhänge 6	
V. Ausgewählte Literaturhinweise 8	4. Leistungen bei Versorgung in einem Hospiz 19
B. Auslegung der Norm 9	5. Medizinische Rehabilitation im Rahmen der Eingliederungshilfe 20
I. Regelungsgehalt und Bedeutung der Norm 9	
II. Normzweck 11	

A. Basisinformation

I. Textgeschichte/Gesetzgebungsmaterialien

Die Vorschrift findet sich im Fünften Kapitel des SGB XII, in dem die Hilfen zur Gesundheit geregelt sind. Sie ist – wie das gesamte SGB XII – durch das Gesetz zur Einordnung des Sozialhilferechts in das Sozialgesetzbuch vom 27.12.2003[1] eingeführt worden und gem. Art. 70 Abs. 1 dieses Gesetzes zum **01.01.2005** in Kraft getreten.

1

---

[1] BGBl I 2003, 3022.

§ 52

2   Nach der Fassung des ursprünglichen Gesetzentwurfes der Fraktionen SPD und Bündnis 90/Die Grünen (hier noch § 47)[2] sollte inhaltsgleich der bisherige § 38 BSHG übernommen werden.[3] Im Gesetzgebungsverfahren wurde die Änderung des § 38 BSHG ab dem 01.01.2004 durch das GMG vom 14.11.2003[4] nachvollzogen. Insbesondere durch die Streichung des § 38 Abs. 2 BSHG in der bis zum 31.12.2003 geltenden Fassung erfolgte die bereits beschriebene systematische Verschränkung der Leistungen der gesetzlichen Krankenversicherung mit den Leistungen der Hilfen zur Gesundheit nach dem BSHG (vgl. die Kommentierung zu § 48 SGB XII Rn. 33).

3   Eine Änderung der Vorschrift erfolgte durch das Gesetz zur Vereinfachung der Verwaltungsverfahren im Sozialrecht (**Verwaltungsvereinfachungsgesetz**) vom 21.03.2005.[5] Es ist ein redaktioneller Fehler in Absatz 3 beseitigt worden: Die Wörter „Zweiten Abschnitts des Dritten Titels" wurden durch die Wörter „Dritten Titels des Zweiten Abschnitts" ersetzt.

II. Vorgängervorschriften

4   § 52 SGB XII entspricht **§ 38 BSHG** in der Fassung des Art. 28 Nr. 4 des GMG vom 14.11.2003.[6] § 38 BSHG in dieser Fassung ist vom 01.01.2004.-31.12.2004 in Kraft gewesen.

III. Parallelvorschriften

5   § 40 SGB VIII sieht im Rahmen der **Kinder- und Jugendhilfe** einen Anspruch auf Krankenhilfe für seelisch behinderte Kinder und Jugendliche vor, dessen Umfang sich nach den §§ 47-52 SGB XII richtet. Nach § 10 Abs. 4 SGB VIII geht dieser Anspruch den Leistungen nach dem SGB XII vor.

IV. Systematische Zusammenhänge

6   § 52 SGB XII ist ebenso wie die vorhergehenden Regelungen der Hilfen zur Gesundheit im Fünften Kapitel des SGB XII im Zusammenhang mit den Normen der **gesetzlichen Krankenversicherung** zu sehen, auf die in den Absätzen 1-5 bezüglich des Leistungserbringerrechts umfassend verwiesen wird. Absatz 5 betrifft – ohne inhaltlichen Bezug zu den Hilfen zur Gesundheit – die Eingliederungshilfe nach dem Sechsten Kapitel des SGB XII und wäre konsequenterweise dort einzuordnen gewesen (vgl. auch die Kommentierung zu § 54 SGB XII Rn. 11).

7   Das EU-Koordinationsrecht enthält in **Art. 3 EGV 883/2004** einen Ausschlusstatbestand für medizinische Fürsorgeleistungen, so das der sachliche Anwendungsbereich für die EGV 883/2004 für Leistungen der Gesundheitshilfe nicht gegeben ist (vgl. die Kommentierung zu § 48 SGB XII Rn. 16).

V. Ausgewählte Literaturhinweise

8   Es wird auf die Literaturhinweise in der Kommentierung zu § 48 SGB XII Rn. 17 Bezug genommen.

B. Auslegung der Norm

I. Regelungsgehalt und Bedeutung der Norm

9   Während die §§ 47-51 SGB XII einzelne Ansprüche auf Leistungen zur Gesundheit einräumen, werden in § 52 Abs. 1-3 SGB XII Leistungsumfang und weitere Modalitäten der Leistungserbringung geregelt. Dies geschieht jeweils unter Bezugnahme auf entsprechende Vorschriften der gesetzlichen Krankenversicherung. § 52 Abs. 1 Satz 1 SGB XII enthält einen allgemeinen Verweis auf die Pflichtleistungen der gesetzlichen Krankenversicherung. Andere Leistungen, die darüber hinaus von den Krankenkassen in ihren Satzungen vorgesehen werden können, stellt § 52 Abs. 1 Satz 2 SGB XII in das Ermessen der Sozialhilfeträger. § 52 Abs. 2 SGB XII regelt, dass auch die freie Arztwahl den Bestimmungen der gesetzlichen Krankenversicherung entspricht und welche Bedeutung Bonusleistungen für die Leistungserbringung haben. Des Weiteren erklärt § 52 Abs. 3 SGB XII die Regelungen des SGB V zu den Beziehungen zwischen Krankenkassen und Leistungserbringern (§§ 69-140h SGB V) für anwendbar. Ausgenommen werden die §§ 82-87d SGB V, die Verträge auf Bundes- und Landesebene betreffen.

---

[2] BT-Drs. 15/1514, S. 16.
[3] Vgl. BT-Drs. 15/1514, S. 62 (zu § 46).
[4] BGBl I 2003, 2190.
[5] BGBl I 2005, 818.
[6] BGBl I 2003, 2190.

§ 52 Abs. 4 SGB XII enthält eine Bestimmung zur Kostenübernahme bei Unterbringung in einem Hospiz. § 52 Abs. 5 SGB XII schließlich betrifft nicht die Hilfen zur Gesundheit, sondern Leistungen der Eingliederungshilfe nach § 54 Abs. 1 Satz 1 SGB XII.

II. Normzweck

Durch die bereits beschriebene weitgehende Bezugnahme des § 52 SGB XII auch auf das Leistungserbringerrecht des SGB V wird die enge **Verflechtung der Hilfen zur Gesundheit** mit den **Leistungen der gesetzlichen Krankenversicherung** unterstrichen (vgl. die Kommentierung zu § 48 SGB XII Rn. 33 ff.).

III. Tatbestandsmerkmale

1. Leistungserbringung nach Absatz 1

Die Regelung in § 52 Abs. 1 Satz 1 SGB XII, wonach die Hilfen nach den §§ 47-51 SGB XII den Leistungen der gesetzlichen Krankenversicherung entsprechen, bedeutet, dass auch für Hilfeempfänger nach dem SGB XII ein **Leistungsniveau** gewährleistet wird, das dem des **Referenzsystems** (vgl. näher dazu die Kommentierung zu § 48 SGB XII Rn. 19) entspricht, nicht aber darüber hinausgeht. Konkret hat dies zur Folge, dass Leistungen, auf die in den §§ 47-51 SGB XII nicht unmittelbar Bezug genommen wird, durchaus vom Leistungsanspruch umfasst sind, etwa Leistungen für eine Haushaltshilfe bei Schwangerschaft und Mutterschaft (vgl. die Kommentierung zu § 50 SGB XII Rn. 12). Demgegenüber schlagen Leistungseinschränkungen der gesetzlichen Krankenversicherung auch auf Hilfeempfänger nach dem SGB XII durch (vgl. die Kommentierung zu § 48 SGB XII Rn. 33 ff. und die Kommentierung zu § 49 SGB XII Rn. 13 f.).

So hat das BSG, wie zuvor bereits das LSG Essen und das SG Köln entschieden, dass Kosten für empfängnisverhütende Mittel für Frauen nach Vollendung des 20. Lebensjahres auch im Sozialhilferecht entsprechend den Regelungen in der gesetzlichen Krankenversicherung nicht übernommen werden können.[7]

Das BSG hat auch in seiner Entscheidung betreffend die Zuzahlungen zu Arzneimitteln und die Zahlung von Praxisgebühren ausdrücklich darauf hingewiesen, dass nach § 52 Abs. 1 Satz 1 SGB XII dem Leistungsberechtigten ein Anspruch auf Hilfe bei Krankheit nur entsprechend dem SGB V eingeräumt ist, also (nur) unter Berücksichtigung der dort vorgesehenen Eigenleistungen.[8]

§ 52 Abs. 1 Satz 2 SGB XII stellt sicher, dass Hilfeempfänger auch Satzungsleistungen der Krankenkassen erhalten. Insoweit entscheidet der Sozialleistungsträger nach pflichtgemäßem Ermessen über Umfang und Inhalt der Hilfe. Dies betrifft etwa Präventionsleistungen nach § 20 Abs. 1 Satz 1 SGB V oder Haushaltshilfeleistungen nach § 38 Abs. 2 Satz 1 SGB V. Zu beachten sind die §§ 9 und 17 Abs. 2 SGB XII.

2. Freie Arztwahl und Bonusleistungen nach Absatz 2

Auch die freie Arztwahl besteht nach § 52 Abs. 2 Satz 1 SGB XII nur entsprechend den Regelungen im SGB V, das heißt nur unter zugelassenen oder ermächtigten Ärzten, Zahnärzten, Psychotherapeuten, Versorgungszentren oder Krankenhäusern. Als spezielle Regelung zum allgemeinen „Wunschrecht" des Hilfeempfängers schließt § 52 Abs. 2 Satz 1 SGB XII eine einschränkende Anwendung des § 9 Abs. 2 SGB XII im Hinblick auf die dort geforderte Angemessenheit der Leistung aus.[9]

Ein normative Beschränkung der Leistung ist hingegen vorgesehen nach § 52 Abs. 2 Satz 1 SGB XII auf den „erzielbaren geringsten Umfang" nach Berücksichtigung eines Bonus für gesundheitsbewusstes Verhalten nach § 65a SGB V. Die praktische Relevanz dieser Regelung erscheint fraglich, setzt sie doch voraus, dass der Hilfeempfänger an einem – im Ermessen der Krankenkassen stehenden – Bonusprogramm teilnimmt. Als nicht Krankenversicherter kann der Hilfeempfänger dies aber schlechterdings nicht. Es dürfte auszuschließen sein, dass die Sozialleistungsträger eigene Bonusprogramme auflegen für die verschwindend geringe Zahl der Anspruchsberechtigten auf Leistungen nach dem Fünften Kapitel des SGB XII.[10]

---

[7] BSG v. 15.11.2012 - B 8 SO 6/11 R; LSG Essen v. 20.07.2010 - L 9 SO 39/08; SG Köln v. 31.03.2010 - S 21 SO 199/09; vgl. auch die Kommentierung zu § 49 SGB XII Rn. 13 f.

[8] BSG v. 16.12.2010 - B 8 SO 7/09 - juris Rn. 12, vgl. auch die Kommentierung zu § 48 SGB XII Rn. 34.

[9] A.A. *Freudenberg* in: Jahn, SGB XII, § 52 Rn. 15.

[10] Kritisch auch *Flint* in: Grube/Wahrendorf, SGB XII, § 52 Rn. 11.

3. Weitere Regelungen zur Leistungserbringung nach Absatz 3

18 Durch § 52 Abs. 3 SGB XII werden konsequenterweise auch die wesentlichen Regelungen zum Verhältnis Leistungserbringer (Arzt, Krankenhaus) und Krankenkasse auf das Verhältnis Sozialleistungsträger und Leistungserbringer übernommen. Eine (ergänzende) Anwendung des sozialhilferechtlichen Leistungserbringungsrechts (§§ 75 ff. SGB XII) kommt daneben nicht in Betracht (vgl. die Kommentierung zu § 75 SGB XII). Maßstab für die konkrete Vergütung der Ärzte, Zahnärzte und Psychotherapeuten ist nach § 52 Abs. 3 Satz 2 SGB XII die Vergütung, die die Ortskrankenkassen erbringen in dem Bereich, in dem der Leistungserbringer sich niedergelassen hat. Verkannt wird dabei indes, dass im Vertragsarztbereich eine Gesamtvergütung ohne Bezug zum einzelnen Leistungsfall vorgesehen ist. Solange konkretere gesetzliche Vorgaben für die Leistungsvergütung im SGB XII fehlen, scheint es gerechtfertigt – trotz des Anwendungsausschlusses in § 52 Abs. 3 Satz 1 SGB XII –, die auf der Grundlage des § 87 Abs. 1 SGB V vereinbarten Bewertungsmaßstäbe zur Grundlage zur machen.[11] Die Pflichten der Leistungserbringer im Zusammenhang mit der Abrechnung gegenüber den Krankenkassen (§§ 294, 295, 300-302 SGB V) bestehen gegenüber dem Sozialleistungsträger in gleicher Weise (§ 52 Abs. 3 Satz 3 SGB XII). Ebenso gelten nach § 52 Abs. 3 Satz 4 SGB XII die zwischen den Leistungserbringern und Verbänden bezüglich der Abrechnung gem. §§ 303 Abs. 1, 304 SGB V geschlossenen Vereinbarungen entsprechend.

4. Leistungen bei Versorgung in einem Hospiz

19 § 52 Abs. 4 SGB XII stellte klar, dass auch Hilfebedürftige nach dem SGB XII Anspruch auf Kostenübernahme bei Versorgung in einem Hospiz haben. Diese Sterbebegleitung von unheilbar Kranken unterfällt bereits dem Dritten Kapitel Fünfter Abschnitt Erster Titel des SGB V, auf das § 48 Satz 1 SGB XII verweist (vgl. die Kommentierung zu § 48 SGB XII Rn. 20). Absatz 4 hat daher nur deklaratorische Bedeutung. Der Leistungsanspruch und -umfang entspricht den Leistungen der gesetzlichen Krankenversicherung nach § 39a SGB V.[12]

5. Medizinische Rehabilitation im Rahmen der Eingliederungshilfe

20 Nach § 52 Abs. 5 SGB XII gelten § 52 Abs. 2 und 3 SGB XII, also die Verweise auf das Leistungserbringerrecht des SGB V, entsprechend für Leistungen zur medizinischen Rehabilitation nach § 54 Abs. 1 Satz 1 SGB XII. Dies betrifft die Eingliederungshilfe nach § 53 SGB XII, die dann in Betracht kommt, wenn der medizinische Rehabilitationsbedarf seinen Grund in der Behinderung hat. Bei einer medizinischen Rehabilitation, die der Behandlung einer Krankheit dient, schließen die Regelungen nach § 47 SGB XII oder des § 264 SGB V eine Eingliederungshilfe aus (zur Abgrenzung im Einzelnen vgl. die Kommentierung zu § 48 SGB XII Rn. 21, die Kommentierung zu § 53 SGB XII Rn. 31 und die Kommentierung zu § 54 SGB XII Rn. 11 ff.).

---

[11] Ausführlich dazu *Freudenberg* in: Jahn, SGB XII, § 52 Rn. 23 ff.; vgl. auch die Kommentierung zu § 75 SGB XII.
[12] Vgl. *Beyer* in: jurisPK-SGB V, § 39a Rn. 9 ff.

Sechstes Kapitel: Eingliederungshilfe für behinderte Menschen

§ 53 SGB XII Leistungsberechtigte und Aufgabe

(Fassung vom 27.12.2003, gültig ab 01.01.2005)

(1) ¹Personen, die durch eine Behinderung im Sinne von § 2 Abs. 1 Satz 1 des Neunten Buches wesentlich in ihrer Fähigkeit, an der Gesellschaft teilzuhaben, eingeschränkt oder von einer solchen wesentlichen Behinderung bedroht sind, erhalten Leistungen der Eingliederungshilfe, wenn und solange nach der Besonderheit des Einzelfalles, insbesondere nach Art oder Schwere der Behinderung, Aussicht besteht, dass die Aufgabe der Eingliederungshilfe erfüllt werden kann. ²Personen mit einer anderen körperlichen, geistigen oder seelischen Behinderung können Leistungen der Eingliederungshilfe erhalten.

(2) ¹Von einer Behinderung bedroht sind Personen, bei denen der Eintritt der Behinderung nach fachlicher Erkenntnis mit hoher Wahrscheinlichkeit zu erwarten ist. ²Dies gilt für Personen, für die vorbeugende Gesundheitshilfe und Hilfe bei Krankheit nach den §§ 47 und 48 erforderlich ist, nur, wenn auch bei Durchführung dieser Leistungen eine Behinderung einzutreten droht.

(3) ¹Besondere Aufgabe der Eingliederungshilfe ist es, eine drohende Behinderung zu verhüten oder eine Behinderung oder deren Folgen zu beseitigen oder zu mildern und die behinderten Menschen in die Gesellschaft einzugliedern. ²Hierzu gehört insbesondere, den behinderten Menschen die Teilnahme am Leben in der Gemeinschaft zu ermöglichen oder zu erleichtern, ihnen die Ausübung eines angemessenen Berufs oder einer sonstigen angemessenen Tätigkeit zu ermöglichen oder sie so weit wie möglich unabhängig von Pflege zu machen.

(4) ¹Für die Leistungen zur Teilhabe gelten die Vorschriften des Neunten Buches, soweit sich aus diesem Buch und den auf Grund dieses Buches erlassenen Rechtsverordnungen nichts Abweichendes ergibt. ²Die Zuständigkeit und die Voraussetzungen für die Leistungen zur Teilhabe richten sich nach diesem Buch.

Gliederung

A. Basisinformationen 1	2. Personen mit wesentlicher Behinderung 18
I. Textgeschichte/Gesetzgebungsmaterialien 1	a. Behinderung 18
II. Vorgängervorschriften 2	b. Wesentlichkeit 21
III. Parallelvorschriften 3	c. Nicht wesentliche Behinderungen 28
IV. Übergeordnetes Recht 6	3. Von wesentlicher Behinderung bedrohte Personen 29
V. Untergesetzliche Normen 7	4. Aussicht auf Erfüllung der Aufgabe der Eingliederungshilfe 33
VI. Verwaltungsvorschriften 8	5. Besondere Aufgaben der Eingliederungshilfe (Absatz 3) 34
VII. Landesrechtliche Vorschriften 9	6. Verhältnis zum Neunten Buch Sozialgesetzbuch (Absatz 4) 37
VIII. Systematische Zusammenhänge 10	IV. Rechtstatsachen 41
IX. Internetadressen 13	**C. Praxishinweise** 42
X. Ausgewählte Literaturhinweise 14	**D. Reformbestrebungen** 49
B. Auslegung der Norm 15	
I. Regelungsgehalt und Bedeutung der Norm 15	
II. Normzweck 16	
III. Tatbestandsvoraussetzungen 17	
1. Rechtsanspruch oder Ermessensleistung 17	

§ 53

A. Basisinformationen

I. Textgeschichte/Gesetzgebungsmaterialien

1 Die Vorschrift ist durch das Gesetz zur Einordnung des Sozialhilferechts in das Sozialgesetzbuch vom 27.12.2003[1] mit Wirkung zum 01.01.2005 eingeführt worden und seither unverändert geblieben.

II. Vorgängervorschriften

2 § 53 Abs. 1-4 SGB XII ist identisch mit seiner Vorgängervorschrift in § 39 Abs. 1-4 BSHG. Lediglich Absatz 5 ist aus dieser Vorschrift nicht übernommen worden, weil das in ihm geregelte Nachrangverhältnis gegenüber anderen Rehabilitationsträgern bereits in der allgemeinen Vorschrift des § 2 SGB XII enthalten ist.

III. Parallelvorschriften

3 Eingliederungshilfe für seelisch behinderte Kinder und Jugendliche ist für die **Jugendhilfe** in § 35a SGB VIII normiert. Aus dieser Vorschrift ergeben sich häufig Abgrenzungsprobleme im Hinblick auf die Zuständigkeit für Leistungen der Eingliederungshilfe, denn in den Fällen des § 10 Abs. 4 Satz 1 SGB VIII gehen Leistungen nach dem Achten Buch Sozialgesetzbuch solchen nach dem Zwölften Buch vor. Andererseits gehen Leistungen der Eingliederungshilfe nach dem Zwölften Buch für **junge Menschen**,[2] die körperlich oder geistig behindert oder von einer solchen Behinderung bedroht sind, den Leistungen nach dem Achten Buch Sozialgesetzbuch vor, § 10 Abs. 4 Satz 2 SGB VIII (§ 10 Abs. 2 Satz 2 SGB VIII a.F.). Die Anwendung letzterer Konkurrenzregel setzt allerdings grundsätzlich eine doppelte Leistungspflicht voraus, d.h. die Leistungen müssen gleich, gleichartig, einander entsprechend, kongruent, einander überschneidend oder deckungsgleich sein.[3]

4 Die Anwendbarkeit dieser Regeln wurde vom BSG mangels Kongruenz mit einem möglichen Anspruch nach § 19 SGB VIII bei Betreuung in einer Mutter-Kind-Einrichtung zunächst verneint.[4] Diese Rspr. hat es jedoch durch Erklärung in der mündlichen Verhandlung am 22.03.2012[5] im Hinblick auf die Entscheidung des BVerwG v. 22.10.2009[6] aufgegeben.[7] Durch Rücknahme der Revision ist die von der aufgegebenen Rspr. des BSG abweichende Entscheidung des LSG NRW[8] rechtskräftig geworden. Damit scheidet in diesen Fällen die Jugendhilfe aus und die Träger der Sozialhilfe sind verpflichtet. Für den Fall der stationären Unterbringung und Betreuung eines in seelischer und körperlicher Hinsicht mehrfachbehinderten Kindes ist eine Anspruchskonkurrenz ebenfalls bejaht worden, mit der Folge der Leistungspflicht des Sozialhilfeträgers.[9] In Fällen der **Mehrfachbehinderung** ist nach der Rechtsprechung des Bundesverwaltungsgerichts[10] bei der Prüfung eines Vor- und Nachrangs bei kongruenten Leistungen nicht auf eine Hauptursache, eine Haupthilfe oder einen Schwerpunkt des Bedarfs oder des Leistungszwecks abzustellen, sondern allein nach § 10 Abs. 4 Satz 2 SGB VIII zu verfahren, d.h. die Sozialhilfe ist vorrangig zuständig. Hier kann § 14 SGB IX zur Zuständigkeit des erstangegangenen Leistungsträgers führen (vgl. Rn. 48).

5 Im Rahmen der Kriegsopferfürsorge wird ebenfalls Eingliederungshilfe für behinderte Menschen gewährt. Dazu findet nach § 27d Abs. 3 Satz 1 BVG das Sechste Kapitel des Zwölften Buches Sozialgesetzbuch unter Berücksichtigung der besonderen Lage der Beschädigten oder Hinterbliebenen entsprechend Anwendung, also auch die Regelung in § 53 SGB XII. Eine Anspruchskonkurrenz ist hier nicht denkbar, weil die Anwendung der Kriegsopferfürsorge die Zurechnung zu dem Personenkreis des BVG (bzw. der jeweiligen Vorschriften des **sozialen Entschädigungsrechts**) voraussetzt.

---

[1] BGBl I 2003, 3022.
[2] Legaldefinition in § 7 Abs. 1 Nr. 4 SGB VIII: wer noch nicht 27 Jahre alt ist.
[3] BSG v. 24.03.2009 - B 8 SO 29/07 R - juris Rn. 17 - JAmt 2009, 623-626; BVerwG v. 22.10.2009 - 5 C 19/08 - juris Rn. 8, 27 - FamRZ 2010, 464-467.
[4] BSG v. 24.03.2009 - B 8 SO 29/07 R - juris Rn. 18 - JAmt 2009, 623-626 zur Vorgängerregelung des § 10 Abs. 2 SGB VIII.
[5] B 8 SO 27/10 R.
[6] BVerwG v. 22.10.2009 - 5 C 19/08; dazu auch BVerwG v. 19.10.2011 - 5 C 6/11.
[7] Terminbericht Nr. 18/12 v. 23.03.2012.
[8] LSG NRW v. 26.07.2010 - L 20 SO 38/09 ZVW.
[9] OVG Saarland v. 27.08.2009 - 3 A 352/08 - juris Rn. 42 - RdLH 2009, 156.
[10] BVerwG v. 23.09.1999 - 5 C 26/98 - BVerwGE 109, 325-330; BVerwG v. 22.10.2009 - 5 C 19/08 - juris Rn. 33 - FamRZ 2010, 464-467.

IV. Übergeordnetes Recht

Nach Art. 3 Abs. 3 Satz 2 GG darf niemand wegen seiner Behinderung benachteiligt werden. Mit dieser Formulierung wird der Schutz behinderter Menschen vor Diskriminierung auf **Verfassungsrang** erhoben und ist von aller staatlichen Gewalt zu beachten; insbesondere bei der Anwendung leistungsrechtlicher Vorschriften ist sicherzustellen, dass dieser Schutz möglichst weitgehend verwirklicht wird (§ 2 Abs. 2 HS. 2 SGB I, § 1 SGB IX). Aus Art. 3 Abs. 3 GG ist allerdings kein subjektiver Leistungsanspruch abzuleiten.[11] Art. 1 Satz 2 des Menschenrechtsübereinkommens über die Rechte behinderter Menschen (UNBehRÜbK, vgl. die Kommentierung zu § 57 SGB XII) vom 13.12.2006 definiert einen eigenen Behinderungsbegriff. Danach zählen zu den Menschen mit Behinderung solche Menschen, die langfristige körperliche, seelische, geistige oder Sinnesbeeinträchtigungen haben, welche sie in Wechselwirkung mit verschiedenen Barrieren an der vollen, wirksamen und gleichberechtigten Teilhabe an der Gesellschaft hindern können. Nach seiner Ratifikation am 24.02.2009 ist das Übereinkommen nun auch für Deutschland verbindlich. Entsprechend dem Paradigmenwechsel in der Behindertenpolitik ist der behinderte Mensch damit vom bloßen „Objekt" zum aktiven „Subjekt" der Fürsorge geworden.[12] Zur Anwendbarkeit und der Frage, ob die UNBehRÜbk subjektive Rechte des Einzelnen enthält, vergleiche auch die Kommentierung zu § 54 SGB XII.

6

V. Untergesetzliche Normen

Von wesentlicher Bedeutung für die Auslegung der Grundnorm des § 53 SGB XII ist die Eingliederungshilfe-Verordnung,[13] hier speziell die §§ 1-3, welche den leistungsberechtigten Personenkreis näher abgrenzen. Vgl. dazu im Einzelnen Rn. 13.

7

VI. Verwaltungsvorschriften

Von besonderer Bedeutung für die Eingliederungshilfe sind die Empfehlungen und Orientierungshilfen der „Bundesarbeitsgemeinschaft der überörtlichen Sozialhilfeträger" (BAGüS), denen der Charakter von Auslegungshilfen im Rahmen der Ermessensentscheidungen zukommt. Hier sind insbesondere erwähnenswert: Orientierungshilfe für die Feststellung der Träger der Sozialhilfe zur Ermittlung der Leistungsvoraussetzungen nach dem SGB XII i.V.m. der Eingliederungshilfe-Verordnung,[14] die Orientierungshilfe zu den Schnittstellen der Eingliederungshilfe nach dem SGB XII zu anderen sozialen Leistungen[15] und die vorläufige Empfehlung zur Aufstellung und praktischen Anwendung des Gesamtplans nach § 58 SGB XII im Rahmen der Einzelfallsteuerung in der Eingliederungshilfe nach dem SGB XII[16]. Von Interesse sind ferner die Vorschlagpapiere der Konferenz der Arbeits- und Sozialminister, kurz: **ASMK**, die sich mit Reformplänen im Bereich der Behindertenpolitik beschäftigen.

8

VII. Landesrechtliche Vorschriften

Folgende landesrechtliche Ausführungsvorschriften bestehen – in Klammern die sachliche Zuständigkeit für Eingliederungshilfe:

9

- **Baden-Württemberg**: Nach § 2 Gesetz zur Ausführung des Zwölften Buches Sozialgesetzbuch (AGSGB XII) vom 01.07.2004[17] der örtliche Träger;
- **Bayern:** Art. 82 Abs. 1 Nr. 1 Gesetz zur Ausführung der Sozialgesetze (AGSG) vom 08.12.2006 (GVBl 2006, 942) i.d.F. v. 20.12.2007: überörtliche Träger;
- **Berlin:** § 2 Gesetz zur Ausführung des Zwölften Buchs Sozialgesetzbuch (AG-SGB XII) vom 07.09.2005:[18] Zuständigkeit der Bezirksämter für alle Aufgaben nach § 97 SGB XII;

---

[11] BVerwG v. 14.08.1997 - 6 B 34/97 - Buchholz 421 Kultur- und Schulwesen Nr. 123.
[12] Vgl. *Düwell*, jurisPR-ArbR 49/2008, Anm. 6; *Luik* in: jurisPK-SGB IX, § 39 Rn. 4; *Krajewski*, JZ 2010, 120.
[13] Verordnung nach § 60 des Zwölften Buches Sozialgesetzbuch – Eingliederungshilfe-Verordnung – i.d.F. der Bekanntmachung vom 01.02.1975 (BGBl I 1975, 434), zuletzt geändert durch Gesetz zur Einordnung des Sozialhilferechts in das Sozialgesetzbuch vom 27.12.2003, BGBl I 2003, 3022, 3059.
[14] Stand: 24.11.2009.
[15] Stand: 24.11.2009.
[16] Stand: 27.11.2007.
[17] GVBl 2004, 469.
[18] GVBl 2005, 467.

- **Brandenburg**: Nach § 4 Abs. 1 Nr. 1 des Gesetzes zur Ausführung des Zwölften Buches Sozialgesetzbuch (Art. 1 des Gesetzes zur Neuregelung des Ausführungsgesetzes zum Zwölften Buch Sozialgesetzbuch v. 03.11.2010 – GVBl I 2010, 1) sind m.W.v. 01.01.2011 die örtlichen Träger weiterhin für die Eingliederungshilfe sachlich zuständig;
- **Bremen**: § 4 Gesetz zur Neuordnung der Zuständigkeit in der Sozialhilfe nach dem SGB XII ab 01.01.2007 durch Bremisches Ausführungsgesetz vom 30.04.2007:[19] örtlicher Träger;
- **Hamburg**: Anordnung zur Durchführung des Zwölften Buches Sozialgesetzbuch vom 19.09.2006[20] i.d.F. vom 11.11.2008:[21] sehr differenziert zwischen Bezirksamt und Senatsbehörde;
- **Hessen**: § 2 Hessisches Gesetz zur Ausführung des Zwölften Buches Sozialgesetzbuch und des Zweiten Buches Sozialgesetzbuch und zur Änderung anderer sozialrechtlicher Vorschriften vom 20.12.2004:[22] außer teilstationär und stationär der örtliche Träger;
- **Mecklenburg-Vorpommern**: § 4 Gesetz zur Ausführung des Zwölften Buches Sozialgesetzbuch (SGB XII-AG M-V) vom 20.12.2004:[23] örtliche Träger;
- **Niedersachsen**: § 6 Niedersächsisches Gesetz zur Ausführung des Zwölften Buches Sozialgesetzbuch vom 16.12.2004:[24] außer teilstationär und stationär der örtliche Träger;
- **Nordrhein-Westfalen**: § 2 Landesausführungsgesetz zum Zwölften Buch Sozialgesetzbuch (SGB XII) – SH – des Landes Nordrhein-Westfalen vom 16.12.2004idF v. 05.03.2013[25] ermächtigt das Innenministerium zur Bestimmung der Zuständigkeit durch VO;
- **Rheinland-Pfalz:** § 2 i.d.F. Art. 2 des Gesetzes zur Änderung von Ausführungsvorschriften zum Zweiten und Zwölften Buch Sozialgesetzbuch vom 28.09.2010 (GVBl. S. 298): teilstationär und stationär, Hilfsmittelversorgung, für Nichtsesshafte und nach Beendigung einer richterlich angeordneten Freiheitsentziehung bei Aufnahme in betreute Wohnformen, Hochschulhilfe: überörtlicher Träger, sonst örtlich;
- **Saarland:** § 2 zuletzt geändert durch das Gesetz vom 18.11.2010 (Amtsblatt 2010, 1420): überörtlicher Träger;
- **Sachsen:** § 13 i.d.F. Zweites Gesetz zur Änderung des Sächsischen Gesetzes zur Ausführung des Sozialgesetzbuches vom 23.09.2010 (GBVl 2009, 269): stationär, teilstationär und betreutes Wohnen für 18-65-Jährige, Hochschulbesuche, Kfz-Hilfe: überörtlicher Träger;
- **Sachsen-Anhalt:** § 3 Nr. 1 Gesetz zur Ausführung des Zwölften Buches Sozialgesetzbuch – Sozialhilfe vom 11.01.2005:[26] überörtlicher Träger;
- **Schleswig-Holstein:** § 2 Abs. 1 Gesetz zur Ausführung des Zwölften Buches Sozialgesetzbuch (AG-SGB XII) vom 17.12.2010:[27] örtlicher Träger;
- **Thüringen:** § 3 Thüringer Gesetz zur Ausführung des Zwölften Buches Sozialgesetzbuch (ThürAGSGB XII) vom 17.12.2004:[28] örtlicher Träger. Die Geltung des ThürAGSGB XII ist durch Art 1 Thüringer Gesetz zur Änderung der Geltungsdauer von Gesetzen aus dem Geschäftsbereich des Ministeriums für Soziales, Familie und Gesundheit und zur Regelung der Dienstaufsicht im Bereich der Kriegsopferversorgung vom 08.04.2009[29] bis zum 31.12.2015 verlängert worden.

VIII. Systematische Zusammenhänge

10 Die Leistungen sind gleichartigen Leistungen anderer Sozialleistungsträger nachrangig, § 2 SGB XII.[30] In Verbindung mit den §§ 54 ff. SGB XII und den §§ 26, 33, 41 und 55 SGB IX bilden sie die **Anspruchsgrundlage** für Eingliederungsleistungen. Der im Leistungskatalog des § 8 SGB XII aufgeführte Regelungskomplex der Eingliederungshilfe für behinderte Menschen enthält in § 19 SGB XII Besonderheiten hinsichtlich der Einkommens- und Vermögensanrechnung. § 36 SGB XII

---

[19] BremGBl 2007, 315.
[20] Amtl. Anz. 2006, 2329.
[21] Amtl. Anz. 2008, 2280.
[22] GVBl 2004, 488.
[23] GVBl I 2004, 546.
[24] NdsGVBl 2004, 644.
[25] GVBl NRW 2004, 817; GVBl NRW S. 130.
[26] GVBl LSA 2005, 8.
[27] GVBl 2010, 789, 813.
[28] GVBl 2004, 891.
[29] GVBl 2009, 322.
[30] Vgl. BSG v. 19.05.2009 - B 8 SO 32/07 R - info also 2009, 232.

schließt diesbezüglich die Vermutung der Bedarfsdeckung bei Haushaltsgemeinschaften mit Personen i.S.d. § 53 SGB XII aus und § 90 SGB XII privilegiert Immobilien oder zu deren Beschaffung vorgesehenes Vermögen, welche Wohnzwecken behinderter Menschen i.S.d. § 53 SGB XII dienen. Schließlich sieht § 30 Abs. 4 SGB XII einen Mehrbedarf für behinderte Menschen vor, die sich in Eingliederungsmaßnahmen befinden.

Ein solcher Mehrbedarf wird auch nach § 23 Nr. 2 SGB II (bis zum 31.12.2010: § 28 Abs. 1 Nr. 2 SGB II) an behinderte Menschen, die das 15. Lebensjahr vollendet haben und Sozialgeld empfangen, sowie nach § 21 Abs. 4 SGB II an erwerbsfähige behinderte Hilfebedürftige nach dem SGB II gezahlt, wenn sie Eingliederungshilfe nach § 54 Abs. 1 Nr. 1 und 2 SGB XII beziehen. Zugleich zeigen diese Vorschriften, dass die Eingliederungshilfe für Bezieher von Leistungen der Grundsicherung für Arbeitsuchende nach dem SGB II nicht ausgeschlossen ist. Da die Eingliederungshilfe unabhängig von den Leistungen zum Lebensunterhalt nach dem SGB XII gewährt wird, greifen auch nicht die **Ausschlusstatbestände von § 5 Abs. 2 SGB II und § 21 SGB XII**.[31] Leistungen zur Teilhabe am Arbeitsleben sind für Arbeitsuchende in den §§ 16 ff. SGB II vorgesehen. **11**

Nach § 13 Abs. 3 Satz 3 SGB XI bleiben Leistungen der Eingliederungshilfe für behinderte Menschen nach dem Zwölften Buch, dem Bundesversorgungsgesetz und dem Achten Buch von Leistungen der Pflegeversicherung unberührt. Danach sind Leistungen der Eingliederungshilfe für behinderte Menschen nach dem Zwölften Buch im Verhältnis zu Leistungen der **Pflegeversicherung** gerade nicht nachrangig. Dies ist insbesondere bei der Unterbringung in **Einrichtungen der Eingliederungshilfe** nach § 55 SGB XII von Bedeutung, die nach § 71 Abs. 4 SGB XI keine Pflegeeinrichtungen sind. In diesen Fällen werden die pflegerischen Leistungen in dieser Einrichtung durch die Pflegeversicherung nach § 43a SGB XI nur durch pauschale Zahlungen unterstützt. Nach § 53 Abs. 3 Satz 2 SGB XII ist es zudem Ziel der Eingliederungshilfe, so weit wie möglich unabhängig von Pflege zu machen, wozu bereits die Milderung der Behinderungsfolgen ausreicht.[32] Nach § 36 Abs. 1 SGB XI dürfen Betreuungsleistungen als Sachleistungen nicht zu Lasten der Pflegekassen in Anspruch genommen werden, wenn diese Leistungen bereits im Rahmen der Eingliederungshilfe für behinderte Menschen nach dem Zwölften Buch finanziert werden. Zum **Verhältnis zu Pflegeleistungen** vgl. die Kommentierung zu § 61 SGB XII Rn. 16 ff.[33] **12**

IX. Internetadressen

Unterlagen der Bund-Länder-Arbeitsgruppe der Arbeits- und Sozialministerkonferenz (ASMK, vgl. Rn. 9) finden sich unter: www.stmas.bayern.de (abgerufen am 11.03.2014) unter „wir über uns". Die Empfehlungen der Bundesarbeitsgemeinschaft der überörtlichen Sozialhilfeträger (BAGüS, vgl. Rn. 8) sind unter www.der-paritaetische.de (abgerufen am 11.03.2014) und www.lwl.org/LWL/portal (abgerufen am 11.03.2014) aufzurufen. ICD 10, ICF und DSM IV kann unter www.dimdi.de (abgerufen am 11.03.2014) abgerufen werden, allerdings z.T. nur in englischer Sprache. Dokumente der Bundesarbeitsgemeinschaft für Rehabilitationen (BAR) können unter www.bar-frankfurt.de (abgerufen am 11.03.2014) abgerufen werden. Diskussionsbeiträge zum Themenbereich Eingliederungshilfe finden sich auch unter www.reha-recht.de (abgerufen am 11.03.2014). **13**

X. Ausgewählte Literaturhinweise

Baur, Die Zukunft des Systems der Eingliederungshilfen für behinderte Menschen, ZFSH/SGB 2008, 722-726; *Bernstorff*, Anmerkungen zur innerstaatlichen Anwendbarkeit ratifizierter Menschenrechtsverträge: Welche Rechtswirkungen erzeugt das Menschenrecht auf inklusive Schulbildung aus der UN-Behindertenrechtskonvention im deutschen Sozial- und Bildungsrecht? RdJB 2011, 203 ff.; *Bernzen*, Sozialhilfe – Grundsicherung bei Erwerbsminderung – kostenloses Mittagessen in Werkstatt für behinderte Menschen (WfbM) – abweichende Festlegung des Regelbedarfs – kein Einkommenseinsatz, SGb 2008, 673-674; *Braksch/Eike*, Menschen mit Behinderungen und psychisch Kranke – Wie wollen wir in Zukunft gemeinsam leben? TuP 2009, 90-98; *Dannat/Dillmann*, „My home is my castle" – Aktuelle Rechtsfragen der ambulanten Eingliederungshilfe zum Wohnen für behinderte Menschen nach dem SGB XII, Behindertenrecht 2012, 1; *Dillmann*, Globalisierung des Sozialhilferechts inklu- **14**

---

[31] LSG Chemnitz v. 21.02.2011 - L 7 AS 145/08; zum Nachrang von § 21 Abs. 6 SGB II: LSG Niedersachsen-Bremen v. 30.06.2011 - L 13 AS 176/11 B ER.
[32] LSG NRW v. 07.01.2008 - L 20 SO 53/06 - Sozialrecht aktuell 2008, 198-200.
[33] *Wilcken*, Pflegebedürftigkeit und Behinderung im Recht der Rehabilitation und Teilhabe und im Recht der Pflege, 2011, S. 248 ff.

sive? – Zu den Auswirkungen des Übereinkommens der Vereinten Nationen über die Rechte von Menschen mit Behinderungen im SGB XII, ZfF 2010, 97; *Dillmann/Dannat*, „Forever young" – Ewig junge Abgrenzungsprobleme zwischen Leistungen für junge behinderte Menschen nach dem SGB VIII und dem SGB XII, ZfF 2009, 25-33; *Dillmann*, Medizinische Rehabilitation in der Sozialhilfe – Reservefunktion der Leistungen zur Teilhabe am Leben in der Gemeinschaft, ZFSH/SGB 2012, 639 ff.; *Gagel*, Übernahme von Kosten einer Reise mit der Wohngemeinschaft, jurisPR-SozR 11/2008, Anm. 1; *Greß/Rixen/Wasem*, Eingliederungshilfe für seelisch behinderte Kinder und Jugendliche – Abgrenzungsprobleme und Reformszenarien, VSSR 2009, 43-60; *Heinz*, Der neue Behinderungsbegriff des Neunten Buches des Sozialgesetzbuchs, SozArb 2009, 181-187; *Hellmann*, Weiterentwicklung der Eingliederungshilfe für Menschen mit Behinderungen im Bereich der Teilhabe am Arbeitsleben, RdLH 2009, 55-57; *Krajewski*, Ein Menschenrecht auf integrativen Schulunterricht. Zur innerstaatlichen Wirkung von Art. 24 der UN-Behindertenkonvention, JZ 2010, 120; *Lachwitz*, Weiterentwicklung der Eingliederungshilfe für Menschen mit Behinderungen, RdLH 2009, 3-10; *ders.*, Auswirkungen der Föderalismusreform auf die Sozialhilfe und das Sozialgesetzbuch Neuntes Buch (Rehabilitation und Teilhabe), RdLH 2008, 99-103; *Lachwitz/Trenk-Hinterberger*, Zum Einfluss der Behindertenrechtskonvention (BRK) der Vereinten Nationen auf die deutsche Rechtsordnung, RdLH 2010, 45; *Lode*, Einstweiliger Rechtsschutz für eine Maßnahme der Frühförderung als Leistung der Eingliederungshilfe nach § 54 SGB 12, Behindertenrecht 2009, 76-78; *Luik*, Kostenerstattung für Mittagessen in Werkstatt für behinderte Menschen, jurisPR-SozR 21/2009, Anm. 2; *Münning*, Mehrkostenvorbehalt ade? Subjektiv-öffentliche Rechte aus der UN-BRK? NDV 2013, 148; *Michels/Sander/Stöver*, Praxis, Probleme und Perspektiven der Substitutionsbehandlung Opioidabhängiger in Deutschland, Bundesgesundheithbl 2009, 111-121; *ohne Autor*, Empfehlungen des Deutschen Vereins zur Bedarfsermittlung und Hilfeplanung in der Eingliederungshilfe für Menschen mit Behinderungen, NDV 2009, 253-262; *ohne Autor*, Empfehlungen des Deutschen Vereins zur selbstbestimmten Teilhabe am Arbeitsleben von Menschen mit Behinderungen und Unterstützungsbedarf an der Grenze zwischen Werkstatt und allgemeinem Arbeitsmarkt, NDV 2009, 127-135; *ohne Autor*, Eingliederungshilfen für Menschen mit Behinderungen in der politischen Diskussion – eine Initiative der 85. ASMK, TuP 2009, 288-293; *Philipp*, Eingliederungshilfe in einer Werkstatt für Menschen mit Behinderung umfasst auch das Mittagessen, Sozialrecht aktuell 2009, 156; *Pitschas*, Behinderte Menschen in der kommunalen Sozialpolitik, SGb 2009, 253-260; *Riedel*, Gutachten zur Wirkung der internationalen Konvention über die Rechte von Menschen mit Behinderung und ihres Fakultativprotokolls auf das deutsche Schulsystem, erschienen beim Sozialverband Deutschlands e.V.; *Riehle*, „Anmerkungen zu § 35a SGB VIII", ZFSH/SGB 2011, 207; *Schütte*, Die Zukunft der Eingliederungshilfe: Zwischen SGB IX und „Bundesbehindertengeld", NDV 2004, 301-308; *Schütze*, Hilfsmittelversorgung zwischen Krankenversicherung und Sozialhilfe, SGb 2013, 147; *Spindler*, Existenzsicherung und Hilfen für psychisch Kranke und Suchtabhängige im neuen System der Grundsicherung(en), RuP 2009, 27-33; *dies.*, Zum Verhältnis der Ansprüche auf Schuldnerberatung und andere soziale Dienstleistungen nach SGB II, SGB XII und SGB VIII, info also 2008, 12-16; *Weber*, Häusliche Krankenpflege nach SGB V in einer stationären Einrichtung der Eingliederungshilfe, NZS 2011, 650; *Welti*, Leistung und Leistungserbringung in der Rehabilitation: Wettbewerbsordnung im Interesse der Selbstbestimmung, SGb 2009, 330-333; *ders.*, Isolierte Reform würde die sozialrechtlichen Ziele verfehlen, SuP 2008, 87-96; *Wenner*, Wichtige Entscheidung des BSG zum Persönlichen Budget, SozSich 2011, 237; *Wilcken*, Pflegebedürftigkeit und Behinderung im Recht der Rehabilitation und Teilhabe und im Recht der Pflege, 2011, S. 248 ff.

B. Auslegung der Norm

I. Regelungsgehalt und Bedeutung der Norm

15 Menschen, die nicht nur vorübergehend körperlich, geistig oder seelisch wesentlich behindert sind oder denen eine solche Behinderung droht, haben Anspruch auf Leistungen der Eingliederungshilfe, soweit die Hilfe nicht von einem vorrangig verpflichteten Leistungsträger – wie Kranken-, Unfall- oder Rentenversicherung oder der BA – erbracht wird. Die Eingliederungshilfe soll den behinderten Menschen zu einem weitgehend selbständigen Leben befähigen. Dazu gehört vor allem, dass ein angemessener Beruf ausgeübt und möglichst unabhängig von Pflege gelebt werden kann. Viele Leistungen der Eingliederungshilfe werden unabhängig von Einkommen und Vermögen erbracht. Die einzelnen Leistun-

gen werden in den §§ 54 ff. SGB XII und den §§ 26, 33, 41 und 55 SGB IX näher bestimmt. Als Auslegungsrichtlinie kann das Übereinkommen der Vereinten Nationen über die Rechte von Menschen mit Behinderungen (UnBehRÜbK, Kommentierung zu § 54 SGB XII) herangezogen werden.[34]

II. Normzweck

Die Vorschrift ist **Grundnorm für den Leistungsanspruch** auf Eingliederungshilfe. Hier wird der Aufgabenkreis der Eingliederungshilfe, aber auch der anspruchsberechtigte Personenkreis abgegrenzt. In Verbindung mit den §§ 54 ff. SGB XII und den Vorschriften des SGB IX bildet § 53 SGB XII die Grundlage für den Anspruch auf Eingliederungshilfe. Dabei haben wesentlich Behinderte und – entsprechend dem Rehabilitationszweck[35] der Eingliederungshilfe – von wesentlicher Behinderung bedrohte Menschen nach § 53 Abs. 1 Satz 1 SGB XII einen gebundenen Rechtsanspruch (§ 40 Abs. 1 SGB I), während es im Ermessen des Trägers der Sozialhilfe steht, Personen mit anderen, nicht wesentlichen körperlichen, geistigen oder seelischen Behinderungen solche Leistungen zuzugestehen. Innerhalb des Leistungssystems des SGB XII sind nach § 14 SGB XII Präventions- und Rehabilitationsleistungen vorrangig zu erbringen. Grundsätzlich sind die Leistungen nach den §§ 53 ff. SGB XII gegenüber Leistungen anderer Sozialleistungsträger nachrangig (§ 2 SGB XII). Das Nachrangprinzip gilt allerdings dort nicht, wo es sich um sozialhilfefremde Leistungen handelt, wie etwa Leistungen an Arbeitgeber nach § 34 SGB IX; denn in diesem Fall besteht keine Anspruchskonkurrenz, weil es sich um keinen Anspruchsinhaber nach dem SGB XII handelt. Der Leistungskatalog des § 54 SGB XII ist nicht abschließend.[36]

16

III. Tatbestandsvoraussetzungen

1. Rechtsanspruch oder Ermessensleistung

Das Gesetz unterscheidet mit Konsequenzen für die Anspruchsqualität in Absatz 1 zwischen dem Personenkreis nach Satz 1 – Personen, die behindert sind bzw. von einer solchen Behinderung bedroht sind – einerseits und dem Personenkreis nach Satz 2 – Personen mit anderen Behinderungen – andererseits. Der Personenkreis nach **Satz 1** hat dem Grunde nach einen **Rechtsanspruch** auf die erforderliche Leistung im Sinne des § 38 SGB I; lediglich auf der Rechtsfolgenseite, beim „Wie" der Leistungen besteht – abgesehen von den Fällen der Ermessensreduzierung auf Null – ein **Auswahlermessen** des zuständigen Sozialleistungsträgers. Der Personenkreis nach **Satz 2** dagegen hat nur einen Anspruch auf fehlerfreie Ermessensausübung bei der Entschließung, ob die Leistung erbracht wird. Es handelt sich um eine **Ermessensleistung** nach § 39 SGB I. In der Praxis ist daher die Frage, ob der Anspruchsteller zum Personenkreis nach Satz 1 oder nach Satz 2 gehört, von zentraler Bedeutung. Im Folgenden wird daher der Personenkreis nach Satz 1 abgegrenzt; zählt der Anspruchsteller nicht zu diesem Personenkreis, ist er aber ebenfalls behindert, so bleibt nur noch der Ermessensanspruch nach Satz 2 der Vorschrift.

17

2. Personen mit wesentlicher Behinderung

a. Behinderung

Das Gesetz knüpft den **Rechtsanspruch** auf Eingliederungshilfe zunächst am Begriff der Behinderung an. Der **Begriff der Behinderung** wird in § 2 Abs. 1 SGB IX in Anlehnung an den Behindertenbegriff der Weltgesundheitsorganisation dreigliedrig definiert. Der Begriff der Behinderung in § 2 SGB IX unterscheidet sich trotz des unterschiedlichen Gesetzwortlauts nicht von § 3 Abs. 1 SchwbG.[37] Dazu bedarf es zunächst der Feststellung einer Beeinträchtigung der körperlichen, geistigen oder seelischen Funktion. Diese muss prognostisch – also nicht bereits tatsächlich – länger als **sechs Monate** andau-

18

---

[34] *Düwell*, jurisPR-ArbR 49/2008, Anm. 6; *Krajewski*, JZ 2010, 120.
[35] Vgl. BSG v. 11.03.1998 - B 9 SB 1/97 R - SozR 3-3870 § 4 Nr. 23.
[36] BSG v. 24.03.2009 - B 8 SO 29/07 R - juris Rn. 20 - JAmt 2009, 623-626.
[37] BSG v. 24.04.2008 - B 9/9a SB 6/06 R - juris Rn. 15; BSG v. 18.09.2003 - B 9 SB 3/02 R - juris Rn. 14 - SozR 4-3250 § 69 Nr. 2; zum Begriff der Behinderung im SchwbG: BSG v. 24.06.1998 - B 9 SB 17/97 R - juris Rn. 17 - SozR 3-3870 § 4 Nr. 24 und BSG v. 09.10.1987 - 9a RVs 5/86 - juris Rn. 14 - SozR 3870 § 3 Nr. 26; zum Begriff der Behinderung im SGB V: BSG v. 23.07.2002 - B 3 KR 66/01 R - juris Rn. 14 - SozR 3-2500 § 33 Nr. 45; zum Begriff der Behinderung im SGB VI: BSG v. 21.03.2001 - B 5 RJ 8/00 R - HVBG-INFO 2001, 2361-2364.

ern[38] und vom **alterstypischen Zustand** abweichen,[39] d.h. Erscheinungen, die für die Kindheit, die Jugend oder das Alter typisch sind, bleiben unberücksichtigt. Letzteres ist gerade in Bezug auf Leistungen der Pflegeversicherung von Bedeutung. Auch für pflegebedürftige Personen kommen Rehabilitationsleistungen in Betracht, wenn dadurch Pflegebedürftigkeit überwunden, gemildert oder eine Verschlimmerung verhindert wird.[40] Die Empfehlung in der Literatur, den Ausschlussgrund alterstypischer Beeinträchtigungen im Hinblick auf die Schwierigkeiten der Abgrenzung restriktiv zu handhaben,[41] wird hier geteilt. Die verfassungs- und völkerrechtlichen Wertungen dürfen nicht außer Acht bleiben (vgl. Rn. 6).

19 Die **Prüfung der Funktionseinschränkung** kann anhand der Internationalen Kodifikation der Krankheiten erfolgen (ICIDH-1[42]) und ist ebenso wie die prognostische Entscheidung für die voraussichtliche Dauer der Behinderung Gegenstand medizinischer Aufklärung, bei seelischen Störungen ggf. auch psychotherapeutischer oder psychologischer Begutachtung. Für die Entstehung des Leistungsanspruches muss nicht erst der Ablauf der sechs Monate abgewartet werden.[43] Es reicht eine Prognoseentscheidung, d.h. es muss mit hoher Wahrscheinlichkeit von einer solchen Dauer der Beeinträchtigung ausgegangen werden.[44] Im Hinblick darauf, dass § 53 SGB XII auch drohende Beeinträchtigungen erfasst, dürfte diesem Gesichtspunkt praktisch keine große Bedeutung zukommen.

20 **Unerheblich** ist, aus welchem **Grund** die Beeinträchtigung eingetreten ist, also ob sie etwa Folge einer Erkrankung oder eines Unfalls ist. Diese Fragen haben nur insoweit Bedeutung, als bei dem Eingreifen von Leistungsrechten aus einem kausalen Leistungssystem, wie etwa der Unfallversicherung oder dem Sozialen Entschädigungsrecht, die Leistung der Sozialhilfe gegenüber den Leistungen dieses Systems nachrangig ist. Unerheblich ist grundsätzlich auch, welcher Lebensbereich betroffen ist. Nur wenn der Schutzbereich der gesetzlichen Renten- oder Krankenversicherung betroffen ist, nämlich im Hinblick auf die Erhaltung der Erwerbsfähigkeit oder der Gesundheit, wenn der Behinderte oder von Behinderung bedrohte Mensch in der gesetzlichen Renten- oder Krankenversicherung versichert ist und die versicherungsrechtlichen Voraussetzungen gegeben sind, sind Leistungen der Sozialhilfe nachrangig.

b. Wesentlichkeit

21 Als zusätzliches Merkmal der Behinderung fordert § 2 Abs. 1 Satz 1 SGB IX, dass daher die Teilhabe am Leben der Gesellschaft beeinträchtigt ist. Im Unterschied hierzu verlangt § 53 Abs. 1 Satz 1 SGB XII eine „**wesentliche**" Behinderung der Fähigkeit, an der Gesellschaft teilzuhaben.[45] Somit erfüllt nicht jeder i.S.d. § 2 Abs. 1 SGB IX behinderte Mensch zugleich auch die Voraussetzungen des § 53 SGB XII. Wesentlich Behinderter i.S.d. § 53 Abs. 1 Satz 1 SGB XII ist nur, wer durch seine körperliche, seelische oder geistige Beeinträchtigung in seiner Teilhabefähigkeit in der Gesellschaft wesentlich eingeschränkt ist. An diesem Punkt greift die Eingliederungshilfe-Verordnung (EinglHV) ein. Diesbezüglich wird auf die im Anhang befindlichen Kommentierungen der EinglHV verwiesen. Die Verordnung ist trotz Einführung des SGB IX 2001 und der Eingliederung des Sozialhilferechts in das SGB nicht umfassend angepasst worden. Daher wird z.T. gefordert, den Grad der Behinderung zu berücksichtigen, um das Eingliederungsziel des Gesetzgebers zu verwirklichen.[46] Dem ist jedoch nicht zu folgen, denn die Prüfung der Wesentlichkeit einer Behinderung ist wertend an deren Auswirkungen für die Eingliederung in der Gesellschaft auszurichten; entscheidend ist mithin nicht, wie stark die geistigen Kräfte beeinträchtigt sind und in welchem Umfang ein Funktionsdefizit vorliegt, sondern wie sich die Beeinträchtigung auf die Teilhabemöglichkeit auswirkt.[47]

22 Schwierigkeiten bietet die Bewertung von Mehrfachbehinderungen (vgl. Rn. 3). Diesen Begriff kennt das Gesetz nicht. Die BAGüS (vgl. Internetadressen Rn. 8) versteht darunter das gleichzeitige Vorkommen mehrerer Behinderungstypen, also etwa eine körperliche und eine geistige Behinderung. Für die

---

[38] BSG v. 24.04.2008 - B 9/9a SB 10/06 R - juris Rn. 38 - SozR 4-3250 § 69 Nr. 9.
[39] BSG v. 12.02.1997 - 9 RVs 1/95 - juris Rn. 13 - SozR 3-3870 § 4 Nr. 18.
[40] *Bieritz-Harder* in: LPK-SGB XII, § 53 Rn. 7.
[41] *Voelzke* in: Hauck/Noftz, K § 53 Rn. 12.
[42] Vgl. Rn. 13; *Scheider* in: Schellhorn/Schellhorn/Hohm, SGB XII, 18. Aufl. 2010, § 53 Rn. 12.
[43] BSG v. 14.12.2000 - B 9 SB 3/99 R; *Bieritz-Harder* in: LPK-SGB XII, § 53 Rn. 8.
[44] *Kreikebohm* in: KSW, § 2 SGB IX Rn. 3.
[45] BVerwG v. 28.09.1995 - 5 C 21/93 - juris Rn. 13, 16; BVerwG v. 05.07.1995 - 5 B 119/94 - Buchholz 436.0 § 39 BSHG Nr. 12.
[46] *Bieritz-Harder* in: LPK-SGB XII, § 53 Rn. 10.
[47] BSG v. 22.03.2013 - B 8 SO 30/10 R - juris Rn. 19.

Abgrenzung der Wesentlichkeit der Behinderungen einer Person mit Mehrfachbehinderung sollte nicht nur auf die einzelne Behinderung abgestellt werden.[48] Hier bietet sich die Anlehnung an die Bildung des Gesamt-GdB[49] im Schwerbehindertenrecht an.

Die BAGüS (vgl. Rn. 8) empfiehlt als Verfahren für die gerichtlich voll überprüfbare Entscheidung über die Wesentlichkeit einer Behinderung im Einzelfall die ICF[50] anzuwenden, welche die Beschreibung der Einschränkungen der funktionalen Gesundheit ermöglicht.[51] Danach kommt es für das Ausmaß der Schädigung von Körperfunktionen und -strukturen, der Beeinträchtigung von Aktivitäten und der Teilhabe nicht nur auf Art, Schwere und Verlauf einer Krankheit an, sondern darüber hinaus auf Umweltfaktoren (die materielle, soziale und einstellungsbezogene Umwelt des Betreffenden) und personenbezogene Faktoren (Alter, Geschlecht usw.). Zur Feststellung der Wesentlichkeit ist in den verschiedenen Lebensbereichen zu prüfen, ob die selbständige Ausführung möglich ist, ob Hilfsmittel benötigt werden, ob personelle Hilfe benötigt wird oder die Ausführung gar nicht mehr möglich ist. Die wesentlichen Lebensbereiche sind Selbstversorgung und Mobilität (vgl. § 14 Abs. 4 SGB XI), Haushaltsführung, Orientierung und Kommunikation sowie das Sozialverhalten. Wird personelle Hilfe in mehreren Lebensbereichen notwendig, sieht die BAGüS (vgl. Rn. 8) i.d.R. eine wesentliche Einschränkung als gegeben an.[52] Dieser Ansatz ist überzeugend und praktikabel.   23

Das SGB XII und daran anknüpfend die §§ 1-3 EinglHV unterscheiden entsprechend dem betroffenen Gesundheitsbereich der Beeinträchtigung nach körperlicher, geistiger und seelischer Behinderung. Zum Teil indiziert bereits die Zuordnung einer Behinderung zu einem Katalogfall deren Wesentlichkeit.   24

aa. Körperlich wesentlich behindert

In § 1 Eingliederungshilfe-Verordnung legt der Verordnungsgeber fest, welche körperlichen Behinderungen die Teilhabefähigkeit wesentlich beeinträchtigen. Wenn ein ausdrücklich in § 1 Eingliederungshilfe-Verordnung aufgeführter Fall vorliegt, besteht jedoch **keine zwingende gesetzliche Vermutung**, dass Wesentlichkeit gegeben ist. Dies wird zum Teil angenommen.[53] Können körperliche Funktionsbeeinträchtigungen nicht den Fallgruppen des § 1 Eingliederungshilfe-Verordnung zugeordnet werden, so kann darauf kein Leistungsanspruch gestützt werden. Die Aufzählung ist **abschließend**.[54] Die Gegenansicht[55] berücksichtigt nicht die Systematik des § 53 Abs. 1 SGB XII, die zwischen wesentlichen Behinderungen mit Leistungsanspruch (Satz 1) und sonstigen Behinderungen mit Ermessensentscheidung (Satz 2) unterscheidet. In diesen sonstigen Fällen kann in verfassungskonformer Anwendung des § 53 Abs. 1 Satz 2 SGB XII eine Ermessensreduzierung auf Null eintreten, wenn in vergleichbaren Fällen in anderen Sozialleistungssystemen, wie der Krankenversicherung und dem SGB II, Rehabilitationsleistungen erbracht würden, sofern die versicherungsrechtlichen oder sonstigen besonderen leistungsrechtlichen Voraussetzungen dieser Gesetzbücher erfüllt wären.[56] Für die Einzelheiten wird auf die Kommentierung zu § 1 EinglHV im Anhang verwiesen.   25

bb. Geistig wesentlich behindert

§ 2 Eingliederungshilfe-Verordnung bezeichnet Schwächen der geistigen Kräfte, die in erheblichem Umfang die Teilhabefähigkeit beeinträchtigen, als wesentlich. Der weite Begriff der geistigen Schwäche macht die Prüfung der Auswirkungen auf die Teilhabefähigkeiten in jedem Einzelfall erforderlich, d.h. es handelt sich um keine gesetzliche Vermutung. Zu den Einzelheiten wird auf die Kommentierung zu § 2 EinglHV im Anhang verwiesen.   26

---

[48] *Voelzke* in: Hauck/Noftz, K § 53 Rn. 14.
[49] Vgl. Anlage zu § 2 Versorgungsmedizin-Verordnung.
[50] ICF – Internationale Klassifikation der Funktionsfähigkeit, Behinderung und Gesundheit, Stand Oktober 2005, Deutsche Ausgabe, vgl. Rn. 13.
[51] Orientierungshilfe für die Feststellung der Träger der Sozialhilfe zur Ermittlung der Leistungsvoraussetzungen nach dem SGB XII i.V.m. der Eingliederungshilfe-Verordnung – Stand: 24.11.2009, S. 8; ebenso *Wahrendorf* in: Grube/Wahrendorf, SGB XII, 3. Aufl. 2010, § 53 Rn. 11.
[52] Orientierungshilfe für die Feststellung der Träger der Sozialhilfe zur Ermittlung der Leistungsvoraussetzungen nach dem SGB XII i.V.m. der Eingliederungshilfe-Verordnung – Stand: 24.11.2009, S. 10.
[53] *Meusinger* in: Fichtner/Wenzel, SGB XII, 4. Aufl. 2009, § 53 Rn. 4, 15; *Voelzke* in: Hauck/Noftz, K § 53 Rn. 15; *Wahrendorf* in: Grube/Wahrendorf, SGB XII, 3. Aufl. 2010, § 53 Rn. 16.
[54] *Bieritz-Harder* in: LPK-SGB XII, § 53 Rn. 14.
[55] *Voelzke* in: Hauck/Noftz, K § 53 Rn. 15.
[56] *Bieritz-Harder* in: LPK-SGB XII, § 53 Rn. 121; *Voelzke* in: Hauck/Noftz, K § 53 Rn. 19 ff.

cc. Seelisch wesentlich behindert

27 Die Aufzählung in § 3 Eingliederungshilfe-Verordnung ist abschließend und bedarf in jedem Einzelfall der Prüfung, ob die Teilhabefähigkeit wesentlich beeinträchtigt ist.[57] Bei kongruenten Leistungsansprüchen von Kindern und Jugendlichen mit seelischer und geistiger Behinderung aus der Jugendhilfe und der Sozialhilfe gehen letztere vor (vgl. Rn. 3).[58] Soweit eine Erkrankung hier nicht eingeordnet werden kann und auch nicht unter eine der anderen Fallgruppen fällt, ist an § 53 Abs. 1 Satz 2 SGB XII zu denken (vgl. Rn. 28). Zu den Einzelheiten wird auf die Kommentierung zu § 3 EinglHV im Anhang verwiesen.

c. Nicht wesentliche Behinderungen

28 Die Gewährung von Eingliederungshilfe für Behinderungen, die keine wesentlichen Behinderungen sind, weil die Teilhabe nur geringfügig beeinträchtigt ist, steht im pflichtgemäßen Ermessen des Trägers der Sozialhilfe i.S.d. § 39 SGB I. Das gilt auch dann, wenn es sich um eine körperliche Behinderung handelt, die nicht unter § 1 EinglHV (vgl. die Kommentierung zu § 1 EinglHV) fällt. Würden in vergleichbaren Fällen in anderen Sozialleistungssystemen, wie der Krankenversicherung und dem SGB II, Rehabilitationsleistungen erbracht werden, und scheitert dies nur daran, dass die besonderen versicherungsrechtlichen oder leistungsrechtlichen Bestimmungen nicht erfüllt sind, kann aber in verfassungskonformer Anwendung des § 53 Abs. 1 Satz 2 SGB XII eine **Ermessensreduzierung auf Null** eintreten.[59]

3. Von wesentlicher Behinderung bedrohte Personen

29 Entsprechend dem Rehabilitationsgedanken[60] im Recht der Eingliederungshilfe besteht auch dann ein Rechtsanspruch nach § 53 Abs. 1 Satz 1 SGB XII, also nicht nur ein Anspruch auf pflichtgemäße Ermessensausübung, wenn der Eintritt einer wesentlichen Behinderung im oben genannten Sinne (vgl. Rn. 21) lediglich droht. Nach Absatz 2 dieser Vorschrift droht eine Behinderung, wenn im konkreten Einzelfall nach fachlicher Erkenntnis mit hoher Wahrscheinlichkeit mit ihrem Eintritt zu rechnen ist. Nach dem Wortlaut dieser Bestimmung ist der Anknüpfungspunkt für die Prognose nicht erst der drohende Eintritt der Teilhabebeeinträchtigung, wenn sich dieser denn überhaupt von dem Eintritt der Behinderung unterscheidet, sondern bereits der drohende Eintritt der geistigen, seelischen oder körperlichen Behinderung.[61] Der Behinderte muss nicht bereits aus der Gesellschaft ausgegliedert sein.[62] Die Legaldefinition des Absatzes 2 zeigt im Übrigen zweierlei: Zum einen kann nicht nur der Eintritt einer wesentlichen Behinderung drohen; **droht eine nicht wesentliche Behinderung**, so besteht ein Anspruch auf pflichtgemäßes Ermessen nach § 53 Abs. 1 Satz 2 SGB XII. Und anders als in § 2 Abs. 1 Satz 2 SGB IX wird im Gesetzestext explizit eine hohe Eintrittswahrscheinlichkeit gefordert. Ein sachlicher Unterschied dürfte damit allerdings nicht verbunden sein.[63] Es sind nicht etwa erst sechs Monate abzuwarten.

30 Die erforderliche **Prognosebeurteilung**, ob und gegebenenfalls wann beziehungsweise mit welcher Wahrscheinlichkeit der Eintritt einer Behinderung zu erwarten ist, verlangt in dem Recht der Eingliederungshilfe jedenfalls eine Wahrscheinlichkeit von mehr als 50%;[64] die einfache Wahrscheinlichkeit oder nur die Möglichkeit des Eintritts reicht also ebenso wenig wie die allgemeine, nicht einzelfallbezogene statistische Häufigkeit. Einer an Sicherheit grenzenden Wahrscheinlichkeit bedarf es allerdings ebenso wenig.[65] Um so früh wie möglich mit der Eingliederungshilfe ansetzen zu können, muss die Prognose den konkreten Zeitrahmen bestimmen, innerhalb dessen die Behinderung einzutreten droht.[66]

---

[57] *Bieritz-Harder* in: LPK-SGB XII, § 53 Rn. 16; *Voelzke* in: Hauck/Noftz, K § 53 Rn. 18; *Bieritz-Harder* in: LPK-SGB XII, § 53 Rn. 121; *Voelzke* in: Hauck/Noftz, K § 53 Rn. 19 ff.; a.A. *Meusinger* in: Fichtner/Wenzel, SGB XII, 4. Aufl. 2009, § 53 Rn. 15.

[58] VG Ansbach v. 31.07.2008 - AN 14 K 05.04288 - EuG 2009, 69-85.

[59] *Bieritz-Harder* in: LPK-SGB XII, § 53 Rn. 21; *Voelzke* in: Hauck/Noftz, K § 53 Rn. 19 ff.

[60] Vgl. BSG v. 11.03.1998 - B 9 SB 1/97 R - SozR 3-3870 § 4 Nr. 23.

[61] Vgl. auch *Bieritz-Harder* in: LPK-SGB XII, § 53 Rn. 17; *Voelzke* in: Hauck/Noftz, K § 53 Rn. 22.

[62] *Scheider* in: Schellhorn/Schellhorn/Hohm, SGB XII, 17. Aufl. 2006, § 53 Rn. 45.

[63] Vgl. Definition *Kreikebohm* in: KSW, § 2 SGB IX Rn. 4; a.A. *Scheider* in: Schellhorn/Schellhorn/Hohm, SGB XII, 18. Aufl. 2010, § 53 Rn. 36.

[64] BVerwG v. 26.11.1998 - 5 C 38/97 - NDV-RD 1999, 71-72.

[65] *Wahrendorf* in: Grube/Wahrendorf, SGB XII, 3. Aufl. 2010, § 53 Rn. 31.

[66] BVerwG v. 26.11.1998 - 5 C 38/97 - NDV-RD 1999, 71-72.

Diese Wertung kann im Regelfall allein ein fachkompetenter, medizinischer Sachverständiger treffen, aber nicht nur. Die Wahl des Begriffes „fachlicher Erkenntnis" schließt Einschätzungen anderer Sachverständiger ein, wie etwa von Psychotherapeuten, Sozialtherapeuten etc.

§ 53 Abs. 2 Satz 2 SGB XII enthält eine **Abgrenzungsregelung zu den Leistungen der Krankenhilfe** nach den §§ 47 und 48 SGB XII, indem das Eingreifen der Eingliederungshilfe für drohende Behinderungen unter die Bedingung gestellt wird, dass der Eintritt auch bei Durchführung vorbeugender Gesundheitshilfe und Hilfe bei Krankheiten nach diesen Vorschriften droht. Wird bei einer Erkrankung trotz Anwendung der dem aktuellen Stand der ärztlichen Wissenschaft entsprechenden Behandlungsmethoden eine Behinderung eintreten, so ist die Behandlung insgesamt ein Fall der Eingliederungshilfe.[67] So wird bei einem Schenkelhalsbruch während der normalen Behandlung noch nicht mit einer Behinderung gerechnet;[68] bei einer Enzephalitiserkrankung eines Kindes ist aber nach heute gesicherter medizinischer Erkenntnis eine dauerhafte Behinderung zu erwarten, weshalb bereits diese Behandlung der Eingliederungshilfe zugeordnet wird.[69]

31

Betroffen sind damit zwangsläufig nur Leistungen der medizinischen Rehabilitation, keine anderen Leistungen der Eingliederungshilfe.[70] Damit ergänzt das Gesetz den gegenüber anderen Sozialleistungssystemen, namentlich der gesetzlichen Krankenversicherung, in § 2 Abs. 1 SGB XII normierten Nachrangigkeitsgrundsatz in Bezug auf das Verhältnis der Leistungen der Krankenhilfe innerhalb des SGB XII selbst. Im Hinblick auf die Regelung des § 264 SGB V (sog. „Status"-Versicherte) dürfte die praktische Relevanz des § 53 Abs. 2 Satz 2 SGB XII allerdings eher gering sein, da nur noch Personen erfasst werden, die nicht nach dem SGB V versichert sind.

32

4. Aussicht auf Erfüllung der Aufgabe der Eingliederungshilfe

Der Rechtsanspruch nach § 53 Abs. 1 Satz 1 SGB XII auf Gewährung von Leistungen der Eingliederungshilfe steht unter dem gesetzlichen Vorbehalt, dass nach Art und Schwere der Behinderung im Einzelfall die Aussicht besteht, die Aufgaben der Eingliederungshilfe (vgl. Rn. 34) zu erfüllen. Wenn und solange es somit gelingt, eine drohende Behinderung zu verhüten, eine Behinderung oder deren Folgen zu beseitigen oder zu mildern und sie einzugliedern, besteht diese Aussicht fort. Damit ist zugleich klargestellt, dass die Eingliederungshilfe nicht bereits entfällt, wenn hierdurch die Eingliederung des behinderten Menschen in die Gesellschaft nicht mehr in einem Maß erreicht werden kann, dass er völlig selbstbestimmt und weitgehend unabhängig sein Leben gestalten kann.[71] Schon die Verwendung des Wortes „**mildern**" und die Formulierung in Absatz 3 Satz 2 („so weit wie möglich unabhängig von Pflege zu machen") zeigt, dass jede Linderung der Behinderung bzw. ihrer Folgen für die Teilhabefähigkeit ausreicht, wie etwa die Besserung des seelischen Befindens.[72] Auch vor dem Hintergrund des hohen verfassungsrechtlichen Ranges der Teilhabeleistungen ist nicht mehr erforderlich als die Linderung oder Vermeidung weiterer Verschlimmerung (vgl. Rn. 6). Aus dieser Zielrichtung heraus kann auch **keine Altersgrenze** in die Vorschrift des § 53 Abs. 1 Satz 1 SGB XII hineingelesen werden.[73] Denkbar ist allenfalls, die Zielrichtung der Eingliederungshilfe zu ändern, nämlich mit Vollendung des 65. Lebensjahres nicht mehr auf die Eingliederung in den Arbeitsmarkt abzustellen, sondern auf die Verrichtung einer angemessenen Ruhestandsbeschäftigung.[74] Die – sich auch in den Zuständigkeitsregelungen der Länder niederschlagende (vgl. Rn. 9) – abweichende Praxis der Sozialhilfeträger

33

---

[67] *Meusinger* in: Fichtner/Wenzel, SGB XII, 4. Aufl. 2009, § 53 Rn. 19; *Scheider* in: Schellhorn/Schellhorn/Hohm, SGB XII, 18. Aufl. 2010, § 53 Rn. 37.

[68] *Wahrendorf* in: Grube/Wahrendorf, SGB XII, 3. Aufl. 2010, § 53 Rn. 32; Scheider in: Schellhorn/Schellhorn/Hohm, SGB XII, 17. Aufl. 2006, § 53 Rn. 38; in der 18. Aufl. 2010 sind die Bsp. nicht mehr enthalten.

[69] *Scheider* in: Schellhorn/Schellhorn/Hohm, SGB XII, 17. Aufl. 2006, § 53 Rn. 38 f. m. w. Bsp, die in der 18. Aufl. 2010 nicht mehr enthalten sind.

[70] Vgl. auch *Bieritz-Harder* in: LPK-SGB XII, § 53 Rn. 19.

[71] LSG Halle v. 24.08.2005 - L 8 B 2/05 SO ER - JMBl LSA 2006, 210-216; *Wahrendorf* in: Grube/Wahrendorf, SGB XII, 3. Aufl. 2010, § 53 Rn. 29.

[72] LSG Halle v. 24.08.2005 - L 8 B 2/05 SO ER - JMBl LSA 2006, 210-216.

[73] BVerwG v. 21.12.2005 - 5 C 26/04 - NVwZ-RR 2006, 406-407; SG Trier v. 25.02.2009 - S 3 SO 13/09 ER; *Meusinger* in: Fichtner/Wenzel, SGB XII, 4. Aufl. 2009, § 54 Rn. 20; *Voelzke* in: Hauck/Noftz, K § 53 Rn. 26a; *Scheider* in: Schellhorn/Schellhorn/Hohm, SGB XII, 18. Aufl. 2010, § 53 Rn. 30; a.A. *Meusinger* in: Fichtner/Wenzel, SGB XII, 4. Aufl. 2009, § 53 Rn. 44; „Orientierungshilfe zu den Schnittstellen der Eingliederungshilfe nach dem SGB XII zu anderen sozialen Leistungen" Stand: 24.11.2009, S. 22.

[74] BVerwG v. 21.12.2005 - 5 C 26/04 - NVwZ-RR 2006, 406-407.

steht damit nicht im Einklang.[75] Bei Kleinkindern und hoch Betagten ist Eingliederungshilfe erst dann ausgeschlossen, wenn keine eindeutigen Anzeichen für einen Erfolg der Entwicklungsmaßnahme zu ermitteln sind.[76]

5. Besondere Aufgaben der Eingliederungshilfe (Absatz 3)

34 Mit der Aufzählung von besonderen Aufgaben der Eingliederungshilfe in § 53 Abs. 3 Satz 1 SGB XII soll lediglich deren Bedeutung betont werden und keine Unterscheidung besonderer von allgemeinen Aufgaben vorgenommen werden. Hierzu gehört es, eine drohende Behinderung zu verhüten, eine Behinderung oder deren Folgen zu beseitigen oder zu mildern und behinderte Menschen einzugliedern. Die Eingliederung steht nicht neben Verhütung, Beseitigung und Milderung, sondern bezieht die Eingliederung des behinderten Menschen in die Gesellschaft als übergeordnetes Ziel ein; besser hätte der Tatbestand also gelautet: „und dadurch den behinderten Menschen in die Gesellschaft einzugliedern". Der Begriff der „**Eingliederung in die Gesellschaft**" muss wiederum vor dem Hintergrund der beispielhaften Aufzählung in Satz 2 der Vorschrift als Oberbegriff verstanden werden, der die unterschiedlichen, denkbaren Rehabilitationsziele „Teilhabe am Leben der Gesellschaft", „Teilhabe am Arbeitsleben" etc. i.S.d. § 5 SGB IX umfasst.

35 Die Aufzählung in Satz 2 ist nicht abschließend.[77] Im Einzelnen wird hier die Teilnahme an der Gemeinschaft, die Ausübung eines Berufs oder einer sonstigen angemessenen Tätigkeit und die Unabhängigkeit von Pflegeleistungen genannt. Die Teilnahme an der Gemeinschaft bezieht sich im allgemeinen Sinn auf den Kontakt mit den Mitmenschen und der kulturellen Umwelt,[78] insbesondere auch der Umgang mit nichtbehinderten Menschen (§§ 55 ff. SGB IX). Die Hilfe zur Ausübung des Berufs oder sonstiger angemessener Tätigkeiten einschließlich der Erlangung einer angemessenen Schulbildung sowie der Berufsausbildung findet in den §§ 33 ff. SGB IX ihren Niederschlag. Hinsichtlich der Pflegeleistungen i.S.d. SGB XI wird auf die Ausführungen unter Rn. 12 verwiesen. Dem Ziel, die Pflegesituation zu verbessern, dient auch die Änderung der §§ 54 und 63 SGB XII durch das Gesetz zur Regelung des Assistenzpflegebedarfs im Krankenhaus vom 30.07.2009.[79] Damit wird deutlich, dass mit der Zielsetzung in § 53 Abs. 3 SGB XII auch die Pflege von behinderten Kindern und Jugendlichen gemeint ist.

36 Die Formen der Hilfeleistung werden in ein **Rangverhältnis** gestellt. Zunächst gilt es eine drohende Verhinderung zu verhüten. Dieses Ziel der Prävention hat nach § 14 SGB XII Vorrang vor anderen Formen der Rehabilitation. Wenn oder soweit dies nicht mehr zu erreichen ist, weil die Behinderung schon eingetreten ist, gilt es zuvörderst, die Behinderung (ggf. die hinzugetretene weitere Behinderung) wieder zu beseitigen. Ist auch dies nicht mehr möglich, gilt es die Folgen der Behinderung für die Teilhabefähigkeit des behinderten Menschen an der Gesellschaft zu beseitigen. Falls auch dies nicht mehr gelingt, dann kann es nur noch darum gehen, die Folgen der Behinderung zu mildern. Ob sie gemildert sind, ist nicht allein an objektiven Kriterien zu messen, sondern – entsprechend der Einbeziehung der seelischen Behinderung in den Behindertenbegriff des § 2 Abs. 1 SGB IX und damit in die umfassende Zielsetzung der Eingliederungshilfe – aus Sicht des Betroffenen, also hinsichtlich des Wohlbefindens.[80]

6. Verhältnis zum Neunten Buch Sozialgesetzbuch (Absatz 4)

37 Absatz 4 Satz 1 des § 53 SGB XII ist eigentlich überflüssig, denn er ist deckungsgleich mit § 7 SGB IX und bestimmt – wie dieser – die grundsätzliche Geltung der Vorschriften des Neunten Buches Sozialgesetzbuch, soweit sich aus dem SGB XII nichts anderes ergibt. Die **Zuständigkeitsregelung** in Satz 2 der Vorschrift ist daher doppelt überflüssig; denn auch sie ist bereits in § 7 SGB IX enthalten und zudem logisch bereits in dem Grundsatz des Satzes 1, weil auch die vom SGB IX abweichende Zuständigkeitsregelung im SGB XII oder aufgrund des SGB XII eine abweichende Regelung ist. Einen eigen-

---

[75] Vgl. *Meusinger* in: Fichtner/Wenzel, SGB XII, 4. Aufl. 2009, vor § 53 Rn. 34.
[76] VG Meiningen v. 10.02.1999 - 8 K 1518/97.Me - RdLH 1999, 63-64; *Wahrendorf* in: Grube/Wahrendorf, SGB XII, 3. Aufl. 2010, § 53 Rn. 29.
[77] *Scheider* in: Schellhorn/Schellhorn/Hohm, SGB XII, 18. Aufl. 2010, § 53 Rn. 48.
[78] *Meusinger* in: Fichtner/Wenzel, SGB XII, 4. Aufl. 2009, § 53 Rn. 26.
[79] BGBl I 2009, 2495.
[80] *Meusinger* in: Fichtner/Wenzel, SGB XII, 4. Aufl. 2009, § 53 Rn. 24; *Voelzke* in: Hauck/Noftz, K § 53 Rn. 27; vgl. auch LSG Halle v. 24.08.2005 - L 8 B 2/05 SO ER - JMBl LSA 2006, 210-216.

ständigen Sinngehalt kann die Vorschrift nur dort haben, wo durch sie ein Zirkelschluss vermieden oder jedenfalls eine Klarstellung bewirkt wird: Da das SGB IX zu den für die Träger der Sozialhilfe geltenden Leistungsgesetzen gehört, würde die Ausnahmeregelung des § 7 SGB IX ins Leere laufen.

An diese Überlegungen anknüpfend wird in der Literatur die überzeugende Auffassung vertreten, aus dem Aufbau des § 54 SGB XII folge, nicht alle im SGB IX aufgezählten Teilhaberechte seien durch Absatz 4 ins SGB XII transformiert werden, sondern nur die ausdrücklich im SGB XII genannten Leistungsgruppen.[81] Dies fällt insbesondere hinsichtlich der Teilhabeleistungen an Arbeitgeber nach § 34 SGB IX ins Auge. Ohne die Interpretation des § 54 SGB XII als **einschränkende Ausnahmevorschrift** wären diese Leistungen ebenfalls zu erbringen. Die Schlussfolgerung, den Verweis in § 53 Abs. 4 Satz 1 SGB XII neben den ausdrücklich in Bezug genommenen leistungsrechtlichen Vorschriften lediglich auf die **übergreifenden Vorschriften des SGB IX** zu beziehen,[82] erscheint daher zwingend. 38

Zu den übergreifenden Vorschriften, die im SGB XII von Bedeutung sein können, zählen insbesondere die §§ 1, 4, 9, 10 und 14 f. SGB IX. § 1 SGB IX enthält die allgemeine Zielvorstellung des Gesetzgebers für Teilhabeleistungen, nämlich die **Selbstbestimmung** und gleichberechtigte Teilhabe behinderter und von Behinderung bedrohter Menschen zu gewährleisten. Insbesondere bei Ermessensentscheidungen ist diese Vorstellung zu beachten.[83] Dabei bestimmen die §§ 1 Satz 2 und 4 Abs. 3 SG IX die besondere Berücksichtigung der Bedürfnisse von Kindern und Frauen. Speziell Kinder sind nach § 4 Abs. 3 SGB IX möglichst in der gewohnten Umgebung und gemeinsam mit nichtbehinderten Kindern zu belassen. 39

§ 9 SGB IX ist Ausprägung des Paradigmenwechsels in der Behindertenpolitik, nämlich den behinderten Menschen nicht als Objekt staatlicher Fürsorge zu verstehen, sondern als aktives Element in den Eingliederungsprozess einzubinden. Mit dieser Vorschrift wird dem behinderten Menschen ein **Wunsch- und Wahlrecht** eingeräumt, bei dessen Ablehnung der Leistungsträger zur Begründung durch anfechtbaren Bescheid veranlasst ist. Stets bedürfen die Teilhabeleistungen der Zustimmung des Berechtigten, dem möglichst viel Raum zur eigenverantwortlichen Gestaltung seiner Lebensumstände zu belassen ist.[84] Letzte Ausprägung dieses Selbstbestimmungsrechts ist die Gewährung eines trägerübergreifenden Persönlichen Budgets nach § 57 SGB XII (vgl. die Kommentierung zu § 57 SGB XII). Hier finden die Vorschriften über das **Zusammenwirken verschiedener Leistungsträger** in den §§ 10 ff. SGB IX Anwendung. Insbesondere ist auch § 14 SGB IX zu beachten, der für den Fall der nicht rechtzeitigen Weiterleitung eines Teilhabeantrags die Zuständigkeit des erstangegangenen Leistungsträgers vorsieht, also unabhängig von der „wahren" Zuständigkeit ggf. auch der Träger der Sozialhilfe.[85] In diesem Zusammenhang besteht unter den in § 15 SGB IX genannten näheren Voraussetzungen auch ein Selbstbeschaffungsrecht des Leistungsberechtigten. 40

IV. Rechtstatsachen

769.751 Menschen mit Behinderung (2007: 679.000), davon 29% Kinder und Jugendliche erhielten 2010 Leistungen der Eingliederungshilfe. Mit brutto 13,8 Mrd. € (2007: 11,9 Mrd €) bildeten diese Leistungen den größten Anteil an den Ausgaben der Sozialhilfe (2010: 58 %; 2007: 56%).[86] Mehr als 159.000 Kinder erhielten heilpädagogische Leistungen, für welche im Rahmen der Eingliederungshilfe ca. 913 Mio. € aufgewendet wurden.[87] Insgesamt wurden 2010 5073 Persönliche Budgets gewährt, davon nur etwa 616 trägerübergreifend. 41

---

[81] *Voelzke* in: Hauck/Noftz, K § 53 Rn. 33; *Wahrendorf* in: Grube/Wahrendorf, SGB XII, 3. Aufl. 2010, § 53 Rn. 37.

[82] *Voelzke* in: Hauck/Noftz, K § 53 Rn. 33; in diese Richtung auch *Scheider* in: Schellhorn/Schellhorn/Hohm, SGB XII, 18. Aufl. 2010, § 53 Rn. 56.

[83] *Wahrendorf* in: Grube/Wahrendorf, SGB XII, 3. Aufl. 2010, § 53 Rn. 6.

[84] Vgl. *Welti*, Leistung und Leistungserbringung in der Rehabilitation: Wettbewerbsordnung im Interesse der Selbstbestimmung, SGb 2009, 330-333.

[85] BSG v. 24.03.2009 - B 8 SO 29/07 R - juris Rn. 15 - Anm 2009, 623-626.

[86] Quelle: *Destatis*, Eingliederungshilfe für behinderte Menschen – 2007.

[87] Vortrag von *Lachwitz* auf der 41. Richterwoche des BSG am 24.11.2009.

C. Praxishinweise

42 Besonderer Sorgfalt bedarf die fachliche Auswahl des **Sachverständigen** im jeweiligen Einzelfall. Soweit hier allein medizinische Fragen maßgeblich sind, mag sich das Problem in der Suche des Fachgebiets und ggf. dessen Kombination erschöpfen. Sobald indes die Frage der wesentlichen Teilhabebeeinträchtigung zu prüfen ist, sind häufig nichtmedizinische Fachgebiete einschlägig. § 53 Abs. 2 SGB XII spricht nur von „fachlicher Erkenntnis". Nach § 24 Eingliederungshilfe-Verordnung (vgl. die Kommentierung zu § 24 EinglHV) können außer einem Arzt auch Pädagogen, Psychologen oder sonstige sachverständige Personen gehört werden. Zulässig ist demnach auch, nichtmedizinische Psychotherapeuten, Sozial- oder Sonderpädagogen oder eine Pflegekraft zu hören. Im Verwaltungs- wie im Gerichtsverfahren ist allein das Ziel der vollständigen, raschen und umfassenden Aufklärung prägend. Die Sachverständigen müssen allerdings in ihrem Fachgebiet über die jeweils neuesten wissenschaftliche Kenntnisse verfügen.[88] Die Ergebnisse der Untersuchung sind nach § 96 SGB X in der Weise zu dokumentieren, dass sie auch bei der Prüfung der Voraussetzungen anderer Sozialleistungen Verwendung finden können. Denkbar ist auch die Verwertung eines Privatgutachtens.[89]

43 Die Aufklärung hat von Amts wegen zu erfolgen. Nach allgemeinen Grundsätzen liegt die **objektive Beweislast** beim Antragsteller. Die Literatur empfiehlt den Erlass eines Dauerverwaltungsaktes, weil sich die Eingliederungshilfe in der Regel über einen längeren Zeitraum hinzieht.[90] Für die Aufhebung von Verwaltungsakten zu Lasten des Berechtigten gelten die §§ 45 ff. SGB X, zu Gunsten gilt § 44 SGB X.[91]

44 Im Gerichtsverfahren ist zu beachten, dass in manchen Ländern kraft Gesetzes der Behörde Beteiligteneigenschaft nach § 73 Nr. 3 SGG zukommt. Dies ist in der Regel in den Ausführungsgesetzen zum SGG der Bundesländer geregelt.[92] Das Sozialgericht hat von Amts wegen zu prüfen, ob eine **notwendige Beiladung** der Einrichtung bzw. des konkurrierenden Leistungsträgers (Bsp. Träger der Jugendhilfe)[93] oder der Krankenkasse[94] nach § 75 Abs. 2 SGG in Betracht kommt. Dies kann u.a. dazu führen, den notwendig Beigeladenen nach § 75 Abs. SGG zu verurteilen. Gleiches gilt nach § 14 SGB IX bei einem unzuständigen, aber erstangegangenen Träger, wenn nicht fristgerecht weitergeleitet worden ist.[95] So kann der Anspruch auf Eingliederungshilfe nach § 54 SGB XII auch gegenüber einem Träger der Grundsicherung nach dem SGB II bestehen, wenn dieser den Antrag nicht fristgerecht nach § 14 SGB IX an den zuständigen Träger weitergeleitet hat.[96] Ein **leistungsrechtlichen Vorprozess** gegen den nach § 14 SGB IX im Außenverhältnis zum Leistungsempfänger zuständig gewordenen Reha-Träger präjudiziert, wenn ein anderer Reha-Träger als „eigentlich" zuständiger beigeladen worden war, den Erstattungsstreit der Reha-Träger im Innenverhältnis.[97]

44.1 In seinem Terminsbericht vom 27.05.2014 führt das BSG zu der Revision B 8 SO 29/12 R aus, dass im vorliegenden Verfahren eine Verurteilung des beklagten Sozialhilfeträgers zur Leistung ausgeschlossen sei, weil allein die beigeladene Krankenkasse im Außenverhältnis nicht nur originär für die Entscheidung über den Anspruch auf Gewährung eines Heilmittels nach Maßgabe des SGB V, sondern gemäß § 14 Abs. 2 Satz 1 SGB IX wegen der Nichtweiterleitung des Rehabilitationsantrags auch für die Entscheidung über die Eingliederungshilfe nach dem SGB XII zuständig geworden sei. Eine Verurteilung des beigeladenen Rehabilitationsträgers (hier der Krankenkasse) über § 75 Abs. 5 SGG, die grundsätzlich im Ermessen des Gerichts stehe, scheide im Anwendungsbereich des § 14 SGB IX wegen einer Ermessensreduzierung auf Null aus, wenn und solange das Leistungsverfahren gegen diesen – wie vorliegend gegen die beigeladene Krankenkasse – nicht rechtskräftig abgeschlossen sei. Die Revision ist ohne Urteil durch Klagerücknahme abgeschlossen worden.

---

[88] *Meusinger* in: Fichtner/Wenzel, SGB XII, 4. Aufl. 2009, § 53 Rn. 18.
[89] *Scheider* in: Schellhorn/Schellhorn/Hohm, SGB XII, 18. Aufl. 2010, § 53 Rn. 23.
[90] *Wahrendorf* in: Grube/Wahrendorf, SGB XII, 3. Aufl. 2010, § 53 Rn. 42.
[91] BSG v. 29.09.2009 - B 8 SO 16/08 R - SGb 2010, 86 mit Maßgaben.
[92] Bsp. NRW in: BSG v. 24.03.2009 - B 8 SO 29/07 R - JAmt 2009, 623-626.
[93] Fall einer Mutter-Kind-Einrichtung: BSG v. 24.03.2009 - B 8 SO 29/07 R - JAmt 2009, 623-626.
[94] BSG v. 28.10.2008 - B 8 SO 23/07 R - BSGE 102, 10-21.
[95] BSG v. 24.03.2009 - B 8 SO 29/07 R - juris Rn. 15 - JAmt 2009, 623-626.
[96] LSG Chemnitz v. 21.02.2011 - L 7 AS 145/08.
[97] BSG v. 25.04.2013 - B 8 SO 12/12 R.

Zu bedenken ist, dass bei **stationären und teilstationären Leistungen** der Eingliederungshilfe ein **sozialrechtliches Dreiecksverhältnis** zwischen dem Hilfeempfänger, dem Träger der Sozialhilfe und dem Einrichtungsträger besteht.[98] In diesem Verhältnis herrscht nach dem Gesetz das Sachleistungsprinzip in der besonderen Ausprägung der **Sachleistungsverschaffung**;[99] d.h. der Träger der Sozialhilfe schuldet nicht die Leistung selbst, sondern er schließt Vereinbarungen, die die Leistungserbringung in einem gewissen Rahmen gewährleisten sollen, und tritt, anders als beim Sicherstellungsauftrag im Recht der gesetzlichen Krankenversicherung, der Schuld des Hilfebedürftigen gegenüber dem Leistungserbringer bei.[100] Der Leistungserbringer hat zwar unmittelbar gegen den Sozialhilfeträger keine Ansprüche, aber der Träger der Sozialhilfe „übernimmt" bzw. „vergütet" dem Leistungserbringer die diesem gegenüber dem Hilfebedürftigen zustehenden Ansprüche aus dem Heimvertrag. Der Träger hat einen **Schuldbeitritt** durch Verwaltungsakt mit Drittwirkung hinsichtlich der Unterbringungskosten zu erklären;[101] d.h. neben den Hilfeempfänger tritt der Sozialhilfeträger als Schuldner der Unterbringungskosten. Somit wirkt sich der Streit des Hilfeempfängers mit dem Sozialhilfeträger auch unmittelbar auf die Rechte des Leistungserbringers aus.

45

Eine in einem Verwaltungsakt mit Drittwirkung enthaltene **Kostenübernahmeerklärung** reicht allerdings nicht aus, einen eigenen Anspruch des externen Leistungserbringers gegenüber dem Sozialhilfeträger im Rahmen der Erbringung von Eingliederungshilfeleistungen zu begründen.[102] Bedient sich der zuständige Sozialhilfeträger zur Erfüllung seiner Verpflichtung zur Erbringung von Eingliederungshilfeleistungen der Dienste Dritter (externer Leistungserbringer), kann er – bei Fehlen der Voraussetzungen der §§ 75, 76 SGB XII und wenn der Bedarf des Hilfeempfängers nicht anderweitig erfüllt werden kann – nach Ausübung pflichtgemäßen Ermessens eine Vergütung für die Leistungserbringung des Dritten übernehmen.[103] Den allgemeinen Grundsätzen des Sozialhilferechts ist aber nicht zu entnehmen, dass – bei Nichtvorliegen der Voraussetzungen der §§ 75 Abs. 3, 4, 76 SGB XII – der Sozialhilfeträger verpflichtet ist, die Differenz zwischen dem bezahlten Entgelt für den Einsatz von Integrationshelfern und dem mit dem Hilfeempfänger vereinbarten Entgelt zu übernehmen.[104]

46

Das sozialrechtliche Dreiecksverhältnis bestimmt die richtige **Klageart**. Zutreffenderweise handelt es sich um eine kombinierte Anfechtungs-, Verpflichtungs- und Leistungsklage.[105] Über die Zahlung der Kosten an den Leistungserbringer hinaus muss der Träger der Sozialhilfe die Kosten durch Verwaltungsakt übernehmen, der erst die Mitschuld gegenüber der Einrichtung begründet.[106] Wandelt sich ein Sachleistungsanspruch bei selbstbeschaffter Leistung nach rechtswidriger Ablehnung nach § 15 SGB IX in einen Kostenerstattungsanspruch um, so scheidet eine Schuldübernahme aus, und es ist allein mittels unechter Leistungsklage nach § 54 Abs. 4 SGG vorzugehen.[107]

47

Vorläufigen Rechtsschutz bietet § 86b Abs. 2 SGG in der Form der einstweiligen Anordnung, sofern die begehrte Leistung abgelehnt worden ist. Ist die Leistung nur für monatlich bewilligt worden, und wird für die Zukunft neu bewilligt, dann ist ebenfalls eine einstweilige Anordnung zu begehren. Ist hingegen zunächst dauerhaft bewilligt worden, wird dann aber nach den §§ 45 ff. SGB X aufgehoben, so hat der dagegen gerichtete Widerspruch oder die Anfechtungsklage kraft Gesetzes aufschiebende Wirkung nach § 86a Abs. 1 SGG. Für die Dauer der aufschiebenden Wirkung hat die Behörde die bisherige Leistung weiter zu gewähren. Will sie dies vermeiden, muss sie die sofortige Vollziehung anordnen. Um diese aufschiebende Wirkung wiederherzustellen, muss nach § 86a Abs. 3 SGG die Behörde oder nach § 86b Abs. 1 SGG das Sozialgericht angerufen werden, um die aufschiebende Wirkung wiederherzustellen.

48

---

[98] BSG v. 28.10.2008 - B 8 SO 22/07 R - juris Rn. 15 - BSGE 102, 1-10.

[99] BSG v. 28.10.2008 - B 8 SO 22/07 R - juris Rn. 17 - BSGE 102, 1-10.

[100] Dazu die vier Parallelentscheidungen des BSG v. 28.10.2008 - B 8 SO 19/07 R, B 8 SO 20/07 R, B 8 SO 21/07 R und B 8 SO 22/07 R; ferner BSG v. 29.09.2009 - B 8 SO 19/08 R zur Petö-Block-Therapie und BSG v. 02.02.2010 - B 8 SO 20/08 R zur Einstufung in eine höhere Hilfebedarfsgruppe. Kritisch *Pattar*, SGb 2010, 652.

[101] BSG v. 28.10.2008 - B 8 SO 22/07 R - juris Rn. 25 - BSGE 102, 1-10.

[102] LSG Saarland v. 24.10.2013 – L 11 SO 15/12 WA unter Hinweis auf BSG v. 28.10.2008 - B 8 SO 22/07 R.

[103] LSG Saarland v. 24.10.2013 – L 11 SO 15/12 WA.

[104] LSG Saarland v. 24.10.2013 – L 11 SO 15/12 WA.

[105] BSG v. 24.03.2009 - B 8 SO 29/07 R - juris Rn. 11 - JAmt 2009, 623-626.

[106] BSG v. 24.03.2009 - B 8 SO 29/07 R - juris Rn. 11 - JAmt 2009, 623-626.

[107] BSG v. 29.09.2009 - B 8 SO 19/08 R zur Petö-Block-Therapie.

D. Reformbestrebungen

49 Mit dem Vorschlagspapier der Bund-Länder-Arbeitsgruppe „Weiterentwicklung der Eingliederungshilfe für Menschen mit Behinderungen" der ASMK,[108] vgl. Rn. 8, wird versucht, das Primat der institutionellen Eingliederungshilfe aufzugeben. An dessen Stelle soll eine neue personenzentrierte Hilfe geleistet werden, d.h. maßgeblich soll nicht mehr der Ort sein, an dem sich der Hilfeempfänger aufhält, sondern ausschließlich sein individueller Bedarf. Die Aufteilung in ambulante, stationäre und teilstationäre Leistungen soll aufgegeben werden. Es soll ferner zwischen Eingliederungshilfe als Fachmaßnahme und Hilfen zum Lebensunterhalt unterschieden werden, während die Grundpauschale für die stationäre Eingliederungshilfe wegfällt. Beim Träger der Sozialhilfe verbleibt die Gesamtverantwortung für die Bedarfsfeststellung, Planung, Durchführung einschließlich der Wirksamkeitskontrolle. Dabei wird das Konzept eines Fall- bzw. Teilhabemanagements entwickelt, in welchem unter weitest gehender Selbstbestimmung der Hilfebedürftige einbezogen wird. Die Bedarfsfeststellungsverfahren sollen vereinheitlicht werden, und speziell die Frühförderung behinderter Kinder und Jugendlicher soll durch Einführung von Clearingstellen an Förderschulen unter Beteiligung des Schulträgers, der Träger der Jugendhilfe und der Sozialhilfe sowie der BA verbessert werden. Das persönliche Budget soll weiterentwickelt werden.[109] Diese Ziele sind in der 86. Konferenz der ASMK (vgl. Rn. 8) am 25./26.11.2009[110] bestätigt worden.

50 Wesentlicher Reformbedarf wird bei der Ordnung der Hilfen für behinderte Kinder und Jugendliche gesehen. Diese sollen zukünftig aus einer Hand erbracht werden.[111] Bisher wird die Eingliederungshilfe für körperlich oder geistig behinderte Kinder und Jugendliche nach den §§ 53 ff. SGB XII vom Sozialhilfeträger und für seelisch behinderte Kinder und Jugendliche nach § 35a SGB VIII vom Jugendhilfeträger erbracht. Für eine Zusammenführung dieser Eingliederungshilfen unter dem Dach der Kinder- und Jugendhilfe haben sich die ASMK und die Bundesregierung im 13. Kinder- und Jugendbericht ausgesprochen. Mit Blick auf diese Reformbestrebungen hat der Gesetzgeber bereits § 54 Abs. 3 SGB XII befristet eingeführt. Mit dem Gesetz zur Verwaltungsvereinfachung in der Kinder- und Jugendhilfe (KJVVG) vom 29.08.2013[112] ist die Befristung bis 31.12.2018 verlängert worden, weil die Neuordnung der Zuständigkeit für Kinder und Jugendliche mit Behinderungen bis zum Ablauf des Jahres 2013 nicht erreicht werden kann.[113]

---

[108] Stand: 03.09.2008.
[109] Kritisch: *Hellmann*, RdLH 2009, 55, Empfehlung der Öffnung des § 16e SGB II für behinderte Menschen.
[110] Beschlussprotokoll v. 02.12.2009.
[111] *Deutsche Verein für Öffentliche und Private Fürsorge*, NDV 2010, 467.
[112] BGBl I 2013, 3464; BT-Drs. 17/13023.
[113] BR-Drs. 93/13, 19.

§ 54 SGB XII Leistungen der Eingliederungshilfe

(Fassung vom 29.08.2013, gültig ab 01.01.2014)

(1) ¹Leistungen der Eingliederungshilfe sind neben den Leistungen nach den §§ 26, 33, 41 und 55 des Neunten Buches insbesondere

1. Hilfen zu einer angemessenen Schulbildung, insbesondere im Rahmen der allgemeinen Schulpflicht und zum Besuch weiterführender Schulen einschließlich der Vorbereitung hierzu; die Bestimmungen über die Ermöglichung der Schulbildung im Rahmen der allgemeinen Schulpflicht bleiben unberührt,
2. Hilfe zur schulischen Ausbildung für einen angemessenen Beruf einschließlich des Besuchs einer Hochschule,
3. Hilfe zur Ausbildung für eine sonstige angemessene Tätigkeit,
4. Hilfe in vergleichbaren sonstigen Beschäftigungsstätten nach § 56,
5. nachgehende Hilfe zur Sicherung der Wirksamkeit der ärztlichen und ärztlich verordneten Leistungen und zur Sicherung der Teilhabe der behinderten Menschen am Arbeitsleben.

²Die Leistungen zur medizinischen Rehabilitation und zur Teilhabe am Arbeitsleben entsprechen jeweils den Rehabilitationsleistungen der gesetzlichen Krankenversicherung oder der Bundesagentur für Arbeit.

(2) Erhalten behinderte oder von einer Behinderung bedrohte Menschen in einer stationären Einrichtung Leistungen der Eingliederungshilfe, können ihnen oder ihren Angehörigen zum gegenseitigen Besuch Beihilfen geleistet werden, soweit es im Einzelfall erforderlich ist.

(3) (weggefallen)

Gliederung

A. Basisinformationen 1	e. Hilfe zur angemessenen Schulbildung (Absatz 1 Nr. 1) 53
I. Textgeschichte/Gesetzgebungsmaterialien 1	f. Hilfe zur schulischen Ausbildung für einen angemessenen Beruf (Absatz 1 Nr. 2) 62
II. Vorgängervorschriften 2	g. Hilfe zur Ausbildung für eine sonstige angemessene Tätigkeit (Absatz 1 Nr. 3) 65
III. Untergesetzliche Vorschriften 3	h. Hilfe in vergleichbaren sonstigen Beschäftigungsstätten (Absatz 1 Nr. 4) 66
IV. Verwaltungsvorschriften 4	i. Nachgehende Hilfen zur medizinischen Rehabilitation und zur Sicherung der Teilhabe am Arbeitsleben (Absatz 1 Nr. 5) 67
V. Systematischer Zusammenhang 5	
VI. Literatur und Internetadressen 6	
B. Auslegung der Norm 7	2. Sonstige Hilfen 68
I. Regelungsgehalt und Bedeutung der Norm 7	a. Besuchsbeihilfe (Absatz 2) 68
II. Normzweck 8	b. Begleit- und Betreuungspersonen und andere ... 69
III. Tatbestandsmerkmale 11	c. Verhältnis zur UNBehRÜbk 70
1. Maßnahmekatalog (Absatz 1) 11	3. Hilfe für die Betreuung in einer Pflegefamilie (Absatz 3) 73
a. Medizinische Rehabilitation (§ 26 SGB IX) 11	**C. Praxishinweise** 77
b. Berufliche Rehabilitation (§ 33 SGB IX) 26	
c. Werkstatt für behinderte Menschen (WfbM) (§ 41 SGB IX, WVO) 35	
d. Soziale Rehabilitation (§ 55 SGB IX) 41	

A. Basisinformationen

I. Textgeschichte/Gesetzgebungsmaterialien

1 Die Vorschrift des § 54 Abs. 1 und 2 SGB XII ist durch das Gesetz zur Einordnung des Sozialhilferechts in das Sozialgesetzbuch vom 27.12.2003[1] mit Wirkung zum 01.01.2005 eingeführt worden; Absatz 3 ist mit Wirkung ab 05.08.2009 durch Art. 4 Nr. 2 des Gesetzes zur Regelung des Assistenzpflegebedarfs im Krankenhaus vom 30.07.2009[2] befristet angefügt worden. Die zunächst bis zum 31.12.2013 beschränkte Wirksamkeit des Absatzes 3 ist mit KJVVG[3] bis zum 31.12.2018 verlängert worden.

II. Vorgängervorschriften

2 Die Absätze 1 und 2 der Vorschrift sind im Wesentlichen inhaltsgleich mit § 40 BSHG. Es sind lediglich die zitierten Normen des SGB IX quasi vor die Klammer gezogen und aus dem Leistungskatalog herausgenommen worden, indem sie an den Anfang des Textes gestellt worden sind. Außerdem ist der Verweis auf die Versorgung mit Körperersatzstücken, orthopädischen und anderen Hilfsmitteln in § 40 Abs. 1 Nr. 2 BSHG nicht übernommen worden, weil diese Regelung bereits im Verweis auf § 26 SGB IX enthalten ist.[4] Absatz 3 hat keinen Vorgänger.

III. Untergesetzliche Vorschriften

3 Hier ist die auf Grundlage des § 60 SGB XII erlassene Eingliederungshilfe-Verordnung (EinglHV)[5] zu nennen, die in ihren §§ 6 bis 23 die Einzelheiten der Leistungsgewährung beschreibt und den Leistungskatalog erweitert und konkretisiert. Diese Vorschriften werden im Anhang kommentiert. Für die medizinische Rehabilitation sind die Heilmittel-Richtlinie[6] und sonstige Richtlinien des Gemeinsamen Bundesausschusses nach § 92 SGB V sowie die Frühförderungsverordnung (FrühV) auf Grundlage des § 32 SGB IX zu beachten. Bei der Teilhabe am Arbeitsleben ist die Kraftfahrzeughilfe-Verordnung (KfzHV) auf Grundlage des § 27f BVG und für anerkannte Werkstätten für behinderte Menschen die noch auf § 55 SchwbG gegründete Werkstättenverordnung (WVO) anwendbar.

IV. Verwaltungsvorschriften

4 Im Vordergrund steht hier die „Orientierungshilfe zu den Schnittstellen der Eingliederungshilfe nach dem SGB XII zu anderen sozialen Leistungen"[7] der Bundesarbeitsgemeinschaft der überörtlichen Sozialhilfeträger (BAGüS). Dort wird insbesondere das Verhältnis der Eingliederungshilfe zu anderweitigen Leistungen der medizinischen Rehabilitation, vorschulischer Förderung, Schul- und Berufsausbildung, Teilhabe am Arbeitsleben und der Gemeinschaft sowie zur Jugendhilfe und Pflegeversicherung dargestellt. Ferner ist die Werkstattempfehlung (WE) der BAGüS v. 01.01.2005 zu nennen. Im Einzelnen wird hier unter B. (vgl. Rn. 7 ff.) darauf Bezug genommen. Diesen Vorschriften kommt die Bedeutung ermessenslenkender Richtlinien zu, die lediglich im Zusammenwirken mit dem Gleichheitsgrundsatz des Art. 3 GG zu einer Selbstbindung der Verwaltung führen können.

V. Systematischer Zusammenhang

5 Die Vorschrift steht gemeinsam mit der Grundnorm des § 53 SGB XII im Sechsten Kapitel des Zwölften Buches und konkretisiert die jeweilige Leistungsart. Sie bildet zusammen mit § 53 SGB XII die Anspruchsgrundlage für die Eingliederungsleistungen und **eröffnet kein Ermessen dem Grunde nach**, wenn dies nicht bereits nach § 53 Abs. 1 Satz 2 SGB XII eingeräumt ist. Zu den Besonderheiten sowie zum Verhältnis zum SGB IX wird auf die Kommentierung zu § 53 SGB XII verwiesen. Zum Verhältnis zur **UN-Behindertenrechtskonvention** siehe Rn. 70 ff.

---

[1] BGBl I 2003, 3022.
[2] BGBl I 2009, 2495.
[3] BGBl I 2013, 3464.
[4] RegEntwurf BT-Drs. 15/1514, S. 62.
[5] Verordnung nach § 60 des Zwölften Buches Sozialgesetzbuch – Eingliederungshilfe-Verordnung – i.d.F. der Bekanntmachung vom 01.02.1975 (BGBl I 1975, 433, 434), zuletzt geändert durch das Gesetz zur Einordnung des Sozialhilferechts in das Sozialgesetzbuch vom 27.12.2003, BGBl I 2003, 3022, 3059.
[6] Bundesanzeiger Nr. 106a v. 09.06.2004.
[7] Stand: 25.11.2009.

VI. Literatur und Internetadressen

Auf die Hinweise zur Literatur und den Internetadressen in der Kommentierung zu § 53 SGB XII wird Bezug genommen.   **6**

B. Auslegung der Norm

I. Regelungsgehalt und Bedeutung der Norm

Die Vorschrift regelt die einzelnen Leistungsarten der Eingliederungshilfe in Verbindung mit dem SGB IX. Es handelt sich insbesondere um: **7**
- Leistungen zur medizinischen Rehabilitation (§ 26 SGB IX) und zur Teilhabe am Arbeitsleben (§ 33 SGB IX),
- Leistungen im Arbeitsbereich anerkannter Werkstätten für behinderte Menschen (§ 41 SGB IX),
- Heilpädagogische Hilfen für Kinder, die noch nicht zur Schule gehen (z.B. Fördermaßnahmen in einer Kindertagesstätte) (§ 56 SGB IX),
- Hilfen zu einer angemessenen Schulbildung, zu einer schulischen Ausbildung für einen angemessenen Beruf und zu einer Ausbildung für eine sonstige angemessene Tätigkeit (§ 54 Abs. 1 Satz 1 Nr. 1 SGB XII),
- Hilfen zur Teilhabe am Leben in der Gemeinschaft (z.B. Versorgung mit nicht medizinischen Hilfsmitteln, Hilfen zur Förderung der Verständigung mit der Umwelt, Hilfen bei der Beschaffung, dem Umbau, der Ausstattung und der Erhaltung einer behinderungsgerechten Wohnung, Hilfen zu selbstbestimmtem Leben in betreuten Wohnmöglichkeiten[8] und Hilfen zur Teilhabe am gesellschaftlichen und kulturellen Leben) (§ 55 SGB IX),
- Beihilfen zum Besuch der Angehörigen bei Unterbringung in stationären Einrichtungen (§ 54 Abs. 2 SGB XII) und
- Hilfe für die Betreuung in einer Pflegefamilie (§ 54 Abs. 3 SGB XII).

II. Normzweck

In der Vorschrift werden die wesentlichen Leistungsansprüche zusammengefasst, die den Trägern der Sozialhilfe zur Erfüllung ihrer Aufgaben der Eingliederungshilfe nach § 53 Abs. 3 SGB XII zur Verfügung stehen. Durch die Beschränkung des Verweises auf die §§ 26 (medizinische Rehabilitation), 33 (Teilhabe am Arbeitsleben), 41 (Leistungen im Arbeitsbereich einer Werkstatt für behinderte Menschen) und 55 (Teilhabe an der Gemeinschaft) des Neunten Buches sind zugleich andere im SGB IX vorgesehene Leistungen ausgeschlossen (vgl. die Kommentierung zu § 53 SGB XII Rn. 37), wie etwa die Leistungen an Arbeitgeber und unterhaltssichernde Leistungen nach den §§ 44 ff. SGB IX. Daneben enthält § 54 Abs. 1 SGB XII in den Nummern 1-5 eine Reihe von Leistungen, die sozialhilfespezifisch sind, wie die besondere Unterstützung der schulischen und beruflichen Ausbildung behinderter Menschen und deren nachgehende medizinische und berufliche Teilhabe. Weitere Leistungen werden in der Eingliederungshilfe-Verordnung auf Grundlage von § 60 SGB XII aufgeführt. Die Eingliederungshilfe zielt auf die Eingliederung des behinderten oder von Behinderung bedrohten Menschen, nicht auf Dritte, es sei denn diese werden ausdrücklich genannt.[9] Der Leistungskatalog des § 54 SGB XII ist **nicht abschließend**.[10] In der Literatur wird vertreten, die Vorschrift sei trotz dieses nicht abschließenden Charakters keine Auffangvorschrift für Leistungen, die in anderen Leistungsgesetzen nicht oder nicht so vorgesehen sind, insbesondere sehe sie keine Aufstockung gesetzlich ausdrücklich geregelter Leistungen vor.[11] Aber nach dem Urteil des BSG zur Versorgung mit **Hörgerätebatterien** sind immer auch zusätzliche Leistungen nach SGB XII zu prüfen, die letztlich doch zur **Aufstockung** führen können, wenn auch mit einer anderen Zielrichtung.[12]   **8**

---

[8] BSG v. 25.08.2011 - B 8 SO 7/10 R.
[9] BSG v. 24.03.2009 - B 8 SO 29/07 R - juris Rn. 20 - JAmt 2009, 623-626.
[10] BSG v. 24.03.2009 - B 8 SO 29/07 R - juris Rn. 20 - JAmt 2009, 623-626; *Meusinger* in: Fichtner/Wenzel, SGB XII, 4. Aufl. 2009, § 54 Rn. 1; *Voelzke* in: Hauck/Noftz, SGB XII, K § 54 Rn. 7; *Wahrendorf* in: Grube/Wahrendorf, SGB XII, 3. Aufl. 2010, § 54 Rn. 1.
[11] *Voelzke* in: Hauck/Noftz, SGB XII, K § 54 Rn. 7; *Wahrendorf* in: Grube/Wahrendorf, SGB XII, 3. Aufl. 2010, § 54 Rn. 1.
[12] BSG v. 19.05.2009 - B 8 SO 32/07 R - WzS 2009, 214.

9 Die **Auswahl** unter den in Betracht kommenden Maßnahmen steht im pflichtgemäßen **Ermessen** des Sozialhilfeträgers,[13] welches insbesondere das Wunsch- und Wahlrecht des Berechtigten nach § 9 SGB IX zu berücksichtigen hat. Wegen des Nachrangprinzips in § 2 SGB XII ist bei bestehenden Leistungsansprüchen in anderen Sozialleistungssystemen keine Eingliederungshilfe zu erbringen. Die Eingliederungshilfe kommt erst in Betracht, wenn insoweit kein Versicherungsschutz besteht (oder Leistungen tatsächlich nicht erbracht werden) und entsprechende Leistungen der Grundsicherung für Arbeitsuchende nach dem SGB II ausscheiden.

10 Bei Absatz 3 handelt es sich um einen neuen Leistungstatbestand „Hilfe für die Betreuung in einer Pflegefamilie", der ab 05.08.2009 befristet wirksam ist. Er ist erst auf Empfehlung des Ausschusses für Gesundheit in den Gesetzentwurf aufgenommen worden[14] und soll in erster Linie eine einheitliche Zuständigkeit für behinderte Kinder und Jugendliche in Vollzeitpflege bei einer Pflegefamilie erreichen. Bislang war diese Form der Hilfeleistung zu Lasten der Kinder und Jugendlichen aufgrund der Zuständigkeitsverteilung von Kinder- und Jugendhilfe einerseits und Sozialhilfe andererseits nur bei seelisch behinderten Kindern möglich, während körperlich und geistig behinderte Kinder in der Regel in vollstationären Einrichtungen der Behindertenhilfe betreut wurden. Dient eine Betreuung in Pflegefamilien im Einzelfall dem Wohl des Kindes, so ist dies nun im Rahmen der Eingliederungshilfe auch bei körperlich und geistig behinderten Kindern und Jugendlichen möglich.

III. Tatbestandsmerkmale

1. Maßnahmekatalog (Absatz 1)

a. Medizinische Rehabilitation (§ 26 SGB IX)

11 Nach der aufgrund der Verweisung in § 54 Abs. 1 Satz 1 SGB XII **unmittelbar** im Recht der Eingliederungshilfe **geltenden Vorschrift des § 26 SGB IX** werden zur medizinischen Rehabilitation behinderter und von Behinderung bedrohter Menschen die erforderlichen Leistungen erbracht. Damit sind zugleich auch die diese Regelung konkretisierenden Vorschriften der §§ 27-31 SGB IX Bestandteil des Rechts der Eingliederungshilfe im SGB XII, insbesondere auch die §§ 30 (Früherkennung und Frühförderung) sowie 31 (Hilfsmittel) SGB IX. Systemwidrig ist in § 52 Abs. 5 SGB XII geregelt, dass die Bestimmungen der Krankenhilfe nach § 52 Abs. 2 und 3 SGB XII entsprechend gelten. Es besteht freie Arztwahl und im Verhältnis zum Leistungserbringer ist das Vierte Kapitel des SGB V anzuwenden.

12 **Ziel der medizinischen Rehabilitation** ist nach § 26 Abs. 1 SGB IX die Vermeidung, die Stabilisierung und die Besserung sowohl einer Behinderung oder Gesundheitsstörung selbst als auch der dadurch bedingten Einschränkung der Erwerbsfähigkeit und Pflegebedürftigkeit. Diese Zielsetzung unterscheidet die medizinische Rehabilitation von anderen Arten der Rehabilitation, wie der beruflichen und der sozialen Rehabilitation.[15]

13 Abgrenzungsprobleme verursacht regelmäßig das Verhältnis der Träger der Sozialhilfe zu den **sonstigen Trägern der medizinischen Rehabilitation** nach § 6 SGB IX, deren Leistungen regelmäßig nach § 2 SGB XII vorrangig zu erbringen sind. Innerhalb des SGB XII ist die Anspruchskonkurrenz zu den Hilfen zur Gesundheit nach den §§ 47 ff. SGB XII zu beachten, wobei problematisch ist, inwieweit die Hilfe bei Krankheit nach § 48 SGB XII im Krankheitsfall der Eingliederungshilfe vorgeht. Insoweit besteht kein Wahlrecht zwischen den Hilfearten.[16] Falls Versicherungsschutz in der gesetzlichen Krankenversicherung besteht oder ein Leistungsanspruch aus unechter Krankenversicherung nach § 264 SGB V, gehen diese Ansprüche der Hilfe zur Gesundheit vor, § 48 Satz 2 SGB XII.[17] Gleiches gilt seit dem 01.01.2009 für den Basistarif in der privaten Krankenversicherung, § 2 SGB XII.

14 Streitig ist, ob **§ 264 SGB V** auch einem Anspruch auf medizinische Rehabilitation gegen den Träger der Sozialhilfe vorgeht. Zum Teil wird aus dem Verweis auf § 11 Abs. 1 SGB V in § 264 Abs. 4 Satz 1 SGB V geschlossen, die Leistungspflicht der Krankenkasse aus § 264 SGB V schließe die medizini-

---

[13] Hessisches LSG v. 13.03.2008 - L 7 SO 100/07 ER - ASR 2008, 143-146; LSG Schleswig-Holstein v. 20.03.2008 - L 9 B 576/07 SO ER - RdLH 2008,169-170.

[14] BT-Drs. 16/13417, S. 6.

[15] Vgl. BSG v. 19.05.2009 - B 8 SO 32/07 R - juris Rn. 17 - WzS 2009, 214 zu Hilfsmitteln.

[16] „Vorläufige Orientierungshilfe zur Abgrenzung der Eingliederungshilfe nach dem SGB XII zu anderen sozialen Leistungen" Stand: 25.11.2008, S. 6; *Voelzke* in: Hauck/Noftz, K § 54 Rn. 52.

[17] BSG v. 19.05.2009 - B 8 SO 32/07 R - WzS 2009, 214; zur Umkehr des Nachrangprinzips bei häuslicher Krankenpflege: *Weber*, NZS 2011, 650.

sche Rehabilitation nicht ein.[18] Tatsächlich umfasst indes der aus dem System des Krankenversicherungsrechts entwickelte **Begriff der Krankenbehandlung** die medizinische Rehabilitation nach § 40 SGB V. Dieser Erkenntnis des BSG[19] ist zuzustimmen, denn die Vorschrift befindet sich im Dritten Kapitel, Fünften Abschnitt, Erster Titel „Krankenbehandlung". Außerdem verweist § 11 Abs. 1 Nr. 4 SGB V ausdrücklich auf die §§ 27-52 SGB V, also auch auf die medizinische Rehabilitation in § 40 SGB V. Ein Vorrang des Anspruchs auf medizinische Rehabilitation aus der gesetzlichen Krankenversicherung (mit Erstattungspflicht des Trägers der Sozialhilfe) besteht also nicht nur, wenn Mitgliedschaft kraft Pflichtversicherung nach § 5 SGB V, freiwillige Versicherung nach § 9 SGB V oder aber Familienversicherung nach § 10 SGB V besteht, sondern auch bei **„Status"-Mitgliedschaft** (unechter Krankenversicherung) nach § 264 SGB V. Da § 48 SGB XII ebenfalls auf das Dritte Kapitel, Fünfter Abschnitt, Erster Titel „Krankenbehandlung" des Fünften Buches verweist, dürfte in der Mehrzahl der Fälle eine Maßnahme der medizinischen Rehabilitation nach § 26 SGB IX nicht der Eingliederungshilfe zuzuordnen sein. Dieser Vorrang gilt allerdings nur, soweit am Begriff der „Krankheit" angesetzt wird.

Aus dem Vorgesagten folgt, dass eine medizinische Rehabilitation, die der Behandlung einer Krankheit dient, entweder vom echten oder vom unechten Versicherungsschutz des SGB V gedeckt wird. Die am Begriff der Krankheit ansetzende medizinische Rehabilitation ist von der am **Begriff der Behinderung** ansetzenden Eingliederungshilfe abzugrenzen.[20] Daran gemessen dürfte der echte oder unechte Krankenversicherungsschutz die Gewährung von Leistungen der medizinische Rehabilitation nach § 54 SGB XII dann nicht ausschließen, wenn eine an den Merkmalen des § 53 SGB XII zu messende, bestehende oder drohende Behinderung zu rehabilitieren ist (vgl. die Kommentierung zu § 53 SGB XII Rn. 31). Zur Abgrenzung dieses Personenkreises verweise ich auf die Kommentierung zu § 53 SGB XII. Zu beachten ist hier insbesondere die Möglichkeit der Ermessensleistungen (vgl. die Kommentierung zu § 53 SGB XII Rn. 28) bei nicht wesentlichen Behinderungen nach § 53 Abs. 1 Satz 2 SGB XII i.V.m. § 54 SGB XII. 15

In anderen Zweigen der Sozialversicherung kommt eine vorrangige Leistungspflicht nur bei bestehendem Versicherungsschutz in Betracht.[21] Setzt die Leistungspflicht keinen Versicherungsschutz voraus, wie im sozialen Entschädigungsrecht, so muss die Behinderung bzw. drohende Behinderung dem jeweils geschützten Gefahren- oder Lebensbereich kausal zugeordnet werden können. Hierhin gehört auch die Kinder- und Jugendhilfe (vgl. die Kommentierung zu § 53 SGB XII Rn. 3). Ein Nachrang der Eingliederungshilfe besteht auch gegenüber beamtenrechtlichen **Beihilfevorschriften und privaten Krankenversicherungsleistungen**.[22] 16

Besteht ein Anspruch auf Gewährung medizinischer Rehabilitation gegen einen anderen Träger, so ist der Träger der Sozialhilfe nach der Rspr. des BVerwG damit noch nicht ohne weiteres von der Leistungspflicht befreit, denn nur rechtzeitig durchsetzbare Forderungen sind in einer gegenwärtigen Notlage „**bereite Mittel**".[23] Aufgrund des Charakters der Sozialhilfe als Hilfe in Notlagen tritt der Nachrang der Eingliederungshilfe bei unaufschiebbarem Bedarf erst dann ein, wenn die Leistung des anderen Trägers auch tatsächlich gewährt wird[24] oder ohne Schwierigkeiten in angemessener Frist empfangen werden kann.[25] Ob dieser Rechtsprechung angesichts der 2001 eingeführten Regelung des § 14 SGB IX (vgl. die Kommentierung zu § 53 SGB XII Rn. 44) praktisch überhaupt noch Bedeutung zukommt, muss bezweifelt werden. Der Träger der Sozialhilfe kann vom zuständigen Leistungsträger nach § 105 SGB X Erstattung seiner Kosten verlangen. 17

---

[18] *Bieritz-Harder* in: LPK-SGB XII, § 54 Rn. 6; *Voelzke* in: Hauck/Noftz, K § 54 Rn. 10.
[19] BSG v. 28.10.2008 - B 8 SO 23/07 R - juris Rn. 35 - BSGE 102, 10-21.
[20] BSG v. 28.10.2008 - B 8 SO 23/07 R - juris Rn. 35 - BSGE 102, 10-21.
[21] Zur Abgrenzung der Leistungspflicht der gesetzlichen Rentenversicherung vgl. *Kater* in: KassKomm-SGB VI, § 13 Rn. 16 ff.
[22] *Meusinger* in: Fichtner/Wenzel, SGB XII, 4. Aufl. 2009, § 54 Rn. 8; „Vorläufige Orientierungshilfe zur Abgrenzung der Eingliederungshilfe nach dem SGB XII zu anderen sozialen Leistungen" Stand: 25.11.2008, S. 6.
[23] BVerwG v. 05.05.1983 - 5 C 112/81 - BVerwGE 67, 163-173; vgl. BSG v. 18.03.2008 - B 8/9b SO 9/06 R - BSGE 100, 131-138.
[24] BVerwG v. 09.06.1971 - V C 56.70 - BVerwGE 38, 174-178; vgl. BSG v. 18.03.2008 - B 8/9b SO 9/06 R - BSGE 100, 131-138.
[25] BVerwG v. 29.09.1971 - V C 2.71 - BVerwGE 38, 307-310; vgl. BSG v. 18.03.2008 - B 8/9b SO 9/06 R - BSGE 100, 131-138.

18 Der **Leistungsumfang** wird durch § 54 Abs. 1 Satz 2 SGB XII auf den Umfang der Leistungen der medizinischen Rehabilitation in der gesetzlichen Krankenversicherung begrenzt. Damit soll eine Besserstellung der Empfänger der Eingliederungshilfe und ergänzender Leistungen der Eingliederungshilfe gegenüber Berechtigten der Krankenversicherung vermieden werden.[26] Dies bedeutet zugleich auch die Zulassungspflicht für die Rehabilitationseinrichtung nach § 107 SGB V sowie die Geltung der Heilmittel-Richtlinie[27] und sonstiger Richtlinien des Gemeinsamen Bundesausschusses.[28] Die Abgrenzung zwischen ambulanter ärztlicher Krankenbehandlung und medizinischer Rehabilitation folgt aus der maßgeblichen Regelungssystematik des SGB V; so unterscheidet das SGB V „isolierte" ambulante psychologische Versorgung von Kindern und Jugendlichen durch in eigener Praxis tätige Psychotherapeuten oder Ärzte (vgl. § 27 Abs. 1 Satz Nr. 1 SGB V und § 28 Abs. 3 Satz 1 SGB V) als Teil des Regelungsgegenstandes der ambulanten ärztlichen Leistungen von den Komplexleistungen zur medizinischen Rehabilitation (vgl. § 27 Abs. 1 Satz 2 Nr. 6 SGB V).[29]

18.1 *Roßbruch* (PflR 2014, 264) setzt sich mit dem Thema „Leistungen der Eingliederungshilfe stehen einem Anspruch auf häusliche Krankenpflege nicht entgegen" in einer zustimmenden Anmerkung zu dem Urteil des LSG Stuttgart vom 26.11.2013 (L 11 KR 3362/12) auseinander.

19 Die **Zeitdauer** wird für den Regelfall nach § 40 Abs. 3 SGB V für ambulante Leistungen auf 20 Behandlungstage und für stationäre Behandlungen auf drei Wochen festgesetzt. Nach Satz 5 der Vorschrift gilt für Kinder eine Regeldauer von vier bis sechs Wochen. Aus dringenden medizinischen Gründen ist eine Verlängerung möglich (Satz 2). So scheitert etwa ein Anspruch auf Übernahme der Kosten für eine **Tomatis-Therapie** als Leistung der medizinischen Rehabilitation nach § 54 Abs. 1 SGB XII, § 26 SGB IX sowohl an der fehlenden Qualitätssicherung nach § 124 Abs. 1 SGB V in Bezug auf das Tomatis-Institut als Leistungserbringer als auch an einer nicht vorhandenen Empfehlung des Gemeinsamen Bundesausschusses i.S. des § 138 SGB V.[30]

20 Die Auswahl (vgl. Rn. 9) der konkreten Maßnahme steht im pflichtgemäßen Ermessen des Trägers der Sozialhilfe und ist unter Berücksichtigung des Wunsch- und Wahlrechts des Leistungsberechtigten nach § 9 SGB IX auszuüben. Zu beachten ist, dass der Begriff der Rehabilitation im SGB V enger ist als im SGB IX; § 54 SGB XII knüpft in Absatz 1 Satz 2 an diesen engeren Begriff der gesetzlichen Krankenversicherung an.[31] Der Leistungskatalog des § 26 Abs. 2 SGB IX ist nicht abschließend, sondern beispielhaft („insbesondere").[32]

21 Nr. 1 führt Behandlungen durch Ärzte, Zahnärzte sowie Angehörige weiterer Heilberufe auf, die ihre Leistungen unter ärztlicher Aufsicht oder auf ärztliche Anordnung erbringen. Hinzu kommt in Nr. 5 die Psychotherapie als ärztliche und psychotherapeutische Maßnahme. Damit wird zwar das Primat der ärztlichen Verantwortung normiert, welches sich auch auf weitgehend selbständigen Leistungen pädagogischer oder psychologischer Hilfen erstreckt. Diese sind nach § 26 Abs. 3 SGB IX Bestandteil der Leistungen nach Absatz 1. Beispielhaft werden in Absatz 3 pädagogische und psychologische Hilfen aufgelistet, zu denen insbesondere auch die Selbsthilfe nach § 29 SGB IX gehört. Da die Aufzählung in § 26 Abs. 2 SGB IX aber nicht abschließend ist, kann auch eine rein **pädagogisch ausgerichtete Maßnahme** ohne ärztliche Aufsicht eine medizinische Rehabilitation sein, wenn sie den oben genannten Zielen der medizinischen Rehabilitation (vgl. Rn. 12) dient.[33] Dies wurde in der Rechtsprechung etwa für die Erziehung zur Drogenabstinenz in einer sozialtherapeutischen Wohngemeinschaft in der Rentenversicherung bejaht, welche die Wiederherstellung bzw. Erhaltung der Erwerbsfähigkeit bezweckt, auch wenn daneben noch weitere Verhaltensstörungen behoben, Allgemein- oder Berufskenntnisse vermittelt und die Eingliederung in die Gesellschaft angestrebt wird.[34] Denkbar ist es auch, eine solche Maßnahme bei entsprechender Zielsetzung als soziale Rehabilitation zu gewähren. Gleiches gilt für eine Entgiftungsmaßnahme in einem sozialtherapeutischen Übergangswohnheim.[35] Die

---

[26] *Voelzke* in: Hauck/Noftz, K § 54 Rn. 56.
[27] Bundesanzeiger Nr. 106a v. 09.06.2004.
[28] BSG v. 29.09.2009 - B 8 SO 19/08 R.
[29] BSG v. 17.12.2013 - B 1 KR 50/12 R.
[30] LSG Sachsen-Anhalt v. 24.08.2011 - L 8 SO 15/08.
[31] BSG v. 19.05.2009 - B 8 SO 32/07 R - WzS 2009, 214.
[32] *Voelzke* in: Hauck/Noftz, K § 54 Rn. 14.
[33] Zur Abgrenzung: *Dannat* und *Dillmann*, Behindertenrecht 2012, 1.
[34] BSG v. 12.08.1982 - 11 RA 62/81 - SozR 2200 § 1237 Nr. 18 zu der Vorgängervorschrift des § 14 AVG.
[35] BSG v. 17.11.1987 - 4a RJ 5/87 - SozR 2200 § 1237 Nr. 21; BSG v. 15.11.1989 - 5 RJ 1/89 - SozR 2200 § 1237 Nr. 22.

Eingliederungshilfe umfasst nicht Verhaltenstherapie als ärztliche ambulante Krankenbehandlung im Sinne der gesetzlichen Krankenversicherung, die gerade keine Leistung zur medizinischen Rehabilitation im Sinne des SGB V darstellt.[36]

Nr. 2 sieht Maßnahmen der **Früherkennung und Frühförderung** noch nicht eingeschulter behinderter und von Behinderung bedrohter Kinder vor. Die nähere Ausgestaltung dieser Maßnahmen erfolgt in § 30 SGB IX, der dem § 43a SGB V ähnelt, und der Frühförderungsverordnung (FrühV). Nach § 2 FrühV werden die sog Komplexleistungen zur Früherkennung und Frühförderung durch interdisziplinäre Frühförderstellen und sozialpädiatrische Zentren unter Einbeziehung des sozialen Umfelds der Kinder und unter ärztlicher Verantwortung ausgeführt. Sie sollen eine Behinderung zum frühestmöglichen Zeitpunkt erkennen lassen (§ 3 FrühV). Die Leistung umfasst die ärztliche Behandlung einschließlich der zur Früherkennung und Diagnostik erforderlichen ärztlichen Tätigkeiten, nichtärztliche sozialpädiatrische Leistungen, psychologische, heilpädagogische und psychosoziale Leistungen, Heilmittel, insbesondere physikalische Therapie, Physiotherapie, Stimm-, Sprech- und Sprachtherapie sowie Beschäftigungstherapie und die Beratung der Erziehungsberechtigten. Nach § 7 Abs. 1 FrühV ist ein individueller Förder- und Behandlungsplan aufzustellen. Eine sinnesspezifische Frühförderung kann auch durch andere Träger als den in § 2 FrühV Genannten erbracht werden, wenn der Eingliederungsbedarf durch diese Einrichtungen nicht gedeckt werden kann.[37]

22

In Nr. 3 werden Arznei- und Verbandmittel genannt und Nr. 4 nennt Heilmittel unter Einschluss physikalischer, Sprach- und Beschäftigungstherapie. Belastungserprobung und Arbeitstherapie werden nach Nr. 7 ebenfalls zu den Leistungen der medizinischen Rehabilitation gezählt, die Petö-Therapie nicht.[38]

23

Schließlich werden in § 26 Abs. 2 Nr. 6 SGB IX die **Hilfsmittel** aufgeführt.[39] Nach § 31 SGB IX handelt es sich dabei um Körperersatzstücke sowie orthopädische und andere Hilfsmittel, die getragen oder mitgeführt oder bei einem Wohnungswechsel mitgenommen werden können. Sie haben nach der Legaldefinition in dieser Vorschrift die Aufgabe, einer drohenden Behinderung vorzubeugen, den Erfolg einer Heilbehandlung zu sichern oder eine Behinderung nur bei den Grundbedürfnissen des täglichen Lebens auszugleichen, soweit sie **nicht Gebrauchsgegenstände des täglichen Lebens** sind.[40] Geräte, die für die speziellen Bedürfnisse kranker oder behinderter Menschen entwickelt sowie hergestellt worden sind und die ausschließlich oder ganz überwiegend auch von diesem Personenkreis benutzt werden, sind nicht als allgemeine Gebrauchsgegenstände des täglichen Lebens anzusehen.[41] Bei Kindern sind nur solche Hilfsmittel zulässig, die den Bedürfnissen Gleichaltriger entsprechen.[42] Nähere Bestimmungen zum Leistungsumfang enthält § 10 EinglHV (vgl. die Kommentierung zu § 10 EinglHV).

24

Heinz beschäftigt sich in seinem Aufsatz: „Über einen „Sozialleistungsdschungel", mögliche „Buschmesser" und Auswege im Zusammenhang mit Hilfsmittelansprüchen sowie über mittellose Haftentlassene zwischen zwei Stühlen der Existenzsicherung" (ZfF 2014, 83 ff.) mit der Abgrenzung von Hilfsmitteln im Rahmen der Eingliederungshilfe und nach dem SGB V.

24.1

Mit der Frage „Wer zahlt welche Hilfsmittel bei Eingliederungshilfe?" befasst sich *Heinz* in SuP 2014, 248.

24.2

Die Hilfsmittel müssen für die Erreichung des Rehabilitationsziels geeignet und erforderlich sein. Sie sind nach der älteren Rechtsprechung **erforderlich**, wenn sie zur Erreichung des Rehabilitationsziels unter Zugrundelegung der individuellen Verhältnisse unentbehrlich oder unverzichtbar sind.[43] Die Tendenz geht nunmehr dahin, einen weiten Maßstab anzulegen und die wesentliche Förderung der gleichberechtigten Teilhabe am Leben in der Gemeinschaft ausreichen zu lassen.[44] So ist die Notwen-

25

---

[36] BSG v. 17.12.2013 - B 1 KR 50/12 R.
[37] LSG Berlin-Brandenburg v. 11.12.2007 - L 23 B 249/07 SO ER - FEVS 60, 11-18.
[38] BSG v. 29.09.2009 - B 8 SO 19/08 R; nach dieser Entscheidung aber als heilpädagogische Maßnahme oder Hilfe zu angemessener Schulbildung denkbar; zustimmende Anmerkung: *Pattar*, SGb 2010, 652.
[39] Dazu *Schütze*, SGb 2013, 147.
[40] BSG v. 19.05.2009 - B 8 SO 32/07 R - juris Rn. 17 - WzS 2009, 214.
[41] BSG v. 16.09.1999 - B 3 KR 1/99 R - juris Rn. 14 - SozR 3-2500 § 33 Nr. 33.
[42] BSG v. 26.03.2003 - B 3 KR 26/02 R - SozR 4-2500 § 33 Nr. 2.
[43] BSG v. 17.09.1986 - 3 RK 5/86 - juris Rn. 16 - SozR 2200 § 182b Nr. 33.
[44] BSG v. 10.11.2005 - B 3 KR 31/04 R - juris Rn. 16 - SozR 4-2500 § 33 Nr. 10; kritisch *Nolte* in: KassKomm-SGB V, § 33 Rn. 17.

digkeit der Versorgung mit einem GPS-System bei einem Sehbehinderten verneint worden, weil nur im Einzelfall ein Bedarf bestand.[45] Zu Einzelleistungen vgl. die Kommentierung zu § 6 EinglHV, die Kommentierung zu § 9 EinglHV und die Kommentierung zu § 10 EinglHV.

b. Berufliche Rehabilitation (§ 33 SGB IX)

26 Mit dem Verweis auf § 33 SGB IX wird zugleich auf die ausgestaltenden Vorschriften der §§ 36-38 SGB IX Bezug genommen. Leistungen an Arbeitgeber nach § 34 SGB IX[46] und unterhaltssichernde und ergänzende Leistungen nach den §§ 44 ff. SGB IX sind ausgeschlossen (§ 6 Abs. 1 Nr. 7 SGB XII i.V.m. § 5 Nr. 3 SGB XII).[47] Das **Ziel** der Leistungen zur Teilhabe am Arbeitsleben ist in § 33 Abs. 1 SGB IX definiert und vom unmittelbaren Bezug zur Erlangung einer Erwerbstätigkeit geprägt. Danach werden die Leistungen erbracht, um die Erwerbsfähigkeit behinderter oder von Behinderung bedrohter Menschen entsprechend ihrer Leistungsfähigkeit zu erhalten, zu verbessern, herzustellen oder wiederherzustellen und ihre Teilhabe am Arbeitsleben möglichst auf Dauer zu sichern. Aufgrund der besonderen Aufgabe der Eingliederungshilfe, den behinderten Menschen in die Gemeinschaft einzugliedern und ihm eine angemessene Berufsausübung zu ermöglichen (§ 53 Abs. 3 Satz 2 SGB XII), ist es nicht entscheidend, ob eine auf dem allgemeinen Arbeitsmarkt verwertbare Leistungsfähigkeit erreicht wird.[48]

27 Gleiche Chancen für behinderte **Frauen** fordert § 33 Abs. 2 SGB IX sowohl gegenüber nicht behinderten Frauen als auch gegenüber behinderten oder von Behinderung bedrohten Männern.[49] Nicht erfasst werden von Behinderung bedrohte Frauen. Um den besonderen Lebensverhältnissen behinderter Frauen gerecht zu werden, die häufig länger aus dem Berufsleben ausgeschieden sind und neben den Rehabilitationsmaßnahmen eine Familie versorgen müssen, ist ein besonderer Zuschnitt der Maßnahme verbindlich.[50] Dazu muss die Maßnahme in ihrer beruflichen Zielsetzung passen sowie wohnortnah und in Teilzeit nutzbar angeboten werden.

28 Nach § 6 SGB IX kann entweder die BA, der Träger der gesetzlichen UV oder der gesetzlichen RV, ein Träger von Leistungen des sozialen Entschädigungsrechts oder der Kinder- und Jugendhilfe oder aber der Träger der Sozialhilfe **zuständig** sein. Welcher dies im Einzelfall ist, bestimmt sich nach den jeweiligen Leistungsgesetzen. § 16 Abs. 1 Satz 3 SGB II verweist auf die Leistungen zur Teilhabe am Arbeitsleben nach dem SGB III; für diese Leistungen an behinderte Berechtigte nach dem SGB II ist nach § 6a SGB IX ebenfalls die BA zuständig. Für Leistungen zur beruflichen Teilhabe nach § 16 SGB II bleibt indes die Zuständigkeit des Jobcenters bzw. der Optionskommune. Die Leistungen des SGB XII sind grundsätzlich gegenüber denen anderer Träger nachrangig, § 2 SGB XII.

29 Da die Träger der beruflichen Rehabilitation regelmäßig ihren Versicherungsschutz am Erwerbsleben anknüpfen und für erwerbsfähige Behinderte Leistungen aus dem SGB II zu erbringen sind, bleibt für den Bereich der Sozialhilfe überwiegend der Kreis der nicht erwerbsfähigen Personen i.S.d. § 8 Abs. 1 SGB II, bei denen die Voraussetzungen des § 7 Abs. 2 SGB II nicht vorliegen und die noch nie versicherungspflichtig beschäftigt waren oder bereits vor längerem ausgeschieden sind. Daher stehen solche Maßnahmen im Vordergrund, die Erwerbsfähigkeit herstellen oder Reste an Erwerbsfähigkeit erhalten. Der **Leistungsumfang** ist auch in der Sozialhilfe auf den Umfang der Rehabilitationsleistungen der BA begrenzt, § 54 Abs. 1 Satz 2 SGB XII. Früher wurde bei **Überschneidung** mit Maßnahmen der sozialen Rehabilitation der Schwerpunkt der Maßnahme für maßgeblich gehalten. Dies dürfte durch die aktuelle Rechtsprechung des BSG überholt sein; danach kommt es auf die Zielrichtung der Maßnahme an.[51] Sind die mit der Maßnahme verfolgten Ziele der sozialen Rehabilitation denen der beruflichen Rehabilitation nicht nur nicht gleichwertig, sondern wesentlich übergeordnet, handelt es sich insgesamt nicht mehr um eine berufliche Rehabilitationsmaßnahme.[52]

---

[45] BSG v. 25.06.2009 - B 3 KR 4/08 R - SuP 2009, 502.
[46] *Voelzke* in: Hauck/Noftz, K § 54 Rn. 16.
[47] *Meusinger* in: Fichtner/Wenzel, SGB XII, 4. Aufl. 2009, § 54 Rn. 23; *Wahrendorf* in: Grube/Wahrendorf, SGB XII, 3. Aufl. 2010, § 54 Rn. 16.
[48] *Voelzke* in: Hauck/Noftz, K § 54 Rn. 18.
[49] BT-Drs. 14/5074, S. 107; *Meusinger* in: Fichtner/Wenzel, SGB XII, 4. Aufl. 2009, § 54 Rn. 25.
[50] *Voelzke* in: Hauck/Noftz, K § 54 Rn. 20.
[51] BSG v. 19.05.2009 - B 8 SO 32/07 R - WzS 2009, 214 und BSG v. 29.09.2009 - B 8 SO 19/08 R.
[52] BSG v. 09.11.1983 - 7 RAr 48/82 - SozR 4100 § 56 Nr. 14.

Die Auswahl (vgl. Rn. 9) der konkreten Maßnahme steht im **pflichtgemäßen Ermessen** des Trägers der Sozialhilfe und ist unter Berücksichtigung des Wunsch- und Wahlrechts des Leistungsberechtigten nach § 9 SGB IX sowie der Kriterien in § 33 Abs. 4 SGB IX auszuüben. Danach sind die Eignung, die Neigung, die bisherige Tätigkeit sowie Lage und Entwicklung auf dem Arbeitsmarkt angemessen zu berücksichtigen. Die Vorschrift des § 33 Abs. 4 SGB IX enthält auch eine besondere Maßnahme zur Auswahl der richtigen Leistung, nämlich die Abklärung der beruflichen Eignung oder die Durchführung einer Arbeitserprobung. Die Dauer dieser **Maßnahme der Eignungsfeststellung** wird nicht auf die nach § 37 SGB IX zulässige Maßnahmedauer angerechnet.[53]

30

Im Übrigen kann der Träger der Sozialhilfe nach § 38 SGB IX **gutachterliche Stellungnahme** der BA zu Notwendigkeit, Art und Umfang von Leistungen unter Berücksichtigung der arbeitsmarktlichen Zweckmäßigkeit anfordern, muss dies aber nicht. Dies gilt auch, wenn sich der Leistungsberechtigte noch in einem Krankenhaus oder einer Einrichtung der medizinischen oder der medizinisch-beruflichen Rehabilitation aufhält. Schon bei der Auswahl der Maßnahme ist prognostisch zu prüfen, ob nach ihrem erfolgreichen Abschluss tatsächlich eine Eingliederung auf dem **Arbeitsmarkt** in Betracht kommt, wobei eine Besserung oder Sicherung der Aussichten ausreicht; eine Maßnahme ist aus Gründen des Arbeitsmarktes nur dann abzulehnen, wenn keinerlei Erfolgsaussichten für eine Eingliederung bestehen.[54] Holt der Sozialhilfeträger keine Stellungnahme der BA ein, muss er die oben genannten Auswahlkriterien anders aufklären, denn in die Auswahlentscheidung müssen alle Kriterien gleichwertig einfließen.[55] Es besteht **kein Beurteilungsspielraum**, so dass sämtliche Merkmale der vollen gerichtlichen Überprüfung unterliegen.

31

Dabei bezieht sich die **Eignung** auf die erforderlichen persönlichen Eigenschaften des behinderten oder von Behinderung bedrohten Menschen, die er für die in Aussicht genommene Maßnahme mitbringen muss. Dazu gehören alle körperlichen, geistigen und ggf. auch seelischen Fähigkeiten des Berechtigten. An dieser Stelle ist auch zu prüfen, ob die Eignung durch Versorgung etwa mit bestimmten Hilfsmitteln oder Assistenzen hergestellt oder aufrechterhalten werden kann, beispielsweise mit orthopädischen Körperersatzstücken. An dieser Stelle kommt es nicht auf die Sichtweise des Berechtigten selbst an; diese geht in die Berücksichtigung der individuellen Neigung ein.

32

Das Auswahlkriterium der **individuellen Neigung** ist zugleich Aspekt des Wunsch- und Wahlrechts nach § 9 SGB IX als auch des Grundrechts auf freie Berufswahl (Art. 12 GG). Je weiter sich dieses Wahlrecht verdichtet hat, desto größer wird sein Gewicht in Abwägung mit den Kriterien Eignung und Lage und Entwicklung des Arbeitsmarktes, aber auch der Wirtschaftlichkeit, ohne dass sich deshalb etwa ein Recht auf eine bestimmte staatlich geförderte Ausbildung herleiten lässt.[56] Das Auswahlermessen kann insoweit im Lichte der grundrechtlich gewährleisteten Berufsfreiheit aus Art. 12 Abs. 1 GG i.V.m. dem Sozialstaatsgebot des Art. 20 Abs. 1 GG auf eine Alternative beschränkt sein.[57] In diesem Zusammenhang steht auch die **bisherige Tätigkeit** bzw. der Berufsweg, denn diese lassen Rückschlüsse sowohl auf die Eignung als auch die Neigung zu. „Bisherig" ist nicht nur die letzte Tätigkeit.[58]

33

Die einzelnen **Arten der Grundleistungen** werden in § 33 Abs. 3 SGB IX aufgezählt: Es handelt sich um die Berufsvorbereitung (Nr. 2), Unterstützte Beschäftigung (Nr. 2a i.V.m. § 38a SGB IX), berufliche Anpassung und Weiterbildung (Nr. 3), Berufsausbildung (Nr. 4). Die in Nr. 1 genannten Hilfen zur Erhaltung oder Erlangung eines Arbeitsplatzes sowie die in Nr. 6 beschriebenen sonstigen Hilfen zur Ermöglichung oder Erhaltung einer Beschäftigung oder Tätigkeit umfassen nach **§ 33 Abs. 8 SGB IX** Kfz-Hilfe, Kosten einer Arbeitsassistenz, erforderliche Hilfsmittel, technische Arbeitshilfen und Wohnungsbeschaffungs- und -erhaltungskosten. Der Gründungszuschuss für Selbständige (Absatz 3 Nr. 5) und der Ausgleich von Verdienstausfall (Absatz 8 Nr. 2) sind vom Träger der Sozialhilfe nicht zu erbringen, da ausschließlich auf die Träger nach § 6 Abs. 1 Nr. 2-5 SGB IX verwiesen wird. Neben dem Eignungsfeststellungsverfahren nach Absatz 4 Satz 2 werden die Leistungen nach Absatz 5 auch für Praktika erbracht. Absatz 6 zählt eine Reihe medizinischer, psychologischer und pädagogischer Leistungen auf, die die vorgenannten Leistungen flankieren können, und Absatz 7 rechnet die Kosten notwendiger auswärtiger Unterbringung sowie Lehrgangs- und Arbeitsmittelkosten hinzu. Nach § 37 Abs. 2 SGB IX soll die Dauer einer Weiterbildung zwei Jahre nicht übersteigen, ist aber nach § 33

34

---

[53] *Voelzke* in: Hauck/Noftz, K § 54 Rn. 27.
[54] *Voelzke* in: Hauck/Noftz, K § 54 Rn. 25.
[55] *Voelzke* in: Hauck/Noftz, K § 54 Rn. 21.
[56] BSG v. 03.07.1991 - 9b/7 RAr 142/89 - juris Rn. 11 - SozR 3-4100 § 56 Nr. 3.
[57] Hessisches LSG v. 13.03.2008 - L 7 SO 100/07 ER - ASR 2008, 143-146.
[58] *Voelzke* in: Hauck/Noftz, K § 54 Rn. 24.

Abs. 8 Satz 2 SGB IX insgesamt auf drei Jahre begrenzt. Die Rechtsstellung der Berechtigten in Einrichtungen der beruflichen Rehabilitation wird in § 36 SGB IX besonders geregelt. Eine gewisse Sonderstellung bildet die **Kraftfahrzeughilfe** nach § 33 Abs. 8 Nr. 1 SGB IX i.V.m. § 8 Abs. 1 EinglHV (vgl. die Kommentierung zu § 8 EinglHV) und der KfzHV. Sie räumt die Möglichkeit von Zuschüssen oder Darlehen für die Anschaffung eines Kfz und/oder dessen Umrüstung zum behinderungsgerechten Gebrauch ein.[59] Nach § 10 Abs. 6 EinglHV (vgl. Kommentierung zu § 10 EinglHV) kann auch **Hilfe zur Erlangung der Fahrerlaubnis** gewährt werden.

c. Werkstatt für behinderte Menschen (WfbM) (§ 41 SGB IX, WVO)

35 § 54 Abs. 1 Satz 1 SGB XII nimmt auf **§ 41 SGB IX** Bezug, welcher einen Rechtsanspruch für Leistungen im Arbeitsbereich einer Werkstatt für behinderte Menschen (WfbM) regelt. Aufgrund der einengenden Fassung der Vorschrift haben von Behinderung bedrohte Menschen keinen Anspruch. Eine WfbM besteht regelmäßig aus drei Bereichen: dem **Eingangsverfahren sowie dem Berufsbildungsbereich** nach § 40 SGB IX und dem Arbeitsbereich nach § 41 SGB IX. Die beiden ersten Bereiche sind dem Arbeitsbereich regelmäßig, wenn auch nicht zwingend[60], vorgelagert und fallen nach § 42 Abs. 1 SGB IX vorrangig in die Zuständigkeit der BA. Soweit Leistungsfälle der UV, RV oder des Sozialen Entschädigungsrechts betroffen sind, geht die Zuständigkeit dieser Träger vor, § 2 SGB XII. Eine Zuständigkeit der Träger der Sozialhilfe ist nach dem Gesetzeswortlaut nicht gegeben, wird aber von der BAGüS (vgl. die Kommentierung zu § 53 SGB XII Rn. 8) dort angenommen, wo ansonsten trotz Bedarfs kein Anspruch gegeben wäre (Bsp. dienstunfähige Beamte).[61] § 40 Abs. 2, 3 SGB IX regelt die Höchstdauer dieser Leistungen.

36 Für den **Arbeitsbereich** ist die Zuständigkeit der Träger der UV und des SER ebenfalls gegeben, hinzu kommt aber nach § 42 Abs. 2 Nr. 3 SGB IX die Jugendhilfe bei seelischer Behinderung und nach § 42 Abs. 2 Nr. 4 SGB IX die subsidiäre Zuständigkeit der Träger der Sozialhilfe unter den Voraussetzungen des SGB XII. In der Praxis ist ganz überwiegend die Sozialhilfe verantwortlich.[62] **Nähere Bestimmungen** zur Organisation und dem Anerkennungsverfahren der WfbM sowie den Aufnahmevoraussetzungen und der Rechtsstellung der behinderten Menschen finden sich in den §§ 136-144 SGB IX sowie der WVO. Die Werkstattbeschäftigten sind sozialversichert (§ 5 Abs. 1 Nr. 7 SGB V, § 1 Nr. 2a SGB VI, § 2 Abs. 1 Nr. 4 SGB VII, § 20 Abs. 1 Nr. 7 SGB XI). Die Leistungen im Arbeitsbereich erbringt der Träger der Sozialhilfe regelmäßig nicht selbst, sondern durch Einrichtungen rechtlich von ihm unabhängiger Träger als Sachleistung in der besonderen Form der Sachleistungsverschaffung (vgl. die Kommentierung zu § 53 SGB XII Rn. 45).[63] Die rechtlichen Beziehungen zwischen dem Träger der Einrichtung und dem Träger der Sozialhilfe werden durch Vereinbarungen nach den §§ 75 ff. SGB XII geregelt, die rechtliche Beziehung der Einrichtung zum behinderten Menschen durch den Werkstattvertrag nach § 138 Abs. 3 SGB IX. Da § 82 Abs. 2 Nr. 5 SGB XII auch das **Arbeitsförderungsgeld** aufzählt, ist auch diese Leistung nach § 43 SGB IX zu gewähren, andernfalls deren Absetzung vom Einkommen keinen Sinn hätte.

37 Grundsätzlich ist die Anerkennung der Einrichtung als WfbM nach § 142 SGB IX erforderlich. Fehlt es bei der konkret gewählten Einrichtung an der **Durchführung eines Anerkennungsverfahrens** für die Werkstatt nach Maßgabe des SGB IX, so kommt Hilfe in einer sonstigen Beschäftigungsstätte nach § 56 SGB XII (vgl. die Kommentierung zu § 56 SGB XII) in Betracht.

38 Nach § 39 SGB IX ist es die **Aufgabe** einer WfbM, die Leistungs- oder Erwerbsfähigkeit der behinderten Menschen zu erhalten, zu entwickeln, zu verbessern oder wiederherzustellen, die Persönlichkeit dieser Menschen weiterzuentwickeln und ihre Beschäftigung zu ermöglichen oder zu sichern. Sie richtet sich nach den §§ 41 Abs. 1, 136 Abs. 1, 2 SGB IX an solche behinderte Menschen, die wegen Art oder Schwere der Behinderung nicht, noch nicht oder noch nicht wieder auf dem allgemeinen Arbeitsmarkt beschäftigt werden können. Nicht ausreichend ist daher allein eine ungünstige Arbeitsmarktsituation.[64] Ferner muss prognostisch zu erwarten sein, dass spätestens nach Teilnahme an Maßnahmen

---

[59] Ablehnend für die Übernahme von Stellplatzkosten: BSG v. 08.02.2007 - B 7a AL 34/06 R - SozR 4-5765 § 9 Nr. 1.
[60] *Voelzke* in: Hauck/Noftz, K § 54 Rn. 30 m.w.N.
[61] Werkstattempfehlung (WE) der BAGüS v. 01.01.2005 – Rn. 10.5.
[62] *Voelzke* in: Hauck/Noftz, K § 54 Rn. 28, 30.
[63] BSG v. 28.10.2008 - B 8 SO 22/07 - BSGE 102, 1-10; BSG v. 09.12.2008 - B 8/9b SO 10/07 R - juris Rn. 13 - BSGE 102, 126-134.
[64] „Vorläufige Orientierungshilfe zur Abgrenzung der Eingliederungshilfe nach dem SGB XII zu anderen sozialen Leistungen" Stand: 25.11.2008, S. 23.

im Berufsbildungsbereich ein Mindestmaß wirtschaftlich **verwertbarer Arbeitsleistung** erbracht werden kann. Einen gesetzlichen Ausschlusstatbestand enthält § 136 Abs. 2 Satz 2 SGB IX bei behinderten Menschen, bei denen trotz einer der Behinderung angemessenen Betreuung eine erhebliche Selbst- oder Fremdgefährdung zu erwarten ist oder das Ausmaß der erforderlichen Betreuung und Pflege die Teilnahme an der Maßnahme im Berufsbildungsbereich oder sonstige Umstände ein Mindestmaß wirtschaftlich verwertbarer Arbeitsleistung im Arbeitsbereich dauerhaft nicht zulassen. Das BSG hat dazu erkannt, dass es hierfür nicht darauf ankommt, ob die Arbeitsleistung im kaufmännischen Sinne gewinnbringend ist oder der Versicherte durch sie ein bestimmtes Mindesteinkommen erzielt; ausschlaggebend ist vielmehr, ob das **Produkt der Arbeitsleistung** wirtschaftlichen Wert besitzt, sich also beispielsweise als Ware verkaufen lässt.[65] Eine strenge **Altersgrenze** sieht das Gesetz nicht vor, allenfalls eine Verschiebung des Teilnahmezwecks auf eine Ruhestandsbeschäftigung (vgl. die Kommentierung zu § 53 SGB XII Rn. 33). Nicht werkstattfähige Menschen können Hilfen zum Erwerb praktischer Kenntnisse und Fähigkeiten nach § 55 Abs. 2 Nr. 3 SGB XII (vgl. Rn. 40) erhalten.

Der Leistungsumfang war Gegenstand mehrerer Entscheidungen des BSG zur Übernahme der **Kosten für das Mittagsessen** in einer WfbM. Es wurde klargestellt, dass sich die Rechtslage insoweit mit Inkrafttreten des SGB XII nicht geändert hat und diese Kosten nicht von der Eingliederungshilfe ausgenommen sind.[66] Begründet wurde dies damit, dass die Hilfen in der WfbM einer **ganzheitlichen Betrachtung**[67] unterliegen, weshalb die Teilleistung „Mittagessen" aus ihrem funktionellen Zusammenhang heraus als integraler Bestandteil der Aufgabenerfüllung zu betrachten ist.[68] Der Grund hierfür ist, dass die WfbM kein bloßer Erwerbsbetrieb ist, sondern begleitend auch Aufgaben der sozialen Rehabilitation, sozialpädagogische und sozialbetreuerische Aufgaben sowie Aufgaben der medizinischen Betreuung und der Pflege entsprechend den Bedürfnissen des Personenkreises, für den sie bestimmt ist, zu erbringen und die Persönlichkeit der behinderten Menschen weiterzuentwickeln hat (§ 5 Abs. 3 WVO).[69] Diese Hilfe erfordert in einer WfbM einen tagesstrukturierenden Ablauf, der auch die Einnahme eines gemeinsamen Mittagessens im Sinne eines arbeitspädagogischen und arbeitstherapeutischen Eingliederungsinstruments beinhaltet, weil erst hierdurch die sinnvolle und individuell gestaltete Arbeit auf Arbeitsplätzen, die den Bedürfnissen, Interessen und Neigungen der behinderten Erwachsenen entsprechen, gewährleistet wird.[70] Nicht hierzu zählt allerdings die Freizeitgestaltung.[71] Im Gegenzug muss es der Berechtigte hinnehmen, dass der Träger der Sozialhilfe ggf. den Regelsatz nach § 27a Abs. 4 SGB XII (bis zum 31.12.2010: § 28 Abs. 1 Satz 2 SGB XII) absenkt.[72] Der **Beitragszuschlag für Kinderlose in der Pflegeversicherung** (§ 55 Abs. 3 Satz 1 SGB XI) kann allerdings nicht im Rahmen der Eingliederungshilfe nach § 54 SGB XII i.V.m. § 41 Abs. 1 SGB IX erstattet werden.[73]

Zu den Aufgaben der WfbM im Arbeitsbereichs zählt nach § 41 Abs. 2 Nr. 3 SGB IX i.V.m. § 5 Abs. 4 WVO die Förderung des **Übergangs auf den allgemeinen Arbeitsmarkt** und damit die regelmäßige Kontrolle der darauf gerichteten Leistungsfähigkeit.[74] § 136 Abs. 3 SGB IX sieht für Personen, die nicht die Voraussetzungen für eine Beschäftigung in einer WfbM erfüllen, die Bildung von **Förderstätten**[75] vor, die der Werkstatt angegliedert sind. Dort können diese Menschen Hilfen zum Erwerb

---

[65] BSG v. 22.09.1981 - 1 RJ 12/80 - juris Rn. 34 - SozR 2200 § 1237a Nr. 19; eine Aufzählung nicht werkstattfähiger behinderter Menschen vgl.: Werkstattempfehlung (WE) der BAGüS v. 01.01.2005 – Rn. 10.4.1.; zur Einbeziehung nicht werkstattfähiger behinderter Menschen: *Roßbruch*, PflR 2010, 468.

[66] BSG v. 09.12.2008 - B 8/9b SO 10/07 R - juris Rn. 15 - BSGE 102, 126-134.

[67] § 4 Abs. 1 Nr. 4 SGB IX und das Menschenrechtsübereinkommen über die Rechte behinderter Menschen vom 13.12.2006.

[68] BSG v. 09.12.2008 - B 8/9b SO 10/07 R - juris Rn. 18 - BSGE 102, 126-134; BSG v. 09.12.2008 - B 8/9b SO 12/07 R - juris Rn. 14 - SozSichplus 2008, Nr. 12, 8; vgl. *Luik*, jurisPR-SozR 21/2009, Anm. 2.

[69] BSG v. 09.12.2008 - B 8/9b SO 10/07 R - juris Rn. 19 - BSGE 102, 126-134; *Meusinger* in: Fichtner/Wenzel, SGB XII, 4. Aufl. 2009, § 54 Rn. 39.

[70] BSG v. 09.12.2008 - B 8/9b SO 10/07 R - juris Rn. 20 - BSGE 102, 126-134.

[71] BSG v. 09.12.2008 - B 8/9b SO 10/07 R - juris Rn. 20 - BSGE 102, 126-134.

[72] BSG v. 09.12.2008 - B 8/9b SO 10/07 R - juris Rn. 23 - BSGE 102, 126-134.

[73] SG Landshut v. 02.02.2011 - S 10 SO 48/10 FdV

[74] *Bierlitz-Harder* in. LPK-SGB XII, § 54 Rn. 36, *Voelzke* in: Hauck/Noftz, K § 54 Rn. 33.

[75] § 4 Abs. 1 Nr. 4 SGB IX und das Menschenrechtsübereinkommen über die Rechte behinderter Menschen vom 13.12.2006.

praktischer Kenntnisse und Fähigkeiten nach § 55 Abs. 2 Nr. 3 SGB XII erhalten. Da auch diese Maßnahme der Weiterentwicklung der Persönlichkeit dient, ist ebenfalls eine ganzheitliche Betrachtung unter Einbeziehung des gemeinsamen Mittagessens in das Förderkonzept angebracht.[76]

d. Soziale Rehabilitation (§ 55 SGB IX)

41 Zur Sozialen Rehabilitation oder Leistung zur Teilhabe an der Gemeinschaft wird in § 54 Abs. 1 Satz 1 SGB XII auf den § 55 SGB IX Bezug genommen. Diese Vorschrift enthält in Absatz 2 eine Reihe von Leistungen, deren Konkretisierung in den §§ 56 ff. SGB IX erfolgt und die dadurch zum Gegenstand der Verweisung werden. Da die Leistungen zur Teilhabe an der Gemeinschaft nach § 55 Abs. 1 SGB IX nur erbracht werden, wenn sie nicht bereits nach den Kapiteln 4 bis 6 des SGB IX erbracht werden, ist diese Leistung gegenüber der beruflichen (Kapitel 5) oder medizinischen (Kapitel 4) Rehabilitation nachrangig. Ein **Nachrang** wird nur für gleichartige Leistungen (vgl. die Kommentierung zu § 53 SGB XII Rn. 3) angenommen,[77] weshalb bereits an dieser Stelle die i.d.R. ärztlich verantwortete **medizinische Rehabilitation** abzugrenzen ist.

42 Die **Abgrenzung** von Leistungen zur medizinischen Rehabilitation von Leistungen zur sozialen Rehabilitation erfolgt nicht nach den in Betracht kommenden Leistungsgegenständen; entscheidend ist vielmehr der **Leistungszweck**; wobei sich die Leistungszwecke der medizinischen und der sozialen Rehabilitation überschneiden können.[78] Auch **heilpädagogisches Reiten**, das nicht in die Heilmittelrichtlinie aufgenommen worden ist und deshalb als medizinisches Heilmittel ausscheidet, kann sowohl Kindern, die noch nicht eingeschult sind,[79] als auch **bereits eingeschulten** behinderten oder von einer solchen Behinderung bedrohten Kindern oder Jugendlichen als Leistung zur Teilhabe an der Gemeinschaft gewährt werden, wenn sich die heilpädagogische Leistung nicht als Hilfe zu einer angemessenen Schulbildung darstellt.[80] Auch wenn § 55 Abs. 2 Nr. 2 SGB IX ausdrücklich nur auf Vorschulkinder beschränkt ist, schließt dies Leistungen zur Teilhabe an der Gemeinschaft an Schüler nicht aus,[81] denn die Aufzählung in § 55 Abs. 2 SGB IX ist nur beispielhaft, nicht abschließend.[82] Auch ein Anspruch auf **Persönliche Assistenz in einer Kindertagesstätte** für ein an Diabetes erkranktes Kind kann als Leistung zur Teilhabe an der Gemeinschaft gewährt werden.[83]

43 Da ein Hörgerät die Kommunikation ermöglicht, dient es wesentlich auch der Teilhabe an der Gemeinschaft im vorgenannten Sinn und nicht ausschließlich der medizinischen Rehabilitation; damit ist es zugleich auch ein Hilfsmittel nach § 55 Abs. 2 Nr. 1 SGB IX und die Übernahme der Kosten für **Hörgerätebatterien** zählt zu den Leistungen zur Teilhabe an der Gemeinschaft, nicht zur medizinischen Rehabilitation.[84] Zu den Leistungen der KV, also nicht der Eingliederungshilfe, zählen dagegen: ein Reha-Kinderwagen,[85] eine Vojta-Liege,[86] Therapie-Dreirad[87] und Kraftknotensystem.[88] Aber auch hier stellt sich die Frage der Zielrichtung mit der Konsequenz, dass diese Leistungen doch zur Eingliederungshilfe zählen können, wenn sie dem Ziel der sozialen Rehabilitation dienen.[89] Der Behindertenausgleich in Wohnungen kann nach § 40 SGB XI in die Leistungspflicht der PV fallen (Bsp. Treppenlift, Rampe).

---

[76] BSG v. 09.12.2008 - B 8/9b SO 11/07 R - juris Rn. 14 - info also 2009, 137.
[77] *Voelzke* in: Hauck/Noftz, K § 54 Rn. 36a; „Vorläufige Orientierungshilfe zur Abgrenzung der Eingliederungshilfe nach dem SGB XII zu anderen sozialen Leistungen" Stand: 25.11.2008, S. 24.
[78] BSG v. 03.09.2003 - B 1 KR 34/01 R und v. 29.09.2009 - B 8 SO 19/08 R, Rn. 21; OVG Rheinland-Pfalz v. 04.11.2010 - 7 A 10796/10.
[79] OVG Rheinland-Pfalz v. 04.11.2010 - 7 A 10796/10.
[80] BVerwG v. 18.10.2012 - 5 C 15/11; OVG Rheinland-Pfalz v. 15.06.2011 - 7 A 10420/11; a.A. VG Freiburg v. 17.03.2011 - 4 K 1468/10.
[81] So aber VG Freiburg v. 17.03.2011 - 4 K 1468/10.
[82] *Luthe* in: jurisPK-SGB IX, § 55 Rn. 25.
[83] OVG Bremen v. 12.05.2009 - S 3 B 10/09; *Giese*, Diskussionsbeitrag A28-2012 unter www.reha-recht.de (abgerufen am 03.04.2014).
[84] BSG v. 19.05.2009 - B 8 SO 32/07 R - WzS 2009, 214.
[85] BSG v. 10.11.2005 - B 3 KR 31/04 R - SozR 4-2500 § 33 Nr. 10.
[86] BSG v. 03.08.2006 - B 3 KR 25/05 R - SozR 4-2500 § 33 Nr. 13.
[87] BSG v. 23.07.2002 - B 3 KR 3/02 R - SozR 3-2500 § 33 Nr. 46.
[88] BSG v. 20.11.2008 - B 3 KN 4/07 KR R - BSGE 102, 90-101.
[89] Vgl. BSG v. 29.05.2009 - B 8 SO 32/07 R - WzS 2009, 214.

Die **Abgrenzung** von Leistungen der sozialen Rehabilitation zu sonstigen Leistungen ist besonders schwierig, weil jede Leistung letztlich auch die Teilhabe an der Gemeinschaft betrifft, und kann nur anhand ihrer unterschiedlichen (Haupt-)**Zwecke** erfolgen. Die Legaldefinition in § 55 Abs. 1 SGB IX ist sehr allgemein und findet ihre Bedeutung vor allem in dem zusätzlichen Ziel, von Pflege so weit wie möglich unabhängig zu machen. Daraus folgt, dass die Leistung nicht abzulehnen ist, wenn Unabhängigkeit von der Pflege nicht zu erreichen ist.[90] Von der **beruflichen Rehabilitation** grenzt das BSG solche Maßnahmen ab, die ohne unmittelbaren Bezug zur Berufsausübung zum Bestandteil der persönlichen Lebensführung gehören, die Verbesserung der Lebensqualität bewirken sowie elementare Grundbedürfnisse befriedigen und sich auf diese Weise nur mittelbar bei der Berufsausübung auswirken.[91] Die **begleitende psychosoziale Betreuung** eines opiatabhängigen Beziehers von Arbeitslosengeld II während der Substitution mit Methadon nach § 16a Abs. 2 SGB II unterfällt der Leistungspflicht des SGB-II-Leistungsträgers, wenn sie als Leistung der Teilhabe zum Leben in der Gemeinschaft der Verwirklichung einer ganzheitlichen und umfassenden Betreuung und Unterstützung des erwerbsfähigen Leistungsempfängers bei der Eingliederung in Arbeit dient.[92] 44

Im Unterschied zu **unterhaltssichernden Leistungen** nach dem 6. Kapitel stellen Hilfen der sozialen Rehabilitation, in deren Vordergrund die persönliche menschliche Begegnung steht, eine Ersatzleistung dar, wenn wegen der Schwere der Behinderung die persönliche Teilnahme am Gemeinschaftsleben nicht oder nur in unzureichender Weise möglich ist.[93] Ist die betreffende Leistung bereits in dem Regelsatz enthalten, scheidet Eingliederungshilfe aus, wie etwa Eintrittsgeld für öffentliche Veranstaltungen.[94] 45

Eine **Beschränkung** der Leistung zur Teilhabe an der Gemeinschaft ergibt sich insbesondere aus ihrer Aufgabe, dem Leistungsempfänger ein Leben zu ermöglichen, das der Würde des Menschen entspricht; d.h. Eingliederungshilfe ist nur soweit zu gewähren, wie auch nichtbehinderte Menschen entsprechende Bedürfnisse üblicherweise befriedigen.[95] Dazu gehört beispielsweise nicht die Finanzierung von Hausbesuchen einer Prostituierten.[96] Aber auch die Pflege des Gartens und Hausmeistertätigkeiten, Unterhaltszahlungen für Kinder und die Übernahme von GEZ-Gebühren sind nicht im Wege der Eingliederungshilfe zu erbringen, weil durch sie weder die Folgen einer Behinderung gemildert noch die Teilnahme am Leben in der Gemeinschaft erleichtert werden.[97] Auch eine Übernahme oder Erstattung der **Kosten einer 3-Monats-Spritze** scheidet als Leistung zur Teilhabe an der Gemeinschaft aus, da der Bedarf nicht behinderungsbedingt ist, sondern sich die Notwendigkeit der Verhütung aus den gleichen Gründen wie bei einer nichtbehinderten Frau ergibt.[98] Zu beachten ist in diesen Fällen aber immer, dass diese Kosten wie bei Verhütungsmitteln vom Regelsatz der Hilfe zum Lebensunterhalt erfasst sein können. Dann ist zu prüfen, ob der Regelsatz nicht nach § 28 Abs. 1 Satz 2 SGB XII zu erhöhen ist.[99] 46

Andererseits ist die **Verwaltung des Barbetrages** für Personen, die wegen ihrer geistigen Behinderung hiervon nicht selbstverantwortlich Gebrauch machen können, eine Maßnahme, die im Sinn des § 53 Abs. 3 SGB XII die Folgen der Behinderung mildern sowie die Teilnahme am Leben in der Gemeinschaft ermöglichen oder erleichtern kann.[100] Die Möglichkeit der Zustandsverbesserung ist ausreichend.[101] Entgegen früherer Ansicht[102] ist bei mehreren Zielen nach der aktuellen Rechtsprechung 47

---

[90] *Meusinger* in: Fichtner/Wenzel, SGB XII, 4. Aufl. 2009, § 54 Rn. 59.
[91] BSG v. 26.10.2004 - B 7 AL 16/04 R - juris Rn. 21 - SozR 4-3250 § 14 Nr. 1.
[92] SG Kassel v. 07.02.2012 - S 12 SO 5/12 ER.
[93] „Vorläufige Orientierungshilfe zur Abgrenzung der Eingliederungshilfe nach dem SGB XII zu anderen sozialen Leistungen" Stand: 25.11.2008, S. 24.
[94] Thüringer LSG v. 22.12.2008 - L 1 SO 619/08 ER - RdLH 2009, 67-68; BSG v. 29.09.2009 - B 8 SO 5/08 R - SGb 2009, 716 zum Mehrbedarf eines Gehbehinderten bzgl. spezieller Schuhe.
[95] Thüringer LSG v. 22.12.2008 - L 1 SO 619/08 ER - RdLH 2009, 67-68.
[96] Thüringer LSG v. 22.12.2008 - L 1 SO 619/08 ER - RdLH 2009, 67-68; BSG v. 06.05.2009 - B 11 AL 11/08 R - Breith 2010, 190-197 zur Sittenwidrigkeit der Vermittlung Prostituierter.
[97] Thüringer LSG v. 22.12.2008 - L 1 SO 619/08 ER - RdLH 2009, 67-68.
[98] BSG v. 15.11.2012 - B 8 SO 6/11 R.
[99] BSG v. 15.11.2012 - B 8 SO 6/11 R.
[100] BGH v. 02.12.2010 - III ZR 19/1.
[101] *Voelzke* in: Hauck/Noftz, K § 54 Rn. 35.
[102] BSG v. 26.10.2004 - B 7 AL 16/04 R - juris Rn. 21 - SozR 4-3250 § 14 Nr. 1; BSG v. 09.11.1983 - 7 RAr 48/82 - juris Rn. 33 - SozR 4100 § 56 Nr. 14.

des BSG entscheidend, welchem Ziel die begehrte Leistung schwerpunktmäßig (vgl. Rn. 28) dient.[103] Zu beachten ist, dass dann, wenn wegen der Art oder Schwere der Behinderung pädagogische, schulische oder berufliche Maßnahmen nicht in Betracht kommen, der **Erwerb praktischer Kenntnisse und Fähigkeiten** nach § 55 Abs. 2 Nr. 3 SGB IX zu fördern sein kann, um die Teilnahme am Leben in der Gemeinschaft zu ermöglichen.[104] Zu den nicht ausdrücklich geregelten Anwendungsfällen des § 55 SGB IX zählt auch die sog. **Elternassistenz**.[105]

48 Fraglich ist, ob **behinderte erwerbsfähige Personen nach dem SGB II** neben den vorrangig zu gewährenden psychosozialen Leistungen nach § 16 SGB II und § 22 SGB III noch Leistungen nach dem SGB XII beanspruchen können. Für den Fall einer teilstationären Betreuung eines schwerbehinderten Erwerbsfähigen in einer Tagestätte wird ein Anspruch auf Eingliederungshilfe angenommen, wenn die Überwindung einer sozialen Isolation, die Vermittlung einer Tagesstruktur und psychosoziale Betreuung erforderlich sind.[106] Dies steht im Einklang mit der Rechtsprechung des BSG in Fällen mit mehreren gleichzeitig verfolgten Rehabilitationszielen. Danach ist entscheidend, welchem Lebensbereich die begehrte Leistung schwerpunktmäßig zuzuordnen ist.[107] Zudem schließen § 5 Abs. 2 SGB II und § 21 SGB XII Leistungen der Eingliederungshilfe gerade nicht aus. Etwas anderes folgt auch nicht aus der Entscheidung des BSG zum Einrichtungsbegriff im SGB II,[108] die nur die andersartige Frage nach der Reichweite des Ausschlusstatbestandes nach § 7 Abs. 4 SGB II zu klären hatte.

49 Der **Leistungskatalog** des § 55 Abs. 2 SGB IX ist **nicht abschließend**.[109] Nr. 2 i.V.m. § 56 SGB IX nennt beispielhaft heilpädagogische Maßnahmen für noch **nicht eingeschulte** Kinder, die nach Absatz 2 in Verbindung mit Leistungen der Früherkennung (vgl. Rn. 21) und Frühförderung nach § 30 SGB IX als Komplexleistung erbracht werden.[110] Bei schwerstbehinderten und schwerstmehrfachbehinderten Kindern werden diese Leistungen immer erbracht, sonst nur nach Prüfung im Einzelfall. Ob die Leistung einzustellen ist, wenn absehbar ist, dass ein Schulbesuch nicht möglich sein wird,[111] ist fraglich, denn aus Gründen der sozialen Rehabilitation kann eine solche Leistung ebenfalls erforderlich (vgl. Rn. 42) sein. Hierhin gehört auch das heilpädagogische (vgl. Rn. 42) Reiten[112] bzw. die Hippotherapie,[113] die durch die Richtlinien des Bundesausschusses von der medizinischen Rehabilitation ausgeschlossen sind.[114] Nr. 3 nennt i.V.m. § 16 EinglHV **Hilfen zum Erwerb praktischer Kenntnisse und Fähigkeiten**.[115] Dabei ist die Stärkung der allgemeinen Lebenstüchtigkeit des behinderten Menschen vorrangiger Zweck dieser Maßnahme. Als Empfänger von Hilfen nach kommen in erster Linie Menschen mit schweren und mehrfachen Behinderungen in Betracht, die nicht als werkstattfähig gelten und deshalb nicht in einer Werkstatt für behinderte Menschen gefördert und betreut werden können; dabei kann diese Hilfe auch solche Hilfe umfassen, die in den Werkstätten für Behinderte nach § 136 Abs. 3 SGB IX angegliederten Förderstätten[116] geleistet wird.[117]

50 Die Förderung der Verständigung ist in Nr. 4 i.V.m. § 57 SGB IX geregelt und erfasst nicht nur technische Hilfen, sondern etwa auch einen Gebärdendolmetscher,[118] Anwälte, Steuerberater, Nachbarn

---

[103] BSG v. 19.05.2009 - B 8 SO 32/07 R - WzS 2009, 214 und BSG v. 29.09.2009 - B 8 SO 19/08 R.
[104] LSG Berlin-Brandenburg v. 15.04.2010 - L 23 SO 277/08.
[105] LSG NRW v. 23.02.2012 - L 9 SO 26/11; dazu auch: *Zinsmeister*, Diskussionsbeitrag Forum A, Beitrag A29-2012 in www.reha-recht.de (abgerufen am 03.04.2014).
[106] LSG Sachsen-Anhalt v. 23.03.2007 - L 8 B 41/06 SO ER - juris Rn. 45 f. - RdLH 2007, Nr. 3, 29-30.
[107] BSG v. 26.10.2004 - B 7 AL 16/04 R - juris Rn. 21 - SozR 4-3250 § 14 Nr. 1; BSG v. 09.11.1983 - 7 RAr 48/82 - juris Rn. 33 - SozR 4100 § 56 Nr. 14; a.A. „Vorläufige Orientierungshilfe zur Abgrenzung der Eingliederungshilfe nach dem SGB XII zu anderen sozialen Leistungen" Stand: 25.11.2008, S. 25.
[108] BSG v. 06.09.2007 - B 14/7b AS 16/07 R; so aber: „Vorläufige Orientierungshilfe zur Abgrenzung der Eingliederungshilfe nach dem SGB XII zu anderen sozialen Leistungen" Stand: 25.11.2008, S. 26.
[109] *Luthe* in: jurisPK-SGB IX, § 55 Rn. 25.
[110] BSG v. 19.05.2009 - B 8 SO 32/07 R - WzS 2009, 214; BSG v. 29.09.2009 - B 8 SO 19/08 R; LSG Niedersachsen-Bremen v. 15.02.2010 - L 8 SO 359/09 B ER.
[111] *Wahrendorf* in: Grube/Wahrendorf, SGB XII, 3. Aufl. 2010, § 54 Rn. 24.
[112] Bayerischer VGH v. 24.03.2009 - 12 B 06.2837.
[113] LSG NRW v. 27.08.2009 - L 9 SO 5/08.
[114] BSG v. 29.09.2009 - B 8 SO 19/08 R; *Bieritz-Harder* in: LPK-SGB XII, § 54 Rn. 52.
[115] VG Lüneburg v. 23.03.2004 - 4 A 213/02.
[116] BSG v. 09.12.2008 - B 8/9b SO 11/07 R.
[117] LSG Berlin-Brandenburg v. 15.04.2010 - L 23 SO 277/08.
[118] *Scheider* in: Schellhorn/Schellhorn/Hohm, SGB XII, 18. Aufl. 2010, § 54 Rn. 64; *Wahrendorf* in: Grube/Wahrendorf, SGB XII, 3. Aufl. 2010, § 54 Rn. 26.

etc.,[119] nicht aber die Übernahme oder Erstattung der Kosten der Schulung der Eltern eines behinderten Kindes in Gebärdensprache.[120] Nr. 5 führt Hilfen zum behindertengerechten Wohnen an, ggf. einschließlich der Umzugskosten[121]. Hier ist insbesondere die Anspruchskonkurrenz zur PV zu beachten (§ 40 SGB XI). Nr. 6 enthält Bestimmungen für Hilfen zum selbstbestimmten Leben in betreutem Wohnen[122] (nicht nach § 19 SGB VIII[123]), also vor allem die Betreuungskosten. Dem Sozialhilfeträger steht im Hinblick auf den notwendigen Umfang von Hilfen zu selbstbestimmtem Leben in betreuten Wohnmöglichkeiten[124] kein Beurteilungsspielraum zu.[125] Hier kann auch ein Anspruch auf **Familienpflege** angesiedelt werden.[126] Nr. 7 konkretisiert i.V.m. § 58 SGB IX Hilfen zur Teilhabe am gemeinschaftlichen und kulturellen Leben. Um hier durch verspätete Mitteilung an den Sozialhilfeträger den Leistungsverlust nach § 18 Abs. 2 SGB XII zu vermeiden und zugleich Spontanität zu ermöglichen, werden in der Literatur Leistungsabsprachen nach § 12 Satz 2 SGB XII empfohlen.[127] Diese Problematik dürfte durch die Rechtsprechung des BSG zur Anwendbarkeit des § 44 SGB X auch auf Leistungen des SGB XII inzwischen etwas entschärft sein.[128]

Zur Verpflichtung eines Sozialhilfeträgers im einstweiligen Rechtsschutz, einem schwerstbehinderten Menschen, der seit seiner Geburt an einer Duchenne-Muskeldystrophie, einer schweren Muskelschwunderkrankung, leidet, für das Leben in seiner eigenen Wohnung eine **Dauerassistenz** zu bezahlen vgl. Sächsisches LSG v. 12.02.2014 - L 8 SO 132/13 B ER. 50.1

Hierzu zählt etwa die Teilnahme an einer Gruppenreise zur Stärkung der Integration sowohl eines nicht werkstattfähigen[129] als auch eines in einer Werkstatt beschäftigten[130] behinderten Menschen. Hier ist allerdings zu fordern, dass die Reise einem besonderen sozialpädagogischen Ziel und Zweck dient,[131] denn auch bei nichtbehinderte Menschen sind Urlaubsreisen üblich (vgl. Rn. 46). Zu Nr. 7 zählen auch Hilfsmittel zur Unterrichtung über das Zeitgeschehen oder kulturelle Ereignisse, wie das Bereitstellung oder Finanzieren von Zeitungen, Zeitschriften, Büchern, Radio- und TV-Geräten.[132] Über die in § 55 Abs. 2 SGB IX aufgeführten Leistungen hinaus ist etwa eine Elternassistenz für die Pflege und Erziehung eines Kleinkindes als Eingliederungshilfeleistung anerkannt worden.[133] Ob auch die Kosten der Internetbenutzung oder eines Telefons nach den §§ 55 Abs. 2 Nr. 7, 58 Nr. 1 SGB IX zu übernehmen sind,[134] ist fraglich, denn angesichts der Verbreitung dieser Kommunikationsmittel sind diese Kosten auch bei nicht behinderten Menschen üblich; zudem sind sie (jedenfalls teilweise) auch im Regelsatz (vgl. Rn. 46) enthalten.[135] 51

Die in Nr. 1 aufgeführten „**andere Hilfsmittel** als die in den §§ 31 und 33 SGB IX genannten" werden in den §§ 8-10 EinglHV näher beschrieben. Siehe hierzu im Einzelnen die Kommentierung zu § 8 EinglHV. 52

---

[119] *Meusinger* in: Fichtner/Wenzel, SGB XII, 4. Aufl. 2009, § 54 Rn. 61b.
[120] LSG Baden-Württemberg v. 18.07.2013 - L 7 SO 4642/12.
[121] *Bieritz-Harder* in: LPK-SGB XII, § 54 Rn. 49; zum Einbau eines Personenaufzugs: LSG NRW v. 20.04.2011 - L 9 SO 30/10.
[122] Wohnheim für Suchtkranke: LSG NRW v. 07.04.2008 - L 20 SO 53/06 - Sozialrecht aktuell 2008, 198-200; allgemein auch *Dannat* und *Dillmann* in: Behindertenrecht 2012, 1.
[123] BSG v. 24.03.2009 - B 8 SO 29/07 R - juris Rn. 18 ff. - JAmt 2009, 623-626.
[124] Zum Begriff: BSG v. 25.08.2011 - B 8 SO 7/10 R - juris Rn. 15.
[125] SG Osnabrück v. 03.11.2011 - S 5 SO 97/11.
[126] LSG Schleswig-Holstein v. 09.03.2011 - L 9 SO 21/09.
[127] *Wahrendorf* in: Grube/Wahrendorf, SGB XII, 3. Aufl. 2010, § 54 Rn. 29.
[128] BSG v. 26.08.2008 - B 8/9b SO 18/07 R - SozR 4-3500 § 18 Nr. 1 und BSG v. 26.08.2008 - B 8 SO 26/07 R - SozR 4-1300 § 44 Nr. 15.
[129] VG Potsdam v. 28.03.2008 - 11 K 2698/04 - RdLH 2008, 129-130.
[130] OVG Niedersachsen v. 31.10.2002 - 4 LB 286/02 - NDV-RD 2003, 33-36.
[131] SG Düsseldorf v. 12.11.2010 - S 17 SO 109/09; in ähnliche Richtung: LSG Baden-Württemberg v. 30.08.2012 - L 7 SO 1525/10 und LSG Erfurt v. 23.05.2012 - L 8 SO 640/09, letzteres im Anschluss an LSG NRW v. 17.06.2010 - L 9 SO 163/10 - juris Rn. 36 und Niedersächsisches OVG v. 31.10.2002 - 4 LB 286/02 - juris Rn. 30.
[132] *Meusinger* in: Fichtner/Wenzel, SGB XII, 4. Aufl. 2009, § 54 Rn. 61e.
[133] VG Minden v. 31.07.2009 - 6 L 382/09 - JAmt 2009, 513-516.
[134] So LSG Mainz v. 25.11.2010 - L 1 SO 23/10.
[135] So wohl auch die Begründung des BSG zu einem Anerkenntnis laut Terminbericht Nr. 60/12 v. 1.11.2012 zu B 8 SO 5/11 R.

e. Hilfe zur angemessenen Schulbildung (Absatz 1 Nr. 1)

53   Nach § 53 Abs. 1 Satz 1 Nr. 1 SGB XII werden Hilfen zu einer angemessenen Schulbildung gewährt, einem Grundbedürfnis des Menschen.[136] Dabei handelt es sich um den Besuch allgemeiner Schulen, insbesondere im Rahmen der allgemeinen Schulpflicht, aber auch um den Besuch weiterführender Schulen einschließlich der Vorbereitung hierzu. Im Unterschied hierzu sind Leistungen für eine berufliche Schulausbildung Gegenstand des § 54 Abs. 1 Satz 1 Nr. 2 SGB XII.[137] Die Leistungen können **auch nach dem Ende der allgemeinen Schulpflicht** gewährt werden; dazu bedarf es allerdings schlüssiger Gründe, etwa wenn der Schulbesuch durch unverschuldete Unterrichtsausfälle durch Krankheit o.Ä. hinausgezögert worden ist.[138] Die Leistung ist von vorschulischer Förderung nach § 54 Abs. 1 Satz 1 SGB XII i.V.m. §§ 26 Abs. 2 Nr. 2, 30 SGB IX, insbesondere soweit sie von der KV erbracht werden, sowie von heilpädagogischen Leistungen nach § 54 Abs. 1 Satz 1 SGB XII i.V.m. § 55 Abs. 2 Nr. 2 SGB IX abzugrenzen. Diesen Leistungen gegenüber sind Leistungen zur Vorbereitung des Schulbesuchs nach § 54 Abs. 1 Satz 1 Nr. 1 SGB XII i.V.m. § 12 EinglHV nachrangig. Dies gilt auch gegenüber schulvorbereitenden Maßnahmen in der Verantwortung der Schulträger, wie etwa **Schulkindergärten**, für welche die jeweilige Kultusbehörde vorrangig zuständig ist. Soweit **BAföG** geleistet wird, ist auch diese Leistung gegenüber der Eingliederungshilfe vorrangig, aber nur soweit diese bedarfsdeckend sind.

53.1   *Hammel* befasst sich in seiner Besprechung zum Thema „Recht auf inklusive Beschulung kann auch den zeitlich vorauslaufenden Besuch des Horts der Regelschule umfassen" (Sozialrecht aktuell 2014, 80 ff.) zustimmend mit einem Beschluss des SG Rostock vom 03.01.2013 (S 8 SO 81/12 ER), nach welchem im Einzelfall ein Anspruch auf einen Integrationshelfer für einen Hortbesuch bestehen kann, wenn dieser eine ernsthaft beabsichtigte künftige inklusive Beschulung an einer Regelschule ermöglicht oder zumindest wesentlich erleichtert.

53.2   Das LSG Baden-Württemberg hat mit Urteil vom 30.04.2014 (L 7 SO 3423/10) einen Anspruch auf Finanzierung des Schulgeldes für den Unterricht an einer Privatschule zum Besuch eines Sonder-Berufsvorbereitungsjahres als Eingliederungshilfe nach § 54 Abs. 1 Satz 1 Nr. 1 SGB XII abgelehnt.

54   Der Leistungspflicht nach § 55 Abs. 1 Nr. 1 SGB XII steht allerdings entgegen, wenn die Maßnahme zum sozialhilferechtlich zu bestimmenden **Kernbereich der pädagogischen Arbeit** der Schule gehört, der nach Sinn und Zweck der Regelung der §§ 53, 54 SGB XII außerhalb der Zuständigkeit des Sozialhilfeträgers liegt.[139] Außerhalb dieses Kernbereichs besteht, auch wenn die **Maßnahme (auch) zum schulrechtlichen Aufgabenbereich der Schulverwaltung** gehört, jedenfalls eine **nachrangige** Verpflichtung (§ 2 Abs. 1 SGB XII) zur Erbringung unterstützender Hilfen, wenn der Eingliederungsbedarf tatsächlich nicht durch die Schule selbst gedeckt wird; ein finanzieller Ausgleich habe ggf. intern zwischen dem Sozialhilfeträger und der Schulverwaltung zu erfolgen.[140] Der Wortlaut der Vorschriften schließe die Gewährung sonderpädagogischer Leistungen, welcher Art auch immer, nicht a priori aus bzw. begrenzt die Hilfen nicht auf den nichtpädagogischen Bereich.[141]

55   Daher können etwa die zunächst von den Eltern übernommenen Kosten einer sog. **Montessori-Therapie** als Maßnahme der Eingliederungshilfe nach § 54 Abs. 1 Nr. 1 SGB XII zur Ermöglichung bzw. Erleichterung des Besuches der Grundschule zu erstatten sein.[142] Dies kann auch für die Kosten eine **systemische Bewegungstherapie** gelten.[143] Für die Übernahme der Kosten im Rahmen der Hilfe zur angemessenen Schulbildung ist aber zu prüfen, ob die Maßnahme überhaupt einen Bezug zu Defiziten in der Schulfähigkeit aufweist, zu deren Beseitigung oder Abmilderung die zu prüfende Maßnahme dann

---

[136] BSG v. 30.01.2001 - B 3 KR 10/00 R - SozR 3-2500 § 33 Nr. 40.
[137] Zur Abgrenzung: LSG Baden-Württemberg v. 15.12.2008 - L 7 SO 4639/08 ER-B.
[138] BVerwG v. 30.04.1992 - 5 C 1/88 - NDV 1992, 339-340.
[139] BSG v. 22.03.2012 - B 8 SO 30/10 R.
[140] BSG v. 22.03.2012 - B 8 SO 30/10 R.
[141] LSG Baden-Württemberg v. 03.06.2013 - L 7 SO 1931/13 ER-B; LSG Baden-Württemberg v. 07.11.2012 - L 7 SO 4186/12 ER-B; Sächsisches LSG v. 03.06.2010 - L 7 SO 19/09 B ER; LSG Niedersachsen-Bremen v. 25.11.2010 - L 8 SO 193/08; Thüringer LSG v. 07.02.2011 - L 8 SO 1063/10, unveröffentlicht; a.A. SG Karlsruhe v. 22.07.2011 - S 1 SO 4882/09.
[142] BSG v. 22.03.2012 - B 8 SO 30/10 R.
[143] BSG v. 23.08.2013 - B 8 SO 10/12; LSG Baden-Württemberg v. 23.02.2012 - L 7 SO 1246/10.

geeignet und erforderlich sein müsse.[144] Dies gilt auch für die sog **Tomatis-Therapie**[145] und die **Petö-Therapie**.[146]

Andererseits kann kein Anspruch auf Übernahme von **Schulgeld** für den Besuch einer Waldorfschule aus § 54 Abs. 1 Nr.12 SGB XII abgeleitet werden.[147] Der behinderte Mensch hat keinen Anspruch auf Übernahme des Schulgelds für eine Privatschule im Wege der Eingliederungshilfe, denn das Schulgeld betrifft unmittelbar den Ausbildungsbedarf und damit den Kern der pädagogischen Arbeit der Schule selbst, der von den allein sozialhilferechtlich zu finanzierenden Unterstützungsleistungen abzugrenzen ist. Aus einem vom staatlichen Schulamt eingeräumten Recht zur Wahl einer privaten Schule ergibt sich nichts anderes. 56

Die Bestimmungen über die Ermöglichung der Schulbildung im Rahmen der allgemeinen Schulpflicht bleiben im Übrigen unberührt. Dies bedeutet vor allem, dass die **Entscheidung der Schulbehörde** über den angemessenen Schulbesuch (schulrechtliches Wahl- und Bestimmungsrecht) **Tatbestandswirkung** für den Träger der Sozialhilfe hat.[148] Dies gilt auch dann, wenn diese Entscheidung für die Sozialhilfe Kosten verursacht, wie etwa die Finanzierung eines Integrationshelfers für den Besuch einer integrierten Gesamtschule, die bei dem Besuch einer Sonderschule nicht notwendig geworden wären.[149] Für den Besuch einer Sonderschule ist die Gestellung eines **Integrationshelfers** allerdings nicht zu beanspruchen, wenn diese Schulen den entsprechenden Bedarf bereits sicherstellen.[150] Ist den Eltern ein Wahlrecht eingeräumt und üben sie dies aus, dann ist der Elternwille nach den schulrechtlichen Bestimmungen für den Träger der Sozialhilfe bindend, mit der Folge eines Anspruchs auf Integrationshilfe.[151] Nur wenn in den Schulgesetzen der Länder ein Integrationshelfer, Fördermaßnahmen oder Lerntherapie vorgesehen werden, gehen diese der Eingliederungshilfe vor.[152] 57

Riehle sucht in einer Urteilsbesprechung einen Lösungsansatz zur Abgrenzung des Kernbereichs pädagogischer Arbeit bei Schulbegleitung (vgl. ZFSH/SGB 2014, 78 ff). 57.1

Banafsche befasst sich in den BayVBl (2014, 42) mit dem Thema „Schulbegleitung in Bayern zwischen Schul- und Sozialrecht". 57.2

Im Einzelfall kann auch hier die Abgrenzung zu anderen Rehabilitationslistungen schwierig sein. So können die Kosten einer notwendigen Begleitperson für ein schulpflichtiges Kind, das am Undine-Syndrom leidet, Kosten der **sog (Behandlungs-)Sicherungspflege** nach § 37 SGB V sein, die nicht der Eingliederungshilfe nach dem SGB XII, sondern der medizinischen Rehabilitation zuzuordnen sind[153] Die Zuordnung des Bedarfs ist wie sonst auch anhand der Zielrichtung der Hilfeleistung[154] zu treffen. Dient er der Bewältigung von Anforderungen des Schulalltags, ist der Bedarf der Eingliederungshilfe nach § 54 Abs. 1 Nr. 1 SGB XII zuzuordnen (Integrationshelfer); handelt es sich allein um krankheitsbedingten Bedarf, der auf die Beobachtung der körperlichen Situation und eine ggf. notwendige Intervention gerichtet ist, so handelt es sich um die der medizinischen Rehabilitation zuzuordnende Behandlungssicherungspflege.[155] Etwas anderes kann gelten, wenn Leistungen der **Grundpflege nach dem SGB XI** während des Schulbesuches zu erbringen sind, denn nach § 13 Abs. 3 Satz 3 SGB XI sind die Leistungen der Eingliederungshilfe gegenüber solchen des SGB XI nicht nachrangig.[156] 58

---

[144] LSG Sachsen-Anhalt v. 24.08.2011 - L 8 SO 15/08.
[145] LSG Sachsen-Anhalt v. 24.08.2011 - L 8 SO 15/08.
[146] LSG Schleswig-Holstein v. 28.09.2011 - L 9 SO 37/10.
[147] BSG v. 15.11.2012 - B 8 SO 10/11 R; a.A. für den Besuch einer privaten Sonderschule: SG Heilbronn v. 10.03.2011 - S 13 SO 4338/07.
[148] *Scheider* in: Schellhorn/Schellhorn/Hohm, SGB XII, 18. Aufl. 2010, § 54 Rn. 55; *Voelzke* in: Hauck/Noftz, K § 54 Rn. 43a; *Wahrendorf* in: Grube/Wahrendorf, SGB XII, 3. Aufl. 2010, § 54 Rn. 35.
[149] BVerwG v. 28.04.2005 - 5 C 20/04 - BVerwGE 123, 316-322.
[150] *Voelzke* in: Hauck/Noftz, K § 54 Rn. 43a.
[151] BVerwG v. 26.10.2007 - 5 C 35/06 - juris Rn. 21 - BVerwGE 130, 1-6; Hessisches LSG v. 18.08.2010 - L 6 SO 5/10; Sächsisches LSG v. 03.06.2010 - L 7 SO 19/09 B ER; zur Jugendhilfe: Bayerischer VGH v. 20.10.2010 - 12 B 09.2956.
[152] *Wahrendorf* in: Grube/Wahrendorf, SGB XII, 3. Aufl. 2010, § 54 Rn. 34 a.E.
[153] LSG Darmstadt v. 20.09.2011 - L 6 SO 57/11 B ER; SG Fulda v. 10.02.2011 - S 7 SO 74/10 ER.
[154] BSG v. 19.05.2009 - B 8 SO 32/07 R.
[155] SG Fulda v. 10.02.2011 - S 7 SO 74/10 ER.
[156] *Schumacher*, RdLH 2012,62.

59 Weitere Festlegungen enthält der nicht abschließende **Leistungskatalog** des § 12 EinglHV. Dazu zählen zunächst heilpädagogische[157] sowie sonstige Maßnahmen zugunsten körperlich und geistig behinderter Kinder und Jugendlicher, um den Schulbesuch im Rahmen der allgemeinen Schulpflicht zu ermöglichen oder zu erleichtern (Nr. 1), ferner Maßnahmen der Schulbildung zugunsten körperlich und geistig behinderter Kinder und Jugendlicher, um eine im Rahmen der allgemeinen Schulpflicht üblicherweise erreichbare Bildung zu ermöglichen, und schließlich Hilfe zum Besuch einer Realschule, eines Gymnasiums, einer Fachoberschule oder einer Ausbildungsstätte, deren Ausbildungsabschluss dem einer der oben genannten Schulen gleichgestellt ist, oder, soweit im Einzelfalle der Besuch einer solchen Schule oder Ausbildungsstätte nicht zumutbar ist, sonstige Hilfe zur Vermittlung einer entsprechenden Schulbildung. Das Sozialstaatsprinzip alleine gebietet nicht, dass die Schulbildung keinerlei Kosten verursacht und der Staat beispielsweise sämtliche Kosten eines mangels geeigneter öffentlicher Schulen erforderlichen Privatschulbesuchs erstattet,[158] es sei denn, es entspricht den Zielsetzungen des SGB IX.

60 Diese Hilfen werden nach dem Wortlaut des § 12 EinglHV nur gewährt, wenn sie **geeignet und erforderlich** sind, den jeweiligen Eingliederungszweck zu erreichen. Zu diesem Merkmal und weiteren Hilfebedarfen vgl. die Kommentierung zu § 12 EinglHV.

61 Ein **Kostenvergleich** im Sinne des Auswahlermessens des Trägers der Sozialhilfe ist dann eröffnet, wenn eine Hilfegewährung (z.B. eine besondere Schule) nach Wunsch des behinderten Menschen unvertretbare Mehrkosten verursacht, die der Sozialhilfeträger übernehmen muss.[159] In einem Fall, in dem ein berufliches und ein allgemeinbildendes Gymnasium zur Auswahl standen und Ersteres doppelt so teuer war, ist die unvertretbare Höhe der Kosten der Wahl des beruflichen Gymnasiums entgegengehalten worden.[160] Gleichwohl ist auch hier das Wunsch- und Wahlrecht des behinderten Menschen nach § 9 SGB IX zu beachten. Der **Mehrkostenvorbehalt** des § 9 Abs. 2 Satz 3 SGB XII setzt zunächst Alternativen zur Bedarfsdeckung voraus; selbst wenn solche Alternativen bestehen, d.h. wenn Maßnahmen vorhanden sind, die objektiv gleich gut geeignet und bereit sind, kommt ein Mehrkostenvergleich erst zum Tragen, wenn die entsprechenden Hilfsangebote dem Hilfesuchenden zumutbar sind.[161]

f. Hilfe zur schulischen Ausbildung für einen angemessenen Beruf (Absatz 1 Nr. 2)

62 Die Hilfe zu einer schulischen Ausbildung für einen angemessenen Beruf einschließlich des Besuchs einer Hochschule ist in § 54 Abs. 1 Satz 1 Nr. 2 SGB XII geregelt. Gemeint sind hier nur solche Ausbildungen, die mit einem **förmlichen Abschluss** enden. Andernfalls handelt es sich um einen Fall der Nr. 3. Nähere Konkretisierung erfährt die Bestimmung durch § 13 EinglHV, auf die Kommentierung zu § 13 EinglHV wird an dieser Stelle verwiesen.

63 Von Bedeutung ist hier wiederum der **Vorrang anderer Leistungssysteme**. Kommen berufsfördernde Leistungen nach dem SGB III, SGB VI oder SGB VII in Betracht, scheidet Eingliederungshilfe aus. Führen im Einzelfall betriebliche und schulische Ausbildung zum selben Abschluss, muss sich nach der Rspr. des BVerwG der behinderte Mensch auf die Inanspruchnahme berufsfördernder Leistungen nach § 33 Abs. 3 Nr. 4 SGB IX der BA (oder anderer vorrangig zuständiger Träger) für die betriebliche Ausbildung verweisen lassen.[162] Leistungen nach dem BAföG schließen nur Leistungen zum Lebensunterhalt und allgemeine Ausbildungskosten aus. Im Übrigen bleibt die Eingliederungshilfe zuständig, wie etwa ein Notebook-PC für Blinde[163] oder sonstige **behinderungsbedingte Mehrkosten**.[164] Die KfzHV kommt auch hier zur Anwendung (vgl. die Kommentierung zu § 8 EinglHV).

64 **Im Einzelnen** zählen hierzu die Ausbildung an einer Berufsfachschule und einer Berufsaufbauschule, einer Fachschule oder höheren Fachschule sowie einer Hochschule oder einer Akademie. Ferner der Besuch sonstiger öffentlicher, staatlich anerkannter oder staatlich genehmigter schulischer Ausbildungsstätten, die Ableistung eines Praktikums, das Voraussetzung für den Besuch einer Fachschule

---

[157] BSG v. 29.09.2009 - B 8 SO 19/08 R.
[158] *Scheider* in: Schellhorn/Schellhorn/Hohm, SGB XII, 18. Aufl. 2010, § 54 Rn. 49.
[159] BVerwG v. 22.01.21987 - 5 C 10/85 - BVerwGE 75, 343-351.
[160] VG Meiningen v. 29.07.1998 - 8 E 672/98.Me.
[161] LSG Baden-Württemberg v. 02.09.2010 - L 7 SO 1357/10 ER-B.
[162] BVerwG v. 23.11.1995 - 5 C 13/94 - BVerwGE 100, 50-56; vgl. *Scheider* in: Schellhorn/Schellhorn/Hohm, SGB XII, 17. Aufl. 2006, § 54 Rn. 59; a.A. wohl BSG v. 18.03.2008 - B 8/9b SO 9/06 R - BSGE 100, 131-138; BSG v. 29.09.2009 - B 8 SO 23/08 R - ZFE 2010, 33-34.
[163] BSG v. 22.07.2004 - B 3 KR 13/03 R - SozR 4-2500 § 33 Nr. 6.
[164] VG Frankfurt (Oder) v. 13.08.2008 - 6 K 1963/04.

oder einer Hochschule oder für die Berufszulassung ist, die Teilnahme am Fernunterricht und die Teilnahme an Maßnahmen, die geboten sind, um die schulische Ausbildung für einen angemessenen Beruf vorzubereiten. Zu den weiteren Einzelheiten wird auf die Kommentierung zu § 13 EinglHV Bezug genommen.

g. Hilfe zur Ausbildung für eine sonstige angemessene Tätigkeit (Absatz 1 Nr. 3)

Die Hilfe zur Ausbildung für eine sonstige angemessene Tätigkeit unterscheidet sich von der Nr. 2 im Wesentlichen dadurch, dass kein förmlicher Abschluss erwartet wird. Zu den weiteren Einzelheiten wird auf die Kommentierung zu § 13a EinglHV verwiesen. 65

h. Hilfe in vergleichbaren sonstigen Beschäftigungsstätten (Absatz 1 Nr. 4)

Hier wird auf die Kommentierung zu § 56 SGB XII verwiesen. Der teilweise vertretenen Auffassung, es handele sich entgegen des Wortlauts des § 56 SGB XII um eine (Erschließungs-)Ermessensleistung[165], kann nicht gefolgt werden. Die Grundnorm des § 53 SGB XII sieht nur in den Fällen des Absatzes 1 Satz 2 Ermessen vor. Wenn überhaupt, kann es sich hier um Auswahlermessen nach §§ 9, 56 SGB XII handeln.[166] 66

i. Nachgehende Hilfen zur medizinischen Rehabilitation und zur Sicherung der Teilhabe am Arbeitsleben (Absatz 1 Nr. 5)

Die Vorschrift ist Ausprägung des allgemeinen, in § 15 Abs. 2 SGB XII enthaltenen Grundsatzes, nachgehende Hilfe zur Sicherung der Wirksamkeit einer zuvor erbrachten Leistung zu erbringen. Je nachdem, ob es sich zuvor um eine berufliche oder eine medizinische Rehabilitation handelt, findet die erste oder die zweite Alternative des § 17 Abs. 1 EinglHV (vgl. die Kommentierung zu § 17 EinglHV) Anwendung. Die Leistung kann darlehensweise erbracht werden.[167] 67

2. Sonstige Hilfen

a. Besuchsbeihilfe (Absatz 2)

Nach dieser Vorschrift steht es im Ermessen der Träger der Sozialhilfe („kann"), ob behinderten oder von einer Behinderung bedrohten Menschen, die in einer stationären Einrichtung Leistungen der Eingliederungshilfe erhalten, oder ihren Angehörigen zum gegenseitigen Besuch eine Beihilfe geleistet wird, soweit es im Einzelfall erforderlich ist. Dem behinderten Menschen soll die Verbindung zu seinen Angehörigen nach Möglichkeit erhalten bleiben.[168] Der Begriff der Angehörigen ist weit zu fassen.[169] Das BSG hat in einem obiter dictum ausgeführt, dass die Anwendung des § 54 Abs. 2 SGB XII auf Beihilfen für die Zeit der Heimabwesenheit („Abwesenheitspauschalen") näher liegt als die Lösung über § 27b SGB XII (bis zum 31.12.2010: § 35 Abs. 1 SGB XII).[170] Der Gesetzeswortlaut schließt nicht aus, mehrere Besuche zu fördern. Steht die Leistung insgesamt im Ermessen des Trägers, so kann er sich erst recht auf Teilleistungen beschränken. 68

b. Begleit- und Betreuungspersonen und andere

Diese Leistungen sind in § 20 EinglHV und § 22 EinglHV geregelt, auf die Kommentierung zu § 20 EinglHV und die Kommentierung zu § 22 EinglHV wird an dieser Stelle Bezug genommen. Dies gilt auch für die Leistungserbringung im Ausland, die in § 23 EinglHV (vgl. die Kommentierung zu § 23 EinglHV) niedergelegt ist. 69

c. Verhältnis zur UNBehRÜbk

Von wachsender Bedeutung ist die Frage, ob dem völkerrechtlich verbindlichen UNBehRÜbk nach seiner Ratifizierung durch den deutschen Bundestag am 21.12.2008[171] unmittelbar im innerstaatlichen, deutschen Recht wirksame **subjektive Rechte des Einzelnen** entnommen werden können oder ob dies 70

---

[165] *Voelzke* in: Hauck/Noftz, K § 54 Rn. 53.
[166] *Wahrendorf* in: Grube/Wahrendorf, SGB XII, 3. Aufl. 2010, § 54 Rn. 40.
[167] *Wahrendorf* in: Grube/Wahrendorf, SGB XII, 3. Aufl. 2010, § 54 Rn. 41.
[168] *Voelzke* in: Hauck/Noftz, K § 54 Rn. 57.
[169] *Voelzke* in: Hauck/Noftz, K § 54 Rn. 57.
[170] BSG v. 28.10.2008 - B 8 SO 33/07 R - SozR 4-1500 § 77 Nr. 1.
[171] BGBl II v. 31.12.2008, 1419.

eines über das Zustimmungsgesetz hinausgehenden Umsetzungsaktes des Gesetzgebers bedarf. Das Übereinkommen gilt nach seiner Ratifizierung im Rang einfachen Bundesrechts.[172] Zum Teil wird vertreten, dass das UNBehRÜbk keine einklagbaren Individualrechte vermittle.[173] Die darin enthaltenen einzelnen allgemeinen und besonderen Verpflichtungen (Art. 4 ff.) richteten sich an die Vertragsstaaten und fänden damit nicht unmittelbar auf das Rechtsverhältnis der Beteiligten Anwendung. Individualschutz werde nur über die Anrufung des Ausschusses für die Rechte von Menschen mit Behinderungen eingeräumt. Nach anderer Ansicht[174] zwingt das Übereinkommen, sein Normprogramm als Maßstab bei der Auslegung der entscheidungserheblichen nationalen Vorschriften im Sinne einer **Drittwirkung** zu berücksichtigen.

71 Richtig dürfte sein, dass das Übereinkommen die in der Konvention zum Schutze der Menschenrechte und Grundfreiheiten (MRK) niedergelegten allgemeinen Menschenrechte für behinderte Menschen lediglich konkretisiert und spezifiziert. Wie dort bedarf es keines Umsetzungsaktes, wo das UNBehRÜbK unmittelbar anwendbare Rechtsnormen enthält, mit deren Hilfe deutsche Rechtsanwender konkrete Fälle entscheiden können.[175] Dazu muss die völkerrechtliche Norm nach Wortlaut, Zweck und Inhalt wie eine innerstaatliche Gesetzesvorschrift rechtliche Wirkungen auszulösen geeignet sein und damit ausreichend bestimmt sein.[176] Ob dies bei den einzelnen Artikeln des Übereinkommens der Fall ist, muss durch Auslegung geklärt werden. So enthält Art. 19 Buchstabe a) (**Recht auf unabhängige Lebensführung und Einbeziehung in die Gemeinschaft**) die Gewährleistung der freien Wahl des Aufenthaltsortes und verneint ausnahmslos die Verpflichtung des behinderten Menschen, in einer besonderen Wohnform zu leben. Diese Regelung verschafft dem behinderten Menschen nach ihrem klaren und bestimmten Wortlaut ein unmittelbar anwendbares, subjektives-öffentliches Recht, auf dessen Geltung er sich auch gegenüber § 13 SGB XII berufen kann.[177]

72 Die übrigen Artikel sind differenziert zu betrachten: Die Art. 1-4 des UNBehRÜbk enthalten lediglich allgemeine Anwendungsnormen, ohne subjektiven Anspruchscharakter, wie den Auftrag an den nationalen Gesetzgeber, die Definition der Menschen mit Behinderung und sonstige Begriffsbestimmungen, allgemeinen Grundsätzen und Verpflichtungen der Vertragsstaaten für seine Umsetzung. Als **Diskriminierungsverbot** findet auch Art. 5 unmittelbar Anwendung im nationalen Recht. Speziellere Ausprägungen dieses Verbots sind Art. 6 für Frauen mit Behinderung und Art. 7 für Kinder mit Behinderung. Ein Recht auf **allgemeine Barrierefreiheit** normiert Art. 9. Eine spezielle Zugangsfreiheit für die Justizgewährung sieht Art. 13 vor und das Recht, als Rechtssubjekt anerkannt zu werden, Art. 12. Als **Abwehrrechte** sind Art. 10 (Leben) und Art. 11 (Gefahrensituationen und humanitäre Notlagen), die bürgerlichen Rechte in Art. 14-18 und die Achtung der Privatsphäre (Art. 22) sowie der Wohnung und Familie (Art. 23) ausgestaltet. Art. 20 dürfte vor allem Leistungen der **Mobilitätshilfe** im Bereich der Eingliederungshilfe betreffen und Art. 24 gewährleistet ein **integratives Bildungssystem** für Menschen mit Behinderung. Weitere **Teilhaberechte** werden in Art. 25 (Gesundheit)[178], Art. 26 (Habilitation und Rehabilitation), Art. 27 (Arbeit und Beschäftigung), Art. 28 (Lebensstandard und sozialer Schutz) und Art. 30 (Kulturelles Leben, Erholung, Freizeit und Sport) vorgesehen. Speziell die politische Teilhabe sehen Art. 21 (Recht der freien Meinungsäußerung, Meinungsfreiheit und Zugang zu Informationen) und Art. 29 (Teilhabe am politischen und öffentlichen Leben) vor. Ob und inwieweit diese Artikel subjektive Rechte auslösen, ist von Fall zu Fall zu bestimmen. Die übrigen Artikel des Übereinkommens befassen sich mit administrativen Vorgaben für die Vertragsstaaten, einschließlich der Bildung des Ausschusses für die Rechte von Menschen mit Behinderung.

---

[172] BSG v. 06.03.2012 - B 1 KR 10/11 R; vgl. auch *Dillmann*, ZfF 2010, 97; *Lachwitz/Trenk-Hinterberger*, RdLH 2010, 45; *Bernstorff*, RdJB 2011, 203 ff.

[173] LSG Sachsen-Anhalt v. 03.03.2011 - L 8 SO 24/09 B ER; SG Karlsruhe v. 21.03.2013 - S 4 SO 937/13 ER; *Münning*, NDV 2013, 148.

[174] LSG Berlin-Brandenburg v. 03.12.2009 - L 13 SB 235/07.

[175] *Masuch* in: FS f. Renate Jäger, S. 245 ff.; zum Verhältnis von Völkervertragsrecht zu Bundes- und Landesrecht: *Bernstorff*, RdJB 2011, 203 ff.

[176] BSG v. 06.03.2012 - B 1 KR 10/11 R; *Masuch* in: FS f. Renate Jäger, S. 254 f.

[177] *Masuch* in: FS f. Renate Jäger, S. 260.

[178] Zu dieser Vorschrift: BSG v. 06.03.2012 - B 1 KR 10/11 R.

3. Hilfe für die Betreuung in einer Pflegefamilie (Absatz 3)

Als weitere Leistung der Eingliederungshilfe ist seit dem 05.08.2009 für Kinder und Jugendliche die Hilfe für die Betreuung in einer Pflegefamilie vorgesehen, die neben den Leistungen nach den Absätzen 1 und 2 erbracht werden kann. Auch wenn der Wortlaut allgemein von Kindern und Jugendlichen spricht, so folgt doch aus den Motiven, dass hier nur solche Kinder und Jugendliche erfasst werden, die keine seelische Behinderung haben und daher keine Leistungen nach dem SGB XIII (§ 35a) beanspruchen können. Grund für die Einfügung des Absatzes 3 war nämlich, das körperlich oder geistig behinderte Kinder und Jugendliche in stationären Einrichtungen betreut wurden und beim Wechsel in Pflegefamilien immer wieder Zuständigkeitskonflikte auftraten.[179] Durch den neuen Tatbestand wird sichergestellt, dass Leistungen der Eingliederungshilfe auch für **die Betreuung körperlich und geistig behinderter Kinder und Jugendlicher** in Pflegefamilien gewährt werden.[180] Anders als bei § 33 Satz 1 SGB VIII kommt es dabei grundsätzlich nicht auf ein Erziehungsdefizit an.[181] 73

Für **Erwachsene** ist diese Regelung nicht erforderlich, denn aufgrund des offenen Leistungskatalogs ist bei ihnen eine solche Betreuung bereits nach bisherigem Recht möglich.[182] Die Regelung betrifft auch keine **jungen Volljährigen**.[183] Da die Zuständigkeiten für behinderte Kinder und Jugendliche neu geordnet werden sollen, ist die Regelung bis zum 31.12.2018 befristet worden.[184] Nach dem Zweck der Regelung umfasst die Vorschrift **alle Leistungen** für die Betreuung in einer Pflegefamilie, die auch seelisch behinderten Kindern und Jugendlichen nach dem SGB VIII zukommen. 74

Zur Betreuung versorgt eine geeignete Pflegeperson die Kinder oder Jugendlichen über Tag und Nacht in ihrem Haushalt. **Voraussetzung** ist, dass der andernfalls erforderliche Aufenthalt in einer vollstationären Einrichtung der Behindertenhilfe dadurch vermieden oder beendet wird. Bestand von vornherein keine Notwendigkeit zum Aufenthalt in einer vollstationären Einrichtung der Behindertenhilfe, so kommt auch keine Betreuung in einer Pflegefamilie in Betracht. D.h. für die Betreuung nach Absatz 3 bestehen keine geringeren Voraussetzungen. Die Frage, ob die Betreuung in einer Pflegefamilie dem **Wohl des Kindes oder Jugendlichen** am besten dient, hat der Träger der Sozialhilfe nach § 4 Abs. 1 Satz 1 SGB XII in enger Abstimmung mit dem Träger der Kinder- und Jugendhilfe zu beantworten. Da die Vorschriften über die Anrechnung von Einkommen der leiblichen Eltern in § 92 Abs. 2 SGB XII auch in diesem Fall Anwendung finden, dürften finanzielle Erwägungen der Eltern keinen Eingang in die Entscheidungssuche finden.[185] 75

Zudem bedarf die Pflegeperson der **Erlaubnis nach § 44 SGB VIII**. Dies setzt voraus, dass die Pflegeperson im Hinblick auf ihre persönliche Eignung und fachlichen Kenntnisse, aber auch der räumlichen Verhältnisse den spezifischen Bedürfnissen der behinderten Kinder und Jugendlichen gerecht werden kann (§ 43 Abs. 2 SGB VIII). Es sollen vertiefte Kenntnisse durch die Teilnahme an qualifizierten Lehrgängen oder auf andere Weise nachgewiesen werden. Ist das Wohl des Kindes oder Jugendlichen nicht gewährleistet, so wird die Erlaubnis versagt (§ 44 Abs. 2 SGB VIII). Sie wird vom Jugendamt erteilt. In bestimmten Fällen kann von einer Erlaubnis abgesehen werden (§ 44 Abs. 1 Satz 2 SGB VIII). 76

C. Praxishinweise

Fordert der Träger der Sozialhilfe nach § 38 SGB IX bei der BA eine gutachterliche Stellungnahme zu Notwendigkeit, Art und Umfang von Leistungen unter Berücksichtigung der arbeitsmarktlichen Zweckmäßigkeit an, so bildet die Entscheidung der BA nur eine zwischenbehördliche Mitwirkungshandlung, die keine unmittelbare Außenwirkung hat. Damit fehlt es insoweit an einem gesondert anfechtbaren Verwaltungsakt. Anfechtbar ist erst die Entscheidung des Trägers der Sozialhilfe gegenüber dem behinderten oder von Behinderung bedrohten Menschen. Auch die Mitteilung der Hilfebedarfsgruppe ist noch kein Verwaltungsakt, sondern ein rechtsfolgenloser Hinweis, der lediglich den Umfang 77

---

[179] BT-Drs. 16/13417, S. 6.
[180] BT-Drs. 16/13417, S. 6.
[181] BT-Drs. 16/13417, S. 6.
[182] BT-Drs. 16/13417, S. 6.
[183] VG Frankfurt v. 05.08.2010 - / L 1241/10.F.
[184] Zunächst bis 31.12.2013 - BT-Drs. 16/13417, S. 6, dann Verlängerung bis 2018 – BR-Drs. 93/13.
[185] BT-Drs. 16/13417, S. 6.

der Vergütung im Verhältnis der Einrichtung zum Sozialhilfeträger betrifft.[186] Entscheidet der Träger aber über einen Antrag des Hilfebedürftigen, so liegt darin auch ein Verwaltungsakt, der mit dem Ziel der Gewährung von Leistungen nach der höheren Hilfebedarfsgruppe angefochten werden kann.[187]

78 Da die Vorschriften über die Einkommensgrenzen durch § 92 SGB XII erheblich zu Gunsten der Leistungsberechtigten privilegiert sind und diese Privilegierung an die einzelnen Leistungsarten anknüpft, ist eine saubere Abgrenzung der einzelnen betroffenen Leistungen nach den Katalognummern in § 54 SGB XII erforderlich.

79 Die Regelung des Absatzes 3 tritt am 31.12.2018 kraft Gesetzes außer Kraft. Sofern der Träger der Sozialhilfe durch Dauerverwaltungsakt handelt, ist darauf zu achten, diesen bis zu diesem Datum zu befristen. Andernfalls bedürfte es einer Aufhebungsentscheidung, da sich das Gesetz nicht selbst vollzieht.[188]

80 Weitere Praxishinweise enthält die Kommentierung zu § 53 SGB XII Rn. 42 ff.

---

[186] SG Berlin v. 14.11.2008 - S 90 SO 1237/06.
[187] BSG v. 02.02.2010 - B 8 SO 20/08 R.
[188] BSG v. 28.10.2008 - B 8 SO 33/07 - juris Rn. 14 - SozR 4-1500 § 77 Nr. 1.

§ 55 SGB XII Sonderregelung für behinderte Menschen in Einrichtungen

(Fassung vom 27.12.2003, gültig ab 01.01.2005)

¹Werden Leistungen der Eingliederungshilfe für behinderte Menschen in einer vollstationären Einrichtung der Hilfe für behinderte Menschen im Sinne des § 43a des Elften Buches erbracht, umfasst die Leistung auch die Pflegeleistungen in der Einrichtung. ²Stellt der Träger der Einrichtung fest, dass der behinderte Mensch so pflegebedürftig ist, dass die Pflege in der Einrichtung nicht sichergestellt werden kann, vereinbaren der Träger der Sozialhilfe und die zuständige Pflegekasse mit dem Einrichtungsträger, dass die Leistung in einer anderen Einrichtung erbracht wird; dabei ist angemessenen Wünschen des behinderten Menschen Rechnung zu tragen.

Gliederung

A. Basisinformationen 1
I. Textgeschichte/Gesetzgebungsmaterialien 1
II. Systematische Zusammenhänge 2
B. Auslegung der Norm 3
I. Regelungsgehalt und Bedeutung der Norm 3
II. Normzweck 4

III. Tatbestandsmerkmale 5
1. Vollstationäre Einrichtung i.S.d. § 43a SGB XI 5
2. Pflegeleistungen 6
3. Unmöglichkeit der Sicherstellung der Pflege 12
C. Praxishinweise 14

A. Basisinformationen

I. Textgeschichte/Gesetzgebungsmaterialien

Die Vorschrift ist durch das Gesetz zur Einordnung des Sozialhilferechts in das Sozialgesetzbuch vom 27.12.2003[1] mit Wirkung zum 01.01.2005 eingeführt worden und seither unverändert geblieben. Vorgängervorschrift war der m.W.z. 01.07.2001 in das BSHG eingefügte § 40a BSHG, der unverändert übernommen worden ist. Die Vorschrift diente der Klarstellung, dass Eingliederungshilfe in vollstationären Einrichtungen auch die Pflege umfasst.[2]

II. Systematische Zusammenhänge

Die Vorschrift steht im Schnittpunkt zwischen der Eingliederungshilfe nach dem Sechsten Kapitel des Zwölften Buches und der Pflege in vollstationären Einrichtungen der Hilfe für behinderte Menschen nach dem Vierten Titel des Dritten Abschnitts im Vierten Kapitel des SGB XI. Hilfe zur Pflege ist im Siebten Kapitel des SGB XII geregelt, während die vollstationäre Pflege als Leistung der gesetzlichen PV in § 43 SGB XI enthalten ist. § 71 SGB XI definiert den Begriff der Pflegeeinrichtungen.

B. Auslegung der Norm

I. Regelungsgehalt und Bedeutung der Norm

Hält sich ein behinderter Mensch in einer vollstationären Einrichtung auf und werden dort Leistungen der medizinischen, beruflichen und schulischen oder aber der sozialen Rehabilitation erbracht, so umfasst die Eingliederungshilfe auch die in dieser Einrichtung erforderlichen Pflegeleistungen. Wird während des Aufenthaltes vom Träger der Einrichtung festgestellt, dass er die Pflege in der Einrichtung nicht sicherstellen kann, vereinbart er mit dem Träger der Sozialhilfe und der zuständigen Pflegekasse, dass die Leistung in einer anderen Einrichtung erbracht wird. Dabei enthält Satz 2 Halbsatz 2 eine Sondervorschrift zu § 9 Abs. 2 SGB XII, nach welcher angemessenen Wünschen des behinderten Menschen Rechnung zu tragen ist.

---

[1] BGBl I 2003, 3022.
[2] BT-Drs. 14/5074, S. 124.

II. Normzweck

4   Da nach § 71 Abs. 4 SGB XI solche stationären Einrichtungen, in denen die Leistungen zur medizinischen Vorsorge, zur medizinischen Rehabilitation, zur Teilhabe am Arbeitsleben oder am Leben in der Gemeinschaft, die schulische Ausbildung oder die Erziehung kranker oder behinderter Menschen – also Eingliederungshilfe – im Vordergrund des Zweckes der Einrichtung stehen, keine stationären Pflegeeinrichtungen (Pflegeheime) im Sinne des SGB XI sind, können keine Leistungen nach § 43 SGB XI erbracht werden. Da aber viele Menschen in solchen Einrichtungen pflegerischen Bedarf haben, ist die pauschale Beteiligung des Trägers der Eingliederungshilfeleistungen in § 43a SGB XI vorgesehen worden. Mit dieser Regelung im SGB XI korrespondiert die Regelung des § 55 SGB XII, die im Verhältnis zum Hilfebedürftigen unter **Durchbrechung des Nachrangprinzips** eine pauschale Abgeltung der erforderlichen Pflegeleistungen vorsieht. Daneben wird für den Fall eine Verfahrensregelung normiert, dass die Einrichtung den Pflegebedarf nicht abdecken kann. Da bei der erforderlichen Vereinbarung nicht nur Träger von Sozialleistungen beteiligt sind, sondern auch ein Dritter (die Einrichtung), ist zur Klarstellung die besondere Normierung des Wunschrechts in Satz 2 Halbsatz 2 sinnvoll, denn die §§ 9 des SGB IX und XII richten sich nur an den öffentlich-rechtlichen Rehabilitationsträger.

III. Tatbestandsmerkmale

1. Vollstationäre Einrichtung i.S.d. § 43a SGB XI

5   Erste Tatbestandsvoraussetzung ist die Leistungserbringung in einer vollstationären Einrichtung der Behindertenhilfe nach § 43a SGB XI. Diese Vorschrift verweist wiederum auf § 71 Abs. 4 SGB XI, der solche vollstationären Einrichtungen vom Begriff des Pflegeheims i.S. des SGB XI ausnimmt, in denen Leistungen zur medizinischen Vorsorge, zur medizinischen Rehabilitation, zur Teilhabe am Arbeitsleben oder am Leben in der Gemeinschaft, die schulische Ausbildung oder die Erziehung kranker oder behinderter Menschen – also Eingliederungshilfe – im Vordergrund des Zweckes der Einrichtung stehen. Der Leistungsträger muss daher eine erkennbare Entscheidung treffen, ob bei dem Leistungsangebot die Pflege oder die Rehabilitation im Vordergrund steht.[3] Teilstationäre Einrichtungen sind also nicht im Sinne des § 55 SGB XII tatbestandsmäßig.

2. Pflegeleistungen

6   Des Weiteren ist Voraussetzung, dass der behinderte Mensch tatsächlich Pflegeleistungen in der Einrichtung erhält,[4] wie aus dem Merkmal „erbracht" folgt. Es muss zumindest Pflegebedarf der Stufe I (§§ 14, 15 SGB XI) bestehen.[5]

7   § 55 SGB XII betrifft sämtliche erforderlichen Pflegeleistungen nach dem SGB XI.[6] Das wäre bei vollstationärer Pflege i.S.d. § 43 SGB XI nach dessen Absatz 2 Satz 1 auch die erforderliche medizinische Behandlungspflege.[7] Ob daneben ein Anspruch auf **häusliche Krankenpflege** nach § 37 Abs. 2 SGB V gegen den Träger der KV gegeben ist, ist streitig. Der Anspruch scheitert jedenfalls nicht an der pauschalen Abgeltung der Pflegeleistungen nach § 43a SGB XI, soweit die sonstigen Voraussetzungen nach § 37 Abs. 2 SGB V erfüllt sind.[8] Entscheidend ist vielmehr, ob ein eigener Haushalt in der Behinderteneinrichtung zur Verfügung steht.[9] Für Bewohner einer Einrichtung der Behindertenhilfe dürfte diese Voraussetzung regelmäßig fehlen, ohne dass dieser Ausschluss verfassungswidrig ist.[10] Zwar gibt es keine Verpflichtung der Einrichtungen, im Rahmen der Eingliederungshilfe auch Leistungen der medizinischen Behandlungspflege zu erbringen; doch sind die Sozialhilfeträger verpflichtet, die mit der medizinischen Behandlungspflege verbundenen Kosten eines ambulanten Pflegedienstes zu

---

[3] *Wahrendorf* in: Grube/Wahrendorf, SGB XII, 3. Aufl. 2010, § 54 Rn. 1.
[4] *Leitherer* in: KassKomm-SGB, SGB XI, § 43a Rn. 7.
[5] *Wahrendorf* in: Grube/Wahrendorf, SGB XII, 3. Aufl. 2010, § 54 Rn. 3.
[6] LSG Hamburg v. 12.11.2009 - L 1 B 202/09 ER KR - NDV-RD 2010, 12-15.
[7] *Leitherer* in: KassKomm-SGB, SGB XI, § 43 Rn. 23; *Philipp* in: KSW, § 43 SGB XI Rn. 11.
[8] BSG v. 01.09.2005 - B 3 KR 19/04 R - juris Rn. 17 - SozR 4-2500 § 37 Nr. 5.
[9] BSG v. 01.09.2005 - B 3 KR 19/04 R - juris Rn. 17 - SozR 4-2500 § 37 Nr. 5.
[10] BSG v. 01.09.2005 - B 3 KR 19/04 R - juris Rn. 21 - SozR 4-2500 § 37 Nr. 5; LSG Niedersachsen-Bremen v. 23.04.2009 - L 8 SO 1/07; SG Hamburg v. 03.02.2009 - S 48 KR 1330/08 ER - RdLH 2009, 61-62; SG Lüneburg v. 06.12.2006 - S 22 SO 167/06 - Sozialrecht aktuell 2007, 181-182.

übernehmen, und zwar entweder im Rahmen der Hilfe bei Krankheit (§ 48 SGB XII) oder nach den §§ 53 Abs. 1, 55 Satz 1 SGB XII als Eingliederungshilfe.[11] Letzteres ist durch entsprechende Vereinbarungen mit dem Einrichtungsträger möglich.[12]

Einen Anspruch auf **Übernahme von Katheterisierungskosten** für einen in einer Behinderteneinrichtung vollstationär untergebrachten behinderten Menschen hat das LSG Niedersachsen-Bremen aus § 53 Abs. 1 SGB XII i.V.m. § 55 Satz 1 SGB XII hergeleitet.[13] In dem dagegen beim BSG anhängigen Revisionsverfahren[14] hat der Sozialhilfeträger den Anspruch auf Kostenübernahme anerkannt, und die beigeladene Krankenkasse hat sich gegenüber dem Sozialhilfeträger verpflichtet, diesem die entstandenen Kosten zu erstatten.[15] In einer Entscheidung vom 30.03.2011[16] hat das SG Stade aus den §§ 53 Abs. 1 i.V.m. 55 SGB XII ein Anspruch auf **Kostenübernahme für das Anlegen von Kompressionsstrümpfen** für einen in einer Behinderteneinrichtung vollstationär untergebrachten behinderten Menschen, der (jedenfalls) nach den Regelungen des Niedersächsischen Landesrahmenvertrages nicht bereits durch die Zahlung der für die Unterbringung der behinderten Menschen vereinbarten Vergütung erfüllt wird, erkannt. 8

Dieser Lösung des SG Stade ist jedoch **nur unter Vorbehalt zuzustimmen**, denn es ist zu beachten, dass bei Leistungen der Eingliederungshilfe durch Einrichtungen, wie hier, ein sozialrechtliches Dreiecksverhältnis zwischen dem Hilfeempfänger, dem Träger der Sozialhilfe und dem Leistungserbringer besteht (hierzu und zum Folgenden vgl. die Kommentierung zu § 53 SGB XII Rn. 47 mit Hinweis auf die Rspr. des BSG). In diesem Verhältnis herrscht nach dem Gesetz das Sachleistungsprinzip in der besonderen Ausprägung der Sachleistungsverschaffung; d.h. der Träger der Sozialhilfe schuldet nicht die Leistung selbst, sondern er schließt Vereinbarungen, die die Leistungserbringung in einem gewissen Rahmen gewährleisten sollen, und tritt der Schuld des Hilfebedürftigen gegenüber dem Leistungserbringer bei. Der Leistungserbringer hat zwar unmittelbar gegen dem Sozialhilfeträger keine Ansprüche, aber der Träger der Sozialhilfe „übernimmt" bzw. „vergütet" dem Leistungserbringer die diesem gegenüber dem Hilfebedürftigen zustehenden Ansprüche aus dem Leistungserbringungsvertrag. Der Träger der Sozialhilfe hat einen Schuldbeitritt durch Verwaltungsakt mit Drittwirkung hinsichtlich der Unterbringungskosten zu erklären. 9

Daher ist in derartigen Fällen eine Anfechtungs-, Verpflichtungs- und Leistungsklage zu erheben (vgl. die Kommentierung zu § 53 SGB XII Rn. 47 mit Hinweis auf die Rspr. des BSG). In dem vom SG Stade entschiedenen Fall beauftragte die Klägerin die Fa. L. gGmbH mit der Ausführung der ärztlich verordneten Leistungen; es wäre daher auf den Vertrag mit diesem ambulanten Pflegedienst abzustellen. Auf die Verträge mit dem Wohnheim kommt es dagegen nicht an und die Rahmenverträge kommen von vornherein nicht als Anspruchsgrundlage in Betracht (vgl. die Kommentierung zu § 79 SGB XII). Naheliegend ist hier, dass eine Ausnahme bei **selbstbeschaffter Leistung wegen rechtswidriger Ablehnung nach § 15 SGB IX** vorliegt (vgl. die Kommentierung zu § 53 SGB XII Rn. 47 mit Hinweis auf die Rspr. des BSG). In diesem Fall wandelte sich der Anspruch auf Sachleistungsverschaffung in einen solchen auf Kostenerstattung um, und es wäre mittels unechter Leistungsklage nach § 54 Abs. 4 SGG vorzugehen gewesen. 10

Sind die oben genannten Voraussetzungen gegeben, so zahlt die Pflegekasse die **Pauschale** nach § 43a SGB XI in Höhe von 10% des nach § 75 Abs. 3 SGB XII vereinbarten Heimentgelts, maximal jedoch 256 €. Trotz des vergleichsweise geringen Anteils an den Gesamtkosten der Maßnahme handelt es sich um eine Sachleistung[17], die in der Praxis – entgegen der Rechtslage – direkt durch die Einrichtung vereinnahmt wird,[18] nicht durch den Sozialhilfeträger. 11

---

[11] BSG v. 01.09.2005 - B 3 KR 19/04 R - juris Rn. 22 - SozR 4-2500 § 37 Nr. 5.
[12] *Philipp* in: KSW, § 43a SGB XI Rn. 11.
[13] LSG Niedersachsen-Bremen v. 23.04.2009 - L 8 SO 1/07.
[14] Az.: B 8 SO 16/09 R.
[15] Terminbericht des BSG Nr. 57/11 v. 10.11.2012; dazu auch *Weber*, NZS 2011, 650.
[16] SG Stade v. 30.03.2011 - S 19 SO 7/07; zum Anspruch auf Übernahme der Kosten einer Nachtwache bei selbstgefährdendem Veralten: SG Freiburg vom 15.12.2011 - S 9 SO 5771/11 ER und Heinz, WzS 2012, 323.
[17] BSG v. 13.03.2001 - B 3 P 10/00 R - SozR 3-3300 § 38 Nr. 2; *Leitherer* in: KassKomm-SGB XI, § 43a Rn. 8; *Philipp* in: KSW, § 43a Rn. 7.
[18] *Philipp* in: KSW, § 43a SGB XI Rn. 7.

3. Unmöglichkeit der Sicherstellung der Pflege

12 Satz 2 enthält eine Verfahrensregelung für den Fall, dass die Pflege nicht sichergestellt werden kann. Dies kann sich gleich nach der Aufnahme ergeben oder Folge einer wesentlichen Änderung des Pflegebedarfs sein, auch wenn der Bedarf schon vor der Aufnahme abgeklärt worden ist.[19] Nach dem Wortlaut der Vorschrift stellt dies der Träger der Einrichtung fest. Es kann sich aber auch für den Träger der Sozialhilfe aus der Vereinbarung mit dem Einrichtungsträger nach § 75 Abs. 3 SGB XII i.V.m. § 78 SGB XII eine Prüfungsverpflichtung ergeben.[20] Da es sich dabei nicht um eine verbindliche Regelung handelt, sondern nur Anlass für eine Vereinbarung mit dem Träger der Sozialhilfe und der zuständigen Pflegekasse bietet, kommt dieser Bestimmung eher die Bedeutung eines Initiativrechts zu. Nach dem Wortlaut der Bestimmung kommt keinem der drei Beteiligten der Vereinbarung das Recht zu, allein eine für alle verbindliche Entscheidung zu treffen. Dem Träger der Sozialhilfe ist diese Feststellung untersagt, solange die Einrichtung erklärt, die Pflege weiterhin sicherstellen zu können.[21]

13 Zudem sind angemessene Wünsche des behinderten Menschen zu berücksichtigen, auch der Wunsch, in einer Einrichtung zu verbleiben.[22] Der Aufenthalt ist nicht mehr angemessen, wenn durch die ungesicherte Pflegesituation eine Gefahr für den behinderten Menschen oder ein unverhältnismäßiger Betreuungsaufwand entstehen würde. Im Regelfall darf aber auch dann der Wunsch nicht ignoriert werden; es sind erst alle Möglichkeiten auszuschöpfen, den behinderten Menschen in der Einrichtung zu behalten. Vor allem kommt dem Wunschrecht aber für die Auswahl der neuen Einrichtung Bedeutung zu.[23]

C. Praxishinweise

14 Kommt es bei der Frage, ob der behinderte Mensch in eine Pflegeeinrichtung verlegt werden soll, zum Dissens zwischen der Pflegekasse und dem Träger der Sozialhilfe, ist der Rechtsweg zu den Sozialgerichten eröffnet. Die Erteilung der Zustimmung zu der Vereinbarung nach § 55 Satz 2 SGB XII durch den jeweils ablehnenden Träger ist eine Willenserklärung. Da hier nicht im Über-Unterordnungsverhältnis gehandelt wird, ist die allgemeine Leistungsklage nach § 54 Abs. 5 SGG die richtige Klageart, um die Abgabe einer Willenserklärung zum Abschluss eines Vertrages zu begehren.[24] Da zwangsläufig die Rechtssphäre des behinderten Menschen betroffen ist, ist seine Beiladung nach § 75 Abs. 2 SGG notwendig. Denkbar ist aber auch die Vorleistung durch den Träger der Sozialhilfe und der anschließende Erstattungsstreit nach den §§ 102 ff. SGB X, welcher ebenfalls im Wege der allgemeinen Leistungsklage vor den Gerichten der Sozialgerichtsbarkeit zu verfolgen ist.

---

[19] *Meusinger* in: Fichtner/Wenzel, SGB XII, 4. Aufl. 2009, § 55 Rn. 5.
[20] *Meusinger* in: Fichtner/Wenzel, SGB XII, 4. Aufl. 2009, § 55 Rn. 4.
[21] *Scheider* in Schellhorn/Schellhorn/Hohm, SGB XII, 18. Aufl. 2010, § 55 Rn. 4.
[22] *Voelzke* in: Hauck/Noftz, K § 55 Rn. 7.
[23] *Bieritz-Harder* in: LPK-SGB XII, § 55 Rn. 2.
[24] BSG v. 18.03.1999 - B 3 P 8/98 R - SozR 3-3300 § 77 Nr. 1.

§ 56 SGB XII Hilfe in einer sonstigen Beschäftigungsstätte

(Fassung vom 27.12.2003, gültig ab 01.01.2005)

Hilfe in einer den anerkannten Werkstätten für behinderte Menschen nach § 41 des Neunten Buches vergleichbaren sonstigen Beschäftigungsstätte kann geleistet werden.

Gliederung

A. Basisinformationen 1
I. Textgeschichte 1
II. Systematische Zusammenhänge 2
B. Auslegung der Norm 3
I. Regelungsgehalt und Bedeutung der Norm ... 3
II. Normzweck 4
III. Tatbestandsmerkmale 5
1. Ermessensleistung 5
2. Persönliche Voraussetzungen 7
3. Vergleichbare Beschäftigungsstätten .. 9

A. Basisinformationen

I. Textgeschichte

Die Vorschrift ist durch das Gesetz zur Einordnung des Sozialhilferechts in das Sozialgesetzbuch vom 27.12.2003[1] mit Wirkung zum 01.01.2005 eingeführt worden und seither unverändert geblieben. Sie hat die Vorgängerregelung in § 41 BSHG wortgleich übernommen. **1**

II. Systematische Zusammenhänge

Leistungen in Werkstätten für behinderte Menschen (WfbM) sind in den §§ 39 ff., 136 ff. SGB IX geregelt. Ihre Gewährung als Leistung der Eingliederungshilfe ist in § 54 Abs. 1 Satz 1 SGB XII niedergelegt. Im Leistungskatalog des § 54 Abs. 1 Satz 1 SGB XII werden Hilfen in vergleichbaren sonstigen Beschäftigungsstätten nach § 56 SGB XII als Nr. 4 SGB XII aufgelistet. Weitere Regelungen sind in den §§ 75 ff. SGB XII enthalten. Weitere Leistungsvoraussetzungen sind in § 17 Abs. 2 EinglHV enthalten. Leistungen für nicht werkstattfähige behinderte Menschen werden allein nach § 54 Abs. 1 Satz 1 Nr. 3 SGB XII, § 136 Abs. 3 SGB IX erbracht. **2**

B. Auslegung der Norm

I. Regelungsgehalt und Bedeutung der Norm

Es wird die Hilfe in einer Beschäftigungsstätte geregelt, die kein anerkannte WfbM (vgl. Rn. 2) ist. Gefördert werden nur werkstattfähige behinderte Menschen. **3**

II. Normzweck

Die Vorschrift eröffnet werkstattfähigen behinderten Menschen mit den Hilfen in sonstigen Beschäftigungsstätten eine echte Alternative zu der Beschäftigung in einer WfbM (vgl. Rn. 2). Nicht werkstattfähige behinderte Menschen können allein in Förderstätten nach § 54 Abs. 1 Satz 1 Nr. 3 SGB XII, § 136 Abs. 3 SGB IX gefördert werden. **4**

III. Tatbestandsmerkmale

1. Ermessensleistung

Liegen die Voraussetzungen nach den §§ 53 Abs. 1, 54 Abs. 1 Satz 1 Nr. 4 SGB XII vor, so ist noch kein Rechtsanspruch auf Förderung einer Beschäftigung in einer sonstigen Beschäftigungsstätte gegeben. Nach ganz allgemeiner Ansicht handelt es sich entsprechend des Wortlauts des § 56 SGB XII („kann") um eine Ermessensleistung.[2] Zwar sieht die Grundnorm des § 53 SGB XII nur in den Fällen des Absatzes 1 Satz 2 ein Ermessen über das „Ob" der Leistung vor; zudem gehören Leistungen nach § 56 SGB XII zu den Katalogleistungen in § 54 Abs. 1 Satz 1 SGB XII (Nr. 4). Es ist dem Gesetzgeber aber unbenommen, in den Sondervorschriften der §§ 55 ff. SGB XII ein „Ob"-Ermessen zu eröffnen, **5**

---

[1] BGBl I 2003, 3022.
[2] *Scheider* in: Schellhorn/Schellhorn/Hohm, SGB XII, 18. Aufl. 2010, § 56 Rn. 5; *Voelzke* in: Hauck/Noftz, K § 56 Rn. 2, 4.

nicht nur das ohnehin geltende Auswahlermessen nach § 9 SGB XII. Nichts anderes gilt für das persönliche Budget nach § 57 SGB XII (vgl. die Kommentierung zu § 57 SGB XII), welches bis zum 31.12.2007 ebenfalls nur eine Ermessensleistung war, und nach § 159 Abs. 5 SGB IX erst ab 01.01.2008 zum Rechtsanspruch geworden ist.

6 In sonstigen Beschäftigungsstätten sind die behinderten Menschen **sozialversichert** (§ 5 Abs. 1 Nr. 7, 8 SGB V, § 1 Nr. 2 a, b SGB VI, § 2 Abs. 1 Nr. 4 SGB VII, § 20 Abs. 1 Nr. 7, 8 SGB XI). Da auch diese Maßnahmen der Weiterentwicklung der Persönlichkeit dienen, ist ebenfalls eine **ganzheitliche Betrachtung** unter Einbeziehung des gemeinsamen Mittagessens in das Förderkonzept angebracht.[3]

2. Persönliche Voraussetzungen

7 Bezüglich der in § 17 Abs. 2 EinglHV geregelten persönlichen Voraussetzungen wird auf die Kommentierung zu § 17 EinglHV verwiesen.

8 Da die Hilfen in sonstigen Beschäftigungsstätten in Anlehnung an die Regelungen für eine WfbM (vgl. Rn. 2) gestaltet sind, sind die **weiteren Anspruchsvoraussetzungen** für diese Leistung entsprechend heranzuziehen. Daher finden die §§ 39 ff., 136 ff. SGB IX sowie die §§ 75 ff. SGB XII Anwendung, wenn nicht die Besonderheiten der sonstigen Beschäftigungsstätte dies ausschließen.

3. Vergleichbare Beschäftigungsstätten

9 Voraussetzung ist die Vergleichbarkeit der Beschäftigung in sonstigen Beschäftigungsstätten mit solchen in einer WfbM (vgl. Rn. 2). Die Vergleichbarkeit bezieht sich nicht auf die vom behinderten Menschen zu erwartende Leistung, die unterhalb des Niveaus der WfbM bleiben kann,[4] sondern auf die von der Einrichtung an den behinderten Menschen zu erbringenden Leistungen.[5] Beispiele sind etwa anthroposophische Einrichtungen, Blindenwerkstätten[6] oder Einrichtungen, die die Anerkennung als WfbM nicht oder noch nicht erhalten haben.[7] Auch eine Leistungsausführung in Form eines **Persönlichen Budgets** nach § 17 SGB IX für Leistungen in einer **Werkstatt für behinderte Menschen** kann nicht allein mit der Begründung verweigert werden, dass es bei der konkret gewählten Einrichtung an der **Durchführung eines Anerkennungsverfahrens** nach Maßgabe des SGB IX **fehlt** (vgl. auch die Kommentierung zu § 54 SGB XII Rn. 36); vielmehr ist auch hier der Gedanke, dem Leistungsberechtigten ein selbstbestimmtes Leben in eigener Verantwortung zu ermöglichen, zu beachten.[8]

10 Zu diesen Beschäftigungsstätten zählen nicht Tagesstätten, Selbsthilfeeinrichtungen und Zusatzverdienstfirmen ohne arbeits- und berufsfördernde Maßnahmen.[9] Auch hier ist das Wunsch- und Wahlrecht des behinderten Menschen nach § 9 SGB IX und § 9 SGB XII zu berücksichtigen. Ein einer WfbM angegliederter **Förder- und Betreuungsbereich (FBB)** zählt nicht zu den sonstigen Beschäftigungsstätten im Sinne des § 56 SGB XII. Dies folgt aus einem Urteil des BSG vom 18.01.2011.[10] Dort hat das BSG erkannt, dass betreute Personen eines angegliederten Förder- und Betreuungsbereichs (FBB) einer WfbM vom Unfallversicherungsschutz nach § 2 Abs. 1 Nr. 4 SGB VII ausgeschlossen sind, weil der Förderbereich nach § 136 Abs. 3 SGB IX nicht Teil der WfbM selbst ist und nicht der Teilhabe am Arbeitsleben dient, sondern der sozialen Eingliederung. Dann ist aber an Leistungen zur Teilhabe am Leben in der Gemeinschaft nach § 54 Abs. 1 Satz 1 SGB XII, §§ 55 und 58 SGB IX zu denken.

---

[3] BSG v. 09.12.2008 - B 8/9b SO 11/07 R - Rn. 14.
[4] *Voelzke* in: Hauck/Noftz, K § 56 Rn. 5; *Wahrendorf* in: Grube/Wahrendorf, SGB XII, 3. Aufl. 2010, zu § 56.
[5] *Bieritz-Harder* in: LPK-SGB XII, § 56 Rn. 2; *Voelzke* in: Hauck/Noftz, K § 56 Rn. 5.
[6] *Scheider* in: Schellhorn/Schellhorn/Hohm, SGB XII, 18. Aufl. 2010, § 56 Rn. 3.
[7] *Voelzke* in: Hauck/Noftz, K § 56 Rn. 7.
[8] BSG v. 30.11.2011 - B 11 AL 7/10 R.
[9] *Scheider* in: Schellhorn/Schellhorn/Hohm, SGB XII, 18. Aufl. 2010, § 56 Rn. 4.
[10] BSG v. 18.01.2011- B 2 U 9/10 R.

§ 57 SGB XII Trägerübergreifendes Persönliches Budget

(Fassung vom 27.12.2003, gültig ab 01.07.2004)

[1]Leistungsberechtigte nach § 53 können auf Antrag Leistungen der Eingliederungshilfe auch als Teil eines trägerübergreifenden Persönlichen Budgets erhalten. [2]§ 17 Abs. 2 bis 4 des Neunten Buches in Verbindung mit der Budgetverordnung und § 159 des Neunten Buches sind insoweit anzuwenden.

Gliederung

A. Basisinformationen 1	III. Tatbestandsmerkmale 9
I. Textgeschichte/Gesetzgebungsmaterialien 1	1. Persönliche Voraussetzungen 9
II. Parallelvorschriften 2	2. Leistungsumfang 11
III. Untergesetzliche Normen 3	3. Zuständigkeit für die Entscheidung 19
IV. Systematische Zusammenhänge 4	4. Komplexleistungen 21
V. Literaturhinweise/Internetadressen 5	5. Bedarfsfeststellungsverfahren 22
B. Auslegung der Norm 6	6. Zielvereinbarung 27
I. Regelungsgehalt und Bedeutung der Norm 6	**C. Praxishinweise** 30
II. Normzweck 7	**D. Reformbestrebungen** 32

A. Basisinformationen

I. Textgeschichte/Gesetzgebungsmaterialien

Die Vorschrift hat keine Vorgängervorschrift im BSHG und ist in Anlehnung an die Bestimmungen des SGB IX durch das Gesetz zur Einordnung des Sozialhilferechts in das Sozialgesetzbuch vom 27.12.2003[1] und nach dessen Art. 70 Abs. 2 Satz 4 i.V.m. Art. 1 des Gesetzes zur Änderung des Gesetzes zur Einordnung des Sozialhilferechts in das Sozialgesetzbuch vom 09.12.2004[2] mit Wirkung zum 01.07.2004 gleichzeitig mit der BudgetV eingeführt worden. Seither ist sie unverändert geblieben.

1

II. Parallelvorschriften

Die Inanspruchnahme eines Persönlichen Budgets ist in allen Sozialleistungsbereichen eingeführt worden. Im Recht der gesetzlichen KV verpflichtet § 2 Abs. 2 Satz 2 SGB V, in der gesetzlichen RV § 13 Abs. 1 Satz 2 SGB VI, in der gesetzlichen UV § 26 Abs. 1 Satz 2 SGB VII, in der Kinder- und Jugendhilfe § 35a Abs. 3 SGB VIII, § 57 SGB XII, im sozialen Entschädigungsrecht § 27d Abs. 3 Satz 1 BVG, § 57 SGB XII, im Pflegeversicherungsrecht §§ 28 Abs. 1 Nr. 14, 35a SGB XI, im Arbeitsförderungsrecht § 103 SGB III sowie im Recht der Grundsicherung für Arbeitsuchende § 16 Abs. 1 SGB II i.V.m. § 103 SGB III und schließlich in der Sozialhilfe nach dem hier zu kommentierenden § 57 SGB XII, aber auch für die Hilfe zur Pflege in § 61 Abs. 2 SGB XII.

2

III. Untergesetzliche Normen

Auf Grund der Verordnungsermächtigung des § 21a SGB IX ist die Budgetverordnung (BudgetV) vom 27.05.2004[3] mit Wirkung vom 01.07.2004 erlassen worden. § 1 BudgetV beschreibt den Anwendungsbereich der Verordnung, und § 2 BudgetV grenzt den Kreis der beteiligten Leistungsträger ab. Sie regelt in § 3 BudgetV Einzelheiten des Verfahrens, insbesondere des trägerübergreifenden Bedarfsfeststellungsverfahrens, sowie Besonderheiten bei der Zuständigkeit, wenn gemeinsame Servicestellen (vgl. die Kommentierung zu § 59 SGB XII) einbezogen sind. Nach § 4 BudgetV sind Zielvereinbarungen mit einem bestimmten Inhalt zwischen dem Träger bzw. dem Beauftragten und dem Antragsteller zu schließen.

3

---

[1] BGBl I 2003, 3022.
[2] BGBl I 2004, 3305.
[3] BGBl I 2004, 1055; BSG v. 28.10.2008 - B 8 SO 22/07 R - juris Rn. 17 - BSGE 102, 1.

IV. Systematische Zusammenhänge

4   Das Persönliche Budget durchbricht das überkommene System des Rechts der Leistungserbringung in der Rehabilitation. Danach besteht regelmäßig ein sog. **Dreiecksverhältnis** von Leistungsempfänger, Leistungserbringer und Sozialleistungsträger.[4] Mit dem Persönlichen Budget tritt an die Stelle der Sachleistung bzw. des Sachleistungsbeschaffungsanspruchs[5] ein Geldleistungsanspruch bzw. ein Anspruch auf Gewährung von Gutscheinen. Zentrale Vorschrift zur Regelung des Persönlichen Budgets ist für alle Träger von Sozialleistungen einheitlich der § 17 SGB IX. Nach § 159 Abs. 5 SGB IX hat sich der aus § 17 Abs. 2 Satz 1 SGB IX ergebende Anspruch gegenüber allen Rehabilitationsträgern ab 01.01.2008 zum Rechtsanspruch verdichtet. Das Persönliche Budget verwirklicht das Wunsch- und Wahlrecht nach § 9 SGB IX. Vor dem Hintergrund von dieser Selbstbestimmung ergeben sich als Nachteil Schwierigkeiten, die ausgehend vom sozialhilferechtlichen Dreiecksverhältnis mit seinen unterschiedlichen Vertragsbeziehungen bei Ausschreibungen als neuem Steuerungsmodell in der Sozialwirtschaft vermieden werden können.[6]

V. Literaturhinweise/Internetadressen

5   Auf die ausführlichen Listen aktueller Literatur (vgl. die Kommentierung zu § 53 SGB XII Rn. 14) und Internetadressen (vgl. die Kommentierung zu § 53 SGB XII Rn. 13) in der Kommentierung zu § 53 SGB XII wird verwiesen. Dort können auch die „Trägerübergreifenden Aspekte bei der Ausführung von Leistungen durch ein Persönliches Budget" mit Stand vom 01.04.2009 der Bundesarbeitsgemeinschaft für Rehabilitation (BAR) aufgefunden werden.

B. Auslegung der Norm

I. Regelungsgehalt und Bedeutung der Norm

6   § 57 SGB XII verweist auf die im SGB IX geregelte Leistungsform des Persönlichen Budgets, die es dem in § 53 SGB XII definierten Personenkreis der behinderten oder von Behinderung bedrohten Menschen ermöglicht, vom Träger der Eingliederungshilfe anstelle von Dienst- oder Sachleistungen zur Teilhabe ein Geld-Budget zu wählen. Aus den Mitteln dieses Budgets können dann eigenverantwortlich die Aufwendungen, die zur Deckung des persönlichen Hilfebedarfs erforderlich sind, bezahlt werden. Wenn neben dem Sozialhilfeträger weitere Leistungsträger unterschiedliche Teilhabe- und Rehabilitationsleistungen zu erbringen haben, können nach § 57 SGB XII i.V.m. § 17 SGB IX trägerübergreifende Persönliche Budgets als Komplexleistungen in einem Budget erbracht werden, über welches eine **einheitliche trägerübergreifende** Entscheidung zu treffe ist.[7] Neben den Leistungen zur Teilhabe können auch Leistungen der gesetzlichen Krankenkassen, der sozialen Pflegeversicherung und der Unfallversicherung bei Pflegebedürftigkeit sowie Pflegeleistungen der Sozialhilfe, die sich auf alltägliche und regelmäßig wiederkehrende Bedarfe beziehen, in das trägerübergreifende Persönliche Budgets einbezogen werden. Das Persönliche Budget löst das bisherige Leistungsdreieck zwischen Leistungsträger, Leistungsempfänger und Leistungserbringer auf, und an die Stelle von Sachleistungen treten Geldleistungen oder Gutscheine.[8] Ein Persönliches Budget muss beantragt werden. Ab 01.01.2008 besteht auf Leistungen in Form des Persönlichen Budgets ein **Rechtsanspruch**. Damit ist dem Wunsch- und Wahlrecht nach § 9 SGB IX der potentiellen Budgetnehmer in vollem Umfang zu entsprechen.

II. Normzweck

7   Der Zweck des persönlichen Budgets liegt in der Eingliederungshilfe nicht anders als in den anderen Sozialleistungsbereichen gemäß § 17 Abs. 2 Satz 1 SGB IX darin, dass der behinderte oder von Behinderung bedrohte Menschen ein möglichst **selbstständiges und selbstbestimmtes Leben** führen kann. Dazu dient insbesondere die Schaffung eines trägerübergreifenden Persönlichen Budgets als Komplexleistung (Leistung „aus einer Hand"[9]). Zudem soll die finanzielle Besserstellung bei Heimunterbringung abgebaut und zu Gunsten ambulanter Leistungen umgeschichtet werden,[10] um damit den Grund-

---

[4] Gesetzentwurf BT-Drs. 15/1514, S. 52.
[5] Vgl. BSG v. 28.10.2008 - B 8 SO 22/07 R - juris Rn. 18 - BSGE 102, 1.
[6] *Meyer,* ZSR 2010, 85.
[7] BSG v. 11.05.2011 - B 5 R 54/10 R.
[8] BSG v. 28.10.2008 - B 8 SO 22/07 R - juris Rn. 18 - BSGE 102, 1.
[9] *Meusinger* in: Fichtner/Wenzel, SGB XII, 4. Aufl. 2009, § 57 Rn. 7.
[10] Gesetzentwurf BT-Drs. 15/1514, S. 52.

satz ambulant vor stationär des § 13 Abs. 1 Satz 2 SGB XII besser umzusetzen. Dies gilt etwa für Aufwendungen für eine Pflegekraft nach dem **Arbeitgeber-/Assistenzmodell**.[11] Das Persönliche Budget hat bislang in der Praxis kaum Bedeutung erlangt, da es von den Leistungsempfängern nur selten gewünscht wird.

Den behinderten und von Behinderung bedrohten Menschen werden regelmäßige Geldzahlungen zur Verfügung gestellt, die ihnen ermöglichen sollen, bestimmte Betreuungsleistungen selbst zu organisieren und zu bezahlen. Die Leistungsempfänger können nunmehr direkte Vereinbarungen mit den Leistungserbringern treffen, die dadurch nicht mehr in einem **unmittelbaren Vertragsverhältnis mit den Leistungsträgern** stehen.[12] Mit der Ausgestaltung des Persönlichen Budgets vor allem als trägerübergreifendes Budget an zentraler Stelle im SGB IX soll der kranke, behinderte oder pflegebedürftige Mensch unterstützt werden, ein möglichst selbstständiges und selbstbestimmtes Leben führen zu können.[13] Indem dem behinderten oder von Behinderung bedrohten Menschen ein größerer Entscheidungs- und Gestaltungsspielraum hinsichtlich der Art und des Zeitpunktes der Leistungserbringung und der Auswahl des Leistungserbringers eingeräumt wird, wird ermöglicht, den tatsächlichen Hilfebedarf zielgenau entsprechend der individuellen Lebenssituation zu organisieren.

III. Tatbestandsmerkmale

1. Persönliche Voraussetzungen

Die Gewährung eines Persönlichen Budgets setzt voraus, dass der Hilfebedürftige zu dem in § 53 Abs. 1 SGB XII beschriebenen Personenkreis zählt (vgl. die Kommentierung zu § 53 SGB XII).

Da das Persönliche Budget eine selbständige und eigenverantwortliche Lebensführung ermöglichen soll, muss der behinderte oder von Behinderung bedrohte Mensch auch dazu in der Lage sein, ein solches Leben zu führen. In Fällen rein körperlicher Behinderung dürfte dies regelmäßig unproblematisch sein. Bei seelischen und geistigen Beeinträchtigungen ist im Einzelfall zu prüfen, ob der Antragsteller zur Wahrnehmung seiner Rechte in der Lage ist. Dazu ist nicht allein an die Vorschriften des BGB zur Geschäftsfähigkeit anzuknüpfen,[14] wie insbesondere § 36 SGB I zeigt, der bereits mit Vollendung des 15. Lebensjahres sozialrechtliche Handlungsfähigkeit vorsieht. Das Ziel des Persönlichen Budgets ist aber nicht nur dann zu erreichen, wenn dieses Recht in eigener Person wahrgenommen wird. Es ist nicht einzusehen, warum der Hilfebedarf nicht beispielsweise durch die Eltern in Verantwortung für ein Kleinkind zielgenau entsprechend der individuellen Lebenssituation organisiert werden kann. Daher ist es ausreichend, wenn das Budget durch Vertreter (z.B. Betreuer, § 1897 BGB) als „Helfer der Eigenverantwortung und Selbstbestimmung" verwaltet wird[15] bzw. Regiefähigkeit[16] gegeben ist.[17]

2. Leistungsumfang

Das Persönliche Budget stellt keine neue Leistungsart dar, sondern nur eine besondere Form der Erbringung; das bedeutet, es können nur solche Leistungen Berücksichtigung finden, die auch ohne das Budget hätten beansprucht werden können.[18] Welche Leistungen in das Budget einbezogen werden können, welche also **budgetfähig** sind, bestimmt § 17 Abs. 2 Satz 1 und 4 SGB IX. Dies sind naturgemäß in erster Linie alle Leistungen zur medizinischen Rehabilitation und zur Teilhabe am Arbeitsleben sowie am Leben der Gemeinschaft. Schulische Maßnahmen sind wegen der Schulpflicht nicht budgetfähig.[19] In § 17 Abs. 2 Satz 4 SGB IX heißt es ferner: „budgetfähig sind auch die neben den Leistungen nach Satz 1 erforderlichen Leistungen". Das heißt, es können nach § 17 Abs. 2 Satz 4 SGB IX, § 2 BudgetV auch solche Leistungen in das Persönliche Budget einbezogen werden, die keine Teilhabeleistungen des SGB IX sind,[20] nämlich Leistungen der gesetzlichen Krankenkassen, der sozialen Pfle-

---

[11] LSG Sachsen-Anhalt v. 03.03.2011 - L 8 SO 24/09 B ER.
[12] Vgl. BSG v. 28.10.2008 - B 8 SO 22/07 R - juris Rn. 17 - BSGE 102, 1.
[13] Gesetzentwurf BT-Drs. 15/1514, S. 52.
[14] *Bieritz-Harder* in: LPK-SGB XII, § 57 Rn. 7; *Scheider* in: Schellhorn/Schellhorn/Hohm, SGB XII, 18. Aufl. 2010, § 57 Rn. 8; *Voelzke* in: Hauck/Noftz, K § 57 Rn. 18.
[15] *Bieritz-Harder* in: LPK-SGB XII, § 57 Rn. 7; *Voelzke* in: Hauck/Noftz, K § 57 Rn. 18.
[16] *Meusinger* in: Fichtner/Wenzel, SGB XII, 4. Aufl. 2009, § 57 Rn. 23.
[17] *Scheider* in: Schellhorn/Schellhorn/Hohm, SGB XII, 18. Aufl. 2010, § 57 Rn. 15.
[18] LSG Baden-Württemberg v. 09.12.2010 - L 13 AL 4629/10 ER-B; *Krelkebohm* in: KSW, § 17 SGB IX Rn. 7.
[19] *Meusinger* in: Fichtner/Wenzel, SGB XII, 4. Aufl. 2009, § 57 Rn. 11.
[20] Missverständlich *Meusinger* in: Fichtner/Wenzel, SGB XII, 4. Aufl. 2009, § 57 Rn. 20.

geversicherung und der Unfallversicherung bei Pflegebedürftigkeit sowie Pflegeleistungen der Sozialhilfe, die sich auf alltägliche und regelmäßig wiederkehrende Bedarfe beziehen, soweit sie als Geldleistung oder durch Gutscheine erbracht werden können.

12 **Alltäglich** sind nach der Handlungsempfehlung der Bundesarbeitsgemeinschaft für Rehabilitation (BAR) solche Bedarfe, die der individuellen Bewältigung der Anforderungen der Arbeit, der Familie, des Privatlebens und der Gesellschaft sowie der Gestaltung des eigenen Lebensumfeldes dienen und die eigenen Ressourcen erweitern.[21] **Regelmäßig wiederkehrend** ist der Bedarf dann, wenn er in feststellbaren Zeitabständen anfällt und einen erkennbaren Rhythmus aufweist oder innerhalb feststehender Zeiträume dauerhaft, zumindest aber wiederholt gegeben ist.[22] Damit scheiden einmalige Bedarfe und solche, die in größeren und unregelmäßigen Abständen zu erbringen sind, aus,[23] wie etwa die Anschaffung eines Einkaufs-Trolleys.[24]

13 Budgetfähig sind etwa:
- die persönliche Assistenz,[25]
- pädagogische Förderung,
- Beratung und Begleitung (vgl. Rn. 14),
- Haushaltsführung,
- Förderung sozialer Beziehungen,
- Ermöglichung von Kommunikation und Mobilität,
- Ermöglichung von Bildungs- und Unterrichtsangeboten sowie
- die jeweils bestehenden Fahrtkosten.[26]

Die Grundsätze der Wirtschaftlichkeit und Sparsamkeit sind jeweils zu beachten.[27]
Der erstangegangene Träger i.S.d. § 14 SGB IX ist verpflichtet, Leistungen aufgrund **aller in Betracht kommenden Rechtsgrundlagen** zu erbringen;[28] bei Leistungsausführung in Form eines Persönlichen Budgets nach § 17 SGB IX könnten Leistungen in einer **Werkstatt für behinderte Menschen** nicht allein mit der Begründung verweigert werden, dass es bei der konkret gewählten Einrichtung an der Durchführung eines Anerkennungsverfahrens nach Maßgabe des SGB IX fehle; vielmehr ist hier der Gedanke, dem Leistungsberechtigten ein **selbstbestimmtes Leben in eigener Verantwortung** zu ermöglichen, zu beachten.[29]

14 Da der behinderte oder von Behinderung bedrohte Mensch die Leistungen oftmals nicht ohne weiteres beschaffen oder nutzen kann, sehen § 17 Abs. 3 Satz 3 SGB IX und § 3 Abs. 1 Nr. 4 BudgetV einen Anspruch auf die erforderliche **Beratung und Unterstützung** vor. Dabei ist keine bereits nach allgemeinen Vorschriften zu beanspruchende Beratung gemeint, wie in den §§ 9 und 11 SGB IX oder den §§ 14, 15 SGB I, sondern eine qualifizierte, ggf. auch trägerunabhängige Beratung. In der Literatur wird hier beispielhaft der **Budgetassistent**[30] genannt; denkbar ist hier aber auch jede andere Unterstützung, deren Kosten dann beim Budget zu berücksichtigen sind.[31]

15 Nicht zulässig ist es, das Persönliche Budget auf einen Teil der budgetfähigen Leistungen zu beschränken, also im Unterschied zum Gesamtbudget ein sog. **Teilbudget** festzulegen.[32] Das heißt auch, dass die einzelnen Leistungsträger nicht allein Leistungen in Form eines Persönlichen Budgets erbringen

---

[21] *Meusinger* in: Fichtner/Wenzel, SGB XII, 4. Aufl. 2009, § 57 Rn. 21; „Trägerübergreifende Aspekte bei der Ausführung von Leistungen durch ein Persönliches Budget" v. 01.04.2009, S. 9.
[22] *Meusinger* in: Fichtner/Wenzel, SGB XII, 4. Aufl. 2009, § 57 Rn. 22; „Trägerübergreifende Aspekte bei der Ausführung von Leistungen durch ein Persönliches Budget" v. 01.04.2009, S. 9.
[23] *Scheider* in: Schellhorn/Schellhorn/Hohm, SGB XII, 18. Aufl. 2010, § 57 Rn. 4.
[24] LSG NRW v. 04.09.2008 - L 20 B 97/08 SO ER - juris Rn. 4.
[25] Sächsisches LSG v. 28.08.2008 - L 3 B 613/07 SO-ER.
[26] *Meusinger* in: Fichtner/Wenzel, SGB XII, 4. Aufl. 2009, § 57 Rn. 25; *Scheider* in: Schellhorn/Schellhorn/Hohm, SGB XII, 18. Aufl. 2010, § 57 Rn. 4.
[27] *Scheider* in: Schellhorn/Schellhorn/Hohm, SGB XII, 18. Aufl. 2010, § 57 Rn. 16.
[28] BSG v. 30.11.2011 - B 11 AL 7/10 R.
[29] BSG v. 30.11.2011 - B 11 AL 7/10 R.
[30] *Kreikebohm* in: KSW, § 17 SGB IX Rn. 17; *Meusinger* in: Fichtner/Wenzel, SGB XII, 4. Aufl. 2009, § 57 Rn. 28; *Scheider* in: Schellhorn/Schellhorn/Hohm, SGB XII, 18. Aufl. 2010, § 57 Rn. 15; *Voelzke* in: Hauck/Noftz, K § 57 Rn. 25.
[31] *Voelzke* in: Hauck/Noftz, K § 57 Rn. 25; *Wahrendorf* in: Grube/Wahrendorf, SGB XII, 3. Aufl. 2010, § 57 Rn. 8.
[32] BSG v. 11.05.2011 - B 5 R 54/10 R, Rn. 15; a.A. *Kreikebohm* in: KSW, § 17 SGB IX Rn. 8.

können.[33] Nicht zulässig ist es daher, die Leistungen von vornherein auf solche der Sozialhilfe zu beschränken; dies hätte die formale Rechtswidrigkeit des festsetzenden Verwaltungsaktes zur Folge. Sollte sich allerdings herausstellen, dass nur diese in Betracht kommen, ist dies unbedenklich.

Die **Leistungshöhe** ist nach § 17 Abs. 3 Satz 3 SGB IX so zu bemessen, dass der individuell festgestellte Bedarf und die erforderliche Beratung und Unterstützung erfolgen können. Die Leistung ist nach § 17 Abs. 3 Satz 4 SGB IX der Höhe nach auf die Kosten aller bisher individuell festgestellten und ohne Persönliches Budget zu erbringenden Leistungen beschränkt (**Prinzip der Budgetneutralität**[34]). In Ausnahmefällen ist aber eine Überschreitung dieser Grenze zulässig.[35] Die damit verbundenen Schwierigkeiten der Festlegung werden dadurch relativiert, dass der Antragsteller nach § 17 Abs. 2 Satz 5 SGB IX für **sechs Monate** an die Entscheidung **gebunden** ist. Erweist sich etwa die Kalkulation als unrichtig, bleibt die Entscheidung als bestandskräftiger Verwaltungsakt weiterhin wirksam. Nicht anders als bei anderen Verwaltungsakten kommt indes bei einer wesentlichen Änderung in den tatsächlichen oder rechtlichen Verhältnissen eine Aufhebung nach § 48 SGB X in Betracht, etwa bei einer Verschlechterung des Gesundheitszustandes.

16

Dabei beschränkt sich die Höhe des Persönlichen Budgets im Sinne der Ökonomie des Gesamtsystems grundsätzlich auf den **Wert bisher individuell festgestellter Leistungen**, an deren Stelle es ggf. tritt (§ 17 Abs. 3 Satz 4 SGB IX).[36] Es besteht kein Anspruch auf Zuerkennung eines höherwertigen Geldleistungsrechts zum Ersatz des Naturalleistungsanspruchs auf Betreuung als Persönliches Budget, wenn die Höhe des Persönlichen Budgets die Kosten aller bisher individuell festgestellten, ohne das Persönliche Budget zu erbringenden Leistungen überschreitet.[37] Es besteht für die **Höchstbetragsregelung** des § 17 Abs. 3 Satz 4 SGB IX gerade darin keine atypische Situation, dass ein Versicherter, der statt des Erhalts einer von persönlicher Dienstleistung geprägten Naturalleistung seinen Dienstleistungsbedarf in „Eigenregie" decken will, damit zusätzliche, zur Deckung seines individuellen Bedarfs objektiv nicht erforderliche Mehrkosten in Kauf nehmen muss.[38] M.a.W. hält der 2. Senat des BSG nur dann eine Überschreitung der bisherigen Höhe für gerechtfertigt, wenn eine **atypische Situation** gegeben ist („soll"). Diese liegt danach nur dann vor, wenn ein Versicherter zur Deckung seines individuellen Bedarfs objektiv nicht erforderliche Kosten in Kauf nehmen muss. Solch ein Fall liegt eben nicht schon dann vor, wenn durch die Eigenregie bedingt höhere Kosten entstehen als durch die Bedarfsdeckung mittels Naturalleistungen der Träger, die dieser in der Regel günstiger auf dem Markt einkaufen kann.

17

Grundsätzlich ist eine **Leistung in Geld** vorgesehen, § 17 Abs. 3 Satz 1 SGB IX; ausnahmsweise kommt in begründeten Fällen auch die Vergabe von Gutscheinen in Betracht, § 17 Abs. 3 Satz 2 SGB IX, etwa zur Sicherung der Qualität der Leistung.[39] Die Dauer ist nicht beschränkt. Die Leistung ist, wenn sie als Dauerleistung erbracht wird, in monatlichem Rhythmus, § 17 Abs. 3 Satz 1 SGB IX, im Voraus, § 3 Abs. 5 Satz 2 BudgetV, zu erbringen.

18

3. Zuständigkeit für die Entscheidung

Der nach § 14 SGB IX zuständige Träger hat durch einheitlichen Verwaltungsakt über Grund und Höhe des entsprechenden – monatlichen – Geldbetrages (einschließlich ggf. auszuübenden Ermessens) zu entscheiden, auch wenn in die Bemessung dieses Betrages die Leistungen mehrerer Träger eingegangen sind.[40] Die anderen beteiligten Träger erbringen ihre Verpflichtungen allein im Innenverhältnis zu dem nach § 14 SGB IX zuständigen Träger,[41] dem nach außen eine **exklusive Zuständigkeit** zukommt.[42] Der Antrag des behinderten Menschen umfasst daher ein Persönliches Budget auf der Grund-

19

---

[33] BSG v. 11.05.2011 - B 5 R 54/10 R, Rn. 15; a.A. *Meusinger* in: Fichtner/Wenzel, SGB XII, 4. Aufl. 2009, § 57 Rn. 14.
[34] *Meusinger* in: Fichtner/Wenzel, SGB XII, 4. Aufl. 2009, § 57 Rn. 28.
[35] *Kreikebohm* in KSW, § 17 SGB IX Rn. 16.
[36] BSG v. 11.05.2011 - B 5 R 54/10 R; BSG v. 31.01.2012 - B 2 U 1/11 R.
[37] BSG v. 31.01.2012 - B 2 U 1/11 R zu einer 24-Stunden-Assistenz im Rahmen eines sogenannten Arbeitgebermodells.
[38] BSG v. 31.01.2012 - B 2 U 1/11 R.
[39] *Voelzke* in: Hauck/Noftz, K § 57 Rn. 28.
[40] BSG v. 11.05.2011 - B 5 R 54/10 R, Rn. 30.
[41] BSG v. 11.05.2011 - B 5 R 54/10 R, RN. 32.
[42] BSG v. 11.05.2011 - B 5 R 54/10 R, Rn. 35.

lage aller budgetfähigen Leistungen aller in Betracht kommenden Träger.[43] Zwischen den beteiligten Trägern besteht ein gesetzliches Auftragsverhältnis i.S. der §§ 89, 91 SGB X.[44]

20 Da sich der nach § 14 SGB IX zuständige Träger zur Bestimmung des individuellen Bedarfs mit den anderen in Betracht kommenden Trägern und dem Berechtigten abzustimmen hat (§ 10 SGB IX) dürfte nach der wohl zutreffenden Einschätzung des BSG die teilweise befürchtete Belastung durch unzutreffende Einschätzungen auf fremdem Rechtsgebiet[45] auszuschließen sein, jedenfalls wenn dieses Verfahren von allen Beteiligten ernst genommen wird.[46]

4. Komplexleistungen

21 Sind an einem Persönlichen Budget mehrere Leistungsträger beteiligt, werden die Leistungen nach § 17 Abs. 2 Satz 3 SGB IX, § 2 Satz 2 BudgetV als trägerübergreifende Komplexleistung erbracht.[47] Dazu handelt der nach § 14 SGB IX Zuständige der beteiligten Leistungsträger kraft der gesetzlichen Regelung des § 17 Abs. 4 Satz 1 SGB IX **im Auftrag und im Namen** der anderen und führt auch das Verfahren durch (vgl. dazu die §§ 89, 91 und 93 SGB X). § 3 Abs. 1 Satz 1 BudgetV bezeichnet ihn als „Beauftragten". Neben den Teilhabeleistungen der Eingliederungshilfe können nach § 2 BudgetV auch Leistungen der Bundesagentur für Arbeit, der gesetzlichen Krankenkassen, der sozialen Pflegeversicherung, der Unfallversicherungsträger, der Integrationsämter, der Träger der Kinder- und Jugendhilfe oder der Träger des sozialen Entschädigungsrechts in das trägerübergreifende Persönliche Budget einbezogen werden.

5. Bedarfsfeststellungsverfahren

22 Durch die Antragstellung bestimmt der behinderte oder von Behinderung bedrohte Mensch den nach § 14 SGB IX[48] erstangegangenen Leistungsträger und damit den nach § 17 Abs. 4 SGB IX i.V.m. § 3 BudgetV verantwortlichen Leistungsträger. Durch die Wirkung des § 14 SGB IX wird also nicht nur eine Zuständigkeit begründet, sondern es entsteht zugleich ein gesetzliches Auftragsverhältnis im Sinne des § 93 SGB X. Schwierigkeiten können sich dadurch ergeben, dass der Beauftragte nach § 89 Abs. 5 SGB X an die Auffassung des Auftraggebers gebunden werden kann, und die Erstattung der Aufwendungen nach § 91 Abs. 1 Satz 2 SGB X dann ausgeschlossen ist, wenn der Beauftragte Sozialleistungen schuldhaft zu Unrecht erbracht hat. Soweit mehrere Leistungsträger zuständig sind (**Komplexleitungen**)[49], ist dieser zugleich **Beauftragter** der anderen Leistungsträger und führt für alle das weitere Verfahren verantwortlich durch. Gerade in diesem Fall kann es zur Kollision unterschiedlicher, nach § 89 Abs. 5 SGB X bindender Auffassungen der unterschiedlichen Auftraggeber kommen. Wird eine gemeinsame Servicestelle i.S.d. § 23 SGB IX angegangen, so ist nach § 3 Abs. 2 BudgetV derjenige Träger zuständig, dem diese Stelle zugeordnet ist.

23 Der Beauftragte leitet zunächst das Koordinierungsverfahren nach § 10 Abs. 1 SGB IX ein, indem er die anderen Träger nach § 3 Abs. 1 BudgetV unterrichtet und sie auffordert, zum budgetfähigen Bedarf, der Leistungshöhe, dem Inhalt einer Zielvereinbarung und etwaigem Beratungs- und Unterstützungsbedarf möglichst innerhalb von zwei Wochen Stellung zu nehmen. Liegen die Stellungnahmen vor, ist nach § 3 Abs. 3 BudgetV ein **trägerübergreifendes Bedarfsfeststellungsverfahren** durchzuführen, in dem die beteiligten Rehabilitationsträger im Benehmen miteinander und in Abstimmung mit dem Leistungsberechtigten die Ergebnisse dieser Feststellungen in der Regel in einer sog. Fallkonferenz[50] beraten. Dabei hat der Antragsteller das Recht, eine Person seines Vertrauens hinzuzuziehen. Grundlage für ein trägerübergreifendes Budget kann auch der Gesamtplan nach § 58 SGB XII sein (vgl. die Kommentierung zu § 58 SGB XII).[51]

24 Auf der Grundlage des Bedarfsfeststellungsverfahrens **stellen** nun zunächst die beteiligten Leistungsträger nach § 3 Abs. 4 BudgetV nach dem für sie geltenden Leistungsrecht die auf sie entfallenden **Teilbedarfe** fest. Dafür haben sie nach Abschluss dieses Verfahrens eine Woche Zeit. Als nächstes ist

---

[43] BSG v. 11.05.2011 - B 5 R 54/10 R, Rn. 31.
[44] BSG v. 11.05.2011 - B 5 R 54/10 R, Rn. 3.
[45] *Wenner*, SozSich 2011, 237
[46] BSG v. 11.05.2011 - B 5 R 54/10 R, Rn. 39.
[47] BSG v. 11.05.2011 - B 5 R 54/10 R.
[48] BSG v. 26.10.2004 - B 7 AL 16/04 R - BSGE 93, 283.
[49] BSG v. 11.05.2011 - B 5 R 54/10 R.
[50] *Meusinger* in: Fichtner/Wenzel, SGB XII, 4. Aufl. 2009, § 57 Rn. 30.
[51] *Voelzke* in: Hauck/Noftz, K § 58 Rn. 3.

die Zielvereinbarung (vgl. Rn. 27) abzuschließen. Nach § 3 Abs. 5 BudgetV erlässt der Beauftragte erst jetzt den Verwaltungsakt und erbringt für alle Träger die Leistungen. **Inhalt dieses Verwaltungsakts** muss nicht nur die Höhe der Gesamtleistung sein, sondern auch die Budgetanteile und die Art der Sach- und Geldleistung, die den einzelnen beteiligten Leistungsträgern zuzuordnen sind.[52] An dieser Stelle ist es sinnvoll, durch Nebenbestimmungen nach § 32 SGB X (insbesondere Auflagen) die Einhaltung der Zielvereinbarung sicherzustellen; denn bei deren Nichterfüllung kann eine Aufhebung bereits auf § 47 SGB X gestützt werden. Dies dient der Vermeidung ansonsten drohender, nach § 30 Abs. 1 SGB IV **unzulässiger Misch- oder Quersubventionierung.** Zudem dient dies auch gerade der Verwirklichung des Nachranggrundsatzes in der Sozialhilfe, der ja durch die Gewährung eines Persönlichen Budgets nicht aufgehoben wird.

Das Bedarfsfeststellungsverfahren ist in der Regel alle **zwei Jahre** zu wiederholen, § 3 Abs. 6 BudgetV. **25**

Nach der Bestimmung des § 4 Abs. 2 BudgetV ist der Verwaltungsakt aufzuheben, wenn die Zielvereinbarung aus wichtigem Grund gekündigt wird. Insofern ist der Bestand des Verwaltungsakts an den Bestand der Vereinbarung gebunden. Die Kündigung bildet eine wesentliche Änderung in den Verhältnissen im Sinne des **§ 48 SGB X**. Ob angesichts der weiten Dispositionsbefugnis des behinderten oder von Behinderung bedrohten Menschen auch eine Rücknahme nach § 45 SGB X in Frage kommt, muss bezweifelt werden und ist allenfalls bei Arglist anzunehmen.[53] **26**

6. Zielvereinbarung

Nach § 4 BudgetV ist zwischen dem Antragsteller und dem Beauftragten eine Zielvereinbarung abzuschließen. Dabei handelt es sich um einen öffentlich-rechtlichen Vertrag im Sinne des § 53 SGB X.[54] Nach Absatz 1 dieser Vorschrift ist ihr **Mindestinhalt** die Bestimmung der individuellen Förder- und Leistungsziele (Nr. 1), der formal (nicht materiell) erforderlichen Nachweise für die Deckung des festgestellten Bedarfs (Nr. 2) und die Qualitätssicherung (Nr. 3).[55] Sinnvoll ist hier insbesondere, detaillierte Regelungen über die Erbringung der Nachweise für die Deckung des festgestellten individuellen Bedarfs und die Qualitätssicherung aufzunehmen,[56] etwa die Vorlage von Rechnungen, Behandlungskalender, Quittungen etc. bis zu einem bestimmten Termin. Die Vereinbarung ist nach Absatz 3 der Vorschrift regelmäßig für die Dauer des Bewilligungszeitraums abzuschließen. Für den Fall der Abweichung bzw. Nichterfüllung der Vereinbarung kommt ein Kündigungs- oder Anpassungsrecht nach § 59 SGB X in Betracht. Die Zielvereinbarung ist wesentlicher Bestandteil der Bewilligung eines persönlichen Budgets; hierdurch wird das Wirtschaftlichkeitsprinzip bei der Verwendung öffentlicher Mittel zumindest gefördert. Anders kann eine Zuordnung der bewilligten Leistungen im Rahmen eines Persönlichen Budgets zu einem bestimmten hierdurch abzudeckenden Bedarf nicht klargestellt werden.[57] **27**

Eine Zielvereinbarung, die eine Beschränkung auf eine **bestimmte Maßnahme** bei einem bestimmten Maßnahmeträger in einem bestimmten Zeitraum enthält, geht über den in § 4 Abs. 1 Satz 2 BudgetV festgelegten Mindestinhalt hinaus; eine solche Vereinbarung ist damit jedoch noch nicht ausgeschlossen.[58] Die Zielvereinbarung im Sinne von § 4 BudgetV stellt einen **öffentlich-rechtlichen Vertrag** dar.[59] Der Abschluss einer Zielvereinbarung ist nicht nur ein verfahrensrechtliches, sondern ein **materiell-rechtliches Erfordernis der Leistungsausführung** als Persönliches Budget; damit scheidet die Bewilligung eines Persönlichen Budgets aus, wenn keine Zielvereinbarung abgeschlossen wird.[60] **28**

Es ist nach § 4 Abs. 2 BudgetV zulässig, die Zielvereinbarung **aus wichtigem Grund** zu **kündigen**. Für den Antragsteller setzt dies voraus, dass ihm ein Festhalten an der Vereinbarung, insbesondere angesichts seiner persönlichen Lebenssituation, nicht zumutbar ist. Denkbar sind also auch andere Gründe. Für die beteiligten Leistungsträger übt der Beauftragte das Kündigungsrecht aus. Er kann nur **29**

---

[52] *Meusinger* in: Fichtner/Wenzel, SGB XII, 4. Aufl. 2009, § 57 Rn. 38.
[53] *Voelzke* in: Hauck/Noftz, K § 57 Rn. 34.
[54] *Scheider* in: Schellhorn/Schellhorn/Hohm, SGB XII, 18. Aufl. 2010, § 57 Rn. 17; *Wahrendorf* in: Grube/Wahrendorf, SGB XII, 3. Aufl. 2010, § 57 Rn. 9.
[55] Bayerisches LSG v. 16.05.2013 - L 18 SO 74/12.
[56] *Meusinger* in: Fichtner/Wenzel, SGB XII, 4. Aufl. 2009, § 57 Rn. 43.
[57] Bayerisches LSG v. 16.05.2013 - L 18 SO 74/12.
[58] LSG Chemnitz v. 27.01.2012 - L 3 AL 130/11 B ER.
[59] LSG Chemnitz v. 27.01.2012 - L 3 AL 130/11 B ER.
[60] LSG Baden-Württemberg v. 20.02.2013 - L 5 R 3442/11.

dann aus wichtigem Grund kündigen, wenn die Vereinbarung insbesondere in Bezug auf den Nachweis der Bedarfsdeckung und die Qualitätssicherung nicht eingehalten wird. Die Kündigung muss **schriftlich** erfolgen.

C. Praxishinweise

30 Die Leistung wird nur auf **Antrag** erbracht (§ 17 Abs. 2 Satz 1 SGB IX). Die Entscheidung über das „Ob" und den Umfang des Persönlichen Budgets wird durch **Verwaltungsakt** getroffen. Sind mehrere Leistungsträger beteiligt, handelt der nach § 14 SGB IX zuständige der beteiligten Leistungsträger kraft der gesetzlichen Regelung des § 17 Abs. 4 Satz 1 SGB IX im Auftrag und im Namen der anderen und führt auch das Verfahren durch. Die Feststellungen der anderen Leistungsträger in Rahmen des Bedarfsfeststellungsverfahrens haben nur Innenwirkung und sind daher keine Verwaltungsakte.[61] Der handelnde Leistungsträger ist nach § 17 Abs. 4 Satz 3 SGB IX zugleich zuständige **Widerspruchs**behörde. Gegen ihn ist auch das ggf. anschließende **Klage**verfahren zu richten (§ 3 Abs. 5 BudgetV). Es handelt sich um einen Fall der gesetzlichen Prozessstandschaft. Die anderen beteiligten Leistungsträger nach § 75 Abs. 2 SGG sind notwendig **beizuladen**, da im Hintergrund die Erstattungspflicht (§ 91 SGB X) und die endgültige Klärung der Zuständigkeit steht.[62]

31 Für die **Klageart** gilt Folgendes: Zwar besteht ein Rechtsanspruch auf das Persönliche Budget, aber hinsichtlich der möglichen Beiträge aller in Betracht kommenden Träger sind jeweils die allgemeinen und besonderen Voraussetzungen soweit aufzuklären, dass innerhalb des (ggf.) mehrstufigen Prüfungsverfahrens die Voraussetzungen der jeweils ersten Ermessensausübung feststehen.[63] Da erst nach vollständiger Klärung des Sachverhalts klar ist, ob noch **Ermessen** auszuüben ist, ist erst dann zu entscheiden, ob zur Leistung verurteilt oder zur Neubescheidung unter Beachtung der Rechtsauffassung des Gerichts verpflichtet wird; solange nicht abschließend feststeht, dass budgetfähige Leistungen zu erbringen sind, die im Ermessen stehen, bleibt der Anspruch auf die pflichtgemäße Ausübung des Ermessens begrenzt.[64] Dementsprechend empfiehlt es sich, einen Leistungsantrag als Haupt- und einen **Verpflichtungsantrag als Hilfsantrag** zu formulieren. Ist im Ergebnis dieser Prüfung das Ermessens des Beklagten eröffnet, aber nicht ausgeübt, oder zwar ausgeübt, aber ermessensfehlerhaft, so ist die angefochtene Entscheidung der Beklagten aufzuheben und diese zu verpflichten, entsprechend der Rechtsauffassung des Gerichts neu zu bescheiden.

D. Reformbestrebungen

32 Dazu wird auf die ausführliche Darstellung in der Kommentierung zu § 53 SGB XII Rn. 49 verwiesen.

---

[61] *Meusinger* in: Fichtner/Wenzel, SGB XII, 4. Aufl. 2009, § 57 Rn. 33.
[62] BSG v. 11.05.2011 - B 5 R 54/10 R, Rn. 20.
[63] BSG v. 11.05.2011 - B 5 R 54/10 R, Rn. 17.
[64] BSG v. 11.05.2011 - B 5 R 54/10 R, Rn. 18.

§ 58 SGB XII Gesamtplan

(Fassung vom 27.12.2003, gültig ab 01.01.2005)

(1) Der Träger der Sozialhilfe stellt so frühzeitig wie möglich einen Gesamtplan zur Durchführung der einzelnen Leistungen auf.

(2) Bei der Aufstellung des Gesamtplans und der Durchführung der Leistungen wirkt der Träger der Sozialhilfe mit dem behinderten Menschen und den sonst im Einzelfall Beteiligten, insbesondere mit dem behandelnden Arzt, dem Gesundheitsamt, dem Landesarzt, dem Jugendamt und den Dienststellen der Bundesagentur für Arbeit, zusammen.

Gliederung

A. Basisinformationen 1	II. Normzweck 6
I. Textgeschichte/Gesetzgebungsmaterialien 1	III. Tatbestandsmerkmale 7
II. Parallelvorschriften 2	1. Personenkreis 7
III. Systematische Zusammenhänge 3	2. Zuständigkeit und Inhalt 8
IV. Literaturhinweise/Internetadressen 4	3. Beteiligte 11
B. Auslegung der Norm 5	4. Rechtsnatur 12
I. Regelungsgehalt und Bedeutung der Norm 5	**C. Praxishinweise** 13

A. Basisinformationen

I. Textgeschichte/Gesetzgebungsmaterialien

Die mit § 46 BSHG identische Vorschrift ist durch das Gesetz zur Einordnung des Sozialhilferechts in das Sozialgesetzbuch vom 27.12.2003[1] mit Wirkung zum 01.01.2005 eingeführt worden und seither unverändert geblieben. **1**

II. Parallelvorschriften

Das Thema der Zusammenarbeit mehrerer Rehabilitationsträger (vgl. die Kommentierung zu § 59 SGB XII) und Mitwirkung der Antragsteller ist Gegenstand der §§ 10 ff. SGB IX. Die Rehabilitationsträger sind nach den §§ 12 und 13 SGB IX verpflichtet, zusammenzuarbeiten und zu diesem Zweck auch gemeinsame Empfehlungen zu erarbeiten. § 10 SGB IX beinhaltet die Grundregeln der Koordination von Leistungen, wenn verschiedene Leistungsgruppen oder mehrere Leistungsträger in Betracht kommen. § 11 SGB IX sieht die Prüfung geeigneter Maßnahmen zur Teilhabe am Arbeitsleben während einer medizinischen Rehabilitation vor. § 14 SGB IX enthält schließlich die maßgebliche Kollisionsvorschrift. Soweit Sachleistungen mehrerer Leistungsträger oder -arten durch Geldleistungen ersetzt werden, sehen die §§ 17 SGB IX und 4, 57 SGB XII im Zusammenwirken aller beteiligten Träger die Gewährung eines Persönlichen Budgets (vgl. die Kommentierung zu § 57 SGB XII) vor. Eine ähnliche, die Form der Zusammenarbeit regelnde Vorschrift enthält § 12 SGB XII (vgl. die Kommentierung zu § 12 SGB XII) (Förderplan). Vergleichbar ist auch die Eingliederungsvereinbarung in § 37 SGB III und § 15 SGB II. Weitere koordinierende, personenzentrierte Verfahren zur Durchführungsplanung bilden der Hilfeplan nach § 36 SGB VIII und der Eingliederungsplan nach § 3 Abs. 1 WVO. **2**

III. Systematische Zusammenhänge

Die Aufstellung des Gesamtplanes gehört zu den planenden und koordinierenden Instrumenten des Rehabilitationsrechts. Er geht über die Auskunfts- und Beratungspflichten der Sozialhilfeträger nach den §§ 14, 15 SGB I und der §§ 10 Abs. 2, 11 und 12 SGB XII hinaus und bezieht andere Träger mit ein. Zudem wird an die Mitwirkungsrechte, § 9 SGB IX und § 9 SGB XII, und -pflichten, §§ 63, 64 SGB I, des Antragstellers angeknüpft. Speziell der § 12 SGB XII (vgl. die Kommentierung zu § 12 SGB XII enthält Regeln zur Erstellung eines „Förderplans" vor Antritt einer Maßnahme, der gemeinsam vom **3**

---

[1] BGBl I 2003, 3022.

behinderten oder von Behinderung bedrohten Menschen und dem Sozialhilfeträger erstellt wird. Es handelt sich dabei nicht zwangsläufig um eine Zusicherung nach § 34 SGB X, schließt diese aber auch nicht aus.[2] Der Gesamtplan geht dem Förderplan vor.[3]

IV. Literaturhinweise/Internetadressen

4   Hier wird auf die ausführlichen Listen aktueller Literatur (vgl. die Kommentierung zu § 53 SGB XII Rn. 14) und Internetadressen (vgl. die Kommentierung zu § 53 SGB XII Rn. 13) in der Kommentierung zu § 53 SGB XII verwiesen. Insbesondere können dort die „Vorläufigen Empfehlungen zur Aufstellung und praktischen Anwendung des Gesamtplans nach § 58 SGB XII im Rahmen der Einzelfallsteuerung in der Eingliederungshilfe nach dem SGB XII" mit Stand vom 27.11.2007 der Bundesarbeitsgemeinschaft der überörtlichen Sozialhilfeträger (BAGüS) (vgl. www.lwl.org/LWL/Soziales/BAGues/Veroeffentlichungen/empfehlungen, abgerufen am 04.04.2014) eingesehen werden.

B. Auslegung der Norm

I. Regelungsgehalt und Bedeutung der Norm

5   Die Vorschrift sieht die frühzeitige Abstimmung bei einer Vielzahl möglicher einzelner Rehabilitationsleistungen unter der Ägide des Trägers der Sozialhilfe vor. Dazu soll der Träger der Sozialhilfe mit den im Einzelfall beteiligten behandelnden Ärzten, dem Gesundheitsamt, dem Landesarzt, ggf. dem Jugendamt, der BA und schließlich auch mit dem behinderten Menschen zusammenarbeiten.

II. Normzweck

6   Der personenzentrierte Ansatz des Gesamtplans ermöglicht dem oder den Leistungsträgern eine bessere Kostenkontrolle sowie Maßnahmeevaluation und dem behinderten Menschen die bestmögliche Effizienz durch passgenaue Abstimmung der einzelnen in Betracht kommenden Leistungen. Besondere Bedeutung gewinnt der Plan durch die Koordinierung der andernfalls unabhängig voneinander gewährten Einzelleistungen desselben oder mehrerer einzelner Träger der Rehabilitation. Es soll gewährleistet werden, dass die Einzelmaßnahmen aufeinander abgestimmt sind, ineinandergreifen sowie nahtlos und zügig umgesetzt werden können.[4] Die Beteiligung der behandelnden Ärzte, des Landesarztes und des Gesundheitsamtes, aber auch der Dienststellen der BA und ggf. des Jugendamtes bündelt die Fachkompetenz. In der Literatur wird der Sinn des Gesamtplans allerdings zunehmend in Frage gestellt und von einer „Verkümmerung" dieses Instruments gesprochen.[5] Dieser Zustand dürfte sich angesichts der Einführung des Persönlichen Budgets (vgl. die Kommentierung zu § 57 SGB XII, § 17 SGB IX, § 57 SGB XII) und der stärkeren Betonung der selbstbestimmten Leistungsbeschaffung zuspitzen.

III. Tatbestandsmerkmale

1. Personenkreis

7   Die Erstellung eines Gesamtplans setzt zunächst voraus, dass der Hilfebedürftige zu dem in § 53 Abs. 1 SGB XII (vgl. die Kommentierung zu § 53 SGB XII) beschriebenen Personenkreis zählt.

2. Zuständigkeit und Inhalt

8   Soweit lediglich Leistungen der Eingliederungshilfe in Betracht kommen, ist der Träger der Sozialhilfe allein **zuständig**. Sind Leistungen mehrerer Sozialleistungsträger betroffen, so sind sie nach § 10 SGB IX unter Federführung des Trägers der Sozialhilfe gemeinsam zur Aufstellung des Gesamtplans zuständig.[6] Der Träger der Sozialhilfe ist dann zur Aufstellung des Gesamtplans verpflichtet, wenn mehr als eine Maßnahme der Eingliederung notwendig wird.[7] Bei Einzelmaßnahmen ist der Gesamtplan nicht erforderlich.[8]

---

[2] *Berlit* in: LPK-SGB XII, § 12 Rn. 4.
[3] *Scheider* in: Schellhorn/Schellhorn/Hohm, SGB XII, 18. Aufl. 2010, § 58 Rn. 4; *Voelzke* in: Hauck/Noftz, K § 58 Rn. 3.
[4] *Meusinger* in: Fichtner/Wenzel, SGB XII, 4. Aufl. 2009, § 58 Rn. 1.
[5] *Pitschas*, SGb 2009, 253, 257.
[6] *Bieritz-Harder* in: LPK-SGB XII, § 58 Rn. 3; *Meusinger* in: Fichtner/Wenzel, SGB XII, 4. Aufl. 2009, § 58 Rn. 2; *Voelzke* in: Hauck/Noftz, K § 58 Rn. 3, 9.
[7] VG Leipzig v. 09.07.2002 - 2 K 808/02.
[8] *Wahrendorf* in: Grube/Wahrendorf, SGB XII, 3. Aufl. 2010, § 58 Rn. 2.

Die **inhaltliche Festlegung** des Gesamtplans obliegt allein dem Träger der Sozialhilfe, unbeschadet des Rechts des Hilfebedürftigen, gegebenenfalls einzelne Hilfsmaßnahmen zu erstreiten.[9] Ein behinderter Mensch hat nach § 58 SGB XII nur einen Anspruch auf eine verfahrensfehlerfreie Aufstellung eines Gesamtplans, nicht dagegen auf die Aufnahme bestimmter, einzelner Hilfemaßnahmen.[10] Es sind alle Einzelmaßnahmen aufzunehmen, die zur Erreichung des Rehabilitationsziels erforderlich sind. Daher gibt der Gesamtplan nur wieder, was aus Sicht des Trägers der Sozialhilfe für erforderlich und möglich gehalten wird.[11] Ist der behinderte Mensch anderer Ansicht, so ist es seine Sache, insoweit eine Verwaltungsentscheidung herbeizuführen und dagegen erforderlichenfalls im Wege der Klage vorzugehen (vgl. Rn. 13). Der Gesamtplan sollte folgende inhaltliche Festsetzungen enthalten:[12]

- die bisherige Entwicklung,
- die bereits durchgeführten Maßnahmen,
- eine Beschreibung des Status quo des Hilfebedürftigen,
- Leistungen anderer Leistungsträger,
- eine Zielvereinbarung mit dem behinderten Menschen,
- eine Beschreibung des ermittelten Bedarfs,
- die erforderlichen Leistungen und Maßnahmen,
- die konkreten Ziele, die mit der Leistung erreicht werden sollen,
- das Verfahren zur Evaluation und
- den Prozess zur Fortschreibung der Hilfeplanung.

Zu diesen Festlegungen kann auch die Auswahl des Anbieters gehören.[13] Ferner sind Ort, Zeit und Dauer der Maßnahmen und Leistungen festzuhalten.[14]

Der Plan ist **frühzeitig** aufzustellen. Frühzeitig heißt, er ist möglichst bereits vor Beginn der Durchführung der Maßnahme aufzustellen. Andernfalls kann das Ziel des Plans nicht mehr erreicht werden, eine verlässliche Kalkulationsgrundlage für den Träger und den behinderten Menschen zu bilden und durch Koordination der Einzelleistungen eine Effizienzsteigerung zu bewirken. Ist er nicht bereits vor Beginn aufgestellt worden, so kann dies nachgeholt werden. Bei der **Änderung der Verhältnisse** ist der Gesamtplan anzupassen und fortzuschreiben.[15]

3. Beteiligte

Bei der Aufstellung des Gesamtplans hat der Träger der Sozialhilfe mit den anderen Trägern sowie mit den im Einzelfall Beteiligten und dem behinderten Menschen zusammenzuwirken. Wer im Einzelfall beteiligt ist, ist unterschiedlich. So ist das Jugendamt natürlich nicht bei einem Erwachsenen zu beteiligen. Die Aufzählung ist im Übrigen nur beispielhaft,[16] d.h. soweit andere fachkundige Stellen beteiligt sind (etwa der MDK, WfbM, BBW, aber auch Angehörige), sind diese einzubeziehen. Die Aufgaben des Gesundheitsamtes ergeben sich aus § 59 SGB XII (vgl. die Kommentierung zu § 59 SGB XII), diejenigen des Landesarztes aus § 62 SGB IX. Die Vorschrift räumt den „Beteiligten" kein subjektives Recht auf Mitwirkung ein;[17] da sie den Belangen des Behinderten dient, können insbesondere nach Sinn und Zweck Personen als Beteiligte ausgeschlossen werden, deren Mitwirkung diesen Belangen schaden kann.[18]

---

[9] VGH Baden-Württemberg v. 04.11.1996 - 6 S 440/96 - ESVGH 47, 154; VG Meiningen v. 24.09.1997 - 8 K 973/96.Me - NJ 1998, 164.
[10] VGH Baden-Württemberg v. 04.11.1996 - 6 S 440/96 - ESVGH 47, 154, zu § 46 BSHG.
[11] *Voelzke* in: Hauck/Noftz, K § 58 Rn. 10.
[12] BAGüS, „Vorläufige Empfehlungen zur Aufstellung und praktischen Anwendung des Gesamtplans nach § 58 SGB XII im Rahmen der Einzelfallsteuerung in der Eingliederungshilfe nach dem SGB XII", Stand v. 27.11.2007, S. 7.
[13] BAGüS, „Vorläufige Empfehlungen zur Aufstellung und praktischen Anwendung des Gesamtplans nach § 58 SGB XII im Rahmen der Einzelfallsteuerung in der Eingliederungshilfe nach dem SGB XII", Stand v. 27.11.2007, S. 7; a.A. *Voelzke* in: Hauck/Noftz, K § 58 Rn. 9.
[14] *Meusinger* in: Fichtner/Wenzel, SGB XII, 4. Aufl. 2009, § 58 Rn. 3.
[15] *Voelzke* in: Hauck/Noftz, K § 58 Rn. 8.
[16] *Meusinger* in: Fichtner/Wenzel, SGB XII, 4. Aufl. 2009, § 58 Rn. 5.
[17] *Scheider* in: Schellhorn/Schellhorn/Hohm, SGB XII, 18. Aufl. 2010, § 58 Rn. 8; *Wahrendorf* in: Grube/Wahrendorf, SGB XII, 3. Aufl. 2010, § 58 Rn. 5.
[18] BVerfG v. 21.07.2005 - 1 BvR 817/05 - NVwZ-RR 2005, 825-826.

4. Rechtsnatur

12 Der Gesamtplan stellt keinen Verwaltungsakt dar, denn er regelt nicht rechtsverbindlich einen Einzelfall mit Außenwirkung;[19] er bildet auch keinen öffentlich-rechtlichen Vertrag.[20] Er dient dem Träger der Sozialhilfe als Richtschnur für die Durchführung der erforderlichen Eingliederungsmaßnahmen, ohne einen rechtsverbindlichen Charakter gegenüber dem Betroffenen oder einzelnen Stellen zu entfalten.[21] Er ist selbst keine unmittelbare Hilfsmaßnahme und räumt dem Betroffenen demgemäß auch keinen Anspruch auf die Durchführung der im Plan aufgeführten konkreten Einzelhilfsmaßnahmen ein; vielmehr ist er eine sachdienliche Verwaltungsmaßnahme zur Vorbereitung der dem Sozialhilfeträger nach § 17 Abs. 2 SGB XII obliegenden Ermessensentscheidung.[22] Die eigentliche Bewilligungsentscheidung folgt dann durch gesonderten Verwaltungsakt nach. Mit dem Plan wird auch nicht für die Zukunft abschließend und umfassend festgesetzt, welche Maßnahmen erbracht werden;[23] ggf. ist der Plan zu aktualisieren. Soweit Mitwirkungspflichten für den behinderten Menschen festgelegt worden sind, entfalten sie nur dann eine verbindliche, mit Konsequenzen bewehrte Wirkung, wenn sie in einen späteren, ausführenden Verwaltungsakt als Auflage eingebunden worden sind.

C. Praxishinweise

13 Sollte der behinderte Mensch die Notwendigkeit einzelner Hilfsmaßnahmen im Einzelfall anders beurteilen als der Sozialhilfeträger im Gesamtplan, so muss er zunächst über diese Hilfemaßnahme eine Verwaltungsentscheidung herbeiführen und dagegen ggf. mit Widerspruch und Klage vorgehen.[24] Die Vorschrift des § 58 SGB XII dient eben nicht dazu, die Frage, welche Maßnahmen in Zukunft dereinst einmal erforderlich sein sollten, bereits bei Aufstellung des Planes, ggf. nach einer Beweisaufnahme, abschließend und umfassend zu klären. Eine solche Vorverlagerung des Rechtsschutzes ist mit dem Gesamtplan von Gesetzes wegen nicht beabsichtigt; es handelt sich nur um eine **verwaltungsinterne Maßnahme**.[25] Verwaltung und Rechtsprechung würden auch völlig überfordert, wenn sie eine abschließende und detaillierte Prüfung aller in Betracht kommenden Maßnahmen vornehmen müssten, ehe die Maßnahme konkret zur Entscheidung ansteht.[26] Obwohl kein subjektives Recht auf Beteiligung an der Aufstellung des Gesamtplans besteht[27] und es sich nur um eine verwaltungsinterne Maßnahme handelt, besteht ein einklagbarer Anspruch auf die verfahrensfehlerfreie Aufstellung und Anpassung eines Gesamtplans (vgl. Rn. 8).[28] Richtige Klageart ist die allgemeine oder echte Leistungsklage.[29] Diese Verpflichtung kann auch im Wege des einstweiligen Rechtsschutzes nach § 86b Abs. 2 SGG (vorläufig) durchgesetzt werden.[30]

---

[19] BVerfG v. 21.07.2005 - 1 BvR 817/05- NVwZ-RR 2005, 825-826; VGH Baden-Württemberg v. 04.11.1996 - 6 S 440/96 - ESVGH 47, 154; *Scheider* in: Schellhorn/Schellhorn/Hohm, SGB XII, 18. Aufl. 2010, § 58 Rn. 8; *Wahrendorf* in: Grube/Wahrendorf, SGB XII, 3. Aufl. 2010, § 58 Rn. 3.
[20] BVerfG v. 21.07.2005 - 1 BvR 817/05 - NVwZ-RR 2005, 825-826.
[21] VGH Baden-Württemberg v. 04.11.1996 - 6 S 440/96 - ESVGH 47, 154.
[22] VGH Baden-Württemberg v. 04.11.1996 - 6 S 440/96 - ESVGH 47, 154; LSG Schleswig-Holstein v. 20.03.2008 - L 9 B 576/07 SO ER- juris Rn. 7 - RdLH 2008,169-170.
[23] VGH Baden-Württemberg v. 04.11.1996 - 6 S 440/96 - ESVGH 47, 154; *Voelzke* in: Hauck/Noftz, K § 58 Rn. 7.
[24] VGH Baden-Württemberg v. 04.11.1996 - 6 S 440/96 - ESVGH 47, 154.
[25] VGH Baden-Württemberg v. 04.11.1996 - 6 S 440/96 - ESVGH 47, 154.
[26] VGH Baden-Württemberg v. 04.11.1996 - 6 S 440/96 - ESVGH 47, 154.
[27] BVerfG v. 21.07.2005 - 1 BvR 817/05 - NVwZ-RR 2005, 825-826.
[28] OVG NRW v. 07.12.1972 - VIII A 414/72 - OVGE MüLü 29, 1; VGH Baden-Württemberg v. 04.11.1996 - 6 S 440/96 - ESVGH 47, 154; *Meusinger* in: Fichtner/Wenzel, SGB XII, 4. Aufl. 2009, § 58 Rn. 4; BAGüS, „Vorläufige Empfehlungen zur Aufstellung und praktischen Anwendung des Gesamtplans nach § 58 SGB XII im Rahmen der Einzelfallsteuerung in der Eingliederungshilfe nach dem SGB XII", Stand v. 27.11.2007, S. 6.
[29] *Wahrendorf* in: Grube/Wahrendorf, SGB XII, 3. Aufl. 2010, § 58 Rn. 4.
[30] LSG NRW v. 29.09.2009 - L 8 SO 177/09 B ER.

§ 59 SGB XII Aufgaben des Gesundheitsamtes

(Fassung vom 27.12.2003, gültig ab 01.01.2005)

Das Gesundheitsamt oder die durch Landesrecht bestimmte Stelle hat die Aufgabe,

1. behinderte Menschen oder Personensorgeberechtigte über die nach Art und Schwere der Behinderung geeigneten ärztlichen und sonstigen Leistungen der Eingliederungshilfe im Benehmen mit dem behandelnden Arzt auch während und nach der Durchführung von Heilmaßnahmen und Leistungen der Eingliederungshilfe zu beraten; die Beratung ist mit Zustimmung des behinderten Menschen oder des Personensorgeberechtigten im Benehmen mit den an der Durchführung der Leistungen der Eingliederungshilfe beteiligten Stellen oder Personen vorzunehmen. [2]Steht der behinderte Mensch schon in ärztlicher Behandlung, setzt sich das Gesundheitsamt mit dem behandelnden Arzt in Verbindung. [3]Bei der Beratung ist ein amtliches Merkblatt auszuhändigen. [4]Für die Beratung sind im Benehmen mit den Landesärzten die erforderlichen Sprechtage durchzuführen,

2. mit Zustimmung des behinderten Menschen oder des Personensorgeberechtigten mit der gemeinsamen Servicestelle nach den §§ 22 und 23 des Neunten Buches den Rehabilitationsbedarf abzuklären und die für die Leistungen der Eingliederungshilfe notwendige Vorbereitung abzustimmen und

3. die Unterlagen auszuwerten und sie zur Planung der erforderlichen Einrichtungen und zur weiteren wissenschaftlichen Auswertung nach näherer Bestimmung der zuständigen obersten Landesbehörde weiterzuleiten. [2]Bei der Weiterleitung der Unterlagen sind die Namen der behinderten Menschen und der Personensorgeberechtigten nicht anzugeben.

Gliederung

A. Basisinformationen 1	III. Tatbestandsmerkmale 7
I. Textgeschichte/Gesetzgebungsmaterialien 1	1. Personenkreis 7
II. Vorgängervorschriften 2	2. Beratungspflicht (Nr. 1) 8
III. Systematische Zusammenhänge 3	3. Abstimmung mit der gemeinsamen Servicestelle (Nr. 2) 10
IV. Internetadressen 4	
B. Auslegung der Norm 5	4. Auswertung und Weiterleitung von Unterlagen (Nr. 3) 11
I. Regelungsgehalt und Bedeutung der Norm 5	
II. Normzweck 6	**C. Praxishinweise** 12

A. Basisinformationen

I. Textgeschichte/Gesetzgebungsmaterialien

Die Vorschrift ist durch das Gesetz zur Einordnung des Sozialhilferechts in das Sozialgesetzbuch vom 27.12.2003[1] mit Wirkung zum 01.01.2005 eingeführt worden und seither unverändert geblieben. **1**

II. Vorgängervorschriften

Die Vorschrift ist weitgehend inhaltsgleich mit § 126 BSHG. Neu ist nur die Möglichkeit der abweichenden landesrechtlichen Bestimmung der Stelle im Eingangssatz sowie die Neuformulierung von Nr. 2 in Anlehnung an die gemeinsamen Servicestellen nach den §§ 22, 23 SGB IX. **2**

III. Systematische Zusammenhänge

Die Vorschrift steht im Zusammenhang mit den umfassenden Beratungspflichten der Sozialleistungsträger nach den §§ 14, 15 SGB I und der Träger der Sozialhilfe im Besonderen nach den §§ 11, 12 SGB XII. Durch eine qualifizierte Beratung wird es dem behinderten oder von Behinderung bedrohten **3**

---

[1] BGBl I 2003, 3022.

Menschen angesichts der Komplexität der Leistungen der Eingliederungshilfe oft erst ermöglicht, seine Teilhaberechte effektiv wahrzunehmen. Daher steht die Beratung nach § 59 SGB XII auch in Wechselwirkung mit den gemeinsamen Servicestellen nach den §§ 22, 23 SGB IX sowie den §§ 60 ff. SGB IX.

IV. Internetadressen

4 Eine Übersicht der gemeinsamen Servicestellen der Rehabilitationsträger findet sich unter: www.reha-servicestellen.de (abgerufen am 01.04.2014) auf der Homepage der DRV Bund. Rechtliche Arbeitshinweise können unter: www.deutsche-rentenversicherung-regional.de/Raa/Raa.do?f=SGB9_22ANL1 (abgerufen am 01.04.2014) eingesehen werden.

B. Auslegung der Norm

I. Regelungsgehalt und Bedeutung der Norm

5 Die Vorschrift definiert die Aufgaben der Gesundheitsämter bzw. der nach Landesrecht zuständigen Stelle gegenüber behinderten oder von Behinderung bedrohten Menschen im Rahmen der Eingliederungshilfe. Zunächst ist eine umfangreiche Beratungspflicht hinsichtlich der möglichen Leistungen der Eingliederungshilfe vorgesehen; ggf. auch in Zusammenarbeit mit den gemeinsamen Servicestellen der Rehabilitationsträger nach den §§ 22, 23 SGB IX hinsichtlich des Rehabilitationsbedarfs zu beraten. Soweit der behinderte oder von Behinderung bedrohte Mensch bereits in ärztlicher Behandlung steht, ist der Kontakt mit dem behandelnden Arzt zu suchen. Darüber hinaus besteht die Pflicht zur Auswertung der den behinderten oder von Behinderung bedrohten Menschen betreffenden Unterlagen sowie ihrer anonymisierten Weiterleitung an die zuständige oberste Landesbehörde.

II. Normzweck

6 Mit der Vorschrift wird die qualifizierte Beratung von behinderten oder von Behinderung bedrohten Menschen durch eine fachkundige Stelle sichergestellt, die einen entsprechenden Erfahrungsschatz im Rehabilitationsbereich kraft beruflicher Stellung bündelt. Damit kommt den Gesundheitsämtern oder den nach Landesrecht bestimmten Stellen die zentrale Aufgabe zur Koordinierung der medizinisch-fachlichen Vorermittlungen für die Entscheidung über die Erbringung von Leistungen der Eingliederungshilfe zu.

III. Tatbestandsmerkmale

1. Personenkreis

7 Die Aufgaben der Gesundheitsämter bzw. der nach Landesrecht bestimmten Stellen setzen voraus, dass der Hilfebedürftige zu dem in § 53 Abs. 1 SGB XII (vgl. die Kommentierung zu § 53 SGB XII) beschriebenen Personenkreis zählt. Obwohl im Gesetz nur der behinderte Mensch genannt wird, können nach dem Sinn und Zweck der Eingliederungshilfe von Behinderung bedrohte Menschen nicht ausgenommen werden;[2] denn gerade die Verhinderung oder Linderung der drohenden Behinderung verlangt eine möglichst frühzeitige Intervention, die wiederum entsprechend qualifizierte Beratung voraussetzt.

2. Beratungspflicht (Nr. 1)

8 Der behinderte oder von Behinderung bedrohte Mensch ist über die für seine Behinderung geeigneten ärztlichen oder sonstigen Leistungen der Eingliederungshilfe zu beraten. Gibt es einen Personensorgeberechtigten, so nimmt dieser die Beratung wahr. Die Initiative geht in erster Linie von dem Hilfebedürftigen aus. Wenn der Betreffende bereits in ärztlicher Behandlung steht, so setzt sich das Gesundheitsamt oder die sonstige nach Landesrecht zuständige Stelle mit dem behandelnden Arzt in Verbindung. Damit greift die Beratungspflicht nicht nur vor Behandlungsbeginn, sondern auch danach ein. In letzterem Fall, also während und nach der Durchführung einer Heilmaßnahme oder von Leistungen der Eingliederungshilfe, hat sich das Gesundheitsamt oder die sonstige nach Landesrecht zuständige Stelle mit dem behandelnden Arzt abzustimmen. Im Übrigen hat die Beratung auch im Benehmen mit den mit der Durchführung einer Maßnahme betrauten Personen oder Stellen zu erfolgen, wenn der behinderte oder von Behinderung bedrohte Mensch dem zustimmt.

---

[2] *Wahrendorf* in: Grube/Wahrendorf, SGB XII, 3. Aufl. 2010, § 59 Rn. 3.

Das Gesundheitsamt ist weder selbst Rehabilitationsträger noch führt es selbst einzelne Leistungen durch. Anträge, die dort gestellt werden, sind nach § 16 Abs. 1 SGB I weiterzuleiten. Zur Durchführung der Beratung sind im Benehmen mit den Landesärzten nach § 62 SGB IX Sprechtage durchzuführen. Außerdem ist ein amtliches Merkblatt auszuhändigen, welches über die Eingliederungsleistungen und die Ansprechpartner der zuständigen Verwaltung in allgemeiner Form unterrichtet.

3. Abstimmung mit der gemeinsamen Servicestelle (Nr. 2)

Die gemeinsame Servicestelle (vgl. Rn. 4) ist in den §§ 22, 23 SGB IX geregelt. In ihr wird die Kompetenz der Rehabilitationsträger nach dem SGB IX gebündelt. Daher hat das Gesundheitsamt oder die sonstige nach Landesrecht zuständige Stelle den Rehabilitationsbedarf mit der Servicestelle abzuklären und die notwendige Vorbereitung für die Leistungen der Eingliederungshilfe abzustimmen. Voraussetzung ist aber die Zustimmung des behinderten oder von Behinderung bedrohten Menschen oder seines Personensorgeberechtigten. Die Servicestellen haben ihrerseits die Integrationsämter, die Pflegekasse und mit Einverständnis des Betroffenen auch Interessenverbände behinderter Menschen (§ 22 Abs. 1 Satz 5 SGB IX) zu beteiligen.

4. Auswertung und Weiterleitung von Unterlagen (Nr. 3)

Einen eigenen Stellenwert haben die Auswertung und Weiterleitung von Unterlagen des behinderten oder von Behinderung bedrohten Menschen. Sie dienen der Planung der erforderlichen Einrichtungen und der weiteren wissenschaftlichen Auswertung und damit der Entwicklung der Infrastruktur der Eingliederungsleistungen. Nähere Bestimmungen über das „Wie" hat die oberste Landesbehörde festzulegen. Das Gesetz bestimmt allerdings, die betreffenden Daten zu anonymisieren, d.h. sie sind ohne den Namen des behinderten oder von Behinderung bedrohten Menschen und seines Personensorgeberechtigten weiterzuleiten.

C. Praxishinweise

Feststellungen, Abstimmungsergebnisse und Beratungsprotokolle bereiten die Entscheidung der Verwaltung lediglich vor. Sie sind nicht gesondert anfechtbar, sondern können nur als inhaltlicher Mangel im Rahmen der Anfechtung eines darauf gestützten Verwaltungsaktes gerügt werden. Eine entsprechende Anfechtungsklage wäre unzulässig.

§ 60 SGB XII Verordnungsermächtigung

(Fassung vom 27.12.2003, gültig ab 01.01.2005)

Die Bundesregierung kann durch Rechtsverordnung mit Zustimmung des Bundesrates Bestimmungen über die Abgrenzung des leistungsberechtigten Personenkreises der behinderten Menschen, über Art und Umfang der Leistungen der Eingliederungshilfe sowie über das Zusammenwirken mit anderen Stellen, die den Leistungen der Eingliederungshilfe entsprechende Leistungen durchführen, erlassen.

Gliederung

A. Basisinformationen 1	B. Auslegung der Norm 4
I. Textgeschichte/Gesetzgebungsmaterialien 1	I. Regelungsgehalt und Bedeutung der Norm 4
II. Vorgängervorschriften 2	II. Normzweck 5
III. Untergesetzliche Vorschriften 3	III. Tatbestandsmerkmale 6

A. Basisinformationen

I. Textgeschichte/Gesetzgebungsmaterialien

1   Die Vorschrift ist durch das Gesetz zur Einordnung des Sozialhilferechts in das Sozialgesetzbuch vom 27.12.2003[1] mit Wirkung zum 01.01.2005 eingeführt worden und seither unverändert geblieben.

II. Vorgängervorschriften

2   Die Vorschrift ist mit § 47 BSHG inhaltsgleich; lediglich die Überschrift ist neu gefasst worden. Die alte Überschrift lautete: „Bestimmungen über die Durchführung der Hilfe". Eine inhaltliche Veränderung ist damit nicht verbunden.

III. Untergesetzliche Vorschriften

3   In Ausübung der Verordnungsermächtigung des § 60 SGB XII hat die Bundesregierung die „Eingliederungshilfe-Verordnung" i.d.F. der Bekanntmachung vom 01.02.1975[2] erlassen und diese zuletzt durch das Gesetz zur Einordnung des Sozialhilferechts in das Sozialgesetzbuch vom 27.12.2003[3] geändert. Die Verordnung wird im Anhang zu dieser Vorschrift kommentiert (vgl. die Kommentierung zu § 1 EinglHV).

B. Auslegung der Norm

I. Regelungsgehalt und Bedeutung der Norm

4   Die Norm ermächtigt die Bundesregierung, Einzelheiten zur Abgrenzung des berechtigten Personenkreises, der Art und des Umfangs der Leistung und des Zusammenwirkens der Träger der Eingliederungshilfe mit anderen Rehabilitationsträgern durch Rechtsverordnung zu regeln. Die Verordnung bedarf der Zustimmung des Bundesrates.

II. Normzweck

5   Die Einzelheiten der Abgrenzung des Personenkreises und des Leistungsumfangs sind nicht im SGB XII geregelt. Insbesondere hat der Gesetzgeber den unbestimmten Rechtsbegriff der „Wesentlichkeit" einer Behinderung nicht weiter ausgefüllt. Daher ist es dem Verordnungsgeber überlassen worden, diese zu bestimmen. Durch diese Regelungstechnik wird ermöglicht, auf geänderte wissenschaftliche Erkenntnisse im Hinblick auf Art und Schwere einer Behinderung und die Entwicklung neuer Rehabilitationsleistungen flexibler zu reagieren, d.h. ohne das Gesetzgebungsverfahren durchlaufen zu müssen.[4]

---

[1] BGBl I 2003, 3022.
[2] BGBl I 1975, 433, 434.
[3] BGBl I 2003, 3022, 3059.
[4] *Meusinger* in: Fichtner/Wenzel, SGB XII, 4. Aufl. 2009, § 60 Rn. 2; *Scheider* in: Schellhorn/Schellhorn/Hohm, SGB XII, 18. Aufl. 2010, § 60 Rn. 1.

III. Tatbestandsmerkmale

Ermächtigt ist die Bundesregierung. Für die heute noch im Wesentlichen gültige Fassung war 1975 das Bundesministerium für Jugend, Familie und Gesundheit federführend.

Der Verordnungsgeber hat von der Ermächtigung Gebrauch gemacht und die Eingliederungshilfe-Verordnung erlassen. Sie konkretisiert insbesondere das Merkmal der „Wesentlichkeit" und ergänzt den Leistungskatalog um weitere Maßnahmen. Dazu wird auf die Erläuterungen im Anhang verwiesen (vgl. die Kommentierung zu § 1 EinglHV). Regelungen über das Zusammenwirken mit anderen Rehabilitationsträgern sind in der aktuellen Fassung der Eingliederungshilfe-Verordnung nicht mehr enthalten, weil dies nun weitgehend im SGB IX enthalten ist.[5]

---

[5] Eine detaillierte Änderungsübersicht bietet *Meusinger* in: Fichtner/Wenzel, SGB XII, 4. Aufl. 2009, § 60 Rn. 1.

Siebtes Kapitel: Hilfe zur Pflege

§ 61 SGB XII Leistungsberechtigte und Leistungen

(Fassung vom 28.05.2008, gültig ab 01.07.2008)

(1) ¹Personen, die wegen einer körperlichen, geistigen oder seelischen Krankheit oder Behinderung für die gewöhnlichen und regelmäßig wiederkehrenden Verrichtungen im Ablauf des täglichen Lebens auf Dauer, voraussichtlich für mindestens sechs Monate, in erheblichem oder höherem Maße der Hilfe bedürfen, ist Hilfe zur Pflege zu leisten. ²Hilfe zur Pflege ist auch Kranken und behinderten Menschen zu leisten, die voraussichtlich für weniger als sechs Monate der Pflege bedürfen oder einen geringeren Bedarf als nach Satz 1 haben oder die der Hilfe für andere Verrichtungen als nach Absatz 5 bedürfen; für Leistungen für eine stationäre oder teilstationäre Einrichtung gilt dies nur, wenn es nach der Besonderheit des Einzelfalles erforderlich ist, insbesondere ambulante oder teilstationäre Leistungen nicht zumutbar sind oder nicht ausreichen.

(2) ¹Die Hilfe zur Pflege umfasst häusliche Pflege, Hilfsmittel, teilstationäre Pflege, Kurzzeitpflege und stationäre Pflege. ²Der Inhalt der Leistungen nach Satz 1 bestimmt sich nach den Regelungen der Pflegeversicherung für die in § 28 Abs. 1 Nr. 1, 5 bis 8 des Elften Buches aufgeführten Leistungen; § 28 Abs. 4 des Elften Buches gilt entsprechend. ³Die Hilfe zur Pflege kann auf Antrag auch als Teil eines trägerübergreifenden Persönlichen Budgets erbracht werden. ⁴§ 17 Abs. 2 bis 4 des Neunten Buches in Verbindung mit der Budgetverordnung und § 159 des Neunten Buches sind insoweit anzuwenden.

(3) Krankheiten oder Behinderungen im Sinne des Absatzes 1 sind:

1. Verluste, Lähmungen oder andere Funktionsstörungen am Stütz- und Bewegungsapparat,
2. Funktionsstörungen der inneren Organe oder der Sinnesorgane,
3. Störungen des Zentralnervensystems wie Antriebs-, Gedächtnis- oder Orientierungsstörungen sowie endogene Psychosen, Neurosen oder geistige Behinderungen,
4. andere Krankheiten oder Behinderungen, infolge derer Personen pflegebedürftig im Sinne des Absatzes 1 sind.

(4) Der Bedarf des Absatzes 1 besteht in der Unterstützung, in der teilweisen oder vollständigen Übernahme der Verrichtungen im Ablauf des täglichen Lebens oder in Beaufsichtigung oder Anleitung mit dem Ziel der eigenständigen Übernahme dieser Verrichtungen.

(5) Gewöhnliche und regelmäßig wiederkehrende Verrichtungen im Sinne des Absatzes 1 sind:

1. im Bereich der Körperpflege das Waschen, Duschen, Baden, die Zahnpflege, das Kämmen, Rasieren, die Darm- und Blasenentleerung,
2. im Bereich der Ernährung das mundgerechte Zubereiten oder die Aufnahme der Nahrung,
3. im Bereich der Mobilität das selbstständige Aufstehen und Zu-Bett-Gehen, An- und Auskleiden, Gehen, Stehen, Treppensteigen oder das Verlassen und Wiederaufsuchen der Wohnung,

4. im Bereich der hauswirtschaftlichen Versorgung das Einkaufen, Kochen, Reinigen der Wohnung, Spülen, Wechseln und Waschen der Wäsche und Kleidung und das Beheizen.

(6) Die Verordnung nach § 16 des Elften Buches, die Richtlinien der Pflegekassen nach § 17 des Elften Buches, die Verordnung nach § 30 des Elften Buches, die Rahmenverträge und Bundesempfehlungen über die pflegerische Versorgung nach § 75 des Elften Buches und die Vereinbarungen über die Qualitätssicherung nach § 113 des Elften Buches finden zur näheren Bestimmung des Begriffs der Pflegebedürftigkeit, des Inhalts der Pflegeleistung, der Unterkunft und Verpflegung und zur Abgrenzung, Höhe und Anpassung der Pflegegelder nach § 64 entsprechende Anwendung.

Gliederung

A. Basisinformation 1	b. Gewöhnliche und regelmäßig wiederkehrende Verrichtungen im Ablauf des täglichen Lebens (Absatz 5) 54
I. Textgeschichte/Gesetzgebungsmaterialien zu den §§ 61 ff. SGB XII 1	c. Dauerhaftigkeit des Hilfebedarfs 73
II. Vorgängervorschriften 6	d. Erheblicher Pflegebedarf 75
III. Parallelvorschriften, insbesondere: SGB II........ 8	2. Die Öffnungsklausel des Absatzes 1 Satz 2 80
IV. Untergesetzliche Normen/Verwaltungsvorschriften 9	a. Pflegebedarf unter sechs Monaten (Absatz 1 Satz 2 Alternative 1) 81
V. Systematische Zusammenhänge 10	b. Geringerer Pflegebedarf (Absatz 1 Satz 2 Alternative 2) 82
1. Verhältnis zu den Leistungen nach dem SGB XI 10	c. Pflegebedarf für andere Verrichtungen (Absatz 1 Satz 2 Alternative 3) 85
2. Verhältnis zur Eingliederungshilfe für behinderte Menschen... 16	d. Ermittlung des Vorliegens erweiterter Pflegebedürftigkeit und ihre Auswirkungen auf den Leistungsbezug 91
3. Verhältnis zur Hilfe zur Gesundheit (§§ 47 ff. SGB XII) bzw. zu den Leistungen der gesetzlichen Krankenversicherung (§§ 37 ff. SGB V bzw. § 264 SGB V) 22	3. Feststellung der Pflegebedürftigkeit (Absatz 4) 94
a. Versorgung im häuslichen Bereich 23	IV. Inhalt der Hilfe zur Pflege (Absatz 2) 95
b. Versorgung im stationären Bereich.................. 30	1. Übersicht 95
4. Verhältnis zur Hilfe zum Lebensunterhalt (§§ 27 ff. SGB XII) 32	2. Die Leistungen der Hilfe zur Pflege im Einzelnen 100
5. Verhältnis zur Hilfe zur Weiterführung des Haushalts (§ 70 SGB XII) 37	a. Häusliche Pflege 100
6. Abgrenzung zur Blindenhilfe und zur Landesblindenhilfe... 38	b. Hilfsmittel 119
7. Nachranggrundsatz in der Hilfe zur Pflege 39	c. Teilstationäre Pflege 130
VI. Ausgewählte Literaturhinweise 45	d. Kurzzeitpflege 142
B. Auslegung der Norm 46	e. Vollstationäre Pflege 148
I. Regelungsgehalt und Bedeutung der Norm 46	f. Hilfe zur Pflege als Teil eines trägerübergreifenden Persönlichen Budgets (Absatz 2 Sätze 3 und 4) 154
II. Normzweck 48	V. Rechtscharakter der Hilfe zur Pflege 163
III. Tatbestandsmerkmale..................................... 49	VI. Entsprechende Anwendbarkeit bestimmter Regelungen des SGB XI (Absatz 6) 165
1. Ausgangspunkt: Pflegebedürftigkeit i.S.d. SGB XI (Absatz 1 Satz 1, Absätze 3-5) 49	**C. Praxistipps** 170
a. Körperliche, geistige oder seelische Krankheit oder Behinderung (Absatz 3) 51	

A. Basisinformation

I. Textgeschichte/Gesetzgebungsmaterialien zu den §§ 61 ff. SGB XII

Die „Hilfe zur Pflege" ist seit jeher eine der wesentlichen Aufgaben des Sozialhilferechts. Ursprünglich stellte sie die einzige Absicherung des Risikos der Pflegebedürftigkeit dar. Nicht zuletzt aufgrund erheblicher Zunahme der Fälle hilfebedürftiger Pflegebedürftiger und der damit einhergehenden finanziellen Belastungen der Sozialhilfeträger wurde schließlich durch das **Gesetz zur Einführung der So-**   1 zialen **Pflegeversicherung** (PflegeVG) vom 26.05.1994[1] mit Wirkung zum 01.04.1995 eine gesetzliche Pflichtversicherung zur Schaffung einer eigenständigen Absicherung des Pflegerisikos eingeführt, die seither im Einzelnen im SGB XI geregelt ist. Im Zuge der Einführung der sozialen Pflegeversicherung wurden auch die sozialhilferechtlichen Regelungen der Hilfe zur Pflege (bis dahin §§ 68 und 69 BSHG) durch Art. 18 PflegeVG neu geregelt und im Umfang auf sechs detaillierte Vorschriften (§§ 68-69c BSHG) erheblich ausgeweitet. Die sozialhilferechtlichen Bestimmungen wurden dabei insbesondere hinsichtlich des Pflegebedürftigkeitsbegriffs und des Leistungskatalogs an die Regelungen des SGB XI angepasst. Die maßgeblichen Gesetzesmaterialien zur Einführung der gesetzlichen Pflegeversicherung mit den entsprechenden Änderungen des Sozialhilferechts finden sich in BT-Drs. 12/5263, S. 167 ff.

2   Nach einer Reihe lediglich kleinerer Änderungen der §§ 68 ff. BSHG (z.B. aufgrund des Euro-Einführungsgesetzes oder infolge von Gesetzesänderungen zu Regelungen des SGB IX bzw. des SGB XI)[2] wurde mit Erlass des **Gesetzes zur Einordnung des Sozialhilferechts in das Sozialgesetzbuch vom 27.12.2003**[3] das BSHG zum 31.12.2004 außer Kraft gesetzt, und die sozialhilferechtlichen Regelungen wurden ab 01.01.2005 in das SGB XII überführt. Die Hilfe zur Pflege ist seitdem in den §§ 61 ff. SGB XII geregelt. Der Gesetzgeber hat dabei die bislang geltenden Vorschriften der §§ 68 ff. BSHG mit nur wenigen Änderungen (insoweit aber wesentlich: die Einführung eines trägerübergreifenden Persönlichen Budgets, § 61 Abs. 2 Sätze 3 und 4 SGB XII) in das SGB XII übernommen. Die maßgeblichen Gesetzesmaterialien hierzu finden sich in BT-Drs. 15/1636 (Gesetzesentwurf der Bundesregierung zur Einordnung des Sozialhilferechts in das Sozialgesetzbuch) sowie in BR-Drs. 559/03 (Empfehlungen des Bundesrates).

3   Seither ist lediglich durch Art. 7 Nr. 2 des **Pflege-Weiterentwicklungsgesetzes** vom 28.05.2008[4] eine Änderung an den §§ 61 ff. SGB XII erfolgt: § 61 Abs. 6 SGB XII, der auf Vorschriften des SGB XI verweist, wurde an eine Änderung des SGB XI angepasst. Die insoweit einschlägigen Gesetzesmaterialien finden sich in BT-Drs. 16/7439.

4   In der jüngeren Vergangenheit gibt es erhebliche **Reformbestrebungen** für das Recht der sozialen Pflegeversicherung. Insbesondere wird die Einführung eines **neuen Pflegebedürftigkeitsbegriffs** diskutiert. Wesentliche Aspekte, wie beispielsweise die Kommunikation und soziale Teilhabe, würden ausgeblendet und der Bedarf an allgemeiner Betreuung, Beaufsichtigung und Anleitung, insbesondere bei Menschen mit eingeschränkter Alltagskompetenz, zu wenig berücksichtigt.[5] Gleichwohl ist § 14 SGB XI bislang unverändert geblieben. Die Regelung hat weder durch Inkrafttreten des Gesetzes zur strukturellen Weiterentwicklung der Pflegeversicherung (Pflege-Weiterentwicklungsgesetz) vom 28.05.2008 mit Wirkung zum 01.07.2008[6] noch insbesondere des Gesetzes zur Neuausrichtung der Pflegeversicherung (**Pflege-Neuausrichtungs-Gesetz – PNG**) vom 23.10.2012[7] eine Änderung erfahren. Das PNG hat die Bestrebungen aus der jüngeren Vergangenheit, den Begriff der Pflegebedürftigkeit grundlegend neu zu definieren, (vorerst) zurückgestellt. In der Gesetzesbegründung findet sich dazu der Hinweis, zwar bestehe ein gesellschaftlicher Konsens über das Erfordernis einer Neudefinition der Pflegebedürftigkeit. Allerdings sei für die Einführung eines neuen Pflegebedürftigkeitsbegriffs, „auch aufgrund einer Vielzahl von technischen Fragen", ein längerer Umsetzungsprozess erforderlich, der mithilfe eines Expertenbeirats fachlich fundiert vorbereitet werden solle.[8] Ein solcher Expertenbeirat wurde bereits konstituiert.[9] Ein konkreter Zeitplan war jedoch bislang nicht ersichtlich. Nun findet sich im Koalitionsvertrag der Bundesregierung die Absichtserklärung, einen neuen Pflege-

---

[1] BGBl I 1994, 1014.
[2] Vgl. dazu i.E. die Aufstellung bei *Lachwitz* in: Fichtner/Wenzel, § 61 Rn. 2.
[3] BGBl I 2003, 3022.
[4] BGBl I 2008, 874.
[5] Vgl. zum Stand der Diskussion insbes. *Udsching*, Strukturelle Probleme der Pflegeversicherung, in Sozialrecht – eine Terra incognita, 2009, S. 87 ff.
[6] BGBl I 2008, 874.
[7] BGBl I 2012, 2246.
[8] Vgl. BT-Drs. 17/9369, S. 18 f.
[9] Vgl. dazu auch die Pressemitteilung des Bundesministeriums der Gesundheit vom 01.03.2012: „Startschuss für den Expertenbeirat zur Ausgestaltung eines neuen Pflegebedürftigkeitsbegriffs."

bedürftigkeitsbegriff auf der Grundlage der Empfehlungen des Expertenbeirats einzuführen.[10] Sollte eine entsprechende Gesetzesreform verwirklicht werden, wird dies aller Voraussicht nach wesentliche Änderungen auch für die Hilfe zur Pflege mit sich bringen; insbesondere dürfte sich ihr Anwendungsfeld deutlich verkleinern.

Durch das **Gesetz zur Ermittlung von Regelbedarfen und zur Änderung des Zweiten und Zwölften Buches Sozialgesetzbuch vom 24.03.2011**[11] haben die Regelungen der §§ 61 ff. SGB XII indes keine Änderung erfahren. 5

II. Vorgängervorschriften

Die Regelungen der §§ 61 ff. SGB XII sind die Nachfolgeregelungen zu den §§ 68-69c BSHG. Unmittelbare Vorgängervorschrift zu § 61 SGB XII ist daher § 68 BSHG, dessen Inhalt und Wortlaut § 61 SGB XII weitgehend übernommen hat: Abgesehen von der Einführung des trägerübergreifenden Persönlichen Budgets in § 61 Abs. 2 Sätze 3 und 4 SGB XII sind die in § 61 SGB XII gegenüber § 68 BSHG vorgenommenen Änderungen nur redaktioneller Art. 6

Die Bestimmungen über das Persönliche Budget sind gem. Art. 70 Abs. 2 Satz 3 des Gesetzes zur Einordnung des Sozialhilferechts in das Sozialgesetzbuch vom 27.12.2003 schon am 01.07.2004 und damit noch unter Geltung des BSHG in Kraft getreten. 7

III. Parallelvorschriften, insbesondere: SGB II

Parallelvorschriften zu den §§ 61 ff. SGB XII in anderen Gesetzbüchern und insbesondere im SGB II existieren nicht. Für **Empfänger von Alg II** besteht unter den Voraussetzungen des § 20 Abs. 1 Nr. 2a SGB XI Versicherungspflicht in der sozialen Pflegeversicherung. Im Regelfall ist für diese daher die Pflegeversicherung zuständig. Leistungen der Pflege sieht das SGB II nur – als Ermessensleistung – in § 16a Abs. 1 Nr. 1 SGB II vor, und zwar als Eingliederungsleistung zugunsten des SGB-II-Empfängers in Form der Gewährleistung der Pflege von Angehörigen. Für sich selbst kann der SGB-II-Leistungsempfänger aber Hilfe zur Pflege nach dem SGB XII beantragen. Die **Ausschlussregelungen des § 5 Abs. 2 SGB II und des § 21 Satz 1 SGB XII** gelten nur für die Leistungen des Dritten Kapitels des SGB XII und wegen der für Leistungsansprüche nach dem SGB II erforderlichen Erwerbsfähigkeit auch für Leistungen nach den §§ 41 ff. SGB XII, nicht jedoch für Leistungen nach den §§ 61 ff. SGB XII. Sie können neben dem Alg II bezogen werden.[12] Der gegenüber dem Träger der SGB-II-Leistungen gestellte Antrag auf Hilfe zur Pflege eines Empfängers von Alg II ist dann auch als Antrag gegenüber dem Sozialhilfeträger zu verstehen.[13] 8

IV. Untergesetzliche Normen/Verwaltungsvorschriften

Im Bereich des § 61 SGB XII finden über die Verweisungsvorschrift in Absatz 6 verschiedene Richtlinien, Rahmenverträge, Bundesempfehlungen und Vereinbarungen entsprechende Anwendung, die jeweils auf der Grundlage von Vorschriften des SGB XI erlassen wurden. Dadurch soll die Zugrundelegung gleicher Maßstäbe für die Feststellung von Pflegebedürftigkeit bei Leistungen nach dem SGB XI und dem SGB XII gewährleistet werden. Vgl. dazu i.E. Rn. 165. 9

---

[10] Vgl. dazu den Koalitionsvertrag „Deutschlands Zukunft gestalten" zwischen CDU, CSU und SPD in der 18. Legislaturperiode. Im Wortlaut ist dazu wie folgt formuliert: „Wir wollen die Pflegebedürftigkeit besser anerkennen, um die Situation der Pflegebedürftigen, von Angehörigen und Menschen, die in der Pflege arbeiten, zu verbessern. Dazu wollen wir den neuen Pflegebedürftigkeitsbegriff auf der Grundlage der Empfehlungen des Expertenbeirates in dieser Legislaturperiode so schnell wie möglich einführen. Insbesondere Menschen mit Demenzerkrankungen sollen damit bessere und passgenauere Leistungen erhalten. Diejenigen, die heute Leistungen erhalten, werden durch die Einführung nicht schlechter gestellt."

[11] BGBl I 2011, 453.

[12] So auch das BSG v. 26.08.2008 - B 8/9b SO 18/07 R - SozR 4-3500 § 18 Nr. 1, sowie BSG v. 11.12.2007 - B 8/9b SO 12/06 R - SozR 4-3500 § 21 Nr. 1; ebenso schon das LSG Baden-Württemberg v. 07.03.2006 - L 7 SO 509/06 ER-B - juris; vgl. eingehend zum Thema auch *Knickrehm*, NZS 2007, 128.

[13] Vgl. BSG v. 26.08.2008 - B 8/9b SO 18/07 R - SozR 4-3500 § 18 Nr. 1, sowie BSG v. 11.12.2007 - B 8/9b SO 12/06 R - SozR 4-3500 § 21 Nr. 1.

V. Systematische Zusammenhänge

1. Verhältnis zu den Leistungen nach dem SGB XI

10 Seit Einführung der sozialen Pflegeversicherung im SGB XI orientieren sich die sozialhilferechtlichen Regelungen der Hilfe zur Pflege inhaltlich in wesentlichen Punkten an den Regelungen des SGB XI. So knüpfen die §§ 61 ff. SGB XII hinsichtlich der zentralen Anspruchsvoraussetzung der Hilfe zur Pflege, nämlich der Pflegebedürftigkeit, zunächst einmal an den Pflegebedürftigkeitsbegriff nach dem SGB XI an. Allerdings findet dieser Begriff für das SGB XII durch § 61 Abs. 1 Satz 2 SGB XII eine wesentliche Erweiterung: Auch in Fällen, die noch keine erhebliche Pflegebedürftigkeit im Sinne des SGB XI erreichen, kann Hilfe zur Pflege geleistet werden (sog. Pflegestufe „Null", vgl. dazu noch i.E. Rn. 82). Weiter ist auch der Leistungskatalog der §§ 61 ff. SGB XII an die Leistungen des SGB XI angebunden (vgl. dazu Rn. 95). Und schließlich gibt § 62 SGB XII eine Bindungswirkung der Entscheidungen der Pflegekasse für den Sozialhilfeträger vor. Die soziale Pflegeversicherung setzt daher für die Ausgestaltung der sozialhilferechtlichen Hilfe zur Pflege in mehrfacher Hinsicht entscheidende Maßstäbe.

11 Soweit dem Pflegebedürftigen aus der sozialen Pflegeversicherung ein Leistungsanspruch zusteht, wird die Anwendbarkeit der §§ 61 ff. SGB XII verdrängt. Dies folgt aus **§ 13 Abs. 3 SGB XI**, der wiederum spezialgesetzlich den ohnehin im Sozialhilferecht geltenden **Nachranggrundsatz der Sozialhilfe** (§ 2 Abs. 1 SGB XII) nochmals ausdrücklich aufgreift (vgl. zum Nachranggrundsatz Rn. 39). Nach seiner Formulierung „gehen die Leistungen der Pflegeversicherung den Leistungen der Hilfe zur Pflege nach dem SGB XII vor". Hilfe zur Pflege wird damit in dem Umfang nicht gewährt, in welchem ein Anspruch auf Leistungen nach dem SGB XI besteht.

12 Gleichwohl ergibt sich nach wie vor ein breites Anwendungsfeld auch für die Hilfe zur Pflege. Dies folgt insbesondere aus der grundlegend unterschiedlichen Konzeption von sozialer Pflegeversicherung und Hilfe zur Pflege. Ansprüche auf Leistungen der **sozialen Pflegeversicherung** bestehen zwar unabhängig von den finanziellen Verhältnissen der pflegebedürftigen Person. Gewährleistet wird jedoch nur eine Grundsicherung, die nicht jeglichen pflegerischen Bedarf abdecken, sondern nur eine teilweise Hilfe gewährleisten soll (daher auch „**Teilkasko-Versicherung**" genannt). Deshalb sind die Leistungen nach dem SGB XI der Art nach begrenzt und der Höhe nach gedeckelt. Auch ist ein Leistungsanspruch aus der sozialen Pflegeversicherung vom Vorliegen gewisser versicherungsrechtlicher Voraussetzungen abhängig. Demgegenüber ist die **Hilfe zur Pflege** als vollumfängliche Absicherung des Pflegerisikos angelegt. Sie geht vom Erfordernis einer ganzheitlichen Pflege mit voller Bedarfsdeckung aus (sog. „**Vollkasko-Versicherung**"). Zugute kommt sie jedoch nicht grundsätzlich jedermann; vielmehr wird sie immer nur einkommens- und vermögensabhängig gewährt, also nur den Bedürftigen.

13 Die Leistungen nach dem SGB XI verdrängen die Hilfe zur Pflege daher nicht vollständig. Ansprüche auf Leistungen nach den §§ 61 ff. SGB XII bestehen vielmehr insbesondere in folgenden Fallkonstellationen:

- Wenn die der Höhe nach gedeckelten Leistungen der Pflegeversicherung im Einzelfall zur Deckung des vollen Pflegebedarfs eines bedürftigen Pflegebedürftigen nicht ausreichen und deshalb ergänzt werden müssen (sog. **Ergänzungs- oder Aufstockungsbedarf**).[14] Die Leistungen der Pflegeversicherung betragen derzeit[15] monatlich:

	Pflegestufe I	Pflegestufe II	Pflegestufe III
bei ambulanter Pflege in Form der Sachleistung (§ 36 SGB XI)	450 €	1.100 €	1.550 € in Härtefällen auch 1.918 €
bei ambulanter Pflege in Form der Geldleistung (§ 37 SGB XI)	235 €	440 €	700 €
bei teilstationärer Pflege (§ 41 SGB XI)	450 €	1.100 €	1.550 €
bei vollstationärer Pflege (§ 43 SGB XI)	1.023 €	1.279 €	1.550 € in Härtefällen auch 1.918 €

---

[14] So schon zu § 68 BSHG das BVerwG v. 15.06.2000 - 5 C 34/99 - BVerwGE 111, 241 ff.
[15] Ab 01.01.2012, vgl. die §§ 36, 37, 41, 43, 45b SGB XI jeweils i.d.F. vom 28.05.2008.

Bei zusätzlichem erheblichem Betreuungsbedarf (etwa im Falle einer Demenzerkrankung) einen monatlichen Grundbetrag von 100 € bzw. den erhöhten Betrag von 200 € (vgl. die zum 01.07.2008 neu eingeführten §§ 45a, 45b SGB XI). Pflegebedürftige, deren finanzielle Mittel nicht ermöglichen, den mit Blick darauf von der Pflegeversicherung der Eigenverantwortung überlassenen Finanzierungsanteil zu tragen, erhalten zusätzliche bedarfsdeckende Leistungen,

- wenn die zu pflegende Person **nicht in der sozialen Pflegeversicherung versichert** ist oder die **versicherungsrechtlichen Voraussetzungen** (etwa die Vorversicherungszeit nach § 33 Abs. 2 SGB XI oder die Vorpflegezeit nach § 39 Abs. 2 SGB XI) nicht vorliegen, jedoch ein unabweisbarer Pflegebedarf besteht,
- wenn die pflegebedürftige Person einen zeitlich kürzeren als sechs Monate andauernden Pflegebedarf aufweist oder aber eine Pflegesituation gegeben ist, die den Pflegebedürftigkeitsbegriff des SGB XI (noch) nicht erfüllt, weil der Pflegebedarf auf „**andere Verrichtungen**" zielt oder durch „**andere Krankheiten oder Behinderungen**" bedingt ist oder aber ein **geringerer Bedarf** als für die Pflegeversicherung relevant vorliegt, insoweit aber der in § 61 Abs. 1 Satz 2 SGB XII erweiterte Pflegebedürftigkeitsbegriff erfüllt ist (vgl. dazu i.E. Rn. 80),
- wenn die Voraussetzungen einer **vorläufigen Bedarfssituation** zu bejahen sind, insbesondere weil sich die Bewilligung oder Auszahlung von Leistungen nach dem SGB XI verzögert, jedoch ein unaufschiebbarer Bedarf besteht.

Probleme wirft die Regelung des **§ 13 Abs. 3a SGB XI** auf, die durch das **Pflegeleistungsergänzungsgesetz vom 14.12.2001**[16] zusammen mit den Regelungen der §§ 45a-45c SGB XI (mittlerweile: bis § 45d SGB XI) eingeführt worden ist. Die **§§ 45a-45d SGB XI** ergänzen die Leistungen der Pflegeversicherungen. Nach § 45b SGB XI umfassen die zusätzlichen Betreuungsleistungen einen monatlichen Grundbetrag von höchstens 100 € monatlich oder einen erhöhten Betrag von höchstens 200 € monatlich. Ziel dieser Regelungen ist, pflegenden Angehörigen, die durch die häusliche Pflege eines Pflegebedürftigen mit erheblichem allgemeinem Betreuungsbedarf (z.B. ein Demenzkranker) in besonderer psychischer und physischer Weise belastet sind, die **zusätzliche** Möglichkeit von dringend notwendigen Entlastungen zu eröffnen.[17] § 13 Abs. 3a SGB XI sieht vor, dass die hierzu durch die Pflegeversicherung gewährten Leistungen „bei den Fürsorgeleistungen zur Pflege" (und also auch den Leistungen nach den §§ 61 ff. SGB XII, vgl. insoweit § 13 Abs. 3 Satz 1 Nr. 1 SGB XI) nach § 13 Abs. 3 Satz 1 SGB XI keine Berücksichtigung finden. In der Literatur wird teilweise in Abrede gestellt, dass mit dieser Vorschrift die Sozialhilfeträger verpflichtet werden, Leistungen wegen anderer Verrichtungen im Beaufsichtigungsbereich auch dann zu erbringen, wenn Betreuungsleistungen nach den §§ 45a ff. SGB XI gezahlt werden.[18] Der Gesetzgeber sei davon ausgegangen, dass es sich bei den Leistungen nach § 45b SGB XI einerseits und der Hilfe zur Pflege andererseits nicht um gleichartige Leistungen handele; er habe jedoch verkannt, dass der allgemeine Betreuungsbedarf im Sinne des § 45b SGB XI im Rahmen der Öffnungsklausel des § 61 Abs. 1 Satz 2 SGB XII als Hilfe zur Pflege sehr wohl Berücksichtigung finde. § 13 Abs. 3a SGB XI könne daher nach Sinn und Zweck nur dann zur Anwendung kommen, wenn als Hilfe zur Pflege dem § 45b SGB XI nicht gleichartige Leistungen erbracht würden; sonst seien durch den Sozialhilfeträger Leistungen zu gewähren, wo eigentlich kein Bedarf bestehe. Dieser Auffassung kann jedoch nicht zugestimmt werden; sie verstieße gegen Wortlaut, Sinn und Zweck des § 13 Abs. 3a SGB XI und den Willen des Gesetzgebers. Der Gesetzesbegründung lässt sich entnehmen, dass die zusätzlichen Betreuungsleistungen den Pflegebedürftigen und ihren pflegenden Angehörigen auch im Bezug von Hilfe zur Pflege möglichst ungeschmälert erhalten bleiben sollen.[19] In Fällen, in denen der Gesetzgeber eine pflegerische Ausnahmesituation sieht, soll ein zusätzlicher monatlicher Betrag zur Verfügung gestellt werden, der auch Pflegepersonen in der Hilfe zur Pflege über die bloße Bedarfsdeckung hinaus einen zusätzlichen finanziellen Spielraum der Entlastung eröffnen soll. Vor allem aber wäre die vorgeschlagene Auslegung eine solche contra legem und kann schon deshalb nicht überzeugen. Aus dem Wortlaut der Vorschrift folgt unzweideutig, dass die Sozialhilfeträger Leistungen im Beaufsichtigungsbereich auch dann zu erbringen haben, wenn Betreuungsleistungen nach den §§ 45a ff. SGB XI gezahlt werden.[20] Nach der von der Literatur vorgeschlagenen Auffassung liefe demgegenüber die Regelung des § 13 Abs. 3 SGB XI ins Leere.

---

[16] BGBl I 2001, 3728; neu gefasst durch das Pflege-Weiterentwicklungsgesetz vom 28.05.2008, BGBl I 2008, 874.
[17] So der Gesetzgeber in BT-Drs. 14/7473, S. 5, 19 f.
[18] So insbes. *H. Schellhorn* in: Schellhorn/Schellhorn/Hohm, SGB XII, § 61 Rn. 49a.
[19] Vgl. BT-Drs. 14/7473, S. 5, 19 f.
[20] Wie hier i.E. *Lachwitz* in: Fichtner/Wenzel, § 61 Rn. 38.

15 Für den Fall, dass Leistungen der Pflegeversicherung mit solchen der Hilfe zur Pflege aus o.g. Gründen zusammentreffen, sollen nach **§ 13 Abs. 4 SGB XI** die Pflegekasse und der Träger der Sozialhilfe vereinbaren, dass im Verhältnis zum Pflegebedürftigen nur eine Stelle die Leistungen übernimmt und die andere Stelle die Kosten der von ihr zu tragenden Leistungen erstattet. § 13 Abs. 4 SGB XI schafft keine eigenständige Leistungsgrundlage, sondern stellt eine Regelung zur Handhabung der Verwaltungspraxis dar, die der Verfahrensvereinfachung dienen soll. Da in der Regel der Sozialhilfeträger die Stelle ist, die den Gesamtleistungsanspruch (unter Abzug ggf. des Leistungsanspruchs nach dem SGB XI) errechnet, sollte er in der Regel auch die durchführende Stelle sein. Aus § 13 Abs. 4 SGB XI hat die durchführende Stelle einen eigenständigen Erstattungsanspruch, der den §§ 102 ff. SGB X als lex specialis vorgeht.[21]

2. Verhältnis zur Eingliederungshilfe für behinderte Menschen

16 Eingliederungshilfe und Hilfe zur Pflege verfolgen im Ausgangspunkt **unterschiedliche Zielrichtungen**. Mit der Hilfe zur Pflege wird nicht vornehmlich auf die Besserung des gesundheitlichen Zustands, sondern vielmehr auf die Erleichterung der Beschwerden zur Ermöglichung der erforderlichen Verrichtungen des Alltags abgestellt. Der behinderte Mensch soll nicht an den Grunderfordernissen des täglichen Lebens scheitern.[22] Demgegenüber hat die Eingliederungshilfe zum Ziel, auf eine Integration des behinderten Menschen in die Gesellschaft und auf eine entsprechende berufliche Rehabilitation hinzuwirken.

17 Gleichwohl schließen sich Eingliederungshilfe und Hilfe zur Pflege nicht von vornherein gegenseitig aus; die Leistungen können ggf. **auch nebeneinander** erbracht werden.[23] Dies folgt insbesondere aus der Regelung des § 53 Abs. 3 SGB XII, wonach die Eingliederungshilfe auch darauf zielt, den Hilfeempfänger „soweit wie möglich unabhängig von Pflege zu machen". Dies impliziert, dass – solange dies noch nicht der Fall ist – Eingliederungshilfe neben der Pflegehilfe in Betracht kommt. So ist denkbar, dass ein behinderter Mensch tagsüber in einer Einrichtung (etwa einer Werkstatt für behinderte Menschen) teilstationäre Eingliederungshilfe erhält, aber zu Hause unter Inanspruchnahme häuslicher Pflege und Bezug z.B. eines Pflegegeldes nach § 64 SGB XII lebt.

18 Allerdings sind in denjenigen Fällen, in denen Leistungen der **Eingliederungshilfe vollstationär** in einer Einrichtung der Behindertenhilfe im Sinne des § 43a SGB XI erbracht werden, von den Eingliederungsleistungen auch die in der Einrichtung gewährten Pflegeleistungen umfasst (§ 55 SGB XII). Dies hat zur Folge, dass der Sozialhilfeträger in einem solchen Fall den Hilfebedürftigen nicht auf die sonst vorrangigen SGB XI-Leistungen verweisen kann, denn gem. § 13 Abs. 3 Satz 3 SGB XI ist Eingliederungshilfe im Verhältnis zur sozialen Pflegeversicherung nicht nachrangig (vgl. hierzu i.E. die Kommentierung zu § 55 SGB XII Rn. 6 ff.).[24] Zwar ist in § 43a Satz 1 SGB XI eine Kostenbeteiligung der Pflegekasse von bis zu 256 € monatlich geregelt; dieser Betrag liegt aber deutlich unter den sonst in der Pflegeversicherung genannten Höchstgrenzen für Pflegesachleistungen.[25]

19 Für die Frage, wie in Fällen **stationären Aufenthalts** der Anwendungsbereich der Eingliederungsleistungen nach den §§ 53 ff. SGB XII von demjenigen der Hilfe zur Pflege nach den §§ 61 ff. SGB XII **inhaltlich abzugrenzen** ist, kommt es entscheidend auf die Konzeption des Einrichtungsträgers und den mit dem Aufenthalt verfolgten vorrangigen Zweck an. Liegt dieser vornehmlich in der Reintegration ins Arbeitsleben bzw. der Eingliederung in die Gesellschaft, liegt ein Fall der Eingliederungshilfe auch dann vor, wenn die Pflegebedürftigkeit eines Menschen im Verhältnis zu seiner Förderung einen erheblichen zeitlichen Aufwand einnimmt.[26] Eine Eingliederung der hilfebedürftigen Person in die Gesellschaft in dem Sinne, dass diese selbstbestimmt und überwiegend unabhängig ihren Alltag bewältigen kann, muss dabei nicht zu erwarten sein.[27]

20 Im Einzelnen kann die Abgrenzung zwischen Eingliederungshilfe und Hilfe zur Pflege sehr schwierig sein. Dies gilt insbesondere im Bereich der „anderen Verrichtungen" im Sinne des § 61 Abs. 1 Satz 2 SGB XII. Denn dort können auch Hilfen zur Wahrnehmung von Tätigkeiten in Betracht kommen, die

---

[21] Vgl. *H. Schellhorn* in: Schellhorn/Schellhorn/Hohm, SGB XII, § 61 Rn. 72.
[22] LSG Baden-Württemberg v. 19.03.2012 - L 2 SO 72/12 ER-B; BVerwG v. 10.11.1965 - V C 104.64 - BVerwGE 22, 319 ff.
[23] BVerwG v. 27.10.1977 - V C 15.77 - BVerwGE 55, 31 ff.; SG Gotha v. 11.01.2006 - S 14 SO 2243/05 ER - juris.
[24] Vgl. dazu auch *Rasch*, NDV 2013, 186.
[25] Vgl. dazu i.E. *Lachwitz* in: Fichtner/Wenzel, § 61 Rn. 186.
[26] Vgl. so auch schon das OVG Saarlouis v. 22.05.1980 - 1 R 4/80 - FEVS 29, 29, 30.
[27] Vgl. OVG Schleswig v. 11.04.2003 - 2 MB 47/03, 2 MB 46/03, 2 MB 45/03 - FEVS 55, 184 ff.

der Sicherung sozialer Bereiche des Lebens dienen, also Kommunikation, Bildung und Freizeit. Damit aber sind auch klassische Bereiche der Eingliederungshilfe (vgl. §§ 53 ff. SGB XII i.V.m. § 55, § 58 SGB IX) betroffen. Letztlich kann hier nur im Einzelfall anhand des Schwerpunkts der Maßnahme abgegrenzt werden. In der Rechtsprechung ist eine Entscheidung, auf welcher Grundlage ein Anspruch besteht, bisweilen unterblieben.[28]

Die überwiegende Rechtsprechung zum BSHG hat allerdings in der Möglichkeit des Hilfebedürftigen, **Leistungen als Eingliederungsleistungen einheitlich aus einer Hand** zu beziehen, ein schutzwürdiges Interesse des Einzelnen gesehen und daher die Klage gegen die Umstellung der Eingliederungshilfe auf Leistungen der Hilfe zur Pflege für zulässig erachtet.[29] Dem ist auch für das SGB XII zuzustimmen. Der Bezug von Leistungen der Hilfe zur Pflege mit dem Erfordernis, vorrangig Leistungen nach dem SGB XI in Anspruch zu nehmen und also ggf. in der Verantwortlichkeit zweier Leistungsträger zu beziehen, bedeutet u.U. für den Einzelnen einen erheblichen Mehraufwand, auf den er nicht verwiesen werden darf, wenn Leistungen aus einer Hand in Betracht kommen. 21

3. Verhältnis zur Hilfe zur Gesundheit (§§ 47 ff. SGB XII) bzw. zu den Leistungen der gesetzlichen Krankenversicherung (§§ 37 ff. SGB V bzw. § 264 SGB V)

Die Empfänger von Hilfe zur Gesundheit (§§ 47 ff. SGB XII) sind nach § 52 SGB XII den Versicherten der gesetzlichen Krankenversicherung gleichgestellt.[30] Die **Abgrenzung des Anwendungsbereichs** der Hilfe zur Pflege (§§ 61 ff. SGB XII) vom Anwendungsbereich der Hilfe zur Gesundheit (§§ 47 ff. SGB XII) bzw. zu den Leistungen der gesetzlichen Krankenversicherung (soweit Krankenversicherungsschutz besteht nach den §§ 37 ff. SGB V bzw. wo dies nicht der Fall ist nach Maßgabe des § 264 SGB V) erfolgt daher im Regelfall anhand der gleichen Kriterien, die für die Abgrenzung der Krankenversicherungsleistungen von den Leistungen der sozialen Pflegeversicherung entwickelt wurden.[31] 22

a. Versorgung im häuslichen Bereich

Wo die **Krankenversorgung im häuslichen Bereich** erfolgt, kann diese Abgrenzung Schwierigkeiten bereiten. Für die Leistungen der Krankenversicherung regelt § 37 SGB V abschließend die im häuslichen Bereich zu erbringenden Versicherungsleistungen. Die durch diese Vorschrift gesetzten Maßstäbe sind entsprechend in der Abgrenzung der Hilfe zur Pflege von der Hilfe zur Gesundheit heranzuziehen.[32] 23

Die häusliche Krankenpflege gem. § 37 SGB V differenziert zwischen der Krankenhausersatzpflege oder auch Krankenhausvermeidungspflege (§ 37 Abs. 1 SGB V) und der Behandlungssicherungspflege (§ 37 Abs. 2 Satz 1 SGB V). Die **Krankenhausersatzpflege (§ 37 Abs. 1 SGB V)** umfasst die im Einzelfall erforderliche Grund- und Behandlungspflege sowie die hauswirtschaftliche Versorgung. Unter den Voraussetzungen des § 37 Abs. 1 SGB V sollen also die Leistungen der Krankenversicherung bzw. ebenso die Leistungen nach den §§ 47 ff. SGB XII umfassend auch den gesamten pflegerischen Bedarf mit abdecken. Leistungen der Hilfe zur Pflege kommen dann von vornherein nicht in Betracht. Allerdings besteht ein Anspruch auf Krankenhausersatzpflege nur in akuten Behandlungsfällen[33] und dem Gesetz nach grundsätzlich nur bis zu vier Wochen je Krankheitsfall. Der Anspruch auf **Behandlungssicherungspflege (§ 37 Abs. 2 SGB V)** unterliegt keiner solchen zeitlichen Begrenzung. Nach dieser Vorschrift erhalten Versicherte in ihrem Haushalt oder in ihrer Familie (nur) Behandlungspflege als häusliche Pflege, wenn sie zur Sicherung des Ziels der ärztlichen Behandlung erforderlich 24

---

[28] So in LSG Baden-Württemberg v. 19.03.2012 - L 2 SO 72/12 ER-B.
[29] So z.B. das OVG Lüneburg v. 12.04.2000 - 4 L 35/00 - FEVS 52, 87 ff.; VGH München v. 11.10.2001 - 12 B 00.1959 - RdLH 2002, 102; a.A. allerdings das OVG Münster v. 07.01.2002 - 16 E 966/01 - RdLH 2002, 62.
[30] Diese Gleichstellung gilt seit der Neufassung des Unterabschnitts IV des BSHG durch das am 01.07.2000 in Kraft getretene SGB IX; vgl. zum Verhältnis von Hilfe bei Gesundheit und Krankenversicherungsleistungen i.E. die Kommentierung zu § 47 SGB XII ff. Vgl. zusammenfassend zudem *Lachwitz* in: Fichtner/Wenzel, § 61 Rn. 181.
[31] Vgl. ebenso *Lachwitz* in: Fichtner/Wenzel, § 61 Rn. 181.
[32] Vgl. ebenso *Lachwitz* in: Fichtner/Wenzel, § 61 Rn. 181 ff.; *H. Schellhorn* in: Schellhorn/Schellhorn/Hohm, SGB XII, § 61 Rn. 75 ff.
[33] Vgl. BSG v. 28.01.1999 - B 3 KR 4/98 R - BSGE 83, 254 ff.

ist.³⁴ Die Sicherstellung der Grundpflege und der hauswirtschaftlichen Versorgung ist demgegenüber hier nicht Aufgabe der Krankenversorgung, sondern der Pflegeversicherung bzw. der Hilfe zur Pflege. Werden die Grundpflege und die Behandlungspflege von ein und derselben Person erbracht, ist nach dem jeweils entstehenden Zeitaufwand abzugrenzen und entsprechend der eine Kostenteil als Krankenleistung, der andere als Pflegeleistung zu übernehmen.³⁵

25 § 37 SGB V teilt die pflegerische Versorgung also in drei Bereiche auf, nämlich die **Grundpflege** und **hauswirtschaftliche Versorgung** sowie die **Behandlungspflege**. Mit der Grundpflege und der hauswirtschaftlichen Versorgung greift es die beiden Pflegebereiche auf, die das nach dem SGB XI versicherte Pflegerisiko begründen. Anhand des Konzepts des § 37 SGB V wird also deutlich, dass die grundsätzlich dem Bereich der sozialen Pflegeversicherung und entsprechend auch der Hilfe zur Pflege zugewiesenen Aufgaben die Grundpflege und die hauswirtschaftliche Versorgung umfassen; nur im Ausnahmefall des § 37 Abs. 1 SGB V wird auch dieser Bedarf durch die Krankenversicherung mitübernommen. Demgegenüber ist ureigenste Aufgabe der Krankenversicherung, wie sich anhand von § 37 Abs. 2 SGB V sowie der Tatsache ergibt, dass im SGB XI der Begriff der Behandlungspflege gar keinen Eingang gefunden hat, die Gewährleistung der Behandlungspflege.

26 **Behandlungspflege** meint dabei diejenigen Pflegemaßnahmen, die durch eine bestimmte Erkrankung verursacht werden, speziell auf den Krankheitszustand der erkrankten Person abgestimmt sind und dazu beitragen, die Krankheit zu heilen, ihre Verschlimmerung zu verhüten oder Krankheitsbeschwerden zu verhindern oder zu lindern.³⁶ Hierunter fallen etwa die Durchführung von Injektionen, das Anlegen und Wechseln von Verbänden, die Katheterisierung, Spülungen, Dekubitusbehandlungen, Blutdruck- und Blutzuckermessungen, Verabreichen von Medikamenten usw. Demgegenüber betreffen die Grundpflege und die hauswirtschaftliche Versorgung, also die **Leistungen im Bereich der Pflegeversicherung**, die gewöhnlichen und regelmäßig wiederkehrenden Verrichtungen im Ablauf des täglichen Lebens (so ausdrücklich § 14 Abs. 1 SGB XI bzw. § 61 Abs. 1 und 5 SGB XII, vgl. dazu noch i.E. Rn. 49).

27 Allerdings ist die **Trennlinie zwischen Behandlungs- und Grundpflege** im Einzelfall nicht immer einfach zu ziehen. Problematisch zuzuordnen sind namentlich diejenigen Fälle, in denen die Grundpflege gleichzeitig Krankenpflege ist und umgekehrt. Das BSG war daher schon früh damit befasst, in diesem Bereich Kriterien der Abgrenzung aufzustellen. Es hat insoweit entschieden, dass eine Behandlungsmaßnahme dann der Grundpflege i.S.d. § 14 Abs. 4 Nrn. 1-3 SGB XI zugerechnet werden kann, wenn es sich um eine Hilfe handelt, die untrennbar Bestandteil einer Verrichtung aus dem Katalog grundpflegerischer Verrichtungen des § 14 Abs. 4 SGB XI ist oder jedenfalls mit einer solchen Verrichtung objektiv notwendig in einem unmittelbaren zeitlichen Zusammenhang steht (sog. **verrichtungsbezogene Behandlungspflege**).³⁷

28 Der Gesetzgeber hat diese Rechtsprechung zunächst generell anerkannt und daher in § 15 Abs. 3 Satz 3 SGB XI geregelt, dass die verrichtungsbezogene Behandlungspflege bei der Feststellung des Zeitaufwands für die Zuordnung zu einer Pflegestufe zu berücksichtigen ist. Durch das GKV-Modernisierungsgesetz vom 14.11.2003³⁸ hat er zudem in § 37 Abs. 2 Satz 1 SGB V einen 2. Halbsatz eingefügt, wonach der Anspruch auf häusliche Krankenpflege das An- und Ausziehen von Kompressionsstrümpfen ab Kompressionsklasse 2 auch in denjenigen Fällen erfasst, in denen dieser Hilfebedarf bei Fest-

---

[34] Die Satzung der jeweiligen Krankenversicherung kann zwar bestimmen, dass zusätzlich zur Behandlungspflege auch Grundpflege und hauswirtschaftliche Versorgung erbracht werden. Ist der Hilfesuchende also krankenversichert, kommt ggf. bis zum Eintritt von Pflegebedürftigkeit i.S.d. SGB XI ebenfalls ein die pflegerischen Erfordernisse umfassend abdeckender Anspruch gegen die Krankenversicherung in Betracht. Entsprechende Satzungsleistungen sind jedoch nach Eintritt von Pflegebedürftigkeit i.S.d. SGB XI nicht mehr zulässig (§ 37 Abs. 2 Satz 5 SGB V) und ohnehin unüblich. Bei dauernder Pflegebedürftigkeit umfasst der Anspruch nach § 37 Abs. 2 SGB V gegen die Krankenkasse und entsprechend auch der Anspruch auf Hilfe zur Gesundheit daher nur die Behandlungspflege.

[35] BSG v. 28.01.1999 - B 3 KR 4/98 R - BSGE 83, 254 ff. Bei gleichzeitiger Erbringung von Grundpflege und Behandlungspflege durch dieselbe Fachkraft hat das BSG eine konkrete Berechnungsmethode zur gerechten Verteilung der Kosten auf Kranken- und Pflegekasse vorgegeben, vgl. BSG v. 17.06.2010 - B 3 KR 7/09 R - BSGE 106, 173; vgl. dazu auch noch Rn. 29.

[36] BSG v. 28.01.1999 - B 3 KR 4/98 R - BSGE 83, 254, 258.

[37] So erstmals BSG v. 26.11.1998 - B 3 P 20/97 R - SozR 3-3300 § 14 Nr. 9.

[38] BGBl I 2003, 2190 ff.

stellung der Pflegebedürftigkeit nach dem SGB XI zu berücksichtigen ist.[39] Diese Regelung hat das BSG in seinem Grundsatzurteil vom 17.03.2005[40] für rechtlich bedenklich gehalten. Zum einen schaffe sie im Sozialrecht grundsätzlich nicht bekannte Parallelzuständigkeiten. Zum anderen sei die Vorschrift unter dem Aspekt des allgemeinen Gleichheitssatzes bedenklich, weil sie speziell für Kompressionsstrümpfe eine Regelung treffe, die für andere verrichtungsbezogene Krankenbehandlungsmaßnahmen nicht gelte. Das BSG hat daher die Auffassung vertreten, dass man zu einer verfassungskonformen Auslegung der neu eingeführten Regelung nur komme, wenn man dem Pflegebedürftigen ein Wahlrecht dazu einräume, ob verrichtungsbezogene Maßnahmen der Behandlungspflege oder der Grundpflege zugeordnet werden sollten. Auch auf diese Rechtsprechung hat der Gesetzgeber reagiert und mit dem GKV-Wettbewerbsstärkungsgesetz vom 26.03.2007[41] in § 15 Abs. 3 Satz 3 SGB XI und § 37 Abs. 2 Satz 2 SGB V klargestellt, dass der Bedarf an verrichtungsbezogenen krankheitsspezifischen Pflegemaßnahmen sowohl in der Krankenversicherung im Rahmen der häuslichen Krankenpflege als auch in der Pflegeversicherung bei der Pflegebegutachtung Berücksichtigung findet. Er hat also an dieser Schnittstelle trotz insoweit geäußerter Bedenken des BSG[42] eine **Parallelzuständigkeit von gesetzlicher Krankenversicherung und Pflegeversicherung** begründet.[43] Nach den Gesetzesmaterialien[44] soll die Doppelzuständigkeit insbesondere gelten für das An- und Ausziehen von Kompressionsstrümpfen ab Klasse 2, eine oro/trachale Sekretabsaugung, das Einreiben mit Dermatika, die Verabreichung eines Klistiers, die Verabreichung eines Einlaufs, die Einmalkathetisierung, das Wechseln einer Sprechkanüle gegen eine Dauerkanüle bei einem Tracheostomapatienten zur Ermöglichung des Schluckens und sowie für die Maßnahmen zur Sekretlimitation bei Mukoviszidose oder Erkrankungen mit vergleichbarem Hilfebedarf. Diese Aufzählung ist nur beispielhaft; sie ist entsprechend der Rechtsprechung des BSG auch auf andere Fälle verrichtungsbezogener Behandlungspflege zu erweitern.

Die **gesetzliche Parallelzuständigkeit** wird **im Bereich der Sozialhilfe** aufgrund des hier geltenden Nachranggrundsatzes eingeschränkt (vgl. zum Nachranggrundsatz in der Hilfe zur Pflege auch noch Rn. 39). Soweit gegen die gesetzliche Krankenversicherung nach § 37 SGB V ein Anspruch in Betracht kommt, also ggf. auch im Bereich der verrichtungsbezogenen Behandlungspflege, ist dieser vorrangig in Anspruch zu nehmen. Nur wo der Hilfebedürftige nicht gesetzlich krankenversichert ist, kommen für die verrichtungsbezogene Behandlungspflege unter Übertragung der Grundsätze des GKV-Wettbewerbsstärkungsgesetzes sowohl Hilfe zur Pflege als auch Hilfe zur Gesundheit in Betracht. Damit stellen sich die Probleme der gerechten Kostenverteilung in dem Fall, dass Grundpflege und Behandlungspflege durch dieselbe Fachkraft erbracht werden,[45] bei Bezug allein von Hilfe zur Pflege nicht. Es ist dann nur zu ermitteln, in welchem Umfang häusliche Krankenpflege nach § 37 Abs. 2 SGB V einschließlich der verrichtungsbezogenen Behandlungspflege notwendig ist; diese Kosten sind vollständig durch die Krankenkasse zu übernehmen. Zwar entsteht dadurch eine ungleiche Leistungsverpflichtung der gesetzlichen Krankenkasse je nachdem, ob der Leistungsumfang gegenüber der Pflegekasse oder (nur) dem Sozialhilfeträger abzugrenzen ist. Dies ist jedoch die zwangsläufige Folge einer – ohnehin problematischen – Doppelleistungspflicht einerseits sowie des Nachranggrundsatzes anderseits. Wo allerdings ein Leistungsanspruch auch gegen die Pflegekasse besteht, bleibt es bei der gesetzlichen Parallelzuständigkeit von Kranken- und Pflegekasse. Der Sozialhilfeträger kann hier nicht in das Leistungsverhältnis beider Versicherungsträger zueinander in dem Sinne „eingreifen", dass die Krankenkasse voll die Behandlungspflege übernimmt mit der Folge, dass dann die Leistungen der Pflegeversicherung (die dann im Übrigen auch niedriger ausfallen könnten) anderweitig zum Einsatz kommen können.

29

---

[39] Diese Kompressionsstrumpfregelung ist eine Reaktion auf das Stützstrumpf-Urteil des BSG v. 30.10.2001 - B 3 KR 2/01 R - SozR 3-2500 § 37 Nr. 3.
[40] BSG v. 17.03.2005 - B 3 KR 9/04 R - BSGE 94, 192 ff.
[41] BGBl I 2007, 378.
[42] BSG v. 17.03.2005 - B 3 KR 9/04 R - BSGE 94, 192, 198 ff.
[43] Vgl. hierzu z.B. *Udsching* in: ders., SGB XI, 2010, § 15 Rn. 20. Ausgeführt hat der Gesetzgeber hierzu, aufgrund des nur kleinen Kreises Begünstigter seien die Auswirkungen der Doppelversicherung nicht so gravierend, dass die Doppelzuständigkeit als unvereinbar mit dem Wesen der Sozialversicherung anzusehen sei, vgl. den Vierten Bericht der Bundesregierung über die Entwicklung der Pflegeversicherung, BT-Drs. 16/7772, S. 20.
[44] BR-Drs. 755/06, S. 500 f.
[45] Vgl. dazu i.E. BSG v. 17.06.2010 - B 3 KR 7/09 R - BSGE 106, 173 = SozR 4-2500 § 37 Nr. 11; BSG v. 28.01.1999 - B 3 KR 4/98 R - BSGE 83, 254 ff.

b. Versorgung im stationären Bereich

30 Anders stellt sich die Abgrenzung von Hilfe zur Pflege und Krankenhilfe- bzw. Krankenversicherungsleistungen **im stationären Bereich** dar. Bei **Krankenhausaufenthalten** umfassen nach § 39 Abs. 1 Satz 3 SGB V die Leistungen der Krankenkassen neben der medizinischen Versorgung auch die erforderlichen Maßnahmen zur Pflege des Kranken.[46] Sobald allerdings bei längeren Krankenhausaufenthalten die Pflegebedürftigkeit dergestalt in den Vordergrund tritt, dass sich die ärztlichen Maßnahmen auf eine allgemeine Überwachung des Gesundheitszustands beschränken, ist die Leistungspflicht der Krankenkasse für den Krankenhausaufenthalt nicht mehr gegeben.[47] In diesen Fällen kommt die Übernahme der für den Krankenhausaufenthalt entstehenden Kosten als Hilfe zur stationären Pflege in Betracht. Leistungen der Hilfe zur Pflege sind daher frühzeitig zu beantragen, um einen möglichst nahtlosen Übergang der einen in die andere Leistung zu gewährleisten. Der Sozialhilfeträger hat in diesen Fällen aber darauf hinzuwirken, dass der Pflegebedürftige baldmöglichst aus dem Krankenhaus entlassen und in seine häusliche Umgebung bzw. eine Pflegeeinrichtung überstellt wird.[48] Bei **voll- und teilstationärer Pflege** ist umgekehrt Bestandteil der Pflegeleistungen auch die medizinische Behandlungspflege (vgl. § 61 Abs. 2 Satz 2 SGB XII i.V.m. §§ 41 Abs. 2 und 43 Abs. 2 SGB XI und Rn. 122).

31 Die Abgrenzung der Leistungszuständigkeit bei **Hilfsmitteln** erfolgt anhand des mit dem Hilfsmittel verfolgten Zwecks. Hilfsmittel, die den Erfolg einer Krankenbehandlung sichern, einer drohenden Behinderung vorbeugen oder eine Behinderung ausgleichen sollen, gehören zu den Leistungen der gesetzlichen Krankenversicherung bzw. der Hilfe zur Gesundheit. Hilfsmittel zur Erleichterung der Pflege oder zur Linderung der Beschwerden im Alltag des Pflegebedürftigen sind dagegen in der Regel als Hilfe zur Pflege zu gewähren (vgl. zum Begriff der Pflegehilfsmittel i.E. noch Rn. 122).

4. Verhältnis zur Hilfe zum Lebensunterhalt (§§ 27 ff. SGB XII)

32 Auch die Abgrenzung der Hilfe zur Pflege von der Hilfe zum Lebensunterhalt (§§ 27 ff. SGB XII), die „insbesondere Ernährung, Unterkunft, Kleidung, Körperpflege, Hausrat, Heizung und persönliche Bedürfnisse des täglichen Lebens umfasst" (§ 27a Abs. 1 Satz 1 SGB XII), kann im Einzelfall schwierig sein.

33 Lebt die Hilfe suchende Person **in einer stationären Einrichtung**, ist für die Abgrenzung maßgeblich, ob dieser Leistungen gewährt werden, wie sie die Mehrheit der Bewohner dort als altersgerechte Hilfen erhält, oder ob sie krankheits- oder behinderungsbedingte Sonderleistungen erhält. Die üblichen Leistungen sind als Hilfe zum Lebensunterhalt in Einrichtungen nach **§ 27b SGB XII** zu qualifizieren. Hiervon ist auch dann noch auszugehen, wenn der Kern des Hilfebedarfs in der Deckung des notwendigen Lebensunterhalts besteht – aber mit der besonderen Notwendigkeit, diese Hilfe innerhalb einer Einrichtung erhalten zu müssen.[49] Nur die Sonderleistungen sind als Hilfe zur Pflege zu gewähren (vgl. zum Inhalt dieser Sonderleistungen genauer noch Rn. 130). **Kosten der Unterkunft und Verpflegung** sind daher stets Leistungen der Hilfe zum Lebensunterhalt nach § 35 SGB XII.[50] Eine dem früheren § 27 Abs. 3 BSHG entsprechende Regelung, wonach in einer Einrichtung auch diese Leistungen als Hilfen in besonderen Lebenslagen mitzuübernehmen sind, existiert im SGB XII nicht mehr. Ein Fall von Hilfe zum Lebensunterhalt liegt aber auch dann vor, wenn die betreffende Person in häuslichem Umfeld zu verwahrlosen drohte, innerhalb einer stationären Einrichtung unter entsprechender Kontrolle jedoch in der Lage ist, die wesentlichen Verrichtungen selbständig zu erledigen.[51] Wo allerdings der Hilfe Suchende auch innerhalb der Einrichtung alleine nicht in der Lage wäre, ein in jeder Hinsicht menschenwürdiges Leben zu führen, ist Hilfe zur Pflege erforderlich.

---

[46] Dementsprechend sieht § 63 Satz 3 SGB XII auch vor, dass keine zusätzliche häusliche Pflege bei Akutversorgung in einem Krankenhaus als Hilfe zur Pflege übernommen werden kann. Vgl. dazu aber jetzt als Ausnahmeregelung § 63 Sätze 4-6 SGB XII, wonach auch im Krankenhaus zusätzliche häusliche Pflege als Sozialhilfeleistung erbracht werden kann.

[47] Vgl. hierzu BSG v. 15.02.1978 - 3 RK 29/77 - BSGE 46, 41, 47.

[48] Vgl. hierzu die SHR Westfalen-Lippe T 68 Z. 7.2.7.; vgl. auch *H. Schellhorn* in: Schellhorn/Schellhorn/Hohm, SGB XII, § 61 Rn. 79.

[49] Vgl. VG Aachen v. 26.03.2003 - 6 K 1310/99 - ZfF 2004, 155 ff.

[50] Vgl. den VGH Mannheim v. 23.06.2009 - 12 S 2854/07 - juris, der ausdrücklich klarstellt, dass der Bezug von Hilfe zum Lebensunterhalt nach § 35 SGB XII bei gleichzeitigem Bezug von Hilfe zur Pflege nicht seinen selbständigen Charakter verliert; vgl. ebenso auch *Heinz*, ZfF 2008, 121, 131.

[51] Vgl. *Lachwitz* in: Fichtner/Wenzel, § 61 Rn 190.

Die Abgrenzung zwischen beiden Leistungsarten ist wichtig, weil der Zugang zur Hilfe zur Pflege breiter als der Zugang zur Hilfe zum Lebensunterhalt gem. §§ 27 ff. SGB XII konzipiert ist. Der Gesetzgeber hat eine **Privilegierung der pflegebedürftigen Hilfesuchenden** statuiert, um deren besonderer Lebenslage gerecht zu werden: Soweit Hilfe zur Pflege gewährt wird, ist Einkommen nicht in gleichem Umfang wie für Leistungen nach den §§ 27 ff. SGB XII einzusetzen; es gelten die höheren Einkommensgrenzen der §§ 85 f. SGB XII. Auch Vermögen ist teilweise geschützt (§§ 90, 91 SGB XII), und der Rückgriff auf Unterhaltsberechtigte (§ 94 Abs. 2 SGB XII) kommt nur begrenzt in Betracht. Es ist daher möglich, dass pflegerische Leistungen in einer stationären Einrichtung aufgrund der Einkommensprivilegierung als Hilfe zur Pflege übernommen werden können, der Betreffende für die Kosten der Unterkunft jedoch aufgrund der allgemeinen Einkommensanrechnungsvorschriften selbst aufkommen muss (vgl. dazu auch noch Rn. 99). 34

Im **häuslichen Bereich** ist die Abgrenzung zum Anwendungsbereich des **§ 27 Abs. 3 SGB XII** problematisch. Nach § 27 Abs. 3 SGB XII kann Hilfe zum Lebensunterhalt auch Personen gewährt werden, die „ein für den notwendigen Lebensunterhalt ausreichendes Einkommen oder Vermögen haben, jedoch einzelne für ihren Lebensunterhalt erforderliche Tätigkeiten nicht verrichten können". Das BSG[52] verweist für die Abgrenzung – unter Bezugnahme auf frühere Rechtsprechung des BVerwG[53] – darauf, dass § 27 Abs. 3 SGB XII dem eindeutigen Wortlaut nach keine Bedürftigkeit voraussetzt. Dies sei im Bereich der Hilfe zur Pflege anders. Die erweiterte Hilfe zum Lebensunterhalt nach § 27 Abs. 3 SGB XII umfasst daher nur Personen, die einen geringen Unterstützungsbedarf haben, welchen sie – trotz ausreichenden Einkommens oder Vermögens – aufgrund ihrer persönlichen Verfassung nicht in eigener Verantwortung organisieren können. 35

Allerdings hatte das BVerwG[54] in Fällen, in denen zwar nur für einzelne Verrichtungen Hilfe benötigt wurde, es jedoch an einem ausreichenden Einkommen gerade fehlte, nicht den Anwendungsbereich der Hilfe zur Pflege eröffnet gesehen, sondern dem Bedürftigen zur Unterstützung bei dieser Verrichtung eine Erhöhung des Regelsatzes (heute wäre dies gem. **§ 27a Abs. 4 Satz 1 SGB XII**) zugebilligt. Dem ist das BSG mit Blick auf die Öffnungsklausel des § 61 Abs. 1 Satz 2 SGB XII zu Recht nicht gefolgt.[55] Aus dem Umstand, dass § 27 Abs. 3 SGB XII bei fehlender Bedürftigkeit (ausnahmsweise) die Gewährung von Hilfe zum Lebensunterhalt ermöglicht, kann nicht geschlossen werden, dass bei bestehender Bedürftigkeit auch nach Inkrafttreten des SGB XI und der Neufassung der Hilfe zur Pflege im BSHG am 01.04.1995 Haushaltshilfeleistungen für einzelne Verrichtungen statt unter die §§ 61 ff. SGB XII unter die allgemeine Hilfe zum Lebensunterhalt nach § 28 SGB XII zu subsumieren ist – die §§ 61 ff. SGB XII stellen in diesen Fällen nunmehr einschlägige Spezialvorschriften dar. 36

5. Verhältnis zur Hilfe zur Weiterführung des Haushalts (§ 70 SGB XII)

Zweck der Hilfe zur Weiterführung des Haushalts nach **§ 70 SGB XII** ist nicht – wie bei der Hilfe zur Pflege – die auf Dauer angelegte behindertenbezogene Pflege in Form der hauswirtschaftlichen Versorgung, sondern vielmehr **die persönliche Betreuung von Haushaltsangehörigen** bei einem (grundsätzlich nur vorübergehenden, vgl. § 70 Abs. 1 Satz 2 SGB XII) Ausfall des Haushaltsführers sowie die Weiterführung des Haushalts.[56] Geht es also um die Hilfe an der kranken oder behinderten Person, liegt ein Fall der Hilfe zur Pflege vor, und zwar auch insoweit, als diese Person Hilfe zur hauswirtschaftlichen Versorgung benötigt. Geht es demgegenüber um die vorübergehende Sicherstellung der Fortführung des Haushalts zur Vermeidung seiner Auflösung mit all den dazugehörenden Verrichtungen und folglich um eine Leistung zugunsten der Angehörigen im Falle einer vorübergehenden Notlage, ist der Anwendungsbereich des § 70 SGB XII eröffnet. Das BSG geht daher auch davon aus, dass Leistungen nach § 70 SGB XII in einem Ein-Personen-Haushalt im Grundsatz nicht in Betracht kommen.[57] Soweit Leistungen in einem Mehr-Personenhaushalt in Frage stehen, können ggf. auch beide 37

---

[52] BSG v. 11.12.2007 - B 8/9b SO 12/06 R - juris Rn. 22 - SozR 4-3500 § 21 Nr. 1.
[53] BVerwG v. 15.12.1995 - 5 C 8/94 - FEVS 47, 63 ff.
[54] Vgl. BVerwG v. 15.12.1995 - 5 C 8/94 - FEVS 47, 63 ff.
[55] BSG v. 11.12.2007 - B 8/9b SO 12/06 R - juris Rn. 22 - SozR 4-3500 § 21 Nr. 1.
[56] Vgl. BSG v. 11.12.2007 - B 8/9b SO 12/06 R - juris Rn. 21. - SozR 4-3500 § 21 Nr. 1; BSG v. 26.08.2008 - B SO 18/07 R - juris Rn. 13 - SozR 4-3500 § 18 Nr. 1.
[57] Vgl. BSG v. 11.12.2007 - B 8/9b SO 12/06 R - juris Rn. 21; vgl. auch *H. Schellhorn* in: Schellhorn/Schellhorn/Hohm, SGB XII, § 61 Rn. 82 der entsprechend darauf verweist, dass einer alleinstehenden Person Leistungen nach § 70 SGB XII nicht gewährt werden, wenn die Unfähigkeit zur Fortführung des Haushalts auf der Behinderung beruht, aber – bei Mehrpersonenhaushalten – auch zugunsten der Angehörigen Leistungen nach § 70 SGB XII neben Leistungen nach den §§ 61 ff. SGB XII für die pflegebedürftige Person in Betracht kommen.

§ 61

Leistungen nebeneinander gewährt werden. Für beide gelten die Einkommensgrenzen der §§ 85 ff. SGB XII.

6. Abgrenzung zur Blindenhilfe und zur Landesblindenhilfe

38 Das Verhältnis von **Blindenhilfe (§ 72 SGB XII)** und Hilfe zur Pflege ergibt sich aus § 72 Abs. 4 SGB XII. Danach wird Hilfe zur Pflege wegen Blindheit außerhalb von stationären Einrichtungen nicht gewährt. Daraus ergibt sich im Umkehrschluss zum einen, dass bei vollstationärer Pflege neben der Hilfe zur Pflege auch die Blindenhilfe gewährt wird, sowie zum anderen, dass auch außerhalb von vollstationären Einrichtungen Hilfe zur Pflege aus anderen Gründen als Blindheit – und dann ggf. auch neben der Blindenhilfe – in Betracht kommt.[58] Blindenhilfe wird aber nach § 66 Abs. 1 SGB XII zu Teilen auch nach § 64 SGB XII gewährtes Pflegegeld angerechnet (vgl. dazu i.E. die Kommentierung zu § 66 SGB XII Rn. 14). Auch die **Landesblindenhilfe** wird als gleichartige Leistung von § 66 Abs. 1 Satz 2 SGB XII umfasst.

7. Nachranggrundsatz in der Hilfe zur Pflege

39 Anhand der vorstehenden Ausführungen wird deutlich, dass gerade im Bereich der Leistungen der Hilfe zur Pflege auch die Möglichkeit der Zuständigkeit anderer Sozialleistungsträger besteht.[59] Damit spielt der Nachranggrundsatz gem. **§ 2 SGB XII** gerade in diesem Leistungsbereich eine große Rolle.

40 Das BSG hat in einer grundlegenden Entscheidung[60] die Regelung des § 2 Abs. 1 SGB XII als allgemeinen Programmsatz verstanden. Es hat ausgeführt, einer hilfesuchenden Person könne nicht unter Hinweis auf § 2 Abs. 1 SGB XII entgegengehalten werden, sie müsse sich vorrangig um die Realisierung von Ausgleichsansprüchen gegen Dritte bemühen. Bei § 2 Abs. 1 SGB XII handele es sich nicht um eine isolierte Ausschlussnorm; dies ergebe sich insbesondere aus der Systematik des SGB XII insgesamt. Nicht zuletzt beweise dies auch der Wortlaut der Norm, der nicht auf bestehende andere Leistungsansprüche, sondern auf den Erhalt anderer Leistungen abstelle. Eine Ausschlusswirkung ohne Rückgriff auf andere Normen des SGB XII sei allenfalls denkbar in extremen Ausnahmefällen (allgemeine Selbsthilfe nach § 2 Abs. 1 Alt. 1 SGB XII), etwa wenn sich der Bedürftige generell eigenen Bemühungen verschließe und Ansprüche ohne weiteres realisierbar seien.[61]

41 Mit dieser Entscheidung hat das BSG die grundsätzliche Nachrangigkeit von Leistungen der Sozialhilfe nicht in Frage gestellt. § 2 SGB XII stellt daher – auch soweit keine etwa dem § 13 Abs. 3 Nr. 1 SGB XI entsprechende Regelung das Vorrang-/Nachrangverhältnis zweier Leistungsträger nochmals spezialgesetzlich regelt – klar, dass zur Leistung grundsätzlich andere Leistungsträger vorrangig verpflichtet sind.

42 Allerdings soll es dem Sozialhilfeträger nur dann, wenn die hilfebedürftige Person bereits anderweitig Leistungen tatsächlich erhält, möglich sein, diese Person zunächst an den vorrangigen Leistungsträger zu verweisen – es sei denn, es liegt ein „extremer Ausnahmefall" oder aber eine spezielle gesetzliche Regelung vor, die dies ausdrücklich anders regelt. In allen anderen Fällen soll zunächst der Sozialhilfeträger leisten, um sich dann ggf. im Rahmen der Erstattungsansprüche (§§ 103 ff. SGB X) oder aber mit den prozessualen Möglichkeiten nach den §§ 93 ff. SGB XII an den vorrangigen Leistungsträger zu wenden.

43 Gerade im Bereich der Leistungen der Hilfe zur Pflege, in denen häufig mehrere Leistungsträger in Betracht kommen, erscheint diese Rechtsprechung allerdings sehr weitgehend. Sie sieht den Sozialhilfeträger, soweit er erstangegangene Behörde ist, stets auch dann zunächst in der Pflicht zu leisten, wenn offensichtlich die Pflegeversicherung oder die gesetzliche Krankenversicherung als vorrangig verpflichtete Leistungsträger in Betracht kommen, ein Anspruch gegen sie jedoch noch gar nicht geltend gemacht wurde. Auch mit Blick auf § 62 SGB XII, der offenkundig davon ausgeht, dass zunächst die Pflegeversicherung mit der Entscheidung am Zuge sein soll, erscheint daher richtiger, dass für die Frage der Verweisbarkeit der sozialhilfebedürftigen Person an den vorrangig verpflichteten Leistungsträger nicht darauf abzustellen ist, ob dieser von dort schon tatsächlich Leistungen bezieht, sondern vielmehr darauf, ob die Ansprüche gegen den anderen Leistungsträger leicht zu realisieren sind. Aus dem Nachranggrundsatz des § 2 SGB XII folgt daher auch, dass der Hilfe suchenden Person zunächst zuzumuten ist, bei einem vorrangig zur Leistung verpflichteten Leistungsträger Leistungen zu beantra-

---

[58] Ebenso *Baur* in: Mergler/Zink, § 72 Rn. 29.
[59] Vgl. zum Ganzen auch *Udsching*, SDSRV Nr. 63, 167.
[60] BSG v. 29.09.2009 - B 8 SO 23/08 R.
[61] BSG v. 29.09.2009 - B 8 SO 23/08 R - juris Rn. 20.

gen. Erst wenn deutlich wird, dass dieser vorrangig zuständige Leistungsträger dem Leistungsantrag nicht zeitnah nachkommen wird, dass es sich also bei dem Anspruch gegen diesen Träger nicht um bereite Mittel handelt, ist der Sozialhilfeträger zunächst unmittelbar zur Leistung verpflichtet[62] – freilich dann mit der Möglichkeit der Geltendmachung eines Erstattungsanspruchs nach den §§ 103 ff. SGB X oder aber mit den prozessualen Möglichkeiten nach den §§ 93 ff. SGB XII.

Selbst wenn man jedoch der insoweit engeren Auffassung des BSG folgt, findet sich im Bereich der Hilfe zur Pflege insbesondere in § 66 Abs. 4 Satz 1 SGB XII eine Regelung, nach der nicht auf den tatsächlichen Leistungsbezug abzustellen ist. Denn § 66 Abs. 4 Satz 1 SGB XII lässt ausdrücklich ausreichen, dass die pflegebedürftige Person **in der Lage** ist, zweckentsprechende Leistungen nach anderen Rechtsvorschriften in Anspruch zu nehmen (vgl. dazu noch im Einzelnen die Kommentierung zu § 66 SGB XII Rn. 38). 44

VI. Ausgewählte Literaturhinweise

Heinz, Die Hilfe zur Pflege nach dem Recht der Existenzsicherung – Eine Übersicht unter Berücksichtigung aktueller Rechtsprechung, ZfF 2008, 172 ff.; *ders.*, Die Hilfe zur Pflege im Recht der Existenzsicherung und die „Pflegezulage" des Sozialen Entschädigungsrechts – Erstattungsansprüche gemäß §§ 102 ff. SGB X der Sozialhilfeträger wegen vorrangiger finanzieller Sicherung im Pflegefall gemäß dem Bundesversorgungsgesetz, ZfF 2008, 121 ff.; *Löcher/vom Rath*, Hilfe zur Pflege im Sozialhilferecht, ZfS 2006, 129 ff.; *Knickrehm*, Haushaltshilfe für Empfänger von Alg II?, NZS 2007, 128 ff.; *Krahmer/Manns*, Hilfe zur Pflege nach dem SGB XII, 3. Aufl. 2005; *Mrozynski*, Die Grundsicherung für Arbeitsuchende im Kontext des Fürsorgesystems (Teil I), SGb 2009, 450 ff.; *Rasch*, Zum Verhältnis von Leistungen der Eingliederungshilfe zu Leistungen der Pflege nach dem SGB XI im ambulant betreuten Wohnen, NDV 2013, 186; *Udsching*, Demographiefestigkeit und Reformfähigkeit der Pflegeversicherung – Kommentar, SDSRV Nr. 63, 167 ff.; *Udsching*, Kommentar zum SGB XI, 2010; *Udsching*, Strukturelle Probleme der Pflegeversicherung, in: Sozialrecht – eine Terra incognita 2009 (Festschrift), S. 87 ff.; *Zeitler*, Änderung der §§ 67-90 BSHG durch das 1. SGB XI-Änderungsgesetz und das Gesetz zur Reform des Sozialhilferechts, NDV 1996, 389. 45

B. Auslegung der Norm

I. Regelungsgehalt und Bedeutung der Norm

Die Hilfe zur Pflege stellt eine Leistung der Sozialhilfe dar. Sie hat daher – soweit Bedürftigkeit vorliegt – die umfassende Deckung pflegerischen Bedarfs zum Ziel. 46

§ 61 Abs. 1 SGB XII formuliert die tatbestandlichen Voraussetzungen für die Gewährung von Leistungen der Hilfe zur Pflege. Er definiert die Pflegebedürftigkeit als einen Zustand der körperlichen, geistigen oder seelischen Krankheit oder Behinderung, aufgrund derer eine Person für die gewöhnlichen und regelmäßig wiederkehrenden Verrichtungen im Ablauf des täglichen Lebens längerfristig der Hilfe bedarf, § 61 Abs. 1 **Satz 1** SGB XII. Mit dieser Definition orientiert sich die Hilfe zur Pflege grundsätzlich am Begriff der Pflegebedürftigkeit in der sozialen Pflegeversicherung. Allerdings enthält § 61 Abs. 1 **Satz 2** SGB XII eine Öffnungsklausel, die das Vorliegen von Pflegebedürftigkeit nach Maßgabe der Sozialhilfe weiter fasst und der daher eine tatbestandliche Auffangfunktion zukommt. Welche Krankheiten und Behinderungen Pflegebedürftigkeit im Sinne von Absatz 1 begründen können, wird durch **§ 61 Abs. 3 SGB XII** definiert. **§ 61 Abs. 5 SGB XII** statuiert demgegenüber, welche Verrichtungen im Alltag durch Absatz 1 in Bezug genommen werden. Nach **§ 61 Abs. 4 SGB XII** sind auch die verrichtungsbezogene Anleitung und Beaufsichtigung in die Beurteilung des Pflegebedarfs miteinzubeziehen. **§ 61 Abs. 2 SGB XII** gibt einen Überblick über die verschiedenen Pflegehilfen, die sich ebenfalls weitgehend am SGB XI orientieren. Mit dem Gesetz zur Einordnung des Sozialhilferechts in das SGB ist dabei durch Hinzufügen der **Sätze 3 und 4** die Möglichkeit eröffnet worden, Leistungen der Pflege in Form eines **trägerübergreifenden Persönlichen Budgets** zu erbringen. In **§ 61 Abs. 6 SGB XII** werden die zum SGB XI insoweit maßgeblichen materiellen Vorschriften sowie Rahmenverträge der Pflegekassen und Bundesempfehlungen über die Pflegerische Versorgung für entsprechend anwendbar erklärt. 47

---

[62] Vgl. ebenso etwa *Armborst* in: LPK-SGB XII, § 2 Rn. 14.

II. Normzweck

48 Die Hilfe zur Pflege verfolgt den Zweck, die mit einer Krankheit und/oder Behinderung einhergehenden Beschwerden zu lindern und abzufangen, um so der hilfebedürftigen Person, soweit sie dazu aus finanziellen Gründen nicht eigenständig in der Lage ist, die erforderlichen Verrichtungen des Alltags zu ermöglichen. Der behinderte Mensch soll nicht an den Grunderfordernissen des täglichen Lebens scheitern.[63]

III. Tatbestandsmerkmale

1. Ausgangspunkt: Pflegebedürftigkeit i.S.d. SGB XI (Absatz 1 Satz 1, Absätze 3-5)

49 Anspruch auf Leistungen der Hilfe zur Pflege haben nur solche Personen, die im Sinne des § 61 Abs. 1 SGB XII pflegebedürftig sind. Diesem Begriff der Pflegebedürftigkeit liegt die Definition von Pflegebedürftigkeit nach dem SGB XI zugrunde. Entsprechend ist auch der Wortlaut des § 61 Abs. 1 Satz 1 SGB XII weitgehend parallel zum Wortlaut des § 14 Abs. 1 SGB XI gefasst. Für die inhaltliche Bestimmung der Auslegung einzelner Merkmale nach § 61 Abs. 1 Satz 1 SGB XII kann daher auf Literatur und Rechtsprechung zu § 14 Abs. 1 SGB XI zurückgegriffen werden.[64] Allerdings wird der Pflegebedürftigkeitsbegriff durch die Öffnungsklausel des § 61 Abs. 1 Satz 2 SGB XII in der Hilfe zur Pflege erheblich erweitert (vgl. schon Rn. 13 sowie noch i.E. Rn. 80).

50 Personen sind nach § 61 Abs. 1 Satz 1 SGB XII **pflegebedürftig**, wenn sie eine körperliche, geistige oder seelische Krankheit oder Behinderung haben (vgl. Rn. 51), wenn die Krankheit oder Behinderung zu einem Hilfebedarf bei den gewöhnlichen und regelmäßig wiederkehrenden Verrichtungen im Ablauf des täglichen Lebens führt (vgl. Rn. 54), wenn der Hilfebedarf voraussichtlich mindestens sechs Monate andauern wird (vgl. Rn. 73) und wenn der Hilfebedarf in erheblichem oder höherem Maße besteht (vgl. Rn. 82) (im Folgenden: **enger Pflegebedürftigkeitsbegriff** im Gegensatz zum erweiterten Begriff i.S.d. § 61 Abs. 1 Satz 2 SGB XII).

a. Körperliche, geistige oder seelische Krankheit oder Behinderung (Absatz 3)

51 Der Begriff der Pflegebedürftigkeit nach § 61 Abs. 1 SGB XII knüpft an das Vorliegen von **Krankheit oder Behinderung** an. Dies dient der Klarstellung dessen, dass natürlich bedingte Pflegebedürftigkeit (von Säuglingen, Kindern, Jugendlichen) ebenso wenig als Auslöser für Ansprüche der Hilfe zur Pflege in Betracht kommt[65] wie etwa selbst gewählte Verwahrlosung als Ausdruck einer bestimmten Lebensform[66] oder kulturelle Umstände wie z.B. eine Fehlerziehung zur Unselbständigkeit.[67]

52 Welche Krankheiten oder Behinderungen von § 61 Abs. 1 Satz 1 SGB XII erfasst sind, ist in **§ 61 Abs. 3 SGB XII** erschöpfend definiert. In Betracht kommen danach Verluste, Störungen oder Funktionseinschränkungen am Stütz- und Bewegungsapparat (Nr. 1), an den inneren Organen und Sinnesorganen (Nr. 2) sowie auf nervenfachärztlichem Gebiet, hier einschließlich psychischer Erkrankungen (Nr. 3). Der Wortlaut der in den Nrn. 1-3 gewählten Auflistung ist ebenfalls im Wesentlichen identisch mit der Bestimmung einschlägiger Krankheiten und Behinderungen in § 14 Abs. 2 SGB XI. Allerdings erweitert **§ 61 Abs. 1 Nr. 4 SGB XII** die in Frage kommenden körperlichen und seelischen Beeinträchtigungen um „andere Krankheiten oder Behinderungen, infolge derer Personen pflegebedürftig sind". Diese Vorschrift eröffnet also die Möglichkeit, auf neue pflegewissenschaftliche und medizinische Erkenntnisse zu reagieren. Ihr kommt daher entsprechend der Aufgabe der Sozialhilfe, vollständige Bedarfsdeckung zu gewährleisten, eine Auffangfunktion zu. Bislang wissenschaftlich nicht anerkannte Phänomene (z.B. Übersinnliches) kommen als Grundlage für einen Pflegebedarf jedoch nicht in Betracht.[68]

---

[63] BVerwG v. 10.11.1965 - V C 104.64 - BVerwGE 22, 319 ff.

[64] Mit Blick darauf lassen die Reformbestrebungen zum Pflegebedürftigkeitsbegriff des SGB XI auch Änderungen für das SGB XII erwarten; vgl. dazu bereits Rn. 4.

[65] Vgl. ebenso H. Schellhorn in: Schellhorn/Schellhorn/Hohm, SGB XII, § 61 Rn. 12. Wann Kinder als pflegebedürftig einzuschätzen sind, wird durch § 64 Abs. 4 SGB XII geregelt; vgl. daher insoweit die Kommentierung zu § 64 SGB XII Rn. 42.

[66] Vgl. dazu Lachwitz in: Fichtner/Wenzel, § 61 Rn. 13.

[67] Vgl. dazu BSG v. 30.03.1977 - 5 RKn 20/76 - BSGE 43, 236, 237 f.

[68] Vgl. hierzu von Renesse in: Jahn/Jung, § 61 Rn. 14.

Die Vorschrift lässt offen, wann von einer **Krankheit** und wann dagegen von einer **Behinderung** auszugehen ist. Es gilt daher die Definition des Krankheitsbegriffs i.S.d. Vorschriften zur Hilfe zur Gesundheit (§ 48 SGB XII) und der Behinderungsbegriff i.S.d. Eingliederungshilfevorschriften (§ 53 SGB XII). Eine Differenzierung innerhalb der Hilfe zur Pflege ist zwar nicht erforderlich, weil das Gesetz in den Rechtsfolgen hier nicht differenziert und zudem die Auffangregelung des § 61 Abs. 3 Nr. 4 SGB XII sowohl für „andere Krankheiten" als auch für „andere Behinderungen" gilt. Möglicherweise wird eine Abgrenzung aber dort relevant, wo eine wesentliche Behinderung i.S.v. § 53 SGB XII vorliegt und daher anstelle der Hilfe zur Pflege ein Anspruch auf Eingliederungshilfe in Betracht kommt. 53

b. Gewöhnliche und regelmäßig wiederkehrende Verrichtungen im Ablauf des täglichen Lebens (Absatz 5)

Die Krankheit oder Behinderung muss zu einem Hilfebedarf bei den gewöhnlichen und regelmäßig wiederkehrenden Verrichtungen im Ablauf des täglichen Lebens führen. Der Begriff der Verrichtungen umfasst grundsätzlich alle Handlungen eines Menschen zur Bewältigung des Lebensalltags.[69] Welche Verrichtungen solche im Sinne des § 61 Abs. 1 Satz 1 SGB XII sind, definiert **§ 61 Abs. 5 SGB XII**, der wiederum wörtlich mit § 14 Abs. 4 SGB XI übereinstimmt.[70] 54

Die im Sinne des § 61 Abs. 1 Satz 1 und Abs. 5 SGB XII zu berücksichtigenden Verrichtungen sind in **vier Lebensbereiche** aufgegliedert: Körperpflege (Absatz 5 Nr. 1), Ernährung (Absatz 5 Nr. 2) und Mobilität (Absatz 5 Nr. 3) – diese drei Bereiche machen zusammen die sog. **Grundpflege** aus – sowie die hauswirtschaftliche Versorgung (Absatz 5 Nr. 4). Andere Lebensbereiche, also z.B. die **Religionsausübung** (etwa in Form ritueller Waschungen) oder die **Unterhaltung, Erholung, Kommunikation oder Bildung**, sind nach dem Willen des Gesetzgebers nicht zu berücksichtigen.[71] 55

Die vier maßgeblichen Bereiche des § 61 Abs. 5 SGB XII umfassen nach der gesetzlichen Auflistung insgesamt **21 verschiedene Verrichtungen**, die „gewöhnlich und regelmäßig wiederkehrend" sein müssen. Daher müssen sie nicht jeden Tag, aber doch mit gewisser Regelmäßigkeit im Alltag des Pflegebedürftigen anfallen.[72] Verrichtungen, die seltener als zumindest einmal pro Woche erforderlich sind, bleiben außen vor, auch wenn sie einen hohen Zeitaufwand verursachen.[73] Für den engen Pflegebedürftigkeitsbegriff muss nach der Rechtsprechung des BSG zu § 14 SGB XI zudem mindestens einmal täglich Hilfe im Bereich der Grundpflege erforderlich sein.[74] 56

Im Bereich der Abgrenzung von Pflegeversicherungs- und Krankenversicherungsleistungen hat der Gesetzgeber mittlerweile die Rechtsprechung des BSG umgesetzt, wonach Leistungen der sogenannten **verrichtungsbezogenen Behandlungspflege** (auch) dem Leistungskatalog der gesetzlichen Pflegeversicherung zuzuordnen sind (vgl. zur Abgrenzung i.E. Rn. 27). Entsprechend kann auch in der Hilfe zur Pflege verrichtungsbezogene Behandlungspflege mitzuübernehmen sein; allerdings ist bei Bestehen von Krankenversicherungsschutz ggf. die Krankenkasse, die für verrichtungsbezogene Behandlungspflege nunmehr parallel zuständig ist, vorrangig in Anspruch zu nehmen (vgl. dazu Rn. 28). Die Frage, ob Verrichtungsbezogenheit gegeben ist, ist stets im Einzelfall zu prüfen. Das BSG hat insbesondere klargestellt, dass allein die Tatsache, dass ein **Hilfebedarf zur Aufrechterhaltung der Vitalfunktionen** besteht, die Berücksichtigungsfähigkeit als Pflegebedarf nicht begründen kann.[75] Eine Langzeit-Sauerstoff-Beatmung reicht deshalb zur Anerkennung eines Grundpflegebedarfs selbst dann nicht aus, wenn die Beatmung Voraussetzung dafür ist, dass der Hilfebedürftige am Leben bleibt und gepflegt werden kann; sie steht nämlich nicht im Zusammenhang mit einer der gesetzlich aufgelisteten Verrichtungen.[76] 57

---

[69] So die zutreffende Definition von *Lachwitz* in: Fichtner/Wenzel, § 61 Rn. 29.
[70] Allerdings ist Absatz 5 nicht nur für die Feststellung der Pflegebedürftigkeit, sondern auch für die Erbringung der Leistungen der Pflegehilfe von Bedeutung, denn der Hilfebedarf besteht in der Sicherstellung gerade dieser Verrichtungen.
[71] Vgl. BSG v. 10.10.2000 - B 3 P 15/99 R - SozR 3-3300 § 14 Nr. 16.
[72] BT-Drs. 12/5262, S. 95.
[73] BSG v. 29.04.1999 - B 3 P 12/98 R - juris.
[74] BSG v. 14.12.2000 - B 3 P 5/00 R - SozR 3-3300 § 15 Nr. 11.
[75] BSG v. 29.04.1999 - B 3 P 9/98 R - BSGE 84, 1, 4 ff.; BSG v. 29.04.1999 - P 3 P 12/98 R - juris.
[76] BSG v. 29.04.1999 - B 3 P 9/98 R - BSGE 84, 1, 4 ff.; BSG v. 29.04.1999 - P 3 P 12/98 R - juris.

aa. Körperpflege (Absatz 5 Nr. 1)

58 Im Bereich der **Körperpflege** (§ 61 Abs. 5 Nr. 1 SGB XII, der § 14 Abs. 4 Nr. 1 SGB XI entspricht) sind das Waschen, Duschen, Baden, die Zahnpflege, das Kämmen, Rasieren sowie die Darm- und Blasenentleerung gesetzlich aufgelistet. Der Gesetzgeber hat dabei im Gesetzgebungsverfahren zu § 14 Abs. 4 Nr. 1 SGB XI ausdrücklich **nur die täglich erforderlichen Verrichtungen** der Körperpflege aufgezählt; seltener erforderliche Verrichtungen, namentlich die **Nagelpflege** und die **Haarwäsche**, hat er aus dem Gesetzentwurf wieder gestrichen.[77] Nach Auffassung des BSG sollen aber dennoch auch nicht tägliche Verrichtungen wie z.B. das Haarewaschen von § 14 Abs. 4 Nr. 4 und dementsprechend § 61 Abs. 5 Nr. 1 SGB XII umfasst sein, wenn sie zu den dort genannten Tätigkeiten im Bereich der Körperpflege zählen. Der entgegenstehende Wille des Gesetzgebers habe im Gesetzeswortlaut keinen entsprechenden Niederschlag gefunden.[78] Auch das Haaretrocknen und die notwendigen begleitenden Hilfen sind zu berücksichtigen.[79]

59 Als Maßnahme der Körperpflege ist auch das **Haarewaschen mit einem speziellen Shampoo** gegen Erkrankungen der Kopfhaut zu berücksichtigen. Zwar stellt dies der Sache nach eine Behandlungspflege dar; diese ist jedoch untrennbar mit dem Bereich Waschen, Duschen und Baden verbunden.[80] Maßnahmen der **Hautpflege** wie das Eincremen mit Öl und Fett oder das Pudern sind ebenfalls verrichtungsbezogene Behandlungspflege, wenn gerade das Waschen diese Behandlung erforderlich macht, etwa weil die Haut des Pflegebedürftigen durch das Waschen so austrocknet, dass eine Fettzufuhr von außen im unmittelbaren Anschluss an das Waschen unerlässlich ist.[81] Wenn aber der erforderliche Hilfebedarf der Hautpflege zwar im Zusammenhang mit dem Waschen, jedoch nur schubweise als Folge einer Hauterkrankung (Neurodermitis oder Mukoviszidose) erfolgt, so liegt gleichwohl keine Maßnahme der Körperpflege im gesetzlichen Sinne vor, wenn der Bedarf nicht mindestens einmal pro Woche anfällt.[82] Das Einreiben, das nur zur Verringerung von Schmerzzuständen und Reduzierung von Nebenwirkungen von Medikamenten erfolgt, ist von vornherein nicht verrichtungsbezogen.[83]

60 Hilfebedarf, der sich aus **Störungen der Feinregulation** der Nerven oder der Muskulatur ergibt, ist als verrichtungsbezogen z.B. beim Rasieren oder Zähneputzen zu berücksichtigen.[84] Die **Stomaversorgung** ist zwar der Sache nach eine Maßnahme der Behandlungspflege; da sie aber mit der Darmentleerung untrennbar verbunden ist, ist sie als verrichtungsbezogen auch im pflegerischen Grundbedarf zu berücksichtigen.[85] Entsprechendes gilt für die **Katheterisierung** eines querschnittsgelähmten Hilfebedürftigen.[86]

bb. Ernährung (Absatz 5 Nr. 2)

61 Zum Bereich der **Ernährung** (§ 61 Abs. 5 Nr. 2 SGB XII, der § 14 Abs. 4 Nr. 2 SGB XI entspricht) gehören lediglich das mundgerechte Zubereiten und die Aufnahme der Nahrung, also nur die Tätigkeiten, die mit dem Vorgang der Nahrungsaufnahme in unmittelbarem Zusammenhang stehen. Zur **mundgerechten Zubereitung** der Nahrung gehört also allein der letzte Schritt vor der Nahrungsaufnahme, soweit ein solcher nach der Fertigstellung der Mahlzeit krankheits- oder behinderungsbedingt erforderlich wird, also z.B. das Anrichten der Nahrung im Sinne von Zerkleinern oder Zerschneiden in mundgerechte Bissen, das Pürieren, das Heraustrennen von Knochen oder Gräten, das Einweichen harter Nahrung bei Kau- oder Schluckbeschwerden, das Zubereiten von Broten, das Einfüllen von Getränken in Gefäße oder das Bereitstellen behindertengerechter Geschirre oder Essbestecke.[87] Zur **Nahrungsaufnahme** gehört insbesondere die Hilfe beim Umgang mit dem Besteck oder aber, wo dies erforderlich ist, das Füttern des zubereiteten Essens. Ebenso gehören hierzu die Sonderernährung mit aus-

---

[77] BT-Drs. 12/5920, S. 22 f. und BT-Drs. 12/5952, S. 35.
[78] BSG v. 31.08.2000 - B 3 P 14/99 R - SozR 3-3300 § 14 Nr. 15.
[79] BSG v. 31.08.2000 - B 3 P 14/99 R - SozR 3-3300 § 14 Nr. 15.
[80] BSG v. 31.08.2000 - B 3 P 14/99 R - SozR 3-3300 § 14 Nr. 15.
[81] BSG v. 13.05.2004 - B 3 P 7/03 R - SozR 4-3300 § 23 Nr. 2; BSG v. 31.08.2000 - B 3 P 14/99 R - SozR 3-3300 § 14 Nr. 15.
[82] BSG v. 29.04.1999 - B 3 P 9/98 R - BSGE 84, 1, 4 ff.
[83] BSG v. 31.08.2000 - B 3 P 14/99 R - SozR 3-3300 § 14 Nr. 15.
[84] So der Wille des Gesetzgebers, vgl. BT-Drs. 12/5262, S. 96.
[85] BSG v. 29.04.1999 - B 3 P 12/98 R - juris.
[86] BSG v. 22.08.2001 - B 3 P 23/00 R - juris.
[87] BSG v. 31.08.2000 - B 3 P 14/99 R - SozR 3-3300 § 14 Nr. 15.

schließlich flüssigen Nahrungsmitteln z.B. bei Erkrankung des Magens oder Darms und das Füttern des Pflegebedürftigen.[88]

Die **gesamte übrige Vorbereitung** der Nahrungsaufnahme wie Erstellung des Speiseplans, Einkaufen, Berechnen, Abwiegen, Zusammenstellung der Speisen und Kochen gehört zum Bereich der hauswirtschaftlichen Versorgung, und zwar auch dann, wenn sie z.B. bei Diabetikern einen krankheitsbedingten Diätplan zur Sicherstellung der Verträglichkeit umfasst.[89] Auch die Prüfung der Stoffwechsellage (Blutzuckermessungen u.Ä.) und die Versorgung mit Medikamenten (z.B. Insulinspritzen), die nicht notwendig mit der Verrichtung der „Nahrungsaufnahme" selbst verbunden ist, begründen keinen ernährungsbedingten Pflegeaufwand.[90] Anderes gilt nur, wenn die Medikamentengabe jeweils in unmittelbaren zeitlichen und sachlichen Zusammenhang mit der Aufnahme der Nahrung erforderlich ist.[91] Keine Hilfe bei der Nahrungsaufnahme ist die Aufsicht zur Verhinderung übermäßigen Essens.[92] Beaufsichtigung und Kontrolle sind jedoch dann berücksichtigungsfähiger Hilfebedarf, wenn sie von einer solchen Intensität sind, dass die Hilfe über das bloße „Im-Auge-Behalten" des Pflegebedürftigen und das nur vereinzelte, gelegentliche Auffordern oder Ermahnen hinausgeht und die Pflegeperson dadurch an der Erledigung anderer Aufgaben gehindert ist.[93] 62

cc. Mobilität (Absatz 5 Nr. 3)

Für den Bereich der **Mobilität** listet § 61 Abs. 5 Nr. 3 SGB XII (der § 14 Abs. 4 Nr. 3 SGB XI entspricht) das selbständige Aufstehen und Zu-Bett-Gehen, das An- und Auskleiden, das Gehen, Stehen und Treppensteigen sowie das Verlassen und Wiederaufsuchen der Wohnung auf. Die Mobilität umfasst also den **Hilfebedarf innerhalb und außerhalb der Wohnung**. 63

Alle die Mobilität betreffenden Verrichtungen können aber nur insoweit berücksichtigt werden, als sie **zur Aufrechterhaltung eines selbstständigen Haushalts notwendig** sind. Der Wortlaut macht zwar keine Einschränkung hinsichtlich der Zwecke, aufgrund derer die Verrichtungen (also etwa das Treppengehen, das Verlassen und Wiederaufsuchen der Wohnung etc.) vorzunehmen sind. Daraus kann aber nicht geschlossen werden, diese Verrichtungen seien unabhängig vom jeweiligen Anlass und Zweck in den notwendigen Pflegebedarf eingeschlossen. Aus dem Sinn und Zweck der Pflegeleistungen, die Aufrechterhaltung der Existenz in der häuslichen Umgebung zu sichern, folgt vielmehr, dass sie bei der Bemessung des Zeitaufwands für die notwendige Pflege nur insoweit berücksichtigt werden können, als sie im Zusammenhang mit den anderen in § 61 Abs. 5 SGB XII genannten Verrichtungen im häuslichen Bereich erforderlich werden.[94] Nicht zum Hilfebedarf für die Mobilität gehören daher insbesondere Hilfeleistungen, die zur Wahrnehmung eines Schulbesuchs oder zur Ausübung einer Erwerbstätigkeit des Pflegebedürftigen erforderlich sind, wie z.B. Begleitung auf dem Weg zur Arbeitsstelle und das An- und Ausziehen der Arbeitskleidung, oder aber Hilfeleistungen zur Durchführung rehabilitativer Maßnahmen.[95] 64

Zur Verrichtung des **Aufstehens** gehören nach der neueren Rechtsprechung des BSG nicht mehr ohne Weiteres alle Maßnahmen, mit denen die Folgen der Nachtruhe beseitigt werden, um für das Tagesgeschehen „in Gang zu kommen".[96] Maßnahmen der Behandlungspflege wie etwa das morgendliche Reinigen der Atemwege eines Mukoviszidosekranken können nur dann als verrichtungsbezogen dem Aufstehen zugerechnet werden, wenn sie zwischen dem Aufwachen und dem Verlassen des Bettes, spätestens aber in unmittelbarem Zusammenhang mit dem Aufstehen, also vor jeder anderen Tätigkeit, 65

---

[88] So ausdrücklich der Gesetzgeber, vgl. BT-Drs. 12/5262, S. 96 f.
[89] BSG v. 28.06.2001 - B 3 P 7/00 R - SozR 3-3300 § 43a Nr. 5.
[90] BSG v. 17.06.1999 - B 3 P 10/98 R - SozR 3-3300 § 15 Nr. 7.
[91] Bejaht hat das BSG dies für den Fall, dass die Einnahme eines Medikaments unmittelbar erforderlich ist, um die Nahrungsaufnahme als physischen Vorgang überhaupt erst zu ermöglichen, etwa weil anderenfalls Schluckbeschwerden die Nahrungsaufnahme unmöglich machen würden, vgl. BSG v. 17.03.2005 - B 3 KR 9/04 R. Rein praktische Erwägungen, ein Medikament im Zusammenhang mit der Nahrungsaufnahme zu sich nehmen zu wollen, reichen demgegenüber nicht aus. Vgl. zum Ganzen auch BSG v. 13.02.1998 - B 3 P 3/97 R - BSGE 82, 27, 31 ff.; BSG v. 19.02.1998 - B 3 P 5/97 R - SozR 3-3300 § 14 Nr. 3; BSG v. 17.06.1999 - B 3 P 10/98 R - SozR 3-3300 und § 15 Nr. 7.
[92] BSG v. 28.06.2001 - B 3 P 7/00 R - SozR 3-3300 § 43 a Nr. 5.
[93] BSG v. 27.08.1998 - B 10 KR 4/97 R - BSGE 82, 276, 278 ff.
[94] BSG v. 29.04.1999 - B 3 P 7/98 R - SozR 3-3300 § 14 Nr. 10; BSG v. 24.06.1998 - B 3 P 4/97 R - SozR 3-3300 § 14 Nr. 5.
[95] BSG v. 06.08.1998 - B 3 P 17/97 R - SozR 3-3300 § 14 Nr. 6; BSG v. 05.08.1999 - B 3 P 1/99 R - SozR 3-3300 § 15 Nr. 8; vgl. zu weiteren Einzelbeispielen noch im Folgenden.
[96] So noch die Rspr. des 10. Senats, BSG v. 27.08.1998 - B 10 KR 4/97 R - BSGE 82, 276, 278 ff.

durchgeführt werden müssen.[97] Das BSG hat dies im Zusammenhang mit der Pflege von Kindern je nach Einzelfall für möglich erachtet.[98]

66 Die Verrichtung des **Zu-Bett-Gehens** betrifft den körperlichen Bewegungsvorgang mit dem Ziel des Hineingelangens in ein Bett, der mit der Einnahme einer zum Ruhen oder Schlafen geeigneten Position im Bett endet.[99] Die Häufigkeit richtet sich nach dem individuellen Ruhe- und Schlafbedürfnis. Daher kann die Hilfe auch mehrmals erforderlich sein, weil der Pflegebedürftige bewusst oder (z.B. altersverwirrt) unbewusst die zum Schlafen oder Ruhen geeignete Position verlässt, neu einnehmen muss und dies ohne fremde Hilfe nicht kann.[100] Das Beruhigen Schlafgestörter ist dagegen keine Hilfe beim Zu-Bett-Gehen und kann auch nicht als Pflegebedarf bei einer anderen Grundverrichtung berücksichtigt werden.[101]

67 **An- und Auskleiden** ist auch das An- und Ausziehen von Stützstrümpfen als Maßnahme der verrichtungsbezogenen Behandlungspflege.[102]

68 Zum **Gehen, Stehen und Treppensteigen** gehören nur die Verrichtungen innerhalb der Wohnung (auswärtige Fortbewegung wird vom Aufsuchen und Verlassen der Wohnung erfasst), dies aber nur, soweit damit andere Verrichtungen der Grundpflege ermöglicht werden sollen.[103] Erfasst ist also etwa der Weg zum Duschen, nicht dagegen der Weg zur Durchführung von Freizeitprogramm, die Beaufsichtigung zur Verhinderung von Selbst- oder Fremdgefährdung oder die Hilfe allein zur Förderung des Gehens.[104] Die Verrichtungen Gehen, Stehen und Treppensteigen meinen nicht nur die eigenständige Fortbewegungsfähigkeit. Insoweit bestehender Hilfebedarf ist vielmehr auch zu berücksichtigen, soweit Unterstützung, Beaufsichtigung, Anleitung oder Führung mit dem Ziel der eigenständigen Übernahme dieser Verrichtungen nicht mehr ausreichen, weil der Hilfebedürftige auch unter Hilfe zur eigenständigen Fortbewegung dazu nicht mehr in der Lage ist. Deshalb ist auch jedes Stützen und Tragen erheblich, soweit es im Zusammenhang mit einer der anderen pflegerischen Verrichtungen steht.[105]

69 Das Leben des Hilfebedürftigen soll nicht auf die Wohnung beschränkt bleiben, er soll vielmehr die Möglichkeit zum **Verlassen und Wiederaufsuchen der Wohnung** haben. Berücksichtigungsfähig sind auch hier aber nur solche Verrichtungen außerhalb der Wohnung, die für die Aufrechterhaltung der Lebensführung zu Hause unumgänglich sind und das persönliche Erscheinen des Pflegebedürftigen notwendig machen. Dies kann etwa zutreffen auf den Besuch von Ärzten, Krankengymnasten, Apotheken oder Behörden, allerdings auch nur dann, wenn die Besuche regelmäßig mindestens einmal pro Woche erfolgen. Seltener erforderlich werdende Besuche zählen nicht zum berücksichtigungsfähigen Pflegeaufwand. Nach der Rechtsprechung des BSG stellt das Gesetz mit hinreichender Deutlichkeit klar, dass bei der Ermittlung des Grundpflegebedarfs auf die Woche als Maßeinheit abzustellen ist.[106] Im Falle der Berücksichtigungsfähigkeit sind neben den notwendigen Zeiten für die Begleitung auch solche zwangsläufig anfallenden Wartezeiten anzusetzen, während derer der Pflegebedürftige untersucht wird, soweit die Begleitperson in dieser Zeit keiner anderen sinnvollen Tätigkeit nachgehen kann, die auch ohne die Wartezeit zu erledigen wäre.[107] Von vornherein nicht zur Aufrechterhaltung der Lebensführung zu Hause dienen z.B. Hilfen bei Spaziergängen[108] oder bei Besuchen von kulturel-

---

[97] BSG v. 29.04.1999 - B 3 P 9/98 R - BSGE 84, 1, 4 ff.
[98] Vgl. ausführlicher zur Abgrenzung verrichtungsbezogene und „normale" Behandlungspflege bei Mukoviszidosekranken *Meßling* in: jurisPK-SGB XI, § 14 Rn. 28.
[99] BSG v. 17.05.2000 - B 3 P 20/99 R - SozR 3-3300 § 14 Nr. 14.
[100] BSG v. 29.04.1999 - B 3 P 7/98 R - SozR 3-3300 § 14 Nr. 10.
[101] BSG v. 29.04.1999 - B 3 P 7/98 R - SozR 3-3300 § 14 Nr. 10.
[102] BSG v. 30.10.2001 - B 3 KR 2/01 R - SozR 3-2500 § 37 Nr. 3; vgl. dazu aber Rn. 28.
[103] BSG v. 26.11.1998 - B 3 P 13/97 R - SozR 3-3300 § 54 Nr. 8.
[104] BSG v. 29.04.1999 - B 3 P 7/98 R - SozR 3-3300 § 14 Nr. 10.
[105] BSG v. 26.11.1998 - B 3 P 20/97 R - SozR 3-3300 § 14 Nr. 9; BSG v. 29.04.1999 - B 3 P 7/98 R - SozR 3-3300 § 14 Nr. 10.
[106] BSG v. 29.04.1999 - B 3 P 7/98 R - SozR 3-3300 § 14 Nr. 10.
[107] BSG v. 10.10.2000 - B 3 P 15/99 R - SozR 3-3300 § 14 Nr. 16; BSG v. 29.04.1999 - B 3 P 7/98 R - SozR 3-3300 § 14 Nr. 10.
[108] Soweit der Spaziergang medizinisch angeordnet ist, etwa um die Durchblutung zu fördern, dient dies zwar der Aufrechterhaltung des häuslichen Lebens, ist aber der Sache nach eine Maßnahme der Behandlungspflege, die nicht in unmittelbarem Zusammenhang mit einer grundpflegerischen Verrichtung steht und daher auch nicht als verrichtungsbezogene Behandlungspflege der Grundpflege zugerechnet werden kann, vgl. BSG v. 10.10.2000 - B 3 P 15/99 R - SozR 3-3300 § 14 Nr. 16.

len oder kirchlichen Veranstaltungen,[109] die Begleitung des Pflegebedürftigen zum Erbringer einer als Reha-Maßnahme zu wertenden Leistung wie z.B. zum Logopäden und die Begleitung zum Schulbus zu einer Behinderteneinrichtung.[110] In letzterem Fall kommen ggf. Leistungen der Eingliederungshilfe in Betracht (vgl. zur Abgrenzung allgemein schon Rn. 16). Transferzeiten zu und von der Wohnung der Pflegeperson scheiden als Pflegebedarf aus, selbst wenn nur auf diese Weise die häusliche Pflege aufrechterhalten werden kann.[111]

In der Aufzählung nicht mit aufgeführt sind die Hilfe zum **Liegen** sowie zum **Sitzen**. Das BSG sieht darin eine offensichtliche Gesetzeslücke. Der grundsätzlich als abschließend zu betrachtende Katalog des § 14 Abs. 4 SGB XI (und entsprechend auch des § 65 Abs. 5 SGB XII) sei daher nach Sinn und Zweck der Regelung im Bereich der Mobilität zur Ausfüllung einer offensichtlichen Lücke um die Verrichtungen Sitzen und Liegen zu ergänzen.[112] Hilfe zum Liegen ist insbesondere das Umlagern eines pflegebedürftigen Menschen.[113] Bedeutsam ist dies für die Hilfe zur Pflege insoweit, als das Umbetten und ähnliche liege- bzw. sitzbezogene Verrichtungen keine „andere Verrichtung" i.S.d. § 61 Abs. 1 Satz 2 SGB XII darstellen. 70

dd. Hauswirtschaftliche Versorgung (Absatz 5 Nr. 4)

Zur hauswirtschaftlichen Versorgung gehören das Einkaufen, Kochen, Reinigen der Wohnung, Spülen, Wechseln und Waschen der Wäsche und Kleidung sowie das Beheizen. Allgemeiner Maßstab ist, dass es sich um Verrichtungen handeln muss, die für eine angemessene Lebensführung unumgänglich sind.[114] Auch hier sind aber pflegespezifische Einschränkungen zu berücksichtigen. Das **Einkaufen** kann nur insoweit berücksichtigt werden, als es Lebens-, Reinigungs- und Körperpflegemittel umfasst, da nur diese den pflegerischen Bereich betreffen. Insoweit beinhaltet es aber auch den Überblick, welche Lebensmittel wo gekauft werden müssen sowie die Kenntnis der Genieß- und Haltbarkeit von Lebensmitteln. Der Einkauf von Büchern etwa und anderen Gegenständen zur Unterhaltung bleibt dagegen außer Betracht. Die hauswirtschaftliche Versorgung meint nur die Durchführung der Verrichtung des Einkaufens, nicht jedoch die Übernahme der Kosten für die Lebens-, Pflegemittel usw. selbst; diese werden durch den jeweils maßgeblichen Grundsicherungsregelsatz abgedeckt.[115] Das **Reinigen** der Wohnung ist nur berücksichtigungsfähig, soweit der allgemein übliche Lebensbereich des Hilfebedürftigen betroffen ist, nicht also zwangsläufig die gesamte Wohnung. Beim **Kochen** ist nur der Hilfebedarf des Pflegebedürftigen selbst maßgeblich, nicht derjenige anderer Personen wie etwa der Pflegeperson. Zum Kochen gehört die Zubereitung der Nahrung, auch von Diätkost und Diätgetränken,[116] ebenso das Zusammenstellen, Berechnen, Abwiegen und Portionieren, selbst wenn es aufwendig ist. Das **Waschen der Wäsche und Kleidung** umfasst gleichermaßen die gesamte übrige Pflege, insbesondere das Bügeln und Ausbessern der Wäscheteile und Kleidungsstücke. Zum **Beheizen** gehört auch das Beschaffen und Entsorgen des Heizstoffs. 71

Der Hilfebedarf in der hauswirtschaftlichen Versorgung ist im Rahmen des § 61 Abs. 1 Satz 1 SGB XII **unselbstständiger Bestandteil der Pflege**. Er allein vermag keine Anerkennung erheblicher Pflegebedürftigkeit zu begründen (vgl. zur Berücksichtigungsfähigkeit nach Satz 2 noch Rn. 84). Erforderlich ist vielmehr, dass Hilfebedarf in mindestens zwei Verrichtungen der Grundpflege und nur zusätzlich Hilfebedarf bei der hauswirtschaftlichen Versorgung besteht; nur dann ist die hauswirtschaftliche Versorgung Bestandteil der Pflege. Andererseits ist ein zeitlicher Mindestbedarf für die hauswirtschaftliche Versorgung nicht vorgesehen. § 15 Abs. 1 Nr. 1 SGB XI und § 64 Abs. 1 SGB XII machen lediglich zur Voraussetzung, dass hauswirtschaftliche Hilfe mehrfach in der Woche benötigt wird. Eine Grenze gesetzt wird in diesen Vorschriften umgekehrt nur für das zeitliche Höchstmaß, mit dem hauswirtschaftliche Versorgung berücksichtigt werden kann. 72

---

[109] BSG v. 29.04.1999 - B 3 P 7/98 R - SozR 3-3300 § 14 Nr. 10; BSG v. 10.10.2000 - B 3 P 15/99 R - SozR 3-3300 § 14 Nr. 16.
[110] BSG v. 26.11.1998 - B 3 P 13/97 R - SozR 3-3300 § 14 Nr. 8.
[111] BSG v. 21.02.2002 - B 3 P 12/01 R - SozR 3-3300 § 14 Nr. 19.
[112] BSG v. 19.02.1998 - B 3 P 3/97 R - BSGE 82, 27, 31 ff.
[113] BSG v. 17.05.2000 - B 3 P 20/99 R - SozR 3-3300 § 14 Nr. 14.
[114] *Udsching* in: Udsching, § 14 SGB XI Rn. 30.
[115] Dies musste das LSG Nordrhein-Westfalen v. 03.09.2008 - L 12 SO 30/07 - juris, klarstellen.
[116] BSG v. 19.02.1998 - B 3 P 5/97 R - SozR 3-3300 § 14 Nr. 3; BSG v. 17.06.1999 - B 3 P 10/98 R - SozR 3-3300 und § 15 Nr. 7.

c. Dauerhaftigkeit des Hilfebedarfs

73 Weitere Voraussetzung der Pflegebedürftigkeit nach § 61 Abs. 1 Satz 1 SGB XII ist, dass die **Hilfe auf Dauer, voraussichtlich für mindestens sechs Monate** benötigt wird. Durch diese Voraussetzung soll die Hilfe zur Pflege von bloßen Krankheitsfällen, die grundsätzlich dem Anwendungsfeld der §§ 47 ff. SGB XII unterfallen, abgegrenzt werden. Allerdings ist Pflegebedürftigkeit im Sinne dieser Vorschrift auch dann zu bejahen, wenn ein Pflegebedarf gegeben ist, die Lebenserwartung aber wohl weniger als sechs Monate betragen wird.[117]

74 Die Dauer der Pflegebedürftigkeit ist **prognostisch** zu beurteilen. Stellt sich später heraus, dass die Pflegebedürftigkeit tatsächlich eine kürzere Zeitspanne angedauert hat als sechs Monate, hat das auf die Rechtmäßigkeit einmal gewährter Leistungen der Hilfe zur Pflege keinen Einfluss mehr.

d. Erheblicher Pflegebedarf

75 Der Tatbestand des § 61 Abs. 1 Satz 1 SGB XII ist schließlich nur erfüllt, wenn der Hilfebedürftige in **erheblichem oder höherem Maße** der Hilfe bedarf. § 14 Abs. 1 SGB XI, an den sich § 61 Abs. 1 Satz 1 SGB XII mit seiner Formulierung anlehnt, verweist für die Definition dieser Richtgröße auf § 15 SGB XI und stellt damit klar, dass der Pflegebedarf ein Ausmaß erreicht haben muss, welches einem der drei in § 15 SGB XI definierten Pflegestufen entspricht. Im SGB XII ist ein entsprechender Verweis zwar nicht enthalten. Die in § 15 Abs. 3 SGB XI genannten Mindestzeiten stimmen jedoch mit den in den Richtlinien der Spitzenverbände der Pflegekassen über die Abgrenzung der Merkmale der Pflegebedürftigkeit und der Pflegestufen sowie zum Verfahren der Feststellung der Pflegebedürftigkeit (PflRi), vgl. dazu Rn. 169, aufgeführten Pflegezeiten überein,[118] die wiederum über § 61 Abs. 6 SGB XII entsprechend anzuwenden sind (vgl. dazu noch Rn. 165). Auch für die Erheblichkeit der Pflegebedürftigkeit nach § 61 Abs. 1 Satz 1 SGB XII ist daher maßgeblich auf das Vorliegen mindestens von Pflegestufe 1 i.S.d. § 15 Abs. 3 SGB XI abzustellen, und mit dem „höheren Maße" sind die Pflegestufen 2 und 3 gemeint.[119] Im Übrigen folgt die Maßgeblichkeit des § 15 Abs. 3 SGB XI auch aus § 64 SGB XII, der die Höhe eines Anspruchs auf Pflegegeld von der jeweiligen Pflegestufe abhängig macht.[120]

76 Die Maßstäbe, anhand derer die Zuordnung in die einzelnen Pflegestufen zu erfolgen hat, sind durch § 15 Abs. 1 und Abs. 3 SGB XI sowie entsprechend durch Ziff. 4.1 PflRi vorgegeben. Danach gilt Folgendes:

77 Die Voraussetzungen der **Pflegestufe I** (sog. **erhebliche Pflegebedürftigkeit**) liegen vor, wenn die hilfebedürftige Person in einem oder mehreren Bereichen der Grundpflege wenigstens bei zwei Verrichtungen mindestens einmal täglich der Hilfe bedarf und zusätzlich mehrfach in der Woche Hilfe bei der hauswirtschaftlichen Versorgung in Anspruch nehmen muss. Der tägliche Zeitaufwand muss im Durchschnitt mindestens 90 Minuten betragen, wovon auf die Verrichtungen der Grundpflege **mehr als** 45 Minuten entfallen müssen. Die zeitlichen Voraussetzungen sind in untrennbarem Zusammenhang mit der gesetzlichen Vorgabe mindestens zweier Verrichtungen der Grundpflege zu sehen. Wenn also nur bei Durchführung einer Verrichtung Hilfe in Anspruch genommen werden muss, genügt dies selbst dann den Anforderungen der Pflegestufe 1 nicht, wenn insoweit ein Zeitaufwand von mehr als 45 Minuten entsteht.[121] Allerdings wird in einem solchen Fall die Öffnungsklausel des § 61 Abs. 1 Satz 2 SGB XII relevant (vgl. dazu noch Rn. 80).

---

[117] So Ziff. 3.2 der PflRi; vgl. dazu auch *Lachwitz* in: Fichtner/Wenzel, § 61 Rn. 14.

[118] Vgl. Ziff. 4.1.1 ff PflRi zu § 17 SGB XI.

[119] Vgl. ebenso *H. Schellhorn* in: Schellhorn/Schellhorn/Hohm, SGB XII, § 61 Rn. 24; *Lachwitz* in: Fichtner/Wenzel, § 61 Rn. 15.

[120] § 64 Abs. 1-3 SGB XII listet drei Schweregrade von Pflegebedürftigkeit auf, die in ihrer Definition den Pflegestufendefinitionen des § 15 SGB XI entsprechen. Auch hieraus folgt, dass hier vergleichbare Maßstäbe zum SGB XI anzulegen sind – auch wenn die Pflegestufen im SGB XII systemwidrig nur im Zusammenhang mit dem Pflegegeld auftauchen (vgl. dazu *H. Schellhorn* in: Schellhorn/Schellhorn/Hohm, SGB XII, § 64 Rn. 3; vgl. dazu auch noch die Kommentierung zu § 64 SGB XII Rn. 8). Das Ausmaß der Pflegebedürftigkeit wirkt sich aber unmittelbar auch nur auf die Höhe des Pflegegeldes aus. Denn anders als im SGB XI ist sonst die Leistungshöhe nicht unmittelbar von der Zuordnung in Pflegestufen abhängig; es gilt vielmehr der Bedarfsdeckungsgrundsatz; vgl. hierzu i.E. die Kommentierung zu § 65 SGB XII. Für die Beurteilung der Erheblichkeit sind allerdings, anders als für das SGB XI, auch „andere Verrichtungen" nach § 61 Abs. 1 Satz 2 Alt. 3 SGB XII zu berücksichtigen. In diesen Fällen ist die Pflege allein durch die Hilfe zur Pflege sicherzustellen, vgl. dazu noch i.E. die Kommentierung zu § 64 SGB XII Rn. 9.

[121] BSG v. 17.06.1999 - B 3 P 10/98 R - SozR 3-3300 § 15 Nr. 7.

Pflegebedürftige der **Pflegestufe II** (sog. **Schwerpflegebedürftige**) sind Personen, die im Bereich der grundpflegerischen Verrichtungen mindestens dreimal täglich zu verschiedenen Tageszeiten der Hilfe bedürfen und zusätzlich mehrfach in der Woche Hilfe bei der hauswirtschaftlichen Versorgung in Anspruch nehmen müssen. Der tägliche Zeitaufwand muss im Durchschnitt mindestens drei Stunden betragen, wovon auf die Verrichtungen der Grundpflege mindestens zwei Stunden entfallen müssen. 78

Der **Pflegestufe III** (sog. **Schwerstpflegebedürftigkeit**) sind Personen zuzuordnen, die für die Grundpflege täglich und rund um die Uhr, auch nachts, der Hilfe bedürfen und zusätzlich mehrfach in der Woche Hilfe bei der hauswirtschaftlichen Versorgung in Anspruch nehmen müssen. Hierbei muss der tägliche Zeitaufwand im Durchschnitt mindestens fünf Stunden betragen, wovon auf die Verrichtungen der Grundpflege mindestens vier Stunden entfallen müssen. Das tatbestandliche Erfordernis von Bedarf nach Hilfe rund um die Uhr, auch nachts, ist nach der Rechtsprechung des BSG zu bejahen, wenn der Pflegebedürftige mindestens dreimal täglich zu verschiedenen Uhrzeiten und mindestens einmal nachts (definiert als die Zeitspanne von 22.00 Uhr bis 6.00 Uhr) Hilfe bei Verrichtungen der Grundpflege in Anspruch nehmen muss.[122] 79

2. Die Öffnungsklausel des Absatzes 1 Satz 2

§ 61 Abs. 1 Satz 2 SGB XII **erweitert den sozialhilferechtlichen Pflegebegriff**, indem er ihn in dreierlei Hinsicht gegenüber dem Begriff der Pflegebedürftigkeit nach dem SGB XI öffnet. Pflegebedürftig i.S.d. SGB XII kann danach auch derjenige sein, der voraussichtlich weniger als sechs Monate gepflegt werden muss (erste Alternative), der einen geringeren Pflegebedarf als denjenigen nach Pflegestufe 1 erreicht (zweite Alternative) sowie derjenige, der Hilfebedarf hinsichtlich anderer Verrichtungen als solcher nach § 61 Abs. 5 SGB XII hat (dritte Alternative). Die drei Öffnungen können **einzeln oder kumulativ** auftreten.[123] Mit dieser Öffnung des Tatbestands der Pflegebedürftigkeit wird die Hilfe zur Pflege ihrem Charakter als sozialhilferechtliche Leistung gerecht. Es wird so das Ziel der **umfassenden Bedarfsdeckung** erreicht.[124] 80

a. Pflegebedarf unter sechs Monaten (Absatz 1 Satz 2 Alternative 1)

Nach der ersten Alternative kann auch derjenige, der voraussichtlich weniger als sechs Monate gepflegt werden muss, einen Anspruch auf Hilfe zur Pflege haben. Die zeitliche Verkürzung des Pflegezeitraums erlangt Bedeutung insbesondere dann, wenn nach einer Entlassung aus dem Krankenhaus im häuslichen Bereich ein längerer Pflegebedarf gegeben ist, jedoch noch nicht absehbar ist, ob die Zeit der Pflegebedürftigkeit mindestens sechs Monate anhalten wird, dieser Pflegebedarf aber nicht durch Leistungen der Krankenversicherung bzw. durch Leistungen gem. § 48 SGB XII abgedeckt wird (z.B. weil ein Anspruch der Krankenversicherung nach § 37 Abs. 3 SGB V ausscheidet; vgl. zur Abgrenzung i.E. Rn. 22). 81

b. Geringerer Pflegebedarf (Absatz 1 Satz 2 Alternative 2)

Die Leistungen nach dem SGB XI erfassen im Regelfall nur Menschen mit erheblichem Pflegebedarf, die also mindestens die Voraussetzungen der Pflegestufe 1 erfüllen.[125] Nach § 61 Abs. 1 Satz 2 Alt. 2 SGB XII können Hilfe zur Pflege aber auch Menschen in Anspruch nehmen, die einen geringeren Pflegebedarf haben (sog. **„Pflegestufe Null"**). Allein für das Pflegegeld (§ 64 SGB XII) ist ein erhebliches Maß an Pflegebedürftigkeit erforderlich.[126] 82

---

[122] BSG v. 17.05.2000 - B 3 P 20/99 R - SozR 3-3300 § 14 Nr. 14; BSG v. 25.09.2007 - GS 1/06 - BSGE 99, 111, 116.

[123] Vgl. LSG Niedersachsen-Bremen v. 24.08.2005 - L 8 SO 78/05 ER - FEVS 75, 433, 434 ff.; LSG Baden-Württemberg v. 07.03.2006 - L 7 SO 509/06 ER-B - FEVS 58, 93 ff.; LSG Baden-Württemberg v. 15.05.2006 - L 13 AS 1708/06 ER-B - juris.

[124] In der Literatur wird dieser Tatbestand daher teilweise als der „eigentliche Grundtatbestand der Hilfe zur Pflege" bezeichnet, so z.B. *Baur* in: Mergler/Zink, § 61 Rn. 33; *Lachwitz* in: Fichtner/Wenzel, § 61 Rn. 23.

[125] Diese Regel durchbrochen haben allerdings die §§ 45a ff. SGB XI, eingeführt durch das Pflege-Weiterentwicklungsgesetz mit Wirkung zum 01.07.2008; vgl. dazu Rn. 14.

[126] Für die Beurteilung der Erheblichkeit sind jedoch, anders als für das SGB XI, auch „andere Verrichtungen" nach § 61 Abs. 1 Satz 2 Alt. 3 SGB XII zu berücksichtigen. In diesen Fällen ist die Pflege allein durch die Hilfe zur Pflege sicherzustellen, vgl. dazu noch i.E. die Kommentierung zu § 64 SGB XII Rn. 26.

83 Grundsätzlich ist jeder messbare Pflegebedarf relevant; eine zeitliche Untergrenze verlangt § 61 Abs. 1 Satz 2 Alt. 2 SGB XII nicht.[127] Um die Kosten für den Sozialhilfeträger nicht ausufern zu lassen, ist als Mindestnachweis aber erforderlich, dass der geltend gemachte Pflegebedarf für die **Aufrechterhaltung einer menschenwürdigen Lebensführung** benötigt wird, er also ein elementares Bedürfnis für den Betroffenen darstellt.[128] Dabei genügt jedoch, wenn nur einzelne Verrichtungen des täglichen Lebens betroffen sind, wobei hier nicht nur die Verrichtungen nach Absatz 5 in Betracht kommen, sondern auch andere (vgl. dazu Rn. 85). Zudem muss der Pflegebedarf nicht täglich, sondern kann auch seltener anfallen.

84 Problematisch ist, ob auch ein **rein hauswirtschaftlicher Bedarf** unter den erweiterten Pflegebedürftigkeitsbegriff der Sozialhilfe zu fassen sein kann. Diese Frage hat die Instanzgerichte lange Zeit beschäftigt; überwiegend haben sie jedoch den rein hauswirtschaftlichen Bedarf ausreichen lassen.[129] Als Argument dagegen wurde in der Literatur teilweise angeführt, dass sich anderenfalls Schwierigkeiten bei Abgrenzung der §§ 61 ff. SGB XII vom Anwendungsbereich des § 27 Abs. 3 SGB XII bzw. des § 70 SGB XII ergäben; auch orientiere sich der Pflegebedürftigkeitsbegriff trotz seiner Öffnung in § 61 Abs. 1 Satz 2 SGB XII dennoch maßgeblich am Begriff des SGB XI, der wiederum hauswirtschaftliche Versorgung nur einbeziehe, soweit auch ein personenbezogener Bedarf festgestellt sei.[130] Das BSG hat dies jedoch anders beurteilt. Es hat entschieden, dass die Voraussetzungen des § 61 Abs. 1 Satz 2 SGB XII auch dann erfüllt sind, wenn (im konkreten Fall: aufgrund eines eingeschränkten Gehvermögens) Hilfe lediglich für gewöhnliche und wiederkehrende Verrichtungen im Bereich der hauswirtschaftlichen Versorgung benötigt wird.[131] Es ist daher im SGB XII, anders als im SGB XI, nicht erforderlich, dass neben der hauswirtschaftlichen Versorgung ein Hilfebedarf auch in den Bereichen der Grundpflege im Sinne des § 61 Abs. 5 Nr. 1-3 SGB XII existiert.[132] Hierdurch entsteht weder eine Überschneidung mit dem Anwendungsbereich des § 27 Abs. 3 SGB XII, da dieser fehlende Bedürftigkeit voraussetzt (vgl. dazu genauer Rn. 32), noch mit dem Anwendungsbereich des § 70 SGB XII, der Leistungen zugunsten der Haushaltsangehörigen, nicht der Pflegeperson selbst vorsieht (vgl. dazu genauer Rn. 37).[133]

c. Pflegebedarf für andere Verrichtungen (Absatz 1 Satz 2 Alternative 3)

85 Schließlich sieht § 61 Abs. 1 Satz 2 SGB XII in seiner 3. Alternative eine Erweiterung des Hilfebedarfs über das SGB XI hinaus auch im Bereich der berücksichtigungsfähigen Verrichtungen vor. Hilfe zur Pflege ist danach auch solchen kranken oder behinderten Menschen zu leisten, die Hilfe bei „anderen Verrichtungen" als den Katalogverrichtungen nach § 61 Abs. 5 SGB XII benötigen.

86 Im Zuge des 1. SGB XI-Änderungsgesetzes war beabsichtigt worden, diese Erweiterungsvariante – damals noch: des § 68 BSHG – zu streichen.[134] Auf Veranlassung des Bundesrates wurde sie jedoch nach Anrufung des Vermittlungsausschusses wieder in die Vorschrift aufgenommen.[135] Erklärtes Ziel des Bundesrates war es gewesen, zu verhindern, dass durch die beabsichtigte Reduzierung der Hilfe zur Pflege auf die nach dem SGB XI maßgeblichen Verrichtungen „das Bedarfsdeckungsprinzip außer Kraft gesetzt" werde.[136] Hierin wird deutlich, dass der Gesetzgeber mit der Inbezugnahme auch „anderer Verrichtungen" in § 61 Abs. 1 Satz 1 SGB XII eine Öffnungsklausel normiert hat, die durch größt-

---

[127] Vgl. Hessisches LSG v. 04.07.2006 - L 9 SO 24/06 ER - juris.

[128] Ebenso *Lachwitz* in: Fichtner/Wenzel, § 61 Rn 31 Rn. 25. Strenger noch *Knopp-Fichtner*, Kommentar zum BSHG, § 68 BSHG Rn. 31, der verlangte, dass die Hilfe zur Erhaltung der physischen Existenz notwendig sei; dieser Maßstab erzeugte allerdings Wertungswidersprüche, da die Vorschriften über die Hilfe zur Pflege auch nicht-existentielle Verrichtungen mitberücksichtigen (vgl. § 65 Abs. 5 SGB XII – Kämmen und Rasieren).

[129] Vgl. Hessisches LSG v. 04.07.2006 - L 9 SO 24/06 ER; LSG Baden-Württemberg v. 15.05.2006 - L 13 AS 1708/06 ER-B; LSG Berlin-Brandenburg v. 30.03.2006 - L 15 B 45/06 SO ER; SG Stuttgart v. 19.07.2006 - S 11 SO 431/06 - alle zitiert nach juris.

[130] So *Mrozynski*, SGb 2009, 450, 455.

[131] BSG v. 11.12.2007 - B 8/9b SO 12/06 R - SozR 4-3500 § 21 Nr. 1; bestätigt und fortgeführt durch BSG v. 26.08.2008 - B 8/9b SO 18/07 R - SozR 4-3500 § 18 Nr. 1.

[132] So zu Recht das BSG v. 11.12.2007 - B 8/9b SO 12/06 R - juris Rn. 16 - SozR 4-3500 § 21 Nr. 1.

[133] BSG v. 11.12.2007 - B 8/9b SO 12/06 R - juris Rn. 22 - SozR 4-3500 § 21 Nr. 1.

[134] Vgl. BT-Drs. 13/4091, S. 21.

[135] Vgl. BT-Drs. 13/4521, S. 3.

[136] Vgl. BT-Drs. 13/4521, S. 3.

mögliche Offenheit geprägt ist und es dem Sozialhilfeträger ermöglicht, auf höchst unterschiedliche Bedarfssituationen flexibel zu reagieren.[137] In Betracht kommen also grundsätzlich alle Hilfestellungen für die Bewältigung eines menschlichen Lebensalltags.

Unter den Begriff der „anderen Verrichtungen" fallen daher einerseits die Verrichtungen, die **den in § 61 Abs. 5 SGB XII genannten Bereichen zwar grundsätzlich zuzuordnen** sind, dort aber nicht genannt werden und daher nach § 61 Abs. 1 Satz 1 SGB XII nicht berücksichtigt werden können. Hierzu gehört z.B. die Monatshygiene bei Frauen, die Bestandteil der Körperpflege ist, ohne jedoch in den Katalogverrichtungen aufgezählt zu sein.[138] Entsprechendes gilt für die Begleitung bei Fahrten oder Spaziergängen im Bereich der Mobilität sowie beim Einkaufen von Kleidung, Mobiliar oder Ähnlichem als nicht katalogisierte Verrichtung der hauswirtschaftlichen Versorgung. Da § 61 Abs. 5 SGB XII zudem voraussetzt, dass die Verrichtung regelmäßig wiederkehrend ist und also mindestens einmal wöchentlich auftritt (vgl. dazu schon Rn. 54), sind unter „andere Verrichtungen" auch solche zu fassen, die zwar zu den elementaren Grundbedürfnissen zählen, aber nur in größeren Zeitabständen anfallen.[139] Dies trifft z.B. auf Fahrten zum Arzt/einer Klinik zu, die etwa nur in monatlichem Rhythmus anzutreten sind.[140]

87

Mit Blick auf die Entstehungsgeschichte des § 61 Abs. 1 SGB XII beschränkt sich das Begriffspaar der „anderen Verrichtungen" jedoch andererseits nicht auf die vier in § 61 Abs. 5 SGB XII aufgeführten Bereiche. Dies folgt im Übrigen auch daraus, dass der Gesetzgeber unspezifisch von „anderen Verrichtungen" und nicht nur von solchen „im Bereich der Körperpflege, …" spricht. Daher gehören auch Tätigkeiten dazu, die der **Sicherung sozialer Bereiche des Lebens** dienen.[141] Hierunter fallen vor allem **Kommunikation, Freizeitgestaltung und Bildung**, die nach der Rechtsprechung des BSG von vornherein nicht Bestandteil der gesetzlichen Pflegeversicherung sind,[142] die jedoch für den pflegebedürftigen Menschen – z.B. als tagesstrukturierende Maßnahmen oder zur Verhinderung von dessen Vereinsamung – von essentieller Bedeutung sein können. Durch § 61 Abs. 1 Satz 2 SGB XII umfasst sind daher etwa auch die Herstellung von Beziehungen zur Umwelt durch Vermittlung von Anregungen kultureller, sportlicher oder sonstiger freizeitgestaltender Art, aber auch sonstige Hilfen bei der Anleitung und Beschäftigung zu Tätigkeiten, die sich nicht mit den Verrichtungen des § 61 Abs. 5 SGB XII verbinden lassen.[143] In diesem Zusammenhang wird allerdings die Abgrenzung zu Leistungen der Eingliederungshilfe (§§ 53 ff. SGB XII, § 58 SGB IX) besonders schwierig. Abzustellen ist auch hier auf den vorrangigen Zweck der Leistung (vgl. dazu Rn. 16 ff.).

88

Zu „anderen Verrichtungen" gehören weiter auch Zeiten einer sog. **Anwesenheitsbereitschaft**. Hierunter sind Zeiten innerhalb der Gesamtversorgung von Schwerbehinderten zu verstehen, in denen keine Hilfe bei pflegerischen Verrichtungen im Sinne von § 61 Abs. 5 SGB XII erfolgt, in denen aber gleichwohl die Anwesenheit einer Pflegekraft erforderlich ist, weil jederzeit ein nicht planbarer Hilfebedarf auftreten kann.[144] Anwesenheitsbereitschaft meint damit Tages- und Nachtwachen, aber auch die Beaufsichtigung zur Verhinderung einer Eigen- oder Fremdgefährdung[145] oder aber die Beaufsichtigung der regelmäßigen und ordnungsgemäßen Medikamenteneinnahme.[146] Sie kann insbesondere bei

89

---

[137] So das VG Leipzig v. 14.07.2004 - 2 K 1028/03, zu § 68 Abs. 5 BSHG; vgl. ebenso auch *Lachwitz* in: Fichtner/Wenzel, § 61 Rn 31.
[138] Ebenso *H. Schellhorn* in: Schellhorn/Schellhorn/Hohm, SGB XII, § 61 Rn 35. Vgl. allerdings nochmals die Rspr. des BSG dazu, dass auch etwa Haarewaschen und Nägelschneiden als Verrichtungen im Bereich der Körperpflege zu berücksichtigen sind; vgl. hierzu schon Rn. 58. Ob die Monatshygiene entsprechend zu den Verrichtungen des Grundbedarfs zu zählen ist, hat das BSG bislang offengelassen, vgl. BSG v. 10.02.1998 - B 3 P 7/97 R - SozR 3-3300 § 15 Nr. 1. Es hat in einer späteren Entscheidungen jedoch ausgeführt, dass das Erfordernis der regelmäßig wiederkehrenden Verrichtung einen jedenfalls einmal wöchentlich auftretenden Bedarf verlangt, vgl. BSG v. 29.04.1999 - B 3 P 12/98 R - juris. Damit ist die Monatshygiene jedenfalls aus diesem Grund ein typischer Fall für eine andere Verrichtung.
[139] So ausdrücklich das BSG v. 14.12.2000 - B 3 P 5/00 R - SozR-3300 § 15 Nr. 11 zu §§ 68 ff. BSHG.
[140] Vgl. hierzu auch BSG v. 14.12.2000 - B 3 P 5/00 R - SozR-3300 § 15 Nr. 11; vgl. weiter *Udsching* in: Udsching, § 14 SGB XI Rn. 18.
[141] Vgl. etwa den VGH Kassel v. 08.09.1998 - RdLH 98, 168.
[142] BSG v. 19.02.1998 - B 3 P 11/97 R - juris.
[143] Ebenso *H. Schellhorn* in: Schellhorn/Schellhorn/Hohm, SGB XII, § 61 Rn. 35.
[144] Ebenso das VG Karlsruhe v. 26.03.2003 - 2 K 4604/02 - juris.
[145] Ebenso LSG Baden-Württemberg v. 19.03.2012 - L 2 SO 72/12 ER-B.
[146] Vgl. *H. Schellhorn* in: Schellhorn/Schellhorn/Hohm, SGB XII, § 61 Rn. 35.

Menschen mit Querschnittslähmung (hier mit Bedarf nach Tages- und Nachtwachen), aber auch bei Menschen mit Demenzerkrankungen oder mit psychischen und geistigen Behinderungen erforderlich werden. Der Sozialhilfeträger kann den versicherten Hilfesuchenden wegen § 13 Abs. 3a SGB XI in diesem Bereich nicht darauf verweisen, er müsse vorrangig Leistungen nach den §§ 45a ff. SGB XI in Anspruch nehmen (vgl. dazu i.E. Rn. 14).

90 Die aufgeführten Beispiele zeigen, dass eine abschließende Aufzählung von „anderen Verrichtungen" im Sinne des § 61 Abs. 1 Satz 2 Alt. 3 SGB XII nicht möglich ist. Denkbar sind sie überall dort, wo Hilfebedarf durch die Pflegeversicherung nicht erfasst wird. Liegt ein solcher Fall vor, ist anhand der **Besonderheiten des Einzelfalls** nachzuprüfen, ob eine berücksichtigungsfähige Verrichtung im Sinne dieser Vorschrift vorliegt. Da der Sozialhilfeträger gehalten ist, die öffentlichen Mittel sorgsam und d.h. nur im Falle sozialhilferechtlicher Notwendigkeit zu verwenden, muss ausschlaggebendes Kriterium hier letztlich sein, ob das Unterlassen der Hilfe für den Hilfesuchenden zu menschenunwürdigen Bedingungen führte.[147] Unter der Zuständigkeit der Verwaltungsgerichte für Entscheidungen zum Sozialhilferecht ist die Rechtsprechung in diesem Bereich eher großzügig gewesen,[148] und auch die Sozialgerichte haben sich dieser Tendenz angeschlossen.[149]

d. Ermittlung des Vorliegens erweiterter Pflegebedürftigkeit und ihre Auswirkungen auf den Leistungsbezug

91 Da die Pflegeversicherung zu den anderen Verrichtungen keine Feststellungen trifft, obliegen die **Ermittlungen in diesem Bereich** allein dem Sozialhilfeträger. Er kann sich hierzu Sachverstand durch Einholung eines Gutachtens und/oder Einschaltung von Ärzten des Gesundheitsamtes bzw. des Sozialen Dienstes verschaffen.[150]

92 Gelangt der Sozialhilfeträger zu dem Ergebnis, dass ein Hilfebedarf nach § 61 Abs. 1 Satz 2 Alt. 1 SGB XII (kürzere Dauer als sechs Monate) oder auch bei „anderen Verrichtungen" im Sinne des § 61 Abs. 1 Satz 2 Alt. 3 SGB XII besteht, ist dies nicht nur für die Ermittlung einer Pflegestufe Null relevant, sondern **in allen Stufen der Pflegebedürftigkeit zu beachten**. Pflegebedarf, der nur im Sozialhilferecht relevant wird, kann daher auch zur Einstufung der pflegebedürftigen Person in eine höhere Pflegestufe als durch den Medizinischen Dienst der Pflegekasse ermittelt führen.[151] Die Bindungswirkung des § 62 SGB XII (vgl. dazu noch i.E. die Kommentierung zu § 62 SGB XII Rn. 13) ist insoweit eingeschränkt; bei zusätzlichem sozialhilferechtlichem Pflegebedarf kann sich folglich z.B. die Höhe des Pflegegeldes nach § 64 SGB XII verändern. Allerdings ist hier darauf zu achten, dass nach dem Wortlaut des § 64 SGB XII im Rahmen des Pflegegeldes nur solche „anderen Verrichtungen" berücksichtigt werden können, die den vier in § 61 Abs. 5 SGB XII genannten Bereichen entstammen. Damit ist etwa die Hilfe bei der Zusammenstellung der Ernährung für die Erhöhung des Pflegegeldes berücksichtigungsfähig, die Hilfe bei der Kommunikation dagegen nicht (vgl. dazu noch i.E. die Kommentierung zu § 64 SGB XII Rn. 26). Hilfen bei Verrichtungen wie der Anleitung zur Kommunikation sind demgegenüber ggf. nach § 65 SGB XII (in Form eines kleinen Pflegegeldes oder einer besonderen Pflegekraft; vgl. i.E. die Kommentierung zu § 65 SGB XII Rn. 22 und die Kommentierung zu § 65 SGB XII Rn. 32) Rechnung zu tragen.

93 Personen, die von vornherein gar nicht pflegebedürftig im Sinne des § 61 Abs. 1 Satz 1 SGB XII sind, sondern nur vom erweiterten Pflegebedürftigkeitsbegriff des Satzes 2 erfasst werden (Pflegestufe Null), können nach der Regelung des **§ 61 Abs. 1 Satz 2 HS. 2 SGB XII** Leistungen zur **Hilfe bei Pflege in stationären oder teilstationären Einrichtungen** nur in Anspruch nehmen, wenn dies „nach der Besonderheit des Einzelfalls erforderlich ist". Nach der gesetzlichen Definition ist das insbesondere dann zu bejahen, wenn ambulante oder teilstationäre Leistungen nicht zumutbar sind oder nicht ausreichen. Mit dieser Regelung wird ein Grundsatz wiederholt, der auch in den allgemeinen Leistungsgrundsätzen – nämlich § 9 Abs. 2 Satz 2 SGB XII – verankert ist. Anders als dort wird jedoch in § 61 Abs. 1 Satz 2 HS. 2 SGB XII nicht an einem Wunschrecht des Betroffenen angesetzt. Dieser Un-

---

[147] Ebenso *Grube* in: Grube/Wahrendorf, § 61 Rn. 30.
[148] Vgl. mit dieser Einschätzung auch *Lachwitz* in: Fichtner/Wenzel, § 61 Rn. 34.
[149] Vgl. etwa LSG Baden-Württemberg v. 19.03.2012 - L 2 SO 72/12 ER-B.
[150] Vgl. hierzu *Lachwitz* in: Fichtner/Wenzel, § 61 Rn. 39.
[151] Ebenso *Klie* in: Hauck/Noftz, § 61 Rn. 5, *Krahmer/Sommer* in: LPK-SGB XII, § 61 Rn. 7; *Lachwitz* in: Fichtner/Wenzel, § 61 Rn. 40; dieser Auffassung ist zuzustimmen, da anderenfalls eine ungerechtfertigte Benachteiligung von höher einzustufenden Pflegepersonen gegenüber solchen der Pflegestufe Null vorläge; a.A. allerdings *Zeitler*, NDV 1996, 389, 392.

terschied lässt darauf schließen, dass der eigentliche Regelungsgehalt des § 61 Abs. 1 Satz 2 HS. 2 SGB XII in einer Einschränkung des Wunsch- und Wahlrechts des § 9 Abs. 2 SGB XII besteht. Hier gilt daher vorrangig ein objektiver Maßstab.

3. Feststellung der Pflegebedürftigkeit (Absatz 4)

Für die Feststellung des Bestehens und des Ausmaßes von Pflegebedürftigkeit ist der Hilfebedarf der hilfesuchenden Person bei den Verrichtungen im Ablauf des täglichen Lebens zu ermitteln und der für die Hilfeleistung erforderliche **Zeitaufwand** minutengenau zu erfassen.[152] Dabei stellt **§ 61 Abs. 4 SGB XII**, der mit § 14 Abs. 3 SGB XI fast wortgleich ist, klar, dass für die Feststellung der Pflegebedürftigkeit nicht nur Hilfeleistungen in Form der Unterstützung oder der teilweisen oder vollständigen Übernahme der Verrichtungen im Ablauf des täglichen Lebens zu berücksichtigen sind, sondern auch die **Beaufsichtigung oder Anleitung** bei diesen Verrichtungen. Da sich die Beaufsichtigung von Personen im Rahmen der Hilfe zur Pflege nicht auf die Verrichtungen des § 11 Abs. 4 SGB XI bzw. § 61 Abs. 5 SGB XII beziehen muss, sondern auch andere Verrichtungen in Betracht kommen, kommt der Beaufsichtigung von Hilfebedürftigen in der Sozialhilfe eine erhebliche Bedeutung zu (vgl. dazu auch schon Rn. 89). Insbesondere die aktivierende Pflege, die Beaufsichtigung und Anleitung zu allen Tageszeiten sowie die soziale Betreuung nehmen in der Sozialhilfe insgesamt einen breiten Raum ein.[153]

94

IV. Inhalt der Hilfe zur Pflege (Absatz 2)

1. Übersicht

Welche Leistungen als Hilfe zur Pflege in Betracht kommen, ergibt sich aus § 61 Abs. 2 SGB XII. **Satz 1 zählt die möglichen Leistungen ihrer Art nach** auf. Umfasst sind danach häusliche Pflege, Hilfsmittel, teilstationäre Pflege, Kurzzeitpflege und stationäre Pflege. Dies entspricht wesentlichen Leistungen aus dem Leistungskatalog der gesetzlichen Pflegeversicherung, der in § 28 Abs. 1 SGB XI statuiert ist.[154]

95

§ 61 Abs. 2 **Satz 2** SGB XII verweist für den Inhalt der in Satz 1 aufgezählten Leistungsarten auf die Anwendung bestimmter Vorschriften aus dem Leistungskatalog des SGB XI. Indem dieser Verweis ausdrücklich nur für den **Leistungsinhalt** ausgesprochen ist, wird deutlich, dass die Regelungen des SGB XI über versicherungsrechtliche Leistungsvoraussetzungen (Wartezeiten) ebenso wenig zur Anwendung kommen wie die im SGB XI für die Pflegeversicherung geregelten Beschränkungen der Leistungshöhe.[155] Dies wäre mit dem Bedarfsdeckungsprinzip des Sozialhilferechts auch nicht vereinbar. Für **nicht versicherte** Pflegebedürftige muss der Sozialhilfeträger folglich jeweils die vollen Kosten bis zur Bedarfsdeckung tragen, für **Pflegeversicherte** demgegenüber die Differenz von durch die Pflegekasse übernommenen Leistungen bis zur Bedarfsdeckung. Reichen die von den Pflegekassen anerkannten Maßnahmen schon im Grundsatz nicht aus, um den Pflegebedürfnissen des Hilfeempfängers gerecht zu werden, kommt die Übernahme von Kosten der Hilfe für andere Verrichtungen (**§ 61 Abs. 1 Satz 2 SGB XII**) in Betracht.

96

Die vom Gesetzgeber gewählte Formulierung, dass sich der Inhalt der Pflegeleistungen des § 61 Abs. 2 Satz 1 SGB XII nach den Regelungen der Pflegeversicherung für die in § 28 Abs. 1 Nr. 1, 5-8 SGB XI aufgeführten Leistungen bestimmt, hat zur Folge, dass die damit in Bezug genommenen **SGB XI-Regelungen zum Bestandteil der Hilfe zur Pflege** geworden sind.[156] Die in § 62 Abs. 2 Satz 1 SGB XII genannten Leistungen sind anhand der §§ 36, 40, 41, 42 und 43 SGB XI näher zu bestimmen, und zwar in dem Sinne, dass die in den genannten SGB XI-Regelungen aufgestellten Tatbestandsmerkmale vorliegen müssen, um einen Rechtsanspruch auf eine der in § 61 Abs. 2 Satz 1 SGB XII genannten Leistungsarten gegenüber dem Sozialhilfeträger auszulösen.[157] Für den Verweis auf § 28 Abs. 1 Nr. 5-8 SGB XI bereitet dies im Grundsatz keine Schwierigkeiten. Hinsichtlich der dort genannten Leistungsarten (Hilfsmittel, teilstationäre Pflege, Kurzzeitpflege und stationäre Pflege) hält

97

---

[152] Vgl. das SG Karlsruhe v. 28.05.2009 - S 4 SO 869/08 - juris.

[153] So ausdrücklich *H. Schellhorn* in: Schellhorn/Schellhorn/Hohm, SGB XII, § 61 Rn. 21; vgl. dazu auch schon Rn. 89.

[154] Dort geregelt in § 28 Abs. 1 Nrn. 1-14 SGB XI.

[155] Ebenso *Krahmer/Sommer* in: LPK-SGB XII, § 61 Rn. 19.

[156] Vgl. *Lachwitz* in: Fichtner/Wenzel, § 61 Rn. 50; *H. Schellhorn* in: Schellhorn/Schellhorn/Hohm, SGB XII, § 61 Rn. 37.

[157] So ausdrücklich auch *Lachwitz* in: Fichtner/Wenzel, § 61 Rn. 50.

das SGB XII kein eigenes gesetzliches Regelwerk bereit. Im Bereich der häuslichen Pflege führt der Verweis des § 61 Abs. 2 Satz 2 SGB XII jedoch zu erheblichen Auslegungsproblemen, da hierfür das SGB XII in seinen §§ 63-65 ein eigenständiges Regelwerk aufstellt. Im Ergebnis ist hier davon auszugehen, dass die Regelungen über die häusliche Pflege in den §§ 63-65 SGB XII gegenüber der Bezugnahme in § 61 Abs. 2 Satz 2 SGB XII auf das SGB XI Vorrang haben (vgl. dazu i.E. Rn. 101).

98 Bei der Leistungserbringung gilt laut Verweis in § 61 Abs. 2 Satz 2, letzter HS. SGB XII die Regelung des **§ 28 Abs. 4 SGB XI** entsprechend. Es ist daher darauf zu achten, dass die Pflege auch die Aktivierung des Pflegebedürftigen zum Ziel hat, um vorhandene Fähigkeiten zu erhalten bzw. verlorene zurückzugewinnen,[158] und im Übrigen so zu gestalten, dass die Bedürfnisse des Pflegebedürftigen nach Kommunikation berücksichtigt werden, um der Gefahr der Vereinsamung entgegenzuwirken. Für den Bereich der Pflegeversicherung enthält § 28 Abs. 4 SGB XI keine selbständigen Leistungstatbestände; im Bereich der Hilfe zur Pflege können diese Anweisungen jedoch nach Maßgabe des § 61 Abs. 1 Satz 2 HS. 1 SGB XII auch eigenständige Bedeutung haben (vgl. hierzu schon Rn. 88).

99 Für alle Leistungsarten gilt die privilegierte **vereinheitlichte Einkommensgrenze nach § 85 SGB XII** unter Berücksichtigung auch von § 86 SGB XII. Nur soweit der Sozialhilfeträger im stationären Bereich zusätzlich die Kosten der Verpflegung und Unterkunft nach den §§ 27 ff. SGB XII zu decken hat (vgl. dazu Rn. 32), ist Einkommen nach Maßgabe der §§ 82-84 SGB XII anzurechnen.

2. Die Leistungen der Hilfe zur Pflege im Einzelnen

a. Häusliche Pflege

100 Als erste Leistung der Hilfe zur Pflege führt § 61 Abs. 2 Satz 1 SGB XII die häusliche Pflege auf. Sie ist gem. §§ 13 Abs. 1 Satz 2, 61 Satz 1 SGB XII gegenüber den anderen Pflegehilfen grundsätzlich vorrangig.

aa. Inhalt des Begriffs der häuslichen Pflege

101 Was Inhalt der „häuslichen Pflege" im Sinne des Sozialhilferechts ist, lässt sich nicht ohne Weiteres beantworten. Das BSG hat bislang hierzu noch nicht abschließend entschieden (vgl. dazu noch Rn. 111 f.). Die Verweisungsvorschrift des § 61 Abs. 2 Satz 2 SGB XII legt auch für den Bereich der häuslichen Pflege nahe, dass sich deren Leistungsinhalt nach Maßgabe des SGB XI beurteilt. Dort finden sich Regelungen zur häuslichen Pflege in den §§ 36-40 SGB XI. § 61 Abs. 2 Satz 1 SGB XII verweist über § 28 Abs. 1 Nr. 1 und Nr. 5 SGB XI jedoch allein auf § 36 SGB XI (die sog. „Pflegesachleistung").[159]

102 In welchem Maße die Regelung des **§ 36 SGB XI zur Pflegesachleistung** allerdings für den Inhalt der häuslichen Pflege in der Sozialhilfe Bedeutung entfalten kann, ist mit Blick auf die §§ 63-65 SGB XII fraglich. In diesen Vorschriften findet sich ein gänzlich eigenständiges Regelwerk zur häuslichen Pflege, das zum Inhalt des § 36 SGB XI teilweise in Widerspruch steht. Während nach § 36 SGB XI Pflege**sach**leistungen gewährt werden und zudem in § 36 Abs. 1 Sätze 3 und 4 SGB XI bestimmt ist, dass die Pflegeleistungen durch „**geeignete** Pflegekräfte erbracht werden", enthält § 65 Abs. 1 Satz 2 SGB XII eine eigene Regelung zur Durchführung der häuslichen Pflege durch eine Fremdkraft, der als Anspruch auf „Heranziehung einer **besonderen** Pflegekraft" ausgestaltet ist und zudem durch **Kostenübernahme**, nicht dagegen Sachleistung, erfüllt wird.

103 Angesichts dieser Widersprüchlichkeiten hält die herrschende Lehre den Verweis in § 61 Abs. 2 Satz 2 SGB XII für „sprachlich missglückt".[160] Teilweise wird daher eine vom eigentlichen Wortlaut des § 61 Abs. 2 Satz 2 SGB XII abrückende Lesart des § 61 Abs. 2 Satz 2 SGB XII vorgeschlagen: „Der Inhalt der Hilfen nach Satz 1 bestimmt sich **für die** in § 28 Abs. 1 Nr. 1, 5 bis 8 SGB XI aufgeführten Leistungen nach

---

[158] *H. Schellhorn* in: Schellhorn/Schellhorn/Hohm, SGB XII, § 61 Rn. 46.

[159] Daneben wird zwar noch auf § 40 SGB XI verwiesen, eine Vorschrift, die sich ebenfalls innerhalb des Kapitels zur häuslichen Pflege befindet. Inhaltlich betrifft diese Regelung jedoch „Pflegehilfsmittel und wohnumfeldverbessernde Maßnahmen". Der Verweis auf § 40 SGB XI dient daher der Konkretisierung der Leistungsart des Hilfsmittels in § 61 Abs. 2 Satz 1 SGB XII. Um den Inhalt der „häuslichen Pflege" auszufüllen, verbleibt über die Verweisungsvorschrift des § 61 Abs. 2 Satz 2 SGB XII allein der Verweis auf die Regelung des § 36 SGB XI.

[160] Ebenso *von Renesse* in: Jahn/Jung, § 61 Rn. 25; *Krahmer/Sommer* in: LPK-SGB XII, § 61 Rn. 19; i.E. so auch *Lachwitz* in: Fichtner/Wenzel, § 61 Rn. 51 ff. Obwohl schon § 68 BSHG eine entsprechende Verweisungsvorschrift enthielt, hatte sich die Rechtsprechung zu dieser Frage bislang noch nicht zu verhalten. Vgl. hierzu i.Ü. auch *Heinz*, ZfF 2008, 172, der den Verweis nochmals anders versteht und ausführt, die häusliche Pflege umfasse alle Leistungen, die in § 36 SGB XI als Sachleistungen vorgesehen seien. Diese Formulierung legt nahe, dass im SGB XII die dortigen Leistungen – aber nicht als Sachleistungen – zu erbringen sind.

den Regelungen der Pflegeversicherung."[161] So verstanden beschränke sich der Regelungsgehalt des § 61 Abs. 2 Satz 2 SGB XII auf die sozialhilferechtliche Umsetzung der in Bezug genommenen Leistungsinhalte der Pflegeversicherung; allein diese würden – für die Beschreibung des Leistungsinhalts – den Regelungen des SGB XI unterstellt. Damit trete die Pflegesachleistung nach Maßgabe des § 36 SGB XI neben die Leistungen der §§ 63 ff. SGB XII, und nur für die Pflegesachleistung seien die Vorschriften des SGB XI anwendbar.[162] Wie allerdings das vorgeschlagene Nebeneinander von unterschiedlichen Leistungsansätzen in der Praxis zu handhaben ist, wird nicht aufgeschlüsselt. Im Ergebnis führt ohnehin dieser Interpretationsversuch nicht zu vollständig stimmigen Ergebnissen. Denn soweit auf die Leistungen in § 28 Abs. 1 Nr. 5-8 SGB XI verwiesen wird, bedarf es einer solchen sprachlichen Verrenkung grundsätzlich nicht. Problematisch ist im Wesentlichen der Verweis auf § 36 SGB XI, vgl. allerdings auch Rn. 138 zum Inhalt des Einrichtungsbegriffs.

Die richtige Lösung hat von den **Besonderheiten der §§ 63-66 SGB XII** auszugehen. Diese Vorschriften enthalten ein in sich vollständiges Regelwerk zur häuslichen Pflege in der Sozialhilfe. § 63 Satz 1 SGB XII bestimmt einen Vorrang der häuslichen vor (teil-)stationären Pflege,[163] wobei die häusliche Pflege nicht etwa durch ambulante Pflegedienste, sondern vorrangig unvergütet durch Privatpersonen aus dem Umfeld der pflegebedürftigen Person sicherzustellen ist. § 63 Satz 2 SGB XII enthält für den Inhalt der häuslichen Pflege eine eigene Verweisungsvorschrift und macht hierdurch deutlich, dass bei der konkreten Ausgestaltung der häuslichen Pflege in erster Linie auf die §§ 64-66 SGB XII abzustellen ist – 36 SGB XI wird demgegenüber nicht in Bezug genommen.[164] In den §§ 64 und 65 SGB XII sind Regelungen über konkrete Bestandteile der häuslichen Pflege enthalten, die gerade den in § 63 Satz 1 SGB XII formulierten Ansatz der häuslichen Pflege durch Privatpersonen realisieren sollen. § 64 SGB XI enthält eine eigene Vorschrift über die Gewährung von Pflegegeld, und § 65 Abs. 1 und 2 SGB XII beinhaltet verschiedene Ansprüche zur Schadloshaltung der pflegebereiten Privatperson. Für den Fall, dass sich eine unbezahlte Pflegekraft nicht organisieren lässt, sieht § 65 Abs. 1 Satz 2 SGB XII einen Anspruch auf Kostenübernahme für eine besondere Pflegekraft vor. § 66 SGB XII statuiert eine eigene Konkurrenz-Regelung, die zwar die Leistungen der häuslichen Pflege, wie sie im SGB XII geregelt sind, untereinander abstimmt und zudem die von der Pflegekasse nach Maßgabe der §§ 36 ff. SGB XI gewährten Leistungen mit weitergehenden Ansprüchen der Sozialhilfe in Abstimmung bringt; nicht jedoch werden dort die Leistungsinhalte der häuslichen Pflege nach den §§ 63 ff. SGB XI mit der Pflegesachleistung des § 36 SGB XI als Leistung der Sozialhilfe abgestimmt. **104**

Mit Blick auf dieses in sich geschlossene Regelwerk ist der Ausgangspunkt von *Schellhorn*, wonach die besonderen **Regelungen der §§ 63 ff. SGB XII** gegenüber der Bezugnahme in § 61 Abs. 2 Satz 2 SGB XII „den **Vorrang** haben", überzeugender.[165] Die Inhalte des § 36 SGB XI kommen also als Maßstab für die häusliche Pflege nur dort zum Tragen, wo sie nicht von den spezialgesetzlichen Regelungen der §§ 63 ff. SGB XII verdrängt werden. Damit bietet sich folgende Lesart des § 61 Abs. 2 Satz 2 SGB XII an: „Der Inhalt der Leistungen nach Satz 1 bestimmt sich nach den Regelungen der Pflegeversicherung für die in § 28 Abs. 1 Nr. 1, 5-8 [SGB XI] aufgeführten Leistungen, soweit die §§ 61 ff. SGB XII keine spezialgesetzlichen Regelungen hierzu enthalten." Dieses Normverständnis lässt sich mit dem Wortlaut der Vorschrift noch vereinbaren und erscheint vor dem Hintergrund der aufgezeigten systematischen Erwägungen das einzig Richtige. **105**

Die **Bedeutung des Verweises** auf § 36 SGB XI als Maßstab für den Inhalt der häuslichen Pflege in der Sozialhilfe ist damit **im Ergebnis** freilich eher **gering**. Hier gilt im Einzelnen Folgendes: § 36 Abs. 1 Satz 1 SGB XI regelt die häusliche Pflege für die soziale Pflegeversicherung (soweit nicht Pflegegeld in Anspruch genommen wird) als Pflegesachleistung. Diese Vorschrift kann zwar für die Sozialhilfe nicht in entsprechender Weise vorgeben, dass Ausgangspunkt der häuslichen Pflege die Pflegesachleistung sein soll. Dem steht § 63 Satz 1 SGB XII entgegen.[166] Vorrangig ist die häusliche Pflege daher privat zu organisieren. Wohl aber lässt sich die Vorschrift des § 36 Abs. 1 Satz 1 SGB XI so in die §§ 63 ff. SGB XII integrieren, dass mit ihr dem Sozialhilfeträger die zusätzliche Möglichkeit eröff- **106**

---

[161] So auch *Krahmer/Sommer* in: LPK-SGB XII, § 61 Rn. 19.
[162] So insbesondere *von Renesse* in: Jahn/Jung, § 61 Rn. 25.
[163] Vgl. zu den Einschränkungen dieses Grundsatzes durch die §§ 9 Abs. 2, 13 Abs. 1 SGB XII die Kommentierung zu § 63 SGB XII Rn. 6.
[164] Ebenso *Lachwitz* in: Fichtner/Wenzel, § 63 Rn. 4.
[165] *H. Schellhorn* in: Schellhorn/Schellhorn/Hohm, SGB XII, § 61 Rn. 39.
[166] So auch *Lachwitz* in: Fichtner/Wenzel, § 61 Rn. 55, der auf das Hierarchiegefüge des § 63 Satz 1 SGB XII gegenüber § 65 Abs. 1 Satz 2 SGB XII verweist.

net wird, die Pflege durch eine Fremdperson – soweit eine solche nach § 65 Abs. 1 Satz 2 SGB XII erfolgen muss – nicht nur in Form der Kostenübernahme durchzuführen, sondern auch als **echte Sachleistung** zu erbringen. Insoweit ist z.B. denkbar, dass der Sozialhilfeträger eine eigene, bei ihm beschäftigte Pflegekraft als „besondere Pflegekraft" im Sinne des § 65 Abs. 1 Satz 2 SGB XII zur Verfügung stellt oder aber eine solche unmittelbar beauftragt und bezahlt.[167] Diese zusätzliche Möglichkeit setzt sich zu den Grundsätzen der §§ 63 ff. SGB XII nicht in Widerspruch, da sie das dortige Prioritätengefüge nicht verschiebt, sondern lediglich die Form der Leistungserbringung um eine weitere Möglichkeit ergänzt. Allerdings wird die Möglichkeit der Übernahme einer besonderen Pflegekraft als Sachleistung auch schon aus dem Wortlaut der Vorschrift des § 65 Abs. 1 Satz 2 Alt. 1 SGB XII, nämlich der Begrifflichkeit des „Übernehmens" deutlich (vgl. dazu die Kommentierung zu § 65 SGB XII Rn. 52). Letztlich kommt damit dem Verweis auf § 36 SGB XI nur eine diese Auslegung unterstützende Funktion zu.

107 Für die Interpretation des Begriffes der „**besonderen Pflegekraft**" im Sinne des § 65 Abs. 1 Satz 2 SGB XII vermag § 36 SGB XI wiederum keine konkreten Maßstäbe vorzugeben. **§ 36 Abs. 1 Satz 3 SGB XI** bestimmt für die Pflegesachleistung des SGB XI, dass diese nur durch **geeignete** Pflegekräfte erbracht werden kann, die entweder von der Pflegekasse oder bei ambulanten Pflegeeinrichtungen, mit denen die Pflegekasse einen Versorgungsvertrag abgeschlossen hat, angestellt sind. Daneben können auch Einzelpersonen häusliche Pflege als Sachleistung erbringen, allerdings ebenfalls nur, soweit diese mit der Pflegekasse einen Versorgungsvertrag (§ 77 Abs. 1 SGB XI) abgeschlossen haben (§ 36 Abs. 1 Satz 4 SGB XI). Aus diesen Vorschriften lässt sich indes kein Maßstab für die richtige Interpretation des Begriffs der „besonderen Pflegekraft" gem. § 65 Abs. 1 Satz 2 SGB XII gewinnen. Dies ließe sich mit dem Regelwerk der §§ 63 ff. SGB XII nicht vereinbaren.[168] Dagegen spricht vor allem die Regelung des § 66 Abs. 4 Satz 2 SGB XII. Ihr zufolge kann ein Pflegebedürftiger seine Pflege auch durch von ihm selbst beschäftigte besondere Pflegekräfte im Sinne des § 65 Abs. 1 Satz 2 SGB XII sicherstellen und dann gegenüber dem Träger der Sozialhilfe die Erstattung der Kosten nach § 65 Abs. 1 Satz 2 SGB XII verlangen (sog. Arbeitgebermodell; vgl. dazu noch i.E. die Kommentierung zu § 66 SGB XII Rn. 46). Demgegenüber dürfen Pflegepersonen im Sinne des § 36 SGB XI gerade keinen Vertrag mit der zu pflegenden Person eingehen (vgl. § 77 Abs. 1 Satz 3 SGB XI). § 66 Abs. 4 Satz 2 SGB XII verlöre seinen Sinn, wenn unter die „besondere Pflegekraft" nur Personen zu subsumieren wären, die das Arbeitgebermodell gar nicht eingehen dürften.[169] Die besondere Pflegekraft im Sinne des § 65 Abs. 1 Satz 2 SGB XII **kann** daher, **muss** jedoch nicht „geeignete Pflegekraft" im Sinne des § 36 Abs. 1 Satz 3 oder 4 SGB XI sein.[170] In Betracht kommen folglich auch solche Personen, die nicht nach Maßgabe des § 36 Abs. 1 Satz 3 oder 4 SGB XI unter Vertrag genommen sind (vgl. dazu noch i.E. die Kommentierung zu § 65 SGB XII).

108 In die häusliche Pflege der Sozialhilfe einbezogen werden kann schließlich noch die Regelung des **§ 36 Abs. 1 Satz 2 SGB XI**. Danach sind Leistungen der häuslichen Pflege auch dann zulässig, wenn der Pflegebedürftige nicht in seinem eigenen Haushalt gepflegt wird. Da jedoch § 63 Satz 3 SGB XII eine vergleichbare Regelung enthält, kommt § 36 Abs. 1 Satz 2 SGB XII keine eigenständige Bedeutung zu.

109 § 36 Abs. 2 und 3 SGB XI enthält Vorschriften über eine Begrenzung der Pflegesachleistungen der Höhe nach. Auf sie bezieht sich § 61 Abs. 2 Satz 2 SGB XII schon deshalb nicht, weil die Regelung lediglich auf Leistungsinhalt, nicht -umfang verweist (vgl. dazu schon Rn. 96).

110 Letztlich beschränkt sich damit die Bedeutung des Verweises in § 61 Abs. 2 Satz 2 SGB XII hinsichtlich der Regelung des § 36 SGB XI auf eine Klarstellung, dass die besondere **Pflegekraft im Sinne des § 65 Abs. 1 Satz 2 SGB XII auch als Sachleistung durch den Sozialhilfeträger** erbracht werden kann. Anderes ergibt sich im Übrigen auch aus der – bislang nur vereinzelt hiermit befassten – **Rechtsprechung** nicht. Soweit diese überhaupt die Verweisungsvorschrift des § 61 Abs. 2 Satz 2 SGB XII (bzw. früher: des § 68 Abs. 2 Satz 2 BSHG) thematisiert, ist auch ihr nur zu entnehmen, dass die besondere Pflegekraft nach § 65 Abs. 1 Satz 2 SGB XII über § 36 Abs. 1 SGB XI auch als Pflegesach-

---

[167] Ebenso *Baur* in: Mergler/Zink, § 65 Rn. 22.
[168] So wohl die ganz h.L.; vgl. insbes. *Lachwitz* in: Fichtner/Wenzel, § 61 Rn. 53 ff.; *Baur* in: Mergler/Zink, § 65 Rn. 22; *H. Schellhorn* in: Schellhorn/Schellhorn/Hohm, SGB XII, § 65 Rn. 13.
[169] Ebenso *Lachwitz* in: Fichtner/Wenzel, § 61 Rn. 54.
[170] Vgl. *Lachwitz* in: Fichtner/Wenzel, § 61 Rn. 53 ff.; *von Renesse* in: Jahn/Jung, § 61 Rn. 26.

leistung erbracht werden kann.[171] In den meisten Fällen haben die Gerichte und insbesondere auch das BSG jedoch von vornherein im Rahmen der Hilfe zur Pflege nur die §§ 63 ff. SGB XII geprüft, ohne überhaupt die Verweisungsvorschrift des § 61 Abs. 2 Satz 2 SGB XII zu berücksichtigen.[172]

Nach der aktuellen **Rechtsprechung des BSG**[173] kommt ein Rückgriff auf § 36 SGB XI für den Bereich der **häuslichen Pflege im Arbeitgebermodell** angesichts der in den §§ 63 ff. SGB XII enthaltenen ausdifferenzierten und vollständigen Regelungen zu den Leistungsvoraussetzungen und dem Leistungsumfang von vornherein gar nicht in Betracht. Dieses Verständnis von § 61 Abs. 2 Satz 2 SGB XII komme auch in der Privilegierung des von § 66 Abs. 4 Satz 2 SGB XII vorausgesetzten Arbeitgebermodells in der Sozialhilfe gegenüber dem SGB XI zum Ausdruck. 111

Die weiteren Ausführungen des BSG, wonach durch die Verweisungsvorschrift zum Ausdruck gebracht werden könnte, dass (nur) dort, wo das SGB XII keine besonderen Regelungen zu den Leistungen der Hilfe zur Pflege enthalte, auf das SGB XI zurückzugreifen sei, könnten darauf hindeuten, dass sich das BSG im Übrigen der hier vertretenen Auffassung anschließen wird.[174] 112

bb. Überblick über die daraus resultierenden Inhalte der häuslichen Pflege

Die häusliche Pflege läuft im Rahmen der Sozialhilfe daher im Überblick auf folgende Leistungsansprüche hinaus (für die Leistungsinhalte i.E. wird auf die Kommentierung zu § 63 SGB XII ff. verwiesen): 113

§ 65 Abs. 1 Satz 1 SGB XII sieht einen **Aufwendungsersatz** (Halbsatz 1) bzw. die Bezahlung von **Beihilfen** (Halbsatz 2) vor. Mit dieser Regelung wird an § 63 SGB XII angeknüpft, der dem Sozialhilfeträger aufgibt, zunächst auf eine Übernahme der häuslichen Pflege durch nahe stehende und daher grundsätzlich unbezahlte Pflegepersonen hinzuwirken. Lässt sich eine solche Pflegeperson finden, stellt § 65 Abs. 1 Satz 1 SGB XII dann die finanzielle Schadloshaltung derselben sicher. 114

Neben diesen finanziellen Ausgleichsleistungen wird die private Pflegeperson auch noch anderweitig unterstützt: **§ 65 Abs. 1 Satz 1 HS. 2 SGB XII** sieht die Bezahlung von **Beiträgen für eine angemessenen Alterssicherung** der Pflegeperson vor. Durch **§ 65 Abs. 1 Satz 2 Alt. 2 SGB XII** ist bei Bedarf auch eine **Beratung der Pflegeperson** gewährleistet. 115

§ 65 Abs. 1 Satz 2 Alt. 1 SGB XII gelangt zur Anwendung, wenn eine unentgeltliche Pflegekraft nicht zur Verfügung steht. Diese Vorschrift sieht die **Erstattung der angemessenen Kosten einer besonderen Pflegekraft** vor und gewährleistet damit die Beauftragung einer fremden Pflegeperson, die entweder durch den Sozialhilfeträger („Pflegesachleistung" im Sinne von § 36 SGB XI, vgl. dazu Rn. 101 ff.) oder aber durch die zu pflegende Person selbst (Kostenübernahme durch „Kostenerstattung") erfolgen kann. Die „besondere Pflegekraft" kann zum einen neben einer unbezahlten Pflegeperson – entweder dauerhaft zur Übernahme bestimmter Aufgaben oder nur zeitweilig zu deren vorübergehender Entlastung –, zum anderen aber auch gänzlich an ihrer Stelle eingesetzt werden, wenn sich die Möglichkeit einer kostenfreie Pflege gar nicht ergibt. Sie muss nicht bei den Pflegekassen unter Vertrag stehen. 116

Schließlich sieht **§ 64 SGB XII** die Bezahlung eines **Pflegegeldes** für Pflegebedürftige der Pflegestufen I-III vor. 117

In welchem Verhältnis die einzelnen Leistungen der häuslichen Pflege zueinander stehen, wird durch die Leistungskonkurrenz-Vorschrift des **§ 66 SGB XII** bestimmt. 118

---

[171] So z.B. das LSG Berlin-Brandenburg v. 08.10.2009 - L 15 SO 267/08 - juris Rn. 53; vgl. auch das OVG Niedersachsen v. 08.07.1997 - 4 M 2314/97 - juris.

[172] Vgl. hier insbesondere die Entscheidungen des BSG zur häuslichen Pflege, BSG v. 26.08.2008 - B 8/9b SO 18/07 R - SozR 4-3500 § 18 Nr. 1, sowie BSG v. 11.12.2007 - B 8/9b SO 12/06 R - SozR 4-3500 § 21 Nr. 1, in welchen sich das BSG mit den Vorschriften der Hilfe für Pflege im häuslichen Umfeld zu befassen hatte, in beiden Fällen jedoch unmittelbar den Einstieg in die Vorschriften der §§ 63 ff. SGB XII gewählt hat, ohne die Verweisungsvorschrift zu berücksichtigen. Dabei hat es den Begriff der besonderen Pflegekraft entsprechend der Definition von *Schellhorn* ausgelegt – ohne also § 36 Abs. 1 Satz 3 oder 4 SGB XI eine Bedeutung beizumessen.

[173] BSG v. 28.02.2013 - B 8 SO 1/12 R.

[174] BSG v. 28.02.2013 - B 8 SO 1/12 R.

b. Hilfsmittel

aa. Allgemeines

119 Anders als für die häusliche Pflege stellt das SGB XII für die Gewährung von **Hilfsmitteln** kein eigenes Regelwerk zur Verfügung. Der Inhalt dieser Leistungsart bestimmt sich daher über die Verweisungsvorschrift des § 61 Abs. 2 Satz 2 SGB XII maßgeblich nach dem SGB XI und hier nach § 28 Abs. 1 Nr. 5 SGB XI, der insoweit „Hilfsmittel und technische Hilfen" gemäß dem mit Wirkung v. 30.10.2012 neu gefassten § 40 SGB XI in Bezug nimmt.

120 Die Hilfsmittel der Hilfe zur Pflege sind gegenüber allen anderen Rechtsansprüchen auf Hilfsmittel (d.h. insbesondere nach Maßgabe der gesetzlichen Kranken-, der gesetzlichen Unfall- und der sozialen Pflegeversicherung sowie des Bundesversorgungsgesetzes) **nachrangig**.[175]

121 Da die Regelung des § 40 SGB XI dem Titel „Leistungen bei häuslicher Pflege" unterstellt ist, können Pflegehilfsmittel – auch als Leistungen der Hilfe zur Pflege – **nur bei häuslicher Pflege** gewährt werden.[176] Hilfsmittel, die von pflegebedürftigen Heimbewohnern benötigt werden, sind entweder vom Heimträger vorzuhalten oder fallen in die Leistungspflicht der gesetzlichen Krankenversicherung (§ 33 SGB V) bzw. sind Bestandteil der Hilfe zur Gesundheit (§ 48 SGB XII). Dem Inhalt des § 40 SGB XI nach sind Hilfsmittel als Leistungen der Hilfe zur Pflege **„Pflegehilfsmittel und wohnumfeldverbessernde Maßnahmen"**.

bb. Pflegehilfsmittel

122 Nach § 40 Abs. 1 Satz 1 SGB XI sind unter **Pflegehilfsmitteln** alle Produkte zu verstehen, die „zur Erleichterung der Pflege oder zur Linderung der Beschwerden des Pflegebedürftigen beitragen oder ihm eine selbständigere Lebensführung ermöglichen". Bei der Prüfung, ob es sich um ein Pflegehilfsmittel handelt, ist in erster Linie das Pflegehilfsmittelverzeichnis (§ 78 SGB XI) heranzuziehen, das am 14.03.1996 erstmals von den Spitzenverbänden der Pflegekassen verabschiedet wurde[177] und seither fortgeschrieben wird. Es enthält Produkte, die generell nach ihrer Konstruktion, Ausstattung, Funktion und Zweckbestimmung die Pflege erleichtern, Beschwerden lindern bzw. eine selbständigere Lebensführung ermöglichen. Schon in der sozialen Pflegeversicherung ist Anspruchsvoraussetzung jedoch nicht, dass das Pflegehilfsmittel im Pflegehilfsmittelverzeichnis erfasst ist. Die Hilfsmittelverzeichnisse der sozialen Pflege- und der sozialen Krankenversicherung stellen lediglich Auslegungs- und Orientierungshilfen dar.[178] Sie verkörpern, anders als in der PKV und PPV, keine abschließende, die Leistungspflicht der Kranken- und Pflegekassen i.S. einer „Positivliste" beschränkende Regelung. Erst recht ist dieses Pflegehilfsmittelverzeichnis für den Träger der Sozialhilfe weder bindend noch abschließend.[179] Zu übernehmen ist daher der tatsächliche Bedarf.[180]

123 Als **Beispiele** typischer Pflegehilfsmittel im Sinne des § 40 Abs. 1 Satz 1 SGB XI lassen sich Hebe- und Stützvorrichtungen insbesondere am Bett bzw. im Bad und an der Toilette, zudem Fortbewegungshilfen wie Gehböcke, Rollatoren und Rollstühle, ebenso Zimmerinventar wie z.B. Zimmertoiletten, Urinflaschen oder Bettpfannen, außerdem am Körper zu tragende Produkte wie Bruchbänder, Prothesen, Stützkorsetts u.Ä. und schließlich zum Verbrauch bestimmte Gegenstände (vgl. § 40 Abs. 2 SGB XI) wie Desinfektionsmittel, Einmalhandschuhe, Windeln und Bettschutzeinlagen benennen.[181]

---

[175] Vgl. *Lachwitz* in: Fichtner/Wenzel, § 61 Rn. 59.

[176] Ebenso *Lachwitz* in: Fichtner/Wenzel, § 61 Rn. 64; *H. Schellhorn* in: Schellhorn/Schellhorn/Hohm, SGB XII, § 61 Rn. 41. Vgl. im Übrigen auch das BSG, das anlässlich einer Klage auf Bezahlung eines Rollstuhls durch die gesetzliche Krankenkasse den Grundsatz aufgestellt hat, dass Pflegekassen nur für die Versorgung der Versicherten mit Rollstühlen im häuslichen Bereich zuständig seien, BSG v. 10.02.2000 - B 3 KR 26/99 R - BSGE 85, 287 ff. Später hat es an diesem Grundsatz zwar festgehalten, ihn jedoch in einer komplizierten Kasuistik teilweise wieder eingeschränkt, insbesondere mit der Begründung, die Heimsphäre sei nicht im räumlichen Sinne zu verstehen; vgl. hierzu BSG v. 28.05.2003 - B 3 KR 30/02 R - SozR 4-2500 § 33 Nr. 4. Vgl. im Übrigen zum Nachranggrundsatz in der Hilfe zur Pflege nach der Rechtsprechung des BSG zu § 2 Abs. 1 SGB XII Rn. 39.

[177] Veröffentlicht im Bundesanzeiger Nr. 155a vom 20.08.1996.

[178] BSG v. 15.11.2007 - B 3 A 1/07 R - juris Rn. 20 m.w.N.; vgl. auch *Behrend* in: jurisPK-SGB XI, § 40 Rn. 26.

[179] So das BSG v. 11.04.2002 - B 3 P 10/01 R - SozR 3-3300 § 40 Nr. 9; vgl. zustimmend z.B. auch *Krahmer/Sommer* in: LPK-SGB XII, § 61 Rn. 13.

[180] So auch *Heinz*, ZfF 2008, 172, 177.

[181] Vgl. insoweit etwa die Aufzählungen bei *Baur* in: Mergler/Zink, § 61 Rn. 58 ff.; *H. Schellhorn* in: Schellhorn/Schellhorn/Hohm, SGB XII, § 61 Rn. 12.

Aus § 40 Abs. 3 SGB XI folgt, dass zu den Pflegehilfsmitteln ausdrücklich auch technische Hilfsmittel zählen. Der Gesetzgeber hat insoweit beispielhaft auf Hausnotrufanlagen verwiesen.[182]

Abzugrenzen sind die Pflegehilfsmittel vor allem von den **Gebrauchsgegenständen des täglichen Lebens**, wozu die Rechtsprechung beispielsweise einen elektrisch verstellbaren Stuhl rechnet.[183] Entsprechend können elektrische Gebrauchsmittel wie Dosenöffner oder Elektromesser oder aber Kissen und Decken nicht als Pflegehilfsmittel gewährt werden. Entscheidend ist insoweit, ob es sich um einen Gegenstand handelt, der nur für Kranke und Behinderte hergestellt wird.[184] Daneben hat das BSG eine Abgrenzung gegenüber **beruflich bedingten Gegenständen** vorgenommen. So hat es die Übernahme eines schwenkbaren Autositzes, der durch die Ausübung einer Erwerbstätigkeit des Pflegebedürftigen veranlasst war, als Pflegehilfsmittel abgelehnt mit der Begründung, der Autositz werde in einem Lebensbereich eingesetzt, der nicht in die Risikosphäre der Pflegeversicherung falle.[185] Entsprechend ist für die Hilfe zur Pflege zu argumentieren: Ein beruflich bedingter Hilfsmitteleinsatz wäre hier durch den Sozialhilfeträger nicht als Hilfe zur Pflege, sondern etwa im Rahmen der Eingliederungshilfe zu übernehmen. 124

Der Verweis des § 61 Abs. 2 Satz 2 SGB XII auf den Inhalt der Leistungsart der Pflegehilfsmittel umfasst auch die Regelung des **§ 40 Abs. 3 Sätze 1-3 SGB XI**. Nach Satz 1 sollen technische Hilfsmittel in allen geeigneten Fällen vorrangig leihweise überlassen werden. Satz 2 erlaubt es, die Bewilligung eines Pflegehilfsmittels von der Anpassung an die konkrete Person oder aber von einer Einweisung derselben oder der Hilfsperson in den richtigen Gebrauch des Pflegemittels abhängig zu machen. Satz 3 stellt klar, dass der Anspruch auf Bewilligung eines Hilfsmittels auch die notwendige Änderung, Instandsetzung und Ersatzbeschaffung sowie die Ausbildung zu ihrem Gebrauch umfasst. 125

Demgegenüber enthalten sowohl **§ 40 Abs. 2 SGB XI**, der die Aufwendungen der Pflegekasse für zum Verbrauch bestimmte Hilfsmittel auf einen Betrag von 31 € monatlich begrenzt, als auch die Regelungen in **§ 40 Abs. 3 Sätze 4-7 SGB XI**, die unter bestimmten Voraussetzungen eine Zuzahlungsverpflichtung für den Pflegebedürftigen statuieren, Regelungen zur Leistungshöhe, nicht zum Leistungsinhalt, die daher in der Hilfe zur Pflege nicht anwendbar sind.[186] Hier gelten vielmehr die §§ 85 ff. SGB XII (vgl. dazu schon Rn. 96). 126

cc. Zuschüsse für Maßnahmen zur Verbesserung des Wohnumfeldes

Von der Verweisung des § 61 Abs. 2 Satz 2 SGB XII sind auch die Hilfen im Sinne des **§ 40 Abs. 4 SGB XI** umfasst. Es zählen daher auch **„Maßnahmen zur Verbesserung des individuellen Wohnumfeldes"** des Pflegebedürftigen zu den Leistungen der Hilfe zur Pflege. Was darunter zu verstehen ist, unterliegt als unbestimmter Rechtsbegriff der vollen gerichtlichen Überprüfung.[187] Maßstab ist ein üblicher und durchschnittlicher Wohnungsstandard; dies ergibt sich aus dem Wirtschaftlichkeitsgebot der §§ 4 Abs. 3, 29 Abs. 1 SGB XI. Nicht bezuschussungsfähig sind daher überdurchschnittliche Sonderausstattungen wie elektrisch betriebene Rollläden[188] oder die Errichtung eines Freisitzes im Garten.[189] In Betracht kommen dagegen z.B. der behindertengerechte Umbau des Bades oder der Küche, der Einbau eines Treppenliftes, der Einbau eines Aufzugs,[190] die Verbreiterung von Türen und der Einbau von Fenstern mit niedrigen Fenstergriffen zur Anpassung an einen Rollstuhl,[191] der Einbau einer Gegensprechanlage mit Türöffner bei Bettlägerigkeit der zu pflegenden Person[192] sowie der Einbau 127

---

[182] Vgl. BT-Drs. 12/5262, S. 113.
[183] So das BSG v. 22.08.2001 - B 3 P 13/00 R - SozR 3-3300 § 40 Nr. 7.
[184] Vgl. das BSG v. 12.09.2008 - B 3 KR 11/08 R - juris Rn. 15 (zur Veröffentlichung in SozR vorgesehen) zur entsprechenden Abgrenzung von Hilfsmitteln nach § 33 Abs. 1 Satz 1 SGB V von den Gebrauchsgegenständen des täglichen Lebens.
[185] Vgl. das Urteil des BSG v. 11.04.2002 - B 3 P 10/01 - SozR 3-3300 § 40 Nr. 9.
[186] So für § 40 Abs. 2 SGB XI die ganz einhellige Meinung; vgl. etwa *Klie* in: Hauck/Noftz, § 61 Rn. 11; *Frieser* in: Linhart/Adolph § 61 Rn. 33; für § 40 Abs. 3 Satz 4 SGB XI sieht *Schellhorn* dies allerdings anders, vgl. *H. Schellhorn* in: Schellhorn/Schellhorn/Hohm, SGB XII, § 61 Rn. 41.
[187] Vgl. BSG v. 13.05.2004 - B 3 P 5/03 R - SozR 4-3300 § 40 Nr. 1; BSG v. 03.11.1999 - B 3 P 3/99 - SozR 3-3300 § 40 Nr. 1.
[188] BSG v. 03.11.1999 - B 3 P 3/99 - SozR 3-3300 § 40 Nr. 1.
[189] BSG v. 26.04.2001 - B 3 P 15/00 R - SozR 3-3300 § 40 Nr. 4.
[190] Vgl. BSG v. 13.05.2004 - B 3 P 5/03 R - SozR 4-3300 § 40 Nr. 1.
[191] BSG v. 26.04.2001 - B 3 P 24/00 R - SozR 3-3300 § 40 Nr. 5.
[192] BSG v. 28.06.2001 - B 3 P 3/00 R - SozR 3-3300 § 40 Nr. 6.

§ 61 jurisPK-SGB XII / Meßling

von Sicherheitstüren bei Pflege eines Demenzkranken, um dessen unkontrolliertes Verlassen der Wohnung zu verhindern.[193] Außerdem hat das BSG klargestellt, dass nicht nur solche Maßnahmen wohnumfeldverbessernd sind, die unmittelbar im häuslichen Bereich erforderlich werden, sondern auch Maßnahmen zum Verlassen der Wohnung, wenn dadurch elementare Grundbedürfnisse (Einkäufe tätigen u.Ä.) befriedigt werden.[194]

128 Jede Maßnahme kann nur **einmal** bezuschusst werden. Dabei ist „**eine** Maßnahme" auch eine größere Umbauaktion unter Einschluss mehrerer Umbauposten (Bad, Küche etc.). Die Gewährung eines weiteren Zuschusses kommt nur in Betracht bei objektiver Veränderung der Pflegesituation mit nachvollziehbar entstandenem neuem Pflegebedarf oder wenn ein Umzug erforderlich wird (und zwar selbst dann, wenn auch die frühere Wohnung schon bezuschusst wurde).[195] Die Zusammenfassung mehrerer Einzelmaßnahmen, die zu einem bestimmten Zeitpunkt zur Verbesserung des individuellen Umfeldes eines Pflegebedürftigen notwendig sind, zu einer Gesamtmaßnahme im Rechtssinne gilt auch dann, wenn die Einzelmaßnahmen nicht in einem Auftrag gemeinsam vergeben oder zeitlich nacheinander durchgeführt werden.[196]

129 Liegen die Voraussetzungen für eine Maßnahme im Sinne des § 40 Abs. 4 SGB XI vor, kommt eine Antragstellung auch nach Durchführung der Maßnahme in Betracht.[197] Die in § 40 Abs. 4 Satz 3 SGB XI vorgesehene Begrenzung von Zuschüssen durch die Pflegeversicherung gilt als Regelung über den Umfang der Leistung nicht; vielmehr sind auch hier die §§ 85 ff. SGB XII zu beachten (vgl. dazu schon Rn. 96).

c. Teilstationäre Pflege

130 § 61 Abs. 2 Satz 2 SGB XII verweist weiter über § 28 Abs. 1 Nr. 6 SGB XI auf die Vorschrift des § 41 SGB XI. Danach haben Pflegebedürftige der Pflegestufen I-III einen Anspruch auf **teilstationäre Pflege** in Einrichtungen der Tages- und Nachtpflege, wenn häusliche Pflege nicht in ausreichendem Umfang sichergestellt werden kann oder dies zur Ergänzung oder Stärkung der häuslichen Pflege erforderlich ist (§ 41 Abs. 1 Satz 1 SGB XI). Dies entspricht dem in § 63 Satz 1 SGB XII statuierten Grundsatz des Vorrangs häuslicher Pflege (vgl. dazu noch die Kommentierung zu § 63 SGB XII Rn. 17). Bei sonstigen Pflegebedürftigen enthält § 61 Abs. 1 Satz 2 letzter HS. SGB XII eine ergänzende Regelung. Teilstationäre Hilfe soll hier nur gewährt werden, wenn es nach den Besonderheiten des Einzelfalles erforderlich ist, z.B. weil ambulante Hilfen nicht ausreichen.

131 Der konkrete **Inhalt der Hilfen bei teilstationärer Pflege** richtet sich – mangels eigenständigen Regelwerks im SGB XII – nach dem SGB XI. Gem. § 41 Abs. 1 Satz 1 SGB XI sind die pflegebedingten Aufwendungen, die Aufwendungen der sozialen Betreuung sowie die Aufwendungen für die in der Einrichtung notwendigen Leistungen der medizinischen Behandlungspflege Bestandteil teilstationärer Pflege.[198] Daneben ist auch die notwendige Beförderung des Pflegebedürftigen zur Pflegeeinrichtung hin und von ihr zurück erfasst (§ 41 Abs. 1 Satz 2 SGB XI).

132 Zu den **pflegebedingten Aufwendungen** gehören alle für die Versorgung des Pflegebedürftigen nach Art und Schwere der Pflegebedürftigkeit erforderlichen Pflegeleistungen. Nicht hiervon umfasst sind allerdings die Kosten für Unterkunft und Verpflegung, wie sich aus § 4 Abs. 2 Satz 2 letzter HS. SGB XI ergibt. Im SGB XII existiert nämlich eine dem früheren § 27 Abs. 3 BSHG entsprechende Sonderregelung nicht mehr. Diese sah vor, dass bei einer Hilfegewährung in einer Einrichtung zur teilstationären Betreuung die Hilfe in besonderen Lebenslagen (also z.B. die Hilfe zur Pflege nach den §§ 68 ff. BSHG) auch den in der Einrichtung gewährten Lebensunterhalt umfasste. Für Kosten der Unterkunft und Verpflegung gilt also nicht die privilegierte Einkommensanrechnung nach den §§ 85, 86 SGB XII (vgl. hierzu auch schon Rn. 34). Nicht von den pflegebedingten Aufwendungen umfasst sind zudem die nicht durch die Landesförderung abgedeckten Investitionskosten nach § 9 SGB XI.[199]

---

[193] Vgl. BSG v. 30.10.2001 - B 3 P 3/01 R - SozR 3-3300 § 40 Nr. 8.
[194] BSG v. 13.05.2004 - B 3 P 5/03 R - SozR 4-3300 § 40 Nr. 1.
[195] BSG v. 19.04.2007 - B 3 P 8/06 R - SozR 4-3300 § 40 Nr. 4.
[196] BSG v. 17.07.2008 - B 3 P 12/07 R - SozR 4-3300 § 40 Nr. 9.
[197] So ausdrücklich das BSG v. 14.12.2000 - B 3 P 1/00 R - SozR 3-3300 § 40 Nr. 3.
[198] Bis zum Erlass des GKV-Wettbewerbsstärkungsgesetzes vom 26.03.2007 galt dies nur befristet, seither ist die Behandlungspflege jedoch unbefristeter Bestandteil der teilstationären Pflege (vgl. hierzu die Begründung in BT-Drs. 16/3100 zu § 41 SGB XI).
[199] Vgl. *Udsching* in: Udsching, § 41 SGB XI Rn. 5.

Die **soziale Betreuung** soll das Bedürfnis nach zwischenmenschlicher Kommunikation decken, um einer Vereinsamung des Pflegebedürftigen entgegenzuwirken und zu einer angemessenen Tagesstruktur beizutragen. Hierzu gehört ggf. auch die Erledigung von Behörden- oder Botengängen.[200] 133

In der teilstationären (wie im Übrigen auch der vollstationären) Pflege ist schließlich – anders als im häuslichen Bereich – die **medizinische Behandlungspflege** Bestandteil der Hilfe zur Pflege. Auf eine trennscharfe Abgrenzung zwischen Grund- und Behandlungspflege kommt es daher anders als im häuslichen Bereich im Regelfall nicht an (vgl. dazu auch Rn. 30). Leistungsinhalte teilstationärer Pflege sind folglich – neben derjenigen Behandlungspflege, die ohnehin der Grundpflege zuzurechnen ist (vgl. dazu Rn. 27) – auch Pflegemaßnahmen durch fachlich qualifizierte Vertreter medizinischer Hilfsberufe, die in einen ärztlichen Behandlungsplan eingebunden sind, aber auch Maßnahmen der Behandlungspflege durch das Personal der Einrichtung wie etwa das Spritzen-Setzen, die Wundversorgung und das Verabreichen von Medikamenten.[201] 134

Maßgeblich ist die Unterscheidung verschiedener Leistungsinhalte allerdings auch im Bereich (teil-)stationärer Pflege für das **Aufstockungsverbot in § 91 Abs. 2 SGB XI**. Begibt sich nämlich ein **versicherter** Pflegebedürftiger in eine Einrichtung der Tages- und Nachtpflege, die zwar im Sinne der §§ 71 ff. SGB XI zugelassen ist, die jedoch keine Vergütungsvereinbarung nach den §§ 85 und 89 SGB XI geschlossen hat (vgl. § 91 Abs. 1 SGB XI), so hat der Pflegebedürftige gegen die jeweilige Pflegekasse lediglich einen Kostenerstattungsanspruch in Höhe von 80% der „pflegebedingten Aufwendungen". Eine weitergehende Kostenerstattung durch den Sozialhilfeträger kommt nach § 91 Abs. 2 Satz 3 SGB XI nicht in Betracht. Diese Regelung widerspricht allerdings dem sozialhilferechtlichen Bedarfsdeckungsgrundsatz, soweit die pflegebedürftige Person nur durch eine ganz bestimmte Einrichtung in der erforderlichen Weise versorgt werden kann. Erfordern es also die besonderen Bedürfnisse der zu pflegenden Person, dass gerade eine bestimmte Einrichtung, mit der allerdings keine Vergütungsvereinbarung der Pflegekasse besteht, die Pflege übernimmt, gebietet insbesondere der sozialhilferechtliche Bedarfsdeckungsgrundsatz eine einschränkende Auslegung des § 91 Abs. 2 Satz 3 SGB XI. Auf entsprechende Bedarfsfälle ist die Norm dann nicht anwendbar, der Sozialhilfeträger hat dann gleichwohl die Leistungen aufzustocken.[202] Diese Interpretation bewegt sich zweifelsohne an der Grenze einer noch zulässigen Auslegung. Sie dürfte aber gerade noch mit dem Wortsinn der Vorschrift vereinbar sein.[203] Die Regelung ist so pauschal formuliert, dass sie eine einschränkende Auslegung in ganz besonderen Einzelfallkonstellationen ermöglicht. Sie ist im Übrigen wohl auch die einzig verfassungskonforme. Sie alleine steht mit dem Gleichbehandlungsgrundsatz des Art. 3 Abs. 1 GG in Einklang, da nicht versicherte Pflegebedürftige im Bedarfsfall von vornherein nicht durch § 91 Abs. 2 Satz 3 SGB XII eingeschränkt sind. Eine daraus folgende Ungleichbehandlung bei nicht einschränkender Auslegung ließe sich durch keinen sachlichen Grund rechtfertigen.[204] 135

Eine Übernahme der vollen Kosten kommt überdies im **„Arbeitgebermodell"** nach § 65 SGB XII in Betracht. § 92 Abs. 2 Satz 3 SGB XII umfasst schon nach seinem Wortlaut nur die Höhe der Vergütung für zugelassene Pflegeeinrichtungen, die Pflegesachleistungen erbringen. Für die im Arbeitgebermodell insoweit korrespondierenden unmittelbaren Kosten der Pflege (also anstelle der Pflegesachleistung die unmittelbaren Kosten für die Beschäftigung von besonderen Pflegekräften), trifft das SGB XII jedoch eine Sonderregelung, sodass Satz 3 schon bei der Organisation der Pflege im Arbeitgebermodell hinsichtlich der Höhe der zu übernehmenden Pflegekosten keine Anwendung finden kann. Für die nur mittelbar durch die eigentliche Pflege entstandenen Kosten, für die schon keine Vergütungsvereinbarung nach den §§ 85, 89 SGB XI abgeschlossen werden kann, findet Satz 3 erst recht keine Anwendung. Zudem besteht bei diesen mittelbaren Kosten nicht die Gefahr, der Satz 3 begegnen will, nämlich dass Pflegeeinrichtungen ohne Vergütungsvertrag mit Pflegebedürftigen Preisvereinbarungen zu Lasten des Sozialhilfeträgers abschließen und damit das vertragliche Vergütungssystem der sozialen Pflegeversicherung unterlaufen.[205] 136

---

[200] Vgl. *Lachwitz* in: Fichtner/Wenzel, § 61 Rn. 82.
[201] *Lachwitz* in: Fichtner/Wenzel, § 61 Rn. 83.
[202] A.A. insoweit *Lachwitz* in: Fichtner/Wenzel, § 65 Rn. 29 unter Verweis auf Rechtsprechung zum früheren BSHG, namentlich das VG Freiburg v. 23.06.1998 - 4 K 133/98 - NDV-RD 1999, 58.
[203] A.A. *O'Sullivan* in: jurisPK-SGB XI, § 90 Rn. 30.
[204] Offengelassen durch BSG v. 13.02.2013 - B 8 SO 1/12 R - SozR 4-3500 § 65 Nr. 4.
[205] Ebenso *O'Sullivan* in: jurisPK-SGB XI, § 90 Rn. 30; BSG v. 28.02.2013 - B 8 SO 1/12 R - juris Rn. 20.

137 Welche Pflegemaßnahmen den in § 41 Abs. 2 SGB XI genannten pflegebedingten, sozialen und medizinischen Aufwendungen im Einzelnen zuzurechnen sind, ergibt sich aus den **Rahmenverträgen der einzelnen Bundesländer** zur teilstationären Pflege nach § **75 Abs. 1 SGB XI** sowie der dazu ergangenen **gemeinsamen Empfehlung nach § 75 Abs. 5 SGB XI**. Gem. § 61 Abs. 6 SGB XII sind Rahmenverträge wie Empfehlung für den Sozialhilfeträger verbindlich (vgl. dazu auch noch Rn. 165).

138 Schwierigkeiten in der Übertragung der Vorschriften des SGB XI in den Bereich der Hilfe zur Pflege nach dem SGB XII ergeben sich hinsichtlich des richtigen Verständnisses des **Einrichtungsbegriffs**. Aus dem Verweis des § 61 Abs. 2 Satz 1 SGB XII auf § 41 SGB XI könnte abzuleiten sein, dass die teilstationäre Pflege nur in einer Einrichtung im Sinne des § 41 SGB XI in Betracht kommt. Dann müsste es sich stets um eine Einrichtung handeln, mit der die **Pflegekasse** einen Versorgungsvertrag abgeschlossen hat, was wiederum die Pflege durchgängig durch eine ausgebildete Pflegekraft voraussetzte (vgl. die §§ 29 Abs. 2, 71 ff. SGB XI). Die h.L. geht jedoch zu Recht davon aus, dass der Einrichtungsbegriff in der Hilfe zur Pflege im Zusammenhang mit teilstationären (wie im Übrigen auch vollstationären) Leistungen nach Maßgabe des § 13 Abs. 2 SGB XII zu verstehen ist, der einen weiteren Einrichtungsbegriff vorgibt.[206] § 61 Abs. 2 Satz 1 SGB XII, der die verschiedenen Leistungsarten benennt, spricht nämlich von „Leistungen für eine stationäre oder teilstationäre Einrichtung" und verwendet damit genau die Formulierung des § 13 Abs. 2 SGB XII. Im Übrigen führte ein enges Verständnis des Einrichtungsbegriffs im Sinne von § 41 SGB XI zu dem widersinnigen Ergebnis, dass Pflegebedürftige im Sinne des § 61 Abs. 1 Satz 1 SGB XII eine geringere Auswahl nutzbarer Einrichtungen zur Verfügung hätten als Pflegebedürftige nach § 61 Abs. 1 Satz 2 SGB XII. Dies stellte einen Wertungswiderspruch dar. Daher können auch Alten(wohn)heime und ähnliche Alteneinrichtungen für die teilstationäre Hilfe zur Pflege herangezogen werden. Sollen allerdings Leistungen – für **versicherte** Pflegebedürftige – nur als Aufstockungsleistungen erbracht werden, ist das Aufstockungsverbot (und die erforderliche einschränkende Auslegung) zu berücksichtigen (vgl. dazu Rn. 134).

139 Von der Verweisung des § 61 Abs. 2 Satz 2 SGB XII mitumfasst ist der Verweis auf **§ 41 Abs. 3-6 SGB XI** zur Möglichkeit der Kombination von Leistungen teilstationärer und ambulanter Pflege. Für die Frage, inwieweit der Sozialhilfeträger hier auf die volle Inanspruchnahme der Leistungen nach § 41 SGB XI drängen kann, vgl. im Einzelnen die Kommentierung zu § 66 SGB XII Rn. 31. In jedem Falle aber hat der Sozialhilfeträger dann, wenn teilstationäre Pflege erforderlich ist, weil die häusliche Pflege (etwa aufgrund Berufstätigkeit der Pflegeperson) zu bestimmten Zeiten nicht in Anspruch genommen werden kann, für einen nach § 19 Abs. 3 SGB XII Leistungsberechtigten grundsätzlich sowohl die Kosten der häuslichen wie der teilstationären Pflege zu übernehmen, soweit sie nicht durch vorrangig in Anspruch zu nehmende Leistungen nach dem SGB XI gedeckt sind.[207] Denn für die Hilfe zur Pflege gilt der Grundsatz des Vorrangs der häuslichen Pflege, der ggf. auch unter Ergänzung durch teilstationäre Leistungen zu realisieren ist. Er wird allerdings überlagert durch die Regelung des § 13 Abs. 1 SGB XII (vgl. dazu i.E. die Kommentierung zu § 63 SGB XII Rn. 6).

140 Von der Verweisung des § 61 Abs. 2 Satz 2 SGB XII nicht umfasst ist die Regelung des **§ 41 Abs. 2 SGB XI**, da diese den Umfang, nicht den Inhalt der Leistung betrifft (vgl. dazu Rn. 96).

141 Die Leistungen der teilstationären Pflege werden vom Sozialhilfeträger regelmäßig nach **§ 75 Abs. 3 SGB XII** auf der Grundlage von **Leistungs-, Vergütungs- und Prüfungsvereinbarungen** erbracht. Für die Hilfe durch zugelassene Pflegeeinrichtungen (§ 72 SGB XII) richtet sich die Vergütung über § 75 Abs. 5 SGB XII nach den Vorschriften des SGB XI, soweit nicht Leistungen zu erbringen sind, die das SGB XI nicht vorsieht (insbesondere Leistungen nach § 61 Abs. 1 Satz 2 SGB XII). Allerdings ist für versicherte Hilfebedürftige auch insoweit das Aufstockungsverbot zu berücksichtigen (vgl. dazu schon Rn. 134).

d. Kurzzeitpflege

142 Die Hilfe zur Pflege umfasst weiter die **Kurzzeitpflege**, die sich – mangels spezieller Regelungen des SGB XII – nach § 28 Abs. 1 Nr. 7 i.V.m. § 42 SGB XI abgrenzt. Nach § 42 Abs. 1 Satz 1 SGB XI wird sie gewährt, wenn die häusliche Pflege zeitweise nicht, noch nicht oder nicht in erforderlichem Umfang erbracht werden kann und auch teilstationäre Pflege nicht ausreicht. Es handelt sich also bei der Kurz-

---

[206] So etwa *Krahmer/Sommer* in: LPK-SGB XII, § 61 Rn. 17; *Baur* in: Mergler/Zink, § 61 Rn. 76; *Lachwitz* in: Fichtner/Wenzel, § 61 Rn. 109.

[207] Ebenso *H. Schellhorn* in: Schellhorn/Schellhorn/Hohm, SGB XII, § 61 Rn. 43.

zeitpflege um einen **Sonderfall der Pflege in einer vollstationären Einrichtung**. Als solche kann sie auch durch Pflegebedürftige im Sinne des § 61 Abs. 1 Satz 2 SGB XII in Anspruch genommen werden, steht allerdings unter dem Erforderlichkeitsvorbehalt des § 61 Abs. 2 Satz 2 letzter HS. SGB XII.

Das SGB XI gibt zwei Konstellationen vor, in denen häusliche und teilstationäre Pflege nicht ausreichend im Sinne des § 42 Abs. 1 Satz 1 SGB XI erbracht werden können. Nach Satz 2 kommt dies entweder für eine **Übergangszeit** im Anschluss an eine stationäre Behandlung des Pflegebedürftigen in Betracht oder in **sonstigen Krisensituationen**, in denen vorübergehend häusliche oder teilstationäre Hilfe nicht möglich oder nicht ausreichend ist. Im Bereich der sozialen Pflegeversicherung wird der **Begriff der Krisensituationen großzügig ausgelegt**. § 42 SGB XI gelangt daher auch dann zur Anwendung, wenn der Pflegebedürftige für Zeiten der Krankheit, des Urlaubs oder einer sonstigen Verhinderung seiner Pflegeperson der Kurzzeitpflege bedarf, weil er diese Situation nicht durch eine Ersatzkraft im Sinne des § 39 SGB XI überwinden kann (so das Gemeinsame Rundschreiben der Spitzenverbände der Pflegekassen zu den leistungsrechtlichen Vorschriften des Pflegeversicherungsgesetzes vom 28.10.1996 zu § 42 SGB XI[208]). 143

Zu Recht wird in der Literatur die Auffassung vertreten, diese großzügige Auslegung müsse **Maßstab auch für die Sozialhilfeträger** sein.[209] Zwar folgt dies nicht aus § 61 Abs. 6 SGB XII, der auf das Gemeinsame Rundschreiben nicht verweist. Der Sozialhilfeträger müsste sich aber widersprüchliches Verhalten vorhalten lassen, wenn er einerseits versicherte Pflegebedürftige – aufgrund des Nachranggrundsatzes (vgl. allerdings zum richtigen Verständnis des Nachranggrundsatzes auch Rn. 39) auch z.B. bei urlaubsbedingten Pflegeengpässen – auf Leistungen der Pflegekasse verwiese, selbst jedoch lediglich in echten Krisensituationen eine Kurzzeitpflege gewährte.[210] Allerdings hat der Sozialhilfeträger wegen § 63 Satz 1 SGB XII in der Hilfe zur Pflege stets noch besonders zu prüfen, ob statt der vollstationären Kurzzeitpflege nicht doch häusliche Pflege durch Heranziehung einer besonderen Pflegekraft gem. § 65 Abs. 1 Satz 2 SGB XII erbracht werden kann. Dies ist aber wiederum z.B. dann nicht der Fall, wenn der Pflegebedürftige nicht allein gelassen und ihm aufgrund einer spezifischen (geistigen) Behinderung ein häufiger Wechsel der Pflegekräfte nicht zugemutet werden kann.[211] Für die Frage, ob die Kurzzeitpflege auch aus finanziellen Gründen gegenüber der häuslichen Pflege vorrangig sein kann, vgl. die Kommentierung zu § 63 SGB XII Rn. 6. 144

Nach **§ 42 Abs. 2 Satz 2 SGB XI**, der über § 62 Abs. 2 Satz 2 SGB XII auch in der Sozialhilfe gilt, umfasst die Kurzzeitpflege die pflegebedingten Aufwendungen, die Aufwendungen der sozialen Betreuung sowie die Aufwendungen für die medizinische Behandlungspflege. Für den **Inhalt der verschiedenen Aufwendungen** vgl. schon Rn. 132; der dort bezeichnete Maßstab gilt auch hier. Wie dort müssen auch die vollstationären Leistungen nicht in einer nach den §§ 71 Abs. 1, 72 SGB XI zugelassenen Pflegeeinrichtung erbracht werden (vgl. dazu Rn. 138). 145

Nach **§ 42 Abs. 2 Satz 1 SGB XI** ist der Anspruch auf Kurzzeitpflege im Bereich der Pflegeversicherung auf vier Wochen pro Kalenderjahr und einen Höchstbetrag von 1550 € begrenzt. Aufgrund des bloßen Inhaltsverweises in § 61 Abs. 2 Satz 2 SGB XII (vgl. dazu Rn. 96) gilt diese Begrenzung für den Sozialhilfeträger nicht. Er muss die Kurzzeitpflege vielmehr ggf. bedarfsdeckend erbringen und je nach den Umständen des Einzelfalls betragsmäßig aufstocken. 146

Während der vollstationären Kurzzeitpflege kommt ein **Anspruch auf Pflegegeld** nach § 64 SGB XII nicht in Betracht; es gilt § 63 Satz 3 SGB XII.[212] Allerdings kann nach § 27b Abs. 2 SGB XII ein angemessener Barbetrag als Taschengeld gewährt werden. 147

---

[208] Abgedruckt bei *Vollmer*, Pflegehandbuch 4 PVB 01. So im Übrigen auch die Gesetzesbegründung zur Kurzzeitpflege, vgl. BT-Drs. 12/5262, S. 115.

[209] So z.B. *Krahmer/Sommer* in: LPK-SGB XII, § 61 Rn. 15; *H. Schellhorn* in: Schellhorn/Schellhorn/Hohm, SGB XII, § 61 Rn. 44.

[210] In den meisten Sozialhilferichtlinien findet sich daher auch ein entsprechend großzügiger Auslegungsmaßstab, vgl. etwa die SHR Niedersachsen, 68.2.4.

[211] Ebenso *Lachwitz* in: Fichtner/Wenzel, § 61 Rn. 101.

[212] Z.T. haben die Sozialhilfeträger – noch nach den Regelungen des BSHG – das Pflegegeld weiterbezahlt, um die Pflegebereitschaft der Pflegeperson zu erhalten. Nach Maßgabe des § 63 Satz 3 SGB XII ist eine solche Praxis jedoch als rechtswidrig zu beurteilen.

e. Vollstationäre Pflege

148 Bestandteil der Leistungen der Hilfe zur Pflege ist schließlich auch die (nicht nur vorübergehende) **vollstationäre Pflege**, für die § 61 Abs. 2 Satz 2 SGB XII auf § 28 Abs. 1 Nr. 7 i.V.m. § 43 SGB XII verweist. Nach § 43 Abs. 2 Satz 1 SGB XI umfasst auch die vollstationäre Pflege die pflegebedingten Aufwendungen, die Aufwendungen der sozialen Betreuung sowie die Aufwendungen für die medizinische Behandlungspflege. Für den **Inhalt der verschiedenen Aufwendungen** vgl. Rn. 132; der dort für die teilstationäre Hilfe bezeichnete Maßstab gilt auch hier. Die einzelnen Leistungen müssen im Übrigen auch insoweit nicht in einer nach den §§ 71 Abs. 1, 72 SGB XI zugelassenen Pflegeeinrichtung erbracht werden (vgl. dazu Rn. 138).

149 § 43 Abs. 1 SGB XI statuiert einen **grundsätzlichen Nachrang** der vollstationären Pflege gegenüber häuslicher wie teilstationärer Pflege. Sie wird nach § 43 Abs. 1 SGB XI nur gewährt, wenn häusliche oder teilstationäre Pflege nicht möglich ist oder wegen der Besonderheit des Einzelfalles nicht in Betracht kommt. Dieser Grundsatz gilt auch im Bereich der Hilfe zur Pflege (vgl. hier auch § 63 Satz 1 SGB XII), wird allerdings überlagert durch die spezifische sozialhilferechtliche Regelung des § 13 Abs. 1 SGB XII (vgl. dazu i.E. die Kommentierung zu § 63 SGB XII Rn. 6).

150 Pflegebedürftige im Sinne des **§ 61 Abs. 1 Satz 2 SGB XII** haben einen Anspruch auf vollstationäre Leistung nur, wenn dies nach den Besonderheiten des Einzelfalls erforderlich ist (Halbsatz 2), insbesondere ambulante Maßnahmen nicht zumutbar oder nicht ausreichend sind. Dies kann z.B. bei demenz- oder psychisch kranken Pflegebedürftigen der Fall sein.[213]

151 Auch im Rahmen der vollstationären Pflege hat der Sozialhilfeträger darauf zu bestehen, dass ein **versicherter** Pflegebedürftiger zunächst die ihm von der Pflegekasse zu gewährenden Leistungen ausschöpft. Dies bedeutet auch die Verpflichtung zur Geltendmachung von Leistungen nach § 43 Abs. 5 SGB XI. Dieser Vorschrift zufolge werden bei nur vorübergehender Abwesenheit der pflegebedürftigen Person aus dem Pflegeheim die Leistungen für vollstationäre Pflege durch die Pflegekasse weiterhin erbracht, soweit die Voraussetzungen des § 87a Abs. 1 Sätze 5 und 6 SGB XI (Abwesenheit nur bis zu 42 Tage oder aber krankenhausaufenthaltsbedingt) vorliegen.

152 Soweit die Leistungen der Pflegeversicherungen nicht genügen, sowie für **nicht versicherte** Pflegebedürftige hat der Sozialhilfeträger bis zur Bedarfsdeckung den verbleibenden bzw. bestehenden Bedarf zu finanzieren. Aufgrund des auf den Inhalt der vollstationären Pflege beschränkten Verweises des § 61 Abs. 2 Satz 2 SGB XII (vgl. dazu Rn. 96) findet **§ 43 Abs. 2 Satz 2 bis Abs. 4 SGB XI** in der Hilfe zur Pflege keine Anwendung.

153 Während der vollstationären Pflege kommt ein **Anspruch auf Pflegegeld** nach § 64 SGB XII nicht in Betracht; es gilt § 63 Satz 3 SGB XII.[214] Allerdings kann nach § 35 Abs. 2 SGB XII ein angemessener Barbetrag als Taschengeld gewährt werden. Soweit die zu pflegende Person vorübergehend häuslich betreut wird (z.B. zu Zeiten eines durch die Familie ermöglichten Urlaubs im häuslichen Bereich), lebt der Pflegegeldanspruch wieder auf. Für die Berechnung des Pflegegeldes gilt dann § 64 Abs. 5 Satz 2 SGB XII.

f. Hilfe zur Pflege als Teil eines trägerübergreifenden Persönlichen Budgets (Absatz 2 Sätze 3 und 4)

154 Durch das Gesetz zur Einordnung der Sozialhilfe in das Sozialgesetzbuch vom 27.12.2003[215] hat der Gesetzgeber erstmals für die Hilfe zur Pflege in **§ 61 Abs. 2 Satz 3 SGB XII** die Möglichkeit eröffnet, auf Antrag Leistungen der Hilfe zur Pflege auch als Teil eines **trägerübergreifenden Persönlichen Budgets** zu erbringen. Der Inhalt dieser Möglichkeit erschließt sich aufgrund der Verweisungsvorschrift des **§ 61 Abs. 2 Satz 4 SGB XII** nach Maßgabe des **§ 17 Abs. 2-4 SGB IX**.

155 Sinn und Zweck der Einräumung eines Persönlichen Budgets ist es, dem Leistungsberechtigten in eigener Verantwortung ein möglichst selbstbestimmtes Leben zu ermöglichen (§ 17 Abs. 2 Satz 1 HS. 2 SGB IX). Der Budgetberechtigte soll selbst und individuell entscheiden können, ob und ggf. welche Leistungen er zu einem bestimmten Zeitpunkt in Anspruch nehmen will. Zudem besteht für ihn auch

---

[213] Ebenso H. *Schellhorn* in: Schellhorn/Schellhorn/Hohm, SGB XII, § 61 Rn. 45.
[214] Z.T. haben die Sozialhilfeträger jedoch – noch nach den Regelungen des BSHG – das Pflegegeld weiterbezahlt, um die Pflegebereitschaft der Pflegeperson zu erhalten. Nach Maßgabe des § 63 Satz 3 SGB XII ist eine solche Praxis jedoch als rechtswidrig zu beurteilen.
[215] BGBl I 2003, 3022.

ein Gestaltungsrecht bezogen darauf, wer die benötigte Hilfe erbringen und wie diese Hilfe ausgestaltet sein soll.[216] Um dies zu ermöglichen, wird von den beteiligten Leistungsträgern ein Budget als **Komplexleistung** erbracht (§ 17 Abs. 2 Satz 3 SGB IX).

Beteiligte Leistungsträger können die Rehabilitationsträger (und daher auch die Sozialämter – auch als Erbringer von Hilfe zur Pflege), die Integrationsämter, die Kranken- und Pflegekassen und die Unfallversicherungsträger sein (§ 17 Abs. 2 Sätze 2 und 4 SGB IX). 156

Der Sache nach stellt das persönliche Budget **keine neue Leistungsart** dar, sondern nur eine neue Form der Leistungserbringung, bei welcher jeder Träger für die von ihm zu gewährende Leistung verantwortlich bleibt.[217] Allerdings werden diese Einzelleistungen insoweit zu einer Gesamtleistung zusammengeführt, als sie von einem Leistungsträger im Auftrag der anderen beteiligten Leistungsträger aus einer Hand erbracht und **in einem Verwaltungsakt gewährt** werden (§ 17 Abs. 4 SGB IX).[218] Erlassen wird dieser Verwaltungsakt gem. § 17 Abs. 4 Satz 1 SGB IX durch denjenigen Leistungsträger, der nach § 14 SGB IX zuständig ist – es sei denn, die Leistungsträger haben eine andere **Zuständigkeit** vereinbart (§ 17 Abs. 4 Satz 2 SGB IX). Da § 61 Abs. 2 Satz 4 SGB XII aber auch auf die **Budgetverordnung vom 27.05.2004** verweist, kann ein Verwaltungsakt, in welchem das Persönliche Budget festgesetzt und geregelt wird, nur erlassen werden, wenn zwischen der beantragenden Person und dem beauftragten Leistungsträger eine Zielvereinbarung geschlossen wurde (§ 3 Abs. 5 Budgetverordnung). 157

Die Abgrenzung danach, ob Leistungen im Rahmen eines trägerübergreifenden Budgets oder als Individualleistungen erbracht werden, erfolgt nicht anhand der Tatsache, dass der SGB XII-Leistungsträger in seinen Bescheiden Leistungen anderer Träger erwähnt bzw. berücksichtigt; vielmehr erfolgt die Leistungserbringung im Rahmen eines trägerübergreifenden persönlichen Budgets nur unter bestimmten formalen und verfahrensrechtlichen Voraussetzungen bzw. Rahmenbedingungen, die erfüllt sein müssen, z.B. § 17 Abs. 2 und Abs. 4 SGB IX und § 4 Budgetverordnung.[219] 158

Nach § 17 Abs. 2 Satz 4 SGB IX sind **budgetfähige Leistungen** nur solche, die sich auf alltäglich und regelmäßig wiederkehrende Bedarfe beziehen und **als Geldleistungen oder durch Gutscheine** erbracht werden können. Nur zeitweise oder unregelmäßig auftretende Bedarfe können damit nicht Bestandteil des Persönlichen Budgets sein.[220] In der Hilfe zur Pflege kommen daher vor allem die wiederkehrenden Leistungen zur Finanzierung des ambulanten, teilstationären oder vollstationären Bereichs in Betracht. 159

Wird das Persönliche Budget als **Geldleistung** erbracht, ist ein Gesamtgeldbetrag festzusetzen. Maßstab für dessen Bemessung ist gem. § 17 Abs. 3 Satz 2 SGB IX die Deckung des individuell festgestellten Bedarfs einschließlich der erforderlichen Beratung und Unterstützung (etwa durch einen Budget-Assistenten[221]). Obergrenze ist aber die Summe aller bisher einzeln erbrachten Sachleistungen der einzelnen Leistungsträger (§ 17 Abs. 3 Satz 3 SGB IX). 160

Für das Bewilligungsverfahren gelten § 10 SGB IX und § 3 Budgetverordnung. Sind bereits einzelne Sozialleistungen bewilligt, die in einem persönlichen Budget zusammengefasst werden sollen, so stellt die Bewilligung eines persönlichen Budgets einen Verwaltungsakt mit Doppelwirkung dar, mit dem zugleich die bisherigen Einzelbewilligungen aufgehoben werden.[222] 161

Auch wenn § 61 Abs. 2 Satz 3 SGB XII von einem **trägerübergreifenden** Budget spricht, folgt daraus nicht, dass stets zwei Leistungsträger an der Bewilligung eines solchen Budgets beteiligt sein müssen.[223] § 2 Satz 1 Budgetverordnung enthält eine Regelung, derzufolge auch allein „Leistungen der 162

---

[216] So die Gesetzesbegründung zu § 17 SGB IX, vgl. BT-Drs. 15/1514, S. 73; vgl. hierzu auch *Kreikebohm* in: Kommentar zum Sozialrecht, § 17 SGB IX Rn. 6; vgl. dazu jetzt auch BSG v. 11.05.2011 - B 5 R 54/10 R - BSGE 108, 158 ff.

[217] Vgl. *Kreikebohm* in: Kommentar zum Sozialrecht, § 17 SGB IX Rn. 3.

[218] Vgl. dazu jetzt auch BSG v. 11.05.2011 - B 5 R 54/10 R - BSGE 108, 158 ff.: Der Antrag auf ein trägerübergreifendes Persönliches Budget ist auf eine einheitliche Leistung aus der Hand des zuständigen Trägers unter Einbeziehung aller nach dem festgestellten individuellen Bedarf im Innenverhältnis der beteiligten Träger zu erbringenden budgetfähigen Teil-Leistungen gerichtet.

[219] LSG Nordrhein-Westfalen v. 28.11.2011 - L 20 SO 82/07.

[220] *Lachwitz* in: Fichtner/Wenzel, § 61 Rn. 119 f.

[221] Vgl. hierzu *Krahmer/Sommer* in: LPK-SGB XII, § 61 Rn. 21.

[222] BSG v. 31.01.2012 - B 2 U 1/11 R - BSGE 110, 83.

[223] Dies folgt auch aus BSG v. 11.05.2011 - B 5 R 54/10 R - BSGE 108, 158 ff.

Hilfe zur Pflege" als Persönliches Budget erbracht werden können. In Betracht kommt daher auch eine **Alleinzuständigkeit** des Sozialhilfeträgers. In der Praxis werden allerdings häufig auch Leistungen der Pflegekasse Budgetbestandteil sein. Dann ist § 66 SGB XII zu beachten.

V. Rechtscharakter der Hilfe zur Pflege

163 Auf die Leistungen der Hilfe zur Pflege besteht vom Grundsatz her ein Anspruch; sie sind als Pflichtleistungen („muss") ausgestaltet. Abweichend davon sind allerdings zum einen die Beihilfen und die Beitragsübernahme für Pflegepersonen nach § 65 Abs. 1 SGB XII als Ermessensleistungen ausgestaltet („kann"); zum anderen steht auch die Gewährung von Maßnahmen zur Verbesserung des individuellen Wohnumfeldes (§ 40 Abs. 4 SGB XI) im Ermessen des Sozialhilfeträgers, da vom Inhaltsverweis des § 62 Abs. 2 Satz 2 SGB XII auch der Rechtscharakter der Leistung umfasst ist.

164 Die Entscheidungen des Sozialhilfeträgers sind auch bezogen auf die genannten Ermessensvorschriften gerichtlich insoweit überprüfbar, als wesentliches Entscheidungskriterium die für die Pflegehilfe maßgebliche Zielsetzung des § 63 Satz 1 SGB XII (grundsätzlicher Vorrang der häuslichen Pflege) sein muss; seine Nichtberücksichtigung stellt daher einen Ermessensfehl- bzw. -nichtgebrauch dar.

VI. Entsprechende Anwendbarkeit bestimmter Regelungen des SGB XI (Absatz 6)

165 Nach § 61 Abs. 6 SGB XII finden „zur näheren Bestimmung des Begriffs der Pflegebedürftigkeit, des Inhalts der Pflegeleistung, der Unterkunft und Verpflegung und zur Abgrenzung, Höhe und Anpassung der Pflegegelder nach § 64 SGB XII" verschiedene Verordnungen, Richtlinien, Rahmenverträge, Bundesempfehlungen und Vereinbarungen entsprechende Anwendung, die jeweils auf der Grundlage von Vorschriften des SGB XI erlassen wurden. Hierdurch soll die Zugrundelegung gleicher Maßstäbe für die Feststellung von Pflegebedürftigkeit bei Leistungen nach dem SGB XI und dem SGB XII gewährleistet werden.[224] Da § 61 Abs. 6 SGB XII nicht nur Bezug nimmt auf die erhebliche Pflegebedürftigkeit im Sinne des § 61 Abs. 1 Satz 1 SGB XII, sondern vielmehr ganz generell auf Hilfe zur Pflege gem. § 61 Abs. 1 SGB XII, gelten die in Absatz 6 in Bezug genommenen Bestimmungen auch, soweit Ermittlungen zum erweiterten Pflegebedürftigkeitsbegriff des § 61 Abs. 1 Satz 2 SGB XII durchzuführen sind.[225]

166 Verwiesen wird zunächst auf die entsprechende Anwendung der Verordnung zu § 16 SGB XI, die bisher allerdings noch nicht erlassen worden ist. Ihr Inhalt wird derzeit durch die Richtlinien nach § 17 SGB XI abgedeckt, auf die ebenfalls verwiesen wird.[226] Sie finden zur näheren Bestimmung des Begriffs der Pflegebedürftigkeit entsprechende Anwendung, und zwar auch dann, wenn es sich um nicht in der Pflegeversicherung versicherte Personen handelt, für die der Träger der Sozialhilfe in eigener Verantwortung den Umfang der Pflegebedürftigkeit zu ermitteln hat. Nicht weiter führt der Verweis auf die Richtlinien nach § 17 SGB XI allerdings, soweit es um die Begutachtung von Pflegebedürftigkeit nach § 61 Abs. 1 Satz 2 SGB XII geht. Hierzu enthalten die Richtlinien keine Maßstäbe.

167 Die Gerichte sind an die Inhalte der in Bezug genommenen Richtlinien nach § 17 SGB XI nicht gebunden. Die Richtlinien unterliegen daher der vollen gerichtlichen Kontrolle dahingehend, ob sie sich mit dem Gesetz vereinbaren lassen. Rechtswirkungen im Außenverhältnis kann den Richtlinien nur über Art. 3 Abs. 1 GG zukommen, weil sich die Verwaltungspraxis an ihnen orientiert.[227]

---

[224] Ebenso *Lachwitz* in: Fichtner/Wenzel, § 61 Rn. 176; vgl. hierzu auch LSG Thüringen v. 28.03.13 - L 6 KR 955/09 - juris Rn. 26.

[225] So zu Recht *Lachwitz* in: Fichtner/Wenzel, § 63 Rn. 10; a.A. aber offenbar H. Schellhorn in: Schellhorn/Schellhorn/Hohm, SGB XII, § 63 Rn. 14, ohne allerdings eine Begründung für eine solche einschränkende Auslegung des § 61 Abs. 6 SGB XII zu geben.

[226] Es sind dies die Richtlinien der Spitzenverbände der Pflegekassen über die Abgrenzung der Merkmale der Pflegebedürftigkeit und der Pflegestufen sowie zum Verfahren der Feststellung der Pflegebedürftigkeit (Pflegebedürftigkeits-Richtlinien – PflRi) i.d.F. vom 11.05.2006, abgedruckt z.B. bei *Vollmer*, Pflegehandbuch 2 PVB 01; die Richtlinien der Spitzenverbände der Pflegekassen zur Begutachtung von Pflegebedürftigkeit nach dem SGB XI (Begutachtungs-Richtlinien – BRi) i.d.F. vom 08.06.2009, abrufbar z.B. beim Medizinischen Dienst der Spitzenverbände der Krankenkassen e.V. (MDS) unter http://www.mds-ev.org/3319.htm (abgerufen am 02.04.2014) sowie die Richtlinien der Spitzenverbände der Pflegekassen zur Anwendung der Härteregelung vom 03.07.1996, abgedruckt z.B. bei *Vollmer*, Pflegehandbuch 4 PVB 02.

[227] So schon das BSG zur Verbindlichkeit der von den Spitzenverbänden der Krankenkassen erlassenen Richtlinien zu §§ 53 ff. SGB V, vgl. z.B. BSG v. 19.02.1998 - B 3 P 7/97 R - SozR 3-3300 § 15 Nr. 1.

§ 61 Abs. 6 SGB XII verweist weiter auf die Verordnung zu § 30 SGB XI (Dynamisierung der Leistungen), die jedoch ebenfalls noch nicht erlassen wurde. 168

Schließlich wird auf die Rahmenverträge über die pflegerische Versorgung nach § 75 Abs. 1-5 SGB XI[228] und die Bundesempfehlungen zum Inhalt der Rahmenverträge nach § 75 Abs. 6 SGB XI[229] sowie auf die Vereinbarungen über die Qualitätssicherung nach § 80 SGB XI[230] verwiesen. Hiermit soll erreicht werden, dass für die Bestimmung der Pflegebedürftigkeit im Rahmen von SGB XI und SGB XII gleiche Maßstäbe verwendet werden. 169

C. Praxistipps

Anspruchsberechtigt für die Hilfe zur Pflege ist immer die pflegebedürftige Person – und zwar auch dann, wenn die Leistung einem Dritten (der Pflegeperson oder der besonderen Pflegekraft) zugutekommt.[231] 170

Zwar ist Leistungsvoraussetzung nicht, dass der Anspruchsberechtigte einen **Leistungsantrag** stellt; die Kenntnis des Sozialhilfeträgers um den bestehenden Bedarf löst auch in der Hilfe zur Pflege den Leistungsanspruch aus.[232] Jedoch ist in der Praxis anzuraten, so früh wie möglich einen entsprechenden Antrag zu stellen – und zwar insbesondere dann, wenn die Zuständigkeit zwischen zwei Leistungsträgern (etwa der Krankenversicherung nach Entlassung aus dem Krankenhaus einerseits sowie des Sozialhilfeträgers andererseits) zu klären ist. 171

Grundsätzlich stellt die Sozialhilfe und folglich auch die Hilfe zur Pflege keine rentengleiche Dauerleistung dar. Die einschränkungslose **Bewilligung** von Leistungen der Hilfe zur Pflege **ab einem bestimmten Zeitpunkt** ist jedoch ausgehend von dem objektivierten Empfängerhorizont als grundsätzlich unbeschränkte Leistungsbewilligung zu verstehen und folglich als Dauerverwaltungsakt zu qualifizieren.[233] Eine Aufhebung oder Änderung der Bewilligung kann daher nur nach Maßgabe der §§ 45, 48 SGB X erfolgen.[234] 172

Leistet der Sozialhilfeträger – z.B. in Fällen von Kompetenzstreitigkeiten – Hilfe zur Pflege zur einstweiligen Deckung eines unabweisbaren Bedarfs, ist er aber der Auffassung, dass z.B. Leistungen nach dem SGB XI in Betracht kommen, muss er den Leistungsbezieher zur Antragstellung bei der Pflegekasse veranlassen bzw. nach **§ 95 SGB XII die Antragstellung selbst betreiben** oder die Pflegekasse auf einen **Erstattungsanspruch nach § 104 SGB X** in Anspruch nehmen. 173

Grundsätzlich gilt auch für die Hilfe zur Pflege der Grundsatz des § 18 SGB XII, dass keine Hilfe für die Vergangenheit zu leisten ist. Eine **Nachzahlung von Pflegegeld** (§ 64 SGB XII) kommt aber dann in Betracht, wenn die unterbliebene Inanspruchnahme von Rechtsschutzmöglichkeiten auf fehlerhafter Beratung durch den Sozialhilfeträgers beruht.[235] 174

Die **Zuständigkeit für die Leistungen der Hilfe zur Pflege** liegt in der Hand des überörtlichen Trägers der Sozialhilfe (§ 97 Abs. 3 Nr. 2 SGB XII), soweit nach Landesrecht hierzu keine anderweitige Regelung getroffen ist. 175

---

[228] Abgedruckt z.B. bei *Vollmer*, Pflege-Handbuch, 1 PVL 01-16 PVL 01.
[229] Es sind dies die Gemeinsamen Empfehlungen der Spitzenverbände zum Inhalt der Rahmenverträge nach § 75 Abs. 1 SGB XI zur ambulanten pflegerischen Versorgung vom 02.02.1995, zum Inhalt der Rahmenverträge nach § 75 Abs. 1 SGB XI zur teilstationären Pflege vom 25.11.1996, zum Inhalt der Rahmenverträge nach § 75 Abs. 1 SGB XI zur Kurzzeitpflege vom 25.11.1996, zum Inhalt der Rahmenverträge nach § 75 Abs. 1 SGB XI zur vollstationären Pflege vom 25.11.1996; abgedruckt alle bei *Vollmer*, Pflege-Handbuch 7 PVB 03/1-03/4.
[230] Es sind dies die Gemeinsamen Grundsätze und Maßstäbe zur Qualitätssicherung einschließlich des Verfahrens zur Durchführung der Qualitätsprüfungen nach § 80 SGB XI in der ambulanten Pflege i.d.F. vom 31.05.1996, in der teilstationären Pflege i.d.F. vom 31.05.1996, in der Kurzzeitpflege i.d.F. vom 31.05.1996, in der vollstationären Pflege i.d.F. vom 31.10.1996; alle abgedruckt bei *Vollmer*, Pflege-Handbuch 7 PVB 04/1-04/4.
[231] Ebenso Lachwitz in: Fichtner/Wenzel, § 61 Rn. 19; einzige Ausnahme bildet der Anspruch auf Übernahme der Beratungskosten nach § 65 Abs. 1 Satz 2 Alt. 2 SGB XII.
[232] Vgl. BSG v. 02.02.2012 – B 8 SO 5/10 R – SozR 4-3500 § 62 Nr. 1; so auch die h.M., vgl. etwa *Krahmer/Sommer* in: LPK-SGB XII, § 61 Rn. 36; *Lachwitz* in: Fichtner/Wenzel, § 61 Rn. 20.
[233] Vgl. dazu auch das BSG v. 09.12.2008 - B 8/9b SO 12/07 R - juris Rn. 12.
[234] So das LSG Niedersachsen-Bremen v. 24.01.2006 – L 8 SO 83/05 ER – FEVS 58, 28, 29 f.
[235] So das OVG Münster v. 20.06.2001 – 12 A 3386/98 – FEVS 53, 84.

§ 62 SGB XII Bindung an die Entscheidung der Pflegekasse

(Fassung vom 27.12.2003, gültig ab 01.01.2005)

Die Entscheidung der Pflegekasse über das Ausmaß der Pflegebedürftigkeit nach dem Elften Buch ist auch der Entscheidung im Rahmen der Hilfe zur Pflege zu Grunde zu legen, soweit sie auf Tatsachen beruht, die bei beiden Entscheidungen zu berücksichtigen sind.

Gliederung

A. Basisinformationen 1	II. Normzweck 8
I. Textgeschichte/Gesetzgebungsmaterialien 1	III. Tatbestandsmerkmale 10
II. Vorgängervorschriften 2	1. Formell: Entscheidung der Pflegekasse 11
III. Systematische Zusammenhänge 3	2. Inhaltlich: Entscheidung über Ausmaß der
IV. Ausgewählte Literaturhinweise 4	Pflegebedürftigkeit 13
B. Auslegung der Norm 5	IV. Folgen fehlender Bindungswirkung 20
I. Regelungsgehalt und Bedeutung der Norm 5	**C. Praxistipps** 31

A. Basisinformationen

I. Textgeschichte/Gesetzgebungsmaterialien

1 Die Vorschrift ist nach Art. 1 des Gesetzes zur Einordnung des Sozialhilferechts in das Sozialgesetzbuch vom 27.12.2003[1] zum 01.01.2005 in Kraft getreten. Für die weitergehende Textgeschichte des § 62 SGB XII als Bestandteil des Regelungskomplexes der §§ 61 ff. SGB XII wird auf die Kommentierung zu § 61 SGB XII verwiesen.

II. Vorgängervorschriften

2 § 62 SGB XII entspricht wortgleich dem früheren § 68a BSHG, lediglich die Überschrift wurde geändert. Inhaltliche Abweichungen ergeben sich daraus jedoch nicht und sind durch den Gesetzgeber insoweit auch nicht beabsichtigt.[2]

III. Systematische Zusammenhänge

3 Da § 62 SGB XII die Träger der Sozialhilfe hinsichtlich des Ausmaßes der Pflegebedürftigkeit an die Entscheidung der Pflegekasse bindet, steht diese Vorschrift in engem Zusammenhang mit § 18 SGB XI, der das Verfahren zur Feststellung der Pflegebedürftigkeit nach dem SGB XI regelt, mit den Vorschriften zur Beurteilung der Pflegestufe des Pflegebedürftigen in der sozialen Pflegeversicherung (§§ 14, 15 SGB XI) sowie mit den einschlägigen Richtlinien nach § 17 SGB XI bzw. den Begutachtungsrichtlinien nach § 53a SGB XI (vgl. dazu auch die Kommentierung zu § 61 SGB XII Rn. 165).

IV. Ausgewählte Literaturhinweise

4 Kritisch zur Regelung des § 62 SGB XII *Krahmer*, Zu den Grenzen der Bindungswirkung nach § 62 SGB XII im Lichte der Offizialmaxime und des Bedarfsdeckungsprinzips – mit einem aktuellen Novellierungsvorschlag, ZFSH/SGB 2012, 147. Im Übrigen wird insoweit auf die Hinweise in der Kommentierung zu § 61 SGB XII Rn. 45 verwiesen.

B. Auslegung der Norm

I. Regelungsgehalt und Bedeutung der Norm

5 § 62 SGB XII betrifft diejenigen Fälle, in denen die Hilfe zur Pflege beantragende Person auch in einer Pflegekasse versichert ist. Er bindet sowohl den zuständigen Sozialhilfeträger als auch die Person, die Hilfe zur Pflege beansprucht, an die Entscheidung(en) der Pflegekasse über das Ausmaß der Pflegebedürftigkeit nach dem SGB XI. Die Anwendung dieser Vorschrift ist allerdings insoweit problematisch,

---

[1] BGBl I 2003, 3022.
[2] Laut Begründungsentwurf zu § 57 SGB XII, der später als § 62 SGB XII erlassen wurde, wollte der Gesetzgeber den § 68a BSHG inhaltsgleich ins SGB XII übertragen, vgl. BT-Drs. 15/1514, S. 63.

als in der Hilfe zur Pflege nach § 61 Abs. 1 Satz 2 SGB XII ein gegenüber dem SGB XI erweiterter Pflegebedürftigkeitsbegriff gilt (vgl. dazu die Kommentierung zu § 61 SGB XII Rn. 81 ff.). Daher besteht die Bindungswirkung nur in dem Ausmaß, in dem die Entscheidung der Pflegekasse auf Tatsachen beruht, die bei beiden Entscheidungen zu berücksichtigen sind.

Soweit die Bindungswirkung eintritt, enthebt sie den Sozialhilfeträger seiner grundsätzlich bestehenden Verpflichtung zur Amtsermittlung (§ 20 SGB X); stattdessen gibt sie ihm vor, die Entscheidung der Pflegekasse verbindlich zugrunde zu legen und keine eigenen Ermittlungen durchzuführen. 6

Von Bedeutung ist die Regelung des § 62 SGB XII im Wesentlichen bei Beanspruchung einer Zahlung von Pflegegeld nach § 64 SGB XII, da sich dessen Höhe nach der Pflegestufe richtet. Daneben wirkt sich die festgestellte Höhe auch auf den im Rahmen einer stationären Pflege an den Heimträger zu zahlenden Pflegesatz aus, da dieser ebenfalls von der Pflegestufe abhängt (vgl. § 75 Abs. 5 Satz 1 SGB XII). Soweit der Sozialhilfeträger aber die Leistungsvoraussetzungen nach § 65 SGB XII prüft, kann sich die Bindungswirkung des § 62 SGB XII nicht entfalten, da diese Vorschrift eine Bindungswirkung nur für Entscheidungen anordnet, die die Pflegeversicherung hinsichtlich der Frage trifft, ob Pflegebedürftigkeit im Sinne des SGB XI vorliegt und in welche Pflegestufe die pflegebedürftige Person einzuordnen ist.[3] 7

II. Normzweck

Die Regelung des § 62 SGB XII bezweckt zweierlei: Sie will eine Einheitlichkeit in der Entscheidung über das Ausmaß der Pflegebedürftigkeit durch die Pflegekasse und den Sozialhilfeträger erreichen. Für beide Rechtsbereiche, die wie wenige andere Bereiche des Sozialrechts ineinander greifen, soll ein möglichst **einheitlicher Begriff der Pflegebedürftigkeit** gelten (vgl. zu diesem Ziel auch schon die Kommentierung zu § 61 SGB XII Rn. 10 ff.). 8

Zum anderen hat die Vorschrift auch **verwaltungspraktische Bedeutung**. Sie will unnötige doppelte Verfahren zur Feststellung der Pflegebedürftigkeit vermeiden und zielt daher auf eine Verringerung der Verfahrenskosten sowie auf eine Vermeidung doppelter Belastungen der pflegebedürftigen Person durch unnötige Wiederholungsbegutachtungen ab. Insoweit kommt § 62 SGB XII auch der Vorgabe der generellen Vorschrift des § 96 SGB X nach. 9

III. Tatbestandsmerkmale

Die Bindungswirkung tritt ein bei Vorliegen einer **Entscheidung der Pflegekasse**, die das **Ausmaß der Pflegebedürftigkeit** betrifft. 10

1. Formell: Entscheidung der Pflegekasse

Der Sozialhilfeträger ist **der Form nach** nur an eine schon **vorliegende Entscheidung** der Pflegekasse gebunden. Der Abschluss der Untersuchungen durch den MDK nach § 18 SGB XI reicht nicht aus, vielmehr muss der pflegebedürftigen Person ein auf dem Gutachten des MDK beruhender **Verwaltungsakt (§ 31 SGB X)** der Pflegekasse gem. § 37 SGB X bekanntgegeben und dieser auch bestandskräftig geworden sein.[4] Ließe man nämlich eine Bindungswirkung der Einstufung der Pflegebedürftigkeit nach § 62 SGB XII bereits vor Bestands- bzw. Rechtskraft der Entscheidung der Pflegekasse zu, könnte bei Änderung dieser Einstufung im Widerspruchs- bzw. sozialgerichtlichen Verfahren eine Abweichung in der Einschätzung der Pflegebedürftigkeit zwischen Sozialhilfe- und Pflegeversicherungsträger entstehen, die erkennbar gerade verhindert werden soll.[5] Steht eine Entscheidung der Pflegekasse noch aus, ist eine Bindungswirkung nicht gegeben. Bei entsprechender Dringlichkeit hat der Sozialhilfeträger dann ggf. den Sachverhalt nach den §§ 20, 21 SGB X selbst zu ermitteln (vgl. dazu auch Rn. 20). 11

Entscheidungen der **privaten Pflegeversicherung** entfalten keine Bindungswirkung, denn private Pflegeversicherungen fallen nicht unter den Begriff der „Pflegekasse" im Sinne des § 62 SGB XII. 12

2. Inhaltlich: Entscheidung über Ausmaß der Pflegebedürftigkeit

Inhaltlich ist der Sozialhilfeträger an die Entscheidung der Pflegekasse über das Ausmaß der Pflegebedürftigkeit nach dem Elften Buch gebunden, soweit sie auf Tatsachen beruht, die bei beiden Entscheidungen zu berücksichtigen sind. Damit wird schon anhand des Wortlauts deutlich, dass § 62 13

---

[3] Ebenso *Lachwitz* in: Fichtner/Wenzel, § 65 Rn. 2.
[4] Ebenso z.B. *Kaiser* in: BeckOK SGB XII, Rn. 2.
[5] So zu Recht das OVG Niedersachen v. 03.11.1995 - 4 M 5190/95 - FEVS 46, 457, 460.

SGB XII keine bloße Tatbestandswirkung statuiert, sondern eine sog. **Feststellungswirkung**. Das BSG hat bereits in anderem Zusammenhang[6] grundlegend entschieden, dass es sich bei der Feststellungswirkung um ein Rechtsinstitut handelt, das die Rechtsordnung zur Verhütung eines ständigen Wiederaufgreifens rechtlich geklärter Lebenssachverhalte und zur Vermeidung divergierender Entscheidungen entwickelt hat.[7] Durch die Feststellungswirkung werden Gerichte und Verwaltungsbehörden gegenseitig und untereinander an Entscheidungselemente, an tatsächliche Feststellungen und rechtliche Wertungen in Urteilen und Verwaltungsakten gebunden.[8] Im Gegensatz zur sog Tatbestandswirkung, bei der eine Rechtsvorschrift an die Tatsache anknüpft, dass eine bestimmte Entscheidung, sei es Verwaltungsakt oder Urteil, ergangen ist,[9] zieht die Feststellungswirkung auch Sachverhaltsmerkmale und rechtliche Wertungen in die „Bindung" mit ein; durch sie wird die betroffene Behörde (oder das Gericht) daran gehindert, über einen Sachverhalt oder eine Rechtsfrage abweichend von dieser Feststellung zu entscheiden. Sie kann mithin auch über die Grenzen der materiellen Rechtskraft einer Entscheidung hinausgehen.[10] Dass § 62 SGB XII nicht eine bloße Tatbestandswirkung, sondern vielmehr eine darüber hinausgehende Feststellungswirkung anordnet, folgt schon daraus, dass der Wortlaut auch die der Entscheidung der Pflegekasse zugrunde liegenden Tatsachen ausdrücklich mit in Bezug nimmt. Auch der Gesetzeszweck, nämlich die Herstellung einer möglichst weitgehenden Einheitlichkeit in der Entscheidung über das Ausmaß der Pflegebedürftigkeit durch die Pflegekasse und den Sozialhilfeträger, spricht für diese Bedeutung des § 62 SGB XII.

14 Für den Umfang der Bindungswirkung des § 62 SGB XII bedeutet das, dass diese sich nicht nur auf die **Feststellung der Pflegebedürftigkeit** erstreckt, sondern vielmehr auch auf die **Einstufung in eine bestimmte Pflegestufe**. Bindend ist folglich auch der von der Pflegekasse zugrunde gelegte **zeitliche Mindestaufwand für den Einsatz einer Pflegeperson**.[11] Sonst stünde zwar die Pflegestufe fest, der Sozialhilfeträger müsste aber doch wieder den im Einzelnen zu berücksichtigenden Zeitaufwand für jeden Einzelfall neu ermitteln. Dabei kann es keinen Unterschied ausmachen, ob der jeweilige Zeitaufwand im Bescheid selbst festgehalten ist oder aber (nur) aus dem Gutachten des Medizinischen Dienstes hervorgeht, das diesem Bescheid zugrunde liegt. Zum einen hinge es anderenfalls letztlich von der jeweiligen Handhabung der Pflegekassen ab, wie weit die Bindungswirkung für den Sozialhilfeträger reicht; zum anderen ist es gerade das Wesen der Feststellungswirkung, dass diese über die Grenzen der materiellen Rechtskraft hinausgeht; auch insoweit sei nochmals darauf hingewiesen, dass § 62 SGB XII ausdrücklich die der Entscheidung „**zugrunde liegenden** Tatsachen" (nicht also bloß: die in der Entscheidung **festgestellten** Tatsachen) in Bezug nimmt.[12] In der Rechtsprechung zeichnet sich allerdings ein Streit über den Umfang der Bindungswirkung vom Inhalt des Gutachtens ab.[13]

15 Im hier vertretenen Sinne setzt die Bindungswirkung der Entscheidung über das Ausmaß der Pflegebedürftigkeit auch nicht voraus, dass es zu einer **positiven** Feststellung durch die Pflegekasse gekommen ist. Bezieht die Bindungswirkung nämlich auch die der Entscheidung zugrunde liegenden Tatsachen mit ein, so spielt keine Rolle, ob der Bescheid einen Anspruch des Pflegeversicherten feststellt oder nicht, solange die Entscheidung jeweils auf der Grundlage eines Pflegegutachtens mit entsprechenden Feststellungen zum Ausmaß der Pflegebedürftigkeit ergangen ist.[14]

---

[6] BSG v. 19.03.1998 - B 7 AL 86/96 R - SozR 3-4100 § 112 Nr. 29.
[7] Vgl. zur Feststellungswirkung z.B. *Knöpfle*, BayVBl 1982, 225 ff.; *Maurer*, Allgemeines Verwaltungsrecht, § 11 Rn. 8; *Kopp*, VwGO, § 121 Rn. 6.
[8] Vgl. BSG v. 19.03.1998 - B 7 AL 86/96 R - juris Rn. 21 - SozR 3-4100 § 112 Nr. 29.
[9] Vgl. hierzu *Kopp*, VwGO, § 121 Rn. 5.
[10] Vgl. BSG v. 19.03.1998 - B 7 AL 86/96 R - juris Rn. 21 - SozR 3-4100 § 112 Nr. 29.
[11] Ebenso *Lachwitz* in: Fichtner/Wenzel, § 62 Rn. 2; *Krahmer/Sommer* in: LPK-SGB XII, § 62 Rn. 5; a.A. jetzt aber das LSG Niedersachsen-Bremen v. 20.09.2009 - L 8 SO 177/09 B ER - juris Rn. 21, unter Verweis allerdings auf eine Entscheidung des BVerwG, der sich Entsprechendes nicht entnehmen lässt, sondern die lediglich klarstellt, dass sich keine Bindungswirkung für den Leistungsumfang ergibt.
[12] So ist im Übrigen wohl auch das OVG Niedersachen v. 03.11.1995 - 4 M 5190/95 - FEVS 46, 457, 460 zu verstehen, das von der Bindungswirkung der „Einstufung durch den Medizinischen Dienst des Pflegeversicherungsträgers" ausgeht.
[13] Wie hier das SG Hildesheim v. 24.03.2011 - S 34 SO 7/10; a.A. aber das LSG Niedersachsen-Bremen v. 30.04.2009 - L 8 SO 79/09 B ER und v. 29.09.2009 - L 8 SO 177/09 B ER.
[14] A.A. insoweit aber z.B. *Schellhorn* in: Schellhorn/Schellhorn/Hohm, § 62 Rn. 5.

Keine Bindungswirkung besteht aber dann, wenn und soweit die pflegebedürftige Person einen Bedarf geltend macht, der zwar in der Pflegeversicherung nicht zu berücksichtigen ist, für die Sozialhilfe aber (etwa als „andere Verrichtung" im Sinne von § 61 Abs. 1 Satz 2 SGB XII) relevant werden kann. Da sich hierzu dem Gutachten der Pflegeversicherung im Regelfall nicht entnehmen lassen wird, wie hoch der zeitliche Aufwand für die Durchführung der Pflege im Einzelnen ist, hat der Sozialhilfeträger insoweit trotz durch die Pflegekasse erfolgter Einstufung in eine Pflegestufe von Amts wegen zum zeitlichen Aufwand der erforderlichen Pflege zu ermitteln.[15] Er hat dann ausgehend von den Feststellungen der Pflegekasse, aber unter zusätzlicher Berücksichtigung der zusätzlichen, nur in der Sozialhilfe relevanten Tatsachen eine eigene Entscheidung über das Ausmaß der Pflegebedürftigkeit zu treffen.[16] Gleiches gilt für den Fall, dass die ablehnende Entscheidung der Pflegekasse aufgrund nicht erfüllter versicherungsrechtlicher Voraussetzungen ergangen ist. Dies folgt im Übrigen schon aus dem Wortlaut des § 62 SGB XII, demzufolge die Bindungswirkung des § 62 SGB XII nur eintritt, **soweit die Feststellung** der Pflegebedürftigkeit **auf Tatsachen beruht, die bei beiden Entscheidungen zu berücksichtigen sind**, d.h. sowohl im Rahmen der Einstufungsentscheidung nach dem SGB XI, als auch im Rahmen der Entscheidung über die Hilfe zur Pflege. Da der Sozialhilfeträger von einem solchen zusätzlichen Bedarf durch die Pflegekasse kaum erfahren wird, sollte die pflegebedürftige Person möglichst frühzeitig anzeigen, wo ggf. zusätzlicher Bedarf bestehen kann (vgl. dazu auch Rn. 31).

16

Aufgrund der klaren Wortwahl erstreckt sich die **Bindungswirkung nicht** auf den **Leistungsumfang**.[17] Da die Leistungen der sozialen Pflegeversicherung der Höhe nach begrenzt sind, hat der Sozialhilfeträger – ausgehend von den Feststellungen der Pflegekasse zum Ausmaß der Pflegebedürftigkeit – den tatsächlichen (überschießenden) Bedarf ggf. selbst festzustellen.[18]

17

Auch die richtige **Leistungsart** (ambulant, stationär oder teilstationär) ist von der Bindungswirkung nicht umfasst. Während in der sozialen Pflegeversicherung hier grundsätzlich ein Wahlrecht besteht (vgl. § 2 Abs. 2 SGB XI), bestimmt sich die Leistungsart für das Sozialhilferecht nach eigenen Maßstäben; hier gilt grundsätzlich der Vorrang der ambulanten Versorgung (vgl. dazu die Kommentierung zu § 63 SGB XII).

18

Entfällt der Versicherungsschutz des Pflegebedürftigen nach den §§ 20, 21 oder 25 SGB XI, und erfolgt keine Weiterversicherung nach § 26 SGB XI, so gilt die bis dahin vorgeschriebene Bindungswirkung des § 62 SGB XII nicht mehr.[19] Allerdings kann der Sozialhilfeträger sich nach wie vor an bereits vorliegenden Gutachten des MDK orientieren. Soweit er zudem auf der Grundlage dieser Gutachten bereits früher eine Leistungsbescheidung getroffen hatte, kommt eine abweichende Neubescheidung nur nach Maßgabe des § 48 SGB X in Betracht. Eine wesentliche Änderung im Sinne dieser Vorschrift ist dann aber nicht allein darin zu sehen, dass die Bindungswirkung des § 62 SGB XII entfällt.

19

IV. Folgen fehlender Bindungswirkung

Soweit die Bindungswirkung im Sinne des § 62 SGB XII nicht eintritt, hat der Sozialhilfeträger **von Amts wegen eigene Ermittlungen** durchzuführen (§§ 20, 21 SGB X). Dies kann z.B. durch Einschaltung des Gesundheitsamtes oder der sozialen Dienste des Trägers erfolgen. Der Sozialhilfeträger kann allerdings auch durch Auftrag unter Erstattung der Verwaltungskosten den MDK zu der Erstellung eines Gutachtens heranziehen.[20]

20

Prüft der Sozialhilfeträger in eigener Verantwortung Umfang und Ausmaß der Pflegebedürftigkeit, muss er über die Vorschrift des **§ 61 Abs. 6 SGB XII** dieselben **Pflegebedürftigkeits- und Begutachtungsrichtlinien** berücksichtigen, die auch für die Entscheidung der Pflegekasse maßgeblich sind (vgl. dazu i.E. die Kommentierung zu § 61 SGB XII Rn. 165). Dies gilt auch, soweit Ermittlungen zum erweiterten Pflegebedürftigkeitsbegriff des § 61 Abs. 1 Satz 2 SGB XII durchzuführen sind. Denn § 61 Abs. 6 SGB XII findet seinem Wortlaut nach Anwendung nicht nur für die erhebliche Pflegebedürftig-

21

---

[15] Vgl. *Lachwitz* in: Fichtner/Wenzel, § 62 Rn. 3.
[16] Vgl. *Krahmer/Sommer* in: LPK-SGB XII, § 62 Rn. 4; *Klie* in: Hauck/Noftz, § 62 Rn. 5.
[17] So ausdrücklich das OVG Niedersachsen v. 08.07.1997 - 4 M 2314/97 - FEVS 48, 158.
[18] VGH München v. 02.08.2002 - 12 CE 02.311 - FEVS 54, 405, 407; vgl. auch *Grube* in: Grube/Wahrendorf, § 62 Rn. 4.
[19] *Baur* in: Mergler/Zink, § 62 Rn. 4.
[20] Vgl. *Schellhorn* in: Schellhorn/Schellhorn/Hohm, § 62 Rn. 15.

§ 62

keit im Sinne des § 61 Abs. 1 Satz 1 SGB XII, sondern für den Anspruch auf Hilfe zur Pflege gem. § 61 Abs. 1 SGB XII im umfassenden Sinne.[21]

22 Auch bei einer vom Sozialhilfeträger durchgeführten Begutachtung zur Feststellung eines Hilfeanspruchs nach § 61 Abs. 1 Satz 2 SGB XII können allerdings bereits vorliegende Begutachtungsergebnisse des MDK genutzt werden, indem **Akteneinsicht** im Wege der Amtshilfe nach den §§ 3-7 SGB X beantragt wird.[22] Dies wird häufig deshalb sinnvoll sein, weil sich anhand eines solchen Gutachtens möglicherweise Hinweise für im Rahmen der Sozialhilfe zu berücksichtigende „andere Verrichtungen" ergeben können. Gründe des Datenschutzes dürften einer solchen Verfahrensweise nicht entgegenstehen (vgl. § 69 SGB X).[23]

23 Da die Bindungswirkung des § 62 SGB XII erst eintritt, wenn die Pflegekasse entschieden hat, d.h. ein bestandskräftiger Verwaltungsakt nach Maßgabe des § 31 SGB X vorliegt (vgl. dazu Rn. 11), muss der Sozialhilfeträger ggf. zunächst eine eigene Entscheidung treffen und – als nachrangiger Träger – erst einmal selbst leisten (vgl. allerdings dazu, wann diese Leistungsverpflichtung eintritt, die generellen Ausführungen zum Nachranggrundsatz in der Kommentierung zu § 61 SGB XII Rn. 39). Dabei kann er die Entscheidung der Pflegekasse durch einen eigenen Antrag nach **§ 95 SGB XII** beschleunigen. Nimmt er diese Möglichkeit wahr, hat der Sozialhilfeträger auch ein eigenes Klagerecht gegen die Pflegekasse.[24] Hat die Pflegekasse auf der Grundlage der von ihr selbst getroffenen Entscheidung aber für einen Zeitraum, für den der Träger der Sozialhilfe bereits Leistungen erbracht hat, nach entsprechendem Ausgang des Widerspruchs- oder Gerichtsverfahrens rückwirkend zu leisten, steht dem Sozialhilfeträger insoweit ein **Erstattungsanspruch nach den §§ 102 ff. SGB X** zu.[25]

24 Auch wenn sich dem Sozialhilfeträger Anhaltspunkte für eine Verschlimmerung der Leiden und einen entsprechend gestiegenen Pflegebedarf ergeben, die Pflegekasse jedoch trotz Verschlimmerungsantrags nicht umgehend neu entscheidet, hat der Sozialhilfeträger auf der Basis einer Wiederholungsbegutachtung (§ 18 Abs. 2 Satz 5 SGB XI) die Sachlage in eigener Zuständigkeit gem. §§ 20, 21 SGB X neu zu überprüfen und über den Leistungsumfang zu entscheiden. Auch insoweit kann er nach § 95 SGB XII auf eine Neueinstufung und -entscheidung der Pflegekasse oder durch Vorleistung mittelbar über die §§ 102 ff. SGB X auf die entsprechende vorrangige Leistungspflicht der Pflegekasse drängen.[26]

25 An eine dann ergehende Entscheidung des Sozialhilfeträgers über das Ausmaß der Pflegebedürftigkeit im Rahmen der Gewährung von Leistungen ist die **Pflegekasse nicht gebunden**, weil eine dem § 62 SGB XII entsprechende Regelung im SGB XI nicht existiert.[27] Die Pflegekasse kann daher eine von den Feststellungen des Sozialhilfeträgers abweichende Entscheidung treffen, an die dann aber der Sozialhilfeträger wiederum nach Maßgabe des § 62 SGB XII gebunden ist.[28]

26 Problematisch sind diejenigen Fälle, in denen ein **Verschlimmerungsantrag** der pflegebedürftigen Person von der Pflegekasse bearbeitet wurde, ohne dass diese Person zugleich den Sozialhilfeträger über eine solche Veränderung der gesundheitlichen und entsprechend pflegerischen Gegebenheiten informiert hat. Hierzu wurde streitig diskutiert, ob eine **rückwirkende Erhöhung der Pflegestufe durch die Pflegekasse** einen Anspruch des Pflegebedürftigen auf Nachbewilligung höherer Leistungen der Hilfe zur Pflege begründet.[29] Die bislang h.M. hat dies unter Verweis auf den Grundsatz der Kenntnisnahme gem. **§ 18 SGB XII** verneint. Grundsätzlich werde § 18 SGB XII durch § 62 SGB XII

---

[21] So zu Recht *Lachwitz* in: Fichtner/Wenzel, § 62, Rn. 10; a.A. aber offenbar *Schellhorn* in: Schellhorn/Schellhorn/Hohm, § 62 Rn. 14, ohne allerdings eine Begründung für eine solche einschränkende Auslegung des § 61 Abs. 6 SGB XII zu geben.

[22] Vgl. *Schellhorn* in: Schellhorn/Schellhorn/Hohm, § 62 Rn. 16; *Lachwitz* in: Fichtner/Wenzel, § 62 Rn. 3.

[23] Ebenso *Schellhorn* in: Schellhorn/Schellhorn/Hohm, § 62 Rn. 16.

[24] Vgl. *Schellhorn* in: Schellhorn/Schellhorn/Hohm, § 62 Rn. 11.

[25] Ebenso *Schellhorn* in: Schellhorn/Schellhorn/Hohm, § 62 Rn. 11; *Krahmer* in: LPK-SGB XII, § 62 Rn. 7.

[26] Vgl. *Krahmer/Sommer* in: LPK-SGB XII, § 62 Rn. 7; *Klie* in: Hauck/Noftz, § 62 Rn. 7.

[27] Vgl. hierzu auch BSG v. 26.11.1998 - 3 P 20/97 - NZS 1999, 343.

[28] *Lachwitz* in: Fichtner/Wenzel, § 62 Rn. 6.

[29] Verneinend das BVerwG v. 12.12.2002 - 5 C 62/01 - BVerwGE 117, 272; ebenso OVG Münster v. 05.12.2000 - 22 A 5487/99 - FEVS 52, 320 und OVG Niedersachsen vom 25.10.2001 - 12 LB 2908/01 - NdsRpfl 2002, 248 zur entsprechenden Rechtslage nach § 68a BSHG; zustimmend *Schellhorn* in: Schellhorn/Schellhorn/Hohm, § 62 Rn. 11; *Krahmer* in: LPK-SGB XII, § 62 Rn. 3; a.A. allerdings unter die Hinweis auf etwaige finanzielle Konsequenzen für den Pflegebedürftigen *von Renesse* in: Jahn/Jung, § 62 Rn. 7; *Lachwitz* in: Fichtner/Wenzel, § 62 Rn. 2.

nicht berührt. Die Regelungen des § 18 SGB XII und des § 62 SGB XII hätten eigenständige, unterschiedliche Zielsetzungen: Während § 62 SGB XII die Bindungswirkung bezüglich des Ausmaßes der Pflegebedürftigkeit und folglich entsprechender Feststellungen der Pflegekasse statuiere, bestimme § 18 SGB XII das Einsetzen der Sozialhilfe.[30] Zudem stelle § 62 HS. 2 SGB XII klar, dass die Bindungswirkung der Entscheidung der Pflegekasse nur gelten könne, soweit über gleiche Leistungsvoraussetzungen entschieden werde. Hierzu zähle aber eben auch die Kenntnis vom erhöhten Pflegebedarf gem. § 18 SGB XII.[31] Daher könne eine rückwirkende Erhöhung der Pflegestufe durch die Pflegekasse keinen Anspruch des Pflegebedürftigen auf Nachbewilligung höherer Leistungen der Hilfe zur Pflege begründen, solange der Träger der Sozialhilfe von dem erhöhten Pflegebedarf keine Kenntnis habe.[32]

Der argumentative Ansatzpunkt dieser Auffassung erscheint zwar grundsätzlich richtig. Anders als von der Gegenauffassung geltend gemacht, wird auch der Gesetzeszweck der Verwaltungsvereinfachung des § 62 SGB XII durch diese Interpretation nicht unterlaufen. Die Regelung will unnötige doppelte Verfahren zur Feststellung der Pflegebedürftigkeit vermeiden, nicht jedoch die Zuständigkeit zweier Träger und das daraus resultierende Erfordernis der Kontaktaufnahme und der Unterrichtung beider Träger von der tatsächlichen Situation unterbinden.[33] Jedoch geht die Argumentation letztlich an der eigentlichen Problemstellung in diesem Zusammenhang vorbei. Die entscheidende Frage ist nämlich diejenige nach dem richtigen Verständnis vom Grundsatz der Kenntnisnahme nach § 18 SGB XII. Das BSG hat insoweit entschieden, dass § 18 SGB XII zum Schutz des Hilfebedürftigen einen **niedrigschwelligen** Zugang zum Sozialhilfesystem sicherstellen will.[34] Daher sei es für die Annahme einer Kenntnis i.S.d. § 18 SGB XII ausreichend, dass die Notwendigkeit der Hilfe dargetan oder sonst wie erkennbar sei. Die weitere Sachverhaltsaufklärung obliege dann dem Sozialhilfeträger.[35] 27

Ausgehend davon hat das BSG in seinem vielbeachteten[36] Urteil vom 02.02.2012[37] völlig zutreffend entschieden, dass wegen der Bindungswirkung an die Feststellung der Pflegestufe II durch die Pflegekasse (§ 62 SGB XII) eine **höhere Leistung auch für die Zeit rückwirkender Bewilligung durch die Pflegekasse** nicht wegen fehlender Kenntnis der Beklagten gemäß § 18 SGB XII ausscheide. Der Sozialhilfeträger kenne das Bestehen von Pflegebedürftigkeit. Änderungen der Verhältnisse seien im Rahmen des § 48 Abs. 1 Satz 2 Nr. 1 SGB X ab dem Zeitpunkt der Veränderung Rechnung zu tragen, ohne dass der Sozialhilfeträger genaue (qualifizierte) Kenntnis von der erhöhten Pflegebedürftigkeit haben müsse. In einem laufenden Leistungsfall, bei dem Leistungen der Hilfe zur Pflege gewährt werden, habe der Sozialhilfeträger die erforderliche Kenntnis schon vor einer sich auf die Höhe der (laufenden) Leistung auswirkenden Änderung der Verhältnisse; die Sozialhilfe habe insoweit bereits i.S. von § 18 SGB XII „eingesetzt". Die Kenntnis setze die positive Kenntnis aller Tatsachen voraus, die den Leistungsträger in die Lage versetzten, die Leistung, hier Hilfe zur Pflege, zu erbringen. Da § 18 SGB XII zum Schutz des Hilfebedürftigen einen niedrigschwelligen Zugang zum Sozialhilfesystem si- 28

---

[30] So zu Recht *Schellhorn* in: Schellhorn/Schellhorn/Hohm, § 61 Rn. 11.
[31] So das BVerwG v. 12.12.2002 - 5 C 62/01 - BVerwGE 117, 272.
[32] So schon das BVerwG v. 12.12.2002 - 5 C 62/01 - BVerwGE 117, 272; ebenso OVG Münster v. 05.12.2000 - 22 A 5487/99 - FEVS 52, 320 und OVG Niedersachsen vom 25.10.2001 - 12 LB 2908/01 - NdsRpfl 2002, 248 zur entsprechenden Rechtslage nach § 68a BSHG; zustimmend *Schellhorn* in: Schellhorn/Schellhorn/Hohm, § 62 Rn. 11; *Krahmer* in: LPK-SGB XII, § 62 Rn. 3; a.A. allerdings unter die Hinweis auf etwaige finanzielle Konsequenzen für den Pflegebedürftigen *von Renesse* in: Jahn/Jung, § 62 Rn. 7; *Lachwitz* in: Fichtner/Wenzel, § 62 Rn. 2.
[33] So i.E. aber der Einwand etwa durch *von Renesse* in: Jahn/Jung, § 62 Rn. 7.
[34] Vgl. das BSG v. 28.08.2008 - B 8/9b SO 18/07 R - juris Rn. 23 - SozR 4-3500 § 18 Nr. 1, unter Verweis auf *Armborst* in: LPK-SGB XII, § 18 Rn. 4, und *Rothkegel*, Sozialhilferecht, 2005, Teil IV Kap 1 Rn. 4 (Hervorhebung durch Verf.).
[35] BSG v. 28.08.2008 - B 8/9b SO 18/07 R - juris Rn. 23 - SozR 4-3500 § 18 Nr. 1.
[36] Zustimmend z.B. *Rossbruch*, PflR 2012, 620; *Löcher*, SGb 2013, 298; kritisch z.B. *Krahmer*, ZFSH/SGB 2012, 147; abwägend *Frings/Philipp*, Sozialrecht aktuell 2012, 180.
[37] BSG v. 02.02.2012 - B 8 SO 5/10 R - SozR 4-3500 § 62 Nr. 1. Im dortigen Fall hatte der Sozialhilfeträger bereits Hilfe zur Pflege ausgehend von einem (durch die Pflegekasse festgestellten) Pflegebedarf der Pflegestufe I gewährt. Am 12.03.2008 stellte die Leistungsempfängerin bei der Pflegekasse einen Verschlimmerungsantrag; die Absicht davon hatte sie dem Sozialhilfeträger bereits am 10.03.2008 zur Kenntnis gebracht. Die Pflegekasse bewilligte Leistungen nach Pflegestufe II bereits rückwirkend ab 01.03.2008. Leistungsempfängerin und Sozialhilfeträger stritten nunmehr um höhere Hilfe zur Pflege für die Zeit vom 01. bis 09.03.2008, welche der Sozialhilfeträger unter Verweis auf fehlende Kenntnis von der Verschlimmerung ablehnte.

cherstellen wolle, sei es schon ausreichend (aber auch erforderlich), dass überhaupt die Notwendigkeit der Hilfe erkennbar sei, nicht aber in welchem Umfang die Hilfe geleistet werden müsse. Die Kenntnis von der Voraussetzung für die Leistung, die auch durch einen Antrag auf die Leistung vermittelt werde, beziehe sich deshalb nicht auf das jeweilige, ggf. sich ändernde Ausmaß der Pflegebedürftigkeit (und damit auf die Höhe der zu erbringenden Leistungen), sondern darauf, dass der erforderliche Pflegebedarf Leistungen der Sozialhilfe nach § 61 SGB XII erfordere.

29 Anders als in der Pflegepraxis häufig vorgenommen, lässt sich die Bedeutung dieser Entscheidung nicht auf den Bereich der stationären Pflege beschränken. Die dort getroffenen Aussagen gelten gleichermaßen für die ambulante Pflege – auch wenn dies faktisch rückwirkend zu hohen Kosten für den Sozialhilfeträger führt. Die rechtliche Argumentation des BSG ist nicht auf den Bereich der stationären Pflege zugespitzt, sondern setzt an einem generellen Verständnis von § 18 SGB XII im Bereich der Sozialhilfe – und entsprechend auch der häuslichen Pflege – an.[38]

30 Offengelassen hat das BSG in seiner Entscheidung vom 02.02.2012[39] allerdings, ob es in einer entsprechenden Fallkonstellation anderes annehmen wird, wenn der Verschlimmerungsantrag auf einer **gänzlich neuen Erkrankung** beruht. Hier wird man unterscheiden müssen: Die Kenntnis einer bestimmten Tatsache kann nicht die Kenntnis einer wesentlich anderen bedingen. Daher ist von der Kenntnis finanzieller Bedürftigkeit des Hilfesuchenden nicht auf die Kenntnis vom Vorliegen seiner Pflegebedürftigkeit zu schließen. Ist dem Sozialhilfeträger aber (auch) das grundsätzliche Bestehen von Pflegebedürftigkeit zur Kenntnis gebracht, so ist dann, wenn die Pflegebedürftigkeit auf einer fortschreitenden Erkrankung beruht, auch für den Fall der Fortschreitung der Erkrankung von Kenntnisnahme auszugehen – denn um die wesentliche Tatsache einer fortschreitenden Krankheit wusste der Sozialhilfeträger schon. Hier wird er daher auch rückwirkend Leistungen zu gewähren haben. Anders stellt sich die Situation aber wohl dar, wenn der erhöhte Pflegebedarf sich aufgrund einer völlig anderen, nicht zu erwartenden neuen Erkrankung ergibt (wenn also z.B. eine gehbehinderte Person unfallbedingt erblindet). Diese neue Erkrankung stellt eine wesentlich neue Tatsache dar, von der der Sozialhilfeträger nicht schon allein aufgrund der Kenntnis von der grundsätzlichen Pflegebedürftigkeit Kenntnis nehmen konnte. In einem solchen Fall kann die rückwirkende Erhöhung der Pflegestufe durch die Pflegekasse wegen § 18 SGB XII keinen Anspruch des Pflegebedürftigen auf Nachbewilligung höherer Leistungen der Hilfe zur Pflege begründen.

C. Praxistipps

31 Da der Grundsatz gem. § 18 SGB XII, dass keine Sozialhilfe für die Vergangenheit zu erbringen ist, durch § 62 SGB XII nicht berührt wird (vgl. dazu Rn. 27), sollte die pflegebedürftige Person nicht nur einen Leistungs- oder Verschlimmerungsantrag bei der Pflegekasse stellen, sondern möglichst frühzeitig auch **dem Sozialhilfeträger** einen bestehenden (neuen oder unerwartbar veränderten) **Pflegebedarf anzeigen**. Denn der Sozialhilfeträger ist erst ab Kenntnis der leistungsbegründenden Umstände zur Gewährung von Hilfe zur Pflege verpflichtet.

32 Zu einem **Rechtsstreit**, den der Versicherte gegen die Pflegekasse führt, ist der **Sozialhilfeträger nicht notwendig beizuladen**.[40] Er ist bereits materiell-rechtlich durch § 62 SGB XII, aber auch nur im dort aufgezeigten Umfang, an die Entscheidung der Pflegekasse gebunden. In dem Fall allerdings, dass der Sozialhilfeträger eine vom Pflegebedürftigen bei der Pflegekasse beantragte Leistungsgewährung gem. § 95 SGB XII auf sich übergeleitet hat, ist der Versicherte in einem Gerichtsverfahren gem. § 75 Abs. 2 SGG notwendig beizuladen.[41] Die von den gleichen Voraussetzungen abhängige Entscheidung über einen Anspruch auf Leistungen der Pflegekasse kann insoweit auch gegenüber dem Versicherten nur einheitlich ergehen.

---

[38] Dieser Auffassung ist auch *Löcher* in seiner Entscheidungsanmerkung (SGb 2013, 298 ff.), wenn er ausführt, der zur Begründung der rückwirkenden Leistungsverpflichtung herangezogene Gedanke lasse sich auf andere sozialhilferechtliche Bedarfslagen übertragen.

[39] BSG v. 02.02.2012 - B 8 SO 5/10 R - SozR 4-3500 § 62 Nr. 1.

[40] Vgl. das LSG Thüringen v. 24.09.1996 - L 3 P 187/96 - Breith 1997, 505, 507; in der Revisionsentscheidung gegen das thüringische Urteil wurde diese Frage durch das BSG nicht einmal problematisiert, vgl. BSG vom 24.06.1998 - B 3 P 1/97 R - SozR 3-3300 § 14 Nr. 4.

[41] Vgl. SG Dortmund vom 17.03.2000 - S 39 P 180/98 - Breithaupt 2000, 639 f.; ebenso *von Renesse* in: Jahn/Jung, § 62 Rn. 8; dem entspricht auch die Entscheidung des BSG v. 02.02.2010 - B 8 SO 17/08 R - juris Rn. 9, wonach bei Überleitung von Steuererstattungsansprüchen durch den Sozialhilfeträger der Träger der Finanzverwaltung notwendig beizuladen ist.

Verweigert die pflegebedürftige Person eine von der Pflegekasse angestrebte erneute Begutachtung durch den MDK, kommt sie also ihren **Mitwirkungspflichten** nicht nach, kann der Sozialhilfeträger seine Leistungen unter Hinweis auf die nur nachrangige Leistungsverpflichtung nach Maßgabe der **§§ 62, 66 Abs. 3 SGB I** kürzen oder einstellen.[42]

---

[42] Vgl. *Krahmer/Sommer* in: LPK-SGB XII, § 62 Rn. 9; *von Renesse* in: Jahn/Jung, § 62 Rn. 8.

§ 63 SGB XII Häusliche Pflege

(Fassung vom 20.12.2012, gültig ab 28.12.2012)

[1]Reicht im Fall des § 61 Abs. 1 häusliche Pflege aus, soll der Träger der Sozialhilfe darauf hinwirken, dass die Pflege einschließlich der hauswirtschaftlichen Versorgung durch Personen, die dem Pflegebedürftigen nahe stehen, oder als Nachbarschaftshilfe übernommen wird. [2]Das Nähere regeln die §§ 64 bis 66. [3]In einer stationären oder teilstationären Einrichtung erhalten Pflegebedürftige keine Leistungen zur häuslichen Pflege. [4]Satz 3 gilt nicht für vorübergehende Aufenthalte in einem Krankenhaus nach § 108 des Fünften Buches oder einer Vorsorge- oder Rehabilitationseinrichtung nach § 107 Absatz 2 des Fünften Buches, soweit Pflegebedürftige nach § 66 Absatz 4 Satz 2 ihre Pflege durch von ihnen beschäftigte besondere Pflegekräfte sicherstellen. [5]Die vorrangigen Leistungen des Pflegegeldes für selbst beschaffte Pflegehilfen nach den §§ 37 und 38 des Elften Buches sind anzurechnen. [6]§ 39 des Fünften Buches bleibt unberührt.

Gliederung

A. Basisinformationen 1	IV. Regelung des Satzes 2 22
I. Textgeschichte/Gesetzgebungsmaterialien 1	V. Regelung des Satzes 3 25
II. Vorgängervorschriften 4	VI. Inhalt der Sätze 4-6 30
III. Systematische Zusammenhänge 5	1. Satz 4 33
IV. Ausgewählte Literaturhinweise 11	a. Tatbestandsmerkmale 33
B. Auslegung der Norm 12	b. Rechtsfolgen 38
I. Regelungsgehalt und Bedeutung der Norm 12	2. Satz 5 39
II. Normzweck 14	3. Satz 6 41
III. Regelung des Satzes 1 17	**C. Praxistipps** 42

A. Basisinformationen

I. Textgeschichte/Gesetzgebungsmaterialien

1 § 63 SGB XII wurde durch Art. 1 des Gesetzes zur Einordnung des Sozialhilferechts in das Sozialgesetzbuch vom 27.12.2003 eingeführt[1] und ist zum 01.01.2005 in Kraft getreten. Zunächst enthielt die Vorschrift nur die Sätze 1-3. Für die weitergehende Textgeschichte dieser Regelungen als Bestandteil des Regelungskomplexes der §§ 61 ff. SGB XII wird auf die Kommentierung zu § 61 SGB XII verwiesen.

2 Durch das **Gesetz zur Regelung des Assistenzpflegebedarfs im Krankenhaus** vom 30.07.2009[2] (im Folgenden: AssPflRG) wurden die Sätze 4-6 angefügt, die zum 05.08.2009 in Kraft getreten sind. Die wesentlichen Gesetzesmaterialien zu diesem Änderungsgesetz finden sich in BT-Drs. 16/12855.

3 Schließlich ist Satz 4 der Vorschrift mit Wirkung vom 28.12.2012 ergänzt worden durch Art. 3 des **Gesetzes zur Regelung des Assistenzpflegebedarfs in stationären Vorsorge- oder Rehabilitationseinrichtungen** (AssPflStatRG) vom 20.12.2012.[3] Die wesentlichen Gesetzesmaterialien zu diesem Änderungsgesetz finden sich in BT-Drs. 17/10747 und BT-Drs. 17/10799.

II. Vorgängervorschriften

4 Mit Erlass des § 63 Sätze 1-3 SGB XII wurde der frühere § 69 BSHG im Wesentlichen unverändert (mit Ausnahme kleinerer sprachlicher Veränderungen) in das SGB XII übertragen. Die zum 05.08.2009 in Kraft getretenen Sätze 4-6 sind Neuregelungen; Vorgängervorschriften existieren insoweit nicht.

---

[1] BGBl I 2003, 3022.
[2] BGBl I 2009, 2495.
[3] BGBl I 2012, 2789.

III. Systematische Zusammenhänge

§ 63 Satz 1 SGB XII knüpft an **§ 61 Abs. 1 SGB XII** an, ohne zwischen dessen Satz 1 und Satz 2 zu differenzieren. In Bezug genommen wird daher durch § 63 SGB XII der erweiterte Pflegebedürftigkeitsbegriff des SGB XII. Im Übrigen gestaltet sich das **Verhältnis zu § 61 SGB XII** wie folgt: Während dort die verschiedenen Leistungen der Hilfe zur Pflege in einem generellen Sinne aufgezählt sind, ist **§ 63 SGB XII die Einstiegsvorschrift** zu den sozialhilferechtlichen Regelungen über eine der in § 61 SGB XII aufgezählten Pflegearten, nämlich der Hilfe zur häuslichen (= ambulanten) Pflege. Für die übrigen durch § 61 Abs. 2 Satz 1 SGB XII genannten Leistungsarten sieht das SGB XII keine eigenen Regelungen vor; § 61 Abs. 2 Satz 2 SGB XII verweist stattdessen auf die jeweiligen Regelungen des SGB XI. Demgegenüber enthalten die §§ 63-66 SGB XII eigene spezifisch sozialhilferechtliche Regelungen zu Leistungserbringung und Leistungsumfang der Pflege im häuslichen Bereich. Wird festgestellt, dass häusliche Pflege ausreichend ist, verweist § 63 Satz 2 SGB XII für die nähere Ausgestaltung nicht auf das SGB XI, sondern auf die **§§ 64-66 SGB XII**, die daher die Regelungen des SGB XI für die häusliche Pflege weitgehend verdrängen (vgl. zum insgesamt schwierigen Verhältnis der Vorschriften des SGB XI zu den §§ 63 ff. SGB XII ausführlich die Kommentierung zu § 61 SGB XII Rn. 100 ff.).

Der Vorrang der häuslichen Pflege gegenüber der stationären Versorgung ist bereits in **§ 13 Abs. 1 Satz 2 SGB XII** statuiert. § 63 Satz 1 SGB XII steht daher nach der ganz herrschenden Auffassung mit dieser Norm im Zusammenhang.[4] Damit aber gilt auch die in § 13 Abs. 1 Sätze 3 ff. SGB XII normierte Einschränkung des Vorrangs häuslicher Pflege bei unverhältnismäßigen Mehrkosten. Die gegenteilige Auffassung, der zufolge § 63 SGB XII die gegenüber § 13 SGB XII speziellere Regelung darstelle, nach § 63 SGB XII aber eine Einschränkung des Vorrangs häuslicher Pflege nicht ausdrücklich geregelt sei und eine solche daher in der Hilfe zur Pflege nicht gelte,[5] überzeugt nicht. Dass durch die §§ 63 ff. SGB XII der in § 13 Abs. 1 Sätze 3 ff. SGB XII statuierte und grundsätzlich für alle Leistungsarten des SGB XII „vor die Klammer gezogene" Kostenvergleich abberufen sein soll, lässt sich den §§ 63 ff. SGB XII nicht entnehmen. Vielmehr ergibt sich auch aus § 63 Satz 1 SGB XII das Erfordernis, die entstehenden Kosten soweit wie möglich zu reduzieren, indem dort ein Vorrang privater vor professioneller Hilfe formuliert wird. Mit dem Regelwerk der §§ 63 ff. SGB XII ist daher nicht unvereinbar, den Grundsatz der häuslichen Pflege unter den Kostenvorbehalt des § 13 Abs. 1 Sätze 3 ff. SGB XII zu stellen.

Der in § 63 Satz 1 SGB XII normierte Grundsatz der Vorrangigkeit häuslicher Pflege vor stationärer Pflege wird also nach Maßgabe des § 13 Abs. 1 Sätze 3 ff. SGB XII eingeschränkt. Er gilt danach nicht, wenn eine Leistung für eine **geeignete stationäre Einrichtung** zumutbar und eine ambulante Leistung mit **unverhältnismäßigen Mehrkosten** verbunden ist (§ 13 Abs. 1 Satz 3 SGB XII); in diesem Fall muss der Hilfeempfänger auch mit einer vollstationären Pflege einverstanden sein.[6] Allerdings stellt § 13 Abs. 1 Sätze 4-6 SGB XII klar, dass zunächst die Zumutbarkeit einer stationären Leistung zu prüfen und bei festgestellter Unzumutbarkeit ein Kostenvergleich nicht mehr vorzunehmen ist. Zudem muss die stationäre Einrichtung überhaupt im Einzelfall geeignet sein, bevor sie als zumutbar in Betracht gezogen werden kann.[7]

Zeitgleich mit der Einführung von § 63 Sätze 4-6 SGB XII wurde auch **§ 34 Abs. 2 Satz 2 SGB XI** geändert. Nach der dortigen Regelung erhielten bisher in der sozialen Pflegeversicherung versicherte Pflegebedürftige bei Antritt eines Akutaufenthalts in einem Krankenhaus stets nur für maximal vier Wochen eine Fortzahlung von Pflegegeld aus der gesetzlichen Pflegeversicherung. Diese Beschränkung ist durch Anfügung eines 2. Halbsatzes aufgehoben worden für versicherte Personen, die ihren bestehenden Bedarf aufstockend durch Leistungen der Hilfe zur Pflege decken und dabei insoweit die

---

[4] Vgl. z.B. *Schellhorn* in: Schellhorn/Schellhorn/Hohm, § 63 Rn. 24; *Frieser* in: Linhart/Adolph, § 63 Rn. 4; *Grube* in: Grube/Wahrendorf, § 63 Rn. 3; *Krahmer/Sommer* in: LPK-SGB XII, § 63 Rn. 3.

[5] So *Lachwitz* in: Fichtner/Wenzel, § 63 Rn. 2.

[6] So die ganz herrschende Rechtsprechung, vgl. etwa LSG Baden-Württemberg vom 10.03.2008 - L 2 SO 6048/07 ER - juris Rn. 20; LSG Hamburg v. 14.02.2006 - L 4 B 406/05 SO ER - juris Rn. 6 ff. - FEVS 58, 174, 176 ff.; LSG Niedersachsen-Bremen v. 07.06.2007 - L 8 SO 118/07 ER; SG Darmstadt v. 30.03.2009 - S 17 SO 18/09 ER - juris Rn. 25 ff.; SG Hamburg v. 13.12.2007 - S 50 SO 584/05 - juris Rn. 31; SG Hamburg v. 15.12.2005 - S 50 SO 583/05 ER - juris Rn. 29; SG Lüneburg v. 04.10.2007 - S 22 SO 298/05 - juris Rn. 28; SG Oldenburg v. 15.06.2007 - S 2 SO 24/07 ER - juris Rn. 1 / ff.

[7] Vgl. SG Hamburg vom 15.12.2005 - S 50 SO 583/05 - juris Rn. 29. Vgl. i.E. dazu die Kommentierung zu § 13 SGB XII.

Pflege durch bei ihnen beschäftigte besondere Pflegekräfte nach Maßgabe des sog. Arbeitgebermodells im Sinne von § 66 Abs. 4 Satz 2 SGB XII in Anspruch nehmen. An diese Pflegebedürftigen wird nach dem neuen § 34 Abs. 2 Satz 2 HS. 2 SGB XI das Pflegegeld aus der sozialen Pflegeversicherung nunmehr auch über die ersten vier Wochen hinaus weiter bezahlt. Mit Blick auf diese neue Fortzahlungsregelung findet sich in § 63 Satz 5 SGB XII hierzu auch eine neue Anrechnungsregelung.

9 Durch Art. 2 Nr. 1 AssPflStatG wurde mit Wirkung vom 28.12.2012 entsprechend auch § 34 Abs. 2 Satz 2 SGB XI geändert und auf stationäre Einrichtungen nach § 107 SGB V ausgedehnt (vgl. Rn. 3). Versicherten Personen, die ihren bestehenden Bedarf aufstockend durch Leistungen der Hilfe zur Pflege decken und dabei insoweit die Pflege durch bei ihnen beschäftigte besondere Pflegekräfte nach Maßgabe des sog. Arbeitgebermodells im Sinne von § 66 Abs. 4 Satz 2 SGB XII in Anspruch nehmen, wird auch während eines Aufenthalts in einer solchen Einrichtung das Pflegegeld aus der sozialen Pflegeversicherung nunmehr über die ersten vier Wochen hinaus weiter bezahlt.

10 Die Sätze 4-6 des § 63 SGB XII stehen schließlich auch im Zusammenhang mit der Regelung des § 11 Abs. 3 SGB V in der neuen Fassung vom 30.07.2009, die bei stationärer Krankenhausbehandlung nunmehr auch die Mitaufnahme von Pflegekräften für Versicherte mit einem besonderen pflegerischen Bedarf vorsieht.

IV. Ausgewählte Literaturhinweise

11 *Schumacher*, Gesetz zur Regelung des Assistenzpflegebedarfs im Krankenhaus beschlossen, RdLH 2009, 102 f.; im Übrigen wird auf die Kommentierung zu § 61 SGB XII Rn. 45 verwiesen.

B. Auslegung der Norm

I. Regelungsgehalt und Bedeutung der Norm

12 § 63 SGB XII spricht in seinem **Satz 1** den Grundsatz des Vorrangs häuslicher Pflege vor (teil-)stationärer Pflege aus, soweit erstere im konkreten Einzelfall ausreicht. Ist dies der Fall, enthält die Vorschrift weiter für die häusliche Pflege den Grundsatz des Vorrangs der Betreuung durch nahe stehende Personen vor der Betreuung durch Berufspflegekräfte. § 63 **Satz 2** SGB XII verdeutlicht die Einweisungsfunktion des § 63 SGB XII: Wird festgestellt, dass häusliche Pflege genügt, wird zur näheren Ausgestaltung des Leistungsverhältnisses auf die §§ 64-66 SGB XII verwiesen. § 63 **Satz 3** SGB XII stellt klar, dass Hilfe zur häuslichen Pflege dann nicht in Betracht kommt, wenn und solange sich die pflegebedürftige Person in einer teil- oder vollstationären Einrichtung aufhält. Dies gilt grundsätzlich auch dann, wenn der stationäre Aufenthalt in einem Krankenhaus im Sinne des § 108 SGB V zur Durchführung einer Akutbehandlung stattfindet. Von diesem Grundsatz machen die zum 05.08.2009 neu eingefügten **Sätze 4-6** des § 63 SGB XII nunmehr eine Ausnahme für Pflegebedürftige mit einem hohen Pflegebedarf, die ihre Pflege als ambulante Pflege durch von ihnen beschäftigte besondere Pflegekräfte nach Maßgabe des § 66 Abs. 4 Satz 2 SGB XII sicherstellen: Im Falle der Akutbehandlung in einem Krankenhaus kann eine solche Person die Weiterleistung der Hilfe zur häuslichen Pflege verlangen und so das Beschäftigungsverhältnis mit den besonderen Pflegekräften auch für die Dauer des Krankenhausaufenthaltes aufrechterhalten und in Anspruch nehmen. Dabei wird gezahltes Pflegegeld aus der sozialen Pflegeversicherung angerechnet (§ 63 Satz 5 SGB XII). Nach § 63 Satz 6 SGB XII sind Behandlungsleistungen des Krankenhauses gem. § 39 SGB V unverändert als Leistungen der gesetzlichen Krankenversicherung bzw. nach Maßgabe des § 264 SGB V oder der §§ 47 ff. SGB XII zu gewähren.

13 Seit Inkrafttreten des AssPflStatG zum 28.12.2012 gilt die Regelung des Satzes 4 nicht nur bezogen auf Aufenthalte in Akutkrankenhäusern, sondern auch für Pflegebedürftige während Zeiten eines Aufenthalts in stationären Vorsorge- und Rehabilitationseinrichtungen gem. § 107 SGB V.

II. Normzweck

14 § 63 Satz 1 SGB XII will den Sozialhilfeträger verpflichten, möglichst auf häusliche Pflege durch Personen hinzuwirken, die der pflegebedürftigen Person nahe stehen. Die Norm wird damit einerseits dem Umstand gerecht, dass die pflegebedürftige Person in der Regel die häusliche Pflege den anderen Leistungsarten vorziehen wird, weil sie das Verbleiben in der gewohnten Umgebung ermöglicht.[8] Anderer-

---

[8] *Frieser* in: Linhart/Adolph, § 63 Rn. 2.

seits dient § 63 SGB XII auch der Kostenersparnis, weil zunächst die nähere Umgebung in die Pflege eingebunden werden soll, bevor auf kostenintensive professionelle Kräfte ausgewichen wird.

§ 63 Satz 3 SGB XII will ausschließen, dass Leistungen der ambulanten und der stationären Pflege zugleich erbracht werden.[9] Hiervon machen nunmehr jedoch § 63 Sätze 4-6 SGB XII für bestimmte Fälle eines Akutaufenthalts in einem Krankenhaus im Sinne des § 108 SGB V eine Ausnahme. Die Neuregelungen wollen sicherstellen, dass Pflegebedürftige mit einem hohen Pflegebedarf, die ihre Pflege durch von ihnen beschäftigte besondere Pflegekräfte nach Maßgabe des § 66 Abs. 4 Satz 2 SGB XII sicherstellen, Leistungen der Hilfe zur Pflege künftig auch während eines solchen Akutaufenthalts in einem Krankenhaus erhalten.[10] Die betreffenden Personen sollen nicht auf das für schwierige Pflegefälle oftmals nicht hinreichend geschulte Krankenhauspersonal verwiesen werden. Vielmehr sollen sie die von ihnen beschäftigten besonderen Pflegekräfte auch bei stationärer Behandlung weiterbeschäftigen können.[11] Insoweit werden allerdings Leistungen der Pflegeversicherung angerechnet. 15

Durch das AssPflStatG wurde der Anwendungsbereich der Ausnahmevorschrift des Satzes 4 erweitert. Der Assistenzpflegeanspruch ist nunmehr für den leistungsberechtigten Personenkreis auf stationäre Vorsorge- und Rehabilitationseinrichtungen ausgeweitet. Hierdurch sollte eine Lücke geschlossen werden, die seit Einführung des Assistenzpflegeanspruchs in Erscheinung getreten war: Die Praxis nach Inkrafttreten des Gesetzes zur Regelung des Assistenzpflegebedarfs im Krankenhaus[12] habe gezeigt, dass die besondere pflegerische Versorgung der Pflegebedürftigen, die ihre Pflege durch von ihnen beschäftigte besondere Pflegepersonen sicherstellten, auch während eines Aufenthalts in stationären Vorsorge- und Rehabilitationseinrichtungen nicht ausreichend sichergestellt sei.[13] Die betroffenen Personen erhalten durch die Änderung des Satzes 4 daher den Anspruch, auch während eines Aufenthalts in stationären Vorsorge- und Rehabilitationseinrichtungen Leistungen der Hilfe zur Pflege zur Aufrechterhaltung ihrer besonderen pflegerischen Versorgung zu beziehen. Auch diese Personen sollen nicht auf das für schwierige Pflegefälle oftmals nicht hinreichend geschulte Personal der Einrichtungen nach § 107 SGB V verwiesen werden, sondern die von ihnen beschäftigten besonderen Pflegekräfte auch bei stationärer Behandlung weiterbeschäftigen können. 16

III. Regelung des Satzes 1

§ 63 Satz 1 SGB XII sieht den **grundsätzlichen Vorrang häuslicher Pflege** gegenüber (teil-)stationärer Pflege vor für die Fälle, in denen **häusliche Pflege ausreicht**. Der Leistungsträger ist gehalten, Maßnahmen der ambulanten Pflege möglichst weitgehend zu fördern. Ob häusliche Pflege ausreicht, ist als Tatsachenfrage stets anhand der konkreten Umstände des Einzelfalles zu beurteilen, wobei insoweit insbesondere der gesundheitliche Zustand der Hilfe suchenden Person und die zur Verfügung stehenden Pflegekräfte eine Rolle spielen. Beides ist im Verhältnis zueinander zu sehen. Allein das Ausmaß der Pflegebedürftigkeit ist daher nicht ausschlaggebend. Weder muss eine schwerstpflegebedürftige Person zwangsläufig einer stationären Betreuung zugewiesen werden, noch ist in jedem Falle leichterer Pflegebedürftigkeit das Erfordernis stationärer Betreuung ohne Weiteres zu verneinen. Auch für eine Person der Pflegestufe I kann daher die Möglichkeit ambulanter Pflege verneint werden, wenn sich geeignetes Pflegepersonal nicht finden lässt, die Wohnverhältnisse der betreffenden Person ambulante Pflege nicht ermöglichen oder aber Eigen- oder Fremdgefährdung eine stationäre Betreuung erforderlich machen. Umgekehrt allerdings sehen die Pflegerichtlinien vor, dass im Falle von Schwerstpflegebedürftigkeit eine gewünschte stationäre Pflege als erforderlich unterstellt werden kann.[14] 17

Das LSG Baden-Württemberg hat sogar – im Rahmen eines Eilverfahrens – bei Vorliegen von Pflegebedarf nach Pflegestufe Null Anspruch auf stationäre Pflege für möglich erachtet.[15] Es hat dabei – völlig zutreffend und unter Heranziehung von Maßstäben der früheren sozialhilferechtlichen Rechtspre- 18

---

[9] Vgl. *Krahmer/Sommer* in: LPK-SGB XII, § 63 Rn. 6.
[10] Vgl. BT-Drs. 16/12855, S. 8 f.
[11] BT-Drs. 16/12855, S. 8 f.
[12] BGBl I 2012, 2789.
[13] BT-Drs. 17/10747, S. 7.
[14] Vgl. die Pflegebedürftigkeits-Richtlinie – PflRi 4.4.; vgl. dazu die Kommentierung zu § 61 SGB XII Rn. 165.
[15] LSG Baden-Württemberg v. 26.07.2012 - L 7 SO 4596/11 ER B; die Entscheidung erfolgte im Ergebnis allerdings auf der Grundlage einer Folgenabwägung, da die Interessenlage im dortigen Eilverfahren nicht vollständig geklärt werden konnte.

chung der Verwaltungsgerichtsbarkeit – eine umfassende Prüfung der individuellen Besonderheiten nicht nur anhand vorhandener gesundheitlicher Einschränkungen vorgenommen, sondern unter Verweis auf § 13 Abs. 1 Sätze 4 und 5 SGB XII auch anhand von Zumutbarkeitserwägungen unter Berücksichtigung der konkreten Gesamtsituation (dort: Umzug der pflegebedürftigen Person in das Seniorenwohnheim mit angeschlossener Pflegeabteilung bereits vor mehreren Jahren). In diese Erwägungen hat das Gericht die persönlichen, familiären und örtlichen Umstände, das hohe Alter der betreffenden Person, die lange Dauer des Aufenthalts im Heim, die Intensität und das Ausmaß der Integration in die Einrichtung sowie die Gefahr einer ernsthaften Verschlechterung der psychischen Verfassung als Folge des Wechsels der Einrichtung und eines Wechsels des persönlichen Umfelds einbezogen.

19 **Reicht häusliche Pflege aus**, soll der Sozialhilfeträger „darauf hinwirken", dass die erforderliche Pflege durch dem Pflegebedürftigen nahestehende Personen oder im Wege der Nachbarschaftshilfe übernommen wird. § 63 Satz 1 SGB XII will daher zunächst die Hilfe von **ehrenamtlichen Personen** mobilisieren, bevor Pflege durch fremde Personen (§ 61 Abs. 1 Satz 2 SGB XII) in Betracht kommt. Mit der gewählten Formulierung des „darauf Hinwirkens" hält das Gesetz den Sozialhilfeträger zu einer entsprechenden Beratung und Aufklärung der pflegebedürftigen Person oder ihres Vertreters an.[16] Ggf. sind auch Erkundigungen über das Umfeld der betreffenden Person einzuholen, die dem Sozialhilfeträger einen Überblick über die im privaten Bereich vorhandenen pflegerischen Ressourcen ermöglichen. Es ist nämlich zu berücksichtigen, dass § 63 Satz 1 SGB XII eine vorrangige Verpflichtung des Sozialhilfeträgers enthält, in Fallgestaltungen, in denen die (einfache) häusliche Pflege nach den Umständen des Einzelfalls ausreicht, (zunächst) selbst im Sinne einer Dienstleistung darauf hinzuwirken, dass eine unentgeltliche Pflege tatsächlich durchgeführt werden kann. Der Träger der Sozialhilfe soll also Maßnahmen der ambulanten Pflege nach Kräften fördern und Möglichkeiten häuslicher sowie ambulanter Pflege und Betreuung im Interesse des zu Pflegenden schaffen bzw. erhalten.[17]

20 Unter die Gruppe der **nahestehenden Personen** sind der Ehegatte sowie nahe verwandte und verschwägerte Personen (wie (Schwieger-)Kinder, (Schwieger-)Eltern, Neffen, Nichten etc.) zu fassen, aber auch derjenige, mit dem eine Person in eheähnlicher Gemeinschaft zusammenlebt, sowie enge Freunde.[18] Nach dem Wortlaut des Gesetzes ist die **tatsächliche Nähe zu der hilfebedürftigen Person** entscheidend.[19] Demgegenüber meint die **nachbarschaftliche Hilfe** Personen aus dem räumlich nahen Umfeld der zu pflegenden Person.

21 Die **materielle Beweislast** für das Vorhandensein ehrenamtlicher Pflegekräfte liegt beim Sozialhilfeträger, wobei die Hilfe suchende Person sphärenbedingt nach den §§ 60 ff. SGB I Mitwirkungspflichten treffen – mit der Folge, dass bei fehlender Mithilfe Leistungen nach Maßgabe der §§ 60 ff. SGB I zu versagen sind, während sie sonst im Zweifel durch den Sozialhilfeträger gewährt werden müssen.

IV. Regelung des Satzes 2

22 Aus § 63 Satz 2 SGB XII ergibt sich, dass bei der konkreten Ausgestaltung der Hilfe zur Pflege nicht vorrangig auf § 36 SGB XI abzustellen ist, auf den § 61 Abs. 2 Satz 2 SGB XII verweist, sondern auf die §§ 64-66 SGB XII (vgl. dazu genauer die Kommentierung zu § 61 SGB XII Rn. 100 ff.). Durch die Verwendung der Formulierung „das Nähere regelt" schließt § 63 Satz 2 SGB XII unmittelbar an Satz 1 der Vorschrift an. Der Sozialhilfeträger muss also bei der Anwendung der §§ 64-66 SGB XII darauf achten, dass die pflegebedürftige Person auch tatsächlich zum Verbleib in der häuslichen Umgebung in die Lage versetzt wird, soweit häusliche Pflege ausreicht und nicht mit unverhältnismäßigen Mehrkosten (vgl. dazu Rn. 6) verbunden ist.

23 Aufgrund des Verweises auf § 65 Abs. 1 Satz 2 SGB XII ist aber auch die Pflege durch eine **professionelle Pflegekraft** (§ 65 Abs. 1 Satz 2 SGB XII) möglich. Nahestehende Personen wie Nachbarn können nämlich nicht gezwungen werden, pflegerische Aufgaben zu übernehmen. Auch eine familienrechtliche Verpflichtung zur Übernahme von Pflegeleistungen existiert nicht. Findet sich also im konkreten Fall keine zur Pflege bereite Person aus dem privaten Umfeld der pflegebedürftigen Person, kommt nach § 65 Abs. 1 Satz 2 SGB XII die Kostenübernahme für professionelle Pflegekräfte in Betracht (vgl. dazu i.E. die Kommentierung zu § 65 SGB XII Rn. 32). Findet sich dagegen eine zur Pflege bereite Person aus dem privaten Umfeld, so hat das BSG ausdrücklich klargestellt, dass auf diese zu-

---

[16] *Lachwitz* in: Fichtner/Wenzel, § 63 Rn. 3.
[17] So ausdrücklich das BSG v. 26.08.2008 - B 8/9b SO 18/07 R - juris Rn. 19 - SozR 4-3500 § 18 Nr. 1.
[18] Ebenso *Schellhorn* in: Schellhorn/Schellhorn/Hohm, § 63 Rn. 6.
[19] *Lachwitz* in: Fichtner/Wenzel, § 63 Rn. 3; *von Renesse* in: Jahn/Jung, § 63 Rn. 8.

rückzugreifen ist, auch wenn sie nur gegen Bezahlung zur Pflege bereit ist, soweit die Bezahlung die Kosten einer professionellen Pflegekraft nicht übersteigt. Die Bezahlung ist dann als Beihilfe nach § 65 Abs. 1 Satz 1 SGB XII zu übernehmen.[20]

Kritisch ist daher die Entscheidung des LSG Sachsen-Anhalt[21] im einstweiligen Rechtsschutz zu sehen, mit welcher Leistungen der ambulanten Pflege vorläufig abgelehnt wurden. Es hat insoweit ausgeführt, lebe vom Antragsteller 550 m entfernt dessen arbeitslose Tochter, deren zwei Kinder vormittags in Schule und Kindergarten betreut würden, stehe eine nahe Angehörige i.S.v. § 63 Abs. 1 Satz 1 SGB XII zur Übernahme der hauswirtschaftlichen Versorgung im Umfang eines einmal wöchentlich anfallenden Einkaufs und einer zweimal wöchentlich anfallenden Wohnungsreinigung zur Abdeckung eines täglichen Bedarfs von 13 Minuten bei einer anerkannten Pflegestufe 0 zur Verfügung. Ausführungen dazu, ob bei der Tochter auch tatsächlich Bereitschaft bestehe, finden sich nicht; diese wird – im Rahmen des einstweiligen Rechtsschutzes – unterstellt. 24

V. Regelung des Satzes 3

§ 63 Satz 3 SGB XII bestimmt, dass pflegebedürftige Personen in Anstalten, Heimen oder gleichartigen Einrichtungen zur stationären oder teilstationären Betreuung keine Hilfe zur häuslichen Pflege erhalten können. Denn grundsätzlich umfasst die Betreuung in einer Einrichtung sämtliche Hilfen, die die pflegebedürftige Person benötigt. Dies muss der entsprechende Pflegesatz der Einrichtung (nach dem SGB XI bzw. als Leistungsvergütung nach dem SGB XII) berücksichtigen. An Pflegebedürftige in stationärer Betreuung wird dementsprechend kein Pflegegeld geleistet.[22] 25

Maßgeblich ist allerdings, ob eine (teil-)stationäre Einrichtung im Sinne von **§ 13 Abs. 2 SGB XII** vorliegt. Die Regelung des § 63 Satz 3 SGB XII schließt damit nicht aus, dass in **Anstalten ohne Einrichtungscharakter** im Sinne des § 13 Abs. 2 SGB XII Leistungen der häuslichen Pflege erbracht werden, wenn der Aufenthalt des Pflegebedürftigen vom Zweck her auf die Begründung eines eigenen Haushalts abzielt und die Pflege nicht Leistungsbestandteil der stationären Betreuung ist. Dies kann z.B. in einer **Einrichtung des betreuten Wohnens** oder aber in **Altenwohnheimen** der Fall sein.[23] Der Gesetzgeber wollte vor allem verhindern, dass pflegebedürftige Menschen in stationären Einrichtungen sowohl stationär als auch ambulant Leistungen der Pflegeversicherung und ggf. ergänzend vom Sozialhilfeträger erhalten.[24] Solange und soweit dies jedoch nicht der Fall ist, ist durch Satz 3 also die Gewährung häuslicher Pflege nicht ausgeschlossen. Das gesetzgeberische Ziel war es nicht, neue Wohnformen gerade für ältere Menschen zu behindern. Dies gilt selbst dann, wenn die Wohnheime oder Wohngruppen dem Heimgesetz unterfallen.[25] 26

Der Ausschluss der häuslichen Pflege gilt nur für **Zeiten des tatsächlichen stationären Aufenthalts** der pflegebedürftigen Person. Für Zeiten, in denen sie sich nicht in der Einrichtung aufhält (sei es in Zeiten ferien- oder wochenendbedingten häuslichen Aufenthalts,[26] sei es bei nur teilstationärer Pflege in den Stunden des Verweilens in häuslicher Umgebung[27]), steht § 63 Satz 3 SGB XII der Gewährleistung ambulanter Pflege nicht entgegen. Dann gilt allerdings die Kürzungsregelung des § 66 Abs. 3 SGB XII (vgl. dazu die Kommentierung zu § 66 SGB XII). 27

Der Ausschluss des § 63 Satz 3 SGB XII bezieht sich nicht nur auf Aufenthalte in typischen Pflegeeinrichtungen. Vielmehr gilt er auch dann, wenn der stationäre Aufenthalt in einem Krankenhaus im Sinne des § 108 SGB V zur Durchführung einer **Akutbehandlung** stattfindet. Von diesem Grundsatz machen die zum 05.08.2009 neu eingefügten Sätze 4-6 des § 63 SGB XII nunmehr eine Ausnahme für 28

---

[20] So das BSG v. 26.08.2008 - B 8/9b SO 18/07 R - juris Rn. 19 - SozR 4-3500 § 18 Nr. 1; vgl. dazu noch im Einzelnen die Kommentierung zu § 65 SGB XII Rn. 22.
[21] LSG Sachsen-Anhalt v. 10.03.2012 - L 8 SO 29/11 B ER.
[22] Allerdings kann nach § 35 Abs. 2 SGB XII (ab 01.01.2011: § 27b Abs. 2 Satz 2 SGB XII) ein angemessener Barbetrag als Taschengeld gewährt werden.
[23] Vgl. BSG v. 12.05.1998 - B 5/4 RA 6/97 R - SGB 1999, 469; VGH Baden-Württemberg v. 11.08.1998 - 7 S 1171/98 - FEVS 49, 250; vgl. auch *Schellhorn* in: Schellhorn/Schellhorn/Hohm, § 63 Rn. 8.
[24] Vgl. *Klie* in: Hauck/Noftz, § 63 Rn. 6 unter Verweis auf BT-Drs. 13/4091, S. 45.
[25] So die inzwischen ganz h.M., vgl. etwa *Klie* in: Hauck/Noftz, § 63 Rn. 6; *Schellhorn* in: Schellhorn/Schellhorn/Hohm, § 63 Rn. 8; *Krahmer/Sommer* in: LPK-SGB XII, § 63 Rn. 6.
[26] Vgl. BSG v. 29.04.1999 - B 3 P 11/98 R - FEVS 51, 169; BSG v. 13.03.2001 - B 3 P 10/00 R - NZS 2002, 38.
[27] Vgl. *Schellhorn* in: Schellhorn/Schellhorn/Hohm, § 63 Rn. 8; *Lachwitz* in: Fichtner/Wenzel, § 63 Rn. 9.

Pflegebedürftige mit einem hohen Pflegebedarf, die ihre Pflege als ambulante Pflege durch von ihnen beschäftigte besondere Pflegekräfte nach Maßgabe des § 66 Abs. 4 Satz 2 SGB XII sicherstellen (vgl. dazu Rn. 30 ff.).

29 Diese Ausschlussregelung ist, anders als durch das SG München entschieden, nicht verfassungswidrig (vgl. dazu genauer Rn. 37).

VI. Inhalt der Sätze 4-6

30 Bislang konnten pflegebedürftige Sozialhilfeempfänger bei Einlieferung ins Krankenhaus zu einer Akutbehandlung ihre besonderen, auf der Grundlage von § 66 Abs. 4 Satz 2 SGB XII beschäftigen Pflegekräfte nicht ins Krankenhaus oder eine Rehabilitationseinrichtung „mitnehmen"; denn nach § 63 Satz 3 SGB XII kam eine ambulante Pflege neben der stationären Akutversorgung in einem Krankenhaus nicht in Betracht. Dies konnte einerseits dazu führen, dass im Krankenhaus oder einer Reha-Einrichtung die ggf. erforderliche Spezialpflege nicht gewährleistet war; denn das zuständige Personal ist oft weder dazu geschult noch zeitlich dazu in der Lage, pflegerische Bedürfnisse über die von § 39 SGB V umfassten Tätigkeiten hinaus zu erfüllen. Andererseits konnte die pflegebedürftige Person im Falle eines vorübergehenden Akutaufenthalts die einmal aufgebaute Pflegeinfrastruktur mangels Finanzierbarkeit oft nicht aufrechterhalten. Die besonderen Pflegekräfte waren ggf. zu entlassen und nach Rückkehr ins häusliche Umfeld neue, dem Betreffenden unbekannte Pflegekräfte einzustellen.

31 Diese Situation hatte den Gesetzgeber veranlasst, durch Einführung der Sätze 4-6 zum 05.08.2009 in § 63 SGB XII zunächst eine Möglichkeit zu schaffen, auch während eines Akutaufenthalts in einem Krankenhaus weiterhin die ambulante Pflege durch die nach § 66 Abs. 4 Satz 2 SGB XII eingestellten Pflegekräfte in Anspruch zu nehmen.[28]
Durch das AssPflStatG (vgl. die Nachweise in Rn. 3) hat der Gesetzgeber diese Möglichkeit der Inanspruchnahme ambulanter Pflege durch die nach § 66 Abs. 4 Satz 2 SGB XII eingestellten Pflegekräfte auch auf Zeiten eines Aufenthalts in einer stationären Vorsorge- oder Rehabilitationseinrichtung nach Maßgabe von § 107 SGB V ausgedehnt.

32 In § 63 Satz 4 SGB XII ist der Ausnahmetatbestand zu § 63 Satz 3 SGB XII statuiert. Die Sätze 5 und 6 stellen dadurch erforderlich gewordene Anrechnungs- bzw. kompetenzrechtliche Regelungen auf.

1. Satz 4

a. Tatbestandsmerkmale

33 § 63 Satz 4 SGB XII bezieht die Ausnahme vom Verbot häuslicher neben stationärer Pflege ausdrücklich nur auf Aufenthalte in einem **Krankenhaus nach § 108 SGB V** sowie seit dem Inkrafttreten des AssPflStatG zum 28.12.2012 auch auf **Aufenthalte in stationären Vorsorge- und Rehabilitationseinrichtungen nach § 107 SGB V**. In klassischen Pflegeheimen kann daher ein solches Nebeneinander nicht entstehen. Hier sind spezifische Pflegebedarfe durch das Pflegeheim selbst abzudecken, also ggf. von vornherein ein Pflegeheim auszusuchen, das besondere Pflegeleistungen auch zur Verfügung stellt.

34 Dem Wortlaut nach kommt das Nebeneinander von häuslicher und stationärer Pflege im Krankenhaus bzw. einer Reha-Einrichtung nur bei einem dortigen **vorübergehenden** Aufenthalt in Betracht. Der Hintergrund dieser Eingrenzung liegt auf der Hand: Die Regelung des § 63 Satz 4 SGB XII dient (auch) der Aufrechterhaltung einer oftmals mühsam aufgebauten Pflegeinfrastruktur durch Weiterbeschäftigung des auf der Grundlage von § 66 Abs. 4 Satz 2 SGB XII angestellten Pflegepersonals. Dies hat aber nur Sinn, wenn damit zu rechnen ist, dass die pflegebedürftige Person in ihre häusliche Umgebung auch wieder zurückkehren wird. Entscheidend ist also, wann von einem nur vorübergehenden Aufenthalt auszugehen ist. Eine absolute zeitliche Eingrenzung (etwa auf sechs Monate) lässt sich der Regelung nicht entnehmen. Abzustellen ist daher vielmehr auf eine **prognostische Beurteilung**: Ist schon bei Einlieferung ins Krankenhaus oder bei Eintritt in eine Reha-Einrichtung absehbar, dass nach Abschluss der (Akut-)Behandlung aufgrund der veränderten gesundheitlichen Situation des Pflegebedürftigen die häusliche Pflege nicht mehr im Sinne des § 63 Satz 1 SGB XII ausreicht, lässt sich der finanzielle Aufwand einer häuslichen Pflege im Krankenhaus bzw. der Reha-Einrichtung nicht rechtfertigen. Daher ist stets maßgeblich, ob mit einer Rückkehr der pflegebedürftigen Person in ihren Haushalt gerechnet werden kann. Im Laufe der Behandlung kann sich die prognostische Beurteilung auch verändern. So ist denkbar, dass zunächst eine Rückkehr nach Hause wahrscheinlich ist, aufgrund der

---

[28] Vgl. BT-Drs. 16/12855, S. 9.

gesundheitlichen Entwicklung oder wider Erwarten nicht erfolgreicher Behandlung oder Rehabilitationsmaßnahme dann aber eine positive Rückkehrprognose in eine negative umschlägt. Insoweit sind stets die Umstände des Einzelfalls maßgeblich und durch den Sozialhilfeträger zu ermitteln. Solange mit einer Rückkehr zu rechnen ist, besteht ein Anspruch auf Weiterbezahlung der Leistungen der häuslichen Pflege.

Das Nebeneinander von stationärer und häuslicher Pflege kommt nur in Betracht, soweit Pflegebedürftige nach § 66 Abs. 4 Satz 2 SGB XII ihre Pflege durch von ihnen beschäftigte besondere Pflegekräfte sichergestellt haben. Nur in dem Falle also, dass der Pflegebedürftige sich für eine Sicherstellung der erforderlichen Pflege auf der Grundlage des sog. Arbeitgebermodells entschieden hat, kommt die Regelung des § 63 Satz 4 SGB XII zur Anwendung. Anhand der Konjunktion „soweit" macht der Gesetzgeber deutlich, dass ggf. daneben gewährte andere Leistungen der häuslichen Pflege auch während eines nur vorübergehenden stationären Aufenthalts nicht weiter in Anspruch genommen werden können. 35

Nur die **Weiterbeschäftigung** des durch die pflegebedürftige Person (also den Arbeitgeber) eingestellten Personals (Arbeitnehmer) soll ermöglicht werden.[29] Auf Beschäftigungsverhältnisse, die erst zum Zwecke der pflegerischen Versorgung während eines vorübergehenden Krankenhausaufenthaltes abgeschlossen werden, ist § 63 Satz 4 SGB XII nicht anwendbar. Dies folgt aus der Formulierung „**soweit** Pflegebedürftige nach § 66 Absatz 4 Satz 2 ihre Pflege durch von ihnen beschäftigte besondere Pflegekräfte **sicherstellen**". Diese Formulierung lässt sich nur so verstehen, dass schon bei Einlieferung eine entsprechende Infrastruktur der häuslichen Pflege besteht. Im Übrigen war anderes durch den Gesetzgeber auch nicht gewollt.[30] 36

Anders als in der Rechtsprechung vertreten,[31] wird durch die Ausnahmeregelung des § 63 Satz 4 SGB XII indes nicht der Fall erfasst, dass eine pflegebedürftige Person ihre Pflege zu Hause durch ambulante Pflegedienste sicherstellt, während eines Krankenhausaufenthalts jedoch nicht alle zu Hause vom Pflegedienst erbrachten Leistungen erhält. Das SG München hatte hierzu ausgeführt, der Ausschlusstatbestand des § 63 Satz 3 SGB XII greife nicht ein, wenn mit hinreichender Wahrscheinlichkeit zu erwarten sei, dass eine notwendige pflegerische Versorgung während der stationären Krankenbehandlung zumindest in wesentlichen Teilen nicht erbracht werden könne. Aus Sicht des Hilfebedürftigen mache es keinen Unterschied, ob er seine Leistungen der häuslichen Pflege von einem Pflegedienst erhalte oder den Bedarf im Arbeitgebermodell gem. § 66 Abs. 4 SGB XII decke. Die Differenzierung zwischen solchen pflegebedürftigen Personen, die ihren Pflegebedarf durch das Arbeitgebermodell deckten und solchen, die dies durch ambulante Pflegedienste täten, sei vor Art. 3 Abs. 1 GG nicht zu rechtfertigen. Dieser Argumentation kann nicht gefolgt werden. Ziel und Hintergrund der Ausnahmevorschrift des Satzes 4 ist nicht, einen Pflegenotstand im behandelnden Krankenhaus sicherzustellen; für die Übernahme sämtlicher benötigter Pflegeleistungen ist während eines Krankenhausaufenthalts immer das Krankenhaus zuständig (§ 39 Abs. 1 Satz 3 SGB V, vgl. dazu auch die Kommentierung zu § 61 SGB XII Rn. 30). Die Verlagerung dieser Verantwortung auf den Sozialhilfeträger ist daher nur in Fällen des Arbeitgebermodells gerechtfertigt, um der betroffenen Person zu ermöglichen, ihr – oft mühsam organisiertes – Pflegesystem mit eigenen Pflegekräften aufrechtzuerhalten. 37

b. Rechtsfolgen

Liegen die beschriebenen Voraussetzungen vor, hat die pflegebedürftige Person Anspruch auf Weiterbezahlung der Kosten für die von ihr angestellte Pflegekraft auch während des Krankenhausaufenthaltes. Das bestehende Beschäftigungsverhältnis bleibt zu finanziellen Lasten des Sozialhilfeträgers bestehen, und die pflegebedürftige Person kann die Pflegeleistungen der Pflegeperson auch im Krankenhaus (ggf. unter deren Mitaufnahme ins Krankenhaus, vgl. § 11 Abs. 3 SGB V) bzw. in der Reha-Einrichtung in Anspruch nehmen. Dies gilt auch bei mehrmaligen Krankenhausaufenthalten der pflegebedürftigen Person.[32] 38

2. Satz 5

Aufgrund des Nachrangs der Leistungen der Hilfe zur Pflege gegenüber den Leistungen nach dem SGB XI bestimmt § 63 Satz 5 SGB XII, dass die Leistungen des Pflegegeldes für selbst beschaffte Pflegehilfen nach den §§ 37 und 38 SGB XI in voller Höhe anzurechnen sind. Dabei wird Pflegegeld gem. §§ 37, 38 SGB XI nach § 34 Abs. 2 Satz 2 SGB XI in der Fassung vom 30.07.2009 nicht mehr 39

---

[29] Vgl. BT-Drs. 16/12855, S. 3, 9.
[30] Vgl. nochmals BT-Drs. 16/12855, S. 3, 9.
[31] Vgl. SG München v. 21.03.2011 - S 32 SO 51/11 ER; zustimmend *Schumacher*, RdLH 2011, 181.
[32] Vgl. BT-Drs. 16/12855, S. 8.

nur für einen begrenzten Zeitraum von vier Wochen gezahlt, sondern für die hier relevante Personengruppe, die das Arbeitgebermodell nach § 66 Abs. 4 Satz 2 SGB XII in Anspruch nimmt, auch darüber hinaus. Soweit also die Person im Leistungsbezug der Hilfe zur Pflege auch Pflegegeld aus der sozialen Pflegeversicherung bezieht, besteht der Anspruch auf Weiterbezahlung von Pflegegeld nach dem SGB XI für die gesamte Dauer des vorübergehenden Krankenhausaufenthalts bzw. Reha-Aufenthalts als Aufstockungsanspruch.

40 Vgl. im Übrigen zur Ausgestaltung der Leistungskonkurrenzen auch die Kommentierung zu § 66 SGB XII.

3. Satz 6

41 § 63 Satz 6 SGB XII dient der Klarstellung von Zuständigkeiten. Danach umfassen die durch § 63 Satz 4 SGB XII gewährten zusätzlichen Leistungen der Sozialhilfeträger nicht die Leistungen, die nach § 39 SGB V[33] von der gesetzlichen Krankenversicherung zu erbringen sind. Vielmehr werden diese auch zukünftig neben den Leistungen der Sozialhilfe vom zuständigen Leistungsträger erbracht.[34] Entsprechendes muss für die Übernahme der Krankenbehandlung durch die gesetzliche Krankenversicherung für nicht Versicherungspflichtige gegen Kostenerstattung nach § 264 SGB V sowie für die Abgrenzung der Hilfe zur Pflege von den Leistungen der Hilfe zur Gesundheit gelten (vgl. zur Abgrenzung der Leistungsbereiche allgemein die Kommentierung zu § 61 SGB XII Rn. 22).

C. Praxistipps

42 Wird der Sozialhilfeträger von einem **versicherten Pflegebedürftigen**, der in einer Einrichtung im Sinne des § 71 Abs. 4 SGB XI[35] betreut wird, zur **Finanzierung der vorübergehenden Pflege an Wochenenden oder zu Urlaubszeiten um ein anteiliges Pflegegeld** angegangen, ist gem. § 66 Abs. 1 Satz 2 SGB XII zunächst zu prüfen, ob der Pflegebedürftige aufgrund der Unterbrechung des Heimaufenthalts ein anteiliges Pflegegeld gem. § 37 SGB XI von der Pflegekasse bezieht. § 43a Satz 3 SGB XI, der sich auf Einrichtungen nach § 71 Abs. 4 SGB XI bezieht, enthält insoweit eine Vorgabe darüber, wie Tage der An- und Abreise zu berücksichtigen sind.[36]

43 Für den Fall, dass die pflegebedürftige Person **von einer Pflegeform in eine andere wechseln** will (also etwa von stationärer Pflege in ambulante Pflege), wird in der Regel eine kombinierte Anfechtungs- und Leistungsklage noch nicht statthaft sein, weil ein Leistungsanspruch nach Maßgabe der gewünschten neuen Pflegeform erst nach Abschluss entsprechender vertraglicher Vereinbarungen (Mietvertrag über eine Wohnung; Beauftragung eines Pflegedienstes o.Ä.) in Betracht kommt. Da es einer pflegebedürftigen Person in der Regel schon faktisch nicht möglich sein wird, aber auch finanziell nicht zumutbar ist, ohne Abklärung der leistungsrechtlichen Gegebenheiten mit dem Sozialhilfeträger entsprechende Dispositionen zu treffen, ist in der Rechtsprechung in einem solchen Falle zu Recht die Statthaftigkeit der **Feststellungsklage (§ 55 Abs. 1 Nr. 1 SGG)** bejaht worden.[37] Denn zwar ist die auf

---

[33] Das Leistungsspektrum nach § 39 Abs. 1 SGB V lautet: „Die Krankenhausbehandlung wird vollstationär, teilstationär, vor- und nachstationär (§ 115a) sowie ambulant (§ 115b) erbracht. Versicherte haben Anspruch auf vollstationäre Behandlung in einem zugelassenen Krankenhaus (§ 108), wenn die Aufnahme nach Prüfung durch das Krankenhaus erforderlich ist, weil das Behandlungsziel nicht durch teilstationäre, vor- und nachstationäre oder ambulante Behandlung einschließlich häuslicher Krankenpflege erreicht werden kann. Die Krankenhausbehandlung umfasst im Rahmen des Versorgungsauftrags des Krankenhauses alle Leistungen, die im Einzelfall nach Art und Schwere der Krankheit für die medizinische Versorgung der Versicherten im Krankenhaus notwendig sind, insbesondere ärztliche Behandlung (§ 28 Abs. 1), Krankenpflege, Versorgung mit Arznei-, Heil- und Hilfsmitteln, Unterkunft und Verpflegung; die akutstationäre Behandlung umfasst auch die im Einzelfall erforderlichen und zum frühestmöglichen Zeitpunkt einsetzenden Leistungen zur Frührehabilitation."

[34] Vgl. BT-Drs. 16/12855, S. 9.

[35] § 71 Abs. 4 SGB XI nimmt folgende Einrichtungen in Bezug: „Stationäre Einrichtungen, in denen die Leistungen zur medizinischen Vorsorge, zur medizinischen Rehabilitation, zur Teilhabe am Arbeitsleben oder am Leben in der Gemeinschaft, die schulische Ausbildung oder die Erziehung kranker oder behinderter Menschen im Vordergrund des Zweckes der Einrichtung stehen, sowie Krankenhäuser sind keine Pflegeeinrichtungen im Sinne des Absatzes 2."

[36] Für die Einzelheiten der Bezahlung eines anteiligen Pflegegeldes durch die Pflegekasse wird auf die §§ 37 Abs. 2, 38 Satz 2, 41 Satz 3 Abs. 2, 43 Abs. 1 Satz 1 und 43a SGB XI verwiesen.

[37] So das OVG Lüneburg v. 28.08.1996 - 4 L 1845/96 - juris Rn. 19 - NdsRpfl 1997, 129; ebenso das SG Hamburg v. 13.12.2007 - S 50 SO 584/05 - juris Rn. 24 ff.

Feststellung einzelner Elemente eines Rechtsverhältnisses gerichtete Klage in der Regel unzulässig. Allerdings geht es bei der Frage über die Klärung eines Anspruchs auf Leistungen nach einer bestimmten Pflegeform in der Regel der Sache nach allein um die Frage nach der Zumutbarkeit einer bestimmten Pflegeform nach § 13 Abs. 1 Satz 4 SGB XII. In einem solchen Fall wird durch die gerichtliche Feststellung der Streitfall endgültig geklärt, so dass im Sinne der Rechtsprechung des BSG der Fall einer ausnahmsweisen Zulässigkeit der Feststellungsklage gegeben ist; Subsidiarität steht dann nicht entgegen.[38] Das berechtigte Interesse der betreffenden klagenden Person für eine solche Klage ergibt sich daraus, dass dieser nicht zuzumuten ist, die zur Konkretisierung der Hilfe notwendigen und mit hohen Kosten verbundenen Verpflichtungen einzugehen, bevor nicht geklärt ist, ob der Sozialhilfeträger die beantragte Hilfe mit der von ihm gegebenen Begründung versagen darf.[39]

---

[38] Vgl. dazu das BSG v. 25.09.2001 - B 3 KR 13/00 R - SozR 3-2500 § 124 Nr. 9.
[39] So auch das OVG Lüneburg v. 28.08.1996 - 4 L 1845/96 - juris Rn. 19 - NdsRpfl 1997, 129.

§ 64 SGB XII Pflegegeld

(Fassung vom 27.12.2003, gültig ab 01.01.2005)

(1) Pflegebedürftige, die bei der Körperpflege, der Ernährung oder der Mobilität für wenigstens zwei Verrichtungen aus einem oder mehreren Bereichen mindestens einmal täglich der Hilfe bedürfen und zusätzlich mehrfach in der Woche Hilfe bei der hauswirtschaftlichen Versorgung benötigen (erheblich Pflegebedürftige), erhalten ein Pflegegeld in Höhe des Betrages nach § 37 Abs. 1 Satz 3 Nr. 1 des Elften Buches.

(2) Pflegebedürftige, die bei der Körperpflege, der Ernährung oder der Mobilität für mehrere Verrichtungen mindestens dreimal täglich zu verschiedenen Tageszeiten der Hilfe bedürfen und zusätzlich mehrfach in der Woche Hilfe bei der hauswirtschaftlichen Versorgung benötigen (Schwerpflegebedürftige), erhalten ein Pflegegeld in Höhe des Betrages nach § 37 Abs. 1 Satz 3 Nr. 2 des Elften Buches.

(3) Pflegebedürftige, die bei der Körperpflege, der Ernährung oder der Mobilität für mehrere Verrichtungen täglich rund um die Uhr, auch nachts, der Hilfe bedürfen und zusätzlich mehrfach in der Woche Hilfe bei der hauswirtschaftlichen Versorgung benötigen (Schwerstpflegebedürftige), erhalten ein Pflegegeld in Höhe des Betrages nach § 37 Abs. 1 Satz 3 Nr. 3 des Elften Buches.

(4) Bei pflegebedürftigen Kindern ist der infolge Krankheit oder Behinderung gegenüber einem gesunden gleichaltrigen Kind zusätzliche Pflegebedarf maßgebend.

(5) [1]Der Anspruch auf das Pflegegeld setzt voraus, dass der Pflegebedürftige und die Sorgeberechtigten bei pflegebedürftigen Kindern mit dem Pflegegeld dessen Umfang entsprechend die erforderliche Pflege in geeigneter Weise selbst sicherstellen. [2]Besteht der Anspruch nicht für den vollen Kalendermonat, ist der Geldbetrag entsprechend zu kürzen. [3]Bei der Kürzung ist der Kalendermonat mit 30 Tagen anzusetzen. [4]Das Pflegegeld wird bis zum Ende des Kalendermonats geleistet, in dem der Pflegebedürftige gestorben ist. [5]Stellt die Pflegekasse ihre Leistungen nach § 37 Abs. 6 des Elften Buches ganz oder teilweise ein, entfällt die Leistungspflicht nach den Absätzen 1 bis 4.

Gliederung

A. Basisinformationen 1	V. Pflegebedürftigkeit bei Kindern (Absatz 4) 42
I. Textgeschichte/Gesetzgebungsmaterialien 1	VI. Kürzung und Wegfall des Pflegegeldes (Absatz 5 Sätze 2-5) 52
II. Vorgängervorschriften.......................... 2	1. Kürzung des Pflegegeldes (Absatz 5 Sätze 2-3)............... 52
III. Systematische Zusammenhänge 7	
IV. Ausgewählte Literaturhinweise 16	
B. Auslegung der Norm 17	2. Ausnahme davon bei Versterben des Pflegebedürftigen (Absatz 5 Satz 4)............... 56
I. Regelungsgehalt und Bedeutung der Norm........ 17	
II. Normzweck 21	3. Wegfall der Leistungspflicht nach Absatz 5 Satz 5 58
III. Tatbestandsmerkmale des Pflegegeldes........... 23	
1. Pflegebedürftigkeit (Absätze 1-3).................... 23	VII. Besitzstandsregelung des Art. 51 PflegeVG 59
2. Sicherstellung der häuslichen Pflege (Absatz 5 Satz 1) 31	**C. Praxistipps** 72
IV. Rechtsfolgen 38	

A. Basisinformationen

I. Textgeschichte/Gesetzgebungsmaterialien

1 Die Vorschrift ist mit Art. 1 des Gesetzes zur Einordnung des Sozialhilferechts in das Sozialgesetzbuch vom 27.12.2003[1] zum 01.01.2005 in Kraft getreten und seither nicht verändert worden. Für die weitergehende Textgeschichte des § 64 SGB XII als Bestandteil des Regelungskomplexes der §§ 61 ff.

---

[1] BGBl I 2003, 3022.

SGB XII wird auf die Kommentierung zu § 61 SGB XII verwiesen.

II. Vorgängervorschriften

Der Anspruch auf Pflegegeld war bis zum 31.03.1995 in **§ 69 Abs. 3 BSHG** geregelt. Gem. dieser Vorschrift orientierte sich die Gewährung von Pflegegeld nicht nach den tatsächlich notwendigen Hilfeleistungen, sondern nach dem Schweregrad der Behinderung.

Zum 01.04.1995 wurde durch das Gesetz zur sozialen Absicherung des Risikos der Pflegebedürftigkeit (Pflege-Versicherungsgesetz – PflegeVG)[2], mit welchem die soziale Pflegeversicherung eingeführt wurde, auch im Sozialhilferecht der Begriff der Pflegebedürftigkeit neu definiert; in den Vordergrund rückte nunmehr der tatsächliche Bedarf an Pflege. Je nach Einzelfallkonstellation hätte dies allerdings dazu führen können, dass ein bislang bestehender Anspruch auf Pflegegeld sich verringerte oder ganz wegfiel. Um dies zu vermeiden, wurde für Personen, die nach dem ab 01.04.1995 geltenden Recht ein geringeres oder gar kein Pflegegeld mehr erhielten als zuvor, in **Art. 51 PflegeVG** eine Besitzstandsregelung aufgenommen.

Für davon nicht betroffene Personen war die Gewährung von Pflegegeld seit dem 01.04.1995 in **§ 69a BSHG** geregelt.

Die durch das Gesetz zur Einordnung des Sozialhilferechts in das Sozialgesetzbuch zum 27.12.2003 erlassene Vorschrift des **§ 64 SGB XII** hat diesen § 69a BSHG ersetzt. sie hat im Wortlaut – bis auf kleinere redaktionelle Änderungen – die frühere Vorschrift im Wesentlichen übernommen. Inhaltliche Abweichungen ergeben sich gegenüber der früheren Vorschrift nicht und sind durch den Gesetzgeber insoweit auch nicht beabsichtigt.[3]

Die Besitzstandsregelung des Art. 51 PflegeVG hatte in ihrer ursprünglichen Fassung zu zahlreichen Auslegungsfragen geführt. Aufgrund verschiedener Formulierungs- und Konzeptionsmängel wurde sie in der Folgezeit mehrfach geändert. Eine letzte Korrektur hat die Regelung durch Art. 25 des Gesetzes zur Vereinfachung der Verwaltungsverfahren im Sozialrecht (Verwaltungsvereinfachungsgesetz) vom 21.03.2005[4] erfahren. Diese mit Wirkung zum 30.03.2005 in Kraft getretene Fassung des Art. 51 PflegeVG ist die nunmehr gültige (vgl. zu Inhalt und Auslegung dieser Vorschrift Rn. 59).

III. Systematische Zusammenhänge

§ 64 SGB XII regelt für die Sozialhilfe die Gewährung von Pflegegeld; die Vorschrift ist damit das sozialhilferechtliche Gegenstück zu **§ 37 SGB XI**,[5] der die Gewährung von Pflegegeld als Leistung der sozialen Pflegeversicherung normiert. Die Vorschriften weisen inhaltliche Parallelitäten auf; beide machen die Höhe des Pflegegeldes von der Schwere der Pflegebedürftigkeit abhängig und differenzieren dabei nach drei Schweregraden. Dementsprechend wird in § 64 Abs. 1-3 SGB XII für die Höhe des Pflegegeldes ausdrücklich auf § 37 Abs. 1 Satz 3 Nr. 1-3 SGB XI Bezug genommen.

Terminologisch und inhaltlich knüpft § 64 SGB XII auch an die Regelung des **§ 15 SGB XI**, insbesondere die dort statuierten Mindestbedarfszeiten an, die zur Einstufung in einen Schweregrad der Pflegebedürftigkeit vorgegeben werden. § 64 Abs. 1-3 SGB XII gibt selbst nicht ausdrücklich zeitliche Mindestaufwände für die Einstufung der Pflegebedürftigkeit vor; auch ein direkter Verweis auf § 15 Abs. 3 SGB XI findet sich dort nicht. Allerdings sind die in § 64 Abs. 1-3 SGB XII umschriebenen Grade der Pflegebedürftigkeit (erheblich, schwer und schwerst) mit denen des § 15 Abs. 1 SGB XI (dort auch als Pflegestufen I bis III bezeichnet) identisch. Zudem decken sich die in § 15 Abs. 3 SGB XI genannten Mindestzeiten für die Grundpflege und die hauswirtschaftliche Versorgung mit dem für die drei Pflegestufen in den Pflegebedürftigkeits-Richtlinien festgelegten Zeitaufwand, den eine nicht professionell tätige Pflegeperson mindestens zur Deckung des Hilfebedarfs aufwenden muss. Über § 61 Abs. 6 SGB XII sind diese Richtlinienvorgaben auch bei der Abgrenzung und Höhe des Pflegegeldes nach § 64 SGB XII maßgeblich (vgl. dazu schon die Kommentierung zu § 61 SGB XII Rn. 165). Daraus folgt, dass die in § 15 Abs. 1 SGB XI verwandten Begriffe der „Pflegestufen I bis III" auch zur Bezeichnung der Schweregrade der Pflegebedürftigkeit nach Maßgabe von § 64 Abs. 1-3 SGB XII verwendet werden können.[6] Anders als in § 15 Abs. 1 SGB XI ist der tägliche Pflegebedarf jedoch nicht

---

[2] Gesetz vom 26.05.1994, BGBl I 1994, 1014.
[3] Vgl. BT-Drs. 15/1514, S. 63.
[4] BGBl I 2005, 818.
[5] Vgl. mit dieser Formulierung *Klie* in: Hauck/Noftz, § 64 Rn. 2.
[6] So die allgemeine Handhabung, vgl. etwa *Schellhorn* in: Schellhorn/Schellhorn/Hohm, § 64 Rn. 3; vgl. dazu auch schon die Kommentierung zu § 61 SGB XII Rn. 75.

§ 64

nur anhand der „gewöhnlichen und regelmäßig wiederkehrenden Verrichtungen", sondern auch bei sog. „**anderen Verrichtungen**" zu berücksichtigen (vgl. dazu noch Rn. 18).

9 Die **drei Pflegegrade** werden innerhalb der Regelungen über die Hilfe zur Pflege **systemwidrig erst in § 64 SGB XII** definiert. Sie gelten jedoch grundsätzlich für die gesamte Hilfe zur Pflege (vgl. daher schon die Ausführungen zur Erheblichkeit der Pflegebedürftigkeit in der Kommentierung zu § 61 SGB XII Rn. 75), auch wenn ihnen gerade im Zusammenhang mit der Gewährung von Pflegegeld eine wesentliche Bedeutung zukommt.

10 Gleiches gilt für **§ 64 Abs. 4 SGB XII**, der die Maßstäbe für die Beurteilung der Pflegebedürftigkeit von Kindern aufstellt; auch diese Regelung befindet sich an einer systematisch unzutreffenden Stelle und hätte in § 61 SGB XII ihren richtigen Platz gehabt.[7]

11 § 64 Abs. 4 SGB XII entspricht im Übrigen der Regelung des **§ 15 Abs. 2 SGB XI** über die dort für Kinder aufgestellten Einstufungskriterien in der sozialen Pflegeversicherung. Die dort in der Rechtsprechung entwickelten Auslegungsmaßstäbe gewinnen daher auch für die Hilfe zur Pflege Bedeutung (vgl. dazu noch genauer Rn. 23).

12 Da nach **§ 63 Satz 3 SGB XII** Pflegebedürftige in einer stationären oder teilstationären Einrichtung für die Zeit in der Einrichtung keine Leistungen zur häuslichen Pflege erhalten, kommt die Gewährung von Pflegegeld für Zeiten stationärer Betreuung nicht in Betracht.[8]

13 Aufgrund des Charakters des Pflegegeldes als Aufwandspauschale (vgl. dazu Rn. 22) können neben dem Pflegegeld aber auch **andere Leistungen gem. § 65 SGB XII** beansprucht werden; ggf. ist dann aber das Pflegegeld nach Maßgabe des § 66 Abs. 2 Satz 1 SGB XII zu kürzen (vgl. dazu i.E. die Kommentierung zu § 66 SGB XII).

14 **Leistungsberechtigte nach dem AsylbLG** können nach § 2 Abs. 1 AsylbLG ein Pflegegeld nach § 64 SGB XII analog beanspruchen, wenn sie Grundleistungen gem. § 3 AsylbLG bereits über eine Dauer von insgesamt 48 Monaten bezogen und die Dauer ihres Aufenthalts nicht rechtsmissbräuchlich selbst beeinflusst haben. Vor Ablauf von 48 Monaten kann ein Pflegegeld als sonstige Leistung i.S.d. § 6 Satz 2 AsylbLG nur bei Vorliegen solcher besonderen Umstände beansprucht werden, welche es als unumgänglich erscheinen lassen, die grundsätzlich auf Sachleistungen beschränkten sonstigen Leistungen ausnahmsweise als Geldleistung zu beziehen.[9]

15 Soweit ein Pflegegeldanspruch nach § 69 BSHG in der bis zum 31.03.1995 geltenden Fassung bestanden hat, ist für die danach Anspruchsberechtigten die Besitzstandswahrung nach **Art. 51 (PflegeVG)** zu beachten (vgl. dazu i.E. Rn. 59).

IV. Ausgewählte Literaturhinweise

16 *Roller*, Die wirksame Gewährung von Pflegegeld nach § 37 SGB XI an minderjährige Pflegebedürftige, wenn sich die Eltern uneinig sind, NZS 2005, 301; *Schöpel*, Bestandsschutz rechtswidrig erlangter Pflegegeldleistungen gem. Art. 51 PflegeVG, ZfF 1997, 154 ff.; im Übrigen wird auf die Kommentierung zu § 61 SGB XII Rn. 45 verwiesen.

B. Auslegung der Norm

I. Regelungsgehalt und Bedeutung der Norm

17 § 64 SGB XII regelt die Gewährung von Pflegegeld, welches die **wichtigste Leistung der häuslichen Pflege** ist.[10]

18 In **§ 64 Abs. 1-3 SGB XII** werden die Leistungsvoraussetzungen für das Pflegegeld statuiert. Erforderlich ist danach das Vorliegen von **mindestens erheblicher Pflegebedürftigkeit**. Bei lediglich einfacher Pflegebedürftigkeit (sog. „Pflegestufe Null") besteht auch im Sozialhilferecht kein Anspruch auf Pflegegeld. Da allerdings für die Hilfe zur Pflege auch „andere Verrichtungen" im Sinne von § 61 Abs. 1 Satz 2 SGB XII zu berücksichtigen sind, kann erhebliche Pflegebedürftigkeit im Sinne des Sozialhilferechts schon vorliegen, wenn dies nach Maßgabe der §§ 14, 15 SGB XI noch nicht der Fall ist

---

[7] Ebenso *Grube* in: Grube/Wahrendorf, § 64 Rn. 11; *Schellhorn* in: Schellhorn/Schellhorn/Hohm, § 64 Rn. 14.
[8] Allerdings kann nach § 35 Abs. 2 SGB XII ein angemessener Barbetrag als Taschengeld gewährt werden.
[9] Vgl. näher dazu die Kommentierungen zum AsylbLG; grundlegend zur Auslegung des § 2 Abs. 1 AsylbLG i.Ü. das BSG v. 08.02.2007 - B 9b AY 1/06 R - BSGE 98, 116 ff.
[10] Vgl. ebenso *Lachwitz* in: Fichtner/Wenzel, § 64 Rn. 2.

(vgl. dazu ausführlich die Kommentierung zu § 61 SGB XII Rn. 82). Hinsichtlich der **Pflegegeldhöhe** wird in § 64 Abs. 1-3 SGB XII auf die pauschalierten, in drei Stufen gestaffelten Leistungen der Pflegeversicherung nach § 37 SGB XI verwiesen.

§ 64 Abs. 4 SGB XII gibt eigene Beurteilungskriterien für die Pflegebedürftigkeit bei Kindern vor. 19

§ 64 Abs. 5 Satz 1 SGB XII stellt ein Qualitätssicherungskriterium auf. Nach dieser Vorschrift ist Voraussetzung, dass die Pflege mit dem Pflegegeld in geeigneter Weise sichergestellt werden kann. In den **Sätzen 2-5** finden sich Regelungen zu Kürzung bzw. zum Wegfall des Leistungsanspruchs in besonderen Situationen (bei Leistungsansprüchen unterhalb eines Monats, nach Versterben der pflegebedürftigen Person bzw. bei deren Weigerung zur Mitwirkung bei der Sachverhaltsaufklärung). 20

II. Normzweck

Die Gewährung von Pflegegeld dient nicht der „Entlohnung" der Pflegeperson. Pflege durch Nachbarn oder nahestehende Personen ist ihrem Wesen nach gerade unentgeltlich.[11] Das Pflegegeld ist vielmehr als **Motivationshilfe** gedacht und will insoweit die pflegebedürftige Person in die Lage versetzen, die Bereitschaft zur Pflege durch Personen aus ihrem Umfeld (Familie, Freunde oder Nachbarn, vgl. dazu die Kommentierung zu § 63 SGB XII) herzustellen und zu erhalten. Die betreffende Person soll sich durch gelegentliche oder regelmäßige finanzielle Zuwendungen für die geleistete Pflege erkenntlich zeigen können.[12] Daher hängt die Gewährung von Pflegegeld auch nicht davon ab, dass die von der pflegebedürftigen Person benötigte Hilfe einen wirtschaftlich messbaren Wert hat.[13] 21

Daneben sollen die mittelbar mit der Pflegebedürftigkeit zusammenhängenden **Mehrkosten**, z.B. erhöhte Telefonkosten aufgrund fehlender Mobilität, Kosten von Geschenken für Besucher, die nur aufgrund eines Pflegeengpasses (etwa durch Krankheit der eigentlichen Pflegeperson) pflegerische Aufgaben übernehmen usw., durch das Pflegegeld **abgedeckt** werden. Aufgrund dessen ist das Pflegegeld seiner Natur nach eine **Aufwandspauschale** für spezifisch mit der Pflegebedürftigkeit zusammenhängende, wirtschaftlich nicht messbare Belastungen.[14] Es wird gewährt, um dem Pflegebedürftigen von vornherein zu ermöglichen, die vielfältigen Aufwendungen, die mit der Pflege verbunden sind, ohne Einzelnachweis aufzufangen.[15] Konsequenz dessen ist zum einen, dass die Pflegegeldzahlung nicht zwingend daran geknüpft ist, dass tatsächlich regelmäßige Pflege durch Verwandte oder Nachbarn in Anspruch genommen wird.[16] Allerdings kommt ggf. das Korrektiv des § 64 Abs. 5 Satz 1 SGB XII zum Tragen (vgl. dazu genauer Rn. 31). Zum anderen kann das Pflegegeld selbst dann nicht gänzlich angerechnet werden, wenn die Pflege mithilfe von fremden Pflegekräften (§ 65 SGB XII) organisiert wird; das Mindestpflegegeld von einem Drittel muss aufgrund des Pauschalierungscharakters der Leistung bei häuslicher Pflege immer erbracht werden (vgl. hierzu § 66 Abs. 2 Satz 2 SGB XII und die Kommentierung zu § 66 SGB XII Rn. 23). 22

III. Tatbestandsmerkmale des Pflegegeldes

1. Pflegebedürftigkeit (Absätze 1-3)

Pflegegeld wird bei häuslicher Pflege gezahlt, wenn der Pflegebedürftige in eine der drei Pflegestufen nach den Absätzen 1-3 eingestuft ist. Voraussetzung für die Gewährung von Pflegegeld ist also das Vorliegen von wenigstens erheblicher **Pflegebedürftigkeit** (§ 64 Abs. 1 SGB XII) oder aber von Schwer- (§ 64 Abs. 2 SGB XII) oder Schwerstpflegebedürftigkeit (§ 64 Abs. 3 SGB XII). Die Zuordnung einer pflegebedürftigen Person in eine dieser drei Pflegestufen richtet sich nach der Häufigkeit des Hilfebedarfs bei einer maßgeblichen Verrichtung einerseits und dem für die Pflege erforderlichen Zeitaufwand andererseits. 23

---

[11] So ausdrücklich das BVerwG v. 20.11.1984 - 5 C 17/84 - BVerwGE 70, 278; BVerwG v. 04.06.1992 - 5 C 82/88 - BVerwGE 90, 217 ff.

[12] So schon das BVerwG zu § 69a BSHG, vgl. BVerwG v. 04.06.1992 - 5 C 82/88 - BVerwGE 90, 217 ff.; vgl. dazu auch *Lachwitz* in: Fichtner/Wenzel, § 64 Rn. 2; *Löcher/vom Rath*, ZfS 2006, 129, 133.

[13] Vgl. BVerwG v. 04.06.1992 - 5 C 82/88 - BVerwGE 90, 217 ff.

[14] BVerwG v. 22.08.1974 - V C 52.73 - FEVS 23, 45.

[15] BVerwG v. 04.06.1992 - 5 C 82/88 - BVerwGE 90, 217 ff.

[16] Vgl. BVerwG v. 03.07.2003 - 5 C 7/02 - NDV-RD 2004, 10; vgl. dazu auch *Krahmer/Sommer* in: LPK-SGB XII, § 64 Rn. 8.

24 Die Gewährung von Pflegegeld setzt zunächst voraus, dass ein **Hilfebedarf bei** den zur Körperpflege, Ernährung und Mobilität gehörenden **Verrichtungen** besteht und außerdem mehrfach in der Woche Hilfe bei den hauswirtschaftlichen Verrichtungen benötigt wird. Was unter diesen Verrichtungen im Einzelnen zu verstehen ist, wird in § 61 Abs. 5 SGB XII definiert. Insoweit wird daher auf die Kommentierung zu § 61 SGB XII Rn. 54 verwiesen.

25 Gewährung und konkrete Höhe des Pflegegeldes hängen darüber hinaus von dem **täglichen Zeitaufwand** ab, der für die erforderliche Hilfe benötigt wird. Zwar sind erforderliche Mindestzeiten – anders als in § 15 Abs. 3 SGB XI – in § 64 SGB XII nicht ausdrücklich genannt. Aus dem Verweis in § 61 Abs. 6 SGB XII folgt jedoch, dass der in Ziff. 4.1.1. ff. Pflegebedürftigkeits-Richtlinien (PflRi) vorgegebene Mindestaufwand für die einzelnen Pflegestufen, der der Regelung des § 15 Abs. 3 SGB XI entspricht, auch für die Abgrenzung der Pflegestufen nach § 64 Abs. 1-3 SGB XII relevant ist (vgl. dazu Rn. 9). Da auch die Pflegebedürftigkeit gem. § 61 Abs. 1 Satz 1 SGB XII an die drei Pflegestufen und ihren jeweiligen täglichen Mindestaufwand anknüpft, wird zur Abgrenzung der drei Pflegestufen auf die Kommentierung zu § 61 SGB XII Rn. 75 verwiesen.

26 § 64 Abs. 1-3 SGB XII hat jedoch einen im Vergleich zu § 15 Abs. 1 Nr. 1-3 SGB XI **weiteren Anwendungsbereich**. Anders als in § 15 Abs. 1 SGB XI ist der tägliche Pflegebedarf nicht nur anhand der „gewöhnlichen und regelmäßig wiederkehrenden Verrichtungen" zu bemessen; es sind daher nicht allein Verrichtungen im Sinne von § 61 Abs. 5 SGB XII maßgeblich. Vielmehr ergibt sich aus § 61 Abs. 1 Satz 2 Alt. 3 SGB XII, dass auch Hilfebedarf bei sog. „**anderen Verrichtungen**" für die richtige Zuordnung zu einer der drei Pflegestufen zu berücksichtigen ist (für den Inhalt des Begriffs der „anderen Verrichtungen" wird auf die Kommentierung zu § 61 SGB XII Rn. 85 verwiesen). Nach dem eindeutigen Wortlaut des § 64 SGB XII müssen sich diese „anderen Verrichtungen" allerdings den Bereichen der Körperpflege, der Ernährung und der Mobilität zuordnen lassen; Verrichtungen anderer Bereiche sind nicht berücksichtigungsfähig (vgl. zur genaueren Definition anderer Verrichtungen und konkret solcher im Bereich von Ernährung, Körperpflege, Mobilität und Hauswirtschaft die Kommentierung zu § 61 SGB XII Rn. 85). So ist zwar etwa die Monatshygiene bei Frauen (die nicht regelmäßig wiederkehrend i.S.v. § 61 Abs. 5 SGB XII, wohl aber dem Bereich der Körperpflege zuzurechnen ist) für die Beurteilung der Pflegestufe nach Maßgabe des § 64 Abs. 1-3 SGB XII berücksichtigungsfähig, nicht aber z.B. die Hilfe bei der Pflege von Sozialkontakten oder Ähnlichem.

27 Die Berücksichtigung auch „anderer Verrichtungen" in den Bereichen der Körperpflege, Mobilität, Ernährung und Hauswirtschaft kann dazu führen, dass die sozialhilferechtliche Zuordnung in eine Pflegestufe anders ausfällt als die Einstufung nach Maßgabe des § 15 Abs. 3 SGB XI. Daraus kann wiederum folgen, dass einer pflegeversicherten bedürftigen Person kein Pflegegeld nach § 37 SGB XI, wohl aber schon nach § 64 Abs. 1 Satz 1 SGB XII zu gewähren ist, oder aber die betreffende Person von der sozialen Pflegeversicherung ein Pflegegeld nach Pflegestufe I (bzw. II) erhält, ihr aber vom Sozialhilfeträger ein um den Differenzbetrag bis zur Pflegestufe II (bzw. III) aufstockendes Pflegegeld nach Maßgabe des § 64 Abs. 2 SGB XII gezahlt werden muss.[17]

28 In der Literatur wird – unter Verweis auf frühere Rechtsprechung zum BSHG[18] – teilweise die Auffassung vertreten, dass auch **besondere qualitative Umstände der Pflege** (große körperliche Anstrengung bei großem Körpergewicht der pflegebedürftigen Person, besondere seelische Anspannung z.B. bei Aggressivität der pflegebedürftige Person oder besondere Unannehmlichkeiten oder Peinlichkeiten im Zusammenhang mit der Hilfestellung z.B. bei häufigem Einnässen oder Einkoten) eine höhere Pflegegeldeinstufung (oder aber: die Erhöhung des pauschalierten Betrags) – vgl. dazu Rn. 40 zum Festbetragscharakter – erforderten.[19] Dem kann mit Blick auf das abschließende Regelwerk der §§ 61 ff. SGB XII sowie der Ausgestaltung des § 64 Abs. 1-3 SGB XII nicht gefolgt werden.[20] Die Bezahlung des Pflegegelds knüpft allein an konkret beschriebene Verrichtungen an, die wiederum durch § 61 Abs. 5 SGB XII und § 61 Abs. 1 Satz 2 SGB XII definiert werden. Zudem geben die Pflegebedürftigkeits-Richtlinien über § 61 Abs. 6 SGB XII als maßgebliches Anknüpfungskriterium für die Beurteilung des benötigten Hilfeaufwands den erforderlichen Zeitaufwand bei der Hilfestellung vor (vgl. dazu genauer Rn. 8). Allein etwa die Peinlichkeit der Umstände vermag daher im Rahmen der Pflegegeldgewährung keine Rolle zu spielen. Auch die Tatsache, dass die pflegebedürftige Person stark überge-

---

[17] Vgl. Grube in: Grube/Wahrendorf, § 64 Rn. 10.; Lachwitz in: Fichtner/Wenzel, § 64 Rn. 8.
[18] Vgl. etwa das OVG Berlin v. 30.05.1963 - VI S 2.63 - FEVS 11, 57 ff.; OVG Berlin v. 30.09.1975 - VI B 46.73 - FEVS 24, 357; VGH Baden-Württemberg v. 30.04.1975 - VI 1261/74 - FEVS 23, 466 ff.
[19] So etwa Krahmer/Sommer in: LPK-SGB XII, § 64 Rn. 5; Klie in: Hauck/Noftz, § 64 Rn. 7.
[20] Ebenso i.E. Schellhorn in: Schellhorn/Schellhorn/Hohm, § 64 Rn. 5; von Renesse in Jahn/Jung, § 64 Rn. 3.

wichtig ist, kann nicht schon als solche, sondern erst dann berücksichtigt werden, wenn dadurch auch ein zeitlich erhöhter Pflegeaufwand begründet wird. Ein Erfordernis der Erfassung besonderer Pflegeumstände besteht aber auch nach dem Individualisierungsgrundsatz (§ 9 SGB XII) nicht.[21] Soweit die tatsächlichen Umstände etwa dazu führen, dass besondere Kosten entstehen (z.B. Einstellung einer professionellen Pflegekraft zur Bewältigung besonderer Gewichtsbelastungen o.Ä.), ermöglicht deren Übernahme die Regelung des § 65 SGB XII, die neben § 64 SGB XII anwendbar ist. Die Gewährung höheren Pflegegeldes ist dafür nicht erforderlich.

Fällt der Pflegebedarf geringer aus, als in § 64 Abs. 1-3 SGB XII vorgesehen, liegt also nur **einfache Pflegebedürftigkeit** vor, kommt ein Anspruch auf Pflegegeld nicht in Betracht. Dies gilt z.B., soweit Pflegebedarf nur nach Maßgabe von § 61 Abs. 1 Satz 2 Alt. 2 SGB XII festgestellt ist, etwa weil der Pflegebedarf im Wesentlichen auf „andere Verrichtungen" außerhalb der in § 64 Abs. 1-3 SGB XII genannten Bereiche zurückgeht. In diesen Fällen kommen allerdings andere Leistungen zur häuslichen Pflege (vgl. § 65 SGB XII) in Betracht. 29

Da § 64 Abs. 1-3 SGB XII nicht auf eine Mindestpflegedauer von sechs Monaten abstellt (vgl. hierzu auch § 64 Abs. 5 Sätze 2 und 3 SGB XII), kann Pflegegeld auch dann bezahlt werden, wenn eine **kürzere Pflegedauer** schon absehbar ist (also Pflegebedürftigkeit gem. § 61 Abs. 1 Satz 2 Alt. 1 SGB XII vorliegt), in dieser Zeit jedoch mindestens die Pflegestufe I erreicht wird. Dies entspricht im Übrigen auch der Funktion der Hilfe zur Pflege, den tatsächlichen Pflegebedarf abzudecken. Auch innerhalb eines nur kurzen Bedarfszeitraums ist die Sicherstellung der Pflege durch das private Umfeld der betreffenden Person die vorzugswürdige Lösung und eine solche der pflegebedürftigen Person durch Bezahlung einer Aufwandspauschale zu ermöglichen. Allerdings haben Leistungen der gesetzlichen Krankenversicherung gem. § 2 SGB XII Vorrang. 30

2. Sicherstellung der häuslichen Pflege (Absatz 5 Satz 1)

Voraussetzung für den Bezug von Pflegegeld ist weiter, dass die pflegebedürftige Person die häusliche Pflege „in geeigneter Weise selbst sicherstellen" kann. Dies wird durch § 64 Abs. 5 Satz 1 SGB XII geregelt, der an die gleichartige Vorschrift des § 37 Abs. 1 Satz 2 SGB XI anknüpft. Kann eine eigenständige Sicherstellung nicht bejaht werden, entfällt der Anspruch auf Pflegegeld.[22] 31

Pflegegeld wird also nur im Rahmen der **ambulanten Pflege** bezahlt. Dies entspricht der Regelung des § 63 Satz 3 SGB XII, der zufolge Pflegebedürftige in einer stationären oder teilstationären Einrichtung keine Leistungen zur häuslichen Pflege und folglich auch kein Pflegegeld erhalten.[23] 32

Für die Frage der **eigenverantwortlichen Sicherstellung** kommt es nicht darauf an, ob die pflegebedürftige Person den gesamten pflegerischen Bedarf mit dem Pflegegeld abdecken kann und faktisch auch abdeckt. Auch wenn der Pflegebedarf durch einen ambulanten Pflegedienst sichergestellt wird, führt dies – selbst bei Pflege durch beschäftigte Pflegefachkräfte mit „Rund-um-die-Uhr-Versorgung" – nicht ohne Weiteres zu der Annahme, dass keinerlei Pflegebedarf mehr in Eigenverantwortung abgedeckt wird.[24] Entscheidend ist lediglich, dass die Möglichkeit besteht, dass pflegerischer Bedarf selbst sichergestellt werden kann und ggf. muss.[25] Diese Voraussetzung ist aber auch schon dann zu bejahen, wenn in verbleibenden Zeiträumen bei Nichtanwesenheit einer Pflegefachkraft nachbar- oder verwandtschaftliche Hilfe in Anspruch genommen werden muss oder aber ein unvorhergesehener Pflegebedarf von dem Antragsteller selbst sicherzustellen ist. Daher können trotz professioneller Pflege Zwischenräume verbleiben, in denen Pflege auch noch selbst zu organisieren ist. Schon für diese müssen der pflegebedürftigen Person die finanziellen Anreize durch das Pflegegeld zur Verfügung stehen.[26] Dabei kommt es nicht darauf an, ob tatsächlich Pflege durch Verwandte oder Nachbarn in Anspruch genommen wird. Es muss lediglich immer wieder die Möglichkeit bestehen, dass es dazu kommt.[27] 33

---

[21] So aber die Argumentation z.B. von *Krahmer/Sommer* in: LPK-SGB XII, § 64 Rn. 5.
[22] Vgl. *Schellhorn* in: Schellhorn/Schellhorn/Hohm, § 64 Rn. 16.
[23] Allerdings kann nach § 35 Abs. 2 SGB XII ein angemessener Barbetrag als Taschengeld gewährt werden.
[24] Vgl. den Hessischen VGH v. 03.02.2004 - 10 UZ 2985/02 - FEVS 55, 547-548.
[25] Ebenso *Krahmer/Sommer* in: LPK-SGB XII, § 64 Rn. 8.
[26] So das LSG Berlin-Brandenburg v. 09.01.2006 - L 23 B 1009/05 SO ER, L 23 B 1010/05 SO ER - juris Rn. 27.
[27] Vgl. das LSG Berlin-Brandenburg v. 09.01.2006 - L 23 B 1009/05 SO ER, L 23 B 1010/05 SO ER - juris Rn. 27 ff., unter Verweis auf BVerwG v. 03.07.2003 - 5 C 7.02 - BVerwGE 118, 297 ff.; Hessischer VGH v. 03.02.2004 - 10 UZ 2985/02 - FEVS 55, 547-548; ebenso *Krahmer/Sommer* in: LPK-SGB XII, § 64 Rn. 8.

34 So versteht auch das BSG[28] unter Verweis auf die Regelung des § 66 Abs. 2 SGB XII den Begriff der eigenverantwortlichen Sicherstellung. § 66 Abs. 2 SGB XII zeige, dass Pflegegeld trotz Übernahme der angemessenen Aufwendungen der Pflegepersonen bzw. der Kosten für besondere Pflegekräfte (§ 65 SGB XII) gezahlt werden könne. Für die Bedingung der Sicherstellung der Pflege komme es aus diesem Grund nicht darauf an, ob der gesamte pflegerische Bedarf mit dem Pflegegeld abgedeckt werden könne und faktisch auch abgedeckt werde. Entscheidend sei vielmehr lediglich, aber auch zumindest, dass (neben den übrigen Pflegeleistungen) noch die Möglichkeit bestehe, den pflegerischen Bedarf selbst sicherstellen zu können und ggf. zu müssen; dies sei schon dann zu bejahen, wenn trotz der Einschaltung von Pflegekräften nachbar- oder verwandtschaftliche Hilfe in Anspruch genommen werden müsse oder ein unvorhergesehener Pflegebedarf selbst sicherzustellen sei.

35 § 64 Abs. 5 Satz 1 SGB XII dient damit letztlich allein dazu, eine **Zweckverfehlung** der Pflegegeldgewährung etwa in Folge bestimmungswidriger Verwendung des Pflegegeldes oder bei Mängeln der selbst organisierten Pflege zu verhindern. Es soll gewährleistet werden, dass der Pflegebedürftige die notwendige Pflege auch tatsächlich erhält. Die Zwecksetzung des Pflegegeldes (Motivationshilfe und Aufwendungsersatzleistung) bleibt davon aber unberührt.[29] Allerdings besteht die Möglichkeit, bei Inanspruchnahme (auch) professioneller Hilfe nach Maßgabe des § 65 SGB XII das **Pflegegeld zu kürzen** (vgl. dazu die Kommentierung zu § 66 SGB XII Rn. 22).

36 Eine Zweckverfehlung kann z.B. dann angenommen werden, wenn die Selbstorganisation einer weiteren Pflege schlechterdings nicht möglich ist und daher selbst ein Pflegegeld**anteil** nicht pflegebezogen eingesetzt werden kann, oder aber die pflegebedürftige Person zwar das Pflegegeld bestimmungsgemäß einer Pflegeperson zuwendet, im Ergebnis jedoch die selbst organisierte Pflege dauernd zu menschenunwürdigen Zuständen führt, so dass schon von einer Sicherstellung nicht die Rede sein kann. Auch kommen hier diejenigen Fälle in Betracht, in denen die hilfebedürftige Person Auskünfte über die Verwendung des Pflegegeldes verweigert, so dass die zweckentsprechende Verwendung nicht geklärt werden kann.[30] Nur in derart drastischen Fällen darf die Zahlung von Pflegegeld versagt oder eingestellt werden.

37 § 64 SGB XII lässt offen, wie sich der Sozialhilfeträger im Zweifel die notwendigen Informationen zur Überprüfung geeigneter eigenverantwortlicher Sicherstellung der Pflege verschaffen kann. Eine dem § 37 Abs. 3 SGB XI entsprechende Regelung mit der Möglichkeit, Pflegeeinsätze zur Sicherung der Qualität der häuslichen Pflege abzurufen, existiert in der Hilfe zur Pflege nicht.[31] Hier verbleiben nur die Möglichkeiten der Leistungseinstellung oder -versagung nach den §§ 60 ff., 66 SGB I.[32]

IV. Rechtsfolgen

38 Liegt Pflegebedürftigkeit im Sinne des § 64 Abs. 1-3 SGB XII vor und kann die pflegebedürftige Person die erforderliche Pflege in geeigneter Weise selbst sicherstellen, besteht ein **Rechtsanspruch** auf die Bezahlung von Pflegegeld; denn dieses ist nach § 64 SGB XII als Muss-Leistung der Sozialhilfe ausgestaltet.[33] **Anspruchsberechtigt** ist dabei immer der pflegebedürftige Leistungsempfänger selbst, nicht dagegen die Pflegeperson. Eine Ausnahme kann sich aus § 64 Abs. 5 Satz 4 SGB XII i.V.m. § 19 Abs. 6 SGB XII ergeben.[34]

39 Für die Pflegegeldhöhe verweisen die Absätze 1-3 auf die in § 37 SGB XI genannten Beträge. Das Pflegegeld beträgt daher seit 01.01.2010
- in Stufe I 235 €,
- in Stufe II 440 € und
- in Stufe III 700 €.

---

[28] BSG v. 25.04.2013 - B 8 SO 8/12 R - SozR 4-3500 § 87 Nr. 1.
[29] Vgl. das LSG Berlin-Brandenburg v. 09.01.2006 - L 23 B 1009/05 SO ER, L 23 B 1010/05 SO ER - juris Rn. 27 unter Verweis auf BVerwG v. 03.07.2003 - 5 C 7.02 - BVerwGE 118, 297 ff.
[30] Ebenso *Lachwitz* in: Fichtner/Wenzel, § 64 Rn. 21.
[31] Vgl. grundlegend zur Pflegeversicherung das BSG v. 24.07.2003 - B 3 P 4/02 R - BSGE 91, 174 ff.
[32] Vgl. mit einem entsprechenden Vorschlag (ohne allerdings die gesetzlichen Grundlagen zu benennen) auch *Lachwitz* in: Fichtner/Wenzel, § 64 Rn. 22.
[33] Vgl. *Schellhorn* in: Schellhorn/Schellhorn/Hohm, § 64 Rn. 23.
[34] Vgl. *Frieser* in: Linhart/Adolph § 64 Rn. 6; vgl. dazu auch Rn. 56.

Die Pflegegeldsätze sind absolute **Festbeträge**, die nicht je nach Einzelfall erhöht werden können.[35] **40**
Dafür besteht aber auch kein Bedürfnis. Ergibt sich konkret ein höherer Bedarf, sind ggf. ergänzende Leistungen nach § 65 SGB XII zu erbringen (vgl. dazu auch schon die Ausführungen in Rn. 28, denen zufolge besondere Pflegeumstände für sich die Einstufung in eine höhere Pflegestufe nicht rechtfertigen können).

Je nach zu erwartendem Verlauf der die Pflege verursachenden Erkrankung oder Behinderung ist die **41**
Beurteilung der Pflegebedürftigkeit von Zeit zu Zeit neu vorzunehmen, um den aktuellen Pflegebedarf sachgerecht feststellen zu können. Soweit dies nicht bereits die Pflegekasse übernimmt, hat der Sozialhilfeträger hier selbst Ermittlungen vorzunehmen (vgl. dazu i.E. die Kommentierung zu § 62 SGB XII Rn. 20).

V. Pflegebedürftigkeit bei Kindern (Absatz 4)

Kinder haben einen natürlichen, altersbedingten Pflegebedarf. Dies gilt insbesondere bei Säuglingen **42**
und Kleinkindern. Für die Beurteilung der Pflegebedürftigkeit bei Kindern müssen deshalb andere Maßstäbe gelten als bei Erwachsenen. Daher regelt § 64 Abs. 4 SGB XII zur Klarstellung (wenn auch an systematisch unzutreffender Stelle, vgl. dazu schon oben), dass bei der Prüfung der Frage, ob ein Kind in erheblichem oder in höherem Maße pflegebedürftig ist und deshalb ein Pflegegeld nach § 64 Abs. 1-3 SGB XII beanspruchen kann, auf den **gegenüber einem gesunden, gleichaltrigen Kind zusätzlichen Pflegebedarf** abzustellen ist. Für die Zuordnung eines Kindes zu einer der Pflegestufen kommt es folglich nur auf diesen zusätzlichen, das altersübliche Maß übersteigenden Pflegebedarf an. Eine Schlechterstellung gegenüber Erwachsenen wird dadurch nicht bedingt.[36]

Mit diesem Inhalt entspricht § 64 Abs. 4 SGB XII der Regelung des **§ 15 Abs. 2 SGB XI** zur Bestim- **43**
mung des Pflegebedarfs von Kindern in der sozialen Pflegeversicherung.[37] Die dort durch die Rechtsprechung entwickelten Maßstäbe sind daher auch in der Hilfe zur Pflege anzuwenden.[38] Dies gilt umso mehr, als über die Regelung des § 61 Abs. 6 SGB XII, wie in der sozialen Pflegeversicherung, auch in der Hilfe zur Pflege die Begutachtungs-Richtlinien (BRi) sowie die Pflegebedürftigkeits-Richtlinien (PflRi) anzuwenden sind (vgl. dazu die Kommentierung zu § 61 SGB XII Rn. 165), welche unter Abschnitt D 4.0 III Nr. 9 (BRi) bzw. in Ziff. 4.2 (PflRi) nähere Vorgaben für die Bestimmung des Pflegebedarfs bei Kindern machen.

Ausgehend von der gesetzlichen Formulierung in § 64 Abs. 4 SGB XII und § 15 Abs. 2 SGB XI wird **44**
der **Pflegebedarf bei Kindern** ermittelt, indem vom Gesamtbedarf des pflegebedürftigen Kindes ein Zeitabzug für den Hilfe- und Erziehungsbedarf gesunder Kinder entsprechend ihrem Entwicklungsfortschritt vorgenommen wird (sog. **Differenzmethode**). Unter **Abschnitt D 4.0 III Nr. 9 BRi** findet sich hierzu eine Tabelle über den zugrunde zu legenden Pflegeaufwand eines gesunden Kindes in Minuten pro Tag. Dort werden die Besonderheiten der Beurteilung von Pflegebedürftigkeit bei Kindern einschließlich einer Zeitbemessung näher erörtert.

Während das **BSG** zu den früher maßgeblichen Tabellenwerten die Auffassung vertrat, dass das Ge- **45**
richt an die aufgeführten tabellarischen Mittelwerte jedoch nicht in jedem Falle gebunden sei,[39] hat es sich zu den seit 08.06.2009 neu aufgestellten Tabellenwerten anders positioniert.[40] Diese neuen Werte legt es in seiner neuesten Rechtsprechung zu § 15 Abs. 2 SGB XI zugrunde, offenbar ohne ihre Richtigkeit noch in Zweifel zu ziehen. Der normale Hilfebedarf von Kindern sei zwar in den alten BRi durchweg zu hoch veranschlagt und zu großen Zeitkorridoren zugeordnet worden. Die neuen Abzugswerte seien jedoch der „täglichen Praxis der Kindererziehung und Kinderpflege" entnommen. Sie seien damit „empirisch gesichert und deutlich realistischer". Ihnen liege ein „verbesserter Erkenntnisstand" zugrunde. Das BSG hat sich zuletzt daher nur noch mit den Fragen auseinandergesetzt, ob die neuen Werte auch früheren Sachverhalten als Maßstab zu dienen haben, wie anhand der dort aufgeführten Zeitkorridore

---

[35] So zu Recht *Schellhorn* in: Schellhorn/Schellhorn/Hohm, § 64 Rn. 5.
[36] So ausdrücklich das BSG v. 26.11.1998 - B 3 P 20/97 R - NZS 1999, 343.
[37] Vgl. dazu BSG v. 14.12.1994 - 3 RK 9/94 - SozR 3-2500 § 53 Nr. 7; vgl. auch *Schellhorn* in: Schellhorn/Schellhorn/Hohm, § 64 Rn. 14.
[38] Vgl. *Lachwitz* in: Fichtner/Wenzel, § 64 Rn. 17 unter Verweis auf einschlägige Rechtsprechung des BSG zu § 15 Abs. 2 SGB XI.
[39] Vgl. das BSG v. 13.05.2004 - B 3 P 7/03 R - SozR 4-3300 § 23 Nr. 2; zur Begründung führt das BSG aus, dass die vorgegebenen Mittelwerte bislang nicht wissenschaftlich fundiert seien.
[40] Vgl. BSG v. 01.03.2012 - B 3 P 1/11 R - BSGE 110, 214. Das BSG geht im Übrigen davon aus, dass die Abzugswerte generelle Tatsachen sind und als solche von ihm überprüft werden können.

ein einheitlicher Abzugswert zu bilden ist und ob innerhalb der aufgeführten Altersstufen nochmals zu differenzieren ist. Die für die früheren und deutlich ungenaueren BRi angedachte „konkrete Schätzung" des jeweiligen Mehrbedarfs[41] dürfte daher nicht mehr in Betracht kommen.

46 Anders als in der 1. Auflage hier vertreten, ist eine Alternative zu diesem Vergleichsmaßstab aber auch faktisch nicht vorstellbar. Insbesondere kommt ein individueller Maßstab nicht in Betracht. In welchem Umfang das konkrete Kind ohne seine Behinderung oder Krankheit der Pflege bedürfte, ist nicht ermittelbar.[42] Selbst bei einem Kind mit eindeutig begrenzbaren, somatischen Gebrechen (etwa nur: gelähmten Beinen) ließe sich nicht festlegen, in welchem zeitlichen Ausmaß es in einem bestimmten Alter der Hilfe beim Gehen bedürfte, ob es also mit dem Erlernen des Gehens früh oder spät dran wäre.[43]

47 Deshalb, aber auch aus Gründen der praktischen Handhabbarkeit, sind die Tabellenwerte der BRi als Ausgangspunkt heranzuziehen. Sie stellen der Sache nach **Abzugswerte** dar. In die Ermittlung des tatsächlichen Pflegebedarfs sind sie im Einzelfall so einzustellen, dass der vollständige tatsächliche verrichtungsbezogene Hilfebedarf eines Kindes zu ermitteln und von diesem ein Abzugswert nach Maßgabe der BRi herauszurechnen ist. Die Differenz stellt den in der Pflegeversicherung berücksichtigungsfähigen Pflegeaufwand dar.

48 Die Tabelle zur Bestimmung des Pflegebedarfs gesunder Kinder gibt Zeitwerte für **verschiedene Altersgruppen** an. Anders als frühere Fassungen differenziert die aktuelle Fassung sehr stark. Daher hat das BSG entschieden, dass eine Berücksichtigung von Zwischenwerten nicht mehr geboten sei.[44] Es ist vielmehr ein einheitlicher Wert innerhalb der vorgegebenen Altersabschnitte zugrunde zu legen.[45]

49 Ziff. 4.2 PflRi bestimmt, dass **Pflegebedürftigkeit im ersten Lebensjahr** nur ausnahmsweise vorliegt. Eine dahingehende Feststellung bedarf stets einer besonderen Begründung. Welche Ausnahmefälle insoweit in Betracht kommen, wird wiederum in Abschnitt D 4.0 III Nr. 9 BRi angesprochen. Als solche sind z.B. schwere Fehlbildungen sowie angeborene oder früh erworbene schwere Erkrankungen eines oder mehrerer Organsysteme aufgeführt.

50 Wie bei Erwachsenen, so ist auch bei Kindern für die Zuordnung zur Pflegestufe I und folglich den Bezug von Pflegegeld ein **Mindestbedarf an Grundpflege** erforderlich, der nicht durch einen erhöhten Bedarf an hauswirtschaftlicher Versorgung ausgeglichen werden kann.[46] Allerdings ist auch für die Einstufung von Kindern ggf. zusätzlicher Pflegebedarf nach Maßgabe des erweiterten Pflegebedürftigkeitsbegriffs gem. § 61 Abs. 1 Satz 2 SGB XII zu berücksichtigen.[47]

51 Wer „**Kind**" i.S.d. § 64 Abs. 4 SGB XII ist, wird durch die Vorschrift nicht definiert. Insoweit wird in der Literatur auf die Regelung des § 7 Abs. 1 Nr. 1 SGB VIII und die dort aufgeführte Altersgrenze von 14 Jahren verwiesen.[48] Die BRi gehen demgegenüber davon aus, dass schon ab Erreichen des Alters von 11 Jahren kein kinderspezifischer, altersüblicher Pflegebedarf mehr besteht. Dies stellt eine sehr großzügige Auslegung dar; eine darüber hinausgehende Herabsetzung der Altersgrenze kommt sicherlich nicht in Betracht.

VI. Kürzung und Wegfall des Pflegegeldes (Absatz 5 Sätze 2-5)

1. Kürzung des Pflegegeldes (Absatz 5 Sätze 2-3)

52 Nach § 64 Abs. 5 Satz 2 SGB XII ist das Pflegegeld anteilig zu kürzen, wenn der Anspruch nicht für den vollen Kalendermonat besteht. Entsprechend der Regelung des § 37 Abs. 2 Satz 1 SGB XI ist der Kalendermonat dabei gem. **§ 64 Abs. 5 Satz 3 SGB XII** aus Gründen der Verwaltungspraktikabilität mit 30 Tagen anzusetzen.

---

[41] BSG v. 29.04.1999 - B 3 P 7/98 R - SozR 3-3300 § 14 Nr. 10.
[42] Vgl. dazu auch *Meßling* in: jurisPK-SGB XI, § 15 Rn. 95 ff.
[43] Im Übrigen entspräche die Auslegung auch nicht dem Regelungskonzept des § 15 Abs. 2 SGB XI, das auch für die Hilfe zur Pflege von Kindern maßgeblich ist. § 15 Abs. 2 SGB XI stellt auf „ein gesundes Kind", nicht auf „das konkrete Kind als gesundes" ab.
[44] BSG v. 01.03.2012 - B 3 P 1/11 R - BSGE 110, 214.
[45] Vgl. i.E. zur Berechnungsmethode *Meßling* in: jurisPK-SGB XI, § 15 Rn. 105.
[46] Vgl. BSG v. 19.02.1998 - B 3 P 3/97 R - SozR 3-3300 § 14 Nr. 2; BSG v. 17.06.1999 - B 3 P 10/98 R - NZS 2000, 38.
[47] Vgl. ebenso *Schellhorn* in: Schellhorn/Schellhorn/Hohm, § 64 Rn. 15.
[48] So z.B. *Lachwitz* in: Fichtner/Wenzel, § 64 Rn. 18; kritisch insoweit allerdings *Grube* in: Grube/Wahrendorf, § 64 Rn. 12.

In Betracht kommt eine anteilige Kürzung etwa in **Fallkonstellationen**, in denen die Pflegebedürftigkeit bzw. die Kenntniserlangung davon (§ 18 SGB XII) erst im Verlauf eines schon begonnenen Monats eintritt.[49] Gleiches gilt, wenn die Person an den Wochenenden und/oder in den Ferien im häuslichen Bereich gepflegt wird, im Übrigen aber die Pflege in einer Einrichtung im Sinne des § 63 Satz 3 SGB XII stattfindet.[50] Dabei sind – in Anlehnung an die Regelung des § 43a Satz 3 SGB XI – die Tage der An- und Abreise als Tage der häuslichen Pflege zu werten. 53

In der Literatur war lange Zeit die Frage umstritten, wie in Fällen eines **vorübergehenden vollstationären Krankenhausaufenthalts** im Rahmen einer Akutbehandlung zu verfahren sei. Der einen Auffassung nach sollte – entsprechend der Regelung des § 34 Abs. 2 Satz 2 SGB XI – Pflegegeld für einen Zeitraum von vier Wochen gleichwohl weitergezahlt werden,[51] während die gegenteilige Meinung davon ausging, dass mit Blick auf das Fehlen einer dem § 34 Abs. 2 Satz 2 SGB XI entsprechenden Regelung in der Hilfe zur Pflege die Kürzungsregelung des § 64 Abs. 5 Satz 2 SGB XII auch während eines nur vorübergehenden Aufenthalts im Krankenhaus zum Tragen kommen sollte.[52] Diesem Streit dürfte der Gesetzgeber durch die Einführung von **§ 63 Sätze 4-6 SGB XII** ein Ende bereitet haben. Er hat dort klargestellt, dass die Fortzahlung ambulanter Leistungen bei Einlieferung in ein Krankenhaus nur möglich ist, wo und soweit die pflegebedürftige Person das Arbeitgebermodell nach Maßgabe des § 66 Abs. 4 Satz 2 SGB XII in Anspruch nimmt. Die zu pflegende Person soll fortan in der Lage sein, die von ihr eingestellten Pflegekräfte halten zu können. Damit aber kommt im Übrigen eine Fortzahlung ambulanter Leistungen – und also auch des Pflegegeldes – nicht in Betracht (argumentum e contrario). Der anders lautenden Auffassung[53] kann nicht gefolgt werden; vgl. dazu sowie zum Regelungsinhalt von § 63 Sätze 4-6 SGB XII genauer und unter Verweis auf die gesetzgeberischen Motive auch die Kommentierung zu § 63 SGB XII Rn. 30 ff.; insbes. Rn. 37. 54

Unabhängig von der Regelung des § 64 Abs. 5 Satz 2 SGB XII kann eine Kürzung des Pflegegeldes auch nach Maßgabe von **§ 66 SGB XII** erfolgen (vgl. i.E. die Kommentierung zu § 66 SGB XII). 55

2. Ausnahme davon bei Versterben des Pflegebedürftigen (Absatz 5 Satz 4)

§ 64 Abs. 5 Satz 4 SGB XII sieht eine Ausnahme von der Grundregel des Satzes 2 vor. Im Falle des Versterbens der pflegebedürftigen Person wird Pflegegeld nämlich nicht nur anteilig bis zum Todestag, sondern vielmehr **bis zum Ende des Sterbemonats** gezahlt. Damit wird der Gesetzgeber der Tatsache gerecht, dass häufig Kündigungsfristen einzuhalten sind und zudem im Anschluss an das Versterben der pflegebedürftigen Person durch die pflegebereite Person noch Nachsorgemaßnahmen zu treffen sind. 56

Dementsprechend ist ein der pflegebedürftigen Person noch zu Lebzeiten ausgezahltes Pflegegeld nicht anteilig zurückzufordern. Hat der Sozialhilfeträger einen Pflegegeldanspruch vor dem Tod dieser Person aber noch gar nicht erfüllt, steht der Anspruch nach Maßgabe des **§ 19 Abs. 6 SGB XII** ausnahmsweise demjenigen zu, der die Pflege geleistet hat.[54] Darüber hinaus kommt eine Leistungsgewährung an Dritte aber nicht in Betracht; insbesondere ist der Anspruch auf Pflegegeld als höchstpersönlicher **nicht vererblich**.[55] 57

3. Wegfall der Leistungspflicht nach Absatz 5 Satz 5

Die Regelung des § 64 Abs. 5 Satz 5 SGB XII betrifft nur pflegeversicherte Leistungsempfänger. Ein Anspruch auf Pflegegeld besteht danach nicht, soweit die Pflegekasse ihre Leistungen nach **§ 37 Abs. 6 SGB XI** ganz oder teilweise eingestellt hat, weil die pflegebedürftige Person die in der sozialen Pfle- 58

---

[49] Vgl. z.B. *Frieser* in: Linhart/Adolph, § 64 Rn. 21.
[50] Vgl. z.B. *Lachwitz* in: Fichtner/Wenzel, § 64 Rn. 27.
[51] So z.B. *Lachwitz* in: Fichtner/Wenzel, § 64 Rn. 28; *Klie* in: Hauck/Noftz, § 64 (vor der 29.Erg.Lfg.), Rn. 12.
[52] So z.B. *Schellhorn* in: Schellhorn/Schellhorn/Hohm, § 64 Rn. 18; *Holtbrügge* in: LPK-SGB XI, 2. Aufl. 2003, § 69a BSHG Rn. 9a.
[53] Vgl. SG München v. 21.03.2011 - S 32 SO 51/11 ER.
[54] Vgl. *Lachwitz* in: Fichtner/Wenzel, § 64 Rn. 30; *Schellhorn* in: Schellhorn/Schellhorn/Hohm, § 64 Rn. 24.
[55] Vgl. *Schellhorn* in: Schellhorn/Schellhorn/Hohm, § 64 Rn. 24; vgl. dazu i.Ü. § 17 SGB XII. Vgl. aber auch die grundlegende Rechtsprechung des BVerwG zur Vererblichkeit von Sozialhilfeansprüchen, wonach Sozialhilfeansprüche nach Maßgabe der §§ 58, 59 SGB I vererblich sind, wenn der Hilfebedürftige zu Lebzeiten seinen Bedarf mit Hilfe eines im Vertrauen auf die spätere Bewilligung von Sozialhilfe vorleistenden Dritten gedeckt hat, weil der Träger der Sozialhilfe nicht rechtzeitig geholfen oder Hilfe abgelehnt hat: BVerwG v. 05.05.1994 - 5 C 43/91 - BVerwGE 96, 18 ff.

geversicherung gem. § 37 Abs. 3 SGB XI vorgesehene regelmäßige Beratung durch eine zugelassene Pflegeeinrichtung oder durch eine von der Pflegekasse beauftragte Fachkraft (sog. Pflegeeinsätze) nicht in Anspruch genommen hat. Die Beratung nach § 37 Abs. 3 SGB XI dient der Qualitätssicherung der Pflege im ambulanten Bereich (vgl. zum Fehlen einer entsprechenden Regelung im SGB XII schon Rn. 37). Die Regelung des § 64 Abs. 5 Satz 5 SGB XII ist erforderlich, um zu verhindern, dass eine wegen nicht abgerufener Pflegeeinsätze vorgenommene Kürzung oder Entziehung der Leistungen durch die Pflegekasse letztlich zu Lasten des Sozialhilfeträgers geht, der aufstockend leistet. Anderenfalls würde im Übrigen das Ziel des § 37 Abs. 6 SGB XI unterlaufen.[56]

VII. Besitzstandsregelung des Art. 51 PflegeVG

59 Personen, die am Stichtag des 31.03.1995 einen Pflegegeldanspruch nach Maßgabe des § 69 BSHG in der bis dahin geltenden Fassung hatten, kann die Regelung zur Besitzstandswahrung nach Art. 51 PflegeVG zugutekommen. Nach nunmehr bald 20 Jahren geänderter Regelungsmaßstäbe wird die Bedeutung dieser Regelung zunehmend geringer. Gleichwohl ergibt sich nach wie vor ein gewisses Anwendungsfeld.[57]

60 Die Besitzstandsregelung lautet in der jetzt maßgeblichen Fassung vom 21.03.2005 (vgl. dazu den Nachweis in Rn. 5) wie folgt:

Art. 51 Pflegegeld nach dem Bundessozialhilfegesetz

(1) Personen, die am 31. März 1995 Pflegegeld nach § 69 Bundessozialhilfegesetzes in der bis zum 31. März 1995 geltenden Fassung bezogen haben, erhalten dieses Pflegegeld und zusätzlich das bis zum 31. März 1995 nach § 57 des Fünften Buches Sozialgesetzbuch gezahlte Pflegegeld vom Träger der Sozialhilfe nach Maßgabe der Absätze 3 bis 5.

(2) Voraussetzung für die Leistung nach Absatz 1 ist nicht, dass
   1. Pflegebedürftigkeit oder mindestens erhebliche Pflegebedürftigkeit im Sinne des Elften Buches Sozialgesetzbuch oder des Bundessozialhilfegesetzes vorliegt oder
   2. bis zum 31. März 1995 Pflegegeld nach § 57 des Fünften Buches Sozialgesetzbuch geleistet wurde.

(3) Bei Festsetzung der Leistung nach Absatz 1 sind die am 31. März 1995 maßgebenden Grundbeträge der Einkommensgrenzen nach den §§ 79 und 81 des Bundessozialhilfegesetzes und die zu diesem Zeitpunkt maßgebenden Beträge der Verordnung zur Durchführung des § 88 Abs. 2 Nr. 8 des Bundessozialhilfegesetzes zugrunde zu legen; im übrigen sind die geltenden Vorschriften des Zwölften Buches Sozialgesetzbuch anzuwenden.

(4) Die Leistung nach Absatz 1 mindert sich um
   1. den Betrag des Pflegegeldes nach § 37 des Elften Buches Sozialgesetzbuch,
   2. den Wert der Sachleistung nach § 36 des Elften Buches Sozialgesetzbuch,
   3. den Wert der Kombinationsleistung nach § 38 oder § 41 des Elften Buches Sozialgesetzbuch,
   4. den Betrag des Pflegegeldes nach § 69a des Bundessozialhilfegesetzes und
   5. die Kostenübernahme nach § 69b Abs. 1 Satz 2 des Bundessozialhilfegesetzes.

(5) Der Anspruch nach Absatz 1 ruht für die Dauer einer Unterbringung in einer vollstationären Einrichtung. Er entfällt, wenn
   1. die Leistungsvoraussetzungen nach § 69 des Bundessozialhilfegesetzes in der bis zum 31. März 1995 geltenden Fassung nicht mehr vorliegen oder
   2. die Dauer der Unterbringung in der Einrichtung zwölf Monate übersteigt.

(6) Verwaltungsakte, die auf der Grundlage des Artikels 51 in der Fassung des Pflege-Versicherungsgesetzes vom 26. Mai 1994 (BGBl I 1994, 1014, 2797) ergangen sind und nicht den Regelungen in den Absätzen 1 bis 5 entsprechen, sind mit Wirkung für die Vergangenheit zurückzunehmen und durch einen neuen Verwaltungsakt mit Wirkung vom 1. April 1995 zu ersetzen.

---

[56] Vgl. ebenso *Frieser* in: Linhart/Adolph, § 64 Rn. 25.
[57] Vgl. etwa den Sachverhalt des Verfahrens B 8 SO 4/09 R, verhandelt am 16.12.2010, das im Ergebnis allerdings unstreitig beendet wurde (vgl. Termintipp des BSG Nr. 34/10 vom 13.12.2010, www.bsg.bund.de, abgerufen am 03.04.2014; vgl. zu der dort verhandelten Sache noch genauer die Kommentierung zu § 66 SGB XII Rn. 41).

Nach der Konzeption des Gesetzes ist die Leistung nach der Besitzstandsregelung eine gegenüber dem Pflegegeld gem. § 64 SGB XII **verselbständigte Leistung**. Dies ist bezogen auf die Leistungshöhe regelmäßig unerheblich, weil das Pflegegeld nach § 64 SGB XII angerechnet wird (vgl. dazu noch Rn. 66 ff.). Unterschiedliche Leistungen können jedoch durch die Beteiligten unterschiedlich gehandhabt werden; so kann über die eine Leistung ein Vergleich geschlossen werden, der für die andere Leistung keine Rechtswirksamkeit entscheidet.[58] Es ist auch denkbar, dass sich ein Leistungsbescheid nur zu einer von zwei Leistungen verhält und folglich auch nur diese Leistung Regelungsinhalt ist. 61

Entgegen dem Wortlaut des **Art. 51 Abs. 1 PflegeVG** werden durch die Regelung alle Personen erfasst, die am Stichtag des 31.03.1995 einen **Anspruch auf Pflegegeld** nach § 69 Abs. 3 und 4 BSHG in der bis dahin geltenden Fassung hatten; auf den tatsächlichen Bezug von Pflegegeld kommt es nicht an.[59] Pflegegeld ist daher auch dann „weiterzugewähren", wenn die zu pflegende Person es nur deshalb tatsächlich nicht bezogen hat, weil sie es erst in einem Streitverfahren mit Rückwirkung durchsetzen konnte.[60] Der Grundsatz der Kenntnisnahme durch den Sozialhilfeträger (jetzt: § 18 SGB XII) ist aber zu beachten; ein auf den Zeitpunkt vor Kenntniserlangung rückwirkender Anspruch kommt daher nicht in Betracht. Die lange Zeit streitige Frage, ob von Art. 51 PflegeVG nur zu Recht gewährtes Pflegegeld erfasst ist, ist durch **Art. 51 Abs. 6 PflegeVG** nunmehr ausdrücklich de lege ferenda bejaht worden. 62

Hat die pflegebedürftige Person neben dem Pflegegeld der Sozialhilfe auch eine **anrechnungsfreie Geldleistung nach § 57 SGB V a.F. („Krankenpflegegeld")** erhalten, ist gem. Art. 51 Abs. 1 PflegeVG von der Gesamtsumme von Sozialhilfe-Pflegegeld und anrechnungsfreiem Betrag des Krankenpflegegeldes auszugehen. Nach **Art. 51 Abs. 2 Nr. 2 PflegeVG** ist jedoch der Bezug eines solchen Krankenpflegegeldes nicht zwingende Voraussetzung für die Besitzstandswahrung. 63

Nach **Art. 51 Abs. 5 Satz 2 Nr. 1 PflegeVG** kommt die Besitzstandsregelung nur zur Anwendung, solange die Voraussetzungen des § 69 BSHG in der bis zum 31.03.1995 geltenden Fassung weiterhin erfüllt sind. Hat sich also seither der Zustand der pflegebedürftigen Person stark gebessert, entfällt die Besitzstandswahrung.[61] Maßstab der Beurteilung bleibt allerdings § 69 BSHG a.F.; nach **Art. 51 Abs. 2 Nr. 1 PflegeVG** ist nicht erforderlich, dass die betreffende Person pflegebedürftig i.S.v. §§ 14, 15 SGB XI bzw. von § 68 BSHG n.F. (gemeint ist jetzt: § 61 SGB XII)[62] ist. 64

Der **Höhe** nach betrug das Pflegegeld am Stichtag des 31.03.1995 nach Maßgabe des **§ 69 Abs. 4 Sätze 1 und 2 BSHG a.F.** unter Berücksichtigung der Angleichungsregelung des § 69 Abs. 6 BSHG a.F. 378 DM (Satz 1) bzw. 1.031 DM (Satz 2).[63] 65

Allerdings enthält Art. 51 Abs. 4 PflegeVG **Anrechnungsvorschriften.** Danach mindert sich die nach Art. 51 Abs. 1 PflegeVG zu zahlende Leistung um den Betrag tatsächlich gezahlten Pflegegeldes sowohl nach § 37 SGB XI (Absatz 4 Nr. 1) als auch nach § 69a BSHG (gemeint ist jetzt: § 64 SGB XII; Art. 51 Abs. 4 Nr. 5 PflegeVG), weiter um den Wert der Sachleistung nach § 36 SGB XI (Absatz 4 Nr. 2), um den Wert der Kombinationsleistung nach § 38 SGB XI oder § 41 SGB XI (Absatz 4 Nr. 3), sowie um den Betrag der Kostenübernahme nach § 69b Abs. 1 Satz 2 BSHG (gemeint ist jetzt: § 65 Abs. 1 Satz 2 SGB XII). 66

Die Anrechnung erfolgt nicht nur bei den nach dem 31.03.1995 erstmalig einsetzenden Sachleistungen, sondern vielmehr auch dann, wenn der Sachleistungsbezug bereits vor In-Kraft-Treten des PflegeVG einsetzte.[64] Auch die nach altem Recht erfolgten Anrechnungen, Kürzungen und Minderungen sind im Übrigen zu berücksichtigen.[65] 67

Besteht ein Anspruch auf Pflegegeld nach § 69a BSHG (also jetzt: § 64 SGB XII), ist auf diesen Anspruch die Kürzungsregelung des § 66 Abs. 2 Satz 2 SGB XII anzuwenden. Der endgültige Leistungsanspruch umfasst also ggf. das nach den §§ 64, 66 SGB XII errechnete Pflegegeld zuzüglich der um 68

---

[58] So im Fall des LSG NRW v. 23.02.2012 - L 7 SO 3580/11.
[59] Vgl. *Schellhorn* in: Schellhorn/Schellhorn/Hohm, § 64 Rn. 27.
[60] Vgl. *Krahmer/Sommer* in: LPK-SGB XII, § 64 Anhang zu § 64 Rn. 2.
[61] Vgl. Niedersächsisches OVG v. 29.05.1995 - 12 L 702/98 - FEVS 49, 505 ff.; vgl. dazu auch *Krahmer/Sommer* in: LPK-SGB XII, § 64 Anhang zu § 64 Rn. 9.
[62] Ebenso *Schellhorn* in: Schellhorn/Schellhorn/Hohm, § 64 Rn. 28. Die fehlende Umstellung auf die Normen des SGD XII trotz Neufassung des Art. 51 PflegeVG schon nach dem 01.01.2005 stellt ein Redaktionsversehen dar.
[63] Vgl. die Rentenanpassungs-Verordnung 1994 für die Zeit v. 01.07.1994 bis zum 31.03.1995.
[64] Vgl. das BVerwG v. 07.12.1999 - 5 B 132/98 - Buchholz 436.0 § 69c BSHG Nr. 1.
[65] BVerwG v. 07.12.1999 - 5 B 132/98 - Buchholz 436.0 § 69c BSHG Nr. 1.

diesen Betrag nach Art. 51 Abs. 4 Nr. 4 PflegeVG verminderten Besitzstandsleistung.[66] Allerdings ist die Anwendung des § 66 Abs. 2 Satz 2 SGB XII in diesem Zusammenhang letztlich nur dann erheblich, wenn das Pflegegeld gem. § 64 SGB XII höher als die Besitzstandsleistung ist; bei niedrigeren Beträgen wird im Ergebnis immer der Höhe nach die Besitzstandsleistung gezahlt.

69 Die Regelung des § 66 Abs. 1 Satz 1 SGB XII ist demgegenüber auf die bestandsgeschützte Leistung nach Art. 51 PflegeVG wegen der Anrechnungsregelung des Art. 51 Abs. 4 Nr. 4 PflegeVG nicht anwendbar. Insoweit stellt Art. 51 Abs. 4 Nr. 4 PflegeVG die speziellere Vorschrift dar mit der Folge, dass eine Kostenerstattung nach § 65 Abs. 2 SGB XII neben der Besitzstandsleistung in Betracht kommt. Angerechnet wird gem. Art. 51 Abs. 4 Nr. 4 PflegeVG nämlich nur eine Kostenerstattung gem. § 65 Abs. 1 Satz 2 SGB XII.

70 Die Besitzstandsregelung greift nur, solange Sozialhilfebedürftigkeit vorliegt, vgl. **Art. 51 Abs. 3 PflegeVG**.[67] Dabei ist teilweise die Rechtslage am Stichtag, teilweise aber auch die aktuell geltende Rechtslage maßgeblich: Einerseits kommt es auf die Einkommens- und Barbetragsgrenzen an, die am 31.03.1995 gegolten haben (§§ 79, 81 BSHG a.F. sowie § 88 Abs. 2 Nr. 8 BSHG a.F. i.V.m. der dazu erlassenen Verordnung; vgl. insoweit Art. 51 Abs. 3 HS. 2 PflegeVG). Andererseits sind jedoch die aktuellen Einkommens- und Vermögensverhältnisse und die aktuellen Familienverhältnisse einschließlich der gegenwärtigen Kosten der Unterkunft gem. den §§ 82 ff. SGB XII (§§ 85, 90 SGB XII eingeschlossen) zu berücksichtigen.[68] Entfällt die Bedürftigkeit nach Maßgabe dieser Regelungen, entfällt auch die Besitzstandsregelung. Leistungen der Sozialhilfe sind nämlich keine Leistungen auf Lebenszeit, sondern streng bedürftigkeitsabhängig.

71 Soweit Art. 51 PflegeVG keine eigenständigen Regelungen enthält, finden die aktuellen Vorschriften der Sozialhilfe auf die Leistungen nach Art. 51 PflegeVG Anwendung, also insbesondere die Regelung zum Kostenersatz, zur Aufrechnung u.Ä.[69]

C. Praxistipps

72 Da das Pflegegeld keinen Entgeltcharakter hat, sondern nur eine Motivationshilfe für Personen aus dem häuslichen Umfeld darstellt, kann ein **Anspruch auf Pflegegeld im Verfahren des vorläufigen Rechtsschutzes** nur durchgesetzt werden, wenn der pflegebedürftige Antragsteller glaubhaft machen kann, dass ihm aufgrund nicht ausgezahlten Pflegegelds akut droht, nur noch unzureichend gepflegt zu werden.[70]

73 Pflegegeld nach § 64 SGB XII ist für die pflegebedürftige Person **kein in der Sozialhilfe zu berücksichtigendes Einkommen**, weil es sich um eine Leistung nach dem SGB XII i.S.v. § 82 Abs. 1 Satz 1 SGB XII handelt.[71] Um die Zweckbestimmung des Pflegegeldes aber auch im Weiteren nicht zu vereiteln, muss auch die aus dem häuslichen Umfeld des pflegebedürftigen Leistungsempfängers kommende Pflegeperson, der Pflegegeld nach § 64 SGB XII (oder jedenfalls ein Teil desselben) als Motivationshilfe zugewandt wird, dieses Pflegegeld nicht als Einkommen im Sinne von § 82 Abs. 1 SGB XII einsetzen.[72] Dies wäre mit Blick auf die Vorgabe des § 63 Satz 1 SGB XII, Pflege möglichst im privaten Umfeld sicherzustellen, auch kontraproduktiv; gerade der Anreiz zusätzlichen „Verdienstes" kann im Einzelfall eine Motivation zur Übernahme von pflegerischen Aufgaben darstellen.

---

[66] Ebenso *Krahmer/Sommer* in: LPK-SGB XII, § 64 Anhang zu § 64 Rn. 8; *Schellhorn* in: Schellhorn/Schellhorn/Hohm, § 64 Rn. 30.
[67] So jüngst das BVerwG v. 12.11.2008 - 5 B 29/08 - Buchholz 436.0 § 69 BSHG Nr. 29.
[68] Vgl. *Krahmer/Sommer* in: LPK-SGB XII, § 64 Anhang zu § 64 Rn. 6; *Schellhorn* in: Schellhorn/Schellhorn/Hohm, § 64 Rn. 32.
[69] Ebenso *Schellhorn* in: Schellhorn/Schellhorn/Hohm, § 64 Rn. 32.
[70] Vgl. das OVG Brandenburg v. 07.05.2002 - 4 B 30/02 - ZFSH/SGB 2002, 675; vgl. dazu auch *Lachwitz* in: Fichtner/Wenzel, § 64 Rn. 2.
[71] Vgl. *Schellhorn* in: Schellhorn/Schellhorn/Hohm, § 64 Rn. 13.
[72] So zu Recht zur entsprechenden Regelung im BSHG das BVerwG v. 04.06.1992 - 5 C 82/88 - BVerwGE 90, 217 ff.

§ 65 SGB XII Andere Leistungen

(Fassung vom 27.12.2003, gültig ab 01.01.2005)

(1) ¹Pflegebedürftigen im Sinne des § 61 Abs. 1 sind die angemessenen Aufwendungen der Pflegeperson zu erstatten; auch können angemessene Beihilfen geleistet sowie Beiträge der Pflegeperson für eine angemessene Alterssicherung übernommen werden, wenn diese nicht anderweitig sichergestellt ist. ²Ist neben oder anstelle der Pflege nach § 63 Satz 1 die Heranziehung einer besonderen Pflegekraft erforderlich oder eine Beratung oder zeitweilige Entlastung der Pflegeperson geboten, sind die angemessenen Kosten zu übernehmen.

(2) Pflegebedürftigen, die Pflegegeld nach § 64 erhalten, sind zusätzlich die Aufwendungen für die Beiträge einer Pflegeperson oder einer besonderen Pflegekraft für eine angemessene Alterssicherung zu erstatten, wenn diese nicht anderweitig sichergestellt ist.

Gliederung

A. Basisinformationen 1	c. Angemessenheit der Übernahme der Kosten für eine besondere Pflegekraft 43
I. Textgeschichte/Gesetzgebungsmaterialien 1	2. Rechtsfolgen 51
II. Vorgängervorschriften 2	VI. Übernahme der Kosten für eine Beratung der Pflegeperson (Absatz 1 Satz 2 Alternative 2) 55
III. Systematische Zusammenhänge 3	VII. Übernahme der angemessenen Kosten für eine zeitweilige Entlastung der Pflegeperson (Absatz 1 Satz 2 Alternative 3) 59
IV. Ausgewählte Literaturhinweise 5	
B. Auslegung der Norm 6	VIII. Übernahme von Beiträgen für eine angemessene, noch nicht sichergestellte Alterssicherung der Pflegeperson (Absatz 1 Satz 1 Halbsatz 2 Alternative 1 bzw. Absatz 2) 64
I. Regelungsgehalt und Bedeutung der Norm 6	
II. Normzweck 11	
III. Erstattung der angemessenen Aufwendungen der Pflegeperson (Absatz 1 Satz 1 Halbsatz 1) ... 12	1. Tatbestandsmerkmale beider Tatbestände 65
1. Tatbestandsmerkmale 12	a. Alterssicherung 65
2. Rechtsfolgen 20	b. Angemessenheit 66
IV. Gewährung angemessener Beihilfen für die Pflegeperson (Absatz 1 Satz 1 Halbsatz 2 Alternative 1) 21	c. Keine anderweitige Sicherstellung 70
	d. Unterscheidung der Tatbestände anhand des Ausmaßes der Pflegebedürftigkeit 73
1. Tatbestandsmerkmale 22	e. Pflegeperson bzw. Pflegekraft 75
2. Rechtsfolgen 28	2. Rechtsfolgen 76
V. Übernahme der Kosten einer „besonderen Pflegekraft" (Absatz 1 Satz 2 Alternative 1) 32	**C. Praxistipps** 80
1. Tatbestandsvoraussetzungen 33	
a. Besondere Pflegekraft 33	
b. Erforderlichkeit der Übernahme der Kosten für eine besondere Pflegekraft 39	

A. Basisinformationen

I. Textgeschichte/Gesetzgebungsmaterialien

Die Vorschrift ist mit Art. 1 des Gesetzes zur Einordnung des Sozialhilferechts in das Sozialgesetzbuch vom 27.12.2003[1] zum 01.01.2005 in Kraft getreten und seither nicht verändert worden. Für die weitergehende Textgeschichte des § 65 SGB XII als Bestandteil des Regelungskomplexes der §§ 61 ff. SGB XII wird auf die Kommentierung zu § 61 SGB XII verwiesen.

II. Vorgängervorschriften

§ 65 SGB XII entspricht wortgleich dem bisherigen § 69b BSHG. Eine inhaltliche Änderung der dortigen Regelungen war durch den Gesetzgeber auch nicht beabsichtigt.[2]

---

[1] BGBl I 2003, 3022.
[2] Vgl. BT-Drs. 15/1514, S. 63.

III. Systematische Zusammenhänge

3 Eine der Regelung des § 65 SGB XII vergleichbare Norm mit einem entsprechend umfassenden Leistungskatalog zugunsten der Pflegeperson gibt es im **SGB XI** nicht. Zwar finden sich zu einzelnen Leistungen des § 65 SGB XII auch Regelungen im SGB XI. So ist etwa die Übernahme von Alterssicherungsbeiträgen für die Pflegeperson auch in § 44 SGB XI vorgesehen. Allerdings weichen die dortigen Leistungsvoraussetzungen von denjenigen des § 65 SGB XII deutlich ab, und ein entsprechender Verweis auf diese Leistung in § 61 Abs. 2 SGB XII fehlt.[3] § 65 SGB XII enthält daher einen spezifisch sozialhilferechtlichen Leistungskatalog für den Bereich der häuslichen Pflege. Er bezeichnet den „qualitativen Mehrbedarf" an Leistungen gegenüber denen der Pflegeversicherung: Während im Übrigen die Hilfe zur Pflege dazu dient, die Leistungsgrenzen der Pflegekassen dadurch aufzufangen, dass die dort grundsätzlich auch vorgesehenen, aber betragsmäßig begrenzten Leistungen bis zum tatsächlichen Bedarf aufgestockt bzw. für einen nicht Versicherten gänzlich übernommen werden (sog. quantitativer Mehrbedarf), ist § 65 SGB XII der Ort, in dem nach altem Sozialhilferecht bekannte und bewährte Leistungen im Bereich der ambulanten Pflege leistungsrechtlich abgesichert werden, die im Leistungskatalog der sozialen Pflegeversicherung gar nicht oder anders vorgesehen sind.[4]

4 Mit seinem sozialhilfetypischen Leistungskatalog steht § 65 SGB XII daher im Zusammenhang im Wesentlichen mit **§ 63 Satz 1 und Satz 2 SGB XII** und dem dort geregelten Vorrang häuslicher vor stationärer Pflege. § 65 SGB XII grenzt die Leistungen ab, die bei der häuslichen Pflege neben dem Pflegegeld nach § 64 SGB XII und ggf. den Leistungen nach § 61 Abs. 2 SGB XII i.V.m. dem SGB XI zu erbringen sind. Aus diesen drei Regelungen zusammen ergibt sich der Gesamtleistungskatalog der Hilfe zur Pflege im häuslichen Bereich.[5]

IV. Ausgewählte Literaturhinweise

5 Insoweit wird auf die Kommentierung zu § 61 SGB XII Rn. 45 verwiesen.

B. Auslegung der Norm

I. Regelungsgehalt und Bedeutung der Norm

6 § 65 SGB XII konkretisiert die sog. „anderen Leistungen" (so die Überschrift) der Hilfe zur Pflege, die nach § 63 Satz 2 SGB XII im Falle ambulanter Pflege gewährt werden.

7 Leistungsberechtigt sind **alle pflegebedürftigen Personen** i.S.v. § 61 Abs. 1 SGB XII, also auch solche, die nicht den Grad der erheblichen Pflegebedürftigkeit (Pflegestufe I) erreichen, sondern einfach pflegebedürftig sind (sog. **„Pflegestufe Null"**) und in der Hilfe zur Pflege über die Öffnungsklausel des § 61 Abs. 1 Satz 2 SGB XII berücksichtigt werden. Während die Leistungen nach § 65 SGB XII bei mindestens erheblicher Pflegebedürftigkeit neben dem Pflegegeld nach § 64 SGB XII bzw. – über die Verweisungsvorschrift des § 61 Abs. 2 Satz 2 SGB XII – neben Leistungen nach dem SGB XI gewährt werden können (vgl. für diesen Fall § 66 SGB XII zur Leistungskonkurrenz und zur Verweisungsvorschrift des § 61 Abs. 2 Satz 2 SGB XII und die damit im Rahmen der häuslichen Pflege verbundenen dogmatischen Schwierigkeiten die Kommentierung zu § 61 SGB XII Rn. 101), stellt für nur einfach Pflegebedürftige der Leistungskatalog § 65 SGB XII die wesentliche Anspruchsgrundlage dar, weil diese Personen kein Pflegegeld nach § 64 SGB XII beziehen können.

8 Der Leistungskatalog des § 65 SGB XII umfasst folgenden Leistungen, die einzeln oder kumulativ erbracht werden können:
- Erstattung der angemessenen Aufwendungen der Pflegeperson (§ 65 Abs. 1 Satz 1 HS. 1 SGB XII),
- Gewährung angemessener Beihilfen für die Pflegeperson (auch als „kleines Pflegegeld" bezeichnet; § 65 Abs. 1 Satz 1 HS. 2 Alt. 1 SGB XII),
- Übernahme von Beiträgen für eine angemessene, noch nicht sichergestellte Alterssicherung der Pflegeperson, und zwar entweder als Ermessensleistung (§ 65 Abs. 1 Satz 1 HS. 2 Alt. 1 SGB XII) oder als Rechtsanspruch, soweit ein Pflegegeldanspruch nach § 64 SGB XII geltend gemacht werden kann (§ 65 Abs. 2 SGB XII),
- Übernahme der Kosten einer „besonderen Pflegekraft" (§ 65 Abs. 1 Satz 2 Alt. 1 SGB XII),
- Übernahme der Kosten für eine Beratung der Pflegeperson (§ 65 Abs. 1 Satz 2 Alt. 2 SGB XII),

---

[3] Darauf verweist z.B. *Klie* in: Hauck/Noftz, § 65 Rn. 6.
[4] Vgl. dazu *Klie* in: Hauck/Noftz, § 65 Rn. 1, 3.
[5] Vgl. *Schellhorn* in: Schellhorn/Schellhorn/Hohm, § 65 Rn. 2.

- Übernahme der angemessenen Kosten für eine zeitweilige Entlastung der Pflegeperson (§ 65 Abs. 1 Satz 2 Alt. 3 SGB XII).

Mit § 65 SGB XII wird daher ein Leistungskatalog eröffnet, der von demjenigen des SGB XI erheblich abweicht. Hierdurch wird die **eigenständige Bedeutung der Hilfe zur Pflege** im Rahmen ambulanter Leistungen deutlich. Auch auf eine Entscheidung der Pflegekasse kommt es für den Anwendungsbereich des § 65 SGB XII gar nicht mehr an.[6] Soweit der Träger der Sozialhilfe nämlich die Leistungsvoraussetzungen des § 65 SGB XII prüft, kann sich die Bindungswirkung des § 62 SGB XII nicht entfalten, da diese Vorschrift eine Bindungswirkung nur für Entscheidungen anordnet, die die Pflegeversicherung hinsichtlich der Frage trifft, ob überhaupt Pflegebedürftigkeit im Sinne des SGB XI vorliegt und in welche Pflegestufe die pflegebedürftige Person einzuordnen ist.[7]

Das BSG hat ausdrücklich entschieden, dass mit Ausnahme des Anspruchs auf Übernahme der Kosten für eine Beratung der Pflegeperson (§ 65 Abs. 1 Satz 2 Alt. 2 SGB XII, vgl. dazu nochmals dezidiert Rn. 55 ff.) alle **Ansprüche** nach § 65 SGB XII solche **der pflegebedürftigen Person** sind, nicht dagegen der Pflegeperson.[8]

II. Normzweck

Der ausdifferenzierte Leistungskatalog des § 65 SGB XII dient der Verwirklichung des Vorrangs häuslicher Pflege nach § 63 SGB XII[9] und ermöglicht zugleich die sachgerechte Einbeziehung auch einfach Pflegebedürftiger in die Leistungen der Hilfe zur Pflege.

III. Erstattung der angemessenen Aufwendungen der Pflegeperson (Absatz 1 Satz 1 Halbsatz 1)

1. Tatbestandsmerkmale

Nach § 65 Abs. 1 Satz 1 HS. 1 SGB XII sind Pflegebedürftigen die angemessenen Aufwendungen der Pflegeperson zu erstatten.

Unter **Pflegepersonen** i.S. dieser Vorschrift sind in Abgrenzung zur besondere Pflegekraft i.S.d. § 65 Abs. 1 Satz 2 Alt. 1 SGB XII nur Personen aus dem persönlichen Umfeld der pflegebedürftigen Person zu verstehen, also Angehörige, Nachbarn oder sonstige nahe stehende Personen.[10]

Die dem Pflegebedürftigen zu erstattenden Aufwendungen gem. § 65 Abs. 1 Satz 1 HS. 1 SGB XII müssen mit der Pflege im Zusammenhang stehen, notwendig und angemessen sein. Zu den **angemessenen Aufwendungen** gehören vor allem Fahrtkosten der Pflegeperson zur und von der pflegebedürftigen Person weg, der Mehraufwand der auswärtigen Verpflegung wegen der Trennung der Pflegeperson vom eigenen Haushalt, Kosten für Anschaffung, Reinigung und Wiederbeschaffung evtl. erforderlicher besonderer Kleidung, die bei der Durchführung der Pflege getragen wird, Kosten für die Unterbringung von Kindern der Pflegeperson während der Pflegezeiten u.Ä. Nicht in Betracht kommt aber die Zahlung einer festen Pflegevergütung als Aufwendung[11] (wohl aber nach der Rechtsprechung des BSG die Übernahme einer festen Vergütung als Beihilfe, vgl. dazu noch Rn. 25). Ebenso wenig kann die Pflegeperson für die Zeiten der Pflege einen Verdienstausfall als Aufwendung geltend machen; insoweit kommt aber (ebenfalls) eine Erstattung als Beihilfe in Betracht (vgl. dazu Rn. 23).

Für die genaue Höhe zu zahlender Leistungen kommt es nicht auf die Schwere des Pflegegrads der pflegebedürftigen Person an. Vielmehr richtet sich der Anspruch nach den im Einzelfall **tatsächlich entstehenden Kosten**. Allerdings findet die Angemessenheit der Aufwendungen ihre Grenze in den Kosten, die an eine professionelle Hilfskraft für einen entsprechenden Pflegeeinsatz zu zahlen wären.[12]

---

[6] So auch das OVG Hamburg v. 10.06.1996 - Bs IV 94/96 - FEVS 47, 177, 178, sowie das Niedersächsisches OVG v. 11.03.1998 - 12 L 2952/97 - FEVS 49, 161, 162, zu § 69b BSHG.

[7] Ebenso *Lachwitz* in: Fichtner/Wenzel, § 65 Rn. 2.

[8] Vgl. BSG v. 02.02.2012 - B 8 SO 15/10 R - BSGE 110, 93, zum Anspruch nach § 65 Abs. 2 SGB XII auf Übernahme der Beiträge zur Alterssicherung in seiner Entscheidung ausdrücklich klargestellt.

[9] Vgl. *von Renesse* in: Jahn/Jung, § 61 Rn. 2.

[10] So auch *Schellhorn* in: Schellhorn/Schellhorn/Hohm, § 65 Rn. 6; vgl. zur Abgrenzung von Pflegeperson und Pflegekraft auch noch Rn. 33.

[11] So das BVerwG v. 20.11.1984 - 5 C 17/84 - BVerwGE 70, 278 ff. zu § 69b BSHG.

[12] *Bauer/Zink* in: Mergler/Zink, § 65 Rn. 13; *Krahmer/Sommer* in: LPK-SGB XII, § 65 Rn. 3; *Schellhorn* in: Schellhorn/Schellhorn/Hohm, § 65 Rn. 5.

16 Problematisch ist, in welcher Höhe **Aufwendungen neben einem bezogenen Pflegegeld** (sei es nach § 64 SGB XII, sei es nach § 37 SGB XI) erstattet werden können. Dies wird in der Rechtspraxis nicht ganz einheitlich beurteilt. Einige Sozialhilfeträger erstatten Aufwendungen dann nur, soweit sie das gesamte Pflegegeld übersteigen; sie rechnen also das Pflegegeld in voller Höhe an.[13] Dieser Ansatzpunkt ist zwar insoweit zutreffend, als grundsätzlich mit dem bezogenen Pflegegeld die notwendige Pflege sicherzustellen ist und folglich auch die notwendigen Aufwendungen der Pflegeperson zu bestreiten sind.[14] Eine volle Anrechnung des Pflegegeldes auf die tatsächlichen Aufwendungen berücksichtigt jedoch nicht, dass mit dem Pflegegeld nicht nur der tatsächliche Pflegeaufwand abgedeckt wird, sondern zugleich eine Motivation der Pflegeperson erreicht und aufrechterhalten werden soll (vgl. dazu ausführlich die Kommentierung zu § 64 SGB XII Rn. 21). Mindestens ein Drittel des Pflegegeldes muss der pflegebedürftigen Person daher für diesen weiteren Leistungszweck erhalten bleiben (vgl. insoweit auch ausdrücklich § 66 Abs. 2 Satz 2 SGB XII). Erstattungsfähige angemessene Aufwendungen liegen daher in jedem Fall insoweit vor, als die tatsächlichen Aufwendungen zwei Drittel des bezogenen Pflegegeldes übersteigen.[15]

17 Nach dem eindeutigen Wortlaut der Vorschrift sind nur die **Aufwendungen der Pflegeperson** zu erstatten, nicht aber Aufwendungen der pflegebedürftigen Person selbst (z.B. Aufwendungen für den erforderlichen Umbau der Wohnung).[16] Diese können nur als Wohnumfeldverbesserungen nach § 61 Abs. 2 Satz 2 i.V.m. § 40 Abs. 4 SGB XI berücksichtigt werden (vgl. dazu die Kommentierung zu § 61 SGB XII Rn. 127).

18 Dass tatsächlich Aufwendungen angefallen sind, ist durch entsprechende Belege **nachzuweisen**. Anstatt genau abzurechnen, kann der Sozialhilfeträger aber auch pauschalierte Leistungen nach Erfahrungssätzen erbringen. Gesetzliche Grundlage ist dann die Beihilferegelung nach § 65 Abs. 1 Satz 1 HS. 2 Alt. 1 SGB XII (vgl. dazu Rn. 22).

19 Ob nach Maßgabe der oben genannten Grundsätze von angemessenen Aufwendungen auszugehen ist, ist voll justiziabel; es handelt sich um einen **gerichtlich voll überprüfbaren unbestimmten Rechtsbegriff**.

2. Rechtsfolgen

20 Liegen die Voraussetzungen des § 65 Abs. 1 Satz 1 Alt. 1 SGB XII vor, besteht ein **Rechtsanspruch** auf Erstattung der angemessenen Aufwendungen der Pflegeperson. Anspruchsinhaber ist jedoch nicht die Pflege-, sondern die pflegebedürftige Person.[17] Das BVerwG hat allerdings in einer frühen Entscheidung gebilligt, dass der Sozialhilfeträger unmittelbar mit der Pflegeperson abrechnet.[18] Aus dem Begriff „erstatten" könne nicht abgeleitet werden, dass die pflegebedürftige Person die Geldbeträge zunächst selbst vorstrecken müsse und erst dann vom Sozialhilfeträger einfordern könne. Im Regelfall verfüge eine sozialhilfebedürftige Person gerade nicht über Mittel zur Vorfinanzierung ihrer Pflegeperson. Solche praktischen Erwägungen[19] können allerdings an der Anspruchsinhaberschaft der pflegebedürftigen Person nichts ändern. Eine solche Auszahlungspraxis kommt daher grundsätzlich nur in Betracht, wenn diese ihr zustimmt.[20]

IV. Gewährung angemessener Beihilfen für die Pflegeperson (Absatz 1 Satz 1 Halbsatz 2 Alternative 1)

21 Der Sozialhilfeträger kann der pflegebedürftigen Person auch angemessene Beihilfen nach Maßgabe des § 65 Abs. 1 Satz 1 HS. 2 Alt. 1 SGB XII zur Verfügung stellen.

---

[13] So z.B. die frühere Sozialhilfe-Richtlinie Bayern Nr. 69b 0.1
[14] Darauf weist insbesondere *Schellhorn* in: Schellhorn/Schellhorn/Hohm, § 65 Rn. 6 hin; vgl. dazu schon die Kommentierung zu § 64 SGB XII Rn. 22.
[15] Vgl. *Lachwitz* in: Fichtner/Wenzel, § 65 Rn. 6.
[16] Vgl. *Krahmer/Sommer* in: LPK-SGB XII, § 65 Rn. 3; *von Renesse* in: Jahn/Jung, § 61 Rn. 2.
[17] Vgl. dazu nochmals BSG v. 02.02.2012 - B 8 SO 15/10 R - BSGE 110, 93; so im Übrigen auch die ganz einhellige Auffassung; vgl. etwa *Lachwitz* in: Fichtner/Wenzel, § 65 Rn. 7; *Frieser* in: Linhart/Adolph, § 65 Rn. 6.
[18] Vgl. das BVerwG v. 22.06.1978 - V C 31.77 - FEVS 26, 409, 411.
[19] Diese Erwägungen haben in der Literatur weitgehend Zustimmung gefunden, vgl. etwa *Krahmer/Sommer* in: LPK-SGB XII, § 65 Rn. 4; *Lachwitz* in: Fichtner/Wenzel, § 65 Rn. 7; *von Renesse* in: Jahn/Jung, § 65 Rn. 3.
[20] So zu Recht *Schellhorn* in: Schellhorn/Schellhorn/Hohm, § 65 Rn. 4 und 34, sowie *Krahmer/Sommer* in: LPK-SGB XII, § 65 Rn. 4.

1. Tatbestandsmerkmale

Wie der Begriff der als Kann-Leistung zu gewährenden angemessenen **Beihilfe** zu definieren ist, lässt sich nur in Abgrenzung zur als Muss-Leistung ausgestalteten angemessenen Aufwendung definieren.

Daraus folgt zum einen, dass Beihilfen im Einzelfall auch für Zwecke gezahlt werden können, die nicht mehr unter den Begriff der Aufwendungen zu subsumieren sind. § 65 Abs. 1 Satz 1 HS. 2 Alt. 1 SGB XII eröffnet also einen gegenüber § 65 Abs. 1 Satz 1 HS. 1 SGB XII breiteren Anwendungsbereich. Insoweit erfasst der Begriff der Beihilfe **jeden finanziellen Anreiz für die Pflegeperson**, mit dem finanzielle Belastungen durch die Pflege jedenfalls verringert werden können. Denkbar ist hier z.B. eine angemessene Entschädigung für einen durch die Pflege erlittenen Verdienstausfall oder jedenfalls die Bezahlung eines Taschengeldes,[21] die Übernahme der Kosten für eine freiwillige Kranken- oder Unfallversicherung, in besonderen Fällen auch die Übernahme der Anschaffungskosten für einen gebrauchten Pkw.[22]

Daraus folgt aber zum anderen auch, dass unter den Beihilfebegriff gleichfalls alle diejenigen Kosten gefasst werden können, die zwar als Aufwendungen geltend gemacht werden könnten, die aber aus Gründen der Verwaltungspraktikabilität nicht erst aufgrund von konkreten Nachweisen und Kostenbelegen, sondern vielmehr monatlich **pauschaliert gewährt** werden sollen. Eine solche pauschalierte Leistung wird auch als „**kleines Pflegegeld**" bezeichnet.[23] Wie beim Pflegegeld nach § 64 SGB XII wird der pflegebedürftigen Person dann ein monatlicher Geldbetrag gezahlt, den diese an die Pflegeperson weitergeben kann, um sie zur Aufnahme oder Fortsetzung der Pflege zu bewegen. Eine solche Verfahrensweise bietet sich z.B. an, wenn die Pflegeperson regelmäßig Quittungen über Kleinstbeträge erbringen müsste; in dieser Situation kann der Sozialhilfeträger auf die konkreten Nachweise verzichten, anstelle dessen den Aufwand schätzen und in der Form einer Beihilfe ausgleichen. Das Gleiche gilt in Fallkonstellationen, in denen das Sammeln von Belegen unüblich ist, so insbesondere unter nahen Verwandten.[24]

Nach der Rechtsprechung des BVerwG zum früheren BSHG konnte eine mit einer einfachen Pflegekraft (im Gegensatz zur Fachkraft nach § 65 Abs. 1 Satz 2 Alt. 1 SGB XII, vgl. dazu Rn. 32) vereinbarte **feste Vergütung** nicht als Beihilfe übernommen werden.[25] Dem stand nach Meinung des BVerwG die Regelung des § 65 Abs. 1 Satz 1 HS. 2 Alt. 1 SGB XII entgegen; nur dort sei eine feste Vergütung erstattungsfähig. Dieser Rechtsauffassung ist das BSG für die Beihilfe nach Maßgabe des § 65 Abs. 1 Satz 1 HS. 2 Alt. 1 SGB XII jedoch nicht gefolgt. In den konkret zu entscheidenden Fällen hat es die Übernahmefähigkeit des **Entgelts für eine unprofessionelle Haushaltshilfe als Beihilfe** ausdrücklich bejaht.[26] Ziel der Regelung über die besondere Pflegekraft (§ 65 Abs. 1 Satz 2 Alt. 1 SGB XII) könne es nicht sein, den Begriff der Beihilfe in Satz 1 zu beschränken; sie wolle mithin nicht verbieten, angemessene Entgelte für einfache Pflegepersonen zu übernehmen, wenn die Einschaltung besonderer Pflegekräfte (Fachkräfte) nicht erforderlich oder nicht möglich sei. Dieser Rechtsprechung zufolge können als Beihilfe daher auch Vergütungen von einfachen Pflegekräften (z.B. Nachbarn oder auch Verwandten) übernommen werden, wenn und soweit die vereinbarte Vergütung angemessen ist und Personen aus dem häuslichen Umfeld nur so für Pflege gewonnen werden können.

§ 63 Satz 1 SGB XII enthält eine vorrangige Verpflichtung des Sozialhilfeträgers, in Fallgestaltungen, in denen die (einfache) häusliche Pflege nach den Umständen des Einzelfalls ausreicht, (zunächst) selbst im Sinne einer Dienstleistung darauf hinzuwirken, dass eine unentgeltliche Pflege durchgeführt werden kann. Solange allerdings der Sozialhilfeträger seiner Verpflichtung nach § 63 Satz 1 SGB XII nicht nachkommt oder Pflegeleistungen durch Angehörige oder Nachbarn ohne Entgelt nicht realisiert werden können, ergibt sich ein Anspruch auf Übernahme der angemessenen Kosten als Beihilfe in

---

[21] Vgl. *Schellhorn* in: Schellhorn/Schellhorn/Hohm, § 65 Rn. 7.
[22] Insoweit allerdings sehr zurückhaltend das BVerwG v. 27.10.1977 - V C 15.77 - BVerwGE 55, 31 ff.; vgl. dazu aber auch das BVerfG v. 23.06.1982 - 1 BvR 1343/81 - BVerfGE 61, 18 ff.; vgl. zustimmend z.B. *Krahmer/Sommer* in: LPK-SGB XII, § 65 Rn. 5.
[23] Vgl. dazu z.B. das Niedersächsische OVG v. 11.03.1998 - 12 L 2952/97 - FEVS 49, 161, 162.
[24] Vgl. ebenso *Lachwitz* in: Fichtner/Wenzel, § 65 Rn. 9.
[25] Vgl. das BVerwG v. 31.07.1987 - 5 B 49/87 - Buchholz 436.0 § 69 BSHG Nr. 14; BVerwG v. 04.08.1998 - 5 B 39/98 - juris.
[26] So das BSG v. 11.12.2007 - B 8/9b SO 12/06 R - juris Rn. 19 - SozR 4-3500 § 21 Nr. 1; BSG v. 26.08.2008 - B 8/9b SO 18/07 R - juris Rn. 18 - SozR 4-3500 § 65 Nr. 2.

Form einer **Geldleistung als Sekundäranspruch**.²⁷ Selbsthilfe der pflegebedürftigen Person reicht dann aus.

27 Das Bestehen einer **gesetzlichen Unterhaltspflicht** schließt die Gewährung von Beihilfen nicht schon an sich aus. Auszugehen ist immer von dem Normzweck, möglichst eine häusliche Pflege nach Maßgabe des § 63 SGB XII sicherzustellen. Kann – auch unter Verwandten bei Bestehen einer Unterhaltspflicht – die häusliche Pflege nur sichergestellt werden, wenn Beihilfen als Motivationshilfe gewährt werden, dann schließen nicht allein die verwandtschaftlichen Verhältnisse eine solche Zahlung aus.²⁸ Insbesondere die äußeren Umstände der Pflege können vielmehr eine solche Motivationshilfe erforderlich machen, so z.B. besonders lange Anfahrtswege, langjährige Pflegezeiten, der Gesundheitszustand der Pflegeperson selbst u.Ä. Zu prüfen ist letztlich immer, ob durch Beihilfengewährung nicht ein kostenaufwändigerer Einsatz professioneller Pflegekräfte oder ein kostenaufwändigerer Heimaufenthalt vermieden werden können. In entsprechender Weise vermag auch das Bestehen **vertraglicher Verpflichtungen zur Pflege** die Gewährung eines Pflegegeldes nicht pauschal auszuschließen. Auch insoweit ist im Einzelfall zu prüfen, ob eine zusätzliche Motivationshilfe hier weiterführt oder nicht.²⁹ Allerdings können entsprechende Rahmenbedingungen im Rahmen der Ermessensausübung berücksichtigt werden (vgl. dazu Rn. 28).

2. Rechtsfolgen

28 Ob und welche Form der Beihilfe der Sozialhilfeträge wählt, steht in seinem pflichtgemäßen **Ermessen** (Kann-Leistung). Die Ermessenserwägungen müssen dabei erkennen lassen, dass den Besonderheiten des Einzelfalls Rechnung getragen wurde.³⁰ Das bedeutet:

29 Die Beihilfen müssen gemessen an den Umständen des Einzelfalls angemessen sein. Dabei kann auch der Tatsache Rechnung getragen werden, dass die Pflegeperson z.B. vertraglich ohnehin zur Pflege verpflichtet ist; dies kann (muss aber nicht, vgl. Rn. 27) ein anerkennenswerter Grund sein, den Beihilfeanspruch ganz zu verneinen oder der Höhe nach zu mindern.³¹ Schematische Abschläge von den Beihilfen bei Pflege durch Unterhaltsverpflichtete sind jedenfalls unzulässig, weil durch ein solches Vorgehen die gebotene einzelfallorientierte Ermessensausübung unterbliebe.³²

30 In jedem Falle aber stellen die üblichen **Kosten für eine professionelle Pflegekraft die betragsmäßige Obergrenze** dar; wird diese überschritten, sind Kosten nur im für eine einfache Pflegekraft angemessenen Umfang zu übernehmen.³³

31 Eine **Ermessensreduzierung auf Null** hat das BSG angenommen in einem Fall, in dem es nicht nur um den von § 65 Abs. 1 Satz 1 SGB XII erfassten Fall einer Stabilisierung und Verbesserung der häuslichen Pflegesituation durch geeignete (zusätzliche) Unterstützungsmaßnahmen an Angehörige ging, sondern in welchem mit der Übernahme der Kosten für eine Pflegekraft die hauswirtschaftliche Versorgung an sich erst sichergestellt wurde, weil eine unentgeltliche einfache Pflege nicht möglich war. Solange der Sozialhilfeträger in einem solchen Fall seiner Verpflichtung nach § 63 Satz 1 SGB XII nicht nachgekommen ist, darauf hinzuwirken, dass eine unentgeltliche Pflege mit Ersatz der Aufwendungen nach § 65 Abs. 1 Satz 1 SGB XII tatsächlich durchgeführt werden kann, und Pflegeleistungen durch Angehörige oder Nachbarn ohne Entgelt nicht realisiert werden können, ergibt sich für den zu Pflegenden ein Anspruch auf Übernahme der angemessenen Kosten als Beihilfe.³⁴

---

[27] BSG v. 26.08.2008 - B 8/9b SO 18/07 R - juris Rn. 19 - SozR 4-3500 § 65 Nr. 2.
[28] Vgl. in diesem Sinne auch schon die Rechtsprechung zu § 69b BSHG, z.B. Niedersächsisches OVG v. 28.01.1997 - 4 L 935/96 - juris; Niedersächsisches OVG v. 11.03.1998 - 12 L 2952/97 - FEVS 49, 161, 162.
[29] Ebenso *Lachwitz* in: Fichtner/Wenzel, § 65 Rn. 11; anders aber z.T. die Handhabung in der Praxis einiger Leistungsträger.
[30] OVG Nordrhein-Westfalen v. 10.08.1988 - 17 A 1483/86 - FEVS 38, 290.
[31] Vgl. z.B. VGH Hessen v. 12.06.1990 - 9 UE 1622/89 - NDV 1991, 169; OVG Nordrhein-Westfalen v. 10.08.1988 - 17 A 1483/86 - FEVS 38, 290.
[32] So zu Recht *Klie* in: Hauck/Noftz, § 65 Rn. 5.
[33] BSG v. 11.12.2007 - B 8/9b SO 12/06 R - juris Rn. 19 - SozR 4-3500 § 21 Nr. 1; BSG v. 26.08.2008 - B 8/9b SO 18/07 R - juris Rn. 18 - SozR 4-3500 § 65 Nr. 2.
[34] BSG v. 11.12.2007 - B 8/9b SO 12/06 R - juris Rn. 19 - SozR 4-3500 § 21 Nr. 1; BSG v. 26.08.2008 - B 8/9b SO 18/07 R - juris Rn. 18 - SozR 4-3500 § 65 Nr. 2.

V. Übernahme der Kosten einer „besonderen Pflegekraft" (Absatz 1 Satz 2 Alternative 1)

§ 65 Abs. 1 Satz 2 Alt. 1 SGB XII sieht neben oder anstelle der Pflege nach § 63 Satz 1 SGB XII die Übernahme der angemessenen Kosten für eine besondere Pflegekraft vor, wenn und soweit deren Heranziehung erforderlich ist. Es handelt sich neben der Gewährung von Pflegegeld um die wichtigste und umfangreichste Leistung im Rahmen der häuslichen Pflege.[35] Die Vorschrift räumt der leistungsberechtigten Person einen über den allgemeinen Leistungsanspruch bei häuslicher Pflege hinausgehenden Anspruch in Fallgestaltungen ein, bei denen es fremder Hilfe bedarf.[36]   32

1. Tatbestandsvoraussetzungen

a. Besondere Pflegekraft

Die §§ 61 ff. SGB XII und insbesondere auch § 65 SGB XII selbst unterscheiden zwischen der Pflegeperson und der (besonderen) Pflegekraft. Im Unterschied zum Begriff der Pflegeperson, der pflegebereite Personen aus dem persönlichen Umfeld des Pflegebedürftigen bezeichnet (vgl. dazu schon Rn. 33), kommt als besondere Pflegekraft insbesondere eine erwerbsmäßig pflegende Person mit fachlicher Befähigung (Fachkraft) in Betracht.[37] Dies muss aber nicht so sein. Vielmehr sind Pflegekräfte bereits dann „besondere" i.S.d. § 65 Abs. 1 Satz 2 SGB XII, wenn sie nicht in häuslicher oder nachbarschaftlicher Verbundenheit nach § 63 Satz 1 SGB XII pflegen, wenn also die Sicherstellung der Pflege durch Nahestehende oder im Wege der Nachbarschaftshilfe nicht erwartet und gefordert werden kann.   33

Dies hat das **BSG** ausdrücklich für **angestellte Personen im Arbeitgebermodell** entschieden.[38] Besondere förmliche Qualifikationsanforderungen seien zumindest dort wegen der mit der Arbeitgeberstellung des zu Pflegenden verbundenen Gestaltungshoheit und der vom Gesetzgeber gewollten Privilegierung nicht zu stellen, sodass es unerheblich sei, ob die beschäftigten Pflegekräfte über eine besondere Ausbildung im pflegerischen Bereich verfügten. Es sind jedoch keine Gründe ersichtlich, aus denen heraus für Pflegeverhältnisse außerhalb des Arbeitgebermodells andere Maßstäbe gelten sollten. Das BSG hat die Definition der besonderen Pflegekraft nach § 65 Abs. 1 Satz 2 SGB XII aus der Abgrenzung zur „normalen Pflegekraft" nach § 65 Abs. 1 Satz 1 SGB XII hergeleitet. Mit einer „Definitionsspaltung" ist daher kaum zu rechnen.   34

Personen aus dem privaten Umfeld der zu pflegenden Person kommen als besondere Pflegekraft daher nicht in Betracht. Sie können nur „normale Pflegekraft" sein. Eine mit ihnen vereinbarte entgeltliche Pflegeleistung kann daher nicht nach § 65 Abs. 1 Satz 2 Alt. 1 SGB XII übernommen werden. Nach der Rechtsprechung des BSG können mit Angehörigen getroffene Pflegeentgelte aber u.U. als Beihilfe nach Maßgabe von § 65 Abs. 1 Satz 1 HS. 1 Alt. 2 SGB XII übernommen werden (vgl. dazu Rn. 25).   35

Ausgehend von der Rechtsprechung des BSG kommen daher im Rahmen des § 65 Abs. 1 Satz 2 SGB XII zwar typische Kräfte der Fachpflege wie etwa Krankenschwestern und -pfleger, Altenpflegerinnen und -pfleger, aber auch andere Berufsgruppen wie Hauswirtschaftsfachkräfte, Familienpflegerinnen und -pfleger, sog. Dorfhelferinnen und -helfer, Alltagsassistenten sowie ggf. auch Zivildienstleistende in Betracht.[39] Auch Fachkräfte, die von einem ambulanten Pflegedienst im Sinne des § 71 SGB XI eingesetzt werden, sind regelmäßig als besondere Pflegekraft zu qualifizieren. Daneben kommen aber auch alle anderen „frei angeworbenen" Pflegepersonen in Betracht, die in keinem persönlichen Verhältnis zu der zu pflegenden Person stehen. Es genügt, dass sie angelernt und in ihre Arbeit eingewiesen worden sind.[40]   36

Daraus ist aber auch zu folgern, dass auch **Pflegekräfte aus osteuropäischen Ländern** nicht – wie in der Praxis oft erfolgt – mit der Begründung als besondere Pflegekraft zurückgewiesen werden können, dass sie unqualifiziert seien; dies verfängt nach der Argumentation des BSG nicht.   37

---

[35] Vgl. mit dieser Einschätzung auch *Krahmer/Sommer* in: LPK-SGB XII, § 65 Rn. 10.
[36] BSG v. 11.12.2007 - B 8/9b SO 12/06 R - juris Rn. 19 - SozR 4-3500 § 21 Nr. 1; BSG v. 26.08.2008 - B 8/9b SO 18/07 R - juris Rn. 18 - SozR 4-3500 § 65 Nr. 2.
[37] BSG v. 11.12.2007 - B 8/9b SO 12/06 R - juris Rn. 19 - SozR 4-3500 § 21 Nr. 1; BSG v. 26.08.2008 - B 8/9b SO 18/07 R - juris Rn. 18 - SozR 4-3500 § 65 Nr. 2.
[38] Vgl. BSG v. 28.02.2013 - B 8 SO 1/12 R - SozR 4-3500 § 65 Nr. 4.
[39] Vgl. BSG v. 26.08.2008 - B 8/9b SO 18/07 R - juris Rn. 18 - SozR 4-3500 § 65 Nr. 2 unter Verweis auf *Schellhorn* in: Schellhorn/Schellhorn/Hohm, § 65 Rn. 13; vgl. auch *Klie* in: Hauck/Noftz, § 65 Rn. 7.
[40] So der Maßstab des BSG v. 28.02.2013 - B 8 SO 1/12 R - SozR 4-3500 § 65 Nr. 4.

38 Auch ist die in § 65 Abs. 1 Satz 2 Alt. 1 SGB XII genannte besondere Pflegekraft nicht identisch mit der **geeigneten Pflegekraft i.S.v. § 36 Abs. 1 Satz 3 SGB XI**. Dies folgt schon aus der Systematik zu § 66 Abs. 4 Satz 2 SGB XII (sog. Arbeitgebermodell), der der pflegebedürftigen Person die Möglichkeit einer eigenen Auswahl der Pflegekraft eröffnet, aber auch aus den unterschiedlichen Begrifflichkeiten beider Vorschriften: der Begriff der besonderen Pflegekraft verdeutlicht, dass die Auswahl der Pflegeperson vor allem von den besonderen Pflegeerfordernissen des Einzelfalls, nicht dagegen von einer vertraglichen Vorbindung, abhängen soll.[41] Eine besondere Pflegekraft kann daher grundsätzlich auch eine solche sein, die weder bei einer Pflegekasse noch bei einem gem. §§ 71 Abs. 1, 72 SGB XI zur Pflege zugelassenen ambulanten Pflegedienst beschäftigt ist, noch als Einzelperson für die Pflegekasse auf der Grundlage eines Vertrages nach § 77 Abs. 1 SGB XI in der Pflege tätig ist. Allerdings kann der Sozialhilfeträger gem. § 66 Abs. 4 Satz 1 SGB XII prüfen, ob es dem Hilfesuchenden zuzumuten ist, neben oder anstelle der Pflege nach § 63 Satz 1 SGB XII die Pflege durch eine geeignete Pflegekraft i.S.d. § 36 Abs. 1 Satz 3 SGB XI in Anspruch zu nehmen. Soweit er aber besonderer Pflegedienste bedarf, die durch die Pflegekasse nicht unter Vertrag genommen werden (so z.B. im Falle einer geistigen Behinderung der familienentlastenden Dienste), kann der Träger der Sozialhilfe den Hilfesuchenden ggf. nicht auf die Inanspruchnahme eines ambulanten Pflegedienstes i.S.d. § 71 SGB XI verweisen, sondern muss – dem besonderen Bedarf der pflegebedürftigen Person entsprechend – die Kosten der Heranziehung einer geeigneten Fachkraft nach § 65 Abs. 1 Satz 2 Alt. 1 SGB XII übernehmen.[42]

b. Erforderlichkeit der Übernahme der Kosten für eine besondere Pflegekraft

39 Nur die **erforderlichen** Kosten können übernommen werden. Wann im Einzelfall die Übernahme der Kosten für eine besondere Pflegekraft erforderlich ist, richtet sich gem. § 9 SGB XII vor allem nach der pflegebedürftigen Person, Art und Umfang ihres Pflegebedarfs sowie den vorhandenen örtlichen Verhältnissen.[43] Da der sozialhilferechtliche Bedarfsdeckungsgrundsatz gilt, wird die Erforderlichkeit der Kosten durch die festgestellte Pflegestufe weder bestimmt noch begrenzt.[44] Die Leistung nach § 65 Abs. 1 Satz 2 Alt. 1 SGB XII steht daher pflegebedürftigen Personen aller Pflegestufen (also auch der sog. Pflegestufe Null) zu.

40 Das LSG Baden-Württemberg hat die Erforderlichkeit der Heranziehung einer Fachkraft für die Wahrnehmung einfacher Hilfeleistungen im hauswirtschaftlichen Bereich wie Einkaufen, Putzen der Wohnung und Bügeln der Wäsche verneint.[45] Dem dürfte für den Regelfall zuzustimmen sein. Die Frage, ob gleichwohl ausnahmsweise auch für solche einfachen Tätigkeiten eine besondere Pflegefachkraft deshalb gerechtfertigt sein kann, weil die zu pflegende Person an Demenz erkrankt ist und deshalb die Gefahr einer psychischen Destabilisierung oder gar Dekompensation durch einen Wechsel der betreuenden Pflegekräfte besteht, hat das LSG aufgrund der im konkreten Fall ermittelten tatsächlichen Verhältnisse verneint.

41 An der Erforderlichkeit einer durch den Sozialhilfeträger zu finanzierenden Pflegekraft fehlt es, wenn die pflegebedürftige Person einen vorrangigen Anspruch auf häusliche Krankenpflege nach § 37 Abs. 2 Satz 1 SGB XI durchsetzen kann. Insoweit bildet das Merkmal der Erforderlichkeit auch den Nachranggrundsatz ab (vgl. dazu die allgemeinen Ausführungen in der Kommentierung zu § 61 SGB XII Rn. 39): Hilfe zur Pflege für eine besondere Pflegekraft ist nur dann zu gewähren, wenn konkret ein Pflegebedarf geltend gemacht werden kann, der nicht bereits anderweitig gedeckt werden kann.

42 Seit In-Kraft-Treten des **Pflegezeitgesetzes** (PflegeZG) können nahe Angehörige einen Anspruch auf Arbeitsfreistellung zur Pflege geltend machen.[46] Dadurch kann die Erforderlichkeit der Hilfe zur Pflege durch eine besondere Pflegekraft entfallen, wenn die benötigte Pflege durch diesen nahen Angehörigen sichergestellt ist. Der Sozialhilfeträger kann den Angehörigen allerdings nicht darauf verweisen, sich nach dem PflegeZG von der Arbeit freistellen zu lassen. Dieser kann nicht verpflichtet werden, zeit-

---

[41] Ebenso *Krahmer/Sommer* in: LPK-SGB XII, § 65 Rn. 10; *Lachwitz* in: Fichtner/Wenzel, § 65 Rn. 20.
[42] So auch das VG Mainz v. 04.02.1998 - 8 K 2562/96 MZ - RdLh 1998, 59; vgl. auch *Lachwitz* in: Fichtner/Wenzel, § 65 Rn. 21.
[43] Vgl. das BVerwG v. 15.06.2000 - 5 C 34/99 - BVerwGE 111, 241 ff.
[44] Vgl. OVG Hamburg v. 10.06.1996 - Bs IV 94/96 - FEVS 47, 177.
[45] Vgl. LSG Baden-Württemberg v. 21.04.2010 - L 2 SO 6158/09.
[46] Vgl. die §§ 2 und 3 des in Art. 3 des Pflege-Weiterentwicklungsgesetzes vom 28.05.2008 geregelten PflegeZG, BGBl I 2008, 874.

weise auf ein Arbeitsverhältnis gegen Entgelt zu verzichten.⁴⁷ Entsprechendes gilt für das Gesetz über die **Familienpflegezeit** (FPflZG).⁴⁸ Da auch die Inanspruchnahme von Familienpflegezeit mit finanziellen Einbußen für die pflegende Person verbunden ist und überdies Auswirkungen auf die Karriere nicht absehbar sind, kann auch zur Beantragung von Familienpflegezeit zur Verhinderung von Sozialhilfebedürftigkeit niemand gezwungen werden.

c. Angemessenheit der Übernahme der Kosten für eine besondere Pflegekraft

Ist der Einsatz einer besonderen Pflegekraft erforderlich, sind die für diese Pflegekraft anfallenden angemessenen Kosten zu übernehmen. Die Angemessenheit der Kosten orientiert sich an der ortsüblichen Entlohnung der jeweiligen Pflegekraft im Verhältnis zum zeitlichen Umfang ihrer Pflegetätigkeit.⁴⁹ Dabei sind grundsätzlich auch die Arbeitgeberanteile zur Alters- und sonstigen Sozialversicherung mit zu übernehmen. | 43

Aus rechtlichen Gründen ist nach der Rechtsprechung des BSG eine Angemessenheit der Kosten stets dann anzunehmen, wenn eine nach den Vorschriften des SGB XI maßgebliche Pflegebedürftigkeit vorliegt und die **Pflegekasse Pflegesachleistungen** erbringt, die nach den Vorschriften des SGB XI durch zugelassene ambulante Pflegeeinrichtungen durchgeführt werden (müssen).⁵⁰ In diesem Fall gelten die zwischen der Einrichtung und den Pflegekassen getroffenen vertraglichen Vereinbarungen grundsätzlich auch für den Sozialhilfeträger (§ 75 Abs. 5 SGB XII). Vergütungen der Pflegeeinrichtung, die diesen Vereinbarungen entsprechen, sind nicht unangemessen i.S.d. § 65 Abs. 1 Satz 2 SGB XII. Auf billigere Alternativen (Einrichtungen mit günstigeren Vergütungsvereinbarungen oder sogar auf ehrenamtliche Nachbarschaftshilfe, die faktisch nicht vorhanden ist) muss sich der Hilfebedürftige nicht verweisen lassen.⁵¹ Anderes ist nur dann denkbar, wenn die Vereinbarung nach dem SGB XI nicht im Einvernehmen mit dem Sozialhilfeträger getroffen worden wäre (§ 75 Abs. 5 Satz 2 SGB XII).⁵² Daher kommt auch, soweit mit dem Pflegedienst nach § 89 SGB XI eine pauschalierte Vereinbarung besteht, für die sozialhilferechtlichen Leistungen eine zeitabhängige Vergütung der Pflegeperson nicht in Betracht.⁵³ Lediglich für die weitergehenden Leistungen im Sinne „anderer Verrichtungen" gem. § 61 Abs. 1 Satz 2 SGB XII dürfen die Sozialhilfeträger eigenständige Vergütungssätze aushandeln.⁵⁴ | 44

Wird die Pflege dagegen von Pflegekräften erbracht, mit denen weder eine Vergütungsregelung noch eine Kostenvereinbarung nach § 75 SGB XII besteht, bilden die Kosten der nach § 89 SGB XI zu zahlenden Vergütungen für den Sozialhilfeträger einen wesentlichen Anhaltspunkt für die Bestimmung angemessener Kosten nach Maßgabe des § 65 Abs. 1 Satz 2 Alt. 1 SGB XII.⁵⁵ | 45

Problematisch sind diejenigen Fälle, in denen eine versicherte pflegebedürftige Person einen **ambulanten Pflegedienst** beauftragt hat, der **keine Vereinbarung nach § 89 SGB XI abgeschlossen hat**. In der Pflegeversicherung erhält er dann nach Maßgabe des § 91 Abs. 2 SGB XI nur 80% der in § 89 SGB XI vorgesehenen Vergütung. Gem. **§ 91 Abs. 2 Satz 3 SGB XI** ist „eine weitergehende Kostenerstattung durch den Sozialhilfeträger unzulässig". Diese Regelung widerspricht jedoch dem sozialhilferechtlichen Bedarfsdeckungsgrundsatz, soweit die pflegebedürftige Person nur durch den konkreten Pflegedienst in der erforderlichen Weise versorgt werden kann. Auch lässt sich ihr Inhalt möglicherweise nicht mit dem Arbeitgebermodell des § 66 Abs. 4 Satz 2 SGB XII vereinbaren, nach welchem die Pflegeperson grundsätzlich ihre Pflege frei organisieren kann. | 46

Erfordern es also die besonderen Bedürfnisse der zu pflegenden Person, dass gerade eine Person des unter § 91 Abs. 2 SGB XI fallenden Pflegedienstes die Pflege übernimmt, gebietet insbesondere der sozialhilferechtliche Bedarfsdeckungsgrundsatz eine einschränkende Auslegung des § 91 Abs. 2 | 47

---

⁴⁷ So auch *Lachwitz* in: Fichtner/Wenzel, § 65 Rn. 27.
⁴⁸ Wirksam zum 01.01.2012, BGBl I 2011, 2564.
⁴⁹ *Krahmer/Sommer* in: LPK-SGB XII, § 65 Rn. 10.
⁵⁰ BSG v. 22.03.2012 - B 8 SO 1/11 R - SozR 4-3500 § 65 Nr. 5.
⁵¹ Kritisch äußert sich hierzu *Philipp* (Sozialrecht aktuell 2012, 213), der einen wachsenden Druck auf die Preise hauswirtschaftlicher Leistungen in den Vergütungsverhandlungen befürchtet. Zustimmend dagegen *Rossbruch* (PflR 2012, 620).
⁵² BSG v. 22.03.2012 - B 8 SO 1/11 R - SozR 4-3500 § 65 Nr. 5.
⁵³ Vgl. so auch *Schellhorn* in: Schellhorn/Schellhorn/Hohm, § 65 Rn. 11 unter Verweis auf das OVG Niedersachsen v. 26.04.2001 - 12 L 3008/00 - FEVS 53, 31.
⁵⁴ Vgl. *Krahmer* in: LPK-SGB XII, § 65 Rn. 10.
⁵⁵ Vgl. *Schellhorn* in: Schellhorn/Schellhorn/Hohm, § 65 Rn. 11 unter Verweis auf das OVG Hamburg v. 10.06.1996 - Bs IV 94/96 - ZfSH/SGB 1996, 628.

Satz 3 SGB XI. Auf entsprechende Bedarfsfälle ist die Norm dann nicht anwendbar, der Sozialhilfeträger hat insoweit die Leistungen ggf. als solche gem. § 65 Abs. 1 Satz 2 Alt. 1 SGB XII aufzustocken.[56] Diese Interpretation bewegt sich allerdings an der Grenze einer noch zulässigen Auslegung. Sie dürfte aber gerade noch mit dem Wortsinn der Vorschrift vereinbar sein. Die Regelung ist so pauschal formuliert, dass sie eine einschränkende Auslegung in ganz besonderen Einzelfallkonstellationen ermöglicht. In jedem Falle aber ist die vorgeschlagene Auslegung die einzig verfassungskonforme. Sie alleine steht mit dem Gleichbehandlungsgrundsatz des Art. 3 Abs. 1 GG in Einklang, da nicht versicherte Pflegebedürftige im Bedarfsfall von vornherein nicht durch § 91 Abs. 2 Satz 3 SGB XI eingeschränkt sind. Eine daraus folgende Ungleichbehandlung bei nicht einschränkender Auslegung ließe sich durch keinen sachlichen Grund rechtfertigen.

48 Diese Problematik stellt sich im Rahmen des **Arbeitgebermodells** von vornherein nicht, weil § 91 Abs. 2 SGB XI schon nach ihrem Wortlaut nur die Höhe der Vergütung für zugelassene Pflegeeinrichtungen, die Pflege**sach**leistungen erbringen, erfasst. Für die im Arbeitgebermodell insoweit korrespondierenden unmittelbaren Kosten der Pflege (also anstelle der Pflegesachleistung die unmittelbaren Kosten für die Beschäftigung von besonderen Pflegekräften) trifft das SGB XII eine Sonderregelung, sodass Satz 3 schon bei der Organisation der Pflege im Arbeitgebermodell hinsichtlich der Höhe der zu übernehmenden Pflegekosten keine Anwendung finden kann.[57] Mittelbare Kosten (vgl. Rn. 49) werden von der Ausschlussregelung von vorherein gar nicht erfasst.

49 Im Rahmen des Arbeitgebermodells gehören zu den angemessenen Kosten im Sinne des § 65 Abs. 1 Satz 2 SGB XII je nach Einzelfall auch mittelbare Kosten im Sinne **unvermeidbarer Folgekosten**. Ein Hilfebedürftiger, bei dem das Erfordernis einer 24-Stunden-Betreuung besteht, hat daher dem Grunde nach einen Anspruch auf Kostenübernahme für das von ihm vorgehaltene **Assistenzzimmer** im Rahmen der Hilfe zur Pflege nach dem Arbeitgebermodell.[58] Dies folgt aus der Privilegierung des Arbeitgebermodells (§ 66 Abs. 2 Satz 4 SGB XI). Wollte man die Übernahme auch anderer als der üblichen Pflegekosten von der Kostenübernahme nach § 65 Abs. 1 Satz 2 SGB XII ausschließen, würde die Privilegierung wegen des damit verbundenen Wegfalls der besonderen Einkommensgrenzen nach den §§ 85 ff. SGB XII konterkariert. Der Wortlaut, der nicht nur von den Kosten für die Pflegekraft selbst, sondern „für die **Heranziehung** der Pflegekraft" spricht, gebietet eine Beschränkung des Kostenübernahmeanspruchs auf die nur unmittelbar durch die Pflege hervorgerufenen Kosten, also die Lohn- und Lohnnebenkosten oder die Beiträge unter den Voraussetzungen des § 65 Abs. 2 SGB XII, nicht. Für die in diesem Zusammenhang erforderliche Abgrenzung zwischen pflegebedingten Folgekosten und **Leistungen für Unterkunft und Heizung** ist danach zu unterscheiden, ob im Vordergrund die Sicherstellung eines ordnungsgemäßen Ablaufes der Pflege steht oder vielmehr das Wohnen selbst im Sinne der Schaffung eines vor Unbilden des Wetters und der Witterung geschützten räumlichen Lebensmittelpunktes mit einer gewissen Privatsphäre einschließlich der Möglichkeit, private Gegenstände zu verwahren.[59] Ist also die Anmietung von Wohnraum untrennbar (nur) mit der Sicherstellung der häuslichen Pflege verbunden, wird also etwa ein Assistenzzimmer allein zu diesem Zweck vorgehalten und nutzen es die Assistenzkräfte auch faktisch allein im Zusammenhang mit ihrer Verpflichtung zur Pflege, weil sie ihren räumlichen Lebensmittelpunkt außerhalb haben, dann stellen die Wohnungskosten solche der Hilfe zur Pflege, nicht dagegen Eingliederungshilfe, Hilfe zum Lebensunterhalt oder der Unterkunft und Heizung dar.[60]

50 Die Kosten der Wohnungsnutzung bilden nach dem Urteil des BSG[61] als Leistung der Hilfe zur Pflege einen **abtrennbaren Streitgegenstand**. Sie lassen sich nämlich rechtlich und sachlich als nur mittelbar mit der Beschäftigung von besonderen Pflegekräften im Arbeitgebermodell (§ 66 Abs. 4 Satz 2 SGB XII) verbundene Kosten von den übrigen Leistungen der Hilfe zur Pflege (Übernahme von Lohn- und Lohnnebenkosten und damit ggf. zusammenhängender weiterer Kosten) trennen und sind deshalb nicht nur bloßes Berechnungselement im Rahmen eines Gesamtanspruchs aus § 65 Abs. 1 Satz 2 SGB XII. Es handelt sich bei diesen nur mittelbar durch die Pflege des Klägers entstehenden Sachkos-

---

[56] A.A. insoweit *Lachwitz* in: Fichtner/Wenzel, § 65 Rn. 29 unter Verweis auf Rechtsprechung zum früheren BSHG, namentlich das VG Freiburg v. 23.06.1998 - 4 K 133/98 - NDV-RD 1999, 58.
[57] BSG v. 28.02.2013 - B 8 SO 1/12 R.
[58] So ausdrücklich das BSG v. 28.02.2013 - B 8 SO 1/12 R, in Bestätigung von LSG Nordrhein-Westfalen v. 28.11.2011 - L 20 SO 82/07.
[59] Vgl. BSG v. 14.04.2011 - B 8 SO 19/09 R.
[60] So die Abgrenzung des BSG v. 28.02.2013 - B 8 SO 1/12 R.
[61] BSG v. 28.02.2013 - B 8 SO 1/12 R.

ten um einen anderen Anspruch, der neben die von § 65 Abs. 1 Satz 2 SGB XII schon seinem Wortlaut nach erfassten Personalkosten für die Pflegepersonen tritt und in der Sozialhilfe nur deshalb – nicht aber im Sozialgesetzbuch Elftes Buch – Soziale Pflegeversicherung (SGB XI) – übernahmefähig ist, weil das Arbeitgebermodell in § 66 Abs. 4 Satz 2 SGB XII eine besondere Privilegierung erfahren hat.

2. Rechtsfolgen

Liegen die Voraussetzungen des § 65 Abs. 1 Satz 2 Alt. 1 SGB XII vor, besteht ein **Rechtsanspruch** auf Übernahme der angemessenen Aufwendungen der Pflegeperson. Regelmäßig sind die vollen (angemessenen) Aufwendungen für die besondere Pflegekraft zu übernehmen. 51

Aus der gewählten Formulierung des **„Übernehmens"** der Aufwendungen folgt, dass im Rahmen des § 65 Abs. 1 Satz 2 Alt. 1 SGB XII eine Zahlung einerseits an die pflegebedürftige Person (so insbesondere im Rahmen des Arbeitgebermodells gem. § 66 Abs. 4 Satz 2 SGB XII) wie an die Pflegeperson erfolgen kann, der Sozialhilfeträger andererseits aber auch **Sachleistungen** erbringen kann, indem er Zahlungen an einen ambulanten Dienst vornimmt, welcher dann die Pflegeleistung erbringt.[62] Dies folgt im Übrigen auch aus dem Verweis in § 61 Abs. 2 Satz 2 SGB XII auch auf die Pflegesachleistung des § 36 Abs. 1 Satz 1 SGB XI. Auch hieraus folgt, dass die Gewährleistung der Pflege durch eine Fremdperson nicht nur in Form der Kostentragung, sondern auch als echte Sachleistung erbracht werden kann (vgl. dazu die Kommentierung zu § 61 SGB XII Rn. 101). Ein solches Vorgehen bietet sich insbesondere dann an, wenn die pflegebedürftige Person versichert ist und in der sozialen Pflegeversicherung von einer geeigneten Pflegekraft nach Maßgabe des § 36 Abs. 1 Satz 3 SGB XI betreut wird. Erforderliche aufstockende Leistungen des Sozialhilfeträgers können dann erbracht werden, indem der Sozialhilfeträger mit demselben Dienst eine entsprechende Aufstockungsvereinbarung gem. § 75 SGB XII abschließt.[63] 52

Die Hilfe zur Pflege durch eine besondere Pflegekraft wird dem Wortlaut nach **neben oder anstelle einer Pflege durch nahe stehende Personen oder Nachbarn** erbracht. Es kommt insoweit auf die Umstände des Einzelfalls an, namentlich darauf, ob sich überhaupt pflegebereite Personen aus dem persönlichen Umfeld des Pflegebedürftigen finden, die ggf. für bestimmte Tätigkeiten oder Zeiten einer professionellen Unterstützung bedürfen, oder nicht. Im letzteren Fall kann die häuslichen Pflege auch vollständig (unter Berücksichtigung allerdings des eingeschränkten Wunsch- und Wahlrechts nach § 13 Abs. 1 Sätze 4 ff. SGB XII, vgl. dazu die Kommentierung zu § 63 SGB XII Rn. 6) durch eine professionelle Pflegekraft übernommen werden. 53

Die Leistungen für die Heranziehung einer besonderen Pflegekraft werden aber auch **neben den Leistungen nach § 64 SGB XII** gewährt, wie sich aus § 66 Abs. 2 Satz 1 SGB XII ergibt; allerdings kann das Pflegegeld dann nach § 66 Abs. 2 Satz 2 SGB XII gekürzt werden (vgl. dazu die Kommentierung zu § 66 SGB XII Rn. 23). 54

VI. Übernahme der Kosten für eine Beratung der Pflegeperson (Absatz 1 Satz 2 Alternative 2)

Auch die angemessenen Kosten einer Beratung der (nicht professionell tätigen) Pflegeperson sind vom Sozialhilfeträger zu übernehmen, soweit eine solche geboten ist, § 65 Abs. 1 Satz 2 Alt. 2 SGB XII. Anders als die übrigen Ansprüche der Hilfe zur Pflege ist dieser Anspruch nach einhelliger Auffassung nicht ein solcher der pflegebedürftigen Person, sondern vielmehr ein **Anspruch der Pflegeperson**.[64] Dafür spricht nicht nur der Wortlaut („Beratung der Pflegeperson"), sondern auch die Tatsache, dass der Wunsch nach Beratung und folglich der Bedarf in der Regel bei der Pflegeperson selbst entstehen wird; diese soll daher die Möglichkeit haben, sich unmittelbar selbst an den Sozialhilfeträger zu wenden. Benötigt der Pflegebedürftige selbst Beratung, kommt nur die allgemeine Beratungspflicht des Sozialhilfeträgers nach § 10 Abs. 2 SGB XII und § 11 SGB XII in Betracht. 55

Zwar haben der Anspruch auf **Beratung durch die Pflegekassen** nach den §§ 7, 36 Abs. 3 SGB XI sowie der Anspruch auf Pflegekurse nach § 45 SGB XI Vorrang (§ 3 SGB XII i.V.m. § 13 Abs. 3 Satz 1 SGB XI). Beratungen über die Pflege werden daher bei versicherten Hilfebedürftigen in der Regel zunächst von Seiten der Pflegekassen finanziert. Solange und soweit diese Ansprüche das Bera- 56

---

[62] So *Bauer/Zink* in: Mergler/Zink, § 65 Rn. 23; *Schellhorn* in: Schellhorn/Schellhorn/Hohm, § 65 Rn. 14.

[63] Vgl. hierzu *Lachwitz* in: Fichtner/Wenzel, § 65 Rn. 28; vgl. zum Inhalt einer Vereinbarung nach § 75 SGB XII im Übrigen i.E. die Kommentierung zu § 75 SGB XII.

[64] Vgl. *Schellhorn* in: Schellhorn/Schellhorn/Hohm, § 65 Rn. 16.

tungsbedürfnis der Pflegeperson jedoch nicht decken, was insbesondere in Überforderungssituationen von pflegenden Angehörigen der Fall sein kann, ist der Sozialhilfeträger zur eigenständigen Beratung verpflichtet.[65]

57 Der Sozialhilfeträger kann die Beratung selbst durchführen oder aber professionelle Dienste mit der Durchführung der Beratung beauftragen. In Betracht kommen je nach den Umständen des konkreten Einzelfalls Beratungen in Kursen mit anderen Pflegepersonen oder aber Einzelberatungen vor Ort. Zu übernehmen sind in jedem Falle nur die angemessenen Kosten der Beratung der Pflegeperson. Auf die Angemessenheit zu überprüfen sind die Kosten der jeweiligen Beratung, aber auch die Häufigkeit, mit der Beratung beansprucht wird.[66]

58 Auf die Beratung i.S.d. § 65 Abs. 1 Satz 2 Alt. 2 SGB XII besteht ein **Rechtsanspruch**.

VII. Übernahme der angemessenen Kosten für eine zeitweilige Entlastung der Pflegeperson (Absatz 1 Satz 2 Alternative 3)

59 § 65 Abs. 1 Satz 2 Alt. 3 SGB XII sieht als familienentlastende Hilfe die „zeitweilige Entlastung der Pflegepersonen" vor. Sie kommt nur zugunsten einer nicht erwerbsmäßig tätigen Person („**Pflegeperson**") in Betracht.

60 Eine **Entlastung** der Pflegeperson kann **aus unterschiedlichen Gründen** geboten sein, so z.B. bei deren Ausfall wegen Krankheit oder Urlaubs, aber auch weil sie vorübergehend (z.B. aus familiären wie beruflichen Gründen) mit der Pflege überlastet ist, eine Auszeit benötigt o.Ä.[67] Die Gebotenheit der Entlastung muss jedoch vorübergehender Natur sein; der Anspruch aus § 65 Abs. 1 Satz 2 Alt. 3 SGB XII zielt lediglich auf eine **zeitweilige** Entlastung ab. Stellt sich eine dauerhafte Überforderungssituation der Pflegeperson ein, ist ggf. die Pflege gänzlich umzuorganisieren. In einem solchen Fall stehen dann möglicherweise ehrenamtlich tätige Personen aus dem persönlichen Umfeld des Hilfebedürftigen nicht zur Verfügung, so dass dann ein typischer Fall für die Beauftragung einer besonderen Pflegekraft nach § 65 Abs. 1 Satz 2 Alt. 1 SGB XII gegeben sein kann.

61 **In welcher Form** die Entlastung der Pflegeperson zu erfolgen hat, wird durch § 65 Abs. 1 Satz 2 Alt. 3 SGB XII nicht vorgegeben. Es kommt daher sowohl die Inanspruchnahme ambulanter Pflegedienste als auch die vorübergehende stationäre Betreuung (z.B. in einem Altenwohn- oder -pflegeheim) der pflegebedürftigen Person in Betracht. Die Entlastung kann aber auch vorübergehend außerhalb des Haushalts, also z.B. während einer Reise des Pflegebedürftigen, herbeigeführt werden.[68] Welche konkrete Maßnahme tatsächlich zu gewähren ist, wird durch die Umstände des jeweiligen Einzelfalls vorgegeben. Der Sozialhilfeträger muss die **gebotene** Hilfe leisten und sich daher am vorübergehenden Bedarf des Hilfebedürftigen orientieren. Eine Begrenzung der Leistungen, wie sie sich im SGB XI in den Regelungen zu Möglichkeiten der Entlastung der Pflegeperson findet,[69] kommt in der Hilfe zur Pflege nicht in Betracht.[70] Nicht nur wird in § 61 Abs. 2 Satz 2 SGB XII auf diese Vorschriften nicht verwiesen; eine solche Begrenzung ließe sich auch mit dem Bedarfsdeckungsgrundsatz nicht vereinbaren.

62 Allerdings gilt auch hier der **Vorrang der Inanspruchnahme von Leistungen aus der sozialen Pflegeversicherung**.[71] Ist also die pflegebedürftige Person versichert, hat sie zunächst die nach dem SGB XI vorgesehenen Möglichkeiten der Entlastung der Pflegeperson auszuschöpfen. Insoweit kann insbesondere ein Anspruch auf Wahrnehmung der Verhinderungspflege nach § 39 SGB XI oder der Kurzzeitpflege nach § 42 SGB XI in Betracht kommen.[72] Reichen die danach zu gewährenden Leistungen nicht aus, um den pflegerischen Bedarf der pflegebedürftigen Person zur Entlastung der Pflegeper-

---

[65] *Krahmer/Sommer* in: LPK-SGB XII, § 65 Rn. 13.
[66] Vgl. *Schellhorn* in: Schellhorn/Schellhorn/Hohm, § 65 Rn. 18.
[67] Vgl. hierzu auch *Lachwitz* in: Fichtner/Wenzel, § 65 Rn. 39.
[68] So auch *Schellhorn* in: Schellhorn/Schellhorn/Hohm, § 65 Rn. 20 unter Verweis auf frühere Rechtsprechung zum BSHG.
[69] So vor allem die §§ 39 und 42 SGB XI. In § 39 SGB XI findet sich z.B. eine Begrenzung der Entlastung auf höchstens vier Wochen im Jahr sowie das Erfordernis einer mehrmonatigen Vorpflegezeit.
[70] Soweit Sozialhilferichtlinien eine solche Begrenzung vorsehen, sind sie mit § 65 Abs. 1 Satz 2 Alt. 3 SGB XII nicht vereinbar; vgl. ebenso etwa *Lachwitz* in: Fichtner/Wenzel, § 65 Rn. 40 ff.
[71] Vgl. *Frieser* in: Linhart/Adolph, § 65 Rn. 17.
[72] Vgl. ausführlich zu Inhalt und Reichweite der Ansprüche nach dem SGB XI insbes. *Lachwitz* in: Fichtner/Wenzel, § 65 Rn. 36 ff.

son zu decken, muss der Sozialhilfeträger die weitergehenden Kosten in angemessenem Umfang übernehmen. Was in diesem Zusammenhang **angemessen** ist, orientiert sich im Zweifel an den ortsüblichen Entgelten eines Pflegedienstes oder einer stationären Kurzunterbringung.[73]

Auch auf die Übernahme der zeitweiligen Entlastung der Pflegeperson besteht ein **Rechtsanspruch**. 63

VIII. Übernahme von Beiträgen für eine angemessene, noch nicht sichergestellte Alterssicherung der Pflegeperson (Absatz 1 Satz 1 Halbsatz 2 Alternative 1 bzw. Absatz 2)

In § 65 SGB XII ist zudem die Übernahme von Beiträgen für eine angemessene Alterssicherung vorgesehen, und zwar für die Pflegeperson nach Maßgabe des Absatzes 1 Satz 1 Halbsatz 2 Alternative 1 als Kann-Leistung, für die Pflegeperson oder die besondere Pflegekraft nach Maßgabe des Absatzes 2 als Muss-Leistung. Die Vorschriften berücksichtigen den Umstand, dass die die Pflege ausübende Person unter Umständen eine Erwerbstätigkeit unterlässt oder sogar aufgibt, um die Pflege zu übernehmen. In beiden Fällen ist aber Voraussetzung, dass die Alterssicherung noch nicht anderweitig sichergestellt ist. 64

1. Tatbestandsmerkmale beider Tatbestände

a. Alterssicherung

Beiträge zu einer **Alterssicherung** i.S.v. § 65 Abs. 1 Satz 1 HS. 2 Alt. 1 SGB XII bzw. § 65 Abs. 2 SGB XII sind insbesondere solche zur gesetzlichen Rentenversicherung. Da diese Art der Altersvorsorge jedoch im Gesetz – anders als in § 44 SGB XI – nicht zwingend vorgeschrieben ist, kommen auch Beiträge zu privaten Lebens- oder Rentenversicherungen (z.B. einer sog. „Riesterrente") in Betracht, soweit diese eine der gesetzlichen Altersrente entsprechende Altersvorsorge garantieren.[74] 65

b. Angemessenheit

Zu übernehmen sind jedoch nur die Kosten einer **angemessenen** Alterssicherung. Dem Begriff der Angemessenheit kommt dabei eine doppelte Bedeutung zu. Zum einen müssen die durch den Sozialhilfeträger geleisteten Beiträge, d.h. die ihm entstehenden Kosten angemessen sein. Zum anderen muss aus der Übernahme solcher Beiträge aber auch eine der Höhe nach angemessene Alterssicherung erwartet werden können.[75] 66

Die Beantwortung der Frage, wann und inwieweit die Alterssicherung **hinsichtlich der dem Sozialhilfeträger entstehenden Kosten angemessen** ist, fällt unterschiedlich aus je nachdem, ob es sich um eine angestellte Pflegekraft oder eine Pflegeperson aus dem persönlichen Umfeld des zu Pflegenden handelt.[76] In denjenigen Fällen, in denen angestellte Kräfte die Pflegetätigkeit übernehmen, sind angemessene Beiträge solche, die sich nach dem Arbeitsentgelt bemessen; allerdings wird es in diesen Fällen kaum an der hinreichenden Sicherstellung der Altersrente fehlen (vgl. dazu Rn. 75). Pflegepersonen aus dem persönlichen Umfeld der pflegebedürftigen Person erhalten kein Arbeitsentgelt, sondern lediglich (Teile des) Pflegegeld(es) nach Maßgabe des § 64 SGB XII und/oder andere der Motivation dienende Leistungen nach Maßgabe des § 65 SGB XII. Hier kann die Höhe der bezogenen Gelder für die Bemessung des Beitrags zur Alterssicherung allenfalls eine untergeordnete Rolle spielen. Zu Recht hat daher schon die Rechtsprechung zum BSHG maßgeblich den **zeitlichen Umfang der Pflegeleistung** zugrunde gelegt.[77] Die im Einzelfall geleistete Pflegetätigkeit ist dabei ins Verhältnis zu setzen zu der Vollzeittätigkeit einer angelernten Pflegekraft.[78] Dies bedeutet konkret, dass bei einem täglichen Pflegeaufwand von beispielsweise vier Stunden durch den Sozialhilfeträger ein Altersversicherungsbeitrag abzuführen ist, der auf der Grundlage einer vierstündigen täglichen Pflegetätigkeit und eines dafür zu entrichtenden durchschnittlich bemessenen Arbeitsentgelts für eine angelernte Berufspflege- 67

---

[73] Vgl. hierzu *Schellhorn* in: Schellhorn/Schellhorn/Hohm, § 65 Rn. 20 unter Verweis auf Rn. 5 und 11; die schon für die übrigen Tatbestände des § 65 SGB XII gemachten Ausführungen gelten insoweit in entsprechender Weise.

[74] Vgl. *Schellhorn* in: Schellhorn/Schellhorn/Hohm, § 65 Rn. 23; *Klie* in: Hauck/Noftz, § 65 Rn. 6.

[75] Mit dieser doppelten Bedeutung auch *Schellhorn* in: Schellhorn/Schellhorn/Hohm, § 65 Rn. 22 ff.

[76] Vgl. *Schellhorn* in: Schellhorn/Schellhorn/Hohm, § 65 Rn. 24.

[77] Vgl. OVG Bremen v. 03.10.1989 - 2 BA 18/89 - FEVS 39, 265, 268 f.; zustimmend z.B. *Krahmer/Sommer* in: LPK-SGB XII, § 65 Rn. 7.

[78] Vgl. *Krahmer/Sommer* in: LPK-SGB XII, § 65 Rn. 7; *Lachwitz* in: Fichtner/Wenzel, § 65 Rn. 16; *Schellhorn* in: Schellhorn/Schellhorn/Hohm, § 65 Rn. 24.

kraft errechnet wurde.[79] Dieser Maßstab ist schon deshalb auch heute der richtige Anknüpfungspunkt, weil er den für die Pflegeversicherung in § 44 SGB XI insoweit vom Gesetzgeber selbst formulierten Ansatz aufgreift, für die Höhe zu entrichtender Altersversicherungsbeiträge vom Umfang der Pflegetätigkeit auszugehen.[80]

68 Wann von einer der Höhe nach angemessenen Alterssicherung auszugehen ist, ist gesetzlich nicht definiert und wurde durch die Rechtsprechung zum früheren § 69b BSHG unterschiedlich beurteilt. Das BVerwG hat entschieden, dass eine Alterssicherung dann als angemessen zu erachten ist, wenn sie voraussichtlich oberhalb des Niveaus der Hilfe zum Lebensunterhalts (heute: nach Maßgabe der §§ 27 ff. SGB XII) liegt (und zwar unter Berücksichtigung von Regelsatz plus Unterkunftskosten zuzüglich eines Mehrbedarfszuschlags i.H.v. 25% des Regelsatzes).[81] In der oberverwaltungsgerichtlichen Rechtsprechung wurde dagegen z.T. vertreten, dass ein höheres Versorgungsniveau erreicht werden müsse.[82] Bedenkt man jedoch, dass Sinn und Zweck von § 65 Abs. 1 Satz 1 HS. 2 Alt. 1 SGB XII bzw. § 65 Abs. 2 SGB XII nur sein kann zu vermeiden, dass die Pflegeperson wegen der von ihr übernommenen Pflege und der möglicherweise dadurch versäumten Altersvorsorge im Alter in die Sozialhilfeabhängigkeit fällt, nicht aber, der Pflegeperson im Alter einen mindestens durchschnittlichen Lebensstandard zu bieten, ist als angemessen richtigerweise nur diejenige Alterssicherung zu beurteilen, die einen späteren Sozialhilfebezug überflüssig macht.[83] Eine unter dem Sozialhilfeniveau liegende Alterssicherung aber kann jedenfalls nicht mehr als angemessen beurteilt werden.

69 Die Beitragsübernahme kommt der Natur der Sache nach allerdings von vornherein gar nicht in Betracht, wenn eine **Rentenanwartschaft** bis zum Erreichen der Regelaltersgrenze **nicht mehr erworben werden kann**, weil die Wartezeit (§ 50 SGB VI) bis dahin nicht mehr erfüllt wird und eine entsprechende Nachversicherung bzw. die Wahl einer anderen Art der Alterssicherung mit hohen Kosten verbunden wäre.[84] Auch kommt die Übernahme von Altersvorsorgebeiträgen nicht in Betracht, wenn zwar die Wartezeiten theoretisch noch erfüllt werden können, jedoch eine das Sozialhilfeniveau wenigstens erreichende Rente unter – der Pflegeleistung angemessenen – Beitragszahlungen voraussichtlich nicht mehr angespart werden kann.[85] Wollte man in diesen Fällen gleichwohl eine angemessene Altersrente gewährleisten, wären durch den Sozialhilfeträger ganz erhebliche Beitrags(nach)zahlungen zu übernehmen, die nicht mehr als angemessene Kosten zu qualifizieren wären.[86] Dies gilt umso mehr, als die pflegende Person, die bislang keine oder eine zu geringe Altersvorsorge betrieben hat, nicht die Zeiten einer Pflege wenige Jahre vor Beginn des Rentenalters dazu nutzen können soll, den Träger der Sozialhilfe zu einer ihren gesamten Versicherungsverlauf ausgleichenden Nachzahlung zu veranlas-

---

[79] So der Beispielsfall des OVG Bremen v. 03.10.1989 - 2 BA 18/89 - FEVS 39, 265, 268 f.

[80] In der Literatur wird daher sogar vorgeschlagen, für den Pflegeumfang genau den Maßstab des § 44 SGB XI zu übernehmen; dies bedeutete, eine pflegestufenabhängige Quote der Bezugsgröße nach § 166 SGB VI zugrunde zu legen, d.h. bei Pflegestufe III 80% der Bezugsgröße bei 28 Stunden Pflege pro Woche, 60% für 21 Stunden, 40% für mindestens 14 Stunden; bei Pflegestufe II 53,33% für mindestens 21 Stunden Pflege pro Woche und 35,55% für mindestens 14 Stunden pro Woche; bei Pflegestufe I einheitlich 26,66% der Bezugsgröße – so *von Renesse* in: Jahn/Jung, § 65 Rn. 13. Eine solche vollständige Übernahme der gesetzlichen Vorgaben für die Pflegeversicherung erscheint jedoch schon allein deshalb, weil auch Pflegepersonen von Pflegebedürftigen der Pflegestufe Null in der Hilfe zur Pflege bedacht werden können, nicht sachgerecht. Es wäre aus sozialhilferechtlicher Sicht auch nicht erklärbar, warum verschiedene Pflegestufen bei gleichem Zeitaufwand unterschiedliche Altersrentenbeiträge nach sich ziehen sollen. Da in der Hilfe zur Pflege stets vom tatsächlichen Bedarf und entsprechend auch vom tatsächlichen Pflegeaufwand auszugehen ist, erscheinen das Anknüpfen an die Stundenzahl und der Vergleich mit einer professionellen Pflegekraft sachgerechter; so im Ergebnis auch *Lachwitz* in: Fichtner/Wenzel, § 65 Rn. 16.

[81] So BVerwG v. 10.09.1992 - 5 C 25/88 - FEVS 43, 313; BVerwG v. 22.03.1990 - 5 C 40/86 - BVerwGE 85, 102.

[82] So z.B. OVG Bremen v. 03.10.1989 - 2 BA 18/89 - ZfSH/SGB 1990, 146, 148; OVG Niedersachsen v. 20.10.1978 - IV A 201/76 - FEVS 28, 105; wie das BVerwG allerdings OVG Nordrhein-Westfalen v. 11.09.1989 - 8 A 1212/87 - FEVS 39, 195; VGH Bayern v. 03.03.1994 - 12 B 92.390 - FEVS 45, 380.

[83] So die Argumentation auch des BVerwG v. 22.03.1990 - 5 C 40/86 - BVerwGE 85, 102. In der Literatur wird dieser Ansatz z.T. in Frage gestellt, ohne jedoch eine konkrete Alternativlösung vorzuschlagen; so etwa *Schellhorn* in: Schellhorn/Schellhorn/Hohm, § 65 Rn. 26.

[84] So die ganz herrschende Auffassung; vgl. etwa *Krahmer/Sommer* in: LPK-SGB XII, § 65 Rn. 7; *Schellhorn* in: Schellhorn/Schellhorn/Hohm, § 65 Rn. 24; *Lachwitz* in: Fichtner/Wenzel, § 65 Rn. 16.

[85] Eine ggf. erforderliche Nachversicherung kann unter Umständen Beträge im sechsstelligen Bereich erreichen; darauf weist zu Recht *Krahmer/Sommer* in: LPK-SGB XII, § 65 Rn. 7 hin.

[86] So i.E. auch *Krahmer/Sommer* in: LPK-SGB XII, § 65 Rn. 7.

sen.[87] Problematisch ist in diesem Zusammenhang allerdings, dass der zu pflegenden Person dann möglicherweise eine Motivationshilfe zur Organisation der häuslichen Pflege nicht zur Verfügung stünde. Dem könnte aber z.B. durch Zahlung z.B. eines Taschengeldes o.Ä. nach Maßgabe von § 65 Abs. 1 SGB XII begegnet werden.[88]

c. Keine anderweitige Sicherstellung

Bedeutung hat die Frage nach der Höhe einer angemessenen Alterssicherung auch für die richtige Interpretation des weiteren Tatbestandsmerkmals der **fehlenden anderweitigen Sicherstellung der Altersvorsorge**. Denn Maßstab der Sicherstellung ist die Frage, ob schon anderweitig eine im beschriebenen Sinne angemessene Altersvorsorge besteht. 70

Durch die Voraussetzung der anderweitigen Sicherstellung wird am Nachrang der Sozialhilfe auch in diesem Zusammenhang, in dem ein Dritter von den Leistungen profitiert, ausdrücklich festgehalten (vgl. zum Nachranggrundsatz in der Hilfe zur Pflege allgemein die Kommentierung zu § 61 SGB XII Rn. 39). Sie ist zunächst dann zu bejahen, wenn die angemessene Alterssicherung durch **eigene Ansprüche der Pflegeperson** gewährleistet ist.[89] Bezogen auf Ansprüche aus der gesetzlichen Rentenversicherung ist das der Fall, wenn die Wartezeit von 60 Kalendermonaten erfüllt ist oder voraussichtlich noch erfüllt werden wird und eine Altersrente erwartet werden kann, die einen Anspruch auf Hilfe zum Lebensunterhalt nach dem Dritten Kapitel des SGB XII ausschließt. Da der Versicherungsverlauf vielfach noch nicht abgeschlossen sein wird, ist die Frage hinreichender Sicherstellung **prognostisch** auf der Grundlage der bekannten Tatsachen, orientiert an den typischen Erwartungen hinsichtlich des gewöhnlichen Verlaufs des Lebens der Pflegeperson, zu beurteilen.[90] Dabei kommt es auf die Höhe der bei Eintritt des Regelaltersrentenalters (mittlerweile: bei Vollendung des 67. Lebensjahres) zu erwartenden Einkünfte an.[91] Entsprechendes gilt für die Beurteilung einer aus privaten Versicherungen angesparten Altersrente. Auch insoweit ist darauf abzustellen, ob hieraus Ansprüche erworben wurden und voraussichtlich noch erworben werden, die ein Leben im Alter über dem Sozialhilfeniveau ermöglichen. 71

Anderweitig versorgt im Alter ist aber auch diejenige Pflegeperson, deren **Lebensunterhalt durch einen Dritten** (insbesondere den Ehegatten),[92] oder aber jedenfalls durch beide Ansprüche zusammen, denjenigen aus eigener und denjenigen aus der vom Ehegatten abgeleiteten Versicherung, sichergestellt ist.[93] Die Absicherung von Seiten des Ehegatten kann durch eine entsprechend hohe gesetzliche Altersrente, aber auch durch eine betriebliche Altersvorsorge o.Ä. erfolgen.[94] Auch insoweit ist die Situation bei Eintritt in die Altersrente prognostisch zu beurteilen. 72

d. Unterscheidung der Tatbestände anhand des Ausmaßes der Pflegebedürftigkeit

Sowohl § 65 Abs. 1 Satz 1 HS. 2 Alt. 1 SGB XII als auch § 65 Abs. 2 SGB XII enthalten einen Tatbestand über die Gewährung von Beiträgen für eine angemessene, noch nicht anderweitig sichergestellte Altersvorsorge. Die Weichenstellung hin zur Anwendbarkeit des einen bzw. anderen Tatbestandes erfolgt im Wesentlichen danach, welchen Ausmaßes die Pflegebedürftigkeit der zu pflegenden Person ist. Die Regelung des § 65 Abs. 2 SGB XII setzt den Bezug eines „Pflegegeldes nach § 64 SGB XII" voraus und folglich, dass die zu pflegende Person mindestens erheblich pflegebedürftig (Pflegestufe I) ist.[95] Aus der gesetzlichen Formulierung „die Pflegegeld nach § 64 SGB XII erhalten" ergibt sich allerdings zugleich, dass das Pflegegeld zum einen auch tatsächlich bezogen werden muss und zum an- 73

---

[87] Vgl. mit diesem Argument etwa auch *Lachwitz* in: Fichtner/Wenzel, § 65 Rn. 15.
[88] Vgl. mit diesem Vorschlag auch *Lachwitz* in: Fichtner/Wenzel, § 65 Rn. 15.
[89] *Krahmer/Sommer* in: LPK-SGB XII, § 65 Rn. 7.
[90] So schon das BVerwG v. 22.06.1978 - V C 31.77 - BVerwGE 56, 88 ff.; BVerwG v. 22.03.1990 - 5 C 40/86 - BVerwGE 85, 102 ff.; BVerwG v. 10.09.1992 - 5 C 25/88 - FamRZ 1993, 198.
[91] Vgl. *Schellhorn* in: Schellhorn/Schellhorn/Hohm, § 65 Rn. 26.
[92] Vgl. BVerwG v. 10.09.1992 - 5 C 25/88 - FEVS 43, 313, 315; zustimmend z.B. *Lachwitz* in: Fichtner/Wenzel, § 65 Rn. 15.
[93] Vgl. den Hessischen VGH v. 24.06.1986 - IX OE 44/82 - FamRZ 1986, 1097; vgl. auch *Lachwitz* in: Fichtner/Wenzel, § 65 Rn. 15.
[94] Vgl. BVerwG v. 10.09.1992 - 5 C 25/88 - FEVS 43, 313, 315.
[95] *Lachwitz* in: Fichtner/Wenzel, § 65 Rn. 47 ff.

deren insoweit nur Pflegegeld nach gerade der genannten Rechtsgrundlage in Betracht kommt.[96] Wenn der Pflegebedürftige demgegenüber ein Pflegegeld nur nach § 37 SGB XI bezieht, kommt § 65 Abs. 2 SGB XII nicht zur Anwendung.[97]

74 Die beschriebenen Eingrenzungen finden sich für den (nur als Kann-Leistung ausgestalteten) § 65 Abs. 1 Satz 1 HS. 2 Alt. 1 SGB XII nicht. Leistungen zur Altersvorsorge kommen dort auch schon für Pflegepersonen in Betracht, die eine lediglich einfach pflegebedürftige Person (Pflegestufe „Null") pflegen. Auch ist der tatsächliche Bezug von Pflegegeld nach Maßgabe des § 64 SGB XII nicht Voraussetzung. Dieser Regelung kommt also eine Auffangfunktion zu.

e. Pflegeperson bzw. Pflegekraft

75 § 65 Abs. 1 Satz 1 HS. 2 Alt. 1 SGB XII regelt eine Altersvorsorge nur zugunsten einer **Pflegeperson**, also einer solchen aus dem privaten Umfeld des Pflegebedürftigen. Demgegenüber bezieht § 65 Abs. 2 SGB XII nicht nur Pflegepersonen in die Alterssicherung ein, sondern auch besondere **Pflegekräfte** (vgl. zur Definition des Begriffs der Pflegekraft Rn. 32). Allerdings erlangt diese erweiterte Tatbestandsfassung nur dann Bedeutung, wenn die besondere Pflegekraft über keine bzw. keine ausreichende Alterssicherung verfügt, wenn sie also weder bei einem ambulanten noch stationären Pflegedienst beschäftigt und entsprechend rentenversichert ist. In der Praxis bieten sich daher für eine besondere Pflegekraft nur dort Anwendungsfelder für § 65 Abs. 2 SGB XII, wo eine Laienkraft eingestellt wird. Aber auch dort ist die Bedeutung der Regelung insbesondere deshalb gering, weil die Arbeitgeberanteile zur Alterssicherung für die Pflegeperson Kosten sind, die ohnehin schon nach Maßgabe des § 65 Abs. 1 Satz 2 Alt. 1 SGB XII zu übernehmen sind (vgl. dazu schon Rn. 43).

2. Rechtsfolgen

76 Nach § 65 Abs. 1 Satz 1 HS. 2 Alt. 1 SGB XII ist die Übernahme von Beiträgen für eine angemessene Altersvorsorge der Pflegeperson bei nur einfacher Pflegebedürftigkeit oder fehlendem Pflegegeldbezug (anderenfalls kommt die Regelung des Absatzes 2 zum Zuge) als **Ermessensleistung** vorgesehen. Ein wichtiges Ermessenskriterium ist die Frage, ob durch die Übernahme von Beiträgen der Altersvorsorge die Pflegebereitschaft des verwandtschaftlichen bzw. sozialen Umfelds der pflegebedürftigen Person geschaffen oder aufrechterhalten wird.[98] Bejahendenfalls spricht dies wesentlich für die Ermessensausübung zugunsten der Pflegeperson. Im Rahmen seiner Ermessensausübung kann der Sozialhilfeträger – z.B. durch Auflagen oder Regelungen der Zahlungsmodalitäten – auch die zweckbestimmte Verwendung unter Kontrolle halten.[99] Er kann insbesondere, was in der Praxis wohl die übliche Verfahrensweise ist, die Zahlung direkt an die Pflegeperson vornehmen. Die Übernahme der Alterssicherungsbeiträge muss daher nicht unbedingt durch Zahlung erst an den Pflegebedürftigen erfolgen.[100]

77 § 65 Abs. 2 SGB XII ist demgegenüber als Muss-Leistung ausformuliert; unter den dortigen Voraussetzungen handelt es sich daher um eine **Pflichtleistung**. In dieser Vorschrift ist statt einer „Übernahme" der Beiträge von einer „Erstattung" die Rede. Daraus folgt jedoch nicht, dass die pflegebedürftige Person zunächst selbst Beiträge aufzubringen hat, sondern der Sozialhilfeträger kann auch insoweit die Beiträge unmittelbar an die für die Pflegeperson zuständige Einrichtung der Alterssicherung abführen.[101] Erforderlich ist nur, dass nachweislich Beiträge abgeführt werden.

78 Die Beiträge zur Alterssicherung sind nur **für den Zeitraum** zu übernehmen bzw. erstatten, für den die Hilfe zur Pflege tatsächlich gewährt wird und die angemessene Alterssicherung nicht erreicht ist. Ob diese Voraussetzungen vorliegen, ist durch den Sozialhilfeträger in regelmäßigen Abständen zu überprüfen.[102]

79 Da auch der Anspruch auf Erstattung der Beiträge zur angemessenen Alterssicherung nach § 65 Abs. 2 SGB XII nicht der Pflegeperson, sondern lediglich der hilfsbedürftigen gepflegten Person zusteht,[103]

---

[96] *Lachwitz* in: Fichtner/Wenzel, § 65 Rn. 50.
[97] *Lachwitz* in: Fichtner/Wenzel, § 65 Rn. 50.
[98] Vgl. *Krahmer/Sommer* in: LPK-SGB XII, § 65 Rn. 7.
[99] Vgl. *Schellhorn* in: Schellhorn/Schellhorn/Hohm, § 65 Rn. 28.
[100] Vgl. *Krahmer/Sommer* in: LPK-SGB XII, § 65 Rn. 9.
[101] So schon das BVerwG v. 22.06.1978 - V C 31.77 - FEVS 26, 409; ebenso *Krahmer/Sommer* in: LPK-SGB XII, § 65 Rn. 15 i.V.m. Rn. 9. Anders offenbar *Schellhorn* in: Schellhorn/Schellhorn/Hohm, § 65 Rn. 28, der aus dem Begriff der Erstattung eine bereits tatsächlich erfolgte Zahlung heraus liest.
[102] Vgl. *Klie* in: Hauck/Noftz, § 65 Rn. 6; *Schellhorn* in: Schellhorn/Schellhorn/Hohm, § 65 Rn. 29.
[103] Vgl. BSG v. 02.02.2012 - B 8 SO 15/10 R sowie Rn. 10.

kommt auch eine Vererblichkeit dieses Anspruchs nicht in Betracht. Überdies kann die Pflegeperson nach Versterben der pflegebedürftigen Person den Anspruch nach § 65 Abs. 2 SGB XII auch nicht nach § 19 Abs. 6 SGB XII selbst geltend machen. Diese Vorschrift regelt zwar ausgehend vom Gedanken einer Geschäftsführung ohne Auftrag einen speziellen Fall der Sonderrechtsnachfolge; allerdings hat der Gesetzgeber – soweit einschlägig – den Anspruchsübergang bewusst beschränkt auf den Pflegegeldanspruch des Hilfebedürftigen. Er erfasst mithin nicht die Erstattung von Beiträgen für eine angemessene Alterssicherung.[104]

C. Praxistipps

Aus der Wahl zweier verschiedener Begrifflichkeiten in § 65 SGB XII – der „**Übernahme**" einerseits sowie des „**Erstattens**" andererseits – kann nicht geschlossen werden, dass im Falle vorgesehenen Erstattens von dem Grundsatz der Kenntnisnahme durch den Sozialhilfeträger (**§ 18 SGB XII**) abgewichen werden sollte. Es handelt sich nicht um einen nachträglichen Erstattungsanspruch.[105] Nachdem das BSG allerdings entschieden hat, dass § 18 SGB XII zum Schutz des Hilfebedürftigen einen nur **niedrigschwelligen** Zugang zum Sozialhilfesystem sicherstellen will,[106] stellt sich dann an dieser Stelle die nicht ganz einfach zu beantwortende Frage nach dem richtigen Verständnis vom Grundsatz der Kenntnisnahme nach § 18 SGB XII. In jedem Falle muss die pflegebedürftige Person dem Sozialhilfeträger das grundsätzliche Bestehen eines pflegerischen Bedarfs zuvor zur Kenntnis bringen; die bloße Kenntnis der Sozialhilfebedürftigkeit genügt nicht; vgl. dazu i.E. aber die Kommentierung zu § 62 SGB XII Rn. 26.[107] 80

Der Wahl zweier unterschiedlicher Begrifflichkeiten kommt in der Praxis schon deshalb keine gravierende Bedeutung zu, weil auch im Falle vorgesehener Erstattung aus Praktikabilitätsgründen eine Zahlung unmittelbar an die Pflegeperson vorgenommen werden kann (vgl. dazu im Einzelnen die Ausführungen zu den verschiedenen Tatbestandsvarianten). Eine deutliche Unterscheidung zeigt sich daher nur darin, dass im Falle einer Kosten**übernahme** auch eine **Sachleistungsgewährung** in Betracht kommt, im Falle der Erstattung dagegen nicht (vgl. zur Möglichkeit der Sachleistungsgewährung im Übrigen auch die Kommentierung zu § 61 SGB XII Rn. 101). Im Rahmen von § 65 Abs. 1 Satz SGB XII ist in den unterschiedlichen Begriffen zudem eine Unterscheidung in pauschalierte und konkret nachgewiesene Leistungen angelegt. Weitere Unterschiede ergeben sich in der Praxis jedoch nicht. 81

Zur Beurteilung der **Erforderlichkeit** oder **Gebotenheit** eines jeweiligen Anspruchs nach Maßgabe des § 65 SGB XII sind durch die Gerichte genaue Feststellungen dazu zu treffen, welche körperlichen Funktionsdefizite bei der pflegebedürftigen Person vorliegen und welche Tätigkeiten im Einzelnen nicht mehr verrichtet werden können. Erst vor dem Hintergrund solchermaßen getroffener Feststellungen lässt sich die Notwendigkeit der Hilfe und die notwendige Qualifikation der in Anspruch genommenen Pflegeperson ermitteln.[108] 82

---

[104] BSG v. 02.02.2012 - B 8 SO 15/10 R.
[105] So zu Recht *Grube* in: Grube/Wahrendorf, § 65 Rn. 8.
[106] Vgl. das BSG v. 28.08.2008 - B 8/9b SO 18/07 R - juris Rn. 23 - SozR 4-3500 § 18 Nr. 1, unter Verweis auf *Armborst* in: LPK-SGB XII, § 18 Rn. 4, und *Rothkegel*, Sozialhilferecht, 2005, Teil IV Kap. 1 Rn. 4 (Hervorhebung durch Verf.).
[107] Vgl. im Übrigen auch die Rechtsprechung des BSG v. 29.09.2009 - B 8 SO 13/08 R (zur Veröffentlichung in BSGE vorgesehen) zur fehlenden Notwendigkeit eines Folgeantrages für einen neuen Bewilligungszeitraum, in welchem das BSG von der einmaligen Türöffnerfunktion des erstmals gestellten Antrags spricht.
[108] So das BSG v. 26.08.2008 - B 8/9b SO 18/07 R - juris Rn. 18 - SozR 4-3500 § 65 Nr. 2, das mit Verweis auf diesen Maßstäben nicht entsprechende Feststellungen die Revision zur weiteren Sachverhaltsaufklärung zurückverwiesen hat.

§ 66 SGB XII Leistungskonkurrenz

(Fassung vom 27.12.2003, gültig ab 01.01.2005)

(1) [1]Leistungen nach § 64 und § 65 Abs. 2 werden nicht erbracht, soweit Pflegebedürftige gleichartige Leistungen nach anderen Rechtsvorschriften erhalten. [2]Auf das Pflegegeld sind Leistungen nach § 72 oder gleichartige Leistungen nach anderen Rechtsvorschriften mit 70 vom Hundert, Pflegegelder nach dem Elften Buch jedoch in dem Umfang, in dem sie geleistet werden, anzurechnen.

(2) [1]Die Leistungen nach § 65 werden neben den Leistungen nach § 64 erbracht. [2]Werden Leistungen nach § 65 Abs. 1 oder gleichartige Leistungen nach anderen Rechtsvorschriften erbracht, kann das Pflegegeld um bis zu zwei Drittel gekürzt werden.

(3) Bei teilstationärer Betreuung von Pflegebedürftigen oder einer vergleichbaren nicht nach diesem Buch durchgeführten Maßnahme kann das Pflegegeld nach § 64 angemessen gekürzt werden.

(4) [1]Leistungen nach § 65 Abs. 1 werden insoweit nicht erbracht, als Pflegebedürftige in der Lage sind, zweckentsprechende Leistungen nach anderen Rechtsvorschriften in Anspruch zu nehmen. [2]Stellen die Pflegebedürftigen ihre Pflege durch von ihnen beschäftigte besondere Pflegekräfte sicher, können sie nicht auf die Inanspruchnahme von Sachleistungen nach dem Elften Buch verwiesen werden. [3]In diesen Fällen ist ein nach dem Elften Buch geleistetes Pflegegeld vorrangig auf die Leistung nach § 65 Abs. 1 anzurechnen.

Gliederung

A. Basisinformation 1
I. Textgeschichte/Gesetzgebungsmaterialien 1
II. Vorgängervorschriften.. 2
III. Systematische Zusammenhänge 3
IV. Ausgewählte Literaturhinweise 5
B. Auslegung der Norm 6
I. Regelungsgehalt und Bedeutung der Norm 6
II. Normzweck 7
III. Anrechnung von Leistungen nach anderen
Rechtsvorschriften (Absatz 1) 8
1. Nachrang der Leistungen nach § 64 SGB XII
und § 65 Abs. 2 SGB XII gegenüber gleichartigen Leistungen (Absatz 1 Satz 1).................. 8
2. Anrechnung von Leistungen der Blindenhilfe sowie des Pflegegeldes nach dem SGB XI
(Absatz 1 Satz 2) 14
IV. Kürzung des Pflegegeldes (Absätze 2 und 3).... 22
1. Verhältnis von Leistungen nach § 65 SGB XII
oder gleichartigen Leistungen zum Pflegegeld
nach § 64 SGB XII (Absatz 2).......................... 22
2. Kürzung des Pflegegeldes bei teilstationärer
Betreuung (Absatz 3).................................... 31
V. Nachrang der Hilfe zur Pflege bei der Geltendmachung von Leistungen nach § 65 SGB XII
(Absatz 4 Satz 1) 38
VI. Ausnahme beim „Arbeitgebermodell"
(Absatz 4 Sätze 2 und 3).................................. 46
1. Absatz 4 Satz 2 46
2. Absatz 4 Satz 3 51
C. Praxistipps 54

A. Basisinformation

I. Textgeschichte/Gesetzgebungsmaterialien

1 Die Vorschrift ist mit Art. 1 des Gesetzes zur Einordnung des Sozialhilferechts in das Sozialgesetzbuch vom 27.12.2003[1] zum 01.01.2005 in Kraft getreten und seither nicht verändert worden. Für die weitergehende Textgeschichte des § 66 SGB XII als Bestandteil des Regelungskomplexes der §§ 61 ff. SGB XII wird auf die Kommentierung zu § 61 SGB XII verwiesen.

II. Vorgängervorschriften

2 § 66 SGB XII hat im Wesentlichen den Inhalt des bis zum 01.01.2005 geltenden § 69c BSHG übernommen. Abweichend von dieser Vorgängerregelung ist allerdings in § 66 Abs. 3 SGB XII die Mög-

---

[1] BGBl I 2003, 3022.

lichkeit der Kürzung des Pflegegeldes bei teilstationärer Pflege der pflegebedürftigen Person auf Maßnahmen ausgedehnt worden, die nicht von den Trägern der Sozialhilfe finanziert werden.[2] Im Übrigen sind die in § 66 SGB XII vorgenommenen Änderungen nur aus redaktionellen Gründen erfolgt.

III. Systematische Zusammenhänge

Nach § 66 SGB XII entscheidet sich letztlich erst, ob und in welchem Umfang die Leistungen der häuslichen Pflege nach den §§ 64 und 65 SGB XII tatsächlich beansprucht werden können. Die Regelungen des § 66 SGB XII sind daher stets in die dort statuierten Anspruchsgrundlagen mit hineinzulesen.[3] Zugleich steht § 66 SGB XII mit all jenen Vorschriften in systematischem Zusammenhang, die den Hilfen zur Pflege gleichartige und zweckentsprechende Leistungen vorsehen, also insbesondere mit den §§ 37, 38, 44 SGB XI, § 37 SGB V, § 44 SGB VII, §§ 35, 26c Abs. 8 und Abs. 9 BVG, §§ 267 Abs. 1 Satz 3 und 269 Abs. 2 LAG usw.

§ 66 SGB XII lässt jedoch bestimmte Rangverhältnisse ungeregelt, so insbesondere die Frage, wie Leistungen nach **§ 61 Abs. 2 SGB XII** zu Leistungen der Pflegeversicherung stehen. Hier gilt dann der allgemeine Nachranggrundsatz nach § 2 SGB XII sowie die Regelung des § 13 Abs. 3 Nr. 1 SGB XII (vgl. hierzu ausführlich die Kommentierung zu § 61 SGB XII Rn. 39).

IV. Ausgewählte Literaturhinweise

Hierzu wird auf die Kommentierung zu § 61 SGB XII Rn. 45 verwiesen.

B. Auslegung der Norm

I. Regelungsgehalt und Bedeutung der Norm

§ 66 SGB XII regelt das Verhältnis der verschiedenen Leistungen der häuslichen Pflege untereinander (interne Konkurrenz) und zu gleichartigen bzw. zweckentsprechenden Leistungen anderer Träger, insbesondere der sozialen Pflegeversicherung (externe Konkurrenz). Zugleich schließt die Regelung aus, dass die leistungsberechtigte Person durch die Ausübung des Wahlrechts nach anderen Leistungsgesetzen (insbes. nach dem SGB XI) oder durch eigene Untätigkeit den Sozialhilfeträger zu Leistungen veranlasst, wo dies nicht geboten ist. § 66 SGB XII ermöglicht daher, dass anderweitige Leistungen angerechnet werden sowie dass das Pflegegeld gekürzt wird. Beides kann zusammentreffen.[4]

II. Normzweck

Die Vorschrift will Doppelleistungen ausschließen.[5] Darüber hinaus wird der Hilfeempfänger angehalten, zweckentsprechende Leistungen vorrangiger Leistungsträger auch tatsächlich in Anspruch zu nehmen. Insoweit wird z.T. der sich aus § 2 Abs. 1 SGB XII ergebende Nachranggrundsatz durch § 66 SGB XII lediglich wiederholt (so in § 66 Abs. 1 SGB XII), z.T. (so in § 66 Abs. 4 Satz 1 SGB XII) wird er aber auch konkretisiert, indem die Norm die Hilfe suchende Person nicht allein auf tatsächlich anderweitig bezogene Leistungen verweist, sondern auf die bloße Möglichkeit anderweitiger Inanspruchnahme.[6]

III. Anrechnung von Leistungen nach anderen Rechtsvorschriften (Absatz 1)

1. Nachrang der Leistungen nach § 64 SGB XII und § 65 Abs. 2 SGB XII gegenüber gleichartigen Leistungen (Absatz 1 Satz 1)

Nach § 66 Abs. 1 Satz 1 SGB XII werden Pflegegeld nach § 64 SGB XII und Leistungen nach § 65 Abs. 2 SGB XII nicht erbracht, soweit die pflegebedürftige Person gleichartige Leistungen nach anderen Rechtsvorschriften erhält. Durch diese Regelung wird der Nachranggrundsatz, wie er schon in § 2 SGB XII statuiert ist, für ganz bestimmte Leistungen der Hilfe zur häuslichen Pflege letztlich lediglich wiederholt (vgl. zum Nachranggrundsatz in der Hilfe zur Pflege die Kommentierung zu § 61 SGB XII Rn. 39).

---

[2] Vgl. BT-Drs. 15/1514, S. 63.
[3] Vgl. *Grube* in: Grube/Wahrendorf, § 66 Rn. 2.
[4] *Grube* in: Grube/Wahrendorf, § 66 Rn. 5.
[5] So ausdrücklich das LSG Baden-Württemberg v. 21.09.2006 - L 7 SO 5514/05 - FEVS 58, 389-397.
[6] *Grube* in: Grube/Wahrendorf, § 66 Rn. 4; vgl. zum richtigen Verständnis des Nachranggrundsatzes des § 2 SGB XII in der Hilfe zur Pflege die Kommentierung zu § 61 SGB XII Rn. 39.

9   **Gegenüber dem Pflegegeld nach § 64 SGB XII gleichartige Leistungen** sind insbesondere das von der Pflegekasse bezahlte Pflegegeld nach den §§ 37 und 38 SGB XI, aber auch das Pflegegeld einer privaten Pflegeversicherung, zudem aus der gesetzlichen Unfallversicherung bezogenes Pflegegeld gem. § 44 SGB VII, die Pflegezulage nach § 35 BVG und das Pflegegeld nach § 26c Abs. 8 BVG, die Pflegezulage nach § 267 Abs. 1 Satz 3 LAG und § 269 Abs. 2 LAG sowie das Pflegegeld nach den Beihilfevorschriften des öffentlichen Dienstes.[7] Auch soweit landesrechtliche Bestimmungen die Zahlungen von Pflegegeldern (etwa an schwerstbehinderte Menschen) vorsehen, sind diese Leistungen als gleichartig anzurechnen.

10 Die Regelung des § 66 Abs. 1 Satz 1 SGB XII ist demgegenüber auf die **bestandsgeschützte Leistung nach Art. 51 PflegeVG** wegen der Anrechnungsregelung des Art. 51 Abs. 4 Nr. 4 PflegeVG nicht anwendbar.[8] Insoweit stellt Art. 51 Abs. 4 Nr. 4 PflegeVG die speziellere Vorschrift dar mit der Folge, dass eine Kostenerstattung nach § 65 Abs. 2 SGB XII neben der Besitzstandsleistung in Betracht kommt. Angerechnet wird gem. Art. 51 Abs. 4 Nr. 4 PflegeVG nämlich nur eine Kostenerstattung gem. § 65 Abs. 1 Satz 2 SGB XII.

11 **Gleichartige Leistungen der Alterssicherung**, die § 65 Abs. 2 SGB XII entsprechen, sind die Leistungen zur sozialen Sicherung der Pflegeperson nach § 44 SGB XI bzw. entsprechende Leistungen der privaten Pflegeversicherung, und Leistungen nach § 26c Abs. 9 Satz 3 BVG.

12 Die Geldleistungen nach den §§ 64 und 65 Abs. 2 SGB XII sind nur ausgeschlossen, **„soweit"** die pflegebedürftige Person gleichartige Leistungen tatsächlich erhält. Fallen also die gleichartigen Leistungen niedriger aus, sind vom Sozialhilfeträger **aufstockende Leistungen** in Höhe der Differenzbeträge zu bezahlen, es sei denn, das Pflegegeld ist gem. § 66 Abs. 2 SGB XII noch zusätzlich zu kürzen (vgl. dazu Rn. 23).

13 § 66 Abs. 1 Satz 1 SGB XII regelt nicht, welche Rechtsfolgen eintreten, wenn Leistungen nach **§ 65 Abs. 1 SGB XII** mit gleichartigen Leistungen konkurrieren. Insoweit findet sich aber eine ausdrückliche, dem § 66 Abs. 1 Satz 1 SGB XII entsprechende Regelung in § 66 Abs. 4 Satz 1 SGB XII (vgl. dazu i.E. Rn. 38).

2. Anrechnung von Leistungen der Blindenhilfe sowie des Pflegegeldes nach dem SGB XI (Absatz 1 Satz 2)

14 Nach § 66 Abs. 1 Satz 2 SGB XII sind auch Leistungen der Blindenhilfe nach § 72 SGB XII oder gleichartige Leistungen sowie das Pflegegeld nach dem SGB XI auf das Pflegegeld nach § 64 SGB XII anzurechnen.

15 **Leistungen der Blindenhilfe nach § 72 SGB XII oder gleichartige Leistungen** werden in Höhe von (nur) 70% angerechnet. Dies liegt darin begründet, dass die Leistungen der Blindenhilfe sowie der Hilfe zur Pflege nicht deckungsgleich sind.[9]

16 Die Blindenhilfe beziehende, pflegebedürftige Person erhält danach aber kein Pflegegeld, soweit sie nur in Pflegestufe I und II eingestuft ist, da das Blindengeld das Pflegegeld der Pflegestufe I und II derzeit übersteigt; dies trifft allerdings nicht auf Minderjährige zu – diese erhalten selbst in Pflegestufe I einen (kleinen) Aufstockungsbetrag.[10] Konkret gilt Folgendes: Nach § 72 Abs. 2 HS. 1 SGB XII ergibt sich für Volljährige derzeit[11] ein Blindengeld in Höhe von 629,99 €, von dem ein Betrag in Höhe von 440,99 € angerechnet wird. Minderjährige Blinde erhalten einen Betrag von nur 315,54 €; 70% davon ergeben einen Betrag von 220,88 €. Da das Pflegegeld der Pflegestufe I nach § 64 SGB XII seit 01.01.2010 235 € beträgt, errechnet sich hier ein geringer Aufstockungsbetrag.

17 Bei Einstufung in Pflegestufe III hat der Sozialhilfeträger auch Volljährigen ggf. einen Aufstockungsbetrag zu bezahlen.

18 **Gleichartige Leistungen** nach anderen Rechtsvorschriften sind die aufgrund landesrechtlicher Bestimmungen an Blinde und hochgradig Sehbehinderte zu zahlenden Blindengelder.[12] Nicht davon umfasst sind dagegen andere Pflegegelder, da diese schon durch Satz 1 erfasst werden.

---

[7] Vgl. *Schellhorn* in: Schellhorn/Schellhorn/Hohm, § 66 Rn. 3.

[8] Vgl. hierzu die Sachverhaltskonstellation, wie sie in der – im Ergebnis unstreitig beendeten – mündlichen Verhandlung vom 16.12.2010 in der Sache B 8 SO 4/09 R (vgl. Termintipp des BSG Nr. 34/10 vom 13.12.2010, www.bsg.bund.de, abgerufen am 03.04.2014), verhandelt wurde.

[9] *Lachwitz* in: Fichtner/Wenzel, § 66 Rn. 5.

[10] Vgl. dazu z.B. *Lachwitz* in: Fichtner/Wenzel, § 66 Rn. 5.

[11] Leistungsbeträge nach der Rentenwertbestimmungsverordnung 2013 m.W.v. 01.07.2013.

[12] Vgl. das LSG Baden-Württemberg v. 21.09.2006 - L 7 SO 5514/05 - FEVS 58, 389-397; *Schellhorn* in: Schellhorn/Schellhorn/Hohm, § 66 Rn. 5.

Die Regelung über die teilweise Anrechnung von Blindengeld ist verfassungsgemäß. Durch sie wird im Hinblick auf die Pflegegeldgewährung an Mehrfachbehinderte der Gleichbehandlungsgrundsatz erst sichergestellt.[13] Insoweit ist es auch konsequent, dass nach § 72 Abs. 4 Satz 1 SGB XII kein Anspruch auf Pflegegeld besteht, wenn die Pflegebedürftigkeit auf der Blindheit beruht.

19

Nach § 66 Abs. 1 Satz 2 SGB XII sind auch **Pflegegelder nach dem Elften Buch**, also insbesondere solche nach den §§ 37, 38 und 41 Abs. 3 SGB XI, und zwar in voller Höhe, anzurechnen. Dieser Regelung kommt keine eigenständige Bedeutung zu; ihr Inhalt folgt bereits aus § 66 Abs. 1 Satz 1 SGB XII (und ohnehin aus dem Nachranggrundsatz des § 2 SGB XII; vgl. dazu auch die Kommentierung zu § 61 SGB XII Rn. 39). Geht das Pflegegeld des § 64 SGB XII über das nach dem SGB XI zu bezahlende Pflegegeld hinaus, hat der Träger der Sozialhilfe den Differenzbetrag zu zahlen.

20

§ 66 Abs. 4 Satz 3 SGB XII enthält eine spezielle Anrechnungsregelung für den besonderen Fall der **Verwirklichung des Arbeitgebermodells**. Diese Regelung geht daher § 66 Abs. 1 SGB XII vor. Für eine Anrechnung des Pflegegeldes ist folglich dann kein Raum mehr, wenn das nach dem SGB XI gewährte Pflegegeld bereits durch die Anrechnung gem. § 66 Abs. 4 Satz 3 SGB XII vollständig verbraucht ist; eine doppelte Anrechnung kommt nicht in Betracht.[14] Nur ein die Kostenübernahme für die von der pflegebedürftigen Person selbst beschäftigten besonderen Pflegekräfte übersteigendes Pflegegeld nach dem SGB XI ist daher auf das Pflegegeld gem. § 64 SGB XII anzurechnen. Allerdings kann dann das Pflegegeld nach § 64 SGB XII gem. § 66 Abs. 2 Satz 2 SGB XII um bis zu zwei Drittel gekürzt werden (vgl. dazu Rn. 23).

21

IV. Kürzung des Pflegegeldes (Absätze 2 und 3)

1. Verhältnis von Leistungen nach § 65 SGB XII oder gleichartigen Leistungen zum Pflegegeld nach § 64 SGB XII (Absatz 2)

§ 66 Abs. 2 Satz 1 SGB XII geht von dem Grundsatz aus, dass bei häuslicher Pflege das Pflegegeld nach § 64 SGB XII auch dann zu erbringen ist, wenn daneben Leistungen nach § 65 SGB XII in Frage kommen.[15] Um Doppelleistungen für denselben Zweck zu vermeiden, stellt § 66 Abs. 2 Satz 2 und Abs. 3 SGB XII allerdings Kürzungsvorschriften für den Fall des Zusammentreffens von Pflegegeld mit anderen Leistungen auf.

22

§ 66 Abs. 2 Satz 2 SGB XII regelt die Kürzung des Pflegegeldes nach § 64 SGB XII bei Zusammentreffen mit Leistungen nach § 65 Abs. 1 SGB XII oder gleichartigen Leistungen nach anderen Rechtsvorschriften. **Gleichartige Leistungen** sind insbesondere solche nach den §§ 36, 39, 44 und 45 SGB XI, aber auch Leistungen der Krankenkassen für die häusliche Krankenpflege gem. §§ 37, 38 SGB V, Leistungen nach § 26c Abs. 9 BVG sowie Leistungen der gesetzlichen Unfallversicherung nach den §§ 42 und 44 Abs. 5 SGB VII.[16] Uneinheitlich beurteilt wird die Frage, ob unter den Begriff der gleichartigen Leistungen auch vertraglich geschuldete Pflegeleistungen Dritter zu rechnen sind, also etwa Pflegeansprüche auf der Grundlage eines Altenteilsvertrags (Leibgedinges), von Verträgen über die Übergabe von Haus- und Grundbesitz usw. Unter Berufung auf die frühere Rechtsprechung des BVerwG zum BSHG wird dies teilweise bejaht.[17] Dem steht jedoch schon der Wortlaut der Vorschrift entgegen, der von gleichartigen „Leistungen nach anderen Rechtsvorschriften" spricht und damit offenkundig nicht vertragliche Verpflichtungen, sondern von der öffentlichen Hand zu gewährende, gesetzlich eingeräumte Leistungen in Bezug nimmt.[18] Für eine Anwendung des § 66 Abs. 2 Satz 2 SGB XII auch auf vertraglich geschuldete Pflegeleistungen besteht aber auch der Sache nach kein Bedürfnis. Denn Ansprüche gegen einen Dritten können ggf. anhand der Vorschriften zum Einsatz

23

---

[13] Vgl. *Schellhorn* in: Schellhorn/Schellhorn/Hohm, § 66 Rn. 6 unter Verweis auf Rspr. des BVerwG.

[14] So schon das BVerwG v. 03.07.2003 - 5 C 7/02 - FEVS 55/04, 97 ff. zum BSHG.

[15] Insoweit weisen die Vorschriften über die Hilfe zur Pflege eine gewisse Parallele zu den Kombinationsleistungen nach § 38 SGB XI auf. Diese folgt jedoch anderen Strukturprinzipien, als § 66 Abs. 2 SGB XII aufstellt. Bei der Kombinationsleistung nach § 38 SGB XI werden beide Leistungen (Sachleistung wie Pflegegeld) nur teilweise gewährt; demgegenüber besteht der Anspruch nach § 65 Abs. 1 SGB XII ungekürzt, und nur das Pflegegeld ist ggf. um einen Teilbetrag zu kürzen; vgl. i.E. zu den Unterschieden *Lachwitz* in: Fichtner/Wenzel, § 66 Rn. 9 ff.

[16] Vgl. *Lachwitz* in: Fichtner/Wenzel, § 66 Rn. 13.

[17] So etwa *Lachwitz* in: Fichtner/Wenzel, § 66 Rn. 14 unter Berufung auf das BVerwG v. 18.05.1995 - 5 C 1/93 - FEVS 46, 20.

[18] Wie hier *Schellhorn* in: Schellhorn/Schellhorn/Hohm, § 66 Rn. 19 unter Verweis auf das OVG Münster v. 23.06.1993 - 24 A 2552/91 - ZfSH/SGB 1994, 86.

von Einkommen und Vermögen berücksichtigt oder gem. § 93 SGB XII auf den Träger der Sozialhilfe übergeleitet werden.[19] Nicht von § 66 Abs. 2 Satz 2 SGB XII erfasst sind Fälle des Zusammentreffens von Pflegegeld mit Leistungen nach § 65 Abs. 2 SGB XII. Eine Kürzung des Pflegegeldes gem. § 64 SGB XII kommt insoweit daher nicht in Betracht.[20] Hier ist § 66 Abs. 1 SGB XII anwendbar.

24 Als **Rechtsfolge** sieht § 66 Abs. 2 Satz 2 SGB XII eine **Ermessensentscheidung des Sozialhilfeträgers** über das Ob und die Höhe einer Kürzung vor;[21] das Pflegegeld **kann** um bis zu zwei Drittel gekürzt werden. Grundsätzlich hat sich der Sozialhilfeträger von dem Ziel leiten zu lassen, Doppelleistungen möglichst weitgehend zu vermeiden. Eine Kürzung des Pflegegeldes nach § 64 SGB XII kommt daher vor allem in Betracht, wenn der Sozialhilfeträger die Kosten für eine besondere Pflegekraft nach § 65 Abs. 1 Satz 2 SGB XII übernimmt bzw. die Pflegekasse die Pflegesachleistung nach § 36 SGB XI gewährt.[22] Wird die Pflege dagegen (auch) von Pflegepersonen aus dem privaten Umfeld der Pflegebedürftigen durchgeführt, ist als wesentliches Ermessenskriterium aber auch die Zwecksetzung des Pflegegeldes nach § 64 SGB XII, nämlich die Erhaltung der Pflegebereitschaft der Pflegeperson, zu beachten. Es kommt daher darauf an, inwieweit die anderen gewährten Leistungen den Zweck des Pflegegeldes, die Pflegebereitschaft anderer Personen aufrechtzuerhalten und anzuregen, überflüssig gemacht haben.[23] Hierbei sind stets die besonderen Umstände des Einzelfalls zu berücksichtigen, die sorgfältig erwogen werden sollten.[24] Je größer der Anteil der von der Pflegeperson übernommenen Pflege am Gesamtpflegebedarf ist, desto geringer hat die Kürzung des Pflegegeldes auszufallen.

25 In jedem Falle muss der pflegebedürftigen Person nach § 66 Abs. 2 Satz 2 SGB XII aber mindestens **ein Drittel** des Pflegegeldes verbleiben. Dies gilt selbst im Falle einer Rund-um-die-Uhr-Betreuung (vgl. dazu ausführlich die Kommentierung zu § 64 SGB XII Rn. 33).

26 Daraus, dass sich die Minderung des Pflegegeldes nach § 66 Abs. 2 Satz 2 SGB XII nicht bereits aus dem Gesetz selbst ergibt, sondern es vielmehr im Rahmen des auszuübenden Ermessens einer konstitutiven Entscheidung des Sozialhilfeträgers bedarf, schlussfolgert das BSG in seiner Entscheidung vom 25.04.2013[25] völlig zu Recht, dass innerhalb des Bescheids über die Gewährung von Pflegeleistungen die Kürzung eine eigenständige Verfügung (§ 31 SGB X) darstellt. Dies hat zur Folge, dass die Kürzung gesondert anfechtbar ist, aber auch der Streitgegenstand dahingehend beschränkt werden kann, dass die Kürzung nicht Gegenstand der Klage auf höheres Pflegegeld ist.

27 Problematisch ist das **Verhältnis von § 66 Abs. 2 Satz 2 SGB XII zu § 66 Abs. 1 Satz 2 SGB XII**. Unstreitig können beide Vorschriften nebeneinander angewandt werden. Allerdings wird sowohl in der Praxis[26] als auch in der Literatur uneinheitlich beurteilt, welche der beiden Vorschriften zuerst zur Anwendung kommt. Dabei kann sich die Beantwortung dieser Frage auf die Höhe des zu errechnenden Anspruchs tatsächlich auswirken. Macht eine pflegebedürftige versicherte Person etwa von der in § 38 SGB XI vorgesehenen Kombination von Pflegesachleistung und Pflegegeldleistung Gebrauch und erhält deshalb neben der von ihr nicht vollständig in Anspruch genommenen Pflegesachleistung ein anteiliges Pflegegeld, so ist unstreitig das anteilige Pflegegeld nach § 37 SGB XI gem. § 66 Abs. 1 Satz 2 SGB XII vollständig auf das Pflegegeld nach § 64 SGB XII anzurechnen, und ebenso stellt die Pflegesachleistung nach § 38 SGB XI eine zur Leistung nach § 65 Abs. 1 Satz 2 SGB XII gleichartige Leistung dar, die zur Kürzung nach § 66 Abs. 2 Satz 2 SGB XII rechtfertigt. Bringt man in einer solchen Sachverhaltskonstellation zuerst § 66 Abs. 2 Satz 2 SGB XII und erst dann § 66 Abs. 1 Satz 2 SGB XII zur Anwendung,[27] so wird zunächst das Pflegegeld nach § 64 SGB XII – z.B. aufgrund weitgehender Deckung des Pflegebedarfs durch die Sachleistung – um zwei Drittel gekürzt. Rechnet man auf den verbleibenden Drittelbetrag das anteilige Pflegegeld nach dem SGB XI dann voll an, kommt möglicherweise ein Anspruch des Pflegebedürftigen auf Pflegegeld nach § 64 SGB XII nicht mehr in Betracht. Wendet man demgegenüber zuerst § 66 Abs. 1 Satz 2 SGB XII an und rechnet zunächst das

---

[19] Ebenso *Schellhorn* in: Schellhorn/Schellhorn/Hohm, § 66 Rn. 19.
[20] Vgl. *Lachwitz* in: Fichtner/Wenzel, § 66 Rn. 12.
[21] Vgl. *Krahmer/Sommer* in: LPK-SGB XII, § 66 Rn. 7; *Schellhorn* in: Schellhorn/Schellhorn/Hohm, § 66 Rn. 11.
[22] Vgl. *Schellhorn* in: Schellhorn/Schellhorn/Hohm, § 66 Rn. 12.
[23] Vgl. das Hamburgische OVG v. 26.02.1991 - Bs IV 528/90 - FEVS 42, 69.
[24] *Grube* in: Grube/Wahrendorf, § 66 Rn. 17.
[25] BSG v. 25.04.2013 - B 8 SO 8/12 R - SozR 4-3500 § 87 Nr. 1.
[26] Vgl. dazu *Lachwitz* in: Fichtner/Wenzel, § 66 Rn. 19 unter Verweis auf die Reihenfolge der Anwendung unterschiedlich handhabender Sozialhilferichtlinien.
[27] So die von *Schellhorn* in: Schellhorn/Schellhorn/Hohm, § 66 Rn. 14 und *Krahmer/Sommer* in: LPK-SGB XII, § 66 Rn. 9, bevorzugte Reihenfolge.

Pflegegeld nach dem SGB XI in voller Höhe an, verbleibt wegen grundsätzlich gleich hoher Pflegegeldpauschbeträge in SGB XII und SGB XI ein Restbetrag nach dem SGB XII, der auch bei Kürzung um zwei Drittel nicht auf Null reduziert wird. Hierzu folgendes konkretes Zahlenbeispiel:

Wird nach § 38 SGB XI Pflegegeld wie Pflegesachleistung mit einem Anteil von jeweils 50% in Anspruch genommen, hat die Pflegesachleistung z.B. in Pflegestufe II einen Wert von 220 €, und das ausbezahlte Pflegegeld nach § 36 SGB XI beträgt ebenfalls 220 €. Wird nun zunächst das – in Pflegestufe II in der Sozialhilfe gezahlte – Pflegegeld von ebenfalls 440 € um zwei Drittel gekürzt (also zunächst § 66 Abs. 2 Satz 2 SGB XII angewendet), verbleibt ein Betrag von ca. 147 €. Wird anschließend § 66 Abs. 1 Satz 2 SGB XII angewendet, erfolgt eine Anrechnung von 220 € in voller Höhe, so dass sich ein Anspruch auf Pflegegeld nach § 64 SGB XII nicht mehr ergibt. 28

Wird demgegenüber zuerst das nach dem SGB XI ausbezahlte Pflegegeld in Höhe von 220 € angerechnet, bleibt ein Betrag von 220 € bestehen, der dann gem. § 66 Abs. 2 Satz 2 SGB XII ggf. um zwei Drittel gekürzt werden könnte. Damit aber bleibt ein Restanspruch auf Pflegegeld gem. § 64 SGB XII in Höhe von gerundet 73 € bestehen. 29

Die zweite Berechnungsmethode ist daher für die pflegebedürftige Person günstiger.[28] Für sie spricht insbesondere die vom Gesetz vorgegebene Reihenfolge, also eine systematische Erwägung: Die Anrechnung des Pflegegeldes ist in § 66 Abs. 1 SGB XII, die Kürzung desselben dagegen erst in § 66 Abs. 2 und 3 SGB XII geregelt.[29] Zudem belegt die Gesetzeshistorie, dass die gesetzliche Reihenfolge damals offenbar (bezogen auf § 69c BSHG) bewusst gewählt worden war;[30] das historische Auslegungskriterium stützt daher die hier vertretene Auffassung. Die von der Gegenauffassung bemühten „Praktikabilitätserwägungen"[31] stellen kein überzeugendes Argument für die Abweichung von der gesetzlichen Systematik dar, zumal nicht benannt wird, warum die umgekehrte Reihenfolge in der Berechnung die praktikablere Lösung darstellen soll. 30

2. Kürzung des Pflegegeldes bei teilstationärer Betreuung (Absatz 3)

Gem. § 66 Abs. 3 SGB XII kann das Pflegegeld nach § 64 SGB XII auch bei teilstationärer Betreuung angemessen gekürzt werden. Auch in diesem Fall sollen Doppelleistungen für denselben Zweck ausgeschlossen werden. 31

Zu der Vorgängerregelung des § 69c Abs. 3 BSHG hatte das BVerwG die Auffassung vertreten, dass eine Kürzung des Pflegegeldes bei teilstationärer Betreuung nur in Frage kommen könne, wenn die Pflege durch den Sozialhilfeträger sowohl veranlasst als auch hinsichtlich der Kosten verantwortet worden war.[32] Die obergerichtliche Rechtsprechung war dem z.T. schon damals nicht gefolgt.[33] Das Gesetz zur Einordnung des Sozialhilferechts in das Sozialgesetzbuch vom 27.12.2003[34] hat nunmehr den Wortlaut der Regelung des Absatzes 3 erweitert und damit ausdrücklich klargestellt, dass es für die Anwendung der Kürzungsvorschrift nicht darauf ankommt, wer die Kosten der teilstationären Betreuung trägt. § 66 Abs. 3 SGB XII greift auch dann, wenn die teilstationäre Betreuung nicht nach Maßgabe der §§ 61 ff. SGB XII erfolgt, sondern auf der Grundlage „einer **vergleichbaren nicht nach diesem Buch durchgeführten Maßnahme**". Eine Kürzung des Pflegegeldes kommt folglich insbesondere auch dann in Betracht, wenn die teilstationäre Pflege durch die Pflegekasse nach § 41 SGB XI gewährt wird, aber auch bei Finanzierung durch die Beihilfestelle, Sonderschulen usw.[35] 32

Bei Vorliegen der Voraussetzungen ergibt sich die Kürzung des Pflegegeldes nicht als zwingendes Recht, sondern vielmehr steht diese im **Ermessen** des Trägers der Sozialhilfe (Kann-Vorschrift). In die Ermessensentscheidung sind sämtliche Umstände des Einzelfalls einzustellen. Zu berücksichtigen ist insbesondere der Umfang der Entlastung der Pflegeperson im häuslichen Umfeld, wobei zu bedenken 33

---

[28] Diese Berechnungsmethode wird von *Lachwitz* in: Fichtner/Wenzel, § 66 Rn. 20 befürwortet; ebenso auch das Gutachten des Deutschen Vereins für öffentliche und private Fürsorge vom 30.11.1994, NDV 1995, 169.

[29] So auch *Lachwitz* in: Fichtner/Wenzel, § 66 Rn. 20 unter Verweis auch auf das Gutachten des Deutschen Vereins für öffentliche und private Fürsorge vom 30.11.1994, NDV 1995, 169.

[30] Vgl. dazu den Bundesrat in seiner Stellungnahme vom 26.10.1995 zum Gesetzesentwurf der Bundesregierung zur Reform des Sozialhilferechts, der auf die vom Gesetzgeber getroffene Wahl der Reihenfolge der Absätze verweist; BT-Drs. 13/2764, S. 4.

[31] Vgl. *Schellhorn* in: Schellhorn/Schellhorn/Hohm, § 66 Rn. 14.

[32] Zuletzt BVerwG v. 14.03.1991 - 5 C 8/87 - BVerwGE 88, 86, 90 ff.

[33] Vgl. etwa den VGH Baden-Württemberg v. 16.12.2002 - 7 S 1082/00 - FEVS 54, 455.

[34] BGBl I 2003, 3022.

[35] *Krahmer/Sommer* in: LPK-SGB XII, § 66 Rn. 10; *von Renesse* in: Jahn/Jung, § 66 Rn. 8.

ist, dass gerade morgens, abends und nachts die wesentlichen Verrichtungen der Körperpflege anfallen und zudem auch an den Wochenenden regelmäßig die volle Pflegebedürftigkeit bestehen bleiben wird.[36] Die in vielen Sozialhilferichtlinien vorgesehene pauschale Kürzung des Pflegegeldes um 20-30% wird vielfach der konkreten Einzelfallkonstellation nicht gerecht werden. Sie ist daher stets kritisch zu würdigen; ggf. sind individuelle Bedingungen durch Abweichungen bei der Kürzung zu berücksichtigen oder aber sogar das Pflegegeld in voller Höhe zu belassen.[37] Die Rechtsprechung des BSG zur rechtlichen Qualität der Kürzung[38] als eigenständige Verfügung gilt hier entsprechend.

34 Die **Kürzung des Pflegegeldes nach § 66 Abs. 3 SGB XII kann mit einer Kürzung nach § 66 Abs. 2 Satz 2 SGB XII zusammentreffen**, wenn z.B. die hilfebedürftige Person nur vor- oder nachmittags eine stationäre Einrichtung besucht, die andere Tageshälfte von einer besonderen Pflegekraft aufgesucht wird und die frühmorgendliche, spätabendliche und/oder nächtliche Betreuung durch eine Pflegeperson aus dem häuslichen Umfeld wahrgenommen wird. Dann sind beide Kürzungstatbestände zu berücksichtigen; der eine Kürzungsgrund schließt den anderen nicht aus.[39]

35 Auch in diesem Fall wird allerdings die richtige **Reihenfolge der Anwendung der Kürzungsvorschriften** uneinheitlich beurteilt.[40] Wie schon zum Verhältnis von § 66 Abs. 2 Satz 2 SGB XII zu § 66 Abs. 1 Satz 2 SGB XII vertreten (vgl. dazu Rn. 27), erscheint mit denselben Argumenten auch hier richtig, sich an die im Gesetz vorgegebene Reihenfolge zu halten.[41] Zunächst ist daher das Pflegegeld nach § 66 Abs. 2 Satz 2 SGB XII zu kürzen (wobei hier zu berücksichtigen ist, dass ggf. schon eine Anrechnung nach § 66 Abs. 1 Satz 2 SGB XII stattgefunden hat), und sodann ist ggf. die Kürzungsvorschrift nach Maßgabe des Absatzes 3 anzuwenden. Problematisch ist allerdings, dass Absatz 3 ausdrücklich von dem „Pflegegeld **nach § 64 SGB XII**" spricht. Hieraus wird in der Literatur gefolgert, dass Ausgangspunkt für die Kürzung stets der grundsätzlich nach § 64 SGB XII zustehende Pflegegeldbetrag sein müsse.[42] Es ergeben sich jedoch keinerlei Anhaltspunkte dafür, dass der Gesetzgeber durch die ausdrückliche Erwähnung von § 64 SGB XII in Absatz 3 einen eigenständigen Berechnungsmodus vorgeben wollte. In der Praxis dürften hier die verschiedenen Ansätze nicht zu wesentlich unterschiedlichen Ergebnissen führen. Zwar ist im einen Fall eine zusätzliche anteilige Kürzung **des nach Anwendung der Absätze 1 und 2 verbleibenden Pflegegeldes** (also z.B. 20% vom Restbetrag) vorzunehmen, während im anderen Fall ausgehend von dem **pauschalen Pflegegeldsatz nach § 64 SGB XII** ein Abzug (z.B. von 20%) vorzunehmen ist, was zu einer deutlich höheren zusätzlichen Kürzung des zu gewährenden Pflegegeldes führte.[43] Allerdings ist auch nach der letztere Berechnungsmethode befürwortenden Auffassung im Rahmen der Ermessensausübung eine Gesamtabwägung der Umstände des Einzelfalls vorzunehmen und das Zusammentreffen von verschiedenen Kürzungsmöglichkeiten zu berücksichtigen.[44] Dies kann dazu führen, dass nur eine weitere Kürzung um 10% des Pauschbetrages sachgerecht erscheint. Umgekehrt kann im Rahmen der hier vertretenen Auffassung

---

[36] So die Vorstellung des Gesetzgeber, vgl. BT-Drs. 15/1514, S. 63; zustimmend z.B. *Schellhorn* in: Schellhorn/Schellhorn/Hohm, § 66 Rn. 16; a.A. noch das BVerwG zu § 69c Abs. 3 BSHG, das das Kriterium der Entlastung der Pflegeperson unter Verweis auf die Funktion der Pflegegeldes nicht zugelassen hat, ohne jedoch konkrete andere Kriterien zu benennen.

[37] *Krahmer/Sommer* in: LPK-SGB XII, § 66 Rn. 10.

[38] BSG v. 25.04.2013 - B 8 SO 8/12 R - SozR 4-3500 § 87 Nr. 1.

[39] So zutreffend VGH Baden-Württemberg v. 16.02.2002 - 7 S 1082/00 - juris Rn. 42 - FEVS 54, 455, 459.

[40] Vgl. dazu insbesondere *Lachwitz* in: Fichtner/Wenzel, § 66 Rn. 23 unter Verweis auf widerstreitende Richtlinien der Sozialhilfeträger.

[41] Ebenso *Lachwitz* in: Fichtner/Wenzel, § 66 Rn. 23.

[42] So z.B. *Schellhorn* in: Schellhorn/Schellhorn/Hohm, § 66 Rn. 17. Ergebnis dieser Sichtweise wäre, dass die Anwendungsreihenfolge der Absätze 2 und 3 letztlich keine Rolle spielte, da stets von demselben Ausgangsbetrag ausgehend zu rechnen wäre. Vgl. auch noch weitergehend den VGH Baden-Württemberg v. 16.12.2002 - 7 S 1082/00 - juris Rn. 42 - FEVS 54, 455, 459, der sich auf gar keine Reihenfolge festlegt, sondern alle Vorschriften nebeneinander anwenden will und schließlich eine Gesamtabwägung unter Berücksichtigung aller Kürzungs-/Anrechnungstatbestände vornimmt. Diese Vorgehensweise dürfte dogmatisch jedenfalls deshalb problematisch sein, weil die Anrechnung nach Absatz 1 als zwingende Rechtsfolge, nicht als Ermessensvorschrift, ausformuliert ist.

[43] 20% vom ungekürzten Pauschbetrag ist deutlich mehr als 20% eines schon gekürzten Betrages.

[44] Vgl. z.B. *Schellhorn* in: Schellhorn/Schellhorn/Hohm, § 66 Rn. 17.

auch das Ergebnis zutreffend sein, anstelle einer bloß 20%igen Kürzung des schon gekürzten Betrags einen höheren Abzug vorzunehmen. Das Erfordernis einer einzelfallgerechten Ermessensabwägung wird daher vielfach zu einander entsprechenden Ergebnissen führen.[45]

In jedem Falle können beide Berechnungsmethoden ggf. eine über zwei Drittel hinausgehende Kürzung des Pflegegeldes bedingen; denn die Zwei-Drittel-Grenze ist ausdrücklich nur in Absatz 2 statuiert.[46] 36

Erhält eine pflegebedürftige Person **anteiliges Pflegegeld nach § 41 Abs. 3 Satz 2 SGB XI**, weil sie die teilstationäre Pflege nicht voll ausschöpft, ist das SGB XI-Pflegegeld gem. § 66 Abs. 1 Satz 2 SGB XII auf das Pflegegeld nach § 64 SGB XII anzurechnen und hinsichtlich der teilstationären Pflege zudem ggf. die Kürzungsvorschrift des § 66 Abs. 3 SGB XII anzuwenden. Je nach Umständen des Einzelfalls kann der Sozialhilfeträger allerdings die pflegebedürftige Person aufgrund des Nachranggrundsatzes nach § 2 SGB XII[47] auf die volle Inanspruchnahme der Leistung nach § 41 SGB XI verweisen, wenn die Anteilsregelung nach § 41 Abs. 3 SGB XI für den Sozialhilfeträger trotz der Kombination von Anrechnungs- und Kürzungsregelung zu erheblichen Mehrkosten führt.[48] 37

V. Nachrang der Hilfe zur Pflege bei der Geltendmachung von Leistungen nach § 65 SGB XII (Absatz 4 Satz 1)

Gem. § 66 Abs. 4 Satz 1 SGB XII werden Leistungen nach § 65 Abs. 1 SGB XII insoweit nicht erbracht, als Pflegebedürftige in der Lage sind, zweckentsprechende Leistungen nach anderen Rechtsvorschriften in Anspruch zu nehmen. 38

Zu den **zweckentsprechenden Leistungen** zählen insbesondere die Leistungen aus der (gesetzlichen oder privaten) Pflegeversicherung (also die Leistungen nach Maßgabe der §§ 36, 39, 44 und 45 SGB XI),[49] die Leistungen nach § 37 SGB V sowie die Leistungen aus der gesetzlichen Unfallversicherung.[50] Mit Blick auf den Wortlaut der Vorschrift („Leistungen nach anderen Regelungen") kommen privatrechtliche Leistungsansprüche Dritter demgegenüber insoweit nicht in Betracht.[51] § 66 Abs. 4 Satz 1 SGB XII ist zudem nicht anwendbar, wenn die pflegebedürftige Person eine Tages- und Nachtpflege nach § 41 SGB XI in Anspruch nimmt und daneben ein anteiliges Pflegegeld nach § 41 Abs. 3 Satz 1 SGB XI geltend macht. Denn die teilstationäre Pflege nach § 41 SGB XI ist keine dem Zweck des § 65 Abs. 1 SGB XII entsprechende, sondern vielmehr eine andere Leistung. Hier ist ggf. unmittelbar § 2 SGB XII einschlägig;[52] im Übrigen kommt eine Kürzung nach § 66 Abs. 3 SGB XII in Betracht (vgl. dazu Rn. 31). 39

Mit § 66 Abs. 4 Satz 1 SGB XII wird der in § 2 SGB XII normierte **Grundsatz der Nachrangigkeit der Sozialhilfe** nicht nur **konkretisiert,** sondern auch **erweitert**.[53] Die Regelung stellt nicht nur auf den tatsächlichen Bezug von anderweitigen Leistungen, sondern vielmehr schon auf die Möglichkeit 40

---

[45] Dies gilt umso mehr, als die auf den pauschalen Pflegegeldsatz abstellende Berechnungsmethode davon ausgeht, dass der pflegebedürftigen Person stets ein „angemessenes Restpflegegeld" verbleiben sollte; vgl. etwa *Schellhorn* in: Schellhorn/Schellhorn/Hohm, § 66 Rn. 17.

[46] Vgl. etwa *Grube* in: Grube/Wahrendorf, § 66 Rn. 17.

[47] Die Regelung des § 66 Abs. 4 Satz 1 SGB XII ist hier nicht anwendbar, vgl. dazu Rn. 39. Vgl. allerdings zum richtigen Verständnis des Nachranggrundsatzes die Rechtsprechung des BSG v. 29.09.2009 - B 8 SO 23/08 R - juris Rn. 20, sowie die Kommentierung zu § 61 SGB XII Rn. 39.

[48] In der Praxis dürfte ein solcher Einzelfall seit Einführung des Pflege-Weiterentwicklungsgesetzes vom 28.05.2008 (BGBl I 2008, 874) allerdings nicht mehr häufig auftreten, weil seither der Gesamtbetrag, bis zu dessen Höhe Pflegesachleistungen nach § 36 SGB XI mit den Aufwendungen für die Tages- und Nachtpflege kombiniert werden können, auf 150% des in § 36 Abs. 3 und Abs. 4 SGB XI für die jeweilige Pflegestufe vorgesehenen Höchstbetrags angehoben worden ist (vgl. § 41 Abs. 4 SGB XI) und daher der Sozialhilfeträger im Falle kombinierter Leistungen sogar günstiger gestellt sein kann. Darauf weist zu Recht *Lachwitz* in: Fichtner/Wenzel, § 66, § 61 Rn. 89 hin.

[49] So ausdrücklich das OVG Bremen v. 28.02.2008 - S3 B 536/07 - juris Rn. 23 - FEVS 60, 83, 85; Hessisches LSG v. 04.06.2008 - L 7 SO 131/07 ER - juris Rn. 37.

[50] Vgl. *Lachwitz* in: Fichtner/Wenzel, § 66 Rn. 24.

[51] Vgl. dazu entsprechend Rn. 22; a.A. allerdings z.B. *Krahmer/Sommer* in: LPK-SGB XII, § 66 Rn. 11.

[52] Vgl. allerdings zum infolge der Rechtsprechung des BSG v. 29.09.2009 - B 8 SO 23/08 R - juris Rn. 20 schwierigen Verhältnis von § 2 SGB XII zu den Leistungen der Hilfe zur Pflege i.E. die Kommentierung zu § 61 SGB XII Rn. 39.

[53] Vgl. zum nach der Rechtsprechung des BSG v. 29.09.2009 - B 8 SO 23/08 R - juris Rn. 20 richtigen Verständnis des § 2 SGB XII kritisch die Ausführungen in der Kommentierung zu § 61 SGB XII Rn. 39.

§ 66 jurisPK-SGB XII / Meßling

der Inanspruchnahme ab. Daraus folgt nicht zuletzt eine Einschränkung von – in anderen Leistungsbereichen, insbesondere im SGB XI eingeräumten – Wahlrechten. Gesetzliche Wahlrechte müssen also hinter dem Nachranggrundsatz zurücktreten; dieser steht nicht zur Disposition der pflegebedürftigen Person.[54] Diese muss sich vorrangig auf die Inanspruchnahme anderer zwecksentsprechender Leistungen verweisen lassen.

41 § 66 Abs. 4 Satz 1 SGB XII beinhaltet sowohl die Pflicht der pflegebedürftigen Person, sich um **vorrangige anderweitige** zweckentsprechende **Leistungen** zu bemühen, als auch das Erfordernis, unter den möglichen vorrangigen zweckentsprechenden Leistungen (insbesondere solchen des SGB XI) diejenige Leistung auszuwählen, die den Sozialhilfeträger finanziell am stärksten entlastet.[55] Daher kommt auch bei Wahl des Pflegegeldes nach SGB XI statt der Pflegesachleistung nach SGB XI die Regelung des § 66 Abs. 4 Satz 1 SGB XII zur Anwendung.[56] Ein typischer Anwendungsfall des § 66 Abs. 4 Satz 1 SGB XII ist beispielsweise diejenige Sachverhaltskonstellation, in der ein versicherter Hilfeempfänger einerseits Pflegegeld nach § 37 SGB XI anstelle der Sachleistung nach § 36 SGB XI begehrt, andererseits aber Hilfe zur Pflege in Form der Übernahme der Kosten für die Heranziehung einer besonderen Pflegekraft nach § 65 Abs. 1 Satz 2 SGB XII gegenüber dem Sozialhilfeträger beansprucht.[57] Grundsätzlich (vgl. zur abweichenden Auslegung im Falle des Arbeitgebermodells Rn. 46 ff.) sind dann vorrangig Pflegesachleistungen in Anspruch zu nehmen, wenn diese den Bedarf weitergehend zu decken vermögen. Es ist der pflegebedürftigen Person dann regelmäßig zuzumuten, zunächst **die Pflegesachleistung nach § 36 SGB XI durch Inanspruchnahme einer geeigneten Pflegekraft nach § 36 Abs. 1 Satz 3 SGB XI auszuschöpfen**.[58] Soweit sie gleichwohl das Pflegegeld wählt, ist durch den Sozialhilfeträger zu prüfen, welche Sachleistung – fiktiv – zu erbringen und mit welchem Wert diese zu veranschlagen wäre, um dann ausgehend von diesem fiktiven Betrag die Aufstockungsleistungen zu errechnen. Dass dies für den Sozialhilfeträger im Einzelfall schwierige Ermittlungen erforderlich macht, ist als regelungsimmanent hinzunehmen.

42 Ohnehin wird durch § 66 Abs. 4 Satz 1 SGB XII nicht der **Bedarfsdeckungsgrundsatz** verdrängt. Wenn auch die Sachleistung den Bedarf nicht deckt, kommen ergänzende Leistungen nach § 65 Abs. 1 Satz 1 oder Satz 2 SGB XII in Betracht. Dafür spricht schon der Wortlaut der Vorschrift („Leistungen werden **insoweit** nicht erbracht").[59] Übersteigen etwa die Kosten für eine besondere Pflegekraft die von der Pflegeversicherung erbrachte, der Höhe nach begrenzte Sachleistung nach § 36 SGB XI, hat der Sozialhilfeträger aufstockende Leistungen nach § 65 Abs. 1 Satz 2 SGB XII zu erbringen. Auch ist stets im jeweiligen Einzelfall zu prüfen, ob mit der Inanspruchnahme einer geeigneten Pflegekraft im Sinne von § 36 Abs. 1 Satz 3 SGB XI auch der bestehende Pflegebedarf hinreichend abgedeckt wird, oder ob die pflegebedürftige Person nicht vielmehr auf die Hilfe einer besonderen (Fach)kraft angewiesen ist, die nicht bei einem zugelassenen Pflegedienst beschäftigt ist.[60] Ist Letzteres der Fall, kann der

---

[54] Vgl. ebenso *Schellhorn* in: Schellhorn/Schellhorn/Hohm, § 66 Rn. 20.
[55] Vgl. das Hessisches LSG v. 04.06.2008 - L 7 SO 131/07 ER - juris Rn. 37; vgl. auch *Schellhorn* in: Schellhorn/Schellhorn/Hohm, § 66 Rn. 21.
[56] Vgl. zu einer entsprechenden Fallkonstellation den Sachverhalt in der Sache B 8 SO 4/09 R (vgl. dazu den Termintipp des BSG Nr. 34/10 vom 13.12.2010 zur mündlichen Verhandlung vom 16.12.2010, www.bsg.bund.de, abgerufen am 03.04.2014), die allerdings unstreitig beendet wurde. Dort ging es um die Frage, ob eine Übernahme der Kosten für eine Haushaltshilfe neben von der Pflegekasse gezahltem Pflegegeld der Pflegestufe II in Betracht kommt.
[57] Vgl. das Hessische LSG v. 04.06.2008 - L 7 SO 131/07 ER - juris Rn. 32. Vgl. zu einer entsprechenden Fallkonstellation den Sachverhalt in der Sache B 8 SO 4/09 R (vgl. dazu den Termintipp des BSG Nr. 34/10 vom 13.12.2010 zur mündlichen Verhandlung vom 16.12.2010, www.bsg.bund.de, abgerufen am 03.04.2014), die allerdings unstreitig beendet wurde. Dort ging es um die Frage, ob eine Übernahme der Kosten für eine Haushaltshilfe neben von der Pflegekasse gezahltem Pflegegeld der Pflegestufe II in Betracht kommt.
[58] So der Bayerische Verwaltungsgerichtshof v. 07.11.2002 - 12 CE 02.1403 - FEVS 54, 376 ff. Vgl. mit diesem Beispielsfall auch *Lachwitz* in: Fichtner/Wenzel, § 66 Rn. 25.
[59] Vgl. *Lachwitz* in: Fichtner/Wenzel, § 66 Rn. 29.
[60] Entsprechendes gilt nach der Rspr. zum BSHG auch in einem Fall, in welchem die pflegebedürftige Person ihr vertraute Pflegekräfte eingestellt hatte, bevor die Pflegekasse darüber entschieden hatte, ob diese Personen durch Verträge nach § 77 SGB XI als geeignete Pflegekräfte nach § 36 Abs. 1 Satz 3 SGB XII zugelassen werden können. In einem solchen Fall hat das OVG Niedersachsen entschieden, dass der pflegebedürftigen Person bis zu der noch ausstehenden Entscheidung nicht zugemutet werden könne, die ihr vertrauten Pflegekräfte zu entlassen; vgl. OVG Niedersachsen v. 20.05.1996 - 4 M 4067/95 - FEVS 47, 160.

Pflegebedürftige auf die vorrangige Inanspruchnahme von Sachleistungen nicht verwiesen werden.[61] Dann kommt nur die Kürzung des Pflegegeldes nach Maßgabe von § 66 Abs. 2 SGB XII in Betracht.

Grundsätzlich kann eine pflegeversicherte hilfebedürftige Person sich auch nicht für eine **Kombinationsleistung nach § 38 SGB XI** entscheiden, wenn sie zusätzlich ergänzende Hilfen nach § 65 Abs. 1 SGB XII beansprucht.[62] Auch in diesem Fall kann sie nach § 66 Abs. 4 Satz 1 SGB XII darauf verwiesen werden, zunächst die Pflegesachleistungen nach § 36 SGB XI voll in Anspruch zu nehmen. Allerdings wird durch die Konkretisierung des Nachranggrundsatzes der in § 63 Satz 1 SGB XII statuierte Grundsatz des Vorrangs der häuslichen Pflege nicht verdrängt. Zu beachten ist auch, dass nach derselben Regelung die Pflege vorrangig durch nahe stehende Personen oder im Wege der Nachbarschaftshilfe erfolgen soll. In Fällen also, in denen die Kombinationsmöglichkeit gem. § 38 SGB XI gerade zur Realisierung des Vorrangs häuslicher privat organisierter Pflege vor stationärer Pflege beitragen kann, sie sehr wohl in Anspruch genommen werden. Dies ist z.B. dann der Fall, wenn die häusliche Pflege zwar grundsätzlich von einer Pflegeperson aus dem privaten Umfeld der pflegebedürftigen Person geleistet werden kann, diese jedoch (z.B. aus beruflichen oder aus Gründen beschränkter körperlicher Kräfte) der Entlastung durch eine Fachkraft bedarf. In einem solchen Falle wäre es gerade kontraproduktiv, die pflegebedürftige Person darauf zu verpflichten, ganz auf das Pflegegeld nach § 37 SGB XI zu verzichten und stattdessen die Pflegesachleistung nach § 36 SGB XI voll auszuschöpfen. Im Ergebnis verletzte dies den Grundsatz des § 63 Satz 1 SGB XII, dass der Sozialhilfeträger auf eine häusliche Pflege durch Pflegepersonen im Sinne des § 63 Satz 1 SGB XII hinwirken muss.[63] Die Anwendbarkeit des § 66 Abs. 4 Satz 1 SGB XII auf Fallgestaltungen, in denen Pflegebedürftige Leistungen nach den §§ 36 und 37 SGB XI gem. § 38 SGB XI kombinieren, hängt deshalb wiederum von den jeweiligen Umständen des Einzelfalls ab.[64]

43

Entsprechend kann die pflegebedürftige Person auch nicht gezwungen werden, stationäre Pflege nach § 43 SGB XI in Anspruch zu nehmen, wenn ihr bei Anwendung von § 9 Abs. 2 SGB XII und unter Einhaltung von § 13 Abs. 1 Sätze 3-7 SGB XII im Rahmen der Sozialhilfe die Beanspruchung der häuslichen Pflege ermöglicht wird.[65]

44

Auch wenn der Nachrang der Sozialhilfe aber durch § 66 Abs. 4 Satz 1 SGB XII erweitert und der Hilfebedürftige auf die Inanspruchnahme ganz konkreter Leistungen verpflichtet wird, bleibt die Verpflichtung des Sozialhilfeträgers unberührt, bei beantragten, aber sich verzögernden Leistungen eines anderen Trägers Leistungen zu erbringen und dann ggf. Erstattung nach den §§ 103 ff. SGB XII geltend zu machen bzw. nach den §§ 93 ff. SGB XII vorzugehen. Entsprechendes gilt auch bei Ablehnung beantragter Leistungen durch den Träger. Zu der Frage, unter welchen Voraussetzungen genau die Vorleistungspflicht des Sozialhilfeträgers eintritt, wird auf die Kommentierung zu § 61 SGB XII Rn. 39 verwiesen.

45

VI. Ausnahme beim „Arbeitgebermodell" (Absatz 4 Sätze 2 und 3)

1. Absatz 4 Satz 2

§ 66 Abs. 4 Satz 2 SGB XII ermöglicht trotz Sozialhilfebezugs, dass die pflegebedürftige Person ihre Pflege durch von ihr selbst (als Arbeitgeberin) beschäftigte besondere Pflegekräfte sicherstellt (sog. „**Arbeitgeber- oder Assistenzmodell**"). Es handelt sich bei dieser Möglichkeit der Selbsteinstellung um ein über die Jahre gewachsenes Modell zur Verwirklichung eines möglichst weitgehenden selbstbestimmten Lebens der pflegebedürftigen Person. § 66 Abs. 4 Satz 2 SGB XII lässt für diesen ganz konkreten Einzelfall eine Ausnahme von dem Nachranggrundsatz in seiner Ausprägung nach Satz 1 zu.[66]

46

Die Ausnahmeregelung war erstmals im Zuge der Einführung der Pflegeversicherung erforderlich geworden. Denn nach **§ 77 Abs. 1 Satz 3 SGB XI** dürfen die Pflegekräfte mit dem Pflegebedürftigen, dem sie Leistungen der häuslichen Pflege und der hauswirtschaftlichen Versorgung erbringen, kein Be-

47

---

[61] Ebenso *Lachwitz* in: Fichtner/Wenzel, § 66 Rn. 25.
[62] Vgl. das Hessische LSG v. 04.06.2008 - L 7 SO 131/07 ER - juris Rn. 32.
[63] Vgl. ebenso *Lachwitz* in: Fichtner/Wenzel, § 66 Rn. 27.
[64] Vgl. *Schellhorn* in: Schellhorn/Schellhorn/Hohm, § 66 Rn. 22.
[65] Ebenso *Schellhorn* in: Schellhorn/Schellhorn/Hohm, § 66 Rn. 21.
[66] In der – im Ergebnis unstreitig beendeten – mündlichen Verhandlung vom 16.12.2010 in der Sache B 8 SO 4/09 R (vgl. Termintipp des BSG Nr. 34/10 vom 13.12.2010, www.bsg.bund.de, abgerufen am 03.04.2014; vgl. dazu genauer Rn. 41) hat der 8. Senat eben diese besondere Funktion des Arbeitgebermodells angesprochen.

schäftigungsverhältnis eingehen. Da die häusliche Pflege nach § 36 Abs. 1 Sätze 3 und 4 SGB XI nur durch zur Pflege zugelassene Pflegedienste oder Einzelpersonen, mit denen die Pflegekasse einen Vertrag abgeschlossen hat, erbracht werden kann, können selbst einstellende Pflegebedürftige wegen § 77 Abs. 1 Satz 3 SGB XI grundsätzlich keine Sachleistungen nach § 36 Abs. 3 SGB XI gegenüber der Pflegekasse abrechnen. Sie haben in einem solchen Fall Anspruch nur auf das im Vergleich zur Sachleistung niedrigere Pflegegeld nach § 37 SGB XI.

48 Damit der im Sozialhilfebezug stehenden pflegebedürftigen Person nicht entgegengehalten werden kann, sie müsse vorrangig die Pflegesachleistungen voll ausschöpfen, was faktisch bedeutete, sie auf andere als die von ihr selbst eingestellten Pflegepersonen zu verweisen, bestimmt § 66 Abs. 4 Satz 2 SGB XII zu Lasten der Sozialhilfe, dass der Sozialhilfeträger nach § 65 Abs. 1 Satz 2 SGB XII für die Kosten der von der pflegebedürftigen Person beschäftigten Pflegekräfte aufzukommen hat.[67] Wegen § 66 Abs. 4 Satz 3 SGB XII ist auch die Zahlung von Pflegegeld nach dem SGB XII neben nach dem SGB XI bezogenem Pflegegeld denkbar – dann allerdings unter Anrechnung des Pflegegelds nach dem SGB XI (vgl. § 66 Abs. 1 Satz 1 SGB XII: „soweit").

49 **Voraussetzung** für die Anwendung des § 66 Abs. 4 Satz 2 SGB XII ist, dass Pflegebedürftige die Pflege „durch von ihnen beschäftigte besondere Pflegekräfte" sicherstellen. Damit muss, wenn nicht sogar ein bestehender Vertrag mit der Pflegeperson, so doch jedenfalls ein **umfassendes, konkretes Konzept** vorliegen, das die Sicherstellung der Pflege belegt. Um dies für die Behörde überprüfbar zu machen, muss zumindest ein Angebot vorgelegt werden, das die erforderlichen Pflegeverrichtungen und das dafür notwendige Personal beschreibt.[68] Anderenfalls ist im Übrigen der notwendige Kostenvergleich zur Ermittlung der eventuellen Mehrkosten (vgl. § 9 Abs. 2 Sätze 1 und 3 SGB XII) noch gar nicht möglich (vgl. dazu Rn. 53).

50 Im Rahmen des Arbeitgebermodells können auch Folgekosten von Pflegekräften (z.B. ein Assistenzzimmer für die Pflegekräfte)[69] als angemessene Kosten für die Heranziehung der besonderen Pflegekraft nach § 65 Abs. 1 Satz 2 SGB XII übernommen werden (vgl. dazu genauer die Kommentierung zu § 65 SGB XII Rn. 48).

2. Absatz 4 Satz 3

51 Allerdings ist dann gem. **§ 66 Abs. 4 Satz 3 SGB XII** das von der Pflegekasse nach § 37 SGB XI geleistete Pflegegeld vorrangig auf die vom Sozialhilfeträger gewährte Leistung nach § 65 Abs. 1 SGB XII anzurechnen. § 66 Abs. 4 Satz 3 SGB XII gibt eine eigene Anrechnungsreihenfolge vor, die als spezialgesetzliche Regelung § 66 Abs. 1-3 SGB XII vorgeht.

52 Die Anrechnung muss in vollem Umfang erfolgen. Ist aber das Pflegegeld nach § 37 SGB XI durch die Anrechnung nach § 66 Abs. 4 Satz 3 SGB XII verbraucht, kann es nicht noch zusätzlich gemäß § 66 Abs. 1 Satz 2 SGB XII mit dem SGB-XII-Pflegegeld verrechnet werden. Durch § 66 Abs. 4 Satz 3 SGB XII gibt der Gesetzgeber folglich den Vorrang der Anrechnung auf die Leistungen nach § 65 Abs. 1 SGB XII vor, nicht aber ist eine doppelte Berücksichtigung des Pflegegeldes nach dem SGB XI vorgesehen.[70] Nur soweit das SGB-XI-Pflegegeld nicht verbraucht ist, kann es auf das SGB-XII-Pflegegeld angerechnet werden. Folge davon ist, dass die pflegebedürftige Person auch beim Arbeitgebermodell ein Pflegegeld nach § 64 SGB XII beanspruchen kann. Dieses kann allerdings gem. § 66 Abs. 2 Satz 2 SGB XII wegen der Erbringung von Leistungen nach § 65 Abs. 1 Satz 2 SGB XII um bis zu zwei Drittel gekürzt werden.

53 Die durch § 66 Abs. 4 Satz 2 SGB XII ermöglichte volle Übernahme der Kosten für die besondere Pflegekraft nach § 65 Abs. 1 Satz 2 SGB XII kann zur Folge haben, dass eine stationäre Pflege im Einzelfall deutlich kostengünstiger ist als die ambulante Hilfe durch Bezahlung selbst eingestellter Pflegekräfte. Durch Absatz 4 Satz 2 wird aber die Anwendung der Leistungsvoraussetzungen nach dem SGB XII nicht außer Kraft gesetzt; insbesondere gilt der **Ausschluss unverhältnismäßiger Mehrkos-**

---

[67] Daneben wurde in § 77 Abs. 5 SGB XI eine dem vorgehende Besitzstandsregelung für vor dem 01.05.1996 an pflegebedürftige „Arbeitgeber" bereits erbrachte Pflegesachleistungen eingeführt. Dieser Personenkreis kann also trotz selbständiger Beschäftigung von Pflegepersonal die Pflegesachleistung nach § 36 SGB XI in Anspruch nehmen.

[68] Vgl. das LSG Baden-Württemberg v. 15.09.2006 - L 7 SO 4051/06 ER-B - juris Rn. 5; OVG Bremen v. 28.02.2008 - S3 B 536/07 - FEVS 60, 83 ff.

[69] So ausdrücklich das BSG v. 28.02.2013 - B 8 SO 1/12 R in Bestätigung von LSG Nordrhein-Westfalen v. 28.11.2011 - L 20 SO 82/07.

[70] So zu Recht das BVerwG v. 03.07.2003 - 5 C 7/02 - BVerwGE 118, 297, 299.

ten nach § 13 Abs. 1 Sätze 4-6 SGB XII; auch ist ein Kostenvergleich zur Ermittlung der eventuellen Mehrkosten (vgl. § 9 Abs. 2 Sätze 1 und 3 SGB XII) durchzuführen.[71] Je nach Einzelfallkonstellation kann die pflegebedürftige Person daher auf die Inanspruchnahme einer geeigneten stationären Maßnahme verwiesen werden (vgl. dazu auch schon die Kommentierung zu § 63 SGB XII Rn. 6). Das gilt allerdings nicht für Hilfeempfänger, deren Betreuung am 26.06.1996 durch von ihnen beschäftigte Personen sichergestellt wurde. Für diese enthält § 130 SGB XII eine Bestandsschutzregelung, nach welcher die Anwendung des § 13 Abs. 1 Satz 4 SGB XII ausdrücklich ausgeschlossen ist.

C. Praxistipps

Die Regelungen des § 66 Abs. 1-3 SGB XII über Kürzung und Anrechnung von anderweitigen Leistungen sind grundsätzlich abschließend.[72] Insbesondere Ansprüche gegen einen Dritten, die die gleiche Zweckbestimmung haben, aber nicht unter § 66 SGB XII fallen, können nicht angerechnet werden, sind allerdings ggf. als Einkommen oder Vermögen zu berücksichtigen oder gem. § 93 SGB XII auf den Träger der Sozialhilfe überzuleiten.[73] 54

Die Regelung des § 66 Abs. 4 Satz 3 SGB XII gilt nur dann, wenn die Anforderungen an ein Arbeitgeber- bzw. Assistenzmodell nach § 66 Abs. 4 Satz 2 SGB XII vorliegen. Dies ist unverzichtbare Voraussetzung. Hierzu sind im Einzelfall konkrete Tatsachenermittlungen durchzuführen. Der pflegebedürftigen Person ist als Arbeitgeberin anzuraten, möglichst umfassend das Vorhandensein eines genauen pflegerischen Konzepts nachzuweisen.[74] 55

Die Anrechnungsvorschrift des § 66 Abs. 2 Satz 2 SGB XII lässt nur die Kürzung des Pflegegeldes, nicht dagegen der Leistungen nach § 65 Abs. 1 SGB XII zu; dies wird in der Praxis offenbar teilweise falsch gemacht.[75] Eine Kürzung der Leistungen nach § 65 Abs. 1 SGB XII erfolgt aber nach § 66 Abs. 4 Satz 1 SGB XII, soweit es die pflegebedürftige Person unterlassen hat, Pflegesachleistungen nach dem SGB XI in Anspruch zu nehmen. 56

---

[71] Vgl. LSG Baden-Württemberg v. 15.09.2006 - L 7 SO 4051/06 ER-B - juris Rn. 7.
[72] Der Nachranggrundsatz, wie er in § 2 SGB XII statuiert und – unverändert – durch § 66 Abs. 1 SGB XII wiederholt wird, bzw. der Nachranggrundsatz ist in seiner Ausprägung gem. § 66 Abs. 4 Satz 1 SGB XII bleiben aber natürlich von diesen Regelungen unberührt; vgl. i.E. zum Nachranggrundsatz in der Hilfe zur Pflege auch die Kommentierung zu § 61 SGB XII Rn. 39.
[73] Vgl. ebenso *Schellhorn* in: Schellhorn/Schellhorn/Hohm, § 66 Rn. 19.
[74] Ein solches Konzept mangels hinreichender Anhaltspunkte verneinend etwa das LSG Baden-Württemberg v. 15.09.2006 - L 7 SO 4051/06 ER-B - juris Rn. 7; zustimmend OVG Bremen v. 28.02.2008 - S3 B 536/07 - Juris Rn. 22 - FEVS 60, 83 ff.
[75] Vgl. hierzu den Fall des OVG Bremen v. 28.02.2008 - S3 B 536/07 - juris Rn. 22 - FEVS 60, 83 ff.

Achtes Kapitel: Hilfe zur Überwindung besonderer sozialer Schwierigkeiten

§ 67 SGB XII Leistungsberechtigte

(Fassung vom 27.12.2003, gültig ab 01.01.2005)

[1]Personen, bei denen besondere Lebensverhältnisse mit sozialen Schwierigkeiten verbunden sind, sind Leistungen zur Überwindung dieser Schwierigkeiten zu erbringen, wenn sie aus eigener Kraft hierzu nicht fähig sind. [2]Soweit der Bedarf durch Leistungen nach anderen Vorschriften dieses Buches oder des Achten Buches gedeckt wird, gehen diese der Leistung nach Satz 1 vor.

Gliederung

A. Basisinformationen	1	II. Normzweck	11
I. Textgeschichte/Gesetzgebungsmaterialien	1	III. Tatbestandsvoraussetzungen	13
II. Vorgängervorschriften	2	1. Allgemeines	13
III. Parallelvorschriften	3	2. Besondere Lebensverhältnisse	17
IV. Untergesetzliche Vorschriften	4	3. Soziale Schwierigkeiten	22
V. Landesrechtliche Vorschriften	5	4. „Aus eigener Kraft hierzu nicht fähig"	28
VI. Systematische Zusammenhänge	7	5. Abgrenzung zu anderen Leistungen	30
VII. Internetadressen	8	6. Ausländer	37
VIII. Ausgewählte Literaturhinweise	9	7. Örtliche Zuständigkeit	39
B. Auslegung der Norm	10	IV. Rechtstatsachen	40
I. Regelungsgehalt und Bedeutung der Norm	10	**C. Praxishinweise**	41

A. Basisinformationen[1]

I. Textgeschichte/Gesetzgebungsmaterialien

1   Die Vorschrift ist durch das Gesetz zur Einordnung des Sozialhilferechts in das Sozialgesetzbuch vom 27.12.2003[2] mit Wirkung zum 01.01.2005 eingeführt worden und seither unverändert geblieben. Sie ist inhaltsgleich mit § 62 des Gesetzesentwurfes der Bundesregierung vom 15.08.2003[3] und 01.10.2003[4] und identisch mit dem Gesetzesentwurf der Fraktionen der SPD und Bündnis 90/Die Grünen vom 05.09.2003[5]; zugleich ist der ursprüngliche Standort vom 7. Kapitel in das 8. Kapitel verlegt worden. Die Vorschrift ist aus der „Hilfe für Gefährdete" hervorgegangen, die durch das 2. BSHG-ÄndG vom 01.08.1969[6] als Folge einer Entscheidung des BVerfG[7] grundlegend umgestaltet worden ist. Dieses hatte erkannt, dass es nicht die Aufgabe des Staates sei, seine Bürger zu „bessern", und er deshalb auch nicht das Recht habe, ihnen die Freiheit zu entziehen, nur um sie zu „bessern", ohne dass sie sich selbst oder andere gefährdeten, wenn sie in Freiheit blieben.

II. Vorgängervorschriften

2   Der Gesetzgeber hat aus Anlass der Einordnung des Sozialhilferechts die Vorschrift des § 72 BSHG in drei Teile zerlegt: Die Vorschrift des § 67 SGB XII übernimmt im Wesentlichen unverändert die Regelungen des § 72 Abs. 1 BSHG; § 68 SGB XII übernimmt im Kern die Absätze 2 bis 4 des § 72 BSHG und die Verordnungsermächtigung in § 69 SGB XII entspricht fast wortgleich der Regelung des § 72 Abs. 5 BSHG. Daher kann die frühere Rechtsprechung zu § 72 BSHG zur Auslegung des § 67 SGB XII herangezogen werden.

---

[1] Die Kommentierung basiert auf der Kommentierung des § 67 SGB XII durch *Michalla-Munsche* in der 1. Aufl. des jurisPK-SGB XII. Einzelne Sätze wurden aus der Kommentierung in der Vorauflage übernommen.
[2] BGBl I 2003, 3022.
[3] BR-Drs. 559/03.
[4] BT-Drs. 15/1636.
[5] BT-Drs. 15/1514.
[6] BGBl I 1969, 1153.
[7] BVerfG v. 18.07.1967 - 2 BvF 3/62, 2 BvF 4/62, 2 BvF 5/62, 2 BvF 6/62, 2 BvF 7/62 u.a. - juris Rn. 129, zur Jugendhilfe.

III. Parallelvorschriften

Regelungen zur Hilfe bei sozialen Schwierigkeiten enthält auch das SGB II, hier insbesondere in den §§ 16 und 16a SGB II (u.a. psychosoziale Betreuung); weitere Vorschriften für Hilfen zur Überwindung der sozialen Schwierigkeiten finden sich in den §§ 53 ff. SGB XII (Eingliederungshilfe) und im SGB VIII (§§ 10 Abs. 4, 27 ff. und 41 SGB VIII); ferner ist hier für das Soziale Entschädigungsrecht § 27d Abs. 1 Nr. 5 BVG zu nennen, der zur Kriegsopferfürsorge zählt und ausdrücklich auf Leistungen des 8. Kapitels des SGB XII verweist. Die Abgrenzung kann im Einzelfall sehr schwierig sein und ist wegen der damit verbundenen Konsequenzen für die Zuständigkeit von großer Wichtigkeit (vgl. Rn. 30). Zu den (inkludierten) Leistungen zum Lebensunterhalt bei stationären und teilstationären Maßnahmen vgl. die Kommentierung zu § 21 SGB XII Rn. 55 ff.

IV. Untergesetzliche Vorschriften

Eine weitere Konkretisierung erfährt die Vorschrift des § 67 SGB XII durch die auf der Ermächtigungsgrundlage des § 69 SGB XII gestützte Durchführungsverordnung. § 1 Abs. 1 DVO§69SGBXII (vgl. die Kommentierung zu § 1 DVO§69SGBXII) bestimmt den Personenkreis des § 67 Satz 1 SGB XII näher.

V. Landesrechtliche Vorschriften

In **materiellrechtlicher** Hinsicht ist bei **psychisch erkrankten Menschen** daran zu denken, dass die einzelnen Bundesländer zum Teil eigene Gesetze zur Unterbringung psychisch kranker Menschen erlassen haben:
- Baden-Württemberger Gesetz über die Unterbringung psychisch Kranker (Unterbringungsgesetz – UBG) in der Fassung vom 02.12.1991;
- Bayerisches Gesetz über die Unterbringung psychisch Kranker und deren Betreuung (Unterbringungsgesetz – UnterbrG) in der Fassung der Bekanntmachung vom 05.04.1992;
- Gesetz über Hilfen und Schutzmaßnahmen sowie über den Vollzug gerichtlich angeordneter Unterbringung für psychisch kranke und seelisch behinderte Menschen im Land Brandenburg (Brandenburgisches Psychisch-Kranken-Gesetz – BbgPsychKG) vom 05.05.2009;
- Bremer Gesetz über Hilfen und Schutzmaßnahmen bei psychischen Krankheiten (PsychKG) vom 19.12.2000;
- Hamburgisches Gesetz über Hilfen und Schutzmaßnahmen bei psychischen Krankheiten (HmbPsychKG) vom 27.09.1995[8];
- Mecklenburg-Vorpommern Gesetz über Hilfen und Schutzmaßnahmen für psychisch Kranke (Psychischkrankengesetz – PsychKG M-V) in der Fassung der Bekanntmachung vom 13.04.2000;
- Niedersächsisches Gesetz über Hilfen und Schutzmaßnahmen für psychisch Kranke (NPsychKG) vom 16.06.1997;
- NRW Gesetz über Hilfen und Schutzmaßnahmen bei psychischen Krankheiten (PsychKG) vom 17.12.1999;
- Sächsisches Gesetz über die Hilfen und die Unterbringung bei psychischen Krankheiten (SächsPsychKG) in der Fassung vom 10.10.2007[9];
- Gesetz über Hilfen für psychisch Kranke und Schutzmaßnahmen des Landes Sachsen-Anhalt (PsychKG LSA) vom 30.01.1992;
- Schleswig Holstein durch Gesetz zur Hilfe und Unterbringung psychisch kranker Menschen (Psychisch-Kranken-Gesetz – PsychKG) vom 14.01.2000;
- Thüringer Gesetz zur Hilfe und Unterbringung psychisch Kranker vom 02.02.1994 (ThürPsychKG)[10].

Für die **sachliche Zuständigkeit** des Trägers der Sozialhilfe haben die Länder teilweise von § 97 Abs. 3 Nr. 3 SGB XII abweichende Bestimmungen erlassen:
- Nach Art. 82 des Gesetzes zur Ausführung der Sozialgesetze (AGSG) vom 08.12.2006 des Freistaates **Bayern** besteht nur dann eine Zuständigkeit des überörtlichen Trägers der Sozialhilfe (Bezirke; Art. 81 AGSG), wenn die Leistungen der Sozialhilfe in stationären oder teilstationären Einrichtungen gewährt werden.

---

[8] Erlassen als Art. 1 des G. v. 27.09.1995, HmbGVBl 235.
[9] Zuletzt geändert durch Art. 5 des G. v. 14.12.2010, SächsGVBl 414, 432.
[10] Gültig von: 10.02.1994, gültig bis: 30.12.2008.

- Nach § 2 des Gesetzes zur Ausführung des Zwölften Buches Sozialgesetzbuch (AGSGB XII) in **Baden-Württemberg** sind die örtlichen Träger der Sozialhilfe für alle in § 8 SGB XII genannten Hilfen und damit auch für die Hilfe zur Überwindung besonderer sozialer Schwierigkeiten zuständig.
- Nach § 4 Abs. 1 Nr. 3 des Gesetzes zur Ausführung des Zwölften Buches Sozialgesetzbuch (AG-SGB XII) vom 03.11.2010 des Landes Brandenburg ist der örtliche Träger der Sozialhilfe (Landkreise und kreisfreie Städte) sachlich zuständig für die Hilfe zur Überwindung besonderer sozialer Schwierigkeiten (§§ 67-69 des Zwölften Buches Sozialgesetzbuch).
- Nach § 4 Nr. 6 des Ausführungsgesetzes zum SGB XII (AG-SGB XII) der Freien und Hansestadt **Bremen** ist der örtliche Träger der Sozialhilfe für die Hilfen nach den §§ 67 ff. SGB XII sachlich zuständig.
- Nach Absatz 4 Nr. 3 der Anordnung der Freien und Hansestadt **Hamburg** zur Durchführung des Zwölften Buches Sozialgesetzbuch vom 19.09.2006 ist für die Bewilligung von Hilfen zur Überwindung besonderer sozialer Schwierigkeiten für alleinstehende Personen, soweit nichts anderes bestimmt ist, für stationäre sowie teilstationäre Maßnahmen und für ambulante Maßnahmen, wenn keine Beratung und Unterstützung durch eine Fachstelle für Wohnungsnotfälle eines anderen Bezirksamts geleistet wird, das Bezirksamt Altona sachlich und örtlich zuständig.
- Nach § 2 Abs. 1 des **Hessischen** Ausführungsgesetzes zum Zwölften Buch Sozialgesetzbuch (HAG/SGB XII) vom 20.12.2004 ist der örtliche Träger der Sozialhilfe abweichend von § 97 Abs. 3 SGB XII für die Leistungen nach dem Sechsten bis Achten Kapitel des Zwölften Buches Sozialgesetzbuch sachlich zuständig, sofern diese nicht in einer Einrichtung zur stationären oder teilstationären Betreuung oder in einer betreuten Wohnmöglichkeit für behinderte Menschen nach Kapitel Sechs des Zwölften Buches Sozialgesetzbuch gewährt werden, und für die Leistungen nach dem Sechsten bis Achten Kapitel des Zwölften Buches Sozialgesetzbuch für Personen mit Beginn des Kalendermonats, der auf die Vollendung des 65. Lebensjahres folgt, wenn die Hilfe in einer Einrichtung zur stationären oder teilstationären Betreuung zu gewähren ist. Der überörtliche Träger der Sozialhilfe nach § 3 (Landeswohlfahrtsverband Hessen) ist sachlich zuständig bei Nichtsesshaften für die Hilfen nach § 8 Nr. 1 und 3-7 des Zwölften Buches Sozialgesetzbuch sowie für die jeweils gebotene Beratung und Unterstützung außerhalb einer Einrichtung zur stationären Betreuung, sofern die Hilfe zur Sesshaftmachung bestimmt ist, und für die Leistungen an Personen, bei denen besondere Lebensverhältnisse mit sozialen Schwierigkeiten verbunden sind, wenn es erforderlich ist, die Hilfe in einer Einrichtung zur stationären oder zur teilstationären Betreuung zu gewähren.
- Nach § 3 des Gesetzes zur Ausführung des Zwölften Buches Sozialgesetzbuch (SGB XII-AG M-V) vom 20.12.2004 des Landes **Mecklenburg-Vorpommern** sind die örtlichen Träger der Sozialhilfe sachlich zuständig für die in § 8 des Zwölften Buches Sozialgesetzbuch genannten Leistungen einschließlich der Geltendmachung und Gewährung von Kostenerstattungen nach den §§ 106 Abs. 1 und 3, 107 des Zwölften Buches Sozialgesetzbuch und nach § 103 des Bundessozialhilfegesetzes in der Fassung der Bekanntmachung vom 10.01.1991[11] und § 2 Abs. 3 Satz 2 des Zehnten Buches Sozialgesetzbuch und ermöglichen die personenzentrierte und lebensfeldorientierte Leistungserbringung. Dies steht der notwendigen überregionalen Nutzung von Spezialeinrichtungen im Einzelfall nicht entgegen.
- Nach § 6 Abs. 2 Nr. 4 des **Niedersächsischen** Gesetzes zur Ausführung des Zwölften Buchs des Sozialgesetzbuchs (NdsAG SGB XII) vom 16.12.2004 ist der überörtliche Träger der Sozialhilfe (Land Niedersachsen; § 2 NdsAG SGB XII) zuständig bei Leistungsberechtigten mit besonderen sozialen Schwierigkeiten für teilstationäre und stationäre Leistungen nach den §§ 67-69 SGB XII sowie für die Hilfe zum Lebensunterhalt und für ambulante Leistungen nach den §§ 67-69 SGB XII, wenn die Leistungen dazu bestimmt sind, Nichtsesshaften bei der Überwindung ihrer besonderen sozialen Schwierigkeiten zu helfen. Die Zuständigkeit für die in Absatz 2 Nr. 4 genannten Aufgaben kann einem örtlichen Träger der Sozialhilfe mit seinem Einverständnis im Rahmen seiner örtlichen Zuständigkeit als Aufgabe des eigenen Wirkungskreises übertragen werden. Die Übertragung erfolgt durch Verordnung des Fachministeriums, die insbesondere Regelungen zur Dauer der Übertragung der Aufgaben und Sicherstellung der Aufbringung der Mittel enthalten muss (§ 6 Abs. 6 NdsAG SGB XII).
- Nach § 2 Abs. 1 Nr. 5 der Ausführungsverordnung zum Sozialgesetzbuch Zwölftes Buch (SGB XII) – Sozialhilfe – des Landes **Nordrhein-Westfalen** (AV-SGB XII NRW) sind die überörtlichen Träger der Sozialhilfe (Landschaftsverbände; § 1 AG-SGB XII NRW) für die Hilfe zur Überwindung

---

[11] BGBl I 1991, 94, 808.

besonderer sozialer Schwierigkeiten nach den §§ 67-69 SGB XII für Personen bis zur Vollendung des 65. Lebensjahres zuständig, wenn es erforderlich ist, die Hilfe in einer teilstationären oder stationären Einrichtung zu gewähren, oder wenn sie dazu dient, Hilfe in einer teilstationären oder stationären Einrichtung zu verhindern.

- Nach § 2 Abs. 2 Nr. 5 des Landesgesetzes zur Ausführung des Zwölften Buches Sozialgesetzbuch des Landes **Rheinland-Pfalz** (AGSGB XII) ist der überörtliche Träger der Sozialhilfe (Land Rheinland-Pfalz, wobei die Aufgaben vom Landesamt für Soziales, Jugend und Versorgung durchgeführt werden; § 1 Abs. 2 AGSGB XII) für die Hilfe zur Überwindung besonderer sozialer Schwierigkeiten (§§ 67-69 des Zwölften Buches Sozialgesetzbuch) sachlich zuständig, wenn es erforderlich ist, die Hilfe in einer teilstationären oder stationären Einrichtung im Sinne des § 13 Abs. 2 des Zwölften Buches Sozialgesetzbuch zu gewähren.

- Nach § 2 Abs. 2 Nr. 3 des Gesetzes zur Ausführung des Zwölften Buches Sozialgesetzbuch (AGSGB XII) des **Saarlandes** ist der überörtliche Träger der Sozialhilfe (Saarland, wobei die Aufgaben vom Landesamt für Soziales, Gesundheit und Verbraucherschutz durchgeführt werden; § 1 Abs. 2 AGSGB XII) sachlich zuständig für die Hilfen nach den §§ 67 ff. SGB XII.

- Nach § 13 Abs. 2 Nr. 3 des **Sächsischen** Gesetzes zur Ausführung des Sozialgesetzbuches (SächsAGSGB) ist der überörtliche Träger der Sozialhilfe (Kommunaler Sozialverband Sachsen; § 13 Abs. 1 SächsAGSGB) sachlich zuständig für alle Leistungen für die in § 67 Satz 1 SGB XII genannten Personen, die das 18. Lebensjahr, aber noch nicht das 65. Lebensjahr vollendet haben, wenn sie wegen der Art und Schwere ihrer sozialen Schwierigkeiten im ambulant betreuten Wohnen untergebracht sind.

- Nach § 3 Nr. 3 des Gesetzes zur Ausführung des Zwölften Buches Sozialgesetzbuch – Sozialhilfe – (AG SGB XII) des Landes **Sachsen-Anhalt** ist der überörtliche Träger (das Land Sachsen-Anhalt; § 2 Abs. 1 AG SGB XII) der Sozialhilfe sachlich zuständig für Leistungen der Hilfe zur Überwindung besonderer sozialer Schwierigkeiten im Sinne der §§ 67-69 des Zwölften Buches Sozialgesetzbuch, wenn es erforderlich ist, die Hilfe in einer teilstationären oder stationären Einrichtung zu gewähren.

- Nach § 2 Abs. 2 des Gesetzes zur Ausführung des Zwölften Buches Sozialgesetzbuch (AG-SGB XII) des Landes **Schleswig-Holstein** ist der überörtliche Träger der Sozialhilfe (Land Schleswig-Holstein; § 1 Abs. 2 AG-SGB XII) sachlich zuständig für die Hilfe zur Überwindung besonderer sozialer Schwierigkeiten (§ 8 Nr. 6 SGB XII), wenn es erforderlich ist, die Hilfe in einer Einrichtung zur stationären oder teilstationären Betreuung zu erbringen.

- Nach § 3 des **Thüringer** Gesetzes zur Ausführung des Zwölften Buches Sozialgesetzbuch (ThürAGSGB XII) ist der örtliche Träger für die Hilfen nach den §§ 67 ff. SGB XII zuständig.

VI. Systematische Zusammenhänge

Die Vorschrift befindet sich im 8. Kapitel des SGB XII. Während § 67 SGB XII den Kreis der leistungsberechtigten Personen abgrenzt, bestimmt § 68 SGB XII Art und Umfang der möglichen Leistungen. § 69 SGB XII ergänzt das 8. Kapitel um die Ermächtigung des BMAS zur näheren Bestimmung des Personenkreises und des Leistungsumfangs im Verordnungswege. Die Grundvorschrift für den Leistungsanspruch befindet sich in § 19 Abs. 3 SGB XII. Besonderheiten bestehen für die Einkommensanrechnung in § 85 Abs. 1 Satz 1 SGB XII und bei Vermögenseinsatz in § 90 Abs. 3 Satz 2 SGB XII.

VII. Internetadressen

Dokumente der BAG Wohnungslosenhilfe finden sich unter: www.bagw.de, solche des Deutschen Vereins für öffentliche und private Fürsorge unter: www.deutscher-verein.de. Der Verein Frauenhauskoordinierung ist unter: www.frauenhauskoordinierungsstelle.de zu finden. Außerdem enthält die Homepage www.berlin.de Unterlagen und Auslegungshilfen der Senatsverwaltung für Gesundheit und Soziales Berlin. Unterlagen der Bund-Länder-Arbeitsgruppe der Arbeits- und Sozialministerkonferenz (ASMK) finden sich unter: www.stmas.bayern.de unter „wir über uns". Die Empfehlungen der Bundesarbeitsgemeinschaft der überörtlichen Sozialhilfeträger (BAGüS) sind unter www.der-paritaetische.de und www.lwl.org/LWL/portal aufzurufen.[12]

---
[12] Alle Seiten abgerufen am 24.04.2014.

VIII. Ausgewählte Literaturhinweise

9 *Brünner*, Die Leistungspflicht des Sozialhilfeträgers für Leistungen der Beschäftigungshilfe nach §§ 67, 68 SGB XII am Beispiel teilstationärer Beschäftigungsangebote im Rheinland, Sozialrecht aktuell 2012, 231 ff.; *Busch-Geertsema/Evers*, Auf dem Weg zur Normalität – Persönliche Hilfen in Wohnungen bei Wohnungsnotfällen, NDV 2005, 126-132; *Dillmann/Dannat*, „Forever young" – Ewig junge Abgrenzungsprobleme zwischen Leistungen für junge behinderte Menschen nach dem SGB VIII und dem SGB XII, ZfF 2009, 25; *Drgala*, Die Wirkungslosigkeit des Hilfesystems für Personen mit besonderen sozialen Schwierigkeiten (§§ 67, 68 SGB XII), Sozialrecht und Sozialpolitik in Europa, Band 6, 2008; *Duschinger/Reifferscheid*, Integrierte Hilfeangebote: das Münchner Modell, ArchsozArb 2013, Nr. 1, 73-79; *Frey*, Hilfen bei vorgealterten und älteren wohnungslosen Menschen, Sozialer Fortschritt 2013, 109; *Gerlach/Hinrichs*, Therapeutische Hilfen für junge Menschen – problematische Schnittstellen zwischen SGB V, SGB VIII und SGB XII, ZFSH/SGB 2007, 387-396; *Gerull/Merckens*, Erfolgskriterien in der Hilfe für Menschen mit besonderen Schwierigkeiten, 2012; *Gillich/Nagel*, Von der Armenhilfe zur Wohnungslosenhilfe – und zurück? 2010; *Hammel*, Die neue DVO zu § 72 BSHG – Eine Chance zur Überwindung sozialer Ausgrenzung?, Auswirkungen auf die Wohnungslosenhilfe in Deutschland 2005, 31-50 (Materialien zur Wohnungslosenhilfe, Heft 57); *ders.*, Die Weiterfinanzierung der Wohnung während eines Freiheitsentzugs, NDV 2011, 156; *ders.*, Die Finanzierung der Kosten der sozialen Betreuung in einem Frauenhaus – Eine vielschichtig schwierige Fragestellung, ZfF 2012, 97; *ders.*, Vermüllung als sozialrechtliches Problem, ZfF 2013, 31; *Heinz*, Kosten der Entrümpelung einer „Messie-Wohnung" und Finanzierung der Kosten einer „Nachtwache" bei geistiger Verwirrtheit – „Fälle" für das Sozialamt? ZFSH/SGB 2013, 628; *Lippert*, Die Hilfe nach § 72 BSHG im Geflecht der Hilfen in besonderen Lebenslagen, NDV 2002, 134-140; *Merckens*, Soziale Wohnhilfen Berlin: Grenzen von Kooperation und Netzwerken, ArchsozArb 2013, Nr. 1, 58-64; *Sellach*, Lebenslagen wohnungsloser Frauen – Anforderungen an das Hilfesystem, ArchsozArb 201, Nr. 1, 22-32; *Specht*, Von der Wohnungslosenhilfe zu Hilfen zur sozialen Inklusion für Wohnungsnotfälle, ArchsozArb 2013, Nr. 1, 4-21; *Spindler*, Existenzsicherung und Hilfen für psychisch Kranke und Suchtabhängige im neuen System der Grundsicherung(en), RuP 2009, 27; *Szynka*, Die Neuorganisation der Hilfen zur Überwindung besonderer sozialer Schwierigkeiten in Niedersachsen, NDV 2012, 51.

B. Auslegung der Norm

I. Regelungsgehalt und Bedeutung der Norm

10 Die Regelung des § 67 SGB XII definiert den Personenkreis, dem Hilfen zur Überwindung besonderer sozialer Schwierigkeiten gewährt werden, und damit die Grundvoraussetzungen für einen Anspruch auf Leistungen nach § 68 SGB XII. Die Vorschrift bezieht sich auf den Einzelfall und grenzt nicht besondere Personengruppen ab, denen Leistungen zur Überwindung der Schwierigkeiten zu erbringen sind. Die entsprechende beispielhafte Aufzählung einzelner Personengruppen in der alten Fassung der BSHG§72DV ist zugunsten eines weiten Begriffs aufgegeben worden, da sie zu eng und einseitig („stigmatisierend") war.[13] Damit öffnet der Gesetzgeber die Norm einer flexiblen, zukunftsoffenen Anwendung, die den sich immer schneller wandelnden sozialen Verhältnissen angepasst werden kann. Zugleich ist die Vorschrift Ausdruck des allgemeinen Nachrangprinzips der Sozialhilfe in § 2 SGB XII (vgl. die Kommentierung zu § 2 SGB XII). Zum einen tritt die Leistungsverpflichtung nicht ein, wenn der Hilfesuchende fähig ist, die Schwierigkeiten aus eigener Kraft zu überwinden (Satz 1 Halbsatz 3). Zum anderen sind die Leistungen nach Satz 2 subsidiär zu anderen Leistungen nach dem SGB XII oder dem SGB VIII.

II. Normzweck

11 Entsprechend der Kapitelüberschrift ist die Überwindung besondere sozialer Schwierigkeiten Ziel der Hilfe. Es ist dagegen nicht die Aufgabe des Staates, wie das BVerfG[14] bereits 1967 erkannt hat, seine Bürger zu „bessern"; der Staat hat auch nicht das Recht, ihnen die Freiheit zu entziehen, nur um sie zu

---

[13] *Scheider* in: Schellhorn/Schellhorn/Hohm, SGB XII, 18. Aufl. 2010, § 67 Rn. 16 und *ders.* in: Schellhorn/Schellhorn/Hohm, SGB XII, 18. Aufl. 2010, VO zu § 69 SGB XII, § 1 Rn. 1.

[14] BVerfG v. 18.07.1967 - 2 BvF 3/62, 2 BvF 4/62, 2 BvF 5/62, 2 BvF 6/62, 2 BvF 7/62 u.a. - juris Rn. 129, zu einem Fall der Unterbringung in der Jugendhilfe.

"bessern", ohne dass sie sich selbst oder andere gefährdeten, wenn sie in Freiheit blieben. Diesem freiheitsschützenden Verständnis des BVerfG diente bereits die Umstellung der Vorgängernorm des § 72 BSHG weg von der „Hilfe für Gefährdete" (vgl. Rn. 1). Daher erscheint eine am individuellen, **subjektiven Lebenszuschnitt** einerseits und an den **objektiven Umweltbedingungen** andererseits ausgerichtete weite Auslegung geboten. Nicht jede Abweichung von der – wie auch immer verstandenen – Normalität erfüllt daher bereits den Begriff der besonderen Lebensverhältnisse und schon gar nicht den der damit verbundenen sozialen Schwierigkeiten. Zudem kann die Hilfeleistung nicht aufgezwungen werden.[15] Der Träger der Sozialhilfe ist nicht berechtigt, die Freiheit individueller Lebensgestaltung des Einzelnen in Frage zu stellen, ihn zu disziplinieren oder zu nivellieren.[16]

Die Hilfe soll die **Teilhabe am Leben in der Gemeinschaft** fördern. Mit seinem weiten Begriff der „Person, bei der besondere Lebensverhältnisse mit sozialen Schwierigkeiten verbunden sind," verfügt das SGB XII über ein Instrumentarium für Personen, die den **steigenden Anforderungen der modernen Industriegesellschaft** aus eigener Kraft aus welchen Gründen auch immer nicht gerecht werden können.[17] Dazu ermöglicht die Vorschrift, diesem Personenkreis eine auf seine Bedürfnisse und Fähigkeiten abgestimmte Hilfe zukommen zu lassen, die entsprechend der Zielsetzung des § 9 Satz 1 SGB I zu einer weitgehend eigenverantwortlichen Lebensführung und zur Teilnahme am gemeinschaftlichen Leben befähigt. Aus § 9 Satz 2 SGB I ergibt sich andererseits, dass der Hilfesuchende nach seinen Kräften mitzuwirken hat, wobei die Fähigkeit des Hilfesuchenden, die Schwierigkeiten aus eigener Kraft zu überwinden, die Hilfeleistung durch den Sozialhilfeträger vollständig ausschließt (Satz 1 Halbsatz 3). Dies gilt aber nur, soweit er dazu in der Lage ist; im Übrigen kann die Leistung nach den §§ 67 f. SGB XII ergänzend erbracht werden.[18] Hierbei ist sicherzustellen, dass der Hilfesuchende die auf seine persönliche Situation mit seinem festgestellten konkreten Hilfebedarf zugeschnittene Hilfe auch tatsächlich erhält.[19]

III. Tatbestandsvoraussetzungen

1. Allgemeines

Der Hilfesuchende hat bei Vorliegen der Voraussetzungen des Satzes 1 und bei einer positiven Prognose, dass die möglichen Hilfen zur Abwendung, Milderung, Beseitigung oder Verhütung der Verschlimmerung der Schwierigkeiten führen werden, einen durchsetzbaren **Rechtsanspruch** im Sinne § 17 Abs. 1 SGB XII gegen den zuständigen Sozialhilfeträger auf die Hilfeleistung („sind Leistungen ... zu erbringen."). Dabei steht aber die konkrete Hilfe ihrer **Art und ihrem Umfang** nach **im Ermessen** des Sozialhilfeträgers (§ 17 Abs. 2 Satz 1 SGB XII, „Auswahlermessen"). Die Verpflichtung des Sozialhilfeträgers entfällt für den Fall, dass sich der Betroffene weigert, die Hilfe anzunehmen; allerdings gilt dies erst dann, wenn die Möglichkeiten der **beratenden und unterstützenden Motivierung** (vgl. Rn. 15) erschöpft sind.

Bei den Begriffen „besondere Lebensverhältnisse" und „soziale Schwierigkeiten" handelt es sich um **unbestimmte Rechtsbegriffe**. Dem Träger der Sozialhilfe steht jedoch im Rahmen des § 67 SGB XII kein Beurteilungsspielraum mit der Folge nur eingeschränkter gerichtlicher Nachprüfbarkeit zu.[20] Sicherlich ist immer zuerst die Verwaltung aufgerufen, den Begriff im Einzelfall auszulegen; ob diese Auslegung aber zutrifft, ist jedoch bei einem Rechtsanspruch, wie hier, voll gerichtlich nachprüfbar. Ein solcher Fall ist der für einen Beurteilungsspielraum typischen, komplexen Situation wie etwa der Notengebung oder einer Prognoseentscheidung nicht vergleichbar. Dass der Gesetzgeber hier etwas anderes gewollt hat, ist nicht zu erkennen.

Da die Hilfeleistung nach § 68 Abs. 1 Satz 1 SGB XII auch der Abwendung, Milderung oder dem Verhüten der Verschlimmerung der Schwierigkeiten dient, ist die Hilfe auch dann zu erbringen, wenn zu Beginn der Hilfeleistung bereits abzusehen ist, dass das Ziel der Integration in die Gemeinschaft **nicht vollständig erfolgreich** sein wird. Selbst bei einer **Weigerung** des Leistungsberechtigten, an der Maßnahme mitzuwirken, kann es geboten sein, zunächst motivierende Leistungen etwa sozialpädagogi-

---

[15] *Scheider* in: Schellhorn/Schellhorn/Hohm, SGB XII, 18. Aufl. 2010, § 67 Rn. 14.
[16] *Scheider* in: Schellhorn/Schellhorn/Hohm, SGB XII, 18. Aufl. 2010, § 67 Rn. 13.
[17] *Scheider* in: Schellhorn/Schellhorn/Hohm, SGB XII, 18. Aufl. 2010, § 67 Rn. 1.
[18] *Scheider* in: Schellhorn/Schellhorn/Hohm, SGB XII, 18. Aufl. 2010, § 67 Rn. 11.
[19] SG Stuttgart v. 11.06.2008 - S 11 SO 4085/08 ER - info also 2008, 230-232.
[20] *Bieback* in: Grube/Wahrendorf, SGB XII, 5. Aufl. 2014, § 67 Rn. 6; *Luthe* in: Hauck/Noftz, SGB XII, K § 67 Rn. 11; wohl anders: *Scheider* in: Schellhorn/Schellhorn/Hohm, SGB XII, 18. Aufl. 2010, § 67 Rn. 13.

scher Art (Beratung und persönliche Unterstützung, vgl. die Kommentierung zu § 3 DVO§69SGBXII) zu erbringen; nach § 18 Abs. 1 SGB XII setzt die Leistung keinen Antrag voraus, nur die Kenntnis des Trägers von dem Bedarf.

16 Der Anspruch setzt **kumulativ** voraus, dass besondere Lebensverhältnisse bestehen (vgl. Rn. 17), die mit sozialen Schwierigkeiten verbunden sind, die eine Teilhabe am Leben der Gemeinschaft beeinträchtigen (vgl. Rn. 22), und diese Schwierigkeiten nicht aus eigener Kraft überwunden werden können (vgl. Rn. 28). Die Zugehörigkeit zur Gruppe der in besonderen Lebensverhältnissen Lebenden bedeutet noch nicht zugleich, dass damit auch soziale Schwierigkeiten verbunden sind; dies gilt natürlich insbesondere in Bezug auf die Selbstbetrachtung des Hilfesuchenden. Zudem kann der Anspruch daran scheitern, dass der Hilfesuchende die Schwierigkeiten aus eigener Kraft überwinden kann.

2. Besondere Lebensverhältnisse

17 Der weit auszulegende (vgl. Rn. 11) unbestimmte (vgl. Rn. 14) Rechtsbegriff der besonderen Lebensverhältnisse wird in § 1 Abs. 2 DVO§69SGBXII (vgl. die Kommentierung zu § 1 DVO§69SGBXII) näher konkretisiert. Sie liegen etwa bei fehlender oder nicht ausreichender Wohnung, bei ungesicherter wirtschaftlicher Lebensgrundlage, bei gewaltgeprägten Lebensumständen, bei Entlassung aus einer geschlossenen Einrichtung[21] oder bei vergleichbaren nachteiligen Umständen vor. Dabei können die besonderen Lebensverhältnisse ihre Ursachen in äußeren Umständen oder in der Person der Hilfesuchenden haben. Die Aufzählung dieser äußeren Umstände in § 1 DVO§69SGBXII ist **nicht abschließend**; vielmehr können auch vergleichbare nachteilige Umstände zu den besonderen Lebensverhältnissen gezählt werden. Solche **vergleichbaren Umstände** liegen immer dann vor, wenn bei dem Hilfesuchenden die existenziellen Grundbedürfnisse nicht gedeckt werden können oder deren Sicherung erheblich gefährdet ist. Zur Abklärung des Vorliegens der vergleichbaren nachteiligen Umstände ist ein wertender Vergleich mit den beispielhaft aufgezählten Umständen (menschenwürdige Wohnverhältnisse, Sicherung der wirtschaftlichen Lebensgrundlage, Möglichkeit der gewaltfreien Selbstentfaltung ohne Gewaltanwendung und -androhung in der Familie und Partnerschaft oder Entlassung aus einer geschlossenen Einrichtung) vorzunehmen.

18 Bei der vergleichenden Wertung kann auch auf die Regelungen in der Verordnung zur Durchführung des § 72 des Bundessozialhilfegesetzes vom 09.06.1976 (BSHG§72DV 1976)[22] als Anhaltspunkt zurückgegriffen werden, wonach die besonderen Lebensverhältnisse vor allem bei Personen ohne ausreichende Unterkunft (Obdachlose), Landfahrern (§ 3 BSHG§72DV 1976), Nichtsesshaften (§ 4 BSHG§72DV 1976), aus Freiheitsentziehung Entlassenen und verhaltensgestörten jungen Menschen bestehen. Mehr als ein erster Anhaltspukt ist darin aber nicht zu sehen; insgesamt ist diese Aufzählung allerdings zu eng und einseitig. Die besonderen Lebensverhältnisse unterscheiden den Hilfesuchenden von den **allgemeinen Verhältnissen** der Bevölkerung.[23] Z.T. wird eine besondere **Mangelsituation** gefordert, die sich hinsichtlich ihrer Art und Intensität von der Verwirklichung und dem Eintritt eines allgemeinen Lebensrisikos unterscheidet.[24]

18.1 Das BSG hat mit Urteil vom 12.12.2013 (B 8 SO 24/12 R) erkannt, dass sich das Tatbestandsmerkmal der „besonderen Lebensverhältnisse" auf die soziale Lage des Betroffenen bezieht, die durch eine besondere Mangelsituation – etwa an Wohnraum – gekennzeichnet sein muss.

19 Allgemeine Schwierigkeiten auf dem Wohnungsmarkt[25], langjährige Arbeitslosigkeit und Leben von Sozialhilfe oder aber Schulden[26] begründen für sich genommen noch keine besonderen Lebensverhältnisse. Dies kann aber dann der Fall sein, wenn deutlich wird, dass der Hilfesuchende eine **Schuldnerberatung** benötigt, um seine Probleme bei der Verwaltung von Geld in den Griff zu bekommen (aufgehäufte Schulden, Überforderung beim Zahlungsverkehr).[27]

20 Weiterhin **liegen** besondere Lebensverhältnisse **vor**,
- wenn der Hilfesuchende psychisch labil ist und daher in depressiven Phasen nicht in der Lage ist, Termine einzuhalten oder für sich zu sorgen (Verwahrlosung)[28],

---

[21] Bayerisches LSG v. 17.09.2009 - L 18 SO 111/09 B ER.
[22] BGBl I 1976, 1469.
[23] *Scheider* in: Schellhorn/Schellhorn/Hohm, SGB XII, 18. Aufl. 2010, § 67 Rn. 7.
[24] *Bieback* in: Grube/Wahrendorf, SGB XII, 5. Aufl. 2014, § 67 Rn. 7; *Luthe* in: Hauck/Noftz, SGB XII, K § 67 Rn. 9.
[25] OVG Saarland v. 08.04.1987 - 1 W 114/87 - FEVS 37, 242-246.
[26] OVG Bremen v. 09.09.1986 - 2 BA 1/86 - FEVS 36, 106-108.
[27] SG Stuttgart v. 23.06.2006 - S 20 SO 4090/06 ER - SAR 2006, 91-94.
[28] SG Stuttgart v. 23.06.2006 - S 20 SO 4090/06 ER - SAR 2006, 91-94.

- wenn der Partner des Hilfesuchenden mit der Entführung des gemeinsamen Kindes droht[29],
- bei der Wohnungssuche für eine achtköpfige Familie mit zwei schwerbehinderten Kindern[30], für einen Alleinerziehenden mit sechs Kindern[31],
- nach einer erfolgreichen Suchtbehandlung wegen der in diesen Fällen erfahrungsgemäß bestehenden erheblichen Rückfallgefahr[32],
- bei Antriebslosigkeit, fehlenden sozialen und zwischenmenschlichen Bindungen und Verwahrlosung[33],
- wenn keine berufliche Perspektive nach Abbruch einer Schulungsmaßnahme verbunden mit Alkoholmissbrauch vorhanden ist[34],
- bei Entlassung eines Strafgefangenen, bei dem „einzelgängerisches Verhalten", „Unselbständigkeit" und „Hospitalismus" einer Eingliederung in die Gesellschaft entgegenstehen[35], und
- bei langandauernder Arbeitslosigkeit mit weiteren Problemen (wobei hier zwingend soziale Schwierigkeiten zu prüfen sind, da die Arbeitslosigkeit allein nicht ausreichend ist, um die Voraussetzungen des § 67 SGB XII zu erfüllen)[36].

Weiterhin kann Prostitution zu den besonderen Lebensverhältnissen gehören, wenn etwa der Ausstieg aus diesem Milieu beabsichtigt wird.[37] Hierin gehören aber auch psychisch instabile, suizidgefährdete Personen, die durch die Geburt eines Kindes noch zusätzlich belastet werden oder Frauen, die wegen Misshandlung ein Frauenhaus aufsuchen.[38] Für die Übernahme von Passbeschaffungskosten werden besondere Lebensverhältnisse verneint.[39]

Hierin gehört insbesondere die sog. **Wohnungslosenhilfe**. Zu ihr zählen etwa wohnungslose Familien und Elternteile mit Kindern, alleinstehende wohnungslose Männer und Frauen, auf der Straße lebende Menschen, Wohnungslose mit starken psychischen Beeinträchtigungen und Suchtproblemen, Langzeitarbeitslose mit starken Abbauerscheinungen und pflegebedürftige Wohnungslose.[40] Wenn die Miete die Angemessenheitsgrenze nach § 29 Abs. 1 Satz 2 SGB XII übersteigt und der Hilfebedürftige aus persönlichen oder finanziellen Gründen nicht in der Lage sein wird, den darüber liegenden Betrag aus dem Regelsatz zu bestreiten, sind auch Erhaltungshilfen für die bisherige Wohnung nach § 67 SGB XII ausgeschlossen.[41] Auch bei einem stationären Langzeitaufenthalt eines Hilfsbedürftigen kann ein Anspruch auf Leistung zur Erhaltung seiner Wohnung bestehen.[42] Für einen Freigänger, dessen Haftentlassung nicht sicher abzusehen ist, sind Unterkunftskosten zur Erhaltung der Wohnung weder nach den Vorschriften des SGB II noch SGB XII zu übernehmen (hier: Haftdauer ca. 10 Monate).[43] Ein inhaftierter Hilfebedürftiger hat nur dann einen Anspruch auf Übernahme der Miete, wenn er eine kurzzeitige Haftstrafe verbüßt; anderenfalls hat der Sozialhilfeträger die Kosten der Auflösung der Wohnung und der Einlagerung der persönlichen Sachen zu übernehmen.[44] Als Anspruchsgrundlage für das Aufräumen einer Messie-Wohnung kommt § 67 SGB XII i.V.m. § 4 DVO§69SGBXII (vgl. die Kommentierung zu § 4 DVO§69SGBXII) in Betracht.[45]

21

---

[29] SG Stuttgart v. 23.06.2006 - S 20 SO 4090/06 ER - SAR 2006, 91-94.
[30] Hessischer VGH v. 23.03.1990 - 9 TG 3385/89 - NDV 1990, 434-436.
[31] Bayerisches LSG v. 17.09.2009 - L 18 SO 111/09 B ER.
[32] LSG Berlin-Brandenburg v. 26.07.2006 - L 15 B 125/06 SO ER.
[33] SG Mannheim v. 15.01.2007 - S 1 SO 3948/06 ER - SAR 2007, 111-113.
[34] OVG Hamburg v. 25.07.1991 - Bs IV 178/91 - FEVS 42, 89-92.
[35] OVG Niedersachsen v. 04.01.1999 - 12 M 121/99 - FEVS 51, 84-85.
[36] SG Stuttgart v. 11.06.2008 - S 11 SO 4085/08 ER - info also 2008, 230-232.
[37] *Bieback* in: Grube/Wahrendorf, SGB XII, 5. Aufl. 2014, § 67 Rn. 10; *Scheider* in: Schellhorn/Schellhorn/Hohm, SGB XII, 18. Aufl. 2010, § 67 Rn. 18.
[38] *Scheider* in: Schellhorn/Schellhorn/Hohm, SGB XII, 18. Aufl. 2010, § 67 Rn. 21, 22.
[39] LSG NRW v. 22.07.2010 - L 7 B 204/09 AS.
[40] www.berlin.de/sen/soziales/zielgruppen/wohnungslose/index.html (abgerufen am 24.04.2014).
[41] Hessisches LSG v. 09.11.2010 - L 7 SO 134/10 B ER.
[42] LSG Berlin-Brandenburg v. 05.10.2009 - L 23 SO 109/09 B PKH; zur Sicherungsverwahrung: Hessisches LSG v. 02.08.2012 - L 4 SO 86/12 B ER.
[43] LSG Berlin-Brandenburg v. 15.04.2011 - L 14 AS 218/11 B ER.
[44] LSG NRW v. 12.05.2011 - L 9 SO 105/10 und v. 19.5.2005 - L 9 B 9/05 SO ER.
[45] LSG Niedersachsen-Bremen v. 08.03.2012 - L 13 AS 22/12 B ER.

21.1 In seinem Urteil vom 12.12.2013 (B 8 SO 24/12 R) hat das BSG erkannt, dass ein Anspruch auf Übernahme der Mietkosten für eine beibehaltene **Mietwohnung eines inhaftierten Straftäters** jedenfalls nicht von vornherein an der **Haftdauer** scheitere. Für eine solche abstrakte Beurteilung finde sich im Gesetz keine Stütze. Entscheidend sei die **Prognose** im Hinblick auf die bei Haftentlassung zu erwartende Situation; dabei könne sich die Notwendigkeit desto konkreter ergeben, desto näher die Haftentlassung bevorstehe. Bei der Prognoseentscheidung sei daher an die verbleibende Restdauer der Haft bis zum möglichen Eintritt der Notlage anzuknüpfen.

3. Soziale Schwierigkeiten

22 Nach der Definition in § 1 Abs. 3 DVO§69SGBXII sind soziale Schwierigkeiten dann gegeben, wenn ein **Leben in der Gemeinschaft** durch ausgrenzendes Verhalten des Hilfesuchenden oder eines Dritten **wesentlich eingeschränkt** ist, insbesondere im Zusammenhang mit der Erhaltung oder Beschaffung einer Wohnung, mit der Erlangung oder Sicherung eines Arbeitsplatzes, mit familiären oder anderen sozialen Beziehungen oder mit Straffälligkeit. In diesem Sinn liegt **ausgrenzendes Verhalten Dritter** etwa dann vor, wenn dem Hilfebedürftigen der Zugang zu Gütern, Dienstleistungen oder anderen für die Teilnahme am Leben in der Gemeinschaft wesentlichen Elementen verweigert oder wesentlich erschwert wird, beispielsweise wenn Angehörige sozialer „Randgruppen" große Schwierigkeiten haben, auf dem allgemeinen Wohnungsmarkt eine Wohnung zu finden.[46]

23 Die Aufzählung ist **nicht abschließend** („insbesondere"), so dass eine vergleichende Wertung mit dem hinter den aufgezählten Zusammenhängen erkennbaren Regelungszweck vorzunehmen ist. Diese Schwierigkeiten können sowohl in der Person des Hilfesuchenden als auch in seiner Umwelt liegen. Keinesfalls kommt es auf ein **Verschulden** des Hilfesuchenden an. Für die Verbindung der besonderen Lebensverhältnisse mit den sozialen Schwierigkeiten kommt es lediglich auf einen **Zusammenhang** von besonderen Lebensverhältnissen und sozialen Schwierigkeiten an, eine eindeutige kausale Zuordnung ist nicht erforderlich.[47] Die Schwierigkeiten müssen der Teilnahme am Leben in der Gemeinschaft entgegenstehen, wie aus der Formulierung der Ziele in § 9 SGB I hervorgeht.[48]

23.1 Mit Urteil vom 12.12.2013 (B 8 SO 24/12 R) hat das BSG erkannt, dass es sich bei „sozialen Schwierigkeiten" nicht in erster Linie um wirtschaftliche Schwierigkeiten, sondern um die Beeinträchtigung der Interaktion mit dem sozialen Umfeld und damit um die Einschränkung der Teilhabe am Leben in der Gemeinschaft handele.

24 Infolgedessen sind soziale Schwierigkeiten dann anzunehmen, wenn das **Verhalten** des Hilfesuchenden oder eines Dritten eine Integration des Betroffenen in die Gemeinschaft nicht zulässt oder wesentlich erschwert. Dadurch ist dem Hilfesuchenden die Teilnahme am Leben in der Gemeinschaft nicht nur vorübergehend nicht möglich oder nur erheblich eingeschränkt möglich.[49] Es muss sich aber nicht um einen Dauerzustand handeln, denn es reicht, wenn die Schwierigkeiten durch die Hilfe nur gemildert werden oder eine Verschlimmerung verhütet wird. Daneben muss es sich um eine soziale Schwierigkeit **gravierender Natur** handeln, die deutlich über das Maß allgemeiner sozialer Schwierigkeiten hinausgeht,[50] so dass partnerschaftliche oder familiäre Probleme allein nicht ausreichend sind, bei denen der Hilfesuchende nach einer Trennung vorübergehend eine Unterkunft oder Betreuung sucht. Allerdings kann bei einem in diesem Sinn in besonderen Lebensverhältnissen lebenden Menschen bereits dasjenige Problem bereiten, was in der Normalbevölkerung ohne Schwierigkeiten bewältigt wird.[51] Hinzukommen müssen vielmehr Umstände, die dazu führen, dass bei der betreffenden Person eine erhebliche Beeinträchtigung vorliegt, die auf Dauer eine Ausgrenzung aus der Gemeinschaft erwarten lässt.[52]

---

[46] *Bieback* in: Grube/Wahrendorf, SGB XII, 5. Aufl. 2014, § 67 Rn. 15.

[47] OVG Schleswig-Holstein v. 07.08.2002 - 2 L 70/01 - SchlHA 2003, 97-100; *Bieback* in: Grube/Wahrendorf, SGB XII, 5. Aufl. 2014, § 67 Rn. 4; *Luthe* in: Hauck/Noftz, SGB XII, K 3 67 Rn. 7.

[48] *Weselski* in: jurisPK-SGB I, 2. Aufl. 2011, § 9 SGB I.

[49] SG Reutlingen v. 03.07.2008 - S 7 SO 2087/08 ER - SAR 2008, 90-92.

[50] LSG Berlin-Brandenburg v. 04.05.2010 - L 23 SO 46/10 B ER; *Luthe* in: Hauck/Noftz, SGB XII, K § 67 Rn. 12; *Scheider* in: Schellhorn/Schellhorn/Hohm, SGB XII, § 67 Rn. 7; einschränkend hinsichtlich eines besonderen Schweregrades: *Bieback* in: Grube/Wahrendorf, SGB XII, 5. Aufl. 2014, § 67 Rn. 17 und *Roscher* in: LPK-SGB XII, 9. Aufl. 2012, § 67 Rn. 21.

[51] *Roscher* in: LPK-SGB XII, 9. Aufl. 2012, § 67 Rn. 21.

[52] LSG Nordrhein-Westfalen v. 12.05.2011 - L 9 SO 105/10; VG Gera v. 21.10.2004 - 6 K 726/02 GE - ZFSH/SGB 2005, 668-670 (zu § 72 BSHG).

Bereits das **Drohen** derartiger Beeinträchtigungen kann ausreichen.[53] Ein Anspruch auf Hilfe nach den §§ 67 SGB XII kann auch dann gegeben sein, wenn es auf Grund der **freien Entscheidung des Betroffenen** nicht zu einer endgültigen Änderung der besonderen Lebensverhältnisse kommt, z.B. bei Umherziehenden ohne festen Wohnsitz (sog. Landfahrer); die Hilfe ist dann „nur" auf die Überwindung der sozialen Schwierigkeiten, nicht aber der besonderen Lebensverhältnisse zu richten.[54] In den Grenzen des geltenden Rechts ist eine selbst gewählte Entscheidung für eine bestimmte Lebensgestaltung zu akzeptieren (vgl. Rn. 11).[55]

25

Mit Urteil vom 12.12.2013 (B 8 SO 24/12 R) hat das BSG erkannt, dass die von § 67 SGB XII erfasste Bedarfslage nicht schon im Zeitpunkt der beantragten Leistung, sondern erst zukünftig vorliegen kann („drohen"), denn vorbeugende Sozialhilfeleistungen – hier zum Erhalt der Wohnung für die Zeit nach der Haftentlassung – können nach § 15 SGB XII beansprucht werden.

25.1

So liegen in der Person des Hilfesuchenden liegende soziale Schwierigkeiten etwa vor, wenn der Hilfesuchende im Hinblick auf **soziale Kontakte** sehr zurückgezogen, sehr zurückhaltend und vorsichtig ist und viel Zeit braucht, bis er sich einer neuen Person öffnet, wenn er eine sehr geringe Frustrationstoleranz hat (benötigt Verständnis und Anleitung zum Umgang mit Konfliktsituationen)[56] und bei einem durch Fehlleistungen des Verstandes und des Gemütes des Betroffenen geprägten **Trennungskonflikt**[57]. Der Aufenthalt in einem **Frauenhaus** (vgl. Rn. 35) begründet für sich genommen noch nicht automatisch die Annahme besonderer sozialer Schwierigkeiten; dazu müssen noch weitere Umstände kommen, die der Teilnahme am Leben in der Gemeinschaft entgegenstehen. Auch unzulängliche Wohnverhältnisse für sich allein begründen noch keine besonderen sozialen Schwierigkeiten[58], ebenso wenig eine bestehende Kontaktarmut[59]. Auch besteht nach der Regelung des § 67 SGB XII kein Anspruch auf Übernahme der Grabpflegekosten.[60]

26

In der Rechtsprechung wurde das Vorliegen besonderer Lebensverhältnisse mit sozialen Schwierigkeiten bei **sozialem Rückzug**[61], Problemen mit der Verwaltung von Geld (insbesondere mit der korrekten Durchführung von regelmäßigen Überweisungen)[62], einem Zustand der Bindungslosigkeit und Isolation mit jahrelanger Alkoholabhängigkeit und der Tendenz, vor den Schwierigkeiten der Lebenssituation die Flucht zu ergreifen[63], aggressivem Verhalten, Angstzuständen, Wahnvorstellungen und Halluzinationen aufgrund Drogen- und exzessiven Alkoholkonsums[64] anerkannt.

27

4. „Aus eigener Kraft hierzu nicht fähig"

Die Voraussetzung, die Schwierigkeiten nicht aus eigener Kraft überwinden zu können, ist Ausprägung des allgemeinen Nachrangs der Sozialhilfe in § 2 SGB XII.[65] Die Nachrangigkeit der Leistungen nach § 67 SGB XII beruht allerdings nicht auf dem Einsatz des eigenen Einkommens oder Vermögens oder der Arbeitskraft, sondern auf der fehlenden Fähigkeit des Hilfesuchenden, sich selbst zu helfen und die Schwierigkeiten zu überwinden. Damit der Leistungsträger prüfen kann, ob er eintrittspflichtig ist, muss er eine **Prognose** hinsichtlich der Unfähigkeit des Hilfesuchenden zur Selbsthilfe stellen, die nur **eingeschränkt gerichtlich überprüfbar** ist.[66] Dies gilt, **soweit** die Schwierigkeiten aus eigener Kraft überwunden werden können; soweit dies nicht der Fall ist, setzt die Hilfe ein.[67] Vollziehen Personen

28

---

[53] *Scheider* in: Schellhorn/Schellhorn/Hohm, SGB XII, 18. Aufl. 2010, § 67 Rn. 9.
[54] *Bieback* in: Grube/Wahrendorf, SGB XII, 5. Aufl. 2014, § 67 Rn. 5; *Luthe* in: Hauck/Noftz, SGB XII, K 3 67 Rn. 8.
[55] *Bieback* in: Grube/Wahrendorf, SGB XII, 5. Aufl. 2014, § 67 Rn. 5.
[56] SG Stuttgart v. 23.06.2006 - S 20 SO 4090/06 ER - SAR 2006, 91-94.
[57] OVG Nordrhein-Westfalen v. 20.03.2000 - 16 A 3189/99 - NDV-RD 2000, 94-96.
[58] OVG Bremen v. 21.12.1992 - 2 B 145/92 (zu § 72 BSHG).
[59] VG München v. 08.05.2003 - M 15 E 03.1362 (zu § 72 BSHG).
[60] LSG Nordrhein-Westfalen v. 21.09.2006 - L 20 B 63/06 SO NZB - FEVS 58, 215-217.
[61] SG Stuttgart v. 23.06.2006 - S 20 SO 4090/06 ER - SAR 2006, 91-94.
[62] SG Stuttgart v. 23.06.2006 - S 20 SO 4090/06 ER - SAR 2006, 91-94.
[63] VG Hamburg v. 10.04.2006 - 13 K 4534/02 - ZfF 2007, 36-39 (zu § 72 BSHG).
[64] SG Mannheim v. 15.01.2007 - S 1 SO 3948/06 ER - SAR 2007, 111-113.
[65] *Bieback* in: Grube/Wahrendorf, SGB XII, 5. Aufl. 2014, § 67 Rn. 20.
[66] *Luthe* in: Hauck/Noftz, SGB XII, § 67 Rn. 22 m.w.N.; a.A. *Bieback* in: Grube/Wahrendorf, SGB XII, 5. Aufl. 2014, § 67 Rn. 21a.
[67] *Bieback* in: Grube/Wahrendorf, SGB XII, 5. Aufl. 2014, § 67 Rn. 20; *Scheider* in: Schellhorn/Schellhorn/Hohm, SGB XII, 18. Aufl. 2010, § 67 Rn. 11.

§ 67   jurisPK-SGB XII / Wehrhahn

nach Misshandlungen durch den Partner selbständig eine Trennung, so liegen die Voraussetzungen für ein Eingreifen der Hilfe nach § 67 GB XII nicht vor.[68] Bedarf aber etwa eine gewaltbedrohte Frau nach der Trennung des besonderen Schutzes eines Frauenhauses, so ist sie jedenfalls insoweit nicht in der Lage, die Schwierigkeiten aus eigener Kraft zu überwinden.

29 Auch nach Beendigung des Hilfebedarfs kommt nach § 1 Abs. 1 Satz 2 DVO§69SGBXII (vgl. die Kommentierung zu § 1 DVO§69SGBXII Rn. 7) die sog. nachgehende Hilfe in Betracht. Diese kann dazu dienen, besondere soziale Schwierigkeiten abzuwenden oder aber den Erfolg der zuvor gewährten Hilfe zu sichern.[69] Die Hilfe nach § 67 SGB XII hat nicht nur einen **nachgehenden**, sondern auch einen präventiven Charakter[70], weshalb auch drohende soziale Probleme Hilfebedarf auslösen können (vgl. Rn. 25).[71]

5. Abgrenzung zu anderen Leistungen

30 Die Hilfe zur Überwindung besonderer sozialer Schwierigkeiten ist ausgeschlossen, soweit der Bedarf durch Leistungen nach anderen Vorschriften des SGB XII oder SGB VIII gedeckt wird. Daher ist grundsätzlich immer zu prüfen, ob vorrangige andere Leistungen bestehen. Da der Vorrang der Jugendhilfeleistungen vor Leistungen nach dem SGB XII bereits in § 10 Abs. 4 SGB VIII abschließend geregelt ist, kommt Satz 2 für die Leistungen nach dem SGB VIII ausschließlich eine klarstellende Funktion zu. Der Ausschluss der Leistungen nach § 67 SGB XII greift aber immer nur dann und soweit **tatsächlich** andere Leistungen **erbracht** werden („gedeckt wird").[72] D.h. bei der bloßen Möglichkeit des Bestehens anderer Leistungsansprüche ist ein Anspruch aus § 67 SGB XII noch nicht zu verneinen; dies ist insbesondere bei Ermessensleistungen von Bedeutung, deren Ablehnung Leistungen nach § 67 SGB XII eben nicht entgegensteht.[73] Nur insoweit die unterschiedlichen Hilfen **demselben Zweck** dienen, schließen sie Leistungen nach § 67 SGB XII aus. Daher können diese Leistungen auch **nebeneinander** gewährt werden, wenn sie unterschiedlichen Zielen bzw. Zwecken dienen.[74]

30.1 Die Übernahme von laufenden Kosten der Unterkunft und Heizung nach § 35 SGB XII kommt nur in Betracht, wenn aktueller Unterkunftsbedarf gedeckt wird, nicht also bei Verbüßen einer Haftstrafe (vgl. BSG v. 12.12.2013 - B 8 SO 24/12 R).

31 Als vorrangige Leistungen kommen vor allem die Regelungen der Eingliederungshilfe nach den §§ 53 ff. SGB XII und § 35a SGB VIII sowie der Hilfe für junge Volljährige nach § 41 SGB VIII in Betracht, aber auch Leistungen nach § 16a SGB II. Ebenfalls in Betracht kommen Maßnahmen des Polizei- und Ordnungsrechtes. Besonders bei der Wohnungslosenhilfe kann es im Einzelfall schwierig sein, von den Leistungen zum Lebensunterhalt nach den §§ 27 ff. SGB XII abzugrenzen. Letztere gehen etwa vor, wenn ein Obdachloser eine Obdachloseneinrichtung nur zum Zweck der Übernachtung, nicht aber zur Überwindung sozialer Schwierigkeiten nutzt.[75] Ggf. kann der Träger der Sozialhilfe im Nachhinein einen **Erstattungsanspruch** nach § 104 SGB X gegen den vorrangig zuständigen Träger geltend machen,[76] und zwar auch im Verhältnis von Trägern der Sozialhilfe untereinander (§ 2 Abs. 2 DVO§69SGBXII, vgl. die Kommentierung zu § 2 DVO§69SGBXII).

32 Die **Abgrenzung zur Eingliederungshilfe** nach den §§ 53 ff. SGB XII erfolgt nach der Zielrichtung der einzelnen Maßnahme. Während die Maßnahmen nach § 67 SGB XII darauf abzielen, dass die fehlende Fähigkeit des Hilfesuchenden, soziale Schwierigkeiten aus eigenen Kräften zu überwinden, kompensiert werden soll, hat die Eingliederungshilfe die Integration des behinderten Menschen zum Ziel. Erforderlich ist dazu ein kausaler Zusammenhang zwischen Behinderung und der Beeinträchtigung der Teilhabe am gesellschaftlichen Leben. Dieser Zusammenhang ist bei den besonderen Lebensverhältnissen mit sozialen Schwierigkeiten nicht erforderlich. Abgrenzungskriterium ist daher die Behinderung des Hilfesuchenden und die Frage, ob die Schwierigkeiten in der Lebensbewältigung allein darauf

---

[68] *Scheider* in: Schellhorn/Schellhorn/Hohm, SGB XII, 18. Aufl. 2010, § 67 Rn. 11.
[69] *Luthe* in: Hauck/Noftz, SGB XII, K § 67 Rn.14.
[70] LSG NRW v. 30.06.2005 - L 20 B 2/05 SO ER; *Bieback* in: Grube/Wahrendorf, SGB XII, 5. Aufl. 2014, § 67 Rn. 22.
[71] *Luthe* in: Hauck/Noftz, SGB XII, K § 67, Rn.14.
[72] VG München v. 15.11.2001 - M 15 K 00.62 (zu § 72 BSHG).
[73] *Scheider* in: Schellhorn/Schellhorn/Hohm, SGB XII, 18. Aufl. 2010, § 67 Rn. 24; *Roscher* in LPK-SGB XII, 9. Aufl. 2012, § 67 Rn. 28.
[74] *Scheider* in: Schellhorn/Schellhorn/Hohm, SGB XII, 18. Aufl. 2010, § 67 Rn. 25.
[75] *Luthe* in: Hauck/Noftz, SGB XII, § 67 Rn. 33; vgl. auch *Roscher* in: LPK-SGB XII, 9. Aufl. 2012, § 67 Rn. 37.
[76] *Luthe* in: Hauck/Noftz, SGB XII, § 67 Rn. 35.

zurückzuführen sind; dann greift die Eingliederungshilfe nach den §§ 53 ff. SGB XII ein.[77] Aus den gleichen Erwägungen gehen Eingliederungshilfeleistungen der Kinder- und Jugendhilfe nach § 35a SGB VIII der Hilfe nach § 67 SGB XII vor, da auch diese kausal bei der Behinderung ansetzt.

Problematischer ist die Abgrenzung zur **Hilfe für junge Volljährige** nach § 41 SGB VIII. Junge Volljährige in diesem Sinn sind nach § 7 Abs. 1 Nr. 3 SGB VIII Personen, die das 18., nicht aber das 27. Lebensjahr vollendet haben. Für das Einsetzen der Jugendhilfe ist maßgeblich, ob der Hilfesuchende die mit Eintritt der Volljährigkeit von Rechts wegen vorausgesetzte Kompetenz zur eigenverantwortlichen Lebensgestaltung besitzt oder ob erhebliche Entwicklungsdefizite vorhanden sind.[78] Kriterien hierfür sind der Grad der Autonomie, die Durchhalte- und Konfliktfähigkeit, der Stand der schulischen bzw. beruflichen Ausbildung, die Beziehung zur sozialen Umwelt und die Fähigkeit zur Bewältigung der Anforderungen des täglichen Lebens.[79] Der Schwerpunkt dieser Hilfe liegt in der sozialpädagogischen Unterstützung. 33

Es liegt auf der Hand, dass die genannten **Entwicklungsdefizite der Persönlichkeit** auch mit sozialen Schwierigkeiten im Sinne des § 67 SGB XII einhergehen können. Die **Abgrenzung** ergibt sich daraus, ob der Hilfebedarf individuell lebensgeschichtlich an die noch nicht abgeschlossene Persönlichkeitsentwicklung anknüpft oder aus den besonderen Lebensverhältnissen, die mit sozialen Schwierigkeiten verbunden sind, resultiert.[80] Im ersteren Fall kommt Hilfe nach § 41 SGB VIII in Betracht, wodurch Leistungen nach § 67 SGB XII ausgeschlossen sind. Handelt es sich um sozialpädagogische Hilfen, die direkt oder indirekt einer eigenverantwortlichen Lebensführung dienen, so handelt es sich stets um vorrangige Leistungen nach § 41 SGB VIII. Wird die Jugendhilfe aber mangels Eignung oder Erfolgsaussicht abgelehnt, kann Hilfe nach § 67 SGB XII einsetzen. Dies kann auch dann gelten, wenn der Jugendliche die Jugendhilfe ablehnt oder zunächst Hilfe zum Motivationsaufbau erforderlich ist.[81] 34

Auch gegenüber den Leistungen nach den **§§ 16 ff. SGB II**, insbesondere auch der psychosozialen Betreuung nach § 16a SGB II, sind die Leistungen nach den §§ 67 ff. SGB XII nachrangig.[82] Umgekehrt schließen aber weder der Leistungsausschluss nach § 5 Abs. 2 SGB II noch derjenige nach § 21 SGB XII Leistungen nach dem 8. Kapitel SGB XII aus. Dies schließt es etwa bei einem Aufenthalt in einem Frauenhaus nicht aus – insbesondere wenn Hilfebedürftigkeit nicht besteht oder ein Bezug zu einer (künftigen) Erwerbstätigkeit im Einzelfall nicht erkennbar ist –, Leistungen nach den §§ 67 bis 69 SGB XII zu erbringen.[83] 35

Vorrang vor der Hilfeleistung nach § 67 SGB XII haben auch **Maßnahmen des Polizei- und Ordnungsrechtes** (konkrete Gefahrenabwehr) sowie des Strafrechtes und ebenso Ansprüche auf Krankenbehandlung gegen die Krankenkasse. Insbesondere die schnelle Beseitigung von Obdachlosigkeit kann eine Maßnahme im Rahmen der Gefahrenabwehr sein (Ordnungsrecht), die von vornherein vorübergehender Natur ist. Vorrang hat allerdings die Verschaffung einer angemessenen Wohnung, sei es durch den Betroffenen selbst, sei es durch die öffentliche Hand im Rahmen der Daseinsvorsorge.[84] Daneben sind Maßnahmen im Rahmen der Führungsaufsicht (Strafrecht) bei entlassenen Strafgefangenen jedenfalls dann vorrangig, wenn sie ausreichen, um den Bedarf an konkret notwendiger Hilfe zu decken.[85] Maßnahmen der Gefahrenabwehr lassen nach § 4 Abs. 3 DVO§69SGBXII (vgl. die Kommentierung zu § 4 DVO§69SGBXII) den Anspruch auf Hilfe zur Überwindung besonderer sozialer Schwierigkeiten bei der Erhaltung und Beschaffung einer Wohnung unberührt. 36

---

[77] VG München v. 07.04.2004 - M 15 E 04.1366 (zu § 72 BSHG).
[78] VG Regensburg v. 29.08.2002 - RO 8 K 02.157.
[79] Rundschreiben I Nr. 2/2005 der Senatsverwaltung für Gesundheit und Soziales unter: www.berlin.de (abgerufen am 24.04.2014).
[80] Rundschreiben I Nr. 2/2005 der Senatsverwaltung für Gesundheit und Soziales unter: www.berlin.de (abgerufen am 24.04.2014).
[81] Rundschreiben I Nr. 2/2005 der Senatsverwaltung für Gesundheit und Soziales unter: www.berlin.de (abgerufen am 24.04.2014).
[82] BSG v. 23.05.2012 - B 14 AS 190/11 R - juris Rn. 29; *Brünner*, Sozialrecht aktuell 2012, 231, 236 ff.
[83] BSG v. 23.05.2012 - B 14 AS 190/11 R; ferner: Gutachten des Deutschen Vereins für öffentliche und private Fürsorge 01/09 vom 26.06.2009, NDV 2010, 93
[84] OVG Schleswig-Holstein v. 24.02.1992 - 4 M 15/92 - SchlHA 1993, 96-97.
[85] OVG Niedersachsen v. 04.01.1992 - 12 M 121/99 - FEVS 51, 84-85.

6. Ausländer

37 Leistungen nach dem 8. Kapitel SGB XII kommen grundsätzlich auch für Ausländer in Betracht. Dabei ist zunächst zwischen Unionsbürgern und Drittstaatsangehörigen zu differenzieren. **Unionsbürger** und ihnen **gleichgestellte** Bürger (Angehörige des EWR und Schweizer) haben grundsätzlich Ansprüche auf alle Leistungen der Sozialhilfe einschließlich denen des 8. Kapitels, wenn sie einen gefestigten Bezug zum Aufenthaltsstaat Deutschland haben, also etwa hier arbeiten oder ein Gewerbe ausüben. § 23 SGB XII gilt nicht. Ob dies auch sonst gilt (Einreise nur zum Leistungsbezug oder zur Arbeitssuche), kann im Einzelfall problematisch sein.

38 Für Drittstaatsangehörige sind die Leistungen nach § 23 SGB XII eingeschränkt. Ist das Aufenthaltsrecht unbefristet oder zu dauerhaftem Verbleib erteilt (Niederlassungserlaubnis, Daueraufenthaltserlaubnis, Aufenthaltserlaubnis nach den §§ 25 Abs. 1-3, 4 Satz 2 AufenthG, §§ 22, 23 Abs. 1 und 2, 23a, 25a, 31, 37, 38 AufenthG), so besteht ein voller Leistungsanspruch auch nach dem 8. Kapitel. Gleiches kann bei prognostiziertem Daueraufenthalt gelten. Nach § 23 Abs. 2 SGB XII ausgeschlossen sind dagegen Anspruchsberechtigte nach § 1 AsylbLG. Sie können allenfalls Leistungen zur Erhaltung der psychischen Gesundheit nach § 6 AsylbLG erhalten.

7. Örtliche Zuständigkeit

39 Die örtliche Zuständigkeit richtet sich nach § 98 SGB XII, so dass zunächst der Träger der Sozialhilfe zuständig ist, in dessen Bereich sich die Leistungsberechtigten tatsächlich aufhalten (Absatz 1 Satz 1). Bei Formen der ambulanten betreuten Wohnmöglichkeiten ist der Träger der Sozialhilfe örtlich zuständig, der vor Eintritt in diese Wohnform zuletzt zuständig war oder gewesen wäre (Absatz 5 Satz 1). Für die stationäre Leistung ist der Träger der Sozialhilfe örtlich zuständig, in dessen Bereich die Leistungsberechtigten ihren gewöhnlichen Aufenthalt im Zeitpunkt der Aufnahme in die Einrichtung haben oder in den zwei Monaten vor der Aufnahme zuletzt gehabt hatten (Absatz 2 Satz 1).

IV. Rechtstatsachen

40 Die zahlenmäßig größte Gruppe der Hilfesuchenden nach dem 8. Kapitel SGB XII sind die Wohnungslosen. Hier ist im Zeitraum von 2003 bis 2012 ein deutlicher Zuwachs vor allem bei den Einpersonenhaushalten zu erkennen. Lag diese Zahl 2003 noch bei 143.000 Personen, so liegt sie 2012 schon bei 178.000.[86] Die Zahl der wohnungslosen Mehrpersonenhaushalte hat demgegenüber in diesem Zeitraum deutlich abgenommen. So lag sie 2003 bei 167.000 und 2012 nur noch bei 106.000. Dies dürfte der allgemeinen Entwicklung hin zu sog. Singlehaushalten entsprechen.

C. Praxishinweise

41 Der Sozialhilfeträger ist verpflichtet, die Voraussetzungen der Hilfeleistung nach § 67 SGB XII selbst und vollständig zu **ermitteln**. Bei der Erforderlichkeit einer stationären Behandlung im Rahmen des § 67 SGB XII sind die medizinischen Voraussetzungen durch gutachterliche Stellungnahmen einer sachverständigen Stelle oder Person wie etwa des Amtsarztes, des sozialpsychiatrischen Dienstes oder eines Facharztes glaubhaft zu machen.[87] Eine wichtige Aufgabe der Hilfe zur Überwindung besonderer Schwierigkeiten ist daher insbesondere auch die Abstimmung sonstiger Sozialhilfefleistungen untereinander.[88] Zu diesem Zweck kann eine Leistungsabsprache nach § 12 SGB XII oder ein Hilfeplan nach § 68 Abs. 1 Satz 2 SGB XII geboten sein.

42 Prozessual handelt es sich um einen abtrennbaren **eigenständigen Streitgegenstand**, da die Hilfe zur Überwindung besonderer sozialer Schwierigkeiten eine eigenständige Hilfeform im Kontext des § 8 SGB XII darstellt. Denkbar ist die **echte Leistungsklage** (§ 54 Abs. 5 SGG), wenn kein ablehnender Verwaltungsakt ergangen ist und die Verurteilung zur Vornahme einer Realhandlung verlangt wird.[89] Regelmäßig ist aber die **kombinierte Anfechtungs- und Verpflichtungsklage** in Form der sogenannten „Verpflichtungsbescheidungsklage" (§ 54 Abs. 1 Satz 1 SGG) die richtige, zulässige Klageart bei der Ablehnung der Leistungen durch den Sozialhilfeträger. Das heißt, der Kläger erstrebt neben der Aufhebung oder Abänderung des angefochtenen Verwaltungsaktes die erneute Bescheidung durch die

---

[86] Quelle: www.bagw.de (abgerufen am 24.04.2014).
[87] Thüringer OVG v. 25.07.2003 - 3 EO 851/02 - FEVS 55, 499-501 (zu § 72 BSHG).
[88] *Bieback* in: Grube/Wahrendorf, SGB XII, 5. Aufl. 2014, § 67 Rn. 1.
[89] BSG v. 15.11.2012 - B 8 SO 22/10 R.

Behörde. Die erneute Bescheidung ist erforderlich, obwohl dem Sozialhilfeträger kein Entschließungsermessen zusteht, da die §§ 17 Abs. 12 Satz 1, 10 Abs. 1 SGB XII ein **Auswahlermessen** dergestalt einräumen, dass er die Leistungen als Dienst-, Geld- oder Sachleistungen erbringen kann.

Der Leistungsträger hat sein Ermessen entsprechend dem Zweck der Ermächtigung auszuüben und die gesetzlichen Grenzen des Ermessens einzuhalten (§ 39 Abs. 1 Satz 1 SGB I; § 54 Abs. 2 Satz 2 SGG). Umgekehrt hat der Leistungsempfänger einen Anspruch auf pflichtgemäße Ausübung des Ermessens (§ 39 Abs. 1 Satz 2 SGB I), nicht aber einen Rechtsanspruch auf eine ganz bestimmte Art der Leistung, sofern nicht eine sog **"Ermessensreduzierung auf Null"** hinsichtlich der Bewilligung der begehrten Leistung eingetreten ist.[90] Im Rahmen der Ermessensausübung sind § 10 Abs. 2 SGB XII und die Regelungen der DVO§69SGBXII zu beachten. Aufgrund des Auswahlermessens des Sozialhilfeträgers ist hinsichtlich der Verpflichtung der Behörde keine konkrete Leistung zu beantragen, sondern ein **Antrag nach § 131 Abs. 3 SGG** zu stellen („den Kläger unter Beachtung der Rechtsauffassung des Gerichts zu bescheiden"). Lediglich bei einer Ermessensreduzierung auf Null ist die einzig ermessensfehlerfrei zu bestimmende Leistung zu beantragen, was auch im Rahmen eines Hilfsantrages möglich ist.

43

---

[90] BSG v. 01.07.2009 - B 4 AS 77/08 R - SGb 2009, 536.

§ 68 SGB XII Umfang der Leistungen

(Fassung vom 27.12.2003, gültig ab 01.01.2005)

(1) ¹Die Leistungen umfassen alle Maßnahmen, die notwendig sind, um die Schwierigkeiten abzuwenden, zu beseitigen, zu mildern oder ihre Verschlimmerung zu verhüten, insbesondere Beratung und persönliche Betreuung für die Leistungsberechtigten und ihre Angehörigen, Hilfen zur Ausbildung, Erlangung und Sicherung eines Arbeitsplatzes sowie Maßnahmen bei der Erhaltung und Beschaffung einer Wohnung. ²Zur Durchführung der erforderlichen Maßnahmen ist in geeigneten Fällen ein Gesamtplan zu erstellen.

(2) ¹Die Leistung wird ohne Rücksicht auf Einkommen und Vermögen erbracht, soweit im Einzelfall Dienstleistungen erforderlich sind. ²Einkommen und Vermögen der in § 19 Abs. 3 genannten Personen ist nicht zu berücksichtigen und von der Inanspruchnahme nach bürgerlichem Recht Unterhaltspflichtiger abzusehen, soweit dies den Erfolg der Hilfe gefährden würde.

(3) Die Träger der Sozialhilfe sollen mit den Vereinigungen, die sich die gleichen Aufgaben zum Ziel gesetzt haben, und mit den sonst beteiligten Stellen zusammenarbeiten und darauf hinwirken, dass sich die Sozialhilfe und die Tätigkeit dieser Vereinigungen und Stellen wirksam ergänzen.

Gliederung

A. Basisinformationen 1	III. Tatbestandsmerkmale 11
I. Textgeschichte/Gesetzgebungsmaterialien 1	1. Art und Umfang der Leistungen (Absatz 1) 11
II. Vorgängervorschriften 2	2. Dienstleistungen – insbesondere Beratung und persönliche Betreuung 15
III. Parallelvorschriften 3	3. Geld- und Sachleistungen 26
IV. Untergesetzliche Vorschriften 4	4. Einsatz von Einkommen und Vermögen (Absatz 2) 35
V. Landesrechtliche Vorschriften 5	
VI. Systematische Zusammenhänge 6	5. Gesamtplan (Absatz 1 Satz 2) 39
VII. Ausgewählte Literaturhinweise und Internetadressen 7	6. Zusammenarbeit mit Vereinigungen und sonstigen Stellen (Absatz 3) 42
B. Auslegung der Norm 8	**C. Praxishinweise** 43
I. Regelungsgehalt und Bedeutung der Norm 8	
II. Normzweck 9	

A. Basisinformationen[1]

I. Textgeschichte/Gesetzgebungsmaterialien

1 Die Vorschrift ist durch das Gesetz zur Einordnung des Sozialhilferechts in das Sozialgesetzbuch vom 27.12.2003[2] mit Wirkung zum 01.01.2005 eingeführt worden und seither unverändert geblieben. Sie ist inhaltsgleich mit § 63 des Gesetzesentwurfes der Bundesregierung vom 15.08.2003[3] und 01.10.2003[4] und identisch mit dem Gesetzesentwurf der Fraktionen der SPD und Bündnis 90/Die Grünen vom 05.09.2003[5]; zugleich ist der ursprüngliche Standort vom 7. Kapitel in das 8. Kapitel verlegt worden.

II. Vorgängervorschriften

2 Der Gesetzgeber hat aus Anlass der Einordnung des Sozialhilferechts die Vorschrift des § 72 BSHG in drei Teile zerlegt: Die Vorschrift des § 67 SGB XII übernimmt im Wesentlichen unverändert die Re-

---

[1] Die Kommentierung basiert auf der Kommentierung des § 68 SGB XII durch *Blüggel* in der 1. Aufl. des jurisPK-SGB XII. Einzelne Sätze wurden aus der Kommentierung in der Vorauflage übernommen.
[2] BGBl I 2003, 3022.
[3] BR-Drs. 559/03.
[4] BT-Drs. 15/1636.
[5] BT-Drs. 15/1514.

gelungen des § 72 Abs. 1 BSHG; § 68 SGB XII übernimmt im Kern die Absätze 2 bis 4 des § 72 BSHG und die Verordnungsermächtigung in § 69 SGB XII entspricht fast wortgleich der Regelung des § 72 Abs. 5 BSHG. Daher kann die frühere Rechtsprechung zu § 72 BSHG zur Auslegung des § 67 SGB XII herangezogen werden.

III. Parallelvorschriften

Regelungen zur Hilfe bei sozialen Schwierigkeiten enthält auch das SGB II, hier insbesondere in den §§ 16 und 16a SGB II (u.a. psychosoziale Betreuung); weitere Vorschriften für Hilfen zur Überwindung der sozialen Schwierigkeiten finden sich in den §§ 53 ff. SGB XII (Eingliederungshilfe) und im SGB VIII (§§ 10 Abs. 4, 27 ff. und 41 SGB VIII); ferner ist hier für das Soziale Entschädigungsrecht § 27d Abs. 1 Nr. 5 BVG zu nennen, die zur Kriegsopferfürsorge zählt und ausdrücklich auf Leistungen des 8. Kapitels des SGB XII verweist. Die Abgrenzung kann im Einzelfall sehr schwierig sein und ist wegen der damit verbundenen Konsequenzen für die Zuständigkeit von großer Wichtigkeit. Vgl. die Kommentierung zu § 67 SGB XII Rn. 30. Zu den (inkludierten) Leistungen zum Lebensunterhalt bei stationären und teilstationären Maßnahmen vgl. die Kommentierung zu § 21 SGB XII Rn. 55 ff.

3

IV. Untergesetzliche Vorschriften

Eine weitere Konkretisierung erfährt die Vorschrift des § 68 SGB XII durch die auf der Ermächtigungsgrundlage des § 69 SGB XII gestützte Durchführungsverordnung. § 1 Abs. 1 DVO§69SGBXII (vgl. die Kommentierung zu § 1 DVO§69SGBXII) bestimmt den Personenkreis des § 67 Satz 1 SGB XII näher.

4

V. Landesrechtliche Vorschriften

Hier spielen vor allem die Landesunterbringungsgesetze eine Rolle (vgl. Rn. 27). Vgl. dazu die Kommentierung zu § 67 SGB XII Rn. 5.

5

VI. Systematische Zusammenhänge

Die Vorschrift befindet sich im 8. Kapitel des SGB XII. Während § 67 SGB XII den Kreis der leistungsberechtigten Personen abgrenzt, bestimmt § 68 SGB XII Art und Umfang der möglichen Leistungen. § 69 SGB XII ergänzt das 8. Kapitel um die Ermächtigung des BMAS zur näheren Bestimmung des Personenkreises und des Leistungsumfangs im Verordnungswege. Die Grundvorschrift für den Leistungsanspruch befindet sich in § 19 Abs. 3 SGB XII. Besonderheiten bestehen für die Einkommensanrechnung in § 85 Abs. 1 Satz 1 SGB XII und bei Vermögenseinsatz in § 90 Abs. 3 Satz 2 SGB XII.

6

VII. Ausgewählte Literaturhinweise und Internetadressen

Vgl. die Literaturhinweise in der Kommentierung zu § 67 SGB XII Rn. 8 f.

7

B. Auslegung der Norm

I. Regelungsgehalt und Bedeutung der Norm

In Absatz 1 der Norm wird der Umfang der Leistungen zur Überwindung der sozialen Schwierigkeiten im Sinne des § 67 SGB XII näher erläutert und zur Durchführung auf den Gesamtplan verwiesen. Der Schwerpunkt der Hilfe liegt dabei in Beratung und persönlicher Betreuung. Absatz 2 bestimmt darüber hinaus, dass die Leistungen abweichend vom Regelfall in besonderen Fällen ohne Rücksicht auf Einkommen und Vermögen zu erbringen sind. Ferner wird der Träger der Sozialhilfe in Absatz 3 verpflichtet, in der Regel mit Wohlfahrtsorganisationen und sonstigen beteiligten Stellen zusammenzuwirken.

8

II. Normzweck

Hauptzweck der Vorschrift ist entsprechend der Kapitelüberschrift die Überwindung besonderer sozialer Schwierigkeiten durch geeignete und erforderliche Maßnahmen. Die Norm des § 68 Abs. 1 SGB XII ist im Kontext mit § 67 SGB XII zu sehen und erläutert dessen Normzweck weiter.[6] Darüber hinaus wird klar, dass alle Maßnahmen an dem Merkmal der Notwendigkeit zur Überwindung der genannten Schwierigkeiten zu messen sind. Der grundsätzliche Ausschluss des Einsatzes von Einkom-

9

---

[6] *Schaefer* in: Fichtner/Wenzel, Kommentar zur Grundsicherung, SGB XII, § 68 Rn. 1.

men und Vermögen des Hilfesuchenden bei Dienstleistungen des Sozialhilfeträgers und der eingeschränkte Einsatz bei anderen Leistungen (§ 68 Abs. 2 SGB XII) dienen der schnellen und unbürokratischen Hilfe.

10 Zur Sicherstellung einer effektiven und zielführenden Hilfe für den Betroffenen sollen die originär zuständigen Sozialhilfeträger mit anderen Stellen, die die gleichen Aufgaben als Ziel gesetzt haben, zusammenarbeiten und auf eine wirksame Ergänzung hinwirken. Dadurch soll erreicht werden, dass der Hilfesuchende alle Möglichkeiten zur Hilfe entweder aus einer Hand erhält oder über die Beratungspflicht des SGB I hinaus konkrete Hilfeangebote anderer Leistungsträger bekommt, die insoweit auch mit dem Sozialhilfeträger abgestimmt sind. Dadurch soll auch eine Mehrfachleistung durch verschiedene Leistungsträger vermieden werden.

III. Tatbestandsmerkmale

1. Art und Umfang der Leistungen (Absatz 1)

11 Die Leistungen umfassen alle Maßnahmen, die notwendig sind, um die Schwierigkeiten im Sinne des § 67 SGB XII abzuwenden, zu beseitigen, zu mildern oder ihre Verschlimmerung zu verhüten. Diese Leistungen beziehen auch Personen ein, denen soziale Schwierigkeiten erst **drohen**, d.h. wenn Einschränkungen des Lebens in der Gemeinschaft durch das Verhalten des Hilfesuchenden oder Dritter ernsthaft zu besorgen sind.[7] Dies folgt schon aus der Grundsatznorm des § 15 Abs. 1 SGB XII. Insbesondere umfassen die Leistungen Beratung und persönliche Betreuung für die Leistungsberechtigten und ihre Angehörigen, Hilfen zur Ausbildung, Erlangung und Sicherung eines Arbeitsplatzes sowie Maßnahmen bei der Erhaltung und Beschaffung einer Wohnung. Diese Zielsetzung wird in § 2 Abs. 2 Satz 1 DVO§69SGBXII noch einmal wiederholt und bekräftigt. Die Leistungen sind gegenüber gleichen Leistungen anderer Sicherungssysteme **nachrangig**, insbesondere auch solcher des SGB II. Zur Abgrenzung von vorrangigen Leistungen vgl. die Kommentierung zu § 67 SGB XII Rn. 30.

12 Begehrt der Hilfebedürftige Leistungen zur Überwindung der sozialen Schwierigkeiten, steht dem Sozialhilfeträger kein Handlungsermessen zu, da auf derartige Leistungen ein Rechtsanspruch besteht. Allerdings räumen ihm die §§ 17 Abs. 12 Satz 1, 10 Abs. 1 SGB XII ein **Auswahlermessen** dergestalt ein, dass er die Leistungen als Dienst-, Geld- oder Sachleistungen erbringen kann. Dies bedeutet, dass der Leistungsträger sein Ermessen entsprechend dem Zweck der Ermächtigung auszuüben und die gesetzlichen Grenzen des Ermessens einzuhalten hat (§ 39 Abs. 1 Satz 1 SGB I; § 54 Abs. 2 Satz 2 SGG). Umgekehrt hat der Leistungsempfänger einen Anspruch auf pflichtgemäße Ausübung des Ermessens (§ 39 Abs. 1 Satz 2 SGB I), nicht aber einen Rechtsanspruch auf eine ganz bestimmte Art der Leistung, sofern nicht eine sog „Ermessensreduzierung auf Null" hinsichtlich der Bewilligung der begehrten Leistung eingetreten ist.[8] **Wünsche des Leistungsberechtigten** sind, wie auch sonst im SGB XII, nach § 10 SGB XII zu berücksichtigen.

13 Ist der endgültige Umfang der notwendigen Hilfen im Sinne der §§ 67 ff. SGB XII noch nicht geklärt, so ist es nicht gerechtfertigt, den Hilfebedürftigen auf die Leistungen anderer Einrichtungen als derjenigen zu verweisen, in der er sich gegenwärtig aufhält (vorliegend: Einrichtung nach § 35 BtMG); der Ermessensspielraum des Sozialhilfeträgers ist insoweit auf Null reduziert.[9] Erforderlich sind aber gewisse **Erfolgsaussichten**[10], die prognostisch zu ermitteln sind (vgl. die Kommentierung zu § 67 SGB XII). Lässt etwa die stationäre Betreuung eines alkoholkranken Obdachlosen keine Besserung mehr erwarten, so ist es nicht zu beanstanden, die Hilfe zu beenden oder eine andere Maßnahme zu ergreifen.[11] Dabei ist eine Leistung grundsätzlich dann ausgeschlossen, wenn sie objektiv nicht **geeignet** ist, einen Erfolg herbeizuführen.[12]

---

[7] *Bieback* in: Grube/Wahrendorf, SGB XII, 5. Aufl. 2014, § 68 Rn. 2; *Luthe* in: Hauck/Noftz, SGB XII, K § 68 Rn. 20; *Scheider* in: Schellhorn/Schellhorn/Hohm, SGB XII, 18. Aufl. 2010, § 68 Rn. 3; *Bieback* in: Grube/Wahrendorf, SGB XII, 5. Aufl. 2014, § 68 Rn. 6, und *Roscher* in: LPK-SGB XII, 9. Aufl. 2012, § 68 Rn. 1, fordern zusätzlich ein unmittelbares Drohen als ungeschriebenes Tatbestandsmerkmal; warum indirekte Gefahren für das Leben in der Gemeinschaft keinen Hilfebedarf auslösen sollen, ist jedoch nicht zu erkennen.

[8] BSG v. 01.07.2009 - B 4 AS 77/08 R - SGb 2009, 536; LSG Nordrhein-Westfalen v. 12.05.2011 - L 9 SO 105/10.

[9] LSG Berlin-Brandenburg v. 14.02.2008 - L 15 B 292/07 SO ER - SAR 2008, 40-42.

[10] *Scheider* in: Schellhorn/Schellhorn/Hohm, SGB XII, 18. Aufl. 2010, § 68 Rn. 4.

[11] *Scheider* in: Schellhorn/Schellhorn/Hohm, SGB XII, 18. Aufl. 2010, § 68 Rn. 4.

[12] *Luthe* in: Hauck/Noftz, SGB XII, K § 68 Rn. 25.

Die Leistungen sind dabei nicht an starre Maximalzeiträume gebunden, sondern an den individuellen Bedürfnissen auszurichten.[13] Insbesondere ist eine Begrenzung auf einen Zeitraum unzulässig, da aus dem Gesetz **keine absolute Zeitgrenze** abgeleitet werden kann.[14] Die nach § 67 SGB XII als eigenständige im Gesamtangebot des SGB XII konkret zu entwickelnde mögliche Hilfe ist erst dann nicht mehr zu erbringen, wenn entweder das Ziel erreicht (einschließlich etwaiger nachgehender Hilfen, § 1 Abs. 1 Satz 2 DVO§69SGBXII) oder deren Deckung durch Leistungen – und nicht nur durch mögliche Ansprüche – nach anderen Bestimmungen abgedeckt ist (vgl. die Kommentierung zu § 67 SGB XII).[15] **Dauerhilfen** werden regelmäßig nicht nach § 68 SGB XII gewährt, sondern nach anderen Leistungsgesetzen erbracht, etwa nach § 35 SGB XII oder § 22 SGB II. 14

2. Dienstleistungen – insbesondere Beratung und persönliche Betreuung

Die Art der Dienstleistung ergibt sich im Wesentlichen aus § 10 Abs. 2 SGB XII und § 2 Abs. 2 Satz 2 DVO§69SGBXII (vgl. die Kommentierung zu § 2 DVO§69SGBXII); deren Umfang aus dem festgestellten Hilfebedarf und der Zielsetzung des § 2 Abs. 1 DVO§69SGBXII. Diese Leistungen können insbesondere auch als nachgehende Hilfe nach § 1 Abs. 1 Satz 2 DVO§69SGBXII (vgl. die Kommentierung zu § 1 DVO§69SGBXII) erbracht werden, wenn die Betreuung etwa notwendig ist, um die vorher gewährte Hilfe zu sichern. Die Leistungen kann der Träger der Sozialhilfe selbst, d.h. durch eigene Bedienstete, erbringen, er kann sich dazu aber **auch Dritter** bedienen, etwa Wohlfahrtsverbänden. Der Träger erbringt hierfür dann Geldleistungen; gleichwohl ist auch diese Form der Leistungserbringung durch Dritte hinsichtlich des Einsatzes von Einkommen und Vermögen nach Absatz 2 privilegiert, denn es ist allein eine organisatorische Entscheidung des Trägers der Sozialhilfe, wie er die Dienstleistungen erbringen will.[16] 15

Danach wird die Hilfe vorrangig durch Beratung und persönliche Unterstützung für den Hilfesuchenden und seine Angehörigen erbracht. Durch die Leistungen soll der Betroffene befähigt werden, die sozialen Schwierigkeiten zu überwinden, so dass insbesondere Hilfen bei der Erhaltung und Beschaffung einer Wohnung, bei der Vermittlung in Ausbildung, bei der Erlangung und Sicherung eines Arbeitsplatzes und bei dem Aufbau und der Aufrechterhaltung sozialer Beziehungen und der Gestaltung des Alltags in Betracht kommen. Auf Beratung und Unterstützung der Angehörigen haben allerdings nicht diese selbst einen **Anspruch**; vielmehr kann diese nur der Hilfebedürftige geltend machen. Für die Angehörigen beinhaltet die Vorschrift nur einen **Rechtsreflex**.[17] 16

Keinesfalls kann aus § 2 Abs. 2 Satz 2 DVO§69SGBXII (vgl. die Kommentierung zu § 2 DVO§69SGBXII) geschlossen werden, dass alle Leistungen des § 68 SGB XII vorrangig als Dienstleistung zu erbringen seien.[18] Denn diese Regelung nimmt bereits nach ihrem Wortlaut allein auf die in den folgenden §§ 3-6 dieser Verordnung beschriebenen Beratungs- und Unterstützungsleistungen Bezug und ordnet an, dass diese Dienstleistungen als Hilfe zur Selbsthilfe vorrangig zu erbringen sind. Die durchgängige Erbringung von Dienstleistungen wäre im Hinblick auf § 75 Abs. 2 Satz 1 SGB XII und das im Leistungserbringungsrecht geltende Gewährleistungsverantwortungsmodell[19] auch systemwidrig. Nur bei der Beratung und Unterstützung ist davon auszugehen, dass die Leistungserbringung regelmäßig durch den Sozialhilfeträger selbst erfolgt, so dass Dritte grundsätzlich nicht eingeschaltet werden müssen.[20] 17

Wer zu den **Angehörigen** zählt, bestimmt das Gesetz nicht. Einen ersten Anhalt bietet hier § 16 Abs. 5 SGB X, nach dem Verlobte, Ehegatten, Verwandte und Verschwägerte gerader Linie, Geschwister, Kinder der Geschwister und deren Ehegatten, Geschwister der Eltern und Pflegeeltern und -kinder zu 18

---

[13] SG Mannheim v 15.01.2007 - S 1 SO 3948/06 ER - SAR 2007, 111-113; *Luthe* in: Hauck/Noftz, SGB XII, K § 68 Rn. 23.
[14] SG Stuttgart v. 11.06.2008 - S 11 SO 4085/08 ER - info also 2008, 230-232; *Bieback* in: Grube/Wahrendorf, SGB XII, 5. Aufl. 2014, § 68 Rn. 18; *Roscher* in: LPK-SGB XII, 9. Aufl. 2012, § 68 Rn. 6; *Scheider* in: Schellhorn/Schellhorn/Hohm, SGB XII, 18. Aufl. 2010, § 68 Rn. 4.
[15] SG Stuttgart v. 11.06.2008 - S 11 SO 4085/08 ER - info also 2008, 230-232.
[16] Vgl. die Kommentierung zu § 10 SGB XII; *Scheider* in: Schellhorn/Schellhorn/Hohm, SGB XII, 18. Aufl. 2010, § 68 Rn. 19.
[17] *Luthe* in: Hauck/Noftz, SGB XII, K § 68 Rn. 29; *Roscher* in: LPK-SGB XII, 9. Aufl. 2012, § 68 Rn. 8; *Scheider* in: Schellhorn/Schellhorn/Hohm, SGB XII, 18. Aufl. 2010, § 68 Rn. 7.
[18] So aber zu Unrecht wohl *Rasch*, NDV 2012, 598 ff.
[19] Vgl. dazu nur BSG v. 02.02.2010 - B 8 SO 20/08 R und die Kommentierung zu § 75 SGB XII ff.
[20] Vgl. zu diesem Gedanken *Bieback* in: Grube/Wahrendorf, SGB XII, 4. Aufl. 2012, § 68 Rn. 41.

den Angehörigen zählen. Im Hinblick auf das Ziel der Überwindung besonderer sozialer Schwierigkeiten dürfte dieser Begriff aber zu eng sein, denn dies gebietet eine umfassende Einbeziehung des persönlichen Umfeldes des Hilfesuchenden. Vorsicht kann dabei im Einzelfall aber deshalb geboten sein, weil sensible persönliche Daten preisgegeben werden könnten.

19 Zu weiteren Einzelheiten wird auf die Kommentierung zu § 3 DVO§69SGBXII (Beratung und persönliche Unterstützung) verwiesen.

20 Zu den Dienstleistungen zählt auch die Beratung des Hilfesuchenden, wie er eine **Wohnung** erhalten oder seine Wohnung behalten kann. Dazu dürfte die Erörterung aller tatsächlichen und rechtlichen Fragen der Anmietung oder des Erwerbs einer Wohnung und der Fortdauer des Mietverhältnisses sowie aller mit dem Besitz einer Wohnung zusammenhängenden Fragen gehören.

21 Darüber hinaus ist der Hilfesuchende **persönlich zu unterstützen**, wobei sich die konkrete Form der Unterstützung am jeweiligen Einzelfall und an dem zugrundeliegenden Hilfebedarf zu orientieren hat. Hierzu dürften die Hilfe bei der Suche nach einer angemessenen Wohnung, die Unterstützung bei der Begleichung der Miete (z.B. korrektes Ausfüllen des Überweisungsträgers[21]), Hilfe bei der Regelung des Energiebezuges, Hilfe bei Problemen mit dem Vermieter und Hilfe bei Anträgen auf ergänzende Leistungen (z.B. Wohngeld) zählen. U.U. muss sogar eine Wohnung vermittelt werden.[22]

22 Die Beratung und die persönliche Unterstützung sind nicht auf die Erhaltung und Beschaffung einer Wohnung beschränkt, sondern es kommen **alle Unterkünfte** in Betracht, die eine menschenwürdige Unterbringung ermöglichen und sicherstellen, z.B. Heim für Menschen ohne festen Wohnsitz oder eine vergleichbaren Unterkunft[23], betreutes Wohnen[24], Wohngemeinschaft, Pension[25] oder Hotel.[26]

23 Grundsätzlich steht es im Ermessen des Sozialhilfeträgers, ob er die Hilfe zur Erhaltung oder Beschaffung einer Wohnung als Dienst- oder Sachleistung erbringt. Der Ermessensspielraum ist ausnahmsweise dann auf Null reduziert, wenn dem Hilfesuchenden nur durch die Bereitstellung einer **für den Sozialhilfeträger verfügbaren Unterkunft** die Teilnahme am Leben in der Gemeinschaft ermöglicht werden kann.[27] In diesem Fall ist dem Hilfesuchenden diese Unterkunft zur Verfügung zu stellen. **Maßnahmen der Gefahrenabwehr** lassen den Anspruch auf Hilfe zur Überwindung besonderer sozialer Schwierigkeiten bei der Erhaltung und Beschaffung einer Wohnung unberührt (§ 4 Abs. 3 DVO§69SGBXII, vgl. die Kommentierung zu § 4 DVO§69SGBXII). Durch diese Regelung wird klargestellt, dass ordnungsbehördliche Verfügungen, die der Gefahrenabwehr dienen (z.B. Einweisung eines Obdachlosen wegen gesundheitlicher Probleme), die Ansprüche auf Erhaltung und Beschaffung einer Wohnung bei sozialen Schwierigkeiten nicht ausschließen.

24 Zu weiteren Einzelheiten vgl. die Kommentierung zu § 4 DVO§69SGBXII (Erhaltung und Beschaffung einer Wohnung).

25 Zu den Dienstleistungen können aber auch Maßnahmen zur Ausbildung, Erlangung und Sicherung eines Arbeitsplatzes (§ 5 DVO§69SGBXII, vgl. die Kommentierung zu § 5 DVO§69SGBXII) und Hilfe zum Aufbau und zur Aufrechterhaltung sozialer Beziehungen und zur Gestaltung des Alltags (§ 6 DVO§69SGBXII, vgl. die Kommentierung zu § 6 DVO§69SGBXII) zählen.

3. Geld- und Sachleistungen

26 Aus § 2 Abs. 2 Satz 1 DVO§69SGBXII ergibt sich, dass neben den **vorrangig zu erbringenden Dienstleistungen** allein oder ergänzend auch Sach- und Geldleistungen erbracht werden können, wenn sie notwendig sind, um die besonderen sozialen Schwierigkeiten nachhaltig abzuwenden, zu beseitigen, zu mildern oder ihre Verschlimmerung zu verhüten. Grundsätzlich räumt § 17 Abs. 12 Satz 1 SGB XII i.V.m. § 10 Abs. 1 SGB XII ein **Auswahlermessen** dergestalt ein, dass der Träger die Leistungen als Dienst-, Geld- oder Sachleistungen erbringen kann. Nicht zulässig ist es aber, statt einer Geldleistung Sachleistungen zu erbringen, um eine Gruppe von Hilfesuchenden von der Geltendmachung des Hilfeanspruchs gegen einen bestimmten Träger abzuschrecken.[28]

---

[21] SG Stuttgart v. 23.06.2006 - S 20 SO 4090/06 ER - SAR 2006, 91-94.
[22] *Trenk-Hinterberger* in: Berlit/Conradis/Sartorius, Existenzsicherungsrecht, 2. Aufl. 2013, Kap. 38 Rn. 32 m.w.N.; vgl. auch BSG v. 15.11.2012 - B 8 SO 22/10 R.
[23] OVG Koblenz v. 11.12.1990 - 12 B 12500/90 - FEVS 41, 252.
[24] LSG Berlin-Brandenburg v. 26.07.2006 - L 15 B 125/06 SO ER.
[25] VG Braunschweig v. 12.08.1992 - 4 B 4316/92 - info also 1992, 194-196.
[26] VG Stade v. 14.08.1992 - 6 B 51/92 - info also 1992, 197-199.
[27] Hessischer VGH v. 10.01.1986 - 9 TG 857/85 - FEVS 35, 417-425.
[28] BVerwG v. 16.01.1986 - 5 C 72/84.

Hier wird die **stationäre Hilfe** miterfasst, die als Hilfsmaßnahme angeboten werden kann (§ 2 Abs. 5 DVO§69SGBXII, vgl. die Kommentierung zu § 2 DVO§69SGBXII). In stationären Einrichtungen soll die Hilfe nur befristet und nur dann gewährt werden, wenn eine verfügbare ambulante oder teilstationäre Hilfe nicht geeignet und die stationäre Hilfe Teil eines Gesamtplanes ist, an dessen Erstellung der für die stationäre Hilfe zuständige Träger der Sozialhilfe beteiligt war (§ 2 Abs. 5 Satz 1 DVO§69SGBXII). Stationäre Einrichtungen können Anstalten, Krankenhäuser, Sanatorien, Kureinrichtungen o.Ä., aber keine Frauenhäuser (vgl. § 2 Abs. 5 Satz 4 DVO§69SGBXII) sein. Die Hilfe ist befristet zu erbringen und spätestens nach sechs Monaten zu überprüfen. Daneben setzt sie die Einwilligung des Betroffenen hinsichtlich der Unterbringung in einer Einrichtung voraus, da eine Leistung gegen den Willen des Betroffenen keine Aussicht auf Erfolg hat. An dieser Stelle können vorrangig auch Leistungen nach den **Landesunterbringungsgesetzen** greifen (vgl. die Kommentierung zu § 67 SGB XII). 27

In Betracht kommen hierbei insbesondere **betreute Wohnformen**, in denen der Betroffene befähigt werden soll, seine Schwierigkeiten zu überwinden (z.B. die Auswirkungen der Alkohol- und Drogensucht).[29] Zu Problemen des Leistungsumfangs bei Alg-II-/Sozialgeldempfängern vgl. die Kommentierung zu § 21 SGB XII Rn. 55 ff. 28

Weitere Anwendungsbereiche der Hilfeleistungen in stationären Einrichtungen erscheinen allerdings zweifelhaft, da die **Hilfen zur Gesundheit** nach den §§ 47-52 SGB XII, die Eingliederungshilfe nach den §§ 53-60 SGB XII, die Hilfe zur Pflege nach den §§ 61-66 SGB XII (vgl. § 67 Satz 2 SGB XII) und Leistungen der medizinischen Rehabilitation nach SGB V, SGB VI, SGB VII und SGB IX jedenfalls vorrangig sind. Der Vorrang folgt bei der medizinischen Rehabilitation aus dem verfolgten Leistungszweck derselben[30], der in der Regel nicht auf die Überwindung der sozialen Schwierigkeiten gerichtet ist. Soweit durch die verwaltungsgerichtliche Rechtsprechung unter Geltung des BSHG Ansprüche auf stationäre Leistungen zugesprochen worden sind, wurde häufig die Abgrenzung zu anderen Hilfearten offen gelassen.[31] Allenfalls die ergänzende Hilfeleistung durch Beratung kommt hier noch in Betracht, wobei allerdings die Unterbringung in einer stationären Einrichtung nicht erforderlich ist, um die Hilfe nach § 67 SGB XII zu gewähren.[32] 29

Bei einer Unterbringung in einem **Frauenhaus**[33] handelt es sich nicht um stationäre Hilfe (§ 2 Abs. 5 Satz 4 DVO§69SGBXII, vgl. die Kommentierung zu § 2 DVO§69SGBXII), andererseits sind ambulante Hilfen nach den §§ 3-6 DVO§69SGBXII nicht ausgeschlossen.[34] 30

Soweit die persönliche Unterstützung bei der **Erhaltung und Beschaffung der Wohnung** über die Dienstleistung hinausgehende Leistungen erfordert, besteht ein Anspruch auf Geldleistungen nach dem 3. Kapitel des SGB XII (§§ 27-40 SGB XII), insbesondere auf Sonstige Hilfe zur Sicherung der Unterkunft nach § 36 SGB XII (§ 4 Abs. 2 DVO§69SGBXII, vgl. die Kommentierung zu § 4 DVO§69SGBXII, verweist noch auf die alte Fassung in § 34 SGB XII). Es handelt sich nicht um eine Rechtsgrundverweisung.[35] Andernfalls gälten auch die allgemeinen Bestimmungen zur Einkommensberücksichtigung nach den §§ 82-84 SGB XII und die Verweisung liefe ins Leere, denn die Leistungen des 3. Kapitels verlören die Einkommensprivilegierung des 8. Kapitels. Auf diese Weise wird die Hilfe zum Lebensunterhalt Bestandteil der Leistungen des 8. Kapitels. Im Wesentlichen dürfte sie durch die Übernahme der Kosten der Unterkunft nach § 35 SGB XII geprägt sein, wobei allerdings nach dem Wortlaut auch andere Leistungen in Betracht kommen (z.B. Übernahme der **Umzugskosten** nach § 35 Abs. 2 SGB XII). 31

Nach § 36 Abs. 1 SGB XII ist auch die Übernahme von **Schulden** möglich, wobei die Voraussetzungen des § 36 Abs. 1 SGB XII gegeben sein müssen. Übersteigt die Miete die Angemessenheitsgrenze nach § 35 SGB XII und ist der Hilfesuchende aus persönlichen oder finanziellen Gründen nicht in der Lage, den darüber liegenden Betrag aus dem Regelsatz zu bestreiten, so sind Mietschulden auch nach 32

---

[29] VG Hamburg v. 10.04.2006 - 13 K 4534/02 - ZfF 2007, 36-39.
[30] BSG v. 29.09.2009 - B 8 SO 19/08 R.
[31] BVerwG v. 24.02.1994 - 5 C 42/91 - info also 1994, 229-232; VG Gera v. 21.10.2004 - 6 K 726/02 GE - ZFSH/SGB 2005, 668-670.
[32] VG Hamburg v. 10.04.2006 - 13 K 4534/02 - ZfF 2007, 36-39.
[33] Vgl. zum Verhältnis zu Leistungen nach dem SGB II: BSG v. 23.05.2012 - B 14 AS 190/11 R.
[34] *Luthe* in: Hauck/Noftz, SGB XII, K § 68 Rn. 26.
[35] A.A. Bayerisches LSG v. 17.09.2009 - L 18 SO 111/09 B ER.

dem 8. Kapitel SGB XII nicht zu übernehmen, wenn für die Zukunft zu erwarten ist, dass die Wohnung nicht erhalten bleiben kann.[36] Der Bedarf eines Hilfesuchenden, der aus einem Fehlgebrauch der Wohnung herrührt (**Messie**), kann zu den zur Erhaltung einer Wohnung zählenden Hilfen zählen.[37]

33 **Inhaftierte** Hilfesuchende haben dann Anspruch auf Übernahme der Mietzinszahlungen, wenn die Wohnung sozialhilferechtlich angemessen ist[38] und sie eine kurzzeitige Haftstrafe verbüßen (unter einem Jahr)[39]. Zumindest muss absehbar sein, wann der Hilfesuchende entlassen wird, damit die Geldleistung die sinnvolle und geeignete Hilfe darstellt. Andernfalls muss eine andere Hilfeform (Auflösung der Wohnung und Einlagerung der persönlichen Sachen auf Kosten des Sozialhilfeträgers) gefunden werden.[40] Für einen Freigänger, dessen Haftentlassung nicht sicher abzusehen ist, sind Unterkunftskosten zur Erhaltung der Wohnung weder nach den Vorschriften des SGB II noch SGB XII zu übernehmen.[41] Ist der Inhaftierte nach wie vor unter derselben Anschrift gemeldet und wird während der Haftzeit die Miete von einem Familienangehörigen gezahlt, so ist keine Notlage ersichtlich, die ein Tätigwerden des Sozialhilfeträgers erforderlich macht.[42]

33.1 *Heinz* beschäftigt sich in seinem Aufsatz: „Über einen „Sozialleistungsdschungel", mögliche „Buschmesser" und Auswege im Zusammenhang mit Hilfsmittelansprüchen sowie über mittellose Haftentlassene zwischen zwei Stühlen der Existenzsicherung" (ZfF 2014, 83 ff.) mit der Gewährung einer Mietkaution für Haftentlassene als Leistung nach § 68 SGB XII.

34 Jedenfalls für eine vorübergehende Zeit ab Beginn der Therapie bis zu dem Zeitpunkt, zu dem mit einem Abbruch nicht mehr unmittelbar gerechnet werden muss, kommt bei einem stationären Langzeitaufenthalt eines Hilfesuchenden ein Anspruch auf Leistung zur Erhaltung seiner Wohnung in Betracht.[43] Zu weiteren Beispielsfällen vgl. die Kommentierung zu § 67 SGB XII Rn. 17 am Ende.

4. Einsatz von Einkommen und Vermögen (Absatz 2)

35 Grundsätzlich gilt auch für Hilfen zur Überwindung besonderer sozialer Schwierigkeiten der Vorrang des Einsatzes von Einkommen und Vermögen nach den §§ 3, 19 SGB XII. Hiervon macht der Absatz 2 zwei wichtige **Ausnahmen**: Dienstleistungen werden unabhängig vom Einkommen und Vermögen des Hilfesuchenden gewährt (Satz 1) und bei allen anderen Leistungen ist das Einkommen und Vermögen der in § 19 Abs. 3 SGB XII genannten Personen nicht zu berücksichtigen und von der Inanspruchnahme nach bürgerlichem Recht Unterhaltspflichtiger abzusehen, soweit dies den Erfolg der Hilfe gefährden würde (Satz 2). Diese Ausnahmeregelung ist auf Leistungen nach dem 8. Kapitel beschränkt und kann **nicht** auf andere, vorrangige Leistungen nach dem SGB XII **übertragen** werden, die neben den Hilfen zur Überwindung besonderer sozialer Schwierigkeiten erbracht werden.[44]

36 Der Begriff der **Dienstleistung** ist in § 10 Abs. 2 SGB XII und § 2 Abs. 2 Satz 2 DVO§69SGBXII näher erläutert. Bei Vorliegen einer solchen Leistung ist nicht nur das Einkommen und Vermögen des Betroffenen, sondern auch das der in § 19 Abs. 3 SGB XII genannten Personen außer Acht zu lassen, da es ansonsten zu einer unzulässigen Umgehung der ausdrücklichen Anordnung in Absatz 2 Satz 1 kommen würde. Der Ausschluss des Einsatzes von Einkommen und Vermögen betrifft alle Dienstleistungen, unabhängig davon, ob sie der Sozialhilfeträger selbst erbringt oder einen Dritten damit beauf-

---

[36] Hessisches LSG v. 09.11.2010 - L 7 SO 134/10 B ER.
[37] LSG Niedersachsen-Bremen v. 08.03.2012 - L 13 AS 22/12 B ER.
[38] OVG Sachsen v. 18.05.1998 - 2 S 33/98 - FEVS 49, 77-81.
[39] LSG Nordrhein-Westfalen v. 19.05.2005 - L 9 B 9/05 SO ER; LSG Nordrhein-Westfalen v. 12.05.2011 - L 9 SO 105/10; LSG Sachsen-Anhalt v. 10.03.2010 - L 8 SO 10/09 B; zu Untersuchungshäftlingen: VG Münster v. 20.05.2003 - 5 K 2855/99; *Luthe* in: Hauck/Noftz, SGB XII, K § 68 Rn. 31 m.w.N.
[40] Niedersächsisches OVG v. 04.12.2000 - 4 M 3681/00 - FEVS 52, 274-276; LSG Nordrhein-Westfalen v. 12.05.2011 - L 9 SO 105/10.
[41] LSG Berlin-Brandenburg v. 15.04.2011 - L 14 AS 218/11 B ER.
[42] LSG Nordrhein-Westfalen v. 12.05.2011 - L 9 SO 105/10; vgl. auch zu intakter Ehe: LSG Berlin-Brandenburg v. 09.05.2012 - L 23 SO 9/12 B PKH.
[43] LSG Berlin-Brandenburg v. 05.10.2009 - L 23 SO 109/09 B PKH; zur Entlassung aus langjähriger Sicherungsverwahrung: Hessisches LSG v. 02.08.2012 - L 4 SO 86/12 B ER.
[44] *Bieback* in: Grube/Wahrendorf, SGB XII, 5. Aufl. 2014, § 68 Rn. 42; *Scheider* in: Schellhorn/Schellhorn/Hohm, SGB XII, 18. Aufl. 2010, § 68 Rn. 18; a.A. *Roscher* in: LPK-SGB XII, 9. Aufl. 2012, § 68 Rn. 17; *Luthe* in: Hauck/Noftz, SGB XII, K § 68 Rn. 42, wenn sich Hilfen ergänzen und Anrechnung Erfolg gefährdet.

trägt, denn es ist allein eine organisatorische Entscheidung des Trägers der Sozialhilfe, wie er die Dienstleistungen erbringen will.[45]

Bei **Geld- und Sachleistungen** ist von der Berücksichtigung des Einkommens und des Vermögens des Hilfesuchenden und der in § 19 Abs. 3 SGB XII genannten Personen (nicht getrennt lebende Ehegatten oder Lebenspartner und, wenn sie minderjährig und unverheiratet sind, auch ihre Eltern oder ein Elternteil) und der Inanspruchnahme nach bürgerlichem Recht Unterhaltspflichtiger abzusehen, soweit dies den Erfolg der Hilfe gefährden würde. Als Ausnahmevorschrift ist der Kreis der privilegierten Personen in Absatz 2 Satz 2 **abschließend** festgelegt. Aus dem Begriff „soweit" folgt, dass auch ein teilweises Absehen möglich und zulässig ist.[46] Weshalb dem Träger der Sozialhilfe bei Vorliegen der – gerichtlich voll überprüfbaren[47] – Tatbestandsvoraussetzungen für das Absehen ein **Ermessen** zustehen soll[48], ist nicht nachvollziehbar[49]. 37

Bei der „**Gefährdung des Erfolges** der Hilfe" handelt es sich um einen unbestimmten Rechtsbegriff, der als solcher der vollständigen gerichtlichen Überprüfbarkeit unterliegt. Eine Gefährdung ist immer dann anzunehmen, wenn durch die Berücksichtigung des Einkommens oder Vermögens die Bereitschaft bzw. Motivation des Hilfebedürftigen zur Mitwirkung und Selbsthilfe oder die Integration in die Familie ernsthaft gefährdet oder beeinträchtigt wird. Nicht zugleich ausgeschlossen ist damit aber die Anrechnung des Einkommens oder der Einsatz des Vermögens des Hilfesuchenden.[50] 38

5. Gesamtplan (Absatz 1 Satz 2)

Zur Durchführung der erforderlichen Maßnahmen ist in geeigneten Fällen ein Gesamtplan zu erstellen (§ 68 Abs. 1 Satz 2 SGB XII). Die Vorschrift entspricht im Kern der Vorschrift des § 58 SGB XII zum Gesamtplan bei der Eingliederungshilfe, weshalb an dieser Stelle auch auf die Kommentierung zu § 58 SGB XII Bezug genommen werden kann. Der Gesamtplan dient im Wesentlichen der **Ermittlung des Bedarfes** und der dem Bedarf entsprechenden Maßnahmen, insbesondere bei Übergangsleistungen, bei stationärer Unterbringung, bei Beteiligung mehrerer Stellen und dem Zusammenwirken unterschiedlicher Hilfemaßnahmen. Bei der Ermittlung und Feststellung des Hilfebedarfs sowie bei der Erstellung und **Fortschreibung** eines Gesamtplanes sollen die Hilfesuchenden unter Berücksichtigung der vorhandenen Kräfte und Fähigkeiten beteiligt werden. Zu weiteren Einzelheiten des Verfahrens vgl. die Kommentierung zu § 2 DVO§69SGBXII. 39

Wird ein Gesamtplan erstellt, sind der ermittelte Bedarf und die dem Bedarf entsprechenden Maßnahmen der Hilfe zu benennen und anzugeben, in welchem Verhältnis zueinander sie verwirklicht werden sollen. Dabei ist der verbundene Einsatz der unterschiedlichen Hilfen nach dem Zwölften Buch Sozialgesetzbuch und nach anderen Leistungsgesetzen anzustreben. Soweit es erforderlich ist, wirkt der Träger der Sozialhilfe mit anderen – ggf. auch anderen sachlich zuständigen Trägern der Sozialhilfe – am Einzelfall Beteiligten zusammen, auch freien Wohlfahrtsorganisationen; bei Personen vor Vollendung des 21. Lebensjahres ist ein Zusammenwirken mit dem Träger der öffentlichen Jugendhilfe erforderlich. Ob damit auch **private Leistungserbringer** beauftragt werden können[51], erscheint angesichts der fortbestehenden behördlichen Verantwortung zweifelhaft[52]. 40

Gesamtplan und Maßnahmen sind zu überprüfen, sobald Umstände die Annahme rechtfertigen, dass die Hilfe nicht oder nicht mehr zielgerecht ausgestaltet ist oder Hilfesuchende nicht nach ihren Kräften mitwirken. Der Betroffene hat **keinen Anspruch** auf Erstellung eines Gesamtplans, da er weder aus § 68 SGB XII noch aus § 1 SGB XII ein entsprechendes subjektiv-öffentliches Recht herleiten kann.[53] 41

---

[45] Vgl. die Kommentierung zu § 10 SGB XII; *Bieback* in: Grube/Wahrendorf, SGB XII, 5. Aufl. 2014, § 68 Rn. 41; *Luthe* in: Hauck/Noftz, SGB XII, K § 68 Rn. 38; *Roscher* in: LPK-SGB XII, 9. Aufl. 2012, § 68 Rn. 16; *Scheider* in: Schellhorn/Schellhorn/Hohm, SGB XII, 18. Aufl. 2010, § 68 Rn. 19.

[46] *Scheider* in: Schellhorn/Schellhorn/Hohm, SGB XII, 18. Aufl. 2010, § 68 Rn. 20.

[47] *Luthe* in: Hauck/Noftz, SGB XII, K § 68 Rn. 42; *Scheider* in: Schellhorn/Schellhorn/Hohm, SGB XII, 18. Aufl. 2010, § 68 Rn. 21.

[48] *Scheider* in: Schellhorn/Schellhorn/Hohm, SGB XII, 18. Aufl. 2010, § 68 Rn. 21.

[49] *Bieback* in: Grube/Wahrendorf, SGB XII, 5. Aufl. 2014, § 68 Rn. 45; *Luthe* in: Hauck/Noftz, SGB XII, K § 68 Rn. 39; *Roscher* in: LPK-SGB XII, 9. Aufl. 2012, § 68 Rn. 18.

[50] *Scheider* in: Schellhorn/Schellhorn/Hohm, SGB XII, 18. Aufl. 2010, § 68 Rn. 20.

[51] *Luthe* in: Hauck/Noftz, SGB XII, K § 68 Rn. 36.

[52] Zum Grundsatz eigenverantwortlicher Aufgabenwahrnehmung: BVerfG v. 20.12.2007 - 2 BvR 2433/04, 2 BvR 2434/04.

[53] Vgl. BSG v. 22.09.2009 - B 4 AS 13/09 R zur Eingliederungsvereinbarung nach § 15 SGB II.

Denkbar ist aber, wie bei § 58 SGB XII, ein Anspruch auf verfahrensfehlerfreie Aufstellung und Anpassung (vgl. die Kommentierung zu § 58 SGB XII Rn. 13). Der Gesamtplan geht einer **Leistungsabsprache** nach § 12 SGB XII vor.[54]

6. Zusammenarbeit mit Vereinigungen und sonstigen Stellen (Absatz 3)

42 In § 68 Abs. 3 SGB XII ist das Gebot der möglichst effektiven Zusammenarbeit des zuständigen Sozialhilfeträgers mit Vereinigungen, die sich die gleichen Aufgaben zum Ziel gesetzt haben, und mit den sonst beteiligten Stellen normiert. Bei den Vereinigungen handelt es sich vor allem um die Verbände der freien Wohlfahrtspflege (AWO, DRK u.Ä.) und die kirchlichen Hilfsorganisationen (Caritas und Diakonie) und bei den „sonstigen Stellen" um andere Sozialleistungsträger (Krankenkassen, Agentur für Arbeit) und staatliche Stellen (Polizei, Staatsanwaltschaft, Schulen und Beratungsstellen). Die Zusammenarbeit kann nicht eingeklagt werden.[55] **Vorschriften zur Zusammenarbeit** von Leistungsträgern untereinander und mit Dritten enthält das **SGB X** in seinen §§ 86 ff. SGB X, insbesondere auch zur Bildung von Arbeitsgemeinschaften (§ 94 SGB X).

C. Praxishinweise

43 Vgl. dazu die Kommentierung zu § 67 SGB XII Rn. 41.

---

[54] *Scheider* in: Schellhorn/Schellhorn/Hohm, SGB XII, 18. Aufl. 2010, § 68 Rn. 26; a.A. *Luthe* in: Hauck/Noftz, SGB XII, K § 68 Rn. 36.
[55] *Bieback* in: Grube/Wahrendorf, SGB XII, 5. Aufl. 2014, § 68 Rn. 46; *Luthe* in: Hauck/Noftz, SGB XII, K § 68 Rn. 44; *Roscher* in: LPK-SGB XII, 9. Aufl. 2012, § 68 Rn. 27.

§ 69 SGB XII Verordnungsermächtigung

(Fassung vom 31.10.2006, gültig ab 08.11.2006)

Das Bundesministerium für Arbeit und Soziales kann durch Rechtsverordnung mit Zustimmung des Bundesrates Bestimmungen über die Abgrenzung des Personenkreises nach § 67 sowie über Art und Umfang der Maßnahmen nach § 68 Abs. 1 erlassen.

A. Textgeschichte/Gesetzgebungsmaterialien[1]

Die Vorschrift ist durch das Gesetz zur Einordnung des Sozialhilferechts in das Sozialgesetzbuch vom 27.12.2003[2] mit Wirkung zum 01.01.2005 eingeführt worden und seither fast unverändert geblieben. Sie ist inhaltsgleich mit § 64 des Gesetzesentwurfes der Bundesregierung vom 15.08.2003[3] und 01.10.2003[4] und identisch mit dem Gesetzesentwurf der Fraktionen der SPD und Bündnis 90/Die Grünen vom 05.09.2003[5]; zugleich ist der ursprüngliche Standort vom 7. Kapitel in das 8. Kapitel verlegt worden. Die einzige Änderung betrifft die Umressortierung vom BMGS zum BMAS.[6]

B. Vorgängervorschriften

Der Gesetzgeber hat aus Anlass der Einordnung des Sozialhilferechts die Vorschrift des § 72 BSHG in drei Teile zerlegt: Die Vorschrift des § 67 SGB XII übernimmt im Wesentlichen unverändert die Regelungen des § 72 Abs. 1 BSHG; § 68 SGB XII übernimmt im Kern die Absätze 2 bis 4 des § 72 BSHG und die Verordnungsermächtigung in § 69 SGB XII entspricht fast wortgleich der Regelung des § 72 Abs. 5 BSHG. Daher kann die frühere Rechtsprechung zu § 72 BSHG zur Auslegung des § 67 SGB XII herangezogen werden.

C. Regelungsgehalt und Bedeutung der Norm

Aufgrund der bis zum 31.12.2004 geltenden Ermächtigungsnorm des § 72 BSHG hat das Bundesministerium für Gesundheit und Soziale Sicherheit am 24.01.2001 die Verordnung zur Durchführung der Hilfe zur Überwindung besonderer sozialer Schwierigkeiten (damals: BSHG§72DV 2001) erlassen, welche die bis dahin geltende VO vom 09.06.1976[7] abgelöst hat. Durch Art. 14 des Gesetzes zur Einordnung des Sozialhilferechts in das Sozialgesetzbuch vom 27.12.2003 ist die Verordnung sprachlich angepasst worden und gilt im Grundsatz als DVO§69SGBXII weiter.[8] Dabei ist die durch den Gesetzgeber geänderte Verordnung grundsätzlich aus Gründen der Normenklarheit insgesamt als Rechtsverordnung zu qualifizieren, obwohl entgegen der Ermächtigungsnorm nicht der Verordnungsgeber gehandelt hat.[9]

Die Verordnung zur Durchführung der Hilfe zur Überwindung besonderer sozialer Schwierigkeiten (DVO§69SGBXII) konkretisiert entsprechend der Ermächtigung in § 69 SGB XII bundeseinheitlich den Personenkreis des § 67 SGB XII und Art und Umfang der Leistungen nach § 68 Abs. 1 SGB XII näher. Näheres zu den konkreten Regelungen der DVO§69SGBXII ist der Kommentierung zu § 67 SGB XII und der Kommentierung zu § 68 SGB XII zu entnehmen.

---

[1] Die Kommentierung basiert auf der Kommentierung des § 69 SGB XII durch *Michalla-Munsche* in der 1. Aufl. des jurisPK-SGB XII. Einzelne Sätze wurden aus der Kommentierung in der Vorauflage übernommen.
[2] BGBl I 2003, 3022.
[3] BR-Drs. 559/03.
[4] BT-Drs. 15/1636.
[5] BT-Drs. 15/1514.
[6] Neunte ZuständigkeitsanpassungsVO v. 31.10.2006, BGBl I 2006, 2407.
[7] BGBl I 1976, 1469.
[8] BGBl I 2003, 3022, 3060.
[9] BVerfG v. 13.09.2005 - BvF 2/03 - SozR 4-2500 § 266 Nr. 9.

Neuntes Kapitel: Hilfe in anderen Lebenslagen

§ 70 SGB XII Hilfe zur Weiterführung des Haushalts

(Fassung vom 27.12.2003, gültig ab 01.01.2005)

(1) ¹Personen mit eigenem Haushalt sollen Leistungen zur Weiterführung des Haushalts erhalten, wenn keiner der Haushaltsangehörigen den Haushalt führen kann und die Weiterführung des Haushalts geboten ist. ²Die Leistungen sollen in der Regel nur vorübergehend erbracht werden. ³Satz 2 gilt nicht, wenn durch die Leistungen die Unterbringung in einer stationären Einrichtung vermieden oder aufgeschoben werden kann.

(2) Die Leistungen umfassen die persönliche Betreuung von Haushaltsangehörigen sowie die sonstige zur Weiterführung des Haushalts erforderliche Tätigkeit.

(3) § 65 Abs. 1 findet entsprechende Anwendung.

(4) Die Leistungen können auch durch Übernahme der angemessenen Kosten für eine vorübergehende anderweitige Unterbringung von Haushaltsangehörigen erbracht werden, wenn diese Unterbringung in besonderen Fällen neben oder statt der Weiterführung des Haushalts geboten ist.

Gliederung

A. Basisinformationen 1	4. Vorübergehend 20
I. Textgeschichte/Gesetzgebungsmaterialien 1	IV. Leistungen 24
II. Vorgängervorschriften 2	1. Persönliche Betreuung 24
III. Parallelvorschriften 3	2. Sonstige Tätigkeiten 25
IV. Verwaltungsvorschriften 4	V. Hilfspersonen 27
V. Ausgewählte Literaturhinweise 5	VI. Anderweitige Unterbringung 34
B. Auslegung der Norm 6	VII. Leistungsempfänger 37
I. Regelungsgehalt und Bedeutung der Norm 6	VIII. Gebundene Entscheidung/Ermessen 38
II. Normzweck 7	IX. Verhältnis zu anderen Vorschriften 42
III. Tatbestandsmerkmale 11	X. Zuständigkeit 46
1. Eigener Haushalt 11	1. Sachliche Zuständigkeit 46
2. Unfähigkeit zur Weiterführung 14	2. Örtliche Zuständigkeit 48
3. Weiterführung geboten 19	**C. Praxishinweise** 49

A. Basisinformationen

I. Textgeschichte/Gesetzgebungsmaterialien

1 Die Vorschrift ist zum 01.01.2005 als Teil des neu geschaffenen Zwölften Buches Sozialgesetzbuch in der Fassung vom 27.12.2003[1] in Kraft getreten. Die Gesetzesbegründung verweist nur auf die wortgleiche Übernahme der §§ 70 und 71 BSHG. Die Norm gilt seit Einführung unverändert.

II. Vorgängervorschriften

2 § 70 SGB XII entspricht den früheren Regelungen in den §§ 70 und 71 BSHG. Auf die Rechtsprechung hierzu kann daher zur Auslegung zurückgegriffen werden

III. Parallelvorschriften

3 Auch § 24h SGB V (Haushaltshilfe bei Schwangerschaft und Entbindung), § 38 SGB V (Haushaltshilfe bei Krankenhausbehandlung, stationärer Vorsorge, Mutter-Kind-Kuren), § 42 SGB VII (Haushaltshilfe bei Leistungen zur Teilhabe am Leben in der Gemeinschaft), § 20 SGB VIII (Betreuung und Versorgung des Kindes in Notsituationen) und § 54 SGB IX (Haushaltshilfe bei Leistungen zur medizinischen Rehabilitation oder zur Teilhabe am Arbeitsleben) enthalten Regelungen über Hilfen zur

---

[1] BGBl I 2003, 3022.

Weiterführung des Haushalts. Leistungen nach diesen Vorschriften sind gegenüber § 70 SGB XII nach § 2 SGB XII und § 10 Abs. 4 Satz 1 SGB VIII vorrangig.

IV. Verwaltungsvorschriften

Die Hansestadt Hamburg hat Konkretisierungen zu § 70 SGB XII herausgegeben.[2]

V. Ausgewählte Literaturhinweise

Conradis, Aktuelle Entwicklungen im SGB II und SGB XII, ASR 2007, 16-20; *Knickrehm*, Haushaltshilfe für Empfänger von Arbeitslosengeld II?, NZS 2007, 128-131; *Löcher*, Anmerkung zu dem Urteil des BSG vom 26.08.2008 - B 8/9b SO 18/07 R - SGb 2009, 623-626; *Mrozynski*, Die Grundsicherung für Arbeitsuchende im Kontext des Fürsorgesystems, SGb 2009, 450-457.

B. Auslegung der Norm

I. Regelungsgehalt und Bedeutung der Norm

In Absatz 1 werden die Voraussetzungen der Leistung festgelegt, Absatz 2 regelt den Umfang der Leistung. Absatz 3 verweist auf die verschiedenen Leistungsarten des § 65 Abs. 1 SGB XII, also die Übernahme der angemessenen Aufwendungen einer Hilfsperson, die Leistung angemessener Beihilfen und die Beiträge für eine angemessene Alterssicherung der Hilfsperson sowie die Übernahme der Kosten einer professionellen Hilfskraft und Beratung oder zeitweilige Entlastung der Hilfsperson. Erweiternd regelt Absatz 4, dass auch die Übernahme der Kosten für eine vorübergehend anderweitige Unterbringung von Haushaltsangehörigen möglich ist, wobei es sich gerade nicht um eine Weiterführung des bestehenden Haushalts handelt.

II. Normzweck

Zweck der Norm ist die Gewährleistung der **Aufrechterhaltung eines bestehenden Haushalts**, wenn die haushaltsführende Person hierzu vorübergehend nicht in der Lage ist. Eine Beschränkung auf bestimmte Gründe für die fehlende Fähigkeit zur Haushaltsführung, wie Krankheit oder Pflegebedürftigkeit, sieht die Norm nicht vor.

Die Leistung ist grundsätzlich darauf ausgerichtet, nur **vorübergehende** Zeiträume zu überbrücken, nicht jedoch auf eine dauerhafte Hilfe. Eine Ausnahme hierzu gilt nach Absatz 1 Satz 3, wenn durch die Leistung die Unterbringung in einer stationären Einrichtung vermieden werden kann.

Des Weiteren ergibt sich aus der Systematik der Vorschrift, dass vorrangiges Ziel die Betreuung **haushaltsangehöriger Personen** und die Weiterführung des Haushalts für sie ist, wie sich an Absatz 2 zeigt. Insofern ist die Vorschrift systemwidrig, da nicht die Personen, deren Bedarf gedeckt werden soll, einen Anspruch erhalten. Auch hieraus rechtfertigt sich die Beschränkung der Leistung auf einen vorübergehenden Zeitraum.

Bei **allein lebenden Personen** besteht ggf. ein Anspruch auf Hilfe zur Pflege nach den §§ 61 ff. SGB XII, die auch die hauswirtschaftliche Versorgung umfasst (§ 61 Abs. 5 Nr. 4 SGB XII), oder auch ein Anspruch nach § 27 Abs. 3 SGB XII in Form der sog. „kleinen Haushaltshilfe" für einzelne Verrichtungen.[3] Voraussetzung für letzteres ist jedoch, dass keine Hilfebedürftigkeit i.S.d. § 27 Abs. 2 SGB XII i.V.m. den §§ 82-84 SGB XII besteht (vgl. hierzu die Kommentierung zu § 27 SGB XII).

III. Tatbestandsmerkmale

1. Eigener Haushalt

Voraussetzung ist zunächst das Bestehen eines eigenen Haushalts sowie – zumindest in aller Regel – das Vorhandensein weiterer Haushaltsangehöriger unabhängig von verwandtschaftlichen Beziehungen. Es muss hierbei eine **Haushaltsgemeinschaft** in Form des gemeinsamen Wohnens und Wirtschaftens bestehen. Auf die Auslegung zu § 39 SGB XII kann insoweit zurückgegriffen werden.

Ein **Alleinlebender** hat hingegen nur ausnahmsweise einen Anspruch auf Leistungen nach § 70 SGB XII.[4] Laut Absatz 2 umfasst die Leistung persönliche Betreuung von Haushaltsangehörigen und die sonstige zur Weiterführung des Haushalts erforderliche Tätigkeit. Hieraus wird deutlich, dass die

---

[2] www.hamburg.de/basfi/ah-sgbxii-kap03-27/ (abgerufen am 07.04.2014).
[3] Vgl. zu den infrage kommenden Anspruchsgrundlagen BSG v. 11.12.2007 - B 8/9b SO 12/06.
[4] BSG v. 11.12.2007 - B 8/9b SO 12/06; BSG v. 26.08.2008 - B 8/9b SO 18/07 R.

Zielrichtung des § 70 SGB XII nicht die behindertenbezogene Pflege in Form hauswirtschaftlicher Versorgung der sonst haushaltsführenden Person ist, sondern die Versorgung der Haushaltsangehörigen.[5] Auch sonst wird in der Vorschrift in vielerlei Hinsicht auf andere Haushaltsangehörige Bezug genommen. So darf nach Absatz 1 Satz 1 kein anderer Haushaltsangehöriger in der Lage sein, den Haushalt zu führen, und in Absatz 4 wird die anderweitige Unterbringung von Haushaltsangehörigen geregelt.

13 Die hauswirtschaftliche Versorgung allein lebender Personen unterfällt hingegen grundsätzlich den Regelungen der §§ 61 ff. SGB XII. Nur dann, wenn die begehrten Leistungen nicht der Hilfe zur Pflege unterfallen, kommt Hilfe zur Weiterführung des Haushaltes in Betracht. Da die hauswirtschaftliche Versorgung nach § 61 Abs. 5 Nr. 4 SGB XII die Verrichtungen umfasst, die für eine angemessene Lebensführung unumgänglich sind (vgl. die Kommentierung zu § 61 SGB XII Rn. 71), sind kaum Verrichtungen denkbar, die bei einem Ein-Personen-Haushalt zur Weiterführung des Haushalts erforderlich sind, aber nicht der Hilfe zur Pflege unterfallen. Der Anwendungsbereich bei Einzelpersonen ist daher äußerst gering. Die Praxis der Sozialhilfeträger wendet dennoch auch bei Ein-Personen-Haushalten häufig § 70 SGB XII auch bei Verrichtungen an, welche eigentlich der Hilfe zur Pflege unterfallen.

2. Unfähigkeit zur Weiterführung

14 Aus welchem Grund die bisher haushaltsführende Person den Haushalt nicht mehr führen kann, ist gleichgültig, die Unfähigkeit muss jedoch grundsätzlich zwingend sein.[6] Beruht sie auf einer eigenen Entscheidung, wie beispielsweise der Aufnahme einer Berufsausbildung oder eines Studiums, so ist zu prüfen, ob eine (zeitweilige) Zurückstellung dieses Wunsches erwartet werden kann.[7]

15 Nicht erforderlich ist, dass die haushaltsführende Person gar keine Verrichtungen im Haushalt mehr leisten kann, es genügt, wenn einzelne Tätigkeiten nicht mehr verrichtet werden können, hierbei muss es sich jedoch um wesentliche Tätigkeiten handeln,[8] da ansonsten die Aufrechterhaltung des Haushalts nicht gefährdet ist.

16 Des Weiteren darf keiner der Haushaltsangehörigen in der Lage sein, den Haushalt zu führen. Zu fragen ist, ob die Haushaltsführung von der in Frage kommenden Person billigerweise erwartet werden kann. Hierbei sind sowohl die subjektiven Fähigkeiten der Person als auch die **Zumutbarkeit** der Haushaltsführung zu berücksichtigen. Würden Schul- oder Berufsausbildung oder Erwerbstätigkeit beeinträchtigt, so ist die Haushaltsführung unzumutbar. Anderseits kann ggf. auch von einem Berufstätigen erwartet werden, für die Haushaltsführung – zumindest für einen überschaubaren Zeitraum – Urlaub zu nehmen.

17 Wenn mehrere Haushaltsangehörige vorhanden sind, ist auch, wenn ein einzelner alleine die Haushaltsführung nicht bewältigen kann, ein Zusammenwirken zumutbar, wenn hierdurch die Haushaltsführung bewältigt werden kann.[9]

18 Wäre ein Haushaltsangehöriger zur Haushaltsführung in der Lage, verweigert dies jedoch, so ist nach dem eindeutigen Wortlaut die Hilfegewährung ausgeschlossen.[10] Da nach § 2 Abs. 1 SGB II ohnehin eine Leistungsgewährung ausgeschlossen ist, wenn eine andere Person die Haushaltsführung übernommen hat, wäre das Tatbestandsmerkmal „wenn keiner der Haushaltsangehörigen den Haushalt führen kann" ansonsten sinnlos.

3. Weiterführung geboten

19 Die Weiterführung des Haushalts ist dann geboten, wenn ansonsten die Auflösung des Haushalts droht und dies nicht vertretbar ist. Insbesondere dann, wenn **minderjährige Kinder** von der Auflösung des Haushaltes betroffen wären, ist auch unter Berücksichtigung des Grundsatzes der familiengerechten Hilfe nach § 16 SGB XII die Fortführung des Haushaltes regelmäßig geboten.[11] In der Regel werden in diesem Fall jedoch Leistungen nach § 38 SGB V oder Leistungen der Jugendhilfe nach § 20 SGB VIII vorrangig sein. Diese Vorschriften greifen jedoch nur ein, wenn der Minderjährige noch

---

[5] BSG v. 11.12.2007 - B 8/9b SO 12/06.
[6] *Grube* in: Grube/Wahrendorf, SGB XII, 4. Aufl., § 70 Rn. 10.
[7] Vgl. zur Erforderlichkeit der Tagespflege nach § 23 SGB VIII BVerwG v. 05.12.1996 - 5 C 51/95.
[8] LSG Nordrhein-Westfalen v. 16.09.2005 - L 20 B 9/05 SO ER.
[9] SG Düsseldorf v. 15.12.2009 - S 42 (29, 44) SO 71/05.
[10] BVerwG v. 06.06.1968 - V C 116.67, a.A. *Schlette* in: Hauck/Noftz, SGB XII, § 70 Rn. 5; *Grube* in: Grube/Wahrendorf, SGB XII, 4. Aufl., § 70 Rn. 11.
[11] BVerwG v. 06.06.1968 - V C 116.67.

nicht das zwölfte (§ 38 SGB V) bzw. 14. Lebensjahr (§ 20 SGB VIII) vollendet hat. Bei älteren Kindern kommt daher die Leistung nach § 70 SGB XII in Betracht. Bei **pflegebedürftigen Haushaltsangehörigen** wäre die Haushaltsauflösung ebenfalls nicht vertretbar, sie haben jedoch ggf. selbst einen Anspruch nach den §§ 61 ff. SGB XII, so dass der Rückgriff auf § 70 SGB XII in diesem Fall nicht nötig sein wird.

4. Vorübergehend

Nach § 70 Abs. 1 Satz 2 SGB XII soll die Leistung in der Regel nur vorübergehend erbracht werden. Hieraus ergibt sich, dass die Vorschrift nur zur Überbrückung vorübergehender Notlagen dient. Handelt es sich bei der Verhinderung der haushaltsführenden Person um einen Dauerzustand, so ist die Leistung nach § 70 SGB XII grundsätzlich auch für einen vorübergehenden Zeitraum ausgeschlossen. 20

Eine feste zeitliche Grenze lässt sich nicht festlegen, vielmehr ist darauf abzustellen, ob ein Ende der Notlage absehbar ist. Ist sie dies nicht, kann die Notlage nicht mehr als vorübergehend eingestuft werden. 21

Da es sich bei § 70 Abs. 1 Satz 2 SGB XII um eine **Soll-Vorschrift** handelt, besteht in atypischen Fällen auch die Möglichkeit, über längere Zeit die Leistung zu erbringen.[12] 22

Nach Absatz 1 Satz 3 gilt die Beschränkung auf vorübergehende Leistungen nicht, wenn hierdurch die Unterbringung in einer stationären Einrichtung vermieden oder aufgeschoben werden kann. Es handelt sich somit um eine Konkretisierung des Grundsatzes des Vorrangs von ambulanten vor stationären Hilfen (§ 13 Abs. 1 Satz 2 SGB XII). 23

IV. Leistungen

1. Persönliche Betreuung

Die persönliche Betreuung richtet sich an den Bedürfnissen der betreuungsbedürftigen Personen aus und umfasst beispielsweise Säuglingspflege, Körperpflege, Beaufsichtigung und Erziehung, Freizeitgestaltung, Unterstützung bei Schulaufgaben usw. Maßnahmen im Bereich der Grundpflege (§ 61 Abs. 5 Nr. 1-3 SGB XII) für Pflegebedürftige umfasst § 70 SGB XII jedoch nicht, hier ist die Hilfe zur Pflege vorrangig.[13] 24

2. Sonstige Tätigkeiten

Die Leistung umfasst neben der persönlichen Betreuung der Haushaltsangehörigen auch die sonstigen zur Weiterführung des Haushalts erforderlichen Tätigkeiten. Letzteres entspricht im Wesentlichen dem Begriff der **hauswirtschaftlichen Versorgung** in § 61 Abs. 5 Nr. 4 SGB XII und umfasst somit Einkaufen, Kochen, Wohnungsreinigung, Spülen, Wechseln und Waschen der Wäsche und Kleidung sowie Heizen. 25

Soweit die Haushaltsangehörigen zur Übernahme der erforderlichen Aufgaben (teilweise) selbst in der Lage sind, besteht kein Anspruch auf Leistungen nach § 70 SGB XII. 26

V. Hilfspersonen

§ 70 Abs. 3 SGB XII verweist auf § 65 Abs. 1 SGB XII, so dass die **angemessenen Aufwendungen** der Hilfsperson zu erstatten sind; auch können angemessene Beihilfen geleistet werden sowie Beiträge der Hilfsperson für eine **angemessene Alterssicherung** übernommen werden, wenn diese nicht anders sichergestellt ist (Satz 1). Hierbei handelt es sich um Leistungen für nicht gewerbsmäßig handelnde Hilfspersonen, also Personen aus dem persönlichen Umfeld (vgl. die Kommentierung zu § 65 SGB XII). Durch den Verweis auf § 65 Abs. 1 SGB XII, der in Zusammenhang mit § 63 SGB XII zu sehen ist, wird deutlich, dass der Sozialhilfeträger darauf hinwirken soll, dass die Hilfe durch nahestehende Personen oder im Wege der Nachbarschaftshilfe geleistet wird. Die Übernahme von Kosten für eine selbst beschaffte professionelle Haushaltshilfe stellt nach gesetzlicher Systematik hingegen eine Ausnahme dar, die nur dann in Betracht kommt, wenn die Hilfe durch nahestehende Personen nicht oder nicht vollständig möglich ist und der Sozialhilfeträger keine Kraft stellen kann oder will. 27

Die den nicht professionell tätig werdenden Personen entstehenden angemessenen Aufwendungen, wie z.B. Fahrtkosten, Kleiderreinigung, Kosten der Trennung vom eigenen Haushalt, Kosten der Betreuung der eigenen Kinder der Hilfsperson usw., sind zu erstatten. Daneben können auch **angemessene** 28

---

[12] Zum Charakter von Soll-Vorschriften: BSG v. 30.05.2006 - B 1 KR 17/05.
[13] *Schlette* in: Hauck/Noftz, SGB XII, § 70 Rn. 10.

Beihilfen geleistet werden, beispielsweise ein angemessenes „Taschengeld". Auch die Übernahme eines angemessenen Entgelts kommt nach der Rechtsprechung des BSG in Betracht, wenn ansonsten die Hilfe durch Angehörige oder Nachbarn nicht realisiert werden kann.[14] Vgl. hierzu die Kommentierung zu § 65 SGB XII.

29 Weiterhin können die Beiträge für eine angemessene Altersversorgung der Hilfsperson übernommen werden. Die Entscheidung, ob entsprechende Leistungen gewährt werden, steht im **Ermessen** des Sozialhilfeträgers. Hinsichtlich des Umfangs der Leistungen kann auf die Regelung des § 33 SGB XII zurückgegriffen werden.

30 Wenn die angemessene Altersversorgung bereits sichergestellt ist, also eine Altersversorgung besteht, welche die Inanspruchnahme von Hilfe zum Lebensunterhalt überflüssig macht, scheidet eine Beitragsübernahme aus.[15]

31 Es handelt sich nicht um einen Anspruch der Hilfsperson selbst, sondern des Hilfebedürftigen zugunsten der Hilfsperson. Die Beiträge können jedoch auch direkt an die Hilfsperson oder an die entsprechenden Versicherungen gezahlt werden, wenn der Anspruchsinhaber dem zustimmt (vgl. die Kommentierung zu § 65 SGB XII).

32 Nicht erforderlich ist, dass der Hilfeempfänger dem Dritten zur Übernahme bzw. Erstattung der Beiträge verpflichtet ist.[16] Besteht jedoch eine solche Verpflichtung gegenüber dem Dritten, wird in der Regel die Ablehnung der Übernahme durch den Sozialhilfeträger nicht ermessensgerecht sein.

33 Nach § 65 Abs. 1 Satz 2 SGB XII sind, wenn neben oder anstelle der Hilfe durch nahestehende Personen oder Nachbarn die Heranziehung einer besonderen Hilfskraft oder eine Beratung oder zeitweilige Entlastung der Hilfsperson erforderlich ist, die angemessenen Kosten zu übernehmen. Die Angemessenheit orientiert sich an der ortsüblichen Entlohnung (vgl. zum Ganzen die Kommentierung zu § 65 SGB XII).

VI. Anderweitige Unterbringung

34 Eine vorübergehende Unterbringung von Haushaltsangehörigen außerhalb des Haushalts ist in besonderen Fällen statt oder neben der Weiterführung des Haushaltes möglich. Voraussetzung ist, dass die anderweitige Unterbringung „geboten" ist. Hierbei handelt es sich um ein **gerichtlich voll überprüfbares Tatbestandsmerkmal**. Ob eine entsprechende Leistung erbracht wird, steht im **Ermessen** des Sozialhilfeträgers.

35 Denkbar ist die Unterbringung von Kindern oder älteren Menschen, die nachts nicht allein gelassen werden können. Die Unterbringung umfasst auch den Lebensunterhalt. Vorrangig ist die Unterbringung bei Verwandten, Bekannten oder Freunden, deren angemessene Aufwendungen sind zu erstatten. Auch die Unterbringung in einem Heim oder einer Pflegefamilie ist grundsätzlich denkbar. Die Angemessenheit der Kosten hierfür ist ebenfalls gerichtlich voll überprüfbar.

36 Da in den Fällen, bei denen eine auswärtige Unterbringung notwendig ist, regelmäßig Leistungen der Jugendhilfe, der Pflegeversicherung oder nach den §§ 61 ff. SGB XII zugunsten des Haushaltsangehörigen zu erbringen sind, ist der Anwendungsbereich der Vorschrift gering.

VII. Leistungsempfänger

37 Leistungsempfänger ist der an der Haushaltsführung verhinderte Hilfebedürftige. Dies ist auch im Rahmen des **§ 85 SGB XII** zu beachten. Auch bei den Kosten der Hilfspersonen einschließlich der Beiträge zur Altersversorgung[17] sowie bei der auswärtigen Unterbringung von Haushaltsangehörigen nach Absatz 4 ist Leistungsempfänger der an der Haushaltsführung verhinderte Hilfebedürftige. Die direkte Auszahlung der Leistungen an den Dritten ist jedoch möglich,[18] zumindest dann, wenn der Anspruchsinhaber dem zustimmt.

---

[14] BSG v. 11.12.2007 - B 8/9b SO 12/06 R.
[15] BVerwG v. 22.03.1990 - 5 C 40/86.
[16] Offen gelassen in BSG v. 02.02.2012 - B 8 SO 15/10 R.
[17] BSG v. 02.02.2012 - B 8 SO 15/10 R.
[18] Zu § 69 BSHG: BVerwG v. 22.06.1978 - V C 31.77.

VIII. Gebundene Entscheidung/Ermessen

Grundsätzlich besteht bei Vorliegen der Tatbestandsvoraussetzungen ein **Anspruch** auf Hilfe zur Weiterführung des Haushalts, da es sich um eine „Soll-Vorschrift" handelt. In atypischen Fällen ist jedoch eine Ablehnung möglich.[19] Denkbar ist insoweit beispielsweise die finanzielle Leistungsfähigkeit der Haushaltsangehörigen, denen die Leistung zugutekommen soll, für eine selbst beschaffte Haushaltshilfe, soweit das Einkommen nicht bereits im Rahmen des § 85 SGB XII zu berücksichtigen ist. 38

Hinsichtlich der Art und des Umfangs der Leistung besteht grundsätzlich **Auswahlermessen** des Sozialhilfeträgers. Der Umfang der Leistung ergibt sich jedoch ggf. bereits aus der Verpflichtung zur Übernahme der „angemessenen" Kosten. 39

Im Fall der Einschaltung besonderer Pflegekräfte bzw. Haushaltshilfen und bei der Unterbringung von Haushaltsangehörigen nach § 70 Abs. 4 SGB XII in einer Einrichtung sind die **§§ 75 ff. SGB XII** zu beachten. 40

Bei der Ausübung des Ermessens ist – neben dem Grundsatz der pflichtgemäßen Ermessensausübung nach § 17 Abs. 2 SGB XII – der Grundsatz des familiengerechten Hilfe nach § 16 SGB XII zu berücksichtigen. 41

IX. Verhältnis zu anderen Vorschriften

Die in Rn. 3 genannten Vorschriften sind vom den Leistungen nach § 70 SGB XII abzugrenzen. Nur soweit die begehrte Leistung nicht bereits von den anderen Leistungen erfasst wird, kommt § 70 SGB XII in Betracht. 42

Bei **Pflegebedürftigkeit** umfassen die Leistungen nach § 61 Abs. 5 Nr. 4 SGB XII auch die hauswirtschaftliche Versorgung. Da jedoch § 61 SGB XII nur Leistungen für die pflegebedürftige Person selbst vorsieht, kommen daneben Leistungen nach § 70 SGB XII in Betracht, wenn die pflegebedürftige Person sonst den Haushalt für andere führt. Entsprechend kommen auch neben Leistungen der Pflegeversicherung Leistungen nach § 70 SGB XII in Betracht. 43

Eine **Erhöhung des Regelsatzes** nach § 27a Abs. 4 SGB XII für einzelne hauswirtschaftliche Verrichtungen ist nicht möglich.[20] Insoweit sind die Vorschriften der §§ 61 ff. SGB XII vorrangig. 44

Eine Anwendung des § 70 SGB XII ist auch bei **Leistungsempfängern nach dem SGB II** grundsätzlich möglich,[21] da sich der Leistungsausschluss nach § 21 SGB XII nur auf die Leistungen für den Lebensunterhalt bezieht und auch § 5 Abs. 2 SGB II nur Leistungen nach dem Dritten Kapitel SGB XII ausschließt. 45

X. Zuständigkeit

1. Sachliche Zuständigkeit

Nach § 97 Abs. 1 SGB XII ist der **örtliche Träger** der Sozialhilfe zuständig, soweit nicht eine abweichende Regelung durch den Landesgesetzgeber getroffen wurde. Abweichende Regelungen bestehen nur in wenigen Bundesländern. 46

- In **Bayern** ist nach Art. 82 Abs. 1 Nr. 2 AGSG der überörtliche Träger der Sozialhilfe zuständig, wenn die Leistungen in stationären oder teilstationären Einrichtungen gewährt werden.
- In **Hessen** ist nach § 2 Abs. 1 Nr. 1 HAG/SGB XII der überörtliche Träger zuständig bei Nichtsesshaften.
- In **Rheinland-Pfalz** ist nach § 2 Abs. 2 Nr. 8 AGSGB XII der überörtliche Träger zuständig für die Hilfe zur Weiterführung des Haushalts, sofern sie während eines stationären Aufenthalts wegen Krebserkrankung oder nach einem solchen Aufenthalt zu gewähren ist.

Für den Fall, dass die ausgefallene haushaltsführende Person **stationäre Leistungen** erhält, ist § 97 Abs. 4 SGB XII zu beachten. 47

2. Örtliche Zuständigkeit

Die örtliche Zuständigkeit richtet sich nach § 98 SGB XII, nach Absatz 1 Satz 1 ist der Träger der Sozialhilfe zuständig, in dessen Bereich sich der Leistungsberechtigte aufhält. Zu beachten ist, dass Leistungsberechtigter die ausgefallene haushaltsführende Person ist, nicht die Haushaltsangehörigen, so 48

---

[19] Zum Charakter von Soll-Vorschriften: BSG v. 30.05.2006 - B 1 KR 17/05 R.
[20] BSG v. 11.12.2007 - B 8/9b SO 12/06 R.
[21] LSG Nordrhein-Westfalen v. 16.09.2005 - L 20 B 9/05 B ER.

dass auch im Fall einer stationären Unterbringung der Haushaltsangehörigen nach § 70 Abs. 4 SGB XII nicht § 98 Abs. 2 SGB XII anzuwenden ist. Vielmehr greift § 98 Abs. 2 SGB XII nur, wenn die ausgefallene haushaltsführende Person stationäre Leistungen erhält.

C. Praxishinweise

49 Da es sich bei der Hilfe zur Weiterführung des Haushalts um eine eigenständige Hilfeform handelt, ist sie als **Streitgegenstand** von allen anderen Hilfearten abtrennbar.[22]

---

[22] BSG v. 11.12.2007 - B 8/9b SO 22/06 R zur Abtrennbarkeit von Streitgegenständen.

§ 71 SGB XII Altenhilfe

(Fassung vom 27.12.2003, gültig ab 01.01.2005)

(1) ¹Alten Menschen soll außer den Leistungen nach den übrigen Bestimmungen dieses Buches Altenhilfe gewährt werden. ²Die Altenhilfe soll dazu beitragen, Schwierigkeiten, die durch das Alter entstehen, zu verhüten, zu überwinden oder zu mildern und alten Menschen die Möglichkeit zu erhalten, am Leben in der Gemeinschaft teilzunehmen.

(2) Als Leistungen der Altenhilfe kommen insbesondere in Betracht:

1. Leistungen zu einer Betätigung und zum gesellschaftlichen Engagement, wenn sie vom alten Menschen gewünscht wird,
2. Leistungen bei der Beschaffung und zur Erhaltung einer Wohnung, die den Bedürfnissen des alten Menschen entspricht,
3. Beratung und Unterstützung in allen Fragen der Aufnahme in eine Einrichtung, die der Betreuung alter Menschen dient, insbesondere bei der Beschaffung eines geeigneten Heimplatzes,
4. Beratung und Unterstützung in allen Fragen der Inanspruchnahme altersgerechter Dienste,
5. Leistungen zum Besuch von Veranstaltungen oder Einrichtungen, die der Geselligkeit, der Unterhaltung, der Bildung oder den kulturellen Bedürfnissen alter Menschen dienen,
6. Leistungen, die alten Menschen die Verbindung mit nahe stehenden Personen ermöglichen.

(3) Leistungen nach Absatz 1 sollen auch erbracht werden, wenn sie der Vorbereitung auf das Alter dienen.

(4) Altenhilfe soll ohne Rücksicht auf vorhandenes Einkommen oder Vermögen geleistet werden, soweit im Einzelfall Beratung und Unterstützung erforderlich sind.

Gliederung

A. Basisinformationen 1	4. Leistungen bei der Aufnahme in eine Einrichtung (Nr. 3) 22
I. Textgeschichte/Gesetzgebungsmaterialien 1	5. Leistungen bei Inanspruchnahme altersgerechter Dienste (Nr. 4) 23
II. Vorgängervorschriften 2	6. Besuch von Veranstaltungen oder Einrichtungen (Nr. 5) 24
III. Parallelvorschriften 3	7. Verbindung mit nahestehenden Personen (Nr. 6) 26
IV. Verwaltungsvorschriften 4	8. Weitere Leistungen 27
V. Ausgewählte Literaturhinweise 5	9. Vorbereitung auf das Alter (Absatz 3) 31
B. Auslegung der Norm 6	V. Gebundene Entscheidung/Ermessen 32
I. Regelungsgehalt und Bedeutung der Norm 6	VI. Einkommensprivilegierung (Absatz 4) 34
II. Normzweck 7	VII. Zuständigkeit 35
III. Tatbestandsmerkmale 8	1. Sachliche Zuständigkeit 35
1. Alte Menschen 8	2. Örtliche Zuständigkeit 37
2. Altersbedingte Schwierigkeiten 11	**C. Praxishinweise** 38
IV. Leistungen der Altenhilfe 13	
1. Allgemeines 13	
2. Leistungen zur Betätigung und zum gesellschaftlichen Engagement (Nr. 1) 17	
3. Leistungen bei Beschaffung und Erhaltung einer Wohnung (Nr. 2) 19	

A. Basisinformationen

I. Textgeschichte/Gesetzgebungsmaterialien

1 Die Vorschrift ist zum 01.01.2005 als Teil des neu geschaffenen Sozialgesetzbuches Zwölftes Buch in der Fassung vom 27.12.2003[1] in Kraft getreten. § 75 BSHG wurde im Wesentlichen inhaltsgleich übernommen. Um die gewachsene Bedeutung zu dokumentieren, wurde § 71 Abs. 2 Nr. 1 SGB XII an den Anfang der Aufzählung gestellt; durch die Ergänzung sollte klargestellt werden, dass die Förderung gesellschaftlichen Engagements auch für alte Menschen eine besondere Bedeutung haben kann.[2]

II. Vorgängervorschriften

2 Da die Vorschrift dem früheren § 75 BSHG entspricht, kann die Rechtsprechung hierzu zur Auslegung herangezogen werden.

III. Parallelvorschriften

3 Auch in § 26e BVG ist eine Regelung zur Altenhilfe enthalten.

IV. Verwaltungsvorschriften

4 In der Globalrichtlinie „Bezirkliche Seniorenarbeit" der Stadt Hamburg[3] wird die Planung und Förderung von Angeboten der Seniorenarbeit durch die Bezirksämter auf der Grundlage des § 71 SGB XII geregelt. Weiterhin regelt die Stadt Hamburg die Leistungen im „Leistungskatalog der Altenhilfe nach § 71 SGB XII".[4]

V. Ausgewählte Literaturhinweise

5 *Deutscher Verein für öffentliche und private Fürsorge*, Weiterentwicklung der offenen Altenhilfe, NDV 2000, 33; *ders.*, Empfehlungen des Deutschen Vereins zur besseren Teilhabe älterer Menschen mit Migrationshintergrund, NDV 2011, 611; *Künzel-Schön*, Ältere Menschen als Leistungsnehmer überleitender und ambulanter Dienste des Gesundheitswesens und der Altenhilfe, NDV 2000, 115-118; *Kunkel*, Altenhilfe, VR 1981, 241; *Lachwitz*, Pflegebedürftigkeit aus Sicht der Menschen mit Behinderungen, ArchsozArb 2007, Nr. 2, 62; *Ort*, Die Altenpflege nach dem BSHG, ZfF 1972, 201; *Pfützenreuter*, Die alternde Gesellschaft vor Ort gestalten, NDV 2006, 234.

B. Auslegung der Norm

I. Regelungsgehalt und Bedeutung der Norm

6 Der steigende Anteil älterer Menschen an der Gesamtbevölkerung sowie die Veränderung der gesellschaftlichen Strukturen führen zu einer wachsenden Bedeutung der Hilfemaßnahmen für alte Menschen. In den übrigen Vorschriften des SGB XII wird nur in geringem Umfang den besonderen Bedürfnisse alter Menschen Rechnung getragen. Zwar wird ein Mehrbedarf nach § 30 Abs. 1 SGB XII gewährt und ggf. Hilfe zur Pflege geleistet, aber auch nicht pflegebedürftige alte Menschen bedürfen oft aufgrund altersbedingter Schwierigkeiten besonderer Hilfe, die über die Gewährung eines Mehrbedarfs hinausgeht.[5] Diese Lücke schließt § 71 SGB XII.

II. Normzweck

7 Durch Leistungen nach § 71 SGB XII soll älteren Menschen ermöglicht werden, trotz altersbedingter Schwierigkeiten ihr Leben selbstbestimmt zu gestalten und am Leben in der Gemeinschaft teilzunehmen. Besondere altersbedingte Bedarf sollen auch neben den sonstigen Leistungen nach dem SGB XII gedeckt werden.

---

[1] BGBl I 2003, 3022.
[2] BT-Drs. 15/1514, S. 64.
[3] www.hamburg.de/contentblob/1948548/data/globalrichtlinie-bezirkliche-seniorenarbeit.pdf (abgerufen am 27.03.2014).
[4] www.hamburg.de/contentblob/3422162/data/ah-sgbxii (abgerufen am 27.03.2014).
[5] Vgl. *Grube* in: Grube/Wahrendorf, 4. Aufl., § 71 Rn. 5.

III. Tatbestandsmerkmale

1. Alte Menschen

Die Vorschrift selbst definiert den Begriff des „alten Menschen" nicht. In der Praxis wird regelmäßig auf die **Altersgrenze** des § 30 Abs. 1 Nr. 1 SGB XII i.V.m. § 41 Abs. 2 SGB XII abgestellt, so dass sich ein Mindestalter von 65 Jahren, künftig ansteigend bis 67 Jahre, ergibt. Ob eine derartige starre Grenze dem Normzweck wirklich gerecht wird, ist zweifelhaft, weil typische altersbedingte Schwierigkeiten nicht zwingend erst ab Erreichen der Altersgrenze auftreten. Andererseits darf die Tatbestandsvoraussetzung des „alten Menschen" nicht anhand der erforderlichen Leistung definiert werden, so dass aus Gründen der Klarheit an der Altersgrenze festzuhalten ist. Da jedoch nach Absatz 3 die Leistungen auch zur Vorbereitung auf das Alter erbracht werden sollen, womit zwangsläufig auch jüngere Personen als Leistungsempfänger in Betracht kommen, wird dieses Problem abgemildert.   8

Durch Absatz 3, wonach auch Leistungen zur **Vorbereitung auf das Alter** erbracht werden, werden auch Personen, die noch keine „alten Menschen" sind, in den Anwendungsbereich des § 71 SGB XII einbezogen.   9

Empfänger von Leistungen nach dem SGB II sind nicht von den Leistungen der Altenhilfe ausgeschlossen, weil § 5 Abs. 2 SGB II und § 21 SGB XII sich nicht auf die Leistungen nach dem Neunten Kapitel beziehen. Allerdings sind Personen, welche die Altersgrenze erreicht haben, gemäß § 7 Abs. 1 Satz 1 Nr. 1 SGB II i.V.m. § 7a SGB II vom Leistungsbezug nach dem SGB II grundsätzlich ausgeschlossen. Aufgrund des Vorrangs der Grundsicherung im Alter und der Erwerbsminderung (§ 5 Abs. 2 SGB II) ist auch nur in Ausnahmefällen der Bezug von Sozialgeld möglich.[6] In aller Regel werden daher nur Leistungen zur Vorbereitung auf das Alter nach § 71 Abs. 3 SGB XII in Betracht kommen.   10

2. Altersbedingte Schwierigkeiten

Nach § 71 Abs. 2 Satz 1 SGB XII soll die Altenhilfe dazu beitragen, Schwierigkeiten, die durch das Alter entstehen, zu verhüten, zu überwinden oder zu mildern. Typische altersbedingte Schwierigkeiten sind beispielsweise eingeschränkte Beweglichkeit, Schwerhörigkeit, Demenz usw. sowie auch die hieraus resultierenden Folgen wie z.B. geringe Mobilität, Vereinsamung usw.   11

Voraussetzung ist ein Zusammenhang der Schwierigkeiten mit dem Alter, so dass ausgeschlossen ist, dass jemand Leistungen erhält, der zwar Schwierigkeiten hat, die auch typischerweise im Alter auftreten (z.B. Vereinsamung), bei dem dies jedoch nicht altersbedingt ist.   12

IV. Leistungen der Altenhilfe

1. Allgemeines

Die Altenhilfe ist eine ergänzende Leistung **neben** den übrigen Leistungen des SGB XII und wird daher durch diese nicht ausgeschlossen.   13

Die Leistungen der Altenhilfe sind jedoch von den übrigen Leistungen nach dem SGB XII abzugrenzen. Alten Menschen soll „außer den Leistungen nach den übrigen Bestimmungen dieses Buches" Altenhilfe gewährt werden. Hieraus wird deutlich, dass die übrigen Bestimmungen des SGB XII vorrangig sind.[7] Es dürfen nicht im Wege der Altershilfe Leistungen erbracht werden, die eigentlich Gegenstand einer anderen Leistungsnorm sind, deren Voraussetzungen jedoch nicht erfüllt sind.[8] Ansonsten würde § 71 SGB XII zu einer systemwidrigen Ausdehnung der Leistungsnormen dienen. Nur soweit tatsächlich ein **besonderer altersbedingter Bedarf** besteht, kommen Leistungen der Altenhilfe in Betracht.   14

Allerdings können Leistungen nicht schlechterdings mit dem Argument abgelehnt werden, auch jüngere Menschen hätten entsprechende Bedarfe.[9] Andernfalls wären Leistungen beispielsweise nach Absatz 2 Nrn. 1, 5 und 6 wohl fast immer ausgeschlossen, da das Bedürfnis nach Betätigung, nach dem Besuch von Veranstaltungen und nach der Verbindung mit nahestehenden Personen in keinem Zusammenhang mit dem Alter steht, sondern in jedem Alter auftritt. Vielmehr ist darauf abzustellen, ob gerade aufgrund des Alters besondere Schwierigkeiten bestehen, diese Bedürfnisse zu befriedigen.[10]   15

---

[6] *Söhngen* in: jurisPK-SGB II, § 19 Rn. 18
[7] LSG Bayern v. 26.02.2010 - L 8 SO 129/09.
[8] LSG Hessen v. 08.03.2013 - L 9 SO 52/10.
[9] So aber wohl LSG Hessen v. 08.03.2013 - L 9 SO 52/10.
[10] Vgl. VG Meiningen v. 08.05.2006 - 8 K 391/04.Me.

16 Die Aufzählung der Leistungsarten in Absatz 2 ist nicht abschließend („insbesondere"), es kommen neben den aufgeführten Leistungen weitere in Betracht, soweit sie geeignet sind, den in Absatz 1 Satz 2 genannten Normzweck zu erfüllen.

2. Leistungen zur Betätigung und zum gesellschaftlichen Engagement (Nr. 1)

17 Unter „Betätigung" sind sowohl bezahlte als auch unbezahlte, insbesondere **ehrenamtliche Tätigkeiten** zu verstehen sowie jede Art von **Freizeitbeschäftigung** musischer, künstlerischer, sportlicher oder sonstiger Art. Insoweit wird „gesellschaftliches Engagement" immer auch unter den Begriff der Betätigung fallen.

18 Als Leistungen kommen u.a. Beratung und Unterstützung bei Aufnahme einer Tätigkeit in Betracht, beispielsweise die Vermittlung ehrenamtlicher Tätigkeiten, aber auch die Übernahme von Fahrtkosten oder Kosten für notwendige Materialien oder die Bereitstellung von Räumlichkeiten.

3. Leistungen bei Beschaffung und Erhaltung einer Wohnung (Nr. 2)

19 Als Leistungen kommen vor allem Beratung und persönliche Unterstützung in Betracht, beispielsweise bei der **Suche einer Wohnung** oder beim Abschluss eines Mietvertrages, aber auch ggf. finanzielle Hilfen. So können ggf. bei der Beschaffung einer Wohnung Fahrtkosten für die Besichtigung einer Wohnung übernommen werden, auch die Übernahme von Maklerkosten oder Umzugskosten ist grundsätzlich denkbar.

20 Bei der **Erhaltung der Wohnung** ist u.a. an Beratung und Unterstützung bei der Beantragung von Leistungen wie z.B. Wohngeld zu denken. Soweit ein altersgerechter Umbau bzw. eine altersgerechte Ausstattung (z.B. rutschfester Boden, Veränderung der sanitären Einrichtungen, Hausnotruf) erforderlich ist, ist hierbei ebenfalls über die Maßnahmen selbst und über mögliche Leistungen anderer Träger zu beraten, auch finanzielle Hilfen werden hier häufig in Betracht kommen. Auch sonstige Maßnahmen, die der Erhaltung oder Wiederherstellung der Bewohnbarkeit der Wohnung dienen, wie beispielsweise Entmüllung oder Herstellung von Regaleinbauten[11], fallen unter § 71 Abs. 2 Nr. 2 SGB XII.

21 Die Übernahme der **laufenden Unterkunftskosten** zählt jedoch zur Hilfe zum Lebensunterhalt und kann daher nicht im Rahmen der Altenhilfe erfolgen.[12]

4. Leistungen bei der Aufnahme in eine Einrichtung (Nr. 3)

22 Der Begriff der „Einrichtung" ist umfassend zu verstehen, hierunter fallen Altenheime, Altenpflegeheime, betreute Wohnformen u.Ä. Bei allen Fragen, die mit der Aufnahme in eine Einrichtung zusammenhängen, sind Beratung und Unterstützung zu leisten, beispielsweise bei der Auswahl, den Kosten usw., aber auch bei der Organisation des Umzugs selbst und bei der ggf. erforderlichen Wohnungsauflösung. Diesbezüglich kommt auch die Übernahme von Kosten in Betracht.

5. Leistungen bei Inanspruchnahme altersgerechter Dienste (Nr. 4)

23 Hierunter fallen Beratung und Unterstützung bei allen Fragen, die im Zusammenhang mit der Inanspruchnahme altersgerechter Dienste, z.B. Essen auf Rädern, Haushaltshilfen, Einkaufsdienste, Besuchsdienste, Sozialstationen, aber auch Pflegedienste, auftreten. Auch die Unterstützung bei der Kontaktaufnahme und einem eventuellen Vertragsschluss ist erfasst. Ggf. ist auch eine Kostenübernahme möglich.

6. Besuch von Veranstaltungen oder Einrichtungen (Nr. 5)

24 Es besteht keine Beschränkung auf Veranstaltungen oder Einrichtungen, die sich speziell an ältere Menschen richten, vielmehr kommen alle Veranstaltungen in Betracht, die der Geselligkeit, Unterhaltung, Bildung oder den kulturellen Bedürfnissen dienen. Die Leistungen können in der Beratung und Unterstützung der Hilfesuchenden bei Auswahl und Besuch der Veranstaltung bestehen (beispielsweise Unterstützung beim Erwerb von Eintrittskarten, Organisation von Fahrdiensten usw.), aber auch in der Organisation entsprechender Veranstaltungen selbst. Auch die Übernahme von Kosten ist möglich.

25 Nr. 5 ermöglicht auch die Übernahme von Kosten für ein Fernseh- oder Radiogerät, ggf. auch für einen PC mit Internetanschluss.[13]

---

[11] OVG Berlin v. 21.02.1974 - VI B 23.73 - FEVS 22, 358.
[12] *Strnischa* in: Oestreicher, SGB XII/SGB II, § 71 Rn. 12.
[13] *Schlette* in: Hauck/Noftz, SGB XII, § 71 Rn. 11; *Strnischa* in: Oestreicher, SGB XII/SGB II, § 71 Rn. 16.

7. Verbindung mit nahestehenden Personen (Nr. 6)

Nr. 6 trägt dem Problem der Vereinsamung im Alter Rechnung und soll es dem Hilfesuchenden ermöglichen, soziale Kontakte zu erhalten, zu vertiefen oder (wieder)aufzunehmen. Der Begriff der „nahestehenden Person" ist nach Sinn und Zweck der Vorschrift weit auszulegen, so dass Verwandte, nähere Bekannte, frühere Arbeitskollegen und Schulfreunde, Nachbarn usw. erfasst werden. Vor allem finanzielle Hilfen kommen als Leistung in Betracht, so für Fahrt- und ggf. Übernachtungskosten oder Kosten der Kommunikation wie Telefon-, Telefonanschluss- und Internetkosten.

8. Weitere Leistungen

Da die Aufzählung in Absatz 2 nicht abschließend ist, kommen weitere Leistungsarten in Betracht. Eine genaue Abgrenzung der ausdrücklich aufgeführten Leistungen von weiteren Leistungen bzw. auch untereinander ist angesichts dessen, dass keine unterschiedlichen Voraussetzungen bestehen, entbehrlich.

Auch die Ermöglichung eines **Erholungsurlaubs** ist denkbar. Allein der Umstand, dass in einem Heim auch vielfältige andere Freizeitaktivitäten angeboten werden, schließt dies nicht aus, da eine mehrtägige Urlaubsreise den Teilnehmern ganz andere Eindrücke vermittelt als beispielsweise ein Tagesausflug.[14] Allerdings kann das Angebot an anderen Freizeitaktivitäten im Rahmen der Ermessensentscheidung selbstverständlich berücksichtigt werden.

Die Kosten eines **Telefonanschlusses** können auch dann, wenn er nicht der Verbindung mit nahestehenden Personen dient (vgl. Rn. 2), aus anderen Gründen übernommen werden, beispielsweise wenn er dem Hilfesuchenden die Möglichkeit bieten soll, im Notfall schnell einen Arzt herbeizurufen.[15]

Ebenfalls möglich sind Fahrdienste für Arzt- oder Behördenbesuche[16], auch die Einrichtung von Besuchsdiensten, Vorlesediensten u.Ä., Beratungsdiensten (z.B. hinsichtlich Sozialleistungen, Testamenten, Ernährungsfragen usw.).

9. Vorbereitung auf das Alter (Absatz 3)

Die Leistungen der Altenhilfe sollen auch erbracht werden, wenn sie der Vorbereitung auf das Alter dienen. Auch jüngere Personen sind somit leistungsberechtigt, wenn in nicht völlig unabsehbarer Zukunft mit dem Auftreten altersbedingter Schwierigkeiten zu rechnen ist. In diesen Fällen kommen insbesondere Hilfen zum Erwerb oder zum Erhalt einer altersgerechten Wohnung in Betracht.

V. Gebundene Entscheidung/Ermessen

Grundsätzlich besteht ein Rechtsanspruch auf die Leistungen der Altenhilfe, da es sich um eine **„Soll-Vorschrift"** handelt und dem Sozialhilfeträger somit kein Entschließungsermessen eingeräumt wird. Lediglich in atypischen Fällen kommt eine Ablehnung in Betracht.

Hinsichtlich der Art der Leistung besteht jedoch Ermessen, ein Anspruch auf eine bestimmte Leistung kann daher nur im Fall der Ermessensreduzierung auf Null bestehen. In der Regel besteht nur ein Anspruch auf pflichtgemäße Ermessensausübung (§ 39 Abs. 1 Satz 2 SGB I).

VI. Einkommensprivilegierung (Absatz 4)

Werden nur **Beratung und Unterstützung** geleistet, soll die Altenhilfe nach § 71 Abs. 4 SGB XII ohne Rücksicht auf vorhandenes Einkommen oder Vermögen geleistet werden. Da es sich um eine „Soll-Vorschrift" handelt, ist nur in atypischen Fällen ein Abweichen möglich. Bei Sachleistungen hingegen gelten grundsätzlich die Einkommensgrenze des § 85 SGB XII sowie § 90 SGB XII. Lediglich dann, wenn die **Sachleistungen** neben der persönlichen Hilfe in den Hintergrund treten, wie es beispielsweise bei der Zurverfügungstellung von Kaffee und Kuchen einer Veranstaltung der Fall ist, kann ebenfalls Absatz 4 angewendet werden.[17]

---

[14] Zu § 75 BSHG: VG Göttingen v. 24.02.2005 - 2 A 266/04.
[15] VGH Hessen v. 15.12.1969 - V OE 55/69 - FEVS 17, 136.
[16] *Schlette* in: Hauck/Noftz, SGB XII, § 71 Rn. 14; *Strnischa* in: Oestreicher, SGB XII/SGB II, § 71 Rn. 19.
[17] *Münder/Bieritz-Harder* in: LPK-SGB XII, 8. Aufl., § 71 Rn. 22; *Strnischa* in: Oestreicher, SGB XII/SGB II, § 71 Rn. 21.

VII. Zuständigkeit

1. Sachliche Zuständigkeit

35 Aus § 97 Abs. 1 SGB XII ergibt sich die sachliche Zuständigkeit des **örtlichen Trägers** der Sozialhilfe, soweit nicht das Landesrecht etwas anderes bestimmt. Teilweise abweichende Regelungen bestehen nur in Bayern und Hessen.
- In **Bayern** ist nach Art. 82 Abs. 1 Nr. 2 AGSG der überörtliche Träger der Sozialhilfe zuständig, wenn die Leistungen in stationären oder teilstationären Einrichtungen gewährt werden.
- In **Hessen** ist nach § 2 Abs. 1 Nr. 1 HAG/SGB XII der überörtliche Träger zuständig bei Nichtsesshaften.

36 Für den Fall, dass die hilfesuchende Person stationäre Leistungen erhält, ist § 97 Abs. 4 SGB XII zu beachten.

2. Örtliche Zuständigkeit

37 Die örtliche Zuständigkeit richtet sich nach § 98 SGB XII, nach Absatz 1 Satz 1 ist der Träger der Sozialhilfe zuständig, in dessen Bereich sich der Leistungsberechtigte aufhält. Bei Formen der ambulanten betreuten Wohnmöglichkeiten ist der Träger der Sozialhilfe örtlich zuständig, der vor Eintritt in diese Wohnform zuletzt zuständig war oder gewesen wäre (Absatz 5 Satz 1). Für die stationäre Leistung ist der Träger der Sozialhilfe örtlich zuständig, in dessen Bereich die Leistungsberechtigten ihren gewöhnlichen Aufenthalt im Zeitpunkt der Aufnahme in die Einrichtung haben oder in den zwei Monaten vor der Aufnahme zuletzt gehabt hatten (Absatz 2 Satz 1).

C. Praxishinweise

38 Da es sich bei der Altenhilfe um eine eigenständige Leistung handelt, ist sie als Streitgegenstand von allen anderen Hilfearten abtrennbar.

§ 72 SGB XII Blindenhilfe

(Fassung vom 24.03.2011, gültig ab 01.01.2011)

(1) ¹Blinden Menschen wird zum Ausgleich der durch die Blindheit bedingten Mehraufwendungen Blindenhilfe gewährt, soweit sie keine gleichartigen Leistungen nach anderen Rechtsvorschriften erhalten. ²Auf die Blindenhilfe sind Leistungen bei häuslicher Pflege nach dem Elften Buch, auch soweit es sich um Sachleistungen handelt, mit 70 vom Hundert des Pflegegeldes der Pflegestufe I und bei Pflegebedürftigen der Pflegestufen II und III mit 50 vom Hundert des Pflegegeldes der Pflegestufe II, höchstens jedoch mit 50 vom Hundert des Betrages nach Absatz 2, anzurechnen. ³Satz 2 gilt sinngemäß für Leistungen nach dem Elften Buch aus einer privaten Pflegeversicherung und nach beamtenrechtlichen Vorschriften. ⁴§ 39a ist entsprechend anzuwenden.

(2) ¹Die Blindenhilfe beträgt bis 30. Juni 2004 für blinde Menschen nach Vollendung des 18. Lebensjahres 585 Euro monatlich, für blinde Menschen, die das 18. Lebensjahr noch nicht vollendet haben, beträgt sie 293 Euro monatlich. ²Sie verändert sich jeweils zu dem Zeitpunkt und in dem Umfang, wie sich der aktuelle Rentenwert in der gesetzlichen Rentenversicherung verändert.

(3) ¹Lebt der blinde Mensch in einer stationären Einrichtung und werden die Kosten des Aufenthalts ganz oder teilweise aus Mitteln öffentlich-rechtlicher Leistungsträger getragen, so verringert sich die Blindenhilfe nach Absatz 2 um die aus diesen Mitteln getragenen Kosten, höchstens jedoch um 50 vom Hundert der Beträge nach Absatz 2. ²Satz 1 gilt vom ersten Tage des zweiten Monats an, der auf den Eintritt in die Einrichtung folgt, für jeden vollen Kalendermonat des Aufenthalts in der Einrichtung. ³Für jeden vollen Tag vorübergehender Abwesenheit von der Einrichtung wird die Blindenhilfe in Höhe von je einem Dreißigstel des Betrages nach Absatz 2 gewährt, wenn die vorübergehende Abwesenheit länger als sechs volle zusammenhängende Tage dauert; der Betrag nach Satz 1 wird im gleichen Verhältnis gekürzt.

(4) ¹Neben der Blindenhilfe wird Hilfe zur Pflege wegen Blindheit (§§ 61 und 63) außerhalb von stationären Einrichtungen sowie ein Barbetrag (§ 27b Absatz 2) nicht gewährt. ²Neben Absatz 1 ist § 30 Abs. 1 Nr. 2 nur anzuwenden, wenn der blinde Mensch nicht allein wegen Blindheit voll erwerbsgemindert ist. ³Die Sätze 1 und 2 gelten entsprechend für blinde Menschen, die nicht Blindenhilfe, sondern gleichartige Leistungen nach anderen Rechtsvorschriften erhalten.

(5) Blinden Menschen stehen Personen gleich, deren beidäugige Gesamtsehschärfe nicht mehr als ein Fünfzigstel beträgt oder bei denen dem Schweregrad dieser Sehschärfe gleichzuachtende, nicht nur vorübergehende Störungen des Sehvermögens vorliegen.

Gliederung

A. Basisinformationen 1
I. Textgeschichte/Gesetzgebungsmaterialien 1
II. Vorgängervorschrift 3
III. Parallelvorschriften 5
IV. Systematische Zusammenhänge 7
V. Ausgewählte Literaturhinweise 9
B. Auslegung der Norm 10
I. Regelungsgehalt und Bedeutung der Norm 10
II. Normzweck 13
III. Tatbestandsmerkmale 14
1. Blindheit (Absatz 1 Satz 1 und Absatz 5) 14
2. Kein Bezug gleichartiger Leistungen nach anderen Rechtsvorschriften (Absatz 1 Satz 1) 24

IV. Rechtsfolgen 27
1. Anspruchshöhe (Absätze 2 und 3) 27
   a. Grundsätzliche Anspruchshöhe (Absatz 2) 27
   b. Reduzierung bei Aufenthalt in stationärer Einrichtung (Absatz 3) 35
2. Anrechnung anderer Leistungen (Absatz 1 Sätze 2 und 3) 38
3. Einschränkung der Leistung bei fehlender Mitwirkung (Absatz 1 Satz 5 i.V.m. § 39a SGB XII) 40
4. Ausschluss anderer Leistungen (Absatz 4) 42
C. Praxishinweise 44

A. Basisinformationen

I. Textgeschichte/Gesetzgebungsmaterialien

1 Die Regelung trat wie das gesamte SGB XII zum 01.01.2005 in Kraft (Art. 1 des Gesetzes vom 27.12.2003[1]). Die Gesetzesmaterialien zum Entwurf des Gesetzes zur Einordnung des Sozialhilferechts in das Sozialgesetzbuch sind in BT-Drs. 15/1514 enthalten.

2 Durch das **Gesetz zur Ermittlung von Regelbedarfen und zur Änderung des Zweiten und Zwölften Buches Sozialgesetzbuch** vom 24.03.2011[2] sind § 72 Abs. 1 Satz 4 und **Abs. 4 Satz 1** mit Wirkung vom **01.01.2011** geändert worden. Inhaltliche Änderungen sind damit nicht verbunden. In der Gesetzesbegründung heißt es[3]:
„Bei der Änderung des Verweises in Absatz 1 Satz 4 handelt es sich um eine redaktionelle Folgeänderung aufgrund der Neustrukturierung des Dritten Kapitels: Aus dem die Einschränkung der Leistung regelnden bisherigen § 39 wird § 39a. Auch bei der Änderung in Absatz 4 Satz 1 handelt es sich um eine redaktionelle Anpassung an die Neustrukturierung des Dritten Kapitels: Der bisher in § 35 Absatz 2 geregelte Barbetrag ist künftig in § 27b Absatz 2 geregelt."

II. Vorgängervorschrift

3 Die Regelung des § 72 SGB XII „überträgt im wesentlichen inhaltsgleich den bisherigen **§ 67 des Bundessozialhilfegesetzes**"[4] (im Gesetzentwurf war die Blindenhilfe noch als § 67 SGB XII vorgesehen). Die Rechtsprechung und Literatur zu § 67 BSHG können also bei der Auslegung des § 72 SGB XII grundsätzlich berücksichtigt werden.

4 Allerdings finden sich Änderungen im Einzelnen:
- § 72 **Abs. 1 Satz 2** SGB XII enthält hinsichtlich der Anrechnung der Leistungen bei häuslicher Pflege nach dem SGB XI „eine gestaffelte Kürzungsvorgabe"[5], während § 67 BSHG insoweit Ermessen eröffnete.
- Bei dieser Anrechnung anderer Leistungen werden durch § 72 **Abs. 1 Satz 3** SGB XII die privat- und beamtenrechtlichen Leistungen „zur Klarstellung"[6] miteinbezogen.
- Durch § 72 **Abs. 1 Satz 4** SGB XII wird geregelt, dass in entsprechender Anwendung des § 39a SGB XII, der die Einschränkung von Leistungen bei fehlender Mitwirkung normiert, das Blindengeld gekürzt werden kann.[7] Der Absatz 4 des § 67 BSHG, der eine fehlende Mitwirkung bislang regelte, wurde deshalb nicht in das neue Recht übernommen.[8]
- In § 72 **Abs. 2** SGB XII wurde der Regelungsgehalt des bisherigen § 67 Abs. 6 BSHG übernommen.

III. Parallelvorschriften

5 Ein Pendant zu § 72 SGB XII existiert im Grundsicherungsrecht nach dem **SGB II** nicht.

6 Vergleichbare Regelungen existieren aber im **sonstigen Bundesrecht** und im **Landesrecht**. Vgl. hierzu im Einzelnen Rn. 24.

IV. Systematische Zusammenhänge

7 Die **Sozialhilfe** umfasst nach dem Leistungskatalog des § 8 SGB XII nicht nur die Hilfe zum Lebensunterhalt (§§ 27 ff. SGB XII) sowie die Grundsicherung im Alter und bei Erwerbsminderung (§§ 41 ff. SGB XII), sondern insbesondere auch die „**Hilfe in anderen Lebenslagen** (§§ 70 bis 74)". Zu dieser „Hilfe in anderen Lebenslagen" gehört die Blindenhilfe des § 72 BSHG.

8 Alle in § 8 SGB XII aufgezählten insgesamt sieben Leistungsarten stehen aber grundsätzlich gleichrangig nebeneinander (hier mit der Einschränkung gemäß § 72 Abs. 4 SGB XII, vgl. hierzu Rn. 42). Die Gesetzgebung hat damit die bisherige Zweiteilung in Hilfe zum Lebensunterhalt (§§ 11-26 des bis

---

[1] BGBl I 2003, 3022.
[2] BGBl I 2011, 453.
[3] BT-Drs. 17/3404, S. 128.
[4] BT-Drs. 15/1514, S. 64.
[5] BT-Drs. 15/1514, S. 64.
[6] BT-Drs. 15/1514, S. 64.
[7] BT-Drs. 15/1514, S. 64.
[8] BT-Drs. 15/1514, S. 64.

zum 31.12.2004 geltenden BSHG) einerseits und Hilfe in besonderen Lebenslagen (§§ 27-75 BSHG) andererseits wegen der veränderten Bedeutung der einzelnen Leistungen aufgegeben.[9]

V. Ausgewählte Literaturhinweise

Dau, Gewährung von Blindengeld nach § 1 GHBG: Leistungsbeginn erst mit Antragstellung, jurisPR-SozR 15/2010, Anm. 3; *Dau*, „Blindheit" im Schwerbehindertenrecht, jurisPR-SozR 24/2009, Anm. 4; *Dau*, Anhaltspunkte durch „Versorgungsmedizinische Grundsätze" ersetzt, jurisPR-SozR 4/2009, Anm. 4; *Demmel*, Die Entwicklung und Bedeutung der öffentlich-rechtlichen Blindengeldleistung als Sozialleistung, 2003; *Jungeblut*, Nichts sehen können – und doch nicht blind? Kritische Würdigung der höchstrichterlichen Kriterien zur Vergabe des Merkzeichens „Bl", Sozialrecht im Umbruch – Sozialgerichte im Aufbruch 2010, 69-72; *Rademacker*, Blindengeld für Menschen mit schwersten Behinderungen, RdLH 2005, 186-188; *Rohrschneider*, Augenärztliche Begutachtung im sozialen Entschädigungs- und Schwerbehindertenrecht und bei Blindheit, MEDSACH 2012, 5-9.

B. Auslegung der Norm

I. Regelungsgehalt und Bedeutung der Norm

§ 72 SGB XII regelt, unter welchen Voraussetzungen **blinde Menschen** (§ 72 Abs. 1 Satz 1 SGB XII) und **ihnen gleichgestellte Personen** (§ 72 Abs. 5 SGB XII) die Blindenhilfe als besondere Form der Sozialhilfe in Anspruch nehmen können. Sind die Tatbestandsvoraussetzungen erfüllt, wird die Blindenhilfe in Form einer **Geldleistung** (§ 10 Abs. 1 SGB XII, § 11 Satz 1 SGB I) **in pauschalierter Höhe** (§ 72 Abs. 2 SGB XII) erbracht.

Die Gewährung der Blindenhilfe setzt u.a. voraus, dass „keine gleichartigen Leistungen nach anderen Rechtsvorschriften" (§ 72 Abs. 1 Satz 1 SGB XII) bezogen werden. Die Gewährung der Blindenhilfe gemäß § 72 SGB XII ist damit – wie alle Leistungen der Sozialhilfe gemäß § 2 Abs. 1 SGB XII – nachrangig gegenüber anderen Regelungen. Hierzu gehören vor allem die **Leistungen der Landesblindenhilfe**, die zudem regelmäßig einkommens- und vermögensunabhängig geleistet werden.[10] Gegenüber den entsprechenden landesrechtlichen Leistungsgesetzen tritt also die Blindenhilfe nach § 72 SGB XII als subsidiäre Leistung zurück. Dies verringert die praktische Bedeutung der Blindenhilfe gemäß § 72 SGB XII.

Allerdings gilt der Vorrang der gleichartigen Leistungen nach anderen Rechtsvorschriften nur, „**soweit**" (§ 72 Abs. 1 Satz 1 SGB XII) ein Bezug dieser Leistungen besteht. Die Blindenhilfe ist damit **ergänzend zu leisten**, wenn und soweit die anderen Leistungen hinter der Blindenhilfe zurückbleiben.[11] Da die Leistungen der Landesblindenhilfe in der Vergangenheit abgesenkt worden sind, kommt der „Aufstockung" dieser Leistungen über die Blindenhilfe gemäß § 72 SGB XII wieder zunehmende Bedeutung zu.[12]

II. Normzweck

Die Blindenhilfe wird gemäß § 72 Abs. 1 Satz 1 SGB XII „zum Ausgleich der **durch die Blindheit bedingten Mehraufwendungen**" geleistet. Dass solche Mehraufwendungen bei jedem blinden Menschen vorhanden sind, wird durch § 72 SGB XII **typisierend unterstellt** bzw. vorausgesetzt. Es ist daher nicht zu prüfen, ob diese Mehraufwendungen tatsächlich im konkreten Fall entstehen. Der Passus „zum Ausgleich der durch die Blindheit bedingten Mehraufwendungen" in § 72 Abs. 1 Satz 1 SGB XII formuliert somit keine Tatbestandsvoraussetzung, sondern gibt ausschließlich die legislative Regelungsabsicht wieder. Der Ausgleich der durch die Blindheit bedingten Mehraufwendungen erfolgt in Form einer **pauschalierten Geldleistung** in gesetzlich vorgegebener fester Höhe (§ 72 Abs. 2 SGB XII). In welcher Höhe Mehraufwendungen im Einzelfall tatsächlich entstehen, ist damit – wieder – irrelevant.

---

[9] *Coseriu* in: Bender/Eicher, Sozialrecht – eine Terra incognita, Festschrift 50 Jahre saarländische Sozialgerichtsbarkeit, 2009, S. 225, 230 f.
[10] *Strnischa* in: Oestreicher, SGB XII, § 72 Rn. 3.
[11] SG Landshut v. 02.02.2011 - S 10 SO 36/09, auch zum Einkommenseinsatz gemäß §§ 82, 83 SGB XII (m.w.N.).
[12] *Strnischa* in: Oestreicher, SGB XII, § 72 Rn. 3; *Schlette* in: Hauck/Noftz, SGB XII, K § 72 Rn. 5.

III. Tatbestandsmerkmale

1. Blindheit (Absatz 1 Satz 1 und Absatz 5)

14 Zentrale Tatbestandsvoraussetzung des § 72 SGB XII ist die **Blindheit** des betroffenen Menschen.

15 Der sozialrechtliche Blindheitsbegriff hat sich im Laufe der Zeit gewandelt. Blind war und ist stets, wem das **Augenlicht völlig fehlt**.[13] Dieser Blindheitsbegriff liegt § 72 **Abs. 1 Satz 1** SGB XII zugrunde.

16 Gemäß § 72 Abs. 5 SGB XII stehen blinden Menschen Personen **gleich**,
- deren beidäugige Gesamtsehschärfe nicht mehr als ein Fünfzigstel beträgt **(Fall 1)**, oder
- bei denen dem Schweregrad dieser Sehschärfe gleichzuachtende, nicht nur vorübergehende Störungen des Sehvermögens vorliegen **(Fall 2)**.

17 Für das Verständnis dieser Gleichstellung ist es aufschlussreich, sich die **Entwicklung des Blindheitsbegriffes** im Sozialhilferecht näher anzusehen: Im Sozialhilferecht galt nach der **ursprünglichen Fassung** des damals maßgeblichen § 24 Abs. 3 BSHG[14] auch als blind, wer eine so geringe Sehschärfe hatte, dass er sich in einer ihm nicht vertrauten Umgebung ohne fremde Hilfe nicht zurechtfinden konnte. Dies wurde als „**Orientierungsblindheit**" bezeichnet.[15] Diese Definition wurde durch das **Zweite Gesetz zur Änderung des BSHG**[16] aufgegeben und der Blindheitsbegriff mit Wirkung vom 01.10.1969 in § 24 Abs. 1 Satz 2 BSHG neu gefasst. Die „Orientierungsblindheit" wurde durch feste Werte zur verbliebenen Sehschärfe und zum erhaltenen Gesichtsfeld abgelöst.[17] Danach findet § 24 Abs. 1 Satz 1 BSHG auch Anwendung auf Personen, deren Sehschärfe auf dem besseren Auge nicht mehr als 1/50 beträgt oder nicht mehr als 1/35 beträgt, wenn das Gesichtsfeld dieses Auges bis auf 30 Grad oder weiter eingeschränkt ist, oder nicht mehr als 1/20 beträgt, wenn das Gesichtsfeld dieses Auges bis auf 15 Grad oder weiter eingeschränkt ist. Mit dieser Abkehr vom Ausdruck der „Orientierungsblindheit" sollten nunmehr durch Angabe bestimmter Werte Schwierigkeiten vermieden werden, die sich bei der Anwendung der bisherigen, wenig konkreten und daher nur schwer gleichmäßig anwendbaren Fassung ergeben hatten; vor allem waren die weite, über den ursprünglich geplanten Rahmen hinausgehende Auslegung und die Gefahr von Missbräuchen beklagt worden.[18]

18 Diese – enge – Fassung wurde 1974 erneut geändert. Mit dem **Dritten Gesetz zur Änderung des BSHG**[19] erhielt § 24 in Abs. 1 Satz 2 BSHG eine neue Fassung. Sie erfasste nunmehr „Personen, deren Sehschärfe auf dem besseren Auge nicht mehr als 1/50 beträgt (Nr. 1), oder bei denen von Nr. 1 nicht erfasste, nicht nur vorübergehende Störungen des Sehvermögens von einem solchen Schweregrad vorliegen, dass sie der Beeinträchtigung der Sehschärfe nach Nr. 1 gleichzuachten sind (Nr. 2)". Diese Neuregelung wurde damit begründet, dass die im Jahre 1969 getroffene Regelung einer strikten Abstufung allein nach den Graden der Sehschärfe und des Gesichtsfeldes als unzulänglich erscheine. Es seien Personen von der Blindenhilfe ausgeschlossen worden, deren Sehbehinderung auf anderen Ursachen oder auf anderen Kombinationen von Ursachen beruhe, die im Ergebnis aber ebenso schwer betroffen seien wie die nach der bisherigen Regelung Begünstigten.[20] Mit der Einfügung des Abs. 2a Nr. 3 in § 76 BSHG hat der Gesetzgeber sodann eine praktisch gleichlautende Regelung getroffen.[21]

19 Diese Änderung des § 24 BSHG durch das erwähnte Dritte Gesetz zur Änderung des BSHG erhielt eine nachträgliche „Bestätigung" durch das BVerfG, das in seinem Beschluss vom 07.05.1974 den § 24 Abs. 1 Satz 2 BSHG i.d.F. von 1969 als mit Art. 3 Abs. 1 GG insoweit für unvereinbar erklärte, als Personen, deren Sehvermögen trotz einer besseren Sehschärfe als 1/20 aufgrund anderer Ursachen (in-

---

[13] Ausführlich *Dau*, jurisPR-SozR 24/2009, Anm. 4.
[14] I.d.F. des Gesetzes vom 30.06.1961, BGBl I 1996, 815; § 24 Abs. 2 i.d.F. des Gesetzes vom 31.08.1965, BGBl I 1965, 1027.
[15] *Dau*, jurisPR-SozR 24/2009, Anm. 4.
[16] Vom 14.08.1969, BGBl I 1969, 1153
[17] *Dau*, jurisPR-SozR 24/2009, Anm. 4.
[18] Zum Vorstehenden BSG v. 31.01.1995 - 1 RS 1/93 - SozR 3-5920 § 1 Nr. 1 unter Hinweis auf BT-Drs. 5/3495, S. 11.
[19] Vom 25.03.1974, BGBl I 1974, 777.
[20] BSG v. 31.01.1995 - 1 RS 1/93 - SozR 3-5920 § 1 Nr. 1 unter Hinweis auf die Begründung des Regierungsentwurfs, BT-Drs. 7/308, S. 11.
[21] Zum Vorstehenden BSG v. 31.01.1995 - 1 RS 1/93 - SozR 3-5920 § 1 Nr. 1.

folge extremer Einschränkung des Gesichtsfeldes) ebenso stark beeinträchtigt war wie das der begünstigten Personen, diesen nicht **gleichgestellt** wurden.[22]

Diese auch in § 72 Abs. 5 Fall 2 SGB XII übernommene **Gleichstellung** fordert lediglich eine dem Schweregrad – nicht der Art nach – vergleichbare Beeinträchtigung des Sehvermögens. Es kommt deshalb nach der Rechtsprechung nicht darauf an, aus welcher Ursache das Sehvermögen gestört ist. Außer der **Schädigung des Sehorgans selbst** (Auge, Sehbahn) können auch **zerebrale Schäden** zu berücksichtigen sein.[23]

20

Bei **zerebralen Schäden** ist nach dieser Rechtsprechung allerdings zu unterscheiden, ob sie das „Erkennen"-Können oder das „Benennen"-Können betreffen. Zu „faktischer" Blindheit führen nur Störungen schon in der **perzeptiven Phase des Prozesses visueller Wahrnehmung**. Blind kann danach sein, wer die visuelle Information nach Form, Farbe, Orientierung und Bewegung nicht oder nur unzulänglich aufzuschlüsseln vermag. Störungen erst bei der Zuordnung des Wahrgenommenen an das semantische Gedächtnis (semantische Phase) vermögen (sozialrechtliche) Blindheit nicht zu begründen. Liegen umfangreiche zerebrale Schäden vor, ist darüber hinaus weiter zu differenzieren, ob sich im Vergleich zu anderen möglicherweise ebenfalls eingeschränkten Gehirnfunktionen eine **spezifische Störung des Sehvermögens** feststellen lässt. Zum Nachweis einer zu faktischer Blindheit führenden schweren Störung des Sehvermögens genügt es insoweit, dass die visuelle Wahrnehmung deutlich stärker betroffen ist als die Wahrnehmung in anderen Modalitäten (keine gleichzeitig bestehende taktile, auditorische und räumliche Agnosie). Deshalb ist z.B. (sozialrechtlich) nicht blind, wer an einem vollständigen **apallischen Syndrom** (vollständiges **Wachkoma**[24]) leidet.[25] Es kann sich als sehr schwierig erweisen, die Verortung einer zerebral verursachten Störung im Prozess visueller Wahrnehmung festzustellen und nachzuweisen. Das liegt nicht nur an den Grenzen der medizinischen Diagnostik. Es kommt hinzu, dass diese begrenzten Möglichkeiten sich oft nicht nutzen lassen, weil der zerebral geschädigte Antragsteller zur Mitarbeit nicht in der Lage ist und/oder sich eine mit tiefer Sedierung oder Narkose verbundene Diagnostik wegen der damit gerade für ihn verbundenen gesundheitlichen Risiken verbietet.[26] Die Nichtaufklärbarkeit geht dann nach den allgemeinen Regeln der materiellen Beweislast zu Lasten des Antragstellers.[27]

21

Im **Schwerbehindertenrecht** gilt nach § 3 Abs. 1 Nr. 3 SchwbAwV der Blindheitsbegriff des § 72 Abs. 5 SGB XII.[28] Die schwerbehindertenrechtlichen **Statusentscheidungen der Versorgungsämter** sind bei der Prüfung inhaltsgleicher Tatbestandsvoraussetzungen für in anderen Gesetzen geregelte Vergünstigungen bzw. Nachteilsausgleiche für die hierfür jeweils zuständigen anderen Verwaltungsbehörden **bindend**.[29] Denn zum einen ist der Prüfungsmaßstab wie ausgeführt identisch. Zum anderen verfolgen die schwerbehinderungsrechtlichen Normen das Ziel, dass es den schwerbehinderten Menschen gerade erspart werden soll, bei der Inanspruchnahme von Rechten und Vergünstigungen bzw. Nachteilsausgleichen stets wieder aufs Neue ihre Behinderung und die damit verbundenen gesundheitlichen Beeinträchtigungen untersuchen und beurteilen lassen zu müssen. Dieses Ziel soll durch Konzentration der erwähnten Statusentscheidungen bei den Versorgungsbehörden und durch eine umfas-

22

---

[22] BVerfG v. 07.05.1974 - 1 BvL 6/72 - BVerfGE 37, 154; vgl. BSG v. 31.01.1995 - 1 RS 1/93 - SozR 3-5920 § 1 Nr. 1.

[23] Zum BSHG BSG v. 31.01.1995 - 1 RS 1/93 - SozR 3-5920 § 1 Nr. 1; BSG v. 26.10.2004 - B 7 SF 2/03 R - SozR 4-5921 Art. 1 Nr. 1; BSG v. 20.07.2005 - B 9a BL 1/05 R - SozR 4-5921 Art. 1 Nr. 2; Sächsisches LSG v. 21.12.2005 - L 6 SB 11/04; *Dau*, jurisPR-SozR 24/2009, Anm. 4; *Rademacker*, RdLH 2005, 186; vgl. auch *Demmel*, Die Entwicklung und Bedeutung der öffentlich-rechtlichen Blindengeldleistung als Sozialleistung, 2003, S. 222 ff.

[24] Zu den verschiedenen Stadien und Remissionsstufen des Wachkomas *Nydahl*, Wachkoma – Betreuung, Pflege und Förderung eines Menschen im Wachkoma, 2. Aufl. 2007. Dort finden sich auch hilfreiche Hinweise für die in besonderer Weise betroffenen Angehörigen von Wachkoma-Patienten.

[25] BSG v. 20.07.2005 - B 9a BL 1/05 R - SozR 4-5921 Art. 1 Nr. 2; ferner *Dau*, jurisPR-SozR 24/2009, Anm. 4. Kritisch hierzu *Jungeblut*, Nichts sehen können – und doch nicht blind? Kritische Würdigung der höchstrichterlichen Kriterien zur Vergabe des Merkzeichens „Bl", Sozialrecht im Umbruch – Sozialgerichte im Aufbruch 2010, 69-72.

[26] Zum Vorstehenden ausführlich *Dau*, jurisPR-SozR 24/2009, Anm. 4.

[27] Sächsisches LSG v. 21.12.2005 - L 6 SB 11/04.

[28] *Dau*, jurisPR-SozR 24/2009, Anm. 4.

[29] BSG v. 07.05.1986 - 9a RVs 54/85 - SozR 3100 § 35 Nr. 16 m.w.N.; dem folgend BVerwG v. 27.02.1992 - 5 C 48/88 - BVerwGE 90, 65.

sende Nachweisfunktion des von diesen ausgestellten Ausweises über jene Entscheidungen erreicht werden. Das setzt jedoch eine bindende Wirkung der versorgungsbehördlichen Feststellungen für die zur Gewährung der Vergünstigungen bzw. Nachteilsausgleiche jeweils zuständigen anderen Behörden voraus.[30]

23 Diese Bindungswirkung der Entscheidungen der Versorgungsämter gilt nach dem zuvor ausgeführten Sinn und Zweck der Statusfeststellung nur für die positiven Entscheidungen, die die Gesundheitsstörung und den Nachteilsausgleich der Blindheit feststellen. Sie gilt damit **nicht** für die **negativen** Entscheidungen, mit denen das Versorgungsamt einen entsprechenden Antrag ablehnt. Der Sozialhilfeträger wird folglich nicht von seiner Amtsermittlungspflicht (§ 20 SGB X) dispensiert, wenn bereits eine negative Entscheidung des Versorgungsamtes vorliegt. Der Sozialhilfeträger ist allerdings nicht gehindert, die Ergebnisse der Ermittlungen des Versorgungsamtes als Beweismittel gemäß § 21 Abs. 1 Satz 1 Nr. 3 SGB X beizuziehen; hierbei muss er die Regelungen über den Schutz der Sozialdaten (§ 35 SGB I, §§ 67 ff. SGB X) beachten.

2. Kein Bezug gleichartiger Leistungen nach anderen Rechtsvorschriften (Absatz 1 Satz 1)

24 Die Regelung des § 72 Abs. 1 Satz 1 SGB XII setzt voraus, dass die hilfebedürftigen und blinden Menschen keine gleichartigen Leistungen nach anderen Rechtsvorschriften erhalten. Diese **negative Tatbestandsvoraussetzung** ist Ausdruck des so genannten Nachranggrundsatzes des § 2 Abs. 1 SGB XII, bei dem es sich nicht um eine isolierte Ausschlussnorm handelt.[31] Das Wort „erhalten" zeigt, dass diese Leistungen auch tatsächlich bezogen werden müssen; dass auf sie nur ein Anspruch (ggf. nur dem Grunde nach) besteht, reicht also nicht aus.

25 Zu diesen **gleichartigen Leistungen nach anderen Rechtsvorschriften** gehören:
- Pflegezulage für Kriegsblinde gemäß § 35 Abs. 1 Satz 6 BVG,
- Pflegezulage für blinde Menschen, die ihren Anspruch aus dem OEG, HHG, SVG, SDG, IfSG, StrRehaG oder VwRehaG (jeweils i.V.m. BVG) herleiten,
- Pflegegeld nach § 44 SGB VII,
- Pflegezulage nach § 269 LAG,
- Leistungen nach den Blinden- und Pflegediensten der Länder.

26 Die zuletzt genannten **Leistungen nach den Blinden- und Pflegediensten der Länder** haben in der Praxis eine sehr große Bedeutung. Diese Leistungen – das so genannte **Landesblindengeld** – werden in allen Bundesländern und zudem einkommens- und vermögensunabhängig gewährt. Im Einzelnen sind folgende Rechtsgrundlagen maßgeblich[32]:
- **Baden-Württemberg**: Gesetz über die Landesblindenhilfe vom 08.02.1972 (GBl. 1972, 56), zuletzt geändert durch Gesetz vom 01.07.2004 (GBl. 2004, 469),
- **Bayern**: Bayerisches Blindengeldgesetz vom 07.04.1995 (GVBl. 1995, 150), geändert durch Gesetz vom 24.03.2004 (GVBl. 2004, 84),
- **Berlin**: Landespflegegeldgesetz vom 17.12.2003 (GVBl. 2003, 606),
- **Brandenburg**: Gesetz über die Leistung von Pflegegeld an Schwerbehinderte vom 17.12.1996 (GVBl. 1996, 358), geändert durch Gesetz vom 22.04.2003 (GVBl. I. 2003, 119),
- **Bremen**: Bremisches Gesetz über die Gewährung von Pflegegeld an Blinde und Schwerstbehinderte i.d.F. vom 27.04.1984 (Brem.GBl. 1984, 111), geändert durch Gesetz vom 18.12.2003 (Brem.GBl. 2003, 413),
- **Hamburg**: Gesetz über die Gewährung von Blindengeld vom 19.02.1971 (Hamb. GVBl. 1971, 29), zuletzt geändert durch Gesetz vom 28.12.2004 (Hamb. GVBl. 2004, 507),
- **Hessen**: Gesetz über das Landesblindengeld für Zivilblinde vom 25.10.1977 (GVBl. I 1977, 414), geändert durch Gesetz vom 20.12.2004 (GVBl. 2004, 488),
- **Mecklenburg-Vorpommern**: Gesetz über Landesblindengeld vom 31.01.1992 (GS 1992, 62), Neufassung vom 28.08.1995 (GVOBl. M-V 1995, 426), geändert 20.12.2004 (GVOBl. M-V 2004, 546),
- **Niedersachsen**: Gesetz über das Landesblindengeld für Zivilblinde vom 18.01.1993 (GVBl. 1993, 25), zuletzt geändert durch Art. 15 Haushaltsbegleitgesetz 2007,

---

[30] Zum Vorstehenden BVerwG v. 27.02.1992 - 5 C 48/88 - BVerwGE 90, 65.
[31] BSG v. 29.09.2009 - B 8 SO 23/08 R - BSGE 104, 219.
[32] Alle Landesgesetze finden sich im Internet unter www.dbsv.org/ratgeber/recht/schriftenreihe-zum-blindenrecht/heft-11-gesetzestexte-der-landesblindengeldgesetze-und-gleichstellungsgesetze/ (abgerufen am 04.04.2014).

- **Nordrhein-Westfalen**: Gesetz über die Hilfen für Blinde und Gehörlose, Art. 5 des Gesetzes vom 25.11.1997 (GVBl. 1997, 430), geändert durch Gesetz vom 05.04.2005 (GVBl. 2005, 332),
- **Rheinland-Pfalz**: Landesblindengeldgesetz (Art. 2 des Landesgesetzes zur Umsetzung des Pflege-Versicherungsgesetzes vom 28.03.1995 GVBl. 1995, 55), geändert am 10.04.2003 (GVBl. 2003, 55),
- **Saarland**: Gesetz in der Fassung vom 19.12.1995 (Amtsbl. S. 58), geändert durch Gesetz vom 17.03.2005 (Amtsbl. S. 486),
- **Sachsen**: Gesetz über die Gewährung eines Landesblindengeldes und anderer Nachteilsausgleiche vom 14.12.2001 (SächsGVBl. 2001, 714),
- **Sachsen-Anhalt**: Gesetz über das Blinden- und Gehörlosengeld im Land Sachsen-Anhalt vom 19.06.1992 (GVBl. S. 565), zuletzt geändert durch Gesetz vom 26.02.2003 (GVBl. S. 22),
- **Schleswig-Holstein**: Gesetz über Landesblindengeld i.d.F. der Bekanntmachung vom 12.05.1997 (GVOBl. 1997, 313), geändert am 15.12.2005 (GVOBl. 2005, 568),
- **Thüringen**: Thüringer Gesetz über das Blindengeld in der Fassung vom 24.06.2003 (GVBl. 2003, 367), zuletzt geändert durch Gesetz vom 23.12.2005 (GVBl. 2005, 472).

IV. Rechtsfolgen

1. Anspruchshöhe (Absätze 2 und 3)

a. Grundsätzliche Anspruchshöhe (Absatz 2)

Die Blindenhilfe beträgt gemäß § 72 Abs. 2 **Satz 1** SGB XII bis **30.06.2004** für blinde Menschen nach Vollendung des 18. Lebensjahres 585 € monatlich, und für blinde Menschen, die das 18. Lebensjahr noch nicht vollendet haben, 293 € monatlich.

Die Blindenhilfe verändert sich gemäß § 72 Abs. 2 **Satz 2** SGB XII jeweils zu dem Zeitpunkt und in dem Umfang, wie sich der **aktuelle Rentenwert in der gesetzlichen Rentenversicherung** verändert. Die Leistung der Blindenhilfe wird also entsprechend **dynamisiert**.

Gemäß § 65 SGB VI werden **zum 01.07. eines jeden Jahres** in der gesetzlichen Rentenversicherung die Renten angepasst, indem der bisherige aktuelle Rentenwert durch den neuen aktuellen Rentenwert ersetzt wird. Der aktuelle Rentenwert wird gemäß § 69 SGB VI jährlich durch Verordnung der Bundesregierung mit Zustimmung des Bundesrates bestimmt. Die Vorgaben für die Festsetzung des aktuellen Rentenwertes enthält § 68 SGB VI.

Zum **01.07.2003** betrug der aktuelle Rentenwert 26,13 €.[33] In den Jahren **2004-2006** wurde der aktuelle Rentenwert nicht erhöht[34]: Aufgrund des Gesetzes über die Aussetzung der Anpassung der Renten zum 01.07.2004[35] wurden der aktuelle Rentenwert und der aktuelle Rentenwert (Ost) zum 01.07.2004 nicht verändert. Nach der Rentenwertbestimmungsverordnung 2005[36] blieben diese Werte auch zum 01.07.2005 unverändert (vgl. § 68 Abs. 1 Satz 2 SGB VI). Nach dem Gesetz über die Weitergeltung der aktuellen Rentenwerte ab 01.07.2006 vom 15.06.2006[37] wurden der aktuelle Rentenwert und der aktuelle Rentenwert (Ost) auch zum 01.07.2006 nicht verändert.

Zum **01.07.2007** ist der aktuelle Rentenwert durch die Rentenwertbestimmungsverordnung 2007[38] auf 26,27 € festgesetzt worden; dies entspricht einer Steigerung um 0,5%. Zum **01.07.2008** wurde der aktuelle Rentenwert auf 26,56 € erhöht (Steigerung um 1,1%).[39] Zum **01.07.2009** wurde der aktuelle Rentenwert sodann auf 27,20 € festgesetzt (Steigerung um 2,41%).[40] Zum 01.07.2010 wurde der aktu-

---

[33] *Blüggel* in: jurisPK-SGB VI, § 68 Rn. 44.
[34] Zur Entwicklung des aktuellen Rentenwertes gemäß § 65 SGB VI im Einzelnen vgl. *Blüggel* in: jurisPK-SGB VI, § 65 Rn. 10 ff.
[35] Veröffentlicht als Art. 2 des Zweiten Gesetzes zur Änderung des Sechsten Buches Sozialgesetzbuch und anderer Gesetze vom 27.12.2003, BGBl I 2003, 3013.
[36] BGBl I 2005, 1578.
[37] BGBl I 2006, 1304.
[38] BGBl I 2007, 1113.
[39] Gesetz über die Bestimmung der aktuellen Rentenwerte ab 01.07.2008 – Rentenwertbestimmungsgesetz 2008 –, BGBl I 2008, 1076.
[40] Verordnung zur Bestimmung der Rentenwerte in der gesetzlichen Rentenversicherung und in der Alterssicherung der Landwirte zum 01.07.2009 – Rentenwertbestimmungsverordnung 2009, BGBl I 2009, 1335.

elle Rentenwert nicht erhöht.[41] Zum **01.07.2011** wurde der aktuelle Rentenwert auf 27,47 € und der aktuelle Rentenwert (Ost) auf 24,37 € festgesetzt.[42] Zum **01.07.2012** wurde der aktuelle Rentenwert auf 28,07 € und der aktuelle Rentenwert (Ost) auf 24,92 € festgesetzt.[43] Zum **01.07.2013** wurde der aktuelle Rentenwert auf 28,14 € und der aktuelle Rentenwert (Ost) auf 25,74 € festgesetzt.[44]

32 Die **Höhe der Blindenhilfe** beträgt daher **derzeit** (Stand: 01.07.2013)
- nach Vollendung des 18. Lebensjahres **629,99 €** und
- bis zur Vollendung des 18. Lebensjahres **315,54 €.**

33 Das **BVerfG** hat mit **Urteil vom 09.02.2010**[45] entschieden, dass die Regelleistungen nach dem SGB II mit Art. 1 Abs. 1 i.V.m. Art. 20 Abs. 1 GG unvereinbar sind. Das BVerfG hat hierbei auch ausgeführt, dass die **Dynamisierung der Regelleistungen des SGB II** gemäß § 20 Abs. 4 SGB II (i.d.F. bis 31.12.2010) sich an der Entwicklung des aktuellen Rentenwerts nach § 68 SGB VI orientiert. Diese Orientierung stelle einen sachwidrigen Maßstabswechsel dar. Während die statistische Ermittlungsmethode nach § 28 Abs. 3 Satz 2 SGB XII auf Nettoeinkommen, Verbraucherverhalten und Lebenshaltungskosten abstelle, setze eine Fortschreibung nach dem aktuellen Rentenwert nach § 68 Abs. 1 Satz 3 SGB VI an den Faktoren der Entwicklung der Bruttolöhne und -gehälter, des Beitragssatzes zur allgemeinen Rentenversicherung, in der Zeit vom 01.07.2005 bis zum 01.07.2013 zusätzlich des Altersvorsorgeanteils (§ 255e SGB VI), und an einem Nachhaltigkeitsfaktor an. Bereits diese Faktoren stimmten nicht mit den nach § 28 SGB XII (i.d.F. bis 31.12.2010; vgl. ab 01.01.2011 § 27a SGB XII) maßgeblichen Richtgrößen des Nettoeinkommens, des Verbrauchs und der Lebenshaltungskosten überein. Der aktuelle Rentenwert diene zudem nicht dazu, die zur Sicherung eines menschenwürdigen Existenzminimums notwendigen Leistungen zu quantifizieren und entsprechend der Veränderung des Bedarfs jährlich fortzuschreiben. Er bezwecke vielmehr die Steuerung und Dämpfung der Rentenzahlungen nach allgemeinen wirtschaftlichen Faktoren, eine Erhaltung der Liquidität der Träger der Rentenversicherung sowie die Rücksichtnahme auf das Verhältnis von aktiven Arbeitnehmern zu den Beziehern von Altersrenten und diene dazu, Teilhabegerechtigkeit in einem Umlagesystem zu gewährleisten. Mit der Anknüpfung des aktuellen Rentenwerts an die Entwicklung der Bruttolöhne werde zwar in gewissem Maße die Wohlfahrtsentwicklung der Gesellschaft nachgezeichnet. Über die Veränderungen des notwendigen Bedarfs zur Deckung des Existenzminimums vermöge die Entwicklung der Bruttolöhne jedoch keine Auskunft zu geben. Die in § 68 Abs. 1 Satz 3 Nr. 2 und 3 SGB VI und in § 255e SGB VI genannten Faktoren wiesen keinen Bezug zum Existenzminimum auf. Die Faktoren aber, die das für die Bildung der Regelleistung maßgebliche Verbrauchsverhalten des untersten Quintils bestimmen, namentlich das zur Verfügung stehende Nettoeinkommen und die Preisentwicklung, spielten bei der Bestimmung des **aktuellen Rentenwerts** keine Rolle. Er sei deshalb **zur realitätsgerechten Fortschreibung des Existenzminimums nicht tauglich.**[46]

34 Es fragt sich, ob diese verfassungsgerichtlichen Aussagen auch auf die **Dynamisierung der Blindenhilfe** gemäß § 72 Abs. 2 Satz 2 SGB XII zu übertragen sind. Dies ist bei erster Annäherung nicht der Fall. Denn anders als bei der Dynamisierung der Regelleistungen des SGB II hat sich die Gesetzgebung bei der Blindenhilfe nicht vom eigenen Konzept gelöst, sondern von Anfang an eine pauschale Erhöhung des bereits anderweitig, nämlich durch die Regelsätze gesicherten Existenzminimums angeordnet. Die Gestaltungsfreiheit des Gesetzgebers dürfte hinsichtlich der Blindenhilfe also größer sein als bei der Ausgestaltung der Regelsätze bzw. -leistungen. Allerdings hat auch die Blindenhilfe als Hilfe in anderen Lebenslagen (§§ 70-74 SGB XII) und damit besondere Leistung der Sozialhilfe (§ 8 Nr. 7 SGB XII) die Aufgabe, den Hilfebedürftigen die Führung eines Lebens zu ermöglichen, das der Würde des Menschen entspricht (§ 1 Satz 1 SGB XII). Dies geschieht in der Weise, dass die durch Blindheit bedingten Mehraufwendungen ausgeglichen werden sollen (§ 72 Abs. 1 Satz 1 SGB XII). Es erscheint deshalb als fraglich, ob an die Dynamisierung der Blindenhilfe gemäß § 72 Abs. 2 Satz 2 SGB XII ver-

---

[41] Verordnung zur Bestimmung der Rentenwerte in der gesetzlichen Rentenversicherung und in der Alterssicherung der Landwirte zum 01.07.2010 – Rentenwertbestimmungsverordnung 2010, BGBl I 2010, 816.
[42] Verordnung zur Bestimmung der Rentenwerte in der gesetzlichen Rentenversicherung und in der Alterssicherung der Landwirte zum 01.07.2011 – Rentenwertbestimmungsverordnung 2011, BGBl 2011, 1039.
[43] Verordnung zur Bestimmung der Rentenwerte in der gesetzlichen Rentenversicherung und in der Alterssicherung der Landwirte zum 01.07.2012 – Rentenwertbestimmungsverordnung 2012, BGBl I 2012, 1389.
[44] Verordnung zur Bestimmung der Rentenwerte in der gesetzlichen Rentenversicherung und in der Alterssicherung der Landwirte zum 01.07.2013 – Rentenwertbestimmungsverordnung 2013, BGBl I 2013, 1574.
[45] BVerfG v. 09.02.2010 - BvL 1/09, 1 BvL 3/09, 1 BvL 4/09 - BGBl I 2010, 193.
[46] Zum Vorstehenden BVerfG v. 09.02.2010 - 1 BvL 1/09, 1 BvL 3/09, 1 BvL 4/09 - BGBl I 2010, 193.

fassungsrechtlich ein anderer Maßstab anzulegen ist als an die Dynamisierung der Regelleistungen und -sätze selbst. Sollte der Maßstab identisch sein, müsste die Gesetzgebung auch den Ausgangsbetrag der Dynamisierung in § 72 Abs. 2 Satz 1 SGB XII und damit die ursprüngliche Höhe der Pauschalierung „verfassungsfest" im Sinne der dargestellten Vorgaben des BVerfG begründen können. Eine derartige realitätsgerechte Begründung dürfte (bislang) nicht gegeben worden sein. Historisch orientierte sich die Höhe der Blindenhilfe – offenbar auf Drängen des Deutschen Blindenverbandes – an der Höhe der Pflegezulage der Kriegsblinden nach § 35 BVG; jene und diese waren anfangs identisch.[47]

b. Reduzierung bei Aufenthalt in stationärer Einrichtung (Absatz 3)

Lebt der blinde Mensch in einer **stationären Einrichtung** und werden die Kosten des Aufenthalts ganz oder teilweise aus Mitteln öffentlich-rechtlicher Leistungsträger getragen, so verringert sich die Blindenhilfe gemäß § 72 Abs. 3 **Satz 1** SGB XII um die aus diesen Mitteln getragenen Kosten, höchstens jedoch um 50 v.H. der Beträge nach § 72 Abs. 2 SGB XII.

Gemäß § 72 Abs. 3 **Satz 2** SGB XII gilt Satz 1 vom ersten Tage des zweiten Monats an, der auf den Eintritt in die Einrichtung folgt, für jeden vollen Kalendermonat des Aufenthalts in der Einrichtung. Für jeden vollen Tag vorübergehender Abwesenheit von der Einrichtung wird gemäß § 72 Abs. 3 **Satz 3** SGB XII die Blindenhilfe in Höhe von je einem Dreißigstel des Betrages nach Absatz 2 gewährt, wenn die vorübergehende Abwesenheit länger als sechs volle zusammenhängende Tage dauert; der Betrag nach Satz 1 wird im gleichen Verhältnis gekürzt.

Bei dem Rechtsausdruck der **stationären Einrichtung** fragt sich, ob auf die allgemeine Definition in § 13 Abs. 2 (mit Abs. 1) SGB XII zurückzugreifen ist[48], oder ob er im vorliegenden Kontext aufgrund der Zwecksetzung der Blindenhilfe eine eigene Einfärbung und damit andere Bedeutung hat[49]. Das BSG[50] hat zu einer landesrechtlichen Regelung des Blindengeldes entschieden, dass die Bedeutung des Rechtsausdruckes der Einrichtung aus dem mit der Zahlung von Blindengeld verfolgten gesetzgeberischen Zweck zu erschließen ist. Von blindheitsbedingten Mehraufwendungen könnten Blinde entlastet sein, die in einer Anstalt, einem Heim oder einer gleichartigen Einrichtung untergebracht sind, sofern dort eine die Mehraufwendungen mindernde Betreuung in nicht unerheblichem Umfang gewährt wird. In diesem Fall könne nach der Vorstellung des Gesetzgebers, der insoweit Doppelleistungen vermeiden wolle, eine Kürzung des Blindengeldes gerechtfertigt sein. Entscheidend sei mithin, ob die in der Einrichtung gewährte **Betreuung zu einer erheblichen Entlastung der Blinden von blindheitsbedingten Mehraufwendungen** führe.[51]

2. Anrechnung anderer Leistungen (Absatz 1 Sätze 2 und 3)

Auf die Blindenhilfe sind gemäß § 72 Abs. 1 **Satz 2** SGB XII Leistungen bei häuslicher Pflege nach dem SGB XI, auch soweit es sich um Sachleistungen handelt, mit 70 v.H. des Pflegegeldes der Pflegestufe I und bei Pflegebedürftigen der Pflegestufen II und III mit 50 v.H. des Pflegegeldes der Pflegestufe II, höchstens jedoch mit 50 v.H. des Betrages nach Absatz 2, anzurechnen. § 72 Abs. 1 Satz 2 SGB XII enthält damit entsprechend eines Vorschlags einer Arbeitsgruppe der Bundesgemeinschaft der Überörtlichen Sozialhilfeträger und des Deutschen Blinden- und Sehbehindertenverbandes e.V. hinsichtlich der Anrechnung der Leistungen bei häuslicher Pflege nach dem SGB XI eine „**gestaffelte Kürzungsvorgabe**"[52], während das frühere Recht (§ 67 BSHG) insoweit noch Ermessen eröffnete. Durch diese feste Vorgabe soll der bisherige hohe Verwaltungsaufwand reduziert sowie eine bundeseinheitliche Regelung geschaffen werden.[53]

Gemäß § 72 Abs. 1 **Satz 3** SGB XII gilt Satz 2 sinngemäß für Leistungen nach dem SGB XI aus einer privaten Pflegeversicherung und nach beamtenrechtlichen Vorschriften. Diese Anrechnung der privat- und beamtenrechtlichen Leistungen erfolgte nach der Gesetzesbegründung „zur Klarstellung".[54]

---

[47] Vgl. den instruktiven Ratgeber des Deutschen Blinden- und Sehbehindertenverbandes e.V., www.dbsv.org/ratgeber/recht/schriftenreihe-zum-blindenrecht/heft-06-blindengeld-sehbehindertengeld-leistungen-bei-pflegebeduerftigkeit/#c963 (abgerufen am 04.04.2014).
[48] So *Grube* in: Grube/Wahrendorf, § 72 Rn. 16; *Schlette* in: Hauck/Noftz, SGB XII, K § 72 Rn. 14.
[49] So *Strnischa* in: Oestreicher, SGB XII, § 72 Rn. 13.
[50] BSG v. 05.12.2001 - B 7/1 SF 1/00 R - SozR 3-5922 § 1 Nr. 1.
[51] Zum Vorstehenden BSG v. 05.12.2001 - B 7/1 SF 1/00 R - SozR 3-5922 § 1 Nr. 1.
[52] BT-Drs. 15/1514, S. 64.
[53] BT-Drs. 15/1514, S. 64.
[54] BT-Drs. 15/1514, S. 64.

3. Einschränkung der Leistung bei fehlender Mitwirkung (Absatz 1 Satz 5 i.V.m. § 39a SGB XII)

40 Durch § 72 **Abs. 1 Satz 4** SGB XII wird geregelt, dass in entsprechender Anwendung des § 39a SGB XII das Blindengeld gekürzt werden kann.[55] Diese Regelung normiert die Einschränkung von Leistungen bei **fehlender Mitwirkung**. Lehnen Leistungsberechtigte entgegen ihrer Verpflichtung die Aufnahme einer Tätigkeit oder die Teilnahme an einer erforderlichen Vorbereitung ab, vermindert sich gemäß § 39a Abs. 1 Satz 1 SGB XII der maßgebende Regelsatz in einer ersten Stufe um bis zu 25 v.H., bei wiederholter Ablehnung in weiteren Stufen um jeweils bis zu 25 v.H. Die Norm des § 72 Abs. 1 Satz 4 SGB XII erstreckt den sachlichen Anwendungsbereich der Sanktionsvorschrift des § 39a SGB XII auf die Blindenhilfe, so dass sich bei fehlender Mitwirkung eines blinden Menschen nicht nur der Regelsatz vermindert, sondern auch die Leistung der Blindenhilfe.

41 Zu den **Voraussetzungen des § 39a SGB XII** im Einzelnen vgl. die Kommentierung zu § 39a SGB XII.

4. Ausschluss anderer Leistungen (Absatz 4)

42 Neben der Blindenhilfe werden gemäß § 72 Abs. 4 **Satz 1** SGB XII Hilfe zur Pflege wegen Blindheit (§§ 61 und 63 SGB XII) außerhalb von stationären Einrichtungen sowie ein Barbetrag (§ 27b Abs. 2 SGB XII) nicht gewährt. Gemäß § 72 Abs. 4 **Satz 2** SGB XII ist neben § 72 Abs. 1 SGB XII die Regelung des § 30 Abs. 1 Nr. 2 SGB XII nur anzuwenden, wenn der blinde Mensch nicht allein wegen Blindheit voll erwerbsgemindert ist. Gemäß § 72 Abs. 4 **Satz 3** SGB XII gelten die Sätze 1 und 2 entsprechend für blinde Menschen, die nicht Blindenhilfe, sondern gleichartige Leistungen nach anderen Rechtsvorschriften (vgl. hierzu Rn. 24) erhalten.

43 Im Umkehrschluss und wegen des Vorbehaltes des Gesetzes (§ 31 SGB I) kann der blinde Mensch **alle anderen**, nicht in § 72 Abs. 4 SGB XII aufgezählten Leistungen neben der Blindenhilfe beanspruchen (z.B. Eingliederungshilfe für behinderte Menschen nach den §§ 53 ff. SGB XII), soweit nicht anderweitige Kollisionsregeln bestehen.[56]

C. Praxishinweise

44 Die Bedeutung der Blindenhilfe gemäß § 72 SGB XII ist in der Praxis zunächst gering, weil die einkommens- und vermögensunabhängigen Leistungen nach den **Blinden- und Pflegediensten der Länder** als „Leistungen nach anderen Rechtsvorschriften" (§ 72 Abs. 1 Satz 1 SGB XII) vorgehen. Aufgrund ihrer in der Vergangenheit erfolgten Absenkung kommt der „Aufstockung" dieser Leistungen durch eine **ergänzende Blindenhilfe** nach § 72 SGB XII jedoch zunehmende Bedeutung zu (vgl. hierzu Rn. 12). Insgesamt liegen alle Leistungen nach den Blinden- und Pflegediensten der Länder der Höhe nach unter, zum Teil weit unter dem Satz der Blindenhilfe nach § 72 SGB XII; in den meisten Ländern ist zudem keine Dynamisierung der Beträge vorgesehen.[57]

45 Bei der **Anrechnung von Einkommen** ist bei blinden Menschen die Regelung des **§ 87 Abs. 1 Satz 3 SGB XII** zu beachten. Danach ist bei blinden Menschen ein Einsatz des Einkommens über der Einkommensgrenze in Höhe von 60 v.H. nicht zu berücksichtigen.

---

[55] BT-Drs. 15/1514, S. 64.
[56] *Strnischa* in: Oestreicher, SGB XII, § 72 Rn. 19.
[57] Quelle: www.dbsv.org (abgerufen am 04.04.2014).

§ 73 SGB XII Hilfe in sonstigen Lebenslagen

(Fassung vom 27.12.2003, gültig ab 01.01.2005)

[1]**Leistungen können auch in sonstigen Lebenslagen erbracht werden, wenn sie den Einsatz öffentlicher Mittel rechtfertigen.** [2]**Geldleistungen können als Beihilfe oder als Darlehen erbracht werden.**

Gliederung

A. Basisinformationen 1	2. Urteil des BVerfG vom 09.02.2010 als Zäsur in der Anwendung des § 73 SGB XII auf Fallgestaltungen des SGB II 57
I. Textgeschichte 1	3. Abgrenzung zu § 21 Abs. 6 SGB II 59
II. Vorgängervorschriften 2	4. Durchführung der Leistungserbringung 61
III. Parallelvorschriften 3	VI. Beispielsfälle 63
IV. Systematische Zusammenhänge 4	1. Allgemeines 63
1. Vergleich zur Systematik des BSHG 4	2. Kosten der Lebensführung 64
2. Satz 1 als Auffangregelung bzw. subsidiäre Generalklausel 5	3. Umgangskosten 72
3. Abgrenzung zu sonstigen Leistungsansprüchen wegen Hilfebedürftigkeit 7	4. Kosten für kirchliche/politische Feiern 79
4. Anwendbarkeit für Berechtigte nach dem SGB II 8	5. Eingliederung in Arbeit 81
5. Notwendigkeit der Vorschrift 10	6. Kosten der Schulausbildung (Schülerbeförderung/Schulmaterialien) bzw. damit in Zusammenhang stehender Kosten 82
V. Ausgewählte Literaturhinweise 12	a. Schulbedarf/Schulbücher 82
B. Auslegung der Norm 13	b. Klassenfahrt/Schullandheimaufenthalt 85
I. Regelungsgehalt und Bedeutung der Norm 13	c. Besuch einer weiterführenden Schule/Hochschule 86
II. Normzweck 14	d. Kosten der Schülerbeförderung 88
III. Tatbestandsmerkmale 15	7. Kosten im Zusammenhang mit Tod/Bestattungen 91
1. Allgemeines 15	8. Kosten für medizinische Versorgung 94
2. Sonstige Lebenslagen 18	a. Allgemeines 94
a. Allgemeines 18	b. Hygienemehrbedarf bei HIV-Infizierten 95
b. Unbenannte, nicht erfasste Bedarfslage 21	c. Notwendige medizinische Versorgung 97
c. Besondere, atypische Bedarfslage 24	d. Zahnersatz 100
d. Fehlen einer anderweitigen abschließenden Regelung 32	e. Arzneimittel/Hygiene- und Hautpflegemittel 106
3. Einsatz von öffentlichen Mitteln muss gerechtfertigt sein 36	f. Hilfsmittel 109
4. Hilfebedürftigkeit 41	g. Hilfen für Amputierte/Rollstuhlfahrer 111
IV. Rechtsfolgen 42	h. Medizinisch bedingte Ernährung 115
1. Ermessensleistung 42	i. Sonstiger medizinisch bedingter Bedarf 116
2. Ermessensentscheidung 44	j. Zuzahlungen 120
3. Entstehen des Anspruchs 48	k. Beiträge zur Krankenversicherung 121
4. Anspruchsinhaber 52	9. Kosten der Passbeschaffung 123
5. Erbringung der Leistungen 53	10. Kosten einer Prozessführung 130
V. Anwendung der Vorschrift im SGB II 55	11. Sonstiges 132
1. Allgemeines 55	**C. Praxishinweise** 133

A. Basisinformationen

I. Textgeschichte

§ 73 SGB XII wurde durch Art. 1 des Gesetzes zur Einordnung des Sozialhilferechts in das Sozialgesetzbuch v. 27.12.2003[1] erlassen und trat mit Wirkung zum 01.01.2005[2] in Kraft[3].

---

[1] BGBl I 2003, 3022.
[2] Art. 70 Abs. 1 des Gesetzes zur Einordnung des Sozialhilferechts in das Sozialgesetzbuch.
[3] Zu den Materialien vgl. BT-Drs. 15/1514, S. 64 zu § 68.

II. Vorgängervorschriften

2   Vorgängervorschrift war § 27 Abs. 2 BSHG. Diese Vorschrift war als Generalklausel gedacht, um solchen Einzelfällen von Bedürftigkeit begegnen zu können, in denen trotz des Fehlens sozialhilferechtlicher Grundlage eine aus öffentlichen Mitteln finanzierte Hilfeleistung gerechtfertigt erschien.[4] Mit der Übernahme der Vorschrift in SGB XII soll sich nach der Begründung des Gesetzentwurfs keine Änderung ergeben haben[5]; auch die textlich geänderte Formulierung der „sonstigen Lebenslagen" statt bisher der „anderen besonderen Lebenslagen" (§ 27 Abs. 2 BSHG) birgt keine inhaltliche Änderung[6]. Es handelt sich vielmehr um eine Anpassung an die mit dem SGB XII veränderte Struktur der Hilfeleistungen (vgl. dazu Rn. 4).

III. Parallelvorschriften

3   Eine Parallelvorschrift in anderen Sozialleistungsbereichen fand sich zunächst nicht. In seinem Urteil vom 09.02.2010 hat das BVerfG[7] dann jedoch festgestellt, der Gesetzgeber sei zwar befugt, den typischen Bedarf zur Sicherung des menschenwürdigen Existenzminimums durch einen monatlichen Festbetrag zu decken; der Gesetzgeber sei zugleich aber verpflichtet, für einen darüber hinausgehenden unabweisbaren, laufenden, nicht nur einmaligen, besonderen Bedarf einen zusätzlichen Leistungsanspruch einzuräumen. Auch § 73 SGB XII biete in der Auslegung, die er durch die Rechtsprechung des BSG gefunden habe,[8] keine Gewähr, dass sämtliche atypischen Bedarfslagen berücksichtigt würden.[9] In der Folge hat der Gesetzgeber mit Wirkung zum 03.06.2010 mit **§ 21 Abs. 6 SGB II** einen zu § 73 SGB XII ähnlichen Anspruch ins SGB II aufgenommen.[10]

IV. Systematische Zusammenhänge

1. Vergleich zur Systematik des BSHG

4   Das Recht des BSHG unterschied zwischen der Hilfe zum Lebensunterhalt und der Hilfe in besonderen Lebenslagen (vgl. die §§ 11 ff. BSHG einerseits und die §§ 27 ff. BSHG andererseits). Neben den in § 27 Abs. 1 BSHG aufgeführten Hilfen in besonderen Lebenslagen (Hilfe zum Aufbau oder zur Sicherung der Lebensgrundlage, Hilfe bei Krankheit, vorbeugende und sonstige Hilfe, Eingliederungshilfe für behinderte Menschen, Blindenhilfe, Hilfe zur Pflege, Hilfe zur Weiterführung des Haushalts, Hilfe zur Überwindung besonderer sozialer Schwierigkeiten, Altenhilfe) konnte nach **§ 27 Abs. 2 Satz 1 BSHG** auch in anderen – also in Lebenslagen, die nicht bereits von der Aufzählung in § 27 Abs. 1 BSHG erfasst waren – besonderen Lebenslagen Hilfe gewährt werden, wenn sie den Einsatz öffentlicher Mittel rechtfertigten. Das **SGB XII** hat dieses System der Gegenüberstellung von Hilfen zum Lebensunterhalt und Hilfen in besonderen Lebenslagen zugunsten eines **Systems verschiedener gleichwertiger Hilfeleistungen**[11] nicht weitergeführt. Der nach § 28 SGB XII ermittelte monatliche Regelbedarf deckt nach der Konzeption des Gesetzgebers sämtliche Bedarfe des notwendigen Lebensunterhalts – mit Ausnahme derjenigen nach dem Zweiten bis Vierten Abschnitt des SGB XII – außerhalb von Einrichtungen (§ 27a Abs. 2 Satz 1 SGB XII), aber auch innerhalb von Einrichtungen ist der gesamte Bedarf des täglichen Lebens durch den notwendigen Lebensunterhalt sowie den weiteren notwendigen Lebensunterhalt (§ 27b SGB XII) gedeckt. Außerhalb von Einrichtungen wird der monatliche Regelbedarf auch unter Berücksichtigung der unregelmäßig anfallenden Bedarfe nach der Gesetzeskonzeption pauschal, aber vollständig durch den monatlichen Regelsatz gedeckt (§ 27a Abs. 3 SGB XII). Jedoch hat der Gesetzgeber in **§ 27a Abs. 4 Satz 1 SGB XII** vorgesehen, dass im Einzelfall der individuelle Bedarf abweichend vom Regelsatz festgelegt wird, wenn ein Bedarf ganz oder teil-

---

[4] *Hammel*, ZFSH SGB 2014, 9 ff., 9; *Hieronymus*, BldW 1961, 235 ff., 238.

[5] BT-Drs. 15/1514, S. 64 zu § 68.

[6] *Strnischa* in: Oestreicher, SGB II/SGB XII, § 73 Rn. 2.

[7] BVerfG v. 09.02.2010 - 1 BvL 1, 3, 4/09 - juris - BVerfGE 125, 175-260 = JMBl LSA 2010, 88 = BGBl I 2010, 193.

[8] Dazu vgl. z.B. BSG v. 07.11.2006 - B 7b AS 14/06 R - juris - BSGE 97, 242, 249 ff.

[9] BVerfG v. 09.02.2010 - 1 BvL 1, 3, 4/09 - juris Rn. 207 - BVerfGE 125, 175-260 = JMBl LSA 2010, 88 = BGBl I 2010, 193.

[10] Art. 3a Nr. 2 lit. a des Gesetzes zur Abschaffung des Finanzplanungsrates und zur Übertragung der fortzuführenden Aufgaben auf den Stabilitätsrat sowie zur Änderung weiterer Gesetze vom 27.05.2010, BGBl I 2010, 671; zu den Materialien vgl. BT-Drs. 17/1465

[11] *Baur/Zink* in: Mergler/Zink, Handbuch der Grundsicherung und Sozialhilfe, Teil II, § 73 Rn. 2.

weise anderweitig gedeckt ist oder unabweisbar seiner Höhe nach erheblich von einem durchschnittlichen Bedarf abweicht. Ist ein Bedarf schon nach dieser Vorschrift zu decken, scheidet eine Anwendung des § 73 SGB XII aus.

2. Satz 1 als Auffangregelung bzw. subsidiäre Generalklausel

Zusammen mit den weiteren Vorschriften des Neunten Kapitels des SGB XII über die Hilfe zur Weiterführung des Haushalts (§ 70 SGB XII), die Altenhilfe (§ 71 SGB XII), die Blindenhilfe (§ 72 SGB XII) sowie einen Anspruch auf Bestattungskosten (§ 74 SGB XII) ergänzt § 73 Satz 1 SGB XII die übrigen Leistungsansprüche der Hilfebedürftigen. Ziel des § 73 Satz 1 SGB XII ist es, **atypische Bedarfslagen**, die **nicht bereits von den Regelungen des SGB XII erfasst** sind, zu decken. Darüber hinaus sollen aber auch solche bisher unbekannten Bedarfslagen erfasst werden, die – ggf. auch in der Zukunft – noch entstehen werden. Insoweit ermöglicht § 73 Satz 1 SGB XII auch eine **Weiterentwicklung** der Leistungen der Sozialhilfe im Hinblick auf zukünftige, bisher noch unbekannte Bedarfslagen und eine Anpassung der bereits bestehenden Hilfeleistungen an die sich verändernden sozialen Gegebenheiten.[12] Diese Überlegungen dürften auch das BVerfG bewogen haben, die Anwendung des § 73 SGB XII im Bereich des SGB II, so wie sie von der sozialgerichtlichen Rechtsprechung ausgestaltet worden war,[13] für zu eng anzusehen.[14]

§ 73 SGB XII beinhaltet insoweit eine gesetzliche **subsidiäre Generalklausel** bzw. einen **gesetzlichen Auffangtatbestand**[15] für atypische, sonst im SGB XII nicht erfasste Hilfebedarfssachverhalte. Jedoch erlaubt § 73 SGB XII weder eine Aufstockung oder Ausweitung bereits vorhandener Leistungsansprüche nach dem SGB XII[16], noch dürfen über § 73 SGB XII Sachverhalte erfasst werden, die gegenüber den sonstigen im SGB XII geregelten Hilfelagen keine vergleichbare Lebensnotlage beinhalten[17].

3. Abgrenzung zu sonstigen Leistungsansprüchen wegen Hilfebedürftigkeit

§ 73 SGB XII beinhaltet eine Regelung zur **Befriedigung von Bedarfen**, die sich aus besonderen, atypischen Lebenslagen ergeben und im Hinblick auf den Zielauftrag des § 1 Satz 1 SGB XII **zur Führung eines menschenwürdigen Lebens** zu decken sind, jedoch von den sonstigen Leistungsansprüchen der Hilfebedürftigen **nach dem SGB XII nicht erfasst** sind. Sind daher Bedarfslagen bereits von den Regelbedarfen des § 27a Abs. 2 SGB XII (bis 31.12.2010: § 28 Abs. 1 Satz 1 SGB XII) zwar erfasst und dabei grundsätzlich, aber im konkreten Einzelfall nicht ausreichend gedeckt, ist dieser Bedarf durch eine Anpassung der Regelbedarfe der Hilfe zum Lebensunterhalt nach § 27a Abs. 2 SGB XII (bis 31.12.2010: § 28 Abs. 1 Satz 2 SGB XII) gem. **§ 27a Abs. 4 SGB XII** auszugleichen. § 73 SGB XII erfasst dagegen Bedarfe in „sonstigen Lebenslagen", also solche, die nicht bereits – auch nicht dem Grunde nach – durch die Regelleistung des § 27a Abs. 2 und 3 SGB XII (bis 31.12.2010: § 28 Abs. 1 Satz 1 SGB XII) oder eine Erhöhung der Regelsätze nach § 27a Abs. 4 SGB XII (bis 31.12.2010: § 28 Abs. 1 Satz 2 SGB XII) erfasst werden. Sind Bedarfslagen andererseits aber auch bereits z.B. von den Leistungen nach §§ 53 ff. SGB XII bzw. §§ 61 ff. SGB XII thematisch erfasst, kommt eine Leistungsgewährung nach § 73 SGB XII ebenfalls nicht in Betracht.[18]

---

[12] *Baur/Zink* in: Mergler/Zink, Handbuch der Grundsicherung und Sozialhilfe, Teil II, § 73 SGB XII Rn. 3; *Meusinger* in: Fichtner/Wenzel, SGB XII, 4. Aufl., § 73; *Wahrendorf* in: Grube/Wahrendorf, SGB XII, 4. Aufl., § 73 Rn. 3, 4.

[13] Dazu vgl. z.B. BSG v. 07.11.2006 - B 7b AS 14/06 R - juris - BSGE 97, 242, 249 ff.

[14] BVerfG v. 09.02.2010 - 1 BvL 1, 3, 4/09 - juris Rn. 207 - BVerfGE 125, 175-260 = JMBl LSA 2010, 88 = BGBl I 2010, 193.

[15] *Baur/Zink* in: Mergler/Zink, Handbuch der Grundsicherung und Sozialhilfe, Teil II, § 73 Rn. 3; *Meusinger* in: Fichtner/Wenzel, SGB XII, 4. Aufl., § 73.

[16] Bayerisches LSG v. 30.05.2007 - L 7 B 204/07 AS ER - juris Rn. 50 - FEVS 59, 66-73; *Baur/Zink* in: Mergler/Zink, Handbuch der Grundsicherung und Sozialhilfe, § 73 Rn. 3; *Hammel*, ZFSH SGB 2014, 9 ff., 15.

[17] *Baur/Zink* in: Mergler/Zink, Handbuch der Grundsicherung und Sozialhilfe, Teil II, § 73 Rn. 4; *Hammel*, ZFSH SGB 2014, 9 ff., 15.

[18] *Schlette* in: Hauck/Noftz, SGB XII, § 73 Rn. 5; im Einzelfall a.A. *Meusinger* in: Fichtner/Wenzel, SGB XII, 4. Aufl., § 73.

4. Anwendbarkeit für Berechtigte nach dem SGB II

8   Die Leistungssysteme des SGB II und des SGB XII sollen nach der gesetzlichen Konzeption zwar jeweils die Grundsicherung für die von ihnen erfassten Personen sicherstellen, doch bleiben diese Systeme grds. getrennt. So begründen § 5 Abs. 2 SGB II und § 21 SGB XII den Ausschluss von SGB-II-Leistungsberechtigten von den Leistungen des Dritten Kapitels SGB XII (Hilfe zum Lebensunterhalt). § 73 SGB XII gehört nicht zu den im Dritten Kapitel des SGB XII geregelten Leistungen der Hilfe zum Lebensunterhalt, sodass die Vorschrift auch für solche Personen Anwendung findet, die dem Leistungsregime des **SGB II** unterliegen (§ 5 Abs. 2 SGB II, § 21 Satz 1 SGB XII).[19] Jedoch darf die Anwendung des § 73 SGB XII **nicht** zu einer **allgemeinen Auffangregelung** zur Deckung der von Hilfebedürftigen nach dem SGB II als unzureichend empfundenen Leistungen nach den §§ 19 ff. SGB II ausgeweitet werden[20] bzw. „mutieren"[21]. § 73 SGB XII darf nicht dazu verwandt werden, das **in sich geschlossene System des SGB II** bzw. SGB XII aufzulösen. Daher hat die Rechtsprechung bei einer Anwendung des § 73 SGB XII im SGB II gefordert, dass eine besondere bzw. atypische Bedarfslage vorliegt, die eine gewisse Nähe zu den speziell in den §§ 47-74 SGB XII geregelten Bedarfslagen aufweist und dadurch eine Aufgabe von besonderem Gewicht darstellt, die nach dem Regelkonzept von SGB II und SGB XII nicht ausschließlich durch eine Erhöhung der Hilfe zum Lebensunterhalt nach § 27a Abs. 4 SGB XII (bis 31.12.2010: § 28 Abs. 1 Satz 2 SGB XII) oder eine ausdrücklich im Dritten Kapitel des SGB XII vorgesehene Hilfe zu decken ist.[22]

9   Nachdem der Gesetzgeber zum 03.06.2010 mit § 21 Abs. 6 SGB II die Rechtsprechung des BVerfG[23] umgesetzt hat[24], erhalten auch erwerbsfähige Hilfebedürftige des SGB II einen Mehrbedarf, soweit im Einzelfall ein unabweisbarer, laufender, nicht nur einmaliger besonderer Bedarf besteht. Soweit nunmehr im SGB II eine Vorschrift zur Deckung der in § 21 Abs. 6 SGB II genannten unabweisbaren Bedarfe besteht, handelt es sich nicht mehr um sogenannte unbenannte Bedarfe, die von § 73 Satz 1 SGB XII zu decken wären. Doch enthält das SGB II in § 21 Abs. 6 zumindest für einmalige, nicht laufende Bedarfe noch immer eine Lücke, die durch § 73 Satz 1 SGB XII zu ergänzen ist. Insoweit schließt auch § 21 Abs. 6 SGB II eine Anwendung des § 73 SGB XII im SGB II noch immer nicht vollständig aus,[25] jedoch dürfte der Anwendungsbereich des § 73 SGB XII bei Leistungsfällen des SGB II seit Einführung des § 21 Abs. 6 SGB II deutlich eingeschränkt sein. Vgl. dazu Rn. 55 ff.

5. Notwendigkeit der Vorschrift

10 Die Notwendigkeit des § 73 SGB XII steht seit Jahren in der Diskussion. Immer wieder wird die Abschaffung der Vorschrift gefordert. So war z.B. im Gesetzgebungsverfahren zum „Gesetz zur Ermittlung von Regelbedarfen und zur Änderung des Zweiten und Zwölften Buches Sozialgesetzbuch"[26] gefordert worden, die Vorschrift ersatzlos abzuschaffen, zumindest klarzustellen, dass sie im SGB II nicht gilt.[27] Dies wird – nicht nur im Hinblick auf das SGB II – unter anderem auch damit begründet, dass eine ungewollte Öffnung bzw. systemwidrige Durchbrechung der grds. pauschalierten Sozialhilfeleistungen verhindert werden soll. Letztlich geht es darum, die Kosten einer solchen Leistungserbringung zu reduzieren. Dieses Argument mag im Hinblick auf die zunächst vom BSG herangezogene Anwendung des § 73 SGB XII auch für Leistungsfälle des SGB II, die zu einer Überwälzung der Kosten der Bedarfsdeckung von der Bundesagentur für Arbeit auf die kommunalen Träger geführt hat, auf den ersten Blick nachvollziehbar erscheinen. Jedoch ist der Gesetzgeber diesem Ansinnen zu Recht nicht gefolgt. Denn es muss beachtet werden, dass § 73 Satz 1 SGB XII gerade dazu dient, bisher unbekannte

---

[19] BSG v. 07.11.2006 - B 7b AS 14/06 R - BSGE 97, 242-254 = SozR 4-4200 § 20 Nr. 1; *Schlette* in: Hauck/Noftz, SGB XII, § 73 Rn 2.

[20] BSG v. 07.11.2006 - B 7b AS 14/06 R - juris Rn. 22 - BSGE 97, 242-254 = SozR 4-4200 § 20 Nr. 1; LSG Nordrhein-Westfalen v. 22.06.2007 - L 1 B 7/07 AS ER - juris Rn. 27 - Sozialrecht aktuell 2007, 238-240.

[21] BSG v. 18.02.2010 - B 4 AS 29/09 R - juris Rn. 26 - SozR 4-1100 Art. 1 Nr. 7.

[22] BSG v. 18.02.2010 - B 4 AS 29/09 R - juris Rn. 26 - SozR 4-1100 Art. 1 Nr. 7.

[23] BVerfG v. 09.02.2010 - 1 BvL 1/09, 1 BvL 3/09, 1 BvL 4/09 - JMBl LSA 2010, 88 = BGBl I 2010, 193.

[24] Zum Verhältnis von § 73 Satz 1 SGB XII und dem vom BVerfG erkannten verfassungsrechtlichen Anspruch wegen bestimmter fortlaufender atypischer Bedarfe vgl. BSG v. 19.08.2010 - B 14 AS 13/10 R - juris Rn. 22 f.

[25] *Hammel*, ZFSH SGB 2014, 9 ff., 13 ff.; *Schlette* in: Hauck/Noftz, SGB XII, § 73 Rn. 2; *Strnischa* in: Oestreicher, SGB II/SGB XII, § 73 SGB XII Rn. 4.

[26] Gesetz vom 24.03.2011, BGBl I 2011, 3022.

[27] Ausschuss für Arbeit und Soziales, Ausschuss-Drs. 17(11)309, S. 49 (zu § 73 XII, Hilfe in sonstigen Lebenslagen).

oder nicht erfasste atypische Bedarfslagen mit Grundrechtsrelevanz zu decken. Lässt sich aber eine solche Bedarfslage nicht decken – unerheblich, ob durch § 73 Satz 1 SGB XII, § 27a Abs. 4 SGB XII oder auf andere Weise –, so tritt eine **verfassungswidrige Lage** ein, die entsprechend der zum SGB II ergangenen Rechtsprechung des BVerfG vom 09.02.2010[28] dann mit einem neuen **verfassungsrechtlich fundierten Anspruch** zu schließen wäre (vgl. dazu § 21 Abs. 6 SGB II, der zumindest für einmalige, nicht laufende Bedarfe noch immer durch § 73 Satz 1 SGB XII zu ergänzen ist).[29] Von daher erscheint die Abschaffung des § 73 Satz 1 SGB XII als nicht nur nicht geboten, sondern als verfehlt.

Zwar hat das BVerfG in seiner Entscheidung vom 09.02.2010[30] ausdrücklich klargestellt, dass reine den Lebensunterhalt pauschal abgeltende Regelsätze im SGB II – Gleiches gilt auch für das SGB XII – zwar zulässig sind, diese aber nicht für alle verfassungsrechtlich gebotenen Fälle einer staatlich finanzierten Bedarfsdeckung als ausreichend angesehen. Gerade aber die auch vom BVerfG angesprochene Deckung[31] atypischer, gesetzlich nicht geregelter Lebenslagen und die Deckung neu bzw. verändert auftretender Bedarfslagen zeigen die Notwendigkeit einer Regelung wie die des § 73 SGB XI.[32] Denn andernfalls liefe die Sozialhilfe Gefahr, schon dem einfachgesetzlichen Auftrag des § 1 Satz 1 SGB XII, nicht nur im typischen, sondern auch im atypischen Fall die Führung eines menschenwürdigen Lebens zu ermöglichen, nicht mehr gerecht zu werden. Die Nichtdeckung des verfassungsrechtlich aber zu deckenden Bedarfs führte dann mangels einfachgesetzlicher Grundlage zu einem immer wieder auftretenden Bedürfnis nach neuen Anspruchsgrundlagen.[33] Ständig wäre der Gesetzgeber gefordert, die Bedarfsdeckung zu überwachen. Mit § 73 SGB XII hat er aber gerade der Verwaltung ein Instrument an die Hand gegeben, diese verfassungswidrigen Lagen aus eigener Kraft zu vermeiden.

V. Ausgewählte Literaturhinweise

Berlit, Die Hartz IV-Rechtsprechung – geklärte und offene Fragen (Teil 1), info also 2008, 243 ff.; *Frommann*, Das Sozialgesetzbuch als Kodifikation – Überlegungen zur Reanimation am Beispiel des sozialen Rechts auf Sozialhilfe, VSSR 2010, 151 ff.; *Gerenkamp/Kroker*, Ergänzende Sozialhilfeleistungen für Leistungsempfänger nach dem SGB II am Beispiel des elterlichen Umgangsrechts, NZS 2008, 28 ff.; *Hammel*, § 73 SGB XII (Hilfe in sonstigen Lebenslagen) – Eine überflüssige Norm?, ZFSH/SGB 2014, 9 ff.; *Harich*, Krankheitsbedingte Ansprüche im SGB XII und im SGB II, SGb 2012, 584 ff.; *Jaritz*, Die Härtefallklausel des Bundesverfassungsgerichts in der Rechtsanwendung – Konkretisierung der bundesverfassungsgerichtlichen Vorgaben durch das BSG, Sozialrecht aktuell 2010, 96 ff.; *Klerks*, Die neue „Härtefallregelung" des Bundesverfassungsgerichts zum SGB II: Inhalt und Konsequenzen, info also 2010, 56 ff.; *Lauterbach*, Die „Härtefallregelung" im neuen § 231 Abs. 6 SGB II, ZFSH SGB 2010, 403 ff.; *Leisner*, Existenzsicherung im Öffentlichen Recht, Tübingen, 2007; *Münder*, Das Leistungsrecht des SGB II: Erfahrungen mit pauschalierten Leistungen, NZS 2008, 169 ff.; *Münder*, Die Kosten des Umgangsrechts im SGB II und SGB XII, NZS 2008, 617 ff.; *Roos*, Entscheidungen zum SGB II – Zur aktuellen Rechtsprechung des Bundessozialgerichts, NZS 2008, 119 ff.; *Schürmann*, Kindesunterhalt im Spannungsfeld von Familien- und Sozialrecht, SGb 2009, 200 ff.; *Spellbrink*, Zur Zukunft der pauschalierten Leistungsgewährung im SGB II nach der Entscheidung des BVerfG vom 9. Februar 2010, Sozialrecht aktuell 2010, 88 ff.; *Wenner*, BVerfG und BSG grenzen Härtefallregelung und „besondere Bedarfe" für Kinder ein, SozSich 2010, 151 ff.

B. Auslegung der Norm

I. Regelungsgehalt und Bedeutung der Norm

§ 73 Satz 1 SGB XII ermächtigt den Träger der Sozialhilfe auch dann Leistungen zu erbringen, wenn eine Bedarfslage vorliegt, die **von keiner anderen Leistungsgrundlage des SGB XII erfasst** ist und die dennoch die Bedarfsdeckung auf Kosten öffentlicher Mittel rechtfertigt. Die Vorschrift enthält in-

---

[28] BVerfG v. 09.02.2010 - 1 BvL 1/09, 1 BvL 3/09, 1 BvL 4/09 - JMBl LSA 2010, 88 = BGBl I 2010, 193.
[29] *Hammel*, ZFSH SGB 2014, 9 ff., 15; *Schlette* in: Hauck/Noftz, SGB XII, § 73 Rn. 2; *Strnischa* in: Oesterreicher, SGB II/SGB XII, § 73 SGB XII Rn. 4.
[30] BVerfG v. 09.02.2010 - 1 BvL 1, 3, 4/09 - juris Rn. 205 ff. - BVerfGE 125, 175-260 = JMBl LSA 2010, 88 = BGBl I 2010, 193.
[31] BVerfG v. 09.02.2010 - 1 BvL 1, 3, 4/09 - juris Rn. 207 - BVerfGE 125, 175-260 = JMBl LSA 2010, 88 = BGBl I 2010, 193.
[32] *Hammel*, ZFSH SGB 2014, 9 ff., 15.
[33] *Hammel*, ZFSH SGB 2014, 9 ff., 15.

soweit eine Öffnungs- bzw. subsidiäre Generalklausel.[34] Die Bedeutung der Vorschrift hängt einerseits damit zusammen, dass mit ihr bisher noch unbekannte Bedarfslagen erfasst werden können, insoweit dient § 73 Satz 1 SGB XII auch der **Anpassung des SGB XII** an sich stetig verändernde gesellschaftliche Entwicklungen und die sich daraus ergebenden veränderten Bedarfslagen.[35] Andererseits begründet sich die Bedeutung der Vorschrift aus der Anwendung zur Deckung der vom Leistungskatalog des SGB II nicht erfassten Bedarfslagen (vgl. dazu Rn. 55 ff.).

II. Normzweck

14 § 73 Satz 1 SGB XII ermächtigt den Träger der Sozialhilfe, Leistungen bei **atypischen Bedarfslagen**, die eine gewisse Nähe zu den speziell in den §§ 47-74 SGB XII geregelten Bedarfslagen aufweisen und dadurch eine Aufgabe von besonderem Gewicht darstellen, erbringen zu können.[36] Zweck der Vorschrift ist es insoweit, im Wege einer subsidiären Generalklausel bzw. einer Auffangvorschrift die Deckung von besonderen Bedarfen zu ermöglichen, die von anderen Leistungsgrundlagen des SGB XII nicht bzw. noch nicht erfasst sind; eine Aufstockung oder Ausweitung bereits vorhandener Leistungsansprüche nach dem SGB XII[37] oder eine Erfassung von Sachverhalten, die gegenüber den sonstigen im SGB XII geregelten Hilfelagen keine vergleichbare Lebensnotlage beinhalten[38], ist aber mit § 73 SGB XII nicht gestattet.

III. Tatbestandsmerkmale

1. Allgemeines

15 Die Tatbestandsmerkmale des § 73 Satz 1 SGB XII sind nicht scharf und präzise formuliert.[39] Dies ist vor allem dem Umstand geschuldet, dass mit der Vorschrift ein Auffangtatbestand bzw. eine Generalklausel auch für **bisher noch unbekannte Bedarfslagen** geschaffen ist. Durch diese weiche Formulierung der Tatbestandsmerkmale soll solchen Lebenslagen flexibel begegnet werden können.[40]

16 An **Tatbestandsvoraussetzungen** sieht § 73 Satz 1 SGB XII zweierlei vor: (1.) das Vorliegen einer „sonstigen Lebenslage", (2.) die den Einsatz öffentlicher Mittel rechtfertigt. Bei beiden Tatbestandsvoraussetzungen handelt es sich um unbestimmte Rechtsbegriffe[41], die der vollen gerichtlichen Kontrolle unterliegen.

17 Darüber hinaus darf – quasi als dritte Tatbestandsvoraussetzung – dem Leistungsberechtigten und den jeweils miterfassten Personen die Aufbringung der Mittel aus dem Einkommen und Vermögen im Sinne des **§ 19 Abs. 3 SGB XII** nicht zuzumuten sein. Zur Bedarfsdeckung sind auch vorrangige Ansprüche gegen andere Leistungsträger einzusetzen. Ist der Bedarf durch gegen andere Leistungsträger gerichtete, **vorrangige Ansprüche** (z.B. gegen eine Krankenkasse) erfasst und kann er durch diesen Leistungsträger gedeckt werden, liegt ein ungedeckter Bedarf im Sinne einer unbenannten Lebenslage gemäß § 73 SGB XII nicht vor.[42]

2. Sonstige Lebenslagen

a. Allgemeines

18 Voraussetzung für Leistungen nach § 73 Satz 1 SGB XII ist das **Vorliegen einer „sonstigen Lebenslage"**. Dabei stellt § 73 Satz 1 SGB XII hinsichtlich des Begriffs der Lebenslage nicht auf eine soziologische Definition ab. Der Begriff der Lebenslage ist mit Blick auf das System der im SGB XII geregelten Leistungen zur Deckung verschiedener Bedarfssituationen zu verstehen. Das SGB XII knüpft

---

[34] *H. Schellhorn* in: Schellhorn/Schellhorn/Hohm, SGB XII, 18. Aufl., § 73 Rn. 1.
[35] *Hammel*, ZFSH SGB 2014, 9 ff., 15.
[36] BSG v. 25.06.2008 - B 11b AS 19/07 R - juris Rn. 28 - BSGE 101, 79-86 = SozR 4-3500 § 54 Nr. 1.
[37] Bayerisches LSG v. 30.05.2007 - L 7 B 204/07 AS ER - juris Rn. 50 - FEVS 59, 66-73; *Baur/Zink* in: Mergler/Zink, Handbuch der Grundsicherung und Sozialhilfe, § 73 Rn. 3; *Hammel*, ZFSH SGB 2014, 9 ff., 15.
[38] *Baur/Zink* in: Mergler/Zink, Handbuch der Grundsicherung und Sozialhilfe, Teil III, § 73 Rn. 4; *Hammel*, ZFSH SGB 2014, 9 ff., 15.
[39] *Schlette* in: Hauck/Noftz, SGB II, § 73 Rn. 4.
[40] *Schlette* in: Hauck/Noftz, SGB II, § 73 Rn. 4.
[41] *Berlit* in: LPK-SGB XII, 9. Aufl., § 73 Rn. 3.
[42] LSG Baden-Württemberg v. 26.09.2011 - L 12 AS 2591/11 B - juris Rn. 12.

an **Bedarfslagen** an, deren Deckung **zur Führung eines menschenwürdigen Lebens unerlässlich** ist (vgl. § 1 Satz 1 SGB XII). Diese Bedarfslagen versteht der Gesetzgeber als Lebenslagen und hält zu deren Deckung in den Kapiteln Drei bis Neun des SGB XII Leistungen bereit.

Eine **sonstige Lebenslage** im Sinne des § 73 Satz 1 SGB XII zeichnet sich dadurch aus, dass sie von keinem anderen Leistungsbereich des SGB XII erfasst ist (vgl. Rn. 21 ff.), dass sie von gewöhnlichen, typischen Bedarfslagen abweicht (vgl. Rn. 24 ff.) und dass anderweitige abschließende Regelungen fehlen (vgl. Rn. 32 ff.). 19

Das BVerfG hat die von der Rechtsprechung zum SGB II zunächst auf besondere Einzelfälle (z.B. Umgangsrecht) ausgestaltete Anwendung des § 73 SGB XII bei Leistungsfällen nach dem SGB II abgelehnt.[43] Dies muss auch bei der Anwendung des § 73 SGB XII beachtet werden, als sich damit eine durch Katalogisierung der Anwendungsfälle angestrebte Einengung des Anwendungsbereichs des § 73 SGB XII schon im Ansatz verbietet. Eine an typischen Anwendungsfällen[44] orientierte Handhabung des § 73 SGB XII kann lediglich der Verwaltungsvereinfachung dienen, entbindet aber weder von der Prüfung der Tatbestandsvoraussetzungen des § 73 SGB XII im Einzelfall, noch können nicht zu diesen typischen Anwendungsfällen gehörende Lebenslagen nicht schon deswegen von einer Leistung ausgeschlossen werden. 20

b. Unbenannte, nicht erfasste Bedarfslage

Zur Befriedigung der einzelnen Lebenslagen im Sinne von Bedarfslagen hält der Gesetzgeber im SGB XII die Leistungen des Dritten bis Achten Kapitels vor. Können Bedarfslagen nicht durch dort geregelte Leistungen gedeckt werden, halten die Vorschriften des Neunten Kapitels ergänzende Hilfen zur Weiterführung des Haushalts (§ 70 SGB XII), zur Altenhilfe (§ 71 SGB XII), zur Blindenhilfe (§ 72 SGB XII) und für Bestattungskosten (§ 74 SGB XII) bereit. Innerhalb der dort genannten Lebenslagen betrifft § 73 SGB XII solche Bedarfssituationen, die auch von diesen Regelungen nicht erfasst sind. Kennzeichen einer „**sonstigen Lebenslage**" im Sinne des § 73 Satz 1 SGB XII ist es daher, dass die jeweilige Bedarfssituation **nicht bereits von anderen Anspruchsgrundlagen des SGB XII erfasst** ist. Damit sind die Leistungen nach § 73 SGB XII subsidiär zu den anderen Leistungen des SGB XII.[45] Insoweit meint der oft verwendete Begriff der **unbenannten Bedarfslage**[46], dass die konkrete Bedarfslage nach dem Regelungskonzept des SGB XII keinem anderen Leistungsbereich zuzuordnen ist. 21

Sind Bedarfslagen bereits **von gesetzlichen Regelungen erfasst**, so können auch über § 73 Satz 1 SGB XII nicht die dort bestimmten Tatbestandsvoraussetzungen umgangen werden. Denn § 73 Satz 1 SGB XII greift nicht bereits dann ein, wenn einzelne Tatbestandsvoraussetzungen sonstiger im SGB XII aufgeführten Hilfen nicht vorliegen oder deren Rechtsfolgen als unzureichend angesehen werden, sondern setzt eine nicht erfasste und damit im SGB XII unbenannte Bedarfssituation voraus.[47] Abschließend geregelte Tatbestände dulden dabei auch **keine Aufstockung oder Ausweitung** über § 73 Satz 1 SGB XII.[48] So kann § 73 Satz 1 SGB XII auch nicht dazu herangezogen werden, um die Darlehensregelungen des § 24 Abs. 1 SGB II oder des § 37 SGB XII zu umgehen.[49] 22

Einem **anderen Leistungsbereich des SGB XII zuzuordnen** sind Bedarfe dann, wenn diese zumindest von einer der von den §§ 27-72, 74 SGB XII erfassten Bedarfslagen **thematisch erfasst** sind.[50] Ist insoweit ein Bedarf nach dem Regelkonzept von SGB II und SGB XII dem Leistungsbereich der Hilfe zum Lebensunterhalt (§§ 27 ff. SGB XII bzw. §§ 19 ff. SGB II) zuzuordnen, scheidet eine Anwendung des § 73 Satz 1 SGB XII bereits deswegen aus.[51] Ist eine Bedarfslage schon durch eine Erhöhung der 23

---

[43] BVerfG v. 09.02.2010 - 1 BvL 1/09, 1 BvL 3/09, 1 BvL 4/09 - juris Rn. 207 - BVerfGE 125, 175-260 = JMBl LSA 2010, 88 = BGBl I 2010, 193.
[44] Zu solchen typischen Anwendungsfällen vgl. z.B. *Hammel*, ZFSH SGB 2014, 9 ff., 10 ff.
[45] *H. Schellhorn* in: Schellhorn/Schellhorn/Hohm, SGB XII, 18. Aufl., § 73 Rn. 5.
[46] *Schlette* in: Hauck/Noftz, SGB XII, § 73 Rn. 5.
[47] LSG Baden-Württemberg v. 27.10.2006 - L 7 AS 4806/06 ER-B - juris Rn. 23 - EuG 2007, 503-513.
[48] Bayerisches LSG v. 30.05.2007 - L 7 B 204/07 AS ER - juris Rn. 50 - FEVS 59, 66-73; *Baur/Zink* in: Mergler/Zink, Handbuch der Grundsicherung und Sozialhilfe, § 73 SGB XII Rn. 3; *Hammel*, ZFSH SGB 2014, 9 ff., 15.
[49] Bayerisches LSG v. 30.05.2007 - L 7 B 204/07 AS ER - juris Rn. 50 - FEVS 59, 66-73.
[50] LSG Baden-Württemberg v. 27.10.2006 - L 7 AS 4806/06 ER-B - juris Rn. 23 - EuG 2007, 503-513; *Wahrendorf* in: Grube/Wahrendorf, SGB XII, 4. Aufl., § 73 Rn. 1.
[51] Vgl. BSG v. 18.02.2010 - B 4 AS 29/09 R - juris Rn. 26 - SozR 4-1100 Art. 1 Nr. 7.

Hilfe zum Lebensunterhalt nach § 27a Abs. 4 SGB XII (bis 31.12.2010: § 28 Abs. 1 Satz 2 SGB XII; bzw. im SGB II § 21 Abs. 6 SGB II) oder eine ausdrücklich im 3. Kapitel des SGB XII vorgesehene Hilfe zu decken, liegt damit keine unbenannte Bedarfssituation vor.

c. Besondere, atypische Bedarfslage

24 Voraussetzung einer „sonstigen Lebenslage" im Sinne des § 73 Satz 1 SGB XII ist des Weiteren, dass diese einen **besonderen, atypischen Bedarf** begründet.[52] Ein Bedarf ist besonders bzw. atypisch, wenn er einen vom gewöhnlichen Bedarf abweichenden **Sonderbedarf** bedingt. **Gewöhnliche Bedarfe** sind bereits von den regulären Leistungen des SGB XII erfasst. Auch Bedarfe, die nach Auffassung des Gesetzgebers von allen ohne Leistung hinzunehmen sind, stellen ebenso wenig besondere, atypische Bedarfe dar wie Minimal- oder Bagatellbedürfnisse.[53]

25 Hinsichtlich der Anwendung des § 73 Satz 1 SGB XII auf dem Leistungsregime des SGB II unterliegende Personen hat das BSG gefordert, dass die Bedarfssituation einen **Grundrechtsbezug** aufweist.[54] Diese Rechtsprechung ist auch auf Fälle ohne SGB II-Bezug zu übertragen. Denn der Gesetzgeber hat Leistungen nicht zur Deckung aller möglichen Bedarfe vorzuhalten. Er ist – auch von Verfassungs wegen – nur verpflichtet, die lebensexistenzbedrohenden Bedarfe zu decken und insoweit ein menschenwürdiges Leben zu gewährleisten.[55] Daher ist bei der Erbringung von Sozialhilfeleistungen, die der Gesetzgeber nicht bereits ausdrücklich in den §§ 27-74 SGB XII erfasst hat, zu verlangen, dass ohne die Leistungserbringung eine **Verletzung des verfassungsrechtlich gesicherten Existenzminimums**[56], der Menschenwürde oder eines anderen Grundrechts eintreten würde.

26 Nicht maßgeblich ist insoweit, ob der atypische Bedarf im Sinne des § 73 Satz 1 SGB XII nur im Einzel- oder Ausnahmefall auftritt.[57] Von Bedeutung ist dabei auch nicht, ob der Gesetzgeber die besondere, atypische Bedarfslage erkannt hat, hätte erkennen können bzw. müssen oder ob sich diese durch eine der Gesetzgebung nachgehende Veränderung der gesellschaftlichen Anschauungen bzw. des sozialen Gefüges ergeben hat, es sich also um eine bisher völlig unbekannte Bedarfslage handelt.[58] **Maßgebend** für die Besonderheit bzw. Atypik einer Bedarfslage ist alleine, dass **ein den Grundrechtsbereich tangierender Bedarf ungedeckt** bleibt, der vom Rechtssystem eigentlich gedeckt werden müsste.[59]

27 Insoweit verlangt die Rechtsprechung im Hinblick auf die Anwendung des § 73 Satz 1 SGB XII bei Personen, die dem Leistungsregime des SGB II unterliegen, einschränkend, dass der besondere, atypische Bedarf nicht bereits der Hilfe zum Lebensunterhalt (§§ 27 ff. SGB XII) zuzuordnen ist, also auch weder über § 27 Abs. 4 SGB XII noch § 21 Abs. 6 SGB II gedeckt werden kann, und darüber hinaus **eine gewisse Nähe zu den in den §§ 47-74 SGB XII geregelten Bedarfen** aufweist.[60] Mit diesem Erfordernis einer Nähe des besonderen, atypischen Bedarfs zu den speziell in den §§ 47-74 SGB XII geregelten Bedarfslagen soll verhindert werden, dass über die Anwendung des § 73 Satz 1 SGB XII das Leistungssystem des SGB II zugunsten unüberschaubarer Bedarfe durchbrochen wird. Denn mit der gewissen Nähe zu diesen Leistungen wird gerade der erforderliche Grundrechtsbezug verdeutlicht. Im Übrigen wird auch dem Umstand Rechnung getragen, dass der Gesetzgeber mit den Hilfen zum Lebensunterhalt für typische wie auch atypische Bedarfslagen (vgl. § 21 Abs. 6 SGB II, § 27 Abs. 4 SGB XII) Hilfen zur Verfügung gestellt hat. Diesem Ansinnen, über eine Bindung der besonderen, atypischen Bedarfslagen im Sinne des § 73 Satz 1 SGB XII an bereits gesetzlich geregelte Bedarfslagen, einer vom Gesetzgeber nicht gesteuerten Öffnung der existenzsichernden Leistungen hin zu einer allgemeinen, beliebige Bedürfnisse befriedigenden Leistungserbringung und damit zu einer Aufbrechung

---

[52] BSG v. 25.06.2008 -B 11b AS 19/07 R - juris Rn. 28 - BSGE 101, 79-86 = SozR 4-3500 § 54 Nr. 1.
[53] BSG v. 19.08.2010 - B 14 AS 13/10 R - juris Rn. 17; BSG v. 19.08.2010 - B 14 AS 47/09 R - juris Rn. 12; BSG v. 07.11.2006 - B 7b AS 14/06 R - juris Rn. 21 f. - BSGE 97, 242-254 = SozR 4-4200 § 20 Nr. 1.
[54] BSG v. 19.08.2010 - B 14 AS 13/10 R - juris Rn. 17; BSG v. 19.08.2010 - B 14 AS 47/09 R - juris Rn. 12; BSG v. 07.11.2006 - B 7b AS 14/06 R - juris Rn. 21 f. - BSGE 97, 242-254 = SozR 4-4200 § 20 Nr. 1; aus der Literatur vgl. z.B. *Hammel*, ZFSH SGB 2014, 9 ff., 15.
[55] Vgl. hierzu auch § 1 Satz 1 SGB XII.
[56] Dazu vgl. BVerfG v. 09.02.2010 - 1 BvL 1/09, 1 BvL 3/09, 1 BvL 4/09 - JMBl LSA 2010, 88 = BGBl I 2010, 193.
[57] BSG v. 19.08.2010 - B 14 AS 13/10 R - juris Rn. 18.
[58] BVerwG v. 27.03.1968 - V C 46.67 - juris Rn. 13 ff. - BVerwGE 29, 235-239; *Berlit* in: LPK-SGB XII, 9. Aufl., § 73 Rn. 1, 5.
[59] BSG v. 19.08.2010 - B 14 AS 13/10 R - juris Rn. 18.
[60] BSG v. 28.10.2009 - B 14 AS 44/08 R - juris Rn. 20 - SozR 4-4200 § 7 Nr. 15.

der geschlossenen Systeme des SGB II bzw. SGB XII entgegenzuwirken, ist auch für das SGB XII beizupflichten. Jedoch darf das Erfordernis der „gewissen Nähe" zu den Bedarfslagen der §§ 47-74 SGB XII nicht zu eng verstanden werden, soll nicht die Auffangfunktion des § 73 SGB XII gerade für unbenannte Bedarfslagen ausgehöhlt werden. Würde der aufgetretene Bedarf zu nah an den Fallkonstellationen der §§ 47-74 SGB XII gemessen werden, dürfte es sich schon nicht mehr um eine unbenannte, vielmehr um eine in den §§ 47-74 SGB XII gerade abschließend benannte Bedarfslage handeln. Vielmehr dürfte das Erfordernis der „gewissen Nähe" dahingehend zu verstehen sein, dass ein den dort dargestellten Bedarfen in der grundrechtlichen Bedeutung vergleichbarer Bedarf aufgetreten ist, der von keiner anderen Norm erfasst wird.

Daher sind auch im Rahmen des § 73 Satz 1 solche besonderen, atypischen Bedarfslagen unerheblich, die nicht zumindest den im SGB XII erfassten Bedarfslagen ähnlich sind und insoweit im Sinne der Rechtsprechung des BSG in deren Nähe sind. § 73 Satz 1 SGB XII enthält damit auch **keine Grundlage** für Maßnahmen gegen **Einkommens- oder Vermögensarmut** eines Bedürftigen.[61] In diesem Sinn hat auch das LSG Nordrhein-Westfalen entschieden, dass eine sonstige Lebenslage i.S.d. § 73 Satz 1 SGB XII nicht vorliege, wenn im Einzelfall die Leistungsvoraussetzungen einer anderweitig geregelten Hilfe nicht erfüllt seien oder diese dem Grunde nach Art oder Umfang nicht ausreichend erscheine.[62] Das gelte insbesondere bei allgemeiner Einkommensarmut und für Bedarfslagen, in denen der von § 27 SGB XII umfasste notwendige Lebensunterhalt betroffen seien. § 73 SGB XII sei insoweit nach Entstehungsgeschichte und Systematik nicht dazu bestimmt, als unzureichend erachtete Regelsatzleistungen aufzustocken oder im Interesse des Individualisierungsgrundsatzes die weitgehende Abschaffung einmaliger Leistungen wieder aufzuheben.[63]

28

Damit kommt es auch nicht darauf an, ob nach allgemeiner Anschauung oder dem Willen des Gesetzgebers ein bestimmter Bedarf als besonders, atypisch oder nicht zu decken anzusehen ist. Maßgeblich ist letztlich nur, ob wegen einer **drohenden Verletzung von Grundrechten** die **Deckung eines Bedarfs**, der eine Nähe zu den im SGB XII geregelten Tatbeständen aufweist, durch staatliche Leistungen nach § 73 Satz 1 SGB XII **erforderlich ist**. Diese Grundrechtsrelevanz ist vom Leistungsbegehrenden **substantiiert darzulegen**.[64]

29

Dass die besonderen, atypischen Bedarfe eine **gewisse Nähe** zu den sonst im SGB XII geregelten Bedarfslagen aufzuweisen haben, widerspricht nicht der Voraussetzung, dass die Bedarfslagen von den im SGB XII geregelten Bedarfslagen nicht erfasst sein dürfen („unbenannte Bedarfslage"), vgl. dazu Rn. 21 ff. Vielmehr kommt es darauf an, dass die Bedarfslage gerade **vom Regelungsbereich der §§ 27 ff. SGB XII nicht erfasst** wird, aber den dort geregelten Bedarfslagen in seiner grundrechtlichen Relevanz vergleichbar ist. Vergleichbarkeit liegt dann vor, wenn sich die Bedarfslagen ähneln. Hierzu ist eine wertende und vergleichende Betrachtung mit andern Lebenslagen erforderlich.[65]

30

Dies hatte das BSG für Leistungsberechtigte nach dem SGB II z.B. bei **Hygienemitteln bei HIV-Infizierten** angenommen[66]; die erforderlichen Hygienemittel würden vom Regelungsbereich der §§ 47 ff. SGB XII nicht erfasst, denn es handele sich weder um Heil- noch um Hilfsmittel; doch seien diese Bedarfe durch eine besondere Gesundheitslage verursacht und erforderlich, um die Folgen einer Erkrankung auszugleichen. Insoweit liege unter Berücksichtigung des Grundrechts auf Schutz des Lebens (Art. 2 Abs. 2 GG) eine den in den §§ 47 ff. SGB XII erfassten Bedarfen vergleichbare Situation vor.[67] Von ihrer grundrechtlichen Relevanz hat das BSG diese Bedarfe zutreffend als mit denjenigen der §§ 47-74 SGB XII vergleichbar angesehen. Jedoch war diese Entscheidung dem Umstand geschuldet, dass im Fall das SGB II keine Leistungsmöglichkeit zur Verfügung stellte, der vorhandene besondere, atypische Bedarf aus verfassungsrechtlichen Gründen zu decken war und das BSG damit auf § 73 SGB XII zurückgreifen musste. Nach Einführung des § 21 Abs. 6 SGB II dürfte die hier genannte Konstellation aber auch im SGB II zu lösen sein,[68] sodass sich hier ein Rückgriff auf § 73 SGB XII nunmehr verbietet. Auf das **SGB XII** lässt sich diese zum SGB II ergangene **Rechtsprechung des BSG**

31

---

[61] *Berlit* in: LPK-SGB XII, 9. Aufl., § 73 Rn. 6.
[62] LSG Nordrhein-Westfalen v. 20.08.2012 - L 20 SO 44/11 - juris Rn. 77.
[63] LSG Nordrhein-Westfalen v. 20.08.2012 - L 20 SO 44/11 - juris Rn. 77 unter Hinweis auf *Berlit* in: LPK-SGB XII, 9. Aufl., § 73 Rn. 4, 6.
[64] *Hammel*, ZFSH SGB 2014, 9 ff., 15.
[65] *Berlit* in: LPK-SGB XII, 9. Aufl., § 73 Rn. 5.
[66] BSG v. 19.08.2010 - B 14 AS 13/10 R - juris Rn. 17.
[67] BSG v. 19.08.2010 - B 14 AS 13/10 R - juris Rn. 17 f.
[68] Mit weiteren Beispielen zur Anwendung des § 21 Abs. 6 SGB II: *Hammel*, ZFSH SGB 2014, 9 ff., 14.

zu **Hygienemitteln** für HIV-Infizierte **nicht übertragen**. Da im Bereich des SGB XII mit **§ 27a Abs. 4 SGB XII** (bis 31.12.2010: § 28 Abs. 1 Satz 2 SGB XII) eine anderweitige Regelung vorhanden ist, um derartige Bedarfe zu befriedigen (vgl. Rn. 28 ff.), handelt es sich im SGB XII nicht um einen unbenannten Bedarf. Hier ist dieser Bedarf vielmehr nach § 27a Abs. 4 SGB XII (bis 31.12.2010: § 28 Abs. 1 Satz 2 SGB XII) zu decken.

d. Fehlen einer anderweitigen abschließenden Regelung

32 Leistungen nach § 73 Satz 1 SGB XII zur Deckung unbenannter und besonderer, atypischer Bedarfslagen sind dann ausgeschlossen, wenn anderweitige abschließende Regelungen die Leistungserbringung verbieten. Enthalten Vorschriften aus dem **SGB XII** oder anderen Gesetzen abschließende Regelungen hinsichtlich bestimmter Leistungen, darf dies nicht durch Leistungen nach § 73 Satz 1 SGB XII durchbrochen werden. Bestimmt insoweit das Gesetz mit der abschließenden Regelung eines Sachverhalts zugleich, dass andere Leistungen bezüglich des Sachverhalts nicht zu erbringen sind, sind auch Leistungen nach § 73 Satz 1 SGB XII ausgeschlossen.

33 Jedoch dürfen insoweit die abschließenden Regelungen eines Sachverhalts nicht zu weit verstanden werden. Andernfalls büßte § 73 Satz 1 SGB XII seine, einen Grundrechtseingriff abwehrende, Auffangfunktion für nicht benannte Bedarfslagen im Einzelfall ein. Ist daher im Einzelfall festgestellt, dass die Deckung einer Bedarfslage verfassungsrechtlich geboten ist, ist zu prüfen, ob angesichts der bestehenden Regelungen dort eine Bedarfsdeckung möglich ist. Ist dies nicht der Fall, ist zu prüfen, ob die bestehenden Regelungen tatsächlich auch gegenüber § 73 Satz 1 SGB XII einen Ausschluss und somit die Nichtdeckung eines grundrechtlich zu deckenden Bedarfs beinhalten.

34 Derartige **abgeschlossene Regelungen** hat das BSG in den sondergesetzlich abschließenden Regelungen der **Ausbildungsförderung** in den §§ 59 ff. SGB III und im BAföG erkannt.[69] Entsprechendes dürfte grds. auch hinsichtlich der nach dem SGB V von der Leistungserbringung ausgeschlossenen **Hilfs- und Heilmittel** sowie den **Zuzahlungen** und Praxisgebühren gelten, denn hier hat der Gesetzgeber zu erkennen gegeben, dass insoweit keine staatlichen Mittel eingesetzt werden sollen; vielmehr weist der Gesetzgeber die Beschaffung derartiger Mittel bzw. derartige Ausgaben dem Lebensunterhalt zu, der nach den §§ 27 ff. SGB XII – bei tatsächlich vorhandenem erhöhten Bedarf nach § 27 Abs. 4 SGB XII – zu decken ist.

35 Auch soweit Bedarfslagen bereits durch **andere Vorschriften des SGB XII**, z.B. die §§ 61 ff. SGB XII, abschließend erfasst sind[70], scheidet eine Leistungserbringung nach § 73 Satz 1 SGB XII aus. Ebenso schließen die Regelungen der Prozesskostenhilfe (§§ 114 ff. ZPO)[71] und der Beratungshilfe anderweitige Leistungen, auch nach § 73 Satz 1 SGB XII, aus (vgl. Rn. 42).

3. Einsatz von öffentlichen Mitteln muss gerechtfertigt sein

36 Leistungen nach § 73 Satz 1 SGB XII können nur erbracht werden, wenn der Einsatz öffentlicher Mittel gerechtfertigt ist. Da es sich bei den Leistungen der Sozialhilfe um steuerfinanzierte Leistungen handelt, die grds. anderen Leistungen und Ansprüchen nachgehen (vgl. § 2 Abs. 1 SGB XII), bedarf die Erbringung von Leistungen außerhalb der vom Gesetzgeber grds. als die Bedarfslagen des Lebens umfassend und ausreichend deckenden Leistungen einer **besonderen Rechtfertigung**. Bei der Frage, ob der Einsatz öffentlicher Mittel gerechtfertigt ist, handelt es sich um einen unbestimmten Rechtsbegriff.[72]

37 Der Einsatz öffentlicher Mittel ist **gerechtfertigt**, wenn die Leistungserbringung im Hinblick auf **Art, Dringlichkeit und Schwere des zu deckenden Bedarfs** einem Vergleich zu anderen ausdrücklich im SGB XII geregelten Lebenslagen standhält.[73] Insoweit stellt das BSG darauf ab, ob es sich wegen der besonderen Bedarfslage, die eine gewisse Nähe zu den speziell in den §§ 47-74 SGB XII geregelten Bedarfslagen aufweist, um eine **Aufgabe von besonderem Gewicht** handeln muss.[74] Es ist auch hier eine **wertende Betrachtung**[75] anzustellen, wobei auch soziale und gesellschaftliche Bewertungen, vor

---

[69] BSG v. 28.10.2009 - B 14 AS 44/08 R - juris Rn. 20 - SozR 4-4200 § 7 Nr. 15.
[70] BSG v. 11.12.2007 - B 8/9b SO 12/06 R - juris Rn. 24 - SozR 4-3500 § 21 Nr. 1.
[71] Dazu vgl. Sächsisches LSG v. 01.10.2012 - L 7 AS 434/12 - juris.
[72] *Berlit* in: LPK-SGB XII, 9. Aufl., § 73 Rn. 3.
[73] *Berlit* in: LPK-SGB XII, 9. Aufl., § 73 Rn. 11.
[74] BSG v. 07.11.2006 - B 7b AS 14/06 R - juris Rn. 22 - BSGE 97, 242-254 = SozR 4-4200 § 20 Nr. 1.
[75] *Berlit* in: LPK-SGB XII, 9. Aufl., § 73 Rn. 11; *Schlette* in: Hauck/Noftz, SGB II, § 73 Rn. 7.

allem aber die Folgen, einbezogen werden können. Aber auch fiskalische Aspekte sind zu berücksichtigen.[76]

Bei der Betrachtung des Einsatzes öffentlicher Mittel ist jedoch zu beachten, dass § 73 Satz 1 SGB XII nur bestimmt, dass der Mitteleinsatz **gerechtfertigt** sein muss. Die Vorschrift stellt dagegen **nicht** darauf ab, dass der Einsatz öffentlicher Mittel auch (zwingend) **geboten** ist.[77] Jedoch darf daraus nicht geschlussfolgert werden, dass § 73 Satz 1 SGB XII auch den Mitteleinsatz zulässt, wenn dieser nicht zur Deckung der „sonstigen Lebenslage" erforderlich ist. Dabei kann daraus, dass § 73 Satz 1 SGB XII lediglich auf die Rechtfertigung des Mitteleinsatzes, nicht auf ein Gebotensein, abstellt, geschlossen werden, dass kein allzu enger Maßstab an die Prüfung der Erforderlichkeit des Mitteleinsatzes angelegt werden muss. So ist zwar der Einsatz von öffentlichen Mitteln gerechtfertigt, um geschiedenen Hilfebedürftigen die Kosten des Umgangsrechts mit ihrem getrennt lebenden Kind zu erstatten; die Frage, welcher konkrete Leistungsbetrag zu übernehmen ist, ist vom Träger der Sozialhilfe dann im Rahmen einer Ermessensentscheidung unter Berücksichtigung der **erforderlichen und angemessenen** Kosten festzulegen. **38**

Zumutbar ist in der Regel die **eigenständige Deckung von geringen bzw. Bagatellbedarfen** durch den Betroffenen selbst. Insoweit rechtfertigen Bedarfslagen, die **hinzunehmende Bagatellbedürfnisse** beinhalten, den Einsatz öffentlicher Mittel nicht.[78] Werden nur Bagatellbeträge geltend gemacht, so kann eine Leistungserbringung nach § 73 Satz 1 SGB XII daher ggf. schon daran scheitern, dass dann trotz vorliegender Grundrechtsbetroffenheit die entsprechenden Kosten selbst zu tragen wären.[79] Das BSG hat insoweit regelmäßig monatlich anfallende Kosten in Höhe von 20,45 € nicht als Bagatellbedarfe scheitern lassen.[80] Dagegen hat das LSG Nordrhein-Westfalen[81] bei einer **monatlichen Kostenbelastung von 2,86 €** für nichtverschreibungspflichtige Augentropfen den Einsatz öffentlicher Mittel als nicht gerechtfertigt angesehen und unter Verweis auf die Bagatellgrenze die Kostenübernahme versagt. Ebenso hat das LSG Nordrhein-Westfalen[82] einen bekleidungsbedingten Mehrbedarf, der auf den erhöhten Hosenverschleiß in Folge einer behinderungsbedingten Sturzanfälligkeit zurückzuführen sei und der mit **monatlich 14,00 €** beziffert wurde, an der Bagatellgrenze scheitern lassen; dieser Bedarf halte sich noch in dem Rahmen, der aus der Regelleistung abzudecken sei. **39**

Aber auch **außergewöhnlich hohe Kosten** rechtfertigen den Einsatz öffentlicher Mittel regelmäßig nicht.[83] Insoweit kann berücksichtigt werden, ob Personen, die über Einkommen bzw. Vermögen knapp oberhalb der Sozialhilfebedürftigkeit verfügen, derartige Aufwendungen regelmäßig in Kauf nehmen. Ob unter diesem Aspekt Kosten für Fahrten bzw. **Flüge zu im Ausland lebenden Kindern** von Leistungen nach § 73 Satz 1 SGB XII grds. nicht erfasst sind[84], erscheint fraglich. Jedoch rechtfertigen auch hier hohe Kosten den Einsatz öffentlicher Mittel nicht. Daher dürften hohe Flugkosten in die USA nicht zu rechtfertigen sein.[85] Insoweit kommt es nicht darauf an, ob verglichen mit häufigeren Besuchen bei Kindern im Inland ebenfalls entsprechend hohe Kosten anfallen würden; ein Vergleich von auf einen bestimmten Zeitraum umgerechneten Kosten wird von § 73 Satz 1 SGB XII nicht gestattet. Maßgeblich ist vielmehr, ob der jeweils einzeln auftretende Bedarf – mithin die einzelne Besuchsreise – den Einsatz öffentlicher Mittel rechtfertigt. Da bei Personen, die über Einkommen bzw. Vermögen knapp oberhalb der Sozialhilfebedürftigkeit verfügen, aufwendige Besuchsreisen zu im Ausland lebenden Kindern nicht der Regelfall sein dürften, ist der Einsatz öffentlicher Mittel grds. nicht gerechtfertigt.[86] Vom Ausgangspunkt her mit ähnlicher Intention hat das SG Koblenz[87] das Besuchsrecht in den USA auf **einen Besuch pro Jahr** beschränkt. Insoweit sei der Anspruch auf Ausübung des Um- **40**

---

[76] *Strnischa* in: Oestreicher, SGB II/SGB XII, § 73 Rn. 9.
[77] *Berlit* in: LPK-SGB XII, 9. Aufl., § 73 Rn. 11.
[78] BSG v. 19.08.2010 - B 14 AS 13/10 R - juris Rn. 17.
[79] BSG v. 19.08.2010 - B 14 AS 13/10 R - juris Rn. 20.
[80] BSG v. 19.08.2010 - B 14 AS 13/10 R - juris Rn. 20.
[81] LSG Nordrhein-Westfalen v. 24.02.2011 - L 7 AS 1487/10 - juris Rn. 19.
[82] LSG Nordrhein-Westfalen v. 16.06.2011 - L 7 AS 4/08 - juris Rn. 98.
[83] BSG v. 07.11.2006 - B 7b AS 14/06 R - juris Rn. 22 - BSGE 97, 242-254 = SozR 4-4200 § 20 Nr. 1.
[84] LSG Nordrhein-Westfalen v. 10.05.2007 - L 20 B 42/07 SO ER - juris Rn. 10; a.A. LSG Rheinland-Pfalz v. 24.11.2010 - L 1 SO 133/10 B ER - juris Rn. 12.
[85] A.A. LSG Rheinland-Pfalz v. 24.11.2010 - L 1 SO 133/10 B ER - juris Rn. 11 ff.
[86] A.A. LSG Rheinland-Pfalz v. 24.11.2010 - L 1 SO 133/10 B ER - juris Rn. 11 ff.
[87] SG Koblenz v. 07.06.2011 - S 6 AS 725/11 ER - juris Rn. 9.

gangsrechts durch die **Sozialüblichkeit** beschränkt.[88] Zu prüfen sei, wie oft ein im Arbeitsleben stehender umgangsberechtigter Elternteil bei vollschichtiger Ausübung einer Tätigkeit bei einer solchen Entfernung sein Umgangsrecht ausüben würde.[89] Dieser Rechtsprechung kann zugestimmt werden.

4. Hilfebedürftigkeit

41 Nach § 19 Abs. 3 SGB XII werden Hilfen in anderen Lebenslagen, wozu auch die Hilfen nach § 73 Satz 1 SGB XII gehören, nur erbracht, soweit den Leistungsberechtigten, ihren nicht getrennt lebenden Ehegatten oder Lebenspartnern und, wenn sie minderjährig und unverheiratet sind, auch ihren Eltern oder einem Elternteil die Aufbringung der Mittel aus dem Einkommen und Vermögen nach den Vorschriften der §§ 82-96 SGB XII nicht zuzumuten ist (vgl. dazu im Einzelnen die Kommentierung zu § 19 SGB XII). Damit muss die Person, bei der der unbenannte und besondere, atypische Bedarf aufgetreten ist, **hilfebedürftig** sein. Hinsichtlich Einkommen und Vermögen gelten die §§ 82 ff. SGB XII.

IV. Rechtsfolgen

1. Ermessensleistung

42 § 73 Satz 1 SGB XII begründet **keinen Leistungsanspruch**. Vielmehr steht die Entscheidung, ob und welche Leistungen zur Deckung der sonstigen Lebenslage erbracht werden, im **Ermessen** des Trägers der Sozialhilfe. Das eingeräumte Ermessen bezieht sich dabei sowohl auf die Frage, „**ob**" eine Leistung erbracht werden soll, als auch auf die Frage „**wie**" die Leistung erbracht werden soll (vgl. dazu § 17 Abs. 2 Satz 1 SGB XII). Dem Träger der Sozialhilfe kommt dabei sowohl ein **Entschließungs**-[90] als auch ein **Auswahlermessen**[91] zu.

43 Dem Hilfebedürftigen steht damit lediglich ein **Anspruch auf pflichtgemäße Ausübung des Ermessens** i.S.d. § 39 Abs. 1 Satz 2 SGB I, also auf ermessensfehlerfreie Entscheidung, zu, den er grds. nur im Wege der Verpflichtungsklage (§ 54 Abs. 1 Satz 1 Alt. 2 SGG) – zur Beseitigung einer Leistungsablehnung in Kombination mit einer Anfechtungsklage (§ 54 Abs. 1 Satz 1 Alt. 1 SGG) – verfolgen kann. Lediglich bei einer Ermessensreduzierung auf Null kommt eine kombinierte Anfechtungs- und Leistungsklage (§ 54 Abs. 1 Satz 1 Alt. 1 i.V.m. Abs. 4 SGG) in Betracht.[92]

2. Ermessensentscheidung

44 Erst wenn die Tatbestandsvoraussetzungen des § 73 Satz 1 SGB XII vorliegen, ist dem Träger der Sozialhilfe die Möglichkeit eröffnet, unter Ausübung seines Ermessens zu bestimmen, ob und wie der unbenannte und besondere, atypische Bedarf zu befriedigen ist.

45 Bei seiner Ermessensausübung hat der Träger der Sozialhilfe **alle Umstände des konkreten Einzelfalles** zu berücksichtigen. Im Rahmen der Ausübung seines Entschließungsermessens hat er vor allem auch die Ursache, den Umfang, die Art, die Dringlichkeit und das Gewicht des Bedarfs, aber auch die Folgen des Unterlassens einer Leistung zu berücksichtigen.

46 Im Hinblick auf die geforderte **Grundrechtsrelevanz** des unbenannten und besonderen, atypischen Bedarfs kommt auch eine **Ermessensreduzierung auf Null** in Betracht. Während eine Reduzierung des Auswahlermessens weniger oft in Betracht kommen wird, dürfte sich die Frage der Ermessenreduzierung auf Null regelmäßig im Rahmen des Entschließungsermessens stellen. Denn gerade hier zeigt sich die Grundrechtsrelevanz des zu deckenden Bedarfs besonders.

47 Im Rahmen des **Auswahlermessens** kann der Träger der Sozialhilfe den Hilfebedürftigen auf **geeignete, angemessene, zweckmäßige und günstige Hilfen** verweisen. Hat der Hilfebedürftige sich die **Leistung bereits beschafft**, bevor der Träger der Sozialhilfe entschieden hat, so wandelt sich der Anspruch nicht in einen Kostenerstattungsanspruch um; auch reduziert sich die Leistungsentscheidung

---

[88] SG Koblenz v. 07.06.2011 - S 6 AS 725/11 ER - juris Rn. 9.
[89] SG Koblenz v. 07.06.2011 - S 6 AS 725/11 ER - juris Rn. 9; im Ergebnis gleich Thüringer LSG v. 12.11.2007 - L 8 SO 90/07 ER - juris Rn. 26 - FEVS 59, 416-420.
[90] *H. Schellhorn* in: Schellhorn/Schellhorn/Hohm, SGB XII, 18. Aufl., § 73 Rn. 6; *Schlette* in: Hauck/Noftz, SGB XII, § 73 Rn. 36; *Wahrendorf* in: Grube/Wahrendorf, SGB XII, 4. Aufl., § 73 Rn. 12; a.A. LSG Berlin-Brandenburg v. 26.05.2008 - L 20 B 1661/07 AS.
[91] *H. Schellhorn* in: Schellhorn/Schellhorn/Hohm, SGB XII, 18. Aufl., § 73 Rn. 6; *Schlette* in: Hauck/Noftz, SGB XII, § 73 Rn. 36; *Wahrendorf* in: Grube/Wahrendorf, SGB XII, 4. Aufl., § 73 Rn. 12.
[92] Dazu vgl. z.B. *Böttiger* in: Breitkreuz/Fichte, SGG, 2. Aufl., § 54 Rn. 80a.

des Trägers der Sozialhilfe nicht auf eine Entscheidung über die Erstattung der Kosten.[93] Eine solche **Umwandlung des Sachleistungsanspruchs in einen Anspruch auf Kostenerstattung** kommt erst **nach einer rechtswidrigen Ablehnung** der Leistung durch den Träger der Sozialhilfe in Betracht.[94] Ähnliches könnte für die Selbstbeschaffung unaufschiebbarer Sozialleistungen in **Eil- oder Notfällen** angenommen werden[95], jedoch kann dies nicht auf solche Fälle übertragen werden, in denen keine Eil- oder Notlage die unmittelbare Beschaffung der Leistung durch den Hilfebedürftigen selbst erfordert. Insoweit reduziert die bloße Beschaffung der Leistung durch den Hilfebedürftigen das Auswahlermessen des Trägers der Sozialhilfe nicht. Diesem verbleibt auch trotz der Selbstverschaffung der Leistung noch die Auswahlentscheidung zwischen den geeigneten Leistungsvarianten. Insoweit kann er dem Hilfebedürftigen noch entgegenhalten, im Rahmen seiner Ermessensentscheidung eine günstigere oder besser geeignete Sachleistung anzubieten. Die vom BSG zum SGB II angedeutete Rechtsprechung[96] kann so nicht in das SGB XII übernommen werden. Hier sind die Leistungen des § 73 Satz 1 SGB XII – wie die meisten sonstigen Leistungen des SGB XII (vgl. § 18 SGB XII) und anders als die Leistungen des SGB II (vgl. § 37 Abs. 1 SGB II) – nicht antragsabhängig. Auch lässt sich eine solche Einschränkung des dem Trägers der Sozialhilfe zustehenden Ermessens mit § 17 Abs. 2 Satz 1 SGB XII nicht vereinbaren. Insbesondere dürfte ein allgemeingültiger sozialrechtlicher Grundsatz dahingehend, dass nach Selbstbeschaffung von Leistungen immer nur noch ein Kostenerstattungsanspruch in Betracht kommt, nicht bestehen.

3. Entstehen des Anspruchs

Der **Anspruch auf ermessensfehlerfreie Entscheidung** entsteht, sobald die Tatbestandsvoraussetzungen des § 73 Satz 1 SGB XII erfüllt sind, also eine sonstige Lebenslage den Einsatz öffentlicher Mittel rechtfertigt. 48

Eines **Antrags** bedarf es **nicht**, jedoch gilt § 18 SGB XII. Erst wenn dem Träger der Sozialhilfe die sonstige Lebenslage, die den Einsatz von öffentlichen Mitteln rechtfertigt, **bekannt ist**, kann er sein Ermessen im Sinne des § 73 Satz 1 SGB XII ausüben. 49

Ein **Leistungsanspruch** entsteht dagegen gemäß § 40 Abs. 2 SGB I erst, wenn der Träger der Sozialhilfe eine **Ermessenentscheidung über die Zuerkennung** einer bestimmten Hilfeleistung **getroffen** und diese dem Hilfebedürftigen bekannt gegeben hat. Erst wenn der Träger der Sozialhilfe sowohl sein Entschließungs- als auch sein Auswahlermessen ausgeübt hat, kann ein Anspruch des Hilfebedürftigen auf eine bestimmte Leistung entstehen. 50

Ist wegen des Einflusses der Grundrechte im Einzelfall eine **Ermessenreduzierung auf Null** eingetreten, ist zu unterscheiden, welches Ermessen reduziert ist. Ergibt sich infolge der Ermessenreduzierung, dass sowohl hinsichtlich des „Ob" als auch des „Wie" der Hilfeleistung keine zulässige Entscheidungsalternative mehr besteht, entsteht der Anspruch unmittelbar mit Vorliegen der Tatbestandsvoraussetzungen des § 73 Satz 1 SGB XII, insoweit gilt dann § 40 Abs. 1 SGB I. Erstreckt sich die Ermessensreduzierung jedoch **alleine auf das Entschließungsermessen** und stehen dem Träger der Sozialhilfe hinsichtlich des „Wie" der Leistung noch zulässige Entscheidungsalternativen offen, so entsteht der Anspruch auf eine Hilfeleistung dem Grunde nach zwar schon mit Vorliegen der Tatbestandsvoraussetzungen des § 73 Satz 1 SGB XII, ein Anspruch auf eine konkrete Leistung entsteht jedoch erst dann, wenn der Träger der Sozialhilfe hierüber eine Ermessensentscheidung getroffen hat. 51

4. Anspruchsinhaber

Der Anspruch auf Ausübung pflichtgemäßen Ermessens steht demjenigen zu, zugunsten dessen dem Träger der Sozialhilfe das Vorliegen einer sonstigen Lebenslage, die den Einsatz von öffentlichen Mitteln rechtfertigt, bekannt ist (§ 18 SGB XII). Dabei ist für jeden **Hilfebedürftigen** gesondert zu prüfen, ob die Notlage dem Träger der Sozialhilfe bekannt ist und ob die Voraussetzungen des § 73 Satz 1 SGB XII erfüllt sind.[97] Maßgeblich ist insoweit, **bei wem der jeweilige Bedarf besteht** bzw. wem die- 52

---

[93] So für das SGB II angedeutet in BSG v. 19.08.2010 - B 14 AS 10/09 R - juris Rn. 22 ff., 29; BSG v. 19.08.2010 - B 14 AS 24/09 R - juris; BSG v. 17.06.2010 - B 14 AS 58/09 R - juris.
[94] BSG v. 19.08.2010 - B 14 AS 10/09 R - juris Rn. 29.
[95] BSG v. 19.08.2010 - B 14 AS 10/09 R - juris Rn. 29.
[96] BSG v. 19.08.2010 - B 14 AS 10/09 R - juris Rn. 22 ff., 29; BSG v. 19.08.2010 - B 14 AS 24/09 R - juris; BSG v. 17.06.2010 - B 14 AS 58/09 R - juris.
[97] Vgl. BSG v. 07.11.2006 - B 7b AS 14/06 R - juris Rn. 24 - BSGE 97, 242-254 = SozR 4-4200 § 20 Nr. 1.

ser sozialhilferechtlich zugeordnet ist. Dementsprechend hat das BSG[98] auch bei der Anwendung des § 73 Satz 1 SGB XII in Leistungsfällen nach dem SGB II z.B. hinsichtlich der Kosten des Umgangsrechts zwischen den Bedarfen des Elternteils und den Bedarfen der Kinder unterschieden; denn Anspruchsinhaber ist nicht generell der Unterhaltsverpflichtete, sondern der jeweils Bedürftige für seine Kosten.[99]

5. Erbringung der Leistungen

53 Der Träger der Sozialhilfe kann die Leistungen zur Deckung der sonstigen Lebenslage i.S.d. § 73 Satz 1 SGB XII als **Sach-, Dienst-** oder auch als **Geldleistungen** erbringen; zulässig sind alle Leistungsarten des § 10 Abs. 1 SGB XII. Welche Leistungsart zu wählen ist, steht im **Ermessen** des Trägers der Sozialhilfe. Dabei hat er § 10 Abs. 3 Satz 1 SGB XII zu beachten.

54 **Geldleistungen** können nach § 73 Satz 2 SGB XII als Beihilfe im Sinne eines **verlorenen Zuschusses** oder als Darlehen erbracht werden. Zur Darlehensgewährung kann auf die Kommentierung zu § 37 SGB XII verwiesen werden. Ein **Darlehen** kommt insbesondere dann in Betracht, wenn die **Rückzahlung** der vom Träger der Sozialhilfe geleisteten Hilfe unter Berücksichtigung der wirtschaftlichen Verhältnisse **in angemessener Zeit zu erwarten** ist.[100] Dagegen kommt eine Darlehensgewährung regelmäßig nicht in Betracht, wenn es sich um **wiederkehrende oder laufende Bedarfe** handelt.[101] Solche Bedarfslagen sind einer darlehensweisen Gewährung nur schwer zugänglich, wenn und soweit das Darlehen durch Aufrechnungen mit laufenden Leistungen (vgl. § 37 Abs. 2 Satz 1 SGB XII) zu einer belastenden Hypothek für die Zukunft wird.[102]

V. Anwendung der Vorschrift im SGB II

1. Allgemeines

55 § 73 SGB XII gehört nicht zu den im Dritten Kapitel des SGB XII geregelten Leistungen der Hilfe zum Lebensunterhalt, sodass die Vorschrift auch für solche Personen Anwendung findet, die dem Leistungsregime des **SGB II** unterliegen (§ 5 Abs. 2 SGB II, § 21 Satz 1 SGB XII).[103] Jedoch darf die Anwendung des § 73 SGB XII **nicht** zu einer **allgemeinen Auffangregelung** zur Deckung der von Hilfebedürftigen nach dem SGB II als unzureichend empfundenen Leistungen nach den §§ 19 ff. SGB II ausgeweitet werden[104] bzw. „mutieren"[105]. § 73 SGB XII darf nicht dazu verwandt werden, das **in sich geschlossene System des SGB II** bzw. SGB XII aufzulösen. Daher hat die Rechtsprechung zu Recht gefordert, dass eine besondere bzw. atypische Bedarfslage vorliegen muss, die eine gewisse Nähe zu den speziell in den §§ 47-74 SGB XII geregelten Bedarfslagen aufweist und dadurch eine Aufgabe von besonderem Gewicht darstellt, die nach dem Regelkonzept von SGB II und SGB XII nicht ausschließlich durch eine Erhöhung der Hilfe zum Lebensunterhalt nach § 28 Abs. 1 Satz 2 SGB XII oder eine ausdrücklich im Dritten Kapitel des SGB XII vorgesehene Hilfe zu decken ist.[106] Mit der so angesprochenen gewissen Nähe zu den in den §§ 47-74 SGB XII geregelten Bedarfen wird umschrieben, dass eine Anwendung des § 73 SGB XII in Leistungsfällen des SGB II eine ebenso gewichtige grundrechtliche Bedarfslage voraussetzt wie sie in den genannten Vorschriften des SGB XII beschrieben ist (vgl. dazu näher Rn. 24 ff.).

56 Daher ist die Anwendung des § 73 Satz 1 SGB XII von vornherein schon immer dann **ausgeschlossen**, wenn der geltend gemachte Bedarf **keinen Grundrechtsbezug** aufweist.[107] Aber auch dann, wenn die Tatbestandsvoraussetzungen des § 73 Satz 1 SGB XII nicht vorliegen, ist eine Leistungserbringung

---

[98] BSG v. 07.11.2006 - B 7b AS 14/06 R - juris Rn. 24 - BSGE 97, 242-254 = SozR 4-4200 § 20 Nr. 1.
[99] BSG v. 07.11.2006 - B 7b AS 14/06 R - juris Rn. 24 - BSGE 97, 242-254 = SozR 4-4200 § 20 Nr. 1.
[100] SG Berlin v. 26.11.2008 - S 51 AY 46/06.
[101] BSG v. 07.11.2006 - B 7b AS 14/06 R - juris Rn. 20 - BSGE 97, 242-254 = SozR 4-4200 § 20 Nr. 1.
[102] BSG v. 07.11.2006 - B 7b AS 14/06 R - juris Rn. 20 - BSGE 97, 242-254 = SozR 4-4200 § 20 Nr. 1; Bayerisches LSG v. 30.05.2007 - L 7 B 204/07 AS ER - juris Rn. 48 - FEVS 59, 66-73.
[103] BSG v. 07.11.2006 - B 7b AS 14/06 R - BSGE 97, 242-254 = SozR 4-4200 § 20 Nr. 1; *Schlette* in: Hauck/Noftz, SGB XII, § 73 Rn 2.
[104] BSG v. 07.11.2006 - B 7b AS 14/06 R - juris Rn. 22 - BSGE 97, 242-254 = SozR 4-4200 § 20 Nr. 1; LSG Nordrhein-Westfalen v. 22.06.2007 - L 1 B 7/07 AS ER - juris Rn. 27 - Sozialrecht aktuell 2007, 238-240.
[105] BSG v. 18.02.2010 - B 4 AS 29/09 R - juris Rn. 26 - SozR 4-1100 Art. 1 Nr. 7.
[106] BSG v. 18.02.2010 - B 4 AS 29/09 R - juris Rn. 26 - SozR 4-1100 Art. 1 Nr. 7.
[107] BSG v. 19.08.2010 - B 14 AS 13/10 R - juris Rn. 17; BSG v. 19.08.2010 - B 14 AS 47/09 R - juris Rn. 12; BSG v. 07.11.2006 - B 7b AS 14/06 R - juris Rn. 21 f. - BSGE 97, 242-254 = SozR 4-4200 § 20 Nr. 1.

ausgeschlossen. Das ist zunächst der Fall, wenn es sich nicht um eine sogenannte unbenannte Bedarfslage handelt (vgl. dazu näher Rn. 21 ff.), also die Bedarfslage thematisch bereits von einer anderen abschließenden Rechtsgrundlage erfasst wird, auch wenn Leistungen danach nicht zu gewähren sind. Aber auch dann, wenn der geltend gemachte Bedarf zu den vom Einzelnen hinzunehmenden **Bagatellbedürfnissen** gehört, kommt eine Bedarfsdeckung nach § 73 Satz 1 SGB XII nicht in Betracht; insoweit fehlt es bereits an einer Rechtfertigung für den Einsatz öffentlicher Mittel.

2. Urteil des BVerfG vom 09.02.2010 als Zäsur in der Anwendung des § 73 SGB XII auf Fallgestaltungen des SGB II

Das BVerfG hat in seiner Entscheidung vom 09.02.2010[108] für den Bereich des SGB II eine eigenständige Anspruchsgrundlage für die Deckung der den Festbetrag (Regelsatz) übersteigenden unabweisbaren, laufenden, nicht nur einmaligen, besonderen Bedarfe angemahnt. Da gerade aber diese Fälle die Anwendung des § 73 SGB XII für Leistungsfälle des SGB II begründet haben, stellt die Entscheidung des BVerfG einen Schnittpunkt dar. Für die Zeit zuvor haben sich folgende Hauptanwendungsfälle des § 73 SGB XII herauskristallisiert:[109]

- Kosten des Umgangsrechts,
- Kosten medizinisch notwendiger Artikel,
- Kosten der Schülerbeförderung,
- Kosten notwendiger Schulmaterialien
- Kosten der Passbeschaffung.

Folge des Urteils des BVerfG vom 09.02.2010[110] war ein grundrechtlich begründeter Anspruch auf Deckung der die pauschale Regelleistung übersteigenden unabweisbaren, laufenden, nicht nur einmaligen, besonderen Bedarfe. Dem ist der Gesetzgeber mit § 21 Abs. 6 SGB II nachgekommen.

3. Abgrenzung zu § 21 Abs. 6 SGB II

Nach § 21 Abs. 6 SGB II,[111] der mit Wirkung vom 03.06.2010 die Rechtsprechung des BVerfG[112] umsetzt[113], erhalten erwerbsfähige Hilfebedürftige einen Mehrbedarf, soweit im Einzelfall ein unabweisbarer, laufender, nicht nur einmaliger besonderer Bedarf besteht. Der Mehrbedarf ist unabweisbar, wenn er insbesondere nicht durch die Zuwendungen Dritter sowie unter Berücksichtigung von Einsparmöglichkeiten der Hilfebedürftigen gedeckt ist und seiner Höhe nach erheblich von einem durchschnittlichen Bedarf abweicht (§ 21 Abs. 6 Satz 2 SGB II). In der Begründung zur Einfügung des § 21 Abs. 6 SGB II führt der Haushaltsausschuss als nicht abschließende **Beispielsfälle**

- dauerhaft benötigte Hygienemittel bei bestimmten Erkrankungen (z.B. HIV, Neurodermitis),
- Putz- bzw. Haushaltshilfen für Rollstuhlfahrer und
- Kosten zur Wahrnehmung des Umgangsrechts bei getrennt lebenden Eltern auf.[114]

Darüber hinaus sollen § 21 Abs. 6 SGB II auch folgende Konstellationen unterfallen:[115]

- Fahrtkosten zu Ärzten und Einkäufen, wenn krankheitsbedingt keine Alternative zu diesen regelmäßig entstehenden Kosten besteht,[116]
- Aufwendungen der für eine Substitutionsbehandlung erforderlichen Fahrten zu weit entfernt liegenden Ärzten und Apotheken.[117]

---

[108] BVerfG v. 09.02.2010 - 1 BvL 1, 3, 4/09 - juris - BVerfGE 125, 175-260 = JMBl LSA 2010, 88 = BGBl I 2010, 193.
[109] Vgl. dazu auch *Hammel*, ZFSH SGB 2014, 9 ff., 10 ff.
[110] BVerfG v. 09.02.2010 - 1 BvL 1, 3, 4/09 - juris - BVerfGE 125, 175-260 = JMBl LSA 2010, 88 = BGBl I 2010, 193.
[111] Dazu vgl. z.B. *Lauterbach*, Die „Härtefallregelung" im neuen § 21 Abs. 6 SGB II.
[112] BVerfG v. 09.02.2010 - 1 BvL 1/09, 1 BvL 3/09, 1 BvL 4/09 - JMBl LSA 2010, 88 = BGBl I 2010, 193.
[113] Zum Verhältnis von § 73 Satz 1 SGB XII und dem vom BVerfG erkannten verfassungsrechtlichen Anspruch wegen bestimmter fortlaufender atypischer Bedarfe vgl. BSG v. 19.08.2010 - B 14 AS 13/10 R - juris Rn. 22 f.
[114] BT-Drs. 17/1465, S. 9 zu Nr. 2.
[115] Dazu vgl. *Hammel*, ZFSH SGB 2014, 9 ff., 14; *Jaritz*, Sozialrecht aktuell, 2010, 96 ff.; *Klerks*, info also, 2010, 205 ff.
[116] SG Detmold v. 07.09.2010 - S 21 AS 1703/10 ER.
[117] SG Wiesbaden v. 11.10.2010 - S 23 AS 706/10 ER.

60 Insoweit erfasst diese Vorschrift **viele Fallgestaltungen** des SGB II, **die bisher nach § 73 SGB XII gehandhabt wurden**. Ist daher der Anwendungsbereich des § 21 Abs. 6 SGB II eröffnet, ist die Bedarfsdeckung vorrangig nach dieser Vorschrift zu suchen. Insoweit kommt auch dem Hinweis des BVerfG in seiner Entscheidung vom 09.02.2010[118] Bedeutung zu, als es die Anwendbarkeit des § 73 SGB XII im Bereich des SGB II in der Ausgestaltung durch die Rechtsprechung des BSG als nicht ausreichend angesehen hat. Ob daraus abzuleiten ist, dass § 21 Abs. 6 SGB II weit zu verstehen ist, ist zunächst im SGB II zu erörtern. Ist die nach den grundrechtlichen Vorgaben zu deckende Bedarfslage aber nicht von § 21 Abs. 6 SGB II und auch nicht von einer sonstigen, abschließenden Regelung erfasst, kommt **§ 73 SGB XII auch weiterhin** bei Leistungsfällen des SGB II in Betracht.[119] So erfasst § 21 Abs. 6 SGB II z.B. nicht einmalige, nicht laufende Bedarfe.

4. Durchführung der Leistungserbringung

61 Die Leistung nach § 73 Satz 1 SGB XII bleibt auch dann eine **Sozialhilfeleistung**, wenn diese an dem Leistungsregime des SGB II unterfallenden Personen erbracht wird. Daher gilt auch das Antragserfordernis nach § 37 SGB II nicht, vielmehr greift § 16 SGB I bzw. § 18 SGB XII.[120] Es sind auch nicht die im SGB II, sondern die nach dem SGB XII geltenden Einkommens- und Vermögensgrenzen maßgeblich. Kostenträger der Leistung ist dann auch nicht der nach dem SGB II zuständige Grundsicherungsträger, sondern der nach dem SGB XII **sachlich und örtlich zuständige Träger der Sozialhilfe**. Gerade diese Überwälzung von eigentlich beim SGB II-Träger – der Bundesagentur für Arbeit – anfallenden Kosten auf die kommunalen Träger hat dem BSG Kritik eingebracht.[121] Jedoch ließ die gesetzliche Regelung kaum gangbare, verfassungsrechtlich tragfähige, alternative Lösungswege offen. Zwar stehen die Ansprüche nach dem SGB II und diejenigen nach § 73 SGB XII in Anspruchsnormenkonkurrenz, was bei einem einheitlichen prozessualen Anspruch **regelmäßig dazu führt,** dass auch § 73 SGB XII **als alternative Anspruchsgrundlage** im gegen den SGB II-Träger geführten Rechtsstreit zu prüfen wäre.[122] Doch weist das Gesetz die Entscheidung über den Anspruch nach § 73 SGB XII einem anderen selbständigen Rechtsträger zu, weshalb unterschiedliche Ansprüche vorliegen.[123] Daher hat das Hessische LSG[124] offen gelassen, ob dies auch in einem Fall, in dem der SGB-XII-Träger zugleich SGB-II-Träger ist, gilt. Jedenfalls führe die Verselbständigung der Erfüllung der Aufgaben nach dem SGB II durch den Landkreis in einem Eigenbetrieb zu einer Unterscheidbarkeit der prozessualen Ansprüche in personaler **Hinsicht, auch wenn es sich** bei einem **Eigenbetrieb nicht um einen selbständigen Rechtsträger** handele.[125]

62 Kommt in einem gegen einen Grundsicherungsträger des SGB II gerichteten Gerichtsverfahren die Deckung einer besonderen, atypischen Bedarfslage nach **§ 73 Satz 1 SGB XII in** Betracht, **ist der zuständige Träger der Sozialhilfe notwendig beizuladen** (§§ 75 Abs. 2 Alt. 2 SGG).[126] Er kann dann auch gem. § 75 Abs. 5 SGG verurteilt werden. Hat der Sozialhilfeträger bestandskräftig bereits über einen solchen Anspruch nach § 73 SGB XII entschieden, ist eine Beiladung des Sozialhilfeträgers nicht geboten.[127]

---

[118] BVerfG v. 09.02.2010 - 1 BvL 1, 3, 4/09 - juris Rn. 207 - BVerfGE 125, 175-260 = JMBl LSA 2010, 88 = BGBl I 2010, 193.

[119] So auch *Schlette* in: Hauck/Noftz, SGB XII, § 73 Rn. 2; *Strnischa* in: Oesterreicher, SGB II/SGB XII, § 73 SGB XII Rn. 4.

[120] Vgl. dazu BSG v. 26.08.2009 - B 8/9b SO 18/07 R - SozR 4-3500 § 18 Nr. 1.

[121] Vgl. z.B. *Berlit*, info also 2008, 243 ff., 249 f.; *Gerenkamp/Kroker*, NZS 2008, 28 ff., 29; *Münder*, NZS 2008, 169 ff., 171; *Münder*, NZS 617 ff., 620; *Schellhorn*, FuR 2007, 193; dazu auch *Schlette* in: Hauck/Noftz, SGB XII, § 73 Rn. 17; *Wahrendorf* in: Grube/Wahrendorf, SGB XII, 4. Aufl., § 73 Rn. 6.

[122] Hessisches LSG v. 21.12.2011 - L 7 AS 346/09 - juris Rn. 28.

[123] So auch BSG v. 07.11.2006 - B 7b AS 14/06 R - juris Rn. 20 - BSGE 97, 242-254 = SozR 4-4200 § 20 Nr. 1.

[124] Hessisches LSG v. 21.12.2011 - L 7 AS 346/09 - juris Rn. 20.

[125] Hessisches LSG v. 21.12.2011 - L 7 AS 346/09 - juris Rn. 20.

[126] BSG v. 07.11.2006 - B 7b AS 14/06 R - juris Rn. 11 - BSGE 97, 242-254 = SozR 4-4200 § 20 Nr. 1; dazu auch *Wenner*, SozSich 2010, 151 ff., 151.

[127] Hessisches LSG v. 21.12.2011 - L 7 AS 346/09 - juris Rn. 20.

VI. Beispielsfälle

1. Allgemeines

Die nachfolgenden Beispielsfälle aus der Rechtsprechung entstammen sowohl dem Bereich des SGB XII als auch dem Bereich des SGB II, soweit dort § 73 SGB XII ebenso angewandt wurde. Im Bereich des SGB II ist darüber hinaus auch zu beachten, dass mit Einführung des § 21 Abs. 6 SGB II viele der zuvor unter Anwendung des § 73 SGB XII gelösten Fallgestaltungen nunmehr in den Anwendungsbereich des § 21 Abs. 6 SGB II fallen (vgl. dazu Rn. 59 f.). 63

2. Kosten der Lebensführung

Die Kosten für einen **Telefonanschluss** bzw. einen **Internetzugang** sind den Leistungen zum Lebensunterhalt zuzurechnen und werden vom Regelsatz des § 27a SGB XII erfasst, sodass eine unbenannte Bedarfslage nicht vorliegt.[128] 64

Typische Bedarfslagen und damit von § 73 Satz 1 SGB XII nicht erfasst sind auch **Urlaubsreisen**.[129] 65

Eine sonstige Lebenslage im Sinne des § 73 Satz 1 SGB XII liegt nicht vor, wenn im Einzelfall die Leistungsvoraussetzungen einer anderweitig geregelten Hilfe nicht erfüllt sind oder diese nach Art oder Umfang nicht ausreichend erscheint.[130] Das gilt insbesondere bei allgemeiner Einkommensarmut und für Bedarfslagen, in denen der von § 27 SGB XII umfasste notwendige Lebensunterhalt betroffen ist; denn die Regelung des § 73 SGB XII ist nach ihrer Entstehungsgeschichte und Systematik nicht dazu bestimmt, als unzureichend erachtete Regelsatzleistungen aufzustocken oder im Interesse des Individualisierungsgrundsatzes die weitgehende Abschaffung einmaliger Leistungen wieder aufzuheben.[131] Die **Anschaffung eines Fahrrads**[132] bedeute daher lediglich die Aufstockung der von ihnen als unzureichend erachteten Regelsatzleistungen, ohne eine atypische Bedarfslage zu begründen.[133] 66

Versicherungsbeiträge sind von § 32 SGB XII erfasst, es handelt sich damit nicht um eine unbenannte und besondere, atypische Bedarfslage.[134] 67

Mietschulden begründen keine unbenannte Bedarfslage; diese sind vielmehr bereits von § 36 Abs. 1 SGB XII (bis 31.12.2010: § 34 Abs. 1 SGB XII) erfasst.[135] 68

Auch **Stromkostennachforderungen** können nicht nach § 73 SGB XII übernommen werden.[136] Diese Kosten unterfallen dem Bereich der Hilfe zum Lebensunterhalt.[137] Daher könnten die von der Regelleistung umfassten Bedarfe keine atypischen Bedarfslagen nach § 73 SGB XII begründen.[138] 69

Zinsen für einen **Überziehungskredit** stellen keinen besonderen, atypischen Bedarf im Sinne des § 73 Satz 1 SGB XII dar. 70

Der Einsatz öffentlicher Mittel ist nicht gerechtfertigt, wenn lediglich allgemeine **Sparbeiträge** übernommen werden sollen oder die Leistung der bloßen **Vermögensbildung** dient.[139] 71

3. Umgangskosten

Hinsichtlich der **Kosten des Umgangsrechts** handelt es sich bei Leistungsfällen nach dem **SGB XII** nicht um einen unbenannten, nicht deckbaren Bedarf. Denn diese Kosten sind von § 27a Abs. 4 SGB XII (zuvor: § 28 Abs. 1 Satz 2 SGB XII) erfasst.[140] 72

---

[128] Bayerisches LSG v. 14.03.2008 - juris Rn. 23 f. - L 7 AS 267/07 - FEVS 60, 374-376.
[129] OVG Hamburg v. 19.12.1980 - Bf I 53/80 - ZfSH 1981, 148-150 = FamRZ 1981, 989-992 = FEVS 29, 414-422.
[130] LSG Nordrhein-Westfalen v. 20.08.2012 - L 20 SO 44/11 - juris Rn. 77.
[131] LSG Nordrhein-Westfalen v. 20.08.2012 - L 20 SO 44/11 - juris Rn. 77.
[132] Dazu vgl. LSG Nordrhein-Westfalen v. 20.08.2012 - L 20 SO 44/11 - juris Rn. 77.
[133] LSG Nordrhein-Westfalen v. 20.08.2012 - L 20 SO 44/11 - juris Rn. 77.
[134] SG Karlsruhe v. 10.08.2009 - S 5 AS 2121/09 - juris Rn. 45.
[135] *Baur/Zink* in: Mergler/Zink, Handbuch der Grundsicherung und Sozialhilfe, Teil II, § 73 Rn. 10.
[136] LSG Nordrhein-Westfalen v. 26.04.2010 - L 19 AS 10/09 - juris Rn. 28.
[137] LSG Nordrhein-Westfalen v. 26.04.2010 - L 19 AS 10/09 - juris Rn. 28 unter Hinweis auf BSG v. 18.02.2010 - B 4 AS 29/09 R - juris.
[138] LSG Nordrhein-Westfalen v. 26.04.2010 - L 19 AS 10/09 - juris Rn. 28.
[139] *Bauer/Zink* in: Mergler/Zink, Handbuch der Grundsicherung und Sozialhilfe, § 73 SGB XII Rn. 10; *Strnischa* in: Oestreicher, SGB II/SGB XII, § 73 SGB XII Rn. 12.
[140] A.A. SG Aachen v. 01.10.2013 - S 20 SO 2/13 - juris Rn. 39, das auch im SGB XII die Rechtsgrundlage für die Fahrkostenerstattung zur Ausübung des Umgangsrechts in § 73 SGB XII sieht.

73	Zum **SGB II** hatte das BSG dagegen auf § 73 SGB XII zurückgreifen müssen, da im SGB II eine Rechtsgrundlage fehlte. Nach der Entscheidung des BVerfG vom 09.02.2010 und dem Erlass des § 21 Abs. 6 SGB II[141] scheidet § 73 SGB XII nun aber auch für Anwendungsfälle des SGB II aus.
74	**Bis zum Erlass des § 21 Abs. 6 SGB II** hat die Rechtsprechung des BSG eine die Anwendung des § 73 Satz 1 SGB XII rechtfertigende atypische Bedarfslage hinsichtlich der **Kosten des Umgangsrechts** von geschiedenen erwerbsfähigen Hilfebedürftigen mit ihren an einem entfernt liegenden Wohnort lebenden Kindern angenommen.[142] Erforderlich sei nur das Vorliegen einer besonderen Bedarfslage, die eine gewisse Nähe zu den speziell in den §§ 47-74 SGB XII geregelten Bedarfslagen aufweise und dadurch eine Aufgabe von besonderem Gewicht darstelle.[143] Eine solche Bedarfslage sei in der mit der Scheidung der Eltern verbundenen besonderen Schwierigkeit der **Aufrechterhaltung des Umgangs der Kinder mit dem nicht sorgeberechtigten Elternteil** bei unterschiedlichen, voneinander entfernt liegenden Wohnorten zu sehen. Insoweit kam das BSG dem verfassungsrechtlich angeordneten besonderen **Schutz der Familie** (Art. 6 Abs. 1 und 2 Satz 1 GG) nach.
75	Zu **unterscheiden** war jedoch zwischen den **Aufwendungen des erwerbsfähigen Hilfebedürftigen** selbst und denen **seiner Kinder**.[144] Damit war jeweils getrennt für den erwerbsfähigen Hilfebedürftigen und dessen Kinder zu prüfen, ob Leistungen nach § 73 Satz 1 SGB XII in Betracht kamen. Daraus folgte, dass § 73 Satz 1 SGB XII dem Hilfebedürftigen selbst allenfalls eine Übernahme seiner eigenen Fahrtkosten ermöglichte.[145] Hinsichtlich der Fahrtkosten des Kindes war im Hinblick auf das Kind eine atypische Bedarfslage gem. § 73 Satz 1 SGB XII zu prüfen. Die sonstigen Lebenshaltungskosten der Kinder während der Zeit der Besuche waren auch nicht von § 73 SGB XII, sondern von den §§ 20-22 SGB II erfasst.[146] Dabei konnten hinsichtlich des erwerbsfähigen Hilfebedürftigen und des Kinds ggf. auch abweichende Ergebnisse festgestellt werden.
76	Im Rahmen der Ermessensleistung nach § 73 SGB XII konnte beachtet werden, ob bzw. inwieweit die Fahrtkosten überhaupt **erforderlich** waren.[147] Dies hat das BSG bei der Abholung von zwölf- bzw. vierzehnjährigen Kindern in Zweifel gezogen.[148] Auch **außergewöhnlich hohe Kosten** rechtfertigten nicht den Einsatz öffentlicher Mittel im Sinne des § 73 Satz 1 SGB XII[149]; insbesondere dürfte dies auch hinsichtlich hoher **Flugkosten** zu Besuchen bei sich im Ausland aufhaltenden Kindern gelten.[150] Im Übrigen beschränkte sich der Umfang der Leistungen des § 73 Satz 1 SGB XII auf die Deckung des konkreten Bedarfs; daher gehörten Unterkunfts- und Verpflegungsaufwendungen grds. nicht zu dem von § 73 Satz 1 SGB XII unbenannten Bedarf, da dieser vielmehr von den Regelsätzen des § 28 SGB XII bzw. § 20 SGB II erfasst war.
77	Diesem Ansatz der Prüfung, ob der **Mitteleinsatz gerechtfertigt** ist, war auch das SG Koblenz gefolgt und hat das Besuchsrecht in den USA auf **einen Besuch pro Jahr** beschränkt.[151] Insoweit sei der Anspruch auf Ausübung des Umgangsrechts durch die **Sozialüblichkeit** beschränkt.[152] Zutreffend hat das SG darauf abgestellt, dass zu prüfen sei, wie oft ein im Arbeitsleben stehender umgangsberechtigter Elternteil bei vollschichtiger Ausübung einer Tätigkeit und im Hinblick auf die Entfernung sein Umgangsrecht ausüben würde.[153] **Dagegen** hat das LSG Nordrhein-Westfalen[154] bei einer Reise nach Kuba für 569 € eine Kostenübernahme für Besuche im Ausland vollständig verneint, denn insoweit spreng-

---

[141] LSG Rheinland-Pfalz v. 24.11.2010 - L 1 SO 133/10 B ER - juris.
[142] BSG v. 07.11.2006 - B 7b AS 14/06 R - juris Rn. 22 - BSGE 97, 242-254 = SozR 4-4200 § 20 Nr. 1; kritisch hierzu: *Schlette* in: Hauck/Noftz, SGB II, § 73 Rn. 16 ff.; dazu vgl. auch *Gerenkamp/Kroker*, NZS 2008, 28 ff.; *Schürmann*, SGb 2009, 200 ff.
[143] BSG v. 07.11.2006 - B 7b AS 14/06 R - juris Rn. 22 - BSGE 97, 242-254 = SozR 4-4200 § 20 Nr. 1.
[144] BSG v. 07.11.2006 - B 7b AS 14/06 R - juris Rn. 23 - BSGE 97, 242-254 = SozR 4-4200 § 20 Nr. 1.
[145] LSG Nordrhein-Westfalen v. 18.06.2010 - L 20 SO 19/10 - juris.
[146] BSG v. 07.11.2006 - B 7b AS 14/06 R - juris Rn. 23 - BSGE 97, 242-254 = SozR 4-4200 § 20 Nr. 1; SG Berlin v. 22.04.2010 - S 128 AS 11433/08 - juris Rn. 23.
[147] BSG v. 07.11.2006 - B 7b AS 14/06 R - juris Rn. 24 - BSGE 97, 242-254 = SozR 4-4200 § 20 Nr. 1.
[148] BSG v. 07.11.2006 - B 7b AS 14/06 R - juris Rn. 24 - BSGE 97, 242-254 = SozR 4-4200 § 20 Nr. 1.
[149] BSG v. 07.11.2006 - B 7b AS 14/06 R - juris Rn. 24 - BSGE 97, 242-254 = SozR 4-4200 § 20 Nr. 1.
[150] Vgl. dazu auch Rn. 40; im Ergebnis a.A. LSG Rheinland-Pfalz v. 24.11.2010 - L 1 SO 133/10 B ER - juris Rn. 11 ff.
[151] SG Koblenz v. 07.06.2011 - S 6 AS 725/11 ER - juris Rn. 9; a.A. LSG Rheinland-Pfalz v. 24.11.2010 - L 1 SO 133/10 B ER – juris.
[152] SG Koblenz v. 07.06.2011 - S 6 AS 725/11 ER - juris Rn. 9.
[153] SG Koblenz v. 07.06.2011 - S 6 AS 725/11 ER - juris Rn. 9; im Ergebnis gleich Thüringer LSG v. 12.11.2007 - L 8 SO 90/07 ER - juris Rn. 26 - FEVS 59, 416-420.
[154] LSG Nordrhein-Westfalen v. 10.05.2007 - L 20 B 42/07 SO ER - juris Rn. 10.

ten die Kosten die Grenzen des der Allgemeinheit noch Zumutbaren; eine Übernahme aus Mitteln der Sozialhilfe komme dann von vornherein nicht in Betracht. Dies dürfte zutreffend sei, da knapp oberhalb der Sozialhilfebedürftigkeit befindliche Eltern regelmäßig eine solche Reise – jedenfalls nicht mehrmals jährlich – ausführen.

Nach der Entscheidung des VG des Saarlandes[155] unterfielen Kosten, die aus Anlass von Besuchen der Eltern bei einem im Heim untergebrachten Jugendlichen entstanden, dem Kostenregime des SGB II bzw. des § 73 SGB XII, soweit sie nicht Annex-Leistungen zu Jugendhilfeleistungen nach dem SGB VIII darstellten, also mit den bewilligten erzieherischen, pädagogischen Maßnahmen nach den §§ 27 ff. SGB VIII in engem und unmittelbarem Zusammenhang standen. 78

4. Kosten für kirchliche/politische Feiern

Aufwendungen für eine festliche Ausstattung an Bekleidung und Bewirtung zwecks einer **Erstkommunionsfeier** sind von den Regelsätzen bzw. der Regelleistung erfasst;[156] insoweit scheidet eine Anwendung des § 73 Satz 1 SGB XII aus. Das Bayerische LSG hat diesen Anspruch mangels Nähe zu den speziell in den §§ 47-74 SGB XII geregelten Bedarfslagen verneint.[157] Auch hinsichtlich der Bewirtung bei einem derartigen Fest liege keine atypische Bedarfslage mit einer gewissen Nähe zu den in den §§ 47-74 SGB XII geregelten Sachverhalten vor.[158] 79

Auch Zuschüsse zu den Kosten einer **Jugendweihefeier** sind nicht nach § 73 Satz 1 SGB XII übernahmefähig.[159] Zwar falle die Teilnahme an einer Jugendweiheveranstaltung in den Schutzbereich von Art. 4 GG, doch sei die dort geregelte Religionsausübungsfreiheit nicht in ihrem Kern tangiert.[160] Darüber hinaus sei keine Nähe zu den in §§ 47 bis 74 SGB XII geregelten Hilfe zur Gesundheit, Eingliederungshilfe für behinderte Menschen, Hilfe zur Pflege oder Hilfe zur Überwindung besonderer sozialer Schwierigkeiten erkennbar und auch der Einsatz öffentlicher Mittel nicht gerechtfertigt.[161] 80

5. Eingliederung in Arbeit

Eine sonstige Lebenslage i.S.d. § 73 Satz 1 SGB XII liegt nach der Rechtsprechung des Sächsischen LSG[162] nicht vor, wenn im Einzelfall die Leistungsvoraussetzungen einer anderweitig geregelten Hilfe nicht erfüllt sind oder diese nach Art oder Umfang nicht ausreichend erscheint. Die **Finanzierung der Kfz-Anschaffung** als Voraussetzung einer **Beschäftigungsaufnahme** sei von der Regelung des § 16 Abs. 1 Satz 2 Nr. 2 SGB II i.V.m. § 44 SGB III erfasst und falle nicht in den Regelungsbereich des § 73 SGB XII. 81

6. Kosten der Schulausbildung (Schülerbeförderung/Schulmaterialien) bzw. damit in Zusammenhang stehender Kosten

a. Schulbedarf/Schulbücher

Aufwendungen für allgemeinen **Schulbedarf**[163] und **Schulbücher**[164] stellen keinen besonderen, atypischen Bedarf im Sinne einer sonstigen Lebenslage dar; diese Bedarfe sind als typische Bedarfslagen vielmehr von den Regelsätzen bzw. der Regelleistung erfasst.[165] 82

Dagegen hat das LSG Nordrhein-Westfalen[166] – für das SGB II – bei einer Bedarfsgemeinschaft aus einer alleinerziehenden Mutter und ihren sechs Kindern, wovon fünf Kinder schulpflichtig waren, hinsichtlich der **Kosten des Schulmaterials** eine atypische Bedarfslage im Sinne des § 73 Satz 1 SGB XII 83

---

[155] VG Saarland v. 12.01.2011 - 3 K 1193/10 - juris Rn. 19 und Rn. 15 - JAmt 2011, 415-416.
[156] Bayerisches LSG v. 23.04.2009 - L 11 AS 125/08 - juris Rn. 25 - FEVS 61, 277-282.
[157] Bayerisches LSG v. 23.04.2009 - L 11 AS 125/08 - juris Rn. 25 - FEVS 61, 277-282.
[158] Bayerisches LSG v. 23.04.2009 - L 11 AS 125/08 - juris Rn. 25 - FEVS 61, 277-282.
[159] LSG Sachsen-Anhalt v. 14.11.2013 - L 5 AS 175/12 - juris Rn. 35 ff.
[160] LSG Sachsen-Anhalt v. 14.11.2013 - L 5 AS 175/12 - juris Rn. 35 ff.; Bayerisches LSG v. 23.04.2009 - L 11 AS 125/08 - juris Rn. 25 - FEVS 61, 277-282.
[161] LSG Sachsen-Anhalt v. 14.11.2013 - L 5 AS 175/12 - juris Rn. 35 ff.
[162] Sächsisches LSG v. 27.01.2014 - L 7 AS 1807/13 B ER - juris Rn. 35.
[163] LSG Berlin-Brandenburg v. 11.11.2008 - L 15 B 265/08 SO ER - juris Rn. 4.
[164] BSG v. 19.08.2010 - B 14 AS 47/09 R - juris Rn. 14, a.A. die Vorinstanz LSG Rheinland-Pfalz v. 25.11.2008 - L 3 AS 76/07 - juris Rn. 30 - ZFSH/SGB 2009, 157-160; LSG Nordrhein-Westfalen v. 27.08.2009 - L 7 AS 72/08 - juris Rn. 36.
[165] LSG Berlin-Brandenburg v. 11.11.2008 - L 15 B 265/08 SO ER - juris Rn. 4.
[166] LSG Nordrhein-Westfalen v. 15.04.2009 - L 7 B 401/08 AS - juris Rn. 5 ff.

erkannt. Ob dem – insbesondere im Hinblick auf die Rechtsprechung des BSG[167] – zu folgen ist, erscheint fraglich. Vielmehr läge eine Bedarfsdeckung nach § 24 Abs. 1 SGB II (bis 31.12.2010: § 23 Abs. 1 SGB II), § 21 Abs. 6 SGB II oder § 27a Abs. 4 SGB XII (bis 31.12.2010: § 28 Abs. 1 Satz 2 SGB XII) nahe.

84 Zum **Schulbedarf** im **Schuljahr 2005/2006**[168] und im **Schuljahr 2006/2007** hat das BSG[169] entschieden, es bestehe keine Anspruchsgrundlage für Kosten für Schulbücher. Der Schulbedarf sei Teil des existenziellen Bedarfs, der durch das SGB II und ggf. die Regelleistung in dem damals geltenden § 28 Abs. 1 Satz 3 Nr. 1 SGB II (seit 01.01.2011 vgl. § 23 SGB II sowie § 28 Abs. 3 SGB II) hätte gedeckt werden müssen. Zwar habe das SGB II keine ausreichende Leistung bzw. keinen gesetzlichen Anspruch für den Schulbedarf normiert, jedoch habe es sich nicht um einen besonderen Bedarf gehandelt.[170] Es sei um einen **typischen Bedarf** gegangen, für den auch ein verfassungsrechtlicher Anspruch bzw. § 21 Abs. 6 SGB II nicht in Betracht komme.[171] Das BSG hat auch eine **rückwirkende Anwendung des § 24a SGB II ausgeschlossen**. Zur jetzigen Rechtslage vgl. die §§ 23 und 28 Abs. 3 SGB II. Dasselbe muss auch für Leistungsfälle nach dem SGB XII gelten.

b. Klassenfahrt/Schullandheimaufenthalt

85 **Klassenfahrten** sowie **Schullandheimaufenthalte** stellen keine unbenannte und besondere, atypische Bedarfslage dar; vielmehr sind diese bereits von bzw. § 28 Abs. 2 Satz 1 Nr. 2 SGB II (bis 31.12.2010: § 23 Abs. 3 Satz 1 Nr. 3 SGB XII) bzw. § 34 Abs. 2 Satz 1 Nr. 2 SGB XII (bis 31.12.2010: § 31 Abs. 1 Nr. 3 SGB XII) erfasst.[172]

c. Besuch einer weiterführenden Schule/Hochschule

86 Auch begründen weder der **Besuch einer Hochschule** noch die damit notwendigerweise verbundenen Kosten eine atypische Lebenssituation;[173] eine verfassungsrechtliche Auslegung – wie bei den Kosten des Umgangsrechts (vgl. dazu Rn. 72 ff.) – hielt das BSG zu Recht für nicht geboten. Die bewusste Entscheidung des Verordnungsgebers, die Kosten für den Besuch einer Hochschule bei der Bemessung der sozialhilferechtlichen Regelsätze nicht zu berücksichtigen, dürfe nicht durch eine Anwendung von § 73 SGB XII umgangen werden. Auch sei die mit dem Besuch weiterführender Schulen bzw. einer Ausbildung verbundene Bedarfslage bereits durch die Regelungen der §§ 59 ff. SGB III sowie des BAföG abschließend erfasst, sodass auch unter diesem Aspekt eine Übernahme von Kosten nach § 73 Satz 1 SGB XII ausscheide.[174]

87 Auch sind Semesterbeiträge und Studiengebühren nicht nach § 73 SGB XII zu übernehmen.[175] Weder der Besuch einer Hochschule noch die damit notwendigerweise verbundenen Kosten begründeten eine atypische Lebenssituation.[176]

d. Kosten der Schülerbeförderung

88 Ergäben sich nach den jeweiligen Schulgesetzen der Länder keine Möglichkeiten einer Kostenübernahme, und könne ohne diese Kostenübernahme die Schule nicht mehr besucht werden, könne nach einer teilweise vertretenen Auffassung eine atypische Lebenssituation i.S.d. § 73 Satz 1 SGB XII vorliegen.[177]

---

[167] BSG v. 19.08.2010 - B 14 AS 47/09 R - juris Rn. 14.
[168] BSG v. 19.08.2010 - B 14 AS 47/09 R - juris - SozR 4-3500 § 73 Nr. 2.
[169] BSG v. 10.05.2011 - B 4 AS 11/10 R - juris Rn. 17.
[170] BSG v. 10.05.2011 - B 4 AS 11/10 R - juris Rn. 17.
[171] BSG v. 10.05.2011 - B 4 AS 11/10 R - juris Rn. 17.
[172] Zur Klassenfahrt eines BAföG-Beziehers vgl. LSG Berlin-Brandenburg v. 13.05.2013 - L 31 AS 1100/13 B PKH - juris Rn. 19.
[173] BSG v. 28.10.2009 - B 14 AS 44/08 R - juris Rn. 20 ff. - SozR 4-4200 § 7 Nr. 15; LSG Nordrhein-Westfalen v. 24.05.2012 - L 9 SO 427/10 - juris Rn. 108.
[174] BSG v. 28.10.2009 - B 14 AS 44/08 R - juris Rn. 20 ff. - SozR 4-4200 § 7 Nr. 15.
[175] LSG Nordrhein-Westfalen v. 24.05.2012 - L 9 SO 427/10 - juris Rn. 108.
[176] LSG Nordrhein-Westfalen v. 24.05.2012 - L 9 SO 427/10 - juris Rn. 108.
[177] LSG Niedersachsen-Bremen v. 03.12.2007 - L 7 AS 666/07 ER - juris; *Strnischa* in: Oestereicher, SGB II/SGB XII, § 73 SGB XII Rn. 11 „Schülermonatsfahrkarte".

Dagegen hat das **BSG**[178] darauf abgestellt, dass nach der gesetzgeberischen Konzeption die sonderge- 89
setzlich abschließende Regelung der Ausbildungsförderung entgegenstehe und es an einer besonderen,
atypischen Lebenslage, die eine Nähe zu den anderen im Fünften bis Neunten Kapitel des Zwölften
Buchs geregelten Bedarfslagen aufzuweisen habe, fehle.[179]

Weder der Schulbesuch noch die dadurch entstandenen Fahrkosten begründeten eine atypische Le- 90
benssituation. Anders als bei den Kosten des Umgangsrechts sei eine Leistungsgewährung hier verfassungsrechtlich nicht geboten.[180] Zwar begründe das in Art. 12 Abs. 1 Satz 1 GG normierte Grundrecht,
Beruf und Ausbildungsstätte frei zu wählen, nicht nur ein Abwehrrecht gegen staatliche Eingriffe, sondern auch einen Anspruch auf Teilhabe an staatlichen Bildungseinrichtungen.[181] Dieser richte sich aber
vornehmlich auf gleichberechtigten Zugang und nicht auf die Gewährleistung der finanziellen Rahmenbedingungen.[182] Das SG Detmold hat auch nach der Entscheidung des BVerfG vom 09.02.2010[183]
die Übernahme der Fahrtkosten für die Schülerbeförderung auch nach § 73 SGB XII abgelehnt.[184] Es
fehle an einer besonderen atypischen Lebenslage, die eine Nähe zu den anderen im 5. bis 9. Kapitel des
SGB XII geregelten Bedarfslagen aufweise.

7. Kosten im Zusammenhang mit Tod/Bestattungen

Das LSG Niedersachsen-Bremen hat hinsichtlich der **Fahrtkosten zur Bestattung** des Vaters des Hil- 91
febedürftigen an einem weit entfernten Ort (300 km) eine besondere Lebenslage im Sinne des § 73
Satz 1 SGB XII erkannt[185], die eine Nähe zu den speziell in den §§ 47-74 SGB XII geregelten Bedarfslagen aufweise und dadurch eine Aufgabe von besonderem Gewicht darstelle.

Dagegen hat es hinsichtlich der **Kosten eines Kranzes** in Höhe von 100 € eine typische Bedarfslage 92
bei der Teilnahme an Beerdigungen eines nahen Angehörigen und damit als von der Regelleistung erfasst angesehen, weshalb es eine Kostenübernahme nach § 73 Satz 1 SGB XII verneint hat.[186] Auch
Übernachtungskosten bei solchen entfernten Beerdigungen würden von § 73 Satz 1 SGB XII nicht
erfasst, da diese keinen unbenannten, sondern vielmehr einen von den Hilfen zum Lebensunterhalt
(§ 35 SGB XII, bis 31.12.2010: § 29 SGB XII) erfassten Bedarf darstellten.

Das Innehalten eines **Grabrechts** sowie die Verantwortung für die **Pflege und die Erhaltung einer** 93
Grabstätte eines verstorbenen Angehörigen wie auch die **Vorsorge für die eigene Bestattung** stellen
nach Auffassung des SG Nürnberg eine typische – in der Bevölkerung typischerweise anzutreffende –
Bedarfslage dar, weshalb eine Kostenübernahme nach § 73 SGB XII ausscheide.[187]

8. Kosten für medizinische Versorgung

a. Allgemeines

Hinsichtlich der Kosten für **Arzneimittel, Heil- und Hilfsmittel**, medizinischen Behandlungen sowie 94
medizinisch veranlasster Ernährung ergibt sich eine umfangreiche Rechtsprechung.[188] Diese Rechtsprechung erging **im Wesentlichen zu Leistungsfällen nach dem SGB II** und ist dadurch geprägt,
dass bis zum Erlass des § 21 Abs. 6 SGB II (für die Zeit zuvor vgl. BVerfG v. 09.02.2010[189]) im SGB II
eine Rechtsgrundlage zur Deckung dieser Bedarfe nicht zur Verfügung stand. Nunmehr dürften diese
Bedarfe in der Regel als typische Anwendungsfälle des § 21 Abs. 6 SGB II anzusehen sein.[190] Entsprechend unterfallen diese Fallkonstellationen im SGB XII der Regelung des § 27a Abs. 4 SGB XII

---

[178] BSG v. 28.10.2009 - B 14 AS 44/08 R - juris Rn. 24 ff. - SozR 4-4200 § 7 Nr. 15.
[179] BSG v. 28.10.2009 - B 14 AS 44/08 R - juris Rn. 24 ff. - SozR 4-4200 § 7 Nr. 15.
[180] BSG v. 28.10.2009 - B 14 AS 44/08 R - juris Rn. 24 ff. - SozR 4-4200 § 7 Nr. 15.
[181] BSG v. 28.10.2009 - B 14 AS 44/08 R - juris Rn. 24 ff. - SozR 4-4200 § 7 Nr. 15.
[182] BSG v. 28.10.2009 - B 14 AS 44/08 R - juris Rn. 24 ff. - SozR 4-4200 § 7 Nr. 15 unter Hinweis auf BVerfGE 33, 303, 330 ff.
[183] BVerfG v. 09.02.2010 - 1 BvL 1, 3, 4/09 - juris - BVerfGE 125, 175-260 = JMBl LSA 2010, 88 = BGBl I 2010, 193.
[184] SG Detmold v. 09.04.2010 - S 12 AS 126/07 - juris Rn. 27.
[185] LSG Niedersachsen-Bremen v. 19.06.2008 - L 7 AS 613/06 - juris Rn. 33.
[186] LSG Niedersachsen-Bremen v. 19.06.2008 - L 7 AS 613/06 - juris Rn. 36.
[187] SG Nürnberg v. 17.12.2010 - S 20 SO 153/10 - juris Rn. 18 - SAR 2011, 32-34.
[188] Zur Literatur vgl. z.B. info also, 2009, 223; *Harich*, SGb 2012, 584 ff.; *Wunder*, SGb 2012, 47 f.
[189] BVerfG v. 09.02.2010 - 1 BvL 1, 3, 4/09 - juris - BVerfGE 125, 175-260 = JMBl LSA 2010, 88 = BGBl I 2010, 193.
[190] Dazu vgl. *Hammel*, ZFSH SGB 2014, 9 ff., 14.

(bis 31.12.2010: § 28 Abs. 1 Satz 2 SGB XII), sodass eine Bedarfsdeckung über § 73 Satz 1 SGB XII regelmäßig ausscheidet. Daher ist auch die ausdifferenzierte Rechtsprechung zur Anwendung des § 73 SGB XII in Leistungsfällen nach dem SGB II grds. nicht auf die Leistungsfälle nach dem SGB XII übertragbar.

b. Hygienemehrbedarf bei HIV-Infizierten

95   Typischer Anwendungsfall für § 73 SGB XII bei Leistungsfällen nach dem SGB II waren die Kosten für **Hygienemehrbedarfe bei HIV-Infizierten**. Hier konnte ein im Einzelfall bestehender Mehrbedarf für Hygiene eine Bedarfslage im Sinne des § 73 Satz 1 SGB XII begründen.[191] Das BSG hatte darin, dass die Bedarfslage, **die eine gewisse Näh**e zu den speziell in den §§ 47-74 SGB XII geregelten Lebenslagen aufweist, nicht durch Leistungen des SGB V gedeckt ist, eine unbenannte atypische Bedarfslage gesehen. Insoweit hatte das BSG auch hier die Regelung des § 73 Satz 1 SGB XII im Bezug zum vorliegend tangierten Grundrecht auf Leben (Gesundheit) und körperliche Unversehrtheit gemäß Art. 2 Abs. 2 GG gesehen.

96   Die zum SGB II ergangene Rechtsprechung des BSG zu Hygienemitteln für HIV-Infizierte lässt sich **nicht auf das SGB XII übertragen**. Hier ist dieser Bedarf nach § 27a Abs. 4 SGB XII (bis 31.12.2010: § 28 Abs. 1 Satz 2 SGB XII) zu decken.

c. Notwendige medizinische Versorgung

97   Sind hilfebedürftige Leistungsbezieher nach dem SGB V gesetzlich versichert (vgl. dazu § 5 Abs. 1 Nr. 2a SGB V), eröffnen die Aufwendungen für **medizinisch notwendige Krankenbehandlungen** nicht den Anwendungsbereich des § 73 Satz 1 SGB XII.[192] Diese Bedarfslagen sind vielmehr mit Hilfe der Krankenbehandlung nach § 27 Abs. 1 SGB V zu decken.[193]

98   Bedarfe, die sich auf Krankenbehandlung gemäß § 27 SGB V richten, sind durch die gesetzliche Krankenversicherung und ergänzend durch den im Regelbedarf des § 20 SGB II bzw. § 27a SGB XII enthaltenen Anteil für Eigenanteile und Rezeptgebühren abgedeckt.[194]

99   Auch gehört die Versorgung mit einem **C-leg** in den Bereich des SGB V.[195] Daher ist die Frage, ob die Kosten für eine entsprechend durchgeführte Behandlung übernommen werden, gegenüber der Krankenkasse zu klären.

d. Zahnersatz

100 Sofern der existenznotwendige Bedarf durch die **medizinisch notwendige (Regel-)Versorgung mit Zahnersatz** im System des SGB V befriedigt werden kann, scheidet nach Auffassung des SG Würzburg[196] auch ein ergänzender Anspruch aus § 73 SGB XII aus, da es insoweit an einer besonderen, atypischen Bedarfslage fehle.[197] Auch ergänzende Behandlungsmaßnahmen (hier: über die von der gesetzlichen Krankenversicherung abgedeckte kieferorthopädische Behandlung hinausgehende spezielle **kieferorthopädische Maßnahmen**) stellen nach der Rechtsprechung des LSG Nordrhein-Westfalen keine besondere, atypische Lebenslage dar.[198] Das sozialrechtlich zu gewährende menschenwürdige Existenzminimum werde mit Blick auf die notwendige Versorgung dadurch abgedeckt, dass die Gesetzliche Krankenversicherung, der SGB II-Bezieher angehörten (§ 5 Abs. 2a SGB V) und für die vom Träger der Grundsicherung Beiträge gezahlt würden (§ 252 Abs. 1 Satz 2 SGB V), ausreichende Leistungen vorhalte.[199] Der Träger der Grundsicherung könne insoweit ohne weitere Ermittlungen davon ausgehen, dass die notwendige kieferorthopädische Versorgung durch die gesetzliche Krankenversicherung erfolge und grundrechtsrelevante Beeinträchtigungen durch eine nicht ausreichende Krankenbehandlung ausschieden.[200] Gesetzliche oder auf Gesetz beruhende Leistungsausschlüsse und Leistungsbegrenzungen nach dem SGB V könnten nur innerhalb dieses Leistungssystems daraufhin über-

---

[191] BSG v. 19.08.2010 - B 14 AS 13/10 R - juris Rn. 15 ff.
[192] BSG v. 15.12.2010 - B 14 AS 44/09 R - juris.
[193] BSG v. 15.12.2010 - B 14 AS 44/09 R - juris.
[194] LSG Hamburg v. 21.11.2012 - L 4 AS 6/11 - juris Rn. 18.
[195] BSG v. 15.12.2010 - B 14 AS 44/09 R - juris Rn. 20.
[196] SG Würzburg v. 18.11.2011 - S 15 AS 772/11 ER - juris Rn. 32.
[197] SG Würzburg v. 18.11.2011 - S 15 AS 772/11 ER - juris Rn. 32.
[198] LSG Nordrhein-Westfalen v. 09.08.2012 - L 6 AS 139/12 ZVW - juris Rn. 35.
[199] LSG Nordrhein-Westfalen v. 09.08.2012 - L 6 AS 139/12 ZVW - juris Rn. 35.
[200] LSG Nordrhein-Westfalen v. 09.08.2012 - L 6 AS 139/12 ZVW - juris Rn. 33.

prüft werden, ob sie im Rahmen des Art. 2 Abs. 1 GG gerechtfertigt seien.[201] Die Frage, ob die Kosten für eine aufwändigere kieferorthopädische Behandlung übernommen werden, müsse der Hilfebedürftige damit gegenüber seiner Krankenkasse klären.[202] Insoweit fehlt es für über die von der gesetzlichen Krankenversicherung abgedeckte kieferorthopädische Behandlung hinausgehenden Behandlungen an einer gesetzlichen Grundlage.[203] Für einen Anspruch aus § 73 SGB XII fehle es an einer besonderen, atypischen Lebenslage.[204]

In nachfolgenden Revisionsverfahren hat das **BSG**[205] darauf hingewiesen, dass ein Bedarf auf eine Mehrbedarfsleistung wegen der Aufwendungen für die ergänzenden kieferorthopädischen Behandlungsmaßnahmen unter Geltung der bis zur Entscheidung des BVerfG vom 09.02.2010[206] geltenden Anspruchsgrundlage des **§ 73 SGB XII** bzw. danach unter den Vorgaben des BVerfG nicht dargelegt worden sei; ein solcher Bedarf entstehe erst mit den Rechnungsstellungen durch den behandelnden Kieferorthopäden.[207]

101

Mehrleistungen, die über eine notwendige Versorgung hinausgingen, seien nach der Grundkonzeption des SGB V vom Versicherten selbst zu tragen.[208] Hieraus folge aber auch, dass diese Leistungen auch nicht durch SGB-II-Leistungen zu decken seien.[209] Auch einen Anspruch aus **§ 21 Abs. 6 SGB II** hat das BSG daher verneint.[210] **Unabweisbarkeit** des Bedarfs sei nur dann in Betracht zu ziehen, wenn das SGB V einen Leistungsausschluss für eine medizinisch notwendige kieferorthopädische Versorgung in der konkreten Fallgestaltung vorsähe.[211] Zwar kenne das SGB V auch bei der kieferorthopädischen Versorgung Leistungsbeschränkungen, erbringe die gesetzliche Krankenversicherung jedoch kieferorthopädische Versorgung, leiste sie auch die medizinisch notwendige Behandlung.[212] Würden ggf. Aufwendungen für eine medizinisch notwendige Behandlung aus dem Leistungskatalog der gesetzlichen Krankenversicherung ausgeschlossen, könne zwar grundsätzlich ein Anspruch auf eine Mehrbedarfsleistung entstehen.[213] Unter welchen Voraussetzungen dies zu erfolgen habe, sei bisher noch nicht abschließend geklärt.[214] Jedenfalls scheide eine Leistungsgewährung aus, wenn der Leistungsberechtigte wegen der Erkrankungen keine Kosten geltend mache, die über das hinausgingen, was für die übrigen Kosten für Gesundheitspflege im Regelbedarf vorgesehen sei (Bagatellgrenze) und wenn die gesetzliche Krankenversicherung die Kosten einer medizinisch notwendigen Behandlung trage.[215]

102

Zur Versorgung eines **völlig zahnlosen** Hilfebedürftigen mit fortgeschrittener Kieferatrophie hat das LSG Baden-Württemberg entschieden, dass weder ein Anspruch gegen den Träger der Sozialhilfe auf die Gewährung eines Zuschusses noch eines Darlehens zum Zwecke einer Finanzierung **implantatgestützten Zahnersatzes** besteht.[216] Der Sozialhilfeempfänger müsse sich – wie alle gesetzlich Krankenversicherten auch – auf die Versorgung mit einem „normalen" Zahnersatz bzw. einer normalen Prothese verweisen lassen.[217]

103

---

[201] LSG Nordrhein-Westfalen v. 09.08.2012 - L 6 AS 139/12 ZVW - juris Rn. 33 unter Hinweis auf BVerfG v. 06.12.2005 - 1 BvR 347/98 - juris - BVerfGE 115, 25 ff.
[202] LSG Nordrhein-Westfalen v. 09.08.2012 - L 6 AS 139/12 ZVW - juris Rn. 33.
[203] LSG Nordrhein-Westfalen v. 09.08.2012 - L 6 AS 139/12 ZVW - juris Rn. 35, nachgehend BSG v. 12.12.2013 - B 4 AS 6/13 R - juris Rn. 16 ff.
[204] LSG Nordrhein-Westfalen v. 09.08.2012 - L 6 AS 139/12 ZVW - juris Rn. 35, nachgehend BSG v. 12.12.2013 - B 4 AS 6/13 R - juris Rn. 16 ff.
[205] BSG v. 12.12.2013 - B 4 AS 6/13 R - juris Rn. 15 ff.
[206] BVerfG v. 09.02.2010 - 1 BvL 1, 3, 4/09 - juris - BVerfGE 125, 175-260 = JMBl LSA 2010, 88 = BGBl I 2010, 193.
[207] BSG v. 12.12.2013 - B 4 AS 6/13 R - juris Rn. 19.
[208] *Fahlbusch* in: jurisPK-SGB V, 2. Aufl. 2012, § 29 Rn. 43.
[209] BSG v. 12.12.2013 - B 4 AS 6/13 R - juris Rn. 15 ff.
[210] BSG v. 12.12.2013 - B 4 AS 6/13 R - juris Rn. 15 ff.
[211] BSG v. 12.12.2013 - B 4 AS 6/13 R - juris Rn. 15 ff.
[212] BSG v. 12.12.2013 - B 4 AS 6/13 R - juris Rn. 15 ff.
[213] BSG v. 12.12.2013 - B 4 AS 6/13 R - juris Rn. 15 ff. unter Hinweis auf BSG v. 06.03.2012 - B 1 KR 24/10 R - juris - BSGE 110, 183 = SozR 4-2500 § 34 Nr. 9; BSG v. 26.05.2011 - B 14 AS 146/10 R - juris - BSGE 108, 235 = SozR 4-4200 § 20 Nr. 13.
[214] BSG v. 12.12.2013 - B 4 AS 6/13 R - juris Rn. 15 ff. unter Hinweis auf BSG v. 26.05.2011 - B 14 AS 146/10 R - juris - BSGE 108, 235 = SozR 4-4200 § 20 Nr. 13.
[215] BSG v. 12.12.2013 - B 4 AS 6/13 R - juris Rn. 15 ff.
[216] LSG Baden-Württemberg v. 29.06.2011 - L 2 SO 5698/10 - juris Rn. 22.
[217] LSG Baden-Württemberg v. 29.06.2011 - L 2 SO 5698/10 - juris Rn. 22.

104 Eine **kieferorthopädische Wunschbehandlung** kann nicht nach § 73 Satz 1 SGB XII übernommen werden.[218] Behandlung von Fehlstellungen der Zähne über die Grundversorgung der gesetzlichen Krankenversicherung hinaus sei für ein menschenwürdiges Existenzminimum nicht zwingende Voraussetzung.[219]

105 Auch erfolgt nach § 73 Satz 1 SGB XII keine Übernahme der **Kosten für eine zahnprothetische Behandlung** oder für die Übernahme des **Eigenanteils** an der zahnärztlichen Behandlung.[220]

e. Arzneimittel/Hygiene- und Hautpflegemittel

106 Das **LSG Nordrhein-Westfalen** hat in verschiedenen Fällen eine unbenannte und besondere, atypische Bedarfslage, die den Einsatz öffentlicher Mittel rechtfertigt, gesehen.[221] Eine solche atypische Bedarfslage liege darin, dass dem Hilfebedürftigen im Einzelfall die Beschaffung der benötigten Arznei-, Hilfs- oder Heilmittel aus der Regelleistung des § 20 SGB II aufgrund der Höhe und dem geringen Anteil für Arznei- und medizinische Hilfsmittel in der Regelleistung nach § 20 SGB II nicht zumutbar sei.[222] Auch hinsichtlich von **Hygiene- und Hautpflegmitteln** bei bestimmten Hautkrankheiten wurde im Hinblick auf die Höhe der monatlich anfallenden Kosten eine atypische Bedarfslage gesehen.[223] Dagegen haben das **LSG Baden-Württemberg** und auch das **Bayerische LSG** hinsichtlich der Kostenübernahme bei medizinisch notwendigen, nicht verschreibungspflichtigen Medikamenten für Hilfebedürftige nach dem SGB II, die an chronischen Erkrankungen leiden[224], aber auch für zusätzliche, über die Leistungen des SGB V hinausgehende Leistungen[225], keinen Anwendungsfall des § 73 Satz 1 SGB XII gesehen. Insoweit sieht das SGB V als abschließende Regelung einen Ausschluss vor. Dieser Ausschluss wird nach h.M. auch von den §§ 47 ff. SGB XII nachvollzogen. Hat der Gesetzgeber damit bestimmte Bedarfe von der Befriedigung unter Einsatz staatlicher Mittel ausgeschlossen, bleibt für § 73 Satz 1 SGB XII kein Raum mehr.[226] Hinsichtlich von Hygienemitteln bei HIV-Infizierten, die keine von den §§ 47 ff. SGB XII erfassten Heil- und Hilfsmittel darstellen, vgl. dagegen Rn. 63.

107 Ob bei **apothekenpflichtigen nicht verschreibungspflichtigen Arzneimitteln** (sog **OTC-Präparate**; hier: Augentropfen) eine sachliche Nähe zu den in den §§ 47-74 SGB XII geregelten Bedarfslagen besteht, hatte das LSG Nordrhein-Westfalen bezweifelt.[227] Dagegen hatte das **BSG** – anders als bei Bedarfen für besondere Hygienemaßnahmen[228] – in seiner Entscheidung v. 26.05.2011[229] geurteilt, dass hinsichtlich des Anspruchs auf ausreichende **Versorgung mit Arzneimitteln** ein unabweisbarer und durch das System des SGB V bzw. die Regelleistung **ungedeckter Bedarf nicht ersichtlich** sei. Der Anspruch auf Existenzsicherung werde insoweit durch die Mitgliedschaft in der GKV abgedeckt. Die Frage, ob die Kosten für Arzneimittel als Teil einer Krankenbehandlung übernommen werden müssten, müsse der Hilfebedürftige auch bei OTC-Präparaten gegenüber seiner Krankenkasse klären.[230] Kosten für die Gesundheitspflege, die selbst für medizinisch notwendige, aber nicht von der Leistungspflicht der GKV abgedeckte OTC-Präparate unter dem Gesichtspunkt der Eigenverantwortung von den Versicherten, auch einem Hilfebedürftigen, selbst zu tragen seien, seien in der Regelleistung abgebildet und begründeten damit grundsätzlich keinen Bedarf i.S.d. § 73 SGB XII.[231]

---

[218] LSG Sachsen-Anhalt v. 11.09.2013 - L 5 AS 472/11 - juris Rn. 17.
[219] LSG Sachsen-Anhalt v. 11.09.2013 - L 5 AS 472/11 - juris Rn. 22.
[220] LSG Berlin-Brandenburg v. 16.11.2010 - L 18 AS 1432/08 - juris Rn. 23.
[221] LSG Nordrhein-Westfalen v. 07.02.2008 - L 7 B 313/07 AS - juris Rn. 3; LSG Nordrhein-Westfalen v. 21.12.2007 - L 19 B 134/07 AS ER - juris Rn. 6; Nordrhein-Westfalen v. 22.06.2007 - L 1 B 7/07 AS ER - juris Rn. 28 - NDV-RD 2008, 36-38 = Sozialrecht aktuell 2007, 238-240.
[222] LSG Nordrhein-Westfalen v. 07.02.2008 - L 7 B 313/07 AS - juris Rn. 3; LSG Nordrhein-Westfalen v. 22.06.2007 - L 1 B 7/07 AS ER - juris Rn. 28 - NDV-RD 2008, 36-38 = Sozialrecht aktuell 2007, 238-240.
[223] LSG Nordrhein-Westfalen v. 21.12.2007 - L 19 B 134/07 AS ER - juris Rn. 6.
[224] LSG Baden-Württemberg v. 22.11.2007 - L 7 SO 4180/06 - juris Rn. 23.
[225] Bayerisches LSG v. 09.07.2009 - L 7 AS 295/09 NZB - juris Rn. 6.
[226] Zu verfassungsrechtlichen Fragen vgl. LSG Baden-Württemberg v. 22.11.2007 - L 7 SO 4180/06 - juris Rn. 23.
[227] LSG Nordrhein-Westfalen v. 24.02.2011 - L 7 AS 1487/10 - juris Rn. 19.
[228] BSG v. 19.08.2010 - B 14 AS 13/10 R - juris - SozR 4-3500 § 73 Nr. 3.
[229] BSG v. 26.05.2011 - B 14 AS 146/10 R - juris Rn. 23 - NDV-RD 2011, 130-132.
[230] BSG v. 26.05.2011 - B 14 AS 146/10 R - juris Rn. 23 - NDV-RD 2011, 130-132.
[231] BSG v. 26.05.2011 - B 14 AS 146/10 R - juris Rn. 23 - NDV-RD 2011, 130-132.

Auch ein Anspruch auf Versorgung mit einem den Festbetrag übersteigenden **Festbetragsarzneimittel** besteht nicht.[232] Diese Kosten seien vom Regelbedarf umfasst und grundsätzlich aus den Regelsätzen zu decken.[233] Da die Hilfe bei Krankheit subsidiär für den Fall der fehlenden Versicherung in der gesetzlichen Krankenversicherung und der fehlenden Leistungsberechtigung nach § 264 Abs. 2 SGB V abschließend im Fünften Kapitel des SGB XII geregelt sei, scheide eine Anwendung des § 73 SGB XII aus.[234] Die in § 52 Abs. 1 Satz 1 SGB XII enthaltene Beschränkung auf den Leistungsumfang der gesetzlichen Krankenversicherung könne nicht durch die Anwendung des § 73 SGB XII als Öffnungsklausel umgangen werden.[235]

108

f. Hilfsmittel

Beim Bedarf nach einer **Sehhilfe/Brille** hat das SG Detmold einen unmittelbaren verfassungsrechtlichen Anspruch angenommen.[236] Zwar seien Bedarfe, die bereits von den Leistungen des SGB V erfasst seien und auch nach Ansicht des Gesetzgebers dort ausreichend gedeckt seien, nicht von § 73 SGB XII erfasst. Es widerspräche auch dem Willen des Gesetzgebers, wenn § 73 SGB XII in eine allgemeine Auffangnorm umgedeutet würde, die in all den Fällen einen Anspruch gegen den Sozialhilfeträger begründe, in denen die eigentlich einschlägigen Normen den betreffenden Anspruch gerade ausschlössen.[237] Die Vorschrift diene auch nicht dazu, unzureichend ausgestaltete Regelsätze aufzustocken.[238] Jedoch hat des SG Detmold[239] einen verfassungsrechtlichen Anspruch bzw. einen solchen aus § 21 Abs. 6 SGB II angenommen, weshalb ein Rückgriff auf § 73 SGB XII ausschied.[240]

109

Dagegen hat das LSG Hamburg ausgeführt, Bedarfe, die sich auf Krankenbehandlung gemäß § 27 SGB V richteten, seien durch die gesetzliche Krankenversicherung und ergänzend durch den im Regelbedarf des § 20 SGB II (im SGB XII § 27a) enthaltenen Anteil für Eigenanteile und Rezeptgebühren abgedeckt. Deshalb betreffe der Anspruch auf Gewährung eines Zuschusses für die Anschaffung von **Kontaktlinsen, Lese- und Sonnenschutzbrillen** allein das Verhältnis zur Krankenkasse und nicht dasjenige zu den Leistungsträgern nach dem SGB II oder dem SGB XII.[241]

110

g. Hilfen für Amputierte/Rollstuhlfahrer

Auch soweit in Folge einer **Amputation** Kleidungsstücke (aus hygienischen und medizinischen Gründen) öfters zu **reinigen** (z.B. Reinigung des Sockenstrumpfes mit Kochwäsche alle zwei Tage) waren oder hat die wegen der Amputation erforderliche Nutzung einer (Bein-)Prothese zu einem erhöhten Bedarf an Kleidung (z.B. erhöhter **Verschleiß** der Kleidung) geführt, war schon dadurch ein Fall mit Grundrechtsbezug erkannt worden; durch eine nicht ausreichende Versorgung des Stumpfes und einen nicht ausreichenden Ausgleich seiner Behinderung könne das grundrechtlich geschützte Recht auf Leben (Gesundheit) und körperliche Unversehrtheit (Art. 2 Abs. 2 GG) berührt sein.[242] Für Zeiten ab dem Inkrafttreten des § 21 Abs. 6 SGB II ist dieser Bedarf entsprechend den dortigen Regelungen zu decken, so dass ein Rückgriff auf § 73 Satz 1 SGB XII dann ausscheidet.

111

Das LSG Nordrhein-Westfalen[243] hat für einen **erhöhten Hosenverschleiß** als Folge einer behinderungsbedingten Sturzanfälligkeit nach C-leg-Versorgung eine Kostenübernahme nach § 73 SGB XII verneint. Die geltend gemachte Bedarfserhöhung von höchstens 160 € jährlich (14 € monatlich) halte sich noch in dem Rahmen, der von der Regelleistung abzudecken sei.[244]

112

Zu erhöhten Aufwendungen für **alle zwei Tage notwendig werdende 90-Grad-Wäsche** der Stumpfsocken vgl. BSG v. 15.12.2010.[245]

113

---

[232] LSG Nordrhein-Westfalen v. 21.02.2013 - L 9 SO 455/11 - juris.
[233] LSG Nordrhein-Westfalen v. 21.02.2013 - L 9 SO 455/11 - juris Rn. 46.
[234] LSG Nordrhein-Westfalen v. 21.02.2013 - L 9 SO 455/11 - juris Rn. 47.
[235] LSG Nordrhein-Westfalen v. 21.02.2013 - L 9 SO 455/11 - juris Rn. 47.
[236] SG Detmold v. 11.01.2011 - S 21 AS 926/10 - juris Rn. 25 - ZFSH/SGB 2011, 364-369.
[237] SG Detmold v. 11.01.2011 - S 21 AS 926/10 - juris Rn. 24.
[238] SG Detmold v. 11.01.2011 - S 21 AS 926/10 - juris Rn. 24
[239] SG Detmold v. 11.01.2011 - S 21 AS 926/10 - juris Rn. 24
[240] SG Detmold v. 11.01.2011 - S 21 AS 926/10 - juris Rn. 27 ff.
[241] LSG Hamburg v. 21.11.2012 - L 4 AS 6/11 - juris Rn. 18.
[242] BSG v. 15.12.2010 - B 14 AS 44/09 R - juris.
[243] LSG Nordrhein-Westfalen v. 16.06.2011 - L 7 AS 4/08 - juris Rn. 98.
[244] LSG Nordrhein-Westfalen v. 16.06.2011 - L 7 AS 4/08 - juris Rn. 98.
[245] BSG v. 15.12.2010 - B 14 AS 44/09 R - juris Rn. 220.

114 Diese zum **SGB II** ergangene Rechtsprechung ist jedoch **nicht auf das SGB XII auszudehnen**, denn es handelt sich hierbei nicht um einen unbenannten Bedarf. Diese Bedarfslagen werden bereits von den Hilfen zum Lebensunterhalt und den Regelsätzen nach § 27a Abs. 4 SGB XII (bis 31.12.2010: § 28 Abs. 1 SGB XII) erfasst, sodass diese besonderen, atypischen Bedarfe **im SGB XII** daher nach **§ 27a Abs. 4 SGB XII** (bis 31.12.2010: § 28 Abs. 1 Satz 2 SGB XII) zu decken sind.

h. Medizinisch bedingte Ernährung

115 Auch bei der **Ernährung mit ausgewogener Mischkost bzw. „Vollkost"** hatte das BSG[246] eine entsprechende Anwendung des § 73 SGB XII abgelehnt. Es handele sich hierbei um einen typischen, innerhalb des SGB II zu befriedigenden Bedarf.

i. Sonstiger medizinisch bedingter Bedarf

116 Bei einer von der Krankenkasse erbrachten **Psychotherapie** zur Behandlung einer posttraumatischen Belastungsstörung bei einem fremdsprachigen Hilfebedürftigen war hinsichtlich der Kosten eines zur Therapie beigezogenen **Dolmetschers** eine sonstige Lebenslage i.S.d. § 73 SGB XII angenommen worden.[247] Die Bedarfslage weise eine gewisse Nähe zu den Leistungen nach § 48 SGB XII auf. Die von der Krankenkasse gewährten Leistungen könnten erst wirksam in Anspruch genommen werden, wenn hierfür ein Dolmetscher zur Verfügung stehe. Die Kostenübernahme nach § 73 SGB XII sei im Hinblick auf die bestehende Erkrankung sowohl der Dringlichkeit und Schwere als auch ihrem besonderen Gewicht nach unter Berücksichtigung der bereits von der Krankenkasse bestätigten Bewertung der Behandlungsbedürftigkeit geeignet, den Einsatz öffentlicher Mittel zu rechtfertigen.[248]

117 Dagegen war die Übernahme von Kosten für eine **Haushaltshilfe** nach § 73 Satz 1 SGB XII auch bei den erwerbsfähigen Hilfebedürftigen des SGB II ausgeschlossen. Da die Bedarfslage bereits durch den auch im SGB II anwendbaren § 61 erfasst sei, liege keine atypische unbenannte Bedarfslage vor.

118 Nach der Rechtsprechung des SG Marburg kommt auch eine Kostenübernahme nach § 73 Satz 1 SGB XII für einen **begleiteten Krankenrücktransport aus dem Ausland** nicht in Betracht, da mit § 5 Abs. 4 KonsG eine vorrangige Leistungspflicht des Auswärtigen Amts bestehe.[249]

119 **Fahrkosten für Fahrten zu regelmäßig stattfindenden medizinischen Untersuchungen,** die unter dem Gesichtspunkt der Eigenverantwortung der in der gesetzlichen Krankenversicherung Versicherten auch von Hilfebedürftigen nach dem SGB II und SGB XII selbst zu zahlen sind, sind nach der Rechtsprechung des Sächsischen LSG[250] in der Regelleistung abgebildet und lösten damit grundsätzlich keinen Bedarf nach § 73 SGB XII aus. Der Bedarf, einen bestimmten Untersuchungsort aufzusuchen, stelle einen Bedarf dar, der sowohl dem in der Regelleistung abgebildeten Bereich der Gesundheitspflege als auch dem ebenfalls in der Regelleistung berücksichtigten Bereich der Mobilität zugehörig sei.[251] Vieles spreche dafür, diesen Bedarf als einen Mischbedarf beider Bereiche anzusehen.[252] Jedenfalls handele es sich der Art nach nicht mehr um einen atypischen, sondern einen in der Regelleistung berücksichtigten Bedarf.[253] Atypisch sei der Bedarf auch nicht deswegen, weil die der Regelleistung zugrundeliegende Einkommens- und Verbrauchsstatistik lediglich den Durchschnittsbedarf in üblichen Bedarfssituationen, nicht aber einen darüber hinausgehenden besonderen Bedarf aufgrund atypischer Bedarfslagen widerspiegle.[254]

j. Zuzahlungen

120 Mit Urteil vom 16.12.2010 hat das BSG[255] zu **Leistungsfällen nach dem SGB XII** entschieden, dass **Zuzahlungen zu Arzneimitteln** sowie die **Praxisgebühren**, die der HIV-Infizierte im Rahmen der gesetzlichen Krankenversicherung zu erbringen hat, nicht den Anwendungsbereich des § 73 Satz 1

---

[246] BSG v. 10.05.2011 - B 4 AS 100/10 R - juris Rn. 35.
[247] SG Hildesheim v. 01.12.2011 - S 34 SO 217/10 - juris Rn. 21.
[248] SG Hildesheim v. 01.12.2011 - S 34 SO 217/10 - juris Rn. 22.
[249] SG Marburg v. 28.02.2011 - S 9 SO 42/08 - juris.
[250] Sächsisches LSG 19.01.2012 - L 3 AS 39/10 - juris Rn. 26, 28.
[251] Sächsisches LSG v. 19.01.2012 - L 3 AS 39/10 - juris Rn. 28.
[252] Sächsisches LSG v. 19.01.2012 - L 3 AS 39/10 - juris Rn. 28.
[253] Sächsisches LSG v. 19.01.2012 - L 3 AS 39/10 - juris Rn. 28.
[254] Sächsisches LSG v. 19.01.2012 - L 3 AS 39/10 - juris Rn. 28.
[255] BSG v. 16.12.2010 - B 8 SO 7/09 R - juris; dazu vgl. die Anmerkung von *Wunder*, SGb 2012, 47 ff.

SGB XII eröffnen. Da Sozialhilfeempfänger ab 01.01.2004 sämtliche Zuzahlungen aus den allgemeinen Regelsätzen zu bestreiten hätten, bleibe für eine Anwendung des § 27 Abs 2 BSHG/§ 73 SGB XII kein Raum, es handele sich nicht um einen atypischen Fall.[256]

k. Beiträge zur Krankenversicherung

§ 73 SGB XII begründete auch für Leistungsfälle des SGB II keinen Anspruch auf Übernahme – bisher – **ungedeckter Beitragsanteile zur Privaten Krankenversicherung**.[257] Diesen Bedarf nach Finanzierung des Krankenversicherungsschutzes sah das BSG als keine atypische, weil bereits durch andere Vorschriften des SGB II bzw. SGB XII erfasste Bedarfslage an. **121**

Eine Rechtsgrundlage für die Übernahme eines Prämienzuschlags **nach § 193 Abs. 4 Satz 1 VVG** hat das SG Freiburg nicht in § 73 Satz 1 SGB XII erkannt. Zwar stelle der von der Krankenversicherung geforderte Prämienzuschlag eine nicht unerhebliche Summe dar, es sei jedoch nicht Aufgabe der Gemeinschaft, den Hilfebedürftigen von diesen Kosten zu entlasten.[258] Insoweit fehlt die Rechtfertigung zur Übernahme entsprechender Kosten. **122**

9. Kosten der Passbeschaffung

Die Rechtsprechung zur Übernahme der Passbeschaffungskosten sowie der damit in Zusammenhang stehenden Kosten ist nach wie vor uneinheitlich. **123**

Im **Bereich des AsylbLG** tendiert die Rechtsprechung[259] eher zu einer Kostenübernahme im Rahmen des § 73 Satz 1 SGB XII i.V.m. § 2 Abs 1 AsylbLG. Mittel für die Kosten der Passausstellung seien nicht in den Regelsätzen nach § 28 SGB XII enthalten.[260] Es könne nicht auf ein Ansparen im Regelsatz enthaltener Mittel verwiesen werden.[261] Aus dem gleichen Grund scheide auch die Inanspruchnahme von Darlehen nach § 37 Abs 1 SGB XII aus. Für Fahrtkosten, die notwendigerweise gemeinsam mit den Gebühren für die Passausstellung anfallen und deswegen untrennbar mit ihnen verbunden sind, gelten die vorstehenden Ausführungen entsprechend.[262] **124**

Für den Bereich des **SGB XII** sowie der aus dem **SGB II** stammenden Leistungsfälle verneint die überwiegende veröffentlichte Rechtsprechung mittlerweile eine Kostenübernahme.[263] Insoweit ist der 19. Senat des LSG Nordrhein-Westfalen[264] der Anwendung des § 73 Satz 1 SGB XII in diesen Fällen entgegengetreten und hat die Übernahme der Kosten für die **Ausstellung eines Reiseausweises** nach § 73 SGB XII abgelehnt. Denn die Übernahme dieser Kosten weise keine Nähe zu den Hilfen nach den §§ 47-74 SGB XII auf. Die Verpflichtung zur Passbeschaffung stelle insbesondere **keine besondere soziale Schwierigkeit** i.S.d. § 67 SGB XII dar.[265] Auch könne die einem Ausländer obliegende Passpflicht nach § 3 Abs. 1 AufenthG dadurch erfüllt werden, dass dieser anstelle eines Passes oder Passersatzpapiers – wie den Ausweis für Flüchtlinge – einen **Ausweisersatz nach § 48 Abs. 2 AufenthG** mit sich führe.[266] Bezieher von Leistungen nach dem SGB II seien von den **Gebühren** für die Ausstellung eines solchen Ausweisersatzes nach § 53 Abs. 1 Nr. 8 AufenthV **befreit**.[267] Auch wenn ein solcher Ausweisersatz nach § 48 Abs. 2 AufenthG im Gegensatz zu einem Passersatzpapier den Grenzübertritt und Reisen ins Ausland nicht ermögliche, sei insoweit der Einsatz öffentlicher Mittel für die Ausstellung/Verlängerung eines Reiseausweises für Flüchtlinge, die mit einer Gebühr nach § 48 Abs. 1 Satz 1 **125**

---

[256] BSG v. 16.12.2010 - B 8 SO 7/09 R - juris; dazu vgl. die Anmerkung von *Wunder*, SGb 2012, 47 ff.
[257] BSG v. 18.01.2011 - B 4 AS 108/10 R - juris Rn. 22.
[258] SG Freiburg v. 09.11.2011 - S 22 AS 4933/10 - juris Rn. 20 ff.
[259] Vgl. z.B. LSG Nordrhein-Westfalen v. 23.05.2011 - L 20 AY 19/08 - juris Rn. 28 ff.
[260] LSG Nordrhein-Westfalen v. 23.05.2011 - L 20 AY 19/08 - juris Rn. 28 ff.
[261] LSG Nordrhein-Westfalen v. 23.05.2011 - L 20 AY 19/08 - juris Rn. 28 ff.
[262] LSG Nordrhein-Westfalen v. 23.05.2011 - L 20 AY 19/08 - juris Rn. 28 ff.
[263] Z.B. LSG Nordrhein-Westfalen v. 28.01.2013 - L 12 AS 1836/12 NZB - juris; LSG Nordrhein-Westfalen v. 25.02.2011 - L 19 AS 2003/10 B - juris; LSG Nordrhein-Westfalen v. 25.01.2012 - L 12 AS 2046/10 B - juris; LSG Nordrhein-Westfalen v. 03.01.2011 - L 7 AS 460/10 B - juris - SAR 2011, 46-48; LSG Nordrhein-Westfalen v. 22.07.2010 - L 7 B 204/09 AS - juris Rn. 13 f; a.A. LSG Niedersachsen-Bremen v. 20.07.2012 - L 9 AS 563/12 B ER - juris.
[264] LSG Nordrhein-Westfalen v. 25.02.2011 - L 19 AS 2003/10 B - juris Rn. 10.
[265] LSG Nordrhein-Westfalen v. 25.02.2011 - L 19 AS 2003/10 B - juris Rn. 10.
[266] LSG Nordrhein-Westfalen v. 25.02.2011 - L 19 AS 2003/10 B - juris Rn. 10.
[267] LSG Nordrhein-Westfalen v. 18.08.2010 - L 20 SO 44/10 NZB - juris Rn. 10; SG Köln v. 11.12.2009 - S 27 SO 63/09.

Nr. 1a AufenthV verbunden sei (zur Gebührenermäßigung vgl. § 53 Abs. 2 AufenthV), im Regelfall nicht gerechtfertigt.[268]

126 Das **SG Aachen**[269] hat darauf hingewiesen, dass jedenfalls wegen des zum 01.01.2011 in Kraft getretenen „Gesetzes zur Ermittlung der Regelbedarfe nach § 28 des Zwölften Buches Sozialgesetzbuch" – Regelbedarfs-Ermittlungsgesetz (RBEG)[270] nunmehr die Kosten für die Beschaffung von Ausweispapieren **im Regelbedarf abgebildet** seien.[271] Die Materialien[272] führten aus, dass die neu festgelegten Gebühren von 28,80 € bezogen auf zehn Jahre für den Personalausweis zusätzlich berücksichtigt seien. Zusätzlich sei unter der Position „Sonstige Dienstleistungen, nicht genannte" ein Betrag von 0,25 € berücksichtigt. Daraus ergäben sich 3 € im Jahr und für die Gültigkeitsdauer des neuen Personalausweises insgesamt 30 €. Daher komme § 73 SGB XII nicht mehr als Anspruchsgrundlage für die Übernahme der Kosten für die Beschaffung von Ausweispapieren in Betracht.[273] Die Kosten für die Beschaffung von Ausweispapieren gehörten damit seit dem 01.01.2011 zum notwendigen Lebensunterhalt i.S.d. §§ 27, 28 SGB XII, weshalb allenfalls eine Übernahme der Kosten nach § 37 Abs. 1 SGB XII, nicht mehr aber nach § 73 SGB XII in Betracht komme.[274]

127 Dagegen hat das **LSG Niedersachsen-Bremen** an seiner Rechtsprechung[275] festgehalten.[276] Auch für spätere Zeiträume als 31.12.2010 sei § 73 Satz 1 SGB XII als Grundlage für die Übernahme von Passbeschaffungskosten heranzuziehen.[277]

128 Das **LSG Nordrhein-Westfalen**[278] hat auch in neuerer Zeit an seine zuvor beschriebene Rechtsprechung[279] angeknüpft. Passverlängerungskosten seien dem von der Regelleistung nach § 20 SGB II umfassten Bedarf zuzuordnen, weshalb keine atypische Bedarfslage bestehe.[280] Daher müssten diese Kosten durch Ansparungen aus der Regelleistung aufgebracht werden.[281] § 73 SGB XII komme nicht die Funktion einer allgemeinen Auffangregelung für Leistungsempfänger des SGB II zu.[282] Die Rechtsprechung zum **AsylbLG**[283] könne auf das SGB II nicht übertragen werden.[284] Bei den **Passbeschaffungskosten** und auch **Kosten eines DNA-Gutachtens** handele es sich auch nicht um eine atypische Lage i.S.d. § 73 SGB XII, die eine Nähe zu den anderen im Fünften bis Neunten Kapitel des SGB XII geregelten Bedarfslagen aufweise.[285]

129 Für **Leistungsfälle des SGB XII** kommt nach der hier vertretenen Auffassung eine Kostenübernahme nach § 73 Satz 1 SGB XII nicht in Betracht. Vielmehr gehören diese Bedarfe zu den mit dem Regelsatz nach § 27a Abs. 2 i.V.m. Abs. 3 SGB XII erfassten Bedarfen und können – soweit keine Ansparung erfolgt war – nach § 37 Abs. 1 SGB XII darlehensweise gedeckt werden. Wie die Ausführungen in BT-Drs. 17/3404, S. 64, zeigen, hat der Gesetzgeber bei der Bemessung der Regelsätze gerade auch diese Kosten im Blick gehabt und, auf eine Passlaufzeit von 10 Jahren umgelegt, in die Regelsätze eingestellt. Daher ist der Rechtsprechung des LSG Nordrhein-Westfalen[286] und des SG Aachen[287] zuzustimmen.

---

[268] LSG Nordrhein-Westfalen v. 18.08.2010 - L 20 SO 44/10 NZB - juris Rn. 10.
[269] SG Aachen v. 05.06.2012 - S 20 SO 179/11 - juris Rn. 18.
[270] Zu den Materialien vgl. BT-Drs. 17/3404, S. 64.
[271] Hinweis auf § 5 Abs. 1 RBEG (dort Abteilung 12 – andere Waren und Dienstleistungen); ebenso SG Karlsruhe v. 29.08.2013 - S 1 SO 4002/12 - juris.
[272] BT-Drs. 17/3404, S. 64.
[273] SG Aachen v. 05.06.2012 - S 20 SO 179/11 - juris Rn. 18.
[274] SG Aachen v. 05.06.2012 - S 20 SO 179/11 - juris Rn. 18.
[275] LSG Niedersachsen-Bremen v. 02.12.2010 - L 8 AY 47/09 B - juris.
[276] LSG Niedersachsen-Bremen v. 20.07.2012 - L 9 AS 563/12 B ER - juris Rn. 57.
[277] LSG Niedersachsen-Bremen v. 20.07.2012 - L 9 AS 563/12 B ER - juris.
[278] LSG Nordrhein-Westfalen v. 28.01.2013 - L 12 AS 1836/12 NZB - juris.
[279] So auch LSG Nordrhein-Westfalen v. 03.01.2011 - L 7 AS 460/10 B - juris; LSG Nordrhein-Westfalen v. 25.02.2011 - L 19 AS 2003/10 B - juris; LSG Nordrhein-Westfalen v. 25.01.2012 - L 12 AS 2046/10 B - juris.
[280] LSG Nordrhein-Westfalen v. 28.01.2013 - L 12 AS 1836/12 NZB - juris Rn. 5.
[281] LSG Nordrhein-Westfalen v. 28.01.2013 - L 12 AS 1836/12 NZB - juris Rn. 5; SG Aachen v. 05.06.2012 - S 20 SO 179/11 - juris; SG Aachen v. 16.07.2013 - S 20 SO 66/13 - juris 15; SG Aachen v. 16.07.2013 - S 20 75/13 - juris Rn. 19.
[282] LSG Nordrhein-Westfalen v. 28.01.2013 - L 12 AS 1836/12 NZB - juris Rn. 5.
[283] Dazu vgl. LSG Nordrhein-Westfalen v. 10.03.2009 - AS 20 AY 167 - juris und LSG Nordrhein-Westfalen v. 14.09.2007 - L 20 B 67/07 AY ER - juris.
[284] LSG Nordrhein-Westfalen v. 28.01.2013 - L 12 AS 1836/12 NZB - juris Rn. 5.
[285] LSG Nordrhein-Westfalen v. 10.11.2010 - L 9 AS 1346/10 B ER, L 9 AS 1347/10 B ER - juris Rn. 19.
[286] LSG Nordrhein-Westfalen v. 28.01.2013 - L 12 AS 1836/12 NZB - juris.
[287] SG Aachen v. 05.06.2012 - S 20 SO 179/11 - juris Rn. 18.

10. Kosten einer Prozessführung

Hinsichtlich der **Kosten einer Prozessführung** enthalten die §§ 114 ff. ZPO eine abschließende, § 73 Satz 1 SGB XII vorgehende Regelung. Insoweit handelt es sich bei der Prozesskostenhilfe um eine den SGB-XII-Leistungen vorgehende eigenständige, besondere Form einer Sozialhilfeleistung.[288] Da es sich jedoch bei der Gewährung von PKH um eine eigenständige prozessuale Leistung handelt, stellt sie keine Hilfe in einer sonstigen Lebenslage im Sinne des § 73 SGB XII dar.[289] Gleiches gilt hinsichtlich der Kosten der Beratungshilfe nach dem Beratungshilfegesetz. Insoweit können auch die Kosten eines Sozialhilferechtsstreits nicht als sonstige Lebenslage im Sinne des § 73 Satz 1 SGB XII berücksichtigt werden.[290] Auch stellt die Verpflichtung, die außergerichtlichen Kosten des Prozessgegners zu tragen, keine Bedarfslage dar, die den Einsatz öffentlicher Mittel rechtfertigt.[291]

130

Zuletzt hat das Sächsische LSG[292] darauf hingewiesen, bei den Kosten der Prozessführung handele es sich um eine eigenständige Leistung der Hilfe zum Lebensunterhalt nach dem Dritten Kapitel des SGB XII und nicht um Hilfe in besonderen Lebenslagen nach § 73 SGB XII. Dagegen hat das Thüringer OLG v. 31.08.2012 entschieden, die Kosten einer Prozessführung seien keine Hilfe zum Lebensunterhalt, sondern Hilfe in sonstigen Lebenslagen im Sinne des § 73 SGB XII.[293]

131

11. Sonstiges

Der Einsatz öffentlicher Mittel ist nicht gerechtfertigt, um **Geldstrafen** zu begleichen, weshalb eine Übernahme nach § 73 Satz 1 SGB XII ausscheidet.[294]

132

C. Praxishinweise

Da es sich bei den Leistungen des § 73 Satz 1 SGB XII um im **Ermessen** des Trägers der Sozialhilfe stehende Leistungen handelt, ist dessen ablehnende Entscheidung grds. mit einer **kombinierten Anfechtungs- und Verpflichtungsklage** (§ 54 Abs. 1 Satz 1 SGG) anzugreifen. Das Gericht kann dann nur den jeweiligen ablehnenden Bescheid in der Gestalt des Widerspruchsbescheids aufheben und den Träger der Sozialhilfe verurteilen, unter Beachtung der Rechtsauffassung des Gerichts neu zu entscheiden (§ 131 Abs. 3 SGG).

133

Lediglich in den Fällen einer **Ermessensreduzierung auf Null**, in denen der Verwaltung nur eine rechtmäßige Entscheidung möglich ist, kommt eine **kombinierte Anfechtungs- und Leistungsklage** (§ 54 Abs. 1 Satz 1 Alt. 1 und Abs. 4 SGG) gegen den jeweiligen ablehnenden Bescheid in der Gestalt des Widerspruchsbescheids in Betracht.[295] Ist das Ermessen auf Null reduziert, hat das Gericht den Träger der Sozialhilfe entsprechend zu verurteilen. Hilfsweise zu einer solchen Klage kann eine mit der Anfechtungsklage kombinierte Verpflichtungsklage mit dem Ziel eines Bescheidungsurteils (§ 131 Abs. 3 SGG) erhoben werden.

134

---

[288] Sächsisches LSG v. 18.03.2011 - L 1 AL 111/10 B - juris Rn. 42.
[289] Sächsisches LSG v. 18.03.2011 - L 1 AL 111/10 B - juris Rn. 42.
[290] *Baur/Zink* in: Mergler/Zink, Handbuch der Grundsicherung und Sozialhilfe, Teil II, § 73 Rn. 12.
[291] Vgl. dazu VGH BW v. 21.03.1995 - 7 S 3583/94 n.v.
[292] Sächsisches LSG v. 01.10.2012 - L 7 AS 434/12 - juris.
[293] Thüringer OLG v. 31.08.2012 - 1 WF 450/12 - juris.
[294] OVG Saarland v. 06.05.1987 - 1 R 179/87 - juris.
[295] Dazu vgl. z.B. *Böttiger* in: Breitkreuz/Fichte, SGG, 2. Aufl., § 54 Rn. 80a.

§ 74 SGB XII Bestattungskosten

(Fassung vom 27.12.2003, gültig ab 01.01.2005)

Die erforderlichen Kosten einer Bestattung werden übernommen, soweit den hierzu Verpflichteten nicht zugemutet werden kann, die Kosten zu tragen.

Gliederung

A. Basisinformationen 1	c. Verpflichtung aus erbrechtlichen Vorschriften.... 31
I. Textgeschichte/Gesetzgebungsmaterialien 1	d. Verpflichtung aus unterhaltsrechtlichen Vorschriften 34
II. Vorgängervorschrift 2	e. Verpflichtung aus den Bestattungsgesetzen der Länder 40
III. Parallelvorschriften 3	f. Verpflichtung aus der sog. Totenfürsorge? 49
IV. Systematische Zusammenhänge 5	g. Keine Verpflichtung nach § 74 SGB XII 54
V. Literaturhinweise 7	2. Zumutbarkeit 60
B. Auslegung der Norm 8	a. Allgemeines 60
I. Regelungsgehalt und Bedeutung der Norm 8	b. Wirtschaftliche Verhältnisse 61
II. Normzweck 12	c. Weitere Gesichtspunkte 78
III. Verfahrensfragen 13	d. Verweis auf Ausgleichsansprüche 80
1. Keine Kenntnis vor Bestattung notwendig 13	V. Rechtsfolge 83
2. Antrag und Frist 14	1. Allgemeines 83
3. Zuständigkeit 16	2. Bestattungskosten 84
a. Sachliche Zuständigkeit 16	3. Erforderlichkeit 85
b. Örtliche Zuständigkeit 17	a. Allgemeines 85
IV. Tatbestandsmerkmale 21	b. Objektiver oder subjektiver Maßstab 87
1. Zur Tragung der Bestattungskosten Verpflichteter 21	c. Einzelfälle 92
a. Allgemeines 21	
b. Verpflichtung aus Vertrag 23	

A. Basisinformationen

I. Textgeschichte/Gesetzgebungsmaterialien

1   Die Vorschrift wurde durch Artikel 1 des Gesetzes zur Einordnung des Sozialhilferechts in das Sozialgesetzbuch vom 27.12.2003[1] eingeführt. Dabei wurde die Vorschrift **inhaltsgleich** aus dem bisherigen § 15 BSHG übernommen.[2] Die Änderungen waren lediglich sprachlicher Natur („werden übernommen" statt „sind zu übernehmen" und „den hierzu Verpflichteten" statt „dem hierzu Verpflichteten"). Eine inhaltliche Änderung erfolgte dadurch, dass die Vorschrift nun nicht mehr einen Teil der Hilfe zum Lebensunterhalt, sondern eine eigene Hilfe in anderen Lebenslagen im Sinne des Neunten Kapitels darstellt (vgl. Rn. 5).

II. Vorgängervorschrift

2   Vorgängervorschrift zu § 74 SGB XII ist **§ 15 BSHG**. Vorgängervorschrift hierzu war – vor Inkrafttreten des BSHG – § 6 Abs. 1 Satz 2 der Reichsgrundsätze über Voraussetzung, Art und Maß der öffentlichen Fürsorge.

III. Parallelvorschriften

3   Einen Anspruch auf die Übernahme von Bestattungskosten normiert in der **Kriegsopferfürsorge** § 27d Abs. 3 BVG. Die Vorschrift verweist allerdings wiederum auf § 74 SGB XII.

4   In der **Grundsicherung für Arbeitsuchende** (SGB II) findet sich keine vergleichbare Anspruchsgrundlage. Da § 74 SGB XII sich aber nicht mehr in der Hilfe zum Lebensunterhalt, sondern im Neunten Kapitel des SGB XII findet, können auch Bezieher der Leistungen nach dem SGB II einen Anspruch aus § 74 SGB XII haben. Die **Sperrwirkung** von § 5 Abs. 2 Satz 1 SGB II, § 21 Satz 1 SGB XII bezieht sich nur auf das Dritte Kapitel des SGB XII (also die Hilfe zum Lebensunterhalt).

---

[1] BGBl I 2003, 3022.
[2] Vgl. BT-Drs. 15/1514, S. 64.

IV. Systematische Zusammenhänge

Die Vorschrift stellt eine eigene **Hilfe in anderen Lebenslagen** dar. Die Vorgängervorschrift des § 15 BSHG war ein Teil der Regelungen über die Hilfe zum Lebensunterhalt. Dort wurde diese jedoch als Fremdkörper wahrgenommen, da es sich bei der Übernahme der Bestattungskosten um einen eigenständigen sozialhilferechtlichen Anspruch handelt, dessen Bedarfsstruktur sich wesentlich von derjenigen sonstiger Leistungen zum Lebensunterhalt unterscheidet.[3] Deshalb stellt sich die Einordnung im Neunten Kapitel als überzeugend dar.[4]

Durch diese Einordnung ins Neunte Kapitel des SGB XII findet jetzt für die Frage der Zumutbarkeit der **Zweite Abschnitt des Elften Kapitels** Anwendung (wie bei den weiteren Leistungen nach dem Fünften bis Neunten Kapitel).[5] Allerdings ergeben sich diesbezüglich Besonderheiten (vgl. dazu Rn. 63 und Rn. 68).

V. Literaturhinweise

Bennemann, Zum Verhältnis von Handlungspflichten und Kostentragung im Bestattungsrecht, LKRZ 2011, 291 ff.; *Dreier*, Bestattungskosten nach dem BSHG, in: ZfF 1983, 75 ff.; *Gaedke*, Handbuch des Friedhofs- und Bestattungsrechts; *Gotzen*, Sozialhilfe im Todesfall, in: ZfF 2006, 1 ff.; *ders*: Ausgewählte Einzelfragen zu § 74 SGB XII, in: ZfF 2006, 231 ff.; *ders.*, Entwicklung der Rechtsprechung zu § 74 SGB XII, ZfF 2011, 105 ff.; *ders.*, 74 SGB XII im Focus landesrechtlicher Rechtsprechung, NWVBl 2011, 376 ff.; *ders.*, Das Verhältnis zwischen § 74 SGB XII und den Vorschriften über die Beschränkung der Erbenhaftung, ZfF 2011, 249 ff.; *ders.*, Anmerkung zum Urteil des BSG vom 25.08.2011 - B 8 SO 20/10 R - SGb 2012, 425 ff.; *ders.*, Zivilrechtliche Ansprüche auf Ersatz von Bestattungskosten, insbesondere aus GoA, im Kontext des § 74 SGB XII, ZfF 2012, 241 ff.; *ders.*, Die Sozialbestattung, Leitfaden für die Praxis zur Kostenübernahme nach § 74 SGB XII, 2013; *Hammel*, Zur Übernahme von Bestattungskosten gemäß § 15 BSHG bei einer Antragstellung nach vollzogener Beerdigung, in: ZFSH/SGB 1998, 606 ff.; *Paul*, Bestattungskosten im Sozialhilferecht, ZfF 1996, 222 ff; *ders.*, Wer ist Verpflichteter im Sinne des § 15 des Bundessozialhilfegesetzes (Bestattungskosten), in: ZFSH/SGB 2002, 73 ff.; *ders.*, Wer ist Verpflichteter im Sinne des § 74 SGB XII, in: ZfF 2004, 292 ff.; *Spranger*, Der Umfang der Kostenerstattungspflicht nach § 15 BSHG bei einer Antragstellung nach vollzogener Beerdigung, in: ZFSH/SGB 1998, 334 ff.; *Trésoret/Seifert*, Eine soziale Bestattung ist kein Armenbegräbnis, SozSich 2012, 433 ff.; *Widmann*, Zum Kreis der Anspruchsberechtigten für eine Sozialbestattung nach § 15 BSHG, in: ZFSH/SGB 2003, 214 ff.; *ders.*, Die Bestattungspflicht und Bestattungskostentragungspflicht in der höchstrichterlichen Rechtsprechung, MDR 2012, 617 ff.

B. Auslegung der Norm

I. Regelungsgehalt und Bedeutung der Norm

Der Anspruch auf „Übernahme" der Bestattungskosten richtet sich vorrangig auf die **Zahlung der Kosten** der Bestattung an den hierzu Verpflichteten.[6] Der sozialhilferechtliche Bedarf des § 74 SGB XII besteht nicht in der Bestattung als solcher, also dem Sachbedarf, sondern in der Entlastung des zur Zahlung der Bestattungskosten Verpflichteten.[7] Deshalb muss der Träger der Sozialhilfe auch nicht vor der Beerdigung Kenntnis von der Situation haben (vgl. dazu Rn. 21). § 74 SGB XII kann also

---

[3] Vgl. dazu: BVerwG v. 05.06.1997 - 5 C 13/96 - juris Rn. 9 - BVerwGE 105, 51 ff.

[4] *Schlette* in: Hauck/Noftz, SGB XII, § 74 Rn. 1a.

[5] Zu § 15 BSHG war vorher streitig, ob die Zumutbarkeit vorrangig anhand der §§ 79, 85 BSHG (so: OVG Schleswig-Holstein v. 04.06.1998 - 1 L 18/98 - juris Rn. 18 - NordÖR 1999, 200 f.; OVG Lüneburg v. 08.05.1995 - 12 L 6679/93 - juris Rn. 21 ff. - ZfF 1998, 273 ff.; GH Kassel v. 10.02.2004 - 10 UE 2497/03 - juris Rn. 36 - FEVS 55, 400) oder vorrangig anhand des Einzelfalls nach § 3 BSHG (so: OVG Mannheim v. 23.03.1992 - 6 S 1736/90 juris Rn. 20 - FEVS 42, 380 ff.; OVG Münster v. 14.03.2000 - 22 A 3975/99 - juris Rn. 19 - DVBl 2000, 1704 ff.) zu beurteilen war.

[6] BSG v. 29.09.2009 - B 8 SO 23/08 R - juris Rn. 9 - BSGE 104, 219 ff. unter Bezugnahme auf Vorrang der Geldleistung nach § 10 Abs. 3 SGB XII.

[7] BSG v. 29.09.2009 - B 8 SO 23/08 R - juris Rn. 15 - BSGE 104, 219 ff. Grube in: Grube/Wahrendorf, SGB XII, § 74 Rn. 4; vgl. umfassend zur Systematik der Vorschrift auch: BSG v. 25.08.2011 - B 8 SO 20/10 R.

die Übernahme einer Verbindlichkeit beinhalten.[8] Dabei ist nicht entscheidend, ob diese Forderung bereits beglichen wurde.[9] Es handelt sich dementsprechend grundsätzlich – anders als in den Fällen der Übernahme von Heimkosten[10] – nicht um einen Schuldbeitritt.[11]

9 Anders stellt sich die Situation dar, wenn sich der Verpflichtete bereits **vor der Beerdigung** an den Sozialhilfeträger richtet.[12] In diesen Fällen kommen eine Zusicherung (§ 34 SGB X),[13] ein Schuldbeitritt,[14] aber auch eine „Kostenübernahmeerklärung"[15] in Betracht.[16] Die Kostenübernahmeerklärung kann wiederum ein abstraktes oder auch ein deklaratorisches Schuldanerkenntnis beinhalten.[17] Welche Konstellation vorliegt, ist eine Frage des **Einzelfalls**. Zumeist dürfte allerdings wohl eine Zusicherung sachgerecht erscheinen. Auf die Leistung besteht ein Anspruch, wie sich aus dem insoweit eindeutigem Wortlaut ergibt.[18]

10 Nicht von § 74 SGB XII ist die Frage erfasst, ob ein **Bestattungsvorsorgevertrag** sozialhilferechtlich relevantes Vermögen darstellt.[19] Auch regelt die Vorschrift nicht, wer zur Bestattung verpflichtet ist. Dies ergibt sich vielmehr aus anderen Rechtsvorschriften, wird in § 74 SGB XII also bereits vorausgesetzt.

11 Die Bedeutung der Norm ist durch den Wegfall des **Sterbegeldes** nach § 58 SGB V und § 59 SGB V a.F. zum 01.01.2004[20] deutlich gestiegen. Dadurch haben die Anträge auf Übernahme der Bestattungskosten zugenommen.[21]

II. Normzweck

12 Normzweck des § 74 SGB XII ist, eine **würdige Bestattung** zu gewährleisten.[22] Dies soll auch dann möglich sein, wenn dem zur Übernahme der Bestattungskosten Verpflichteten eine solche Übernahme nicht zumutbar ist.[23] Zudem wird als Normzweck eine Verhinderung unzumutbarer Belastungen der Verwandten anlässlich des Trauerfalls anerkannt.[24]

---

[8] *Grube* in: Grube/Wahrendorf, SGB XII, § 74 Rn. 4.

[9] BSG v. 29.09.2009 - B 8 SO 23/08 R - juris Rn. 9 - BSGE 104, 219 ff.; so auch bereits: BVerwG v. 05.06.1997 - 5 C 13/96 - juris Rn. 10 - BVerwGE 101, 51 ff.

[10] Vgl. zu dieser Sachleistungsverschaffung im Rahmen eines Schuldbeitritts: BSG v. 28.10.2008 - B 8 SO 22/07 R - BSGE 102, 1 ff.

[11] Vgl. dazu: BSG v. 25.08.2011 - B 8 SO 20/10 R - juris Rn. 10 und 14 - BSGE 109, 61 ff.; BSG v. 29.09.2009 - B 8 SO 23/08 R - juris Rn. 9 - BSGE 104, 219 ff.

[12] Verschärft werden kann diese Problematik dadurch, dass der Bestattungsunternehmer sich lediglich dann zu einer Durchführung der Bestattung bereit erklärt, wenn eine „Übernahme" von dem Träger der Sozialhilfe „zugesichert" wird; vgl. dazu auch: *Grube* in: Grube/Wahrendorf, SGB XII, § 74 Rn. 4.

[13] Vgl. dazu allgemein: BSG v. 12.04.1984 - 1 RA 27/83 - BSG 56, 249 ff.; *Krasney* in: KassKomm, SGB X, Rn. 4 ff.

[14] Zu einem derartigen Schuldbeitritt bei Heimkosten vgl. BSG v. 28.10.2008 - B 8 SO 22/07 R - BSGE 102, 1 ff.

[15] Vgl. hierzu allgemein: BVerwG v. 19.05.1994 - 5 C 33/91 - juris Rn. 18 ff. - BVerwGE 96, 71 ff.; BVerwG v. 04.08.2006 - 5 C 13/05 - juris Rn. 24 - BVerwGE 126, 295 ff.; zu § 74 SGB XII: *Schlette* in: Hauck/Noftz, SGB XII, § 74 Rn. 21.

[16] Vgl. allgemein: *Grube* in: Grube/Wahrendorf, SGB XII, § 74 Rn. 4.

[17] Vgl. zu derartigen Erklärungen im Krankenversicherungsrecht: BSG v. 17.05.2000 - B 3 KR 33/99 R - juris 18 ff. - BSGE 86, 166 ff.; BSG v. 12.06.2008 - B 3 KR 19/07 R - juris Rn. 21 - BSGE 101, 33 ff., in denen von einem deklaratorischen Schuldanerkenntnis ausgegangen wird; andere Ansicht: *Estelmann/Eicher*, DOK 1992, 134, 141 (abstraktes Schuldanerkenntnis).

[18] Hessisches LSG v. 20.03.2008 - L 9 SO 20/08 B ER - juris Rn. 26 - FEVS 59, 567 ff., *Schlette* in: Hauck/Noftz, SGB XII, § 74 Rn. 1a.

[19] Vgl. dazu: BSG v. 18.03.2008 - B 8/9b SO 9/06 R - BSGE 100, 131 ff.; Schleswig-Holsteinisches LSG v. 29.05.2006 - L 9 SO 4/06 - Breith 2007, 160 ff.

[20] Abgeschafft durch das Gesetz zur Modernisierung der gesetzlichen Krankenversicherung – GKV –Modernisierungsgesetz – GMG vom 14.11.2003 (BGBl I 2003, 2190); zur verfassungsrechtlichen Rechtfertigung der Abschaffung und der weiteren Gesetzgebungsgeschichte: BSG v. 13.12.2005 - B 1 KR 4/05 R - SozR 4-2500 § 58 Nr. 1.

[21] Vgl. auch: *Schlette* in: Hauck/Noftz, SGB XII, § 74 Rn. 1; *Gotzen*, ZfF 2006, 231, 232.

[22] BVerwG v. 29.01.2004 - 5 C 2/03 - juris Rn. 11 - BVerwGE 120, 111 ff.; *Strnischa* in: Österreicher, SGB XII, § 74 Rn. 3; *Baur* in: Mergler/Zink, SGB XII, § 74 Rn. 4; vgl. auch bereits: BT-Drs. 3/2673, S. 4 bei Einführung des § 15 BSHG.

[23] *Schlette* in: Hauck/Noftz, SGB XII, § 74 Rn. 1a; *Berlit* in: LPK-SGB XII, § 74 Rn. 1.

[24] *Schlette* in: Hauck/Noftz, SGB XII, § 74 Rn. 1a; ähnlich: VGH Kassel v. 27.11.2002 - 1 UE 2830/00 - juris Rn. 15 - DVBl 2003, 477 f.

III. Verfahrensfragen

1. Keine Kenntnis vor Bestattung notwendig

Nach allgemeiner Meinung ist § 18 Abs. 1 SGB XII, der grundsätzlich eine Kenntnis des Trägers vor Eintreten des Bedarfs fordert, (zumindest so) nicht auf § 74 SGB XII anwendbar.[25] Bereits das BVerwG hatte entschieden, dass dem Anspruch auf Übernahme der Bestattungskosten nicht entgegensteht, dass die Bestattung bereits vor Unterrichtung des Sozialhilfeträgers durchgeführt worden ist und die Kosten vor seiner Entscheidung beglichen worden sind. Es handele sich bei dem Anspruch auf Übernahme von Bestattungskosten durch den Träger der Sozialhilfe um einen sozialhilferechtlichen **Anspruch eigener Art**.[26] Dem hat sich das BSG angeschlossen.[27] Dies steht damit im Zusammenhang, dass § 74 SGB XII gerade nicht den Sachleistungsbedarf der Beerdigung abdeckt, sondern der Entlastung der Kostenpflichtigen dient (vgl. dazu Rn. 8).[28]

13

2. Antrag und Frist

Allerdings ergibt sich aus den Besonderheiten bei der Anwendung des § 18 SGB XII keine Pflicht der Behörde, von Amts wegen einzuschreiten. Genauer formuliert heißt das in Bezug auf § 18 SGB XII also, dass für den Anspruch aus § 74 SGB XII ausnahmsweise keine Kenntnis der Behörde vor Entstehen des Bedarfs notwendig ist. Es bedarf also eines **Antrags**.[29]

14

Dieser ist allerdings **nicht fristgebunden**.[30] Aus einer späteren Antragstellung wird allerdings teilweise hergeleitet, dass in einem derartigen Fall Zweifel an der fehlenden Zumutbarkeit der Kostenübernahme bestehen.[31] Diese Problematik lässt sich allerdings überzeugender über die Rechtsprechung des BSG zum sog. Gegenwärtigkeitsprinzip (also zum Fortbestand von Bedarf und Bedürftigkeit) lösen.[32]

15

3. Zuständigkeit

a. Sachliche Zuständigkeit

Für die Leistung nach § 74 SGB XII ist nach § 97 Abs. 1 SGB XII **grundsätzlich der örtliche Träger der Sozialhilfe** sachlich zuständig. Allerdings kann durch Landesrecht eine abweichende Zuständigkeit nach § 97 Abs. 2 Satz 1 SGB XII geregelt werden. Dabei kann der Landesgesetzgeber also beispielsweise für Leistungen nach § 74 SGB XII die Zuständigkeit des überörtlichen Trägers bestimmen.[33] Eine praxisrelevantere Möglichkeit der Zuständigkeit des überörtlichen Trägers ergibt sich für

16

---

[25] BSG v. 29.09.2009 - B 8 SO 23/08 R - juris Rn. 15 - BSGE 104, 219 ff.; BSG v. 25.08.2011 - B 8 SO 20/10 R - juris Rn. 24 - BSGE 109, 61 ff.; Hessisches LSG v. 20.03.2008 - L 9 SO 20/08 B ER - juris Rn. 26 - FEVS 59, 567 ff.; *Schlette* in: Hauck/Noftz, SGB XII, § 74 Rn. 21; *Grube* in: Grube/Wahrendorf, § 74 Rn. 4; *Baur* in: Mergler/Zink, SGB XII, § 74 Rn. 5; vgl. bereits BVerwG v. 05.06.1997 - 5 C 13/96 - juris Rn. 9 - BVerwGE 105, 51 ff.; anders zunächst teilweise in der verwaltungsgerichtlichen Rechtsprechung: OVG Hamburg v. 28.04.1989 - Bf IV 56/89 - juris Rn. 19 - FEVS 39, 144 ff.

[26] Vgl. dazu: BVerwG v. 05.06.1997 - 5 C 13/96 - juris Rn. 9 - BVerwGE 105, 51 ff.

[27] BSG v. 29.09.2009 - B 8 SO 23/08 R - juris Rn. 15 - BSGE 104, 219 ff.; BSG v. 25.08.2011 - B 8 SO 20/10 R - juris Rn. 24 - BSGE 109, 61 ff.

[28] BSG v. 29.09.2009 - B 8 SO 23/08 R - juris Rn. 9 - BSGE 104, 219 ff. unter Bezugnahme auf Vorrang der Geldleistung nach § 10 Abs. 3 SGB XII.

[29] *Schlette* in: Hauck/Noftz, SGB XII, § 74 Rn. 22; *Widmann*, ZFSH/SGB 2003, 214; wohl auch: *Grube* in: Grube/Wahrendorf, SGB XII, § 74 Rn. 4.

[30] LSG Schleswig-Holstein v. 21.07.2008 - L 9 SO 10/07 PKH - juris Rn. 10 - SchlHA 2008, 425 ff.; Hessisches LSG v. 28.04.2010 - L 6 SO 135/08 - juris Rn. 38; VG Karlsruhe v. 27.10.1998 - 2 K 2359/98 - juris Rn. 14; *Gotzen*, ZfF 2006, 231; auch eher ablehnend: *Schlette* in: Hauck/Noftz, SGB XII, § 74 Rn. 22; andere Ansicht (bezogen auf Antrag oder Kenntnisnahme): *Paul*, ZfF 1996, 222, 224; *Hammel*, ZFSH/SGB 1998, 606, 616; offen gelassen: OVG Münster v. 13.02.2004 - 16 A 1160/02 - juris Rn. 59 ff. - FEVS 56, 12 ff.; OVG Lüneburg v. 08.05.1995 - 12 L 6679/93 - juris Rn. 19 - NVwZ-RR 1996, 400 f.

[31] LSG Schleswig-Holstein v. 21.07.2008 - L 9 SO 10/07 PKH - juris Rn. 10 - SchlHA 2008, 425 ff.; Hessisches LSG v. 28.04.2010 - L 6 SO 135/08 - juris Rn. 39; *Berlit* in: LPK-SGB XII, § 74 Rn. 6; *Baur* in: Mergler/Zink, SGB XII, § 74 Rn. 28.

[32] BSG v. 29.09.2009 - B 8 SO 16/08 R - juris Rn. 19 ff. - BSGE 104, 213 ff.

[33] Ohne dabei an die Besonderheiten des § 97 Abs. 2 Satz 2 SGB XII gebunden zu sein, da § 74 SGB XII unter § 8 Nr. 7 SGB XII fällt.

den Fall, dass der Verstorbene vor dem Tod in einer stationären Einrichtung untergebracht war. Ist nämlich für diese Leistung nach § 97 Abs. 2 Satz 1 SGB XII in Verbindung mit dem jeweiligen Landesrecht oder nach § 97 Abs. 3 SGB XII der überörtliche Sozialhilfeträger zuständig, so gilt dies nach § 97 Abs. 4 SGB XII auch für die Bestattungskosten[34] (vgl. dazu im Einzelnen die Kommentierung zu § 97 SGB XII ff. und Rn. 21 ff.).

b. Örtliche Zuständigkeit

17 Nach § 98 Abs. 3 SGB XII ist in den Fällen des § 74 SGB XII der Träger der Sozialhilfe örtlich zuständig, der bis zum Tod der leistungsberechtigten Person **Sozialhilfe geleistet hat**, im Übrigen der Träger der Sozialhilfe, in dessen Bereich der **Sterbeort** liegt. Diese Vorschrift über die örtliche Zuständigkeit bereitet Probleme. Sie ist nicht auf die besondere Struktur des § 74 SGB XII abgestimmt.[35] Die Vorschrift § 74 SGB XII richtet sich gerade an den Verpflichteten. Diesen soll sie entlasten (vgl. Rn. 8). Die Vorschrift des § 98 Abs. 3 SGB XII stellt allerdings gerade den Verstorbenen in den Vordergrund.[36] Die Zuständigkeit am Sterbeort legt zudem zu Unrecht nahe, dass die Bestattung als solche Gegenstand der Leistungspflicht ist (vgl. Rn. 8).[37]

18 Vorrangig richtet sich die örtliche Zuständigkeit nach dem **Sozialhilfebezug des Verstorbenen**. Dies ist zwar keine Leistungsvoraussetzung für den Anspruch aus § 74 SGB XII, dennoch knüpft § 98 Abs. 3 SGB XII für die örtliche Zuständigkeit an einen derartigen Bezug an. Dieser Bezug muss grundsätzlich bis zum Tod fortgedauert haben, eine Mindestbezugszeit ist dem Gesetz jedoch nicht zu entnehmen.[38] Allerdings ist es hinreichend, wenn die laufende Leistung wegen eines Krankenhausaufenthalts vor dem Tod eingestellt wurde, soweit die Krankenhauskosten nach § 48 SGB XII von dem Träger der Sozialhilfe zu übernehmen sind.[39] Der Leistungsbezug des Ehegatten des Verstorbenen ist nicht hinreichend.[40]

19 Subsidiär zu dieser Zuständigkeit nach dem Sozialhilfebezug des Verstorbenen ordnet § 98 Abs. 3 SGB XII eine Zuständigkeit des **Trägers der Sozialhilfe am Sterbeort** an. Dies bedeutet, dass der Sterbeort für eine Begründung der Zuständigkeit über diese Regelung in Deutschland liegen muss, da ein ausländischer Träger nicht Leistungsträger im Sinne der Vorschrift sein kann.[41]

20 Da die Leistungsvorschrift des § 74 SGB XII grundsätzlich an den Verpflichteten anknüpft, die Zuständigkeitsvorschrift jedoch an den Verstorbenen (Ort des Leistungsbezugs oder Sterbeort), sind Konstellationen denkbar, in denen eine Verpflichtung im Sinne des § 74 SGB XII vorliegt, aber **keine Zuständigkeit nach § 98 Abs. 3 SGB XII** begründet werden kann. Dies ist zunächst bei einem nicht im Leistungsbezug stehenden Verstorbenen der Fall, dessen Sterbeort unbekannt ist (z.B. eine Wasserleiche).[42] In diesem Fall ist der Ort des tatsächlichen Aufenthalts des Bestattungspflichtigen entscheidend (§ 98 Abs. 1 Satz 1 SGB XII).[43] Praxisrelevanter sind Fälle mit **Auslandsbezug**. Nach den Zuständigkeitsvorschriften des § 98 Abs. 3 SGB XII ist nämlich auch bei einem Verstorbenen, der nicht im Bezug gestanden hat, immer dann keine Zuständigkeit gegeben, wenn der Sterbeort im Ausland liegt. In diesem Fall ist ebenfalls ein Rückgriff auf die allgemeine Zuständigkeitsvorschrift des § 98 Abs. 1 Satz 1 SGB XII möglich, so dass der tatsächliche Aufenthaltsort des Verpflichteten entscheidend ist.[44] Dabei darf es – zumindest bei Bürgern der EU – nicht darauf ankommen, ob die Bestattung in Deutschland stattfindet, da dies einen Verstoß gegen das spezielle Diskriminierungsverbot aus Art. 7 Abs. 2

---

[34] Vgl. dazu auch: BSG v. 29.09.2009 - B 8 SO 23/08 R - juris Rn. 11 - BSGE 104, 219 ff.
[35] *Grube* in: Grube/Wahrendorf, SGB XII, § 74 Rn. 2.
[36] Vgl. dazu auch: BSG v. 29.09.2009 - B 8 SO 23/08 R - juris Rn. 10 - BSGE 104, 219 ff.
[37] *Grube* in: Grube/Wahrendorf, SGB XII, § 74 Rn. 41.
[38] *Grube* in: Grube/Wahrendorf, SGB XII, § 74 Rn. 42; ähnlich: *Strnischa* in: Österreicher, SGB XII, § 74 Rn. 16.
[39] *Grube* in: Grube/Wahrendorf, SGB XII, § 74 Rn. 42; weiter noch bei Kostenerstattung der Krankenhauskosten durch die Krankenkasse: VG Fulda v. 24.04.2007 - S 7 SO 31/06 - juris Rn. 21 - ZFSH/SGb 2007, 563 ff. (allerdings als obiter dictum).
[40] OVG Münster v. 13.08.2001 - 12 A 4097/99 - juris Rn. 4 - FEVS 53, 283 f.
[41] *Grube* in: Grube/Wahrendorf, SGB XII, § 74 Rn. 46.
[42] *Grube* in: Grube/Wahrendorf, SGB XII, § 74 Rn. 46; ähnlich: *Schoch* in: LPK-SGB XII, § 98 Rn. 42.
[43] *Schoch* in: LPK-SGB XII, § 98 Rn. 42.
[44] SG Aachen v. 14.05.2012 - S 20 SO 98/12 ER; *Schoch* in: LPK-SGB XII, § 98 Rn. 42; differenzierend: *Grube* in: Grube/Wahrendorf, SGB XII, § 74 Rn. 47.

EWGV 1612/68 darstellen würde.[45] Eine Differenzierung hiernach erscheint aber allgemein nicht angezeigt, da Anspruchsinhaber der Bestattungspflichtige ist.[46]

IV. Tatbestandsmerkmale

1. Zur Tragung der Bestattungskosten Verpflichteter

a. Allgemeines

Inhaber des Anspruchs aus § 74 SGB XII ist derjenige, der zur Tragung der Kosten der Bestattung verpflichtet ist.[47] Wann diese Verpflichtung vorliegt, ist in § 74 SGB XII nicht geregelt. Die Pflicht zur Übernahme kann sich aus vertraglicher Verpflichtung gegenüber dem Verstorbenen sowie aus erbrechtlichen (§ 1968 BGB), familienrechtlichen (§§ 1360a Abs. 3, 1361 Abs. 4, 1615 Abs. 2, 1615m BGB) und bestattungsrechtlichen Vorschriften (den landesrechtlichen Bestattungsgesetzen) ergeben. Insoweit formuliert das BSG, erforderlich sei ein **besonderer zivil- oder öffentlich-rechtlicher Status**.[48] **Verpflichteter** ist danach derjenige, der entweder aus öffentlichem Recht zur Bestattung verpflichtet ist, oder einer Haftung aus zivilrechtlichen Vorschriften nicht ausweichen kann. 21

Anspruchsinhaber können – wie allgemein im Rahmen der Sozialhilfe – **nicht nur Deutsche** sein. Nach § 23 Abs. 1 Satz 3 SGB XII besteht auf diese Leistung allerdings grundsätzlich kein Anspruch, es handelt sich um Ermessensleistungen. Diese Beschränkung gilt nach § 23 Abs. 1 Satz 4 SGB XII allerdings wiederum nicht für Ausländer, die im Besitz einer Niederlassungserlaubnis oder eines befristeten Aufenthaltstitels sind und sich voraussichtlich dauerhaft im Bundesgebiet aufhalten (vgl. dazu die Kommentierung zu § 23 SGB XII). Bei **EU-Bürgern** ist insbesondere zu berücksichtigen, dass die Übernahme der Bestattungskosten eine soziale Vergünstigung im Sinne des Art. 7 Abs. 2 EWGV 1612/68 darstellt[49] (vgl. Rn. 20). Für Deutsche, deren **gewöhnlicher Aufenthalt im Ausland** ist, bestimmt § 24 Abs. 1 Satz 1 SGB XII grundsätzlich einen Leistungsausschluss. Hiervon kann nach Satz 2 der Vorschrift nur abgewichen werden, soweit dies wegen einer außergewöhnlichen Notlage unabweisbar ist und zugleich nachgewiesen wird, dass eine Rückkehr in das Inland aus bestimmten Gründen nicht möglich ist (vgl. dazu die Kommentierung zu § 24 SGB XII).[50] 22

b. Verpflichtung aus Vertrag

aa. Allgemeines

Bezüglich einer **vertraglichen Verpflichtung** zur Tragung der Bestattungskosten ist für die Pflichtenstellung des § 74 SGB XII dazwischen zu unterscheiden, ob diese Verpflichtung bereits aus einem mit dem Verstorbenen geschlossenen Vertrag herrührt, oder ob sie sich lediglich aus dem mit dem Bestattungsunternehmen geschlossenen Werkvertrag ergibt. 23

---

[45] Vgl. zu einer vergleichbaren Vorschrift in Großbritannien: EuGH v. 23.05.1996 - C-237/94 - Slg 1996, I-2617 ff.; vgl. zu § 74 SGB XII auch: *Grube* in: Grube/Wahrendorf, SGB XII, § 74 Rn. 8; zu § 15 BSHG allgemein: OVG Hamburg v. 21.02.1992 - Bf IV 44/90 - juris Rn. 26 ff. - FEVS 43, 66 ff.; andere Ansicht: OVG Münster v. 20.03.1991 - 8 A 287/89 - juris Rn. 7 ff. - FEVS 42, 27 allerdings jeweils zu einer Fassung des § 97 BSHG, nach dem für die Bestattungskosten nach § 15 BSHG noch der Träger der Sozialhilfe am Bestattungsort zuständig war.

[46] Ähnlich: *Grube* in: Grube/Wahrendorf, SGB XII, § 74 Rn. 47.

[47] So bereits: BVerwG v. 31.08.1966 - V C 162.65 - juris Rn. 13 - BVerwGE 25, 23 ff.; BVerwG v. 05.06.1997 - 5 C 13/96 - juris Rn. 10 - BVerwGE 105, 51 ff.; Schleswig Holsteinisches LSG v. 14.03.2006 - L 9 B 65/06 SO ER - juris Rn. 3 - ZFSH/SGB 2007, 28 ff. anders noch die vor Inkrafttreten des BSHG geltende Vorschrift des § 6 Abs. 1 Satz 2 der Reichsgrundsätze über Voraussetzung, Art und Maß der öffentlichen Fürsorge, bei der der Anspruchsinhaber noch der Verstorbene war, BVerwG v. 28.02.1955 - V B 214.54 - juris Rn. 4 - FEVS 2, 21.

[48] BSG v. 25.08.2011 - B 8 SO 20/10 R - juris Rn. 17.

[49] Vgl. zu einer vergleichbaren Vorschrift in Großbritannien: EuGH v. 23.05.1996 - C-237/94 - Slg 1996, I-2617 ff.; vgl. zu § 74 SGB XII auch: *Grube* in: Grube/Wahrendorf, SGB XII, § 74 Rn. 8.

[50] Vgl. dazu: Bayrisches LSG v. 19.11.2009 - L 8 SO 86/09 - juris Rn. 18; vgl. zu den Gründen, aus denen eine Rückkehr nicht möglich ist: § 24 Abs. 1 Satz 2 Nr. 1-3 SGB XII.

bb. Keine Verpflichtung i.S.d. § 74 SGB XII

24 Ergibt sich die Verpflichtung zur Kostentragung lediglich aus dem **Werkvertrag mit dem Bestattungsunternehmen**, so ist der Besteller des „Werkes" nicht Verpflichteter im Sinne des § 74 SGB XII.[51] Zwar ist auch der Besteller aus dem Vertrag einer zivilrechtlichen Pflicht (§ 631 Abs. 1 BGB) ausgesetzt, Verpflichteter im Sinne des § 74 SGB XII kann aber nur sein, wer der Kostenlast von vornherein **nicht ausweichen kann**, weil sie ihn rechtlich notwendig trifft.[52]

25 Eine rein **sittliche Verpflichtung** zur Kostentragung genügt ebenfalls nicht.[53] Fällt dieser Vertragspartner des Bestattungsunternehmens also nicht zugleich unter eine der unter b)-e) beschriebenen Gruppen, so kann er für sich nur einen Erstattungsanspruch gegen den tatsächlich Verpflichteten geltend machen. Dieser kann sich gegen die Erben zivilrechtlich beispielsweise aus Geschäftsführung ohne Auftrag (§§ 677 ff. BGB) ergeben. Auch gegen das zur Bestattung sonst verpflichtete Ordnungsamt kann sich ein solcher Anspruch ergeben.[54]

cc. Möglichkeit der Verpflichtung i.S.d. § 74 SGB XII

26 Etwas anderes gilt aber nach herrschender Meinung in der Literatur dann, wenn sich aus dem Vertrag mit dem Verstorbenen auch die **Pflicht zur Tragung der Kosten** der Beerdigung ergibt.[55] Diese Verpflichtung kann sich zum Beispiel aus einem Leibgedinge, einem Altenteil, aber auch aus einem Heimvertrag ergeben.[56] Bei einem Altenteil kann sich dies auch ohne explizite Regelung aus einer Auslegung ergeben.[57] Diese Haftung geht der erbrechtlichen Haftung aus § 1968 BGB vor.[58] Das BSG hat bislang ausdrücklich offengelassen, ob sich eine Stellung als Verpflichteter aus vertraglichen Beziehungen ergeben kann.[59] Nach der hier vertretenen Ansicht ist dies grundsätzlich zu bejahen, es bedarf allerdings einer besonderen Prüfung.

27 Eine Entlastung soll nach § 74 SGB XII, wie oben bereits erörtert (vgl. Rn. 24), nur den treffen, der der Verpflichtung nicht ausweichen kann. Eine solche Verpflichtung kann aus Vertrag nur dann anerkannt werden, wenn für diese Einordnung auf den Zeitpunkt des Todes abgestellt wird. In diesem Zeitpunkt ist der Vertrag mit dem Verstorbenen bereits geschlossen, so dass dem hieraus Verpflichteten (nun) auch keine Möglichkeit mehr bleibt, dieser Verpflichtung auszuweichen. Wegen der Besonderheit, dass die vertragliche Verpflichtung freiwillig eingegangen wird, kann es der Stellung als Verpflichteter i.S.d. § 74 SGB XII aber entgegenstehen, wenn der vertraglich Verpflichtete diese Verpflichtung **nicht hätte eingehen dürfen**.

28 Steht der Vertragspartner des Verstorbenen im Zeitpunkt des Abschlusses des Vertrags im **Bezug von Grundsicherungsleistungen** (nach dem SGB II oder dem SGB XII) und ist absehbar, dass dies im Zeitpunkt des Todes noch der Fall sein wird, so darf er grundsätzlich nicht eine vertragliche Verpflichtung eingehen, die einen Anspruch nach § 74 SGB XII zur Folge hätte.[60] Zumindest dann, wenn auch ohne eine solche vertragliche Vereinbarung für die Durchführung der Beerdigung gesorgt ist, etwa dadurch, dass **andere Bestattungspflichtige vorhanden** sind, ist es zumutbar, eine solche Vereinbarung nicht abzuschließen, selbst dann, wenn sich der Vertragspartner zum Abschluss des Vertrags sittlich verpflichtet fühlt. Inwieweit ein solches „Ausweichen der Verpflichtung" zumutbar ist, wenn zu ande-

---

[51] *Grube* in: Grube/Wahrendorf, SGB XII, § 74 Rn. 11.
[52] BVerwG v. 13.03.2003 - 5 C 2/02 - juris Rn. 12 - NJW 2003, 3146; BVerwG v. 30.05.2002 - 5 C 14/01 - juris Rn. 13 - BVerwGE 116, 287 ff.; *Schlette* in: Hauck/Noftz, SGB XII, § 74 Rn. 6.
[53] BVerwG v. 13.03.2003 - 5 C 2/02 - juris Rn. 12 - NJW 2003, 3146.
[54] Aus öffentlich rechtlicher GoA, § 683 BGB analog, § 670 BGB analog: VG Hannover v. 31.05.2001 - 9 A 1868/99 - NVwZ 2002, 1014 ff.; *Grube* in: Grube/Wahrendorf, SGB XII, § 74 Rn. 25; vgl. zur Ablehnung eines solchen Anspruchs, wenn ein entgegenstehende Wille des Ordnungsamtes erkennbar und nicht unbeachtlich war: LSG Nordrhein-Westfalen v. 29.07.2009 - L 12 SO 10/08 - juris Rn. 51.
[55] *Berlit* in: LPK-SGB XII, § 74 Rn. 4; *Schlette* in: Hauck/Noftz, SGB XII, § 74 Rn. 4; *Baur* in: Mergler/Zink, SGB XII, § 74 Rn. 11; *Gotzen*, ZfF 2006, 1, 2; *Widmann*, ZFSH/SGb 2003, 214, 217; teilweise folgt hieraus sogar die öffentlich rechtliche Pflicht zur Bestattung: § 10 Abs. 2 SächsBestG; erwähnt ebenfalls in: § 18 Abs. 1 Satz 1 ThürBestG.
[56] *Baur* in: Mergler/Zink, SGB XII, § 74 Rn. 10.
[57] *Edenhofer* in: Palandt, BGB, § 1968 Rn. 6.
[58] *Baur* in: Mergler/Zink, SGB XII, § 74 Rn. 11.
[59] BSG v. 25.08.211 - B 8 SO 29/10 R - juris Rn. 17.
[60] Andere Ansicht in einem Einzelfall: SG Oldenburg v. 02.12.2011 - S 21 SO 231/09 mit kritischer Anmerkung: *Adolf-Kapgenoß*, jurisPR-FamR 9/2012, Anm. 8.

ren Bestattungspflichtigen kein Kontakt besteht[61], ist eine Frage des Einzelfalls. Grundsätzlich ist es aber auch dann zumutbar, eine solche vertragliche Verpflichtung nicht einzugehen, wenn die Mittel nicht selbst aufgebracht werden können.

Gegen eine Zumutbarkeit der vertraglichen Verpflichtung auszuweichen wird grundsätzlich sprechen, wenn bei dieser vertraglichen Verpflichtung auch die anderen Rechtsbeziehungen, aus denen sich die Pflicht zur Tragung der Bestattungskosten ergeben kann, eine Rolle gespielt haben. Dies können insbesondere **erbrechtliche und unterhaltsrechtliche** Aspekte sein. Solche sind bei den oben (vgl. Rn. 26) genannten Regelungen, die im Zusammenhang mit der Übertragung von Grundstücken stehen (Leibgedinge, Altenteil, vgl. Art. 96 EGBGB), zumeist gegeben. Einerseits können durch den Schuldner des Leibgedings bzw. Altenteils Unterhaltspflichten erfüllt werden, häufig wird aber wohl auch eine vorweggenommene Erbfolge Teil der Regelung sein.[62]

29

Die vertragliche Vereinbarung muss aber **nicht zwingend Ausfluss** der Unterhaltspflicht, der Pflicht als Erbe oder der polizeirechtlichen Verpflichtung aus den Landesbestattungspflichten sein. Es ist vielmehr hinreichend, wenn diese Verpflichtung Grundlage der vertraglichen Verpflichtung war, also bei Abschluss des Vertrags etwa die Versorgung des Unterhaltsgläubigers und/oder die vorweggenommene Erbfolge eine wesentliche Rolle gespielt haben. Dass tatsächlich eine unterhaltsrechtliche Verpflichtung erfüllt wird, ist **keine notwendige, allerdings aber eine hinreichende Bedingung**. Bestünde ohne das Leibgedinge etwa eine unterhaltsrechtliche Verpflichtung, so führt dies dazu, dass diese Verpflichtung für den oben genannten besonderen zivilrechtlichen Status hinreicht. Aber auch dann, wenn der Verwandte bei Erfüllung des Leibgedings nicht leistungsfähig i.S.d. § 1603 Abs. 1 BGB ist, also keine Unterhaltspflicht besteht, kann die vertragliche Verpflichtung dennoch hinreichend sein. Wie sich das BSG hier positionieren wird, bleibt abzuwarten.

30

c. Verpflichtung aus erbrechtlichen Vorschriften

Die Verpflichtung des Erben zur Tragung der Kosten der Bestattung ergibt sich aus **§ 1968 BGB**.[63] Im Falle von mehreren Erben richtet sich die Forderung des § 1968 BGB gegen die Erbengemeinschaft.[64] Jeder Erbe haftet jedoch nach 2058 BGB gesamtschuldnerisch auf den ganzen Betrag.[65] Deshalb kann jeder Miterbe Verpflichteter sein, wenn er der Forderung nach § 1968 BGB ausgesetzt ist.[66] Der **Ausgleichsanspruch** gegen die Miterben aus § 426 Abs. 1 Satz 1 BGB (ggf. nebst Übergang der Forderung aus § 1968 BGB an den Verpflichteten nach § 426 Abs. 2 Satz 1 BGB) kann lediglich bei der Zumutbarkeit eine Rolle spielen (vgl. Rn. 80).[67] Ist der Erbe nicht bekannt, dann kann nach § 1961 BGB Nachlasspflegerschaft beantragt werden. Dieser kann nach einer in Rechtsprechung und Literatur vertretenen Ansicht für den unbekannten Erben eine Übernahme nach § 74 SGB XII geltend machen.[68] Fraglich ist allerdings, wie in einem derartigen Fall (bei unbekannten Vermögensverhältnissen) die Zumutbarkeit beurteilt werden kann. Deshalb hat das LSG Berlin-Potsdam entschieden, dass es keinen Anspruch der unbekannten Erben auf Übernahme der Bestattungskosten aus Sozialhilfemitteln, den der Nachlasspfleger geltend machen könne, gebe.[69]

31

Nicht als Verpflichteter kommt der **Fiskus** (§ 1936 BGB) in Betracht.[70] Etwas anderes ergibt sich auch nicht aus der Entscheidung des BSG vom 22.09.2009.[71] Das BSG erwägt hier lediglich die Verpflich-

32

---

[61] So der Fall des SG Oldenburg v. 02.12.2011 - S 21 SO 231/09.
[62] Vgl. dazu: § 593a BGB, § 17 HöfeO.
[63] Auch hier ist allerdings nicht geregelt, wer Anspruchsinhaber ist. Gleiches gilt für die unterhaltsrechtlichen Vorschriften.
[64] BGH v. 05.02.1962 - III ZR 173/60 - NJW 1962, 791 ff.; *Edenhofer* in: Palandt, BGB, § 1968 Rn. 1.
[65] Diese Haftung besteht eigenständig neben der gesamthänderischen Haftung der Erbengemeinschaft nach § 2059 BGB, vgl. dazu: *Edenhofer* in: Palandt, BGB, § 2058 Rn. 1.
[66] LSG Nordrhein-Westfalen v. 30.10.2008 - L 9 SO 22/07 - juris Rn. 28 - FEVS 60, 524 ff.; OVG Münster v. 30.10.1997 - 8 A 3515/95 - NJW 1998, 2154.
[67] Die Formulierung, dass bei Gesamtschuldnern nur der zu tragende Anteil Bezugspunkt ist (vgl. *Schlette* in: Hauck/Noftz, SGB XII, § 74 Rn. 10a und Rn. 12; auch: LSG Nordrhein-Westfalen v. 29.10.2008 - L 12 SO 3/08 - juris Rn. 31), ist zumindest missverständlich,
[68] VG Hannover v. 09.12.1997 - 3 A 621/97 - ZfF 2000, 63 ff.; *Grube* in: Grube/Wahrendorf, SGB XII, § 74 Rn. 22.
[69] LSG Berlin-Potsdam v. 20.03.2013 - L 23 SO 97/11.
[70] *Grube* in: Grube/Wahrendorf, SGB XII, § 74 Rn. 23; *Berlit* in: LPK SGB XII, § 74 Rn. 8; *Schlette* in: Hauck/Noftz, SGB XII, § 74 Rn. 4.
[71] BSG v. 29.09.2009 - B 8 SO 23/08 R - juris Rn. 21 - BSGE 104, 219 ff.

tung des Fiskus, die Kosten der Bestattung vorrangig vor den Unterhaltsverpflichteten tragen zu müssen, wenn Erbmasse vorhanden ist.[72] Eine Stellung des Fiskus als Verpflichteter im Sinne des § 74 SGB XII hat das BSG damit nicht anerkannt. Ein Anspruch nach § 74 SGB XII scheitert – ebenso wie im Fall der Kostentragung durch die Ordnungsbehörde (vgl. Rn. 57) – zumindest an der fehlenden Unzumutbarkeit der Kostentragung.

33 Die weiteren Verpflichtungen sind zu der Kostentragungspflicht aus Erbrecht **subsidiär**. Bezüglich der familienrechtlichen Verpflichtung ergibt sich dies aus § 1615 Abs. 2 BGB.[73] Auch eine öffentlich-rechtlich verursachte Kostenlast ist subsidiär, so dass ein aus dieser Pflicht Handelnder gegen den Erben einen Erstattungsanspruch (beispielsweise aus Geschäftsführung ohne Auftrag, §§ 683, 670 BGB) haben kann.[74] Der Erbe kann dieser Verpflichtung aber dadurch entgehen, dass er die Erbschaft nach den §§ 1944 ff. BGB ausschlägt oder die Haftung nach den §§ 1975 ff. BGB auf den Nachlass beschränkt.

d. Verpflichtung aus unterhaltsrechtlichen Vorschriften

34 Aus unterhaltsrechtlichen Vorschriften kann sich die Pflicht zur Übernahme der Bestattungskosten zunächst aus der **Unterhaltspflicht der Ehegatten** untereinander ergeben. Die grundsätzliche Pflicht zur Unterhaltsgewährung ergibt sich dabei aus § 1360 Satz 1 BGB, wonach die Ehegatten einander verpflichtet sind, durch ihre Arbeit und mit ihrem Vermögen die Familie angemessen zu unterhalten. § 1360a Abs. 3 BGB verweist für den Umfang dieses Unterhalts auf § 1615 BGB, der unter anderem die Pflicht zur Übernahme der Beerdigungskosten regelt (Absatz 2). Die Vorschrift regelt allgemein das Erlöschen der Unterhaltspflicht. Danach erlischt mit dem Tod des Berechtigten grundsätzlich die Unterhaltspflicht. **§ 1615 Abs. 2 BGB** bestimmt – letztlich als Ausnahme hierzu – die Pflicht zur Übernahme der Kosten der Beerdigung, „soweit ihre Bezahlung nicht von dem Erben zu erlangen ist".

35 Bei **Getrenntleben der Ehegatten** ergibt sich die Pflicht zur Erstattung der Beerdigungskosten aus § 1361 Abs. 4 BGB, der wiederum auf § 1360a Abs. 3 BGB verweist. Im Fall eines solchen Getrenntlebens folgt die Verpflichtung zur Tragung der Kosten der Beerdigung also aus den §§ 1361 Abs. 4, 1360a Abs. 3, 1615 Abs. 2 BGB. Ebenfalls auf § 1360a Abs. 3 BGB verweist § 5 Satz 2 LPartG für Lebenspartner untereinander. Ob sich aus der Unterhaltpflicht des **geschiedenen Ehepartners** eine Kostentragungspflicht ableiten lässt, ist umstritten.[75] Eine solche Pflicht ist abzulehnen, da der Gesetzgeber eine solche in § 1586 BGB absichtlich nicht geregelt hat,[76] weshalb § 1615 Abs. 2 BGB nicht analog angewendet werden kann.[77]

36 Außerdem können **Verwandte** zur Tragung der Bestattungskosten verpflichtet sein. Dies ergibt sich wiederum aus § 1615 Abs. 2 BGB (in direkter Anwendung). Wie oben bereits beschrieben (vgl. Rn. 33), ist in dieser Vorschrift die Pflicht zur Übernahme der Kosten der Beerdigung geregelt, „soweit ihre Bezahlung nicht von dem Erben zu erlangen ist". Des Weiteren kann sich diese Pflicht zur Tragung der Bestattungskosten aus § 1615m BGB ergeben, wonach der **Vater eines unehelichen Kindes** die Kosten der Beerdigung zu übernehmen hat, wenn die Mutter des Kindes infolge der Schwangerschaft oder Entbindung stirbt. Dies gilt nach § 1615n BGB auch dann, wenn der Vater vor der Geburt des Kindes stirbt, oder das Kind tot geboren ist.

37 Liegt eine solche Konstellation vor, dann ist diese Haftung **vorrangig** gegenüber der Haftung des Ehegatten und der Verwandten.[78] Der Unterhaltsanspruch der Ehegatten untereinander geht zudem nach **§ 1608 Abs. 1 Satz 1 BGB** grundsätzlich den Unterhaltsansprüchen gegen die Verwandten vor. Dies gilt auch für den Trennungsunterhalt.[79] Nur wenn der Ehegatte bei Berücksichtigung seiner sonstigen Verpflichtungen außerstande ist, ohne Gefährdung seines angemessenen Unterhalts den Unterhalt zu gewähren, haften nach § 1608 Abs. 1 Satz 2 BGB die Verwandten vor dem Ehegatten.

---

[72] BSG v. 29.09.2009 - B 8 SO 23/08 R - juris Rn. 21 - BSGE 104, 219 ff.

[73] Zu der Haftung aus § 1615m BGB vgl. *Born* in: MünchKomm-BGB, § 1615m Rn. 5.

[74] *Grube* in: Grube/Wahrendorf, SGB XII, § 74 Rn. 22.

[75] Dafür: *Brudermüller* in: Palandt, BGB, § 1586 Rn. 1; andere Ansicht: *Maurer* in: MünchKomm-BGB, 6. Aufl. 2013, § 1586 Rn. 9.

[76] BT-Drs. 7/650, S. 150.

[77] *Maurer* in: MünchKomm-BGB, 6. Aufl. 2013, § 1586 Rn. 9.

[78] *Born* in: MünchKomm-BGB, 6. Aufl. 2012, § 1615m Rn. 5.

[79] Vgl. dazu: *Reinken* in: Beck'scher Online-Kommentar, BGB, § 1608 Rn. 2; implizit auch: *Diederichsen* in: Palandt, BGB, § 1608 Rn. 1. Für den Unterhalt nach Scheidung ergibt sich dies aus § 1584 Satz 1 BGB.

Allerdings muss für die Haftung aus familienrechtlichen Vorschriften jeweils eine **Bedürftigkeit** auf Seiten des Verstorbenen und eine **Leistungsfähigkeit** des potentiell Verpflichteten vorhanden sein.[80] Nach § 1602 BGB ist zum Unterhalt nur berechtigt, wer außerstande ist, sich selbst zu unterhalten. Dabei ist die recht weite Rechtsprechung der Zivilgerichte zu der Erwerbsobliegenheit zu berücksichtigen.[81] Zudem bedarf es auf Seiten des potentiell Verpflichteten einer Leistungsfähigkeit. Dies ergibt sich aus § 1603 Abs. 1 BGB. Die Vorschrift des § 74 SGB XII dient nicht dazu, die zivilrechtliche (unterhaltsrechtliche) Leistungsfähigkeit erst herzustellen.[82] Das Vorliegen einer derartigen Leistungsfähigkeit muss allerdings das Eintreten des Sozialhilfeträgers nach § 74 SGB XII nicht ausschließen, da die unterhaltsrechtliche Leistungspflicht und die Zumutbarkeit im Sinne des § 74 SGB XII auseinanderfallen können (vgl. zur Zumutbarkeit im Einzelnen Rn. 60).[83]

38

Teilweise wird auch eine – allerdings nicht familienrechtliche – Pflicht des Beschenkten bei Notbedarf des Schenkers anerkannt, §§ 528 Abs. 1 Satz 3, 1615 Abs. 2 BGB.[84]

39

e. Verpflichtung aus den Bestattungsgesetzen der Länder

aa. Allgemeines

Des Weiteren kann derjenige Verpflichteter im Sinne des § 74 SGB XII sein, der nach den **landesrechtlichen Vorschriften** zur Bestattung verpflichtet ist. Dies ist dann möglich, wenn die vorrangig Verpflichteten nicht für die Kosten einstehen müssen, etwa weil der Erbe die Erbschaft ausschlägt oder auf den (nicht hinreichenden) Nachlass beschränkt und die familienrechtliche Unterhaltspflicht beispielsweise an der Leistungsfähigkeit des potentiell Verpflichteten scheitert.

40

Auch wenn das Landesrecht nicht die Kostenerstattung regelt, sondern nur die Pflicht zur Bestattung selbst, so ist dieser zur Bestattung Verpflichtete dennoch Verpflichteter im Sinne des § 74 SGB XII,[85] da es sich um eine **öffentlich-rechtlich verursachte Kostenlast** handelt.[86] Zur Begründung dieser Pflichtenstellung ist keine Umsetzung der öffentlich-rechtlichen Pflicht durch Verwaltungsakt notwendig.[87] Bereits die Rechtsprechung des BVerwG nahm an, dass dies einerseits an „den praktischen Erfordernissen der Rechtsanwendung vorbei" gehe.[88] Zudem bedarf die gesetzliche Pflicht zur Bestattung keiner Umsetzung durch Verwaltungsakt.[89]

41

Die Bestattungspflichtigen sind in den einzelnen Bundesländern leicht **abweichend geregelt**.[90] Sie knüpfen grundsätzlich nicht an die Erbenstellung an.[91] In den meisten Ländern ergibt sich grundsätzlich folgende Reihenfolge:
1. der Ehegatte,
2. die volljährigen Kinder,
3. die Eltern,

42

---

[80] Zur Bedürftigkeit: BSG v. 29.09.2009 - B 8 SO 23/08 R - juris Rn. 23 - BSGE 104, 219 ff.; zur Leistungsfähigkeit: *Schlette* in: Hauck/Noftz, SGB XII, § 74 Rn. 4; *Grube* in: Grube/Wahrendorf, SGB XII, § 74 Rn. 20.

[81] Vgl. beispielsweise: BGH v. 06.12.1984 - IVb ZR 53/83 - BGHZ 93, 123 ff.; die Reichweite dieser Erwerbsobliegenheit ist im Einzelnen umstritten, vgl. dazu beispielsweise: *Viefhues* in: jurisPK-BGB, § 1602 Rn. 20 ff.

[82] *Grube* in: Grube/Wahrendorf, SGB XII, § 74 Rn. 20.

[83] *Grube* in: Grube/Wahrendorf, SGB XII, § 74 Rn. 20.

[84] So explizit: *Wagner* in: MünchKomm-BGB, § 844 Rn. 17; *Beater* in: Soergel, BGB, § 844 Rn. 8 jeweils zur (vergleichbaren) Pflichtenstellung bezüglich des Erstattungsanspruchs aus § 844 Abs. 1 BGB; nicht als Anspruch erwähnt bei: *Koch* in: MünchKomm-BGB, § 528 Rn. 25; *Sefrin* in: jurisPK-BGB, § 528 Rn. 56.

[85] BVerwG v. 22.02.2001 - 5 C 8/00 - juris Rn. 14 - BVerwGE 114, 57 ff.; *Grube* in: Grube/Wahrendorf, SGB XII, § 74 Rn. 24.

[86] BSG v. 29.09.2009 - B 8 SO 23/08 R - juris Rn. 13 - BSGE 104, 219 ff.; *Schlette* in: Hauck/Noftz, SGB XII, § 74 Rn. 5; so auch bereits das BVerwG: BVerwG v. 22.02.2001 - 5 C 8/00 - juris Rn. 14 - BVerwGE 114, 57 ff.

[87] BVerwG v. 22.02.2001 - 5 C 8/00 - juris Rn. 14 - BVerwGE 114, 57 ff.

[88] BVerwG v. 22.02.2001 - 5 C 8/00 - juris Rn. 14 - BVerwGE 114, 57 ff.

[89] BVerwG v. 22.02.2001 - 5 C 8/00 - juris Rn. 14 - BVerwGE 114, 57 ff.

[90] § 31 Abs. 1 BestattG BW i.V.m. § 21 Abs. 1 Nr. 1 BestattG BW; Art. 15 Abs. 2 BayBestG i.V.m. § 6 BestV i.V.m. § 1 Abs. 1 Satz 2 Nr. 1 BestV; § 20 Abs. 1 BbgBestG; § 12 Abs. 2 HesBestG; § 9 Abs. 2 BestattG M-V; § 8 Abs. 3 NdsBestattG; § 8 Abs. 1 Satz 1 BestattG NRW; § 9 Abs. 1 RlpBestG; § 10 Abs. 1 Satz 1 SächsBestG; § 14 Abs. 2 Satz 1 BestattG LSA i.V.m. § 10 Abs. 2 Satz 1 BestattG LSA; § 26 Abs. 1 BestattG SL; § 13 Abs. 2 Satz 1 BestattG SH i.V.m. § 2 Nr. 12 BestattG SH; § 18 Abs. 1 Satz 1 ThürBestG; zu weiteren Einzelheiten: *Gaedke*, Handbuch des Friedhofs- und Bestattungsrechts.

[91] Ausnahme: § 9 Abs. 1 Satz 1 RlpBestG.

4. andere nahe Angehörige.

43 Die Einzelheiten – auch bzgl. der Reihenfolge[92] – sind allerdings unterschiedlich geregelt. Unterschiedlich geregelt ist beispielsweise, ob der Lebenspartner nach dem Lebenspartnerschaftsgesetz[93] oder der eheähnliche Partner[94] verpflichtet ist. Teilweise ist auch der „sonstige Sorgeberechtigte"[95] oder auch die Einrichtung, in der der zu Beerdigende verstorben ist,[96] verpflichtet. Adoptiveltern[97] und Adoptivkinder[98] werden auch nur teilweise verpflichtet. Auch unterscheiden sich im Einzelnen die Grade der Verwandtschaft und Schwägerschaft,[99] volljährige Geschwister werden aber beispielsweise stets herangezogen.[100]

bb. Mehrere Verpflichtete unterschiedlichen Rangs

44 Verpflichtet i.S.d. § 74 SGB XII ist grundsätzlich nur der nach dem Bestattungsgesetz vorrangig Verpflichtete.[101]

45 Fraglich ist, ob dies auch dann gilt, wenn der **vorrangig Verpflichtete nicht zur Erstattung herangezogen werden kann** (etwa, weil ihm die Kostentragung nicht zumutbar ist). Teilweise werden die landesrechtlichen Vorschriften so ausgelegt, dass allein das Vorhandensein eines vorrangig Verpflichteten die Verpflichtung des Nachrangigen ausschließt, auch wenn der vorrangig Verpflichtete nicht zu Erstattung herangezogen werden kann.[102] Im zitierten Fall des OVG NRW konnte die Gemeinde, deren Ordnungsbehörde für die Kosten aufgekommen war, nicht wegen der vorgenommenen Ersatzvornahme Erstattung gegen den vorrangig Verpflichteten geltend machen, da dies wegen einer unbilligen Härte ausgeschlossen war. Einen Anspruch gegen den nachrangig Verpflichteten hat das OVG verneint. Wird dieser Auslegung gefolgt, so schließt allein das Vorhandensein eines vorrangig Verpflichteten für den nachrangig Verpflichten aus, dass er Verpflichteter i.S.d. § 74 SGB XII sein kann.

46 Für eine solche Auslegung des Landesrechts könnte sprechen, dass die fehlende Möglichkeit, die Bestattung zu finanzieren, die Bestattungspflicht nicht entfallen lässt.[103] Der auf der Sekundärebene – bei der Erstattung der Kosten für die Ersatzvornahme – relevante Grund der Unbilligkeit wegen finanzieller Überforderung lässt also die **primäre Verpflichtung zur Bestattung** gerade nicht entfallen.[104] Eine Inanspruchnahme des nachrangig Verpflichteten setzt aber – zumindest zivilrechtlich – nicht zwingend den Ausschluss des Anspruchs gegen den vorrangig Verpflichteten voraus. So hat der BGH eine ge-

---

[92] In Niedersachsen haften beispielsweise die Enkelkinder vor den Eltern des Verstorbenen: § 8 Abs. 3 Nr. 3 und 4 NdsBestattG.

[93] So: § 31 Abs. 1 BestattG BW i.V.m. § 21 Abs. 1 Nr. 1 BestattG BW; § 16 Abs. 1 Nr. 1 BlnBestG; § 9 Abs. 2 Nr. 2 BestattG M-V; § 8 Abs. 3 Nr. 1 NdsBestattG; § 8 Abs. 1 Satz 1 BestattG NRW; § 9 Abs. 1 Satz 2 Nr. 1 RlpBestG; § 14 Abs. 2 Satz 1 BestattG LSA i.V.m. § 10 Abs. 2 Satz 1 BestattG LSA; § 13 Abs. 2 Satz 1 BestattG SH i.V.m. § 2 Nr. 12 b) BestattG SH; § 18 Abs. 1 Satz 1 Nr. 2 ThürBestG; § 26 Abs. 1 Nr. 2 BestattG SL.

[94] § 20 Abs. 1 Nr. 7 BbgBestG; § 18 Abs. 1 Satz 1 Nr. 8 ThürBestG; § 9 Abs. 2 Nr. 2 Nr. 8 BestattG M-V; „Partner einer auf Dauer angelegten nichtehelichen Lebensgemeinschaft"; unter Bezugnahme auf § 7 Abs. 3 Nr. 1 SGB II i.V.m. § 7 Abs. 3a SGB II: § 26 Abs. 1 Nr. 5 BestattG SL.

[95] § 9 Abs. 1 Satz 2 Nr. 4 RlpBestG; § 10 Abs. 1 Satz 1 Nr. 5 SächsBestG.

[96] § 12 Abs. 3 HesBestG; vgl. dazu: VG Gießen v. 14.12.1999 - 4 E 23/96 - NVwZ-RR 2000, 437 ff.

[97] Art. 15 Abs. 2 BayBestG i.V.m. § 6 BestV i.V.m. § 1 Abs. 1 Satz 2 Nr. 1 BestV.

[98] Art. 15 Abs. 2 BayBestG i.V.m. § 6 BestV i.V.m. § 1 Abs. 1 Satz 2 Nr. 1 BestV; § 13 Abs. 2 Satz 1 BestattG SH i.V.m. § 2 Nr. 12 c) BestattG SH.

[99] Unter Heranziehung der Verschwägerten ersten Grades und der Kinder der Geschwister des Verstorbenen beispielsweise: § 15 Abs. 2 Satz 1 Nr. 1 BayBestG; keine Verpflichtung bei Schwägerschaft und bei Verwandtschaft nur bis zum 2. Grad beispielsweise: § 12 Abs. 2 HesBestG.

[100] § 31 Abs. 1 BestattG BW i.V.m. § 21 Abs. 1 Nr. 1 BestattG BW; Art. 15 Abs. 2 BayBestG i.V.m. § 6 BestV i.V.m. § 1 Abs. 1 Satz 2 Nr. 1 BestV; § 16 Abs. 1 Nr. 4 BlnBestG; § 20 Abs. 1 BbgBestG; § 9 Abs. 2 Nr. 5 Nr. 8 BestattG M-V; § 8 Abs. 3 Nr. 6 NdsBestattG; § 8 Abs. 1 Satz 1 BestattG NRW; § 9 Abs. 1 Satz 2 Nr. 5 RlpBestG; § 10 Abs. 1 Satz 1 Nr. 4 SächsBestG; § 14 Abs. 2 Satz 1 BestattG LSA i.V.m. § 10 Abs. 2 Satz 1 BestattG LSA; § 26 Abs. 1 Nr. 6 BestattG SL; § 13 Abs. 2 Satz 1 BestattG SH i.V.m. § 2 Nr. 12 e) BestattG SH; § 18 Abs. 1 Satz 1 Nr. 5 ThürBestG.

[101] LSG Baden-Württemberg v. 25.04.2013 - L 7 SO 5656/11.

[102] Zu § 8 BestG NRW: OVG Nordrhein-Westfalen v. 20.04.2010 - 19 A 1666/08; anders zum BestG BW: LSG Baden-Württemberg v. 25.04.2013 - L 7 SO 5656/11 in einem obiter dictum; explizit anders geregelt etwa in § 8 Abs. 4 Satz 4 NDS BestG.

[103] Vgl. Bayrischer VGH v. 12.09.2013 - 4 ZB 12.2526.

[104] So auch: OVG Nordrhein-Westfalen v. 20.04.2010 - 19 A 1666/08.

genüber der erbrechtlichen Pflicht zur Erstattung der Beerdigungskosten aus § 1968 BGB nachrangige Pflicht zur Kostenerstattung aus der Totenfürsorge auch dann anerkannt, wenn ein Anspruch aus vorrangigem Recht bestehen könnte. Eine **Sperrwirkung** des § 1968 BGB hat der BGH explizit **abgelehnt**.[105] Gleiches gilt auch im Verhältnis von der erbrechtlichen Regelung des § 1968 BGB zur (subsidiären) unterhaltsrechtlichen Regelung des § 1615 Abs. 2 BGB.[106] Dann aber ist nicht recht einsichtig, warum zwischen öffentlich-rechtlichen Verpflichteten unterschiedlicher Rangstufe etwas anderes gelten soll. Aus § 8 BestG NRW ergibt sich dies nicht zwingend. Auch öffentlich-rechtlich dürfte also entscheidend sein, ob die Kosten vom vorrangig Verpflichteten zu erlangen sind.

cc. Mehrere Verpflichtete gleichen Rangs

Problematisch ist der Fall, dass zwei **Verwandte** landesrechtlich **gleichrangig zur Tragung der Bestattungskosten verpflichtet** sind, die Ordnungsbehörde aber nur einen der beiden Verwandten heranzieht.[107] In diesem Fall ist ein Ausgleich zwischen den landesrechtlich gleichrangig zur Kostentragung Verpflichteten nach h.M. nur dann über den Gesamtschuldnerinnenausgleich nach § 426 Abs. 2 BGB möglich, wenn eine Gesamtschuldnerschaft landesrechtlich angeordnet ist.[108] Im anderen Fall ist nur der herangezogene Verwandte Schuldner der öffentlichen Hand. Zwar wird in derartigen Fällen teilweise von einer analogen Anwendung der Vorschriften der §§ 421 ff. BGB ausgegangen,[109] dem hat sich der BGH aber gerade nicht angeschlossen.[110]

47

Eine Lösung kommt über eine **GoA** in Betracht. Zwar erfüllt der herangezogene Verwandte des Bestatteten eine eigene öffentlich-rechtlich bestehende Schuld, dies steht dem sog. **Fremdgeschäftsführungswillen** nach h.M. aber nicht entgegen, wenn der Geschäftsführer **auch** im fremden Interesse handelt.[111] In den Fällen des Ausgleichs unter Störern verneint der BGH aber einen solchen Fremdgeschäftsführungswillen teilweise auch.[112]

48

f. Verpflichtung aus der sog. Totenfürsorge?

Eine über die unter lit. b) bis e) genannten Pflichten hinausgehende Verpflichtung ergibt sich nach h.M. nicht aus der **sog. Totenfürsorge**. Dabei ist einerseits zwischen dem **Recht** zur Totenfürsorge (Entscheidung über Ort und Art der Bestattung)[113] und der **Pflicht** zur Bestattung[114] zu unterscheiden. Außerdem ist zwischen (dem Recht und ggf. der Pflicht) zur Totenfürsorge aus Vertrag[115] und aus Gewohnheitsrecht[116] zu differenzieren.

49

Das BVerwG hat die Stellung als Verpflichteter eines **Heimträgers** verneint, wenn sich aus dem Heimvertrag die Berechtigung ergibt, unter bestimmten Umständen für die Beerdigung zu sorgen.[117] Das BVerwG ist hier also davon ausgegangen, dass nur das Recht, nicht die Pflicht zur Totenfürsorge bestand.[118] Soweit tatsächlich nur das Recht zur Totenfürsorge vertraglich geregelt ist, so ist hieraus keine Verpflichtetenstellung i.S.d. § 74 SGB XII herzuleiten. Etwas anderen kann sich allerdings ergeben,

50

---

[105] Vgl. BGH v. 14.12.2011 - IV ZR 132/11.

[106] Vgl. beispielsweise: AG Neustadt v. 27.09.1994 - 27 C 1160/94.

[107] Die Behörde ist im Rahmen ihres Ermessens nicht verpflichtet, gleichrangig Verpflichtete anteilig zur Kostenerstattung heranzuziehen: VGH Baden-Württemberg v. 15.11.2007 - 1 S 1471/07.

[108] So etwa in: § 8 Abs. 2 Satz 2 HSOG; auf Bundesebene: § 19 Abs. 2 Satz 2 BPolG; anders in § 8 Abs. 2 PolG BW.

[109] *Schoch* in: Schmidt-Aßmann, Besonderes Verwaltungsrecht, 13. Aufl. 2005, 2. Kap. Rn. 176.

[110] BGH v. 11.06.1981 - III ZR 39/80 - NJW 1981, 2457 ff.; BGH v. 08.03.1990 - III ZR 81/88 - BGHZ 110, 313 (318).

[111] Vgl. nur BGH v. 20.06.1963 - VII ZR 263/61 - BGHZ 40, 28; BGH v. 21.10.1999 - III ZR 319/98 - juris Rn. 15 - BGHZ 143, 9; enger beispielsweise: *K. Lange* in: jurisPK-BGB, 6. Aufl. 2012, § 677 Rn. 14; zum Ausgleich zwischen Störern: *Beckhaus*, ZUR 2010, 418, 421; *Harms*, NJW 1999, 3668, 3670.

[112] BGH v. 11.06.1981 - III ZR 39/80 - NJW 1981, 2457 ff.; anders: BGH v. 18.09.1986 - III ZR 227/84.

[113] Vgl. beispielsweise: BGH v. 26.02.1992 - XII ZR 58/91 - MDR 1992, 588 ff.

[114] Vgl. dazu etwa: BGH v. 14.12.2011 - IV ZR 132/11.

[115] Auch aus einem Heimvertrag: BVerwG v. 30.05.2002 - 5 C 14/01 - BVerwGE 116, 287 ff.; vgl. dazu auch die Entscheidung der Vorinstanz: OVG Lüneburg v. 27.07.2000 - 4 L 2110/00 - juris Rn. 27 - NJW 2000, 3513 f.

[116] Vgl. dazu bereits: RG v. 05.04.1937 - IV 18/37 - RGZ 154, 269 ff., aber auch: BGH v. 26.10.1977 - IV ZR 151/76 - juris Rn. 6 - FamRZ 1978, 15 f.; *Küpper* in: MünchKomm-BGB, § 1968 Rn. 7.

[117] BVerwG v. 30.05.2002 - 5 C 14/01 - BVerwGE 116, 287 ff.; andere Ansicht noch die Vorinstanz: OVG Lüneburg v. 27.07.2000 - 4 L 2110/00 - NJW 2000, 3513 f.

[118] BVerwG v. 30.05.2002 - 5 C 14/01 - BVerwGE 116, 287 ff.; anders noch die Vorinstanz: OVG Lüneburg v. 27.07.2000 - 4 L 2110/00 - NJW 2000, 3513 f.

wenn sich aus dem Vertrag mit dem Verstorbenen auch eine Pflicht zur Kostentragung ergibt (vgl. dazu Rn. 26), was bei einer Einrichtung wohl selten der Fall sein dürfte. Bei einer vertraglichen Verpflichtung sind nach der hier vertretenen Ansicht die oben dargestellten Besonderheiten zu berücksichtigen (vgl. Rn. 26).

51 Soweit die **Pflicht zur Bestattung aus Gewohnheitsrecht** hergeleitet wird (weil kein Vertrag mit dem Verstorbenen vorliegt), wird dies als Nachwirkung der familienrechtlichen Beziehungen angesehen.[119] Diese gewohnheitsrechtlichen Regelungen betreffen aber nach der hier vertretenen Ansicht nur noch das **Recht**, über Ort und Art der Bestattung zu entscheiden. Bezüglich der Bestattungs**pflicht** sind an die Stelle dieses Gewohnheitsrechts die Bestattungsgesetze der Länder getreten.[120] Dementsprechend ergibt sich aus der Totenfürsorge keine weitergehende Verpflichtetenstellung gegenüber dem unter lit. a) bis e) Dargestellten. Diese ist vielmehr entweder aus Vertrag oder den Bestattungsgesetzen der Länder herzuleiten.

52 In der Praxis interessant wäre eine weitergehende Verpflichtung aus Gewohnheitsrecht wohl zudem vor allem bezüglich des **eheähnlichen Partners**, der nach den Bestattungsgesetzen der Länder ganz überwiegend nicht herangezogen werden kann.[121] Hier ergeben sich aber selbst dann weitergehende Probleme, wenn eine Verpflichtung aus Gewohnheitsrecht grundsätzlich anerkannt würde. Eine solche Verpflichtung könnte beim eheähnlichen Partner nämlich nur dann angenommen werden, wenn der **gesellschaftliche Wandel** berücksichtigt wird. Als das Rechtsinstitut der Totenfürsorge Anfang des 20. Jahrhunderts entwickelt wurde,[122] wurde der eheähnliche Partner sicherlich nicht als Inhaber der Totenfürsorge angesehen.

53 Den gesellschaftlichen Wandel zu berücksichtigen, führt aber in Bezug auf eine **Pflicht** zur Bestattung (zumindest wenn sie öffentlich-rechtlich gedacht wird) zu Konflikten mit dem **Vorbehalt des Gesetzes**. Zwar kann Gewohnheitsrecht, wenn es vorkonstitutiv ist, durchaus öffentlich-rechtliche Pflichten begründen.[123] Gewohnheitsrecht, das den eheähnlichen Partner zur Bestattung verpflichtet, kann aber wohl nicht als vorkonstitutiv angesehen werden. Der genannte gesellschaftliche Wandel fand schließlich erst nach 1949 – also nicht vorkonstitutiv – statt.[124] Außerdem ist fraglich, inwieweit eine gewohnheitsrechtliche Pflicht bei einem eheähnlichen Partner hergeleitet werden kann, wenn Grundlage dieses Gewohnheitsrechts nachwirkende familienrechtliche Pflichten sind, die eheähnliche Partner zu Lebzeiten aber gerade nicht treffen.

g. Keine Verpflichtung nach § 74 SGB XII

54 Neben diesen dargestellten Möglichkeiten, die zur Pflichtenstellung nach § 74 SGB XII führen können, gibt es auch Konstellationen, in den zwar die Kosten der Beerdigung zu tragen (bzw. zumindest zu ersetzen) sind, aber dennoch kein Anspruch nach § 74 SGB XII entsteht.

55 Dazu zählt zunächst die bereits oben beschriebene, sich allein aus dem **Werkvertrag** ergebende Verpflichtung (vgl. Rn. 24). Dies gilt auch, wenn der Betreuer des Verstorbenen diesen Vertrag abgeschlossen hat. Der Betreuer kann nicht Verpflichteter im Sinne des § 74 SGB XII sein.[125]

56 Auch der **Schädiger**, der im Falle der Tötung nach § 844 Abs. 1 BGB die Kosten der Beerdigung zu erstatten hat, kann nicht Verpflichteter sein.[126] Dies folgt aus der Ausgestaltung dieser Anspruchsgrundlage im BGB. Es handelt sich bei diesem Anspruch nämlich nicht um einen originären Anspruch, sondern um einen Ersatzanspruch des zur Tragung der Bestattungskosten Verpflichteten.[127]

---

[119] Vgl. dazu: AG Brandenburg v. 05.03.2009 - 31 C 223/08.
[120] So auch: OVG Lüneburg v. 26.09.2007 - 8 LA 81/07; wohl andere Ansicht, aber mit Schwerpunkt auf dem Recht zur Totenfürsorge: AG Brandenburg v. 05.03.2009 - 31 C 223/08.
[121] Anders allerdings in: § 20 Abs. 1 Nr. 7 BbgBestG; § 18 Abs. 1 Satz 1 Nr. 8 ThürBestG; § 9 Abs. 2 Nr. 2 Nr. 8 BestattG M-V; „Partner einer auf Dauer angelegten nichtehelichen Lebensgemeinschaft"; unter Bezugnahme auf § 7 Abs. 3 Nr. 1 SGB II i.V.m. § 7 Abs. 3a SGB II: § 26 Abs. 1 Nr. 5 BestattG SL.
[122] RG v. 05.04.1937 - IV 18/37 - RGZ 154, 269 ff.; aber auch bereits: *Blume*, AcP 112 [1914], 367 (415); aufgegriffen in: § 2 Abs. 2 des Gesetzes über die Feuerbestattung vom 15.05.1934 (RGBl I 1934, 360).
[123] Vgl. BVerfG v. 20.04.1982 - 1 BvR 522/78.
[124] Vgl. zur Entwicklung des ehelosen Zusammenlebens ausführlich: *Greiser/Ottenströer*, ZFSH/SGB 2013, 181 ff.
[125] VG Hannover v. 09.12.1997 - 3 A 621/97 - ZfF 2000, 63 ff.; *Schlette* in: Hauck/Noftz, SGB XII, § 74 Rn. 6.
[126] *Grube* in: Grube/Wahrendorf, SGB XII, § 74 Rn. 13.
[127] *Wagner* in: MünchKomm-BGB, § 844 Rn. 16; vgl. auch: BGH v. 05.02.1962 - III ZR 173/60 - NJW 1962, 791 ff.

Umstritten ist, ob die **Ordnungsbehörde** Verpflichteter im Sinne des § 74 SGB XII sein kann.[128] Dagegen wird vorgebracht, dass der Staat unter keinem Gesichtspunkt hilfebedürftig im Sinne des Sozialhilferechts sein könne.[129] Wegen dieser fehlenden Hilfebedürftigkeit ist zumindest stets eine Zumutbarkeit zur Kostentragung gegeben,[130] so dass die Frage, ob eine Verpflichtung möglich ist, letztlich dahinstehen kann. Handelt die Ordnungsbehörde allerdings für einen der oben Genannten Verpflichteten (den Erben, den Unterhaltspflichtigen oder den nach den Bestattungsgesetzen Verpflichteten), so kann sich die Ordnungsbehörde zur Erstattung an diesen halten.[131] Dieser kann dann wiederum Verpflichteter im Sinne des § 74 SGB XII sein.[132]

57

Ebenso kann eine **Einrichtung** nur unter bestimmten Voraussetzungen Verpflichteter sein. Ein Vertrag mit dem Verstorbenen, aus dem sich das Recht ergibt, für die Beerdigung zu sorgen, genügt nicht (vgl. Rn. 24).[133] Etwas anderes kann sich in einem derartigen Fall allerdings ergeben, wenn dieser Träger öffentlich-rechtlich verpflichtet ist (vgl. Rn. 43), oder sich aus dem Vertrag mit dem Verstorbenen auch eine Pflicht zur Kostentragung ergab (vgl. Rn. 26), was bei einer Einrichtung wohl selten der Fall sein dürfte.

58

Nicht als Verpflichteter im Sinne des § 74 SGB XII kommt der **Träger der Sozialhilfe** selbst in Betracht. § 74 SGB XII regelt gerade eine Pflicht (keine Berechtigung) des Trägers der Sozialhilfe. Er hat nach dieser Vorschrift Kosten zu übernehmen oder eine solche Übernahme „zuzusagen", soweit dem Verpflichteten eine Tragung der Kosten nicht zumutbar ist (vgl. Rn. 8). Der Träger der Sozialhilfe ist also aus dieser Vorschrift verpflichtet, aber nicht Verpflichteter im Sinne der Vorschrift.

59

2. Zumutbarkeit

a. Allgemeines

Im Rahmen der Zumutbarkeit ist zu prüfen, ob trotz grundsätzlich bestehender Pflichtenstellung eine Übernahme der Kosten durch diesen nicht angezeigt ist, ob also die Sozialhilfe stattdessen einzutreten hat. Dabei sind stets die **Umstände des Einzelfalls** entscheidend.[134]

60

b. Wirtschaftliche Verhältnisse

aa. Allgemeines

Dabei kommt zunächst den **wirtschaftlichen Verhältnissen** des Verpflichteten entscheidende Bedeutung zu. Nach den §§ 2, 19 Abs. 3 SGB XII werden Leistungen der Hilfen in anderen Lebenslagen nur dann erbracht, soweit den Leistungsberechtigten die Aufbringung der Mittel aus dem Einkommen und Vermögen nach den Vorschriften des **Elften Kapitels** nicht zumutbar ist. Wer nach diesen Vorschriften bedürftig ist, dem ist eine Übernahme der Kosten grundsätzlich nicht zumutbar.[135]

61

Beantragt ein Bezieher von Leistungen der **Grundsicherung für Arbeitsuchende** Leistungen nach § 74 SGB XII, so richtet sich die Frage der Zumutbarkeit aus wirtschaftlichen Gesichtspunkten nach den §§ 11-11b SGB II und § 12 SGB II.[136] Eine Bedürftigkeit nach dem SGB II ist hinreichend. An-

62

---

[128] Dagegen: *Grube* in: Grube/Wahrendorf, SGB XII, § 74 Rn. 26; dafür: VGH München v. 21.06.1993 - 12 B 91.2999 - NVwZ 1994, 600 f.

[129] *Grube* in: Grube/Wahrendorf, SGB XII, § 74 Rn. 26.

[130] VG Gießen v. 14.12.1999 - 4 E 23/96 - NVwZ-RR 2000, 437 ff.; ähnlich: VGH München v. 21.06.1993 - 12 B 91.2999 - NVwZ 1994, 600 f.

[131] BVerwG v. 19.08.1994 - 1 B 149/94 - juris Rn. 5 - NVwZ-RR 1995, 253 ff.; *Grube* in: Grube/Wahrendorf, SGB XII, § 74 Rn. 26.

[132] *Grube* in: Grube/Wahrendorf, SGB XII, § 74 Rn. 26.

[133] BVerwG v. 30.05.2002 - 5 C 14/01 - BVerwGE 116, 287 ff.; andere Ansicht noch die Vorinstanz: OVG Lüneburg v. 27.07.2000 - 4 L 2110/00 - NJW 2000, 3513 f.

[134] So bereits: BT-Drs. 3/1799, S. 40; unter Bezugnahme hierauf: BVerwG v. 29.01.2004 - 5 C 2/03 - juris Rn. 18 - BVerwGE 120, 111 ff.

[135] BSG v. 29.09.2009 - B 8 SO 23/08 R - juris Rn. 18 - BSGE 104, 219 ff.

[136] BSG v. 29.09.2009 - B 8 SO 23/08 R - juris Rn. 18 - BSGE 104, 219 ff. unter Verweis auf: BSG v. 18.03.2008 - B 8/9b SO 11/06 R - BSGE 100, 139 ff., wonach ein SGB-II-Empfänger sein angemessenes Kfz, das Schonvermögen nach den Regelungen des SGB II ist, nicht für seine Ehefrau verwerten darf, bevor diese Sozialhilfe nach dem SGB XII erhalten kann.

dernfalls käme es zu der wenig überzeugenden Konstellation, dass der SGB-II-Empfänger Einkommen oder Vermögen, das er für seinen eigenen Lebensunterhalt nicht einzusetzen hat, für Beerdigungskosten eines anderen einzusetzen hätte.

63 **Trotz Bedürftigkeit** nach dem SGB II bzw. dem SGB XII ist eine **Zumutbarkeit der Kostentragung** allerdings dann anzunehmen, wenn (nach diesen Büchern des SGB zwar privilegiertes) Einkommen oder Vermögen vorhanden ist (etwa aus einer Sterbegeldversicherung oder der Erbschaft des Verstorbenen), das nach Sinn und Zweck des § 74 SGB XII (vgl. Rn. 10 ff.) aber für Beerdigungskosten verwendet werden muss.[137]

64 Entscheidend für die Beurteilung der Bedürftigkeit ist grundsätzlich der **Zeitpunkt der Fälligkeit** der Zahlung aus dem Vertrag mit dem Bestattungsunternehmen.[138] Grundsätzlich muss diese Bedürftigkeit im Zeitpunkt der Entscheidung noch fortbestehen, außer dem Verpflichteten war ein Abwarten dieser Entscheidung nicht zuzumuten.[139] Entfällt die Bedürftigkeit während des Klageverfahrens, so ist dies unschädlich, da der Gewährung effektiven Rechtsschutzes diesbezüglich der Vorrang zu gewähren ist.[140] Entscheidend ist die **Fälligkeit der jeweiligen Rechnung** des Bestattungsunternehmens. Dies hat das BSG in seinem Termin zur mündlichen Verhandlung am 28.02.2013[141] deutlich gemacht. Werden also mehrere Rechnungen gestellt, so ist jeweils der Monat der Fälligkeit der konkreten Rechnung für die Frage der Zumutbarkeit entscheidend.

bb. Umfang der Berücksichtigung von Einkommen und Vermögen

65 Wegen der vergleichsweise hohen Kosten einer Bestattung kann es dazu kommen, dass bei ausschließlicher **Betrachtung des Einkommens in dem konkreten Monat** eine Bedürftigkeit im Sinne des SGB XII auch bei durchschnittlich oder sogar besserverdienenden Bevölkerungsschichten entsteht. Dies dürfte mit § 74 SGB XII nicht gewollt sein. Insoweit könnte **§ 87 Abs. 3 SGB XII** herangezogen werden. Danach kann bei einmaligen Leistungen zur Beschaffung von Bedarfsgegenständen, deren Gebrauch für mindestens ein Jahr bestimmt ist, die Aufbringung der Mittel auch aus dem Einkommen verlangt werden, das innerhalb eines Zeitraumes von bis zu drei Monaten nach Ablauf des Monats, in dem über die Leistung entschieden worden ist, erworben wird.

66 Einen **Rückgriff auf diese Vorschrift** hat der **8. Senat des BSG** in der mündlichen Verhandlung vom 28.02.2013 aber **verneint**. Gegen eine analoge Anwendung der Vorschrift hatte sich bereits die Vorinstanz[142] ausgesprochen, aber unter Berücksichtigung des in der Vorschrift zum Ausdruck kommenden Gedankens des Gesetzgebers einen Rückgriff auf das Einkommen, das in den nächsten drei Monaten erzielt wird, zugelassen. Auch dies hat das BSG in der mündlichen Verhandlung nicht anerkannt und wäre dieser Rechtsprechung dementsprechend wohl nicht gefolgt. Allerdings ist dann nach Ansicht des 8. Senats im Einzelfall die **Zumutbarkeit** einer **Darlehensaufnahme** sowie einer **Vereinbarung mit dem Bestattungsunternehmen** (Ratenzahlungen) zu prüfen.

67 Zudem hat das BSG in der genannten mündlichen Verhandlung Ausführungen zur Berücksichtigung **einmaliger Einnahmen** gemacht. Diese sind nach § 3 Abs. 3 Satz 2 der Durchführungsverordnung zu § 82 SGB XII (DV § 82 SGB XII) grundsätzlich auf einen angemessenen Zeitraum aufzuteilen. Dies gilt nach den Aussagen des 8. Senats[143] im Rahmen der Beurteilung der Zumutbarkeit der Tragung der Bestattungskosten nach § 74 SGB XII nicht. Liegt in den Monaten, in denen die Rechnungen des Bestattungsunternehmens jeweils fällig werden, also einmalige Einnahme vor, so ist diese vollständig auf den Bedarf anzurechnen. Eine **Aufteilung auf mehrere Monate** erfolgt **nicht**.

68 Besonderheiten ergeben sich – nach der hier vertretenen Ansicht – bei dem **Einsatz von Einkommen und Vermögen anderer Personen**. Ohne Rückgriff auf diese Besonderheiten kann bereits der Einsatz von Einkommen und Vermögen eines in der Haushaltsgemeinschaft Lebenden nach **§ 39 SGB XII**

---

[137] BSG v. 25.08.2011 - B 8 SO 20/10 R.
[138] BSG v. 29.09.2009 - B 8 SO 23/08 R - juris Rn. 17 - BSGE 104, 219 ff.; BSG v. 25.08.2011 - B 8 SO 20/10 R - juris Rn. 25.
[139] BSG v. 29.09.2009 - B 8 SO 23/08 R - juris Rn. 17 - BSGE 104, 219 ff. unter anderem unter Bezugnahme auf: BVerwG v. 30.04.1992 - 5 C 26/88 - BVerwGE 40, 343 ff.; BVerwG v. 05.05.1994 - 5 C 43.91 - BVerwGE 96, 18 ff.
[140] BSG v. 29.09.2009 - B 8 SO 23/08 R - juris Rn. 17 - BSGE 104, 219 ff. unter Bezugnahme auf: BVerwG v. 14.09.1972 - V C 62.72, V B 35.72 - BVerwGE 90, 160 ff.
[141] In dem Verfahren B 8 SO 19/11 R.
[142] Vgl. LSG Schleswig-Holstein v. 09.03.2011 - L 9 SO 19/09.
[143] In der mündlichen Verhandlung v. 28.02.2013 - B 8 SO 19/11 R.

deshalb nicht in Betracht kommen, da diese Regelung nur auf die Hilfe zum Lebensunterhalt (nach dem Dritten Kapitel) Anwendung findet.[144] Umstritten ist, ob Einkommen und Vermögen desjenigen miteinzubeziehen ist, der mit dem Verpflichteten in einer **Einstandsgemeinschaft** lebt.[145] Dagegen wird vorgebracht, dass die Bestattungspflicht nur den jeweils Verpflichteten trifft, nicht das weitere Mitglied der Einstandsgemeinschaft.[146] Ergänzend kann auf die Besonderheiten der Anspruchsgrundlage des § 74 SGB XII abgestellt werden (vgl. dazu im Einzelnen Rn. 78). Dementsprechend ist ein Rückgriff auf Einkommen und Vermögen des weiteren Mitglieds der Einstandsgemeinschaft zur Beurteilung der wirtschaftlichen Verhältnisse des Verpflichteten grundsätzlich nicht möglich. Gleiches gilt für Partner einer eheähnlichen Gemeinschaft, so dass eine Anrechnung nach **§ 20 SGB XII** bei einer Bestattung von Verwandten oder Verschwägerten des Partners nicht möglich ist.[147]

Dieser **Auslegung** ist das **BSG nicht gefolgt**.[148] Der Senat hat in der mündlichen Verhandlung ausgeführt, dass kein Grund ersichtlich sei, in den Fällen des § 74 SGB XII die Regelungen über die Einstandsgemeinschaft nicht anzuwenden. **§ 19 Abs. 3 SGB XII** gelte für alle besonderen Leistungen des SGB XII. Für die Frage der wirtschaftlichen Zumutbarkeit ergeben sich also aus dem Begriff der Zumutbarkeit in § 74 SGB XII keine Besonderheiten.[149] Auch die Tatsache, dass der Ehegatte **nicht Verpflichteter** im Sinne des § 74 SGB XII ist, sieht das BSG nicht als Grund an, den Einsatz von Einkommen und Vermögen des Ehegatten nicht heranzuziehen. 69

Entscheidend bei dem Einsatz von Einkommen und Vermögen ist – wie allgemein bei den Grundsicherungsleistungen[150] –, ob sog. „**bereite Mittel**" vorliegen.[151] In dem zitierten Fall des BSG befanden sich die Bestattungspflichtige und ihr Ehemann im **Restschuldbefreiungsverfahren** (§§ 286 ff. InsO). Nach § 80 Abs. 1 InsO geht durch die Eröffnung des Insolvenzverfahrens (§ 27 InsO) die **Verfügungsbefugnis** über das zur Insolvenzmasse gehörende Vermögen auf den Insolvenzverwalter (in der Verbraucherinsolvenz: Treuhänder) über. Im vorläufigen Verfahren bis zum Eröffnungsbeschluss (§§ 21 ff. InsO) hängt die Frage, ob die Verfügungsbefugnis auf den vorläufigen Insolvenzverwalter (§ 22 InsO) bzw. vorläufigen Treuhänder übergeht, davon ab, ob das Gericht zur Sicherung der Masse nach § 21 Abs. 2 Nr. 2 InsO ein allgemeines Verfügungsverbot erlässt. Dabei ist allerdings zu beachten, dass dem Insolvenzschuldner die Verfügungsbefugnis über unpfändbare Gegenstände verbleibt, da diese grundsätzlich nicht zur Insolvenzmasse (§ 35 InsO) gehören (§ 36 Abs. 1 InsO). Ein Einsatz dieser Gegenstände wird ihm aber grundsätzlich nicht zumutbar sein. 70

In der Phase der **Restschuldbefreiung nach Beendigung des Insolvenzverfahrens** (§ 200 Abs. 1 InsO) besteht die Verfügungsbeschränkung zwar nicht fort (§ 215 Abs. 2 Satz 1 InsO). Dem Antrag auf Restschuldbefreiung ist nach § 287 InsO aber die Erklärung beizufügen, dass der Schuldner seine pfändbaren Forderungen auf Bezüge aus einem Dienstverhältnis oder an deren Stelle tretende laufende Bezüge für die Zeit von sechs Jahren nach der Eröffnung des Insolvenzverfahrens **an** einen vom Gericht zu bestimmenden **Treuhänder abtritt**. Deshalb liegen auch in dieser Phase grundsätzlich keine „bereiten Mittel" vor. 71

Bei der **Ermittlung des Nachlassvermögens**, welches im Rahmen der wirtschaftlichen Zumutbarkeit zu prüfen ist, findet grundsätzlich **keine Saldierung** zwischen den Ansprüchen des Erben mit Nachlassverbindlichkeiten statt.[152] Etwas anderes kann gelten, wenn Schulden bereits getilgt wurden, also keine „**bereiten Mittel**" zur Verfügung stehen. Dies ist zumindest dann der Fall, wenn die Bestattung 72

---

[144] Conradis in: LPK-SGB XII, § 36 Rn. 1; LSG Baden-Württemberg v. 21.09.2006 - L 7 SO 5441/05 - juris Rn. 36 - FEVS 58, 234 ff.; im Ergebnis ebenso zu § 74 SGB XII: Grube in: Grube/Wahrendorf, SGB XII, § 74 Rn. 36.

[145] Schlette in: Hauck/Noftz, SGB XII, § 74 Rn. 12; Grube in: Grube/Wahrendorf, SGB XII, § 74 Rn. 36; Gotzen, ZfF 2006, 1, 4; OVG Münster v. 14.03.2000 - 22 A 3975/99 - juris Rn. 35 - DVBl 2000, 1704 ff.; andere Ansicht: OVG Schleswig-Holstein v. 04.06.1998 - 1 L 18/98 - juris Rn. 18 - NordÖR 1999, 200 f.; VG Bremen v. 20.08.2009 - S 5 K 4054/08 - juris Rn. 19.

[146] Schlette in: Hauck/Noftz, SGB XII, § 74 Rn. 12; Grube in: Grube/Wahrendorf, SGB XII, § 74 Rn. 36.

[147] Grube in: Grube/Wahrendorf, SGB XII, § 74 Rn. 36.

[148] Vgl. dazu den Terminsbericht zum Termin vom 28.02.2013 - B 8 SO 19/11 R.

[149] Anders bezüglich der Berücksichtigung weiterer Gesichtspunkte: BSG v. 29.09.2009 - B 8 SO 23/08 R - juris Rn. 16 - BSGE 104, 219 ff.; vgl. auch Rn. 78.

[150] Vgl. BSG v. 16.10.2012 - B 14 AS 188/11 R; BSG v. 16.05.2012 - B 4 AS 132/11 R; BSG v. 25.08.2011 - B 8 SO 20/10; BSG v. 25.08.2011 - B 8 SO 19/10 R.

[151] Vgl. dazu den Terminsbericht zum Termin vom 28.02.2013 - B 8 SO 19/11 R.

[152] Vgl. LSG Nordrhein-Westfalen v. 20.08.2012 - L 20 SO 302/11 unter Hinweis auf: LSG Baden-Württemberg v. 25.02.2011 - L 13 AS 628/11 ER-B; BSG v. 30.07.2008 - B 14 AS 26/07 R.

noch nicht ausgerichtet wurde (vgl. dazu Rn. 9). Eine solche Differenzierung danach, ob die Beerdigung bereits durchgeführt wurde, lässt sich der bisherigen Rechtsprechung des BSG aber insoweit nicht entnehmen,[153] so dass Schulden, soweit sie tatsächlich getilgt wurden, nach der Rechtsprechung des BSG das Nachlassvermögen mindern dürften. Ein dann bestehender Anspruch nach § 74 SGB XII kann aber mit der Kostenersatzpflicht nach § 103 SGB XII belastet sein.

cc. Anrechnung von Leistungen des RVT im Sterbequartal

73 Eine Besonderheit bei der Prüfung der Zumutbarkeit i.S.d. § 74 SGB XII stellt das Zusammenspiel mit den Leistungen im sog. Sterbequartal dar. Nach § 67 Nr. 5 und 6 SGB VI wird die Witwen- bzw. Witwerrente bis zum Ende des dritten Kalendermonats nach Ablauf des Monats, in dem der Ehegatte verstorben ist, **in der Höhe der vorherigen Rente** weitergezahlt. In dieser Zeit ist nach § 97 Abs. 1 Satz 2 SGB VI auf die Hinterbliebenenrente zudem Einkommen nicht anzurechnen. Diese Leistungen im Sterbequartal sollen nach § 7 Abs. 1 Satz 1 RentSV **als Vorschuss** gezahlt werden, wenn dies innerhalb eines Monats nach dem Tod des Berechtigten beantragt wird.

74 Wird dieser Vorschuss als einmalige Leistung angesehen,[154] dann stellt sich die Frage, ob auch insoweit eine Aufteilung dieser einmaligen Zahlung nicht zu erfolgen hat (vgl. dazu allgemein Rn. 67). Gegen eine Einordnung als Einmalzahlung spricht aber – zumindest für die Anrechnung im Rahmen des § 74 SGB XII – bereits, dass es sich um eine Leistungsgewährung für mehrere Monate handelt.

75 Inwieweit eine Anrechnung überhaupt erfolgt, hängt von der **Zwecksetzung dieser Vorschusszahlung** ab. Besonderheiten ergeben sich insoweit bezüglich der **Differenz** zwischen der Hinterbliebenenrente und der zunächst weitergezahlten vollen Rente. Diesen Differenzbetrag hat das OVG Münster in einer Entscheidung aus dem Jahr 2004 **zur Hälfte** auf den Bedarf nach § 74 SGB XII[155] **angerechnet**.[156] Das Gericht hat sich dabei daran orientiert, dass die Bestattungskosten im engeren Sinne zwar einen **wesentlichen**, aber nicht den gesamten mit dem Todesfall einhergehenden und vom Sinn und Zweck des Sterbequartalvorschusses erfassten Bedarf des Hinterbliebenen ausmachen würde; es sei zu bedenken, dass nach dem Ableben eines nahen Angehörigen üblicherweise auch Aufwendungen für Trauerkleidung und für sonstige – nicht von § 15 BSHG (jetzt § 74 SGB XII) erfasste – bestattungsbedingte Kosten, etwa wegen der Bewirtung von Trauergästen, sowie für Aufmerksamkeiten zugunsten von Personen, die zuletzt der verstorbenen Person beigestanden haben, bestritten werden müssten.[157]

76 Eine solche hälftige Anrechnung des Vorschusses erscheint allerdings als **fraglich**. Der **Zweck** der Zahlungen im Sterbequartal betrifft nämlich nicht nur die mit der Bestattung einhergehenden Kosten (im weiteren Sinn). Die Regelung zur Fortzahlung der Rente im Sterbequartal ist 1957 in die RVO aufgenommen worden (§ 1268 Abs. 5 RVO). Damals orientierte sich der Gesetzgeber an einer beamtenrechtlichen Vorschrift.[158] Unter Bezugnahme auf diesen Zweck der beamtenrechtlichen Regelung führte das BSG im Jahr 1963 aus, der Vorschuss diene nicht nur dazu, die Hinterbliebenen in die Lage zu versetzen, die Kosten der letzten Krankheit sowie die Kosten der Bestattung des Verstorbenen zu begleichen, sondern wesentlich auch dazu, die **Umstellung von den bisherigen auf die neuen Lebensverhältnisse** z.B. durch Umzug in eine kleinere und billigere Wohnung zu erleichtern.[159] Neben die von § 74 SGB XII erfassten Bestattungskosten und die vom OVG Münster berücksichtigten **Bestattungskosten im weiteren Sinn** treten danach noch weitere Kosten, die aus dem Vorschuss zu begleichen sind. Dann aber ist eine hälftige Anrechnung sehr hoch angesetzt. Dies gilt umso mehr, wenn ohnehin nur **ein Drittel** des Vorschusses als berücksichtigungsfähig angesehen würde, da nur dieser Teil für den Monat der Fälligkeit der jeweiligen Rechnung des Bestattungsunternehmers gewährt wird. Insgesamt stellt sich bei der komplexen Zweckrichtung des Vorschusses die Frage, inwieweit der für die Bestattungskosten (i.S.d. § 74 SGB XII) zu berücksichtigende Teil des Vorschusses prozentual erfasst werden kann.

---

[153] Vgl. BSG v. 25.08.2011 - B 8 SO 20/10 R.
[154] So: LSG Nordrhein-Westfahlen v. 22.05.2012 - L 18 R 806/10.
[155] Damals: § 15 BSHG.
[156] OVG Münster v. 13.02.2004 - 16 A 1160/02.
[157] OVG Münster v. 13.02.2004 - 16 A 1160/02.
[158] Zum Sterbegeld: § 122 BBG in der damaligen Fassung.
[159] BSG v. 20.12.1963 - 12 RJ 534/61; daran anknüpfend: BVerfG v. 08.03.1972 - 1 BvR 674/70; an beide Entscheidungen anknüpfend: BSG v. 11.01.1990 - 7 RAr 128/88.

Daraus folgt, dass eine Entscheidung im jeweiligen **Einzelfall** notwendig ist. Dabei hat die Behörde zu berücksichtigen, welche Kosten dem Bestattungspflichtigen außerhalb der Bestattungskosten im engeren Sinne entstanden sind, die er aus den Zahlungen im Sterbequartal bestreiten musste. Ist etwa ein Umzug in eine andere (kleinere) Wohnung nicht erforderlich oder sind keine (oder nur geringe) Bestattungskosten im weiteren Sinne zu tragen, so kann eher auf die Zahlungen aus der Rentenversicherung zurückgegriffen werden, als wenn der Bestattungspflichtige für derartige Bedarfe Mittel einzusetzen hat. Die Entscheidung, die die Behörde hier zu treffen hat, ist in gewisser Weise mit der Entscheidung vergleichbar, inwieweit nach § 88 Abs. 1 Nr. 1 SGB XII **Einkommen** herangezogen wird, welches **unterhalb der Einkommensgrenze** liegt, wenn von einem anderen Leistungen für einen besonderen Zweck erbracht werden, für den sonst Sozialhilfe zu leisten wäre.

c. Weitere Gesichtspunkte

Neben den wirtschaftlichen Voraussetzungen können bei § 74 SGB XII auch weitere Gesichtspunkte bedeutend sein. Bereits in der Rechtsprechung des BVerwG war anerkannt, dass für die Frage der Zumutbarkeit auch **Maßstäbe und Umstände** eine Rolle spielen können, die als solche im Allgemeinen sozialhilferechtlich unbeachtlich sind, denen aber vor dem Hintergrund des Zwecks des damaligen § 15 BSHG Rechnung getragen werden muss.[160] Dem hat sich die Rechtsprechung des BSG angeschlossen.[161] Das BVerwG hatte bereits in anderem Zusammenhang entschieden, dass der damalige § 15 BSHG eine andere Struktur aufweise als andere sozialhilferechtliche Vorschriften. Dies gelte auch für die Normierung der Voraussetzungen der sozialhilferechtlichen Bedürftigkeit.[162] § 74 SGB XII regelt nämlich – ebenso wie vorher § 15 BSHG – eine eigene Zumutbarkeit der Kostentragung (ohne dabei explizit auf das Elfte Kapitel zu verweisen). Ob die Anerkennung weiterer Umstände hierauf beruht, hatte das BVerwG allerdings offen gelassen,[163] wird nunmehr aber vom BSG anerkannt.[164] Neben der gesondert normierten Zumutbarkeit stützt das BSG dieses Ergebnis darauf, dass sich nach § 87 Abs. 1 Satz 2 SGB XII der Umfang des Einsatzes des Einkommens insbesondere nach der Art des Bedarfs, der Art oder Schwere der Behinderung oder der Pflegebedürftigkeit, der Dauer und Höhe der erforderlichen Aufwendungen sowie besonderen Belastungen der nachfragenden Person und ihrer unterhaltsberechtigten Angehörigen richte.[165] Selbst wenn die Kostentragung also nicht zur Überschuldung oder gar zur Sozialhilfebedürftigkeit des Kostenverpflichteten führe, könne der Gesichtspunkt der wirtschaftlichen Auswirkungen einer Kostenbelastung beachtlich sein.[166]

Entscheidend sein kann danach vor allem die **rechtliche und soziale Nähe** des Verpflichteten zum Verstorbenen.[167] Je enger das verwandtschaftliche oder sonstige persönliche Verhältnis zum Verstorbenen war, desto eher ist eine Übernahme zumutbar.[168] Allerdings führt ein Näheverhältnis auch nicht zwingend zur Zumutbarkeit der Übernahme, beispielsweise bei **schweren Verfehlungen** gegenüber dem Verpflichteten (Körperverletzung, sexueller Missbrauch, gröbliche Verletzung der Unterhaltspflicht).[169] Ist eine Einrichtung Verpflichteter im Sinne des § 74 SGB XII, ist im Rahmen der Zumutbarkeit die Frage zu stellen, ob es der Einrichtung möglich ist, diese Ausgabe zu refinanzieren.[170] Da

---

[160] BVerwG v. 29.01.2004 - 5 C 2/03 - juris Rn. 18 - BVerwGE 120, 111 ff.
[161] BSG v. 29.09.2009 - B 8 SO 23/08 R - juris Rn. 16 - BSGE 104, 219 ff.
[162] BVerwG v. 05.06.1997 - 5 C 13/96 - juris Rn. 10 - BVerwGE 105, 51 ff.
[163] BVerwG v. 22.02.2001 - 5 C 8/00 - juris Rn. 17 - BVerwGE 114, 57 ff.
[164] BSG v. 29.09.2009 - B 8 SO 23/08 R - juris Rn. 16 - BSGE 104, 219 ff.
[165] BSG v. 29.09.2009 - B 8 SO 23/08 R - juris Rn. 19 - BSGE 104, 219 ff.; so auch: *Grube* in: Grube/Wahrendorf, SGB XII, § 74 Rn. 36.
[166] BSG v. 29.09.2009 - B 8 SO 23/08 R - juris Rn. 16 - BSGE 104, 219 ff.
[167] *Schlette* in: Hauck/Noftz, SGB XII, § 74 Rn. 13; BVerwG v. 29.01.2004 - 5 C 2/03 juris Rn. 18 - BVerwGE 120, 111 ff.; VGH Kassel v. 27.11.2002 - 1 UE 2830/00 - juris Rn. 35 - DVBl 2003, 477 f.
[168] *Schlette* in: Hauck/Noftz, SGB XII, § 74 Rn. 13; für eine fehlende Zumutbarkeit bei fehlendem Näheverhältnis: OVG Saarland v. 27.12.2007 - 1 A 40/07 - juris 87.
[169] OVG Koblenz v. 10.01.2005 - 12 A 11605/04 - FEVS 56, 476 ff.; VG Karlsruhe v. 16.01.2007 - 11 K 1326/06 - BWGZ 2007, 471 ff.; *Schlette* in: Hauck/Noftz, SGB XII, § 74 Rn. 13.
[170] BVerwG v. 29.01.2004 - 5 C 2/03 - juris Rn. 19 - BVerwGE 120, 111 ff.; *Schlette* in: Hauck/Noftz, SGB XII, § 74 Rn. 13.

dies einem Krankenhausträger nicht möglich ist, hat das BVerwG in einem derartigen Fall eine Zumutbarkeit abgelehnt.[171] Außerdem kann eine Rolle spielen, inwieweit der Pflichtige die Ausgabe als außerordentliche Belastung nach § 33 EStG absetzen kann.[172]

d. Verweis auf Ausgleichsansprüche

80 Da für die Pflicht zur Übernahme der Bestattungskosten mehrere Pflichtige in Betracht kommen, stellt sich im Rahmen der Zumutbarkeit zudem die Frage, inwieweit dem um Hilfe Nachsuchenden **Ansprüche gegen andere Verpflichtete** entgegengehalten werden können. Dabei kommen Ansprüche gegen vorrangig Verpflichtete sowie gegen gleichrangig Verpflichtete in Betracht. Zudem wird teilweise die Situation vor und nach der Beerdigung unterschiedlich behandelt.

81 Weitestgehend Einigkeit besteht dahingehend, dass für den Fall, dass die **Beerdigung noch nicht durchgeführt** ist, und nur bei einer Kostenzusage durchgeführt werden kann, nur in absoluten Ausnahmefällen ein Verweis auf anderweitige Ansprüche möglich ist.[173] Anders wird dies allerdings für den (in der Praxis wohl zumeist vorliegenden) Fall gesehen, dass die Beerdigung **bereits durchgeführt** wurde und es dementsprechend um die Entlastung des Verpflichteten geht.[174] Die verwaltungsgerichtliche Rechtsprechung sah diese Pflicht wohl überwiegend als sehr weitgehend an. Aus dem Nachrangigkeitsgrundsatz folge, dass vorrangig alle Mittel einzusetzen seien, die dem Verpflichteten durch den Tod der bestatteten Person zugeflossen seien.[175] Es handele sich gerade nicht um eine Hilfe in einer Notlage, weshalb nicht nur ein Verweis auf bereite Mittel möglich sei.[176] Dabei ging diese Rechtsprechung teilweise so weit, dass bei **Unaufklärbarkeit der finanziellen Verhältnisse** des weiteren Verpflichteten dies zulasten des Anspruchstellers gehe.[177] Dies wird auch im Schrifttum zu § 74 SGB XII teilweise vertreten.[178] Ähnlich ist die Anforderung, dass der Verpflichtete nachweisen müsse, dass die Befriedigung der Forderung durch Ausgleichsansprüche endgültig gescheitert sei.[179] Etwas anderes wird allerdings zum Teil für den Fall anerkannt, dass die Durchsetzung der Forderung beispielsweise wegen des Prozessrisikos unzumutbar ist.[180] Auch wird ein offensichtlich wertloser Anspruch auch nach dieser Ansicht wohl nicht vorrangig sein können.[181] Gegen die anderweitige Beurteilung nach Durchführung der Beerdigung wurde eingewandt, dass innerhalb der sehr kurzen Zeit bis zur Beerdigung selten bereits eine positive Entscheidung des Sozialhilfeträgers vorliege.[182] Der Anspruch dürfe aber gerade nicht vor dem Verhalten der Behörde abhängen. Mit Abschluss des Vertrages mit dem Be-

---

[171] BVerwG v. 29.01.2004 - 5 C 2/03 - juris Rn. 20 - BVerwGE 120, 111 ff.
[172] *Schlette* in: Hauck/Noftz, SGB XII, § 74 Rn. 11.
[173] So auch: *Strnischa* in: Österreicher, SGB XII, § 74 Rn. 12; *Grube* in: Grube/Wahrendorf, SGB XII, § 74 Rn. 23; zumindest darlehensweise Gewährung: *Schlette* in: Hauck/Noftz, SGB XII, § 74 Rn. 11; anders allerdings: LSG Schleswig-Holstein v. 14.03.2006 - L 9 B 65/06 SO ER - juris Rn. 9 - ZFSH/SGb 2007, 28 f. unter Verweis auf die dann eintretende Pflicht des Ordnungsamts.
[174] Explizit: *Strnischa* in: Österreicher, SGB XII, § 74 Rn. 12; *Grube* in: Grube/Wahrendorf, SGB XII, § 74 Rn. 28; ähnlich: *Schlette* in: Hauck/Noftz, SGB XII, § 74 Rn. 11; implizit wohl auch: Hessisches LSG v. 20.03.2008 - L 9 SO 20/08 B ER - juris Rn. 32 - FEVS 59, 567 ff.
[175] Vgl. beispielsweise: OVG Nordrhein-Westfalen v. 30.10.1997 - 8 A 3515/95 - juris Rn. 22 - NJW 1998, 2154 ff.
[176] OVG Nordrhein-Westfalen v. 30.10.1997 - 8 A 3515/95 - juris Rn. 28 - NJW 1998, 2154 ff.
[177] OVG Nordrhein-Westfalen v. 30.10.1997 - 8 A 3515/95 - juris Rn. 28 - NJW 1998, 2154 ff.
[178] *Schlette* in: Hauck/Noftz, SGB XII, § 74 Rn. 11; *Strnischa* in: Österreicher, SGB XII, § 74 Rn. 12.
[179] LSG Schleswig-Holstein v. 14.03.2006 - L 9 B 65/06 SO ER - juris Rn. 8 - ZFSH/SGb 2007, 28 f.; VG Bremen v. 20.08.2009 - S 5 K 4054/08 - juris Rn. 20; *Grube* in: Grube/Wahrendorf, SGB XII, § 74 Rn. 28.
[180] *Grube* in: Grube/Wahrendorf, SGB XII, § 74 Rn. 28 unter Bezugnahme auf: BSG v. 29.09.2009 - B 8 SO 23/08 R - juris Rn. 19 - BSGE 104, 219 ff.; anders grundsätzlich noch die Vorinstanz des BSG unter Verweis auf die Möglichkeit, einstweiligen Rechtsschutz vor dem Zivilgericht in Anspruch zu nehmen: LSG Nordrhein-Westfalen v. 29.10.2008 - L 12 SO 3/08 - juris Rn. 34 (allerdings wurde der Verweis auf diesen Anspruch auch in dieser Entscheidung im Ergebnis abgelehnt, da dieser keine „präsente Hilfemöglichkeit" darstelle); anders diesbezüglich auch: OVG Nordrhein-Westfalen v. 30.10.1997 - 8 A 3515/95 - juris Rn. 22 - NJW 1998, 2154 ff.
[181] Vgl. dazu: LSG Nordrhein-Westfalen v. 30.10.2008 - L 9 SO 22/07 - juris Rn. 31 f. - FEVS 60, 524 ff. (keine Pflicht zum Durchsetzen bei Erfolglosigkeit).
[182] LSG Nordrhein-Westfalen v. 29.10.2008 - L 12 SO 3/08 - juris Rn. 42.

stattungsunternehmen würde der Verpflichtete dann zudem seinen unmittelbaren Anspruch gegen den Sozialhilfeträger verlieren.[183]

Das **BSG** lehnt einen Verweis auf derartige Ausgleichsansprüche weitestgehend ab.[184] Dies sei nur im **extremen Ausnahmefall** möglich, da es sich bei § 2 Abs. 1 SGB XII nicht um eine Ausschlussnorm handele,[185] und § 2 Abs. 1 SGB XII zudem auf den **Erhalt** anderer Leistungen abstelle. Vor allem, wenn die Ansprüche unsicher oder möglicherweise erst gerichtlich durchzusetzen seien, könne der Hilfesuchende hierauf nicht verwiesen werden.[186] Dem ist zuzustimmen. In der Praxis stellt sich nämlich häufig das Problem, dass die Umstände in alle Richtungen völlig unaufgeklärt sind und sich zumeist auch nur unter größtem Aufwand aufklären lassen würden. Damit stellt der Verweis auf anderweitige Ansprüche häufig faktisch eine Kürzung des Anspruchs dar. Zu bedenken ist des Weiteren, dass der Leistungsträger derartige Ansprüche auch auf sich überleiten kann.[187] Diese grundsätzlich fehlende Möglichkeit des Verweises auf anderweitige Ansprüche gilt – wie oben bereits erwähnt – sowohl für Ansprüche gegen vorrangig, als auch gegen gleichrangig Verpflichtete (also die Ansprüche aus der Gesamtschuld). Eine Ausnahme von diesem Grundsatz ist etwa dann zu machen, wenn sich der Bedürftige **generell eigenen Bemühungen verschließt** und Ansprüche ohne weiteres zu realisieren sind.[188] In einem solchen Fall ist ein Verweis auf Ansprüche Dritter auch deshalb angezeigt, um Missbrauch vorzubeugen.

82

V. Rechtsfolge

1. Allgemeines

Als Rechtsfolge sieht § 74 SGB XII die Übernahme der erforderlichen Kosten der Bestattung vor.

83

2. Bestattungskosten

Bestattungskosten sind nach der Rechtsprechung des **BSG** nur die Kosten, die unmittelbar der Bestattung (unter Einschluss der ersten Grabherrichtung einschließlich eines Grabmals) dienen bzw. mit der Durchführung der Bestattung untrennbar verbunden sind, nicht jedoch solche für Maßnahmen, die nur anlässlich des Todes entstehen, also nicht final auf die Bestattung selbst ausgerichtet sind (etwa Todesanzeigen, Danksagungen, Leichenschmaus, Anreisekosten, Bekleidung).[189] Die Kosten müssen, wenn sie nicht aus öffentlich-rechtlichen Vorschriften resultieren, notwendigerweise entstehen, damit die Bestattung überhaupt durchgeführt werden kann oder darf bzw. aus religiösen Gründen unerlässlicher Bestandteil der Bestattung sind, nach der Entscheidung des BSG aus Maßnahmen oder Handlungen vor oder bis zum Ende des Bestattungsvorgangs erwachsen.[190]

84

3. Erforderlichkeit

a. Allgemeines

Maßstab für die **erforderlichen** Beerdigungskosten ist eine **einfache, aber würdige Art der Bestattung, die den örtlichen Verhältnissen** entspricht.[191] Bereits in den Gesetzesmaterialien bei Einführung des BSHG findet sich, dass der Träger die Kosten einer der Würde des Toten entsprechenden Bestattung zu übernehmen habe.[192] Dabei handelt es sich um weniger als die nach § 1968 BGB geschul-

85

---

[183] LSG Nordrhein-Westfalen v. 29.10.2008 - L 12 SO 3/08 - juris Rn. 43.
[184] BSG v. 29.09.2009 - B 8 SO 23/08 R - juris Rn. 20 - BSGE 104, 219 ff.
[185] Angedeutet bereits in: BSG v. 26.08.2008 - B 8/9b SO 16/07 R - juris Rn. 14 - FamRZ 2009, 44 ff.; offen gelassen in: LSG Nordrhein-Westfalen v. 30.10.2008 - L 9 SO 22/07 - juris Rn. 30 - FEVS 60, 524 ff.
[186] BSG v. 29.09.2009 - B 8 SO 23/08 R - juris Rn. 25 - BSGE 104, 219 ff.
[187] BSG v. 29.09.2009 - B 8 SO 23/08 R - juris Rn. 25 - BSGE 104, 219 ff.
[188] BSG v. 29.09.2009 - B 8 SO 23/08 R - juris Rn. 20 - BSGE 104, 219 ff.
[189] BSG v. 25.08.2011 - B 8 SO 20/10 R - juris Rn. 20.
[190] BSG v. 25.08.2011 - B 8 SO 20/10 R - juris Rn. 20.
[191] LSG Rheinland-Pfalz v. 08.06.2009 - L 2 SO 31/07 - juris Rn. 22; Hessisches LSG v. 20.03.2008 - L 9 SO 20/08 B ER - juris Rn. 32 - FEVS 59, 567 ff.; VGH Mannheim v. 27.03.1992 - 6 S 1736/90 - juris Rn. 19 - FEVS 41, 279 ff.; OVG Lüneburg v. 10.03.1999 - 4 L 2846/98 - juris Rn. 14 - FEVS 51, 382 ff.; *Strnischa* in: Österreicher, SGB XII, § 74 Rn. 8; *Grube* in: Grube/Wahrendorf, SGB XII, § 74 Rn. 31; *Schlette* in: Hauck/Noftz, SGB XII, § 74 Rn. 16.
[192] BT-Drs. 3/2673, S. 4.

dete „standesgemäße" Beerdigung,[193] aber mehr als das nach dem Ordnungsrecht unbedingt Notwendige.[194] Untere Grenze ist dabei das, was nach den Bestattungs- oder Friedhofsvorschriften der Länder bzw. den Satzungen der Gemeinde zwingend vorgegeben ist.[195] Die Erforderlichkeit bezieht sich auf Art und Höhe der Kosten,[196] sie ist gerichtlich voll überprüfbar.[197] Die Verwaltung hat keinen Beurteilungsspielraum.

86 Nach der Rechtsprechung des BSG ist eine Abgeltung auf Grund **pauschal ermittelter Vergütungssätze nicht möglich**.[198] Vielmehr sind sowohl die Ortsüblichkeit der einzelnen Bestattungsmaßnahmen als auch deren Kosten im Einzelnen und deren Gesamtsumme zu ermitteln. Dabei ist es nicht ausreichend, wenn der Sozialhilfeträger lediglich die Kosten der Bestattungen berücksichtigt, die von der Behörde in der Vergangenheit aus polizeirechtlichen Gründen durchgeführt wurden. Die von der Verwaltung gegenüber Bestattungsunternehmern ausgehandelten Konditionen könnten schließlich durchaus günstiger sein. Zu beachten sei außerdem, dass sich erstattungspflichtige Personen typischerweise in einer Belastungssituation befänden und regelmäßig nicht die Zeit bleibe, unterschiedliche Angebote einzuholen, um das billigste auszuwählen.[199] Dem ist zuzustimmen.

b. Objektiver oder subjektiver Maßstab

87 Für die Frage der Erforderlichkeit gilt grundsätzlich ein **objektiver Maßstab**, nach dem Wünsche des Verstorbenen grundsätzlich nur berücksichtigt werden können, wenn dadurch keine Mehrkosten verursacht werden.[200]

88 Bei fehlender oder falscher Beratung durch den Sozialhilfeträger gilt allerdings nach der **Rechtsprechung des BSG** ein **subjektiver Maßstab**.[201] Unter Berücksichtigung der Beratungs- und Unterstützungspflicht des § 11 SGB XII können danach **Fehlinformationen** des Sozialhilfeträgers bzw. eine **Weigerung**, sich zur Höhe der angemessenen Kosten vor Beauftragung eines Bestattungsunternehmens zu äußern, im Einzelfall dazu führen, dass auch objektiv unangemessene Kosten **subjektiv** als **erforderlich** anzusehen sind. Dies gilt zumindest dann, wenn die tatsächlichen Kosten zu den angemessenen nicht in einem derart auffälligen Missverhältnis stehen, dass dies dem Bestattungspflichtigen ohne weiteres hätte auffallen müssen.[202]

89 Dies scheint – gerade **in Hinblick auf die besondere Situation**, in der der Verpflichtete ist – im Einzelfall durchaus **gerechtfertigt**. Weigert sich die Verwaltung wie in dem vom BSG entschiedenen Fall, sich zur Erforderlichkeit zu äußern, so kann das sich daraus ergebende Risiko nicht stets beim Verpflichteten bleiben. Ein Amtshaftungsanspruch ist schließlich vergleichsweise schwer zu realisieren (Kostenrisiko, Besonderheiten des § 839 BGB). Auch die Entwicklung des Herstellungsanspruchs[203] war gerade von der Erwägung getragen, Fehler im Verwaltungsablauf schon mit den der Verwaltung möglichen Mitteln auszugleichen und den Geschädigten nicht zur Durchführung des Schadensersatzanspruches auf den Zivilrechtsweg zu verweisen.[204] Allerdings ist nach der hier vertretenen Ansicht ge-

---

[193] Vgl. dazu: *Edenhofer* in: Palandt, BGB, § 1968 Rn. 3, der darauf verweist, dass sich an dieser Orientierung an der Lebensstellung des Erblassers auch durch die Streichung des Wortes „standesgemäß" in § 1968 BGB (durch Gesetz v. 05.10.1994, BGBl I 1994, 2911 mit Wirkung zum 01.01.1999) nichts geändert habe; vgl. dazu auch: BT-Drs. 12/3803, S. 79, wonach es sich um eine redaktionelle Anpassung an die oben bereits besprochenen §§ 844 Abs. 1, 1615 Abs. 2 und 1685m BGB handelt und eine inhaltliche Änderung nicht beabsichtigt war.

[194] *Strnischa* in: Österreicher, SGB XII, § 74 Rn. 8; *Grube* in: Grube/Wahrendorf, SGB XII, § 74 Rn. 30.

[195] *Strnischa* in: Österreicher, SGB XII, § 74 Rn. 8; *Grube* in: Grube/Wahrendorf, SGB XII, § 74 Rn. 31; teilweise wird diese Vorgabe allerdings maßgeblich zur Definition der Ortsüblichkeit herangezogen werden, so dass diese Vorschriften dann wohl auch gleichzeitig eine Obergrenze bilden können: VGH Mannheim v. 19.12.1990 - 6 S 1639/90 - FEVS 41, 279 ff.; OVG Lüneburg v. 10.03.1999 - 4 L 2846/98 - juris Rn. 14 - FEVS 51, 382 ff.; so auch: SG Lüneburg v. 18.01.2010 - S 22 SO 87/09 - juris 33 - SAR 2010, 55 ff.

[196] LSG Rheinland-Pfalz v. 08.06.2009 - L 2 SO 31/07 - juris Rn. 22; *Schlette* in: Hauck/Noftz, SGB XII, § 74 Rn. 14; SG Lüneburg v. 18.01.2010 - S 22 SO 87/09 - juris 33 - SAR 2010, 55 ff.

[197] *Schlette* in: Hauck/Noftz, SGB XII, § 74 Rn. 14; *Strnischa* in: Österreicher, SGB XII, § 74 Rn. 8.

[198] BSG v. 25.08.2011 - B 8 SO 20/10 R.

[199] BSG v. 25.08.2011 - B 8 SO 20/10 R.

[200] *Strnischa* in: Österreicher, SGB XII, § 74 Rn. 8.

[201] BSG v. 25.08.2011 - B 8 SO 20/10 R.

[202] BSG v. 25.08.2011 - B 8 SO 20/10 R.

[203] Vgl. dazu im Einzelnen: *Seewald* in: KassKomm, SGB I, vor §§ 38-47 Rn. 30 ff.; aus der Rechtsprechung beispielsweise: BSG v. 18.12.1975 - 12 RJ 88/75 - juris Rn. 14 - BSGE 41, 126 ff.; BSG v. 04.09.1979 - 7 RAr 115/78 - juris Rn. 31 ff. - BSGE 49, 30 ff.

[204] BSG v. 22.09.1988 - 2/9b RU 36/87 - BSGE 64, 89 ff.

rade mit Blick auf den Herstellungsanspruch auch Vorsicht geboten: Eine derartige subjektive Auslegung darf nicht dazu führen, die Anforderungen an den Herstellungsanspruch zu umgehen. Eine derartige Auslegung muss also nach der hier vertretenen Ansicht auf Einzelfälle beschränkt bleiben.

Aus dem **sozialrechtlichen Herstellungsanspruch** kann sich nämlich kein Anspruch auf Übernahme der objektiv nicht erforderlichen Kosten ergeben.[205] Ziel des Herstellungsanspruchs ist die Vornahme einer Amtshandlung zur Herbeiführung derjenigen Rechtsfolge, die eingetreten wäre, wenn sich der Leistungsträger rechtmäßig verhalten hätte.[206] Gegenstand dieses Anspruchs ist letztlich die Erhaltung des originären Leistungsanspruchs.[207] Wäre der Bestattungspflichtige richtig beraten worden, so hätte er in einem solchen Fall andere Dispositionen getroffen. Dieser Zustand wird aber nicht durch Übernahme der höheren Kosten „wiederhergestellt". Zudem muss die Rechtsfolge rechtlich zulässig sein. Das begehrte Handeln muss „in seiner wesentlichen Struktur im Gesetz vorgesehen sein".[208] Auch dies erscheint bei der Übernahme an sich nicht erforderlicher Kosten zumindest als fraglich.

90

Zudem kann sich das Problem stellen, dass der Leistungsträger den Bestattungsverpflichteten im Nachhinein darauf verweist, dass es bezüglich der einzelnen Positionen im konkreten Fall **günstigere Alternativen** gegeben hätte. Ein solcher Verweis ist im Einzelfall sicherlich denkbar. Allerdings ist hier Vorsicht geboten. Auch hier ist die besondere Situation zu berücksichtigen, die sich bei der Organisation einer Beerdigung ergibt. Dazu zählt nicht zuletzt der sich aus den landesrechtlichen Vorschriften ergebende Zeitdruck, da die Bestattungsgesetze stets eine (relativ kurze) Frist vorsehen, in der die Beerdigung durchgeführt sein muss.

91

c. Einzelfälle

Zu dem erforderlichen Umfang der Bestattung hatte sich in der verwaltungsgerichtlichen Rechtsprechung eine **umfangreiche Kasuistik** gebildet. Einige Fragen der Erforderlichkeit stellen sich aber dann nicht mehr, wenn der vom BSG vorgenommenen Begrenzung der Bestattungskosten auf die untrennbar mit der Durchführung der Bestattung verbundenen Kosten gefolgt wird (vgl. Rn. 84). Unter diesen Begriff der Bestattungskosten fallen weder die Kosten für eine Todesanzeige,[209] noch für den Leichenschmaus[210] oder Danksagungskarten.[211] Auch die Kosten die laufende Grabpflege fallen hierunter nicht.[212]

92

Als **erforderlich** wird ein Holzkreuz[213] oder ähnliches Denkmal[214] und eine Individualisierung der Grabstätte[215] angesehen. Besonderheiten können sich aus dem religiösen Bekenntnis des Verstorbenen ergeben: So wurde vom VG Berlin beispielsweise für gläubige Muslime auch die rituelle Waschung der Leiche durch einen Vorbeter als erforderlich angesehen, wobei das Gericht dabei davon ausging,

93

---

[205] Vgl. dazu im Einzelnen: *Seewald* in: KassKomm, SGB I, vor §§ 38-47 Rn. 30 ff.; aus der Rechtsprechung beispielsweise: BSG v. 18.12.1975 - 12 RJ 88/75 - juris Rn. 14 - BSGE 41, 126 ff.; BSG v. 04.09.1979 - 7 RAr 115/78 - juris Rn. 31 ff. - BSGE 49, 30 ff.

[206] BSG v. 04.09.1979 - 7 RAr 115/78 - juris Rn. 31 - BSGE 49, 30 ff.; BSG v. 19.03.1986 - 7 RAr 48/84 - juris Rn. 22 - BSGE 60, 43 ff.

[207] *Seewald* in: KassKomm, SGB I, vor §§ 38-47 Rn. 43.

[208] BSG v. 15.10.1984 - 11a RA 39/85 - juris Rn. 9 - Breith 1986, 398 ff.; BSG v. 19.03.1986 - 7 RAr 48/84 - juris Rn. 25 - BSGE 60, 43 ff.

[209] BSG v. 25.08.2011 - B 8 SO 20/10; streitig in der verwaltungsgerichtlichen Rechtsprechung, bejahend: VG Göttingen v. 01.08.2000 - 2 A 2523/97 - ZfF 2001, 207 f.; VG Braunschweig v. 31.08.2004 - 3 A 348/03 - juris Rn. 18; andere Ansicht: VG Düsseldorf v. 17.10.1986 - 19 K 913/84; differenzierend nach der Ortsüblichkeit: VGH Kassel v. 10.02.2004 - 10 UE 2497/03 - FEVS 55, 400.

[210] BSG v. 25.08.2011 - B 8 SO 20/10; so auch vorher: VG Düsseldorf v. 17.10.1986 - 19 K 913/84; *Schlette* in: Hauck/Noftz, SGB XII, § 74 Rn. 16; *Strnischa* in: Österreicher, SGB XII, § 74 Rn. 8.

[211] BSG v. 25.08.2011 - B 8 SO 20/10; so auch vorher: VG Düsseldorf v. 17.10.1986 - 19 K 913/84.

[212] So auch die h.M. vor der Entscheidung des BSG: LSG Nordrhein-Westfalen v. 21.09.2006 - L 20 B 63/06 SO NZB - FEVS 58, 215 ff.; *Strnischa* in: Österreicher, SGB XII, § 74 Rn. 9; *Grube* in: Grube/Wahrendorf, SGB XII, § 74 Rn. 32; *Schlette* in: Hauck/Noftz, SGB XII, § 74 Rn. 19; *Baur* in: Mergler/Zink, SGB XII, § 74 Rn. 23; andere Ansicht: *Spranger*, ZFSH/SGB 1998, 334.

[213] OVG Lüneburg v. 23.06.1998 - 4 L 1821/98 - juris Rn. 12 - NdsRPfl 1999, 67; ähnlich: „einfaches Kreuz": VGH Mannheim v. 19.12.1990 - 6 S 1639/90 - FEVS 41, 279 ff.

[214] OVG Lüneburg v. 04.03.1998 - 4 O 5592/95 - juris Rn. 1; ähnlich: „einfaches Grabmal": OVG Lüneburg v. 10.03.1999 - 4 L 2846/98 - juris Rn. 14 - FEVS 51, 382 ff.

[215] *Strnischa* in: Österreicher, SGB XII, § 74 Rn. 9; OVG Lüneburg v. 10.03.1999 - 4 L 2846/98 - juris Rn. 15 - FEVS 51, 382 ff.

dass dies nicht zu Mehrkosten gegenüber anderen Beerdigungen führen würde.[216] Das VG Hannover hat entschieden, dass eine (teurere) jüdische Bestattung auf einem jüdischen Friedhof erforderlich ist, wenn der Verstorbene glaubensgebunden gelebt hat.[217] In diesen Zusammenhang wird auch die Frage diskutiert, ob sog. Stolgebühren (Gebühren im Rahmen der seelsorgerischen Leistungen eines Geistlichen) mit zu den erforderlichen Kosten gehören.[218] Zumindest im Einzelfall wird eine solche Übernahme in Betracht kommen.[219] Auch im Einzelfall werden die Überführungskosten als erforderlich anzusehen sein.[220] Ein solcher Einzelfall wurde aber beispielsweise abgelehnt, wenn eine Beerdigung nach islamischem Brauchtum am Sterbeort im Bundesgebiet möglich und nicht unüblich ist.[221]

94 Überwiegend als **nicht erforderlich** wird ein Grabstein angesehen.[222] Auch nicht religiös gebundene „Besonderheiten" der Bestattung wurden von der Rechtsprechung nicht anerkannt, beispielsweise die Mehrkosten einer Seebestattung.[223] Dies wird mit der herrschenden Meinung allerdings zu verneinen sein, auch wenn das BSG anerkannt hat, dass ein Bestattungsvorsorgevertrag, der auch derartige Leistungen beinhaltet, geschontes Vermögen sein kann.[224]

---

[216] VG Berlin v. 03.11.1992 - 8 A 286.89 - NVwZ 1994, 617 f.
[217] VG Hannover v. 23.04.2004 - 7 A 4014/03 - juris Rn. 27 - ZfF 2006, 16.
[218] So beispielsweise: *Strnischa* in: Österreicher, SGB XII, § 74 Rn. 9; andere Ansicht: BVerwG v. 06.10.1959 - V C 316.58 - FEVS 6, 281; VGH München v. 18.07.1958 - 435 I 56 - FEVS 4, 134 ff., allerdings jeweils vor Inkrafttreten des BSHG; zu § 74 SGB XII: *Grube* in: Grube/Wahrendorf, SGB XII, § 74 Rn. 32.
[219] *Baur* in: Mergler/Zink, SGB XII, § 74 Rn. 24.
[220] *Strnischa* in: Österreicher, SGB XII, § 4 Rn. 9; *Dreyer*, ZfF 1983, 75.
[221] OVG Hamburg v. 21.02.1992 - Bf IV 44/90 - juris Rn. 31 ff. - FEVS 43, 66 ff.
[222] VGH Mannheim v. 19.12.1990 - 6 S 1639/90 - FEVS 41, 279 ff.; OVG Lüneburg v. 10.03.1999 - 4 L 2846/98 - juris Rn. 16 - FEVS 51, 382 ff.; anders sieht dies *Sprenger*, ZFSH/SGB 1998, 334 für den Fall, dass das Grabkreuz wegen des religiösen Symbols die Grundrechte des Verstorbenen betreffen würde.
[223] VG Oldenburg v. 28.02.2002 - 13 A 430/02 - ZfF 2003, 274 ff. unter Bezugnahme auf die fehlende Ortsüblichkeit.
[224] Vgl. dazu: BSG v. 18.03.2008 - 8/9b SO 9/06 R - juris Rn. 22 ff. - BSGE 100, 131 ff.

Zehntes Kapitel: Einrichtungen

§ 75 SGB XII Einrichtungen und Dienste

(Fassung vom 27.12.2003, gültig ab 01.01.2005)

(1) ¹Einrichtungen sind stationäre und teilstationäre Einrichtungen im Sinne von § 13. ²Die §§ 75 bis 80 finden auch für Dienste Anwendung, soweit nichts Abweichendes bestimmt ist.

(2) ¹Zur Erfüllung der Aufgaben der Sozialhilfe sollen die Träger der Sozialhilfe eigene Einrichtungen nicht neu schaffen, soweit geeignete Einrichtungen anderer Träger vorhanden sind, ausgebaut oder geschaffen werden können. ²Vereinbarungen nach Absatz 3 sind nur mit Trägern von Einrichtungen abzuschließen, die insbesondere unter Berücksichtigung ihrer Leistungsfähigkeit und der Sicherstellung der Grundsätze des § 9 Abs. 1 zur Erbringung der Leistungen geeignet sind. ³Sind Einrichtungen vorhanden, die in gleichem Maße geeignet sind, hat der Träger der Sozialhilfe Vereinbarungen vorrangig mit Trägern abzuschließen, deren Vergütung bei vergleichbarem Inhalt, Umfang und Qualität der Leistung nicht höher ist als die anderer Träger.

(3) ¹Wird die Leistung von einer Einrichtung erbracht, ist der Träger der Sozialhilfe zur Übernahme der Vergütung für die Leistung nur verpflichtet, wenn mit dem Träger der Einrichtung oder seinem Verband eine Vereinbarung über

1. Inhalt, Umfang und Qualität der Leistungen (Leistungsvereinbarung),
2. die Vergütung, die sich aus Pauschalen und Beträgen für einzelne Leistungsbereiche zusammensetzt (Vergütungsvereinbarung) und
3. die Prüfung der Wirtschaftlichkeit und Qualität der Leistungen (Prüfungsvereinbarung)

besteht. ²Die Vereinbarungen müssen den Grundsätzen der Wirtschaftlichkeit, Sparsamkeit und Leistungsfähigkeit entsprechen. ³Der Träger der Sozialhilfe kann die Wirtschaftlichkeit und Qualität der Leistung prüfen.

(4) ¹Ist eine der in Absatz 3 genannten Vereinbarungen nicht abgeschlossen, darf der Träger der Sozialhilfe Leistungen durch diese Einrichtung nur erbringen, wenn dies nach der Besonderheit des Einzelfalls geboten ist. ²Hierzu hat der Träger der Einrichtung ein Leistungsangebot vorzulegen, das die Voraussetzung des § 76 erfüllt, und sich schriftlich zu verpflichten, Leistungen entsprechend diesem Angebot zu erbringen. ³Vergütungen dürfen nur bis zu der Höhe übernommen werden, wie sie der Träger der Sozialhilfe am Ort der Unterbringung oder in seiner nächsten Umgebung für vergleichbare Leistungen nach den nach Absatz 3 abgeschlossenen Vereinbarungen mit anderen Einrichtungen trägt. ⁴Für die Prüfung der Wirtschaftlichkeit und Qualität der Leistungen gelten die Vereinbarungsinhalte des Trägers der Sozialhilfe mit vergleichbaren Einrichtungen entsprechend. ⁵Der Träger der Sozialhilfe hat die Einrichtung über Inhalt und Umfang dieser Prüfung zu unterrichten. ⁶Absatz 5 gilt entsprechend.

§ 75

(5) ¹Bei zugelassenen Pflegeeinrichtungen im Sinne des § 72 des Elften Buches richten sich Art, Inhalt, Umfang und Vergütung der ambulanten und teilstationären Pflegeleistungen sowie der Leistungen der Kurzzeitpflege und der vollstationären Pflegeleistungen sowie der Leistungen bei Unterkunft und Verpflegung und der Zusatzleistungen in Pflegeheimen nach den Vorschriften des Achten Kapitels des Elften Buches, soweit nicht nach § 61 weitergehende Leistungen zu erbringen sind. ²Satz 1 gilt nicht, soweit Vereinbarungen nach dem Achten Kapitel des Elften Buches nicht im Einvernehmen mit dem Träger der Sozialhilfe getroffen worden sind. ³Der Träger der Sozialhilfe ist zur Übernahme gesondert berechneter Investitionskosten nach § 82 Abs. 4 des Elften Buches nur verpflichtet, wenn hierüber entsprechende Vereinbarungen nach dem Zehnten Kapitel getroffen worden sind.

Gliederung

A. Basisinformationen 1	1. Einrichtungsbegriff und Anwendungsbereich (Absatz 1) 67
I. Textgeschichte 1	2. Institutionelle Grundlagen der Leistungserbringung (Absatz 2) 72
II. Vorgängervorschrift 2	3. Vereinbarungserfordernis (Absatz 3) 81
III. Parallelvorschriften 8	a. Verhältnis der Teilvereinbarungen 82
IV. Systematische Zusammenhänge 11	b. Rechtsnatur der Vereinbarung 89
V. Ausgewählte Literaturhinweise 18	4. Abschluss einer Vereinbarung 90
B. Auslegung und Bedeutung der Norm 19	a. Entscheidung des Sozialhilfeträgers über den Abschluss einer Vereinbarung 91
I. Regelungsgehalt der Norm 19	b. Vorgaben für den Abschluss einer Vereinbarung 94
II. Bedeutung der Norm und Geltungsbereich 24	c. Rechtsfolgen des Abschlusses einer Vereinbarung 118
III. Zweck der Norm 29	d. Vergaberecht 122
IV. Das sozialhilferechtliche Dreiecksverhältnis ... 30	5. Prüfungsrecht des Sozialhilfeträgers (§ 75 Abs. 3 Satz 3 SGB XII) 129
1. Rechtsbeziehung zwischen bedürftigem Hilfeempfänger und Sozialhilfeträger (1. Schenkel des Dreiecks) 32	6. Vergütungsübernahme ohne Vereinbarung (Absatz 4) 130
2. Rechtsbeziehung zwischen bedürftigem Hilfeempfänger und Leistungserbringer (2. Schenkel des Dreiecks) 34	a. Voraussetzungen 133
	b. Rechtsfolgen 141
3. Rechtsbeziehung zwischen Leistungserbringer und Sozialhilfeträger (3. Schenkel des Dreiecks) 36	7. Sonderregelung für nach § 72 SGB XI zugelassene Pflegeeinrichtungen (Absatz 5) 150
4. Wechselseitige Beeinflussung der Rechtsbeziehungen im sozialhilferechtlichen Dreiecksverhältnis 37	a. Grundregel (Absatz 5 Satz 1 Halbsatz 1) 150
a. Modifizierung des Grundverhältnisses durch die Vereinbarungen im Sachleistungsverschaffungsverhältnis 42	b. Ausnahmen von der Grundregel (Absatz 5 Satz 1 Halbsatz 2 und Satz 2) 154
b. Modifizierung des Erfüllungsverhältnisses durch die Vereinbarungen im Sachleistungsverschaffungsverhältnis 51	c. Übernahme von Investitionskosten (Absatz 5 Satz 3) 162
5. Rechtsschutz im Dreiecksverhältnis 55	C. Ausblick 185
6. Anwendung des sozialhilferechtlichen Leistungserbringungsrechts im Falle der Budgetierung 64	D. Praxishinweise 190
	I. Im Grundverhältnis 192
V. Auslegung der Einzelregelungen 67	II. Im Erfüllungs- und Leistungsverschaffungsverhältnis 195

A. Basisinformationen

I. Textgeschichte

1 § 75 SGB XII ist durch das „Gesetz zur Einordnung des Sozialhilferechts in das Sozialgesetzbuch" vom 27.12.2003¹ mit Wirkung zum 01.01.2005 in das SGB XII aufgenommen worden. Die Fassung entspricht

---
¹ BGBl I 2003, 3022.

inhaltlich im Wesentlichen dem Regierungsentwurf vom 05.09.2003[2], wobei die abschließende textliche Fassung auf der Beschlussempfehlung des Vermittlungsausschusses vom 16.12.2003 beruht[3].

II. Vorgängervorschrift

§ 75 SGB XII entspricht inhaltlich § 93 BSHG in der Fassung durch das Gesetz zur Reform des Sozialhilferechts vom 23.07.1996[4], dessen Genese für Verständnis und Auslegung des geltenden sozialhilferechtlichen Leistungserbringungsrechts von Bedeutung ist. Die heutige Fassung ist der vorläufige Schlusspunkt eines 1984 mit dem Ziel der Kostendämpfung im Bereich der stationären Hilfe eingeleiteten **strukturellen Wandels im sozialhilferechtlichen Leistungserbringungsrecht**.

Während nach § 93 BSHG in der **Ursprungsfassung** vom 05.07.1961[5] das Bestehen einer Vereinbarung nicht unabdingbare Voraussetzung für die Kostenübernahme (nach heutiger Terminologie Vergütungsübernahme) war, sondern deren Abschluss vom Sozialhilfeträger lediglich angestrebt werden sollte (§ 93 Abs. 2 BSHG), erfuhr die Beziehung zwischen Leistungserbringer und Sozialhilfeträger durch das „Haushaltsbegleitgesetz 1984" vom 22.12.1983[6] eine grundlegende Änderung. Die Übernahme der einem Einrichtungsträger infolge der Erbringung von Hilfe in Einrichtungen entstehenden Kosten durch den Sozialhilfeträger war nach der Neufassung des § 93 Abs. 2 BSHG nunmehr nur noch möglich, wenn zwischen Sozialhilfe- und Einrichtungsträger eine Vereinbarung über die Höhe der übernahmefähigen Kosten bestand. Die Kosten für die in einer nicht vereinbarungsgebundenen Einrichtung erbrachten Leistungen konnten dagegen nur im Ausnahmefall übernommen werden (Rechtsgedanke des heutigen § 75 Abs. 4 SGB XII). Ein solcher Ausnahmefall wurde seinerzeit regelmäßig angenommen, wenn die Unterbringung in einer nicht vereinbarungsgebundenen Einrichtung dem Wunsch- und Wahlrecht des Hilfeempfängers (§ 3 Abs. 2, 3 BSHG, jetzt § 9 Abs. 2 und 3 SGB XII) geschuldet war (§ 93 Abs. 2 Satz 1 HS. 2 BSHG).

Durch das **Gesetz zur Umsetzung des föderalen Konsolidierungsprogramms vom 23.06.1993**[7] wurde der Regelungsgegenstand der zwischen Sozialhilfe- und Einrichtungsträger zu schließenden Vereinbarung mit Wirkung zum 27.06.1993 erweitert. Das Vereinbarungserfordernis erstreckte sich nunmehr nicht nur auf die Kosten der Leistung, sondern auch auf deren Inhalt, Umfang und Qualität sowie deren Prüfung.

Weitere wesentliche Regelungsgehalte des derzeitigen sozialhilferechtlichen Leistungserbringungsrechts sind durch **das 2. Gesetz zur Umsetzung des Spar-, Konsolidierungs- und Wachstumsprogramms vom 21.12.1993**[8] in § 93 BSHG verankert worden. Zum einen wurden das Wunsch- und Wahlrecht des Leistungsberechtigten auf vereinbarungsgebundene Einrichtungen beschränkt (§ 9 Abs. 2 Satz 2 BSHG) in der ab 01.07.1994 geltenden Fassung. Zum anderen führte der Gesetzgeber in § 93 Abs. 3 BSHG das prospektive Entgeltsystem für die Vergütungsübernahme ein, um dem Gebot der Wirtschaftlichkeit, Sparsamkeit und Leistungsfähigkeit verstärkt Rechnung zu tragen[9] (§ 93 Abs. 2 Satz 2 BSHG in der seit dem 01.07.1994 geltenden Fassung; jetzt § 77 Abs. 1 Satz 1 SGB XII). Ergänzend hierzu wurden nachträgliche Ausgleiche und die rückwirkende Festsetzung von Entgelten ausgeschlossen (§ 93 Abs. 3 Satz 1 HS. 2 und Abs. 4 Satz 3 BSHG in der ab 01.07.1994 geltenden Fassung; jetzt § 77 Abs. 1 Satz 1 HS. 2, Abs. 2 Satz 3 SGB XII) und die Weitergeltung der Vergütungsvereinbarung unter bestimmten Voraussetzungen angeordnet (§ 93 Abs. 4 Satz 4 BSHG in der ab 01.07.1994 geltenden Fassung; jetzt § 77 Abs. 2 Satz 4 SGB XII) sowie eine Regelung zu den Folgen des Wegfalls oder der Änderung der Geschäftsgrundlage getroffen (§ 93 Abs. 5 BSHG in der ab 01.07.1994 geltenden Fassung; jetzt § 78 SGB XII). Zur Absicherung der für die Leistungserbringer mit einem prospektiven Vergütungsansatz verbundenen Risiken wurde festgelegt, dass die vereinbarten Entgelte leistungsgerecht sein müssen (§ 93 Abs. 2 Satz 2 BSHG in der ab 01.07.1994 geltenden Fassung).[10]

---

[2] BT-Drs. 15/1514, S. 64 f.
[3] BT-Drs. 15/2260, S. 4.
[4] BGBl I 1996, 1088.
[5] BSHG v. 05.07.1961, BGBl I 1961, 815.
[6] BGBl I 1983, 1532.
[7] BGBl I 1983, 944.
[8] BGBl I 1993, 2374.
[9] BT-Drs. 12/5010, S. 10.
[10] Das Erfordernis der leistungsgerechten Vergütung ist in § 75 SGB XII – in Abweichung zu § 93 BSHG – nicht mehr explizit geregelt, folgt aber aus der Gesamtkonzeption der für den Abschluss einer Vereinbarung maßgebenden Bestimmungen (vgl. Rn. 103).

6   Mit dem **Pflegeversicherungsgesetz vom 26.05.1994**[11] ordnete der Gesetzgeber durch die Anfügung eines Absatzes 7 in § 93 BSHG die Geltung der Vergütungs- und Verfahrensvorschriften des SGB XI für die Fälle an, in denen dem Hilfeempfänger Leistungen durch eine nach dem SGB XI zugelassene Pflegeeinrichtung erbracht werden (jetzt § 75 Abs. 5 SGB XII).

7   Eine vor dem Hintergrund der Kostenentwicklung im Einrichtungsbereich nach Auffassung des Gesetzgebers notwendige grundlegende Neuregelung des sozialhilferechtlichen Leistungserbringungsrechts erfolgte durch das **„Gesetz zur Reform des Sozialhilferechts" vom 23.07.1996**.[12] Nach der Neufassung des § 93 Abs. 2 und 3 BSHG setzte die Übernahme der Vergütung einer Einrichtung nunmehr grundsätzlich den Abschluss einer aus drei Teilvereinbarungen über die Leistung, Vergütung und Prüfung bestehenden (Gesamt-)Vereinbarung voraus (jetzt § 75 Abs. 3 SGB XII), deren Mindestinhalt in § 93a BSHG festgelegt wurde (jetzt § 76 SGB XII). Ein Teil der Regelungsgehalte des § 93 BSHG wurde auf die neu eingeführten §§ 93a-d BSHG verlagert. Die durch das „Gesetz zur Reform des Sozialhilferechts" vom 23.07.1996 eingeführten Änderungen sind am 01.08.1996 und 01.01.1999 in Kraft getreten und prägen im Wesentlichen das heutige Leistungserbringungsrecht der §§ 75 ff. SGB XII.

III. Parallelvorschriften

8   Parallelvorschriften zu § 75 SGB XII finden sich in § 17 SGB II und den §§ 78a-g SGB VIII. Im Unterschied zu den §§ 75 ff. SGB XII regelt **§ 17 SGB II** das Leistungserbringungsrecht nur rudimentär.[13] Gesetzlich normiert wurden lediglich die Gewährleistungsverantwortung des Grundsicherungsträgers verbunden mit dem Vorrang Dritter in institutioneller Hinsicht und einer Unterstützungspflicht zugunsten der Träger der freien Wohlfahrtspflege in Absatz 1 (entspricht § 5 SGB XII und § 75 Abs. 2 Satz 1 SGB XII) sowie die Kopplung der Vergütungsübernahme im Dreiecksverhältnis an das Bestehen einer Vereinbarung zwischen Grundsicherungsträger und Leistungserbringer, soweit nicht die Anforderungen der Leistungserbringung im SGB III geregelt sind (§ 17 Abs. 2 Satz 1 SGB II). Regelungen zum Inhalt der Vereinbarung, ihrem zeitlichen Geltungsbereich sowie Vorgaben zur Durchsetzung von Ansprüchen im Dreiecksverhältnis fehlen dagegen. Diese Lückenhaftigkeit kann nur angesichts der Tatsache hingenommen werden, dass die wesentlichen Eingliederungsleistungen im SGB III speziell geregelt sind und für die Erbringung dieser Leistungen die Vorgaben des SGB III gelten, so dass für das Vereinbarungserfordernis des § 17 Abs. 2 Satz 1 SGB II lediglich ein eng begrenzter Anwendungsbereich verbleibt.[14]

9   Die in den **§§ 78a-78g SGB VIII** enthaltenen detaillierten Regelungen zur Leistungserbringung im Bereich der Kinder- und Jugendhilfe entsprechen im Wesentlichen den Vorgaben der §§ 75 ff. SGB XII. In Abweichung zum sozialhilferechtlichen Leistungserbringungsrecht hat der Gesetzgeber für den Bereich der Kinder- und Jugendhilfe die Berechtigung der Leistungserbringer zum Abschluss einer Vereinbarung an weitere, über die Eignung hinausgehende Voraussetzungen geknüpft, um den Besonderheiten des anspruchsberechtigten Personenkreises Rechnung zu tragen (§ 78b Abs. 2 Satz 2 SGB VIII). Ferner wird der Grundsatz der leistungsgerechten Vergütung ausdrücklich gesetzlich geregelt (§ 78c Abs. 2 Satz 1 SGB VIII) und eine umfassende Schiedsstellenfähigkeit für Vereinbarungen nach § 78b Abs. 1 SGB VIII vorgesehen (§ 78g Abs. 2 SGB VIII).

10 Das **Leistungserbringungsrecht der gesetzlichen Pflegeversicherung** weist zwar gewisse Parallelen, aber auch deutliche terminologische und strukturelle Unterschiede zu den Regelungen der §§ 75 ff. SGB XII auf (vgl. dazu auch Rn. 107 und die Kommentierung zu § 76 SGB XII Rn. 4). Im Anwendungsbereich des SGB XI werden die Einrichtungen und Dienste zunächst durch Versorgungsvertrag zur Leistungserbringung zugelassen (**§ 72 SGB XI**). Darauf aufbauend wird mit zugelassenen Pflegeeinrichtungen eine Pflegesatzvereinbarung (**§ 85 SGB XI**) bzw. mit zugelassenen Diensten eine Vergütungsvereinbarung (**§ 89 SGB XI**) geschlossen, in der auch die wesentlichen Leistungs- und Qualitätsmerkmale geregelt werden (vgl. § 84 Abs. 5 SGB XI SGB XI) und die insgesamt – d.h. auch hinsichtlich der Regelungen über die Leistung – schiedsstellenfähig ist (§§ 85 Abs. 5, 89 Abs. 3 Satz 4 SGB XI). Dem sozialhilferechtlichen Leistungserbringungsrecht ist ein solcher vorgeschalteter Zulassungsakt fremd. Vielmehr werden die Leistungserbringer erst mit dem Abschluss einer aus Teilvereinbarungen über Inhalt, Vergütung und Prüfung der Leistung bestehenden (Gesamt-)Vereinbarung i.S.d.

---

[11] BGBl I 1994, 1014.
[12] BGBl I 1996, 1088; BT-Drs. 13/2440, S. 15 f.
[13] *Münder* in: LPK-SGB II, 5. Aufl., § 17 Rn. 3.
[14] Dazu vertiefend: *Münder* in: LPK-SGB II, 5. Aufl., § 17 Rn. 3, 25 ff.

§ 75 Abs. 3 Satz 1 SGB XII in das Leistungssystem des SGB XII einbezogen, wobei nach der herrschenden Auffassung nur die Vergütungsvereinbarung schiedsstellenfähig sein soll.[15] Darüber hinaus gilt im Bereich der gesetzlichen Pflegeversicherung ein gesetzlicher Sicherstellungauftrag, während im Anwendungsbereich des SGB XII durch vertragliche Regelungen sichergestellt werden muss, dass der Sozialhilfeträger seiner Gewährleistungsverantwortung[16] auch bei der Erbringung von Leistungen durch Dritte gerecht werden kann. Ein wesentlicher struktureller Unterschied besteht letztlich darin, dass das Leistungserbringungsrecht des SGB XI die Gewährung einer beitragsfinanzierten Leistung der Sozialversicherung vertraglich absichert, während das sozialhilferechtliche Leistungserbringungsrecht die Erbringung beitragsfinanzierter existenzsichernder Leistungen durch Einrichtungen und Dienste zum Gegenstand hat.

IV. Systematische Zusammenhänge

§ 75 SGB XII ist die **Grundlagenvorschrift des sozialhilferechtlichen Leistungserbringungsrechts**, das in den Folgevorschriften näher gestaltet wird, und leitet das mit dem Begriff „Einrichtungen" überschriebene 10. Kapitel des SGB XII ein. Dabei ist das der Leistungserbringung zugrunde liegende und in § 75 SGB XII geregelte Konstrukt des sozialhilferechtlichen Dreiecksverhältnisses als „andere Bestimmung" im Sinne des § 10 Abs. 3 SGB XII anzusehen.[17]   11

§ 75 Abs. 1 Satz 1 SGB XII übernimmt in Abweichung zur Vorgängerregelung für den Bereich des Leistungserbringungsrechts den in **§ 13 SGB XII definierten allgemeinen Einrichtungsbegriff** (vgl. Rn. 69).   12

Mit dem vom Gesetzgeber gewählten rechtlichen Konstrukt des sozialhilferechtlichen Dreiecksverhältnisses sind **systematische Bezüge zum Wohn- und Betreuungsvertragsgesetz** (WBVG)[18] verbunden, weil die Vereinbarungen i.S.d. § 75 Abs. 3 Satz 1 SGB XII den Inhalt der auf der Grundlage des WBVG geschlossenen zivilrechtlichen Verträge beeinflussen (vgl. die §§ 7 Abs. 2 Sätze 2 und 3, 15 Abs. 2 WBVG). Die Regelungsgehalte des § 75 SGB XII sind auch für die Hilfe zum Lebensunterhalt in stationären und teilstationären Einrichtungen im Sinne des § 27b SGB XII (bis 31.12.2010 § 35 SGB XII) von Bedeutung.   13

§ 75 Abs. 2 Satz 1 SGB XII ist Ausdruck der in **§ 17 Abs. 1 Nr. 2 SGB I** geregelten Pflicht des Sozialhilfeträgers, die für die Ausführung von Sozialleistungen erforderlichen sozialen Dienste und Einrichtungen ausreichend zur Verfügung zu stellen.[19]   14

Über den in **§ 75 Abs. 2 Satz 2 SGB XII** enthaltenen Verweis auf **§ 9 Abs. 2 und 3 SGB XII (Wunsch- und Wahlrecht des Hilfeempfängers)** wird das „markt-"wirtschaftlich orientierte Leistungserbringungsrecht an die sozialhilferechtliche Strukturprinzipien gebunden.   15

Die als Ausnahme ausgestaltete Regelung in § **75 Abs. 4 SGB XII** ist die **Konsequenz der in § 75 Abs. 3 Satz 1 SGB XII aufgestellten und durch § 9 Abs. 2 Satz 2 SGB XII bestätigten Regel**, nach der grundsätzlich nur die Vergütung vereinbarungsgebundener Leistungserbringer vom Sozialhilfeträger übernommen wird.   16

Die für zugelassene Pflegeeinrichtungen geltende Sonderregelung des § **75 Abs. 5 SGB XII** statuiert eine **Bindung des Sozialhilfeträgers an die nach dem 8. Kapitel des SGB XI geschlossenen Pflegesatzvereinbarungen**.   17

V. Ausgewählte Literaturhinweise

Bieback, Leistungserbringungsrecht im SGB II sowie SGB III und XII, NZS 2007, 505-513; *Breme/Kronenberger/Näder*, Aufwand und Vergütung auf den Punkt gebracht, NDV 2007, 177-183, 205-209; *Brünner*, Vergütungsvereinbarungen für Pflegeeinrichtungen nach SGB XI, 2001; *Coseriu*, Zahlungsansprüche des Maßnahme- gegen den Sozialhilfeträger, SozialRecht aktuell 2012, 99-105; *Dillmann*, Ménage à trois: Das sozialhilferechtliche Dreiecksverhältnis aus der Sicht des Sozialhilfeträgers, SozialRecht aktuell 2012, 181-189; *Dillmann/Dannat*, „Neue Besen kehren gut!?" – Eine Be-   18

---

[15] Anders dagegen die hier vertretene Auffassung (vgl. dazu die Kommentierung zu § 77 SGB XII Rn. 37 ff.).

[16] Zum Gewährleistungsverantwortungsmodell: BSG v. 18.03.2014 - B 8 SF 2/13 R zur Veröffentlichung in BSGE und SozR vorgesehen; BSG v. 02.02.2010 - B 8 SO 20/08 R; BSG v. 28.10.2009 - B 8 SO 22/07 R - BSGE 102, 1 = SozR 4-1500 § 75 Nr. 9; *Eicher*, SGb 2013, 127, 129.

[17] BSG v. 28.10.2008 - B 8 SO 22/07 R - BSGE 102, 1 = SozR 4-1500 § 75 Nr. 9.

[18] WBVG vom 29.07.2009 - BGBl I 2009, 2319.

[19] Vgl. dazu BVerfG v. 18.07.1967 - 2 BvF 3/62, 2 BvF 4/62, 2 BvF 5/62, 2 BvF 6/62, 2 BvF 7/62 - BVerfGE 22, 180, 200 f.

standsaufnahme von fünf Jahren Rechtsprechung des Bundessozialgerichts zur Sozialhilfe, ZfF 2009, 241-258; *Eicher*, Der Zahlungsanspruch des Leistungserbringers im Sozialhilferecht, SGb 2013, 127-131; *Fahlbusch,* Weiterentwicklung des Heimrechts nach der Förderalismusreform, NDV 2006, 445-447; *Fahlbusch*, Kritische Anmerkung zum Urteil des BSG vom 09.12.2008 B 8/9b SO 10/07 R, SGb 2010, 301-304; *Frings*, Sozialhilferechtliches Dreiecksverhältnis in der Praxis – Rechtsbeziehungen zwischen Hilfebedürftigen, Sozialhilfeträgern und Einrichtungsträgern – Sicht der Einrichtungsträger, SozialRecht aktuell 2012, 137-141; *Frommann*, Sozialhilfe nach Vereinbarung, 2002; *Gerlach*, Sozialrechtsweg für Rückforderungen von überzahlten Vergütungen durch den Sozialhilfeträger gegen den Einrichtungsträger, SozialRecht aktuell 2013, 83-85; *Griep*, Entbürokratisierung des sozialrechtlichen Leistungserbringungsrechts, RsDE Nr. 66 (2008), 27-55; *Hänlein*, Externer Vergleich und ortsübliche Vergütung in der stationären Pflege, 2010; *Hübsch*, Belastung von Bewohnern und Sozialhilfeträgern mit Investitionskosten von Pflegeheimen, NZS 2004, 462-465; *Jaritz*, Vereinbarungen im sozialhilferechtlichen Dreiecksverhältnis, SozialRecht aktuell 2012, 105-117; *Kingreen*, Vergaberecht und Verfahrensgerechtigkeit in der jugend- und sozialhilferechtlichen Leistungserbringung, VSSR 2006, 379-397; *Köbl/Brünner*, Die Vergütung von Einrichtungen und Diensten nach SGB XI und BSHG, 2001; *Kunte*, Unbefristete Leistungsvereinbarungen im SGB XII, RsDE Nr. 68 (2009), 55-67; *Meyer*, Systemwechsel in der Sozialwirtschaft: Ausschreibungen und personengebundenes Budget, TuP 2008, 443-452; *Ladage*, Das sozialhilferechtliche Leistungserbringungsrecht – ein zivilrechtlich-öffentlich-rechtliches Konglomerat?, SGb 2013, 553-556; *Möller*, Problemfelder im Bereich der Vergütung bei Pflegesatzvereinbarungen nach § 75 Abs. 5 SGB XII, SGb 2006, 20-26; *Mrozynski*, Rechtsfragen der Steuerung durch die Sozialleistungsträger beim Abschluss von Verträgen mit den Leistungserbringern und bei der institutionellen Förderung, ZFSH/SGB 2011, 197-206; *Müller-Fehling*, Sozialhilferechtliches Dreiecksverhältnis in der Praxis, SozialRecht aktuell 2012, 133-137; *Neumann/Bieritz-Harder*, Vergabe öffentlicher Aufträge in der Sozial- und Jugendhilfe?, RsDE Nr. 48 (2001), 1-27; *Neumann*, Zur Einordnung eines sozialhilferechtlichen Leistungserbringervertrags als öffentlicher Auftrag oder Dienstleistungskonzession, RsDE Nr. 68 (2009), 83-91; *Neumann*, Rechtsfolgen der Kündigung einer Leistungsvereinbarung im Sozialhilferecht, RsDE Nr. 63 (2006), 32-50; *Neumann*, Zur Einordnung eines sozialhilferechtlichen Leistungserbringervertrags als öffentlicher Auftrag oder Dienstleistungskonzession, RsDE Nr. 68 (2009), 83-91; *Neumann*, Freiheitsgefährdung im kooperativen Sozialstaat, 1992; *Pattar*, Sozialhilferechtliches Dreiecksverhältnis – Rechtsbeziehungen zwischen Hilfebedürftigen, Sozialhilfeträgern und Einrichtungsträgern, SozialRecht aktuell 2012, 85-99; *Neumann*, Die Stellung der freien Wohlfahrtspflege im SGB XII, SozialRecht aktuell 2007, 216-219; *Philipp*, Anmerkung zum Urteil des BSG vom 02.02.2010 – B 8 SO 5/10 R, SozialRecht aktuell 2012, 180; *Plagemann*, Kritische Anmerkung zum Urteil des BSG v. 28.10.2008 – B 8 SO 22/07 R, SGb 2010, 161-163; *Plantholz*, Im Dickicht widersprüchlicher Normen: Schiedsverfahren in der Sozialhilfe aus Sicht des Leistungserbringers, SozialRecht aktuell 2012, 142-145; *Pöld-Krämer-Fahlbusch*, Das Recht der Leistungserbringung in der Sozialhilfe im Lichte der §§ 93 ff. BSHG, RsDE Nr. 46 (2000), 4-32; *Rasch*, Gutachten des Deutschen Vereins für öffentliche und private Fürsorge vom 11. Juli 2012 – G 5/11, NDV 2012, 598-600; *Schnath*, Das neue Grundrecht auf Gewährleistung eines menschenwürdigen Existenzminimums, NZS 2010, 297-302; *Schnath*, Auswirkungen des neuen Grundrechts auf Gewährleistung des Existenzminimums auf die besonderen Hilfen nach dem Zwölften Buch Sozialgesetzbuch (SGB XII) – Sozialhilfe, SozialRecht aktuell 2010, 173-176; *Schmitt*, Leistungserbringung durch Dritte im Sozialrecht, 1990; *Schuler-Harms*, Einbindung Dritter in die Sozialleistungsgewährung, VSSR 2005, 135-161; *Schulz*, Einstufung in die Hilfebedarfsgruppen – Welches Gericht ist bei Streitigkeiten wofür zuständig?, RdLH 2013, 188; *Vorholz*, Sozialrecht als Menschenrecht, 2011, 127 ff.; *Wendt*, Kein individueller Rechtsanspruch auf erhöhte Einrichtungsvergütung, RdLH 2012, 68; *Wendt*, Einführung einer personenzentrierten Leistungserbringung der Eingliederungshilfe nach dem SGB XII, ZFSH/SGB 2010, 523-533; *Wenzel/Kulenkampff*, Wie kann man eine leistungsgerechte Vergütung nach §§ 75 ff. SGB XII ermitteln?, NDV 2006, 455-462; *Ziegler*, Sozialvergaberecht – insbesondere die Vergabe von sozialen Dienstleistungen, ASR 2009, 208-218.

B. Auslegung und Bedeutung der Norm

I. Regelungsgehalt der Norm

Absatz 1 Satz 1 übernimmt den **Einrichtungsbegriff** des § 13 SGB XII und erweitert ihn jedoch im Vergleich zum früheren Recht. Ergänzend hierzu regelt **Absatz 2 Satz 1** das **Verhältnis zwischen Sozialhilfeträger und Leistungserbringer in institutioneller Hinsicht** im Sinn eines Nachrangs des Sozialhilfeträgers. 19

Absatz 3 Satz 1 bindet die Übernahme der Vergütung für die von einer Einrichtung bzw. einem Dienst erbrachten Leistungen an einen zwischen Leistungserbringer und Sozialhilfeträger zu schließenden Vertrag über Inhalt, Umfang und Qualität der Leistung, deren Vergütung und die Prüfung ihrer Wirtschaftlichkeit und Qualität, für den der Gesetzgeber den Begriff der Vereinbarung gewählt hat (**Vereinbarungserfordernis**). **Absatz Satz 2** enthält **Vorgaben für die inhaltliche Ausgestaltung** der Vereinbarungen. **Absatz 3 Satz 3** gesteht dem Sozialhilfeträger in Ergänzung zur Prüfungsvereinbarung ein **Prüfungsrecht** bezüglich der Wirtschaftlichkeit und Qualität der Leistung zu. 20

Absatz 2 Sätze 2 und 3 enthält **Vorgaben für den Abschluss einer sozialhilferechtlichen Vereinbarung**. Nach **Satz 2** sind Vereinbarungen nur mit geeigneten Einrichtungen zu schließen, wobei der Begriff der **Eignung** durch eine Bezugnahme auf die Leistungsfähigkeit der Einrichtung/des Dienstes und die Sicherstellung der Grundsätze des § 9 Abs. 1 SGB XII konkretisiert wird. Ergänzt wird diese Regelung in **Satz 3** um Vorgaben für die Auswahl des Sozialhilfeträgers zwischen mehreren geeigneten Leistungserbringern (**Leistungserbringervergleich**). 21

Absatz 4 regelt die **Übernahme der Vergütung nicht vereinbarungsgebundener Leistungserbringer** und statuiert somit eine **Ausnahme** zu dem in Absatz 3 normierten Vereinbarungserfordernis. Während sich die Voraussetzungen für die nur ausnahmsweise zulässige Übernahme der Vergütung eines nicht vereinbarungsgebundenen Leistungserbringers aus den Sätzen 1 und 2 ergeben, werden die Rechtsfolgen in Satz 3 geregelt. Die Sätze 4 und 5 enthalten Regelungen über die Prüfung der Wirtschaftlichkeit und Qualität bei nicht vereinbarungsgebundenen Leistungserbringern. Satz 6 ordnet die entsprechende Geltung der für zugelassene Pflegeeinrichtungen geltenden Sonderregelung des § 75 Abs. 5 SGB XII an. Über die Regelungen in Absatz 4 wird sichergestellt, dass für die Vergütungsübernahme vereinbarungsgebundener und nicht vereinbarungsgebundener Leistungserbringer die gleichen Voraussetzungen gelten. 22

Absatz 5 enthält eine **spezielle Regelung für die Übernahme der Vergütung einer nach dem SGB XI zugelassenen Pflegeeinrichtung**. Insoweit besteht grundsätzlich eine Bindung des Sozialhilfeträgers an die nach den Vorgaben der §§ 85 ff. SGB XI geschlossene Pflegesatzvereinbarung, soweit diese im Einvernehmen mit dem Sozialhilfeträger getroffen wurde. Ausnahmen von dieser Bindungswirkung werden in Satz 1 Halbsatz 2 und Satz 2 geregelt. Absatz 5 Satz 3 bindet die Übernahme der für zugelassene Pflegeeinrichtungen nach § 82 Abs. 4 SGB XI gesondert zu berechnenden Investitionskosten an das Bestehen einer entsprechenden Vereinbarung zwischen Leistungserbringer und Sozialhilfeträger. Hintergrund dieser Regelung ist das Vergütungssystem des SGB XI, nach dessen Vorgaben Investitionsaufwendungen nicht Teil der Pflegevergütung und daher grundsätzlich umlagefähig sind. Über Absatz 5 Satz 3 wird dem Sozialhilfeträger ermöglicht, auf die Höhe der nicht durch eine landesrechtliche Förderung gedeckten Investitionskosten Einfluss zu nehmen. 23

II. Bedeutung der Norm und Geltungsbereich

§ 75 SGB XII normiert die **Grundzüge des Rechts der Leistungserbringung durch soziale Einrichtungen und Dienste**, die in den §§ 76-81 SGB XII konkretisiert werden. Als Grundnorm des sozialhilferechtlichen Leistungserbringungsrechts regelt § 75 SGB XII die Voraussetzungen und Folgen des Abschlusses von Vereinbarungen zwischen Leistungserbringer und Sozialhilfeträger und schafft damit die normative Grundlage für die Entstehung einer dreiseitigen Rechtsbeziehung im Rahmen der Erbringung von Sozialhilfeleistungen (zum Dreiecksverhältnis vgl. Rn. 30 ff.). Zugleich wird der institutionelle Rahmen für die Erbringung von Leistungen durch Einrichtungen und Dienste vorgegeben. Dem **Leistungserbringungsrecht** kommt jedoch ausschließlich eine **dienende Funktion** zu. Es bestimmt nicht den Wert den individuellen Sozialhilfeanspruch, sondern bildet (nur) den normativen Rahmen für die Erfüllung des Sozialhilfeanspruchs in einem dreiseitigen Rechtsverhältnis.[20] 24

---

[20] *Fahlbusch*, SGb 2010, 301, 302; wohl auch: *Weber*, NZS 2011, 650, 653 f.

25 Das sozialhilferechtliche Leistungserbringungsrecht der §§ 75 ff. SGB XII gilt für die **Sozialhilfeleistungen des 6. bis 9. Kapitels des SGB XII**, die der Sozialhilfeträger durch Einrichtungen/Dienste anderer Träger im dreiseitigen Rechtsverhältnis (vgl. dazu Rn. 30 ff.) erbringt. Aus der in § 79 Abs. 1 Satz 3 SGB XII enthaltenen Bezugnahme auf Leistungen nach dem 5. bis 9. Kapitel folgt nicht, dass die Vorschriften des 10. Kapitels – und somit § 75 SGB XII – auch für die im 5. Kapitel des SGB XII geregelten **Hilfen zur Gesundheit** gelten.[21] Für die Hilfen zur Gesundheit sind im Interesse der Einheitlichkeit der im Krankheitsfall zu gewährenden Leistungen ausnahmslos der Leistungskatalog und das Leistungserbringungsrecht der gesetzlichen Krankenversicherung maßgebend.[22] Daneben sind die Vorschriften des sozialhilferechtlichen Leistungserbringungsrechts auch nicht ergänzend anzuwenden. Die für die Hilfen zur Gesundheit gesetzlich angeordnete Geltung des krankenversicherungsrechtlichen Leistungserbringungsrechts (§ 52 Abs. 3 Satz 1 SGB XII) ist die notwendige Konsequenz aus der Übernahme des Leistungskatalogs der gesetzlichen Krankenversicherung für die Hilfen zur Gesundheit (§ 52 Abs. 1 Satz 1 SGB XII). Lediglich für den Bereich der Vergütung der Ärzte, Psychotherapeuten und Zahnärzte enthält § 52 SGB XII keine abschließende Regelung. Der hierfür maßgebliche § 52 Abs. 3 SGB XII regelt den Vergütungsanspruch dieser Leistungserbringer nur rudimentär bzw. in widersprüchlicher Weise.[23] Während § 52 Abs. 3 Satz 2 SGB XII davon ausgeht, dass dem Leistungserbringer eine leistungsbezogene Vergütung gewährt wird, sieht das Leistungssystem des SGB V die Zahlung einer Gesamtvergütung durch die Ortskrankenkassen an die Kassen(zahn)ärztliche Vereinigung auf der Grundlage von Gesamtverträgen vor, die dann in einem äußerst komplexen Verfahren (§ 85 Abs. 4 SGB V) an die Vertragsärzte verteilt wird. Die Anwendung dieser für die Verteilung der Gesamtvergütung maßgeblichen Regelung hat der Gesetzgeber für die Hilfen zur Gesundheit aber gerade ausgeschlossen (§ 52 Abs. 3 Satz 1 SGB XII), ohne einen eigenen Verteilungsmaßstab zu regeln. Aufgrund der Komplexität der für die Verteilung der Gesamtvergütung auf die Vertrags(zahn)ärzte maßgebenden Faktoren erscheint in diesem Bereich eine vertragliche Regelung der Vergütungsmodalitäten nicht nur sinnvoll, sondern auch notwendig. Gesetzliche Vorgaben für Abschluss und Inhalt entsprechender Verträge zwischen den Erbringern von Leistungen, die den Hilfen der Gesundheit zuzuordnen sind, und dem Sozialhilfeträger fehlen allerdings. Insoweit besteht ein zwingender Handlungsbedarf für den Gesetzgeber. Für die Anwendung des sozialhilferechtlichen Leistungserbringungsrechts im Bereich der Hilfe zur Gesundheit besteht darüber hinaus in der Regel auch kein Bedarf, weil die Hilfebedürftigen entweder in ihrer Person einen Versicherungstatbestand erfüllen oder die Voraussetzungen des § 264 SGB V vorliegen. Gleiches gilt aufgrund des Verweises in § 52 Abs. 5 SGB XII für **Leistungen zur medizinischen Rehabilitation**, deren selbständige Bedeutung ohnehin angezweifelt werden kann.[24]

26 Im Grundsatz gelten die §§ 75 ff. SGB XII auch für die **Hilfe zur Pflege** (Leistungen nach dem 7. Kapitel des SGB XII), allerdings nicht uneingeschränkt. Die §§ 75 ff. SGB XII finden keine Anwendung auf Hilfen zur Pflege, die als Geldleistung ausgestaltet sind. Geldleistungen sind die **Beihilfen für die Pflege durch eine Pflegeperson aus dem persönlichen Umfeld des Pflegebedürftigen nach § 65 Abs. 1 Satz HS. 2 SGB XII** (vgl. dazu die Kommentierung zu § 65 SGB XII Rn. 27), **Beihilfen für die Hilfe zur Weiterführung des Haushalts** (aufgrund der Verweisung in § 70 Abs. 3 SGB XII auf § 65 Abs. 1 SGB XII) sowie die **Übernahme von Kosten im Rahmen des sogenannten Arbeitgebermodells**. Bei der Einschaltung einer besonderen Pflegekraft bzw. besonderer Haushaltshilfen verbleibt es hingegen bei der Geltung der §§ 75 ff. SGB XII (vgl. die Kommentierung zu § 65 SGB XII Rn. 52 ff.).

27 Aus der Bezugnahme in § 79 Abs. 1 Satz 3 SGB XII auf die Leistungen nach dem 5. bis 9. Kapitel kann geschlossen werden, dass die §§ 75-81 SGB XII keine Anwendung finden auf die ab 01.01.2011 zu erbringenden **Bildungs- und Teilhabeleistungen des § 34 Abs. 2 und 5-7 SGB XII**. Insoweit handelt es sich systematisch um Hilfe zum Lebensunterhalt nach dem 3. Kapitel (vgl. die Kommentierung zu § 34 SGB XII Rn. 12). Dieser zunächst nur formale Befund wird durch die verfahrensrechtlichen Regelungen des § 34a Abs. 2-4 SGB XII bestätigt, die eine eigenständige Form der Leistungserbringung – wenn auch nur in rudimentärer Form – insbesondere durch Gutscheine und Direktzahlungen an Leistungsanbieter vorsehen. § 34a SGB XII normiert damit insgesamt ein von den §§ 75 ff. SGB XII abweichendes Leistungserbringungsrecht (vgl. dazu die Kommentierung zu § 34a SGB XII Rn. 18).

---

[21] So nunmehr auch: *Flint* in: Grube/Wahrendorf, SGB XII, 5. Aufl., § 75 Rn. 2; im Ergebnis ebenso aber mit anderer Begründung: *Pattar*, SozialRecht aktuell 2012, 85, 87.
[22] *Freudenberg* in: Jahn, SGB XII, § 52 Rn. 5, 24; *Schlette* in: Hauck/Noftz, SGB XII, § 52 Rn. 4, 22 ff.
[23] *Freudenberg* in: Jahn, SGB XII, § 52 Rn. 23.
[24] Vgl. dazu *Eicher*, SGb 2013, 127 Fn. 5.

Darüber hinaus gelten die §§ 75 ff. SGB XII dann nicht, wenn ausnahmsweise **echte Sachleistungen durch eigene Einrichtungen oder Dienste des Sozialhilfeträgers** im zweiseitigen Rechtsverhältnis erbracht werden oder wenn eine Sachleistungsverschaffung im Rahmen eines **Auftrags** erfolgt, wobei in diesem Fall ggf. das Vergaberecht anzuwenden ist (vgl. dazu Rn. 122 ff.).

III. Zweck der Norm

§ 75 SGB XII regelt die Rechtsbeziehung zwischen Leistungserbringer und Sozialhilfeträger und somit den 3. Schenkel des sozialhilferechtlichen Leistungsdreiecks (vgl. Rn. 36) und statuiert die Vereinbarung als Grundlage und zentrales Regelungsinstrument dieser Rechtsbeziehung.[25] Das Vereinbarungserfordernis und die gesetzlichen Vorgaben für den Abschluss einer Vereinbarung sollen **eine den sozialhilferechtlichen Leistungsgrundsätzen und dem Wirtschaftlichkeitsgebot entsprechende Leistungserbringung mit handhabbaren Strukturen ermöglichen**. Darüber hinaus wird über diese Vorgaben die wechselseitige Einflussnahme der im sozialhilferechtlichen Leistungsdreieck zusammengefassten Rechtsbeziehungen reguliert. Letztlich wird über das Regelungsinstrument der Vereinbarung sichergestellt, dass der Sozialhilfeträger seiner Gewährleistungsverantwortung[26] im Dreiecksverhältnis gerecht werden kann.

IV. Das sozialhilferechtliche Dreiecksverhältnis

Wesentlich für Verständnis und Auslegung des 75 SGB XII sowie der Folgevorschriften in §§ 76-81 SGB XII ist das **Grundmodell der sozialhilferechtlichen Leistungserbringung** – das sozialhilferechtliche **Dreiecksverhältnis**.[27] Das sozialhilferechtliche Dreiecksverhältnis entsteht, wenn der Sozialhilfeträger die Sozialhilfeleistungen für den bedürftigen Hilfeempfänger nicht durch eigene Einrichtungen/Dienste im zweiseitigen Rechtsverhältnis erbringt, sondern durch Einrichtungen/Dienste anderer Träger (Leistungserbringer) erbringen lässt. Die Leistungserbringung im dreiseitigen Rechtsverhältnis ist nach der Vorstellung des Gesetzgebers für die Leistungen des 6. bis 9. Kapitels der Regelfall (vgl. § 75 Abs. 2 Satz 1 SGB XII).

Beteiligte dieses dreiseitigen Rechtsverhältnisses sind der bedürftige Hilfeempfänger, der Leistungserbringer und der Sozialhilfeträger. Zwischen allen Beteiligten bestehen – teilweise auf Verträgen beruhende – Rechtsbeziehungen, die sich jeweils wechselseitig beeinflussen. Die Besonderheit und zugleich **Schwierigkeit bei der Beurteilung von Ansprüchen** der im sozialhilferechtlichen Dreiecksverhältnis verbundenen Beteiligten besteht darin, dass die im Leistungsdreieck zusammengefassten **Beziehungen unterschiedlicher Rechtsnatur** sind. Insbesondere wurden mit der ab 1984 zur Kostendämpfung im Einrichtungswesen eingeleiteten Reform des sozialhilferechtlichen Leistungserbringungsrechts „markt-"wirtschaftliche Elemente in eine ursprünglich rein öffentlich-rechtliche Leistungsbeziehung übernommen sowie Anleihen aus dem Bereich des Kranken- und Pflegeversicherungsrechts vorgenommen[28], ohne den sozialhilferechtlichen Prinzipien in ausreichendem Maße Rechnung zu tragen. Ein freier, durch Angebot und Nachfrage gesteuerter Markt wird jedoch bereits durch die

---

[25] Zur wechselseitigen Beeinflussung vgl. *Pattar*, SozialRecht aktuell 2012, 85, 87 f., der die gesetzlichen Vorgaben der §§ 75 SGB XII als „Feststellschrauben" bezeichnet.

[26] Zum Gewährleistungsverantwortungsmodell: BSG v. 18.03.2014 - B 8 SF 2/13 R zur Veröffentlichung in BSGE und SozR vorgesehen; BSG v. 02.02.2010 - B 8 SO 20/08 R; BSG v. 28.10.2009 - B 8 SO 22/07 R - BSGE 102, 1 = SozR 4-1500 § 75 Nr. 9; *Eicher*, SGb 2013, 127, 129.

[27] Zum Dreiecksverhältnis vgl. BSG v. 28.10.2008 - B 8 SO 22/07 R - BSGE 102, 1 = SozR 4-1500 § 75 Nr. 9; BSG v. 18.03.2014 - B 8 SF 2/13 R; *Eicher*, SGb 2013, 127, 128 f.; dem folgend: LSG Rheinland-Pfalz v. 25.11.2010 - L 1 SO 8/10; LSG Hessen v. 19.03.2008 - L 9 SO 1/08 B ER; der hiesigen Darstellung zum Dreiecksverhältnis (vgl. Rn. 30 ff.) auch in terminologischer Hinsicht folgend: *Pattar*, SozialRecht aktuell 2012, 85, 87 ff.; *Dillmann*, SozialRecht aktuell 2012, 181, 182 ff.; *Flint* in: Grube/Wahrendorf, SGB XII, 5. Aufl., § 75 Rn. 4 ff.; *Münder* in: LPK-SGB XII, 9. Aufl., Vorbem. §§ 75 ff., Rn. 5 ff.; *Freudenberg* in: Jahn, SGB XII, § 75 Rn. 5a; LSG Sachsen v. 12.12.2013 - L 8 SO 71/13 B ER; LSG Rheinland-Pfalz v. 18.02.2011 - L 1 SO 33/09; LSG Sachsen v. 18.03.2013 - L 8 SO 35/13 B ER; LSG Nordrhein-Westfalen v. 23.09.2013 - L 20 SO 394/12; LSG Saarland v. 24.10.2013 - L 11 SO 15/12 WA; SG Dortmund v. 29.04.2014 - S 41 SO 54/12; SG Dortmund v. 21.08.2012 - S 41 SO 583/11; zum Dreiecksverhältnis aus Trägersicht: *Müller-Fehling*, SozialRecht aktuell 2012, 133 ff.; *Frings*, Sozialrecht aktuell 2012, 137 ff.

[28] BSG v. 28.10.2008 - B 8 SO 22/07 R - BSGE 102, 1 = SozR 4-1500 § 75 Nr. 9 jeweils Rn. 17.

Dreiecksstruktur des Leistungserbringungsrechts verhindert (vgl. dazu auch Rn. 127)[29] und darf aufgrund der sozialhilferechtlichen Leistungsgrundsätze – insbesondere vor dem Hintergrund der Vorgaben in § 9 SGB XII i.V.m. Art. 4 Abs. 1 und 19 des Übereinkommens über die Rechte von behinderten Menschen[30] – auch nicht bestehen.

1. Rechtsbeziehung zwischen bedürftigem Hilfeempfänger und Sozialhilfeträger (1. Schenkel des Dreiecks)

32   Zwischen dem bedürftigen Hilfeempfänger und dem Sozialhilfeträger besteht ein öffentlich-rechtliches Leistungsverhältnis, das sich nach den Vorschriften des SGB XII beurteilt. Auf der Grundlage dieses Rechtsverhältnisses hat der bedürftige Hilfeempfänger bei Vorliegen der gesetzlichen Voraussetzungen einen Anspruch auf die Gewährung von bedarfsdeckenden Sozialhilfeleistungen (§ 17 Abs. 1 SGB XII i.V.m. § 9 SGB XII). Hierzu korrespondiert die Pflicht des Sozialhilfeträgers zur Gewährung dieser Leistungen. Die Entscheidung über die Gewährung von Sozialhilfeleistungen ergeht durch Verwaltungsakt. Die Leistungsbeziehung zwischen bedürftigem Hilfeempfänger und Sozialhilfeträger bildet den vorrangigen rechtlichen Maßstab für die übrigen Leistungsbeziehungen.[31] Den übrigen vertraglichen Beziehungen innerhalb des sozialhilferechtlichen Dreiecks kommt insoweit nur eine dienende Funktion zu.[32] Die Leistungsbeziehung zwischen bedürftigem Hilfeempfänger und Sozialhilfeträger kann als öffentlich-rechtliches **Grundverhältnis**[33] bezeichnet werden. Prägend für diese Rechtsbeziehung ist der Grundsatz: „Was der Hilfesuchende aus sozialhilferechtlicher Sicht benötigt, ist ihm zu gewähren"[34].

33   Erbringt der Sozialhilfeträger die dem bedürftigen Hilfeempfänger nach dem Leistungsrecht des SGB XII zustehenden Leistungen nicht durch eigene Einrichtung/Dienste, muss er zum einen gewährleisten, dass Einrichtungen und Dienste anderer Träger in ausreichendem Umfang zur Verfügung stehen (**institutionelle Gewährleistungspflicht bzw. Strukturverantwortung**) und zum anderen durch Verträge (Vereinbarungen) mit den Einrichtungsträgern sicherstellen, dass dem Leistungsrecht und dem Leistungsgrundsätzen des SGB XII entsprechende Leistungen an den bedürftigen Hilfeempfänger erbracht werden (**leistungsrechtliche Gewährleistungspflicht in Form der Gewährleistungsverantwortung**).[35] Der Leistungsumfang wird in diesem Fall durch die leistungsrechtlichen Vorschriften des SGB XII und die zwischen Sozialhilfeträger und Leistungserbringer bestehenden Verträge – d.h. durch den 3. Schenkel des sozialhilferechtlichen Leistungsdreiecks (vgl. Rn. 36) – bestimmt. Innerhalb des Grundverhältnisses sind auf Seiten des bedürftigen Hilfeempfängers das Grundrecht auf Gewährleistung eines menschenwürdigen Existenzminimums (Art. 1 Abs. 1 Satz 1 GG i.V.m. dem Sozialstaatsprinzip)[36] sowie das als Ausdruck der allgemeinen Handlungsfreiheit (Art. 2 Abs. 1 GG) zu wertende Wunsch- und Wahlrecht (§ 9 Abs. 2, 3 SGB XII) von Bedeutung, das jedoch wiederum durch das sozialhilferechtliche Leistungserbringungsrecht beeinflusst wird. So ist u.a. das Wunsch- und Wahlrecht des bedürftigen Hilfeempfängers (§ 9 Abs. 2 Satz 2 HS. 2 SGB XII) auf Leistungserbringer beschränkt, die mit dem Sozialhilfeträger eine Vereinbarung im Sinne des § 75 Abs. 3 SGB XII geschlossen haben. Die Erbringung von Sozialhilfeleistungen durch Einrichtungen/Dienste anderer Trä-

---

[29] *Meyer*, TuP 2008, 443, 445; *Schuler-Harms*, VSSR 2005, 135, 157; *Schellhorn* in: Köbl/Brünner, Die Vergütung von Einrichtungen und Diensten nach SGB XI und BSHG, 2001, S. 42, 44; zum „sozialen Markt": *Rothkegel* in: Köbl/Brünner, Die Vergütung von Einrichtungen und Diensten nach SGB XI und BSHG, 2001, S. 84 ff.

[30] BGBl II 2008, 1419.

[31] Ebenso: *Frommann*, Sozialhilfe nach Vereinbarung, 2002, S. 80 f.; *Neumann*, Freiheitsgefährdung im kooperativen Sozialstaat, 1992, S. 134; SG Dortmund v. 21.08.2012 - S 41 SO 583/11.

[32] *Bieback*, NZS 2007, 505, 506; SG Dortmund v. 21.08.2012 - S 41 SO 583/11; SG Dortmund v. 29.04.2014 - S 41 SO 54/12.

[33] *Schuler-Harms*, VSSR 2005, 135, 139; *Eicher*, SGb 2013, 127, 128; dieser Terminologie nunmehr folgend: *Pattar*, SozialRecht aktuell 2012, 85, 88; *Dillmann*, SozialRecht aktuell 2012, 181, 183 f.; LSG Sachsen v. 12.12.2013 - L 8 SO 71/13 B ER; LSG Rheinland-Pfalz v. 18.02.2011 - L 1 SO 33/09; SG Dortmund v. 29.04.2014 - S 41 SO 54/12; SG Dortmund v. 21.08.2012 - S 41 SO 583/11. Terminologisch abweichend wird die Rechtsbeziehung zwischen Sozialhilfeträger und Hilfeempfänger teilweise auch als „Leistungszusageverhältnis" bezeichnet (*Meyer*, TuP 2008, 443, 444).

[34] BVerwG v. 20.10.1994 - 5 C 28/91 - BVerwGE 97, 53, 57 f.

[35] Dazu: BSG v. 02.02.2010 - B 8 SO 20/08 R.

[36] BVerfG v. 09.02.2010 - 1 BvL 1/09, 1 BvL 3/09, 1 BvL 4/09.

ger in einem dreiseitigen Rechtsverhältnis ist von Bedeutung für die Rechtsnatur des Sozialhilfeanspruchs (vgl. dazu Rn. 42 ff.).

2. Rechtsbeziehung zwischen bedürftigem Hilfeempfänger und Leistungserbringer (2. Schenkel des Dreiecks)

Zwischen dem bedürftigen Hilfeempfänger und dem Leistungserbringer wird ein zivilrechtlicher Vertrag geschlossen. Aufgrund dieses Vertrages hat der bedürftige Hilfeempfänger einen Anspruch auf Erbringung von Betreuungs-, Hilfe- und Förderleistungen sowie ggf. Unterkunft und Verpflegung, mit dem eine entsprechende Pflicht des Einrichtungsträgers zur Erbringung dieser Leistungen korrespondiert. Im Gegenzug ist der bedürftige Hilfeempfänger aus dem Vertrag zur Zahlung des vertraglich vereinbarten Entgelts verpflichtet. Die gegenüber dem Einrichtungsträger bestehende Zahlungsverpflichtung des Hilfeempfängers ist der Bedarf, den der Sozialhilfeträger im Grundverhältnis – durch Vergütungsübernahme (vgl. Rn. 42 ff.) – decken muss. Diese Leistungsbeziehung kann als privatrechtliches **Erfüllungsverhältnis**[37] bezeichnet werden. In dieser Leistungsbeziehung sind das Grundrecht des bedürftigen Hilfeempfängers auf Gewährleistung eines menschenwürdigen Existenzminimums sowie die aus Art. 2 Abs. 1 GG folgende Vertragsfreiheit im Rahmen der Drittwirkung von Grundrechten von Bedeutung. Diese zivilrechtliche Seite des sozialhilferechtlichen Dreiecks wird durch das zwischen dem Leistungserbringer und dem Sozialhilfeträger bestehende Rechtsverhältnis (vgl. Rn. 36) und die hierfür maßgebenden gesetzlichen Bestimmungen beeinflusst – d.h. öffentlich-rechtlich überlagert (vgl. Rn. 122 ff.). Infolge dieser öffentlich-rechtlichen Überlagerung des im Erfüllungsverhältnis geschlossenen Vertrages werden die Vertragsfreiheit des bedürftigen Hilfeempfängers sowie das ihm nach § 9 Abs. 2 Satz 2 SGB XII zustehende Wunsch- und Wahlrecht in Bezug auf die Wahl der Einrichtung/des Dienstes dahingehend eingeschränkt, dass – von Ausnahmefällen abgesehen – grundsätzlich nur ein Vertrag mit einem vereinbarungsgebundenen Einrichtungsträger geschlossen werden darf (§ 9 Abs. 2 Satz 2 HS. 2 SGB XII).

34

Hat der im Erfüllungsverhältnis geschlossene Vertrag die Erbringung von stationären Leistungen zum Gegenstand, handelt es sich um einen **Vertrag nach dem WBVG (ehemals Heimvertrag)**. Das WBVG ersetzt die durch das „Gesetz zur Neuregelung der zivilrechtlichen Vorschriften des HeimG nach der Föderalismusreform"[38] vom 29.07.2009 mit Wirkung zum 01.10.2009 gestrichenen §§ 5 bis 9 HeimG, welche den bürgerlich-rechtlichen Heimvertrag betrafen. Die Kompetenz zur Regelung des Heimvertrages liegt weiterhin beim Bund, während die Zuständigkeit für die Heimaufsicht – entsprechend dem Kompetenztitel für öffentliche Fürsorge (Art. 74 Abs. 1 Nr. 7 GG) – auf die Länder zurückübertragen wurde.[39] Von dieser Kompetenz hat der Bundesgesetzgeber durch den Erlass des als Verbraucherschutzgesetz ausgestalteten WBVG als Bundesgesetz Gebrauch gemacht. Das WBVG geht den bis zu seinem Inkrafttreten ergangenen landesrechtlichen Regelungen zum zivilrechtlichen Heimvertrag[40] aufgrund der Normhierarchie vor.

35

3. Rechtsbeziehung zwischen Leistungserbringer und Sozialhilfeträger (3. Schenkel des Dreiecks)

Grundlage der Rechtsbeziehung zwischen Leistungserbringer und Sozialhilfeträger sind die als öffentlich-rechtliche Normverträge zu qualifizierenden Vereinbarungen i.S.d. § 75 Abs. 3 SGB XII (vgl. dazu Rn. 89). Es handelt sich um ein öffentlich-rechtliches Rechtsverhältnis.[41] Das zwischen Sozialhil-

36

---

[37] *Schuler-Harms*, VSSR 2005, 135, 138 f.; dieser Terminologie nunmehr folgend: *Pattar*, SozialRecht aktuell 2012, 85, 88; LSG Sachsen v. 12.12.2013 - L 8 SO 71/13 B ER; LSG Nordrhein-Westfalen v. 20.12.2013 - L 20 SO 163/13 B; LSG Baden-Württemberg v. 22.10.2013 - L 7 SO 3102/13 ER-B u. LSG Baden-Württemberg v. 27.06.2011 - L 7 SO 797/11 ER-B; LSG Rheinland-Pfalz v. 18.02.2011 - L 1 SO 33/09; SG Dortmund v. 29.04.2014 - S 41 SO 54/12; SG Dortmund v. 21.08.2012 - S 41 SO 583/11; terminologisch abweichende Bezeichnung als „Leistungserbringerverhältnis" durch *Meyer*, TuP 2008, 443, 444.

[38] BGBl I 2009, 2319.

[39] Zum Kompetenzstreit vgl. *Pattar*, SozialRecht aktuell 2012, 85, 94 f. m.w.N.; *Fahlbusch*, NDV 2006, 445, 451 ff.

[40] Vgl. dazu: *Pattar*, SozialRecht aktuell 2012, 85, 94.

[41] Ebenso: *Eicher*, SGb 2013, 127, 128 f.; *Pattar*, SozialRecht aktuell 2012, 85, 88, 96; *Jaritz*, SozialRecht aktuell 2012, 105, 106; *Freudenberg* in: Jahn, SGB XII, § 75 Rn. 5a; LSG Berlin-Brandenburg v. 11.11.2013 - L 15 SO 295/12 B; SG Dortmund v. 21.08.2012 - S 41 SO 583/11; a.A. im Sinne einer aus privatrechtlichen und öffentlich-rechtlichen Elementen bestehenden Rechtsbeziehung: *Frommann*, Sozialhilfe nach Vereinbarung, 2002, S. 84 f.

feträger und Leistungserbringer bestehende Rechtsverhältnis verbindet das öffentlich-rechtliche Grund- und das privatrechtliche Erfüllungsverhältnis zu einer dreiseitigen Rechtsbeziehung. Die nach § 75 Abs. 3 Satz 1 SGB XII zu schließenden Vereinbarungen ermöglichen dem Sozialhilfeträger die Wahrnehmung seiner Gewährleistungspflicht aus § 17 Abs. 1 Nr. 1 SGB I in den Fällen, in denen er die Leistung nicht selbst erbringt, sondern durch Einrichtungen/Dienste anderer Träger erbringen lässt. Über die zwischen Sozialhilfeträger und Leistungserbringer zu schließende Vereinbarung wird dem bedürftigen Hilfeempfänger die Sozialleistung verschafft. Die Rechtsbeziehung zwischen Sozialhilfeträger und Leistungserbringer kann daher als **Sachleistungsverschaffungsverhältnis**[42] bezeichnet werden. Innerhalb dieser Rechtsbeziehungen sind auf Seiten des Leistungserbringers dessen Grundrecht aus Art. 12 Abs. 1 GG[43] und die allgemeine Handlungsfreiheit i.S.d. Vertragsfreiheit aus Art. 2 Abs. 1 GG zu berücksichtigen. Das Sachleistungsverschaffungsverhältnis beeinflusst und modifiziert die übrigen Rechtsbeziehungen des sozialhilferechtlichen Dreiecks (vgl. Rn. 42 ff.).

4. Wechselseitige Beeinflussung der Rechtsbeziehungen im sozialhilferechtlichen Dreiecksverhältnis

37 Die im sozialhilferechtlichen Leistungsdreieck zusammengefassten Rechtsbeziehungen beeinflussten sich wechselseitig.

38 Das öffentlich-rechtliche **Grundverhältnis** ist Fundament und **rechtlicher Maßstab für die übrigen Rechtsbeziehungen** (vgl. Rn. 32). Die übrigen Rechtsbeziehungen des sozialhilferechtlichen Dreiecks dienen der Erfüllung der Ansprüche im Grundverhältnis. Das Grundverhältnis an sich und die dieses Verhältnis prägenden Vorschriften sind daher bei der Auslegung der übrigen Vertragsbeziehungen zu berücksichtigen (**Ausstrahlungswirkung** des Grundverhältnisses).

39 Im **Erfüllungsverhältnis** wird der Bedarf begründet, der im Grundverhältnis nach Maßgabe des Leistungsverschaffungsverhältnisses vom Sozialhilfeträger zu übernehmen ist (**bedarfsbegründende Wirkung**).[44]

40 Über die im **Sachleistungsverschaffungsverhältnis** geschlossenen Vereinbarungen i.S.d. § 75 Abs. 3 Satz 1 SGB XII wird die Deckung des im Erfüllungsverhältnis entstehenden Bedarfs entsprechend der für das Grundverhältnis maßgebenden Regelungen ermöglicht. Zugleich modifizieren die Vereinbarungen das Grundverhältnis und beeinflussen das Erfüllungsverhältnis (**modifizierende Wirkung**; vgl. dazu Rn. 42 ff.).

41 Die Konzeption des sozialhilferechtlichen Dreiecksverhältnisses berücksichtigt die Interessen aller an dieser dreiseitigen Rechtsbeziehung Beteiligten: Der Hilfeempfänger erhält die ihm zustehenden Leistungen, ohne mit den Modalitäten der Abwicklung belastet zu werden; der Sozialhilfeträger trägt seiner Gewährleistungsverantwortung Rechnung und stellt sicher, dass das Geld dort ankommt, wo es ankommen soll und der Leistungserbringer erhält als „Gegenwert" für die Beschränkung seiner Vertragsfreiheit beim Abschluss von Vereinbarungen mit dem Sozialhilfeträger (vgl. dazu die Kommentierung zu § 76 SGB XII Rn. 12) die finanzielle Sicherheit durch einen weiteren solventen Schuldner aufgrund der vom Sozialhilfeträger erklärten Schuldmitübernahme (vgl. Rn. 42).[45] Die **Rechtsbeziehungen im sozialhilferechtlichen Dreiecksverhältnis** lassen sich wie folgt darstellen:

---

[42] BSG v. 18.03.2014 - B 8 SF 2/13 R; dieser Terminologie folgend: *Pattar*, SozialRecht aktuell 2012, 85, 88; LSG Rheinland-Pfalz v. 18.02.2011 - L 1 SO 33/09 u. LSG Rheinland-Pfalz v. 25.11.2010 - L 1 SO 8/10; SG München v. 12.03.2013 - S 48 SO 395/09; SG Dortmund v. 21.08.2012 - S 41 SO 583/11; terminologisch abweichende Bezeichnung als „Leistungsbeschaffungsverhältnis" durch *Meyer*, TuP 2008, 443, 444.

[43] Dazu: *Bieback*, NZS 2007, 505, 506.

[44] Vgl. dazu auch: *Eicher*, SGb 2013, 127, 128; dazu auch: BSG v. 02.02.2012 - B 8 SO 5/10 R - SozR 4-3500 § 62 Nr. 1.

[45] BSG v. 28.10.2008 - B 8 SO 22/07 R - BSGE 102, 1 = SozR 4-1500 § 75 Nr. 9.

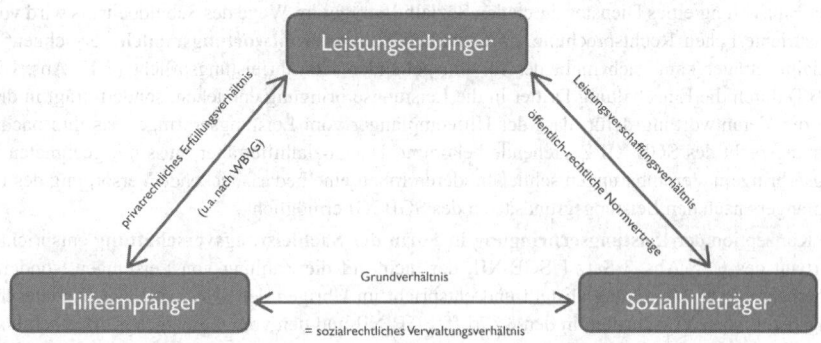

a. Modifizierung des Grundverhältnisses durch die Vereinbarungen im Sachleistungsverschaffungsverhältnis

Die nach § 75 Abs. 3 Satz 1 SGB XII zu schließenden Vereinbarungen beeinflussen das Grundverhältnis dahingehend, dass der Sozialhilfeträger die dem bedürftigen Hilfeempfänger zustehenden Sozialhilfeleistungen nicht selbst in Form einer Sachleistung durch eigene Einrichtung/Dienste oder in Form einer Geldleistung erbringt, sondern ihm einen Anspruch auf Sachleistung durch den Leistungserbringer verschafft **(Anspruch auf Sachleistungsverschaffung)**. Die Sachleistungsverschaffung erfolgt durch Übernahme der Vergütung, die der bedürftige Hilfeempfänger aufgrund des im Erfüllungsverhältnis geschlossenen zivilrechtlichen Vertrages dem Leistungserbringer schuldet. Rechtlich geschieht dies **in Form eines Schuldbeitritts**: Der Sozialhilfeträger tritt der Zahlungsverpflichtung des bedürftigen Hilfeempfängers aus dessen zivilrechtlichem Vertrag mit dem Leistungserbringer und somit einer privatrechtlichen Schuld gegenüber dem Leistungserbringer bei (kumulativer Schuldbeitritt).[46] Der Schuldbeitritt wird in dem im Grundverhältnis ergehenden Bewilligungsbescheid über die Leistung erklärt. Der **Bewilligungsbescheid** ist als **Verwaltungsakt mit Drittwirkung** (zugunsten des Leistungserbringers) zu qualifizieren (vgl. zur privatrechtsgestaltenden Wirkung Rn. 46).[47]

42

---

[46] Grundlegend zur Sachleistungsverschaffung und zum Schuldbeitritt: BSG v. 28.10.2008 - B 8 SO 22/07 R - BSGE 102, 1 = SozR 4-1500 § 75 Nr. 9; *Eicher*, SGb 2013, 127 f.; *Coseriu*, SozialRecht aktuell 2012, 99, ff.; bestätigt durch: BSG v. 02.02.2010 - B 8 SO 20/08 R; BSG v. 18.03.2014 - B 8 SF 2/13 R; dem folgend: LSG Berlin-Brandenburg v. 11.11.2013 - L 15 SO 295/12 B (nachgehend B 8 SF 2/13 R); LSG Berlin-Brandenburg v. 28.06.2012 - L 15 SO 254/08; LSG Sachsen v. 12.12.2013 - L 8 SO 71/13 B ER; LSG Nordrhein-Westfalen v. 23.09.2013 - L 20 SO 394/12 u. LSG Nordrhein-Westfalen v. 20.12.2013 - L 20 SO 163/13 B; LSG Saarland v. 24.10.2013 - L 11 SO 15/12 WA; LSG Bayern v. 26.11.2012 - L 18 SO 173/12 B; LSG Schleswig-Holstein v. 21.12.2012 - L 9 SO 151/12 B ER; LSG Baden-Württemberg v. 18.04.2012 - L 2 SO 5276/10; LSG Rheinland-Pfalz v. 18.02.2011 - L 1 SO 33/09 u. LSG Rheinland-Pfalz v. 25.11.2010 - L 1 SO 8/10; SG Dortmund v. 29.04.2014 - S 41 SO 54/12 u. SG Dortmund v. 21.08.2012 - S 41 SO 583/11; SG Berlin v. 23.09.2012 - S 90 SO 2636/11 u. S 90 SO 1227/12; *Flint* in: Grube/Wahrendorf, SGB XII, 5. Aufl., § 75 Rn. 7; *Freudenberg* in: Jahn, SGB XII, § 75 Rn. 5; *W. Schellhorn* in: Schellhorn/Schellhorn/Hohm, SGB XII, 18. Aufl., § 75 Rn. 11; *Pattar*, SozialRecht aktuell 2012, 85, 92 ff.; *Schulz*, RdLH 2013, 188; im Ergebnis ebenso, aber mit kritischen Anmerkungen: *Dillmann*, SozialRecht aktuell 2012, 181, 182 f.; kritisch auch: *Neumann* in: Hauck/Noftz, SGB XII, § 75 Rn. 32b; *Dillmann/Dannat*, ZfF 2009, 241, 248 f.; a. A. *Plagemann*, SGb 2010, 161 ff.; *Ladage*, SGb 2013, 553, 555; *Wendt*, RdLH 2012, 68; *Vorholz* in: Sozialrecht als Menschenrecht 2011, S. 127 ff.; wohl auch: BGH v. 02.12.2010 - III ZR 19/10 (im Sinne eines Sachleistungsanspruchs); zur Entkräftung der Kritik: *Coseriu*, SozialRecht aktuell 2012, 99, 100 mit ausführlicher Darstellung der höchstrichterlichen Rechtsprechung.

[47] BSG v. 28.10.2008 - B 8 SO 22/07 R - BSGE 102, 1 = SozR 4-1500 § 75 Nr. 9; BSG v. 02.02.2010 - B 8 SO 20/08 R; BSG v. 18.03.2014 - B 8 SF 2/13 R; LSG Saarland v. 24.10.2013 - L 11 SO 15/12 WA; LSG Berlin Brandenburg v. 11.11.2013 - L 15 SO 295/12 B; LSG Rheinland-Pfalz v. 18.02.2011 - L 1 SO 33/09 u. LSG Rheinland-Pfalz v. 25.11.2010 - L 1 SO 8/10; SG Dortmund v. 29.04.2014 - S 41 SO 54/12 u. SG Dortmund v. 21.08.2012 - S 41 SO 583/11; *Eicher*, SGb 2013, 127, 128; *Coseriu*, SozialRecht aktuell 2012, 99, 100; *Gerlach*, SozialRecht aktuell 2013, 83 ff.

43 Die Konstruktion der Übernahme der vom Hilfeempfänger geschuldeten Vergütung für die Leistungen einer Einrichtung/eines Dienstes durch den Sozialhilfeträger im Wege des Schuldbeitritts wird von der höchstrichterlichen Rechtsprechung als **Gewährleistungsverantwortungsmodell** bezeichnet:[48] Der Sozialhilfeträger kann sich nicht der für ihn geltenden Gewährleistungspflicht (§ 17 Abs. 1 Nr. 1 SGB I) durch die Einschaltung Dritter in die Leistungserbringung entziehen, sondern trägt in diesem Fall die Verantwortung dafür, dass der Hilfeempfänger vom Leistungserbringer das ihm nach dem Leistungsrecht des SGB XII Zustehende bekommt. Der Sozialhilfeträger muss mit geeigneten Leistungserbringern Vereinbarungen schließen, deren Inhalt eine bedarfsdeckende Versorgung des Hilfeempfängers nach den Leistungsgrundsätzen des SGB XII ermöglicht.

44 Die Konzeption der **Leistungserbringung in Form der Sachleistungsverschaffung** entspricht dem Wortlaut des § 75 Abs. 3 Satz 1 SGB XII, der nicht auf die Zahlung von Leistungen, sondern die „Übernahme" der Vergütung abstellt und entspricht im Übrigen der Systematik der leistungserbringungsrechtlichen Vorschriften in den §§ 75 ff. SGB XII und den vom Gesetzgeber offensichtlich gewollten Parallelen zu den vergleichbaren Regelungen im Recht der Gesetzlichen Krankenversicherung und der gesetzlichen Pflegeversicherung.[49] Es handelt sich um eine **Ausnahme von dem in § 10 Abs. 3 SGB XII angeordneten Vorrang der Geldleistung**, die dadurch gerechtfertigt ist, dass das Ziel der Sozialhilfe durch eine Sachleistung besser erreicht werden kann.[50] Dies folgt bereits daraus, dass nur über das Konstrukt der Sachleistungsverschaffung die Sozialhilfeleistungen des 6. bis 9. Kapitels dem vorgesehenen Zweck entsprechend der Einrichtung zugeführt werden und auf diese Weise den Interessen aller am dreiseitigen Rechtsverhältnis Beteiligten optimal Rechnung getragen wird (vgl. dazu Rn. 41). Zudem wird durch die Vorgaben der §§ 75 ff. SGB XII, denen das Konstrukt der Sachleistungsverschaffung und Gewährleistungsverantwortung entnommen werden kann, „etwas anderes bestimmt" i.S.d. § 10 As. 3 Satz 1 SGB XII.

45 In der Praxis wird der im Grundverhältnis ergangene Bescheid dem Leistungserbringer verbunden mit einer Kostenzusage zur Kenntnisnahme übersandt.[51] Diese **Kostenzusage** wiederholt lediglich den Inhalt des im Grundverhältnis ergangenen Verwaltungsaktes mit Drittwirkung. Eine darüber hinausgehende Bedeutung i.S.e. **deklaratorischen oder abstrakten Schuldanerkenntnis**ses oder einer vom Schuldgrund losgelösten Kostengarantie wird man der Kostenzusage dagegen nicht beimessen können, denn der Kostenzusage kann – ausgehend vom Empfängerhorizont – regelmäßig nicht der Wille des Sozialhilfeträgers entnommen werden, einen neuen, abstrakten Schuldgrund zu schaffen.[52] Durch den Schuldbeitritt des Sozialhilfeträgers erhält der Leistungserbringer einen weiteren Schuldner (**kumulativer Schuldbeitritt**). Sozialhilfeträger und Hilfeempfänger haften als Gesamtschuldner für die Zahlungsverpflichtung aus dem im Erfüllungsverhältnis geschlossenen Vertrag.[53] Eine **Schuldübernahme**, bei der der Sozialhilfeträger als Übernehmer an die Stelle des bisherigen Schuldners (Hilfeempfängers) tritt, kann hingegen nicht angenommen werden.[54]

---

[48] BSG v. 18.03.2014 - B 8 SF 2/13 R; BSG v. 02.02.2010 - B 8 SO 20/08 R; LSG Sachsen v. 12.12.2013 - L 8 SO 71/13 B ER; LSG Berlin-Brandenburg v. 11.11.2013 - L 15 SO 295/12 B (nachgehend BSG v. 18.03.2014 - B 8 SF 2/13 R); LSG Baden-Württemberg v. 18.04.2012 - L 2 SO 5276/10; LSG Schleswig-Holstein v. 21.12.2012 - L 9 SO 151/12 B ER; *Coseriu*, SozialRecht aktuell 2012, 99.

[49] BSG v. 28.10.2008 - B 8 SO 22/07 R - BSGE 102, 1 = SozR 4-1500 § 75 Nr. 9; zum Begriff der „Übernahme" vgl. auch: *Coseriu*, SozialRecht aktuell 2012, 99, 100 f.

[50] BSG v. 28.10.2008 - B 8 SO 22/07 R - BSGE 102, 1 = SozR 4-1500 § 75 Nr. 9; *Coseriu*, SozialRecht aktuell 2012, 99, 100 f.; *Pattar*, SozialRecht aktuell 2012, 85, 94; SG Dortmund v. 21.08.2012 - S 41 SO 583/11; a.A. *Plagemann*, SGb 2010, 161, 163; *Vorholz* in: Sozialrecht als Menschenrecht 2010, 138; *Dillmann* in: Sozialrecht als Menschenrecht, 2010, 120.

[51] *Coseriu*, SozialRecht aktuell 2012, 99, 100.

[52] *Eicher*, SGb 2013, 127, 129; *Coseriu*, SozialRecht aktuell 2012, 99, 100 f.; offen gelassen: BSG v. 18.03.2014 - B 8 SF 2/13 R; BSG v. 28.10.2008 - B 8 SO 22/07 R - BSGE 102, 1 = SozR 4-1500 § 75 Nr. 9; BVerwG v. 04.08.2006 - 5 C 13/05 - BVerwGE 126, 295 zu § 93 BSHG; LSG Nordrhein-Westfalen v. 23.09.2013 - L 20 SO 394/12.

[53] BSG v. 28.10.2008 - B 8 SO 22/07 R - BSGE 102, 1 = SozR 4-1500 § 75 Nr. 9; LSG Bayern v. 22.12.2012 - L 8 SO 92/08; LSG Rheinland-Pfalz 18.02.2011 - L 1 SO 33/09 u. v. 25.11.2010 - L 1 SO 8/10; SG Dortmund v. 21.08.2012 - S 41 SO 583/11; *Flint* in: Grube/Wahrendorf, SGB XII, 5. Aufl., § 75 Rn. 41; *Coseriu*, SozialRecht aktuell 2012, 99 ff.

[54] *Eicher*, SGb 2013, 127, 129; *Coseriu*, SozialRecht aktuell 2012, 99, 100.

Der **Schuldbeitritt** des Sozialhilfeträgers bewirkt **keine Änderung der Rechtsnatur der zugrunde- 46 liegenden Schuld**, sondern teilt notwendigerweise die Rechtsnatur der Forderung des Gläubigers.[55] Der zivilrechtliche Charakter der Vergütungsforderung, die dem Leistungserbringer aufgrund des im Erfüllungsverhältnis geschlossenen Vertrages gegen den Hilfeempfänger zusteht, bleibt daher erhalten. Insbesondere wird die Schuld, der beigetreten wird, nicht für den Beigetretenen zur öffentlich-rechtlichen während sie in Bezug auf den bisherigen Alleinschuldner privatrechtlich bleibt (zu den Konsequenzen für den Rechtsweg vgl. Rn. 55 ff.). Die Entscheidung des Sozialhilfeträgers im Grundverhältnis über die Schuldmitübernahme ist daher ein **privatrechtgestaltender Verwaltungsakt mit Drittwirkung**.[56]

Aufgrund des Schuldbeitritts kann der Hilfeempfänger die Zahlung direkt an den Leistungserbringer 47 beanspruchen. Allerdings hat der Hilfeempfänger nur einen Anspruch auf Übernahme der Kosten, die er dem Leistungserbringer aus dem im Erfüllungsverhältnis geschlossenen Vertrag schuldet (vgl. dazu Rn. 34 f.).[57] Ferner erwirbt der Leistungserbringer aufgrund des im Rahmen der Leistungsbewilligung erklärten Schuldbeitritts einen Zahlungsanspruch gegen den Sozialhilfeträger.[58] Anders als im Bereich der gesetzlichen Kranken- und Pflegeversicherung besteht allerdings weder ein gesetzlicher noch ein aus den zwischen Leistungserbringer und Leistungsträger geschlossenen Normverträgen (Vereinbarungen) resultierender eigener Zahlungsanspruch des Leistungserbringers gegen den Sozialhilfeträger **(kein originärer Anspruch des Leistungserbringers)**.[59] Der Leistungserbringer erwirbt einen Zahlungsanspruch nur auf der Grundlage und im Umfang des im Grundverhältnis erklärten Schuldbeitritts[60] **(abgeleiteter bzw. akzessorischer Zahlungsanspruch)**. Er erwirbt dieses Recht auf Zahlung erst durch den Schuldbeitritt. Weder hat der Leistungserbringer vor der Bewilligung eine entsprechende eigene Rechtsposition, noch kann er aus eigenem Recht vom Sozialhilfeträger mehr als das dem Hilfeempfänger im Grundverhältnis Bewilligte verlangen.[61] Eine eigene Rechtsposition erwirbt der Leistungserbringer auch nicht über die Beiladung im Streit des Hilfeempfängers gegen den Sozialhilfeträger[62] (vgl. dazu Rn. 56).

Ein Schuldbeitritt durch Leistungsbescheid verlangt allerdings eine Leistungsbewilligung in konkreter 48 oder zumindest konkretisierbarer Höhe.[63] Mag auch die Bewilligung einer Geldleistung im Hinblick auf § 130 Abs. 1 SGG dem Grunde nach möglich sein, einen **Schuldbeitritt dem Grunde** nach gibt es nicht. Dem im Grundverhältnis ergehenden Verwaltungsakt fehlt es sonst an der wegen der Bedürftig-

---

[55] *Eicher*, SGb 2013, 127, 130; BSG v. 18.03.2014 - B 8 SF 2/13 R; LSG Bayern v. 26.11.2012 - L 18 SO 173/12 B; LSG Nordrhein-Westfalen v. 20.12.2013 - L 20 SO 163/13 B (anhängig beim BSG unter B 8 SF 1/14 R); BVerwG v. 03.03.2011 - 3 C 19/10 - BVerwGE 139, 125 ff.; vgl. auch: BGH v. 22.06.1978 - III ZR 109/76 - BGHZ 72, 56, 58 f.; ähnlich, aber mit unzutreffender Schlussfolgerung in Bezug auf den Rechtsweg: LSG Berlin-Brandenburg v. 11.11.2013 - L 15 SO 295/12 B; LSG Berlin-Brandenburg v. 12.04.2013 - L 23 SO 272/12 B; LSG Berlin-Brandenburg v. 21.03.2013 - L 23 SO 247/12; ohne eindeutige Positionierung: LSG Nordrhein-Westfalen v. 23.09.2013 - L 20 SO 394/12.

[56] *Eicher,* SGb 2013, 127, 130; BSG v. 18.03.2014 - B 8 SF 2/13 R; LSG Bayern v. 26.11.2012 - L 18 SO 173/12.

[57] BSG v. 02.02.2012 - B 8 SO 5/10 R - SozR 4-3500 § 62 Nr. 1; BSG v. 02.02.2010 - B 8 SO 20/08 R; BSG v. 28.10.2008 - B 8 SO 22/07 R - BSGE 102, 1 = SozR 4-1500 § 75 Nr. 9; *Eicher*, SGb 2013, 127, 128 i.S.e. denknotwendigen Voraussetzung.

[58] BSG v. 28.10.2008 - B 8 SO 22/07 R - BSGE 102, 1 = SozR 4-1500 § 75 Rn. 9; BSG v. 02.02.2010 - B 8 SO 20/08 R; *Eicher*, SGb 2013, 127 ff.; dem folgend: *Coseriu*, SozialRecht aktuell 2012, 99 ff.; *Pattar*, SozialRecht aktuell 2012, 85, 92 f.; SG Dortmund v. 29.04.2014 - S 41 SO 54/12; kritisch, aber im Ergebnis wohl zustimmend: *Dillmann*, SozialRecht aktuell 2012, 181, 182; *Flint* in: Grube/Wahrendorf, SGB XII, 5. Aufl., § 75 Rn. 41; LSG Nordrhein-Westfalen v. 23.09.2013 - L 20 SO 394/12; LSG Bayern v. 26.11.2012 - L 18 SO 173/12 B; LSG Bayern v. 22.11.2012 - L 8 SO 92/08; LSG Berlin-Brandenburg v. 28.06.2012 - L 15 SO 254/08; SG Berlin v. 24.09.12012 - S 90 SO 2636/11 u. S 90 SO 1227/12.

[59] *Eicher*, SGb 2013 , 127, 129; BSG v. 20.09.2012 - B 8 SO 20/11 R; BSG v. 02.02.2012 - B 8 SO 5/10 R - SozR 4-350 § 62 Nr. 1; SG Dortmund v. 29.04.2014 - S 41 SO 54/12 vgl. auch: BVerwG v. 04.08.2006 - 5 C 13/05 - BVerwGE 126, 295 ff.; BVerwG v. 19.05.1994 - 5 C 33/91 - BVerwGE 96, 71, 77 jeweils zu § 93 BSHG.

[60] Zu § 93 BSHG: BVerwG v. 19.05.1994 - 5 C 33/91 - BVerwGE 96, 71, 77.

[61] *Eicher*, SGb 2013, 127, 129; *Coseriu*, SozialRecht aktuell 2012, 99, 101; LSG Rheinland-Pfalz v. 18.02.2011 - L 1 SO 33/09; LSG Bayern v. 26.11.2012 - L 18 SO 173/12 B; SG Berlin v. 27.08.2012 - S 90 SO 1638/09.

[62] A.A. *Schnath*, SozialRecht aktuell 2010, 173, 176.

[63] *Eicher*, SGb 2013, 127, 128; LSG Rheinland-Pfalz v. 18.02.2011 - L 1 SO 33/09; a.A. SG Berlin v. 24.09.2012 - S 90 SO 1227/12; *Dillmann*, SozialRecht aktuell 2012, 181, 185.

keit und der Systematik des Leistungserbringungsrechts erforderlichen hinreichenden inhaltlichen **Bestimmtheit** (§ 33 Abs. 1 SGB X). Der Bewilligungsbescheid muss – ggf. im Wege der Auslegung – erkennen lassen, welche Leistung für welchen Zeitraum in welcher Höhe gewährt wird.[64] Verweist der im Grundverhältnis ergehende Bescheid über die Leistungsbewilligung ausdrücklich auf die jeweils noch (ggf. monatlich) ergehenden Entscheidungen[65], liegt (noch) kein Schuldbeitritt, sondern lediglich die Ankündigung eines solchen vor. Allenfalls ist in dieser Fallkonstellation eine Zusicherung (§ 34 SGB X) denkbar.[66]

49 Der Sozialhilfeträger ist an den im Bewilligungsbescheid im Grundverhältnis erklärten Schuldbeitritt gebunden. Die **Bindung des Sozialhilfeträgers an den erklärten Schuldbeitritt** besteht, solange und soweit dieser Verwaltungsakt nicht zurückgenommen, widerrufen, anderweitig aufgehoben oder durch Zeitablauf oder auf andere Weise erledigt ist (§ 39 Abs. 2 SGB X). Will der Sozialhilfeträger die Leistungsbewilligung gegenüber dem Hilfeempfänger aufheben, muss er, um von seiner zivilrechtlichen Verpflichtung gegenüber dem Leistungserbringer frei zu werden, auch den Schuldbeitritt aufheben. Ein Fall der **Erledigung des Schuldbeitritts** „auf andere Weise" liegt vor, wenn der Leistungserbringer keinen Anspruch (mehr) gegen den Sozialhilfeempfänger besitzt – etwa bei stationären Maßnahmen für Zeiten nach dem **Tod des Hilfebedürftigen**. Eine Schuld, der beigetreten werden kann, ist dann nicht (mehr) vorhanden. Hingegen führt der Tod des Hilfeempfängers nicht zur Erledigung des Schuldbeitritts, soweit es um Ansprüche des Leistungserbringers geht, die vor dessen Tod entstanden sind. Der Tod hat keine Auswirkungen auf die Schuld des Sozialhilfeträgers als Gesamtschuldner (§ 425 BGB; zur Gesamtschuld vgl. Rn. 45).

50 **Kein Schuldbeitritt** kann angenommen werden, wenn der vom Sozialhilfeträger im Grundverhältnis erlassene **Bewilligungsbescheid** ausdrücklich oder bei entsprechender Auslegung nach dem objektiven Empfängerhorizont eine **primäre Geldleistung unmittelbar an den Hilfebedürftigen** und nicht an den Leistungserbringer bewilligt.[67] Dieser Bescheid wäre zwar, wenn er nicht den Sekundäranspruch auf Erstattung bereits vom Hilfeempfänger an den Leistungserbringer gezahlter Beträge betrifft, rechtswidrig, aber bis zu seiner Aufhebung bzw. Erledigung wirksam. Maßgebend ist insoweit, wie der Bescheid nach objektivem Empfängerhorizont auszulegen ist.

b. Modifizierung des Erfüllungsverhältnisses durch die Vereinbarungen im Sachleistungsverschaffungsverhältnis

51 Die Vereinbarungen zwischen Sozialhilfeträger und Leistungserbringer beeinflussen auch den im Erfüllungsverhältnis geschlossenen zivilrechtlichen Vertrag.[68] Die Verträge müssen den nach § 75 Abs. 3 Satz 1 GB XII zwischen Sozialhilfeträger und Leistungserbringer geschlossenen Vereinbarungen entsprechen **(Bindung an die Vereinbarungen)**; sie dürfen insbesondere nicht zu Lasten des Hilfebedürftigen von den Vereinbarungen abweichen. Dies gilt für den Inhalt der Verträge im Allgemeinen und für den Vergütungsanspruch des Leistungserbringers im Besonderen.

52 Für **Verträge über stationäre Leistungen** folgt dies aus den Regelungen in den **§§ 7 Abs. 2 Satz 3, 9 Abs. 1 Satz 3, 15 Abs. 2 WBVG**. Nach § 15 Abs. 2 WBVG müssen die Verträge mit Verbrauchern, die Leistungen nach dem SGB XII in Anspruch nehmen, den aufgrund des Zehnten Kapitels des SGB XII getroffenen Regelungen – somit den §§ 75-81 SGB XII – entsprechen; (zu Lasten des Verbrauchers) abweichende Vereinbarungen sind unwirksam. Der sich aus dem (Wohn-)Heimvertrag ergebende Vergütungsanspruch der Einrichtung wird an die zwischen Sozialhilfeträger und Leistungserbringer nach § 75 Abs. 3 Satz SGB XII vereinbarte Vergütung gebunden (§ 7 Abs. 2 Satz 3 WBVG) und ist mit dem Hilfebedürftigen (nach der Terminologie des WBVG: Verbraucher) nicht frei verhandelbar.[69] Die in der Vergütungsvereinbarung festgelegten Entgelte gelten als vereinbart und angemessen. § 7 Abs. 2 Satz 3 WBVG enthält eine Fiktion für das vereinbarte Entgelt, so dass es der Festlegung

---

[64] *Dillmann*, SozialRecht aktuell 2012, 181, 184 mit weiteren Ausführungen zur Notwendigkeit der Angabe der Hilfebedarfsgruppenzuordnung im Bewilligungsbescheid (vgl. dazu auch die Kommentierung zu § 76 SGB XII Rn. 76 ff.).

[65] So die der Entscheidung des SG Berlin vom 24.09.2012 - S 90 SO 1227/12 - zugrundeliegende Fallkonstellation.

[66] *Eicher*, SGb 2013, 127, 128.

[67] Vgl. dazu VGH Bayern v. 21.03.2005 - 12 CE 04.3361 zu § 93 BSHG.

[68] BSG v. 02.02.2012 - B 8 SO 5/10 R - SozR 4-3500 § 62 Nr. 1.

[69] Vgl. dazu auch: BSG v. 02.02.2012 - B 8 SO 5/10 R - SozR 4-3500 § 62 Nr. 1; SG Berlin v. 27.08.2012 - S 90 SO 1638/09; *Eicher*, SGb 2013, 127, 129; *Pattar*, SozialRecht aktuell 2012, 85, 94 ff.; *Dillmann*, SozialRecht aktuell 2012, 181, 188.

eines konkreten Entgelts im Wohnheimvertrag grundsätzlich nicht mehr bedarf.[70] Sinnvoll und in der Praxis üblich ist jedoch die Bezugnahme bzw. eine dynamische Verweisung auf eine konkrete (Vergütungs-)Vereinbarung im Wohnheimvertrag.[71] Ändert sich der Betreuungsbedarf, kann eine höhere Vergütung für die nach erfolgter (bzw. automatischer) Vertragsanpassung erbrachten zusätzlichen Leistungen nur verlangt werden, wenn diese Erhöhung dem in den Vereinbarungen mit dem Sozialhilfeträger festgelegten Entgelt entspricht (§ 9 Abs. 1 Satz 3 i.V.m. § 7 Abs. 2 Satz 3 WBVG).[72] Aufgrund der **unmittelbaren Geltung der zwischen Sozialhilfeträger und Einrichtung vereinbarten Vergütung** ist den Beziehern von Leistungen nach dem SGB XII die Vergütungserhöhung lediglich mitzuteilen, ohne dass deren Zustimmung zur Erhöhung des Entgelts erforderlich wäre.[73] Das **bis zum 30.09.2009 geltende HeimG** kannte eine den §§ 7 Abs. 2 Satz 3 und 9 Abs. 1 Satz 3 WBVG entsprechende Regelung zur unmittelbaren Geltung der in den Vereinbarungen zwischen Sozialhilfeträger und Leistungserbringer festgelegten Vergütungshöhe nicht. Allerdings sah § 5 Abs. 6 HeimG in der bis zum 30.09.2009 geltenden Fassung bei Abweichungen des Heimvertrages von den nach § 75 Abs. 3 Satz 1 SGB XII geschlossenen Vereinbarungen einen **Vertragsanpassungsanspruch** vor. Eine Erhöhung des Entgelts wurde in Bezug auf nach dem SGB XII leistungsberechtigte Heimbewohner erst wirksam, wenn das erhöhte Entgelt der zwischen Sozialhilfeträger und Einrichtung geschlossenen Vereinbarung entsprach (§ 7 Abs. 5 Satz 1 HeimG in der bis zum 30.09.2009 geltenden Fassung).

Für die nicht in den Anwendungsbereich des WBVG fallenden **Verträge über teilstationäre und ambulante Leistungen** existiert keine den §§ 7 Abs. 2 Satz 3, 9 Abs. 1 Satz 3 und 15 Abs. 2 WBVG vergleichbare gesetzliche Regelung, welche die Interessen des Hilfebedürftigen ausreichend schützt. Gleichwohl besteht auch insoweit das Bedürfnis nach einer Bindung dieser Verträge an das zwischen Sozialhilfeträger und Leistungserbringer Vereinbarte.[74] Die **Kopplung des im Erfüllungsverhältnis geschlossenen Vertrages an die** zwischen Sozialhilfeträger und Leistungserbringer nach § 75 SGB XII geschlossenen **Vereinbarungen** kann in diesen Fällen auf **§ 32 SGB I** gestützt werden,[75] der wegen des Charakters der nach § 75 Abs. 3 Satz 1 SGB XII zu schließenden Vereinbarungen als Normverträge (vgl. dazu Rn. 89) unmittelbar gilt[76] bzw. – soweit man dem nicht folgt – hinsichtlich seiner Wertung heranzuziehen ist. Über § 32 SGB I soll sichergestellt werden, dass die nach den Sozialgesetzbüchern Begünstigten die gesetzlich vorgesehenen Sozialleistungen zu den jeweils gesetzlich geregelten Voraussetzungen erhalten.[77] Im Erfüllungsverhältnis geschlossene Verträge, die bestehende oder künftige Ansprüche des Hilfeempfängers zu seinen Lasten beeinflussen oder anspruchsrelevante Pflichten verschärfen, sind nach § 32 SGB I nichtig.[78]

53

Die im Erfüllungsverhältnis geschlossenen Verträge müssen – unabhängig von der Leistungsform – den vom Gesetzgeber für das sozialhilferechtliche Leistungserbringungsrecht in den Vorschriften des 10. Kapitels des SGB XII und in den für Leistungsberechtigte nach dem SGB XII geltenden Vorschriften des WBVG aufgestellten Wertmaßstäben entsprechen. Das sozialhilferechtliche Dreiecksverhältnis als institutioneller und verfahrensrechtlicher Rahmen für Leistungen im Einrichtungsbereich dient dem Schutz des Hilfeempfängers. Dieser soll so wenig wie möglich mit den Formalitäten der Leistungserbringung belastet, aber soweit wie möglich vor einer Inanspruchnahme durch den Leistungserbringer geschützt werden. Der Individualschutz kommt in den Regelungen des § 75 Abs. 2 Satz 2 SGB XII (Verweis auf § 9 Abs. 1), § 75 Abs. 4 SGB XII (Bezugnahme auf die Besonderheiten des Einzelfalls) und § 78 SGB XII zum Ausdruck. Mit dem im 10. Kapitel des SGB XII geregelten

54

---

[70] A.A. SG Berlin v. 27.08.2012 - S 90 SO 1638/09.
[71] *Dillmann*, SozialRecht aktuell 2012, 181, 188.
[72] BSG v. 02.02.2012 - B 8 SO 5/10 R - SozR 4-3500 § 62 Nr. 1; *Pattar*, SozialRecht aktuell 2012, 85, 95; vgl. dazu auch: SG Berlin v. 27.08.2012 - S 90 SO 1638/09.
[73] LG Berlin v. 13.11.2012 - 15 O 181/12.
[74] So auch: *Pattar*, SozialRecht aktuell 2012, 85, 95.
[75] Ebenso: BSG v. 02.02.2012 - B 8 SO 5/10 R - SozR 4-3500 § 62 Nr. 1; *Eicher*, SGb 2013, 127, 129; *Jaritz*, SozialRecht aktuell 2012, 105, 106; dem folgend: LSG Baden-Württemberg v. 27.06.2011 - L 7 SO 797/11 ER-B; *Pattar*, SozialRecht aktuell 2012, 85, 95; a.A. wohl: *Dillmann*, SozialRecht aktuell 2012, 181, 188; kritisch auch: *Flint* in: Grube/Wahrendorf, SGB XII, 5. Aufl., § 75 Rn. 61.
[76] BSG v. 02.02.2012 - B 8 SO 5/10 R - SozR 4-3500 § 62 Nr. 1; *Weselski* in: juris-PK SGB I, § 32 Rn. 30, § 31 Rn. 36.
[77] *Weselski* in: juris-PK SGB I, § 32 Rn. 7; *Fastabend* in: Hauck/Noftz, SGB I, § 32 Rn. 4.
[78] LSG Baden-Württemberg v. 27.06.2011 - L 7 SO 797/11 ER-B; *Jaritz*, SozialRecht aktuell 2012, 105, 106 f.; *Weselski* in: juris-PK SGB I, § 32 Rn. 19.

Leistungserbringungsrecht im Zusammenhang steht auch das WBVG, auf dessen drittschützende Wirkung bereits hingewiesen wurde (vgl. Rn. 52). Die Gesamtheit der genannten Regelungen und Regelungszusammenhänge verdeutlichen, dass der Empfänger von Sozialhilfeleistungen im Einrichtungsbereich vom Gesetzgeber als schutzbedürftig angesehen wird. Dieser Schutz muss auch im institutionellen Rahmen des sozialhilferechtlichen Dreiecksverhältnisses sichergestellt werden. Soweit teilstationäre Einrichtungen und ambulante Dienste in das Leistungssystem des SGB XII eingebunden sind und von den Vergünstigungen dieses Systems profitieren, müssen die von ihnen mit den bedürftigen Hilfeempfängern geschlossenen **Verträge den vom Gesetzgeber gesetzten Wertmaßstäben für diesen Bereich Rechnung tragen**. Das vertraglich geregelte Leistungsspektrum und die hierfür fällige Vergütung sind daher an den Inhalt einer bestehenden Vereinbarung – entsprechend dem Rechtsgedanken der §§ 7 Abs. 2 und 9 Abs. 1 WBVG gebunden.[79]

5. Rechtsschutz im Dreiecksverhältnis

55 Das sozialhilferechtliche (Leistungs-)Dreieck verbindet Rechtsbeziehungen unterschiedlicher Rechtsnatur. Maßgebend für die **Rechtswegzuständigkeit** ist die Rechtsnatur des Rechtsverhältnisses, aus dem der Klageanspruch abgeleitet wird.[80]

56 **Ansprüche des Hilfeempfängers** gegen den Sozialhilfeträger auf Bewilligung (höherer) Leistungen nach dem SGB XII haben ihre Grundlage **im öffentlich-rechtlichen Grundverhältnis** (vgl. Rn. 32) und fallen in die **Zuständigkeit der Sozialgerichtsbarkeit**. In einem Rechtsstreit des Hilfeempfängers gegen den Sozialhilfeträger um die Bewilligung höherer bzw. weiterer Leistung ist der Leistungserbringer notwendig beizuladen. Es handelt sich um eine echte notwendig Beiladung, weil die Entscheidung über die Verpflichtung des Sozialhilfeträgers zur Gewährung höherer als der bewilligten Leistungen gegenüber dem Hilfeempfänger und dem Leistungserbringer aufgrund des im Bewilligungsbescheid erklärten Schuldbeitritts des Sozialhilfeträgers (vgl. dazu Rn. 42 ff.) nur einheitlich ergehen kann.[81] Dies ist jedoch nicht der Fall, weil in eine (eigene) Rechtsposition des Leistungserbringers eingegriffen wird, sondern weil die erstrebte gerichtliche Entscheidung unmittelbar auch die Rechtsbeziehungen des Leistungserbringers betrifft,[82] was für eine echte notwendige Beiladung ausreicht.[83] Eine **Beiladung des Leistungserbringers** ist allerdings nicht erforderlich, wenn sich im Fall des Systemversagens (vgl. Rn. 195, Rn. 197) der dem Hilfeempfänger gegen den Sozialhilfeträger zustehende Primäranspruch in einen Sekundäranspruch gewandelt hat, der nicht auf Kostenübernahme, sondern (nur) auf Erstattung der vom Hilfeempfänger selbst entrichteten Vergütung oder auf Freistellung von dessen eigener Verpflichtung durch Zahlung an den Leistungserbringer nach § 267 BGB gerichtet ist. Trotz der notwendigen Beiladung kann der **Leistungserbringer** im sozialgerichtlichen Klageverfahren wegen der Akzessorietät seines Zahlungsanspruchs (vgl. Rn. 47) **weder abweichende Sachanträge stellen noch** in der Regel ein **Rechtsmittel einlegen**.[84]

57 **Ansprüche** des Hilfeempfängers bzw. des Leistungserbringers **aus dem im Erfüllungsverhältnis geschlossenen (Heim-)Vertrag** sind auf dem **Zivilrechtsweg** geltend zu machen. Wird die im Erfüllungsverhältnis vereinbarte und den nach § 75 Abs. 3 Satz 1 SGB XII geschlossenen „Leistungserbringerverträgen" entsprechende Vergütung (vgl. Rn. 51 ff.) nicht gezahlt, obwohl im Grundverhältnis die Vergütungsübernahme durch Verwaltungsakt mit Drittwirkung gegenüber dem Hilfeempfänger festgestellt wurde, kann der Leistungserbringer aufgrund des im Grundverhältnis erklärten Schuldbeitritts sowohl den Hilfeempfänger als auch den Sozialhilfeträger auf Zahlung der gesamten Vergütung in Anspruch nehmen (zur Gesamtschuldnerschaft vgl. Rn. 45).

58 Nimmt der Leistungserbringer den Hilfeempfänger auf Zahlung der vereinbarten Vergütung im Wege einer zivilrechtlichen Leistungsklage in Anspruch, steht dem Hilfeempfänger im Grundverhältnis ein

---

[79] Im Ergebnis ebenso: *Frommann*, Sozialhilfe nach Vereinbarung, 2002, S. 86.
[80] BSG v. 22.04.2009 - B 13SF 1/08 R; LSG Bayern v. 26.11.2012 - L 18 SO 173/12 B.
[81] Grundlegend: BSG v. 28.10.2008 - B 8 SO 22/07 R; BSGE 102, 1 = SozR 4-1500 § 75 Nr. 9; bestätigt durch: BSG v. 23.08.2012 - B 8 SO 10/12 R - SozR 4-1500 § 130 Nr. 4; BSG v. 23.03.2012 - B 8 SO 1/11 R - SozR 4-3500 § 65 Nr. 5; BSG v. 02.02.2012 - B 8 SO 5/10 R - SozR 4-3500 § 62 Nr. 1; BSG v. 02.02.2010 - B 8 SO 20/08 R; *Eicher*, SGb 2013, 127, 130; *Coseriu*, SozialRecht aktuell 2012, 99, 101; *Philipp*, SozialRecht aktuell 2012, 180 (Anm. zu BSG v. 02.02.2012 - B 8 SO 5/10 R); *Dillmann*, SozialRecht aktuell 2012, 181, 183 zur fehlenden praktischen Umsetzung der Beiladung; a.A. *Plagemann*, SGb 2010, 161 ff.
[82] *Eicher*, SGb 2013, 127, 130.
[83] *Leitherer* in: Meyer-Ladewig/Keller/Leitherer, SGG, 10. Aufl., § 75 Rn. 10, 10b.
[84] *Eicher*, SGb 2013, 127, 130; *Coseriu*, SozialRecht aktuell 2012, 99, 101 f.; a.A. *Schnath*, SozialRecht aktuell 201, 173, 176; angedeutet *Schnath*, NZS 2010, 297, 302.

Anspruch auf Erstattung der Kosten wegen Nichterfüllung des Sachleistungsverschaffungsanspruchs zu.[85] Denn die **Inanspruchnahme des bedürftigen Hilfeempfängers** soll nach der gesetzlichen Konzeption (vgl. Rn. 54) gerade vermieden werden. Ein für den **Anspruch auf Kostenerstattung** notwendiger gegenwärtiger Bedarf wird in der Regel anzunehmen sein, weil der nicht über ausreichendes Einkommen und Vermögen verfügende bedürftige Hilfeempfänger in der Regel durch Einschnitte in anderen, seinem Existenzminimum dienenden Bereichen die Kosten für die Zahlung an den Leistungserbringer abgespart hat.[86] Zudem wäre die Berufung des Sozialhilfeträgers auf einen nicht mehr bestehenden Bedarf in diesen Fällen als widersprüchliches Verhalten zu werten.

Nimmt der Leistungserbringer den Sozialhilfeträger auf Zahlung aufgrund des im Grundverhältnis erklärten Schuldbeitritts in Anspruch, muss dieser Anspruch ebenfalls im **Zivilrechtsweg** verfolgt werden.[87] Grundlage dieses Anspruchs ist der zwischen Leistungserbringer und Hilfeempfänger geschlossene zivilrechtliche (Heim-)Vertrag. Der den **Zahlungsanspruch des Leistungserbringers gegenüber dem Sozialhilfeträger** auslösende Schuldbeitritt ändert nicht die Rechtsnatur der zugrundeliegenden Schuld; vielmehr teilt der Schuldbeitritt seinem Wesen nach die Rechtsnatur der Forderung des Gläubigers, zu der er erklärt wird. Die für die Rechtswegzuständigkeit maßgebende Natur des Rechtsverhältnisses beurteilt sich nicht nach der Person des Verpflichteten, sondern nach der Rechtsnatur der Verbindlichkeit.[88] Ob die Zivilgerichte über die notwendige Sachkenntnis für die Beurteilung eines aus dem sozialhilferechtlichen Gewährleistungsverantwortungsmodells folgenden Zahlungsanspruchs des Leistungserbringers verfügen, ist für die Frage der Rechtswegbestimmung ohne Bedeutung.[89] Wie in anderen Verfahren auch müssen die Gerichte der ordentlichen Gerichtsbarkeit bei ihrer Entscheidung Vorfragen klären, die nicht in ihre originäre Zuständigkeit fallen.[90] Zudem prüfen die Zivilgerichten in Fällen dieser Art lediglich die Wirksamkeit des Schuldbeitritts sowie die Verpflichtung des Hilfeempfängers aus dessen Vertrag mit dem Leistungserbringer sowie die Wirksamkeit dieses Vertrages unter Beachtung der „Leistungserbringerverträge" (vgl. dazu Rn. 51 ff.), nicht hingegen die sozialhilferechtlichen Anspruchsvoraussetzungen, da der Zahlungsanspruch auf die bewilligte Höhe beschränkt ist.[91] Allenfalls haben die Zivilgerichte zu prüfen, ob der bewilligende Verwaltungsakt nichtig (§ 40 SGB X) und damit unwirksam ist oder ob überhaupt ein Schuldbeitritt vorliegt.[92]

Für die Zulässigkeit des Rechtswegs bedeutet dies zunächst nur, dass das ordentliche Gericht, bei dem eine auf den Schuldbeitritt gestützte Zahlungsklage eingereicht worden ist, den Rechtsstreit nicht nach § 17a GVG an ein Gericht der Sozialgerichtsbarkeit verweisen darf. Etwas anderes gilt allerdings, wenn der Leistungserbringer nicht nur den zivilrechtlichen Zahlungsanspruch, sondern gleichzeitig oder allein einen nach seiner – unzutreffenden – Auffassung aus dem SGB XII folgenden eigenständigen öffentlich-rechtlichen Honoraranspruch[93] (vgl. dazu Rn. 47) geltend macht. **§ 17 Abs. 2 Satz 1**

---

[85] Vgl. dazu BSG v. 05.09.2006 - B 7a AL 66/05 R; *Grube*, SozialRecht aktuell 2010, 11, 12.
[86] Zum gegenwärtigen Bedarf vgl. *Roller* in: jurisPK-SGB XI, 1. Aufl. 2014, § 18 Rn. 39 ff.
[87] BSG v. 18.03.2014 - B 8 SF 2/13 R; *Eicher*, SGb 2013, 127, 130; *Coseriu*, SozialRecht aktuell 2012, 99, 101; dem folgend: LSG Bayern v. 26.11.2012 - L 18 SO 173/12 B; LSG Bayern v. 22.11.2012 - L 8 SO 92/08; *Pattar*, SozialRecht aktuell 2012, 85, 96; zweifelnd: LSG Nordrhein-Westfalen v. 23.09.2013 - L 20 SO 394/12; LSG Nordrhein-Westfalen v. 20.12.2013 - L 20 SO 163/13 B; a.A. *Flint* in: Grube/Wahrendorf, SGB XII, 5. Aufl. § 75 Rn. 42a (allerdings ohne dogmatisch fundierte Begründung); *Ladage*, SGb 2013, 553; LSG Berlin-Brandenburg v. 12.04.2013 - L 23 SO 272/12 B u. LSG Berlin-Brandenburg v. 21.03.2013 - L 23 SO 247/12 B; LSG Rheinland-Pfalz v. 18.02.2011 - L 1 SO 33/09 - allerdings ohne Problematisierung der Rechtswegzuständigkeit; LG Bielefeld v. 23.08.2012 - 2 O 70/12; SG Dortmund v. 29.04.2014 - S 41 SO 54/12; SG Dortmund v. 21.08.2012 - S 41 SO 583/11; ebenso zur vergleichbaren Rechtslage beim Schuldbeitritt in der Kostenübernahmeerklärung nach § 78b Abs. 1 SGB VIII: OVG Nordrhein-Westfalen v. 16.09.2011 - 12 A 2308/10; OVG Niedersachsen v. 17.02.1998 - 4 L 1989/97; VG Augsburg v. 15.06.2010 - Au 3 K 08.1841; zur Wirkung des Schuldbeitritts allgemein: BGH v. 17.09.2008 - III ZB 50/08 - BGHZ 72, 56, 58 ff.; BGH v. 16.10.2007 - XI ZR 132/06.
[88] LSG Bayern v. 26.11.2012 - L 18 SO 173/12 B.
[89] A.A. *Flint* in: Grube/Wahrendorf, SGB XII, 5. Aufl., § 75 Rn. 42a.
[90] BSG v. 18.03.2014 - B 8 SF 2/13 R; beispielhaft zur sozialrechtlichen Sachkunde der Zivilgerichte vgl. BGH v. 18.03.2010 - III ZR 254/09.
[91] *Eicher*, SGb 2013, 127, 130.
[92] Vgl. dazu: SG Berlin v. 24.09.2012 - S 90 SO 1227/12, das allerdings eine eigene Zuständigkeit nach § 17 Abs. 2 GVG angenommen hat.
[93] Ein solcher eigenständiger Anspruch des Leistungserbringers besteht im Ergebnis nicht (vgl. dazu Rn. 47). Dies ist jedoch erst für die Begründetheit einer Klage von Bedeutung, während hinsichtlich der Rechtswegzuständigkeit zunächst von den „behaupteten" Ansprüchen auszugehen ist.

GVG, wonach das Gericht des zulässigen Rechtswegs den Rechtsstreit unter allen in Betracht kommenden rechtlichen Gesichtspunkten entscheidet, gilt in diesen Fällen regelmäßig nicht.[94] § 17 Abs. 2 Satz 1 GVG ist nur in den Fällen anwendbar, in denen der geltend gemachte Klageanspruch auf mehrere, verschiedenen Rechtswegen zuzuordnende Anspruchsgrundlagen gestützt wird, gilt aber nicht, wenn mehrere prozessual selbständige Ansprüche im Wege der objektiven Klagehäufung geltend gemacht werden.[95] **Voraussetzung für die Anwendung des § 17 Abs. 2 Satz 1 GVG** ist **ein einheitlicher prozessualer Anspruch**, was im Verhältnis des zivilrechtlichen Anspruchs aus dem Schuldbeitritt des Sozialhilfeträgers und dem behaupteten öffentlich-rechtlichen (Honorar-)Anspruch gegen den Sozialhilfeträger – ob auf das Gesetz oder eine vertragliche Regelung gestützt – nicht zu bejahen ist. Vielmehr handelt es sich um eine objektive Klagehäufung: Mit dem zivilrechtlichen Zahlungsanspruch macht der Leistungserbringer lediglich einen sich aus dem Schuldbeitritt ergebenden Erfüllungsanspruch geltend, während er mit seiner Klage auf Leistung „aus den sozialhilferechtlichen Beziehungen" (Honorar) höhere Zahlungen begehrt, als sie der Leistungsbewilligung entsprechen, oder sogar Zahlungen trotz fehlender Leistungsbewilligung verlangt. Im Streit sind zwar in beiden Fällen die für den sozialhilferechtlichen Anspruch des Hilfeempfängers maßgebenden Anspruchsvoraussetzungen, d.h. die Rechtmäßigkeit der Entscheidung über die Leistungsbewilligung oder – bei Fehlen einer solchen – deren erforderlicher Inhalt. Umgekehrt haben die Gerichte der Sozialgerichtsbarkeit bei einer dort erhobenen Klage die Sache an die Gerichte der ordentlichen Gerichtsbarkeit zu verweisen, wenn und soweit der aus dem Schuldbeitritt resultierende Zahlungsanspruch geltend gemacht wird.[96]

61 Da der **Leistungserbringer** erst durch den Schuldbeitritt des Sozialhilfeträgers (vgl. Rn. 42) einen Zahlungsanspruch gegen den Sozialhilfeträger im Umfang der dem Hilfeempfänger bewilligten Leistungen erwirbt und ihm vor der Bewilligung keine eigene Rechtsposition zusteht, besitzt er **kein eigenes Klagerecht auf Bewilligung der Leistung überhaupt oder eine höhere Leistung**.[97] Sein Klagerecht beschränkt sich vielmehr auf Erhebung einer Leistungsklage bezüglich der bewilligten Leistung, wenn bzw. soweit der Sozialhilfeträger nicht zahlt (vgl. Rn. 201). Zu beachten ist jedoch § 426 BGB (Gesamtschuldnerschaft).

62 Auch für den **Anspruch des Sozialhilfeträgers gegen den Leistungserbringer wegen einer Überzahlung** ist der **Zivilrechtsweg** eröffnet,[98] es sei denn, der Sozialhilfeträger hat – zu Unrecht – einen Erstattungsbescheid, also einen Verwaltungsakt erlassen. Gleichwohl ergibt sich eine Zuständigkeit der Sozialgerichte unter den Voraussetzungen des § 17 Abs. 2 GVG, weil über einen zumindest denkbaren – wenn auch wegen fehlender Leistung nicht bestehenden – Anspruch aus § 50 Abs. 1 oder 2 SGB X mitentschieden werden muss und insoweit der Streitgegenstand identisch ist. Ein mit der Klage angegangenes Zivilgericht darf den Rechtsstreit jedoch nicht an ein Sozialgericht verweisen. Hat ein Gericht der Sozialgerichtsbarkeit wegen § 17 Abs. 2 GVG oder aufgrund einer bindenden Verweisung nach § 17a Abs. 1 GVG über zivilrechtliche Streitigkeiten zu befinden, gelten gleichwohl die prozessualen Regelungen des SGG, insbesondere der Amtsermittlungsgrundsatz.[99]

63 Für **Ansprüche aus dem öffentlich-rechtlichen Leistungsverschaffungsverhältnis** (vgl. Rn. 36) ist der **Rechtsweg zu den Sozialgerichten** eröffnet. Dies gilt u.a. für den Anspruch eines Leistungserbringers auf Abschluss einer Vereinbarung. Allerdings ist vor einer Klage auf Abschluss einer Vergütungsvereinbarung – nach der hier vertretenen Auffassung auch einer Leistungsvereinbarung (vgl. dazu die Kommentierung zu § 77 SGB XII Rn. 37) – ein Schiedsverfahren durchzuführen.

---

[94] *Eicher*, SGb 2013, 127, 131; a.A. LSG Nordrhein-Westfalen v. 20.12.2013 - L 20 SO 163/13 B; LSG Nordrhein-Westfalen v. 23.09.2013 - L 20 SO 394/12; SG Berlin v. 27.08.2012 - S 90 SO 1638/09; SG Berlin v. 24.09.2012 - S 90 SO 1227/12; SG Dortmund v. 21.08.2012 - S 41 SO 583/11.

[95] BSG v. 11.08.1994 - 3 BS 1/93 - SozR 3-1500 § 51 Nr. 13; BGH v. 28.02.1991 - III ZR 53/90 - BGHZ 114, 1 ff. m. w. N.; BGH v. 25.09.2002 - RiZ (R) 2/01 - NJW 2003, 282 f.; *Eicher*, SGb 2013, 127, 131.

[96] *Eicher*, SGb 2013, 127, 131; vgl. zu dieser Fallkonstellation: LSG Rheinland-Pfalz v. 18.02.2011 - L 1 SO 33/09 (allerdings ohne Prüfung der eigentlichen Zuständigkeit wegen § 17a Abs. 5 GVG).

[97] *Eicher*, SGb 2013, 127, 131; *Coseriu*, SozialRecht aktuell 102, 99, 101 f.; LSG Rheinland-Pfalz v. 18.02.2011 - L 1 SO 33/09; LSG Bayern v. 26.11.2012 - L 18 SO 173/12 B; SG Dortmund v. 29.04.2014 - S 41 SO 54/12; SG Berlin v. 27.08.2012 - S 90 SO 1638/09.

[98] BSG v. 18.03.2014 - B 8 SF 2/13 R; a. A. LSG Berlin-Brandenburg v. 12.04.2013 - L 23 SO 272/12 B.

[99] LSG Bayern v. 25.10.2012 - L 8 SO 221/10; vgl. auch OLG Frankfurt v. 20.05.2010 - 5 UF 26/10.

6. Anwendung des sozialhilferechtlichen Leistungserbringungsrechts im Falle der Budgetierung

Die §§ 75 ff. SGB XII gelten grundsätzlich auch für die **Erbringung von Sozialhilfeleistungen in der Form eines persönlichen Budgets**.[100] Zwar hat der bedürftige Hilfeempfänger in diesen Fällen ausnahmsweise keinen Anspruch auf Sachleistungsverschaffung, sondern auf die **Gewährung einer Geldleistung**.[101] Das Vereinbarungserfordernis des § 75 Abs. 2 SGB XII wird hiervon jedoch nicht berührt. Praktische Schwierigkeiten dürften sich jedoch insoweit ergeben, als die Budgetierung der Leistung und die Bindung der Leistungserbringung an eine Vereinbarung i.S.d. § 75 Abs. 2 SGB XII inhaltlich nicht kompatibel sind. Die Budgetierung einer Leistung bedeutet, dass der bedürftige Hilfeempfänger nach seinem Belieben mit dem zur Verfügung stehenden Betrag die Leistung beschaffen („einkaufen") kann. Die Vorgaben des § 75 Abs. 2, 3 SGB XII bewirken dagegen, dass der bedürftige Hilfeempfänger den Leistungserbringer nicht frei auswählen kann, sondern in seiner Auswahl auf vereinbarungsgebundene Einrichtungen/Dienste beschränkt ist (§ 9 Abs. 2 Satz 2 SGB XII). Dieser Widerspruch weist darauf hin, dass die Budgetierung von Leistungen nach dem SGB XII in diesem rechtlichen Kontext **nicht als völlig systemkonform** anzusehen ist (vgl. Rn. 66). Soweit aufgrund dessen die Beschränkung der Wahlmöglichkeiten des Hilfeempfängers auf vereinbarungsgebundene Einrichtungen beim persönlichen Budget für rechtlich nicht gerechtfertigt, aber de facto gleichwohl für zulässig erachtet wird, weil § 15 Abs. 2 WBVG zivilrechtlich das Zustandekommen wirksamer Vereinbarungen mit vertragsungebundenen Einrichtungen verhindert,[102] wird verkannt, dass § 15 Abs. 2 WBVG zum einen die Anwendung der §§ 75 ff. SGB XII voraussetzt und daher nicht begründen kann und dass zum anderen das WBVG nicht für ambulante Dienst gilt (vgl. Rn. 72, Rn. 53).

64

Sinnvoll erscheint eine **Lösung im Wege einer praktischen Konkordanz**: Bei der Erstellung des Budgets (etwa § 57 SGB XII i.V.m. § 17 Abs. 2-4 SGB IX und der BudgetVO) ist zunächst der insgesamt zu deckende Bedarf zu ermitteln. Orientierungspunkt bei der Erstellung des Budgets sind die Vergütungen im Rahmen bestehender Vergütungsvereinbarungen. Eine spätere Aufstockung des Budgets – die Rechtsstreitigkeiten darüber sind bei verstärkter Nutzung dieses Rechtsinstituts vorprogrammiert – wegen höherer Kosten aufgrund der Einschaltung von Einrichtungen bzw. Diensten, mit denen keine Vereinbarungen bestehen, scheidet dann aus. Im Übrigen schließen die Regelungen der Budgetverordnung eine Vertragsklausel, die eine Leistungserbringung allein durch nach § 75 SGB XII vereinbarungsgebundene Einrichtung/Dienste zulässt, grundsätzlich nicht aus.[103]

65

Die in der Praxis nur unzureichende Inanspruchnahme des persönlichen Budgets[104] und die mit dieser Leistungsform verbundenen Nachteile[105] – gerade für schwer psychisch bzw. geistig behinderte Menschen – zeigen die **Systemwidrigkeit des persönlichen Budgets** und belegen, dass das sozialhilferechtliche Dreiecksverhältnis letztlich die Interessen der Beteiligten optimal austariert und ein hohes Maß an Transparenz bietet.[106]

66

V. Auslegung der Einzelregelungen

1. Einrichtungsbegriff und Anwendungsbereich (Absatz 1)

§ 75 Abs. 1 Satz 1 SGB XII definiert den **Begriff der Einrichtung** für das Leistungserbringungsrecht durch eine Bezugnahme auf § 13 SGB XII. Eine entsprechende Definition war in der Vorgängervorschrift des § 93 BSHG nicht enthalten. Satz 1 wurde aus Klarstellungsgründen[107] aufgenommen, weil der Anwendungsbereich des § 93 BSHG und insbesondere dessen Abgrenzung zu dem in anderen Vorschriften des BSHG verwendeten Einrichtungsbegriff (z.B. §§ 3 Abs. 2, 3a und 97 Abs. 4 BSHG) nicht eindeutig geregelt war und zu Auslegungsschwierigkeiten führte.[108]

67

---

[100] Im SGB XII sind Pflege- und Eingliederungshilfeleistungen als mögliche Budgetleistungen vorgesehen (§§ 61 Abs. Satz 3, 57 SGB XII).
[101] *Pattar*, SozialRecht aktuell 2012, 85, 98; *Müller-Fehling*, SozialRecht aktuell 2012, 133, 135 f.; angedeutet durch: BSG v. 28.10.2008 - B 8 SO 22/07 R - BSGE 102, 1 = SozR 4-1500 § 75 Nr. 9; ohne eindeutige Positionierung: *Dillmann*, SozialRecht aktuell 2012, 181, 187 ff.
[102] *Pattar*, SozialRecht aktuell 2012, 85, 97 f.
[103] *Dillmann*, SozialRecht aktuell 2012, 181, 189.
[104] Dazu: *Müller-Fehling*, SozialRecht aktuell 2012, 133, 135 f.
[105] Zu den Nachteilen: *Dillmann*, SozialRecht aktuell 2012, 181, 188 f.
[106] *Dillmann*, SozialRecht aktuell 2012, 181, 189, der das persönliche Budget als „Systemsprenger" bezeichnet.
[107] BT-Drs. 15/1514, S. 64.
[108] Vgl. dazu *Schellhorn/Schellhorn*, BSHG, 16. Aufl., § 93 Rn. 19, 66.

68 Die vom Gesetzgeber mit **§ 13 Abs. 2 SGB XII** beabsichtigte **Legaldefinition des Einrichtungsbegriffs**[109] betrifft allerdings nicht nur die Leistungserbringung nach dem SGB XII, sondern aufgrund der historisch bedingten Bezugnahme auf der Erziehung dienende Einrichtungen auch die Leistungserbringung nach dem SGB VIII (vgl. dazu die Kommentierung zu § 13 SGB XII Rn. 54 f.). § 75 Abs. 1 i.V.m. § 13 Abs. 2 SGB XII ist daher funktionsdifferent dahingehend auszulegen, dass die Vorschriften des 10. Kapitels des SGB XII nicht für Einrichtungen der Jugendhilfe gelten (vgl. dazu auch die Kommentierung zu § 13 SGB XII Rn. 55).

69 Eine **Einrichtung i.S.d. § 75 Abs. 1 Satz 1 i.V.m. § 13 Abs. 2 SGB XII** ist ein in einer besonderen Organisationsform zusammengefasster Bestand von personellen und sächlichen Mitteln unter verantwortlicher Trägerschaft, der auf gewisse Dauer angelegt und für einen wechselnden Personenkreis zugeschnitten ist und Leistungen der Sozialhilfe in (teil-)stationärer Form erbringt.[110] In Abgrenzung zu den Diensten sind Einrichtungen Organisationsformen, in denen die Leistungen nach dem SGB XII im Rahmen eines voll- oder teilstationären Aufenthalts gewährt werden **(stationäre und teilstationäre Leistungen)**. Organisationsformen, die ausschließlich auf die Gewährung von Unterkunft und Verpflegung ausgerichtet sind und darüber hinaus keine der in § 75 Abs. 1 Satz 1 i.V.m. § 13 Abs. 2 SGB XII genannten Leistungen (vgl. Rn. 68) – erbringen (z.B. Obdachlosenunterkünfte, Notaufnahmelager oder Übergangswohnheime für Ausländer und Aussiedler), sind keine Einrichtungen i.S.d. § 75 Abs. 1 Satz 1 SGB XII.[111] Wesentliches Merkmal einer Einrichtung i.S.d. § 75 Abs. 1 Satz 1 SGB XII ist die räumliche Bindung an ein Gebäude.[112]

70 Institutionelles Pendant der Einrichtungen sind die **Dienste**. Hierbei handelt es sich um Institutionen, die auf der Grundlage von Dienstleistungsverträgen personenbezogene ambulante Leistungen ohne räumliche Bindung an ein Gebäude erbringen[113] (z.B. ambulante Pflegedienste). Eine trennscharfe Unterscheidung zwischen Einrichtungen und Diensten ist angesichts der zwischenzeitlich bestehenden Institutionenvielfalt in diesem Bereich weder tatsächlich möglich noch rechtlich notwendig, da § 75 Abs. 1 Satz 2 SGB XII die entsprechende Anwendung der Vorschriften des 10. Kapitels für Dienste anordnet[114], soweit nichts Abweichendes bestimmt ist.

71 Die §§ 75 ff. SGB XII gelten auch, wenn der Sozialhilfeträger **selbst Dienstleistungen zu erbringen** hat oder erbringen dürfte (vgl. etwa § 2 Abs. Satz 2 der VO zur Durchführung der Hilfe zur Überwindung besonderer sozialer Schwierigkeiten), diese aber durch Dritte durchführen lässt.[115]

2. Institutionelle Grundlagen der Leistungserbringung (Absatz 2)

72 Zur Erfüllung der ihm nach § 17 Abs. 1 Nr. 1 SGB I obliegenden Gewährleistungspflicht[116] und der nach § 17 Abs. 1 Nr. 2 SGB I bestehenden Strukturverantwortung[117] soll der Sozialhilfeträger für die

---

[109] BT-Drs. 15/1514, S. 57.
[110] BSG v. 15.11.2012 - B 8 SO 10/11 R - BSGE 112, 196 = SozR 4-3500 § 54 Nr. 10; BSG v. 13.07.2010 - B 8 SO 13/09 R - BSGE 106, 264 = SozR 4-3500 § 19 Nr. 2; BSG v. 11.12.2007 - B 8/9b SO 22/06 R; LSG Baden-Württemberg v. 30.04.2014 - L 7 SO 3423/10; LSG Berlin-Brandenburg v. 28.05.2009 - L 15 SO 255/08; LSG Berlin-Brandenburg v. 17.08.2007 - L 23 B 167/07 SO ER; LSG Nordrhein-Westfalen v. 27.04.2009 - L 20 SO 27/08; BVerwG v. 24.02.1994 - 5 C 42/91, 5 C 13/91, 5 C 17/91 und 5 C 24/92 - BVerwGE 95, 149, 152; *Wahrendorf* in: Grube/Wahrendorf, SGB XII, 5. Aufl., § 13 Rn. 28; *Neumann* in: Hauck/Noftz, SGB XII, § 75 Rn. 10; zum Einrichtungsbegriff unter Einbeziehung rechtsgebietsübergreifender Bezüge: *Pattar*, Sozial-Recht aktuell 2012, 85, 86 f.
[111] *Freudenberg* in: Jahn, SGB XII, § 75 Rn. 12; LSG Berlin-Brandenburg v. 17.082007 - L 23 B 167/07 SO ER.
[112] BSG v. 13.07.2010 - B 8 SO 13/09 R - BSGE 106, 264 = SozR 4-3500 § 19 Nr. 2; BVerwG v. 24.02.1994 - 5 C 42/91; BVerwG v. 24.02.1994 - 5 C 24/92 - BVerwGE 95, 149; BVerwG v. 22.05.1975 - V C 19.74 - BVerwGE 48, 223.
[113] LSG Berlin-Brandenburg v. 28.05.2009 - L 15 SO 255/08; LSG Nordrhein-Westfalen v. 27.04.2009 - L 20 SO 27/08; *Flint* in: Grube/Wahrendorf, SGB XII, 5. Aufl., § 75 Rn. 10; *Freudenberg* in: Jahn, SGB XII, § 75 Rn. 11 i.S.e. Negativdefinition.
[114] *Flint* in: Grube/Wahrendorf, SGB XII, 5. Aufl., § 75 Rn. 10; *Münder* in: LPK-SGB XII, 9. Aufl., § 75 Rn. 3.
[115] *Rasch*, NDV 2012, 598, 599.
[116] Zum Begriff: *Frommann*, Sozialhilfe nach Vereinbarung, 2002, S. 60 ff.; *Flint* in: Grube/Wahrendorf, SGB XII, 5. Aufl., § 75 Rn. 12; *Münder* in: LPK-SGB XII, 9. Aufl., Vorbem. §§ 75 ff., Rn. 4, § 75 Rn. 6; *Freudenberg* in: Jahn, SGB XII, § 75 Rn. 16; *Neumann* in: Hauck/Noftz, SGB XII, § 75 Rn. 11; *Mönch-Kalina*, juris-PK SGB I, § 17 Rn. 18; *Mrozynski*, SGB I, § 17 Rn. 1; dazu auch LSG Berlin-Brandenburg v. 11.11.2013 - L 15 SO 295/12 B; LSG Baden-Württemberg v. 13.07.2006 - L 7 SO 1902/ER-B.
[117] BSG v. 02.02.2010 - B 8 SO 20/08 R; *Frommann*, Sozialhilfe nach Vereinbarung, 2002, S. 60 f.; *Flint* in: Grube/Wahrendorf, SGB XII, 5. Aufl., § 75 Rn. 12.

Erbringung von Sozialhilfeleistungen im Einrichtungsbereich im Regelfall auf bereits vorhandene, ausbaufähige oder zu schaffende Einrichtungen anderer Träger zurückgreifen. Damit erklärt § 75 Abs. 2 Satz 1 SGB XII zum einen die Trennung zwischen Leistungserbringer und Leistungsträger zum Grundmodell des sozialhilferechtlichen Leistungserbringungsrechts und legt zum anderen den **institutionellen Vorrang für andere Träger** fest.[118] Der Vorrang gilt seit dem „Gesetz zur Reform des Sozialhilferechts" vom 23.07.1996 sowohl für die Verbände der freien Wohlfahrtspflege als auch für gewerbliche Träger. Den Verbänden der freien Wohlfahrtspflege kommt zwar auch nach geltender Rechtslage noch eine herausgehobene Stellung zu,[119] die sich aber in besonderen Formen der Zusammenarbeit und Unterstützung erschöpft (§ 5 SGB XII). Die Regelung gilt aufgrund des in § 75 Abs. 1 Satz 2 SGB XII enthaltenen Verweises auch für **ambulante Dienste.**

Der **Trägerbegriff** kann in Anlehnung an § 21 SGB III bestimmt werden. Maßgebend für den Trägerbegriff in diesem Sinne ist die Verantwortlichkeit für eine Maßnahme oder eine Leistung.[120] Als Träger ist daher nicht nur derjenige anzusehen, der eine Maßnahme selbst durchführt oder eine Leistung selbst erbringt, sondern derjenige, der die Maßnahme/Leistung durch Dritte durchführen lässt (vgl. § 21 SGB III).[121]

Der institutionelle Vorrang anderer Träger gilt jedoch weder bedingungslos noch absolut. Voraussetzung des institutionellen Vorrangs anderer Träger ist deren **Eignung**. Diese wird in Satz 2 konkretisiert. Gesetzlich vorgegebene Kriterien für die Eignung sind die Leistungsfähigkeit der Einrichtung/des Dienstes und die Fähigkeit, die Grundsätze des § 9 Abs. 1 SGB XII sicherzustellen (vgl. dazu auch Rn. 94 ff.). Maßgebend für diese Eignungskriterien sind die Art der zu erbringenden Hilfeleistung und die Leistungsform (aufgaben- und leistungsbezogenes Begriffsverständnis).[122]

Eine ausreichende **Leistungsfähigkeit** in diesem Sinne kann angenommen werden, wenn die Einrichtung die jeweilige Hilfeleistung mit den ihr zur Verfügung stehenden personellen und sächlichen Mitteln unter Berücksichtigung des fachlichen Standards (vgl. § 6 SGB XII) und der ordnungsrechtlichen sowie heimaufsichtsrechtlichen Vorgaben und Auflagen wirtschaftlich erbringen kann[123] (vgl. zum Begriff der Leistungsfähigkeit i.S.e. leistungsgerechten Vergütung Rn. 103). Sie ist z.B. dann nicht gegeben, wenn der Einrichtung die erforderliche Betriebserlaubnis fehlt[124] oder sie die baulichen Mindestvoraussetzungen nicht erfüllt[125].

Die Bezugnahme auf die **Grundsätze des § 9 Abs. 1 SGB XII** (vgl. hierzu die Kommentierung zu § 9 SGB XII) hat zur Folge, dass die Einrichtung in der Lage sein muss, eine bedarfsdeckende und am Einzelfall orientierte Hilfeleistung zu erbringen. Dabei ist nicht auf die Umstände des konkreten Einzelfalls abzustellen, weil § 75 SGB XII das Recht der Leistungserbringung für eine unbestimmte Vielzahl sozialhilferechtlicher Fallgestaltungen regelt. Maßgebend ist daher, ob die Einrichtung in der Lage ist, den individuellen Bedarf einer unbestimmten Vielzahl von Leistungsberechtigten in Bezug auf die in den Kapiteln 6 bis 9 vorgesehenen Hilfen zu befriedigen.[126] Insoweit besteht auch kein Widerspruch zwischen der angeordneten Bindung an die Grundsätze des § 9 Abs. 1 SGB XII und der in § 76 Abs. 2 SGB XII vorgesehenen Pauschalierungsmöglichkeit (vgl. dazu die Kommentierung zu § 76 SGB XII Rn. 49).

---

[118] Daraus folgt zugleich ein institutioneller Nachrang für eigene Einrichtungen/Dienste des Sozialhilfeträgers; in diesem Sinne: LSG Baden-Württemberg v. 13.07.2006 - L 7 SO 1902/06 ER-B; *Bieback*, NZS 2007, 505, 508.
[119] Vgl. dazu auch: *Neumann*, SozialRecht aktuell 2007, 216; *Flint* in: Grube/Wahrendorf, SGB XII, 5. Aufl., § 75 Rn. 14.
[120] Ebenso: *Flint* in: Grube/Wahrendorf, SGB XII, 5. Aufl., § 75 Rn. 11; *Neumann* in: Hauck/Noftz, SGB XII, § 75 Rn. 10.
[121] *Janda* in: juris-PK SGB III, § 21 Rn. 17.
[122] BVerwG v. 01.12.1998 - 5 C 29/97 - BVerwGE 108, 56 zu § 93 BSHG.
[123] *Frommann*, Sozialhilfe nach Vereinbarung, 2002, S. 63 ff.; *Neumann* in: Hauck/Noftz, SGB XII, § 75 Rn. 17; *Flint* in: Grube/Wahrendorf, SGB XII, 5. Aufl., § 75 Rn. 15; *Freudenberg* in: Jahn, SGB XII, § 75 Rn. 47 f.; *Jaritz*, SozialRecht aktuell 2012, 105, 112; *Dillmann*, SozialRecht aktuell 2012, 181, 185; LSG Baden-Württemberg v. 18.07.2013 - L 7 SO 2513/09 KL; LSG Nordrhein-Westfalen v. 29.09.2008 - L 20 SO 92/06.
[124] LSG München v. 21.09.2000 - L 7 P 5/97 zu § 71 SGB XI; *Neumann* in: Hauck/Noftz, SGB XII, § 75 Rn. 17.
[125] BVerwG v. 29.12.2000 - 5 B 171/99 zu § 93 BSHG; *Neumann* in: Hauck/Noftz, SGB XII, § 75 Rn. 17.
[126] *Frommann*, Sozialhilfe nach Vereinbarung, 2002, S. 62 f.; *Jaritz*, SozialRecht aktuell 2012, 105, 112; LSG Baden-Württemberg v. 13.11.2006 - L 7 SO 2998/06 ER-B.

77 Die genannten Eignungskriterien sind – wie dem Zusatz „insbesondere" zu entnehmen ist – nicht abschließend. Der Sozialhilfeträger kann weitere Eignungskriterien berücksichtigen; allerdings müssen diese weiteren Kriterien mit dem Zweck der Eignungsprüfung vereinbar sein, d.h. der Absicherung einer bedarfsgerechten Versorgung dienen. Unter anderem kann auch die **persönliche Eignung des Leistungserbringers** berücksichtigt werden.[127] Anders als im Leistungserbringungsrecht der Kinder- und Jugendhilfe (vgl. § 78b Abs. 2 Satz 2 SGB VIII) ist die persönliche Eignung im sozialhilferechtlichen Leistungserbringungsrecht zwar nicht explizit geregelt, kann aber im Interesse der Leistungsberechtigten vom Sozialhilfeträger geprüft werden.[128] Allerdings wird die Feststellung der persönlichen Seriosität und Integrität des verantwortlichen Geschäftsführers oder Leiters in der Praxis eher schwierig sein. De lege ferenda wäre insoweit eine gesetzliche Regelung bestimmter persönlicher Eignungskriterien und eines Verfahrens zur Prüfung dieser Regelung wünschenswert.[129]

78 Die **Eignung** ist ein **unbestimmter Rechtsbegriff**, der grundsätzlich der uneingeschränkten gerichtlichen Kontrolle unterliegt (vgl. aber Rn. 101).[130]

79 Die **Erbringung der Leistungen durch eigene Einrichtungen des Sozialhilfeträgers** wird durch § 75 Abs. 2 Satz 1 SGB XII nicht ausgeschlossen, soll aber die **Ausnahme** bleiben. Nach dem Wortlaut der Regelung muss sich der Sozialhilfeträger – atypische Fälle ausgenommen – zur Erfüllung seiner Aufgaben der Einrichtungen und Dienste anderer Träger bedienen. Allerdings gilt der institutionelle Vorrang zum einen nur für die neue Schaffung eigener Einrichtungen des Sozialhilfeträgers. Zum anderen darf bzw. muss der Sozialhilfeträger die Leistungen durch vorhandene eigene, geeignete Einrichtungen erbringen, wenn geeignete Einrichtungen/Dienste anderer Träger fehlen. Verfügt auch der Sozialhilfeträger selbst nicht über geeignete Einrichtungen, kann er zunächst den Ausbau oder die Schaffung geeigneter Einrichtungen anderer Träger mit den ihm zur Verfügung stehenden Mitteln fördern. Kann der Sozialhilfeträger dagegen mit geringerem finanziellem Aufwand eine eigene geeignete Einrichtung schaffen, steht dem Absatz 2 Satz 1 in Anbetracht der Strukturverantwortung des Sozialhilfeträgers und des Wirtschaftlichkeitsprinzips nicht entgegen.[131] Bestehende Einrichtungen des Sozialhilfeträgers sollten angesichts der vom Gesetzgeber beabsichtigten Trennung von Leistungsträger und Leistungserbringer möglichst auf einen anderen Träger übertragen werden.[132] Erbringt der Sozialhilfeträger ausnahmsweise **Leistungen durch eigene Einrichtungen oder Dienste**, handelt es sich – abweichend von dem im Einrichtungsbereich üblichen sozialhilferechtlichen Dreiecksverhältnis – um eine **echte Sachleistung**, die **im zweiseitigen Rechtsverhältnis** erbracht wird.

80 Die institutionelle Gewährleistungspflicht des § 17 Abs. 1 Nr. 2 SGB I i.V.m. § 75 Abs. 2 Satz 1 SGB XII begründet zwar kein unmittelbares **subjektives Recht** des bedürftigen Hilfeempfängers **auf Schaffung geeigneter Einrichtungen**[133], ist aber mittelbar für den ihm zustehenden Anspruch auf die Gewährung bedarfsdeckender Sozialhilfeleistungen von Bedeutung, weil dieser vom Sozialhilfeträger nur erfüllt werden kann, wenn er eine ausreichende institutionelle Infrastruktur bereithält. § 75 Abs. 2 Satz 1 SGB XII beinhaltet auch kein subjektives öffentliches Recht für andere Leistungserbringer. Es handelt sich um eine ausschließlich im öffentlichen Interesse liegende Regelung, die keinen Konkurrenzschutz bezweckt.[134]

3. Vereinbarungserfordernis (Absatz 3)

81 Absatz 3 bindet die Übernahme der Vergütung für die von einer Einrichtung/einem Dienst erbrachten Leistungen an das Bestehen einer **Vereinbarung zwischen Sozialhilfeträger und Einrichtungsträger**. Der Verband, dem der Einrichtungsträger angehört, ist – entgegen dem Wortlaut des § 75 Abs. 3 Satz 1 SGB XII – nicht zum Abschluss von Vereinbarungen berechtigt. Dies folgt aus § 77 Abs. 1

---

[127] *Dillmann*, SozialRecht aktuell 2012, 181, 185.
[128] *Dillmann*, SozialRecht aktuell 2012, 181, 185.
[129] In diesem Sinne auch: *Dillmann*, SozialRecht aktuell 2012, 181, 185 f.
[130] Ebenso: *Flint* in: Grube/Wahrendorf, SGB XII, 5. Aufl., § 75 Rn. 15; *Münder* in: LPK-SGB XII, 9. Aufl., § 75 Rn. 9.
[131] *Neumann* in: Hauck/Noftz, SGB XIII, § 75 Rn. 12; *Frommann*, Sozialhilfe nach Vereinbarung, 2002, S. 62; in diesem Sinne auch: LSG Baden-Württemberg v. 13.07.2006 - L 7 SO 1902/06 ER-B.
[132] *Münder* in: LPK-SGB XII, 8. Aufl., § 75 Rn. 8.
[133] *Freudenberg* in: Jahn, SGB XII, § 75 Rn. 25; *Flint* in: Grube/Wahrendorf, SGB XII, 5. Aufl., § 75 Rn. 12; *Münder* in: LPK-SGB XII, 9. Aufl., § 75 Rn. 7; *W. Schellhorn* in: Schellhorn/Schellhorn/Hohm, SGB XII, 18. Aufl., § 75 Rn. 9.
[134] *Freudenberg* in: Jahn, SGB XII, § 75 Rn. 24.

Satz 1 SGB XII in der ab dem 07.12.2006 geltenden Fassung, der lediglich die Berechtigung der Einrichtungsträger zum Abschluss von Vereinbarungen vorsieht und im Wege der Lex-posterior-Regelung vorgeht[135] (vgl. die Kommentierung zu § 77 SGB XII Rn. 33). Die Vereinbarung bildet die rechtliche **Grundlage für das Leistungsverschaffungsverhältnis**. § 75 Abs. 3 SGB XII regelt den Normalfall einer aus Teilvereinbarungen über Inhalt, Umfang und Qualität der Leistung (Leistungsvereinbarung Nr. 1), über deren Vergütung (Vergütungsvereinbarung Nr. 2) und die Prüfung ihrer Wirtschaftlichkeit und Qualität (Prüfungsvereinbarung Nr. 3) bestehenden Gesamtvereinbarung. Voraussetzung für die Vergütungsübernahme ist das Bestehen aller drei Teilvereinbarungen. Die **Leistungsstandardvereinbarung**, zu deren Abschluss § 76 Abs. 3 Satz 1 Alt. 1 SGB XII ermächtigt (vgl. die Kommentierung zu § 76 SGB XII Rn. 110 ff.), ist hingegen nicht Voraussetzung für die Übernahme der Vergütung des Leistungserbringers, sondern lediglich von Bedeutung für den Vergleich zwischen mehreren gleichermaßen geeigneten Leistungserbringern (vgl. dazu Rn. 105 ff.) und die Ermittlung einer leistungsgerechten Vergütung (vgl. dazu die Kommentierung zu § 76 SGB XII Rn. 106, 112). Darüber hinaus enthält sie Maßstäbe für die Wirtschaftlichkeit und die Qualitätssicherung (vgl. dazu die Kommentierung zu § 76 SGB XII Rn. 110 ff.).

a. Verhältnis der Teilvereinbarungen

Das **Verhältnis der Teilvereinbarungen zueinander** wird gesetzlich nicht vorgegeben. Der Zusammenhang der Teilvereinbarungen des § 75 Abs. 3 Satz 1 SGB XII ist u.a. für die Fortgeltung von Vereinbarungen nach § 77 Abs. 2 Satz 4 SGB XII (vgl. dazu die Kommentierung zu § 77 SGB XII Rn. 122) und die Schiedsstellenfähigkeit der Teilvereinbarungen nach § 77 Abs. 1 Satz 3 SGB XII von Bedeutung (vgl. dazu die Kommentierung zu § 77 SGB XII Rn. 37 ff.). Insoweit werden **unterschiedliche Auffassungen** vertreten. Zum Teil wird ein auflösbarer Zusammenhang zwischen den in § 75 Abs. 3 Satz 1 SGB XII genannten Teilvereinbarungen angenommen und vor diesem Hintergrund eine inhaltliche und zeitliche Kopplung der Inhalte dieser Teilvereinbarungen für notwendig erachtet.[136] Nach anderer und derzeit herrschender Ansicht besteht zwar zwischen den Teilvereinbarungen des § 75 Abs. 3 Satz 1 SGB XII ein Zusammenhang, der jedoch nicht unauflösbar ist. Insbesondere sei es aus praktischen Erwägungen heraus gerechtfertigt, die Vergütungsvereinbarung als eigenständigen Vertrag mit eigener Laufzeit abzuschließen, während Leistungs- und Prüfungsvereinbarung davon unabhängig und unbefristet geschlossen werden könnten.[137] Nach dieser – derzeit herrschenden Auffassung – ist allein die Vergütungsvereinbarung schiedsstellenfähig (vgl. dazu die Kommentierung zu § 77 SGB XII Rn. 37 ff.).

Nach der hier vertretenen Auffassung bilden **Leistungs- und Vergütungsvereinbarung** aufgrund teleologischer und entstehungsgeschichtlicher Erwägungen **eine logische Rechtseinheit i.S.e. Synallagma**.[138] Dieser Rechtseinheit muss auch bei der Frage der Schiedsstellenfähigkeit (§ 77 Abs. 1 Satz 3 SGB XII) und der Fortgeltung von Vereinbarungen (§ 77 Abs. 3 Satz 4 SGB XII) durch eine systemkonforme Auslegung der maßgebenden rechtlichen Bestimmungen Rechnung getragen werden.

Der hier angenommene logische Zusammenhang zwischen Leistungs- und Vergütungsvereinbarung wird bereits **entstehungsgeschichtlich** belegt. Während nach der ursprünglichen Konzeption des § 93 BSHG[139] Vereinbarungen über die Höhe der zu übernehmenden Kosten lediglich anzustreben und somit nicht zwingende Voraussetzung für die Übernahme der Kosten eines Leistungserbringers waren, bestand nach der Änderung der Vorschrift durch das „Haushaltsbegleitgesetz 1984"[140] nur dann eine

---

[135] *Münder* in: LPK-SGB XII, 9. Aufl., § 75 Rn. 25.
[136] *Pöld-Krämer/Fahlbusch*, RsDE 46 (2000), 4, 31 f.
[137] *Neumann*, RsDE 63 (2006), 32, 36; *Flint* in: Grube/Wahrendorf, SGB XII, 5. Aufl., § 75 Rn. 42; *Münder* in: LPK-SGB XII, 9. Aufl., § 75 Rn. 24; *Kunte*, RsDE 68 (2009), 55, 63 f.; SG Berlin v. 06.07.2011 - S 51 SO 507/11 ER (jeweils unter Außerachtlassung der entstehungsgeschichtlichen und teleologischen Aspekte).
[138] Ebenso: *Gottlieb*, SozialRecht aktuell 2012, 150, 152 f.; *Jaritz*, SozialRecht aktuell 2012, 105, 108 f.; LSG Bayern v. 24.11.2011 - L 8 SO 135/10 KL; LSG Sachsen v. 12.12.2013 - L 8 SO 71/13 B ER; ähnlich i.S.d. Wechselbezüglichkeit von Leistungs- und Vergütungsvereinbarung, allerdings ohne Konsequenz für das Schiedsstellenverfahren: *Plantholz*, SozialRecht aktuell 2012, 142 ff.; *Pattar*, SozialRecht aktuell 2012, 85, 88 f.; LSG Nordrhein-Westfalen v. 01.12.2005 - L 9 B 22/05 SO ER; OVG Lüneburg v. 20.08.2008 - 4 LC 93/07; OVG Lüneburg v. 04.07.2008 - 4 LA 115/06; OVG Lüneburg v. 22.07.2008 - 4 LA 22/06; LSG Bayern v. 12.09.2005 - 12 CE 05.1725.
[139] BSHG vom 05.07.1961, BGBl I 1961, 815.
[140] Gesetz vom 22.12.1983, BGBl I 1983, 1532.

Pflicht des Sozialhilfeträgers zur Übernahme der Kosten, wenn mit dem Träger des Leistungserbringers eine Vereinbarung über die Höhe der zu übernehmenden Kosten bestand. Die Bindung der Kostenübernahme an das Bestehen einer Vereinbarung wurde damit zum Regelfall, von dem unter besonderen Voraussetzungen (§ 93 Abs. 2 Satz 1 HS. 2 BSHG) abgewichen werden konnte. Nach der durch das „Gesetz zur Umsetzung des Föderalen Konsolidierungsprogramms" (FKPG)[141] vorgenommenen erneuten Änderung des § 93 BSHG war die Übernahme der Kosten eines Leistungserbringers an das Bestehen **einer Vereinbarung** über Inhalt, Umfang und Qualität der Leistung (Gegenstand der heutigen Leistungsvereinbarung) sowie über die dafür zu entrichtenden Entgelte (Gegenstand der heutigen Vergütungsvereinbarung) gebunden. Das Bestehen einer Prüfungsvereinbarung war dagegen nach damaliger Rechtslage keine zwingende Voraussetzung für die Übernahme der Vergütung. Die für die Vergütungsübernahme maßgeblichen Bestimmungen waren seinerzeit abschließend in § 93 Abs. 2 Satz 1 BSHG geregelt. Nach § 93 Abs. 2 Satz 4 BSHG sollten die Vereinbarungen auch Regelungen treffen, die dem Sozialhilfeträger die Prüfung der Wirtschaftlichkeit und Qualität der Leistungen ermöglichen (Gegenstand der heutigen Prüfungsvereinbarung), wobei diese Vereinbarungsinhalte keine Voraussetzung für die Kostenübernahme waren. Durch die mit dem „Gesetz zur Reform des Sozialhilferechts" vom 23.07.1996[142] vorgenommene grundlegende Neufassung des § 93 BSHG hat der Gesetzgeber die Übernahme der Vergütung einer Einrichtung an das Bestehen von (Teil-)Vereinbarungen über Inhalt, Vergütung und Prüfung der zu erbringenden Leistungen gebunden. Mit dieser Aufteilung ist der Gesetzgeber einer Forderung der Praxis nach klaren, in sich geschlossenen Regelungen zu den genannten Bereichen nachgekommen.[143] Mit dem „Gesetz zur Einordnung der Sozialhilfe in das Sozialgesetzbuch" vom 27.12.2003[144] ist diese Regelung übernommen worden. Die Tatsache, dass die Prüfungsvereinbarung erst zu einem späteren Zeitpunkt als Teil der Gesamtvereinbarung aufgenommen wurde, ihre systematische Stellung in einem gesonderten Satz des § 93 BSHG bis zum 31.12.2004 und der Wortlaut des seinerzeit geltenden § 93 Abs. 2 Sätze 1 und 4 BSHG belegen, dass für die Übernahme der Vergütung eines Leistungserbringers seinerzeit nur der Abschluss einer Vereinbarung über den Leistungsinhalt und die Leistungsvergütung zwingend erforderlich war. Hiervon ist auch für den Geltungsbereich des SGB XII auszugehen. Die in § 75 Abs. 2 Satz 1 SGB XII enthaltene Aufteilung der (Gesamt-)Vereinbarung in drei Teilvereinbarungen bedeutet unter Berücksichtigung der dargestellten **historischen Entwicklung** nicht, dass zwischen allen drei Teilvereinbarungen ein **Zusammenhang i.S.e. logischen Akzessorietät** besteht. Diese kann vielmehr **nur für Leistungs- und Vergütungsvereinbarung** angenommen werden.

85   Für diese Rechtseinheit von Leistungs- und Vergütungsvereinbarung und die Eigenständigkeit der Prüfungsvereinbarung sprechen neben historischen auch **teleologische Argumente**. Leistungs- und Vergütungsvereinbarung bauen zeitlich und inhaltlich aufeinander auf.[145] Die Vergütung einer Leistung kann erst ausgehandelt werden, wenn Klarheit über Inhalt und Umfang der Leistung besteht, weil erst dann die für die Leistungserbringung notwendigen personellen und sächlichen Mittel und somit die preisbildenden Faktoren feststehen. Die Leistungsvereinbarung ist das kalkulatorische Fundament der Vergütungsvereinbarung. Die Vergütungsvereinbarung verhält sich somit akzessorisch zur Leistungsvereinbarung, da sie diese denknotwendig voraussetzt. Dies gilt nicht für die Prüfungsvereinbarung. Zwar setzt der Abschluss einer Prüfungsvereinbarung zwingend die Kenntnis des Prüfungsgegenstandes und somit die Existenz einer Leistungsvereinbarung voraus. Diese Bindung besteht jedoch nicht im umgekehrten Sinne. Das Zustandekommen einer Leistungs- und Vergütungsvereinbarung ist nicht vom Bestehen einer Prüfungsvereinbarung abhängig.

86   Dem dargestellten inhaltlichen **Zusammenhang zwischen Leistung und Vergütung** hat der Gesetzgeber **in anderen Regelungszusammenhängen** Rechnung getragen. Unter anderem hat der Gesetzgeber die im **SGB XI** zunächst neben der Pflegesatzvereinbarung zwingend abzuschließende Leistungs- und Qualitätsvereinbarung (§ 80a SGB XI in der bis 30.06.2008 geltenden Fassung) mit dem Pflegeweiterentwicklungsgesetz vom 28.05.2008[146] aufgehoben, um den mit dieser Aufspaltung von Leistung und Gegenleistung verbundenen Zeit- und Kostenaufwand – insbesondere auf der Rechtsschutz-

---

[141] FKPG vom 23.06.1993, BGBl I 1993, 944.
[142] BGBl I 1996, 1088.
[143] BT-Drs. 13/2440, S. 28.
[144] BGBl I 2003, 3022.
[145] OVG Lüneburg v. 22.07.2008 - 4 LA 22/06; OVG Lüneburg v. 20.08.2008 - 4 LC 93/07; OVG Lüneburg v. 04.07.2008 - 4 LA 115/06.
[146] BGBl I 2008, 874

ebene – zu vermeiden.¹⁴⁷ Nunmehr regelt die Pflegesatzvereinbarung auch die wesentlichen Leistungs- und Qualitätsmerkmale (§ 84 Abs. 5 SGB XI). Das Leistungserbringungsrecht des **SGB VIII** bindet den Anspruch des Leistungserbringers auf Vergütungsübernahme zwar ebenfalls an den Abschluss von drei Teilvereinbarungen (Leistungs-, Entgelt- und die Qualitätsentwicklungsvereinbarung – § 78b Abs. 1 SGB VIII), knüpft aber in den nachfolgenden Regelungen – insbesondere für die Schiedsstellenfähigkeit (§ 78g Abs. 2 SGB VIII) – konsequent an diese drei Teilvereinbarungen an, so dass in der Praxis ein zeitgleicher Abschluss der Vereinbarungen bzw. eine zeitgleiche Geltung – anders als im Anwendungsbereich des sozialhilferechtlichen Leistungserbringungsrechts – zumindest möglich ist.

Aufgrund des dargestellten inhaltlichen und denklogischen Zusammenhangs zwischen Leistungs- und Vergütungsvereinbarung sind die Vorschriften des sozialhilferechtlichen Leistungserbringungsrechts, die allein an die Vergütungsvereinbarung anknüpfen, im Rahmen einer **system- und verfassungskonformen Auslegung** in ihrem Anwendungsbereich auf die Leistungsvereinbarung zu erstrecken. Dies hat nach der hier vertretenen Auffassung u.a. zur Folge, dass beide Vereinbarungen – ungeachtet der Formulierung des **§ 77 Abs. 1 Satz 3 SGB XII** und entgegen der absolut herrschenden Meinung – schiedsstellenfähig sind (zur **Schiedsstellenfähigkeit** der in § 75 Abs. 3 SGB XII genannten Teilvereinbarungen und zu den Rechtsschutzmöglichkeiten im Falle der fehlenden Schiedsstellenfähigkeit einzelner Vereinbarungen vgl. die Kommentierung zu § 77 SGB XII Rn. 37 ff) und gemäß **§ 77 Abs. 3 Satz 4 SGB XII** fortgelten können (vgl. dazu die Kommentierung zu § 77 SGB XII Rn. 121 ff.).

87

Hiergegen kann auch nicht eingewandt werden, dass es sich um eine den Wortlaut der jeweiligen Vorschriften überschreitende Auslegung handelt. Zum einen bildet der **Wortlaut einer Norm** keine starre **Auslegungsgrenze**.¹⁴⁸ Vielmehr ist eine den Wortlaut einer Norm erweiternde oder einengende Auslegung zulässig, wenn und soweit sie mit dem im Wortlaut oder den Motiven der Norm zum Ausdruck kommenden Willen des Gesetzgebers vereinbar ist.¹⁴⁹ Diese Grenze wird durch die vorgeschlagene erweiternde Auslegung nicht überschritten. Denn § 76 Abs. 2 SGB XII, der den Inhalt der Vergütungsvereinbarung regelt, nimmt Bezug auf die „Vergütungen für Leistungen nach Absatz 1" und somit auf den Inhalt der Leistungsvereinbarung.¹⁵⁰ Vergütungsvereinbarungen i.S.d. § 76 Abs. 2 SGB XII, auf die in § 77 Abs. 1 Satz 3 und Abs. 3 Satz 4 SGB XII Bezug genommen wird, setzen somit eine bereits bestehende oder zeitgleich geschlossene Leistungsvereinbarung voraus, d.h. die Vergütungsvereinbarung implementiert die Leistungsvereinbarung nach dem Wortlaut des § 76 SGB XII, so dass der hier vertretene Zusammenhang zwischen Leistungs- und Vergütungsvereinbarung letztlich auch im Gesetz selbst seine Grundlage findet. Die in den §§ 75 Abs. 3 Satz 1 und 76 SGB XII gesetzlich geregelte Abfolge der Teilvereinbarungen ist letztlich ebenfalls Ausdruck der dargestellten sachlichen Zusammenhänge i.S.e. aufeinander aufbauenden Verhältnisses der Teilvereinbarungen.¹⁵¹

88

b. Rechtsnatur der Vereinbarung

Die nach § 75 Abs. 3 SGB XII zu schließende (Gesamt-)Vereinbarung ist als **öffentlich-rechtlicher Normvertrag**¹⁵² i.S.d. § 53 Abs. 1 Satz 1 SGB X zu qualifizieren (vgl. dazu auch die Kommentierung zu § 77 SGB XII Rn. 36). Dies bedeutet, dass die Vereinbarungen nicht nur zwischen dem Leistungserbringer und dem für den Vertragsabschluss zuständigen Sozialhilfeträger, sondern für alle übrigen Träger der Sozialhilfe bindend sind (§ 77 Abs. 1 Satz 2 HS. 2 SGB XII). Mit der in § 77 Abs. 1 Satz 1 HS. 2 SGB XII angeordneten normativen Wirkung der sozialhilferechtlichen Vereinbarung folgt der Gesetzgeber dem Regelungsmodell des § 72 Abs. 2 Satz 2 SGB XI. Kennzeichnend für Normverträge

89

---

[147] BT-Drs. 16/7439, S. 71 f.
[148] BVerfG v. 26.09.2011 - 2 BvR 2216/06 - NJW 2012, 669 m.w.N.
[149] In diesem Sinne: BVerfG v. 26.09.2011 - 2 BvR 2216/06.
[150] So auch: OVG Lüneburg v. 22.07.2008 - 4 LA 22/06; OVG Lüneburg v. 20.08.2008 - 4 LC 93/07; OVG Lüneburg v. 04.07.2008 - 4 LA 115/06.
[151] Angedeutet: OVG Lüneburg v. 22.07.2008 - 4 LA 22/06.
[152] BSG v. 18.03.2014 - B 8 SF 2/13 R; *Eicher*, SGb 2013, 127, 128; *Jaritz*, SozialRecht aktuell 2012, 105, 106; *Flint* in: Grube/Wahrendorf, SGB XII, 5. Aufl., § 77 Rn. 8; in diesem Sinne für die Vergütungsvereinbarung: *Brünner* in: Köbl/Brünner, Die Vergütung von Einrichtungen und Diensten nach dem SGB XI und BSHG, 2001, S. 9, 16 f.; anders im Sinne eines öffentlich-rechtlichen Vertrages ohne normative Wirkung: LSG Berlin-Brandenburg v. 02.09.2011 L 23 SO 147/11 B ER; LSG Saarland v. 04.12.2008 - L 11 B 8/08 SO; LSG Nordrhein-Westfalen v. 29.09.2008 - L 20 SO 92/06; BVerwG v. 30.09.1993 - 5 C 41/91 - BVerwGE 94, 202; *Münder* in: LPK-SGB XII, 9. Aufl, § 75 Rn. 30; *W. Schellhorn* in: Schellhorn/Schellhorn/Hohm, SGB XII, 18. Aufl., § 75 Rn. 20; *Freudenberg* in: Jahn, SGB XII, § 75 Rn. 38; *Neumann* in: Hauck/Noftz, SGB XII, § 75 Rn. 19.

ist ihr unmittelbarer und personell unbeschränkter Wirkungsradius.[153] Allerdings entspricht die Vereinbarung keinem der vom SGB X vorgegebenen Vertragstypen, da es sich weder um einen Vergleichsvertrag i.S.d. § 54 SGB X noch um einen Austauschvertrag i.S.d. § 55 SGB X handelt. Die für öffentlich-rechtliche Verträge maßgebenden **Vorschriften des SGB X** gelten daher „nur" nach Maßgabe der Bestimmungen des sozialhilferechtlichen Leistungserbringungsrechts.

4. Abschluss einer Vereinbarung

90 Mit dem Abschluss einer sozialhilferechtlichen Vereinbarung ist die vertragsschließende Einrichtung bzw. der Dienst zur Erbringung von sozialhilferechtlichen Leistungen berechtigt. Einer vorherigen Zulassung der Einrichtung/des Dienstes zur Leistungserbringung durch einen statusbegründenden Versorgungsvertrag bedarf es – anders als im Leistungserbringungsrecht der gesetzlichen Kranken- und Pflegeversicherung – nicht. Die Eröffnung des Zugangs zum Leistungserbringungssystem des SGB XII fällt daher mit dem Akt der vertraglichen Leistungsbeschaffung zusammen **(Vertragsmodell statt Zulassungsmodell)**. Allerdings wird auch der Zugang zum sozialhilferechtlichen Leistungserbringungssystem im Interesse einer bedarfsgerechten Versorgung der Leistungsberechtigten an bestimmte Voraussetzungen geknüpft **(regulierter Marktzugang)**.[154] Es besteht weder völlig Vertragsfreiheit, noch – von den Fällen einer Ermessensreduktion auf Null abgesehen – ein Rechtsanspruch des Leistungserbringers auf Abschluss einer Vereinbarung mit dem Sozialhilfeträger[155] (vgl. dazu Rn. 91 ff.).

a. Entscheidung des Sozialhilfeträgers über den Abschluss einer Vereinbarung

91 Hinsichtlich der Rechtsnatur der Entscheidung des Sozialhilfeträgers über den Abschluss einer Vereinbarung werden unterschiedliche Rechtsauffassungen vertreten. Überwiegend wird dem Sozialhilfeträger insoweit ein (gebundenes) Ermessen eingeräumt, mit dem ein Anspruch des Leistungserbringers auf ermessensfehlerfreie Entscheidung bzw. unter den engen Voraussetzungen einer Ermessensreduktion auf Null ein Anspruch auf Abschluss der Vereinbarungen korrespondiert.[156] Vereinzelt wird ein Anspruch des Leistungserbringers auf Abschluss einer Vereinbarung unmittelbar aus Art. 12 GG abgeleitet.[157] Richtigerweise handelt es sich um einen **Ermessensakt im Rahmen der Vertragsfreiheit**.[158] Während der Wortlaut des § 75 Abs. 2 Satz 2 SGB XII („sind ... abzuschließen") und die in § 77 Abs. 1 Satz 3 SGB XII vorgesehene Möglichkeit der Ersetzung der nicht zustanden gekommenen Einigung durch einen Schiedsspruch auf eine gebundene Entscheidung hindeuten, weisen die in § 75 Abs. 2 Sätze 2 und 3 SGB XII enthaltenen Regelungen auf einen Entscheidungsspielraum des Sozialhilfeträgers hin. Für das dem Sozialhilfeträger im Rahmen der Vertragsfreiheit zustehende Ermessen gelten die Vorgaben des § 39 SGB I. Die Ausübung von Ermessen i.S.d. § 39 SGB I ist nicht auf den Erlass von Verwaltungsakten beschränkt, sondern gilt auch für öffentlich-rechtliche Willenserklärun-

---

[153] *Castendiek*, Der sozialversicherungsrechtliche Normvertrag, 2000, 21.
[154] *Schuler-Harms*, VSSR 2005, 135, 144 ff.; *Jaritz*, SozialRecht aktuell 2012, 105, 112.
[155] SG Berlin v. 06.05.2013 - S 47 SO 843/09.
[156] I.S.e. gebundenen Ermessens: LSG Nordrhein-Westfalen v. 27.06.2011 - L 9 SO 294/11 B ER; *Schellhorn* in: Köbl/Brünner, Die Vergütung von Einrichtungen und Diensten nach SGB XI und BSHG, 2001, S. 42, 44 ff.; *Neumann*, RsDE Nr. 63 (2006), 32, 47 f.; i.S.e. „normalen" Ermessens: BVerwG v. 01.12.1998 - 5 C 29/97 - BVerwGE 108, 56; BVerwG v. 30.09.1993 - 5 C 41/91 - BVerwGE 94, 202, 204 f.; *Flint* in: Grube/Wahrendorf, SGB XII, 5. Aufl., § 75 Rn. 32; *Neumann* in: Hauck/Noftz, SGB XII, § 75 Rn. 22; *Neumann*, Freiheitsgefährdung im kooperativen Sozialstaat, 1992, S. 174; *Münder* in: LPK-SGB XII, 9. Aufl., § 75 Rn. 13 ff.; *Bieback*, NZS 2007, 505, 508; *Pöld-Krämer/Fahlbusch*, RsDE Nr. 46 (2000), 4, 28; *Dillmann*, SozialRecht aktuell 2012, 181, 185; LSG Baden-Württemberg v. 03.06.2013 - L 7 SO 1931/13 ER-B; LSG Baden-Württemberg v. 13.07.2006 - L 7 SO 1902/06 ER-B; LSG Berlin-Brandenburg v. 02.09.2011 - L 23 SO 147/11 B ER; LSG Berlin-Brandenburg v. 11.12.2007 - L 23 SO 249/07 SO ER; LSG Hessen v. 18.07.2006 - L 7 SO 16/06 ER u. L 7 SO 7/06 ER; LSG Hessen v. 20.06.2005 - L 7 SO 2/05 ER; SG Berlin v. 06.05.2013 - S 47 SO 843/09; SG Dresden v. 02.04.2013 - S 42 SO 1/13 ER; SG Ulm v. 02.05.2006 - S 3 SO 42/11 ER; OVG Sachsen v. 26.10.20010 - 4 A 280/08.
[157] *W. Schellhorn* in: Schellhorn/Schellhorn/Hohm, SGB XII, 18. Aufl., § 75 Rn. 22; *Freudenberg* in: Jahn, SGB XII, § 75 Rn. 33 f., der allerdings dem Sozialhilfeträger ein Auswahlermessen einräumt, wenn mehrere geeignete Leistungserbringungen in Betracht kommen, so dass dies im Ergebnis der hier vertretenen Auffassung entspricht.
[158] *Jaritz*, SozialRecht aktuell 2012, 105, 112 f.

gen. Bezieht sich das Ermessen auf eine öffentlich-rechtliche Willenserklärung, gelten zwar nicht die verwaltungsaktbezogenen formalen, wohl aber die sich aus dem Ermessen selbst ergebenden materiell-rechtlichen Anforderungen.[159]

Gesamtzusammenhang sowie Sinn und Zweck der Regelung sprechen dafür, dass dem Sozialhilfeträger hinsichtlich der Frage, ob eine Vereinbarung abgeschlossen wird, ein **Entschließungsermessen** im Rahmen der Vertragsfreiheit zusteht. Maßgebend für die Ausübung dieses Entschließungsermessens ist **§ 75 Abs. 2 Satz 2 SGB XII**, wonach Vereinbarungen nur mit geeigneten Leistungserbringern geschlossen werden dürfen (zum Entschließungsermessen vgl. Rn. 94 ff.). Sind mehrere Leistungserbringer geeignet i.S.d. § 75 Abs. 2 Satz 2 SGB XII, steht dem Sozialhilfeträger ein **Auswahlermessen** zu. Bei der Ausübung dieses Ermessens sind die Vorgaben in § 75 Abs. 2 Satz 3 und **§ 75 Abs. 3 Satz 2 SGB XII** als ermessensleitende Gesichtspunkte ebenso zu berücksichtigen[160] wie die Selbständigkeit der freien Träger, die Zusammenarbeitspflicht,[161] die Gewährleistungspflicht (§ 17 Abs. 1 Nr. 1 SGB I i.V.m. § 75 Abs. 2 Satz 2 SGB XII) und die Grundrechte aus Art. 3 Abs. 1 GG und Art. 12 Abs. 1 GG[162] (zum Auswahlermessen vgl. Rn. 99 ff.). Der Bedarf an Einrichtungen ist kein geeignetes Ermessenskriterium; eine **Angebotssteuerung durch Bedarfsprüfung** ist mithin **unzulässig**.[163] Eine Vereinbarung ist vorrangig mit den Leistungserbringern abzuschließen, deren Vergütung bei vergleichbarem Inhalt, Umfang und Qualität der Leistung nicht höher ist als die anderer Träger (§ 75 Abs. 2 Satz 3 SGB XII). **Entschließungs- und Auswahlermessen** können unter bestimmten Voraussetzungen **auf Null reduziert** sein (vgl. dazu Rn. 98, Rn. 117).[164]

92

Das dem Sozialhilfeträger bei Abschluss der Vereinbarung zustehende Ermessen kann durch die Vorgaben in einer Landesrahmenvereinbarung gelenkt werden (**ermessenslenkende Wirkung von Landesrahmenvereinbarung**).[165] Allerdings dürfen die rahmenvertraglichen Regelungen das Ermessen nicht vollständig vorwegnehmen.[166] Landesrahmenvereinbarungen müssen entsprechend ihrer Funktion (vgl. die Kommentierung zu § 79 SGB XII Rn. 12, 36) einen Grad an Allgemeinheit und Abstraktheit aufweisen, der noch Raum für einzelvertragliche Regelungen lässt.[167] Die Landesrahmenverträge präjudizieren in bestimmten Umfang die auf örtlicher Ebene nach § 75 Abs. 3 Satz 1 SGB XII zu schließenden Vereinbarungen, ersetzen diese aber nicht.[168] Die in der Praxis zu beobachtende Tendenz zu ausdifferenzierten Landesrahmenvereinbarungen[169] führt zu keiner anderen Beurteilung, weil die Rahmenvereinbarungen regelhaft eine Öffnungsklausel enthalten, die Raum für Vereinbarungen auf örtlicher Ebene lässt, um z.B. neueren wissenschaftlichen Erkenntnissen über die Bedarfsermittlung oder die Bildung von Hilfebedarfsgruppen Rechnung tragen zu können.[170]

93

---

[159] *Jaritz*, SozialRecht aktuell 2012, 105, 112 m.w.N.

[160] LSG Baden-Württemberg v. 13.07.2006 - L 7 SO 1902/06 ER-B; SG Berlin v. 06.05.2013 - S 47 SO 843/09; *Münder* in: LPK-SGB XII, 9. Aufl., § 75 Rn. 15; *Flint* in: Grube/Wahrendorf, SGB XII, 5. Aufl., § 75 Rn. 33.

[161] *Neumann* in: Hauck/Noftz, SGB XII, § 75 Rn. 24; VGH München v. 25.07.2000 - 12 B 96/1870.

[162] LSG Berlin-Brandenburg v. 02.09.2011 - L 23 SO 147/11 B ER; *Neumann* in: Hauck/Noftz, SGB XII, § 75 Rn. 23.

[163] BVerwG v. 30.09.1993 - 5 C 41/91 - BVerwGE 94, 202, 205 ff.; LSG Baden-Württemberg v. 13.07.2006 - L 7 SO 1902/06 ER B; LSG Hessen v. 18.07.2006 - L 7 SO 16/06 ER u. L 7 SO 7/06 ER; *Neumann* in: Hauck/Noftz, SGB XII, § 75 Rn. 25; *Flint* in: Grube/Wahrendorf, SGB XII, 5. Aufl., § 75 Rn. 34; *Mrozynski*, ZFSH/SGB 2011, 197, 203 ff. (mit Hinweis auf eine mögliche Lenkungswirkung durch den Einsatz von Fördermitteln).

[164] LSG Berlin-Brandenburg v. 02.09.2011 - L 23 SO 147/11 B ER; LSG Berlin-Brandenburg v. 11.12.2007 - L 23 SO 249/07 SO ER; LSG Hessen v. 18.07.2006 - L 7 SO 16/06 ER u. L 7 SO 7/06 ER; LSG Hessen v. 20.06.2005 - L 7 SO 2/05 ER; LSG Nordrhein-Westfalen v. 27.06.2011 - L 9 SO 294/11 B ER; SG Berlin v. 06.05.2013 - S 47 SO 843/09; SG Dresden v. 02.04.2013 - S 42 SO 1/13 ER; SG Ulm v. 02.05.2006 - S 3 SO 4211/05 ER; *Mrozynski*, ZFSH/SGB 2011, 197, 203; *Flint* in: Grube/Wahrendorf, SGB XII, 5. Aufl., § 75 Rn. 34; *Neumann* in: Hauck/Noftz, SGB XII, § 75 Rn. 24.

[165] A.A. wohl: LSG Baden-Württemberg v. 13.07.2006 - L 7 SO 1902/06 ER-B.

[166] Vgl. BSG v. 11.11.1993 - 7 RAr 52/93 - BSGE 73, 111 = SozR 3-4100 § 55a Nr. 5.

[167] *Flint* in: Grube/Wahrendorf, SGB XII, 5. Aufl., § 79 Rn. 13; ebenso: LSG Hessen v. 25.02.2011 - L 7 SO 237/10 KL.

[168] *Neumann* in: Hauck/Noftz, SGB XII, § 79 Rn. 3; LSG Hessen v. 25.02.2011 - L 7 SO 237/10 KL; VGH München v. 12.09.2005 - 12 CE 05/1725.

[169] Dazu: *Dillmann*, SozialRecht aktuell 2012, 181, 187.

[170] Vgl. dazu auch: LSG Baden-Württemberg v. 13.07.2006 - L 7 SO 1902/06 ER-B

b. Vorgaben für den Abschluss einer Vereinbarung

aa. Eignung des Leistungserbringers und Vorlage eines geeigneten Vertragsangebotes

94 Grundvoraussetzung für den Abschluss von Vereinbarungen ist die **Eignung des Leistungserbringers**. Die Eignung ist vom Sozialhilfeträger im Rahmen seines **Entschließungsermessens** zu prüfen (**1. Stufe des Ermessens**). Gesetzlich vorgegebene Kriterien für die Beurteilung der Eignung sind die Leistungsfähigkeit des Leistungserbringers und dessen Fähigkeit zur Sicherstellung der Grundsätze des § 9 Abs. 1 SGB XII. Ein Leistungserbringer ist geeignet i.S.d. § 75 Abs. 2 Satz 2 SGB XII, wenn er inhaltlich und wirtschaftlich in der Lage ist, den Bedarf einer unbestimmten Vielzahl von Leistungsberechtigten zu decken.[171] Maßgebend für die Beurteilung der Leistungsfähigkeit sind die zu erbringende Hilfeleistung und die Leistungsform. Die inhaltliche Leistungsfähigkeit bedeutet, dass der Leistungserbringer über die notwendigen fachlichen und persönlichen Ressourcen für eine den fachlichen Standards entsprechende Leistungserbringung verfügt. Die wirtschaftliche Leistungsfähigkeit ist gegeben, wenn die Einrichtung/der Dienst nach ökonomischen Gesichtspunkten geführt wird und über die für eine bedarfsdeckende und konstante Versorgung notwendigen finanziellen Mittel verfügt. Zur **Sicherstellung der Grundsätze des § 9 Abs. 1 SGB XII** vgl. Rn. 76.

95 **Keine Eignung** besteht u.a. bei Aberkennung der Gemeinnützigkeit einer Einrichtung verbunden mit einer erheblichen Steuernachforderung[172] und bei **strukturellen Mängeln**[173]. Im Rahmen einer Qualitätsprüfung festgestellte **Mängel im Organisations-, Dokumentation- und Abrechnungssystem** einer Einrichtung/eines Dienstes können die Eignung entfallen lassen, wenn aufgrund dieser Mängel die Leistungsfähigkeit der Einrichtung/des Dienstes nicht sicher beurteilt werden kann.[174] Die für die finanzielle „Schieflage" eines Leistungserbringers maßgebenden Gründe sind unerheblich. Selbst wenn die mangelnde wirtschaftliche Leistungsfähigkeit einer Einrichtung auf ein Verhalten des Sozialhilfeträgers zurückzuführen ist (z.B. durch eine zuvor unrechtmäßige Kündigung bestehender Vereinbarungen), kann im Interesse der Leistungsberechtigten an einer bedarfsgerechten Versorgung (§ 9 Abs. 1 SGB XII) keine Eignung i.S.d. § 75 Abs. 2 Satz 2 SGB XII angenommen werden.

96 **Maßgebender Zeitpunkt für die Beurteilung der Eignung** sind die Verhältnisse im Zeitpunkt der Entscheidung des Sozialhilfeträgers über den Abschluss einer Vereinbarung mit dem betreffenden Leistungserbringer. Eine zuvor über Jahre beanstandungsfreie Tätigkeit des betreffenden Leistungserbringers im Rahmen vertraglicher Beziehungen mit dem Sozialhilfeträger ist ein Indiz, aber noch kein Beleg für dessen Eignung zum Zeitpunkt des Abschlusses einer neuen Vereinbarung. Vielmehr ist vom Sozialhilfeträger eine prognostische Beurteilung der Eignung bezogen auf den künftigen Vereinbarungszeitraum vorzunehmen. Umgekehrt kann einem Leistungserbringer nicht gestützt auf in der Vergangenheit liegende – und ggf. bereits beseitigte – Versorgungsmängel per se die Eignung auch für die zukünftige Leistungserbringung abgesprochen werden.

97 Weitere Voraussetzung für den Abschluss einer Vereinbarung ist die **Vorlage eines den Vorgaben des § 76 SGB XII entsprechenden Vertragsangebotes**.[175] Erst anhand eines Vertragsangebots kann die Sicherstellung der Grundsätze des § 9 Abs. 1 SGB XII und die Leistungsfähigkeit einer Einrichtung/eines Dienstes – und somit die Eignung des Leistungserbringers – beurteilt werden. Zudem ermöglicht erst das Vertragsangebot den im Rahmen des Auswahlermessens (vgl. Rn. 92) durchzuführenden Leistungserbringervergleich (vgl. Rn. 105 ff.).

98 Bei fehlender Eignung des Leistungserbringers ist die **Ablehnung des Vertragsangebotes** durch den Sozialhilfeträger **nicht ermessensfehlerhaft**. Vielmehr wäre der Abschluss eines Vereinbarung in diesem Fall nicht mit dem Zweck der Ermächtigungsgrundlage (§ 75 Abs. 2 SGB XII) vereinbar und somit als Ermessensfehlgebrauch anzusehen. Gleiches gilt, wenn kein den Vorgaben des § 76 SGB XII entsprechendes – d.h. kein geeignetes – Vertragsangebot vorgelegt wird.[176] Ist nur **ein Leistungsanbieter geeignet** i.S.d. § 75 Abs. 2 Satz 2 SGB XII und entspricht dessen Vertragsangebot den gesetzlichen Mindestanforderungen des § 76 SGB XII, ist das **Abschlussermessen des Sozialhilfeträgers**

---

[171] *Münder* in: LPK-SGB XII, 9. Aufl., § 75 Rn. 11.
[172] Angedeutet: LSG Berlin-Brandenburg v. 02.09.2011 - L 23 SO 147/11 B ER.
[173] LSG Hessen v. 18.07.2006 - L 7 SO 7/06 ER.
[174] Angedeutet, aber im Ergebnis im konkreten Fall verneint: LSG Berlin-Brandenburg v. 02.09.2011 - L 23 SO 147/11 B ER.
[175] *Jaritz*, SozialRecht aktuell 2012, 105, 112 f.
[176] OVG Lüneburg v. 20.08.2008 - 4 LC 93/07; OVG Lüneburg v. 22.07.2008 - 4 LA 22/06 - wobei jeweils angenommen wird, dass in diesem Fall dem Sozialhilfeträger bereits kein Ermessen zusteht.

auf Null reduziert;[177] korrespondierend hierzu besteht ein Anspruch des Leistungserbringers auf Abschluss der Vereinbarung. Der Abschluss einer Vereinbarung darf in diesem Fall vom Sozialhilfeträger nicht unter Verweis auf den fehlenden Bedarf an Einrichtungen der betreffenden Art abgelehnt werden (vgl. Rn. 92). Im Wege des einstweiligen Rechtsschutzes ist ein solcher Anspruch auf Abschluss einer Vereinbarung nur durchsetzbar, wenn durch den fehlenden Abschluss der Vereinbarung schwere und nicht wiedergutzumachende Nachteile drohen, was in Anbetracht der Möglichkeit einer zurückwirkenden Festsetzung der Vergütung bei prospektiv begonnenen Verhandlungen (vgl. dazu die Kommentierung zu § 77 SGB XII Rn. 25, 116 f.) in der Regel nicht angenommen werden kann.[178] Sind mehrere Leistungserbringer geeignet, steht dem Sozialhilfeträger ein nach den Vorgaben des § 75 Abs. 2 Satz 3 SGB XII auszuübendes Auswahlermessen zu (vgl. Rn. 99 ff.).

bb. Grundsätze des § 75 Abs. 2 Satz 3 und Abs. 3 Satz 2 SGB XII

Bei der Ausübung des dem Sozialhilfeträger in Bezug auf mehrere geeignete Leistungserbringer zustehenden **Auswahlermessens (2. Stufe des Ermessens)** sind die Vorgaben des **§ 75 Abs. 2 Satz 3 und Abs. 3 Satz 2 SGB XII als ermessensleitende Kriterien** zu berücksichtigen. Die Vereinbarung ist vorrangig mit den Leistungserbringern abzuschließen, deren Leistungsangebot den Grundsätzen der Wirtschaftlichkeit, Sparsamkeit und Leistungsfähigkeit entspricht (§ 75 Abs. 3 Satz 2 SGB XII) und deren Vergütung bei vergleichbarer Leistung nicht höherer ist als die anderer Träger (§ 75 Abs. 2 Satz 3 SGB XII). Darüber hinaus sind im Rahmen des Auswahlermessens die (institutionelle und leistungsrechtliche) Gewährleistungspflicht des Sozialhilfeträgers (§ 17 Abs. 1 Nr. 1, 2 SGB I) und die Grundrechte der Leistungserbringer aus Art. 12 Abs. 1 und Art. 3 Abs. 1 GG zu berücksichtigen. Andere als die im Gesetz genannten Ermessenskriterien dürfen vom Sozialhilfeträger nicht berücksichtigt werden. Insbesondere darf der Sozialhilfeträger nicht unter dem Deckmantel des Auswahlermessens bestimmten Leistungskonzepten den Vorrang einzuräumen. Vielmehr muss der Sozialhilfeträger grundsätzlich die Selbständigkeit der freien Träger in Zielsetzung und Durchführung der ihnen zugewiesenen Aufgaben respektieren, solange die angebotene Leistungs- und Betreuungsform wissenschaftlich vertretbar ist und den Vorgaben in § 75 Abs. 2 Satz 3 und Abs. 3 Satz 2 SGB XII entspricht.[179] Allerdings können kostenintensive Betreuungskonzepte unter Umstände nicht mit dem Grundsatz der Sparsamkeit und Wirtschaftlichkeit vereinbar sein.

99

Die für Vereinbarungen i.S.d. § 75 Abs. 3 Satz 1 SGB XII und somit auch für das auf den Abschluss einer Vereinbarung gerichtete Vertragsangebot geltenden **Grundsätze der Wirtschaftlichkeit, Sparsamkeit und Leistungsfähigkeit (§ 75 Abs. 3 Satz 2 SGB XII)** beziehen sich auf alle drei Teilvereinbarungen, sind aber im Wesentlichen nur für die Leistungs- und Vergütungsvereinbarung von Bedeutung. In Bezug auf die Vergütungsvereinbarung muss die Gesamtvergütung den Grundsätzen des § 75 Abs. 3 Satz 2 SGB XII genügen.[180] Den Grundsätzen des § 75 Abs. 3 Satz 2 SGB XII kommt eine **eigenständige Bedeutung neben den Mindestvertragsinhalten des § 76 SGB XII** zu. Ein die gesetzlichen Mindestinhalte enthaltendes und somit grundsätzlich annahmefähiges Vertragsangebot (vgl. dazu die Kommentierung zu § 76 SGB XII Rn. 44 ff.) kann gleichwohl im Widerspruch zu den Grundsätzen der Wirtschaftlichkeit, Sparsamkeit und Leistungsfähigkeit stehen. Unter anderem können Leistungsangebote mit besonders kostenintensiven neuen Betreuungsformen nicht dem Grundsatz der Sparsamkeit entsprechen. Darüber hinaus besteht die Möglichkeit, dass ein Vertragsangebot, das hinsichtlich der Leistung und Vergütung den Vorgaben des § 76 Abs. 1 und 2 SGB XII entspricht, wegen einer ungünstigen Zweck-Mittel-Relation als unwirtschaftlich anzusehen ist. Letztlich kann ein den Vorgaben des § 76 SGB XII entsprechendes Leistungsangebot prognostisch die finanzielle Leistungsfähigkeit der Einrichtung übersteigen und daher nicht der Leistungsfähigkeit entsprechen.

100

Über die Grundsätze der Wirtschaftlichkeit, Sparsamkeit und Leistungsfähigkeit soll den Sozialhilfeträgern die Möglichkeit eingeräumt werden, im Interesse der Erhaltung der Finanzkraft der öffentlichen Haushalte auf die Höhe der zu übernehmenden Kosten Einfluss zu nehmen.[181] Die genannten Grundsätze werden durch **unbestimmte Rechtsbegriffe** beschrieben und sind aufgaben- und leis-

101

---

[177] *Flint* in: Grube/Wahrendorf, SGB XII, 5. Aufl., § 75 Rn. 34; *Mrozynski*, ZfSH/SGB 2011, 197; LSG Nordrhein-Westfalen v. 27.06.2011 - L 9 SO 294/11 B ER.
[178] LSG Hessen v. 18.07.2006 - L 7 SO 7/06 ER.
[179] LSG Baden-Württemberg v. 13.07.2006 - L 7 SO 1902/06 ER-B.
[180] LSG Mecklenburg-Vorpommern v. 06.09.2012 - L 9 SO 5/11 KL.
[181] Ebenso: *Flint* in: Grube/Wahrendorf, SGB XII, 5. Aufl., § 75 Rn. 23.

tungsbezogen auszulegen.[182] Grundsätzlich unterliegen unbestimmte Rechtsbegriffe der uneingeschränkten gerichtlichen Kontrolle. In Bezug auf die Leistungs- und Vergütungsvereinbarung ist dieser Grundsatz jedoch einzuschränken. Denn der gerichtlichen Entscheidung über den Abschluss einer Vergütungsvereinbarung – nach der hier vertretenen Auffassung auch einer Leistungsvereinbarung (vgl. dazu die Kommentierung zu § 77 SGB XII Rn. 37 ff.) – ist ein Schiedsstellenverfahren vorgeschaltet. Die besondere Kompetenz und Sachkunde der Schiedsstelle betrifft gerade die Definition und Ausfüllung der im Rahmen einer Vereinbarung zu beachtenden Grundsätze der Wirtschaftlichkeit, Sparsamkeit und Leistungsfähigkeit (vgl. die Kommentierung zu § 77 SGB XII Rn. 92).[183] Insoweit steht der Schiedsstelle ein nur eingeschränkt gerichtlich kontrollierbarer Entscheidungsspielraum sui generis zu (vgl. die Kommentierung zu § 77 SGB XII Rn. 93 ff.). **Die gerichtliche Kontrolle** beschränkt sich insoweit auf die Nachprüfung, ob die Bewertungen der Schiedsstelle dem Sinngehalt dieser unbestimmten Gesetzesbegriffe gerecht werden und ob der Sachverhalt von der Schiedsstelle insoweit vollständig ermittelt wurde.

102 Der **Grundsatz der Wirtschaftlichkeit** umschreibt eine **günstige Zweck-Mittel-Relation** i.S.e. angemessenen und ausgewogenen Verhältnisses zwischen den angebotenen Leistungen und der hierfür geforderten Vergütung. Denkbar ist die Wirtschaftlichkeit sowohl als Minimalprinzip (geringstmöglicher Einsatz an Mitteln zur Erreichung der vorgesehenen Aufgaben) als auch im Sinne des Maximalprinzips (Erzielung des größtmöglichen Erfolges mit den gegebenen Mitteln).[184] Über das **Sparsamkeitsgebot** soll sichergestellt werden, dass unter mehreren geeigneten Mitteln nach dem Gesichtspunkt der Kostengünstigkeit auszuwählen ist.[185] Im Sinne des Minimalprinzips stimmen die Grundsätze der Sparsamkeit und der Wirtschaftlichkeit überein.[186] Diese Grundsätze stehen der Berücksichtigung eines kalkulatorischen Gewinns durch den Leistungserbringer nicht entgegen.[187]

103 Im Gegensatz zu den Grundsätzen der Wirtschaftlichkeit und Sparsamkeit, die eine an den Leistungserbringer adressierte Obergrenze formulieren, regelt der **Grundsatz der Leistungsfähigkeit** eine Untergrenze, deren Beachtung dem Sozialhilfeträger obliegt.[188] Leistungsfähigkeit i.S.d. § 75 Abs. 3 Satz 2 SGB XII meint die Fähigkeit des Leistungserbringers, mit den vorhandenen Mitteln eine dem Bedarfsdeckungsgrundsatz entsprechende Hilfe für eine unbestimmte Vielzahl von Hilfeempfängern zu erbringen.[189] Die Leistungsfähigkeit des § 75 Abs. 3 Satz 2 SGB XII beinhaltet den Anspruch auf eine „leistungsgerechte Vergütung". Der Anspruch auf eine leistungsgerechte Vergütung war in der bis zum 31.12.1998 geltenden Fassung der Vorläufervorschrift des § 75 Abs. 3 SGB XII – dem § 93 Abs. 2 BSHG – explizit geregelt, hatte aber neben der Leistungsfähigkeit keine eigenständige Bedeutung. Die Aufnahme des Anspruchs auf eine leistungsgerechte Vergütung war seinerzeit wohl ausschließlich dem Übergang zu einem prospektiven Vergütungssystem und den insoweit von den Leistungserbringern befürchteten Risiken geschuldet (vgl. Rn. 5). Im Bereich der gesetzlichen Pflegeversicherung hat der gesetzlich geregelte Anspruch auf eine leistungsgerechte Vergütung (§ 84 Abs. 2 Satz 1 SGB XI) eine eigenständige Bedeutung, weil ein dem § 75 Abs. 3 Satz 2 SGB XII entsprechender Bezug auf die Leistungsfähigkeit fehlt.

---

[182] *Flint* in: Grube/Wahrendorf, SGB XII, 5. Aufl., § 75 Rn. 27.

[183] BVerwG v. 01.12.1998 - 5 C 17/97; LSG Nordrhein-Westfalen v. 29.09.2005 - L 20 SO 92/06 m.w.N.; OVG Sachsen v. 10.05.2006 - 5 B 575/04; BSG v. 29.01.2009 - B 3 P 7/08 R zur Schiedsstelle nach dem SGB XI.

[184] LSG Baden-Württemberg v. 18.07.2013 - L 7 SO 2513/09 KL; BVerwG v. 01.12.1998 - 5 C 17/97 - BVerwGE 108, 47; *Flint* in: Grube/Wahrendorf, SGB XII, 5. Aufl., § 75 Rn. 24; *Neumann* in: Hauck/Noftz, SGB XII, § 75 Rn. 34; *Münder* in: LPK-SGB XII, 9. Aufl., § 75 Rn. 26.

[185] BVerwG v. 01.12.1998 - 5 C 17/97 - BVerwGE 108, 47; *Münder* in: LPK-SGB XII, 9. Aufl., § 75 Rn. 26; *Flint* in: Grube/Wahrendorf, SGB XII, 5. Aufl., § 75 Rn. 24; *Neumann* in: Hauck/Noftz, SGB XII, § 75 Rn. 34; Baden-Württemberg v. 18.07.2013 - L 7 SO 2513/09 KL.

[186] BSG v. 26.08.1983 - 8 RK 29/82 - BSGE 55, 277, 279.

[187] BVerwG v. 01.12.1998 - 5 C 17/97 - BVerwGE 108, 47; *Flint* in: Grube/Wahrendorf, SGB XII, 5. Aufl., § 75 Rn. 26; *Neumann* in: Hauck/Noftz, SGB XII, § 75 Rn. 38; *Pöld-Krämer/Fahlbusch*, RsDE Nr. 46 (2000), 4, 30; *Freudenberg* in: Jahn, SGB XII, § 75 Rn. 45.

[188] Ähnlich *Neumann* in: Hauck/Noftz, SGB XII, § 75 Rn. 34; LSG Baden-Württemberg v. 18.07.2013 - L 7 SO 2513/09 KL.

[189] LSG Baden-Württemberg v. 18.07.2013 - L 7 SO 2513/09 KL; LSG Nordrhein-Westfalen v. 29.09.2008 - L 20 SO 92/06; *Flint* in: Grube/Wahrendorf, SGB XII, 5. Aufl., § 75 Rn. 27; *Münder* in: LPK-SGB XII, 9. Aufl., § 75 Rn. 26.

Leistungsfähig bzw. leistungsgerecht bedeutet, dass bei der Ausgestaltung der Vereinbarung die **Ge-** **104** **stehungskosten der Einrichtung** nicht völlig unberücksichtigt bleiben dürfen.[190] Zu den Gestehungskosten gehören sämtliche Aufwendungen einer Einrichtung/eines Dienstes für die Beschaffung und Bezahlungen der zu erbringenden Leistungen unter Zuschlag einer angemessenen Vergütung des Unternehmerrisikos.[191] Auch für die Gestehungskosten sind Leistungsform (stationär oder ambulant) und Hilfearbeit maßgebend. Darin liegt keine Rückkehr zu dem bis 30.06.1994 geltenden Kostenerstattungsprinzip, sondern lediglich eine im Interesse der Beteiligten und zur Sicherung einer bedarfsdeckenden Hilfeleistung vorgenommene Beschränkung des weiterhin geltenden „markt-"orientierten Versorgungskonzepts.[192] Gestehungskosten können berücksichtigt werden, wenn sie plausibel dargelegt werden und dem Vergleich mit anderen Einrichtungen standhalten (vgl. Rn. 105 ff.). Die Plausibilität der Gestehungskosten setzt insbesondere eine wirtschaftliche Betriebsführung voraus. Als plausible und betriebswirtschaftlich gerechtfertigte Gestehungskosten sind u.a. erhöhte Personalkosten durch eine Einhaltung der tariflichen Bindungen anzusehen.[193] Gleiches gilt für Kosten, die sich aus der Befolgung heimaufsichtsrechtlicher Anordnungen und Auflagen ergeben.[194]

Entspricht das Vertragsangebot eines geeigneten Leistungserbringers nicht den Grundsätzen der Wirt- **105** schaftlichkeit, Sparsamkeit und Leistungsfähigkeit, ist die Ablehnung des Abschlusses einer Vereinbarung mit diesem Leistungserbringer durch den Sozialhilfeträger nicht als fehlerhafte Ausübung des Auswahlermessens anzusehen. Entsprechen die Angebote von mehreren geeigneten Leistungserbringern den in § 75 Abs. 3 Satz 1 SGB XII niedergelegten Grundsätzen, ist die Vereinbarung gemäß **§ 75 Abs. 2 Satz 3 SGB XII** mit dem/den Leistungserbringer(n) abzuschließen, dessen/deren Vergütung bei vergleichbarem Inhalt, Umfang und vergleichbarer Qualität der Leistung nicht höher ist als die anderer Träger. Die Ausübung des dem Sozialhilfeträger eingeräumten Auswahlermessens erfordert einen **Vergleich der als geeignet befundenen Leistungserbringer im Hinblick auf das Leistungsangebot und die Vergütung**.[195] Ansatzpunkt für den Vergleich sind weniger die Grundsätze der Wirtschaftlichkeit, Sparsamkeit und Leistungsfähigkeit[196], sondern vielmehr der durch § 75 Abs. 2 Satz 3 SGB XII vorgegebene Maßstab.

Für diesen **(Leistungserbringer-)Vergleich** enthält das SGB XII keine Vorgaben.[197] In Ermangelung **106** eines speziell sozialhilferechtlichen Maßstabes wird überwiegend auf die von der höchstrichterlichen Rechtsprechung im Anwendungsbereich des SGB XI entwickelten **Grundsätze des sogenannten externen Vergleichs** zurückgegriffen.[198] Anknüpfungspunkt für den externen Vergleich ist die dem § 75

---

[190] Zum Sozialhilferecht: LSG Baden-Württemberg v. 18.07.2013 - L 7 SO 2513/09 KL; BVerwG v. 01.12.1998 - 5 C 17/97 - BVerwGE 108, 47, 54; zum Pflegeversicherungsrecht: BSG v. 16.05.2013 - B 3 P 1/12 R u. B 3 P 2/12 R - SozR 4-3300 § 85 Nr. 4; BSG v. 29.01.2009 - B 3 P 6/08 R; BSG v. 17.12.2009 - 3 P 3/08 R in Abkehr von BSG v. 14.12.2000 - B 3 P 19/00 R - BSGE 87, 199 = SozR 3-3300 § 85 Nr. 1; *Schütze* in: Udsching, SGB XI, 3. Aufl., § 84 Rn. 11; *Wenzel/Kulenkampff*, NDV 2006, 455, 460; *Neumann* in: Hauck/Noftz, SGB XII, § 75 Rn. 34.
[191] *O`Sullivan* in: jurisPK-SGB XI, § 84 Rn. 32.
[192] Abkehr vom Marktpreismodell in BSG v. 14.12.2000 - B 3 P 19/00 R - BSGE 87, 199 = SozR 3-3300 § 85 Nr. 1.
[193] LSG Mecklenburg-Vorpommern v. 06.09.2012 - L 9 SO 5/11 KL u. L 9 SO 11/10; zu § 84 SGB XI: BSG v. 29.01.2009 - B 3 P 6/08 R; BSG v. 17.12.2009 - 3 P 3/08 R.
[194] SG Dresden v. 02.04.2013 - S 42 SO 1/13 ER.
[195] In diesem Sinne auch *Schellhorn* in: Köbl/Brünner, Die Vergütung von Einrichtungen und Diensten nach SGB XI und BSHG, 2001, S. 42, 48; zum Einrichtungsvergleich allgemein: *Bröcheler* in: Köbl/Brünner, Die Vergütung von Einrichtungen und Diensten nach SGB XI und BSHG, 2001, S. 61, 70 ff.; *Jaritz*, Sozialrecht aktuell 2012, 105, 113.
[196] So aber: *Münder* in: LPK-SGB XII, 9. Aufl., § 75 Rn. 27; *Flint* in: Grube/Wahrendorf, SGB XII, 5. Aufl., § 75 Rn. 28.
[197] So auch *Plantholz/Rochon*, RsDE Nr. 46 (2000), S. 31, 41 ff.; *Jaritz*, SozialRecht aktuell 2012, 105, 113.
[198] LSG Baden-Württemberg v. 18.07.2013 - L 7 SO 2513/09 KL; LSG Baden-Württemberg v. 05.10.2011 - L 2 SO 5659/08 KL; LSG Mecklenburg-Vorpommern v. 06.09.2012 - L 9 SO 5/11 KL; LSG Hamburg v. 30.10.2012 - L 4 SO 33/10 KL; LSG Bayern v. 24.11.2011 - L 8 SO 223/09 KL u. L 8 SO 135/10 KL; LSG Bayern v. 25.01.2011 - L 8 SO 89/09 KL; LSG Niedersachsen-Bremen v. 24.05.2007 - L 8 SO 119/06; BVerwG v. 01.12.1998 - 5 C 17/97; OVG Lüneburg v. 20.08.2008 - 4 LC 93/07; OVG Lüneburg v. 22.07.2008 - 4 LA 22/06; so auch: BVerfG v. 01.09.2008 - 1 BvR 887/08, 1 BvR 888/08, 1 BvR 889/08, 1 BvR 890/08, 1 BvR 891/08; *Flint* in: Grube/Wahrendorf, SGB XII, 5. Aufl., § 75 Rn. 28; *Münder* in: LPK-SGB XII, 9. Aufl., § 75 Rn. 27; *Freudenberg* in: Jahn, SGB XII, § 75 Rn. 56; *Neumann* in: Hauck/Noftz, SGB XII, § 75 Rn. 35 ff.; *W. Schellhorn* in: Schellhorn/Schellhorn/Hohm, SGB XII, 18. Aufl., § 75 Rn. 42 ff.; kritisch dagegen: SG Hildesheim v. 28.09.2010 - S 34 SO 252/05; differenziert i.S.e. Anpassung der Grundsätze des externen Vergleichs an die sozialhilferechtlichen Besonderheiten: LSG Mecklenburg-Vorpommern v. 06.09.2012 - L 9 SO 11/10 u. L 9 SO 5/11 KL (mit kritischer Anm. von *Philipp*, SozialRecht aktuell 2013, 48).

Abs. 2 Satz 3 SGB XII im Ansatz vergleichbare Bestimmung des § 84 Abs. 2 Satz 7 SGB XI, wonach bei der Bemessung der Pflegesätze einer Pflegeeinrichtung „die Pflegesätze derjenigen Pflegeeinrichtungen, die nach Art und Größe sowie hinsichtlich der in Absatz 5 genannten Leistungs- und Qualitätsmerkmale im Wesentlichen gleichartig sind, angemessen berücksichtigt werden" können sowie die Regelung des § 84 Abs. 2 Satz 4 SGB XI, nach der die Pflegesätze „einem Pflegeheim bei wirtschaftlicher Betriebsführung die Finanzierung seiner Aufwendungen und die Erfüllung seines Versorgungsauftrags" ermöglichen müssen. Auf diese Weise soll der Wettbewerb zwischen den Pflegeeinrichtungen gefördert werden.[199] Während das BVerwG im Anwendungsbereich des § 93 BSHG und das BSG in seiner älteren Rechtsprechung zu § 84 Abs. 2 SGB XI im Rahmen des externen Vergleichs zunächst (nur) das Entgelt verschiedener Einrichtungen für vergleichbare Leistungen verglichen hat,[200] gibt die neuere höchstrichterliche Rechtsprechung zum SGB XI einem **zweistufigen Berechnungsmodell** den Vorzug. Bei diesem externen Vergleich „neuer Form" erfolgt auf der **ersten Prüfungsstufe** eine **Plausibilitätskontrolle** in Bezug auf die Gestehungskosten der Einrichtung (interner Maßstab). Die Einrichtung hat hierzu die im zurückliegenden Wirtschaftsjahr angefallenen tatsächlichen Kosten im Rahmen einer vorausschauenden Betrachtung für das künftige Wirtschaftsjahr zu prognostizieren (prospektive Bewertung der voraussichtlichen Gestehungskosten auf retrospektiver Basis) und hierfür entsprechende Nachweise zu erbringen. Der Leistungsträger prüft anhand dieser Angaben die Nachvollziehbarkeit der Kalkulation. Sind die nachgewiesenen Kosten plausibel, werden sie in einem **zweiten Prüfungsschritt** zu den Kosten von Leistungserbringern mit vergleichbarem Leistungsangebot ins Verhältnis gesetzt **(externer Maßstab)**.[201] Die Entgelte sind nach diesem Berechnungsmodell leistungsgerecht, wenn sie erstens nachvollziehbar und plausibel dargelegt worden sind und zweitens in einer angemessenen und nachprüfbaren Relation zu den Sätzen anderer Einrichtungen für vergleichbare Leistungen stehen, d.h. entweder über die günstigsten Eckwerte der Vergütungen vergleichbarer Einrichtungen nicht hinausreichen oder sich im unteren Drittel der vergleichsweise ermittelten Entgelte anderer Einrichtungen bewegen.[202] Letztlich können auch Entgelte oberhalb des unteren Drittels der Vergütungen vergleichbarer Einrichtungen leistungsgerecht sein, wenn die höheren Kosten nachvollziehbar auf einem höheren Aufwand der Einrichtung (z.B. durch Größe, Lage oder Einhaltung der Tarifbindung) und nicht auf einer unwirtschaftlichen Betriebsführung beruhen.[203]

107 Die **Übertragung** dieser zur Pflegesatzvergütung entwickelten Grundsätze des **externen Vergleichs auf** den nach § 75 Abs. 2 Satz 3 SGB XII durchzuführenden **Leistungserbringervergleich** ist wegen der strukturellen Unterschiede zwischen einer beitragsfinanzierten Leistung der Sozialversicherung (Leistungen nach dem SGB XI) und einer steuerfinanzierten existenzsichernden Leistung (Leistungen nach dem SGB XII) einerseits und unterschiedlichen Ausgestaltung der zugrundeliegenden gesetzlichen Regelungen andererseits **nicht unproblematisch**.[204] Diese Unterschiede kommen bereits auf der ersten Stufe des externen Vergleichs – der Plausibilitätsprüfung – zum Tragen. Anknüpfungspunkt für die Plausibilitätsprüfung sind **Auskunfts- und Nachweispflichten der Leistungserbringer** (z.B. § 85 Abs. 3 Sätze 2 und 4 SGB XI). Diese gelten im SGB XI allein wegen der vorherigen Einbeziehung der Leistungserbringer in das pflegeversicherungsrechtliche Leistungssystem durch Versorgungsvertrag. Nur als Systembeteiligte unterliegen die Leistungserbringer besonderen Pflichten. Im Unterschied hierzu werden die Leistungserbringer im sozialhilferechtlichen Leistungserbringungsrecht erst mit dem Abschluss der Vereinbarung in das Leistungssystem des SGB XII aufgenommen und unterliegen daher zuvor, d.h. zum Zeitpunkt des dem Vereinbarungsabschluss vorausgehenden Leistungserbringervergleichs, noch keinen weitergehenden **Auskunfts- und Nachweispflichten**. Allerdings enthalten die **Landesrahmenvereinbarungen** mehrheitlich Regelungen über die mit einem Vertragsangebot

---

[199] BT-Drs. 12/5262, S. 136.
[200] Zum externen Vergleich nach § 93 BSHG: BVerwG v. 01.12.1998 - 5 C 29/97 - BVerwGE 108, 56; BVerwG v. 01.12.1998 - 5 C 17/97 - BVerwGE 108, 47; zum externen Vergleich im Bereich der Pflegeversicherung: BSG v. 14.12.2000 - B 3 P 19/00 R - BSGE 87, 199 = SozR 3-3300 § 85 Nr. 1.
[201] BSG v. 16.05.2013 - B 3 P 1/12 R u. B 3 P 2/12 R - SozR 4-3300 § 85 Nr. 4; BSG v. 17.12.2009 - B 3 P 3/08 R; BSG v. 29.01.2009 - B 3 P 7/08 R - BSGE 102, 227 = SozR 4-3300 § 85 Nr. 1 in Abkehr von BSG v. 14.12.2000 - B 3 P 19/00 R - BSGE 87, 199 = SozR 3-3300 § 85 Nr. 1; vgl. dazu: *Neumann* in: Hauck/Noftz, SGB XII, § 75 Rn. 35 ff.; *Hänlein*, Externer Vergleich und ortsübliche Vergütung, 2010.
[202] BSG v. 29.01.2009 - B 3 P 7/08 R - BSGE 102, 227 = SozR 4-3300 § 85 Nr. 1.
[203] BSG v. 29.01.2009 - B 3 P 7/08 R - BSGE 102, 227 = SozR 4-3300 § 85 Nr. 1.
[204] So auch SG Hildesheim v. 28.09.2010 - S 34 SO 252/05.

vorzulegenden Unterlagen bzw. über Auskunftspflichten.[205] Teilweise werden zwischen Leistungserbringern und Sozialhilfeträger auch sogenannte **allgemeine Verfahrensvereinbarungen** geschlossen, in denen Nachweis- und Auskunftspflichten vertraglich geregelt werden.[206] Soweit eine Vereinbarung nicht zustande kommt und durch Schiedsspruch ersetzt werden muss, regeln die Landesschiedsstellenverordnungen entsprechende Vorlage-, Nachweis- und Auskunftspflichten.[207] Letztlich enthält das SGB XII auch keine dem § 84 Abs. 2 Satz 4 SGB XI entsprechende Bestimmung über die „wirtschaftliche Betriebsführung", an welche die im Bereich der Pflegeversicherung entwickelte Rechtsprechung zum externen Vergleich und insbesondere zur Berücksichtigung der Gestehungskosten einer Einrichtung anknüpft.

Die Formulierung des § 75 Abs. 2 Satz 3 SGB XII legt nahe, dass im Rahmen des Leistungserbringervergleichs nicht nur einzelne Kalkulationsposten des Leistungserbringers auf ihre Nachvollziehbarkeit und Plausibilität überprüft werden (einrichtungsbezogener interner Vergleich), sondern dass grundsätzlich die Vergütungen verschiedener Leistungserbringer mit vergleichbarem Leistungsangebot miteinander verglichen werden sollen (einrichtungsübergreifender externer Vergleich) und somit ein externer Vergleichsmaßstab gilt.[208] Die Kriterien zur Durchführung dieses sozialhilferechtlichen externen Vergleichs sind grundsätzlich von den Vertragsparteien und – soweit zwischen ihnen insoweit keine Einigung erzielt werden kann – von der Schiedsstelle zu entwickeln und festzulegen.[209] Entsprechende **Vergleichskriterien** können in einer **Leistungsstandardvereinbarung** (vgl. dazu die Kommentierung zu § 76 SGB XII Rn. 107, 110 ff.) oder in einer **Landesrahmenvereinbarung** festgelegt werden. Diese vertraglich festgelegten Vergleichskriterien müssen in erster Linie den gesetzlichen Vorgaben der §§ 75 ff. SGB XII entsprechen. Die Vertragsparteien bzw. an deren Stelle die Schiedsstelle können dabei auf die von der Rechtsprechung zur Pflegesatzvergütung entwickelten Kriterien des externen Vergleichs zurückgreifen, soweit diese mit den Vorgaben des sozialhilferechtlichen Leistungserbringungsrechts vereinbar sind. Werden Kriterien zur Durchführung des Leistungserbringervergleichs anstelle der Vertragsparteien durch die Schiedsstelle festgelegt, besteht insoweit nur eine eingeschränkte gerichtliche Kontrolle. Die **Entwicklung**, Prüfung und Anwendung **von Vergleichskriterien ist Ausdruck der besonderen Sachkompetenz der Schiedsstelle**.[210] Insoweit steht der Schiedsstelle ein der Vertragsfreiheit der Parteien vergleichbarer Entscheidungs- und Gestaltungsspielraum sui generis zu, der nur eingeschränkt gerichtlich kontrollierbar ist (vgl. die Kommentierung zu § 77 SGB XII Rn. 92 ff.). Das mit der Überprüfung eines Schiedsspruchs befasste Gericht prüft lediglich, ob die von der Schiedsstelle gewählten Kriterien offensichtlich sachfremd sind.[211] Die Befugnis der Schiedsstelle zur Entwicklung von Kriterien für den Leistungserbringervergleich berechtigt nicht zur „freien Setzung" einer Vergütung ohne erkennbare Methode.[212]

Die **Durchführung eines internen Vergleichs** in Form einer Plausibilitätsprüfung anhand von Richt- und Erfahrungswerten (vgl. Rn. 112) ist denkbar, wenn die Basis für den externen Vergleich in Form einer ausreichenden Anzahl vergleichbarer Leistungserbringer (vgl. Rn. 113 f.) fehlt.[213]

Legen die Vertragsparteien keinen Maßstab für die Durchführung des Leistungserbringervergleichs fest, kann auf die von der höchstrichterlichen Rechtsprechung im Anwendungsbereich des SGB XI entwickelten **Grundsätze des externen Vergleichs** zurückgegriffen werden, die jedoch **den Besonderheiten des sozialhilferechtlichen Leistungserbringungsrechts** anzupassen sind (**modifizierter externer Vergleich**).[214] Eine diese Besonderheiten außer Acht lassende unreflektierte Übernahme der

---

[205] Vgl. § 26 Rahmenvertrag nach § 79 Abs. 1 SGB XII für Brandenburg; § 4 Abs. 4 Rahmenvertragswerk für teilstationäre und stationäre Einrichtungen gemäß §§ 75 ff. SGB XII.
[206] Ziffer 19 Berliner Rahmenvertrag gemäß § 79 Abs. 1 SGB XII für Hilfen in Einrichtungen einschließlich Diensten im Bereich Soziales.
[207] Z.B. § 7 Abs. 2, § 8 Abs. 2 SGB XII-SchVO Schleswig-Holstein; § 9 Abs. 2, 4 SchStLVO SGB XII Mecklenburg-Vorpommern; § 6 Abs. 2, § 7 Abs. 3 ThürSchiedsVO-SGB XII.
[208] Zur Unterscheidung zwischen externem und internem Vergleich: LSG Baden-Württemberg v. 18.07.2013 - L 7 SO 2513/09 KL; BVerwG v. 01.12.1998 - 5 C 17/97 - BVerwGE 108, 47.
[209] Zur diesbezüglichen Kompetenz der Schiedsstelle vgl. SG Hildesheim vom 28.09.2010 - S 34 SO 252/05.
[210] Auch LSG Mecklenburg-Vorpommern v. 30.08.2012 - L 9 SO 1/10.
[211] SG Hildesheim v. 28.09.2010 - S 34 SO 252/05.
[212] LSG Baden-Württemberg v. 05.10.2011 - L 2 SO 5659/08 KL.
[213] LSG Baden-Württemberg v. 18.07.2013 - L 7 SO 2513/09 KL.
[214] In diesem Sinne: LSG Mecklenburg-Vorpommern v. 06.09.2012 - L 9 SO 5/11 KL u. L 9 SO 11/10; LSG Mecklenburg-Vorpommern v. 30.08.2012 - L 9 SO 1/10; SG Hildesheim v. 28.09.2010 - S 34 SO 252/05.

§ 75

von der höchstrichterlichen Rechtsprechung zum externen Vergleich im Pflegeversicherungsrecht entwickelten Kriterien durch die Schiedsstelle wäre als vom Gericht überprüfbarer Verfahrensfehler zu werten.

111 Die **Besonderheiten des sozialhilferechtlichen Leistungserbringungsrechts erfordern einen dreistufigen Vergleich**: Zunächst ist die Plausibilität der vom Leistungserbringer vorgelegten Kalkulation zu prüfen (1. Stufe); in einem zweiten Schritt ist die (plausible) Vergütung zu den Vergütungssätzen anderer Leistungserbringer mit vergleichbarem Leistungsangebot ins Verhältnis zu setzen (2. Stufe); letztlich muss zumindest dann, wenn die Vergütung des Leistungserbringers, der den Abschluss einer Vereinbarung begehrt, höher ist als die vergleichbarer Leistungserbringer, in einem dritten Schritt beurteilt werden, ob diese höhere Vergütung gleichwohl mit den Grundsätzen von Wirtschaftlichkeit, Sparsamkeit und Leistungsfähigkeit vereinbar (§ 75 Abs. 3 Satz 2 SGB XII) ist.[215]

112 Im Rahmen der auf der ersten Stufe durchzuführenden **Plausibilitätsprüfung** wird die **Nachvollziehbarkeit und Schlüssigkeit der** vom Leistungserbringer vorgelegten **Kalkulation** geprüft (zur Kalkulationsgrundlage vgl. die Kommentierung zu § 76 SGB XII Rn. 64 ff.). Im Rahmen dieser Plausibilitätsprüfung kann auf allgemeine **Erfahrungs- und Richtwerte** bzw. Bezugsgrößen zurückgegriffen werden, soweit diese mit den Grundsätzen des sozialhilferechtlichen Leistungs- und Leistungserbringerrechts vereinbar sind bzw. entsprechend modifiziert werden. Die Heranziehung von Richtwerten aus anderen Regelungsbereichen ist daher bedenklich.[216] Unter anderem kann zur Prüfung der Plausibilität der Mietaufwendungen einer Einrichtung auf die entsprechenden Aufwendungen für Wohnraummieten zurückgegriffen werden, soweit durch einen Aufschlag den Mehraufwendungen für gewerbliche Pflegeheime Rechnung getragen wird.[217]

113 Bei dem auf der **zweiten Stufe** durchzuführenden **vergütungsbezogenen Vergleich zwischen mehreren Leistungserbringern** mit vergleichbarem Leistungsangebot besteht die Schwierigkeit zunächst in der **Ermittlung der vergleichbaren Einrichtungen**. Bezugspunkt der Vergleichbarkeit sind nach § 75 Abs. 2 Satz 3 SGB XII Inhalt, Umfang und Qualität der Leistung und somit die Mindestinhalte einer Leistungsvereinbarung bzw. eines annahmefähigen Leistungsangebots (§ 76 SGB XII; vgl. dazu die Kommentierung zu § 76 SGB XII Rn. 28 ff., 46). Die Vorgabe gesetzlicher Mindestinhalte in § 76 SGB XII erleichtert die Vergleichbarkeit der Einrichtungen[218] (vgl. die Kommentierung zu § 76 SGB XII Rn. 19). Maßgebend sind somit Hilfeart, Leistungsform, erfasster Personenkreis, Leistungstyp sowie sächliche und personelle Ausstattung. Andere als die gesetzlich genannten Kriterien können nicht zur Ermittlung vergleichbarer Leistungserbringer herangezogen werden. Dies gilt z.B. für die örtliche Lage, den Gebäudezustand, den Wohnkomfort, die Rechtsform der und die Ausrichtung einer Einrichtung sowie die Tarifbindung[219] (vgl. hierzu Rn. 117).[220]

114 Als problematisch erweist sich letztlich auch die Festlegung des räumlichen Bereichs, in dem vergleichbare Einrichtungen ermittelt werden. Das Gesetz enthält hierzu keine Vorgaben. Der 3. Senat des BSG stellt beim externen Vergleich i.R.v. § 84 SGB XI auf die Pflegeeinrichtungen eines bestimmten Bezirks (Stadt, Landkreis) ab, hat aber eine abweichende Bestimmung des Vergleichsgebietes nicht völlig ausgeschlossen.[221] Auch die **räumliche Festlegung des Vergleichsgebietes** im Rahmen des sozialhilferechtlichen Leistungserbringervergleichs obliegt den Vertragsparteien bzw. an deren Stelle der Schiedsstelle. Auch diese Festlegung ist Ausdruck der besonderen Sachkompetenz der Schiedsstelle und daher nur eingeschränkt gerichtlich nachprüfbar.[222] Bei der Festlegung des Vergleichsgebietes muss den Besonderheiten des sozialhilferechtlichen Leistungserbringungsrechts Rechnung getragen werden.[223] Es besteht die Möglichkeit, an den Zuständigkeitsbereich des Sozialhilfeträgers, den Ein-

---

[215] Ähnlich: LSG Mecklenburg-Vorpommern v. 06.09.2012 - L 9 SO 5/11 KL u. L 9 SO 11/10; LSG Mecklenburg-Vorpommern v. 30.08.2012 - L 9 SO 1/10.

[216] Vgl. dazu LSG Baden-Württemberg v. 18.07.2013 - L 7 SO 2513/09 KL zur Heranziehung haushaltsrechtlicher Richtwerte.

[217] LSG Bayern v. 25.01.2012 - L 8 SO 89/10 KL i.S.e. Aufschlags von 5-10% für gewerbliche Pflegeheime wegen der aufwändigeren Ausstattung im Vergleich zur Wohnraumausstattung.

[218] LSG Bayern v. 25.01.2012 - L 8 SO 89/09 KL.

[219] LSG Bayern v. 25.01.2012 - L 8 SO 89/09 KL; zu § 84 SGB XI: BSG v. 17.12.2009 - B 3 P 3/08 R in Abkehr von BSG v. 14.12.2000 - B 3 P 19/00 R - BSGE 87, 199 = SozR 3-3300 § 85 Nr. 1

[220] Kritisch: *Neumann* in: Hauck/Noftz, SGB XII, § 75 Rn. 29.

[221] BSG v. 29.01.2009 - B 3 P 7/08 R - BSGE 102, 227 = SozR 4-3300 § 85 Nr. 1.

[222] LSG Mecklenburg-Vorpommern v. 06.09.2012 - L 9 SO 5/11 KL u. L 9 SO 11/10; LSG Mecklenburg-Vorpommern v. 30.08.2012 - L 9 SO 1/10.

[223] LSG Mecklenburg-Vorpommern v. 06.09.2012 - L 9 SO 5/11 KL u. L 9 SO 11/10; LSG Mecklenburg-Vorpommern v. 30.08.2012 - L 9 SO 1/10.

zugsbereich der den Vertragsschluss begehrenden Einrichtung oder das Gebiet einer Stadt, eines Bezirkes bzw. eines Landes anzuknüpfen. Wegen der Vielfalt von Einrichtungen, Diensten und Leistungstypen im Bereich der sozialhilferechtlichen Leistungserbringung kann für die Festlegung des räumlichen Vergleichsgebietes kein starrer unveränderbarer Maßstab gelten. Ist in dem Landkreis, in dem der den Vertragsschluss begehrende Leistungserbringer seinen Sitz hat, keine bzw. keine ausreichende Zahl von Leistungserbringern mit vergleichbarem Angebot vorhanden, kann die Ausweitung auf den Nachbarlandkreis oder – bei speziellem Angebot der Einrichtung – auf das Bundesland geboten sein.[224] Eine Anwendung des im Rahmen von § 75 Abs. 4 Satz 3 SGB XII vorgesehenen Maßstabes ist möglich, wenn in diesem näheren Einzugsbereich des Leistungserbringers genügend Vergleichseinrichtungen oder -dienste vorhanden sind, aber nicht zwingend, da eine ausdrückliche Bezugnahme in § 75 Abs. 2 Satz 3 SGB XII fehlt.

Der Leistungserbringervergleich im engeren Sinne setzt die **Kenntnis des Leistungsangebots der im räumlichen Vergleichsgebiet bestehenden Einrichtungen/Dienste** voraus. Dies zu ermitteln ist zunächst Aufgabe des Sozialhilfeträgers. Allerdings sieht das Gesetz keine Auskunftspflicht des Sozialhilfeträgers gegenüber dem Leistungserbringer als Vertragspartner vor, für den die Vergleichsgrundlage daher im Regelfall intransparent ist und bleibt. Soweit keine Einigung erzielt wird, kann die Schiedsstelle in einem nachfolgenden Schiedsstellenverfahren den Sozialhilfeträger auf der Grundlage der in den Schiedsstellenverordnungen geregelten **Auskunftspflichten** zur Vorlage einer Liste mit Vergleichseinrichtungen auffordern.[225] Die fehlende Anforderung entsprechender Unterlagen trotz einer evidenten Unzulänglichkeit der vom Sozialhilfeträger gemachten Angaben zu Leistungserbringern mit vergleichbarem Angebot kann als vom Gericht überprüfbarer Verfahrensfehler gewertet werden.[226] Auf die Vorlage einer nicht anonymisierten Liste hat aber nach geltendem Recht weder der Leistungserbringer noch die Schiedsstelle bzw. nachfolgend das Gericht einen Anspruch, da eine gesetzliche Grundlage, die den Sozialhilfeträger zur Weitergabe unverschlüsselter und somit nachprüfbarer Daten verpflichten würde, nicht besteht.[227] Soweit der 3. Senat des BSG eine entsprechende Pflicht der Pflegekassen angenommen und insoweit datenschutzrechtliche Bedenken verworfen hat, ist dies darauf zurückzuführen, dass im Anwendungsbereich des SGB XI gesetzliche Vorgaben für die Veröffentlichung von Listen über Pflegeeinrichtungen und deren Leistungsangebot existieren (vgl. § 115 Abs. 1a SGB XI[228]), während im Bereich der Sozialhilfe entsprechende Auskunfts- oder Nachweispflichten – wenn überhaupt – nur vertraglich oder im Verordnungsweg vorgesehen sind (vgl. Rn. 107). Für zugelassene Pflegeeinrichtungen (§ 75 Abs. 5 SGB XII) werden zwar von den Pflegekassen Vergleichslisten über Leistungsangebot und die Vergütung von Pflegeeinrichtungen und somit für den Leistungserbringervergleich relevante Daten vorgehalten. Allerdings sind die Pflegekassen nur zur Übermittlung dieser Listen an Pflegebedürftige berechtigt (§ 7 Abs. 3 SGB XI). Darüber hinaus ermächtigt weder das SGB XI die Pflegekassen zur Übermittlung der Daten an den Sozialhilfeträger noch enthält das SGB XII eine entsprechende **Datenerhebungsbefugnis der Sozialhilfeträger**.[229] Die Herausnahme von Leistungserbringern, mit denen Vertragsverhandlungen geführt werden, aus dem Kreis der vergleichbaren Einrichtungen ist mit den Vorgaben des § 75 Abs. 2 Satz 3 SGB XII nicht vereinbar.[230]

Verglichen wird die Gesamtvergütung der Einrichtungen. Dabei wird man nicht von einem einzigen Marktpreis[231] ausgehen können, sondern einen sogenannten **Bandbreitenvergleich**[232] vornehmen müssen, wobei die Bandbreite das untere Drittel der vergleichsweise ermittelten Vergütungen umfasst.[233]

---

[224] LSG Mecklenburg-Vorpommern v. 06.09.2012 - L 9 SO 5/11 KL u. L 9 SO 11/10; LSG Mecklenburg-Vorpommern v. 30.08.2012 - L 9 SO 1/10.
[225] Dazu: SG Hildesheim v. 28.09.2010 - S 34 SO 252/05.
[226] Angedeutet: SG Hildesheim v. 28.09.2010 - S 34 SO 252/05.
[227] SG Hildesheim v. 28.09.2010 - S 34 SO 252/05.
[228] Vgl. dazu *Schütze*, KrV 2012, 14 ff.
[229] Zur datenschutzrechtlichen Problematik: *Plantholz/Rochon*, RsDE Nr. 46 (2000), 30, 48.
[230] LSG Mecklenburg-Vorpommern v. 06.09.2012 - L 9 SO 5/11 KL.
[231] So auch die neuere Rspr. zum Pflegeversicherungsrecht: BSG v. 17.12.2009 - B 3 P 3/08 R.
[232] Dazu *Wenzel/Kulenkampff*, NDV 2006, 455, 458 f.; OVG Lüneburg v. 12.07.2006 - 4 LC 309/02; LSG Bayern v. 25.01.2012 - L 8 SO 89/09 KL.
[233] LSG Bayern v. 25.01.2012 - L 8 SO 89/09 KL; LSG Bayern v. 24.11.2011 - L 8 SO 223/09 KL u. L 8 SO 135/10 KL; LSG Baden-Württemberg v. 05.10.2011 - L 2 SO 5659/08 KL; BSG v. 29.01.2009 - B 3 P 7/08 R - BSGE 102, 227 = SozR 4-3300 § 85 Nr. 1.

117 Das **Ergebnis des externen sozialhilferechtlichen Leistungserbringervergleichs** ist maßgebend für das **Auswahlermessen** des Sozialhilfeträgers in Bezug auf den Abschluss einer Vereinbarung[234]:
- Ist die im Vertragsangebot **kalkulierte Vergütung** des Leistungserbringers **günstiger als die vergleichbarer Leistungserbringer**, ist das **Auswahlermessen des** Sozialhilfeträgers **auf Null reduziert**. Es besteht ein Anspruch des betreffenden Leistungserbringers auf Abschluss der Vereinbarung.
- Liegt die **kalkulierte Vergütung im unteren Drittel derjenigen vergleichbarer Leistungserbringer**, muss der den Abschluss einer Vereinbarung begehrende Leistungserbringer in die vom Sozialhilfeträger zu treffende **Auswahlentscheidung** einbezogen werden. Die Voraussetzungen für eine Ermessensreduktion auf Null sind in diesem Fall nicht erfüllt, es besteht somit kein Anspruch auf Abschluss der Vereinbarung, sondern (nur) auf ermessensfehlerfreie Entscheidung. Der Sozialhilfeträger kann zwischen den innerhalb der Bandbreite liegenden geeigneten Leistungserbringern auswählen. Im Rahmen der Auswahlentscheidung sind wiederum die Vorgaben des § 75 Abs. 3 Satz 2 SGB XII zu berücksichtigen. Dabei ist der Abschluss der Vereinbarung mit dem Leistungserbringer, dessen Angebot den Grundsätzen der Wirtschaftlichkeit, Sparsamkeit und Leistungsgerechtigkeit am besten Rechnung trägt, regelmäßig als ermessensgerecht anzusehen.
- Liegt die kalkulierte **Vergütung oberhalb des unteren Drittels derjenigen vergleichbarer Einrichtungen**, kann der **Abschluss einer Vereinbarung** mit diesem Leistungserbringer gleichwohl **unter bestimmten Voraussetzungen ermessensgerecht** sein, wenn die höheren Kosten (1) nachvollziehbar auf einem höheren Aufwand beruhen, der zur bedarfsdeckenden Versorgung erforderlich ist, (2) nicht auf eine unwirtschaftliche Betriebsführung zurückzuführen sind (Grundsatz der Wirtschaftlichkeit und Leistungsfähigkeit) und (3) die Abweichung auch unter Beachtung des Sparsamkeitsgrundsatzes erforderlich ist.[235] Eine Überschreitung der Vergütung vergleichbarer Einrichtungen rechtfertigende Gründe können sich aus der besonderen Struktur des zu betreuenden Personenkreises,[236] strukturellen Nachteilen durch Standort und Größe der Einrichtung/des Dienstes,[237] einer wesentlich abweichenden Personalstruktur[238] und aus der Wahrung der Tarifbindung[239] ergeben. Der höhere Aufwand muss für die Abweichung von den Vergütungen vergleichbarer Leistungserbringer ursächlich sein (Ausschluss einer verkappten unwirtschaftlichen Betriebsführung).[240]

c. Rechtsfolgen des Abschlusses einer Vereinbarung

118 Mit dem Abschluss einer Vereinbarung entsteht ein dreiseitiges Rechtsverhältnis, welches die übrigen Rechtsbeziehungen im sozialhilferechtlichen Leistungsdreieck beeinflusst und modifiziert (vgl. Rn. 37 ff.). Der Abschluss einer Vereinbarung zwischen Sozialhilfeträger und Leistungserbringer ist – von den in § 75 Abs. 4 SGB XII (vgl. dazu Rn. 130 ff.) und § 75 Abs. 5 Satz 3 SGB XII i.V.m. § 82 Abs. 3 SGB XI (vgl. dazu Rn. 164 ff.) geregelten Ausnahmen abgesehen – **zwingende Voraussetzung für die Übernahme der Vergütung des Leistungserbringers** für Leistungen, die er gegenüber dem Hilfeempfänger erbracht hat (§ 75 Abs. 3 Satz 1 SGB XII) und **für die Ausübung des Wunsch- und Wahlrechts des Hilfeempfängers** (§ 9 Abs. 2 Satz 2 SGB XII).

119 Infolge des vor dem Abschluss einer Vereinbarung durchzuführenden Leistungserbringervergleichs ist der Sozialhilfeträger im Grundverhältnis nicht berechtigt, den Wunsch des bedürftigen Hilfeempfängers auf Unterbringung in einer bestimmten vereinbarungsgebundenen Einrichtung unter Berufung auf den **Mehrkostenvorbehalt** des **§ 9 Abs. 2 Satz 3 SGB XII** abzulehnen.[241] Durch § 75 Abs. 2 Satz 3 SGB XII und § 75 Abs. 3 Satz 2 SGB XII werden Kosten- und Wirtschaftlichkeitsgesichtspunkt in ausreichendem Umfang berücksichtigt. Der Kostenvergleich zwischen Einrichtungen mit vergleichbarem Leistungsangebot in einem eingrenzbaren örtlichen Einzugsbereich findet nicht bei der Prüfung

---

[234] Vgl. dazu auch: *Jaritz*, SozialRecht aktuell 2012, 105, 113.
[235] Ähnlich: LSG Mecklenburg-Vorpommern v. 06.09.2012 - L 9 SO 5/11 KL u. L 9 SO 11/10; LSG Mecklenburg-Vorpommern v. 30.08.2012 - L 9 SO 1/10.
[236] LSG Bayern v. 24.11.2011 - L 8 SO 223/09 KL (besondere Betreuungsstruktur durch eine geringe Zahl an „Werkstattgängern" und eine hohe Zahl ganztägig zu betreuender Heimbewohner).
[237] LSG Bayern v. 24.11.2011 - L 8 SO 223/09 KL u. L 8 SO 135/10 KL.
[238] LSG Mecklenburg-Vorpommern v. 06.09.2012 - L 9 SO 5/11 KL.
[239] LSG Mecklenburg Vorpommern v. 06.09.2012 - L 9 SO 5/11 KL u. L 9 SO 11/10; LSG Bayern v. 24.04.2013 - L 8 SO 18/12 KL; LSG Bayern v. 24.11.2011 - L 8 SO 223/09 KL u. L 8 SO 135/10 KL.
[240] LSG Mecklenburg-Vorpommern v. 06.09.2012 - L 9 SO 5/11 KL.
[241] Vgl. dazu: *Möller*, SGb 2006, 20 ff.; a.A. BVerwG v. 30.09.1993 - 5 C 41/91 - BVerwGE 94, 202.

des individuellen Hilfeanspruchs im Grundverhältnis nach § 9 Abs. 2 Satz 3 SGB XII[242], sondern vorgezogen bereits im Leistungsverschaffungsverhältnis beim Abschluss einer Vereinbarung zwischen Leistungserbringer und Sozialhilfeträger statt. Die im Leistungsverschaffungsverhältnis geschlossenen Verträge wirken insoweit auf das Grundverhältnis ein. Die Vergütung einer Einrichtung/eines Dienstes, die/der zur Erbringung von Leistungen nach dem SGB XII als geeignet befunden wurde (§ 75 Abs. 2 Satz 2 SGB XII) und dessen Vergütung innerhalb der nach § 75 Abs. 2 Satz 3 SGB XII ermittelten Bandbreite (vgl. Rn. 116) liegt, kann nicht als unverhältnismäßig im Sinne des § 9 Abs. 2 Satz 3 SGB XII gewertet werden.

Der Abschluss einer Vereinbarung i.S.d. Absatzes 3 begründet keinen **Anspruch** der Einrichtung **auf eine ausreichende Belegung**.[243] Die Vereinbarung vermittelt lediglich die Chance auf eine kapazitätsentsprechende Belegung, nimmt der Einrichtung aber nicht das von ihr zu tragende marktübliche Unternehmerrisiko der Unterbelegung.[244]   120

Einzelne Aspekte der Vereinbarung i.S.d. Absatzes 3 werden in den Folgevorschriften des 10. Kapitels im Detail geregelt: 121
- die Konkretisierung des Vereinbarungsinhalts in § 76 SGB XII;
- die Regelung der verfahrensrechtlichen Modalitäten eines Vereinbarungsabschlusses und das Schiedsverfahren in den §§ 77, 80 SGB XII;
- die Regelung der vorzeitigen Beendigung der Vereinbarung in § 78 SGB XII.
- das Verhältnis von Vereinbarung und Rahmenvereinbarung (vgl. die Kommentierung zu § 79 SGB XII Rn. 42).

d. Vergaberecht

Trotz der zunehmenden Integration marktwirtschaftlicher Elemente in das Leistungserbringungsrecht **unterfallen die Rechtsbeziehungen zwischen Sozialhilfeträger und Leistungserbringer nicht dem Vergaberecht**.[245] Die Voraussetzungen für die Anwendung des Vergaberechts liegen nicht vor. Sowohl die Vorschriften des GWB[246], die für oberhalb des Schwellenwertes des § 100 GWB i.V.m. der auf der Grundlage von § 127 GWB erlassenen Rechtsverordnung liegende Aufträge gelten, als auch die haushaltsrechtlichen Vorschriften der Länder, die für öffentliche Aufträge unterhalb des Schwellenwertes anzuwenden sind, setzen voraus, dass ein öffentlicher Auftraggeber mit einem Unternehmen einen entgeltlichen Vertrag über die Beschaffung von Leistungen (Liefer-, Bau- oder Dienstleistungen) schließt.[247] Voraussetzung ist ein gegenseitiger privatrechtlicher oder öffentlich-rechtlicher Vertrag,[248] der typischerweise auf den Austausch der beiderseitigen Leistungen gerichtet ist. Die zwischen Sozialhilfeträger und Leistungserbringer nach § 75 Abs. 3 SGB XII zu schließenden Vereinbarungen sind keine entgeltlichen Verträge in diesem Sinne. Mit der Vereinbarung werden keine Dienstleistungen beschafft, sondern lediglich die Bedingungen für die Leistungsabwicklung im Falle ihrer Beschaffung geregelt.[249] Die Vereinbarung „verschafft" keine Leistung, sondern lediglich die Chance/Anwartschaft zur Leistungserbringung, deren Marktwert sich erst im Wettbewerb mit anderen Leistungserbringern   122

---

[242] So aber BVerwG v. 30.09.1993 - 5 C 41/91 - BVerwGE 94, 202 zu § 93 und § 3 BSHG.
[243] BVerwG v. 30.09.1993 - 5 C 41/91 - BVerwGE 94, 202, 208.
[244] *Neumann* in: Hauck/Noftz, SGB XII, § 75 Rn. 26.
[245] So auch: *Bieback*, NZS 2007, 505, 508; *Neumann/Bieritz-Harder*, RsDE 48, 1; *Ax/Schneider/Ottenströer*, VR 2010, 328 ff.; *Jaritz*, SozialRecht aktuell 2012, 105, 113 f.; *Flint* in: Grube/Wahrendorf, SGB XII, 5. Aufl. § 75 Rn. 20 ff.; *Münder* in: LPK-SGB XII, 9. Aufl., § 75 Rn. 20; *Freudenberg* in: Jahn, SGB XII, § 75 Rn. 82; *W. Schellhorn* in: Schellhorn/Schellhorn/Hohm, SGB XII, 18. Aufl., § 75 Rn. 20; BGH v. 12.11.1991 - KZR 22/90 - BGHZ 116, 339 (keine Änderung der Rechtsprechung durch BGH v. 07.07.1992 - KZR 15/91 - BGHZ 119, 93, da diese Entscheidung das zweiseitige Rechtsverhältnis zwischen Pflegebedürftigem und Einrichtung betraf); im Ergebnis auch *Ziegler*, ASR 2009, 208 ff.; *Neumann*, Freiheitsgefährdung im kooperativen Sozialstaat, 1992, S. 183 f.; *Neumann*, RsDE Nr. 68 (2009), 83 ff.; *Pöld-Krämer/Fahlbusch*, RsDE Nr. 46 (2000), 4, 11 a.A. *Kingreen*, VSSR 2006, 379, 381; OLG Hamburg v. 07.12.2007 - 1 Verg 4/07.
[246] GWB in der Fassung durch das Gesetz zur Modernisierung des Vergaberechts vom 20.04.2009 - BGBl I 2009, 790.
[247] OLG Düsseldorf v. 22.09.2004 - VII-Verg 44/04, Verg. 44/04 - RsDE Nr. 59 (2005), 81 ff.; in diesem Sinne auch: *Münder* in: LPK-SGB XII, 9. Aufl., § 75 Rn. 20; *Neumann*, RsDE Nr. 68 (2009), 83 ff.; *Engler*, RsDE 71 (2010), 41 ff.
[248] Zur Einbeziehung öffentlich-rechtlicher Verträge vgl. EuGH v. 12.07.2001 - C-399/88 - Slg. 2011, S. I-5409.
[249] *Neumann/Bieritz-Harder*, RsDE 48 (2001), 1, 14; *Neumann*, RsDE 68 (2009), 84 f.; *Neumann* in: Hauck/Noftz, SGB XII, § 75 Rn. 62; nunmehr auch: *Flint* in: Grube/Wahrendorf, SGB XII, 5. Aufl., § 75 Rn. 21.

erweist.²⁵⁰ Die „Beschaffung" der Dienstleistung und somit der vergaberechtlich relevante Vorgang erfolgt erst durch Abschluss eines Dienstleistungsvertrages zwischen dem Leistungsberechtigten und der Einrichtung.²⁵¹ Die wettbewerbsrechtlich relevante „Vergabe" des Auftrages an einen bestimmten Leistungserbringer nimmt nicht der Sozialhilfeträger, sondern der Leistungsberechtigte in Ausübung seines ihm in den Grenzen von § 9 Abs. 2 Satz 2 SGB XII i.V.m. den §§ 75 ff. SGB XII zustehenden Wunsch- und Wahlrechts vor.²⁵² Es fehlt somit de jure an der erforderlichen **exklusiven Konkurrentenauswahl und definitiven Entgeltzuweisung.**²⁵³

123 Dies schließt jedoch nicht aus, dass die Auslegung und Anwendung der leistungserbringungsrechtlichen Vorschriften in der Praxis de facto zu vergaberechtlich relevanten Ergebnissen führen kann.²⁵⁴ Denkbar ist dies u.a. bei der in der Praxis üblichen Festlegung eines konkreten Leistungserbringers durch den Sozialhilfeträger in dem im Verhältnis zum Hilfempfänger erteilten Bewilligungsbescheid (z.B. Benennung eines bestimmten Pflegedienstes). Diese Verwaltungspraxis begegnet unter vergaberechtlichen Gesichtspunkten und im Hinblick auf § 9 Abs. 2, 3 SGB XII Bedenken (sogenannte **verkappte Vergabe**). Eine dem Sozialhilfeträger alternativ zur Verfügung stehende indirekte und rechtlich nicht zu beanstandende Regulierungsmöglichkeit im Hinblick auf die Wahl der Einrichtung wäre die Zusendung von Vergleichslisten in analoger Anwendung von § 7 Abs. 3 SGB XI.²⁵⁵ Auch die durch die nach herrschender Meinung anzunehmende Beschränkung der Schiedsstellenfähigkeit auf die Vergütungsvereinbarung²⁵⁶ begünstigte Praxis der Sozialhilfeträger, den Abschluss von Vereinbarungen mit neuen Leistungserbringern zu verzögern und somit potentielle Leistungserbringer faktisch aus dem Leistungserbringungssystem des SGB XII auszuschließen, ist vergaberechtlich bedenklich.

124 Die zwischen Sozialhilfeträger und Leistungserbringer geschlossenen Vereinbarungen sind auch nicht unter dem Gesichtspunkt der Rahmenvereinbarung dem Vergaberecht zuzuordnen. **Rahmenvereinbarungen im vergaberechtlichen Sinne** sind Verträge mit einem oder mehreren Leistungserbringern, in denen die Bedingungen für die Vertragserfüllung festgelegt werden, die jedoch noch die Erteilung von Einzelaufträgen zur „Ausfüllung des Rahmens" voraussetzen.²⁵⁷ Es handelt sich um eine besondere Form des öffentlich-rechtlichen Auftrags. Die nach § 75 Abs. 3 Satz 1 SGB XII zu schließenden Vereinbarungen sind keine Rahmenvereinbarungen im vergaberechtlichen Sinne, weil zwar auf der Ebene des Rahmenvertrages, nicht aber auf der Ebene des Einzelauftrages ein öffentlicher Auftraggeber handelt.²⁵⁸ Dieses Auseinanderfallen der agierenden Person würde auch zu der widersinnigen Rechtsfolge führen, dass zwar auf die Vereinbarung zwischen Leistungserbringer und Sozialhilfeträger, nicht aber auf den vom bedürftigen Hilfempfänger erteilten Einzelauftrag, mit dem letztlich die Auswahl vorgenommen wird, die vergaberechtlichen Vorschriften anzuwenden wären.

125 Ist die zwischen dem Leistungserbringer und dem Sozialhilfeträger bestehende Vereinbarung aufgrund ihrer Ausgestaltung im konkreten Einzelfall als **Dienstleistungskonzession**²⁵⁹ zu qualifizieren – was die Ausnahme darstellen dürfte²⁶⁰ –, gelten zwar nicht die vergaberechtlichen Vorschriften; allerdings

---

²⁵⁰ OVG Lüneburg v. 06.12.1999 - 12 O 4455/99; so nunmehr auch: *Flint* in: Grube/Wahrendorf, SGB XII, 5. Aufl., § 75 Rn. 21.

²⁵¹ *Jaritz*, SozialRecht aktuell 2012, 105, 113; *Flint* in: Grube/Wahrendorf, SGB XII, 5. Aufl. § 75 Rn. 21; *Münder* in: LPK-SGB XII, 9. Aufl., § 75 Rn. 20; *Neumann*, RsDE 68 (2009), 84 f.

²⁵² *Münder* in: LPK-SGB XII, 9. Aufl., § 75 Rn. 20; *Flint* in: Grube/Wahrendorf, SGB XII, 5. Aufl., § 75 Rn. 21.

²⁵³ Vgl. dazu: *Rixen*, SDSRV, Bd. 60, 69, 71 f. m.w.N.; *Rixen*, SDSRV Bd. 59, 53, 74 f.; in diesem Sinne auch: *Neumann* in: Hauck/Noftz, SGB XII, § 75 Rn. 62.

²⁵⁴ Zur de-facto-Vergabe vgl.: *Rixen*, SDSRV, Bd. 59, 53, 71 ff. m.w.N.; OLG Hamburg v. 07.12.2007 - 1 Verg 4/07.

²⁵⁵ Zur Vereinbarkeit dieser Vorgehensweise mit Art. 12 GG vgl. BVerfG v. 26.06.2002 - 1 BvR 558/91, 1 BvR 1428/91.

²⁵⁶ Nach der hier vertretenen Auffassung ist auch die Leistungsvereinbarung schiedsstellenfähig (vgl. die Kommentierung zu § 76 SGB XII Rn. 37 ff.).

²⁵⁷ *Ziegler*, ASR 2009, 208 ff.; *Ax/Schneider/Ottenströer*, VR 2010, 328 ff.

²⁵⁸ *Ziegler*, ASR 2009, 208 ff.; *Gabriel*, NZS 2007, 344, 349.

²⁵⁹ Die Dienstleistungskonzession setzt eine gewisse Ausschließlichkeit des Nutzungsrechts voraus. Zum Begriff der Dienstleistungskonzession: EuGH v. 10.09.2009 - C-206/08; *Münder* in: LPK-SGB XII, 9. Aufl., § 75 Rn. 22; zur Einstufung einer im Bereich der Kinder- und Jugendhilfe geschlossenen Vereinbarung als Dienstleistungskonzession vgl. OLG Düsseldorf v. 22.09.2004 - VII - Verg 44/04, Verg 44/04 - RsDE Nr. 59 (2005), 81 ff; OLG Hamburg v. 07.12.2007 - 1 Verg 4/07; zur Dienstleistungskonzession vgl. auch: *Ax/Schneider/Ottenströer*, VR 2010, 328 ff.

²⁶⁰ *Rixen*, SDSRV Bd. 60, 69, 71 f. i.S.d. Ablehnung der Qualifizierung der dem § 75 Abs. 4 SGB XII vergleichbaren Regelung im Jugendhilferecht (§ 78b Abs. 3 SGB VIII) als Dienstleistungskonzession.

müssen in diesem Fall die primärrechtlichen und verfassungsrechtlichen Vorgaben – Gleichbehandlung, Transparenz und Verhältnismäßigkeit – berücksichtigt werden,[261] denen aber durch die Vorschriften der §§ 75 ff. SGB XII in ausreichendem Umfang Rechnung getragen wird.[262]

Eine andere Wertung ist weder aufgrund der **Schuldmitübernahme** des Sozialhilfeträgers noch angesichts der in der Praxis häufig anzutreffenden **„Kostenzusagen"** bzw. „Kostenübernahmeerklärung" geboten. Die Übernahme der Einrichtungsvergütung ist nicht als Schuldanerkenntnis des Sozialhilfeträgers, sondern lediglich als Schuldbeitritt anzusehen, der zur Folge hat, dass Hilfeempfänger und Sozialhilfeträger als Gesamtschuldner für die Vergütung des Leistungserbringers einzustehen haben. Dieses rechtliche Konstrukt führt daher nicht zur Annahme einer „Vergabeentscheidung des Sozialhilfeträgers". Die „Kostenzusage" ist ungeachtet der höchstrichterlich noch nicht geklärten Frage, ob der Sozialhilfeträger mit dieser Erklärung ein abstraktes oder deklaratorisches Schuldanerkenntnis gegenüber dem Leistungserbringer in Bezug auf die Einrichtungskosten abgibt[263], nicht als eigenständiger entgeltlicher Vertrag im Sinne der vergaberechtlichen Vorschriften zu qualifizieren, sondern als Folge der im Grundverhältnis getroffenen Entscheidung durch Verwaltungsakt, zu der sich die Kostenzusage im Hinblick auf Inhalt und Umfang akzessorisch verhält[264]. **126**

Die Erbringung von Hilfe in Einrichtungen in der Form des sozialhilferechtlichen Dreiecksverhältnisses führt dazu, dass eine vergaberechtlich relevante Wettbewerbssituation nicht entsteht und die Anwendung des Vergaberechts daher nicht im Interesse der am **Dreiecksverhältnis** Beteiligten auch nicht erforderlich ist. Da der Nutzer der Leistung (Hilfeempfänger) diese nicht finanziert, sondern die Finanzierung durch Sozialhilfeträger erfolgt, kann **keine den Wettbewerb steuernde Angebots-Nachfrage-Beziehung** entstehen.[265] Den Interessen der am „sozialhilferechtlichen Dreieck" Beteiligten wird durch eine sachgerechte Auslegung des geltenden Rechts ausreichend Rechnung getragen. **127**

Sollte der Sozialhilfeträger mit bestimmten Leistungserbringern außerhalb des in den **§§ 75 ff. SGB XII** vorgesehenen Rahmens Dienstleistungsverträge abschließen, wären die vergaberechtlichen Vorschriften maßgebend.[266] Allerdings ist fraglich, ob der Abschluss solcher Verträge angesichts des Regelungskonzepts zum sozialhilferechtlichen Leistungserbringungsrecht in den §§ 75 ff. SGB XII zulässig ist oder ob diese Vorgaben letztlich als **abschließende Exklusivregelung**[267] zu werten sind. Zumindest im Anwendungsbereich des § 75 Abs. 5 SGB XII dürfte allerdings die Möglichkeit bestehen, neben der Pflegesatzvereinbarung nach dem SGB XI eine für den bedürftigen Hilfeempfänger günstigere individuelle Vereinbarung abzuschließen (vgl. dazu Rn. 153). **128**

5. Prüfungsrecht des Sozialhilfeträgers (§ 75 Abs. 3 Satz 3 SGB XII)

Mit der in **Absatz 3 Satz 3** getroffenen Regelung wollte der Gesetzgeber klarstellen, dass dem Sozialhilfeträger ein uneingeschränktes **Prüfungsrecht** in Bezug auf die Wirtschaftlichkeit und Qualität einer Leistung zusteht.[268] Eine eigenständige Bedeutung könnte dieser Regelung neben der Prüfungsvereinbarung (Absatz 3 Satz 1 Nr. 3) nur zukommen, wenn man das Prüfungsrecht auf den Zeitpunkt vor Abschluss einer Vereinbarung i.S.d. Absatzes 3, d.h. auf die Phase der Vertragsverhandlungen, bezieht. Insoweit wäre das Prüfungsrecht für die Feststellung der Eignung nach Absatz 2 Satz 2 und der **129**

---

[261] EuGH v. 13.10.2005 - C-458/03; *Ziegler*, ASR 2009, 208 ff.; *Neumann* in: Hauck/Noftz, SGB XII, § 75 Rn. 63.
[262] *Neumann* in: Hauck/Noftz, SGB XII, § 75 Rn. 63; *Münder* in: LPK-SGB XII, 9. Aufl., § 75 Rn. 22.
[263] Vgl. dazu BSG v. 28.10.2008 - B 8 SO 22/07 R - BSGE 102, 1 = SozR 4-1500 § 75 Nr. 9; zum Meinungsstand: *Coseriu*, SozialRecht aktuell 2012, 99, 100 f.; *Münder* in: LPK-SGB XII, 9. Aufl., § 75 Rn. 33; *Brünner*, Vergütungsvereinbarungen für Pflegeeinrichtungen nach SGB XI, 2001, S. 26; *Frommann*, Sozialhilfe nach Vereinbarung, 2002, S. 82 ff.; *Neumann*, Freiheitsgefährdung im kooperativen Sozialstaat, 1992, S. 134 ff.; zur Kostenübernahmeerklärung der Krankenkasse: *Estelmann/Eicher*, DOK 1992, 134 ff.
[264] BVerwG v. 19.05.1994 - 5 C 33/91 - BVerwGE 96, 71 f.; BVerwG v. 04.08.2006 - 5 C 13.05; OLG Düsseldorf v. 22.09.2004 - VII-Verg 44/04, Verg-44/04 = RsDE Nr. 59, S. 81 ff.
[265] *Meyer*, TuP 2008, 443, 445 f.; *Bieback*, NZS 2007, 505; *Schuler-Harms*, VSSR 2005, 135, 157; *Schellhorn* in: Köbl/Brünner, Die Vergütung von Einrichtungen und Diensten nach SGB XI und BSHG, 2001, S. 42, 44; zum „sozialen Markt": Rothkegel in: *Köbl/Brünner*, Die Vergütung von Einrichtungen und Diensten nach SGB XI und BSHG, 2001, S. 84 ff.
[266] Ebenso: *Pattar*, SozialRecht aktuell 2012, 85, 89; *Brünner*, NDV 2008, 285.
[267] *Pöld Krämer/Fahlbusch*, RsDE 46 (2000), 4, 11; *Münder* in: LPK-SGB XII, 9. Aufl., § 75 Rn. 20; ebenso: *Neumann* in: Hauck/Noftz, SGB XII, § 75 Rn. 64; *Pattar*, SozialRecht aktuell 2012, 85, 89, der die Vergabe von öffentlichen Aufträgen exklusiv an bestimmte Leistungserbringer als gesetzeswidrig bezeichnet.
[268] BT-Drs. 15/1514, S. 64.

Leistungsfähigkeit nach Absatz 3 Satz 2 von Bedeutung. Ferner könnte diese Regelung eingreifen, wenn zwischen Leistungserbringer und Sozialhilfeträger keine Prüfungsvereinbarung geschlossen wurde (vgl. die Kommentierung zu § 77 SGB XII Rn. 48). Die Geltendmachung des Prüfungsrechts steht im Ermessen des Sozialhilfeträgers („kann"). Im Rahmen der Ermessensausübung sind Inhalt und Reichweite einer Prüfungsvereinbarung sowie ein bestehender Prüfungsanlass zu berücksichtigen.[269] Da eine Regelung über die Modalitäten des eigenständigen Prüfungsrechts fehlt, ist jedoch eher davon auszugehen, dass § 75 Abs. 3 Satz 3 SGB XII neben der Prüfungsvereinbarung kein eigenständiger Anwendungsbereich zukommt und insoweit von einer deklaratorischen Regelung auszugehen ist.

6. Vergütungsübernahme ohne Vereinbarung (Absatz 4)

130   Eine dem § 75 Abs. 4 SGB XII inhaltlich entsprechende Regelung wurde erstmals durch das Haushaltsbegleitgesetz 1984[270] im Sozialhilferecht verankert. Nach der bis 30.06.1994 geltenden Rechtslage konnten die **Kosten einer nicht vereinbarungsgebundenen Einrichtung** übernommen werden, wenn die Unterbringung in einer solchen Einrichtung nach der Besonderheit des Einzelfalls geboten war, um dem Wunsch- und Wahlrecht des Leistungsberechtigten zu entsprechen (§ 93 Abs. 2 Satz 1 HS. 2 BSHG). Mit der zum 01.07.1994 vorgenommenen Neufassung des § 93 Abs. 2 BSHG konnte eine die Kostenübernahme für eine nicht vereinbarungsgebundene Einrichtung rechtfertigende Besonderheit des Einzelfalls nicht mehr auf das Wunsch- und Wahlrecht des Hilfeempfängers gestützt werden. Dem entsprechend wurde das Wunsch- und Wahlrecht des Leistungsberechtigten in § 3 Abs. 2 Satz 1 BSHG (jetzt § 9 Abs. 2 Satz 2 SGB XII) auf vereinbarungsgebundene Einrichtungen beschränkt.[271]

131   § 75 Abs. 4 SGB XII regelt die Vergütungsübernahme, wenn die vertragliche Grundlage für den 3. Schenkel des sozialhilferechtlichen Dreiecks – die Vereinbarung nach § 75 Abs. 3 SGB XII – fehlt. Es handelt sich um eine **Ausnahme zu der in Absatz 3 normierten Leistungserbringung durch vereinbarungsgebundene Einrichtungen**, die restriktiv auszulegen ist.[272] Die Vergütungsübernahme unter den Voraussetzungen des § 75 Abs. 4 SGB XII kann auch als **individuelle „Zulassung"** bezeichnet werden. Voraussetzungen und Rechtsfolge des Vergütungsanspruchs eines nicht vereinbarungsgebundenen Leistungserbringers sind vom Gesetzgeber bewusst so ausgestaltet worden, dass der Druck auf die Leistungserbringer zum Abschluss einer Vereinbarung erhöht wird. Denn letztlich haben sowohl der Leistungserbringer als auch der Sozialhilfeträger nur im Wege der Vereinbarung die Möglichkeit, auf die Ausgestaltung der Leistung und der Kosten Einfluss zu nehmen.[273]

132   Besteht zwischen Sozialhilfeträger und Leistungserbringer keine Vereinbarung i.S.d. § 75 Abs. 3 Satz 1 SGB XII, gerät das im sozialhilferechtlichen Dreiecksverhältnis austarierte Verhältnis der gegenläufigen Interessen (vgl. Rn. 41) ins Ungleichgewicht. Insoweit enthält § 75 Abs. 4 SGB XII eine dem **Interessenausgleich in einer Ausnahmesituation** dienende Regelung, auch im vereinbarungslosen Zustand sind primär die Interessen des bedürftigen Hilfeempfängers zu wahren. Der Hilfeempfänger hat einen Anspruch auf Deckung seines Bedarfs und muss insoweit vor den negativen Auswirkungen nicht zustande gekommener bzw. gescheiterter Vereinbarungen geschützt werden. Das Interesse des Leistungserbringers auf Vergütung der gegenüber dem Hilfeempfänger erbrachten bzw. zu erbringenden Leistungen wird dahingehend geschützt, dass die Übernahme der Vergütung durch den Sozialhilfeträger auch bei Fehlen einer Vereinbarung grundsätzlich möglich ist, aber an bestimmte Voraussetzungen geknüpft wird, die wiederum die Interessen des Sozialhilfeträgers wahren. Die Bindung der Vergütungsübernahme an ein den Vorgaben des § 76 SGB XII entsprechendes Vertragsangebot (Absatz 4 Satz 2) und die Beschränkung der Höhe der übernahmefähigen Vergütung auf die vom Sozialhilfeträger für vereinbarungsgebundene Leistungserbringer mit vergleichbarem Leistungsangebot gezahlte Vergütung (Absatz 4 Satz 3) tragen dem Umstand Rechnung, dass die Leistungspflicht des Sozialhilfeträgers im Rahmen von Vereinbarungen wie im vertragslosen Zustand auf das Maß des Notwendigen begrenzt ist (§ 76 Abs. 1 Satz 3 SGB XII) und den Grundsätzen der Wirtschaftlichkeit und

---

[269] *Neumann* in: Hauck/Noftz, SGB XII, § 75 Rn. 39.
[270] BGBl I 1983, 1532.
[271] Vgl. dazu: *Brünner*, Vergütungsvereinbarungen für Pflegeeinrichtungen nach dem SGB XI, 2001, S. 21 ff.
[272] LSG Baden-Württemberg v. 30.04.2014 - L 7 SO 3423/10; *Flint* in: Grube/Wahrendorf, SGB XII, 5. Aufl., § 75 Rn. 43; *Neumann* in: Hauck/Noftz, SGB XII, § 75 Rn. 40; *W. Schellhorn* in: Schellhorn/Schellhorn/Hohm, SGB XII, 18. Aufl., § 75 Rn. 33.
[273] *Neumann*, RsDE 63 (2006), 32, 49; VGH München v. 23.03.2005 - 12 B 01.1916; in diesem Sinne auch: BVerfG v. 01.09.2008 - 1 BvR 887/08, 1 BvR 888/08, 1 BvR 889/08, 1 BvR 890/08, 1 BvR 891/08.

Sparsamkeit (§ 75 Abs. 3 Satz 2 SGB XII) entsprechen muss. Allerdings kann der Sozialhilfeträger unter bestimmten Umständen zur Wahrung der primären Interessen des Hilfeempfängers auch zur Übernahme einer das Maß des Notwendigen übersteigenden bzw. unwirtschaftlichen Vergütung verpflichtet sein (vgl. Rn. 147).

a. Voraussetzungen

aa. Vertragsloser Zustand

Die Leistungserbringung durch einen nicht vereinbarungsgebundenen Leistungserbringer und die **133** Übernahme der hierdurch entstehenden Vergütung durch den Sozialhilfeträger setzt einen „**vertragslosen Zustand**" voraus. Wann ein solcher vorliegt, wird kontrovers diskutiert. Teilweise wird ein vertragsloser Zustand angenommen, wenn der Bedarf des Hilfeempfängers durch eine bestehende Vereinbarung i.S.d. § 75 Abs. 3 Satz 1 SGB XII nicht vollständig abgedeckt wird.[274] Nach anderer Ansicht ist ein vertragsloser Zustand gegeben, wenn keine (Gesamt-)Vereinbarung i.S.d. § 75 Abs. 3 Satz 1 SGB XII besteht bzw. eine der drei Teilvereinbarungen fehlt.[275] Überwiegend wird davon ausgegangen, dass ein vertragsloser Zustand besteht, wenn der Abschluss einer Vereinbarung von vornherein nicht angestrebt oder endgültig gescheitert ist.[276] Im Sinne einer funktionsdifferenten Auslegung dieses Tatbestandsmerkmals kann ein vertragsloser Zustand i.S.d. § 75 Abs. 4 SGB XII richtigerweise nur dann angenommen werden, wenn feststeht, dass eine **Einigung auf vertraglicher Ebene nicht (mehr) möglich oder zulässig** ist.[277] Dies ist der Fall, wenn der Abschluss einer Vereinbarung zwischen Sozialhilfeträger und Leistungserbringer zu keiner Zeit angestrebt wurde, endgültig gescheitert ist, wenn die zu erbringende Leistung von einer bestehenden Vereinbarung nicht erfasst wird und eine Vereinbarungsergänzung endgültig gescheitert ist oder wenn eine Vereinbarung gekündigt wurde.[278] § 75 Abs. 4 SGB XII gilt nicht für eine beabsichtigte Änderung oder Anpassung des Vertrages.[279] Insbesondere bildet § 75 Abs. 4 SGB XII keine Grundlage für die Geltendmachung einer höheren als der vereinbarten Vergütung.[280]

Der Vorrang der Gewährung von Sozialhilfeleistungen auf der Grundlage von Vereinbarungen kommt **134** nur effektiv zur Geltung, wenn er auch für die Zeit gilt, in der eine Vereinbarung – ggf. in der Modifikation durch einen Schiedsspruch – noch angestrebt wird und zustande kommen kann.[281] Während der Verhandlungsphase ist es dem Leistungserbringer untersagt, den Verlauf der Verhandlungen durch den Abschluss präjudizierender individualvertraglicher Regelungen im Erfüllungsverhältnis zu beeinflussen **(Sperrwirkung während der Verhandlungsphase)**.[282] Die Sperrwirkung beginnt mit dem Angebot auf Abschluss einer Vereinbarung und dauert an, solange der angestrebte Abschluss der Vereinbarung bzw. eine ersetzende Schiedsstellenentscheidung rechtlich und tatsächlich noch möglich ist.[283] Rechtlich und tatsächlich möglich ist eine Vereinbarung auch für zurückliegende Zeiträume. Dem steht weder der Prospektivitätsmaßstab (§ 77 Abs. 1 Satz 1 HS. 1 SGB XII) mit dem sich daraus ergebenden Verbot nachträglicher Ausgleiche (§ 77 Abs. 1 Satz 1 HS. 2 SGB XII) noch das in § 77 Abs. 2 Satz 3 SGB XII geregelte Rückwirkungsverbot entgegen. Denn die Vertragsparteien stellen mit dem von ihnen festzulegenden Zeitpunkt des Inkrafttretens der Vereinbarungen sicher, dass die Prospektivität eingehalten wird (vgl. die Kommentierung zu § 77 SGB XII Rn. 116). Die Forderung nach Prospektivität

---

[274] *Flint* in: Grube/Wahrendorf, SGB XII, 5. Aufl., § 75 Rn. 44.
[275] LSG Baden-Württemberg v. 18.11.2005 - L 7 SO 4187/05 ER-B; *Münder* in: LPK-SGB XII, 9. Aufl., § 75 Rn. 35.
[276] BVerwG v. 04.08.2006 - 5 C 13/05 - BVerwGE 126, 295; LSG Niedersachsen-Bremen v. 24.05.2007 - L 8 SO 136/06, L 8 SO 204/06 u. L 8 SO 156/06.
[277] BSG v. 28.10.2008 - B 8 SO 22/07 R - BSGE 102, 1 = SozR 4-1500 § 75 Nr. 9; in diesem Sinne auch: BVerwG v. 04.08.2006 - 5 C 13/05 - BVerwGE 126, 295 zu § 93 BSHG.
[278] Vgl. dazu auch: *Jaritz*, SozialRecht aktuell 2012, 105, 116.
[279] LSG Baden-Württemberg v. 18.11.2005 - L 7 SO 4187/05 ER-B.
[280] LSG Baden-Württemberg v. 18.11.2005 - L 7 SO 4187/05 ER-B.
[281] BVerwG v. 04.08.2006 - 5 C 13/05 - BVerwGE 126, 295 zu § 93 BSHG.
[282] Vgl. dazu BSG v. 28.10.2008 - B 8 SO 22/07 R - BSGE 102, 1 = SozR 4-1500 § 75 Nr. 9; LSG Baden-Württemberg v. 03.06.2013 - L 7 SO 1931/13 ER-B; LSG Baden-Württemberg v. 27.06.2011 - L 7 SO 797/11 ER-B; LSG Baden-Württemberg v. 18.11.2005 - L 7 SO 4187/05 ER-B; LSG Baden-Württemberg v. 09.12.2005 - L 7 SO 4890/05 ER-B; LSG Niedersachsen-Bremen v. 24.05.2007 - L 8 SO 136/06, L 8 SO 204/06 u. L 8 SO 156/06.
[283] BVerwG v. 04.08.2006 - 5 C 13/05 - BVerwGE 126, 295 zu § 93 BSHG.

soll verhindern, dass nachträglich in bereits abgeschlossene Vereinbarungszeiträume eingegriffen und auf diese Weise ein nachträglicher Ausgleich ermöglicht wird. Von diesem Verständnis der Prospektivität ausgehend ist der Abschluss rückwirkender Vereinbarungen bzw. deren rückwirkende Festsetzung durch die Schiedsstelle kein nachträglicher Ausgleich i.S.d. § 77 Abs. 1 Satz 1 HS. 2 SGB XII, wenn die Vertragsverhandlungen prospektiv begonnen worden sind (vgl. die Kommentierung zu § 77 SGB XII Rn. 115 ff.).[284]

135 Ebenfalls nicht von § 75 Abs. 4 SGB XII erfasst werden die Fälle der **Laufzeitbeendigung einer Vergütungs- und/oder Leistungsvereinbarung**, soweit noch Verhandlungen über den Abschluss einer Folgevereinbarung laufen. Ein **vertragsloser Zustand** wird in diesen Fallkonstellationen **über § 77 Abs. 2 Satz 4 SGB XII verhindert**.[285] § 77 Abs.2 Satz 4 SGB XII gilt zwar ausdrücklich nur für die Vergütungsvereinbarung, ist aber wegen der zwischen Vergütungs- und Leistungsvereinbarung bestehenden Rechtseinheit (vgl. dazu Rn. 82 ff.) analog auch auf die ausgelaufene Leistungsvereinbarung anzuwenden (zu den Einzelheiten vgl. die Kommentierung zu § 77 SGB XII Rn. 122 f.). § 75 Abs. 4 SGB XII gilt auch dann nicht, wenn eine vorläufige Vereinbarung besteht.[286]

136 Die zum Teil anzutreffende Praxis der Sozialhilfeträger, nach dem Ende der Laufzeit einer Vereinbarung nicht den Abschluss einer neuen Vereinbarung anzustreben, sondern stattdessen dem Leistungserbringer eine nach ihrem Gutdünken (nach der Terminologie der Sozialhilfeträger „Ermessen") bemessene Vergütung zu zahlen[287], findet keine gesetzliche Grundlage in den Vorschriften des 10. Kapitels. Vielmehr kann den Regelungsgehalten der §§ 75 und 77 Abs. 3 SGB XII sowie dem systematischen Verhältnis zwischen § 75 Abs. 3 und 4 SGB XII eine **Pflicht** der Leistungserbringer und Sozialhilfeträger **zum Versuch** des Abschlusses **einer Vereinbarung** entnommen werden (vgl. Rn. 140, Rn. 149).

bb. Erforderlichkeit der Leistungserbringung durch eine nicht vereinbarungsgebundene Einrichtung

137 Weitere Voraussetzung für die Übernahme der Vergütung nach § 75 Abs. 4 SGB XII ist, dass die Besonderheiten des Einzelfalls die Leistungserbringung durch einen nicht vereinbarungsgebundenen Leistungserbringer gebieten. Die **Besonderheiten des Einzelfalls** müssen in der Person des Hilfeempfängers, nicht in Bezug auf den Leistungserbringer vorliegen[288], wobei das Wunsch- und Wahlrecht des Hilfeempfängers aufgrund der dargestellten historischen Entwicklung der Norm (vgl. Rn. 3) keine Besonderheit des Einzelfalls darstellt.[289] Die Besonderheiten des Einzelfalls erfordern die Hilfegewährung durch einen nicht vereinbarungsgebundenen Leistungserbringer, wenn der Bedarf nicht durch einen vereinbarungsgebundenen Leistungserbringer gedeckt werden kann (**objektive Unmöglichkeit**) oder die Inanspruchnahme der Leistungen eines vereinbarungsgebundenen Leistungserbringers dem Hilfeempfänger nicht zumutbar ist (**subjektive Unmöglichkeit**).[290] Objektive Unmöglichkeit ist anzunehmen, wenn das zur Bedarfsdeckung notwendige Leistungsspektrum von vereinbarungsgebundenen Leistungserbringern nicht vorgehalten wird.[291] Allerdings zwingt der Ausnahmecharakter des § 75 Abs. 4 SGB XII den Sozialhilfeträger in diesem Fall dazu, zunächst den Abschluss einer Vereinbarung mit dem geeigneten und bislang nicht vereinbarungsgebundenen Leistungserbringer zu versuchen. Von einer subjektiven Unmöglichkeit ist auszugehen, wenn persönliche Umstände des Hilfeempfängers die

---

[284] BSG v. 28.10.2008 - B 8 SO 22/07 R - BSGE 102, 1 = SozR 4-1500 § 75 Nr. 9; LSG Niedersachsen-Bremen v. 24.05.2007 - L 8 SO 136/06, L 8 SO 204/06 u. L 8 SO 156/06.

[285] So auch *Neumann* in: Hauck/Noftz, SGB XII, § 75 Rn. 40.

[286] BSG v. 28.10.2008 - B 8 SO 22/07 R - BSGE 102, 1 = SozR 4-1500 § 75 Nr. 9; OVG Lüneburg v. 12.07.2006 - 4 LC 309/02; LSG Niedersachsen-Bremen v. 24.05.2007 - L 8 SO 204/06 zum BSHG.

[287] Zur diesbezüglichen Rechtspraxis eingehend: *Neumann* in: Hauck/Noftz, SGB XII, § 75 Rn. 41a, b.

[288] *Neumann*, RsDE 63 (2006), 32, 49; *Jaritz*, SozialRecht aktuell 2012, 105, 116; LSG Baden-Württemberg v. 30.04.2014 - L 7 SO 3423/10; LSG Baden-Württemberg v. 03.06.2013 - L 7 SO 1931/13 ER-B.

[289] Dem folgend: SG Kassel v. 07.02.2012 - S 12 SO 5/12 ER.

[290] Ähnlich: *Neumann*, RsDE Nr. 63 (2006), 32, 37; *Jaritz*, SozialRecht aktuell 2012, 105, 116; zur Zumutbarkeit: BVerwG v. 20.10.1994 - 5 C 28/91 - BVerwGE 97, 53; dem folgend: LSG Baden-Württemberg v. 30.04.2014 - L 7 SO 3423/10; LSG Baden-Württemberg v. 03.06.2013 - L 7 SO 1931/13 ER-B.

[291] Vgl. dazu LSG Berlin-Brandenburg v. 11.12.2007 - L 23 B 249/07 SO ER; LSG Baden-Württemberg v. 30.04.2014 - L 7 SO 3423/10; LSG Baden-Württemberg v. 03.06.2013 - L 7 SO 1931/13 ER-B (in Bezug auf Einrichtung für Autismusspektrumstörungen); *Münder* in: LPK-SGB XII, 9. Aufl., § 75 Rn. 35; *Jaritz*, SozialRecht aktuell 2012, 105, 116.

Hilfegewährung durch einen nicht vereinbarungsgebundenen Leistungserbringer erfordern. Diese Umstände liegen vor, wenn die psychische oder physische Verfassung des Hilfeempfängers und/oder dessen soziale Kontakte eine wohnortnahe Hilfegewährung erfordern[292] und in diesem Einzugsbereich kein geeigneter vereinbarungsgebundener Leistungserbringer existiert oder wenn sich der Hilfeempfänger bereits vor dem Eintritt der Sozialhilfebedürftigkeit in einer nicht vereinbarungsgebundenen Einrichtung befunden hat und der Wechsel in eine andere (vereinbarungsgebundene) Einrichtung wegen seiner psychischen oder physischen Verfassung unzumutbar ist.[293] In diesem Zusammenhang sind die bestehenden sozialen Kontakte in der bisherigen Einrichtung, die Dauer der Unterbringung in dieser Einrichtung und die Entfernung zu nahen und in die Betreuung eingebundenen Angehörigen zu berücksichtigen.[294] Insoweit ergeben sich aus Art. 19 des **Übereinkommens über die Rechte von Menschen mit Behinderung**[295] keine besonderen Rechte dahin, dass behinderten Menschen ein Einrichtungswechsel generell unzumutbar wäre. Art. 19 dieses Übereinkommens gewährleistet nach seinem Wortlaut vielmehr ausdrücklich nur gleiche Wahlmöglichkeiten wie bei anderen nicht behinderten Personen. Die Behinderung ist ein bei der Prüfung der Zumutbarkeit zu berücksichtigender Gesichtspunkt.

Schließlich muss der Leistungserbringer ein den inhaltlichen und formellen Vorgaben des § 76 SGB XII entsprechendes **Leistungsangebot** vorlegen und sich schriftlich verpflichten, die Leistung entsprechend diesem Angebot zu erbringen. Damit soll eine Besserstellung der nicht vereinbarungsgebundenen Leistungserbringer vermieden werden.[296] Aufgrund des Verweises auf den gesamten Regelungsgehalt des § 76 SGB XII muss das Leistungsangebot Angaben zum Inhalt der Leistung, ihrer Vergütung und ihrer Prüfung enthalten. Ist der fehlende Abschluss einer Vereinbarung auf einen Dissens über das „Maß des Notwendigen" zurückzuführen, kann in Angebot auf Abschluss einer Vereinbarung ein Leistungsangebot i.S.d. § 75 Abs. 4 Satz 2 SGB als „Minus" gesehen werden; der Dissens betrifft in diesem Fall die Höhe der Vergütung und wird über § 75 Abs. 4 Satz 3 SGB XII gelöst.[297] Wird ein Leistungsangebot abgegeben, beruht die Leistungserbringung nach § 75 Abs. 4 SGB XII auf einem **einzelfallbezogenen quasi-öffentlich-rechtlichen Vertrag** im Sinne einer individuellen Zulassung.

138

Die Vorlage eines solchen **Leistungsangebot**s ist jedoch **keine unabdingbare Voraussetzung** für die Übernahme der Vergütung eines nicht vereinbarungsgebundenen Leistungserbringers. Wegen des Bedarfsdeckungsgrundsatzes muss der Sozialhilfeträger auch bei Fehlen eines Leistungsangebots die Vergütung übernehmen, wenn eine anderweitige Deckung des Bedarfs ausgeschlossen ist[298] (vgl. Rn. 147). Grund hierfür sind die Gewährleistungspflicht bzw. Gewährleistungsverantwortung (vgl. Rn. 33, Rn. 43) des Sozialhilfeträgers.

139

Dem Regelungsgehalt des § 75 Abs. 4 SGB XII kann entnommen werden, dass grundsätzlich den Sozialhilfeträger und den Leistungserbringer die „**Pflicht zum Versuch einer vertraglichen Regelung**" trifft.[299] Es handelt sich um eine **gestufte Pflicht** (vgl. dazu Rn. 149): Zunächst sind die zum Abschluss einer Vereinbarung i.S.d. § 75 Abs. 2 SGB XII berechtigten Träger gehalten, eine solche abzuschließen. Korrespondierend hierzu besteht ein Anspruch des Leistungserbringers auf die Aufnahme von Vereinbarungsverhandlungen.[300] Bestand bereits für einen vorherigen Zeitabschnitt eine Vereinba-

140

---

[292] Problematisiert, aber im Ergebnis im Einzelfall abgelehnt: LSG Baden-Württemberg v. 30.04.2014 - L 7 SO 3423/10.
[293] BVerwG v. 20.10.1994 - 5 C 28/91 - BVerwGE 97, 53, 60; LSG Berlin-Brandenburg v. 01.03.2006 - L 23 B 1083/05 SO ER; *Jaritz*, SozialRecht aktuell 2012, 105, 116.
[294] Vgl. zur Zumutbarkeit des Umgebungswechsel für ältere Menschen: BSG v. 23.03.2010 - B 8 SO 24/08 R.
[295] BGBl II 2008, 1419.
[296] BT-Drs. 13/2440, S. 28.
[297] *Münder* in: LPK-SGB XII, 9. Aufl., § 75 Rn. 36.
[298] *Neumann* in: Hauck/Noftz, SGB XII, § 75 Rn. 43; *Neumann*, RsDE 63, 32, 49; *Flint* in: Grube/Wahrendorf, 5. Aufl., § 75 Rn. 45; *Jaritz*, SozialRecht aktuell 2012, 105, 116; LSG Berlin-Brandenburg v. 11.12.2007 - L 23 B 249/07 SO ER; LSG Niedersachsen-Bremen v. 24.05.2007 - L 8 SO 136/06, L 8 SO 204/06 u. L 8 SO 156/06; LSG Baden-Württemberg v. 24.10.2013 - L 11 SO 15/12 WA; a.A. wohl: LSG Sachsen v. 18.10.2013 - L 8 SO 35/13 B ER (nach dessen Auffassung ein Leistungsangebot für die Vergütungsübernahme nach § 75 Abs. 4 SGB XII nur entbehrlich ist, wenn der Sozialhilfeträger ein abgegebenes Leistungsangebot abgelehnt hat); SG Berlin v. 14.10.2011 - S 13 SO 269/10.
[299] Vgl. dazu auch: LSG Rheinland-Pfalz v. 18.02.2011 - L 1 SO 33/09, L 7 SO 797/11 ER-B.
[300] Vgl. zum Anspruch auf Abschluss eines Versorgungsvertrages eines Hilfsmittelbringers mit der Krankenkasse: BSG v. 10.03.2010 - B 3 KR 26/08 R.

rung, deren zeitlicher Geltungsdauer abgelaufen ist, darf während der Verhandlung über eine neue Vereinbarung deren Abschluss nicht durch eine bestimmte privatrechtliche Regelung zwischen bedürftigem Hilfeempfänger und Leistungserbringer präjudiziert werden (Sperrwirkung; vgl. Rn. 134).[301] Scheitert der Abschluss einer solchen Vereinbarung, besteht auf der zweiten Stufe die Pflicht, die Abgabe eines Leistungsangebots i.S.d. § 75 Abs. 4 SGB XII herbeizuführen. Die **Sperrwirkung** gilt auch für das Leistungsangebot i.S.d. § 75 Abs. 4 SGB XII, so dass die Übernahme des im Erfüllungsverhältnis vereinbarten Entgelts erst dann in Betracht kommt, wenn auch eine Einigung auf der Ebene des Leistungsangebots gescheitert ist.[302] Ebenso wie beim Abschluss einer Vereinbarung wird in diesen Fällen über eine vertragliche Regelung der Leistungsbeziehungen zwischen den Beteiligten verhandelt. Auch während der Verhandlungen über die Abgabe eines Leistungsangebots muss der Hilfeempfänger vor der Inanspruchnahme durch den Leistungserbringer auf der Grundlage einer die Verhandlungen präjudizierenden individualvertraglichen Regelung geschützt werden.

b. Rechtsfolgen

141 **Liegen die Voraussetzungen des § 75 Abs. 4 Sätze 1 und 2 SGB XII vor**, muss die Vergütung für die von einer nicht vereinbarungsgebundenen Einrichtung erbrachten Leistungen übernommen werden. Das dem Wortlaut der Vorschrift („darf ... nur erbringen, wenn ...") i.V.m. § 17 Abs. 2 SGB XII zu entnehmende **intendierte Ermessen** des Sozialhilfeträgers ist in diesem Fall **auf Null reduziert**.[303] **Liegen die Voraussetzungen des § 75 Abs. 4 Sätze 1 und 2 SGB XII nicht vor** (weil z.B. das Leistungsangebot fehlt), darf der Sozialhilfeträger die Vergütung übernehmen.[304] Neben dem **Ermessen** hinsichtlich des **„Ob" der Vergütungsübernahme** steht dem Sozialhilfeträger auch ein Ermessen hinsichtlich des **„Wie" in Bezug auf den Umfang der Vergütungsübernahme** zu (vgl. Rn. 146). Im Rahmen der Ermessensausübung sind neben dem Bedarfsdeckungsgrundsatz auch die Hintergründe für einen vertragslosen Zustand zu berücksichtigen: Ist der vertragslose Zustand auf länger andauernde und im Ergebnis gescheiterte Vertragsverhandlungen zurückzuführen, muss die Vergütung für die Vergangenheit im Regelfall und für die Zukunft dann übernommen werden, wenn eine anderweitige Bedarfsdeckung nicht möglich ist. Auch in diesem Fall ist das Ermessen des Sozialhilfeträgers auf Null reduziert. Wurden seitens des Sozialhilfeträgers trotz Kenntnis entsprechender Bedarfslagen keine Schritte unternommen, um den Abschluss einer Vereinbarung oder die Vorlage eines den Vorgaben des § 76 SGB XII entsprechenden Leistungsangebots zu erreichen und sind dem Hilfeempfänger keine anderweitigen Hilfsmöglichkeiten aufgezeigt worden, dürfte ebenfalls nur eine Übernahme der Vergütung ermessensgerecht sein.[305]

142 Der Umfang des **Leistungsangebots** ist **maßgebend für** den Inhalt des im **Erfüllungsverhältnis** geschlossenen Vertrages. Für den stationären Bereich wird dies durch eine analoge Anwendung der §§ 7 Abs. 2, 8 Abs. 2, 9 Abs. 1 Satz 2 WBVG sichergestellt.

143 Der **Höhe** nach wird der **Vergütungsanspruch eines nicht vereinbarungsgebundenen Leistungserbringers** allerdings auf die Vergütung beschränkt, die der Sozialhilfeträger für vergleichbare Leistungen vereinbarungsgebundener Leistungserbringer am Ort der Hilfeleistung oder in seiner näheren Umgebung zu übernehmen hat (§ 75 Abs. 4 Satz 3 SGB XII). In diesem Zusammenhang ist wiederum der bereits erwähnte Leistungserbringervergleich (vgl. dazu Rn. 105 ff.) von Bedeutung. Da mit dem Leistungserbringervergleich nicht ein bestimmter „marktgerechter" Preis ermittelt, sondern eine Bandbreite angemessener Vergütungen bestimmt wird, ist im Rahmen des § 75 Abs. 4 Satz 3 SGB XII die aus der Bandbreite ermittelte Durchschnittsvergütung vergleichbarer Leistungen für den Vergütungsanspruch des nicht vereinbarungsgebundenen Leistungserbringers maßgebend.[306] Probleme ergeben sich aber dann, wenn die Erbringung der Leistung durch einen nicht vereinbarungsgebundenen Leistungserbringer geboten ist, weil vereinbarungsgebundene Leistungserbringer nicht über das im konkreten Fall zur Bedarfsdeckung notwendige Leistungsspektrum verfügen. Insoweit ist ein Vergleich i.S.d. § 75 Abs. 2 Satz 3 SGB XII mangels Vergleichsbasis nicht möglich. In der Konsequenz ist in diesen

---

[301] LSG Baden-Württemberg v. 24.05.2007 - L 8 SO 204/06; OVG Lüneburg v. 12.07.2006 - 4 LC 309/02.
[302] Angedeutet in: BSG v. 28.10.2008 - B 8 SO 22/07 R - BSGE 102, 1 = SozR 4-1500 § 75 Nr. 9.
[303] *Flint* in: Grube/Wahrendorf, SGB XII, 5. Aufl., § 75 Rn. 47; *Münder* in: LPK-SGB XII, 9. Aufl., § 75 Rn. 39; *Jaritz*, SozialRecht aktuell 2012, 105, 116; LSG Berlin-Brandenburg v. 11.12.2007 - L 23 B 249/07 SO ER; LSG Baden-Württemberg v. 03.06.2013 - L 7 SO 1931/13 ER-B; SG Berlin v. 14.10.2011 - S 13 SO 269/10.
[304] Dem folgend: LSG Baden-Württemberg v. 03.06.2013 - L 7 SO 1931/13 ER-B.
[305] So: LSG Baden-Württemberg v. 03.06.2013 - L 7 SO 1931/13 ER-B.
[306] *Münder* in: LPK-SGB XII, 9. Aufl., § 75 Rn. 37.

Fällen die tatsächliche Vergütung des nicht vereinbarungsgebundenen Leistungserbringers zu übernehmen. Gleiches gilt, wenn der Sozialhilfeträger die Höhe der Vergütung vereinbarungsgebundener Leistungserbringer mit vergleichbarem Angebot nicht nachvollziehbar darzulegen vermag.[307]

Nach § 75 Abs. 4 Sätze 4 und 5 SGB XII gelten für die Leistungserbringung durch eine nicht vereinbarungsgebundene Einrichtung die Inhalte der **Prüfungsvereinbarungen**, die der Sozialhilfeträger **mit vergleichbaren Einrichtungen** geschlossen hat. Vorgaben für die Auswahl bei Bestehen mehrerer inhaltlich abweichender Prüfungsvereinbarungen enthält das Gesetz nicht. Allerdings scheint der Anwendungsbereich dieser Regelungen nur gering, weil das Leistungsangebot durch den in § 75 Abs. 4 SGB XII vorgenommenen Verweis auf § 76 SGB XII auch die Prüfung der Wirtschaftlichkeit und die Qualitätssicherung der Leistung regeln muss, so dass die Sätze 4 und 5 nur dann von Bedeutung sind, wenn kein oder nur ein inhaltlich unzureichendes Leistungsangebot vorgelegt wird. Grundsätzlich kann auch auf das dem Sozialhilfeträger nach § 75 Abs. 2 Satz 3 SGB XII zustehende Prüfungsrecht zurückgegriffen werden. **144**

§ 75 Abs. 4 Satz 6 SGB XII ordnet die **entsprechende Geltung von Absatz 5** (Bindung des Sozialhilfeträgers an die pflegeversicherungsrechtliche Vereinbarung bei Erbringung der Leistung durch eine nach dem SGB XI zugelassene Pflegeeinrichtung) an (vgl. Rn. 150 ff.). **145**

Die **Übernahme der Kosten** eines nicht vereinbarungsgebundenen Leistungserbringers ist aufgrund des Ausnahmecharakters von § 75 Abs. 4 SGB XII **zeitlich zu begrenzen**. Ist der Abschluss einer Vereinbarung mit dem Leistungserbringer nicht möglich, muss die Unterbringung des bedürftigen Hilfeempfängers in einer geeigneten vereinbarungsgebundenen Einrichtung in angemessener Zeit versucht werden. Bis dahin sind die Kosten des nicht vereinbarungsgebundenen Leistungserbringers nach § 75 Abs. 4 SGB XII vom Sozialhilfeträger zu übernehmen. Für welchen Zeitraum die Vergütung des nicht vereinbarungsgebundenen Leistungserbringers übernommen werden kann, entzieht sich einer allgemeinen Festlegung, weil hierbei die Interessen des Hilfeempfängers zu berücksichtigen sind. Es ist in diesem Zusammenhang zu prüfen, ob, und wenn ja, in welchem Zeitrahmen, dem Hilfeempfänger der Wechsel in eine vereinbarungsgebundene Einrichtung möglich und zumutbar ist. Bei dieser Wertung sind die gesundheitliche Verfassung des Hilfeempfängers, sein Alter, die Dauer seiner Unterbringung in der bisherigen Einrichtung sowie die bestehenden sozialen Kontakte und die räumliche Entfernung einer vereinbarungsgebundenen Einrichtung zu den in die Betreuung eingebundenen Angehörigen zu berücksichtigen. Möglich ist auch die Übernahme der Vergütung des Leistungserbringers in dem Umfang, in dem sie der Vergütung vereinbarungsgebundener Einrichtungen entspricht.[308] Auf diese Weise werden die Grundsätze des § 75 Abs. 3 Satz 2 SGB XII gewahrt und bleibt die Leistungspflicht des Sozialhilfeträgers entsprechend der gesetzlichen Intention auf das „Maß des Notwendigen" beschränkt. Der Ausschluss einer solchen **teilweisen Kostenübernahme** im Sinne eines Alles-oder-Nichts-Prinzips kann der Konzeption der §§ 75 ff. SGB XII nicht entnommen werden. Sie wäre im Übrigen auch nicht mit dem Bedarfsdeckungsgrundsatz vereinbar. **146**

Ist die Erbringung einer Leistung durch einen nicht vereinbarungsgebundenen Leistungserbringer nach den Besonderheiten des Einzelfalls geboten, wird aber **kein Leistungsangebot** vorgelegt, ist der Sozialhilfeträger gleichwohl aufgrund des Bedarfsdeckungsgrundsatzes verpflichtet, die Vergütung des Leistungserbringers zu übernehmen. Unter Umständen kann in Fallkonstellationen dieser Art der Sozialhilfeträger aufgrund seiner **Gewährleistungspflicht** (§ 17 Abs. 1 Nr. 1, 2 SGB I) bzw. seiner **Gewährleistungsverantwortung** (vgl. Rn. 33, Rn. 43) auch zur Übernahme einer nicht dem Grundsatz der Wirtschaftlichkeit entsprechenden Vergütung verpflichtet sein. Eine dauerhafte Vergütungsübernahme ohne vertragliche Grundlage ist jedoch vor dem Hintergrund der Grundkonzeption des sozialhilferechtlichen Leistungserbringungsrechts, das vorrangig eine Leistungsgewährung auf der Grundlage von Vereinbarungen vorsieht, grundsätzlich nicht gerechtfertigt. Die Kostenübernahme ist daher im Regelfall zeitlich bzw. der Höhe nach zu begrenzen (vgl. Rn. 143, Rn. 146) und ein Wechsel des Hilfebedürftigen in eine vereinbarungsgebundene Einrichtung – in den Grenzen des Möglichen und Zumutbaren – anzustreben. Ist dies nicht möglich, muss der Sozialhilfeträger unter allen Umständen den Abschluss einer Vereinbarung – unter Umständen unter Inanspruchnahme der Schiedsstelle – mit der betreffenden Einrichtung versuchen. Darüber hinaus muss in diesen Fällen auch der Abschluss einer Vereinbarung mit einer anderen, dem Hilfeempfänger zumutbaren, aber bislang ebenfalls noch nicht vertragsgebundenen Einrichtung versucht werden. Scheitern die aufgezeigten Möglichkeiten, **147**

---

[307] Vgl. dazu LSG Berlin-Brandenburg v. 11.12.2007 - L 23 B 249/07 SO ER.
[308] A.A. *Freudenberg* in: Jahn, SGB XII, § 75 Rn. 68.

muss letztlich aber aufgrund des Primats des Grundverhältnisses und zum Schutz des Hilfeempfängers die Vergütung der nicht vereinbarungsgebundenen Einrichtung auf unbestimmte Zeit übernommen werden.

148 Darüber hinaus wird man bei Fehlen einer (vorläufigen) Vereinbarung oder eines Leistungsangebots vertragliche **Nebenpflichten** i.S.v. **Hinweis-, Aufklärungs- und Rücksichtnahmepflichten des Leistungserbringers** annehmen müssen. Unter anderem ist der nicht vereinbarungsgebundene Leistungserbringer gehalten, den bedürftigen Hilfeempfänger bei der Aufnahme in die Einrichtung auf das Fehlen einer Vereinbarung mit dem Sozialhilfeträger und die sich daraus ergebenden Konsequenzen für die Vergütungsübernahme hinzuweisen. Befindet sich der Hilfeempfänger bereits in einer nicht vereinbarungsgebundenen Einrichtung (z.B. bei späterem Eintritt der Hilfebedürftigkeit), muss er vom Leistungserbringer bei Eintritt der Hilfebedürftigkeit ebenfalls über das Fehlen einer Vereinbarung mit dem Sozialhilfeträger aufgeklärt werden (vgl. dazu Rn. 198).

149 Aufgrund der Pflicht des Sozialhilfeträgers zur Gewährung bedarfsdeckender Leistungen und der ihm obliegenden Gewährleistungsverantwortung sowie unter Berücksichtigung der gesetzlichen Vorgaben des sozialhilferechtlichen Leistungserbringungsrechts ergibt sich für die Erbringung von Leistungen durch (teil-)stationäre Einrichtungen und ambulante Dienste folgendes **Stufensystem:**[309]

- Der Sozialhilfeträger muss zunächst – ggf. unter Inanspruchnahme der Schiedsstelle – versuchen, mit einem geeigneten Leistungserbringer die drei Teilvereinbarungen des § 75 Abs. 3 SGB XII abzuschließen (**Leistungserbringung durch Normvertrag**).
- Kommen Vertragsverhandlungen nicht zustande, muss der Sozialhilfeträger auf die Abgabe eines den Vorgaben des § 76 SGB XII entsprechenden Leistungsangebotes hinwirken und die Vergütung des nicht vereinbarungsgebundenen Leistungserbringers auf der Grundlage von § 75 Abs. 4 SGB XII übernehmen, soweit dessen Voraussetzungen vorliegen (**Leistungserbringung durch Individualvertrag**).
- Wird ein den Vorgaben des § 76 SGB XII entsprechendes Leistungsangebot nicht abgegeben oder liegen die übrigen Voraussetzungen des § 75 Abs. 4 SGB XII nicht vor, kann der Sozialhilfeträger die Vergütung des nicht vereinbarungsgebundenen Leistungserbringers gleichwohl übernehmen. Ist eine anderweitige Bedarfsdeckung nicht möglich, muss er dies aufgrund der ihm obliegenden Gewährleistungsverantwortung (**Leistungserbringung ohne Vertrag**).

7. Sonderregelung für nach § 72 SGB XI zugelassene Pflegeeinrichtungen (Absatz 5)

a. Grundregel (Absatz 5 Satz 1 Halbsatz 1)

150 § 75 Abs. 5 SGB XII regelt den **Vergütungsanspruch der nach § 72 SGB XI zugelassenen Pflegeeinrichtungen**. Nach § 72 SGB XI können ambulante Pflegeeinrichtungen (Pflegedienste) im Sinne des § 71 Abs. 1 SGB XI und stationäre Pflegeeinrichtungen (Pflegeheim) im Sinne des § 71 Abs. 2 SGB XI zur Versorgung der Versicherten zugelassen werden. Der in § 71 SGB XI für die Erbringer stationärer/teilstationärer und ambulanter Leistungen gleichermaßen verwendete Begriff der Einrichtung hat keinen Einfluss auf den Einrichtungsbegriff des SGB XII. § 13 SGB XII enthält insoweit eine eindeutige Regelung, die zwischen Einrichtungen als Erbringer stationärer/teilstationärer Leistungen und Diensten als Erbringer ambulanter Leistungen differenziert[310] (vgl. dazu Rn. 69). Art, Inhalt und Umfang der Vergütung der nach § 72 SGB XI zugelassenen Einrichtungen richten sich grundsätzlich nach den Vorschriften des 8. Kapitels des SGB XI (§§ 82-92c SGB XI). Der Sozialhilfeträger ist in Bezug auf zugelassene Pflegeeinrichtungen an die für stationäre Einrichtungen maßgeblichen Pflegesatzvereinbarungen nach den §§ 85 ff. SGB XI und die für ambulante Dienste geltenden Vergütungsvereinbarungen nach § 89 SGB XI gebunden. Mit dieser Regelung soll die **Einheitlichkeit der Vergütung im Pflegesektor** sichergestellt werden.[311] Diese Bindung ist wegen der möglichen Überschneidungen zwischen den Vergütungssystemen des SGB XI und SGB XII notwendig. Die Überschneidungen ergeben sich, weil die nach dem SGB XI zu erbringenden Leistungen gedeckelt sind und der Sozialhilfeträger verpflichtet ist, einen darüber hinaus bestehenden Bedarf durch ergänzende Leistungen zu decken.[312] Die im Regelfall vorgesehene **Beteiligung des Sozialhilfeträgers am Pflegesatz- und**

---

[309] Vgl. dazu auch: *Jaritz*, SozialRecht aktuell 2012, 105, 116 f.
[310] Zu Systematik und Historie des Einrichtungsbegriffs im Sozialhilferecht: BSG v. 13.07.2010 - B 8 SO 13/09 R.
[311] *Münder* in: LPK-SGB XII, 9. Aufl., § 75 Rn. 40; *Schellhorn*, NDV 1998, 189; *Schellhorn* in: Köbl/Brünner, Die Vergütung von Einrichtungen und Diensten nach SGB XI und BSHG, 2001, S. 42, 51.
[312] *Neumann* in: Hauck/Noftz, SGB XII, § 75 Rn. 44; BT-Drs. 13/2440, S. 48.

Vergütungsvereinbarungsverfahren nach dem SGB XI (§§ 85 Abs. 2 Satz 1 Nr. 2, 89 Abs. 2 Satz 1 Nr. 2 SGB XI) sichert dessen Einfluss auf den Inhalt der pflegeversicherungsrechtlichen Vergütungsregelung. Im Fall einer Beteiligung des Sozialhilfeträgers ist die Bindungswirkung des § 75 Abs. 5 Satz 1 HS. 1 SGB XII gerechtfertigt.

Die **Bindungswirkung** hat zur Folge, dass zwischen dem Sozialhilfeträger und dem Leistungserbringer **keine Vergütungsvereinbarung nach § 75 Abs. 3 Nr. 2 SGB XII** abzuschließen ist. Auch der Abschluss einer Leistungs- und Prüfungsvereinbarung im Sinne des § 75 Abs. 3 Nr. 1 und 3 SGB XII ist in diesem Fall regelmäßig nicht notwendig, weil in der Pflegesatzvereinbarung (§ 84 Abs. 5 SGB XI[313]) die wesentlichen Leistungs- und Qualitätsmerkmale geregelt werden.[314] Damit hat der Gesetzgeber im Pflegeversicherungsbereich dem inhaltlichen Zusammenhang zwischen Leistung und Gegenleistung Rechnung getragen (vgl. Rn. 82 ff.). Allerdings kann nicht davon ausgegangen werden, dass der Versorgungsvertrag nach § 72 SGB XI der sozialhilferechtlichen Leistungsvereinbarung und die Pflegesatzvereinbarung nach § 85 SGB XI der sozialhilferechtlichen Vergütungsvereinbarung entspricht.[315] Vielmehr besteht im Sozialhilferecht kein rechtliches Pendant zu der im Pflegeversicherungsrecht geregelten formellen Zulassung einer Pflegeeinrichtung durch Versorgungsvertrag. Im sozialhilferechtlichen Leistungserbringungsrecht erfolgt die Einbeziehung der Leistungserbringer in das System durch den Abschluss der in § 75 Abs. 3 Satz 1 SGB XII genannten Vereinbarungen.

151

Die **Bindung des Sozialhilfeträgers an die Pflegesatz- bzw. Vergütungsvereinbarung** nach dem SGB XI bewirkt allerdings **keinen Übergang zu** dem das SGB XI prägenden **Sachleistungsprinzip**.[316] Vielmehr verbleibt es für die Erbringung von Leistungen durch zugelassene Pflegeeinrichtungen im Sinne des § 72 SGB XI an bedürftige Hilfeempfänger bei der **Geltung der sozialhilferechtlichen Grundprinzipien**. Nach dem normativen Konzept des SGB XII hat die Bezugnahme auf die Verträge i.S.d. § 72 SGB XI also nicht zur Folge, dass sich der Zahlungsanspruch des Leistungserbringers – wie im SGB XI – automatisch (nur) gegen den Leistungsträger richtet, sondern dieser entsteht erst durch den in der Leistungsbewilligung liegenden Schuldbeitritt[317] (vgl. Rn. 42 ff.). Dies folgt bereits daraus, dass der Gesetzgeber in § 75 Abs. 5 Satz 1 HS. 1 SGB XII nicht pauschal und umfassend auf das Leistungserbringungsrecht des SGB XI, sondern (nur) selektiv auf „Art, Inhalt, Umfang und Vergütung" der Leistungen verwiesen hat.[318]

152

Die Bindungswirkung hindert den Sozialhilfeträger nicht, mit dem Leistungserbringer einzelvertraglich eine niedrigere Vergütung zu vereinbaren. Mit dem **Abschluss entsprechender Einzelverträge** verzichten Sozialhilfeträger und Leistungserbringer auf den mit § 75 Abs. 5 Satz 1 HS. 2 SGB XII bezweckten Schutz. Ein solches Vorgehen ist rechtlich nicht zu beanstanden, weil es Ausdruck der grundrechtlich garantierten Vertragsfreiheit ist und der Regelung des § 75 Abs. 5 Satz 1 SGB XII nicht ohne weiteres ein Konkurrenzschutz entnommen werden kann. In einer solchen Fallkonstellation hat der bedürftige Hilfeempfänger allerdings keinen Anspruch auf Zahlung der jeweils höheren Vergütung an den Leistungserbringer. Insoweit besteht bereits kein Rechtsschutzinteresse.

153

b. Ausnahmen von der Grundregel (Absatz 5 Satz 1 Halbsatz 2 und Satz 2)

Die Bindung des Sozialhilfeträgers an die Vergütungsvereinbarungen des SGB XI gilt nach § 75 Abs. 5 SGB XII nicht ausnahmslos. Ausnahmen greifen immer dann ein, wenn eine Bindungswirkung mangels Kollision zwischen den Vergütungssystemen des SGB XI und SGB XII nicht erforderlich ist (§ 75 Abs. 5 Satz 1 HS. 2 SGB XII) oder der Sozialhilfeträger nicht den gesetzlich vorgesehenen Einfluss auf das Pflegesatz- und Vergütungsvereinbarungsverfahren nach dem SGB XI ausüben konnte (§ 75 Abs. 5 Satz 2 SGB XII).

154

Die **Ausnahmevariante des § 75 Abs. 5 Satz 1 HS. 2 SGB XII** liegt vor, wenn eine nach dem SGB XI zugelassene Pflegeeinrichtung (teilweise) **Leistungen** erbringt, **die nicht zum Leistungskatalog des SGB XI gehören** und/oder nicht von Vereinbarungen nach dem SGB XI erfasst sind und für deren Erbringung der Sozialhilfeträger daher allein zuständig ist. Dies gilt zum einen für die sogenann-

155

---

[313] In der seit dem 01.07.2008 geltenden Normfassung durch das Pflegeweiterentwicklungsgesetz v. 28.05.2008 - BGBl I 2008, 874.
[314] Zu den Motiven für die Abschaffung der bis zum 30.06.2008 gesondert abzuschließenden Leistungs- und Qualitätsvereinbarung (§ 80a SGB XI a.F.) und zur Neufassung des § 84 Abs. 5 SGB XI vgl. BT-Drs. 13/2440, S. 28.
[315] So aber: *Pattar*, SozialRecht aktuell 2012, 85, 90 f.
[316] Ebenso: SG Dortmund v. 29.04.2014 - S 41 SO 54/12.
[317] *Eicher*, SGb 2013, 127, 129 f.; SG Dortmund v. 29.04.2014 - S 41 SO 54/1 m.w.N.
[318] Vgl. dazu SG Dortmund v. 29.04.2012 - S 41 SO 54/12.

ten **weitergehenden Leistungen nach § 61 SGB XII**, d.h. für eine Pflegebedürftigkeit unterhalb der Pflegestufe 1 – sogenannte Pflegestufe 0 – (§ 61 Abs. 1 Satz 1 SGB XII i.V.m. § 14 Abs. 1 und § 15 SGB XI), für eine voraussichtlich weniger als 6 Monate andauernde Pflegebedürftigkeit (§ 61 Abs. 1 Satz 2 SGB XII i.V.m. § 14 Abs. 1 SGB XII) und zum anderen für Leistungen, die über die Leistungspflicht der Pflegekasse hinausgehen.[319] Gleiches gilt, wenn ein Pflegedienst Leistungen der Hilfe zur Pflege außerhalb seines im Versorgungsvertrag verbindlich[320] festgelegten örtlichen Einzugsbereichs (§ 72 Abs. 3 Satz 3 SGB XI) erbringt, da diese Leistungserbringung nicht von der pflegeversicherungsrechtlichen Vergütungsvereinbarung erfasst wird.[321] In diesen Fällen ist ein Konflikt mit dem Vergütungssystem des SGB XI nicht denkbar.[322]

156   Für die Anwendung und Auslegung der weiteren in **§ 75 Abs. 5 Satz 2 SGB XI** vorgesehenen **Ausnahme (fehlendes Einvernehmen des Sozialhilfeträgers mit der Vereinbarung nach dem SGB XI)**[323] sind die Ausgestaltung des Pflegesatz- und Vergütungsvereinbarungsverfahrens nach dem SGB XI und die insoweit bestehenden Einflussmöglichkeiten des Sozialhilfeträgers maßgebend. Der Sozialhilfeträger ist nach § 85 Abs. 2 Satz 1 Nr. 2 SGB XI am Pflegesatzverfahren und nach § 89 Abs. 2 Satz 1 Nr. 2 SGB XI am Vergütungsverfahren in Bezug auf ambulante Dienste nur zu beteiligen, wenn auf ihn im Jahr vor Beginn der Vertragsverhandlungen mehr als 5% der Berechnungstage des Pflegeheims bzw. mehr als 5% der vom jeweiligen Pflegedienst Betreuten entfallen. Hierdurch soll der Kreis der Vertragspartner auf eine im Interesse der geordneten Verhandlungsführung praktikable Größe beschränkt bleiben.[324] Da die Pflegesatzvereinbarung durch Einigung zwischen dem Träger der Pflegeeinrichtung und der Mehrheit der am Verfahren beteiligten Kostenträger zustande kommt (§§ 85 Abs. 4 Satz 1, 89 Abs. 3 Satz 4 SGB XI), besteht die Möglichkeit, dass der am Verfahren beteiligte Sozialhilfeträger von der Mehrheit der übrigen beteiligten Kostenträger überstimmt wird. In diesem Fall kann der Sozialhilfeträger binnen 2 Wochen nach Abschluss der Pflegesatz- bzw. Vergütungsvereinbarung Widerspruch erheben. Durch diesen Widerspruch wird ein Schiedsstellenverfahren eingeleitet (§§ 85 Abs. 5 Satz 2, 89 Abs. 3 Satz 4 SGB XI). Mit dieser Sonderregelung für den Sozialhilfeträger soll verhindert werden, dass die Pflegekassen mit ihrer regelmäßig bestehenden Mehrheit zu Lasten des Sozialhilfeträgers überhöhte Unterkunfts- und Verpflegungskosten vereinbaren.[325]

157   **§ 75 Abs. 5 Satz 2 SGB XII ist nicht anwendbar**, wenn der Sozialhilfeträger nach § 85 Abs. 2 Satz 1 Nr. 2 SGB XI am Pflegesatzverfahren bzw. nach § 89 Abs. 2 Satz 1 Nr. 2 SGB XI am Vergütungsverfahren für ambulante Pflegeeinrichtungen beteiligt worden ist und der Pflegesatz- bzw. der Vergütungsvereinbarung zugestimmt hat **(erteiltes Einvernehmen)**. Gleiches gilt, wenn der Sozialhilfeträger von der Mehrheit der übrigen beteiligten Kostenträger überstimmt wurde, aber innerhalb der gesetzlich vorgegebenen 2-Wochen-Frist von seinem Widerspruchsrecht keinen Gebrauch gemacht hat. Nach Sinn und Zweck der genannten Vorschriften wird der Sozialhilfeträger in diesem Fall so behandelt, als habe er sein Einverständnis erteilt **(fingiertes Einvernehmen)**.[326] Letztlich findet § 75 Abs. 5 Satz 2 SGB XII auch dann keine Anwendung, wenn der Sozialhilfeträger innerhalb der gesetzlich vorgesehenen 2-Wochen-Frist von seinem Widerspruchsrecht Gebrauch macht und das Einvernehmen des Sozialhilfeträgers durch einen Schiedsspruch bzw. durch Urteil in einem ggf. nachfolgenden gerichtlichen Verfahren ersetzt wird **(ersetztes Einvernehmen)**, denn Schiedsspruch und Urteil sind für den Sozialhilfeträger bindend.[327]

---

[319] Zu den Fallgruppen: *Münder* in: LPK-SGB XII, 9. Aufl., § 75 Rn. 40.
[320] Seit der Neufassung des § 72 SGB XI durch das Pflegeweiterentwicklungsgesetz vom 28.05.2008 (BGBl I 2008, 874) ist die Festlegung des örtlichen Einzugsbereiches einer ambulanten Pflegeeinrichtung in jeder Hinsicht verbindlich.
[321] LSG Sachsen v. 18.10.2013 - L 8 SO 35/12 B ER.
[322] *Neumann* in: Hauck/Noftz, SGB XII, § 75 Rn. 44.
[323] Vgl. dazu: *Schellhorn*, NDV 1998, 189 f.
[324] So auch *Schütze* in: Udsching, SGB XI, 3. Aufl., § 85 Rn. 5.
[325] SG Dortmund v. 29.04.2014 - S 41 SO 54/12; *O`Sullivan* in: juris-PK SGB XI, § 85 Rn. 45; *Pattar*, SozialRecht aktuell 2012, 85, 91.
[326] *Münder* in: LPK-SGB XII, 9. Aufl., § 75 Rn. 41; *Flint* in: Grube/Wahrendorf, SGB XII, 5. Aufl., § 75 Rn. 52; *Freudenberg* in: Jahn, SGB XII, § 75 Rn. 79.
[327] *Flint* in: Grube/Wahrendorf, SGB XII, 5. Aufl., § 75 Rn. 52; *Münder* in: LPK-SGB XII, 9. Aufl., § 75 Rn. 41; *Freudenberg* in: Jahn, SGB XII, § 75 Rn. 79; *Möller*, SGb 2006, 20, 21.

Umstritten ist die Anwendung des § 75 Abs. 5 Satz 2 SGB XII in den Fällen, in denen die **für eine Beteiligung des Sozialhilfeträgers** am Vergütungsvereinbarungsverfahren nach dem SGB XI **gesetzlich vorgesehene Quote nicht erreicht worden ist**. Teilweise wird die Auffassung vertreten, dass die Vereinbarungen nach dem 8. Kapitel des SGB XII in diesem Fall „nicht im Einvernehmen mit dem Träger der Sozialhilfe" zustande gekommen sind und daher § 75 Abs. 5 Satz 2 SGB XII auf Fallkonstellationen dieser Art angewandt wird, wobei ein konkludentes Einvernehmen durch tatsächliche Übernahme der nach dem SGB XI vereinbarten Vergütung für möglich erachtet wird.[328] Nach anderer Auffassung handelt es sich nicht um einen Fall des „fehlenden Einvernehmens" i.S.d. § 75 Abs. 5 Satz 2 SGB XII, so dass der Sozialhilfeträger auch in diesen Fallkonstellationen an die Pflegesatzvereinbarung bzw. die Vergütungsregelung für soziale Dienste gebunden ist.[329] Diese Auffassung erscheint vorzugswürdig. Voraussetzung für die Anwendbarkeit der eng auszulegenden Ausnahmevorschrift des § 75 Abs. 5 Satz 2 SGB XII ist, dass ein Einvernehmen des Sozialhilfeträgers mit der pflegeversicherungsrechtlichen Vergütungsregelung vorgesehen ist. Da das SGB XI eine Beteiligung des Sozialhilfeträgers sowie dessen Recht zur Zustimmung (d.h. zum Einvernehmen) bzw. zur Intervention unterhalb der 5%-Grenze (§§ 85 Abs. 5 Satz 2, 89 Abs. 3 Satz 4 SGB XI) aus nachvollziehbaren Gründen nicht – auch nicht fakultativ – vorsieht, kann es auch im Rahmen von § 75 Abs. 5 Satz 2 SGB XII nicht auf ein solches Einvernehmen ankommen.[330] Auf ein Einvernehmen des Sozialhilfeträgers wurde vielmehr kraft Gesetzes verzichtet. Dem Umstand, dass der Sozialhilfeträger in Fallkonstellationen dieser Art keine Möglichkeit hat, die Höhe der Kosten zu beeinflussen, muss bei der Prüfung der Angemessenheit von Kosten (z.B. im Rahmen von § 65 Abs. 1 Satz 2 SGB XII) Rechnung getragen werden, indem insoweit eine Orientierung an bestehende Vergütungsvereinbarungen erfolgt.[331] Denn der Leistungsempfänger muss im Rahmen der Pflegeleistungen eine zugelassene Einrichtung beauftragen und insoweit nicht darauf achten, dass deren Vereinbarungen auch gegenüber dem Sozialhilfeträger für dessen aufstockende Leistungen gelten. Im Einzelfall können einvernehmliche Lösungen (z.B. über § 75 Abs. 4 SGB XII) gefunden werden.

§ 75 Abs. 5 Satz 2 SGB XII ist somit im Sinne einer teleologischen Reduktion der Norm nur dann **anzuwenden**, wenn der Sozialhilfeträger nach den gesetzlichen Vorgaben am Pflegesatz- bzw. Vergütungsverfahren zu beteiligen ist (Überschreitung der 5%-Grenze), aber tatsächlich nicht am Verfahren beteiligt wurde.[332] Eine solche Fallkonstellation ist denkbar, wenn die Vertragsparteien der Pflegesatzvereinbarung aufgrund einer fehlerhaften Berechnung fälschlicherweise von einer Unterschreitung der 5%-Grenze in Bezug auf den Sozialhilfeträger ausgegangen sind oder wenn der **Sozialhilfeträger in rechtswidriger Weise** bewusst **nicht beteiligt** wurde.[333] Außerdem ist § 75 Abs. 5 Satz 2 SGB XII anzuwenden, wenn die Leistungen von Pflegeeinrichtungen erbracht werden, die keinen Versorgungsvertrag mit der Pflegekasse abgeschlossen haben.[334] In diesen Fällen ist eine Konfliktsituation mit dem Vergütungssystem des SGB XI möglich, so dass die Ausnahmeregelung auch angesichts des mit § 75 Abs. 5 SGB XII verfolgten Zwecks gerechtfertigt ist

Liegt einer der gesetzlichen Ausnahmetatbestände vor, ist der Sozialhilfeträger nicht an die pflegeversicherungsrechtliche Vergütungsvereinbarung gebunden. Dies hat zur Folge, dass er mit dem Leistungserbringer **Vereinbarungen im Sinne des § 75 Abs. 3 SGB XII** abschließen muss. Wird der Bedarf in der Konstellation des § 75 Abs. 1 Satz 1 HS. 2 SGB XII nur teilweise durch SGB-XI-Leistungen gedeckt, besteht zwar eine Pflegesatz- oder Vergütungsvereinbarung nach dem SGB XI, die aber nicht die vom Sozialhilfeträger erbrachten bzw. zu erbringenden weitergehenden Leistungen abdeckt. Daher sind **insoweit**, d.h. für diese weiteren Leistungen, Vereinbarungen im Sinne des § 75 Abs. 3

---

[328] *Münder* in: LPK-SGB XII, 9. Aufl., § 75 Rn. 42; wohl auch *Flint* in: Grube/Wahrendorf, SGB XII, 5. Aufl., § 75 Rn. 53.

[329] *W. Schellhorn* in: Schellhorn/Schellhorn/Hohm, SGB XII, 18. Aufl., § 75 Rn. 63; *Freudenberg* in: Jahn, SGB XII, § 75 Rn. 79; *Neumann* in: LPK-SGB XII, § 75 Rn. 46; *Möller*, SGb, 2006, 20, 21 f; offen gelassen in: BSG v. 22.03.2012 - B 8 SO 1/11 R - SozR 4-3500 § 65 Nr. 5; offen gelassen: LSG Sachsen v. 18.10.2013 - L 8 SO 35/13 B ER.

[330] *Neumann* in: LPK-SGB XII, § 75 Rn. 46 m.w.N.

[331] BSG v. 22.03.2012 - B 8 SO 1/11 R - SozR 4-3500 § 65 Nr. 5.

[332] *Neumann* in: Hauck/Noftz, SGB XII, § 75 Rn. 47; *Möller*, SGb 2006, 20, 22; *Pattar*, SozialRecht aktuell 2012, 85, 91; *Jaritz*, SozialRecht aktuell 2012, 105, 111.

[333] In diesem Sinne: *Pattar*, SozialRecht aktuell 2012, 85, 91.

[334] *Neumann* in: Hauck/Noftz, SGB XII, § 75 Rn. 47; *Möller*, SGb 2006, 20, 22; *Münder* in: LPK-SGB XII, 9. Aufl., § 75 Rn. 40 (der diese Fallkonstellation allerdings unter § 75 Abs. 5 Satz 1 HS. 2 SGB XII subsumiert).

SGB XII zu schließen.[335] Die in der Praxis schwierige inhaltliche Abgrenzung zwischen SGB-XI-Pflegeleistungen und SGB-XII-Pflegeleistungen[336] entbindet die Träger nicht von der Pflicht zum Abschluss einer den Anforderungen des § 75 Abs. 3 SGB XII genügenden Vereinbarung. Liegt der Ausnahmefall des § 75 Abs. 5 Satz 2 SGB XII vor, muss in Bezug auf die Gesamtleistung eine Vereinbarung im Sinne des § 75 Abs. 3 SGB XII geschlossen werden.

161 **§ 85 Abs. 7 SGB XI** (Wegfall der Geschäftsgrundlage für eine Pflegesatzvereinbarung) normiert **keine weitere Ausnahme von der Bindungswirkung** der pflegeversicherungsrechtlichen Vergütungsvereinbarung für den am Pflegesatzverfahren beteiligten Sozialhilfeträger.[337] Vielmehr sieht diese für den Wegfall der Geschäftsgrundlage geltende Ausnahmevorschrift vor, dass die am Pflegesatzverfahren beteiligten Parteien neu über den Pflegesatz verhandeln. Bis zum Abschluss der Verhandlung und dem Inkrafttreten oder der Feststellung neuer Pflegesätze gilt die bisherige Pflegesatzvereinbarung fort (§ 85 Abs. 7 i.V.m. Abs. 6 Satz 3 SGB XI), an die der Sozialhilfeträger unter den dargestellten Voraussetzungen gebunden ist.

c. Übernahme von Investitionskosten (Absatz 5 Satz 3)

aa. Systematischer Hintergrund

162 Während die grundsätzliche Bindung des Sozialhilfeträgers an die Vergütungsvereinbarung nach dem SGB XI durch das Pflegeversicherungsgesetz vom 26.05.1994[338] im Sozialhilferecht verankert wurde, erfolgte die Ergänzung um eine Regelung zur Übernahme der Investitionskosten des Leistungserbringers durch den Sozialhilfeträger erst durch das „**Gesetz zur Reform des Sozialhilferechts**" vom **23.07.1996**[339]. Mit dieser Ergänzung des damaligen § 93 Abs. 7 BSHG, die durch das „Gesetz zur Einordnung des Sozialhilferechts in das Sozialgesetzbuch" vom 27.12.2003[340] unverändert in das SGB XII übernommen wurde, wollte der Gesetzgeber den Einfluss der Länder auf die Höhe der investitionsbedingten Berechnungsbeträge bei fehlender landesrechtlicher Förderung sicherstellen.[341]

163 Die Regelung ist nur vor dem Hintergrund der für das Pflegeversicherungsrecht gewählten – aber im Gesetzgebungsverfahren durchaus kontrovers diskutierten[342] – Form der **dualen Finanzierung der Pflegeversicherung**[343] verständlich. Nach diesem Finanzierungsmodell haben die Pflegekassen die Kosten für die Pflegevergütung und die Länder die Kosten der Unterkunft und Verpflegung sowie der Versorgungsinfrastruktur zu tragen.[344] Letztere umfassen die Investitionskosten der Pflegeeinrichtungen. Aufgrund der **landesrechtlichen Finanzierungsverantwortung für die Investitionskosten** muss den Ländern auch die Möglichkeit eingeräumt werden, auf die Höhe dieser Kosten Einfluss zu nehmen. Diesen Einfluss sichert § 82 Abs. 3 und 4 SGB XI i.V.m. § 9 SGB XI. Für den Einfluss der Länder ist maßgebend, ob und in welchem Umfang Pflegeeinrichtungen durch das Landesrecht gefördert werden. Werden die Investitionsaufwendungen einer Pflegeeinrichtung in vollem Umfang durch eine landesrechtliche Förderung gemäß **§ 9 SGB XI** gedeckt, ist der Einfluss der Länder über die landesrechtlichen Fördervorschriften gesichert. Für den Fall, dass die Investitionsaufwendungen nur teilweise durch eine landesrechtliche Förderung nach § 9 SGB XI abgedeckt werden, gestattet **§ 82 Abs. 3 SGB XI** den Pflegeeinrichtungen eine gesonderte Berechnung der ungedeckten Investitionskosten gegenüber dem Pflegebedürftigen, macht diese Möglichkeit aber von einer vorherigen Zustimmung der zuständigen Landesbehörde abhängig, um den landesrechtlichen Einfluss zu garantieren und die Pflegebedürftigen über die landesrechtliche Prüfung der sachlichen und rechnerischen Richtigkeit des geltend gemachten Kostenansatzes vor einer ungerechtfertigten Kostenbelastung zu schützen[345]. Erhält eine Pflegeeinrichtung keine landesrechtliche Förderung, kann die Pflegeeinrichtung die Investitionsaufwendungen dem Pflegebedürftigen in vollem Umfang berechnen und muss diesen Umstand der zu-

---

[335] BT-Drs. 13/2440, S. 48; OVG Niedersachsen v. 30.10.2006 - 4 ME 36/06.
[336] Dazu *Griep*, RsDE 66 (2008), 27, 32.
[337] Anders wohl *Möller*, SGb 2006, 20, 21.
[338] BGBl I 1994, 1014.
[339] BGBl I 1996, 1088.
[340] BGBl I 2003, 3022.
[341] BT-Drs. 13/2440, S. 48.
[342] Zur Entstehungsgeschichte: *Schütze* in: Udsching, SGB XI, 3. Aufl., vor §§ 82-92 Rn. 4.
[343] Dazu *Brünner*, Vergütungsvereinbarungen für Pflegeeinrichtungen nach SGB XI, 2001, S. 67 f.
[344] *Schütze* in: Udsching, SGB XI, 3. Aufl., vor §§ 82-92 Rn. 4 f.; *Behrend* in: Udsching, SGB XI, 3. Aufl., § 9 Rn. 3 ff.
[345] BVerwG v. 26.04.2002 - 3 C 41/01; zur Schutzwirkung für den Heimbewohner: BSG v. 24.07.2003 - B 3 P 1/03 R - BSGE 91, 182 = SozR 4-3300 § 82 Nr. 1.

ständigen Landesbehörde lediglich mitteilen (**§ 82 Abs. 4 SGB XI**). Kann der Pflegebedürftige nach seinen Einkommens- und Vermögensverhältnissen die ihm in Rechnung gestellten Investitionskosten nicht aufbringen, ist der Sozialhilfeträger zur Übernahme dieser Kosten verpflichtet. Daher muss der Sozialhilfeträger die Möglichkeit haben, die Höhe der Investitionskosten zu beeinflussen. Diese Möglichkeit wird ihm durch § 75 Abs. 5 Satz 3 SGB XII eingeräumt.[346]

Die Fallkonstellationen, in denen eine landesrechtlich geförderte Pflegeeinrichtung mit Zustimmung der zuständigen Landesbehörde betriebsnotwendige Investitionsaufwendungen auf die Heimbewohner umlegt (§ 82 Abs. 3 SGB XI), sind neben den in § 75 Abs. 4 SGB XII geregelten vertragslosen Zuständen die einzigen Fallkonstellationen, in denen das in den §§ 75 ff. SGB XII normierte **Vertragsmodell außer Kraft** gesetzt wird. Das bedeutet, dass der Sozialhilfeträger ohne normvertragliche Regelung die Kosten, die von der Einrichtung mit Zustimmung der zuständigen Landesbehörde auf den Heimbewohner umgelegt worden sind, übernehmen muss. Der Sozialhilfeträger muss in diesen Fällen die auf den nach dem SGB XII leistungsberechtigten Heimbewohner umgelegten Aufwendungen übernehmen, ohne dass er auf die Höhe der Kosten und damit deren Angemessenheit im sozialhilferechtlichen Sinne Einfluss nehmen kann, sondern ist insoweit an die von der zuständigen Landesbehörde erteilte Zustimmung gebunden. Im Zustimmungsverfahren werden nach entsprechenden landesrechtlichen Vorschriften zwar Art, Höhe und Laufzeit der Verteilung der gesondert berechneten Investitionsaufwendungen geprüft (§ 82 Abs. 3 Satz 3 SB XI), allerdings nicht unter Berücksichtigung der sozialhilferechtlichen Grundsätze. Der Sozialhilfeträger wird daher durch die Zustimmung der zuständigen Landesbehörde i.S.d. § 82 Abs. 3 SGB XII unmittelbar in eigenen Rechten betroffen und ist zu einem zwischen dem Einrichtungsträger und der zuständigen Landesbehörde geführten und auf Zustimmung nach § 82 Abs. 3 SGB XII gerichteten Verfahren **notwendig beizuladen**[347] (vgl. dazu Rn. 182).

bb. Anwendungsbereich des Absatzes 5 Satz 3

§ 75 Abs. 5 Satz 3 SGB XII gilt ausdrücklich nur für die **Inrechnungstellung von Investitionskosten** durch eine zugelassene Pflegeeinrichtung (vgl. Rn. 150) gegenüber dem Hilfeempfänger **auf der Grundlage von § 82 Abs. 4 SGB XI**, nicht dagegen für die Inrechnungstellung ungedeckter Investitionskosten bei teilweiser landesrechtlicher Förderung nach § 82 Abs. 3 SGB XI. In der zuletzt genannten Fallkonstellation ist der Einfluss der Länder, in deren Zuständigkeit auch die Sozialhilfe fällt, über das Zustimmungserfordernis der zuständigen Landesbehörde sichergestellt. Der Sozialhilfeträger ist auch dann an die Zustimmung der zuständigen Landesbehörde gebunden, wenn diese nicht mit dem zuständigen Träger der Sozialhilfe identisch ist[348], weil von einer einheitlichen landesrechtlichen Finanzierungsverantwortung auszugehen ist und die Länder die Gesamtheit der ihnen obliegenden Aufgaben bei Entscheidungen und Regelungen finanzieller Belange beachten müssen. Bedenken gegen diese Regelung bestehen jedoch insoweit, als die landesrechtlichen Bestimmungen, in denen gemäß § 82 Abs. 3 Satz 3 SGB XI Art, Höhe und Laufzeit der Verteilung der gesondert berechneten Investitionskosten geregelt werden, im Regelfall nicht die Einhaltung der Grundsätze des sozialhilferechtlichen Leistungs- und Leistungserbringungsrechts sicherstellen.

cc. Voraussetzungen für die Übernahme von Investitionskosten durch den Sozialhilfeträger

Übernahmefähige **Investitionskosten sind die in § 82 Abs. 2 SGB XI aufgezählten Aufwendungen**, die weder von der Pflegevergütung noch von den Entgelten für Unterkunft und Verpflegung erfasst werden. Während im Rahmen von § 82 Abs. 3 SGB XI nur die in § 82 Abs. 2 Nr. 1 und 3 SGB XI aufgezählten Aufwendungen umlagefähig sind, knüpft § 82 Abs. 4 SGB XI pauschal und ohne weitere Konkretisierung an die „betriebsnotwendigen Investitionsaufwendungen" an. Ob zu den „betriebsnotwendigen Investitionsaufwendungen" nur die in § 82 Abs. 2 Nr. 1 SGB XII genannten Positionen zählen und die fehlende Benennung der in § 82 Abs. 2 Nr. 2 und 5 SGB XI genannten Aufwendungen ein

---

[346] Zur Zweckbestimmung der Norm vgl. *Neumann* in: Hauck/Noftz, SGB XII, § 75 Rn. 49; LSG Mecklenburg-Vorpommern v. 30.08.2012 - L 9 SO 1/10.

[347] Im hier vertretenen Sinne: *Neumann* in: Hauck/Noftz, SGB XII, § 75 Rn. 50; a. A. BSG v. 08.09.2011 - B 3 P 2/11 R - BSGE 109, 96 = SozR 4-3300 § 82 Nr. 7, B 3 P 6/10 R - BSGE 109, 86 = SozR 4-3300 § 82 Nr. 6, B 3 P 3/11 R u. B 3 P 4/10 R; zum fehlenden drittschützenden Charakter der Zustimmung der Landesbehörde auch: *Hübsch*, NZS 2004, 462, 463 f.

[348] *Neumann* in: Hauck/Noftz, SGB XII, § 75 Rn. 50; SG Nürnberg v. 18.03.2002 - S 9 P 33/00; a.A. *Schellhorn*, NDV 1998, 189.

§ 75

im Wege der Auslegung zu korrigierendes Redaktionsversehen ist[349] oder ob der Begriff der „betriebsbedingten Investitionsaufwendungen" im Sinne eines Oberbegriffs für sämtliche in § 82 Abs. 2 SGB XI genannten Aufwendungen gilt,[350] kann wegen des identischen Ergebnisses dahinstehen. Jede andere Bewertung wäre auch mit dem von § 82 SGB XI i.V.m. § 75 Abs. 5 Satz 3 SGB XII bezweckten Schutz des pflegebedürftigen Hilfeempfängers vor einer übermäßigen Inanspruchnahme durch den Leistungserbringer nicht vereinbar, weil ihm dann die nicht von § 82 Abs. 1 Nr. 1 SGB XI erfassten Aufwendungen in voller Höhe in Rechnung gestellt werden könnten.[351] Betriebsnotwendig sind Investitionsaufwendungen, wenn sie der Sache und der Höhe nach für den Betrieb der Einrichtung entsprechend ihrem Versorgungsauftrag erforderlich waren.[352]

167 Die zu § 82 Abs. 3 SGB XI entwickelte Rechtsprechung zur Berücksichtigung **grundstücksbezogener Aufwendungen**[353] ist auch für die Auslegung des § 75 Abs. 5 Satz 3 SGB XII i.V.m. § 82 Abs. 4 SGB XII von Bedeutung.[354] Gegenstand der nach § 75 Abs. 5 Satz 3 SGB XII zu schließenden Investitionskostenvereinbarung sind die nach § 82 Abs. 4 SGB XI umlagefähigen Investitionsaufwendungen. Die höchstrichterlich entwickelten Kriterien zur Umlagefähigkeit gelten im Rahmen von § 82 Abs. 3 SGB XI und im Anwendungsbereich des § 82 Abs. 4 SGB XI gleichermaßen. Grundstücksbezogene Aufwendungen sind nach neuerer Rechtsprechung[355] generell von der Refinanzierung über die Umlage nach § 82 Abs. 3 SGB XI (und somit erst Recht im Anwendungsbereich des § 82 Abs. 4 SGB XI) ausgeschlossen, weil Grund und Boden keinem Wertverzehr unterliegen und dem Einrichtungsträger im Regelfall als ungeschmälerter Wertgegenstand verbleiben; etwas anders gilt für grundstücksbezogene Aufwendungen, die sich auf ein nicht im Eigentum des Einrichtungsträgers stehendes Grundstück beziehen (z.B. die in den Mietkosten für ein Betriebsgebäude enthaltene Grundmiete) und Erbbauzinsen, weil in diesen Fällen dem Einrichtungsträger kein selbständig verwertbarer Vermögenswert verbleibt. Dies gilt auch für fiktive Eigenkapitalzinsen für die Erschließungskosten eines Grundstücks und für Fremdkapitalkosten zur Finanzierung des Grundstückserwerbs. Nicht grundstücksbezogene fiktive Eigenkapitalzinsen sind ebenfalls nicht umlagefähig, weil diese Kosten im Rahmen der Pflegevergütung zu berücksichtigen sind. Umlagefähig i.S.d. § 82 Abs. 3, 4 SGB XI und damit übernahmefähig i.R.v. § 75 Abs. 5 Satz 3 SGB XII sind **nur tatsächliche Aufwendungen**, nicht pauschalierte Instandsetzungs- und Instandhaltungskosten sowie kalkulierte Wiederbeschaffungskosten.[356]

168 Des Weiteren setzt § 75 Abs. 5 Satz 3 SGB XII das **Fehlen einer landesrechtlichen Förderung** des Leistungserbringers voraus. Maßgebend ist, ob eine Förderung tatsächlich erfolgt ist und nicht, ob ein Anspruch auf Förderung bestanden hat.[357] Diese Voraussetzung betrifft die Abgrenzung der Anwendungsbereiche von § 82 Abs. 3 und 4 SGB XI (vgl. dazu Rn. 163). Die Abgrenzung zwischen zustimmungspflichtigen und nur mitteilungspflichtigen Förderungen richtet sich allein nach § 82 Abs. 3 und 4 SGB XI und darf nicht durch abweichende landesrechtliche Vorschriften unterlaufen werden.[358]

169 **Bewohnerbezogen und einkommensabhängig gewährte Investitionskostenzuschüsse** (Pflegewohngeld) sind keine landesrechtliche Förderung im Sinne des § 9 SGB XI, für sie gilt nicht § 82 Abs. 3, sondern Abs. 4 SGB XI.[359] Diese Zuschüsse werden zwar in der Praxis an die Pflegeeinrichtung

---

[349] So BSG v. 24.07.2003 - B 3 P 1/03 R - BSGE 91, 182 = SozR 4-3300 § 82 Nr. 1; *Neumann* in: Hauck/Noftz, SGB XII, § 75 Rn. 56; ähnlich *Schellhorn* in: Köbl/Brünner, Die Vergütung von Einrichtungen und Diensten nach SGB XI und BSHG, 2001, S. 42, 52.

[350] So wohl: *O'Sullivan* in: juris-PK SGB XII, § 82 Rn. 62.

[351] *Neumann* in: Hauck/Noftz, SGB XII, § 75 Rn. 56; BSG v. 24.07.2003 - B 3 P 1/03 R - BSGE 91, 182 = SozR 4-3300 § 82 Nr. 1.

[352] *Schütze* in: Udsching, SGB XI, 3. Aufl., § 82 Rn. 18.

[353] BSG v. 08.09.2011 - B 3 P 2/11 R - BSGE 109, 96 = SozR 4-3300 § 82 Nr. 7, B 3 P 6/10 R - BSGE 109, 86 = SozR 4-3300 § 82 Nr. 6, B 3 P 3/11 R und B 3 P 4/10 R; vgl. dazu auch *Weber*, NZS 2013, 406 ff.

[354] A.A. LSG Berlin-Brandenburg v. 05.12.2013 - L 23 SO 38/10 KL.

[355] BSG v. 08.09.2011 - B 3 P 2/11 R - BSGE 109, 96 = SozR 4-3300 § 82 Nr. 7; BSG v. 08.09.2011 - B 3 P 6/10 R - BSGE 109, 86 = SozR 4-3300 § 82 Nr. 6, B 3 P 3/11 R und BSG v. 08.09.2011 - B 3 P 4/10 R.

[356] BSG v. 08.09.2011 - B 3 P 2/11 R - BSGE 109, 96 = SozR 4-3300 § 82 Nr. 7; BSG v. 08.09.2011 - B 3 P 6/10 R - BSGE 109, 86 = SozR 4-3300 § 82 Nr. 6, B 3 P 3/11 R und BSG v. 08.09.2011 - B 3 P 4/10 R.

[357] BVerwG v. 20.09.2001 - 5 B 54/01; OVG Lüneburg v. 14.03.2001 - 4 L 2155/00; *Neumann* in: Hauck/Noftz, SGB XII, § 75 Rn. 57; *Flint* in: Grube/Wahrendorf, SGB XII, 5. Aufl., § 75 Rn. 54; *Münder* in: LPK-SGB XII, 9. Aufl., § 75 Rn. 43.

[358] Vgl. BSG v. 24.07.2003 - B 3 P 1/03 R - BSGE 91, 182 = SozR 4-3300 § 82 Nr. 1.

[359] BSG v. 22.03.2006 - B 3 P 2/05 R - BSGE 96, 126 = SozR 4-3300 § 82 Nr. 2; BSG v. 24.07.2003 - B 3 P 1/03 R - BSGE 91, 182, 184 f. = SozR 4-3300 § 82 Nr. 1; OVG Lüneburg v. 22.01.2003 - 4 LC 146/02; *Neumann* in: Hauck/Noftz, SGB XII, § 75 Rn. 53.

gezahlt, die sie dann auf die dem Pflegebedürftigen gesonderten zu berechnenden Investitionskosten anrechnet. Inhaber des Anspruchs ist jedoch allein der Pflegebedürftige, für den die Pflegeeinrichtung verfahrensrechtlich lediglich als Prozessstandschafter auftritt und materiell-rechtlich zur Einziehung ermächtigt ist.[360]

Schließlich ist erforderlich, dass die **Investitionskosten** gegenüber dem bedürftigen Hilfeempfänger **gesondert berechnet** worden sind, d.h. der zwischen ihm und der Pflegeeinrichtung bestehende Vertrag eine entsprechende Regelung enthält, auf die sich die Einrichtung beruft. Nur dann entsteht ein vom Sozialhilfeträger zu deckender Bedarf. Für den Bereich der Pflege in stationären Einrichtungen sind die gesondert berechenbaren Investitionsaufwendungen notwendiger Bestandteil des zwischen Hilfeempfänger und Pflegeeinrichtung zu schließenden Wohn- und Betreuungsvertrages (§ 6 Abs. 3 Nr. 2 WBVG). 170

dd. Abschluss einer Investitionskostenvereinbarung

Sind die genannten Voraussetzungen erfüllt, ist der Sozialhilfeträger nur zur Übernahme gesondert berechneter Investitionsaufwendungen verpflichtet, wenn und insoweit hierüber zwischen ihm und der Pflegeeinrichtung entsprechende Vereinbarungen nach dem Zehnten Kapitel getroffen worden sind. Die Formulierung lässt nicht eindeutig erkennen, welche der nach dem sozialhilferechtlichen Leistungserbringungsrecht möglichen Vereinbarungen in Bezug genommen werden. Während teilweise nur eine besondere Vergütungsvereinbarung für erforderlich gehalten wird[361], ist nach anderer Auffassung aufgrund der Vorgaben in § 75 Abs. 3 Satz 1 SGB XII grundsätzlich der Abschluss aller drei Teilvereinbarungen erforderlich[362]. Aufschluss ergibt insoweit eine funktionsdifferente Auslegung des § 75 Abs. 5 Satz 3 SGB XII. Da die Investitionskosten nach dem Vergütungssystem des SGB XI weder Teil der Pflegevergütung noch der übernahmefähigen Kosten für Unterkunft und Verpflegung sind (vgl. § 82 Abs. 1, Abs. 2 Nr. 1 SGB XI) muss hinsichtlich der Investitionskosten eine **besondere Vergütungsvereinbarung (Investitionskostenvereinbarung)** geschlossen werden. Der Abschluss einer Leistungs- und Prüfungsvereinbarung ist nur in Bezug auf die für eine Investitionskostenvereinbarung maßgebenden Merkmale und Inhalte notwendig, die aufgrund der Regelung in § 82 Abs. 2 Nr. 1 SGB XI nicht bereits Verhandlungsgegenstand der Pflegesatzvereinbarung sind **(begrenzte Leistungs- und Prüfungsvereinbarung)**. Im Übrigen – d.h. über die für die Investitionskosten notwendigen Inhalte und Leistungsmerkmale hinaus – ist eine Leistungs- und Prüfungsvereinbarung nicht erforderlich. Insoweit ist der Sozialhilfeträger – von Ausnahmen abgesehen (vgl. Rn. 154 ff.) – über § 75 Abs. 5 Satz 1 HS. 1 SGB XII an den Inhalt der Pflegesatzvereinbarung gebunden, die nach § 84 Abs. 5 SGB XI auch die wesentlichen Leistungs- und Qualitätsmerkmale festlegt. Insoweit besteht kein Regelungsbedarf für den Abschluss einer gesonderten Leistungs- und Prüfungsvereinbarung nach § 75 Abs. 3 Satz 1 Nr. 1, 3 SGB XII. 171

Ein im Einvernehmen mit dem Sozialhilfeträger zustande gekommener **Rahmenvertrag** nach § 75 SGB XI, der eine Regelung über die Umlage und Übernahme von Investitionsaufwendungen enthält, **ersetzt nicht** die nach § 75 Abs. 5 Satz 3 SGB XII abzuschließende **Investitionskostenvereinbarung**.[363] 172

Für den Abschluss einer Investitionskostenvereinbarung gelten die **Vorgaben des § 75 Abs. 2 Satz 3 und Abs. 3 Satz 2 SGB XII**. Auch die Investitionskostenvereinbarung muss den **Grundsätzen von Wirtschaftlichkeit, Sparsamkeit und Leistungsfähigkeit** entsprechen.[364] Die **fehlende Inanspruchnahme einer landesrechtlich möglichen Förderung** hat nicht automatisch die Unwirtschaftlichkeit der von ihr in Rechnung gestellten Investitionskosten zur Folge.[365] Das Fehlen einer landesrechtlichen 173

---

[360] BSG v. 22.03.2006 - B 3 P 2/05 R - BSGE 96, 126 = SozR 4-3300 § 82 Nr. 2; BSG v. 24.07.2003 - B 3 P 1/03 R - BSGE 91, 182, 184 f. = SozR 4-3300 § 82 Nr. 1.

[361] *Neumann* in: Hauck/Noftz, SGB XII, § 75 Rn. 49; *W. Schellhorn* in: Schellhorn/Schellhorn/Hohm, SGB XII, 18. Aufl., § 75 Rn. 59; *Griep*, RsDE 66 (2008), 27, 35 f.; OVG Thüringen v. 10.12.2003 - 3 EO 819/02.

[362] *Münder* in: LPK-SGB XII, 9. Aufl., § 75 Rn. 43; offen gelassen: LSG Nordrhein-Westfalen v. 01.12.2005 - L 9 B 22/05 SO ER

[363] LSG Berlin-Brandenburg v. 24.02.2012 - L 15 SO 173/08.

[364] *Neumann* in: Hauck/Noftz, SGB XII, § 75 Rn. 58; BVerwG v. 08.02.2008 - 5 B 7/08; LSG Berlin-Brandenburg v. 05.12.2013 - L 23 SO 38/10 KL.

[365] Vgl. dazu: BVerwG v. 20.09.2001 - 5 B 54/01; OVG Nordrhein-Westfalen v. 26.04.2004 - 12 A 858/03; VG Minden v. 28.01.2003 - 6 K 1859/01; *Neumann* in: Hauck/Noftz, SGB XII, § 75 Rn. 58; *Flint* in: Grube/Wahrendorf, SGB XII, 5. Aufl., § 75 Rn. 54.

Förderung ist – unabhängig von der Ursache – Voraussetzung für den Abschluss einer Investitionskostenvereinbarung. Dass auf eine solche landesrechtliche Förderung ein Anspruch besteht, der nicht geltend gemacht wird, ist eine vom Gesetz kalkulierte Folge und berechtigt nicht zur Ablehnung des Abschlusses einer Investitionskostenvereinbarung.[366] Zudem kann die fehlende Inanspruchnahme einer möglichen öffentlichen Förderung mit wirtschaftlichen Vorteilen verbunden sein, z.B. durch eine fehlende Zweckbindung des beschafften Kapitals oder einen schnelleren Marktzutritt durch die Vermeidung langwieriger Bewilligungsverfahren.[367]

174 Die für den Leistungserbringervergleich maßgebenden Grundsätze (vgl. Rn. 105 ff.)[368] sowie der **Prospektivitätsgrundsatz** (§ 77 Abs. 1 Satz 1 HS. 1 SGB XII; vgl. die Kommentierung zu § 77 SGB XII Rn. 20 ff.)[369] gelten auch für die Investitionsvereinbarung.

175 Die **Gründe für eine Ablehnung der landesrechtlichen Förderung** in Bezug auf Investitionsaufwendungen dürfen bei der Entscheidung des Sozialhilfeträgers nur im Ausnahmefall und insbesondere nur dann berücksichtigt werden, wenn sie mit den Vorgaben des sozialhilferechtlichen Leistungserbringungsrechts (z.B. in § 75 Abs. 3 Satz 2 SGB XII) im Einklang stehen.[370] Wurde eine landesrechtliche Förderung wegen mangelnden Bedarfs an einer entsprechenden Einrichtung abgelehnt, darf dieser Gesichtspunkt bei der Entscheidung des Sozialhilfeträgers keine Berücksichtigung finden, weil der Sozialhilfeträger nicht zu einer Angebotssteuerung durch Bedarfsprüfung berechtigt ist.[371]

176 Der **Abschluss einer Investitionskostenvereinbarung** steht **nicht im Ermessen des Sozialhilfeträgers**. Vielmehr hat die Pflegeeinrichtung einen **Anspruch auf Abschluss einer Vereinbarung** i.S.d. § 75 Abs. 5 Satz 3 SGB XII.[372] Diese Auslegung kann zum einen mit dem Schutz des Leistungserbringers und dessen Grundrecht aus Art. 12 Abs. 1 GG begründet werden. Leistungserbringer und somit auch die nach § 72 SGB XI zugelassenen Pflegeeinrichtungen dürfen nicht gezwungen werden, die vertraglich vereinbarten Leistungen unterhalb der Gestehungskosten – wozu auch die Investitionskosten zählen – anzubieten und zu erbringen.[373] Werden die Investitionskosten nicht durch eine landesrechtliche Förderung gedeckt, läuft die Pflegeeinrichtung, die Leistungen gegenüber einem Hilfeempfänger erbringt, Gefahr, auf diesen Kosten sitzen zu bleiben, weil dieser die Kosten aufgrund seiner Einkommens- und Vermögensverhältnisse nicht tragen kann. Daher dient der Abschluss einer Investitionskostenvereinbarung letztlich der Erhaltung der Leistungsfähigkeit der Einrichtung (Grundsatz der Leistungsfähigkeit § 75 Abs. 3 Satz 2 SGB XII). Zum anderen ist diese Auslegung auch zum Schutz des Hilfeempfängers und unter Berücksichtigung der Vorgaben des § 75 Abs. 4 SGB XII notwendig. Die Pflicht des Sozialhilfeträgers zur **Übernahme gesondert berechneter Investitionskosten** besteht **nur auf der Grundlage bestehender Vereinbarungen**. Fehlt eine Investitionskostenvereinbarung i.S.d. § 75 Abs. 5 Satz 3 SGB XII, können die dem Hilfeempfänger in Rechnung gestellten Investitionskosten nicht auf der Grundlage von § 75 Abs. 4 SGB XII übernommen werden. § 75 Abs. 4 SGB XII ist eine abschließende Sonderregelung und gilt nur dann, wenn eine der in Absatz 3 genannten Vereinbarungen fehlt; auf Vereinbarungen nach § 75 Abs. 5 Satz 3 SGB XII nimmt die Vorschrift nicht Bezug.[374] Der in einer nach § 72 SGB XI zugelassenen Pflegeeinrichtung untergebrachte Pflegebedürftige, der erst während seines Aufenthaltes sozialhilfebedürftig wird und der die ihm gesondert in Rechnung gestellten Investitionskosten nicht aus eigenem Einkommen und Vermögen bestreiten kann, läuft in dieser Fallkonstellation Gefahr, dass ihm seitens der Pflegeeinrichtung gekündigt wird.

---

[366] VG Minden v. 28.01.203 - 6 K 1859/01.
[367] LSG Baden-Württemberg v. 18.07.2013 - L 7 SO 2513/09 KL zu der parallelen Problematik in § 76 Abs. 2 Satz 2 SGB XII.
[368] BVerwG v. 08.02.2008 - 5 B 7/08; in diesem Sinne auch: BVerfG v. 01.09.2008 - 1 BvR 887/08, 1 BvR 888/08, 1 BvR 889/08, 1 BvR 890/08, 1 BvR 891/08 (jeweils zum externen Vergleich).
[369] LSG Berlin-Brandenburg v. 05.12.2013 - L 23 SO 38/10 KL.
[370] I.S.e. generellen Berücksichtigungsfähigkeit der für eine fehlende landesrechtliche Förderung maßgebenden Gründe: BVerwG v. 20.09.2001 - 5 B 54.01; OVG Nordrhein-Westfalen v. 26.04.2004 - 12 A 858/03.
[371] BVerwG v. 20.09.2001 - 5 B 54.01; BVerwG v. 30.09.1993 - 5 C 41.91; OVG Nordrhein-Westfalen v. 26.04.2004 - 12 A 858/03.
[372] *Neumann* in: Hauck/Noftz, SGB XII, § 75 Rn. 59; *Freudenberg* in: Jahn, SGB XII, § 75 Rn. 75; wohl auch: *Münder* in: LPK-SGB XII, 9. Aufl., § 75 Rn. 43; a.A. *W. Schellhorn* in: Schellhorn/Schellhorn/Hohm, SGB XII, 18. Aufl., § 75 Rn. 59.
[373] BT-Drs. 12/5262, S. 146.
[374] Dem folgend: LSG Berlin-Brandenburg v. 05.12.2013 - L 23 SO 38/10 KL; vgl. zur Vorgängerregelung des § 93 Abs. 7 BSHG: VGH Baden-Württemberg v. 23.09.2003 - 12 S 742/03.

Nimmt man aber einen Rechtsanspruch der Pflegeeinrichtung auf den Abschluss einer Investitionskostenvereinbarung an, so kann hierzu korrespondierend von einer vertraglichen Nebenpflicht der Pflegeeinrichtung zu Bemühungen um den Abschluss einer solchen Vereinbarung mit dem Sozialhilfeträger ausgegangen werden, auf deren Verletzung sich der Hilfeempfänger im Falle der Kündigung berufen kann.[375]

ee. Rechtsschutz in Bezug auf Investitionskostenvereinbarungen

Kommt im Verfahren über den Abschluss einer **Investitionskostenvereinbarung** zwischen dem Sozialhilfeträger und der Pflegeeinrichtung keine Einigung zustande, kann insoweit ein **Schiedsstellenverfahren** nach § 77 Abs. 1 SGB XII und 2 i.V.m. § 80 SGB XII analog durchgeführt werden.[376] Bestand zuvor eine durch Zeitablauf beendete oder gekündigte Investitionskostenvereinbarung, gilt diese über § 77 Abs. 2 Satz 4 SGB XII analog fort.[377] Die analoge Anwendung der genannten Vorschriften folgt aus dem Verweis des § 75 Abs. 5 Satz 3 SGB XII auf die Vorschriften des Zehnten Kapitels des SGB XII.[378]

177

Ist der Heimbewohner mit der Höhe der ihm von der Pflegeeinrichtung § 82 Abs. 3 oder 4 SGB XII gesondert berechneten Investitionskosten nicht einverstanden, muss er hiergegen auf dem Zivilrechtsweg vorgehen. Die Zivilgerichte sind befugt, die Berechnung der Investitionskosten entsprechend den Vorgaben in § 82 Abs. 3 SGB XI i.V.m. den dort in Bezug genommenen landesrechtlichen Bestimmungen für das Zustimmungsverfahren zu prüfen.[379] Handelt es sich um einen nach dem SGB XII leistungsberechtigten Heimbewohner, muss dieser die auf ihn nach § 82 Abs. 3 SGB XI mit Zustimmung der Landesbehörde bzw. nach § 82 Abs. 4 SGB XII ohne Zustimmung umgelegten Investitionskosten als weiteren Bedarf gegenüber dem Sozialhilfeträger geltend machen. Handelt es sich um nach § 82 Abs. 3 SGB XI umgelegte Kosten, muss der Sozialhilfeträger – bzw. in einem nachfolgenden Klageverfahren das Gericht – prüfen, ob die Investitionskosten in Anwendung der für das Zustimmungsverfahren maßgebenden landesrechtlichen Bestimmungen nach Art, Höhe und Laufzeit richtig festgesetzt worden sind (Maßstab § 82 Abs. 3 SGB XI i.V.m. den entsprechenden Regelungen des Landesrechts) und angemessen i.S.d. Sozialhilferechts sind, da dem Sozialhilfeträger eine andere Einflussnahme auf die Höhe der Vergütung nicht möglich ist. Handelt es sich um eine auf der Grundlage von § 82 Abs. 4 SGB XI erfolgte Umlage, ist der **Einfluss des Sozialhilfeträgers auf die Kosten** über die zwischen dem ihm und dem Leistungserbringer geschlossene Investitionskostenvereinbarung gesichert.

178

Für den Bereich der stationären Pflege ist eine **Erhöhung des** vom bedürftigen Hilfeempfänger gegenüber der Pflegeeinrichtung geschuldeten **Entgelts aufgrund von Investitionsaufwendungen**, die nicht durch eine öffentliche Förderung gedeckt sind, nur zulässig, wenn der Betrag der Höhe nach der in diesem Fall zwischen dem Sozialhilfeträger und der Pflegeeinrichtung zu schließenden Investitionskostenvereinbarung entspricht (§ 9 Abs. 1 WBVG i.V.m. § 7 Abs. 2, 3 WBVG) sowie die Voraussetzungen des § 9 Abs. 2 WBVG eingehalten werden.

179

Werden die Investitionskosten nicht oder nur teilweise von einer landesrechtlichen Förderung gedeckt (§ 82 Abs. 3 SGB XI), ist fraglich, ob der Hilfeempfänger berechtigt ist, gegen die im **Zustimmungsverfahren** nach § 82 Abs. 3 SGB XI in der Form eines Verwaltungsaktes ergehende Entscheidung der zuständigen Landesbehörde mit dem **Widerspruch und der Klage** vorzugehen. Dies dürfte zu verneinen sein.[380] Zum einen ist nicht **der Hilfeempfänger**, sondern der die Zustimmung beantragende Leistungserbringer Adressat des im Zustimmungsverfahren ergehenden Verwaltungsaktes. Zum anderen betrifft die Zustimmung den Hilfeempfänger nicht unmittelbar in einer rechtlich geschützten Position. Im Umfang der von der Landesbehörde erteilten Zustimmung ist die Pflegeeinrichtung zwar berechtigt, die nicht von einer landesrechtlichen Förderung gedeckten Investitionskosten dem Pflegebedürftigen in Rechnung zu stellen. In diesem Umfang sind die Investitionskosten jedoch vom Sozialhilfeträger zu

180

---

[375] *Neumann* in: Hauck/Noftz, SGB XII, § 75 Rn. 59.
[376] Ebenso LSG Berlin-Brandenburg v. 05.12.2013 - L 23 SO 38/10 KL allerdings i.S.e. direkten Anwendung des § 77 SGB XII.
[377] Dem folgend: LSG Berlin-Brandenburg v. 05.12.2013 - L 23 SO 38/10 KL.
[378] *Neumann* in: Hauck/Noftz, SGB XII, § 75 Rn. 60; SG Oldenburg v. 22.10.2009 - S 21 SO 287/05.
[379] *Hübsch*, NZS 2004, 462, 465.
[380] BSG v. 08.09.2011 - B 3 P 2/11 R - BSGE 109, 96 = SozR 4-3300 § 82 Nr. 7; BSG v. 08.09.2011 - B 3 P 6/10 R - BSGE 109, 86 = SozR 4-3300 § 82 Nr. 6, BSG v. 08.09.2011 - B 3 P 3/11 R und B 3 P 4/10 R; LSG Berlin-Potsdam v. 11.12.2008 - L 27 P 73/08; ebenso: *Neumann* in: Hauck/Noftz, SGB XII, § 75 Rn. 50; Hübsch, NZS 2004, 462, 464 f.

übernehmen. Macht die Pflegeeinrichtung über die Zustimmung hinaus Investitionskosten gegenüber dem bedürftigen Hilfeempfänger geltend, ist dieses Vorgehen nach dem Regelungsgehalt des § 82 Abs. 3 Satz 3 SGB XII rechtswidrig. Der Hilfeempfänger kann hiergegen im Zivilrechtsweg vorgehen. Seine Rechtsstellung wird daher durch den Umfang der Zustimmung der Landesbehörde lediglich mittelbar beeinflusst.

181 Im Gegensatz hierzu wird man dem **Sozialhilfeträger** jedoch ein eigenes **Widerspruchs- und Klagerecht im Zustimmungsverfahren** nach § 82 Abs. 3 SGB XI zugestehen müssen. Die **Zustimmung** der zuständigen Landesbehörde ist ein **Verwaltungsakt mit Drittwirkung** für den Sozialhilfeträger. Sie berührt unmittelbar das kommunale Selbstverwaltungsrecht als grundrechtlich geschützte Rechtsposition des Sozialhilfeträgers.[381] Vom Umfang der erteilten Zustimmung ist der Umfang der von ihm ohne normvertragliche Regelung zu übernehmenden Investitionskosten abhängig.

182 Die Pflegeeinrichtung kann die **Zustimmung der zuständigen Landesbehörde** im sozialgerichtlichen Verfahren im Wege der **kombinierten Anfechtungs- und Verpflichtungsklage** durchsetzen.[382] Aufgrund der Bindung des Sozialhilfeträgers an die von der zuständigen Landesbehörde nach § 82 Abs. 3 Satz 3 SGB XI erteilte Zustimmung ist der Sozialhilfeträger zu dem zwischen Einrichtungsträger und dem Land geführten und auf Erteilung der Zustimmung zur Umlage gerichteten Verfahren notwendig beizuladen.[383] Der Sozialhilfeträger hat in den Fällen des § 82 Abs. 3 SGB XI keine Möglichkeit der Einflussnahme auf die Höhe der von ihm zu übernehmenden Kosten. Ohne eine **Beiladung des Sozialhilfeträgers** müsste dieser bei seiner Entscheidung über den Antrag des Hilfeempfängers auf Übernahme der umgelegten Investitionskosten prüfen, ob diese Kosten in Anwendung der für das Zustimmungsverfahren maßgebenden landesrechtlichen Bestimmungen nach Art, Höhe und Laufzeit richtig festgesetzt worden sind (Maßstab § 82 Abs. 3 SGB XI i.V.m. den entsprechenden Regelungen des Landesrechts) und angemessen i.S.d. Sozialhilferechts sind. Hält der Sozialhilfeträger in Abweichung von der Entscheidung der Landesbehörde geringere Investitionskosten für angemessen, hätte dies zur Folge, dass der bedürftige Hilfeempfänger diese Kosten selbst tragen müsse. Bereits diese Konsequenzen belegen, dass eine notwendige Beiladung des Sozialhilfeträgers im Zustimmungsverfahren geboten ist.

183 Im Rahmen einer solchen Klage des Einrichtungsträgers gegen die zuständige Landesbehörde auf Erteilung der Zustimmung zur Umlage der betriebsnotwendigen Investitionsaufwendungen kann auch die Feststellung begehrt werden, dass die vorgenommene Berechnung der Investitionsaufwendungen zutreffend ist. Für die Annahme eines berechtigten Interesses an baldiger Feststellung i.S.v. § 55 SGG ist es ausreichend, wenn von der zuständigen Landesbehörde die Berechnung bestritten wird; es ist der Pflegeeinrichtung nicht zuzumuten, ein Einschreiten des Trägers der Heimaufsicht wegen nach seiner Ansicht zu Unrecht geltend gemachter Heimentgelte abzuwarten.[384]

184 Die Regelung des § 75 Abs. 5 Satz 3 SGB XII hat zur Folge, dass bei gescheiterten Vergütungsvereinbarungen für die Pflegesätze die Schiedsstellen im Sinne des § 76 SGB XI und für die Investitionskosten die **Schiedsstellen** im Sinne des § 80 SGB XII zuständig sind, was insoweit unbefriedigend ist, als widersprüchliche Schiedssprüche zu preisbildenden Faktoren, die für die Pflegesätze und die Investitionskosten maßgebend sind, nicht ausgeschlossen werden können.[385]

C. Ausblick

185 Grundlegende Änderungen des sozialhilferechtlichen Leistungserbringungsrechts werden im Zusammenhang mit der beabsichtigten Einführung der sogenannten **personenzentrierten Eingliederungshilfe** diskutiert. Bereits die Einfügung des § 101a BSHG durch das 7. BSHG-ÄndG vom 25.07.1999[386], der zur Pauschalierung weiterer Leistungen der Sozialhilfe im Rahmen von Modellvorhaben ermächtigte, war formal von entsprechenden Bestrebungen getragen. Mit dieser Experimentierklausel wollte

---

[381] *Neumann* in: Hauck/Noftz, SGB XII, § 75 Rn. 50; a.A. *Hübsch*, NZS 2004, 462, 464.
[382] BSG v. 08.09.2011 - B 3 P 2/11 R - BSGE 109, 96 = SozR 4-3300 § 82 Nr. 7; BSG v. 08.09.2011 - B 3 P 6/10 R - BSGE 109, 86 = SozR 4-3300 § 82 Nr. 6; BSG v. 08.09.2011 - B 3 P 3/11 R und B 3 P 4/10 R unter Aufgabe der bisherigen Rechtsprechung (BSG v. 06.09.2007 - B 3 P 3/07 - BSGE 99, 57 ff. = SozR 4-3300 § 82 Nr. 4).
[383] A.A. BSG v. 08.09.2011 - B 3 P 2/11 R - BSGE 109, 96 = SozR 4-3300 § 82 Nr. 7; BSG v. 08.09.2011 - B 3 P 6/10 R - BSGE 109, 86 = SozR 4-3300 § 82 Nr. 6; BSG v. 08.09.2011 - B 3 P 3/11 R und B 3 P 4/10 R.
[384] BSG v. 24.07.2003 - B 3 P 1/03 R - BSGE 91, 182 = SozR 4-3300 § 82 Nr. 1; offen gelassen durch: BSG v. 23.03.2006 - B 3 P 2/05 R - BSGE 96, 126 = SozR 4-3300 § 82 Nr. 2 jeweils Rn. 16.
[385] *Griep*, RsDE 66 (2008), 27, 36 f.
[386] BGBl I 1999, 1442.

der Gesetzgeber Erkenntnisse über eine Vereinfachung des Verwaltungsverfahrens und Einsparungen der Hilfekosten durch eine mögliche höhere Dispositionsfreiheit und Selbständigkeit der bedürftigen Hilfeempfänger gewinnen.[387] Entscheidende Impulse für einen Übergang zur personenzentrierten Leistungserbringung und -vergütung im Bereich der Eingliederungshilfe gingen von der im Dezember 2005 eingesetzten Bund-Länder-Arbeitsgruppe „Weiterentwicklung der Eingliederungshilfe" aus. Diese hat nach einem Diskussions- und Abstimmungsprozess mit den Verbänden der Menschen mit Behinderung, der Leistungserbringer, dem Beauftragten der Bundesregierung für die Belange behinderter Menschen und den kommunalen Spitzenverbänden am 03.09.2008 ein Eckpunktepapier zur Fortentwicklung und Reformierung der Eingliederungshilfe formuliert, das von der 86. Konferenz der für Arbeit und Soziales zuständigen Ministerien (ASMK) im November 2009 gebilligt worden ist.[388] Die ASMK hat die Bundesregierung beauftragt, den Entwurf eines Reformgesetzes zur Weiterentwicklung der Eingliederungshilfe unter Berücksichtigung der Eckpunkte der Bund-Länder-Arbeitsgruppe zu erarbeiten, wobei der Maßstab der Bedarfsermittlung und die Einführung eines trägerübergreifenden persönlichen Budgets der vertieften Bearbeitung bedürften. Zeitgleich hat die Bundesarbeitsgemeinschaft der überörtlichen Träger der Sozialhilfe (BAGüS) in ihren Reformvorschlägen zur Weiterentwicklung des Leistungsrechts für Menschen mit Behinderung und pflegerischem Bedarf die Einführung eines personenzentrierten Leistungssystems, verbunden mit einer Umstrukturierung der Leistungsgewährung von einer einrichtungsgebundenen zu einer maßnahmegebundenen Leistungsgewährung, befürwortet.[389] In diesem Zusammenhang hat die BAGüS auch eine Neufassung der Vorschriften über den Inhalt der Verträge zwischen Leistungserbringern und Sozialhilfeträgern gefordert. Die BAGüS kritisierte in diesem Positionspapier die vom BSG vertretene Auffassung, dass die durch Dienste und/oder Einrichtungen erbrachten Leistungen als Sachleistungen einzustufen seien, und hat in diesem Zusammenhang die erstaunliche Forderung an den Gesetzgeber formuliert, die maßgeblichen Bestimmungen des SGB XII so zu konkretisieren, dass der „Ermessensspielraum" des BSG eingeschränkt und eine (angebliche) Rückkehr zu den bewährten Grundsätzen der Sozialhilfe ermöglicht wird.

Die personenzentrierte Leistungsgewährung wurde im Rahmen von **Modellversuchen** in Rheinland-Pfalz und Hessen[390] sowie in einem **Praxistest** mit 5 Leistungserbringern in Wiesbaden erprobt.[391] Kernpunkt einer personenzentrierten Leistungserbringung soll eine allein am individuellen Bedarf des bedürftigen Hilfeempfängers und nicht am Leistungsangebot der Einrichtung orientierte Bedarfsermittlung und Hilfeplanung sein. Zu diesem Zweck sollen ein **strukturunabhängiges, einheitliches Bedarfsfeststellungsverfahren** und ein einheitliches **Fallmanagement** eingeführt werden.[392] Die personenzentrierte Eingliederungshilfe würde auch den bisherigen Einrichtungsbegriff wesentlich verändern. Bedarfsfeststellung und Erstellung eines Hilfeplans sollen durch eine Hilfe- und Teilhabeplankonferenz nach § 58 Abs. 2 SGB XII erfolgen. Ob die Verantwortung für die Erstellung des Gesamtplanes beim Sozialhilfeträger verbleiben[393] oder eine neutrale Koordinierungs- und Beratungsstelle eingeführt werden soll, wird derzeit noch diskutiert. Die Vergütung der Leistungserbringer soll nicht mehr nach einer Maßnahmepauschale, sondern nach Fachleistungsstunden erfolgen.[394] Es ist geplant, das für das bisherige Leistungserbringungsrecht maßgebliche sozialhilferechtliche Dreiecksverhältnis durch ein „dialogisches Verfahren" mit allen Teilnehmern am Gesamtplanverfahren zu ersetzen.[395] Die Erbringung der personenzentrierten Hilfe soll einer Wirkungskontrolle unterzogen werden. Ferner hat sich die 86. ASMK für eine **Trennung der Leistungen zum Lebensunterhalt** von den Leistungen der Eingliederungshilfe ausgesprochen, was den Wegfall der Grundpauschale (§ 76 Abs. 2 Satz 1 SGB XII) zur Folge hätte.

186

Die unter dem Stichwort der personenzentrierten Leistungserbringung diskutierten Reformvorschläge und Zielvorgaben werden jedoch bei richtiger Auslegung der Normen bereits durch das aktuelle Leistungsrecht und Leistungserbringungsrecht sichergestellt. So ist eine allein am individuellen Bedarf ori-

187

---

[387] *Schellhorn/Schellhorn*, BSHG, 16. Aufl., § 101a Rn. 1.
[388] Vgl. dazu Beschlussprotokoll der 86. ASMK vom 02.12.2009, www.stmas.bayern.de (abgerufen am 11.06.2014).
[389] Abrufbar auf der Internetseite des Landschaftsverbandes Westfalen-Lippe.
[390] Vgl. dazu *Breme/Kronenberger/Näder*, NDV 2007, 177 ff., 205 ff.
[391] *Wendt*, ZFSH/SGB 2010, 523.
[392] *Wendt*, ZFSH/SGB 2010, 523, 525.
[393] Vorschlag der Bund-Länder-Arbeitsgruppe „Weiterentwicklung der Eingliederungshilfe" in dem Eckpunktepapier zur Vorbereitung der 86. ASMK.
[394] *Breme/Kronenberger/Näder*, NDV 2007, 177, 180 f.; *Wendt*, ZFSH/SGB 2010, 523, 526 f.
[395] Dazu auch: *Dillmann*, SozialRecht aktuell 2012, 181, 189.

entierte Leistungserbringung keine Neuerung, sondern wird über den Bedarfsdeckungsgrundsatz des § 9 Abs. 1 SGB XII sichergestellt. Dies folgt auch aus § 4 Abs. 2 Satz 2 SGB IX i.V.m. Art. 4 Abs. 1 und 19 des Übereinkommens über die Rechte von behinderten Menschen.[396] Auch sieht das Gesetz in § 76 Abs. 2 Satz 3 SGB XII bereits einen personenbezogenen Maßstab für die Festsetzung der Maßnahmepauschale vor (vgl. die Kommentierung zu § 76 SGB XII Rn. 68), mit dem insbesondere auch nach geltendem Recht schon eine Vergütung nach Fachleistungsstunden ermöglicht wird.[397] Die Rechte des behinderten Menschen vom Leistungserbringungsrecht her zu bestimmen, ist angesichts der dienenden Funktion des Leistungserbringungsrechts (vgl. Rn. 32) verfehlt.

188 Vor diesem Hintergrund würden die im Rahmen der personenzentrierten Leistungsgewährung diskutierten Änderungen das Leistungserbringungsrecht verkomplizieren, ohne die Rechtsstellung der bedürftigen Hilfeempfänger und der in die Leistungserbringung eingeschalteten Institutionen und Träger wesentlich zu verbessern. Im Einzelnen ergeben sich folgende Kritikpunkte[398]:

- Die verfahrensrechtlichen Modalitäten für die personenzentrierte Hilfegewährung sind mit einem erheblichen **Verwaltungs- und Personalaufwand**[399] für Sozialhilfeträger und Leistungserbringer verbunden, was höhere Kosten zur Folge hat. Besonders kostenintensiv dürfte die Einführung eines Fallmanagers sein, weil diese Personen über eine entsprechende Qualifikation verfügen müssen, die erst im Rahmen von Aus- und Fortbildung erworben werden muss. Inwieweit diese „Infrastrukturkosten" durch Einsparungen bei der Leistungsgewährung ausgeglichen werden, wurde bislang nicht belegt.
- Die beabsichtigte Bedarfsfeststellung und Hilfeplanerstellung in einer Hand durch eine Hilfe- und Teilhabekonferenz erfordert den Austausch von Informationen und Daten zwischen den am Gesamtplanverfahren beteiligten Parteien, um den Verwaltungs- und Personalaufwand in überschaubaren Grenzen zu halten. Hierfür müssen entsprechende **datenschutzrechtliche Ermächtigungen und Berichtspflichten** eingeführt werden.[400]
- Das zum hessischen Modellversuch erstellte Gutachten ist u.a. zu dem Ergebnis gelangt, dass die Bildung von Durchschnittswerten bei der vergütungsrelevanten Zeiterfassung dem individuellen Ansatz der personenzentrierten Leistungserbringung widerspreche, diese Zeitansätze zu subjektiv basiert seien und die Qualität der Leistungserbringung hierbei nicht ausreichend berücksichtigt werde.[401]
- Das **Konzept** der personenzentrierten Hilfegewährung ist in sich **nicht schlüssig**. So wird einerseits der individuelle Bedarf des bedürftigen Hilfeempfängers als alleiniger Maßstab für die Leistungserbringung und Vergütung angesehen; andererseits wird von den BAGüS ein verstärkter Einsatz von Geldpauschalen in Erwägung gezogen, um den Verwaltungsaufwand und damit die Kosten der Sozialhilfeträger zu minimieren.[402] Die Pauschalierung kann bei einem personenzentrierten Ansatz jedoch allein für einzelne Bedarfe der Person, nicht hingegen in Bezug auf Leistungen für Personen mit unterschiedlichen Bedarfen in Betracht kommen.[403]
- Die **Trennung von Leistungen zum Lebensunterhalt und Leistungen der Eingliederungshilfe** hat zur Folge, dass die Leistungen zum Lebensunterhalt den Vorgaben des Bundesverfassungsgerichts im Urteil vom 09.02.2010[404] genügen müssen.

---

[396] BGBl II 2008, 1419.
[397] So auch *Wendt*, ZFSH/SGB 2010, 523, 533.
[398] Kritisch auch: *Müller-Fehling*, SozialRecht aktuell 2012, 133, 137.
[399] Vgl. BT-Drs. 16/13424, S. 35, 38 zum „Gesetz zur Änderung des Vierten Buches Sozialgesetzbuch, zur Errichtung einer Versorgungsausgleichskasse und anderer Gesetze" vom 15.07.2009 (BGBl I 2009, 1939); *Wendt*, ZFSH/SGB 2010, 523, 526.
[400] Beispielhaft seien an dieser Stelle die im Bereich des SGB XI relevanten Streitigkeiten über die Veröffentlichung von Qualitätsbeurteilungen von Pflegeeinrichtungen genannt. Vgl. dazu: Sächsisches LSG v. 24.02.2010 - L 1 P 1/10 B ER; LSG NRW v. 10.05.2010 - L 10 P 10/10 B ER RG; LSG Sachsen-Anhalt v. 14.06.2010 - L 4 P 3/10 B ER; *Schütze*, KrV 2012, 14 ff.
[401] Auswertung des Gutachtens durch *Wendt*, ZFSH/SGB 2010, 523, 528.
[402] BAGüS, Reformvorschläge 2009 zur Weiterentwicklung des Leistungsrechts für Menschen mit Behinderungen und pflegerischem Bedarf, abrufbar auf der Internetseite des Landschaftsverbandes Westfalen-Lippe.
[403] *Wendt*, ZFSH/SGB 2010, 523, 530.
[404] BVerfG v. 09.02.2010 - 1 BvL 1/09; kritisch dazu auch: *Müller-Fehling*, SozialRecht aktuell 2012, 133, 137.

- **Bedenken** ergeben sich auch **in kompetenzrechtlicher Hinsicht**. Der Bundesgesetzgeber ist lediglich befugt, die Rahmenbedingungen der Eingliederungshilfe vorzulegen. Er hat keine Kompetenz, Regelungen zu schaffen oder zu ändern, die mit finanziellen Folgen für die Länder verbunden sind (Art. 84 Abs. 1 Satz 7 GG).[405]

Die in der Praxis zu beobachtende **unzureichende Umsetzung** der gesetzlichen Vorgaben **des derzeit geltenden Leistungserbringungsrechts**[406] kann eine Umstrukturierung der Eingliederungshilfe in leistungs- und leistungserbringungsrechtlicher Hinsicht im genannten Sinne nicht rechtfertigen, sondern sollte zum Anlass genommen werden, die Hilfegewährung unter Nutzung der bestehenden und bewährten gesetzlichen Strukturen zu optimieren.

D. Praxishinweise

In jeder der das **sozialhilferechtliche Dreieck** bildenden Rechtsbeziehungen sind **Leistungsstörungen** denkbar, die zur Inanspruchnahme von Rechtsschutz führen können (zur Rechtswegzuständigkeit vgl. Rn. 55 ff.).

Maßgebend für die Konsequenzen bei Störungen in einzelnen Rechtsbeziehungen des sozialhilferechtlichen Dreiecks ist der mit diesem Konstrukt bezweckte **Schutz des Hilfeempfängers**. Aus dem Umstand, dass die zwischen dem bedürftigen Hilfeempfänger und dem Sozialhilfeträger bestehende Rechtsbeziehung die Basis für das sozialhilferechtliche Dreieck bildet, der die übrigen Vertragsbeziehungen lediglich dienen (vgl. Rn. 32), und aus der Bedeutung des diese Rechtsbeziehung prägenden Grundrechts aus Art. 1 Abs. 1 Satz 1 i.V.m. Art. 20 Abs. 1 GG folgt, dass der bedürftige Hilfeempfänger als schutzwürdig anzusehen ist. Diesem Schutz muss auf den übrigen Vertragsebenen des sozialhilferechtlichen Dreiecks und bei der Auslegung der Vorschriften des 10. Kapitels Rechnung getragen werden. Dogmatischer Ansatzpunkt für die Schutzwürdigkeit des Hilfeempfängers ist die Bezugnahme des § 75 Abs. 2 Satz 2 SGB XII auf die dem Schutz des Hilfeempfängers dienenden sozialhilferechtlichen Grundsätze des § 9 Abs. 1 SGB XII. Dem Schutz des Hilfeempfängers dient letztlich auch die Dreiecksstruktur des sozialhilferechtlichen Leistungserbringungsrechts, denn der Hilfeempfänger erhält die ihm zustehenden bedarfsdeckenden Leistungen, ohne mit den Modalitäten der Abwicklung belastet zu werden und unter weitgehendem Ausschluss seiner Inanspruchnahme durch den Leistungserbringer[407] (vgl. auch Rn. 41, Rn. 54). Für den Bereich der stationären Hilfe hat der Schutz des bedürftigen Hilfeempfängers eine einfachgesetzliche Ausprägung in den Vorschriften des WBVG erfahren.[408] Für diesen Bereich wird der Vergütungsanspruch des Leistungserbringers an den Inhalt der zwischen Sozialhilfeträger und Leistungserbringer bestehenden Vereinbarung i.S.d. § 75 Abs. 2 und 3 SGB XII gebunden (§ 7 Abs. 2 Sätze 2, 3 WBVG, § 9 Abs. 1 WBVG; vgl. Rn. 51 ff.). Der Schutzgedanke ist insbesondere bei **Störungen der einzelnen Vertragsbeziehungen** von Bedeutung. Hierbei ist zu berücksichtigen, dass die Störung, die in einer der das sozialhilferechtliche Dreieck bildenden Rechtsbeziehungen auftritt, stets die übrigen Vertragsebenen beeinflusst. Folgende Störungen sind innerhalb des „sozialhilferechtlichen Dreiecks" denkbar:

I. Im Grundverhältnis

Hat der in einer Einrichtung Untergebrachte oder von einem Dienst Betreute keinen **Anspruch auf Sozialhilfeleistungen** (z.B. wegen bestehenden Einkommens und Vermögens), wird der entsprechende Antrag im Grundverhältnis vom Sozialhilfeträger abgelehnt. Ein sozialhilferechtliches Dreieck entsteht in diesem Fall nicht. Der Sozialhilfeträger ist nicht zur Übernahme der Vergütung des Leistungserbringers verpflichtet. Dem Leistungserbringer verbleibt im Erfüllungsverhältnis ein Anspruch gegen den Leistungsempfänger aus dem zivilrechtlichen Vertrag. Hat der Sozialhilfeträger die Leistung bereits bewilligt, die Vergütung an den Leistungserbringer gezahlt und ist der Leistungsempfänger aufgrund dessen von seiner privatrechtlichen Verpflichtung frei geworden, muss der Sozialhilfeträger die Bewilligung im Grundverhältnis nach den §§ 45 ff. SGB X aufheben und kann dann den Leistungsempfänger nach § 50 Abs. 1 SGB X auf Erstattung der empfangenen Leistung in Anspruch nehmen. Macht der Sozialhilfeträger einen Erstattungsanspruch wegen überzahlter Leistungen gegenüber dem Leistungserbringer geltend, teilt der Erstattungsanspruch die zivilrechtliche Rechtsnatur der Forde-

---

[405] *Wendt*, ZFSH/SGB 2010, 523, 532 f.
[406] Vgl. dazu: *Breme/Kronenberger/Näder*, NDV 2007, 177, 178; *Wendt*, ZFSH/SGB 2010, 523 f.
[407] *Schuler-Harms*, VSSR 2005, 135, 140; *Schmitt*, Leistungserbringung durch Dritte im Sozialrecht, S. 498 ff.
[408] Zur Bedeutung des WBVG für das Erfüllungsverhältnis: *Weber*, NZS 2011, 650, 653 f.

rung, welcher der Sozialhilfeträger beigetreten ist (zum Schuldbeitritt vgl. Rn. 42 ff.). Die zwischen dem Sozialhilfeträger und dem Leistungserbringer im Sachleistungsverschaffungsverhältnis geschlossenen Vereinbarungen modifizieren als Normverträge lediglich die zivilrechtlichen Pflichten (vgl. Rn. 46, Rn. 51 ff.) und sind deshalb nicht von Bedeutung für die Bestimmung des Rechtswegs, wenn es um die Erstattung überzahlter Beträge geht, die zur Erfüllung der aus dem Grundverhältnis – vermeintlich – resultierenden Schuld aufgrund der Schuldübernahme erfolgt sind.[409]

193 Besteht ein Anspruch auf die Gewährung von Sozialhilfeleistungen, wird ein solcher aber vom Sozialhilfeträger im Grundverhältnis zu Unrecht abgelehnt, muss der Hilfeberechtigte gegen die ablehnende Entscheidung im Wege des Widerspruchs bzw. der Klage vorgehen. Bis zum Erlass eines Bewilligungsbescheides mit Drittwirkung für den Leistungserbringer liegt noch kein Schuldbeitritt vor. Daher ist der Hilfeberechtigte im Erfüllungsverhältnis dem privatrechtlichen Vergütungsanspruch des Leistungserbringers ausgesetzt. Kann er – was die Regel sein dürfte – den Anspruch nicht aus eigenen Mitteln befriedigen und droht dadurch die Kündigung dieses Vertrags, muss er den Schuldbeitritt des Sozialhilfeträgers ggf. im Wege des einstweiligen Rechtsschutzes erzwingen. Rechtsschutz kann jedoch nur dann mit Erfolg in Anspruch genommen werden, wenn der Hilfeberechtigte auf der Grundlage eines in seinem Erfüllungsverhältnis geschlossenen Vertrages vom Leistungserbringer auch tatsächlich in Anspruch genommen wird.[410]

194 In einem Rechtsstreit zwischen Hilfeempfänger und Sozialhilfeträger über die Übernahme und Zahlung weiterer Einrichtungskosten ist der **Leistungserbringer notwendig beizuladen** (vgl. dazu näher Rn. 56).[411]

II. Im Erfüllungs- und Leistungsverschaffungsverhältnis

195 Bleibt eine im privatrechtlichen Vertrag zwischen Hilfeempfänger und Leistungserbringer geregelte und vom Sozialhilfeträger im Grundverhältnis bewilligte Leistung aus, muss der Hilfeempfänger den Leistungserbringer im Zivilrechtsweg auf **Erfüllung** verklagen. Der Sozialhilfeträger kann in diesem Fall aufgrund seiner Gewährleistungsverantwortung (vgl. Rn. 33, Rn. 43) über § 11 SGB XII gehalten sein, den Hilfeempfänger bei der Durchsetzung seiner Ansprüche gegen den Leistungserbringer zu unterstützen. Weitergehende Ansprüche gegen den Sozialhilfeträger können allenfalls unter dem Gesichtspunkt des Systemversagens bestehen.[412] Grundsätzlich hat der Sozialhilfeträger zwar mit der Feststellung des Sachleistungsverschaffungsanspruchs und dem damit verbundenen Schuldbeitritt in einem Bewilligungsbescheid mit Drittwirkung alles aus seiner Sicht rechtlich Mögliche zur Erfüllung des Anspruchs getan. Gleichwohl muss der Sozialhilfeträger für die Risiken einstehen, die sich für den Hilfeempfänger aufgrund der Einschaltung Dritter in die Leistungserbringung ergeben (**Gewährleistungsverantwortung**). Daher kann der Sozialhilfeträger im **Fall eines Systemversagens** verpflichtet sein, den noch ungedeckten Bedarf des Hilfeempfängers zu decken. Im Gegenzug kann der Sozialhilfeträger den Anspruch des Hilfeempfängers gegen den Leistungserbringer gemäß § 93 SGB XII auf sich überleiten.

196 Ist eine zur Deckung des individuellen Bedarfs notwendige Leistung von dem zwischen Hilfeempfänger und Leistungserbringer geschlossenen privatrechtlichen Vertrag nicht erfasst, ist danach zu differenzieren, ob diese Leistung Gegenstand einer zwischen Leistungserbringer und Sozialhilfeträger geschlossenen Vereinbarung ist („vereinbarte Leistung") oder nicht. Des Weiteren muss zwischen der stationären und der teilstationären bzw. ambulanten Hilfe unterschieden werden. Diese Konstellation tritt häufig auf, wenn sich der Pflege- und Betreuungsbedarf eines Hilfeempfängers geändert hat.

197 Wird der Bedarf vom Inhalt einer bestehenden Vereinbarung nicht erfasst oder fehlt eine Vereinbarung gänzlich, gelten folgende Grundsätze für die einzelnen Rechtsbeziehungen: Aus dem für das Grundverhältnis maßgebenden Bedarfsdeckungsgrundsatz und der Gewährleistungspflicht des Sozialhilfe-

---

[409] BSG v. 18.03.2014 - B 8 SF 2/13 R.

[410] *Eicher*, SGb 2013, 127, 128; BSG v. 28.10.2008 - B 8 SO 22/07 R - BSGE 102, 1 = SozR 4-1500 § 75 Rn. 9; BSG v. 02.02.2010 - B 8 SO 20/08 R; BSG v. 02.02.2012 - B 8 SO 5/10 R - SozR 4-3500 § 62 Nr. 1; BVerwG v. 26.10.2004 - 5 B 50/04; LSG Hessen v. 19.03.2008 - L 9 SO 1/08 B ER.

[411] BSG v. 28.10.2008 - B 8 SO 22/07 R - BSGE 102, 1 = SozR 4-1500 § 75 Nr. 9; bestätigt durch BSG v. 02.02.2010 - B 8 SO 20/08 R; BSG v. 02.02.2012 - B 8 SO 5/10 R - SozR 4-3500 § 62 Nr. 1; BSG v. 23.03.2012 - B 8 SO 1/11 R - SozR 4-3500 § 65 Nr. 5; *Eicher,* SGb 2013, 127, 130; *Coseriu*, SozialRecht aktuell 2012, 99, 101.

[412] Angedeutet in einem vom BSG in der mündlichen Verhandlung vom 09.06.2011 erteilten Hinweis in einem nachfolgend durch Anerkenntnis des Sozialhilfeträgers erledigten Verfahren (B 8 SO 16/09 R).

trägers gilt für diesen „**Was der Hilfesuchende aus sozialhilferechtlicher Sicht benötigt, ist ihm zu gewähren**"[413]. Von dieser Verantwortung wird der Sozialhilfeträger – auch bei Fehlen einer Vereinbarung – nicht frei.[414] Insoweit besteht kein Primat des Leistungserbringungsrechts.[415] Der Sozialhilfeträger muss die nicht in einer Vereinbarung geregelten bedarfsdeckenden Leistungen entsprechend den leistungsrechtlichen Vorschriften des SGB XII gewähren. Für den stationären und teilstationären Bereich kommt § 27b SGB XII (bis 31.12.2010 § 35 SGB XII) als Anspruchsgrundlage verbunden mit der Pflicht zur Gewährung weiterer besonderer Hilfen in Betracht. Weil es im Erfüllungsverhältnis an einer privatvertraglichen Anspruchsgrundlage für die entsprechende Leistung fehlt, muss der Sozialhilfeträger die zur Bedarfsdeckung notwendige Leistung ggf. bei einem anderen geeigneten Leistungserbringer „einkaufen". Denkbar ist auch insoweit eine unter dem **Aspekt des Systemversagens** bestehende Pflicht des Sozialhilfeträgers zur Gewährung zusätzlicher ambulanter besonderer Hilfeleistungen der Kapitel 5 bis 9 des SGB XII. Unter Berücksichtigung des Nachranggrundsatzes ist auch die **Leistungspflicht anderer Sozialleistungsträger** in Betracht zu ziehen.[416]

Im Erfüllungsverhältnis bestehen zwar keine gegenseitigen Ansprüche im Hinblick auf die nicht privatvertraglich geregelte Leistung. Allerdings können in diesem Rechtsverhältnis **Nebenpflichten des Leistungserbringers gegenüber dem Hilfeempfänger im Sinne von Hinweis- und Aufklärungspflichten** angenommen werden. Unter anderem ist der Leistungserbringer bei Aufnahme eines bedürftigen Hilfeempfängers verpflichtet, diese auf das Fehlen einer Vereinbarung bzw. auf deren Unvollständigkeit unter Berücksichtigung des Pflegebedarfs im Einzelfall hinzuweisen. Tritt die Hilfebedürftigkeit erst während einer schon bestehenden privatvertraglichen Beziehung zwischen Leistungserbringer und Leistungsempfänger ein, ist der Leistungserbringer verpflichtet, den Betroffenen über das Fehlen oder die Unvollständigkeit einer Vereinbarung aufzuklären. Der Leistungserbringer hat auf die schutzwürdigen Belange des Hilfeempfängers Rücksicht zu nehmen. Ausdruck dieser Rücksichtnahmepflicht kann unter anderem ein vorübergehender Verbleib des Hilfebedürftigen in der Einrichtung verbunden mit der Pflicht zum Versuch des Abschlusses oder der Ergänzung einer Vereinbarung mit dem Sozialhilfeträger sein. Für den Bereich der stationären Hilfe können diese Nebenpflichten aus den **Informationspflichten des § 3 Abs. 3 Nr. 2-4, Abs. 4 WBVG** abgeleitet werden, im teilstationären und ambulanten Bereich ergeben sich die Nebenpflichten aus **§ 242 BGB** i.V.m. dem zwischen dem bedürftigen Hilfeempfänger und dem Leistungserbringer geschlossenen Vertrag.

198

Im **Leistungsverschaffungsverhältnis** ist in dieser Konstellation eine **Pflicht des Leistungserbringers und des Sozialhilfeträgers zum Versuch einer Vereinbarung bzw. einer Ergänzung bestehender Vereinbarungen** anzunehmen. Für den Leistungserbringer ergibt sich diese Hinwirkungspflicht aus den bereits erwähnten vertraglichen Nebenpflichten. Die Hinwirkungspflicht des Sozialhilfeträgers folgt aus der Verknüpfung des Gewährleistungsverantwortungsmodells[417] mit der Strukturverantwortung[418]. In Bezug auf die Ergänzung bestehender Vereinbarungen steht mit § 77 Abs. 3 SGB XII eine dogmatische Grundlage für diese Hinwirkungspflicht zur Verfügung. Der Sozialhilfeträger ist daher zunächst verpflichtet, eine bereits bestehende Vereinbarung, die aber den betreffenden Bedarf nicht erfasst, zu ergänzen[419] bzw. bei nicht bestehender Vereinbarung eine solche mit einem geeigneten Träger abzuschließen. Bis zum Inkrafttreten einer neuen bzw. ergänzten Vereinbarung gilt eine zuvor bestehende und durch Zeitablauf oder Kündigung wirkungslos gewordene Vergütungsvereinbarung (nach der hier vertretenen Auffassung auch die Leistungsvereinbarung – vgl. die Kommentierung zu § 77 SGB XII Rn. 122 ff.) über § 77 Abs. 2 Satz 4 SGB XII fort. Scheitert der Abschluss einer neuen bzw. die Ergänzung einer bestehenden Vereinbarung, besteht auf der zweiten Stufe die

199

---

[413] BVerwG v. 20.10.1994 - 5 C 28/91 - BVerwGE 97, 53, 57 f.

[414] *Frommann*, Sozialhilfe nach Vereinbarung, 2002, S. 32 f.; in diesem Sinne: BVerwG v. 26.10.2004 - 5 B 50/04; LSG Baden-Württemberg v. 09.12.2005 - L 7 SO 4890/05 ER-B; LSG Baden-Württemberg v. 18.11.2005 - L 7 SO 4187/05 ER-B.

[415] So aber offensichtlich: *Weber*, NZS 2011, 650, 653 f.

[416] Zur Leistungspflicht der Gesetzlichen Krankenversicherung für Maßnahmen der Behandlungspflege: LSG Sachsen-Anhalt v. 26.08.2010 - L 8 SO 4/10 B ER.

[417] Zum Gewährleistungsverantwortungsmodell: BSG v. 28.10.2008 - B 8 SO 22/07 R - BSGE 102, 1 = SozR 4-1500 § 75 jeweils Rn. 17; BSG v. 02.02.2010 - B 8 SO 20/08 R; BSG v. 18.03.2014 - B 8 SF 2/13 E; *Eicher*, SGb 2013, 127 ff.; *Frommann*, Sozialhilfe nach Vereinbarung, 2002, S. 60 f.; *Giese*, RsDE Nr. 46 (2000), 4, 6 f.

[418] BSG v. 02.02.2010 - B 8 SO 20/08 R.

[419] Zur Nachvereinbarungspflicht: *Frommann*, Sozialhilfe nach Vereinbarung, 2002, S. 145 ff.

Pflicht zum Versuch eines den Vorgaben des § 75 Abs. 4 SGB XII entsprechenden Leistungsangebots. Kann auch ein Leistungsangebot i.S.d. § 75 Abs. 4 SGB XII nicht herbeigeführt werden, muss der Sozialhilfeträger im Grundverhältnis die Leistungen unter Berücksichtigung der Umstände des Einzelfalls erbringen und die hierfür entstehenden Kosten nach § 75 Abs. 4 SGB XII übernehmen.

200 Erfasst der zwischen Leistungserbringer und Hilfeempfänger geschlossene privatrechtliche Vertrag eine bestimmte Leistung nicht, weil sich der **Bedarf nachträglich geändert** hat und ist die zur Bedarfsdeckung erforderliche Leistung in einer zwischen dem Leistungserbringer und dem Sozialhilfeträger geschlossenen Vereinbarung geregelt, muss wiederum zwischen stationären/teilstationären und ambulanten Hilfen differenziert werden.

- Wird die **Hilfe in stationären Einrichtungen** gewährt, werden die Interessen des Hilfeempfängers im Erfüllungsverhältnis über die Vorschriften des WBVG geschützt. Der Leistungserbringer hat nach **§ 8 Abs. 1 und 2 WBVG** den Wohn- und Betreuungsvertrag dem geänderten Bedarf – durch einseitige Erklärung – anzupassen. Korrespondierend hierzu kann der Hilfeempfänger **Vertragsanpassung** verlangen. Die Deckung des Bedarfs des Hilfeempfängers ist daher im Grund- und Erfüllungsverhältnis gewährleistet. Er ist darüber hinaus auch vor der Inanspruchnahme durch den Leistungserbringer im Hinblick auf die höhere Vergütung geschützt. Eine höhere Vergütung für die nach der Vertragsanpassung zusätzlich erbrachte Leistung kann der Leistungserbringer nur verlangen, wenn diese Erhöhung dem in einer Vereinbarung mit dem Sozialhilfeträger nach § 75 Abs. 3 Satz 1 SGB XII festgelegten Entgelt entspricht[420] (§§ 7 Abs. 2, 9 Abs. 1 WBVG) und daher vom Sozialhilfeträger übernommen werden muss.

- Wird die **Hilfe in einer teilstationären Einrichtung oder durch einen ambulanten Dienst** geleistet, ist der Leistungserbringer im Erfüllungsverhältnis ebenfalls verpflichtet, die privatrechtlich vereinbarten Leistungen dem veränderten Betreuungs- und Pflegebedarf des bedürftigen Hilfeempfängers anzupassen. Zwar existiert für teilstationäre Einrichtungen und ambulante Dienste keine dem WBVG vergleichbare gesetzliche Grundlage, welche die Interessen des Hilfeempfängers ausreichend schützt. Eine entsprechende Schutzwirkung kann diesen Verträgen jedoch **über § 32 SGB I** beigemessen werden, der wegen des Charakters des Vereinbarungen als Normverträge (vgl. Rn. 89) unmittelbar[421] oder – wenn man dieser Auffassung nicht folgt – zumindest hinsichtlich seiner Wertung mittelbar gilt (vgl. Rn. 53 f.). Mit § 32 SGB I sollen sichergestellt werden, dass die nach den Sozialgesetzbüchern Begünstigten die gesetzlich vorgesehenen Sozialleistungen zu den jeweils gesetzlich geregelten Voraussetzungen erhalten.[422] Vertragliche Regelungen, die bestehende oder künftige Ansprüche des Sozialleistungsberechtigten zu seinen Lasten beeinflussen oder anspruchsrelevante Pflichten verschärfen, sind nach **§ 32 SGB I** nichtig. Regelt der im Erfüllungsverhältnis geschlossene Vertrag nicht die Anpassung der Leistung an einen geänderten Pflege- und Betreuungsbedarf oder verknüpft eine solche Anpassung mit der Erhöhung des Entgelts unabhängig vom Bestehen und dem Inhalt einer Vereinbarung mit dem Sozialhilfeträger, ist diese Regelung vor dem Hintergrund des § 32 SGB I rechtlich bedenklich. Eine solche Regelung weicht zwar nicht von einer konkreten Vorschrift des SGB XII, steht aber im **Widerspruch zu den Wertmaßstäben**, die der Gesetzgeber **für das sozialhilferechtliche Leistungserbringungsrecht** in den Vorschriften des 10. Kapitels des SGB XII und des WBVG aufgestellt hat (vgl. Rn. 54).

201 Hat der Leistungserbringer auf der Basis des zivilrechtlichen Vertrages mit dem Hilfeempfänger im Erfüllungsverhältnis Leistungen erbracht, die nach Art und Umfang von der Vereinbarung mit dem Sozialhilfeträger gedeckt sind, und wurde die Vergütungsübernahme durch Verwaltungsakt mit Drittwirkung gegenüber dem Hilfeempfänger festgestellt, erfolgt aber **seitens des Sozialhilfeträgers keine Zahlung**, hat der **Hilfeempfänger** gegen den Sozialhilfeträger einen **Anspruch auf Zahlung unmittelbar an den Leistungserbringer**. Korrespondierend besteht auf der Grundlage und im Umfang des im Grundverhältnis erklärten Schuldbeitritts ein **(akzessorischer) Zahlungsanspruch für den Leistungserbringer** (vgl. Rn. 47). Diesen Zahlungsanspruch kann der Leistungserbringer eigenständig gegenüber dem Sozialhilfeträger durchsetzen[423] und insoweit auch Verzugszinsen geltend machen.[424] Da

---

[420] LSG Baden-Württemberg v. 22.09.2005 - L 7 SO 3421/05 ER-B; LSG Baden-Württemberg v. 09.12.2005 - L 7 SO 4890/05 ER-B.

[421] *Weselski* in: juris-PK-SGB I, § 32 Rn. 30; angedeutet durch BSG v. 02.02.2012 - B 8 SO 5/10 R.

[422] *Weselski* in: jurisPK-SGB I, § 32 Rn. 7; *Fastabend* in: Hauck/Noftz, SGB I, § 32 Rn. 4.

[423] BSG v. 28.10.2008 - B 8 SO 22/07 R - BSGE 102, 1 = SozR 4-1500 § 75 Nr. 9; *Frommann*, Sozialhilfe nach Vereinbarung, 2002, S. 37 ff.

[424] Zum Krankenversicherungsrecht: BSG v. 23.03.2006 - B 3 KR 6/05 R; zur Problematik der Prozesszinsen: LSG Rheinland-Pfalz v. 25.11.2010 - L 1 SO 8/10.

durch den Sozialhilfeträger (nur) ein Schuldbeitritt – mit der Folge der Gesamtschuldnerschaft – und keine Schuldübernahme erfolgt (vgl. Rn. 45), kann der Leistungserbringer weiterhin den Hilfeempfänger auf Vergütung in Anspruch nehmen. Der Leistungserbringer kann als Gläubiger zivilrechtlich die gesamte Leistung (hier Vergütung) von einem der Gesamtschuldner verlangen. Um dem Hilfeempfänger vor dieser nach der Konzeption der §§ 75 ff. SGB XII nicht gewollten Inspruchnahme durch den Leistungserbringer zu schützen, muss ihm im Grundverhältnis gegen den Sozialhilfeträger ein **Anspruch auf Erstattung der Kosten wegen Nichterfüllung des Sachleistungsverschaffungsanspruchs** zugestanden werden. Auch in diesem Fall wandelt sich der sozialhilferechtliche Primäranspruch des Hilfebedürftigen auf Zahlung des Sozialhilfeträgers an den Leistungserbringer in einen **öffentlich-rechtlichen sekundären Erstattungsanspruch** um. Gleichzeitig entsteht wegen der zivilrechtlichen Gesamtschuld ein zivilrechtlicher Ausgleichsanspruch nach § 426 Abs. 1 und 2 BGB, allerdings wegen des verfügten Schuldbeitritts in dessen voller Höhe. Anders als in der unter Rn. 60 geschilderten Konstellation handelt es sich bei einer Klage des Hilfeempfängers gegen den Sozialhilfeträger um einen Fall des **§ 17 Abs. 2 GVG**.

Zu den **Folgen einer fehlenden (Teil-)Vereinbarung** im Sinne des § 75 Abs. 3 SGB XII, insbesondere zur Schiedsstellenfähigkeit der einzelnen Teilvereinbarungen und den bei fehlender Schiedsstellenfähigkeit zur Durchsetzung des Anspruchs auf Abschluss einer Vereinbarung gegebenen Rechtsschutzmöglichkeiten vgl. die Kommentierung zu § 77 SGB XII.

§ 76 SGB XII Inhalt der Vereinbarungen

(Fassung vom 29.07.2009, gültig ab 01.10.2009)

(1) ¹Die Vereinbarung über die Leistung muss die wesentlichen Leistungsmerkmale festlegen, mindestens jedoch die betriebsnotwendigen Anlagen der Einrichtung, den von ihr zu betreuenden Personenkreis, Art, Ziel und Qualität der Leistung, Qualifikation des Personals sowie die erforderliche sächliche und personelle Ausstattung. ²In die Vereinbarung ist die Verpflichtung der Einrichtung aufzunehmen, im Rahmen des vereinbarten Leistungsangebotes Leistungsberechtigte aufzunehmen und zu betreuen. ³Die Leistungen müssen ausreichend, zweckmäßig und wirtschaftlich sein und dürfen das Maß des Notwendigen nicht überschreiten.

(2) ¹Vergütungen für die Leistungen nach Absatz 1 bestehen mindestens aus den Pauschalen für Unterkunft und Verpflegung (Grundpauschale) und für die Maßnahmen (Maßnahmepauschale) sowie aus einem Betrag für betriebsnotwendige Anlagen einschließlich ihrer Ausstattung (Investitionsbetrag). ²Förderungen aus öffentlichen Mitteln sind anzurechnen. ³Die Maßnahmepauschale kann nach Gruppen für Leistungsberechtigte mit vergleichbarem Bedarf kalkuliert werden. ⁴Einer verlangten Erhöhung der Vergütung auf Grund von Investitionsmaßnahmen braucht der Träger der Sozialhilfe nur zuzustimmen, wenn er der Maßnahme zuvor zugestimmt hat.

(3) ¹Die Träger der Sozialhilfe vereinbaren mit dem Träger der Einrichtung Grundsätze und Maßstäbe für die Wirtschaftlichkeit und die Qualitätssicherung der Leistungen sowie für den Inhalt und das Verfahren zur Durchführung von Wirtschaftlichkeits- und Qualitätsprüfungen. ²Das Ergebnis der Prüfung ist festzuhalten und in geeigneter Form auch den Leistungsberechtigten der Einrichtung zugänglich zu machen. ³Die Träger der Sozialhilfe haben mit den nach heimrechtlichen Vorschriften zuständigen Aufsichtsbehörden und dem Medizinischen Dienst der Krankenversicherung zusammenzuarbeiten, um Doppelprüfungen möglichst zu vermeiden.

Gliederung

A. Basisinformationen 1
I. Textgeschichte 1
II. Vorgängervorschrift 2
III. Parallelvorschriften 3
IV. Systematische Zusammenhänge 6
V. Ausgewählte Literaturhinweise 13
B. Auslegung und Bedeutung der Norm 14
I. Regelungsgehalt der Norm 14
II. Zweck und Bedeutung der Norm 18
III. Auslegung der Einzelnormen 24
1. Inhalt der Leistungsvereinbarung (Absatz 1)... 28
a. Wesentliche Leistungsmerkmale 28
b. Mindestleistungsmerkmale (Absatz 1 Satz 1) 33
c. Konkretisierung der Leistungsmerkmale durch Bundesempfehlungen und Landesrahmenvereinbarungen 47
d. Typisierte Leistungsangebote 48
e. Aufnahme- und Betreuungspflicht (Absatz 1 Satz 2) 53
f. Leistungsstandard (Absatz 1 Satz 3)... 59
2. Inhalt der Vergütungsvereinbarung (Absatz 2) ... 62
a. Allgemeines.................................. 62
b. Grundpauschale (Absatz 2 Satz 1 Alternative 1)............................... 65

c. Maßnahmepauschale (Absatz 2 Satz 1 Alternative 2)............................... 67
d. Investitionsbetrag (Absatz 2 Satz 1 Alternative 3)............................... 88
e. Anrechnung öffentlicher Förderungen (Absatz 2 Satz 2) 95
f. Vergütungserhöhung aufgrund von Investitionsmaßnahmen (Absatz 2 Satz 4)... 99
g. Maßstab für die Gesamtvergütung ... 106
3. Leistungsstandard- und Prüfungsvereinbarung (Absatz 3) 107
a. Allgemeines 107
b. Vereinbarung von Grundsätzen und Maßstäben für die Wirtschaftlichkeit und die Qualitätssicherung – Leistungsstandardvereinbarung (Absatz 3 Satz 1 Alternative 1)....... 110
c. Prüfung der Wirtschaftlichkeit und Qualität – Prüfungsvereinbarung (Absatz 3 Satz 1 Alternative 2)................................ 114
d. Dokumentations- und Informationspflicht (Absatz 3 Satz 2) 120
e. Zusammenarbeitsgebot (Absatz 3 Satz 3)........ 127
C. Praxishinweise 128

A. Basisinformationen

I. Textgeschichte

§ 76 SGB XII ist durch das **Gesetz zur Einordnung des Sozialhilferechts in das Sozialgesetzbuch** vom 27.12.2003[1] mit Wirkung zum 01.01.2005 im SGB XII aufgenommen worden. Die Vorschrift ist seitdem zweimal geändert worden. Durch das **Gesetz zur Änderung des Vierten Buches Sozialgesetzbuch, zur Errichtung einer Versorgungsausgleichskasse und anderer Gesetze** vom 15.07.2009[2] wurde die in § 76 Abs. 2 Satz 3 SGB XII zuvor zwingend vorgeschriebene Kalkulation der Maßnahmepauschale nach Gruppen von Leistungsberechtigten mit vergleichbarem Bedarf in eine „Kann-Bestimmung" umgewandelt. Mit dem **Gesetz zur Neuregelung der zivilrechtlichen Vorschriften des Heimgesetzes nach der Föderalismusreform** vom 29.07.2009[3] sind die zuvor in § 76 Abs. 3 Satz 3 SGB XII genannten „Heimaufsichtsbehörden" begrifflich durch die „nach heimrechtlichen Vorschriften zuständigen Aufsichtsbehörden" ersetzt worden.

1

II. Vorgängervorschrift

§ 76 SGB XII ist weitgehend inhalts- und wortgleich mit dem bis 31.12.2004 geltenden **§ 93a BSHG**, der durch das Gesetz zur Reform des Sozialhilferechts vom 23.07.1996[4] mit Wirkung zum 01.01.1999 in das BSHG eingefügt wurde. Lediglich das in § 76 Abs. 3 Satz 3 SGB XII geregelte Zusammenarbeitsgebot wurde vom Gesetzgeber neu aufgenommen. Vor dem 01.01.1999 existierte keine dem § 76 SGB XII bzw. § 93a BSHG inhaltlich vergleichbare Vorschrift. Vielmehr hatten sich in der Praxis Regelungsgegenstände für die nach § 93 Abs. 2 BSHG zu schließenden Vereinbarungen herauskristallisiert, die nunmehr durch § 93a BSHG im Gesetz aufgenommen wurden.[5]

2

III. Parallelvorschriften

Dem § 76 SGB XII vergleichbare Regelungen finden sich in allen Bereichen des Sozialgesetzbuches, die Leistungen auf der Grundlage von Verträgen zwischen Leistungserbringern und Leistungsträgern vorsehen (Kranken- und Pflegeversicherungsrecht, Kinder- und Jugendhilfe). Im Detail unterscheiden sich die entsprechenden Vorschriften im Bereich des Kranken- und Pflegeversicherungsrechts aufgrund der strukturellen Besonderheiten des jeweiligen Leistungs- und Leistungserbringungsrechts allerdings erheblich von § 76 SGB XII.

3

Insbesondere ist in den nach dem **SGB V und SGB XI** zu schließenden Vereinbarungen bzw. Verträgen – anders als im sozialhilferechtlichen Leistungserbringungsrecht (§ 76 Abs. 1 Satz 2 SGB XII) – nicht zwingend die Aufnahme- und Betreuungspflicht des Leistungserbringers zu regeln. Eine derartige Regelung ist auch nicht erforderlich, weil der mit der **Aufnahme- und Betreuungspflicht** verbundene Zweck (vgl. dazu Rn. 18) – die Gewährleistung einer bedarfsdeckenden Versorgung der Leistungsempfänger – im Bereich der Kranken- und Pflegeversicherung durch den explizit (landes-)gesetzlich geregelten umfassenden **Sicherstellungsauftrag** (§ 70 SGB V, § 69 i.V.m. § 72 Abs. 4 SGB XI; z.B. § 1 LKG Rheinland-Pfalz, § 1 Hessisches KHG, § 1 KHG Saarland) erreicht wird. Im Übrigen beschränken sich die inhaltlichen Übereinstimmungen auf einzelne Regelungsgehalte. So ist der in § 76 Abs. 1 Satz 3 SGB XII festgelegte Leistungsstandard dem **Wirtschaftlichkeitsgebot** des **§ 12 Abs. 1 Satz 1 SGB V** und **§ 29 Abs. 1 SGB XI** vergleichbar. Die für den Investitionsbetrag geltende **Anrechnungsvorschrift** des § 76 Abs. 2 Satz 2 SGB XII verfügt über ein inhaltliches Pendant in **§ 82 Abs. 5 SGB XI**.

4

Die gesetzlichen Vorgaben für Vereinbarungen im Bereich der Kinder- und Jugendhilfe in **§ 78c SGB VIII** entsprechen weitgehend der Regelung des § 76 SGB XII. In Abweichung zu § 76 Abs. 1 Satz 2 SGB XII räumt § 78c Abs. 1 Satz 2 SGB VIII den Vertragsparteien die Befugnis ein, die Voraussetzungen, unter denen sich der Träger der Einrichtung zur Leistung verpflichtet, zu vereinbaren, was allerdings eine dem § 76 Abs. 1 Satz 2 SGB XII vergleichbare Aufnahme- und Betreuungspflicht impliziert.

5

---

[1] BGBl I 2003, 3022.
[2] BGBl I 2009, 1939.
[3] BGBl I 2009, 2319.
[4] BGBl I 1996, 1088.
[5] *Neumann* in: Hauck/Noftz, SGB XII, § 76 Rn. 2.

IV. Systematische Zusammenhänge

6 § 76 SGB XII legt die **Regelungsgegenstände einer Vereinbarung** über die Leistung, Vergütung und Prüfung im Sinne des § 75 Abs. 3 Satz 2 SGB XII fest. Dabei kommt in der durch § 76 Abs. 1 Satz 2 SGB XII zwingend vorgeschriebenen Regelung der **Aufnahme- und Betreuungspflicht** des Leistungserbringers die aus den §§ 75 ff. i.V.m. den §§ 1 und 9 SGB XII i.V.m. § 17 Abs. 1 Nr. 1 SGB I abzuleitende Gewährleistungspflicht[6] bzw. die **Gewährleistungsverantwortung des Sozialhilfeträgers**[7] zum Ausdruck. Die bei der Festlegung der Mindestinhalte einer Leistungsvereinbarung nach § 76 Abs. 1 Satz 3 SGB XII zu beachtenden **Leistungsgrundsätze** – insbesondere die Vorgabe, ausreichende, aber das Maß des Notwendigen nicht übersteigende Leistungen zu vereinbaren – sind eine Ausprägung der dem Sozialhilfeträger obliegenden Pflicht zur Gewährung bedarfsdeckender Leistungen (sogenannter Bedarfsdeckungsgrundsatz, § 9 Abs. 1 SGB XII).

7 Ein Leistungsangebot ist für den Sozialhilfeträger nur „annahmefähig" wenn es den Vorgaben des § 76 SGB XII entspricht.[8] Die in § 76 SGB XII normierten **Regelungsinhalte** gelten aufgrund des Verweises in § 75 Abs. 4 Satz 2 SGB XII **auch für das Leistungsangebot nicht vereinbarungsgebundener Leistungserbringer**.

8 Der in § 76 Abs. 1 und 2 SGB XII geregelte Inhalt einer Vergütungsvereinbarung (nach der hier vertretenen Auffassung auch einer Leistungsvereinbarung, vgl. dazu die Kommentierung zu § 77 SGB XII Rn. 37 ff.) kann bei Nichteinigung der Vertragsparteien durch einen **Schiedsspruch** nach **§ 77 SGB XII** ersetzt werden.

9 Da die zwischen Leistungserbringer und Sozialhilfeträger zu schließenden Vereinbarungen öffentlich-rechtliche Verträge i.S.d. § 53 SGB X sind, beurteilt sich die Wirksamkeit einer entgegen den Vorgaben des § 76 SGB XII zustande gekommenen Vereinbarung u.a. nach **§ 58 SGB X**.

10 Generelle Vorgaben für die in § 76 SGB XII normierten Regelungsgegenstände einer Vereinbarung ergeben sich aus den **Bundesempfehlungen** (§ 79 Abs. 2 SGB XII) und den **Landesrahmenvereinbarungen** (§ 79 Abs. 1 SGB XII).

11 Die für die Wirtschaftlichkeits- und Qualitätsprüfung durch § 76 Abs. 3 Satz 3 SGB XII vorgeschriebene Zusammenarbeit der Sozialhilfeträger mit den nach heimrechtlichen Vorschriften zuständigen Aufsichtsbehörden und dem MDK ist eine spezielle Ausprägung des in § 4 SGB XII geregelten allgemeinen **Zusammenarbeitsgebot**s.

12 Die Festlegung bestimmter Vertragsinhalte und der Zwang zur Regelung einer Aufnahme- und Betreuungspflicht tangieren die grundrechtlich geschützte **Vertragsfreiheit (Art. 2 Abs. 1 GG)** und das **Recht der Leistungserbringer auf freie Berufsausübung (Art. 12 Abs. 1 GG)**. Allerdings betreffen diese inhaltlichen Vorgaben nur einen Ausschnitt der Rechtsbeziehungen der Einrichtung bzw. des Dienstes – nämlich diejenigen zu Leistungsberechtigten nach dem SGB XII. Zudem ist der mit der gesetzlichen Festlegung obligatorischer Vertragsinhalte verbundene Eingriff in die Vertrags- und Berufsausübungsfreiheit der Leistungserbringer durch den damit verbundenen Zweck – Absicherung der Gewährleistungsverantwortung des Sozialhilfeträgers – gerechtfertigt und wegen der Beschränkung auf die Festlegung von Mindestvertragsinhalten i.S.v. Vertragsrahmenbedingungen auch verhältnismäßig. Die Ausfüllung des für den Vertragsinhalt gesetzlich vorgegebenen Rahmens sowie die Regelung darüber hinausgehender Vertragsinhalte bleiben der Privatautonomie und Gestaltungsfreiheit der am Abschluss einer Vereinbarung beteiligten Vertragsparteien überlassen.

V. Ausgewählte Literaturhinweise

13 *Baehrens/Bachert/Höschele*, Warum ein retrogrades „Kalkulationsmodell Top-Down" dem prospektiven Vereinbarungsprinzip widerspricht, NDV 2005, 326-329; *Baumeister,* Anmerkung zur Entscheidung des BSG v. 20.10.2005 - B 7a AL 18/05 R; *Baur,* Die Bundesempfehlungen nach § 93d Abs. 3 Bundessozialhilfegesetz zu den Leistungs-, Vergütungs- und Prüfungsrahmenverträgen auf Landesebene (Teil 2), NDV 2000, 15-22; *Brünner/Philipp,* Die Einstufung in Hilfebedarfsgruppen nach § 76

---

[6] Zur Gewährleistungspflicht: BSG v. 28.10.2008 - B 8 SO 22/07 R - BSGE 102, 1 = SozR 4-1500 § 75 Nr. 9 jeweils Rn. 16; *Frommann,* Sozialhilfe nach Vereinbarung, 2002, S. 60 ff.

[7] Zur Gewährleistungsverantwortung: BSG v. 18.03.2014 - B 8 SF 2/13 R zur Veröffentlichung in BSGE und SozR vorgesehen; BSG v. 02.02.2010 - B 8 SO 20/08 R; BSG v. 28.10.2009 - B 8 SO 22/07 R - BSGE 102, 1 = SozR 4-1500 § 75 Nr. 9; LSG Berlin-Brandenburg v. 11.11.2013 - L 15 SO 295/12 B; *Eicher,* SGB 2013, 127, 129.

[8] Vgl. dazu: OVG Lüneburg v. 22.07.2008 - 4 LA 22/08; OVG Lüneburg v. 20.08.2008 - 4 LC 93/07; SG Augsburg v. 18.08.2006 - S 15 SO 96/06 ER.

Abs. 2 Satz 3 SGB XII, RsDE Nr. 67 (2008), 1-37; *Coseriu*, Zahlungsansprüche des Maßnahme- gegen den Sozialhilfeträger, SozialRecht aktuell 2012, 99-105; *Dillmann*, Mènage à trois: Das sozialhilferechtliche Dreiecksverhältnis aus der Sicht des Sozialhilfeträgers, SozialRecht aktuell 2012, 181-189; *Eicher*, Der Zahlungsanspruch des Leistungserbringers im Sozialhilferecht, SGb 2013, 127-131; *Fahlbusch*, Anmerkung zur Entscheidung des BSG v. 09.12.2008 - B 8/9b SO 10/07 R - SGb 2010, 301-304; *Frommann*, Sozialhilfe nach Vereinbarung, 2002; *Grube*, Rechtscharakter der Zuordnung von Hilfeempfängern zu Gruppen für Hilfeempfänger mit vergleichbarem Hilfebedarf, RsDE Nr. 52 (2003), 25-38; *Jaritz*, Vereinbarungen im sozialhilferechtlichen Dreiecksverhältnis, SozialRecht aktuell 2012, 105-117; *Krüger/Kunze/Kruckenberg*, Zur Bestimmung von Maßnahmepauschalen gemäß § 93a BSHG, NDV 2000, 193-201; *Pattar*, Sozialhilferechtliches Dreiecksverhältnis – Rechtsbeziehungen zwischen Hilfebedürftigen, Sozialhilfeträgern und Einrichtungsträgern, SozialRecht aktuell 2012, 85-99; *Plantholz*, Schiedsverfahren in der Sozialhilfe, SozialRecht aktuell 2012, 142-145; *Schütze*, Verfassungsrechtliche Anforderungen an die Pflegequalitätsberichterstattung nach § 115 Abs. 1a SGB XI, KrV 2012, 14-19; *Vigener/Bretzinger*, Personalstandards in der Hilfe für Menschen mit Behinderung und Leistungsvereinbarungen nach § 75 Abs. 3 SGB XII, NDV 2005, 11-16; *Weber*, Investitionskosten für Pflegeeinrichtungen – zur Neuregelung des § 82 SGB XI, NZS 2013, 406-410.

B. Auslegung und Bedeutung der Norm

I. Regelungsgehalt der Norm

§ 76 Abs. 1 SGB XII enthält Vorgaben für den Abschluss einer Leistungsvereinbarung. Während **Satz 1 Mindestvertragsinhalte** einer Leistungsvereinbarung festlegt, schreibt **Satz 2** die Regelung der **Aufnahme- und Betreuungspflicht** des Leistungserbringers im Rahmen des vereinbarten Leistungsangebots vor. **Satz 3** legt den allgemeinen **Leistungsstandard** fest.

§ 76 Abs. 2 SGB XII regelt die Inhalte einer Vergütungsvereinbarung, wobei **Satz 1** die **Vergütungsbestandteile** (Grund- und Maßnahmepauschale sowie Investitionsbetrag) festlegt und **Satz 3** – seit dem 22.07.2009 optional (vgl. Rn. 1) – einen **Maßstab für die Berechnung der Maßnahmepauschale** vorgibt. **Satz 2** betrifft die **Anrechnung öffentlicher Fördermittel** auf die Vergütung des Leistungserbringers. **Satz 4** legt die Voraussetzungen für eine **Vergütungserhöhung** aufgrund von Investitionsmaßnahmen fest.

§ 76 Abs. 3 Satz 1 SGB XII regelt zum einen Inhalt und Verfahren der Wirtschaftlichkeits- und Qualitätsprüfung (**Prüfungsvereinbarung**) und zum anderen die Vereinbarung über Grundsätze und Maßstäbe der Wirtschaftlichkeit und Qualitätssicherung (**Leistungsstandardvereinbarung**), wobei letztere keine Vereinbarung i.S.d. § 75 Abs. 3 SGB XII ist. Die Sätze 2 und 3 legen keine Vereinbarungsinhalte fest, sondern enthalten flankierende Bestimmungen für die Durchführung und das Ergebnis der Wirtschaftlichkeits- und Qualitätsprüfung: **Satz 2** enthält eine Pflicht zur **Dokumentation und Information** in Bezug auf das Prüfungsergebnis; **Satz 3** regelt die **Zusammenarbeit** des Sozialhilfeträgers mit anderen Behörden im Rahmen der Wirtschaftlichkeits- und Qualitätsprüfung.

Nach der hier vertretenen Auffassung sieht § 76 SGB XII den Abschluss von vier Vereinbarungen zwischen dem Sozialhilfeträger und dem Leistungserbringer vor: Leistungs-, Vergütungs-, Prüfungs- und **Leistungsstandardvereinbarung** (zur Leistungsstandardvereinbarung vgl. Rn. 108, Rn. 110 ff.). Allerdings setzt die Übernahme der Vergütung des Leistungserbringers nach § 75 Abs. 3 Satz 1 SGB XII nur den Abschluss einer Leistungs-, Vergütungs- und Prüfungsvereinbarung voraus. Der Inhalt der genannten Vereinbarungen kann anhand folgender Grafik dargestellt werden:

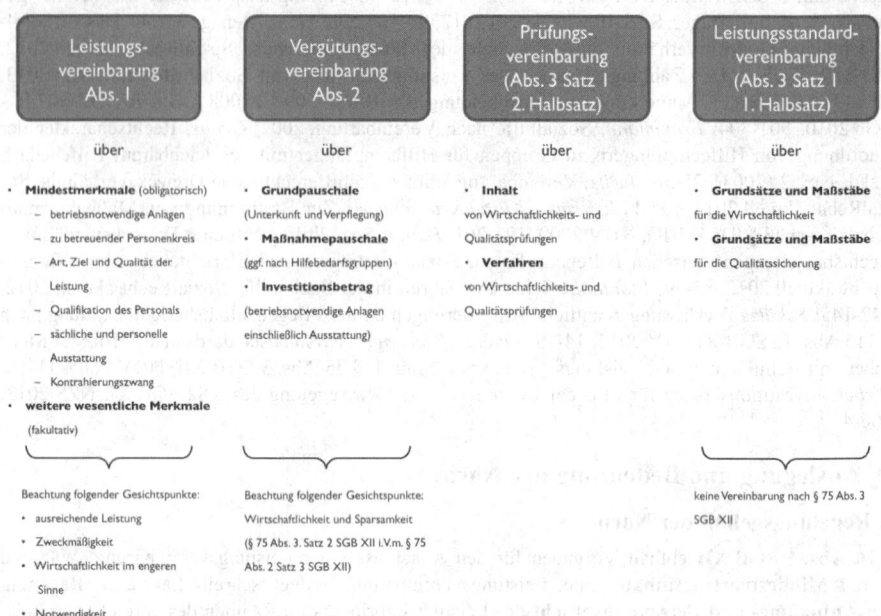

II. Zweck und Bedeutung der Norm

18 § 76 SGB XII legt den **Mindestinhalt der** für die Übernahme der Vergütung eines Leistungserbringers durch den Sozialhilfeträger maßgeblichen **Vereinbarung** i.S.d. § 75 Abs. 3 SGB XII fest, wobei zwischen den Inhalten der für die Leistung, Vergütung und Prüfung vorgesehenen Teilvereinbarungen differenziert wird. Zusätzlich ermächtigt § 76 Abs. 3 Satz 1 Alt. 1 SGB XII die Vertragsparteien zum Abschluss einer weiteren Vereinbarung – der Leistungsstandardvereinbarung –, die jedoch nicht Voraussetzung für die Übernahme der Vergütung des Leistungserbringers ist. Mit dieser inhaltlichen **Rahmenvorschrift**[9] soll das im sozialhilferechtlichen Leistungserbringungsrecht bestehende **Spannungsverhältnis zwischen** der **Vertragsfreiheit** der zum Abschluss der Vereinbarungen berechtigten Vertragsparteien einerseits **und** der aufgrund der **Gewährleistungsverantwortung**[10] des Sozialhilfeträgers notwendigen Reglementierung der Vereinbarungsinhalte andererseits ausgeglichen werden. Der Sozialhilfeträger ist bei der Gewährung von Leistungen nach dem 6. bis 9. Kapitel des SGB XII an Recht und Gesetz gebunden (Art. 20 Abs. 3 GG). Das Gesetz verpflichtet den Sozialhilfeträger zur Gewährung bedarfsdeckender Leistungen (§§ 9, 17 SGB XII). Diese Pflicht gilt auch dann, wenn der Sozialhilfeträger – wie im Einrichtungsbereich üblich – die Leistungen nicht durch eigene Einrichtungen oder Dienste, sondern durch solche anderer Träger erbringt. Er muss in diesen Fällen sicherstellen, dass der bedürftige Hilfeempfänger die ihm zustehenden Leistungen vom Leistungserbringer erhält.[11] Daher müssen die zwischen Sozialhilfeträger und Leistungserbringer zu schließenden Vereinbarungen, die einerseits die Grundlage für die Übernahme der Kosten des Leistungserbringers bilden, aber andererseits auch die im Erfüllungsverhältnis zwischen Hilfeempfänger und Leistungserbringer bestehende Vertragsbeziehung beeinflussen (vgl. § 7 Abs. 2 WBVG), bestimmte Mindestvertragsinhalte enthalten, die eine bedarfsdeckende Leistungsgewährung durch den Leistungserbringer garantieren. Der Wahrnehmung der Gewährleistungsverantwortung durch den Sozialhilfeträger dient insbesondere die durch

---

[9] *Freudenberg* in: Jahn, SGB XII, § 76 Rn. 3.
[10] Zur Gewährleistungsverantwortung: BSG v. 18.03.2014 - B 8 SF 2/13 R zur Veröffentlichung in BSGE und SozR vorgesehen; BSG v. 02.02.2010 - B 8 SO 20/08 R; BSG v. 28.10.2009 - B 8 SO 22/07 R - BSGE 102, 1 = SozR 4-1500 § 75 Nr. 9; LSG Berlin-Brandenburg v. 11.11.2013 - L 15 SO 295/12 B; *Eicher*, SGB 2013, 127, 129.
[11] BT-Drs. 13/2440, S. 29 zu § 93a BSHG.

§ 76 Abs. 1 Satz 2 SGB XII vorgeschriebene Regelung einer Aufnahme- und Betreuungspflicht des Leistungserbringers. Mit dem Zwang zur vertraglichen Regelung dieser Pflicht soll verhindert werden, dass schwere und kostenintensive Fälle „ausgesondert" werden.[12]

Die Vorgabe vergleichbarer Leistungskomplexe soll zudem den Wettbewerb unter den Leistungserbringern fördern und ihnen den notwendigen Freiraum für die Gestaltung ihrer Leistung einräumen.[13] Darüber hinaus erleichtert die Festlegung von gesetzlichen Mindestvertragsinhalten die **Vergleichbarkeit von Leistungen und Einrichtungen** und gewährleistet ein **höheres Maß an Transparenz**.[14] Dies ist für die **Feststellung der Eignung** einer Einrichtung nach § 75 Abs. 2 Satz 2 SGB XII, dem nach § 75 Abs. 2 Satz 3 SGB XII gebotenen **Leistungserbringervergleich** (vgl. dazu die Kommentierung zu § 75 SGB XII) und für die Ermittlung einer den Grundsätzen des § 75 Abs. 3 Satz 2 SGB XII entsprechenden Vergütung nach dem von der Rechtsprechung im Bereich des SGB XI entwickelten **externen Vergleich** von Bedeutung (zur Anwendung des externen Vergleichs im Sozialhilferecht vgl. Rn. 106, Rn. 112 und die Kommentierung zu § 75 SGB XII). 19

Der in **§ 76 Abs. 1 Satz 3 SGB XII** formulierte Leistungsstandard **passt** die zwischen Sozialhilfeträger und Leistungserbringer zu schließende Vereinbarung **in das sozialhilferechtliche Regelungssystem ein**. Hierdurch wird einerseits der Pflicht der Sozialhilfeträger zur Gewährung bedarfsdeckender Sozialhilfeleistungen (ausreichende und zweckmäßige Leistungen) und andererseits dem Interesse der Sozialhilfeträger an einer Begrenzung der Ausgabenlast (Beschränkung auf wirtschaftliche und das Maß des Notwendigen nicht übersteigende Leistungen) Rechnung getragen. 20

Mit den in **§ 76 Abs. 2 SGB XII** festgelegten Mindestinhalten einer Vergütungsvereinbarung soll eine **Vergütung** der Leistungserbringer **nach einheitlichen Grundsätzen**[15] ermöglicht werden. Die Anrechnung öffentlicher Fördermittel nach § 76 Abs. 2 Satz 2 SGB XII dient dabei der **Vermeidung von Wettbewerbsverzerrungen**.[16] Durch das nach § 76 Abs. 2 Satz 4 SGB XII für eine Vergütungserhöhung aufgrund von Investitionsaufwendungen geregelte Verfahren will der Gesetzgeber sicherstellen, dass ohne Zustimmung des Sozialhilfeträgers geschaffene Fakten nicht zu einer höheren Vergütung führen.[17] 21

Die Vorgaben des **§ 76 Abs. 3 SGB XII** über den Inhalt und das Verfahren der Wirtschaftlichkeits- und Qualitätsprüfung sollen nach der Intention des Gesetzgebers die **gleichbleibende Qualität** der von den Einrichtungen zu erbringenden Leistungen **sichern**.[18] Die in **§ 76 Abs. 3 Satz 2 SGB XII** geregelte Dokumentations- und Informationspflicht dient – ebenso wie die in § 7 Abs. 3 Satz 1 SGB XI normierte Pflicht zur Übermittlung von Leistungs- und Preisvergleichslisten an den Pflegebedürftigen – der **Unterstützung des Hilfeempfängers bei** der **Ausübung** seines **Wunsch- und Wahlrechts**[19] (§ 9 Abs. 2 SGB XII). Über die in **§ 76 Abs. 3 Satz 3 SGB XII** geregelte Zusammenarbeitspflicht sollen **Doppelbegutachtungen vermieden** und die Synergieeffekte des gegliederten Sozialleistungssystems genutzt werden. 22

Im Rahmen einer nach § 76 Abs. 3 Satz 1 Alt. 1 SGB XII abzuschließenden **Leistungsstandardvereinbarung** können die Vertragsparteien **Maßstäbe für die Sicherung der Wirtschaftlichkeit und Qualität** der Leistungen, **Kriterien für** den nach § 75 Abs. 2 Satz 2 SGB XII durchzuführenden **Leistungserbringervergleich** und die Methode zur Ermittlung einer den Grundsätzen des § 75 Abs. 3 Satz 2 SGB XII entsprechenden Vergütung festlegen. An die in einer Leistungsstandardvereinbarung festgelegte Methode zur Ermittlung einer den Vorgaben des § 75 Abs. 3 Satz 2 entsprechenden Vergütung sind die Vertragsparteien beim Abschluss einer Vergütungsvereinbarung und ist die Schiedsstelle bei der Ersetzung einer solchen Vereinbarung gebunden. 23

III. Auslegung der Einzelnormen

Maßgebend für die inhaltliche Ausgestaltung der Vereinbarungen i.S.d. § 75 Abs. 3 Satz 1 SGB XII ist deren Gegenstand. Bei den sozialhilferechtlichen Vereinbarungen über die Leistung, Vergütung und 24

---

[12] *Flint* in: Grube/Wahrendorf, SGB XII, 5. Aufl., § 76 Rn. 15; *Münder* in: LPK-SGB XII, 9. Aufl., § 76 Rn. 13.
[13] BT-Drs. 13/2440, S. 29 zu § 93a BSHG.
[14] OVG Lüneburg v. 22.07.2008 - 4 LA 22/06.
[15] BT-Drs. 13/2440, S. 29 zu § 93a BSHG.
[16] BT-Drs. 13/2440, S. 29 zu § 93a BSHG.
[17] BT-Drs. 13/2440, S. 30 zu § 93a BSHG.
[18] BT-Drs. 13/2440, S. 30 zu § 93a BSHG.
[19] *Neumann* in: Hauck/Noftz, SGB XII, § 76 Rn. 27.

Prüfung handelt es sich um **einrichtungs- und nicht um personenbezogene Verträge**.[20] **Gegenstand der Vereinbarungen** i.S.d. § 75 Abs. 3 Satz 2 SGB XII sind die vom Leistungserbringer allgemein an Leistungsberechtigte nach dem SGB XII zu erbringenden Sach- und Dienstleistungen auf der Grundlage **abstrakt definierter Bedarfslagen, nicht hingegen der individuelle Bedarf eines konkreten Leistungsberechtigten**.[21]

25 Die Vorgaben des § 76 SGB XII haben **Einfluss auf** das dem Sozialhilfeträger bei Abschluss der Vereinbarungen i.S.d. § 76 SGB XII zustehende Ermessen (zum **Abschlussermessen** vgl. die Kommentierung zu § 75 SGB XII). Entspricht das Angebot des Leistungserbringers auf Abschluss einer Leistungs-, Vergütungs- und/oder Prüfungsvereinbarung inhaltlich nicht den in § 76 SGB XII gesetzlich festgelegten (Mindest-)Vorgaben, ist es für den Sozialhilfeträger nicht „annahmefähig".[22] Das dem Sozialhilfeträger in Bezug auf den Abschluss von Vereinbarungen zustehende gebundene Ermessen ist vielmehr erst dann eröffnet, wenn die Einrichtung geeignet ist (vgl. zur Eignung die Kommentierung zu § 75 SGB XII) und das Vertragsangebot die gesetzlichen Mindestanforderungen erfüllt. Die Ablehnung eines den Vorgaben des § 76 SGB XII nicht entsprechenden Vertragsangebots ist stets rechtmäßig (vgl. auch Rn. 44). Gleiches gilt für das nach § 75 Abs. 5 Satz 2 SGB XII abzugebende Leistungsangebot zum Abschluss eines einzelfallbezogenen öffentlich-rechtlichen Vertrags (vgl. dazu die Kommentierung zu § 75 SGB XII).

26 § 76 SGB XII normiert Mindestvorgaben für den Inhalt einer Leistungs-, Vergütungs- und Prüfungsvereinbarung **(obligatorische Mindestvertragsinhalte)**. Darüber hinaus können die Vertragsparteien im Rahmen ihrer Vertragsfreiheit weitere Vereinbarungsinhalte festlegen **(fakultative Vertragsinhalte)**, soweit diese nicht im Widerspruch zu den gesetzlichen Mindestvorgaben und den Grundsätzen des sozialhilferechtlichen Leistungs- und Leistungserbringungsrechts stehen.

27 Der von den Vertragsparteien festgelegte bzw. von der Schiedsstelle festgesetzte Inhalt der Vereinbarungen i.S.d. § 75 Abs. 3 Satz 1 SGB XII ist im Interesse der Vermeidung vertragsloser Zustände weit auszulegen.

1. Inhalt der Leistungsvereinbarung (Absatz 1)

a. Wesentliche Leistungsmerkmale

28 § 76 Abs. 1 SGB XII legt die wesentlichen Merkmale für die Bestimmung von Inhalt, Umfang und Qualität der in Einrichtungen oder von Diensten zu erbringenden Leistungen fest. Diese inhaltlichen Vorgaben gelten für die Leistungsvereinbarung i.S.d. § 75 Abs. 3 Satz 1 Nr. 1 SGB XII und das Leistungsangebot i.S.v. § 75 Abs. 4 Satz 2 SGB XII. Was unter **„wesentlichen Leistungsmerkmalen"** zu verstehen ist, kann weder dem Wortlaut der Norm noch der Gesetzesbegründung entnommen werden. Dieser unbestimmte Rechtsbegriff ist anhand des Leistungsrechts (vgl. Rn. 29) und des Leistungserbringungsrechts (vgl. Rn. 30) **auszulegen**.

29 Welche Vertragsinhalte in einer Leistungsvereinbarung zwingend zu regeln sind, bemisst sich u.a. nach der vom Leistungserbringer angebotenen Hilfeart **(Leistungsrecht als Auslegungsmaßstab)**[23], wobei ein Leistungserbringer auch mehrere Hilfearten anbieten kann. So kann z.B. in einer Vereinbarung zwischen dem Sozialhilfeträger und einer Einrichtung, die stationäre Pflegeleistungen nach dem 7. Kapitel des SGB XII erbringt, die Festlegung von Art, Umfang und Qualität der Unterkunft und Verpflegung als wesentliches Leistungsmerkmal angesehen werden (vgl. § 11 der Bundesempfehlungen gemäß § 93d Abs. 3 BSHG).

30 Die „wesentlichen Leistungsmerkmale" können auch anhand der Funktion des Leistungserbringungsrechts im Gesamtsystem des SGB XII sowie der Bedeutung der Leistungsvereinbarung innerhalb der Gesamtvereinbarung i.S.d. § 75 Abs. 3 SGB XII näher bestimmt werden **(Leistungserbringungsrecht als Auslegungsmaßstab)**. Die Leistungsvereinbarung schafft die kalkulatorische Grundlage für die Vergütung und ist somit notwendige Voraussetzung der Vergütungsvereinbarung.[24] Gemäß § 76

---

[20] LSG Sachsen v. 12.12.2013 - L 8 SO 71/13 B ER; OVG Lüneburg v. 04.07.2008 - 4 LA 115/06; *Münder* in: LPK-SGB XII, 9. Aufl., § 76 Rn. 3.

[21] LSG Sachsen v. 12.12.2013 - L 8 SO 71/13 B ER; LSG Bayern v. 15.11.2007 - L 11 SO 46/06; LSG Baden-Württemberg v. 13.11.2006 - L 7 SO 2998/06 B ER.

[22] So auch: OVG Lüneburg v. 22.07.2008 - 4 LA 22/06; OVG Lüneburg v. 20.08.2008 - 4 LC 93/07; SG Augsburg v. 18.08.2006 - S 15 SO 96/06 ER.

[23] So auch: *Neumann* in: Hauck/Noftz, SGB XII, § 76 Rn. 4.

[24] LSG Baden-Württemberg v. 19.11.2006 - L 7 SO 2998/06 ER-B; LSG Baden-Württemberg v. 13.03.2006 - L 7 SO 1902/06 ER-B.

Abs. 2 Satz 1 SGB XII wird in einer Vergütungsvereinbarung „die Vergütung für die Leistungen nach Absatz 1", d.h. für die (Mindest-)Inhalte der Leistungsvereinbarung, festgelegt. Wortlaut und Systematik des § 76 SGB XII belegen somit, dass Leistungs- und Vergütungsvereinbarung zeitlich und inhaltlich aufeinander aufbauen[25] (zur rechtlichen Einheit von Leistungs- und Vergütungsvereinbarung vgl. die Kommentierung zu § 75 SGB XII). Vor diesem Hintergrund sind die Leistungsmerkmale als „wesentlich" im Sinne des § 76 Abs. 1 Satz 1 SGB XII anzusehen, die die vereinbarte Leistung so konkret beschreiben, dass hierdurch die Gewährung bedarfsdeckender Sozialhilfeleistungen und die Festlegung einer den Grundsätzen des § 75 Abs. 3 Satz 2 SGB XII entsprechenden Vergütung ermöglicht wird. Für jeden Vergütungsbestandteil muss eine Entsprechung in der Leistungsvereinbarung existieren (**Spiegelbildlichkeit von Leistungs- und Vergütungsvereinbarung**). Bei der Beschreibung der wesentlichen Leistungsmerkmale in einer Leistungsvereinbarung darf nicht auf den konkreten Bedarf einer bestimmten Person abgestellt werden. Maßgebend ist vielmehr der **typisierte Bedarf einer** bestimmten, abstrakt festlegbaren **Gruppe von Hilfeempfängern**.[26] Die Inhalte einer Leistungsvereinbarung dürfen daher nicht so weit ausdifferenziert werden, dass dies einer Einzelplatzbeschreibung gleichkommen würde.[27] Ein solches Vorgehen würde letztlich auch die im Rahmen von § 75 Abs. 2 Sätze 2 und 3 SGB XII bzw. bei der Festsetzung der Vergütung erforderliche Vergleichbarkeit der Einrichtungen erschweren.[28] Die Inhalte der Leistungsvereinbarung müssen daher so konkret wie nach dem durch das Leistungs- und Leistungserbringungsrecht vorgegebenen Maßstab möglich, aber auch so abstrakt wie für eine typisierende Beschreibung nötig, festgelegt werden.

Neben den gesetzlich vorgegebenen wesentlichen Leistungsmerkmalen (**obligatorische Mindestvertragsinhalte einer Leistungsvereinbarung**) können die Vertragsparteien in einer Leistungsvereinbarung fakultativ weitere wesentliche Leistungsmerkmale festlegen. Allerdings ist insoweit die Sicht der Vertragsparteien für die Wesentlichkeit maßgebend. Mögliche **fakultative wesentliche Leistungsmerkmale** können im Rahmen der Eingliederungshilfe insbesondere die Inhalte des § 21 Abs. 1 Nr. 3-5 SGB IX sein. Diese Regelungen sind neben § 76 Abs. 1 SGB XII anwendbar, weil sich aus dem SGB XII insoweit „nichts Abweichendes" ergibt (§ 7 SGB IX). Die Regelungsinhalte des § 21 SGB IX sind auch außerhalb der Teilhabe für behinderte Menschen ein Orientierungspunkt für weitere Inhalte einer Leistungsvereinbarung. Darüber hinaus können die Vertragsparteien in einer Leistungsvereinbarung auch fakultativ festlegen, dass das Betreuungskonzept des Leistungserbringers dem aktuellen Stand von Wissenschaft und Forschung entsprechen muss.[29]

31

Teilweise wird in den Landesrahmenvereinbarungen festgelegt, welche Leistungsmerkmale zusätzlich zu den in § 76 Abs. 1 Satz 1 SGB XII genannten als „wesentlich" anzusehen sind. Dies bedeutet jedoch nicht, dass diese Regelungen den Begriff **der wesentlichen Leistungsmerkmale** abschließend definieren.[30] Vielmehr muss bei einer (inzidenten) Kontrolle der **Landesrahmenvereinbarung** im Rahmen der Prüfung einer Einzelvereinbarung durch die Schiedsstelle und im Nachgang durch die Gerichte geprüft werden, ob die in der Rahmenvereinbarung als wesentlich bezeichneten Leistungsmerkmale auch „wesentlich" im Sinne des Gesetzes sind (vgl. die Kommentierung zu § 79 SGB XII Rn. 42).

32

b. Mindestleistungsmerkmale (Absatz 1 Satz 1)

§ 76 Abs. 1 beschränkt sich auf die Vorgabe von Mindestvertragsinhalten („mindestens jedoch ..."). Es bleibt den Vertragsparteien unbenommen, über die im Gesetz aufgeführten obligatorischen Mindestvertragsinhalte hinaus weitere wesentliche Leistungsmerkmale in die Vereinbarung aufzunehmen (vgl. Rn. 31).[31] Grundsätzlich gelten diese Vorgaben **für die mit Einrichtungen und Diensten zu schließenden Vereinbarungen** gleichermaßen. Allerdings sind bei der näheren Bestimmung und Aus-

33

---

[25] LSG Sachsen v. 12.12.2013 - L 8 SO 71/13 B ER; LSG Baden-Württemberg v. 12.11.2006 - L 7 SO 2998/06 ER-B; OVG Lüneburg v. 22.07.2008 - 4 LA 22/06; OVG Lüneburg v. 04.07.2008 - 4 LA 115/06; OVG Lüneburg v. 20.08.2008 - 4 LC 93/07; SG Berlin v. 06.07.2011 - S 51 SO 507/11 ER; VG Hannover v. 16.12.2005 - 7 A 4338/05.

[26] LSG Sachsen v. 12.12.2013 - L 8 SO 71/13 B ER; LSG Bayern v. 15.11.2007 - L 11 SO 46/06; LSG Baden-Württemberg v. 13.11.2006 - L 7 SO 2998/06 ER-B; VG Hannover v. 16.12.2005 - 7 A 4338/05; *Neumann* in: Hauck/Noftz, SGB XII, § 76 Rn. 4; *Pattar*, SozialRecht aktuell 2012, 85, 89.

[27] VG Hannover v. 16.12.2005 - 7 A 4338/05; *Neumann* in: Hauck/Noftz, SGB XII, § 76 Rn. 4.

[28] VG Hannover v. 16.12.2005 - 7 A 4338/05; *Neumann* in: Hauck/Noftz, SGB XII, § 76 Rn. 4.

[29] LSG Baden-Württemberg v. 13.07.2006 - L 7 SO 1902/06 ER-B.

[30] So aber wohl *Münder* in: LPK-SGB XII, 9. Aufl., § 76 Rn. 4.

[31] *Baur* in: Mergler/Zink, SGB XII, § 76 Rn. 10; *Münder* in: LPK-SGB XII, 9. Aufl., § 76 Rn. 10.

legung der gesetzlich geregelten Mindestleistungsmerkmale die jeweiligen institutionellen Besonderheiten von Diensten einerseits und (teil-)stationären Einrichtungen andererseits zu berücksichtigen. Unter anderem benötigt eine stationäre Einrichtung andere betriebsnotwendige Anlagen als ein ambulanter Dienst.

aa. Art, Ziel und Qualität der Leistung

34 Entgegen der durch den Wortlaut des § 76 Abs. 1 Satz 1 SGB XII vorgegebenen Reihenfolge ist die Regelung von Art, Ziel und Qualität einer Leistung das primäre Leistungsmerkmal. Durch diesen Mindestvertragsinhalt wird das Leistungsspektrum eines Leistungserbringers festgelegt. Die übrigen als wesentlich bezeichneten Leistungsmerkmale des § 76 Abs. 1 Satz 1 SGB XII setzen eine solche Regelung voraus[32] (**Vorprägung der übrigen Mindestvertragsinhalte**).

35 Für die **Art der Leistung** sind zunächst die für Leistungen nach dem 6. bis 9. Kapitel des SGB XII vorgesehenen Leistungsformen maßgebend. Die genannten Leistungen können in ambulanter, stationärer oder teilstationärer Form erbracht werden. Innerhalb dieser Leistungsformen ist für die Bestimmung der Art der Leistung die durch den jeweiligen Leistungserbringer abgedeckte Hilfeart (Eingliederungshilfe, Hilfe zur Pflege, Hilfe zur Überwindung besonderer sozialer Schwierigkeiten, Hilfe in anderen Lebenslagen) von Bedeutung. In dem durch Leistungsform und Hilfeart vorgegebenen Rahmen ist eine weitere Differenzierung nach Zielgruppen und Maßnahmestruktur möglich.[33]

36 Das **Ziel einer Leistung** bestimmt sich nach dem mit der jeweiligen Hilfeart verbundenen Zweck (z.B. Sicherstellung der gewöhnlichen und regelmäßig wiederkehrenden Verrichtungen im Ablauf des täglichen Lebens bei der Hilfe zur Pflege nach den §§ 61 ff. SGB XII; Eingliederung eines von Behinderung bedrohten oder betroffenen Menschen in die Gesellschaft bei der Eingliederungshilfe, § 53 Abs. 3 SGB XII).

37 Die **Qualität einer Leistung** umschreibt den für die Erreichung des nach dem Gesetz vorgegebenen Ziels einer Leistung notwendigen Leistungsstandard. Maßstab ist die bedarfsgerechte Leistungsgewährung für eine unbestimmte Vielzahl von Einzelfällen mit vergleichbarem Hilfebedarf. Bei der Leistungsqualität kann zwischen **Struktur-, Prozess- und Ergebnisqualität** unterschieden werden.[34][35] Bezugspunkt der Strukturqualität sind die für die Leistungserbringung maßgebenden sächlichen, personellen und finanziellen Rahmenbedingungen (z.B. baulicher Zustand und Standort der Einrichtung, personelle Ausstattung, Ausstattung mit Sachmitteln).[36] Mit der Prozessqualität werden die für den eigentlichen Akt der Leistungserbringung maßgebenden Parameter umschrieben (z.B. bedarfsorientierte Hilfeleistung, Hilfeplanerstellung, Beratung und Information der Leistungsberechtigten und ihrer Angehörigen).[37][38] Die Ergebnisqualität beschreibt, ob und in welchem Umfang das Ziel der Leistungserbringung erreicht wurde (Zielerreichungsgrad).[39] Die Strukturqualität der Leistung ist im Rahmen der Regelungen über die betriebsnotwendigen Anlagen der Einrichtung und deren erforderliche sächliche und personelle Ausstattung von Bedeutung. Die Prüfung der Leistungsqualität wird in der nach § 76 Abs. 3 Satz 1 Alt. 2 SGB XII abzuschließenden Prüfungsvereinbarung geregelt. Maßstäbe der Qualitätssicherung können im Rahmen der nach § 76 Abs. 3 Satz 1 Alt. 1 SGB XII möglichen Leistungsstandardvereinbarung (vgl. dazu Rn. 107, Rn. 110 ff.) festgelegt werden.

bb. Betriebsnotwendige Anlagen der Einrichtung

38 Das Leistungsmerkmal der betriebsnotwendigen Anlagen beschreibt die räumliche und sächliche Ausstattung, die eine Einrichtung zur Erfüllung der ihr im Rahmen des Leistungs- und Leistungserbringungsrechts zugewiesenen Aufgabe zwingend benötigt (**aufgabenbezogener Maßstab**).[40] Maßgebend

---

[32] *Freudenberg* in: Jahn, SGB XII, § 76 Rn. 8.

[33] Beispiele bei *Flint* in: Grube/Wahrendorf, SGB XII, 5. Aufl., § 76 Rn. 9.

[34] *Flint* in: Grube/Wahrendorf, SGB XII, 5. Aufl., § 76 Rn. 10; *Münder* in: LPK-SGB XII, 9. Aufl., § 76 Rn. 7; *Neumann* in:

[35] Hauck/Noftz, SGB XII, § 76 Rn. 7; OVG Lüneburg v. 20.08.2008 - 4 LC 93/07.

[36] *Münder* in: LPK-SGB XII, 9. Aufl., § 76 Rn. 7; *Flint* in: Grube/Wahrendorf, SGB XII, 5. Aufl., § 76 Rn. 10.

[37] Vgl. § 14 Abs. 4 Bundesempfehlungen gemäß § 93d Abs. 3 BSHG; *Münder* in: LPK-SGB XII, 9. Aufl., § 76 Rn. 7; *Flint* in:

[38] Grube/Wahrendorf, SGB XII, 5. Aufl., § 76 Rn. 10.

[39] Vgl. § 14 Abs. 5 Bundesempfehlungen gemäß § 93d Abs. 3 BSHG; *Münder* in: LPK-SGB XII, 9. Aufl., § 76 Rn. 7; *Flint* in: Grube/Wahrendorf, SGB XII, 5. Aufl., § 76 Rn. 10.

[40] *Flint* in: Grube/Wahrendorf, SGB XII, 5. Aufl., § 76 Rn. 5; zum aufgabenbezogenen Maßstab: BT-Drs. 13/2440, S. 30.

hierfür sind die Hilfeart (z.B. Hilfe zur Pflege oder Eingliederungshilfe) und die Leistungsform (stationäre, teilstationäre und ambulante Leistungen). Die nach dem Gesetzeswortlaut mögliche Überschneidung mit dem Leistungsmerkmal der „erforderlichen sächlichen und personellen Ausstattung" (vgl. dazu Rn. 42 f.) wird vermieden, wenn man zu den betriebsnotwendigen Anlagen lediglich das Grundstück und Gebäude als solches zählt, während die Größe von Grundstück und Gebäude sowie die Gebäudeausstattung und das Inventar als sächliche Ausstattung im Sinne des Gesetzes anzusehen sind.

cc. Zu betreuender Personenkreis

Mit diesem Leistungsmerkmal wird der Personenkreis umschrieben, auf den sich das Leistungsangebot des Leistungserbringers und die Aufnahme- und Betreuungspflicht (§ 76 Abs. 1 Satz 2 SGB XII; vgl. dazu Rn. 53 ff.) beziehen.[41] **Maßgebend** für diese Festlegung ist das **Leistungsangebot** der Einrichtung, d.h. die durch die Einrichtung abgedeckte(n) Hilfeart(en) und Leistungsform(en).

Werden in einer Einrichtung bzw. durch einen Dienst Personen mit abweichenden Bedarfen betreut, muss das Leistungsangebot nach Bedarfslagen differenziert werden.[42] In diesem Fall muss sich schon aus der Leistungsvereinbarung ergeben, welche Personengruppen welche Leistungen erhalten.[43] Diese Differenzierung im Leistungsangebot ist zum einen notwendig, um die Einhaltung des durch § 76 Abs. 1 Satz 3 SGB XII vorgegebenen Standards prüfen zu können.[44] Zum anderen besteht nur bei einem ausreichend differenzierten Leistungsangebot Klarheit über den Personenkreis, der von der zwingend zu regelnden Aufnahme- und Betreuungspflicht erfasst wird.[45] Die Differenzierung erfolgt in der Praxis durch die **Bildung von Leistungstypen und Hilfebedarfsgruppen**[46] (vgl. dazu Rn. 48 ff.). Entsprechende Regelungen finden sich in den auf der Grundlage von § 79 Abs. 1 SGB XII geschlossenen Rahmenverträgen. Mit den Leistungstypen werden die wesentlichen Leistungsmerkmale in Bezug auf Personen mit qualitativ vergleichbarem Hilfebedarf festgelegt (typisierte Leistungsangebote; vgl. dazu auch Rn. 49 ff.). Weicht der Bedarf der in einem Leistungstyp zusammengefassten Zielgruppe quantitativ deutlich voneinander ab, **können** im Wege der Feinsteuerung innerhalb des jeweiligen Leistungstyps Hilfebedarfsgruppen gebildet werden. Machen die Vertragsparteien auf der Ebene der Vergütungsvereinbarung von der durch § 76 Abs. 2 Satz 3 SGB XII eingeräumten Möglichkeit Gebrauch, die Maßnahmepauschale nach Gruppen von Leistungsberechtigten mit vergleichbarem Bedarf zu kalkulieren, **müssen** die entsprechenden **Hilfebedarfsgruppen** bereits in der Leistungsvereinbarung festgelegt werden. Denn aufgrund der Akzessorietät von Leistungs- und Vergütungsvereinbarung (vgl. Rn. 30 und die Kommentierung zu § 75 SGB XII) muss die Kalkulation der Maßnahmepauschale nach Gruppen von Leistungsberechtigten mit vergleichbarem Bedarf eine Entsprechung in der Leistungsvereinbarung haben.[47] Die Bildung von Leistungstypen und Hilfebedarfsgruppen ist eine Frage der „Leistung" und zugleich die (Kalkulations-)Grundlage für den auf der Ebene der Vergütungsvereinbarung festzulegenden „Preis".[48] Dies folgt bereits daraus, dass die im Rahmen einer Leistungsvereinbarung festzulegenden Personalschlüssel in Bezug auf Hilfebedarfsgruppen bestimmt werden müssen.

dd. Qualifikation des Personals

Dieses Leistungsmerkmal umschreibt die **fachlichen Anforderungen**, welche die bei einem Leistungserbringer Beschäftigten, die konkrete Einzelleistungen (z.B. Betreuung, Pflege) erbringen (Leistungserbringer im engeren Sinne), erfüllen müssen. Die Qualifikation der Beschäftigten ist abhängig von der Leistungsform und der Hilfeart. Das Anforderungsprofil ist im Regelfall spezialgesetzlich geregelt.[49] Die Qualifikation des Personals ist ein Parameter für die Qualität der Leistung (vgl. Rn. 37) und betrifft einen Teilaspekt der personellen Ausstattung, die ebenfalls ein gesetzliches Mindestleistungsmerkmal darstellt (vgl. dazu Rn. 43).

---

[41] *Flint* in: Grube/Wahrendorf, SGB XII, 5. Aufl., § 76 Rn. 7; *Münder* in: LPK-SGB XII, 9. Aufl., § 76 Rn. 5.
[42] OVG Lüneburg v. 22.07.2008 - 4 LA 22/06; VG Hannover v. 16.12.2005 - 7 A 4338/05.
[43] OVG Lüneburg v. 22.07.2008 - 4 LA 22/06.
[44] OVG Lüneburg v. 22.07.2008 - 4 LA 22/06; VG Hannover v. 16.12.2005 - 7 A 4338/05.
[45] *Grube*, RsDE Nr. 52 (2003), 25, 34.
[46] Vgl. LSG Sachsen v. 12.12.2013 - L 8 SO 71/13 B ER; LSG Baden-Württemberg v. 28.12.2011 - L 7 SO 2237/11 ER-B.
[47] LSG Sachsen v. 12.12.2013 - L 8 SO 71/13 BER; VG Hannover v. 16.12.2005 - 7 A 4338/05.
[48] So wohl auch: *Grube*, RsDE Nr. 52 (2003), 25, 33 f.; *Münder*, LPK-SGB XII, 9. Aufl., § 77 Rn. 5; a. A. wohl: *Brünner/Philipp*, RsDE Nr. 67 (2008), 1, 14.
[49] Z.B. für Gesundheits- und Krankenpfleger im KrPflG und in der KrPflAPrV.

ee. Erforderliche sächliche und personelle Ausstattung

42 Die **sächliche Ausstattung** eines Leistungserbringers bezieht sich auf die für die jeweilige Leistungsform und Hilfeart zwingend notwendigen Sachmittel. In Abgrenzung zum Leistungsmerkmal der betriebsnotwendigen Anlagen ist die Ausstattung des Einrichtungsgebäudes (z.B. Größe und Standard der Wohn-, Gemeinschafts- und Funktionsräume) gemeint.

43 Mit der erforderlichen **personellen Ausstattung** wird die Anzahl der bei einem Leistungserbringer angestellten Beschäftigten mit einer bestimmten Qualifikation je Hilfeempfänger umschrieben.[50] Maßgebend für den **Personalschlüssel** sind die von der Einrichtung nach ihrem Leistungsspektrum abzudeckenden Bedarfslagen einzelner Hilfebedarfsgruppen und die Kapazität der Einrichtung. Entsprechend der Funktion der Leistungsvereinbarung als Kalkulationsgrundlage für die Vergütungsvereinbarung muss bereits auf der „Leistungsseite" der Personaleinsatz konkret bezeichnet werden. Erforderlich sind Angaben zur Anzahl der zur Leistungserbringung benötigten Beschäftigten unter Bezeichnung ihrer Funktion, Qualifikation, des Planstellenanteils, des Alters und der Vergütungsgruppe.[51] Ferner ist eine bestehende Tarifbindung anzugeben.

ff. Folgen der fehlenden Regelung von Mindestleistungsmerkmalen

44 Sind in dem von einem Leistungserbringer unterbreiteten Leistungsangebot nicht alle in § 76 Abs. 1 Satz 1 SGB XII genannten Mindestleistungsmerkmale ausdrücklich geregelt, darf der Sozialhilfeträger mit diesem Leistungserbringer keine Vereinbarung schließen, weil dessen Eignung i.S.v. § 75 Abs. 2 Satz 2 SGB XII (vgl. dazu die Kommentierung zu § 75 SGB XII) nicht festgestellt werden kann. Die fehlende Annahme eines solchen **ungeeigneten Leistungsangebots** durch den Sozialhilfeträger ist nicht ermessensfehlerhaft.[52] Bei der Entscheidung über die Annahme eines Vereinbarungsangebotes übt der Sozialhilfeträger zwar kein Ermessen im eigentlichen Sinne des § 39 SGB I i.V.m. § 17 Abs. 2 SGB XII aus, weil über die Voraussetzungen des § 75 Abs. 2 Satz 2 (Eignung des Leistungserbringers) und Abs. 2 Satz 3 SGB XII (Leistungserbringervergleich) nicht durch einen gesonderten (Zulassungs-)Verwaltungsakt entschieden wird. Vielmehr fällt die Entscheidung über diese Voraussetzungen regelmäßig mit der Annahme oder Ablehnung des Vereinbarungsangebots zusammen, so dass diese Entscheidung sowohl Elemente des Ermessens als auch der vertraglichen Entscheidungsfreiheit aufweist (vgl. zum gebundenen Abschlussermessen die Kommentierung zu § 75 SGB XII). Das dem Sozialhilfeträger bei Abschluss einer Vereinbarung zustehende gebundene Ermessen kommt jedoch erst zum Tragen, wenn das Leistungsangebot den gesetzlichen Anforderungen entspricht, d.h. annahmefähig ist.

45 Kommt eine **Vereinbarung** gleichwohl zustande, ist zunächst zu prüfen, ob die fehlenden Mindestleistungsmerkmale nicht durch eine Auslegung der Vereinbarung anhand der jeweiligen Landesrahmenvereinbarung festgestellt werden können. Im Zweifel ist davon auszugehen, dass sich die Vertragsparteien mit der Vereinbarung nicht in Widerspruch zu einer bestehenden Landesrahmenvereinbarung setzen wollen. Ist eine entsprechende geltungserhaltende Auslegung nicht möglich, ist die Vereinbarung wegen eines **Verstoßes gegen ein gesetzliches Verbot** nichtig (§ 58 SGB X i.V.m. § 134 BGB i.V.m. § 76 Abs. 1 Satz 1 SGB XII).[53]

46 Enthält das Leistungsangebot eines Leistungserbringers die in § 76 Abs. 1 Satz 1 SGB XII genannten Mindestleistungsmerkmale, liegt ein grundsätzlich geeignetes, d.h. annahmefähiges Angebot vor. Nimmt der Sozialhilfeträger unter Berufung auf das Fehlen wesentlicher Leistungsmerkmale das Angebot gleichwohl nicht an, ist diese Entscheidung nur dann rechtlich nicht zu beanstanden, wenn die vom Sozialhilfeträger gewünschten, aber nicht ausdrücklich in § 76 Abs. 1 Satz 1 SGB XII genannten Vertragsinhalte als wesentliche Leistungsmerkmale (vgl. dazu Rn. 28 ff.) anzusehen sind. Kommt in dieser Fallkonstellation die Leistungsvereinbarung nicht zustande, weil die Vertragsparteien über die Wesentlichkeit zusätzlicher Leistungsmerkmale streiten **(Streit für die Annahmefähigkeit eines Leistungsangebots)**, ist die Schiedsstelle anzurufen (zur Schiedsstellenfähigkeit der Leistungsvereinbarung vgl. die Kommentierung zu § 77 SGB XII Rn. 37 ff).

---

[50] *Flint* in: Grube/Wahrendorf, SGB XII, 5. Aufl., § 76 Rn. 14.
[51] LSG Bayern v. 24.11.2011 - L 8 SO 135/10 KL; SG Augsburg v. 18.08.2006 - S 15 SO 96/06 ER.
[52] Vgl. dazu OVG Lüneburg v. 22.07.2008 - 4 LA 22/06; OVG Lüneburg v. 20.08.2008 - 4 LC 93/07; SG Augsburg v. 18.08.2006 - S 15 SO 96/06 ER.
[53] *Münder* in: LPK-SGB XII, 9. Aufl., § 76 Rn. 2; offengelassen: SG Konstanz v. 22.10.2013 - S 3 SO 276/12; *Jaritz*, SozialRecht aktuell 2012, 105, 110.

c. Konkretisierung der Leistungsmerkmale durch Bundesempfehlungen und Landesrahmenvereinbarungen

Die auf der Grundlage von § 79 Abs. 1 SGB XII geschlossenen Landesrahmenvereinbarungen konkretisieren teilweise die in § 76 Abs. 1 Satz 1 SGB XII ausdrücklich genannten Leistungsmerkmale. Diese Konkretisierungen müssen aufgrund der Verbindlichkeit der Landesrahmenvereinbarungen (vgl. dazu die Kommentierung zu § 79 SGB XII Rn. 16 ff.) beim Abschluss einer Einzelvereinbarung nach § 75 Abs. 3 SGB XII i.V.m. § 76 SGB XII berücksichtigt werden (zu den Folgen eines Verstoßes gegen die Landesrahmenvereinbarung vgl. die Kommentierung zu § 79 SGB XII Rn. 42). Bundesempfehlungen nach § 79 Abs. 2 SGB XII existieren derzeit nicht. Die auf der Grundlage von § 93d Abs. 3 BSHG getroffenen Bundesempfehlungen wurden letztmals bis zum 31.12.2001 verlängert. Gleichwohl können ihre Inhalte herangezogen werden, wenn es um die Auslegung unklarer oder unvollständiger Regelungen in den Einzelvereinbarungen geht (vgl. zur interpretatorischen Wirkung der Bundesempfehlungen gemäß § 93d Abs. 3 BSGH die Kommentierung zu § 79 SGB XII Rn. 46). Ergänzend kann aber auch auf Vorgaben in den allgemeinen Empfehlungen nach § 13 SGB IX zurückgegriffen werden.

47

d. Typisierte Leistungsangebote

Auf der Ebene der Leistungsvereinbarung sehen die nach § 93d Abs. 3 BSHG getroffenen Bundesempfehlungen[54] ebenso wie die überwiegende Zahl der Landesrahmenvereinbarungen[55] die **Bildung von typisierten Leistungsangeboten** (Leistungstypen bzw. Leistungsgruppen) vor. Typisierte Leistungsangebote legen die wesentlichen Leistungsmerkmale für eine Gruppe von Leistungsberechtigten mit qualitativ vergleichbarem Hilfebedarf (Zielgruppe) fest (§ 5 Abs. 1 der Bundesempfehlungen gemäß § 93d Abs. 3 BSHG). Es handelt sich um funktional beschriebene Leistungsbereiche.[56] **Leistungstypen** sind nicht mit den gesetzlichen Leistungsformen identisch.[57] Das Leistungsangebot einer Einrichtung oder eines Dienstes kann grundsätzlich auch mehrere Leistungstypen beinhalten. Weist der quantitative Bedarf der in einem Leistungstyp zusammengefassten Personengruppe starke Schwankungen auf, ist dem durch eine weitere Differenzierung in Form der Bildung von Personengruppen mit quantitativ vergleichbarem Hilfebedarf (sogenannte **Hilfebedarfsgruppen**) Rechnung zu tragen.[58] Während die Bildung von **Leistungstypen** unter einem rein **qualitativen Aspekt** erfolgt, sind für die Bildung von **Hilfebedarfsgruppen quantitative Gesichtspunkte** maßgebend.[59] Je mehr Leistungstypen vereinbart werden, desto geringer ist die Notwendigkeit einer weiteren Ausdifferenzierung in Hilfebedarfsgruppen innerhalb des Leistungstyps (§ 5 Abs. 2 Satz 2 der Bundesempfehlungen gemäß § 93d Abs. 3 BSHG). Leistungstyp und Hilfebedarfsgruppe dienen ihrer Konzeption nach nicht der Bestimmung des individuellen Leistungsanspruchs, sondern bilden ausschließlich die kalkulatorische Grundlage für die Festlegung der Vergütung des Leistungserbringers.[60]

48

Auch für das typisierte Leistungsangebot gilt, dass die Festlegungen so konkret wie nach dem durch das Leistungs- und Leistungserbringungsrecht vorgegebenen Maßstab möglich, aber auch so abstrakt wie für eine typisierende Beschreibung nötig, sein müssen. Das typisierte Leistungsangebot muss somit nicht jede einzelne (Betreuungs-)Maßnahme für den erfassten Personenkreis aufführen, die mit der Zuordnung zu einem bestimmten Leistungstyp verbunden ist.[61] Bei einer sehr undifferenzierten Leistungstypbeschreibung läuft der Leistungserbringer allerdings Gefahr, auch Leistungsberechtigte mit

49

---

[54] § 5 Bundesempfehlungen gemäß § 93d Abs. 3 BSHG.
[55] Z.B. § 4 Abs. 2 i.V.m. Anlage 1 Rahmenvertragswerk für stationäre und teilstationäre Einrichtungen Bayern vom 15.06.2004; 3 Abs. 2 i.V.m. Anlage 2 Bremischer Landesrahmenvertrag nach § 79 Abs. 1 SGB XII vom 28.06.2006; § 2 i.V.m. Anlage 1 Saarländischer Rahmenvertrag nach § 79 Abs. 1 SGB XII für ambulante Leistungen vom 19.08.2009.
[56] *Krüger/Kunze/Kruckenberg*, NDV 2000, 193, 196.
[57] Beispiel eines Leistungstypen: tagesstrukturierte Maßnahmen für alte Menschen mit Behinderung; Wohnangebote für junge Erwachsene mit geistiger Behinderung.
[58] Zur Differenzierung zwischen Leistungstypen und Hilfebedarfsgruppen vgl. auch: LSG Sachsen v. 12.12.2013 - L 8 SO 71/13 B ER; LSG Baden-Württemberg v. 28.12.2011 - L 7 SO 2237/11 ER-B; LSG Bayern v. 15.11.2007 - L 11 SO 46/06; *Dillmann*, SozialRecht aktuell 2012, 181, 184.
[59] *Grube*, RsDE Nr. 52 (2003), 25, 33; *Krüger/Kunze/Kruckenberg*, NDV 2000, 193, 196 f.
[60] BSG v. 02.02.2010 - B 8 SO 20/08 R; ebenso: LSG Bayern v. 15.11.2007 - L 11 SO 46/06; SG Berlin v. 27.08.20012 - S 90 SO 1638/09.
[61] LSG Baden-Württemberg v. 22.10.2013 - L 7 SO 3102/13 ER B und LSG Baden-Württemberg v. 28.12.2011 - L 7 SO 2237/11 ER-B.

§ 76

hohem Betreuungsbedarf aufnehmen zu müssen, ohne dass hierfür eine entsprechende Vergütung gewährt wird.[62] Die Typisierung nach Leistungsangeboten steht **nicht im Widerspruch zur Pflicht des Sozialhilfeträgers zur Gewährung bedarfsdeckender individueller Leistungen**.[63] Die Pflicht des Sozialhilfeträgers zur Gewährung bedarfsdeckender Leistungen gilt für das im Grundverhältnis zwischen Sozialhilfeträger und bedürftigem Hilfeempfänger maßgebende sozialhilferechtliche Leistungsrecht, während die Regelung typisierter Leistungsangebote in einer Vereinbarung das dem Leistungsrecht dienende Leistungserbringungsrecht betrifft.[64] Die Pflicht zur Gewährung bedarfsdeckender Leistungen findet bei der Typisierung von Leistungsangeboten lediglich dahingehend Anwendung, dass ein (typisiertes) Leistungsangebot und das hierfür in der Vergütungsvereinbarung vorgesehene Entgelt die Deckung des Bedarfs einer bestimmten Gruppe von Hilfeempfängern (abstrakte Bedarfsdeckungspflicht), nicht dagegen des einzelnen bedürftigen Hilfeempfängers (individuelle Bedarfsdeckungspflicht) sicherstellen muss. Das Leistungserbringungsrecht bestimmt daher gerade nicht den Wert den individuellen Sozialhilfeanspruchs,[65] sondern bildet (nur) den prozeduralen Rahmen zur Erfüllung des Sozialhilfeanspruchs bei der Einschaltung Dritter in die Leistungserbringung.

50 Die auf örtlicher Ebene zu schließenden (Einzel-)Leistungsvereinbarungen können auf die in einer Landesrahmenvereinbarung festgelegten Leistungstypen und Hilfebedarfsgruppen Bezug nehmen. Bei den in den Landesrahmenvereinbarungen vorgegebenen Leistungstypen handelt es sich jedoch nicht um ein geschlossenes System.[66] Vielmehr können für die nicht von einem **rahmenvertraglich festgelegten Leistungstyp** erfassten Personengruppen entsprechende Vereinbarungen auf örtlicher Ebene geschlossen werden. Die in der Leistungsvereinbarung getroffenen Regelungen dürfen allerdings nicht im Widerspruch zu den entsprechenden Vorgaben der Landesrahmenvereinbarung stehen (vgl. zum Verhältnis von Einzelvereinbarung und Landesrahmenvereinbarung die Kommentierung zu § 79 SGB XII Rn. 42).

51 Die **Einführung neuer Leistungstypen** fällt in der Regel in den Aufgabenbereich der nach den Landesrahmenverträgen vorgesehenen **Vertragskommissionen**.[67] Die Entwicklung neuer Leistungstypen muss sich an den Erfordernissen der Praxis und an den Grundsätzen des sozialhilferechtlichen Leistungs- und Leistungserbringungsrechts orientieren.[68] Die notwendigen Erkenntnisse für die Bildung eines neuen Leistungstyps können im Rahmen von Modellprojekten gewonnen werden. Bis zur Aufnahme eines neuen Leistungstyps in eine Landesrahmenvereinbarung können und müssen auf örtlicher Ebene Vereinbarungen mit entsprechendem Inhalt geschlossen werden. Die Gewährung von Zuschlägen in Bezug auf einen bestehenden, aber den Bedarf einer bestimmten Personengruppe eigentlich nicht erfassenden Leistungstyp „im Rahmen einer systemimmanenten Weiterentwicklung" ohne Abschluss einer entsprechenden Leistungsvereinbarung ist aus Gründen der Rechtssicherheit und Rechtsklarheit bedenklich.[69] Die Gewährung von Zuschlägen kombiniert mit einer weiten Auslegung bestehender Leistungstypen kann in Fällen dieser Art allenfalls für eine Übergangszeit bis zum Abschluss einer neuen Leistungsvereinbarung bzw. bis zur Aufnahme des neuen Leistungstyps in die Landesrahmenvereinbarung gerechtfertigt sein, um einen vertragslosen Zustand zu vermeiden.

52 Werden innerhalb eines Leistungstyps **Hilfebedarfsgruppen** gebildet, stellt sich die Frage nach der **Rechtsnatur der Zuordnung**, der **Zuständigkeit** für die Zuordnung und dem hierfür maßgebenden **Verfahren** (vgl. dazu Rn. 70 ff.).

---

[62] *Grube*, RsDE Nr. 52 (2003), 25, 34.
[63] LSG Bayern v. 15.11.2007 - L 11 SO 46/06; LSG Baden-Württemberg v. 28.12.2011 - L 7 SO 2237/11 ER-B.
[64] *Neumann* in: Hauck/Noftz, SGB XII, § 76 Rn. 5; *Grube*, RsDE Nr. 52 (2003), 25, 35 f.; im Ergebnis ebenso: LSG Baden-Württemberg v. 28.12.2011 - L 7 SO 2237/11 ER-B; LSG Baden-Württemberg v. 27.06.2011 - L 7 SO 797/11 ER-B; LSG Baden-Württemberg v. 09.12.2005 - L 7 SO 4890/05 ER-B; LSG Bayern v. 15.11.2007 - L 11 SO 46/06.
[65] So der Vorwurf von *Fahlbusch*, SGb 2010, 301, 302.
[66] In diesem Sinne auch: SG Konstanz v. 22.10.2013 - S 3 SO 276/12.
[67] Vgl. Ziffer 4 Berliner Rahmenvertrag gemäß § 79 Abs. 1 SGB XII für Hilfen in Einrichtungen einschließlich Diensten im Bereich Soziales vom 01.01.2014; § 10 Landesrahmenvertrag für Schleswig-Holstein nach § 79 Abs. 1 SGB XII.
[68] Z.B. Diskussion über die Einführung eines neuen Leistungstyps für die Gruppe von behinderten Menschen mit schwer herausforderndem Verhalten: LSG Baden-Württemberg v. 13.03.2006 - L 7 SO 1902/06 ER-B.
[69] So auch: LSG Baden-Württemberg v. 13.03.2006 - L 7 SO 1902/06 ER-B.

e. Aufnahme- und Betreuungspflicht (Absatz 1 Satz 2)

Nach § 76 Abs. 1 Satz 2 SGB XII ist in der Leistungsvereinbarung die Pflicht der Einrichtung zur Aufnahme und Betreuung des Leistungsberechtigten im Rahmen des vereinbarten Leistungsangebots zu regeln. Nach Wortlaut („ist ... aufzunehmen") und Systematik (Regelung im Anschluss an die Mindestleistungsmerkmale) handelt es sich ebenfalls um einen **zwingenden Bestandteil der Leistungsvereinbarung**.

53

Die Regelung der Aufnahme- und Betreuungspflicht in der Leistungsvereinbarung ist notwendig, weil das SGB XII – anders als das SGB V und SGB XI – keinen umfassenden Sicherstellungsauftrag enthält. Zwar trägt der Sozialhilfeträger aufgrund der ihm obliegenden **Gewährleistungsverantwortung**[70] auch bei der Einschaltung Dritter in die Leistungsgewährung Sorge für eine bedarfsdeckende Leistungserbringung. Diese Gewährleistungsverantwortung kann allerdings nicht mit dem gesetzlichen Sicherstellungsauftrag im Bereich der Kranken- und Pflegeversicherung gleichgesetzt werden.[71] Vielmehr verpflichtet das Gewährleistungsverantwortungsmodell nur den Sozialhilfeträger, nicht aber auch per se den Leistungserbringer. Anders als im Bereich der gesetzlichen Kranken- und Pflegeversicherung (§ 70 Abs. 1 SGB V und § 72 Abs. 4 SGB XI) enthält das Sozialhilferecht keine die Leistungserbringer zur bedarfsdeckenden Versorgung verpflichtende Vorschrift. Ist die **Aufnahme- und Betreuungspflicht in** einer **Landesrahmenvereinbarung** geregelt worden, kann hierauf in der Einzelvereinbarung Bezug genommen werden. Die Mehrzahl der derzeit bestehenden Landesrahmenvereinbarungen enthält eine entsprechende Verpflichtung[72], beschränkt diese aber zulässigerweise auf die vorhandene Kapazität[73].

54

Wird die Aufnahme- und Betreuungspflicht weder in der Einzelvereinbarung festgelegt noch diese Regelung durch eine Bezugnahme auf die entsprechenden Vorgaben in der Landesrahmenvereinbarung ersetzt, ist die Leistungsvereinbarung nach § 58 SGB X i.V.m. § 134 BGB i.V.m. § 76 Abs. 1 Satz 2 SGB XII nichtig (vgl. auch Rn. 44). Ein **Verstoß** des Leistungserbringers **gegen** die in der Vereinbarung geregelte **Aufnahme- und Betreuungspflicht** berechtigt den Sozialhilfeträger zur außerordentlichen Kündigung der Vereinbarung nach § 78 SGB XII. Teilweise sehen die auf der Grundlage von § 79 Abs. 1 SGB XII geschlossenen Landesrahmenvereinbarungen ein entsprechendes Kündigungsrecht ausdrücklich vor.[74] Dies gilt aber nicht, wenn die Aufnahme unter Verweis auf die Kapazitätsgrenze verweigert wurde.

55

Fraglich ist, ob die **in der Trägerschaft einer Kirche oder** einer **Religionsgemeinschaft stehenden Einrichtungen oder Dienste** entgegen der in der Vereinbarung geregelten Aufnahme- und Betreuungspflicht berechtigt sind, einem konfessionell anders oder nicht gebundenen bedürftigen Hilfeempfänger die Aufnahme zu versagen.[75] Grundsätzlich ist nach dem Wortlaut des § 76 Abs. 1 Satz 2 SGB XII und dem mit der Regelung verfolgten Zweck davon auszugehen, dass die Aufnahme- und Betreuungspflicht auch für kirchlich oder religiös geprägte Leistungserbringer gilt und nur im Ausnahmefall wegen besonderer Umstände des Einzelfalls von dieser Regel abgewichen werden kann. In diesem Zusammenhang sind die Aspekte der positiven und negativen Religionsfreiheit (Art. 4 Abs. 1 GG) zu berücksichtigen. Ein Ausnahmefall kann u.a. vorliegen, wenn die religiöse Prägung im Leistungsangebot der Einrichtung zum Ausdruck kommt (z.B. Einplanung gemeinsamer Gottesdienste bzw. eines gemeinsamen Gebets in die Tagesstruktur) oder wenn aufgrund rechtlicher Vorgaben der Einrichtung

56

---

[70] Zur Gewährleistungsverantwortung: BSG v. 18.03.2014 - B 8 SF 2/13 R zur Veröffentlichung in BSGE und SozR vorgesehen; BSG v. 02.02.2010 - B 8 SO 20/08 R; BSG v. 28.10.2009 - B 8 SO 22/07 R - BSGE 102, 1 = SozR 4-1500 § 75 Nr. 9; LSG Berlin-Brandenburg v. 11.11.2013 - L 15 SO 295/12 B; *Eicher*, SGB 2013, 127, 129.

[71] BSG v. 02.02.2010 - B 8 SO 20/08 R; *Jaritz*, SozialRecht aktuell 2012, 105, 109 f.

[72] Ziffer 6.2. Berliner Rahmenvertrag nach § 79 Abs. 1 SGB XII für Hilfe in Einrichtungen einschließlich Diensten vom 01.01.2014; § 4 Abs. 2 Rahmenvertrag gemäß § 79 Abs. 1 SGB XII für Nordrhein-Westfalen; § 5 Rahmenvertragswerk für stationäre und teilstationäre Einrichtungen Bayern vom 15.06.2004.

[73] Z.B. § 5 Rahmenvertragswerk für stationäre und teilstationäre Einrichtungen Bayern vom 15.06.2004; § 6 Abs. 2 Thüringer Landesrahmenvertrag gemäß § 79 Abs. 1 SGB XII vom 01.09.2005; Ziffer 6.2. Berliner Rahmenvertrag nach § 79 Abs. 1 SGB XII für Hilfe in Einrichtungen einschließlich Diensten vom 01.01.2014.

[74] Z.B. § 5 Rahmenvertragswerk für stationäre und teilstationäre Einrichtungen Bayern vom 15.06.2004.

[75] Bejahend: *Neumann* in: Hauck/Noftz, SGB XII, § 76 Rn. 8; verneinend: *Baur* in: Mergler/Zink, SGB XII, § 76 Rn. 12; *Freudenberg in:* Jahn, SGB XII, § 76 Rn. 15a.

ggf. die kirchliche bzw. religiöse Prägung abgesprochen werden kann, soweit der überwiegende Anteil der von ihr betreuten Personen nicht bzw. anderweitig konfessionell gebunden ist. Allerdings stellt sich dann auch die Frage, ob eine solche Vorgabe im Einklang mit Art. 4 Abs. 1 GG steht.[76]

57 Die Aufnahme- und Betreuungspflicht des § 76 Abs. 1 Satz 2 SGB XII greift nicht in das Recht der Leistungserbringer auf freie Berufswahl (Art. 12 Abs. 1 GG) ein. Vielmehr handelt es sich (nur) um eine **Berufsausübungsregelung**, weil die Aufnahme- und Betreuungspflicht weder die Zulassung zum Betreiben einer Einrichtung oder eines Dienstes bzw. den Entzug einer solchen Zulassung regelt, noch die Ausübung dieses Berufes derart reglementiert, dass die Berufsangehörigen faktisch zur Aufgabe des Berufes gezwungen sind (vgl. zur Abgrenzung zwischen Berufswahl- und Berufsausübungsregelung die Kommentierung zu § 78 SGB XII Rn. 13). Zum einen gilt die Aufnahme- und Betreuungspflicht nur für die Nutzer einer Einrichtung bzw. eines Dienstes, die Sozialhilfeleistungen beziehen, während der Leistungserbringer bei der Auswahl der übrigen Nutzer seines Leistungsangebotes keinen Beschränkungen unterliegt. Zum anderen wird das Leistungsangebot – d.h. die Bedingungen, unter denen die Aufnahme- und Betreuungspflicht gilt – unter Beteiligung des Leistungserbringers weitgehend frei ausgehandelt.[77] Letztlich rechtfertigt der mit § 76 Abs. 1 Satz 2 SGB XII verbundene Zweck den Eingriff in die freie Berufsausübung der Leistungserbringer. Die zwingende Regelung einer Aufnahme- und Betreuungspflicht ist notwendig, um dem Sozialhilfeträger die Wahrnehmung seiner Gewährleistungsverantwortung zu ermöglichen und eine bedarfsdeckende Versorgung der bedürftigen Hilfeempfänger auch im Falle der Einschaltung Dritter in die Leistungsgewährung sicherzustellen. Hierbei handelt es sich um aus dem Sozialstaatsprinzip abgeleitete übergeordnete Gründe des Gemeinwohls, die geeignet sind, den als verhältnismäßig gering einzustufenden Eingriff in die Berufsausübungsfreiheit der Leistungserbringer zu legitimieren.

58 Die aufgrund der gesetzlichen Vorgabe des § 76 Abs. 1 Satz 2 SGB XII in einer Vereinbarung geregelte Pflicht zur Aufnahme- und Betreuung begründet – entgegen der herrschenden Meinung[78] – einen **Anspruch des bedürftigen Hilfeempfängers auf Aufnahme und Betreuung** i.S.e. einklagbaren subjektiven öffentlichen Rechts.[79] Die **(Leistungs-)Vereinbarung** ist ein Vertrag mit Wirkung zugunsten Dritter (hier des Hilfeempfängers).[80] Auch öffentlich-rechtliche Verträge können als **Vertrag zugunsten Dritter** abgeschlossen werden (§ 62 VwVfG).[81] Dabei kann eine Drittwirkung nicht nur bei Bestehen einer entsprechenden ausdrücklichen Abrede, sondern auch dann angenommen werden, wenn sie sich durch Auslegung des Vertrages feststellen lässt. Bei dieser Auslegung kommt dem von den Vertragsparteien verfolgten Zweck eine besondere Bedeutung zu.[82] Wurde der Vertrag im Interesse des Dritten geschlossen, liegt es im Regelfall nahe, dass der Dritte auch einen eigenen Anspruch erwerben soll.[83] Für die rechtliche Einordnung der Vereinbarung als Vertrag zugunsten des bedürftigen Hilfeempfängers sprechen Funktion und Bedeutung der Vereinbarung(en) im sozialhilferechtlichen Dreiecksverhältnis. Über die mit dem Leistungserbringer zu schließende Vereinbarung stellt der Sozialhilfeträger, der sich für die Gewährung der Leistungen nach dem 6. bis 9. Kapitel des SGB XII der Einrichtungen und Dienste anderer Träger bedient, sicher, dass er seiner gesetzlich angeordneten Pflicht zur Gewährung bedarfsdeckender Leistungen nachkommen kann. Ausdruck dieser Gewährleistungspflicht ist insbesondere die Pflicht des Leistungserbringers zur Aufnahme und Betreuung von bedürftigen Hilfeempfängern. Die Gewährleistungspflicht im Allgemeinen und die Aufnahme- und Betreu-

---

[76] Zum Ausgleich zwischen negativer und positiver Religionsfreiheit in Bezug auf eine bekenntnisgebundene Schule: BVerfG v. 17.12.1975 - 1 BvR 63/68 - BVerfGE 41, 29, 48; BVerfG v. 24.09.2003 - 2 BvR 1436/02 - BVerfGE 108, 282 (Kopftuchurteil).
[77] *Neumann* in: Hauck/Noftz, SGB XII, § 76 Rn. 8.
[78] *Flint* in: Grube/Wahrendorf, SGB XII, 5. Aufl., § 76 Rn. 16; *Münder* in: LPK-SGB XII, 9. Aufl., § 76 Rn. 13; *Freudenberg* in: Jahn, SGB XII, § 76 Rn. 15a.
[79] Ebenso: *Linhart* in: Linhart/Adolph, SGB II/SGB XII/AsylbLG, § 76 Rn. 12.
[80] Ebenso: *Grube*, RsDE Nr. 52 (2003), 25, 28; a.A. *Freudenberg* in: Jahn, SGB XII, § 76 Rn. 15.
[81] *Schliesky* in: Knaak, VwVfG, 9. Aufl., § 62 Rn. 35; zur Wertung der ESF-Richtlinien als öffentlich-rechtlicher Vertrag zugunsten Dritter mit einem direkten Anspruch des Arbeitslosen aus der Richtlinie: BSG v. 01.07.2010 - B 11 AL 1/09 R unter Anschluss an BSG v. 24.11.1994 - 7 RAr 54/93 und BSG v. 05.09.2006 - B 7a AL 62/05 R, wobei in diesen Fallkonstellationen kein zivilrechtlicher, sondern ein öffentlich-rechtlicher Anspruch begründet wurde.
[82] BGH v. 16.10.1990 - XI ZR 330/89.
[83] BGH v. 16.10.1990 - XI ZR 330/89.

ungspflicht als besondere Ausprägung der Gewährleistungsverantwortung[84] schützt somit ausschließlich die Interessen des Hilfeempfängers. Daraus ergibt sich zwingend, dass die Vereinbarung dem bedürftigen Hilfeempfänger auch ein gegenüber dem Leistungserbringer im Erfüllungsverhältnis eigenständig durchsetzbares subjektives Recht auf Aufnahme und Betreuung im Rahmen des vereinbarten Leistungsangebots einräumt. Die Verknüpfung von Rechtsbeziehungen unterschiedlicher Rechtsnatur im sozialhilferechtlichen Dreieck hat zur Folge, dass durch einen öffentlich-rechtlichen Vertrag (die Vereinbarung) für den bedürftigen Hilfeempfänger der Anspruch auf Abschluss eines zivilrechtlichen Vertrages (Heimvertrag) geschaffen wird.

f. Leistungsstandard (Absatz 1 Satz 3)

§ 76 Abs. 1 Satz 3 SGB XII legt fest, dass die Leistungen ausreichend, zweckmäßig und wirtschaftlich sein müssen und das Maß des Notwendigen nicht überschreiten dürfen. Mit dieser Regelung hat der Gesetzgeber den allgemeinen Standard der im Anwendungsbereich des Sozialhilferechts zu erbringenden Leistungen aufgegriffen. Diesem Standard müssen die in der Leistungsvereinbarung getroffenen Regelungen genügen. Die Regelung des § 76 Abs. 1 Satz 3 SGB XII ist aufgrund der vom Gesetzgeber gewählten Formulierung dem im Bereich der Kranken- und Pflegeversicherung geltenden Wirtschaftlichkeitsgebot (§ 12 Abs. 1 Satz 1 SGB V, § 29 Abs. 1 SGB XI) vergleichbar.[85] Allerdings sind die zur Umschreibung des Leistungsstandards vom Gesetzgeber gewählten **unbestimmten Rechtsbegriffe** nach dem Regelungszusammenhang auszulegen.

59

Ausreichend ist eine Leistung, wenn mit ihr der sozialhilferechtliche Bedarf für eine unbestimmte Vielzahl bzw. eine Gruppe von bedürftigen Hilfeempfängern gedeckt werden kann.[86] Der Bedarf ist abhängig von der Hilfeart und der Leistungsart. Mit diesem Leistungsstandard wird die Pflicht des Sozialhilfeträgers zur Gewährung bedarfsdeckender Leistungen (§ 9 SGB XII) zum Ausdruck gebracht. **Zweckmäßig** ist die in einer Leistungsvereinbarung geregelte Leistung, wenn sie geeignet ist, die mit der jeweiligen Hilfeart verbundene Zielsetzung unter Berücksichtigung des Stands der fachlichen und wissenschaftlichen Erkenntnis zu erreichen.[87] **Notwendig** i.S.d. § 76 Abs. 1 Satz 3 SGB XII sind dagegen nur diejenigen geeigneten, d.h. zweckmäßigen Leistungen, die zwingend für die Erreichung des mit der betreffenden Hilfeart verbundenen Ziels sind.[88] Bei der Notwendigkeit der Leistung ist daher der Zweck der Sozialhilfe – Sicherung des Existenzminimums – zu berücksichtigen. Während mit der ausreichenden und zweckmäßigen Leistung ein Mindeststandard festgelegt wird, regelt das „Maß des Notwendigen" einen Höchststandard.

60

Die **Wirtschaftlichkeit** einer Leistung spielt erst dann eine Rolle, wenn mehrere geeignete Leistungen zur Deckung des Bedarfs nach der jeweiligen Hilfeart zur Verfügung stehen.[89] Dann ist die Leistung in einer Vereinbarung festzulegen, die mit dem geringeren (personellen, sächlichen und finanziellen) Aufwand erbracht werden kann. Ist hingegen nur eine einzige Leistung zur Bedarfsdeckung geeignet, muss diese unabhängig von dem mit ihr verbundenen Aufwand – aufgrund der Pflicht des Sozialhilfeträgers zur Gewährung bedarfsdeckender Leistungen – vereinbart werden. Die auf die Inhalte der Leistungsvereinbarung bezogene Wirtschaftlichkeit i.S.d. § 76 Abs. 1 Satz 3 SGB XII ist weder mit dem in § 75 Abs. 3 Satz 2 SGB XII geregelten Grundsatz Wirtschaftlichkeit noch mit den Grundsätzen der

61

---

[84] Zur Gewährleistungsverantwortung: BSG v. 18.03.2014 - B 8 SF 2/13 R zur Veröffentlichung in BSGE und SozR vorgesehen; BSG v. 02.02.2010 - B 8 SO 20/08 R; BSG v. 28.10.2009 - B 8 SO 22/07 R - BSGE 102, 1 = SozR 4-1500 § 75 Nr. 9; LSG Berlin-Brandenburg v. 11.11.2013 - L 15 SO 295/12 B; *Eicher*, SGB 2013, 127, 129.

[85] *Neumann* in: Hauck/Noftz, SGB XII, § 76 Rn. 9; *Freudenberg* in: Jahn, SGB XII, § 76 Rn. 16 allerdings im Sinne einer über die Vergleichbarkeit hinausgehenden Identität der Regelungsgehalte.

[86] *Flint* in: Grube/Wahrendorf, SGB XII, 5. Aufl., § 76 Rn. 18; *Freudenberg* in: Jahn, SGB XII, § 76 Rn. 17; *Neumann* in: Hauck/Noftz, SGB XII, § 76 Rn. 9 f.; *Münder* in: LPK-SGB XII, 9. Aufl., § 76 Rn. 11; § 7 Abs. 2 Bundesempfehlungen zu § 93d Abs. 2 BSHG.

[87] *Flint* in: Grube/Wahrendorf, SGB XII, 5. Aufl., § 76 Rn. 19; *Freudenberg* in: Jahn, SGB XII, § 76 Rn. 17; *Neumann* in: Hauck/Noftz, SGB XII, § 76 Rn. 9 f.; *Münder* in: LPK-SGB XII, 9. Aufl., § 76 Rn. 11; § 7 Abs. 3 Bundesempfehlungen zu § 93d Abs. 2 BSHG; SG Ulm v. 02.05.2006 - S 3 SO 4211/05 ER.

[88] *Flint* in: Grube/Wahrendorf, SGB XII, 3. Aufl., § 76 Rn. 20; *Freudenberg* in: Jahn, SGB XII, § 76 Rn. 17; *Neumann* in: Hauck/Noftz, SGB XII, § 76 Rn. 9 f; *Münder* in: LPK-SGB XII, 9. Aufl., § 76 Rn. 11; § 7 Abs. 4 Bundesempfehlungen zu § 93d Abs. 2 BSHG.

[89] *Neumann* in: Hauck/Noftz, SGB XII, § 76 Rn. 9; andere Interpretation der Wirtschaftlichkeit bei: *Flint* in: Grube/Wahrendorf, SGB XII, 3. Aufl., § 76 Rn. 21.

Wirtschaftlichkeit i.S.d. § 76 Abs. 3 Satz 1 Alt. 1 SGB XII identisch (vgl. Rn. 110). Während sich die Wirtschaftlichkeit i.S.d. § 76 Abs. 1 Satz 3 SGB XII nur auf die vereinbarte Leistung bezieht (Wirtschaftlichkeit im engeren Sinne), umschreibt der Grundsatz der Wirtschaftlichkeit i.S.d. § 75 Abs. 3 Satz 2 SGB XII eine günstige Zweck-Mittel-Relation zwischen Leistung und Gegenleistung (Wirtschaftlichkeit im weiteren Sinne), deren Maßstäbe durch die Vertragsparteien im Rahmen einer Leistungsstandardvereinbarung nach § 76 Abs. 3 Satz 1 Alt. 1 SGB XII festgelegt werden können.

2. Inhalt der Vergütungsvereinbarung (Absatz 2)

a. Allgemeines

62 In der Vergütungsvereinbarung wird die Vergütung des Leistungserbringers für die an bedürftige Hilfeempfänger erbrachten Leistungen festgelegt. Die Schwierigkeit einer solchen Regelung besteht darin, die Vergütung einerseits **abstrakt**, d.h. in Bezug auf die Leistungen für eine zum Zeitpunkt des Abschlusses der Vereinbarung unbestimmte Vielzahl von Hilfeempfängern, **und** andererseits **leistungsgerecht** zu bemessen. Das Merkmal der Leistungsgerechtigkeit der dem Leistungserbringer zustehenden Vergütung ist zwar durch das Gesetz zur Reform des Sozialhilferechts vom 23.07.1996[90] mit Wirkung zum 01.01.1999 aus dem Wortlaut des § 93 Abs. 2 BSHG gestrichen und auch durch das Gesetz zur Einordnung des Sozialhilferechts in das Sozialgesetzbuch vom 27.12.2003[91] nicht wieder im SGB XII aufgenommen worden. Hintergrund war offensichtlich das durch Gesetz vom 21.12.1993[92] eingeführte prospektive Vergütungssystem, das die bis dahin übliche Vergütung in Form der Erstattung der Kosten für erbrachte Leistungen ablösen sollte (vgl. dazu die Kommentierung zu § 77 SGB XII Rn. 3, 21 f.). Aber auch bei einem prospektiven Vergütungssystem darf die Leistungsgerechtigkeit der Vergütung gerade vor dem Hintergrund des Art. 12 Abs. 1 GG nicht völlig außer Acht gelassen werden (vgl. dazu die Kommentierung zu § 77 SGB XII Rn. 26). Anknüpfungspunkt für die Leistungsgerechtigkeit ist § 75 Abs. 3 Satz 2 SGB XII, wonach die Vereinbarungen u. a. dem Grundsatz der Leistungsfähigkeit entsprechen müssen[93] (vgl. dazu die Kommentierung zu § 75 SGB XII). Leistungsgerecht ist – in Anlehnung an § 84 Abs. 2 Sätze 1, 4 SGB XI – eine Vergütung, die es der Einrichtung/dem Dienst ermöglicht, bei sparsamer und wirtschaftlicher Betriebsführung bedarfsdeckende Leistungen zu gewähren.[94] Sowohl die derzeit bestehenden Landesrahmenvereinbarungen als auch die seinerzeit auf der Grundlage von § 93d Abs. 3 BSHG getroffenen Bundesempfehlungen (§ 15 Abs. 1) enthalten einen entsprechenden Passus.

63 Die Vergütungsvereinbarung setzt nach Wortlaut und Systematik des § 76 SGB XII sowie nach dem mit der Vergütungsvereinbarung verbundenen Zweck eine bereits bestehende Leistungsvereinbarung voraus und baut auf dieser auf[95] (**Akzessorietät von Leistungs- und Vergütungsvereinbarung**, vgl. dazu auch Rn. 30 und die Kommentierung zu § 75 SGB XII). Systematisch werden die Inhalte der Vergütungsvereinbarung (Absatz 2) nach denen der Leistungsvereinbarung (Absatz 1) geregelt. Die in § 76 Abs. 2 Satz 1 SGB XII gesetzlich vorgegebenen drei Mindestinhalte einer Vergütungsvereinbarung gelten nach dem Wortlaut der Vorschrift für „Leistungen nach Absatz 1". Leistungen nach Absatz 1 sind die in einer Leistungsvereinbarung geregelten Leistungen.[96] Letztlich kann eine Vergütung logisch nur in Kenntnis dessen festgesetzt werden, was vergütet werden soll. Geht es um die Vergütung von Leistungen, muss daher deren Inhalt zunächst festgelegt werden.

---

[90] BGBl I 1996, 1088.
[91] BGBl I 2003, 3022.
[92] Gesetz zur Umsetzung des Spar-, Konsolidierungs- und Wachstumsprogramms - BGBl I 1993, 2374; § 15 Abs. 1 Bundesempfehlungen gemäß § 93d Abs. 3 BSHG; zur leistungsgerechten Vergütung vgl. auch: *Neumann* in: Hauck/Noftz, SGB XII, § 76 Rn. 11; BVerwG v. 01.12.1998 - 5 C 17/97 - BVerwGE 108, 47.
[93] LSG Mecklenburg-Vorpommern v. 06.09.2012 - L 9 SO 11/10 und L 9 SO 5/11 KL; LSG Mecklenburg-Vorpommern v. 30.08.2012 - L 9 SO 1/10.
[94] *Freudenberg* in: Jahn, SGB XII, § 76 Rn. 21; *Neumann* in: Hauck/Noftz, SGB XII, § 76 Rn. 11.
[95] *Neumann* in: Hauck/Noftz, SGB XII, § 76 Rn. 11; *Plantholz*, SozialRecht aktuell 2012,142, 144; *Jaritz*, SozialRecht aktuell 2012, 105, 108 f.; LSG Sachsen v. 12.12.2013 - L 8 SO 71/13 B ER; LSG Baden-Württemberg v. 13.11.2006 - L 7 SO 2998/06 ER-B; SG Berlin v. 06.07.2011 - S 51 SO 507/11 ER; OVG Lüneburg v. 22.07.2008 - 4 LA 22/06; OVG Lüneburg v. 04.07.2008 - 4 LA 115/06; OVG Lüneburg v. 20.08.2008 - 4 LC 93/07; VG Hannover v. 16.12.2005 - 7 A 4338/05.
[96] OVG Lüneburg v. 22.07.2008 - 4 LA 22/06; OVG Lüneburg v. 04.07.2008 - 4 LA 115/06.

§ 76 Abs. 2 Satz 1 SGB XII gibt die Bestandteile für die Vergütung der Leistungserbringer vor. Gleichzeitig werden damit **Mindestvertragsinhalte** festgelegt, ohne die eine Vergütungsvereinbarung nichtig ist (§ 58 SGB X i.V.m. § 134 BGB i.V.m. § 76 Abs. 2 Satz 1 SGB XII). Mit diesen Mindestvertragsinhalten werden einheitliche Grundsätze für die Bemessung der Vergütung i.S.e. kleinsten gemeinsamen Nenners vorgegeben. Damit soll einerseits die **Gleichbehandlung der Leistungserbringer** sichergestellt und andererseits die Vergleichbarkeit der Leistungserbringer gewährleistet werden.[97] Als **Bestandteile der Vergütung** nennt das Gesetz Pauschalen (**Grund- und Maßnahmepauschale**) und Beträge (**Investitionsbetrag**). Während die Pauschale unabhängig von den Besonderheiten des jeweiligen Leistungserbringers gewährt wird (einrichtungsübergreifender Maßstab), ist beim Betrag auf die konkrete Situation des Leistungserbringers (einrichtungsindividueller Maßstab) abzustellen.[98] Neben den in § 76 Abs. 2 SGB XII ausdrücklich genannten Inhalten einer Vergütungsvereinbarung können die Vertragsparteien weitere vergütungsrelevante Abreden treffen. So ist es zum Beispiel sinnvoll und üblich, die Laufzeit und das Inkrafttreten der Vergütungsvereinbarung zu regeln sowie den Zahlungsmodus zu bestimmen (Zahlung pro Anwesenheitstag[99], pro Monat oder pro Kalendermonat).

64

b. Grundpauschale (Absatz 2 Satz 1 Alternative 1)

aa. Gegenstand

Die Grundpauschale bezeichnet den Vergütungsbestandteil, der die **Kosten für Unterkunft und Verpflegung** abdeckt. Hiervon ausgenommen sind die unterkunfts- und verpflegungsbezogenen Investitionskosten. Sach- und Personalkosten sind bei der Grundpauschale zu berücksichtigen, wenn und soweit sie sich auf die Unterkunft und Verpflegung beziehen.[100]

65

bb. Maßstab

Durch die Bezeichnung als Grund-**Pauschale** hat der Gesetzgeber zugleich den Maßstab für deren Bemessung festgelegt. Die Grundpauschale ist einrichtungsübergreifend zu kalkulieren. Soweit einige Landesrahmenvereinbarungen eine einrichtungsindividuelle Bemessung der Grundpauschale vorsehen[101], stehen diese Regelungen im Widerspruch zum Wortlaut des Gesetzes (Pauschale) und zum Willen des Gesetzgebers[102]. Diese Bemessung sollte daher auf Ausnahmefälle beschränkt bleiben, weil hierdurch letztlich auch die nach § 75 Abs. 2 Satz 3 SGB XII erforderliche Vergleichbarkeit der Leistungserbringer erschwert wird.[103] Bei der vom Gesetzgeber gewollten **einrichtungsübergreifenden Kalkulation** der Grundpauschale muss aber wegen der Leistungsgerechtigkeit der zu gewährenden Vergütung durch entsprechende Ausnahmeregelungen oder Öffnungsklauseln sichergestellt werden, dass die strukturellen und konzeptionellen Besonderheiten (z.B. Standortnachteil, besonderer Zuschnitt des Einzugsbereichs) des jeweiligen Leistungserbringers berücksichtigt werden können[104] (z.B. § 19 Abs. 2 der Bundesempfehlungen gemäß § 93d Abs. 3 BSHG).

66

c. Maßnahmepauschale (Absatz 2 Satz 1 Alternative 2)

aa. Gegenstand

Die Maßnahmepauschale umschreibt den Teil der Vergütung eines Leistungserbringers, der die **Kosten der vereinbarten (Haupt-)Leistung** an sich abdeckt, soweit sie nicht bereits von der Grundpauschale und dem Investitionsbetrag erfasst sind (**Negativdefinition**).[105] Der Begriff beruht noch auf der

67

---

[97] OVG Lüneburg v. 22.07.2008 - 4 LA 22/06.
[98] BT-Drs. 13/2440, S. 29.
[99] Teilweise wird in den Vergütungsvereinbarungen geregelt, dass für Zeiten einer vorübergehenden Abwesenheit ein bestimmter Betrag ausgezahlt wird – z.B. § 18 Hessischer Rahmenvertrag nach § 79 Abs. 1 SGB XII; § 12 Rahmenvertragswerk für teilstationäre und stationäre Einrichtungen gemäß §§ 75 ff. SGB XII (vgl. dazu BSG v. 28.10.2008 - B 8 SO 33/07 R - SozR 4-1500 § 77 Nr. 1; BVerwG v. 26.10.2004 - 5 B 50/04).
[100] *Freudenberg* in: Jahn, SGB XII, § 76 Rn. 23.
[101] Z.B. § 14 Abs. 3 Rahmenvertrag nach § 79 Abs. 1 SGB XII für Baden-Württemberg vom 15.12.1998.
[102] BT-Drs. 13/2440, S. 29.
[103] Die in § 13 Abs. 1 Rahmenvertrag gemäß § 79 Abs. 1 SGB XII für Nordrhein-Westfalen vorgesehene Regelung, nach der die Grundpauschale bis auf weiteres stets einrichtungsbezogen zu kalkulieren ist, ist daher rechtlich bedenklich.
[104] So auch: *Flint* in: Grube/Wahrendorf, SGB XII, 5. Aufl., § 76 Rn. 27.
[105] *Flint* in: Grube/Wahrendorf, SGB XII, 5. Aufl., § 76 Rn. 28; *Neumann* in: Hauck/Noftz, SGB XII, § 76 Rn. 13.

überkommenen Terminologie des BSHG, das die Gewährung von „Maßnahmen" statt von „Leistungen" vorsah. Der Gesetzgeber hat es im Rahmen von § 76 SGB XII versäumt, den terminologischen Wechsel von „Maßnahmen" zu „Leistungen" auch für das Leistungserbringungsrecht umzusetzen. Sachgerechter wäre daher der Begriff der **„Leistungspauschale".**[106]

bb. Maßstab

68 Aufgrund der Ausgestaltung als **Pauschale** gilt grundsätzlich ein einrichtungsübergreifender Maßstab (vgl. Rn. 64). Zudem kann die Maßnahmepauschale nach Gruppen für Leistungsberechtigte mit vergleichbarem Bedarf kalkuliert werden (§ 76 Abs. 2 Satz 3 SGB XII). Während dieser Maßstab der **Kalkulation nach Hilfebedarfsgruppen** bis zum 21.07.2009 obligatorisch war, wurde er durch die Umwandlung des § 76 Abs. 2 Satz 3 SGB XII in eine **Kann-Bestimmung** mit dem „Gesetz zur Änderung des Vierten Buches Sozialgesetzbuch, zur Errichtung einer Versorgungsausgleichskasse und anderer Gesetze" vom 15.07.2009[107] fakultativ. Mit der Neufassung des § 76 Abs. 2 SGB XII wollte der Gesetzgeber den mit der Kalkulation der Maßnahmepauschale nach Hilfebedarfsgruppen verbundenen praktischen Schwierigkeiten Rechnung tragen sowie die Berücksichtigung regionaler Besonderheiten und die Vergütung nach Fachleistungsstunden ermöglichen.[108]

69 Die Hilfebedarfsgruppen dienen ebenso wie die auf der Ebene der Leistungsvereinbarung möglichen Leistungstypen der bedarfsbezogenen Differenzierung des Leistungsangebots einer Einrichtung/eines Dienstes.[109] Während mit dem **Leistungstyp** die wesentlichen Leistungsmerkmale i.S.d. § 76 Abs. 1 Satz 1 SGB XII in Bezug auf Personengruppen mit **qualitativ vergleichbarem Hilfebedarf** festgelegt werden, ermöglichen die **Hilfebedarfsgruppen** eine weitere Differenzierung innerhalb der Leistungstypen, wenn der **quantitative Bedarf** der von einem Leistungstyp erfassten Zielgruppe erheblich abweicht (vgl. Rn. 40, Rn. 48). Leistungstyp und Hilfebedarfsgruppe sind Bestandteil der Leistungsvereinbarung (vgl. Rn. 40) und als solche Kalkulationsgrundlage für die Vergütungsvereinbarung. Aufgrund des logischen Zusammenhangs zwischen Leistungs- und Vergütungsvereinbarung (vgl. Rn. 30) müssen die Vertragsparteien bereits bei Abschluss der Leistungsvereinbarung entscheiden, ob sie von der durch § 76 Abs. 2 Satz 3 SGB XII eingeräumten Option Gebrauch machen wollen. Differenziert die Leistungsvereinbarung nach Leistungstypen und Hilfebedarfsgruppen, **muss** die Vergütung entsprechend dieser Differenzierung kalkuliert werden. Sehen die Vertragsparteien erst bei dem – zeitlich späteren – Abschluss der Vergütungsvereinbarung die Notwendigkeit für eine weitere Differenzierung nach Hilfebedarfsgruppen, muss die Leistungsvereinbarung entsprechend ergänzt werden oder es müssen Vertragsinhalte, die eigentlich der Leistungsvereinbarung zuzuordnen sind, in der Vergütungsvereinbarung geregelt werden. Auch insoweit bestätigt sich, dass Leistungs- und Vergütungsvereinbarung nicht sinnvoll voneinander getrennt werden können. Die in der Praxis häufig erst im Rahmen der Vergütungsvereinbarung vorgenommene Differenzierung nach Leistungstypen und Hilfebedarfsgruppen ist allein dem Umstand geschuldet, dass die herrschende Meinung – anders als die hier vertretene Auffassung (vgl. dazu die Kommentierung zu § 77 SGB XII Rn. 37 ff.) – nur die Vergütungsvereinbarung als schiedsstellenfähig ansieht und die Vertragsparteien in Kenntnis der Probleme bei einer gerichtlichen Entscheidung über den Abschluss von Vereinbarungen letztlich wesentliche Leistungsmerkmale im Rahmen der Vergütungsvereinbarung regeln, um eine Inanspruchnahme der Gerichte in Bezug auf die Leistungsvereinbarung zu vermeiden.[110]

cc. Zuordnung der Hilfeempfänger zu Hilfebedarfsgruppen (Absatz 2 Satz 3)

70 Die konkrete Zuordnung des bedürftigen Hilfeempfängers zu den abstrakt festgelegten Hilfebedarfsgruppen muss in einem nachvollziehbaren und nachprüfbaren Verfahren erfolgen. Das Gesetz enthält hierfür keine Vorgaben. Entsprechende Regelungen sind vielmehr ausdrücklich den Landesrahmenvereinbarungen vorbehalten (§ 79 Abs. 1 Satz 1 Nr. 2 SGB XII). Weil das Zuordnungsverfahren die Höhe der dem Leistungserbringer zustehenden Vergütung maßgeblich beeinflusst, verwundert es nicht, dass je nach den Interessen der am Abschluss der Vergütungsvereinbarung beteiligten Vertragsparteien unterschiedliche Zuordnungsverfahren favorisiert werden.

---

[106] Ebenso: *Baur* in: Mergler/Zink, SGB XII, § 76 Rn. 21.
[107] BGBl I 2009, 1939.
[108] BT-Drs. 16/13424, S. 35, 38.
[109] Zur Bildung von Leistungstypen und Hilfebedarfsgruppen vgl. LSG Sachsen v. 12.12.2013 - L 8 SO 71/13 B ER; LSG Baden-Württemberg v. 28.12.2011 - L 7 SO 2237/11 ER B.
[110] Ähnlich: *Baehrens/Bachert/Höschele*, NDV 2005, 326, 328.

In der Praxis hat sich ein von den Einrichtungsträgern bevorzugtes Punktesystem – das sogenannte **Metzler-Verfahren** – durchgesetzt. Es beruht auf einem von Dr. Heidrun Metzler 1998 erstellten Gutachten, in dem ein Modell zur Bildung von Hilfebedarfsgruppen entwickelt wurde.[111] Das Verfahren wurde in einem Modellversuch in Baden-Württemberg getestet und findet seitdem überwiegend Anwendung. Das System gibt fünf Hilfebedarfsgruppen vor und regelt die Zuordnung der bedürftigen Hilfeempfänger zu diesen Gruppen. Dabei werden zunächst bestimmte Hilfebereiche gebildet (alltägliche Lebensführung; individuelle Basisversorgung; Gestaltung sozialer Beziehungen, Teilnahme am kulturellen und gesellschaftlichen Leben; Kommunikation; emotionale und psychische Entwicklung; Gesundheitsförderung und Erhaltung). Die Bereiche werden durch Aktivitäten umschrieben, die in 34 Untergruppen festgestellt werden. Dem stehen vier Bedarfskategorien gegenüber: keine Hilfe erforderlich/gewünscht (1. Kategorie); Beratung/Assistenz/Hilfestellung (2. Kategorie); stellvertretende Ausführung/teilweise Anleitung (3. Kategorie); umfassende Hilfestellung/intensive Anleitung und Begleitung (4. Kategorie). Diesen Bedarfskategorien sind verschieden hohe Punktwerte zugeordnet. Entsprechend diesem Modell wird ein addierter Punktwert für den jeweiligen bedürftigen Hilfeempfänger ermittelt, der dessen Zuordnung zu einer der festgelegten Hilfebedarfsgruppen erlaubt.[112] Gegen dieses Zuordnungsverfahren wird von Seiten der überörtlichen Sozialhilfeträger eingewandt, es perpetuiere das Selbstkostendeckungsprinzip alter Prägung.[113] Zudem könne der tatsächliche quantitative Hilfebedarf nicht anhand von Punkten nachgewiesen werden, so dass mit einem Punktesystem rehabilitationshinderliche Strukturen fortgeschrieben würden.[114] Das Metzler-Verfahren führt nach den Erfahrungen im Rahmen von Modellversuchen in Bezug auf bestimmte sozialhilferechtlich relevante Personengruppen nicht zu sachgerechten Ergebnissen.[115] Insoweit ist es Aufgabe der Rahmenvertragsparteien, eine Weiterentwicklung bzw. Ergänzung des Metzler-Verfahrens zu prüfen.[116]

71

Die Sozialhilfeträger befürworten dagegen ein Vorgehen nach der „**Top-Down-Methode**". Dieses Berechnungsmodell geht von den aktuell vereinbarten und finanzierten Grund- und Maßnahmepauschalen aus und ermittelt auf dieser Grundlage den Personalbedarf und die hierfür aufzuwendenden Kosten. Es ermittelt also die angemessene Vergütung personalbezogen und vom derzeitigen Preisniveau ausgehend.[117] Dieses an den Personalkosten orientierte Verfahren kann auch mit dem am Hilfebedarf orientierten Metzler-Verfahren kombiniert werden.[118] Hiergegen wird von den Einrichtungsträgern kritisch eingewandt, dieses Zuordnungsmodell sei lediglich ein probates Mittel, um die Personalschlüssel abzusenken.[119]

72

Teilweise haben sich in der Praxis eigenständige Verfahren zur Ermittlung des Hilfebedarfs herausgebildet.[120] Das für die Zuordnung in Hilfebedarfsgruppen maßgebliche **Verfahren** wird überwiegend **in den Landesrahmenvereinbarungen** festgelegt.[121] Teilweise schließen diese Vereinbarungen auf Landesebene auch die Bildung von Hilfebedarfsgruppen für bestimmte Leistungsarten aus.[122]

73

Wer die Zuordnung in die Hilfebedarfsgruppen (**Eingruppierungszuständigkeit**) verfahrensrechtlich vornimmt, ist ebenfalls nicht bzw. nicht einheitlich geregelt. Hierfür bestehen vier Möglichkeiten: Die Eingruppierung kann durch den Sozialhilfeträger oder den Leistungserbringer bzw. im Einvernehmen beider erfolgen oder aber einer dritten Stelle (z.B. der in einigen Landesrahmenvereinbarungen vorge-

74

---

[111] Zum Metzler-Verfahren: *Brünner/Philipp*, RsDE Nr. 67 (2008), 1, 2 ff.; *Baur*, NDV 2000, 15 ff.
[112] Teilweise sind von den nach den jeweiligen Landesrahmenvereinbarungen zu bildenden Vertragskommissionen bzw. Gemeinsamen Anwendungshinweise von Metzler-Verfahren beschlossen worden (vgl. z.B. Niedersächsische Anwendungshinweise zum HMB-W-Verfahren).
[113] Darstellung der Kritik bei: *Neumann* in: Hauck/Noftz, SGB XII, § 76 Rn. 13.
[114] *Krüger/Kunze/Kruckenberg*, NDV 2000, 193, 194.
[115] SG Ulm v. 02.05.2006 - S 3 SO 4211/05 ER und LSG Baden-Württemberg v. 13.03.2006 - L 7 SO 1902/06 ER-B jeweils zu Defiziten des Metzler-Verfahrens in Bezug auf die Personengruppe behinderter Menschen mit schwer herausforderndem Verhalten.
[116] SG Ulm v. 02.05.2006 - S 3 SO 4211/05 ER.
[117] Dazu: *Vigener/Bretzinger*, NDV 2005, 11 ff.; *Baehrens/Bachert/Höschele*, NDV 2005, 326, 327 f.
[118] *Vigener/Bretzinger*, NDV 2005, 11, 16.
[119] *Baehrens/Bachert/Höschele*, NDV 2005, 326.
[120] Vgl. *Krüger/Kunze/Kruckenberg*, NDV 2000, 193 197 ff.
[121] Z.B. § 15 Abs. 2 Rahmenvertrag nach § 79 Abs. 1 SGB XII für Baden-Württemberg vom 15.12.1998; § 14 Abs. 3 i.V.m. Anlage 1 Hessischer Rahmenvertrag nach § 79 Abs. 1 SGB XII.
[122] Vgl. § 15 Abs. 2 Rahmenvertrag nach § 79 Abs. 1 SGB XII für Baden-Württemberg vom 15.12.1998 in Bezug auf Leistungen nach § 68 SGB XII.

sehenen Gemeinsamen Kommission oder Entgeltkommission) übertragen werden. Maßgebend sind insoweit die Regelungen in den Landesrahmenvereinbarungen. Fehlt eine entsprechende Bestimmung, muss im Zweifel der Sozialhilfeträger die Zuordnung zu den Hilfebedarfsgruppen vornehmen.[123] Denn die Zuordnung zu den Hilfebedarfsgruppen dient primär der Ermittlung des Hilfebedarfs im Grundverhältnis. Nur sekundär i.S.e. Rechtsreflexes wird damit auch ein Kriterium für die Festlegung der leistungsgerechten Vergütung des Leistungserbringers geregelt. Die Bedarfsermittlung ist eine ausschließlich dem Sozialhilfeträger zugewiesene Aufgabe (vgl. dazu Rn. 75 f.). Nimmt der Sozialhilfeträger die Zuordnung zu den Hilfebedarfsgruppen selbst vor, ist nach den Erfahrungen der Praxis für die übrigen Beteiligten des sozialhilferechtlichen Dreiecksverhältnisses in der Regel nicht transparent, welches Verfahren hierfür maßgebend war.[124]

dd. Rechtsnatur der Zuordnung zu den Hilfebedarfsgruppen

75 Maßgebend für die Rechtsnatur der Zuordnung zu den Hilfebedarfsgruppen ist deren **Bedeutung und Funktion im sozialhilferechtlichen Dreiecksverhältnis**. Ausgangspunkt dieser Beurteilung sind die im sozialhilferechtlichen Dreiecksverhältnis zusammengefassten Rechtsbeziehungen und deren Verhältnis zueinander (vgl. dazu die Kommentierung zu § 75 SGB XII). Das zwischen dem bedürftigen Hilfeempfänger und dem Sozialhilfeträger bestehende öffentlich-rechtliche Grundverhältnis und das privatrechtliche Erfüllungsverhältnis zwischen dem Leistungserbringer und dem bedürftigen Hilfeempfänger sind zwei voneinander getrennt zu beurteilende Rechtsbeziehungen unterschiedlicher Rechtsnatur. Durch die zwischen dem Sozialhilfeträger und dem Leistungserbringer zu schließende Vereinbarung entsteht zwischen diesen Vertragsparteien das sogenannte Sachleistungsverschaffungsverhältnis, das die beiden anderen Rechtsbeziehungen zu einem Dreieck verbindet.[125] Die **Vereinbarung** begründet jedoch keine **eigenen Ansprüche oder Rechtspositionen des Leistungserbringers** gegen den Hilfeempfänger oder den Sozialhilfeträger. Vielmehr gehen vom Sachleistungsverschaffungsverhältnis lediglich Rechtsreflexe aus, welche die anderen Rechtsbeziehungen beeinflussen. Mit der das Sachleistungsverschaffungsverhältnis begründenden Vereinbarung hat der Gesetzgeber einen Modus geschaffen, der dem Sozialhilfeträger die Erbringung von Leistungen durch Dritte bei gleichzeitiger Wahrnehmung der ihm obliegenden Gewährleistungsverantwortung[126] ermöglicht. Die Vereinbarung als originäres Regelungsinstrumentarium des Leistungserbringungsrechts dient lediglich der Erbringung von Sozialhilfeleistungen im Grundverhältnis, schafft aber keine davon unabhängigen eigenständigen Ansprüche für den in die Leistungserbringung eingeschalteten Einrichtungsträger. Dieser erwirbt lediglich einen unmittelbaren Zahlungsanspruch gegen den Sozialhilfeträger im Umfang der im Grundverhältnis erklärten und mit einem Schuldbeitritt verbundenen Kostenübernahme.[127]

76 Von dieser **dienenden Funktion des Leistungserbringungsrechts** ausgehend ist auch die Rechtsnatur der Eingruppierung in die Hilfebedarfsgruppe zu verstehen. Mit der Zuordnung des bedürftigen Hilfeempfängers zu einer bestimmten Hilfebedarfsgruppe wird primär dessen quantitativer Bedarf im Grundverhältnis durch den Sozialhilfeträger ermittelt. Es handelt sich um ein dem öffentlichen Recht zuzuordnendes Verfahren der Bedarfsfeststellung, unabhängig davon, von wem die Eingruppierung vorgenommen wird (vgl. Rn. 74). Die Zuordnung des bedürftigen Hilfeempfängers zu einer bestimmten Hilfebedarfsgruppe ist ein wesentlicher Zwischenschritt im Rahmen der Feststellung der ihm zustehenden und vom Sozialhilfeträger zu gewährenden Sozialhilfeleistung. Die Eingruppierung beein-

---

[123] BSG v. 02.02.2010 - B 8 SO 20/08 R.

[124] Vgl. dazu mit Beispielen: *Brünner/Philipp*, RsDE Nr. 67 (2008), 1, 4.

[125] Vgl. dazu BSG v. 18.03.2014 - B 8 SF 2/13 R; BSG v. 28.10.2008 - B 8 SO 22/07 R - BSGE 102, 1 = SozR 4-1500 § 75 Nr. 9; BSG v. 02.02.2010 - B 8 SO 20/08 R; LSG Sachsen v. 12.12.2013 - L 8 SO 71/13 B ER; LSG Saarland v. 24.10.2013 - L 11 SO 15/12 WA; *Eicher*, SGb 2013, 127, 128 f.; *Pattar*, SozialRecht aktuell 2012, 85, 88 f.; *Jaritz*, SozialRecht aktuell 2012, 105, 106.

[126] Zur Gewährleistungsverantwortung: BSG v. 18.03.2014 - B 8 SF 2/13 R zur Veröffentlichung in BSGE und SozR vorgesehen; BSG v. 02.02.2010 - B 8 SO 20/08 R; BSG v. 28.10.2009 - B 8 SO 22/07 R - BSGE 102, 1 = SozR 4-1500 § 75 Nr. 9; LSG Berlin-Brandenburg v. 11.11.2013 - L 15 SO 295/12 B; *Eicher*, SGB 2013, 127, 129.

[127] BSG v. 18.03.2014 - B 8 SF 2/13 R; BSG v. 23.08.2013 - B 8 SO 10/12 R - SozR 4-1500 § 130 Nr. 4; BSG v. 28.10.2008 - B 8 SO 22/07 R - BSGE 102, 1 = SozR 4-1500 § 75 Nr. 9; BSG v. 02.02.2010 - B 8 SO 20/08 R; LSG Saarland v. 24.10.2013 - L 11 SO 15/12 WA; LSG Baden-Württemberg v. 18.04.2012 - L 2 SO 5276/10; LSG Rheinland-Pfalz v. 25.11.2010 - L 1 SO 8/10; *Eicher*, SGb 2013, 127 ff.; *Coseriu*, SozialRecht aktuell 2012, 99 ff.

flusst unmittelbar nur das Grundverhältnis und den in diesem Verhältnis bestehenden Anspruch des bedürftigen Hilfeempfängers gegen den Sozialhilfeträger. Andererseits ist die Hilfebedarfsgruppenzuordnung für die Kalkulation der Maßnahmepauschale (vgl. Rn. 40, Rn. 48) und somit letztlich für die Vergütung des Leistungserbringers von Bedeutung.[128] Die in der Vergütungsvereinbarung zwischen Sozialhilfeträger und Leistungserbringer festgelegte Vergütung ist wiederum für den im Erfüllungsverhältnis vereinbarten zivilrechtlichen Entgeltanspruch des Leistungserbringers maßgebend[129] (für den Heimvertrag über § 7 Abs. 2 WBVG; für alle übrigen Verträge über den Rechtsgedanken des § 32 SGB I – vgl. dazu die Kommentierung zu § 75 SGB XII). Allerdings erwirbt der Leistungserbringer nur im Umfang der auf einer bestimmten Hilfebedarfsgruppenzuordnung basierenden Kostenübernahme im Grundverhältnis zwischen Sozialhilfeträger und bedürftigem Hilfeempfänger einen unmittelbaren Zahlungsanspruch gegen den Sozialhilfeträger.[130] Weder durch die im Grundverhältnis erklärte Kostenübernahme noch durch die mit dem Sozialhilfeträger geschlossene Vereinbarung werden eigene und über die dem bedürftigen Hilfeempfänger zugestandenen Leistungen hinausgehende Ansprüche des Leistungserbringers begründet. Die Rechtsposition des Leistungserbringers wird daher durch die Eingruppierung des bedürftigen Hilfeempfängers zwar beeinflusst, allerdings nur im Sinne eines Rechtsreflexes.

Die Zuordnung des bedürftigen Hilfeempfängers zu einer abstrakt festgelegten Hilfebedarfsgruppe ist daher **kein an den Leistungserbringer adressierter Verwaltungsakt**.[131] Der Leistungserbringer hat nicht die Möglichkeit, gegen die Eingruppierung zu klagen, weil er hierdurch **nicht in eigenen subjektiven Rechten betroffen ist**.[132] Auch im Bereich der gesetzlichen Pflegeversicherung hat die Pflegeeinrichtung als Leistungserbringer kein eigenes Klagerecht im Einstufungsverfahren des Bewohners.[133] Im Pflegeversicherungsrecht kann der Einrichtungsträger den Heimbewohner zwar zur Stellung eines Höherstufungsantrags auffordern (§ 87a Abs. 2 SGB XI), hat aber weder ein (Dritt-)Widerspruchsrecht noch ein eigenes Klagerecht im Einstufungsverfahren des Bewohners.[134] Allerdings wird der Pflegeeinrichtung von der Rechtsprechung in Ansehung des in § 72 Abs. 4 Satz 3 SGB XI i.V.m. § 82 Abs. 1 Satz 1 Nr. 1 SGB XI und § 84 Abs. 2 Satz 2 SGB XI zum Ausdruck kommenden Anspruchs auf eine leistungsgerechte Vergütung ein eigener Anspruch auf Zahlung eines der richtigen Pflegestufe entsprechenden Pflegesatzes zugestanden.[135] Im Rahmen einer solchen Vergütungsklage wird inzident die bisherige Einstufung des Pflegebedürftigen überprüft.[136] Diese Rechtsprechung ist aber den Besonderheiten des Systems der Pflegeversicherung geschuldet, nach dem der Leistungserbringer – anders als im Sozialhilferecht – keinen eigenen Anspruch gegen den Pflegebedürftigen hat. Das sozialhilferechtliche Leistungserbringungsrecht ist an das System des pflegeversicherungsrechtlichen Leistungserbringungsrechts zwar angelehnt, hat es aber nicht in vollem Umfang übernommen.[137]

---

[128] SG Berlin v. 27.08.2012 - S 0 SO 1638/09.
[129] Vgl. dazu: *Eicher*, SGb 2013, 127 ff.; *Jaritz*, SozialRecht aktuell 2012, 105, 106.
[130] BSG v. 18.03.2014 - B 8 SF 2/13 R; BSG v. 23.08.2013 - B 8 SO 10/12 R - SozR 4-1500 § 130 Nr. 4; BSG v. 28.10.2008 - B 8 SO 22/07 R - BSGE 102, 1 = SozR 4-1500 § 75 Nr. 9; BSG v. 02.02.2010 - B 8 SO 20/08 R.
[131] SG München v. 12.03.2013 - S 48 SO 395/09 bestätigt durch LSG Bayern v. 31.10.2013 - L 8 SO 88/13; SG Berlin v. 14.11.2008 - S 90 SO 1237/06; a.A. *Brünner/Philipp*, RsDE Nr. 67 (2008), 1, 20 ff.; *Flint* in: Grube/Wahrendorf, SGB XII, 5. Aufl., § 76 Rn. 32; wohl auch *Baur* in: Mergler/Zink, SGB XII, § 76 Rn. 22; ohne eindeutige Positionierung: *Grube*, RsDE Nr. 52 (2003), 25, 35; differenziert: *Pattar*, SozialRecht aktuell 2012, 85, 96 f. nach dessen Auffassung der Sozialhilfeträger zwar nicht verpflichtet, aber berechtigt ist, Leistungstyp und Hilfebedarfsgruppe durch Verwaltungsakt festzulegen.
[132] SG München v. 12.03.2013 - S 48 SO 395/09 bestätigt durch LSG Bayern v. 31.10.2013 - L 8 SO 88/13; SG Berlin v. 27.08.2012 - S 90 SO 1638/09; SG Berlin v. 14.11.2008 - S 90 SO 1237/06; A.A. *Brünner/Philipp*, RsDE Nr. 67 (2008), 1, 20 ff.; *Flint* in: Grube/Wahrendorf, SGB XII, 5. Aufl., § 76 Rn. 32; wohl auch *Baur* in: Mergler/Zink, SGB XII, § 76 Rn. 22.
[133] BSG v. 01.09.2005 - B 3 P 4/04 R - BSGE 95, 102, 104.
[134] BSG v. 01.09.2005 - B 3 P 4/04 R - BSGE 95, 102.
[135] BSG v. 01.09.2005 - B 3 P 4/04 R - BSGE 95, 102, 108.
[136] BSG v. 07.10.2010 - B 3 P 4/09 R - BSGE 107, 37 = SozR 4-3300 § 87a Nr. 1; BSG v. 01.09.2005 - B 3 P 4/04 R - BSGE 95, 102.
[137] BSG v. 28.10.2008 - B 8 SO 22/07 R - BSGE 102, 1 = SozR 4-1500 § 75 Nr. 9, zu den Unterschieden zwischen dem Leistungserbringungsrecht des SGB XII und dem des SGB XI vgl. auch: SG Hildesheim v. 28.09.2010 - S 34 SO 252/05.

78　Ob die **Einstufung** des Hilfebedürftigen **in** eine bestimmte **Hilfebedarfsgruppe** einen für diesen gesondert anfechtbaren **Verwaltungsakt** darstellt, muss durch Auslegung des ergangenen Bescheides im Einzelfall festgestellt werden. Im Regelfall wird im Bewilligungsbescheid eine bestimmte Leistungshöhe angegeben. Soweit nachfolgend die Zusammensetzung dieses Betrages näher erläutert und in diesem Rahmen auch die **Eingruppierung** dargelegt wird, handelt es sich um ein **Berechnungselement**[138], das der Bescheidbegründung zuzuordnen ist. Eine hiergegen gerichtete Klage wäre als **unzulässige Elementenfeststellungsklage** zu werten[139]. Allerdings kann die Eingruppierung als Berechnungselement der Leistungshöhe von den Sozialgerichten in vollem Umfang überprüft werden, wenn der bedürftige Hilfeempfänger gegen den Sozialhilfeträger im Grundverhältnis auf die Gewährung höherer als der bewilligten Leistungen klagt.

79　Soweit ein **gesonderter Eingruppierungsbescheid** an den bedürftigen Hilfeempfänger ergeht – was die Ausnahme sein dürfte – oder der an den bedürftigen Hilfeempfänger adressierte Bewilligungsbescheid die Eingruppierung in einem besonderen Verfügungssatz regelt, handelt es sich bei diesem Bescheid um einen rechtswidrigen **Formverwaltungsakt**[140]. Anders als im Pflegeversicherungsrecht (§ 15 SGB XI i.V.m. § 87a Abs. 2 SGB XI) ermächtigt das SGB XII den Sozialhilfeträger nicht dazu, gesondert über die Eingruppierung des bedürftigen Hilfeempfängers in eine Hilfebedarfsgruppe als einzelnes Tatbestandsmerkmal zu entscheiden. Mit einem solchen Schreiben bzw. einer solchen Feststellung im Bewilligungsbescheid wird gegenüber dem bedürftigen Hilfeempfänger keine eigenständige Regelung i.S.d. Begründung, Aufhebung oder bindenden Feststellung eines subjektiven Rechts getroffen. Vielmehr wird lediglich das Ergebnis eines verwaltungsinternen Verfahrens zur Ermittlung des Bedarfs mitgeteilt. Wird jedoch durch Form und Inhalt eines solchen Schreibens oder eines eigenständigen Verfügungssatzes der Anschein eines Verwaltungsaktes erweckt, hat der bedürftige Hilfeempfänger als Adressat dieses Formverwaltungsaktes die Möglichkeit, gegen diesen Verwaltungsakt im Wege des Widerspruchs bzw. der Klage vorzugehen.

ee. Rechtsschutz in Bezug auf die Zuordnung zu einer Hilfebedarfsgruppe

80　Ist der Leistungserbringer der Auffassung, dass die in einer Bewilligungsentscheidung im Grundverhältnis vorgenommene Einstufung in eine bestimmte Hilfebedarfsgruppe nicht zutreffend ist, kann er den bedürftigen Hilfeempfänger auffordern, hiergegen mit dem Widerspruch bzw. der Klage vorzugehen. Allerdings kann der Leistungserbringer den bedürftigen Hilfeempfänger hierzu weder zwingen noch steht ihm ein eigenes Widerspruchs- bzw. Klagerecht zu (vgl. Rn. 77). Im Unterschied zum Pflegeversicherungsrecht (vgl. Rn. 78) steht dem Leistungserbringer grundsätzlich auch kein gerichtlich durchsetzbarer Anspruch gegen den Sozialhilfeträger auf Zahlung einer der richtigen Hilfebedarfsgruppeneinstufung entsprechenden Vergütung zu.

81　Erhebt der bedürftige Hilfeempfänger **Klage gegen** den im Grundverhältnis erteilten **Bewilligungsbescheid**, ist der **Leistungserbringer** aufgrund der Verknüpfung der im Grundverhältnis erklärten Kostenübernahme und des Schuldbeitritts mit einem Zahlungsanspruch des Leistungserbringers gegen den Sozialhilfeträger **notwendig beizuladen**, weil insoweit die Entscheidung nur einheitlich gegenüber dem bedürftigen Hilfeempfänger und dem Leistungserbringer ergehen kann.[141] In diesem Verfahren ist die Einstufung in eine Hilfebedarfsgruppe als Berechnungselement der bewilligten Leistung inzident zu prüfen.[142]

---

[138] BSG v. 02.02.2010 - B 8 SO 20/08 R; a.A. i.S.d. Annahme eines Verwaltungsaktes wohl: *Münder* in: LPK-SGB XII, 9. Aufl., § 76 Rn. 20; *Flint* in: Grube/Wahrendorf, SGB XII, 5. Aufl., § 76 Rn. 32; *Grube*, RsDE Nr. 52 (2003), 25, 35 f.; *Brünner/Philipp*, RsDE Nr. 67 (2008), 1, 17 ff.; *Dillmann*, SozialRecht aktuell 2012, 181, 184 f.

[139] BSG v. 13.03.2001 - B 3 P 10/00 R - SozR 3-3000 § 38 Nr. 2 zur unzulässigen Elementenfeststellungsklage in Bezug auf die Methode der Leistungsberechnung; BSG v. 24.10.1996 - 4 RA 108/95 - SozR 3-2600 § 58 Nr. 9 zur unzulässigen Elementenfeststellung bei Bewertung einer Zeit als Anrechnungszeit.

[140] Zum Begriff des Formverwaltungsaktes: BSG v. 20.10.2005 - B 7a AL 18/05 R - BSGE 95, 176 = SozR 4-4300 § 119 Nr. 3; anderes Begriffsverständnis: *Baumeister*, SGb 2006, 549, 551 f.

[141] BSG v. 23.08.2013 - B 8 SO 10/12 R - SozR 4-1500 § 130 Nr. 4; BSG v. 28.10.2008 - B 8 SO 22/07 R - BSGE 102, 1 = SozR 4-1500 § 75 Nr. 9; BSG v. 02.02.2010 - B 8 SO 20/08 R; *Eicher*, SGb 2013, 127, 130; *Coseriu*, SozialRecht aktuell 2012, 99, 101.

[142] Ebenso: SG Berlin v. 27.08.2012 - S 90 SO 1638/09.

Darüber hinaus kann der Leistungserbringer lediglich im Erfüllungsverhältnis den bedürftigen Hilfeempfänger unter Berufung auf die aus seiner Sicht fehlerhafte Eingruppierung zivilrechtlich auf Zahlung einer höheren Vergütung verklagen. Geht der bedürftige Hilfeempfänger gleichzeitig im Grundverhältnis gegen den Bewilligungsbescheid vor und verklagt den Sozialhilfeträger, sind unterschiedliche Entscheidungen im sozialgerichtlichen und zivilgerichtlichen Verfahren in Bezug auf die Eingruppierung denkbar, weil sich die Rechtskraft des sozialgerichtlichen Urteils nicht auf dessen Gründe erstreckt. Die Zivilgerichte sind in vollem Umfang berechtigt, die Eingruppierung zu prüfen. Dabei sind sie insbesondere nicht an die diesbezügliche Feststellung durch den Sozialhilfeträger, den Leistungserbringer oder eine dritte Stelle (vgl. dazu Rn. 74) gebunden. Diese Feststellung entfaltet keine **Tatbestandswirkung**[143]. Eine entsprechende Bindungswirkung ist weder gesetzlich angeordnet bzw. der Gesamtkonzeption der gesetzlichen Regelung zu entnehmen, noch handelt es sich bei der Zuordnung zu einer Hilfebedarfsgruppe um eine gestaltende und konstitutive Feststellung i.S.e. Statusentscheidung. Dem Sozialhilfeträger kann in dem zwischen dem Leistungserbringer und dem bedürftigen Hilfeempfänger geführten Zivilrechtsstreit auch nicht der Streit verkündet werden, denn eine Streitverkündung nach § 72 ZPO ist nur möglich, wenn der Drittanspruch, dessentwegen die Streitverkündung erfolgt, mit dem im Erstprozess des Streitverkünders geltend gemachten Anspruch in einem Verhältnis der wechselseitigen Ausschließung (echtes Alternativverhältnis) steht.[144]

82

Von diesen Grundsätzen für das Eingruppierungsverfahren ausgehend sind folgende **praxisrelevante Fallkonstellationen** denkbar:

83

Zum einen kann **im Erfüllungsverhältnis** zwischen dem bedürftigen Hilfeempfänger und dem Leistungserbringer als Vergütung bzw. Entgelt ein **bestimmter Betrag vertraglich geregelt** sein. Dieser Betrag muss der Höhe nach der zwischen Sozialhilfeträger und Leistungserbringer vereinbarten Vergütung entsprechen. Dies folgt für **Verträge nach dem WBVG** aus § 7 Abs. 2 WBVG, wonach in Verträgen mit Verbrauchern, denen Hilfe in Einrichtungen nach dem SGB XII gewährt wird, die aufgrund des 10. Kapitels des SGB XII festgelegte Höhe des Entgelts als vereinbart und angemessen gilt (vgl. dazu die Kommentierung zu § 75 SGB XII). Das aufgrund des 10. Kapitels des SGB XII „festgelegte" Entgelt bezeichnet die Vergütung, die sich aus den in § 76 Abs. 2 Satz 1 SGB XII geregelten Pauschalen und Beträgen zusammensetzt. Der Leistungserbringer ist daher im Erfüllungsverhältnis grundsätzlich an die öffentlich-rechtlich festgesetzte Vergütung gebunden. Für alle übrigen Verträge ist die Korrelation des im Erfüllungsverhältnis geregelten Entgelts mit der im Sachleistungsverschaffungsverhältnis vereinbarten Vergütung aus dem Rechtsgedanken des § 32 SGB I abzuleiten (vgl. die Kommentierung zu § 75 SGB XII). Diese Bindung ist jedoch nur eine vorläufige. Hält der Leistungserbringer die im öffentlich-rechtlichen Grund- und Sachleistungsverschaffungsverhältnis vorgenommene und für seine Vergütung maßgebliche Eingruppierung des bedürftigen Hilfeempfängers für fehlerhaft, muss er vor dem Hintergrund von Art. 19 Abs. 4 GG die Möglichkeit haben, diese überprüfen zu lassen.[145] Weil sich aber der Vergütungsanspruch des Leistungserbringers allein aus dem privat-rechtlichen Erfüllungsverhältnis ergibt, muss die von ihm für zutreffend erachtete (höhere) Eingruppierung bzw. Vergütung im Zivilrechtsweg geltend gemacht werden (vgl. Rn. 82).[146] Die Zivilgerichte prüfen in diesem Fall, welche Entgelthöhe zutreffend ist, d.h., welches Entgelt richtigerweise als nach dem Zehnten Kapitel des SGB XII „festgelegt" gilt. Dabei muss von den Zivilgerichten ein öffentlich-rechtlicher Prüfungsmaßstab angewandt und insbesondere geprüft werden, ob die nach der im Sachleistungsverschaffungsverhältnis geschlossenen Vereinbarung zuständige Stelle die Eingruppierung vorgenommen hat. Ferner kann das Verfahren der Zuordnung zu den Hilfebedarfsgruppen vom Zivilgericht in vollem Umfang überprüft werden. Dabei ist das Zivilgericht weder an die öffentlich-rechtliche Feststellung der Hilfebedarfsgruppe (vgl. zur fehlenden Tatbestandswirkung Rn. 82) noch an ein schon bestehendes sozialgerichtliches Urteil, in dem die Bewilligung und damit die Eingruppierung als Berechnungselement der Bewilligung auf Veranlassung des bedürftigen Hilfeempfängers geprüft wurde, gebunden (vgl. zur Rechtskraftwirkung Rn. 82). Bis zum Abschluss eines entsprechenden Zivilgerichtsverfahrens darf der

84

---

[143] Zur Tatbestandswirkung: *Keller* in: Meyer-Ladewig/Keller/Leitherer, SGG, 10. Aufl., § 141 Rn. 4; BSG v. 17.06.2009 - B 6 KA 16/08 R - BSGE 103, 243 = SozR 4-2500 § 95b Nr. 2 zur Tatbestandswirkung der Feststellungen der Aufsichtsbehörde nach § 72a SGB V; zur Tatbestands- und Feststellungswirkung allgemein vgl. BSG v. 19.03.1998 - B 7 AL 86/96 R - SozR 3-4100 § 112 Nr. 29.

[144] *Vollkommer* in: Zöller, ZPO, 29. Aufl., § 72 Rn. 5; vgl. auch: *Pattar*, SozialRecht aktuell 2012, 85, 97.

[145] So im Ergebnis, aber mit anderen Konsequenzen (Einstufung der Eingruppierung als Verwaltungsakt): *Flint* in: Grube/Wahrendorf, SGB XII, 5. Aufl., § 76 Rn. 32; *Brünner/Philipp*, RsDE Nr. 67 (2008), 1, 20 ff.

[146] Dazu: *Eicher*, SGb 2013, 127, 130 f.; ebenso: *Pattar*, SozialRecht aktuell 2012, 85, 96 f.

Leistungserbringer vom Hilfeempfänger jedoch wegen der Regelung des § 7 Abs. 2 WBVG (für andere als Heimverträge über den Rechtsgedanken des § 32 SGB I) nur das Entgelt fordern, dass der im öffentlich-rechtlichen Rechtsverhältnis festgelegten Vergütung entspricht. Kommt das Zivilgericht zu dem Ergebnis, dass dem Leistungserbringer aufgrund einer anderen Beurteilung der Eingruppierung ein höheres Entgelt zusteht, kann dieser nach Abschluss des zivilrechtlichen Verfahrens das höhere Entgelt – ggf. auch rückwirkend – im Erfüllungsverhältnis vom Hilfeempfänger verlangen. Dieser muss dann wiederum seinen bestehenden höheren Bedarf gegenüber dem Sozialhilfeträger geltend machen, der die Übernahme der dann tatsächlichen anfallenden höheren Kosten aufgrund der Gewährleistungsverantwortung nicht versagen darf.

85 Sieht der **im Erfüllungsverhältnis** geschlossene Vertrag vor, dass die **Vergütung und die Hilfebedarfsgruppe durch** den **Leistungserbringer festgelegt** wird – was kaum realistisch sein dürfte –, kann diese Festlegung in einem Klageverfahren des bedürftigen Hilfeempfängers gegen den Sozialhilfeträger auf Gewährung höherer Leistungen durch die Sozialgerichte überprüft werden. Rechtliche Grundlage für das **Bestimmungsrecht des Leistungserbringers** ist **§ 316 BGB**. Diese Bestimmung darf aber nicht willkürlich sein, sondern ist nach billigem Ermessen vorzunehmen (§ 315 BGB). Was billig und angemessen ist, beurteilt sich nach den Umständen des Einzelfalls. Im Rahmen des billigen Ermessens sind vom Leistungserbringer die Besonderheiten des sozialhilferechtlichen Leistungsrechts und die das sozialhilferechtliche Leistungserbringungsrecht prägenden Grundsätze zu beachten. In diesem Umfang kann seine Bestimmung auch von den Sozialgerichten überprüft werden. War die vom Leistungserbringer vorgenommene Bestimmung unbillig, kann die Vergütung nur dann durch das Sozialgericht festgesetzt werden, wenn insoweit kein Beurteilungsspielraum besteht. Andernfalls kann es den Leistungserbringer nur zur erneuten Ausübung seines Bestimmungsrechts unter Beachtung der Rechtsauffassung des Gerichts verpflichten.

86 Schließlich kann im Erfüllungsverhältnis auch vertraglich geregelt werden, dass sich die **Vergütung des Leistungserbringers nach den „Vereinbarungen"** richtet. Gemeint sind in diesem Fall die im Sachleistungsverschaffungsverhältnis geschlossenen Vereinbarungen i.S.d. § 75 Abs. 3 SGB XII i.V.m. § 76 SGB XII. Bei einer solchen vertraglichen Regelung ist im Einzelfall zu prüfen, durch wen und in welchem Verfahren die Vergütung und die hierfür maßgebliche Zuordnung des Hilfeempfängers zu den Hilfebedarfsgruppen zu erfolgen hat.[147] Klagt der bedürftige Hilfeempfänger im Grundverhältnis gegen den Sozialhilfeträger auf Gewährung einer höheren Leistung, wird die in der Vereinbarung getroffene Vergütungsregelung und das Eingruppierungsverfahren in vollem Umfang von den Sozialgerichten überprüft. Der Leistungserbringer ist in diesem Verfahren wegen des aus dem Schuldbeitritt resultierenden Zahlungsanspruchs notwendig beizuladen[148] (vgl. dazu auch Rn. 81); allerdings stehen ihm keine eigenen Rechte im Hinblick auf seinen Vergütungsanspruch zu. Eine Erhöhung der Vergütung kann er unabhängig vom Grundverhältnis nur im Erfüllungsverhältnis gegenüber dem Hilfeempfänger zivilrechtlich geltend machen (vgl. dazu Rn. 82). Gegebenenfalls kann aus dem Vertrag mit dem bedürftigen Hilfeempfänger die Nebenpflicht des Leistungserbringers abgeleitet werden, zunächst den Ausgang des sozialgerichtlichen Verfahrens abzuwarten.

87 Sieht man – entgegen der hier vertretenen Auffassung (vgl. Rn. 79 f.) – die **Zuordnung** des bedürftigen Hilfeempfängers zu einer bestimmten Hilfebedarfsgruppe **als an den Leistungserbringer gerichteten Verwaltungsakt** an[149], wäre dieser berechtigt, die aus seiner Sicht zutreffende Eingruppierung im Wege der Anfechtungs- und Verpflichtungsklage vor dem Sozialgericht einzuklagen. Konsequenterweise müsste man dann dem Leistungserbringer aber im Grundverhältnis auch eigene Rechte zugestehen, so dass er ggf. berechtigt wäre, den Sozialhilfeträger auf die Gewährung höherer Leistungen zu verklagen. Dies ist aber nach der derzeit bestehenden gesetzlichen Konzeption weder gewollt noch begründbar. Insbesondere würde das Leistungserbringungsrecht dann über die ihm vom Gesetzgeber zugewiesene dienende Funktion hinaus das Leistungsrecht definieren. Letztlich wäre der Leistungser-

---

[147] BSG v. 02.02.2010 - B 8 SO 20/08 R.
[148] BSG v. 23.08.2013 - B 8 SO 10/12 R - SozR 4-1500 § 130 Nr. 4; BSG v. 28.10.2008 - B 8 SO 22/07 R - BSGE 102, 1 = SozR 4-1500 § 75 Nr. 9; BSG v. 02.02.2010 - B 8 SO 20/08 R; *Eicher*, SGb 2013, 127, 130; *Coseriu*, SozialRecht aktuell 2012, 99, 101.
[149] So wohl: *Brünner/Philipp*, RsDE Nr. 67 (2008), 1, 20 ff.; *Flint* in: Grube/Wahrendorf, SGB XII, 5. Aufl., § 76 Rn. 32; wohl auch *Baur* in: Mergler/Zink, SGB XII, § 76 Rn. 22; a.A. SG München v. 12.03.2013 - S 4 SO 395/09; SG Berlin v. 14.11.2008 - S 90 SO 1237/06.

bringer auch nach dieser Rechtsauffassung gezwungen, ein weiteres zivilgerichtliches Verfahren gegen den bedürftigen Hilfeempfänger zu führen, wenn er im Erfüllungsverhältnis einen Vollstreckungstitel anstrebt.

d. Investitionsbetrag (Absatz 2 Satz 1 Alternative 3)

Der dritte Mindestbestandteil der in der Vereinbarung zu regelnden Vergütung des Leistungserbringers ist nicht als Pauschale, sondern als **Betrag** bezeichnet. Dieser Teil der Vergütung orientiert sich daher an der Situation der einzelnen Einrichtung[150] (**einrichtungsindividueller Maßstab**). Der Investitionsbetrag deckt die Kosten für betriebsnotwendigen Anlagen und deren Ausstattung ab. Betriebsnotwendig sind die Anlagen und ihre Ausstattung, die eine Einrichtung benötigt, um die ihr durch das sozialhilferechtliche Leistungs- und Leistungserbringungsrecht zugewiesenen Aufgaben erfüllen zu können.[151] Maßgebend sind daher das Leistungsangebot der Einrichtung und der vom Sozialhilfeträger zu finanzierende Standard.[152] Welche Kosten im Einzelnen beim Investitionsbetrag berücksichtigt werden können, lässt das Gesetz offen. In der Gesetzesbegründung zur Vorgängervorschrift des § 93a BSHG werden exemplarisch die Kosten für die Erst- und Wiederbeschaffung von Anlagegütern, für Miete und Pacht sowie Darlehenszinsen genannt.[153] Eine ähnliche Aufzählung findet sich in § 20 Bundesempfehlungen gemäß § 93d Abs. 3 BSHG und in der Mehrzahl der Landesrahmenvereinbarungen.[154] Es handelt sich jedoch nur um eine exemplarische Aufzählung. Die Regelung über den Investitionsbetrag gilt nicht für zugelassene Pflegeeinrichtungen i.S.d. SGB XI, weil insoweit Sonderregelungen (§ 82 Abs. 2 und 3 SGB XI)[155] maßgebend sind (vgl. Rn. 94 und die Kommentierung zu § 75 SGB XII Rn. 150).

88

Daneben können insbesondere auch die **Kosten für den Erwerb und die Erschließung von Grundstücken** bei der Berechnung des Investitionsbetrages berücksichtigt werden.[156] Zum einen können diese Kosten bereits unter den in der Gesetzesbegründung gewählten Begriff der Kosten für die Erst- und Wiederbeschaffung von Anlagegütern subsumiert werden. Zum anderen wird dem Gebot der Wirtschaftlichkeit (§§ 75 Abs. 3 Satz 2, 76 Abs. 1 Satz 3 SGB XII) und dem aus dem Grundsatz der Leistungsfähigkeit (§ 75 Abs. 3 Satz 2 Alt. 3 SGB XII) abzuleitenden Anspruch der Leistungserbringer auf Gewährung einer leistungsgerechten Vergütung (vgl. dazu Rn. 62) nur dann Rechnung getragen, wenn alle mit dem Betreiben der Einrichtung/des Dienstes notwendig verbundenen Aufwendungen über die Vergütung refinanziert werden.[157] Zudem würde die Nichtberücksichtigung der Aufwendungen für den Erwerb und die Erschließung von Grundstücken zu Wettbewerbsverzerrungen zu Lasten der gewerblichen Einrichtungsträger führen.[158] Werden die Kosten der Einrichtung für Miete und Pacht einer Fremdimmobilie berücksichtigt, kann nichts anders für die Kosten gelten, die entstehen, wenn die Einrichtung ihre Leistungen in einer eigenen Immobilie anbietet.

89

Dieser Wortlaut und Zweck gebotenen Auslegung stehen weder die fehlende Einbeziehung der Aufwendungen für den Erwerb und die Erschließung von Grundstücken in den Investitionsbetrag nach der bisherigen Förderpraxis[159] und die fehlende Erfassung dieser Kosten von der Definition der Investitionsaufwendungen in § 20 der Bundesempfehlungen gemäß § 93d Abs. 3 BSHG[160] entgegen, noch der Umstand, dass diese Aufwendungen im Pflegeversicherungsrecht ebenfalls nicht berücksichtigt werden (§ 82 Abs. 2 Nr. 1 i.V.m. Abs. 3 SGB XI). Die sich im Rahmen zulässiger Auslegung ergebende

90

---

[150] BT-Drs. 13/2440, S. 29.
[151] *Flint* in: Grube/Wahrendorf, SGB XII, 5. Aufl., § 76 Rn. 33.
[152] BT-Drs. 13/2440, S. 30.
[153] BT-Drs. 13/2440, S. 30.
[154] Z.B. § 16 Bremischer Landesrahmenvertrag nach § 79 Abs. 1 SGB XII vom 28.06.2006; § 15 Hessischer Rahmenvertrag nach § 79 Abs. 1 SGB XII vom 24.11.1999.
[155] Dazu: *Weber*, NZS 2013, 406 ff.
[156] Ebenso: *Flint* in: Grube/Wahrendorf, SGB XII, 5. Aufl., § 76 Rn. 35, *Neumann* in: Hauck/Noftz, SGB XII, § 76 Rn. 16 f.; *Münder* in: LPK-SGB XII, 9. Aufl., § 76 Rn. 21.
[157] So im Ergebnis auch: *Flint* in: Grube/Wahrendorf, SGB XII, 5. Aufl., § 76 Rn. 35.
[158] *Neumann* in: Hauck/Noftz, SGB XII, § 76 Rn. 18.
[159] *Baur*, NDV 2000, 15, 18; zur bisherigen Förderpraxis auch: *Neumann* in: Hauck/Noftz, SGB XII, § 76 Rn. 17.
[160] In einer Notiz zu § 20 Abs. 1 der Bundesempfehlungen gemäß § 93d Abs. 3 BSHG wird angemerkt: „Über die Einbeziehung der Aufwendungen für den Erwerb und die Erschließung von Grundstücken konnte kein Einvernehmen erzielt werden." Der Streit um die Berücksichtigung dieser Aufwendungen war einer von mehreren Gründen, die für das Scheitern von Bundesempfehlungen auf der Grundlage von § 79 Abs. 2 SGB XII verantwortlich sind (vgl. dazu: *Flint* in: Grube/Wahrendorf, SGB XII, 5. Aufl., § 76 Rn. 35).

Rechtsfolge einer Norm kann weder durch eine entgegenstehende – wenn auch langjährige – Verwaltungspraxis noch durch Verweis auf die normativen Regelungen eines anderen Rechtsbereichs ausgeschlossen werden. Darüber hinaus ist die Berücksichtigung von Kosten für den Erwerb und die Erschließung von Grundstücken auch im Pflegeversicherungsrecht nach dem Wortlaut des § 82 Abs. 3 SGB XI nicht gänzlich ausgeschlossen. Nach § 82 Abs. 2 Nr. 1 i.V.m. Abs. 3 SGB XI dürfen die genannten grundstücksbezogenen Aufwendungen lediglich nicht bei der Bemessung der Pflegevergütung als eigenständige Rechnungsposten berücksichtigt werden. Allerdings ist es den Pflegeeinrichtungen nicht verwehrt, diese Kosten über Zuschläge zu finanzieren, die der Einrichtung als Teil ihrer Vergütung für den persönlichen Arbeitseinsatz, das Unternehmerrisiko und die Eigenkapitalverzinsung zustehen.[161] Hinzu kommt, dass sich das sozialhilferechtliche Leistungserbringungsrecht zwar am **Maßstab des SGB XI** orientiert, dessen Struktur aber nicht vollständig übernommen hat.

91 Das **Verfahren zur Ermittlung und Bewertung der Investitionskosten** wird vom Gesetz nicht geregelt. Entsprechende Bestimmungen finden sich in den Landesrahmenvereinbarungen.[162]

92 **Maßstab für die Investitionsaufwendungen** sind Inhalt, Umfang und Qualität der Leistungen und somit der Gegenstand der Leistungsvereinbarung, was wiederum den untrennbaren Zusammenhang zwischen Leistungs- und Vergütungsvereinbarung bestätigt[163] (vgl. dazu auch Rn. 30 und die Kommentierung zu § 75 SGB XII).

93 Der Investitionsbetrag als Teil der Vergütungsvereinbarung bezieht sich auf die bei Abschluss der Vergütungsvereinbarung bekannten Kosten für Investitionen. Werden während der Laufzeit der Vergütungsvereinbarung weitere, **nicht vorhersehbare Investitionen** vorgenommen, gilt § 76 Abs. 2 Satz 4 SGB XII (vgl. Rn. 99 ff.), d.h., die investitionsbedingt höhere Vergütung muss vom Sozialhilfeträger nur übernommen werden, wenn er zuvor der Investitionsmaßnahme selbst zugestimmt hat und über die Vergütung erneut verhandelt bzw. die bestehende Vergütungsvereinbarung geändert wurde.

94 **Besonderheiten** bestehen **hinsichtlich der Investitionskosten zugelassener Pflegeeinrichtungen** i.S.d. § 72 SGB XI. Während die Investitionskosten im sozialhilferechtlichen Leistungserbringungsrecht Teil der Vergütung des Leistungserbringers sind (Investitionsbetrag), sind die Investitionsaufwendungen in dem durch das duale Finanzierungssystem geprägten Pflegeversicherungsrecht regelmäßig nicht Teil der Pflegevergütung (§ 82 Abs. 2 SGB XI).[164] Daher stellen die Pflegeeinrichtungen diese Kosten ihren Bewohnern in Rechnung (§ 82 Abs. 3 und 4 SGB XI). Landesrechtlich (teilweise) geförderte Einrichtungen bedürfen hierzu der Zustimmung der zuständigen Landesbehörde (§ 82 Abs. 3 SGB XI).[165] Landesrechtlich nicht geförderte Einrichtungen müssen hingegen die Umlage der Investitionsaufwendungen auf die Bewohner lediglich der zuständigen Landesbehörde anzuzeigen (§ 82 Abs. 4 SGB XI). Sind die Bewohner einer zugelassenen Pflegeeinrichtung bedürftig i.S.d. SGB XII oder werden es durch die Inrechnungstellung der Investitionskosten und verlangen deren Übernahme durch den Sozialhilfeträger, ist dieser nur zur Übernahme verpflichtet, wenn er auf die Höhe des in Rechnung gestellten Investitionsbetrages Einfluss hatte. Dieser Einfluss wird durch **§ 75 Abs. 5 Satz 3 SGB XII** sichergestellt (vgl. dazu die Kommentierung zu § 75 SGB XII Rn. 150). Danach hat der Sozialhilfeträger die Investitionskosten einer zugelassenen Pflegeeinrichtung nur zu übernehmen, wenn er mit der Einrichtung zuvor eine Investitionskostenvereinbarung geschlossen hat. Dies gilt allerdings nur für die Fälle einer landesrechtlich nicht geförderten Einrichtung. Bei landesrechtlicher Förderung geht der Gesetzgeber davon aus, dass mit der Zustimmung der zuständigen Landesbehörde i.S.v. § 82 Abs. 3 SGB XI auch der – ebenfalls landesrechtlichen – Finanzierungsverantwortung des Sozialhilfeträgers Rechnung getragen wurde. Der Sozialhilfeträger ist an die Zustimmung der zuständigen Landesbehörde gebunden; eine gesonderte Investitionsvereinbarung ist in diesem Fällen nicht abzuschließen.

---

[161] *Schütze* in: Udsching, SGB XI, 3. Aufl., § 82 Rn. 18; BSG v. 14.12.2000 - B 3 P 19/00 R - BSGE 87, 199, 203.

[162] Z.B. § 16 Abs. 3 i.V.m. Anlage 4 Bremischer Landesrahmenvertrag nach § 79 Abs. 1 SGB XII vom 28.06.2006; § 15 i.V.m. Anlage 8 Hessischer Rahmenvertrag nach § 79 Abs. 1 SGB XII vom 24.11.1999.

[163] LSG Bayern v. 25.01.2012 - L 8 SO 89/09 KL

[164] Vgl. dazu BSG v. 08.09.2011 - B 3 P 2/11, B 3 P 3/11 und B 3 P 6/10 R.

[165] Vgl. dazu: LSG Berlin-Brandenburg v. 05.12.2013 - L 23 SO 38/10 KL (anhängig beim BSG unter B 8 SO 1/14 R).

e. Anrechnung öffentlicher Förderungen (Absatz 2 Satz 2)

Auf die Vergütung sind Förderungen aus öffentlichen Mitteln anzurechnen. **Öffentliche Förderung** i.S.d. § 76 Abs. 2 Satz 2 SGB XII sind alle Zuwendungen aus dem Finanzhaushalt von Körperschaften des öffentlichen Rechts auf Bundes-, Landes- und kommunaler Ebene sowie von öffentlich-rechtlichen Stiftungen.[166] Anzurechnen sind auch sogenannte verdeckte Investitionen durch haushaltsinterne Umschichtungen bei öffentlichen Einrichtungen.[167] 95

Durch die Anrechnung sollen **Wettbewerbsverzerrungen vermieden** und eine über das Subventionsrecht mögliche – in der Vergangenheit auch praktizierte – verdeckte Angebotssteuerung durch den Sozialhilfeträger verhindert werden[168], denn ein öffentlich geförderter Leistungserbringer kann seine Vergütung wegen dieser Förderung im Regelfall niedriger kalkulieren und verfügt daher über eine bessere Position in dem nach § 75 Abs. 2 Satz 3 SGB XII durchzuführenden Leistungserbringervergleich. Zugleich soll mit der Vorschrift eine **Doppelfinanzierung aus öffentlichen Kassen verhindert werden**.[169] 96

Das **Anrechnungsgebot** ist nicht der Regelung des § 82 Abs. 3 und 4 SGB XI vergleichbar, die auf die Besonderheiten der für die gesetzliche Pflegeversicherung maßgebenden dualen Finanzierung zurückzuführen ist (Tragung der Kosten für Pflegevergütung durch die Pflegekassen und Tragung der Kosten für Unterkunft, Verpflegung und Versorgungsinfrastruktur durch die Länder, vgl. dazu die Kommentierung zu § 75 SGB XII), während das SGB XII von einer **monistischen Finanzierung** (Finanzierung der Vergütung der Leistungserbringer aus einer Hand) ausgeht.[170] Soweit vereinzelt die Auffassung vertreten wird, eine Wettbewerbsverzerrung werde nur dann wirksam verhindert, wenn man neben dem Anrechnungsgebot auch ein Veranschlagungsgebot im Rahmen des Leistungserbringervergleichs annimmt[171], ist dies nicht nachvollziehbar. Das Anrechnungsgebot wirkt – je nach Betrachtungsweise – wie ein Aufschlagsgebot[172], ohne dass ein solches zusätzlich angenommen werden muss. 97

Anzurechnen sind **nur tatsächlich in Anspruch genommene Förderungen**. Eine fiktive Anrechnung öffentlicher Förderungen, auf die zwar ein Anspruch bestanden hat, die aber vom Leistungserbringer tatsächlich nicht in Anspruch genommen worden sind, findet nicht statt.[173] Allerdings kann die fehlende Inanspruchnahme zustehender öffentlicher Förderungen ggf. als unwirtschaftliches Verhalten angesehen werden[174] (vgl. dazu die Kommentierung zu § 75 SGB XII Rn. 81). 98

f. Vergütungserhöhung aufgrund von Investitionsmaßnahmen (Absatz 2 Satz 4)

Verlangt der Leistungserbringer im Sachleistungsverschaffungsverhältnis von dem Sozialhilfeträger eine höhere Vergütung wegen getätigter Investitionsmaßnahmen, muss der Sozialhilfeträger dem nur zustimmen, wenn er zuvor der Maßnahme zugestimmt hat. Über diese Regelung wird sichergestellt, dass ohne Zustimmung des Kostenträgers geschaffene Fakten nicht zu höheren Vergütungen führen.[175] Die Regelung gilt sowohl für **Investitionskostenvereinbarungen nach § 75 Abs. 5 Satz 3** SGB XII als auch für die **Vergütungsvereinbarung nach § 76 Abs. 2 Satz 1 SGB XII**, die einen Investitionsbetrag umfasst. 99

Nach dem insoweit eindeutigen Wortlaut der Vorschrift und dem mit ihr verbundenen Zweck kann der Sozialhilfeträger die **Zustimmung** sowohl **vor Beginn als auch nach Abschluss der Investitionsmaßnahme** erteilen.[176] Zum einen stellt der Wortlaut des § 76 Abs. 3 Satz 4 SGB XII nicht darauf ab, ob der Sozialhilfeträger vor der Investitionsmaßnahme seine Zustimmung erteilt hat, sondern setzt nur 100

---

[166] *Flint* in: Grube/Wahrendorf, SGB XII, 5. Aufl. § 76 Rn. 37; *Neumann* in: Hauck/Noftz, SGB XII, § 76 Rn. 22.
[167] BT-Drs. 13/2440, S. 29 f.
[168] BT-Drs. 13/2440, S. 29 f.; *Neumann* in: Hauck/Noftz, SGB XII, § 76 Rn. 21; *Freudenberg* in: Jahn, SGB XII, § 76 Rn. 27; LSG Bayern v. 25.01.2012 - L 8 SO 89/09 KL.
[169] *Neumann* in: Hauck/Noftz, SGB XII, § 76 Rn. 22; *Flint* in: Grube/Wahrendorf, SGB XII, 5. Aufl., § 76 Rn. 37.
[170] Ähnlich: *Münder* in: LPK-SGB XII, 9. Aufl., § 76 Rn. 23; *Neumann* in: Hauck/Noftz, SGB XII, § 76 Rn. 21.
[171] *Neumann* in: Hauck/Noftz, SGB XII, § 76 Rn. 23; ähnlich: *Münder* in: LPK-SGB XII, 9. Aufl., § 76 Rn. 24: wohl auch: LSG Bayern v. 25.01.2012 - L 8 SO 89/09 KL.
[172] So auch: *Baur* in: Mergler/Zink, SGB XII, § 76 Rn. 20.
[173] LSG Baden-Württemberg v. 18.07.2013 - L 7 SO 2513/09 KL.
[174] Offen gelassen: LSG Baden-Württemberg v. 18.07.2013 - L 7 SO 2513/09 KL.
[175] LSG Hessen v. 27.04.2012 - L 7 SO 124/10 KL (anhängig beim BSG unter B 8 SOI 3/13 R).
[176] Ebenso: LSG Hessen v. 27.04.2012 - L 7 SO 124/10 KL (anhängig beim BSG unter B 8 SO 3/13 R), a.A im Sinne einer vorherigen Zustimmung: *Baur* in: Mergler/Zink, SGB XII, § 76 Rn. 23; *Münder* in: LPK-SGB XII, 9. Aufl., § 76 Rn. 22.

voraus, dass er „der Maßnahme zuvor zugestimmt hat". Zum anderen verwendet der Gesetzgeber den Begriff der Zustimmung. Eine Zustimmung kann sowohl vor einer Maßnahme (dann Bezeichnung als Einwilligung, § 183 BGB) als auch nach einer Maßnahme (dann Bezeichnung als Genehmigung, § 184 Abs. 1 BGB) erteilt werden. Mit dem Oberbegriff der Zustimmung hat der Gesetzgeber somit zum Ausdruck gebracht, dass diese Willenserklärung **vor und nach der Investitionsmaßnahme** abgegeben werden kann. Zudem ist kein Grund ersichtlich, warum der Sozialhilfeträger nicht auch nach Abschluss einer Investitionsmaßnahme – dann auch in Kenntnis der mit ihr verbundenen Kosten – dieser Maßnahme zustimmen können sollte.

101 Die Zustimmung zu der Investitionsmaßnahme steht im **pflichtgemäßen Ermessen** des Sozialhilfeträgers.[177] Zwar kommt das dem Sozialhilfeträger in Bezug auf die Zustimmung obliegende Ermessen im Wortlaut des § 76 Abs. 2 Satz 4 SGB XII nicht unmittelbar zum Ausdruck. Es ergibt sich aber aus § 17 Abs. 2 SGB XII, wonach über Art und Maß der Leistungserbringung nach pflichtgemäßem Ermessen zu entscheiden ist. Bedient sich der Sozialhilfeträger für die Gewährung von Leistungen nach dem 6. bis 9. Kapitel des SGB XII der Einrichtungen und Dienste anderer Träger, erbringt er die Leistung durch den Abschluss einer Vereinbarung im Sachleistungsverschaffungsverhältnis und nachfolgender Übernahme der Kosten des Leistungserbringers im Grundverhältnis gegenüber dem bedürftigen Hilfeempfänger im Rahmen der geschlossenen Vereinbarung. Die Vereinbarung i.S.d. § 75 Abs. 3 SGB XII i.V.m. § 76 SGB XII ist daher eine Form der Leistungserbringung. Die Zustimmung zu einer Investitionsmaßnahme ist ein notwendiger Zwischenschritt zum Abschluss einer neuen bzw. zur Änderung einer bereits bestehenden Vergütungsvereinbarung, so dass auch diese von dem Ermessen des Sozialhilfeträgers in Bezug auf die Vereinbarung als besondere Art der Leistungserbringung erfasst wird.

102 Bei der **Ausübung dieses Ermessens** muss der Sozialhilfeträger insbesondere berücksichtigen, welche Investitionen notwendig sind, um der Einrichtung oder dem Dienst die Erfüllung der ihr/ihm obliegenden Aufgaben zu ermöglichen. Maßgebend hierfür sind – wie bei der Bestimmung der betriebsnotwendigen Anlagen – das Leistungsangebot der Einrichtung/des Dienstes und der vom Sozialhilfeträger finanzierte Standard. Ermessensfehlerhaft wäre es dagegen, wenn der Sozialhilfeträger seine Zustimmung allein mit der Begründung verweigert, er sei nicht vor dem Beginn der Investitionsmaßnahme angehört und beteiligt worden (vgl. Rn. 100). Im Einzelfall kann das Ermessen auf Null reduziert sein. Ein Fall der **Ermessensreduktion** liegt u.a. vor, wenn die beabsichtigen oder durchgeführten Investitionen wegen bauordnungsbehördlicher oder heimaufsichtsrechtlicher Auflagen notwendig waren oder sind.[178]

103 Die **Zustimmung** des Sozialhilfeträgers zur Investitionsmaßnahme ist **kein Verwaltungsakt** i.S.d. § 31 SGB X. Es handelt sich um ein schlichtes Verwaltungshandeln in der besonderen Form der **willenserklärungsähnlichen Handlung**. Der für die Einstufung als Verwaltungsakt notwendige Regelungscharakter fehlt dagegen. Dieser Regelungscharakter kann nur angenommen werden, wenn die Behörde mit der Erklärung ein öffentlich-rechtliches Rechtsverhältnis verbindlich begründen, ändern oder beenden will (Rechtsfolgenwille der Behörde), wobei für die Auslegung auf den objektiven Empfängerhorizont abzustellen ist.[179] Mit der Erteilung oder Ablehnung der Zustimmung zu Investitionsmaßnahme entscheidet der Sozialhilfeträger jedoch nicht abschließend über das Verlangen des Leistungserbringers auf Vergütungserhöhung. Vielmehr ist die Zustimmung nur ein – wenn auch notwendiger – Zwischenschritt, der den Abschluss einer (neuen) Vereinbarung über die Vergütung des Leistungserbringers vorbereitet. Die Zustimmung hat lediglich mittelbare – wenn auch erhebliche – Bedeutung für die Vereinbarung einer höheren Vergütung zwischen dem Sozialhilfeträger und dem Leistungserbringer. Die Zustimmung kann auch konkludent erteilt werden. Dies setzt voraus, dass ein entsprechendes Verlangens seitens des Leistungserbringers an den Sozialhilfeträger herangetragen worden ist und dieser eindeutig sein Einverständnis mit der Investitionsmaßnahme zum Ausdruck gebracht hat. Die Anforderung weiterer Unterlagen über die geplanten Investitionen durch den Sozialhilfeträger kann nicht als Zustimmung ausgelegt werden.[180]

---

[177] *Münder* in: LPK-SGB XII, 9. Aufl., § 76 Rn. 22; *Neumann* in: Hauck/Noftz, SGB XII, § 76 Rn. 20; *Flint* in: Grube/Wahrendorf, SGB XII, 5. Aufl., § 76 Rn. 38; LSG Hessen v. 27.04.2012 - L 7 SO 124/10 KL (anhängig beim BSG unter B 8 SO 3/13 R); VGH Mannheim v. 21.11.2006 - 12 S 153/06.

[178] *Flint* in: Grube/Wahrendorf, SGB XII, 5. Aufl., § 76 Rn. 38; *Neumann* in: Hauck/Noftz, SGB XII, § 76 Rn. 20; *Münder* in: LPK-SGB XII, 9. Aufl., § 76 Rn. 22.

[179] Zum Rechtsfolgenwillen: BSG v. 29.01.2003 - B 11 AL 47/02 R; *Engelmann* in: von Wulffen/Schütze, SGB X, 8. Aufl., § 31 Rn. 26.

[180] LSG Hessen v. 27.04.2012 - L 7 SO 124/10 KL (anhängig beim BSG unter B 8 SO 3/13 R).

Wird die **Zustimmung** zur geplanten oder bereits durchgeführten Investitionsmaßnahme vom Sozialhilfeträger **erteilt**, ist die Vergütung erneut entsprechend der Vorgaben des § 76 Abs. 2 SGB XII zu vereinbaren oder die bereits bestehende Vergütungsvereinbarung zu ändern bzw. zu ergänzen. Insoweit steht dem Sozialhilfeträger kein Ermessen im Rechtssinne zu.[181] Die Zustimmung führt auch nicht automatisch zur **Erhöhung der Vergütung** um den Investitionsbetrag.[182] Vielmehr gilt für das „Ob" und „Wie" (Höhe) der Vergütungserhöhung wegen erfolgter Investitionsmaßnahmen das **Vereinbarungsprinzip**.[183] Kommt die Vereinbarung nicht zustande, kann insoweit die Schiedsstelle nach § 77 Abs. 1 SGB XII angerufen werden, weil der (Neu-)Abschluss bzw. die Änderung der Vergütungsvereinbarung betroffen ist, die unstreitig **schiedsstellenfähig** ist.

104

Wird die **Zustimmung** zur geplanten oder durchgeführten Investitionsmaßnahme vom Sozialhilfeträger **nicht erteilt**, kann der Leistungserbringer die Erteilung der Zustimmung nur vor dem Sozialgericht im Wege der **Leistungsklage** geltend machen. Die Zustimmung des Sozialhilfeträgers zu einer Investitionsmaßnahme ist nicht schiedsstellenfähig, weil es sich nicht um eine Vereinbarung, sondern nur um die Vorstufe einer solchen handelt. In einem solchen Verfahren kann das Sozialgericht die Zustimmung des Sozialhilfeträgers nur ersetzen, wenn die Voraussetzungen für eine **Ermessensreduktion auf Null** vorliegen (vgl. Rn. 102). In diesem Fall gilt die Zustimmung mit der Rechtskraft des sozialgerichtlichen Urteils als erteilt (§ 894 ZPO). Daran schließt sich das Vereinbarungsverfahren an. Ist das Ermessen des Sozialhilfeträgers nicht auf Null reduziert, kann das Sozialgericht den Sozialhilfeträger (nur) zur erneuten Entscheidung über das Begehren des Leistungserbringers auf Erteilung der Zustimmung unter Beachtung der Rechtsauffassung des Gerichts verurteilen.[184] Lehnt der Sozialhilfeträger im Rahmen seiner erneuten Entscheidung wiederum die Erteilung der Zustimmung ab und geht der Leistungserbringer hiergegen nicht mehr gerichtlich vor, kann die Vergütungserhöhung nicht mit Erfolg vom Sozialhilfeträger verlangt werden. Allerdings steht es dem Sozialhilfeträger in dem durch die Privatautonomie geprägten Vereinbarungsverfahren frei, auch ohne vorherige Zustimmung zur Investitionsmaßnahme dem Erhöhungsverlangen (teilweise) stattzugeben.

105

g. Maßstab für die Gesamtvergütung

Während der Standard für die Leistungsvereinbarung in § 76 Abs. 1 Satz 3 SGB XII speziell geregelt ist, gelten für die Vergütungsvereinbarung (nur) die **Leistungsgrundsätze des § 75 Abs. 3 Satz 2 SGB XII**. Die Vergütungsvereinbarung muss den Grundsätzen der Wirtschaftlichkeit, Sparsamkeit und Leistungsfähigkeit entsprechen. **Bezugspunkt** dieser Leistungsgrundsätze ist die **Gesamtvergütung**, die sich aus den in § 76 Abs. 2 SGB XII in Form von gesetzlichen Mindestvertragsinhalten geregelten Pauschalen und Beträgen sowie weiteren, von den Vertragsparteien festgelegen (fakultativen) Vergütungsbestandteilen zusammensetzt. Werden in einer **Leistungsstandardvereinbarung** i.S.d. § 76 Abs. 3 Satz 1 Alt. 1 SGB XII Grundsätze und Maßstäbe der Wirtschaftlichkeit festgesetzt, müssen diese bei der Bemessung der Vergütung berücksichtigt werden. Für die Beurteilung der Frage, ob die im Rahmen einer Vergütungsvereinbarung festgesetzte Vergütung den in § 75 Abs. 3 Satz 2 SGB XII genannten Grundsätzen entspricht, kann auf das Rechtsinstitut des für den Bereich der Pflegeversicherung entwickelten externen Vergleichs zurückgegriffen werden. Allerdings sind die Grundsätze des externen Vergleichs den Besonderheiten des sozialhilferechtlichen Leistungserbringungsrechts anzupassen (vgl. dazu die Kommentierung zu § 75 SGB XII). Haben die Vertragsparteien in der Leistungsstandardvereinbarung ein eigenständiges Verfahren zur Ermittlung einer den Grundsätzen des § 75 Abs. 3 Satz 1 SGB XII entsprechenden Vergütung festgelegt, geht dieses vereinbarte Verfahren dem von der Rechtsprechung zum SGB XI entwickelten **externen Vergleich** vor (vgl. dazu die Kommentierung zu § 75 SGB XII).

106

---

[181] Ebenso: *Neumann* in: Hauck/Noftz, SGB XII, § 76 Rn. 20; a.A. *Flint* in: Grube/Wahrendorf, SGB XII, 5. Aufl., § 76 Rn. 38.

[182] *Neumann* in: Hauck/Noftz, SGB XII, § 76 Rn. 20.

[183] So auch: *Neumann* in: Hauck/Noftz, SGB XII, § 76 Rn. 20; *Münder* in: LPK-SGB XII, 9. Aufl., § 76 Rn. 22; anders wohl: *Flint* in: Grube/Wahrendorf, SGB XII, 5. Aufl., § 76 Rn. 38.

[184] Zur Klage auf Abgabe einer Willenserklärung i.S.d. Vertragsabschlusses: BSG v. 18.03.1999 - B 3 P 8/98 R - SozR 3-3300 § 77 Nr. 1.

3. Leistungsstandard- und Prüfungsvereinbarung (Absatz 3)

a. Allgemeines

107 § 76 Abs. 3 SGB XII weist im Vergleich zu den Absätzen 1 und 2 eine **andere Regelungsstruktur** auf. Zum einen werden abweichend von den Regelungen in § 76 Abs. 1 und 2 SGB XII weder für die Prüfungsvereinbarung noch für die Leistungsstandardvereinbarung Mindestvertragsinhalte festgelegt, sondern lediglich flankierende verfahrensrechtliche Bestimmungen für die Durchführung und das Ergebnis der Wirtschaftlichkeits- und Qualitätsprüfung (Zusammenarbeitsgebot und Ergebnismitteilung) geregelt. Zum anderen enthält die Vorschrift nicht nur **Vorgaben** für Inhalt und Verfahren der Wirtschaftlichkeits- und Qualitätsprüfung (**Prüfungsvereinbarung**), sondern sie ermächtigt Sozialhilfeträger und Leistungserbringer darüber hinaus zum Abschluss einer weiteren – in § 75 Abs. 3 SGB XII nicht zwingend für die Übernahme der Vergütung des Leistungserbringers vorgeschriebenen – Vereinbarung über die Grundsätze und Maßstäbe der Wirtschaftlichkeit und Qualitätssicherung (**Leistungsstandardvereinbarung**).[185] Die Unterscheidung zwischen einer Prüfungsvereinbarung und einer Leistungsstandardvereinbarung im Rahmen von § 76 Abs. 3 Satz 1 SGB XII wird bislang in Praxis, Rechtsprechung und Literatur nicht so vertreten. Die Annahme einer eigenständigen Leistungsstandardvereinbarung ist weder eine unnötige „Konstruktion"[186] noch „verfehlt"[187], sondern ergibt sich einerseits aus dem Wortlaut des § 76 Abs. 3 SGB XII und entspricht andererseits dem Willen des Gesetzgebers. Unter anderem hat die Bundesregierung in ihrer Stellungnahme zu einem vom Bundesrat mit dem Ziel der Einführung eines gesetzlichen Prüfungsrechts eingebrachten Entwurf für ein „Gesetz zur Änderung des SGB XII" vom 13.01.2011 (vgl. dazu Rn. 109) in Bezug auf die beabsichtigte Streichung des § 76 Abs. 3 SGB XII ausgeführt, dass „der Regelungsgehalt der Vorschrift ... über das eigentliche Prüfungsverfahren hinaus" geht und auch „Regelungen zur Bestimmung der Wirtschaftlichkeit und Qualität" zulässt.[188] Durch die ersatzlose Streichung des § 76 Abs. 3 SGB XII „würde künftig offengelassen, nach welchen Grundsätzen und Maßstäben die Wirtschaftlichkeit und Qualität der Leistung zu beurteilen sein werden".[189] Dies bestätigt, dass auch der Gesetzgeber von einer eigenständigen, neben der Prüfungsvereinbarung abzuschließenden Vereinbarung über die Grundsätze und Maßstäbe der Wirtschaftlichkeit und die Qualitätssicherung ausgeht.

108 Die Regelung der Grundsätze und Maßstäbe der Wirtschaftlichkeit und Qualität der Leistungen ist dem Gesetzgeber nicht fremd, sondern wird im SGB VIII unter dem Begriff der **Qualitätsentwicklungsvereinbarung** normiert (**§ 78b Abs. 1 Nr. 3 SGB VIII**). Sie ersetzt im Leistungserbringungsrecht der Kinder- und Jugendhilfe die Prüfungsvereinbarung und ist – insoweit anders als im sozialhilferechtlichen Leistungserbringungsrecht (vgl. hierzu die Kommentierung zu § 75 SGB XII) – Voraussetzung für die Übernahme der Vergütung der Einrichtung durch den Träger der Kinder- und Jugendhilfe

109 Die **Bestrebungen zur Ersetzung der Prüfungsvereinbarung durch ein gesetzliches Prüfungsrecht** sowie zur Einführung von Dokumentations- und Nachweispflichten der Einrichtungen entsprechend dem Vorbild des § 85 Abs. 3 Sätze 2-5 SGB XII[190] sind nach Ablauf der Legislaturperiode nicht mehr umgesetzt worden. Die nach dem Gesetzentwurf vorgeschlagene explizite Regelung der Prüfungsabfolge, des Prüfungsgegenstands, der zur Prüfung berechtigen Stelle und der im Prüfungsverfahren bestehenden Mitwirkungspflichten der Leistungserbringer wäre in Anbetracht der rudimentären Ausgestaltung des Prüfungsverfahrens nach aktuell geltendem Recht wünschenswert gewesen. Zudem sah der Gesetzentwurf eine Sanktionsmöglichkeit bei der Verletzung der Verpflichtungen aus den Vereinbarungen nach § 75 Abs. 3 i.V.m. § 76 in Form der Minderung der vereinbarten Vergütung für die Dauer der Pflichtverletzung vor,[191] was zur Absicherung der Gewährleistungsverantwortung zu begrüßen wäre.

---

[185] *Jaritz*, SozialRecht aktuell 2012, 105, 112; angedeutet bei: *Münder* in: LPK-SGB XII, 9. Aufl., § 76 Rn. 25.
[186] So aber: *Flint* in: Grube/Wahrendorf, SGB XII, 5. Aufl., § 76 Rn. 42.
[187] So aber: *Flint* in: Grube/Wahrendorf, SGB XII, 5. Aufl., § 76 Rn. 42.
[188] BT-Drs. 17/4405, S. 8.
[189] BT-Drs. 17/4405, S. 8.
[190] BT-Drs. 17/4405, 5, 6 ff.: Nach dem vom Bundesrat vorgelegten Entwurf eines Gesetzes zur Änderung des SGB XII vom 13.01.2011 sollten die Regelungen in den §§ 75 Abs. 3 Satz 1 Nr. 3, Satz 3, Absatz 4 Sätze 4 und 5 sowie 76 Abs. 3 SGB XII gestrichen und mit dem neu einzufügenden § 78a SGB XII eine gesetzliche Regelung über Qualitäts- und Wirtschaftsprüfungen geschaffen werden.
[191] Vgl. BT-Drs. 17/4405, S. 5 zu § 78a Abs. 2 SGB XII.

b. Vereinbarung von Grundsätzen und Maßstäben für die Wirtschaftlichkeit und die Qualitätssicherung – Leistungsstandardvereinbarung (Absatz 3 Satz 1 Alternative 1)

§ 76 Abs. 3 Satz 1 Alt. 1 SGB XII ermächtigt die Vertragsparteien zum Abschluss einer Vereinbarung über die Grundsätze und Maßstäbe für die Wirtschaftlichkeit und Qualitätssicherung (**Leistungsstandardvereinbarung**). Eine solche Vereinbarung kann auch unter Berücksichtigung der für die Leistungs- und Vergütungsvereinbarung formulierten Mindestvertragsinhalte und Leistungsstandards sinnvoll sein.[192] Insbesondere sind Grundsatz und Maßstab der Qualitätssicherung nicht bereits vom Mindestvertragsinhalt der Qualität einer Leistung i.S.d. § 76 Abs. 1 Satz 1 SGB XII umfasst. Die Qualität einer Leistung beschreibt den gegenwärtig zur Erreichung des nach dem Gesetz vorgegebenen Ziels einer Leistung notwendigen Standard (vgl. Rn. 37). Dagegen bezieht sich die Qualitätssicherung i.S.d. § 76 Abs. 3 Satz 1 Alt. 1 SGB XII auf Maßnahmen, mit denen der gegenwärtige Standard gehalten und ggf. verbessert werden kann. Die Wirtschaftlichkeit ist zwar bereits in dem in § 76 Abs. 1 Satz 3 SGB XII für die Leistungsvereinbarung formulierten Leistungsstandard enthalten. Allerdings bezieht sich die Wirtschaftlichkeit i.S.d. **§ 76 Abs. 1 Satz 3 SGB XII** nur auf die vereinbarte Leistung (**Wirtschaftlichkeit im engeren Sinne** (vgl. dazu Rn. 61). Diese Wirtschaftlichkeit im engeren Sinne wird anhand eines Vergleichs mehrerer geeigneter Leistungen ermittelt. Dagegen beschreibt **Wirtschaftlichkeit i.S.d. § 76 Abs. 3 Satz 1 SGB XII** das Verhältnis zwischen vereinbarter Leistung und Gegenleistung i.S.e. günstigen Zweck-Mittel-Relation (**Wirtschaftlichkeit im weiteren Sinne**). Die Leistungsgrundsätze des § 75 Abs. 3 Satz 2 SGB XII werden durch die Leistungsstandardvereinbarung konkretisiert. 110

Darüber hinaus können in der Leistungsstandardvereinbarung **Maßstäbe** für die Wirtschaftlichkeit sowie die Qualitätssicherung und Qualitätsprüfung festgelegt werden. In Umsetzung des § 76 Abs. 3 Satz 1 Alt. 1 SGB XII werden in einer Vielzahl von Landesrahmenvereinbarungen Qualitätssicherungsmaßstäbe vorgegeben.[193] In diesem Zusammenhang werden regelmäßig auch Maßnahmen zur weiteren Sicherung der Qualität geregelt.[194] 111

In einer Leistungsstandardvereinbarung kann neben den Grundsätzen und Maßstäben der Wirtschaftlichkeit und der Qualitätssicherung auch das **Verfahren zur Ermittlung einer den Grundsätzen des § 75 Abs. 3 Satz 2 SGB XII entsprechenden Vergütung und zum Vergleich mehrerer Leistungserbringer** festgelegt werden. Die Vertragsparteien können insoweit den von der Rechtsprechung im Bereich der gesetzlichen Pflegeversicherung entwickelten externen Vergleich als Maßstab wählen, aber auch ein anderes Verfahren bzw. den Besonderheiten des Sozialhilferechts geschuldete Modifikationen des externen Vergleichs regeln. Wird ein anderes Verfahren geregelt, geht dieses vereinbarte Verfahren dem externen Vergleich vor. 112

Die Leistungsstandardvereinbarung ist **keine Voraussetzung für die Übernahme der Vergütung des Leistungserbringers durch den Sozialhilfeträger**, weil der diese Voraussetzungen regelnde § 75 Abs. 3 Satz 1 SGB XII nur auf die Leistungs-, Vergütungs- und Prüfungsvereinbarung Bezug nimmt. Eine bestehende Leistungsstandardvereinbarung ist lediglich für den Vergleich zwischen mehreren gleich geeigneten Leistungserbringern (§ 75 Abs. 2 Satz 3 SGB XII) und die Ermittlung einer leistungsgerechten Vergütung (§ 75 Abs. 3 Satz 2 SGB XII i.V.m. § 76 Abs. 2 SGB XII) von Bedeutung. 113

c. Prüfung der Wirtschaftlichkeit und Qualität – Prüfungsvereinbarung (Absatz 3 Satz 1 Alternative 2)

§ 76 Abs. 3 Satz 1 Alt. 2 SGB XII verpflichtet die Vertragsparteien zum Abschluss einer Vereinbarung über die Wirtschaftlichkeits- und Qualitätsprüfung (Prüfungsvereinbarung), in der Inhalt und Verfahren einer solchen Prüfung festzulegen sind. Anders als bei der Leistungs- und Vergütungsvereinbarung werden keine Mindestvertragsinhalte gesetzlich vorgegeben. **Inhalt und Verfahren der Prüfung** können daher von den Vertragsparteien grundsätzlich **frei ausgehandelt** werden. Allerdings sind sie dabei an die gesetzlichen Vorgaben des sozialhilferechtlichen Leistungserbringungsrechts gebunden. Insbesondere können sie nur solche Vereinbarungsinhalte festlegen, die dem mit der Prüfungsvereinbarung verbundenen Zweck – Sicherung einer qualitativ gleichbleibenden bedarfsdeckenden Versorgung einer unbestimmten Vielzahl von bedürftigen Hilfeempfängern (Beurteilung je nach Hilfeart) bei gleichzeitig leistungsgerechter Vergütung der Leistungserbringer – dienen. Um diesen Zweck zu erfüllen, muss 114

---

[192] A.A. *Flint* in: Grube/Wahrendorf, SGB XII, 5. Aufl., § 76 Rn. 42.
[193] Z.B. § 22 Bremischer Landesrahmenvertrag; § 7 Landesrahmenvertrag § 79 Abs. 1 SGB XII für Schleswig-Holstein.
[194] § 22 Bremischer Landesrahmenvertrag.

eine Prüfungsvereinbarung bestimmte **Mindestinhalte** festlegen. Denn letztlich ist die Prüfung der Wirtschaftlichkeit und insbesondere die der Qualität der Leistung ein Mittel des Sozialhilfeträgers, mit dem er seine Gewährleistungsverantwortung[195] wahrnimmt. Daher muss in einer Prüfungsvereinbarung Folgendes geregelt werden:
- Gegenstand und Umfang der Prüfung (Was wird geprüft?);
- Kompetenz zur Prüfung (Wer prüft?);
- Ablauf des Prüfungsverfahrens (Wie wird geprüft?);
- Prüfungszeitpunkt (Wann und in welchem zeitlichen Abstand wird geprüft?) und
- Kostentragung (Wer trägt die Kosten der Prüfung?).

115 Bei der Festlegung von **Gegenstand und Umfang der Prüfung** müssen die Vertragsparteien berücksichtigen, dass nach der gesetzlichen Konzeption des Zehnten Kapitels des SGB XII sowohl die **einzelne individuelle Leistung** als auch das **gesamte sozialhilferechtliche Leistungsangebot eines Leistungserbringers** geprüft werden können. Der Wortlaut des § 76 Abs. 3 Satz 1 Alt. 2 SGB XII (Wirtschaftlichkeit und Qualitätssicherung „der Leistung**en**") und die Formulierung des Absatzes 3 Satz 2 („Das Ergebnis … ist …auch den Leistungsberechtig**ten** der Einrichtung zugänglich zu machen") legen zwar nahe, dass sich die Prüfung auf den Leistungserbringer, d.h. auf alle von ihm für bedürftige Hilfeempfänger angebotenen Leistungen bezieht. Allerdings zeigen das Gebot der Zusammenarbeit mit dem MDK in § 76 Abs. 3 Satz 3 SGB XII, der entsprechend seinem gesetzlichen Auftrag (§ 275 SGB V, § 18 SGB XI) regelmäßig nur Einzelleistungen überprüft, und der Kündigungstatbestand des § 78 Satz 3 SGB XII, der zur Kündigung einer Vereinbarung durch den Sozialhilfeträger berechtigt, wenn im Rahmen der Prüfung nach § 76 Abs. 3 SGB XII die Pflichtverletzung des Leistungserbringers in einem konkreten Einzelfall festgestellt wird, dass auch die Einzelleistung geprüft werden darf und ggf. muss. Wird der Prüfungsgegenstand in einer Vereinbarung enger gefasst und kann eine solche Vereinbarung nicht anhand der Landesrahmenvereinbarung gesetzeskonform ausgelegt werden, ist sie nach § 58 Abs. 1 SGB X i.V.m. § 134 BGB i.V.m. § 76 Abs. 3 SGB XII nichtig.

116 Die Prüfung der Wirtschaftlichkeit und Qualität kann dem Sozialhilfeträger, einer unabhängigen Kommission oder einem externen Sachverständigen übertragen werden[196], wobei sich die Prüfungsbefugnis des Sozialhilfeträgers bereits aus dem Gesetz ergibt (§ 75 Abs. 3 Satz 3 SGB XII). Diese **Prüfungsbefugnis des Sozialhilfeträgers** darf nicht im Wege der Vereinbarung ausgeschlossen werden. Andernfalls wäre diese Vereinbarung unwirksam (§ 58 Abs. 1 SGB X i.V.m. § 134 BGB i.V.m. § 75 Abs. 3 Satz 3 SGB XII). Das nicht abdingbare Prüfungsrecht ist Ausdruck der Gewährleistungsverantwortung des Sozialhilfeträgers.[197] Allerdings kann in einer Vereinbarung daneben die Prüfung der Wirtschaftlichkeit und Qualität der Leistung(en) auch durch eine dritte Stelle (**Kommission**)[198] bzw. eine dritte Person[199] (**externer Sachverständiger**) vorgesehen werden.

117 In verfahrensrechtlicher Hinsicht sollten in einer Prüfungsvereinbarung insbesondere der **Prüfungsanlass** und die Rechte und Pflichten im Prüfungsverfahren geregelt werden. In Bezug auf den Prüfungsanlass stehen drei Regelungsmodelle zur Verfügung: die Einleitung des Prüfungsverfahrens auf Antrag, aufgrund eines konkreten Anlasses (z.B. konkrete Beanstandung durch den bedürftigen Hilfeempfänger, den Sozialhilfeträger oder die zuständige Aufsichtsbehörde) oder nach Ablauf eines bestimmten näher geregelten Zeitabschnitts (Prüfungsturnus). Insoweit muss allerdings zwischen der Wirtschaftlichkeitsprüfung und der Qualitätsprüfung differenziert werden. Die Wirtschaftlichkeit einer Leistung kann unterstellt werden, solange die entsprechend ihrem Aufgabenbereich von der Einrichtung/dem Dienst zu erbringenden Leistungen in der vereinbarten Qualität zu dem vereinbarten Entgelt (Vergütung) erbracht werden.[200] Eine **Wirtschaftlichkeitsprüfung** sollte daher nur **anlassbezogen** er-

---

[195] Zur Gewährleistungsverantwortung: BSG v. 18.03.2014 - B 8 SF 2/13 R zur Veröffentlichung in BSGE und SozR vorgesehen; BSG v. 02.02.2010 - B 8 SO 20/08 R; BSG v. 28.10.2009 - B 8 SO 22/07 R - BSGE 102, 1 = SozR 4-1500 § 75 Nr. 9; LSG Berlin-Brandenburg v. 11.11.2013 - L 15 SO 295/12 B; *Eicher*, SGB 2013, 127, 129.

[196] Aufzeigung dieser Prüfungsbefugnisse in den §§ 26 Abs. 1, 29 Abs. 1 Bundesempfehlungen gemäß § 93d Abs. 3 BSHG.

[197] In diesem Sinne auch die Begründung zu § 93 BSHG: BT-Drs. 13/2440, S. 28.

[198] Punkt 12.5 Berliner Rahmenvertrag gemäß § 79 Abs. 1 SGB XII für Hilfen in Einrichtungen einschließlich Diensten im Bereich Soziales vom 01.01.2014.

[199] Z.B. § 22 Abs. 2 Rahmenvertrag nach § 79 Abs. 1 SGB XII für Baden-Württemberg vom 15.12.1998.

[200] Z.B. § 23 Abs. 1 Rahmenvertrag nach § 79 Abs. 1 SGB XII für Baden-Württemberg vom 15.12.1998; Ziffer 18.1. Berliner Rahmenvertrag gemäß § 79 Abs. 1 SGB XII für Hilfen in Einrichtungen einschließlich Diensten im Bereich Soziales vom 01.01.2014.

folgen, d.h. wenn aufgrund konkreter Anhaltspunkte davon auszugehen ist, dass der Leistungserbringer mit der vereinbarten Vergütung keine bedarfsdeckende Leistung erbringen kann. Ein Prüfungsanlass kann sich aus den in § 78 SGB XII genannten Gründen oder einer Intervention des Leistungserbringers ergeben. In diesem Fall verengt sich der Prüfungsgegenstand auf den konkreten Anlass.

Die **Qualitätsprüfung** ist ihrem Sinn nach dagegen auf einen Prüfungsturnus angelegt. Mit dieser Prüfung soll die Einhaltung einer gleichbleibenden Qualität der Leistungserbringung sichergestellt werden.[201] Dem dient auch die in den meisten Landesrahmenvereinbarungen vorgesehene Pflicht der Leistungserbringer, einrichtungsbezogene Qualitätsdaten zu dokumentieren und dem Sozialhilfeträger in vereinbarten Zeitabschnitten vorzulegen.[202] Die Durchsicht dieser Dokumentationen ist bereits als Prüfung der Qualität anzusehen (**turnusmäßige Prüfung**). Ergeben sich aus den Dokumentationen Anhaltspunkte für Qualitätsmängel, können diese Mängel den Anlass für eine weitergehende Prüfung bilden (**anlassbezogene Prüfung**).[203] Als **Rechte und Pflichten im Prüfungsverfahren** können u.a. geregelt werden: Mitwirkungs- und Vorlagepflichten; Zutrittsgestattung, Anhörungsrechte, Beteiligungsrechte (z.B. für die Trägervereinigung), Verschwiegenheitspflichten und Auskunftspflichten des Prüfers.[204]

118

In einer Prüfungsvereinbarung sollte auch geregelt werden, wer die für die Prüfung anfallenden Kosten zu übernehmen hat. Eine solche Regelung ist insbesondere dann notwendig, wenn neben dem Sozialhilfeträger auch eine Kommission oder ein externer Sachverständiger zur Prüfung der Wirtschaftlichkeit und Qualität der Leistung berechtigt ist. Die auf der Grundlage von § 93d Abs. 3 BSHG getroffenen Bundesempfehlungen haben seinerzeit die Kostenfrage den Landesrahmenvereinbarungen überlassen (§§ 25 Abs. 5, 29 Abs. 5). Nimmt der Sozialhilfeträger die Prüfung vor, liegt es nahe, dass er auch die **Kosten der Prüfung** übernimmt. Erfolgt die Prüfung dagegen durch eine Kommission oder einen externen Sachverständigen, könnte eine Aufteilung der Kosten zwischen Sozialhilfeträger und Leistungserbringer in Erwägung gezogen werden.[205]

119

d. Dokumentations- und Informationspflicht (Absatz 3 Satz 2)

Nach § 76 Abs. 3 Satz 2 SGB XII ist das Ergebnis der Wirtschaftlichkeits- und Qualitätssicherungsprüfung festzuhalten. Art und Umfang der **Dokumentation** können in der Prüfungsvereinbarung geregelt werden (z.B. Pflicht zur Erstellung eines Prüfungsberichts; Frist zur Vorlage des Berichts; Möglichkeit der Erhebung von Einwendungen gegen das Prüfungsergebnis).[206]

120

Das Prüfungsergebnis ist den Leistungsberechtigten der Einrichtung in geeigneter Form zugänglich zu machen. Wer in welcher Weise über das Prüfungsergebnis zu informieren ist, richtet sich nach dem Prüfungsgegenstand und der Art des Leistungserbringers. Wird die in einer Einrichtung erbrachte bzw. zu erbringende Einzelleistung auf ihre Qualität geprüft, sind nur die diese Leistung in der konkreten Einrichtung in Anspruch nehmenden Leistungsberechtigten über das Prüfungsergebnis in Kenntnis zu setzen. Die **Information der** übrigen **Leistungsberechtigten** der Einrichtung, denen diese Leistung nicht gewährt wird, wäre datenschutzrechtlich kaum haltbar. Wird das Leistungsangebot einer Einrichtung allgemein geprüft, muss das Prüfungsergebnis allen Leistungsberechtigten der Einrichtung zugänglich gemacht werden. Ob insoweit die Unterrichtung der Vertretungsorgane der Leistungsberechtigten ausreicht[207], kann bezweifelt werden. Denn es ist davon auszugehen, dass mit der Information der Leistungsberechtigten mittelbar deren Wunsch- und Wahlrecht gestärkt werden soll[208], was im Grundsatz eine Information der Leistungsberechtigten selbst voraussetzt. Die Information der Vertretungsorgane reicht daher nur aus, wenn diese wiederum zur Weiterleitung der Information an die Leistungsberechtigten verpflichtet sind. Wenn die Informationspflicht den Leistungsberechtigten bei der Ausübung seines Wunsch- und Wahlrechts unterstützen soll, muss konsequenterweise der vom Gesetzgeber in § 76 Abs. 3 Satz 3 SGB XII gewählte Begriff des Leistungsberechtigten dahingehend weit ausgelegt werden, dass auch **potentiell Leistungsberechtigte** im Rahmen des Antragsverfahrens über

121

---

[201] BT-Drs. 13/2440, S. 30 zu § 93a BSHG.
[202] Z.B. § 23 Abs. 3 Bremischer Landesrahmenvertrag vom 28.06.2006; § 22 Rahmenvertrag nach § 79 Abs. 1 SGB XII für Baden-Württemberg vom 15.12.1998.
[203] So z.B. § 23 Abs. 4 Bremischer Landesrahmenvertrag vom 28.06.2006.
[204] Vgl. z.B. § 24 Bremischer Landesrahmenvertrag vom 28.06.2006.
[205] Z.B. § 22 Abs. 6 Rahmenvertrag nach § 79 Abs. 1 SGB XII für Baden-Württemberg vom 15.12.1998.
[206] Vgl. z.B. § 22 Abs. 5 bis 8 Bremischer Landesrahmenvertrag vom 28.06.2006.
[207] So *Münder* in: LPK-SGB XII, 9. Aufl., § 76 Rn. 29.
[208] *Neumann* in: Hauck/Noftz, SGB XII, § 76 Rn. 27.

das Ergebnis der letzten Prüfung in Kenntnis zu setzen sind. Diese Auslegung wird durch einen Vergleich mit den parallelen Bestimmungen in der Gesetzlichen Pflegeversicherung bestätigt. Nach § 115 Abs. 1a SGB XI müssen die Ergebnisse der Qualitätsprüfung für die Pflegebedürftigen und ihre Angehörigen verständlich und übersichtlich im Internet und in anderer geeigneter Form kostenfrei veröffentlicht werden. Darüber hinaus regelt § 7 Abs. 3 Satz 5 SGB XI, dass die Pflegebedürftigen bei Stellung eines Antrages auf die Gewährung von Pflegeleistungen auf die Veröffentlichung der Ergebnisse der Qualitätsprüfung hinzuweisen sind, um das Wunsch- und Wahlrecht des Leistungsberechtigten zu stärken.[209] Da eine dem § 7 Abs. 3 Satz 5 SGB XI entsprechende Vorschrift im SGB XII nicht existiert, ist § 76 Abs. 3 Satz 2 SGB XII in der vorgeschlagenen Weise weit auszulegen.

122 Die **Informationspflicht der Leistungsberechtigten** wird in der Regel **nur für** das **Ergebnis der Qualitätsprüfung,** nicht hingegen für das Ergebnis der Wirtschaftlichkeitsprüfung anzunehmen sein. Die Einhaltung der Grundsätze der Wirtschaftlichkeit liegt vorrangig im Interesse der Leistungserbringer (leistungsgerechte Vergütung) und der Sozialhilfeträger (Beschränkung der Ausgaben). Dieser Grundsatz beeinflusst überwiegend die zwischen Sozialhilfeträger und Leistungserbringer bestehende Rechtsbeziehung. Mit einer unwirtschaftlich arbeitenden Einrichtung dürfen keine Vereinbarungen geschlossen werden (Rechtsgedanke, § 75 Abs. 2 Sätze 2 und 3 SGB XII), unwirtschaftliche Leistungen dürfen nicht vereinbart werden (§§ 75 Abs. 3 Satz 2, 76 Abs. 1 Satz 3 SGB XII). Die Belange des Leistungsberechtigten werden allenfalls dann berührt, wenn seine Position im Heim betroffen ist. Daher besteht in der Regel auch keine Veranlassung, das Ergebnis der Wirtschaftlichkeitsprüfung diesem zugänglich zu machen. Vielmehr gelten auch insoweit datenschutzrechtliche Bedenken, weil das Ergebnis der Wirtschaftlichkeitsprüfung häufig Rückschlüsse auf Betriebsinterna der Einrichtung zulässt.

123 Werden **Sozialhilfeleistungen durch Dienste** erbracht, stößt die Information der Leistungsberechtigten auf praktische Schwierigkeiten. Wurde eine bestimmte von einem Dienst erbrachte bzw. zu erbringende Einzelleistung geprüft, ist das Ergebnis der Qualitätsprüfung dem von dieser Leistung konkret betroffenen Leistungsberechtigten zugänglich zu machen. War dagegen das Leistungsangebot eines Dienstes insgesamt Gegenstand der Prüfung, wäre bei konsequenter Anwendung des § 76 Abs. 3 Satz 2 SGB XII ein unüberschaubarer Kreis von Leistungsberechtigten über das Prüfergebnis zu informieren. Zudem besteht für diesen Kreis der Leistungsberechtigten kein Vertretungsorgan, dass quasi stellvertretend informiert werden kann. Die Informationspflicht des § 76 Abs. 3 Satz 2 SGB XII muss daher in diesen Fällen dahingehend einschränkend ausgelegt werden, dass nur bei einem Antrag auf Leistung oder Information eines vom Prüfungsgegenstand (potentiell) betroffenen Leistungsberechtigten das Prüfungsergebnis zugänglich gemacht werden muss. Im Übrigen könnte der mit der Informationspflicht verbundene Zweck nur erreicht werden, wenn man die Veröffentlichung der Ergebnisse der Qualitätsprüfung im Internet als geeignete Informationsform ansieht. Da jedoch in diesem Fall auch eine Vielzahl Nichtbetroffener vom Ergebnis der Qualitätsprüfung Kenntnis erlangt, setzt diese Art der Information eine ausdrückliche gesetzliche Ermächtigung – wie in § 115 Abs. 1a SGB IX geregelt – voraus.[210]

124 Die Leistungsberechtigten sind **in geeigneter Form** über das Ergebnis der Qualitätsprüfung zu informieren. Der Gesetzgeber hat die Art, wie die Information zu erteilen ist, durch einen **unbestimmten Rechtsbegriff** umschrieben. Welche Form der Information geeignet ist, muss im Rahmen der Auslegung ermittelt werden. Hierbei sind das Informationsinteresse der Leistungsberechtigten einerseits und das Interesse der Leistungserbringer am Schutz von Betriebsinterna andererseits sowie die Einhaltung datenschutzrechtlicher Vorschriften und der mit der Informationspflicht verbundene Zweck zu berücksichtigen. Es gilt der Grundsatz, nur so viel Information wie zur Ausübung der dem Leistungsberechtigten zustehenden Rechte nötig, zu gewähren. Die Veröffentlichung der Prüfergebnisse im Internet, wie in § 115 Abs. 1a SGB XI vorgesehen, dürfte ohne ausdrückliche gesetzliche Ermächtigung nicht zulässig sein.[211] In Betracht kommt u.a. ein Aushang der Ergebnisse in der Einrichtung, soweit das Leistungsangebot der Einrichtung insgesamt geprüft wurde. Wurde eine konkrete Leistung geprüft, ist das Prüfungsergebnis den davon betroffenen Leistungsberechtigten durch formloses Schreiben mitzuteilen. Alternativ kann auch das Vertretungsorgan informiert werden, wenn dieses wiederum zur Weiterleitung der Information an die Leistungsberechtigten verpflichtet ist (vgl. Rn. 121).

---

[209] *Behrend* in: Udsching, SGB XI, 3. Aufl., § 7 Rn. 2.
[210] Vgl. dazu: *Schütze*, KrV 2012, 14 ff.
[211] *Schütze*, KrV 2012, 14 ff.

Ausdrücklich gilt die **Informationspflicht** nur **zugunsten der Leistungsberechtigten**. Darüber hinaus sind aber auch der **Leistungserbringer und** – wenn die Prüfung durch eine unabhängige Kommission oder einen externen Dritten erfolgte – der **Sozialhilfeträger** über das Ergebnis der Wirtschaftlichkeits- und Qualitätsprüfung in Kenntnis zu setzen. Diese Auslegung folgt aus dem Wortlaut der Vorschrift („auch den Leistungsberechtigten") und dem mit ihr verbundenen Zweck. Das Ergebnis der Wirtschaftlichkeitsprüfung belegt für einen konkreten Anlass, ob zwischen Leistung und Gegenleistung noch eine günstige Zweck-Mittel-Relation besteht. Ist dies nicht der Fall, muss zwischen den Vertragsparteien eine neue Vereinbarung geschlossen werden (§ 75 Abs. 3 Satz 3 SGB XII). Daher sind der Leistungserbringer und ggf. – soweit er nicht selbst prüft – der Sozialhilfeträger über das Prüfungsergebnis in Kenntnis zu setzen. Gleiches gilt für das Ergebnis der Qualitätssicherungsprüfung. Dem Leistungserbringer muss bei festgestellten Qualitätsmängeln die Möglichkeit der Qualitätsverbesserung eingeräumt werden, weil andernfalls die Kündigung der Vereinbarung nach § 78 SGB XII zu befürchten ist. Der Sozialhilfeträger muss bereits aufgrund der ihm obliegenden Gewährleistungsverantwortung über das Ergebnis der Qualitätssicherungsprüfung in Kenntnis gesetzt werden. Die Information von Leistungserbringer und Sozialhilfeträger hat der Gesetzgeber offensichtlich als Selbstverständlichkeit angesehen und daher nicht gesondert im Wortlaut der Vorschrift aufgenommen. **125**

Der in § 76 Abs. 3 Satz 2 SGB XII geregelten Pflicht zur Information steht ein entsprechender **Anspruch** des Leistungsberechtigten bzw. des Leistungserbringers und ggf. des Sozialhilfeträgers **auf Information** gegenüber. Dieser Anspruch kann im Wege der Leistungsklage vor den Sozialgerichten eingeklagt werden. **126**

e. Zusammenarbeitsgebot (Absatz 3 Satz 3)

§ 76 Abs. 3 Satz 3 SGB XII verpflichtet die Sozialhilfeträger mit den nach heimrechtlichen Vorschriften zuständigen Aufsichtsbehörden und dem MDK zusammenzuarbeiten. Das Zusammenarbeitsgebot wurde erst mit der Einordnung des Sozialhilferechts in das Sozialgesetzbuch im Gesetz verankert und geht auf eine Forderung der Praxis zurück.[212] Der Zweck des Zusammenarbeitsgebotes – **Vermeidung von Doppelprüfungen** – ergibt sich aus dem Wortlaut der Vorschrift. Im Interesse der Leistungserbringer[213] soll der mit einer Prüfung der Wirtschaftlichkeit und Qualität der Einrichtung/des Dienstes bzw. einzelner Leistungen der Einrichtungen/des Dienstes verbundene Aufwand den Leistungserbringern nur zugemutet werden, wenn dies unabdingbar ist. Dies ist nicht der Fall, wenn aufgrund des gegliederten Sozialversicherungssystems eine dem Zweck des § 76 Abs. 3 Satz 1 SGB XII genügende Prüfung durch eine andere dazu fachlich berufene Stelle erfolgt ist. Sowohl die nach heimrechtlichen Vorschriften zuständigen Aufsichtsbehörden als auch der MDK sind verpflichtet, die im Rahmen ihrer Prüfung gewonnenen Ergebnisse dem Sozialhilfeträger zur Verfügung zu stellen (z.B. § 97b SGB XI; § 20 Abs. 2 HeimG). Wurde ein solches Prüfungsverfahren durchgeführt und hat der Sozialhilfeträger die Möglichkeit, das Ergebnis der Prüfung beizuziehen, besteht keine Veranlassung zu einer erneuten Prüfung der Wirtschaftlichkeit und Qualität. Auf der Grundlage von § 76 Abs. 3 Satz 3 SGB XII ist der Leistungserbringer in diesem Fall berechtigt, eine erneute Prüfung durch den Sozialhilfeträger oder eine unabhängige Kommission bzw. einen externen Sachverständigen zu verweigern, wenn die Prüfung bereits durch eine der in § 76 Abs. 3 Satz 3 SGB XII genannten Stellen erfolgt ist. Der Sozialhilfeträger bzw. die Kommission oder der Sachverständige müssen in diesem Fall das von ihnen behauptete **Zutritts- und Prüfungsrecht** im Wege der **Leistungsklage** vor dem Sozialgericht geltend machen. Grundlage des Anspruchs auf Prüfung und Zutritt ist § 76 Abs. 3 SGB XII i.V.m. der zwischen den Vertragsparteien geschlossenen Prüfungsvereinbarung. **127**

C. Praxishinweise

Klagt ein Leistungserbringer gegen den Sozialhilfeträger unter Berufung auf eine andere Eingruppierung des bedürftigen Hilfeempfängers auf Übernahme einer höheren Vergütung, handelt es sich um ein Verfahren nach **§ 197a SGG**. Allerdings ist eine solche **Klage** nach der hier vertretenen Auffassung (vgl. Rn. 77, Rn. 80) unzulässig, weil dem **Leistungserbringer im Verhältnis zum Sozialhilfeträger keine eigenen Rechte zustehen**. **128**

---

[212] BT-Drs. 15/1514, S. 64.
[213] BT-Drs. 15/1514, S. 64.

129 Die Höhe des **Streitwertes** bemisst sich in diesen Fällen nach der sich aus dem Antrag des Klägers für ihn ergebenden Bedeutung der Sache (§ 52 Abs. 1 GKG). Für die Bemessung kann auf die höchstrichterlichen Vorgaben zur Berechnung des Streitwertes in Streitigkeiten über die Zulassung von Leistungserbringern im Bereich der gesetzlichen Krankenversicherung zurückgegriffen werden. Maßgebend ist danach der **Gewinn**, den der Leistungserbringer **innerhalb von 3 Jahren** erzielen könnte.[214] Macht der Leistungserbringer eine höhere Vergütung betragsmäßig geltend, ist der Unterschiedsbetrag zwischen der aktuell gewährten und der angestrebten Vergütung bezogen auf den konkret streitigen Zeitraum[215] oder hochgerechnet auf 3 Jahre als Streitwert zugrunde zu legen. Wird kein konkreter Betrag im Antrag genannt und lediglich die Vergütung unter Zugrundelegung einer bestimmten Eingruppierung des Hilfeempfängers geltend gemacht, kann der Gewinn anhand der durchschnittlichen Einnahmen vergleichbarer Leistungserbringer (Maßstab, § 75 Abs. 2 Satz 2 SGB XII) berechnet werden. Zum Streitwert bei erstmaliger Festsetzung einer Leistungs- und/oder Vergütungsvereinbarung durch das Gericht vgl. die Kommentierung zu § 77 SGB XII Rn. 139.

130 Soweit der **Hilfeempfänger gegenüber** dem **Sozialhilfeträger** im Grundverhältnis die Gewährung höherer Leistungen geltend macht (ggf. wiederum unter Berufung auf die andere Eingruppierung), gehört er zu den nach **§ 183 SGG** privilegierten Personen, so dass diese Verfahren gerichtskostenfrei sind. Gleiches gilt für die gerichtliche Geltendmachung des auf § 76 Abs. 3 Satz 2 SGB XII gestützten **Informationsanspruchs des Hilfeempfängers**, weil auch insoweit sein Status als (potentieller) Leistungsempfänger betroffen ist.

---

[214] BSG v. 10.11.2005 - B 3 KR 36/05 B - SozR 4-1920 § 52 Nr. 2.
[215] LSG Nordrhein-Westfalen v. 21.01.2009 - L 10 B 20/08 P.

§ 77 SGB XII Abschluss von Vereinbarungen

(Fassung vom 02.12.2006, gültig ab 07.12.2006)

(1) ¹Die Vereinbarungen nach § 75 Abs. 3 sind vor Beginn der jeweiligen Wirtschaftsperiode für einen zukünftigen Zeitraum (Vereinbarungszeitraum) abzuschließen; nachträgliche Ausgleiche sind nicht zulässig. ²Vertragspartei der Vereinbarungen sind der Träger der Einrichtung und der für den Sitz der Einrichtung zuständige Träger der Sozialhilfe; die Vereinbarungen sind für alle übrigen Träger der Sozialhilfe bindend. ³Kommt eine Vereinbarung nach § 76 Abs. 2 innerhalb von sechs Wochen nicht zustande, nachdem eine Partei schriftlich zu Verhandlungen aufgefordert hat, entscheidet die Schiedsstelle nach § 80 auf Antrag einer Partei unverzüglich über die Gegenstände, über die keine Einigung erreicht werden konnte. ⁴Gegen die Entscheidung ist der Rechtsweg zu den Sozialgerichten gegeben. ⁵Die Klage richtet sich gegen eine der beiden Vertragsparteien, nicht gegen die Schiedsstelle. ⁶Einer Nachprüfung der Entscheidung in einem Vorverfahren bedarf es nicht.

(2) ¹Vereinbarungen und Schiedsstellenentscheidungen treten zu dem darin bestimmten Zeitpunkt in Kraft. ²Wird ein Zeitpunkt nicht bestimmt, werden Vereinbarungen mit dem Tag ihres Abschlusses, Festsetzungen der Schiedsstelle mit dem Tag wirksam, an dem der Antrag bei der Schiedsstelle eingegangen ist. ³Ein jeweils vor diesen Zeitpunkt zurückwirkendes Vereinbaren oder Festsetzen von Vergütungen ist nicht zulässig. ⁴Nach Ablauf des Vereinbarungszeitraums gelten die vereinbarten oder festgesetzten Vergütungen bis zum Inkrafttreten neuer Vergütungen weiter.

(3) ¹Bei unvorhersehbaren wesentlichen Veränderungen der Annahmen, die der Vereinbarung oder Entscheidung über die Vergütung zu Grunde lagen, sind die Vergütungen auf Verlangen einer Vertragspartei für den laufenden Vereinbarungszeitraum neu zu verhandeln. ²Die Absätze 1 und 2 gelten entsprechend.

Gliederung

A. Basisinformationen 1	d. Rechtsschutz gegen die Entscheidung der Schiedsstelle 77
I. Textgeschichte 1	4. Inkrafttreten der Vereinbarungen und Schiedsstellenentscheidungen (Absatz 2 Sätze 1 und 2) 110
II. Vorgängervorschrift 2	
III. Parallelvorschriften 4	
IV. Systematische Zusammenhänge 6	a. Inkrafttreten nach dem Vereinbarungsprinzip (Absatz 2 Satz 1) 111
1. Systematik innerhalb der Norm 6	
2. Systematik im übrigen Normgefüge 7	b. Inkrafttreten nach dem Gesetz (Absatz 2 Satz 2) 112
V. Ausgewählte Literaturhinweise 12	
B. Auslegung und Bedeutung der Norm 13	5. Verbot rückwirkender vergütungsbezogener Vereinbarungen (Absatz 2 Satz 3) 114
I. Regelungsgehalt der Norm 13	
II. Bedeutung der Norm 15	6. Fortgeltung von Vereinbarungen (Absatz 2 Satz 4) 121
III. Zweck der Norm 17	
IV. Auslegung der Einzelregelungen 20	a. Anwendungsbereich 122
1. Prospektivitätsmaßstab (Absatz 1 Satz 1) .. 20	b. Voraussetzungen 125
a. Inhalt und Geltungsbereich 20	7. Neuverhandlung bei Änderung bzw. Wegfall der Geschäftsgrundlage (Absatz 3) 130
b. Begriff des Vereinbarungszeitraums 27	
c. Verbot nachträglicher Ausgleiche (Absatz 1 Satz 1 Halbsatz 2) 30	a. Regelungszusammenhang 132
	b. Anwendungsbereich 133
d. Ausnahmen vom prospektiven Vergütungsmaßstab 31	c. Voraussetzungen 134
	d. Rechtsfolge 137
2. Vertragsparteien und Bindungswirkung (Absatz 1 Satz 2) 33	C. Praxishinweise 139
	I. Kostenrechtliche Konsequenzen 139
3. Schiedsstellenverfahren (Absatz 1 Satz 3) .. 37	II. Zusammenstellung der Konsequenzen vertragsloser Zustände anhand praxisrelevanter Fallkonstellationen 140
a. Gegenstand des Schiedsstellenverfahrens .. 37	
b. Durchführung des Schiedsstellenverfahrens 51	
c. Entscheidung der Schiedsstelle 67	D. Ausblick 144

A. Basisinformationen

I. Textgeschichte

1 § 77 SGB XII ist durch das „**Gesetz zur Einordnung des Sozialhilferechts in das Sozialgesetzbuch**" vom 27.12.2003[1] im SGB XII aufgenommen worden und am 01.01.2005 in Kraft getreten. Die heutige Fassung der Norm entspricht weitgehend dem Regierungsentwurf vom 05.09.2003. Allerdings waren nach dem Regierungsentwurf sowohl die Leistungs- als auch die Vergütungsvereinbarung schiedsstellenfähig.[2] Erst im Vermittlungsausschuss wurde die Schiedsstellenfähigkeit – ohne Angabe von Gründen – auf die Vergütungsvereinbarung beschränkt.[3] Die im Vermittlungsausschuss vorgenommene Änderung entspricht der heutigen Fassung des § 77 Abs. 1 SGB XII. Mit dem „**Gesetz zur Änderung des Zwölften Buches Sozialgesetzbuch und anderer Gesetze**" vom 02.12.2006[4] wurde Absatz 1 der Norm mit Wirkung zum 07.12.2006 um den heutigen Satz 2 ergänzt.

II. Vorgängervorschrift

2 § 77 SGB XII geht inhaltlich auf § 93b BSHG zurück, der durch das „Gesetz zur Reform des Sozialhilferechts" vom 23.07.1996[5] mit Wirkung zum 01.01.1999 in das BSHG eingefügt wurde und bis zum 31.12.2004 galt. Ebenso wie die heutige – im Vermittlungsausschuss herbeigeführte – Fassung des § 77 Abs. 1 Satz 3 SGB XII sah auch **§ 93b BSHG** seinem Wortlaut nach nur die Vergütungsvereinbarung (§ 93a Abs. 2 BSHG) als schiedsstellenfähig an.[6] Eine dem durch Änderungsgesetz vom 02.12.2006 in § 77 Abs. 1 SGB XII eingefügten Satz 2 vergleichbare Regelung enthielt Vorgängernorm des § 93b BSHG nicht. Entsprechend der bis zum 31.12.2004 geltenden allgemeinen Zuständigkeitsregelung für die Sozialhilfe waren nach § 93b Abs. 1 Satz 3 BSHG die Verwaltungsgerichte für die Überprüfung der Schiedsstellenentscheidungen zuständig. § 93b Abs. 1 Sätze 4 und 5 BSHG enthielt die heute in § 77 Abs. 1 Sätze 5 und 6 SGB XII normierten prozessualen Vorgaben für das gerichtliche Verfahren gegen einen Schiedsspruch. Diese Regelungen wurden erst auf Empfehlung des Vermittlungsausschusses im Gesetz aufgenommen.[7]

3 **§ 93b BSHG übernahm** seinerzeit weitgehend die Regelungen des **§ 93 Abs. 3-5 BSHG, die durch das „Gesetz zur Umsetzung des Spar-, Konsolidierungs- und Wachstumsprogramms"** (SKWPG) vom 21.12.1993[8] eingeführt worden waren. Mit der durch das SKWPG vorgenommenen Umstrukturierung des Sozialhilferechts waren das Prospektivitätsprinzip (jetzt § 77 Abs. 1 Satz 1 SGB XII) für die Vergütung der Leistungserbringer eingeführt und das Schiedsstellenverfahren bei fehlender Einigung der Vertragsparteien über eine den gesetzlichen Mindestinhalten entsprechende Vereinbarung institutionalisiert worden (jetzt § 77 Abs. 1 Satz 3 SGB XII). Im Unterschied zum heutigen § 77 Abs. 1 Satz 3 SGB XII und dem in der Zeit vom 01.01.1999 bis zum 31.12.2004 geltenden § 93b Abs. 1 Satz 2 BSHG konnte die Schiedsstelle seinerzeit nicht nur die Vergütungsvereinbarung, sondern auch den Inhalt der Leistungs- und Prüfungsvereinbarung, ersetzen. Zum damaligen Zeitpunkt sah das Gesetz noch keine strikte Trennung zwischen Leistungs-, Vergütungs- und Prüfungsvereinbarung, sondern eine einheitliche Vereinbarung über Inhalt, Umfang und Qualität der Leistung sowie über das dafür zu entrichtende Entgelt vor, die u.a. auch Regelungen über die Prüfung der Wirtschaftlichkeit und Qualität der Leistung enthielt (§ 93 Abs. 2 Satz 1 HS. 1 und Satz 4 BSHG in der bis zum 31.12.1998 geltenden Fassung). Aus welchem Grund die Regelung über die Schiedsstellenfähigkeit durch das Gesetz zur Reform des Sozialhilferechts vom 23.07.1996 dem Wortlaut nach auf die Vergütungsvereinbarung beschränkt wurde, geht aus den Gesetzesmaterialien nicht hervor. Offensichtlich hatte der Gesetzgeber im Zuge der Einordnung des Sozialhilferechts in das Sozialgesetzbuch die Absicht, die vom 01.07.1994 bis 31.12.1998 geltende Rechtslage in Bezug auf die Schiedsstellenfähigkeit der Teilvereinbarungen formal wiederherzustellen.[9] Dieses Vorhaben ist jedoch im Vermittlungsausschuss gescheitert (vgl. Rn. 1). Die heute in § 77 Abs. 1 Sätze 5 und 6 SGBX II enthaltenen prozessualen Be-

---

[1] BGBl I 2003, 3022.
[2] BT-Drs. 15/1514, S. 21, 64.
[3] BT-Drs. 15/2260, S. 4.
[4] BGBl I 2006, 2670.
[5] BGBl I 1996, 1088.
[6] Vgl. BT-Drs. 13/24440, S. 8 f., 30.
[7] BT-Drs. 13/4687, S. 3.
[8] BGBl I 1993, 2374.
[9] BT-Drs. 15/1514, S. 21, 64.

stimmungen waren noch nicht Bestandteil der bis zum 31.12.1998 geltenden Fassung des § 93 BSHG, sondern sind erst durch das „Gesetz zur Reform des Sozialhilferechts" vom 23.07.1996 in § 93b BSHG verankert worden (vgl. Rn. 2). Dagegen sah § 93 Abs. 3 Satz 4 HS. 2 BSHG in der bis zum 31.12.1998 geltenden Fassung noch die aufschiebende Wirkung für eine gegen einen Schiedsspruch gerichtete Klage vor. Diese Regelung wurde durch das „Gesetz zur Reform des Sozialhilferechts" vom 23.07.1996 gestrichen.

III. Parallelvorschriften

Für den Bereich der Kinder- und Jugendhilfe finden sich dem § 77 SGB XII vergleichbare Regelungen in den **§§ 78d Abs. 1-4 und 78g Abs. 2 und 3 SGB VIII**. Im Bereich der Gesetzlichen Pflegeversicherung kommt der in § 77 Abs. 1 Satz 1 SGB XII geregelte prospektive Vergütungsmaßstab in dem für die Pflegesatzvereinbarung geltenden **§ 85 Abs. 3 Satz 1 SGB XI** zum Ausdruck. Im Übrigen entspricht auch das für die Pflegesatzvereinbarung in **§ 85 Abs. 5 SGB XI** geregelte Schiedsstellenverfahren weitgehend dem in § 77 Abs. 1 Sätze 3-6 SGB XII festgelegten Verfahren, wobei im Bereich der Pflegeversicherung das Schiedsstellenverfahren auch durch einen Widerspruch des zuständigen Sozialhilfeträgers gegen die Pflegesatzvereinbarung eingeleitet werden kann und die gegen einen Schiedsspruch erhobene Klage – anders als in § 77 SGB XII – keine aufschiebende Wirkung hat (§ 85 Abs. 5 Satz 4 HS. 2 SGB XI). Die Absätze 6 und 7 des § 85 SGB XI sind inhaltlich vergleichbar mit den Vorgaben des § 77 Abs. 2 und 3 SGB XII. Eine dem § 77 Abs. 1 Satz 2 HS. 2 SGB XII entsprechende Bindungswirkung sieht das SGB XI nur für den Versorgungsvertrag (§ 72 Abs. 2 Satz 2 SGB XI), nicht jedoch für die Pflegesatzvereinbarung vor. Diese Abweichung ist darauf zurückzuführen, dass der Kreis der Vertragsparteien für die Pflegesatzvereinbarung umfassender bestimmt wird (§ 85 Abs. 2 SGB XI). 4

Im Anwendungsbereich der Gesetzlichen Krankenversicherung enthält **§ 89 Abs. 1 und 1a SGB V** eine dem § 77 Abs. 1 Sätze 3-6 SGB XII zumindest ansatzweise vergleichbare Regelung. Anders als im Sozialhilferecht gilt für die krankenversicherungsrechtliche Schiedsstelle eine gesetzliche Regelbearbeitungsfrist[10] von 3 Monaten; wird diese nicht eingehalten, bestimmt die zuständige Aufsichtsbehörde eine „Nachfrist" zur Entscheidung und setzt nach deren fruchtlosem Ablauf den Vertragsinhalt selbst fest (§ 89 Abs. 1 Satz 5, Abs. 1a Satz 3 SGB V). Für die Regelungen des § 77 Abs. 1 Satz 1 sowie Abs. 2 und 3 SGB XII enthält § 89 SGB V keine Entsprechung, weil der Vereinbarungszeitraum, das Inkrafttreten von Vereinbarungen und Schiedssprüchen sowie die Anpassung von Verträgen aufgrund der Besonderheiten des krankenversicherungsrechtlichen Vergütungssystems in anderen Vorschriften des SGB V geregelt werden. 5

IV. Systematische Zusammenhänge

1. Systematik innerhalb der Norm

§ 77 SGB XII besteht im Wesentlichen aus **zwei** – in keinem direkten Zusammenhang stehenden – **Regelungskomplexen**:[11] Zum einen legt § 77 SGB XII die **Prospektivität** als Maßstab für die Vereinbarungen i.S.d. § 75 Abs. 3 SGB XII fest (Absatz 1 Satz 1) und regelt die sich aus diesem Maßstab ergebenden Folgen in Bezug auf das Inkrafttreten (Absatz 2 Sätze 1 und 2 Alternative 1), die Rückwirkung (Absatz 2 Satz 2 Alternative 2 und Satz 3), die Fortgeltung (Absatz 2 Satz 4) und die Anpassung (Absatz 3) entsprechender Vereinbarungen. Zum anderen legt § 77 SGB XII das bei einer fehlenden Einigung der Vertragsparteien auf bestimmte gesetzlich vorgeschriebene Vertragsinhalte geltende **Verfahren** vor **der** durch § 80 SGB XII institutionalisierten **Schiedsstelle** fest (Absatz 1 Sätze 3-6). 6

2. Systematik im übrigen Normgefüge

§ 77 Abs. 1 und 2 SGB XII regelt die **verfahrensrechtlichen Modalitäten für den Abschluss von Vereinbarungen i.S.d. § 75 Abs. 3 SGB XII und deren Geltung**. Die Vorschrift ist nicht maßgebend für die aufgrund von § 76 Abs. 3 Satz 1 Alt. 1 SGB XII abzuschließende Leistungsstandardvereinbarung (vgl. dazu die Kommentierung zu § 76 SGB XII Rn. 107). 7

---

[10] Im Anwendungsbereich des SGB XII sehen lediglich einige Schiedsstellenverordnungen auf Landesebene Regelbearbeitungszeiten vor (vgl. dazu die Kommentierung zu § 80 SGB XII Rn. 45).

[11] Kritisch zum Norminhalt auch: *Neumann* in: Hauck/Noftz, SGB XII, § 77 Rn. 1.

8 § 77 Abs. 1 Satz 1 HS. 1 SGB XII enthält Vorgaben für den **Vereinbarungszeitraum**. Zugleich wird damit ein prospektiver Vergütungsmaßstab festgelegt und insoweit der in § 76 SGB XII näher geregelte Inhalt einer Vergütungsvereinbarung beeinflusst. Die Regelungen in **§ 77 Abs. 1 Satz 1 HS. 2 SGB XII** (Unzulässigkeit nachträglicher Ausgleiche) **und § 77 Abs. 2 Satz 3 SGB XII** (Unzulässigkeit einer zurückwirkenden Vereinbarung oder Festsetzung der Vergütung) sind nicht nur eine notwendige **Konsequenz des Prospektivitätsgrundsatzes**, sondern formulieren **zugleich** ein **gesetzliches Verbot i.S.d. § 134 BGB**. Der prospektive Vergütungsmaßstab trägt den Grundsätzen der Wirtschaftlichkeit, Sparsamkeit und Leistungsfähigkeit i.S.d. § 75 Abs. 3 Satz 2 SGB XII Rechnung.

9 Das **in § 77 Abs. 1 Satz 3 SGB XII** geregelte **Verfahren der sozialhilferechtlichen Schiedsstelle i.S.v. § 80 SGB XII** wird durch § 80 SGB XII sowie die auf der Grundlage von § 81 Abs. 2 SGB XII erlassenen Landesschiedsstellenverordnungen konkretisiert. Die in **§ 77 Abs. 1 Sätze 4-6 SGB XII** enthaltenen Vorgaben für den Rechtsschutz gegen einen Schiedsspruch **ergänzen** die allgemeinen prozessualen **Vorschriften des SGG**: Die Rechtswegbestimmung in Satz 4 legt deklaratorisch fest, was bereits über die Zuständigkeitsvorschrift des § 51 Abs. 1 Nr. 6a SGG gilt. Mit Satz 5 wird die Beteiligtenstellung des Beklagten (§ 69 Nr. 2 SGG) in einem auf Überprüfung des Schiedsspruchs gerichteten Klageverfahren abweichend von den üblicherweise für das sozialgerichtliche Verfahren geltenden Grundsätzen festgelegt. § 77 Abs. 1 Satz 6 SGB XII enthält eine besondere gesetzliche Bestimmung i.S.d. § 78 Abs. 1 Satz 2 Nr. 1 SGG.

10 Die in § 77 Abs. 2 SGB XII formulierten Vorgaben für das Inkrafttreten, die Rückwirkung und die Fortgeltung einer ausgelaufenen (Vergütungs-)Vereinbarung sind für die nur im Ausnahmefall vorgesehene Kostenübernahme auf der Grundlage von **§ 75 Abs. 4 SGB XII** von Bedeutung. Gelten ausgelaufene Vereinbarungen nicht fort und können die von den Vertragsparteien abgeschlossenen neuen Vereinbarungen nicht rückwirkend in Kraft gesetzt werden, kommt für die vertragslose Zeit die Übernahme der Vergütung auf der Grundlage von § 75 Abs. 4 SGB XII in Betracht, soweit dessen Voraussetzungen erfüllt sind.

11 § 77 Abs. 3 SGB XII regelt die **Änderung** bzw. den Wegfall **der Geschäftsgrundlage speziell** für die Vergütungsvereinbarung[12] und schließt insoweit eine Vertragsanpassung auf der Grundlage der allgemeinen Vorschrift des **§ 59 Abs. 1 Satz 1 SGB X** aus. Die Vorschrift ist Ausdruck des allgemeinen Rechtsgrundsatzes, der eine Vertragsbindung aufhebt, wenn sich die Geschäftsgrundlage des Vertrags derart verändert hat, dass den Vertragsparteien ein Festhalten am Vertrag nicht zugemutet werden kann (clausula rebus sic stantibus).

V. Ausgewählte Literaturhinweise

12 *Armborst*, Rechtlicher Rahmen für das Verfahren vor der Schiedsstelle gemäß § 94 BSHG, RsDE Nr. 33 (1996), 1-18; *Bieback*, Überprüfung eines Schiedsspruchs einer Schiedsstelle nach § 80 SGB XII, Anmerkung zu LSG Bayern vom 24.11.2011 - L 8 SO 223/09 KL, jurisPR-SozR 7/2012, Anm. 5; *Brühl*, Streitigkeiten über den Abschluss von Vereinbarungen nach § 75 Abs. 3 SGB XII – Zuständigkeit der Schiedsstelle, Anmerkung zu LSG Hessen vom 18.07.2006 - L 7 SO 16/06 ER, NDV-RD 2006, 112; *Brünner*, Die Leistungspflicht des Sozialhilfeträgers für Leistungen der Beschäftigungshilfe nach §§ 67, 68 SGB XII am Beispiel teilstationärer Beschäftigungsangebote im Rheinland, SozialRecht aktuell 2012, 231-244; *Dillmann*, Mènage à trois – Das sozialhilferechtliche Dreiecksverhältnis aus Sicht des Sozialhilfeträgers, SozialRecht aktuell 2012, 181-189; *Eicher*, Der Zahlungsanspruch des Leistungserbringers im Sozialhilferecht, SGb 2013, 127-131; *Engler*, Die Leistungserbringung in den SGB II, III, VIII und XII im Spannungsverhältnis zum europäischen und nationalen Vergaberecht, RdDE Nr. 71 (2010), 41-70; *Friedrich*, Die neue Pflegesatzregelung im Bundessozialhilfegesetz, NDV 1994, 166-173; *Gottlieb*, Vereinheitlichungsaspekte bei den sozialrechtlichen Schiedsstellen nach §§ 78g SGB VIII, § 76 SGB XI und 80 SGB XII, SozialRecht aktuell 2012, 150-157; ders., Die Schiedsstellen nach dem Sozialgesetzbuch, NDV 2001, 257-262; *Gottlieb/Krüger*, Vorschläge zur rechtlichen Harmonisierung der Schiedsstellenverfahren nach §§ 76 SGB XI und 80 SGB XII; NDV 2013, 571-572; *Griep*, Entbürokratisierung des sozialrechtlichen Leistungserbringungsrechts, RsDE Nr. 66 (2008), 27-55; *Henneberger*, Jährliches Arbeitstreffen der Schiedsstellen nach dem SGB XI und SGB XII, NDV 2013, 569-570; *Jaritz*, Vereinbarungen im sozialhilferechtlichen Dreiecksverhältnis, SozialRecht aktuell 2012, 105-117; *Kunte*, Unbefristete Leistungsvereinbarungen im SGB XII, RsDE Nr. 68 (2009), 55-67; *Neumann*, Rechtsfolgen der Kündigung einer Leistungsvereinbarung im Sozialhilferecht, RsDE Nr. 63 (2006), 32-50; *Neumann*, Leistungserbringungs-

---

[12] Nach der hier vertretenen Auffassung auch für die Leistungsvereinbarung (vgl. Rn. 37 ff.).

verträge im Einrichtungsbereich der Sozialhilfe, RsDE Nr. 33 (1996), 124-145; *Pattar*, Sozialhilferechtliches Dreiecksverhältnis – Rechtsbeziehungen zwischen Hilfebedürftigen, Sozialhilfeträgern und Einrichtungsträgern, SozialRecht aktuell 2012, 85-99; *Philipp*, Rechtsschutz gegen Schiedssprüche nach § 94 BSHG – Aufschiebende Wirkung und prozessuale Gestaltungsmöglichkeiten, VSSR 2004, 115-130; *Plantholz*, Schiedsverfahren in der Sozialhilfe, SozialRecht aktuell 2012, 142-145; *Rabe*, Das Schiedsstellenverfahren nach dem SGB XII, SozialRecht aktuell 2012, 146-150; *Rixen*, Vergaberecht in der Kinder- und Jugendhilfe (SGB VIII), SDSRV Nr. 60 (2011), 69-83; *von Boetticher/Tammen*, Die Schiedsstelle nach dem Bundessozialhilfegesetz: Vertragshilfe oder hoheitliche Schlichtung?, RsDE Nr. 54 (2003), 28-60; *von Laffert*, Der Beurteilungsspielraum in Bezug auf Entscheidungen der Schiedsstellen nach §§ 76 SGB XI und 80 SGB XII, RsDE Nr. 64 (2007), 27-51; *Zeitler*, Die Schiedsstellen nach dem Pflege-Versicherungsgesetz (SGB XI), dem Kinder- und Jugendhilfegesetz (SGB XIII) und insbesondere nach dem Bundessozialhilfegesetz (BSHG), RsDE Nr. 42 (1999), 53-68; *ders.*, Die Zuständigkeiten und Aufgaben der Schiedsstellen nach dem BSHG, SGB VIII und SGB XI, RsDE Nr. 53 (2003), 1-26.

B. Auslegung und Bedeutung der Norm

I. Regelungsgehalt der Norm

§ 77 Abs. 1 Satz 1 HS. 1 SGB XII legt fest, dass die Leistungs-, Vergütungs- und Prüfungsvereinbarung im Voraus für einen künftigen Zeitraum zu schließen sind (**Prospektivitätsmaßstab**). In logischer Konsequenz dessen verbietet § 77 Abs. 1 Satz 1 HS. 2 SGB XII nachträgliche Ausgleiche. **Satz 2** definiert die zum Abschluss der im Gesetz genannten Vereinbarungen berechtigten **Vertragsparteien** und erstreckt die **Bindungswirkung** über den Kreis der eigentlichen Vertragsparteien hinaus auf alle anderen Sozialhilfeträger. § 77 Abs. 1 Satz 3 SGB XII regelt das bei fehlender Einigung der Vertragsparteien (auf Antrag) durchzuführende **Schiedsstellenverfahren** durch Vorgaben für die Einleitung und den Gegenstand des Verfahrens sowie die Entscheidung der Schiedsstelle. Der gegen eine Entscheidung der Schiedsstelle mögliche **Rechtsschutz** und die insoweit geltenden Besonderheiten für das sozialgerichtliche Verfahren werden durch die **Sätze 4-6** festgelegt.

13

§ 77 Abs. 2 Satz 1 und 2 SGB XII regelt das **Inkrafttreten/Wirksamwerden von Vereinbarungen und Schiedsstellenentscheidungen**. Entsprechend dem durch Absatz 1 Satz 1 vorgegebenen Prospektivitätsmaßstab wird in **Absatz 2 Satz 3** eine vor den Tag des Inkrafttretens **zurückwirkende Vereinbarung** oder Festsetzung der Vergütung ausgeschlossen. Absatz 2 Satz 4 legt die Voraussetzungen fest, unter denen eine Vergütungsvereinbarung (und nach der hier vertretenen Auffassung auch die Leistungsvereinbarung, vgl. dazu Rn. 122) nach dem Ende der Laufzeit fortgilt. § 77 Abs. 3 SGB XII regelt die **Anpassung** einer Vereinbarung oder Entscheidung über die Vergütung **bei wesentlichen, unvorhersehbaren Änderungen**.

14

II. Bedeutung der Norm

§ 77 Abs. 1 Satz 1 SGB XII legt den zeitlichen Maßstab für Abschluss und Inhalt der Vereinbarungen nach § 75 Abs. 3 SGB XII fest. Danach dürfen Vereinbarungen über den Inhalt, die Vergütung und die Prüfung einer Leistung nur mit Wirkung für die Zukunft abgeschlossen werden (prospektiver **Vereinbarungsmaßstab**). Obwohl der prospektive Maßstab für alle in § 75 Abs. 3 SGB XII genannten Teilvereinbarungen gesetzlich vorgeschrieben ist, hat er im Wesentlichen nur Bedeutung für die Vergütungsvereinbarung und sowie für vergütungsrelevante Bestandteile der Leistungsvereinbarung.[13] Dies folgt aus dem Verbot nachträglicher Ausgleiche (§ 77 Abs. 1 Satz 1 HS. 2 SGB XII), das nur für die Vergütungsvereinbarung denkbar ist,[14] und aus der vergütungsbezogenen Formulierung des Rückwirkungsverbots (§ 77 Abs. 2 Satz 3 SGB XII). Die genannten Regelungen sind eine logische Folge des Prospektivitätsgrundsatzes.

15

Gleichzeitig hat der Gesetzgeber mit § 77 SGB XII ein **System der Risikoverteilung** vorgegeben, das bei der Auslegung der Einzelregelungen und der Lösung nicht explizit geregelter Fallkonstellationen berücksichtigt werden muss. Durch die gesetzlich geregelte Pflicht, Vereinbarungen nur für die Zukunft (d.h. prospektiv) zu schließen, wird das Risiko einer (anfänglichen) Fehlkalkulation dem Leis-

16

---

[13] *Neumann* in: Hauck/Noftz, SGB XII, § 77 Rn. 3; *Flint* in: Grube/Wahrendorf, SGB XII, 5. Aufl., § 77 Rn. 3; *Münder* in: LPK-SGB XII, 9. Aufl., § 77 Rn. 2; LSG Niedersachsen-Bremen v. 24.05.2007 - L 8 SO 204/06.

[14] *Flint* in: Grube/Wahrendorf, SGB XII, 5. Aufl., § 77 Rn. 3; *Münder* in: LPK-SGB XII, 9. Aufl., § 77 Rn. 2; *Jaritz*, SozialRecht aktuell 2012, 105, 114.

tungserbringer auferlegt.[15] Diese Risikoverteilung ist gerechtfertigt, weil der Leistungserbringer auch im Übrigen, d.h. beim Abschluss von Verträgen außerhalb des sozialhilferechtlichen Leistungsdreiecks, das Unternehmerrisiko trägt. Nach der Intention des Gesetzgebers soll der Leistungserbringer aber nur das Risiko für solche Umstände tragen, die er – im Rahmen der Verhandlungen – beeinflussen kann und die daher in seinem Verantwortungsbereich liegen. Diese **Risikoverteilung nach Verantwortungsbereichen** kommt u.a. in § 77 Abs. 2 Satz 2 HS. 2 SGB XII zum Ausdruck. Danach wird die Festsetzung der Schiedsstelle mit dem Tag wirksam, an dem der Antrag bei der Schiedsstelle eingegangen ist. § 77 Abs. 2 Satz 2 HS. 2 SGB XII lässt eine beschränkte rückwirkende Festsetzung der Vergütung in Abweichung vom Prospektivitätsmaßstab zu. Diese interessengeleitete Ausnahme ist dem Umstand geschuldet, dass ein Schiedsstellenverfahren – trotz der Pflicht der Schiedsstelle zur unverzüglichen Entscheidung (vgl. dazu Rn. 66 und die Kommentierung zu § 80 SGB XII Rn. 45) – wegen der komplexen Regelungsmaterie häufig längere Zeit in Anspruch nimmt, ohne dass der Leistungserbringer die Dauer des Verfahrens beeinflussen kann.[16] Dieses Risiko soll daher nicht der Leistungserbringer tragen.[17] Auch die Regelung in § 77 Abs. 3 SGB XII ist Ausdruck der Risikoverteilung nach Verantwortungsbereichen. § 77 Abs. 3 SGB XII sieht vor, dass auf Verlangen einer Vertragspartei über die vergütungsrelevanten Teile einer Vereinbarung neu zu verhandeln ist, wenn sich die der Vereinbarung über die Vergütung zugrunde liegenden Annahmen wesentlich und für die Vertragsparteien unvorhersehbar geändert haben. Für den Eintritt solcher unvorhersehbarer – für die Vertragsparteien nicht prognostizierbarer – Änderungen trägt keine der Vertragsparteien die Verantwortung. Dementsprechend soll auch keiner Vertragspartei das Risiko hierfür aufgebürdet werden. Vielmehr wird in diesen Fällen die Verhandlungssituation wiederhergestellt, in der beide Vertragsparteien mit gleichen Rechten die Vereinbarungsinhalte unter Berücksichtigung der gesetzlichen Rahmenbedingungen (§ 76 SGB XII) privatautonom aushandeln können.

III. Zweck der Norm

17 Mit dem prospektiven Vereinbarungs- und Vergütungsmaßstab sollen die Kosten nicht mehr – wie früher im sozialhilferechtlichen Leistungserbringungsrecht üblich – in weitgehender Abstraktion von den erbrachten Leistungen erstattet, sondern konkrete Hilfen leistungsgerecht vergütet und damit den Geboten der Wirtschaftlichkeit, Sparsamkeit und Leistungsfähigkeit stärker Rechnung getragen werden.[18] Auf diese Weise wird die **Gewährung bedarfsdeckender Leistungen gegen Übernahme einer leistungsgerechten** und am Wirtschaftlichkeitsgedanken ausgerichteten **Vergütung** ermöglicht.

18 Darüber dienen die Regelungen des § 77 SGB XII der **Vermeidung vertragsloser Zustände** i.S.d. § 75 Abs. 4 SGB XII. Dass vertragslose Zustände die Ausnahme im sozialhilferechtlichen Leistungserbringungsrecht sind, wird bereits durch § 75 Abs. 4 SGB XII belegt. Auch das Gesamtsystem der §§ 75 ff. SGB XII bringt zum Ausdruck, dass Leistungserbringung und Vergütungsübernahme im Dreiecksverhältnis nur auf der Grundlage von Verträgen erfolgen sollen.[19] Dem dient u.a. § 77 Abs. 1 Satz 2 HS. 2 SGB XII, der die Bindungswirkung der Vereinbarungen über den Kreis der eigentlichen Vertragsparteien hinaus erstreckt. Auch die über § 77 Abs. 1 Satz 3 SGB XII vorgesehene Möglichkeit, eine fehlende Einigung der Vertragsparteien durch Schiedsspruch zu ersetzen und die Regelung zur Fortgeltung von Vereinbarungen nach Ablauf der Laufzeit in § 77 Abs. 2 Satz 4 SGB XII sollen die Leistungsgewährung auf vertraglicher Grundlage absichern. Diesen Zweck verfolgen letztlich auch die Vorgaben für die wesentliche Änderung bzw. den Wegfall der Geschäftsgrundlage in § 77 Abs. 3 SGB XII. Anders als bei der allgemeinen Regelung des § 59 Abs. 1 SGB X berechtigt die wesentliche, unvorhersehbare Änderung der Geschäftsgrundlage die Vertragsparteien nicht zur Kündigung der Vereinbarung(en), sondern lediglich zur Neuverhandlung. Auch hiermit wird gewährleistet, dass kein – wenn auch nur vorübergehender – vertragsloser Zustand besteht. Zugleich wird damit der Druck auf die Vertragsparteien erhöht, die Leistungsbeziehung auf eine vertragliche Grundlage zu stellen.

---

[15] So auch: LSG Berlin-Brandenburg v. 05.12.2013 - L 23 SO 38/10 KL (anhängig beim BSG unter B 8 SO 1/14 R); LSG Niedersachsen-Bremen v. 24.05.2007 - L 8 SO 136/06; *Freudenberg* in: Jahn, SGB XII, § 77 Rn. 5.
[16] *Flint* in: Grube/Wahrendorf, SGB XII, 5. Aufl., § 77 Rn. 13.
[17] *Flint* in: Grube/Wahrendorf, SGB XII, 5. Aufl., § 77 Rn. 13.
[18] BT-Drs. 12/5510, S. 10.
[19] BVerwG v. 04.08.2006 - 5 C 13/05 - BVerwGE 126, 295 ff.

Da die Ersetzung von Vereinbarungen durch eine Entscheidung der Schiedsstelle die Berufsausübungsfreiheit der Leistungserbringer tangiert (vgl. dazu die Kommentierung zu § 80 SGB XII Rn. 9), werden durch § 77 Abs. 1 Satz 3 SGB XII die Grundzüge des Schiedsstellenverfahrens gesetzlich vorgegeben (**Grundrechtsschutz durch Verfahren**). Die weitere Ausgestaltung dieser gesetzlichen Rahmenregelung obliegt den Ländern im Verordnungsweg (§ 81 Abs. 2 SGB XII).

IV. Auslegung der Einzelregelungen

1. Prospektivitätsmaßstab (Absatz 1 Satz 1)

a. Inhalt und Geltungsbereich

Vereinbarungen im Sinne des § 75 Abs. 3 SGB XII dürfen nur für künftige Zeiträume (d.h. prospektiv) **abgeschlossen werden.** Dem Wortlaut nach gilt der prospektive Vereinbarungsmaßstab für alle drei in § 75 Abs. 3 SGB XII genannten Teilvereinbarungen, nicht dagegen für die Leistungsstandardvereinbarung nach § 76 Abs. 3 Satz 1 Alt. 1 SGB XII (zur Leistungsstandardvereinbarung vgl. die Kommentierung zu § 76 SGB XII Rn. 107). Relevant ist der prospektive Maßstab allerdings nur für die Vergütungsvereinbarung und die vergütungsrelevanten Bestandteile der Leistungsvereinbarung.[20] Die als Ausprägung des Prospektivitätsgedankens anzusehenden Regelungen in § 77 Abs. 1 Satz 1 HS. 2, Abs. 2 Sätze 3 und 4 SGB XII sind dementsprechend nur für die Vergütungsvereinbarung bzw. die vergütungsrelevanten Bestandteile der Leistungsvereinbarung denkbar. Offensichtlich hatte der Gesetzgeber bei der Regelung des Satzes 1 den erstmaligen Abschluss von Vereinbarungen zwischen Leistungserbringer und Sozialhilfeträger als Leitbild vor Augen. In dieser Fallkonstellation liegt es nahe, dass alle drei Teilvereinbarungen für künftige Zeiträume geschlossen werden.

Bei einem prospektiven Vergütungsmaßstab wird die Vergütung auf der Grundlage einer vom Leistungserbringer **im Voraus vorzulegenden Kalkulation** vereinbart. Die nachträgliche Erstattung der tatsächlich entstandenen Kosten des Leistungserbringers durch den Sozialhilfeträger verbunden mit einem Ausgleich für Unter- oder Überdeckungen ist mit einem prospektiven Vergütungssystem nicht vereinbar. Der prospektive Vergütungsansatz wurde durch das 2. SKWPG vom 21.12.1993[21] mit Wirkung zum 01.07.1994 in § 93 BSHG verankert. Bis zu diesem Zeitpunkt galt das **Selbstkostendeckungsprinzip**. Die ebenfalls bis zum 30.06.1994 übliche Vergütung der Leistungserbringer in Form des nachträglichen Ausgleichs von Fehlbeträgen und Überschüssen war jedoch nicht – wie überwiegend angenommen[22] – dem Selbstkostendeckungsprinzip geschuldet, sondern Folge seiner fehlerhaften Anwendung in der Praxis.[23] Das Selbstkostendeckungsprinzip sah ursprünglich vor, dass die Leistungserbringer anhand von Selbstkostenblättern ihre Kostenforderung im Voraus kalkulieren und konkretisieren; insoweit war auch das damalige Vergütungssystem auf eine Vorauskalkulation angelegt.[24] In der Praxis haben allerdings die Leistungserbringer dieses System in das Gegenteil verkehrt und sogenannte Spitzabrechnungen vorgezogen, wobei der sich im Regelfall ergebende Verlust durch den Sozialhilfeträger nachträglich ausgeglichen wurde.[25] Ein solcher nachträglicher Ausgleich war im Unterschied zur heutigen Rechtslage gesetzlich nicht ausgeschlossen. Mit dem zum 01.07.1994[26] vorgenommenen Übergang zu einem prospektiven Vergütungssystem wollte der Gesetzgeber diesen nachträglichen Ausgleich von Verlusten aus betriebswirtschaftlichen Gründen abschaffen.[27]

Die retrospektiv feststehenden Selbstkosten eines Leistungserbringers sind damit aber nicht bedeutungslos geworden. Sie sind zwar nicht mehr der Ausgangspunkt, aber einer von mehreren Anhaltspunkten für die Vergütungsgestaltung.[28] So wird die Gewinn- und Verlustrechnung für einen abge-

---

[20] *Neumann* in: Hauck/Noftz, SGB XII, § 77 Rn. 3; *Flint* in: Grube/Wahrendorf, SGB XII, 5. Aufl., § 77 Rn. 3; *Münder* in: LPK-SGB XII, 9. Aufl., § 77 Rn. 2; *Jaritz*, SozialRecht aktuell 2012, 105, 114; LSG Niedersachsen-Bremen v. 24.05.2007 - L 8 SO 204/06.
[21] BGBl. I 2003, 2374.
[22] So auch: BT-Drs. 12/5510, S. 10.
[23] Vgl. dazu *Neumann* in: Hauck/Noftz, SGB XII, § 77 Rn. 3 ff.; *ders.*, RsDE Nr. 63 (2006), 32, 39 f.
[24] *Neumann* in: Hauck/Noftz, SGB XII, § 77 Rn. 4; *Friedrich*, NDV 1994, 166, 168; OVG Niedersachsen v. 12.06.1991 - 4 A 25/86.
[25] *Neumann* in: Hauck/Noftz, SGB XII, § 77 Rn. 3 f.; *ders.*, RsDE Nr. 63 (2006), 32, 39 f; *Friedrich*, NDV 1994, 166, 168 f.
[26] Durch das SKWPG vom 21.12.1993, BGBl I 1993, 2374.
[27] BT Drs. 12/5510, S. 10 f.
[28] BVerwG v. 01.12.1998 - 5 C 17/97 - BVerwGE 108, 47, 54; OVG Lüneburg v. 20.08.2008 - 4 LC 93/07; LSG Bayern v. 24.11.2011 - L 8 SO 223/09 KL; *Neumann* in: Hauck/Noftz, SGB XII, § 77 Rn. 5; *Münder* in: LPK-SGB XII, 9. Aufl., § 77 Rn. 2.

schlossenen Vereinbarungszeitraum die im Voraus vorzunehmende Kalkulation des Leistungserbringers für den neuen Vereinbarungszeitraum beeinflussen[29] (**prospektive Relevanz der retrospektiven Selbstkosten**). Die Berücksichtigung der Selbstkosten (oder auch Gestehungskosten) einer Einrichtung ist bereits wegen des Anspruchs des Leistungserbringers auf leistungsgerechte Vergütung geboten.[30] Die Selbst- bzw. Gestehungskosten sind die untere Grenze dessen, was ein Leistungserbringer bei wirtschaftlicher Betriebsführung benötigt, um bedarfsdeckende Leistungen zu erbringen.[31] Der Sozialhilfeträger ist daher bereits aufgrund seiner Gewährleistungsverantwortung[32] gehalten, beim Abschluss der Vereinbarungen mit dem Leistungserbringer dessen Selbstkosten mit zu berücksichtigen. Die retrospektiven Selbstkosten einer Einrichtung sind jedoch keine Rechtfertigung für eine prospektiv geltend gemachte Kostensteigerung, wenn die höheren tatsächlichen Kosten in der Vergangenheit unter Verstoß gegen die Grundsätze der Wirtschaftlichkeit und Notwendigkeit entstanden sind.[33]

23 Die **prospektive Betrachtungsweise** erfordert eine **auf zuverlässigen Tatsachen beruhende Prognose** über die Kosten im neuen Vereinbarungszeitraum. Prognoserelevante Tatsachen sind u.a. die künftige personelle und sächliche Ausstattung der Einrichtung, übliche bzw. geplante zusätzliche Investitionen, tarifliche Entwicklungen, absehbare Lohnerhöhungen aufgrund der Altersstruktur der Mitarbeiter, übliche Erhöhungen des Pacht- oder Mietzinses. Strebt die Einrichtung einen Wechsel des Leistungsangebots an, ist die Prognose der Kosten mit erheblichen Unsicherheiten verbunden. In diesen Fällen empfiehlt es sich, zur Vermeidung einer nicht ausgleichsfähigen Unterdeckung kurze Laufzeiten für die Leistungs- und Vergütungsvereinbarung festzulegen.[34] Im Einzelfall kann die Prognose auf die im ersten Monat nach Einleitung der Vertragsverhandlungen tatsächlich entstandenen und auf den Vereinbarungszeitraum hochgerechneten Kosten gestützt werden.[35]

24 In logischer Konsequenz des prospektiven Vergütungsansatzes verbietet § 77 Abs. 1 Satz 1 HS. 2 SGB XII nachträgliche Ausgleiche. Dies bedeutet einerseits, dass Verluste durch tatsächlich höhere Kosten nicht nachträglich ausgeglichen werden, dass aber andererseits bei tatsächlich niedrigeren Kosten keine Rückforderung seitens des Sozialhilfeträgers erfolgt. Das **prospektive Vergütungssystem** bietet somit für die Leistungserbringer die Chance, mit der vereinbarten Vergütung nicht nur die Kosten der Leistungserbringung im Vereinbarungszeitraum zu decken, sondern auch einen Gewinn zu erwirtschaften.[36] Der vom Gesetzgeber gewählte Vergütungsmaßstab fördert auf diese Weise ein wirtschaftliches Handeln der Leistungserbringer und stärkt deren Eigenverantwortung.[37] Neben dieser Chance birgt das geltende Vergütungssystem für die Leistungserbringer aber auch das **Risiko der Unterdeckung**, d.h. der Entstehung nicht ausgleichsfähiger Verluste im Vereinbarungszeitraum.[38] Durch die vom Gesetzgeber in § 77 SGB XII vorgenommene Risikoverteilung werden die Interessen des Leistungserbringers aber ausreichend geschützt. Ist die Unterdeckung während der Laufzeit einer Vereinbarung auf eine von Anfang an fehlerhafte Kalkulation oder ein unwirtschaftliches Verhalten des Leistungserbringers zurückzuführen („bewusste bzw. vorhersehbare Unterfinanzierung"),[39] handelt es sich um Gründe, die im Verantwortungsbereich des Leistungserbringers liegen und die es rechtfertigen, ihm das Risiko der Unterdeckung aufzuerlegen. Ist die Unterdeckung dagegen auf eine wesentliche,

---

[29] *Münder* in: LPK-SGB XII, 9. Aufl., § 77 Rn. 2; *Baur* in: Mergler/Zink, SGB XII, § 77 Rn. 6; *Jaritz*, SozialRecht aktuell 2012, 105, 114.

[30] So im Ergebnis auch die Gesetzesbegründung, wonach auch nach dem neuen Entgeltsystem keine Einrichtung gezwungen sein solle, „die von ihr erwarteten Leistungen unterhalb ihrer „Gestehungskosten" anzubieten und zu erbringen". (BT-Drs. 12/5501, S. 10; BVerwG v. 01.12.1998 - 5 C 17/97 - BVerwGE 108, 47, 53 f.).

[31] BVerwG v. 01.12.1998 - 5 C 17/97 - BVerwGE 108, 47, 54 f.; OVG Lüneburg v. 20.08.2008 - 4 LC 93/07; *Neumann* in: Hauck/Noftz, SGB XII, § 77 Rn. 7.

[32] Zum Gewährleistungsverantwortungsmodell: BSG v. 18.03.2014 - B 8 SF 2/13 R zur Veröffentlichung in BSGE und SozR vorgesehen; BSG v. 02.02.2010 - B 8 SO 20/08 R; BSG v. 28.10.2009 - B 8 SO 22/07 R - BSGE 102, 1 = SozR 4-1500 § 75 Nr. 9; *Eicher*, SGb 2013, 127, 129.

[33] LSG Bayern v. 24.11.2011 - L 8 SO 223/09 KL; OVG Lüneburg v. 20.08.2008 - 4 LC 93/07.

[34] Ähnlich: LSG Berlin-Brandenburg v. 05.12.2013 - L 23 SO 38/10 KL (anhängig beim BSG unter B 8 SO 1/14 R).

[35] So LSG Bayern v. 24.11.2011 - L 8 SO 135/10 KL.

[36] BT-Drs. 12/5510, 10; LSG Berlin-Brandenburg v. 05.12.2013 - L 23 SO 38/10 KL (anhängig beim BSG unter B 8 SO 1/14 R); LSG Niedersachsen-Bremen v. 24.05.2007 - L 8 SO 136/06; *Freudenberg* in: Jahn, SGB XII, § 77 Rn. 4; *Baur* in: Mergler/Zink, SGB XII, § 77 Rn. 6; *Neumann* in: Hauck/Noftz, SGB XII, § 77 Rn. 6.

[37] BT-Drs. 12/5510, S. 10 f.

[38] BT-Drs. 12/5510, S. 10; *Freudenberg* in: Jahn, SGB XII, § 77 Rn. 4.

[39] Dazu LSG Berlin-Brandenburg v. 05.12.2013 - L 23 SO 38/10 KL (anhängig beim BSG unter B 8 SO 1/14 R).

nicht voraussehbare Änderung der Vertragsgrundlage zurückzuführen („unbewusste Unterfinanzierung"), ermöglicht § 77 Abs. 3 SGB XII die Neuverhandlung während der Vereinbarungslaufzeit und gleicht somit das vom Leistungserbringer nicht zu verantwortende Risiko aus.[40]

Die in **§ 77 Abs. 1 Satz 1 SGB XII** für die Vertragsparteien geregelte Vorgabe, Vereinbarungen nur für einen künftigen Zeitraum abzuschließen, ist jedoch **teleologisch zu reduzieren**. Prospektiv i.S.d. § 77 Abs. 1 Satz 1 SGB XII sind auch die Vereinbarungen, die zwar aufgrund der Dauer der Verhandlungen und der ggf. notwendigen Einschaltung der Schiedsstelle eine in Bezug auf den Beginn der Wirtschaftsperiode zurückwirkende Vergütung festsetzen, bei denen aber die Verhandlungen prospektiv begonnen haben (vgl. dazu Rn. 116 f.). 25

Das prospektive Vergütungssystem ist mit der **Berufsausübungsfreiheit der Leistungserbringer (Art. 12 Abs. 1 GG)** vereinbar und führt insbesondere nicht per se zu einer für die Einrichtung unangemessenen Vergütung.[41] Gemäß § 75 Abs. 3 Satz 2 SGB XII müssen die Vereinbarungen – und somit auch die Vergütungsvereinbarung – den Grundsätzen der Wirtschaftlichkeit, Sparsamkeit und Leistungsfähigkeit entsprechen. An diese Grundsätze sind sowohl die Vertragsparteien beim Abschluss der Vereinbarungen als auch die Schiedsstelle bei der Festsetzung der Mindestvertragsinhalte gebunden. Die Leistungsfähigkeit der Leistungserbringer ist daher systemimmanenter Bestandteil der Vergütungsfestsetzung, so dass das gesetzliche Vergütungssystem auf die Vereinbarung bzw. Festsetzung einer leistungsgerechten Vergütung ausgelegt ist. Aufgrund der Beteiligung der Leistungserbringer als (Schieds-)Vertragspartei am Leistungs- und Vergütungsfestsetzungsverfahren ist ein einseitiges Diktat unangemessen niedriger Vergütungen ausgeschlossen. 26

b. Begriff des Vereinbarungszeitraums

Nach dem Wortlaut des § 77 Abs. 1 Satz 1 SGB XII umschreibt der prospektive Vergütungsmaßstab den Vereinbarungszeitraum. Diese terminologische Gleichsetzung ist jedoch irreführend. Begrifflich muss zwischen dem **Vereinbarungszeitraum** (Absatz 1 Satz 1), dem **Inkrafttreten einer Vereinbarung** (Absatz 2 Sätze 1 und 2) und der nicht ausdrücklich gesetzlich geregelten **Laufzeit einer Vereinbarung** unterschieden werden. Der Vereinbarungszeitraum, auf den sich die Prospektivität bezieht, umschreibt die Regelungsinhalte in zeitlicher Hinsicht: die (Mindest-)Inhalte einer Leistungs-, Vergütungs- und Prüfungsvereinbarung müssen für einen zukünftigen Zeitraum geregelt werden.[42] Das Inkrafttreten einer Vereinbarung legt dagegen den Zeitpunkt des Wirksamwerdens der Vereinbarung fest.[43] Die Laufzeit einer Vereinbarung betrifft ihre Geltungsdauer. Hinsichtlich der Laufzeit enthält § 77 SGB XII keine Regelung. Allerdings wird die Laufzeit mittelbar durch die Vorgaben über das Inkrafttreten in § 77 Abs. 2 Sätze 1 und 2 SGB XII (Beginn der Geltungsdauer) und die Fortgeltung in § 77 Abs. 2 Satz 4 SGB XII beeinflusst.[44] Das Inkrafttreten einer Vereinbarung ist wiederum im Lichte des prospektiven Maßstabes auszulegen. Dieser Zusammenhang kommt in § 77 Abs. 2 Satz 3 SGB XII zum Ausdruck.[45] In diesem gesetzlich vorgegebenen Rahmen steht es den Vertragsparteien frei, die Laufzeit der Vereinbarung(en) frei auszuhandeln.[46] Durch das Fehlen weitergehender gesetzgeberischer Vorgaben für die Vereinbarungslaufzeit – insbesondere durch die fehlende Koppelung der Laufzeit an das Kalenderjahr – können die Vertragsparteien die Einzelvereinbarungen den für sie voraussehbaren Änderungen anpassen. So kann es sinnvoll sein, für die Vergütungsvereinbarung eine kürzere Geltungsdauer zu vereinbaren, um das Ergebnis turnusmäßig anstehender Tarifverhandlungen berücksichtigen zu können.[47] Wegen des zwischen Leistungs- und Vergütungsvereinbarung bestehenden logischen Zusammenhangs (vgl. die Kommentierung zu § 75 SGB XII und die Kommentierung zu § 76 SGB XII) empfiehlt es sich jedoch, die Laufzeiten dieser beiden Vereinbarungen aufeinander abzustimmen.[48] 27

---

[40] In diesem Sinne auch: *Flint* in: Grube/Wahrendorf, SGB XII, 5. Aufl., § 77 Rn. 4.

[41] Dazu: LSG Berlin-Brandenburg v. 05.12.2013 - L 23 SO 38/10 KL (anhängig beim BSG unter B 8 SO 1/14 R).

[42] *Neumann*, RsDE Nr. 63 (2006), 32, 38 f.

[43] Zur Differenzierung zwischen Vereinbarungszeitraum und Inkrafttreten: LSG Niedersachsen-Bremen v. 24.05.2007 - L 8 SO 136/06 sowie *Flint* in: Grube/Wahrendorf, SGB XII, 5. Aufl., § 77 Rn. 6; *Neumann*, RsDE Nr. 63 (2006), 32, 38 f; *Jaritz*, SozialRecht aktuell 2012, 105, 114 f.

[44] *Flint* in: Grube/Wahrendorf, SGB XII, 5. Aufl., § 77 Rn. 7.

[45] *Neumann* in: Hauck/Noftz, SGB XII, § 77 Rn. 42; *Flint* in: Grube/Wahrendorf, SGB XII, 5. Aufl., § 77 Rn. 6, 15; *Jaritz*, SozialRecht aktuell 2012, 105, 115.

[46] So auch: LSG Berlin-Brandenburg v. 05.12.2013 - L 23 SO 38/10 KL (anhängig beim BSG unter B 8 O 1/14 R).

[47] BT-Drs. 12/5510, S. 11; *Flint* in: Grube/Wahrendorf, SGB XII, 5. Aufl., § 77 Rn. 4, 28.

[48] Ebenso: *Pöld-Krämer/Fahlbusch*, RsDE Nr. 46 (2000), 4, 31 f.; *Jaritz*, SozialRecht aktuell 2012, 105, 115.

28 Der vom Gesetzgeber verwendete Begriff des Vereinbarungszeitraums legt begrifflich nahe, dass die Vereinbarungen i.S.d. § 75 Abs. 3 SGB XII grundsätzlich zu befristen sind.[49] Diese Annahme ist jedoch nicht haltbar, wenn man von dem dargestellten Begriffsverständnis (vgl. Rn. 27) ausgeht. Die **Befristung einer Vereinbarung** betrifft deren Laufzeit, die von den Vertragsparteien in den Grenzen des § 77 Abs. 2 Sätze 1 und 2 sowie Satz 4 SGB XII frei verhandelbar ist. Die Vertragsparteien können daher auch eine unbefristete Vereinbarung schließen[50] – was aber in der Praxis gerade in Bezug auf die Vergütungsvereinbarung regelmäßig nicht der Fall sein dürfte. Insbesondere für die Leistungs- und Prüfungsvereinbarung ist ein unbefristeter Abschluss im Übrigen auch nicht sinnvoll. Die im Vereinbarungsweg festzulegende Vergütung baut auf einem bestimmten Leistungsangebot auf (vgl. die Kommentierung zu § 75 SGB XII und die Kommentierung zu § 76 SGB XII).[51] Ohne eine Leistungsvereinbarung kann weder über die Vergütung der Leistung verhandelt werden, noch kann eine abgelaufene Vergütungsvereinbarung ohne bestehende Leistungsvereinbarung fortgelten. Letztlich stehen auch Leistungs- und Prüfungsvereinbarung in einem Abhängigkeitsverhältnis, weil der Prüfungsmaßstab nur in Kenntnis des Prüfungsgegenstandes festgelegt werden kann. Umgekehrt setzt dagegen der Abschluss einer Leistungsvereinbarung nicht voraus, dass sich die Vertragsparteien bereits über eine Prüfungsvereinbarung geeinigt haben. Dieses Abhängigkeitsverhältnis unter den drei Teilvereinbarungen des § 75 Abs. 3 SGB XII muss auch bei der festzulegenden **Laufzeit der Einzelvereinbarungen** berücksichtigt werden. Die Abstimmung der Laufzeit kann dahingehend vorgenommen werden, dass den Einzelvereinbarungen allgemeine Regelungen über die Vertragsgrundlage vorangestellt werden, in denen die Laufzeit für die sich anschließenden Teilvereinbarungen einheitlich bzw. abgestuft geregelt wird.[52]

29 Treffen die Vertragsparteien **keine Regelung hinsichtlich der Laufzeit einer Vereinbarung**, gilt diese unbefristet. Wird nur hinsichtlich der Leistungsvereinbarung keine Laufzeitregelung getroffen, während die Vergütungsvereinbarung befristet wird, ist wegen des bestehenden logischen Zusammenhangs zwischen Leistungs- und Vergütungsvereinbarung (vgl. dazu die Kommentierung zu § 75 SGB XII und die Kommentierung zu § 76 SGB XII) eine Anpassung der Laufzeiten im Wege der ergänzenden Vertragsauslegung in Betracht zu ziehen. Im Übrigen können sich – im Wege der Auslegung heranzuziehende – Anhaltspunkte für eine nicht im Vertragstext geregelte Befristung der Vereinbarung aus dem Verhandlungsprotokoll ergeben.[53]

c. Verbot nachträglicher Ausgleiche (Absatz 1 Satz 1 Halbsatz 2)

30 Nach § 77 Abs. 1 Satz 1 HS. 2 SGB XII sind nachträgliche Ausgleiche nicht zulässig. Nachträgliche Ausgleiche sind nur im Hinblick auf die Vergütungsvereinbarung denkbar.[54] Es handelt sich um eine logische **Konsequenz des prospektiven Vergütungsmaßstabes**. Der Gesetzgeber wollte mit dieser ausdrücklichen Regelung zum einen die Abkehr von dem bis 31.12.1993 praktizierten Kostenerstattungssystem verdeutlichen[55] (vgl. dazu Rn. 21). Zum anderen hat er damit ein **gesetzliches Verbot** statuiert. Werden in einer Vereinbarung nachträgliche Ausgleiche festgelegt, ist diese nach § 58 SGB X i.V.m. § 134 BGB i.V.m. § 77 Abs. 1 Satz 1 HS. 2 SGB XII nichtig.

---

[49] So SG Augsburg v. 18.08.2006 - S 15 SO 96/06 ER; VG Bayreuth v. 17.02.2003 - B 3 K 02.433; *W. Schellhorn* in: Schellhorn/Schellhorn/Hohm, SGB XII, 18. Aufl., § 77 Rn. 6; a.A. wohl *Flint* in: Grube/Wahrendorf, SGB XII, 5. Aufl., § 77 Rn. 19 f.; offen gelassen: *Münder* in: LPK-SGB XII, 9. Aufl., § 77 Rn. 3; LSG Berlin-Brandenburg v. 02.09.2011 - L 23 SO 147/11 B ER; differenziert: *Dillmann*, SozialRecht aktuell 2012, 181, 186 (nur Befristung der Vergütungsvereinbarung).

[50] Ebenso: *Kunte*, RsDE Nr. 68 (2009), 55 ff.; *Flint* in: Grube/Wahrendorf, SGB XII, 5. Aufl., § 77 Rn. 19 f.; *Neumann*, RsDE Nr. 63 (2006), 32, 36.

[51] OVG Lüneburg v. 22.07.2008 - 4 LA 22/06; OVG Lüneburg v. 04.07.2008 - 4 LA 115/06; VG Hannover v. 16.12.2005 - 7 A 4338/05; LSG Baden-Württemberg v. 13.11.2006 - L 7 SO 2998/06 ER-B; LSG Nordrhein-Westfalen v. 01.12.2005 - L 9 B 22/05 SO ER.

[52] Vgl. dazu LSG Berlin-Brandenburg v. 02.09.2011 - L 23 SO 147/11 B ER.

[53] Vgl. dazu LSG Berlin-Brandenburg v. 05.12.2013 - L 23 SO 38/10 KL (anhängig beim BSG unter B 8 SO 1/14 R).

[54] *Flint* in: Grube/Wahrendorf, SGB XII, 5. Aufl., § 77 Rn. 3; *Münder* in: LPK-SGB XII, 9. Aufl., § 77 Rn. 2; *Jaritz*, SozialRecht aktuell 2012, 105, 114.

[55] Vgl. dazu BT-Drs. 12/5510, S. 10 f.

d. Ausnahmen vom prospektiven Vergütungsmaßstab

Das Gesetz regelt zwei Ausnahmen vom prospektiven Vergütungsmaßstab. Eine Ausnahmeregelung findet sich in § 77 Abs. 2 Satz 2 HS. 2 SGB XII. Danach wird die durch eine Schiedsstelle ersetzte Vereinbarung mit dem Tag wirksam, an dem der Antrag bei der Schiedsstelle eingegangen ist, soweit in der Schiedsstellenentscheidung nicht der Tag des Inkrafttretens der ersetzten Vereinbarung abweichend geregelt wird. Dem prospektiven Ansatz würde eine auf Tag der Schiedsstellenentscheidung datierte **Wirksamkeit der ersetzten Vereinbarung** entsprechen. Mit der Anknüpfung an den **Tag der Antragstellung bei der Schiedsstelle** trägt der Gesetzgeber der Tatsache Rechnung, dass ein Schiedsstellenverfahren aufgrund der komplexen Regelungsmaterie häufig längere Zeit in Anspruch nimmt und der Vertragspartei, die rechtzeitig die Schiedsstelle angerufen hat, nicht das von ihr nicht beeinflussbare Risiko der Verfahrensdauer aufgebürdet werden soll.[56] Die Regelung entspricht der vom Gesetzgeber in § 77 SGB XII vorgenommenen Risikoverteilung nach Verantwortungsbereichen (zum Inkrafttreten des Schiedsspruchs bei prospektivem Beginn der Verhandlungen vgl. Rn. 116 f.).

31

Eine weitere Ausnahme ist die in **§ 77 Abs. 3 SGB XII** geregelte **Neuverhandlung bei einer wesentlichen und unvorhersehbaren Änderung der vergütungsrelevanten Umstände**. Allerdings handelt es sich nur um eine beschränkte Ausnahme. Denn die Regelung erlaubt in Abweichung von § 77 Abs. 1 Satz 1 SGB XII nur eine Änderung der Vergütung während des laufenden Vereinbarungszeitraums. Für die neu verhandelte Vergütung gelten über § 77 Abs. 3 Satz 2 SGB XII wiederum die Absätze 1 und 2 entsprechend, so dass die Vergütung nur für künftige Zeiträume vereinbart oder von der Schiedsstelle (mit Ausnahme von § 77 Abs. 2 Satz 2 Alt. 2 SGB XII) festgesetzt werden kann (vgl. dazu Rn. 138).

32

2. Vertragsparteien und Bindungswirkung (Absatz 1 Satz 2)

Nach § 77 Abs. 1 Satz 2 HS. 1 SGB XII sind die Vereinbarungen i.S.d. § 75 Abs. 3 SGB XII zwischen dem **Träger der Einrichtung** und dem für den Sitz der Einrichtung zuständigen **Träger der Sozialhilfe** zu schließen. Die Regelung wurde erst durch das „Gesetz zur Änderung des Zwölften Buches Sozialgesetzbuch und anderer Gesetze" vom 02.12.2006[57] eingefügt. Mit ihr werden nicht nur die zum Abschluss einer Vereinbarung i.S.d. § 75 Abs. 3 SGB XII berechtigten Vertragsparteien bestimmt, sondern wird zugleich auch die örtliche Zuständigkeit geregelt.[58] Die vom Gesetzgeber „im Interesse der Einrichtungs- und Sozialhilfeträger"[59] vorgenommene Bestimmung der Vertragsparteien steht hinsichtlich des Wortlautes in einem gewissen **Widerspruch zu** der in **§ 75 Abs. 3 Satz 1 SGB XII** gewählten Formulierung, wonach die Vergütung des Leistungserbringers nur dann vom Sozialhilfeträger übernommen werden kann, wenn er „mit dem Träger der Einrichtung oder seinem Verband" eine Leistungs-, Vergütungs- und Prüfungsvereinbarung geschlossen hat. Nach der **Lex-posterior-Regelung** geht die mit Wirkung zum 07.12.2006 eingefügte Bestimmung des § 77 Abs. 1 Satz 2 SGB XII der Regelung des § 75 Abs. 3 Satz 1 SGB XII vor.[60] § 75 Abs. 3 Satz 1 SGB XII kann im Lichte des § 77 Abs. 1 Satz 2 HS. 1 SGB XII aber dahin ausgelegt werden, dass der Verband als Vertreter der Einrichtung berechtigt ist, mit dem Sozialhilfeträger eine Vereinbarung zu schließen.

33

Vertragspartei auf der Seite des Sozialhilfeträgers ist der für den Sitz der Einrichtung/des Dienstes **örtlich und sachlich zuständige Träger**. Im Rahmen der sachlichen Zuständigkeit ist anhand des Leistungsangebots der Einrichtung/des Dienstes zu prüfen, ob der örtliche oder überörtliche Träger zuständig ist. Maßgebend sind die entsprechenden landesrechtlichen Vorschriften.[61] Die örtliche Zuständigkeit wird durch § 77 Abs. 1 Satz 2 HS. 1 SGB XII abweichend von der allgemeinen Regelung des § 98 SGB XII definiert. Angesichts der eindeutigen gesetzlichen Definition können daher Vereinbarungen i.S.d. § 75 Abs. 3 SGB XII nicht durch kommunale Spitzenverbände geschlossen werden.[62] Vertragspartei auf der Seite der Leistungserbringer können private, staatliche oder kommunale Einrichtungsträ-

34

---

[56] *Flint* in: Grube/Wahrendorf, SGB XII, 5. Aufl., § 77 Rn. 13.
[57] BGBl I 2006, 2670.
[58] *W. Schellhorn* in: Schellhorn/Schellhorn/Hohm, SGB XII, 18. Aufl., § 77 Rn. 7; *Pattar*, SozialRecht aktuell 2012, 85, 89; LSG Berlin-Brandenburg v. 05.12.2013 - L 23 SO 38/10 KL (anhängig beim BSG unter B 8 SO 1/14 ER).
[59] BT-Drs. 16/2711, S. 11.
[60] *Neumann* in: Hauck/Noftz, SGB XII, § 75 Rn. 15; *Münder* in: LPK-SGB XII, 9. Aufl. § 77 Rn. 4.
[61] Dazu im Überblick: *Pattar*, SozialRecht aktuell 2012, 85, 89; vgl. dazu auch: *Rabe*, SozialRecht aktuell 2012, 146, 147.
[62] BVerwG v. 20.07.2000 - 5 C 30/98.

ger sein.⁶³ Ist der **Sozialhilfeträger selbst Träger einer Einrichtung**, was nach der Regelung in § 75 Abs. 2 Satz 1 SGB XII die Ausnahme darstellen dürfte, gelten die Regelungen der §§ 75 ff. SGB XII und somit auch des § 77 Abs. 1 Satz 1 SGB XII nicht, weil es an einem durch Vereinbarung zu regelnden Dreiecksverhältnis fehlt. In diesen Fällen muss die von der in der Trägerschaft des Sozialhilfeträgers stehenden Einrichtung erbrachte Leistung – die in diesem Fall eine Sachleistung darstellt – ohnehin den leistungsrechtlichen Maßstäben des SGB XII genügen.⁶⁴

35 Maßgebend ist nach dem Wortlaut der für den **„Sitz der Einrichtung"** und nicht der für den „Sitz des Einrichtungsträgers" örtlich zuständige Sozialhilfeträger.⁶⁵ Dies gilt jedoch nur bei rechtlich selbständigen Einrichtungen.⁶⁶ Hingegen ist bei rechtlich unselbständigen Einrichtungen bzw. Einrichtungsteilen der für den Sitz des Einrichtungsträgers örtlich zuständige Sozialhilfeträger Vertragspartei.

36 Die Erstreckung der **Verbindlichkeit von Vereinbarungen** nach § 77 Abs. 1 Satz 2 HS. 2 SGB XII über den Kreis der Vertragsparteien hinaus auch auf **andere Träger der Sozialhilfe** ist dem § 72 Abs. 2 Satz 2 SGB XI (Bindung aller Pflegekassen im Inland an einen Versorgungsvertrag) nachgebildet. Die in § 77 Abs. 1 Satz 2 HS. 2 SGB XII zum Ausdruck gebrachte Bindungswirkung belegt die Rechtsnatur der Vereinbarung als Normvertrag⁶⁷ (vgl. dazu die Kommentierung zu § 75 SGB XII). Allerdings steht der Wortlaut in einem gewissen Widerspruch zu der nicht überzeugenden Gesetzesbegründung, in der es heißt, der Gesetzgeber habe mit der Bindungswirkung sicherstellen wollen, dass „auch andere Träger der Sozialhilfe, z.B. bei einer Belegung von Plätzen mit Bewohnern aus anderen Ländern, mit dem Einrichtungsträger Vereinbarungen gleichen Inhalts abschließen".⁶⁸ Diese Begründung entbehrt der Logik, weil aufgrund der angeordneten Bindungswirkung der Abschluss von Vereinbarungen mit anderen Sozialhilfeträgern gerade entbehrlich ist. Die Bindungswirkung stellt sicher, dass vertragslose Zustände i.S.d. § 75 Abs. 4 SGB XII weitgehend vermieden werden.

3. Schiedsstellenverfahren (Absatz 1 Satz 3)

a. Gegenstand des Schiedsstellenverfahrens

37 Nach dem **Wortlaut** des § 77 Abs. 1 Satz 3 SGB XII kann **nur** die fehlende Einigung der Vertragsparteien über die **Vergütungsvereinbarung** („Vereinbarung nach § 76 Abs. 2") durch die Schiedsstelle ersetzt werden. Im Wege einer am Regelungszusammenhang und dem Zweck der Vorschrift orientierten Auslegung ist jedoch – **entgegen der absolut herrschenden Meinung**⁶⁹ – **auch die Leistungsvereinbarung** als **schiedsstellenfähig** anzusehen⁷⁰. Leistungs- und Vergütungsvereinbarung bilden eine rechtliche Einheit. Die Vergütung einer Leistung kann nur dann vereinbart werden, wenn der Inhalt der Leistung feststeht (zur Akzessorietät der Vergütungsvereinbarung von der Leistungsvereinbarung vgl. die Kommentierung zu § 75 SGB XII und die Kommentierung zu § 76 SGB XII). Die Vergütungsvereinbarung setzt ebenso wie die Festsetzung der Vergütung durch die Schiedsstelle eine wirksame Leis-

---

⁶³ *Baur* in: Mergler/Zink, SGB XII, § 75 Rn. 47; *Adolph* in: Linhart/Adolph, SGB XII, § 77 Rn. 13.
⁶⁴ Im Ergebnis ebenso, aber mit anderer Begründung: *Baur* in: Mergler/Zink, SGB XII, § 75 Rn. 48.
⁶⁵ LSG Berlin-Brandenburg v. 05.12.2013 - L 23 SO 38/10 KL (anhängig beim BSG unter B 8 SO 1/14 R); *Münder* in: LPK-SGB XII, 9. Aufl., § 77 Rn. 4.
⁶⁶ *Münder* in: LPK-SGB XII, 9. Aufl., § 77 Rn. 4; ebenso: LSG Nordrhein-Westfalen v. 29.09.2008 - L 20 SO 92/06 zur vergleichbaren Problematik im Rahmen von § 57 SGG.
⁶⁷ Ebenso: *Flint* in Grube/Wahrendorf, SGB XII, 5. Aufl., § 77 Rn. 8; *Eicher*, SGb 2013, 127, 128; *Jaritz*, SozialRecht aktuell 2012, 105, 106.
⁶⁸ BT-Drs. 16/2711, S. 11.
⁶⁹ BVerwG v. 04.08.2006 - 5 C 13/05 - BVerwGE 126, 295, 298; LSG Baden-Württemberg v. 13.07.2006 - L 7 SO 1902/06 ER-B; LSG Bayern v. 25.01.2012 - L 8 SO 89/09 KL; *Kunte*, RsDE Nr. 68 (2009), 55, 69 ff.; *Münder* in: LPK-SGB XII, 9. Aufl., § 77 Rn. 5; *Baur* in: Mergler/Zink, SGB XII, § 77 Rn. 10; *Freudenberg* in: Jahn, SGB XII, § 77 Rn. 8 f.; *Flint* in: Grube/Wahrendorf, SGB XII, 5. Aufl., § 77 Rn. 10; *Rabe*, SozialRecht aktuell 2012, 146. 147; im Ergebnis ebenso, aber mit erheblicher Kritik an der jetzigen Konzeption: *W. Schellhorn* in: Schellhorn/Schellhorn/Hohm, SGB XII, 18. Aufl., § 77 Rn. 4; kritische Auseinandersetzung mit der Rechtslage: *Neumann* in: Hauck/Noftz, SGB XII, § 77 Rn. 8; *Zeitler*, RsDE Nr. 42 (1999), 53, 63 f.; im Sinne der Forderung einer Schiedsstellenfähigkeit der Leistungsvereinbarung de lege ferenda: *Pattar*, SozialRecht aktuell 2012, 85, 89 und *Plantholz*, SozialRecht aktuell 2012, 142 ff.
⁷⁰ Ebenso: *Gottlieb*, SozialRecht aktuell 2012, 150, 152 f.; zustimmend auch: *Brünner*, SozialRecht aktuell 2012, 231, 243; Angedeutet aber im Ergebnis offengelassen: LSG Nordrhein-Westfalen v. 01.12.2005 - L 9 B 22/05 SO ER; *Griep*, RsDE Nr. 66 (2008), 27, 31, 44 f. (Bezeichnung der Aufspaltung von Leistung und Vergütung auf zwei Verträge als folgenschwere Fehlkonstruktion des Gesetzes).

tungsvereinbarung voraus und baut auf dieser auf. Teilweise wird in Ansehung dieser denklogischen Einheit von Leistungs- und Vergütungsvereinbarung eine Vorfragenkompetenz der Schiedsstelle für die vergütungsrelevanten Inhalte der Leistungsvereinbarung angenommen.[71] Diese Hilfskonstruktion zeigt letztlich die unüberwindbaren praktischen Probleme, die sich aus einer auf die Vergütungsvereinbarung beschränkten Zuständigkeit der sozialhilferechtlichen Schiedsstelle ergeben.

Dieser logische Zusammenhang zwischen Leistungs- und Vergütungsvereinbarung[72] muss auch auf der Vertragshilfe- und Rechtsschutzebene gelten. Hierfür sprechen zum einen systematische Erwägungen. Die **Parallelregelungen in § 78g Abs. 2 Satz 1 SGB VIII und § 85 Abs. 5 SGB XI** sehen jeweils die **Schiedsstellenfähigkeit für die Leistungs- und Vergütungsvereinbarung** vor, wobei im Bereich der gesetzlichen Pflegeversicherung eine dem § 75 Abs. 3 SGB XII entsprechende Aufteilung der Vereinbarung in drei Teilvereinbarungen nicht vorgesehen ist. Vielmehr wird über die Eignung eines Leistungserbringers im Vorfeld durch Zulassungsvertrag nach § 72 SGB XI entschieden, während im nachfolgenden Pflegesatzverfahren in einer Pflegesatzvereinbarung die Inhalte der Leistung (vgl. § 84 Abs. 5 SGB XII) und die dafür zu übernehmende Vergütung geregelt werden. Diese Pflegesatzvereinbarung ist insgesamt schiedsstellenfähig. Würde man im Bereich des SGB XII von den Leistungserbringern verlangen, den Inhalt einer Leistungsvereinbarung bei fehlender Einigung zunächst in einem Klageverfahren vor den Sozialgerichten feststellen zu lassen und danach über die Vergütung dieser Leistungen zu verhandeln, bzw. bei Nichteinigung diesbezüglich ein Schiedsstellenverfahren einzuleiten, wäre diese abweichende Behandlung gegenüber den Einrichtungen und Diensten, die Leistungen nach dem SGB VIII oder SGB XI erbringen, vor dem Hintergrund von **Art. 3 Abs. 1 GG** nicht zu rechtfertigen.

38

Ein **sachlicher Grund für diese Beschränkung der Schiedsstellenfähigkeit** besteht nicht. Ein solcher kann insbesondere nicht den **Gesetzesmaterialien** entnommen werden. Bis zum 31.12.1998 konnten die Inhalte einer Leistungs-, Vergütungs- und Prüfungsvereinbarung durch die Schiedsstelle festgesetzt werden (§ 93 Abs. 3 i.V.m. Abs. 2 BSHG in der Fassung durch das SKWPG vom 21.12.1993[73]). Mit dem Gesetz zur Reform des Sozialhilferechts vom 23.07.1996 hat der Gesetzgeber mit Wirkung zum 01.01.1999 die Schiedsstellenfähigkeit auf die Vergütungsvereinbarung beschränkt ohne die hierfür maßgebenden Gründen anzugeben.[74] Solche Gründe sind angesichts des systematischen und inhaltlichen Zusammenhangs zwischen Leistungs- und Vergütungsvereinbarung auch nicht ersichtlich. Vielmehr sah sich der Gesetzgeber in Anbetracht der mit einer beschränkten Zuständigkeit der sozialhilferechtlichen Schiedsstelle verbundenen praktischen Nachteile (vgl. dazu Rn. 41 ff.) veranlasst, im Zuge der Einordnung des Sozialhilfe in das Sozialgesetzbuch die bis zum 31.12.1998 bestehende Rechtslage formal wieder herzustellen. Die Schiedsstellenfähigkeit sollte nach dem Regierungsentwurf vom 05.09.2003 auf die Leistungsvereinbarung erstreckt werden, um einer Forderung der Praxis Rechnung zu tragen.[75] Darüber hinaus sollte mit der erweiterten Zuständigkeit der Schiedsstelle vermieden werden, „dass der Abschluss einer Vergütungsvereinbarung, die den Abschluss einer Leistungsvereinbarung voraussetzt, von einer Partei verhindert werden kann".[76] Zudem wollte der Gesetzgeber mit der Erstreckung der Schiedsstellenfähigkeit auf die Leistungsvereinbarung einen Anreiz für neue Dienste im Rahmen des persönlichen Budgets schaffen.[77] Diese angestrebte Erweiterung bzw.

39

---

[71] LSG Hessen v. 20.06.2005 - L 7 SO 2/05 ER mit Anm. *Brühl*, NDV-RD 2006, 112; offengelassen: LSG Nordrhein-Westfalen v. 01.12.2005 - L 9 B 22/05 SO ER; verneint: OVG Lüneburg v. 20.08.2008 - 4 LC 93/07 und OVG Lüneburg v. 04.07.2008 - 4 LA 115/06; LSG Hessen v. 18.07.2006 - L 7 SO 7/06 ER (in Abweichung zu der Entscheidung LSG Hessen v. 20.06.2005 - L 7 SO 2/05 ER).

[72] Vgl. dazu: LSG Bayern v. 12.09.2005 - 12 CE 05.1725; OVG Lüneburg v. 20.08.2008 - 4 LC 93/07; OVG Lüneburg v. 04.07.2008 - 4 LA 115/06; LSG Hessen v. 18.07.2006 - L 7 SO 16/06 ER; LSG Nordrhein-Westfalen v. 01.12.2005 - L 9 B 22/05 SO ER; SG Ulm v . 02.05.2006 - S 3 SO 4211/05 ER; *Kulenkampff/Wenzel*, NDV 2008, 125 ff.; *Gottlieb*, SozialRecht aktuell 2012, 150, 152; *Plantholz*, SozialRecht aktuell 2012, 142 ff.; *Brünner*, SozialRecht aktuell 2012, 231, 243; den Zusammenhang zwischen Leistungs- und Vergütungsvereinbarung ebenfalls anerkennend, aber ohne Konsequenz für Auslegung des geltenden Rechts: *Pattar*, SozialRecht aktuell 2012, 85, 89 f.; *Neumann* in: Hauck/Noftz, SGB XII, § 77 Rn. 8.

[73] BGBl I 1993, 2374.

[74] In der Gesetzesbegründung heißt es lediglich lapidar: „Das Schiedsstellenverfahren wird nur bei einer Nichteinigung im Rahmen der Vergütungsvereinbarung vorgesehen" (BT-Drs. 13/2440, S. 30).

[75] BT-Drs. 15/1514, S. 64.

[76] BT-Drs. 15/1514, S. 64.

[77] BT-Drs. 15/1514, S. 64.

Wiederherstellung der (ursprünglichen) Kompetenz der Schiedsstellen ist im Vermittlungsausschuss – wiederum ohne Angabe von Gründen – gestrichen worden.[78] Letztlich hatte der Gesetzgeber zwar (gute) Gründe für die Erstreckung der Schiedsstellenfähigkeit auf die Leistungsvereinbarung, aber keine Gründe für die Beschränkung der Schiedsstellenfähigkeit auf die Vergütungsvereinbarung, so dass eine Ungleichbehandlung der Leistungserbringer nach dem SGB XII im Vergleich zu denjenigen, die Leistungen nach dem SGB VIII oder SGB XI erbringen, sachlich nicht zu rechtfertigen ist. Bestrebungen zur Harmonisierung der Schiedsstellenverfahren nach dem SGB XI und SGB XII[79] sowie dem SGB VIII[80] in Bezug auf die Schiedsstellenfähigkeit sind bislang ohne Erfolg geblieben (vgl. dazu Rn. 144 und die Kommentierung zu § 80 SGB XII Rn. 75).

40 Für die Erstreckung der Schiedsstellenfähigkeit auf die Leistungsvereinbarung spricht auch der mit dem Schiedsverfahren verbundene **Zweck**. Mit der Einführung **des Schiedsstellenverfahrens** wollte der Gesetzgeber zum einen die Umsetzung des prospektiven Entgeltsystems fördern[81] und zum anderen vertragslose Zustände vermeiden[82]. Letzteres soll während eines laufenden Schiedsstellenverfahrens über die Fortgeltungsklausel des § 77 Abs. 2 Satz 4 SGB XII erreicht werden. Dabei lässt der Gesetzgeber aber unberücksichtigt, dass eine ausgelaufene Vergütungsvereinbarung nur dann fortgelten kann, wenn eine wirksame Leistungsvereinbarung besteht.[83] Ist auch deren Laufzeit beendet und konnten sich die Vertragsparteien (noch) nicht über die Inhalte einer neuen Leistungsvereinbarung einigen, besteht während des Schiedsstellenverfahrens und ggf. eines sich anschließenden Klageverfahrens bezüglich der Vergütungsvereinbarung ein vertragsloser Zustand, der die Interessen des Leistungserbringers, die der Gesetzgeber mit den Regelungen in § 77 Abs. 1 Satz 3 und Abs. 2 Satz 4 SGB XII zu schützen beabsichtigt hat (vgl. dazu Rn. 121)[84], nicht ausreichend berücksichtigt.[85] Denn dieser erhält mangels Fortgeltung der bisherigen Vergütungsregelung für die Dauer des Schiedsstellenverfahrens nach § 75 Abs. 4 Satz 3 SGB XII nur die ortsübliche Vergütung vergleichbarer Leistungserbringer. Die **Beschränkung der Schiedsstellenfähigkeit** auf die Vergütungsvereinbarung **fördert** daher **vertragslose Zustände**, die nach der gesetzlichen Konzeption in § 75 Abs. 4 SGB XII die Ausnahme bilden sollen.[86] Damit wird die Praxis der Sozialhilfeträger begünstigt, den Abschluss einer Vergütungsvereinbarung durch die fehlende Einigung über die Inhalte einer Leistungsvereinbarung zu verhindern und den Leistungserbringern unter dem Mantel des § 75 Abs. 4 SGB XII eine nach „ihrem Ermessen" angemessene Vergütung zu gewähren.[87]

41 Die auf die Vergütungsvereinbarung beschränkte Zuständigkeit der sozialhilferechtlichen Schiedsstelle wirft letztlich **unlösbare praktische Probleme** auf.[88] Diese Probleme entstehen zum einen beim **erstmaligen Abschluss von Vereinbarungen i.S.d. § 75 Abs. 3 SGB XII**. Können sich die Vertragsparteien weder über die Leistungsinhalte noch deren Vergütung einigen, müsste zunächst hinsichtlich des Inhalts einer Leistungsvereinbarung ein Klageverfahren durchgeführt werden.[89] Erst nach dessen Abschluss könnte erneut über den Inhalt der Vergütungsvereinbarung verhandelt bzw. bei Nichteinigung deren Inhalt in einem Schiedsverfahren ersetzt werden, wobei dann die mit ihren Verhandlungspositionen unterlegene Vertragspartei auch noch die Möglichkeit hat, den Schiedsspruch gerichtlich überprüfen zu lassen. Dieses Procedere verzögert das Verfahren erheblich und konterkariert so die vom

---

[78] BT-Drs. 15/2260, S. 4.
[79] *Gottlieb/Krüger*, NDV 2013, 571 f.; *Henneberger*, NDV 2013, 569 f.
[80] *Gottlieb*, SozialRecht aktuell 2012, 150 ff.
[81] BT-Drs. 12/5510, S. 10.
[82] BVerwG v. 04.08.2006 - 5 C 13/05 - BVerwGE 126, 295, 298 f.; angedeutet in: BT-Drs. 12/5510, S. 11.
[83] So auch die h.M., die keine Schiedsstellenfähigkeit für die Leistungsvereinbarung annimmt: Bayerischer VGH v. 24.11.2004 - 12 CE 04.2057; Bayerischer VGH v. 12.09.2005 - 12 CE 05.1725; SG Augsburg v. 18.08.2006 - S 15 SO 96/06 ER; *Flint* in: Grube/Wahrendorf, SGB XII, 5. Aufl., § 77 Rn. 18; *Freudenberg* in: Jahn, SGB XII, § 77 Rn. 29; differenzierter aber im Ergebnis übereinstimmend: *Münder* in: LPK-SGB XII, 9. Aufl., § 77 Rn. 21.
[84] BT-Drs. 12/5510, S. 10.
[85] Zu den Folgen vgl.: *Neumann* in: Hauck/Noftz, SGB XII, § 77 Rn. 48.
[86] Vgl. dazu: BVerwG v. 04.08.2006 - 5 C 13/05 - BVerwGE 126, 295 ff; *Griep*, RsDE Nr. 66 (2008), 27, 40
[87] Andeutung dieser Praxis in: BT-Drs. 15/1514, S. 64; *Neumann* in: Hauck/Noftz, SGB XII, § 75 Rn. 41c.
[88] Andeutung dieser Probleme durch: *Neumann* in: Hauck/Noftz, SGB XII, § 77 Rn. 8; *Griep*, RsDE Nr. 66 (2008), 27 45 ff.
[89] Vgl. zu dieser Konstellationen: LSG Baden-Württemberg v. 13.07.2006 - L 7 SO 1902/06 ER-B; LSG Hessen v. 18.07.2006 - L 7 SO 16/06 ER; SG Dresden v. 02.04.2013 - S 42 SO 1/13 ER; SG Ulm v. 02.05.2006 - S 3 SO 4211/05 ER.

Gesetzgeber beabsichtigte zügige Schaffung vertraglicher Regelungen. Hinzu kommt, dass in der Zwischenzeit ein vertragsloser Zustand besteht, weil die Anknüpfung an vorherige Vereinbarungen i.S.d. Fortgeltung (§ 77 Abs. 2 Satz 4 SGB XII; vgl. dazu Rn. 122 f.) entfällt. Erschwert wird die Situation durch den Umstand, dass das kontradiktorische gerichtliche Verfahren generell nicht auf die vermittelnde Festlegung von Inhalten eines Normvertrages (speziell einer Leistungs- und/oder Prüfungsvereinbarung) zugeschnitten ist. Die Vertragsgestaltung und -ersetzung ist vielmehr zuvörderst Aufgabe der sozialhilferechtlichen Schiedsstelle. Das Schiedsstellenverfahren dient – im Unterschied zum gerichtlichen Verfahren – primär der Schlichtung und Vermittlung zwischen den gegenläufigen Positionen der Vertragsparteien (Schiedsstelle als Vertragshilfeorgan; vgl. dazu die Kommentierung zu § 80 SGB XII Rn. 28).[90] Erst bei gescheiterter Vermittlung setzt die Schiedsstelle den Vertragsinhalt selbst fest, wobei die „Entscheidung"[91] der Schiedsstelle in der Regel eine Kompromisslösung und weniger die in rechtlicher Hinsicht einzig richtige Lösung darstellt.[92] Das gerichtliche Verfahren ist dagegen primär auf Entscheidung, nicht auf Vermittlung angelegt. Das Gericht kann keine Vertragspartei zum Abschluss eines Vertrages zwingen (Art. 2 Abs. 1 GG). Vielmehr hat es nur die Möglichkeit, die nicht einigungswillige Vertragspartei im Rahmen neuer Vertragsverhandlungen an die Rechtsauffassung des Gerichts zu verbinden (vgl. Rn. 85 f., Rn. 99; zu der im Ausnahmefall möglichen „Durchentscheidung" vgl. Rn. 99). Dies hat zur Folge, dass auch über den Inhalt einer Leistungsvereinbarung erneut zu verhandeln wäre, was zu einer weiteren Verzögerung führt. Letztlich würde man die Vertragsparteien im Gerichtsverfahren mit nachfolgender Verhandlung über den Inhalt einer Leistungsvereinbarung zwingen, sich auf bestimmte Leistungsinhalte festzulegen, ohne zu wissen, ob hierfür in den sich anschließenden Verhandlungen über den Abschluss einer Vergütungsvereinbarung ein leistungsgerechter Preis erzielt wird. Dies wiederum ist nicht mit den in § 75 Abs. 3 Satz 2 SGB XII geregelten Grundsätzen der Wirtschaftlichkeit, Sparsamkeit und Leistungsfähigkeit vereinbar.

Verschärft wird diese Problematik, wenn sich die Beteiligten auch nicht über den Inhalt einer Prüfungsvereinbarung einigen können. Nach § 75 Abs. 3 Satz 1 SGB XII ist der Abschluss der dort genannten drei Teilvereinbarungen – und somit auch der Prüfungsvereinbarung – Voraussetzung für die Pflicht des Sozialhilfeträgers zur Übernahme der Vergütung des Leistungserbringers. Da die Prüfungsvereinbarung – auch nach der hier vertretenen Auffassung – nicht schiedsstellenfähig ist, müssten nach der herrschenden Meinung jeweils Klageverfahren bezogen auf den Abschluss der Leistungs- und der Prüfungsvereinbarung mit sich anschließender erneuter Verhandlung der Vertragsparteien durchgeführt werden, ehe die Vertragsparteien überhaupt in die Verhandlungen über die Vergütungsvereinbarung treten können, die dann gegebenenfalls durch einen – wiederum gerichtlich überprüfbaren – Schiedsspruch ersetzt werden muss. 42

Die gleichen praktischen Probleme ergeben sich in den Fällen, in denen die **Laufzeit bestehender Vereinbarungen** über den Inhalt der Leistung und deren Vergütung **beendet** ist. Auch in diesem Fall wäre der Inhalt der Leistungsvereinbarung in einem gerichtlichen Verfahren mit nachfolgender Vertrags(nach)verhandlung festzulegen und im Nachgang die Vergütung der Leistung zu verhandeln bzw. im Rahmen eines Schiedsverfahrens festzusetzen. Wegen der fehlenden wirksamen Leistungsvereinbarung kann auch in diesen Fällen eine Fortgeltung über § 77 Abs. 2 Satz 4 SGB XII nicht angenommen werden.[93] Dem versucht die h.M. dadurch entgegenzuwirken, dass sie ein rückwirkendes Inkrafttreten der Leistungsvereinbarung zulässt und eine Fortgeltung der Vergütungsvereinbarung annimmt, solange die Vertragsparteien noch ernsthaft um den Abschluss einer Leistungs- und Vergütungsvereinbarung bemüht sind. (vgl. dazu Rn. 122).[94] 43

---

[90] *Gottlieb*, SozialRecht aktuell 2012, 150, 153.

[91] In diesem Kontext sollte – wegen der Unterschiede zur gerichtlichen Entscheidung – besser der Terminus „Schiedsspruch" verwendet werden.

[92] LSG Bayern v. 25.01.2012 - L 8 SO 89/09 K; LSG Bayern v. 24.11.2011 - L 8 SO 223/09 KL; LSG Hamburg v. 30.10.2012 - L 4 SO 33/10 KL.

[93] Vgl. dazu: Bayerischer VGH v. 24.11.2004 - 12 CE 04.2057; Bayerischer VGH v. 12.09.2005 - 12 CE 05.1725; SG Augsburg v. 18.08.2006 - S 15 SO 96/06 ER; *Neumann* in: Hauck/Noftz, SGB XII, § 77 Rn. 8, 11, 48; *Flint* in: Grube/Wahrendorf, SGB XII, 5. Aufl., § 77 Rn. 18; *Freudenberg* in: Jahn, SGB XII, § 77 Rn. 29; differenzierter: *Münder* in: LPK-SGB XII, 9. Aufl., § 77 Rn. 21.

[94] *Neumann* in: Hauck/Noftz, SGB XII, § 77 Rn. 47 f.; *ders.*, RsDE Nr. 63 (2006), 32, 44 f.; *Freudenberg* in: Jahn, SGB XII, § 77 Rn. 29; *Flint* in: Grube/Wahrendorf, SGB XII, 5. Aufl., § 77 Rn. 18; differenzierter: *Münder* in: LPK-SGB XII, 9. Aufl., § 77 Rn. 21; dazu kritisch: *Griep*, RsDE Nr. 66 (2008), 27, 40.

44 Diese aus der herrschenden Meinung folgenden Konsequenzen sind nicht gemeinschaftsrechtskonform, weil das vom Gesetzgeber grundsätzlich vergaberechtsneutral konzipierte System des sozialhilfehilferechtlichen Leistungserbringungsrechts[95] so ausgelegt wird, dass es in den Auswirkungen einer Vergabeentscheidung gleichkommt. Bei der Prüfung der **Gemeinschaftsrechtskonformität** einer Norm ist nicht deren Formulierung, sondern ihre praktische Anwendung maßgebend.[96] Sind mehrere Auslegungsalternativen denkbar, muss diejenige gewählt werden, die dem Gemeinschaftsrecht am ehesten Rechnung trägt. Entspricht eine mögliche Auslegung nationaler Vorschriften nicht dem Gemeinschaftsrecht, darf diese nicht zugrunde gelegt werden.[97] Sieht man – wie die herrschende Meinung – nur die Vergütungsvereinbarung als schiedsstellenfähig an, begünstigt dies vertragslose Zustände – unter Umständen entstehen diese sogar regelmäßig. In diesen Fällen gewährt der Sozialhilfeträger den nicht vertragsgebundenen Leistungserbringern eine Vergütung, die der durchschnittlich für vergleichbare Leistungserbringer zu zahlenden Vergütung entspricht. Der Sozialhilfeträger kann somit in der Praxis den vertragslosen Zustand nutzen – und tut dies u.U. auch –, um eine nach seinem Gutdünken bemessene Vergütung zu gewähren.[98] Diese Auslegung des § 77 Abs. 1 Satz 3 SGB XII ermöglicht dem Sozialhilfeträger letztlich in der Praxis eine Angebotssteuerung. Er kann Vereinbarungen überwiegend mit kostengünstigen Leistungserbringern seiner Wahl schließen und die Vertragsverhandlungen mit anderen Leistungserbringern verzögern. Auf diese Weise können einzelne Anbieter faktisch ausgeschlossen werden, was letztlich bei funktionaler Betrachtung zu einer „De-facto-Vergabe durch exklusive Konkurrentenauswahl führt,[99] für welche die Regelungen des Vergaberechts gelten (vgl. dazu auch die Kommentierung zu § 75 SGB XII).

45 Sachgerechte Ergebnisse werden dagegen erzielt, wenn man die inhaltliche Einheit von Leistungs- und Vergütungsvereinbarung auf das Verfahrensrecht und somit die Schiedsstellenfähigkeit überträgt. Die hier vorgeschlagene **Erstreckung der Schiedsstellenfähigkeit auf die Leistungsvereinbarung** überschreitet auch nicht die Wortlautgrenze des § 77 Abs. 1 Satz 3.[100] Schiedsstellenfähigkeit ist nach dem Wortlaut des § 77 Abs. 1 Satz 3 SGB XII eine Vereinbarung nach § 76 Abs. 2 SGB XII. Vereinbarungen i.S.d. § 76 Abs. 2 SGB XII sind solche über die „Vergütung für Leistungen nach Absatz 1". Leistungen nach Absatz 1 sind die Inhalte einer Leistungsvereinbarung.[101] Angesichts des logischen und auch im Wortlaut des § 76 Abs. 2 SGB XII zum Ausdruck kommenden Zusammenhangs zwischen Leistungs- und Vergütungsvereinbarung könnte man einen expliziten Verweis des § 77 Abs. 1 Satz 3 SGB XII auf § 76 Abs. 1 SGB XII sogar für entbehrlich halten. Da die Gesetzesmaterialien keinen Aufschluss über die Beweggründe des Gesetzgebers für die Beschränkung der Schiedsstellenfähigkeit auf die Vergütungsvereinbarung geben[102] und die Schiedsstelle ursprünglich auch für die Festsetzung der Inhalte einer Leistungsvereinbarung zuständig war (vgl. dazu Rn. 2 f., Rn. 39) ist nicht ausgeschlossen, dass die im Vergleich zum Regierungsentwurf vorgenommene Änderung im Vermittlungsausschuss diesem offensichtlichen Zusammenhang geschuldet war.

46 Im Sinne einer **vermittelnden Lösung** wäre auch eine **teleologische Reduktion des § 75 Abs. 3 SGB XII** in dem Sinne denkbar, dass der Abschluss einer Leistungs-, Vergütungs- und Prüfungsvereinbarung von den Vertragsparteien angestrebt werden muss, dass aber bei fehlender Einigung auch eine isolierte Vergütungsvereinbarung als „Notlösung" in Betracht kommt, um einen vollständig vertragslosen Zustand zu vermeiden.

47 Ob die Beschränkung der Schiedsstellenfähigkeit auf die Vergütungsvereinbarung einer seinerzeit üblichen Praxis geschuldet war, eine Vergütungsvereinbarung in Bezug auf Leistungsinhalte festzusetzen, über die sich die Vertragsparteien faktisch einig waren, ohne dies schriftlich im Rahmen einer Leistungsvereinbarung zu fixieren,[103] ist für die Auslegung des § 77 Abs. 1 Satz 3 SGB XII ohne Be-

---

[95] Vgl. dazu: *Neumann/Bieritz-Harder*, RsDE Nr. 48 (2001), 1 ff.

[96] Vgl. dazu: EuGH v. 30.05.1991 - C-361/88.

[97] *Frenz*, Handbuch Europarecht, Band 5: Wirkungen und Rechtsschutz, 2010, Rn. 443 f.

[98] Vgl. dazu: *Neumann* in: Hauck/Noftz, SGB XII, § 75 Rn. 41c.

[99] *Rixen*, SDSRV Bd. 60, 69, 77 f. m.w.N.; zur Geltung des Vergaberechts bei einer De-facto-Vergabe vgl. auch: *Pattar*, SozialRecht aktuell 2012, 85, 89; *Brünner*, NDV 2008, 285; *Engler*, RsDE Nr. 71 (2010), 41, 44 ff.

[100] So die Kritik von: *Neumann* in: Hauck/Noftz, SGB XII, § 77 Rn. 8; *Pattar*, SozialRecht aktuell 2012, 85, 90; im Anschluss an die hier vertretene Auffassung dagegen: *Plantholz*, SozialRecht aktuell 2012, 142, 144; *Brünner*, SozialRecht aktuell 2012, 231, 243.

[101] OVG Lüneburg v. 22.07.2008 - 4 LA 22/06; OVG Lüneburg v. 04.07.2008 - 4 LA 115/06.

[102] Vermutet wird, dass die Beschränkung auf kommunale Interessen zurückzuführen ist (*Neumann* in: Hauck/Noftz, SGB XII, § 77 Rn. 8).

[103] Darstellung dieser Praxis bei: *Rabe*, SozialRecht 2012, 146, 147 f.

deutung. Denn diese Praxis verstößt gegen die gesetzliche Vorgabe des § 75 Abs. 3 Satz 1 SGB XII, wonach die Vergütung des Leistungserbringers vom Sozialhilfeträger nur zu übernehmen ist, wenn eine Leistungs-, Vergütungs- und Prüfungsvereinbarung geschlossen wurde, wobei der Abschluss schriftlich zu erfolgen hat (§ 57 SGB X). Zudem stand diese **Verwaltungspraxis** im Widerspruch zum prospektiven Vergütungssystem, weil auf diese Weise letztlich die Vergütung für tatsächlich in Anspruch genommene Leistungen nachträglich festgesetzt wird.[104]

Die **Prüfungsvereinbarung** ist dagegen **nicht schiedsstellenfähig**. Hierfür bietet der Wortlaut des § 77 Abs. 1 Satz 3 SGB XII – anders als bei der Leistungsvereinbarung – keinen Anhaltspunkt. Die Funktion der Prüfungsvereinbarung innerhalb der Gesamtvereinbarung des § 75 Abs. 3 Satz 1 SGB XII erfordert es auch nicht, die Schiedsstellenfähigkeit auf die Prüfungsvereinbarung zu erstrecken. Zwischen der Prüfungs- und der Leistungsvereinbarung besteht lediglich insoweit ein Zusammenhang, als der Abschluss einer Vereinbarung über die Prüfung die Inhalte der Leistung und deren Vergütung voraussetzt. Denn eine Prüfung der Wirtschaftlichkeit und Qualität der Leistung ist nur in Kenntnis des Preis-Leistungsverhältnisses möglich. Dagegen setzt weder der Abschluss einer Leistungsvereinbarung noch der einer Vergütungsvereinbarung zwingend die Existenz einer Prüfungsvereinbarung voraus.[105]

48

Ebenfalls **nicht schiedsstellenfähig** ist der **Beschluss einer rahmenvertraglich vorgesehenen Vergütungskommission**.[106] Die Vergütungskommission legt die Berechnungsgrundlagen sowie die Grund- und Maßnahmepauschale und den Investitionsbetrag fest. Bei der Entscheidung der Vergütungskommission handelt es sich um die Leistungsbestimmung eines Dritten gemäß § 61 SGB X i.V.m. § 319 BGB, für deren Überprüfung die Sozialgerichte zuständig sind. Unabhängig davon können die Vertragsparteien jederzeit eine hiervon abweichende Einzelvereinbarung schließen,[107] einseitig verlangen können sie dies jedoch nur unter den Voraussetzungen des § 77 Abs. 3 SGB XII (vgl. dazu Rn. 130 ff.). Die Tätigkeit einer Vergütungskommission ist zu unterscheiden von der in der Mehrzahl der Bundesländer rahmenvertraglich vorgesehenen Vertragskommission. Aufgabe der Vertragskommission ist nicht die Festlegung konkreter Vergütungssätze, sondern die Auslegung und Fortentwicklung des jeweiligen Landesrahmenvertrages – u.a. auch im Bereich der allgemeinen Vergütungsgrundsätze – d.h. die Festlegung (vergütungsrelevanter) Rahmenbedingungen.[108]

49

---

[104] Die fehlende Vereinbarung der Praxis mit den gesetzlichen Vorgaben erkennend aber aufgrund der „Macht des Faktischen" akzeptierend: *Rabe*, SozialRecht aktuell 2012, 146, 147 f.

[105] Anders wohl: SG Ulm v. 02.05.2006 - S 3 SO 42/11 ER.

[106] Vgl. § 17 Saarländischer Rahmenvertrag nach § 79 Abs. 1 SGB XII für stationäre und teilstationäre Leistungen vom 01.12.2010 und § 19 Saarländischer Rahmenvertrag nach § 79 Abs. 1 SGB XII für ambulante Leistungen vom 19.08.2009.

[107] Explizit geregelt durch § 20 Saarländischer Rahmenvertrag nach § 79 Abs. 1 SGB XII für ambulante Leistungen vom 19.08.2009.

[108] LSG Hessen v. 25.02.2011 - L 7 SO 2370 KL.

50 Die **Konsequenzen der herrschenden Meinung (Grafik 1) und der hier vertretenen Auffassung (Grafik 2)** in Bezug auf den Rechtsschutz können anhand folgender Schaubilder dargestellt werden:
Grafik 1:

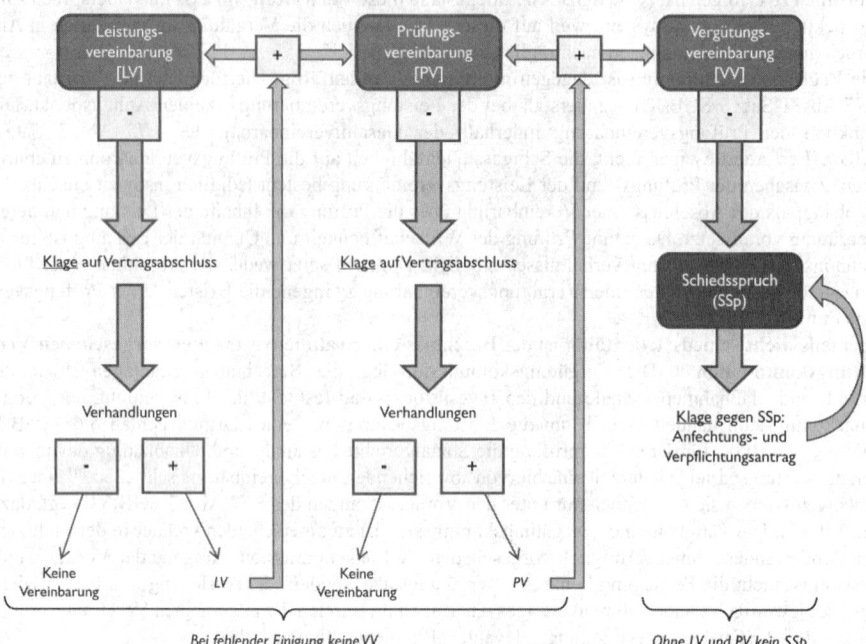

Grafik 2:

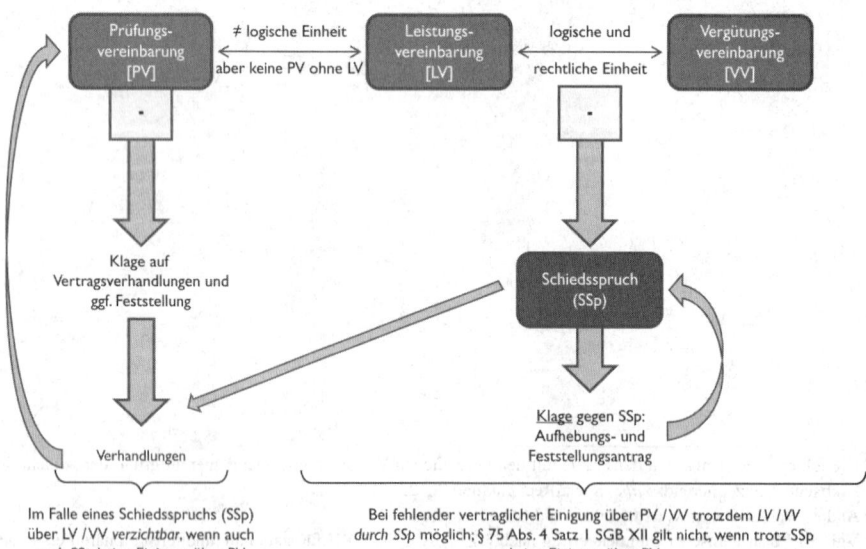

b. Durchführung des Schiedsstellenverfahrens

Der Gesetzgeber beschränkt sich in **§ 77 Abs. 1 Satz 3 SGB XII auf wesentliche (Rahmen-)Vorgaben für das Schiedsstellenverfahren** und überlässt die weitere Ausgestaltung den Ländern im Verordnungswege (§ 81 Abs. 2 SGB XII). 51

aa. Einleitung auf Antrag

Unter anderem legt § 77 Abs. 1 Satz 3 SGB XII fest, dass ein Schiedsstellenverfahren nur auf Antrag einer Vertragspartei eingeleitet wird (**Antragsprinzip**; vgl. dazu die Kommentierung zu § 80 SGB XII Rn. 51 ff.). Mit dem Antragserfordernis wird den Vertragsparteien die Befugnis eingeräumt, über die Einleitung (vgl. Rn. 53) und den Gegenstand des Schiedsstellenverfahren (vgl. Rn. 54, Rn. 68 f.) zu bestimmen (**Dispositionsmaxime**). 52

Die in § 77 Abs. 1 Satz 2 HS. 1 SGB XII genannten Vertragsparteien haben im Falle der Nichteinigung über den Inhalt einer Vergütungsvereinbarung – und nach der hier vertretenen Auffassung auch einer Leistungsvereinbarung (vgl. Rn. 37 ff.) – das Recht, aber nicht die Pflicht, die Schiedsstelle anzurufen (**Disposition über die Einleitung eines Schiedsstellenverfahren**).[109] Der Antrag kann auch von beiden Vertragsparteien gestellt werden. Die Vertragsparteien können der Schiedsstelle die ihr zustehende und aus der Vertragsfreiheit der Parteien abgeleitete Entscheidungsbefugnis jederzeit durch eine außergerichtliche Einigung und/oder Rücknahme des Antrags entziehen (vgl. dazu die Kommentierung zu § 80 SGB XII Rn. 40 und die Kommentierung zu § 80 SGB XII Rn. 51 f.). 53

Die Schiedsstelle entscheidet – auf Antrag – nur „über die Gegenstände, über die keine Einigung erreicht werden konnte". Gegenstände einer Vergütungsvereinbarung (nach der hier vertretenen Auffassung auch einer Leistungsvereinbarung), über die sich die Vertragsparteien geeinigt haben oder die (wegen der vorherigen Regelungspraxis) zwischen den Vertragsparteien nicht umstritten sind und daher nicht im Antrag an die Schiedsstelle herangetragen wurden, muss die Schiedsstelle ihrer Entscheidung ohne eigene Prüfung zugrunde legen (**Disposition über den Gegenstand des Schiedsstellenverfahrens**).[110] Die Frage, ob und in welchem Umfang die Schiedsstelle entscheiden durfte, unterliegt der vollen gerichtlichen Kontrolle. Insoweit muss ein zur Überprüfung des Schiedsspruchs angerufenes Gericht u.a. klären, ob und in welchem Umfang eine die Entscheidungskompetenz der Schiedsstelle eröffnende „Nichteinigung" vorliegt.[111] 54

Das Recht der Vertragsparteien zur Einleitung eines Schiedsverfahrens und damit auch die Entscheidungskompetenz der Schiedsstelle werden allerdings durch das Gesetz begrenzt (**gesetzliche Grenzen der Disposition**). Die Schiedsstelle kann nur angerufen werden, wenn die Vertragsparteien **keine Einigung über die Mindestvertragsinhalte einer Vergütungsvereinbarung** (nach der hier vertretenen Auffassung auch einer Leistungsvereinbarung; vgl. dazu Rn. 37 ff.) erzielen konnten. Wegen der fehlenden Einigung über andere fakultative Vertragsinhalte kann die Schiedsstelle nicht angerufen werden, es sei denn, beide Vertragsparteien wollen dies und machen diese fakultativen Vertragsinhalte zum Gegenstand des Schiedsstellenverfahrens. Durch das Schiedsstellenverfahren soll die Privatautonomie der Vertragsparteien nur soweit zur Sicherstellung der mit dem sozialhilferechtlichen Leistungserbringungsrecht verbundenen Zielsetzung notwendig beschränkt werden. Andernfalls ist der mit der Entscheidung der Schiedsstelle verbundene Eingriff in die Berufsausübungsfreiheit der Leistungserbringer (Art. 12 Abs. 1 GG) und die Vertragsfreiheit (Art. 2 Abs. 1 GG) nicht zu rechtfertigen.[112] Als Vertragshilfeorgan wird sie daher nur tätig, wenn auf der Vertragsebene nicht die i.S.d. Gewährleistungsverantwortung[113] des Sozialhilfeträgers unabdingbaren Vereinbarungsinhalte zustande kommen. 55

Allerdings können nicht nur die in § 76 Abs. 1 und 2 SGB XII ausdrücklich genannten Mindestbestandteile einer Leistungs- und/oder Vergütungsvereinbarung durch die Schiedsstelle ersetzt werden, sondern auch **andere wesentliche Leistungsmerkmale i.S.d. § 76 Abs. 1 Satz 1 SGB XII**, deren Vereinbarung durch den Wortlaut des § 76 Abs. 1 SGB XII nicht ausgeschlossen wird (vgl. dazu die Kommentierung zu § 76 SGB XII). Dagegen kann die Schiedsstelle nicht angerufen werden, wenn keine Ei- 56

---

[109] *Neumann* in: Hauck/Noftz, SGB XII, § 77 Rn. 11.
[110] LSG Bayern v. 24.04.2013 - L 8 SO 18/12 KL; LSG Bayern v. 25.01.2012 - L 8 SO 89/09 KL; LSG Bayern v. 24.11.2011 - L 8 SO 135/10 KL und L 8 SO 223/09 KL; *Neumann* in: Hauck/Noftz, SGB XII, § 77 Rn. 13; *Armborst*, RsDE Nr. 33 (1996), 1, 9 f.; *Philipp*, VSSR 2004, 115, 125.
[111] LSG Berlin-Brandenburg v. 05.12.2013 - L 23 SO 38/10 KL (anhängig beim BSG unter B 8 SO 1/14 R).
[112] *Neumann* in: Hauck/Noftz, SGB XII, § 77 Rn. 9; *Philipp*, VSSR 2004, 115, 125; *Armborst*, RsDE Nr. 33 (1996), 1, 9 f.
[113] Vgl. dazu BSG v. 02.02.2010 - B 8 SO 20/08 R.

nigung über weitere, nicht als wesentlich anzusehende Leistungsmerkmale erzielt wird. Ist zwischen den Vertragsparteien streitig, ob bestimmte Leistungsmerkmale wesentlich i.S.d. § 76 Abs. 1 Satz 1 SGB XII sind, kann die Schiedsstelle angerufen werden, mit der Folge, dass sie über die Wesentlichkeit der Leistungsmerkmale zu befinden hat. Soweit sie zu dem Ergebnis kommt, dass bestimmte, von einer Partei gewollte Leistungsmerkmale nicht wesentlich i.S.d. § 76 Abs. 1 Satz 1 SGB XII sind, darf sie den Inhalt der Leistungsvereinbarung insoweit nicht durch einen Schiedsspruch ersetzen.

57 Der **Antrag** auf Einleitung und Durchführung eines Schiedsstellenverfahrens muss inhaltlich so **hinreichend bestimmt** sein, dass der Schiedsstelle auf der Grundlage des Antrages eine Entscheidung möglich ist[114] (vgl. zu den Einzelheiten die Kommentierung zu § 80 SGB XII Rn. 42 und die Kommentierung zu § 80 SGB XII Rn. 51 ff.). Insbesondere müssen die Vertragsinhalte, über die keine Einigung erzielt werden konnte, genau bezeichnet werden. Dies ist bereits notwendig, um die Umfang der Entscheidungsbefugnis der Schiedsstelle und den Gegenstand des Schiedsstellenverfahrens festlegen zu können (vgl. dazu Rn. 54). Ferner ist ein bestimmtes Antragsbegehren zu formulieren. Wird das Schiedsverfahren mit dem Ziel eingeleitet, eine Vergütungsvereinbarung zu ersetzen, ist in der Regel eine Bezifferung der begehrten Vergütung im Antrag erforderlich. Sinnvoll ist es auch, das Ergebnis der vorangegangenen Vertragsverhandlungen darzulegen. Die diesbezüglichen Einzelheiten werden in den Landesschiedsstellenverordnungen geregelt. In diesen Landesverordnungen wird auch bestimmt, welche Unterlagen bei der Antragstellung vorzulegen sind.[115] Insbesondere sollte das der nicht einigungswilligen Vertragspartei unterbreitete Vertragsangebot dem Antrag beigefügt werden. Diese im Vergleich zu einem „normalen" Verwaltungs- und Gerichtsverfahren höheren Anforderungen an die **Mitwirkungsobliegenheiten der Schieds(vertrags)parteien im Rahmen der Antragstellung** sind gerechtfertigt, weil es sich um Tatsachen aus deren Rechtssphäre handelt. Die verschärften Mitwirkungsobliegenheiten bewirken zwar im Ergebnis eine Annäherung an den zivilprozessualen Beibringungsgrundsatz, ohne diesen aber zu übernehmen.[116] Genügt der Antrag nicht den in den Landesschiedsstellenverordnungen genannten Erfordernissen, muss die Schiedsstelle zur Ergänzung des Antrages auffordern.[117] Entscheidet die Schiedsstelle, ohne auf die Unvollständigkeit des Antrags hinzuweisen, kann darin eine Verletzung rechtlichen Gehörs liegen (vgl. die Kommentierung zu § 80 SGB XII Rn. 49).

58 Der Antrag auf Einleitung eines Schiedsstellenverfahrens ist nach den gesetzlichen Vorgaben in § 77 Abs. 1 Satz 3 SGB XII nur zulässig, wenn eine Vertragspartei die andere **zuvor** schriftlich zu Verhandlungen aufgefordert hat und innerhalb von 6 Wochen keine Einigung erzielt werden konnte. Für die **Aufforderung** der anderen Vertragspartei **zur Verhandlung** gilt – aus Beweiszwecken – die Schriftform (§§ 126, 126a BGB). Es handelt sich um eine willenserklärungsähnliche Handlung. Das Aufforderungsschreiben muss erkennen lassen, dass der Eintritt der aufgeforderten Vertragspartei in Vertragsverhandlungen begehrt wird. Die formlose Übersendung von Verhandlungs- und Kalkulationsunterlagen wird daher im Regelfall nicht ausreichen.[118] Mit der im Gesetz geregelten 6-Wochen-Frist soll der Druck auf die Vertragsparteien erhöht werden, zeitnah Vereinbarungen zu schließen, um vertragslose Zustände i.S.d. § 75 Abs. 4 SGB XII soweit als möglich zu vermeiden. Es handelt sich nach dem Wortlaut um eine Warte-, nicht um eine Ausschlussfrist[119], d.h. vor **Ablauf der 6-Wochen-Frist** ist der Antrag auf Einleitung eines Schiedsstellenverfahrens unzulässig. Der Antrag muss aber nicht zwingend unmittelbar nach Ablauf der 6-Wochen-Frist, sondern kann auch zu einem späteren Zeitpunkt gestellt werden. Insoweit bestehen Parallelen zur Untätigkeitsklage in § 88 SGG. Die Frist beginnt mit dem Zugang der Aufforderung zu Vertragsverhandlungen bei der aufgeforderten Vertragspartei (§ 130 BGB).[120] Die Frist wird nach den §§ 187 ff. BGB berechnet.

---

[114] *Münder* in: LPK-SGB XII, 9. Aufl., § 77 Rn. 6 („Schiedsstellenentscheidungsfähigkeit" des Antrags); *Neumann* in: Hauck/Noftz, SGB XII, § 77 Rn. 12.

[115] Z.B. § 8 Abs. 1 BSHG§94V Sachsen-Anhalt; § 4 Abs. 1 Nr. 3 SchVO-SGB XII Niedersachsen; § 9 Abs. 2 SchSTLVO SGB XII Mecklenburg-Vorpommern; § 7 SGB XII-SchVO Hamburg.

[116] LSG Nordrhein-Westfahlen v. 29.09.2008 - L 20 SO 92/06; *Armborst* in: Schnapp, Handbuch des sozialrechtlichen Schiedsverfahrens, Rn. 509; *ders.*, RsDE Nr. 33 (1996), 1, 11 f.; *Neumann* in: Hauck/Noftz, SGB XII, § 80 Rn. 14; a. A. *Münder* in: LPK-SGB XII, 9. Aufl., § 80 Rn. 8.

[117] Vgl. z.B. § 7 Abs. 3 BSHG-SchV Bremen; § 8 Abs. 2 BSHG§94SchiedsV Saarland.

[118] *Freudenberg* in: Jahn, SGB XII, § 77 Rn. 12.

[119] *Baur* in: Mergler/Zink, SGB XII, § 77 Rn. 9; *Zeitler*, RsDE Nr. 53 (2003), 1, 16.

[120] *Flint* in: Grube/Wahrendorf, SGB XII, § 77 Rn. 11.

Die Vertragsparteien sind aufgrund des Prospektivitätsmaßstabes gehalten, die **Verhandlungen** so **rechtzeitig einzuleiten**, dass auch bei Berücksichtigung des vom Gesetzgeber für die Verhandlungen vorgesehenen 6-Wochen-Zeitraumes noch ein prospektiver Abschluss der Vereinbarungen möglich ist. 59

Wird der **Antrag auf Einleitung eines Schiedsstellenverfahrens von beiden Vertragsparteien** gleichzeitig gestellt, weil man sich (zumindest darüber) einig ist, dass der Abschluss von Vereinbarungen ohne die Mithilfe der Schiedsstelle nicht möglich sein wird, wäre es eine reine Förmelei, die gesetzlich angeordnete 6-Wochen-Frist abzuwarten. Im Interesse der Vertragsparteien muss **§ 77 Abs. 1 Satz 3 SGB XII** in diesen Fällen **teleologisch reduziert** werden. Dies entspricht auch der den §§ 75 ff. SGB XII zugrunde liegenden Gesamtkonzeption, die den Abschluss von Vereinbarungen zwischen den Vertragsparteien – auch in zeitlicher Hinsicht – fördern will. 60

Weitere Voraussetzung für einen zulässigen Antrag i.S.d. § 77 Abs. 1 Satz 3 SGB XII ist, dass eine Vereinbarung zwischen den Vertragsparteien nicht zustande gekommen ist. Erfasst werden daher sowohl die Fälle, in denen die Vertragsparteien verhandeln, aber **keine Einigung** erzielen, als auch diejenigen, in denen die zur Verhandlung aufgeforderte Vertragspartei nicht reagiert, d.h. nicht verhandelt hat.[121] Dabei kann die Schiedsstelle nicht nur dann angerufen werden, wenn sich die Vertragsparteien nicht über einzelne Bestandteile einer Vergütungsvereinbarung (nach der hier vertretenen Auffassung auch einer Leistungsvereinbarung) einigen konnten, sondern auch dann, wenn der Abschluss einer oder beider Vereinbarung(en) insgesamt, d.h. pauschal, verweigert wird.[122] 61

Der Antrag auf Einleitung eines Schiedsstellenverfahrens muss nach dem Wortlaut des § 77 Abs. 1 Satz 3 SGB XII nicht schriftlich gestellt werden. Allerdings sehen die Landesschiedsstellenverordnungen mehrheitlich die **Schriftform** für den Antrag vor (vgl. dazu die Kommentierung zu § 80 SGB XII Rn. 53). In diesen Fällen sind die Vorgaben der §§ 126 und 126a BGB maßgebend. Die Wahrung der Schriftform ist auch wegen der in § 77 Abs. 2 Satz 2 HS. 2 SGB XII geregelten Rückwirkung des Schiedsspruchs zu Beweiszwecken sinnvoll.[123] 62

Angesichts der vom Gesetzgeber angenommenen Pflicht der Vertragsparteien zur Einigung[124] wird in der Literatur vereinzelt die Auffassung vertreten, dass der Antrag auf Einleitung und Durchführung eines Schiedsstellenverfahrens nur mit Zustimmung der anderen Vertragspartei zurückgenommen werden kann.[125] Eine solche Einschränkung der verfahrensrechtlichen Handlungsfreiheit entsprechend der im Zivilrecht maßgeblichen Rechtslage wäre – wenn überhaupt – nur auf gesetzlicher Grundlage möglich, wobei auch dann fraglich ist, ob eine solche Regelung rechtlich zulässig ist.[126] Im Übrigen ist die rechtliche Konstruktion einer **Antragsrücknahme** mit Zustimmung der anderen Vertragspartei auch nicht erforderlich. Will die andere Vertragspartei verhindern, dass durch die Rücknahme des Antrags das Schiedsstellenverfahren scheitert, kann sie selbst die Durchführung eines solchen Verfahrens beantragen. Andererseits kann der Leistungserbringer bereits durch eine Rücknahme des Vertragsangebotes der Schiedsstelle die Entscheidungsgrundlage entziehen und deren Entscheidung – unabhängig von der Rücknahme des Antrags – endgültig verhindern (vgl. dazu die Kommentierung zu § 80 SGB XII Rn. 52). 63

bb. Verfahren

§ 77 SGB XII enthält keine Vorgaben für das Verfahren und die Arbeitsweise der sozialhilferechtlichen Schiedsstelle. Entsprechende Regelungen finden sich in den auf der Grundlage von § 81 Abs. 2 SGB XII ergangenen Landesschiedsstellenverordnungen. Ergänzend gelten die verfahrensrechtlichen Vorschriften des SGB I und SGB X sowie die für Ausschüsse maßgebenden allgemeinen verfahrensrechtlichen Grundsätze (vgl. dazu die Kommentierung zu § 80 SGB XII Rn. 37 ff.). Während für die Einleitung des Schiedsstellenverfahrens die Dispositionsmaxime maßgebend ist, gilt für die **Durchführung des Schiedsstellenverfahrens** der **Untersuchungsgrundsatz** (zu den Einzelheiten vgl. die Kommentierung zu § 80 SGB XII Rn. 41 ff.). Die Schiedsstelle hat daher den für die Vermittlung und 64

---

[121] Ebenso: *Freudenberg* in: Jahn, SGB XII, § 77 Rn. 1.
[122] Kritisch aber im Ergebnis ebenso: *Neumann* in: Hauck/Noftz, SGB XII, § 77 Rn. 10.
[123] *Neumann* in: Hauck/Noftz, SGB XII, § 77 Rn. 12.
[124] BT-Drs. 12/5510, S. 11
[125] *Armborst* in: Schnapp, Handbuch des sozialrechtlichen Schiedsverfahrens, Rn. 508; wohl auch: *Freudenberg* in: Jahn, SGB XII, § 77 Rn. 18.
[126] § 7 Abs. 3 SozSchV Brandenburg sieht ausdrücklich vor, dass „der Antrag ohne Einwirkung der anderen Vertragspartei jederzeit zurückgenommen werden" kann.

Entscheidung relevanten Sachverhalt in den durch den Antrag gezogenen Grenzen von Amts wegen zu ermitteln. Weitere Einschränkungen der Amtsermittlungspflicht ergeben sich aus den erhöhten Mitwirkungsobliegenheiten der (Schieds-)Vertragsparteien (vgl. dazu die Kommentierung zu § 80 SGB XII Rn. 41 ff.).

65 Das **Schiedsstellenverfahren** verläuft in **zwei Phasen**: Nach Zustellung des Antrags an die andere Vertragspartei und Aufklärung des vertragsrelevanten Sachverhalts wirkt der Vorsitzende der Schiedsstelle zunächst auf eine konsensuale Lösung hin. In der **Vermittlungsphase** wird die Schiedsstelle streitschlichtend und vertragsgestaltend tätig (vertragliche Perspektive). Kommt eine einvernehmliche Lösung nicht zustande, ersetzt die Schiedsstelle in den durch Antrag und Streitgegenstand gezogenen Grenzen und auf der Grundlage des ermittelten Sachverhalts die nicht konsensual zustande gekommenen Mindestvertragsinhalte einer Vergütungsvereinbarung (nach der hier vertretenen Auffassung auch einer Leistungsvereinbarung) durch eine einseitige Festsetzung (**Entscheidungsphase**). Mit der Entscheidung wird die Schiedsstelle hoheitlich tätig (vgl. dazu Rn. 71 ff.; Kommentierung zu § 80 SGB XII Rn. 30).

66 Die Schiedsstelle ist nach § 77 Abs. 1 Satz 3 SGB XII verpflichtet, **unverzüglich über den Antrag zu entscheiden**. Mit dieser Regelung hat der Gesetzgeber zum Ausdruck gebracht, dass der Beschleunigungsgrundsatz für das sozialhilferechtliche Schiedsverfahren von besonderer Bedeutung ist (vgl. dazu die Kommentierung zu § 80 SGB XII Rn. 45). Unverzüglich bedeutet nach der auch für das öffentliche Recht geltenden Legaldefinition in § 121 Abs. 1 BGB „ohne schuldhaftes Zögern".[127] Dieser zeitliche Maßstab verpflichtet die Schiedsstelle zur Entscheidung innerhalb einer nach den Umständen des Einzelfalls zu bemessenden Prüfungs- und Überlegungsfrist.[128] Hierbei muss berücksichtigt werden, wann der Schiedsstelle alle zur Entscheidung notwendigen Unterlagen vorgelegen haben und welcher Zeitraum erforderlich ist, um angesichts der Komplexität des konkreten Streitgegenstandes den Vertragsparteien rechtliches Gehör zu gewähren und den Streitgegenstand aufzubereiten.[129] Soweit die Landesschiedsstellenverordnungen Regelbearbeitungsfristen bzw. Regelverfahrenslaufzeiten vorgeben,[130] ist gleichwohl im konkreten Einzelfall zu prüfen, ob diese Frist zur Entscheidung ausreichend war. Da die Schiedsstellenverordnungen keine verfahrensrechtlichen Konsequenzen an eine Überschreitung der Regelverfahrenslaufzeit knüpfen, sind diese Vorgaben verfahrensrechtlich nur von marginaler Bedeutung. Eine Entscheidung der Aufsichtsbehörde bei Überschreitung der Regelverfahrenslaufzeit durch die Schiedsstelle entsprechend der Regelung in § 89 Abs. 1 Satz 5 SGB V kennt das SGB XII nicht.

c. Entscheidung der Schiedsstelle

67 Die Schiedsstelle kann nur **in dem durch das Gesetz und den Antrag der (Schieds-)Vertragsparteien vorgegebenen Rahmen** eine Entscheidung treffen. In diesem Rahmen kann sie aufgrund der ihr gesetzlich zugewiesenen Aufgabe als Vertragshilfeorgan (vgl. dazu die Kommentierung zu § 80 SGB XII Rn. 30) allerdings die Vertragsbeziehung eigenständig inhaltlich – auch abweichend von den Vorstellungen der Vertragsparteien – gestalten.[131] Sie ist insbesondere nicht an das von einer Vertragspartei unterbreitete Vereinbarungsangebot gebunden.[132] Die Schiedsstelle ist aber nicht befugt, mit der Entscheidung über den von den Vertragsparteien vorgegebenen Streitgegenstand (vgl. dazu Rn. 54, Rn. 68) hinaus weitere Vereinbarungsinhalte festzusetzen.

68 Der **Streitgegenstand** des Schiedsstellenverfahrens und damit die Entscheidungskompetenz der Schiedsstelle werden durch den Antrag bzw. die Anträge der Vertragsparteien und den Umfang der er-

---

[127] *Freudenberg* in: Jahn, SGB XII, § 77 Rn. 19; *Flint* in: Grube/Wahrendorf, SGB XII, 5. Aufl., § 80 Rn. 17; *Münder* in: LPK-SGB XII, 9. Aufl., § 77 Rn. 11; *Neumann* in: Hauck/Noftz, SGB XII, § 77 Rn. 16; zur schwierigen praktischen Umsetzung: *Zeitler*, RsDE Nr. 53 (2003), 1, 17.
[128] BGH v. 15.03.2005 - VI ZB 74/04.
[129] Zur Umsetzung der Pflicht zur unverzüglichen Entscheidung in der Praxis: *Neumann* in: Hauck/Noftz, SGB XII, § 77 Rn. 16; *Zeitler*, RsDE Nr. 53 (2003), 1, 17.
[130] Z.B. § 9 Abs. 1 SGB XII-SchVO Hamburg, § 10 Abs. 1 SGB XII-SchVO Schleswig-Holstein – jeweils im Sinne einer Dreimonatsfrist in Anlehnung an § 89 Abs. 1 SGB V.
[131] BVerwG v. 01.12.1998 - 5 C 17/97 - BVerwGE 108, 47, 51; *Baur* in: Mergler/Zink, SGB XII, § 77 Rn. 12; *Freudenberg* in: Jahn, SGB XII, § 77 Rn. 20.
[132] *Neumann* in: Hauck/Noftz, SGB XII, § 77 Rn. 13; *Freudenberg* in: Jahn, SGB XII, § 77 Rn. 20; ebenso: *Gottlieb*, SozialRecht aktuell 2012, 150, 153 (keine Einstufung der Schiedsstelle als „Preisfestsetzungsbehörde"); enger: *Münder* in: LPK-SGB XII, 9. Aufl., § 77 Rn. 12 f.

Streichung wollte der Gesetzgeber somit die aufschiebende Wirkung für die gegen einen Schiedsspruch gerichtete Klage erreichen. Aufschiebende Wirkung entfaltet aber nur die gegen einen Verwaltungsakt gerichtete Anfechtungsklage.[148]

Die rechtliche Einstufung des **Schiedsspruchs als Vertragsergänzung nach § 61 SGB X i.V.m. §§ 317, 319 BGB**[149] wird dem Zweck des Schiedsstellenverfahren im Rahmen des sozialhilferechtlichen Leistungserbringungsrechts nicht gerecht. Der Schiedsspruch müsste in diesem Fall mit der allgemeinen und nicht fristgebundenen Leistungsklage angegriffen werden. Dieser Zustand der Rechtsunsicherheit für die durch den Schiedsspruch begünstigte Vertragspartei ist vor dem Hintergrund der mit dem Schiedsstellenverfahren angestrebten beschleunigten und abschließenden Entscheidung über die zwischen den Vertragsparteien streitigen Vereinbarungsgegenstände nicht vereinbar.[150] Zudem wäre das Gericht zur Prüfung der Billigkeit der vorgenommenen Vertragsergänzung und ggf. zur Ersatzleistungsbestimmung berechtigt (§ 319 BGB), was mit dem nur beschränkt gerichtlich überprüfbaren Entscheidungsspielraum der Schiedsstelle (vgl. dazu Rn. 92 ff.) nicht vereinbar ist.[151]

73

Zwar besteht die den Schiedsstellen gesetzlich zugewiesene Aufgabe in der Herbeiführung vertraglicher Regelungen. Die vertragliche Perspektive[152] gilt jedoch nur für einen Teil des Schiedsstellenverfahrens. Ebenso wie die Schiedsstelle selbst weist auch ihre **Tätigkeit** eine **Doppelnatur** auf.[153] Soweit die Schiedsstelle als Vertragshilfeorgan zwischen den gegensätzlichen Positionen der Vertragsparteien vermittelt und versucht, einen Ausgleich herbeizuführen, wird sie – bei zustande gekommener Einigung der Parteien – vertragsgestaltend und vertragsergänzend tätig (**Vermittlung und Vertragsgestaltung**). Scheitert die Vermittlung, entscheidet die Schiedsstelle aufgrund der ihr durch Gesetz zugewiesenen öffentlich-rechtlichen Aufgaben als Behörde über einzelne Teile eines Normvertrages und ersetzt die eigentlich von den Vertragsparteien privatautonom vorzunehmende Festlegung durch eine einseitige Regelung (**Entscheidung bei gescheiterter Vermittlung**). Auf die Entscheidungsbefugnis greift die Schiedsstelle erst dann zurück, wenn das Vereinbarungsprinzip nicht zum Erfolg geführt hat.[154]

74

Die Entscheidung der Schiedsstelle muss schriftlich ergehen.[155] Das in § 77 Abs. 1 SGB XII nicht ausdrücklich geregelte Schriftformerfordernis ergibt sich zum einen aus der Bedeutung des Schiedsspruchs. Aus Gründen der Rechtssicherheit ist die **Schriftform** immer dann geboten, wenn es auf den Wortlaut der Entscheidung ankommt und sie Beweiszwecken dient.[156] Der Schiedsspruch ersetzt einen bzw. Teile eines Normvertrag(es), der die Grundlage für Vergütungsansprüche des Leistungserbringers bildet. Bereits im Interesse der Rechtssicherheit und Rechtsklarheit über die aus der ersetzten Vereinbarung resultierenden Ansprüche muss der Schiedsspruch schriftlich ergehen. Zudem betrifft der Schiedsspruch – insbesondere soweit er eine Vergütungsvereinbarung ersetzt – eine komplexe Materie, so dass bereits aus diesem Grund eine schriftliche Entscheidung geboten ist. Zum anderen ist die Schriftform für die Wirksamkeit der Schiedsstellenentscheidung von Bedeutung. Gemäß § 39 SGB X wird ein Verwaltungsakt in dem Zeitpunkt wirksam, in dem er demjenigen, für den er bestimmt ist, bekanntgegeben wird. Da weder die für das Schiedsstellenverfahren maßgebenden Bestimmungen des SGB XII noch die Landesschiedsstellenverordnungen eine Verkündung des Schiedsspruchs in mündlicher Verhandlung vorsehen, wird die Entscheidung der Schiedsstelle erst nach außen wirksam, wenn sie in verschriftlichter Form den (Schieds-)Vertragsparteien bekannt gegeben wird.[157] Dementsprechend sehen nahezu alle[158] Landesschiedsstellenverordnungen vor, dass die in Beschlussform erge-

75

---

[148] Ebenso: *Neumann* in: Hauck/Noftz, SGB XII, § 77 Rn. 19, 33; *Armborst*, RsDE Nr. 33 (1996), 1, 15
[149] *von Boetticher/Tammen*, RsDE Nr. 54 (2003), 28, 40 f.; *Gottlieb*, NDV 2001, 257, 261; ähnlich: *Münder* in: LPK-SGB XII, 9. Aufl., § 77 Rn. 9 f. allerdings im Sinne eines Doppelcharakters des Schiedsspruchs als Verwaltungsakt und Vertragsergänzung.
[150] *Neumann* in: Hauck/Noftz, SGB XII, § 77 Rn. 20; BVerwG v. 28.02.2002 - 5 C 25/01 - BVerwGE 116, 78, 85.
[151] BVerwG v. 28.02.2002 - 5 C 25/01 - BVerwGE 116, 78, 85.
[152] Vgl. dazu: *Gottlieb*, SozialRecht aktuell 2012, 150, 151 ff.; *Gottlieb/Krüger*, SozialRecht aktuell 2013, 571.
[153] So auch: *Münder* in: LPK-SGB XII, 9. Aufl., § 77 Rn. 10.
[154] *Neumann* in: Hauck/Noftz, SGB XII, § 77 Rn. 18; ähnlich BVerwG v. 04.08.2006 - 5 C 13/05 - BVerwGE 126, 295, 298 f.
[155] Ebenso: *Neumann* in: Hauck/Noftz, SGB XII, § 77 Rn. 21; *Flint* in: Grube/Wahrendorf, SGB XII, 5. Aufl., § 80 Rn. 20.
[156] *Engelmann* in: v. Wulffen/Schütze, SGB X, 8. Aufl., § 33 Rn. 19a.
[157] Ebenso: LSG Mecklenburg-Vorpommern v. 21.07.2011 – L 6 P 11/11 ER.
[158] Mit Ausnahme der für Niedersachsen maßgebenden Schiedsstellenverordnung

hende Entscheidung der Schiedsstelle schriftlich zu erlassen und zu begründen sowie durch den Vorsitzenden zu unterzeichnen und den Vertragsparteien mit einer Rechtsmittelbelehrung versehen zuzustellen ist.[159] Soweit einige Schiedsstellenverordnungen die Anfertigung einer Niederschrift über die mündliche Verhandlung der Schiedsstelle vorsehen,[160] ersetzt die Zusendung einer solchen Niederschrift nicht die Bekanntgabe eines schriftlichen Schiedsspruchs. Die Niederschrift dokumentiert den Gang der mündlichen Verhandlung, die Anwesenheit sowie die gestellten Anträge nicht hingegen das Ergebnis der Verhandlungen und die Entscheidung der Schiedsstelle. Etwas anderes kann lediglich angenommen werden, wenn die Anfertigung eines Ergebnisprotokolls vorgeschrieben ist, das auch den Tenor der Schiedsstellenentscheidung enthält.[161]

76 Wegen der gebotenen Schriftform ist der Schiedsspruch auch zu begründen (§ 35 Abs. 1 SGB X). Soweit die Landesschiedsstellenverordnungen keine entsprechende Regelung enthalten, ergibt sich die Pflicht zur Begründung und Unterzeichnung des Schiedsspruchs aus dem Rechtsgedanken der §§ 35, 61 Satz 2 SGB X i.V.m. § 126 BGB bzw. aus § 134 SGG. Die **Begründung eines Schiedsspruchs** ist bereits deshalb erforderlich, weil andernfalls in einem nachfolgenden gerichtlichen Verfahren nicht geprüft werden kann, ob die Schiedsstelle den Sachverhalt zutreffend und in einem fairen willkürfreien Verfahren unter Wahrung des rechtlichen Gehörs und unter Beachtung zwingender gesetzlicher Regelungen ermittelt und bewertet hat. Allerdings dürfen die Anforderungen an das Begründungserfordernis in Anbetracht der Funktion und Organisation der Schiedsstelle (Vertragshilfeorgan ohne eigenen Verwaltungsunterbau) sowie der im Regelfall gegebenen Kenntnis der Vertragsparteien von der Sach- und Rechtslage nicht überspannt werden.[162] In Anlehnung an § 35 SGB X müssen die für den Schiedsspruch **wesentlichen tatsächlichen und rechtlichen Gründe** mitgeteilt werden. Hingegen ist die Schiedsstelle nicht verpflichtet, sämtliches Vorbringen der Beteiligten im Einzelnen in seine Entscheidung aufzunehmen und darzulegen.[163]

d. Rechtsschutz gegen die Entscheidung der Schiedsstelle

aa. Rechtsweg (Absatz 1 Satz 4)

77 Gegen die Entscheidung der Schiedsstelle ist der **Rechtsweg zu den Sozialgerichten** gegeben. Die Regelung in § 77 Abs. 1 Satz 4 SGB XII stellt lediglich deklaratorisch klar, was ohnehin bereits über § 51 Abs. 1 Nr. 6a SGG gilt. Erstinstanzlich sind abweichend von der Grundregel des dreistufigen Instanzenzuges im sozialgerichtlichen Verfahren (vgl. § 29 Abs. 1 SGG) seit dem 01.04.2008 die **Landessozialgerichte** zuständig (§ 29 Abs. 2 Nr. 1 SGG[164]). Für die **örtliche Zuständigkeit** ist der Sitz der klagenden Vertragspartei maßgebend (§ 57 Abs. 1 Satz 1 SGG i.V.m. § 77 Abs. 1 Satz 1 HS. 1 SGB XII).

bb. Beklagtenstellung (Absatz 1 Satz 5)

78 Die Klage auf Überprüfung eines Schiedsspruchs richtet sich nicht gegen die Schiedsstelle, sondern gegen eine der beiden Vertragsparteien. Eine entsprechende Regelung wurde durch das Gesetz zur Reform des Sozialhilferechts vom 23.07.1996[165] mit Wirkung zum 01.01.1999 als § 93b Abs. 1 Satz 4 in das BSHG eingefügt. Bis dahin richtete sich die Klage auf Überprüfung des Schiedsspruchs gegen die Schiedsstelle, die nach § 78 VwGO passivlegitimiert war. Der mit Wirkung zum 01.01.1999 einge-

---

[159] Vgl.: § 10 Abs. 4 SGB-XII SchVO Schleswig-Holstein; § 12 Abs. 4 SchStLVO-SGB XII Mecklenburg-Vorpommern; § 9 Abs. 3 ThürSchiedsVO-SGB XII; § 10 Abs. 3 SozSchV Brandenburg; § 10 Abs. 4 SGB XII-SchVO Hamburg; § 8 Abs. 5 SGB12SchV Rheinland-Pfalz; § 10 Abs. 3 Schiedsstellenverordnung Saarland; § 11 Abs. 3 BSHGAG Baden-Württemberg; § 110 AVSG Bayern; § 11 Abs. 1 SchVV Nordrhein-Westfalen; § 12 Abs. 2 BSHG§94ST Sachsen-Anhalt; § 10 Abs. 3 BSHG-SchV Bremen.
[160] Z. B. § 8 Abs. 4 ThürSchiedsVO-SGB XII; § 9 Abs. 6 SozSchV Brandenburg; § 9 Abs. 6 SGB XII-SchVO Hamburg; § 7 Abs. 3 SchVO SGB XII Niedersachsen; § 9 Abs. 6 Schiedsstellenverordnung Saarland; § 109 Abs. 3 AVSG Bayern; § 10 Abs. 5 BSHG§94V ST Sachsen-Anhalt.
[161] Vgl. § 9 Abs. 6 SchVO Schleswig-Holstein; § 11 Abs. 2 SchStLVO Mecklenburg-Vorpommern (Verweis auf § 122 SGG); § 8 Abs. 5 SGB12SchV Rheinland-Pfalz; vgl. dazu auch: LSG Mecklenburg-Vorpommern v. 21.07.2011 - L 6 P 11/11 ER.
[162] SG Oldenburg v. 22.10.2009 - S 21 SO 287/05; LSG Bayern v. 25.01.2012 - L 8 SO 89/09 KL; LSG Bayern v. 24.11.2011 - L 8 SO 223/09 KL.
[163] SG Hildesheim v. 28.09.2010 - S 34 SO 252/05.
[164] Einführung der erstinstanzlichen Zuständigkeit des Landessozialgerichts durch das Gesetz zur Änderung des Sozialgerichtsgesetzes und des Arbeitsgerichtsgesetzes vom 26.03.2008.
[165] BGBl I 1996, 1088.

fügte § 93b Abs. 1 Satz 4 BSHG, der dem heutigen § 77 Abs. 1 Satz 5 SGB XII entspricht, regelt nunmehr die **Beklagtenstellung** im Sinne einer lex specialis. Über die Hintergründe und die mit der Regelung verbundene Absicht des Gesetzgebers schweigt die Gesetzesbegründung.[166] Vielmehr hat der Gesetzgeber auch in diesem Zusammenhang – wie so oft – eine neue Regelung als „Klarstellung" der bisherigen Rechtslage deklariert, ohne diese zu begründen. Hintergrund dieser Regelung ist vermutlich die fehlende personelle und sachliche Ausstattung der Schiedsstelle für die Prozessführung.[167] Selbst wenn man die Regelung des § 77 Abs. 1 Satz 5 SGB XII als nicht systemkonform[168], unsinnig,[169] eigenartig[170] oder überraschend[171] ansieht, ist es dem Gesetzgeber grundsätzlich nicht verwehrt, der besonderen Funktion der Schiedsstelle auch auf der prozessualen Ebene Rechnung zu tragen.[172]

Eine dem § 77 Abs. 1 Satz 5 SGB XII vergleichbare Regelung besteht im Bereich der Kinder- und Jugendhilfe (§ 78g Abs. 2 Satz 3 SGB VIII) und für die Schiedsstelle im Bereich der hausarztzentrierten Versorgung (§ 73 Abs. 4a SGB V). Im Anwendungsbereich des SGB XI richtet sich die Klage auf Überprüfung eines die Pflegesatzvereinbarung ersetzenden Schiedsspruchs hingegen gegen die Schiedsstelle selbst, wenngleich insoweit – gerade angesichts der entgegenstehenden Regelung im Sozialhilferecht – anfängliche Bedenken bestanden.[173]

79

Die Regelung hat zur Folge, dass sich die **Klage gegen** die **Vertragspartei** richtet, **die den Schiedsspruch nicht im Klageweg angegriffen hat**. Damit wird zwar eine Vertragspartei ohne ihr Zutun in einen Prozess „hineingezogen". Dies kann aber angesichts der Besonderheit des Schiedsstellenverfahrens als noch interessengerecht angesehen werden. Zum einen sind die Vertragsparteien berechtigt, aber nicht verpflichtet, ein Schiedsstellenverfahren bei fehlender Einigung einzuleiten. Machen sie von dieser Möglichkeit Gebrauch, tragen sie auch das Risiko einer nicht in vollem Umfang ihren Interessen entsprechenden Entscheidung der Schiedsstelle sowie die sich daraus ergebenden Kostenfolgen. Die Rolle als Beklagter in einem gegen den Schiedsspruch gerichteten Klageverfahren setzt dieses in der gesetzlichen Konzeption angelegte Risiko lediglich fort. Zum anderen vermittelt die Schiedsstelle in dem zwischen den Vertragsparteien bestehenden Konflikt mit dem Ziel einer einvernehmlichen Lösung. Sie wird daher nicht nur im öffentlichen, sondern auch im Interesse der Vertragsparteien tätig. Der gesetzliche „Preis" für die Inanspruchnahme der Vermittlung ist die Stellung als Beklagter in einem sich anschließenden Klageverfahren gegen den Schiedsspruch.[174]

80

Da es sich bei den auf Überprüfung eines Schiedsspruchs gerichteten Klageverfahren um Verfahren nach § 197a SGG handelt (vgl. dazu Rn. 139), ist mit der Beklagtenstellung auch das **Kostenrisiko** verbunden. Dem kann die beklagte Vertragspartei entgehen, indem sie auf das Vertragsangebot der anderen Vertragspartei eingeht und sich mit dieser außergerichtlich einigt bzw. einen gerichtlichen Vergleich schließt (vgl. dazu Rn. 98). Die Einleitung eines Schiedsstellenverfahrens nimmt den Vertragsparteien nicht die Befugnis, während dieses Verfahrens Vereinbarungen zu schließen. Dies gilt auch nach Abschluss des Schiedsstellenverfahrens, denn auch dann hindert der Schiedsspruch die Vertragsparteien nicht, davon abweichende Vereinbarungen zu schließen.[175] Denn die Vertragsautonomie der Vertragsparteien soll durch die Entscheidung der Schiedsstelle nur soweit begrenzt werden, als dies im Sinne der Herbeiführung vertraglicher Grundlagen im Bereich des sozialhilferechtlichen Leistungserbringungsrechts notwendig. Im Übrigen sind die Beklagtenstellung einer Vertragspartei und die damit verbundene Kostenfolge letztlich eine Folge der vom Gesetzgeber im Interesse der bedarfsgerechten Hilfegewährung im Sozialhilfebereich angenommenen Einigungspflicht der Vertragsparteien.[176]

81

---

[166] BT-Drs. 13/2440, S. 49. Zur Begründung heißt es, man habe aufgrund der bisherigen Erfahrung mit dem Schiedsstellenverfahren „klargestellt", dass gegen die Entscheidung der Schiedsstellen nicht eine Klage gegen die Schiedsstelle, sondern gegen eine der beiden Vertragsparteien erfolgt.
[167] BVerwG v. 28.02.2002 - 5 C 25/01 - BVerwGE 116, 78, 83 f; *Gottlieb*, SozialRecht aktuell 2012, 150, 154 f.
[168] *Armborst* in: Schnapp, Handbuch des sozialrechtlichen Schiedsverfahrens, Rn. 562.
[169] *Freudenberg* in: Jahn, SGB XII, § 77 Rn. 23.
[170] *Neumann* in: Hauck/Noftz, SGB XII, § 77 Rn. 24.
[171] *Flint* in: Grube/Wahrendorf, SGB XII, 5. Aufl., § 80 Rn. 25.
[172] BVerwG v. 28.02.2002 - 5 C 25/01 - BVerwGE 116, 78.
[173] Vgl. dazu *Udsching* in: Schnapp, Handbuch des sozialrechtlichen Schiedsverfahrens, Rn. 445.
[174] *Gottlieb*, SozialRecht aktuell 2012, 150, 155.
[175] So auch: *Rabe*, SozialRecht aktuell 2012, 146, 147; *Gottlieb*, SozialRecht aktuell 2012, 150, 155.
[176] BT-Drs. 12/5510, S. 11; dazu auch: *Gottlieb*, SozialRecht aktuell 2012, 150, 155.

82 Die Regelung des § 77 Abs. 1 Satz 5 SGB XII kann **nicht** als Begründung einer gesetzlichen **Prozessstandschaft** angesehen werden.[177] Diese Auslegung hätte u.a. zur Folge, dass der Rechtsträger der Schiedsstelle als Inhaber des materiellen Rechts die Kosten des Verfahrens zu tragen hätte, was aber offensichtlich durch die getroffene Regelung gerade vermieden werden sollte.[178] Die durch § 77 Abs. 1 Satz 5 SGB XII geregelte Stellung der beklagten Vertragspartei weicht von den allgemeinen prozessualen Bestimmungen über die Beteiligtenstellung und Passivlegitimation ab und normiert somit eine **Verfahrensstellung sui generis**.[179] Dem Umstand, dass die beklagte Vertragspartei nicht passivlegitimiert ist, muss bei der Klageart und der Tenorierung der gerichtlichen Entscheidung Rechnung getragen werden.

83 Die Schiedsstelle ist auch nicht zu dem zwischen den Vertragsparteien geführten Klageverfahren notwendig beizuladen. Zwar bewirkt die Aufhebung des Schiedsspruchs durch das Gericht eine Fortsetzung des nunmehr noch bzw. wieder offenen Schiedsstellenverfahrens und damit die Pflicht der Schiedsstelle zur erneuten Entscheidung über den Antrag unter Beachtung der gerichtlichen Aufhebungsgründe (vgl. dazu Rn. 85 f.).[180] Allerdings werden der Schiedsstelle als hoheitlichem Vertragshilfeorgan nach dem Gesetz keine eigenen, sondern lediglich – während des Schiedsstellenverfahrens – von den Vertragsparteien **abgeleitete Rechte** zugestanden.[181] Die gerichtliche Entscheidung greift somit nicht unmittelbar in die Rechtssphäre der Schiedsstelle als eines Dritten ein, so dass die Voraussetzungen für eine **notwendige Beiladung** nach § 75 Abs. 2 SGG nicht erfüllt sind.[182] Aufgrund der Tangierung der Schiedskompetenz durch eine gerichtliche Entscheidung über den Schiedsspruch und der praktischen Vorteile wird teilweise de lege ferenda eine gesetzliche Regelung der notwendigen Beiladung der Schiedsstelle gefordert.[183]

84 Eine **einfache Beiladung der Schiedsstelle** ist hingegen möglich und – aus praktischen Gründen – im Regelfall auch sinnvoll.[184] Im Fall einer (einfachen) Beiladung der Schiedsstelle profitiert das Gericht nicht nur von der besonderen Sachkompetenz der Schiedsstelle, sondern kann auch unter erleichterten Bedingungen Nachweise über die Vertragsverhandlungen beiziehen und Auskünfte über den Gang des Schiedsverfahrens einholen. Darüber hinaus kann die beigeladene Schiedsstelle auch in einen gerichtlichen Vergleich einbezogen werden (vgl. Rn. 98). Die einfach beigeladene Schiedsstelle ist nach § 70 Nr. 2 SGG beteiligtenfähig.[185]

cc. Klageart

85 Für die Klageart ist das Klageziel maßgebend. Begehrt die klagende Vertragspartei (nur) die Aufhebung des Schiedsspruchs und eine erneute Entscheidung der Schiedsstelle über den Schiedsantrag, ist

---

[177] So aber Bayerischer VGH v. 06.04.2001 - 12 B 00.2019 und VG Cottbus v. 12.12.2001 - 5 K 857/95: Annahme einer Prozessstandschaft, bei der die Verfügungsbefugnis über das materielle Recht und die Passivlegitimation auseinanderfallen.

[178] BVerwG v. 28.02.2002 - 5 C 25/01 - BVerwGE 116, 78, 84; *von Boetticher/Tammen*, RsDE Nr. 54 (2003), 28, 48.

[179] Ähnlich BVerwG v. 28.02.2002 - 5 C 25/01 - BVerwGE 116, 78, 84.

[180] BVerwG v. 28.20.2002 - 5 C 25/01 - BVerwGE 116, 78, 84; LSG Bayern v. 25.01.2012 - L 8 SO 89/09 KL; LSG Bayern v. 24.11.2011 - L 8 SO 135/10 KL und L 8 SO 223/09 KL (mit Besprechung von *Bieback*, juris-PR-Sozialrecht 7/2012, Anm. 5); LSG Mecklenburg-Vorpommern v. 06.09.2012 - L 9 SO 5/11 KL und L 9 SO 11/10; LSG Mecklenburg-Vorpommern v. 30.08.2012 - L 9 SO 1/10.

[181] BVerwG v. 28.02.2002 - 5 C 25/01 - BVerwGE 116, 78, 85 f.; LSG Bayern v. 25.01.2012 - L 8 SO 89/09 KL; LSG Bayern v. 24.11.2011 - L 8 SO 135/10 KL und L 8 SO 223/09 KL (mit Besprechung von *Bieback*, juris-PR-Sozialrecht 7/2012, Anm. 5); LSG Mecklenburg-Vorpommern v. 06.09.2012 - L 9 SO 5/11 KL und L 9 SO 11/10; LSG Mecklenburg-Vorpommern v. 30.08.2012 - L 9 SO 1/10; *Neumann* in: Hauck/Noftz, SGB XII, § 77 Rn. 26; *Münder* in: LPK-SGB XII, 9. Aufl., § 77 Rn. 17; *Flint* in: Grube/Wahrendorf, SGB XII, 5. Aufl., § 80 Rn. 29; *Freudenberg* in: Jahn, SGB XII, § 77 Rn. 23.

[182] LSG Bayern v. 25.01.2012 - L 8 SO 89/09 KL; LSG Bayern v. 24.11.2011 - L 8 SO 135/10 KL und L 8 SO 223/09 KL (mit Besprechung von *Bieback*, juris-PR-Sozialrecht 7/2012, Anm. 5); LSG Mecklenburg-Vorpommern v. 06.09.2012 - L 9 SO 5/11 KL und L 9 SO 11/10; LSG Mecklenburg-Vorpommern v. 30.08.2012 - L 9 SO 1/10; kritisch dazu: *Gottlieb*, SozialRecht aktuell 2012, 150, 155.

[183] *Gottlieb*, SozialRecht aktuell 2012, 150, 155; *Gottlieb/Krüger*, NDV 2013, 571 f.; *Henneberger*, NDV 2013, 569.

[184] *Neumann* in: Hauck/Noftz, SGB XII, § 80 Rn. 44; *Gottlieb*, SozialRecht aktuell 2012, 150, 155; *Plantholz*, SozialRecht aktuell 2012, 142, 145.

[185] Vgl. dazu: BSG v. 18.02.1986 - 6 RKa 10/85 - SozR 1500 § 70 Nr. 3 (zur Entscheidung des Prothetikausschusses); dazu insgesamt: *Leitherer* in: Meyer-Ladewig/Keller/Leitherer, SGG, 10. Aufl., § 70 Rn. 5.

die **Anfechtungsklage** statthaft (§ 54 Abs. 1 Satz 1 Alt. 1 SGG).[186] Die **Kombination** der Anfechtungsklage **mit einer Verpflichtungsklage in Form der Bescheidungsklage oder einer Leistungsklage ist nicht notwendig**. Die Aufhebung des Schiedsspruchs durch das Gericht bewirkt bereits automatisch – ohne gesonderten Ausspruch – die Fortsetzung des dann nicht mehr abgeschlossenen Schiedsstellenverfahrens und somit die Verpflichtung der Schiedsstelle, über den – wieder offenen – Schiedsantrag erneut unter Beachtung der gerichtlichen Aufhebungsgründe zu entscheiden.[187] Ist die Schiedsstelle zum Verfahren einfach beigeladen worden (vgl. Rn. 83 f.), ergibt sich die Bindung der Schiedsstelle an die Rechtsauffassung des Gerichts im aufhebenden Urteil bereits aus der formellen und materiellen Rechtskraft des Urteils. Bei einem stattgebenden Anfechtungsurteil erwächst zwar nur der Tenor in Rechtskraft, allerdings geben die tragenden Aufhebungsgründe Auskunft über den Umfang der Bindungswirkung und nehmen insoweit mittelbar an der Rechtskraft teil.[188] Die Rechtskraft erstreckt sich auf die Beteiligten eines gerichtlichen Verfahrens und somit auch auf die Beigeladenen.[189] Ist eine Beiladung nicht erfolgt, wird die Bindung der nicht unmittelbar am Klageverfahren beteiligten Schiedsstelle (§ 77 Abs. 1 Satz 5 SGB XII; vgl. dazu Rn. 78 ff.) an die Rechtsauffassung des Gerichts über das **Rechtsinstitut der Feststellungswirkung** erzeugt. Durch die von der materiellen Rechtskraft zu unterscheidende Feststellungswirkung können Dritte – insbesondere Gerichte und Verwaltungsbehörden – gegenseitig und untereinander an Entscheidungselemente, an tatsächliche Feststellungen und rechtliche Wertungen in Urteilen und Verwaltungsakten gebunden werden (sogenannte Drittbindung).[190] Diese Feststellungwirkung ergibt sich aus dem Gesamtkontext der für das sozialhilferechtliche Schiedsstellenverfahren maßgebenden Vorschriften. Wird eine Behörde aus verwaltungsorganisatorischen Erwägungen und Kostengründen nicht an einem gerichtlichen Verfahren beteiligt, dessen Gegenstand eine von ihr erlassene Entscheidung bildet, ist die Erstreckung der Bindungswirkung der gerichtlichen Entscheidung auf diese eigentlich betroffene Institution teleologisch und prozessökonomisch geboten. Die Kombination der Anfechtungsklage mit einer Verpflichtungs- oder Leistungsklage ist daher nicht erforderlich, um eine erneute Entscheidung der Schiedsstelle herbeizuführen.

Die **kombinierte Anfechtungs- und Verpflichtungs- bzw. Leistungsklage**[191] ist ohnedies aus rechtlichen Gründen **unzulässig**.[192] Da die Schiedsstelle nicht Beklagter ist (§ 77 Abs. 1 Satz 5 SGB XII; 86

---

[186] *Flint* in: Grube/Wahrendorf, SGG, 5. Aufl., § 80 Rn. 26; *Freudenberg* in: Jahn, SGB XII, § 80 Rn. 44; *Plantholz*, SozialRecht aktuell 2012, 142, 145; LSG Berlin-Brandenburg v. 05.12.2013 - L 23 SO 38/10 KL (anhängig beim BSG unter B 8 SO 1/14 R); LSG Mecklenburg-Vorpommern v. 06.09.2012 - L 9 SO 11/10 und L 9 SO 5/11 KL; LSG Mecklenburg-Vorpommern v. 30.08.2012 - L 9 SO 1/10; LSG Bayern v. 03.05.2012 - L 18 SO 230/09 KL (anhängig beim BSG unter B 8 SO 2/13 R); LSG Bayern v. 25.01.2012 - L 8 SO 89/09 KL; LSG Bayern v. 24.11.2011 - L 8 SO 135/10 KL und L SO 223/09 KL; LSG Baden-Württemberg v. 05.10.2011 - L 2 SO 5659/08 KL; LSG Hamburg v. 30.10.2012 - L 4 SO 33/10 KL; LSG Nordrhein-Westfalen v. 29.09.2008 - L 20 SO 92/06; SG Hildesheim v. 28.09.2010 - S 34 SO 252/05; SG Oldenburg v. 22.10.2009 - S 21 SO 287/05; BVerwG v. 28.02.2002 - 5 C 25/01 - BVerwGE 116, 78; OVG Lüneburg v. 20.09.2008 - 4 LC 93/07; ebenso: BSG v. 13.11.2012 - B 1 KR 27/11 R - BSGE 112, 156 = SozR 4-2500 § 114 Nr. 1 zur Schiedsstelle nach § 114 SGB V; kritisch dazu: *Neumann* in: Hauck/Noftz, SGB XII, § 77 Rn. 28 ff. und *Philipp*, VSSR 2004, 115, 123.

[187] LSG Berlin-Brandenburg v. 05.12.2013 - L 23 SO 38/10 KL (anhängig beim BSG unter B 8 SO 1/14 R); LSG Mecklenburg-Vorpommern v. 06.09.2012 - L 9 SO 11/10 und L 9 SO 5/11 KL; LSG Mecklenburg-Vorpommern v. 30.08.2012 - L 9 SO 1/10; LSG Bayern v. 03.05.2012 - L 18 SO 230/09 KL (anhängig beim BSG unter B 8 SO 2/13 R); LSG Bayern v. 25.01.2012 - L 8 SO 89/09 KL; LSG Bayern v. 24.11.2011 - L 8 SO 135/10 Kl und L SO 223/09 KL; LSG Baden-Württemberg v. 05.10.2011 - L 2 SO 5659/08 KL; LSG Hamburg v. 30.10.2012 - L 4 SO 33/10 KL; SG Hildesheim v. 28.09.2010 - S 34 SO 252/05; SG Oldenburg v. 22.10.2009 - S 21 SO 287/05; BVerwG v. 28.02.2002 - 5 C 25/01 - BVerwGE 116, 78; OVG Lüneburg v. 20.09.2008 - 4 LC 93/07.

[188] *Keller* in: Meyer-Ladewig/Keller/Leitherer, SGG, 10. Aufl., § 141 Rn. 10; vgl. dazu BFH v. 17.12.1998 - IV R 47/97 - BFHE 187, 409 m.w.N.

[189] *Keller* in: Meyer-Ladewig/Keller/Leitherer, SGG, 10. Aufl., § 141 Rn. 18a; *Humpert* in: Jansen, SGG, 4. Aufl., § 141 Rn. 33.

[190] BSG v. 19.03.1998 - B 7 AL 86/96 R - SozR 3-4100 § 112 Nr. 29; BSG v. 04.10.1994 - 7 KlAr 1/93 - BSGE 75, 97 = SozR 3-4100 § 116 Nr. 2; LSG Bayern v. 10.11.2004 - L 2 U 152/03.

[191] Im Sinne der kombinierten Anfechtungs- und Leistungsklage: *Neumann* in: Hauck/Noftz, SGB XII, § 77 Rn. 31; *Münder* in: LPK-SGB XII, 9. Aufl., § 77 Rn. 15; *Armborst*, NDV 1998, 191, 192; *ders.*, NDV 1998, 191 f.; *von Boetticher/Tammen*, RsDE Nr. 54 (2003), 28, 50 f.; *Zeitler*, RsDE Nr. 42 (1999), 53, 64; VGH München v. 06.04.2001 - 12 B 00.2019; im Sinne der kombinierten Anfechtungs- und Verpflichtungsklage: LSG Hessen v. 27.04.2012 - L 7 SO 124/10 KL (anhängig beim BSG unter B 8 SO 3/13 R); im Sinne der isolierten Verpflichtungsklage in Form der Bescheidungsklage; *Philipp*, VSSR 2004, 115, 123.

[192] Ebenso: BSG v. 13.11.2012 - B 1 KR 27/11 R - BSGE 112, 156 = SozR 4-2500 § 114 Nr. 1.

vgl. dazu Rn. 78 ff.) und der beklagten Vertragspartei die Passivlegitimation hinsichtlich des streitgegenständlichen Schiedsspruchs fehlt, geht der Verpflichtungs- bzw. Leistungsantrag ins Leere.[193] Das gilt auch für den Fall einer erfolgten Beiladung der Schiedsstelle, da die Voraussetzungen für eine Verurteilung des Beigeladenen nach § 75 Abs. 5 SGB XII in Bezug auf die Schiedsstelle nicht erfüllt sind. Zudem kann das Gericht wegen des der Schiedsstelle zustehenden, nur eingeschränkt gerichtlich kontrollierbaren Entscheidungsspielraums (vgl. dazu Rn. 92 ff.) weder einen vertragsgestaltenden Verwaltungsakt anstelle der Schiedsstelle erlassen noch aufgrund der fehlenden Verfahrensbeteiligung der Schiedsstelle diese zum Erlass eines solchen Verwaltungsaktes verurteilen.[194] Das sozialgerichtliche Verfahren ist ebenso wie jedes andere gerichtliche Verfahren nicht auf die inhaltliche Ersetzung eines gesamten Vertragswerkes zugeschnitten. Eine solche Entscheidung soll nach dem Willen des Gesetzgebers gerade der mit Interessenvertretern der betroffenen Gruppen besetzten und mit der zu regelnden, komplexen Materie vertrauten Schiedsstelle überlassen bleiben.[195] Deren Entscheidung ist aus den genannten Gründen auch nur in eingeschränktem Umfang gerichtlich überprüfbar (vgl. Rn. 94). Eine unmittelbare Entscheidung des Gerichts über den Inhalt einer Leistungs- und/oder Vergütungsvereinbarung ist somit im Regelfall weder möglich noch entspricht dies den Interessen der Beteiligten und der gesetzlichen Konzeption.

87 Begehrt die klagende Vertragspartei dagegen neben der Aufhebung des Schiedsspruchs die erneute Entscheidung der Schiedsstelle in einem bestimmten inhaltlichen Sinne (z.B. eine Vergütungsvereinbarung zu bestimmten Konditionen; konkrete Festsetzung eines Vergütungsbestandteils) kann die Anfechtungsklage mit einer Feststellungsklage kombiniert werden.[196] Die fehlende Beteiligtenstellung der Schiedsstelle ist insoweit unproblematisch, weil mit der Feststellungsklage auch das Bestehen/Nichtbestehen eines Drittrechtsverhältnisses geltend gemacht werden kann, wenn der Kläger hierdurch in seinen rechtlichen Interessen berührt wird.[197] Die **Kombination der Feststellungsklage mit einer Anfechtungsklage** vermeidet die „Endlosschleife" an Klageverfahren, die bei einer auf die Aufhebung des Schiedsspruchs beschränkten Klage entstehen könnte.[198]

88 Ein ausschließlich auf die Verpflichtung der Schiedsstelle zur erneuten Entscheidung unter Beachtung der Rechtsauffassung des Gerichts gerichteter **Feststellungs- oder Verpflichtungsantrag** ist dagegen unzulässig[199], da dieses Ziel bereits mit der Anfechtungsklage erreicht wird (vgl. Rn. 85). Wird ein solcher Antrag mit der Anfechtungsklage kombiniert, kommt ihm nur eine **deklaratorische Bedeutung** zu.[200] Wird isoliert die Feststellung der Verpflichtung der Schiedsstelle zur Neubescheidung beantragt, ist eine **Auslegung** dieses Antrags als Anfechtungsantrag bzw. die **Umdeutung** in eine Anfechtungsklage zu prüfen.[201] Denn der Klageantrag ist unabhängig von seinem Wortlaut (§ 123 SGG) unter Berücksichtigung des wirklichen, für das Gericht und die übrigen Beteiligten erkennbaren Willens des Klägers auszulegen.

89 Grundsätzlich ist auch eine **Teilanfechtung des Schiedsspruchs** denkbar. Dies ist allerdings nur in Bezug auf abtrennbare Regelungsteile des Schiedsspruchs zulässig.[202] Eine Abtrennbarkeit einzelner Mindestvertragsbestandteile der Vergütungsvereinbarung (nach der hier vertretenen Auffassung auch der Leistungsvereinbarung, vgl. dazu Rn. 37 ff.) ist jedoch wegen des Zusammenhangs zwischen den einzelnen Inhalten der Vergütungsvereinbarung einerseits und den Inhalten der Leistungs- und Vergü-

---

[193] Ähnlich: *von Boetticher/Tammen*, RsDE Nr. 54 (2003), 28, 46 ff.; *von Laffert*, RsDE Nr. 64 (2007), 27, 33; *Neumann* in: Hauck/Noftz, SGB XII, § 77 Rn. 27.
[194] LSG Bayern v. 25.01.2012 - L 8 SO 89/09 KL; LSG Bayern v. 24.11.2011 - L 8 SO 223/09 KL und L 8 SO 135/10 KL.
[195] BVerwG v. 28.02.2002 - 5 C 25/01 - BVerwGE 116, 78, 80 f.
[196] Ebenso: OVG Lüneburg v. 20.08.2008 - 4 LC 93/07.
[197] *Keller* in: Meyer-Ladewig/Keller/Leitherer SGG, 10. Aufl. § 55 Rn. 7, 15d; BSG v. 25.03.2003 - B 1 KR 29/02 R - SozR 4-1500 § 55 Nr. 1; BSG v. 22.06.1983 - 12 RK 35/82 - SozR 1500 § 55 Nr. 22.
[198] *Neumann* in: Hauck/Noftz, SGB XII, § 77 Rn. 30; *von Boetticher/Tammen*, RsDE Nr. 54 (2003), 28, 44.
[199] OVG Lüneburg v. 20.08.2008 - 4 LC 93/07.
[200] LSG Baden-Württemberg v. 05.10.2011 - L 2 SO 5659/08 KL.
[201] Zur Umdeutung vgl.: *Keller* in: Meyer-Ladewig/Keller/Leitherer, SGG, 10. Aufl., § 123 Rn. 3b und § 54 Rn. 1b; zur Auslegung von Klageanträgen in Bezug auf die Klageart: BSG v. 06.04.2011 - B 4 AS 119/10 R - BSGE 108, 86 = SozR 4-1500 § 54 Nr. 21; BSG v. 29.05.1996 - 3 RK 26/95 - BSGE 78, 243 = SozR 3-1500 § 109 Nr. 2.
[202] Ebenso: *Philipp*, VSSR 2004, 115, 126 f.

tungsvereinbarung andererseits kaum denkbar. Insbesondere hat die Festsetzung eines einzelnen Vergütungsbestandteils regelmäßig Einfluss auf die Gesamtvergütung, so dass eine Teilanfechtung in aller Regel nicht in Betracht kommt.[203]

Wird das Vertragsangebot, über das sich die Vertragsparteien nicht einigen konnten und dass Gegenstand des Schiedsstellenverfahrens gewesen ist, im laufenden Klageverfahren zurückgezogen, ist das **Rechtsschutzbedürfnis** für die Klage entfallen. Im Einzelfall kann die Umstellung in eine **Fortsetzungsfeststellungsklage** in Betracht kommen, wenn ein berechtigtes Feststellungsinteresse (z.B. wegen Wiederholungsgefahr) besteht.[204]

Bei Erhebung der Anfechtungsklage bzw. der kombinierte Anfechtungs- und Feststellungsklage ist die **Klagefrist** des § 87 SGG einzuhalten. Ein **Vorverfahren** ist vor der Erhebung einer Anfechtungsklage bzw. einer kombinierten Anfechtungs- und Feststellungsklage gegen den Schiedsspruch nicht durchzuführen (§ 78 Abs. 1 Satz 2 Nr. 1 SGG i.V.m. § 77 Abs. 1 Satz 6 SGB XII).

dd. Gerichtliche Kontrolldichte

Die Schiedsstelle ist ein weisungsfreies, mit Interessenvertretern der betroffenen Gruppen besetztes Konfliktlösungs- und Schlichtungsgremium, das aufgrund dieser Zusammensetzung und des auf die zu regelnde Materie bezogenen speziellen Sachverstandes einen sachgerechten Ausgleich zwischen den gegenläufigen Interessen der Vertragsparteien herbeiführen soll.[205] Im Rahmen dieser ihr gesetzlich zugewiesenen Aufgabe bewertet und beurteilt die Schiedsstelle unbestimmte Rechtsbegriffe (Grundsätze der Wirtschaftlichkeit, Sparsamkeit und Leistungsfähigkeit § 75 Abs. 3 Satz 2 SGB XII).[206] Die Schiedsstelle tritt in ihrer Eigenschaft als Vertragshilfeorgan an die Stelle der Vertragsparteien und ersetzt deren Willenserklärungen. Die Schiedsstelle verfügt daher über einen **der Vertragsfreiheit der Parteien vergleichbaren Gestaltungs- und Entscheidungsspielraum**, der nur eingeschränkt gerichtlich überprüfbar ist.[207] Ungeachtet der Bezeichnung dieses Entscheidungsspielraums als Einschätzungsprärogative, Beurteilungs- oder Gestaltungsspielraum folgt aus der gesetzlichen Ausgestaltung der sozialhilferechtlichen Schiedsstelle und des für sie maßgebenden Verfahrens, dass ihre Entscheidungen nicht einer vollinhaltlichen, sondern nur einer **eingeschränkten gerichtlichen Kontrolle** zugänglich sind. Als mit sachkundigen Interessenvertretern besetztes Gremium beurteilt und bewertet die Schiedsstelle die unbestimmten Rechtsbegriffe der Wirtschaftlichkeit, Sparsamkeit und Leistungsfähigkeit (§ 75 Abs. 3 Satz 2 SGB XII), wobei die besondere Kompetenz der Schiedsstelle gerade in der Bewertung dieser Begriffe zum Ausdruck kommt. Die Entscheidung der Schiedsstelle erschöpft sich

---

[203] Im Ergebnis ebenso: *Philipp*, VSSR 2004, 115, 126 f.; zu den Problemen der Teilanfechtung vgl.: BSG v. 13.11.2012 - B 1 KR 27/11 R - BSGE 112, 156 = SozR 4-2500 § 114 Nr. 1.

[204] Zu einer entsprechenden Fallkonstellation: LSG Hessen v. 18.07.2006 - L 7 SO 7/06 ER allerdings ohne Thematisierung der Fortsetzungsfeststellungsklage.

[205] BVerwG v. 28.02.2002 - 5 C 25/01 - BVerwGE 116, 78, 81; LSG Hessen v. 27.04.2012 - L 7 SO 124/10 KL (anhängig beim BSG unter B 8 SO 3/13 R); LSG Bayern v. 25.01.2012 - L 8 SO 89/09 KL; LSG Bayern v. 24.11.2011 - L 8 SO 135/10 KL und L 8 SO 223/09 KL; LSG Baden-Württemberg v. 05.10.2011 - L 2 SO 5659/08 K; *Flint* in: Grube/Wahrendorf, SGB XII, 5. Aufl., § 77 Rn. 31

[206] BVerwG v. 28.02.2002 - 5 C 25/01 - BVerwGE 116, 78, 80 f.; BVerwG v. 01.12.1998 - 5 C 17/97 - BVerwGE 108, 47, 50 ff.; LSG Hessen v. 27.04.2012 - L 7 SO 124/10 KL (anhängig beim BSG unter B 8 SO 3/13 R); LSG Bayern v. 25.01.2012 - L 8 SO 89/09 KL; LSG Bayern v. 24.11.2011 - L 8 SO 135/10 KL und L 8 SO 223/09 KL; LSG Baden-Württemberg v. 05.10.2011 - L 2 SO 5659/08 KL; *von Boetticher/Tammen*, RsDE Nr. 54 (2003), 28, 52.

[207] *Freudenberg* in: Jahn, SGB XII, § 80 Rn. 45; *Flint* in: Grube/Wahrendorf, SGB XII, 5. Aufl., § 80 Rn. 31; *Münder* in: LPK-SGB XII, 9. Aufl., § 77 Rn. 18; *W. Schellhorn* in: Schellhorn/Schellhorn/Hohm, SGB XII, 18. Aufl., § 80 Rn. 5; *Kulenkampff/Wenzel*, NDV 2008, 125; *von Boetticher/Tammen*, RsDE Nr. 54 (2003), 28, 52 ff.; LSG Berlin-Brandenburg v. 05.12.2013 - L 23 SO 38/10 KL (anhängig beim BSG unter B 8 SO 1/14 R); LSG Hamburg v. 30.10.2012 - L 4 SO 33/10 KL; LSG Bayern v. 03.05.2012 - L 18 SO 230/09 KL (anhängig beim BSG unter B 8 SO 2/13 R) ; LSG Bayern v. 25.01.2012 - L 8 SO 89/09 KL; LSG Bayern v. 24.11.2011 - L 8 SO 135/10 KL und L 8 SO 223/09 KL; LSG Hessen v. 27.04.2012 - L 7 SO 124/10 KL (anhängig beim BSG unter B 8 SO 3/13 R); LSG Hessen v. 25.02.2011 - L 7 SO 237/10 KL; LSG Baden-Württemberg v. 05.10.2011 - L 2 SO 5659/08 KL; LSG Nordrhein-Westfalen v. 01.12.2005 - L 9 B 22/05 SO ER; SG Hildesheim v. 28.09.2010 - S 34 SO 252/05; SG Gelsenkirchen v. 02.08.2010 - S 9 SO 99/07; SG Oldenburg v. 22.10.2009 - S 21 SO 287/05; BVerwG v. 28.02.2002 - 5 C 25/01 - BVerwGE 116, 78; BVerwG v. 01.12.1998 - 5 C 17/97 - BVerwGE 108, 47; OVG Lüneburg v. 20.08.2008 - 4 LC 93/07; OVG Lüneburg v. 04.07.2008 - 4 LA 115/06 jeweils noch zum BSHG.

nicht in der – gerichtlich voll überprüfbaren – Anwendung geltenden Rechts, sondern enthält wertende Erkenntnisse, über die die Schiedsstelle als fachkundiges Gremium nach dem Willen des Gesetzgebers letztverbindlich entscheiden soll.[208] Die Entscheidung der Schiedsstelle stellt gerade nicht immer die rechtlich und sachlich einzig vertretbare Lösung, sondern im Regelfall einen interessengeleiteten Kompromiss dar,[209] welcher sich insoweit der gerichtlichen Kontrolle entzieht.

93 Es handelt sich um einen gerichtlich nur eingeschränkt überprüfbaren **Entscheidungs- bzw. Gestaltungsspielraum sui generis**.[210] Die Entscheidung der Schiedsstelle ist Ausdruck einer Bewertung unbestimmter Rechtsbegriffe, enthält aber auch prognostische und gestaltende Elemente. Daher wird weder der Begriff des Beurteilungsspielraums noch der – häufig synonym verwendete – Terminus der Einschätzungsprärogative dem besonderen Charakter der Schiedsstellenentscheidung gerecht. Maßgebend ist jedoch nicht die Bezeichnung des Entscheidungsspielraums, sondern die Konsequenz im Hinblick auf die gerichtliche Kontrolle.

94 Die Entscheidung der Schiedsstelle ist aus den genannten Gründen zwar nicht in vollem Umfang überprüfbar. Andererseits ist die gerichtliche Kontrolle aber auch nicht auf offenbare Unbilligkeiten beschränkt, weil sich die Entscheidung der Schiedsstelle nicht in einer Vertragserfüllung i.S.d. § 319 Abs. 1 BGB erschöpft.[211] Die Entscheidung der sozialhilferechtlichen Schiedsstelle ist von den Gerichten allein darauf zu überprüfen, ob die Schiedsstelle die widerstreitenden Interessen der Vertragsparteien ermittelt, alle für die Abwägung erforderlichen tatsächlichen Erkenntnisse gewonnen und die Abwägung frei von Einseitigkeiten in einem fairen und willkürfreien Verfahren sowie inhaltlich orientiert an den Vorgaben des sozialhilferechtlichen Leistungserbringungsrechts vorgenommen hat.[212] **Gegenstand der gerichtlichen Kontrolle** sind somit die **Richtigkeit und Vollständigkeit der Einschätzungsbasis, die methodische Korrektheit und Stimmigkeit der Wertung, die Einhaltung rechtsstaatlicher Verfahrensgrundsätze** und **die Beachtung geltenden Rechts**.

95 Soweit teilweise die Auffassung vertreten wird, der sozialhilferechtlichen Schiedsstelle stehe kein Beurteilungsspielraum zu, vielmehr treffe sie eine uneingeschränkt gerichtlich kontrollierbare **Prognoseentscheidung** in Bezug auf die Kosten, die einer Einrichtung im kommenden Jahr aus der Erfüllung ihres Versorgungsauftrages entstehen können[213], überzeugt nicht. Diese Auffassung lässt unberücksichtigt, dass die Schiedsstelle – nach der hier vertretenen Ansicht – nicht nur den Inhalt einer Vergütungs-, sondern auch einer Leistungsvereinbarung festsetzen kann (vgl. dazu Rn. 37 ff.). Zudem sind bei der Festlegung der Mindestinhalte einer Leistungs- und/oder Vergütungsvereinbarung unbestimmte Rechtsbegriffe des § 75 Abs. 3 Satz 2 SGB XII von der Schiedsstelle aufgrund ihrer Sachkunde auszulegen. Bei der Festsetzung der Vereinbarungsinhalte kommt der Schiedsstelle ein der Vertragsfreiheit der Vertragsparteien, deren Einigung in bestimmten Punkten durch die Schiedsstelle ersetzt wird, vergleichbarer Entscheidungsspielraum sui generis zu. Außerdem ist auch dann, wenn die Entscheidung des Gremiums an prognostisch geprägte unbestimmte Rechtsbegriffe anknüpft (z.B. Wirtschaftlichkeit und Leistungsgerechtigkeit), von einer gerichtlich nur eingeschränkt überprüfbaren Entscheidung auszugehen.[214]

---

[208] Zum Beurteilungsspielraum allgemein: *Kopp/Schenke*, VwGO, 19. Aufl., § 114 Rn. 23; *Keller* in: Meyer-Ladewig/Keller/Leitherer, SGG, 10. Aufl. § 54 Rn. 31 ff. jeweils m.w.N.

[209] LSG Hamburg v. 30.10.2012 - L 4 SO 33/10 KL; LSG Bayern v. 25.01.2012 - L 8 SO 89/09 KL.

[210] In diesem Sinne wohl auch: *Keller* in: Meyer-Ladewig/Keller/Leitherer, SGG, 10. Aufl, § 54 Rn. 31a.

[211] *Münder* in: LPK-SGB XII, 9. Aufl., § 77 Rn.18.

[212] *Freudenberg* in: Jahn, SGB XII, § 80 Rn. 45; *Flint* in: Grube/Wahrendorf, SGB XII, 5. Aufl., § 80 Rn. 31; *Münder* in: LPK-SGB XII, 9. Aufl., § 77 Rn. 18; *W. Schellhorn* in: Schellhorn/Schellhorn/Hohm, SGB XII, 18. Aufl., § 80 Rn. 5; *Kulenkampff/Wenzel*, NDV 2008, 125; *von Boetticher/*Tammen, RsDE Nr. 54 (2003), 28, 52 ff.; LSG Berlin-Brandenburg v. 05.12.20013 - L 23 SO 38/10 KL; LSG Hamburg v. 30.10.2012 - L 4 SO 33/10 KL; LSG Bayern v. 03.05.2012 - L 18 SO 230/09 KL (anhängig beim BSG unter B 8 SO 2/13 R); LSG Bayern v. 25.01.2012 - L 8 SO 89/09 KL; LSG Bayern v. 24.11.2011 - L 8 SO 135/10 KL und L 8 SO 223/09 KL; LSG Hessen v. 27.04.2012 - L 7 SO 124/10 KL (anhängig beim BSG unter B 8 SO 3/13 R); LSG Hessen v. 25.02.2011 - L 7 SO 237/10 KL; LSG Baden-Württemberg v. 05.10.2011 - L 2 SO 5659/08 KL; LSG Nordrhein-Westfalen v. 01.12.2005 - L 9 B 22/05 SO ER; SG Hildesheim v. 28.09.2010 - S 34 SO 252/05; SG Gelsenkirchen v. 02.08.2010 - S 8 SO 99/07; SG Oldenburg v. 22.10.2009 - S 21 SO 287/05; BVerwG v. 28.02.2002 - 5 C 25/01 - BVerwGE 116, 78; BVerwG v. 01.12.1998 - 5 C 17/97 - BVerwGE 108, 47; OVG Lüneburg v. 20.08.2008 - 4 LC 93/07; OVG Lüneburg v. 04.07.2008 - 4 LA 115/06 jeweils noch zum BSHG.

[213] *Neumann* in: Hauck/Noftz, SGB XII, § 76 Rn. 41; *von Laffert*, RsDE Nr. 64 (2007), 27, 45 f.

[214] *Kopp/Schenke*, VwGO, 19. Aufl., § 114 Rn. 37.

ee. Gerichtliches Verfahren

Für das gerichtliche Verfahren gegen einen Schiedsspruch gelten **Besonderheiten**, die sich aus dem Streitgegenstand (vgl. Rn. 54, Rn. 68 f.), den Verfahrensbeteiligten (vgl. Rn. 78 ff.) und der eingeschränkten gerichtlichen Kontrolldichte (vgl. Rn. 92 ff.) ergeben.[215]

Soweit das Gericht zur Kontrolle des Schiedsspruchs befugt ist, müssen die entscheidungsrelevanten Tatsachen von Amts wegen ermittelt werden (**Amtsermittlung**). Dies gilt u.a. für den Umfang der Nichteinigung der Vertragsparteien (vgl. Rn. 54), den Ablauf des Verfahrens vor der Schiedsstelle sowie für die der vollen gerichtlichen Kontrolle zugänglichen Voraussetzungen für den Abschluss einer Vereinbarung.

Die **Möglichkeiten einer unstreitigen Erledigung des Klageverfahrens** sind wegen der fehlenden Beteiligung der Schiedsstelle am Klageverfahren eingeschränkt. Die **Abgabe eines Anerkenntnisses** ist mangels Verfügungsbefugnis der beklagten Vertragspartei nicht möglich. Die Beendigung des Verfahrens durch gerichtlichen **Vergleich** ist problematisch, aber nicht ausgeschlossen. Gemäß § 101 Abs. 1 HS. 2 SGG können die Beteiligten eines gerichtlichen Verfahrens einen Vergleich schließen, soweit sie über den Gegenstand der Klage verfügen können. Eine Verfügungsbefugnis der Vertragsparteien über den unmittelbaren Gegenstand des Klageverfahrens – den Schiedsspruch – ist jedoch nicht gegeben. Ist die Schiedsstelle (einfach) beigeladen worden (zur Beiladung vgl. Rn. 83 f.), kann sie am Vergleich beteiligt werden.[216] Ohne Beiladung der Schiedsstelle kann eine Verfügungsbefugnis der Vertragsparteien dahingehend angenommen werden, dass die Vertragsparteien in Bezug auf den hinter dem Schiedsspruch stehenden (mittelbaren) Regelungsgegenstand – Abschluss einer Leistungs- und/oder Vergütungsvereinbarung – im Rahmen ihrer Vertragsfreiheit verfügungsberechtigt sind und die Befugnis der Schiedsstelle zur Ersetzung der vertraglichen Willenserklärung lediglich eine von der Vertragsfreiheit abgeleitete Befugnis darstellt. Die Zustimmung der Schiedsstelle zum Vergleich ist nicht erforderlich. Gemäß § 57 Abs. 1 SGB X ist die Zustimmung eines Dritten zur Wirksamkeit eines öffentlich-rechtlichen Vertrages erforderlich, wenn durch den Vertrag in die Rechte des Dritten eingegriffen wird.[217] Da der sozialhilferechtlichen Schiedsstelle keine eigenen, sondern lediglich von den Vertragsparteien abgeleitete Rechte zustehen, ist die Zustimmung der Schiedsstelle zu einem zwischen den Vertragsparteien geschlossenen gerichtlichen Vergleich nicht notwendig.

Im Fall einer **gerichtlichen Entscheidung** kann das Gericht wegen des der Schiedsstelle zustehenden Beurteilungs- bzw. Gestaltungsspielraums im Regelfall den Inhalt einer Leistungs- und/oder Vergütungsvereinbarung nicht unmittelbar festsetzen (vgl. dazu Rn. 85 ff., Rn. 94). Wurde (nur) Anfechtungsklage erhoben, hebt das Gericht – bei erfolgreicher Klage – den Schiedsspruch auf, mit der Folge, dass die Schiedsstelle über den nunmehr noch offenen Antrag auf Durchführung eines Schiedsstellenverfahrens erneut unter Beachtung der gerichtlichen Aufhebungsgründe zu entscheiden hat (vgl. Rn. 85). Hat die klagende Vertragspartei die Anfechtungsklage mit einer Feststellungsklage verbunden, können einzelne vergütungsrelevante Gesichtspunkte im Urteil festgestellt werden, an die die Schiedsstelle bei einer nachfolgenden Entscheidung gebunden ist. In absoluten Ausnahmefällen ist dem Gericht ein „**Durchentscheiden**" möglich. Dies ist der Fall, wenn in der Sache keine andere Entscheidung denkbar ist oder wenn die Voraussetzungen für eine Entscheidung der Schiedsstelle nicht vorgelegen haben (z.B. kein Vorliegen einer fehlenden Einigung der Vertragsparteien oder Fehlen der Zustimmung zu einer Investitionsmaßnahme bei verlangter Vergütungserhöhung aufgrund von Investitionsmaßnahmen; vgl. dazu die Kommentierung zu § 76 SGB XII).

ff. Besonderheiten des Rechtsschutzes angesichts der beschränkten Schiedsstellenfähigkeit der Vereinbarungen

Sieht man – wie die absolut **herrschende Meinung** – nur die Vergütungsvereinbarung als schiedsstellenfähig an, ergeben sich für den Rechtsschutz folgende **Schlussfolgerungen**:

---

[215] Zu den prozessualen Problemen: *Plantholz*, SozialRecht aktuell 2012, 144 f.
[216] Vgl. zur Beteiligung eines Beigeladenen am Vergleich: *Leitherer* in: Meyer-Ladewig/Keller/Leitherer, SGG, 10. Aufl., § 101 Rn. 6a.
[217] Vgl. dazu: BSG v. 28.04.2004 - B 6 KA 8/03 R - BSGE 92, 283 = SozR 4-2500 § 106 Nr. 5.

101 Unproblematisch ist die Fallkonstellation, in der sich die Vertragsparteien bereits über den Inhalt einer Leistungs- und Prüfungsvereinbarung geeinigt haben und **nur hinsichtlich der Vergütungsvereinbarung keine Einigung** erzielt werden kann. In diesem Fall kann entsprechend der Regelung in § 77 Abs. 1 Satz 3 SGB XII die fehlende Vergütungsvereinbarung durch einen Schiedsspruch ersetzt werden.

102 Können sich die Vertragsparteien weder über den Inhalt der Leistung noch über deren Vergütung und ihre Prüfung einigen (**Fehlen der Leistungs-, Vergütungs- und Prüfungsvereinbarung**) – was aufgrund des Zusammenhangs zwischen Preis und Leistung die Regel sein dürfte –, muss die vereinbarungswillige Vertragspartei die andere Partei zunächst auf den Abschluss einer Leistungs- und Prüfungsvereinbarung im Wege eines sozialgerichtlichen Verfahrens – ggf. im Wege des einstweiligen Rechtsschutzes – verklagen.[218] Ein Schiedsstellenverfahren hinsichtlich der Vergütungsvereinbarung wäre wegen der fehlenden Leistungs- und Prüfungsvereinbarung zunächst unzulässig. Ein auch auf den Abschluss einer Vergütungsvereinbarung gerichtetes Klageverfahren wäre ebenfalls unzulässig, weil insoweit zuvor ein Schiedsstellenverfahren durchgeführt werden muss.[219] Weil das Sozialgericht weder in der Lage ist, den Inhalt einer Leistungs- und/oder Prüfungsvereinbarung selbst festzusetzen, noch eine Vertragspartei zum Abschluss der Vereinbarung zu zwingen (vgl. Rn. 85 f., Rn. 92 ff.), kann ein solches Verfahren lediglich mit der Verpflichtung der Vertragsparteien zur erneuten Verhandlung unter Beachtung der Rechtsauffassung des Gerichts enden. Kann im Zuge der nachfolgenden Verhandlungen wiederum keine Einigung erzielt werden, besteht ein vertragsloser Zustand. In diesem Fall kann nach der herrschenden Meinung keine Vergütungsvereinbarung geschlossen werden. Kommt dagegen eine Leistungs- und Prüfungsvereinbarung zustande, wären die Vertragsparteien dann, soweit sie sich nicht auch bereits über die Vergütung mit geeinigt haben, gezwungen, die Schiedsstelle anzurufen, um den Inhalt der Vergütungsvereinbarung ersetzen zu lassen. Ist eine der Vertragsparteien nicht mit dem Schiedsspruch einverstanden und erhebt Klage vor dem Sozialgericht, ist ein weiteres Klageverfahren durchzuführen. Entsprechendes gilt, wenn nur die **Leistungs- und Vergütungsvereinbarung fehlen**.

103 Sachgerechtere Ergebnisse i.S.d. Verfahrensbeschleunigung werden dagegen erzielt, wenn man – mit der **hier vertretenen Auffassung** (vgl. Rn. 37 ff.) – die **Schiedsstellenfähigkeit der Leistungsvereinbarung** annimmt:

104 Wurden bereits eine Leistungs- und Prüfungsvereinbarung geschlossen und können sich die Vertragsparteien nicht über den Inhalt der Vergütungsvereinbarung einigen (**Fehlen nur der Vergütungsvereinbarung**), gilt wiederum § 77 Abs. 1 Satz 3 SGB XII – die Vergütungsvereinbarung wird durch den Schiedsspruch ersetzt.

105 **Fehlt nur die Prüfungsvereinbarung**, ist nach der hier vertretenen Auffassung gleichwohl der **Abschluss einer Leistungs- und Vergütungsvereinbarung** möglich. Zwar kann die in Bezug auf die Prüfungsvereinbarung vertragsbereite Partei die andere Vertragspartei gerichtlich im Wege der Feststellungsklage auf die Einleitung von Vertragsverhandlungen verklagen. Ist ein solches Verfahren erfolgreich, würde die Pflicht der Vertragsparteien zur erneuten Verhandlung über den Abschluss einer Prüfungsvereinbarung festgestellt. Kann im Rahmen der nachfolgenden Verhandlung wiederum keine Einigung erzielt werden, hindert dies die Beteiligten nicht daran, gleichwohl eine Leistungs- und Vergütungsvereinbarung zu schließen.

106 Wird zwischen den Vertragsparteien **keine Einigung über den Inhalt der Leistungs- und Vergütungsvereinbarung** erzielt, können beide Vereinbarungen durch die Schiedsstelle ersetzt werden. Gegen den Schiedsspruch kann die hierdurch nicht begünstigte Vertragspartei im Wege der Anfechtungs- und Feststellungsklage vorgehen (zur statthaften Klageart vgl. Rn. 85 ff.). Kommt das Gericht (im Rahmen der beschränkten Kontrollmöglichkeiten – vgl. Rn. 94 ff.) zu dem Ergebnis, dass der Schiedsspruch fehlerhaft ist, wird dieser aufgehoben und die Pflicht der Schiedsstelle zur erneuten Entscheidung über den Antrag unter Beachtung der Rechtsauffassung des Gerichts festgestellt. Innerhalb eines Schieds- und Klageverfahrens können daher die Inhalte der Leistungs- und Vergütungsvereinbarung ersetzt werden. Auf diese Weise wird der logische Zusammenhang zwischen Leistung und Vergütung

---

[218] Vgl. zu entsprechenden Fallkonstellationen: LSG Hessen v. 18.07.2006 - L 7 SO 16/06 ER; LSG Nordrhein-Westfalen v. 01.12.2005 - L 9 B 22/05 SO ER (zur besonderen Problematik beim einstweiligen Rechtsschutz); SG Ulm v. 02.05.2006 - S 3 SO 4211/05 ER.

[219] Vgl. dazu: LSG Hessen vom 18.07.2006 - L 7 SO 16/06 ER und L 7 SO 7/06 ER; SG Ulm v. 02.05.2006 - S 3 SO 4211/05 ER; *Flint* in: Grube/Wahrendorf, SGB XII, 5. Aufl., § 80 Rn. 28.

gewahrt. Die Leistungserbringer sind nicht – wie nach der herrschenden Meinung – gezwungen, sich auf bestimmte Leistungsinhalte festzulegen, ohne zu wissen, ob sie hierfür in den nachfolgenden Verhandlungen über die Vergütung einen angemessenen und somit leistungsgerechten Preis erzielen.[220]

gg. Vorläufiger Rechtsschutz

Seit der Streichung des § 93 Abs. 3 Satz 4 HS. 2 BSHG durch das Gesetz zur Reform des Sozialhilferechts vom 23.07.1996 hat die **Klage gegen einen Schiedsspruch aufschiebende Wirkung** (§ 86a Abs. 1 Satz 1 SGG).[221] Diese Rechtslage hat § 77 SGB XII übernommen. Der Gesetzgeber sah in dem bis zum 31.12.1998 geregelten Wegfall der aufschiebenden Wirkung einer gegen den Schiedsspruch gerichteten Klage „eine erhebliche Gefahr für die öffentlichen Haushalte", weil der Kostenträger auch dann zur Zahlung höherer Entgelte verpflichtet sei, „wenn sich im gerichtlichen Verfahren herausstellt, dass die Entscheidung der Schiedsstelle ganz oder teilweise unbegründet war", so dass „das Risiko der Realisierbarkeit einer Rückforderung einseitig bei dem jeweiligen Kostenträger" liege.[222] Durch die aufschiebende Wirkung der Klage gegen einen Schiedsspruch wird jedoch nunmehr in der Regel der Leistungserbringer einseitig belastet. Dies gilt zumindest dann, wenn der Schiedsspruch den Leistungserbringer begünstigt hat und der Sozialhilfeträger durch die Klage das Wirksamwerden der Vergünstigung hinauszögern kann,[223] denn infolge der aufschiebenden Wirkung gilt bei einer Folgevereinbarung die zuvor vereinbarte „alte" Vergütung weiter bzw. bei einer erstmaligen Vereinbarung besteht ein vertragsloser Zustand. Dies ist angesichts der Pflicht zur leistungsgerechten Vergütung (vgl. dazu die Kommentierung zu § 76 SGB XII) bedenklich. 107

Die Schiedsstelle hat die Möglichkeit, die sofortige Vollziehung des Schiedsspruchs anzuordnen, wenn dies im öffentlichen Interesse oder im überwiegenden Interesse eines Beteiligten ist (**§ 86a Abs. 2 Nr. 5 SGG**). Von dieser Möglichkeit soll dann Gebrauch gemacht werden, wenn – wie in den Fallkonstellationen des § 77 SGB XII – ein Dritter durch die **Vollzugsanordnung** begünstigt wird.[224] Eine entsprechende Vollzugsanordnung kann auch von der begünstigten Vertragspartei beantragt werden. Wird gegen einen Schiedsspruch Klage erhoben, kann die durch den Schiedsspruch begünstigte Vertragspartei die **gerichtliche Anordnung der sofortigen Vollziehung** nach § 86b Abs. 1 Nr. 1 SGG beantragen.[225] 108

Nach der herrschenden Meinung kann der **Inhalt einer Leistungs-, Vergütungs- und Prüfungsvereinbarung** auch im Wege der **einstweiligen Anordnung** gerichtlich vorläufig festgelegt werden.[226] Allerdings ist das Vorliegen eines Anordnungsgrundes in diesen Fällen sorgfältig zu prüfen. Während der Dauer laufender Vertragsverhandlungen ist ein Anordnungsgrund für die gerichtliche Festlegung einer Leistungs-, Vergütungs- und Prüfungsvereinbarung in der Regel nicht gegeben.[227] Gleiches gilt bei noch nicht durchgeführtem Schiedsstellenverfahren in Bezug auf die Vergütungsvereinbarung (nach der hier vertretenen Auffassung auch der Leistungsvereinbarung).[228] Der Anordnungsgrund kann in diesen Fällen auch nicht auf das Verbot rückwirkender Vereinbarungen (§ 77 Abs. 1 Satz 1 Satz 3 SGB XII) gestützt werden, weil die Vertragsparteien über die Regelung des Zeitpunkts des Inkraftsetzens einer Vereinbarung die Prospektivität sicherstellen können (vgl. dazu Rn. 116).[229] 109

---

[220] Vgl. zur entsprechenden Praxis: *Rabe*, SozialRecht aktuell 2012, 146, 147.
[221] Dazu kritisch: *Griep*, RsDE Nr. 66 (2008), 27, 49 f; *Philipp*, VSSR 2004, 115, 120 f.
[222] BT-Drs. 13/2440, S. 49; zu den Motiven auch: *Philipp*, VSSR 2004, 115, 121 f.
[223] Ähnlich: *Neumann* in: Hauck/Noftz, SGB XII, § 77 Rn. 34; *Philipp*, VSSR 2004, 115, 122 ff. mit weiteren Fallkonstellationen.
[224] *Keller* in: Meyer-Ladewig/Keller/Leitherer, SGG, 10. Aufl., § 86a Rn. 18.
[225] A.A. *Flint* in: Grube/Wahrendorf, SGB XII, 5. Aufl., § 80 Rn. 28 i.S.e. Antrages auf Erlass einer einstweiligen Anordnung.
[226] Vgl. z.B. LSG Nordrhein-Westfalen v. 01.12.2005 - L 9 B 22/05 SO ER; LSG Nordrhein-Westfalen v. 27.06.2011 - L 9 SO 294/11 B ER; SG Augsburg v. 18.08.2006 - S 15 SO 96/06 ER; LSG Hessen v. 18.07.2006 - L 7 SO 7/06 ER und L 7 SO 16/06 ER; LSG Hessen v. 20.06.2005 - L 7 SO 2/05 ER; LSG Baden-Württemberg v. 20.12.2011 - L 2 SO 5299/11 ER-B (zur Unzulässigkeit der Festlegung endgültiger Vereinbarungen im Wege des einstweiligen Rechtsschutzes); LSG Berlin-Brandenburg v. 02.09.2011 - L 23 SO 147/11 B ER.
[227] LSG Sachsen-Anhalt v. 24.05.2013 - L 8 SO 21/12 B ER.
[228] LSG Hessen v. 18.07.2006 - L 7 SO 7/06 ER.
[229] So auch: LSG Sachsen-Anhalt v. 24.05.2013 - L 8 SO 21/12 B ER; a.A. SG Ulm v. 02.05.2006 - S 3 SO 4211/05 ER.

4. Inkrafttreten der Vereinbarungen und Schiedsstellenentscheidungen (Absatz 2 Sätze 1 und 2)

110 Das Inkrafttreten umschreibt den Zeitpunkt des Wirksamwerdens einer Vereinbarung. Das Inkrafttreten ist primär durch die Vertragsparteien konsensual zu bestimmen bzw. an deren Stelle durch die Schiedsstelle einseitig festzulegen (vgl. Rn. 111). Sekundär, d.h. bei fehlender vertraglicher Regelung bzw. fehlender Festsetzung des Inkrafttretens, wird dieser Zeitpunkt durch das Gesetz bestimmt (vgl. Rn. 112).[230]

a. Inkrafttreten nach dem Vereinbarungsprinzip (Absatz 2 Satz 1)

111 Grundsätzlich bestimmen die Vertragsparteien privatautonom in den Vereinbarungen den Zeitpunkt, zu dem diese in Kraft treten sollen (**vereinbarte Inkraftsetzung**). Die in § 77 Abs. 2 Satz 1 SGB XII enthaltene Regelung zum Inkrafttreten von Vereinbarungen ist nach dem Wortlaut nicht auf Vereinbarungen i.S.d. § 75 Abs. 3 SGB XII beschränkt. Die Bestimmung gilt daher auch für das Inkrafttreten einer Leistungsstandardvereinbarung i.S.d. § 76 Abs. 3 Satz 1 Alt. 1 SGB XII (vgl. dazu die Kommentierung zu § 76 SGB XII). Wird eine Vereinbarung durch einen Schiedsspruch ersetzt, geht das Recht zur Festlegung des Inkrafttretens der Vereinbarung auf die Schiedsstelle als Vertragshilfeorgan über. In diesem Fall kann der Zeitpunkt, zu dem die eine Vereinbarung ersetzende Schiedsstellenentscheidung wirksam wird, im Tenor oder der Begründung des Schiedsspruchs festgelegt werden (**vermitteltes Inkraftsetzen**).

b. Inkrafttreten nach dem Gesetz (Absatz 2 Satz 2)

112 Haben die Vertragsparteien bzw. hat an deren Stelle die Schiedsstelle den Zeitpunkt des Inkrafttretens nicht geregelt, wird er im Interesse der Rechtssicherheit gesetzlich durch § 77 Abs. 2 Satz 2 SGB XII geregelt (**gesetzliches Inkrafttreten**). Danach werden Vereinbarungen mit dem Tag ihres Abschlusses und Festsetzungen der Schiedsstelle mit dem Tag en Antragseingangs bei der Schiedsstelle wirksam. Die Wirksamkeit einer Vereinbarung i.S.d. § 77 Abs. 2 Satz 2 SGB XII ist mit deren Inkrafttreten gleichzusetzen. Der für das gesetzliche Inkrafttreten maßgebende Abschluss einer Vereinbarung tritt an dem Tag ein, an dem das – in der Regel vom Leistungserbringer – abgegebene schriftliche Vereinbarungsangebot von der anderen Vertragspartei schriftlich angenommen wird. Wird das ursprüngliche Angebot im Zuge der Vertragsverhandlungen abgeändert, kommt es auf den Zeitpunkt an, zu dem das geänderte Angebot angenommen wird. Maßgebend ist der Zeitpunkt, in dem die schriftliche Annahmeerklärung wirksam wird, d.h. im Regelfall mit deren Zugang. Dagegen darf nicht auf den Tag abgestellt werden, an dem die letzte Unterschrift unter der Vereinbarung geleistet wird.[231] Zwar bedarf die Vereinbarung als öffentlich-rechtlicher Normvertrag der Schriftform (§ 56 SGB X) und muss daher auch von den Vertragsparteien unterschrieben werden. Die Unterschrift dokumentiert und beweist jedoch nur den bereits erfolgten Vertragsschluss, ist also nicht konstitutiv für diesen. Soweit der Zeitpunkt des Abschlusses einer Vereinbarung zwischen den Vertragsparteien streitig ist, wird jedoch aus Beweisgründen häufig erst der Tag der Unterschrift ausschlaggebend sein.

113 Wird eine Vereinbarung durch **Schiedsspruch** ersetzt, werden die Festsetzungen an dem **Tag** wirksam, **an dem der Antrag bei der Schiedsstelle eingegangen ist**. Hierbei handelt es sich um eine begrenzte Rückwirkung und somit – soweit die Vergütungsvereinbarung oder vergütungsrelevante Bestandteile der Leistungsvereinbarung ersetzt werden – um eine gesetzliche Ausnahme vom Prospektivitätsmaßstab (§ 77 Abs. 1 Satz 1 SGB XII). Diese Ausnahme ist Ausdruck der vom Gesetzgeber in § 77 SGB XII zugrunde gelegten Risikoverteilung nach Verantwortungsbereichen (vgl. Rn. 16). Der Zeitpunkt der Antragstellung bei der Schiedsstelle kann von den Vertragsparteien beeinflusst werden, nicht dagegen die Dauer des Schiedsstellenverfahrens.[232] Daher sollen die Vertragsparteien nicht das (Kosten-)Risiko einer ggf. langen Verfahrensdauer tragen[233], während der die alten Leistungsinhalte und Vergütungssätze möglicherweise über § 77 Abs. 2 Satz 4 SGB XII fortgelten bzw. ein vertragsloser Zustand besteht und die Vergütung des Leistungserbringers nur unter den Voraussetzungen des § 75 Abs. 4 SGB XII übernommen werden könnte (zu den Konsequenzen vertragsloser Zustände vgl. Rn. 140 ff.).

---

[230] Dazu auch: *Jaritz,* SozialRecht aktuell 2012, 105, 114.
[231] So aber *Freudenberg* in: Jahn, SGB XII, § 77 Rn. 26.
[232] *Flint* in: Grube/Wahrendorf, SGB XII, 5. Aufl., § 77 Rn. 13.
[233] *Flint* in: Grube/Wahrendorf, SGB XII, 5. Aufl., § 77 Rn. 13.

5. Verbot rückwirkender vergütungsbezogener Vereinbarungen (Absatz 2 Satz 3)

§ 77 Abs. 2 Satz 3 SGB XII verbietet den Vertragsparteien ein vor den Zeitpunkt des Inkrafttretens der 114
Vereinbarung zurückwirkendes Vereinbaren bzw. der Schiedsstelle ein vor diesen Zeitpunkt zurückwirkendes Festsetzen von Vergütungen. Das Rückwirkungsverbot ist eine logische Konsequenz des prospektiven Vergütungsmaßstabes. Es handelt sich um ein **gesetzliches Verbot**. Ein Verstoß hiergegen führt zur Nichtigkeit der Vereinbarung (§ 58 SGB X i.V.m. § 134 BGB i.V.m. § 77 Abs. 2 Satz 3 SGB XII).[234] Nach dem Wortlaut der Vorschrift bezieht sich das Rückwirkungsverbot nur auf die Vereinbarung bzw. Festsetzung der Vergütung. Dies zeigt, dass der Prospektivitätsmaßstab – obwohl nach § 77 Abs. 1 Satz 1 SGB XII auf alle drei Teilvereinbarungen anwendbar – letztlich aber praktisch lediglich für die Vergütung des Leistungserbringers von Bedeutung ist. Daraus kann aber nicht geschlossen werden, das Rückwirkungsverbot gelte ausschließlich **für die Vergütungsvereinbarung** nach § 75 Abs. 3 Satz 1 Nr. 2 SGB XII. Aufgrund des zwischen Leistungs- und Vergütungsvereinbarung bestehenden Zusammenhangs (vgl. die Kommentierung zu § 75 SGB XII und die Kommentierung zu § 76 SGB XII) muss § 77 Abs. 2 Satz 3 SGB XII – entgegen der absolut herrschenden Meinung[235] – auch auf die **vergütungsrelevanten Teile einer Leistungsvereinbarung** angewandt werden.[236]

Der **Prospektivitätsmaßstab und** das **Verbot zurückwirkender Vereinbarungen** bzw. Festsetzungen 115
sind nicht identisch,[237] stehen aber in einem **engen inhaltlichen Zusammenhang** zueinander. Während sich der Prospektivitätsmaßstab auf den Inhalt einer Vereinbarung bezieht, betrifft das Verbot rückwirkender Vereinbarungen bzw. Festsetzungen deren Inkraftsetzen bzw. Inkrafttreten (vgl. dazu Rn. 27 f.). Der Zeitpunkt des Inkrafttretens einer Vereinbarung kann von den Vertragsparteien bzw. der Schiedsstelle grundsätzlich privatautonom bestimmt werden. Allerdings müssen hierbei die sich aus dem Prospektivitätsmaßstab ergebenden Konsequenzen berücksichtigt werden. Diese sind in § 77 Abs. 2 Satz 3 SGB XII geregelt, der somit den Prospektivitätsmaßstab und die Bestimmung des Inkrafttretens zusammenführt.[238]

Die Vertragsparteien sind grundsätzlich nicht gehindert, **Vereinbarungen für zurückliegende Zeit-** 116
räume abzuschließen. Weder der Prospektivitätsmaßstab (§ 77 Abs. 1 Satz 1 SGB XII) mit dem sich daraus ergebenden Verbot nachträglicher Ausgleiche noch das Rückwirkungsverbot (§ 77 Abs. 2 Satz 3 SGB XII) stehen dem per se entgegen. Vielmehr können die Vertragsparteien mit dem von ihnen festzulegenden Zeitpunkt des Inkrafttretens der Vereinbarungen sicherstellen, dass die Prospektivität eingehalten wird.[239] Es ist ihnen lediglich verwehrt, die Vergütung und die vergütungsrelevanten Bestandteile der Leistungsvereinbarung vor den Zeitpunkt des Inkrafttretens der jeweiligen Leistungs- und Vergütungsvereinbarung festzulegen. Die Forderung nach Prospektivität soll verhindern, dass nachträglich in bereits abgeschlossene Vereinbarungszeiträume eingegriffen und auf diese Weise ein nachträglicher Ausgleich ermöglicht wird.

Diese Intention kann jedoch dann nicht gelten, wenn die Vertragsparteien prospektiv Verhandlungen 117
eingeleitet haben, die aufgrund der Dauer der Vertragsverhandlungen und ggf. der Inanspruchnahme der Schiedsstelle als Vertragshilfeorgan erst während der bereits laufenden Wirtschaftsperiode beendet werden konnten.[240] In diesen Fallkonstellationen müssen die Vertragsparteien die Möglichkeit haben, den Inhalt der Leistungs- und/oder Vergütungsvereinbarung **zurückzudatieren**.[241] Allerdings sind der

---

[234] VGH München v. 25.10.2005 - 12 B 02.2295; VGH München v. 27.04.2005 - 12 B 02.2580; *Neumann* in: Hauck/Noftz, SGB XII, § 77 Rn. 44; *ders.*, RsDE Nr. 63 (2006), 32, 42.

[235] LSG Niedersachsen-Bremen v. 24.05.2007 - L 8 SO 156/06; *W. Schellhorn* in: Schellhorn/Schellhorn/Hohm, SGB XII, 18. Aufl., § 77 Rn. 8; *Münder* in: LPK-SGB XII, 9. Aufl., § 77 Rn. 20; *Freudenberg* in: Jahn, SGB XII, § 77 Rn. 27; *Flint* in: Grube/Wahrendorf, SGB XII, 5. Aufl., § 77 Rn. 18; *Kunte*, RsDE Nr. 68 (2009), 55, 61; LSG Berlin-Brandenburg v. 02.09.2011 - L 23 SO 147/11 B ER.

[236] Angedeutet in: LSG Niedersachsen-Bremen v. 24.05.2007 - L 8 SO 156/06, L 8 SO 169/06, L 8 SO 204/06, L 8 SO 136/06.

[237] LSG Niedersachsen-Bremen v. 24.05.2007 - L 8 SO 156/06, L 8 SO 169/06, L 8 SO 204/06, L 8 SO 136/06.

[238] *Flint* in: Grube/Wahrendorf, SGB XII, 5. Aufl., § 77 Rn. 15.

[239] Ebenso: *Neumann* in: Hauck/Noftz, § 77 Rn. 43; LSG Niedersachsen-Bremen v. 24.05.2007 - L 8 SO 156/06, L 8 SO 169/06, L 8 SO 204/06, L 8 SO 136/06.

[240] Angedeutet in: BSG v. 28.10.2008 - B 8 SO 22/07 R - BSGE 102, 1 = SozR 4-1500 § 75 Nr. 9; LSG Sachsen-Anhalt v. 24.05.2013 - L 8 SO 21/12 B-ER; LSG Bayern v. 03.05.2012 - L 18 SO 230/09 KL (anhängig beim BSG unter B 8 SO 2/13 R); LSG Niedersachsen-Bremen v. 24.05.2006 - L 8 SO 136/06 und L 8 SO 169/06; *Flint* in: Grube/Wahrendorf, SGB XII, 5. Aufl., § 77 Rn. 22; *Jaritz*, SozialRecht aktuell 2012, 105, 114 f.

[241] LSG Sachsen-Anhalt v. 24.05.2013 - L 8 SO 21/12 B-ER; LSG Niedersachsen-Bremen v. 24.05.2007 - L 8 SO 156/06, L 8 SO 169/06, L 8 SO 204/06, L 8 SO 136/06.

Rückdatierung auch bei **prospektiv begonnenen Verhandlungen** Grenzen gesetzt. Eine entsprechende gesetzliche Beschränkung ergibt sich aus der in § 77 Abs. 1 Satz 3 SGB XII geregelten 6-Wochen-Frist. Dieser Regelung kann entnommen werden, dass der Gesetzgeber den Vertragsparteien grundsätzlich einen Zeitraum von 6 Wochen ab Beginn der Vertragsverhandlungen zugesteht, um eine Einigung ohne Mithilfe der Schiedsstelle herbeizuführen. Beginnen die Vertragsparteien ihre Verhandlungen prospektiv, können sie den Inhalt der Leistungs- und Vergütungsvereinbarung auf den Zeitpunkt zurückdatieren, der 6 Wochen nach dem Beginn der Verhandlungen liegt. Eine weitere Rückdatierung der Vereinbarungen ist nur in extremen Ausnahmefällen gestattet und bedarf einer besonderen, von den Schiedsstellen und Gerichten überprüfbaren Begründung.

118 Leiten die Vertragsparteien ein Schiedsstellenverfahren ein, kann die Schiedsstelle den von ihr festgesetzten Inhalt der Vergütungsvereinbarung (nach der hier vertretenen Auffassung auch der Leistungsvereinbarung) auf den Zeitpunkt des Eingangs des Antrags bei der Schiedsstelle zurückdatieren (§ 77 Abs. 2 Satz 2 Alt. 2 SGB XII). Sie kann die Festsetzungen aber auch auf den 6 Wochen nach dem Beginn der Vertragsverhandlung liegenden Zeitpunkt zurückdatieren, weil der Schiedsstelle letztlich die gleichen Befugnisse zustehen wie den Vertragsparteien. Diese Möglichkeit der **Rückdatierung** ist der **Schiedsstelle** aber nur dann gegeben, wenn die Vertragsparteien eine entsprechende Rückdatierung beantragt haben (zur Bindung der Schiedsstelle an den Antrag der Vertragsparteien vgl. die Kommentierung zu § 80 SGB XII Rn. 40 und die Kommentierung zu § 80 SGB XII Rn. 51 ff. und Rn. 52 ff.). Haben die Vertragsparteien ein Schiedsstellenverfahren eingeleitet und einigen sich außerhalb dieses Verfahrens, können sie den Inhalt dieser Vergütungsvereinbarungen (nach der hier vertretenen Auffassung auch der Leistungsvereinbarung) – ebenso wie die Schiedsstelle – entweder auf den Zeitpunkt der Antragstellung bei der Schiedsstelle oder aber auf den 6 Wochen nach der Einleitung der Vertragsverhandlungen liegenden bzw. jeden späteren Zeitpunkt festlegen. Wird die Schiedsstelle bei Vereinbarungsverhandlungen mehrfach eingeschaltet (z.B. erstmalig bei der Anrufung durch die Vertragsparteien und ein zweites Mal aufgrund des gerichtlichen Feststellungstenors), kann die Schiedsstelle am Ende des Gesamtverfahrens, auch wenn dieses mehrere Jahre in Anspruch genommen hat, den Inhalt der Leistungs- und Vergütungsvereinbarung entsprechend den genannten Vorgaben u.U. bis zum ersten Antrag an die Schiedsstelle zurückdatieren.

119 Diese Auslegung ist bereits vor dem Hintergrund der Tatsache geboten, dass der Gesetzgeber im sozialhilferechtlichen Dreiecksverhältnis grundsätzlich von einer Erbringung der Leistungen auf vertraglicher Grundlage ausgeht und vertragslose Zustände nur im Ausnahmefall für zulässig erachtet[242], was in §§ 75 Abs. 4 und 77 Abs. 2 Satz 4 SGB XII zum Ausdruck kommt. Dies macht es erforderlich, in bestimmtem Umfang eine **Rückdatierung** der Vereinbarungen zu erlauben, soweit es zur Vermeidung vertragsloser Zustände erforderlich ist. Bei der Entscheidung über den Zeitpunkt des Inkrafttretens der vereinbarten Inhalte steht der **Schiedsstelle** ein **Entscheidungsspielraum** zu[243] (vgl. dazu Rn. 92 ff.). Im Rahmen dieser Entscheidung muss sie sämtliche Interessen der Vertragsparteien ermitteln und in einem fairen Verfahren abwägen. Ebenso wie die Inhalte der zu ersetzenden Vereinbarung ist der Zeitpunkt des Inkrafttretens und somit die Frage der Rückdatierung der Vereinbarungsinhalte von den besonderen Umständen des Einzelfalls abhängig. Insbesondere muss die Schiedsstelle prüfen, ob im Einzelfall die rückwirkende Festlegung der Vereinbarungsinhalte gerade bei langwierigen, oft mehrere Jahre dauernden vorherigen Verhandlungsversuchen den Vertragsparteien zumutbar ist. § 77 Abs. 2 Satz 2 HS. 2 SGB XII steht dem nicht entgegen, weil diese gesetzliche Bestimmung des Inkrafttretens erst dann gilt, wenn die Schiedsstelle von ihrem Recht, diesen Zeitpunkt im Schiedsspruch festzulegen, keinen Gebrauch gemacht hat. Grundsätzlich ist es aber rechtlich nicht zu beanstanden, wenn die Schiedsstelle den Zeitpunkt des Inkrafttretens an der gesetzlichen Regelung des § 77 Abs. 2 Satz 3 SGB XII ausrichtet, soweit im Einzelfall keine besonderen Umstände für ein früheres Inkraftsetzen der ersetzten Vereinbarung sprechen.[244]

120 Diese Auslegung des Rückwirkungsverbots in § 77 Abs. 2 Satz 3 SGB XII gilt auch dann, wenn der eine Vergütungsvereinbarung (und nach der hier vertretenen Auffassung auch eine Leistungsvereinbarung) ersetzende Schiedsspruch in einem nachfolgenden **Klageverfahren** gerichtlich überprüft wird. Dabei ist das Gericht im Rahmen der ihm zustehenden beschränkten Kontrollmöglichkeiten (vgl.

---

[242] BVerwG v. 04.08.2006 – 5 C 13/05 – BVerwGE 126, 295 ff; *Jaritz*, SozialRecht aktuell 2012, 105, 116; in diesem Sinne auch: LSG Niedersachsen-Bremen v. 24.05.2007 – L 8 SO 156/06, L 8 SO 169/06, L 8 SO 204/06, L 8 SO 136/06.

[243] LSG Bayern v. 03.05.2012 - L 18 SO 230/09 KL (anhängig beim BSG unter B 8 SO 2/13 R).

[244] LSG Bayern v. 03.05.2012 - L 18 SO 230/09 KL (anhängig beim BSG unter B 8 SO 2/13 R).

Rn. 94) auch befugt, die Entscheidung der Schiedsstelle zum Inkrafttreten der Vereinbarung zu prüfen. Begehrt die klagende Vertragspartei eine konkrete andere Festsetzung hinsichtlich des Zeitpunkts des Inkrafttretens, muss dies mit einem zusätzlichen Feststellungsantrag geltend gemacht werden (vgl. Rn. 87). Ergibt die gerichtliche Überprüfung, dass der Schiedsspruch fehlerhaft ist, hebt das Gericht den Schiedsspruch auf. Wird in einem nachfolgenden Schiedsverfahren endgültig der Inhalt einer Leistungsvereinbarung ersetzt, hat die Schiedsstelle wiederum die Möglichkeit, den **Zeitpunkt des Inkrafttretens** der Festsetzungen unter Beachtung der Besonderheiten des Einzelfalls zu bestimmen, soweit nicht das Gericht in der aufhebenden bzw. feststellenden Entscheidung (zur Klageart vgl. Rn. 85 ff.) insoweit Vorgaben gemacht hat.

6. Fortgeltung von Vereinbarungen (Absatz 2 Satz 4)

Nach § 77 Abs. 2 Satz 4 SGB XII gelten die vereinbarten oder festgesetzten Vergütungen nach Ablauf des Vereinbarungszeitraums bis zum Inkrafttreten neuer Vergütungen weiter. Mit der gesetzlich angeordneten Fortgeltung i.S.e. **Nahtlosigkeitsregelung** will der Gesetzgeber zum einen vermeiden, dass aufgrund der Anwendung des Rückwirkungsverbots (§ 77 Abs. 2 Satz 3 SGB XII) vertragslose Zustände bestehen[245], obwohl die Vertragsparteien nach dem Ende einer Vereinbarung bereits über den Abschluss neuer Vereinbarungen verhandeln. Zum anderen soll auf diese Weise die **Kontinuität der prospektiven Vergütung** sichergestellt werden.[246] Darin kommt die vom Gesetzgeber gewählte Risikoverteilung nach Verantwortungsbereichen zum Ausdruck (vgl. dazu Rn. 16). Ist die Laufzeit einer Vergütungsvereinbarung – und wegen des logischen Zusammenhangs auch der Leistungsvereinbarung – beendet, setzt sich das mit § 77 Abs. 1 Satz 1 SGB XII den Leistungserbringern auferlegte Risiko der Fehlkalkulation bis zum Abschluss einer neuen Vereinbarung fort. § 77 Abs. 2 Satz 4 SGB XII soll verhindern, dass die Vertragsparteien die neue Vereinbarung im Anschluss an die ausgelaufene Vereinbarung wirksam werden lassen. Zugleich soll der Sozialhilfeträger zum Schutz des Leistungserbringers nicht berechtigt sein, die Vergütung bis zum Abschluss einer neuen Vereinbarung nach eigenem Gutdünken zu bemessen.[247] Dadurch sind beide Vertragsparteien gehalten, den Abschluss neuer Vereinbarungen zügig voranzutreiben, was der Gesetzgeber zur Vermeidung vertragsloser Zustände beabsichtigt hat. Der Leistungserbringer wird durch die verfahrensrechtlichen Vorgaben in § 77 Abs. 1 Satz 3 SGB XII vor einer Verzögerung neuer Vertragsabschlüsse durch den Sozialhilfeträger in gewisser Weise geschützt. Wird innerhalb der relativ knapp bemessenen Zeit des § 77 Abs. 1 Satz 3 SGB XII keine Einigung erzielt, kann der Leistungserbringer die Einleitung eines Schiedsverfahrens beantragen mit der Folge, dass der Zeitpunkt des Inkrafttretens der neuen Vereinbarung entweder durch die Schiedsstelle bestimmt oder bei fehlender Bestimmung die neue Vereinbarung zum Zeitpunkt der vom Leistungserbringer zu beeinflussenden Antragstellung bei der Schiedsstelle wirksam wird.

a. Anwendungsbereich

Die Fortgeltungsregelung des **§ 77 Abs. 2 Satz 4 SGB XII** bezieht sich dem Wortlaut nach nur auf die ausgelaufene Vergütungsvereinbarung. Wegen des untrennbaren logischen Zusammenhangs zwischen **Leistungs- und Vergütungsvereinbarung** (vgl. die Kommentierung zu § 75 SGB XII und die Kommentierung zu § 76 SGB XII) ist der Anwendungsbereich der Norm jedoch auch auf die Inhalte der Leistungsvereinbarung zu erstrecken.[248] Dies ist jedoch nur dann erforderlich, wenn für die Leistungsvereinbarung nicht ohnehin schon eine längere Laufzeit vereinbart wurde, so dass es der Fortgeltung nicht bedarf. Ein entsprechender logischer und zwingender Zusammenhang zwischen Leistungs- und Vergütungsvereinbarung mit den sich daraus ergebenden Konsequenzen wird zwar von der herrschenden Meinung nicht angenommen, andererseits gehen auch diese Vertreter im Anwendungsbereich des

---

[245] *Flint* in: Grube/Wahrendorf, SGB XII, 5. Aufl., § 77 Rn. 17; *Griep*, RsDE Nr. 66 (2008), 27, 40; *Jaritz*, Sozial-Recht aktuell 2012, 105, 115.

[246] *Flint* in: Grube/Wahrendorf, SGB XII, 5. Aufl., § 77 Rn. 17; *Neumann* in: Hauck/Noftz, SGB XII, § 77 Rn. 45; *ders.*, RsDE Nr. 63 (2006), 32, 42; *Kunte*, RsDE Nr. 68 (2009), 55, 57.

[247] *Flint* in: Grube/Wahrendorf, SGB XII, 5. Aufl., § 77 Rn. 17; VGH München v. 24.11.2004 - 12 CE 04.2057; *Neumann* in: Hauck/Noftz, SGB XII, § 77 Rn. 45; *ders.*, RsDE Nr. 63 (2006), 32, 42.

[248] *Griep*, RsDE Nr. 66 (2008), 27, 39; angedeutet aber im Ergebnis offen gelassen: LSG Sachsen-Anhalt v. 24.05.2013 - L 8 SO 21/12 B ER; a.A. *Flint* in: Grube/Wahrendorf, SGB XII, 5. Aufl., § 77 Rn. 18; *Freudenberg* in: Jahn, SGB XII, § 77 Rn. 29; *Münder* in: LPK-SGB XII, 9. Aufl., § 77 Rn. 21; *Neumann* in: Hauck/Noftz, SGB XII, § 77 Rn. 47; *ders.*, RsDE Nr. 63 (2006), 32, 44; SG Berlin v. 06.07.2011 - S 51 SO 507/11 ER; OVG Lüneburg v. 04.07.2008 - 4 LA 115/06; VGH München v. 12.09.2005 - 12 CE 05.1725; SG Augsburg v. 18.08.2006 - S 15 SO 96/06 ER; *Kunte*, RsDE 68 (2009), 55, 57.

§ 77 Abs. 2 Satz 4 SGB XII überwiegend davon aus, dass eine ausgelaufene Vergütungsvereinbarung nur dann auf der Grundlage von § 77 Abs. 2 Satz 4 SGB XII fortgilt, wenn eine wirksame Leistungsvereinbarung besteht.[249] Dies hätte zur Folge, dass ein vertragsloser Zustand besteht, der nur ausnahmsweise und nur unter den Voraussetzungen des § 75 Abs. 4 SGB XII die Übernahme der Vergütung des Leistungserbringers durch den Sozialhilfeträger erlaubt.[250] Diese praktisch und teleologisch eigentlich nicht vertretbare Lösung wird von der herrschenden Meinung dadurch kompensiert, dass das Bestehen einer Leistungs- und Prüfungsvereinbarung i.S.d. § 75 Abs. 3 Satz 1 SGB XII bereits dann angenommen wird, wenn die Vertragsparteien die Befugnis haben, durch rückwirkende Inkraftsetzung einer Leistungs- und Prüfungsvereinbarung die eigentlich vertragsfreie Zeit in eine vertragsgebundene Zeit umzugestalten; die Möglichkeit der rückwirkenden Inkraftsetzung wird zum rechtlichen Pedant der Weitergeltung der Vergütung[251]. Dies wird auch von der hier vertretenen Auffassung in den dargelegten Grenzen – wenn auch mit anderer Begründung – nicht in Zweifel gezogen. Allerdings ist das von der herrschenden Meinung vertretene rechtliche Konstrukt nicht erforderlich, wenn man die Leistungs- und Vergütungsvereinbarung als logische inhaltliche Einheit ansieht und diesem Gedanken auch verfahrensrechtlich Rechnung trägt. Dies bedeutet zwar, dass sich das Rückwirkungsverbot des § 77 Abs. 2 Satz 3 SGB XII auch auf die Leistungsvereinbarung erstreckt, dass aber im Gegenzug auch die Leistungsvereinbarung unter den in § 77 Abs. 2 Satz 4 SGB XII genannten Voraussetzungen fortgelten kann – was von der herrschenden Meinung so nicht vertreten wird.

123 Der hier vertretenen Erstreckung der Fortgeltungsklausel des § 77 Abs. 2 Satz 4 SGB XII auf die Leistungsvereinbarung kann nicht entgegengehalten werden, der Gesetzgeber habe die Kontinuität der Leistungs- und Vergütungsvereinbarung bewusst der Regelung durch die Vertragsparteien überlassen.[252] Dem steht entgegen, dass der Gesetzesbegründung keine sachlichen Gründen entnommen werden können, die eine Beschränkung der Schiedsstellenfähigkeit und der Fortgeltungsklausel auf die Vergütungsvereinbarung in Abweichung von der bis zum 31.12.1998 geltenden Rechtslage rechtfertigen würden. Letztlich wird von der herrschenden Meinung außer Acht gelassen, dass die **Beschränkung der Fortgeltungsklausel auf die Vergütungsvereinbarung in der praktischen Konsequenz die Entstehung vertragsloser Zustände fördert**, was in Anbetracht der als Ausnahme ausgestalteten Regelung des § 75 Abs. 4 SGB XII vom Gesetzgeber gerade nicht gewollt ist. Die hier vertretene erweiternde Auslegung des § 77 Abs. 2 Satz 4 SGB XII wird somit letztlich durch historische und teleologische Erwägungen getragen.[253]

124 § 77 Abs. 2 Satz 4 SGB XII gilt entsprechend für die auf der Grundlage von § 75 Abs. 5 Satz 3 SGB XII zu schließende Investitionskostenvereinbarung[254] (vgl. dazu die Kommentierung zu § 75 SGB XII Rn. 150).

b. Voraussetzungen

125 § 77 Abs. 2 Satz 4 SGB XII setzt voraus, dass zwischen den Vertragsparteien eine Vergütungsvereinbarung (oder nach der hier vertretenen Auffassung auch eine Leistungsvereinbarung) bestand, deren Laufzeit beendet ist und dass die Vertragsparteien über den Abschluss einer neuen bzw. neuer Vereinbarung(en) verhandeln.

126 § 77 Abs. 2 Satz 4 SGB XII gilt **auch für vorläufige Vereinbarungen**.[255] Vorläufige Vereinbarungen sind solche, die noch durch endgültige ersetzt werden sollen.[256] Sie werden häufig für eine Übergangs-

---

[249] *Flint* in: Grube/Wahrendorf, SGB XII, 5. Aufl., § 77 Rn. 18; *Münder* in: LPK-SGB XII, 9. Aufl., § 77 Rn. 21; VGH München v. 12.09.2005 - 12 CE 05.1725; OVG Lüneburg v. 20.08.2008 - 4 LC 93/07; SG Augsburg v. 18.08.2006 - S 15 SO 96/06 ER.

[250] Zu den Folgen vgl.: SG Dresden v. 02.04.2013 - S 42 SO 1/13 ER.

[251] *Neumann* in: Hauck/Noftz, SGB XII, § 77 Rn. 48; *ders.*, RsDE Nr. 63 (2006), 32, 44 f.; *Freudenberg* in: Jahn, SGB XII, § 77 Rn. 29; *Flint* in: Grube/Wahrendorf, SGB XII, 5. Aufl., § 77 Rn. 18; *Münder* in: LPK-SGB XII, 9. Aufl., § 77 Rn. 21; dazu kritisch: *Griep*, RsDE Nr. 66 (2008), 27, 40.

[252] So SG Berlin v. 06.07.2011 - S 51 SO 507/11 ER.

[253] Vgl. dazu auch: *Jaritz*, SozialRecht aktuell 2012, 105, 115.

[254] Ebenso LSG Berlin-Brandenburg v. 05.12.2013 - L 23 SO 38/10 KL (anhängig beim BSG unter B 8 SO 1/14 R).

[255] BSG v. 28.10.2008 - B 8 SO 22/07 R - BSGE 102, 1 = SozR 4-1500 § 75 Nr. 9; LSG Niedersachsen-Bremen v. 24.05.2007 - L 8 SO 136/06, L 8 SO 156/06, L 8 SO 169/06 und L 8 SO 204/06; *W. Schellhorn* in: Schellhorn/Schellhorn/Hohm, SGB XII, 18. Aufl., § 77 Rn. 9; *Flint* in: Grube/Wahrendorf, SGB XII, 5. Aufl., § 77 Rn. 21.

[256] Vgl. zu vorläufigen Entscheidungen: BSG v. 19.09.2000 - B 9 SB 1/00 R - BSGE 87, 122, 123 = SozR 3-3900 § 22 Nr. 2; BSG v. 16.06.1999 - B 9 V 4/99 R - BSGE 84, 108, 110 = SozR 3-3900 § 22 Nr. 1.

zeit geschlossen, während derer die Vertragsparteien noch über den Abschluss endgültiger Vereinbarungen verhandeln. Alle drei in § 75 Abs. 3 SGB XII genannten Teilvereinbarungen können grundsätzlich vorläufig geschlossen werden. Allerdings ist fraglich, ob solche vorläufigen vertraglichen Regelungen wirksam sind. Denn derartige Vereinbarungen sind weder in den §§ 75 ff. SGB XII ausdrücklich vorgesehen, noch kann dem Gesamtzusammenhang dieser Regelungen entnommen werden, dass sie vom Gesetzgeber gewünscht sind. Das Gesetz geht vom Abschluss endgültiger Vereinbarungen aus. Es müssen daher besondere Gründe vorliegen, die eine vorläufige vertragliche Regelung rechtfertigen können. Die Tatsache, dass sich die Vertragsparteien nicht einigen können, ist kein besonderer Grund, sondern im Gesetz über die Vorschriften des Schiedsstellenverfahrens berücksichtigt worden. Ein besonderer Grund für eine vorläufige Regelung könnte vorliegen, wenn die Vertragsparteien ein Gutachten in Auftrag gegeben haben, dessen Ergebnis Grundlage der Vergütungsvereinbarung sein soll und für die Dauer dieses Verfahrens gleichwohl eine Regelung treffen wollen, um vertragslose Zustände zu vermeiden. Auch die Schiedsstelle kann nur eine vorläufige Festsetzung vornehmen, wenn hierfür besondere Gründe ersichtlich sind. Dies muss in der Begründung der Schiedsstellenentscheidung dargelegt werden. Das Gericht kann in einem nachfolgenden Klageverfahren prüfen, ob die für eine vorläufige Regelung erforderlichen besonderen Gründe vorgelegen haben.

Solange die zwischen den Vertragsparteien geführten **Vertragsverhandlungen** um den Abschluss einer endgültigen Vereinbarung noch nicht gescheitert sind, besteht kein vertragsloser Zustand i.S.d. § 75 Abs. 4 SGB XII, weil insoweit die vorläufige Vereinbarung über § 77 Abs. 2 Satz 4 SGB XII fortgilt (zur Sperrwirkung vgl. die Kommentierung zu § 75 SGB XII).[257] Entfällt die **Sperrwirkung**, weil die Vertragsparteien endgültige Vereinbarungen geschlossen haben oder weil der Abschluss solcher Vereinbarungen endgültig gescheitert ist, muss durch eine Auslegung der vorläufigen und der endgültigen Vereinbarung im Einzelfall festgestellt werden, ob die Wirksamkeit der vorläufigen Vereinbarung ex tunc oder ex nunc entfallen sollte, ob also von den Vertragsparteien ein vertragsloser Zustand für die Zeit bis zum Abschluss der endgültigen Vereinbarung bzw. bis zum Scheitern der Vertragsverhandlungen wirklich gewollt war.[258] Von einem Scheitern der Verhandlungen ist nicht bereits dann auszugehen, wenn eine Vertragspartei nicht am Abschluss einer Vereinbarung interessiert ist[259], denn in diesem Fall kann die andere Vertragspartei ein Schiedsstellenverfahren einleiten.[260]

127

Wurden bestehende **Leistungs- und/oder Vergütungsvereinbarungen** auf der Grundlage von § 78 SGB XII **gekündigt**, ist davon auszugehen, dass eine weitere Vertragsbeziehung von den Vertragsparteien nicht gewollt ist. In dieser Fallkonstellation ist kein Raum für die Anwendung der Fortgeltungsklausel. Allerdings kann zum Schutz des bedürftigen Hilfeempfängers die vorübergehende Vergütungsübernahme durch den Sozialhilfeträger auf der Grundlage von § 75 Abs. 4 SGB XII geboten sein, wenn dem Hilfeempfänger ein kurzfristiger Wechsel der Einrichtung nicht zumutbar ist (vgl. die Kommentierung zu § 75 SGB XII).

128

Liegen die Voraussetzungen des § 77 Abs. 2 Satz 4 SGB XII nicht vor, besteht nach dem Auslaufen der Vereinbarung(en) ein vertragsloser Zustand. Die Existenz einer Vereinbarung kann dann auch nicht durch deren **faktische Fortführung** herbeigeführt werden. Dem steht nicht nur das Schriftformerfordernis des § 56 SGB X, sondern auch die Regelung des § 77 Abs. 2 Satz 4 SGB XII selbst entgegen.[261] Die Vergütung des Leistungserbringers kann jedoch im Einzelfall nach § 75 Abs. 4 SGB XII übernommen werden, soweit die dort geregelten Voraussetzungen vorliegen (vgl. dazu die Kommentierung zu § 75 SGB XII Rn. 130).

129

7. Neuverhandlung bei Änderung bzw. Wegfall der Geschäftsgrundlage (Absatz 3)

§ 77 Abs. 3 SGB XII eröffnet den Vertragsparteien die Möglichkeit von **Neuverhandlungen über die Vergütungs- und Leistungsvereinbarung während der Laufzeit** dieser Vereinbarung(en), wenn sich die diesen Vereinbarungen zugrunde liegenden vergütungsrelevanten Annahmen wesentlich und

130

---

[257] BSG v. 28.10.2008 - B 8 SO 22/07 R - BSGE 102, 1 = SozR 4-1500 § 75 Nr. 9; *Flint* in: Grube/Wahrendorf, SGB XII, 5. Aufl., § 77 Rn. 21.
[258] *Flint* in: Grube/Wahrendorf, SGB XII, 5. Aufl., § 77 Rn. 23; BSG v. 28.10.2008 - B 8 SO 22/07 R - BSGE 102, 1 = SozR 4-1500 § 75 Nr. 9.
[259] So aber VGH München v. 23.03.2005 - 12 B 01.1916.
[260] *Neumann* in: Hauck/Noftz, SGB XII, § 77 Rn. 46.
[261] Ebenso: LSG Sachsen-Anhalt v. 24.05.2013 - L 8 SO 21/12 B ER; LSG Berlin-Brandenburg v. 02.09.2011 - L 23 SO 147/11 B ER; VGH München v. 12.09.2005 - 12 CE 05.1725; *Jaritz*, SozialRecht aktuell 2012, 105, 115.

unvorhersehbar verändert haben. Der Gesetzgeber hat damit den in § 313 BGB und § 59 SGB X zum Ausdruck kommenden allgemeinen Rechtsgedanken auf das sozialhilferechtliche Leistungserbringungsrecht übertragen und dessen Besonderheiten angepasst. Abweichend von den genannten Vorschriften sieht § 77 Abs. 3 SGB XII als Folge der wesentlichen Änderung der Geschäftsgrundlage aber weder das Verlangen einer Vertragsanpassung (§ 59 Abs. 1 Satz 1 Alt. 1 SGB X) noch die Lösung der Vertragsbeziehung (§ 59 Abs. 1 Satz 1 Alt. 2 und Satz 2 SGB X), sondern lediglich die Neuverhandlung, d.h. die Chance auf eine Vertragsanpassung vor. Auf diese Weise werden vertragslose Zustände weitgehend vermieden.

131 Auch § 77 Abs. 3 SGB XII ist Ausdruck der **Risikoverteilung nach Verantwortungsbereichen** (vgl. dazu Rn. 16).[262] Das Risiko einer nicht vorhersehbaren wesentlichen Änderung der für die Vereinbarung einer bestimmten Vergütung maßgeblichen Annahmen ist von keiner Vertragspartei zu verantworten. Daher wird auf Verlangen einer Vertragspartei die Verhandlungssituation wieder eröffnet, in der beide Parteien ihre Position an die geänderten Rahmenbedingungen anpassen können.

a. Regelungszusammenhang

132 § 77 Abs. 3 SGB XII regelt die Änderung bzw. den Wegfall der Geschäftsgrundlage einer Vergütungsvereinbarung (und nach der hier vertretenen Auffassung auch einer Leistungsvereinbarung – vgl. Rn. 133) im Sinne einer **lex specialis**.[263] Daneben findet **§ 59 SGB X** nur Anwendung, wenn sich die der Prüfungsvereinbarung (§ 75 Abs. 3 Satz 1 Nr. 3 SGB XII) oder Leistungsstandardvereinbarung (§ 76 Abs. 3 Satz 1 Alt. 1 SGB XII) zugrunde liegenden Annahmen oder aber die nicht vergütungsrelevanten Umstände einer Leistungsvereinbarung wesentlich geändert haben. Soweit § 59 SGB X anwendbar ist, muss dieser jedoch im Lichte der Maßstäbe des sozialhilferechtlichen Leistungserbringungsrechts ausgelegt werden. Insbesondere muss dabei berücksichtigt werden, dass der Gesetzgeber vertragslose Zustände weitgehend vermeiden wollte.[264] Daher dürfte eine Kündigung auf der Grundlage von § 59 Abs. 1 Satz 1 Alt. 2 und Abs. 1 Satz 2 SGB X nur in absoluten Ausnahmefällen[265] und im Wesentlichen nur für die weder von § 77 Abs. 3 SGB XII noch von § 78 SGB XII erfasste Leistungsstandardvereinbarung in Betracht kommen, die zudem nicht Voraussetzung für die Übernahme der Vergütung des Leistungserbringers durch den Sozialhilfeträger ist. Soweit § 59 Abs. 1 Satz 1 Alt. 2 SGB X die Kündigung eines Vertrages erlaubt, wenn dessen Anpassung an die geänderten Umstände nicht möglich oder einer Vertragspartei nicht zumutbar ist, muss die Möglichkeit bzw. Zumutbarkeit der Vertragsfortsetzung bei Vereinbarungen i.S.d. § 75 Abs. 3 SGB XII gleichwohl nach dem in § 78 Satz 1 SGB XII geregelten Maßstab beurteilt werden. Denn nach der gesetzlichen Konzeption der §§ 75 ff. SGB XII sollen Vereinbarungen nur unter den in § 78 SGB XII formulierten engen Voraussetzungen gelöst werden können, während den Vertragsparteien im Übrigen das Festhalten an den Vereinbarungen zugemutet wird.[266]

b. Anwendungsbereich

133 Nach dem Wortlaut gilt § 77 Abs. 3 SGB XII für Vereinbarungen oder Entscheidungen über die Vergütung. Erfasst wird daher zunächst die von den Vertragsparteien geschlossene oder durch einen Schiedsspruch ersetzte **Vergütungsvereinbarung**. Darüber hinaus ist § 77 Abs. 3 SGB XII auch auf die vergütungsrelevanten Bestandteile der **Leistungsvereinbarung** anwendbar.[267] Zwischen Leistungs- und Vergütungsvereinbarung besteht ein untrennbarer logischer Zusammenhang (vgl. dazu die Kommentierung zu § 75 SGB XII und die Kommentierung zu § 76 SGB XII). Eine Vergütung kann erst in Kenntnis des Vergütungsgegenstandes, d.h. der Leistung, festgesetzt werden. Daher können sich nicht nur Annahmen, die die Vergütung unmittelbar betreffen, wesentlich und unvorhersehbar ändern (z.B. Änderung der gesamten Finanzsituation des Leistungserbringers durch nicht versicherbare Unwetterschäden), sondern auch die für die Vergütung maßgebliche Leistungsgrundlage (z.B. Änderung

---

[262] Dazu auch: LSG Berlin-Brandenburg v. 05.12.2013 - L 23 SO 38/10 KL.
[263] *Freudenberg* in: Jahn, SGB XII, § 77 Rn. 30.
[264] BVerwG v. 04.08.2006 - 5 C 13/05 - BVerwGE 126, 295 ff.
[265] So auch: LSG Berlin-Brandenburg v. 05.12.2013 - L 23 SO 38/10 KL (anhängig beim BSG unter B 8 SO 1/14 R).
[266] In diesem Sinne wohl auch: LSG Berlin-Brandenburg v. 05.12.2013 - L 23 SO 38/10 KL (anhängig beim BSG unter B 8 SO 1/14 R).
[267] A. A. *Freudenberg* in: Jahn, SGB XII, § 77 Rn. 31; *Neumann* in: Hauck/Noftz, SGB XII, § 77 Rn. 49; ohne eindeutige Positionierung: *Flint* in: Grube/Wahrendorf, SGB XII, 5. Aufl., § 77 Rn. 24 ff.; *Münder* in: LPK-SGB XII, 9. Aufl. § 77 Rn. 22 f.

des Pflege- und Betreuungsbedarfs bei der Mehrzahl der Bewohner einer Einrichtung). In der Regel wird eine strikte Trennung zwischen den für die Leistungsvereinbarung und den für die Vergütungsvereinbarung maßgeblichen Annahmen gerade wegen dieses engen inhaltlichen Zusammenhangs kaum möglich sein.

c. Voraussetzungen

Neuverhandlungen können nur dann verlangt werden, wenn sich die Annahmen, die der Vereinbarung oder Entscheidung über die Vergütung und – nach der hier vertretenen Auffassung der vergütungsrelevanten Leistung (vgl. Rn. 133) – zugrunde lagen, unvorhersehbar und wesentlich verändert haben. Die einer Vereinbarung **zugrunde liegenden Annahmen** bezeichnen deren **Geschäftsgrundlage**. Gemeint sind die gemeinsamen Vorstellungen der Vertragsparteien in Bezug auf die für die Vereinbarung maßgeblichen Umstände.[268] Die Merkmale „unvorhergesehen" und „wesentlich" sind unbestimmte Rechtsbegriffe, die der vollen gerichtlichen Nachprüfung unterliegen.[269] 134

Wesentlich sind Änderungen, bei denen davon auszugehen ist, dass die Vertragsparteien in Kenntnis dieser Umstände die Vergütung nicht oder nicht so vereinbart hätten bzw. die Schiedsstelle die Vergütung nicht in der vorgenommenen Weise festgesetzt hätte.[270] Die Änderung muss, um wesentlich zu sein, zur Folge haben, dass eine Beibehaltung der bisherigen Vereinbarung zu mit Recht und Gerechtigkeit nicht zu vereinbarenden und den Vertragsparteien nicht zumutbaren Ergebnissen führt.[271] Von einer **Änderung** der Geschäftsgrundlage kann nicht ausgegangen werden, wenn eine Vertragspartei hinsichtlich der bereits bei Abschluss der Vereinbarung vorliegenden Vorstellungen im Irrtum ist.[272] In diesen Fällen dürfte regelmäßig nicht einmal eine Anfechtung wegen Irrtums zulässig sein, weil es sich um einen unbeachtlichen Motivirrtum handelt. Vergütungsrelevant sind alle Änderungen, die für die Art, Höhe und Modalität der Vergütung des Leistungserbringers von Bedeutung sind. **Unvorhersehbar** ist eine Änderung, wenn sie bei Abschluss der Vereinbarung für die Vertragsparteien nicht erkennbar war und bei sorgfältiger und gewissenhafter Prüfung auch nicht hätte erkannt werden können.[273] Dabei müssen die Parteien nicht nur die im Rahmen der Vertragsverhandlungen vorgelegten Unterlagen sorgfältig prüfen, sondern auch geplante Gesetzesänderungen berücksichtigen.[274] Bei der Beurteilung einer wesentlichen Änderung muss auch geprüft werden, ob sich in der Änderung ein Risiko verwirklicht hat, das die jeweilige Vertragspartei nach der vom Gesetzgeber in § 77 SGB XII vorgenommenen Risikoverteilung nach Verantwortungsbereichen zu tragen hat.[275] 135

Eine wesentliche, unvorhersehbare Änderung in diesem Sinne kann u.a. vorliegen, wenn sich die finanzielle Lage des Leistungserbringers durch nicht versicherbare Unwetterschäden erheblich verschlechtert hat[276], wenn eine neue höchstrichterliche Rechtsprechung zur Berechnungsgrundlage der Vergütung ergangen ist,[277] wenn sich der Pflege- und Betreuungsaufwand während der Laufzeit einer Vereinbarung für die Mehrzahl der Bewohner einer Einrichtung erheblich erhöht hat[278] oder bei der Umstellung von einer teil- auf eine vollstationäre Betreuung[279]. **Tariferhöhungen** sind dagegen, soweit der Abschluss im Rahmen des Üblichen und zu Erwartenden liegt, grundsätzlich dem Verantwortungsbereich des Leistungserbringers zuzurechnen, dem durch eine Anpassung der Laufzeit bereits bei Ab- 136

---

[268] BGH v. 25.02.1993 - VII ZR 24/92; *Flint* in: Grube/Wahrendorf, SGB XII, 5. Aufl., § 77 Rn. 24 f.; *Münder* in: LPK-SGB XII, 9. Aufl., § 77 Rn. 22.
[269] LSG Berlin-Brandenburg v. 05.12.2013 - L 23 SO 38/10 KL.
[270] *Flint* in: Grube/Wahrendorf, SGB XII, 5. Aufl., § 77 Rn. 25; VGH Mannheim v. 09.03.1999 - 8 S 2877/98; LSG Berlin-Brandenburg v. 05.12.2013 - L 23 SO 38/10 KL (anhängig beim BSG unter B 8 SO 1/14 R).
[271] *Flint* in: Grube/Wahrendorf, SGB XII, 5. Aufl., § 77 Rn. 25.
[272] VG Sigmaringen v. 26.02.2002 - 4 K 1468/01; *Münder* in: LPK-SGB XII, 9. Aufl., § 77 Rn. 23; *Baur* in: Mergler/Zink, SGB XII, § 77 Rn. 34.
[273] In diesem Sinne: *Münder* in: LPK-SGB XII, 9. Aufl., § 77 Rn. 23; *Baur* in: Mergler/Zink, SGB XII, § 77 Rn. 35; für die Anwendung eines großzügigeren Maßstabes: *Neumann* in: Hauck/Noftz, SGB XII, § 77 Rn. 49; LSG Berlin-Brandenburg v. 05.12.2013 - L 23 SO 38/10 KL (anhängig beim BSG unter B 8 SO 1/14 R).
[274] *Flint* in: Grube/Wahrendorf, SGB XII, 5. Aufl., § 77 Rn. 26.
[275] *Freudenberg* in: Jahn, SGB XII, § 77 Rn. 32; *Flint* in: Grube/Wahrendorf, SGB XII, 5. Aufl., § 77 Rn. 26.
[276] *Flint* in: Grube/Wahrendorf, SGB XII, 5. Aufl., § 77 Rn. 27.
[277] *Neumann* in: Hauck/Noftz, SGB XII, § 77 Rn. 49; VG Sigmaringen v. 26.02.2002 - 4 K 1468/01.
[278] *Flint* in: Grube/Wahrendorf, SGB XII, 5. Aufl., § 77 Rn. 27, *Neumann* in: Hauck/Noftz, SGB XII, § 77 Rn. 49; *Münder* in: LPK-SGB XII, 9 Aufl., § 77 Rn. 23.
[279] BT-Drs. 13/2440, S. 29; *Münder* in: LPK-SGB XII, 9. Aufl., § 77 Rn. 23.

schluss der Vereinbarung Rechnung getragen werden muss.[280] Etwas anderes gilt nur dann, wenn die Tarifverhandlungen mit einem erheblich über den Erwartungen liegenden Ergebnis zu Lasten des Leistungserbringers abgeschlossen werden und sich eine entsprechende Entwicklung nicht bereits beim Abschluss der Vereinbarung abgezeichnet hat, bei der der Leistungserbringer lediglich den üblichen Tarifabschluss einkalkuliert hat.[281] Ebenfalls nicht als wesentliche Änderung anzusehen sind zusätzliche Ausgaben für übliche bzw. typische Investitionen, die in die Kalkulation zu Beginn der Wirtschaftsperiode einzurechnen sind.[282]

d. Rechtsfolge

137 Die durch die wesentliche unvorhersehbare Änderung betroffene Vertragspartei kann von der anderen Vertragspartei die Aufnahme von **Neuverhandlungen** über den Inhalt der Vergütungsvereinbarung und der vergütungsrelevanten Inhalte der Leistungsvereinbarung verlangen. Das Verlangen auf Neuverhandlung ist von einer Kündigung der Vereinbarung nach § 78 SGB XII abzugrenzen. Kann der entsprechenden Erklärung einer Vertragspartei – zumindest auch – entnommen werden, dass die Fortführung der bisherigen Vereinbarung unter Berücksichtigung der geänderten vergütungsrelevanten Umstände gewollt ist, muss im Zweifel – zur Vermeidung vertragsloser Zustände – von einem Antrag auf Neuverhandlung i.S.d. § 77 Abs. 3 SGB XII ausgegangen werden.[283] Das auf die Fortsetzung einer Vereinbarung unter geänderten Bedingungen gerichtete Begehren ist im Zweifel als Verlangen auf Neuverhandlung i.S.d. § 77 Abs. 3 SGB XII und nicht als Kündigung der bestehenden Vereinbarung auszulegen. Kommt die andere Vertragspartei diesem Verlangen nach und tritt in Verhandlungen ein, können die Vertragsparteien die Vergütung und die vergütungsrelevante Leistung neu vereinbaren. Die Befugnis zur erneuten Verhandlung bezieht sich jedoch nur auf die Inhalte einer Leistungs- und/oder Vergütungsvereinbarung, die von der wesentlichen und unvorhersehbaren Änderung betroffen sind. Dies kann im Ausnahmefall auch die gesamte Leistungs- und/oder Vergütungsvereinbarung sein, wenn die Änderung sämtliche Bestandteile dieser Vereinbarung(en) berührt. Lehnt die andere Vertragspartei das Verlangen nach Neuverhandlungen ab, ist ein **Schiedsstellenverfahren** einzuleiten.[284] Über § 77 Abs. 3 Satz 2 SGB XII gelten die Vorgaben des § 77 Abs. 1 Satz 3 SGB XII, d.h., grundsätzlich kann die Schiedsstelle erst 6 Wochen nach dem Verlangen der Neuverhandlung angerufen werden, es sei denn, beide Vertragsparteien sind sich darüber einig, dass sie für die Neuverhandlung die Hilfe der Schiedsstelle benötigen (vgl. Rn. 60).

138 Beim Abschluss von Vereinbarungen im Rahmen von Neuverhandlungen müssen die Vertragsparteien den Prospektivitätsmaßstab beachten, weil § 77 Abs. 3 Satz 2 SGB XII die entsprechende Anwendung der Absätze 1 und 2 anordnet. Die Vertragsparteien dürfen in den neu verhandelten Vereinbarungen keine – durch die Änderung der vergütungsrelevanten Umstände theoretisch durchaus begründbaren – Nachzahlungen vereinbaren (**Verbot nachträglicher Ausgleiche**, § 77 Abs. 1 Satz 1 HS. 2 SGB XII).[285] Auch im Übrigen berechtigt § 77 Abs. 3 SGB XII die Vertragsparteien nur zur Anpassung der Vereinbarung(en) für die Zukunft.[286] Diese in § 77 Abs. 3 Satz 2 SGB XII geregelte Rechtsfolge ist letztlich ebenfalls Ausdruck der vom Gesetzgeber in § 77 SGB XII vorgenommenen Risikoverteilung. Auf diese Weise wird auch die schnelle Einleitung von Neuverhandlungen und die Anpassung der Verträge an die geänderten Rahmenbedingungen gefördert. Aufgrund des Rückwirkungsverbots ist es den Vertragsparteien verwehrt, die im Rahmen von Neuverhandlungen geschlossene Vergütungs- und/oder Leistungsvereinbarung auf den Zeitpunkt zurückdatieren, zu dem die Wirtschaftsperiode begonnen hat. Vielmehr gelten die Ausführungen zu § 77 Abs. 2 SGB XII entsprechend. Die neu verhandelte(n) Vereinbarung(en) kann/können daher nur auf den 6 Wochen nach der Aufforderung zur Neuverhandlung liegenden Zeitpunkt zurückdatiert werden. Wird die Schiedsstelle in die Neuverhandlungen eingeschaltet, kann diese die festgesetzte(n) Vereinbarung(en) auf den Zeit-

---

[280] *Flint* in: Grube/Wahrendorf, SGB XII, 5. Aufl., § 77 Rn. 28; *Münder* in: LPK-SGB XII, 9. Aufl., § 77 Rn. 23.

[281] In diesem Sinne auch: *Flint*, in: Grube/Wahrendorf, SGB XII, 5. Aufl., § 77 Rn. 28; *Neumann* in: Hauck/Noftz, SGB XII, § 77 Rn. 49; *Friedrich*, NDV 1994, 166, 171.

[282] LSG Berlin-Brandenburg v. 05.12.2013 - L 23 SO 38/10 KL (anhängig beim BSG unter B 8 SO 1/14 R).

[283] Vgl. dazu LSG Berlin-Brandenburg v. 05.12.2013 - L 23 SO 38/10 KL (anhängig beim BSG unter B 8 SO 1/14 R).

[284] *Münder* in: LPK-SGB XII, 9. Aufl., § 77 Rn. 23; *Flint* in: Grube/Wahrendorf, SGB XII, 5. Aufl., § 77 Rn. 30; *Neumann* in: Hauck/Noftz, SGB XII, § 77 Rn. 50.

[285] *Flint* in: Grube/Wahrendorf, SGB XII, 5. Aufl., § 77 Rn. 29; *Münder* in: LPK-SGB XII, 9. Aufl., § 77 Rn. 23.

[286] *Flint* in: Grube/Wahrendorf, SGB XII, 5. Aufl., § 77 Rn. 29.

punkt der Antragstellung bei der Schiedsstelle bzw. entsprechend der den Vertragsparteien zugestandenen Befugnis auf den Zeitpunkt zurückdatieren, der 6 Wochen nach der Einleitung der Vertragsverhandlungen liegt.

C. Praxishinweise

I. Kostenrechtliche Konsequenzen

Wird ein Schiedsspruch gerichtlich überprüft, handelt es sich um ein Verfahren nach § 197a SGG, weil keiner der Beteiligten dem privilegierten Personenkreis des § 183 SGG angehört.[287] Die Höhe des **Streitwertes** bemisst sich nach der aus dem Antrag des Klägers sich für ihn ergebenden Bedeutung der Sache (§ 52 Abs. 1 GKG). Entsprechend den höchstrichterlichen Vorgaben zur Berechnung des Streitwertes in Streitigkeiten über die Zulassung von Leistungserbringern im Bereich der gesetzlichen Krankenversicherung, auf die wegen der parallelen Regelungsmaterie zurückgegriffen werden kann, ist für den Streitwert einer auf den Abschluss einer Vereinbarung gerichteten Klage grundsätzlich der **Gewinn** maßgebend, den der Leistungserbringer **innerhalb von 3 Jahren** erzielen könnte.[288] Wurde die Vergütungsvereinbarung durch die Schiedsstelle ersetzt, kann der Streitwert auch in Höhe des Differenzbetrages zwischen der im Vertragsangebot geforderten Vergütung und der durch die Schiedsstelle festgesetzten Vergütung als Streitwert zugrunde gelegt werden.[289] Bei einer kombinierten Anfechtungs- und Feststellungsklage (vgl. zur Klageart Rn. 85 f.) ist die im Regelfall bei einer objektiven Klagehäufung vorzunehmende Zusammenrechnung der Einzelstreitwerte nur gerechtfertigt, wenn über die Aufhebung des Schiedsspruchs – mit der Folge der erneuten Entscheidung der Schiedsstelle über den Antrag unter Beachtung der Rechtsauffassung des Gerichts – hinaus eine konkrete weitere Feststellung begehrt wird (vgl. dazu Rn. 87). Andernfalls ist der Feststellungsantrag bereits unzulässig bzw. nur deklaratorischer Natur, weil das Feststellungs- und Anfechtungsbegehren rechtlich und wirtschaftlich denselben Gegenstand betreffen.[290] Denn für eine **Feststellungsklage** kann nur dann der volle **Streitwert** in Ansatz gebracht werden, wenn sie einer Leistungsklage in den Auswirkungen vergleichbar ist.[291]

139

II. Zusammenstellung der Konsequenzen vertragloser Zustände anhand praxisrelevanter Fallkonstellationen

1. Fallkonstellation: Laufzeitbeendigung von Vereinbarungen („Altverträge"):

140

- Fortgeltung der Leistungs- und Vergütungsvereinbarung nach § 77 Abs. 2 Satz 4 SGB XII,
- daher keine Notwendigkeit zum Abschluss vorläufiger Vereinbarungen
- während möglicher und gewollter Vertragsverhandlungen = keine Vergütungsübernahme nach § 75 Abs. 4 SGB XII (Sperrwirkung; vgl. dazu die Kommentierung zu § 75 Abs. 4 SGB XII),
  - Abschluss einer neuen Leistungs- und/oder Vergütungsvereinbarung = Geltung des Prospektivitätsmaßstabes (§ 77 Abs. 1 Satz 1 SGB XII; vgl. dazu Rn. 20) und des Rückwirkungsverbots (§ 77 Abs. 2 Satz 3 SGB XII; vgl. dazu Rn. 114 ff.) mit der Maßgabe, dass die Rückdatierung der Vereinbarungen auf Zeitpunkt 6 Wochen nach Aufnahme der Verhandlungen möglich ist,
  - Scheitern des Abschlusses einer neuen Leistungs- und/oder Vergütungsvereinbarung = Übernahme der Vergütung des Leistungserbringers nach § 75 Abs. 4 SGB XII (Schutz des Hilfempfängers über Zumutbarkeitsprüfung; vgl. dazu die Kommentierung zu § 75 SGB XII Rn. 130).

2. Fallkonstellation: Kündigung von Vereinbarungen nach § 78 SGB XII:

141

- Vertragsbeziehung zwischen den Vertragsparteien nicht mehr gewünscht,
- vorübergehende Übernahme der Vergütung des Leistungserbringers nach § 75 Abs. 4 (Schutz des Hilfempfängers über Zumutbarkeitsprüfung).

3. Fallkonstellation: erstmalige Verhandlung über den Abschluss von Vereinbarungen nach § 75 Abs. 3 SGB XII und Abschluss vorläufiger Vereinbarungen:

142

---

[287] LSG Nordrhein-Westfalen v. 21.01.2009 - L 10 B 20/08 P (bezüglich der Klage gegen einen Schiedsspruch der Schiedsstelle nach dem SGB XI).
[288] BSG v. 10.11.2005 - B 3 KR 36/05 B - SozR 4-1920 § 52 Nr. 2.
[289] So LSG Nordrhein-Westfalen v. 21.01.2009 - L 10 B 20/08 P.
[290] Zu den Ausnahmen von der grundsätzlichen Addition der Streitgegenstände bei Klagehäufung: LSG Nordrhein-Westfalen v. 22.05.2006 - L 5 B 38/05 KR; *Leitherer* in: Meyer-Ladewig/Keller/Leitherer, SGG, 10. Aufl., § 197 Rn. 7h.
[291] Bayerisches LSG v. 15.07.2005 - L 3 B 154/05 KA; LSG Nordrhein-Westfalen v. 16.04.2010 - L 1 B 16/09 AL.

- Abschluss vorläufiger Vereinbarungen durch die Vertragsparteien bzw. Festsetzung vorläufiger Vereinbarungen durch die Schiedsstelle bzw. das Gericht nur bei Vorliegen eines die Vorläufigkeit rechtfertigenden Grundes,
- Sperrwirkung auch der vorläufigen Vereinbarung(en),
  - Beendigung der Verhandlungen durch Abschluss von endgültigen Vereinbarungen = Prüfung, ob Wirksamkeit der vorläufigen Vereinbarung ex tunc oder ex nunc entfallen soll (bei ex tunc-Wegfall = Vergütungsübernahme für vertragslose Zeit nach § 75 Abs. 4 SGB XII),
  - endgültiges Scheitern der Vertragsverhandlungen = Prüfung, ob Wirksamkeit der vorläufigen Vereinbarung ex tunc oder ex nunc entfallen soll = Möglichkeit der Vergütungsübernahme für Vergangenheit nach § 75 Abs. 4 SGB XII bei ex tunc-Wegfall.

143   **4. Fallkonstellation: erstmalige Verhandlung über den Abschluss von Vereinbarungen nach § 75 Abs. 3 SGB XII und kein Abschluss vorläufiger Vereinbarungen:**
4. 1. Variante: Vertragsschluss im Erfüllungsverhältnis steht noch aus:
- Pflicht der Vertragsparteien zum „Versuch einer Vereinbarung" bzw. eines Leistungsangebots i.S.d. § 75 Abs. 4 SGB XII,
- Geltung des Prospektivitätsmaßstabes, § 77 Abs. 1 Satz 1 SGB XII,
- Zumutbarkeit der Wahl eines anderen Leistungserbringers für Hilfeempfänger in dieser Phase,
- Zeitpunkt des Eintritts der Bedürftigkeit des Hilfeempfängers ohne Bedeutung,
- ggf. Vorwegleistungen.

4. 2. Variante: Bestehender Vertrag im Erfüllungsverhältnis und späterer Eintritt der Bedürftigkeit des Hilfeempfängers:
- Pflicht der Vertragsparteien zum „Versuch einer Vereinbarung" bzw. eines Leistungsangebots i.S.d. § 75 Abs. 4 SGB XII,
- Geltung des Prospektivitätsmaßstabes i.S.d. möglichen Rückdatierung auf Zeitpunkt 6 Wochen nach Aufnahme der Verhandlungen (§ 77 Abs. 1 Satz 1 SGB XII),
- Zumutbarkeit des Einrichtungswechsels bedarf der besonderen Prüfung (ggf. zeitliche Begrenzung),
- ggf. Vorwegleistungen und Annahme einer Nebenpflicht des Leistungserbringers, den Ausgang der Vertragsverhandlungen abzuwarten (sperrwirkungsähnliche Folge).

D. Ausblick

144   Die in der Kommentierung aufgezeigten Probleme insbesondere hinsichtlich des Rechtsschutzes im sozialhilferechtlichen Leistungserbringungsrecht zeigen den in diesem Bereich bestehenden erheblichen **Reformbedarf**. Im Zuge einer solchen Reform sollten insbesondere die für das Schiedsstellenverfahren maßgeblichen Vorschriften des SGB XII, SGB XI und SGB VIII harmonisiert werden. Grundlage für eine solche Reformierung könnten die von den Vorsitzenden und Geschäftsstellenleiter(innen) der Schiedsstellen nach dem SGB XI und SGB XII im Rahmen einer Arbeitsgruppe 2006 ausgearbeiteten und 2013 konkretisierten Vorschläge für eine verbesserte rechtliche Ausgestaltung des Schiedsstellenverfahrens[292] sein. In den jeweiligen Arbeitspapieren wird unter anderem konstatiert, dass sich die nach herrschender Meinung bestehende Beschränkung der Schiedsstellenfähigkeit auf die Vergütungsvereinbarung im SGB XII nicht bewährt habe.[293] Die Preisfindung könne nicht von den Aspekten des Leistungsspektrums, der Leistungsqualität und der Evaluierung getrennt werden.[294] Ferner wurde gefordert, die rechtliche Einordnung der Schiedsstellenentscheidung als gerichtlich nur beschränkt überprüfbare „Ermessensentscheidung" positivrechtlich festzulegen.[295] Letztlich ist von den Vorsitzenden und Geschäftsstellenleiter(innen) der Schiedsstellen nach dem SGB XI und SGB XII vorgeschlagen worden, die Grundzüge des sozialrechtlichen Schiedswesens bundeseinheitlich im SGB X zu regeln.[296] Es bleibt abzuwarten, ob sich der Gesetzgeber dieser Reformvorschläge annimmt oder sich wie bisher – offensichtlich aus fiskalischen Gründen[297] – jeglichen Reformbestrebungen verweigert.

---

[292] NDV 2006, 302 ff.; *Gottlieb*/Krüger, NDV 2013, 571 f.; *Henneberger*, NDV 2013, 569 f.; zum allgemeinen Reformbedarf vgl. auch: *Griep*, RsDE Nr. 66 (2008), 27 ff.; *Plantholz*, SozialRecht aktuell 2012, 142 ff.

[293] NDV 2006, 302.

[294] NDV 2006, 302; *Gottlieb*/Krüger, NDV 2013, 571 f.; *Henneberger*, NDV 2013, 569 f.

[295] NDV 2006, 302, 303.

[296] NDV 2006, 302, 303.

[297] *Griep*, RsDE Nr. 66 (2008), 27, 28.

§ 78 SGB XII Außerordentliche Kündigung der Vereinbarungen

(Fassung vom 29.07.2009, gültig ab 01.10.2009)

¹Ist wegen einer groben Verletzung der gesetzlichen oder vertraglichen Verpflichtungen gegenüber den Leistungsberechtigten und deren Kostenträgern durch die Einrichtung ein Festhalten an den Vereinbarungen nicht zumutbar, kann der Träger der Sozialhilfe die Vereinbarungen nach § 75 Abs. 3 ohne Einhaltung einer Kündigungsfrist kündigen. ²Das gilt insbesondere dann, wenn in der Prüfung nach § 76 Abs. 3 oder auf andere Weise festgestellt wird, dass Leistungsberechtigte infolge der Pflichtverletzung zu Schaden kommen, gravierende Mängel bei der Leistungserbringung vorhanden sind, dem Träger der Einrichtung nach heimrechtlichen Vorschriften die Betriebserlaubnis entzogen oder der Betrieb der Einrichtung untersagt wird oder die Einrichtung nicht erbrachte Leistungen gegenüber den Kostenträgern abrechnet. ³Die Kündigung bedarf der Schriftform. ⁴§ 59 des Zehnten Buches bleibt unberührt.

Gliederung

A. Basisinformationen 1	3. Kündigungsgrund (Sätze 1 und 2) 15
I. Textgeschichte 1	a. Regelbeispiele 20
II. Vorgängervorschrift 2	b. Sonstige zur Kündigung berechtigende grobe Pflichtverletzungen 24
III. Parallelvorschriften 4	4. Kündigungsberechtigter (Satz 1) 29
IV. Systematische Zusammenhänge 5	5. Rechtsnatur der Kündigung 31
V. Ausgewählte Literaturhinweise 8	6. Form der Kündigung (Satz 3) 35
B. Bedeutung der Norm 9	7. Entscheidung des Sozialhilfeträgers 38
I. Regelungsgehalt der Norm 9	8. Folgen der Kündigung 42
II. Zweck der Norm 10	9. Verhältnis zu anderen Anpassungs- oder Kündigungstatbeständen (Satz 4) 43
III. Auslegung der Norm im Einzelnen .. 13	C. Praxishinweise 47
1. Allgemeines 13	
2. Gegenstand des Kündigungsrechts (Satz 1) ... 14	

A. Basisinformationen

I. Textgeschichte

§ 78 SGB XII wurde durch das **Gesetz zur Einordnung des Sozialhilferechts in das Sozialgesetzbuch** vom 27.12.2003¹ im SGB XII verankert und ist zum 01.01.2005 in Kraft getreten. Mit dem **Gesetz zur Neuregelung der zivilrechtlichen Vorschriften des Heimgesetzes nach der Föderalismuskommission** vom 29.07.2009² ist der bis dahin in Satz 2 enthaltene Passus „nach dem Heimgesetz" mit Wirkung zum 01.10.2009 durch die Formulierung „nach den heimrechtlichen Vorschriften" ersetzt worden. **1**

II. Vorgängervorschrift

§ 78 SGB XII übernimmt inhaltlich den bis zum 31.12.2004 geltenden **§ 93c BSHG**. Dieser war durch das Gesetz zur Reform des Sozialhilferechts vom 23.07.1996³ mit Wirkung zum 01.01.1999 in das BSHG eingefügt worden. Bis zu diesem Zeitpunkt war das Institut der außerordentlichen Kündigung im Sozialhilferecht nicht geregelt. Allerdings hat die Rechtsprechung auch vor der Einfügung des § 93c BSHG die Auffassung vertreten, dass den Parteien eines Sozialverwaltungsvertrages die Möglichkeit eingeräumt werden muss, das öffentlich-rechtliche Dauerschuldverhältnis durch Kündigung in entsprechender Anwendung der zivilrechtlichen Vorschriften (§§ 621 ff., 723 BGB) zu beenden.⁴ **2**

Im Unterschied zur Vorgängernorm verwendet der Gesetzgeber in § 78 Satz 1 SGB XII allerdings nicht mehr den Begriff der „gröblichen", sondern den der „groben" Verletzung vertraglicher oder ge- **3**

---

¹ BGBl I 2003, 3022.
² BGBl I 2009, 2319.
³ BGBl I 1996, 1088.
⁴ VG München v. 26.04.1990 - M 15 K 90.576; BVerwG v. 29.12.2000 - 5 B 171/99.

setzlicher Verpflichtungen. Mangels entsprechender Anhaltspunkte in der Gesetzesbegründung[5] kann davon ausgegangen werden, dass es sich nur um eine dem Zeitgeist geschuldete terminologische, nicht jedoch um eine inhaltliche Abweichung im Vergleich zur Vorgängernorm handelt.

III. Parallelvorschriften

4   Eine dem § 78 SGB XII inhaltlich vergleichbare Vorschrift findet sich in **§ 74 Abs. 2 SGB XI**, der die **außerordentliche Kündigung eines** auf der Grundlage von § 72 SGB XI geschlossenen **Versorgungsvertrag**es durch die Landesverbände der Pflegekassen regelt. Ebenso wie der Abschluss eines Versorgungsvertrages nach dem SGB XI (§ 72 Abs. 2) kann dessen Kündigung nur im Einvernehmen mit dem Sozialhilfeträger erfolgen (§ 74 Abs. 2 Satz 4 i.V.m. Abs. 1 Satz 2), weil die Sozialhilfeträger als Mitglieder der Pflegesatzkommission an der Vereinbarung der Pflegesätze beteiligt sind (§ 86 Abs. 1 SGB XI). Für Leistungen der Kinder- und Jugendhilfe in Einrichtungen, die ebenfalls aufgrund von Vereinbarungen erbracht werden, sieht das **SGB VIII** keine dem § 78 SGB XII vergleichbare Norm vor.

IV. Systematische Zusammenhänge

5   § 78 SGB XII regelt die (vorzeitige) **Lösung** des Sozialhilfeträgers **von** den zwischen ihm und dem Leistungserbringer geschlossenen **Vereinbarungen i.S.d. § 75 Abs. 3 SGB XII** aus einem wichtigen Grund. Dieses Recht des Sozialhilfeträgers zur außerordentlichen Kündigung gilt daher **nicht für** die auf der Grundlage von § 76 Abs. 3 Satz 1 Alt. 1 SGB XII zu schließende **Leistungsstandardvereinbarung** (vgl. dazu die Kommentierung zu § 76 SGB XII ff.). Die außerordentliche Kündigung einer Vereinbarung i.S.d. § 75 Abs. 3 SGB XII führt zum **Wegfall der vertraglichen Grundlage für das Sachleistungsverschaffungsverhältnis**. Gleichzeitig entfällt damit die Verbindung zwischen dem Grundverhältnis (Rechtsbeziehung zwischen Hilfeempfänger und Sozialhilfeträger) und dem Erfüllungsverhältnis (Rechtsbeziehung zwischen Leistungserbringer und Sozialhilfeträger) zu einem leistungsrechtlichen Dreieck (vgl. dazu die Kommentierung zu § 75 SGB XII ff.). Ebenso wie der Abschluss einer Vereinbarung beeinflusst auch deren Wegfall die übrigen Rechtsbeziehungen. Im Erfüllungsverhältnis entfällt die Koppelung der Vergütung des Leistungserbringers an das im Sachleistungsverschaffungsverhältnis Vereinbarte. Im Grundverhältnis muss der Sozialhilfeträger aufgrund seiner Gewährleistungsverantwortung[6] jedoch gleichwohl den Bedarf des bedürftigen Hilfeempfängers decken. Gegebenenfalls ist die Vergütung des Leistungserbringers nach erfolgter außerordentlicher Kündigung vorübergehend nach **§ 75 Abs. 4 SGB XII** durch den Sozialhilfeträger zu übernehmen (vgl. dazu die Kommentierung zu § 75 SGB XII ff.).

6   Für die Frage, ob eine zur außerordentlichen Kündigung berechtigende **Pflichtverletzung** des Leistungserbringers vorliegt, sind der **Inhalt der** zwischen ihm und dem Sozialhilfeträger geschlossenen **Vereinbarungen (§ 76 SGB XII) und die Vorschriften des Heimgesetzes** – insbesondere § 11 (Anforderungen an den Betrieb eines Heimes), § 12 (Anzeigepflicht bei Aufnahme des Heimbetriebes) und § 14 HeimG (Annahme geldwerter Vorteile der Heimbewohner durch Träger) – **maßgebend**.

7   Das Recht zur außerordentlichen Kündigung nach § 78 SGB XII besteht **neben** der durch **§ 77 Abs. 3 SGB XII** eingeräumten Möglichkeit, über den Inhalt einer Vergütungsvereinbarung – und nach der hier vertretenen Auffassung auch der Leistungsvereinbarung (vgl. dazu die Kommentierung zu § 75 SGB XII; die Kommentierung zu § 76 SGB XII, Rn. 47 (Kommentierung zu § 76 SGB XII) und die Kommentierung zu § 77 SGB XII) – wegen unvorhersehbarer, wesentlicher Änderungen der dieser Vereinbarung zugrunde liegenden Annahmen neu zu verhandeln (spezieller Fall der **Änderung oder des Wegfalls der Geschäftsgrundlage**; vgl. dazu Rn. 18) und neben der gem. § 78 Satz 4 SGB XII eröffneten Möglichkeit, eine Vereinbarung auf der Grundlage von § 59 Abs. 1 Satz 1 SGB X anzupassen oder zu kündigen (allgemeiner Fall der Änderung oder des Wegfalls der Geschäftsgrundlage; vgl. dazu Rn. 29, Rn. 43 ff.). Anders als § 77 SGB XII gilt § 59 SGB X sowohl für die Vereinbarungen i.S.d. § 75 SGB XII als auch für die Leistungsstandardvereinbarung.

---

[5] BT-Drs. 15/1514, S. 64.
[6] BSG v. 18.03.2014 - B 8 SF 2/13 R zur Veröffentlichung in BSGE und SozR vorgesehen; BSG v. 02.02.2010 - B 8 SO 20/08 R - juris Rn. 12; BSG v. 28.10.2009 - B 8 SO 22/07 R - BSGE 102, 1 = SozR 4-1500 § 75 Nr. 9 jeweils Rn. 17.

V. Ausgewählte Literaturhinweise

Dillmann, Ménage à trois: Das sozialhilferechtliche Dreiecksverhältnis aus der Sicht des Sozialhilfeträgers, Sozialrecht aktuell 2012, 181; *Eicher,* Der Zahlungsanspruch des Leistungserbringers im Sozialhilferecht, SGb 2013, 127; *Kunte,* Unbefristete Leistungsvereinbarungen im SGB XII, RsDE Nr. 68 (2009), 55-67; *Philipp,* Fristlose Kündigung einer sozialhilferechtlichen Leistungsvereinbarung wegen Zahlung untertariflicher Löhne an die Mitarbeiterschaft – Anmerkung zum Beschluss des SG Frankfurt vom 09.07.2013 - S 27 SO 168/13 ER - Sozialrecht aktuell 2013, 215; *ders.,* Anordnung einer sozialhilferechtlichen Leistungsvereinbarung im sozialgerichtlichen Eilverfahren - Anm. zum Urteil des LSG Berlin vom 08.09.2011 - L 23 SO 147/11 B - Sozialrecht aktuell 2011, 234.

8

B. Bedeutung der Norm

I. Regelungsgehalt der Norm

§ 78 SGB XII normiert das Recht des Sozialhilfeträgers, die zwischen ihm und dem Leistungserbringer bestehenden Vereinbarungen fristlos zu kündigen (Recht zur außerordentlichen Kündigung). Satz 1 regelt den **Kündigungsgrund** (grobe Pflichtverletzung des Leistungserbringers), den **Kündigungsgegenstand** (Vereinbarung i.S.d. § 75 Abs. 3 SGB XII), die **Kündigungsberechtigung** (Kündigungsrecht des Sozialhilfeträgers) sowie die **Kündigungsmodalitäten** (ohne Einhaltung einer Kündigungsfrist). Die grobe Pflichtverletzung wird durch die in **Satz 2** exemplarisch aufgezählten **Regelbeispiele** konkretisiert. **Satz 3** bestimmt die Form der Kündigung (**Schriftform**). Satz 4 regelt das **Verhältnis zwischen der Kündigung** einer Vereinbarung **und der Änderung bzw. dem Wegfall der Geschäftsgrundlage** einer Vereinbarung, wobei Überschneidungen zwischen beiden Rechtsinstituten aus inhaltlichen Gründen kaum denkbar sind.

9

II. Zweck der Norm

Die dem Sozialhilfeträger mit § 78 SGB XII eingeräumte Möglichkeit, die zwischen ihm und dem Leistungserbringer geschlossenen Vereinbarungen fristlos zu kündigen, wenn der Leistungserbringer seine gegenüber dem bedürftigen Hilfeempfänger oder dem Sozialhilfeträger bestehenden Verpflichtungen grob verletzt und aus diesem Grund eine Fortsetzung der Vertragsbeziehung unzumutbar ist, dient der **Wahrnehmung der Gewährleistungsverantwortung**[7] (vgl. dazu die Kommentierung zu § 75 SGB XII ff.) durch den Sozialhilfeträger. Der Sozialhilfeträger ist nach den §§ 9, 17 SGB XII verpflichtet, dem bedürftigen Hilfeempfänger bedarfsdeckende Sozialhilfeleistungen zu gewähren (Bedarfsdeckungsgrundsatz). Diese Pflicht des Sozialhilfeträgers besteht auch dann, wenn seine Leistungspflicht darauf beschränkt, Sachleistungen zu verschaffen und die Vergütung des Leistungserbringers zu übernehmen. Er muss in diesen Fällen sicherstellen, dass der bedürftige Hilfeempfänger die ihm gesetzlich zustehenden bedarfsdeckenden Leistungen durch den Leistungserbringer erhält. Dem dienen die nach § 75 Abs. 3 SGB XII zu schließenden Vereinbarungen, in denen die gegenseitigen Rechte und Pflichten der Vertragsparteien in Bezug auf die Leistung, die Vergütung der Leistung und die Prüfung der Leistung festgelegt werden. Verletzt der Leistungserbringer in den Vereinbarungen geregelte oder sich aus dem Gesetz ergebende Pflichten, die dem Schutz des bedürftigen Hilfeempfängers und/oder der Sicherstellung der Gewährleistungspflicht des Sozialhilfeträgers dienen, in grober Weise und ist es infolge dessen unzumutbar, das Vertragsverhältnis fortzusetzen, muss der Sozialhilfeträger vor dem Hintergrund seiner Gewährleistungsverantwortung die Vereinbarung(en) kündigen können. Wegen der Bedeutung der Gewährleistungsverantwortung des Sozialhilfeträgers im Bereich des sozialhilferechtlichen Leistungserbringungsrechts ist dessen Recht zur außerordentlichen Kündigung ausdrücklich im SGB XII geregelt worden, während das Recht der Vertragsparteien zur ordentlichen Kündigung vertraglich vereinbart werden muss (vgl. dazu Rn. 46).

10

Die Möglichkeit, eine befristet oder unbefristet vereinbarte Vertragsbeziehung aus wichtigem Grund ohne Einhaltung einer Kündigungsfrist zu beenden, wenn Umstände vorliegen, die unter Abwägung der Interessen der Vertragsparteien eine Fortsetzung der Vertragsbeziehung unzumutbar erscheinen lassen, entspricht einem **allgemeinen Rechtsgrundsatz,** der in der nicht abdingbaren Vorschrift des **§ 626 BGB** zum Ausdruck kommt.

11

---

[7] Zum Gewährleistungsverantwortungsmodell: BSG v. 18.03.2014 - B 8 SF 2/13 R zur Veröffentlichung in BSGE und SozR vorgesehen; BSG v. 02.02.2010 - B 8 SO 20/08 R - juris Rn. 12; BSG v. 28.10.2009 - B 8 SO 22/07 R - BSGE 102, 1 = SozR 4-1500 § 75 Nr. 9 jeweils Rn. 17; *Eicher,* SGB 2013, 127, 129.

12 Die in § 78 Satz 3 SGB XII für die außerordentliche Kündigung des Sozialhilfeträgers zwingend vorgeschriebene **Schriftform** dient der **Rechtssicherheit**.[8] Die Regelung in § 78 Satz 4 SGB XII hat nur deklaratorische Bedeutung, weil nach Voraussetzungen und Rechtsfolgen des § 78 SGB XII (außerordentliche Kündigung wegen grober Pflichtverletzung) einerseits und des § 59 SGB X andererseits (Anpassung oder Kündigung eines Vertrages wegen Wegfalls bzw. Änderung der Geschäftsgrundlage) eine Überschneidung im Anwendungsbereich beider Vorschriften kaum denkbar ist.[9]

III. Auslegung der Norm im Einzelnen

1. Allgemeines

13 Die außerordentliche Kündigung einer Vereinbarung durch den Sozialhilfeträger greift in das **Grundrecht des Leistungserbringers auf freie Berufsausübung** (Art. 12 Abs. 1 GG) ein, weil mit der Kündigung der zwischen den Vertragsparteien bestehenden Vereinbarungen die gesetzlichen Voraussetzungen für die Übernahme der Vergütung des Leistungserbringers entfallen (§ 75 Abs. 3 SGB XII). Es handelt sich weder um einen Eingriff in die freie Berufswahl des Leistungserbringers noch um eine in ihren Wirkungen einer objektiven Zulassungsbeschränkung gleichkommende Berufsausübungsregelung, die nur durch besonders wichtige Interessen der Allgemeinheit gerechtfertigt werden kann.[10] Mit der Kündigung einer nach § 75 Abs. 3 SGB XII geschlossenen Vereinbarung wird weder die Zulassung zum Betreiben einer Einrichtung oder eines Dienstes entzogen, noch werden die Betreiber einer Einrichtung/eines Dienstes dadurch faktisch gezwungen, ihren Beruf aufzugeben. Anders als im Bereich der gesetzlichen Pflegeversicherung werden die Leistungserbringer im Bereich der Sozialhilfe nicht durch einen besonderen Vertrag zur Leistungserbringung zugelassen (vgl. § 72 SGB XI). Zwar ist die Vereinbarung i.S.d. § 75 Abs. 3 SGB XII einem solchen Zulassungsakt in der Rechtswirkung vergleichbar. Sie betrifft aber nur einen Ausschnitt der Rechtsbeziehungen einer Einrichtung bzw. eines Dienstes – nämlich diejenigen zu Leistungsberechtigten i.S.d. SGB XII. Die Vertragsbeziehungen zu den übrigen in einer Einrichtung bzw. durch einen Dienst betreuten Leistungsberechtigten werden weder durch die Vereinbarung noch durch deren Kündigung berührt. Selbst wenn eine Einrichtung/ein Dienst dauerhaft überwiegend Leistungsberechtigte i.S.d. SGB XII betreut, ist der mit der außerordentlichen Kündigung der Vereinbarung(en) verbundene einschneidende Eingriff in die Berufsausübungsfreiheit durch den Zweck des § 78 SGB XII gerechtfertigt: Mit dem Recht zur außerordentlichen Kündigung einer Vereinbarung durch den Sozialhilfeträger für den Fall einer groben Verletzung von Pflichten, die dem Leistungserbringer zum Schutz des bedürftigen Hilfeempfängers und zur Sicherstellung der Gewährleistungsverantwortung des Sozialhilfeträgers obliegen, werden übergeordnete Gründe des Gemeinwohls wahrgenommen. Durch die Ausgestaltung des Kündigungsrechts in § 78 SGB XII, das eine grobe Pflichtverletzung voraussetzt und dem Sozialhilfeträger nur zusteht, wenn ein Festhalten an der Vereinbarung unzumutbar ist, wird dem Verhältnismäßigkeitsgrundsatz Rechnung getragen.[11]

2. Gegenstand des Kündigungsrechts (Satz 1)

14 Das Recht des Sozialhilfeträgers zur außerordentlichen Kündigung bezieht sich lediglich auf Vereinbarungen nach § 75 Abs. 3 SGB XII. Es gilt daher nur für die **Leistungs-, Vergütungs- und Prüfungsvereinbarung**, nicht dagegen für die in § 76 Abs. 3 Satz 1 Alt. 1 SGB XII geregelte **Leistungsstandardvereinbarung** (vgl. dazu die Kommentierung zu § 76 SGB XII ff.). Letztere kann nur unter den Voraussetzungen des **§ 59 Abs. 1 SGB X** an wesentlich geänderte Umstände angepasst (§ 59 Abs. 1 Satz 1 Alt. 1 SGB X) oder, wenn eine Anpassung nicht möglich oder nicht zumutbar ist, gekündigt werden (§ 59 Abs. 1 Satz 1 Alt. 2 und Satz 2 SGB X).

---

[8] *Flint* in: Grube/Wahrendorf, SGB XII, 5. Aufl., § 78 Rn. 7; *Neumann* in: Hauck/Noftz, SGB XII, § 78 Rn. 8.

[9] Ebenso: *Baur* in: Mergler/Zink, SGB XII, § 78 Rn. 13.

[10] So aber: *Neumann* in: Hauck/Noftz, SGB XII, § 78 Rn. 3; zu den Anforderungen an die Rechtfertigung der einer Zulassungsbeschränkung faktisch nahekommenden Berufsausübungsregelung: BVerfG v. 12.06.1990 - 1 BvR 355/86 - BVerfGE 82, 209 m.w.N.

[11] *Neumann* in: Hauck/Noftz, SGB XII, § 78 Rn. 3.

3. Kündigungsgrund (Sätze 1 und 2)

Der Sozialhilfeträger ist nur dann zur außerordentlichen Kündigung der mit dem Leistungserbringer geschlossenen Vereinbarung(en) berechtigt, wenn der Leistungserbringer eine gesetzliche oder vertragliche Verpflichtung gegenüber den bedürftigen Hilfeempfängern und/oder gegenüber deren Kostenträgern grob verletzt hat. Der Gesetzgeber hat den Kündigungsgrund – die **grobe Pflichtverletzung** – durch einen **unbestimmten Rechtsbegriff** umschrieben. Dieser ist anhand des Regelungszusammenhangs, in dem er verwendet wird, auszulegen (funktionsdifferente Auslegung). **Vertragliche Pflichten** der Leistungserbringer, deren grobe Verletzung zur außerordentlichen Kündigung berechtigen, sind in den mit dem Sozialhilfeträger geschlossenen Vereinbarungen i.S.d. § 75 Abs. 3 SGB XII geregelt. **Gesetzliche Pflichten** sind im Kontext des § 78 SGB XII solche, die gegenüber den Leistungsberechtigten und/oder Kostenträgern bestehen und der Sicherstellung der Gewährleistungspflicht des Sozialhilfeträgers dienen. Gesetzliche Pflichten ergeben sich u.a. aus dem Leistungserbringungsrecht des SGB XII (z.B. Vorgaben des § 76 SGB XII) i.V.m. den Vereinbarungen und den Vorschriften des Heimgesetzes (z.B. § 12 Anzeigepflicht; § 13 Aufzeichnungspflicht). Zur außerordentlichen Kündigung berechtigt darüber hinaus auch eine Verletzung **vertraglicher Nebenpflichten**. Ob eine Pflichtverletzung als „grob" i.S.d. § 78 SGB XII zu werten ist, beurteilt sich nach der Art der verletzten Pflicht und deren Bedeutung für die Bedarfsdeckung sowie nach Dauer und Intensität der Pflichtverletzung.[12] Ein Verschulden des Leistungserbringers i.S.v. Vorsatz oder grober Fahrlässigkeit ist nicht erforderlich; es genügt ein objektiver Pflichtverstoß.[13] In welchen Fällen der Gesetzgeber von einer groben Pflichtverletzung ausgeht, wird anhand der in **§ 78 Satz 2** SGB XII exemplarisch[14] („insbesondere") aufgezählten **Regelbeispiele** deutlich:

- eine Schädigung der Leistungsberechtigten durch die Pflichtverletzung des Leistungserbringers;
- Bestehen gravierender Mängel in der Leistungserbringung;
- Entzug der Betriebserlaubnis nach heimrechtlichen Vorschriften;
- Untersagung des Betriebes der Einrichtung;
- Abrechnung nicht erbrachter Leistungen gegenüber den Kostenträgern.

Entgegen dem Wortlaut des § 78 Satz 1 SGB XII ist es nicht erforderlich, dass der Leistungserbringer seine Pflichten gegenüber den Leistungsberechtigten **und** den Kostenträgern gleichzeitig verletzt, wie die Auswahl der alternativen Regelbeispiele in Satz 2 erkennen lässt.[15]

Der durch einen Mitarbeiter des Leistungserbringers begangene grobe Pflichtverstoß (z.B. Pflegemängel; Abrechnungsbetrug) berechtigt nur dann zur außerordentlichen Kündigung, wenn diese **Pflichtverletzung dem Leistungserbringer nach den §§ 278, 831 BGB zuzurechnen ist**.[16]

Zur außerordentlichen Kündigung nach § 78 SGB XII berechtigten nur **unvorhersebare Umstände im Rahmen einer laufenden Vertragsbeziehung**. Pflichtverstöße, die bereits bei Abschluss der Vereinbarung(en) vorgelegen haben, für den Sozialhilfeträger erkennbar waren und die nicht durch weitere Pflichtverletzungen während der Vertragslaufzeit perpetuiert bzw. verschärft worden sind, berechtigen weder zur Kündigung der Vereinbarungen nach § 78 SGB XII[17] noch kann hierauf ein Verlangen auf Neuverhandlung wegen einer wesentlichen Änderung der Geschäftsgrundlage (§ 77 Abs. 3 SGB XII) gestützt werden. Eine Kündigung wegen eines groben Pflichtverstoßes wäre in diesen Fallkonstellationen als unzulässige Rechtsausübung anzusehen. Selbst wenn man – wie teilweise vertreten[18] – auch in diesen Fällen dem Sozialhilfeträger ein Kündigungsrecht zugesteht, dürfte zumindest die Fortsetzung des Vertragsverhältnisses regelmäßig zumutbar sein (vgl. dazu Rn. 38 ff.).

---

[12] SG Chemnitz v. 02.12.1999 - S 15 P 96/98 zu der Parallelvorschrift in § 74 Abs. 2 SGB XI.

[13] Ebenso: SG Chemnitz v. 02.12.1999 - S 15 P 96/98 zu der Parallelvorschrift in § 74 Abs. 2 SGB XI; a.A. im Sinne der Notwendigkeit von leichter Fahrlässigkeit: *Freudenberg* in: Jahn, SGB XII, § 78 Rn. 5.

[14] *Flint* in: Grube/Wahrendorf, SGB XII, 5. Aufl., § 78 Rn. 4; *W. Schellhorn* in: Schellhorn/Schellhorn/Hohm, SGB XII, 18. Aufl., § 78 Rn. 4; *Freudenberg* in: Jahn, SGB XII, § 78 Rn. 5; *Münder* in: LPK-SGB XII, 9. Aufl., § 78 Rn. 1; *Baur* in: Mergler/Zink, SGB XII, § 78 Rn. 8; *Neumann* in: Hauck/Noftz, SGB XII, § 78 Rn. 7.

[15] *Flint* in: Grube/Wahrendorf, SGB XII, 5. Aufl., § 78 Rn. 3; *Münder* in: LPK-SGB XII, 9. Aufl., § 78 Rn. 1; *W. Schellhorn* in: Schellhorn/Schellhorn/Hohm, SGB XII, 18. Aufl., § 78 Rn. 5.

[16] Ebenso: *Freudenberg* in: Jahn, SGB XII, § 78 Rn. 9a; *Flint* in: Grube/Wahrendorf, SGB XII, 5. Aufl., § 78 Rn. 4; a.A. *Münder* in: LPK-SGB XII, 9. Aufl., § 78 Rn. 1.

[17] Ebenso: *Neumann* in: Hauck/Noftz, SGB XII, § 78 Rn. 7; SG Berlin vom 06.07.2011 - S 51 SO 507/11 ER; a.A. allerdings ohne Begründung: *Freudenberg* in: Jahn, SGB XII, § 78 Rn. 9c; *Flint* in: Grube/Wahrendorf, SGB XII, 5. Aufl., § 78 Rn. 5.

[18] *Freudenberg* in: Jahn, SGB XII, § 78 Rn. 9c; *Flint* in: Grube/Wahrendorf, SGB XII, 5. Aufl., § 78 Rn. 5.

19 Die tatsächliche Feststellung des Kündigungsgrundes ist für den Sozialhilfeträger in der Praxis mit nicht unerheblichen Schwierigkeiten verbunden.[19] Ein an die Stelle der Prüfungsvereinbarung tretendes **gesetzliches Prüfungsrecht**, wie im Bundesratsentwurf für ein „Gesetz zur Änderung des SGB XII" vom 13.01.2011 als Reaktion auf die Maserati-Affäre bei der Treberhilfe Berlin vorgesehen[20], würde die Feststellung einer Verletzung vertraglicher oder gesetzlicher Verpflichtungen des Leistungserbringers erleichtern, ist aber auf politischer Ebene gescheitert.

a. Regelbeispiele

20 Das Regelbeispiel der **Schädigung der Leistungsberechtigten durch ein pflichtwidriges Verhalten des Leistungserbringers** bezieht sich sowohl auf eine körperliche Schädigung (z.B. durch Misshandlung)[21] als auch auf vermögenswerte Schäden (z.B. durch Diebstahl oder Betrug).[22] Ein solcher Kündigungsgrund kann auch dann angenommen werden, wenn nur ein Leistungsberechtigter durch das grobe Fehlverhalten des Leistungserbringers zu Schaden kommt.[23] Leistungsberechtigte im Sinne dieses Regelbeispiels sind nur die in einer Einrichtung oder durch einen Dienst Betreuten, die Sozialhilfeleistungen beziehen (Leistungsberechtigte nach dem SGB XII bzw. bedürftige Hilfeempfänger). Allerdings kann eine **grobe Pflichtverletzung** des Leistungserbringers **gegenüber** sogenannten **Selbstzahlern** im Einzelfall als dem § 78 Satz 2 Alt. 1 SGB XII vergleichbarer sonstiger Kündigungsgrund angesehen werden.[24] Dies wird man zumindest dann annehmen können, wenn der/die Selbstzahler durch die begangene Pflichtverletzung des Leistungserbringers zu Schaden gekommen ist/sind und die Art des Pflichtverstoßes Zweifel an der Zuverlässigkeit des Leistungserbringers insgesamt – d.h. auch gegenüber den Leistungsberechtigten nach dem SGB XII begründet. Im Rahmen der bei der Zumutbarkeitsprüfung vorzunehmenden Interessenabwägung (vgl. dazu Rn. 38 f.) ist wegen der fehlenden direkten Betroffenheit eines Leistungsberechtigten nach dem SGB XII besonders genau zu prüfen, ob die Fortsetzung der Vertragsbeziehung nicht weiterhin zumutbar ist.

21 Für das Regelbeispiel der **gravierenden Mängel in der Leistungserbringung** hat der Gesetzgeber wiederum einen unbestimmten Rechtsbegriff gewählt. Vor dem Hintergrund der Funktion des Leistungserbringungsrechts ist ein zur Kündigung berechtigender gravierender Mangel immer dann anzunehmen, wenn hierdurch die dem Sozialhilfeträger obliegende Pflicht zur Gewährung bedarfsdeckender Leistungen, in deren Erfüllung der Leistungserbringer eingebunden ist, gefährdet wird. Ein solcher Mangel kann u.a. angenommen werden, wenn der Leistungserbringer entgegen der in der Leistungsvereinbarung zu regelnden Aufnahme- und Betreuungspflicht (vgl. dazu die Kommentierung zu § 76 SGB XII ff.) die Aufnahme eines bedürftigen Hilfeempfängers verweigert, soweit dies nicht durch eine Kapazitätsüberschreitung gerechtfertigt ist,[25] oder wenn das vertraglich geregelte und zur Bedarfsdeckung notwendige Leistungsangebot – z.B. wegen eines Personalmangels – reduziert wird.

22 Der **Entzug der Betriebserlaubnis** der Einrichtung berechtigt nach der Streichung des § 6 HeimG (Erlaubnis zum Betrieb eines Heimes) mit Wirkung zum 13.02.1997 nicht mehr zur Kündigung einer Vereinbarung, weil für den Betrieb eines Heimes nur noch die Anzeige der Betriebsaufnahme bei der zuständigen Behörde erforderlich ist (§ 12 HeimG).[26] Weiterhin möglich ist aber nach der mit Wirkung zum 01.10.2009 vorgenommenen Umstrukturierung des Heimrechts durch das Gesetz zur Neuregelung der zivilrechtlichen Vorschriften des Heimgesetzes nach der Föderalismuskommission[27] vom 29.07.2009 die Kündigung einer Vereinbarung, wenn der Betrieb einer Einrichtung auf der Grundlage von § 19 HeimG untersagt wurde.

23 Die **Abrechnung nicht erbrachter Leistungen** gegenüber den Kostenträgern bezieht sich nach dem Regelungszusammenhang auf die Träger der Sozialhilfekosten, d.h. die örtlichen und überörtlichen Sozialhilfeträger (Leistungserbringungsverhältnis im engeren Sinne). Insoweit bestätigt dieses Regelbei-

---

[19] Dazu auch: *Dillmann*, Sozialrecht aktuell 2012, 181, 186 f.
[20] BT-Drs. 17/4405, S. 5 ff.; zu den Hintergründen: *Dillmann*, Sozialrecht aktuell 2012, 181, 186 f.
[21] Vgl. SG Kassel v. 26.01.2000 - S 12 P 1504/99.
[22] Vgl. dazu die Begründung zur Parallelvorschrift des § 74 Abs. 2 SGB XI: BT-Drs. 12/5262, S. 138.
[23] *Flint* in: Grube/Wahrendorf, SGB XII, 5. Aufl., § 78 Rn. 4.
[24] Ebenso: *Freudenberg* in: Jahn, SGB XII, § 78 Rn. 9a; *Flint* in: Grube/Wahrendorf, SGB XII, 5. Aufl., § 78 Rn. 4; a.A. *Münder* in: LPK-SGB XII, 9. Aufl., § 78 Rn. 1.
[25] Ebenso *Baur* in: Mergler/Zink, SGB XII, § 78 Rn. 10; *Freudenberg* in: Jahn, SGB XII, § 78 Rn. 9; *W. Schellhorn* in: Schellhorn/Schellhorn/Hohm, 18. Aufl., § 78 Rn. 4.
[26] Dazu auch: *Baur* in: Mergler/Zink, SGB XII, § 78 Rn. 9; *Freudenberg* in: Jahn, SGB XII, § 78 Rn. 8.
[27] BGBl I 2009, 2319.

spiel, dass das von der Rechtsprechung für das sozialhilferechtliche Dreiecksverhältnis entwickelte Institut der Sachleistungsverschaffung durch Schuldbeitritt zutreffend ist.[28] Die Abrechnung nicht erbrachter Leistungen gegenüber anderen in die Leistungserbringung eingebundenen Kostenträgern (z.B. der Pflegekasse) ist dem Regelbeispiel des § 78 Satz 2 Alt. 5 SGB XII vergleichbar und berechtigt daher ebenfalls zur Kündigung[29] (Leistungserbringungsverhältnis im weiteren Sinne). Das gilt allerdings nicht, wenn Pflichten verletzt werden, die nicht das Leistungserbringungsverhältnis im weiteren Sinne betreffen, sondern die unabhängig von der Leistungsbeziehung gegenüber einer öffentlichen Stelle bestehen (z.B. Nichtabführung von Steuern und/oder Sozialversicherungsbeiträgen).[30]

b. Sonstige zur Kündigung berechtigende grobe Pflichtverletzungen

Eine zur Kündigung durch den Sozialhilfeträger berechtigende **sonstige grobe Pflichtverletzung** des Leistungserbringers muss hinsichtlich ihrer Schwere **den** in § 78 Satz 2 SGB XII genannten **Regelbeispielen vergleichbar** sein.[31] Bei der Auslegung des unbestimmten Rechtsbegriffs müssen der mit dem Kündigungsrecht verbundene Zweck und die Besonderheiten der Leistungserbringung im Dreiecksverhältnis berücksichtigt werden (vgl. Rn. 15). Hiervon ausgehend ist der Sozialhilfeträger immer dann zur Kündigung berechtigt, wenn die Pflichtverletzung des Leistungserbringers die Gewährung bedarfsdeckender Leistungen gefährdet und/oder wenn der Pflichtverstoß eine Untersagung nach § 19 HeimG rechtfertigen würde.[32] Darüber hinaus berechtigen auch Umstände, die dem Abschluss einer Vereinbarung mit dem jeweiligen Leistungserbringer entgegenstehen würden – z.B. die fehlende Eignung (§ 75 Abs. 2 Satz 2 SGB XII) oder Leistungsfähigkeit eines Leistungserbringers (§ 75 Abs. 3 Satz 2 SGB XII) –, den Sozialhilfeträger zur Kündigung einer bereits bestehenden Vereinbarung.[33] Dies gilt allerdings nur, wenn die Eignung oder Leistungsfähigkeit des Leistungserbringers nach Abschluss der Vereinbarung(en) weggefallen ist.[34] War der Leistungserbringer hingegen von Anfang an nicht geeignet oder nicht hinreichend leistungsfähig (zur Eignung und Leistungsfähigkeit vgl. die Kommentierung zu § 75 SGB XII ff.), sind bereits die Voraussetzungen für den Abschluss von wirksamen Vereinbarungen i.S.d. § 75 Abs. 3 SGB XII nicht gegeben. Kommt eine Vereinbarung gleichwohl zustande, handelt es sich nicht um den durch § 78 SGB XII erfassten Fall einer groben Pflichtverletzung im Rahmen eines bestehenden Vertragsverhältnisses, sondern um einen Fall der Nichtigkeit der Vereinbarung wegen des Verstoßes gegen ein gesetzliches Verbot (§ 58 SGB X i.V.m. § 134 BGB). Dies folgt bereits daraus, dass sich der Abschluss einer Vereinbarung mit einem nicht geeigneten bzw. nicht leistungsfähigen Leistungserbringer als Fehlverhalten des Sozialhilfeträgers darstellt, während das durch § 78 SGB XII eingeräumte einseitige Recht des Sozialhilfeträgers zur außerordentlichen Kündigung bestehender Vereinbarungen einen groben Pflichtverstoß des Leistungserbringers voraussetzt.

Sonstige grobe Pflichtverletzungen, die zur Kündigung der Vereinbarung durch den Sozialhilfeträger **berechtigen**, sind u.a.:

- die **fehlerhafte Abrechnung** des Leistungserbringers (z.B. Abrechnung stationärer Pflegeleistungen als ambulante Leistungen durch einen ambulanten Dienst)[35];
- die **fehlende Einhaltung baulicher Mindeststandards**[36], soweit dadurch die Gewährung bedarfsdeckender Leistungen nicht mehr sichergestellt werden kann;
- die **Beschäftigung von nicht qualifiziertem Personal** in nicht unerheblichem Umfang[37] (Verstoß gegen § 11 Abs. 2 Nr. 2 HeimG) oder dauerhafte Personalunterdeckung, soweit dadurch die Gewährung bedarfsdeckender Leistungen gefährdet ist;

---

[28] Vgl. dazu: BSG v. 18.03.2014 - B 8 SF 2/13 R - zur Veröffentlichung in BSGE und SozR 4 vorgesehen; BSG v. 02.02.2010 - B 8 SO 20/08 R; BSG v. 28.10.2008 - B 8 SO 22/07 R - BSGE 102, 1 = SozR 4-1500 § 75 Nr. 9 BSG v. 02.02.2010 - B 8 SO 20/08 R.
[29] *Flint* in: Grube/Wahrendorf, SGB XII, 5. Aufl., § 78 Rn. 4.
[30] *Flint* in: Grube/Wahrendorf, SGB XII, 5. Aufl., § 78 Rn. 4; *Freudenberg* in: Jahn, SGB XII, § 78 Rn. 9b.
[31] *Baur* in: Mergler/Zink, SGB XII, § 78 Rn. 10; ähnlich *W. Schellhorn* in: Schellhorn/Schellhorn/Hohm, SGB XII, 18. Aufl., § 78 Rn. 4; LSG Rheinland-Pfalz v. 03.08.2006 - L 5 P 22/05.
[32] Im Ansatz ebenso: *W. Schellhorn* in: Schellhorn/Schellhorn/Hohm, SGB XII, 18. Aufl., § 78 Rn. 4.
[33] Ähnlich *Neumann* in: Hauck/Noftz, SGB XII, § 78 Rn. 7.
[34] Ebenso: *Neumann* in: Hauck/Noftz, SGB XII, § 78 Rn. 7; anders dagegen: *Flint* in: Grube/Wahrendorf, SGB XII, 5. Aufl., § 78 Rn. 5, *Freudenberg* in: Jahn, SGB XII, § 78 Rn. 9c.
[35] SG Chemnitz v. 02.12.1999 - S 15 P 96/98 zur Parallelvorschrift in § 74 Abs. 2 SGB XI; mit Beispielen aus der Praxis: *Dillmann*, Sozialrecht aktuell 2012, 181, 186 f.
[36] Vgl. dazu: BVerwG v. 29.12.2000 - 5 B 171/99; *Freudenberg* in: Jahn, SGB XII, § 78 Rn. 7.
[37] Vgl. dazu: VG Bayreuth v. 17.02.2003 - B 3 K 02.433.

- **mangelnde Zuverlässigkeit des Leistungserbringers** i.S.v. § 11 Abs. 2 Nr. 1 HeimG.[38]

26 Eine zur Kündigung berechtigende **mangelnde Zuverlässigkeit** des Leistungserbringers liegt u.a. vor, wenn vom Leistungserbringer nicht dargelegt wird oder dargelegt werden kann, wie viele der in der Einrichtung betreuten Leistungsberechtigten nach dem SGB VIII, SGB XI oder SGB XII versorgt werden[39], weil insoweit unterschiedliche Leistungen zu erbringen sind und daher für Leistungsberechtigte nach dem SGB XII die Gewährung bedarfsdeckender Leistungen nicht garantiert werden kann. Da § 11 Abs. 2 Nr. 1 HeimG auf die Zuverlässigkeit des Einrichtungsträgers abstellt, muss in diesen Fallkonstellationen wiederum geprüft werden, ob das die Unzuverlässigkeit begründende Verhalten einzelner Mitarbeiter des Leistungserbringers dem Träger zugerechnet werden kann.

27 Auch die **Verletzung vertraglicher Nebenpflichten** kann zur außerordentlichen Kündigung berechtigen. Dies gilt insbesondere für die Verletzung von vereinbarten **Dokumentationspflichten**, die der ordnungsgemäßen Leistungserbringung und somit dem Schutz der Leistungsberechtigten dienen.[40]

28 **Nicht zur außerordentlichen Kündigung** der Vereinbarung **berechtigt** dagegen
- Die Absicht des Sozialhilfeträgers, ein neues Abrechnungssystem einzuführen.[41]
- Die Weigerung des Leistungserbringers, an der Wirtschaftlichkeitsprüfung durch den Sozialhilfeträger mitzuwirken.[42] Mit der fehlenden Mitwirkung verletzt der Leistungserbringer zwar in der Regel eine in der Einzelvereinbarung oder im Landesrahmenvertrag festgelegte vertragliche Pflicht. Die Schwere dieser Pflichtverletzung ist jedoch nicht mit derjenigen der in § 78 Satz 2 SGB XII aufgezählten Regelbeispiele vergleichbar. Etwas anders könnte nur dann gelten, wenn konkrete Anhaltspunkte dafür bestanden haben, dass die Einrichtung nicht mehr die Gewähr für eine leistungsfähige und somit bedarfsdeckende Versorgung bietet und der Beweis hierfür mit der Prüfung geführt werden sollte.[43]
- Die „zögerliche" Zusammenarbeit des Leistungserbringers mit dem Sozialhilfeträger.[44]
- Organisationsmängel und Mängel in der Weiterbildung des Personals, soweit daraus keine Gefährdung der bedarfsdeckenden Versorgung resultiert.[45]
- Kurzzeitige Mängel aufgrund einer vorübergehenden Personalunterdeckung.[46]
- Die fehlende Einhaltung des für die Beschäftigung der Einrichtung/des Dienstes einschlägigen Tarifvertrages.[47]

4. Kündigungsberechtigter (Satz 1)

29 Nach § 78 SGB XII ist **nur** der **Sozialhilfeträger** zur außerordentlichen Kündigung einer Vereinbarung i.S.d. § 75 Abs. 3 SGB XII berechtigt. Dem Leistungserbringer steht ein solches Recht weder auf der Grundlage des § 78 SGB XII noch aufgrund des aus § 626 BGB folgenden allgemeinen Rechtsgedankens zu. Dieser kann die Vertragsbeziehung nur in den durch § 78 Satz 4 SGB XII i.V.m. § 59 SGB X gezogenen Grenzen vorzeitig beenden (vgl. dazu Rn. 43 ff.). Der Gesetzgeber hat mit **§ 78 SGB XII** und dem in § 78 Satz 4 enthaltenen Verweis auf § 59 SGB X die **Formen der (vorzeitigen) Beendigung einer** zwischen Sozialhilfeträger und Leistungserbringer bestehenden **Vereinbarung abschließend geregelt**. Während man vor der Einführung der Vorläufernorm des § 78 SGB XII (§ 93c BSHG) noch die Auffassung vertreten konnte, dass es bei einem fortdauernden öffentlich-rechtlichen Vertragsverhältnis die Möglichkeit geben muss, diesen Vertrag vor Ablauf seiner Laufzeit zu beenden[48], wird man dies nach Einfügung der außerordentlichen Kündigungsmöglichkeit in das BSHG mit Wirkung zum 01.01.1999 und der Übernahme dieser Vorschrift in § 78 SGB XII nicht mehr vertreten

---

[38] Vgl. dazu: SG Köln v. 04.07.2007 - S 13 SO 16/06.
[39] Vgl. dazu: Schleswig-Holsteinisches VG v. 26.05.2003 - 10 B 102/03.
[40] Vgl. dazu: SG Hamburg v. 05.09.2008 - S 4 KR 1002/08 ER zur Parallelvorschrift in § 74 Abs. 2 SGB XI.
[41] Vgl. dazu: VG Hannover v. 06.07.2004 - 7 A 673/04; *Freudenberg* in: Jahn, SGB XII, § 78 Rn. 9b.
[42] Ebenso: LSG Rheinland-Pfalz v. 03.08.2006 - L 5 P 22/05 mit modifizierter Begründung bestätigt durch BSG v. 12.06.2008 - B 3 P 2/07 R - BSGE 101, 6 = SozR 4-3300 § 79 Nr. 1 zur Parallelvorschrift in § 74 Abs. 2 SGB XI.
[43] Vgl. dazu: LSG Rheinland-Pfalz v. 03.08.2006 - L 5 P 22/05 zu § 74 Abs. 2 SGB XI; *Baur* in: Mergler/Zink, SGB XII, § 78 Rn. 10.
[44] SG Oldenburg v. 20.04.2001 - S 9 P 43/00 zur Parallelvorschrift in § 74 Abs. 2 SGB XI.
[45] LSG Berlin-Brandenburg v. 31.08.2006 - L 24 B 31/06 P ER zur Parallelvorschrift in § 74 Abs. 2 SGB XI.
[46] SG Konstanz v. 13.07.1999 - S 2 P 2034/98 zur Parallelvorschrift in § 74 Abs. 2 SGB XI.
[47] SG Frankfurt v. 09.07.2013 - S 27 SO 168/13 ER mit Anm. *Philipp*, Sozialrecht aktuell 2013, 215.
[48] So BVerwG v. 29.12.2000 - 5 B 171/99.

können. Vielmehr hat der Gesetzgeber in Kenntnis dieser Problematik bewusst nur für den Sozialhilfeträger ein Recht zur außerordentlichen Kündigung der Vereinbarung vorgesehen. Diese verfahrensrechtliche Sonderstellung des Sozialhilfeträgers lässt sich mit der Bedeutung der Vereinbarung(en) im System der sozialhilferechtlichen Leistungserbringung rechtfertigen. Durch die Vereinbarung stellt der Sozialhilfeträger sicher, dass die Leistungen, zu deren Erbringung er sich der Einrichtungen und Dienste anderer Träger bedient, den leistungsrechtlichen Vorgaben des Sozialhilferechts entsprechen. Diese Vorgaben werden über § 76 SGB XII Inhalt der Vereinbarung(en). Verletzt der Leistungserbringer diese primär im Interesse des bedürftigen Hilfeempfängers liegenden Pflichten in gravierender Weise, muss der Sozialhilfeträger aufgrund seiner Gewährleistungsverantwortung[49] die Möglichkeit haben, die Vertragsbeziehung anzupassen, soweit die Pflichtverletzung auf eine Änderung der dem Vertrag zugrunde liegenden Verhältnisse zurückzuführen ist (§ 77 Abs. 3 SGB XII, § 59 Abs. 1 Satz 1 Alt. 1 SGB X), oder die Vertragsbeziehung (vorzeitig) zu beenden (§ 78 SGB XII, § 59 Abs. 1 Satz 1 Alt. 2 und Satz 2 SGB X). Im Übrigen soll eine vorzeitige Beendigung der Vereinbarung(en) im Interesse einer kontinuierlichen Versorgung der bedürftigen Hilfeempfänger und zur Vermeidung vertragsloser Zustände nicht erfolgen. Die Erbringung von Leistungen auf vertraglicher Grundlage ist im sozialhilferechtlichen Dreiecksverhältnis die Regel, wie in § 75 Abs. 4 und § 77 SGB XII zum Ausdruck kommt (vgl. dazu die Kommentierung zu § 77 SGB XII).

Zwar muss auch der **Leistungserbringer** aufgrund des in § 626 BGB zum Ausdruck kommenden allgemeinen Rechtsgedankens die Möglichkeit haben, die Vertragsbeziehung zum Sozialhilfeträger zu beenden, wenn die Fortsetzung dieser Vertragsbeziehung aufgrund der besonderen Umstände des Einzelfalls für ihn nicht mehr zumutbar ist. Diesem Interesse des Leistungserbringers wird aber bereits durch § 59 Abs. 1 Satz 1 SGB X ausreichend Rechnung getragen (vgl. dazu Rn. 43 ff.). Ändern sich die der Vereinbarung zugrunde liegenden Verhältnisse wesentlich, kann der Leistungserbringer die Anpassung der Vereinbarung vom Sozialhilfeträger verlangen (§ 59 Abs. 1 Satz 1 Alt. 1 SGB X). Ist dies nicht möglich oder kann die Vertragsanpassung einer Vertragspartei (d.h. auch dem Leistungserbringer) nicht zugemutet werden, kann die Vereinbarung gekündigt werden (§ 59 Abs. 1 Satz 1 Alt. 2 SGB X). Die Unzumutbarkeit der Fortsetzung der Vertragsbeziehung, die nach § 626 BGB zur außerordentlichen Kündigung berechtigt, wird daher auch im Rahmen von **§ 59 Abs. 1 Satz 1 SGB X** berücksichtigt. Soweit in den der Vereinbarung zugrunde liegenden Umständen keine wesentliche Änderung eingetreten ist, soll der Leistungserbringer im Interesse der Leistungskontinuität an die mit ihm ausgehandelte Vereinbarung gebunden bleiben.

30

5. Rechtsnatur der Kündigung

Die Kündigung nach § 78 SGB XII ist **kein Verwaltungsakt** i.S.d. § 31 SGB X, **sondern** eine **einseitige empfangsbedürftige öffentlich-rechtliche Willenserklärung**.[50] Gegenstand des in § 78 SGB XII geregelten Kündigungsrechts ist eine Vereinbarung i.S.d. § 75 Abs. 3 SGB XII. Diese als öffentlich-rechtlicher Vertrag zu qualifizierende Vereinbarung (vgl. dazu die Kommentierung zu § 75 SGB XII) kommt im Regelfall durch die Annahme eines vom Leistungserbringer unterbreiteten Leistungsangebots durch den Sozialhilfeträger nach entsprechenden Vertragsverhandlungen, d.h. durch übereinstimmende Willenserklärungen, zustande. Lehnt der Sozialhilfeträger das Leistungsangebot und somit den Abschluss einer Vereinbarung ab, führt er damit nicht einseitig eine bestimmte Rechtsfolge herbei, sondern gibt eine einseitige empfangsbedürftige Willenserklärung auf dem Gebiet des öffentlichen Rechts ab. Ebenso wie die Ablehnung des Vertragsschlusses ist die Kündigung eines zunächst geschlossenen Vertrages daher keine einseitige Regelungsbefugnis in einem Über-Unterordnungsverhältnis.[51] Die auf der Grundlage von § 78 SGB XII ausgesprochene Kündigung ist rechtlich

31

---

[49] BSG v. 18.03.2014 - B 8 SF 2/13 R zur Veröffentlichung in BSGE und SozR vorgesehen; BSG v. 02.02.2010 - B 8 SO 20/08 R - juris Rn. 12; BSG v. 28.10.2009 - B 8 SO 22/07 R - BSGE 102, 1 = SozR 4-1500 § 75 Nr. 9 jeweils Rn. 17.

[50] Ebenso: LSG Berlin-Brandenburg v. 02.09.2011 - L 23 SO 147/11 B ER mit Anm. *Philipp,* Sozialrecht aktuell 2011, 234, ebenso die Vorinstanz SG Berlin v. 06.07.2011 - S 51 SO 507/11 ER (allerdings mit fehlerhafter prozessualer Schlussfolgerung); *Freudenberg* in: Jahn, SGB XII, § 78 Rn. 10; *Flint* in: Grube/Wahrendorf, SGB XII, 5. Aufl., § 78 Rn. 11; *Adolph* in: Linhart/Adolph, SGB XII, § 78 Rn. 8; *Münder* in: LPK-SGB XII, 9. Aufl., § 78 Rn. 2; *Freudenberg* in: Jahn, SGB XII, § 78 Rn. 12; a.A. *Neumann* in: Hauck/Noftz, SGB XII, § 78 Rn. 4 ff.; *Baur* in: Mergler/Zink, SGB XII, § 78 Rn. 16; *W. Schellhorn* in: Schellhorn/Schellhorn/Hohm, SGB XII, 18. Aufl., § 78 Rn. 8; ebenso Schleswig-Holsteinisches VG v. 26.05.2003 - 10 B 102/03 (zur Kündigung einer Pflegesatzvereinbarung); VG Bayreuth v. 17.02.2003 - B 3 K 02.433 (noch zu § 93c BSHG).

[51] *Flint* in: Grube/Wahrendorf, SGB XII, 3. Aufl., § 78 Rn. 11.

jedenfalls nicht anders zu qualifizieren als die nach § 59 Abs. 1 Satz 1 Alt. 2 Satz 2 SGB X erklärte Kündigung, die unstreitig als öffentlich-rechtliche Willenserklärung gewertet wird[52] (actus-contrarius zum Abschluss eines öffentlich-rechtlichen Vertrages).

32 Soweit zu der im Bereich der gesetzlichen Pflegeversicherung bestehenden **Parallelvorschrift** des **§ 74 Abs. 2 SGB XI** einhellig die Auffassung vertreten wird, die auf dieser Grundlage ausgesprochene Kündigung sei ein Verwaltungsakt im Sinne des § 31 SGB X,[53] ist diese Auslegung der im Vergleich zu § 78 SGB XII **abweichenden Genese und Regelungssystematik** der Norm geschuldet. In der Begründung zu § 74 Abs. 2 SGB XI hat der Gesetzgeber eindeutig zum Ausdruck gebracht, dass er die Kündigung, ebenso wie die Ablehnung eines Versorgungsvertrages, als Verwaltungsakt ansieht.[54] Eine vergleichbare Begründung des Gesetzgebers, die eine andere als die nach funktionaler Auslegung vertretbare rechtliche Einordnung der Kündigung rechtfertigen könnte, fehlt für § 78 SGB XII. Zum anderen wird der Verwaltungsaktcharakter der nach § 74 Abs. 2 SGB XI ausgesprochen Kündigung mit dem Verweis auf § 73 Abs. 2 SGB XI begründet[55], wonach bei einer Klage gegen die Ablehnung des Versorgungsvertrages das Vorverfahren und die aufschiebende Wirkung der Klage ausgeschlossen werden. Eine dem § 73 Abs. 2 SGB XI vergleichbare Vorschrift besteht jedoch im SGB XII nicht. Letztlich wird im Anwendungsbereich des § 74 Abs. 2 SGB XI davon ausgegangen, dass die Kündigung des Versorgungsvertrags nicht nur eine Willenserklärung enthält, sondern zugleich eine hoheitliche Maßnahme darstellt, mit der dem Leistungserbringer der Status als zugelassene Pflegeeinrichtung entzogen wird.[56] Anders als der Versorgungsvertrag nach § 72 Abs. 2 SGB XI hat der Abschluss einer Vereinbarung i.S.d. § 75 Abs. 3 SGB XII jedoch keine statusbegründende Wirkung. Dementsprechend führt die Kündigung einer nach § 75 Abs. 3 SGB XII geschlossenen Vereinbarung auch nicht zum Entzug des Status als zugelassene Einrichtung.[57]

33 Wertet man die Kündigung als Verwaltungsakt,[58] müssen die für diese Regelungsform maßgebenden Verfahrensgrundsätze eingehalten werden. Der Leistungserbringer muss in diesem Fall nach § 24 SGB X angehört werden, soweit die **Anhörung** nicht nach § 24 Abs. 2 Nr. 1 SGB X entbehrlich ist. Ferner muss die Kündigung **hinreichend bestimmt** sein (§ 33 SGB X) und zwingend begründet werden (§ 35 SGB X).

34 Wählt der Sozialhilfeträger für die auf § 78 SGB XII gestützte Kündigung – ungeachtet der zutreffenden rechtlichen Qualifizierung der Kündigung (vgl. Rn. 31) – die Form eines Verwaltungsaktes, kann der Leistungserbringer gegen diesen **Formalverwaltungsakt** im Wege der Anfechtungsklage vorgehen (vgl. dazu auch Rn. 48).[59]

6. Form der Kündigung (Satz 3)

35 Die auf der Grundlage von § 78 SGB XII ausgesprochene Kündigung muss schriftlich erfolgen (§ 78 Satz 3 SGB XII). Die im Interesse der Rechtssicherheit gebotene **Schriftform** ist gewahrt, wenn das Kündigungsschreiben schriftlich abgefasst und vom Behördenleiter bzw. dem behördenintern zur Entscheidung befugten Vertreter eigenhändig unterschrieben (§ 61 Satz 2 SGB X i.V.m. § 126 BGB) bzw. dem Namen die elektronische Signatur beigefügt wurde (§ 61 Satz 2 SGB X i.V.m. § 126a BGB). Wird das Schriftformerfordernis nicht eingehalten, ist die Kündigung nichtig (§ 61 Satz 2 SGB X i.V.m. § 125 BGB). Die Kündigung wird mit dem **Zugang** des Kündigungsschreibens beim Leistungserbringer wirksam (§ 61 Satz 2 SGB X i.V.m. § 130 BGB). Eine unter Abwesenden abgegebene Willenserklärung geht erst dann zu, wenn sie in den Bereich des Empfängers gelangt und dessen Kenntnis möglich und nach der Verkehrsanschauung zu erwarten ist.[60]

---

[52] BVerwG v. 26.01.1995 - 3 C 21/93 - BVerwGE 97, 331, 341; *Engelmann* in: von Wulffen/Schütze, SGB X, 8. Aufl., § 59 Rn. 10a.

[53] BSG v. 12.06.2008 - B 3 P 2/07 R m.w.N. - BSGE 101, 6 = SozR 4-3300 § 79 Nr. 1 jeweils Rn. 12 ff.

[54] BT-Drs. 12/5262, S. 138.

[55] BSG v. 12.06.2008 - B 3 P 2/07 R m.w.N. - BSGE 101, 6 = SozR 4-3300 § 79 Nr. 1 jeweils Rn. 12, *Schütze* in: Udsching, SGB XI, 3. Aufl., § 75 Rn. 12.

[56] BSG v. 12.06.2008 - B 3 P 2/07 R m.w.N. - BSGE 101, 6 = SozR 4-3300 § 79 Nr. 1 jeweils Rn. 12.

[57] LSG Berlin-Brandenburg v. 02.09.2011 - L 23 SO 147/11 B ER.

[58] *Neumann* in: Hauck/Noftz, SGB XII, § 78 Rn. 4; *Baur* in: Mergler/Zink, SGB XII, § 78 Rn. 16; *W. Schellhorn* in: Schellhorn/Schellhorn/Hohm, SGB XII, 18. Aufl., § 78 Rn. 8.

[59] Zum Rechtsschutz gegen Formalverwaltungsakte allgemein: BSG v. 24.07.2003 - B 4 RA 60/02 R - SozR 4-1200 § 52 Nr. 1; LSG Hessen v. 14.03.2014 - L 9 AS 90/11; zum Rechtsschutz gegen einen im Rahmen von § 78 SGB XII ergangenen Formalverwaltungsakt: LSG Berlin-Brandenburg v. 02.09.2011 - L 23 SO147/11 B ER.

[60] *Ellenberg* in: Palandt, BGB, 73. Aufl., § 130 Rn. 5.

Aus dem Kündigungsschreiben muss hervorgehen, **was** (konkret bezeichnete Vereinbarung) **durch** 36
wen (Sozialhilfeträger) **wie** (ohne Einhaltung einer Kündigungsfrist) **gekündigt wird**. Der Begriff der
außerordentlichen oder fristlosen Kündigung muss nicht zwingend verwendet werden. Es ist ausreichend, wenn aus dem Schreiben klar und unmissverständlich hervorgeht, dass sich der Sozialhilfeträger von einer mit dem Leistungserbringer nach § 75 Abs. 3 SGB XII geschlossenen bestimmten Vereinbarung vorzeitig und mit sofortiger Wirkung lösen will.[61]

Die Kündigung muss nicht zwingend begründet werden.[62] Anders als bei einer auf der Grundlage von 37
§ 59 Abs. 1 SGB X ausgesprochenen Kündigung (vgl. dort § 59 Abs. 2 Satz 2 SGB X) sieht § 78
SGB XII auch nicht vor, dass die Kündigung begründet werden soll.[63] Da die Kündigung nach § 78
SGB XII auch kein Verwaltungsakt i.S.d. § 31 SGB X ist (vgl. Rn. 31 ff.), kann das Begründungserfordernis auch nicht aus § 35 SGB X hergeleitet werden.[64] Die fehlende **Begründung der Kündigung**
ist daher ohne Bedeutung für ihre Wirksamkeit.

7. Entscheidung des Sozialhilfeträgers

Der Sozialhilfeträger ist nur dann zur Kündigung berechtigt, wenn die **Fortsetzung der Vertragsbe-** 38
ziehung mit dem Leistungserbringer **unzumutbar** ist. Das Merkmal der „Zumutbarkeit" bringt den
wegen der Grundrechtsrelevanz der Kündigung zwingend zu berücksichtigenden Verhältnismäßigkeitsgrundsatz zum Ausdruck.[65] Es handelt sich um einen der uneingeschränkten gerichtlichen Kontrolle unterliegenden unbestimmten Rechtsbegriff,[66] der anhand der Funktion und Bedeutung der Kündigung im Leistungserbringungsrecht zu konkretisieren ist. Mit der Kündigung soll der Leistungserbringer nicht für vergangenes Fehlverhalten bestraft werden.[67] Die Kündigung dient vielmehr allein
dem Schutz des bedürftigen Hilfeempfängers vor künftigen schwerwiegenden Pflichtverstößen des
Leistungserbringers, die der Sozialhilfeträger aufgrund der ihm obliegenden Gewährleistungsverantwortung abzuwenden hat. Während also die Feststellung einer groben Pflichtverletzung vergangenheitsorientiert ist, muss die Zumutbarkeit der Fortsetzung der Vertragsbeziehung **zukunftsorientiert**
beurteilt werden.[68] Der Sozialhilfeträger muss im Rahmen einer **Prognoseentscheidung** beurteilen, ob
aufgrund des Gewichts, der Dauer und der Intensität der Pflichtverletzung sowie aufgrund des nachfolgenden Verhaltens des Leistungserbringers auch in Zukunft weitere Pflichtverstöße zu befürchten sind
und der Leistungserbringer aufgrund dessen nicht mehr die Gewähr für eine bedarfsdeckende zuverlässige Versorgung der bedürftigen Hilfeempfänger bietet. Die Fortsetzung der Vertragsbeziehung
wird im Regelfall unzumutbar sein, wenn schwerwiegende Pflichtverletzungen wiederholt auftreten,
Anordnungen zur Mängelbeseitigung (§ 17 HeimG) nicht befolgt werden oder mehrere zur Kündigung
berechtigende grobe Pflichtverletzungen zusammentreffen und der Leistungserbringer aufgrund seines
nachfolgenden Verhaltens nicht zu erkennen gegeben hat, dass er künftig die Gewähr für ein vertrags-
und gesetzeskonformes Verhalten bietet.

Im Rahmen der Zumutbarkeitsprüfung müssen die **Interessen** aller an der Vertragsbeziehung Beteilig- 39
ten und der von der Leistungserbringung Betroffenen berücksichtigt und **abgewogen** werden.[69] So
kann u.a. die Fortsetzung der Vertragsbeziehung zumutbar sein, wenn von einem schweren und ggf.
auch wiederholt aufgetretenen Pflichtverstoß nur ein einzelner bedürftiger Hilfeempfänger oder ein
Selbstzahler betroffen war und die Art der Pflichtverletzung nicht die Unzuverlässigkeit des Leistungserbringers insgesamt nahe legt. Eine nur einmalige grobe Pflichtverletzung ohne Anhaltspunkte für ein
fortgesetztes vertrags- oder gesetzeswidriges Verhalten des Leistungserbringers berechtigt in der Regel
noch nicht zur außerordentlichen Kündigung. Eine andere Bewertung kann unter Umständen bei einem
einmaligen, aber besonders schwerwiegenden Pflichtverstoß gelten (z.B. Tod eines Leistungsberechtigten nach dem SGB XII durch Pflegemängel[70]). Zu prüfen ist, ob ein im Vergleich zur außerordent-

---

[61] *Flint* in: Grube/Wahrendorf, SGB XII, 5. Aufl., § 78 Rn. 8.
[62] *Freudenberg* in: Jahn, SGB XII, § 78 Rn. 10.
[63] Anders insoweit: *Flint* in: Grube/Wahrendorf, SGB XII, 5. Aufl., § 78 Rn. 9.
[64] So aber *Neumann* in: Hauck/Noftz, SGB XII, § 78 Rn. 8.
[65] BSG v. 12.06.2008 - B 3 P 2/07 R - SozR 4-3300 § 79 Nr. 1; *Flint* in: Grube/Wahrendorf, SGB XII, 5. Aufl., § 78 Rn. 5; *Neumann* in: Hauck/Noftz, SGB XII, § 78 Rn. 3; *Baur* in: Mergler/Zink, SGB XII, § 78 Rn. 11.
[66] *Flint* in: Grube/Wahrendorf, SGB XII, 5. Aufl., § 78 Rn. 5.
[67] SG Chemnitz v. 02.12.1999 - S 15 P 96/98, zu § 74 Abs. 2 SGB XI.
[68] So auch: SG Chemnitz v. 02.12.1999 - S 15 P 96/98, zu § 74 Abs. 2 SGB XI.
[69] Ähnlich: *Flint* in: Grube/Wahrendorf, SGB XII, 5. Aufl., § 78 Rn. 5.
[70] Dazu SG Kassel v. 26.01.2000 - S 12 P 1504/99.

lichen Kündigung **milderes Mittel** zur Verfügung steht[71], das geeignet ist, künftigen Pflichtverletzungen entgegenzuwirken (**Stufenverhältnis**). Insoweit muss – in Abhängigkeit von Art und Schwere der Pflichtverletzung und der hiervon berührten Interessen – zunächst eine **einvernehmliche Lösung** in Erwägung gezogen werden[72] (**1. Stufe**). Die einvernehmliche Lösung kann u.a. in einer Vertragsanpassung auf der Grundlage von § 59 Abs. 1 Satz 1 Alt. 1 SGB X erfolgen, wenn der Pflichtverstoß auf geänderte Rahmenbedingungen (z.B. Personalmangel) zurückzuführen war. Zum Beispiel kann einem Pflichtverstoß, der auf der mangelnden Leistungsfähigkeit der Einrichtung beruht, entgegengewirkt werden, indem entweder die Vergütung durch eine Anpassung der Vergütungsvereinbarung erhöht oder das Leistungsangebot durch eine Änderung der Leistungsvereinbarung (§ 77 Abs. 3 SGB XII) verringert wird. Als milderes Mittel ist auch ein vorheriger Hinweis des Leistungserbringers auf sein Fehlverhalten verbunden mit einer Ermahnung und ggf. konkreten Auflagen zur Mängelbeseitigung (vgl. § 17 HeimG) denkbar.[73] Ist eine einvernehmliche Lösung aufgrund der Intensität oder Eigenart der Pflichtverletzung nicht möglich und waren vorherige Hinweise und Ermahnungen ohne Erfolg, ist die Fortsetzung des Vertragsverhältnisses stets unzumutbar und die **Kündigung** auszusprechen (**2. Stufe**).

40 Liegt eine grobe Verletzung vertraglicher oder gesetzlicher Pflichten vor und ist die Fortsetzung des Vertragsverhältnisses nicht zumutbar, **kann** der Sozialhilfeträger nach § 78 SGB XII die Vereinbarung kündigen. Hierdurch wird dem Sozialhilfeträger ein **Ermessen** eingeräumt.[74] Dem steht nicht entgegen, dass die Kündigung kein Verwaltungsakt, sondern eine öffentlich-rechtliche Willenserklärung ist. § 39 SGB I ist nach seinem Wortlaut nicht zwingend auf den Erlass von Verwaltungsakten beschränkt.[75] Bezieht sich das Ermessen auf eine Willenserklärung, gelten allerdings nicht die verwaltungsaktbezogenen formalen Anforderungen (z.B. Begründungspflicht), sondern lediglich die sich aus dem Ermessen ergebenden materiell-rechtlichen Anforderungen.[76]

41 Liegen die Voraussetzungen für eine außerordentliche Kündigung vor und ist die Fortsetzung des Vertragsverhältnisses unzumutbar, muss der Sozialhilfeträger aufgrund seiner Gewährleistungsverantwortung in der Regel die Kündigung aussprechen[77] (**gebundenes Ermessen**). Allerdings kann sich der Sozialhilfeträger auch in diesem Fall nach Abwägung der im Einzelfall betroffenen Interessen für eine vorübergehende, d.h. zeitlich befristete Fortsetzung des Vertragsverhältnisses entscheiden und die Vertragsbeziehung erst nach Ablauf einer bestimmten Frist endgültig beenden.

8. Folgen der Kündigung

42 Hat der Sozialhilfeträger eine fristlose Kündigung ausgesprochen, ist die Vertragsbeziehung zum Leistungserbringer mit dem Zugang des Kündigungsschreibens beendet. Damit ist die Grundlage für die Übernahme der Vergütung des Leistungserbringers durch den Sozialhilfeträger entfallen (§ 75 Abs. 3 SGB XII); die Einrichtung/der Dienst ist nicht mehr zur Erbringung von Leistungen gegenüber dem bedürftigen Hilfeempfänger verpflichtet.[78] Es besteht somit ein **vertragsloser Zustand**. Ist einzelnen bedürftigen Hilfeempfängern der sofortige Wechsel des Leistungserbringers nicht zumutbar, muss der Leistungserbringer diesen jedoch weiterhin Leistungen gewähren, die vom Sozialhilfeträger auf der Grundlage von **§ 75 Abs. 4 SGB XII** zu vergüten sind.[79]

---

[71] In diesem Sinne auch: *Flint*: Grube/Wahrendorf, SGB XII, 5. Aufl. § 78 Rn. 6; *Neumann* in: Hauck/Noftz, SGB XII, § 78 Rn. 3; *Adolph* in: Linhart/Adolph, SGB XII, § 76 Rn. 13; SG Chemnitz v. 02.12.1999 - S 15 P 96/98, zu § 74 Abs. 2 SGB XI; LSG Rheinland-Pfalz v. 03.08.2006 - L 5 P 22/05, zu § 74 Abs. 2 SGB XI; Schleswig-Holsteinisches VG v. 26.05.2003 - 10 B 102/03 zu § 93c BSHG.
[72] *Flint* in: Grube/Wahrendorf, SGB XII, 5. Aufl. § 78 Rn. 6; *Neumann* in: Hauck/Noftz, SGB XII, § 78 Rn. 3; *Freudenberg* in: Jahn, SGB XII, § 78 Rn. 9d; Schleswig-Holsteinisches VG v. 26.05.2003 - 10 B 102/03.
[73] Vgl. dazu SG Chemnitz v. 02.12.1999 - S 15 P 96/98.
[74] *Flint* in: Grube/Wahrendorf, SGB XII, 5. Aufl., § 78 Rn. 10; *Münder* in: LPK-SGB XI, 9. Aufl., § 78 Rn. 3; *Baur* in: Mergler/Zink, SGB XII, § 78 Rn. 11.
[75] *Greiser* in: Eicher/Schlegel, SGB III, § 333 Rn. 45 m.w.N.
[76] *Greiser* in: Eicher/Schlegel, SGB III, § 333 Rn. 17.
[77] *Flint* in: Grube/Wahrendorf, SGB XII, 5. Aufl., § 78 Rn. 10.
[78] *Baur* in: Mergler/Zink, SGB XII, § 78 Rn. 15; *Freudenberg* in: Jahn, SGB XII, § 78 Rn. 11.
[79] Ähnlich: *Flint* in: Grube/Wahrendorf, SGB XII, 5. Aufl., § 78 Rn. 10.

9. Verhältnis zu anderen Anpassungs- oder Kündigungstatbeständen (Satz 4)

Neben der Kündigung einer nach § 75 Abs. 3 SGB XII geschlossenen sieht das Gesetz deren Anpassung an wesentlich geänderte vertragsrelevante Umstände vor. Spezialgesetzlich ist diese **Vereinbarungsanpassung** für die Vergütungsvereinbarung in **§ 77 Abs. 3 SGB XII** geregelt. Aufgrund der zwischen Leistungs- und Vergütungsvereinbarung bestehenden Akzessorietät (vgl. dazu die Kommentierung zu § 75 SGB XII und die Kommentierung zu § 76 SGB XII, 47) gilt § 77 Abs. 3 SGB XII **auch für die Leistungsvereinbarung**. § 77 Abs. 3 SGB XII normiert einen speziellen Fall der Änderung bzw. des Wegfalls der Geschäftsgrundlage. Er gilt für vergütungsrelevante wesentliche Änderungen. Dieser Anpassungstatbestand geht der allgemeinen Regelung des § 59 Abs. 1 Satz 1 SGB X vor. Soweit die Voraussetzungen des § 77 Abs. 3 SGB XII in Bezug auf eine Leistungs- und/oder Vergütungsvereinbarung nicht erfüllt sind oder soweit es um wesentliche Änderungen solcher Umstände geht, die einer Prüfungs- oder Leistungsstandardvereinbarung (§ 75 Abs. 3 Satz 1 Alt. 1 SGB XII) zugrunde lagen, kann eine **Anpassung der Vereinbarung** auf **§ 59 Abs. 1 Satz 1 Alt. 1 SGB X** gestützt werden, der neben dem Recht zur außerordentlichen Kündigung besteht (§ 78 Satz 4 SGB XII). Anders als in § 77 Abs. 3 SGB XII muss die Vertragsanpassung nach § 59 Abs. 1 Satz 1 Alt. 1 SGB X von einer Vertragspartei verlangt werden.[80] Ein Anspruch auf Vertragsanpassung besteht nur dann, wenn die Fortsetzung des Vertrages zu den bisherigen Bedingungen für die Vertragspartei unzumutbar ist und wenn die verlangte Anpassung der anderen Vertragspartei zuzumuten ist.[81] Das Recht zur Vertragsanpassung nach § 77 Abs. 3 SGB XII und § 59 Abs. 1 Satz 1 SGB X steht sowohl dem Leistungserbringer als auch dem Sozialhilfeträger zu.

43

Ist die **Vertragsanpassung** nach den Besonderheiten des Einzelfalls **nicht möglich** (objektiver Maßstab) **oder** einer Vertragspartei **nicht zumutbar** (subjektiver Maßstab), berechtigt die wesentliche Änderung der dem Vertrag zugrunde liegenden Verhältnisse die jeweilige Vertragspartei zur **Kündigung des Vertrages (§ 59 Abs. 1 Satz 1 Alt. 2 SGB X)**. Diese Kündigungsmöglichkeit besteht für den Leistungserbringer und den Sozialhilfeträger.

44

Darüber hinaus ist der Sozialhilfeträger auf der Grundlage von **§ 59 Abs. 1 Satz 2 SGB X** berechtigt, eine Vereinbarung zu kündigen, um schwere Nachteile für das Gemeinwohl zu verhüten oder zu beseitigen. Für diesen Kündigungstatbestand dürfte neben der spezielleren Regelung des § 78 SGB XII kaum ein Anwendungsbereich verbleiben. Er gilt lediglich für die Leistungsstandardvereinbarung i.S.d. § 76 Abs. 3 Satz 1 Alt. 1 SGB XII (vgl. dazu die Kommentierung zu § 76 SGB XII ff.).

45

Das **Recht zur ordentlichen Kündigung** einer Vereinbarung steht den Vertragsparteien nur zu, **wenn es vertraglich geregelt** wurde. Im Übrigen kann ein solches Recht weder für den Sozialhilfeträger noch für den Leistungsberechtigten angenommen werden, weil der Gesetzgeber mit § 78 SGB XII und § 59 SGB X die Tatbestände, die zur Anpassung oder Beendigung einer Vereinbarung berechtigen, abschließend geregelt hat.[82] Haben die Vertragsparteien kein Recht zur ordentlichen Kündigung vereinbart, aber für die Vereinbarungen i.S.d. § 75 Abs. 3 SGB XII jeweils Laufzeiten festgelegt, kann die Vereinbarung vor Ablauf dieser Laufzeit nur auf der Grundlage von § 78 SGB XII durch den Sozialhilfeträger oder auf der Grundlage von § 59 Abs. 1 Satz 1 Alt. 2 SGB X durch beide Vertragsparteien gekündigt werden. Schließen die Vertragsparteien unbefristete Vereinbarungen – was zumindest in Bezug auf die Leistungs- und Vergütungsvereinbarung die Ausnahme darstellen dürfe –, gelten die gleichen Grundsätze.[83] Es bleibt der Vertragsautonomie der Vertragsparteien überlassen, über die gesetzlich geregelten restriktiven Beendigungstatbestände hinaus eine weitere Form der vorzeitigen Beendigung der Vertragsbeziehung zu vereinbaren.

46

---

[80] Dazu: *Engelmann* in: von Wulffen/Schütze, SGB X, 8. Aufl., § 59 Rn. 8 ff.

[81] BVerwG v. 10.05.2005 - 4 B 24/05; *Engelmann* in: von Wulffen/Schütze, SGB X, 8. Aufl., § 59 Rn. 8.

[82] A.A. VG Hannover v. 06.07.2004 - 7 A 673/04 noch zu § 93c BSHG; *Kunte*, RsDE Nr. 68 (2009), 55 ff. (allerdings nur für unbefristete Vereinbarungen); *Neumann* in: Hauck/Noftz, SGB XII, § 78 Rn. 10; *Flint* in: Grube/Wahrendorf, SGB XII, 5. Aufl., § 78 Rn. 2; *Freudenberg* in: Jahn, SGB XII, § 78 Rn. 2a; offen bei: *Adolph* in: Linhart/Adolph, SGB XII, § 78 Rn. 7; a.A. auch BVerwG v. 26.04.1990 - M 15 K 90.576 allerdings noch vor Einführung des § 93c BSHG; zu den praktischen Auswirkungen aber ohne eindeutige Positionierung: *Dillmann*, Sozialrecht aktuell 2012, 181, 186 f.

[83] A.A. *Kunte*, RsDE Nr. 68 (2009), 55 ff.

C. Praxishinweise

47 Soweit man – wie hier vertreten – die **Kündigung** der Vereinbarung **als einseitige empfangsbedürftige öffentlich-rechtliche Willenserklärung** ansieht, kann die Wirksamkeit einer solchen Kündigung im Wege der **Feststellungsklage** von den Sozialgerichten geprüft werden.[84] Soweit dieses Begehren im **einstweiligen Rechtsschutz** von dem Empfänger der Kündigung geltend gemacht wird, ist ein Antrag nach **§ 86b Abs. 2 SGG** auf Fortsetzung des Vertragsverhältnisses über den Zeitpunkt des Zugangs der Kündigung hinaus zu stellen.[85]

48 Sieht man dagegen die **Kündigung als Verwaltungsakt** an oder ergeht die Kündigung in Form eines (Formal-)Verwaltungsaktes (vgl. dazu Rn. 31 ff.), ist deren Wirksamkeit im Wege einer **Anfechtungsklage** zu prüfen.[86] Mangels einer dem § 74 Abs. 3 Satz 2 i.V.m. § 73 Abs. 2 SGB XI vergleichbaren Regelung im SGB XII muss vor einer solchen Klage ein Vorverfahren durchgeführt werden. Aus dem gleichen Grund entfaltet die Anfechtungsklage **aufschiebende Wirkung**,[87] so dass der Sozialhilfeträger einen Antrag nach § 86b Abs. 1 Nr. 1 SGG stellen muss, wenn die Rechtsfolgen der ausgesprochenen Kündigung vor Abschluss des Klageverfahrens eintreten sollen. Ist dagegen die sofortige Vollziehung der Kündigung durch den Sozialhilfeträger angeordnet worden, muss die Wiederherstellung der aufschiebenden Wirkung vom Leistungserbringer nach § 86b Abs. 1 Nr. 2 SGG beantragt werden.

49 Geht der Leistungserbringer gegen eine vom Sozialhilfeträger ausgesprochene außerordentliche Kündigung vor, handelt es sich um ein **Verfahren nach § 197a SGG**, weil der Leistungserbringer nicht zum (kosten-)privilegierten Personenkreis des § 183 SGG zählt. Der Streitwert bemisst sich in diesen Fällen nach dem 3-fachen Jahresumsatz, den der Leistungserbringer aus der Versorgung von Leistungsberechtigten nach dem SGB XII erzielt.[88] Wird nach einer auf § 78 SGB XII gestützten Kündigung die Fortsetzung der Vereinbarung(en) im Wege des **einstweiligen Rechtsschutzes** begehrt, ist von dem nach den genannten Grundsätzen zu bestimmenden Streitwert ein die Vorläufigkeit der Regelung im einstweiligen Rechtsschutz zum Ausdruck bringender **Abschlag** vorzunehmen.[89]

---

[84] *Flint* in: Grube/Wahrendorf, SGB XII, 5. Aufl. § 78 Rn. 12; *Münder* in: LPK-SGB XII, § 78 Rn. 4; ohne nähere Angabe der Klageart: *W. Schellhorn* in: Schellhorn/Schellhorn/Hohm, SGB XII, 18. Aufl., § 78 Rn. 8.

[85] *Flint* in: Grube/Wahrendorf, SGB XII, 5. Aufl., § 78 Rn. 13; *Münder* in: LPK-SGB XII, § 78 Rn. 4.

[86] *Neumann* in: Hauck/Noftz, SGB XII, § 78 Rn. 6a; LSG Berlin-Brandenburg v. 02.09.2011 - L 23 SO 147/11 B ER.

[87] *Neumann* in: Hauck/Noftz, SGB XII, § 78 Rn. 6a.

[88] BSG v. 12.06.2008 - B 3 P 2/07 R - BSGE 101, 6 = SozR 4-3300 § 79 Nr. 1 jeweils Rn. 51 zur Kündigung des Versorgungsvertrages eines Pflegeheims.

[89] SG Berlin v. 06.07.2011 - S 51 SO 507/11 ER (im Sinne eines Abschlages von 1/4); bestätigt durch LSG Berlin-Brandenburg v. 02.09.2011 - L 23 SO 147/11 B ER.

§ 79 SGB XII Rahmenverträge

(Fassung vom 27.12.2003, gültig ab 01.01.2005)

(1) ¹Die überörtlichen Träger der Sozialhilfe und die kommunalen Spitzenverbände auf Landesebene schließen mit den Vereinigungen der Träger der Einrichtungen auf Landesebene gemeinsam und einheitlich Rahmenverträge zu den Vereinbarungen nach § 75 Abs. 3 und § 76 Abs. 2 über

1. die nähere Abgrenzung der den Vergütungspauschalen und -beträgen nach § 75 Abs. 3 zu Grunde zu legenden Kostenarten und -bestandteile sowie die Zusammensetzung der Investitionsbeträge nach § 76 Abs. 2,
2. den Inhalt und die Kriterien für die Ermittlung und Zusammensetzung der Maßnahmepauschalen, die Merkmale für die Bildung von Gruppen mit vergleichbarem Bedarf nach § 76 Abs. 2 sowie die Zahl dieser zu bildenden Gruppen,
3. die Zuordnung der Kostenarten und -bestandteile nach § 41 des Neunten Buches und
4. den Inhalt und das Verfahren zur Durchführung von Wirtschaftlichkeits- und Qualitätsprüfung nach § 75 Abs. 3

ab. ²Für Einrichtungen, die einer Kirche oder Religionsgemeinschaft des öffentlichen Rechts oder einem sonstigen freigemeinnützigen Träger zuzuordnen sind, können die Rahmenverträge auch von der Kirche oder Religionsgemeinschaft oder von dem Wohlfahrtsverband abgeschlossen werden, dem die Einrichtung angehört. ³In den Rahmenverträgen sollen die Merkmale und Besonderheiten der jeweiligen Leistungen nach dem Fünften bis Neunten Kapitel berücksichtigt werden.

(2) Die Bundesarbeitsgemeinschaft der überörtlichen Träger der Sozialhilfe, die Bundesvereinigung der kommunalen Spitzenverbände und die Vereinigungen der Träger der Einrichtungen auf Bundesebene vereinbaren gemeinsam und einheitlich Empfehlungen zum Inhalt der Verträge nach Absatz 1.

Gliederung

A. Basisinformationen 1	b. Vertragsparteien 22
I. Textgeschichte 1	c. Pflicht zum Abschluss eines Landesrahmenvertrages 29
II. Vorgängervorschrift 2	
III. Parallelvorschriften 3	d. Inhalt der Landesrahmenverträge 31
IV. Systematischer Zusammenhang 6	e. Vorgaben für den Abschluss von Landesrahmenverträgen 40
V. Ausgewählte Literaturhinweise 8	
B. Auslegung und Bedeutung der Norm ... 9	f. Verhältnis zwischen Landesrahmenvertrag und Einzelvereinbarung 42
I. Regelungsgehalt der Norm 9	
II. Zweck der Norm 10	2. Vereinbarung von Bundesempfehlungen (Absatz 2) 43
III. Bedeutung der Norm 12	
IV. Inhalt der Norm 14	a. Rechtsnatur der Bundesempfehlungen 43
1. Abschluss von Landesrahmenverträgen (Absatz 1) 14	b. Vorgaben für die Vereinbarung von Bundesempfehlungen 44
a. Rechtsnatur der Landesrahmenverträge 15	c. Geltende Bundesempfehlungen 46

A. Basisinformationen

I. Textgeschichte

1 § 79 SGB XII ist durch das **Gesetz zur Einordnung des Sozialhilferechts in das Sozialgesetzbuch** vom 27.12.2003[1] mit Wirkung zum 01.01.2005 in das SGB XII aufgenommen worden. Die Vorschrift wurde bislang nicht geändert.

II. Vorgängervorschrift

2 Die in § 79 Abs. 1 Satz 1 SGB XII geregelte Pflicht zum Abschluss von Landesrahmenverträgen entspricht weitgehend **§ 93d Abs. 2 Satz 1 BSHG**. Allerdings enthielt die Vorgängervorschrift keine Vorgaben für den Inhalt von Landesrahmenverträgen wie sie heute durch § 79 Abs. 1 Satz 1 Nr. 1-4 SGB XII vorgegeben werden. Die in Nr. 1 und 2 bezeichneten Inhalte für einen Landesrahmenvertrag waren zuvor von der Verordnungsermächtigung in § 93d Abs. 1 BSHG erfasst, von der jedoch kein Gebrauch gemacht wurde (vgl. dazu die Kommentierung zu § 81 SGB XII Rn. 2). Die Inhaltsvorgaben in Nr. 3 und 4 sind neu im Gesetz aufgenommen worden, wobei Nr. 3 inhaltlich auf die in § 41 Abs. 4 BSHG (in der bis zum 30.06.2001 geltenden Fassung) enthaltene Verordnungsermächtigung zur Regelung der Kostenarten und -bestandteile für die Hilfe zur Beschäftigung in einer Werkstatt für Behinderte zurückgeht. Die Erweiterung des Kreises der Vertragsparteien in § 79 Abs. 1 Satz 2 SGB XII und die Bezugnahme auf die Besonderheiten der jeweiligen Leistungen in § 79 Abs. 1 Satz 3 SGB XII sind inhalts- und wortgleich mit den Regelungen in § 93d Abs. 2 Satz 2 und 3 BSHG. Die in § 79 Abs. 2 SGB XII vorgesehene Möglichkeit der Vereinbarung von Bundesempfehlungen für den Abschluss von Landesrahmenverträgen entspricht **§ 93d Abs. 3 BSHG**.

III. Parallelvorschriften

3 Parallele Regelungen zum Abschluss von Rahmenverträgen auf Landesebene bestehen im Bereich der Kinder- und Jugendhilfe (**§ 78f SGB VIII**), der gesetzlichen Pflegeversicherung (**§ 75 Abs. 1-5 SGB XI**) und der gesetzlichen Krankenversicherung (z.B. Rahmenvertrag über die Arzneimittelversorgung **§ 129 Abs. 2 und 3 SGB V**). Allerdings weichen diese Parallelvorschriften inhaltlich teilweise erheblich von der in § 79 SGB XII getroffenen Regelung ab. **Unterschiede** bestehen insbesondere **in Bezug auf die Vertragsinhalte, die Verbindlichkeit und die Schiedsstellenfähigkeit**. Im Gegensatz zu § 79 Abs. 1 SGB XII enthält die im Bereich der Kinder- und Jugendhilfe maßgebende Vorschrift des § 78f SGB VIII keine inhaltlichen Vorgaben für den Abschluss eines Rahmenvertrages. Die übrigen Parallelvorschriften legen Vertragsinhalte fest, die durch die Besonderheiten des jeweiligen Rechtsgebietes geprägt sind. Auch hinsichtlich der Verbindlichkeit der Landesrahmenverträge bestehen Unterschiede: Im Bereich der gesetzlichen Pflegeversicherung wird die unmittelbare bundesweite Verbindlichkeit der Rahmenverträge gesetzlich angeordnet (§ 75 Abs. 1 Satz 4 SGB XI). Die Rahmenverträge über die Arzneimittelversorgung wirken dagegen nach § 129 Abs. 3 SGB V nur für Apotheken, die einem Mitgliedsverband der zum Abschluss eines Rahmenvertrages berechtigten Spitzenorganisation angehören, wenn die unmittelbare Verbindlichkeit für die Verbandsmitglieder satzungsrechtlich geregelt ist, oder für Apotheken, die dem Rahmenvertrag beitreten. § 78f SGB VIII enthält dagegen – ebenso wie § 79 Abs. 1 SGB XII – keine gesetzliche Anordnung für die Verbindlichkeit der Rahmenverträge. Gleichwohl sind die sozialhilferechtlichen Landesrahmenverträge als Normverträge allgemein und unmittelbar verbindlich (vgl. Rn. 16). Unterschiede bestehen letztlich noch im Hinblick auf die Schiedsstellenfähigkeit. Während die Rahmenverträge im Bereich der gesetzlichen Kranken- und Pflegeversicherung in einem Schiedsverfahren ersetzt werden können (§ 75 Abs. 4 SGB XI, § 112 Abs. 3 SGB V und § 129 Abs. 7 SGB V), besteht diese Möglichkeit für Rahmenverträge nach § 79 Abs. 1 SGB XII und § 78f SGB VIII nicht.

4 § 79 SGB XII geht als Sonderregelung des sozialhilferechtlichen Leistungserbringungsrechts der allgemeinen, trägerübergreifenden Bestimmung des **§ 21 Abs. 2 Satz 1 HS. 2 Alt. 2 SGB IX** vor, die zum Abschluss von Rahmenverträgen zur Regelung der Rechtsbeziehungen zwischen öffentlich-rechtlichen Rehabilitationsträgern und (privaten) Leistungserbringern ermächtigt. § 21 Abs. 2 Satz 1 HS. 2 Alt. 2 SGB IX gilt zwar grundsätzlich auch für den Sozialhilfeträger (§ 6 Abs. 1 Nr. 7 SGB IX i.V.m. § 5 Nr. 1, 2 und 4 SGB IX), allerdings enthält § 79 SGB XII in Bezug auf den Abschluss von Rahmen-

---

[1] BGBl I 2003, 3022.

verträgen eine Modifikation und unterfällt somit dem in § 7 SGB IX normierten Vorbehalt der abweichenden Regelung, welcher nicht nur für leistungsrechtliche, sondern auch für leistungserbringerrechtliche Abweichungen[2] gilt.

Dem § 79 Abs. 2 SGB XII inhaltlich vergleichbare Vorschriften zur Vereinbarung von Bundesempfehlungen finden sich in **§ 112 Abs. 5 SGB V** und **§ 75 Abs. 6 SGB XI**.

IV. Systematischer Zusammenhang

Der Abschluss von Rahmenverträgen auf Landesebene steht in einem engen systematischen und inhaltlichen Zusammenhang mit der **Verordnungsermächtigung** des **§ 81 Abs. 1 SGB XII**. Werden Rahmenverträge von den zum Abschluss berechtigten Vertragsparteien nicht geschlossen, kann die Landesregierung zum Abschluss entsprechender Verträge unter Setzung einer 6-Monatsfrist auffordern und bei fruchtlosem Ablauf der Frist die Inhalte eines Rahmenvertrages im Verordnungswege festlegen.

Die auf der Grundlage von § 79 Abs. 1 SGB XII geschlossenen Rahmenverträge regeln einzelne Inhalte der Vergütungsvereinbarung i.S.v. **§ 75 Abs. 3 i.V.m. § 76 SGB XII** und legen Vorgaben für die Wirtschaftlichkeits- und Qualitätsprüfung nach **§ 75 Abs. 3 Satz 3 SGB XII** fest. Mit der in § 79 Abs. 1 Satz 2 SGB XII vorgenommenen Erweiterung des Kreises der Rahmenvertragsparteien trägt der Gesetzgeber dem **Zusammenarbeitsgebot des § 5 SGB XII** (Zusammenarbeit mit den Kirchen, Religionsgemeinschaften des öffentlichen Rechts und den Verbänden der freien Wohlfahrtspflege) Rechnung.

V. Ausgewählte Literaturhinweise

Axer, Normsetzung der Exekutive in der Sozialversicherung, 2000; *Castendiek*, Der sozialversicherungsrechtliche Normsetzungsvertrag, 2001; *Dillmann*, Ménage à trois: Das sozialhilferechtliche Dreiecksverhältnis aus Sicht des Sozialhilfeträgers, Sozialrecht aktuell 2012, 181 ff.; *Fakhreshafaei*, Rechtscharakter und Verbindlichkeit der Landesrahmenverträge nach § 93d Abs. 2 BSHG, RsDE Nr. 52 (2003), 3 ff.; *Griep/Renn*, Die Relevanz von Rahmenverträgen im Sozialleistungserbringungsrecht, RsDE Nr. 47 (2001), 72 ff.; *Jaritz*, Vereinbarungen im sozialhilferechtlichen Dreiecksverhältnis, Sozialrecht aktuell 2012, 105 ff.; *Pattar*, Sozialhilferechtliches Dreiecksverhältnis – Rechtsbeziehungen zwischen Hilfebedürftigen, Sozialhilfeträgern und Einrichtungsträgern, Sozialrecht aktuell 2012, 85 ff.; *Pöld-Krämer/Fahlbusch*, Das Recht der Leistungserbringung in der Sozialhilfe im Licht der §§ 93 ff. BSHG, RsDE Nr. 46 (2000), 4 ff.; *Sodan*, Normsetzungsverträge im Sozialversicherungsrecht, NZS 1998, 305 ff.

B. Auslegung und Bedeutung der Norm

I. Regelungsgehalt der Norm

Absatz 1 Satz 1 regelt den Abschluss von Rahmenverträgen zwischen den **Pflichtvertragsparteien** auf Landesebene über die in Nr. 1-4 näher bezeichneten **Regelungsgegenstände**. **Absatz 1 Satz 2** ermöglicht die Einbeziehung von Kirchen, öffentlich-rechtlichen Religionsgemeinschaften und Wohlfahrtsverbänden in den Kreis der zum Abschluss eines Rahmenvertrages berechtigten Vertragsparteien (**fakultative Vertragsparteien**). Nach **Absatz 1 Satz 3** müssen die Rahmenverträge inhaltlich jeweils die **Besonderheiten der** nach dem **5. bis 9. Kapitel des SGB XII** zu erbringenden Leistungen berücksichtigen. Als sogenannte dritte Regelungsform im Leistungserbringungsrecht (vgl. Rn. 11) sieht **Absatz 2** die Vereinbarung von **Empfehlungen** für die nach Absatz 1 zu schließenden Rahmenverträge **auf Bundesebene** vor.

II. Zweck der Norm

Über die Pflicht zum Erlass von Landesrahmenverträgen nach § 79 Abs. 1 Satz 1 SGB XII soll das Leistungserbringungsrecht in weiten Teilen vereinheitlicht werden, um stark abweichende Vereinbarungen i.S.v. § 75 Abs. 3 SGB XII auf regionaler Ebene zu vermeiden.[3] Diese **Vereinheitlichung** dient der Praktikabilität **des Leistungserbringungsrechts** und der Rechtssicherheit für Leistungserbringer und Hilfeempfänger. Mit der in § 79 Abs. 1 Satz 2 SGB XII geregelten fakultativen Einbeziehung der Kirchen, Religionsgemeinschaften und Wohlfahrtsverbände in den Kreis der Vertragsparteien hat der

---

[2] So: *Luthe* in: jurisPK-SGB IX, § 7 Rn. 20.
[3] *Flint* in: Grube/Wahrendorf, SGB XII, 5. Aufl., § 79 Rn. 2; *Freudenberg* in: Jahn, SGB XII, § 79 Rn. 4.

Gesetzgeber das **Zusammenarbeitsgebot des § 5 SGB XII** im Bereich des Leistungserbringungsrechts umgesetzt. Durch diese Erweiterung des Kreises der Vertragsparteien wird zudem sichergestellt, dass beim Abschluss von Landesrahmenverträgen möglichst die Interessen aller Leistungserbringer berücksichtigt werden, die von der Bindungswirkung des Landesrahmenvertrages (vgl. dazu Rn. 16) erfasst werden. Mit der Regelung in § 79 Abs. 1 Satz 3 SGB XII wird die dienende Funktion des Leistungserbringungsrechts zum Ausdruck gebracht.

11 Die auf der Grundlage von **§ 79 Abs. 2 SGB XII** vereinbarten **Bundesempfehlungen** enthalten **Anhalts- und Orientierungspunkte für die inhaltliche Ausgestaltung der Landesrahmenverträge**[4] und dienen somit ebenfalls der Vereinheitlichung des Leistungserbringungsrechts über die Landesgrenzen hinaus. Die Bundesempfehlungen bilden die dritte Stufe der im Bereich des Leistungserbringungsrechts vorgesehenen vertraglichen Regelungen (1. Stufe: Vereinbarung, § 75 Abs. 3 SGB XII, 2. Stufe: Landesrahmenvertrag, § 79 Abs. 1 SGB XII, 3. Stufe: Bundesempfehlungen, § 79 Abs. 2 SGB XII), für die in dieser Reihenfolge eine zunehmende Verallgemeinerung bei gleichzeitig abnehmendem Grad der Verbindlichkeit kennzeichnend ist. Das **Stufenverhältnis** kann anhand der nachfolgenden Graphik dargestellt werden:

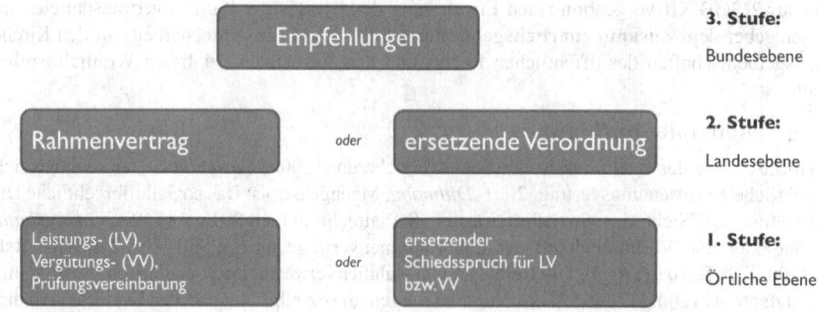

III. Bedeutung der Norm

12 Die in Landesrahmenverträgen nach § 79 Abs. 1 SGB XII und Bundesempfehlungen nach § 79 Abs. 2 SGB XII vorgenommene allgemeine „Vorabregelung"[5] bestimmter – insbesondere vergütungsrelevanter – Vertragsinhalte **präjudiziert** in gewissem Umfang **den Inhalt von Einzelvereinbarungen** nach § 75 Abs. 3 SGB XII. Hingegen ersetzt der Rahmenvertrag ausgehend von seiner Funktion und seinem Inhalt nicht die nach § 75 Abs. 3 SGB XII erforderlichen Einzelvereinbarungen.[6] Der Rahmenvertrag hat nicht die Aufgabe, die Leistungspflicht des Sozialhilfeträgers gegenüber dem Hilfebedürftigen herbeizuführen oder zu konkretisieren.[7] Allenfalls kann der Rahmenvertrag bei fehlenden Vereinbarungen als „Interpretationshilfe" für den Umfang der notwendigen, vom Sozialhilfeträger im Einzelfall gleichwohl zu übernehmenden Kosten herangezogen werden (vgl. dazu die Kommentierung zu § 75 SGB XII ff.).

13 Mit der allgemeinen Vorabfestlegung bestimmter Vertragsinhalte soll nach der gesetzlichen Grundkonzeption der Abschluss von Vereinbarungen mit den einzelnen Leistungserbringern erleichtert werden. Allerdings **erschwert die konkrete Ausgestaltung der** für die Landesrahmenverträge geltenden **gesetzlichen Grundlage** (§ 79 Abs. 1 SGB XII) in der Praxis eher das **Zustandekommen von Einzelvereinbarungen**. Als hinderlich erweist sich insbesondere die im Vergleich zum Pflegeversicherungsrecht (§ 75 Abs. 1 Satz 4 SGB XI) fehlende ausdrückliche gesetzliche Verbindlichkeitsanordnung für Landesrahmenverträge, deren fehlende Schiedsstellenfähigkeit, der weit gefasste Kreis der am Abschluss eines Landesrahmenvertrages zu beteiligenden Parteien sowie das Fehlen jeglicher verfahrensrechtlicher Regelungen in Bezug auf den Abschluss von Landesrahmenverträgen.

---

[4] *Freudenberg* in: Jahn, SGB XII, § 79 Rn. 17; *Baur* in: Mergler/Zink, SGB XII, § 79 Rn. 23; *Pöld-Krämer/Fahlbusch*, RsDE Nr. 46 (2000), 4, 15.

[5] In diesem Sinne auch: *Flint* in: Grube/Wahrendorf, SGB XII, 5. Aufl., § 79 Rn. 2.

[6] *Neumann* in: Hauck/Noftz, SGB XII, § 79 Rn. 3; LSG Hessen v. 25.02.2011 - L 7 SO 237/10 KL; VGH München v. 12.09.2005 - 12 CE 05/1725.

[7] So aber – wohl in Verkennung der Rechtslage – SG Stade v. 30.03.2011 - S 19 SO 7/07 - juris Rn. 24.

IV. Inhalt der Norm

1. Abschluss von Landesrahmenverträgen (Absatz 1)

§ 79 Abs. 1 Satz 1 SGB XII normiert den Abschluss von Rahmenverträgen auf Landesebene über bestimmte, in Nr. 1-4 abschließend bezeichnete Regelungsgegenstände.

a. Rechtsnatur der Landesrahmenverträge

Ein Rahmenvertrag im Sinne dieser Vorschrift ist die vertragliche Festlegung allgemeiner inhaltlicher Vorgaben, die für eine Vielzahl von Einzelvereinbarungen (Einzelverträgen) auf örtlicher Ebene gelten sollen.[8] Es handelt sich um „vor die Klammer" gezogene „Rahmenbedingungen" für den Abschluss von Vereinbarungen nach § 75 Abs. 3 SGB XII.[9] Die Landesrahmenverträge sind **öffentlich-rechtliche Verträge**.[10] Sie treffen allgemeine Regelungen in Bezug auf die im öffentlich-rechtlichen Sachleistungsverschaffungsverhältnis zwischen Sozialhilfeträger und Leistungserbringer zu schließenden Vereinbarungen i.S.d. § 75 Abs. 3 SGB XII. Der Inhalt der Landesrahmenverträge wird durch öffentlich-rechtliche Vorschriften geprägt[11] (§§ 75 Abs. 3, 76 Abs. 2, 79 Abs. 1 SGB XII). Am Vertragsschluss sind mit den überörtlichen Sozialhilfeträgern Behörden i.S.d. § 1 Abs. 2 SGB X beteiligt. Die Vorschrift des § 8 SGB X steht dieser rechtlichen Einordnung nicht entgegen.[12] § 8 SGB X regelt nicht die Voraussetzungen, unter denen ein Vertrag als öffentlich-rechtlicher Vertrag einzustufen ist, sondern definiert lediglich den Begriff des Verwaltungsverfahrens. Für die Landesrahmenverträge gelten daher die Vorgaben der §§ 53 ff. SGB X. Daraus folgt u.a., dass die Verträge schriftlich zu schließen sind (§ 56 SGB X).[13]

Bei den Landesrahmenverträgen i.S.d. § 79 Abs. 1 SGB XII handelt es sich – **entgegen der absolut herrschenden Meinung**[14] – um sogenannte **Normverträge**.[15] Normverträge enthalten abstrakt-generelle Regelungen, die allgemein und unmittelbar – auch für nicht am Vertragsschluss Beteiligte – verbindlich sind.[16] Der Wortlaut der Norm selbst schließt die Einstufung des Rahmenvertrags als Normvertrag nicht aus.[17] Nach der Begründung zur Vorgängervorschrift des § 79 SGB XII (§ 93d BSHG) ist der Gesetzgeber selbst von einer allgemeinen Verbindlichkeit der Landesrahmenverträge ausgegangen.[18] Offensichtlich war der Gesetzgeber der Auffassung, dass über die mit dem Gesetz zur Reform des Sozialhilferechts vom 23.07.1996[19] vorgenommene Ausdehnung des Kreises der Vertragsparteien

---

[8] Mit ähnlicher aber im Ergebnis erweiterter Begriffsbestimmung: *Neumann* in: Hauck/Noftz, SGB XII, § 79 Rn. 3; *Baur* in: Mergler/Zink, SGB XII, § 79 Rn. 8; LSG Hessen v. 25.02.2011 - L 7 SO 237/10 KL.

[9] Ähnlich: *Neumann* in: Hauck/Noftz, SGB XII, § 79 Rn. 3; *Griep*, RsDE Nr. 29 (1995), 1 f.; LSG Hessen v. 25.02.2011 - L 7 SO 237/10 KL.

[10] *Neumann* in: Hauck/Noftz, SGB XII, § 79 Rn. 10; *Flint* in: Grube/Wahrendorf, SGB XII, 5. Aufl., § 79 Rn. 5; *Baur* in: Mergler/Zink, SGB XII, § 79 Rn. 11; *Freudenberg* in: Jahn, SGB XII, § 79 Rn. 11; *Dillmann*, Sozialrecht aktuell 2012, 181, 187.

[11] Vgl. zur Einstufung eines Rechtsverhältnisses als öffentlich-rechtliches: BSG v. 27.04.2010 - B 8 SO 2/10 R.

[12] So aber zu Unrecht: *Fakhreshafaei*, RsDE Nr. 52 (2003), 3, 21.

[13] *Freudenberg* in: Jahn, SGB XII, § 79 Rn. 11.

[14] *Neumann* in: Hauck/Noftz, SGB XII, § 79 Rn. 12; *Flint* in: Grube/Wahrendorf, SGB XII, 5. Aufl., § 79 Rn. 5; *Münder* in: LPK-SGB XII, 9. Aufl., § 79 Rn. 12 ff.; *Baur* in: Mergler/Zink, SGB XII, § 79 Rn. 12; VGH Bayern v. 12.09.2005 - 12 CE 05.1725; *Fakhreshafaei*, RsDE Nr. 52 (2003), 3 ff.; wohl auch: LSG Hessen v. 25.02.2011 - L 7 SO 237/10 KL; *Griep/Renn*, RsDE Nr. 47 (2001), 72, 77 f.; Übersicht zum Meinungsstand ohne eigene Positionierung: *Pattar*, Sozialrecht aktuell 2012, 85, 90; zur geringen praktischen Bedeutung des Meinungsstreits: *Dillmann*, Sozialrecht aktuell 2012, 181, 187.

[15] Ebenso: *Jaritz*, Sozialrecht aktuell 2012, 105, 107; *Pöld-Krämer/Fahlbusch*, RsDE Nr. 46 (2000), 4, 19 f.; *Brünner* in: Köbl/Brünner, Die Vergütung von Einrichtungen und Diensten nach SGB XI und BSHG, 2001, S. 9, 22 f.; VG Hannover v. 28.03.2006 - 3 A 541/03.

[16] BSG v. 08.04.1992 - 6 RKa 24/90 - BSGE 70, 240, 243 f.; *Castendiek*, Der sozialversicherungsrechtliche Normsetzungsvertrag, 2001, S. 20 f.; *Axer*, Normsetzung der Exekutive in der Sozialversicherung, 2000, S. 60 ff.; *Engelmann*, in: von Wulffen/Schütze, SGB X, 8. Aufl., § 53 Rn. 5 ff. allerdings ohne terminologische Differenzierung zwischen Normvertrag und Normsetzungsvertrag.

[17] *Dillmann*, Sozialrecht aktuell 2012, 181, 187.

[18] Im Anschluss an die für die Landesrahmenverträge geltende Begründung wird in den Gesetzesmaterialien ausgeführt: „Auf Bundesebene geben die Träger der Sozialhilfe ... nur Empfehlungen ab; sie schließen keine für ihre Mitglieder verbindlichen Verträge."

[19] BGBl I 1996, 1088.

ohnedies alle Einrichtungsträger mitgliedschaftlich einer der in § 93d BSHG (jetzt § 79 Abs. 1 SGB XII) genannten Vereinigungen zugeordnet sind.[20] Für die Einstufung der Landesrahmenverträge als allgemeinverbindliche Normverträge spricht in systematischer Hinsicht insbesondere die Existenz des § 81 Abs. 1 SGB XII.[21] § 79 Abs. 1 SGB XII und § 81 Abs. 1 SGB XII regeln ein Vorrang-Nachrang-Verhältnis für die Rahmenverträge auf Landesebene. Vorrangig ermächtigt § 79 Abs. 1 SGB XII zum Abschluss von Landesrahmenverträgen (zur Pflicht zum Vertragsschluss vgl. Rn. 29). Kommen die in § 79 Abs. 1 SGB XII genannten Vertragsparteien diesem Gesetzesbefehl nicht nach, kann die Landesregierung die Vertragsparteien unter Setzung einer 6-Monatsfrist zum Abschluss von Landesrahmenverträgen auffordern und nach fruchtlosem Ablauf der Frist die in § 79 Abs. 1 Satz 1 Nr. 1-4 SGB XII genannten Vereinbarungsinhalte auf der Grundlage von § 81 Abs. 1 SGB XII im Verordnungswege festsetzen („normative Ersatzvornahme"[22]). Eine solche rahmenvertragsersetzende Verordnung wirkt notwendig unmittelbar für und gegen alle Leistungserbringer. Daraus kann systematisch und teleologisch nur geschlossen werden, dass auch die in den Landesrahmenverträgen getroffenen Regelungen unmittelbar und allgemein für alle Leistungserbringer gelten.

17 Soweit vermittelnd die Auffassung vertreten wird, die Landesrahmenverträge würden nur zwischen den vertragsschließenden Parteien eine unmittelbare und allgemeine rechtliche Verbindlichkeit entfalten, während die Einbeziehung der einzelnen Einrichtung nur über entsprechende satzungsrechtliche Regelungen oder Einzelermächtigungen erfolgen könne und für die übrigen Einrichtungen lediglich von einer **faktischen Wirkung der Rahmenverträge** auszugehen sei, überzeugt nicht.[23] Mit dieser faktischen Wirkung der Rahmenverträge wird letztlich deren unmittelbare allgemeine Verbindlichkeit doch tatsächlich angenommen, ohne den rechtlich nötigen und nach der bestehenden gesetzlichen Konzeption auch möglichen Schritt zur Annahme eines Normvertrages mit allgemeiner Verbindlichkeit zu gehen. Letztlich kommt diese Auffassung in der Ergebnisbetrachtung der Annahme eines Normvertrages gleich.

18 Gegen die Annahme einer Verbindlichkeit der Rahmenverträge über den Kreis der Vertragsparteien hinaus spricht weder die **fehlende gesetzliche Anordnung der Verbindlichkeit** (vgl. im Pflegeversicherungsrecht § 75 Abs. 1 Satz 4 SGB XI), noch bestehen insoweit verfassungsrechtliche Bedenken.[24] Die allgemeine und unmittelbare Verbindlichkeit eines öffentlich-rechtlichen Vertrages muss nicht zwingend im Gesetz angeordnet werden, sie kann sich auch – wie dargestellt – aus der Systematik eines Regelungsbereichs ergeben.

19 In verfassungsrechtlicher Hinsicht greift die Verbindlichkeit von Landesrahmenverträgen im Sinne von § 79 Abs. 1 SGB XII weder in das Grundrecht aus Art. 12 Abs. 1 GG noch in die als Ausdruck der allgemeinen Handlungsfreiheit i.S.v. Art. 2 Abs. 1 GG zu wertende Vertragsfreiheit ein. Die Verbindlichkeit von Landesrahmenverträgen auch für Einrichtungsträger, die nicht Mitglied einer zum Kreis der Vertragsparteien zählenden Vereinigung sind, stellt eine **zulässige Berufsausübungsregelung** dar. Es wird nicht in die Berufswahl dieser Leistungserbringer eingegriffen, weil durch die Landesrahmenverträge nur ein Teil der Vertragsbeziehungen der Leistungserbringer reglementiert wird – nämlich die Vertragsbeziehungen zu bedürftigen Hilfeempfängern nach dem SGB XII. Die Vertragsbeziehungen zu nicht bedürftigen Personen werden dagegen nicht berührt. Die Auswirkungen der Landesrahmenverträge beschränken sich daher auf einen bestimmten Kreis von Vertragspartnern der Leistungserbringer. Insoweit besteht ein Unterschied zum Regelungssystem des SGB V und SGB XI, weil die dort ebenfalls vorgesehenen Rahmenverträge nahezu alle Leistungsbeziehungen der Einrichtungen und Dienste beeinflussen und somit faktisch eine weitaus größere Eingriffsintensität zu verzeichnen ist. Darüber hinaus findet im sozialhilferechtlichen Leistungserbringungsrecht – anders als im Kranken- und Pflegeversicherungsrecht – keine Bedarfsprüfung statt (vgl. dazu die Kommentierung zu § 75 SGB XII). Die Berufsausübung kann auch durch öffentlich-rechtliche Vereinbarungen beschränkt werden.[25] Der mit den Landesrahmenverträgen verfolgte Zweck – Vereinheitlichung des sozialhilferecht-

---

[20] *Münder* in: LPK-SGB XII, 9. Aufl., § 79 Rn. 12.
[21] A.A. *Flint* in: Grube/Wahrendorf, SGB XII, 5. Aufl, § 79 Rn. 5, der seine gegenteilige Rechtsauffassung ebenfalls auf die Existenz des § 81 Abs. 1 SGB XII stützt.
[22] *Freudenberg* in Jahn: SGB XII, § 81 Rn. 3.
[23] *Freudenberg* in: Jahn, SGB XII, § 79 Rn. 9; *Pöld-Krämer/Fahlbusch*, RsDE Nr. 46 (2000), 4, 19 f.; *Frommann*, Sozialhilfe nach Vereinbarung, 2002, S. 88 ff.; ähnlich *Münder* in: LPK-SGB XII, 9. Aufl., § 79 Rn. 14.
[24] Zu den verfassungsrechtlichen Bedenken: *Fakhreshafaei*, RsDE Nr. 52 (2003), 3 ff.; *Pöld-Krämer/Fahlbusch*, RsDE Nr. 46 (2000), 4, 20; *Sodan*, NZS 1998, 305, 308 ff.; *Castendiek*, Der sozialversicherungsrechtliche Normsetzungsvertrag, 2000, S. 195.
[25] BSG v. 19.12.1984 - 6 RKa 27/83 - BSGE 58, 18, 25 f.

lichen Leistungserbringungsrechts auch im Interesse der Leistungserbringer – vermag den in der allgemeinen Verbindlichkeit von Landesrahmenverträgen liegenden Eingriff in die Berufsausübung der Einrichtungen, die im Rahmenvertragsverfahren nicht durch eine Vereinigung i.S.d. § 79 Abs. 1 Satz 1 SGB XII oder eine Körperschaft bzw. einen Verband i.S.v. § 79 Abs. 1 Satz 2 SGB XII vertreten waren, zu rechtfertigen. Die Betroffenheit der grundrechtlich abgesicherten **Vertragsfreiheit** bedarf aufgrund der Subsidiarität der allgemeinen Handlungsfreiheit[26] im Verhältnis zu spezielleren Grundrechten (hier Art. 12 Abs. 1 GG) keiner weiteren Begründung. Letztlich überzeugt auch das gelegentlich gegen eine allgemeine Verbindlichkeit der Landesrahmenverträge ins Feld geführte Argument der fehlenden demokratischen Legitimation der Landesrahmenverträge nicht. Zum einen fehlt auch für die im Bereich der gesetzlichen Kranken- und Pflegeversicherung abgeschlossenen Rahmenverträge eine demokratische Legitimation. Gleichwohl werden diese Verträge als allgemeinverbindliche Rahmenverträge angesehen.[27] Zum anderen kann die Forderung nach einer demokratischen Legitimation nur für Normsetzungsverträge gelten. Insoweit liegt die Ursache für die im Zusammenhang mit der Verbindlichkeit von Rahmenverträgen vorgetragenen verfassungsrechtlichen Bedenken gerade in der mangelnden **Differenzierung zwischen Normverträgen und Normsetzungsverträgen**. Während Normsetzungsverträge die Vertragspartner zum Erlass oder zur Änderung einer Norm verpflichten, wirken Normverträge lediglich wie eine Norm, ohne eine solche zu setzen.[28] Eine durchgehende **demokratische Legitimation** wird man allenfalls für Normsetzungsverträge verlangen müssen.

Unter bestimmten Umständen kann allerdings ein Rahmenvertrag „nur" zwischen den Vertragsparteien „inter omnes" gelten. Dies ist u. a. der Fall, wenn ein Rahmenvertrag wegen unzureichender Beteiligung von Vertragsparteien nicht als Normvertrag wirken kann bzw. als Normvertrag nichtig ist. In dieser Konstellation ist nach § 61 SGB X i.V.m. § 140 BGB zu prüfen, ob der Rahmenvertrag (nur) zwischen den Vertragsparteien Geltung beansprucht. Die gleiche Rechtsfolge kann sich ergeben, wenn ein als Normvertrag wirkender Rahmenvertrag auf der Grundlage einer vertraglich eingeräumten besonderen Kündigungsmöglichkeit oder gestützt auf allgemeine Kündigungsgründe wirksam gekündigt worden ist. Der Rahmenvertrag kann in diesem Fall – wenn dies vorgesehen ist – als normaler öffentlich rechtlicher Vertrag zwischen den übrigen Vertragsparteien wirksam bleiben. Ist die Kündigung unwirksam, behält der Rahmenvertrag seinen Charakter als Normvertrag.

Normverträge sind nicht wie Individualverträge auszulegen. Vielmehr sind die für gesetzliche Vorschriften entwickelten Auslegungsregeln maßgebend.[29] Bei der Auslegung von Normverträgen ist nicht auf den subjektiven Willen der Beteiligten, sondern auf die objektive Erklärungsbedeutung abzustellen.[30]

b. Vertragsparteien

§ 79 Abs. 1 SGB XII unterscheidet zwischen Vertragsparteien, die obligatorisch am Abschluss eines Rahmenvertrages beteiligt sind (Satz 1; vgl. dazu Rn. 23) und sogenannten fakultativen Vertragsparteien, die am Vertragsschluss beteiligt werden können (Satz 2; vgl. dazu Rn. 25).

aa. Obligatorische Vertragsparteien

Zum Abschluss eines Landesrahmenvertrages berechtigt (zur Verpflichtung vgl. Rn. 27) sind der **überörtliche Träger der Sozialhilfe** (§ 3 Abs. 3 SGB XII i.V.m. den jeweiligen landesrechtlichen Bestimmungen), die **kommunalen Spitzenverbände auf Landesebene** und die Vereinigung der Einrichtungsträger auf Landesebene. Während die überörtlichen Träger der Sozialhilfe und die kommunalen Spitzenverbände die Interessen der Sozialhilfeträger wahrnehmen, werden die Leistungserbringer durch die **Vereinigung der Einrichtungsträger auf Landesebene** vertreten. Zum Abschluss eines Landesrahmenvertrages berechtigt sind nach dem Wortlaut des § 79 Abs. 1 Satz 1 SGB XII somit nicht die jeweiligen Träger der Einrichtungen selbst, sondern eine auf Landesebene bestehende oder zu bildende Vereinigung dieser Einrichtungsträger. Eine Beteiligung der einzelnen Träger der Einrichtungen wäre weder praktikabel, noch ist dies wegen der allgemeinen und unmittelbaren Verbindlichkeit der Landesrahmenverträge erforderlich (vgl. dazu Rn. 16). Der Formulierung des § 79 Abs. 1 Satz 1

---

[26] BVerfG v. 16.01.1957 - 1 BvR 253/56 - BVerfGE 6, 32, 37; BVerfG v. 26.05.1993 - 1 BvR 208/93 - BVerfGE 89, 1, 3.
[27] BSG v. 27.10.2009 - B 1 KR 4/09 R - SozR 4-2500 § 125 Nr. 5.
[28] Zu dieser Differenzierung: *Axer*, Normsetzung der Exekutive in der Sozialversicherung, 2000, S. 61.
[29] BSG v. 03.03.1999 - B 6 KA 18/98 R; bestätigt durch BSG v. 18.01.2002 - B 6 KA 63/01 B.
[30] BSG v. 03.03.1999 - B 6 KA 18/98 R.

SGB XII[31] kann nicht entnommen werden, dass nur die überörtlichen Sozialhilfeträger und die kommunalen Spitzenverbände auf Landesebene als Vertragsparteien anzusehen sind.[32] Vielmehr wird mit der vom Gesetzgeber gewählten Formulierung die **Gewährleistungsverantwortung**[33] **der Repräsentanten der Sozialhilfeträger** auch für das Rahmenvertragsverfahren zum Ausdruck gebracht. Diese sind aufgrund ihrer im Verhältnis zum bedürftigen Hilfeempfänger bestehenden Pflicht zur Sachleistungsverschaffung (vgl. die Kommentierung zu § 75 SGB XII) verpflichtet, das Rahmenvertragsverfahren einzuleiten. Über diese Initiativpflicht hinaus müssen die überörtlichen Sozialhilfeträger die Beteiligung der übrigen Pflicht- und Wahlvertragsparteien koordinieren. Das Gesetz stellt hierfür keinen verfahrensrechtlichen Rahmen zur Verfügung, was den Abschluss von Landesrahmenverträgen in der Praxis erheblich erschweren dürfte. Im Bereich der Kranken- und Pflegeversicherung wird diese Unzulänglichkeit des Gesetzes durch das auch für Rahmenverträge geltende Schiedsverfahren teilweise ausgeglichen.

24   Die „**Vereinigung der Träger der Einrichtungen**" wird weder im Gesetz näher erläutert, noch ergeben sich diesbezüglich Anhaltspunkte aus den Gesetzesmaterialien. Der Begriff lässt sich aber im Wege der teleologischen und systematischen Auslegung konkretisieren. Dem Wortlaut des § 79 Abs. 1 Satz 1 SGB XII und dem Regelungszusammenhang, in dem die Vorschrift verwendet wird, kann entnommen werden, dass es sich um einen organisatorischen Zusammenschluss auf Landesebene handelt, dessen primäre Aufgabe die Wahrnehmung der Interessen der Einrichtungsträger ist. Es kann sich um Vereinigungen der privat-gewerblichen Einrichtungsträger und um Vereinigungen der privat-gemeinnützigen Träger handeln.[34] Unter Zugrundelegung des eindeutigen Wortlautes und der Zweckbestimmung der Vorschrift muss es sich um eine auf Landesebene agierende Vereinigung handeln, die eine landesweite Mitgliedschaft ermöglicht.[35] Zweifelhaft ist, ob die **Landesligen der freien Wohlfahrtspflege** als Vereinigungen der Träger der Einrichtungen im Sinne der genannten Vorschriften anzusehen sind.[36] In der Praxis sind einige der derzeit geltenden Landesrahmenverträge mit den Landesligen als Vereinigungen der Träger der Einrichtungen geschlossen worden.[37] Angesichts der Aufgabenvielfalt der Landesligen der freien Wohlfahrtspflege, die zudem landesspezifisch unterschiedlich ausgestaltet ist, muss bezweifelt werden, ob es sich um eine Vereinigung handelt, die primär die Rechte der Einrichtungsträger wahrnimmt. Aufgrund der Erstreckung der Vorschriften des sozialhilferechtlichen Leistungserbringungsrechts auch auf ambulante Dienste (§ 75 Abs. 1 Satz 2 SGB XII) müssen auch die **Vereinigungen der ambulanten Dienste** am Landesrahmenvertragsverfahren zwingend beteiligt werden.[38]

bb. Fakultative Vertragsparteien

25   Über § 79 Abs. 1 Satz 2 SGB XII besteht die Möglichkeit, aber auch – bei Vorliegen der Voraussetzungen – die Verpflichtung, den Kreis der Vertragsparteien zu erweitern. Danach können für Einrichtungen, die einer Kirche, einer Religionsgemeinschaft des öffentlichen Rechts oder einem sonstigen freigemeinnützigen Träger angehören, Rahmenverträge auch von der **Kirche**, der **Religionsgemeinschaft** oder dem Wohlfahrtsverband geschlossen werden. Mit der Vertretung kirchlicher bzw. anderer religiöser Einrichtungsträger durch eine speziell auf die Wahrung ihrer Interessen zugeschnittene Körperschaft wird dem Schutzgedanken des Art. 4 und Art. 140 GG i.V.m. Art. 137 WRV Rechnung getragen, weil das Betreiben karitativer Einrichtungen durch Kirchen und öffentlich-rechtliche Religionsgemeinschaften zum grundrechtlich geschützten Selbstbestimmungsrecht zählt.[39] Die Sonderstellung

---

[31] „Die überörtlichen Träger der Sozialhilfe und die kommunalen Spitzenverbände auf Landesebene schließen mit den Vereinigungen der Träger der Einrichtungen auf Landesebene …".

[32] So aber *Neumann* in: Hauck/Noftz, SGB XII, § 79 Rn. 6.

[33] BSG v. 18.03.2014 - B 8 SF 2/13 R zur Veröffentlichung in BSGE und SozR vorgesehen; BSG v. 02.02.2010 - B 8 SO 20/08 R - juris Rn. 12; BSG v. 28.10.2009 - B 8 SO 22/07 R - BSGE 102, 1 = SozR 4-1500 § 75 Nr. 9 jeweils Rn. 17.

[34] BT-Drs. 13/2440, S. 30.

[35] A.A. *Neumann* in: Hauck/Noftz, SGB XII, § 79 Rn. 7; *Baur* in: Mergler/Zink, SGB XII, § 79 Rn. 8.

[36] Bejahend: *Freudenberg* in: Jahn, SGB XII, § 79 Rn. 7; *Schellhorn/Schellhorn*, BSHG, 16. Aufl., § 93d Rn. 5 und *Fakhresshafaei*, RsDE Nr. 52 (2003), 3, 5 jeweils zu § 93d Abs. 2 BSHG.

[37] Z.B. Landesrahmenvertrag Saarland vom 19.09.2009; Landesrahmenvertrag Hessen vom 24.11.1999; Hessischer Rahmenvertrag nach § 79 Abs. 1 SGB XII vom 14.02.2008.

[38] *Freudenberg* in: Jahn, SGB XII, § 79 Rn. 7; *Baur* in: Mergler/Zink, SGB XII, § 79 Rn. 8; *Fakhresshafaei*, RsDE Nr. 52 (2003), 3, 5.

[39] BVerfG v. 04.06.1985 - 2 BvR 1703/83, 2 BvR 1718/83, 2 BvR 856/84.

privat-gemeinnütziger Einrichtungsträger lässt sich historisch rechtfertigen.[40] Die privat-gemeinnützigen Einrichtungsträger können ihre Interessen durch einen ihren besonderen Aufgaben näher stehenden **Wohlfahrtsverband** wahrnehmen lassen. Der Begriff des Wohlfahrtsverbandes wird im Gesetz nicht definiert. Insoweit kann auch nicht auf die in § 5 SGB XII verwendete Begrifflichkeit der „Verbände der freien Wohlfahrtspflege" zurückgegriffen werden. Vielmehr muss der Begriff des Wohlfahrtsverbandes anhand des Regelungszusammenhangs, in dem er verwendet wird, bestimmt werden. Zwar setzt § 79 Abs. 1 Satz 1 SGB XII das Zusammenarbeitsgebot des § 5 SGB XII um. Allerdings ist die im Anwendungsbereich des § 5 SGB XII vertretene weite Auslegung des Verbandsbegriffs (jede gemeinnützige Organisation, die aufgrund ihres Verbandszweckes Wohlfahrtsleistungen an hilfebedürftige Personen erbringt) nicht mit dem Wortlaut und dem Zweck des § 79 Abs. 1 SGB XII vereinbar. Zum einen muss der Kreis der zum Abschluss eines Landesrahmenvertrages berechtigten Parteien im Interesse der Praktikabilität überschaubar sein; andernfalls wäre das Zustandekommen von Landesrahmenverträgen von vornherein zum Scheitern verurteilt. Zum anderen können nach Wortlaut und Regelungszweck des § 79 Abs. 1 Satz 2 SGB XII nur landesweit tätige Organisationsformen gemeint sein. Soweit man die Landesligen der freien Wohlfahrtspflege aufgrund der genannten Bedenken (vgl. Rn. 24) nicht als Vertragspartei i.S.v. § 79 Abs. 1 Satz 1 SGB XII ansieht, kommt deren Beteiligung über § 79 Abs. 1 Satz 2 SGB XII in Betracht. Darüber hinaus können auch sämtliche in den Landesligen der freien Wohlfahrtspflege zusammengefassten Spitzenverbände nach § 79 Abs. 1 Satz 2 SGB XII am Rahmenvertragsverfahren beteiligt werden (z.B. die Landesverbände der Arbeiterwohlfahrt, der Caritas, des Deutschen Roten Kreuzes und des Diakonischen Werkes). Die Landeswohlfahrtsverbände sind dagegen keine Wohlfahrtsverbände i.S.d. § 79 Abs. 1 Satz 2 SGB XII. Je nach landesrechtlicher Ausgestaltung können die Landeswohlfahrtsverbände allerdings überörtlicher Träger der Sozialhilfe sein.[41]

Die Beteiligung der in § 79 Abs. 1 Satz 2 SGB XII genannten Körperschaften und Verbände liegt nicht im freien **Ermessen** der überörtlichen Sozialhilfeträger. Aufgrund des Zusammenarbeitsgebotes in § 5 SGB XII sind diese vielmehr gehalten, die Kirchen, Religionsgemeinschaften und Wohlfahrtsverbände auf anstehende Verhandlungen über den Abschluss von Landesrahmenverträgen hinzuweisen und ihnen die Möglichkeit der Beteiligung einzuräumen. Die Anfrage ist nicht an die in der Trägerschaft der Kirche, einer öffentlich-rechtlichen Religionsgemeinschaft oder eines Wohlfahrtsverbandes stehende Einrichtung zu richten, weil Rahmenverträge für eine unbestimmte Vielzahl von Einzelvereinbarungen gelten sollen, so dass zum Zeitpunkt des Abschluss von Landesrahmenverträgen im Regelfall nicht absehbar ist, welche Einrichtungen von einem solchen Vertrag betroffen sind. Die in Satz 2 genannten Körperschaften und Verbände können sich am Rahmenvertragsverfahren beteiligen, müssen dies aber nicht. Insoweit wird nicht den Repräsentanten der Sozialhilfeträger ein Ermessen, sondern den in Satz 2 genannten Körperschaften und Verbänden ein **Wahlrecht** hinsichtlich ihrer Beteiligung eingeräumt. Sie können daher als **fakultative Vertragsparteien bezeichnet** werden. Diese werden sich dann nicht am Rahmenvertragsverfahren beteiligen, wenn die überwiegende Zahl der Einrichtungsträger, die der Kirche, einer öffentlich-rechtlichen Religionsgemeinschaft oder einem Wohlfahrtsverband angehören, bereits eine Vereinigung i.S.d. § 79 Abs. 1 Satz 1 SGB XII mit der Wahrnehmung ihrer Interessen mandatiert haben. Das Wahlrecht trägt auch dem Umstand Rechnung, dass die Wohlfahrtsverbände i.S.v. § 79 Abs. 1 Satz 2 SGB XII sowie die Kirchen und öffentlich-rechtlichen Religionsgemeinschaften – anders als die Vereinigung der Träger der Einrichtungen i.S.v. § 79 Abs. 1 Satz 1 SGB XII – eine Vielzahl von Aufgaben wahrnehmen und ihnen daher nicht per Gesetz der Zwang zur Beteiligung am Rahmenvertragsverfahren auferlegt werden soll. Allerdings wirken die ohne ihre Beteiligung abgeschlossenen Landesrahmenverträge als Normverträge auch für und gegen die in ihrer Trägerschaft stehenden Einrichtungen (vgl. dazu Rn. 16).

26

Die **Pflicht der** Repräsentanten der **Sozialhilfeträger zur Anfrage bei den fakultativen Vertragsparteien** ist ebenso wie das gesamte Rahmenvertragsverfahren nicht gesetzlich geregelt. Es obliegt daher den überörtlichen Sozialhilfeträgern im Rahmen ihrer Gewährleistungsverantwortung einen Verfahrensmodus zu finden, nach dem der Abschluss von Landesrahmenverträgen eingeleitet und durchgeführt wird. Im Rahmen dieses Verfahrensmodus muss festgelegt werden, wer aus dem Kreis der überörtlichen Sozialhilfeträger im jeweiligen Land das Verfahren in Gang setzt, d.h. die Pflichtver-

27

---

[40] Dazu: *Münder* in: LPK-SGB XII, 9. Aufl., § 5 Rn. 9.
[41] Z.B. § 1 Abs. 1 Satz 2 Hessisches Ausführungsgesetz zum SGB XII vom 20.12.2004.

tragsparteien zu den Vertragsverhandlungen einlädt und die Anfragen bei den fakultativen Vertragsparteien vornimmt. Ferner muss das Beteiligungsverfahren angesichts der Vielzahl der zwingend und fakultativ zu Beteiligenden koordiniert werden.

cc. Rechtsfolgen bei fehlender Beteiligung einzelner Vertragsparteien

28 Dass der Rahmenvertrag auf Landesebene durch die in § 79 Abs. 1 Sätze 1 und 2 SGB XII genannten Vertragsparteien **„gemeinsam"** geschlossen wird, hat nicht zur Folge, dass die Wirksamkeit des Rahmenvertrages von der Zustimmung sämtlicher (obligatorischer und fakultativer) Vertragsparteien abhängt.[42] Die fehlende Beteiligung einer bestimmten Vereinigung i.S.v. § 79 Abs. 1 Satz 1 SGB XII oder einer Körperschaft bzw. eines Verbandes i.S.v. § 79 Abs. 1 Satz 2 SGB XII führt nur im **Ausnahmefall** zur **Nichtigkeit des Landesrahmenvertrages**. Als öffentlich-rechtlicher Vertrag ist der Landesrahmenvertrag nur nichtig, wenn sich die Nichtigkeit aus einer entsprechenden Anwendung von Vorschriften des BGB ergibt (§ 58 Abs. 1 SGB X). Die in § 58 Abs. 2 SGB X explizit genannten Nichtigkeitsgründe finden keine Anwendung, weil der Landesrahmenvertrag weder ein Vergleichsvertrag i.S.d. § 54 SGB X noch ein Austauschvertrag i.S.d. § 55 SGB X ist. Um den besonderen Bestandsschutz für öffentlich-rechtliche Verträge zu gewährleisten, wird die Nichtigkeit nicht durch jeden Verstoß gegen Rechtsvorschriften ausgelöst.[43] Vielmehr wird ein zur Nichtigkeit führender qualifizierter Rechtsverstoß nur angenommen, wenn zwingende Rechtsnormen einer vertraglichen Regelung nicht zugänglich sind, ein bestimmtes Ziel von vornherein nicht durch einen Vertragsabschluss erreicht werden darf oder wenn Vorschriften offensichtlich missachtet worden sind, die alle Vertragsparteien strikt binden und die ein aus sich heraus verständliches eindeutiges Verbot enthalten.[44] Wird von den Repräsentanten der Sozialhilfeträger bei der Einleitung des Rahmenvertragsverfahrens nach § 79 Abs. 1 SGB XII aufgrund der Trägervielfalt eine Vereinigung der Einrichtungsträger i.S.v. Absatz 1 Satz 1 nicht beteiligt oder wurde die Hinweis- und Anfragepflicht gegenüber einer Körperschaft bzw. einem Verband i.S.v. Absatz 1 Satz 2 nicht wahrgenommen, führt dieser Verstoß gegen die Vorgaben des § 79 Abs. 1 SGB XII nur dann zur Nichtigkeit des Landesrahmenvertrages nach § 58 Abs. 1 SGB X i.V.m. § 134 BGB i.V.m. § 79 Abs. 1 SGB XII, wenn die Nichtbeteiligung bzw. die fehlende Anfrage vorsätzlich oder grob fahrlässig erfolgte. Diese Voraussetzungen sind gegeben, wenn der überörtliche Sozialhilfeträger in Kenntnis der gesetzlichen Beteiligungs- und/oder Anfragepflicht und in Kenntnis der Existenz der betreffenden Vereinigung bzw. der Körperschaft oder des Verbandes gehandelt hat, so dass deren/dessen Beteiligung offensichtlich gewesen ist. Der Nichtigkeit des Landesrahmenvertrages steht in diesem Fall nicht entgegen, dass § 79 Abs. 1 SGB XII kein ausdrückliches Verbot enthält. Ein Verbot muss nicht im Gesetz ausdrücklich geregelt sein, sondern kann sich auch aus dem Zusammenhang des Gesetzes ergeben.[45] Die Verbindlichkeit der Landesrahmenverträge für alle Einrichtungsträger im Geltungsbereich dieses Vertrages und die Besonderheit der Materie des sozialhilferechtlichen Leistungserbringungsrechts erfordern eine Einbeziehung aller gesetzlich vorgeschriebenen Vertragsparteien in das Landesrahmenvertragsverfahren, so dass ein Verstoß hiergegen als Verstoß gegen eine Verbotsnorm zu werten ist. Die Nichtigkeit bezieht sich auf den Normvertrag, schließt aber im Einzelfall eine Geltung zwischen den Vertragsparteien gemäß § 61 SGB X i.V.m. § 140 BGB nicht aus (vgl. Rn. 20). Ist die fehlende Beteiligung einer Vereinigung bzw. einer Körperschaft oder eines Verbandes nicht auf ein vorsätzliches oder grob fahrlässiges Verhalten des überörtlichen Sozialhilfeträgers zurückzuführen, ist der ohne Beteiligung einer zwingend nach § 79 Abs. 1 Satz 1 SGB XII zu beteiligenden Vereinigung oder ohne Anfrage bei einer fakultativen Vertragspartei i.S.d. § 79 Abs. 1 Satz 2 SGB XII zustande gekommene Vertrag zwar rechtswidrig, aber wirksam und bindet auch die Einrichtungen, die in der nicht beteiligten Vereinigung bzw. Körperschaft oder dem nicht beteiligten Verband organisiert sind.

c. Pflicht zum Abschluss eines Landesrahmenvertrages

29 Der Wortlaut des § 79 Abs. 1 Satz 1 SGB XII („schließen") und die Gesetzesbegründung zur Vorgängervorschrift des § 93d Abs. 2 BSHG („Gesetzlich wird ... der Abschluss von Rahmenverträgen ... auf Landesebene vorgeschrieben") legen zwar nahe, dass die in § 79 Abs. 1 SGB XII genannten Vertrags-

---

[42] Ebenso: *Flint* in: Grube/Wahrendorf, SGB XII, 5. Aufl., § 79 Rn. 9; *Neumann* in: Hauck/Noftz, SGB XII, § 79 Rn. 6; a.A. VG Hannover v. 28.03.2006 - 3 A 541/03; wohl auch: *Freudenberg* in: Jahn, SGB XII, § 79 Rn. 6.
[43] BSG v. 05.11.2008 - B 6 KA 55/07 R - SozR 4-2500 § 83 Nr. 5 Rn. 14 f. m.w.N.
[44] BSG v. 05.11.2008 - B 6 KA 55/07 R - SozR 4-2500 § 83 Nr. 5 Rn. 14 f. m.w.N.
[45] BGH v. 19.12.1968 - VII ZR 83/66, VII ZR 84/66 - BGHZ 51, 262.

parteien zum Abschluss von Landesrahmenverträgen verpflichtet sind. Mit Blick auf den Regelungszusammenhang, in dem § 79 Abs. 1 SGB XII steht, kann eine solche **Pflicht zum Abschluss eines Landesrahmenvertrages** jedoch nicht angenommen werden.[46] Die Pflicht zum Vertragsschluss würde voraussetzen, dass ein einklagbarer Anspruch auf den Abschluss eines Vertrages besteht. Hierfür stellt das Gesetz aber **keinen verfahrensrechtlicher Rahmen** zur Verfügung. Der Abschluss eines Landesrahmenvertrages kann – anders als im Bereich der gesetzlichen Kranken- und Pflegeversicherung (§ 75 Abs. 4 SGB XI, § 129 Abs. 7 SGB V) – nicht im Wege eines Schiedsstellenverfahrens erzwungen werden. Die Schiedsstellenfähigkeit der Landesrahmenverträge ist zur Erreichung des mit diesen Verträgen verbundenen Zwecks (vgl. dazu Rn. 10 f.) im Bereich der Sozialhilfe auch nicht notwendig[47], weil bei fehlender Einigung der Vertragsparteien der Inhalt des Landesrahmenvertrages über § 81 Abs. 1 SGB XII im Verordnungswege festgesetzt werden kann. Ein einklagbarer Anspruch der Vertragsparteien des § 79 Abs. 1 Satz 1 SGB XII auf den Abschluss eines Landesrahmenvertrages wird dadurch jedoch gerade nicht normiert. Allerdings begründet die in § 79 Abs. 1 Satz 1 SGB XII vorgesehene zwingende Beteiligung bestimmter Vereinigungen am Rahmenvertragsverfahren einen **Anspruch auf die Einleitung von Vertragsverhandlungen**[48] durch den überörtlichen Sozialhilfeträger und für die in § 79 Abs. 1 Satz 2 SGB XII genannten Körperschaften und Verbände einen Anspruch auf Erfüllung der Hinweis- und Anfragepflicht (vgl. dazu Rn. 26). Hierzu korrespondiert auf Seiten der überörtlichen Sozialhilfeträger eine **Pflicht zum Versuch** des Abschlusses von Landesrahmenverträgen.

Dieser aus § 79 Abs. 1 Sätze 1 und 2 SGB XII abgeleitete **Anspruch auf Aufnahme bzw. Einleitung von Vertragsverhandlungen** ist auch **einklagbar**. Die in § 79 Abs. 1 Satz 1 SGB XII bezeichneten Vertragsparteien eines Landesrahmenvertrages können im Wege der allgemeinen **Feststellungsklage** (§ 55 SGG) klären lassen, ob der ohne ihre Beteiligung geschlossene Landesrahmenvertrag wirksam zustande gekommen ist, wenn nicht alle der nach dem Gesetz zwingend zu beteiligenden Vertragsparteien dem Vertrag zugestimmt haben. In dieser Fallkonstellation wird nicht die Klärung einer abstrakten Rechtsfrage, sondern das Bestehen bzw. Nichtbestehen eines konkreten Rechtsverhältnisses begehrt. Entscheidungserheblich ist in dieser Fallkonstellation die Frage, ob die gesetzlich (d.h. abstrakt-generell) vorgesehene, aber tatsächlich (d.h. konkret) nicht erfolgte Beteiligung einer Vereinigung der Wirksamkeit und somit der Verbindlichkeit des gleichwohl zustande gekommenen Landesrahmenvertrages entgegensteht. Die Subsidiarität der Feststellungsklage[49] steht dem nicht entgegen, weil kein mit der Leistungsklage einklagbarer Anspruch auf Abschluss eines Landesrahmenvertrages angenommen werden kann[50] (vgl. Rn. 29). Im Rahmen der Begründetheit einer solchen Klage ist zu prüfen, ob der geschlossene Landesrahmenvertrag nach § 58 SGB X nichtig ist und somit keine Verbindlichkeit entfaltet oder nur rechtswidrig und damit wirksam ist. Bei der Prüfung einer auf der Grundlage von § 75 Abs. 3 SGB XII geschlossenen Einzelvereinbarung ist die Wirksamkeit eines bestehenden Landesrahmenvertrages inzident zu prüfen.

30

d. Inhalt der Landesrahmenverträge

Anders als die Vorgängernorm (§ 93d Abs. 2 BSHG) gibt der Gesetzgeber nunmehr in § 79 Abs. 1 Satz 1 Nr. 1-4 SGB XII vor, welche Regelungen ein Landesrahmenvertrag enthalten muss. Die Aufzählung der bezeichneten Regelungsgegenstände ist abschließend.[51]

31

Der in **Nr. 1** bezeichnete Regelungsgegenstand bezieht sich auf die Vergütungsvereinbarung i.S.v. § 75 Abs. 3 Satz 1 Nr. 2 SGB XII i.V.m. § 76 Abs. 2 SGB XII. In den Landesrahmenverträgen soll die **Verteilung der Kosten**arten und Kostenbestandteile **auf** die **Grund- und Maßnahmepauschale und** den **Investitionsbetrag** geregelt werden.

32

Nr. 2 sieht rahmenvertragliche Regelungen über die **Zusammensetzung der Maßnahmepauschale** als Teil der Vergütungsvereinbarung (Alternative 1) und die durch § 76 Abs. 2 Satz 2 SGB XII vorgeschriebene Bildung der für die Maßnahmepauschale relevanten Gruppen von Leistungsberechtigten mit vergleichbarem Hilfebedarf (Alternative 2) vor.[52]

33

---

[46] Ebenso: *Flint* in: Grube/Wahrendorf, SGB XII, 5. Aufl., § 79 Rn. 3.
[47] Anders insoweit: *Griep*, RsDE Nr. 66 (2008), 27, 48.
[48] *Baur* in: Mergler/Zink, SGB XII, § 79 Rn. 10.
[49] Zur Subsidiarität der Feststellungsklage: BSG v. 02.07.2013 - B 4 AS 74/12 R - SozR 4-4200 § 6b Nr. 2 m.w.N.; BSG v. 08.05.2007 - B 2 U 3/06 R; BSG v. 13.03.2001 - B 3 P 10/00 R - SozR 3-3300 § 38 Nr. 2 S. 13 m.w.N.
[50] VG Hannover v. 28.03.2006 - 3 A 541/03.
[51] BT-Drs. 15/1514, S. 64; *Flint* in: Grube/Wahrendorf, SGB XII, 5. Aufl., § 79 Rn. 12; *Freudenberg* in: Jahn, SGB XII, § 79 Rn. 13; a.A. *Baur* in: Mergler/Zink, SGB XII, § 79 Rn. 14.
[52] Vgl. dazu: LSG Baden-Württemberg v. 28.12.2011 - L 7 SO 2237/11 ER-B.

34 Der in **Nr. 3** genannte Regelungsgegenstand bezieht sich auf die Kosten, die für Leistungen der **Eingliederungshilfe im Arbeitsbereich einer Werkstatt für behinderte Menschen** entstehen. Um den Besonderheiten dieser Hilfeleistung Rechnung zu tragen, müssen die Vergütungsvereinbarungen entsprechend modifiziert werden. Die diesbezüglich geltenden allgemeinen Vorgaben zur Zuordnung der Kostenarten und Kostenbestandteile sind ebenfalls in einem Landesrahmenvertrag vorzunehmen.

35 Letztlich sollen die Landesrahmenverträge nach **Nr. 4** allgemeine **Regelungen** zum Inhalt und zum Verfahren der nach § 75 Abs. 3 Satz 2 SGB XII vorgesehenen **Wirtschaftlichkeits- und Qualitätsprüfung** treffen. Allerdings ist insoweit von Bedeutung, ob man dieser Prüfung nach § 75 Abs. 3 Satz 2 SGB XII neben der Prüfungsvereinbarung eine eigenständige oder nur eine deklaratorische Bedeutung beimisst (vgl. dazu die Kommentierung zu § 76 SGB XII).

36 Ungeachtet der Tatsache, dass § 79 SGB XII keine Vorgaben zur Regelungsintensität von Landesrahmenverträgen enthält, müssen die Regelungen eines Rahmenvertrages einen solchen Grad an Allgemeinheit und Abstraktheit aufweisen, dass noch Raum, für eine einzelvertragliche Regelung verbleibt.[53] Dies folgt aus der Funktion und dem Zweck der Landesrahmenverträge. Angesichts dessen ist die in der Praxis zu beobachtende Tendenz des Abschlusses von Rahmenverträgen mit hoher Regelungsdichte[54] bedenklich. Wegen des gebotenen Grades an Allgemeinheit einer rahmenvertraglichen Regelung kann in Bezug auf den in § 79 Abs. 1 Satz 1 Nr. 1 SGB XII genannten Regelungsgegenstand nur die allgemeine Zusammensetzung der Vergütungsbestandteile, nicht hingegen ein konkreter Stundensatz festgelegt werden.[55] Die nach § 79 Abs. 1 Satz 1 Nr. 2 SGB XII in einem Rahmenvertrag regelbaren Kriterien für die Ermittlung und Zusammensetzung der Maßnahmepauschale erlaubt nur die Festlegung abstrakt definierter Bedarfsgruppen.[56] Soweit der für einen Rahmenvertrag erforderliche Grad an Allgemeinheit gewahrt wird, ist eine Auslegung der durch § 79 Abs. 1 Satz 1 Nr. 1-4 SGB XII abschließend vorgegebenen Regelungsgegenstände zulässig.[57]

37 Nach **§ 79 Abs. 1 Satz 3 SGB XII** sollen in den Rahmenverträgen die Merkmale und Besonderheiten der jeweiligen Leistungen nach dem 5. bis 9. Kapitel berücksichtigt werden. Diese Regelung hat angesichts des in § 9 Abs. 1 SGB XII geregelten Individualisierungsgrundsatzes (vgl. dazu die Kommentierung zu § 9 SGB XII Rn. 11) nur **deklaratorische Bedeutung** und bringt eine rechtliche Selbstverständlichkeit zum Ausdruck. Mit der Bezugnahme auf die Besonderheiten der jeweiligen Sozialhilfeleistung wird der Regelungsinhalt eines Rahmenvertrages nicht auf die Leistungsvereinbarung erstreckt.[58] Dies kann weder dem Wortlaut des § 79 Abs. 1 Satz 3 SGB XII entnommen werden, noch wäre eine solche Auslegung mit dem abschließenden Charakter der in § 79 Abs. 1 Satz 1 Nr. 1-4 SGB XII aufgezählten Regelungsinhalte vereinbar.

38 Die Vertragsparteien eines Rahmenvertrages haben einen **Anspruch auf Vertragserfüllung**, d.h. auf Beachtung der rahmenvertraglichen Vorgaben beim Abschluss von Einzelvereinbarungen.[59] Wird dieser Anspruch durch ein bestimmtes Verhalten einer Vertragspartei vereitelt, können die betroffenen übrigen Vertragsparteien im Wege der Unterlassungsklage nach § 54 Abs. Abs. 4 SGG dagegen vorgehen.[60] In dieser Fallkonstellation ist jedoch in Bezug auf die Klagebefugnis und das Rechtsschutzbedürfnis eingehend zu prüfen, welche Rechte und Pflichten der Vertragsparteien aus dem Inhalt des Rahmenvertrages abgeleitet werden können. Hingegen werden die Inhalte eines auf der Grundlage von § 79 Abs. 1 SGB XII geschlossenen Rahmenvertrages weder automatisch in Einzelvereinbarungen auf örtlicher Ebene einbezogen noch ersetzen sie eine fehlende Einzelvereinbarung[61] (vgl. dazu Rn. 12).

39 Eine Übersicht über die aktuell geltenden Rahmenverträge auf Landesebene findet sich unter www.bagfw-qualitaet.de (abgerufen am 29.04.2014).

---

[53] *Flint* in: Grube/Wahrendorf, SGB XII, 5. Aufl., § 79 Rn. 13; ebenso: LSG Hessen v. 25.02.2011 - L 7 SO 237/10 KL.

[54] Dazu: *Dillmann*, Sozialrecht aktuell 2012, 181, 187.

[55] LSG Hessen v. 25.2.2011 - L 7 SO 237/10 KL.

[56] LSG Baden-Württemberg v. 27.06.2011 - L 7 SO 797/11 ER-B.

[57] *Flint* in: Grube/Wahrendorf, SGB XII, 5. Aufl., § 79 Rn. 13.

[58] So aber *Baur* in: Mergler/Zink, SGB XII, § 79 Rn. 7.

[59] In diesem Sinne auch: LSG Hessen v. 25.02.2011 - L 7 SO 237/10 KL.

[60] OVG NRW v. 27.09.2004 - 12 B 1397/04.

[61] LSG Hessen v. 25.02.2011 - L 7 SO 237/10 KL; VGH Bayern v. 12.09.2005 - 12 CE 05.1725.

e. Vorgaben für den Abschluss von Landesrahmenverträgen

Landesrahmenverträge sind nach § 79 Abs. 1 Satz 1 SGB XII **gemeinsam** und einheitlich abzuschließen. Die Vorgabe eines „gemeinsamen Vertragsschlusses" betrifft die Abschluss- bzw. Zustimmungsmodalitäten. In diesem Zusammenhang werden unterschiedliche Auffassungen vertreten. Während zum Teil verlangt wird, dass alle im Gesetz genannten Vertragsparteien dem Vertrag zustimmen[62], ist es nach anderer Auffassung ausreichend, wenn alle tatsächlich am Verfahren Beteiligten zustimmen.[63] Darüber hinaus wird auch die Ansicht vertreten, dass die Zustimmung der Kostenträgerseite – d.h. der überörtlichen Sozialhilfeträger und der kommunalen Spitzenverbände auf Landesebene – ausreichend ist[64] bzw. dass grundsätzlich das Mehrstimmigkeitsprinzip gilt.[65] Das Mehrstimmigkeitsprinzip und die alleinige Zustimmung der Kostenträgerseite dürfte jedoch bereits durch den Wortlaut der Vorschrift („... schließen ... mit den Vereinigungen der ... gemeinsam") ausgeschlossen sein. Dem Zweck der Norm, aber auch den Erwägungen der Praxis wird am ehesten entsprochen, wenn man die Zustimmung aller im konkreten Fall am Rahmenvertragsverfahren Beteiligten ausreichen lässt. Die Position der nicht am Rahmenvertragsverfahren Beteiligten, aber nach dem Gesetz zwingend oder fakultativ zu beteiligenden Vereinigungen, Körperschaften und/oder Verbände wird über die Möglichkeit der Feststellungsklage (vgl. Rn. 30) ausreichend geschützt. In einem solchen Verfahren ist ohnedies zu prüfen, ob der geschlossene Rahmenvertrag wegen der Nichtbeteiligung einzelner potentieller Vertragsparteien nichtig ist. 40

Die gesetzliche Forderung nach einem **einheitlichen Vertragsschluss** soll verhindern, dass mit verschiedenen Vereinigungen, Körperschaften oder Verbänden unterschiedliche Rahmenverträge geschlossen werden (**Verbot der trägerbezogenen Differenzierung**). Dagegen können für ambulante und stationäre bzw. teilstationäre Leistungen unterschiedliche Rahmenverträge vereinbart werden (Zulässigkeit der maßnahmebezogenen Differenzierung).[66] 41

f. Verhältnis zwischen Landesrahmenvertrag und Einzelvereinbarung

Verstoßen die Regelungen einer auf der Grundlage von § 75 Abs. 3 SGB XII geschlossenen Vereinbarung gegen die Vorgaben eines Landesrahmenvertrages, ist die Einzelvereinbarung nach § 58 Abs. 1 SGB X i.V.m. § 134 BGB nichtig. Dem Stufenverhältnis, das für die maßgeblichen vertraglichen Regelungen im sozialhilferechtlichen Leistungserbringungsrecht gilt und das in den §§ 65, 79 Abs. 1 und 81 Abs. 1 SGB XII zum Ausdruck kommt (vgl. Rn. 11), kann entnommen werden, dass **Einzelvereinbarungen nicht gegen bestehende Landesrahmenverträge verstoßen dürfen**. Werden die Inhalte eines Landesrahmenvertrages im Verordnungswege ersetzt (§ 81 Abs. 1 SGB XII), würde der Verstoß einer Einzelvereinbarung gegen diese Verordnung bereits aus Gründen der Normhierarchie die Nichtigkeit zur Folge haben. Dies muss in gleicher Weise gelten, wenn auf zweiter Regelungsstufe Landesrahmenverträge zustande gekommen sind. Die Regelungen eines Landesrahmenvertrages sind daher bei der Prüfung einer Einzelvereinbarung inzident zu berücksichtigen. 42

2. Vereinbarung von Bundesempfehlungen (Absatz 2)

a. Rechtsnatur der Bundesempfehlungen

Die in § 79 Abs. 2 SGB XII vorgesehenen Bundesempfehlungen formulieren **unverbindliche Zielvorgaben** für die auf der Grundlage von § 79 Abs. 1 Satz 1 SGB XII zu schließenden Landesrahmenverträge. Sie prägen den Inhalt der Landesrahmenverträge lediglich faktisch[67], d.h. von ihren Vorgaben kann in den Landesrahmenverträgen ohne rechtliche Konsequenzen abgewichen werden. Werden Bundesempfehlungen nicht vereinbart, kann deren Inhalt auch nicht im Verordnungswege festgesetzt werden. Die Ermächtigung des § 81 Abs. 1 SGB XII gilt lediglich für Landesrahmenverträge. Eine mittel- 43

---

[62] *Neumann* in: Hauck/Noftz, SGB XII, § 79 Rn. 6; *Freudenberg* in: Jahn, SGB XII, § 79 Rn. 7; *Schellhorn* in: Schellhorn/Schellhorn/Hohm, SGB XII, 18. Aufl., § 79 Rn. 3; VG Hannover v. 28.03.2006 - 3 A 541/03.
[63] Ebenso: *Baur* in: Mergler/Zink, SGB XII, § 79 Rn. 9.
[64] *Flint* in: Grube/Wahrendorf, SGB XII, 5. Aufl., § 79 Rn. 9.
[65] *Münder* in: LPK-SGB XII, 8. Aufl., § 79 Rn. 5; *Griep/Renn*, RsDE Nr. 47 (2001), 73, 78.
[66] So auch: *Neumann* in: Hauck/Noftz, SGB XII, § 79 Rn. 6; *Flint* in: Grube/Wahrendorf, SGB XII, 5. Aufl., § 79 Rn. 8.
[67] Zur Bedeutung der faktischen Geltung: *Flint* in: Grube/Wahrendorf, SGB XII, 5. Aufl., § 79 Rn. 16; *Münder* in: LPK-SGB XII, 9. Aufl., § 79 Rn. 17.

bare Verbindlichkeit der Bundesempfehlungen wird erreicht, wenn in Landesrahmenverträgen und/oder in Einzelvereinbarungen nach § 75 Abs. 3 SGB XII auf die Empfehlungen Bezug genommen wird.

b. Vorgaben für die Vereinbarung von Bundesempfehlungen

44 **Vertragsparteien** der Bundesempfehlungen sind die Bundesarbeitsgemeinschaft der überörtlichen Sozialhilfeträger, die Bundesvereinigung der kommunalen Spitzenverbände und die Vereinigungen der Träger der Einrichtungen auf Bundesebene. Auch in diesem Zusammenhang ist der im Gesetz verwendete Begriff der „Vereinigung der Träger der Einrichtungen" aufgabenbezogen zu definieren (vgl. dazu Rn. 24). Eine **Rechtspflicht zur Vereinbarung von Bundesempfehlungen** besteht ebenso wenig wie für die auf Landesebene zu schließenden Rahmenverträge[68] (vgl. Rn. 29 f.). Die in diesem Zusammenhang in Bezug auf die Landesrahmenverträge erörterten Probleme stellen sich für die Empfehlungen gleichermaßen, sind aber angesichts der fehlenden Verbindlichkeit der Bundesempfehlungen praktisch ohne Bedeutung. In Anbetracht der fehlenden Verbindlichkeit der Bundesempfehlungen besteht auch kein Anspruch auf Aufnahme bzw. Einleitung von Verhandlungen über den Abschluss von Bundesempfehlungen. Anders als in § 79 Abs. 1 SGB XII enthält § 79 Abs. 2 SGB XII keine Sonderregelung für die fakultative Beteiligung der Kirchen, der öffentlich-rechtlichen Religionsgemeinschaften und der Wohlfahrtsverbände. Diese gesetzliche Unvollständigkeit bleibt aber angesichts der fehlenden Verbindlichkeit der Bundesempfehlungen ohne Konsequenz.

45 Auch die Bundesempfehlungen müssen nach den Vorgaben des Gesetzes „**gemeinsam und einheitlich**" zustande kommen. Insoweit gelten die Ausführungen zu den Landesrahmenverträgen entsprechend (vgl. Rn. 40 f.).

c. Geltende Bundesempfehlungen

46 Die auf der Grundlage von § 93d Abs. 3 BSHG vereinbarten Bundesempfehlungen sind am 15.02.1999 in Kraft getreten. Ihre Geltung wurde zuletzt bis zum 31.12.2001 verlängert. Sie werden auch nach Ablauf der Geltungsdauer zur Interpretation aktueller Landesrahmenverträge herangezogen.[69] Im Geltungsbereich des SGB XII sind bislang keine Empfehlungen auf Bundesebene zustande gekommen. Eine 2004 mit der Erstellung entsprechender Empfehlungen beauftragte Arbeitsgruppe arbeitete einen Entwurf für Bundesempfehlungen aus, auf dessen Grundlage Verhandlungen zwischen den zur Vereinbarung von bundesweiten Empfehlungen berechtigten Parteien geführt wurden. Da ein Konsens nicht erzielt werden konnte, wurden die Verhandlungen im Jahre 2006 bis auf weiteres ausgesetzt.[70]

---

[68] *Pöld-Krämer/Fahlbusch*, RsDE Nr. 46 (2000), 4, 14.
[69] Vgl. dazu: *Pattar*, Sozialrecht aktuell 2012, 85, 90.
[70] Zu dieser Entwicklung: *Flint* in: Grube/Wahrendorf, SGB XII, 3. Aufl., § 79 Rn. 17 f.

§ 80 SGB XII Schiedsstelle

(Fassung vom 02.12.2006, gültig ab 07.12.2006)

(1) Für jedes Land oder für Teile eines Landes wird eine Schiedsstelle gebildet.

(2) ¹**Die Schiedsstelle besteht aus Vertretern der Träger der Einrichtungen und Vertretern der örtlichen und überörtlichen Träger der Sozialhilfe in gleicher Zahl sowie einem unparteiischen Vorsitzenden.** ²**Die Vertreter der Einrichtungen und deren Stellvertreter werden von den Vereinigungen der Träger der Einrichtungen, die Vertreter der Träger der Sozialhilfe und deren Stellvertreter werden von diesen bestellt.** ³**Bei der Bestellung der Vertreter der Einrichtungen ist die Trägervielfalt zu beachten.** ⁴**Der Vorsitzende und sein Stellvertreter werden von den beteiligten Organisationen gemeinsam bestellt.** ⁵**Kommt eine Einigung nicht zustande, werden sie durch Los bestimmt.** ⁶**Soweit beteiligte Organisationen keinen Vertreter bestellen oder im Verfahren nach Satz 3 keine Kandidaten für das Amt des Vorsitzenden und des Stellvertreters benennen, bestellt die zuständige Landesbehörde auf Antrag einer der beteiligten Organisationen die Vertreter und benennt die Kandidaten.**

(3) ¹**Die Mitglieder der Schiedsstelle führen ihr Amt als Ehrenamt.** ²**Sie sind an Weisungen nicht gebunden.** ³**Jedes Mitglied hat eine Stimme.** ⁴**Die Entscheidungen werden mit der Mehrheit der Mitglieder getroffen.** ⁵**Ergibt sich keine Mehrheit, gibt die Stimme des Vorsitzenden den Ausschlag.**

Gliederung

A. Basisinformationen 1	4. Rechtliche Stellung der Schiedsstelle und ihrer Mitglieder 29
I. Textgeschichte 1	a. Status der Schiedsstelle 30
II. Vorgängervorschrift 2	b. Status der Schiedsstellenmitglieder 31
III. Parallelvorschriften 3	c. Status des Vorsitzenden der Schiedsstelle und seines Stellvertreters 36
IV. Systematischer Zusammenhang 4	5. Verfahren der Schiedsstelle 37
V. Ausgewählte Literaturhinweise 7	a. Anwendbares Recht 37
B. Auslegung und Bedeutung der Norm 8	b. Verfahrensgrundsätze 40
I. Regelungsgehalt der Norm 8	c. Gang des Verfahrens 51
II. Zweck und Bedeutung der Norm 9	6. Entscheidungsfindung der Schiedsstelle (Absatz 3 Sätze 3-5) 61
III. Auslegung der Norm 11	7. Ausschluss und Befangenheit 63
1. Pflicht zur Bildung von Schiedsstellen (Absatz 1) 11	a. Anwendung der §§ 16 und 17 SGB X 63
2. Zusammensetzung der Schiedsstelle (Absatz 2) 12	b. Ausschluss und Befangenheit von Schiedsstellenmitgliedern 65
a. Allgemeines 12	c. Ausschluss und Befangenheit des Vorsitzenden der Schiedsstelle 67
b. Bestellung der Mitglieder der Schiedsstelle 15	d. Verfahren und Rechtsschutz 68
c. Bestellung des Vorsitzenden und seines Stellvertreters 20	**C. Reformvorhaben** 75
d. Fehler im Bestellungsverfahren 21	
e. Abberufung 23	
3. Aufgaben der Schiedsstelle 27	

A. Basisinformationen

I. Textgeschichte

§ 80 SGB XII ist durch das **Gesetz zur Einordnung des Sozialhilferechts in das Sozialgesetzbuch** vom 27.12.2003[1] mit Wirkung zum 01.01.2005 in das SGB XII aufgenommen worden. Mit dem **Gesetz zur Änderung des Zwölften Buches Sozialgesetzbuch und anderer Gesetze** vom 02.12.2006[2]

---

[1] BGBl I 2003, 3022.
[2] BGBl I 2006, 2670.

§ 80

wurde die zuvor in § 80 Abs. 1 SGB XII enthaltene Pflicht, die Schiedsstelle „bei der zuständigen Landesbehörde" zu bilden, mit Wirkung zum 07.12.2006 gestrichen.

II. Vorgängervorschrift

2 § 80 SGB XII übernimmt inhaltlich den bis zum 31.12.2004 geltenden **§ 94 BSHG**. Die Vorgängervorschrift wurde durch das Zweite Gesetz zur Umsetzung des Spar-, Konsolidierungs- und Wachstumsprogramms vom 21.12.1993[3] in das BSHG eingefügt. Als **Vorbild** für das sozialhilferechtliche Schiedsstellenverfahren diente die **Schiedsstelle im Bereich der Krankenhausfinanzierung**.[4] Die in Absatz 4 der Ursprungsfassung des § 94 BSHG geregelte und der zuständigen Landesbehörde zugewiesene Rechtsaufsicht wurde durch das Gesetz zur Reform des Sozialhilferechts vom 23.07.1996[5] gestrichen. Im Gegenzug wurde die seinerzeit in § 94 Abs. 5 BSHG enthaltene Ermächtigung der Länder zum Erlass von Schiedsstellenverordnungen um eine Regelung über die Rechtsaufsicht ergänzt und in Absatz 4 der Vorschrift überführt. Entsprechende Regelungen finden sich heute in § 81 Abs. 2 SGB XII, während die übrigen Regelungsinhalte des § 94 BSHG nunmehr von § 80 SGB XII erfasst werden.

III. Parallelvorschriften

3 Ähnliche Vorschriften zur Einrichtung einer Schiedsstelle und zum Schiedsstellenverfahren finden sich im Bereich der gesetzlichen Pflegeversicherung (**§ 76 SGB XI**), der Kinder- und Jugendhilfe (**§ 78g Abs. 1 SGB VIII**), der gesetzlichen Krankenversicherung (**§ 89 Abs. 2, 3 und § 114 SGB V**) sowie im Bereich der Krankenhausfinanzierung (**§ 18a KHG**).[6] Im Unterschied zu § 80 SGB XII enthält § 78g Abs. 1 SGB VIII selbst keine (Grund-)Regelungen über die Bestellung der Mitglieder der Schiedsstelle und ihre Amtsführung, sondern ermächtigt die Länder zum Erlass entsprechender Vorschriften im Verordnungswege (§ 78g Abs. 4 Nr. 2 SGB VIII). Die übrigen Parallelvorschriften sind weitgehend inhaltsgleich mit § 80 SGB XII. Die unterschiedliche personelle Zusammensetzung der Schiedsstellen ist den Besonderheiten des jeweiligen Rechtsgebietes geschuldet. Allerdings bestehen die Schiedsstellen im Bereich der gesetzlichen Kranken- und Pflegeversicherung nicht nur aus den jeweiligen Interessenvertretern und einem unparteiischen Vorsitzenden – wie in § 80 Abs. 2 Satz 1 SGB XII –, sondern aus zwei weiteren unparteiischen Mitgliedern (§ 76 Abs. 2 Satz 1 SGB XI, §§ 89 Abs. 2 Satz 2, 114 Abs. 2 Satz 1 SGB V). Die Besetzung mit zwei weiteren unparteiischen Mitgliedern wird de lege ferenda auch für die sozialhilferechtliche Schiedsstelle gefordert (vgl. Rn. 75).[7]

IV. Systematischer Zusammenhang

4 § 80 SGB XII regelt den **formell-rechtlichen Rahmen für die** in § 77 SGB XII normierten **Aufgaben der** sozialhilferechtlichen **Schiedsstellen**.[8] Die Vorschrift legt die Grundzüge für die Bildung, die Zusammensetzung und das Verfahren einer Schiedsstelle fest und überlässt die **Konkretisierung** den **Ländern im Verordnungswege**, die hierzu durch **§ 81 Abs. 2 SGB XII** ermächtigt werden. Soweit weder § 80 SGB XII noch die auf der Grundlage von § 81 Abs. 2 SGB XII erlassenen Verordnungen der Länder einzelne Verfahrensfragen regeln, gelten die Vorschriften des **SGB I und SGB X entsprechend** (vgl. dazu Rn. 37 ff. und die Kommentierung zu § 81 SGB XII Rn. 24 ff.).

5 Bei **zugelassenen Pflegeeinrichtungen i.S.d. § 72 SGB XI** sind die Zuständigkeiten der Schiedsstellen nach § 76 SGB XI und § 80 SGB XII voneinander abzugrenzen. Werden Leistungen nach dem SGB XII durch eine nach § 72 SGB XI zugelassene Pflegeeinrichtung erbracht und ist der Sozialhilfeträger gemäß **§ 75 Abs. 5 SGB XII** an die mit der Pflegekasse geschlossene Pflegesatzvereinbarung (§§ 85 ff. SGB XI) gebunden, ist die Zuständigkeit der Schiedsstelle nach dem SGB XI gegeben, an deren Entscheidung der Sozialhilfeträger ebenfalls gebunden ist. Liegt hingegen einer der Ausnahmefälle vor, in denen der Sozialhilfeträger nicht an die nach dem SGB XI geschlossene Vergütungs- bzw. Pflegesatzvereinbarung gebunden ist (vgl. dazu die Kommentierung zu § 75 SGB XII), besteht die Zuständigkeit der sozialhilferechtlichen Schiedsstelle.

---

[3] BGBl I 1993, 2374.
[4] BT-Drs. 12/5510, S. 11 f.
[5] BGBl I 1996, 1088.
[6] Überblick und systematischer Vergleich bei: *Plantholz*, Sozialrecht aktuell 2012, 142; *Gottlieb*, Sozialrecht aktuell 2012, 150 ff.
[7] NDV 2006, 302 ff.; *Gottlieb/Krüger*, NDV 2013, 571 f.; *Henneberger*, NDV 2013, 569 f.
[8] So auch: *Rabe*, Sozialrecht aktuell 2012, 146.

Bei der Auslegung der verfahrensrechtlichen Regelungen des § 80 SGB XII und der Landesschiedsstellenverordnungen sind die Grundrechte der Leistungserbringer aus **Art. 12 Abs. 1 GG und Art. 2 Abs. 1 GG** zu berücksichtigen, weil die Ersetzung einer Vereinbarung durch die Schiedsstelle einerseits die Vertragsfreiheit tangiert und andererseits in die durch Art. 12 Abs. 1 GG geschützte Freiheit zum Betreiben einer Einrichtung nach dem SGB XII eingreift und daher als Berufsausübungsregel anzusehen ist[9] (zur Abgrenzung zwischen Berufswahl- und Berufsausübungsregelung vgl. die Kommentierung zu § 78 SGB XII Rn. 13 und die Kommentierung zu § 79 SGB XII Rn. 19).

V. Ausgewählte Literaturhinweise

Armborst, Rechtlicher Rahmen für das Verfahren der Schiedsstelle gemäß § 94 BSHG, RsDE Nr. 33 (1996), 1-18; *Armborst*, Das Verfahren vor der Schiedsstelle nach § 94 BSHG, NDV 1996, 262-266; *Buchner/Bosch*, Befangenheitsanträge gegen Schiedsamtsmitglieder – Verfahrensrechtliche Fragestellungen, SGb 2011, 21-27; *Becker*, Das Schiedsstellen-Verfahren im Sozialrecht, SGb 2003, 664-671; *Gottlieb*, Vereinheitlichungsaspekte bei den sozialrechtlichen Schiedsstellen nach §§ 78g SGB VIII, 76 SGB XI und 80 SGB XII, Sozialrecht aktuell 2012, 150-157; *Gottlieb/Krüger*, Vorschläge zur rechtlichen Harmonisierung der Schiedsstellenverfahren nach §§ 76 SGB XI und 80 SGB XII, NDV 2013, 571-571; *Hatzl*, Das Schiedswesen nach §§ 93, 94 BSHG, NZS 1995, 448-452; *Henneberger*, Jährliches Arbeitstreffen der Schiedsstellen nach dem SGB XI und SGB XII, NDV 2013, 569-571; *Langer*, Inkrafttreten des Schiedsstellenspruchs erst ab Antragseingang – Anm. zu LSG Bayern vom 03.05.2012 – L 18 SO 230/09 KL, RdLH 2012, 133; *Philipp*, Rechtsschutz gegen Schiedssprüche nach § 94 BSHG – Aufschiebende Wirkung und prozessuale Gestaltungsmöglichkeiten, VSSR 2004, 115-130; *Plantholz*, Schiedsverfahren in der Sozialhilfe – Im Dickicht widersprüchlicher Normen: Schiedsverfahren in der Sozialhilfe aus Sicht des Leistungserbringers, Sozialrecht aktuell 2012, 142-145; *Rabe*, Das Schiedsstellenverfahren nach dem SGB XII, Sozialrecht aktuell 2012, 146-150; *Renn/Griep*, Parteiische Schiedsstellen nach § 94 BSHG und § 76 SGB XI, PflR 2000, 2-6; *Riege*, Rückwirkungsverbot nach § 85 Abs. 6 Satz 2 SGB XI, SGb 1998, 193-195; *Schnapp*, Die Ablehnung wegen Befangenheit und die Abberufung von Schiedsamtsmitgliedern – verfahrensrechtliche Fragen, SGb 2007, 633-637; *Schnapp*, Das sozialrechtliche Schiedsverfahren im Aufwind, GesR 2014, 193-203; *Schnapp*, Handbuch des sozialrechtlichen Schiedsverfahrens, 1. Aufl. 2004; *Simmler*, Die Ablehnung des Schiedsamtsvorsitzenden im Schiedsverfahren nach dem SGB wegen Besorgnis der Befangenheit, GesR 2007, 249-252; *Udsching*, Die vertragsrechtliche Konzeption der Pflegeversicherung, NZS 1999, 473-479; *von Boetticher/Tammen*, Die Schiedsstelle nach dem Bundessozialhilfegesetz: Vertragshilfe oder hoheitliche Schlichtung, RsDE Nr. 54 (2003), 28-60; *von Laffert*, Der Beurteilungsspielraum in Bezug auf Entscheidungen der Schiedsstellen nach §§ 76 SGB XI und 80 SGB XII, RsDE Nr. 64 (2007), 27-51.

B. Auslegung und Bedeutung der Norm

I. Regelungsgehalt der Norm

Absatz 1 enthält den **Einrichtungsauftrag**, für jedes Land (oder für Teile eines Landes) eine Schiedsstelle zu bilden. Ergänzend hierzu regelt **Absatz 2 Satz 1** die **paritätische Zusammensetzung** der sozialhilferechtlichen Schiedsstellen aus Vertretern der Sozialhilfeträger und der Leistungserbringer sowie einem unparteiischen Vorsitzenden. Grundsätzliche Vorgaben für die **Bestellung der Mitglieder einer Schiedsstelle** finden sich in **Absatz 2 Sätze 2 und 3**. In **Absatz 2 Sätze 4 und 5** wird die **Bestellung des Vorsitzenden** der Schiedsstelle **und** seines **Stellvertreters** geregelt. Für den Fall der fehlenden Benennung eines Schiedsstellenmitglieds und/oder des Vorsitzenden bzw. seines Stellvertreters durch die beteiligten Organisationen sieht **Absatz 2 Satz 6** die **Bestellung** durch die zuständige Landesbehörde **im Wege der „Ersatzvornahme"**[10] vor. **Absatz 3** regelt die **Amtsführung** der Schiedsstellenmitglieder (Sätze 1 und 2) und die **Entscheidungsfindung** der Schiedsstelle (Sätze 3 bis 5).

II. Zweck und Bedeutung der Norm

Zweck und Bedeutung der verfahrensrechtlichen Vorgaben in § 80 SGB XII erschließen sich erst im Zusammenhang mit der Rolle und Bedeutung der Schiedsstelle im sozialhilferechtlichen Leistungserbringungsrecht. Die Schiedsstelle soll als „Vertragshilfeorgan" den fehlenden Konsens zwischen den

---

[9] LSG Sachsen v. 02.09.2009 - L 1 P 1/07 zur Parallelvorschrift in § 76 SGB XI.
[10] Zum Begriff: *Freudenberg* in: Jahn, SGB XII, § 80 Rn. 11.

zum Abschluss einer Vereinbarung berechtigten Parteien durch einen vertragsgestaltenden Akt der Konfliktlösung und Schlichtung überwinden.[11] Ausgangspunkt ist die vom Gesetzgeber angenommene Pflicht der Vertragsparteien zur Einigung.[12] Die durch die Tätigkeit der Schiedsstelle tangierten grundrechtlich geschützten Rechtspositionen der Vertragsparteien (Art. 12 Abs. 1 und Art. 2 Abs. 1 GG)[13] müssen bei der Ausgestaltung des Schiedsverfahrens berücksichtigt werden (**Grundrechtsschutz durch Verfahren**[14]). Die Entscheidung der Schiedsstelle muss daher in einem fairen, willkürfreien Verfahren getroffen werden, bei dem die gegenläufigen Interessen der Vertragsparteien durch ein mit weisungsfreien Interessenvertretern der betroffenen Gruppen zusammengesetztes und mit der Materie vertrautes Gremium zu einem interessengerechten Ausgleich gebracht werden.[15] Die der Schiedsstelle zugewiesene Aufgabe der Konfliktlösung nach dem Vereinbarungsprinzip[16] kann nur gelingen, wenn ihr hierfür der entsprechende verfahrensrechtliche Rahmen zur Verfügung gestellt wird. Dem dient die Regelung des § 80 SGB XII. Während § 80 Abs. 1 SGB XII die Schiedsstelle institutionell absichert, soll durch die Vorgaben über die Zusammensetzung und Amtsführung in § 80 Abs. 2 und 3 SGB XII sichergestellt werden, dass die Schiedsstelle den in § 77 SGB XII genannten Aufgaben gerecht wird und die von ihr getroffene Entscheidung geeignet ist, den darin liegenden Eingriff in grundrechtliche Positionen zu rechtfertigen.

10 Letztlich wird mit der Regelung der Schiedsstellenorganisation und des Schiedsstellenverfahrens eine hinreichende gesetzliche Grundlage für die Tätigkeit der Schiedsstelle geschaffen (sachlich-inhaltliche **Legitimation für die Tätigkeit der Schiedsstelle**) und das **Schiedsverfahren in** seinen **Grundzügen vereinheitlicht**, weil sich die landesrechtlichen Schiedsstellenverordnungen zum einen an der Ermächtigungsgrundlage des § 81 Abs. 2 SGB XII messen lassen müssen und zum anderen nicht gegen die Vorgaben in § 80 SGB XII verstoßen dürfen.

III. Auslegung der Norm

1. Pflicht zur Bildung von Schiedsstellen (Absatz 1)

11 Nach § 80 Abs. 1 SGB XII ist für jedes Land oder für Teile des Landes eine Schiedsstelle zu bilden. Anders als nach der noch bis zum 06.12.2006 geltenden Rechtslage ist die Schiedsstelle nicht mehr bei der zuständigen Landesbehörde einzurichten. Der Gesetzgeber wollte es vor dem Hintergrund der zunehmenden Kommunalisierung den Ländern überlassen, wo die Schiedsstelle gebildet wird.[17] § 80 Abs. 1 SGB XII verpflichtet die Länder zur Bildung einer Schiedsstelle im Land und berechtigt zur Bildung von Schiedsstellen für einzelne Landesteile, was zur Folge hat, dass mehrere Schiedsstellen bestehen können, deren örtliche Zuständigkeit durch eine landesrechtliche Regelung abzugrenzen ist. Von dieser Möglichkeit hat gegenwärtig lediglich Nordrhein-Westfalen Gebrauch gemacht und eine Schiedsstelle für die Regierungsbezirke Köln und Düsseldorf bei der Bezirksregierung Köln und eine weitere für die Regierungsbezirke Münster, Detmold und Arnsberg bei der Bezirksregierung Münster eingerichtet (§ 1 Abs. 1 SchV Nordrhein-Westfalen).

2. Zusammensetzung der Schiedsstelle (Absatz 2)

a. Allgemeines

12 Die Schiedsstelle besteht aus Vertretern der Einrichtungsträger und Vertretern der örtlichen und überörtlichen Sozialhilfeträger gleicher Zahl sowie einem unparteiischen Vorsitzenden (sogenanntes **Prinzip der „zwei Bänke"**[18]). Das Gesetz sieht somit eine **paritätische Besetzung** der Schiedsstelle vor.[19] Diese Zusammensetzung ist Ausdruck der gemeinsamen Mitverantwortung der Sozialhilfeträger und der Einrichtungsträger für das Leistungsgeschehen und die Vergütungsgestaltung.[20] Die Anzahl der

---

[11] BVerwG v. 28.02.2002 - 5 C 25/01 - BVerwGE 116, 78; BVerwG v. 01.12.1998 - 5 C 17/97 - BVerwGE 108, 47; *Gottlieb*, Sozialrecht aktuell 2012, 150, 153; *Becker*, SGb 2003, 664, 666 f; *Armborst*, NDV 1996, 262.
[12] BT-Drs. 12/5510, S. 11.
[13] *von Laffert*, RsDE Nr. 64 (2007), 27, 47 ff.
[14] Vgl. dazu: BVerfG v. 24.08.2010 - 2 BvR 1113/10 m.w.N.
[15] Zu den Aufgaben der Schiedsstelle und zur Ausgestaltung des Verfahrens: BVerwG v. 28.02.2002 - 5 C 25/01 - BVerwGE 116, 78; BVerwG v. 01.12.1998 - 5 C 17/97 - BVerwGE 108, 47.
[16] BVerwG v. 01.12.1998 - 5 C 17/97 - BVerwGE 108, 47.
[17] BT-Drs. 16/2711, S. 11.
[18] *Neumann* in: Hauck/Noftz, SGB XII, § 80 Rn. 6.
[19] BT-Drs. 12/5510, S. 12.
[20] *Freudenberg* in: Jahn, SGB XII, § 80 Rn. 7.

Schiedsstellenmitglieder und das Verhältnis innerhalb der jeweiligen „Bänke", d.h. das Verhältnis von Vertretern der örtlichen und überörtlichen Sozialhilfeträger auf der „Bank" der Sozialhilfeträger und das Verhältnis der freigemeinnützigen und freigewerblichen Einrichtungsträger auf der Seite der Leistungserbringer werden vom Gesetz nicht geregelt. Insoweit werden die Länder über § 81 Abs. 2 SGB XII ermächtigt, Regelungen im Verordnungswege zu erlassen. Entsprechende Vorschriften finden sich in den Schiedsstellenverordnungen aller Bundesländer mit Ausnahme von Hessen. § 2 BSHG§94V Hessen gibt lediglich vor, dass die Schiedsstelle aus je 5 Mitgliedern der Träger der Einrichtungen und der Sozialhilfeträger besteht, ohne das Verhältnis innerhalb der „Bänke" zu regeln. Insoweit hat sich offensichtlich eine ständige Verwaltungspraxis herausgebildet, die ggf. zu akzeptieren ist. Ohnedies bedürfte die fehlerhafte Besetzung der Rüge im Verfahren (vgl. dazu Rn. 21). Für jedes Mitglied der Schiedsstelle ist ein Stellvertreter zu bestellen (Rückschluss aus § 80 Abs. 2 Satz 2 SGB XII).

Eine **besondere Stellung** kommt dem **Vorsitzenden der Schiedsstelle** und seinem Stellvertreter zu. Er muss unparteiisch sein, d.h. er darf weder haupt- noch nebenberuflich in einem Abhängigkeitsverhältnis zu einem Einrichtungs- oder Sozialhilfeträger stehen. Soweit dies in einzelnen Schiedsstellenverordnungen der Länder ausdrücklich geregelt wird[21], handelt es sich um rein deklaratorische Normierungen. Für die übrigen Mitglieder der Schiedsstelle wird die Unparteilichkeit nicht gesetzlich vorgeschrieben. Eine solche kann faktisch auch nicht bestehen, weil die Mitglieder der Schiedsstelle – der Vorsitzende ausgenommen – diese Funktion gerade als Interessenvertreter ausüben. Allerdings sind sie in ihrer Amtsausübung nicht den Weisungen der sie entsendenden Organisation unterworfen (§ 80 Abs. 3 Satz 2 SGB XII). Der Vorsitzende bereitet das Verfahren vor und leitet die als Regelfall vorgesehene mündliche Verhandlung (vgl. dazu Rn. 46). Ihm obliegt es, den Schiedsspruch zu begründen (vgl. Rn. 58). Entsteht bei der Beschlussfassung eine Pattsituation, weil die durch die Schiedsstellenmitglieder repräsentierten Interessen der Vertragsparteien nicht zum Ausgleich gebracht werden konnten, gibt die Stimme des unparteiischen Vorsitzenden den Ausschlag (§ 80 Abs. 3 Satz 5 SGB XII).

13

Weder der Vorsitzende der Schiedsstelle noch die übrigen Schiedsstellenmitglieder müssen über **besondere persönliche Merkmale** oder eine **besondere Qualifikation** verfügen.[22] Zwar fordern die Schiedsstellenverordnungen einiger Länder in Bezug auf den Vorsitzenden und/oder seinen Stellvertreter die Befähigung zum Richteramt oder zum höheren allgemeinen Verwaltungsdienst.[23] Diese Vorgaben sind jedoch durchgehend als Soll-Vorschrift ausgestaltet und daher nicht zwingend. Allerdings dürfte eine gewisse fachliche Kompetenz und Vertrautheit mit dem sozialhilferechtlichen Leistungserbringungsrecht und dem einrichtungsbezogenen Vergütungssystem angesichts der Komplexität der Materie und der Pflicht der Schiedsstelle zur „unverzüglichen" Entscheidung (§ 77 Abs. 1 Satz 3 SGB XII) nicht nur von Vorteil, sondern sogar praktisch geboten sein.[24]

14

b. Bestellung der Mitglieder der Schiedsstelle

Berechtigt zur Bestellung der Mitglieder der Schiedsstelle sind einerseits die Vereinigungen der Träger der Einrichtungen und andererseits die **Träger der Sozialhilfe**. Wer Träger der Sozialhilfe ist, ergibt sich aus dem Gesetz (§ 3 SGB XII). Dagegen wird vom Gesetzgeber offen gelassen, was unter den **Vereinigungen der Einrichtungsträger** zu verstehen ist. Anders als im Recht der gesetzlichen Krankenversicherung gibt das Sozialhilferecht keine bestimmte Organisationsstruktur für die Seite der Leistungserbringer vor. Ähnliche Definitionsprobleme bestehen im Anwendungsbereich der pflegeversicherungsrechtlichen Parallelvorschrift (§ 76 SGB XI).[25] Zwar ist in fast allen Schiedsstellenverordnungen der Länder geregelt, von welcher Vereinigung der Einrichtungsträger wie viele Mitglieder der

15

---

[21] Z.B. § 2 Abs. 3 SGB XII-SchVO Hamburg, § 2 Abs. 3 BSHG-SchV Bremen; § 2 Abs. 3 SchV Nordrhein-Westfalen, § 1 Abs. 4 SozSchV Brandenburg; § 1 Abs. 3 ThürSchiedsVO-SGB XII; § 2 Abs. 3 SGB XII-SchVO Schleswig-Holstein; § 3 Abs. 3 SchiedsstellenVO Berlin.

[22] *Baur* in: Mergler/Zink, SGB XII, § 80 Rn. 10; *Freudenberg* in: Jahn, SGB XII, § 80 Rn. 14; *Neumann* in: Hauck/Noftz, SGB XII, § 80 Rn. 5.

[23] § 2 Abs. 3 BSHG§94V ST Sachsen-Anhalt; § 2 Abs. 3 BSHG-SchV Bremen; § 3 Abs. 1 SGB12SchiedsV Rheinland-Pfalz; § 2 Abs. 3 SchV Nordrhein-Westfalen; § 2 Abs. 3 Satz 2 SGB XII-SchVO Hamburg; § 2 Abs. 3 Satz 2 SGB XII-SchVO Schleswig-Holstein.

[24] *von Laffert*, RsDE Nr. 64 (2007), 27, 29; *Becker*, SGb 2003, 664, 668.

[25] Vgl. dazu: *Udsching*, SGB XI, 3. Aufl., § 76 Rn. 11.

Schiedsstelle bestellt werden können. Dies entbindet den Rechtsanwender jedoch nicht von der Prüfung, ob diese landesrechtlich zur Bestellung ermächtigten Organisationen als „Vereinigungen der Einrichtungsträger" i.S.d. § 80 Abs. 2 Satz 2 SGB XII anzusehen sind.

16 Der Begriff der **Vereinigung der Einrichtungsträger** i.S.d. § 80 SGB XII entspricht nicht dem des § 79 SGB XII. Maßgebend ist der Regelungszusammenhang, in dem der Begriff verwendet wird (funktionsdifferente Auslegung). Im Sinne des § 80 SGB XII sind die „Vereinigungen der Träger der Einrichtungen" organisatorische Zusammenschlüsse von Verbänden und Institutionen, die entweder ausschließlich oder zumindest auch Träger einer Einrichtung sind und die einrichtungsbezogene Interessen wahrnehmen. Anders als im Anwendungsbereich des § 79 SGB XII können die Landesligen der freien Wohlfahrtspflege als Vereinigung der Einrichtungsträger i.S.v. § 80 Abs. 2 Satz 2 SGB XII angesehen werden. Diese Differenzierung in den Begrifflichkeiten ist der unterschiedlichen Ausgestaltung und Funktion der genannten Normen geschuldet: Während im Rahmen von § 79 Abs. 1 Satz 2 SGB XII den Landesligen der freien Wohlfahrtspflege als Wohlfahrtsverband die Möglichkeit der Beteiligung am Rahmenvertragsverfahren eingeräumt wird, sie somit teilnehmen können, aber nicht müssen (vgl. dazu die Kommentierung zu § 79 SGB XII Rn. 24 ff.), sieht § 80 Abs. 2 SGB XII diese fakultative Beteiligungsmöglichkeit für Wohlfahrtsverbände nicht vor. Die in § 80 Abs. 2 Satz 3 SGB XII geforderte Trägervielfalt wird im Hinblick auf die freigemeinnützigen Träger daher nur gewahrt, wenn man die Landesligen der freien Wohlfahrtspflege – ungeachtet der von ihnen wahrzunehmenden Aufgaben unterschiedlichster Ausprägung – als Vereinigung der (freigemeinnützigen) Einrichtungsträger ansieht. Nur auf diese Weise können die Interessen der überwiegenden Zahl der freigemeinnützigen Träger, die in den Landesligen organisiert sind, komprimiert bei der zahlenmäßig begrenzten Besetzung der Schiedsstelle berücksichtigt werden. Die dargestellten Probleme stellen sich nicht, wenn man der herrschenden Meinung folgend die Landesligen der freien Wohlfahrtspflege als Vereinigung der Einrichtungsträger i.S.v. § 79 Abs. 1 Satz 1 SGB XII ansieht (vgl. dazu die Kommentierung zu § 79 SGB XII Rn. 24).

17 Allerdings kann ein organisatorischer Zusammenschluss im Regelungszusammenhang des § 80 SGB XII nur dann als Vereinigung der Einrichtungsträger angesehen werden, wenn die **Wahrung der Interessen der Einrichtungsträger** ein – wenn auch neben anderen Aufgaben bestehendes – **wesentliches Ziel der Organisation** ist.[26] Daher sind die landesrechtlichen Schiedsstellenverordnungen, welche die Bestellung eines Mitglieds oder mehrerer Mitglieder für die Seite der Einrichtungsträger durch die kommunalen Landes- bzw. Spitzenverbände[27] oder durch die Arbeitsgemeinschaft der kommunalen Spitzenverbände[28] vorsehen, wegen eines Verstoßes gegen die Vorgaben des § 80 Abs. 2 Satz 2 SGB XII rechtswidrig.[29] Weder für die kommunalen Spitzenverbände noch für die zuständigen Ministerien zählt die Wahrnehmung der Interessen der kommunalen Einrichtungsträger zu den Hauptaufgaben. Deren Belange werden vielmehr im Sinne der Finanzierungsverantwortung für die genannten Institutionen lediglich „mit wahrgenommen". Als Vereinigung der Einrichtungsträger i.S.d. § 80 Abs. 2 Satz 2 SGB XII können sie daher nicht angesehen werden. Dagegen dürfte die Bestellung eines Schiedsstellenmitglieds für die „Bank" der Leistungserbringer durch **die Vereinigung der kommunalen Einrichtungsträger**[30] rechtlich nicht zu beanstanden sein. Hiergegen wird zwar verschiedentlich eingewandt, dieses „Trojanische Pferd"[31] der Sozialhilfeträger verstärke deren Stellung, verletze das Prinzip der paritätischen Besetzung[32] und greife in das Grundrecht der Einrichtungsträger auf freie Berufsausübung ein.[33] Diese Bedenken sind insoweit berechtigt, als der Vertreter der kommunalen Ein-

---

[26] Ähnlich: *Rabe*, Sozialrecht aktuell 2012, 146.
[27] § 3 Abs. 3 Nr. 1 SGB XII-SchVO Schleswig-Holstein; § 3 Abs. 2 Nr. 2 BSHG§94V ST Sachsen-Anhalt; § 2 Abs. 1 Nr. 2 ThürSchiedsVO-SGB XII; § 3 Abs. 1 Nr. 2 SchStLVO SGB XII Mecklenburg-Vorpommern; § 2 Abs. 3 Nr. 2 SchiedVergSozVO Sachsen, § 3 Abs. 2 BSHG-AG Baden-Württemberg.
[28] § 3 Abs. 2 Nr. 2 SchV Nordrhein-Westfalen.
[29] Ebenso: *Münder* in: LPK-SGB XII, 9. Aufl., § 80 Rn. 4; SG Gelsenkirchen v. 02.08.2010 - S 8 SO 99/07; a.A. LSG Mecklenburg-Vorpommern v. 30.08.2012 - L 9 SO 1/10.
[30] So § 102 Abs. 2 Nr. 3 AVSG Bayern; ähnlich: § 3 Abs. 3 Nr. 3 SGB XII-SchVO Niedersachsen.
[31] *Udsching*, NZS 1999, 473, 478 zur parallelen Problematik in § 76 SGB XI; *Rabe*, Sozialrecht aktuell 2012, 146; *Becker*, SGb 2003, 664, 669.
[32] *Neumann* in: Hauck/Noftz, SGB XII, § 80 Rn. 6; *Griep/Renn*, PflegeR 2000, 2, 5; *von Laffert*, RsDE Nr. 64 (2007), 27, 28 f; SG Gelsenkirchen v. 02.08.2010 - S 8 SO 99/07.
[33] LSG Sachsen v. 02.09.2009 - L 1 P 1/07 zur Parallelvorschrift in § 76 SGB XI; Widerlegung der Kritik in: LSG Mecklenburg-Vorpommern v. 30.08.2012 - L 9 SO 1/10.

richtungen mit den Vertretern der Sozialhilfeträger stimmen kann und daher den Sozialhilfeträgern die Mehrheit auch dann sicher ist, wenn der Vorsitzende für die Seite der Einrichtungsträger stimmt (**Gefahr der parteiischen Schiedsstelle**).[34] Auch verfügt das SGB XII – anders als § 76 SGB XI – nicht über das Korrektiv zweier weiterer unparteiischer Schiedsstellenmitglieder. Allerdings sieht § 80 Abs. 3 Satz 2 SGB XII vor, dass die Schiedsstellenmitglieder nicht an Weisungen gebunden sind. Unabhängig davon, ob man diese Forderung als lebensfremd ansieht,[35] ist jedenfalls nach der Konzeption des Gesetzgebers die Bestellung eines Vertreters für die Einrichtungsträger durch die Vereinigung der kommunalen Einrichtungsträger formell-rechtlich nicht zu beanstanden.[36] Dies wird durch § 80 Abs. 1 Satz 3 SGB XII bestätigt. Die nach § 80 Abs. 1 Satz 3 SGB XII bei der Bestellung der Vertreter der Einrichtungen zu beachtende **Trägervielfalt** ist zugleich Grundlage und Grenze für die Berechtigung der Vereinigungen der kommunalen Einrichtungsträger zur Benennung von Schiedsstellenmitgliedern.[37] Der Grundsatz der Trägervielfalt gebietet eine gleichmäßige Berücksichtigung von freigemeinnützigen, gewerblichen und öffentlichen Trägern.[38] Aufgrund dessen dürfen die kommunalen Einrichtungsträger einerseits nicht von der Bestellung der Vertreter der Einrichtungen ausgenommen,[39] andererseits aber insoweit auch nicht bevorzugt werden. Ein dem § 76 Abs. 2 Satz 3 SGB XI vergleichbarer gesetzlicher Vorrang der freigemeinnützigen und der privaten gegenüber den öffentlichen Trägern besteht im Anwendungsbereich des Sozialhilferechts nicht.

Benennen die beteiligten Organisationen (Sozialhilfeträger und Vereinigungen der Einrichtungsträger) keine Schiedsstellenmitglieder, erfolgt die Bestellung durch die zuständige Landesbehörde (§ 80 Abs. 2 Satz 6 SGB XII). Die **Bestellung im Wege der „Ersatzvornahme"** muss von einer der beteiligten Organisationen beantragt werden. Die zuständige Landesbehörde i.S.d. § 80 Abs. 2 Satz 6 SGB XII wird durch die Schiedsstellenverordnungen der Länder festgelegt. Im Wege der Ersatzvornahme kann nur eine Person zum Schiedsstellenmitglied bestellt werden, die einer der benennungsberechtigten Organisationen angehört.[40] Die durch die zuständige Landesbehörde im Wege der Ersatzvornahme getroffene Besetzungsentscheidung ist als **Verwaltungsakt** i.S.d. § 31 SGB X zu qualifizieren.[41] Es handelt sich um eine hoheitliche Maßnahme im Bereich der Sozialhilfe („auf dem Gebiet des öffentlichen Rechts"), mit der aus Anlass der Bildung einer Schiedsstelle („im Einzelfall") der Status einer Person als Schiedsstellenmitglied („Regelung") mit Wirkung für die ernennungsberechtigten Organisationen („mit Außenwirkung") verbindlich festgelegt wird. Die Besetzungsentscheidung der zuständigen Landesbehörde muss daher hinreichend bestimmt sein und begründet werden: Die Entscheidung muss die wesentlichen rechtlichen und tatsächlichen Gründe für die getroffene Auswahl der Schiedsstellenmitglieder erkennen lassen.[42] Gegen die Besetzungsentscheidung der zuständigen Landesbehörde können die am Besetzungsverfahren beteiligten Organisationen im Wege der Anfechtungsklage und ggf. im Wege des Eilrechtsschutzes vorgehen. Erwächst die Besetzungsentscheidung in Bestandskraft, kann ein späteres Klageverfahren gegen den Schiedsspruch nicht zum Anlass genommen werden, die Besetzung der Schiedsstelle (inzident) anzugreifen.[43] Die Bestellung eines Schiedsstellenmitglieds im Wege der Ersatzvornahme ist verfassungsrechtlich unbedenklich, da ein in Betracht kommender Eingriff in die Berufsausübungsfreiheit einer Einrichtung, die Mitglied einer benennungsberechtigten Organisation i.S.d. § 80 Abs. 1 SGB XII ist, regelmäßig durch die Funktion und Bedeutung des Schiedsstellenverfahrens gerechtfertigt ist.

Das **Verhältnis der Vertreter von örtlichen und überörtlichen Sozialhilfeträgern** ist nicht gesetzlich vorgegeben und wird durch die Schiedsstellenverordnungen der Länder geregelt. Die entsprechenden landesrechtlichen Regelungen weichen in diesem Punkt zum Teil deutlich voneinander ab.

---

[34] *Neumann* in: Hauck/Noftz, SGB XII, § 80 Rn. 11; *Becker*, SGb 2003, 664, 669.
[35] *Neumann* in: Hauck/Noftz, SGB XII, § 80 Rn. 10.
[36] In diesem Sinne wohl auch: *Rabe*, Sozialrecht aktuell 2012, 146 f. mit Beispielen aus der Praxis; a.A. SG Gelsenkirchen v. 02.08.2010 - S 8 SO 88/07; *Neumann* in: Hauck/Noftz, SGB XII, § 80 Rn. 6; *von Laffert*, RsDE Nr. 64(2007), 27, 28 f.
[37] Zur Trägervielfalt: LSG Mecklenburg-Vorpommern v. 30.08.2012 - L 9 SO 1/10.
[38] *Flint* in: Grube/Wahrendorf, SGB XII, 5. Aufl., § 80 Rn. 5.
[39] Vgl. dazu LSG Sachsen v. 02.09.2009 - L 1 P 1/07 zur Parallelvorschrift in § 76 SGB XI.
[40] *Flint* in: Grube/Wahrendorf, SGB XII, 5. Aufl., § 80 Rn. 7.
[41] So LSG Sachsen v. 02.09.2009 - L 1 P 1/07 zur Parallelvorschrift in § 76 SGB X; *Wahl* in: jurisPK-SGB XI, § 76 Rn. 23.
[42] LSG Sachsen v. 02.09.2009 - L 1 P 1/07 zur Parallelvorschrift in § 76 SGB XI.
[43] So auch: LSG Sachsen v. 02.09.2009 - L 1 P 1/07 R zur Parallelvorschrift in § 76 SGB XI.

c. Bestellung des Vorsitzenden und seines Stellvertreters

20 Der Vorsitzende und sein Stellvertreter werden durch die beteiligten Organisationen (Träger der Sozialhilfe und Vereinigungen der Einrichtungsträger) **gemeinsam**, d.h. **im Konsens** bestellt (§ 80 Abs. 1 Satz 4 SGB XII). Können sich die beteiligten Organisationen nicht über die Person des Vorsitzenden und/oder seines Stellvertreters einigen und legen jeweils einen eigenen Vorschlag vor, entscheidet das Los (§ 80 Abs. 2 Satz 5 SGB XII). Wird kein Kandidat für das Amt des Vorsitzenden und/oder Stellvertreters benannt, ersetzt die zuständige Landesbehörde die Benennung (§ 80 Abs. 2 Satz 6 SGB XII). In § 80 Abs. 2 Satz 6 SGB XII ist dem Gesetzgeber ein Redaktionsversehen dadurch unterlaufen, dass für die Benennung eines Kandidaten für das Amt des Vorsitzenden auf Satz 3 verwiesen wird.[44] Der Verweis kann sich nach Wortlaut, Systematik und Sinn der Regelung aber nur auf das Verfahren nach Absatz 2 Satz 4 (Bestellung des Vorsitzenden) beziehen. Für die Bestellung des Vorsitzenden bzw. seines Stellvertreters im Wege der **Ersatzvornahme** gelten die gleichen Vorgaben wie für die Bestellung von (einfachen) Schiedsstellenmitgliedern durch die zuständige Landesbehörde (vgl. Rn. 18).

d. Fehler im Bestellungsverfahren

21 Ein **Fehler im Verfahren der Bestellung** eines Schiedsstellenmitglieds führt nicht zwingend zur Rechtswidrigkeit des Schiedsspruchs. Das fehlerhaft bestellte Schiedsstellenmitglied ist nicht per se vom Verfahren ausgeschlossen und verliert nicht automatisch den mit der Bestellung zuerkannten Status. Der Fehler im Bestellungsverfahren, der in der Regel auch einen **Besetzungsfehler** zur Folge hat, ist vielmehr nur beachtlich, wenn er bekannt war oder bekannt sein musste und im Schiedsverfahren rechtzeitig gerügt wurde (Rechtsgedanke **§ 202 SGG i.V.m. § 295 ZPO**).[45] Anders als im Gerichtsverfahren können die Parteien eines Schiedsverfahrens auf die ordnungsgemäße Besetzung der Schiedsstelle verzichten. Das Schiedsstellenverfahren ist ein Verwaltungsverfahren sui generis und kein gerichtliches Verfahren[46], wenngleich es gewisse Parallelen zu gerichtsförmigen Verfahren aufweist[47]. Die Zusammensetzung der Schiedsstelle liegt im Interesse der Vertragsparteien und nicht überwiegend im öffentlichen Interesse, so dass auf die Einhaltung der Besetzungsvorschriften von den Vertragsparteien verzichtet werden kann. Wird die Besetzungsrüge im Hinblick auf ein fehlerhaft bestelltes Schiedsstellenmitglied erhoben, ist das Vorliegen eines Besetzungsfehlers zu prüfen und ggf. das nach den Landesschiedsstellenverordnungen vorgesehene **Abberufungsverfahren** (vgl. dazu Rn. 23 ff.) einzuleiten, um den mit der Bestellung vom Schiedsstellenmitglied verliehenen Status formal zu beseitigen.[48] Kommt die Schiedsstelle dem nicht nach und entscheidet gleichwohl durch Schiedsspruch unter Mitwirkung eines fehlerhaft bestellten Mitglieds, ist die gerügte fehlerhafte Besetzung im Klageverfahren gegen den Schiedsspruch inzident als möglicher Verfahrensfehler zu prüfen.

22 Die Bestellung einer an den Vertragsverhandlungen beteiligten Person zum Schiedsstellenmitglied für die Bank der Sozialhilfeträger ist kein Besetzungsfehler, da nach dem Gesetz eine Besetzung der Schiedsstelle mit sachkundigen Interessenvertretern gewollt ist.[49] Bestehen im Einzelfall Anhaltspunkte, dass das betreffende Schiedsstellenmitglied entgegen der in § 80 Abs. 3 Satz 2 SGB XII geregelten Amtspflicht offensichtlich auf Weisung der entsendenden Organisation agiert, kann die Besorgnis der Befangenheit geltend gemacht werden (vgl. dazu Rn. 63 ff.).

e. Abberufung

23 Die Voraussetzungen, unter denen ein Schiedsstellenmitglied abberufen werden kann, sind in § 80 SGB XII nicht geregelt. Entsprechende Regelungen finden sich in den Schiedsstellenverordnungen der Länder. Diese Vorschriften sind von der Verordnungsermächtigung des § 81 Abs. 2 SGB XII gedeckt. Zwar ermächtigt § 81 Abs. 2 SGB XII ausdrücklich nur zur Regelung der Bestellung. Nach Sinn und Zweck des § 81 Abs. 2 SGB XII erstreckt sich diese Ermächtigung jedoch auch auf die Abberufung als

---

[44] *Neumann* in: Hauck/Noftz, SGB XII, § 80 Rn. 2; *Flint* in: Grube/Wahrendorf, SGB XII, 5. Aufl., § 80 Rn. 9.
[45] BSG v. 03.12.1980 - 6 RKa 1/78 - BSGE 51, 58, 59 f. zum Verfahrensmangel beim Einigungsversuch; *Schnapp* in: ders., Handbuch des sozialrechtlichen Schiedsverfahrens, Rn. 151; wohl auch: SG Gelsenkirchen v. 02.08.2010 - S 8 SO 99/07.
[46] BSG v. 30.10.1963 - 6 RKa 4/62 - BSGE 20, 73, 76; BVerwG v. 01.12.1998 - 5 C 17/97 - BVerwGE 108, 47.
[47] *Rabe*, Sozialrecht aktuell 2012, 146.
[48] Zur vergleichbaren Situation der fehlerhaften Bestellung eines ehrenamtlichen Richters: BSG v. 26.09.1985 - 1 S 12/85 - BSGE 59, 4 = SozR 1500 § 22 Nr. 1.
[49] LSG Berlin-Brandenburg v. 05.12.2013 - L 23 SO 38/10 KL (anhängig beim BSG unter B 8 SO 1/14 R).

actus contrarius zur Bestellung.[50] Allerdings dürfen die landesrechtlichen Regelungen zur Abberufung der Schiedsstellenmitglieder weder im Widerspruch zu den Vorgaben des § 80 SGB XII noch zu den allgemein für das Ehrenamt entwickelten Rechtsgrundsätzen stehen (vgl. § 80 Abs. 3 Satz 1 SGB XII). Solche allgemeinen Rechtsgrundsätze finden sich in den §§ 81 ff. VwVfG. Diese Grundsätze werden nicht von allen derzeit geltenden Landesschiedsstellenverordnungen beachtet. Hinsichtlich der Abberufungsvoraussetzungen sehen die Schiedsstellenverordnungen der Länder derzeit mehrheitlich vor, dass der Vorsitzende und sein Stellvertreter nur bei Vorliegen eines wichtigen Grundes abberufen werden können, während dies für die übrigen Schiedsstellenmitglieder ohne besondere Voraussetzungen möglich sein soll.[51] Dies steht im Widerspruch zu der in § 86 VwVfG getroffenen Regelung, wonach ein ehrenamtlich Tätiger nur bei **Vorliegen eines wichtigen Grundes** von der Stelle abberufen werden kann, die ihn bestellt hat. Bei der Auslegung des unbestimmten Rechtsbegriffs des „wichtigen Grundes" kann den Besonderheiten der jeweiligen Tätigkeit Rechnung getragen werden. Die Bindung der Abberufung an das Vorliegen eines wichtigen Grundes ist gerade im Bereich des sozialhilferechtlichen Schiedswesens angesichts der Regelung in § 80 Abs. 3 Satz 2 SGB XII geboten, weil andernfalls die jederzeit mögliche Abberufung zu einer – gesetzlich nicht gewünschten – Disziplinierung des Abstimmungsverhaltens der Schiedsstellenmitglieder missbraucht werden könnte.[52] Entgegenstehende landesrechtliche Regelungen müssen gesetzeskonform ausgelegt werden. Ein „wichtiger Grund" liegt vor, wenn das Schiedsstellenmitglied die ihm in dieser Funktion obliegenden Pflichten – z.B. zur Verschwiegenheit (vgl. Rn. 34), zu weisungsfreiem Handeln (§ 80 Abs. 3 Satz 2 SGB XII; dazu Rn. 33), zur Teilnahme an den Sitzungen der Schiedsstelle (vgl. Rn. 35) – gröblich, d.h. nachhaltig oder wiederholt, verletzt hat (§ 86 Satz 2 Nr. 1 Alt. 1 VwVfG), wenn sich das Schiedsstellenmitglied als unwürdig erweist (§ 86 Satz 2 Nr. 1 Alt. 2 VwVfG; z.B. bei Straffälligkeit) oder wenn eine ordnungsgemäße Ausübung des Amtes (z.B. aus gesundheitlichen Gründen) nicht mehr möglich ist (§ 86 Satz 2 Nr. 2 VwVfG).[53] Teilweise wird der wichtige Grund durch die Landesschiedsstellenverordnungen konkretisiert.[54]

Rechtliche Bedenken bestehen auch hinsichtlich der landesrechtlichen Vorgaben über die **zur Abberufung berechtigte Stelle**. Auch insoweit enthält § 80 SGB XII keine Regelung. Die Schiedsstellenverordnungen der Länder differenzieren in dieser Frage zwischen der Abberufung **„normaler" Schiedsstellenmitglieder** und der Abberufung des vorsitzenden bzw. stellvertretenden Mitglieds. Hinsichtlich der (normalen) Schiedsstellenmitglieder sehen sämtliche Schiedsstellenverordnungen vor, dass die Abberufung durch die Organisation erfolgt, die das entsprechende Mitglied bestellt hat. Dies entspricht der Regelung des **§ 86 Satz 1 VwVfG**. In Bezug auf die Abberufung des Vorsitzenden und seines Stellvertreters werden in den Schiedsstellenverordnungen der Länder dagegen unterschiedliche „Zuständigkeitsmodelle" vertreten: Teilweise erfolgt die Abberufung durch die beteiligten Organisationen gemeinsam.[55] Die überwiegende Zahl der Landesschiedsstellenverordnungen sieht im Grundsatz die Abberufung des Vorsitzenden bzw. seines Stellvertreters durch die beteiligten Organisationen gemeinsam und bei fehlender Einigung[56] bzw. alternativ auf Antrag einer Organisation[57] durch die zuständige Landesbehörde vor. Zum Teil wird auch nur die zuständige Landesbehörde auf Antrag[58] einer

24

---

[50] A.A. *Armborst* in: Schnapp, Handbuch des sozialrechtlichen Schiedsverfahrens, Rn. 485; wohl auch *Freudenberg* in: Jahn, SGB XII, § 80 Rn. 18 ff.

[51] Z.B. § 5 Abs. 1 und 2 BSHG-SchV Bremen; § 4 Abs. 2 und 3 SGB12SchiedsV Rheinland-Pfalz; § 4 Abs. 1 und 2 SozSchV Brandenburg; § 5 Abs. 1 und 2 BSHGAG Baden-Württemberg; § 5 Abs. 1 und 2 SchV Nordrhein-Westfalen; Ausnahmen: § 5 Abs. 3 BSHG§94V Hessen; § 4 Abs. 2 und 3 SGB12 SchiedsV Rheinland-Pfalz; § 5 SchiedsstellenVO Berlin.; § 5 Abs. 1 und 2 SGB XII-SchVO Schleswig-Holstein; § 5 Abs. 1 und 2 SGB XII-SchVO Hamburg; § 104 Abs. 1 und 2 AVSG Bayern.

[52] *Armborst*, RsDE Nr. 33 (1996), 1, 5 f.; *ders* in: Schnapp, Handbuch des sozialrechtlichen Schiedsverfahrens, Rn. 486. *Münder* in: LPK-SGB XII, 9. Aufl., § 80 Rn. 6; *Freudenberg* in: Jahn, SGB XII, § 80 Rn. 18.

[53] In diesem Sinne auch: *Freudenberg* in: Jahn, SGB XII, § 80 Rn. 18.

[54] Z.B. § 4 Abs. 1 ThürSchiedsVO-SGB XII.

[55] § 5 Abs. 2 BSHG§94V Hessen.

[56] Z.B. § 104 Abs. 1 AVSG Bayern; § 5 Abs. 1 SchiedVergSozVO Sachsen; § 4 Abs. 1 SozSchV Brandenburg; § 5 Abs. 1 SGB XII-SchVO Hamburg; § 5 Abs. 1 SGB XII-SchVO Schleswig-Holstein.

[57] § 5 Abs. 1 Schiedsstellenverordnung Saarland; § 5 Abs. 1BSHG§94V ST Sachsen Anhalt; § 5 Abs. 1 BSHG-SchVO Bremen; § 5 Abs. 1 BSHGAG Baden-Württemberg.

[58] § 5 SchiedsstellenVO Berlin; § 3 SchVO-SGB XII Niedersachsen; § 5 Abs. 1 SchV Nordrhein-Westfalen.

beteiligten Organisation bzw. im Einvernehmen mit den beteiligten Organisationen[59] zur Abberufung des Vorsitzenden bzw. seines Stellvertreters ermächtigt. Eine weitere Variante ist die Abberufung des Vorsitzenden auf Antrag einer beteiligten Organisation durch die zuständige Landesbehörde mit der Zustimmung von zwei Drittel der insgesamt beteiligten Organisationen.[60] Richtigerweise gilt auch für die Abberufung des Vorsitzenden bzw. seines Stellvertreters § 86 Satz 1 VwVfG: Das Recht zur Abberufung des Vorsitzenden bzw. seines Stellvertreters steht als actus contrarius zur Bestellung grundsätzlich den gemäß § 80 Abs. 1 SGB XII beteiligten Organisationen gemeinsam zu (konsensuale Abberufung). Hat die zuständige Landesbehörde den Vorsitzenden bzw. seinen Stellvertreter im Wege der Ersatzvornahme bestellt (§ 80 Abs. 2 Satz 6 SGB XII; vgl. dazu Rn. 18, Rn. 20), ist diese ebenfalls zur Abberufung berechtigt.[61] Dies gilt auch dann, wenn eine Einigung über die Abberufung gescheitert ist (§ 80 Abs. 2 Satz 6 SGB XII analog). Die von diesen gesetzlichen Vorgaben abweichenden Regelungen in den Landesschiedsstellenverordnungen sind gesetzeskonform auszulegen.

25 Im **Unterschied zum Ausschluss** von der Mitwirkung (§ 16 SGB X) **und zur Befangenheit** (§ 17 SGB X) bezieht sich die Abberufung nicht auf die Berechtigung zur Mitwirkung an einem bestimmten Schiedsverfahren, sondern auf den Status als Schiedsstellenmitglied bzw. als (stellvertretender) Vorsitzender insgesamt. Die Umstände, die einen Ausschluss oder eine Befangenheit im Sinne der genannten Vorschriften begründen können, dürfen daher nicht zum Anlass genommen werden, ein Abberufungsverfahren einzuleiten. Insoweit sind die in den §§ 16 und 17 SGB X speziell geregelten verfahrensrechtlichen Vorgaben zu beachten (vgl. Rn. 63 ff.).

26 An die **Niederlegung** des Ehrenamtes durch ein Schiedsstellenmitglied sind weder zeitliche noch inhaltliche Voraussetzungen geknüpft. Die Niederlegung ist jederzeit und ohne Angabe von Gründen möglich. Dies ist Folge der fehlenden rechtlichen Pflicht zur Übernahme des Ehrenamtes i.S.v. § 80 SGB XII (vgl. Rn. 32).[62]

3. Aufgaben der Schiedsstelle

27 Der Aufgabenbereich der sozialhilferechtlichen Schiedsstelle wird gesetzlich abschließend durch **§ 77 Abs. 1 Satz 3 SGB XII** vorgegeben. Nach § 77 Abs. 1 Satz 3 SGB XII entscheidet die Schiedsstelle auf Antrag über die obligatorischen Inhalte einer Vergütungsvereinbarung und – nach der hier vertretenen Auffassung – auch einer Leistungsvereinbarung (vgl. hierzu die Kommentierung zu § 77 SGB XII), hinsichtlich derer die Vertragsparteien innerhalb der gesetzlich vorgegebenen 6-Wochen-Frist nach Aufnahme der Vertragsverhandlungen (§ 77 Abs. 1 Satz 3 SGB XII) keine Einigung erzielt haben. Die Schiedsstelle ersetzt die nicht konsensual zustande gekommenen Willenserklärungen der Vertragsparteien und führt den Abschluss der Vereinbarungen herbei.[63] Von dieser **gesetzlichen Aufgabenzuweisung** ausgehend stehen der Schiedsstelle keine eigenen, sondern (nur) **von den Vertragsparteien abgeleitete Rechte** zu. „Ob" die Schiedsstelle tätig wird, hängt vom Umfang des Konsens bzw. Dissens zwischen den Vertragsparteien über die obligatorischen Inhalte der Vergütungs- und Leistungsvereinbarung (vgl. dazu die Kommentierung zu § 76 SGB XII) ab. Hinsichtlich der Frage „wie" die Schiedsstelle entscheidet, steht ihr ein der Vertragsfreiheit der Parteien vergleichbarer (ermessensähnlicher) Beurteilungsspielraum zu, der nur eingeschränkt gerichtlich kontrollierbar ist (vgl. dazu die Kommentierung zu § 77 SGB XII).

28 Die Schiedsstelle soll die gegenläufigen Interessen der Vertragsparteien zum Ausgleich bringen (Konfliktlösungs- und Schlichtungsfunktion[64]). Dabei wird die Schiedsstelle zunächst vertragsgestaltend und vertragsergänzend tätig (Vermittlungsphase) und ersetzt bei gescheiterter Vermittlung die nicht zustande gekommene konsensuale Festlegung durch eine einseitige hoheitliche Regelung (Entscheidungsphase). Die Entscheidung der Schiedsstelle ist im Regelfall ein Kompromiss und nicht zwingend die in sachlicher und rechtlicher Hinsicht einzig vertretbare Entscheidung.[65] Im Unterschied zum ge-

---

[59] § 4 Abs. 3 SGB12SchiedsV Rheinland-Pfalz.
[60] § 5 Abs. 1 SchStLVO Mecklenburg-Vorpommern.
[61] A.A. *Armborst* in: Schnapp, Handbuch des sozialrechtlichen Schiedsverfahrens, Rn. 488.
[62] So auch *Armborst* in: Schnapp, Handbuch des sozialrechtlichen Schiedsverfahrens, Rn. 489; *Kopp/Ramsauer*, VwVfG, § 86 Rn. 12.
[63] *Rabe*, Sozialrecht aktuell 2012, 146; *W. Schellhorn* in: Schellhorn/Schellhorn/Hohm, SGB XII, 18. Aufl., § 80 Rn. 4; LSG Bayern v. 24.11.2011 - L 8 SO 135/10 KL.
[64] *Neumann* in: Hauck/Noftz, SGB XII, § 80 Rn. 6; *Becker*, SGb 2003, 664, 666 f.; SG Gelsenkirchen v. 02.08.2010 - L 8 SO 99/07.
[65] LSG Bayern v. 25.01.2012 - L 8 SO 89/09 K; LSG Bayern v. 24.11.2011 - L 8 SO 223/09 KL; LSG Hamburg v. 30.10.2012 - L 4 SO 33/10 KL.

richtlichen Verfahren ist die Tätigkeit der Schiedsstelle nicht auf die Kontrolle behördlichen Handelns in Bezug auf einen (in der Regel) abgeschlossenen Sachverhalt, sondern auf die Herbeiführung einer vertraglichen Regelung für die Zukunft (zu den Ausnahmen vgl. die Kommentierung zu § 77 SGB XII) gerichtet.[66] Die Schiedsstelle ist somit ein **hoheitliches Vertragshilfeorgan**,[67] das Schiedsstellenverfahren ein obligatorisches Streitschlichtungsverfahren.[68]

4. Rechtliche Stellung der Schiedsstelle und ihrer Mitglieder

Der Status der Schiedsstelle als Entscheidungsgremium wird durch die ihr gesetzlich zugewiesene Aufgabe umrissen. Der Status der Schiedsstellenmitglieder ergibt sich aus den gesetzlichen Regelungen über die Amtsausübung (§ 80 Abs. 3 SGB XII) und den entsprechenden Vorschriften in den Landesschiedsstellenverordnungen.

29

a. Status der Schiedsstelle

In ihrer Funktion als hoheitliches Vertragshilfeorgan ist die Schiedsstelle weder unabhängige Gerichtsinstanz noch Behörde im engeren organisationsrechtlichen Sinne.[69] Allerdings wird die Schiedsstelle im Rahmen der ihr durch § 77 Abs. 1 Satz 3 SGB XII zur eigenständigen Wahrnehmung zugewiesenen öffentlich-rechtlichen Aufgaben (dazu Rn. 27 f.) hoheitlich tätig und ist daher **Behörde im funktionalen Sinne des § 1 Abs. 2 SGB X**.[70] Der im Vergleich zu den klassischen Behörden im verwaltungsorganisationsrechtlichen Sinne fehlende feste Bestand an Sach- und Finanzmitteln ist der besonderen Stellung der Schiedsstelle als Vertragshilfeorgan und der Art der ihr gesetzlich zugewiesenen Aufgabe geschuldet: Die Schiedsstelle wird nur im Konfliktfall und nur in der Rechtssphäre der Vertragsparteien tätig. Die Behördeneigenschaft der Schiedsstelle im funktionalen Sinn wird hierdurch nicht in Frage gestellt,[71] weil hierfür allein die eigenständige Wahrnehmung öffentlich-rechtlicher Aufgaben maßgebend ist. Soweit teilweise die Behördeneigenschaft der sozialhilferechtlichen Schiedsstelle unter dem Gesichtspunkt der Beleihung angenommen wird,[72] führt dies zum gleichen Ergebnis wie die hier vertretene Auffassung, ist aber hinsichtlich der dogmatischen Herleitung problematisch. **Beliehene** sind natürliche Personen oder privatrechtliche Organisationsformen, denen die Wahrnehmung öffentlicher Aufgaben und hoheitlicher Befugnisse durch Gesetz oder aufgrund eines Gesetzes durch Beleihungsakt übertragen worden sind (Behördeneigenschaft kraft Übertragung).[73] Der Beliehene bleibt Privatrechtssubjekt und ist lediglich in dem Umfang der übertragenen hoheitlichen Befugnisse Teil der mittelbaren Staatsverwaltung.[74] Die sozialhilferechtliche Schiedsstelle wird hingegen durch die Vorgaben in § 80 SGB XII i.V.m. den landesrechtlichen Schiedsstellenverordnungen und somit aufgrund

30

---

[66] *Gottlieb*, Sozialrecht aktuell 2012, 150, 153; *Becker*, SGb 2003, 664, 667.

[67] *Gottlieb*, Sozialrecht aktuell 2012, 150, 153; *Gottlieb/Krüger*, NDV 2013, 571; *Becker*, SGb 2003, 664, 666; *Schnapp*, GesR 2014, 193 ff.; BVerwG v. 28.02.2002 - 5 C 25/01 - BVerwGE 116, 78; LSG Bayern v. 24.04.2013 - L 8 SO 18/12 KL; LSG Bayern v. 24.11.2011 - L 8 SO 135/10 KL.

[68] *Gottlieb*, Sozialrecht aktuell 2012, 150, 153.

[69] *Gottlieb*, Sozialrecht aktuell 2012, 150, 153; *Flint* in: Grube/Wahrendorf, SGB XII, 5. Aufl., § 80 Rn. 10; ebenso: *Boetticher/Tammen*, RdDE 54 (2003), 28, 32 ff.; *Becker*, SGb 2003, 664, 666 f.; *Schnapp*, SGb 2007, 633; *ders.*, GesR 2014, 193 ff.; BVerwG v. 01.12.1998 - 5 C 17/97 - BVerwGE 108, 47.

[70] Zum funktionalen Behördenbegriff allgemein: BSG v. 25.11.2010 - B 3 KR 1/10 R - BSGE 107, 123 = SozR 4-2500 § 132a Nr. 5; zur Behördeneigenschaft der Schiedsstelle i.S.d. § 80 SGB XII: *W. Schellhorn* in: Schellhorn/Schellhorn/Hohm, SGB XII, 18. Aufl., § 80 Rn. 7; *Münder* in: LPK-SGB XII, § 77 Rn. 9; *Neumann* in: Hauck/Noftz, SGB XII, § 77 Rn. 17; *Flint* in: Grube/Wahrendorf, SGB XII, 5. Aufl., § 80 Rn. 10; *Freudenberg* in: Jahn, SGB XII, § 80 Rn. 5; BSG v. 25.11.2010 - B 3 KR 1/10 R - BSGE 107, 123 = SozR 4-2500 § 132a Nr. 5 mit rechtsvergleichenden Ausführungen; LSG Mecklenburg-Vorpommern v. 06.09.2012 - L 9 SO 11/10; LSG Nordrhein-Westfalen v. 29.09.2008 - L 20 SO 92/06; LSG Berlin-Brandenburg v. 05.12.2013 - L 23 SO 38/10 KL (anhängig beim BSG unter B 8 SO 1/14 R); vgl. auch: *Schnapp*, GesR 2014, 193; *ders.*, SGb 2007, 633; *Becker*, SGb 2003, 664, 667.

[71] So aber: *Boetticher/Tammen*, RsDE 54 (2003), 28, 30 ff.

[72] LSG Bayern v. 24.04.2013 - L 8 SO 18/12 KL; LSG Bayern v. 03.05.2012 - L 18 SO 230/09 KL (anhängig beim BSG unter B 8 SO 2/13 R); LSG Bayern v. 25.01.2012 - L 8 SO 89/09 KL; LSG Bayern v. 24.11.2011 - L 8 SO 223/09 KL; LSG Hessen v. 27.04.2012 - L 7SO 124/10 KL (anhängig beim BSG unter B 8 SO 3/13 R); LSG Hessen v. 25.02.2011 - L 7 SO 237/10 KL; LSG Baden-Württemberg v. 05.10.2011 - L 2 SO 5659/08 KL.

[73] BSG v. 25.11.2010 - B 3 KR 1/10 R - BSGE 107, 123 = SozR 4-2500 § 132a Nr. 5; *Kastner* in: Fehling/Kastner, Verwaltungsrecht, 2. Aufl., § 1 VwVfG Rn. 31 ff.

[74] *Kastner* in: Fehling/Kastner, Verwaltungsrecht, 2. Aufl., § 1VwVfG Rn. 31.

öffentlich-rechtlicher Vorschriften geschaffen; ihr ist originär die Aufgabe zugewiesen, öffentlich-rechtliche Verträge durch Erlass eines Schiedsspruchs in Form eines Verwaltungsaktes – d.h. mit hoheitlichen Handlungsformen – herbeizuführen (zum Verwaltungsaktcharakter des Schiedsspruchs vgl. die Kommentierung zu § 77 SGB XII). Ihr kommt somit aufgrund der speziellen Ausgestaltung ihrer Rechte und Pflichten die originäre Behördeneigenschaft zu. Bestätigt wird dies durch die Motive zur Vorläufervorschrift des § 80 SGB XII (§ 94 BSHG), ausweislich derer der Schiedsspruch als Verwaltungsakt ergeht,[75] was konkludent die **originäre Behördeneigenschaft der Schiedsstelle** impliziert. Dies gilt uneingeschränkt auch für die gleichlautende Nachfolgebestimmung des § 80 SGB XII. Die Behördeneigenschaft der Schiedsstelle kann auch nicht unter Verweis auf **§ 317 BGB** in Zweifel gezogen werden, weil die sozialhilferechtliche Schiedsstelle kein privatrechtliches, sondern ein hoheitliches **Vertragshilfeorgan** ist, das die ihm gesetzlich zugewiesenen öffentlich-rechtlichen Aufgaben nicht nur durch eine vermittelnde Tätigkeit, sondern – nach dem Willen des Gesetzgebers – auch durch den Erlass eines Verwaltungsaktes, d.h. mit den Handlungsformen des öffentlichen Rechts wahrnimmt.

b. Status der Schiedsstellenmitglieder

31 Die Mitglieder der Schiedsstelle führen ihr Amt als **Ehrenamt** (§ 80 Abs. 3 Satz 1 SGB XII), d.h. nebenberuflich und unentgeltlich. Ihnen werden entsprechend den Vorgaben in den Landesschiedsstellenverordnungen lediglich die **Reisekosten** erstattet und eine **Entschädigung für den Zeitaufwand** gewährt. Zuständig hierfür sind in der Regel die entsendenden Organisationen.[76]

32 Die Mitglieder der Schiedsstelle sind nicht verpflichtet, das ihnen mit der Bestellung angetragene Ehrenamt anzunehmen. Nach den allgemeinen Rechtsgrundsätzen für die ehrenamtliche Tätigkeit besteht eine **Pflicht zur Übernahme des Ehrenamtes** nur, wenn dies durch eine Rechtsvorschrift angeordnet wird (§ 82 VwVfG). Eine entsprechende Anordnung enthält § 80 SGB XII nicht. Dies bedeutet, dass die von den beteiligten Organisationen bestellten Vertreter das Ehrenamt ausdrücklich annehmen müssen, wobei die Annahme auch konkludent erklärt werden kann. Es reicht daher im Regelfall aus, wenn der zur Bestellung vorgeschlagene Vertreter das ihm angetragene Ehrenamt nicht ausdrücklich ablehnt. Soweit einige Landesschiedsstellenverordnungen das schriftliche Einverständnis des Betroffenen mit seiner Bestellung oder Ernennung regeln[77], ist dies nicht zwingend,[78] sorgt aber für Rechtssicherheit.

33 Die „einfachen" Mitglieder der Schiedsstelle sind als Interessenvertreter der beteiligten Organisationen nicht unparteiisch, aber in Ausübung ihres Amtes nicht an Weisungen gebunden (§ 80 Abs. 3 Satz 2 SGB XII). Die **Weisungsfreiheit** steht nur scheinbar in einem Spannungsverhältnis zu der Tatsache, dass die Schiedsstellenmitglieder als Interessenvertreter von den beteiligten Organisationen bestellt werden.[79] Die Zusammensetzung der Schiedsstelle aus Interessenvertretern ist dem Umstand geschuldet, dass die der Schiedsstelle gesetzlich zugewiesene Aufgabe – der Ausgleich gegenläufiger Interessen – die Repräsentation dieser Interessen in der Besetzung der Schiedsstelle voraussetzt. Letztlich kann nur auf diese Weise sichergestellt werden, dass ein sachkundiges und mit der komplexen Materie des sozialhilferechtlichen Leistungserbringungsrechts vertrautes Gremium einen Interessenausgleich herbeiführt. Die Eigenschaft als Interessenvertreter ist daher zwar ausschlaggebend für die Bestellung als Schiedsstellenmitglied, nicht dagegen für die Ausübung des Schiedsamtes. Insoweit sind für das Schiedsstellenmitglied nicht die Interessen der bestellenden Organisation, sondern seine in der mündlichen Verhandlung gewonnene freie Überzeugung ausschlaggebend (Trennung zwischen Bestellung und Amtsausübung).[80]

---

[75] BT-Drs. 12/5510, S. 11.
[76] Z.B. § 111 Abs. 1 und 2 AVSG Bayern; § 14 BSHG§94V ST Sachsen-Anhalt; § 12 Abs. 1 und 2 BSHG-SchV Bremen; Ausnahme: § 11 Abs. 2 Schiedsstellenverordnung Saarland wonach ein in der Verordnung festgelegtes Sitzungstagesgeld sowie eine Reisekostenentschädigung entsprechend den reisekostenrechtlichen Bestimmungen für das Saarland gewährt wird.
[77] Z.B. § 102 Abs. 5 AVSG Bayern; § 3 Abs. 4 BSHG§94V ST Sachsen-Anhalt; § 3 Abs 4 BSHG-SchV Bremen; § 3 Abs. 5 BSHGAG Baden-Württemberg; § 3 Abs. 1 SGB12SchiedsV Rheinland-Pfalz; § 3 Abs. 4 SchV Nordrhein-Westfalen.
[78] Ähnlich: *Armborst* in: Schnapp, Handbuch des sozialrechtlichen Schiedsverfahrens, Rn. 484; a.A. *Neumann* in: Hauck/Noftz, SGB XII, § 80 Rn. 8.
[79] Kritisch: *Neumann* in: Hauck/Noftz, SGB XII, § 80 Rn. 10; *Hatzl*, NZS 1995, 448, 450 f.
[80] In diesem Sinne auch: *Freudenberg* in: Jahn, SGB XII, § 80 Rn. 24.

Die Mitglieder der Schiedsstelle sind auch nach Beendigung ihrer Tätigkeit zur Verschwiegenheit über die ihnen bei ihrer Tätigkeit bekannt gewordenen Angelegenheiten verpflichtet. Die **Verschwiegenheitspflicht** ist in einigen Landesschiedsstellenverordnungen ausdrücklich geregelt[81] und ergibt sich im Übrigen aus § 84 VwVfG. 34

Mit dem Schiedsamt verbunden ist die **Pflicht zur Teilnahme an den Sitzungen der Schiedsstelle**. Im Falle der Verhinderung muss das betreffende Mitglied der Schiedsstelle seinen Vertreter zur Teilnahme an der Sitzung auffordern und der Geschäftsstelle mitteilen bzw. den Hinderungsgrund und die Person des Vertreters der Geschäftsstelle mitteilen. Mit Ausnahme von Niedersachsen verfügen alle Landesschiedsstellenverordnungen über entsprechende Regelung. 35

c. Status des Vorsitzenden der Schiedsstelle und seines Stellvertreters

Der Vorsitzende der Schiedsstelle bzw. sein Stellvertreter ist ebenso wie die Schiedsstellenmitglieder **ehrenamtlich** tätig. Er übt diese Tätigkeit nicht nur **weisungsfrei**, sondern auch **unparteiisch** aus (§ 80 Abs. 2 Satz 1 SGB XII), wobei sich die zuletzt genannte Eigenschaft im Wesentlichen auf die Bestellung bezieht. Der Vorsitzende führt das Schiedsverfahren, d.h. er klärt den Sachverhalt – soweit geboten (vgl. dazu Rn. 41 ff.) – auf und wirkt auf eine konsensuale Regelung hin. Kommt eine einvernehmliche Regelung nicht zustande, legt der Vorsitzende Ort, Termin und Gegenstand der Sitzung der Schiedsstelle fest, bereitet die mündliche Verhandlung vor und leitet diese. Kommt bei der Entscheidungsfindung keine Mehrheit zustande, gibt die Stimme des Vorsitzenden den Ausschlag. Der Vorsitzende muss den Schiedsspruch begründen und unterschreiben. Die genannten Rechte und Pflichten des Vorsitzenden ergeben sich aus den Landesschiedsstellenverordnungen, die insoweit im Wesentlichen übereinstimmen. Auch der Vorsitzende bzw. sein Stellvertreter ist nach den Regelungen in den Landesschiedsstellenverordnungen bzw. nach § 84 VwVfG zur **Verschwiegenheit** verpflichtet. Der Vorsitzende hat einen Anspruch auf Erstattung der Reisekosten nach den reisekostenrechtlichen Bestimmungen des jeweiligen Landes und erhält darüber hinaus eine **Aufwandsentschädigung** in Form einer (Fall-)Pauschale, die entweder in den einzelnen Landesschiedsstellenverordnungen betragsmäßig festlegt wird[82] oder von den beteiligten Organisationen bestimmt wird[83]. 36

5. Verfahren der Schiedsstelle

a. Anwendbares Recht

Für die Tätigkeit der Schiedsstelle als Gremium enthält das **SGB XII** nur **wenige Vorgaben**. Geregelt ist lediglich, dass ein Schiedsverfahren auf Antrag einzuleiten ist (**Antragserfordernis**) und dass die Schiedsstelle zur **unverzüglichen Entscheidung** über den gestellten Antrag verpflichtet ist (§ 77 Abs. 1 Satz 3 SGB XII). § 80 Abs. 3 SGB XII normiert Grundsätze für die **Amtsführung** der Schiedsstellenmitglieder und legt die Grundzüge der Entscheidungsfindung fest. Die weitere Konkretisierung der Arbeitsweise und des Verfahrens der sozialhilferechtlichen Schiedsstelle obliegt den Ländern im Verordnungswege (§ 81 Abs. 2 SGB XII). 37

Ergänzend gelten die verfahrensrechtlichen **Vorschriften des SGB I und SGB X**.[84] Die Schiedsstellen ersetzen die für die Gewährung von Sozialhilfeleistungen im Einrichtungsbereich relevanten Vereinbarungen i.S.d. § 75 Abs. 3 SGB XII. Ihre Tätigkeit ist somit mittelbar der Gewährung einer Sozialleistung i.S.d. § 11 Abs. 1 SGB I, so dass die Vorschriften dieses Gesetzes grundsätzlich anwendbar sind. Gleiches gilt für die Vorschriften des SGB X, da die Schiedsstelle eine Behörde im funktionalen Sinne des § 1 Abs. 2 SGB X und das sie betreffende Verfahren ein Verwaltungsverfahren i.S.d. § 8 SGB X ist (vgl. dazu Rn. 30). Allerdings ist die Schiedsstelle als hoheitliches Vertragshilfeorgan keine klassische Behörde im verwaltungsorganisationsrechtlichen Sinn und die Schlichtung keine ty- 38

---

[81] Z.B. § 105 Abs. 3 AVSG Bayern; § 6 Abs. 3 BSHG-SchV Bremen; § 6 Abs. 3 BSHG§94V ST Sachsen-Anhalt; § 6 Abs. 5 SchStLVO SGB XII Mecklenburg-Vorpommern; § 6 Abs. 2 SGB XII-SchVO Schleswig-Holstein; § 6 Abs. 4 SGB XII-SchVO Hamburg; § 5 Abs. 2 ThürSchiedsVO- SGB XII.

[82] § 111 Abs. 1 AVSG Bayern; § 12 Abs. 1 BSHG- SchV Bremen; § 8 SchVO-SGB XII Niedersachsen; § 12 Abs. 1 SchiedstellenVO Berlin; § 11 Abs. 1 SGB XII-SchVO Schleswig-Holstein.

[83] § 14 Abs. 2 SchV Nordrhein-Westfalen; § 13 Abs. 1 BSHGAG Baden-Württemberg; § 11 Abs. 1 SGB XII-SchVO Hamburg; § 11 Abs. 1 BSHG§94SchiedsV Saarland; § 13 Abs. 1 SchStLVO SGB XII Mecklenburg-Vorpommern; § 11 Abs. 1 SozSchV Brandenburg; § 11 Abs. 1 ThürSchiedsVO-SGB XII; § 11 Abs. 1 Schiedsstellenverordnung Saarland; § 14 Abs. 2 BSHG§94V ST Sachsen Anhalt; § 9 Abs. 1 SGB12SchiedV Rheinland-Pfalz.

[84] Ebenso: *Buchner/Bosch*, SGb 2011, 21; *Münder* in: LPK-SGB XII, 9. Aufl., § 80 Rn. 7.

§ 80

pische Verwaltungstätigkeit. Die Vorschriften des SGB I und SGB X gelten daher nicht in vollem Umfang für die Tätigkeit der sozialhilferechtlichen Schiedsstelle, sondern sind im Einzelfall auf ihre Vereinbarkeit mit den Besonderheiten des Schiedsstellenverfahrens zu prüfen. Von den Vorgaben des SGB I und/oder SGB X **abweichende landesrechtliche Vorschriften** in den Schiedsstellenverordnungen sind nach § 37 Satz 1 SGB I, der auch für untergesetzliche Rechtsnormen gilt, zulässig, soweit sie nicht von Grundregeln des SGB I/SGB X abweichen, in denen verfassungsrechtliche Maßstäbe zum Ausdruck kommen.[85]

39 Letztlich ergeben sich auch aus allgemeinen Verfahrensgrundsätzen Vorgaben für die Tätigkeit der Schiedsstellen. Solche **allgemeinen verfahrensrechtlichen Grundsätze** können aus den Verfahrensordnungen abgeleitet werden, die für den Schiedsstellen vergleichbare Entscheidungsgremien entwickelt wurden.[86] Dem Schiedsstellenverfahren vergleichbar sind die Tätigkeit der Sozialgerichte und die der Ausschüsse. Das Schiedsverfahren ist zwar nicht dem Bereich der Rechtsfindung zuzuordnen[87], weist aber Parallelen zu einem gerichtsförmigen Verfahren[88] auf. Auf die prozessualen Bestimmungen des SGG kann daher ergänzend zurückgegriffen werden, wenn und soweit diese auf das Schiedsstellenverfahren übertragbare Rechtsgedanken zum Ausdruck bringen und eine Gesetzesanalogie in Betracht kommt.[89] Zusätzlich können auch die für Ausschüsse nach den §§ 88 ff. VwVfG geltenden verfahrensrechtlichen Bestimmungen herangezogen werden, weil die Schiedsstelle ebenso wie ein Ausschuss i.S.d. § 80 VwVfG als kollegiale Organisationseinheit zur Beratung und Entscheidungsfindung berufen ist.[90] Dass die Schiedsstelle zugleich eine Behörde im funktionalen Sinne ist (vgl. Rn. 30), steht dem nicht entgegen, weil Ausschuss- und Behördenbegriff weder deckungsgleich sind noch sich gegenseitig ausschließen.[91]

b. Verfahrensgrundsätze

40 Für die **Einleitung des Schiedsverfahrens** gilt die **Dispositionsmaxime** (vgl. dazu die Kommentierung zu § 77 SGB XII). Die Vertragsparteien entscheiden mit dem Antrag, ob und in welchem Umfang ein Schiedsverfahren eingeleitet wird. Vertragsbestandteile, über die sich die Vertragsparteien geeinigt haben oder die nicht umstritten sind, muss die Schiedsstelle ihrer Entscheidung ohne eigene Prüfung zugrunde legen.[92] Die Vertragsparteien können der Schiedsstelle die ihr zustehende und aus der Vertragsfreiheit der Parteien abgeleitete Entscheidungsbefugnis jederzeit durch eine außergerichtliche Einigung und/oder Rücknahme des Antrags entziehen (vgl. dazu Rn. 52).

41 Für die **Durchführung des Schiedsverfahrens** gilt der **Untersuchungsgrundsatz (§ 20 SGB X)**.[93] Die Schiedsstelle hat grundsätzlich den für den Schiedsspruch relevanten Sachverhalt von Amts wegen zu ermitteln. **Grenzen für die Amtsermittlungspflicht** ergeben sich allerdings **aus der gesetzlichen Aufgabenzuweisung** in § 77 Abs. 1 Satz 3 SGB XII **und den** im Schiedsverfahren **erhöhten Mitwirkungsobliegenheiten der (Schieds-)Vertragsparteien**. Ausgehend von der Aufgabenzuweisung in § 77 Abs. 1 Satz 3 SGB XII darf die Schiedsstelle nur hinsichtlich der Vertragsbestandteile von Amts wegen ermitteln, die in den vorangegangenen Vertragsverhandlungen streitig geblieben sind. Sachverhaltselemente, über die sich die Vertragsparteien vorab geeinigt haben oder die aus anderen Gründen nicht mehr streitig sind, müssen hingegen der Entscheidung der Schiedsstelle ohne eigene Ermittlung zugrunde gelegt werden.[94] Das gilt insbesondere auch für Vertragsbestandteile, die von den Parteien in

---

[85] BSG v. 14.10.1992 - 14a/6 RKa 3/91 - SozR 3-1300 § 63 Nr. 4.
[86] Ebenso: *Gottlieb*, Sozialrecht aktuell 2012, 150, 153; ähnlich: *Münder* in: LPK-SGB XII, 9. Aufl. § 80 Rn. 7.
[87] BSG v. 30.10.1963 - 6 RKa 4/62 - BSGE 20, 73, 76; BVerwG v. 01.12.1998 - 5 C 17/97 - BVerwGE 108, 47.
[88] Zum Begriff: *Gottlieb*, Sozialrecht aktuell 2012, 150, 154; *Riege*, SGb 1998, 184; *Schnapp*, SGb 2007, 633.
[89] *Schnapp*, SGb 2007, 633.
[90] Ebenso: *Buchner/Bosch*, SGb 2011, 21, 22 f.
[91] *Schnapp*, SGb 2007, 633, 634 m. w. N.
[92] LSG Bayern v. 24.04.2013 - L 8 SO 18/12 KL; LSG Bayern v. 25.01.2012 - L 8 SO 89/09 KL; LSG Bayern v. 24.11.2011 - L 8 SO 135/10 KL und L 8 SO 223/09 KL.
[93] LSG Bayern v. 25.01.2012 - L 8 SO 89/09 KL; LSG Bayern v. 24.11.2011 - L 8 SO 223/09 KL und L 8 SO 135/10 KL; LSG Baden-Württemberg v. 05.10.2011 - L 2 SO 5659/08 KL; LSG Hessen v. 25.02.2011 - L 7 SO 237/10 KL; LSG Nordrhein-Westfalen v. 29.09.2008 - L 20 SO 92/06; *Flint* in: Grube/Wahrendorf, SGB XII, 5. Aufl., § 80 Rn. 18; *Münder* in: LPK-SGB XII, 9. Aufl., § 80 Rn. 8; *Neumann* in: Hauck/Noftz, SGB XII, § 80 Rn. 14; *Freudenberg* in: Jahn, SGB XII, § 80 Rn. 29.
[94] LSG Bayern v. 24.04.2013 - L 8 SO 18/12 KL; LSG Bayern v. 25.01.2012 - L 8 SO 89/09 KL; LSG Bayern v. 24.11.2011 - L 8 SO 135/10 KL und L 8 SO 223/09 KL.

der Vergangenheit einvernehmlich angewandt und auch für den relevanten künftigen Vereinbarungszeitraum unstreitig gestellt worden sind.[95]

Zudem geltend für die (Schieds-)Vertragsparteien erhöhte Mitwirkungsobliegenheiten. Grund hierfür ist die Ausgestaltung des Schiedsstellenverfahrens als Vertragshilfeverfahren, die Kürze der für die Entscheidungsfindung der Schiedsstelle zur Verfügung stehenden Zeit (§ 77 Abs. 1 Satz 3 SGB XII) und der fehlende Verwaltungsunterbau der sozialhilferechtlichen Schiedsstelle. Diese verschärften Mitwirkungsobliegenheiten werden durch die Landesschiedsstellenverordnungen näher geregelt. Insoweit sehen alle Schiedsstellenverordnungen vor, dass in dem das Schiedsverfahren einleitenden schriftlichen Antrag das Ergebnis der vorangegangenen Verhandlungen und die Gegenstände, über die keine Einigung erzielt werden konnte, sowie die Gründe für die fehlende Einigung angegeben werden müssen.[96] Im Regelfall sind dem Antrag die in den Verhandlungen vorgelegten Nachweise und sonstigen Unterlagen der Einrichtung beizufügen.[97] Das Antragsbegehren muss eindeutig in einem Entscheidungsantrag zum Ausdruck gebracht werden.[98] Wird das Schiedsverfahren mit dem Ziel eingeleitet, eine Vergütungsvereinbarung zu ersetzen, ist in der Regel eine Bezifferung der begehrten Vergütung im Antrag erforderlich.[99] Teilweise wird in den Landesschiedsstellenverordnungen gefordert, dass die Vertragsparteien die bestehenden Rechtsgrundlagen und bestehenden Vereinbarungen in ihre Begründung einbeziehen und ihre Bemühungen im Hinblick auf den Abschluss einer Vereinbarung dokumentieren.[100] Die im Vergleich zu einem „normalen" Verwaltungs- und Gerichtsverfahren höheren Anforderungen an die Mitwirkungsobliegenheiten der Schiedsparteien sind gerechtfertigt, weil es sich um Tatsachen aus deren Rechtssphäre handelt. Die verschärften Mitwirkungsobliegenheiten bewirken zwar im Ergebnis eine Annäherung an den zivilprozessualen Beibringungsgrundsatz, ohne diesen aber zu übernehmen.[101] Ist das Vorbringen der Vertragsparteien nicht ausreichend, um den Sachverhalt ausreichend zu beurteilen, muss die Schiedsstelle die Vertragsparteien durch Erteilung von Auflagen zu weiterer Darlegung und Substantiierung auffordern. Sind die Vertragsparteien ihren Mitwirkungsobliegenheiten nachgekommen, müssen die noch offen vertragsrelevanten Gesichtspunkte durch die Schiedsstelle von Amts wegen ermittelt werden. Angesichts der Besonderheiten des Schiedsverfahrens wird im Regelfall die Einholung einer Auskunft bei den Vertragsparteien oder die Vernehmung von Sachverständigen und/oder Zeugen in Betracht kommen. Möglich ist aber auch die Beziehung von Urkunden und Akten auf der Grundlage von § 21 Abs. 1 SGB X. Die Pflicht zur Amtsermittlung trifft die Schiedsstelle umso mehr, als eine dem § 85 Abs. 3 Sätze 2-4 SGB XI vergleichbare gesetzlich geregelte Pflicht der Einrichtungen zum detaillierten Nachweis von Art, Inhalt und Kosten der Leistungen durch geeignete Unterlagen im SGB XII fehlt. Die Landesschiedsstellenverordnungen sehen zwar eine entsprechende Obliegenheit der Schiedsparteien zum Nachweis vor, allerdings beschränkt in Bezug auf die in den Vertragsverhandlungen vorgelegten Unterlagen. Die entsprechenden landesrechtlichen Vorschriften bleiben in Bezug auf Umfang und Konkretheit deutlich hinter den in § 85 Abs. 3 Sätze 2-4 SGB XI aufgestellten Anforderungen zurück. Daher darf die sozialhilferechtliche Schiedsstelle – anders als die Schiedsstelle nach § 76 SGB XI – weder ihre Entscheidung allein auf präsente Beweismittel ohne weitere eigene Ermittlungen von Amts wegen stützen, noch eine Beweislastentscheidung treffen.[102] Das „ob" und „wie" der von Amts wegen durchzuführenden Ermittlungen fällt nicht in den der Schiedsstelle zustehenden Beurteilungsspielraum und ist vom Gericht daher in vollem Umfang zu überprüfen (vgl. dazu die Kommentierung zu § 77 SGB XII). Der Beurteilungsspielraum der Schieds-

---

[95] LSG Bayern v. 24.04.2013 - L 8 SO 18/12 KL; LSG Bayern v. 25.01.2012 - L 8 SO 89/09 KL; LSG Bayern v. 24.11.2011 - L 8 SO 135/10 KL und L 8 SO 223/09 KL.
[96] Z. B. § 7 SGB XII-SchVO Schleswig-Holstein; § 8 Schiedsstellenverordnung Berlin; § 6 SGB12SchiedsV Rheinland-Pfalz.
[97] Z.B. § 7 Abs. 2 SozSchV Brandenburg; § 7 Abs. 2 Satz 2 SGB XII-SchVO Schleswig-Holstein; § 4 Nr. 3 SchVO-SGB XII Niedersachsen.
[98] Z. B. § 8 Nr. 5 SchiedsstellenVO Berlin; § 6 Abs. 2 Nr. 4 ThürSchiedsVO-SGB XII; § 107 Satz 3 AVSG Bayern.
[99] Vgl. § 7 Abs. 1 Satz 3 SGB XII-SchVO Hamburg.
[100] Vgl. § 7 Abs. 2 Satz 2 SGB XII-SchVO Hamburg.
[101] Ebenso: LSG Nordrhein-Westfahlen v. 29.09.2008 - L 20 SO 92/06; *Armborst* in: Schnapp, Handbuch des sozialrechtlichen Schiedsverfahrens, Rn. 509; *ders.*, RsDE Nr. 33 (1996), 1, 11 f.; *Neumann* in: Hauck/Noftz, SGB XII, § 80 Rn. 14; a.A. *Münder* in: LPK-SGB XII, 9. Aufl., § 80 Rn. 8.
[102] Vgl. zur Rechtslage im SGB XI: BSG v. 14.12.2000 - B 3 P 19/00 R - BSGE 87, 199 = SozR 3-3300 § 85 Nr. 1; LSG Berlin-Brandenburg v. 01.04.2009 - L 27 P 7/08.

§ 80

stelle greift vielmehr erst dann ein, wenn der entscheidungsrelevante Sachverhalt – z.B. die für die Höhe der leistungsgerechten Vergütung maßgebenden Faktoren – in ausreichender Weise ermittelt worden sind.[103]

43 Der **Umfang der Amtsermittlungspflicht** der Schiedsstelle wird durch den Gegenstand des Schiedsverfahrens bestimmt. Soll eine Vergütungsvereinbarung durch Schiedsspruch ersetzt werden, muss die Schiedsstelle ermitteln, ob die begehrte Vergütung den Grundsätzen der Wirtschaftlichkeit, Sparsamkeit und Leistungsfähigkeit (§ 75 Abs. 3 Satz 2 SGB XII) entspricht. Unterlässt sie dies, kann ein Verstoß gegen den Untersuchungsgrundsatz angenommen werden.[104] Der Umfang der Amtsermittlungspflicht wird in diesem Fall durch die von der Schiedsstelle gewählte **Methode zur Feststellung einer leistungsgerechten und den Grundsätzen von Wirtschaftlichkeit und Sparsamkeit entsprechenden Vergütung** bestimmt. Wählt die Schiedsstelle hierfür den von der höchstrichterlichen Rechtsprechung im Anwendungsbereich des SGB XI entwickelten externen Vergleich (zu den Bedenken vgl. die Kommentierung zu § 75 SGB XII), muss die Schiedsstelle die für die voraussichtlichen Gestehungskosten maßgebenden Fakten (Tatsachen für die Plausibilitätsprüfung) sowie die nach dem Leistungsangebot vergleichbaren Leistungserbringer und deren Vergütungssätze (Tatsachen für den externen Vergleich) ermitteln.[105] Werden in den externen Vergleich einzubeziehende Leistungserbringer mit vergleichbarem Leistungsangebot nur unvollständig ermittelt[106] oder trifft die Schiedsstelle keine Feststellungen zu den voraussichtlichen Gestehungskosten der maßgebenden Einrichtung (z.B. durch Ermittlung der tatsächlichen Gestehungskosten aus dem Vorjahr)[107], liegt ein gerichtlich überprüfbarer Verstoß gegen den Untersuchungsgrundsatz vor. Eine Verletzung des Untersuchungsgrundsatzes kann auch angenommen werden, wenn die Schiedsstelle weitere Ermittlungen zu den Grundsätzen der Wirtschaftlichkeit, Sparsamkeit und Leistungsfähigkeit in Bezug auf die von einer Vertragspartei begehrte Vergütung vollständig unterlässt.[108] Folgt die Schiedsstelle der Position einer Vertragspartei, ohne die dem zugrunde liegenden Feststellungen durch entsprechende Tatsachenermittlungen abzusichern, liegt nicht nur ein Verstoß gegen den Untersuchungsgrundsatz, sondern auch eine Überraschungsentscheidung und ein Verstoß gegen den Grundsatz der fairen Verfahrensführung vor.[109]

44 Die teilweise angenommene Berechtigung der Schiedsstelle zu einer **Beweislastentscheidung** in Fällen, in denen zur Sachverhaltsaufklärung erteilte Auflagen der Schiedsstelle von den Schiedsparteien nicht oder nicht rechtzeitig befolgt werden,[110] ist in Anbetracht der normativen Wirkung der Vereinbarungen (vgl. dazu die Kommentierung zu § 75 SGB XII), die auch für den sie ersetzenden Schiedsspruch gilt, bedenklich.

45 Die ihr gesetzlich zugewiesene Funktion erfüllt die Schiedsstelle nur, wenn ihre Tätigkeit dem allgemeinen **Grundsatz der Verfahrenskonzentration und -beschleunigung** entspricht.[111] Ausprägung dessen ist die Pflicht der Schiedsstelle zur unverzüglichen Entscheidung (§ 77 Abs. 1 Satz 3 SGB XII), die in den Landesschiedsstellenverordnungen teilweise durch vorgegebene Regelverfahrenslaufzeiten konkretisiert wird.[112] Der Verfahrensbeschleunigung dienen auch die in einer Vielzahl von Landesschiedsstellenverordnungen geregelten Fristen für die Stellungnahme der Gegenseite[113] sowie die kurzen Ladungsfristen. Aus Gründen der Verfahrensbeschleunigung kann es geboten sein, die Ladung

---

[103] LSG Hessen v. 26.01.2006 - L 8/14 P 18/04 zur Schiedsstelle nach § 76 SGB XI.
[104] LSG Baden-Württemberg v. 05.10.2011 - L 2 SO 5659/08 KL; LSG Hessen v. 25.02.2011 - L 7 SO 237/10 KL.
[105] LSG Mecklenburg-Vorpommern v. 06.09.2012 - L 9 SO 11/10.
[106] Vgl. dazu LSG Mecklenburg-Vorpommern v. 30.08.2012 - L 9 SO 1/10; LSG Mecklenburg-Vorpommern v. 06.09.2012 - L 9 SO 11/10 und L 9 SO 5/11 KL.
[107] LSG Nordrhein-Westfalen v. 29.09.2008 - L 20 SO 92/06.
[108] LSG Baden-Württemberg v. 05.10.2011 - L 2 SO 5659/08 KL; LSG Hessen v. 25.02.2011 - L 7 SO 237/10 KL.
[109] LSG Nordrhein-Westfalen v. 29.09.2008 - L 20 SO 92/06.
[110] LSG Bayern v. 25.01.2012 - L 8 SO 89/09 KL; LSG Bayern v. 24.11.2011 - 8 SO 223/09 KL unter Darlegung möglicher Bedenken.
[111] So auch: LSG Bayern v. 25.01.2012 - L 8 SO 89/09 KL; LSG Bayern v. 24.11.2011 - L 223/09 KL; *Freudenberg* in: Jahn, SGB XII, § 80 Rn. 30; *Neumann* in: Hauck/Noftz, SGB XII, § 77 Rn. 16 mit Ausführungen zu den praktischen Problemen bei einem ehrenamtlichen Gremium; ähnlich BSG v. 12.09.2012 - B 3 P 5/11 R - BSGE 112, 1 = SozR 4-3300 § 115 Nr. 1 zur Schiedsstelle nach § 76 SGB XI.
[112] Z.B. § 9 Abs. 1 SGB XII-SchVO Hamburg; § 10 Abs. 1 SGB XII-SchVO Schleswig-Holstein- jeweils i.S.e. 3-monatigen Regelverfahrensdauer.
[113] Z.B. § 6 Abs. 3 ThürSchiedsVO-SGB XII; § 7 Abs. 2 SchV Nordrhein-Westfalen; § 7 Abs. 2 BSHG-SchV; § 8 Abs. 1 SGB XII-SchVO Schleswig-Holstein; § 7 Abs. 2 Satz 3 SGB XII-SchVO Hamburg.

zum Schiedstermin mit Auflagen zur Sachverhaltsaufklärung zu verbinden.[114] Von der Möglichkeit, **Präklusionsvorschriften** einzuführen, wurde in den Landesschiedsstellenverordnungen bislang kein Gebrauch gemacht.[115]

Die Schiedsstelle entscheidet im Regelfall aufgrund einer mündlichen, aber nichtöffentlichen Verhandlung (vgl. dazu Rn. 56). Der Grundsatz der **Mündlichkeit** kann – ungeachtet der entsprechenden Regelungen in den Landesschiedsstellenverordnungen – als dem sozialgerichtlichen Verfahren entlehnter allgemeiner Verfahrensgrundsatz angesehen werden.[116] Die Durchführung einer mündlichen Verhandlung ist auch aus praktischen Erwägungen heraus geboten, weil nur im Rahmen einer solchen Verhandlung die Möglichkeiten für einen Kompromiss ausgelotet werden können.[117] Die mündliche Verhandlung wird vom Vorsitzenden geleitet. Einige Landesschiedsstellenverordnungen sehen vor, dass im schriftlichen Verfahren entschieden werden kann, wenn die Vertragsparteien auf die Durchführung einer mündlichen Verhandlung[118] verzichten (Rechtsgedanke § 124 Abs. 2 SGG) oder wenn die Sache keine besonderen Schwierigkeiten rechtlicher oder tatsächlicher Art aufweist (Rechtsgedanke § 105 SGG).[119] In Abwesenheit der Vertragsparteien kann verhandelt werden, wenn auf diese Möglichkeit in der Ladung hingewiesen wurde.[120]

46

Die Mitglieder der Schiedsstelle sind bei der Ausübung des Schiedsamtes nicht an Weisungen der sie entsendenden Organisationen gebunden und entscheiden daher – ebenso wie der gesetzliche Richter – nach freier Überzeugungsbildung unmittelbar auf der Grundlage der mündlichen Verhandlung – (**Grundsatz der Unmittelbarkeit**).

47

Die Schiedsstelle muss ihre Entscheidung in einem **fairen Verfahren**[121] treffen. Dieses aus dem Rechtsstaatsprinzip abgeleitete Verfahrensgrundrecht verbietet ein widersprüchliches und willkürliches Vorgehen der Schiedsstelle im Rahmen der Verfahrensführung. Dem muss die Schiedsstelle auch bei der Auslegung der für sie geltenden verfahrensrechtlichen Vorschriften Rechnung tragen. Ein Verstoß gegen das Gebot zur fairen Verfahrensführung kann u.a. angenommen werden, wenn die Schiedsstelle ihre Entscheidung überraschenderweise – d.h. ohne vorherigen Hinweis – auf nicht hinterfragte Annahmen einer Schiedspartei stützt.[122]

48

Ferner ist den Beteiligten des Schiedsverfahrens **rechtliches Gehör** zu gewähren. Dieser für das Gerichtsverfahren aus Art. 103 Abs. 1 GG folgende, aber auch allgemein geltende Grundsatz – als dessen einfachgesetzliche Ausprägung § 24 SGB X anzusehen ist – kommt auch im Schiedsverfahren zum Tragen.[123] Als Ausdruck dessen sehen die Landesschiedsstellenverordnungen die Zuleitung des Antrages auf Einleitung eines Schiedsverfahrens an den Gegner mit der Möglichkeit zur Stellungnahme und die Ladung beider Vertragsparteien zur mündlichen Verhandlung vor. Eine Verletzung rechtlichen Gehörs kann angenommen werden, wenn die Schiedsstelle nicht auf die fehlende Plausibilität bestimmter vergütungsrelevanter Vertragsbestandteile hinweist, sondern stattdessen die Vergütung im Rahmen einer freien Würdigung mit der Begründung festsetzt, eine genaue Prüfung der Selbstkostenkalkulation für die geltend gemachten Vergütungssätze sei anhand der Angaben der betreffenden Vertragspartei nicht möglich gewesen.[124] Der Grundsatz der Gewährung rechtlichen Gehörs erfordert in Fällen dieser

49

---

[114] LSG Bayern v. 24.11.2011 - L 8 SO 223/09 KL.

[115] Ansatzweise kann eine solche Präklusionsvorschrift in § 9 Abs. 5 SchStLVO SGB XII Mecklenburg-Vorpommern gesehen werden. Allerdings dürfte diese Regelung unzulässig sein, weil in der Verordnung keine Fristen für die Vorlage von Unterlagen vorgesehen sind.

[116] Im Ergebnis ebenso: *Freudenberg* in: Jahn, SGB XII, § 80 Rn. 31.

[117] *Armborst* in: Schnapp, Handbuch des sozialrechtlichen Schiedsverfahrens, Rn. 526.

[118] Z. B. § 11 Abs. 1 Satz 3 SchStLVO SGB XII Mecklenburg-Vorpommern; § 9 Abs. 2 SchV Nordrhein-Westfalen; § 109 Abs. 1 Satz 1 AVSG Bayern; § 10 Abs. 2 BSHG§94V ST Sachsen-Anhalt.

[119] § 109 Abs. 1 Satz 4 AVSG Bayern.

[120] Z.B. § 8 Abs. 1 Satz 2 SGB12SchiedsV Rheinland-Pfalz; § 10 Abs. 2 BSHGAG Baden-Württemberg; § 11 Abs. 2 SchStLVO SGB XII Mecklenburg-Vorpommern; § 9 Abs. 3 SGB XII-SchVO Schleswig-Holstein; § 9 Abs. 2 SozSchV Brandenburg; § 9 Abs. 2 SGB XII-SchVO Hamburg; § 109 Abs. 1 Satz 3 AVSG Bayern.

[121] BVerfG v. 24.08.2010 - 2 BvR 1113/10 m.w.N.

[122] LSG Nordrhein-Westfalen v. 29.09.2008 - L 20 SO 92/06.

[123] LSG Baden-Württemberg v. 05.10.2011 - L 2 SO 5659/08 KL; LSG Hessen v. 25.01.2011 - L 7 SO 237/10 KL; LSG Nordrhein-Westfalen v. 29.09.2008 - L 10 SO 92/06; *Neumann* in: Hauck/Noftz, SGB XII, § 77 Rn. 15; *Freudenberg* in: Jahn, SGB XII, § 80 Rn. 32.

[124] LSG Baden-Württemberg v. 05.10.2011 - L 2 SO 5659/08 KL; vgl. dazu auch: LSG Mecklenburg-Vorpommern v. 06.09.2012 - L 9 SO 5/11 Kl; *Neumann* in: Hauck/Noftz, SGB XII, § 77 Rn. 15.

Art, dass die Schiedsstelle die betreffende Vertragspartei auf die fehlende Plausibilität der geltend gemachten Vergütungssätze hinweist und die für erforderlich erachteten weiteren Nachweise anfordert (detaillierte Hinweispflicht).[125] Dies kann im Einzelfall einen Hinweis auf die von der Schiedsstelle gewählte Methode zur Feststellung einer leistungsrechten und den Grundsätzen der Wirtschaftlichkeit und Sparsamkeit entsprechenden Vergütung erfordern. Eine Verletzung rechtlichen Gehörs kann letztlich auch angenommen werden, wenn den Schiedsparteien unter Setzung einer unangemessen kurzen Frist umfangreiche Auflagen erteilt werden,[126] wenn den Schiedsparteien keine Gelegenheit zur Äußerung zu entscheidungserheblichen Tatsachen eingeräumt wird oder wenn Unterlagen, auf die der Schiedsspruch gestützt wird, den Schiedsparteien nicht zur Kenntnis gegeben worden sind.[127]

50 Da in einer Verhandlung vor der Schiedsstelle i.S.d. § 80 SGB XII Betriebsinterna der Leistungserbringer erörtert werden, ist diese Verhandlung nach den Vorgaben in der Mehrzahl der Landesschiedsstellenverordnungen **nichtöffentlich**. Einige Landesschiedsstellenverordnungen sehen vor, dass stellvertretende Schiedsstellenmitglieder[128] bzw. der stellvertretende Vorsitzende[129] oder die zuständige Landesbehörde[130] an der Verhandlung teilnehmen können. Teilweise wird auch dem Vorsitzenden der Schiedsstelle die Möglichkeit eingeräumt, weitere Zuhörer zuzulassen.[131] Letzteres dürfte jedoch nur mit Zustimmung der beteiligten Parteien möglich sein.[132]

c. Gang des Verfahrens

51 Das Schiedsstellenverfahren wird nur auf **Antrag** eingeleitet (§ 77 Abs. 1 Satz 3 SGB XII i.V.m. § 18 SGB X), wobei die Zulässigkeit des Antrages zeitlich (§ 77 Abs. 1 Satz 3 SGB XII) und inhaltlich (nach den Landesschiedsstellenverordnungen, vgl. Rn. 42) an bestimmte Voraussetzungen geknüpft ist. Werden diese Voraussetzungen trotz verbindlicher Anordnung in den Landesschiedsstellenverordnungen[133] nicht eingehalten, ist der Antrag unzulässig.[134] Für die Einleitung und den Gegenstand des Schiedsverfahrens gilt daher die **Dispositionsmaxime** (vgl. Rn. 40).[135] Die Schiedsstelle ist nach § 77 Abs. 1 Satz 3 SGB XII nur befugt, über Gegenstände zu entscheiden, über die keine Einigung erzielt wurde und die von den Vertragsparteien zur Entscheidung vorgelegt werden. Andere Gegenstände können bei der Entscheidung der Schiedsstelle nur im Einvernehmen mit den Vertragsparteien berücksichtigt werden.

52 Üblicherweise sind die Beteiligten eines Verfahrens im Rahmen der ihnen zustehenden **Disposition** auch jederzeit berechtigt, den Antrag auf Durchführung eines Schiedsverfahrens zurückzunehmen. Im speziellen Fall des sozialhilferechtlichen Schiedsstellenverfahrens wirft dies Bedenken auf, weil der Gesetzgeber von einer Pflicht der in § 75 SGB XII genannten Vereinbarungsparteien zur Einigung ausgeht[136] und im Falle der **Antragsrücknahme** trotz Nichteinigung keine Leistungs- und/oder Vergütungsvereinbarung zustande kommt. Daher wird vereinzelt ein Vetorecht des Antragsgegners in Erwägung gezogen.[137] Eine solche Einschränkung der verfahrensrechtlichen Handlungsfreiheit bedarf jedoch einer eindeutigen gesetzlichen Grundlage, die im Bereich des SGB XII nicht besteht. Auch die Schiedsstellenverordnungen auf Landesebenen sehen kein Vetorecht gegen die Antragsrücknahme vor. Ein solches Vetorecht ist grundsätzlich auch nicht erforderlich, weil die andere Vertragspartei eine

---

[125] LSG Baden-Württemberg v. 05.10.2011 - L 2 SO 5659/08 KL; LSG Hessen v. 25.02.2011 - L 7 SO 237/10 KL.
[126] Problematisiert aber im Ergebnis verneint durch: LSG Bayern v. 25.01.2012 - L 8 SO 89/09 KL.
[127] Dazu: LSG Nordrhein-Westfalen v. 29.09.2008 - L 10 SO 92/06.
[128] Z.B. § 9 Abs. 4 Satz 2 SGB XII-SchVO Schleswig-Holstein; § 8 Abs. 2 ThürSchiedsVO-SGB XII; § 9 Abs. 3 Satz 2 SGB XII-SchVO Hamburg; § 6 Abs. 2 Nr. 2 SchVO-SGB XII Niedersachsen; § 9 As. 4 Schiedsstellenverordnung Saarland.
[129] § 9 Abs. 3 Satz 3 SozSchV Brandenburg.
[130] Z.B. § 10 Abs. 3 Satz 1 BSHGAG Baden-Württemberg; § 9 Abs. 3 Satz 2 SozSchV Brandenburg.
[131] Z.B. § 9 Abs. 3 Satz 3 SGB XII-SchVO Hamburg.
[132] Ausdrücklich geregelt in § 11 Abs. 1 SchStLVO SGB XII Mecklenburg-Vorpommern; ähnlich auch § 6 Abs. 2 Nr. 3 SchVO-SGB XII Niedersachsen.
[133] Teilweise sind die inhaltlichen Anforderungen allerdings als Soll-Vorschriften ausgestaltet.
[134] Nach § 7 Abs. 4 SGB XII-SchVO Hamburg kann ein unzulässiger Antrag durch den Vorsitzenden ohne mündliche Verhandlung durch Beschluss zurückgewiesen werden.
[135] *Armborst* in: Schnapp, Handbuch des sozialrechtlichen Schiedsverfahrens, Rn. 507; *Neumann* in: Hauck/Noftz, SGB XII, § 77 Rn. 13; *Philipp*, VSSR 2004, 115, 125.
[136] BT-Drs. 12/5510, S. 11.
[137] *Armborst* in: Schnapp, Handbuch des sozialrechtlichen Schiedsverfahrens, Rn. 508; a.A. *Baur* in: Mergler/Zink, SGB XII, § 77 Rn. 19.

Entscheidung der Schiedsstelle durch die Stellung eines eigenen Antrags erzwingen kann. Andererseits kann die Vertragspartei, die den Antrag gestellt hat, die Durchführung eines Schiedsverfahrens durch Rücknahme des Vertragsangebots endgültig verhindern, weil hierdurch der Schiedsstelle die Entscheidungsgrundlage entzogen wird. Ein Schiedsspruch darf auch dann nicht mehr gefällt werden, wenn die Vertragsparteien – außerhalb des Schiedsverfahrens – eine Vereinbarung geschlossen haben. Eine Zuständigkeit der Schiedsstelle ist in diesem Fall nicht mehr gegeben, da sich die ihr gesetzlich zugewiesene Aufgabe auf die Vertragshilfe beschränkt und nicht die Kontrolle umfasst. Hingegen ist die Schiedsstelle als Vertragshilfeorgan zur Entscheidung berechtigt, wenn sich die Vertragsparteien zwar über den Inhalt einer Vereinbarung einigen, aber eine schriftliche Vereinbarung im Hinblick auf das Verbot rückwirkender Vereinbarungen (§ 77 Abs. 2 Satz 3 SGB XII) nicht schließen wollen, denn die Schiedsstelle kann das Inkrafttreten des Schiedsspruchs und somit die Wirksamkeit der ersetzten Vereinbarung auf den Tag der Antragstellung festlegen (§ 77 Abs. 2 Satz 2 SGB XII).[138] Wegen der rechtlichen Unsicherheiten im Zusammenhang mit dem in § 77 Abs. 2 Satz 3 SGB XII geregelten Verbot rückwirkender Vereinbarungen (vgl. dazu die Kommentierung zu § 77 SGB XII) kann den Vertragsparteien in Fallkonstellationen dieser Art ein „Rechtsschutzinteresse" an einem Schiedsspruch nicht abgesprochen werden.

Die Landesschiedsstellenverordnungen schreiben für den Antrag auf Einleitung eines Schiedsverfahrens die **Schriftform** vor oder setzen diese zumindest voraus. Insoweit handelt es sich um abweichende (untergesetzliche) Regelungen i.S.d. § 9 SGB X. Die Wahrung der Schriftform ist zudem aus Gründen der Rechtssicherheit sinnvoll. **Berechtigt zur Stellung eines Antrages** nach § 77 Abs. 1 Satz 3 SGB XII ist die zum Abschluss einer Vereinbarung i.S.d. § 75 Abs. 3 SGB XII ermächtigte Vertragspartei, welche die Gegenseite erfolglos zum Abschluss einer Vereinbarung aufgefordert hat. 53

Nach Eingang des Antrages wird dieser – im Regelfall unter Fristsetzung – an die Gegenseite zur Stellungnahme weitergeleitet. Enthält der Antrag nicht alle zur Beurteilung des Sachverhaltes erforderlichen Auskünfte und/oder Unterlagen, fordert der Vorsitzende der Schiedsstelle die antragstellende Vertragspartei zur Ergänzung auf. Er hat die Zulässigkeit des Antrags zu prüfen und auf die Stellung sachdienlicher Anträge hinzuwirken (Rechtsgedanke § 106 Abs. 1 SGG). Zur weiteren **Aufklärung des Sachverhalts** stehen ihm die in § 21 SGB X genannten Beweismittel zur Verfügung, soweit diese für das Schiedsverfahren in Betracht kommen. Darüber hinaus wirkt der Vorsitzende auf eine konsensuale Lösung hin. 54

Kommt eine Einigung nicht zustande, bestimmt der Vorsitzende der Schiedsstelle **Ort, Zeitpunkt und Gegenstand der Sitzung** und veranlasst die **Ladung** der Mitglieder der Schiedsstelle und der Vertragsparteien innerhalb der in den Landesschiedsstellenverordnungen vorgegebenen Ladungsfrist. Dabei bedient er sich der **Geschäftsstelle**, die durch die Schiedsstellenverordnungen auf Landesebene festgelegt wird. Die Anordnung des persönlichen Erscheinens der Vertragsparteien zu der von der Schiedsstelle anberaumten mündlichen Verhandlung ist in den Schiedsstellenverordnungen der Länder nicht vorgesehen, kann aber unter Rückgriff auf den allgemeinen Rechtsgedanken des § 111 SGG erfolgen.[139] Allerdings sind an die Nichtbefolgung der Anordnung des persönlichen Erscheinens keine verfahrens- oder kostenrechtlichen Konsequenzen geknüpft, weil insoweit die im sozialgerichtlichen Verfahren vorgesehene Rechtsfolge (Verhängung eines Ordnungsgeldes, § 202 SGG i.V.m. § 114 ZPO) nicht auf das Schiedsverfahren zugeschnitten ist. 55

Die **mündliche Verhandlung** wird im Regelfall vom Vorsitzenden der Schiedsstelle geleitet. Für die mündliche Verhandlung gelten die auch im gerichtlichen Verfahren maßgebenden Grundsätze der Gewährung rechtlichen Gehörs, der Unmittelbarkeit und des fairen Verfahrens. Im Rahmen der mündlichen Verhandlung werden die bereits im schriftlichen Verfahren formulierten Anträge gestellt bzw. an das Ergebnis der Verhandlung angepasst. Über die mündliche Verhandlung ist eine **Niederschrift** zu fertigen.[140] Die meisten Landesschiedsstellenverordnungen regeln dies ausdrücklich. Fehlt eine entsprechende Regelung, ergibt sich die Pflicht zur Niederschrift aus dem in § 93 VwVfG zum Ausdruck kommenden allgemeinen Rechtsgedanken. 56

Wird im Rahmen der mündlichen Verhandlung keine einvernehmliche Lösung erzielt, endet das Verfahren durch einen **Schiedsspruch**. Dieser ergeht nach geheimer Beratung der Schiedsstelle. Die für das gerichtliche Beratungsgeheimnis geltenden Vorschriften können ergänzend herangezogen werden 57

---

[138] *Langer*, RdLH 2012, 133 (Anm. zum Beschluss des LSG Bayern vom 03.05.2012 - L 18 SO 230/09 KL (anhängig beim BSG unter B 8 SO 2/13 R).

[139] Dazu eher kritisch: *Armborst* in: Schnapp, Handbuch des sozialrechtlichen Schiedsverfahrens, Rn. 530.

[140] Dazu eingehend: *Armborst*, RsDE Nr. 33 (1996), 1, 13 f.

(§§ 43, 45 Abs. 1 DRiG). Zur Beschlussfähigkeit und zum Mehrheitsprinzip vgl. Rn. 62. Der Schiedsspruch ist ein **vertragsgestaltender Verwaltungsakt** (vgl. die Kommentierung zu § 77 SGB XII). Aus dem Gesamtzusammenhang der Regelungen in § 77 SGB XII (insbesondere § 77 Abs. 1 Satz 1 SGB XII) und der Bedeutung des Schiedsspruchs für die Rechtsbeziehung zwischen den Vertragsparteien folgt, dass der Schiedsspruch zwingend **schriftlich** erlassen werden muss. Entsprechende Regelungen finden sich in den allen Landesschiedsstellenverordnungen.[141] Der Schiedsspruch ist vom Vorsitzenden der Schiedsstelle zu begründen und zu unterschreiben.[142] Soweit die Landesschiedsstellenverordnungen keine entsprechende Regelung enthalten, ergibt sich die Pflicht zur Begründung und Unterzeichnung des Schiedsspruchs aus dem Rechtsgedanken der § 35 SGB X, § 61 Satz 2 SGB X i.V.m. § 126 BGB bzw. aus § 134 SGG.

58 Die **Begründung eines Schiedsspruchs** ist bereits deshalb geboten, weil andernfalls in einem nachfolgenden gerichtlichen Verfahren nicht geprüft werden kann, ob die Schiedsstelle den Sachverhalt zutreffend und in einem fairen willkürfreien Verfahren unter Wahrung des rechtlichen Gehörs und unter Beachtung zwingender gesetzlicher Regelungen – speziell der gesetzlichen Vorgaben in den §§ 75 ff. SGB XII – ermittelt und bewertet hat. Allerdings dürfen die Anforderungen an das Begründungserfordernis in Anbetracht der Funktion und Organisation der Schiedsstelle (Vertragshilfeorgan ohne eigenen Verwaltungsunterbau) sowie der im Regelfall gegebenen Kenntnis der Vertragsparteien von der Sach- und Rechtslage nicht überspannt werden.[143] In Anlehnung an § 35 SGB X müssen die für den Schiedsspruch **wesentlichen tatsächlichen und rechtlichen Gründe** mitgeteilt werden. Wesentlich sind alle Gesichtspunkte, die notwendig sind, um die von der Schiedsstelle vorgenommene Wertung in Bezug auf die festgesetzte Vergütung bzw. Leistung nachvollziehen zu können. Dies erfordert im Regelfall auch Ausführungen zur der von der Schiedsstelle gewählten Methode für die Ermittlung einer den Grundsätzen des § 75 Abs. 3 Satz 2 SGB XII entsprechenden Vergütung. Eine knappe Begründung ist ausreichend, wenn sie die gefundene Kompromisslösung für die Vertragsparteien und das Gericht nachvollziehbar belegt. Die Bezugnahme auf die Angaben der Beteiligten ist zulässig, soweit diese im Schiedsverfahren nicht in Zweifel gezogen worden sind.[144] Gleiches gilt für die Bezugnahme auf Unterlagen (Rahmenvertrag, Leistungsanbieterlisten), die Gegenstand des Schiedsstellenverfahrens und den Vertragsparteien zur Kenntnis gegeben worden sind. Verweist der Schiedsspruch in Bezug auf einen für die festgesetzte Vergütung maßgebenden Rechenfaktor darauf, dass dieser Wert der „Praxis" entspreche, kann darin ein gerichtlich nachprüfbarer **Begründungsmangel** liegen, wenn die in Bezug genommene Praxis nicht näher erläutert wird.[145] Eine fehlende nachvollziehbare Begründung ist regelmäßig beachtlich, weil ein Einfluss auf die Entscheidung in der Sache nicht ausgeschlossen werden kann (§ 42 SGB X).[146]

59 Das Verfahren vor den sozialhilferechtlichen Schiedsstellen ist im Regelfall gebührenpflichtig.[147] § 81 Abs. 2 SGB XII ermächtigt die Länder ausdrücklich zur Erhebung und zur Regelung der Höhe der **Gebühren**. Es handelt sich um eine nach § 37 SGB I zulässige abweichende Vorschrift zu § 64 SGB X. Die Entstehung und Verteilung der Gebühren ist in den jeweiligen Landesverordnungen unterschiedlich geregelt. Teilweise wird an die Antragstellung bei der Schiedsstelle,[148] teilweise an die Entscheidung der Schiedsstelle angeknüpft[149]. Die Mehrzahl der Landesschiedsstellenverordnungen sieht einen Gebührenrahmen vor. In der Regel entscheidet der Vorsitzende über die Höhe der Gebühr und deren

---

[141] Mit Ausnahme von Niedersachsen, Berlin und Hessen, wobei Hessen zumindest die Protokollierung der Entscheidung vorschreibt (§ 7 Abs. 5 BSHG§94V).

[142] Z.B. § 9 Abs. 3 Satz 2 ThürSchiedsVO-SGB XII; § 10 Abs. 3 SozSchV Brandenburg; § 10 Abs. 4 SGB XII-SchVO Hamburg; § 8 Abs. 5 Satz 2 SGB12SchV Rheinland-Pfalz; § 10 Abs. 3 Schiedsstellenverordnung Saarland; § 12 Abs. 4 Satz 1 SchStLVO SGB XII Mecklenburg-Vorpommern.

[143] SG Oldenburg v. 22.10.2009 - S 21 SO 287/05; LSG Bayern v. 25.01.2012 - L 8 SO 89/09 KL; LSG Bayern v. 24.11.2011 - L 8 SO 223/09 KL.

[144] LSG Bayern v. 25.01.2012 - L 8 SO 89/09 KL; LSG Bayern v. 24.11.2011 - L 8 SO 223/09 KL.

[145] BSG v. 14.12.2000 - B 3 P 19/00 R zu § 76 SGB XI; LSG Hamburg v. 30.10.2012 - L 4 SO 33/10 KL.

[146] Ebenso wohl: LSG Hamburg v. 30.10.2012 - L 4 SO 33/10 KL.

[147] Vgl. z.B. § 12 Abs. 1 SGB XII-SchVO Schleswig-Holstein; § 13 Abs. 1 SchiedsstellenVO Berlin; § 12 Abs. 1 SchV Nordrhein-Westfalen; § 12 SozSchV Brandenburg; § 10 ThürSchiedsVO-SGB XII; § 10 SGB12SchiedsV Rheinland-Pfalz.

[148] Z.B. § 12 SozSchV Brandenburg; § 14 Abs. 1 SchStLVO SGB XII Mecklenburg-Vorpommern; § 12 Abs. 1 SGB XII-SchVO Schleswig-Hostein.

[149] Z.B. § 13 Abs. 2 SchiedVergSozVO Sachsen.

Verteilung nach billigem Ermessen unter Berücksichtigung des Ergebnisses des Schiedsverfahrens, der Bedeutung der Angelegenheit und des entstandenen Verwaltungsaufwands.[150] Teilweise ist vorgesehen, dass die beteiligten Organisationen den Gebührenrahmen und die Bemessungsmaßstäbe gemeinsam festlegen;[151] insoweit wird das paritätische Prinzip auch auf der Kostenseite umgesetzt.

Auch die Regelung der Verteilung der durch die Gebühren nicht gedeckten Kosten des Verfahrens hat der Gesetzgeber den Ländern überlassen (§ 81 Abs. 2 SGB XII). Für die **Kostenverteilung** wird auf das Verhältnis des Obsiegens und Unterliegens abgestellt[152] bzw. auf die entsprechenden kostenrechtlichen Regelungen der VwGO Bezug genommen[153]. Teilweise wird die Verteilung der Kosten durch die Verordnungen quotal vorgegeben,[154] eine Kostenverteilung nach dem Verhältnis der Anzahl der von den Organisationen bestellten Mitglieder[155] vorgenommen, eine hälftige Kostenteilung zwischen der Vereinigung der Einrichtungsträger und der Vereinigung der Sozialhilfeträger[156] oder eine alleinige Kostentragung durch das Land vorgesehen.[157] Enthalten die Landesschiedsstellenverordnungen keine Regelung über die Kostenverteilung, gilt der Maßstab des § 193 SGG. Zuständig für die Entscheidung über die Kostenverteilung ist nach einigen Landesschiedsstellenverordnungen der Vorsitzende der Schiedsstelle. In Anlehnung an die für das Gerichtsverfahren übliche Praxis dürfte es jedoch sachgerecht sein, dem Vorsitzenden nur dann die alleinige Entscheidungsbefugnis über die Kostenverteilung zuzubilligen, wenn diese Entscheidung außerhalb der mündlichen Verhandlung herbeigeführt wird. Ergeht die Kostenentscheidung im Zusammenhang mit dem Schiedsspruch, wird sie von der Schiedsstelle getroffen.

6. Entscheidungsfindung der Schiedsstelle (Absatz 3 Sätze 3-5)

Voraussetzung für die Entscheidung der Schiedsstelle ist deren **Beschlussfähigkeit**. Hierzu enthält das Gesetz keine ausdrückliche Regelung. § 80 Abs. 3 Satz 3 SGB XII legt lediglich fest, dass jedes Mitglied der Schiedsstelle eine Stimme hat. Die Beschlussfähigkeit der Schiedsstelle setzt nicht voraus, dass alle Mitglieder der Schiedsstelle anwesend sind. Im Sinne der Verfahrensbeschleunigung ist es vielmehr ausreichend, wenn sämtliche Schiedsstellenmitglieder ordnungsgemäß geladen wurden und ein Mindestquorum der Schiedsstellenmitglieder anwesend ist. Dieses Mindestquorum wird durch die Landesschiedsstellenverordnungen[158] festgelegt. Einige Landesverordnungen sehen vor, dass bei Nichterreichung des Mindestquorums in der nächsten Sitzung der Schiedsstelle in gleicher Sache nach vorherigem Hinweis ohne Rücksicht auf die Anzahl der anwesenden Mitglieder entschieden werden darf.[159] Bei Anwendung dieser Regelung ist jedoch zu bezweifeln, ob die Schiedsstelle dann noch als Gremium, in dem verschiedene Interessengruppen repräsentiert sind, entscheidet.[160] Die Einhaltung des landesrechtlich festgelegten Mindestquorums dürfte auch im Hinblick auf die Akzeptanz eines Schiedsspruchs durch die Vertragsparteien sinnvoll sein. War die Schiedsstelle bei der Entscheidung nicht beschlussfähig, ist der Schiedsspruch nichtig.[161]

Die Entscheidung der Schiedsstelle wird mit der **einfachen Mehrheit der anwesenden Mitglieder** getroffen.[162] Diese Auslegung ergibt sich zwar nicht eindeutig aus dem Wortlaut des § 80 Abs. 3 Satz 4

---

[150] § 112 AVSG Bayern; § 12 SozSchV Brandenburg; § 10 Abs. 1 ThürSchiedsVO-SGB XII; § 14 Abs. 3 SchStLVO SGB XII Mecklenburg-Vorpommern.
[151] Z. B. § 14 BSHGAG Baden-Württemberg.
[152] Z.B. § 112 AVSG Bayern; § 13 Abs. 3 SchiedsstellenVO Berlin.
[153] § 13 SGB XII-SchVO Hamburg.
[154] Z.B. § 15 SchV Nordrhein-Westfalen, § 16 BSHG§94V ST Sachsen-Anhalt; § 11 BSHG§94V Hessen.
[155] Z.B. § 10 Abs. 2 ThürSchiedsVO-SGB XII.
[156] § 12 Abs. 5 SGB XII-SchVO Schleswig Holstein; § 15 SchStLVP SGB XII Mecklenburg-Vorpommern.
[157] § 13 Abs. 2 SozSchV Brandenburg.
[158] Z.B. § 10 Abs. 1 BSHG-SchV Bremen; § 8 Abs. 2 SGB12SchiedsV Rheinland-Pfalz; § 10 SGB XII-SchVO Schleswig-Holstein; § 11 Abs. 2 SchiedsstellenVO Berlin; § 12 Abs. 1 SchStLVO SGB XII Mecklenburg-Vorpommern.
[159] Vgl. § 10 Abs. 1 BSHG-SchV Bremen; § 11 Abs. 2 BSHG§94V ST Sachsen-Anhalt; § 8 Abs. 2 SGB12SchiedsV Rheinland-Pfalz; § 10 Abs. 2 SGB XII-SchVO Hamburg; § 10 Abs. 2 Satz 3, 4 SozSchV Brandenburg; § 9 Abs. 1 Satz 2 ThürSchiedsVO-SGB XII; § 12 Abs. 2 SchStLVO SGB XII Mecklenburg-Vorpommern.
[160] Ähnliche Bedenken: *Gottlieb*, Sozialrecht aktuell 2012, 150, 153 f.
[161] *Armborst* in: Handbuch des sozialrechtlichen Schiedsverfahrens, Rn. 536.
[162] Ebenso: *Flint* in: Grube/Wahrendorf, SGB XII, 5. Aufl., § 80 Rn. 21; *Freudenberg* in: Jahn, SGB XII, § 80 Rn. 39; *W. Schellhorn* in: Schellhorn/Schellhorn/Hohm, SGB XII, 18. Aufl., § 80 Rn. 11, a.A. i.S.d. Mehrheit der gesetzlich vorgesehenen Mitglieder: *Münder* in: LPK-SGB XII, 9. Aufl., § 80 Rn. 6; *Baur* in: Mergler/Zink, SGB XII, § 80 Rn. 14; *Armborst* in: Schnapp, Handbuch des sozialrechtlichen Schiedsverfahrens, Rn. 534 ff.

SGB XII, der lediglich die „Mehrheit der Mitglieder" erwähnt, ist aber aus Gründen der Praktikabilität geboten. Die Schiedsstellen müssen in kurzer Zeit (unverzüglich nach Eingang des Antrages – § 77 Abs. 1 Satz 3 SGB XII) über eine rechtlich und tatsächlich komplexe Materie entscheiden. Das Schiedsstellenverfahren würde in der Praxis weitgehend leerlaufen, wenn Entscheidungen der Schiedsstelle nur mit der Mehrheit aller gesetzlich vorgesehenen Mitglieder getroffen werden könnten. Dies entspricht auch den für die Ausschussarbeit entwickelten allgemeinen Grundsätzen über die Beschlussfähigkeit in § 90 VwVfG. Teilweise ist das Prinzip der einfachen Mehrheit der anwesenden Mitglieder der Schiedsstelle in den Landesschiedsstellenordnungen explizit geregelt.[163] Wird keine Mehrheit erreicht, gibt die Stimme des Vorsitzenden den Ausschlag (§ 80 Abs. 3 Satz 5 SGB XII).

7. Ausschluss und Befangenheit

a. Anwendung der §§ 16 und 17 SGB X

63 Besonderheiten gelten im Hinblick auf den **Ausschluss** und die **Besorgnis der Befangenheit** von Schiedsstellenmitgliedern. Das SGB XII enthält hierfür keine speziellen Vorgaben. In den Schiedsstellenverordnungen auf Landesebene finden sich zu dieser Thematik nur vereinzelt Regelungen.[164] Ergänzend können die allgemeinen **Bestimmungen in § 16 SGB X (Ausschluss) und § 17 SGB X (Befangenheit)** herangezogen werden. Die Schiedsstelle weist als kollegiale Organisationseinheit, deren Willen sich in Mehrheitsbeschlüssen äußert, die Charakteristika von Ausschüssen auf, für welche die §§ 16, 17 SGB X gelten (vgl. die §§ 16 Abs. 4, 17 Abs. 2 SGB X). Aufgrund der Funktion und Besetzung der Schiedsstelle sind die §§ 16 und 17 SGB X allerdings nur insoweit anwendbar, als dies mit den Besonderheiten des Schiedsverfahrens vereinbar ist und in den landesrechtlichen Schiedsstellenverordnungen hierzu keine abweichende Regelung getroffen wird (§ 37 SGB X).[165] Insbesondere muss bei der Anwendung und Auslegung dieser Vorschriften berücksichtigt werden, dass die den Schiedsstellen gesetzlich zugewiesene Aufgabe deren Besetzung mit beruflichen Interessenvertretern voraussetzt.

64 Teilweise wird unter Verweis auf die Gerichtsförmigkeit des Schiedsstellenverfahrens auch die **entsprechende Anwendung des § 60 SGG i.V.m. den §§ 41 ff. ZPO** befürwortet.[166] Dies erscheint insoweit problematisch, als die für Richter maßgebenden Ausschluss- und Befangenheitsgründe auf die Spezifika des gerichtlichen Verfahrens und die besondere Stellung des Richters zugeschnitten sind und in vielfältiger Hinsicht von den verwaltungsverfahrensrechtlichen Regelungen abweichen. Unter Berücksichtigung der Behördeneigenschaft der Schiedsstelle (vgl. dazu Rn. 30) und der Tatsache, dass die Schiedsstellen – im Unterschied zu den Gerichten – keine Kontrollfunktion haben, sondern ihre Tätigkeit auf eine Vertragsgestaltung und die Herbeiführung bzw. Ersetzung einer vertraglichen Regelung gerichtet ist, erscheint die Anwendung der §§ 16, 17 SGB X sachnäher. Dies gilt jedenfalls für die Ablehnungs- und Befangenheitsgründe. Hingegen kann in verfahrensrechtlicher Hinsicht auf einzelne Vorgaben in § 60 SGG i.V.m. den §§ 43 ff. ZPO zurückgegriffen werden, soweit dies mit den Besonderheiten des Schiedsverfahrens vereinbar ist (vgl. Rn. 70).

b. Ausschluss und Befangenheit von Schiedsstellenmitgliedern

65 Wegen der dargestellten Ausgestaltung des Schiedsverfahrens als Schlichtungsverfahren und der Zusammensetzung der Schiedsstelle gelten die in Absatz 1 Nr. 3 und 5 geregelten **Ausschlusstatbestände** nicht für Schiedsstellenmitglieder.[167] Diese teleologische Reduktion der Vorschrift kann auf den in § 16 Abs. 2 Satz 2 SGB X enthaltenen Rechtsgedanken gestützt werden. Danach gilt § 16 Abs. 1 Nr. 3 und 5 SGB X nicht für das Verwaltungsverfahren auf Grund der Beziehungen zwischen Ärzten, Zahnärzten und Krankenkassen. Diese Ausnahme betrifft in der unmittelbaren Anwendung die Zulas-

---

[163] Z.B. § 12 Abs. 1 BSHG§94V ST Sachsen-Anhalt; § 12 Abs. 3 Satz 2 SchStLVO SGB XII Mecklenburg-Vorpommern; § 10 Abs. 3 Satz 2 SGB XII-SchVO Schleswig-Holstein; § 8 Abs. 4 Satz 2 SGB12SchiedsV Rheinland-Pfalz.

[164] Vgl. § 5 Abs. 4 bis 6 SchStLVO SGB XII Mecklenburg-Vorpommern; § 105 Abs. 4 und 5 AVSG Bayern.

[165] Ebenso: *Buchner/Bosch*, SGb 2011, 21 ff.; *Gottlieb*, Sozialrecht aktuell 2012, 150, 153 f.; wohl auch *Becker*, SGb 2003, 664, 668 f.; a.A. *W. Schellhorn* in: Schellhorn/Schellhorn/Hohm, SGB XII, 18. Aufl., § 80 Rn. 10 und *Neumann* in: Hauck/Noftz, SGB XII, § 80 Rn. 10 jeweils i.S.d. der fehlenden Anwendbarkeit der §§ 16, 17 SGB X; differenziert: *Freudenberg* in: Jahn, SGB XII, § 80 Rn. 20, 23 i.S.d. Geltung der §§ 16, 17 SGB X nur für den Vorsitzenden bzw. Stellvertreter.

[166] *Schnapp*, SGb 2007, 633, 634; *Gottlieb*, Sozialrecht aktuell 2012, 150, 153 f.

[167] Ebenso: *Buchner/Bosch*, SGb 2011, 21, 22; *Becker*, SGb 2003, 664.

sungs- und Berufungsausschüsse nach den §§ 96 und 97 SGB V, die Prüfungs- und Beschwerdeausschüsse zur Überwachung der Wirtschaftlichkeit der vertragsärztlichen Versorgung nach § 106 SGB V und die Schiedsämter nach § 89 SGB V[168], weil in diesen Gremien regelmäßig Personen mitarbeiten, die bei einer Krankenkasse, einem Kassenverband oder der Kassenärztlichen Vereinigung beruflich tätig sind, deren Mitwirkung am Verwaltungsverfahren aber in der Praxis unverzichtbar ist.[169] Eine ähnliche Interessenlage besteht für die sozialhilferechtliche Schiedsstelle, so dass der in § 16 Abs. 2 Satz 2 SGB X enthaltene Gedanke zum Tragen kommt.

Die Vorschrift des **§ 17 SGB X (Besorgnis der Befangenheit)** gilt nur in sehr eingeschränktem Umfang für Schiedsstellenmitglieder.[170] Die Schiedsstellenmitglieder müssen – mit Ausnahme des Vorsitzenden und seines Stellvertreters – nicht unparteiisch sein. Die Tatsache, dass die Schiedsstellenmitglieder in ihrer Eigenschaft als Interessenvertreter bestellt werden, würde bei uneingeschränkter Geltung des § 17 SGB X regelmäßig zur Besorgnis der Befangenheit führen. Daher gilt § 17 SGB X mit der Maßgabe, dass sich die Besorgnis der Befangenheit nicht allein auf die Eigenschaft eines Schiedsstellenmitglieds als Interessenvertreter stützen darf.[171] Unter Umständen kann ein sonstiges Verhalten in Ausnahmefällen die Besorgnis der Befangenheit i.S.v. § 17 SGB X begründen; dies dürfte jedoch in der Praxis kaum von Bedeutung sein.

66

c. Ausschluss und Befangenheit des Vorsitzenden der Schiedsstelle

Der **Vorsitzende der Schiedsstelle** und sein Stellvertreter müssen nach dem Gesetz unparteiisch sein (§ 80 Abs. 2 Satz 1 SGB XII). Für sie gelten daher die Ausschluss- und Befangenheitsgründe der §§ 16 und 17 SGB X in vollem Umfang.[172]

67

d. Verfahren und Rechtsschutz

Liegt ein Ausschluss- oder Befangenheitsgrund vor, gelten die für Ausschüsse und Beiräte entwickelten verfahrensrechtlichen Vorgaben des **§ 16 Abs. 4 SGB X** entsprechend (im Rahmen des § 17 SGB X über § 17 Abs. 2 SGB X), ergänzt durch einzelne, mit den Besonderheiten des Schiedsstellenverfahrens vereinbare prozessuale Regelungen des (sozial-)gerichtlichen Verfahrens.

68

Hält sich ein Schiedsstellenmitglied bzw. das vorsitzende Mitglied für ausgeschlossen oder befangen, muss es diesen Umstand der Schiedsstelle mitteilen (§ 16 Abs. 4 Satz 1 SGB X; § 17 Abs. 2 SGB X). Darüber hinaus können auch die beteiligten Schiedsparteien – ungeachtet der Frage, ob diesen im Anwendungsbereich der §§ 16, 17 SGB X ein subjektives Ablehnungsrecht zusteht (vgl. Rn. 74) – auf bestehende Ausschluss- bzw. Befangenheitsgründe hinweisen und auf diese Weise eine Entscheidung über den Ausschluss bzw. die Befangenheit veranlassen.[173] Die **Entscheidung über den Ausschluss bzw. den Befangenheitsantrag** trifft nicht die Aufsichtsbehörde,[174] sondern gemäß § 16 Abs. 4 Sätze 3 und 4 SGB X die **Schiedsstelle als Gremium** ohne das abgelehnte bzw. für befangen erklärte Mitglied.[175]

69

Umstritten ist, ob das betreffende Schiedsstellenmitglied bis zur Entscheidung über den Ablehnungs- bzw. Befangenheitsantrag vom Verfahren suspendiert ist.[176] Gesetzlich geregelt ist dies lediglich für den Ausschluss bzw. die Befangenheit von „normalen" Behördenmitarbeitern/Behördenleitern im Verwaltungsverfahren (§ 16 Abs. 3, § 17 Abs. 1 SGB X). Aus dem Umstand, dass § 16 Abs. 4 SGB X nicht auf diese Regelungen Bezug nimmt und lediglich eine Mitwirkung des für befangen erklärten bzw. abgelehnten Mitglieds an der Entscheidung über den Ausschluss untersagt, ohne eine weitere Beschränkung der Mitwirkungsrechte vorzunehmen, könnte gegen eine **Suspendierung des Mitglieds in**

70

---

[168] BT-Drs. 8/2034, S. 31.
[169] BSG v. 15.11.1995 - 6 RKa 58/94 - SozR 3-1300 § 16 Nr. 1.
[170] Die Anwendung der §§ 16 und 17 SGB X generell ablehnend: *Neumann* in: Hauck/Noftz, SGB XII, § 80 Rn. 10; VG Hannover v. 19.12.1994 - 3 B 8187/94.
[171] Ähnlich: *Gottlieb*, Sozialrecht aktuell 2012, 150, 154.
[172] Ähnlich: *Neumann* in: Hauck/Noftz, SGB XII, § 80 Rn. 10.
[173] *Schnapp*, SGb 2011, 633, 634; *Buchner/Bosch*, SGb 2011, 21, 22; *Roller* in: von Wulffen/Schütze, SGB X, 8. Aufl., § 16 Rn. 15, § 17 Rn. 6; *Mutschler* in: KasselerKomm-SGB, SGB X, § 17 Rn. 6.
[174] So aber: SG Kiel v. 20.08.2004 - S 13 KA 65/04 ER zum Schiedsamt nach § 89 SGB V.
[175] Vgl. dazu: *Buchner/Bosch*, SGb 2011, 21, 23 m. w. N.
[176] Bejahend: *Simmler*, GesR 2007, 249, 251; verneinend: LSG Hamburg v. 20.11.2008 - L 2 KA 25/08 KL ER; *Buchner/Bosch*, SGb 2011, 21, 24.

Bezug auf das weitere Verfahren sprechen.[177] Sachgerechter erscheint es jedoch von einer Regelungslücke auszugehen, die durch eine entsprechende Anwendung des § 60 SGG i.V.m. § 47 ZPO zu schließen ist. Auch über das Ablehnungsgesuch gegen einen Richter entscheidet das Gericht, dem der abgelehnte Richter angehört, ohne dessen Mitwirkung (§ 60 SGG i.V.m. § 45 ZPO). Insoweit besteht eine Parallele zu dem in § 16 Abs. 4 SGB X geregelten Verfahren. Bis zur Entscheidung über das Ablehnungsgesuch darf der abgelehnte Richter nur solche (Verfahrens-)Handlungen vornehmen, die keinen Aufschub dulden (§ 60 SGG i.V.m. § 47 Abs. 1 ZPO). Die Regelung des § 47 Abs. 1 ZPO ist Ausdruck eines allgemeinen Rechtsgedanken, der auf das Schiedsstellenverfahren übertragbar ist. Unaufschiebbar sind in Anbetracht der Pflicht der Schiedsstelle zur unverzüglichen Entscheidung u.a. die Entscheidung über eine Terminsverlegung oder -aufhebung, über eine Verlängerung von Fristen für die Erfüllung von Auflagen sowie die Weiterleitung von eingehenden Schriftsätzen an die Gegenseite verbunden mit der Setzung einer Frist zur Stellungnahme. Bezieht sich der Ablehnungs- oder Befangenheitsantrag auf den Vorsitzenden der Schiedsstelle, sind die in seinen Aufgabenbereich fallenden laufenden Geschäfte (Sachverhaltsaufklärung, Vorbereitung der mündlichen Verhandlung, Ladung, Terminsverlegung oder -aufhebung) von seinem Stellvertreter zu übernehmen.

71 Bei der Entscheidung der Schiedsstelle über den Ausschluss oder die Befangenheit wirkt das betreffende Mitglied nicht mit (vgl. § 16 Abs. 4 Satz 3 SGB X). Eine **Mitwirkung des Vertreters** des betreffenden Mitglieds kommt ebenfalls nicht in Betracht.[178] Bis zur Entscheidung über den Ablehnungsantrag bzw. den Ausschluss gehört das betroffene Mitglied noch der Schiedsstelle an. Erst wenn dem Befangenheitsantrag stattgegeben oder der Ausschluss festgestellt wird, tritt der Vertretungsfall ein.

72 Liegen Ausschlussgründe i.S.d. § 16 Abs. 1 SGB X vor, tritt der **Ausschluss grundsätzlich kraft Gesetzes** ein und ist von Amts wegen zu beachten. Gleichwohl muss die Schiedsstelle aufgrund der Sonderregelung in § 16 Abs. 4 SGB X über den Ausschluss des Schiedsstellenmitglieds als Kollegialorgan – ohne Mitwirkung des betroffenen Mitglieds – entscheiden (anders im Anwendungsbereich des § 16 Abs. 1 SGB X). Das **Vorliegen von Befangenheitsgründen** führt ohnehin nicht automatisch zum Ausschluss. Auch insoweit ist gem. § 16 Abs. 4 SGB X eine **Entscheidung der Schiedsstelle** herbeizuführen.

73 Ergeht trotz Vorliegen eines Ausschlussgrundes oder eines Umstandes, der die Besorgnis der Befangenheit rechtfertigt, ein Schiedsspruch unter Mitwirkung des ausgeschlossenen bzw. befangenen Schiedsstellenmitglieds, ist dieser Schiedsspruch grundsätzlich (Ausnahme Rechtsmissbrauch[179]) wegen eines Verfahrensfehlers, auf dem die Entscheidung beruhen kann, rechtswidrig und somit anfechtbar.[180] Die **Entscheidung über den Ausschluss oder die Befangenheit kann** nicht isoliert, sondern **nur zusammen mit der Sachentscheidung angegriffen werden**.[181] Dies folgt aus § 44a VwGO, der als allgemeiner Rechtsgedanke sowohl für das sozialgerichtliche Verfahren als auch für das Schiedsstellenverfahren gilt.[182] Dies schließt sowohl eine isolierte Anfechtung des Schiedsspruchs im Hinblick auf die Entscheidung über die Befangenheit/den Ausschluss als auch eine Klage auf isolierte Feststellung der Befangenheit aus.[183] Im Rahmen einer gerichtlichen Kontrolle des Schiedsspruchs ist inzident die Entscheidung der Schiedsstelle über die Befangenheit/den Ausschluss eines Schiedsstellenmitglieds als möglicher Verstoß gegen Verfahrensvorschriften zu prüfen.

74 Anders als im Verwaltungsverfahren[184] steht den Beteiligten des Schiedsverfahrens auch ein **subjektives Ablehnungsrecht** in Bezug auf die ausgeschlossenen bzw. befangenen Schiedsstellenmitglieder zu.[185] Diese Abweichung zum Verwaltungsverfahren ist der Besonderheit des Schiedsverfahrens als

---

[177] So: *Buchner/Bosch*, SGb 2011, 21, 24.
[178] *Schnapp*, SGb 2007, 633, 635; *Buchner/Bosch*, SGb 2011, 21, 25 f.
[179] Vgl. zur vergleichbaren Situation im Anwendungsbereich von § 60 SGG: *Keller* in: Meyer-Ladewig/Keller/Leitherer, SGG, 10. Aufl., § 60 Rn. 10b; LSG Baden-Württemberg v. 21.06.2011 - L 3 AL 1568/11 NZB; LSG Nordrhein-Westfalen v. 24.10.2011 - L 11 SF 335/11 AB.
[180] *Roller* in: von Wulffen/Schütze, SGB X, 8. Aufl., § 16 Rn. 18, § 17 Rn. 8; *Mutschler* in: KassKomm-SGB, SGB X, § 16 Rn. 15; § 17 Rn. 11 jeweils m.w.N. aus der Rechtsprechung; *Buchner/Bosch*, SGb 2011, 21, 27.
[181] *Buchner/Bosch*, SGB 2011, 21, 26 f.
[182] *Buchner/Bosch*, SGB 2011, 21, 26 f.; BSG v. 10.12.1992 - 11 RAr 71/91; BSG v. 14.12.1988 - 9/4b RV 55/86 - SozR 1500 § 144 Nr. 39; LSG Nordrhein-Westfalen v. 30.07.2007 - L 17 B 15/07 U.
[183] *Buchner/Bosch*, SGb 2011, 21, 27.
[184] Dazu: *Roller* in: von Wulffen/Schütze, SGB X, 8. Aufl., § 16 Rn. 15, § 17 Rn. 6; *Mutschler* in: KassKomm-SGB, SGB X, § 16 Rn. 2, § 17 Rn. 5.
[185] Ähnlich: *Schnapp*, SGb 2007, 633, 634; a. A.: *Buchner/Bosch*, SGB 2011, 21, 22.

Schlichtungsverfahren geschuldet und kann auf den allgemeinen Rechtsgedanken des § 60 SGG i.V.m. den §§ 41 ff. ZPO sowie auf § 71 Abs. 3 VwVfG gestützt werden. Der Ablehnungsgrund und/oder die für die Besorgnis der Befangenheit sprechenden Umstände müssen im Schiedsverfahren vor dem Erlass des Schiedsspruchs gerügt werden. Andernfalls bleibt der Verstoß gegen § 16 SGB X und/oder § 17 SGB X ohne Folge.[186]

C. Reformvorhaben

Die Vorsitzenden und Geschäftsstellenleiter der Schiedsstellen nach § 76 SGB XI und § 80 SGB XII haben im Jahre 2006 **Vorschläge zur verbesserten rechtlichen Ausgestaltung des sozialrechtlichen Schiedsstellenverfahrens** unterbreitet.[187] Unter anderem wurde vorgeschlagen, bundeseinheitliche Verfahrensgrundsätze aufzustellen und die Grundzüge des sozialrechtlichen Schiedswesens künftig im SGB I oder SGB X zu regeln, wobei die Ausgestaltung der Einzelheiten – wie bisher – den Ländern im Verordnungsweg überlassen werden könne. In diesem Zusammenhang wurde verfahrensrechtlich u.a. gefordert, die schriftliche Darlegung der tragenden Gründe für die Schiedsstellenentscheidungen verpflichtend zu regeln und in Anlehnung an § 76 SGB XI für die Schiedsstellen nach § 80 SGB XII zwei weitere unparteiische Besitzer neben dem Vorsitzenden zu bestellen. Zudem solle in Erwägung gezogen werden, aufgrund der Vielzahl der am Schiedsverfahren Beteiligten und der sich daraus ergebenden Abgrenzungsschwierigkeiten hinsichtlich der örtlichen Gerichtszuständigkeit die Klageverfahren gegen sozialrechtliche Schiedssprüche einem bestimmten Gericht in jedem Bundesland zuzuweisen. Hieran anknüpfend hat dieses Gremium in einem 2013 erstellten Thesenpapier weitere **Vorschläge zur rechtlichen Harmonisierung der Schiedsstellenverfahren nach § 76 SGB XI und § 80 SGB XII** unterbreitet.[188] In diesem Thesenpapier wird unter Verweis auf die Bedeutung und Funktion der Schiedsstellen als weisungsfreies Schlichtungs- bzw. Vertragshilfeorgan einheitliche Vorgaben hinsichtlich der Besetzung der Schiedsstelle mit unparteiischen Mitgliedern, der Befangenheit von Schiedsstellenmitgliedern, der Gebührenhöhe und der Kostenverteilung gefordert. Ferner wurde angeregt, eine dem § 76 Abs. 6 SGB XI entsprechende Regelung (Bestellung einer unabhängigen Schiedsperson) für das SGB XII zu schaffen.

75

---

[186] BSG v. 26.10.1989 - 6 RKA 25/88 - SozR 1300 § 16 Nr. 1; *Schnapp*, SGb 2007, 633, 634 f.
[187] NDV 2006, 302 ff.
[188] *Gottlieb/Krüger*, NDV 2013, 571 f.; *Henneberg*, NDV 2013, 569 f.

§ 81 SGB XII Verordnungsermächtigungen

(Fassung vom 27.12.2003, gültig ab 01.01.2005)

(1) Kommen die Verträge nach § 79 Abs. 1 innerhalb von sechs Monaten nicht zustande, nachdem die Landesregierung schriftlich dazu aufgefordert hat, können die Landesregierungen durch Rechtsverordnung Vorschriften stattdessen erlassen.

(2) Die Landesregierungen werden ermächtigt, durch Rechtsverordnung das Nähere über die Zahl, die Bestellung, die Amtsdauer und Amtsführung, die Erstattung der baren Auslagen und die Entschädigung für Zeitaufwand der Mitglieder der Schiedsstelle nach § 80, die Rechtsaufsicht, die Geschäftsführung, das Verfahren, die Erhebung und die Höhe der Gebühren sowie über die Verteilung der Kosten zu bestimmen.

Gliederung

A. Basisinformationen 1	1. Ermächtigung zum Erlass einer rahmenvertragsersetzenden Verordnung (Absatz 1) 11
I. Textgeschichte 1	
II. Vorgängervorschrift 2	2. Ermächtigung zum Erlass einer Rechtsverordnung über Organisation und Verfahren der Schiedsstellen nach § 80 SGB XII (Absatz 2) 20
III. Parallelvorschriften 4	
IV. Systematischer Zusammenhang 5	
V. Ausgewählte Literaturhinweise 7	
B. Auslegung und Bedeutung der Norm 8	a. Überblick über die landesrechtlichen Regelungen 22
I. Regelungsgehalt der Norm 8	
II. Zweck und Bedeutung der Norm 9	b. Ergänzende Geltung der Vorschriften des SGB I und SGB X 24
III. Auslegung der Einzelnormen 11	

A. Basisinformationen

I. Textgeschichte

1 § 81 SGB XII wurde durch das Gesetz zur Einordnung des Sozialhilferechts in das Sozialgesetzbuch vom 27.12.2003[1] mit Wirkung zum 01.01.2005 in das SGB XII aufgenommen. Die seit dem Inkrafttreten unveränderte Fassung des § 81 SGB XII entspricht dem Regierungsentwurf vom 05.09.2003[2].

II. Vorgängervorschrift

2 Die Verordnungsermächtigung des **§ 81 Abs. 1 SGB XII** weist in ihrer Regelungsstruktur **Parallelen zu § 93d Abs. 1 BSHG** auf, der durch das Gesetz zur Reform des Sozialhilferechts vom 23.07.1996[3] in das BSHG eingefügt wurde. § 93d Abs. 1 BSHG ermächtigte das Bundesministerium für Gesundheit (ab 01.07.1999 Bundesministerium für Arbeit und Sozialordnung und ab 28.11.2003 Bundesministerium für Gesundheit und Soziale Sicherung) mit Zustimmung des Bundesrates zum Erlass von Vorschriften über die Abgrenzung der für die Vergütungspauschalen und -beträge nach § 93 Abs. 2 BSHG maßgebenden Kostenarten und -bestandteile, über die Kriterien für Ermittlung und Zusammensetzung der Maßnahmepauschale (heute § 76 Abs. 2 Satz 1 Alt. 2 SGB XII), über die Kriterien für die Bildung von Gruppen mit vergleichbarem Hilfebedarf (heute § 76 Abs. 2 Satz 3 SGB XII) sowie über die Zusammensetzung der Investitionskostenbeträge (heute § 76 Abs. 2 Satz 1 Alt. 3, Satz 2 SGB XII). Von dieser Ermächtigung hat das Bundesministerium – offensichtlich wegen der im Gesetzgebungsverfahren vorgetragenen Bedenken gegen diese Ermächtigung[4] – keinen Gebrauch gemacht. Vor diesem Hintergrund hat der Gesetzgeber die Verordnungsermächtigung für das Ministerium gestrichen und nunmehr die Landesregierungen zum Erlass einer die Rahmenverträge i.s.v. § 79 SGB XII ersetzenden Verordnung ermächtigt.

3 Die in **§ 81 Abs. 2 SGB XII** enthaltene Ermächtigung zum Erlass von Schiedsstellenverordnungen ist nahezu inhalts- und **wortgleich mit § 94 Abs. 4 BSHG** (bis 31.07.1996 § 94 Abs. 5 BSHG).

---

[1] BGBl I 2003, 3022.
[2] BT-Drs. 15/1514, S. 22, 64 f.
[3] BGBl I 1996, 1088.
[4] BT-Drs. 13/2440, S. 49; dazu auch: *Flint* in: Grube/Wahrendorf, SGB XII, 5. Aufl., § 81 Rn. 1.

III. Parallelvorschriften

§ 81 Abs. 1 SGB XII weist Parallelen zu der in **§ 83 SGB XI** enthaltenen Verordnungsermächtigung auf. § 83 SGB XI ermächtigt die Bundesregierung zum Erlass von Vorschriften über die Pflegevergütung. Zwar richtet sich diese Verordnungsermächtigung an die Bundesregierung und ist – anders als § 81 Abs. 1 SGB XII – nicht an bestimmte Voraussetzungen gebunden. Allerdings entfaltet auch eine auf dieser Grundlage erlassene Rechtsverordnung – ebenso wie eine Rechtsverordnung nach § 81 Abs. 1 SGB XII – Sperrwirkung im Hinblick auf künftige Rahmenverträge und Schiedsstellenregelungen. Parallelnormen zu § 81 Abs. 2 SGB XII finden sich in allen Sozialgesetzbüchern, die im Rahmen des Leistungserbringungsrechts ein Schiedsverfahren vorsehen – **§§ 89 Abs. 6, 114 Abs. 5, 129 Abs. 10 SGB V, § 78g Abs. 4 SGB VIII, § 76 Abs. 5 SGB XI**.

IV. Systematischer Zusammenhang

Die Verordnungsermächtigung des **§ 81 Abs. 1 SGB XII ergänzt** die in **§ 79 SGB XII** geregelte Pflicht zum Abschluss von Rahmenverträgen.

Über **§ 81 Abs. 2 SGB XII** haben die Länder die Möglichkeit, die schiedsstellenrelevanten Vorschriften des SGB XII (§§ 77, 80 SGB XII) durch weitere organisations- und verfahrensrechtliche Vorgaben zu ergänzen. Soweit die in allen Bundesländern bestehenden Schiedsstellenverordnungen keine Regelung treffen, gelten die allgemeinen verfahrensrechtlichen Grundsätze des **SGB I** und **SGB X**. Probleme ergeben sich dagegen, wenn die landesrechtlichen Schiedsstellenverordnungen Regelungen enthalten, die von den Vorschriften des SGB I, SGB X oder SGB XII abweichen (vgl. dazu Rn. 26 ff. sowie die Kommentierung zu § 80 SGB XII).

V. Ausgewählte Literaturhinweise

Armborst, Rechtlicher Rahmen für das Verfahren vor der Schiedsstelle gemäß § 94 BSHG, RsDE Nr. 33 (1996), 1 ff.; *Armborst*, Wird die Schiedsstelle nach § 94 BSHG ab dem 1. Januar 1999 arbeitslos? NDV 1998, 191 ff.; *Boettcher/Tammen*, Die Schiedsstelle nach dem Bundessozialhilfegesetz: Vertragshilfe oder hoheitliche Schlichtung, RsDE Nr. 54 (2003), 28; *Gottlieb*, Vereinheitlichungsaspekte bei den sozialrechtlichen Schiedsstellen nach §§ 78g SGB VIII, 76 SGB XI und 80 SGB XII, Sozialrecht aktuell 2012, 150; *Schnapp*, Handbuch des sozialrechtlichen Schiedsverfahrens, 2004.

B. Auslegung und Bedeutung der Norm

I. Regelungsgehalt der Norm

Absatz 1 ermächtigt die Landesregierung zum **Erlass einer den Rahmenvertrag i.S.d. § 79 SGB XII ersetzenden Verordnung**, wenn und soweit der Rahmenvertrag nicht innerhalb von 6 Monaten nach entsprechender schriftlicher Aufforderung der Landesregierung zum Erlass eines Rahmenvertrages zustande gekommen ist. **Absatz 2** enthält die **Ermächtigung zum Erlass von Schiedsstellenverordnungen** auf Landesebene.

II. Zweck und Bedeutung der Norm

§ 81 Abs. 1 SGB XII dient ebenso wie § 79 SGB XII der Schaffung landesweit einheitlicher Regelungen im Bereich des sozialhilferechtlichen Leistungserbringungsrechts (vgl. § 79 Rn. 11). Während § 79 SGB XII hierfür den Rahmenvertrag als Handlungsform zur Verfügung stellt, verhilft § 81 Abs. 1 SGB XII dieser Handlungsform zur Durchsetzung, weil mit der Ermächtigung zum Erlass einer den Rahmenvertrag ersetzenden Verordnung der Druck auf die in § 79 Abs. 1 Satz 1 SGB XII genannten Vertragsparteien zur Vereinbarung einheitlicher Regelungen in einem Rahmenvertrag erhöht wird (sogenannte „Drohermächtigung"[5]).

Über die Verordnungsermächtigung des **§ 81 Abs. 2 SGB XII** will der Gesetzgeber den Ländern die Möglichkeit geben, für die im sozialhilferechtlichen Leistungserbringungsrecht vorgesehenen **Schiedsstellen** einen ihrer Stellung und ihren Aufgaben entsprechenden **verfahrensrechtlichen Rahmen** zu schaffen. Die Schaffung eines auf die Schiedsstellen zugeschnittenen Verfahrensrechts ist notwendig, weil die Schiedsstellen zwar Behörden i.S.d. § 1 Abs. 2 SGB X sind (vgl. dazu Rn. 24), aber im Rahmen der ihnen zugewiesenen Aufgaben vertragsgestaltend tätig werden, so dass die verfahrensrechtlichen Vorgaben des SGB X nicht in vollem Umfang Anwendung finden (vgl. dazu Rn. 25). Die

---

[5] *Neumann* in: Hauck/Noftz, SGB XII, § 81 Rn. 3.

Schiedsstellen weisen organisatorische Besonderheiten auf. Die ehrenamtliche Tätigkeit der Mitglieder der Schiedsstellen ist der eines Ausschusses vergleichbar. Das SGB X sieht zwar sowohl eine ehrenamtliche Tätigkeit als auch die Tätigkeit in Ausschüssen vor (z.B. §§ 16 Abs. 2 und 4, 17 SGB X), regelt aber das für diese Tätigkeit geltende Verfahren nicht.[6] Diese gesetzliche Lücke wird durch die auf der Grundlage von § 81 Abs. 2 SGB XII erlassenen Verordnungen geschlossen.

III. Auslegung der Einzelnormen

1. Ermächtigung zum Erlass einer rahmenvertragsersetzenden Verordnung (Absatz 1)

11 § 79 Abs. 1 Satz 1 SGB XII verpflichtet die überörtlichen Träger der Sozialhilfe und die kommunalen Spitzenverbände auf Landesebene zum Abschluss von einheitlichen Rahmenverträgen mit der Vereinigung der Träger der Einrichtungen auf Landesebene über die in den §§ 75 Abs. 3 und 76 Abs. 2 SGB XII genannten Vereinbarungsinhalte. Kommen diese Rahmenverträge nicht oder nicht in dem gesetzlich vorgesehenen Umfang zustande oder sind sie wirksam gekündigt worden, können die Landesregierungen die Inhalte eines solchen Rahmenvertrages (§ 79 Abs. 1 Satz 1 Nr. 1-4 SGB XII) im Rahmen einer Rechtsverordnung regeln. **Derzeit** existieren **keine** auf der Grundlage von § 81 Abs. 1 SGB XII erlassenen **Verordnungen**. Die nach einem Gesetzentwurf des Bundesrates vom 29.06.2010[7] aus Gründen der Verfahrensvereinfachung beabsichtigte Ergänzung des § 81 Abs. 1 SGB XII um eine Delegationsermächtigung für die zuständigen Landesministerien ist nach Ablauf der Wahlperiode nicht weiterverfolgt worden.

12 Das Recht zum Erlass einer rahmenvertragsersetzenden Verordnung steht der Landesregierung erst dann zu, wenn sie die in § 79 Abs. 1 Satz 1 SGB XII genannten Vertragsparteien zuvor schriftlich aufgefordert hat, Rahmenverträge über die Regelungsinhalte des § 79 Abs. 1 Satz 1 Nr. 1-4 SGB XII zu schließen. In dieser Aufforderung muss die Landesregierung auch auf die Rechtsfolgen hinweisen, die bei Nichtbefolgung der Aufforderung eintreten – nämlich die Möglichkeit einer setzenden Rechtsverordnung, wenn und soweit nicht innerhalb von 6 Monaten ab Zugang der Aufforderung ein Rahmenvertrag geschlossen wurde.[8] Diese Hinweispflicht ergibt sich zwar nicht aus dem Wortlaut des Gesetzes. Sie kann aber dem Umstand entnommen werden, dass mit der ersetzenden Rechtsverordnung eine Untätigkeit oder fehlende Mitwirkung der Vertragsparteien „sanktioniert" wird. Entsprechende Hinweispflichten sind regelmäßig mit sanktionsbewehrten Vorschriften verbunden (z.B. § 66 Abs. 3 SGB I, § 31 SGB II, § 39a SGB XII) und vor dem Hintergrund des auch im Verhältnis zwischen Behörden und öffentlich-rechtlichen Trägern geltenden Grundsatzes der Verfahrensfairness geboten. Weitere **Voraussetzung für den Erlass einer rahmenvertragsersetzenden Verordnung** ist der fruchtlose Ablauf der gesetzlich geregelten **6-Monatsfrist**. Die Frist beginnt mit dem Zugang der schriftlichen **Aufforderung zum Abschluss eines Rahmenvertrages** bei den Vertragsparteien i.S.d. § 79 Abs. 1 Satz 1 SGB XII. Der Zugang bei einer der Vertragsparteien ist nicht ausreichend.[9] Entscheidend ist, dass die Vertragsparteien innerhalb dieser Frist entweder überhaupt keinen Rahmenvertrag geschlossen haben oder der Aufforderung der Landesregierung nur unvollständig nachgekommen sind und über einen Teil der in § 79 Abs. 1 Satz 1 Nr. 1-4 SGB XII genannten Gegenstände keine rahmenvertragliche Regelung getroffen haben.

13 Haben die Vertragsparteien innerhalb von 6 Monaten nach Aufforderung der Landesregierung keine Rahmenverträge geschlossen oder sind der Aufforderung in den geschlossenen Verträgen nur unvollständig nachgekommen, hat die Landesregierung das Recht, die Regelungsinhalte des § 79 Abs. 1 Satz 1 Nr. 1-4 SGB XII in einer Rechtsverordnung festzulegen – sogenannte normative Ersatzvornahme[10]. Von diesem **Recht** kann die Landesregierung Gebrauch machen, muss es aber nicht. Sie kann u.a. vom Erlass **einer rahmenvertragsersetzenden Verordnung** Abstand nehmen, wenn die Vertragsparteien nachvollziehbar begründet haben, warum der Aufforderung zum Erlass eines Rahmenvertrages (noch) nicht Folge geleistet wurde (z.B. wegen der Komplexität der zu regelnden Materien oder noch ausstehender Gutachten zur sachgerechten Beurteilung der Regelungsinhalte). Macht die Landesregierung in einem solchen Fall von dem ihr nach § 81 Abs. 1 SGB XII eingeräumten Recht kei-

---

[6] *Armborst*, RsDE 33 (1996), 1, 8.
[7] Entwurf für ein Gesetz zur Änderung des Zwölften Buches Sozialgesetzbuch – BR-Drs. 394/10 (Gesetzantrag), BT-Drs. 17/4305, S. 5, 7.
[8] Ebenso: *Flint* in: Grube/Wahrendorf, SGB XII, 5. Aufl., § 81 Rn. 4; *Freudenberg* in: Jahn, SGB XII, § 81 Rn. 4a.
[9] So auch: *Freudenberg* in: Jahn, SGB XII, § 81 Rn. 4.
[10] Zum Begriff: *Freudenberg* in: Jahn, SGB XII, § 81 Rn. 3.

nen Gebrauch, kann sie nicht zu einem späteren Zeitpunkt nach Ablauf der Frist auf dieses Recht zurückgreifen. Sie muss dann vielmehr erneut den durch § 81 Abs. 1 SGB XII vorgegebenen Weg beschreiten und die Vertragsparteien wiederum zum Abschluss eines Rahmenvertrages auffordern.

In dem Umfang, in dem ein **Rahmenvertrag** besteht, entfaltet er **Sperrwirkung** gegenüber einer rahmenvertragsersetzenden Verordnung auf der Grundlage von § 81 Abs. 1 SGB XII,[11] denn die Verordnung wird „stattdessen" erlassen. Haben die Vertragsparteien der Aufforderung der Landesregierung nicht in vollem Umfang Folge geleistet, darf die Landesregierung die nicht rahmenvertraglich geregelten, aber einer solchen Regelung zugänglichen Inhalte (§ 79 Abs. 1 Satz 1 Nr. 1-4 SGB XII) im Verordnungswege festlegen.[12] Der bestehende Rahmenvertrag entfaltet in diesem Fall nur eine **partielle Sperrwirkung**. Allerdings muss die Landesregierung in diesen Fällen den Umfang einer rahmenvertraglichen Regelung und den sich daraus für sie ergebenden Regelungsspielraum eingehend prüfen. Insoweit genügt nicht, dass die Landesregierung mit dem Inhalt eines geschlossenen Rahmenvertrages nicht einverstanden ist; erforderlich ist vielmehr, dass eine in § 79 Abs. 1 Satz 1 Nr. 1-4 SGB XII bezeichnete Regelung fehlt.

14

Schwierigkeiten ergeben sich dann, wenn der **Rahmenvertrag nach Ablauf der 6-Monatsfrist** zustande kommt. Während einerseits die Ansicht vertreten wird, dass auch in diesem Fall der nach Fristablauf geschlossene Rahmenvertrag Sperrwirkung entfaltet[13], wird von anderer Seite angenommen, dass der Rahmenvertrag zwar gültig und für die Vertragsparteien verbindlich ist, dass aber eine ersetzende Rechtsverordnung gleichwohl rechtswirksam erlassen werden kann, deren Vorschriften aufgrund der Normenhierarchie den Inhalten des Rahmenvertrages vorgehen.[14] Sachgerecht dürfte es in dieser Fallkonstellation sein, die Befugnis der Vertragsparteien zum Abschluss eines Rahmenvertrages auch nach Ablauf der in § 81 Abs. 1 SGB XII geregelten Frist anzunehmen, wenn und soweit die Landesregierung noch nicht von ihrem Recht zum Erlass einer rahmenvertragsersetzenden Verordnung Gebrauch gemacht hat. Der Rahmenvertrag entfaltet dann gegenüber einem künftigen Vorgehen der Landesregierung im Verordnungswege Sperrwirkung. Hat die Landesregierung dagegen nach Ablauf der 6-Monatsfrist bereits rechtmäßig eine ersetzende Rechtsverordnung erlassen, gelten deren Inhalte. Sollten die Vertragsparteien gleichwohl einen Rahmenvertrag schließen und weichen die rahmenvertraglichen Regelungen von den Verordnungsregelungen ab, gelten die Inhalte der Verordnung aufgrund der Normenhierarchie.

15

Eine auf der Grundlage von § 81 Abs. 1 SGB XII erlassene Verordnung gilt – ebenso wie der Rahmenvertrag (vgl. dazu Kommentierung zu § 79 SGB XII Rn. 15) – für alle Erbringer von Leistungen im Sinne von § 75 SGB XII.[15] Die Möglichkeit der Ersetzung eines Rahmenvertrages durch eine Rechtsverordnung spricht gerade für dessen rechtliche Einordnung als Normvertrag und die daraus folgende **Verbindlichkeit über den Kreis der Vertragsparteien** hinaus (vgl. dazu die Kommentierung zu § 79 SGB XII).

16

Die auf der Grundlage von § 93d Abs. 2 BSHG (Vorgängervorschrift zu § 79 SGB XII) geschlossenen Rahmenverträge gelten auch nach dem Inkrafttreten des SGB XII fort.[16] Sie entfalten daher grundsätzlich auch Sperrwirkung gegenüber einer Aufforderung der Landesregierung zum Abschluss von Rahmenverträgen auf der Grundlage von § 81 Abs. 1 SGB XII. Ausgenommen sind die Fälle, in denen die nach § 93d Abs. 2 **BSHG** geschlossenen **Rahmenverträge** mit den Vorgaben des seit dem 01.01.2005 geltenden Rechts nicht mehr vereinbar sind. Die Vereinbarkeit „alter" Rahmenverträge mit dem geltenden Recht muss von der Landesregierung geprüft werden. Ist ein nach § 93d Abs. 2 BSHG geschlossener Rahmenvertrag mit den Vorschriften des SGB XII vereinbar und soll dieser Vertrag nach dem Willen der Vertragsparten auch im Geltungsbereich des SGB XII angewandt werden, entfaltet dieser Rahmenvertrag ebenfalls Sperrwirkung. Andernfalls ist die Landesregierung berechtigt, zum Erlass eines den Vorgaben des § 79 SGB XII entsprechenden Rahmenvertrages auf der Grundlage von § 81 Abs. 1 SGB XII aufzufordern.[17]

17

---

[11] *Lippert* in: Mergler/Zink, SGB XII, § 81 Rn. 6; VG Hannover v. 28.03.2006 - 3 A 541/03 - Sozialrecht aktuell 2006, 140.
[12] *Freudenberg* in: Jahn, SGB XII, § 81 Rn. 4b; *Flint* in: Grube/Wahrendorf, SGB XII, 5. Aufl., § 81 Rn. 5.
[13] *Lippert* in: Mergler/Zink, SGB XII, § 81 Rn. 6.
[14] *Flint* in: Grube/Wahrendorf, SGB XII, 5. Aufl., § 81 Rn. 6; *Freudenberg* in Jahn, SGB XII, § 81 Rn. 4c.
[15] *Münder* in: LPK-SGB XII, 9. Aufl., § 81 Rn. 3; *Lippert* in: Mergler/Zink, SGB XII, § 81 Rn. 6.
[16] *Flint* in: Grube/Wahrendorf, SGB XII, 5. Aufl., § 81 Rn. 7; *Lippert* in: Mergler/Zink, SGB XII, § 81 Rn. 6.
[17] So auch: *Flint* in: Grube/Wahrendorf, SGB XII, 5. Aufl., § 81 Rn. 7

18 Auf der Grundlage von § 81 Abs. 1 SGB XII erlassene rahmenvertragsersetzende Verordnungen können und müssen – ebenso wie die nach § 79 SGB XII geschlossenen Rahmenverträge – im Rahmen eines **Schiedsverfahrens überprüft** werden. Darüber hinaus besteht unter bestimmten Voraussetzungen die Möglichkeit, die rahmenvertragsersetzende Landesverordnung im Wege einer **Feststellungsklage** nach § 55 SGG überprüfen zu lassen. Voraussetzung für die Zulässigkeit einer solchen Feststellungsklage ist allerdings, dass die Gültigkeit der angegriffenen untergesetzlichen Rechtsnorm für das Bestehen oder Nichtbestehen von konkreten Rechten und Pflichten entscheidend ist.[18] Dieser konkrete Anlass kann u.a. vorliegen, wenn beim Abschluss einer Vereinbarung i.S.d. § 75 Abs. 3 SGB XII zwischen dem Leistungserbringer und dem Sozialhilfeträger unklar ist, ob die Vereinbarung den Anforderungen eines bestehenden Rahmenvertrages oder einer ebenfalls bestehenden ersetzenden Landesverordnung genügen muss. Allerdings darf in diesen Fällen keine anderweitige Möglichkeit effektiven Rechtsschutzes bestehen[19] und der Kläger muss ein berechtigtes Interesse an der begehrten Feststellung haben, d.h. er muss durch die angegriffene untergesetzliche Rechtsnorm selbst, unmittelbar und gegenwärtig betroffen sein.[20] Dies ist immer dann der Fall, wenn die individuelle Betroffenheit bereits aus der Rechtsnorm selbst folgt, ohne dass es des Vollzuges bedarf oder wenn ein Abwarten unzumutbar ist.[21] In der genannten Fallkonstellation folgt die mit der Feststellungsklage zu klärende konkrete Ungewissheit über die Rechte und Pflichten der zum Abschluss einer Vereinbarung berechtigten Vertragsparteien unmittelbar aus der parallelen Existenz von Rahmenvertrag und ersetzender Landesverordnung, so dass die Vorschriften der Verordnung einer Prüfung unterzogen werden können.

19 Die in **Art. 80 Abs. 1 GG** geregelten Anforderungen an eine Verordnungsermächtigung im Hinblick auf die Bestimmung von Inhalt, Zweck und Ausmaß der Ermächtigung erfüllt § 81 Abs. 1 SGB XII erst in der Zusammenschau mit § 79 Abs. 1 SGB XII.[22]

2. Ermächtigung zum Erlass einer Rechtsverordnung über Organisation und Verfahren der Schiedsstellen nach § 80 SGB XII (Absatz 2)

20 § 81 Abs. 2 SGB XII ermächtigt die Landesregierungen zum Erlass einer **Rechtsverordnung**, in der **Organisation und Verfahren der** nach § 80 SGB XII gesetzlich vorgesehenen **Schiedsstellen** geregelt werden. In diesen Verordnungen können

- die Zahl der Mitglieder einer Schiedsstelle,
- deren Bestellung,
- die Amtsperiode und die Amtsführung,
- die Erstattung der baren Auslagen und die Aufwandsentschädigung für die Mitglieder der Schiedsstelle,
- die Rechtsaufsicht,
- die Geschäftsordnung,
- das Verfahren sowie
- Erhebung und Höhe der Gebühren und die Kostenverteilung

bestimmt werden.

21 Die Ermächtigungsgrundlage des § 81 Abs. 2 SGB XII erfüllt die Anforderungen des **Art. 80 Abs. 1 Satz 1 GG**.[23] Inhalt und Ausmaß der Ermächtigung werden in § 81 Abs. 2 SGB XII detailliert geregelt. Der Zweck der Ermächtigung erschließt sich aus der Gesamtschau der Regelungen in den §§ 77 Abs. 1 Sätze 3-6, 80 und 81 SGB XII. Die Schaffung eines Entscheidungsträgers erfordert nach rechtsstaatlichen Grundsätzen regelmäßig auch die Regelung des für ihn geltenden verfahrensrechtlichen Rahmens.

---

[18] *Keller* in: Meyer-Ladewig/Keller/Leitherer, SGG, 10. Aufl., § 55 Rn. 10b f.
[19] BSG v. 31.05.2006 - B 6 KA 13/05 R - BSGE 96, 261, 264; *Axer*, NZS 1997, 10, 11.
[20] *Keller* in: Meyer-Ladewig/Keller/Leitherer, SGG, 10. Aufl., § 55 Rn. 10d; *Castendiek* in: Lüdtke, SGG, 4. Aufl., § 55 Rn. 70.
[21] *Keller* in: Meyer-Ladewig/Keller/Leitherer, SGG, 10. Aufl., § 55 Rn. 10d; *Castendiek* in: Lüdtke, SGG, 4. Aufl., § 55 Rn. 71, 74.
[22] *Münder* in: LPK-SGB XII, 9. Aufl., § 81 Rn. 2; *Freudenberg* in: Jahn, SGB XII, § 81 Rn. 3a.
[23] OVG Lüneburg v. 25.06.1998 - 4 K 6684/95 - FEVS 49, 353; *Neumann* in: Hauck/Noftz, SGB XII, § 81 Rn. 5; im Ergebnis auch *Flint* in: Grube/Wahrendorf, SGB XII, 5. Aufl., § 81 Rn. 9; *Freudenberg* in: Jahn, SGB XII, § 81 Rn. 5a; zweifelnd: *Armborst*, RsDE 33 (1996), 1, 8.

a. Überblick über die landesrechtlichen Regelungen

Von der durch § 81 Abs. 2 SGB XII eingeräumten Ermächtigung haben alle Bundesländer Gebrauch gemacht: 22

- **Baden-Württemberg**: Verordnung der Landesregierung über die Schiedsstelle nach § 80 SGB XII (Schiedsstellenverordnung-SGB XII) vom 30.05.1994[24], zuletzt geändert durch Verordnung vom 28.02.2011[25];
- **Bayern**: §§ 100-113 der Verordnung zur Ausführung der Sozialgesetze (AVSG) vom 02.12.2008[26];
- **Berlin**: Verordnung über die Schiedsstelle nach § 80 SGB XII (SchiedsstellenVO) vom 28.06.1994[27], zuletzt geändert durch Gesetz vom 19.03.2009[28];
- **Brandenburg**: Verordnung über die Schiedsstelle nach § 80 SGB XII (Sozialhilfe-Schiedsstellenverordnung – SozSchV) vom 17.10.2005[29];
- **Bremen**: Verordnung über die Schiedsstelle nach dem BSHG (BSHG-SchV) vom 27.09.1994[30], zuletzt geändert durch Gesetz vom 18.10.2005[31];
- **Hamburg**: Verordnung über die Schiedsstelle nach § 80 SGB XII (SGB XII-SchVO) vom 28.12.2004[32], zuletzt geändert durch Verordnung vom 20.09.2011[33];
- **Hessen**: Verordnung über die Schiedsstelle nach § 80 SGB XII[34], zuletzt geändert durch Verordnung vom 23.10.2012[35];
- **Mecklenburg-Vorpommern**: Landesverordnung über die Schiedsstelle nach § 80 SGB XII (Schiedsstellenlandesverordnung SGB XII – SchStLVO SGB XII M-V) vom 13.12.2005[36];
- **Niedersachsen**: Niedersächsische Verordnung über die Schiedsstelle nach § 80 SGB XII (SChVO-SGB XII) vom 24.06.1994[37], zuletzt geändert durch Verordnung vom 25.02.2010[38];
- **Nordrhein-Westfalen**: Verordnung über die Schiedsstellen nach dem SGB XII (SchV) vom 14.06.1994[39], geändert durch Gesetz vom 16.12.2004[40];
- **Rheinland-Pfalz**: Landesverordnung über die Schiedsstelle nach § 80 SGB XII (SGB12SchiedsV RP) vom 23.08.1994[41], zuletzt geändert durch Verordnung vom 09.01.2012[42];
- **Saarland**: Verordnung über die Errichtung und das Verfahren einer Schiedsstelle nach § 80 SGB XII (Schiedsstellenverordnung) vom 12.08.1994[43]; zuletzt geändert durch Gesetz vom 08.03.2005[44];
- **Sachsen**: Verordnung der sächsischen Staatsregierung über die Schiedsstelle gemäß § 81 Abs. 2 SGB XII (SchiedVergSozVO) vom 11.10.2000[45], zuletzt geändert durch Verordnung vom 21.01.2008;[46]

---

[24] GBl. Baden-Württemberg 1994, 297.
[25] GBl. Baden-Württemberg 2011, 106, 111.
[26] GVBl Bayern 2008, 912.
[27] GVBl. Berlin 1994, 214.
[28] GVBl. Berlin 2009, 70.
[29] GVBl. Brandenburg II 2005, 518.
[30] Brem. GBl 1994, 297.
[31] Brem GBl. 2005, 547.
[32] HmbGVBl. 2004, 534.
[33] HmbGVBl. 2011, 413, 417.
[34] GVBl. Hessen I 1994, 9.
[35] GVBl. Hessen I, 2012, 335.
[36] GVBl. M-V 2005, 661.
[37] Nds. GVBl. 1994, 254.
[38] Nds. GVBl 2010, 126.
[39] GV. NRW 1994, 264.
[40] GV. NRW 2004, 816.
[41] GVBl Rheinland Pfalz 1994, 343.
[42] GVBl. Rheinland-Pfalz 2012, 35.
[43] Amtsblatt Saarland 1994, 1243.
[44] Amtsblatt Saarland 2005, 438.
[45] SächsGVBl. 200, 443.
[46] SächsGVBl. 2008, 74.

- **Sachsen-Anhalt**: Verordnung über die Schiedsstellen nach § 94 BSHG (BSHG§94V ST)[47] vom 29.05.1995, zuletzt geändert durch Gesetz vom 19.03.2002;[48]
- **Schleswig-Holstein**: Landesverordnung über die Schiedsstelle nach § 80 SGB XII (SGB XII-Schiedsstellenverordnung – SGB XII-SchVO) vom 30.11.2010[49];
- **Thüringen**: Thüringer Verordnung über die Schiedsstelle nach § 80 SGB XII (ThürSchiedsVO-SGB XII) vom 21.10.1994[50], zuletzt geändert durch Verordnung vom 08.12.2009.[51]

23 Die derzeit auf der Grundlage von § 81 Abs. 2 SGB XII erlassenen und im Wesentlichen inhaltsgleichen **landesrechtlichen Verordnungen genügen** ihrerseits den **Anforderungen des § 81 Abs. 2 SGB XII**.

b. Ergänzende Geltung der Vorschriften des SGB I und SGB X

24 Enthält eine landesrechtliche Schiedsstellenverordnung zu einem der in § 81 Abs. 2 SGB XII genannten Punkte keine (eindeutige) bzw. nur eine lückenhafte Regelung, sind ergänzend die verfahrensrechtlichen **Vorschriften des SGB I und SGB X** heranzuziehen.[52] Die Tätigkeit der Schiedsstellen dient mittelbar der Gewährung von Sozialleistungen im Sinne des § 11 Abs. 1 SGB I, so dass die Vorgaben dieses Gesetzes Anwendung finden. Auch die Vorschriften des SGB X sind ergänzend auf die Tätigkeit der Schiedsstellen i.S.d. § 80 SGB XII anzuwenden. Die für die Anwendung des SGB X notwendige Einstufung der **Schiedsstelle als Behörde i.S.d. § 1 Abs. 2 SGB X** ist nicht unbestritten, aber im Ergebnis zu bejahen[53] (vgl. die Kommentierung zu § 80 SGB XII). Behörde im Sinne des § 1 Abs. 2 SGB X ist jede Stelle, die Aufgaben der öffentlichen Verwaltung wahrnimmt und im Rahmen dieser Wahrnehmung über eine gewisse Selbständigkeit und Eigenständigkeit verfügt (funktionaler Behördenbegriff).[54] Wie die Stelle organisationsrechtlich bezeichnet wird, ist dagegen unerheblich.[55] Die Schiedsstellen i.S.d. § 80 SGB XII nehmen die ihnen durch § 77 Abs. 1 Satz 3 SGB XII zugewiesenen und dem öffentlichen Recht zuzuordnenden Aufgaben wahr. Bei der Wahrnehmung dieser Aufgaben sind sie unabhängig und nicht an Weisungen gebunden (§ 80 Abs. 3 Satz 2 SGB XII). Die von der Schiedsstelle getroffenen „Entscheidungen" können von den Gerichten der Sozialgerichtsbarkeit überprüft werden, die nach § 51 Abs. 1 SGG zur Entscheidung über spezielle öffentlich-rechtliche Streitigkeiten berufen sind. Die aufgezeigten Normen belegen, dass die Schiedsstellen i.S.v. § 80 SGB XII eine öffentlich-rechtliche Verwaltungstätigkeit ausüben, auch wenn sie sich organisationsrechtlich von den Behörden im klassischen Sinne unterscheiden, weil ihnen keine fester Bestand an Sach- und Finanzmitteln zugeordnet ist. Diese Unterschiede sind dem Umstand geschuldet, dass das Handeln der Schiedsstellen durch hoheitliche und vertragsgestaltende Elemente gleichermaßen geprägt wird. Auch die im Vergleich zur Vorgängernorm abweichende Formulierung des § 80 Abs. 1 SGB XII weist auf die Behördeneigenschaft der Schiedsstelle hin. Während die Formulierung des § 94 Abs. 1 BSHG[56] noch den Verweis auf die zuständige Landesbehörde enthielt, aus dem teilweise geschlossen wurde, dass die Schiedsstelle gerade keine Behörde ist[57], hat § 80 SGB XII diese noch im Regierungsentwurf enthaltene Formulierung[58] nicht aufgegriffen, so dass der Wortlaut des § 80 SGB XII nunmehr nicht gegen die Einstufung der Schiedsstelle als Behörde spricht.

---

[47] GVBl LSA 1995, 148.
[48] GVBl LSA 2002, 130.
[49] GVOBl. Schleswig-Holstein 2010, 770.
[50] GVBl. Thüringen 1994, 1190.
[51] GVBl Thüringen 2009, 777.
[52] In diesem Sinne auch: *Gottlieb*, Sozialrecht aktuell 2012, 150, 153.
[53] So auch: *Freudenberg* in: Jahn, SGB XII, § 80 Rn. 5; *Flint* in: Grube/Wahrendorf, SGB XII, 5. Aufl., § 80 Rn. 10; *Neumann* in: Hauck/Noftz, SGB XII, § 77 Rn. 17; *Armborst*, NDV 1998, 191; *Armborst*, RsDE Nr. 33 (1996), 1 f.; a.A. *von Boetticher/Tammen*, RsDE Nr. 54 (2003), 28, 31 ff.; LSG Hessen v. 27.04.2012 - L 7 SO 124/10 KL mit Anm. *Philipp*, Sozialrecht aktuell 2013, 41 – anhängig beim BSG unter B 8 SO 3/13 R; LSG Hessen v. 25.02.2011 - L 7 SO 237/10 mit Anm. *Schumacher*, RdLH 2011, 74; LSG Bayern v. 24.11.2011 - L 8 SO 223/09 KL mit Anm. *Langer*, RdLH 2012, 27.
[54] *Roos* in: von Wulffen/Schütze, SGB X, 8. Aufl., § 1 Rn. 9; *Schliesky* in: Knaak, VwVfG, 9. Aufl., § 1 Rn. 68.
[55] *Roos* in: von Wulffen/Schütze, SGB X, 8. Aufl., § 1 Rn. 9; *Schliesky* in: Knaak, VwVfG, 9. Aufl., § 1 Rn. 68.
[56] „Für jedes Land oder für Teile des Landes wird bei der zuständigen Landesbehörde eine Schiedsstelle gebildet."
[57] *von Boetticher/Tammen*, RsDE Nr. 54 (2003), 28, 31.
[58] BT-Drs. 15/1514, S. 22.

Allerdings gelten die Vorschriften des SGB X nicht in vollem Umfang für die Tätigkeit der Schiedsstellen i.S.d. § 80 SGB XII. Vor einer (ergänzenden) **Anwendung der Vorschriften des SGB X** auf das Schiedsstellenverfahren ist im Sinne einer funktionsdifferenten Auslegung zu prüfen, ob Inhalt sowie Sinn und Zweck der jeweiligen Verfahrensvorschrift mit den Besonderheiten des Schiedsstellenverfahrens vereinbar sind (vgl. dazu die Kommentierung zu § 80 SGB XII ff.). 25

Weichen einzelne Vorschriften der landesrechtlichen Schiedsstellenverordnungen **von den Vorgaben des SGB I und/oder SGB X** ab, sind diese **abweichenden Regelungen** aufgrund der Regelung in § 37 SGB I nicht per se wegen eines Verstoßes gegen höherrangiges Recht unwirksam. Nach § 37 Satz 1 SGB I gelten das SGB I und SGB X für alle Sozialleistungsbereiche des Sozialgesetzbuches, soweit sich aus den übrigen Büchern nichts Abweichendes ergibt. Abweichende Regelungen in diesem Sinne sind auch zulässig, wenn sie zwar nicht in einem der Bücher des Sozialgesetzbuches geregelt sind, sich aber aus untergesetzlichen Rechtsnormen (Rechtsverordnung oder Satzung) ergeben, zu deren Erlass in einem der Bücher des SGB ermächtigt wurde.[59] Diesen Vorrang können untergesetzliche Normen aber nur dann beanspruchen, wenn sie nicht von Grundregeln des SGB X abweichen, in denen verfassungsrechtliche Maßstäbe zum Ausdruck kommen (z.B. §§ 24, 25 SGB X, vertrauensschützende Normen den SGB X). Insoweit gelten die allgemeinen Grundsätze über die Vereinbarkeit untergesetzlicher Normen mit höherrangigem Recht. Soweit einzelne Regelungen des SGB X ausdrücklich unter dem Vorbehalt abweichender besonderer Rechtsvorschriften stehen (z.B. § 9 SGB X), sind abweichende untergesetzliche Regelungen zulässig.[60] 26

Abweichende landesrechtliche Vorschriften gelten insbesondere in Bezug auf die **Befangenheit von Schiedsstellenmitgliedern**:[61] Während einige Schiedsstellenverordnungen die §§ 16 und 17 SGB X für anwendbar erklären[62], treffen andere hinsichtlich der Ablehnung von Schiedsstellenmitgliedern eine eigenständige Regelung.[63] Teilweise sind diese eigenständigen Regelungen in Anlehnung an die Vorgaben in § 16 SGB X konzipiert worden, ordnen aber zusätzlich die entsprechende Geltung der §§ 42, 43 und 44 Abs. 2 bis 4 ZPO an (§ 11 Abs. 2 SchiedVergSozVO Sachsen).[64] Da das Schiedsstellenverfahren Parallelen zum gerichtlichen Verfahren aufweist,[65] ist der Rückgriff auf die für die Richterablehnung maßgebenden zivilprozessualen Vorschriften rechtlich nicht zu beanstanden, da hierdurch den Besonderheiten des Schiedsstellenverfahrens teilweise besser Rechnung getragen werden kann als durch die verfahrensrechtlichen Vorgaben des SGB X. Zudem ist die Zweckrichtung der genannten Vorschriften identisch, da sowohl die Vorgaben in den §§ 16, 17 SGB X als auch die §§ 42 bis 44 ZPO eine sachliche und unvoreingenommene Tätigkeit des Entscheidungsträgers sicherstellen. Vereinzelt werden die Vorgaben des § 16 Abs. 2 Sätze 2 und 4 SGB X lediglich im Ansatz aufgegriffen und im Übrigen eine den Besonderheiten des Schiedsstellenverfahrens angepasste und über die Vorgaben des SGB X hinausgehende Regelung getroffen.[66] So regelt zum Beispiel § 5 Abs. 6 SchStLVO SGB XII-M-V das Vorgehen bei einer Besorgnis der Befangenheit des Vorsitzenden oder des Stellvertreters der Schiedsstelle und schließt insoweit eine im SGB X bestehende Regelungslücke. Allerdings bestehen in Bezug auf diese Sonderregelung rechtliche Bedenken, denn nach § 5 Abs. 6 SchStLVO SGB XII-M-V erfolgt der Ausschluss des Vorsitzenden bzw. seines Stellvertreters durch das Sozialministerium, wenn sich der Grund für das Misstrauen als begründet erweist. Dies steht im Widerspruch zu dem Grundgedanken der verwaltungsverfahrensrechtlichen bzw. prozessualen Ablehnungsvorschriften, nach denen es gerade nicht darauf ankommt, ob die betreffende Person tatsächlich befangen ist, sondern allein darauf, ob aus der Sicht eines vernünftigen objektiven Betrachters die Besorgnis der Befangenheit gerechtfertigt ist.[67] Insoweit ist § 5 Abs. 6 SchStLVO SGB XII-M-V entsprechend den zu § 17 SGB X entwickelten Grundsätzen gesetzeskonform auszulegen. Darüber hinaus weicht die Vorschrift auch in Bezug auf die zur Entscheidung über die Besorgnis der Befangenheit zuständige 27

---

[59] BSG v. 14.10.1992 - 14a/6 RKa 3/91 - SozR 3-1300 § 63 Nr. 4; *Didong* in: jurisPK-SGB I, § 37 Rn. 9.
[60] BSG v. 14.10.1992 - 14a/6 RKa 3/91 - SozR 3-1300 § 63 Nr. 4; ähnlich BSG v. 08.02.2006 - B 6 KA 12/05 R - SozR 4-2500 § 106a Nr. 1 und BSG v. 31.10.2001 - B 6 KA 16/00 R - SozR 3-2500 § 85 Nr. 42.
[61] Vgl. dazu: *Gottlieb*, Sozialrecht aktuell 2012, 150, 153 f.
[62] z. B. § 105 Abs. 4 AVSG (Bayern).
[63] § 11 SchiedVergSozVO Sachsen; § 5 Abs. 4 bis 6 SchStLVO SGB XII-M-V.
[64] So § 11 SchiedVergSozVO Sachsen.
[65] So auch: *Gottlieb*, Sozialrecht aktuell 2012, 150, 153 f. allerdings im Sinne einer entsprechenden Anwendung des § 60 SGG.
[66] § 5 Abs. 4 bis 6 SchStLVO SGB XII-M-V.
[67] *Roller* in: von Wulffen/Schütze, SGB X, 8. Aufl., § 17 Rn. 5.

Stelle von den allgemeinen Verfahrensgrundsätzen bei bestehender Befangenheit ab, weil dies nicht – wie im Bereich des SGB X – das Kollegialorgan (hier Schiedsstelle) ohne das abgelehnte Mitglied, sondern das Sozialministerium als eine einer anderen Entscheidungsebene zuzuordnende Stelle ist. Mehrheitlich enthalten die Schiedsstellenverordnungen der Länder keine explizite Regelung. In diesem Fall sind die §§ 16, 17 SGB X entsprechend anzuwenden und – im Wege einer funktionsdifferenten Auslegung – den Besonderheiten des Schiedsstellenverfahrens anzupassen.

28   Die aufgezählten landesrechtlichen Schiedsstellenverordnungen weichen darüber hinaus von dem in § 20 SGB X geregelten **Untersuchungsgrundsatz** ab (vgl. dazu die Kommentierung zu § 80 SGB XII). Die Schiedsstelle wird nach den landesrechtlichen Schiedsstellenverordnungen nur auf Antrag tätig und entscheidet nur über Gegenstände, die von den Beteiligten vorgetragen werden (Dispositionsmaxime). Darüber hinaus gelten für die Vertragsparteien im Schiedsverfahren weitergehende Mitwirkungspflichten. Sie sind u.a. gehalten, den streitrelevanten Sachverhalt aufzubereiten, die Ergebnisse der vorangegangenen Verhandlungen und die Gegenstände, über die keine Einigung erzielt werden konnte, im Einzelnen darzulegen. Damit nähert sich das Verfahren der Schiedsstellen dem zivilprozessualen Verhandlungsgrundsatz an, ohne den verwaltungsprozessualen Untersuchungsgrundsatz vollständig aufzugeben. Diese Abweichung vom Grundsatz des § 20 SGB X ist den **Besonderheiten des Schiedsstellenverfahrens** und dessen Charakter als **„Vertragshilfeverfahren"**[68] geschuldet.

29   Das gilt auch für die in den Schiedsstellenverordnungen vorgenommene **Beschränkung der Beweismittel**. Ausdrücklich geregelt ist in den Verordnungen lediglich die Möglichkeit der Schiedsstelle, von den Beteiligten weitere Auskünfte einzuholen und Sachverständige hinzuziehen. Teilweise sehen die Schiedsstellenverordnungen auch die Hinzuziehung von Zeugen vor.[69] Zur Pflicht der Schiedsstelle zur Sachverhaltsaufklärung von Amts wegen und zur Nutzung weiterer Beweiserhebungsmöglichkeiten vgl. die Kommentierung zu § 80 SGB XII ff.).

---

[68] BVerwG v. 01.12.1998 - 5 C 17/97 - BVerwGE 108, 47, 49.
[69] Z.B. § 8 Abs. 3 ThürSchiedsVO-SGB XII.

Elftes Kapitel: Einsatz des Einkommens und des Vermögens

Erster Abschnitt: Einkommen

§ 82 SGB XII Begriff des Einkommens

(Fassung vom 21.03.2013, gültig ab 01.01.2013)

(1) ¹Zum Einkommen gehören alle Einkünfte in Geld oder Geldeswert mit Ausnahme der Leistungen nach diesem Buch, der Grundrente nach dem Bundesversorgungsgesetz und nach den Gesetzen, die eine entsprechende Anwendung des Bundesversorgungsgesetzes vorsehen und der Renten oder Beihilfen nach dem Bundesentschädigungsgesetz für Schaden an Leben sowie an Körper oder Gesundheit, bis zur Höhe der vergleichbaren Grundrente nach dem Bundesversorgungsgesetz. ²Einkünfte aus Rückerstattungen, die auf Vorauszahlungen beruhen, die Leistungsberechtigte aus dem Regelsatz erbracht haben, sind kein Einkommen. ³Bei Minderjährigen ist das Kindergeld dem jeweiligen Kind als Einkommen zuzurechnen, soweit es bei diesem zur Deckung des notwendigen Lebensunterhaltes, mit Ausnahme der Bedarfe nach § 34, benötigt wird.

(2) Von dem Einkommen sind abzusetzen

1. auf das Einkommen entrichtete Steuern,
2. Pflichtbeiträge zur Sozialversicherung einschließlich der Beiträge zur Arbeitsförderung,
3. Beiträge zu öffentlichen oder privaten Versicherungen oder ähnlichen Einrichtungen, soweit diese Beiträge gesetzlich vorgeschrieben oder nach Grund und Höhe angemessen sind, sowie geförderte Altersvorsorgebeiträge nach § 82 des Einkommensteuergesetzes, soweit sie den Mindesteigenbeitrag nach § 86 des Einkommensteuergesetzes nicht überschreiten,
4. die mit der Erzielung des Einkommens verbundenen notwendigen Ausgaben,
5. das Arbeitsförderungsgeld und Erhöhungsbeträge des Arbeitsentgelts im Sinne von § 43 Satz 4 des Neunten Buches.

(3) ¹Bei der Hilfe zum Lebensunterhalt und Grundsicherung im Alter und bei Erwerbsminderung ist ferner ein Betrag in Höhe von 30 vom Hundert des Einkommens aus selbständiger und nichtselbständiger Tätigkeit der Leistungsberechtigten abzusetzen, höchstens jedoch 50 vom Hundert der Regelbedarfsstufe 1 nach der Anlage zu § 28. ²Abweichend von Satz 1 ist bei einer Beschäftigung in einer Werkstatt für behinderte Menschen von dem Entgelt ein Achtel der Regelbedarfsstufe 1 nach der Anlage zu § 28 zuzüglich 25 vom Hundert des diesen Betrag übersteigenden Entgelts abzusetzen. ³Im Übrigen kann in begründeten Fällen ein anderer als in Satz 1 festgelegter Betrag vom Einkommen abgesetzt werden. ⁴Erhält eine leistungsberechtigte Person mindestens aus einer Tätigkeit Bezüge oder Einnahmen, die nach § 3 Nummer 12, 26, 26a oder 26b des Einkommensteuergesetzes steuerfrei sind, ist abweichend von den Sätzen 1 und 2 ein Betrag von bis zu 200 Euro monatlich nicht als Einkommen zu berücksichtigen.

(4) (weggefallen)

Gliederung

A. Basisinformationen 1	III. Parallelvorschriften 13
I. Textgeschichte und Gesetzgebungsmaterialien.... 1	IV. Untergesetzliche Normen 16
II. Vorgängervorschriften........................ 9	V. Systematische Zusammenhänge.................. 17

B. Auslegung der Norm 18
I. Merkmale des Einkommens 18
1. Einkommen als Leistungsfähigkeitsmerkmal 18
2. Einkommen als Selbsthilfemittel 19
II. Grundsicherungsrechtlicher Begriff des Einkommens 20
1. Abgrenzung von Einkommen und Vermögen ... 20
2. Tatsächlicher wertmäßiger Zuwachs 25
3. Bereite Mittel 26
4. Bedarfszeitraum 32
III. Einkommensberücksichtigung (Absatz 1) 33
1. Einnahmen in Geld oder Geldeswert (Absatz 1 Satz1) 33
2. Berücksichtigungsfreies Einkommen (Absatz 1 Satz 1) 35
  a. Leistungen nach dem SGB XII 35
  b. Freigestellte Renten 36
3. Regelbedarfsrelevante Rückerstattungen (Absatz 1 Satz 2) 38
4. Berücksichtigung von Kindergeld (Absatz 1 Satz 3) 40
5. Berücksichtigung laufender und einmaliger Einnahmen 42

6. Besonderheiten bei „Gemischter Bedarfsgemeinschaft" 45
7. Fallbeispiele 49
IV. Einkommensbereinigung (Absatz 2) 65
1. Regelungstechnik 65
2. Absetzungszeitpunkt und weitere Regelungen 66
3. Steuern auf das Einkommen (Absatz 2 Nr. 1) 69
4. Pflichtbeiträge zur Sozialversicherung (Absatz 2 Nr. 2) 70
5. Private Versicherungsbeiträge (Absatz 2 Nr. 3) 71
6. Notwendige Ausgaben (Absatz 2 Nr. 4) 81
7. Arbeitsförderungsgeld (Absatz 2 Nr. 5) 84
V. Freibetrag für Erwerbseinkommen (Absatz 3) 86
1. Allgemeiner Freibetrag (Satz 1) 86
2. Öffnungsklausel (Satz 3) 89
3. Freibetrag für Beschäftigte in einer WfbM (Satz 2) 92
4. Abweichender Grundfreibetrag (Satz 4) 93
VI. Berechnungsvorschriften 95

A. Basisinformationen

I. Textgeschichte und Gesetzgebungsmaterialien

1 Die Vorschrift basiert auf Art. 1 § 77 des Entwurfs eines **Gesetzes zur Einordnung des Sozialhilferechts in das Sozialgesetzbuch** vom 05.09.2003.[1] Während der Ausschussberatungen blieb der Text unverändert. Sie wurde am 30.12.2003 durch Art. 1 des Gesetzes zur Einordnung des Sozialhilferechts in das Sozialgesetzbuch v. 27.12.2003 als § 82 SGB XII verkündet.[2] Seither wurde sie mehrfach geändert:

2 Noch vor Inkrafttreten des SGB XII zum 01.01.2005 wurde an § 82 SGB XII durch Art. 2 Nr. 4 des **Gesetzes zur Änderung des Gesetzes zur Einordnung des Sozialhilferechts in das Sozialgesetzbuch** vom 09.12.2004[3] ein neuer Absatz 4 angefügt, wonach von einer Person, die in einer teilstationären oder stationären Einrichtung lebt, die Aufbringung der Mittel für Leistungen nach dem Dritten Kapitel SGB XII verlangt werden konnte, soweit Aufwendungen für den häuslichen Lebensunterhalt erspart werden. Darüber hinaus sollte in angemessenem Umfang die Aufbringung der Mittel von Personen verlangt werden, die auf voraussichtlich längere Zeit der Pflege in einer Einrichtung bedurften, solange sie nicht einen anderen überwiegend unterhielten. Die Ergänzung erfolgte auf Empfehlung des Ausschusses für Gesundheit und Soziale Sicherung und sollte die bisherige Regelung des § 85 Abs. 1 Nr. 3 BSHG wortgleich auch für die Hilfe zum Lebensunterhalt übernehmen und so die bisherige Bewilligungspraxis fortführen.[4]

3 Durch Art. 10 Nr. 5 des **Gesetzes zur Vereinfachung der Verwaltungsverfahren im Sozialrecht**[5] wurden mit Wirkung zum 30.03.2005 in § 82 Abs. 3 Satz 1 SGB XII die Wörter „und Grundsicherung im Alter und bei Erwerbsminderung" eingefügt. Dies diente der redaktionellen Klarstellung aufgrund der Einbeziehung des Rechts der Grundsicherung im Alter und bei Erwerbsminderung in das SGB XII.[6]

4 **Drei** weitere Änderungen erfolgten mit Wirkung zum 07.12.2006 durch **Art. 1 Nr. 13 lit. a-c des Gesetzes zur Änderung des Zwölften Buches Sozialgesetzbuch und anderer Gesetze** vom

---

[1] BT-Drs. 15/1514, S. 22; Begründung BT-Drs. 15/1514, S. 65.
[2] BGBl I 2003, 3022, 3041.
[3] BGBl I 2004, 3305.
[4] BT-Drs. 15/3977, S. 8.
[5] BGBl I 2005, 818, 829.
[6] BR-Drs. 676/04, S. 73.

02.12.2006.[7] **Erstens** wurde durch Art. 1 Nr. 13 **lit. a** in **§ 82 Abs. 1 Satz 1 SGB XII** die Angabe „des befristeten Zuschlags nach § 24 des Zweiten Buches," eingefügt. Mit der inzwischen wieder weggefallenen Aufnahme des zeitlich befristet gezahlten **Zuschlags nach § 24 SGB II in** die Ausnahmeliste des § 82 Abs. 1 Satz 1 SGB XII sollte der Zuschlag einem Alg II-Bezieher im Ergebnis auch dann verbleiben, wenn er in einer Haushaltsgemeinschaft mit einem Leistungsberechtigten nach dem SGB XII zusammenlebte.[8] Die Ausnahme ist mit Wirkung zum 01.01.2011 entfallen.[9] Die Änderung resultiert aus der gleichfalls mit dem Haushaltsbegleitgesetz 2011 vorgenommenen Streichung des § 24 SGB II und damit des Anspruchs auf einen Zuschlag für die nach dem SGB II Leistungsberechtigten.[10]

Aufgrund von **Art. 1 Nr. 13 lit. b**[11] wurde am Satzende des Absatzes 3 Satz 1 die Angabe „höchstens jedoch 50 vom Hundert des Eckregelsatzes." angefügt. Durch die neue Höchstgrenze des Freibetrags bei Erwerbstätigkeit sollte erreicht werden, dass Zuverdienste über dieser Grenze angerechnet werden. Ein ausreichend großer Anreiz blieb dem Regierungsentwurf zufolge erhalten, allzu hohe Freilassungen werden nun jedoch ausgeschlossen.[12]

Schließlich wurde durch **Art. 1 Nr. 13 lit. c**[13] der § 82 Abs. 4 aufgehoben. Der gestrichene § 82 Abs. 4 SGB XII wurde durch die Aufnahme eines § 92a SGB XII ersetzt. Die Regelungen zum Umfang der bei Aufenthalt in stationären und teilstationären Einrichtungen aufzubringenden Mittel wurden in den Vierten Abschnitt des Elften Kapitels SGB XII integriert, weil dort Vorschriften verortet sind, die sich mit der Einschränkung des Einkommens- und Vermögenseinsatzes befassen.[14]

Die Regelung zur Nichtberücksichtigung von auf Vorauszahlungen beruhenden Rückerstattungen in **§ 82 Abs. 1 Satz 2 SGB XII** geht auf das **Gesetz zur Ermittlung von Regelbedarfen und zur Änderung des Zweiten und Zwölften Buches Sozialgesetzbuch** vom 24.03.2011[15] zurück und ist ab dem 01.01.2011 anzuwenden. Nach den Ausführungen im zugrunde liegenden Entwurf soll die sozialhilferechtliche „Budgetierung" durch die Regelleistungen soweit reichen, dass Zahlungen aus den Regelleistungen, die Rückzahlungen bewirken, ein sozialhilferechtliches und daher unbeachtliches Einkommen darstellen.[16] Die Regelung soll daher als Klarstellung verstanden werden, führt aber zur Unanwendbarkeit anderslautender Rechtsprechung des BSG.[17] Mit Wirkung zum 01.01.2011 wurden darüber hinaus **§ 82 Abs. 3 Sätze 1 und 2 SGB XII** redaktionell so angepasst, dass an Stelle des „Eckregelsatzes" die Bezeichnung der „Regelbedarfsstufe 1 nach der Anlage zu § 28" getreten ist. Neu ist die zeitgleich eingeführte Regelung des **§ 82 Abs. 3 Satz 4 SGB XII**, dass bei nach § 3 Nr. 12, 26, 26a oder 26b EStG steuerfreien Einnahmen (Aufwandsentschädigungen usw.) abweichend von § 82 Abs. 3 Sätze 1 und 2 SGB XII ein Betrag von 175 € monatlich nicht als Einkommen zu berücksichtigen war.

Die Höchstgrenze der Freistellungen für Einkommen im Sinne der §§ 3 Nr. 12, 26, 26a oder 26b EStG beträgt nach der seit dem 01.01.2013 geltenden Fassung des § 82 Abs. 3 Satz 4 SGB XII 200 € monatlich.[18] Damit wirkt sich die gleichzeitig vorgenommene Anhebung des Steuerfreibetrages auch in der Grundsicherung aus.[19]

II. Vorgängervorschriften

§ 82 SGB XII entspricht nach Struktur und Inhalt im Wesentlichen der Vorgängervorschrift § 76 BSHG. Bereits § 76 Abs. 1 BSHG definierte ausgehend von einem umfassenden Einkommensbegriff bestimmte Ausnahmetatbestände, die in § 82 Abs. 1 Satz 1 SGB XII klarstellend um Grundrenten, die

---

[7] BGBl I 2006, 2670.
[8] BT-Drs. 16/2711, S. 11.
[9] Art. 21 des Haushaltsbegleitgesetzes 2011 v. 09.12.2010, BGBl I 2010, 1885, 1897.
[10] Vgl. Art. 15 Nr. 4 des Haushaltsbegleitgesetzes 2011, BGBl I 2010, 1885; zur Begründung des Gesetzentwurfes BT-Drs. 17/3030, S. 52.
[11] Gesetz zur Änderung des Zwölften Buches Sozialgesetzbuch und anderer Gesetze vom 02.12.2006, BGBl I 2006, 2670.
[12] BT-Drs. 16/2711, S. 12.
[13] Gesetz zur Änderung des Zwölften Buches Sozialgesetzbuch und anderer Gesetze vom 02.12.2006, BGBl I 2006, 2670.
[14] BT-Drs. 16/2711, S. 12.
[15] Art. 3 Nr. 29 lit. a, BGBl I 2011, 453.
[16] Vgl. BR-Drs. 661/10, S. 210; wegen Einzelheiten vgl. Rn. 38.
[17] Vgl. BSG v. 19.05.2009 - B 8 SO 35/07 R – juris.
[18] Änderung durch Art. 9 des Ehrenamtsstärkungsgesetzes vom 21.03.2013, BGBl I 2013, 556.
[19] BT-Drs. 17/11316, S. 17, 18.

nach Gesetzen gezahlt werden, die eine entsprechende Anwendung des BVG vorsehen (z.B. OEG, Infektionsschutzgesetz), ergänzt werden. Die Regelung über die Zurechnung des Kindergeldes in § 82 Abs. 1 Satz 3 SGB XII (bis 31.12.2010: § 82 Abs. 1 Satz 2 SGB XII), war in § 76 BSHG noch nicht enthalten. Die Einfügung sollte die bis dahin unterschiedliche Praxis zur Berücksichtigung des Kindergeldes vereinheitlichen.[20]

10   Die Liste der vom Einkommen abzusetzenden Beträge in § 82 Abs. 2 SGB XII wurde mit Ausnahme der ehemaligen Nr. 5 inhaltsgleich aus § 76 Abs. 2 BSHG übernommen. Die ohnehin zuletzt bis zum 30.06.2005 befristete ehemalige Nr. 5 konnte entfallen, weil der damit verfolgte Zweck einer Verbesserung des Familienleistungsausgleichs auch für Sozialhilfeempfänger nunmehr durch die Neugestaltung des Regelsatzbemessungssystems erreicht werden sollte.[21] Anstelle der bisherigen Nr. 5 wurde in § 82 Abs. 2 Nr. 5 SGB XII eine Regelung zur Freilassung des Arbeitsförderungsgeldes und der Erhöhungsbeträge i.S.d. § 43 Satz 4 SGB IX neu aufgenommen, die in § 76 BSHG noch nicht vorhanden war. Bis dahin galt eine solche Freistellung nach § 85 Abs. 2 Satz 2 und 3 BSHG nur für Beschäftigte einer WfbM in einer vollstationären Einrichtung, nicht aber für die in Privathaushalten lebenden WfbM-Beschäftigten. Durch die Verschiebung der Regelung in den § 82 SGB XII wurde die zuvor bestehende Ungleichbehandlung beseitigt.[22]

11   § 82 Abs. 3 Satz 1 SGB XII, wonach bei der HLU grundsätzlich ein Freibetrag i.H.v. 30% des Einkommens aus selbstständiger und nicht selbstständiger Tätigkeit der Leistungsberechtigten abzusetzen ist, ersetzt § 76 Abs. 2a BSHG. Danach waren für Erwerbstätige, für Personen, die trotz beschränktem Leistungsvermögen einer Erwerbstätigkeit nachgingen sowie für bestimmte erwerbstätige behinderte Menschen, die Leistungen zum Lebensunterhalt erhielten, vom Einkommen „Beträge in jeweils angemessener Höhe abzusetzen". Die „angemessene Höhe" wurde in der Praxis nach den Empfehlungen des DV für den Einsatz von Einkommen und Vermögen in der Sozialhilfe bestimmt.[23] Danach wurde von dem Nettoerwerbseinkommen eines Erwerbstätigen ein Betrag in Höhe von 25% des Regelsatzes eines Haushaltsvorstandes zuzüglich 15% des diesen Betrag übersteigenden Einkommens freigelassen, jedoch nicht mehr als 50% des Regelsatzes eines Haushaltsvorstands.[24] Für bestimmte behinderte Menschen und Alleinerziehende war der Freibetrag großzügiger ausgestaltet und konnte bis zu zwei Drittel des Regelsatzes eines Haushaltsvorstandes betragen.[25] Die im Vergleich zu den Freibetragsregelungen nach dem SGB II stark vereinfachte Neuregelung im Rahmen des SGB XII wurde damit begründet, dass für Sozialhilfeberechtigte im Wesentlichen nur noch eine Tätigkeit im Umfang bis zu drei Stunden täglich in Betracht käme. Hierfür erscheine eine einfache, praktikable und einheitliche Anrechnung sinnvoll.[26] Durch die Neufassung sollte ferner klargestellt werden, dass bei der Ermittlung des anrechenbaren Einkommens auch der Freibetrag für erwerbstätige Personen zu berücksichtigen ist.[27]

12   Durch § 82 Abs. 3 Satz 2 SGB XII wurde die bisher nur für stationär untergebrachte Beschäftigte geltende Regelung des § 85 Abs. 2 Satz 1 BSHG auch für nicht stationär untergebrachte Personen übernommen. Mit dem in § 76 SGB XII bisher nicht enthaltenen § 82 Abs. 3 Satz 3 SGB XII sollte es dem Träger ermöglicht werden, in begründeten Fällen flexibel zu reagieren, z.B. beim Erfordernis eines besonderen Anreizes oder bei Ferienjobs von Schülern.[28] Die Rechtsprechung hat die Regelung zu einer Öffnungsklausel (Rn. 91) ausgeformt. Die bisher in § 76 Abs. 3 SGB XII enthaltene Verordnungsermächtigung wurde aus systematischen Gründen an das Ende des Kapitels (§ 96 Abs. 1 SGB XII) gestellt.[29] Die aufgrund § 76 Abs. 3 BSHG ergangene Verordnung besteht mit marginalen Änderungen bis heute als Verordnung zur Durchführung des § 82 des Zwölften Buches Sozialgesetzbuches (DVO§82SGBXII) fort (vgl. die Kommentierung zu § 1 DVO§82SGBXII).

---

[20] BT-Drs. 15/1514, S. 65.
[21] BT-Drs. 15/1514, S. 65.
[22] BT-Drs. 15/1514, S. 65.
[23] DV, NDV 2002, 431 ff; vgl. hierzu auch BVerwG v. 21.12.2001 - 5 C 27/00 - BVerwGE 115, 331.
[24] DV, NDV 2002, 431, 435 Rn. 22 f.
[25] DV, NDV 2002, 431, 435 Rn. 24.
[26] BT-Drs. 15/1514, S. 65.
[27] BT-Drs. 15/1514, S. 65.
[28] BT-Drs. 15/1514, S. 65.
[29] BT-Drs. 15/1514, S. 65.

III. Parallelvorschriften

Eine wichtige Parallelregelung findet sich im SGB II. Bei dessen Einführung waren die § 11 SGB II a.F. i.V.m. § 30 SGB II (bis 31.12.2011) die einzigen gesetzlichen Vorschriften über die Berücksichtigung des Einkommens.[30] Diese Parallelregelungen beruhten wie §§ 82 ff. SGB XII auf den Vorgängerregelungen des BSHG, wichen aber sowohl davon als auch von den Regelungen des SGB XII ab. Zur DVO82SGBXII fand und findet sich eine Entsprechung in der Alg II-V. Seit dem 01.03.2011 sind die Vorschriften des SGB II über die Einkommensberücksichtigung in §§ 11-11b SGB II systematisch anders gegliedert worden.[31] Die Berücksichtigung von Einkommen erfolgt nach § 11 SGB II. Die nicht zu berücksichtigenden Einnahmen ergeben sich aus § 11a SGB II. Die vom Einkommen möglichen Absetzungen sind nach § 11b SGB II vorzunehmen. Weitere Details zur Einkommensberücksichtigung im SGB II sind weiterhin der Alg II-V zu entnehmen. Im Einzelnen sieht **§ 11 Abs. 1 Satz 1 SGB II** fast wortgleich zu § 82 Abs. 1 Satz 1 SGB XII die Berücksichtigung von **Einnahmen** in Geld oder Geldeswert vor, schließt die Ausnahmen gemäß § 11a SGB II ein und verweist wegen Absetzungen auf § 11b SGB II. Die Neuregelung in **§ 11 Abs. 1 Satz 2 SGB II**, dass Zuflüsse aus **darlehensweise** gewährten Sozialleistungen unberücksichtigt bleiben, soweit sie dem Lebensunterhalt dienen, findet im Gesetzestext des SGB XII keine Entsprechung. Eine Entsprechung zur Regelung über den Kinderzuschlag in **§ 11 Abs. 1 Satz 3 SGB II**[32] gibt es im SGB XII nicht. Der **Kinderzuschlag** nach § 6a BKGG hat auf Grund der Abgrenzung des Empfängerkreises nur für grundsätzlich nach dem SGB II Leistungsberechtigte (§ 6a Abs. 1 Nr. 3 BKGG) Bedeutung und scheidet daher als Alternative zum SGB XII aus. Gleichwohl stellt sich die Frage, warum nicht auch für die Kinder von sozialhilfeberechtigten (z.B. voll erwerbsgeminderten) Eltern mit Erwerbseinkommen der Kinderzuschlag zur Vermeidung von Sozialhilfe möglich sein soll. Jene Eltern im Ergebnis nur wegen der vollen Erwerbsminderung vom Kinderzuschlag auszuschließen, erscheint nicht sachlich gerechtfertigt. Die Regelung zur Berücksichtigung des Kindergeldes in **§ 11 Abs. 1 Satz 4 SGB II**[33] ist wiederum wortgleich mit § 82 Abs. 1 Satz 3 SGB XII[34]. Die Ausnahmen des **§ 11a Abs. 1 SGB II** entsprechen denen in § 82 Abs. 1 Satz 1 SGB XII. Wegen Absetzungen entsprechen **§ 11b Abs. 2 Nr. 1-5 SGB II**[35] denen des § 82 Abs. 2 Nr. 1-4 SGB XII (der Altersvorsorgebeiträge im Rahmen der Nr. 3 behandelt, dem aber die Beispiele des § 11b Abs. 1 Satz 1 Nr. 3 lit. a und b SGB II fehlen). Eine Entsprechung zu § 82 Abs. 2 Nr. 5 SGB XII fehlt im SGB II, da im dortigen Anwendungsbereich keine Zahlung von Arbeitsförderungsgeld denkbar ist. Von § 82 Abs. 3 SGB XII deutlich abweichende Regelungen über Freibeträge vom Erwerbseinkommen enthält **§ 11b Abs. 2 SGB II bzw. § 11b Abs. 1 Satz 1 Nr. 6 i.V.m. Abs. 3 SGB II**[36]. Der einzig in Betracht kommende sachliche Grund für die unterschiedliche Behandlung kann darin zu sehen sein, dass das SGB II als erwerbszentriertes Grundsicherungssystem[37] in einem deutlich höherem Maß Erwerbsanreize setzen will. Im Grundfreibetrag der Freistellung von Aufwandsentschädigungen (200 €) sind die Absetzungen gemäß § 11b Abs. 2 Satz 3 SGB II und § 82 Abs. 3 Satz 4 SGB XII gleich geregelt. Keine Entsprechung im SGB XII haben § 11b Abs. 1 Satz 1 Nr. 7 und Nr. 8 SGB II.[38] Solche und andere Abweichungen führen zu Harmonisierungsproblemen bei gemischten Bedarfsgemeinschaften (vgl. Rn. 45). Eine weitere grundsicherungsrechtliche Parallelregelung besteht in **§ 7 AsylbLG**, welche sowohl die Einkommens- als auch die Vermögensberücksichtigung regelt (zu Einzelheiten vgl. die Kommentierung zu § 7 AsylbLG).

Außerhalb der Grundsicherungen wird häufig nicht mit dem tatsächlich im Bewilligungszeitraum verfügbaren Einkommen gerechnet und es finden sich bei Absetzungen vermehrt Pauschalierungen. Zum Beispiel finden sich im **WoGG** Regelungen zur Einkommensermittlung und -berechnung im 4. Kapitel (§§ 13-18 WoGG). Heranzuziehen ist nach § 14 Abs. 1 WoGG das Jahreseinkommen. Es ermittelt sich

---

[30] Zu einer näheren Darstellung der früheren Parallelregelungen vgl. *Schmidt* in: jurisPK-SGB XII, 1. Aufl. 2011, § 82 SGB XII Rn. 13.

[31] Gesetz zur Ermittlung von Regelbedarfen und zur Änderung des Zweiten und Zwölften Buches Sozialgesetzbuch vom 24.03.2011, BGBl I 2011, 453.

[32] Bis 31.03.3011: § 11 Abs. 1 Satz 2 SGB II.

[33] Bis 31.03.2011: § 11 Abs. 1 Satz 3 SGB II.

[34] Bis 01.01.2011: § 82 Abs. 1 Satz 2 SGB XII.

[35] Bis 31.03.2011: § 11 Abs. 2 Satz 1 Nr. 1-5 SGB II.

[36] Bis 31.03.2011: § 11 Abs. 2 Satz 1 Nr. 6 i.V.m. § 30 SGB II.

[37] BSG v. 18.02.2010 - B 4 AS 29/09 R - juris Rn. 35 ff. - SozR 4-1100 Art. 1 Nr. 7; BSG v. 22.03.2010 - B 4 AS 69/09 R - juris Rn. 24 - info also 2010, 186.

[38] Bis 31.03.2011: § 11 Abs. 2 Satz 1 Nr. 7 und Nr. 8 SGB II.

aus der Summe der positiven Einkünfte im Sinne des § 2 Abs. 1 und 2 EStG zuzüglich zahlreicher steuerlich privilegierter Einnahmen (§ 14 Abs. 2 WoGG) und abzüglich pauschalierter Abzugsbeträge für Steuern und Sozialversicherungsbeiträge (§ 16 WoGG). Die Einkommensermittlung erfolgt prospektiv, d.h. nach § 15 Abs. 1 WoGG ist das Einkommen zu Grunde zu legen, das im Zeitpunkt der Antragstellung im Bewilligungszeitraum zu erwarten ist. Darüber hinaus sind Freibeträge (§ 17 WoGG) und Abzugsbeträge für Unterhaltsleistungen zu berücksichtigen.

15 Die Einkommensanrechnung im Rahmen des **BAföG** ist im Vierten Abschnitt (§§ 21-25 BAföG) geregelt. Dabei wird zwischen dem Einkommen des Auszubildenden (§§ 21-23 BAföG) und dem der Eltern bzw. des Ehegatten (§§ 24 f. BAföG) unterschieden. Das Einkommen des Auszubildenden entspricht der Summe der positiven Einkünfte im Sinne des § 2 Abs. 1 und 2 EStG im Bewilligungszeitraum, von denen der Altersentlastungsbetrag nach § 24a EStG, Sonderausgaben für ein selbstgenutztes Einfamilienhaus nach § 10e EStG sowie die im Berechnungszeitraum anfallenden Steuern abgesetzt werden. Beiträge zur Sozialversicherung, Bundesagentur für Arbeit bzw. privaten Kranken-, Pflege-, Unfall- oder Lebensversicherung werden nach § 21 Abs. Nr. 4, Abs. 2 BAföG in Abhängigkeit vom Versicherungsstatus des Auszubildenden pauschal mit 12,9% bis 35% der positiven Einkünfte in Abzug gebracht. Als Einkommen gelten nach § 21 Abs. 3 BAföG ferner Waisenrenten und -gelder, Ausbildungsbeihilfen und sonstige Einnahmen, die zur Deckung des Lebensbedarfs bestimmt sind, soweit diese in der Positivliste der BAföG-EinkommensV enthalten sind. Nicht als Einkommen gelten nach § 21 Abs. 4 BAföG u.a. Grundrenten und Schwerstbeschädigtenzulage nach dem BVG und Gesetzen, die das BVG für entsprechend anwendbar erklären, sowie Einnahmen, deren Zweckbestimmung einer Anrechnung auf den Bedarf entgegensteht. Abzuziehen sind – unter Beachtung von Besonderheiten bezüglich bestimmter Einnahmen wie Waisenrenten und Stipendien – Einkommensfreibeträge nach § 23 BAföG, insbesondere für den Auszubildenden, seinen Ehegatten und seine Kinder. Abweichend vom Einkommen des Auszubildenden ist das Einkommen der Eltern nach § 24 BAföG regelmäßig dem Steuerbescheid für das vorletzte Kalenderjahr vor Beginn des Bewilligungszeitraums zu entnehmen und ist mit einem Zwölftel des Jahresbetrags für jeden Kalendermonat des Bewilligungszeitraums anzurechnen. Das Einkommen mindert sich in um fixe sowie zusätzlich relative Freibeträge nach § 25 BAföG für die Einkommensbezieher und deren Unterhaltsberechtigte.

IV. Untergesetzliche Normen

16 § 82 SGB XII wird ergänzt durch die **Verordnung zur Durchführung des § 82 des Zwölften Buches Sozialgesetzbuch** (DVO§82SGBXII) vom 28.11.1962,[39] zuletzt geändert durch das Verwaltungsvereinfachungsgesetz vom 21.03.2005.[40] Die Rechtsverordnung konkretisiert den Einkommensbegriff des § 82 Abs. 1 SGB XII (§ 1 DVO§82SGBXII), regelt die Bewertung von Sachbezügen (§ 2 DVO§82SGBXII), die Ermittlung des Einkommens aus verschiedenen Einkommensarten (§§ 3-8, 11 DVO§82SGBXII), die Frage des Verlustausgleichs zwischen den Einkommensarten (§ 10 DVO§82SGBXII) und ermächtigt ausnahmsweise zur Einkommensschätzung (§ 9 DVO§82SGBXII). Ferner stellt sie klar, wie die Ausgaben nach § 82 Abs. 2 Nr. 1-3 SGB XII von den Einkünften abzusetzen sind (§ 12 DVO§82SGBXII). Näheres wird in den Einzelkommentierungen der Vorschriften erläutert. Im **Vergleich zur Alg II-V** ergeben sich **umfangreiche und erhebliche Unterschiede**. Beispielsweise finden sich aufgrund der von § 96 Abs. 1 SGB XII abweichenden Ermächtigungsgrundlage in § 13 Abs. 1 Nr. 1 SGB II in § 1 Abs. 1 Alg II-V **weitere Privilegierungen**. Die Vorshiften über die Berechnung der Einkünfte nach der Alg II-V lösen sich weitgehend vom Einkommensteuerrecht. Vorschriften zu der Absetzung von pauschalen Fahrtkosten in § 3 Abs. 4 DVO§82SGBXII und § 6 Abs. 1 Nr. 3 lit. b Alg II-V zu **unterschiedlichen Absetzbeträgen**. Soweit die Vorschriften der DVO§82SGBXII und der Alg II-V eine unterschiedliche Behandlung der gleichen Einkunftsart vorsehen, müsste, falls die Behandlung im SGB II günstiger ausfällt, nach der Rechtfertigung einer Ungleichbehandlung der Leistungsberechtigten gefragt werden. Soweit eine Schlechterstellung aus den inneren Prinzipien des SGB XII bzw. die Besserstellung nach dem SGB II nicht aus dort wirksamen sachlichen Gründen gerechtfertigt ist, eröffnet sich das Problem, wie eine Harmonisierung erfolgen kann. Hierzu könnte, soweit es um die gleiche Berücksichtigung von Einnahmen geht, § 82 Abs. 3 Satz 3 SGB XII als **Härtefallklausel** (vgl. Rn. 91) herangezogen werden.

---

[39] BGBl I 1962, 692; BGBl III, 2170-1-4.
[40] BGBl I 2005, 818, 829.

V. Systematische Zusammenhänge

Abgesehen von den Leistungen der Sozialhilfe haben weder Einkommen noch Vermögen direkten Einfluss auf den Bedarf (vgl. § 27a Abs. 4 Satz 1 SGB XII), vgl. Rn. 34. Im Wege der Gegenüberstellung von Bedarf und Einkommen bzw. Vermögen ergibt sich der Umfang der zu gewährenden Hilfe. § 82 SGB XII definiert den Begriff des Einkommens und regelt zusammen mit den §§ 83, 84 SGB XII und der DVO§82SGBXII die Einkommensberücksichtigung für das gesamte SGB XII und alle Arten der Sozialhilfe. Die Vorschrift konkretisiert damit den Nachranggrundsatz des § 2 Abs. 1 SGB XII und eines der Tatbestandmerkmale zur Abgrenzung des Kreises der Leistungsberechtigten i.S.d. § 19 SGB XII. Bezüglich des Vermögens kommt diese Funktion § 90 SGB XII zu. In welchem Umfang das Einkommen zur Selbsthilfe zu nutzen ist, ergibt sich nur dann unmittelbar aus § 82 SGB XII, wenn im Übrigen bzw. bei den Hilfearten keine Besonderheiten geregelt sind. So ist das Einkommen nur bei der Hilfe zum Lebensunterhalt nach dem Dritten Kapitel und der Grundsicherung im Alter und bei Erwerbsminderung nach dem Vierten Kapitel voll einzusetzen. **Abweichende Einkommensgrenzen** nach den §§ 85-89 SGB XII gelten für Leistungen nach dem Fünften bis Neunten Kapitel, also **Hilfen zur Gesundheit** (§§ 47 ff. SGB XII), die **Eingliederungshilfe für behinderte Menschen** (§§ 53 ff. SGB XII), die **Hilfe zur Pflege** (§§ 61 ff. SGB XII), die **Hilfe zur Überwindung besonderer sozialer Schwierigkeiten** (§§ 67 ff. SGB XII); die **Hilfe zur Weiterführung des Haushalts** (§ 70 SGB XII), die **Altenhilfe** (§ 71 SGB XII), die **Blindenhilfe** (§ 72 SGB XII), die **Hilfe in besonderen Lebenslagen** (§ 73 SGB XII) und die **Bestattungskosten** (§ 74 SGB XII). **Besonderheiten** zum Umfang des Einkommenseinsatzes enthält noch die Heranziehungsvorschrift des § 92a SGB XII für **Personen in teilstationären oder stationären Einrichtungen**.

17

B. Auslegung der Norm

I. Merkmale des Einkommens

1. Einkommen als Leistungsfähigkeitsmerkmal

Verfügbares Einkommen und Vermögen bilden allgemein die die Bezugsgrößen zur Ermittlung der **wirtschaftlichen Leistungsfähigkeit** einer Person. Der Rechtsbegriff des **Einkommens** wird zwar in vielen Gesetzen verwendet, hat aber keinen eindeutigen juristischen Begriffsinhalt, weil er als Oberbegriff zu den Einkünften einen gewissermaßen neutralen finanzwissenschaftlichen Hintergrund hat. Finanzwissenschaftlich werden unter Einkommen Vermögenszuwächse erfasst, die sich noch nach den Ursachen bzw. Quellen (Lohn, Vermögenseinkünfte etc.) unterscheiden lassen. Je nachdem, welchen Bezug die Anknüpfung an das Einkommen hat, kann die Leistungsfähigkeit unterschiedlich bewertet werden. Erst aus diesem Kontext ergeben sich die Unterschiede in der jeweiligen Definition bzw. Eingrenzung. Das SGB XII berücksichtigt im Rahmen der Prüfung der Leistungsfähigkeit grundsätzlich sowohl Einkommen als auch das Vermögen einer Person und damit das Gesamtvermögen. Die Regelungen zur Berücksichtigung von Einkommen und Vermögen sind allerdings unterschiedlich ausgeformt.

18

2. Einkommen als Selbsthilfemittel

Der Versuch einer Definition, welche Vermögensmehrungen im Bereich des SGB XII als Einkommen zu berücksichtigen sind, muss sich an der spezifischen Funktion des Einkommens in der Sozialhilfe orientieren und dabei die nach dem Gesetz notwendige Unterscheidung zwischen Einkommen und Vermögen beachten. Anspruch auf Sozialhilfe hat nach § 2 Abs. 1 SGB XII, wer sich vor allem durch Einsatz seiner Arbeitskraft, seines Einkommens und seines Vermögens nicht selbst helfen kann oder wer die erforderliche Leistung nicht von anderen – insbesondere von Angehörigen oder von Trägern anderer Sozialleistungen – erhält. Beispielsweise ist Hilfe zum Lebensunterhalt gemäß § 19 Abs. 1 SGB XII nur Personen zu leisten, die ihren notwendigen Lebensunterhalt nicht oder nicht ausreichend aus eigenen Kräften und Mitteln, insbesondere aus ihrem Einkommen und Vermögen, beschaffen können. Sozialhilfe setzt erst dann ein, wenn eine Person aus Sicht des SGB XII insgesamt unvermögend ist, d.h. tatsächlich nicht in der Lage ist, ihren aktuellen Lebensunterhalt selbst oder mit Hilfe von Dritten zu bestreiten. Die Funktion des Einkommens in der Sozialhilfe liegt demnach darin, als Mittel der Selbsthilfe zu dienen. Die darin zum Ausdruck kommende Nachrangigkeit staatlicher Hilfe gegenüber

19

der Möglichkeit zur Selbsthilfe (**Nachranggrundsatz**, zu Einzelheiten vgl. die Kommentierung zu § 2 SGB XII Rn. 8) ist tragendes Prinzip der Grundsicherungen. Die Funktion des Einkommens als Mittel zur Selbsthilfe muss daher bei der Begriffsauslegung berücksichtigt werden.

II. Grundsicherungsrechtlicher Begriff des Einkommens

1. Abgrenzung von Einkommen und Vermögen

20 Das Einkommen drückt zusammen mit dem Vermögen die wirtschaftliche Leistungsfähigkeit einer Person aus und beide sind in § 2 Abs. 1 SGB XII gleichberechtigt als Mittel der Selbsthilfe genannt. Es handelt sich damit nicht von vornherein um Gegensatzpaare. Zu einer Abgrenzung zwingen erst die unterschiedlichen Regeln über die Selbsthilfe durch Einkommens- und Vermögensverbrauch. Die Begriffsbestimmung erlangt dadurch erhebliche praktische Bedeutung. Den Normtexten lässt sich zur Abgrenzung wenig entnehmen. In § 90 SGB XII wird der Begriff weder definiert noch erläutert. § 82 Abs. 1 Satz 1 SGB XII bietet lediglich die Hilfestellung, dass zum Einkommen alle Einkünfte in Geld oder Geldeswert gehören sollen. Mit dieser Eingrenzung auf **Einkünfte**[41] ist aber noch keine brauchbare spezifisch sozialhilferechtliche Definition des Einkommens vorgenommen. Naheliegend ist zwar, unter Vermögen den Bestand und unter Einkünften die Zuwächse zu verstehen. Das allein genügt aber nicht für eine Abgrenzung, denn das Vermögen beruht auf früheren Zuwächsen, d.h. Einkommen. Aus dem Vermögen können neue Einnahmen erzielt werden. Für eine Definition muss an den Ursachen für eine unterschiedliche Behandlung von Einkommen und Vermögen angesetzt werden. Wenn die Sozialhilfe grundsätzlich sowohl den Verbrauch von Einkommen als auch Vermögen erwartet, sind die Folgen für die weitere Lebensführung unterschiedlich. Werden aus den gesamten einer Person zur Verfügung stehenden Mitteln nur die Zuwächse verbraucht, verringert sich der Bestand des Vermögens nicht. Müssen alle Mittel eingesetzt werden, wird die Person tatsächlich vermögensärmer. Die damit einhergehende wirtschaftliche Einschränkung der übrigen Lebensführung wird durch die Vermögensfreigrenzen und -freistellungen gemildert. Die Unterscheidung ist daher aus der Sicht einer Grundsicherung gerechtfertigt, es braucht aber einen Bezugspunkt, von dem aus das zur Selbsthilfe zur Verfügung stehende Gesamtvermögen in Zuwächse (Einkommen) und Bestand (Vermögen) unterschieden werden kann.

21 Weil es für die Unterscheidung zwischen Einkommen und Vermögen auf den Bezugspunkt des Zuwachses ankommt, sind Art, Herkunft oder die Bestimmung einer Vermögensmehrung für die Abgrenzung nicht heranzuziehen. Wann allerdings sozialhilferechtlich ein Zuwachs anzunehmen ist, muss aus der grundsätzlichen Unterscheidung zwischen Einkommen und Vermögen selbst abgeleitet werden. Bei dieser Unterscheidung handelt es sich bereits um eine **wertende Zuordnung**, in welchem Umfang eine Person ihr Gesamtvermögen zum Lebensunterhalt einzusetzen hat. Daraus, dass Sozialhilfe in aller Regel lebensunterhaltssichernd gewährt wird und Selbsthilfe grundsätzlich vor staatlicher Hilfe geht, kann man ableiten, dass jede Verbesserung des Status quo des Gesamtvermögens grundsätzlich auch eine Verbesserung der Möglichkeit zur Selbsthilfe und daher einzusetzen ist. Daraus leitet sich der vielfach zitierte Satz ab, dass Leistungen der Sozialhilfe keinen Vermögensaufbau oder die Tilgung von Verbindlichkeiten ermöglichen sollen.[42] Dies trifft aber nur insoweit zu, wie die Sozialhilfe nicht selbst für die Verbindlichkeiten zuständig ist. Denn Verbindlichkeiten liegen etwa auch in Form der Mietforderungen, Baudarlehenszinsen usw. vor und sind als Aufwendungen für die Unterkunft nach § 29 Abs. 1 Satz 1 SGB XII Teil des sozialhilferechtlichen Bedarfs.

22 Eine nur wertende Betrachtung führt allerdings zu praktisch kaum handhabbaren Abgrenzungsproblemen. Jede Vermögensmehrung müsste konkret daraufhin bewertet werden, ob vom Hilfeempfänger erwartet werden kann, sie statt staatlicher Hilfe zum Lebensunterhalt einzusetzen. In diese Richtung wies aber zunächst die Rechtsprechung des BVerwG, nach dessen früherer Ansicht alle Zuflüsse als zu verbrauchendes Einkommen zu bewerten waren, wenn sie zur Deckung des Lebensunterhalts bestimmt waren und in dem bestimmten Zeitraum der Deckung des Lebensunterhalts dienten.[43] Tatsächlich ent-

---

[41] Weil der § 82 Abs. 1 Satz 1 SGB XII als Versuch der Definition des Einkommens und nicht als Ergebnisvorwegnahme zu verstehen ist, wäre richtigerweise hier noch von Einnahmen zu sprechen, weil die Vermögensmehrungen noch zu bereinigen sind. Einkünfte sind bereits begrifflich Salden aus positiven und negativen Faktoren, etwa Einnahmen und Aufwendungen; vgl. auch *Burger*, VSSR 1991, 271; *Wahrendorf* in: Grube/Wahrendorf, SGB XII, § 82 Rn. 7.

[42] BVerwG v. 15.12.1977 - V C 35.77 - BVerwGE 55, 148.

[43] BVerwG v. 24.04.1968 - V C 62.67 - BVerwGE 29, 295 ff.

spricht es aber nicht dem Wesen der sozialhilferechtlichen Vorschriften zur Berücksichtigung von Einkommen oder Vermögen, zunächst nach dem Grund der Vermögensmehrungen zu fragen. Erst bei der Frage, ob und in welchem Umfang Einkommen und Vermögen einzusetzen sind, wird dies relevant. Deshalb hat das BVerwG seine Rechtsprechung zugunsten einer auf die tatsächlichen Verhältnisse abstellenden Betrachtung (**„Zuflusstheorie"**) aufgegeben: Die Frage nach Einkommen oder Vermögen dient der Prüfung, ob diese zur Deckung eines bestimmten Bedarfs in einer bestimmten Bedarfszeit einzusetzen sind. Das Kriterium der Zweckbestimmung ist nicht tauglich für eine Abgrenzung, da Einkommen nicht stets zweckbestimmt geleistet wird und Vermögen nicht immer zweckfrei ist. Der Bezug von Einkommen und Vermögen zur Bedarfszeit ist zwar wesentlich, abzugrenzen ist aber danach, dass Einkommen alle eingehenden Einnahmen sind. Danach gilt als **Einkommen all das, was jemand in Form von Geld oder Geldeswert in der Bedarfszeit dazu erhält**, so dass Vermögen nur sein kann, was zu dieser Zeit bereits vorhanden ist.[44] Damit näherte sich das BVerwG der Rechtsprechung des BSG zur Berücksichtigung von Einkommen im Rahmen der Arbeitslosenhilfe an, wonach jede Leistung in Geld oder Geldeswert in dem Zahlungszeitraum der Arbeitslosenhilfe, in dem sie dem Arbeitslosen zufließt, Einkommen war.[45] Unter der Geltung des SGB XII und des SGB II hat das BSG an diese Rechtsprechung angeknüpft. Maßgeblicher Bezugspunkt für die Unterscheidung von Einkommen und Vermögen ist nur der Zufluss im Bedarfszeitraum.[46] Für die Frage, **ob** Einkommen vorliegt, spielt es daher (zunächst) keine Rolle, welcher Art die Einnahmen sind, woher sie stammen, ob sie einen Rechtsgrund haben und wie sie geleistet wurden (einmalig oder laufend, regelmäßig oder unregelmäßig und unter welcher Bezeichnung bzw. Form).[47] Für die Zuordnung ist insbesondere **unerheblich**, ob und inwieweit die Einnahmen nach dem EStG **steuerpflichtig** wären (vgl. § 1 DVO§82SGBXII). Die Einnahmen sind grundsätzlich[48] bei demjenigen zu berücksichtigen, dem sie zufließen.[49]

Gegen die Zuflusstheorie kann eingewandt werden, dass sie den Zufall, wann eine Einnahme tatsächlich realisiert wird, akzeptiert und insofern die Ausnutzung von Gestaltungsspielräumen toleriert.[50] Hauptkritikpunkt ist allerdings eine Anwendung der Zuflusstheorie auf Einnahmen der Bedarfszeit, die sich aus der Realisierung von bereits zuvor entstandenen Forderungen ergaben. In der Regel hat eine Einnahme einen Rechtsgrund, d.h. ihr liegt ein zu erfüllender Anspruch (z.B. Arbeitslohn) zugrunde. Mit der Zahlung wird der Anspruch erfüllt und geht unter. Bestand ein Anspruch auf Geld oder eine geldwerte Forderung bereits vor der Bedarfszeit, müsste er bei Verwertbarkeit zum Vermögen im Sinne des § 90 Abs. 1 SGB XII gezählt werden. Die Auszahlung bzw. Erfüllung würde dann keinen weiteren Gesamtvermögenszuwachs, d.h. keinen Zufluss bedeuten.[51] Nach der Rechtsprechung ist in solchen Fällen aber nur die Zahlung bzw. Erfüllung und nicht das Schicksal der Forderung (d.h. Entstehung und Bestand) beachtlich.[52] Bei näherer Betrachtung handelt es sich dabei nicht um eine reine Anwendung der Zuflusstheorie. Tatsächlich löst die Rechtsprechung das auch von ihr erkannte Problem wertend, indem sie dem Zufluss der Einnahmen bei Forderungen den Vorrang einräumt.[53] Die Kritik an einem wertenden Umgang mit der Zuflusstheorie ist im Ergebnis nicht berechtigt. Die Zuflusstheorie kommt nicht ohne eine zusätzlich wertende Betrachtung bzw. Korrektur aus. Es kann zum Beispiel nicht auf die von ihr implizit vorausgesetzte Gesamtvermögensmehrung im Moment des Zuflusses verzichtet werden. Dies ist weder bei dem Tausch von Vermögensgegenständen in andere noch bei dem Tausch in Geld der Fall. Der Kaufpreis stellt in der Regel nur den in Geld ausgedrückten Gegenwert des verkauften Gegenstandes dar, der sich bereits zuvor im Vermögen des Verkäufers befunden hat. Würde man nur auf den Zufluss des Kaufpreises abstellen, wäre er gegebenenfalls als Einkom-

23

---

[44] BVerwG v. 18.02.1999 - 5 C 35/97 - BVerwGE 108, 296 ff.
[45] BSG v. 11.02.1976 - 7 RAr 159/74 - juris Rn. 23 - BSGE 41, 187, 188.
[46] Für das SGB XII: BSG v. 09.06.2011 - B 8 SO 20/09 R - juris Rn. 14 - BSGE 108, 241 ff. Für das SGB II vgl. BSG v. 30.07.2008 - B 14 AS 26/07 R und BSG v. 30.09.2008 - B 4 AS 29/07 R, B 4 AS 57/07 R.
[47] BSG v. 28.02.2013 - B 8 SO 12/11 R - juris Rn. 14.
[48] Vorbehaltlich besonderer Zuordnungsregelungen wie etwa § 82 Abs. 1 Satz 2 SGB XII.
[49] Vgl. BSG v. 16.10.2007 - B 8/9b SO 8/06 R - juris Rn. 22 - BSGE 99, 137 ff.; BSG v. 25.04.2013 - B 8 SO 8/12 R - juris Rn. 20.
[50] BSG v. 30.07.2008 - B 14/7b AS 12/07 R - juris Rn. 22.
[51] So *Löns* in Löns/Herold/Tews, SGB II, 4. Aufl., § 11 Rn. 9 ff.
[52] BVerwG v. 18.02.1999 - 5 C 14/98 - NJW 1999, 3137; BSG v. 19.05.2009 - B 8 SO 35/07 R - FEVS 61, 97; zum SGB II BSG v. 28.10.2009 - B 14 AS 62/08 R.
[53] Vgl. BVerwG v. 18.02.1999 - 5 C 35/97 - BVerwGE 108, 296 ff.; st. Rspr. BSG v. 30.09.2008 - B 4 AS 57/07 - juris Rn. 17 ff.; BSG v. 28.10.2009 - B 14 AS 62/08 R - juris Rn. 21.

men zu bewerten. Dabei würde aber der Bestandsschutz des Vermögens missachtet. Die bloße **Umschichtung** bzw. der Erlös aus der Verwertung des **Vermögens** gilt somit **nicht als Einkommen**, soweit hieraus keine über dem Verkehrswert liegende Einnahme erzielt wird.[54]

24 Eine Berücksichtigung im Zuflusszeitpunkt kann auch dann nicht erfolgen, wenn nach dem SGB XII oder anderen normativen Vorgaben ein anderer als der tatsächliche Zuflusszeitpunkt maßgebend sein soll (sog. **modifizierte Zuflusstheorie**[55]). Zum Beispiel sind einmalige Einnahmen gemäß § 3 Abs. 2 Satz 2 DVO§82SGBXII i.V.m. § 8 Abs. 1 Satz 3 DVO§82SGBXII nicht nur im Zuflussmonat, sondern noch darüber hinaus durch Aufteilung zu berücksichtigen. Abweichende normative Zuordnungsregelungen liegen immer dann vor, wenn sich aus den für eine Leistung maßgebenden Bestimmungen ein konkreter Verwendungszeitpunkt bzw. -raum ergibt.[56] Auch im Beispiel der Realisierung von Forderung steht hinter der die Einnahmen berücksichtigenden Rechtsprechung eine zulässige Wertung: Durch die Berücksichtigung verbleiben im besonders bestandsgeschützten Vermögen nur solche Gegenstände, die vor dem Bedarfszeitraum einmal zugeflossen, d.h. Einkommen gewesen sind. Vor allem in den Fällen, in denen die Forderung eindeutig zum Lebensunterhalt bestimmte Vermögenszuwächse betrifft (z.B. den auf Hilfebedürftigkeit gegründeten Erwerb eines Rückgewähranspruches gegen den Beschenkten nach § 528 BGB) erscheint eine wertende Betrachtung angezeigt.[57]

2. Tatsächlicher wertmäßiger Zuwachs

25 Schon aus der durch die Abgrenzung von Einkommen und Vermögen gewonnenen Definition setzt die Berücksichtigung von Einnahmen voraus, dass in der Bedarfszeit ein Gesamtvermögenszuwachs stattfindet. Dabei muss es sich um einen tatsächlichen Zufluss von Geld oder in Geldeswert handeln. Einen wertmäßigen Zuwachs stellt zum Beispiel die durch Aufrechnung bewirkte Befreiung von Verbindlichkeiten dar, weil sie einen bestimmten, in Geld ausdrückbaren wirtschaftlichen Wert besitzt.[58] Auf die Faktizität[59] der Einnahmen kommt es aber nicht allein an. Nach dem Sinn und Zweck des § 82 Abs. 1 Satz SGB XII, den Nachrang der Sozialhilfe vor der Selbsthilfe umzusetzen, muss es sich um dauerhaft zum Lebensunterhalt verfügbare Einnahmen handeln. Ansonsten wäre nicht sichergestellt, dass nur solche Einnahmen berücksichtigt werden, mit denen der Bedarf selbst und endgültig gedeckt werden kann. Das bedeutet, dass lediglich vorübergehend zur Verfügung stehende Einnahmen nicht als Einkommen qualifiziert werden können. Deshalb sind echte **Darlehen**, bei denen **von Anfang an** eine wirksame Rückzahlungsvereinbarung im Sinne des § 488 Abs. 1 Satz 2 BGB besteht, von einer Berücksichtigung **ausgenommen**.[60] Damit werden auch zurückzuzahlende Zuwendungen erfasst, die wegen einer rechtswidrigen Leistungsablehnung erbracht werden und die nur vorübergehend bis zu einem Einsetzen der Hilfe gewährt werden.[61] Entsteht die **Rückzahlungsverpflichtung** aber erst **nachträglich**, liegt für den zurückliegenden Zeitraum keine nur vorübergehende Einnahme vor.[62] Einen weiteren Fall, in dem trotz einer Einnahme kein wertmäßiger Zuwachs vorliegt, stellt die Vermögensumschichtung bzw. -verwertung dar. Die Umsetzung von Vermögen in Geld oder andere geldwerte Gegenstände führt nach der aus der Unterscheidung zwischen Einkommen und Vermögen zu entnehmenden Wertung nicht zu Einnahmen. Die Substitute sind weiter dem Vermögen zuzurechnen.[63] Allenfalls ein Mehrerlös gegenüber dem Marktwert kann als Einkommen angesehen werden. Einkommen stellen

---

[54] St. Rspr. BSG v. 20.06.1978 - 7 RAr 47/77 - BSGE 46, 271 ff.
[55] BVerwG v. 18.02.1999 - 5 C 35/97 - BVerwGE 108, 296 ff.; st. Rspr. BSG v. 30.07.2008 - B 14 AS 26/07 R - juris Rn. 21; BSG v. 19.05.2009 - B 8 SO 35/07 R - juris Rn. 14.
[56] Vgl. für das SGB II BSG v. 22.08.2013 - B 14 AS 78/12 R - juris Rn. 36.
[57] Im Ergebnis offen BSG v. 02.02.2010 - B 8 SO 21/08 R - juris Rn. 13.
[58] Vgl. BSG v. 16.05.2012 - B 4 AS 132/11 R - juris Rn. 21, wobei die Grundsätze der bereiten Mittel zu beachten sind.
[59] St. Rspr.: BVerwG v. 02.06.1965 - V C 63.64 - BVerwGE 21, 208, 212 f.
[60] Vgl. für das SGB II: BSG v. 17.06.2010 - B 14 AS 46/09 R - juris Rn. 17 - BSGE 106, 185 ff. Für das SGB XII: BSG v. 20.09.2012 - B 8 SO 15/11 R - juris Rn. 26 - BSGE 112, 67 ff.; BSG v. 23.08.2013 - B 8 SO 24/11 R - juris Rn. 25.
[61] Vgl. zum SGB II: BSG v. 06.10.2011 - B 14 AS 66/11 R - juris Rn. 18; BSG v. 20.12.2011 - B 4 AS 46/11 R - juris Rn. 17 mit weiteren Nachweisen zu diesem bereits vom BVerwG anerkannten Ausnahmefall.
[62] BSG v. 23.08.2011 - B 14 AS 165/10 R - juris Rn. 23.
[63] Vgl. BSG v. 20.06.1978 - 7 RAr 47/77 - juris Rn. 29 - BSGE 46, 271 ff.

auch „stehengebliebene" und bei Auflösung einer Kapitalanlage ausgezahlte Zinsen dar.[64] In diesem Fall handelt es sich, obwohl die Auszahlungsforderung schon vor der Auszahlung begründet war, deshalb nicht um Vermögen, weil die Zinsen nicht zu einer früheren Zeit Einkommen waren.

3. Bereite Mittel

In § 82 Abs. 1 Satz 1 SGB XII wird die Einsetzbarkeit von Einnahmen im Unterschied zu § 90 SGB XII („Verwertbarkeit") nicht besonders als zu prüfendes Merkmal erwähnt. Gleichwohl kann auf die Selbstleistungsfähigkeit nur verwiesen werden, wer sich in der konkreten Lebenssituation wirklich selbst helfen kann. Wie sich anhand der für Einkommen und Vermögen gleichermaßen geltenden Vorschrift des § 7 Abs. 1 Satz 1 AsylbLG zeigen lässt, kann aber auch bei Einkommen nur auf zur Selbsthilfe verfügbare Mittel verwiesen werden. Es kommt daher nicht nur darauf an, ob sich eine Vermögensmehrung in Form von Einnahmen feststellen lässt, sie muss auch zur Bestreitung des jeweiligen Bedarfs eingesetzt werden können. Zum Einkommen können also nur diejenigen Vermögensmehrungen bzw. -zuflüsse zählen, die tatsächlich zur Bestreitung des Lebensunterhalts eingesetzt werden können.[65] Verkürzt ausgedrückt muss es sich um hierzu **„bereite" Mittel** handeln.[66] Grundsätzlich ändern Schulden nichts an der tatsächlichen Einsatzfähigkeit und der Obliegenheit, tatsächlich verfügbare Einnahmen zur Bestreitung des Lebensunterhalts zu verwenden. Deshalb können Schuldverpflichtungen regelmäßig nicht vom Einkommen abgezogen werden, auch wenn dadurch die Möglichkeit verloren geht, bestehende gesetzliche oder vertragliche Verpflichtungen zu erfüllen.[67]

26

Dass nur bereite Mittel berücksichtigt werden können, gilt auch in den Fällen, in denen im Sinne des normativen Zuflussprinzips eine besondere **normative Bestimmung** über die Berücksichtigung von Einnahmen vorliegt. Beispielsweise kann die sozialhilferechtliche Bestimmung über die verteilte Berücksichtigung einer einmaligen Einnahme[68] ab dem Zeitpunkt nicht mehr angewendet werden, in dem die Einnahme nicht mehr real vorhanden ist.[69] Das gleiche gilt für normative Bestimmungen anderer Gesetze. Trotz steuerlich gewinnhöhend aufgelöster Ansparrücklagen eines Selbständigen (§ 7g EStG) ist dieser Gewinnanteil bei vorherigem Verbrauch nicht relevant.[70] Ähnliches gilt für die bürgerlich-rechtliche Zuschreibung eines Erbes nach § 1922 Abs. 1 BGB, das erst ab dem Zeitpunkt zu berücksichtigen ist, zu dem es als bereites Mittel verfügbar ist.[71]

27

Eine auf dem Einkommen liegende **Pfändung** führt nicht unmittelbar dazu, dass entsprechende Teile des Einkommens keine bereiten Mittel darstellen. Wenn die Ausführung der Pfändung überhaupt nicht oder nicht ohne weiteres aufgehoben werden kann[72], bleiben die von der Pfändung betroffenen Einkommensteile außer Betracht. Gleiches muss aber gelten, wenn gegen den Vollzug überhaupt nichts unternommen wird. Im Falle der **Abtretung** von Einkommen ist ebenfalls zu differenzieren. Bei einer Sicherungsabtretung ohne Eintritt des Sicherungsfalls und dann, wenn trotz Abtretung vollständig an die Leistungsberechtigten ausgezahlt wird, ist das Einkommen als bereites Mittel anzusehen. Führt die Abtretung zur Auszahlung an den Abtretungsempfänger, liegt schlicht kein bei den Leistungsberechtigten berücksichtigungsfähiger Zufluss vor. Eine Abtretung kann nicht mit der Argumentation als unbeachtlich angesehen werden, dass sie entgegen der Selbsthilfeobliegenheit zu einem Zeitpunkt vorgenommen wurde, in dem das Einkommen in der Sozialhilfe hätte berücksichtigt werden müssen und dass es sich um eine freiwillige Form der Schuldentilgung handele.[73] Die Abtretung führt zivilrechtlich zu einem Wechsel des Forderungsinhabers (§ 389 BGB) und kann nicht einfach ignoriert werden. Zu prüfen ist aber, ob überhaupt eine wirksame Abtretung vorliegt (vgl. u.a. §§ 117, 400 i.V.m. 394, 134,

28

---

[64] BSG v. 30.09.2008 - B 4 AS 57/07 R - juris Rn. 18 - SozR 4-4200 § 11 Nr. 16.
[65] BVerwG v. 02.06.1965 - V C 63.64 - BVerwGE 21, 208, 212 f.
[66] Vgl. BVerwG v. 15.12.1977 - V C 35.77 - juris Rn. 12 - BVerwGE 55, 148 ff.; auch der Begrifflichkeit folgend u.a. BSG v. 11.12.2007 - B 8/9b SO 23/06 R - juris Rn. 15 - BSGE 99, 262 ff.
[67] Vgl. BVerwG v. 27.01.1965 - V C 32.64 - juris Rn. 15 - BVerwGE 20, 188, 192; BSG v. 19.09.2008 - B 14/7b AS 10/07 R - juris Rn. 25 - SozR 4-4200 § 11 Nr.18.
[68] § 3 Abs. 2 Satz 2 i.V.m. § 8 Abs. 1 Satz 3 DVO§82SGBXII; vgl. dazu BSG v. 19.05.2009 - B 8 SO 35/07 R - juris Rn. 21 ff. m.w.N. - SozR 4-3500 § 82 Nr. 5.
[69] Vgl. BSG v. 29.11.2012 - B 14 AS 33/12 R - juris Rn. 14 - BSGE 112, 229 ff.
[70] Vgl. BSG v. 21.06.2011 - B 4 AS 21/10 R - juris Rn. 31 - BSGE 108, 258 ff.
[71] Vgl. BSG v. 25.01.2012 - B 14 AS 101/11 R - juris Rn. 22.
[72] BSG v. 10.05.2011 - B 4 KG 1/10 R - juris Rn. 13 - BSGE 108, 144 ff.
[73] Für das SGB II: LSG Niedersachsen-Bremen v. 15.04.2011 - L 13 AS 333/10 - juris Rn. 34; *Striebinger* in Gagel, SGB II/SGB III, 51. ErgLfg., § 11 SGB II Rn. 31.

138 BGB). Sie wird nicht allein wegen eines angenommenen Verstoßes gegen § 2 Abs. 1 SGB XII im Sinne des § 134 BGB unwirksam, weil es sich insofern um eine Obliegenheitsregelung und nicht um ein gesetzliches Verbot oder eine Ausschlussnorm handelt (zum Charakter vgl. die Kommentierung zu § 2 SGB XII Rn. 8). Läge eine unwirksame Abtretung vor, weil zum Beispiel ein Scheingeschäft[74] vorliegt oder die Abtretung sittenwidrig[75] ist, führt das allein nicht zu tatsächlichen Einnahmen. Die Selbsthilfeobliegenheit kann nur dazu genutzt werden, die Leistungsberechtigten zu einer Auszahlung an sich selbst anzuhalten. Geschieht das nicht, kann allenfalls ein Ersatzanspruch nach § 103 Abs. 1 Satz SGB XII entstehen.[76] Bei einer **Aufrechnung** des Dritten gegen eine Forderung der Leistungsberechtigten kann eine bereite Einnahme nur dann vorliegen, wenn trotz Aufrechnung ein zivilrechtlicher Anspruch auf Auszahlung besteht, die ohne weiteres zu realisieren ist[77] und tatsächlich realisiert wird.

29 Ein (Verbraucher-)**Insolvenzverfahren** führt nicht generell aus rechtlichen Gründen dazu, dass die im Rahmen des Verfahrens zugeflossenen Einnahmen als nicht zum Lebensunterhalt verfügbar anzusehen sind. Im Verfahren **vor** der **Eröffnung** kann das Insolvenzgericht nach § 21 Abs. 2 Nr. 2 InsO ein allgemeines Verfügungsverbot gegen den Insolvenzschuldner erlassen. Mit **Eröffnung** des **Insolvenzverfahrens** fehlt dem Insolvenzschuldner grundsätzlich die Verfügungsbefugnis über die Insolvenzmasse, weil sie auf den Insolvenzverwalter (§ 80 Abs. 1 InsO) oder Treuhänder (§ 313 Abs. 1 InsO) übergeht. Die Insolvenzmasse umfasst das bei Eröffnung des Insolvenzverfahrens bestehende Vermögen und solches, das während des Verfahrens erlangt wird (§ 35 Abs. 1 InsO). Die Insolvenzmasse umfasst aber nach § 36 InsO nicht diejenigen Vermögensgegenstände, die der Zwangsvollstreckung nicht unterliegen. Hierzu zählt insbesondere „Vermögen", soweit es bei der Grundsicherung gemäß § 82 Abs. 1 Satz 1 SGB XII als Einkommen zu berücksichtigen ist. Diese **Beschränkungen des Insolvenzbeschlages** und der Abtretung bei Verbraucherinsolvenz (vgl. § 287 Abs. 2 InsO) sind von den Leistungsträgern oder Sozialgerichten eigenständig zu prüfen.[78] Nach dem Ende des Insolvenzverfahrens, d.h. auch in **Restschuldverfahren** (§ 200 Abs. 1 InsO), bestehen keine Einschränkungen der Verfügungsbefugnis des Schuldners (§ 215 Abs. 2 Satz 1 InsO). Um Restschuldbefreiung zu erlangen, muss der Schuldner aber im Zeitraum der „Wohlverhaltensphase" von sechs Jahren seine pfändbaren Forderungen an den Treuhänder abtreten (§ 287 Abs. 2 InsO). Kommt er dem nach, liegen keine bereiten Mittel vor.[79]

30 Nicht tatsächlich bereite Mittel dürfen nicht fiktiv als Einkommen berücksichtigt werden. Das BVerwG vertrat noch die Auffassung, dass § 2 Abs. 1 BSHG (§ 2 Abs. 1 SGB XII) herangezogen werden konnte, eine fehlende Hilfebedürftigkeit zu fingieren, soweit realisierbare Ansprüche bzw. Rechte als „fiktives Einkommen" zur Verfügung stehen und alsbald realisiert werden könnten.[80] Ansprüche bzw. Rechte seien insoweit als **bereite Mittel** anzusehen, wenn sie rechtzeitig zur Deckung des Bedarfs durchgesetzt werden können. Ob sie tatsächlich realisiert wurden, blieb ohne Beachtung. Das **BSG** ist einem unmittelbaren Durchschlagen des § 2 Abs. 1 SGB XII auf den Umfang der Bedürftigkeit entgegengetreten, weil es sich nicht um eine isolierte Ausschlussnorm handelt.[81] Existenzsichernde Leistungen können zudem nicht nur aufgrund einer Annahme, dass die Hilfebedürftigkeit bei einem wirtschaftlich vernünftigen Vorgehen abzuwenden gewesen wäre, verweigert werden.[82] Es kann nicht generell angenommen werden, dass die Möglichkeit einer einstweiligen Verfügung gegen den Schuldner zu einer rechtzeitigen Bedarfsdeckung führt.[83] Hierfür müssten konkrete Anhaltspunkte gegeben sein,

---

[74] Vgl. BSG v. 07.05.2009 - B 14 AS 31/07 R - juris Rn. 18 ff.; BSG v. 03.03.2009 - B 4 AS 37/08 R - juris Rn. 27; BSG v. 23.03.2010 - B 8 SO 24/08 R - juris Rn. 14.

[75] LSG Niedersachsen-Bremen v. 24.01.2007 - L 2 R 105/06 - juris Rn. 31; LSG Baden-Württemberg v. 27.09.2011 - L 13 AS 4496/10 - juris Rn. 53.

[76] Vgl. BSG v. 16.04.2013 - B 14 AS 55/12 R - juris Rn. 22 - SozR 4-4200 § 34 Nr. 2; BSG v. 17.10.2013 - B 14 AS 38/12 R - juris Rn. 16.

[77] Vgl. BSG v. 16.05.2012 - B 4 AS 132/11 R - juris Rn. 22.

[78] Vgl. BSG v. 16.10.2012 - B 14 AS 188/11 R - juris Rn. 20 - BSGE 112, 85 ff.

[79] Vgl. BSG v. 12.06.2013 - B 14 AS 73/12 R - juris Rn. 24.

[80] BVerwG v. 02.06.1965 - V C 63.64 - BVerwGE 21, 208, 212f. 213; BVerwG v. 29.09.1971 - V C 2.71 - BVerwGE 38, 307, 309; BVerwG v. 15.12.1977 - V C 35.77 - BVerwGE 55, 148, 152; BVerwG v. 05.05.1983 - 5 C 112/81 - BVerwGE 67, 163, 166 f.

[81] BSG v. 29.09.2009 - B 8 SO 23/08 R - juris Rn. 20 - BSGE 104, 219; angedeutet schon BSG v. 26.08.2008 - B 8/9b SO 16/07 R - juris Rn. 15 - info also 2009, 90.

[82] Vgl. BSG v. 29.11.2012 - B 14 AS 33/12 R - juris Rn. 17 - BSGE 112, 229 ff.

[83] In diese Richtung aber BVerwG v. 05.05.1983 - 5 C 112/81 - BVerwGE 67, 163, 167.

dass das Verfahren nahezu unmittelbar auch zu Zuflüssen führt. In jedem Fall kann es nicht zu einer Berücksichtigung kommen, wenn der Anspruch erst im Wege eines langwierigen Rechtsmittelverfahrens realisiert werden kann.[84] Eine Verpflichtung zur Anspruchsverwirklichung kann auch dann fehlen, wenn die Geltendmachung den aus dem Gesetz abzulesenden sozialpolitischen Zielsetzungen zuwiderläuft.[85] Ob es Fälle geben kann, in denen als extreme Ausnahme ein vollständiger Ausschluss von der Hilfe denkbar ist, wenn sich Leistungsberechtigte zuwider § 2 Abs. 1 Alt. 1 SGB XII generell eigenen Bemühungen verschließen und Ansprüche ohne weiteres realisierbar sind[86], erscheint zweifelhaft (vgl. die Kommentierung zu § 2 SGB XII Rn. 19). Der Sozialhilfeträger kann die Möglichkeit nutzen, bestehende Ansprüche auf sich überzuleiten (§ 93 Abs. 1 SGB XII), vgl. die Kommentierung zu § 93 SGB XII Rn. 16. Werden Ansprüche vorwerfbar nicht realisiert, kann im Übrigen ein Ersatzanspruch nach § 103 Abs. 1 Satz SGB XII gegen die Leistungsberechtigten geprüft werden. Die Existenz dieser Normen bestätigt, dass Sozialhilfe unabhängig von den Ursachen einer Notlage zu erbringen ist und deshalb nur tatsächlich und nicht nur fiktiv bereite Mittel zu berücksichtigen sind.

Das Fehlen bereiter Mittel wirkt sich nicht aus, falls wegen einer wesentlichen Änderung der Verhältnisse eine **rückwirkende Aufhebung** der Leistungen für einen vergangenen Leistungszeitraum erfolgt. Für den in der Vergangenheit liegenden Aufhebungszeitraum ist der Verbrauch kein für die Aufhebung nach § 48 SGB X relevanter Umstand.[87] Dies erklärt sich daraus, dass bei einer Aufhebung für den zurückliegenden Zeitraum die sich aus dem normativen Zuflussprinzip folgende Berechnung Anwendung finden kann, ohne dass eine aktuelle Bedarfslage ungedeckt bleibt. Die Wirkung der Anwendung des § 48 Abs. 1 Satz 2 SGB X erschöpft sich darin, dass mit der Aufhebung der Bewilligung und Rückforderung eine künftige Verbindlichkeit gegenüber dem Träger entsteht. Soweit aber z.B. wegen der Verteilung einmaliger Einnahmen eine **Rücknahme** für nachfolgende Bewilligungszeiträume in Betracht zu ziehen ist, bleibt relevant, ob und in welchem Umfang die einmaligen Einnahmen bei Bewilligung noch als bereite Mittel zur Verfügung standen. Nur in diesem Umfang ist die Bewilligung ggf. rechtswidrig begünstigend ergangen und nach § 45 SGB X zurückzunehmen.[88] Im Ergebnis werden allerdings die Folgen eines Verbrauchs je nachdem, ob eine in die Vergangenheit wirkende Aufhebung oder eine Rücknahme vorliegt, unterschiedlich behandelt.

31

4. Bedarfszeitraum

Ein Zufluss kann nur dann als Einkommen berücksichtigt werden, wenn er **gegenwärtig** zur Deckung des Bedarfs eingesetzt werden kann. Nur soweit besondere Bestimmungen es erlauben, darf auf den Einsatz künftiger Einnahmen (vgl. z.B. § 31 Abs. 2 Satz 2 SGB XII, § 87 Abs. 2 SGB XII) oder darauf verwiesen werden, gegenwärtige Einnahmen für spätere Bedarfe einzusetzen (einmalige Einnahmen, vgl. Rn. 43). Bei den laufenden Leistungen werden Einnahmen im **Bedarfszeitraum**, d.h. der Zeitraum in dem der Bedarf und die konkrete Hilfebedürftigkeit geprüft werden, berücksichtigt. Dass dabei vom **Monatsprinzip** auszugehen ist, wird schon aus der Festlegung der Regelbedarfshöhe nach dem monatlichen Bedarf erkennbar. Darüber hinaus ist bei der Berücksichtigung des Einkommens von den **monatlichen Bruttoeinnahmen** auszugehen, § 3 Abs. 3 Satz 1 DVO§82SGBXII. Soweit Einkünfte als Jahreseinkünfte berechnet werden, gilt nach § 11 Abs. 1 Satz 1 DVO§82SGBXII der zwölfte Teil als Monatseinkommen. Da sich die Prüfung demnach grundsätzlich auf einen vollen Monat erstreckt, beträgt auch der Bedarfszeitraum einen **Kalendermonat**[89], so dass Zuflüsse vom **ersten bis zum letzten Tag** eingeschlossen sind[90].

32

---

[84] BVerwG v. 15.12.1977 - V C 35.77 - BVerwGE 55, 148, 152.

[85] BSG v. 26.08.2008 - B 8/9b SO 16/07 R - info also 2009, 90 (keine Pflicht zum Abzweigungsantrag des Kindergeldes bei Leistungen nach den §§ 42 ff. SGB XII).

[86] Offengelassen von BSG v. 29.09.2009 - B 8 SO 23/08 R - juris Rn. 20 - BSGE 104, 219 ff.

[87] Vgl. BSG v. 30.09.2008 - B 4 AS 29/07 R - BSGE 101, 291 ff.; BSG v. 29.11.2012 - B 14 AS 33/12 R - juris Rn. 15; BSG v. 10.09.2013 - 4 AS 89/12 R - juris Rn. 25.

[88] BSG v. 10.09.2013 - 4 AS 89/12 R - juris Rn. 29.

[89] BVerwG v. 22.04.2004 - 5 C 68/03 - BVerwGE 120, 339; dem folgend BSG v. 19.05.2009 - B 8 SO 35/07 R - FEVS 61, 97.

[90] Für das SGB II: BSG v. 14.02.2013 - B 14 AS 51/12 R - juris Rn. 15 ff.

III. Einkommensberücksichtigung (Absatz 1)

1. Einnahmen in Geld oder Geldeswert (Absatz 1 Satz1)

33 Gegenstände des Einkommens können alle Einnahmen in Geld oder Geldeswert sein, sofern sie nicht zu den von § 82 Abs. 1 Satz 1 SGB XII genannten Leistungen gehören. **Einnahmen in Geld** sind Zuflüsse von Zahlungsmitteln, die amtlich ausgegeben und zum allgemeinen Umlauf fähig sind (Bargeld). Zu unmittelbaren Einnahmen in Geld führen zudem Kontogutschriften oder Scheckhingaben. Zwar handelt es sich bei „Buchgeld" strenggenommen um eine Forderung. Es kann aber anders als ein sonstiger Gegenstand ohne den Zwischenschritt einer Bewertung zur Zahlung in offizieller Währung genutzt werden. Ausländische Zahlungsmittel sind mit dem zum Zeitpunkt des Zuflusses geltenden Umtauschkurs zu berücksichtigen.[91] Kein Geld, aber ggf. Einnahmen in Geldeswert sind z.B. Sammelmünzen[92], Gutscheine oder die als „Währung" in Tauschringen verwendeten Gutschriftsysteme[93].

34 **Einnahmen in Geldeswert** sind solche Zuflüsse, die einen Marktwert haben und sich daher in Geld tauschen lassen. Einnahmen mit Geldeswert sind z.B. Sachleistungen in Form von Waren oder Dienstleistungen, die mit ihrem Marktwert als Einkommen zu berücksichtigen sind.[94] Für die Berücksichtigung von Sachleistungen sollen nach § 2 DVO§82SGBXII Besonderheiten gelten. Die Anwendung dieser Verordnungsvorschrift ist auf Sachbezüge aus **nichtselbstständiger Tätigkeit** beschränkt und begegnet wegen der nicht mit der Regelbedarfsermittlung abgestimmten Bewertung Bedenken (zu Einzelheiten vgl. die Kommentierung zu § 2 DVO§82SGBXII Rn. 7 ff.). Aus systematischen Gründen kann eine Berücksichtigung von geldwerten Einnahmen erst dann in Frage kommen, wenn sie nicht schon gem. § 27a Abs. 4 Satz 1 SGB XII **bedarfsmindernd** wirken. Damit können nur solche Zuwendungen als Einkommen Berücksichtigung finden, die nicht institutionell als Teil der Sozialhilfe erbracht werden.[95] Denn wenn die Leistungen nach dem SGB XII ausdrücklich von der Einkommensberücksichtigung ausgenommen sind, verbleibt nur bei dieser Auslegung für § 27a Abs. 4 Satz 1 SGB XII ein sinnvoller Anwendungsbereich (vgl. vertiefend die Kommentierung zu § 27a SGB XII Rn. 91).

2. Berücksichtigungsfreies Einkommen (Absatz 1 Satz 1)

a. Leistungen nach dem SGB XII

35 Nach § 82 Abs. 1 Satz 1 SGB XII sind von der Berücksichtigung als Einkommen **sämtliche Leistungen nach dem SGB XII** ausgenommen, so dass auch sonstige Hilfen nach diesem Buch nicht etwa bei der Hilfe zum Lebensunterhalt einzusetzen sind. Ausgenommen ist die Anrechnung nur für diejenigen Personen, die nach den §§ 19 und 20 SGB XII leistungsberechtigt sind. Die nach dem Wortlaut denkbare Berücksichtigung der **Leistungen nach dem SGB II oder AsylbLG** an andere Personen über den Weg der Einsatzgemeinschaft (vgl. die Kommentierung zu § 27 SGB XII) ist ausgeschlossen. Auf andere Grundsicherungsleistungen ist die Privilegierung in § 82 Abs. 1 Satz 1 SGB XII entsprechend anzuwenden, damit der individuelle Grundsicherungsstandard in gemischten Bedarfsgemeinschaften gewahrt bleibt. Sowohl das SGB II (§ 11 Abs. 1 Satz 1 SGB II) als auch das SGB XII (§ 82 Abs. 1 Satz 1) sehen eine Einkommensberücksichtigung von Leistungen nach dem jeweiligen Gesetzbuch nämlich nicht vor. Dann kann für eine gemischte Bedarfsgemeinschaft aber nichts anderes gelten.[96] Dies hat der Gesetzgeber ganz offensichtlich übersehen, weil er die gemischte Bedarfsgemeinschaft nicht vor Augen hatte. Entsprechend müssen bei der Einkommensberücksichtigung nach § 11 SGB II oder § 7 AsylbLG Leistungen nach dem SGB XII unberücksichtigt bleiben. Zu weiteren Einzelheiten vgl. Rn. 48.

b. Freigestellte Renten

36 Nicht zum Einkommen gehört die **Grundrente** nach dem **BVG** und nach den Gesetzen, die eine entsprechende Anwendung des BVG vorsehen.[97] Empfangen die Leistungsberechtigten **Renten** oder Bei-

---

[91] BSG v. 05.09.2007 - B 11b AS 49/06 R - juris Rn. 22.
[92] BGH v. 08.12.1983 - 1 StR 274/83 - NJW 1984, 1311 (Krügerrand).
[93] Vgl. hierzu *Knäusl*, NDV 2000, 410.
[94] *Decker* in: Oestreicher, SGB II/SGB XII, § 82 Rn. 31.
[95] BSG v. 11.12.2007 - B 8/9b SO 21/06 R - BSGE 99, 252 ff.; BSG v. 23.03.2010 - B 8 SO 17/09 R.
[96] Vgl. BSG v. 09.06.2011 - B 8 SO 20/09 R - juris Rn. 16 - BSGE 108, 241 ff.
[97] Z.B. Soldatenversorgungsgesetz, Zivildienstgesetz, Opferentschädigungsgesetz, Häftlingshilfegesetz, Infektionsschutzgesetz, Strafrechtliches Rehabilitierungsgesetz.

hilfen nach dem **BEG** für einen Schaden an Leben sowie an Körper oder Gesundheit, sind diese Leistungen gleichfalls **bis zur Höhe der vergleichbaren Grundrente nach dem BVG** nicht als Einkommen zu behandeln. Die Grundrente nach dem BVG als Form der Beschädigtenrente wird nach den §§ 29 ff. BVG in Abhängigkeit vom Grad der Schädigung gewährt. Sie ist folglich eine Entschädigung für die Beeinträchtigung der körperlichen Unversehrtheit und soll Mehraufwendungen oder Ausgaben ausgleichen, die ein gesunder Mensch nicht hat. Sie dient somit nicht der Sicherung des Lebensunterhalts. **Nicht** freigestellt ist danach das **Verletztengeld** nach den §§ 47 ff. SGB VII, denn es wird als Entgeltersatzleistung gezahlt. Gleiches gilt für die **Verletztenrente** nach § 57 SGB VII.[98] Im Bereich des SGB II sind seit dem 01.07.2011 Verletztenrenten nach dem SGB VII teilweise in Höhe der Grundrente nach § 31 BVG nicht als Einkommen zu berücksichtigen, wenn sie aufgrund eines in Ausübung der Wehrpflicht bei der NVA der DDR erlittenen **Gesundheitsschadens** erbracht werden (vgl. § 1 Abs. 6 Satz 1 Alg II-V). Diese Privilegierung zielt auf eine Gleichbehandlung mit Wehrdienstgeschädigten der Bundeswehr ab, für die eine Rente direkt nach dem BVG gewährt werden kann. Die Regelung wird vom BSG zum einen nicht rückwirkend angewandt und ändert nach dessen Ansicht auch nichts an der Auslegung des Rechts für die Zeit vor Inkrafttreten.[99] Im Bereich des SGB XII hat keine entsprechende gesetzliche Normierung oder Anpassung der Verordnung zu § 82 SGB XII stattgefunden. Eine Gleichbehandlung Leistungsberechtigter nach dem SGB XII könnte nur durch die Anwendung der Öffnungsklausel in § 82 Abs. 3 Satz 3 SGB XII (vgl. Rn. 91) erreicht werden. Nicht zum privilegierten Einkommen gehört die **Schwerstbeschädigtenzulage** nach § 31 Abs. 4 BVG, weil sie nicht Teil der Beschädigtengrundrente ist.[100]

Berücksichtigungsfrei war bis 31.12.2010 der **befristete Zuschlag** gemäß § 24 SGB II a.F., der einem Leistungsberechtigten nach dem SGB II als Aufschlag auf die Hilfe zum Lebensunterhalt gewährt wurde. Ab dem 01.01.2011 ist der Anspruch auf den befristeten Zuschlag gemäß § 24 SGB II a.F. (bis zum 31.12.2010) weggefallen, so dass auch die diesbezügliche Ausnahme in § 82 Abs. 1 Satz 1 SGB XII gestrichen worden ist (vgl. Rn. 7). Eine Übergangsregelung ist weder im SGB II noch im SGB XII vorgesehen. Sollte der befristete Zuschlag trotz seines Wegfalls noch über den 01.01.2011 hinaus vom SGB-II-Träger gewährt werden, ist er ab diesem Zeitpunkt als Einkommen nicht mehr berücksichtigungsfrei. Insoweit kommen keine Erstattungsansprüche des SGB-II-Trägers gegen den Sozialhilfeträger in Betracht, weil die Leistung nicht rechtmäßig erbracht ist.[101] Der **befristete Zuschlag** nach § 24 SGB II a.F. ist in **gemischten Bedarfsgemeinschaften** auch für die Zeit **vor** der Einfügung der Nichtberücksichtigung in § 82 Abs. 1 Satz 1 SGB XII nicht als Einkommen bei dem nach dem SGB XII Leistungsberechtigten anzusehen. Nur so kann eine Schlechterstellung der SGB-II-Leistungsberechtigten in gemischten Bedarfsgemeinschaften vermieden werden.[102]

3. Regelbedarfsrelevante Rückerstattungen (Absatz 1 Satz 2)

Einkünfte aus Rückerstattungen, die auf Vorauszahlungen beruhen, die Leistungsberechtigte **aus dem Regelbedarf** erbracht haben, sind gemäß § 82 Abs. 1 Satz 2 SGB XII nicht mehr als Einkommen zu behandeln. Die Regelung kann nur im Rahmen der Hilfe zum Lebensunterhalt nach dem Dritten Kapitel und der Grundsicherung im Alter und bei Erwerbsminderung nach dem Vierten Kapitel angewendet werden. Nach der bisherigen Praxis war z.B. eine **Stromkostenerstattung** als **Einkommen** im Sinne des § 82 Abs. 1 SGB XII zu berücksichtigen, wenn sie in der Bedarfszeit zufließt.[103] Daran änderte nichts, dass ggf. eine noch nicht fällige (bedingte) Forderung gegen den Energielieferanten bereits vor dem Zeitpunkt des Zuflusses bestanden hatte. Diese Erstattungsforderung konnte **nicht als freiwillig** angespart und deshalb als Vermögen angesehen werden, weil die über den tatsächlichen Verbrauch hinausgehenden Vorauszahlungen jeweils fällig und zu erfüllen waren. Das Gleiche galt für die noch nicht bestimmte Anwartschaft auf Auszahlung nicht verbrauchter Vorauszahlungen. Die Forderung und deren Höhe sind aufschiebend bedingt und vom Verbrauch abhängig, so dass der Anwartschaft noch kein konkreter Vermögenswert zukommt. Aus den gleichen Erwägungen sind auch sonstige **Betriebskostenerstattungen** im Bedarfszeitraum Einkommen.[104] Die Einfügung des § 82 Abs. 1 Satz 2

37

38

---

[98] BSG v. 17.03.2009 - B 14 AS 15/08 R - FEVS 61, 5. Hierzu und zur verfassungsrechtlichen Rechtsprechung des BVerfG v. 16.03.2011 - 1 BvR 591/08 u.a. - SGb 2011, 702 ff. kritisch *O'Sullivan*, SGb 2011, 691.
[99] Vgl. BSG v. 14.02.2013 - B 14 AS 198/11 R - juris Rn 14.
[100] Vgl. BSG v. 17.10.2013 - B 14 AS 58/12 R.
[101] Vgl. *Roos* in: von Wulffen, SGB X, 7. Aufl., § 105 Rn. 7.
[102] Vgl. LSG Niedersachsen-Bremen v. 23.09.2010 - L 8 SO 58/08 - juris Rn. 34.
[103] BSG v. 19.05.2009 - B 8 SO 35/07 R - FEVS 61, 97.
[104] BSG v. 15.04.2008 - B 14/7b AS 58/06 R - SozR 4-4200 § 9 Nr. 5.

SGB XII stellt sich gegen diese überzeugende Rechtsprechung, weil sie die Leistungen nach dem SGB XII als Budget verstanden wissen will, mit dem der Leistungsberechtigte nach seinen Vorstellungen wirtschaften können soll.[105] Hierbei handele es sich „lediglich" um eine Klarstellung, die der bisherigen Intention des Gesetzes folgt, Leistungen nach dem SGB XII nicht als Einkommen zu berücksichtigen. Sie soll sich auch nicht allein auf Stromkostenerstattungen, sondern auch auf „vergleichbare" Sachverhalte erstrecken. Für das SGB II ist allerdings keine entsprechend allgemeine Regelung in Kraft getreten. Lediglich bezüglich der Unterkunftskosten gilt **§ 22 Abs. 3 HS. 2 SGB II**, wonach Rückzahlungen, die sich auf die Kosten für **Haushaltsenergie** beziehen, die laufenden Kosten der Unterkunft und Heizung nicht mindern. Erst die **Rechtsprechung** des BSG hat im Bereich des SGB II bezogen auf **Stromkostenerstattungen** insgesamt für eine Gleichbehandlung gesorgt, indem sie sich darauf bezog, dass Einsparungen bei den Regelbedarfen bzw. dem berücksichtigten Einkommen auch dort nicht als Einkommen anzusehen sind.[106] Entscheidend sei dabei nur, dass die an Hilfebedürftige zurückfließenden Vorauszahlungen während der Zeit der Hilfebedürftigkeit geleistet worden sind. Es sei nicht zu ermitteln, ob die Zahlungen tatsächlich aus der Regelleistung getätigt wurden.

39 Die Regelung stellt eine von der Systematik des § 82 Abs. 1 Satz 1 SGB XII völlig losgelöste und nicht verallgemeinerbare Privilegierung dar. Es handelt sich bei den Erstattungen weder unmittelbar noch mittelbar um Leistungen der Sozialhilfe. Die Privilegierung kann deshalb nicht mit dem Sinn und Zweck des § 82 Abs. 1 Satz 1 SGB XII gerechtfertigt werden. Die Regelung beruht nur auf einer tatsächlichen Annahme, es handele sich bei den Erstattungen um „Einsparungen" bei oder mit dem Regelbedarf. Weil sich die Regelung gegen die Systematik des § 82 SGB XII stemmt, wirft sie erhebliche praktische Folgeprobleme auf. Für eine ihren Motiven entsprechende Anwendung muss sie zunächst gegen den Wortlaut ausgelegt werden, dass es nicht auf die Verwendung „aus" dem Regelbedarf ankommt. Aus der laufenden Hilfe können auch Vorauszahlungen erbracht werden, für die sich die Sozialhilfe nicht verantwortlich zeigt. Es können nur Rückzahlungen aus Vorauszahlungen **für** Lebensbereiche gemeint und freigestellt sein, denen Bedarfsanteile zugeordnet sind. Zudem muss eine Lösung gefunden werden, falls der Zeitraum, für den die Rückerstattung berechnet ist, nur teilweise mit den Bewilligungszeiträumen übereinstimmt. Eine dem Gesetz entsprechende Lösung wäre, die Erstattung dann nur entsprechend einer sich aus dem Verhältnis zwischen Bewilligungs- und Rückerstattungszeitraum bildenden Quote nicht als Einkommen zu berücksichtigen. Dem Problem, dass häufig (z.B. wegen der Berücksichtigung von Einkommen oder sonstigem Geldvermögen auf einem Konto) nicht nur die Regelbedarfe einschließlich evtl. Ansparbeträge zur Verfügung gestanden haben, will die Rechtsprechung damit aus dem Weg gehen, dass nicht festgestellt werden muss, ob tatsächlich Regelbedarfsanteile vorausgezahlt wurden.[107] Es ist aber mit dem Ansatz der Regelung nicht vereinbar, dass eine Privilegierung auch dann noch gelten soll, wenn aufgrund der einsetzbaren Einkommen einschließlich Freibeträgen usw. tatsächlich keine Budgetrelevanz bestand. Diese „Lösung" bestätigt letztlich die praktische Unaufklärbarkeit und die Fragwürdigkeit des Ansatzes der Regelung. Wo im Übrigen weitere ähnliche Sachverhalte wie der einer Stromkostenerstattung liegen, wird die weitere Praxis klären müssen. Da bei Auszahlung freiwilliger Ansparungen ohnehin kein Einkommen angenommen werden kann, kommt ein Anwendungsbereich nur im Rahmen von Rückzahlungen bei ursprünglich verpflichtend zu leistenden Beträgen in Betracht. Vorgeschlagen ist, hierzu Rückzahlungen zu zählen, die aus nicht vom Sozialhilfeträger übernommenen (z.B. unangemessenen) Mietkosten herrühren.[108] Dagegen spricht, dass damit der Bereich der Regelbedarfe verlassen ist und dass die Sozialhilfe gerade nicht für unangemessene Wohnkosten verantwortlich sein will. Jedenfalls gehören Guthaben bzw. Rückerstattungen wegen der aus Sozialhilfemitteln gezahlten Kosten der Unterkunft und Heizung i.S.d. § 35 SGB XII **nicht** dazu (vgl. die Kommentierung zu § 35 SGB XII). Denn zum einen wäre damit eine Ungleichbehandlung zu den Leistungsberechtigten nach dem SGB II geschaffen, die entsprechende Guthaben nicht selbst behalten dürfen. Zum anderen würde eine Freistellung auch nicht mit dem Budgetgedanken der Regelsätze zu rechtfertigen sein. Die Leistungen nach § 35 SGB XII werden in der Regel

---

[105] Vgl. BR-Drs. 661/10, S. 61, Begr. S. 210.

[106] BSG v. 23.08.2011 - B 14 AS 186/10 R - juris Rn. 18.

[107] BSG v. 23.08.2011 - B 14 AS 185/10 R - juris Rn. 17.

[108] *Geiger* in LPK-SGB XII, 9. Aufl., § 82 Rn. 64. Die Frage ist vor allem im Bereich des SGB II streitig: Gegen eine ähnliche Lösung LSG Baden-Württemberg v. 20.01.2010 - L 3 AS 3759/09, *Luik* in: Eicher, SGB II, 3. Aufl., § 22 Rn. 148. A.A. *Berlit* in: LPK-SGB II, 4. Aufl., § 22 Rn. 116.

in tatsächlicher Höhe und daher gerade nicht als bedarfsdeckendes Budget übernommen. Nur dann, wenn abgeltende Pauschalen gemäß § 35 Abs. 2 bzw. Abs. 3 SGB XII gewährt sind, könnte eine Freistellung erfolgen.

4. Berücksichtigung von Kindergeld (Absatz 1 Satz 3)

Das **Kindergeld** nach dem EStG bzw. BKGG wäre ohne die Existenz der **Regelung** in § 82 Abs. 1 Satz 3 SGB XII[109] nach Satz 1 der Vorschrift sozialhilferechtlich eine Einnahme dessen, an den es als Leistungs- oder Abzweigungsberechtigten ausgezahlt wird.[110] Nur die in § 62 EStG genannten Anspruchsberechtigten und **nicht die Kinder** haben einen Anspruch auf das Kindergeld. An das Kind wird das Kindergeld nur unter den Voraussetzungen einer Abzweigung nach § 74 Abs. 1 Satz 1 EStG bzw. § 48 Abs. 1 SGB I ausgezahlt – ohne dass sie in die Stellung des Berechtigten eintreten. Das Kindergeld wird also **abweichend** vom Regelfall durch eine besondere **Zuordnungsregelung** einem **minderjährigen** Kind als Einkommen **zugerechnet**, soweit es bei diesem zur Deckung des notwendigen Lebensunterhaltes benötigt wird. Es handelt sich um eine **normative** Einkommenszuordnung, denn es kommt ersichtlich nicht darauf an, ob das Kind einen dem Kindergeld entsprechenden Betrag oder eine dem Wert entsprechende Leistung tatsächlich zugewendet erhält. Hierdurch soll rechnerisch die Sozialhilfebedürftigkeit von Kindern vermieden oder vermindert werden. Erhält das Kind Zuwendungen der Eltern in Geld, handelt es sich auch dann um (Bar-)Unterhalt, wenn sie sich an der Höhe des Kindergeldes orientieren. Das Kindergeld ist für den gesamten Monat der Geburt und für den gesamten letzten Monat der Minderjährigkeit als Einkommen des Kindes zu behandeln, weil es für den gesamten Monat erbracht wird (§ 66 Abs. 2 EStG, § 11 Abs. 1 BKGG).[111]

40

Wird das erhaltene Kindergeld von einem kindergeldberechtigten Elternteil aber an ein außerhalb des Haushaltes[112] lebendes volljähriges Kind in vollem Umfang **„weitergeleitet"**, ist es (nur) als dessen Einkommen zu berücksichtigen, soweit es ihm zeitnah, d.h. innerhalb eines Monats nach Auszahlung bzw. Überweisung zugewendet wird und ohne die „Weiterleitung" des Kindergeldes die Voraussetzungen des § 74 EStG für eine Abzweigung des Kindergeldes vorliegen würden.[113] In diesem Fall bleibt das Kindergeld zwar Einkommen des Berechtigten, steht diesem aber nicht mehr als bereites Mittel zur Verfügung. Es kommt nicht darauf an, ob das Kind tatsächlich einen Antrag auf Abzweigung gestellt hat. Eine fiktive Berücksichtigung des Kindergeldes erfolgt nicht, wenn das Kind einen unter Umständen erfolgversprechenden Antrag auf Abzweigung nicht stellt.[114] Wie vom BSG für das SGB II entschieden, ist es ohne Bedeutung, ob das Geld an ein Kind weitergeleitet wird, das sich in Ausbildung befindet und Leistungen nach dem BAföG bezieht.[115]

41

5. Berücksichtigung laufender und einmaliger Einnahmen

Bei der Berücksichtigung von Einkommen ist zwischen laufenden und einmaligen Einnahmen zu differenzieren. **Laufende Einnahmen** sind solche, die auf demselben Rechtsgrund beruhen und regelmäßig erbracht werden.[116] Unter demselben Rechtsgrund ist nicht dieselbe Rechtsnorm, sondern die Grundlage der Zahlung, d.h. das Rechtsverhältnis gemeint, so dass sämtliche **regelmäßigen Zuflüsse** aus diesem Rechtsverhältnis laufende sind. Insoweit kommt es auf das tatsächliche Geschehen und nicht auf die rechtliche Verpflichtung an. Deshalb kann auch eine an sich einmal zu erbringende Leis-

42

---

[109] Bis zum 01.01.2011: § 82 Abs. 1 Satz 2 SGB XII.

[110] BVerwG v. 28.04.2005 - 5 C 28/04 - NJW 2005, 2873 f.; BSG v. 08.02.2007 - B 9b SO 5/06 R - BSGE 98, 121; BSG v. 08.02.2007 - B 9b SO 6/06 R, B 9b SO 6/05 R und B 9b SO 5/05 R; BSG v. 16.10.2007 - B 8/9b SO 8/06 R - BSGE 99, 137; BSG v. 11.12.2007 - B 8/9b SO 23/06 R - BSGE 99, 262; BSG v. 26.08.2008 - B 8/9b SO 16/07 R - FEVS 60, 346.

[111] Vgl. BSG v. 09.06.2011 - B 8 SO 20/09 R - juris Rn. 14 - BSGE 108, 241 ff.

[112] BSG v. 06.12.2007 - B 14/7b AS 54/06 R - FEVS 59, 395: Die bloße Zahlung des Kindergeldes an ein im Haushalt lebendes volljähriges Kind ohne förmliche Abzweigung bewirkt bei diesem keinen Einkommenszuwachs, sondern bleibt Einkommen des Kindergeldberechtigten.

[113] BSG v. 11.12.2007 - B 9/b SO 23/06 R - BSGE 99, 262; BSG v. 26.08.2008 - B 8/9b SO 16/07 R - juris Rn. 14 - FEVS 60, 346.

[114] BSG v. 26.08.2008 - B 8/9b SO 16/07 R - juris Rn. 16 - FEVS 60, 346.

[115] Vgl. BSG v. 16.04.2013 - B 14 AS 81/12 R - juris Rn. 28 vor dem Hintergrund der besonderen Regelung in § 1 Abs. 1 Nr. 8 Alg II-V.

[116] Es können die Grundsätze herangezogen werden, die für die Zulässigkeit der Berufung entwickelt wurden, vgl. BSG v. 07.05.2009 - B 14 AS 4/08 R - juris Rn. 13 unter Hinweis auf BSG v. 28.01.1999 - B 12 KR 51/98 B - juris Rn. 7 - SozR 3-1500 § 144 Nr. 16.

tung in Teilbeträgen und regelmäßig als laufende Einnahme zufließen.[117] Wenn es sich um grundsätzlich wiederkehrend zu erbringende Leistungen handelt, ist auch die erste und die letzte Einnahme eine laufende.[118] Laufende Einnahmen sind zum Beispiel Löhne, Deputate, wiederkehrende Mieteinnahmen, Unterhaltsleistungen und Sozialleistungen wie etwa Arbeitslosengeld und Renten. Laufende Einnahmen sind nur in dem Monat zu berücksichtigen, in dem sie zufließen. Das muss auch für Einnahmen für Tätigkeiten gelten, die nicht im gesamten Monat ausgeübt werden (vgl. § 11 Abs. 2 Satz 2 SGB II).

43 **Einmalige Einnahmen** sind solche, bei denen sich das Geschehen im Wesentlichen in einer **einzigen Leistung** erschöpft.[119] Dies betrifft typischerweise einmalige Sozialleistungen[120], Schenkungen[121], Erbschaften[122], Gewinne aus Glückspiel[123], Steuererstattungen[124], Nachzahlungen von Unterhalt oder Arbeitslohn[125], Gratifikationen und Abfindungen[126]. § 3 Abs. 2 Satz 3 DVO§82SGBXII erwähnt im Zusammenhang mit nichtselbständiger Tätigkeit noch Sonderzuwendungen, Gratifikationen und gleichartige Bezüge und Vorteile, die in größeren als monatlichen Zeitabständen gewährt werden. Einmalige Einnahmen werden nicht nur – dem Monatsprinzip folgend – in dem Monat berücksichtigt, in dem sie zufließen und als bereite Mittel zur Verfügung stehen. Sie sind regelmäßig ab dem Zuflussmonat auf einen **angemessenen Zeitraum zu verteilen** (§ 3 Abs. 2 Satz 2 i.V.m. § 8 Abs. 1 Satz 3 DVO§82SGBXII). Die mit der einmaligen Einnahme verbundenen **Absetzungen** sind vor der Verteilung von der Gesamtsumme abzusetzen (vgl. § 11b Abs. 1 Satz 2 SGB II). Einzelheiten zur Bildung des Verteilzeitraums sind in der Kommentierung zu § 3 DVO§82SGBXII Rn. 12 kommentiert. Ein Verteilzeitraum müsste bei einmaligen Einkünften aus Land- und Forstwirtschaft, Gewerbebetrieb und selbständiger Tätigkeit (§ 4 DVO§82SGBXII), bei Einkünften aus Kapitalvermögen (§ 6 DVO§82SGBXII) und bei Einkünften aus Vermietung und Verpachtung (§ 7 DVO§82SGBXII) nicht gebildet werden. Die Einkommensberechnung innerhalb dieser Einkünftearten – außer bei Vermietung möblierter Wohnungen und Zimmer (§ 7 Abs. 4 und 5 DVO§82SGBXII) – soll mit **Jahreseinkünften** erfolgen (vgl. dazu § 11 DVO§82SGBXII), bei denen der zwölfte Teil davon als monatliches Einkommen gilt. Einmalige Einnahmen wären eingeschlossen und würden ebenfalls über das Jahr verteilt berücksichtigt.

44 Ist ein Zufluss als einmalige Einnahme zu verteilen, ändert sich während des Verteilzeitraums der „Aggregatzustand" nicht dadurch, dass der Bezug von Leistungen unterbrochen wird, ohne dass die Hilfebedürftigkeit aus anderen Gründen als der einmaligen Einnahme wenigstens für einen Monat weggefallen war.[127] Normative Berechnungsvorgaben ändern allerdings nichts daran, dass nur **bereite Mittel** berücksichtigt werden können (vgl. Rn. 27). Eine verteilte Berücksichtigung einmaliger Einnahmen kann ab dem Zeitpunkt nicht mehr angewendet werden, in dem die Einnahme nicht mehr in dem monatlich berücksichtigten Umfang real bereit steht.[128] Eine erfolgte Anrechnung muss dann unabhängig von den Ursachen des Verbrauchs[129] rückgängig gemacht werden. Die notwendige Hilfegewährung kann lediglich einen Ersatzanspruch nach § 103 Abs. 1 Satz SGB XII auslösen (vgl. Rn. 28).

6. Besonderheiten bei „Gemischter Bedarfsgemeinschaft"

45 In den Grundsicherungen entstehen sogenannte **gemischte Bedarfsgemeinschaften**, wenn mehrere Personen zwar zu einer Bedarfs- bzw. Einsatzgemeinschaft gehören, jedoch nicht alle nach derselben Grundsicherung anspruchsberechtigt sind. Das beruht darauf, dass die jeweiligen Grundsicherungen sich nur durch die individuelle Leistungsberechtigung voneinander abgrenzen (vgl. § 21 Abs. 1 Satz 1 SGB XII, § 5 Abs. 2 Satz 1 SGB II, § 9 Abs. 1 AsylbLG). Der Gesetzgeber hat übersehen, dass die

---

[117] BSG v. 18.02.2010 - B 14 AS 86/08 R - juris Rn. 11.
[118] BSG v. 16.12.2008 - B 4 AS 70/07 R - juris Rn. 23 - SozR 4-4200 § 11 Nr. 19.
[119] BSG v. 27.01.1977 - 7 RAr 17/76 - juris Rn. 25 - BSGE 43, 134, 135.
[120] BSG v. 06.10.2011 - B 14 AS 94/10 R - SozR 4-4200 § 11 Nr. 46.
[121] BSG v. 11.02.1976 - 7 RAr 159/74 - BSGE 41, 187 ff.
[122] BSG v. 25.01.2012 - B 14 AS 101/11 R - SozR 4-4200 § 11 Nr. 47.
[123] LSG Sachsen-Anhalt v. 23.02.2011 - L 2 AS 187/08.
[124] BSG v. 30.09.2008 - B 4 AS 29/07 R - BSGE 101, 291 ff.
[125] BSG v. 30.07.2008 - B 14 AS 43/07 R.
[126] BSG v. 03.03.2009 - B 4 AS 47/08 R - BSGE 102, 295 ff.
[127] BSG v. 30.09.2008 - B 4 AS 29/07 R - BSGE 101, 291 ff.; BSG v. 25.01.2012 - B 14 AS 101/11 R - juris Rn. 27 - SozR 4-4200 § 11 Nr. 47.
[128] Vgl. BSG v. 29.11.2012 - B 14 AS 33/12 R - juris Rn. 14 - BSGE 112, 229 ff.
[129] Vgl. BSG v. 17.10.2013 - B 14 AS 38/12 R - juris Rn. 13.

Systemabgrenzung dadurch aber nicht vollständig ist (vgl. vertiefend die Kommentierung zu § 21 SGB XII Rn. 15). Die grundsätzliche Berücksichtigung jedweder Einnahmen könnte dazu führen, dass im Zusammenhang mit der Berücksichtigung des Einkommens von Ehegatten und Partnern gemäß § 19 Abs. 1 Satz 2 SGB XII z.B. das Alg II eines Partners als Einkommen zu berücksichtigen wäre. Eine sachgerechte Kollisionsregelung gibt es in keiner gesetzlichen Vorschrift der Grundsicherungen. Die Rechtsprechung hat mittlerweile Anwendungsregeln aufgestellt.

Bei der **Feststellung der Bedarfe** innerhalb einer Bedarfs- bzw. Einsatzgemeinschaft wirkt sich die gemischte Bedarfsgemeinschaft nicht aus. Bei Berechnung des Bedarfs innerhalb einer Grundsicherung wird ausgeblendet, dass eine Person nicht in dieser Grundsicherung berechtigt ist und möglicherweise einen anderen persönlichen Bedarf hat. Um beispielsweise die Leistungsansprüche für die tatsächlich nach dem SGB II Leistungsberechtigten zu ermitteln, wird **fiktiv** angenommen, dass ein vom Bezug von Leistungen nach dem SGB II ausgeschlossener Altersrentner einen Bedarf nach dem SGB II hat.[130]

46

Damit ist aber noch nicht beantwortet, inwieweit Einkommen innerhalb einer gemischten Bedarfsgemeinschaft zu berücksichtigen ist. Bliebe es in dieser Berechnung bei dem Vorrang einer Grundsicherung, müssten die ihr an sich nicht unterworfenen Personen Einkommen nach einem für sie „fremden" und möglicherweise nachteiligeren Leistungssystem einsetzen. Es muss aber zumindest vermieden werden, dass das individuelle Existenzminimum unterschritten wird. Als Grundsatz hat die Rechtsprechung herausgearbeitet, dass sich durch die **gemischte Bedarfsgemeinschaft weder positive noch negative Auswirkungen** ergeben dürfen.[131] Soweit es die Berücksichtigung von Einkommen betrifft, lässt sich das nur dadurch erreichen, dass innerhalb eines Grundsicherungssystems nicht nur die jeweiligen Leistungen selbst, sondern in analoger Anwendung des § 82 Abs. 1 Satz 1 SGB XII (bzw. § 11a Abs. 1 Nr. 1 SGB II) auch die anderen Leistungen der Grundsicherung nicht als Einkommen gelten.[132] In der Folge darf die Leistungsberechnung nicht so erfolgen, dass nach einer Grundsicherung freizustellendes Einkommen in einer anderen Grundsicherung berücksichtigt wird.[133] Im Übrigen muss auch bei der Anwendung der Einsatzregelungen zugunsten anderer Personen berücksichtigt werden, dass nicht Teile des Anspruchs „verloren" gehen bzw. dass nur das den Bedarf der nicht leistungsberechtigten Person übersteigende Einkommen in die Verteilung zugunsten der anderen eingeht.[134]

47

Deshalb erfolgt zwar in der Sozialhilfe die Berücksichtigung von Einkommen der nicht nach dem SGB XII leistungsberechtigten Person grundsätzlich nach den Regelungen des SGB XII, muss aber berücksichtigen, dass der fremde Leistungsanspruch (z.B. SGB II) gewährt bleibt. Zur Feststellung eines Leistungsanspruchs einer nach dem SGB XII leistungsberechtigten Person in einer Bedarfsgemeinschaft ist daher unter Heranziehung der für das Einkommen geltenden **Härtefallregelung** (vgl. Rn. 91) des § 82 Abs. 3 Satz 3 SGB XII wie folgt vorzugehen[135]: In einem **ersten Schritt** ist die Leistungsberechnung für die Einsatzgemeinschaft allein nach den Regelungen des SGB XII vorzunehmen. Einkommen der SGB-II-Berechtigten in Form der Leistungen nach dem SGB II (Leistungen zum Lebensunterhalt, Einstiegsgeld nach § 16b SGB II usw.) ist dabei vollständig zu ignorieren. Damit erhält man ein Zwischenergebnis, das die Ansprüche nach dem SGB XII, d.h. auch einen fiktiven SGB-XII-Anspruch der nicht nach dem SGB XII Berechtigten bzw. deren notwendigen Einkommenseinsatz ausweist. In einem **zweiten Schritt** muss dann zum Schutz des Anspruchsumfangs nach dem SGB II eine Berechnung nach den Regeln des SGB II erfolgen, wobei Leistungen nach dem SGB XII erneut unbeachtlich sind. Im **dritten Schritt**, d.h. im Ergebnis kann dann nur das den eigenen SGB-II-Anspruch übersteigende Einkommen tatsächlich in die Berechnung nach dem SGB XII zugunsten anderer Mitglieder der Einsatzgemeinschaft übernommen werden.

48

---

[130] Vgl. BSG v. 07.11.2006 - B 7b AS 14/06 R - BSGE 97, 242; BSG v. 15.04.2008 - B 14/7b AS 58/06 R - FEVS 60, 259.

[131] Vgl. BSG v. 16.10.2007 - B 8/9b SO 2/06 R - BSGE 99, 131 zur notwendigen Harmonisierung der Regelsatzhöhe; BSG v. 18.03.2008 - B 8/9b SO 11/06 R - BSGE 100, 139.

[132] BSG v. 09.06.2011 - B 8 SO 20/09 R - juris Rn. 16 ff. - BSGE 108, 241 ff.

[133] Vgl. zum befristeten Zuschlag nach dem SGB II: LSG Niedersachsen-Bremen v. 23.09.2010 - L 8 SO 58/08 - juris Rn. 34.

[134] BSG v. 15.04.2008 - B 14/7b AS 58/06 R - juris Rn. 46 - SozR 4-4200 § 9 Nr. 5.

[135] Nach BSG v. 09.06.2011 - B 8 SO 20/09 R - BSGE 108, 241 ff. Vgl. auch *Haberstumpf-Münchow/Kruse*, info also 2012, 108 ff.

7. Fallbeispiele

49 Eine wegen der Beendigung des Arbeitsverhältnisses und im Bedarfszeitraum erhaltene **Abfindung** ist Einkommen. Sie kann nicht deshalb als Vermögen gelten, weil sie noch aus dem Arbeitsverhältnis herrührt bzw. nach ihrem Charakter auch eine Entschädigung für den Verlust des Arbeitsplatzes darstellt.[136]

50 Bei Selbständigen ist der Gewinn aus der **Auflösung einer Ansparrücklage** i.S. des § 7g EStG (Freisetzung von angespartem Einkommen) im rechtlichen Sinn eigentlich Vermögen.[137] Gleichwohl wird er normativ in § 4 DVO§82SGBXII als Einkommen bewertet, das allenfalls als nicht bereites Mittel von der Berücksichtigung freigestellt ist.[138] Der **Steuerbescheid** entfaltet **keine Tatbestandswirkung**.

51 **Ausbildungsgeld**, welches nach § 125 SGB III (§ 104 SGB III a.F.) für eine Teilnahme an einer berufsfördernden Maßnahme im Berufsbildungsbereich einer Werkstätte für behinderte Menschen (WfbM) geleistet wird, ist zwar Einkommen im Sinne des § 82 Abs. 1 Satz 1 SGB XII und wird nicht im Sinne des § 83 SGB XII zweckbestimmt geleistet.[139] Dennoch ist es nach Ansicht des BSG[140] nicht als Einkommen zu berücksichtigen. Die Lage eines Ausbildungsgeldbeziehers darf nicht schlechter sein als die eines Beschäftigten in der WfbM. Letztere profitieren von einer günstigeren Bereinigung des Einkommens nach § 82 Abs. 3 Satz 2 SGB XII, wonach statt der Absetzung von 30% vom (Brutto-)Einkommen bzw. höchstens 50% der Regelbedarfsstufe 1 von dem Entgelt ein Achtel des Eckregelsatzes zuzüglich 25% des diesen Betrag übersteigenden Entgelts abzusetzen sind. Gemäß § 82 Abs. 3 Satz 3 SGB XII kann in begründeten Fällen ein anderer Betrag abgesetzt werden. Für das während der Maßnahme in einer WfbM gezahlte Ausbildungsgeld sieht das BSG wegen der sonst drohenden Schlechterstellung einen solchen begründeten Ausnahmefall als gegeben an. Bei dem Ausbildungsentgelt handelt es sich zwar nicht um Einkünfte aus einer Beschäftigung, es kommt dem Werkstattentgelt aber nahe. Das Ausbildungsentgelt begründet Versicherungspflicht in der Sozialversicherung bis auf die Arbeitslosenversicherung und wird vom BSG damit als eine einer Beschäftigung vergleichbare Tätigkeit gewertet. Eine Ungleichbehandlung ergibt sich daraus, dass einem Werkstattbeschäftigten ein Freibetrag verbleibt, der über dem Ausbildungsgeld liegt, obwohl kein relevanter Unterschied besteht. Die Tätigkeit im Berufsbildungsbereich und die Beschäftigung im Arbeitsbereich sind ineinandergreifende und kontinuierliche Rehabilitationsleistungen.

52 Zuwendungen Dritter, die im Bezugszeitraum ausgezahlt werden, aber nicht endgültig behalten werden können, sondern zurückzuzahlen sind (**Darlehen**), sind nicht als Einkommen zu berücksichtigen. Insbesondere unter Angehörigen ist aber unter Mitwirkung der Betroffenen zu klären, ob es sich – von Anfang an – um einen zivilrechtlich als Darlehensvertrag zu behandelnden Vorgang mit den üblichen Vertragspflichten i.S.d. § 488 BGB oder um verdeckte (auch freiwillige) Unterhaltsleistungen bzw. Schenkungen handelt. In diese Prüfung können Kriterien eines sog. „Fremdvergleichs", d.h. etwa die Üblichkeit der Konditionen usw. einfließen.[141] Im Übrigen scheidet auch dann eine Berücksichtigung aus, wenn es sich von Anfang an um ein „Not-Darlehen" handelt, dessen Rückzahlung aus den Mitteln noch zu zahlender Sozialhilfe- oder sonstigen Sozialleistungen erfolgen soll.[142] In beiden Konstellationen findet keine echte Vermögensmehrung statt. Es handelt sich um Mittel, die die Leistungsberechtigten nicht endgültig behalten dürfen. Ist die Rückzahlungsverpflichtung hingegen nicht von Anfang an bei Zufluss vereinbart, ist die Zuwendung als „bereites Mittel" im Monat des Zuflusses als Einkommen zu behandeln.[143]

53 Das **Elterngeld** war für die Empfänger von Leistungen nach dem SGB XII gemäß der alten Fassung des § 10 BEEG stets in Höhe eines Freibetrages von 300 € nicht als Einkommen zu berücksichtigen. Seit dem 01.01.2011 ist diese **Vergünstigung** durch die Einführung des § 10 Abs. 5 BEEG[144] für diejenigen Leistungsberechtigten **weggefallen**, die **vor der Geburt** des Kindes **nicht erwerbstätig** wa-

---

[136] BSG v. 03.03.2009 - B 4 AS 47/08 R - juris Rn. 15 - BSGE 102, 295; i.E. ebenso BSG v. 18.02.2010 - B 14 AS 86/08 R - juris.
[137] BSG v. 21.06.2011 - B 4 AS 21/10 R - juris Rn. 21; BSG v. 21.06.2011 - B 4 AS 22/10 R - juris Rn. 23.
[138] BSG v. 21.06.2011 - B 4 AS 21/10 R - juris Rn. 29 ff.
[139] BSG v. 23.03.2010 - B 8 SO 17/09 R, a.A. noch LSG Niedersachsen-Bremen v. 26.02.2009 - L 8/13 SO 7/07 m.w.N.
[140] BSG v. 23.03.2010 - B 8 SO 17/09 R.
[141] Vgl. BSG v. 17.06.2010 - B 14 AS 46/09 R - juris Rn. 20.
[142] Vgl. BSG v. 20.12.2011 - B 4 AS 46/11 R - juris Rn. 16; BSG v. 06.10.2011 - B 14 AS 66/11 R - juris Rn. 18.
[143] Vgl. BSG v. 20.12.2011 - B 4 AS 46/11 R - juris Rn. 19.
[144] Haushaltbegleitgesetz 2011 v. 09.12.2010, BGBl I 2010, 1885.

ren. Nur dieser Personenkreis kann noch einen Freibetrag für das Elterngeld von bis zu 300 € in Anspruch nehmen. Wird der Auszahlungszeitraum nach § 6 BEEG verlängert, halbiert sich der Freibetrag für den noch begünstigten Personenkreis auf 150 €. Der grundsätzliche Wegfall des Freibetrages für Grundsicherungsberechtigte bei der Berücksichtigung von Elterngeld durch die Einfügung von § 10 Abs. 5 BEEG ab dem 01.01.2011 führt dazu, dass sie zwar weiterhin elterngeldberechtigt bleiben, das Elterngeld aber für den Lebensunterhalt verbrauchen müssen. Im Ergebnis stehen sie damit in der Elternzeit nicht finanziell besser. Der verfassungsrechtlich begründeten Kritik an dieser Ungleichbehandlung von Eltern auf der Ebene der Grundsicherung[145] hat sich die Rechtsprechung nicht angeschlossen. Es liege keine verfassungswidrige Ungleichbehandlung vor, weil die Anreizfunktion des Elterngeldes nicht wirke, wenn vor der Elternzeit keine Erwerbstätigkeit ausgeübt worden ist.[146]

Das aus einer **Erbschaft** Erlangte wurde von der Rechtsprechung **früher** als – in der Regel einmalige – Einnahme behandelt, sobald hieraus Geld zufließt[147] oder darüber bzw. über sonstige Gegenstände mit Geldeswert verfügt werden kann. Diese Rechtsprechung fügte sich in die hinter § 82 Abs. 1 Satz 1 SGB XII stehende Systematik ein, wenn die bereits zuvor erworbene Allein- oder Miterbenstellung als vermögenswerte Rechtsposition angesehen wurde, die sich erst durch den Zufluss realisierte. Im Bereich des SGB II stellt das **BSG** mittlerweile auf den durch die **zivilrechtlichen Regelungen** zum Erbe **normativ bestimmten Zufluss** ab. Schon im Zeitpunkt des Erbfalls geht die Erbschaft – unbeachtlich der Ausschlagungsmöglichkeit – unmittelbar kraft Gesetzes auf die Erben über und der Erbe könnte über seinen Anteil am Nachlass verfügen. Bereits diese Verfügungsmöglichkeit bedeute einen Zufluss.[148] Die Verwertung wäre dann nicht erneut als Einkommen zu bewerten.[149] Praktisch ist die Gesamtrechtsnachfolge in der Regel aber gerade nicht dadurch gekennzeichnet, dass mit dem Erbfall ad hoc sämtliche Erbschaftsgegenstände als zum Lebensunterhalt beitragende Einnahmen zur Verfügung stehen. Die Rechtsprechung muss daher zudem beachten, dass nicht allein der Zufluss entscheidend ist, sondern dass eine Berücksichtigung der Erbschaft erst dann möglich ist, wenn aus ihr **bereite Mittel** zur Verfügung stehen.[150] Für ein **Vermächtnis**, das lediglich eine Forderung gegen das Erbe darstellt, fallen Zufluss und die Bereitschaft der Mittel in der Regel auf einen Zeitpunkt. Auf die Bereitschaft der Erbschaftsmittel unter Berücksichtigung der rechtlichen Ansprüche und tatsächlichen Möglichkeiten der Leistungsberechtigten muss es auch dann ankommen, wenn sie als (Mit-)Erben Beschränkungen durch ein Testament unterliegen. Ist beispielsweise die **Testamentsvollstreckung** nach den §§ 2197 ff. BGB angeordnet[151], kann nur der Testamentsvollstrecker und nicht der Erbe über die der Testamentsvollstreckung unterliegenden Gegenstände des Erbes verfügen (§ 2211 Abs. 1 BGB). Dementsprechend können nicht sämtliche Gegenstände des Erbes, sondern nur die von dem Testamentsvollstrecker erfüllten Ansprüche als bereite Mittel gewertet werden. Ansonsten fehlt es an zu berücksichtigendem Einkommen. Eine fiktive Berücksichtigung von Ansprüchen, die nicht erfüllt worden sind, scheidet aus.[152] Soweit Ansprüche erfüllt werden, aber eine besondere Gestaltung gewählt ist, die eine Berücksichtigung von Zuwendungen aus dem Erbe als Einkommen bzw. Vermögen in der Grundsicherung ausschließen sollte (sog. **Versorgungs- bzw. Behindertentestament**[153]), kommt eine Nichtberücksichtigung nur im Rahmen von § 84 Abs. 2 SGB XII in Betracht.

54

---

[145] Vgl. *Dau*, jurisPR-SozR 2/2012, Anm. 2.
[146] Vgl. LSG Hessen v. 01.08.2013 - L 6 AS 378/13 - juris Rn. 23; LSG Rheinland-Pfalz v. 12.03.2013 - L 6 AS 623/11 jeweils m.w.N.
[147] BVerwG v. 18.02.1999 - 5 C 14/98 - NJW 1999, 3137; zum SGB II BSG v. 28.10.2009 - B 14 AS 62/08 R; LSG Berlin-Brandenburg v. 27.04.2009 - L 23 SO 58/09 B ER für den Fall der Zahlung auf ein Konto; implizit auch LSG Nordrhein-Westfalen v. 20.12.2006 - L 20 B 135/06 SO ER - FEVS 58, 448.
[148] Vgl. BSG v. 24.02.2011 - B 14 AS 45/09 R - juris Rn. 21 - SozR 4-4200 § 11 Nr. 36.
[149] Vgl. BSG v. 06.09.2007 - B 14/7b AS 66/06 R - juris Rn. 19 - BSGE 99, 77 ff.
[150] So dann auch BSG v. 25.01.2012 - B 14 AS 101/11 R - juris Rn. 22 - SozR 4-4200 § 11 Nr. 47. Vertiefend zur Rechtsprechung des BSG *Wettlaufer*, VSSR 2013, 1 ff.
[151] Vgl. zum Problem der Wirksamkeit von Testamenten gemäß § 138 BGB LSG Hamburg v. 13.09.2012 - L 4 AS 167/10 m.w.N.
[152] Anders SG Osnabrück v. 18.09.2012 - S 16 AS 191/11.
[153] Vgl. LSG Baden-Württemberg v. 09.10.2007 - L 7 AS 3528/07 ER-B.

§ 82

55 Die während des Bedarfszeitraums zugeflossenen Gewinne aus **Glücksspiel** bzw. **Lotteriegewinne** sind je nach Zahlungsweise einmaliges oder wiederkehrendes Einkommen.[154] Die Gewinne sind nicht im Hinblick auf vorgehende Einsätze als angespartes bzw. umgeschichtetes Vermögen zu betrachten. Nur der **konkret** zum Gewinn führende Einsatz kann als notwendige Ausgabe vom Gewinn gemäß § 82 Abs. 2 Nr. 4 SGB XII abgesetzt werden.

56 **Kostenfreie Verpflegung** ist nach dem derzeitigen Regelungsgefüge gemäß § 82 Abs. 1 SGB XII i.V.m. § 2 Abs. 1 Satz 1 DVO§82SGBXII **nur** dann als Einkommen zu berücksichtigen, wenn sie **im Rahmen** einer **nichtselbständigen Beschäftigung** gestellt wird (zu Einzelheiten vgl. die Kommentierung zu § 2 DVO§82SGBXII Rn. 11). Wenn sie von einem Sozialhilfeträger als Teil der Sozialhilfe gewährt wird, stellt sie eine Leistung nach dem SGB XII dar und kann nur bedarfsmindernd als Zuwendung im Sinne des § 27a Abs. 4 Satz 1 SGB XII wirken.[155] Nach der Rechtsprechung ist kostenfreie Verpflegung durch Familienangehörige[156] oder von einem anderen Leistungsträger[157] mangels hinreichender Bewertungsgrundlage nicht zu berücksichtigen (zu Einzelheiten vgl. die Kommentierung zu § 2 DVO§82SGBXII Rn. 11).

57 Das im Bedarfszeitraum aus einer privaten Versicherung gezahlte **Krankenhaustagegeld** ist Einkommen und kein mit den Versicherungsbeiträgen angespartes Vermögen.[158]

58 **Gesetzliche Renten** sind Einkommen, soweit es sich nicht um Renten nach dem BVG und nach solchen Gesetzen handelt, die eine entsprechende Anwendung des BVG vorsehen; Renten und Beihilfen nach dem BEG für Schäden an Leben, Körper und Gesundheit sind bis zur Höhe der vergleichbaren Grundrente nach dem BVG kein Einkommen, § 82 Abs. 1 Satz 1 SGB XII. Diese Freistellung gilt auch für **ausländische Renten**, die einer Grundrente nach dem BVG oder den Leistungen nach dem BEG gleichzustellen sind.[159]

59 Vom Arbeitgeber zusätzlich zum Lohn gezahlte **Spesen** sind Einkommen und keine zweckbestimmten Einnahmen im Sinne des § 83 Abs. 1 SGB XII.[160]

60 **Trinkgelder**, die von Kunden gewährt werden und dem Leistungsberechtigten zukommen, sind Einkommen.[161] Bei der Berechnung des Einkommens sind sie im Rahmen der Einkünfte aus der hierbei ausgeübten Tätigkeit zu berücksichtigen.

61 Nach Haftentlassung und im Bedarfszeitraum gezahltes **Überbrückungsgeld nach § 51 Abs. 1 StVollzG** ist als einmalige Einnahme für die ersten vier Wochen der Freiheit zu berücksichtigen (vgl. die Kommentierung zu § 83 SGB XII Rn. 14).

62 Die bloße **unentgeltliche Überlassung von Gegenständen zur Nutzung** (z.B. Kfz) bewirkt keinen Einkommenszufluss und führt daher nicht zur Berücksichtigung eines Einkommens.[162] Aus der unentgeltlichen Überlassung erspart sich der Hilfeempfänger allenfalls die Anschaffungskosten, erwirbt damit aber nicht gleichzeitig Mittel zur Deckung des Lebensunterhalts. Selbst wenn darüber hinaus die Betriebskosten (Kraftstoff etc.) weiterhin vom Überlassenden getragen werden, ist keine Einnahme mit Geldwert etwa in Höhe der im Regelsatz enthaltenen Anteile für Mobilität zu berücksichtigen. Zieht man die Argumentation des BSG zur Überlassung von kostenfreier Verpflegung heran (vgl. die Kommentierung zu § 2 DVO§82SGBXII Rn. 11), fehlt auch für eine Bewertung dieser Sachzuwendung

---

[154] LSG Niedersachsen-Bremen v. 22.11.2006 - L 8 AS 325/06 ER - juris Rn. 28; LSG Nordrhein-Westfalen v. 13.12.2010 - L 19 AS 77/09.

[155] BSG v. 11.12.2007 - B 8/9b SO 21/06 R - BSGE 99, 252 ff.

[156] BSG v. 18.6.2008 - B 14 AS 46/07 R (unentgeltliche Verpflegung durch Angehörige).

[157] BSG v. 18.06.2008 - B 14 AS 22/07 R - BSGE 101, 70 ff. (kostenfreie Krankenhausverpflegung); BSG v. 16.12.2008 - B 4 AS 9/08 R (Verpflegung in JVA), BSG v. 23.03.2010 - B 8 SO 17/09 R (Mittagessen in einer Werkstatt für behinderte Menschen).

[158] Vgl. BSG v. 19.01.2011 - B 4 AS 90/10 R - juris Rn. 15.

[159] LSG Bayern v. 25.08.2009 - L 8 SO 64/08. Zweifelhaft dagegen SG Augsburg v. 22.12.2011 - S 15 SO 145/11 wegen einer russischen Invalidenrente, die ohne Rücksicht darauf gezahlt wird, ob Invalidität auf Kriegsfolgen zurückgeht.

[160] Vgl. zur früheren Rechtslage im SGB II: BSG v. 11.12.2012 - B 4 AS 27/12 R - juris Rn. 19 - SozR 4-4225 § 6 Nr. 2.

[161] *Wahrendorf* in: Grube/Wahrendorf, SGB XII, § 82 Rn. 18.

[162] A.A. *Wahrendorf* in: Grube/Wahrendorf, § 82 Rn. 36; OVG Hamburg v. 20.12.1994 - Bs IV 196/94 - FEVS 46, 110; grundsätzlich bejahend auch VG Düsseldorf v. 26.10.2001 - 13 K 7210/99 - info also 2002, 124, das bei Selbstzahlung der Unterhaltskosten allerdings im Ergebnis keine Anrechnung durchführte.

eine hinreichende Bewertungsvorschrift. Falls allerdings die Bewirtschaftung des Kfz durch Zuwendungen in Geld ermöglicht wird, handelt es sich um Einkommen, das allenfalls im Rahmen einer Härtefallberücksichtigung gemäß § 84 Abs. 2 SGB XII von der Berücksichtigung ausgenommen ist.

Erwirbt der Leistungsberechtigte im Bedarfszeitraum einen materiellen **Schadensersatzanspruch** (gemäß §§ 249-252 BGB), ist unabhängig von der Eigenschaft des Anspruchs als Vermögen die daraus folgende Zahlung als Einkommen zu berücksichtigen. Dies gilt nur dann **nicht**, wenn der Schadensersatz das Surrogat für einen bereits **besessenen anderen** Vermögensgegenstand darstellt.[163] 63

Eine **Steuererstattung** im Bedarfszeitraum ist Einkommen.[164] Es handelt sich nicht um Vermögen, das freiwillig aus Einkünften angespart wurde, und daher kann der Zufluss nicht als Umschichtung des Vermögens verstanden werden.[165] 64

IV. Einkommensbereinigung (Absatz 2)

1. Regelungstechnik

Die **Absetzungen** von den Einnahmen gemäß § 82 Abs. 2 SGB XII (Einkommensbereinigung) dienen dazu, aus den Einnahmen das berücksichtigungsfähige Einkommen zu ermitteln. Die Einkommensbereinigung folgt nicht dem strengen steuerrechtlichen Nettoprinzip, weil nicht alle möglichen Absetzungen (z.B. die für angemessene private Versicherungen) mit den Einnahmen zusammenhängen. Die zugelassenen Absetzungen sind in der Aufzählung des § 82 Abs. 2 SGB XII auch nicht qualitativ systematisiert, etwa in der Absetzungshöhe unterschiedlich zu behandeln. Die notwendigen Absetzungen von den Einnahmen, d.h. die mit der Erzielung der Einnahmen verbundenen Ausgaben, sind grundsätzlich[166] ebenso vollständig absetzbar wie beispielsweise freiwillige und angemessene Vorsorgeaufwendungen für Versicherungen. Weitere Absetzungen als die enumerativ aufgezählten sind grundsätzlich nicht vorzunehmen. Problematisch ist, dass die Absetzungsmöglichkeiten des § 82 Abs. 2 SGB XII nicht vollständig identisch zu denen des § 11b Abs. 1 Satz 1 SGB II sind. Beispielsweise fehlt in dem Katalog des § 82 Abs. 2 SGB XII die Regelung des § 11b Abs. 1 Satz 1 Nr. 7 SGB II, wonach bereits **titulierte Unterhaltsforderungen** zur Absetzung **eines** entsprechenden Betrages führen. Insoweit war unter der Geltung des BSHG nur anerkannt, dass wegen Unterhalts **gepfändete** Einkommensteile nicht zum Lebensunterhalt eingesetzt werden können.[167] Weil insoweit keine systemrelevanten Unterschiede zum SGB II und insbesondere kein besonderer Bezug zum Arbeitsmarkt erkennbar sind, müsste auch im Bereich des SGB XII ein jederzeit vollstreckbarer Unterhaltstitel für eine Absetzung genügen. Bei anderen Pfändungen gelten die allgemeinen Ausführungen zu bereiten Mitteln (vgl. Rn. 28). Gleiches gilt für die Heranziehung zum Unterhalt im Rahmen einer Ausbildung im Sinne des § 11b Abs. 1 Satz 1 Nr. 8 SGB II, weil es sich insoweit um eine verwandte Regelung handelt. 65

2. Absetzungszeitpunkt und weitere Regelungen

Für den Zeitpunkt der Berücksichtigung von Aufwendungen besteht keine Regelung. Im Ergebnis kann für die Aufwendungen als „negatives" Einkommen nichts anderes gelten als für die Berücksichtigung der positiven Einnahmen. Aufwendungen können nur von dem Einkommen und nicht fiktiv, sondern nur dann abgesetzt werden, wenn sie während des Bedarfszeitraums **tatsächlich getätigt** werden. Einzelheiten zu den Absetzungen regeln die Bestimmungen der DVO§82SGBXII. Nach § 12 DVO§82SGBXII sind die Absetzungen von der Summe der Einnahmen abzusetzen. Für „einmalige" Absetzungen ist keine Aufteilung auf längere Zeiträume vorzunehmen und wäre unter dem Gesichtspunkt bereiter Mittel auch nicht sachgerecht. Bei einmaligen Einnahmen sind die mit der Einnahme verbundenen Aufwendungen vor der Verteilung abzusetzen. 66

---

[163] BVerwG v. 18.02.1999 - 5 C 14/98 - FEVS 51, 51.
[164] Vgl. für das SGB II BSG v. 30.07.2008 - B 14/7b AS 12/07 R - juris; BSG v. 28.10.2009 - B 14 AS 64/08 R - juris.
[165] Vgl. hierzu BSG v. 30.09.2008 - B 4 AS 57/07 R - FEVS 60, 392; BSG v. 03.03.2009 - B 4 AS 47/08 R - BSGE 102, 295, BSG v. 13.05.2009 - B 4 AS 49/08 R - juris.
[166] Soweit nicht in der SGB12§82DV Höchstbeträge bzw. abgeltende Pauschbeträge enthalten sind.
[167] BVerwG v. 15.12.1977 - V C 35.77 - juris Rn. 16 - BVerwGE 55, 148.

67 Keine Regelungen sind getroffen, soweit in **gemischten Bedarfsgemeinschaften** Absetzungen z.B. sowohl bei der Berechnung des Alg II als auch im Rahmen der Sozialhilfe möglich wären und die Aufwendungen allen Berechtigten zugutekommen. Hier könnte es sich anbieten, die Aufwendungen unabhängig von der individuellen privatrechtlichen Schuldnerstellung nach dem **„Kopfteilprinzip"** zu verteilen.[168]

68 Zahlungen Dritter im Rahmen einer **Anspruchsüberleitung** auf den Sozialhilfeträger (§ 93 SGB XII) sind kein Einkommen der Leistungsberechtigten. Fiktive Absetzungen zugunsten der Leistungsberechtigten sind in diesem Fall nicht vorzunehmen.[169] Allerdings mindert sich der überleitungsfähige Anspruch um die Absetzungsbeträge, so dass der Schuldner nur so viel an den Sozialhilfeträger zu zahlen hat, wie in der Sozialhilfe berücksichtigungsfähig wäre.[170]

3. Steuern auf das Einkommen (Absatz 2 Nr. 1)

69 Nach § 82 Abs. 2 Nr. 1 SGB XII sind nur solche **Steuern**[171] abzugsfähig, die auf das Einkommen entrichtet werden. Gemeint sind daher die zu zahlende **Einkommensteuer** und ihre besonderen Erhebungsformen: die auf Einkommen aus nichtselbständiger Arbeit (§ 2 Abs. 1 Nr. 4 EStG) zu zahlende **Lohnsteuer** (§§ 38 ff. EStG) und die auf Einkünfte aus Kapitalvermögen zu zahlende **Kapitalertragsteuer** (§§ 43 ff. EStG). Darüber hinaus ist noch die auf Ländergesetzen beruhende **Kirchensteuer** abzugsfähig, soweit sie als Zuschlag auf die Einkommensteuer erhoben wird.[172] Der **Solidaritätszuschlag** wird als Ergänzungsabgabe zur Einkommensteuer und Körperschaftsteuer erhoben (§ 1 SolzG), ist daher vom Einkommen abzugsfähig. Die **Gewerbesteuer** ist eine Steuer auf den Gewerbeertrag und fußt grundsätzlich auf der Gewinnermittlung nach dem EStG (§ 7 Abs. 1 GewStG). Sie wird zudem bei der Einkommensteuer mindernd berücksichtigt (§ 35 Abs. 1 EStG). Dies rechtfertigt eine Absetzung im Rahmen des § 82 Abs. 2 Nr. 1 SGB XII, wenn sie gezahlt ist.[173] **Steuernachforderungen**, d.h. solche Steuern, die nicht dem im Bedarfszeitraum bezogenen Einkommen zuzuordnen und dort fällig sind, können **nicht** nach Nr. 1 abgesetzt werden.[174] **Rückstellungen** auf künftige Steuerschulden sind ebenfalls **unbeachtlich**.[175] Nicht auf das Einkommen erhoben und deshalb **nicht absetzbar** sind unter anderem **Verkehrssteuern** wie Umsatz- bzw. Mehrwertsteuer und Grunderwerbsteuer, **Verbrauchssteuern** wie Strom- und Mineralölsteuer und **Besitzsteuern** wie Kfz-Steuer, Hundesteuer und Grundsteuer. Öffentliche Abgaben und Steuern, die nicht unmittelbar auf das Einkommen oder den Gewinn entrichtet werden, aber mit der Erzielung der Einnahmen zusammenhängen, können noch im Rahmen des § 82 Abs. 2 Nr. 4 SGB XII als notwendige Ausgaben abgesetzt werden.

4. Pflichtbeiträge zur Sozialversicherung (Absatz 2 Nr. 2)

70 Die Beiträge für die Pflichtversicherung in der Sozialversicherung wirken nicht bedarfserhöhend.[176] Für **nichtselbständig Beschäftigte** handelt sich um die gesetzlich vorgeschriebenen Beiträge in der gesetzlichen **Renten-, Kranken-, Pflege- und Arbeitslosenversicherung**. Absetzbar sind nur die tatsächlich von den Leistungsberechtigten getragenen Beträge, **nicht** die Arbeitgeberanteile. Auch gesetzlich verpflichtend zu leistende **Zusatzbeiträge** (z.B. in der Krankenversicherung, § 242 SGB V) und **Beitragszuschüsse** (§ 55 Abs. 3 Satz 1 SGB XI[177]) zählen hierzu. Sobald solche Zusatzlasten (z.B. durch einen Kassenwechsel) vermeidbar sind, können sie nicht mehr als Pflichtbeiträge angesehen

---

[168] Vgl. BSG v. 09.06.2011 - B 8 SO 20/09 R - juris Rn. 13.

[169] BSG v. 14.03.2012 - B 14 AS 98/11 R - juris Rn. 13 ff. - SozR 4-4200 § 33 Nr. 2.

[170] Etwas missverständlich BSG v. 14.03.2012 - B 14 AS 98/11 R - juris Rn. 20 - SozR 4-4200 § 33 Nr. 2: „Absetzbeträge nach § 11 Abs 2 iVm der Alg II-V werden vom Anspruchsübergang nicht erfasst" meint: Der Sozialhilfeträger soll nicht von den Absetzungen profitieren.

[171] Legaldefinition in § 3 AO. Nicht zu den Steuern gehören demnach sonstige öffentlich-rechtliche Abgaben, die nicht nur der allgemeinen Einnahmeerzielung dienen, sondern eine Leistung abgelten.

[172] Die Kirchensteuer könnte neben dem Zuschlag zur Einkommensteuer beispielsweise auch als Zuschlag zur Vermögensteuer, als Grundsteuer oder als Kirchgeld erhoben werden, vgl. z.B. § 3 KiStG LSA.

[173] A.A. *Decker* in: Oestreicher, SGB II/SGB XII, § 82 Rn. 58.

[174] *Löns* in: Löns/Herold/Tews, SGB II, 3. Aufl., § 11b Rn. 4; *Söhngen* in: jurisPK-SGB II, § 11b Rn. 16; *Hasske* in: Estelmann, SGB II, 12./13. ErgLfg., § 11 Rn. 55.

[175] BSG v. 23.08.2011 - B 14 AS 165/10 R - juris Rn. 23 - SozR 4-4200 § 11 Nr. 43.

[176] BSG v. 23.11.2006 - B 11b AS 3/06 R - juris Rn. 30 - NDV-RD 2007, 57; BSG v. 23.11.2006 - B 11b AS 1/06 R - juris Rn. 32 - BSGE 97, 265; BSG v. 15.04.2008 - B 14/7b AS 58/06 R - juris Rn. 32 - FEVS 60, 259 jeweils zu privaten Versicherungen, was aber insgesamt zu den Absetzungen gelten muss.

[177] Vgl. SG Landshut v. 02.02.2011 - S 10 SO 48/10 FdV - juris Rn. 22.

werden.[178] Für die in geringfügigen Beschäftigungsverhältnissen stehenden Personen besteht die Möglichkeit, auf die Versicherungsfreiheit zu verzichten (§ 5 Abs. 2 Satz 2 SGB VI), so dass dann Pflichtbeiträge in der Rentenversicherung zu erheben sind. Soziale Pflichtversicherungen bestehen auch für **Selbständige**, z.B. in den Gesetzen über Altershilfe und die Krankenversicherung für Landwirte, für Künstler und Publizisten nach dem KSVG oder für die gemäß § 2 SGB VI in der gesetzlichen Unfallversicherung Beitragspflichtigen (z.B. Lehrer, Pflegepersonen, Hebammen usw.). Freiwillige Beiträge zu gesetzlichen Sozialversicherungen fallen nicht unter Nr. 2, sondern unter Nr. 3. Die freiwillige Versicherung in der gesetzlichen Krankenversicherung hat aber eine Pflichtversicherung in der Pflegeversicherung zur Folge (§ 20 Abs. 3 SGB XI). Abzuziehen sind die Beiträge bei Selbständigen nur dann, wenn die Beiträge nicht schon im Rahmen der Überschussermittlung nach § 4 DVO§82SGBXII berücksichtigt wurden.

5. Private Versicherungsbeiträge (Absatz 2 Nr. 3)

Sonstige Beiträge zu Versicherungen oder ähnlichen Einrichtungen können von den Einnahmen nur abgezogen werden, wenn es sich um gesetzlich vorgeschriebene Pflichtbeiträge, angemessene freiwillige Beiträge oder um Beiträge zur geförderten Altersvorsorge handelt. Im Regelungsumfang entspricht dies § 11b Abs. 1 Satz 1 Nr. 3 und Nr. 4 SGB II. 71

Bei privaten Versicherungsverträgen sind häufig **mehrere Personen** in den Versicherungsschutz einbezogen (z.B. Familienhaftpflicht oder Hausratversicherung). Wegen der Absetzbarkeit in einer Einstandsgemeinschaft nach dem SGB XII oder einer gemischten Bedarfsgemeinschaft (SGB II und SGB XII) ist dann nach Ansicht des BSG nicht entscheidend darauf abzustellen, wer die Beiträge zahlt oder wer Versicherungsnehmer ist.[179] Vielmehr bietet sich hier im Einzelfall eine „Kopfteilberechnung" an.[180] 72

Gesetzlich vorgeschrieben werden beispielsweise **Haftpflichtversicherungen** oder der Beitrag zu berufsständigen Einrichtungen (z.B. Versorgungswerke) oder Interessenvertretungen (z.B. Industrie- und Handelskammer) bei bestimmten Berufen bzw. Gewerben. Die **Kfz-Haftpflichtversicherung** ist zwar gesetzlich vorgeschrieben, aber auch in dem gesetzlichen Mindestumfang grundsätzlich nicht abzugsfähig.[181] Dagegen lässt sich nicht anführen, dass im SGB II nach der insofern wortgleichen Vorschrift des § 11b Abs. 1 Nr. 3 SGB II die Kfz-Pflichtversicherungsbeiträge als abzugsfähig anerkannt sind. Im SGB XII fehlt der den Abzug rechtfertigende Zusammenhang zwischen der Vermögensprivilegierung eines angemessenen Kfz und dem dadurch ausgelösten Kostendruck, der ggf. zur Aufgabe des als typisierend für die Arbeitssuche und -aufnahme als sinnvoll erachteten Kfz führen könnte.[182] Anders als nach dem Recht der Grundsicherung für Arbeitsuchende (§ 12 Abs. 3 Satz 1 Nr. 2 SGB II) stellt ein Kfz für die Sozialhilfe keinen besonders bestandsgeschützten Vermögensgegenstand dar, so dass es allenfalls unter Härtefallgesichtspunkten (§ 90 Abs. 3 SGB XII) von einer Verwertung zur Selbsthilfe ausgeschlossen sein kann. Dieses Ergebnis kann auch nicht dadurch konterkariert werden, dass die Kfz-Haftpflichtversicherung generell als sonstige angemessene private Versicherung oder als notwendige Ausgabe[183] im Sinne des § 82 Abs. 2 Nr. 4 SGB XII gesehen wird. Ist die Kfz-Haftpflichtversicherung demnach grundsätzlich keine gesetzlich vorgeschriebene Versicherung im Sinne des § 82 Abs. 2 Nr. 3 SGB XII, kommt eine Berücksichtigung der Beiträge[184] über die Öffnungsklausel des § 82 Abs. 3 Satz 3 SGB XII nur noch in Betracht, wenn mit der Zahlung sozialhilferechtlich anerkannte Zwecke verfolgt werden, etwa weil die Nutzung öffentlicher Verkehrsmittel im Fall von Krankheit oder Behinderung eines Mitglieds der Einstandsgemeinschaft nicht möglich oder unzumutbar ist.[185] 73

Sonstige Beiträge zu privaten Versicherungen können nur von den Einnahmen abgezogen werden, wenn sowohl die Art der Versicherung als auch die Höhe der geschuldeten Beiträge angemessen ist. Der Begriff **Angemessenheit** ist ein unbestimmter Rechtsbegriff, dessen Auslegung und Anwendung 74

---

[178] Vgl. *Striebinger* in Gagel, SGB II/SGB III, 52. ErgLfg., § 11b SGB II Rn. 7
[179] Vgl. BSG v. 18.03.2008 - B 8/9b SO 11/06 R - juris Rn. 21 - BSGE 100, 139 ff.
[180] Vgl. BSG v. 09.06.2011 - B 8 SO 20/09 R - juris Rn. 13.
[181] Ablehnend noch BVerwG v. 04.06.1981 - 5 C 12/80 - BVerwGE 62, 261, 264 ff.
[182] BSG v. 07.11.2006 - B 7b AS 18/06 R - BSGE 97, 254; BSG v. 08.02.2007 - B 7a AL 2/06 R - SozR 4-4300 § 330 Nr. 4.
[183] Vgl. *Wahrendorf* in: Grube/Wahrendorf, SGB XII, § 82 Rn. 42.
[184] In einer gemischten Bedarfsgemeinschaft aus SGB-II- und SGB-XII-Hilfeempfängern ggf. unabhängig davon, wer die Beiträge tatsächlich schuldet oder zahlt.
[185] BSG v. 18.03.2008 - B 8/9b SO 11/06 R - BSGE 100, 139.

der vollen gerichtlichen Kontrolle unterliegt. Maßgeblich ist, ob ein in bescheidenen Verhältnissen lebender, aber nicht sozialhilfebedürftiger Bürger in einer vergleichbaren Lage den Abschluss einer entsprechenden Versicherung auch als sinnvoll erachtet hätte.[186] Ergänzend erscheint es zur Ermittlung der Angemessenheit sinnvoll, vom Zweck der Vorschrift auszugehen. Die Einnahmen sollten nur um solche Aufwendungen zu mindern sein, die unvermeidbar bzw. notwendig sind oder zumindest auch den Zielen der Sozialhilfe entsprechen, weil jede Absetzung von Einnahmen mittelbar eine Erhöhung der zu gewährenden Hilfe bedeutet. Denn auch eine vermögensbildende Versicherung kann für einen Unbemittelten durchaus als sinnvoll erscheinen. Abzuwägen ist zwischen dem Umstand, dass eine Vorsorge gegen die allgemeinen Lebensrisiken als solche kaum jemals „unvernünftig" ist und auch in wirtschaftlich beengten Verhältnissen üblich sein kann, und dem Umstand, keine unnötigen finanziellen Verpflichtungen einzugehen, die nur unter Gefährdung des notwendigen Lebensunterhalts erfüllt werden können. Die „Angemessenheit" von Vorsorgeaufwendungen beurteilt sich somit sowohl nach der individuellen Lebenssituation des Hilfesuchenden als auch danach, für welche Lebensrisiken (Grund) und in welchem Umfang (Höhe) Bezieher von Einkommen knapp oberhalb der Sozialhilfegrenze solche Aufwendungen zu tätigen pflegen.[187]

75 Als **grundsätzlich absetzbar** sind danach **angemessene** Beiträge zur (Familien-)**Haftpflichtversicherung**[188] und **Hausratversicherung**[189] anerkannt. Aufgrund der Vielgestaltigkeit der Versicherungsverträge ist aber auch bei dem Grunde nach weit verbreiteten und sinnvollen Versicherungstypen zu prüfen, ob es sich konkret um eine für Bezieher geringerer Einkommen knapp über der Grundsicherungsgrenze übliche Versicherung handelt.[190] Auf die allgemeine Sinnhaftigkeit von Versicherungen oder entsprechende Kataloge[191] kann deshalb nicht allein zurückgegriffen werden. Entscheidend ist letztlich nicht die u.U. verkaufsfördernd gesuchte Bezeichnung der Versicherung, sondern Art und Umfang nach der tatsächlichen Vertragsgestaltung und ihr Verbreitungsgrad. Dabei kann aus Praktikabilitätsgründen von einer üblichen Versicherungsform ausgegangen werden, wenn mehr als 50% der Haushalte knapp oberhalb der Sozialhilfegrenze eine entsprechende Versicherung abschließen.[192] Die „50%-Grenze" wurde vom BSG aus dem Alhi-Recht auf das Sozialhilferecht[193] und das Recht des SGB II[194] übertragen. Nach dem derzeitigen Kenntnisstand ist das zum Beispiel bei einer **Kinderunfallversicherung nicht der Fall**.[195]

76 Beiträge zu **freiwilligen Versicherungen**, die abgeschlossen werden, um eine Risikoabsicherung **im Umfang** eines nicht zugänglichen **gesetzlichen Versicherungsschutzes** zu erreichen, oder freiwillige Beiträge zu gesetzlichen Versicherungen sind dem Grunde nach **angemessen**.[196] Der gesetzliche Versicherungsschutz definiert ein grundsätzliches soziales Schutzniveau, das auch in der Grundsicherung Beachtung finden muss. Allerdings ist die Absetzung der Beiträge für **kapitalbildende Versicherungen** wie Lebens- oder private Rentenversicherungen im Allgemeinen **ausgeschlossen**, weil die Sozialhilfe nur zum Bestreiten des aktuellen Lebensunterhalts und nicht zum Aufbau eines Vermögens eingesetzt werden soll.[197] Dies ergibt sich mittelbar daraus, dass auch sonst keine Absetzungen für die Bildung von Rücklagen möglich sind und die Bildung von Altersrücklagen über die Absetzungen der Nr. 3 begrenzt bzw. im Rahmen des § 33 SGB XII ermöglicht wird. Über die staatlich geförderten Altersvorsorgeversicherungen[198] hinaus besteht in der Regel kein anerkennenswertes Bedürfnis, die Bei-

---

[186] BVerwG v. 28.05.2003 - 5 C 8/02 - BVerwGE 118, 211; BVerwG v. 27.06.2002 - 5 C 43/01 - BVerwGE 116, 342, 343.
[187] BVerwG v. 27.06.2002 - 5 C 43/01 - BVerwGE 116, 342; BSG v. 29.09.2009 - B 8 SO 13/08 R - BSGE 104, 207.
[188] BVerwG v. 28.05.2003 - 5 C 8/02 - BVerwGE 118, 211; BSG v. 09.06.2011 - B 8 SO 20/09 R in Anlehnung an BSG v. 09.12.2004 - B 7 AL 24/04 R - juris Rn. 38 - BSGE 94, 109 ff. zur Arbeitslosenhilfe.
[189] OVG Niedersachsen v. 29.11.1989 - 4 A 205/88 - FEVS 42, 104; BSG v. 09.06.2011 - B 8 SO 20/09 R in Anlehnung an BSG v. 09.12.2004 - B 7 AL 24/04 R - juris Rn. 38 - BSGE 94, 109 ff. zur Arbeitslosenhilfe.
[190] BSG v. 29.09.2009 - B 8 SO 13/08 R - BSGE 104, 207.
[191] *Klaus* in: GK-SGB II, § 11b Rn. 62.
[192] Zur Arbeitslosenhilfe BSG v. 09.12.2004 - B 7 AL 24/04 R - BSGE 94, 109 ff.
[193] BSG v. 29.09.2009 - B 8 SO 13/08 R - juris Rn. 21 - BSGE 104, 207 ff.
[194] BSG v. 10.05.2011 - B 4 AS 139/10 R - juris Rn. 21.
[195] Vgl. BSG v. 10.05.2011 - B 4 AS 139/10 R - juris Rn. 22 - SozR 4-4200 § 11 Nr. 38.
[196] BSG v. 01.06.2010 - B 4 AS 67/09 R - juris Rn. 23 - SozR 4-4200 § 11 Nr. 28.
[197] So auch *Geiger* in: LPK-SGB XII, 9. Aufl., § 82 Rn. 80.
[198] Auch wenn man kritisieren kann, dass nur die Versicherungsverträge und nicht auch die anderen Formen der staatlich geförderten Altersvorsorge einbezogen sind.

behaltung oder den Abschluss von privaten Lebensversicherungen mittelbar über die Sozialhilfe zu fördern. In Bezug auf die Alterssicherung des Hilfebedürftigen kann die Beitragszahlung nur dann als durch die Aufgabe der Sozialhilfe gerechtfertigt angesehen werden, wenn die Hilfe konkret absehbar zum Wegfall oder zur Entlastung der Sozialhilfe führt und der Beitragsaufwand mit der zusätzlichen Rentenleistung in einem angemessenen Verhältnis steht.[199]

In § 82 Abs. 2 Nr. 3 SGB XII wird im Unterschied zu § 11b Abs. 1 Satz 1 Nr. 3 SGB II die Abzugsfähigkeit von Beiträgen von nicht in der gesetzlichen Kranken- und Pflegeversicherung bzw. gesetzlichen Rentenversicherung pflichtversicherten Personen nicht explizit erwähnt. Eine inhaltlich andere Regelung ist damit aber nicht getroffen. Hier wie dort sind nach § 32 SGB XII bzw. § 26 SGB II besondere Zuschussregelungen getroffen. Eine Regelung, dass bei Beitragszuschüssen keine Absetzungen mehr möglich sind, ist in § 32 Abs. 5 Satz 2 SGB XII enthalten. Zur Angemessenheit **privater Kranken- und Pflegepflichtversicherungsbeiträge** vgl. die Kommentierung zu § 32 SGB XII Rn. 60 ff. Nur wenn und soweit Bedürftigkeit nach Abzug angemessener Beiträge besteht bzw. verbleibt, kommt § 32 Abs. 5 SGB XII zur Anwendung (vgl. dazu die Kommentierung zu § 32 SGB XII Rn. 48). Dies bedeutet, dass bei Einsatzgemeinschaften i.S.d. § 19 Abs. 1 und 2 SGB XII nicht etwa sofort ein Gesamtbedarf für alle Personen zusammen unter Berücksichtigung des § 32 Abs. 5 SGB XII berechnet werden darf; vielmehr muss zunächst die Bedürftigkeit der einzelnen Person unter Anwendung des § 82 SGB XII ermittelt werden, weil nur das überschüssige Einkommen verteilt werden darf.[200]

77

Absetzbar sind nach § 82 Abs. 2 Nr. 3 SGB XII (gleichlautend § 11b Abs. 1 Satz 1 Nr. 4 SGB II) die **geförderten Beiträge zur privaten Altersversorgung** nach § 10a EStG i.V.m. § 82 EStG (sog. „Riester-Rente"), soweit sie den Mindesteigenbeitrag nach § 86 EStG nicht überschreiten. Der Abzug bleibt auch dann auf den Mindesteigenbetrag begrenzt, wenn mehrere solcher Verträge abgeschlossen sind. Vorab ist daher zu prüfen, ob die Beiträge im Sinne des § 10a EStG von einer zulagenberechtigten Person auf einen zertifizierten Vertrag entrichtet werden. Ist dies der Fall, ist für die Absetzungen der einkommensabhängige Mindesteigenbetrag zu ermitteln. Er beträgt seit dem Jahr 2008 **jährlich** 4% der in § 86 Abs. 1 EStG genannten **Einnahmen des Vorjahres**, höchstens aber 2.100 € (§ 10a Abs. 1 Satz 1 EStG) und wird um die Zulagen nach § 84 EStG (**Grundzulage**) und § 85 EStG (**Kinderzulage**) **vermindert**. Die Grundzulage beträgt derzeit 154 €. Die Kinderzulage für jedes Kind, für das dem Zulagenberechtigten Kindergeld ausgezahlt wird, beträgt 185 € bzw. für ab dem 01.01.2008 geborene Kinder 300 €. Der Mindesteigenanteil ist ab dem Jahr 2005 mindestens in Höhe von jährlich 60 € zu leisten. Ein Bedürfnis für die Ermittlung des einkommensabhängigen Mindesteigenbetrags besteht daher erst dann, wenn tatsächlich höhere Beiträge als jährlich 60 € gezahlt werden. Die Beiträge zur sog. „**Rürup-Rente**" nach § 10 Abs. 1 Nr. 2 b EStG sind nicht abzugsfähig.

78

Die betriebliche Altersvorsorge zu einer **Pensionskasse** kann zur Absetzbarkeit von „Arbeitnehmerbeiträgen" (richtig: umgewandeltes Entgelt) auch dann führen, wenn sie gewissermaßen unfreiwillig vom Arbeitnehmer entrichtet werden. Bei einer Pensionskasse ist der Arbeitgeber Versicherungsnehmer und schuldet die Beiträge. Der Arbeitnehmer ist Begünstigter und kann die Versorgung bzw. Versicherung nach Beendigung des Beschäftigungsverhältnisses fortführen (§ 1 Abs. 5 BetrAVG). Daraus zieht das BSG den Schluss, dass bei **wirtschaftlicher Betrachtungsweise** die Beiträge dem Arbeitnehmer zuzuordnen sind.[201] Die Angemessenheit der für die Entgeltumwandlung verwendeten Lohnbestandteile beurteilt sich analog § 82 Abs. 2 Nr. 3 SGB XII an den Absetzungen in Höhe des Mindesteigenbetrages für die staatlich geförderte Altersvorsorge („Riester-Rente").[202] Übersteigt die Entgeltumwandlung den Mindesteigenbetrag, ist den Leistungsberechtigten eine Schonfrist bis zur erstmaligen vertraglichen Änderung einzuräumen. Offen ist nach der Entscheidung des BSG allerdings, wie zu verfahren ist, wenn der Leistungsberechtigte die Möglichkeiten der Absetzung für die staatlich geförderte Altersvorsorge gemäß § 82 Abs. 2 Nr. 3 SGB XII bereits anteilig oder voll ausgeschöpft hat.

79

Als grundsätzlich **unangemessen** sind private Beiträge zu Versicherungen anzusehen, wenn eine staatliche Vorsorge bzw. gesetzlicher Versicherungsschutz bereits in einem ausreichenden Umfang zur Verfügung steht. Dies gilt insbesondere für die **Rechtsschutzversicherung**, weil die Möglichkeit der Prozesskostenhilfe Unbemittelten den kostenfreien Zugang zu den Gerichten eröffnet.[203] Auch eine ka-

80

---

[199] BVerwG v. 24.06.1999 - 5 C 18/98 - FEVS 51, 167; BVerwG v. 27.06.2002 - 5 C 43/01 - BVerwGE 116, 342.
[200] Vgl. zu einer falschen Berechnung den dem Urteil des BSG v. 10.11.2011 - B 8 SO 21/10 R zugrundeliegende Bescheid.
[201] BSG v. 09.11.2010 - B 4 AS 7/10 R - juris Rn. 20.
[202] BSG v. 09.11.2010 - B 4 AS 7/10 R - juris Rn. 28.
[203] BSG v. 29.09.2009 - B 8 SO 13/08 R - BSGE 104, 207 ff.; *Geiger* in: LPK-SGB XII, 9. Aufl., § 82 Rn. 80.

pitalbildende **Ausbildungsversicherung** stellt keine angemessene Versicherung dar.[204] **Zusatzversicherungen** zu gesetzlichen Versicherungen sind nicht angemessen, wenn ein ausreichender gesetzlicher Versicherungsschutz gewährleistet ist.[205] Strittig ist, ob eine **Risikolebensversicherung** grundsätzlich wegen des Versorgungscharakters unangemessen ist.[206] Gegebenenfalls können Risikoversicherungen für selbst genutztes Grundeigentum (Gebäudeversicherung) oder in einer Finanzierung notwendig inbegriffene Versicherungen als **Unterkunftskosten** anzusehen sein.

6. Notwendige Ausgaben (Absatz 2 Nr. 4)

81 Von den Einnahmen sind nach § 82 Abs. 2 Nr. 4 SGB XII die mit der Erzielung des Einkommens verbundenen **notwendigen Ausgaben** abzusetzen. Solche Absetzungen sind auch von Einkommen möglich, das nicht Erwerbseinkommen ist.[207] Soweit bestimmte Aufwendungen bereits bei der Ermittlung der Einkünfte berücksichtigt werden müssen (beispielsweise nach den näheren Bestimmungen der DVO§82SGBXII zu den einzelnen Einkunftsarten, insbesondere auch bei Übernahme des Ergebnisses der steuerrechtlichen Gewinnermittlung z.B. § 4 Abs. 3 Satz 2 DVO§82SGBXII) können sie **nicht** erneut nach § 82 Abs. 2 Nr. 4 SGB XII und damit **doppelt berücksichtigt** werden. Unteilbare Aufwendungen mit **gemischtem Charakter**, d.h. nicht nur erwerbsbezogene Aufwendungen sind nicht abzusetzen, wenn sie auch privat nicht nur unmaßgeblich nützlich sein können.[208] Daher sind insbesondere nicht allein berufsbezogen nutzbare Kleidung im Unterschied zu Berufskleidung und pauschale Kontoführungsgebühren nicht absetzbar.

82 Welche Ausgaben sozialhilferechtlich absetzbar sind, kann nicht ohne weiteres unter Bezugnahme auf einen einkommensteuerrechtlich anerkannten „Katalog" von Werbungskosten beantwortet werden. Weder begrifflich noch in der Rechtsanwendung sind die notwendigen Ausgaben den einkommensteuerrechtlich nach § 9 Abs. 1 Satz 1 EStG legal als Aufwendungen zur Erwerbung, Sicherung und Erhaltung der Einnahmen definierten **Werbungskosten** völlig gleichzustellen. Denn Werbungskosten sind alle Aufwendungen, die durch den Beruf des Steuerpflichtigen veranlasst sind[209], d.h. es werden ein objektiver Zusammenhang mit dem Beruf und eine subjektive Bestimmung zur Förderung des Berufs vorausgesetzt.[210] Werbungskosten müssen daher nicht „notwendig" sein, um zur einkommensteuerrechtlichen Absetzung zu führen. Dadurch wird aber keine allzu strenge Abgrenzung von den Werbungskosten erzwungen. Einen Anhalt zur Auslegung des Begriffs notwendige Ausgaben liefert § 82 Abs. 2 SGB XII selbst, indem die Vorschrift z.B. Steuern und Pflichtversicherungsbeiträge als absetzbar erklärt. Daraus folgt, dass als notwendige Ausgaben nicht nur solche Ausgaben zu verstehen sind, die mit der Erzielung der Einnahmen so unmittelbar zusammenhängen, dass sie entweder nicht verhindert werden können oder zielgerichtet aufgewandt werden müssen, um die Einnahmen zu erzielen. Denn bei diesem Verständnis könnte auf die schon in § 82 Abs. 2 Nr. 1-3 SGB XII enthaltenen Absetzungsregelungen verzichtet werden. Diese Auslegung wird dadurch gestützt, dass es schon bei der Berücksichtigung der Einnahmen nicht darauf ankommt, ob sie mit Selbsthilfeabsicht erzielt werden. Daher kann auch zur Abzugsfähigkeit der Ausgaben nicht gefordert werden, dass sie zielgerichtet zur Erzielung der Einnahmen getätigt werden. Mithin können Aufwendungen nicht nur von bestimmten Einkunftsarten wie die aus selbständiger oder nichtselbständiger Tätigkeit, sondern von allen Einnahmen abgezogen werden[211] – sofern sie notwendig sind. Zur Beurteilung der Frage, ob Aufwendungen mit der Erzielung des Einkommens **notwendig** verbunden sind, sind daher in einem ersten Schritt die **steuerrechtlichen Grundsätze** heranzuziehen und in einem zweiten Schritt ist zu hinterfragen, **ob sich sozialhilferechtliche Besonderheiten** ergeben.[212] Eine zentrale Besonderheit ist die in der Sozialhilfe

---

[204] *Lücking* in: Hauck/Noftz, SGB XII, § 82 Rn. 56; *Wolf* in: Fichtner/Wenzel, SGB XII, § 82 Rn. 28.
[205] BSG v. 10.05.2011 - B 4 AS 139/10 R - juris Rn. 20 - SozR 4-4200 § 11 Nr. 38.
[206] Vgl. VG Würzburg v. 28.02.2013 - W 3 K 11.204 - juris Rn. 25 m.w.N. zur Gegenmeinung.
[207] Vgl. zum SGB II: BSG v. 27.09.2011 - B 4 AS 180/10 R - juris Rn. 26.
[208] Vgl. BSG v. 19.06.2012 - B 4 AS 163/11 R - juris Rn. 21 - BSGE 111, 89 ff. und die Kommentierung zu § 3 DVO§82SGBXII.
[209] BFH v. 23.03.2001 - VI R 175/99 - BFHE 195, 225 m.w.N.
[210] BFH v. 17.12.2002 - VI R 137/01 - BFHE 201, 211 m.w.N.
[211] Vgl. zur Parallelregelung in § 11 Abs. 2 Satz 1 Nr. 5 SGB II BSG v. 17.03.2009 - B 14 AS 63/07 R - juris Rn. 34 - FEVS 61, 119; zu § 76 Abs. 2 Nr. 4 BSHG BVerwG v. 04.06.1981 - 5 C 46/80 - BVerwGE 62, 275, 280.
[212] BSG v. 19.06.2012 - B 4 AS 163/11 R - BSGE 111, 89 ff.

geltende Selbsthilfeobliegenheit, die zu einem sparsamen Umgang mit Ausgaben anhält. Im Unterschied zu den Werbungskosten im Sinne des Steuerrechts kann daher als Konkretisierung des Selbsthilfegrundsatzes eine **Notwendigkeit** sowohl dem **Grunde** als auch der **Höhe** nach geprüft werden. Grundsätzlich absetzbar sind Ausgaben im Zusammenhang mit Einnahmen („verbunden") schon dann, wenn sie erkennbar in einem **nutzbringenden** Zusammenhang mit den Einnahmen stehen. Anders formuliert können Ausgaben notwendig sein, wenn Ausgaben und Einnahmen einander bedingen und sich die Ausgaben im Rahmen **vernünftiger Wirtschaftsführung** halten.[213] **Gewerkschaftsbeiträge** sind daher u.a. wegen der für die Einkommensentwicklung positiven tariflichen Bindung absetzbar.[214] **Kinderbetreuungskosten** in Form von Aufwendungen für den Kindergarten können abgesetzt werden, wenn sie infolge der Erwerbstätigkeit entstanden sind[215] und soweit keine ausreichende kostenlose Betreuung durch andere Personen gewährleistet ist[216]. Kann die Erwerbstätigkeit auch ohne die Betreuungsaufwendungen aufgenommen oder fortgesetzt werden, ist keine Absetzung angezeigt. Weitere Beispiele für Absetzungen sind in der nicht abschließenden Aufzählung des § 3 Abs. 4 DVO§82SGBXII (vgl. die Kommentierung zu § 3 DVO§82SGBXII) genannt: Aufwendungen für **Arbeitsmittel**, für **Fahrten zwischen Wohnung und Arbeitsstätte**, Beiträge für **Berufsverbände**, Mehraufwendungen infolge **doppelter Haushaltsführung**[217]. Auch diesbezügliche Aufwendungen sind aber nur absetzbar, wenn und soweit sie notwendig sind.

7. Arbeitsförderungsgeld (Absatz 2 Nr. 5)

Zur Verbesserung der Entgeltsituation der Beschäftigten im Arbeitsbereich einer WfbM erhalten die Werkstätten nach § 43 SGB IX vom Rehabilitationsträger ein **Arbeitsförderungsgeld**, das **zusätzlich** zu den Vergütungen nach § 41 Abs. 3 SGB IX gezahlt wird. Das Arbeitsförderungsgeld ist damit kein Teil des Verdienstes der Beschäftigten[218], sondern eine **Lohnsubvention**, die eine Beschäftigung voraussetzt. Das Arbeitsförderungsgeld ist von der Werkstatt an die Beschäftigten weiterzuleiten.

Nach § 82 Abs. 2 Nr. 5 SGB XII wird Personen, denen das **Arbeitsförderungsgeld** bzw. Erhöhungsbeträge zum Arbeitsentgelt nach § 43 Satz 4 SGB IX gewährt werden, ein Absetzbetrag für diese Leistungen zugemessen. Im Ergebnis dieser **Absetzungsvorschrift** müssen sie sich diese Einnahmen nicht als Einkommen anrechnen lassen. Die systematische Schaffung einer Absetzungsvorschrift statt der vollständigen Freistellung nach Absatz 1[219] und die sprachliche Fassung sprechen dafür, dass das Arbeitsförderungsgeld nicht stets in Höhe des Maximalbetrages von derzeit 26 €[220], sondern nur in Höhe des tatsächlich gezahlten Betrages anrechnungsfrei bleibt. Durch die Einführung der Nr. 5 sollten die in Privathaushalten wohnenden Beschäftigte jenen in einer vollstationären Einrichtung lebenden Beschäftigten gleichgestellt und damit eine unterschiedliche Praxis zum BSHG beseitigt werden.[221] Denn der bisherige § 85 Abs. 2 Sätze 2 und 3 BSHG regelte die Freilassung des Arbeitsförderungsgeldes und der Erhöhungsbeträge im Sinne des § 43 Satz 4 SGB IX nur zugunsten von stationär Untergebrachten. Durch die Neuregelung sollte daher keine Verbesserung in Form eines allgemeinen Freibetrages eingeräumt werden, sondern erreicht werden, dass die Förderung allen in einer WfbM tätigen Personen zugutekommt.

V. Freibetrag für Erwerbseinkommen (Absatz 3)

1. Allgemeiner Freibetrag (Satz 1)

Für die Einnahmen aus **selbständigen** und **nichtselbständigen Tätigkeiten** regelt § 82 Abs. 3 Satz 1 SGB XII einen **allgemeinen Freibetrag** in Höhe **von 30% der Einnahmen** bis höchstens 50% der Regelbedarfsstufe 1 (Anlage zu § 28 SGB XII). Die Regelung gilt nur für die **Hilfe zum Lebensunterhalt** und die **Grundsicherung im Alter**. Im **Bereich des SGB II** ist § 82 Abs. 3 SGB XII bei Ein-

---

[213] Gegenbeispiel Lotteriebeiträge nach SG Detmold v. 23.10.2009 - S 13 AS 3/09 - juris.
[214] BVerwG v. 04.06.1981 - 5 C 46/80 - BVerwGE 62, 275, 280 (auch für einen Rentenbezieher).
[215] BSG v. 09.11.2010 - B 4 AS 7/10 R - juris Rn. 21.
[216] OVG Berlin v. 23.05.1996 - 6 B 6.95 - FEVS 47, 204 (i.E. aber wegen Eigenersparnis ablehnend); *Geiger* in: LPK-SGB XII, 9. Aufl., § 82 Rn. 90.
[217] Vgl. § 3 Abs. 7 BSGH§76DV.
[218] Vgl. auch § 138 Abs. 2 SGB IX; es dürfte sich aber um eine sozialversicherungspflichtige Einnahme im Sinne des § 14 SGB IV handeln.
[219] Für einen dortige Regelung *Geiger* in LPK-SGB XII, 9. Aufl., § 82 Rn. 91.
[220] A.A. *W. Schellhorn* in: Schellhorn/Schellhorn/Hohm, SGB XII, § 82 Rn. 45.
[221] Vgl. Entwurfsbegründung, BT-Drs. 15/1514, S. 65.

kommen nichterwerbsfähiger **Sozialgeldbezieher analog** heranzuziehen, das nicht um den Grundfreibetrag in Höhe von 100 € monatlich vermindert werden kann (vgl. § 11b Abs. 2 Satz 1 SGB II: „erwerbsfähige Leistungsbezieher").[222] Der allgemeine Freibetrag gilt nicht bei anderen Einnahmen als den Einkünften aus selbständigen und nichtselbständigen Tätigkeiten. Zum Einkommen aus nichtselbständiger Tätigkeit zählen auch Entgeltfortzahlung im Krankheitsfall[223], Kurzarbeitergeldzahlungen[224] und Insolvenzgeld[225]. Der Freibetrag gilt jedoch **nicht** für **Krankengeld**.[226]

87 Die stark pauschalierende Regelung trägt der in der Sozialhilfe eingeschränkten Bedeutung der Berücksichtigung von Erwerbseinkommen Rechnung. Die von den Leistungen nach dem SGB II ausgeschlossenen voll erwerbsgeminderten Personen dürften nur noch Beschäftigungen in einem Umfang von weniger als drei Stunden täglich ausüben können. Eine vereinfachende Absetzungsvorschrift für diesen Personenkreis erschien wegen der in aller Regel dann auch geringfügigen Einnahmen sachgerecht.[227] Für Personen, welche aufgrund ihres Alters von Leistungen nach dem SGB II ausgeschlossen sind, gilt dies allerdings nicht in gleichem Maß. Der Freibetrag ist begrenzt, um „Missbrauch" zu verhindern.[228] Letztlich bewirkt die Beschränkung eine zumindest verfassungsrechtlich unbedenkliche **Definition eines Freibetrags**, der neben der Hilfe zum Lebensunterhalt zur Bestreitung weiterer nicht existenzieller Bedarfe eingesetzt werden kann.

88 Der Freibetrag für Erwerbseinkommen ist in die individuelle Berechnung des Hilfebedarfs einzustellen. Durch die – gegenüber § 76 Abs. 2a BSHG veränderte – Eingangsformel ist klargestellt, dass der Freibetrag nicht nur solchen Personen einzuräumen ist, bei denen bereits die Berechnung nach den Absätzen 1 und 2 einen Hilfebedarf ergibt. Bei mehreren unterschiedlichen selbständigen oder unselbständigen Einkommen ergibt sich kein Unterschied, ob der Freibetrag von der Summe jener Einkünfte oder einzeln abgezogen wird. Aus der Formulierung und der systematischen Stellung ist nicht eindeutig zu entnehmen, ob der Freibetrag erst nach der Bereinigung des Einkommens um die Absetzungen nach Absatz 2 zu berechnen ist. Aus der (nicht korrekten) Verwendung des Begriffs des „Einkommens" in Absatz 1 und der Wiederholung in Absatz 3 kann geschlossen werden, dass die **Bruttoeinnahmen** gemeint sind. Die Intention der Aufnahme einer Beschäftigung und die Problematik der Zuordnung der einzelnen Absetzungen spricht ebenfalls dafür, den Freibetrag schon aus den Bruttoeinnahmen der Einkünfte aus selbständiger bzw. unselbständiger Beschäftigung nach Absatz 1 zu errechnen.[229] Letztlich entspricht diesem Normverständnis auch die Parallelregelung in § 11b Abs. 1 Satz 1 Nr. 6 i.V.m. Abs. 3 SGB II, nach der der Freibetrag ebenfalls vom Bruttoeinkommen zu ermitteln ist. Der ggf. in der Höhe begrenzte Freibetrag ist dabei aber nicht aus den gesamten Bruttoeinnahmen, sondern aus **nur** denen zu errechnen, die den **Einkünften** aus **selbständiger** bzw. **nichtselbständiger Tätigkeit** zuzuordnen sind, und wird insgesamt **nur einmal** gewährt.[230]

2. Öffnungsklausel (Satz 3)

89 Gemäß § 82 Abs. 3 Satz 3 SGB XII kann in **„begründeten Fällen"** statt des Freibetrages nach Satz 1 ein **„anderer Betrag"** vom Einkommen abgesetzt werden. Nach der wörtlichen Fassung ist sowohl die Festlegung eines höheren als auch eines niedrigeren Freibetrags möglich.[231] Aus der Begründung zur Einführung einer abweichenden Festlegung ergibt sich aber, dass der Gesetzgeber vor allem die höhere Festlegung des Freibetrags im Blick hatte, um besondere Anreize zu schaffen oder Entgelte aus Ferientätigkeiten von Schülern von der Berücksichtigung freizustellen.[232] Sachliche Gründe für eine niedrigere Festsetzung lassen sich nicht erkennen.

---

[222] BSG v. 24.11.2011 - B 14 AS 201/10 R - juris Rn. 18 - SozR 4-4200 § 11 Nr. 44.
[223] BSG v. 27.09.2011 - B 4 AS 180/10 R - SozR 4-4200 § 11 Nr. 40.
[224] BSG v. 14.03.2012 - B 14 AS 18/11 R - juris Rn. 14.
[225] BSG v. 13.05.2009 - B 4 AS 29/08 R - SozR 4-4200 § 11 Nr. 22.
[226] Vgl. zum SGB II für Krankengeld BSG v. 27.09.2011 - B 4 AS 180/10 R.
[227] Vgl. Entwurfsbegründung, BT-Drs. 15/1514, S. 65.
[228] BT-Drs. 16/2711, S. 9, 12.
[229] Ebenso *Wahrendorf* in: Grube/Wahrendorf, SGB XII, § 82 Rn. 48; *Geiger* in: LPK-SGB XII, 9. Aufl., § 82 Rn. 93.
[230] *Decker* in: Oestreicher, SGB II/SGB XII, § 82 Rn. 99, 100.
[231] *W. Schellhorn* in: Schellhorn/Schellhorn/Hohm, SGB XII, § 82 Rn. 48.
[232] Vgl. BT-Drs. 15/1514, S. 65.

Ein **begründeter Fall** wird vorliegen, wenn eine Tätigkeit wegen ihrer positiven Wirkungen für die Entwicklung des Hilfebedürftigen einen auf den Einzelfall bezogenen besonderen finanziellen Anreiz rechtfertigt. Dies wird anzunehmen sein, wenn die Tätigkeit dem Betroffenen aufgrund körperlicher oder geistiger Beeinträchtigungen besondere Mühe bereitet[233] oder einen besonderen Beitrag zur Persönlichkeitsentwicklung leistet. Ein Abweichen ist auch dann gerechtfertigt, wenn sinnvolle Aufwendungen getätigt werden, die im Rahmen der Absetzungen nach Absatz 2 nicht berücksichtigt werden können und deren Umfang vom Höchstfreibetrag nach Absatz 3 Satz 1 nicht abgedeckt wird. Ein begründeter Fall ist nicht bereits anzunehmen, wenn eine regelaltersrentenberechtigte Person eine Erwerbstätigkeit ausübt.[234] Insoweit handelt es sich vielmehr um den von § 82 Abs. 3 Satz 1 SGB XII erfassten Regelfall, wenn keine weiteren persönlichen Umstände hinzutreten. Leistungen zum Lebensunterhalt nach dem SGB XII erhalten nämlich ohnedies nur diese und voll erwerbsgeminderte Personen.

90

Die Regelung ist darüber hinaus als **generelle Härtefallregelung** für alle denkbaren Einkommen zu verstehen, um in einer gemischten Bedarfsgemeinschaft eine korrekte Einkommensverteilung vorzunehmen (vgl. Rn. 46) oder um eine für die Leistungsberechtigten nach dem SGB XII im Vergleich zum SGB II ohne sachlichen Grund ungünstigere Rechtslage auszugleichen.[235] Liegt ein solcher **begründeter Fall** vor, **muss** eine abweichende Festlegung erfolgen. Die Regelung des § 82 Abs. 3 Satz 3 SGB XII ist insoweit nicht mit Satz 1 der Vorschrift verknüpft und kann daher wegen sämtlicher Einkünfte Anwendung finden.[236]

91

3. Freibetrag für Beschäftigte in einer WfbM (Satz 2)

Sofern es sich bei dem Einkommen um Werkstatteinkommen aus einer WfbM handelt, ist statt des Freibetrags nach Satz 1 von dem **Entgelt** ein Achtel der Regelbedarfsstufe 1 zuzüglich 25% des diesen Betrag übersteigenden Entgelts abzusetzen. Durch die von Satz 1 „abweichende" Regelung ist der Freibetrag in der Höhe nicht auf 50% der Regelbedarfsstufe 1 begrenzt. Im Übrigen dient die Sonderregelung der Gleichstellung von ambulant und stationär in einer WfbM Tätigen, die bei einer Abweichung von § 88 Abs. 2 Satz 1 SGB XII nicht erreicht wäre.[237] Problematisch ist aber, ob der Freibetrag von dem Entgelt auch das **Arbeitsförderungsgeld** (vgl. Rn. 64) zu berücksichtigen hat. Dagegen spricht schon, dass das Arbeitsförderungsgeld nicht im Sinne des § 138 Abs. 2 SGB IX zum Arbeitsentgelt (Grundbetrag in Höhe des Ausbildungsgeldes zzgl. eines leistungsangemessenen Steigerungsbetrages) zählt. Es wird von der Werkstatt als besonderer Lohnanreiz nur an den Beschäftigten durchgereicht. Es dürfte daher auch nicht angezeigt sein, auf einen besonderen sozialpolitischen Anreiz nochmals einen Anreiz in Form eines Freibetrages aufzubauen, obwohl es sich bei dem Arbeitsförderungsgeld um eine sozialversicherungspflichtige Einnahme im Sinne des § 14 SGB IV handelt.

92

4. Abweichender Grundfreibetrag (Satz 4)

Einen abweichenden **Freibetrag** in Höhe von ursprünglich 175 €, ab dem 01.01.2013 von 200 € monatlich, können nach der seit dem 01.01.2011 geltenden Regelung des § 82 Abs. 3 Satz 4 SGB XII Personen geltend machen, deren Einnahmen nach den §§ 3 Nr. 12, 26, 26a oder 26b EStG steuerfrei sind. Bei der Ermittlung des monatlichen Freibetrages ist schlicht der nach § 3 Nr. 26 EStG höchstmögliche jährliche Steuerfreibetrag monatlich umgerechnet worden, obwohl steuerrechtlich teilweise andere Obergrenzen gelten.

93

Im Einzelnen betrifft die Regelung folgende Einnahmen: Nach **§ 3 Nr. 12 EStG** sind Bezüge aus einer Bundes- oder Landeskasse steuerfrei, die in einem Bundes- oder Landesgesetz oder hierauf beruhend oder von der Bundesregierung oder einer Landesregierung als **Aufwandsentschädigung** festgesetzt sind und als Aufwandsentschädigung im Haushaltsplan ausgewiesen werden. Das Gleiche gilt für andere Bezüge, die als Aufwandsentschädigung aus öffentlichen Kassen an öffentliche Dienste leistende Personen gezahlt werden, soweit nicht festgestellt wird, dass sie für Verdienstausfall oder Zeitverlust gewährt werden oder den Aufwand, der dem Empfänger erwächst, offenbar übersteigen. Steuerfrei

94

---

[233] So auch *W. Schellhorn* in: Schellhorn/Schellhorn/Hohm, SGB XII, § 82 Rn. 48; *Lücking* in: Hauck/Noftz, SGB XII, § 82 Rn. 76.
[234] BSG v. 14.04.2011 - B 8 SO 12/09 R - juris Rn. 20 - BSGE 108, 123 ff.
[235] BSG v. 23.03.2010 - B 8 SO 17/09 R - juris Rn. 32 - BSGE 106, 62 ff.; BSG v. 09.06.2011 - B 8 SO 20/09 R - juris Rn. 24 - BSGE 108, 241 ff.
[236] *Decker* in: Oestreicher, SGB II/SGB XII, § 82 Rn. 106.
[237] *Decker* in: Oestreicher, SGB II/SGB XII, § 82 Rn. 105.

sind nach § 3 Nr. 26 EStG Einnahmen aus nebenberuflichen Tätigkeiten als **Übungsleiter, Ausbilder, Erzieher, Betreuer** oder vergleichbaren nebenberuflichen Tätigkeiten, aus nebenberuflichen künstlerischen Tätigkeiten oder der nebenberuflichen Pflege alter, kranker oder behinderter Menschen im Dienst oder im Auftrag einer juristischen Person des öffentlichen Rechts, die in einem Mitgliedstaat der EU oder in einem Staat belegen ist, auf den das Abkommen über den Europäischen Wirtschaftsraum Anwendung findet, oder einer unter § 5 Abs. 1 Nr. 9 KStG fallenden Einrichtung zur Förderung gemeinnütziger, mildtätiger und kirchlicher Zwecke (§§ 52-54 AO) („**Übungsleiterfreibetrag**"). Die weitere Steuerfreistellung des **§ 3 Nr. 26a EStG** betrifft Einnahmen aus nebenberuflichen Tätigkeiten im Dienst oder Auftrag einer juristischen Person des öffentlichen Rechts, die in einem Mitgliedstaat der EU oder in einem Staat belegen ist, auf den das Abkommen über den Europäischen Wirtschaftsraum Anwendung findet, oder einer unter § 5 Abs. 1 Nr. 9 KStG fallenden Einrichtung zur Förderung gemeinnütziger, mildtätiger und kirchlicher Zwecke (§§ 52-54 AO) („**Ehrenamtsfreibetrag**"). Diese Steuerbefreiung ist ausgeschlossen, wenn für die Einnahmen aus der Tätigkeit – ganz oder teilweise – eine Steuerbefreiung nach § 3 Nr. 12, 26 oder 26b EStG gewährt wird. Weiter freigestellt sind gemäß **§ 3 Nr. 26b EStG** Aufwandsentschädigungen nach § 1835a BGB, soweit sie zusammen mit den steuerfreien Einnahmen im Sinne des § 3 Nr. 26 EStG den dort in Satz 1 genannten Freibetrag nicht überschreiten.

VI. Berechnungsvorschriften

95 Die Ermittlung des zu berücksichtigenden Einkommens dient der Feststellung, inwieweit der Lebensunterhalt eines Leistungsberechtigten selbst und der gesamten Einsatzgemeinschaft gesichert ist. Zunächst einmal mindert Einkommen wegen des Prinzips des individuellen Anspruchs nur den Bedarf der Person, die das Einkommen bezieht. Im Rahmen der Berechnung können also nicht sämtliche Einnahmen aller Berechtigten durchmischt werden. Einnahmen bzw. Einkommen sind erst nach der Ermittlung des Gesamtbedarfs der jeweiligen Person zu berücksichtigen. Dieses Prinzip wird nicht dadurch durchbrochen, dass Einnahmen der Deckung eines konkreten Bedarfs (z.B. Unterkunft usw.) dienen. Nur für den Sonderfall, dass es sich um bedarfsorientierte Einnahmen aus der Sozialhilfe handelt, ist eine abweichende Bedarfsfestlegung nach § 27a Abs. 4 SGB XII möglich (vgl. die Kommentierung zu § 27a SGB XII Rn. 92). Deshalb sind einzelne Bedarfe nicht direkt durch die Berücksichtigung von Einnahmen, etwa Zuschüssen Dritter zur Krankenversicherung, zu vermindern.[238]

96 Aus der Systematik der §§ 82 ff. SGB XII folgt ein Prüfungsprogramm: Erstens ist festzustellen, ob für den Anspruchszeitraum Einnahmen in Form von Einkommen vorliegen (§ 82 Abs. 1 Satz 1 SGB XII). Zweitens ist zu prüfen, ob das SGB XII oder andere Gesetze solche Einnahmen bzw. Einkommen von einer Berücksichtigung ausnehmen (z.B. § 82 Abs. 1 Satz 1 SGB XII, § 83 SGB XII, § 84 SGB XII). Drittens sind für nicht privilegierte Einnahmen zunächst auf die jeweiligen (Brutto-)Einnahmen bezogene Absetzungen zu prüfen (§ 82 Abs. 2 SGB XII). Nicht nur einer Einkunftsart zuzuordnende mögliche Absetzungen können von restlichen Einnahmen abgesetzt werden. Schließlich sind Freibeträge abzusetzen (§ 82 Abs. 3 SGB XII).

97 Weitere Einzelheiten zur Berechnung des Einkommens und spezifische Absetzungsvorschriften sind der Verordnung zur Durchführung des § 82 SGB XII zu entnehmen. Im Einzelnen unterscheidet die Verordnung **für die Zwecke der Berechnung** in Einkünfte aus **nichtselbständiger Arbeit** (§ 3 DVO§82SGBXII, vgl. die Kommentierung zu § 3 DVO§82SGBXII), Gewinneinkünfte aus **Land- und Forstwirtschaft, Gewerbebetrieb und selbständiger Arbeit** (§ 4 DVO§82SGBXII, vgl. die Kommentierung zu § 4 DVO§82SGBXII) mit einer Sondervorschrift für die Einkünfte aus Land- und Forstwirtschaft (§ 5 DVO§82SGBXII, vgl. die Kommentierung zu § 5 DVO§82SGBXII), Einkünfte aus **Kapitalvermögen** (§ 6 DVO§82SGBXII, vgl. die Kommentierung zu § 6 DVO§82SGBXII), Einkünfte aus **Vermietung und Verpachtung** (§ 7 DVO§82SGBXII, vgl. die Kommentierung zu § 7 DVO§82SGBXII) und **andere** bzw. von vorgehenden Regelungen nicht erfasste Einkünfte (§ 8 DVO§82SGBXII, vgl. die Kommentierung zu § 8 DVO§82SGBXII). Die Verordnung übernimmt damit aber nur die einkommensteuerlichen Typisierungen und Definitionen dieser Einkünfte. Weder für die generelle Qualifikation von Einnahmen noch für die Berechnung kann unmittelbar das Einkommensteuerrecht angewendet werden. Das Steuerrecht wirkt also nur dann, wenn es nach der Durchführungsverordnung explizit herangezogen wird. Einige Vorschriften enthalten lediglich Programmsätze bzw. stellen Grundsätze der Einkommensberechnung klar (Qualifikation von Einnahmen als Einkommen in § 1 DVO§82SGBXII, vgl. die Kommentierung zu § 1 DVO§82SGBXII, Aus-

---

[238] BSG v. 16.10.2012 - B 14 AS 11/12 R - juris Rn. 37 - SozR 4-4200 § 26 Nr. 3.

schluss des Verlustausgleichs gemäß § 10 DVO§82SGBXII, vgl. die Kommentierung zu § 10 DVO§82SGBXII). Allgemeine Grundsätze zur Einkommensberechnung enthalten § 12 DVO§82SGBXII (vgl. die Kommentierung zu § 12 DVO§82SGBXII) über das Vorgehen bei Absetzungen und über die Berechnung bei Jahreseinkünften (§ 11 DVO§82SGBXII, vgl. die Kommentierung zu § 11 DVO§82SGBXII). Schließlich enthält die Verordnung noch spezielle Verfahrensvorschriften wie die in § 9 DVO§82SGBXII (vgl. die Kommentierung zu § 9 DVO§82SGBXII) über die Schätzung von Einkünften. Einzelheiten hierzu finden sich in den Einzelkommentierungen zu den Vorschriften.

Die Vorgaben der DVO§82SGBXII sind teilweise nicht mit § 82 SGB XII in Einklang zu bringen. Dies betrifft vor allem die Bewertung von Sachbezügen (vgl. die Kommentierung zu § 2 DVO§82SGBXII Rn. 11) und die Anwendung des Jahreseinkünfteprinzips (vgl. die Kommentierung zu § 4 DVO§82SGBXII). **98**

§ 83 SGB XII Nach Zweck und Inhalt bestimmte Leistungen

(Fassung vom 27.12.2003, gültig ab 01.01.2005)

(1) Leistungen, die auf Grund öffentlich-rechtlicher Vorschriften zu einem ausdrücklich genannten Zweck erbracht werden, sind nur so weit als Einkommen zu berücksichtigen, als die Sozialhilfe im Einzelfall demselben Zweck dient.

(2) Eine Entschädigung, die wegen eines Schadens, der nicht Vermögensschaden ist, nach § 253 Abs. 2 des Bürgerlichen Gesetzbuches geleistet wird, ist nicht als Einkommen zu berücksichtigen.

Gliederung

A. Basisinformationen 1
I. Textgeschichte und Gesetzgebungsmaterialien 1
II. Vorgängervorschriften 2
III. Parallelvorschriften 3
B. Auslegung der Norm 5
I. Bedeutung der Norm 5
II. Normzweck 6
III. Anderweitig zweckbestimmte staatliche Leistungen (Absatz 1) 8

1. Leistungen aufgrund öffentlich-rechtlicher Vorschriften 9
2. Ausdrückliche Zweckbestimmung 10
3. Privilegierungsumfang 13
4. Beispiele 14
IV. Immaterieller Schadensersatz (Absatz 2) 15
1. Schmerzensgeld nach § 253 Abs. 2 BGB 15
2. Sonstiger immaterieller Schadensersatz 19

A. Basisinformationen

I. Textgeschichte und Gesetzgebungsmaterialien

1 Die Norm geht zurück auf § 78 SGB XII des Entwurfs eines Gesetzes zur Einordnung des Sozialhilferechts in das Sozialgesetzbuch vom 05.09.2003.[1] Die darin vorgeschlagenen Regelungen wurden inhaltlich unverändert am 30.12.2003 durch Art. 1 des Gesetzes zur Einordnung des Sozialhilferechts in das Sozialgesetzbuch v. 27.12.2003 als § 83 SGB XII verkündet.[2]

II. Vorgängervorschriften

2 Die Vorschrift ist bis auf den nicht übernommenen Absatz 1 Satz 2 vollständig identisch mit dem früheren § 77 BSHG. § 83 Abs. 1 SGB XII ist also wortgleich mit § 77 Abs. 1 Satz 1 BSHG und § 83 Abs. 2 SGB XII entspricht § 77 Abs. 2 BSHG.

III. Parallelvorschriften

3 Im **SGB II** ist die zum 01.04.2011 reformierte Freistellung zweckbestimmter Leistungen in **§ 11a Abs. 3 Satz 1 SGB II** zu finden. Mit dessen Einführung ist die Vorschriftenlage im SGB II an den Wortlaut des § 83 Abs. 1 SGB XII angepasst worden. Zuvor[3] konnten im Unterschied zu § 83 Abs. 1 SGB XII neben öffentlichen auch private Einnahmen privilegiert sein. Die alte Regelung des SGB II hatte zudem darauf verzichtet, dass ein Zweck „ausdrücklich" genannt sein musste.[4] Damit ist der Gesetzgeber im Ergebnis einer Harmonisierung der Einkommensberücksichtigung in beiden Grundsicherungssystemen einen Schritt entgegengekommen. Insbesondere für „gemischte" Bedarfsgemeinschaften, deren Angehörige zwar verschiedene Grundsicherungen beanspruchen können, aber dennoch einheitlich „veranlagt" werden, ist eine möglichst einheitliche Behandlung wünschenswert.[5] Die Änderung der früheren Regelung im SGB II sollte aber nicht der Schaffung gleicher Regeln in der Grundsicherung, sondern der „Klarstellung" dienen, dass für eine Privilegierung eine allgemeine Zweckrichtung nicht genügt, sondern dass nur Einnahmen aufgrund von Vorschriften des öffentlichen Rechts aus-

---

[1] BT-Drs. 15/1514, S. 23; Begründung BT-Drs. 15/1514, S. 65.
[2] BGBl I 2003, 3022, 3042.
[3] § 11 Abs. 3 Nr. 1 lit. a SGB II a.F.
[4] Vgl. auch *Söhngen* in: jurisPK-SGB II, 3. Aufl. 2012, § 11 Rn. 24.
[5] Vgl. zu deren Notwendigkeit etwa *Coseriu* in: Bender/Eicher, Sozialrecht – eine Terra incognita, 2009, S. 225, 255 f.

genommen sind und dabei eine ausdrücklich andere Zweckrichtung erforderlich ist.[6] Eine **weitere Parallelregelung** stellt **§ 93 Abs. 1 Satz 4 SGB VIII** in Bezug auf die Heranziehung zu Kostenbeiträgen dar, wonach Kindergeld und Leistungen, die auf Grund öffentlich-rechtlicher Vorschriften zu einem ausdrücklich genannten Zweck erbracht werden, nicht als Einkommen zu berücksichtigen sind.

Parallele Regelungen über die Freistellung des **immateriellen Schadensersatzes** wie in § 83 Abs. 2 SGB XII finden sich unter anderem in § 11a Abs. 2 SGB II[7], § 7 Abs. 5 AsylbLG, § 93 Abs. 1 Satz 2 SGB VIII und § 25d Abs. 4 Satz 2 BVG.

B. Auslegung der Norm

I. Bedeutung der Norm

Die Regelungen in § 83 SGB XII stellen die Ausnahmen von dem mit § 82 SGB XII gelegten Prinzip dar, dass grundsätzlich alle Einnahmen ohne Rücksicht auf ihre Herkunft zur Selbsthilfe einzusetzen sind. Die Bedeutung der Vorschrift liegt also darin, den **Anwendungsbereich des § 82 SGB XII einzuschränken**. Für die Privilegierungen wird abweichend von der mit § 82 SGB XII verbundenen Grundregel, dass die Herkunft bzw. Ursache von Einnahmen unerheblich ist, an den eigentlichen Zweck der Einnahmen angeknüpft. So wird die Selbsthilfe durch den Einkommenseinsatz zweckbestimmter öffentlich-rechtlicher Leistungen nur eingeschränkt erwartet und wird bei immateriellem Schadensersatz ganz ausgeschlossen.

II. Normzweck

Die in **Absatz 1** geregelte Freistellung anderweitig zweckbestimmter öffentlich-rechtlicher Leistungen dient dazu, solche Leistungen nicht leerlaufen zu lassen, deren Zweck ein anderer ist als ihn die Sozialhilfe etwa mit der Sicherung des Lebensunterhalts verfolgt. Würden sämtliche öffentlich-rechtlichen Leistungen berücksichtigt, wären sozialhilfebedürftige Personen im Ergebnis von besonderen Förderungen ausgeschlossen. Es wäre zwecklos, sie anderweitig über die Bedarfe der Grundsicherung hinaus zu fördern. Die sozialhilferechtlich zweckfremden öffentlich-rechtlichen Leistungen könnten nicht zweckentsprechend, sondern müssten zweckentfremdet etwa zum Lebensunterhalt eingesetzt werden. Andererseits dient die Vorschrift dazu, **Doppelleistungen** aus öffentlichen Kassen zur Erfüllung des gleichen Zwecks zu **vermeiden**.[8] Es kommt demnach darauf an, ob die fragliche Leistung denselben Zwecken dient wie die Leistungen der Sozialhilfe.[9]

Die Privilegierung des immateriellen Schadensersatzes nach § 253 Abs. 2 BGB in **Absatz 2** beachtet ebenfalls dessen besondere Zweckrichtung. Der immaterielle Schadensersatz bzw. das Schmerzensgeld ist die in Geld übersetzte Genugtuung und Anerkennung erlittenen Unrechts. Es soll der einer Person entstandene immaterielle Schaden ersetzt werden. Daher werden bei seiner Bemessung vorrangig opferbezogene Merkmale wie Umfang und Dauer der Schmerzen, Entstellungen, Leiden und Eingriffe in das Leben des Opfers, aber auch die Verhältnisse des Geschädigten und des Schädigers (z.B. eine Absicherung durch eine Haftpflichtversicherung), der Grad des Verschuldens und die schadenauslösenden Umstände abgewogen.[10] Solcher Schadensersatz dient also gerade nicht wie materieller Schadensersatz der Wiederherstellung des Vermögens oder der Herstellung eines Vermögenszustandes, der ohne die Schädigung eingetreten wäre (zum Beispiel Verdienstausfall usw.), sondern dem Ausgleich nichtvermögensrechtlicher Nachteile. Immaterielle Kompensation kann daher **nicht** als **Teil des zum Lebensunterhalt gedachten Gesamtvermögens** angesehen werden.

III. Anderweitig zweckbestimmte staatliche Leistungen (Absatz 1)

Um eine Privilegierung einer Leistung zu ermitteln, ist in einem ersten Schritt zu prüfen, ob sie aufgrund öffentlich-rechtlicher Vorschriften erbracht wird und ob sich in diesem Zusammenhang eine ausdrückliche Bezeichnung ihres Zwecks feststellen lässt. Ist dies der Fall, ist in einem zweiten Schritt der Zweck der konkurrierend in Frage stehenden Sozialhilfeleistung zu ermitteln.[11] Schließlich sind die

---

[6] Vgl. BR-Drs. 661/10, S. 151.
[7] Zuvor: § 11 Abs. 3 Nr. 2 SGB II.
[8] Vgl. BVerwG v. 16.05.1974 - V C 46.73 - BVerwGE 45, 157.
[9] Vgl. für das SGB II: BSG v. 30.09.2008 - B 4 AS 19/07 R - BSGE 101, 281 ff.
[10] BGH v. 06.07.1955 - GSZ 1/55 - BGHZ 18, 149.
[11] BVerwG v. 12.04.1984 - 5 C 3/83 - BVerwGE 69, 177; BSG v. 23.03.2010 - B 8 SO 17/09 R.

Zwecke der beiden Leistungen gegenüberzustellen, um festzustellen, ob und inwieweit sie zweckidentisch erbracht werden.

1. Leistungen aufgrund öffentlich-rechtlicher Vorschriften

9 Leistungen werden aufgrund öffentlich-rechtlicher Vorschriften erbracht, wenn diese Vorschriften einen Träger öffentlich-rechtlicher Verwaltung zur Leistung ermächtigen oder verpflichten. Dabei muss es sich nicht um einen inländischen Träger handeln.[12] Der Wortlaut unterscheidet nicht zwischen Leistungen aufgrund von Gesetzen oder anderen Rechtsgrundlagen. Auf öffentlich-rechtlicher Grundlage beruhen daher nicht nur gesetzliche Leistungen, sondern auch solche aufgrund von Verordnungen, Satzungen, Verwaltungs- bzw. Förderrichtlinien usw. Nicht nach Vorschriften des öffentlichen Rechts erbracht werden Leistungen, deren Rechtsgrund nur in Verträgen besteht, ohne dass die vertraglichen Leistungen bereits anderweitig in einer öffentlich-rechtlichen Vorschrift geregelt sind.[13]

2. Ausdrückliche Zweckbestimmung

10 Nur solche nicht dem SGB XII entspringende Einnahmen, deren ausdrücklich benannter Leistungszweck außerhalb der Sozialhilfe steht, sind von der Berücksichtigung als Einkommen ausgenommen. Es muss sich um andere Zwecke als diejenigen handeln, für welche die im konkreten Fall konkurrierende Sozialhilfe einsteht, also z.B. über die den Leistungen zur Sicherung des Lebensunterhalts zugrundeliegenden Zweckbestimmungen hinausgehen.[14]

11 Eine ausdrückliche Zweckbestimmung kann sich direkt aus den der Leistung zugrundeliegenden **öffentlich-rechtlichen Vorschriften** ergeben. Die Definition des (abweichenden) Leistungszwecks muss aber nicht zwingend und eindeutig schon aus dem Wortlaut der öffentlich-rechtlichen Vorschriften zu entnehmen sein. Bereits die Vorgängerregelung des § 77 Abs. 1 Satz 1 BSHG ist nicht so eng interpretiert worden, dass das Wort „Zweck" in dem Wortlaut der öffentlich-rechtlichen Vorschrift verwandt werden musste.[15] Für eine ausdrückliche Zweckbestimmung kann es also ausreichen, wenn sich die Zweckbestimmung **eindeutig** aus den Voraussetzungen für die Leistungsgewährung und dem **Gesamtzusammenhang** der Regelung ableiten lässt.[16] Es genügt, dass die Leistung beispielsweise „zur Sicherung" oder „zum Ausgleich" gewährt wird. Nach neuerer Rechtsprechung des BSG kann dabei ausreichend sein, dass der Zweck in dem bewilligenden **Bescheid** oder auch nur in der **Gesetzesbegründung**[17] ausdrücklich genannt wird. Dies ähnelt der Rechtsprechung zur früher abweichenden Formulierung in § 11 Abs. 3 Nr. 1 lit. a SGB II a.F.[18], wonach es genügt, wenn ein abweichender Zweck durch Auslegung der entsprechenden Vorschriften ermittelt werden kann.[19] Im Ergebnis wäre die Anwendung des SGB II und SGB XII in gewisser Weise harmonisiert gewesen. Durch die Neuregelung in § 11a Abs. 3 Satz 1 SGB II hat sich allerdings die Vorschriftenlage im SGB II an die des SGB XII angeglichen. Eine Gesetzesbegründung kann damit zur Bestimmung des Regelungsinhalts der Norm und deren Leistungszwecke herangezogen werden.[20] Insbesondere bei der Untersuchung einer Zweckbestimmung in einem Bescheid sollte aber der Bezug zu der eigentlichen Rechtsgrundlage und deren Gesamtzusammenhang entscheidend bleiben. Eine Verfügung in dem Verwaltungsakt und dessen Be-

---

[12] SG Augsburg v. 22.12.2011 - S 15 SO 145/11 - juris.
[13] Vgl. VG Hamburg v. 05.11.1997 - 8 VG 3680/97 - juris Rn. 31.
[14] BSG v. 23.03.2010 - B 8 SO 17/09 R; BSG v. 11.12.2007 - B 8/9b SO 20/06 R - FEVS 59, 441.
[15] So schon BVerwG v. 26.08.1964 - V C 99.63 - BVerwGE 19, 198.
[16] BVerwG v. 12.04.1984 - 5 C 3/83 - BVerwGE 69, 177, 181; BSG v. 03.12.2002 - B 2 U 12/02 R - BSGE 90, 172.
[17] So erstmals BSG v. 23.03.2010 - B 8 SO 17/09 R - juris Rn. 24 - BSGE 106, 62. Ähnlich zuvor schon *Brühl* in: LPK-SGB XII, 8. Aufl., § 83 Rn. 4 und jetzt *Geiger* in: LPK-SGB XII, 9. Aufl., § 83 Rn. 4. Im Bereich des SGB II war aufgrund des anderen Wortlauts des § 11 Abs. 3 Nr. 1 lit. a SGB II a.F. ein ähnliches Vorgehen befürwortet worden, vgl. *Mecke* in: Eicher/Spellbrink, SGB II, 2. Aufl., § 11 Rn. 39. Anders noch BSG v. 03.12.2002 - B 2 U 12/02 R - juris Rn. 22 - BSGE 90, 172: Der sich aus der Begründung ergebende Zweck muss auch in der Vorschrift selbst zum Ausdruck gekommen sein. Ebenso a.A. *Lücking* in: Hauck/Noftz, SGB XII, § 83 Rn. 7; *Schellhorn* in: Schellhorn/Schellhorn/Hohm, SGB XII, § 83 Rn. 11.
[18] Vgl. jetzt aber § 11a Abs. 3 Satz 1 SGB II und Rn. 3.
[19] BSG v. 29.03.2007 - B 7b AS 12/06 R - FEVS 58, 496; BSG v. 30.09.2008 - B 4 AS 19/07 R - BSGE 101, 281 ff.; *Mecke* in: Eicher/Spellbrink, SGB II, 2. Aufl., Rn. 39.
[20] Vgl. noch zur Praxis des BVerwG v. 12.04.1984 - 5 C 3/83 - BVerwGE 69, 177, das eine Gesetzesbegründung nicht für ausreichend hielt und sich insoweit ausdrücklich von einem anderen Verständnis der Entscheidung des BVerwG v. 26.08.1964 - V C 99.63 - BVerwGE 19, 198 distanzierte.

gründung können im Interesse einer gleichmäßigen Rechtsanwendung nur dann allein maßgeblich sein, wenn die zugrundeliegenden Normen eine Leistungsbestimmung ermöglichen oder erforderlich machen.

Letztlich kommt es darauf an, ob sich aus dem Gesamtzusammenhang ein Zweck ergibt, der einen konkreten und individuellen Bezug zu der Leistung hat. Die bloße Bezeichnung einer Leistung[21] oder ein bloßes Motiv ihrer Einführung ohne konkrete Verwendungsbestimmung[22] genügen hierfür nicht. Zweckbestimmt ist eine Leistung auch nicht schon dann, wenn sie aus einem bestimmten Rechtsgrund z.B. als Gegenleistung **„für etwas"** erfolgt, sondern sie muss final **„zu etwas"** geleistet werden.[23] Nicht vorausgesetzt ist, dass die Leistung entweder rechtlich oder faktisch nur zu diesem anderweitigen Zweck eingesetzt werden kann oder darf.[24]

3. Privilegierungsumfang

Ausdrücklich zweckbestimmte öffentlich-rechtliche Leistungen – nicht das Schmerzensgeld nach Absatz 2 – sind nur so weit als Einkommen zu berücksichtigen, als die Sozialhilfe im Einzelfall den gleichen Zwecken dient. Daher sind **zweckgemischte** Einnahmen auch **nur zu dem Teil freigestellt**, dessen ausdrücklicher Zweck anders ist als die konkrete Sozialhilfe. Praktische Bedeutung erlangt dies bei Komplexleistungen, die sich aus mehreren Einzelleistungen zusammensetzen bzw. bei denen bestimmte Bedarfe und Bedarfsbeträge zusammengefasst sind, die nur zum Teil einen anderen ausdrücklich genannten Zweck als die im Einzelfall zu gewährende Sozialhilfe haben. Lassen sich in solchen Fällen die Bedarfs- oder Zahlbeträge trotz ausdrücklicher Zweckbestimmung nicht aus den Vorschriften usw. entnehmen oder errechnen, kann gegebenenfalls auf Verwaltungsvorschriften[25] zurückgegriffen werden. Fehlt aber eine ausdrückliche Zweckbestimmung, kann nicht allein aus den unterschiedlichen Motiven oder Begleitumständen ein Teil der Leistungen als privilegiertes zweckbestimmtes Einkommen angesehen werden.[26]

4. Beispiele

- Die **Umweltprämie** (sog. **„Abwrackprämie"**) des Bundes nach der Richtlinie zur Förderung des Absatzes von Personenkraftwagen[27], deren Förderzweck darin lag, die Anschaffung von Neuwagen gegen die Verschrottung von Altfahrzeugen zu fördern, wird in der Grundsicherung für Arbeitsuchende überwiegend als zu einem anderen Zweck als der Sicherung des Lebensunterhalts bestimmte Leistung angesehen.[28] Die anderweitige Bestimmung des Förderzwecks führt auch für die Sozialhilfe zur Nichtberücksichtigung.
- Das während eines Lehrgangs im Berufsbildungsbereich einer WfbM gewährte **Ausbildungsgeld** ist weder nach dem Wortlaut der §§ 104 ff. SGB III noch nach dem Regelungszusammenhang (insbesondere nicht im Sinne einer Mehraufwandspauschale) ausdrücklich zweckbestimmt.[29] Es ist aber gleichwohl nicht zu berücksichtigen (vgl. die Kommentierung zu § 82 SGB XII Rn. 33).
- Eine öffentlich-rechtliche Leistung ist in der Regel nicht schon deshalb anderweitig zweckbestimmt und nicht zu berücksichtigen, weil sie als **Aufwandsentschädigung** bezeichnet wird. Eine steuerliche Privilegierung stellt für sich genommen keine ausreichende Zweckbestimmung dar.[30] Wegen einer Privilegierung ist zu prüfen, ob mit der Aufwandsentschädigung im Vergleich zur Sozialhilfe an-

---

[21] BVerwG v. 12.04.1984 - 5 C 3/83 - BVerwGE 69, 177.
[22] BSG v. 23.03.2010 - B 8 SO 17/09 R.
[23] LSG Rheinland-Pfalz v. 19.05.2006 - L 3 ER 50/06 SO - FEVS 58, 63.
[24] Der Begründungstext der BT-Drs. 17/3404 S. 94 zum Gesetzentwurf des § 11a Abs. 3 Satz 1 SGB II spricht allerdings davon, dass eine ausdrückliche Zweckbestimmung jedenfalls dann nicht vorliegt, wenn das Einkommen weder rechtlich noch faktisch nur gebunden ausgegeben werden kann. Ein solches Erfordernis war allerdings weder zu § 77 Abs. 1 BSHG noch zu § 83 Abs. 1 SGB XII anerkannt und ist auch mit dem Wortlaut unvereinbar, der nur auf den anderweitigen Zweck, nicht auf die tatsächliche Verwendung abstellt.
[25] Vgl. zum Schüler-BAföG im SGB II: BSG v. 17.03.2009 - B 14 AS 63/07 R - FEVS 61, 119.
[26] Vgl. zur früheren Diskussion um die teilweise Privilegierung der Verletztenrente BSG v. 05.09.2007 - B 11b AS 15/06 R - BSGE 99, 47; *Striebinger* in: Gagel, SGB III/SGB II, § 11b SGB II Rn. 11 m.w.N.
[27] Vom 20.02.2009, BAnz. S. 835, 1056, vom 17.03.2009, BAnz. S. 1144, zuletzt in der Fassung vom 26.06.2009, BAnz. S. 2264.
[28] Vgl. LSG Sachsen-Anhalt v. 22.09.2009 - L 2 AS 315/09 B ER - juris; LSG Bayern v. 21.12.2009 - L 7 AS 831/09 B ER - juris; LSG Hessen v. 15.01.2010 - L 6 AS 515/09 D ER - juris.
[29] BSG v. 23.03.2010 - B 8 SO 17/09 R.
[30] BR-Drs. 661/10, S. 151.

dere bzw. weitergehende Zwecke verfolgt werden. Eine solche anderweitige Zweckbestimmung könnte etwa das Ziel der Anerkennung des Ehrenamtes sein.[31] Für die Höhe der sozialhilferechtlichen Berücksichtigung als Einkommen ist es ansonsten unerheblich, ob und wie die Aufwandsentschädigung steuerrechtlich als Einkommen behandelt wird. Die teilweise Steuerfreiheit der Aufwandsentschädigung ist nicht maßgeblich, weil für die Grundsicherung andere Absetzungsregelungen gelten.[32] Soweit das Steuerrecht die Steuerfreiheit von Aufwandsentschädigungen begrenzt, kann daraus gegebenenfalls auf den Entgeltcharakter geschlossen werden.[33]

- Der **befristete Zuschlag** nach § 24 SGB II a.F. ist (in gemischten Bedarfsgemeinschaften) nicht als zweckbestimmte Leistung im Sinne des § 83 Abs. 1 SGB XII anzusehen. Er wird wie das Alg II als eine Leistung zur Sicherung des Lebensunterhalts gewährt.[34]
- **Beitragszuschüsse** anderer Leistungsträger zur Krankenversicherung sind zwar zweckbestimmte Einnahmen, dienen aber keinem anderen Zweck als die Leistungen nach dem SGB XII. Sie dienen ebenso wie die Zuschüsse nach § 32 Abs. 5 SGB XII der Aufrechterhaltung des Krankenversicherungsschutzes.[35]
- Das nach den Ländergesetzen gezahlte **Blinden-** bzw. **Gehörlosengeld**, das zum Ausgleich der durch die Behinderung entstehenden Mehraufwendungen gewährt wird, ist als zweckbestimmte Einnahme im Sinne des § 83 SGB XII anzusehen und daher nicht als Einkommen zu berücksichtigen.[36] **Untereinander** dienen das **Blindengeld der Länder** und die **Blindenhilfe nach § 72 SGB XII** hingegen demselben Zweck.[37]
- Die Leistungen der **Bundesausbildungsförderung** nach dem **BAföG** dienen einem anderen Zweck als die Hilfe zum Lebensunterhalt, weil die Förderung nach den §§ 1, 11 Abs. 1 BAföG neben dem Lebensunterhalt **auch** die Kosten der Ausbildung einbeziehen. Weil insoweit eine ausdrückliche Zweckbestimmung erkennbar ist, die neben einer zweckidentischen Bestimmung nur der Höhe nach gesetzlich nicht bestimmt ist, kann beim sog. **Schüler-BAföG** (§ 12 Abs. 1 Nr. 1 BAföG) pauschal ein Anteil von **20%** als für die Ausbildung zugedacht nicht berücksichtigt werden.[38]
- Die **Berufsausbildungsbeihilfe** (BAB) nach den §§ 56 ff. SGB III ist nur für den Lebensunterhalt bestimmt[39], d.h. in ihrem jeweiligen Umfang vollständig als Einkommen zu berücksichtigen.
- Ein **Bildungskredit** dient nach § 1 der Förderungsbedingungen des Bundes (www.bva.bund.de, abgerufen am 03.04.2014) bei **nicht nach dem BAföG geförderten Auszubildenden** der **Sicherung und Beschleunigung der Ausbildung**, bei geförderten Auszubildenden der Finanzierung von außergewöhnlichem, nicht durch das BAföG erfasstem Aufwand. Demnach ist der Bildungskredit nur bei den nach dem BAföG geförderten Auszubildenden eine ausdrücklich zweckbestimmte Leistung. Die für nicht geförderte Auszubildende intendierte Sicherung und Beschleunigung der Ausbildung ist nur ein Motiv der Einführung, ohne dass eine konkrete Verwendung vorgeschrieben ist. Im Übrigen kann eine Ausbildung auch dadurch gesichert werden, dass die Notwendigkeit einer Erwerbstätigkeit wegfällt und sich der Auszubildende dadurch zeitlich intensiver dem Abschluss widmen kann.[40] Ein außerhalb der Zwecke der Sozialhilfe stehender Verwendungszweck lässt sich ebenso wenig eindeutig von vornherein erkennen wie das Konzept der Deckung eines Bedarfs.[41] Im Ergeb-

---

[31] Vgl. BSG v. 26.05.2011 - B 14 AS 93/10 R - juris Rn. 19.
[32] Vgl. BSG v. 26.05.2011 - B 14 AS 93/10 R - juris Rn. 20, 21; BSG v. 01.06.2010 - B 4 AS 89/09 R - juris.
[33] Zu diesem Problemkreis in der Arbeitslosenhilfe: BSG v. 23.07.1998 - B 11 AL 3/98 R - NZS 1999, 151; zum SGB II in Bezug auf Zuschläge wegen Nacht-, Sonn- und Feiertagsarbeit aber anders BSG v. 01.06.2010 - B 4 AS 89/09 R - juris.
[34] Vgl. LSG Niedersachsen-Bremen v. 23.09.2010 - L 8 SO 58/08 - juris Rn. 30.
[35] Vgl. BSG v. 16.10.2012 - B 14 AS 11/12 R – juris Rn. 37.
[36] BVerwG v. 05.11.1969 - V C 43.69 - BVerwGE 34, 164, 166; BSG v. 11.12.2007 - B 8/9b SO 20/06 R - FEVS 59, 441.
[37] Vgl. SG Landshut v. 02.02.2011 - S 10 SO 36/09 - juris; vgl. die Kommentierung zu § 72 SGB XII Rn. 11.
[38] Vgl. für das SGB II: BSG v. 17.03.2009 - B 14 AS 63/07 R - FEVS 61, 119.
[39] BSG v. 22.03.2010 - B 4 AS 69/09 R.
[40] Nicht überzeugend daher LSG Berlin-Brandenburg v. 24.06.2008 - L 14 AS 366/09 B ER - Breith 2009, 63; OVG Niedersachsen v. 31.05.2007 - 4 LC 85/07 - FEVS 58, 503.
[41] Anders als beim BAföG, das bedarfsdeckend für alle Bedarfe gewährt wird und wo nur die Abgrenzung zwischen den Beträgen, die für den Lebensunterhalt eingestellt sind, und solchen, die für die Ausbildungskosten vorgesehen sind, schwierig ist, vgl. für das SGB II: BSG v. 17.03.2009 - B 14 AS 63/07 R - FEVS 61, 119.

nis müssten aber z.B. ausbildungsrelevante Absetzungen zugelassen werden. Werden **private Darlehen** gewährt, können sie mangels öffentlich-rechtlicher Grundlage allenfalls nach § 84 Abs. 2 SGB XII unberücksichtigt bleiben.

- Die **Eigenheimzulage** nach dem EigZulG ist keine ausdrücklich zweckbestimmte Leistung, da zwar die Herstellung oder Anschaffung von Wohneigentum gefördert werden soll, das Gesetz aber keine bestimmte Verwendung vorschreibt, keine Verwendungsnachweise erforderlich sind und auch die nicht zweckentsprechende Verwendung die Förderung nicht entfallen lässt.[42] Die im Ergebnis anderslautende Rechtsprechung im Anwendungsbereich des SGB II beruht darauf, dass nach § 11 Abs. 3 SGB II (bis 31.03.2011) kein ausdrücklich genannter Verwendungszweck erforderlich ist, so dass zur Nichtberücksichtigung bereits der Nachweis der zweckentsprechenden Verwendung als ausreichend angesehen wird.[43]

- Der **Gründungszuschuss** nach § 57 SGB III (frühere Formen: Überbrückungsgeld[44] und Existenzgründungszuschuss) ist zweckidentisch mit der Hilfe zum Lebensunterhalt, da er zur Sicherung des Lebensunterhalts und zur sozialen Sicherung in der Zeit nach der Existenzgründung erbracht wird.

- Das nach dem EStG bzw. BKGG gezahlte **Kindergeld** ist nicht anderweitig zweckbestimmt. Daher sind diejenigen Kindergeldanteile, die beim Kind nicht zur Deckung des Lebensunterhalts benötigt werden (§ 82 Abs. 1 Satz 2 SGB XII), als Einkommen des Kindergeldberechtigten zu berücksichtigen.

- Leistungen, die nach dem SGB VIII für die **Kindertagespflege** gemäß § 23 SGB VIII erbracht werden, sind im Bereich des SGB II (vgl. § 11a Abs. 3 Satz 2 Nr. 2 SGB II) als Einkommen unabhängig von ihrer Zweckbestimmung zu berücksichtigen, da sie regelmäßig in Ausübung der Erwerbstätigkeit zufließen.[45] Im SGB XII existiert keine vergleichbare Regelung.

- Wird Kinder- und Jugendhilfe durch Erziehung und Pflege nach den §§ 32-35 SGB VIII oder nach § 35a Abs. 2 Nr. 2-4 SGB VIII erbracht, ist gemäß § 39 Abs. 1 Satz 1 SGB VIII auch der notwendige Unterhalt des Kindes oder Jugendlichen außerhalb des Elternhauses sicherzustellen. Dieser Unterhalt umfasst die Kosten für den Sachaufwand sowie für die Pflege und Erziehung des Kindes oder Jugendlichen, § 39 Abs. 1 Satz 2 SGB VIII. Das hierfür gewährte **Pflegegeld** ist Teil der Leistungen zum Unterhalt des zu pflegenden Kindes oder Jugendlichen. Es wird aber nicht nur für den Sachaufwand gewährt, sondern auch für die Pflege und Erziehung des Kindes bzw. Jugendlichen. Der für letzteres im Pflegegeld enthaltene sogenannte **Erziehungsbeitrag** ist damit ausdrücklich zweckbestimmt. Ob dieser Erziehungsbeitrag mit der Hilfe zum Lebensunterhalt für die pflegende Person zweckidentisch ist, ist zum BSHG unterschiedlich beurteilt worden.[46] Nach der im SGB II bis 31.03.2011 geltenden Regelung[47] konnte als gefestigt gelten, dass Erziehungsbeiträge bzw. entsprechende (dort auch privatrechtliche) Honorare, da sie nicht der Abgeltung von Kosten dienen, als der Grundsicherung nach dem SGB II zweckfremde Einnahme von der Einkommensberücksichtigung ausgenommen sind und im Rahmen der Gerechtfertigkeitsprüfung zu prüfen ist, in welchem Rahmen daneben noch Hilfe zum Lebensunterhalt zu erbringen ist.[48] Ausschlaggebend wäre dann das Maß der Professionalität bzw. der Erwerbsmäßigkeit der Erziehungsleistung gewesen. Zweckbestimmte Leistungen können im Bereich des SGB II danach in dem Umfang angerechnet werden, in dem sie als Erwerbsquelle genutzt werden.[49] Zur Klärung trug bei, dass nach § 11 Abs. 4 SGB II a.F. das Pflegegeld nach dem SGB VIII bei mehr als zwei Pflegekindern als Einkommen berücksichtigt wurde. Mittlerweile ist das **Pflegegeld** im SGB II ab dem dritten Pflegekind zu ¾ und sodann ab einem vierten Pflegekind vollständig zu berücksichtigen.[50] Bei der Neufassung wurde davon ausge-

---

[42] BVerwG v. 28.05.2003 - 5 C 41/02 - FEVS 55, 102; LSG Rheinland-Pfalz v. 19.05.2006 - L 3 ER 50/06 SO - FEVS 58, 63.

[43] BSG v. 30.09.2008 - B 4 AS 19/07 R - BSGE 101, 281.

[44] BSG v. 01.06.2010 - B 4 AS 67/09 R - juris.

[45] Vgl. BR-Drs. 661/10, S. 151.

[46] Gegen eine Anrechnung VGH Baden-Württemberg v. 09.12.1996 - 6 S 2472/94; nach Ansicht des OVG Nordrhein-Westfalen v. 08.07.1975 - VIII A 964/74 - FEVS 24, 77 ist eine ergänzende Leistung aufgrund einer Verwaltungsvorschrift, die nur der Anerkennung der Pflege dient, zweckidentisch mit der Hilfe zum Lebensunterhalt.

[47] § 11 Abs. 3 Nr. 1 lit. a SGB II a.F. bzw. § 11 Abs. 4 SGB II a.F.

[48] Für eine Zweckverschiedenheit: BSG v. 29.03.2007 - B 7b AS 12/06 R - FEVS 58, 496; BSG v. 27.01.2009 - B 14/7b AS 8/07 R - FEVS 61, 13; BSG v 01.07.2009 - B 4 AS 9/09 R - SGb 2010, 367 m.w.N.

[49] So für das SGB II BSG v. 01.07.2009 - B 4 AS 9/09 R - SGb 2010, 367 für einen Fall, der ohne die Regelung in § 11 Abs. 4 SGB II zu entscheiden wäre.

[50] § 11a Abs. 3 Satz 2 Nr. 1 SGB II.

gangen, dass das Pflegegeld grundsätzlich Einkommen darstellt.[51] Allerdings folgt aus der systematischen Stellung der Regelung des § 11a Abs. 3 Satz 2 Nr. 1 SGB II, dass grundsätzlich von einer ausdrücklich anderweitigen Zweckbestimmung der Pflegegeldzahlungen auszugehen ist, so dass erst bei einer erwerbsmäßig ausgeübten Pflege die Einkommensberücksichtigung gerechtfertigt ist. Die Rechtsprechung bzw. Rechtslage im SGB II zur Berücksichtigung des Pflegegeldes bei Pflege zu Erwerbszwecken lässt sich nicht ohne weiteres auf das SGB XII übertragen, soweit es um die Hilfe zum Lebensunterhalt geht. Denn sowohl die Rechtsprechung wie auch die Vorgängerregelungen im SGB II beruhen darauf, dass nach der früheren Rechtslage eine Gerechtigkeitsprüfung vorzunehmen war. Eine gleiche Rechtsanwendung ist dennoch wünschenswert.

- Leistungen zur Pflege aus der gesetzlichen Unfallversicherung (**Pflegegeld** nach § 44 SGB VII) werden zwar zu einem ausdrücklich genannten Zweck erbracht. Sie dienen aber keinem anderen Zweck als die Leistungen der Eingliederungshilfe für behinderte Menschen nach den §§ 53 ff. SGB XII.[52] Sie können als Einkommen der Leistungsberechtigten berücksichtigt werden.

- **Renten** wie die **Grundrente nach dem BVG** bzw. Rentenleistungen, die aufgrund entsprechender Anwendung des BVG (z.B. nach dem Opferentschädigungsgesetz oder Infektionsschutzgesetz) erbracht werden, sind schon nach § 82 Abs. 1 SGB XII von einer Einkommensberücksichtigung – allerdings nur in Höhe der Grundrente – freigestellt. Über die Grundrente hinausgehende Zahlungen sind folglich nach der gesetzgeberischen Entscheidung gemäß § 82 Abs. 1 SGB XII als Einkommen zu berücksichtigen und können nicht allgemein als zweckbestimmte Leistungen angesehen werden. In diesen Fällen kann – wie auch bei anderen Renten – nur eine ausdrückliche Zweckbestimmung die Zahlung privilegieren.[53] Beispielsweise ist aber die **Verletztenrente** aus der **gesetzlichen Unfallversicherung** nicht gesetzlich ausdrücklich zweckbestimmt.[54] Im Bereich des **SGB II** ist nunmehr allerdings die **Verletztenrente nach dem SGB VII** teilweise in Höhe der Grundrente nach § 31 BVG freigestellt, wenn sie aufgrund eines während der Ausübung der Wehrpflicht in der ehemaligen DDR erlittenen Gesundheitsschadens gezahlt wird.[55] **Entschädigungsrenten** sind nicht zweckbestimmt, sind aber nach § 4 Satz 2 EntschRG im Rahmen des SGB XII nur zur Hälfte zu berücksichtigen.

- Das **Überbrückungsgeld** nach § 51 Abs. 1 StrVollzG[56] weist die Besonderheit auf, dass es „zwangsweise" aus den Bezügen (z.B. Arbeitseinkommen) der Gefangenen gebildet wird, um „den notwendigen Lebensunterhalt des Gefangenen und seiner Unterhaltsberechtigten für die ersten vier Wochen nach seiner Entlassung" zu sichern. Wegen dieser auf eine Zweckbestimmung hindeutenden Formulierung war vor allem im Bereich des SGB II und vor dem Hintergrund der früheren Formulierung des § 11 Abs. 3 Nr. 1 lit. a SGB II a.F. strittig, ob diese einmalige Einnahme stets[57], nur bei Zufluss im Bezugszeitraum[58] oder nie[59] als Einkommen gelten konnte und für welchen Zeitraum sie zu berücksichtigen war[60]. Das BSG hat für den Bereich des SGB II entschieden, dass das Überbrückungsgeld dem Lebensunterhalt dient und deshalb kein Grund besteht, von einer Berücksichtigung als Einkommen oder Vermögen abzusehen.[61] Bei der Behandlung des Überbrückungsgeldes für Strafgefangene ist im Übrigen nicht von dem Zuflussprinzip abzuweichen, d.h. für die Abgren-

---

[51] Vgl. BR-Drs. 661/10, S. 151.
[52] Vgl. SG Münster v. 20.04.2011 - S 8 (16) SO 36/08 - juris; LSG Nordrhein-Westfalen v. 29.03.2012 - L 9 SO 340/11 - juris Rn 68.
[53] Nicht überzeugend SG Augsburg v. 22.12.2011 - S 15 SO 145/11 - juris zu einer russischen Invalidenrente, weil kein ausdrücklicher Normzweck nachgewiesen werden kann.
[54] BVerwG v. 19.04.1996 - 8 C 3/95 - BVerwGE 101, 86; BSG v. 03.12.2002 - B 2 U 12/02 R - BSGE 90, 172; BSG v. 05.09.2007 - B 11b AS 15/06 R - BSGE 99, 47; BSG v. 06.12.2007 - B 14/7b AS 22/06 R - juris.
[55] Vgl. § 1 Abs. 6 Alg II-V.
[56] Die Norm ist gemäß Art. 125a Abs. 1 GG bis zur Neuregelung des Strafvollzugs in den Ländern weiter anwendbar. Derzeit haben noch nicht alle Bundesländer eigene Strafvollzugsgesetze erlassen.
[57] LSG Nordrhein-Westfalen v. 22.04.2010 - L 7 AS 107/09 - juris Rn. 31.
[58] LSG Baden-Württemberg v. 24.04.2009 - L 12 AS 5623/08 - juris - ZFSH/SGB 2009, 360; LSG Niedersachsen-Bremen v. 18.05.2010 - L 13 AS 105/09 - info also 2010, 174.
[59] In diese Richtung *Hammel*, ZFSH/SGB 2011, 7, 13.
[60] Für vier Wochen: LSG Baden-Württemberg v.24.04.2009 - L 12 AS 5623/08 - juris Rn. 25 - ZFSH/SGB 2009, 360; für einen Vorrang der Regeln der Grundsicherung: LSG Sachsen-Anhalt vom 26.01.2012 - L 2 AS 192/09 - juris Rn. 43.
[61] BSG v. 06.10.2011 - B 14 AS 94/10 R - juris Rn. 20 - SGb 2012, 621.

zung als Einkommen oder Vermögen ist allein der Zuflusszeitpunkt entscheidend.[62] Wegen der zeitlichen Dauer der Berücksichtigung der einmaligen Einnahme hat sich das BSG entschieden, den normativen Vorgaben des § 51 StVollzG zu folgen, die bei der Auslegung der für die Verteilung einmaliger Einnahmen einschlägigen Verordnung (§ 2 Abs. 3 Alg II-V a.F.) zu beachten sind.[63] Der Verteilzeitraum für das Überbrückungsgeld beträgt daher vier Wochen. Eine Verteilungsregelung für einmalige Einnahmen im SGB II ist zwar nunmehr Gegenstand des Gesetzes (§ 11 Abs. 3 Satz 3 SGB II), ein normativer Vorrang des § 51 StVollzG aber gleichwohl gegeben. Im Bereich des SGB XII kann diese Rechtsanwendung durch eine dem normativen Zuflussprinzip entsprechende Auslegung der § 3 Abs. 2 Satz 2 i.V.m. § 8 SGB XII§82DV übertragen werden.

- Die **Übergangsleistung** nach § 3 Abs. 2 BKV ist mangels eindeutiger Zweckbestimmung nicht privilegiert.[64]
- Das als Leistung zur Teilhabe am Arbeitsleben gewährte **Übergangsgeld** im Sinne des § 45 Abs. 2 SGB IX gehört zu den Leistungen zum Lebensunterhalt und ist nicht anderweitig zweckbestimmt und privilegiert.[65]
- Die **Schwerstbeschädigtenzulage** (§ 31 Abs. 4 BVG), die **Ausgleichsrente** (§ 32 BVG) und der **Ehegattenzuschlag** nach § 33a BVG sind keine zweckbestimmten Leistungen.[66]
- Das **Wohngeld** nach § 1 Abs. 1 WoGG wird zu dem ausdrücklich genannten Zweck der Sicherung angemessenen und familiengerechten Wohnens geleistet. Soweit die Sozialhilfe auch in der Übernahme von Aufwendungen für die Unterkunft besteht, ist der Zweck des Wohngelds mit dem der Sozialhilfe identisch.[67] Das Wohngeld ist dann beim Bezieher als Einkommen anzusehen und mindert nicht den Bedarf der Unterkunftskosten. Die Berücksichtigung unrechtmäßig erhaltenen Wohngeldes ist nicht deshalb ausgeschlossen, weil die Bezieher von Hilfe zum Lebensunterhalt, Grundsicherung im Alter und bei Erwerbsminderung grundsätzlich vom Bezug des Wohngeldes ausgenommen sind (§ 7 Abs. 1 Nr. 5, 6 WoGG) und ab dem Eintreten der Hilfe die Bewilligung von Wohngeld unwirksam wird (§ 28 Abs. 3 WoGG).[68] Solange das Wohngeld weiter gewährt wird, fließt es tatsächlich zu. Bei Überschneidungen ist der Sozialhilfeträger gegenüber der Wohngeldbehörde erstattungspflichtig (§§ 103, 105 SGB X).
- Die **Witwen- bzw. Witwerrente** ist keine nach § 83 Abs. 1 SGB XII privilegierte Einnahme. Es lässt sich kein ausdrücklicher Zweck der Leistung feststellen[69] und die Leistung dient nicht anderweitigen Zwecken als die Sozialhilfe z.B. in Form der Hilfe zum Lebensunterhalt.

IV. Immaterieller Schadensersatz (Absatz 2)

1. Schmerzensgeld nach § 253 Abs. 2 BGB

Immaterieller Schadensersatz in Form von **Schmerzensgeld** wird gemäß § 253 Abs. 2 BGB als billige Entschädigung im Fall ausgewählter Rechtsgutsverletzungen (Verletzung des Körpers, der Gesundheit, der Freiheit oder der sexuellen Selbstbestimmung) und wegen eines Schadens gewährt, der **nicht Vermögensschaden** ist. Auf welche Rechtsgrundlage sich dieser immaterielle Schadensersatzanspruch stützt, ist seit der Herauslösung des Schmerzensgeldanspruches aus dem Deliktsrecht des BGB (§ 847 BGB a.F.) unerheblich[70], so dass z.B. auch Ansprüche aus Vertragsverletzung oder aus Gefährdungshaftung in Betracht kommen. Die angemessene bzw. „billige" Bemessung des Schmerzensgeldes folgt dessen verschiedenen Funktionen. Das Schmerzensgeld dient dem Ausgleich von immateriellen Nachteilen wegen der Verletzungen, bietet daneben aber auch Genugtuung für die erlittenen Verletzungen.[71] Es soll dem Verletzten über den materiellen Nachteilsausgleich und Grundbedarf hinaus An-

15

---

[62] BSG v. 06.11.2011 - B 14 AS 94/10 R - juris Rn. 18 - SGb 2012, 621; BSG v. 22.08.2013 - B 14 AS 78/12 R - Rn. 30.
[63] BSG v. 22.08.2013 - B 14 AS 78/12 R - Rn. 36.
[64] Zum SGB II: BSG v. 18.02.2010 - B 14 AS 76/08 R - juris.
[65] Zum SGB II: BSG v. 07.05.2009 - B 14 AS 13/08 R - SozR 4-4200 § 22 Nr. 22.
[66] BSG v. 17.10.2013 - B 14 AS 58/12 R.
[67] BVerwG v. 16.05.1974 - V C 46.73 - BVerwGE 45, 157; BVerwG v. 16.12.2004 - 5 C 50/03 - BVerwGE 122, 317.
[68] A.A. *Wolf* in: Fichtner/Wenzel, SGB XII, 4. Aufl., § 83 Rn. 6.
[69] LSG Hessen v. 21.12.2012 - 4 SO 340/12 B ER - juris Rn. 10; zum SGB II: BSG v. 16.04.2013 - B 14 AS 81/12 R - juris Rn. 22.
[70] BT-Drs. 14/7752, S. 14.
[71] Vgl. *Vieweg/Lorz* in: jurisPK-BGB, 6. Aufl. 2012, § 253 Rn. 26 ff.

nehmlichkeiten verschaffen und hat folglich **keinen Versorgungscharakter** wie die Sozialhilfe, die in der Regel zur Deckung des Lebensunterhalts dient. Aufgrund dieser im Vergleich zur Sozialhilfe andersartigen Zweckrichtung ist es von der Einkommensberücksichtigung ausgenommen.[72]

16 Das Schmerzensgeld ist trotz seiner unterschiedlichen Funktionen **nicht teilbar**, kann also auch nicht zu einem Teil angerechnet werden.[73] Sämtliche Formen der Zahlung, d.h. die in der Regel **einmalige Zahlung** und die (seltenere) **Schmerzensgeldrente** sind vollständig privilegiert. Das gilt auch dann, wenn bei der Berechnung der regelmäßigen Schmerzensgeldrente eine Verzinsung eingerechnet wird.[74]

17 Die äußeren Formen bzw. die Bezeichnung als Schmerzensgeld sind aber nicht allein für eine Privilegierung ausreichend. Ob eine Zahlung als Schmerzensgeld anzusehen ist, ist Ergebnis einer **rechtlichen Bewertung**, die zunächst die Träger und im Streitfall die Gerichte vorzunehmen haben. Dazu sind die tatsächlichen Grundlagen einer Zahlung zu klären und ggf. der Inhalt eines Urteils, Vergleichsvertrages usw. heranzuziehen. Insbesondere bei Vergleichen muss erkennbar sein, ob vereinbarte Zahlungen zur Abgeltung von anerkannten Ansprüchen geleistet wurden oder ob der Vergleich lediglich zur Verfahrensbeendigung geschlossen wurde.[75] Entschädigungen für materielle Nachteile (Haushaltsführungsschaden, Pflege usw.), die über eine ausdrücklich als Schmerzensgeld bezeichnete Leistung hinaus gewährt werden, sind nicht privilegiert. Ebenfalls kein Schmerzensgeld sind privatrechtliche Aufwandsentschädigungen für die Teilnahme an einer Medikamentenstudie, wenn mit der Entschädigung kein immaterieller Schaden abgegolten wird.[76]

18 Die Schmerzensgeldzahlung ist nicht nur kein Einkommen, sondern auch ihr Bestand ist als Vermögen nach § 90 Abs. 3 SGB XII besonders privilegiert.[77] Aus einem als Rente gewährten Schmerzensgeld angespartes Vermögen oder mit der Einmalzahlung erworbene Vermögensanlagen sind nicht als Vermögen zu berücksichtigen. Bei Vermögensvermischungen sind die jeweils eindeutig auf den Rest des Schmerzensgeldes zurückgehenden anteiligen Beträge freigestellt, was ausscheidet, wenn wegen Umschichtungen und Verbrauch keine klare Zuordnung möglich ist.[78] Trotz dieses Bestandsschutzes sind **aus dem Schmerzensgeld erwirtschaftete Einkünfte** wie zum Beispiel Zinsen **nicht** von der Berücksichtigung als Einkommen **ausgenommen**.[79] Das Gleiche gilt für Zahlungen des Schmerzensgeldes an nicht geschädigte Personen oder falls die Schmerzensgeldansprüche vererbt werden.[80] Die Privilegierung gilt nur gegenüber dem Geschädigten.

2. Sonstiger immaterieller Schadensersatz

19 Die Privilegierung des § 83 Abs. 2 SGB XII ist nicht auf die unmittelbaren Anwendungsfälle des § 253 Abs. 2 BGB beschränkt. Erfasst sind auch vergleichbare gesetzliche Ansprüche auf immateriellen Schadensersatz. So umfasst der Anspruch nach § 253 Abs. 2 BGB bewusst nicht die **Verletzung des allgemeinen Persönlichkeitsrechts**.[81] Eine zivilrechtliche Entschädigung ist in solchen Fällen nur auf Grundlage § 823 BGB i.V.m. Art. 1 Abs. 1 und Art. 2 Abs. 1 GG möglich. Dennoch war bereits zu § 77 Abs. 2 BSHG anerkannt, dass solche Ansprüche in Anlehnung an § 253 Abs. 2 BGB (§ 847 BGB

---

[72] VGH Baden-Württemberg v. 25.05.1993 - 6 S 3184/91 - NJW 1994, 212; BT-Drs. 7/308, S. 17 zur Einführung des § 77 Abs. 2 BSHG.
[73] BVerwG v. 18.05.1995 - 5 C 22/93 - BVerwGE 98, 256.
[74] Vgl. BSG v. 22.08.2012 - B 14 AS 103/11 R - juris Rn. 22. Vgl. aber zu eigenen Einnahmen aus Schmerzensgeldern Rn. 18.
[75] BSG v. 22.08.2012 - B 14 AS 164/11 R - juris Rn. 20.
[76] Vgl. SG Augsburg v. 28.10.2010 - S 15 SO 113/10 - juris Rn. 28.
[77] Vgl. BVerwG v. 18.05.1995 - 5 C 22/93 - BVerwGE 98, 256; zum SGB II BSG v. 15.04.2008 - B 14/7b AS 6/07 R - FEVS 60, 1.
[78] BSG v. 22.08.2012 - B 14 AS 103/11 R - juris Rn. 20.
[79] BSG v. 22.08.2012 - B 14 AS 103/11 R - juris Rn. 22, hierzu kritisch *Frings*, Sozialrecht aktuell 2013, 180. A.A. LSG Niedersachsen-Bremen v. 20.04.2006 - L 8 SO 50/05 - juris; die Vorauflage Rn. 17; *Decker* in: Oestreicher SGB II/SGB XII, EL 60, § 83 Rn. 22.
[80] Vgl. LSG Berlin-Brandenburg - L 25 AS 1746/08 - juris Rn. 27.
[81] Vgl. BT-Drs. 14/7752, S. 25.

a.F.) privilegiert sind.[82] Die Nennung des § 253 Abs. 2 BGB ist daher als bloßes Zitat für den immateriellen Schadensersatz zu verstehen.

Privilegiert sind deshalb auch Ansprüche gemäß **§ 15 Abs. 2 AGG** wegen eines Verstoßes gegen das **Benachteiligungsverbot**. Der Anspruch ist auf eine angemessene Entschädigung in Geld wegen eines Schadens gerichtet, der kein Vermögensschaden ist. Damit handelt es sich entsprechend § 253 Abs. 2 BGB um einen Anspruch wegen eines Nichtvermögensschadens. Im Übrigen könnte die allgemeine Härtefallklausel des § 82 Abs. 3 Satz 3 SGB XII herangezogen werden, um weitere ähnliche Einnahmen nicht zu berücksichtigen (vgl. hierzu die Kommentierung zu § 82 SGB XII Rn. 91 ff.).

20

---

[82] Vgl. BT-Drs. 7/308, S. 17.

§ 84 SGB XII Zuwendungen

(Fassung vom 27.12.2003, gültig ab 01.01.2005)

(1) ¹Zuwendungen der freien Wohlfahrtspflege bleiben als Einkommen außer Betracht. ²Dies gilt nicht, soweit die Zuwendung die Lage der Leistungsberechtigten so günstig beeinflusst, dass daneben Sozialhilfe ungerechtfertigt wäre.

(2) Zuwendungen, die ein anderer erbringt, ohne hierzu eine rechtliche oder sittliche Pflicht zu haben, sollen als Einkommen außer Betracht bleiben, soweit ihre Berücksichtigung für die Leistungsberechtigten eine besondere Härte bedeuten würde.

Gliederung

A. Basisinformationen 1	1. Zuwendung 8
I. Textgeschichte und Gesetzgebungsmaterialien 1	2. Freie Wohlfahrtspflege 11
II. Vorgängervorschriften 2	3. „Gerechtfertigkeitsprüfung" 14
III. Parallelvorschriften 3	IV. Sonstige Zuwendungen (Absatz 2) 16
B. Auslegung der Norm 5	1. Rechtspflichten 17
I. Bedeutung der Norm 5	2. Sittliche Pflichten 18
II. Normzweck 6	3. Härtefallprüfung 19
III. Zuwendungen der freien Wohlfahrtspflege (Absatz 1) 8	

A. Basisinformationen

I. Textgeschichte und Gesetzgebungsmaterialien

1   Nach dem Entwurf eines Gesetzes zur Einordnung des Sozialhilferechts in das Sozialgesetzbuch vom 05.09.2003 sollte § 79 SGB XII-E die bisherige Regelung in § 78 BSHG inhaltsgleich fortführen.[1] Die Entwurfsfassung ist inhaltlich unverändert durch Art. 1 des Gesetzes zur Einordnung des Sozialhilferechts in das Sozialgesetzbuch v. 27.12.2003 am 30.12.2003 als § 84 SGB XII verkündet worden.[2]

II. Vorgängervorschriften

2   § 84 SGB XII entspricht der gleichlautenden Vorgängervorschrift des § 78 BSHG.

III. Parallelvorschriften

3   Eine im Ergebnis gleiche Regelung zu **§ 84 Abs. 1 SGB XII** findet sich in der Grundsicherung für Arbeitsuchende nunmehr in **§ 11a Abs. 4 SGB II**. Die mit dem RBEG v. 24.03.2011[3] vorgenommene Änderung glich die Rechtslage an § 84 Abs. 1 SGB XII an. Nach der früheren Regelung in § 11 Abs. 3 Nr. 1 lit. b SGB II a.F. war für die Berücksichtigung von Zuwendungen (auch der freien Wohlfahrtspflege) in der Grundsicherung für Arbeitsuchende nicht die gegebenenfalls bewirkte Verbesserung der Lage des Leistungsberechtigten entscheidend, sondern der Zweck einer Zuwendung. Insofern ist eine wünschenswerte Annäherung beider Leistungssysteme eingetreten. Im Übrigen entspricht die Formulierung des Absatzes 1 beispielsweise der in § 25d Abs. 5 Satz 1 BVG i.V.m. § 2 Abs. 1 Nr. 1 AusglV.

4   Früher existierte zur Härtefallregelung in **§ 84 Abs. 2 SGB XII** im SGB II keine unmittelbare Parallele. Nunmehr regelt § 11a Abs. 5 Nr. 1 SGB II eine Ausnahme von der Berücksichtigung bei rechtlich oder sittlich nicht veranlassten Zuwendungen nach dem Vorbild des § 84 Abs. 2 SGB XII. Allerdings scheidet dort eine Berücksichtigung sprachlich unterschiedlich bei „grober Unbilligkeit" statt bei besonderer Härte aus. Im Unterschied zu § 84 Abs. 2 SGB XII können solche Zuwendungen alternativ nach § 11 Abs. 5 Nr. 2 SGB II auch dann unberücksichtigt bleiben, wenn hierdurch die Lage der Leistungsberechtigten nicht so günstig beeinflusst wird, dass daneben Leistungen nach dem SGB II nicht gerechtfertigt wären. Insoweit geht das SGB II weiter, weil dadurch Gelegenheitszuwendungen oder Ähnliches nicht nur bei einer Härte, sondern schon dann nicht zu berücksichtigen sind, wenn sie wie Taschengeld üblich bzw. gesellschaftlich akzeptiert sind.[4]

---

[1] BT-Drs. 15/1514, S. 23; Begründung BT-Drs. 15/1514, S. 65.
[2] BGBl I 2003, 3022, 3042.
[3] BGBl I 2011, 453.
[4] Vgl. BT-Drs. 17/3404, S. 94 f.

B. Auslegung der Norm

I. Bedeutung der Norm

§ 84 SGB XII ist eine weitere **Ausnahme** von dem Grundsatz, dass eigene Einnahmen vor der Inanspruchnahme von Sozialhilfe einzusetzen sind. Systematisch durchbricht die Regelung dabei ebenso wie die in § 83 SGB XII den weiteren Grundsatz, dass der Ursprung der Einnahmen grundsätzlich irrelevant ist.

II. Normzweck

Die Vorschrift stellt in Absatz 1 Satz 1 die Zuwendungen der freien Wohlfahrtspflege grundsätzlich von der Berücksichtigung als Einkommen frei. Die **Privilegierung** dieser Zuwendungen bezweckt, dass die Zuwendungen ergänzend neben die Sozialhilfe treten können, so dass eine Konkurrenz zwischen staatlicher und institutioneller karitativer Hilfe vermieden wird. Dadurch wird auch die nach § 5 Abs. 2 SGB XII angestrebte **Zusammenarbeit** zwischen privaten Leistungsträgern[5] mit den Sozialhilfeträgern und die Koordination von Leistungen gesichert. Nur wenn der volle Umfang der staatlichen Hilfe durch den Umfang der Zuwendungen ungerechtfertigt erscheint, kann die Sozialhilfe eingeschränkt werden.

Absatz 2 dient der Korrektur der Einkommensberücksichtigung im Einzelfall, wenn die Berücksichtigung der Leistungen Dritter, die ohne rechtliche oder sittliche Pflicht erbracht werden, eine besondere Härte bedeuten würde.

III. Zuwendungen der freien Wohlfahrtspflege (Absatz 1)

1. Zuwendung

Eine Zuwendung im Sinne des § 84 Abs. 1 Satz 1 SGB XII liegt vor, wenn sie die Leistungen der Sozialhilfe ergänzt und nicht als Gegenleistung eines Austauschvertrages erbracht wird.[6] Aus einem Arbeitsverhältnis usw. herrührende Einnahmen sind deshalb unabhängig von der jeweiligen Bezeichnung als Arbeitsentgelt, Prämie usw. **keine Zuwendungen.** Allerdings sind von der Privilegierung des § 84 Abs. 1 SGB XII geringfügige „Motivationszuwendungen" umfasst, wenn die Teilnahme an einem Arbeitstraining freiwillig erfolgte.[7]

Der Begriff der „Zuwendung" muss nicht mit dem Begriffsinhalt des Einkommens im Sinne § 82 Abs. 1 Satz 1 SGB XII übereinstimmen. Unter einer Zuwendung können auch Leistungen verstanden werden, die nicht in Geld oder Geldeswert (insbesondere also keinen feststellbaren Marktwert haben) erbracht werden, sondern eine sonstige Unterstützung bieten. Es muss sich allerdings um eine gegenständliche (Sach-)Leistung handeln, so dass die persönliche Unterstützung nicht als Zuwendung zu verstehen ist.[8] Soweit Zuwendungen erbracht werden, die nicht als Einkommen zu verstehen sind, können sie allerdings ohnehin nicht berücksichtigt werden.

Falls die Leistungen der freien Wohlfahrtspflege kein Einkommen darstellen, können sie nicht im Wege der **abweichenden Bedarfsfestsetzung** nach § 28 Abs. 1 Satz 2 SGB XII die Leistungen der Sozialhilfe mindern. Zwar kann die Privilegierung „als Einkommen" in § 84 Abs. 1 Satz 1 SGB XII in zweifacher Weise interpretiert werden: Entweder ist die Privilegierung auf Zuwendungen mit Einkommenscharakter beschränkt oder karitative Zuwendungen sind grundsätzlich privilegiert. In beiden Verständnisvarianten kann eine Zuwendung nicht berücksichtigt werden. Eine abweichende Festlegung des Regelbedarfs nach § 28 Abs. 1 Satz 2 SGB XII käme nur in Betracht, wenn es sich um Leistungen der Sozialhilfeträger handelt, wozu die freien Träger nicht gehören.[9] Dementsprechend können Zuwendungen Dritter in der Sozialhilfe nur dann berücksichtigt werden, wenn und soweit sie Einkommen im Sinne des § 82 Abs. 1 Satz 1 SGB XII darstellen.[10]

---

[5] BVerwG v. 19.04.1972 - V C 40.72 - FEVS 19, 361.
[6] BSG v. 28.02.2013 - B 8 SO 12/11 R - juris Rn. 17.
[7] BSG v. 28.02.2013 - B 8 SO 12/11 R - juris Rn.
[8] *Decker* in: Oestreicher, SGB II/SGB XII, § 84 Rn. 9.
[9] BSG v. 11.12.2007 - B 8/9b SO 21/06 R - BSGE 99, 252 ff.; BSG v. 23.03.2010 - B 8 SO 17/09 R.
[10] A.A. noch *Wahrendorf* in: Grube/Wahrendorf, SGB XII, § 84 Rn. 3; *Lücking* in: Hauck/Noftz, SGB XII, § 84 Rn. 5.

2. Freie Wohlfahrtspflege

11 Der Begriff der freien Wohlfahrtspflege ist weder in § 84 SGB XII, § 5 SGB XII noch an anderer Stelle des SGB XII definiert. Der Begriff ist eher weit zu verstehen. Die Rechtsprechung versteht unter Wohlfahrtspflege eine planmäßige, ohne Gewinnerzielungsabsicht und zum Wohle der Allgemeinheit neben dem Staat und öffentlichen Trägern ausgeübte unmittelbare vorbeugende oder abhelfende Betreuung und/oder Hilfeleistung für gesundheitlich, sittlich oder wirtschaftlich gefährdete, notleidende oder sonst sozial benachteiligte Personen, die auch über die Ziele einer bloßen Selbsthilfeorganisation hinausgeht.[11] Vorauszusetzen ist eine gesellschaftliche Verfassung (Satzung o.Ä.), die eine Gewähr bietet, dass nachhaltig Wohlfahrtsleistungen an Hilfebedürftige erbracht werden. Freie Wohlfahrtspflege betreiben folglich nicht staatlich organisierte Gebilde wie **Kirchen** und **Religionsgesellschaften des öffentlichen Rechts, Verbände der freien Wohlfahrtspflege** (vgl. § 5 Abs. 1 SGB XII), **Vereine** (z.B. Tafel e.V.) und **nichtrechtsfähige Vereine** (z.B. Parteien) und ihre **Unterorganisationen** (Gesellschaften, Stiftungen usw.), sonstige **private Stiftungen, Interessenverbände** und **Selbsthilfegruppen.** Woher die Mittel der freien Wohlfahrtspflege stammen, ist nicht entscheidend. Keine freie Wohlfahrtspflege betreiben die Träger der Sozialhilfe, gesetzliche Versicherungen und staatliche Stiftungen.

12 Zum Teil tendiert die Literatur[12] dazu, keine freie Wohlfahrtspflege anzunehmen, wenn Leistungen nur an die eigenen Mitglieder erbracht werden. Freie Wohlfahrt grenzt sich aber nur von staatlicher Wohlfahrt ab, so dass auch Mitgliederhilfsvereine freie Wohlfahrt betreiben können. Wohlfahrt ist frei, Hilfe nach eigenen Regeln zu erbringen und unterliegt nicht den grundrechtlichen Bindungen der Grundsicherung bzw. Sozialhilfe, die eine Ausgrenzung nach örtlichen oder personellen Kriterien kaum als zulässig erscheinen lässt. Im Übrigen besteht der Zweck der Vorschrift gerade nicht darin, die Vereine zu fördern, die gesellschaftliche Hilfe für den gesamten unbestimmten Kreis der Leistungsberechtigten erbringen, so dass auch die nur Mitgliedern Hilfe leistenden Organisationen zur freien Wohlfahrt zu zählen sind. Dagegen spricht auch nicht, dass in § 5 SGB XII der Kreis der Träger der freien Wohlfahrtspflege enger gezogen ist. Im Zusammenhang mit den Vorschriften über die Einkommensberücksichtigung ist eine weitere Interpretation des Begriffs der freien Wohlfahrtspflege möglich[13] und angebracht, da hier nicht die Zusammenarbeit mit der Sozialhilfe ausschlaggebend ist, sondern die Lage des Betroffenen.

13 **Keine** freie Wohlfahrtspflege liegt vor, wenn sich der staatlich organisierte Träger gemäß § 5 Abs. 5 SGB XII eines freien Trägers zur Erfüllung eigener Aufgaben bedient.[14] Dann wird gerade keine freie Wohlfahrtspflege betrieben, sondern Sozialhilfe gewährt. In diesen Fällen dürfte dann allerdings auch keine Einkommensanrechnung vorzunehmen sein, sondern eine anderweitige Bedarfsdeckung im Sinne des § 28 Abs. 1 Satz 2 SGB XII vorliegen. Falls der Sozialhilfeträger aber lediglich auf das Angebot der freien Wohlfahrtspflege verweist, indem er z.B. ohne Vereinbarung im Sinne des § 5 Abs. 5 SGB XII einen „Berechtigungsschein" für eine nicht von ihm betriebene Kleider- oder Möbelkammer vergibt, liegt noch keine Aufgabenerfüllung im Auftrag des Sozialhilfeträgers vor. Die bloße Zusammenarbeit mit der freien Wohlfahrtspflege und deren Leistungserbringung ändert nichts an der grundsätzlichen Leistungspflicht des Sozialhilfeträgers, vgl. § 5 Abs. 4 SGB XII.

3. „Gerechtfertigkeitsprüfung"

14 Die Zuwendungen der freien Wohlfahrtspflege sind grundsätzlich privilegiert. Sie werden nach § 84 Abs. 1 Satz 2 SGB XII nur dann angerechnet, wenn sie die Lage der Leistungsberechtigten so günstig beeinflussen, dass daneben Sozialhilfe ungerechtfertigt wäre. Wenn die Zuwendungen sonst zwingend von der Berücksichtigung ausgenommen sind, handelt sich um einen **Ausnahmefall.** Die materielle Beweislast für die Umstände dieses Ausnahmefalls liegt damit beim Sozialhilfeträger.

15 Der Wortlaut deutet nicht darauf hin, dass dem Sozialhilfeträger ein Ermessen eingeräumt wird. Der Sozialhilfeträger kann nicht aus verschiedenen Rechtsfolgen auswählen, wenn von ihm auf der Tatbestandsseite eine **Gerechtfertigkeitsprüfung** verlangt wird. Es handelt sich insoweit um einen **unbestimmten Rechtsbegriff,** so dass die Anwendung im Einzelfall gerichtlich vollständig überprüft wer-

---

[11] Vgl. BSG v. 28.02.2013 - B 8 SO 12/11 R - juris Rn. 15; vgl. die Kommentierung zu § 5 SGB XII Rn. 26.
[12] *Schellhorn* in: Schellhorn/Schellhorn/Hohm, SGB XII, § 84 Rn. 6; *Lücking* in: Hauck/Noftz, SGB XII, § 84 Rn. 4. Unentschieden von BSG v. 28.02.2013 - B 8 SO 12/11 R - juris Rn. 16 m.w.N.
[13] In diese Richtung BSG v. 26.06.1985 - 2 RU 79/84 - juris Rn. 14 - BSGE 58, 210 ff.
[14] *Brühl* in: LPK-SGB XII, § 84 Rn. 4.

den kann. Entscheidend ist, ob die konkrete Sozialhilfe von den zusätzlichen Leistungen der freien Wohlfahrtspflege so überlagert wird, dass sie ungerechtfertigt erscheint. Dieser notwendigen Einzelfallprüfung wird der Sozialhilfeträger nicht gerecht, wenn er pauschal Wertgrenzen (etwa die Hälfte des jeweiligen Regelbedarfs) festlegt.[15] Im Rahmen der Gerechtfertigkeitsprüfung sind Art, Wert, Umfang und Häufigkeit der Zuwendungen zu betrachten.[16] Eine günstige Beeinflussung wird in der Regel dann nicht vorliegen wenn es sich im Vergleich zur staatlichen Hilfe nur um unerhebliche Zuwendungen handelt.[17] Zur Ausfüllung des Rechtsbegriffs muss die Art und der Umfang der Zuwendung zusammen mit der wirtschaftlichen und darüber der sonstigen persönlichen Lage des Betroffenen im Rahmen einer **Abwägungsentscheidung** gewichtet werden. In die Bewertung muss einfließen, dass die freie Wohlfahrtspflege Zuwendungen gerade zu dem Zweck gewährt, die Lage des Hilfebedürftigen unabhängig von den Möglichkeiten der staatlichen Hilfe zu verbessern, und den Staat dabei nicht entlasten will.[18] Bei der Wertung der Umstände ist daher maßgeblich, ob sich die Zuwendungen und die Sozialhilfe gegenseitig so verstärken (**überkompensieren**), dass nach der Lebenssituation zumindest ein Teil der Sozialhilfe nicht mehr benötigt wird. Der Betroffene soll dann nicht die Leistungen und daraus gezogenen Vorteile beider Systeme behalten können. Durch die Berücksichtigung der Zuwendungen darf der günstige Effekt der freien Wohlfahrt nicht verloren gehen. Daher ist es möglich, auch einen **Teil der Zuwendungen als Einkommen zu berücksichtigen**.

IV. Sonstige Zuwendungen (Absatz 2)

Sonstige Zuwendungen, d.h. solche, die nicht aus der freien Wohlfahrtspflege stammen, werden berücksichtigt, wenn sie ein Dritter im Rahmen einer **Rechtspflicht** oder **sittlichen Pflicht** erbringt. Soweit für den Dritten keine Pflicht zur Zuwendung besteht, findet im Unterschied zu § 82 Abs. 1 Satz 2 SGB XII keine Gerechtfertigkeits-, sondern eine **Härtefallprüfung** statt, ob die Berücksichtigung ausscheidet. Obwohl die Vorschrift aus der Sicht des Zuwendenden formuliert ist, wird die Pflichtenstellung – was insbesondere für die sittliche Pflicht maßgeblich ist – systematisch aus dem Blickwinkel des Empfängers zu beurteilen sein, weil seine Einkommenslage geprüft wird.

16

1. Rechtspflichten

Ob eine **Rechtspflicht** besteht, kann objektiv durch Analyse des Rechts festgestellt werden. Rechtspflichten können sich direkt aus dem Gesetz (z.B. bürgerlich-rechtlichem Unterhaltsrecht, Öffentlichem Recht), aus Verträgen oder dinglichen Rechten ergeben. Eine rechtliche Pflicht zur Leistung besteht z.B. bei einem wirksamen privaten bzw. öffentlich-rechtlichen **Darlehensvertrag**, so dass die Darlehensauszahlung an den Hilfebedürftigen nicht aus Härtefallgründen berücksichtigungsfrei ist. **Keine Rechtspflicht** begründet die **Unterstützungsvermutung** in einer Haushaltsgemeinschaft nach § 39 SGB XII für Personen, die gemeinsam in einer Wohnung leben. Soweit Zuwendungen im Rahmen der zumutbaren Belastung in einer Haushaltsgemeinschaft erwartet werden (vgl. die Kommentierung zu § 39 SGB XII Rn. 29 ff.) und auch erbracht werden, sind sie Einkommen, aber nicht nach § 84 Abs. 2 SGB XII einer Härtefallprüfung zu unterstellen.[19] Falls sie allerdings über das Maß der Unterstützungsvermutung hinaus erbracht werden, sind sie Einkommen und wie sonstige Zuwendungen zu behandeln[20], so dass eine Härtefallprüfung denkbar wäre.

17

2. Sittliche Pflichten

Bei **sittlichen Pflichten** handelt es sich aus der Sicht des Empfängers nicht um Rechtsansprüche, aber um solche Pflichten, deren Erfüllung aufgrund einer sittlichen Wertung erwartet wird. Daher genügt es **nicht**, wenn nur aus sittlich gebotener **Nächstenliebe** Hilfe geleistet wird.[21] Es kann auch nicht davon ausgegangen werden, dass unter Verwandten stets eine sittliche Pflicht zur Unterstützung besteht.[22]

18

---

[15] Vgl. zu solchen Wertgrenzen Deutscher Verein für Öffentliche und Private Fürsorge, NDV 2012, 499 ff.
[16] Vgl. zur Parallelregelung im SGB II BT-Drs. 17/3404, S. 94.
[17] Vgl. BSG v. 28.02.2013 - B 8 SO 12/11 R - juris Rn. 20 für monatlich etwa 60 € bei der Hilfe zum Lebensunterhalt und andererseits BSG v. 23.08.2013 - B 8 SO 24/11 R - juris für den Bedarf nahezu deckende Zuwendungen.
[18] Vgl. BSG v. 28.02.2013 - B 8 SO 12/11 R - juris Rn. 19.
[19] Vgl. BVerwG v. 23.02.1966 - V C 93.64 - BVerwGE 23, 255 im Zusammenhang mit der Frage, ob die Unterstützung als Vorleistung für die Sozialhilfe wegen einer Härte auszunehmen ist.
[20] Für das SGB II: BSG v. 18.02.2010 - B 14 AS 32/08 R - juris.
[21] Zu weitgehend insbesondere OVG Niedersachsen v. 15.12.2003 - 12 ME 518/03 - juris.
[22] *Lücking* in: Hauck/Noftz, SGB XII, § 84 Rn. 4. A.A. *Wahrendorf* in: Grube/Wahrendorf, SGB XII, § 84 Rn. 5; *Schellhorn* in: Schellhorn/Schellhorn/Hohm, SGB XII, § 84 Rn. 10.

Von den sittlichen Pflichten sind im Übrigen Pflichten des allgemeinen **Anstands** wie die zu Jubiläen, Verlobungen usw. allgemein üblichen Geschenke zu unterscheiden. Eine sittliche Pflicht liegt nur vor, wenn aus den **Geboten der Sittlichkeit** und den besonderen Umständen des Falles sowie den persönlichen und wirtschaftlichen Verhältnissen eine **Pflicht zur Hilfe** entsteht, weil die Hilfe geradezu **geboten** ist.[23] Sittliche Pflichten zur Hilfe können beispielsweise im Verhältnis zwischen Geschwistern entstehen, wobei aber stets der Einzelfall zu prüfen ist, da sie sich untereinander gesetzlich (vgl. § 1601 BGB) nicht zum Unterhalt verpflichtet sind. Denkbar sind sittliche Pflichten in diesem Zusammenhang etwa dann, wenn ein Geschwisterteil aufgrund besonderer Förderung der Familie zulasten der anderen Geschwister eine weitaus bessere finanzielle Lage erreichen konnte oder wenn der Zuwendungsempfänger zuvor besondere Unterhaltsleistungen (z.B. Pflege) im Verhältnis zu den Eltern erbracht hat, die wiederum die restlichen Geschwister freigestellt hat. Eine sittliche Pflicht zur Hilfe kann auch bestehen, wenn der Verpflichtete zuvor selbst Hilfe (etwa in Form von Unterhalt bzw. Pflege) erhalten hat, die dem Hilfeleistenden erhebliche eigene Opfer und Einschränkungen abverlangt hat, die ihn selbst in die Nähe der Hilfebedürftigkeit gebracht haben.[24] Bei Ausländern ist gegebenenfalls auf deren sittliches Verständnis abzustellen.[25]

3. Härtefallprüfung

19 Eine Berücksichtigung von nicht rechtlich oder sittlich verpflichtend zu erbringenden Zuwendungen für die Leistungsberechtigten „soll" unterbleiben, soweit dies eine besondere Härte bedeuten würde. Wenn ein Härtefall vorliegt, hat der Sozialhilfeträger von einer Berücksichtigung abzusehen. Nach welchen Grundsätzen ein **Härtefall** angenommen werden kann, muss nach dem Sinn und Zweck der im Verhältnis zu § 82 Abs. 1 SGB XII als Ausnahmevorschrift zu verstehenden Regelung beantwortet werden. Die Berücksichtigung von sämtlichen – nicht nach den §§ 82 ff. SGB XII besonders privilegierten – Einnahmen beruht auf der Selbsthilfeverpflichtung und der durch die Einnahmen eröffneten Selbsthilfemöglichkeit. Die Ausnahme kann also nur Fälle erfassen, in denen der Einsatz der Einnahmen anders als im Regelfall durch Hinzutreten **atypischer Umstände** als übermäßig hart, d.h. als nicht zumutbar oder als in hohem Maße unbillig erscheint. Wie die Systematik der §§ 82 ff. SGB XII zeigt, sind Gründe für eine Nichtberücksichtigung auf der Einnahmenseite („gesetzliche Härtefälle") besondere Anlässe oder Zwecke einer Einnahme (§ 82 Abs. 1 Satz 1 SGB XII, § 83 Abs. 1 SGB XII). Auf Besonderheiten der Bedürftigkeit nehmen die Einkommensvorschriften keinen Bezug, so dass Bedürftigkeitsmomente keine besondere Härte begründen. Vorrangig hat demnach die Prüfung einer besonderen Härte den Umständen der Zuwendungen und ihren Zwecken nachzugehen. Übermäßig hart ist es beispielsweise, **Anstandsgeschenke** zu Geburtstagen und besonderen Anlässen als Einkommen verwerten zu müssen, soweit diese nicht ein angemessenes Maß überschreiten bzw. die Sozialhilfe daneben als ungerechtfertigt (vgl. § 84 Abs. 1 SGB XII) erscheint.[26] Darüber hinaus kann es unbillig sein, eine Zuwendung zu berücksichtigen, die ohne Pflicht **nachweislich zu einem anderen Zweck** als die Hilfe zum Lebensunterhalt bzw. sonstige Sozialhilfe gewährt wird und auch **so verwendet** wird. Keine unbillige Härte des Verbrauchs liegt aber darin, dass eine Zuwendung nur zu dem Ziel gewährt wird, die Sozialhilfe aufzubessern, bzw. eine Leistung nur unter der Bedingung gewährt wird, dass sie nicht berücksichtigt wird.[27] Es ist nicht Aufgabe der Sozialhilfe, ein Lebensniveau über dem soziokulturellen Existenzminimum zu sichern.

20 Bei **Unterstützungsleistungen** von Dritten, die nicht aus einer Pflicht heraus erbracht, sondern freiwillig zugewendet werden, kann ihre Berücksichtigung eine Härte begründen, wenn sie nur an der Stelle von Sozialhilfe erbracht werden. Dies setzt aber voraus, dass die private Hilfe **als Vorausleis-**

---

[23] Vgl. BGH v. 23.05.1984 - IVa ZR 229/82 - BGHZ 91, 273, 277; BGH v. 09.04.1986 - IVa ZR 125/84 - NJW 1986, 1926; für eine entsprechende Heranziehung dieser Grundsätze auch *Schellhorn* in: Schellhorn/Schellhorn/Hohm, SGB XII, § 84 Rn. 10.
[24] BGH v. 09.04.1986 - IVa ZR 125/84 - NJW 1986, 1926.
[25] BSG v. 17.03.2005 - B 7a/7 AL 4/04 R - SozR 4-4300 § 194 Nr. 7 Rn. 12.
[26] In diese Richtung auch *Wahrendorf* in: Grube/Wahrendorf, SGB XII, § 84 Rn. 6.
[27] *Schellhorn* in: Schellhorn/Schellhorn/Hohm, SGB XII, § 84 Rn. 10; a.A. *Brühl* in: LPK-SGB XII, § 84 Rn. 9; *Lücking* in: Hauck/Noftz, SGB XII, § 84 Rn. 9.

tung für die geltend gemachte oder erkennbare Sozialhilfe erbracht wird, d.h. der Sozialhilfeträger müsste entweder säumig[28] sein bzw. die Hilfe zu Unrecht abgelehnt haben.[29]

Eine Härte ist nicht allein deshalb gegeben, weil die Zuwendung auf einer **Vorleistung** (z.B. verrichteter Arbeit) beruht.[30] Einnahmen beruhen im Regelfall auf Vorleistungen wie eigener Arbeit, so dass auch bei „gefälliger" Entlohnung ohne Rechtspflicht – ansonsten wäre § 84 Abs. 2 SGB XII nicht anwendbar – keine Atypik erkennbar ist. Besondere Umstände können aber in der Art der Tätigkeit und des Zwecks der Entlohnung liegen. Eine Härte könnte begründet sein, wenn eine Zuwendung keinen entlohnenden, sondern nur einen **belohnenden** bzw. **belobigenden** Charakter hat (z.B. eine Zuwendung für einen Nothelfer, Finderlohn o.Ä.). 21

Einen **atypischen Fall** stellt die Weitergabe des nach § 64 SGB XII gewährten **Pflegegeldes** durch den Pflegebedürftigen an die pflegenden Angehörigen dar.[31] Das Pflegegeld ist nicht für den Unterhalt des Pflegebedürftigen bestimmt und dient auch nicht dazu, der Pflegeperson ein wirtschaftliches Entgelt für ihre Pflegeleistung zu verschaffen. Das Pflegegeld soll den gesteigert Pflegebedürftigen ermöglichen, durch Zuwendungen Dank für geleistete und Erwartung künftiger Hilfe auszudrücken.[32] Die Berücksichtigung beim Pflegenden würde die besondere Belohnungsfunktion missachten. 22

Die Formulierung in § 84 Abs. 2 SGB XII eröffnet die Möglichkeit, einen Härtefall auch dadurch zu vermeiden, dass die freiwilligen Zuwendungen **nur zum Teil** berücksichtigt werden. Die Vorschrift ist nicht dahin zu verstehen, dass stets bei Vorliegen von atypischen Umständen die Berücksichtigung ausscheidet. Die Zuwendungen sollen von der Berücksichtigung ausgenommen werden, soweit eine Härte durch die Berücksichtigung eintreten würde. Beim Vorliegen des Sonderfalls einer Härte ist das Ermessen des Sozialhilfeträgers daher zunächst in Richtung der Freistellung intendiert, so dass es sich bei der teilweisen Berücksichtigung um einen weiteren Sonderfall handelt.[33] Von dem Regelfall der Freistellung kann nur für den weiteren Sonderfall abgewichen werden, dass besondere Umstände des Falls – insbesondere die **Höhe der Zuwendung** – eine Teilberücksichtigung rechtfertigen. 23

Letztlich bietet § 84 Abs. 2 SGB XII die Möglichkeit, im Bedarfsfall eine Harmonisierung zum SGB II herbeizuführen, wenn die Regelungen des SGB II ohne sachlichen Grund günstigere Rechtsfolgen enthalten (etwa § 1 Abs. 1 Nr. 1 Alg II-V). Insbesondere muss dies in Fällen gemischter Bedarfsgemeinschaften gelten.[34] 24

---

[28] Vgl. zum Einsetzen der Hilfe § 18 SGB XII.
[29] Vgl. BVerwG v. 02.09.1993 - 5 C 50/91 - BVerwGE 94, 127,133, BVerwG v. 23.06.1994 - 5 C 26/92 - BVerwGE 96, 152,154.
[30] So aber *Schellhorn* in: Schellhorn/Schellhorn/Hohm, SGB XII, § 84 Rn. 10; *Lücking* in: Hauck/Noftz, SGB XII, § 84 Rn. 9.
[31] BVerwG v. 04.06.1992 - 5 C 82/88 - BVerwGE 90, 217.
[32] BVerwG v. 04.06.1992 - 5 C 82/88 - BVerwGE 90, 217.
[33] Vgl. *Decker* in: Oestreicher, SGB II/SGB XII, § 84 Rn. 34.
[34] Vgl. BSG v. 18.03.2008 - B 8/9b SO 11/06 R - BSGE 100, 139 ff. = SozR 4-3500 § 82 Nr. 4.

§ 85 SGB XII Einkommensgrenze

Zweiter Abschnitt: Einkommensgrenzen für die Leistungen nach dem Fünften bis Neunten Kapitel

§ 85 SGB XII Einkommensgrenze

(Fassung vom 24.03.2011, gültig ab 01.01.2011)

(1) Bei der Hilfe nach dem Fünften bis Neunten Kapitel ist der nachfragenden Person und ihrem nicht getrennt lebenden Ehegatten oder Lebenspartner die Aufbringung der Mittel nicht zuzumuten, wenn während der Dauer des Bedarfs ihr monatliches Einkommen zusammen eine Einkommensgrenze nicht übersteigt, die sich ergibt aus

1. einem Grundbetrag in Höhe des Zweifachen der Regelbedarfsstufe 1 nach der Anlage zu § 28,
2. den Kosten der Unterkunft, soweit die Aufwendungen hierfür den der Besonderheit des Einzelfalles angemessenen Umfang nicht übersteigen und
3. einem Familienzuschlag in Höhe des auf volle Euro aufgerundeten Betrages von 70 vom Hundert der Regelbedarfsstufe 1 nach der Anlage zu § 28 für den nicht getrennt lebenden Ehegatten oder Lebenspartner und für jede Person, die von der nachfragenden Person, ihrem nicht getrennt lebenden Ehegatten oder Lebenspartner überwiegend unterhalten worden ist oder für die sie nach der Entscheidung über die Erbringung der Sozialhilfe unterhaltspflichtig werden.

(2) [1]Ist die nachfragende Person minderjährig und unverheiratet, so ist ihr und ihren Eltern die Aufbringung der Mittel nicht zuzumuten, wenn während der Dauer des Bedarfs das monatliche Einkommen der nachfragenden Person und ihrer Eltern zusammen eine Einkommensgrenze nicht übersteigt, die sich ergibt aus

1. einem Grundbetrag in Höhe des Zweifachen der Regelbedarfsstufe 1 nach der Anlage zu § 28,
2. den Kosten der Unterkunft, soweit die Aufwendungen hierfür den der Besonderheit des Einzelfalles angemessenen Umfang nicht übersteigen und
3. einem Familienzuschlag in Höhe des auf volle Euro aufgerundeten Betrages von 70 vom Hundert der Regelbedarfsstufe 1 nach der Anlage zu § 28 für einen Elternteil, wenn die Eltern zusammenleben, sowie für die nachfragende Person und für jede Person, die von den Eltern oder der nachfragenden Person überwiegend unterhalten worden ist oder für die sie nach der Entscheidung über die Erbringung der Sozialhilfe unterhaltspflichtig werden.

[2]Leben die Eltern nicht zusammen, richtet sich die Einkommensgrenze nach dem Elternteil, bei dem die nachfragende Person lebt. [3]Lebt sie bei keinem Elternteil, bestimmt sich die Einkommensgrenze nach Absatz 1.

(3) [1]Die maßgebende Regelbedarfsstufe 1 nach der Anlage zu § 28 bestimmt sich nach dem Ort, an dem der Leistungsberechtigte die Leistung erhält. [2]Bei der Leistung in einer Einrichtung sowie bei Unterbringung in einer anderen Familie oder bei den in § 107 genannten anderen Personen bestimmt er sich nach dem gewöhnlichen Aufenthalt des Leistungsberechtigten oder, wenn im Falle des Absatzes 2 auch das Einkommen seiner Eltern oder eines Elternteils maßgebend ist, nach deren gewöhnlichem Aufenthalt. [3]Ist ein gewöhnlicher Aufenthalt im Inland nicht vorhanden oder nicht zu ermitteln, ist Satz 1 anzuwenden.

Gliederung

A. Basisinformationen 1	a. Volljährige Alleinstehende 27
I. Textgeschichte/Gesetzgebungsmaterialien 1	b. Nicht getrennt lebende Ehegatten oder
II. Vorgängervorschriften 6	Lebenspartner 28
III. Parallelvorschriften 7	c. Berechnung der Einkommensgrenze 31
IV. Systematische Zusammenhänge 8	2. Minderjährige unverheiratete Personen
V. Ausgewählte Literaturhinweise 11	(Absatz 2) 46
B. Auslegung der Norm 12	a. Minderjährige Unverheiratete 46
I. Regelungsgehalt und Bedeutung der Norm 12	b. Berechnung der Einkommensgrenze 48
II. Normzweck 16	VI. Maßgebliche Regelbedarfsstufe 1 (Absatz 3) ... 53
III. Anwendungsbereich 20	VII. Folgen des Über-/Unterschreitens der
IV. Berechnungszeitraum 23	Einkommensgrenze 57
V. Einkommensgrenzen 27	C. Praxishinweise 63
1. Volljährige bzw. verheiratete oder verpartnerte	
Personen (Absatz 1) 27	

A. Basisinformationen

I. Textgeschichte/Gesetzgebungsmaterialien

Die Vorschrift ist zum **01.01.2005** aufgrund des Gesetzes zur Einordnung des Sozialhilferechts in das Sozialgesetzbuch vom 27.12.2003[1] in Kraft getreten. Es handelt sich nicht um eine völlige Neufassung, sondern es werden im Wesentlichen aus dem BSHG bereits bekannte Strukturen mit geringfügigen Abweichungen übernommen (vgl. Rn. 6). Eine **Änderung** des § 85 SGB XII erfolgte durch Art. 3 Nr. 30 des Gesetzes zur Ermittlung von Regelbedarfen und zur Änderung des Zweiten und Zwölften Buches Sozialgesetzbuch vom 24.03.2011[2] mit Wirkung zum **01.01.2011**. In Absatz 1 Nr. 1 und Absatz 2 Satz 1 Nr. 1 wurden jeweils die Wörter „des zweifachen Eckregelsatzes" durch die Wörter „des Zweifachen der Regelbedarfsstufe 1 nach der Anlage zu § 28" ersetzt. In Absatz 1 Nr. 3 und Absatz 2 Satz 1 Nr. 3 wurden jeweils die Wörter „des Eckregelsatzes" durch die Wörter „der Regelbedarfsstufe 1 nach der Anlage zu § 28" ausgetauscht. In Absatz 3 Satz 1 wurden die Wörter „Der maßgebliche Eckregelsatz" durch die Wörter „Die maßgebende Regelbedarfsstufe 1 nach der Anlage zu § 28" ersetzt. Diese Änderung bedeutet eine sprachliche Anpassung an die Neuregelung und -bezeichnung der Regelbedarfsstufen, ohne dass sich eine systematische Veränderung des § 85 SGB XII ergeben hätte. Eine solche Anpassung wäre an sich bereits in der früheren Fassung des § 85 SGB XII erforderlich gewesen, denn den Begriff des „Eckregelsatzes" verwendete auch § 28 SGB XII a.F. schon nicht mehr.

Weil eine Regelung des BSHG übernommen wurde, enthalten die Materialien keine eigenständige Gesetzesbegründung, sondern zunächst den Hinweis, dass § 85 SGB XII (im Entwurf noch § 80) im Wesentlichen inhaltsgleich dem bisherigen § 79 Abs. 1-3 BSHG entspricht.[3] Tatsächlich gibt es hinsichtlich der Grundbeträge in § 85 Abs. 1 Nr. 1 und Abs. 2 Nr. 1 SGB XII insoweit eine **wesentliche Änderung**, als die bisherigen Grundbeträge infolge der Aufgabe der bisherigen drei gesonderten Einkommensfreibeträge (vgl. § 81 BSHG) jeweils auf das Zweifache des damaligen Eckregelsatzes (heute: Zweifaches der Regelbedarfsstufe 1) erhöht wurden. Dadurch sollte ein angemessener Ausgleich geschaffen und eine Schlechterstellung des ambulanten gegenüber dem stationären Bereich vermieden werden.[4]

Gegenüber dem bisherigen Recht tritt eine nicht unerhebliche **Schlechterstellung der in § 81 BSHG genannten Personenkreise** ein, also bei der Eingliederungshilfe für behinderte Menschen, wenn die Hilfe in einer Anstalt, einem Heim oder einer gleichartigen Einrichtung oder in einer Einrichtung zur teilstationären Betreuung gewährt wird, bei der voraussichtlich auf längere Zeit erforderlichen Pflege in einer Anstalt, einem Heim oder einer gleichartigen Einrichtung und bei der Hilfe bei Krankheit, nachdem die Krankheit während eines zusammenhängenden Zeitraumes von 3 Monaten entweder dauerndes Krankenlager oder wegen ihrer besonderen Schwere ständige ärztliche Betreuung erfordert hat.[5]

---

[1] BGBl I 2003, 3022.
[2] BGBl I 2011, 453
[3] BT-Drs. 15/1514, S. 65 zu § 80.
[4] BT-Drs. 15/1514, S. 65 f. zu § 80.
[5] Selbst durch die leichte Anhebung der allgemeinen Einkommensgrenze ging der Gesetzgeber von Mehreinnahmen zwischen 35 und 55 Mio. € aus, vgl. BT-Drs. 15/1514, S. 79.

Für diese Fallgestaltungen lag der Grundbetrag der Einkommensgrenze zuletzt bis zum 31.12.2004 bei 809,63 € gegenüber dem ab diesem Datum geltenden einheitlichen Grundbetrag von 690 €, der entsprechend der Erhöhung der Regelbedarfsstufe 1 zwischenzeitlich allerdings (vorbehaltlich regionaler Besonderheiten, vgl. Rn. 53 ff.) wieder auf 782 € gestiegen ist. Beim Bezug von Blindenhilfe nach § 67 BSHG und bei dem Pflegegeld nach § 69a Abs. 3 BSHG war sogar ein Grundbetrag in Höhe von 1.619,26 € vorgesehen.

4 Für die nicht von § 81 BSHG erfassten Personen ergab sich dagegen eine **Verbesserung**, da für diese zuvor gemäß § 79 BSHG ein Grundbetrag von nur 539,92 € vorgesehen war. Zudem war früher der Familienzuschlag einheitlich auf 80% des Eckregelsatzes festgesetzt, nicht auf 70% der Regelbedarfsstufe 1 wie in § 85 SGB XII, wobei der damalige Eckregelsatz allerdings um 48 € niedriger lag als nach der Einführung des SGB XII (vgl. auch die Kommentierung zu § 28 SGB XII Rn. 35). Dadurch ergab sich faktisch eine leichte Erhöhung des Familienzuschlags um rund 4 €.

5 Durch die Neufassung des § 85 SGB XII werden in Abweichung vom bisherigen Recht als Folgeänderung zur Einbeziehung in § 19 Abs. 3 SGB XII **Lebenspartner nach dem LebenspartnerG**[6] sowohl bei der Einkommensanrechnung als auch entsprechend bei der Gewährung eines Familienzuschlags wie Ehegatten behandelt[7].

II. Vorgängervorschriften

6 § 85 SGB XII entspricht bis auf die in Rn. 2 f. genannten Änderungen **§ 79 Abs. 1-3 BSHG**. Die Regelung des § 79 Abs. 4 BSHG ist dabei in § 86 SGB XII übernommen worden. Der nun wieder in Höhe des Zweifachen der Regelbedarfsstufe 1 nach der Anlage zu § 28 SGB XII (bis 31.12.2010: doppelter Eckregelsatz) gewährte Grundfreibetrag wurde bereits nach dem BSHG bis zum 01.07.1985 zugrunde gelegt. Allerdings war der damals maßgebliche Eckregelsatz nach der früheren Konzeption mit einer Vielzahl von einmaligen Leistungen wesentlich niedriger. In der Zwischenzeit bis zum In-Kraft-Treten des § 85 SGB XII war jeweils ein Festbetrag normiert, der gemäß § 82 BSHG jährlich entsprechend der Entwicklung der allgemeinen Bemessungsgrundlage in der Rentenversicherung der Arbeiter angepasst wurde. Auch der Familienzuschlag war als Festbetrag ausgestaltet.[8]

III. Parallelvorschriften

7 Eine § 85 SGB XII entsprechende Regelung gibt es im Bereich der Grundsicherungsleistungen nach dem **SGB II** nicht, da dieses keine den im Fünften bis Neunten Kapitel genannten Leistungen entsprechende Leistungen vorsieht. Die Bezieher von Leistungen nach dem SGB II können aber diese Leistungen nach dem SGB XII bei Vorliegen der Voraussetzungen ebenfalls in Anspruch nehmen. Es ist jedoch zu beachten, dass aufgrund des befristeten Zuschlages nach Bezug von Arbeitslosengeld (§ 24 SGB II a.F.), den Freibeträgen bei Erwerbstätigkeit (§ 11b Abs. 2 und 3 SGB II) sowie ggf. abweichend vom SGB XII nicht zu berücksichtigendem Einkommen (vgl. § 11a SGB II) ein Einkommen über der ggf. durch § 86 SGB XII modifizierten Grenze des § 85 SGB XII vorliegen kann.[9] Der befristete Zuschlag zum Arbeitslosengeld II nach Bezug von Arbeitslosengeld in der bis zum 31.12.2010 geltenden Fassung ist durch Art. 2 Nr. 31 des Gesetzes zur Ermittlung von Regelbedarfen und zur Änderung des Zweiten und Zwölften Buches Sozialgesetzbuch vom 24.03.2011[10] allerdings mit Wirkung zum 01.01.2011 ersatzlos gestrichen worden.

IV. Systematische Zusammenhänge

8 Die Vorschrift steht zunächst in engem systematischem Zusammenhang mit den Folgevorschriften der **§§ 86-89 SGB XII**. § 86 SGB XII sieht die Möglichkeit vor, dass die Bundesländer und, soweit landesrechtliche Vorschriften nicht entgegenstehen, auch die Träger der Sozialhilfe für bestimmte Arten der Hilfe nach dem Fünften bis Neunten Kapitel des SGB XII der Einkommensgrenze einen höheren Grundbetrag im Sinne des § 85 Abs. 1 Nr. 1 und Abs. 2 Nr. 1 SGB XII zu Grunde legen können. § 87 SGB XII regelt, inwieweit der Einsatz eines die Einkommensgrenze des § 85 SGB XII übersteigenden Einkommens zur Aufbringung der Mittel für Leistungen nach dem Fünften bis Neunten Kapitel zumut-

---

[6] Gesetz zur Beendigung der Diskriminierung gleichgeschlechtlicher Gemeinschaften (Lebenspartnerschaften) vom 06.02.2001 (BGBl I 2001, 266).
[7] Vgl. auch BT-Drs. 15/1514, S. 66 zu § 80.
[8] *Lippert/Zink* in: Mergler/Zink, SGB XII, § 85 Rn. 4, Stand: Mai 2009.
[9] Hierauf weist zu Recht *Conradis* in: LPK-SGB XII, 9. Aufl. 2012, § 85 Rn. 2, hin.
[10] BGBl I 2011, 453

bar ist. In § 88 SGB XII ist normiert, in welchen Ausnahmefällen die Aufbringung der Mittel auch (aber nicht nur) bei Unterschreiten der Einkommensgrenze aus Einkommen bis zu dieser Grenze verlangt werden kann (zum Verhältnis zwischen § 87 und § 88 SGB XII vgl. die Kommentierung zu § 87 SGB XII Rn. 5). § 89 SGB XII schließlich sieht eine Regelung für den Einsatz des Einkommens bei mehrfachem Bedarf nach dem Fünften bis Neunten Kapitel vor. Was Einkommen ist, ist in den §§ 82 ff. SGB XII näher definiert. § 102 Abs. 1 SGB XII stellt bei der Kostentragungspflicht des Erben für Sozialhilfeleistungen bei der Bestimmung des Freibetrages auf das Dreifache des Grundbetrages nach § 85 Abs. 1 SGB XII ab. Dabei soll der zum Zeitpunkt des Erbfalles geltende Grundbetrag maßgeblich sein.[11] Im Rahmen der Prüfung der Übernahme der Bestattungskosten nach § 74 SGB XII ist dem zur Tragung der Kosten Verpflichteten die Aufbringung der Mittel jedenfalls dann nicht zuzumuten, wenn die Einkommensgrenze des § 85 SGB XII nicht überschritten wird.[12]

Darüber hinaus ergeben sich aus den Vorgaben zur Bestimmung der Einkommensgrenze Bezüge zu einer ganzen Reihe von weiteren Vorschriften des SGB XII. Der Grundfreibetrag des § 85 Abs. 1 Nr. 1 und Abs. 2 Nr. 1 SGB XII stellt seit dem 01.01.2011 aufgrund des Gesetzes zur Ermittlung von Regelbedarfen und zur Änderung des Zweiten und Zwölften Buches Sozialgesetzbuch vom 24.03.2011[13] auf das Zweifache der Regelbedarfsstufe 1 nach der Anlage zu § 28 SGB XII ab. Weiter werden die **angemessenen Kosten der Unterkunft** (und Heizung) berücksichtigt (vgl. im Einzelnen Rn. 33 f.). Die Frage, wann Ehegatten **nicht getrennt leben** (§ 85 Abs. 1 SGB XII), kann in Anlehnung an die gleichlautende Formulierung in § 19 Abs. 3 SGB XII (bis 31.12.2010: § 19 Abs. 1 Satz 2, Abs. 2 Satz 2 und Abs. 3 SGB XII) bestimmt werden (vgl. im Einzelnen Rn. 29). Wann eine **Lebenspartnerschaft** vorliegt, ergibt sich aus § 33b SGB I. 9

Auf die Vorschrift des § 85 SGB XII wird auch in anderen Bereichen Bezug genommen. Z.B. in **§ 1836c BGB** wird ein Mündel verpflichtet, nach Maßgabe des § 87 SGB XII sein Einkommen, soweit es zusammen mit dem Einkommen seines nicht getrennt lebenden Ehegatten oder Lebenspartners die nach den §§ 82, 85 Abs. 1 und 86 SGB XII maßgebende Einkommensgrenze für die Hilfe nach dem Fünften bis Neunten Kapitel des SGB XII übersteigt, für **Kosten der Vormundschaft** (§ 1835 ff. BGB) einzusetzen.[14] Wird im Einzelfall der Einsatz eines Teils des Einkommens zur Deckung eines bestimmten Bedarfs im Rahmen der Hilfe nach dem Fünften bis Neunten Kapitel zugemutet oder verlangt, darf dieser Teil des Einkommens bei der Prüfung, inwieweit der Einsatz des Einkommens zur Deckung der Kosten der Vormundschaft einzusetzen ist, nicht mehr berücksichtigt werden. Nach **§ 90 Abs. 4 SGB VIII** gelten für die Feststellung der zumutbaren Belastung bei der Festsetzung eines Kostenbeitrages für die in § 90 Abs. 1 Satz 1 SGB VIII genannten Angebote die §§ 82 bis 85, 87, 88 und 92a SGB XII entsprechend, soweit nicht Landesrecht eine andere Regelung trifft. Bei der Einkommensberechnung bleibt die Eigenheimzulage nach dem Eigenheimzulagengesetz außer Betracht. Auf § 85 SGB XII wird außerdem in **§ 8 Abs. 3 Satz 2 Nr. 1 BerRehaG** zur Bestimmung der Einkommensgrenze Bezug genommen. 10

V. Ausgewählte Literaturhinweise

Bress-Brandmaier/Gühlstorf, Einwendungen gegen den unterhaltsrechtlichen Bedarf bei der Gewährung von Sozialhilfe in stationären Pflegeeinrichtungen, ZfF 2008, 158; *Gamperl*, Die Absicherung gegen Krankheitskosten durch Sozialhilfe und Gesetzliche Krankenversicherung als Mittel zur Lebensstandardsicherung, Hamburg 2010, B. II. 1. b. bb.; *Jürgens*, Änderungen bei den Einkommensgrenzen in der Sozialhilfe, NDV 2005, 9; *Kaune*, Der Kostenbeitrag von nicht getrennt lebenden Ehegatten in Pflegeeinrichtungen nach dem SGB XII, ZfF 2006, 73; *ders.*, Sozialhilfe in Pflegeeinrichtungen – Arbeitshilfen für die Berechnung der Leistungen in der Praxis –, ZfF 2005, Nr. 6, 121; *Krahmer*, Hilfe zur Pflege nach dem SGB XII, 4. Aufl. 2010, Gliederungsziffer 7; *Löcher/vom Rath*, Hilfe zur Pflege im Sozialhilferecht, ZfS 2006, 129; *Pfuhlmann-Riggert*, Die Heranziehung Angehöriger zu Kostenbeiträgen in der Jugend- und Sozialhilfe, 23. Sozialrechtliche Jahresarbeitstagung 2011, 1; *Trésoret/Seifert*, Grundsicherungsanspruch nach dem SGB XII und Bestattungsvorsorge, KommJur 2011, 123; *Wahrendorf*, Zur Angemessenheit von Wohnraum und Unterkunftskosten, SozSich 2006, 134. 11

---

[11] Vgl. dazu SG Reutlingen v. 27.08.2009 - S 1 SO 1039/09.
[12] BSG v. 29.09.2009 - B 8 SO 23/08 R - juris Rn. 17 ff. - DSGE 104, 219.
[13] BGBl I 2011, 453
[14] Hierzu LG Koblenz v. 25.04.2006 - 2 T 258/06.

B. Auslegung der Norm

I. Regelungsgehalt und Bedeutung der Norm

12 **Absatz 1** legt die Einkommensgrenze für die Inanspruchnahme von **Hilfe nach dem Fünften bis Neunten Kapitel des SGB XII** für das Einkommen volljähriger Alleinstehender oder nicht getrennt lebender verheirateter oder in einer Lebenspartnerschaft lebender Personen fest. Bestimmte Leistungen aus diesen Kapiteln werden allerdings unabhängig von den Einkommensverhältnissen ohne das Erfordernis eines Einkommenseinsatzes erbracht (vgl. Rn. 21). Zur **Bestimmung der Grenze** wird zunächst ein Grundbetrag in Höhe des Zweifachen der Regelbedarfsstufe 1 der Anlage zu § 28 SGB XII (bis 31.12.2010: zweifachen Eckregelsatzes) angesetzt, der um die angemessenen Unterkunftskosten und einen Familienzuschlag von 70% der Regelbedarfsstufe 1 der Anlage zu § 28 SGB XII (bis 31.12.2010: des Eckregelsatzes) für den nicht getrennt lebenden Ehegatten bzw. Lebenspartner sowie Personen, die der Hilfeempfänger oder sein Ehegatte bzw. Lebenspartner vor der Entscheidung über die Sozialhilfe überwiegend unterhalten hat bzw. gegenüber denen er danach unterhaltpflichtig geworden ist, ergänzt wird.

13 **Absatz 2** bestimmt die entsprechende **Einkommensgrenze** weitgehend inhaltsgleich für Personen, die **minderjährig und unverheiratet** sind, wobei in diesen Fällen bei Zusammenleben der Eltern das Zweifache der Regelbedarfsstufe 1 der Anlage zu § 28 SGB XII (bis 31.12.2010: der doppelte Eckregelsatz) für einen Elternteil gewährt wird, während für die nachfragende Person und den andere Elternteil ebenso wie für Personen, die der Hilfeempfänger oder seine Eltern vor Entscheidung über die Sozialhilfe überwiegend unterhalten haben bzw. gegenüber denen sie danach unterhaltpflichtig geworden sind, ein Familienzuschlag wie bei Absatz 1 zu berücksichtigen ist. Absatz 2 Nr. 3 Sätze 2 und 3 trifft eine Sonderregelung, wenn die Eltern nicht zusammenleben. Lebt die minderjährige unverheiratete Person bei einem Elternteil, richtet sich die Einkommensgrenze nach diesem, ansonsten ist die Berechnung nach Absatz 1 maßgeblich. Auch im Rahmen des Absatzes 2 ist die maßgebliche Regelbedarfsstufe 1 nach den Vorgaben des Absatzes 3 zu bestimmen.

14 Die für Grundbetrag und Familienzuschlag im Sinne der Absätze 1 und 2 maßgebliche Regelbedarfsstufe 1 ist wegen möglicher regionaler Unterschiede hinsichtlich ihrer Höhe (vgl. hierzu die Kommentierung zu § 28 SGB XII) jeweils nach den Vorgaben des **Absatzes 3** zu bestimmen (vgl. dazu im Einzelnen Rn. 53 ff.).

15 Abgesehen von den bereits angesprochenen einkommensunabhängigen Leistungen (vgl. Rn. 21) bedeutet ein **Überschreiten der Einkommensgrenze** nicht automatisch eine Pflicht zur Einsetzung des Einkommens zur Bedarfsdeckung. In **§ 87 SGB XII** ist im Einzelnen geregelt, unter welchen Voraussetzungen bei Überschreiten der Einkommensgrenze für die Inanspruchnahme der Leistungen nach dem Fünften bis Neunten Kapitel die Aufbringung der Mittel zumutbar ist. Im Gegenzug ist aber auch bei **Unterschreiten der Einkommensgrenze** eine Aufbringung der Mittel nicht generell ausgeschlossen. **§ 88 SGB XII** regelt insoweit Sonderfälle, in denen ein Mitteleinsatz auch (aber nicht nur) unterhalb der Einkommensgrenze als zumutbar anzusehen ist. Angehoben werden kann die Einkommensgrenze des § 85 SGB XII durch Erhöhung des Grundbetrages gemäß § 86 SGB XII durch die Bundesländer und, soweit landesrechtliche Vorschriften nicht entgegenstehen, auch durch die Träger der Sozialhilfe für bestimmte Arten der Hilfe.

II. Normzweck

16 Zweck der **Absätze 1 und 2** ist es, eine Einkommensgrenze festzulegen, bei deren Unterschreiten von den Ausnahmen des § 88 SGB XII abgesehen eine Eigenbeteiligung des Hilfebedürftigen bei der Inanspruchnahme von Leistungen nach dem Fünften bis Neunten Kapitel nicht erforderlich ist. Bei der Bestimmung der Einkommensgrenze sollte insbesondere durch den Ansatz des Zweifachen der Regelbedarfsstufe 1 der Anlage zu § 28 SGB XII (bis 31.12.2010: doppelten Eckregelsatzes) als Grundbetrag erreicht werden, dass ein Lebensstandard oberhalb der Bedürftigkeit für Hilfe zum Lebensunterhalt (§ 19 Abs. 1 SGB XII) gesichert wird, indem ein Einsatz von Einkommen regelmäßig schon vor Erreichen dieser Schwelle nicht mehr erforderlich ist.

17 Dieser Zweck wird allerdings durch die **Widersprüchlichkeit der weiteren Vorgaben** der Einkommensgrenze nur sehr unvollkommen erreicht.[15] Seit dem 01.01.2011 wird der Familienzuschlag des

---

[15] Kritisch auch *Conradis* in: LPK-SGB XII, 9. Aufl. 2012, § 85 Rn. 29 ff.; vgl. zudem die Stellungnahme des Deutschen Vereins, NDV 1991, 105.

§ 85 SGB XII aufgrund des Gesetzes zur Ermittlung von Regelbedarfen und zur Änderung des Zweiten und Zwölften Buches Sozialgesetzbuch vom 24.03.2011[16] auf 70% der Regelbedarfsstufe 1 nach der Anlage zu § 28 SGB XII festgelegt. Dies ist nicht erklärlich, da für Kinder und Jugendliche altersabhängig drei verschiedene Regelbedarfsstufen festgelegt werden, die nicht einheitlich 70% der Regelbedarfsstufe 1 betragen, sondern teilweise erheblich von diesem Wert abweichen.

Nicht außer Acht gelassen werden darf dabei allerdings, dass es sich bei § 85 SGB XII um eine **pauschale Regelung** handelt, die insbesondere beim Familienzuschlag die Einkommensgrenze auch deutlich zugunsten der nachfragenden Person bestimmen kann. So genügt eine überwiegende, also mehr als hälftige Unterhaltsgewährung (vgl. auch Rn. 40), um den Familienzuschlag von 70% der Regelbedarfsstufe 1 der Anlage zu § 28 SGB XII (bis 31.12.2010: des Eckregelsatzes) auszulösen. Noch weiter zugunsten der nachfragenden Person auseinanderfallen können Familienzuschlag und Unterhaltsleistung in den Fällen, in denen die Unterhaltsverpflichtung nach Entscheidung über die Sozialhilfe entsteht. Hier genügt bereits eine Unterhaltsverpflichtung in beliebiger Höhe, ohne dass tatsächlich Unterhalt geleistet werden müsste (vgl. Rn. 43), um den Familienzuschlag zu erhalten. 18

§ 85 SGB XII sollte so **angepasst werden**, dass der Familienzuschlag zur Vermeidung von willkürlichen Festlegungen der Einkommensgrenze bei unterschiedlicher Anzahl und unterschiedlichem Alter der davon betroffenen Personen entsprechend den Vorgaben der Regelsatz-VO bestimmt wird. Eine Anpassung im Hinblick auf den Umstand, dass der Familienzuschlag niedriger liegen kann als der tatsächlich geleistete Unterhalt,[17] ist allerdings nicht erforderlich, denn diese vergleichsweise seltenen Fälle können über § 87 SGB XII gelöst werden. 19

III. Anwendungsbereich

Die Einkommensgrenzen gelten sowohl in den Fällen des Absatzes 1 als auch in denen des Absatzes 2 für Leistungen nach dem Fünften bis Neunten Kapitel. Das sind die **Hilfen zur Gesundheit** (§§ 47 ff. SGB XII), die **Eingliederungshilfe für behinderte Menschen** (§§ 53 ff. SGB XII), die **Hilfe zur Pflege** (§§ 61 ff. SGB XII), die **Hilfe zur Überwindung besonderer sozialer Schwierigkeiten** (§§ 67 ff. SGB XII, vgl. zur Ausnahme bei § 68 Abs. 2 SGB XII Rn. 21); die **Hilfe zur Weiterführung des Haushalts** (§ 70 SGB XII), die **Altenhilfe** (§ 71 SGB XII, vgl. zur Ausnahme bei Absatz 4 Rn. 21), die **Blindenhilfe** (§ 72 SGB XII), die **Hilfe in besonderen Lebenslagen** (§ 73 SGB XII) und die **Bestattungskosten** (§ 74 SGB XII). „**Nachfragende Person**" im Sinne des § 85 SGB XII ist daher eine Person, die eine oder mehrere dieser Leistungen in Anspruch nehmen will. Die Einkommensgrenze gilt für Muss-, Soll- und Kann-Leistungen aus dem Fünften bis Neunten Kapitel.[18] 20

Für **bestimmte Leistungen** des Fünften bis Neunten Kapitels gilt die Einkommensgrenze aufgrund speziellerer anderweitiger Festlegung nicht. Dies sind die Fälle des **§ 68 Abs. 2 SGB XII** (Hilfe zur Überwindung besonderer sozialer Schwierigkeiten), des **§ 71 Abs. 4 SGB XII** (Altenhilfe) und des **§ 92 Abs. 2 Satz 1 Nrn. 1-8 SGB XII**. Diese Leistungen werden bis auf die Kosten für den Lebensunterhalt bei § 92 SGB XII ohne Berücksichtigung von Einkommen und generell ohne Berücksichtigung von Vermögen gewährt. Bei der Einkommensberücksichtigung im Rahmen des § 92 SGB XII erfolgt zunächst eine vollständige Leistung, Kostenbeteiligungen werden dann nur anteilig durch gesonderte Verfügungen vorgenommen (vgl. § 92 Abs. 1 Satz 1 SGB XII, sog. **„Bruttoprinzip"**[19]). 21

Die Einkommensgrenze gilt nur für Leistungen nach dem Fünften bis Neunten Kapitel und hat keine direkte Auswirkung auf die **Hilfe zum Lebensunterhalt** nach dem Dritten und Vierten Kapitel. Insbesondere stellt sie nicht die Grenze der dort erforderlichen Hilfebedürftigkeit dar.[20] Nur wenn von Empfängern von Hilfe zum Lebensunterhalt ergänzend Leistungen nach dem Fünften bis Neunten Kapitel in Anspruch genommen werden, gilt für sie ebenfalls die Einkommensgrenze des § 85 SGB XII. 22

IV. Berechnungszeitraum

Die Einkommensgrenze ist im jeweiligen Berechnungszeitraum zu bestimmen, der sich grundsätzlich nach der Dauer des geltend gemachten Bedarfs richtet. Dabei ist regelmäßig für die Berechnung allein 23

---
[16] BGBl I 2011, 453.
[17] Dazu *Conradis* in: LPK-SGB XII, 9. Aufl. 2012, § 85 Rn. 31.
[18] *Lippert/Zink* in: Mergler/Zink, SGB XII, § 85 Rn. 9, Stand: Juli 2006.
[19] Hierzu BSG v. 26.08.2008 - B 8/9b SO 10/06 R - BSGE 101, 217 = SozR 4-3500 § 133a Nr. 1.
[20] *Lücking* in: Hauck/Noftz, SGB XII, K 85 Rn. 3, Stand: Dezember 2004.

auf den jeweiligen **Kalendermonat** abzustellen, in dem ein zu deckender Bedarf besteht.[21] Die kalendermonatliche Gegenüberstellung von Einkommen und Bedarf stellt nicht nur die in der Sozialhilfe übliche Verfahrensweise dar, sie ist auch unmittelbar in der Bildung der Einkommensgrenze nach § 85 SGB XII bereits angelegt. Der Familienzuschlag beträgt **70 v.H.** der für den Kalendermonat festzusetzenden Regelbedarfsstufe 1 nach der Anlage zu § 28 SGB XII.

24   Fällt ein zu deckender Bedarf in **mehrere Monate**, ist die Einkommensgrenze in allen Bedarfsmonaten zu bestimmen, auch wenn diese nicht ganz ausgefüllt sind. In allen Monaten kann nämlich Einkommen für den entsprechenden Bedarf aufgewandt werden. Dies gilt auch für den Fall, dass ein Bedarf von weniger als einem Monat sich auf zwei Kalendermonate verteilt, hier ist ein Einkommenseinsatz für beide Monate zu prüfen.[22]

25   Gemäß **§ 87 Abs. 2 SGB XII** kann, wenn durch einen Bedarf Einkommen wegfällt, unter bestimmten Voraussetzungen auch auf in einem angemessenen Zeitraum nach Wegfall des Bedarfs erzieltes Einkommen zugegriffen werden (vgl. die Kommentierung zu § 87 SGB XII Rn. 33 ff.). Die Einkommensgrenze selbst ist allerdings weiterhin für den jeweiligen Kalendermonat zu bestimmen, auf den sich die erweiterte Zugriffsmöglichkeit erstreckt.

26   **§ 87 Abs. 3 SGB XII** sieht eine weitere **Ausnahme** von der monatsweisen Gegenüberstellung von Einkommen und Bedarfsdeckung bei einmaligen Leistungen zur Beschaffung von Bedarfsgegenständen vor, deren Gebrauch für mindestens ein Jahr bestimmt ist. Hier kann die Aufbringung der Mittel auch aus dem Einkommen verlangt werden, das innerhalb eines Zeitraums von bis zu drei Monaten nach Ablauf des Monats, in dem über die Leistung entschieden worden ist, durch die nachfragende Person (vgl. Rn. 20) und ggf. ihren Ehegatten bzw. Lebenspartner erworben wird (vgl. die Kommentierung zu § 87 SGB XII Rn. 44). Auch insoweit ist die Einkommensgrenze aber weiterhin für den jeweiligen Kalendermonat zu bestimmen, auf den ein erweiterter Zugriff ermöglicht wird. Bei Bedarfsgegenständen mit einer Gebrauchsdauer von weniger als einem Jahr ist hinsichtlich der Berechnung der Einkommensgrenze auf den **Monat** abzustellen, **in dem der Bedarf auftritt bzw. der Träger der Sozialhilfe davon Kenntnis erlangt**.[23]

V. Einkommensgrenzen

1. Volljährige bzw. verheiratete oder verpartnerte Personen (Absatz 1)

a. Volljährige Alleinstehende

27   Die Einkommensgrenze des Absatzes 1 gilt nicht nur für verheirate nachfragende Personen (vgl. zum Begriff Rn. 20) oder solche in einer Lebenspartnerschaft, sondern grundsätzlich auch für Alleinstehende. Aus der Regelung des Absatzes 2 ergibt sich, dass diese jedoch nur erfasst werden, soweit sie volljährig (Vollendung des 18. Lebensjahres, **§ 2 BGB**) sind oder ihre **Eltern getrennt und sie nicht bei einem Elternteil leben** (vgl. Rn. 50). Ansonsten unterfallen sie, wenn sie **nicht verheiratet** sind, Absatz 2.

b. Nicht getrennt lebende Ehegatten oder Lebenspartner

28   Neben dem Einkommen der nachfragenden Person (vgl. Rn. 20) ist das Einkommen ihres nicht getrennt lebenden Ehegatten bzw. Lebenspartners zu berücksichtigen. Die Einkommen sind **zusammenzurechnen**. Ehegatten sind dabei Personen, die eine Ehe wirksam geschlossen haben, was sich nach den **§§ 1310 f. BGB** bestimmt. Lebenspartner sind in Anwendung des **§ 33b SGB I** Personen gleichen Geschlechts, die gemäß § 1 Abs. 1 Satz 1 und 3 LebenspartnerG[24] eine Lebenspartnerschaft begründet haben. Leben die Ehegatten oder Lebenspartner getrennt, kann nur das Einkommen der nachfragenden

---

[21] Vgl. *Lippert/Zink* in: Mergler/Zink, SGB XII, § 85 Rn. 11, Stand: Juli 2006; *Conradis* in: LPK-SGB XII, 9. Aufl. 2012, § 85 Rn. 27; vgl. zur Vorgängervorschrift des § 79 BSHG bereits BVerwG v. 14.12.1989 - 5 C 61/86 - BVerwGE 84, 206; BVerwG v. 01.07.1970 - V C 40.70 - BVerwGE 35, 360; anders für die Kosten der Vormundschaft nach § 1836c BGB (vgl. Rn. 10) BGH v. 09.01.2013 - XII ZB 478/11 - ZFSH/SGB 2013, 201.

[22] BVerwG v. 14.12.1989 - 5 C 61/86 - BVerwGE 84, 206; *Wahrendorf* in: Grube/Wahrendorf, SGB XII, 4. Aufl. 2012, § 85 Rn. 13 m.w.N.; *Karmanski* in: Jahn, SGB XII, § 85 Rn. 7, Stand: 29.02.2012 m.w.N.; *Lippert/Zink* in: Mergler/Zink, SGB XII, § 85 Rn. 14, Stand: Juli 2006; a.A. *Conradis* in: LPK-SGB XII, 9. Aufl. 2012, § 85 Rn. 27.

[23] Vgl. auch *Conradis* in: LPK-SGB XII, 9. Aufl. 2012, § 85 Rn. 27.

[24] Vgl. Gesetz zur Beendigung der Diskriminierung gleichgeschlechtlicher Gemeinschaften (Lebenspartnerschaften) vom 06.02.2001 (BGBl I 2001, 266).

Person berücksichtigt werden, zu dem allerdings natürlich Unterhaltsleistungen des Ehegatten oder Lebenspartners gehören[25].

Wonach sich bestimmt, wann die Ehegatten bzw. Lebenspartner „**nicht getrennt**" leben, ist streitig. Teilweise[26] wird allein auf die Grundsätze abgestellt, die der Gesetzgeber im Familienrecht für Eheleute aufgestellt hat[27]. Überwiegend wird jedoch davon ausgegangen, dass nicht nur die familienrechtliche Beurteilung des Getrenntlebens maßgeblich sein kann.[28] Denn in Anlehnung an die entsprechende Regelung in § 19 Abs. 3 SGB XII (bis 31.12.2010: § 19 Abs. 1 Satz 2, Abs. 2 Satz 2 und Abs. 3 SGB XII) ist im Rahmen der Sozialhilfe entscheidend, ob zwischen den Ehegatten eine **dauerhafte Lebens- und Wirtschaftsgemeinschaft** besteht. Einer solchen würde nicht zwingend entgegenstehen, dass die häusliche Gemeinschaft aufgehoben ist, z.B. bei Wohnen eines Ehegatten in einem Pflegeheim.[29] Anders wäre es aber in der Regel, wenn die Ehegattin in ein Frauenhaus flüchtet und sich aus den sonstigen Umständen ergibt, dass die häusliche Gemeinschaft beendet sein soll.[30] Die systemspezifische Auslegung erscheint sachgerecht, zumal im Familienrecht das Getrenntleben hauptsächlich die Vermutung des Scheiterns der Ehe im Sinne des § 1566 BGB auslöst und zur Scheidung weitere Voraussetzungen vorliegen müssen, während es in der Sozialhilfe vorrangig auf die Wirtschaftsgemeinschaft ankommt. 29

§ 20 SGB XII bestimmt, dass Personen, welche in **eheähnlicher oder lebenspartnerschaftsähnlicher Gemeinschaft** leben, nicht hinsichtlich der Voraussetzungen sowie des Umfangs der Sozialhilfe besser gestellt werden dürfen als Ehegatten. Auch das Einkommen dieser Personen ist daher bei der Berechnung der Einkommensgrenze des § 85 SGB XII mitzuberücksichtigen.[31] 30

c. Berechnung der Einkommensgrenze

aa. Grundbetrag

Zunächst ist bei der Berechnung der Einkommensgrenze der **Grundbetrag** in Höhe des Zweifachen der Regelbedarfsstufe 1 nach der Anlage zu § 28 SGB XII zu berücksichtigen, wobei sich **regionale Unterschiede** ergeben können (vgl. § 29 Abs. 2 bis 4 SGB XII). Insoweit kann auf die Kommentierung zu § 28 SGB XII Bezug genommen werden. Zu beachten ist zudem, dass die Länder und ggf. bei Fehlen entgegenstehender landesrechtlicher Vorschriften auch die Träger der Sozialhilfe gemäß § 86 SGB XII einen abweichenden Grundbetrag für bestimmte Arten der Hilfe nach dem Fünften bis Neunten Kapitel festsetzen können (vgl. dazu im Einzelnen die Kommentierung zu § 86 SGB XII Rn. 14 ff.). Einen besonderen **Grundbetrag für gesonderte Personengruppen**, wie noch nach **§ 81 BSHG**, gibt es seit dem 01.01.2005 nicht mehr (vgl. auch Rn. 2). Welche spezifische Regelbedarfsstufe 1 zur Anwendung kommt, bestimmt sich weiterhin nach § 85 Abs. 3 SGB XII (vgl. dazu auch Rn. 53). Die Regelbedarfsstufe 1 ist ebenso wie der frühere Eckregelsatz abgesehen von den erwähnten örtlichen Besonderheiten nicht individuell zu bestimmen (etwa mit Mehrbedarfen für die jeweilige Person), sondern ist für alle Personen gleich, die Leistungen nach dem Fünften bis Neunten Kapitel nachfragen.[32] Besondere individuelle Belastungen können lediglich im Rahmen der Angemessenheit des Mitteleinsatzes bei der Anwendung der §§ 87 und 88 SGB XII berücksichtigt werden. Auch bei mehrfachen Bedarfen in einem Monat ist der Grundbetrag nur einmal zu berücksichtigen.[33] In der Praxis bereitet die Bestimmung des Grundbetrages die wenigsten Probleme. 31

---

[25] Vgl. auch *Wahrendorf* in: Grube/Wahrendorf, SGB XII, 4. Aufl. 2012, § 85 Rn. 11.

[26] Vgl. *Karmanski* in: Jahn, SGB XII, § 85 Rn. 19, Stand: 29.02.2012.

[27] Vgl. § 1567 Abs. 1 Satz 1 BGB: Ehegatten leben getrennt, wenn zwischen ihnen keine häusliche Gemeinschaft besteht und ein Ehegatte sie erkennbar nicht herstellen will, weil er die eheliche Lebensgemeinschaft ablehnt.

[28] Vgl. z.B. *Wahrendorf* in: Grube/Wahrendorf, SGB XII, 4. Aufl. 2012, § 85 Rn. 11; *Adolph* in: Jehle/Linhart/Adolph, SGB II SGB XII AsylbLG, § 85 Rn. 16 f., Stand: Dezember 2008.

[29] Vgl. BVerwG v. 26.01.1995 - 5 C 8/93 - BVerwGE 97, 344 zu Vorgängerregelung des § 79 BSHG; *Adolph* in: Jehle/Linhart/Adolph, SGB II SGB XII AsylbLG, § 85 Rn. 18, Stand: Dezember 2008; *Wahrendorf* in: Grube/Wahrendorf, SGB XII, 4. Aufl. 2012, § 85 Rn. 11.

[30] Vgl. auch *Adolph* in: Jehle/Linhart/Adolph, SGB II SGB XII AsylbLG, § 85 Rn. 18, Stand: Dezember 2008.

[31] Vgl. *Wahrendorf* in: Grube/Wahrendorf, SGB XII, 4. Aufl. 2012, § 85 Rn. 6; *Lücking* in: Hauck/Noftz, SGB XII, K 85 Rn. 11, Stand: Dezember 2004; *Adolph* in: Jehle/Linhart/Adolph, SGB II SGB XII AsylbLG, § 85 Rn. 21, Stand: März 2013.

[32] Vgl. BSG v. 27.01.2011 - B 8 SO 60/10 B; vgl. bereits LSG Rheinland-Pfalz v. 20.11.2009 - L 1 SO 36/07.

[33] Vgl. zur Vorgängerregelung des § 79 BSHG BVerwG v. 18.06.1990 - 5 B 13/90 - Buchholz 436.0 § 79 BSHG Nr. 4.

bb. Kosten der Unterkunft

32 Neben dem Grundbetrag sind die **Kosten der Unterkunft** einzubeziehen, soweit die Aufwendungen hierfür den der Besonderheit des Einzelfalles angemessenen Umfang nicht übersteigen. Zu berücksichtigen sind die Kosten der nachfragenden Person sowie ggf. ihres Ehegatten bzw. Lebenspartners und aller Personen, für die ein Familienzuschlag berücksichtigt wird (vgl. dazu Rn. 39 ff.). Wohnen weitere Personen in derselben Unterkunft, ist ihr Anteil, berechnet nach Kopfteilen, von den angemessenen Kosten der Unterkunft abzuziehen, auch wenn ihnen die Unterkunft kostenfrei oder zu einem geringeren Kostenbeitrag überlassen wurde.[34] Soweit Unterkunftskosten Teil eines Arbeits-, Beherbergungs- oder Pflegevertrages sind, ist der entsprechende Anteil zu berücksichtigen.[35]

33 Kosten der Unterkunft sind **Miete und Nebenkosten** und ggf. bei Finanzierung eines angemessenen Eigenheimes auch die **Darlehenszinsen**. **Tilgungsleistungen** können allenfalls unter sehr engen Voraussetzungen angemessene Unterkunftskosten sein, wenn sie insgesamt im Vergleich zu einer ansonsten erforderlichen adäquaten Miete nicht zu höheren Kosten führen und sonstige Umstände vorliegen, die eine Nichtberücksichtigung unangemessen erscheinen lassen.[36] Der Aufbau von Vermögen aus Sozialhilfeleistungen ist allerdings mit der Zielsetzung dieser Leistungen kaum in Einklang zu bringen.

34 Insgesamt ist der Begriff der angemessenen Kosten der Unterkunft in **Anlehnung an § 35 Abs. 1 und 2 SGB XII (bis 31.12.2010: § 29 Abs. 1 und 2 SGB XII)** zu bestimmen,[37] so dass auf die Kommentierung zu § 35 SGB XII verwiesen wird. Es kann nicht angenommen werden, dass im Rahmen des § 85 SGB XII ein großzügigerer Maßstab gelten müsse, weil beabsichtigt sei, dass Hilfebedürftige Leistungen nach dem Fünften bis Neunten Kapitel erhalten können sollen, ohne ihren bisherigen Lebensstandard an die Bedarfsgrenze der Hilfen zum Lebensunterhalt abzusenken. Die Formulierung in § 85 SGB XII lehnt sich wörtlich an diejenige in § 35 Abs. 1 SGB XII (bis 31.12.2010: § 29 Abs. 1 SGB XII an, so dass nicht ersichtlich ist, nach welchen Kriterien hier ein abweichender Maßstab gebildet werden sollte. Hinzu kommt, dass etwa Fälle eines nur kurzfristigen Bedarfs, für die ein großzügigerer Maßstab in Betracht kommen könnte, auch bei Überschreiten der Einkommensgrenze im Rahmen der Prüfung der Zumutbarkeit des Mitteleinsatzes bei § 87 SGB XII angemessen gelöst werden können.

35 Wohngeld, das wegen des Ausschlusses von Empfängern von Leistungen der Hilfe zum Lebensunterhalt nach dem SGB XII in § 7 Abs. 1 Satz 1 Nr. 6 Wohngeldgesetz (WoGG)[38] nur für Personen über der Hilfebedürftigkeitsschwelle in Betracht kommt, ist nicht von den Kosten der Unterkunft abzuziehen[39]. Es handelt sich vielmehr um Einkommen.[40]

36 Im Rahmen des § 85 SGB XII ist die aus dem Bereich der Hilfe zum Lebensunterhalt bekannte **Aufforderung** des Sozialhilfeträgers **zur Suche nach einer angemessenen Unterkunft** nicht zulässig, wobei eine solche in der Praxis offenbar schon vorgekommen ist.[41] Die Folgen eines Überschreitens der Einkommensgrenze sind nämlich in § 87 SGB XII geregelt. Der Hilfebedürftige ist nicht verpflichtet, sich eine von den Kosten her angemessene Unterkunft zu suchen. Es geht auch gerade nicht um eine Erbringung von Leistungen für diese Kosten durch den Sozialhilfeträger, die zu einer solchen Maßnahme berechtigen würde. Die angemessenen Kosten der Unterkunft sind im Rahmen des § 85 SGB XII abstrakt zu bestimmen, zumal die Norm anders als § 35 SGB XII nicht vom Grundsatz der Berücksichtigung der tatsächlichen Kosten ausgeht, soweit sie angemessen sind, sondern davon dass von vorneherein nur die angemessenen Kosten zu berücksichtigen sind. Konkrete Umstände, die ein

---

[34] Vgl. auch *Lippert/Zink* in: Mergler/Zink, SGB XII, § 85 Rn. 21, Stand: Januar 2011.

[35] Vgl. *Wolf* in: Fichtner/Wenzel, SGB XII/AsylbLG/SGB II/BKGG, 4. Aufl. 2009, § 85 Rn. 10.

[36] Vgl. zum SGB II BSG v. 18.06.2008 - B 14/11b AS 67/06 R - SozR 4-4200 § 22 Nr. 13; gegen eine Berücksichtigung zur Vorgängervorschrift des § 79 BSHG BVerwG v. 09.12.1970 - V C 73.70 - BVerwGE 37, 13.

[37] So auch *Adolph* in: Jehle/Linhart/Adolph, SGB II, SGB XII, AsylbLG, § 85 Rn. 30, Stand: März 2013; *Wolf* in: Fichtner/Wenzel, SGB XII/AsylbLG/SGB II/BKGG, 4. Aufl. 2009, § 85 Rn. 9; kritisch *Lücking* in: Hauck/Noftz, SGB XII, K 85 Rn. 22f., Stand: Dezember 2005.

[38] Vom 24.09.2008 (BGBl I 2008, 1856); vgl. auch den entsprechenden Ausschluss für Empfänger von Alg II und Sozialgeld nach dem SGB II § 7 Abs. 1 Satz 1 Nr. 1 WoGG.

[39] So aber *Wolf* in: Fichtner/Wenzel, SGB XII/AsylbLG/SGB II/BKGG, 4. Aufl. 2009, § 85 Rn. 9.

[40] Vgl. *Lücking* in: Hauck/Noftz, SGB XII, K 85 Rn. 20, Stand: Dezember 2005 m.w.N.; *Adolph* in: Jehle/Linhart/Adolph, SGB II, SGB XII, AsylbLG, § 85 Rn. 28, Stand: März 2013; zur Vorgängerregelung des § 79 BSHG BVerwG v. 16.12.2004 - 5 C 50/03 - BVerwGE 122, 317.

[41] Vgl. *Wahrendorf* in: Grube/Wahrendorf, SGB XII, 4. Aufl. 2012, § 85 Rn. 16.

tion des § 85 SGB XII nicht mehr als Maßstab genommen, obwohl gerade die Änderung nicht auf einer autonomen Entscheidung der nachfragenden Person beruht, sondern auf einem nach dem SGB XII zu deckenden Bedarf.

Abweichend von der ersten Alternative der tatsächlichen Unterhaltsleistung bis zur Entscheidung über die Erbringung der Sozialhilfe, ist für den Fall, dass nach dieser Entscheidung die nachfragende Person oder ihr Ehegatte bzw. Lebenspartner **unterhaltspflichtig wird**, aufgrund des eindeutigen Wortlauts **keine „überwiegende" Unterhaltspflicht** erforderlich, es genügt eine Unterhaltsverpflichtung in beliebiger Höhe. Diese muss sich nicht unmittelbar aus dem Gesetz ergeben, es können auch vertragliche Unterhaltspflichten ausreichen, wenn nicht die nachfragende Person eine solche Verpflichtung gezielt zur Unterschreitung der Einkommensgrenze eingeht.[62] 43

Da das Gesetz anders als bei der ersten Alternative von einer bloßen Verpflichtung, nicht aber von einer Leistung des Unterhalts spricht, muss dieser **nicht tatsächlich geleistet** werden.[63] Problematisch erscheint der Umstand, dass das Gesetz ausdrücklich und vom Wortlaut her eindeutig davon spricht, die nachfragende Person oder ihr Ehegatte bzw. Lebenspartner müsse nach der Entscheidung über die Sozialhilfe unterhaltspflichtig werden. Dies führt zu gewissen Unstimmigkeiten mit der Alternative der tatsächlichen Leistung, weil es dann wesentlich günstiger für die nachfragende Person ist, wenn eine Unterhaltspflicht erst nach Entscheidung über die Sozialhilfe eintritt. Entgegen der nahezu einhelligen Meinung in der Literatur[64] könnte daher anzunehmen sein, auch eine Unterhaltsverpflichtung in beliebiger Höhe vor Entscheidung über die Sozialhilfe würde ausreichen. Abgesehen davon, dass dies mit dem Wortlaut nicht zu vereinbaren ist, berücksichtigt dieser Ansatz auch nicht hinreichend den Umstand, dass durch einen Bedarf nach dem Fünften bis Neunten Kapitel sich die finanzielle Situation der nachfragenden Person (vgl. Rn. 20) nicht selten verschlechtert (vgl. auch § 87 Abs. 2 SGB XII). Um in diesen Konstellationen einen Anreiz zu schaffen, trotzdem, wenn auch ggf. nur in eingeschränkter Form, Unterhalt zu leisten, ist die Berücksichtigung der Unterhaltsberechtigten bei der Bemessung der Einkommensgrenze als pauschalierende Regelung jedenfalls nicht ungeeignet. Eine Eingrenzung des zu berücksichtigenden Personenkreises erfolgt dann schlüssig über das Erfordernis einer tatsächlichen Verpflichtung zur Unterhaltsleistung. 44

Die erforderliche Neuberechnung der Einkommensgrenze bei Eintritt einer entsprechenden Unterhaltspflicht kann jedoch erst erfolgen, wenn die dieser zugrunde liegenden Tatsachen dem Träger der Sozialhilfe bekannt geworden sind (vgl. § 18 SGB XII).[65] Eine rückwirkende Berücksichtigung kann allerdings unter bestimmten Voraussetzungen nach § 44 SGB X auch bei bestandskräftigen Sozialhilfebescheiden vorgenommen werden.[66] 45

2. Minderjährige unverheiratete Personen (Absatz 2)

a. Minderjährige Unverheiratete

Für **minderjährige unverheiratete Hilfeempfänger** berechnet sich die Einkommensgrenze nach Absatz 2. Anders als in Abs. 1 ist die Lebenspartnerschaft hier nicht genannt, weil eine Lebenspartnerschaft gemäß § 1 Abs. 3 Nr. 1 LebenspartnerG nicht mit einer minderjährigen Person begründet wer- 46

---

[62] Vgl. auch *Gamperl*, Die Absicherung gegen Krankheitskosten durch Sozialhilfe und Gesetzliche Krankenversicherung als Mittel zur Lebensstandardsicherung, Hamburg 2010, S. 59 f. m.w.N.

[63] *Conradis* in: LPK-SGB XII, 9. Aufl. 2012, § 85 Rn. 24; *Lippert/Zink* in: Mergler/Zink, SGB XII, § 85 Rn. 43, Stand: Juli 2006; *Lücking* in: Hauck/Noftz, SGB XII, K 85 Rn. 29, Stand: Dezember 2004; *Gamperl*, Die Absicherung gegen Krankheitskosten durch Sozialhilfe und Gesetzliche Krankenversicherung als Mittel zur Lebensstandardsicherung, Hamburg 2010, S. 54 f.; a.A. *Hohm* in: Schellhorn/Schellhorn/Hohm, SGB XII, 18. Aufl. 2010, § 85 Rn. 32, sogar überwiegende Unterhaltsleistung erforderlich.

[64] Vgl. *Conradis* in: LPK-SGB XII, 9. Aufl. 2012, § 85 Rn. 23; *Lippert/Zink* in: Mergler/Zink, SGB XII, § 85 Rn. 43, Stand: Juli 2006; *Adolph* in: Jehle/Linhart/Adolph, SGB II, SGB XII, AsylbLG, § 85 Rn. 37, Stand: Dezember 2008; *Karmanski* in: Jahn, SGB XII, § 85 Rn. 24, Stand: 29.02.2012; *Lücking* in: Hauck/Noftz, SGB XII, K 85 Rn. 29, Stand: Dezember 2005, allerdings mit einer Kontrollmöglichkeit bei unbilligen Lösungen; differenzierend auch *Wolf* in: Fichtner/Wenzel, SGB XII/AsylbLG/SGB II/BKGG, 4. Aufl. 2009, § 85 Rn. 16: erfasst wird auch der Zeitraum zwischen Bekanntwerden des Bedarfs und Entscheidung.

[65] *Conradis* in: LPK-SGB XII, 9. Aufl. 2012, § 85 Rn. 23.

[66] A.A. *Conradis* in: LPK-SGB XII, 9. Aufl. 2012, § 85 Rn. 23; zur grundsätzlichen Möglichkeit der Anwendung von § 44 SGB X im Bereich der Sozialhilfe und dabei zu beachtenden Ausnahmen vgl. BSG v. 29.09.2009 - B 8 SO 16/08 R.

den kann. Minderjährig sind Personen, die das 18. Lebensjahr noch nicht vollendet haben (vgl. § 2 BGB). Unverheiratet sind Hilfeempfänger, die nicht mit einer anderen Person wirksam eine Ehe eingegangen sind (vgl. Rn. 28).

47 Da keine Sonderregelung für **uneheliche Kinder** getroffen wurde, werden sie, soweit sie minderjährig und unverheiratet sind, von der Berechnung der Einkommensgrenze in § 85 Abs. 2 SGB XII mitumfasst.[67]

b. Berechnung der Einkommensgrenze

aa. Eltern leben zusammen

48 Bei Minderjährigen, deren Eltern zusammen, also nicht getrennt leben (vgl. dazu Rn. 29), bestimmt sich die Einkommensgrenze ganz ähnlich wie in den Fällen des Absatzes 1. Der Unterschied ist, dass der **Grundbetrag** (vgl. Rn. 31) nicht der nachfragenden Person (vgl. Rn. 20) selbst, sondern **einem Elternteil** gewährt wird, während für die nachfragende Person ebenso wie für den anderen Elternteil ein Familienzuschlag berücksichtigt wird. Dieser **Familienzuschlag** ist unabhängig davon, ob die Eltern die nachfragende Person bisher tatsächlich unterhalten haben. Ebenso wie bei Absatz 1 kann ein abweichender Grundbetrag für einzelne Leistungen nach § 86 SGB XII festgesetzt werden. Ein Familienzuschlag wird zudem für weitere Personen gewährt, welche von der nachfragenden Person oder ihren Eltern überwiegend unterhalten worden sind oder für die sie nach der Entscheidung über die Erbringung der Sozialhilfe unterhaltspflichtig werden. Wann dies der Fall ist, bestimmt sich nach den gleichen Kriterien wie bei Absatz 1 (vgl. hierzu Rn. 40). Ebenso wie bei Absatz 1 (vgl. hierzu Rn. 33 ff.) sind die **Unterkunftskosten** zu berücksichtigen. Da die Regelung des Absatzes 2 auch für den Fall gilt, dass die nachfragende Person nicht bei ihren Eltern lebt, solange nur diese zusammenleben,[68] müssen ggf. die jeweils anfallenden Unterkunftskosten addiert werden.

49 Sofern **ein Elternteil verstorben** ist, leben die Eltern nicht (mehr) zusammen. Da das Gesetz nicht darauf abstellt, ob die Eltern „nicht getrennt" leben, muss für diesen Fall die Regelung zur Anwendung kommen, die für nicht zusammen lebende Elternteile gilt (vgl. Rn. 50).

bb. Eltern leben nicht zusammen

50 Wenn die Eltern nicht zusammen leben (insbesondere, wenn sie getrennt leben, vgl. dazu Rn. 29), ist für die Berechnung der Einkommensgrenze zu unterscheiden, ob das Kind bei einem Elternteil wohnt, oder ob es bei keinem Elternteil wohnt. Sofern es **bei einem der Elternteile wohnt**, ist für die Bestimmung der Einkommensgrenze der Grundbetrag für diesen Elternteil zu gewähren und ein Familienzuschlag für die nachfragende Person (vgl. Rn. 20) bzw. ggf. für weitere Personen, die von einem der beiden überwiegend unterhalten worden sind oder denen gegenüber sie nach Entscheidung über die Erbringung der Sozialhilfe unterhaltspflichtig werden (vgl. hierzu Rn. 39 ff.).

51 Lebt die nachfragende minderjährige Person **bei keinem der nicht zusammen lebenden Elternteile**, richtet sich die Berechnung der Einkommensgrenze nach Absatz 1.[69]

52 Diese Regelungen gelten auch für Kinder, bei denen ein Elternteil verstorben ist (vgl. auch Rn. 49).[70]

VI. Maßgebliche Regelbedarfsstufe 1 (Absatz 3)

53 Absatz 3 Satz 1 sieht vor, dass sich die Höhe der Regelbedarfsstufe 1 nach der Anlage zu § 28 SGB XII (bis 31.12.2010: des Eckregelsatzes) für die Berechnung des Grundbetrages (vgl. Rn. 31) und des Familienzuschlags (vgl. Rn. 39 ff.) grundsätzlich nach dem **Ort** bestimmt, **an dem der Leistungsberechtigte die Leistung erhält**. Dies muss, wie die abweichende Regelung der Sätze 2 und 3 ergibt, nicht zwingend der gewöhnliche Aufenthalt sein. Der Ort des Sitzes des Trägers der Sozialhilfe ist nur dann maßgeblich, wenn die entsprechende Leistung dort auch erfolgt. Soweit sie der Hilfeempfänger an seinem Wohnsitz (§§ 7 ff. BGB) oder gewöhnlichen Aufenthalt (§ 30 Abs. 3 SGB I) erhält, ist dieser Ort maßgeblich. Der Ort gilt dann mangels abweichender Regelung auch für die Berechnung des Famili-

---

[67] Vgl. auch *Lippert/Zink* in: Mergler/Zink, SGB XII, § 85 Rn. 44, Stand: Juli 2006; *Decker* in: Oestreicher, SGB XII/SGB II, § 85 SGB XII Rn. 31, Stand: Februar 2010; vgl. auch bereits BVerwG v. 29.09.1971 - V C 115.70 - FEVS 18, 441.

[68] *Lippert/Zink* in: Mergler/Zink, SGB XII, § 85 Rn. 45, Stand: Juli 2006; vgl. bereits BVerwG v. 08.07.1982 - 5 C 39/81 - BVerwGE 66, 82.

[69] Vgl. auch OVG NRW v. 05.07.1983 - 8 A 2309/81 - FEVS 33, 160.

[70] Vgl. *Wolf* in: Fichtner/Wenzel, SGB XII/AsylbLG/SGB II/BKGG, 4. Aufl. 2009, § 85 Rn. 17.

enzuschlags seines Ehegatten bzw. Lebenspartners und die sonstigen beim Familienzuschlag zu berücksichtigenden Personen (vgl. Rn. 39). Diese Regelung ist im Falle der weiteren Personen nicht ganz glücklich, denn diese müssen nicht am selben Ort wohnen wie der Leistungsempfänger und die Regelbedarfsstufen 1 nach der Anlage zu § 28 SGB XII (bis 31.12.2010: die Eckregelsätze) können jedenfalls nach den gesetzlichen Vorgaben nicht unerheblich voneinander abweichen. Ehegatten und Lebenspartner leben wegen des Erfordernisses „nicht getrennt zu leben" (vgl. dazu Rn. 29) dagegen regelmäßig auch am Ort, wo die Leistung erhalten wird.

Eine **Abweichung** zur grundsätzlich fehlenden Berücksichtigung des tatsächlichen oder gewöhnlichen Aufenthalts anderer Personen für die Bestimmung der maßgeblichen Regelbedarfsstufe 1 ist in Absatz 3 Satz 2 lediglich für die Fälle des Absatzes 2 vorgesehen, in denen **auch das Einkommen seiner Eltern oder eines Elternteils maßgebend** ist. Dann ist deren gewöhnlicher Aufenthalt maßgeblich. Maßgebend für die Bestimmung der Einkommensgrenze ist allerdings nur ein vorhandenes Einkommen, so dass bei fehlendem Einkommen der Eltern oder des Elternteils, bei dem der Hilfeempfänger lebt, Absatz 3 Satz 1 zur Anwendung kommt. Sofern der gewöhnliche Aufenthalt der Eltern zur Bestimmung der Regelbedarfsstufe 1 nach der Anlage zu § 28 SGB XII (bis 31.12.2010: des Eckregelsatzes) herangezogen wird, ist diese Regelbedarfsstufe 1 nach der Anlage zu § 28 SGB XII (bis 31.12.2010: dieser Eckregelsatz) auch bei der Festlegung des Familienzuschlags anzuwenden. 54

In Absatz 3 Satz 2 ist in weiterer Abweichung von Satz 1 normiert, dass für den Fall der Leistung in einer Einrichtung sowie bei Unterbringung in einer anderen Familie oder bei den in § 107 SGB XII genannten anderen Personen sich die Regelbedarfsstufe 1 nach der Anlage zu § 28 SGB XII (bis 31.12.2010: der Eckregelsatz) nach dem Ort bestimmt, an dem sich der Leistungsberechtigte gewöhnlich aufhält. Mit Einrichtung ist eine stationäre Einrichtung,[71] etwa ein Krankenhaus oder ein Pflegeheim gemeint (vgl. auch § 13 SGB XII). Eine Unterbringung in einer anderen Familie oder bei einer anderen Person liegt nach § 107 SGB XII vor, wenn die Unterbringung nicht bei den Eltern oder einem Elternteil erfolgt. Auf die Kommentierung zu § 107 SGB XII wird verwiesen. Legal definiert ist in § 30 Abs. 3 SGB I, dass den gewöhnlichen Aufenthalt jemand dort hat, wo er sich unter Umständen aufhält, die erkennen lassen, dass er an diesem Ort oder in diesem Gebiet nicht nur vorübergehend verweilt. Bei dem Aufenthalt in einer Einrichtung oder bei einer Unterbringung in einer Familie bzw. bei einer anderen Person ist daher zu prüfen, ob es sich lediglich um einen vorübergehenden Aufenthalt handelt. Dann ist nämlich der ansonsten gewöhnliche Aufenthalt maßgeblich. 55

Soweit in den Fällen des Absatzes 3 Satz 2 ein **gewöhnlicher Aufenthalt nicht im Geltungsbereich des SGB XII** besteht, ist der Ort der Leistung gemäß Satz 1 (vgl. Rn. 53 ff.) für die Bestimmung der maßgeblichen Regelbedarfsstufe 1 entscheidend. 56

VII. Folgen des Über-/Unterschreitens der Einkommensgrenze

Die Folgen des Über- bzw. Unterschreitens der in § 85 SGB XII definierten Einkommensgrenzen ergeben sich nicht aus der Vorschrift selbst, sondern für das **Überschreiten** aus **§ 87 SGB XII** und aus **§ 88 SGB XII**, für das **Unterschreiten** nur aus **§ 88 SGB XII** (zum Verhältnis zwischen § 87 und § 88 SGB XII vgl. die Kommentierung zu § 87 SGB XII Rn. 5). Weder führt das Überschreiten der Einkommensgrenze dazu, dass die entsprechenden Leistungen nach dem Fünften bis Neunten Kapitel nicht zu erbringen sind (häufig erfolgt allerdings eine Kostenbeteiligung), noch ist bei einem Unterschreiten zwingend davon auszugehen, dass die Leistungen immer ohne Kostenbeteiligung der nachfragenden Person (vgl. Rn. 20) erbracht werden. 57

Nach § 87 SGB XII ist die Aufbringung der Mittel in angemessenem Umfang zuzumuten, soweit das zu berücksichtigende Einkommen die Einkommensgrenze übersteigt. Wann das der Fall ist, ist in § 87 Abs. 1 Satz 2 SGB XII näher bestimmt (vgl. im Einzelnen die Kommentierung zu § 87 SGB XII Rn. 19 ff.). 58

Im Falle des Überschreitens der Einkommensgrenze kann eine Aufbringung der Mittel ebenso unter den Voraussetzungen des § 88 SGB XII verlangt werden wie im Falle des Unterschreitens der Einkommensgrenze. § 88 Abs. 1 SGB XII nennt insoweit verschiedene Konstellationen (andere Leistungen für einen besonderen Zweck statt Sozialhilfe, geringfügiger Mitteleinsatz zur Bedarfsdeckung, stationäre Unterbringung, vgl. im Einzelnen die Kommentierung zu § 88 SGB XII Rn. 21 ff.), § 88 Abs. 2 SGB XII regelt einen speziellen Freibetrag bei stationären Leistungen (vgl. die Kommentierung zu § 88 SGB XII Rn. 30 ff.). 59

VIII. Zu berücksichtigendes Einkommen

---

[71] Vgl. auch *Lippert/Zink* in: Mergler/Zink, SGB XII, § 85 Rn. 57, Stand: Juli 2006.

60 Zu berücksichtigen ist das bereinigte Nettoeinkommen. Wäre der potentiell Leistungspflichtige bei Bedürftigkeit Sozialhilfeempfänger, ist für die Berechnung auf die §§ 82 ff. SGB XII abzustellen. Allerdings können keine pauschalen Freibeträge berücksichtigt werden (vgl. auch Rn. 62), denn § 85 SGB XII trifft insoweit durch die Berücksichtigung des doppelten Regelsatzes eine eigene pauschale Regelung. Ist der potentiell Leistungspflichtige Empfänger von Leistungen nach dem SGB II oder unterfiele bei Bedürftigkeit diesem System, sind die dortigen Einkommensberechnungsregelungen zu berücksichtigen, allerdings ebenfalls ohne pauschale Freibeträge (vgl. auch Rn. 62). Die Absetzbeträge bei der Berechnung der Einkommensgrenze richten sich ebenfalls nach dem jeweiligen Leistungssystem (SGB II bzw. SGB XII), nach welchem der potentiell Leistungspflichtige bei Bedürftigkeit zu beurteilen wäre.[72] Zur Frage der Zumutbarkeit des Einkommenseinsatzes bei Empfängern von Leistungen nach dem SGB II hat das BSG sich bereits geäußert.[73]

61 Einmalzahlungen sind bei der Einkommensberechnung nach dem SGB XII im Rahmen des § 85 SGB XII grundsätzlich nicht auf mehrere Monate aufzuteilen, sondern im jeweiligen Monat zu berücksichtigen. Gleiches gilt für einmalige Abzüge vom Einkommen wie jährlich fällige Versicherungen. Diese sind vom Einkommen im jeweiligen Zahlungsmonat in voller Höhe abzuziehen.[74]

62 Beim für die Bestimmung der Einkommensgrenze maßgeblichen Einkommen ist vom bereinigten Einkommen auszugehen, also solches, das nicht normativ anerkannt für andere Zwecke genutzt werden darf.[75] Nicht abzusetzen sind reine Einkommensfreibeträge, wie sie in § 82 Abs. 3 SGB XII bzw. § 11 Abs. 2 Satz 1 Nr. 6 SGB II in der bis zum 31.03.2011 geltenden Fassung des Haushaltsbegleitgesetzes vom 09.12.2010[76] (a.F.) und § 11b Abs. 3 SGB II in der ab 01.04.2011 geltenden Gesetzesfassung (n.F.) zugebilligt werden, denn ihre einkommensmindernde Berücksichtigung bei den Hilfen für den Lebensunterhalt beruht auf der Überlegung, dass bestimmte Einkommensanteile eines Erwerbseinkommens erhalten bleiben sollen, um einen Arbeitsanreiz zu schaffen[77], sich also um den eigenen und den Lebensunterhalt der Bedarfsgemeinschaft bzw. der Einsatzgemeinschaft selbst zu bemühen[78]. Dieser Gedanke gilt jedoch nicht für besondere sozialhilferechtliche Bedarfssituationen, die auch bei Personen auftreten, die erwerbstätig sind und ihren Lebensunterhalt mit diesen Einkünften bestreiten können, weil die §§ 85 ff. SGB XII, insbesondere die Vorschriften der Einkommensfreigrenze, den diesbezüglichen Interessen in anderer Weise Rechnung tragen.[79] Absetzungen von abgemessenen Versicherungsbeiträgen im Rahmen einer Einkommensberücksichtigung nach dem SGB II sind nur in dem Monat möglich, in dem der Beitrag tatsächlich zu zahlen ist, es sind in diesem Zusammenhang auch neben den nach § 11b Abs. 1 Satz 1 Nr. 5 SGB II i.V.m. § 6 Abs. 1 Nr. 3 lit. a Alg II-V mit der Erzielung des Einkommens verbundenen notwendige Ausgaben in Form pauschalierter Beträge (errechnet aus der gerichtlich festzustellenden Entfernung und Anzahl der monatlichen Fahrten, Kfz-Haftpflichtversicherungsbeiträge, § 11b Abs. 1 Satz 1 Nr. 3 SGB II) als gesetzlich vorgeschriebene Beiträge absetzbar.[80]

C. Praxishinweise

63 In der Praxis bereitet die Bestimmung der Einkommensgrenze häufig nicht unerhebliche Schwierigkeiten. Dies gilt insbesondere für die Frage, wann eine Person von dem Hilfeempfänger, seinem Ehegatten oder Lebenspartner bzw. seinen Eltern **überwiegend unterhalten** worden ist (vgl. Rn. 40). Sozialhilfe-Richtlinien der Länder, die hier pauschale Regelungen vorsehen, können die gesetzlichen Vorgaben des § 85 SGB XII nicht abändern und sind insoweit unbeachtlich.

---

[72] BSG v. 25.04.2013 - B 8 SO 8/12 R.
[73] BSG v. 29.09.2009 - B 8 SO 23/08 R - BSGE 104, 219.
[74] LSG NRW v 30.10.2008 - L 9 SO 12/06 - FEVS 60, 572; LSG RP v 18.02.2011 - L 1 SO 36/08, L 1 SO 43/08 - n.v.; vgl. bereits BVerwG v. 24.05.1988 - 5 ER 284/87.
[75] Vgl. BSG v. 25.04.2013 - B 8 SO 8/12 R unter Hinweis auf BSG v. 28.02.2013 - B 8 SO 1/12 R.
[76] BGBl I 2010, 1885
[77] BT-Drs. 15/1516, S. 59; vgl. auch BT-Drs. 15/1514, S. 65.
[78] Vgl. BSG v. 25.04.2013 - B 8 SO 8/12 R.
[79] Vgl. BSG v. 25.04.2013 - B 8 SO 8/12 R.
[80] Vgl. BSG v. 25.04.2013 - B 8 SO 8/12 R m.w.N.

Die Praxis mancher Träger der Sozialhilfe, im Rahmen der Gewährung von Leistungen nach dem Fünf- 64
ten bis Neunten Kapitel den Hilfeempfänger zum **Umzug in eine Unterkunft mit angemessenen Kosten** aufzufordern, ist in den Fällen rechtswidrig, in denen nicht auch Hilfe zum Lebensunterhalt bezogen wird. Denn anders als § 36 Abs. 2. SGB XII (bis 31.12.2010: § 29 Abs. 1 SGB XII) sieht § 85 SGB XII hierfür keine Grundlage vor (vgl. auch Rn. 36).

§ 86 SGB XII Abweichender Grundbetrag

(Fassung vom 27.12.2003, gültig ab 01.01.2005)

Die Länder und, soweit landesrechtliche Vorschriften nicht entgegenstehen, auch die Träger der Sozialhilfe können für bestimmte Arten der Hilfe nach dem Fünften bis Neunten Kapitel der Einkommensgrenze einen höheren Grundbetrag zu Grunde legen.

Gliederung

A. Basisinformationen ... 1	II. Normzweck ... 9
I. Textgeschichte/Gesetzgebungsmaterialien ... 1	III. Grundbetragsfestsetzung für einzelne Leistungen ... 10
II. Vorgängervorschriften ... 3	1. Bestimmte Arten von Leistungen nach dem Fünften bis Neunten Kapitel ... 10
III. Parallelvorschriften ... 4	
IV. Systematische Zusammenhänge ... 5	
V. Ausgewählte Literaturhinweise ... 7	2. Abweichender Grundbetrag ... 14
B. Auslegung der Norm ... 8	**C. Praxishinweise** ... 18
I. Regelungsgehalt und Bedeutung der Norm ... 8	

A. Basisinformationen

I. Textgeschichte/Gesetzgebungsmaterialien

1 § 86 SGB XII ist zum **01.01.2005** aufgrund des Gesetzes zur Einordnung des Sozialhilferechts in das Sozialgesetzbuch vom 27.12.2003[1] in Kraft getreten und **seitdem nicht geändert** worden. Es handelt sich nicht um eine erstmalige Regelung, vielmehr wurde § 79 Abs. 4 BSHG nahezu wortgleich übernommen (vgl. Rn. 3).

2 Deshalb enthalten die Materialien auch keine eigenständige Gesetzesbegründung.[2]

II. Vorgängervorschriften

3 § 86 SGB XII entspricht inhaltlich und von der Funktion her **§ 79 Abs. 4 BSHG**. Dennoch können, weil sich für bestimmte Personengruppen die Einkommensgrenze wesentlich geändert hat (vgl. auch die Kommentierung zu § 85 SGB XII Rn. 2), zu der Vorgängernorm ergangene landesrechtliche Regelungen bzw. solche der Träger der Sozialhilfe nicht ohne weiteres übernommen werden.[3] Eine Fortgeltung ist allenfalls anzunehmen, wenn sich keine Änderungen ergeben haben.

III. Parallelvorschriften

4 Den §§ 85 ff. SGB XII entsprechende Regelungen gibt es im Bereich der Grundsicherungsleistungen nach dem **SGB II** nicht, da dieses keine den im Fünften bis Neunten Kapitel genannten Leistungen entsprechende Leistungen vorsieht. Die Bezieher von Leistungen nach dem SGB II können aber diese Leistungen nach dem SGB XII bei Vorliegen der Voraussetzungen ebenfalls in Anspruch nehmen. Es ist jedoch zu beachten, dass aufgrund des befristeten Zuschlages nach Bezug von Arbeitslosengeld (§ 24 SGB II a.F.), den Freibeträgen bei Erwerbstätigkeit (§ 11b Abs. 2 und 3 SGB II) sowie ggf. abweichend vom SGB XII nicht zu berücksichtigendem Einkommen (vgl. § 11a SGB II) ein Einkommen über der ggf. durch § 86 SGB XII modifizierten Grenze des § 85 SGB XII vorliegen kann.[4] Der befristete Zuschlag zum Arbeitslosengeld II nach Bezug von Arbeitslosengeld in der bis zum 31.12.2010 geltenden Fassung ist durch Art. 2 Nr. 31 des Gesetzes zur Ermittlung von Regelbedarfen und zur Änderung des Zweiten und Zwölften Buches Sozialgesetzbuch vom 24.03.2011[5] allerdings mit Wirkung zum 01.01.2011 ersatzlos gestrichen worden.

---

[1] BGBl I 2003, 3022.
[2] BT-Drs. 15/1514, S. 66 zu § 81.
[3] Vgl. auch *Schoch* in: LPK-SGB XII, 9. Aufl. 2012, § 86 Rn. 2.
[4] Hierauf weist zu Recht *Conradis* in: LPK-SGB XII, 9. Aufl. 2012, § 85 Rn. 2, hin.
[5] BGBl I 2011, 453.

IV. Systematische Zusammenhänge

Die Vorschrift steht in engem systematischem Zusammenhang mit **§ 85 SGB XII**. Dieser definiert die Einkommensgrenze für den Bezug der Leistungen nach dem Fünften bis Neunten Kapitel und § 86 SGB XII sieht insoweit eine Möglichkeit der Modifikation des dort genannten (Absatz 1 Nr. 1 und Absatz 2 Satz 1 Nr. 1) Grundbetrages (vgl. hierzu die Kommentierung zu § 85 SGB XII Rn. 31 und die Kommentierung zu § 85 SGB XII Rn. 48) vor. Auf die Regelung wird außerhalb des SGB XII in § 8 Abs. 3 Satz 2 Nr. 1 BerRehaG und in § 1836c Nr. 1 BGB verwiesen.[6]

Die Folgen des Über- bzw. Unterschreitens der in § 85 SGB XII definierten und durch § 86 SGB XII ggf. modifizierten Einkommensgrenze für den Leistungsanspruch ergeben sich für das **Überschreiten** aus **§ 87 SGB XII** und aus **§ 88 SGB XII** (zum Verhältnis zwischen § 87 und § 88 SGB XII vgl. die Kommentierung zu § 87 SGB XII Rn. 5), für das **Unterschreiten** nur aus **§ 88 SGB XII**.

V. Ausgewählte Literaturhinweise

Jürgens, Änderungen bei den Einkommensgrenzen in der Sozialhilfe, NDV 2005, 9.

B. Auslegung der Norm

I. Regelungsgehalt und Bedeutung der Norm

Die Vorschrift hat einen **sehr begrenzten Regelungsgehalt** und derzeit auch nur eine **geringe praktische Bedeutung**. Ermöglicht wird eine Anhebung des Grundbetrages der Einkommensgrenze nach § 85 SGB XII für einzelne Leistungen nach dem Fünften bis Neunten Kapitel aufgrund landesrechtlicher Regelungen bzw. bei nicht entgegenstehenden landesrechtlichen Normen aufgrund von Regelungen der jeweiligen Träger der Sozialhilfe. Es wurde schon von der entsprechenden Möglichkeit nach der Vorgängervorschrift des § 79 Abs. 4 BSHG nur zögerlich Gebrauch gemacht (landesweite Regelungen gab es in Berlin, Hessen, Nordrhein-Westfalen, Niedersachsen und im Saarland[7]). Auch gegenwärtig sind – wohl aufgrund der häufig nicht guten Finanzausstattung der Länder und Kommunen – Sonderregelungen nach § 86 SGB XII praktisch kaum ersichtlich[8], wenngleich einige Länder vorsorglich die Zuständigkeit für solche Sonderregelungen festgelegt haben[9].

II. Normzweck

Zweck der Vorschrift ist es, eine **regional angepasste Einkommensgrenze** für bestimmte Arten von Leistungen nach dem Fünften bis Neunten Kapitel zu ermöglichen und damit den Bundesländern bzw. bei fehlenden entgegenstehenden Vorschriften der Länder auch den Trägern der Sozialhilfe – also in der Regel den Kommunen – zu erlauben, sozialpolitische Akzente zu setzen. Da es sich bei der Sozialhilfe um ein Gebiet der konkurrierenden Gesetzgebung handelt (Art. 74 Abs. 1 Nr. 4 GG), trifft § 86 SGB XII hier eine Aussage zum Umfang der **Restregelungsbefugnis der Länder**,[10] nachdem das SGB XII bereits wesentliche Festsetzungen zur Einkommensgrenze bundeseinheitlich trifft.

III. Grundbetragsfestsetzung für einzelne Leistungen

1. Bestimmte Arten von Leistungen nach dem Fünften bis Neunten Kapitel

Die Einkommensgrenze des § 85 SGB XII gilt nur für Leistungen nach dem Fünften bis Neunten Kapitel (zu den erfassten Leistungen vgl. die Kommentierung zu § 85 SGB XII Rn. 20). Entsprechend kann auch eine Modifikation des Grundbetrages dieser Einkommensgrenze nach § 86 SGB XII nur für solche Leistungen erfolgen.

Für bestimmte Leistungen des Fünften bis Neunten Kapitels **gilt** die **Einkommensgrenze** des § 85 SGB XII aufgrund speziellerer anderweitiger Festlegung **nicht**. Dies sind die Fälle des **§ 68 Abs. 2 SGB XII** (Hilfe zur Überwindung besonderer sozialer Schwierigkeiten), **§ 71 Abs. 4 SGB XII** (Altenhilfe) und **§ 92 Abs. 2 Satz 1 Nrn. 1-8 SGB XII**. Diese Leistungen werden bis auf die Kosten für den

---

[6] *Karmanski* in: Jahn SGB, § 86 Rn. 1, Stand 29.02.2012.
[7] Vgl. *Schoch* in: LPK-SGB XII, 9. Aufl. 2012, § 86 Rn. 1.
[8] Vgl. aber z.B. die abweichende Festsetzung für Sonderfahrdienste nach der Grundbetragserhöhungs-Verordnung in Bremen vom 29.04.2008, Brem. GBl., 118, derzeit gültig bis 31.12.2016.
[9] Vgl. die Aufstellung bei *Karmanski* in: Jahn SGB, § 86 Rn. 2, Stand 29.02.2012.
[10] Vgl. auch *Wahrendorf* in: Grube/Wahrendorf, SGB XII, 4. Aufl. 2012, § 86 Rn. 2.

Lebensunterhalt bei § 92 SGB XII ohne Berücksichtigung von Einkommen und generell ohne Berücksichtigung von Vermögen gewährt, so dass auch § 86 SGB XII insoweit nicht zur Anwendung kommen kann.

12 Eine Änderung des Grundbetrages kann nach § 86 SGB XII nur für **im Einzelnen bestimmte Arten von Hilfen**, also nicht generell für alle Hilfen nach dem Fünften bis Neunten Kapitel erfolgen.[11] Die Ausführungsverordnung zum SGB XII des Landes Nordrhein-Westfalen[12] sieht in rechtswidriger Abweichung davon allerdings vor, dass Personen, für die bis zum 31.12.2004 der höhere Grundbetrag nach § 81 Abs. 1 BSHG in der Fassung des Gesetzes vom 27.12.2003[13] gemäß § 3 der Verordnung zur Ausführung des Bundessozialhilfegesetzes in der am 20.6.2003 geltenden Fassung[14] zu Grunde gelegt wurde, diesen Grundbetrag weiter erhalten. Damit wird entgegen der Vorgaben des § 86 SGB XII keine Abweichung für bestimmte Arten von Hilfen, sondern für einen bestimmten Personenkreis getroffen, was den Änderungen durch das SGB XII gegenüber dem früheren BSHG zuwiderläuft.

13 Eine **Abweichung** muss für die bestimmten Arten von Leistungen dann **generell** erfolgen und darf nicht für einzelne Hilfesuchende gesondert festgelegt werden. Ein Beispiel ist etwa die abweichende Festsetzung für Sonderfahrdienste nach der Grundbetragserhöhungs-Verordnung in Bremen.[15]

2. Abweichender Grundbetrag

14 Festgelegt werden kann nach § 86 SGB XII ein von § 85 SGB XII abweichender Grundbetrag für bestimmte Leistungen nach dem Fünften bis Neunten Kapitel (vgl. Rn. 10 f.). Die Abweichung darf, wie der eindeutige Wortlaut ergibt, nur zu einem **höheren Grundbetrag** führen,[16] so dass durch § 85 SGB XII die **Mindestgrenze des Grundbetrages** verbindlich festgelegt wird.

15 Eine Abweichung ist nur vom Grundbetrag möglich[17], **nicht** etwa von den in § 85 SGB XII ebenfalls enthaltenen Vorgaben für die Berücksichtigung der **Kosten der Unterkunft** bzw. für die **Familienzuschläge**. Dies ergibt sich aus dem insoweit eingeschränkten Wortlaut des § 86 SGB XII.

16 Festlegungen können auch die Träger der Sozialhilfe treffen, soweit **landesrechtliche Vorschriften nicht entgegenstehen**. Das ist der Fall, wenn entweder keine Vorschriften bestehen, oder diese eine solche Möglichkeit nicht ausdrücklich oder implizit ausschließen.[18]

17 Eine Vorgabe, in welcher **Form** die abweichende Festsetzung zu erfolgen hat, ergibt sich aus § 86 SGB XII nicht. Damit kann jede für die Länder oder die Träger der Sozialhilfe zulässige Form gewählt werden. Es muss sich aber um eine Festsetzung mit Außenwirkung handeln, so dass für die Länder ein Gesetz oder eine Rechtsverordnung bzw. für die Träger der Sozialhilfe eine (kommunale) Satzung oder eine Allgemeinverfügung in Betracht kommen.

C. Praxishinweise

18 Die **landesrechtlichen Regelungen** über eine abweichende Festlegung des Grundbetrages nach § 86 SGB XII sind in der Praxis **nur schwer zugänglich**. Sie finden sich zum Teil in Ausführungsgesetzen der Länder zum SGB XII[19] (vorwiegend Festlegung der Zuständigkeit) sowie ggf. in kommunalen Satzungen oder Allgemeinverfügungen. Eine zentrale Informationsquelle für Einzelregelungen der Träger der Sozialhilfe gibt es nicht, so dass in der Praxis nur eine Nachfrage beim jeweiligen Träger Klarheit über einen ggf. abweichenden Grundbetrag bringt.

---

[11] Vgl. *Wahrendorf* in: Grube/Wahrendorf, SGB XII, 4. Aufl. 2012, § 86 Rn. 2; *Lippert/Zink* in: Mergler/Zink, SGB XII, § 86 Rn. 3, Stand: Juli 2006; *Augstein* in: Fichtner/Wenzel, SGB XII/AsylbLG/SGB II/BKGG, 4. Aufl. 2009, § 86 Rn. 1.

[12] Artikel 2 § 3 des Gesetzes zur Anpassung des Landesrechts an das SGB XII – Sozialhilfe vom 16.12.2004 (GV. NRW., 816).

[13] BGBl I 2003, 3022.

[14] GV. NRW., 320.

[15] Vom 29.04.2008, Brem. GBl., 118, derzeit gültig bis 31.12.2016.

[16] Vgl. auch *Karmanski* in: Jahn SGB, § 86 SGB XII Rn. 2, Stand 29.02.2012; *Decker* in: Oestreicher, SGB XII/SGB II, § 86 SGB XII Rn. 5, Stand: Februar 2010.

[17] *Wahrendorf* in: Grube/Wahrendorf, SGB XII, 4. Aufl. 2012, § 86 Rn. 2; *Lippert/Zink* in: Mergler/Zink, SGB XII, § 86 Rn. 3, Stand: Juli 2006; *Karmanski* in: Jahn SGB, § 86 SGB XII Rn. 2, Stand 29.02.2012.

[18] Vgl. *Karmanski* in: Jahn SGB, § 86 SGB XII Rn. 3, Stand 29.02.2012; *Mergler/Zink*, SGB XII, § 86 Rn. 2, Stand: Juli 2006; *Decker* in: Oestreicher, SGB XII/SGB II, § 86 SGB XII Rn. 6, Stand: Februar 2010.

[19] Vgl. hierzu www.saarheim.de/Gesetze_Laender/agsgblaender.htm (abgerufen am 03.04.2014).

§ 87 SGB XII Einsatz des Einkommens über der Einkommensgrenze

(Fassung vom 27.12.2003, gültig ab 01.01.2005)

(1) ¹Soweit das zu berücksichtigende Einkommen die Einkommensgrenze übersteigt, ist die Aufbringung der Mittel in angemessenem Umfang zuzumuten. ²Bei der Prüfung, welcher Umfang angemessen ist, sind insbesondere die Art des Bedarfs, die Art oder Schwere der Behinderung oder der Pflegebedürftigkeit, die Dauer und Höhe der erforderlichen Aufwendungen sowie besondere Belastungen der nachfragenden Person und ihrer unterhaltsberechtigten Angehörigen zu berücksichtigen. ³Bei schwerstpflegebedürftigen Menschen nach § 64 Abs. 3 und blinden Menschen nach § 72 ist ein Einsatz des Einkommens über der Einkommensgrenze in Höhe von mindestens 60 vom Hundert nicht zuzumuten.

(2) Verliert die nachfragende Person durch den Eintritt eines Bedarfsfalles ihr Einkommen ganz oder teilweise und ist ihr Bedarf nur von kurzer Dauer, so kann die Aufbringung der Mittel auch aus dem Einkommen verlangt werden, das sie innerhalb eines angemessenen Zeitraumes nach dem Wegfall des Bedarfs erwirbt und das die Einkommensgrenze übersteigt, jedoch nur insoweit, als ihr ohne den Verlust des Einkommens die Aufbringung der Mittel zuzumuten gewesen wäre.

(3) Bei einmaligen Leistungen zur Beschaffung von Bedarfsgegenständen, deren Gebrauch für mindestens ein Jahr bestimmt ist, kann die Aufbringung der Mittel nach Maßgabe des Absatzes 1 auch aus dem Einkommen verlangt werden, das die in § 19 Abs. 3 genannten Personen innerhalb eines Zeitraumes von bis zu drei Monaten nach Ablauf des Monats, in dem über die Leistung entschieden worden ist, erwerben.

Gliederung

A. Basisinformationen 1	b. Angemessenheit des Einkommenseinsatzes 19
I. Textgeschichte/Gesetzgebungsmaterialien 1	3. Einkommenseinsatz nach Wegfall des Bedarfs (Absatz 2) 33
II. Vorgängervorschriften 3	
III. Parallelvorschriften 4	4. Einkommenseinsatz bei langlebigen Bedarfsgegenständen (Absatz 3) 44
IV. Systematische Zusammenhänge 5	
V. Ausgewählte Literaturhinweise 7	5. Zumutbarkeitsgrenze für Schwerstpflegebedürftige/Blinde (Absatz 1 Satz 3) 48
B. Auslegung der Norm 8	
I. Regelungsgehalt und Bedeutung der Norm 8	V. Verfahren des Einkommenseinsatzes 51
II. Normzweck 12	1. Einkommenseinsatz nach Absatz 1 51
III. Anwendungsbereich 15	2. Erweiterter Einkommenseinsatz nach Absatz 2 52
IV. Einkommenseinsatz bei Übersteigen der Einkommensgrenze 17	
1. Allgemeines 17	3. Erweiterter Einkommenseinsatz nach Absatz 3 54
2. Einkommenseinsatz in Monaten der Bedarfsdeckung (Absatz 1) 18	
	4. Form des Einkommenseinsatzes 56
a. Zu berücksichtigende Monate 18	**C. Praxishinweise** 58

A. Basisinformationen

I. Textgeschichte/Gesetzgebungsmaterialien

§ 87 SGB XII ist zum **01.01.2005** aufgrund des Gesetzes zur Einordnung des Sozialhilferechts in das Sozialgesetzbuch vom 27.12.2003[1] in Kraft getreten und **seitdem nicht geändert** worden. Es handelt sich nicht um eine erstmalige Regelung, vielmehr wurde § 84 BSHG nahezu wortgleich übernommen (vgl. Rn. 3). Deshalb enthalten die Materialien auch keine eigenständige Gesetzesbegründung.[2]

1

---

[1] BGBl I 2003, 3022.
[2] BT-Drs. 15/1514, S. 66 zu § 82.

2 In § 87 Abs. 1 Satz 2 SGB XII wurden gegenüber dem früheren Recht die **Prüfungskriterien** für die Angemessenheit des Einkommenseinsatzes um die Art oder Schwere der Behinderung bzw. der Pflegebedürftigkeit **ergänzt**. **Absatz 1 Satz 3** wurde auf Vorschlag des Vermittlungsausschusses[3] **neu eingefügt** und enthält eine Obergrenze der Einkommensberücksichtigung für schwerstpflegebedürftige und blinde Menschen (vgl. Rn. 48 ff.). Durch diese Änderungen sollte auch der **Wegfall** der für diese Personenkreise bisher in **§ 81 BSHG** geregelten **speziellen Einkommensgrenze** kompensiert werden, ohne dass Härtefälle auftreten.[4]

II. Vorgängervorschriften

3 § 87 SGB XII entspricht inhaltlich und von der Funktion her weitgehend **§ 84 BSHG** (zu den Abweichungen vgl. Rn. 2). Daher kann auch auf ältere Gerichtsentscheidungen und Literatur zu dieser Vorschrift zurückgegriffen werden, insbesondere auch auf die rechtlich nicht bindenden Stellungnahmen des Deutschen Vereins.[5]

III. Parallelvorschriften

4 Den §§ 85 ff. SGB XII entsprechende Regelungen gibt es im Bereich der Grundsicherungsleistungen nach dem **SGB II** nicht, da dieses keine den im Fünften bis Neunten Kapitel genannten Leistungen entsprechende Leistungen vorsieht. Die Bezieher von Leistungen nach dem SGB II können aber diese Leistungen nach dem SGB XII bei Vorliegen der Voraussetzungen ebenfalls in Anspruch nehmen. Es ist jedoch zu beachten, dass aufgrund des befristeten Zuschlages nach Bezug von Arbeitslosengeld (§ 24 SGB II a.F.), den Freibeträgen bei Erwerbstätigkeit (§ 11b Abs. 2 und 3 SGB II) sowie ggf. abweichend vom SGB XII nicht zu berücksichtigendem Einkommen (vgl. § 11a SGB II) ein Einkommen über der ggf. durch § 86 SGB XII modifizierten Grenze des § 85 SGB XII vorliegen kann.[6] Der befristete Zuschlag zum Arbeitslosengeld II nach Bezug von Arbeitslosengeld in der bis zum 31.12.2010 geltenden Fassung ist durch Art. 2 Nr. 31 des Gesetzes zur Ermittlung von Regelbedarfen und zur Änderung des Zweiten und Zwölften Buches Sozialgesetzbuch vom 24.03.2011[7] allerdings mit Wirkung zum 01.01.2011 ersatzlos gestrichen worden.

IV. Systematische Zusammenhänge

5 Die Vorschrift steht in engem systematischem Zusammenhang mit **§ 85 SGB XII**. Dieser definiert die **Einkommensgrenze** im Zusammenhang mit dem Bezug von Leistungen nach dem Fünften bis Neunten Kapitel. **§ 86 SGB XII** sieht insoweit eine Möglichkeit der Modifikation des dort genannten (Absatz 1 Nr. 1 und Absatz 2 Satz 1 Nr. 1) Grundbetrages vor. Während **§ 88 SGB XII** den Einsatz von Einkommen (auch) unter der so bestimmten Einkommensgrenze regelt,[8] trifft § 87 SGB XII eine Bestimmung über den Einsatz von Einkommen oberhalb dieser Grenze. Beide Vorschriften können kumulativ zur Anwendung kommen,[9] wenn Einkommen die Einkommensgrenze übersteigt. § 87 SGB XII gilt dann für den übersteigenden Teil, während § 88 SGB XII entgegen der missverständlichen Überschrift der Vorschrift für das gesamte Einkommen anzuwenden ist. Wenn man nur auf die Überschriften abstellen würde, wäre ein Einkommenseinsatz bei Einkommen genau in Höhe der Einkommensgrenze nach keiner der Vorschriften einzusetzen. Außerdem wäre bei anderer Auslegung nicht erklärlich, wieso bei stationärer Unterbringung nur aus dem unterhalb der Einkommensgrenze liegenden Einkommen ein Einkommenseinsatz erfolgen soll (Soll-Vorschrift), aus dem übersteigenden Einkommen aber nicht, weil § 87 SGB XII dies nicht vorsieht. Auch bei den in § 88 Abs. 1 Satz 1 Nr. 1 SGB XII genannten zweckgebundenen Leistungen Dritter wäre nicht nachvollziehbar, wieso diese, sofern sie ein Einkommen oberhalb der Einkommensgrenze ergeben, zu einem Teil nach § 87 SGB XII

---

[3] Vgl. BT-Drs. 15/2260.
[4] Vgl. BT-Drs. 15/1514, S. 47.
[5] Vgl. z.B. NDV 2003, 1; aktuell: Empfehlungen des Deutschen Vereins für öffentliche und private Fürsorge für den Einsatz von Einkommen und Vermögen in der Sozialhilfe (SGB XII) vom 05.12.2007, Berlin 2008.
[6] Hierauf weist zu Recht *Conradis* in: LPK-SGB XII, 9. Aufl. 2012, § 85 Rn. 2, hin.
[7] BGBl I 2011, 453
[8] *Wahrendorf* in: Grube/Wahrendorf, SGB XII, 4. Aufl. 2012, § 88 Rn. 5; *Adolph* in: Jehle/Linhart/Adolph, SGB II SGB XII AsylbLG, § 88 Rn. 7, Stand: Dezember 2008; *Lippert/Zink* in: Mergler/Zink, SGB XII, § 88 Rn. 3, Stand: Mai 2009.
[9] Vgl. auch *Lücking* in: Hauck/Noftz, SGB XII, K 88 Rn. 1, Stand: August 2011; *Lippert/Zink* in: Mergler/Zink, SGB XII, § 88 Rn. 3, Stand: Mai 2009.

und zu einem Teil nach § 88 SGB XII bewertet werden sollten. Es ist daher zunächst zu prüfen, inwieweit Einkommen nach den engeren Vorgaben des § 88 SGB XII einzusetzen ist, weil ein solcher Einsatz nicht unangemessen im Sinne des § 87 Abs. 1 SGB XII sein kann. Im Anschluss ist für den übersteigenden Teil die Prüfung nach § 87 SGB XII vorzunehmen,[10] wobei im Rahmen der Prüfung der Angemessenheit des Mitteleinsatzes bei § 87 SGB XII zu berücksichtigen ist, ob ein Einkommenseinsatz bereits nach § 88 SGB XII verlangt wird. Wie das Einkommen zur Bestimmung der Einkommensgrenze festzustellen ist, ergibt sich aus den §§ 82 ff. SGB XII.

Zur auf § 87 SGB XII verweisenden Regelung des **§ 1836c BGB** (Kostentragungspflicht des Mündels bei Vormundschaft) vgl. die Kommentierung zu § 85 SGB XII Rn. 10.

V. Ausgewählte Literaturhinweise

Deutscher Verein für öffentliche und private Fürsorge, Empfehlungen für den Einsatz von Einkommen und Vermögen in der Sozialhilfe, NDV 2003, 1; *ders.*, Empfehlungen für den Einsatz von Einkommen und Vermögen in der Sozialhilfe (SGB XII) vom 05.12.2007, Berlin 2008; *Gamperl*, Die Absicherung gegen Krankheitskosten durch Sozialhilfe und Gesetzliche Krankenversicherung als Mittel zur Lebensstandardsicherung, Hamburg 2010, B. II. 1. b. bb.; *Gotzen*, Entwicklung der Rechtsprechung zu § 74 SGB XII; ZfF 2013, 145; *Jürgens*, Änderungen bei den Einkommensgrenzen in der Sozialhilfe, NDV 2005, 9; *Kaune*, Der Kostenbeitrag von nicht getrennt lebenden Ehegatten in Pflegeeinrichtungen nach dem SGB XII; ZfF 2006, 73; *ders.*, Sozialhilfe in Pflegeeinrichtungen – Arbeitshilfen für die Berechnung der Leistungen in der Praxis –, ZfF 2005, 121; *Krahmer*, Zu § 87 Abs. 1 Satz 3 SGB XII und seiner einkommensschützenden Wirkung auf alle Leistungen der Hilfe zur Pflege (bzw. Blindenhilfe) für Schwerstpflegebedürftige (bzw. Blindengeld-Bezieher), ZfF 2007, 226; *Krahmer/Müller*, Die Grenzen des Rückgriffs auf Unterhaltsverpflichtete bei Hilfe zur Pflege nach §§ 61ff SGB XII – insbesondere verfassungsrechtliche Bedenken gegen den Wegfall des § 91 Abs. 2 Satz 1 BSHG, ZfF 2005, 79; *Paul*, Wer ist Verpflichteter im Sinne des § 74 des SGB XII (Teil II) und unter welchen Voraussetzungen kann es ihm nicht zugemutet werden, die Bestattungskosten zu tragen?, ZfF 2006, 103; *Pfuhlmann-Riggert*, Die Heranziehung Angehöriger zu Kostenbeiträgen in der Jugend- und Sozialhilfe, 23. Sozialrechtliche Jahresarbeitstagung 2011, 1; *Ruschmeier*, Kostenbeitragsberechnung bei Einsatzgemeinschaften in der stationären Hilfe nach dem SGB XII – Divergenzen in der Umsetzung des § 92a SGB XII –, ZfF 2008, 265; *ders.*, Pflegewohngeld und Sozialhilfe nach dem SGB XII in einer stationären Einrichtung, DVP 2006, 500.

B. Auslegung der Norm

I. Regelungsgehalt und Bedeutung der Norm

Absatz 1 regelt als **Grundnorm** den Einkommenseinsatz der eine Leistung nach dem Fünften bis Neunten Kapitel nachfragenden Personen und der in § 19 Abs. 3 SGB XII genannten weiteren Personen für Teile des Einkommens, welche die Einkommensgrenze des § 85 SGB XII (ggf. modifiziert durch § 86 SGB XII) übersteigen, wobei Bedarf und Einkommen grundsätzlich jeweils monatsweise gegenüberzustellen sind (Ausnahmen § 87 Abs. 2 und 3 SGB XII). Das sogenannte „Monatsprinzip" liegt auch der Berechnung der Einkommensgrenze nach § 85 SGB XII zugrunde (vgl. die Kommentierung zu § 85 SGB XII Rn. 23). Es werden in Absatz 1 Satz 2 **nicht abschließend**[11] verschiedene **Kriterien** für die Prüfung der Zumutbarkeit des Einsatzes definiert und es wird in Satz 3 ein **Mindestfreibetrag** in Höhe von 60 v.H. des übersteigenden Einkommens für schwerstpflegebedürftige und blinde Menschen festgelegt.

Absatz 2 macht von dem **Monatsprinzip** und auch dem sogenannten **Aktualitätsprinzip** eine **Ausnahme**, weil nicht ein jeweils aktueller Bedarf dem im Bedarfsmonat zur Verfügung stehenden Einkommen gegenübergestellt wird. Vielmehr lässt er nach dem Ermessen des Trägers der Sozialhilfe in Fällen, in denen ein zu deckender **kurzfristiger** (vgl. Rn. 38) **Bedarf** kausal für den vollständigen oder teilweisen **Verlust von Einkommen** ist, auch einen Rückgriff auf innerhalb eines **angemessenen Zeitraums** (vgl. Rn. 39 ff.) nach Wegfall des Bedarfs erzieltes, die Einkommensgrenze übersteigendes Einkommen unter Anwendung der sonstigen Prüfungskriterien des Absatzes 1 zu. Der Rückgriff ist al-

---

[10] Vgl. auch *Adolph* in: Jehle/Linhart/Adolph, SGB II SGB XII AsylbLG, § 88 Rn. 7, Stand: Dezember 2008.
[11] Vgl. BSG v. 29.09.2009 - B 8 SO 23/08 R - BSGE 104, 219.

lerdings dadurch beschränkt, dass insgesamt nur so viel Einkommen berücksichtigt werden darf, wie es hätte angerechnet werden können, wenn der Bedarf nicht zu einem (ggf. teilweisen) Wegfall von Einkommen geführt hätte. Das macht eine Vergleichsberechnung erforderlich (vgl. Rn. 42).

10 **Absatz 3** bestimmt **ebenfalls** eine **Ausnahme vom Monatsprinzip** und vom sogenannten **Aktualitätsprinzip** für **einmalige Leistungen** zur Beschaffung langlebiger Bedarfsgegenstände und lässt zu, dass bei diesen ein Einkommenseinsatz aus dem Monat der Bedarfsdeckung und den drei Folgemonaten verlangt werden kann.

11 Der **Anwendungsbereich** des § 87 SGB XII ist **vergleichsweise groß**, da bei nahezu allen Leistungen nach dem Fünften bis Neunten Kapitel (zu den Ausnahmen vgl. Rn. 16) die Einkommensgrenze des § 85 SGB XII (ggf. modifiziert durch § 86 SGB XII) zu prüfen ist und bei Überschreitung der übersteigende Teil des Einkommens ggf. unter den Voraussetzungen des § 87 SGB XII eingesetzt werden muss.

II. Normzweck

12 Zweck der Vorschrift insgesamt ist es, Leistungen nach dem Fünften bis Neunten Kapitel nachfragende Personen und diejenigen, deren Einkommen nach § 19 Abs. 3 SGB XII mitzuberücksichtigen ist (außer in Fällen des Absatzes 2, vgl. Rn. 35), an den Kosten dieser Leistungen in angemessener Weise zu beteiligen. Dies konkretisiert den Gedanken der in angemessenem Rahmen erforderlichen **Selbsthilfe**. Dabei soll sowohl durch die Aufnahme der Kriterien Art und Schwere der Behinderung bei der Prüfung der Angemessenheit des Einkommenseinsatzes in Absatz 1 Satz 2 als auch durch den gesonderten Freibetrag für schwerstpflegebedürftige und blinde Menschen in Absatz 1 Satz 3 in besonderer Weise den Belangen pflegebedürftiger und behinderter Menschen Rechnung getragen werden, zumal für diese nun anders als im BSHG (§ 81 BSHG) keine speziellen Einkommensgrenzen mehr gelten[12] (vgl. die Kommentierung zu § 85 SGB XII Rn. 2 ff.).

13 Zweck des Absatzes 2 ist es, einen angemessenen Einkommenseinsatz auch dann zu ermöglichen, wenn ein solcher durch den **Wegfall von Einkommen** gerade aufgrund des Bedarfs nach dem Fünften bis Neunten Kapitel ansonsten nicht möglich wäre. Zum Schutz der Belange der nachfragenden Person ist dies allerdings auf den Betrag begrenzt worden, den sie ohne Einkommensverlust hätte einsetzen müssen.

14 Absatz 3 bezweckt, bei langlebigen Bedarfsgegenständen, die zwar als einmalige Leistung gewährt werden, aber einen längerfristigen Bedarf decken, die nachfragende Person ebenfalls in einem angemessenen Umfang zu beteiligen. Insbesondere soll verhindert werden, dass **langlebige Bedarfsgegenstände** über die Sozialhilfe beschafft werden, obwohl ein Einkommen über der Einkommensgrenze vorliegt, die nachfragende Person aber keine Rücklagen gebildet hat, die im Rahmen des Einsatzes von Vermögen (§ 90 SGB XII) zu berücksichtigen wären.[13]

III. Anwendungsbereich

15 Die Regelung der Einkommensgrenze des § 85 SGB XII gilt nur für **Leistungen nach dem Fünften bis Neunten Kapitel** (zu den erfassten Leistungen vgl. die Kommentierung zu § 85 SGB XII Rn. 20). Entsprechend kann auch eine Beteiligung an den Kosten unter Einsatz des Einkommens gemäß § 87 SGB XII nur bei diesen Leistungen erfolgen. „**Nachfragende Person**" im Sinne des § 87 SGB XII ist daher eine Person, die eine oder mehrere dieser Leistungen in Anspruch nehmen will.

16 Für bestimmte Leistungen des Fünften bis Neunten Kapitels **gilt** die **Einkommensgrenze** des § 85 SGB XII aufgrund speziellerer anderweitiger Festlegung **nicht**. Dies sind die Fälle des **§ 68 Abs. 2 SGB XII** (Hilfe zur Überwindung besonderer sozialer Schwierigkeiten), **§ 71 Abs. 4 SGB XII** (Altenhilfe) und des **§ 92 Abs. 2 Satz 1 Nrn. 1-8 SGB XII**. Diese Leistungen werden bis auf die Kosten für den Lebensunterhalt bei § 92 SGB XII ohne Berücksichtigung von Einkommen und generell ohne Berücksichtigung von Vermögen gewährt. Bei der Einkommensberücksichtigung im Rahmen des § 92 SGB XII erfolgt zunächst eine vollständige Leistung, Kostenbeteiligungen werden dann nur anteilig durch gesonderte Verfügungen vorgenommen (vgl. § 92 Abs. 1 Satz 1 SGB XII, sog. „**Bruttoprinzip**"[14]).

---

[12] Vgl. auch BT-Drs. 15/1514, S. 47.
[13] Vgl. auch *Lippert/Zink* in: Mergler/Zink, SGB XII, § 87 Rn. 48, Stand: Juli 2006; *Decker* in: Oestreicher, SGB XII/SGB II, § 87 SGB XII Rn. 36, Stand: Februar 2010.
[14] Hierzu BSG v. 26.08.2008 - B 8/9b SO 10/06 R - BSGE 101, 217 = SozR 4-3500 § 133a Nr. 1.

IV. Einkommenseinsatz bei Übersteigen der Einkommensgrenze

1. Allgemeines

Voraussetzung für die Anwendbarkeit des § 87 SGB XII ist bei allen drei Absätzen das **Übersteigen der Einkommensgrenze** des § 85 SGB XII (ggf. modifiziert durch § 86 SGB XII). Die Vorschrift kommt nur zur Anwendung, soweit das Einkommen diese Einkommensgrenze übersteigt; soweit es sie nicht übersteigt, ist § 88 SGB XII anzuwenden. Wessen Einkommen zu berücksichtigen ist, ergibt sich aus **§ 19 Abs. 3 SGB XII** und den entsprechenden Regelungen in § 85 SGB XII. Dies sind neben der nachfragenden Person ihr nicht getrennt lebender **Ehegatte oder Lebenspartner** und, wenn sie minderjährig und unverheiratet ist, auch ihre **Eltern oder ein Elternteil**. Bei der **Sonderregelung** des § 87 Abs. 2 SGB XII ist allerdings nur das Einkommen der nachfragenden Person selbst zu berücksichtigen, sofern es um solches geht, das nach Wegfall des Bedarfs erzielt wird. Fällt das Einkommen in den Fallgestaltungen des Absatzes 2 nur teilweise weg, ist die Frage der Zumutbarkeit des Einkommenseinsatzes in dem Bedarfsmonat oder in den Bedarfsmonaten selbst allein nach der Grundregelung in Absatz 1 vorzunehmen, denn Absatz 2 erweitert lediglich die Zugriffsmöglichkeiten für Zeiträume der Einkommenserzielung nach Wegfall des Bedarfs. Ähnlich ist auch in den Fällen des Absatzes 3 für den Monat der Gewährung der einmaligen Leistung zur Beschaffung eines langlebigen Bedarfsgegenstandes die Zumutbarkeit des Einkommenseinsatzes nur nach der Grundnorm des Absatzes 1 zu prüfen.

17

2. Einkommenseinsatz in Monaten der Bedarfsdeckung (Absatz 1)

a. Zu berücksichtigende Monate

Für die Frage, ob ein Einkommen die Einkommensgrenze übersteigt, wird grundsätzlich auf den **Kalendermonat** abgestellt, in dem ein Bedarf besteht.[15] Die kalendermonatliche Gegenüberstellung von Einkommen und Bedarf stellt nicht nur die in der Sozialhilfe übliche Verfahrensweise dar, sie ist auch unmittelbar in der Bildung der Einkommensgrenze nach § 85 SGB XII bereits angelegt. Soweit ein **Bedarf in zwei Kalendermonaten** besteht, sind zur Berechnung der Einkommensgrenze beide Monate heranzuziehen, auch wenn der Bedarf insgesamt die Dauer von einem Monat nicht überschreitet.[16]

18

b. Angemessenheit des Einkommenseinsatzes

aa. Allgemeines

Auch bei Überschreiten der Einkommensgrenze ist den in § 19 Abs. 3 SGB XII genannten Personen (bei § 87 Abs. 2 SGB XII nur der nachfragenden Person, vgl. Rn. 15) eine Aufbringung der Mittel im Rahmen der Selbsthilfe nur in angemessenen Umfang zumutbar. Die **Angemessenheitsgrenze** gilt dabei **für alle Absätze des § 87 SGB XII**. Diese Grenze bedeutet nicht, dass immer (nur) ein Anteil zu erbringen ist.[17] Es kann je nach Konstellation sowohl die vollständige Kostenübernahme zugemutet werden als auch ein Einkommenseinsatz vollständig ausscheiden.

19

Ob es sich hinsichtlich des Einkommenseinsatzes oberhalb der Einkommensgrenze um eine Ermessensvorschrift handelt, oder bei dem „angemessenen Umfang" um einen **unbestimmten Rechtsbegriff**, war zur strukturell ähnlichen Vorgängervorschrift des § 84 Abs. 1 BSHG umstritten.[18] Ein Ermessen kann hinsichtlich der Angemessenheitsgrenze nicht angenommen werden. Zwar spricht § 87 Abs. 1 SGB XII nur davon, dass die Aufbringung der Mittel zuzumuten ist, was eine Entscheidung darüber implizieren könnte, ob dies auch tatsächlich getan wird. Nach § 19 Abs. 3 SGB XII werden Leistungen aber überhaupt und zwingend nur insoweit gewährt, als den dort genannten Personen ein Einsatz ihres Einkommens oder Vermögens nicht zuzumuten ist. Es handelt sich bei dem „angemessenen

20

---

[15] Vgl. zur Vorgängerregelung des § 84 BSHG bereits OVG NRW v. 27.06.1997 - 24 A 4324/95.

[16] *Wahrendorf* in: Grube/Wahrendorf, SGB XII, 4. Aufl. 2012, § 85 Rn. 13; *Karmanski* in: Jahn, SGB XII, § 85 Rn. 7, Stand: 29.02.2012 m.w.N.; *Lippert/Zink* in: Mergler/Zink, SGB XII, § 85 Rn. 14, Stand: Juli 2006; BVerwG v. 14.12.1989 - 5 C 61/86 - BVerwGE 84, 206; a.A. *Conradis* in: LPK-SGB XII, 9. Aufl. 2012, § 85 Rn. 27.

[17] Einen vollen Einsatz des übersteigenden Einkommens fordert im konkreten Fall etwa der Hessische VGH v. 10.02.2004 - 10 UE 2497/03 - FEVS 55, 400 für die Vorgängerregelung des § 84 BSHG.

[18] Für eine Ermessensvorschrift OVG Bremen v. 25.11.1986 - BA 28/86 - FEVS 36, 338; anders bereits BVerwG v. 26.10.1989 - 5 C 30/86 - NVwZ 1990, 370 m.w.N. zum damaligen Streitstand. Offenbar beruhte der Streit auch auf der Gesetzesbegründung zur ursprünglichen Fassung des § 84 BSHG, der von einer Ermessensnorm ausging, vgl. *Lücking* in: Hauck/Noftz, SGB XII, K 87 Rn. 6, Stand: Januar 2006.

Umfang" in § 87 SGB XII also um einen unbestimmten Rechtsbegriff.[19] Der teilweise vertretenen Auffassung, der Verwaltung sei bei der Auslegung desselben ein **Beurteilungsspielraum** einzuräumen,[20] kann **nicht** gefolgt werden[21]. Abgesehen davon, dass die Ausgestaltung des Beurteilungsspielraumes nicht näher präzisiert wird, überzeugen auch die dafür vorgebrachten Argumente nicht. Es ist nicht erkennbar, wieso eine zur Wertung der für die Angemessenheit in § 87 Abs. 1 SGB XII genannten Faktoren erforderliche Fachkunde und Vertrautheit mit den gegebenen Umständen[22] nicht auch im Rahmen der gerichtlichen Ermittlungen nachvollzogen werden könnte, zumal es lediglich um die ordnungsgemäße Festlegung einer Kostenbeteiligung geht.

21 Eine sich aus der Anwendung des **§ 88 SGB XII** ergebende Kostenbeteiligung von Einkommen unterhalb der Einkommensgrenze muss bei der Prüfung der Angemessenheit des Einsatzes von Einkommen oberhalb berücksichtigt werden,[23] denn diese Regelung ist vorrangig zu prüfen (vgl. bereits Rn. 5).

22 § 87 Abs. 1 Satz 2 SGB XII enthält eine **nicht abschließende („insbesondere")**[24] **Aufzählung von Kriterien**, die bei der Prüfung der Angemessenheit des Einkommenseinsatzes über der Einkommensgrenze zu berücksichtigen sind.

bb. Art des Bedarfs

23 Bei der Einbeziehung der Art des Bedarfs in die Prüfung der Angemessenheit ist insbesondere die Zielsetzung des jeweiligen Bedarfs zu berücksichtigen. Der Auffassung, dass eine Unterscheidung danach vorzunehmen ist, ob es sich um einen **selbstverschuldeten Bedarf** handelt (dann ggf. höherer Kostenanteil),[25] oder einen **unvorhersehbaren Bedarf**, ist nicht zu folgen[26]. Denn die Folgen eines verschuldeten Herbeiführens eines Bedarfs sind in § 103 SGB XII geregelt, dessen Voraussetzungen nicht durch eine Einbeziehung dieses Kriteriums in die Angemessenheit des Einkommenseinsatzes nach § 87 SGB XII unterlaufen werden dürfen.

cc. Art und Schwere der Behinderung und der Pflegebedürftigkeit

24 Dieses Kriterium ist erst nachträglich in den Beratungen des Ausschusses für Gesundheit und Soziale Sicherung aufgenommen worden.[27] Es kompensiert zusammen mit der Obergrenze der zumutbaren Belastungen für schwerstpflegebedürftige und blinde Menschen in Absatz 1 Satz 3 den Wegfall der besonderen Einkommensgrenzen des § 81 BSHG bei der Einführung des SGB XII. Eine **generelle Auswirkung** von Behinderung und Pflegebedürftigkeit auf die Zumutbarkeit des Einkommenseinsatzes **ist damit** aber **nicht** mehr **verbunden**,[28] vielmehr muss im konkreten Einzelfall geprüft werden, ob im Hinblick auf den jeweiligen Bedarf eine besondere Belastung besteht. Dies können sowohl finanzielle Belastungen als auch **immaterielle Auswirkungen** sein, z.B. die psychische Belastung bei einer Betreuung und Unterstützung im Kreis der Familie statt einer vollstationären Unterbringung.[29] Ein **abge-**

---

[19] *Schoch* in: LPK-SGB XII, 9. Aufl. 2012, § 87 Rn. 3; *Lücking* in: Hauck/Noftz, SGB XII, K 87 Rn. 6, Stand: Januar 2006; *Wolf* in: Fichtner/Wenzel, XII/AsylbLG/SGB II/BKGG, 4. Aufl. 2009, § 87 Rn. 1; *Wahrendorf* in: Grube/Wahrendorf, SGB XII, 4. Aufl. 2012, § 87 Rn. 9; LSG Rheinland-Pfalz v. 18.02.2011 - L 1 SO 43/08; vgl. bereits zur Vorgängervorschrift des § 84 BSHG BVerwG v. 26.10.1989 - 5 C 30/86 - NVwZ 1990, 370.

[20] Z.B. *Schoch* in: LPK-SGB XII, 9. Aufl. 2012, § 87 Rn. 3; *Wolf* in: Fichtner/Wenzel, XII/AsylbLG/SGB II/BKGG, 4. Aufl. 2009, § 87 Rn. 1; *Wahrendorf* in: Grube/Wahrendorf, SGB XII, 4. Aufl. 2012, § 87 Rn. 9 f. unter Hinweis auf die Eigenverantwortung der Verwaltung und die teilweise geübte Praxis der Träger der Sozialhilfe, schematisierte Prozentsätze zu verwenden; vgl. zur Vorgängervorschrift des § 84 BSHG bereits VGH Baden-Württ. v. 12.02.1992 - 6 S 360/90.

[21] *Lippert/Zink* in: Mergler/Zink, SGB XII, § 87 Rn. 8, Stand: Mai 2009; *Adolph* in: Jehle/Linhart/Adolph, SGB II SGB XII AsylbLG, § 87 Rn. 9, Stand: Mai 2013; LSG Baden-Württemberg v. 23.02.2012 - L 7 SO 3580/11; vgl. bereits BVerwG v. 26.10.1989 - 5 C 30/86 - FEVS 39. 93 zur Vorgängerregelung.

[22] Darauf abstellend *Hohm* in: Schellhorn/Schellhorn/Hohm, SGB XII, 18. Aufl. 2010, § 87 Rn. 9.

[23] Vgl. auch *Adolph* in: Jehle/Linhart/Adolph, SGB II SGB XII AsylbLG, § 88 Rn. 7, Stand: Dezember 2008; *Schoch* in: LPK-SGB XII, 9. Aufl. 2012, § 88 Rn. 1; a.A. *Lippert/Zink* in: Mergler/Zink, SGB XII, § 87 Rn. 12, Stand: Juli 2006.

[24] Vgl. BSG v. 29.09.2009 - B 8 SO 23/08 R - BSGE 104, 219.

[25] Vgl. z.B. *Karmanski* in: Jahn, SGB XII, § 87 Rn. 6, Stand: 29.02.2012 m.w.N.

[26] So auch *Wahrendorf* in: Grube/Wahrendorf, SGB XII, 4. Aufl. 2012, § 87 Rn. 13; *Pfuhlmann-Riggert*, Die Heranziehung Angehöriger zu Kostenbeiträgen in der Jugend- und Sozialhilfe, 23. Sozialrechtliche Jahresarbeitstagung 2011, 1, 15.

[27] Beschlussempfehlung vom 15.10.2003, BT-Drs. 15/1734, S. 47.

[28] Vgl. auch *Lippert/Zink* in: Mergler/Zink, SGB XII, § 87 Rn. 14, Stand: Juli 2006.

[29] Vgl. *Lippert/Zink* in: Mergler/Zink, SGB XII, § 85 Rn. 14, Stand: Juli 2006.

stuftes System des Ausschlusses eines Einkommenseinsatzes in Anlehnung an Absatz 1 Satz 3 je **nach dem Grad der Pflegebedürftigkeit**[30] **ist abzulehnen**, denn der Gesetzgeber hat nur eine besonders stark beeinträchtigte Personengruppe herausgestellt und für diese eine pauschale Lösung getroffen. Diese Regelung weicht ab von der ansonsten individuellen Prüfung im Rahmen des Absatzes 1 Satz 2 und muss als Ausnahmevorschrift daher eng ausgelegt werden.

dd. Dauer und Höhe der erforderlichen Aufwendungen

Gemeint sind die Aufwendungen für die Leistungen nach dem Fünften bis Neunten Kapitel. Die Dauer der Aufwendungen ist für die Angemessenheit insofern von Bedeutung, als **kürzere Bedarfe** regelmäßig eine **höhere Kostenbeteiligung** ermöglichen[31], was sich bereits aus der Wertung des § 87 Abs. 2 SGB XII ergibt. Dem Hilfebedürftigen wird hierbei nur kurzfristig ein erhöhter Einsatz abverlangt. Sofern es sich um Bedarfe mit einer Dauer von mehr als vier Monaten handelt, kommt ein geringerer Einsatz des Einkommens in Betracht, was sich an der Wertung des Absatzes 3 ablesen lässt. Zu berücksichtigen ist aber außerdem die Höhe des Bedarfs im Verhältnis zum überschießenden Einkommen. Ein nur **geringer Bedarf**, dessen Deckung einen angemessenen Einkommensrest belässt, kann auch zu einer längerfristigen Einkommensberücksichtigung führen. Es kann aber jedenfalls nicht bei höherem Bedarf generell auch ein höherer Einkommenseinsatz verlangt werden.[32]

ee. Besondere Belastungen

Ein **wichtiges Kriterium** sind die besonderen Belastungen der nachfragenden Person und ihrer unterhaltsberechtigten Angehörigen. Das Abstellen auf die unterhaltsberechtigten Angehörigen und nicht z.B. auf die in § 19 Abs. 3 SGB XII genannten Personen ist nicht ganz erklärlich. Anders als z.B. in § 85 SGB XII wird nicht auf eine überwiegende Unterhaltsleistung oder eine Unterhaltsverpflichtung abgestellt. Damit orientiert sich die gesetzliche Regelung formal an der im BGB angelegten Unterscheidung zwischen Unterhaltsverpflichtung und Unterhaltsberechtigung. Während die Unterhaltspflichtung in § 1601 BGB grundsätzlich für Verwandte in gerader Linie festgelegt wird, sieht § 1602 BGB eine Unterhaltsberechtigung nur bei Bedürftigkeit vor. Weil in § 1609 BGB das Rangverhältnis mehrerer Berechtigter geregelt ist, wenn der Unterhaltspflichtige außerstande ist, allen Unterhalt zu gewähren, könnte geschlossen werden, dass eine Unterhaltsberechtigung auch unabhängig von der Leistungsfähigkeit des Unterhaltsverpflichteten bestehen kann und bereits die **Bedürftigkeit nach § 1602 BGB** im Rahmen des § 87 SGB XII ausreichen würde.[33] Abgesehen davon, dass bei einer fehlenden Leistungsfähigkeit eine Unterhaltsleistung nicht zu erwarten ist und daher auch nicht erklärlich wäre, warum die besonderen Belastungen dieser Personen in § 87 SGB XII berücksichtigt werden sollten, wird dabei verkannt, dass auch in § 1609 BGB eine potentielle Leistungsfähigkeit des Unterhaltspflichtigen im Sinne des § 1603 Abs. 1 BGB gegenüber jedem Berechtigten bestehen muss, um überhaupt zu einer Unterhaltsverpflichtung zu kommen. Durch § 1609 BGB wird dann nur eine Rangfolge festgelegt, wenn nicht alle Ansprüche gleichzeitig erfüllt werden können. Für die besonderen Belastungen der in § 19 Abs. 3 SGB XII genannten Personen vgl. Rn. 30.

Besondere Belastungen können in vielfältiger Weise bestehen. Generell kann darauf abgestellt werden, ob die jeweilige Belastung im Rahmen einer **angemessenen Lebensführung** entstanden ist. Wenn es sich dann noch um eine über den notwendigen Lebensunterhalt (vgl. § 27a Abs. 1 SGB XII (bis 31.12.2010: § 27 SGB XII)) hinausgehende Belastung handelt, der nicht bereits bei der Berechnung der Einkommensgrenze Rechnung getragen wird, kann eine besondere Belastung angenommen werden. Belastungen, die nicht mehr auf eine angemessene Lebensführung zurückzuführen sind, sondern bei denen es sich um **Luxusaufwendungen** handelt, kommen als besondere Belastungen jedoch nicht in Betracht. Nach Eintritt des Bedarfsfalles sind neu eingegangene Belastungen kritisch zu prüfen. Auch diese müssen aber nur einer **wirtschaftlichen und vernünftigen Lebenssituation** in der konkreten Bedarfslage entsprechen, eine Unabweisbarkeit ist nicht zu fordern.[34] Insbesondere bei län-

---

[30] So der Vorschlag von *Jürgens*, NDV 2005, 9.
[31] Vgl. auch *Pfuhlmann-Riggert*, Die Heranziehung Angehöriger zu Kostenbeiträgen in der Jugend- und Sozialhilfe, 23. Sozialrechtliche Jahresarbeitstagung 2011, 1, 16.
[32] Vgl. auch *Lippert/Zink* in: Mergler/Zink, SGB XII, § 87 Rn. 17, Stand: Juli 2006.
[33] *Lippert/Zink* in: Mergler/Zink, SGB XII, § 87 Rn. 18, Stand: Juli 2006.
[34] Ähnlich *Wahrendorf* in: Grube/Wahrendorf, SGB XII, 4. Aufl. 2012, § 87 Rn. 18; a.A. *Karmanski* in: Jahn, SGB XII, § 87 Rn. 10, Stand: 29.02.2012; *Lippert/Zink* in: Mergler/Zink, SGB XII, § 87 Rn. 21, Stand: Juli 2006; unklar *Decker* in: Oestreicher, SGB XII/SGB II, § 87 SGB XII Rn. 23, Stand: Februar 2010, der einerseits auf die Gesichtspunkte wirtschaftlicher Lebensführung, andererseits auf die Unabweisbarkeit abstellen will.

gerdauernden Bedarfen kann auch eine sinnvolle Anschaffung während der Bedarfszeit als besondere Belastung angesehen werden. Es darf allerdings jedenfalls nicht der bisherige Lebensstandard überschritten werden. Da Leistungen des Fünften bis Neunten Kapitels auch von Empfängern der Grundsicherungsleistungen beansprucht werden können, können bei dieser Personengruppe die im Regelsatz und in den speziellen Mehrbedarfen bereits abgedeckten Belastungen nicht gesondert berücksichtigt werden.

28 Als besondere Belastungen sind anzuerkennen[35]:
- **Unterhaltsleistungen** in angemessener Höhe (soweit nicht bereits im Familienzuschlag bei der Bestimmung der Einkommensgrenze nach § 85 SGB XII berücksichtigt oder diesen übersteigend)[36],
- **Erziehungs- und Betreuungskosten** (z.B. Kinderkrippe, Kindergarten, Schulgeld, Ausbildungsaufwendungen),[37]
- angemessene Aufwendungen für **Familienereignisse** (Geburten, Hochzeiten, Todesfälle, in der Familie übliche religiöse Feiern)[38],
- **Fahrkosten** zur Wahrnehmung des **Umgangsrechts** oder angemessene **Besuchsfahrten** zu nahen Angehörigen in Einrichtungen (Krankenhaus, Pflegeheim, etc.)[39],
- Kosten einer **Rechtsverfolgung** (sofern sie nicht mutwillig ist)[40],
- angemessene **Risikovorsorge** (bei Beziehern von Hilfe zum Lebensunterhalt nach dem SGB XII bereits in deren Leistungen enthalten, § 33 SGB XII, daher nicht zu berücksichtigen),
- Mehrkosten für **Mehr- und Sonderbedarfe** nach den §§ 30, 31, 32, 34, 34a SGB XII (bis 31.12.2010: §§ 28a, 30, 31, 32 SGB XII) (z.B. kostenaufwändige Ernährung; allerdings nur, soweit nicht durch entsprechende Leistungen gedeckt),[41]
- Bildung angemessener **Rücklagen für notwendige Reparaturen** (strenger Prüfungsmaßstab),
- angemessene **Zins- und Tilgungsleistungen** für selbstgenutzte angemessene Immobilien, soweit eine Tilgungsfreistellung nicht möglich ist[42],
- Mietkosten für eine durch Aufnahme in eine Einrichtung aufgegebene Wohnung für eine Übergangszeit bis zur möglichen Kündigung und
- angemessene Aufwendungen für **Sterbekassen**, soweit nicht bereits nach § 82 Abs. 2 SGB XII berücksichtigt.

29 Nicht als besondere Belastung anzusehen sind **Heizkosten**, denn diese fallen regelmäßig bei allen Personen an (vgl. im Einzelnen Rn. 31).

ff. Sonstige Kriterien

30 Da bei den besonderen Belastungen gesondert nur die nachfragende Person und ihre unterhaltsberechtigten Angehörigen genannt sind, bei den in **§ 19 Abs. 3 SGB XII** darüber hinaus genannten Personen aber sogar eine Einkommensberücksichtigung stattfindet, was bei den Angehörigen nicht zwingend der Fall ist, müssen auch die besonderen Belastungen der in § 19 Abs. 3 SGB XII neben der hilfesuchenden Person genannten Personen Berücksichtigung finden (vgl. zu besonderen Belastungen Rn. 26 ff.).[43]

---

[35] Vgl. auch Empfehlungen des Deutschen Vereins für öffentliche und private Fürsorge für den Einsatz von Einkommen und Vermögen in der Sozialhilfe (SGB XII) vom 05.12.2007.

[36] *Pfuhlmann-Riggert*, Die Heranziehung Angehöriger zu Kostenbeiträgen in der Jugend- und Sozialhilfe, 23. Sozialrechtliche Jahresarbeitstagung 2011, 1, 17.

[37] Vgl. zu den Kosten eines Au-Pair-Mädchens Niedersächs. OVG v. 30.03.1998 - 4 L 4768/97 - FEVS 49, 166 zur Vorgängerregelung des § 84 BSHG; zu Kindergartenkosten VG Augsburg v. 22.09.2010 - Au 3 E 10.1301.

[38] *Pfuhlmann-Riggert*, Die Heranziehung Angehöriger zu Kostenbeiträgen in der Jugend- und Sozialhilfe, 23. Sozialrechtliche Jahresarbeitstagung 2011, 1, 17.

[39] Vgl. *Pfuhlmann-Riggert*, Die Heranziehung Angehöriger zu Kostenbeiträgen in der Jugend- und Sozialhilfe, 23. Sozialrechtliche Jahresarbeitstagung 2011, 1, 17.

[40] Vgl. *Pfuhlmann-Riggert*, Die Heranziehung Angehöriger zu Kostenbeiträgen in der Jugend- und Sozialhilfe, 23. Sozialrechtliche Jahresarbeitstagung 2011, 1, 17.

[41] Vgl. zur Vorgängerregelung des § 84 BSHG Hamburgisches OVG v. 16.04.1992 - Bf IV 29/91 - FEVS 43, 277; vgl. auch *Wahrendorf* in: Grube/Wahrendorf, SGB XII, 4. Aufl. 2012, § 87 Rn. 20.

[42] Vgl. auch *Pfuhlmann-Riggert*, Die Heranziehung Angehöriger zu Kostenbeiträgen in der Jugend- und Sozialhilfe, 23. Sozialrechtliche Jahresarbeitstagung 2011, 1, 17.

[43] Direkt als besondere Belastungen und nicht als sonstige Belastungen sehen solche Belastungen an *Lücking* in: Hauck/Noftz, SGB XII, K 87 Rn. 15, Stand: Dezember 2004 und *Lippert/Zink* in: Mergler/Zink, SGB XII, § 87 Rn. 19, Stand: Juli 2006.

Nach der bisher herrschenden Auffassung in der Literatur (und Praxis) gehören zu den Kosten der Unterkunft bei der Einkommensgrenze nach § 85 SGB XII aus gesetzessystematischen Gründen nicht die **Kosten der Heizung**.[44] Die gegenteilige Auffassung[45] argumentiert im Wesentlichen damit, dass eine Berücksichtigung sinnvoll wäre. Problematisch daran erscheint, dass der Gesetzgeber in § 85 SGB XII ausdrücklich nur die Kosten der Unterkunft aufführt, obwohl in § 35 SGB XII (bis 31.12.2010: § 29 SGB XII) explizit zwischen den Kosten der Unterkunft und den Kosten für Heizung unterschieden wird. Zudem war bereits zu § 79 BSHG die Berücksichtigung von Heizkosten umstritten und wurde überwiegend abgelehnt.[46] Mit dem In-Kraft-Treten des SGB XII erfolgte insoweit keine Klarstellung. Das BSG hat zwischenzeitlich entschieden, dass auch die Kosten für Heizung bei der Bestimmung der Einkommensgrenze nach § 85 SGB XII zu berücksichtigen sind.[47] Gestützt wird dies auf den Sinn und Zweck der Regelung und den gegenüber § 29 a.F. SGB XII bzw. § 35 SGB XII abweichenden Wortlaut. Wenngleich dies mit einer jahrzehntelang gängigen Praxis bricht und die danach nicht einheitliche Begriffsverwendung innerhalb des SGB XII kaum erklärt, erscheint die Lösung zur Vermeidung unbilliger Ergebnisse angemessen, so dass es der in der 1. Aufl. vorgeschlagenen Lösung über eine Einbeziehung im Ausnahmefall als besondere Belastung im Sinne des § 87 SGB XII nicht mehr bedarf. 31

Ein weiteres Kriterium kann das **Alter der hilfesuchenden Person** oder einer anderen in § 19 Abs. 3 SGB XII genannten Person sein. Gerade bei kurzfristigen Bedarfen ist im Hinblick auf das oft **verminderte Umstellungsvermögen** eine Umstellung einer in Teilen hinsichtlich der Einkommensverwendung unangemessenen Lebensführung nicht zuzumuten. 32

3. Einkommenseinsatz nach Wegfall des Bedarfs (Absatz 2)

Durch Absatz 2 wird eine Ausnahme von der kalendermonatlichen Gegenüberstellung von Einkommen und Bedarf gemacht. Die Grundnorm des Absatzes 1 wird dadurch in ihrem Anwendungsbereich erweitert. Wie weit die Ausnahme reicht, ist in mehrfacher Hinsicht umstritten, was an der **Verwendung zweier unbestimmter Rechtsbegriffe** liegt. Der Bedarf, für den ein Einkommenseinsatz erfolgen soll, darf nur „von kurzer Dauer" sein und es wird Einkommen zusätzlich berücksichtigt, das die nachfragende Person „innerhalb eines angemessenen Zeitraumes" nach Wegfall des Bedarfs erwirbt und das die Einkommensgrenze übersteigt. Zudem ist im Anwendungsbereich des Absatzes 2 Ermessen auszuüben (vgl. Rn. 52 f.). 33

Zunächst ist Voraussetzung der Anwendung des Absatzes 2, dass die nachfragende Person (vgl. Rn. 15) durch den Eintritt eines Bedarfsfalles (nach dem Fünften bis Neunten Kapitel) ihr Einkommen ganz oder teilweise verliert. Der **Einkommensverlust** muss also **kausal** auf dem **Bedarfsfall** beruhen, ein anderweitiger Verlust von Einkommen erfüllt nicht die Voraussetzungen des Absatzes 2.[48] Eine solche Kausalität ist beispielsweise gegeben, wenn aufgrund von Krankheit oder Behinderung eine stationäre Leistung (etwa nach § 48 SGB XII) in Anspruch genommen werden muss und dadurch eine bisher ausgeübte berufliche Tätigkeit ausgeschlossen wird. 34

Eine Berücksichtigung ist nach dem klaren Wortlaut zudem **nur für Einkommen der nachfragenden Person** möglich.[49] Einkommen anderer Personen nach Wegfall des Bedarfs, das nach § 19 Abs. 3 SGB XII ansonsten ebenfalls zu berücksichtigen wäre (vgl. auch Rn. 17), wird nicht erfasst, selbst wenn auch diese durch den Bedarfsfall einen Einkommensverlust erlitten haben (z.B. durch Pflegeleistungen). Eine analoge Anwendung kommt für diese Personen nicht in Betracht. 35

---

[44] *Adolph* in: Jehle/Linhart/Adolph, SGB II, SGB XII, AsylbLG, § 85 Rn. 27, Stand: März 2013; *Lücking* in: Hauck/Noftz, SGB XII, K 85 Rn. 17, Stand: Dezember 2005; *Wahrendorf* in: Grube/Wahrendorf, SGB XII, 4. Aufl. 2012, § 85 Rn. 19; *Lippert/Zink* in: Mergler/Zink, SGB XII, § 85 Rn. 23, Stand: Januar 2011; vgl. auch Sächsisches LSG v. 14.04.2005 - L 3 B 30/05 AS/ER – NZS 2006, 107; vgl. zur Vorgängerregelung des § 79 BSHG bereits Bay. VGH v. 01.04.2004 - 12 B 00.1259.

[45] Vgl. *Karmanski* in: Jahn, SGB XII, § 85 Rn. 10, Stand: 15.01.2009; *Wolf* in: Fichtner/Wenzel, SGB XII/ AsylbLG/SGB II/BKGG, 4. Aufl. 2009, § 85 Rn. 9.

[46] Vgl. die Nachweise bei *Lücking* in: Hauck/Noftz, SGB XII, K 85 Rn. 17, Stand: Dezember 2005.

[47] Vgl. BSG v. 25.04.2013 - B 8 SO 8/12 R - SozR 4-3500 § 87 Nr. 1.

[48] Vgl. *Decker* in: Oestreicher, SGB XII/SGB II, § 87 SGB XII Rn. 29, Stand: Februar 2010; *Lippert/Zink* in: Mergler/Zink, SGB XII, § 87 Rn. 38, Stand: Januar 2010; *Schoch* in: LPK-SGB XII, 9. Aufl. 2012, § 87 Rn. 16; *Wahrendorf* in: Grube/Wahrendorf, SGB XII, 4. Aufl. 2012, § 87 Rn. 23.

[49] Vgl. auch *Karmanski* in: Jahn, SGB XII, § 87 Rn. 12, Stand: 29.02.2012; *Lücking* in: Hauck/Noftz, SGB XII, K 87 Rn. 27, Stand: Dezember 2004.

36 Das Einkommen muss **ganz oder teilweise durch den Bedarfsfall wegfallen**. Eine die Anwendbarkeit ausschließende **Untergrenze** für den Wegfall von Einkommen ist in Absatz 2 nicht vorgesehen. Der durch diese Regelung betroffene Personenkreis wird aber dadurch hinreichend geschützt, dass die Berücksichtigung von Einkommen nach Absatz 2 in der Summe nicht über den Betrag hinausgehen kann, der ohne den Wegfall im jeweiligen Leistungsmonat nach Absatz 1 als Einkommen einzusetzen gewesen wäre. Dies macht eine Vergleichsberechnung erforderlich (vgl. dazu Rn. 42).

37 Ob wegen dieser fehlenden Untergrenze der **Anwendungsbereich des Absatzes 2** tatsächlich so überschaubar ist wie teilweise angenommen,[50] erscheint im Hinblick darauf, dass auch Lohnersatzleistungen nicht immer in voller Höhe den Einkommensverlust ausgleichen, zweifelhaft. So können selbst in einem typischen Fall, nämlich der Anwendung des Entgeltfortzahlungsgesetzes,[51] nach dessen § 4 Abs. 1a bzw. § 4a bestimmte Zahlungen des Arbeitgebers (Überstunden, Sonderzahlungen) von der Entgeltfortzahlung ausgeschlossen sein. Das Einkommen verringert sich also durch den auftretenden Bedarf. Bei der Leistung von Renten, Arbeitslosengeld oder Krankengeld aufgrund des Bedarfsfalles nach dem Fünften bis Neunten Kapitel ist dies sogar grundsätzlich der Fall. In der Praxis dürfte die Regelung aber vorrangig bei Personen angewendet werden, deren Einkommen zu einem erheblichen Teil wegfällt (etwa Selbständige, die keine Vorsorge für einen Beschäftigungsausfall getroffen haben).

38 Eine Berücksichtigung von nach Wegfall des Bedarfs erzieltem Einkommen ist nach Absatz 2 nur zulässig, wenn der Bedarf „**von kurzer Dauer**" ist. Bei **einmaligen Bedarfen**, die nur zu einem bestimmten Zeitpunkt auftreten, aber nicht darüber hinaus fortdauern (z.B. eine durch eine akute, die Gesundheit unmittelbar wiederherstellende Krankenbehandlung zu heilende gesundheitliche Beeinträchtigung), ist dies immer gegeben. Der Begriff des einmaligen Bedarfs darf dabei aber nicht mit dem der einmaligen Leistung verwechselt werden, wie er z.B. in Absatz 3 verwendet wird. Denn diese einmalige Leistung kann eben auch einen dauerhaften Bedarf decken. Bei der Auslegung des unbestimmten Rechtsbegriffs der kurzen Dauer ist zu berücksichtigen, dass der betroffene Personenkreis durch die Regelung gegenüber solchen Personen benachteiligt ist, denen durch einen Bedarf nach dem Fünften bis Neunten Kapitel kein Einkommensverlust entsteht. Zwar findet eine formale Gleichbehandlung dadurch statt, dass ein Einkommenseinsatz betragsmäßig nur in einer Höhe gefordert wird, die derjenigen entspricht, welche im jeweiligen Bedarfsmonat ohne den Wegfall des Einkommens zuzumuten gewesen wäre (vgl. zur hierzu erforderlichen Vergleichsberechnung Rn. 42). Dadurch, dass der Bedarf aber sogar zum Wegfall des gesamten Einkommens führen und der Betroffene bereits dadurch einen erheblichen persönlichen Verlust erleiden kann, erscheint die überwiegend angenommene **Monatsgrenze** zur Bestimmung der kurzen Dauer auch in den übrigen Fällen sachgerecht.[52] Diese betrifft die tatsächliche Dauer des Bedarfs, nicht den Kalendermonat, so dass ein Einkommensverlust auch in zwei Kalendermonaten vorliegen kann, innerhalb derer der bis zu einen Monat andauernde Bedarf liegt.

39 Es darf nach Absatz 2 nur Einkommen berücksichtigt werden, das dem Leistungsberechtigten nach Wegfall des Bedarfs innerhalb eines **angemessenen Zeitraums** zufließt. Anders als in Absatz 3 wird hierbei nicht mit einem festen Zeitraum von drei Monaten gearbeitet. Ganz überwiegend wird aber auch bei Absatz 2 eine Berücksichtigung nur von Einkommen für zulässig gehalten, das innerhalb **dreier Monate** nach Wegfall des Bedarfs erzielt wird.[53] Da die Einkommensberücksichtigung ohnehin auf den Betrag begrenzt ist, der ansonsten ohne den Wegfall des Einkommens aufzubringen gewesen wäre (zur Vergleichsberechnung vgl. Rn. 42) kann dem grundsätzlich gefolgt werden, denn es steht zu erwarten, dass innerhalb von drei Monaten regelmäßig wieder ein Einkommen erzielt wird, das dem vor Eintritt des Bedarfs erzielten entspricht. Aus dem gleichen Grund bedarf es keines Korrektivs im Sinne einer längeren Berücksichtigungszeit als drei Monate unter dem Gesichtspunkt, dass die nach-

---

[50] Vgl. z.B. *Lücking* in: Hauck/Noftz, SGB XII, K 87 Rn. 23, Stand: Dezember 2004.

[51] Vom 26.05.1994 (BGBl I 1994, 1014, 1065).

[52] Vgl. auch die Empfehlungen des Deutschen Vereins noch zur Vorgängervorschrift des § 84 BSHG, NDV 2003, 1; *Wolf* in: Fichtner/Wenzel, XII/AsylbLG/SGB II/BKGG, 4. Aufl. 2009, § 87 Rn. 9; *Lücking* in: Hauck/Noftz, SGB XII, K 87 Rn. 24, Stand: Dezember 2004; *Karmanski* in: Jahn, SGB XII, § 87 Rn. 12, Stand: 29.02.2012 m.w.N.

[53] *Decker* in: Oestreicher, SGB XII/SGB II, § 87 SGB XII Rn. 33, Stand: Februar 2010; *Karmanski* in: Jahn, SGB XII, § 87 Rn. 12, Stand: 29.02.2012 m.w.N.; *Lippert/Zink* in: Mergler/Zink, SGB XII, § 87 Rn. 42, Stand: Juli 2006; *Lücking* in: Hauck/Noftz, SGB XII, K 87 Rn. 25, Stand: Dezember 2004; a.A. *Adolph* in: Jehle/Linhart/Adolph, SGB II SGB XII AsylbLG, § 87 Rn. 38, Stand: Dezember 2008: sechs Monate.

fragende Person keine Vorsorge getroffen hat, obwohl ihr eine solche zumutbar gewesen ist.[54] Denn bei dieser Fallkonstellation ist grundsätzlich ebenfalls damit zu rechnen, dass der Wegfall des Einkommens binnen drei Monaten ausgeglichen wird.

In Fällen, in denen der **bedarfsbedingte Einkommensverlust** nicht innerhalb von **drei Monaten** nach Wegfall des Bedarfs weitgehend ausgeglichen wird, kommt ebenfalls ein längerer Zeitraum als drei Monate für die Einkommensberücksichtigung nach Absatz 2 nicht in Betracht. Aus der Vorgabe des Absatzes 2, dass überhaupt nur kurze Bedarfsfälle die gesonderte Berücksichtigungsmöglichkeit auslösen, kann die Wertung entnommen werden, dass der Betroffene nicht über Gebühr belastet werden soll. Wenn aber jemand nicht innerhalb von drei Monaten ein Einkommen erzielt, das einen Einkommenseinsatz in insgesamt gleicher Höhe wie in den maximal zwei Bedarfsmonaten im Sinne des Absatzes 2 (vgl. Rn. 38) ermöglicht, ist davon auszugehen, dass der bedarfsbedingte Einkommensverlust dauerhaft fortwirkt. Bei Personen, die einen solchen Einkommensverlust zu verkraften haben, erscheint es aber grundsätzlich nicht angemessen, die Grenze der möglichen Berücksichtigung von Einkommen über die Grenze von drei Monaten nach Wegfall des Bedarfs auszudehnen. Eine Verlängerung des angemessenen Zeitraums über die drei Monate hinaus dürfte allenfalls in Betracht kommen, wenn die nachfragende Person nach Wegfall des Bedarfs innerhalb der drei Monate ihr Einkommen absichtlich gering hält, um der Einkommensberücksichtigung zu entgehen. Dies dürfte sich in der Praxis aber kaum nachweisen lassen.

40

Es ist für jeden nach Absatz 2 für den Einkommenseinsatz nach Wegfall des Bedarfs zu berücksichtigenden (Kalender-)Monat gesondert zu prüfen, ob die Einkommensgrenze des 85 SGB XII (ggf. modifiziert durch § 86 SGB XII) überschritten ist. Auch dann kann eine Einkommensberücksichtigung nur unter den Voraussetzungen der Vorgaben des **§ 87 Abs. 1 SGB XII in angemessener Höhe** erfolgen[55] (vgl. dazu Rn. 19). Zwar nimmt Absatz 2 anders als Absatz 3 nicht ausdrücklich auf die Vorgaben des Absatzes 1 Bezug, eine solche Bezugnahme ergibt sich aber aus dem Sinn und Zweck der Regelung und dem Umstand, dass durch Absatz 2 nur die Grundnorm des Absatzes 1 modifiziert wird. Es wäre schlicht nicht begründbar, warum ein Einkommenseinsatz im Rahmen des Absatzes 2 ohne eine Angemessenheitsprüfung möglich sein sollte. Die ausdrückliche Nennung des Absatzes 1 in Absatz 3 dürfte damit zusammenhängen, dass Absatz 2 nur für die nachfragende Person gilt, Absatz 3 aber wieder auch für die in § 19 Abs. 3 SGB XII genannten Personen und durch den Zusatz „nach Maßgabe des Abs. 1" nur klargestellt werden sollte, dass sich Absatz 3 ebenfalls auf die Grundnorm des Absatzes 1 bezieht. Ohne diesen Zusatz hätte Absatz 3 auch als vermeintlich eigenständige Regelung zur Einkommensanrechnung angesehen werden können.

41

Eine weitere **Einschränkung der Berücksichtigung von Einkommen** nach Absatz 2 besteht darin, dass ein Einkommenseinsatz nur insoweit verlangt werden kann, als der nachfragenden Person (vgl. Rn. 15) ein Einkommenseinsatz ohne den Verlust des Einkommens zuzumuten gewesen wäre. Dies setzt eine **Vergleichsberechnung** voraus.[56] Ausgangspunkt ist die Prognose, welches Einkommen ohne den Eintritt des Bedarfsfalles in den für die Anwendung des Absatzes 2 maximal in Betracht kommenden zwei Bedarfsmonaten (vgl. Rn. 38) erzielt worden wäre. Dabei muss insbesondere bei schwankendem Einkommen grundsätzlich konkret bestimmt werden, welcher Verlust tatsächlich eingetreten ist. Nur wenn hierfür Anhaltspunkte fehlen, kann auf eine Durchschnittsberechnung des davor erzielten Einkommens abgestellt werden.

42

Ist das Einkommen, das ohne den Bedarfseintritt erzielt worden wäre, ermittelt worden, muss in einem zweiten Schritt geprüft werden, in welchem Umfang ein Einkommenseinsatz von Einkommen oberhalb der Einkommensgrenze nach § 87 Abs. 1 SGB XII (angemessener Umfang, vgl. Rn. 19) hätte zugemutet werden können, wenn das Einkommen tatsächlich so erzielt worden wäre. Davon ist dann ggf. noch in Abzug zu bringen, was bei einem nur teilweisem Wegfall des Einkommens im Bedarfsmonat oder den beiden Bedarfsmonaten (vgl. Rn. 38) als Einkommenseinsatz bereits zugemutet wurde, denn aus der Regelung des Absatzes 2 ist erkennbar, dass der nachfragenden Person (vgl. Rn. 15) nicht mehr Einkommenseinsatz zugemutet werden soll, als wenn das Einkommen nicht bedarfsbedingt weggefallen oder gemindert wäre. Der so bestimmte Betrag stellt die **Grenze** dar, bis zu der insgesamt (also in allen nach Absatz 2 zu berücksichtigenden Folgemonaten zusammen) in der angemessenen Zeit nach Wegfall des Bedarfs Einkommen berücksichtigt werden kann. Wäre etwa ein Einkommenseinsatz in

43

---

[54] So z.B. *Lippert/Zink* in: Mergler/Zink, SGB XII, § 87 Rn. 42, Stand: Januar 2010.
[55] Vgl. *Lücking* in: Hauck/Noftz, SGB XII, K 87 Rn. 25, Stand: Dezember 2004.
[56] Vgl. auch *Lippert/Zink* in: Mergler/Zink, SGB XII, § 87 Rn. 44, Stand: Juli 2006; *Schoch* in: LPK-SGB XII, 9. Aufl. 2012, § 87 Rn. 20; *Karmanski* in: Jahn, SGB XII, § 87 Rn. 12, Stand: 29.02.2012.

den bis zu zwei Bedarfsmonaten nur bis zu einem bestimmten Betrag möglich gewesen, z.B. 150 €, kann auch in den Folgemonaten nur bis zu diesem Betrag ein Einkommenseinsatz verlangt werden, selbst wenn in diesen ansonsten ein höherer Einkommenseinsatz im Sinne des Absatzes 1 angemessen gewesen wäre. Konnte in den Bedarfsmonaten bei teilweisem Wegfall des Einkommens auch nach diesem Wegfall ein Einkommenseinsatz von z.B. 50 € zugemutet werden, würde die Grenze des in den Folgemonaten insgesamt einzusetzenden Einkommens entsprechend von 150 auf 100 € sinken.

4. Einkommenseinsatz bei langlebigen Bedarfsgegenständen (Absatz 3)

44 Absatz 3 sieht wie Absatz 2 eine **Ausnahme** von der allgemeinen Regel vor, dass bei der Einkommensberücksichtigung nur Monate zu betrachten sind, in denen ein Bedarf gedeckt wird. Damit soll verhindert werden, dass **langlebige Bedarfsgegenstände** mehr oder weniger über die Sozialhilfe beschafft werden, obwohl ein Einkommen über der Einkommensgrenze vorliegt, die nachfragende Person aber keine Rücklagen gebildet hat, die im Rahmen des Einsatzes von Vermögen (§ 90 SGB XII) zu berücksichtigen wären.[57] Anders als bei Absatz 2 ist bei Absatz 3 das Einkommen aller in § 19 Abs. 3 SGB XII genannten Personen zu berücksichtigen.[58] Ebenso wie bei Absatz 2 ist im Anwendungsbereich des Absatzes 3 Ermessen auszuüben (vgl. Rn. 55).

45 Voraussetzung für die Anwendbarkeit des Absatzes 3 ist, dass es sich um **Bedarfsgegenstände** handelt. Dass diese zwingend der **Abnutzung** unterliegen müssen, ergibt sich aus der Regelung nicht.[59] Allerdings muss es sich um Bedarfsgegenstände handeln, die im Rahmen der Leistungen des **Fünften bis Neunten Kapitels** erbracht werden können, denn nur für diese gilt die Einkommensberücksichtigung nach § 87 SGB XII (vgl. Rn. 15 f.). Es handelt sich um Gegenstände (also z.B. **keine Dienst- oder Geldleistungen**, soweit sie nicht Sachleistungssurrogate sind), die den persönlichen Bedarf der nachfragenden Person decken. Ob es sich um **bewegliche oder unbewegliche Sachen** handelt, ist für die Anwendbarkeit des Absatzes 3 unerheblich. Die teilweise vorhandene Praxis, § 87 Abs. 3 SGB XII auf Bestattungskosten nach § 74 SGB XII anzuwenden, widerspricht dem Wortlaut und ist auch nicht sachgerecht, weil regelmäßig kein besonderer, insbesondere kein dauerhafter Nutzen beim Betroffenen vorliegt.[60] Erforderlich ist, dass es sich um eine einmalige, nicht eine laufende Leistung handelt, so dass z.B. länger dauernde Behandlungen mit Zahnersatz oder Zahnregulierungen regelmäßig ausscheiden.[61] Bedarfsgegenstände im Sinne der Vorschrift sind Gegenstände, die für den **individuellen und unmittelbaren Gebrauch** durch den Leistungsempfänger bestimmt sind und (in der Regel) einer **Abnutzung** unterliegen.[62]

46 Der Bedarfsgegenstand muss für **mindestens ein Jahr zum Gebrauch bestimmt** sein. Dabei ist sowohl auf die **mögliche Nutzungsdauer** des konkreten Gegenstandes abzustellen, als auch **kumulativ** auf die aufgrund des konkreten Bedarfs **erforderliche Nutzung**.[63] Haltbare Gegenstände, die aber nur für einen kürzeren Zeitraum benötigt werden (z.B. Gehstützen) erfüllen die Voraussetzung ebenso wenig wie solche, die bei einem zwar längeren Bedarf bei vorausschauender **Prognose** nicht mindestens ein Jahr halten. Das Erfordernis eines kumulativen Abstellens auf die mögliche Nutzungsdauer des konkreten Gegenstandes und auf die aufgrund des konkreten Bedarfs erforderliche Nutzung ist durch das BSG bestätigt worden.[64]

47 Über den Monat hinaus, in dem über die Leistung entschieden wurde, kann das Einkommen der **drei Folgemonate** berücksichtigt werden. Dabei ist für jeden Monat gesondert die Einkommensgrenze des § 85 SGB XII (ggf. modifiziert durch § 86 SGB XII) zu prüfen und das überschießende Einkommen

---

[57] Vgl. auch *Lippert/Zink* in: Mergler/Zink, SGB XII, § 87 Rn. 46, Stand: Juli 2006.

[58] Vgl. *Schoch* in: LPK-SGB XII, 9. Aufl. 2012, § 87 Rn. 24; *Lücking* in: Hauck/Noftz, SGB XII, K 87 Rn. 33, Stand: Dezember 2004; ; *Karmanski* in: Jahn, SGB XII, § 87 Rn. 13, Stand: 29.02.2012.

[59] Für ein solches Kriterium *Lippert/Zink* in: Mergler/Zink, SGB XII, § 85 Rn. 48, Stand: Juli 2006.

[60] Vgl. auch *Paul*, ZfF 2006, 103, 107; a.A. *Gotzen*, ZfF 2006, 1, 4; keine Anwendung von § 87 Abs. 3 SGB XII auch bei BSG v. 29.09.2009 - B 8 SO 23/08 R - BSGE 104, 219; vgl. auch Schleswig-Holsteinisches LSG v. 09.03.2011 - L 9 SO 19/09, keine unmittelbare oder analoge Anwendung von § 87 SGB XII aber dennoch drei Monate Einkommen zu berücksichtigen, was sich schon aus § 74 SGB XII selbst ergeben soll.

[61] Vgl. *Wolf* in: Fichtner/Wenzel, XII/AsylbLG/SGB II/BKGG, 4. Aufl. 2009, § 87 Rn. 19; *Lücking* in: Hauck/Noftz, SGB XII, K 87 Rn. 30, Stand: Dezember 2004; *Schoch* in: LPK-SGB XII, 9. Aufl. 2012, § 87 Rn. 22.

[62] Vgl. BSG v. 23.08.2013 - B 8 SO 24/11 R - ZFSH/SGB 2013, 696 m.w.N.

[63] Vgl. auch *Lippert/Zink* in: Mergler/Zink, SGB XII, § 87 Rn. 49, Stand: Juli 2006.

[64] Vgl. BSG v. 23.08.2013 - B 8 SO 24/11 R - ZFSH/SGB 2013, 696.

kann unter den **Voraussetzungen des § 87 Abs. 1 SGB XII** nach dem Ermessen (vgl. dazu Rn. 55) herangezogen werden. Anders als in Absatz 2 kommt es also nicht auf den Wegfall des Bedarfs zur Berechnung des Drei-Monats-Zeitraums an, sondern auf die Entscheidung des Trägers der Sozialhilfe. Zum Verfahren der Berücksichtigung von Einkommen nach Leistungsgewährung vgl. Rn. 57.

5. Zumutbarkeitsgrenze für Schwerstpflegebedürftige/Blinde (Absatz 1 Satz 3)

Für schwerstpflegebedürftige Menschen im Sinne des § 64 Abs. 3 SGB XII und für blinde Menschen im Sinne des § 72 SGB XII ist in Absatz 1 Satz 3 eine Höchstgrenze der Zumutbarkeit des Einkommenseinsatzes mit **40%** des überschießenden Einkommens vorgesehen (zu den Motiven vgl. Rn. 12; zur kumulativen Anwendbarkeit der Vorschrift des § 88 SGB XII vgl. Rn. 5). Diese Regelung gilt, weil sie Teil der Grundnorm des Absatzes 1 ist, auch für den Einkommenseinsatz nach den Absätzen 2 und 3, die jeweils nur Absatz 1 ergänzen. Eine Ausdehnung dieser von einer konkreten Einzelfallprüfung der Angemessenheit abweichenden Sonderregelung auf weitere Personengruppen ist nicht möglich (zum Vorschlag eines **abgestuften Systems für weniger stark Pflegebedürftige** vgl. Rn. 24). Auch kann keine Ausdehnung auf alle Schwerstpflegebedürftigen erfolgen.[65] Allerdings ist nicht erforderlich, dass die in § 64 Abs. 3 SGB XII und § 72 SGB XII genannten Leistungen auch bezogen werden, es genügt, wenn die dort genannten persönlichen Voraussetzungen erfüllt sind.[66]

48

Absatz 1 Satz 3 legt nur eine **Höchstgrenze der Belastung** fest, unter Zugrundelegung der übrigen Kriterien der Angemessenheit kann aber auch eine geringere Belastung in Betracht kommen.[67]

49

Nicht gefolgt werden kann der Auffassung, dass die Höchstgrenze nur zum Tragen kommt, wenn eine **Leistung nach den §§ 61 ff. oder 72 SGB XII** nachgefragt wird.[68] Eine solche Einschränkung mag bei der Abschaffung der besonderen Einkommensgrenzen erwogen worden sein, sie hat jedoch im Gesetzeswortlaut keine Stütze gefunden.[69] Nach der Rechtsprechung des BSG[70] ist die **Einkommensgrenze** des § 87 Abs. 1 Satz 3 SGB XII für schwerstpflegebedürftige Menschen **vorrangig zu berücksichtigen** und erst nach der Bestimmung derselben sind nach Absatz 1 Satz 2 bei der Prüfung, welcher Umfang der Einsatz dieses Einkommens nach § 87 Abs. 1 Satz 1 SGB XII angemessen ist, insbesondere die Art des Bedarfs, die Art oder Schwere der Behinderung oder der Pflegebedürftigkeit, die Dauer und Höhe der erforderlichen Aufwendungen sowie besondere Belastungen der nachfragenden Person und ihrer unterhaltsberechtigten Angehörigen zu berücksichtigen. Allerdings können dann im Rahmen der Abzugsposten nach Absatz 1 Satz 2 zum einen keine Umstände mehr berücksichtigt werden, die bereits **Gegenstand anderer Sozialhilfeleistungen** sind[71], zum anderen sind Belastungen nicht abzusetzen, die nach der gesetzgeberischen Wertung bereits mit dem freizulassenden Einkommen abzudecken sind, weil sie gleichermaßen bei allen nachfragenden Personen vorkommen (dann keine „besondere" Belastung[72]). Schließlich können nicht solche Belastungen Berücksichtigung finden, die bereits mit dem **Mindestbedarf nach Absatz 1 Satz 3** abgegolten sind, also Belastungen im Zusammenhang mit der Schwerstpflegebedürftigkeit.[73]

50

---

[65] Vgl. aber Empfehlungen des Deutschen Vereins, NDV 2008, 59 ff. Rn. 149.

[66] Vgl. auch SG Hamburg v. 26.1.2007 - S 56 SO 209/06; SG Karlsruhe v. 28.05.2009 - S 1 SO 2233/08 m.w.N.; SG Duisburg v. 19.04.2010 - S 2 SO 8/08; *Pfuhlmann-Riggert,* Die Heranziehung Angehöriger zu Kostenbeiträgen in der Jugend- und Sozialhilfe, 23. Sozialrechtliche Jahresarbeitstagung 2011, 1, 18.

[67] LSG Baden-Württemberg v. 23.02.2012 - L 7 SO 3580/11.

[68] So *Lippert/Zink* in: Mergler/Zink, SGB XII, § 87 Rn. 33, Stand: Januar 2011.

[69] Gegen eine solche Einschränkung auch *Jürgens,* NDV 2005, 9; vgl. auch BSG v. 23.08.2013 - B 8 SO 24/11 R - ZFSH/SGB 2013, 696; SG Gotha v. 02.06.2008 - S 14 SO 998/06; vgl. die umfassende Darstellung der ebenfalls gegen eine solche Einschränkung sprechenden Gesetzeshistorie bei *Krahmer,* ZfF 2007, 226.

[70] BSG v. 25.04.2013 - B 8 SO 8/12 R - SozR 4-3500 § 87 Nr. 1.

[71] Vgl. BSG v. 25.04.2013 - B 8 SO 8/12 R - SozR 4-3500 § 87 Nr. 1 unter Verweis auf BVerwG v. 10.11.1965 - V C 104.64 - juris Rn. 12 - BVerwGE 22, 319 ff.

[72] Vgl. BSG v. 25.04.2013 - B 8 SO 8/12 R - SozR 4-3500 § 87 Nr. 1.

[73] Vgl. BSG v. 25.04.2013 - B 8 SO 8/12 R - SozR 4-3500 § 87 Nr. 1.

V. Verfahren des Einkommenseinsatzes

1. Einkommenseinsatz nach Absatz 1

51 In den Fällen des Absatzes 1 ist eine Kostenbeteiligung, soweit eine solche angemessen ist (vgl. Rn. 19 ff.), **zwingend** vorzunehmen. Für den Träger der Sozialhilfe besteht kein Ermessen. Dies ergibt sich bereits daraus, dass nach § 19 Abs. 3 SGB XII Leistungen überhaupt nur insoweit gewährt werden, als den dort genannten Personen ein Einsatz ihres Einkommens oder Vermögens nicht zuzumuten ist, was § 87 Abs. 1 SGB XII gerade regelt.

2. Erweiterter Einkommenseinsatz nach Absatz 2

52 Soweit der Bedarfsmonat für einen Einkommenseinsatz herangezogen werden soll, was dann der Fall ist, wenn im Rahmen des Absatzes 2 das Einkommen nicht vollständig, sondern nur teilweise wegfällt, richtet sich der Einkommenseinsatz allein nach der Regelung des Absatzes 1, d.h. bei in diesem Monat zumutbar einsetzbarem Einkommen ist dieses ebenfalls **zwingend** einzusetzen (vgl. Rn. 51).

53 Im Rahmen des Zugriffs auf Einkommen nach Wegfall des Bedarfs (**eigentlicher Regelungsgehalt des Absatzes 2**, vgl. Rn. 33 ff.) ist auch beim insoweit erforderlichen Vorliegen der Voraussetzungen des Absatzes 1 durch den Träger der Sozialhilfe eine **Ermessensentscheidung** vorzunehmen, ob ein Einkommenseinsatz gefordert wird. Ermessensgesichtspunkte sind z.B. der Umfang und die Bedeutung des weggefallenen Einkommens für den Betroffenen, der Nutzen, der aus der Bedarfsdeckung gezogen wurde, Gleichbehandlungsgesichtspunkte oder fiskalische Erwägungen.

3. Erweiterter Einkommenseinsatz nach Absatz 3

54 Auch bei von Absatz 3 erfassten Bedarfen ist ein Einkommenseinsatz in dem Monat, in dem die einmalige Leistung erbracht wird, allein nach **Absatz 1** vorzunehmen, d.h. wenn in diesem Monat ein Einsatz zumutbar ist, muss dieser **zwingend** verlangt werden (vgl. auch Rn. 51).

55 Lediglich wenn auf das Einkommen der drei Monate nach der Entscheidung über den Bedarf bei Vorliegen der Voraussetzungen des Absatzes 1 (Angemessenheit) zugegriffen werden soll, hat der Träger der Sozialhilfe eine **Ermessensentscheidung** zu treffen. Ermessensgesichtspunkte sind der aus der Bedarfsdeckung gezogene Nutzen, Gleichbehandlungsgesichtspunkte oder fiskalische Erwägungen.

4. Form des Einkommenseinsatzes

56 Soweit die Hilfeleistung in Form einer Geldleistung erbracht wird und der Einkommenseinsatz zum Zeitpunkt der Leistung schon bestimmt werden kann, erfolgt die Bewilligung **durch Leistungsbescheid** bereits **in gekürzter Form** mit einer Begründung für das einzusetzende Einkommen. Der Träger der Sozialhilfe ist hingegen grundsätzlich nicht berechtigt, die Leistung zunächst in vollem Umfang zu erbringen und später Aufwendungsersatz in Höhe des Eigenanteils zu verlangen[74] (zu den Ausnahmen vgl. Rn. 57). Es handelt sich also im Regelfall um eine Berücksichtigung bei der Leistung, nicht um eine spätere Heranziehung. Beschwert (und damit anfechtungs- und klageberechtigt) ist durch die Kürzung nur der Empfänger der Leistung, nicht aber sind es weitere in § 19 Abs. 3 SGB XII genannte Personen oder unterhaltsberechtigte Angehörige. Bei Sach- und Dienstleistungen kann, soweit sie nicht teilbar sind, nur ein Kostenbeitrag gesondert geltend gemacht werden. Auch dies hat aber bei Feststehen der Höhe des einzusetzenden Einkommens bereits im Bewilligungsbescheid zu erfolgen.

57 In den Ausnahmefällen der Absätze 2 und 3, in denen der zumutbare Einkommenseinsatz bei Gewährung der Leistung noch nicht feststeht,[75] weil Einkommen nach Wegfall des Bedarfs berücksichtigt werden soll bzw. solches aus den drei Monaten nach Erbringung der einmaligen Leistung oder zunächst aus anderen Gründen eine uneingeschränkte Gewährung erfolgen musste (z.B. wegen § 92 Abs. 1 SGB XII, „Bruttoprinzip", vgl. bereits Rn. 16), wird der **Aufwendungsersatz** nach § 19 Abs. 5 SGB XII bzw. der **Kostenbeitrag** nach § 92 Abs. 1 SGB XII **durch gesonderten Leistungsbescheid** geltend gemacht. Da sich diese Anforderungen jeweils gegen alle zur Aufbringung des Einkommens Verpflichteten richten können, aber auch gegen jeden Einzelnen als Gesamtschuldner, hängt die Frage, wer den Bescheid anfechten kann, davon ab, gegen wen der Träger der Sozialhilfe den Aufwendungsersatz bzw. Kostenbeitrag geltend macht.

---

[74] Vgl. auch *Wahrendorf* in: Grube/Wahrendorf, SGB XII, 4. Aufl. 2012, § 88 Rn. 20.
[75] Vgl. auch *Schoch* in: LPK-SGB XII, 9. Aufl. 2012, § 87 Rn. 25; *Lippert/Zink* in: Mergler/Zink, SGB XII, § 87 Rn. 44, 51, Stand: Juli 2006.

C. Praxishinweise

In der Praxis enthalten verschiedene **Durchführungsbestimmungen bzw. Richtlinien** der Sozialhilfeträger Regeln zur pauschalen Ermittlung der angemessenen Selbstbeteiligung.[76] Diese können aber die gesetzliche Regelung nicht aushebeln, zumal der Behörde nach richtiger Auffassung kein Beurteilungsspielraum bei der Bestimmung der Angemessenheit zukommt (vgl. Rn. 20). Es kann daher durchaus sinnvoll sein, eine entsprechende pauschale Regelung, soweit sie im konkreten Einzelfall nicht angemessen erscheint, durch Anfechtung der anteiligen Kürzung bzw. des Kostenbeitrages/Aufwendungsersatzes gerichtlich überprüfen zu lassen.

58

---

[76] Vgl. *Lücking* in: Hauck/Noftz, SGB XII, K 87 Rn. 14, Stand: Dezember 2004; vgl. auch *Adolph* in: Jehle/Linhart/Adolph, SGB II SGB XII AsylbLG, § 87 Rn. 11, Stand: Dezember 2008.

§ 88 SGB XII Einsatz des Einkommens unter der Einkommensgrenze

(Fassung vom 24.03.2011, gültig ab 01.01.2011)

(1) ¹Die Aufbringung der Mittel kann, auch soweit das Einkommen unter der Einkommensgrenze liegt, verlangt werden,

1. soweit von einem anderen Leistungen für einen besonderen Zweck erbracht werden, für den sonst Sozialhilfe zu leisten wäre,
2. wenn zur Deckung des Bedarfs nur geringfügige Mittel erforderlich sind.

²Darüber hinaus soll in angemessenem Umfang die Aufbringung der Mittel verlangt werden, wenn eine Person für voraussichtlich längere Zeit Leistungen in einer stationären Einrichtung bedarf.

(2) ¹Bei einer stationären Leistung in einer stationären Einrichtung wird von dem Einkommen, das der Leistungsberechtigte aus einer entgeltlichen Beschäftigung erzielt, die Aufbringung der Mittel in Höhe von einem Achtel der Regelbedarfsstufe 1 nach der Anlage zu § 28 zuzüglich 25 vom Hundert des diesen Betrag übersteigenden Einkommens aus der Beschäftigung nicht verlangt. ²§ 82 Abs. 3 ist nicht anzuwenden.

Gliederung

A. Basisinformationen 1	2. Einsatz geringfügiger Mittel (Absatz 1 Satz 1 Nr. 2) 26
I. Textgeschichte/Gesetzgebungsmaterialien 1	3. Einkommenseinsatz bei stationärer Unterbringung (Absatz 1 Satz 2) 30
II. Vorgängervorschriften 3	V. Geschütztes Einkommen bei entgeltlicher Beschäftigung (Absatz 2) 35
III. Parallelvorschriften 4	
IV. Systematische Zusammenhänge 6	VI. Absolute Untergrenze des Einkommenseinsatzes? 41
V. Ausgewählte Literaturhinweise 9	
B. Auslegung der Norm 10	VII. Verfahren des Einkommenseinsatzes 43
I. Regelungsgehalt und Bedeutung der Norm 10	1. Einkommenseinsatz nach Absatz 1 Satz 1 43
II. Normzweck 13	2. Einkommenseinsatz nach Absatz 1 Satz 2 44
III. Anwendungsbereich 18	3. Form des Einkommenseinsatzes 45
IV. Einkommenseinsatz unterhalb der Einkommensgrenze (Absatz 1) 21	**C. Praxishinweise** 47
1. Zweckbestimmte Leistungen (Absatz 1 Satz 1 Nr. 1) 21	

A. Basisinformationen

I. Textgeschichte/Gesetzgebungsmaterialien

1 § 88 SGB XII ist zum **01.01.2005** aufgrund des Gesetzes zur Einordnung des Sozialhilferechts in das Sozialgesetzbuch vom 27.12.2003[1] in Kraft getreten und **seitdem zweimal geändert** worden. Durch das Gesetz zur Änderung des Zwölften Buches Sozialgesetzbuch und anderer Gesetze vom 02.12.2006[2] wurde mit Wirkung zum 07.12.2006 in Absatz 1 die **Nr. 3 Satz 1 komplett gestrichen**, die einen Einkommenseinsatz vorsah, soweit bei teilstationären oder stationären Leistungen Aufwendungen für den häuslichen Lebensunterhalt erspart wurden. Grund hierfür war, dass die Hilfe zum Lebensunterhalt nicht mehr wie nach der Konzeption des BSHG im Fünften bis Neunten Kapitel geregelt ist und § 88 SGB XII eine Einkommensberücksichtigung nur für die dort genannten Leistungen festlegt.[3] Die entsprechende Regelung findet sich nun systematisch korrekt in **§ 92a Abs. 1 SGB XII** für die Leistungen nach dem Dritten und Vierten Kapitel. Absatz 1 Nr. 3 Satz 2 wurde mit gewissen inhaltlichen Änderungen (vgl. dazu Rn. 31) zum neuen Absatz 1 Satz 2. Eine weitere Änderung des § 88

---

[1] BGBl I 2003, 3022.
[2] BGBl I 2006, 2670.
[3] Vgl. auch BT-Drs. 16/2711, S. 12 zu Nr. 14.

SGB XII erfolgte durch Art. 3 Nr. 31 des Gesetzes zur Ermittlung von Regelbedarfen und zur Änderung des Zweiten und Zwölften Buches Sozialgesetzbuch vom 24.03.2011[4] mit Wirkung zum **01.01.2011**. In Absatz 2 Satz 1 wurden die Wörter „des Eckregelsatzes" durch die Wörter „der Regelbedarfsstufe 1 nach der Anlage zu § 28" ersetzt. Diese Änderung bedeutet eine sprachliche Anpassung an die Neuregelung und -bezeichnung der Regelbedarfsstufen, ohne dass sich eine systematische Veränderung des § 88 SGB XII ergeben hätte. Eine Anpassung wäre an sich bereits in der früheren Fassung des § 88 SGB XII erforderlich gewesen, denn den Begriff des „Eckregelsatzes" verwendete auch § 28 SGB XII a.F. schon nicht mehr.

Es handelt sich bei § 88 SGB XII nicht um eine erstmalige Regelung, vielmehr wurde § 85 BSHG zu einem großen Teil wortgleich übernommen (vgl. Rn. 3). Deshalb enthalten die Materialien der Ausgangsfassung des § 88 SGB XII auch keine eigenständige Gesetzesbegründung.[5]

II. Vorgängervorschriften

§ 88 SGB XII entspricht inhaltlich und von der Funktion her weitgehend **§ 85 BSHG**. Daher kann zum Teil auch auf ältere Gerichtsentscheidungen und Literatur zu dieser Vorschrift zurückgegriffen werden (vgl. zu den Änderungen aber Rn. 1). Keine Übernahme erfolgte hinsichtlich des Regelungsgehaltes des **§ 85 Abs. 2 Sätze 2 und 3 BSHG**, worin eine Privilegierung des Arbeitsförderungsgeldes (§ 43 SGB IX) und des Arbeitsentgeltes aus einer Beschäftigung in einer Werkstatt für behinderte Menschen vorgesehen war, weil insoweit **nun § 82 Abs. 2 Nr. 5 SGB XII** bereits entsprechende Absetzungen vom Einkommen ermöglicht.

III. Parallelvorschriften

Den §§ 85 ff. SGB XII entsprechende Regelungen gibt es im Bereich der Grundsicherungsleistungen nach dem **SGB II** nicht, da dieses keine Leistungen vorsieht, wie sie im Fünften bis Neunten Kapitel des SGB XII enthalten sind. Die Bezieher von Leistungen nach dem SGB II können aber diese Leistungen nach dem SGB XII bei Vorliegen der Voraussetzungen ebenfalls in Anspruch nehmen.

Eine Parallelvorschrift zu § 88 Abs. 1 Satz 2 SGB XII ist der nahezu wortgleiche **§ 92a Abs. 2 SGB XII** für Leistungen nach dem Dritten und Vierten Kapitel (zum Verhältnis vgl. Rn. 30).

IV. Systematische Zusammenhänge

Die Vorschrift steht in engem systematischem Zusammenhang mit **§ 85 SGB XII**. Dieser definiert die **Einkommensgrenze** für den Bezug der Leistungen nach dem Fünften bis Neunten Kapitel. § 86 SGB XII sieht insoweit eine Möglichkeit der Modifikation des dort genannten (Absatz 1 Nr. 1 und Absatz 2 Satz 1 Nr. 1) Grundbetrages vor. Während **§ 87 SGB XII** nur eine Bestimmung über den Einsatz von Einkommen oberhalb dieser Grenze trifft, regelt § 88 SGB XII den Einsatz von Einkommen sowohl über als auch unter der so bestimmten Einkommensgrenze.[6] Beide Vorschriften können bei Überschreiten der Einkommensgrenze kumulativ zur Anwendung kommen.[7] § 87 SGB XII gilt dann für den übersteigenden Teil, während § 88 SGB XII entgegen der missverständlichen Überschrift der Vorschrift für das gesamte Einkommen anzuwenden ist. Wenn man nur auf die Überschriften abstellen würde, wäre ein Einkommenseinsatz bei Einkommen genau in Höhe der Einkommensgrenze nach keiner der Vorschriften einzusetzen. Außerdem wäre ansonsten nicht erklärlich, wieso bei stationärer Unterbringung im Sinne des § 88 Abs. 1 Satz 2 SGB XII nur aus dem unterhalb der Einkommensgrenze liegenden Einkommen ein Einkommenseinsatz typischerweise (Soll-Vorschrift) erfolgen sollte, aus dem übersteigenden Einkommen aber nicht. § 87 SGB XII enthält eine entsprechende Regelung nämlich nicht. Auch bei den in § 88 Abs. 1 Satz 1 Nr. 1 SGB XII genannten zweckgebundenen Leistungen Dritter wäre nicht nachvollziehbar, wieso diese, sofern sie ein Einkommen oberhalb der Einkommensgrenze ergeben, zu einem Teil nach § 87 SGB XII und zu einem Teil nach § 88 SGB XII bewertet werden sollten. Es ist daher zunächst zu prüfen, inwieweit Einkommen nach den engeren Vorgaben des § 88 SGB XII einzusetzen ist, weil ein solcher Einsatz nicht unangemessen im Sinne des § 87 Abs. 1

---

[4] BGBl I 2011, 453
[5] BT-Drs. 15/1514, S. 66 zu § 83.
[6] *Wahrendorf* in: Grube/Wahrendorf, SGB XII, 4. Aufl. 2012, § 88 Rn. 5; *Adolph* in: Jehle/Linhart/Adolph, SGB II SGB XII AsylbLG, § 88 Rn. 7, Stand: Dezember 2008; *Lippert/Zink* in: Mergler/Zink, SGB XII, § 88 Rn. 3, Stand: Mai 2009.
[7] Vgl. auch *Lücking* in: Hauck/Noftz, SGB XII, K 88 Rn. 1, Stand: Juni 2008; *Lippert/Zink* in: Mergler/Zink, SGB XII, § 88 Rn. 3, Stand: Mai 2009.

SGB XII sein kann. Im Anschluss ist für den übersteigenden Teil die Prüfung nach § 87 SGB XII vorzunehmen,[8] wobei im Rahmen der Prüfung der Angemessenheit des Mitteleinsatzes bei § 87 SGB XII zu berücksichtigen ist, ob ein Einkommenseinsatz bereits nach § 88 SGB XII verlangt wird.

7   Die in § 88 Abs. 1 Satz 1 Nr. 1 SGB XII genannten zweckidentischen Leistungen umfassen die in **§ 83 Abs. 1 SGB XII** aufgeführten entsprechenden Leistungen vollständig und gehen wegen der nicht erfolgten Beschränkung auf Leistungen aufgrund öffentlich-rechtlicher Vorschriften sogar darüber hinaus (vgl. im Einzelnen Rn. 23 f.).

8   Systematisch korrespondiert § 88 Abs. 2 SGB XII mit den Vorschriften der **§§ 82 ff. SGB XII** über die Einkommensanrechnung, denn das Einkommen aus einer entgeltlichen Beschäftigung bei Leistungen in einer stationären Einrichtung wird zwar als Einkommen im Sinne dieser Vorschriften berücksichtigt, dann aber dem Zugriff des Trägers der Sozialhilfe im Rahmen des Einkommenseinsatzes entzogen. Dies macht durchaus einen Unterschied, denn bereits bei der Frage der Bestimmung der Einkommensgrenze wird auch das in § 88 Abs. 2 SGB XII vom Einkommenseinsatz ausgenommene Einkommen mitberücksichtigt.

V. Ausgewählte Literaturhinweise

9   *Baur/Mertins*, Sozialhilfe nach dem SGB XII in stationären Einrichtungen, NDV 2006, 179; *Deutscher Verein für öffentliche und private Fürsorge*, Empfehlungen für den Einsatz von Einkommen und Vermögen in der Sozialhilfe, NDV 2003, 1; *ders.*, Stellungnahme des Deutschen Vereins zum Entwurf der Bundesregierung für ein Gesetz zur Änderung des Zwölften Buches Sozialgesetzbuch und anderer Gesetzes (BT-Drs. 16/2711), NDV 2006, 540; *ders.*, Empfehlungen für den Einsatz von Einkommen und Vermögen in der Sozialhilfe (SGB XII) vom 05.12.2007, Berlin 2008; *Jürgens*, Änderungen bei den Einkommensgrenzen in der Sozialhilfe, NDV 2005, 9; *Kaune*, Der Kostenbeitrag von nicht getrennt lebenden Ehegatten in Pflegeeinrichtungen nach dem SGB XII; ZfF 2006, 73; *ders.*, Sozialhilfe in Pflegeeinrichtungen – Arbeitshilfen für die Berechnung der Leistungen in der Praxis –, ZfF 2005, 121; *Niemann*, Sozialhilfe im Heim nach dem SGB XII – insbesondere für verheiratete Bewohner, NDV 2006, 35; *Pattar*, Sozialhilferechtliches Dreiecksverhältnis – Rechtsbeziehungen zwischen Hilfebedürftigen, Sozialhilfeträgern und Einrichtungsträgern, Sozialrecht aktuell 2012, 85; *Paul*, Wer ist Verpflichteter im Sinne des § 74 des SGB XII (Teil II) und unter welchen Voraussetzungen kann es ihm nicht zugemutet werden, die Bestattungskosten zu tragen?, ZfF 2006, 103; *Pfuhlmann-Riggert*, Die Heranziehung Angehöriger zu Kostenbeiträgen in der Jugend- und Sozialhilfe, 23. Sozialrechtliche Jahresarbeitstagung 2011, 1; *Ruschmeier*, Kostenbeitragsberechnung bei Einsatzgemeinschaften in der stationären Hilfe nach dem SGB XII – Divergenzen in der Umsetzung des § 92a SGB XII –, ZfF 2008, 265; *ders.*, Pflegewohngeld und Sozialhilfe nach dem SGB XII in einer stationären Einrichtung, DVP 2006, 500; *Schulte-Loh*, Anrechnung von Eingliederungshilfe-Leistungen auf die Grundsicherung nach GSiG und SGB XII, ZfF 2006, 80; *Wahrendorf*, Einbau eines Personenaufzugs in ein Wohnhaus als Eingliederungshilfe, Sozialrecht aktuell 2013, 135.

B. Auslegung der Norm

I. Regelungsgehalt und Bedeutung der Norm

10   Absatz 1 regelt **abschließend** die drei Fallgestaltungen, in denen für Einkommen unterhalb der Einkommensgrenze ein Einkommenseinsatz verlangt werden kann (Absatz 1 Satz 1) bzw. sogar soll (Absatz 1 Satz 2). Anwendbar ist er aber auch für Einkommen oberhalb dieser Grenze („auch", vgl. bereits Rn. 6).

11   Absatz 2 sieht in Abweichung von der durch Absatz 1 definierten allgemeinen Zumutbarkeit des Einkommenseinsatzes unterhalb der Einkommensgrenze bei Leistungen in einer stationären Einrichtung einen **speziellen Freibetrag** für Einkommen aus einer entgeltlichen Beschäftigung vor.

12   Die **Bedeutung der Vorschrift** ergibt sich aus dem Umstand, dass darin im sensiblen und bei Empfängern von Hilfe zum Lebensunterhalt nach dem Dritten und Vierten Kapitel regelmäßig betroffenen Bereich des Einkommens unterhalb der insbesondere für Familien nicht sehr großzügig bemessenen

---

[8] Vgl. auch *Adolph* in: Jehle/Linhart/Adolph, SGB II SGB XII AsylbLG, § 88 Rn. 7 m.w.N., Stand: Dezember 2008.

Einkommensgrenze (vgl. die Kommentierung zu § 85 SGB XII Rn. 17) und darüber hinaus unter Abwägung der betroffenen Belange sachgerechte Lösungen für eine Einkommensbeteiligung getroffen wurden.

II. Normzweck

Zweck der Regelung ist es, Leistungen nach dem Fünften bis Neunten Kapitel nachfragende Personen und diejenigen, deren Einkommen nach § 19 Abs. 3 SGB XII mitzuberücksichtigen ist, an den Kosten dieser Leistungen in zumutbarer Weise zu beteiligen. Dies konkretisiert den Gedanken der in angemessenem Rahmen erforderlichen **Selbsthilfe**. 13

Absatz 1 Satz 1 Nr. 1 bezweckt, anderweitige Leistungen Dritter (also nicht des Trägers der Sozialhilfe), die einem **identischen Zweck** (vgl. Rn. 21) dienen wie eine im Fünften bis Neunten Kapitel genannte Leistung, bei der Gewährung der Sozialhilfe zu berücksichtigen. Die Begründung hierfür ergibt sich bereits aus dem in § 2 Abs. 1 SGB XII normierten Nachrang der Sozialhilfe.[9] 14

Mit **Absatz 1 Satz 1 Nr. 2** soll verhindert werden, dass **Bagatellbedarfe** zu einer aufwendigen Prüfung bei den Trägern der Sozialhilfe hinsichtlich ihrer Leistungspflicht führen, obwohl die Deckung des Bedarfs den Hilfebedürftigen bei objektiver Beurteilung nicht nennenswert belastet.[10] 15

Zweck des **Absatzes 1 Satz 2** ist es, eine **angemessene Kostenbeteiligung** zu erreichen, wenn durch Leistungen in einer **stationären Einrichtung** für einen längeren Zeitraum ein Großteil des Bedarfs der betroffenen Person über die Sozialhilfe übernommen wird und ihre umfassende Betreuung sichergestellt ist.[11] 16

Absatz 2 bezweckt, durch die Festlegung eines Freibetrages für den Einkommenseinsatz einen **Anreiz für die Aufnahme bzw. Fortführung einer Beschäftigung** auch bei stationären Leistungen zu schaffen. Die Regelung ist im Zusammenhang mit der außer in atypischen Fällen aufgrund der Regelung in Absatz 1 Satz 2 vorzunehmenden Kostenbeteiligung bei längerfristiger stationärer Versorgung zu sehen, welche ansonsten eine entsprechende Eigeninitiative bei Personen ohne Vermögen verhindern könnte. Durch den Freibetrag „lohnt" es sich für diese auch finanziell, eine Beschäftigung aufzunehmen. 17

III. Anwendungsbereich

Die Regelung der Einkommensgrenze des § 85 SGB XII, auf die sich § 88 SGB XII bezieht, gilt nur für Leistungen nach dem **Fünften bis Neunten Kapitel** (zu den erfassten Leistungen vgl. die Kommentierung zu § 85 SGB XII Rn. 20). Entsprechend kann auch eine Beteiligung an den Kosten unter Einsatz des Einkommens gemäß § 88 SGB XII nur bei diesen Leistungen erfolgen. **§ 88 SGB XII ist neben § 87 SGB XII anzuwenden** (zum Verhältnis vgl. Rn. 6) und kann auch Einkommensteile oberhalb der Einkommensgrenze erfassen („auch, soweit das Einkommen unterhalb der Einkommensgrenze liegt").[12] 18

Für bestimmte Leistungen des Fünften bis Neunten Kapitels **gilt die Einkommensgrenze** des § 85 SGB XII aufgrund speziellerer anderweitiger Festlegung **nicht**. Dies sind die Fälle des **§ 68 Abs. 2 SGB XII** (Hilfe zur Überwindung besonderer sozialer Schwierigkeiten), **§ 71 Abs. 4 SGB XII** (Altenhilfe) und des **§ 92 Abs. 2 Satz 1 Nrn. 1-8 SGB XII**. Diese Leistungen werden bis auf die Kosten für den Lebensunterhalt bei § 92 SGB XII ohne Berücksichtigung von Einkommen und generell ohne Berücksichtigung von Vermögen gewährt. 19

Die in § 88 SGB XII genannten Ausnahmen für den Einsatz eines Einkommens unterhalb der Einkommensgrenze sind **abschließend**.[13] 20

---

[9] Vgl. auch *Wahrendorf* in: Grube/Wahrendorf, SGB XII, 4. Aufl. 2012, § 88 Rn. 2.
[10] Vgl. BVerwG v. 17.06.1993 - 5 C 11/91 - BVerwGE 92, 336 zur Vorgängerregelung des § 85 BSHG.
[11] Vgl. auch BVerwG v. 06.04.1995 - 5 C 5/93 - FEVS 46, 45 zur Vorgängerregelung des § 85 BSHG.
[12] Vgl. *Wahrendorf* in: Grube/Wahrendorf, SGB XII, 4. Aufl. 2012, § 88 Rn. 5; *Adolph* in: Jehle/Linhart/Adolph, SGB II SGB XII AsylbLG, § 88 Rn. 7, Stand: Dezember 2008; *Lippert/Zink* in: Mergler/Zink, SGB XII, § 88 Rn. 3, Stand: Mai 2009.
[13] Ebenso *Lücking* in: Hauck/Noftz, SGB XII, K 88 Rn. 1, Stand: August 2011; *Schoch* in: LPK-SGB XII, 9. Aufl. 2012, § 88 Rn. 1; *Wahrendorf* in: Grube/Wahrendorf, SGB XII, 4. Aufl. 2012, § 88 Rn. 4; *Pfuhlmann-Riggert*, Die Heranziehung Angehöriger zu Kostenbeiträgen in der Jugend- und Sozialhilfe, 23. Sozialrechtliche Jahresarbeitstagung 2011, 1, 19.

IV. Einkommenseinsatz unterhalb der Einkommensgrenze (Absatz 1)

1. Zweckbestimmte Leistungen (Absatz 1 Satz 1 Nr. 1)

21 Ein Einkommenseinsatz kann auch (im Sinne von „sogar") unterhalb der Einkommensgrenze verlangt werden, wenn das Einkommen aus Leistungen von Dritten (also nicht des Sozialhilfeträgers) resultiert, die gerade demselben Zweck dienen wie die nachgefragte Leistung der Sozialhilfe nach dem Fünften bis Neunten Kapitel. Es muss also eine **Zweckidentität** bestehen. Leistungen, die nur allgemein den Lebensunterhalt decken sollen, also auch einem Zweck dienen, für den nach dem Dritten oder Vierten Kapitel Hilfe geleistet werden könnte, nicht aber einen bestimmten Bedarf nach dem Fünften bis Neunten Kapitel, scheiden damit aus. Dies meint das Gesetz mit dem Erfordernis einer Leistung für einen „besonderen Zweck". Grundsätzlich allgemein dem Lebensunterhalt dienende Leistungen können aber einen zweckbestimmten Teil enthalten (vgl. Rn. 24).

22 Dieser Mitteleinsatz entspricht der allgemeinen Regelung in **§ 2 Abs. 1 SGB XII**, wonach Sozialhilfe nicht erhält, wer die erforderliche Leistung von anderen, insbesondere von Angehörigen oder von Trägern anderer Sozialleistungen, erhält. Es handelt sich bei § 88 Abs. 1 Satz 1 Nr. 1 SGB XII insoweit aber **nicht nur** um eine **klarstellende Norm**,[14] denn in diesen Fällen ist nur aufgrund der Regelung eine Ermessensausübung des Trägers der Sozialhilfe erforderlich (vgl. Rn. 43), die bei Fehlen der Norm keine Grundlage hätte. Zudem decken die Leistungen der Dritten häufig (z.B. bei Geldleistung) nur mittelbar den konkreten Bedarf, so dass § 2 Abs. 1 SGB XII allein keinen direkten Nachrang begründen könnte. Nach der Rechtsprechung des BSG[15] ist im Fall des § 88 Abs. 1 Satz 1 Nr. 1 SGB XII zur Vermeidung von Doppelleistungen die Ermessensbetätigung („kann") bei der vom Sozialhilfeträger zu treffenden Entscheidung in dem Sinne vorgezeichnet, dass im Regelfall der Einkommenseinsatz verlangt werden muss (sog. intendiertes Ermessen); denn es ist kein sachlicher Grund erkennbar, weshalb Sozialhilfe geleistet werden soll, wenn Leistungen Dritter für denselben Zweck erbracht werden. Zudem zeige die Regelung im Übrigen, dass derartige Leistungen nach dem Willen des Gesetzgebers nicht zum Entfallen des Bedarfs führen, sondern von atypischen Fallgestaltungen abgesehen (immer) als Einkommen zu qualifizieren und zu berücksichtigen seien, ohne dass es auf den Zeitpunkt des Zuflusses ankomme. Einkommen liege allerdings nicht vor, wenn die zweckgebundenen Leistungen Dritter lediglich als Darlehen gewährt wurden, da dann der damit verbundene wertmäßige Zuwachs dem Hilfebedürftigen nicht zur endgültigen Verwendung verbleibe.

23 Anders als in **§ 83 Abs. 1 SGB XII**, der ebenfalls zweckbestimmte Leistungen Dritter betrifft, ist für die zweckbestimmten Leistungen in § 88 Abs. 1 Satz 1 Nr. 1 SGB XII wegen des abweichenden Wortlauts unerheblich, ob die Leistung aufgrund einer öffentlich-rechtlichen Bestimmung für einen ausdrücklich benannten Zweck vorgesehen ist. Erfasst wird jede zweckbestimmte und mit Leistungen nach dem Fünften bis Neunten Kapitel zweckidentische Leistung (vgl. Rn. 21) unabhängig davon, auf welchem Rechtsgrund sie beruht.[16] Es ist nicht einmal erforderlich, dass die Zweckbestimmung ausdrücklich benannt ist, vielmehr reicht es aus, wenn der aus den gesetzlichen Vorschriften bzw. dem Willen der Beteiligten oder den Umständen der Leistungsgewährung zu ermittelnde Zweck mit dem der nachgefragten Leistung übereinstimmt.

24 Erfasst werden von § 88 Abs. 1 Satz 1 Nr. 1 SGB XII zunächst **alle von § 83 Abs. 1 SGB XII umfassten zweckidentischen Leistungen**, die Hilfen nach dem Fünften bis Neunten Kapitel betreffen, so dass auf die Kommentierung zu § 83 SGB XII verwiesen werden kann. Darüber hinaus kommen je nach begehrter Leistung nach dem Fünften bis Neunten Kapitel (Einzelfallprüfung) z.B. **Leistungen aufgrund vertraglicher Vereinbarung** (bspw. Tarifvertrag, Arbeitsvertrag, private Kranken- bzw. Pflegeversicherungen, Verpflichtungen zur „Wartung und Pflege" in Übergabe und Altenteilverträgen (Leibgedinge)[17]), insbesondere **Schenkungen** (private, kirchliche oder sonstige mildtätige), oder Leistungen aufgrund von **Schadensersatzansprüchen** (vor allem die §§ 823 ff. BGB) sowie **Kinder- und Ortszuschläge für Beamte**[18] in Betracht. Es ist unerheblich, ob es sich um **Geld-, Sach- oder Dienstleis-**

---

[14] So aber *Lippert* in: Mergler/Zink, SGB XII, § 88 Rn. 7, Stand: Januar 2007; ähnlich *Wahrendorf* in: Grube/Wahrendorf, SGB XII, 4. Aufl. 2012, § 88 Rn. 6.

[15] BSG v. 23.08.2013 - B 8 SO 24/11 R - ZFSH/SGB 2013, 696.

[16] *Lippert* in: Mergler/Zink, SGB XII, § 88 Rn. 8, Stand: Januar 2007; *Wahrendorf* in: Grube/Wahrendorf, SGB XII, 4. Aufl. 2012, § 88 Rn. 7; vgl. zur Vorgängerregelung des § 85 BSHG OVG Schleswig-Holstein v. 19.11.1992 - 5 L 305/91.

[17] Hierzu *Lippert* in: Mergler/Zink, SGB XII, § 88 Rn. 12, Stand: Januar 2007.

[18] *Wolf* in: Fichtner/Wenzel, SGB XII/AsylbLG/SGB II/BKGG, 4. Aufl. 2009, § 88 Rn. 2; *Karmanski* in: Jahn SGB, § 88 SGB XII Rn. 4, Stand 29.02.2012; OVG Lüneburg v. 29.05.1974 - IV A 4/73 - FEVS 22, 458 zur Vorgängerregelung des § 85 BSHG.

tungen handelt, denn nach § 82 Abs. 1 SGB XII sind Einkommen auch Einkünfte in Geldeswert. Unterhaltsleistungen werden grundsätzlich nicht erfasst, weil sie regelmäßig nur allgemein den Lebensunterhalt sichern. Sie können aber Teile enthalten, die mit den Leistungen nach dem Fünften bis Neunten Kapitel identisch sind (vgl. z.B. § 1610 Abs. 2 BGB: Ausbildungs- und Erziehungskosten). Eine solche Zweckbestimmung des Unterhalts dürfte sich in der Praxis häufiger bei länger andauernden Bedarfen feststellen lassen und kann sich aus vertraglichen Bestimmungen oder einem den Unterhalt zusprechenden Urteil ergeben.

Nicht um zweckbestimmte Leistungen im Sinne des § 88 Abs. 1 Satz 1 Nr. 1 SGB XII handelt es sich bei **Unfallrenten, Waisenrenten, Berufsschadensrenten** nach dem BEG sowie **Verfolgtenschadensrenten**,[19] weil diese andere Zielsetzungen aufweisen als die im Fünften bis Neunten Kapitel genannten Leistungen. Auch **Schmerzensgeld** kann keine Zweckidentität mit diesen Leistungen aufweisen (vgl. auch § 83 Abs. 2 SGB XII).[20] Für das niedersächsische Landesblindengeld ist eine Zweckidentität ebenfalls verneint worden.[21]

2. Einsatz geringfügiger Mittel (Absatz 1 Satz 1 Nr. 2)

Der Einkommenseinsatz kann verlangt werden, wenn zur Deckung des Bedarfs nur geringfügige Mittel erforderlich sind. Erfasst wird zunächst die Konstellation, dass der **gesamte Bedarf geringfügig** ist.

Umstritten ist hingegen, ob § 88 Abs. 1 Satz 1 Nr. 2 SGB XII auch in zwei anderen Konstellationen zur Anwendung kommt, nämlich dann, wenn der **Bedarf teilweise anderweitig gedeckt** wurde (z.B. in einem der von Absatz 1 Satz 1 Nr. 1 erfassten Fälle) und nur ein geringer Rest verbleibt,[22] bzw. dann, wenn im Rahmen des Mitteleinsatzes über der Einkommensgrenze nach § 87 SGB XII bereits ein Teil des Bedarfs gedeckt wurde und **nur ein geringer Rest** verbleibt[23]. Für die erste Fallgruppe ist eine Anwendbarkeit anzunehmen. Wenn hiergegen eingewandt wird, dem widerspräche der Wortlaut,[24] überzeugt das nicht, denn die Geringfügigkeit der Mittel zur Deckung des Bedarfs kann sich auch auf die vom Betroffenen konkret selbst aufzubringenden Mittel beziehen. Auch in diesem Falle wird der Betroffene nur geringfügig belastet, denn er erhält die Mittel zum Teil von Dritten. Zudem geht es auch in diesem Fall für den Träger der Sozialhilfe nur noch um die Deckung eines Bagatellbedarfs, so dass der Normzweck (vgl. Rn. 15) eine Anwendung sinnvoll erscheinen lässt. Für die zweite Fallgruppe ist eine Anwendung hingegen abzulehnen.[25] Hier kann aus Sicht des Betroffenen nicht mehr von einem insgesamt geringfügigen Bedarf gesprochen werden und auch der Träger der Sozialhilfe wird wegen der bereits erforderlichen Prüfung des Einkommenseinsatzes nach § 87 SGB XII ohnehin nicht von einer eingehenden Prüfung entlastet.

Bis zu welcher **Höhe** ein **Mitteleinsatz geringfügig** ist, ist ebenfalls umstritten. Es handelt sich um einen **unbestimmten Rechtsbegriff**, der gerichtlich voll überprüfbar ist.[26] Zu betrachten ist die Relation zwischen Aufwand bei den Trägern der Sozialhilfe und dem Nutzen einer geringfügigen Leistung beim Hilfebedürftigen, wobei je nach Zielsetzung der einzelnen Leistung und finanzieller Situation des Hilfebedürftigen auch ein höherer Aufwand der Verwaltung gerechtfertigt sein kann. Während teils versucht wurde, aus pragmatischen Gründen einen festen Wert der Geringfügigkeit zu bestimmen (z.B. 1% des jeweiligen Grundbetrages nach § 85 Abs. 1 SGB XII[27]), geht die überwiegende Auffassung davon aus, dass sich diese in Bezug auf das insgesamt zur Verfügung stehende Einkommen bestimmt, wobei z.T. auch wieder pauschale Berechnungsmodelle angeboten werden (z.B. nicht mehr

---

[19] Vgl. auch *Lippert* in: Mergler/Zink, SGB XII, § 88 Rn. 13, Stand: Januar 2007; anders bei Pflegegeld der Unfallkasse, vgl. LSG NRW v. 29.03.2012 - L 9 SO 340/11.

[20] Vgl. hierzu auch LSG Niedersachsen-Bremen v. 20.04.2006 - L 8 SO 50/05.

[21] LSG Niedersachsen-Bremen v. 27.01.2011 - L 8 SO 171/08 - FEVS 63, 133.

[22] Dafür: z.B. *Wolf* in: Fichtner/Wenzel, SGB XII/AsylbLG/SGB II/BKGG, 4. Aufl. 2009, § 88 Rn. 4; dagegen: z.B. *Lücking* in: Hauck/Noftz, SGB XII, K 88 Rn. 8, Stand: Juni 2008.

[23] Dafür: z.B. *Schoch* in: LPK-SGB XII, 9. Aufl. 2012, § 88 Rn. 8; dagegen: z.B. *Wolf* in: Fichtner/Wenzel, SGB XII/AsylbLG/SGB II/BKGG, 4. Aufl. 2009, § 88 Rn. 4; *Lücking* in: Hauck/Noftz, SGB XII, K 88 Rn. 8, Stand: Juni 2008.

[24] *Wahrendorf* in: Grube/Wahrendorf, 4. Aufl. 2012, SGB XII, § 88 Rn. 15.

[25] So auch *Lippert* in: Mergler/Zink, SGB XII, § 88 Rn. 18, Stand: Januar 2007.

[26] Vgl. auch *Wahrendorf* in: Grube/Wahrendorf, 4. Aufl. 2012, SGB XII, § 88 Rn. 16; *Lücking* in: Hauck/Noftz, SGB XII, K 88 Rn. 6, Stand: Juni 2008.

[27] Vgl. dazu noch *W. Schellhorn* in: Schellhorn/Schellhorn/Hohm, SGB XII, 17. Aufl. 2006, § 88 Rn. 11; dagegen bereits BVerwG v. 17.06.1993 - 5 C 11/91 - BVerwGE 92, 336 zur Vorgängerregelung des § 85 BSG „findet im Gesetz keine Stütze".

als 5%[28] des bereinigten Einkommens). Bei einem Einkommen nur knapp über der Grenze zu den Hilfen zum Lebensunterhalt können aber aus Sicht des Betroffenen sowohl Beträge zwischen 10 (längerfristige Bedarfe) bis 15 € (einmalige Bedarfe)[29] als auch die entsprechenden Prozentzahlen eine nicht mehr zumutbare Belastung darstellen[30]. Im Regelfall dürften allerdings die beiden genannten absoluten Zahlen unter der Geringfügigkeitsgrenze liegen.

29 Die Geringfügigkeit ist daher im Einzelfall unter **Gegenüberstellung des Bedarfs und des verfügbaren bereinigten Einkommens** zu prüfen.[31] Dabei ist zu berücksichtigen, dass auch nach der gesetzlichen Wertung bei einmaligen oder kurzzeitigen Bedarfen das Gesetz (vgl. § 87 Abs. 2 und 3 SGB XII) im Sinne einer einmaligen Anstrengung einen höheren Einsatz von Einkommen verlangt. Bei einem längerfristigen Bedarf ist die Anwendung des § 88 Abs. 1 Satz 1 Nr. 2 SGB XII zwar nicht ausgeschlossen,[32] die Anforderungen an die Annahme eines geringfügigen Bedarfs sind aber höher.

3. Einkommenseinsatz bei stationärer Unterbringung (Absatz 1 Satz 2)

30 Die Aufbringung der Mittel für Leistungen nach dem Fünften bis Neunten Kapitel soll (vgl. zum Entscheidungsmaßstab Rn. 44), wenn eine Person voraussichtlich längere Zeit Leistungen in einer stationären Einrichtung benötigt, in angemessenem Umfang verlangt werden (zum Normzweck vgl. Rn. 16). Erfasst werden **alle Leistungen nach dem Fünften bis Neunten Kapitel**, nicht nur Hilfen zur Pflege nach den §§ 61 ff. SGB XII.[33] Grundlage der Heranziehung zu Kosten des Lebensunterhaltes ist allein § 92 Abs. 2 SGB XII.[34] Für Leistungen nach dem Dritten und Vierten Kapitel vgl. die Vorschrift des § 92a SGB XII (früher § 82 Abs. 4 SGB XII). Es ist davon auszugehen, dass § 88 SGB XII nach der systematischen Stellung eine Beteiligung an den Aufwendungen für den Lebensunterhalt von vornherein nicht enthält[35], vielmehr ist anzunehmen, dass der Gesetzgeber diese Vorschrift in Form des § 88 Abs. 1 Nr. 3 SGB XII a.F. mit der Einführung des SGB XII versehentlich aus dem BSHG (dort § 85 Abs. 1 Nr. 3) übernommen hatte, obwohl die Systematik der Einkommensberücksichtigung bei stationären und teilstationären Leistungen insbesondere im Hinblick auf die unterschiedliche Beurteilung von integralen Leistungen für den Lebensunterhalt und den sonstigen Kosten der Maßnahme grundsätzlich geändert wurde.[36] Es kann nicht angenommen werden, dass nebeneinander zwei Regelungen über den Einsatz von Einkommen gelten sollten, soweit es den Lebensunterhalt betrifft.[37]

31 Absatz 1 Satz 2 gilt nicht nur für das Einkommen der stationär untergebrachten Person, sondern wegen der fehlenden Beschränkung auf diese (wie z.B. in Absatz 2 oder § 87 Abs. 2 SGB XII) für **alle in § 19 Abs. 3 SGB XII genannten Personen**, deren Einkommen zu berücksichtigen ist.[38] Damit weicht die aktuelle Fassung von der bis zum 06.12.2006 geltenden (§ 88 Abs. 1 Nr. 3 Satz 2 a.F.) ab, nach der eine

---

[28] Deutscher Verein, NDV 2003, 6.
[29] Vgl. *Lippert* in: Mergler/Zink, SGB XII, § 88 Rn. 17, Stand: Januar 2007: In der Regel geringfügig, es sei denn durch den Einsatz sänke das verfügbare Einkommen unter den Regelbedarf der Hilfe zum Lebensunterhalt bzw. der Grundsicherungsleistungen; vgl. bei längerfristigen Bedarfen auch BSG v. 15.12.2010 - B 14 AS 44/09 R - FEVS 62, 541 und LSG Baden-Württemberg v. 30.08.2012 - L 7 SO 1525/10 - ZFSH/SGB 2013, 150.
[30] Für eine individuelle Betrachtung bereits zur Vorgängerregelung des § 85 BSHG BVerwG v. 17.06.1993 - 5 C 11/91 - BVerwGE 92, 336; Niedersächs. OVG v. 28.07.1999 - 12 L 2911/99; gegen eine Berücksichtigung von Einkommen außerhalb des Bedarfsmonats bei der Frage der Geringfügigkeit BVerwG v. 30.09.1993 - 5 C 49/91 - BVerwGE 94, 211.
[31] Vgl. auch *Schoch* in: LPK-SGB XII, 9. Aufl. 2012, § 88 Rn. 9.
[32] Vgl. die entsprechenden Prüfhinweise bei BSG v. 19.05.2009 - B 8 SO 32/07 R - BSGE 103, 171 zu Hörgerätebatterien.
[33] *Lücking* in: Hauck/Noftz, SGB XII, K 88 Rn. 11, Stand: Juni 2008; *Adolph* in: Jehle/Linhart/Adolph, SGB II SGB XII AsylbLG, § 88 Rn. 23, Stand: Februar 2009.
[34] BSG v. 23.08.2013 - B 8 SO 17/12 R - juris Rn. 23 - SozR 4-3500 § 92a Nr. 1.
[35] BT-Drs. 16/2711, S. 12 zu Nr. 14.
[36] BSG v. 23.08.2013 - B 8 SO 17/12 R - juris Rn. 27 - SozR 4-3500 § 92a Nr. 1.
[37] Dies erkennend hat der Gesetzgeber – allerdings erst mit Wirkung ab 03.12.2006 – die Norm später korrigiert und den Einkommenseinsatz „soweit bei teilstationären oder stationären Leistungen Aufwendungen für den häuslichen Lebensunterhalt erspart werden" aufgehoben; hieraus wird deutlich, dass § 88 Abs. 1 Nr. 3 SGB XII a.F. ausschließlich sonstige Kosten der Maßnahme betreffen konnte (vgl. BT-Drs. 16/2711, S. 12 zu Nr. 14); BSG v. 23.08.2013 - B 8 SO 17/12 R - juris Rn. 23 - SozR 4-3500 § 92a Nr. 1.
[38] Vgl. auch *Lippert/Zink* in: Mergler/Zink, SGB XII, § 88 Rn. 21, Stand: Januar 2007; *Schoch* in: LPK-SGB XII, 9. Aufl. 2012, § 88 Rn. 12; *Pfuhlmann-Riggert*, Die Heranziehung Angehöriger zu Kostenbeiträgen in der Jugend- und Sozialhilfe, 23. Sozialrechtliche Jahresarbeitstagung 2011, 1, 20.

Einkommensberücksichtigung nur bei der untergebrachten Person selbst vorgenommen werden konnte. Eine weitere Abweichung gegenüber dieser Fassung ergibt sich daraus, dass eine Einkommensberücksichtigung nicht mehr ausgeschlossen ist, wenn die untergebrachte Person eine andere überwiegend unterhält. Unterhaltspflichten sind aber im Rahmen des angemessenen Umfangs des Einkommenseinsatzes zu berücksichtigen (vgl. zum angemessenen Umfang die Kommentierung zu § 87 SGB XII Rn. 19 ff.).

Bei der Frage, wann voraussichtlich längere Zeit Leistungen benötigt werden, handelt es sich um eine **Prognoseentscheidung** des Trägers der Sozialhilfe, die aus der **Ex-Ante-Perspektive** zu beurteilen ist. Hierbei ist auf eine **Grenze von sechs Monaten** abzustellen.[39] Eine längere Frist (z.B. ein Jahr[40]) würde dem Zweck, eine Beteiligung wegen der vollständigen Versorgung in einer stationären Einrichtung vorzunehmen, nicht hinreichend Rechnung tragen, da bereits bei einem Zeitraum von wenigstens sechs Monaten nicht unerhebliche Entlastungseffekte entstehen. In § 7 Abs. 4 Satz 3 Nr. 1 SGB II hat der Gesetzgeber deutlich gemacht, welche Zeit eines Aufenthalts in einer stationären Einrichtung noch als übergangsweise anzusehen ist (mit der Folge der Erbringung von Leistungen nach dem SGB II). Dies kann auch im Rahmen des § 88 Abs. 1 Satz 2 SGB XII Beachtung finden. 32

Die Leistungen müssen in einer **stationären Einrichtung** erforderlich sein. Der Begriff der stationären Einrichtung entspricht dem in **§ 13 Abs. 1 Satz 2 SGB XII** genannten, so dass auf Kommentierung zu § 13 SGB XII Bezug genommen werden kann. Gemeint sind vollstationäre Einrichtungen im Sinne eines 24 Stunden täglich verfügbaren Betreuungsangebotes.[41] Dass § 88 Abs. 1 Satz 2 SGB XII anders als Absatz 2 nicht auch von stationären Leistungen in der stationären Einrichtung spricht, bedeutet nicht, dass die nachfragende Person nicht stationär untergebracht sein muss. Der Normzweck wird nur erfüllt, wenn tatsächlich die stationäre Einrichtung in Form einer Rundum-Versorgung in Anspruch genommen wird. 33

Der Einkommenseinsatz darf nur in **angemessenem Umfang** verlangt werden.[42] Dieser gerichtlich voll überprüfbare unbestimmte Rechtsbegriff[43] entspricht im Wesentlichen dem in **§ 87 Abs. 1 SGB XII** genannten, so dass auf die Kommentierung zu § 87 SGB XII Rn. 19 ff. verwiesen werden kann. **Unterhaltsverpflichtungen** sind allerdings nicht nur dann zu berücksichtigen, wenn sie den Familienzuschlag des § 85 SGB XII übersteigen, weil es bei § 88 SGB XII gerade um einen Einkommenseinsatz unterhalb der Einkommensgrenze geht. Es müssen bei der Ermessensentscheidung auch mit der stationären Unterbringung verbundene zusätzliche Aufwendungen im Rahmen der Angemessenheit berücksichtigt werden.[44] Im Einzelfall kann ein Einkommenseinsatz geboten sein, etwa wenn durch ersparte Aufwendungen andernfalls für die Eltern eines hilfebedürftigen Kindes ein Anreiz für die weitere Unterbringung geschaffen würde.[45] 34

V. Geschütztes Einkommen bei entgeltlicher Beschäftigung (Absatz 2)

Absatz 2 sieht bei entgeltlicher Beschäftigung während des Bezugs einer stationären Leistung in einer stationären Einrichtung einen Betrag des Einkommens vor, der vom zumutbaren Einkommenseinsatz ausgenommen ist. Leistungsberechtigter im Sinne der Vorschrift ist eine Person, die einen Anspruch auf eine entsprechende Leistung nach dem Fünften bis Neunten Kapitel hat. Anders als bei Absatz 1 35

---

[39] *Wolf* in: Fichtner/Wenzel, SGB XII/AsylbLG/SGB II/BKGG, 4. Aufl. 2009, § 88 Rn. 6; *Wahrendorf* in: Grube/Wahrendorf, 4. Aufl. 2012, SGB XII, § 88 Rn. 19; *Adolph* in: Jehle/Linhart/Adolph, SGB II SGB XII AsylbLG, § 88 Rn. 26, Stand: Februar 2009; *Karmanski* in: Jahn SGB, § 88 SGB XII Rn. 8, Stand 29.02.2012; *Pfuhlmann-Riggert*, Die Heranziehung Angehöriger zu Kostenbeiträgen in der Jugend- und Sozialhilfe, 23. Sozialrechtliche Jahresarbeitstagung 2011, 1, 20; ausdrücklich offen gelassen in BSG v. 23.08.2013 - B 8 SO 17/12 R - juris Rn. 27 - SozR 4-3500 § 92a Nr. 1: „Eine Zeit von mindestens einem Jahr mit prognostisch offenem Ende erfüllt die gesetzlichen Voraussetzungen in jedem Fall."
[40] Vgl. *Schoch* in: LPK-SGB XII, 9. Aufl. 2012, § 88 Rn. 14: ein Jahr oder länger.
[41] Vgl. *Lippert/Zink* in: Mergler/Zink, SGB XII, § 88 Rn. 23, Stand: Januar 2007.
[42] Vgl. zur Frage, ob ein Freibetrag zur Deckung anderer sozialhilferechtlicher Bedarfe zu gewähren ist, die ablehnenden Entscheidungen des BVerwG v. 20.10.2005 - 5 C 29/04 und v. 14.11.2002 - 5 C 27/01 - BVerwGE 117, 163 zur Vorgängerregelung des § 85 BSHG.
[43] BSG v. 23.08.2013 - B 8 SO 17/12 R - juris Rn. 28 - SozR 4-3500 § 92a Nr. 1; vgl. zur Vorgängervorschrift des § 85 BSHG bereits BVerwG v. 07.04.1995 - 5 B 36/94 - FEVS 46, 8.
[44] Vgl. SG Karlsruhe v. 28.05.2009 - S 4 SO 6021/07; zur Vorgängerregelung des § 85 BSHG bereits VG Augsburg v. 30.10.2002 - Au 3 K 02.937.
[45] Vgl. BVerwG v. 04.07.1974 - V C 42.73 - BVerwGE 45, 306 zur Vorgängervorschrift.

Satz 2 muss es sich nicht um eine voraussichtlich längerdauernde Leistung handeln, es genügt jede **stationäre Leistung** in einer stationären Einrichtung (vgl. zum Begriff Rn. 33). Teilstationäre Einrichtungen werden nicht erfasst. Um stationäre Einrichtungen handelt es sich regelmäßig nicht bei Werkstatten für behinderte Menschen. Für diese ist eine Einkommensabsetzung nur bei Hilfe zum Lebensunterhalt sowie Grundsicherung im Alter und bei Erwerbsminderung in § 82 Abs. 3 SGB XII geregelt.

36 Eine entgeltliche Beschäftigung liegt vor, wenn **wirtschaftlich verwertbare Betätigungen** ausgeübt werden, die zu einem Einkommen führen. Ein **Arbeitsverhältnis** ist **nicht erforderlich**.[46] Soweit ein Einkommen erzielt wird, ist dessen Höhe für das Vorliegen einer entgeltlichen Beschäftigung unerheblich (entscheidend ist die Einkommenshöhe allerdings für die Höhe des Freibetrages). Ob es sich um eine Voll- oder Teilzeitbeschäftigung handelt, ist ebenso ohne Bedeutung wie die Frage, ob eine versicherungspflichtige Beschäftigung vorliegt. Erfasst werden also auch selbständige Tätigkeiten oder solche als mithelfender Familienangehöriger.

37 Ausgenommen vom Einkommenseinsatz ist jeden Monat Einkommen i.H.v. **einem Achtel der Regelbedarfsstufe 1 nach der Anlage zu § 28 SGB XII** (früher des Eckregelsatzes, vgl. Rn. 1) sowie ein Viertel des diesen Betrag übersteigenden Einkommens. Soweit das tatsächliche aus der entgeltlichen Beschäftigung erzielte Einkommen unter der Grenze von einem Achtel der Regelbedarfsstufe 1 nach der Anlage zu § 28 SGB XII liegt, wird es nur in tatsächlicher Höhe vom Einkommenseinsatz ausgenommen. Eine Verrechnung des das Einkommen übersteigenden Freibetrages mit anderweitigem Einkommen der untergebrachten Person oder weiterer in § 19 Abs. 3 SGB XII genannter Personen ist nicht möglich.

38 Soweit die Voraussetzungen des Absatzes 2 vorliegen, ist der dort genannte Ausschluss des Einkommenseinsatzes durch den Träger der Sozialhilfe zwingend zu beachten. Ein **Ermessen besteht insoweit nicht**.

39 Aus Absatz 2 ergibt sich, dass die dort getroffene Regelung lex specialis gegenüber **§ 82 Abs. 3 SGB XII** (Einkommensabsetzung bei Hilfe zum Lebensunterhalt sowie Grundsicherung im Alter und bei Erwerbsminderung) ist, dieser für die von Absatz 2 erfasste Fallkonstellation also nicht – auch nicht entsprechend – angewandt werden darf.

40 In der Praxis wird § 88 Abs. 2 SGB XII offenbar teilweise nicht angewendet, weil die Freilassung von Erwerbseinkommen bei Heimbewohnern nach § 82 Abs. 3 SGB XII geprüft wird, was wegen der fehlenden Anwendbarkeit dieser Bestimmung im Rahmen des § 88 SGB XII rechtswidrig ist.[47]

VI. Absolute Untergrenze des Einkommenseinsatzes?

41 Ganz überwiegend wird es als absolute Untergrenze des Einkommenseinsatzes angesehen, wenn das einsetzbare Einkommen die **Grenze der Hilfe zum Lebensunterhalt bzw. der Grundsicherung** erreicht.[48] Teilweise wird von diesem Grundsatz eine Ausnahme bei den zweckbestimmten Leistungen (Absatz 1 Satz 1 Nr. 1) gemacht.[49]

42 Grundsätzlich darf der geforderte Einkommenseinsatz nicht zu einer Hilfebedürftigkeit im Rahmen der Hilfe zum Lebensunterhalt bzw. der Grundsicherung führen, denn einen solchen Bedarf hätte der Träger der Sozialhilfe zumindest im Bereich der Hilfe zum Lebensunterhalt auch ohne einen Antrag des Betroffenen zu berücksichtigen (vgl. § 18 Abs. 1 SGB XII). Bei den Grundsicherungsleistungen wäre es ebenfalls nicht recht nachvollziehbar, wenn der Betroffene nun seinerseits durch einen Antrag im Gegenzug zur Verpflichtung zum Einkommenseinsatz wieder einen Gegenanspruch erwerben könnte. Es erscheint allerdings sachgerecht, bei den **zweckgerichteten Leistungen** dann eine **Ausnahme** vorzunehmen, wenn es sich nur um Einkünfte in Geldeswert handelt (nicht in Geld), denn diese sollten sinnvollerweise tatsächlich zur Deckung des jeweiligen Bedarfs eingesetzt werden. Bei zweckbestimmten Geldleistungen Dritter sollte dagegen ein bedarfsdeckender Einkommenseinsatz bei Unter-

---

[46] Vgl. auch *Wolf* in: Fichtner/Wenzel, SGB XII/AsylbLG/SGB II/BKGG, 4. Aufl. 2009, § 88 Rn. 8; *Decker* in: Oestreicher, SGB XII/SGB II, § 88 SGB XII Rn. 32, Stand: Februar 2010.

[47] Vgl. *Niemann*, NDV 2006, 35, 39.

[48] Vgl. *Karmanski* in: Jahn, SGB XII, § 88 Rn. 10 m.w.N., Stand: 29.02.2012; *Wahrendorf* in: Grube/Wahrendorf, SGB XII, 4. Aufl. 2012, § 88 Rn. 2; *Adolph* in: Jehle/Linhart/Adolph, SGB II SGB XII AsylbLG, § 88 Rn. 16, Stand: Februar 2009; *Lippert/Zink* in: Mergler/Zink, SGB XII, § 88 Rn. 4, Stand: Mai 2009; *Pfuhlmann-Riggert*, Die Heranziehung Angehöriger zu Kostenbeiträgen in der Jugend- und Sozialhilfe, 23. Sozialrechtliche Jahresarbeitstagung 2011, 1, 19.

[49] Vgl. z.B. *Lippert* in: Mergler/Zink, SGB XII, § 88 Rn. 4, 8, Stand: Januar 2007 und Mai 2009; *Wahrendorf* in: Grube/Wahrendorf, SGB XII, 4. Aufl. 2012, § 88 Rn. 22.

schreiten der Grenze zu der Hilfe zum Lebensunterhalt bzw. den Leistungen der Grundsicherung nur gefordert werden, wenn die nicht zweckentsprechende Verwendung zu einer Rückforderung der Leistung durch den Dritten führen würde, denn dann wäre eine quasi interne Verrechnung der Einkünfte mit Gegenansprüchen des Betroffenen nicht von Nutzen.

VII. Verfahren des Einkommenseinsatzes

1. Einkommenseinsatz nach Absatz 1 Satz 1

In den beiden Fällen des Absatzes 1 Satz 1 ist vor der Verpflichtung zum Einkommenseinsatz durch den Träger der Sozialhilfe eine **Ermessensentscheidung** vorzunehmen.[50] Ermessensgesichtspunkte sind z.B. Gleichbehandlungserwägungen oder fiskalische Erwägungen. Im Rahmen der Ermessenserwägungen ist auch zu berücksichtigen, ob ein Einkommenseinsatz zu einer Hilfebedürftigkeit für Hilfe zum Lebensunterhalt bzw. für Grundsicherungsleistungen führt. Dies ist allenfalls in Ausnahmefällen zulässig (vgl. Rn. 42). Wird Ermessen gar nicht ausgeübt, ist der geforderte Einkommenseinsatz rechtswidrig und ein entsprechender Bescheid aufzuheben.[51]

43

2. Einkommenseinsatz nach Absatz 1 Satz 2

Soweit ein Einkommenseinsatz im Sinne des Absatzes 1 Satz 2 in Betracht kommt, muss die Behörde einen solchen im **Regelfall** vornehmen („soll"). Lediglich in **atypischen Fällen** darf darauf verzichtet werden. Dabei ist allerdings zu berücksichtigen, dass nur eine Beteiligung „in angemessenem Umfang" verlangt werden soll. Soweit dabei ein Einkommenseinsatz zu einer Hilfebedürftigkeit für Hilfe zum Lebensunterhalt bzw. für Grundsicherungsleistungen führen würde, ist der Einsatz grundsätzlich nicht angemessen (vgl. hierzu Rn. 42). Im Hinblick auf die Korrekturmöglichkeit über die vorrangig zu prüfende Angemessenheit des Einkommenseinsatzes sind atypische Fälle für die Fallkonstellationen des Absatzes 1 Satz 2 in der Praxis kaum vorstellbar. In Betracht käme etwa, dass der Mitteleinsatz zunächst angemessen war, der Träger der Sozialhilfe dies aber übersehen hat und erst zu einem deutlich späteren Zeitpunkt, an dem sich die Einkommenssituation verschlechtert hat, einen Kostenbeitrag prüft.

44

3. Form des Einkommenseinsatzes

Soweit der Einkommenseinsatz zum Zeitpunkt der Leistung schon bestimmt werden kann, erfolgt die Bewilligung durch **Leistungsbescheid** bereits **in gekürzter Form** mit einer Begründung für das einzusetzende Einkommen. Der Träger der Sozialhilfe ist hingegen grundsätzlich nicht berechtigt, die Leistung zunächst in vollem Umfang zu erbringen und später Aufwendungsersatz in Höhe des Eigenanteils zu verlangen[52] (zu den Ausnahmen vgl. Rn. 46). Es handelt sich also um eine Berücksichtigung bei der Leistung, nicht um eine spätere Heranziehung. Beschwert (und damit anfechtungs- und klageberechtigt) ist durch die Kürzung nur der Empfänger der Leistung, nicht aber weitere in § 19 Abs. 3 SGB XII genannte Personen oder unterhaltsberechtigte Angehörige. Bei Sach- und Dienstleistungen kann, soweit sie nicht teilbar sind, nur ein Kostenbeitrag gesondert geltend gemacht werden. Auch dies hat aber bei Feststehen der Höhe des einzusetzenden Einkommens bereits im Bewilligungsbescheid zu erfolgen.

45

Wenn der Einkommenseinsatz bei Gewährung der Leistung noch nicht feststand (insbesondere die Fälle des Absatzes 1 Satz 1), oder zunächst aus anderen Gründen eine uneingeschränkte Gewährung erfolgen musste (z.B. wegen § 92 Abs. 1 SGB XII, „Bruttoprinzip"), wird der **Aufwendungsersatz** nach § 19 Abs. 5 SGB XII bzw. der **Kostenbeitrag** nach § 92 Abs. 1 SGB XII durch **gesonderten Leistungsbescheid**[53] geltend gemacht. Da sich diese Anforderungen jeweils gegen alle zur Aufbrin-

46

---

[50] Vgl. auch BSG v. 19.05.2009 - B 8 SO 32/07 R - BSGE 103, 171; LSG Niedersachsen-Bremen v. 24.09.2009 - L 8 SO 154/07; LSG Niedersachsen-Bremen v. 25.02.2010 - L 8 SO 5/08.

[51] Vgl. auch BSG v. 19.05.2009 - B 8 SO 32/07 R - juris Rn. 26 - BSGE 103, 171; LSG Niedersachsen-Bremen v. 25.02.2010 - L 8 SO 5/08.

[52] Vgl. auch *Wahrendorf* in: Grube/Wahrendorf, SGB XII, 4. Aufl. 2012, § 88 Rn. 20; unklar *Decker* in: Oestreicher, SGB XII/SGB II, § 88 SGB XII Rn. 27, Stand: Februar 2010, „wird auch die rückwirkende Erhebung eines Kostenbeitrags nicht etwa ausgeschlossen oder eingeschränkt".

[53] Vgl. zur nachträglichen Geltendmachung durch Leistungsbescheid bei späterem Bekanntwerden von Einkommen BVerwG v. 25.11.1982 - 5 C 13/82 - FEVS 32, 309 zur Vorgängerregelung des § 85 BSHG.

gung des Einkommens Verpflichteten richten können, aber auch gegen jeden Einzelnen als Gesamtschuldner, hängt die Frage, wer den Bescheid anfechten kann, davon ab, gegen wen der Träger der Sozialhilfe den Kostenbeitrag geltend macht.

C. Praxishinweise

47 In der Praxis führen Träger der Sozialhilfe bei zweckbestimmten Leistungen Dritter im Sinne des Absatzes 1 Satz 1 Nr. 1 gelegentlich **keine Ermessenentscheidung** über den Einkommenseinsatz durch, sondern verneinen bereits einen Bedarf des Betroffenen.[54] Dies ist allenfalls zulässig, was zweifelhaft ist, wenn durch die Leistungen der Dritten der ansonsten durch den Träger der Sozialhilfe nach den Vorgaben des Fünften bis Neunten Kapitels zu deckende Bedarf bereits vollständig entfallen ist (vgl. auch § 2 Abs. 1 SGB XII, Nachrang der Sozialhilfe). Entscheidend dürfte dabei sein, ob die Leistungen Dritter unabhängig von einem ansonsten bestehenden Anspruch auf Sozialhilfe und der fehlenden Leistung des Trägers der Sozialhilfe erbracht werden, denn nur dann wäre eine Bedarfsdeckung durch Sozialhilfe nicht mehr erforderlich. In allen übrigen Fällen ist die Ermessensentscheidung zwingend vorzunehmen und die vollständig fehlende Ermessensausübung im Verwaltungsverfahren führt zur Rechtswidrigkeit eines entsprechenden Versagungsbescheides.

---

[54] Vgl. auch *Schoch* in: LPK-SGB XII, 9. Aufl. 2012, § 88 Rn. 18.

§ 89 SGB XII Einsatz des Einkommens bei mehrfachem Bedarf

(Fassung vom 27.12.2003, gültig ab 01.01.2005)

(1) Wird im Einzelfall der Einsatz eines Teils des Einkommens zur Deckung eines bestimmten Bedarfs zugemutet oder verlangt, darf dieser Teil des Einkommens bei der Prüfung, inwieweit der Einsatz des Einkommens für einen anderen gleichzeitig bestehenden Bedarf zuzumuten ist oder verlangt werden kann, nicht berücksichtigt werden.

(2) ¹Sind im Fall des Absatzes 1 für die Bedarfsfälle verschiedene Träger der Sozialhilfe zuständig, hat die Entscheidung über die Leistung für den zuerst eingetretenen Bedarf den Vorrang. ²Treten die Bedarfsfälle gleichzeitig ein, ist das über der Einkommensgrenze liegende Einkommen zu gleichen Teilen bei den Bedarfsfällen zu berücksichtigen.

Gliederung

A. Basisinformationen 1	IV. Verbot der Doppelberücksichtigung von Einkommen (Absatz 1) 13
I. Textgeschichte/Gesetzgebungsmaterialien 1	V. Einkommenseinsatz bei mehreren Sozialhilfeträgern (Absatz 2) 18
II. Vorgängervorschriften 2	1. Eintritt der Bedarfe zu unterschiedlichen Zeitpunkten (Absatz 2 Satz 1) 18
III. Parallelvorschriften 3	2. Gleichzeitiger Eintritt der Bedarfe (Absatz 2 Satz 2) 20
IV. Systematische Zusammenhänge 5	VI. Folgen einer Doppelberücksichtigung von Einkommen 23
V. Ausgewählte Literaturhinweise 6	**C. Praxishinweise** 24
B. Auslegung der Norm 7	
I. Regelungsgehalt und Bedeutung der Norm 7	
II. Normzweck 9	
III. Anwendungsbereich 10	

A. Basisinformationen

I. Textgeschichte/Gesetzgebungsmaterialien

§ 89 SGB XII ist zum **01.01.2005** aufgrund des Gesetzes zur Einordnung des Sozialhilferechts in das Sozialgesetzbuch vom 27.12.2003[1] in Kraft getreten und **seitdem nicht geändert** worden. Es handelt sich nicht um eine erstmalige Regelung, vielmehr wurde § 87 Abs. 1 und 3 BSHG weitgehend inhaltsgleich übernommen (vgl. Rn. 2). Deshalb enthalten die Materialien zu § 89 SGB XII auch keine eigenständige Gesetzesbegründung.[2]

1

II. Vorgängervorschriften

§ 89 SGB XII entspricht inhaltlich und von der Funktion her **§ 87 Abs. 1 und 3 BSHG**. Die geringfügigen Änderungen insbesondere gegenüber § 87 Abs. 3 BSHG und die fehlende Übernahme des **§ 87 Abs. 2 BSHG** sind darauf zurückzuführen, dass das System verschiedener Einkommensgrenzen, wie es nach dem BSHG bestand (vgl. die **§§ 80, 81 BSHG**), im SGB XII nicht übernommen wurde (vgl. die Kommentierung zu § 45 SGB XII Rn. 2 f.). § 85 SGB XII sieht eine einheitliche (ggf. durch § 86 SGB XII modifizierte) Einkommensgrenze für alle Hilfeempfänger von Leistungen nach dem Fünften bis Neunten Kapitel vor, so dass nicht mehr geregelt werden musste, welche Einkommensgrenze vorrangig zur Anwendung kommen soll.

2

III. Parallelvorschriften

Den §§ 85 ff. SGB XII direkt entsprechende Regelungen gibt es im Bereich der Grundsicherungsleistungen nach dem **SGB II** nicht, da dieses keine den im Fünften bis Neunten Kapitel genannten Leistungen entsprechende Leistungen vorsieht. Die Bezieher von Leistungen nach dem SGB II können aber diese Leistungen nach dem SGB XII bei Vorliegen der Voraussetzungen ebenfalls in Anspruch nehmen.

3

---

[1] BGBl I 2003, 3022.
[2] BT-Drs. 15/1514, S. 66 zu § 84.

4 In § 19 Abs. 3 Sätze 2 und 3 SGB II wird allerdings beim Arbeitslosengeld II eine Reihenfolge für die Berücksichtigung von Einkommen und Vermögen für verschiedene zu erbringende Leistungen festgelegt. Zu berücksichtigendes Einkommen und Vermögen deckt danach zunächst die Bedarfe nach den §§ 20, 21 und 23 SGB II, darüber hinaus die Bedarfe nach § 22 SGB II. Sind nur noch Leistungen für Bildung und Teilhabe zu leisten, deckt weiteres zu berücksichtigendes Einkommen und Vermögen die Bedarfe in der Reihenfolge der Absätze 2 bis 7 nach § 28 SGB II.

IV. Systematische Zusammenhänge

5 Die Vorschrift steht in engem systematischem Zusammenhang mit den **§§ 19 Abs. 3, 87 sowie 88 SGB XII**. Diese bestimmen, wann Einkommen zur Deckung eines Bedarfs nach dem Fünften bis Neunten Kapitel einzusetzen ist. Während § 19 Abs. 3 SGB XII vorsieht, dass das Einkommen der nachfragenden Person und der übrigen dort genannten Personen einzusetzen ist, sofern dies zumutbar ist, wird diese Zumutbarkeit in den §§ 87 und 88 SGB XII näher definiert. § 87 SGB XII gilt dabei nur für Einkommen oberhalb der Einkommensgrenze, während § 88 SGB XII auch (aber nicht nur) solches erfasst, das unterhalb der **Einkommensgrenze des § 85 SGB XII** (ggf. modifiziert durch § 86 SGB XII) liegt (zum Verhältnis zwischen § 87 und § 88 SGB XII vgl. die Kommentierung zu § 87 SGB XII Rn. 5). Die Zumutbarkeit wird insofern aber nur für den jeweils einzelnen Bedarf festgelegt. § 89 SGB XII regelt dagegen, was zu beachten ist, wenn mehrere Bedarfe nach dem Fünften bis Neunten Kapitel gleichzeitig auftreten.

V. Ausgewählte Literaturhinweise

6 *Deutscher Verein für öffentliche und private Fürsorge*, Empfehlungen für den Einsatz von Einkommen und Vermögen in der Sozialhilfe, NDV 2003, 1; *ders.* Empfehlungen für den Einsatz von Einkommen und Vermögen in der Sozialhilfe (SGB XII) vom 05.12.2007, Berlin 2008.

B. Auslegung der Norm

I. Regelungsgehalt und Bedeutung der Norm

7 § 89 SGB XII regelt als **Kollisionsnorm**, was zu beachten ist, wenn ein Einkommenseinsatz zur Deckung eines Bedarfes nach dem **Fünften bis Neunten Kapitel** zwar grundsätzlich zumutbar ist, aber mehrere Bedarfe bestehen und das einzusetzende Einkommen zur Deckung aller Bedarfe nicht ausreicht.

8 **Absatz 1** legt dabei als allgemeine Regel nur fest, dass eine Doppelberücksichtigung von bereits eingesetztem Einkommen nicht erfolgen darf, ohne nähere Bestimmungen über das Verfahren der Einkommensberücksichtigung bei mehreren durch einen Träger der Sozialhilfe zu deckenden Bedarfen zu treffen. **Absatz 2 Satz 1** bestimmt anknüpfend an dieses Verbot der Doppelberücksichtigung bei mehreren gleichzeitig bestehenden Bedarfen und unterschiedlichen Zuständigkeiten für diese Bedarfe als Verfahrensregelung einen Vorrang der Entscheidung über den Einkommenseinsatz durch den Träger der Sozialhilfe, der für den zuerst eingetretenen Bedarf zuständig ist. **Absatz 2 Satz 2** erfasst als weitere Verfahrensregelung den Fall des gleichzeitigen Eintritts von Bedarfen bei mehreren Trägern und sieht eine anteilige Aufteilung des über der Einkommensgrenze liegenden Einkommens vor.

II. Normzweck

9 § 89 SGB XII statuiert für die Leistungen nach dem Fünften bis Neunten Kapitel ausdrücklich den Grundsatz, dass bereits für die Deckung eines Bedarfs eingesetztes Einkommen nicht bei einem anderen gleichzeitig bestehenden Bedarf eingesetzt werden muss. Darüber hinaus soll sichergestellt werden, dass dieser Grundsatz bei unterschiedlichen Zuständigkeiten der Träger der Sozialhilfe für die jeweiligen Bedarfe ebenfalls Beachtung findet und dass insoweit eine praktikable Verfahrensregelung vorliegt.

III. Anwendungsbereich

10 Die Regelungen der §§ 87 und 88 SGB XII über den Einsatz von Einkommen, mit denen § 89 SGB XII systematisch in Zusammenhang steht, gelten nur für Leistungen nach dem Fünften bis Neunten Kapitel (zu den erfassten Leistungen vgl. die Kommentierung zu § 85 SGB XII Rn. 20). Entsprechend kann daher auch diese Kollisionsnorm für den Einkommenseinsatz bei mehreren Bedarfen nur für solche Leistungen gelten.[3] Fälle, in denen diese Leistungen mit Leistungen nach anderen Kapiteln des SGB XII zusammentreffen, werden von § 89 SGB XII nicht erfasst. Vgl. zu dieser Problematik die Kommentierung zu § 10 SGB XII. Im Verhältnis zum Wohngeld gilt das Doppelanrechnungsverbot nicht, weil dort die Einkommenshöhe nur Berechnungsgröße ist, aber kein erneuter Einkommenseinsatz erfolgen muss.[4] Allerdings ist eine Doppelanrechnung auch im Verhältnis zu Leistungen des SGB VIII ausgeschlossen[5], wenngleich § 90 SGB VIII auf § 89 SGB XII gerade nicht verweist.

Für **bestimmte Leistungen** des Fünften bis Neunten Kapitels gilt die **Einkommensgrenze** des § 85 SGB XII aufgrund speziellerer anderweitiger Festlegung **nicht**. Dies sind die Fälle des **§ 68 Abs. 2 SGB XII** (Hilfe zur Überwindung besonderer sozialer Schwierigkeiten), **§ 71 Abs. 4 SGB XII** (Altenhilfe) und des **§ 92 Abs. 2 Satz 1 Nrn. 1-8 SGB XII**. Diese Leistungen werden bis auf die Kosten für den Lebensunterhalt ohne Berücksichtigung von Einkommen und generell ohne Berücksichtigung von Vermögen ohne Eigenbeteiligung gewährt, so dass auch § 89 SGB XII insoweit nicht zur Anwendung kommen kann.

11

Zu Fällen des Zusammentreffens mehrfacher Bedarfe bei unterschiedlichen Personen einer Einsatzgemeinschaft nach **§ 19 Abs. 3 SGB XII** vgl. Rn. 15.

12

IV. Verbot der Doppelberücksichtigung von Einkommen (Absatz 1)

Ausgeschlossen ist die Berücksichtigung von Einkommen, dessen Einsatz bereits bei der Leistungsgewährung zur Deckung eines anderen Bedarfs nach dem Fünften bis Neunten Kapitel zugemutet oder verlangt wurde, nur bei einem „gleichzeitig" bestehenden weiteren Bedarf nach denselben Kapiteln. Es kommt dabei darauf an, ob der Einkommenseinsatz faktisch zugemutet oder verlangt wurde, nicht ob tatsächlich eine Berechtigung des Trägers der Sozialhilfe dazu bestand. Schwierigkeiten bereitet dabei die Bestimmung des Begriffs des „**gleichzeitigen Bestehens**". Da die Berechnung der Einkommensgrenze und folglich auch die Vorschriften über die Berücksichtigung von Einkommen sich nach einer monatlichen Gegenüberstellung von Einkommen und Bedarf richten, kann damit nicht die taggenaue Überschneidung zweier oder mehrerer Bedarfe gemeint sein. Es ist also für die Gleichzeitigkeit bei Absatz 1 zumindest ausreichend, wenn Bedarfe **innerhalb desselben Kalendermonats** auftreten.[6] Zur abweichenden Auslegung des „gleichzeitigen Eintretens" eines Bedarfs in Absatz 2 Satz 2 vgl. Rn. 20.

13

§ 87 Abs. 2 SGB XII dehnt die Anrechenbarkeit von Einkommen über den jeweiligen für § 89 Abs. 1 SGB XII grundsätzlich maßgeblichen Bedarfsmonat (vgl. Rn. 13) aus. Danach kann, wenn durch einen Bedarf Einkommen wegfällt, unter bestimmten Voraussetzungen auch auf in einem angemessenen Zeitraum nach Wegfall des Bedarfs erzieltes Einkommen zugegriffen werden (vgl. die Kommentierung zu § 87 SGB XII Rn. 38 ff.). Dadurch könnte die Zumutung des Einkommenseinsatzes für den weggefallenen Bedarf mit dem Einkommenseinsatz für einen weiteren, in diesem angemessenen Zeitraum auftretenden Bedarf kollidieren, obwohl kein gleichzeitiger Bedarf im Sinne des § 89 Abs. 1 SGB XII besteht. In diesen Fällen erscheint eine doppelte Berücksichtigung desselben Einkommens nach der Intention des § 89 SGB XII nicht angemessen und es ist insofern von einer **Regelungslücke** auszugehen. Diese ist durch die analoge Anwendung des § 89 SGB XII zu schließen. Dies gilt allerdings nicht für die tatsächlichen Bedarfsmonate bei § 87 Abs. 2 SGB XII, in denen ein durch den Bedarfsfall vermindertes Einkommen einzusetzen wäre. Insoweit findet § 89 SGB XII direkte Anwendung. Direkt ist § 89 SGB XII auch in den Fällen des **§ 87 Abs. 3 SGB XII** anzuwenden, denn zwar muss ggf. ein Einkommenseinsatz auch für bis zu drei Monate nach der Leistung erbracht werden, dies sagt aber noch nichts über einen fehlenden gleichzeitigen Bedarf im Sinne des § 89 Abs. 1 SGB XII aus. Vielmehr muss der Gebrauch des Bedarfsgegenstandes nach § 87 Abs. 3 SGB XII für mindestens ein Jahr bestimmt sein, so dass von einem auch den Drei-Monats-Zeitraum abdeckenden Bedarf auszugehen ist.

14

In Absatz 1 ist weder vorgesehen, dass es nur um das Einkommen der nachfragenden Person geht, noch dass die gleichzeitig bestehenden Bedarfe bei derselben Person bestehen müssen. Gerade diese gegenüber anderen Regelungen (z.B. § 87 Abs. 2 SGB XII) fehlende Einschränkung ergibt im systemati-

15

---

[3] Vgl. auch *Wahrendorf* in: Grube/Wahrendorf, SGB XII, 4. Aufl. 2012, § 89 Rn. 1; *Schoch* in: LPK-SGB XII, 9. Aufl. 2012, § 89 Rn. 1; *Decker* in: Oestreicher, SGB XII/SGB II, § 89 SGB XII Rn. 3, Stand: Februar 2010; *Lippert* in: Mergler/Zink, SGB XII, § 89 Rn. 2, Stand: Mai 2009.

[4] Vgl. BVerwG v. 07.07.2005 - 5 C 13/03 - juris Rn. 20 - BVerwGE 124, 75 m. Anm. *Berlit*, jurisPR-BVerwG 25/2005, Anm. 4.

[5] Vgl. BVerwG v. 21.10.2004 - 5 C 30/03 - juris Rn. 9 - BVerwGE 122, 128.

[6] Vgl. auch *Schoch* in: LPK-SGB XII, 9. Aufl. 2012, § 89 Rn. 4.

schen Zusammenhang mit **§ 19 Abs. 3 SGB XII**, dass die dort genannten Personen bei der Anwendung des § 89 Abs. 1 SGB XII als Einheit betrachtet werden müssen.[7] **Einkommen der Einsatzgemeinschaft**, dessen Einsatz für einen Bedarf eines Mitgliedes bereits verlangt oder zugemutet wurde, darf für einen im selben Monat (und bei analoger Anwendung auch in anderen Fällen, vgl. Rn. 14) auftretenden weiteren Bedarf desselben oder eines anderen Mitgliedes nicht mehr berücksichtigt werden.

16 Absatz 1 trifft anders als Absatz 2 keine Bestimmung darüber, bei welchem Bedarf die Einkommensberücksichtigung zu erfolgen hat. Einen solchen Vorrang sah auch die Vorgängerregelung des § 87 BSHG nur für Fälle von unterschiedlichen Einkommensgrenzen vor, die im SGB XII nicht mehr eintreten können, weil es nur noch eine einheitliche Einkommensgrenze gibt (vgl. Rn. 2). Der Träger der Sozialhilfe ist aber in seiner **Auswahl**, für welchen Bedarf das Einkommen einzusetzen ist, **nicht frei**. Zunächst kann sich schon aus den Regelungen der §§ 87, 88 SGB XII ein bestimmter Vorrang der Einkommensberücksichtigung ergeben, etwa wenn im Fall eines zweckgerichteten Einkommens (§ 88 Abs. 1 Satz 1 Nr. 1 SGB XII) dieses nur der Deckung eines der Bedarfe dient oder nur ein Bedarf geringfügig im Sinne des § 88 Abs. 1 Satz 1 Nr. 2 SGB XII ist. Darüber hinaus ist der Träger der Sozialhilfe aber verpflichtet, bei jedem eintretenden Bedarf jeweils über die Frage des Einkommenseinsatzes zu entscheiden. Damit ergibt sich auch im Rahmen des Absatzes 1, dass abgesehen von der genannten, sich aus den §§ 87 und 88 SGB XII selbst ergebenden abweichenden Reihenfolge eine Einkommensberücksichtigung vorrangig bei dem zuerst eingetretenen Bedarf vorzunehmen ist (vgl. auch Rn. 19). Dieser allgemeine Grundsatz findet seinen Ausdruck ausdrücklich auch in der Regelung des § 89 Abs. 2 Satz 1 SGB XII. Bei gleichzeitig eintretenden (nicht nur gleichzeitig bestehenden) Bedarfen im Sinne des Absatzes 2 Satz 2 (vgl. Rn. 20) muss allerdings, soweit im Rahmen des Absatzes 1 nur ein Träger der Sozialhilfe betroffen ist, keine Aufteilung des über der Einkommensgrenze liegenden Einkommens erfolgen, denn hierfür gibt es keinen sachlichen Grund. Es ist auch nicht von einer Regelungslücke auszugehen, die zu einer analogen Anwendung des Absatzes 2 Satz 2 berechtigen würde. In diesen Fällen kann der Träger der Sozialhilfe, abgesehen von einer durch die §§ 87, 88 SGB XII eventuell vorgegebenen Reihenfolge, den Einkommenseinsatz frei den Bedarfen zuordnen.

17 Dass Absatz 1 sowohl davon spricht, dass der Einkommenseinsatz „zugemutet" als auch, dass er „verlangt" werden kann, hat nicht zur Folge, dass verschiedene Alternativen des § 89 Abs. 1 SGB XII vorliegen. Es handelt sich nur um eine Erfassung des **unterschiedlichen Sprachgebrauchs** in den §§ 87 Abs. 1 (zugemutet) und Abs. 2, 3 sowie 88 (verlangt) SGB XII, der allerdings für die Anwendung des § 89 SGB XII keine sachlichen Auswirkungen hat.

V. Einkommenseinsatz bei mehreren Sozialhilfeträgern (Absatz 2)

1. Eintritt der Bedarfe zu unterschiedlichen Zeitpunkten (Absatz 2 Satz 1)

18 Voraussetzung für die Anwendbarkeit von Absatz 2 Satz 1 ist, dass verschiedene Träger für gleichzeitig bestehende Bedarfsfälle nach Absatz 1 (vgl. hierzu Rn. 13 ff.) zuständig sind. Dies können sowohl **örtliche und überörtliche Träger** von Leistungen sein, als auch Träger mit **unterschiedlichen örtlichen Zuständigkeiten**. Letzteres kommt insbesondere in Betracht, wenn bei der hier vertretenen (vgl. Rn. 15) weiten Auslegung des § 89 Abs. 1 SGB XII auch Bedarfe unterschiedlicher Personen berücksichtigt werden.

19 Eine Einkommensberücksichtigung ist nach Absatz 2 Satz 1 vorrangig durch den Träger der Sozialhilfe vorzunehmen, der über den zuerst eingetretenen Bedarf zu entscheiden hat. Es kommt dabei auf den früheren Eintritt eines Bedarfs in tatsächlicher Hinsicht an, eine Gleichzeitigkeit ist anders als bei Absatz 1 nicht bereits bei Eintritt im selben Kalendermonat anzunehmen (vgl. auch Rn. 20). Die Vorschrift spricht zwar nur von einem **Vorrang der Entscheidung**. Aus dem Zusammenspiel mit der speziellen Regelung in Absatz 2 Satz 2 ergibt sich aber, dass bei dieser Entscheidung – soweit nötig und möglich – das **gesamte** einzusetzende **Einkommen ausgeschöpft** werden und dann nach der Grundregel des Absatzes 1 nicht mehr von dem nachrangig entscheidenden Träger berücksichtigt werden darf. Es ist allerdings auch denkbar, dass der erste Träger einen Einkommenseinsatz nicht verlangen kann, wenn etwa im Fall eines zweckgerichteten Einkommens (§ 88 Abs. 1 Satz 1 Nr. 1 SGB XII) die-

---

[7] Vgl. auch *Lippert* in: Mergler/Zink, SGB XII, § 89 Rn. 8, Stand: Mai 2009; *Karmanski* in: Jahn, SGB, § 89 Rn. 2, Stand 29.02.2012; *Lücking* in: Hauck/Noftz, SGB XII, K 89 Rn. 1, Stand: Dezember 2004; *Decker* in: Oestreicher, SGB XII/SGB II, § 89 Rn. 10, Stand: Februar 2010, „zumindest entsprechende Anwendung".

ses nur der Deckung des später eingetretenen Bedarfs dient. Das ist auch der Grund, dass nach § 89 Abs. 2 Satz 1 SGB XII nur der Entscheidung über den zuerst eingetretenen Bedarf Vorrang eingeräumt wird, nicht aber dass zwingend eine vorrangige Einkommensberücksichtigung erfolgen muss.

2. Gleichzeitiger Eintritt der Bedarfe (Absatz 2 Satz 2)

Für die Anwendbarkeit von Absatz 2 Satz 2 müssen zwar auch gleichzeitig bestehende Bedarfsfälle im Sinne des Absatzes 1 (vgl. Rn. 13) vorliegen. Anders als in Absatz 1 wird aber nicht nur auf das gleichzeitige Bestehen, sondern auf den **gleichzeitigen Eintritt des Bedarfs** abgestellt. Aus dem abweichenden Wortlaut ergibt sich, dass es insoweit nicht nur auf ein Zusammentreffen der Bedarfe im jeweiligen für die Berechnung der Einkommensgrenze maßgeblichen Kalendermonat ankommt (wie bei Absatz 1), sondern auch auf den tatsächlich gleichzeitigen Eintritt.[8] Dies dürfte in der Regel nur der Fall sein, wenn durch ein einheitliches Ereignis mehrere Bedarfe entstehen.

20

Absatz 2 Satz 2 legt fest, dass bei einem solchen gleichzeitigen Eintritt der Bedarfsfälle das über der Einkommensgrenze liegende Einkommen **zu gleichen Teilen** bei den Bedarfsfällen zu berücksichtigen ist. Zur Frage, was mit dem unterhalb dieser Grenze liegenden Einkommen geschieht, vgl. Rn. 22. Dies gilt natürlich nur, solange die Voraussetzungen für die Berücksichtigung bei dem jeweiligen Bedarf (vgl. hierzu auch Rn. 14) vorliegen. Endet einer der Bedarfe eher, endet in der Regel auch die Einkommensaufteilung. Dies gilt nicht in den Fällen des § 87 Abs. 2 SGB XII, in denen auch über den Bedarfszeitraum hinaus ein Einkommenseinsatz verlangt werden kann.

21

Eine **Regelungslücke** ergibt sich dadurch, dass Absatz 2 Satz 2 bei gleichzeitig eintretenden Bedarfen nur eine Regelung für die Aufteilung des über der Einkommensgrenze liegenden Einkommens vorsieht. Es ist aber durchaus denkbar, dass in den Fallgruppen des § 88 SGB XII, der auch unterhalb der Einkommensgrenze liegendes Einkommen erfasst, eine Kollision bei der Einkommensberücksichtigung durch verschiedene Träger auftritt. In diesen Fällen sollte, weil die Regelung des Absatzes 2 Satz 2 hierauf nicht passt, zwar das in Absatz 1 normierte Doppelberücksichtigungsverbot gelten, die Einkommensberücksichtigung aber bei dem Träger der Sozialhilfe erfolgen, der über die Leistung zuerst entscheidet, wenn die Berücksichtigung durch diesen nach den Vorgaben des § 88 SGB XII möglich ist (z.B. nicht möglich bei zweckgerichtetem Einkommen für den anderen Bedarf).

22

VI. Folgen einer Doppelberücksichtigung von Einkommen

Absatz 1 bestimmt, dass eine Doppelberücksichtigung der vom Geltungsbereich erfassten Einkommen nicht erfolgen darf. Dabei ist zu beachten, dass eine Einkommensberücksichtigung je nach Art des Bedarfs nach den Vorgaben des § 87 SGB XII in unterschiedlicher Weise möglich sein kann (vgl. auch Rn. 14). Das Verbot der Doppelberücksichtigung in § 89 SGB XII führt nicht dazu, dass diese Regeln nicht mehr beachtet werden müssten, weshalb sich aus ihnen eine Reihenfolge der zulässigen Einkommensberücksichtigung ergeben kann. Ist eine **doppelte Einkommensberücksichtigung** dann allerdings (ggf. davon abweichend) tatsächlich vorgenommen worden, ist der zugrunde liegende spätere Leistungs- bzw. Kostenbeitragsbescheid (zum Verfahren vgl. die Kommentierung zu § 87 SGB XII Rn. 56) rechtswidrig. Dies gilt nach dem klaren Wortlaut des § 89 Abs. 1 SGB XII nämlich auch, wenn die erste Einkommensberücksichtigung rechtswidrig war, etwa weil der Träger der Sozialhilfe die erstmalige Einkommensberücksichtigung gar nicht vornehmen durfte (faktische Zumutung oder faktisches Verlangen, vgl. Rn. 13). Der erste Bescheid entfaltet insoweit bis zu seiner Aufhebung Tatbestandwirkung für § 89 Abs. 1 SGB XII. Wird eine vorherige anderweitige Einkommensberücksichtigung **nachträglich wieder aufgehoben**, entfällt auch die Sperrwirkung des Absatzes 1. Rechtmäßig ist die Einkommensberücksichtigung bei dem anderen Bedarf dann jedoch nur, wenn der Träger der Sozialhilfe nicht verpflichtet gewesen wäre, die nachträglich aufgehobene Einkommensberücksichtigung vorrangig vorzunehmen (vgl. hierzu Rn. 16).

23

C. Praxishinweise

In der Praxis besteht zwischen den Trägern der Sozialhilfe in der Regel **kein funktionierendes Informationssystem** über bereits berücksichtigtes Einkommen. Es empfiehlt sich daher schon bei Antragstellung der Hinweis auf die Berücksichtigung von Einkommen im selben Zeitraum bei der Deckung von anderen Bedarfen der Einsatzgemeinschaft nach § 19 Abs. 3 SGB XII.

24

---

[8] Anders: *Lippert* in: Mergler/Zink, SGB XII, § 89 Rn. 13, Stand: Mai 2009, Auftreten im gleichen Monat genügt.

Dritter Abschnitt: Vermögen

§ 90 SGB XII Einzusetzendes Vermögen

(Fassung vom 27.12.2003, gültig ab 01.01.2005)

(1) Einzusetzen ist das gesamte verwertbare Vermögen.

(2) Die Sozialhilfe darf nicht abhängig gemacht werden vom Einsatz oder von der Verwertung

1. eines Vermögens, das aus öffentlichen Mitteln zum Aufbau oder zur Sicherung einer Lebensgrundlage oder zur Gründung eines Hausstandes erbracht wird,
2. eines Kapitals einschließlich seiner Erträge, das der zusätzlichen Altersvorsorge im Sinne des § 10a oder des Abschnitts XI des Einkommensteuergesetzes dient und dessen Ansammlung staatlich gefördert wurde,
3. eines sonstigen Vermögens, solange es nachweislich zur baldigen Beschaffung oder Erhaltung eines Hausgrundstücks im Sinne der Nummer 8 bestimmt ist, soweit dieses Wohnzwecken behinderter (§ 53 Abs. 1 Satz 1 und § 72) oder pflegebedürftiger Menschen (§ 61) dient oder dienen soll und dieser Zweck durch den Einsatz oder die Verwertung des Vermögens gefährdet würde,
4. eines angemessenen Hausrats; dabei sind die bisherigen Lebensverhältnisse der nachfragenden Person zu berücksichtigen,
5. von Gegenständen, die zur Aufnahme oder Fortsetzung der Berufsausbildung oder der Erwerbstätigkeit unentbehrlich sind,
6. von Familien- und Erbstücken, deren Veräußerung für die nachfragende Person oder ihre Familie eine besondere Härte bedeuten würde,
7. von Gegenständen, die zur Befriedigung geistiger, insbesondere wissenschaftlicher oder künstlerischer Bedürfnisse dienen und deren Besitz nicht Luxus ist,
8. eines angemessenen Hausgrundstücks, das von der nachfragenden Person oder einer anderen in den § 19 Abs. 1 bis 3 genannten Person allein oder zusammen mit Angehörigen ganz oder teilweise bewohnt wird und nach ihrem Tod von ihren Angehörigen bewohnt werden soll. ²Die Angemessenheit bestimmt sich nach der Zahl der Bewohner, dem Wohnbedarf (zum Beispiel behinderter, blinder oder pflegebedürftiger Menschen), der Grundstücksgröße, der Hausgröße, dem Zuschnitt und der Ausstattung des Wohngebäudes sowie dem Wert des Grundstücks einschließlich des Wohngebäudes,
9. kleinerer Barbeträge oder sonstiger Geldwerte; dabei ist eine besondere Notlage der nachfragenden Person zu berücksichtigen.

(3) ¹Die Sozialhilfe darf ferner nicht vom Einsatz oder von der Verwertung eines Vermögens abhängig gemacht werden, soweit dies für den, der das Vermögen einzusetzen hat, und für seine unterhaltsberechtigten Angehörigen eine Härte bedeuten würde. ²Dies ist bei der Leistung nach dem Fünften bis Neunten Kapitel insbesondere der Fall, soweit eine angemessene Lebensführung oder die Aufrechterhaltung einer angemessenen Alterssicherung wesentlich erschwert würde.

Gliederung

A. Basisinformationen 1	I. Regelungsgehalt und Bedeutung 5
I. Textgeschichte und Gesetzgebungsmaterialien 1	1. Inhalt und Bedeutung der Norm 5
II. Parallelvorschriften 3	2. Prüfungsreihenfolge 7
B. Auslegung der Norm 5	II. Normzweck 9

III. Vermögen i.S.d. Absatzes 1 11
1. Begriffsbestimmung 11
a. Vermögen, Wertbestimmung und Verwertbarkeit 11
b. Begriff des Vermögens 12
c. Summe aktiver Vermögenswerte 14
2. Abgrenzung von Vermögen und Einkommen 16
3. Personelle Zuordnung von Vermögensgegenständen 21
a. Grundsätzliches 21
b. Schenkungen 23
c. Nicht realisierte und abgetretene Ansprüche 25
d. Rechtswidrig erlangte Gegenstände 27
e. Treuhand und Sicherungsübereignung 28
f. Sparbücher 35
4. Einsatz und Verwertbarkeit des Vermögens 36
a. Begriff der Verwertbarkeit 36
b. Ausschluss der Verwertbarkeit 39
c. Zeitliche Grenzen der Verwertbarkeit 41
d. Wiederholte Vermögensberücksichtigung 43
e. Folgen der Verwertbarkeit von Vermögensgegenständen 44
IV. Nicht einzusetzendes Vermögen (Absatz 2) 46

1. Überblick 46
2. Gemischte Bedarfsgemeinschaft 47
3. Vermögen aus öffentlichen Mitteln 48
4. Geförderte Altersvorsorge 52
5. Vermögen zur Befriedigung der Wohnbedürfnisse behinderter oder pflegebedürftiger Menschen 54
6. Angemessener Hausrat 62
7. Gegenstände für Berufsausbildung oder Erwerbstätigkeit 65
8. Familien- und Erbstücke 68
9. Gegenstände zur Befriedigung geistiger Bedürfnisse 70
10. Hausgrundstück 72
11. Kleiner Barbetrag 83
V. Härteregelung (Absatz 3) 94
1. Allgemeiner Härtebegriff (Absatz 3 Satz 1) 94
a. Begriff der Härte 94
b. Einzelfälle 99
c. Offensichtliche Unwirtschaftlichkeit der Verwertung 108
2. Sonderregelung für Leistungen nach dem 5. bis 9. Kapitel (Absatz 3 Satz 2) 112

A. Basisinformationen

I. Textgeschichte und Gesetzgebungsmaterialien

Die Vorschrift basiert auf **Art. 1 § 85 des Entwurfs eines Gesetzes zur Einordnung des Sozialhilferechts** in das Sozialgesetzbuch der Fraktionen SPD und Bündnis 90/Die Grünen vom 05.09.2003[1]. Während des Gesetzgebungsverfahrens wurden aufgrund der Beschlussempfehlungen des Ausschusses für Gesundheit und Soziale Sicherung (13. Ausschuss) zur Anpassung an den Sprachgebrauch des Vierten Gesetzes für Moderne Dienstleistungen am Arbeitsmarkt[2] in Absatz 1 die Eingangsworte „Zum Vermögen gehört" (... das gesamte verwertbare Vermögen) durch die Worte „Einzusetzen ist ..." ersetzt.[3] Im Vermittlungsausschuss blieb diese Fassung unverändert.[4] Nach redaktioneller Anpassung an die im Laufe des Gesetzgebungsverfahrens veränderte Zählung der Paragraphen des Gesetzes wurde sie am 30.12.2003 als Art. 1 § 90 des Gesetzes zur Einordnung des Sozialhilferechts in das Sozialgesetzbuch v. 27.12.2003 verkündet[5] und ist zum 01.01.2005 in Kraft getreten. Seither ist sie **nicht geändert** worden.

1

Die **Begründung zum Entwurf** eines Gesetzes zur Einordnung des Sozialhilferechts in das Sozialgesetzbuch[6] lautet: „Die Vorschrift überträgt im Wesentlichen inhaltsgleich den bisherigen § 88 des Bundessozialhilfegesetzes. Die Verordnungsermächtigung des bisherigen § 88 Abs. 4 wurde in Angleichung an die Systematik des Sozialgesetzbuches an das Ende des Kapitels gestellt. Nicht übernommen wurde der bisherige § 88 Abs. 3 Satz 3 des Bundessozialhilfegesetzes, der dadurch obsolet geworden ist, dass mit Inkrafttreten des Neunten Buches die Prüfung der Bedürftigkeit bei einer Beschäftigung in einer Werkstatt für behinderte Menschen entfallen ist."

2

II. Parallelvorschriften

§ 90 SGB XII entspricht im Wesentlichen inhaltsgleich seiner Vorgängervorschrift **§ 88 BSHG**. Daher gibt es zahlreiche Unterschiede zu der Parallelvorschrift in der Grundsicherung für Arbeitsuchende, **§ 12 SGB II**, der für die Berücksichtigung von Vermögen nach dem Vorbild der Arbeitslosenhilfe (vgl. § 1 AlhiVO 2002) gestaltet wurde[7]. Dennoch entspricht § 90 Abs. 1 SGB XII inhaltlich § 12 Abs. 1

3

---

[1] BT-Drs. 15/1514, S. 24.
[2] BT-Drs. 15/1761, S. 7 zu Art. 1 (§ 85 Abs. 1).
[3] BT-Drs. 15/1734, S. 48.
[4] BT-Drs. 15/2260.
[5] BGBl I 2003, 3022, 3041.
[6] BT-Drs. 15/1514, S. 66 zu § 85.
[7] BT-Drs. 15/1516, S. 53.

SGB II. Ebenso finden sich in § 90 Abs. 2 und 3 SGB XII wie auch in § 12 Abs. 2 und Abs. 3 SGB II verschiedene Privilegierungstatbestände, die bestimmte Vermögensgegenstände vollständig oder zumindest teilweise vom Zwang zum vorrangigen Einsatz ausnehmen. Ergänzend zu § 12 Abs. 3 SGB II werden durch § 7 Abs. 1 Alg II-V – wie nach § 90 Abs. 2 Nr. 5 SGB XII – auch Gegenstände zur Aufnahme oder Fortsetzung einer Berufsausbildung oder Erwerbstätigkeit von der Berücksichtigung als Vermögen freigestellt. Den nach § 90 Abs. 2 Nr. 9 SGB XII i.V.m. § 1 DVO§90SGBXII freigestellten kleineren Barbeträgen sind der Funktion nach die wesentlich großzügigeren Vermögensfreibeträge nach § 12 Abs. 2 Nr. 1, 1a SGB II vergleichbar. Der kleine Barbetrag erfüllt auch die Funktion des Ansparbetrags, der in § 12 Abs. 2 Nr. 4 SGB II eigenständige Erwähnung findet. Die freizulassenden Barbeträge wurden bei der Einordnung der Sozialhilfe in das SGB zum 01.01.2005 deutlich erhöht, um einen Ausgleich für die stärkere Pauschalierung zu schaffen und ein Ansparen für größere, bisher als einmalige Leistung gewährte Anschaffungen (z.B. Haushaltsgeräte, Winterbekleidung) zu ermöglichen.[8]

§ 90 Abs. 2 Nr. 1, 6 und 7 SGB XII finden keine direkte Entsprechung in § 12 SGB II oder der Alg II-V. Hier ist jeweils zu prüfen, ob eine unterschiedliche Behandlung der Einsatzverpflichteten im Rahmen der zwei untersten sozialen Sicherungssysteme im Hinblick auf deren Besonderheiten (insbesondere der Wiedereingliederungsorientierung des SGB II) verfassungsrechtlich gerechtfertigt ist (vgl. i.E. die Kommentierung zu den Nummern 1, 6 und 7, Rn. 48 ff., Rn. 68 ff. und Rn. 70 ff.). Ggf. können im SGB II Lösungen für den Einzelfall über die Härteklausel des § 12 Abs. 3 Nr. 6 Alt. 2 SGB II gefunden werden. Eine Entsprechung zu § 88 Abs. 3 Satz 3 BSHG fehlt sowohl in § 90 SGB XII als auch in § 12 SGB II. Die **Verordnungsermächtigung** des § 88 Abs. 4 BSHG findet sich nun in § 96 Abs. 2 SGB XII.

4   § **90 Abs. 3 Satz 1 SGB XII** entspricht nach systematischer Stellung und Funktion § 12 Abs. 3 Satz 1 Nr. 6 Alt. 2 SGB II. Dass beide Vorschriften inhaltsgleich sind, wird aufgrund der unterschiedlichen Formulierung – einerseits „Härte", andererseits „besondere Härte" – bestritten[9] (hierzu Rn. 96). Anders als in § 12 Abs. 3 Satz 1 Nr. 6 Alt. 1 SGB II wird der Freistellungstatbestand der offensichtlichen Unwirtschaftlichkeit in § 90 Abs. 3 SGB XII nicht ausdrücklich erwähnt. Dennoch soll auch dieser Gesichtspunkt im Rahmen der Sozialhilfe nicht völlig außer Betracht bleiben[10] (vgl. hierzu Rn. 108).

B. Auslegung der Norm

I. Regelungsgehalt und Bedeutung

1. Inhalt und Bedeutung der Norm

5   § 90 SGB XII regelt, in welchem Umfang Vermögen einzusetzen ist, um einen sozialhilferechtlich relevanten Bedarf zu decken, bevor Leistungen des Trägers zu erbringen sind. Die Vorschrift konkretisiert damit den in § 2 SGB XII normierten Grundsatz des Nachrangs der Sozialhilfe. **§ 90 SGB XII regelt nicht**, wessen Vermögen einzusetzen ist (hierzu insbesondere § 19 Abs. 1-4 SGB XII; § 20 SGB XII) und bei welchen Bedarfslagen generell auf eine Vermögensberücksichtigung verzichtet wird (z.B. § 68 Abs. 2 SGB XII, § 71 Abs. 4 SGB XII, § 92 Abs. 2 Satz 2 SGB XII). Modifikationen erfährt § 90 SGB XII nach Maßgabe des § 24 Abs. 3 SGB XII bei Leistungen für Deutsche im Ausland.

6   Anstelle einer Begriffsbestimmung des Vermögens enthält **§ 90 Abs. 1 SGB XII** eine Bestimmung des Umfangs der Einsatzverpflichtung: Danach ist grundsätzlich das gesamte verwertbare Vermögen einzusetzen. Der Begriff des Vermögens wird dabei vorausgesetzt. Die scheinbare Beschränkung auf das „verwertbare Vermögen" hat nur klarstellenden Charakter, da nicht verwertbares Vermögen bereits ohne diese Anordnung rein tatsächlich nichts zur Deckung eines sozialhilferechtlichen Bedarfs beitragen kann. **§ 90 Abs. 2 und Abs. 3 SGB XII** enthalten Ausnahmen zum umfassenden Einsatzbefehl des § 90 Abs. 1 SGB XII. Dazu stellt § 90 Abs. 2 SGB XII bestimmte Vermögensbestandteile von der Einsatzverpflichtung frei, so dass sie bei der Ermittlung des Leistungsanspruchs außer Betracht bleiben. Ergänzt wird § 90 Abs. 2 SGB XII durch die Verordnung zur Durchführung des § 90 Abs. 2 Nr. 9 des Zwölften Buches Sozialgesetzbuch (**DVO§90SGBXII**), die die Höhe der freizustellenden kleineren Barbeträge und sonstigen Geldwerte bestimmt. **§ 90 Abs. 3 SGB XII** ergänzt § 90 Abs. 2 SGB XII um

---

[8] Vgl. BT-Drs. 15/1514, S. 74 zu Art. 15 Nr. 2.
[9] BSG v. 16.05.2007 - B 11b AS 37/06 R - juris Rn. 33 f. - BSGE 98, 243 = SozR 4-4200 § 12 Nr. 4.
[10] BSG v. 18.03.2008 - B 8/9b SO 9/06 R - SozR 4-3500 § 90 Nr. 3.

eine Härtevorschrift. Diese soll die Fälle erfassen, die wegen ihrer atypischen Ausgestaltung nicht bereits von den Regeltatbeständen des Schonvermögens nach Absatz 2 erfasst werden, diesen aber in Bezug auf den Regelungszweck grundsätzlich gleichwertig sind.

2. Prüfungsreihenfolge

Für die Ermittlung des einzusetzenden Vermögens empfiehlt es sich, im Wesentlichen dem Aufbau des § 90 SGB XII zu folgen.[11] Danach sollte zunächst festgestellt werden, ob ein bestimmter Vermögensgegenstand grundsätzlich zum verwertbaren Vermögen i.S.d. § 90 Abs. 1 SGB XII gehört. Danach sollte geprüft werden, ob dieser Gegenstand einen oder mehrere der Tatbestände des § 90 Abs. 2 Nr. 1-9 SGB XII erfüllt und somit zum Schonvermögen gehört, das vom Zwang zur vorrangigen Verwertung ausgenommen ist. Sofern ein solcher Tatbestand eindeutig erfüllt wird, kann die eigentlich vorrangige Frage der Verwertbarkeit des Vermögensgegenstandes auch offen gelassen werden. Handelt es sich bei einem Gegenstand um verwertbares Vermögen und fällt er nicht unter einen der Schontatbestände des § 90 Abs. 2 SGB XII, ist im dritten Schritt zu prüfen, ob der Einsatz oder die Verwertung dieses Vermögens ausnahmsweise deshalb nicht erforderlich ist, weil dies für den Vermögensinhaber oder seine unterhaltsberechtigten Angehörigen eine Härte bedeuten würde. Sofern Leistungen nach dem Fünften bis Neunten Kapitel SGB XII in Rede stehen, ist es sinnvoll, zunächst die speziellere Härtevorschrift des § 90 Abs. 3 Satz 2 SGB XII zu prüfen. Sollten die dort genannten Tatbestände der wesentlichen Erschwerung einer angemessenen Lebensführung oder der Aufrechterhaltung einer angemessenen Altersversorgung nicht erfüllt sein, kann sich eine Härte immer noch unter anderen Gesichtspunkten nach der allgemeineren Vorschrift des Satzes 1 ergeben. Bei Leistungen nach dem Dritten Kapitel ist nur eine Härte nach § 90 Abs. 3 Satz 1 SGB XII zu prüfen. Dabei sind entgegen dem naheliegenden Umkehrschluss aus Satz 2 auch die Gesichtspunkte einer angemessen Lebensführung und der Aufrechterhaltung einer angemessenen Altersversorgung zu beachten.[12]

Danach ergibt sich folgendes **Prüfungsschema**:
I. Verwertbares Vermögen i.S.d. § 90 Abs. 1 SGB XII?
II. Schonvermögen nach § 90 Abs. 2 Nr. 1 bis 9 SGB XII?
III. Bedeutete Einsatz oder Verwertung eine Härte?
1. Bei Leistungen nach dem Fünften bis Neunten Kapitel:
a) Ist das Vermögen für eine angemessene Lebensführung oder das Aufrechterhalten einer angemessenen Alterssicherung notwendig?
b) Liegt unter sonstigen Gesichtspunkten eine Härte i.S.d. § 90 Abs. 3 Satz 1 SGB XII vor?
2. Bei Leistungen nach dem Dritten Kapitel: Liegt eine Härte i.S.d. § 90 Abs. 3 Satz 1 SGB XII vor?

II. Normzweck

§ 90 SGB XII regelt, in welchem Umfang Vermögen bei der Bedürftigkeitsprüfung zu berücksichtigen ist. Er konkretisiert für den Bereich des Vermögens den Nachranggrundsatz des § 2 Abs. 1 SGB XII, wonach derjenige keine Sozialhilfe erhält, der sich durch Einsatz u.a. seines Vermögens selbst helfen kann. Gleichzeitig konkretisiert § 90 SGB XII auch § 19 SGB XII, der als Grundnorm für die Ermittlung von Leistungsansprüchen deren Voraussetzungen umschreibt. Dabei legt § 19 Abs. 1-4 SGB XII auch fest, welcher anderen Personen Vermögen bei der Ermittlung eines Anspruchs der nachfragenden Person zu berücksichtigen ist. Ergänzt werden sie für eheähnliche Gemeinschaften durch § 20 SGB XII.

Ist nach **§ 90 Abs. 1 SGB XII** grundsätzlich das gesamte verwertbare Vermögen einzusetzen, so enthalten **§ 90 Abs. 2 und Abs. 3 SGB XII** Ausnahmen hierzu. Sie bilden das notwendige Korrektiv, um trotz des Nachranggrundsatzes auch die Umsetzung der in § 1 SGB XII beschriebenen Aufgaben der Sozialhilfe, Wahrung der Würde des Menschen sowie der Motivation und der Möglichkeit zu einem Leben unabhängig von der Sozialhilfe zu gewährleisten. Die Vorschriften zum Schonvermögen sollen gewährleisten, dass die Sozialhilfe nicht zu einer wesentlichen Beeinträchtigung der vorhandenen Lebensgrundlagen führt. Dem Sozialhilfeempfänger (und seinen Angehörigen) soll – nicht zuletzt, um ihn in seinem Bestreben zu unterstützen, sich von der Sozialhilfe unabhängig zu machen – ein gewisser Spielraum in seiner wirtschaftlichen Bewegungsfreiheit erhalten bleiben. Überdies soll verhindert wer-

---

[11] Vgl. z.B. BSG v. 11.12.2007 - B 8/9b SO 20/06 R - SozR 4-3500 § 90 Nr. 1 Rn. 15; BSG v. 25.08.2011 - B 8 SO 19/10 R - juris Rn. 12 ff.; Schleswig-Holsteinisches LSG v. 04.12.2006 - L 9 SO 3/06 - FEVS 58, 389.
[12] BVerwG v. 13.05.2004 - 5 C 3/03 - juris Rn. 15 - BVerwGE 121, 34 ff.; BVerwG v. 17.10.1974 - V C 50.73 - BVerwGE 47, 103.

den, dass die Sozialhilfe, die im Idealfall lediglich eine vorübergehende Hilfe ist, zu einem wirtschaftlichen Ausverkauf führt, damit den Willen zur Selbsthilfe lähmt und zu einer nachhaltigen sozialen Herabstufung führt. Diesem Ziel dient auch die Härtevorschrift. Dieser kommt die Aufgabe zu, die Fälle zu erfassen, die wegen ihrer atypischen Ausgestaltung nicht bereits von den Regeltatbeständen des Schonvermögens erfasst werden, diesen aber in Bezug auf den Regelungszweck grundsätzlich gleichwertig sind.[13]

III. Vermögen i.S.d. Absatzes 1

1. Begriffsbestimmung

a. Vermögen, Wertbestimmung und Verwertbarkeit

11 Bei der Berücksichtigung von Vermögen sind drei Fragen streng voneinander zu trennen: Erstens, was ist Vermögen? Zweitens, welchen Wert hat das Vermögen? Drittens, ist das Vermögen (zumutbar) verwertbar? Nicht jeder Vermögensgegenstand ist verwertbar, dennoch bleibt er begrifflich Vermögen. Auch ist nicht jede mögliche Verwertung zumutbar, dennoch bleibt der Vermögensgegenstand grundsätzlich verwertbar. Auch in der Rechtsprechung werden diese Ebenen nicht immer sauber getrennt, was mitunter zu Unklarheiten führt.[14] Jedoch erlaubt nur die Trennung der genannten Fragen eine zutreffende Analyse des vorhandenen Vermögens und des Umfangs, in dem dieses tatsächlich der Sozialhilfe vorrangige Selbsthilfemöglichkeiten i.S.d. § 2 Abs. 1 SGB XII bietet.

b. Begriff des Vermögens

12 Die Frage, was Vermögen ist, wird weder im § 90 SGB XII noch an einer anderen Stelle im SGB XII beantwortet. Vielmehr regelt § 90 Abs. 1 SGB XII nur, welches Vermögen (gegenüber der Sozialhilfe vorrangig) einzusetzen ist. Der **Begriff des Vermögens** wird demnach im Gesetz nicht bestimmt, sondern vorausgesetzt.[15] Der Begriff des Vermögens ist dem Recht jedoch nicht z.B. durch die Wirtschaftswissenschaften vorgegeben.[16] Vielmehr handelt es sich um einen Rechtsbegriff, dessen Inhalt durch die Rechtsanwender und letztlich die Gerichte zu bestimmen ist.

13 Für diese Begriffsbestimmung ergibt sich aus dem Zusammenhang des § 90 SGB XII mit der Bedürftigkeitsprüfung nach § 19 Abs. 1-4 SGB XII, dass Vermögen nur etwas sein kann, das prinzipiell geeignet ist, zur Sicherung des Lebensunterhalts zu dienen. Die Aufzählung des § 2 Abs. 1 SGB XII verdeutlicht zudem, dass sich Vermögen vom Einsatz der eigenen Arbeitskraft und vom Einkommen unterscheidet. Die gilt umso mehr, als für die Berücksichtigung von Einkommen und Vermögen in den §§ 82-84 SGB XII und § 90 SGB XII unterschiedliche Regelungen aufgestellt werden. Zur vergleichbaren Konstellation im Recht der Alhi hatte das BSG Vermögen als den gesamten Bestand an Sachen oder Rechten in Geld oder Geldeswert in der Hand des Berechtigten definiert.[17] Zu § 90 Abs. 1 SGB XII verwendet das BSG nunmehr die Formulierung, **Vermögen sind alle beweglichen und unbeweglichen Güter und Rechte in Geld oder Geldeswert; umfasst werden auch Forderungen bzw Ansprüche gegen Dritte, soweit sie nicht normativ dem Einkommen zuzurechnen sind.**[18] Dabei kommt es nicht darauf an, ob das Vermögen entgeltlich oder unentgeltlich erworben wurde.[19] Vielmehr kommt es allein darauf an, ob einer Sache oder einem Recht während der Hilfebedürftigkeit ein wirtschaftlicher Wert zukommt.

---

[13] Grundlegend BVerwG v. 26.01.1966 - V C 88.64 - BVerwGE 23, 149.
[14] Zur Alhi z.B. BSG v. 02.11.2000 - B 11 AL 35/00 R - BSGE 87, 14 = SozR 3-4220 § 6 Nr. 8.
[15] So auch im § 12 Abs. 1 SGB II.
[16] So aber noch zum BSHG: *Oestereicher*, Stand September 2000, § 88 Rn. 2.
[17] BSG v. 11.02.1976 - 7 RAr 159/74 - BSGE 41, 187, 188 = SozR 4100 § 137 Nr. 1; BSG v. 20.06.1978 - 7 RAr 47/77 - BSGE 46, 271, 273 = SozR 4100 § 138 Nr. 3; BSG v. 08.06.1989 - 7 RAr 34/88 - SozR 4100 § 138 Nr. 25; BSG v. 12.05.1993 - 7 RAr 56/92 - BSGE 72, 248 = SozR 3-4100 § 137 Nr. 4.
[18] BSG v. 18.03.2008 - B 8/9b SO 9/06 R - juris Rn. 15 - BSGE 100, 131 = SozR 4-3500 § 90 Nr. 3; BSG v. 25.08.2011 - B 8 SO 19/10 R - juris Rn. 13. Zur normativen Abgrenzung gegenüber dem Einkommen vgl. Rn. 16 ff.
[19] Zum BSHG BVerwG v. 08.07.1991 - 5 B 57/91.

c. Summe aktiver Vermögenswerte

Der Rechtsprechung des BSG und des BVerwG ist auch darin zu folgen, dass als Vermögen die **Summe aller aktiven Vermögenswerte** gilt und die Berücksichtigung von Verbindlichkeiten erst bei der Frage nach der Verwertbarkeit oder der Zumutbarkeit der Verwertung zu berücksichtigen ist.[20] Dies folgt aus der Subsidiarität der staatlichen Fürsorge, welche erst eingreifen soll, wenn die nachfragende Person ihr zur Verfügung stehende Mittel verbraucht hat.[21] Insbesondere spricht auch die Systematik des § 90 SGB XII gegen ein Verständnis des Vermögens als Differenzbetrag zwischen Aktiva und Passiva. So ist vor allem der Aufzählung einzelner, nicht als Vermögen zu berücksichtigender Vermögensgegenstände in § 90 Abs. 2 SGB XII zu entnehmen, dass alle Vermögensbestandteile einzeln zu betrachten und nicht in einer Gesamtrechnung zu saldieren sind.[22]

14

Keine Frage der Vermögenseigenschaft einer Sache oder eines Rechts sind Verbindlichkeiten, die unmittelbar hiermit verbunden sind, wie z.B. Hypothekenschulden oder ein dinglich gesichertes Wohnrecht, die auf einem Grundstück lasten.[23] Allerdings können **Schulden und Verbindlichkeiten** den Wert eines Vermögensgegenstandes mindern oder seine Verwertbarkeit ausschließen, soweit sie unmittelbar auf diesem lasten. Die sich hierdurch ergebenden Auswirkungen sind dann bei den entsprechenden Prüfungsschritten zu berücksichtigen.[24] Insbesondere können schuldrechtliche Verbindlichkeiten, die dem Vermögensgegenstand nicht unmittelbar anhaften, dessen Vermögenseigenschaft nicht ausschließen, auch wenn sie unmittelbar für den Erwerb eingegangen worden sind, z.B. für den kreditfinanzierten Erwerb von Wertpapieren.[25]

15

2. Abgrenzung von Vermögen und Einkommen

Nach § 19 SGB XII stehen die meisten Leistungen des SGB XII unter dem Vorbehalt, dass Hilfesuchende oder zur vorrangigen Hilfe Verpflichtete den notwendigen Bedarf nicht durch eigene Mittel, insbesondere Einkommen und Vermögen, decken können. Sowohl Einkommen als auch Vermögen der genannten Personen wirken danach leistungsmindernd oder gar leistungshindernd. Jedoch sind Einkommen und Vermögen streng voneinander zu unterscheiden, denn das SGB XII stellt in den §§ 82 ff. SGB XII und den §§ 90 ff. SGB XII deutlich abweichende Regelungen zum Ob, zum Wie und insbesondere zum Umfang des vorrangigen Einsatzes von Einkommen und Vermögen auf.

16

Zur **Abgrenzung von Vermögen und Einkommen** (i.E. vgl. die Kommentierung zu § 82 SGB XII ff.) folgt das BSG in ständiger Rechtsprechung sowohl zu SGB XII[26] als auch zum SGB II[27] der bereits vom BVerwG[28] im Sozialhilferecht entwickelten sog. modifizierten Zuflusstheorie. Danach gehört zum Einkommen i.S.d. § 82 Abs. 1 Satz 1 SGB XII alles, was jemand in dem Bedarfszeitraum wertmäßig dazu erhält, während Vermögen das ist, was er in der Bedarfszeit bereits hat. Mittel, die die nachfragende Person also erst in der Bedarfszeit erhält – z.B. eine Stromkostenerstattung während des Leistungsbezugs –, sind regelmäßig als Zufluss in der Bedarfszeit Einkommen, auch wenn sie im Einzelfall als solches nicht zu berücksichtigen sind.[29] Mittel, die die nachfragende Person früher, wenn auch erst in einer vorangegangenen Bedarfszeit, als Einkommen erhalten hat, sind, soweit sie in der

17

---

[20] Zum SGB II BSG v. 18.02.2010 - B 4 AS 28/09 R - juris Rn. 22 - FEVS 62, 6, 9; BSG v. 15.4.2008 - B 14/7b AS 52/06 R - juris Rn. 39 - FEVS 60, 297, 307; BSG v. 15.04.2008 - B 14 AS 27/07 R - juris Rn. 44; zum BSHG BVerwG v. 03.12.1991 - 5 B 61/90 - Buchholz 436.0 § 88 BSHG Nr. 22 m.w.N.

[21] Zum SGB II BSG v. 15.04.2008 - B 14 AS 27/07 R - juris Rn. 44.

[22] Zur Alhi BSG v. 02.11.2000 - B 11 AL 35/00 R - BSGE 87, 143 = SozR 3-4220 § 6 Nr. 8; zum BSHG BVerwG v. 03.12.1991 - 5 B 61/90 - Buchholz 436.0 § 88 BSHG Nr. 22.

[23] Zumindest missverständlich zur Alhi BSG v. 02.11.2000 - B 11 AL 35/00 R - BSGE 87, 143 = SozR 3-4220 § 6 Nr. 8; ähnlich zum SGB XII auch BSG v. 18.02.2010 - B 4 AS 28/09 R - FEVS 62, 6, 9, juris Rn. 22; BSG v. 15.4.2008 - B 14/7b AS 52/06 R - juris Rn. 39 - FEVS 60, 297, 307.

[24] Zum SGB II BSG v. 15.04.2008 - B 14 AS 27/07 R; vgl. auch BSG v. 19.05.2009 - B 8 SO 7/08 R - juris Rn. 21; BSG v. 15.04.2008 - B 14/7b AS 52/06 R - FEVS 60, 297.

[25] Zur Alhi BSG v. 02.11.2000 - B 11 AL 35/00 R - BSGE 87, 143 = SozR 3-4220 § 6 Nr. 8.

[26] Grundlegend BSG v. 19.05.2009 - B 8 SO 35/07 R - SozR 4-3500 § 82 Nr. 5 Rn. 14 ff; vgl. auch BSG v. 09.06.2011 - B 8 SO 20/09 R - BSGE 108, 241 = SozR 4-3500 § 82 Nr. 8 Rn. 14.

[27] Z.B. BSG v. 30.07.2008 - B 14 AS 26/07 R; BSG v. 30.09.2008 - B 4 AS 29/07 R - SozR 4-4200 § 11 Nr. 15 jeweils m.w.N.

[28] BVerwG v. 18.02.1999 - 5 C 35/97 - BVerwGE 108, 296.

[29] Zur Nichtberücksichtigung einer Stromkostenerstattung als Einkommen vgl. BSG v. 23.08.2011 - B 14 AS 186/10 R, vgl. auch die Kommentierung zu § 82 SGB XII.

aktuellen Bedarfszeit noch vorhanden sind, Vermögen. Für die Frage, wann etwas zufließt, ist grundsätzlich vom tatsächlichen Zufluss auszugehen, soweit nicht normativ ein anderer Zufluss als maßgeblich bestimmt wird.[30] Unabhängig von der Frage der Abgrenzung kann auch **nicht bereites Einkommen** als Vermögen zu berücksichtigen sein, wenn es als solches verwertbar ist.[31]

18 Für die Abgrenzung zwischen Einkommen und Vermögen ist nicht entscheidend, ob die nachfragende Person ggf. bereits vor dem Zeitpunkt des Zuflusses eine noch nicht fällige Forderung als Vermögensbestandteil hatte.[32] Zwar stellt eine Forderung bzw. Anwartschaft einen wirtschaftlichen Wert dar, der zu dem Vermögen eines Sozialhilfeempfängers gehört. Der Regelung des § 82 Abs. 1 SGB XII ist aber zu entnehmen, dass im Falle der Erfüllung einer (Geld-)Forderung sozialhilferechtlich grundsätzlich nicht das Schicksal der Forderung interessiert, sondern allein auf das Erzielen von Einkünften in Geld oder Geldeswert (als Einkommen) abzustellen ist.[33] Dies gilt jedoch nicht für Fälle, in denen mit bereits erlangten Einkünften Vermögen angespart wurde, z.B. bei einer Sparkasse, weil anderenfalls der Rückgriff auf Erspartes unzulässig erneut als Einkommen gewertet würde.[34] Nicht als (vorübergehendes) Einkommen zu werten ist der aus einer bloßen Umschichtung von bestehendem Vermögen, etwa durch Veräußerung oder Geltendmachung einer (fälligen und durchsetzbaren) Forderung, resultierende Zufluss. Dieser behält als Surrogat des veräußerten Vermögensgegenstandes oder der Forderung den Charakter von Vermögen. Nicht als Einkommen, sondern als Vermögen gilt daher das durch die Auszahlung solcher Forderungen Erlangte, die als fällige und liquide Forderungen bewusst nicht geltend gemacht, sondern etwa angespart werden.[35] Jedoch sind auch hierbei normative Vorgaben zu beachten, so z.B. § 4 DVO§82SGBXII i.V.m. den dort genannten Regelungen des EStG für die Zuordnung als Einkommen bei der Auflösung einer Ansparrücklage eines Selbständigen.[36]

19 Einkommen wird zu Vermögen, soweit es am Ende des Bedarfszeitraums nicht verbraucht, sondern noch im Bestand ist. Dieser Grundsatz gilt allerdings nicht absolut und schon gar nicht übergesetzlich. Daher ist er nur gültig und anwendbar, soweit Gesetz- oder Verordnungsgeber keine andere Regelung getroffen haben.[37] Eine solche Regelung enthält z.B. § 3 Abs. 3 SGB12§82DV, wonach einmalige Einnahmen, soweit nicht im Einzelfall eine andere Regelung angezeigt ist, auf einen angemessenen Zeitraum aufzuteilen und monatlich mit einem entsprechenden Teilbetrag anzusetzen sind, was auch für Sonderzuwendungen, Gratifikationen und gleichartige Bezüge und Vorteile, die in größeren als monatlichen Zeitabständen gewährt werden, gilt. Kraft ausdrücklicher Anordnung sind diese Einnahmen auch nach dem Ende des Bedarfszeitraums mit dem sich aus der Aufteilung ergebenden Teilbetrag weiterhin als Einkommen und nicht als Vermögen zu behandeln.

20 Vgl. zur Abgrenzung von Vermögen und Einkommen insgesamt auch die Kommentierung zu § 82 SGB XII ff.

3. Personelle Zuordnung von Vermögensgegenständen

a. Grundsätzliches

21 Bei der Leistungsberechnung ist nur **Vermögen der nachfragenden Person** sowie der weiteren in § 19 SGB XII genannten Personen zu berücksichtigen. Die Berücksichtigung des Vermögens weiterer Personen kommt – außer bei eheähnlicher Gemeinschaft aufgrund von § 20 SGB XII – nicht in Be-

---

[30] BSG v. 19.05.2009 - B 8 SO 35/07 R - SozR 4-3500 § 82 Nr. 5 Rn. 14; vgl. auch BSG v. 18.03.2008 - B 8/9b SO 9/06 R - BSGE 100, 131 = SozR 4-3500 § 90 Nr. 3, Rn. 15; BSG v. 25.08.2011 - B 8 SO 19/10 R - juris Rn. 13. Zur normativen Zuordnung durch § 4 SGB12§82DV als Einkommen bei der Auflösung einer Ansparrücklage eines Selbständigen vgl. BSG v. 21.06.2011 - B 4 AS 21/10 R - BSGE 108, 258 = SozR 4-4200 § 11 Nr. 39 Rn. 23 ff., sowie BSG v. 21.06.2011 - B 4 AS 22/10 R - juris Rn. 22; vgl. dazu auch die Kommentierung zu § 82 SGB XII.

[31] Vgl. BSG v. 30.08.2010 - B 4 AS 70/09 R - FEVS 62, 337 ff.; zu nicht realisierten Ansprüchen vgl. LSG Nordrhein-Westfalen v. 11.12.2012 - L 9 SO 420/12 B ER.

[32] Hierzu und zum Folgenden: BSG v. 19.05.2009 - B 8 SO 35/07 R - SozR 4-3500 § 82 Nr. 5 Rn. 15.

[33] Zum SGB II vgl. auch BSG v. 30.09.2008 - B 4 AS 29/07 R - BSGE 101, 291 = SozR 4-4200 § 11 Nr. 15, Rn. 18.

[34] Ebenso BVerwG v. 18.02.1999 - 5 C 35/97 - BVerwGE 108, 296.

[35] BSG v. 19.05.2009 - B 8 SO 35/07 R - SozR 4-3500 § 82 Nr. 5 Rn. 15; BVerwG v. 18.02.1999 - 5 C 35/97 - BVerwGE 108, 296.

[36] Vgl. BSG v. 21.06.2011 - B 4 AS 21/10 R - SozR 4-4200 § 11 Nr. 39 Rn. 23 ff.

[37] Zum SGB II vgl. BSG v. 30.09.2008 - B 4 AS 57/07 R - FEVS 60, 392 ff.; BSG v. 30.09.2008 - B 4 AS 29/07 R - SozR 4-4200 § 11 Nr. 15; BSG v. 21.06.2011 - B 4 AS 21/10 R - BSGE 108, 258 = SozR 4-4200 § 11 Nr. 39 Rn. 23 ff.; BSG v. 21.06.2011 - B 4 AS 22/10 R - juris Rn. 22.

tracht. Insbesondere enthält auch § 39 Satz 1 SGB XII keine Ermächtigung hierzu. Vielmehr wird dort die Zuwendung von Leistungen durch den oder die anderen Angehörigen der Haushaltsgemeinschaft vermutet, soweit diese aufgrund eigenen Einkommens oder Vermögens leistungsfähig sind. Wird die Vermutung der Haushaltsgemeinschaft oder der Leistungszuwendung widerlegt, so ist das Vermögen der anderen in der Wohnung lebenden Personen für die Leistungsgewährung an den Hilfesuchenden nicht einmal in dieser indirekten Weise relevant.

Zu berücksichtigen ist nur tatsächlich vorhandenes Vermögen. Die Berücksichtigung **fiktiven Vermögens** sieht das SGB XII nicht vor, auch nicht über den Umweg eines generellen Leistungsausschlusses wegen unterlassener Selbsthilfe nach § 2 Abs. 1 SGB XII.[38] Systematisch folgt dies auch aus § 26 SGB XII: Selbst wenn ein volljähriger Leistungsberechtigter sein Vermögen in der Absicht vermindert hat, überhaupt oder höhere Leistungen zu erhalten, sind weiterhin zumindest abgesenkte Leistungen zu erbringen. Dabei steht der Umfang der Absenkung – jedenfalls nach dem Wortlaut der Norm – in keiner Beziehung zum Wert der Einkommens- oder Vermögensminderung. Liegen die Voraussetzungen des § 26 SGB XII – insbesondere die subjektiv erforderliche Absicht – nicht vor, fehlt jede Grundlage für den mit einer Minderung der sich nach Berücksichtigung des tatsächlich vorhandenen Einkommens und Vermögens ergebenden Leistungen verbundenen Eingriff in die sozialen Rechte des Leistungsberechtigten. 22

b. Schenkungen

Aus diesem Grunde führen vor dem Beginn des Bedarfszeitraums aus dem Vermögen der nachfragenden Person ausgeschiedene Vermögenspositionen außerhalb des § 26 SGB XII zu keiner Leistungsminderung. **Verschenkte Vermögensgegenstände** – auch der unentgeltliche Teil einer sogenannten gemischten Schenkung, bei der der Wert der Gegenleistung deutlich hinter dem Wert der Leistung zurückbleibt – scheiden aus dem Vermögen der nachfragenden Person aus. Dies gilt jedoch nicht im Falle der **Sittenwidrigkeit** der Schenkung. Diese kann vorliegen, wenn Vermögensgegenstände verschenkt oder in anderer Form allein zu dem Zweck auf einen Dritten übertragen werden, sie dem berechtigten Zugriff des Sozialhilfeträgers zu entziehen. Die Sittenwidrigkeit hat dann nach § 138 BGB nicht nur die Nichtigkeit des Verpflichtungsgeschäfts, sondern auch des grundsätzlich wertneutralen Verfügungsgeschäfts zur Folge. Das nicht wirksam übertragene Vermögen bleibt dann Vermögen des Hilfesuchenden.[39] Ist jedoch nur das Verpflichtungs- und nicht das Verfügungsgeschäft nichtig, ist nur noch der wirtschaftliche Wert – also der bei zeitnaher Verwertung des Anspruchs zu erzielende Wert[40] – des Rückgewähranspruchs nach § 812 BGB Bestandteil des Vermögens des Schenkers, da dieser ähnlich wie der Erlös aus der Veräußerung eines Vermögensgegenstands (vgl. hierzu Rn. 18) unmittelbar an die Stelle des bisherigen Vermögensgegenstands tritt.[41] Darüber hinaus kann – außerhalb der Vermögensberücksichtigung – ein Schadensersatzanspruch des Sozialhilfeträgers nach § 826 BGB bestehen, wenn die Beteiligten diesen in sittenwidriger Weise vorsätzlich schädigen.[42] 23

Ist die Schenkung nicht wegen Sittenwidrigkeit nichtig, kann bei Vorliegen der Voraussetzungen des § 528 BGB der wirtschaftliche Wert des **Rückforderungsanspruchs des verarmten Schenkers** zu berücksichtigen sein.[43] Diesem Anspruch kann jedoch die Entreicherungseinrede des Beschenkten (§ 818 Abs. 3 BGB) entgegenstehen. Auch ist die Rückforderung nach § 529 BGB ausgeschlossen, wenn seit der Schenkung zehn Jahre verstrichen sind, der Schenker seine Bedürftigkeit vorsätzlich oder grob fahrlässig selbst herbeigeführt hat oder der Beschenkte durch die Herausgabe selbst bedürftig würde. Pflicht- oder Anstandsschenkungen unterliegen weder der Rückforderung noch dem Widerruf wegen groben Undanks nach § 530 BGB. Ferner hat der Beschenkte die Möglichkeit, die Rückforderung durch Zahlung des für den Unterhalt des Schenkers erforderlichen Betrags abzuwenden. Auch der Rückforderungsanspruch kann nach § 93 SGB XII übergeleitet werden.[44] 24

---

[38] Vgl. BSG v. 26.08.2008 - B 8/9b SO 16/07 R - FEVS 60, 346.
[39] OVG Nordrhein-Westfalen v. 30.12.1996 - 8 A 3204/94 - FEVS 47, 449.
[40] Vgl. BSG 18.03.2008 - B 8/9b SO 9/06 R - BSGE 100, 131 = SozR 4-3500 § 90 Nr. 3 jeweils Rn. 15.
[41] Vermögenseigenschaft ausdrücklich offen gelassen: BSG v. 02.02.2010 - B 8 SO 21/08 R - juris Rn. 13.
[42] OLG Köln v. 26.06.1985 - 26 U 6/85 - FamRZ 1986, 988; LG Bonn v. 05.07.1988 - 7 O 90/88 - NJW-RR 1989, 284.
[43] BSG v. 02.02.2010 - B 8 SO 21/08 R; ausführlich *Gühlstorf*, ZfF 2006, 121.
[44] BGH v. 29.03.1985 - V ZR 107/84 - BGHZ 94, 141.

c. Nicht realisierte und abgetretene Ansprüche

25 Ebenfalls nicht als Vermögen zu berücksichtigen sind **nicht realisierte Ansprüche**, insbesondere auch Unterhaltsansprüche des Hilfesuchenden.[45] Dies stellt bereits der Wortlaut der §§ 93 und 94 SGB XII eindeutig klar, in dem er von „leistungsberechtigten Personen" mit solchen Ansprüchen spricht. Solche Ansprüche führen also gerade nicht zum Leistungsausschluss. Vielmehr gehen Unterhaltsansprüche unter den in § 94 SGB XII genannten Ansprüchen von Gesetzes wegen auf den Sozialhilfeträger über. Andere Ansprüche können unter den Voraussetzungen des § 93 SGB XII durch Anzeige gegenüber dem Schuldner auf den Sozialhilfeträger übergeleitet werden.

26 **Abgetretene Ansprüche**, bei denen der Abtretungsvertrag bereits vor dem Antrag auf Leistungsbewilligung bzw. Wiederbewilligung abgeschlossen worden ist, gehören nicht (mehr) zum Vermögen des Hilfesuchenden.[46] Bereits mit dem Abschluss des Vertrags tritt nach § 398 Satz 2 BGB der neue Gläubiger an die Stelle des bisherigen Gläubigers, womit die abgetretene Forderung aus dessen Vermögen ausscheidet. Zum Vermögen der nachfragenden Person gehört jedoch das aus dem Abtretungsvertrag Erlangte bzw. die hieraus resultierende Forderung. Sofern ein erhebliches Missverhältnis zwischen dem Wert der abgetretenen Forderung und der Gegenleistung besteht, ist das Vorliegen einer (gemischten) Schenkung oder eines sittenwidrigen Geschäfts zu Lasten des Sozialhilfeträgers zu prüfen, die wie vorstehend dargestellt (vgl. Rn. 23 f.) zu behandeln sind. Bei der Prüfung ist jedoch zu berücksichtigen, dass der wirtschaftliche Wert einer abgetretenen Forderung z.B. wegen mangelnder Durchsetzbarkeit hinter ihrem Nennwert zurückbleiben kann.

d. Rechtswidrig erlangte Gegenstände

27 **Gestohlene oder unterschlagene Gelder oder Sachen** sind kein Vermögen des Hilfesuchenden.[47] Durch die rechtswidrige Tat erlangt dieser kein Eigentum. Selbst der Besitz des Täters hieran ist nach den §§ 858 Abs. 2, 868 BGB gegenüber dem geschädigten Eigentümer als vormaligem Alleinbesitzer oder mittelbarem Besitzer fehlerhaft. Jedoch sind mit dem Gestohlenen oder Unterschlagenen erworbene Gegenstände dem Vermögen des Täters zuzurechnen, denn hieran erlangt er volles Eigentum. Einer Verwertung dieses Vermögens steht aber der Herausgabeanspruch des Geschädigten entgegen.[48]
Im Falle der **Untreue** handelt es sich notwendig um fremdes Vermögen, über das der Täter die Verfügungsmacht inne hat, bzw. um die Verpflichtung, fremde Vermögensinteressen wahrzunehmen. Das aus der Untreue Erlangte kann zwar Vermögen des Täters sein, doch kann dessen Verwertung für dessen Lebensunterhalt mit Rücksicht auf den Herausgabe- oder Schadensersatzanspruch des Geschädigten nicht verlangt werden. Einzuschränken ist dieser Grundsatz jedoch für den Fall, dass der Herausgabeanspruch nicht zeitnah realisiert werden wird oder zumindest tatsächlich gesichert ist. Dem Hilfesuchenden bliebe dann die Möglichkeit, die rechtswidrig erlangten Gelder oder Sachen neben dem Hilfebezug für sich einzusetzen. Dies widerspräche sowohl dem Nachrang der Sozialhilfe als auch dem Zweck des vorstehend postulierten Verwertungsausschlusses aus Rücksicht auf den Geschädigten.

e. Treuhand und Sicherungsübereignung

28 Treuhandabreden und Sicherungsübereignungen berühren sowohl Fragen der personellen Zuordnung als auch der Verwertbarkeit von Vermögensgegenständen. Beide Institute sind dadurch gekennzeichnet, dass der Sicherungsnehmer und – bei der echten Treuhand – auch der Treuhänder volles Eigentum an dem zur Sicherung übereigneten oder in Treuhand gegebenen Gegenstand erwerben, sie jedoch gegenüber dem Sicherungs- bzw. Treugeber vertraglich in ihrer Verfügungsgewalt eingeschränkt sind.[49]

29 Bei der Treuhand[50] ist zunächst nach dem Inhalt der Treuhandabrede zu unterscheiden: Sofern eine **Ermächtigungs-** oder eine **Vollmachttreuhand** (beide auch unechte Treuhand genannt) vorliegt, bleibt der Treugeber Inhaber des vollen Eigentumsrechts. Der Treuhänder wird lediglich zu Verfügungen in eigenem bzw. im Namen des Treugebers ermächtigt. In diesem Fall handelt es sich nicht um Eigentum des Treuhänders und das Treugut ist ihm auch nicht zur eigenen Nutzung anvertraut. Solche Rechte oder Sachen gehören unproblematisch nicht zum Vermögen des hilfesuchenden Treuhänders.

---

[45] BSG v. 29.09.2009 - B 8 SO 23/08 R - BSGE 104, 219 Rn. 25; vgl. auch BSG v. 26.08.2008 - B 8/9b SO 16/07 R - juris Rn. 15 - FEVS 60, 346; BSG v. 02.02.2010 - B 8 SO 21/08 R.
[46] Zum BSHG VGH Baden-Württemberg v. 23.04.1996 - 6 S 2983/85 - FEVS 36, 199, 201.
[47] A.A. Hessisches LSG v. 07.12.2005 - L 7 AS 81/05 ER, L 7 AS 102/05 ER.
[48] Zur Alhi BSG v. 06.04.2000 - B 11 AL 31/99 R - SozR 3-4100 § 137 Nr. 12.
[49] Vgl. *Rösch* in: jurisPK-BGB, § 903 BGB Rn. 13.
[50] Überblick bei *Bassenge* in: Palandt, 73. Aufl. 2014, § 903 Rn. 33 ff.

Schwieriger liegt der Fall bei der **echten bzw. fiduziarischen Treuhand**, bei der der Treuhänder nach Maßgabe der auf die der Treuhand unterliegenden Sachen oder Rechte jeweils anzuwendenden Vorschriften volles eigenes Eigentum an den in Treuhand gegebenen Sachen und Rechten erwirbt. Jedenfalls für den Fall der **offen fremdnützigen Treuhand**, bei der das Treuhandverhältnis Dritten gegenüber offengelegt ist, ist zivilrechtlich allgemein anerkannt, dass das Treugut zwar rechtlich Vermögen des Treuhänders wird. Jedoch wird es unter der Voraussetzung des direkten Erwerbs vom Treugeber wegen der aufgrund des Treuhandvertrags bestehenden Beschränkungen sachlich und wirtschaftlich dem Vermögen des Treugebers zugeordnet, der so in der Insolvenz und Zwangsvollstreckung ein Aussonderungs- bzw. Widerspruchsrecht erhält.[51] Im Falle der Verwaltung fremder Gelder auf einem Anderkonto oder einem als Treuhandkonto erkennbaren vom eigenen Vermögen gesonderten Bankkonto ist dies – jedenfalls im Verhältnis zur kontoführenden Bank – auch für den Zufluss von Zahlungen Dritter zugunsten des Treugebers anerkannt.[52] In diesen Fällen wird also die streng rechtliche durch eine an Fragen der Verwertbarkeit orientierte sachlich-wirtschaftliche Betrachtung überspielt und abweichend von den tatsächlichen Eigentumsverhältnissen eine Zuordnung zu Vermögen des Treugebers vorgenommen. Dem hat sich das **BSG**[53] für den Bereich der Arbeitslosenhilfe nicht angeschlossen, sondern an der eigentumsrechtlichen Zuordnung des Treuguts zum Vermögen des Treuhänders festgehalten. Die Frage nach der Bedeutung der Treuhandabrede im Innenverhältnis hat es der Prüfungsebene der Verwertbarkeit zugewiesen. Dem ist auch für das SGB XII zu folgen, da Funktion und Aufbau der Vermögensberücksichtigung in beiden Fällen dieselben sind.

30

Der **Verwertung des Treuguts** durch den hilfesuchenden Treuhänder steht regelmäßig die Treuhandabrede entgegen. Deren genauer Inhalt bestimmt sich nach den zwischen den Beteiligten getroffenen Vereinbarungen und nach der Vertragsart (z.B. Auftrag, Geschäftsbesorgung, Innengesellschaft oder Sicherungsvertrag). In aller Regel wird mit Beendigung der Treuhand, z.B. durch Kündigung, Ablauf einer Befristung oder Eintritt einer Bedingung wie der Erfüllung des Sicherungszwecks, ein schuldrechtlicher Anspruch auf Herausgabe des Treuguts und/oder des im Rahmen der Geschäftsbesorgung bzw. Auftrags Erlangten[54] bestehen. Mit dem eigennützigen Verbrauch würde sich der Treuhänder wegen Untreue i.S.d. § 266 Abs. 1 Alt. 2 StGB strafbar machen.[55] Auch der Nachranggrundsatz des § 2 Abs. 1 SGB XII rechtfertigt es nicht, von dem Hilfesuchenden eine von der Rechtsordnung missbilligte und zudem strafbewehrte Verwertung von Vermögen zu verlangen. Ebenso wie bereits durch Veruntreuung erlangtes Vermögen oder Einkommen, zu dessen Rückzahlung an den Geschädigten die nachfragende Person verpflichtet ist,[56] ist auch (noch nicht veruntreutes) Treugut nicht als Vermögen oder Einkommen bei der Bedürftigkeitsprüfung zu berücksichtigen.

31

Dieselben Grundsätze gelten auch für die **verdeckte Treuhand**, z.B. wenn die nachfragende Person das Geldvermögen ihrer pflegebedürftigen Mutter auf einem eigenen Konto verwaltet, ohne das Treuhandverhältnis gegenüber der Bank offenzulegen. Auch zivilrechtlich wird in diesen Fällen in der Regel eine Zugehörigkeit des Treuguts zum Vermögen des Treuhänders angenommen.[57] Trotz dieser personellen Zuordnung des Treuguts zum Vermögen des Treuhänders steht dessen Verwertbarkeit durch den hilfesuchenden Treuhänder genauso wie im Fall der offenen Treuhand der Herausgabeanspruch des Treugebers entgegen. Deshalb verbleibt es bei der möglicherweis vorgeschobenen Behauptung des Hilfesuchenden, bestimmte Vermögensgegenstände gehörten nicht ihm, sondern seien ihm nur zur Verwaltung überlassen, bei der Verpflichtung des Leistungsträgers und im Streitfalle des Gerichts, das Ob und den Inhalt der Treuhandabrede vollumfänglich aufzuklären. Der Sozialhilfeträger kann sich nicht auf die Feststellung beschränken, die nachfragende Person müsse sich am Rechtsschein der Konto- bzw. sonstigen Vermögensinhaberschaft festhalten lassen.[58] Sollten sich nach Ausschöpfung aller Ermittlungsmöglichkeiten und unter Berücksichtigung des Grundsatzes der freien, aus dem Gesamtergebnis des Verfahrens zu gewinnenden Überzeugung entscheidungserhebliche Tatsachen nicht

32

---

[51] Vgl. BGH v. 19.11.1992 - IX ZR 45/92 - NJW-RR 1993, 301 m.w.N.; auch ohne Offenlegung: BGH v. 01.07.1993 - IX ZR 251/92 - NJW 1993, 2622.
[52] BGH v. 19.11.1992 - IX ZR 45/92 - NJW-RR 1993, 301 m.w.N.
[53] BSG v. 28.08.2007 - B 7/7a AL 10/06 R - juris Rn. 16 m.w.N.
[54] Zur Betreuung von Geldvermögen BGH v. 16.12.1970 - VIII ZR 36/69 - juris Rn. 10 - NJW 1971, 559.
[55] Vgl. z.B. BGH v. 23.08.1995 - 5 StR 371/95 - BGHSt 41, 224; BGH v. 29.07.2008 - 4 StR 232/08.
[56] Hierzu im Rahmen der Alhi BSG v. 06.04.2000 - B 11 AL 31/99 R - SozR 3-4100 § 137 Nr. 12.
[57] BGH v. 16.12.1970 - VIII ZR 36/69 - NJW 1971, 559.
[58] Std. Rspr. zur Alhi, z.B. BSG v. 24.05.2006 - B 11a AL 7/05 R; BSG v. 13.09.2006 - B 11a AL 13/06 R; BSG v. 28.08.2007 - B 7/7a AL 10/06 R m.w.N.

33 feststellen lassen, kommt es auf die objektive Beweislast an. Eine Umkehr der Beweislast jedoch kann gerechtfertigt sein, wenn in der Sphäre der nachfragenden Person wurzelnde Vorgänge nicht aufklärbar sind.[59] Schuldverpflichtungen unter nahen Angehörigen sind zudem nur anzuerkennen, wenn der Vertrag als solcher und seine tatsächliche Durchführung in allen wesentlichen Punkten dem zwischen Dritten Üblichen entsprechen.[60]

33 Eine Zuordnung des Treuguts zum Vermögen des Treuhänders hindert nicht jede **Berücksichtigung des Treuguts beim hilfesuchenden Treugeber**. Vielmehr verbleiben als Bestandteil seines Vermögens die aus dem Vertragsverhältnis resultierenden Rückabwicklungsansprüche bei Beendigung der Treuhandabrede.[61] Ob diese auch verwertbar sind, ist gesondert zu prüfen und richtet sich insbesondere nach den zwischen Treugeber und Treuhänder getroffenen vertraglichen Absprachen über Laufzeit und Kündbarkeit der Treuhandabrede. Soweit diese einer Verwertung entgegenstehen, kann auch eine Verwertung durch den Verkauf oder die Beleihung des nicht fälligen Rückübertragungsanspruchs in Betracht kommen. Eine solche Möglichkeit kann nicht ohne weiteres unterstellt werden, sondern ist im Einzelfall konkret zu überprüfen. Dabei werden sich regelmäßig erhebliche Abschläge vom Nennwert des Treuguts ergeben. Deshalb sollte auch aus Sicht des Leistungsträgers die Frage der Zweckmäßigkeit oder einer möglichen wirtschaftlichen Härte (vgl. hierzu Rn. 108 ff.) nicht aus dem Blick geraten, wenn sich danach eine Verwertbarkeit ergibt.

34 Auch bei der **Sicherungsübereignung** ist zunächst nach der Rolle der nachfragenden Person als Sicherungseigentümer oder Sicherungsgeber zu unterscheiden. Als Sicherungseigentümer erwirbt die nachfragende Person volles Eigentum am Sicherungsgut, z.B. einem Kfz. Es handelt sich mithin um Vermögen des Sicherungsnehmers, der jedoch in seiner Verfügungsfreiheit hierüber regelmäßig durch die Sicherungsabrede und einen Rückgewähranspruch des Sicherungsgebers eingeschränkt ist. Wie auch bei anderen Treuhandverhältnissen wird hierdurch die Verwertbarkeit regelmäßig ausgeschlossen. Das Ob und der Inhalt einer behaupteten Sicherungsabrede sind Tatsachenfrage und von Verwaltung und Gerichten vollumfänglich zu ermitteln (vgl. vorstehend Rn. 32). Ist die nachfragende Person Sicherungsgeber, hat er für die Zeit der Sicherungsübereignung das Eigentum an dem Gegenstand verloren, so dass es aus seinem Vermögen ausgeschieden ist. Dies gilt jedoch nicht für den Rückübertragungsanspruch, der zum grundsätzlich verwertbaren Vermögen gehört.[62] Ebenfalls zum Vermögen gehört das am Sicherungseigentum durch den regelmäßig beim Sicherungsgeber belassenen Besitz eingeräumte Nutzungsrecht. So ist der Besitz eines sicherungsübereigneten Kfz zwar Vermögen, aber regelmäßig nicht verwertbar. Allerdings kann die Nutzungsmöglichkeit als Sachbezug beim Einkommen zu berücksichtigen sein.[63]

f. Sparbücher

35 Zum Vermögen der nachfragenden Person gehören auch Sparbücher, die dieser **auf den Namen Dritter** angelegt hat (z.B. die Großmutter für ihre Enkel), sofern sich die nachfragende Person den Besitz am Sparbuch vorbehält und dem Dritten kein eigenes Forderungsrecht gegenüber der Bank eingeräumt hat.[64] Mit der Eröffnung eines Sparkontos auf den Namen Dritter werden diese im Zweifel nicht Inhaber der Forderung, soweit sich der Eröffnende den Besitz am Sparbuch vorbehält und die Forderung aus dem Guthaben nicht gesondert abgetreten wird.[65] Wird dagegen vom Hilfesuchenden die **Abtretung** der Forderung aus einem auf seinen Namen lautenden Sparbuch oder eine **Sicherungsübereignung** (Kautionssparbuch) behauptet, gelten die vorstehend dargelegten Grundsätze (vgl. Rn. 28 ff.). Insbesondere muss sich die nachfragende Person nicht am Rechtsschein der Kontoinhaberschaft festhalten lassen. Stattdessen ist auch in diesem Fall das Ob und der Inhalt der Abtretung oder Sicherungsabrede im Einzelnen aufzuklären. Die Unaufklärbarkeit der in der Sphäre der nachfragenden Person liegenden Umstände geht nach Ausschöpfen aller Beweismittel regelmäßig zu dessen Lasten.[66]

---

[59] BSG v. 28.08.2007 - B 7/7a AL 10/06 R.
[60] BSG v. 13.09.2006 - B 11a AL 13/06 R.
[61] Vgl. BSG v. 18.03.2008 - B 8/9b SO 9/06 R - juris Rn. 15 - BSGE 100, 131 = SozR 4-3500 § 90 Nr. 3.
[62] Zum BSHG OVG Nordrhein-Westfalen v. 09.08.1996 - 8 A 3429/94 - FEVS 47, 432.
[63] Zum BSHG OVG Hamburg v. 20.12.1994 - Bs IV 196/94 - FEVS 46, 110.
[64] Zum BSHG OVG Sachsen v. 30.10.1997 - 2 S 235/95 - FEVS 48, 199.
[65] BGH v. 09.11.1966 - VIII ZR 73/64 - BGHZ 46, 198, 201.
[66] BSG v. 24.05.2006 - B 11a AL 7/05 R.

4. Einsatz und Verwertbarkeit des Vermögens

a. Begriff der Verwertbarkeit

Einzusetzen ist nach § 90 Abs. 1 SGB XII das gesamte verwertbare Vermögen. Die Verpflichtung zum vorrangigen Einsatz von Vermögen i.S.d. § 2 Abs. 1 SGB XII wird danach von dessen Verwertbarkeit abhängig gemacht. Demgegenüber werden in § 90 Abs. 2 und Abs. 3 SGB XII Einsatz und Verwertung von Vermögen nebeneinander gestellt. Der Sprachgebrauch ist uneinheitlich: Während in Absatz 1 „Einsatz" als Oberbegriff für alle erdenklichen Arten der Wahrung des Nachranggrundsatzes durch Rückgriff auf das Vermögen steht, wird „Einsatz" in Absatz 2 und Absatz 3 als Synonym für den Eigenverbrauch benutzt und der „Verwertung" durch Erlangung eines dann zu verbrauchenden Surrogats gegenübergestellt, wie dies ausdrücklich auch in § 91 SGB XII erfolgt.[67]

Die durch § 90 Abs. 1 SGB XII vorgeprägte Frage nach der Verwertbarkeit erfordert eine **rein wirtschaftliche Betrachtung**[68] unter Ausschluss von Gesichtspunkten der personellen Zuordnung von Vermögensgegenständen und insbesondere der Zumutbarkeit der Verwertung.[69] Die Verwertbarkeit betrifft also allein die Frage, ob ein bestimmter Vermögensgegenstand überhaupt einen wirtschaftlichen Wert besitzt, den die nachfragende Person für sich einsetzen kann. Vermögen ist verwertbar, wenn die Gegenstände verbraucht, übertragen und belastet werden können. Die Verwertung muss dem Hilfesuchenden einen Ertrag bringen, durch den er, wenn auch nur kurzzeitig, seinen Lebensunterhalt bestreiten kann.[70] Es spielt für die Frage der Verwertbarkeit keine Rolle, woher das Vermögen stammt und ob aufgrund der Herkunft die Verwertung ausnahmsweise unzumutbar ist (vgl. hierzu Rn. 99 ff.). Ebenso kommt es für die Frage nach der Verwertbarkeit prinzipiell nicht darauf an, ob es sich um Vermögen des Hilfesuchenden, eines anderen Einsatzverpflichteten oder einer anderen, nicht einsatzpflichtigen Person handelt (vgl. hierzu Rn. 21 ff.). Allerdings kommt es auf die Verwertbarkeit nicht mehr an, wenn bereits aufgrund der festgestellten personellen Zuordnung keine Verpflichtung zum Einsatz eines bestimmten Vermögensgegenstandes besteht. Ob Vermögensgegenstände im Sinne der gesetzlichen Regelung verwertbar sind, beurteilt sich unter **rechtlichen und tatsächlichen Gesichtspunkten**; der Vermögensinhaber muss über das Vermögen verfügen dürfen, aber auch verfügen können. Beide Aspekte verlangen darüber hinaus eine Berücksichtigung des **zeitlichen Moments**: Der Vermögensinhaber verfügt nicht über bereite Mittel, wenn er diese nicht in angemessener Zeit realisieren kann.[71]

Eine bestimmte **Art der Verwertung** ist nicht vorgeschrieben, allenfalls durch die Natur des Vermögensgegenstands vorgeprägt. Die Verwertung kann durch Eigenverbrauch, Veräußerung oder Belastung des Vermögensgegenstandes erfolgen, z.B. durch Beleihung unter Bestellung eines Pfand- oder Grundpfandrechts. Auch Vermietung oder Verpachtung kommen in Betracht, wenn ein Verkauf nicht möglich oder zumutbar ist oder die hieraus erzielten Einnahmen den Hilfebedarf decken; gleichzeitig sollte der Gedanke eines hierbei möglicherweise gegenüber dem Verkauf nachhaltigeren Deckungsbeitrags nicht vernachlässigt werden. Grundsätzlich steht es dem Hilfesuchenden frei, zwischen mehreren möglichen Verwertungsarten zu wählen. Jedoch folgt aus der Selbsthilfeverpflichtung des § 2 Abs. 1 SGB XII, dass er grundsätzlich die Verwertungsart zu wählen hat, die den höchsten Deckungsbeitrag erbringt. Sind mehrere Verwertungsarten geeignet, den Bedarf voll zu decken oder erbringen mehrere Verwertungsarten in etwa denselben Deckungsbeitrag, kann die nachfragende Person unter diesen wählen.

b. Ausschluss der Verwertbarkeit

Die Verwertbarkeit eines Vermögensgegenstandes ist sowohl in tatsächlicher als auch in rechtlicher Hinsicht zu prüfen.[72] Ein **tatsächlicher Ausschluss der Verwertbarkeit** liegt bei Gegenständen oder Rechten vor, für die sich in absehbarer Zeit kein Käufer finden lassen wird, weil diese nicht marktgängig oder beispielsweise wegen sinkender Preise über den Marktwert hinaus belastet sind, und gleich-

---

[67] Vgl. auch *Geiger* in: LPK-SGB XII, 9. Aufl., § 90 Rn. 28.
[68] BVerwG v. 19.12.1997 - 5 C 7/96 - BVerwGE 106, 105.
[69] BSG v. 19.05.2009 - B 8 SO 7/08 R - juris Rn. 21.
[70] Zum SGB II BSG v. 27.01.2009 - B 14 AS 42/07 R - juris Rn. 20 f.
[71] BSG v. 18.03.2008 - B 8/9b SO 9/06 R - juris Rn. 15 - BSGE 100, 131 = SozR 4-3500 § 90 Nr. 3; BSG v. 19.05.2009 - B 8 SO 7/08 R - juris Rn. 21.
[72] BSG v. 18.03.2008 - B 8/9b SO 9/06 R - juris Rn. 15 - BSGE 100, 131 = SozR 4-3500 § 90 Nr. 3; BSG v. 19.05.2009 - B 8 SO 7/08 R - juris Rn. 21.

zeitig auch keine andere Verwertung möglich ist. So hindert ein dingliches Wohnrecht an einem Haus rechtlich nicht eine Verwertung durch Beleihung; jedoch bedarf es insoweit einer genauen Prüfung, ob eine Beleihung unter Berücksichtigung dieser und weiterer Belastungen sowie der finanziellen Gesamtsituation der nachfragenden Person überhaupt realisierbar ist. Auch eine zugunsten des Sozialhilfeträgers eingetragene Höchstbetragshypothek ist kein Beleg dafür, dass private Kreditinstitute bereit sind, dem Hilfesuchenden Geld zur Verfügung zu stellen. Gerade die dingliche Belastung eines Hausgrundstücks verbietet es, die faktische Verwertbarkeit durch Verkauf einfach zu unterstellen.[73] Nicht verwertbar sind Rechte, die unmittelbar an die Person ihres Inhabers gebunden sind, wie z.B. das Altenteil, persönliche Wohnrechte und andere persönliche Dienstbarkeiten i.S.d. § 1090 BGB.

40   Ein **rechtlicher Ausschluss der Verwertbarkeit** liegt vor, wenn hinsichtlich des Vermögensgegenstands Verfügungsbeschränkungen bestehen, deren Aufhebung die nachfragende Person nicht erreichen kann. Solche Verfügungsbeschränkungen bestehen beispielsweise in der Zwangsvollstreckung durch Pfändung (§§ 804, 829 ZPO), Arrest (§ 930 ZPO), Beschlagnahme und Zwangsverwaltung von Grundstücken (§§ 20, 21, 146 ZVG) oder aufgrund einstweiliger Verfügungen (§§ 935, 938 Abs. 2 ZPO), in der Insolvenz nach den §§ 80, 81 Abs. 1 Satz 1 InsO oder bei Beschlagnahme im Strafverfahren (§ 94 StPO). Verfügungsbeschränkungen können aber auch aufgrund privatrechtlicher Gestaltung z.B. im Treuhandverhältnis (vgl. hierzu Rn. 31) oder aufgrund testamentarischer Verfügung bestehen.[74]

c. Zeitliche Grenzen der Verwertbarkeit

41   Problematisch ist die Verwertbarkeit beispielsweise dann, wenn die Verwertung eines Grundstücks längere Zeit in Anspruch nehmen und voraussichtlich erst nach Ende des aktuellen Hilfebedarfs abgeschlossen sein wird oder gar vom zeitlich unabsehbaren Tod einer ein dingliches Wohnrecht innehaltenden Mutter abhängt. Aus den §§ 2 Abs. 1, 19, 90 SGB XII ist eine Zweckbindung des Vermögenseinsatzes zur vorrangigen Deckung eines konkreten sozialhilferechtlichen Bedarfs abzuleiten. Dies erweitert den Begriff der Verwertbarkeit um eine **zeitliche Komponente**. Bereits nach der Rechtsprechung des BVerwG zum BSHG kommt für den Einsatz i.S.d. § 90 Abs. 1 SGB XII nur dasjenige Vermögen in Betracht, durch dessen Verwertung der Notlage oder dem Bedarf abgeholfen[75] und das dafür rechtzeitig verwertet werden kann.[76] Dem hat sich das BSG für das SGB II angeschlossen. Danach kann Verwertbarkeit von Vermögen i.S.d. § 12 Abs. 1 SGB II nur dann angenommen werden, wenn der Berechtigte in der Lage ist, die Verwertung innerhalb einer bei Antragstellung feststehenden Zeitspanne durch eigenes Handeln herbeizuführen.[77] Daher ist von einer generellen Unverwertbarkeit i.S. des § 12 Abs. 1 SGB II auszugehen, wenn völlig ungewiss ist, wann eine für die Verwertbarkeit notwendige Bedingung eintritt. Dies ist im Rahmen einer Prognose festzustellen. Maßgebend für die Prognose, dass ein rechtliches oder tatsächliches Verwertungshindernis wegfällt, ist im Regelfall der Zeitraum, für den die Leistungen bewilligt werden, also regelmäßig der sechsmonatige Bewilligungszeitraum des § 41 Abs. 1 Satz 4 SGB II.[78] Dies hat zur Folge, dass nach Ablauf des jeweiligen Bewilligungsabschnitts eine neue Prognoseentscheidung ohne Bindung an die vorangegangene Einschätzung zu treffen ist. Dieser Rechtsprechung zum SGB II hat sich der für das SGB XII zuständige Senat des BSG mit der Maßgabe angeschlossen, dass wegen der gesteigerten Verwertungsobliegenheit für den Bereich der Grundsicherung im Alter und bei Erwerbsminderung auf den gesetzlich vorgesehenen Bewilligungszeitraum von 12 Kalendermonaten gem § 44 Abs. 1 Satz 1 SGB XII abzustellen ist, der dann auch bei der Hilfe zum Lebensunterhalt den Maßstab bilden muss, etwa wenn wegen eines Leistungsausschlusses nach § 41 Abs. 4 SGB XII nur diese Leistung in Betracht kommt.[79]

---

[73] BSG v. 19.05.2009 - B 8 SO 7/08 R - juris Rn. 21.

[74] Zu einem sog. Behindertentestament Hessisches LSG v. 26.06.2013 - L 6 SO 165/10 - BtPrax 2013, 208 ff., hierzu Anmerkung *Kruse*, RdLH 2013, 212; zum BSHG VGH Baden-Württemberg v. 22.01.1992 - 6 S 384/90 - FEVS 43, 423; zum SGB II LSG Baden-Württemberg v. 09.10.2007 - L 7 AS 3528/07 ER-B.

[75] Vgl. BVerwG v. 21.04.1988 - 5 B 2/88 - Buchholz 436.7 § 25d BVG Nr. 1.

[76] BVerwG v. 19.12.1997 - 5 C 7/96 - BVerwGE 106, 105.

[77] BSG v. 06.12.2007 - B 14/7b AS 46/06 - BSGE 99, 248 = SozR 4-4200 § 12 Nr. 6.

[78] BSG v. 27.01.2009 - B 14 AS 42/07 R - SozR 4-4200 § 12 Nr. 12 zur Frage der Verwertbarkeit von Vermögensgegenständen, die dem Hilfebedürftigen als Miterbe in ungeteilter Erbengemeinschaft zustehen.

[79] BSG v. 25.08.2011 - B 8 SO 19/10 R - juris Rn. 14 ff.

In diesem Sinne ist für die Frage des Vorliegens eines Verwertungsausschlusses zu differenzieren nach der voraussichtlichen Dauer der Bedürftigkeit und dem voraussichtlichen Eintritt einer zurzeit noch nicht gegebenen Verwertbarkeit. Wenn eine Verwertung bzw. Verwertungsmöglichkeit nicht absehbar ist, etwa weil sie von dem Tod einer bestimmten Person abhängt,[80] so handelt es sich in jedem Falle um tatsächlich nicht verwertbares Vermögen. Etwas anderes kann gelten, wenn eine zukünftige Verwertbarkeit sicher eintritt, d.h. beispielsweise bei voraussichtlich fortbestehender Bedürftigkeit von dem Eintritt eines bestimmten kalendermäßig ablaufenden Datums abhängt.[81] Im Hinblick auf den aktuell ungedeckten Bedarf wird dann aber nach § 91 SGB XII Hilfe als Darlehen zu gewähren sein. Vorrangig sind aber immer andere kurzfristige Möglichkeiten einer Verwertung zu prüfen. Deshalb schließt die Belastung eines (Haus-)Grundstücks mit einem Nießbrauch oder Wohnrecht dessen Verwertung als Vermögen nicht von vorneherein aus; vielmehr ist im Einzelfall zu prüfen, ob es eine Verwertungsmöglichkeit gibt.[82]

42

d. Wiederholte Vermögensberücksichtigung

Wurde ein Vermögensgegenstand bereits einmal bei der Leistungsberechnung berücksichtigt und ist er bei erneuter Antragstellung noch vorhanden, so ist er bei der weiteren Leistungsberechnung erneut zu berücksichtigen. Insbesondere ist er hierdurch nicht unverwertbar.[83] Das BVerwG hat seine frühere gegenteilige Auffassung, nach der der Wert des Vermögens dem Gesamtbedarf im Bedarfszeitraum gegenüberzustellen und für den über den Vermögenswert hinausgehenden Bedarf Sozialhilfe zu gewähren sei, ausdrücklich aufgegeben.[84] Das SGB XII enthält keine Vorschrift, die eine Verschonung beispielsweise durch sparsame Lebensführung vor der Verwertung bewahrter Vermögensgegenstände zuließe. Im Gegenteil ist aus den §§ 2 Abs. 1, 19 SGB XII abzuleiten, dass dem Hilfesuchenden keine Sozialhilfe zu bewilligen ist, soweit er über bereite Mittel zur Selbsthilfe verfügt. Ein sog. fiktiver Vermögensverbrauch scheidet daher aus.[85] Wollte man dennoch über eine Verschonung aufgesparten Vermögens nachdenken, wären diese Überlegungen systematisch zutreffend nicht bezüglich der Verwertbarkeit, sondern allenfalls unter dem Gesichtspunkt einer Härte anzustellen.

43

e. Folgen der Verwertbarkeit von Vermögensgegenständen

Verfügt die nachfragende Person oder eine andere zum Einsatz verpflichtete Person (vgl. insbesondere § 19 SGB XII) über verwertbares und nicht zu schonendes Vermögen, so entfällt der Leistungsanspruch, soweit dieser gegenüber dem Vermögenseinsatz nachrangig ist. Das Vermögen kann dem Leistungsanspruch solange entgegengehalten werden, bis es verbraucht ist (vgl. vorstehend Rn. 43). Einen bestimmten Zeitraum, in dem der Leistungsanspruch z.B. für die Dauer eines fiktiven Verbrauchs ruht, gibt es anders als im Recht der Arbeitslosenhilfe vor 2002[86] nicht.[87] Auch bei einem gesetzlichen Übergang des echten sozialhilferechtlichen Anspruchs auf Hilfe für Einrichtungen nach dem Tod des Berechtigten ist ein fiktiver Vermögensverbrauch nicht vorgesehen.[88] Der Leistungsanspruch setzt ein, sobald kein vorrangig einzusetzendes Vermögen mehr vorhanden ist. Allerdings kann eine Leistungskürzung in Betracht kommen, sollte zuvor vorhandenes einzusetzendes Vermögen verschleudert worden sein (vgl. § 26 Abs. 1 SGB XII).

44

Besteht ein **mehrfacher vermögensabhängiger Bedarf**, z.B. an Leistungen zum Lebensunterhalt und an Hilfe zur Gesundheit, so kann – im Unterschied zur Regelung nach § 89 SGB XII zur Einkommensanrechnung – derselbe verwertbare Vermögensgegenstand bzw. -betrag beiden Leistungsansprüchen gleichzeitig entgegengehalten werden.[89] Dies folgt aus dem Grundsatz der Vermögensberücksichti-

45

---

[80] Vgl. auch VGH Baden-Württemberg v. 31.07.2003 - 12 S 473/03.
[81] BSG v. 06.12.2007 - B 14/7b AS 46/06 - juris Rn. 15 - BSGE 99, 248 = SozR 4-4200 § 12 Nr. 6.
[82] Zum SGB II vgl. BSG v. 12.07.2012 - B 14 AS 158/11 R - SozR 4-4200 § 12 Nr. 20.
[83] BVerwG v. 19.12.1997 - 5 C 7/96 - BVerwGE 106, 105; *Lücking* in: Hauck/Noftz, SGB XII, K § 90 Rn. 29; *Geiger* in: LPK-SGB XII, 9. Aufl., § 90 Rn. 27; zum SGB II vgl. BSG v. 30.07.2008 - B 14 AS 14/08 B.
[84] BVerwG v. 19.12.1997 - 5 C 7/96 - BVerwGE 106, 105.
[85] BSG v. 20.09.2012 - B 8 SO 20/11 R - SozR 4-3500 § 19 Nr. 4 Rn. 14; BSG v. 25.08.2011 - B 8 SO 19/10 R - juris Rn. 27.
[86] Vgl. § 9 AlhiV in der bis zum 31.12.2001 gültigen Fassung.
[87] BSG v. 20.09.2012 - B 8 SO 20/11 R - SozR 4-3500 § 19 Nr. 4 Rn. 14; BSG v. 25.08.2011 - B 8 SO 19/10 R - juris Rn. 27.
[88] BSG v. 20.09.2012 - B 8 SO 20/11 R - SozR 4-3500 § 19 Nr. 4 für den Fall des Übergangs eines Anspruchs auf ungedeckte Heimkosten auf den Einrichtungsträger.
[89] A.A. *Geiger* in: LPK-SGB XII, 9. Aufl., § 90 Rn. 68.

gung, wonach verwertbares und nicht zu schonendes Vermögen einen Leistungsanspruch hindert, solange es vorhanden ist. Erst wenn der Wert des verwertbaren Vermögens unter den jeweils maßgeblichen Freibetrag nach § 90 Abs. 2 Nr. 9 SGB XII sinkt, setzt die Hilfe ein.

IV. Nicht einzusetzendes Vermögen (Absatz 2)

1. Überblick

46 § 90 Abs. 2 SGB XII enthält neun Gruppen von Vermögensgegenständen, die entgegen dem Nachranggrundsatz der §§ 2, 19 SGB XII nicht vor dem Einsetzen der Sozialhilfe vorrangig einzusetzen sind. Ihr Wert ist daher bei der Anspruchsberechnung vom Wert des gesamten vorhandenen Vermögens abzusetzen; das Ob und die Höhe des Leistungsanspruchs richten sich nur nach dem Wert des übrigen Vermögens. Ergänzt wird § 90 Abs. 2 SGB XII durch die Verordnung zur Durchführung des § 90 Abs. 2 Nr. 9 des Zwölften Buches Sozialgesetzbuch (DVO§90SGBXII), die die Höhe der freizustellenden kleineren Barbeträge und sonstigen Geldwerte bestimmt. Die einzelnen Tatbestände nach § 90 Abs. 2 SGB XII sind **zwingendes Recht**. Ist der Tatbestand erfüllt, muss der Vermögenstatbestand berücksichtigungsfrei belassen werden. Ferner sind die einzelnen Tatbestände **kumulativ**, also jeweils in voller Höhe nebeneinander vom Vermögen abzusetzen.

2. Gemischte Bedarfsgemeinschaft

47 Ein **Empfänger von Alg II** muss in einer sog. gemischten Bedarfsgemeinschaft einen Vermögensgegenstand, der Schonvermögen nach den Regelungen des SGB II, nicht aber nach denen des SGB XII ist, nicht für seinen Ehegatten oder Partner verwerten, bevor dieser Sozialhilfe nach dem SGB XII erhalten kann.[90] Dasselbe gilt umgekehrt auch für den Sozialhilfeempfänger, soweit dessen Vermögensgegenstände weitergehenden Schutz als nach dem SGB II genießen sollten. Daraus folgt jedoch nicht, dass die Kosten – etwa Steuern und Versicherungsprämien für ein Kfz – des Vermögensgegenstandes, der als Schonvermögen nicht verwertet werden muss, vom Einkommen des Sozialhilfebeziehers abzuziehen wären.[91]

3. Vermögen aus öffentlichen Mitteln

48 § 90 Abs. 2 Nr. 1 SGB XII schützt Vermögen, das aus zu drei alternativen Zwecken erbrachten öffentlichen Mitteln stammt. Es genügt jedoch nicht, dass die Mittel irgendwann einmal zu einem der genannten Zwecke erbracht worden sind. Vielmehr müssen sie weiterhin einem dieser Zwecke dienen. Dies kann z.B. nicht mehr der Fall sein, wenn Leistungen nach dem Lastenausgleichsgesetz in den 1960er Jahren erbracht wurden (soweit eine entsprechende Zweckbestimmung überhaupt unterstellt werden kann) und die heute 95-jährige Hilfesuchende als Pflegebedürftige in einem Heim lebt.[92] Entspricht der Zweck der Zuwendung einem der Zwecke der Sozialhilfe, so ist der entsprechende Bedarf im Umfang der Zuwendung gedeckt, weshalb Sozialhilfeleistungen in diesem Maße nicht zu erbringen sind.[93] Der Zweck der Zuwendung kann sich ausdrücklich oder auch konkludent aus den jeweils einschlägigen Vorschriften oder aus den konkreten Umständen ihrer Gewährung ergeben.

49 Dem **Aufbau einer Lebensgrundlage** dienen Zuwendungen, die es dem Empfänger ermöglichen sollen, eigene Erwerbsmöglichkeiten zu erschließen, durch die er seinen Lebensunterhalt bestreiten oder hierzu beitragen kann, insbesondere Leistungen der Teilhabe am Arbeitsleben, aber auch Aufbaudarlehen nach dem LAG und Berufsfürsorge nach dem BVG. Der **Sicherung einer Lebensgrundlage** dienen diese und andere Leistungen, wenn sie zum Erhalt oder zum Ausbau einer bereits vorhandenen Erwerbsmöglichkeit erbracht werden.

50 Der **Gründung eines Hausstandes** dienen alle Leistungen, die für die Erstbeschaffung einer Wohnung und ihrer Erstausstattung mit Möbeln und Haushaltsgeräten gewährt werden, z.B. Hauptentschädigung nach dem LAG, Kapitalabfindungen nach dem BVG.

51 Geschütztes Vermögen liegt nur vor, wenn die Leistungen aus **öffentlichen Mitteln** erbracht worden sind. Eine analoge Anwendung auf private Mittel scheidet aus,[94] wie sich aus dem eindeutigen Wortlaut

---

[90] BSG v. 18.03.2008 - 8/9b SO 11/06 R - SozR 4-3500 § 82 Nr. 4.
[91] BSG v. 18.03.2008 - 8/9b SO 11/06 R - SozR 4-3500 § 82 Nr. 4 Rn. 21 f.
[92] LSG Hamburg v. 23.02.2009 - L 4 SO 17/08.
[93] Vgl. *Lücking* in: Hauck/Noftz, SGB XII, K § 90 Rn. 31.
[94] BVerwG v. 19.04.1972 - V C 40.72 - juris Rn. 12 - FEVS 19, 361 ff.

ergibt. Öffentliche Mittel sind Zuwendungen aus den Haushalten oder dem Vermögen öffentlicher Körperschaften, Anstalten oder Stiftungen.[95]

4. Geförderte Altersvorsorge

Vor der vorrangigen Verwertung geschützt wird nach § 90 Abs. 2 Nr. 2 SGB XII Kapital einschließlich seiner Erträge, das der zusätzlichen Altersvorsorge im Sinne des § 10a oder des Abschnitts XI des EStG dient und dessen Ansammlung staatlich gefördert wurde. Die Regelung wurde aus § 88 BSHG übernommen.[96] Dort war sie durch das Altersvermögensgesetz[97] mit Wirkung zum 01.01.2002 eingefügt worden, um das im Rahmen der damals neuen staatlich geförderten kapitalgedeckten Altersvorsorge angesammelte Vermögen auch im Falle der Hilfebedürftigkeit in seiner Funktion als Ergänzung der zeitgleich gekürzten Ansprüche aus der gesetzlichen Rente zu erhalten.[98] Die Freistellung sollte danach ausdrücklich nur das Vermögen erfassen, das aus staatlichen Beiträgen im Sinne des Altersvermögensgesetzes zuzüglich der Erträge angesammelt worden ist (sog. **Riester-Renten**). Zusätzliche Kapitalanlagen – auch wenn sie zur Alterssicherung bestimmt waren – sollten weiterhin allenfalls im Rahmen der Härtefallregelung geschützt sein können. Diese Zielsetzung findet auch im Wortlaut der Norm Ausdruck, in dem explizit auf die entsprechenden Normen des EStG Bezug genommen wird. Erforderlich ist daher, dass der Sicherung ein nach § 5 AltZertG[99] durch die Bundesanstalt für Finanzierungsaufsicht **zertifizierter Altersvorsorgevertrag** zugrunde liegt.[100] Die weitere Voraussetzung „und dessen Ansammlung staatlich gefördert wurde" dient dabei nicht etwa der Einbeziehung weiterer staatlich geförderter Vermögensanlagen (insbesondere auch nicht der nach § 10b EStG geförderten sog. **Rürup-Rente**),[101] sondern der Begrenzung des Verwertungsschutzes auf den Förderhöchstbetrag nach § 10a EStG, §§ 79 ff. EStG. Es gilt daher kein fester **Höchstbetrag**. Vielmehr entspricht der maximal geschützte Betrag der Summe der in den Vorjahren nach § 10a Abs. 1 Satz 1 EStG maximal als Sonderausgabe abziehbaren Altersvorsorgebeiträge einschließlich der hierauf gewährten Zulagen und Zinsen.

52

Während der **Auszahlungsphase** sind die gezahlten Beträge – anders als das weiterhin geschützte verbleibende Vorsorgekapital – bei der Bedürftigkeitsprüfung zu berücksichtigen.[102] Auch im Falle der vorzeitigen Verwendung, insbesondere durch Auszahlung vor Erreichen des Ruhestandsalters, entfällt der Schutz nach § 90 Abs. 2 Nr. 2 SGB XII. Der ausgezahlte Betrag ist jedoch nicht als Einkommen, sondern als Vermögen zu berücksichtigen, da die ausgezahlten Mittel dem Vermögen der nachfragenden Person in diesem Zeitpunkt nicht erstmalig zufließen, sondern bereits vorher in seinem Vermögensbestand waren und dessen Wert sich mit der Auszahlung nicht verändert.[103]

53

5. Vermögen zur Befriedigung der Wohnbedürfnisse behinderter oder pflegebedürftiger Menschen

§ 90 Abs. 2 Nr. 3 SGB XII schützt Vermögensgegenstände, die zeitnah zur Beschaffung oder Erhaltung eines angemessenen Hausgrundstücks bestimmt sind, wenn und solange dies zur Befriedigung der Wohnbedürfnisse behinderter oder pflegebedürftiger Menschen dient oder zukünftig dienen soll und die Befriedigung dieser Wohnbedürfnisse ohne diese Vermögensgegenstände voraussichtlich nicht erreicht werden kann. § 90 Abs. 2 Nr. 3 SGB XII privilegiert damit die Gruppe der behinderten und pflegebedürftigen Menschen sowie der für sie Einsatzpflichtigen gegenüber anderen Hilfesuchenden, in dem anders als nach § 90 Abs. 2 Nr. 8 SGB XII nicht nur das bereits vorhandene Wohneigentum vom Zwang zum vorrangigen Einsatz ausgenommen wird, sondern auch Geld oder Sachwerte, die der erst

54

---

[95] BSG v. 25.08.2011 - B 8 SO 19/10 R - juris Rn. 20.
[96] Vgl. BT-Drs. 15/1514, S. 66 zu § 85.
[97] Altersvermögensgesetz v. 26.06.2001, BGBl I 2001, 1310.
[98] BT-Drs. 14/4595, S. 72 zu Art. 8 Nr. 4.
[99] V. 26.06.2001, BGBl I 2001, 1310, 1322.
[100] BSG v. 15.04.2008 - B 14/7b AS 52/06 R - juris Rn. 20 - FEVS 60, 297 ff.
[101] *Geiger* in: LPK-SGB XII, 9. Aufl., § 90 Rn. 21; *Lücking* in: Hauck/Noftz, SGB XII, § 90 Rn. 35; ablehnend für Kapitallebensversicherung BVerwG v. 13.05.2004 - 5 C 3/03 - juris Rn. 12 - BVerwGE 121, 34 ff.
[102] BT-Drs. 14/4595, S. 72 zu Art. 8 Nr. 4.
[103] A.A. *Lücking* in: Hauck/Noftz, SGB XII, § 90 Rn. 36; zur Abgrenzung von Vermögen und Einkommen vgl. Rn. 17 ff.

§ 90

zukünftigen Befriedigung des Grundbedürfnisses „Wohnen" einer der genannten Personen zu dienen bestimmt sind. Hierzu wird sogar in einem gewissen Umfang die weitere Vermögensbildung ermöglicht.

55 Der nach § 90 Abs. 2 Nr. 3 SGB XII **begünstigte Personenkreis** umfasst Personen, die durch eine Behinderung i.S.d. § 2 Abs. 1 Satz 1 SGB IX wesentlich in ihrer Fähigkeit, an der Gesellschaft teilzuhaben, eingeschränkt sind (§ 53 Abs. 1 Satz 1 Alt. 1 SGB XII, ergänzend § 1 Eingliederungsverordnung – juris-Abkürzung: BSHG§47V). Im Einzelnen vgl. die Kommentierung zu § 53 SGB XII. Hierzu gehören auch blinde Menschen (§ 72 SGB XII) und Menschen mit einer beidäugigen Gesamtsehschärfe von nicht mehr als einem Fünfzigstel oder einer dem Schweregrad dieser Sehschärfe gleich zu achtenden, nicht nur vorübergehenden Störung des Sehvermögens (§ 72 Abs. 5 SGB XII). Im Einzelnen vgl. die Kommentierung zu § 72 SGB XII. Ebenfalls erfasst werden Personen, die von einer solchen wesentlichen Behinderung bedroht sind (§ 53 Abs. 1 Satz 1 Alt. 2 SGB XII). Eine solche Bedrohung liegt nach § 53 Abs. 2 Satz 1 SGB XII dann vor, wenn der Eintritt der Behinderung nach fachlicher Erkenntnis mit hoher Wahrscheinlichkeit zu erwarten ist (im Einzelnen vgl. die Kommentierung zu § 53 SGB XII). Daneben umfasst der Kreis der Begünstigten auch pflegebedürftige Menschen i.S.d. § 61 SGB XII, also vor allem Personen, die wegen einer körperlichen, geistigen oder seelischen Behinderung für die gewöhnlichen und regelmäßig wiederkehrenden Verrichtungen im Ablauf des täglichen Lebens in erheblichem oder höherem Maße der Hilfe bedürfen (im Einzelnen vgl. die Kommentierung zu § 61 SGB XII). Da anders als bei § 53 SGB XII keine selektive Verweisung auf § 61 Abs. 1 Satz 1 SGB XII vorliegt, werden nach § 61 Abs. 1 Satz 2 SGB XII auch Personen erfasst, deren Pflegebedarf nicht die Pflegestufe I erreicht oder die bei anderen als den in § 65 Abs. 5 SGB XII genannten Verrichtungen Hilfe benötigen. Dem Wortlaut nach werden danach auch Personen privilegiert, die für weniger als sechs Monate der Pflege bedürfen. Dies dürfte jedoch regelmäßig allenfalls einen Aufschub des Vermögenseinsatzes bewirken, da der Schutz gleichzeitig mit dem Status des pflegebedürftigen Menschen endet (vgl. Rn. 61).

56 **Vermögensinhaber** muss nicht der behinderte oder pflegebedürftige Mensch selbst sein. Vielmehr ist auch Vermögen eines nach § 19 Abs. 1-3 SGB XII, § 20 SGB XII oder aufgrund anderer Vorschriften Einsatzverpflichteten geschützt. Auch kommt es nach dem Wortlaut der Norm nicht darauf an, ob der behinderte oder pflegebedürftige Mensch in eigener Person bedürftig ist, solange das Vermögen zur Deckung seines Wohnbedarfs bestimmt ist und sich dieser Wohnbedarf im Rahmen des sozialhilferechtlich Angemessenen hält. Jedoch würde es dem Grundsatz der Subsidiarität der Sozialhilfe widersprechen, Vermögen mit Rücksicht auf einen Bedarf sozialhilferechtlich zu privilegieren, der auch ohne Sozialhilfeleistungen gedeckt werden kann.[104] Nicht erforderlich ist hingegen, dass Vermögensinhaber und behinderter bzw. pflegebedürftiger Mensch in einer Einsatzgemeinschaft verbunden sind.[105] Daher ist auch Vermögen nicht einsatzpflichtiger Verwandter bei der Berechnung der ihnen zu gewährenden Hilfeleistungen nicht zu berücksichtigen, wenn es einem ebenfalls hilfebedürftigen behinderten oder pflegebedürftigen Menschen für dessen Wohnzwecke zugewendet werden soll.[106]

57 Der **Begriff des Hausgrundstücks** im Sinne des § 90 Abs. 2 Nr. 3 SGB XII umfasst neben bebauten Grundstücken insbesondere auch Eigentumswohnungen und – vermögenswerte – Dauerwohnrechte (vgl. Rn. 73). Als **Beschaffung** zu werten ist auch der behindertengerechte Um- oder Ausbau eines bereits vorhandenen Hauses oder einer Wohnung,[107] um diese erstmalig oder wiederholt den – sich ggf. ändernden – besonderen Wohnbedürfnissen behinderter oder pflegebedürftiger Menschen anzupassen. Als **Erhaltung** gelten alle Maßnahmen, die notwendig und geeignet sind, um das Haus oder die Wohnung als Wohnstatt zu bewahren, ohne dass die jeweilige Maßnahme einen direkten Bezug zum besonderen Wohnbedarf des behinderten oder pflegebedürftigen Menschen aufweisen muss. So fallen hierunter alle Instandhaltungs- und Instandsetzungsarbeiten, wie z.B. das Ausbessern oder Ersetzen eines schadhaften Daches. Hierzu gehören auch sog. Schönheitsreparaturen, wie das regelmäßige Tapezieren

---

[104] Weitergehend *Geiger* in: LPK-SGB XII, 9. Aufl., § 90 Rn. 37.
[105] A.A. *Deutscher Verein*, Empfehlungen für den Einsatz von Einkommen und Vermögen in der Sozialhilfe (SGB XII), Ausgabe 2007, Rn. 174; *Hohm* in: Schellhorn/Schellhorn/Hohm, SGB XII, 18. Aufl., § 90 SGB XII Rn. 50; *Steimer* in: Mergler/Zink, SGB XII, § 90 SGB XII Rn. 38; *Lücking* in: Hauck/Noftz, SGB XII, § 90 Rn. 44 will hier einen Härtefall nach § 90 Abs. 3 SGB XII prüfen.
[106] Ebenso *Geiger* in: LPK-SGB XII, 9 . Aufl., § 90 Rn. 37.
[107] Allg. Ansicht z.B *Deutscher Verein*, Empfehlungen für den Einsatz von Einkommen und Vermögen in der Sozialhilfe (SGB XII), Ausgabe 2007, Rn. 175; *Geiger* in: LPK-SGB XII, 9. Aufl., § 90 Rn. 34; *Hohm* in: Schellhorn/Schellhorn/Hohm, SGB XII, 18. Aufl., § 90 SGB XII Rn. 47.

oder Streichen der Räume, nicht aber bloße Verschönerungen. Ebenfalls als Erhaltung gelten Verbesserungsmaßnahmen, soweit sie zum Erreichen eines zwar zeitgemäßen, aber noch angemessenen Standards dienen, so z.B. der Einbau einer modernen Heizungsanlage[108].

Die **Angemessenheit** bestimmt sich nach der zur Befriedigung der Wohnbedürfnisse des behinderten oder pflegebedürftigen Menschen sowie der mit ihm im Haus oder in der Wohnung in einer Einsatzgemeinschaft lebenden Personen erforderlichen Wohnraumgröße und -ausstattung. Es gelten dieselben Maßstäbe wie im Rahmen des § 90 Abs. 3 Nr. 8 SGB XII (vgl. die Ausführungen zu § 90 Abs. 2 Nr. 8 SGB XII, insbesondere Rn. 77 ff.). Daher ist der Gesamtwert des Objekts (Haus und Grundstück) ebenfalls zu berücksichtigen (vgl. Rn. 80 f.). Noch angemessen ist ein Objekt, das sich im Vergleich mit anderen, nach sachbezogenen Merkmalen – insbesondere der notwendigen Größe und Ausstattung – vergleichbaren Objekten am Wohnort des Einsatzpflichtigen im unteren Bereich der Verkehrswerte dieser vergleichbaren Objekte hält.   58

An die **zeitliche Nähe** der geplanten Beschaffung oder Erhaltungsmaßnahme dürfen keine übertriebenen Anforderungen gestellt werden. So sollte durch die bewusste Unterscheidung von „**baldig**" und „alsbald" bei Einführung der Vorgängernorm § 88 Abs. 2 Nr. 2 BSHG durch das 6. Gesetz zur Änderung des BSHG[109] dem Hilfesuchenden ausreichend Zeit eingeräumt werden, die angesparten Mittel auf das notwendige Maß zu ergänzen.[110] Es ist daher nicht erforderlich, dass bereits alle notwendigen Mittel zur Verfügung stehen und Verkaufsverhandlungen so weit fortgeschritten sind, dass entweder ein notariell beglaubigter Vorvertrag über den Erwerb eines Hausgrundstücks geschlossen, ein Notartermin zum Abschluss eines endgültigen Kaufvertrags vereinbart oder ein vergleichbarer Stand der Verhandlungen gegeben ist.[111] Vielmehr dürfte bereits die Aufnahme konkreter Verhandlungen mit Baufinanzierern, Architekten und Handwerkern oder die Beauftragung eines Maklers als Nachweis für die Absicht eines baldigen Baus oder Kaufs ausreichen, soweit die Erwerbsabsichten das Stadium des bloßen Gedankenspiels überwunden haben[112] und ein nachvollziehbares Konzept vorliegt. Hierfür ist insbesondere auch erforderlich, dass die nachfragende Person auch nach dem Bezug des Hauses bzw. der Wohnung auf absehbare Zeit in der Lage ist, die Kosten der Finanzierung zu tragen.[113] Liegt ein konkretes und tragfähiges Finanzierungskonzept vor, kann auch ein Bezugstermin in ein bis zwei Jahren[114] oder gar in mehr als zweieinhalb Jahren[115] noch als „baldiger Erwerb" angesehen werden.   59

Vermögen ist nur dann nach § 90 Abs. 2 Nr. 3 SGB XII vom Einsatz oder der Verwertung auszunehmen, wenn es durch den Einsatzverpflichteten **subjektiv dazu bestimmt ist**, der Beschaffung oder Erhaltung eines Hausgrundstücks für Wohnzwecke behinderter oder pflegebedürftiger Menschen zu dienen und auch die **objektiven Begleitumstände** mit dieser Zweckbestimmung im Einklang stehen, die Zweckbestimmung also glaubhaft ist.[116] Das Erfordernis, dass die privilegierte Zweckbestimmung nach den objektiven Begleitumständen glaubhaft sein muss, wird durch das Wort „**nachweislich**" unterstrichen, ohne dass hieraus besondere Beweismaßstäbe abzuleiten wären.[117] Die **Prüfung** der Zweckbestimmung ist eine vom Gericht in vollem Umfang überprüfbare **Prognoseentscheidung**.[118] Es   60

---

[108] *Deutscher Verein*, Empfehlungen für den Einsatz von Einkommen und Vermögen in der Sozialhilfe (SGB XII), Ausgabe 2007, Rn. 176.
[109] BGBl I 1990, 2644.
[110] BT-Drs. 11/391, S. 5.
[111] Vgl. zur Alhi BSG v. 17.12.2002 - B 7 AL 126/01 R; vgl. aber auch BSG v. 04.09.1979 - 7 Rar 115/78 - BSGE 49, 30, 31 f = SozR 4220 § 6 Nr. 3.
[112] OLG Hamm v. 07.07.2005 - 15 W 481/04 - OLGR Hamm 2006, 19.
[113] Hessisches LSG v. 26.01.2009 - L 9 SO 48/07 - FEVS 61, 165.
[114] VGH Baden-Württemberg v. 01.03.1979 - VI 3771/78 - FEVS 27, 422.
[115] Hessisches LSG v. 26.01.2009 - L 9 SO 48/07 - FEVS 61, 165.
[116] Zur Alterssicherung im Rahmen der Alhi: BSG v. 22.10.1998 - B 7 AL 118/97 R - BSGE 83, 88, 91 = SozR 3-4220 § 6 Nr. 6 m.w.N.; BSG v. 17.03.2005 - B 7a/7 AL 68/04 R - SozR 4-4300 § 193 Nr. 5; im Rahmen des SGB II: BSG v. 15.04.2008 - B 14/7b AS 68/06 R - BSGE 100, 196 = SozR 4-4200 § 12 Nr. 8 Rn. 32.
[117] Zur Zweckbestimmung von Vermögen zur Alterssicherung im Rahmen der Alhi vgl. BSG v. 22.10.1998 - B 7 AL 118/97 R - BSGE 83, 88, 91 = SozR 3-4220 § 6 Nr. 6; BSG v. 25.03.1999 - B 7 AL 28/98 R - BSGE 84, 48, 51 f. = SozR 3-4220 § 6 Nr. 7 jeweils m.w.N.; vgl. zu „nachweislich" i,S,d, § 1 Abs. 3 Nr. 3 AlhiV *Spellbrink* in: Spellbrink/Eicher, Kasseler Handbuch des Arbeitsförderungsrechts, 2003, § 13 Rn. 203.
[118] Hessisches LSG v. 26.01.2009 - L 9 SO 48/07 - FEVS 61, 165.

handelt sich insoweit um eine Tatsachenfrage, deren Grundlagen im Einzelfall von der Verwaltung und den Instanzgerichten zu ermitteln und unter Einhaltung der Grenzen freier Beweiswürdigung abschließend zu beurteilen sind.

61 Das Wohnzwecken behinderter oder pflegebedürftiger Menschen zu dienen bestimmte Vermögen ist nur dann nicht zu berücksichtigen, wenn ein Einsatz oder eine Verwertung die Verwendung zu diesem **Zweck gefährden** würde. Dies wäre der Fall, wenn die vorgesehene Maßnahme ohne die Freistellung nicht oder nicht im notwendigen Umfang oder nur mit einer wesentlichen Verzögerung durchgeführt werden könnte. Daher ist das Vermögen nicht vor dem Einsatz zur Befriedigung dieser Bedürfnisse geschützt, wenn z.B. gerade Leistungen zum behindertengerechten Umbau einer Wohnung begehrt werden. Jedoch würde ein Einsatz für die laufenden Unterkunftskosten eines behinderten oder pflegebedürftigen Menschen dem Normzweck widersprechen. Freizustellen ist Vermögen nur, „**soweit**" es den Wohnzwecken des genannten Personenkreises dient oder dienen soll. Ist nicht der volle Wert eines bestimmten Vermögensgegenstands, z.B. eines Bausparvertrags, für die vorgesehene Maßnahme notwendig, so ist der überschießende Betrag zu berücksichtigen, wenn eine getrennte Verwertung möglich ist. „Soweit" ist allerdings nicht so zu verstehen, dass nur der unmittelbar dem Behinderten oder Pflegebedürftigen zugutekommende Teil der Kosten einer Maßnahme geschützt wäre. Vielmehr ist das für den Erwerb oder Bau eines angemessenen Familienheims vorgesehene Vermögen in voller Höhe geschützt, soweit der Behinderte oder Pflegebedürftige dort wohnen und betreut werden soll.[119] In zeitlicher Hinsicht ist das Vermögen freigestellt, „**solange**" es dem Schutzzweck der Nr. 3 dient. Verstirbt die behinderte oder pflegebedürftige Person, wird sie auf Dauer in einem Heim aufgenommen oder wird von der baldigen Umsetzung der geplanten Maßnahme aus anderen Gründen Abstand genommen, so ist das Vermögen künftig zu berücksichtigen.

6. Angemessener Hausrat

62 Unter den **Begriff des Hausrats** lassen sich in Anlehnung an das eheliche Güterrecht (§§ 1361a, 1369 BGB) alle Sachen fassen, die der Hauswirtschaft und dem familiären Zusammenleben dienen. Dies sind neben der Wohnungseinrichtung beispielsweise Möbel, Teppiche, Bilder, Bücher, aber auch Rundfunk- und Fernsehgeräte, auch Lebensmittel und Brennstoffvorräte, die Haushaltswäsche und andere Dinge, die den genannten Zwecken dienen.[120] Nicht zum geschützten Hausrat gehört ein PKW[121] oder Wohnmobil[122], auch keine Mittel, die zur zukünftigen Beschaffung von Hausrat bestimmt sind[123]. **Die Regelung bezweckt,** die Gegenstände vor der Verwertung zu schützen, die selbst Teil des durch die Sozialhilfe zu gewährleistenden Lebensunterhalts sind. Aus diesem Grunde sind als Vermögensanlage gedachte Gegenstände, wie wertvolle Teppiche oder Bilder, die nicht der Ausgestaltung der Wohnung dienen, kein Hausrat i.S.d. § 90 Abs. 2 Nr. 4 SGB XII. Entscheidend ist insoweit die vom Inhaber getroffene Zweckbestimmung.

63 Von der Berücksichtigung als Vermögen ausgenommen ist Hausrat nur, solange er **angemessen** ist. Es gilt also kein absoluter, sondern ein relativer Wertmaßstab, der eine Billigkeitsentscheidung im Einzelfall erforderlich macht. Im Gegensatz zu § 12 Abs. 3 Satz 2 SGB II kommt es hierbei nicht allein auf die Lebensumstände während des Leistungsbezugs an, sondern auch auf die bisherigen Lebensumstände der nachfragenden Person und der mit ihm in einer Einsatzgemeinschaft (§ 19 Abs. 1-3 SGB XII, § 20 SGB XII) lebenden Personen. Als Grund für diesen Unterschied lässt sich nur Vermuten, dass ausgehend vom typisierenden Bild des vorübergehenden Leistungsbezugs im SGB II der Druck zur Aufnahme einer Erwerbstätigkeit erhöht werden sollte.[124] Ausgangspunkt der Angemessenheitsprüfung sollte zunächst der übliche Lebenszuschnitt anderer Leistungsempfänger während des Leistungsbezugs sein. Je nach den bisherigen Lebensumständen der nachfragenden Person kann dieses Niveau ggf. erhöht werden. Auch sollte die voraussichtliche Dauer des Hilfebezugs berücksichtigt werden: Bei einer nur vorübergehenden Notlage werden die bisherigen Lebensumstände höher zu gewichten sein als im Falle einer dauerhaften Abhängigkeit von Sozialhilfe.

---

[119] Zum BSHG *Brühl* in: LPK-BSHG § 88 Rn. 33. Allg. Ansicht, z.B. *Steimer* in: Mergler/Zink, SGB XII, § 90 SGB XII Rn. 39; *Hohm* in: Schellhorn/Schellhorn/Hohm, SGB XII, 18. Aufl., § 90 SGB XII Rn. 50; *Lücking* in: Hauck/Noftz, SGB XII, § 90 Rn. 45.
[120] Vgl. *Brudermüller* in: Palandt, 73. Aufl. 2014, § 1369 Rn. 4.
[121] Hessisches LSG v. 18.09.2006 - L 7 SO 49/06 ER.
[122] BVerwG v. 19.12.1997 - 5 C 7/96 - BVerwGE 106, 105.
[123] OVG Brandenburg v. 19.06.2003 - 4 A 4/02 - FEVS 55, 156.
[124] Zu § 12 SGB II vgl. *Mecke* in: Eicher, SGB II, 3. Aufl. 2013, § 12 Rn. 78.

Soweit ein Gegenstand wegen seines besonderen Wertes **nicht mehr angemessen** ist, aber der Funktion nach zum notwendigen Hausrat gehört (z.B. Heimkinoanlage im Wert von mehreren Tausend Euro), ist die nachfragende Person verpflichtet, den Gegenstand gegen einen solchen von angemessenem Wert einzutauschen und die Wertdifferenz für den Lebensunterhalt einzusetzen. Allerdings sollte eine solche Forderung nur in deutlichen Fällen des Überschreitens des Angemessenen erhoben werden. Insbesondere bei einem voraussichtlich nur vorübergehenden Leistungsbezug wäre ein kleinliches Hineinregieren des Leistungsträgers in den Lebenszuschnitt des Hilfebedürftigen unangemessen und stünde im Gegensatz zur ausdrücklichen Berücksichtigung der bisherigen Lebensumstände bei der Angemessenheitsprüfung. Zudem dürfte die Verwertung solchen Hausrats häufig unwirtschaftlich sein. Erfolgt keine Verwertung, ist der Wert des Gegenstands nur in Höhe des **überschießenden Betrags** bei der Leistungsbemessung als verwertbares Vermögen zu berücksichtigen.[125]

7. Gegenstände für Berufsausbildung oder Erwerbstätigkeit

Durch § 90 Abs. 2 Nr. 5 SGB XII werden Gegenstände, die zur Aufnahme oder Fortsetzung einer Berufsausbildung oder Erwerbstätigkeit unentbehrlich sind, von der Berücksichtigung als Vermögen freigestellt. Wie auch bei § 7 Abs. 1 Alg II-V ist es **Zweck** der Regelung, dem Hilfebedürftigen die Möglichkeit zu erhalten, seinen Lebensunterhalt zumindest teilweise und/oder zukünftig in höherem Maße selbst zu bestreiten. Gleichzeitig soll vermieden werden, dass Vermögensgegenstände verwertet werden müssen, die ggf. später über Leistungen zur beruflichen Eingliederung wieder beschafft werden müssten. Implizit setzt dies voraus, dass die zukünftige Aufnahme einer mehr als Liebhaberei entsprechenden Erwerbstätigkeit noch möglich erscheint.

Erwerbstätigkeit i.S.d. § 90 Abs. 2 Nr. 5 SGB XII ist jede legale Form der abhängigen oder selbstständigen Tätigkeit gegen Entgelt, die geeignet ist, einen Beitrag zum Lebensunterhalt oder einen anderen notwendigen Bedarf des Hilfebedürftigen zu erbringen[126]. Eine **Berufsausbildung** liegt nur dann vor, wenn es sich dem Wesen nach um eine anerkannte und geregelte Ausbildung handelt, die dazu dient, Fähigkeiten zu erlangen, die die Ausübung eines zukünftigen Berufes ermöglichen.[127] Voraussetzung ist zudem, dass die Ausbildung notwendig und geeignet ist, um in absehbarer Zeit eine Erwerbstätigkeit aufzunehmen.

Ein nach § 90 Abs. 2 Nr. 5 SGB XII geschützter **Gegenstand** können sowohl Werkzeuge als auch Arbeitsgeräte oder -materialien sein, die direkt oder indirekt bei der Berufsausbildung oder Erwerbstätigkeit Verwendung finden, egal ob sie bereits hierfür genutzt wurden oder erst in Zukunft erstmalig benötigt bzw. verbraucht werden, weshalb auch Rohstoffe geschützt sein können. Allerdings müssen diese Gegenstände für die Berufsausbildung oder Erwerbstätigkeit **unentbehrlich** sein.[128] Dies ist erst dann der Fall, wenn ohne sie die Ausbildung oder Erwerbstätigkeit überhaupt nicht oder zumindest nicht in fachgerechter Weise aufgenommen oder ausgeübt werden kann.

8. Familien- und Erbstücke

Nicht als Vermögen einzusetzen sind **Familien- und Erbstücke**, deren Veräußerung für den Hilfesuchenden oder dessen Familie eine besondere Härte bedeuten würde. **Familie** in diesem Zusammenhang meint nicht nur die Einstandsgemeinschaft i.S.d. § 19 Abs. 1-3 SGB XII bzw. § 20 SGB XII, sondern auch die darüber hinaus mit dem Inhaber des Gegenstandes verwandten oder verschwägerten Personen. Geschützt wird lediglich die aus Gründen der Familientradition und des Andenkens an Verstorbene bestehende innere Bindung der nachfragenden Person oder ihrer Familie an einen bestimmten Gegenstand, nicht jedoch an einer größeren Anzahl von z.B. Schmuckstücken.[129] Aber auch einzelne oder wenige Familien- oder Erbstücke sind nur dann geschützt, wenn ihre Verwertung für den Hilfesuchenden oder seine Familie eine **besondere Härte**, also eine über das mit der Verwertung solcher Gegenstände im Allgemeinen verbundene Maß an Härte hinausgehende Härte, bedeuten würde. Es muss sich daher

---

[125] BVerwG v. 19.12.1997 - 5 C 7/96 - BVerwGE 106, 105; BSG v. 06.09.2007 - B 14/7b AS 66/06 R - BSGE 99, 77 = SozR 4-4200 § 12 Nr. 5; a.A. BSG v. 16.05.2007 - B 11b AS 37/06 R - BSGE 98, 243 = SozR 4-4200 § 12 Nr. 4.
[126] BVerwG v. 19.11.1992 - 5 C 15/89 - BVerwGE 91, 173.
[127] Vgl. zur Alhi BSG v. 21.03.1996 - 11 RAr 95/95 - SozR 3-4100 § 137 Nr. 5 m.w.N
[128] Zur Verwertbarkeit eines KFZ vgl. OVG Dresden v. 29.06.2010 - 4 D 228/09 - SächsVBl 2010, 273 ff.
[129] OVG Lüneburg v. 04.02.1998 - 4 L 3813/96 - OVGE MüLü 47, 412.

um eine atypische Fallgestaltung handeln, die bezüglich des Maßes der Beeinträchtigung der nachfragenden Person oder ihrer Familie den Fallgestaltungen nach § 90 Abs. 3 SGB XII vergleichbar ist,[130] weshalb auf eine entsprechende Regelung in § 12 SGB II verzichtet werden konnte.

69 Bei der Beurteilung des Vorliegens einer besonderen Härte sind alle Umstände des Einzelfalls zu berücksichtigen und daraufhin zu überprüfen, ob sie in ihrem Zusammenwirken eine bei anderen Hilfebedürftigen regelmäßig nicht anzutreffende, also atypische schwere Belastung des Vermögensinhabers ergeben (vgl. Rn. 97). Dabei können auch besondere Traditionen und Gebräuche einzelner Bevölkerungsgruppen eine Rolle spielen, so ihr Bestehen, Inhalt und ihre Bedeutung für den Einzelfall nach Ausschöpfung aller Beweismittel zur Überzeugung des Gerichts feststehen.[131]

9. Gegenstände zur Befriedigung geistiger Bedürfnisse

70 Zum Schonvermögen gehören nach § 90 Abs. 2 Nr. 7 SGB XII auch Gegenstände, die zur Befriedigung geistiger, insbesondere wissenschaftlicher und künstlerischer Bedürfnisse dienen und deren Besitz nicht Luxus ist. Der **Begriff der geistigen Bedürfnisse** ist dabei weit zu verstehen,[132] so dass hierunter auch geistige Bedürfnisse und Liebhabereien außerhalb eigener wissenschaftlicher und künstlerischer Betätigung fallen. Insbesondere muss es sich dabei nicht um ein intellektuell hochstehendes geistiges Bedürfnis handeln, weshalb die Liebesromansammlung und der Computer für die Produktion von Rap- oder Techno-Musik ebenso geschützt sind wie die Goethe-Gesamtausgabe und die Geige. Allerdings darf sich das Bedürfnis nicht in der reinen Freizeitgestaltung oder Erholung erschöpfen, wie dies bei reinen Urlaubsreisen der Fall ist.[133] Ein entsprechender Tatbestand fehlt in § 12 SGB II, was sich durch den nur vorübergehenden Charakter der Leistung rechtfertigen lässt. Die Verwertung eines nach § 90 Abs. 2 Nr. 7 SGB XII geschützten Gegenstands würde insbesondere bei Leistungen nach dem Vierten Kapitel einen dauerhaften Verlust der Befriedigung eines geistigen Bedürfnisses bedeuten, während der Verzicht im SGB-II-Bereich nach der gesetzgeberischen Konzeption nur vorübergehend sein sollte. Allerdings kann auch hier im Einzelfall eine besondere Härte i.S.d. § 12 Abs. 3 Satz 1 Nr. 6 Alt. 2 SGB II vorliegen, z.B. wenn sich nach Ende der Hilfebedürftigkeit kein vergleichbarer Gegenstand wiederbeschaffen ließe, so dass sich durch die Verwertung ein dauerhafter tiefgreifender Verlust des Geisteslebens ergäbe.

71 Freigestellt sind nur Gegenstände, die dem geistigen Bedürfnis „**dienen**". Sie müssen daher einen engen Bezug zu der Ausübung einer geistigen, wissenschaftlichen oder künstlerischen Tätigkeit[134] oder der Befriedigung eines solchen Bedürfnisses haben. Dies ist jedenfalls dann anzunehmen, wenn der Gegenstand hierfür unbedingt notwendig ist. Andernfalls ist zwischen dem potentiellen Beitrag zur Deckung des Lebensunterhalts durch Verwertung des Gegenstands, dem Gewicht des geistigen Bedürfnisses und des Beitrags des Gegenstands zu dessen Befriedigung abzuwägen. Gleichzeitig darf der Besitz des Gegenstandes keinen **Luxus** darstellen. Aus Gebrauch des Begriffs „Luxus" anstelle von z.B. „unangemessen" folgt, dass die Grenze des Verwertungsschutzes erst erreicht ist, wenn der Besitz des Gegenstandes deutlich über das in der Bevölkerung allgemein Übliche hinaus geht und in keinem vertretbaren Verhältnis zu den konkreten Lebensumständen mehr steht.[135]

10. Hausgrundstück

72 Bei der Bedürftigkeitsprüfung nicht zu berücksichtigen ist nach § 90 Abs. 2 Nr. 8 Satz 1 SGB XII ein angemessenes Hausgrundstück, das von der nachfragenden Person oder einer anderen in § 19 Abs. 1-3 SGB XII genannten Person allein oder zusammen mit Angehörigen ganz oder teilweise bewohnt wird und nach ihrem Tod von ihren Angehörigen bewohnt werden soll. Hierzu erläutert Satz 2 der Vorschrift, dass sich die Angemessenheit nach der Zahl der Bewohner, dem Wohnbedarf (zum Beispiel behinderter, blinder oder pflegebedürftiger Menschen), der Grundstücksgröße, der Hausgröße, dem Zuschnitt und der Ausstattung des Wohngebäudes sowie dem Wert des Grundstücks einschließlich des Wohngebäudes bestimmt.

---

[130] OVG Lüneburg v. 04.02.1998 - 4 L 3813/96 - OVGE MüLü 47, 412.
[131] A.A. OVG Lüneburg v. 04.02.1998 - 4 L 3813/96 - OVGE MüLü 47, 412.
[132] BVerwG v. 19.12.1997 - 5 C 7/96 - BVerwGE 106, 105.
[133] BVerwG v. 19.12.1997 - 5 C 7/96 - BVerwGE 106, 105.
[134] BVerwG v. 19.12.1997 - 5 C 7/96 - BVerwGE 106, 105.
[135] Allg. Ansicht z.B. *Geiger* in: LPK-SGB XII, 9. Aufl., § 90 Rn. 43; *Wahrendorf* in: Grube/Wahrendorf, SGB XII, 5. Aufl., § 90 Rn. 47; *Lücking* in: Hauck/Noftz, SGB XII, § 90 Rn. 54.

Die Ausführlichkeit dieser Regelung steht in einem deutlichen Gegensatz zu § 12 Abs. 3 Nr. 4 SGB II, der „ein selbstgenutztes Hausgrundstück von angemessener Größe oder eine entsprechende Eigentumswohnung" von der Vermögensberücksichtigung ausnimmt. § 12 Abs. 3 Nr. 4 SGB II knüpft an die AlhiV 2002 an, während § 90 Abs. 2 Nr. 8 SGB XII mit nur redaktionellen Änderungen § 88 Abs. 2 Nr. 7 BSHG entspricht. Der Unterschied in Wortlaut und Regelungsgeschichte spricht zunächst für eine autonome Interpretation beider Vorschriften, die Raum für Divergenzen lässt. Dem steht jedoch die Identität des jeweiligen Schutzzwecks (vgl. hierzu Rn. 74) und die dem SGB II und SGB XII gemeinsame Funktion als jeweils unterstes soziales Sicherungssystem entgegen, die mangels erkennbarer Differenzierungsgründe einen einheitlichen Maßstab bei der Bestimmung des Angemessenen als notwendig erscheinen lassen. Dies spricht dafür, die gesetzlich fixierten Voraussetzungen des § 90 Abs. 2 Nr. 8 SGB XII auch bei der Angemessenheitsprüfung nach § 12 Abs. 3 Nr. 4 SGB II zu berücksichtigen. Dem ist der 14. Senat des BSG mit Rücksicht auf die unterschiedliche Regelungsgeschichte beider Vorschriften nicht gefolgt und hat eine Lösung über die Härteklausel in § 12 Abs. 3 Satz 1 Nr. 6 SGB II gesucht, da für die Bestimmung der Angemessenheit der Größe eines Hausgrundstücks nach § 90 Abs. 2 Nr. 8 Satz 2 SGB XII (auch) auf die Zahl der Bewohner „unter einem Dach" abzustellen sei, auch wenn diese nicht selbst leistungsberechtigt sind.[136]

Gegenstand des Schutzes nach § 90 Abs. 2 Nr. 8 SGB XII ist nicht die Immobilie als besondere Form der Vermögensanlage, sondern allein der Schutz der Wohnung zur Erfüllung des Grundbedürfnisses „Wohnen" und als räumlicher Lebensmittelpunkt.[137] Deshalb ist der Begriff des Hausgrundstücks nicht so zu verstehen, wie der Begriff des Grundstücks i.S. des BGB. Bei einem vom Hausgrundstück abzutrennenden Hausgarten oder anderen Grundstücksteil handelt es sich daher nicht um Schonvermögen nach § 90 Abs. 2 Nr. 8 SGB XII.[138] Ob ein unangemessen großes Hausgrundstück teilbar ist, ist keine Frage seiner Eigenschaft als Schonvermögen und insbesondere der Angemessenheit des Hausgrundstücks, sondern allein eine Frage der Verwertbarkeit.[139] Mit Rücksicht auf den Schutzzweck erfasst der Begriff des Hausgrundstücks neben bebauten Grundstücken insbesondere das Haus selbst, aber auch Eigentumswohnungen und – vermögenswerte – Dauerwohnrechte. Dabei kommt es nicht darauf an, ob diese im Allein- oder Miteigentum oder einer Einsatzverpflichteten stehen. Allerdings kann eine Miteigentümerschaft der Verwertbarkeit auch eines unangemessenen Hausgrundstücks entgegenstehen, wenn diese von der nicht erzwingbaren Zustimmung der nicht einsatzverpflichteten weiteren Miteigentümer abhängig ist.[140] Nicht geschützt ist eine Wohnung als „Zweitwohnsitz" oder zum gelegentlichen Aufenthalt, etwa zu Zwecken des Urlaubs, solange eine andere Wohnung den räumlichen Lebensmittelpunkt bildet.

In **personeller Hinsicht** ist zu unterscheiden zwischen dem Personenkreis, dessen Vermögen durch § 90 Abs. 2 Nr. 8 SGB XII von der Verwertung ausgenommen wird, und dem Personenkreis, der nach Zahl und individuellem Wohnbedarf für die Beurteilung der Angemessenheit des Hausgrundstücks zu betrachten ist.[141] Geschützt ist die Wohnung der nachfragenden Person oder einer anderen nach § 19 Abs. 1-3 SGB XII einsatzpflichtigen Person, also insbesondere der nicht getrennt lebenden Ehegatten oder Lebenspartner und der Eltern. Über den Wortlaut hinaus wird aber auch das Vermögen des Partners in ehe- oder lebenspartnerschaftsähnlichen Gemeinschaften geschützt. Diese Personen sind gleichzeitig Ausgangspunkt für die Bestimmung des Kreises der Personen, nach deren Wohnbedarf die Angemessenheit des Hausgrundstücks oder der Wohnung zu beurteilen ist, soweit § 90 Abs. 2 Nr. 8 Satz 2 SGB XII auf die **Zahl der Bewohner** abstellt. Aus der Zusammenschau mit Satz 1 ist zu folgern, dass hierzu die nachfragende Person, die weiteren einsatzverpflichteten Personen und die Angehörigen sowohl der nachfragenden als auch der weiteren einsatzverpflichteten Personen zu rechnen sind. Diese müssen nicht selbst leistungsberechtigt sein.[142] Die Auslegung des Begriffs „**Angehörige**"

---

[136] BSG v. 12.12.2013 - B 14 AS 90/12 R - juris Rn. 45 ff. unter Hinweis auf BVerwG v. 17.01.1980 - 5 C 48/78 - juris Rn. 12 - BVerwGE 59, 294, 298.
[137] BVerwG v. 21.10.1970 - V C 33.70 - FEVS 18, 1; BVerwG v. 17.01.1980 - 5 C 48/78 - BVerwGE 59, 294.
[138] BVerwG v. 21.10.1970 - V C 33.70 - FEVS 18, 1.
[139] BSG v. 19.05.2009 - B 8 SO 7/08 R - SozR 4-5910 § 88 Nr. 3; zum SGB II BSG v. 15.04.2008 - B 14/7b AS 34/06 R - juris Rn. 29 - BSGE 100, 186 = SozR 4-4200 § 12 Nr. 10.
[140] Vgl. BSG v. 27.01.2009 - B 14 AS 42/07 R - SozR 4-4200 § 12 Nr. 12.
[141] Vgl. BSG v. 19.05.2009 - B 8 SO 7/08 R - juris Rn. 18 - SozR 4-5910 § 88 Nr. 3.
[142] BSG v. 12.12.2013 - B 14 AS 90/12 R - juris Rn. 45 ff. unter Hinweis auf BVerwG v. 17.01.1980 - 5 C 48/78 - juris Rn. 12 - BVerwGE 59, 294, 298.

kann sich dabei an § 16 Abs. 5 SGB X orientieren.[143] Erfasst werden somit insbesondere Ehegatten, Verlobte, Kinder, Eltern, Geschwister, Onkel und Tanten, Neffen und Nichten sowie Schwägerinnen und Schwager, aber auch Pflegekinder bzw. Pflegeeltern.

76   Die Formulierung **„und nach ihrem Tod bewohnt werden soll"** ist dem Wortlaut nach als gleichrangige, kumulative Voraussetzung neben dem Erfordernis des Bewohnens des Hausgrundstücks durch den Hilfesuchenden oder eine andere einsatzpflichtige Person selbst ausgestaltet. So verstanden setzt der Vermögensschutz mindestens voraus, dass ein Hausgrundstück erstens vom Hilfesuchenden oder einer anderen einsatzpflichtigen Person (ggf. mit Angehörigen) bewohnt wird, und zweitens, dass das Hausgrundstück nach dem Tod der nachfragenden Person oder der anderen einsatzpflichtigen Person von deren Angehörigen bewohnt werden soll[144], wobei sogar die Absicht eines Einzugs nach dem Todesfall genügen würde. Der Schutz des angemessenen Hausgrundstücks eines Hilfesuchenden ohne Angehörige, die nach seinem Tod das Hausgrundstück zur Wohnstatt nehmen könnten, wäre demnach ausgeschlossen. Welchen Sinn dies und die hierzu notwendige Prognose z.B. bei der Prüfung der Bedürftigkeit einer 40-jährigen Hilfesuchenden[145] haben soll, liegt im Dunkeln und erschließt sich auch nicht aus der Regelungsgeschichte: Die konkrete Formulierung geht zurück auf einen nicht begründeten Vorschlag des Vermittlungsausschusses[146] zum Sechsten Gesetz zur Änderung des BSHG vom 10.12.1990[147], dessen Entwurf bis dahin noch eine Formulierung ohne dieses Merkmal vorsah[148]. Historisch stammt dieses Merkmal bereits aus § 15 Satz 1 lit. e der Reichsgrundsätze über die Voraussetzung, Art und Maß der öffentlichen Fürsorge vom 04.12.1924.[149] Dort war es Teil eines Ausnahmetatbestands für Kleinrentner, bei denen die realistische Möglichkeit eines zeitnahen Todes bestand, und bezog sich auf deren ebenfalls bedürftige Angehörige. Seither hat dieses Merkmal mit geringen Variationen im Wortlaut alle Änderungen der Vorgängervorschriften des § 90 Abs. 2 SGB XII einschließlich der Erweiterung des Adressatenkreises auf alle Fürsorgeempfänger überstanden. Es liegt daher der Verdacht nahe, dass es sich um einen zwischenzeitlich funktionslosen Denkmalstatbestand handelt, der den Schutz der Wohnstatt des Hilfebedürftigen ohne Angehörige, wie er auch durch die Parallelvorschrift des § 12 Abs. 3 Satz 1 Nr. 4 SGB II gewährt wird, nicht auszuschließen vermag. Dies entspricht der Rechtsprechung des BGH, wonach eine Auslegung von § 90 Abs. 2 Nr. 8 Satz 1 SGB XII dahin, dass ein Betroffener, der keine Angehörigen hat, von dem Schutzbereich des § 90 Abs. 2 Nr. 8 SGB XII nicht erfasst wird, in Widerspruch zu Sinn und Zweck der Vorschrift steht und auch nicht durch den Wortlaut angezeigt ist.[150] Vor diesem Hintergrund kann dieser Formulierung allenfalls ein Hinweis darauf entnommen werden, dass auch der zukünftige Wohnbedarf der Angehörigen nach dem Tod eines Einsatzpflichtigen in den Schutzzweck des § 90 Abs. 2 Nr. 8 SGB XII mit aufgenommen sein soll, so dass der Verwertungsschutz auch dann nicht ausgeschlossen ist, wenn z.B. der Hauseigentümer wegen eines langwierigen Krankenhausaufenthalts im Vorfeld seines Todes tatsächlich das Hausgrundstück nicht mehr bewohnt.

77   Die **Angemessenheit** des Hausgrundstücks wird durch § 90 Abs. 2 Nr. 8 Satz 2 SGB XII näher umschrieben. Dieser geht im Wesentlichen auf das Sechste Gesetz zur Änderung des BSHG vom 10.12.1990[151] zurück. Er ist eine Reaktion auf die Praxis der Träger, das zuvor geschützte „kleine Hausgrundstück" allein wegen des hohen Verkehrswerts ohne Rücksicht auf den Wohnwert als „groß" anzusehen.[152] Mit der Formulierung griff der Gesetzgeber die vom BVerwG verwandte „Kombinationstheorie" auf, wonach sich die Eigenschaft eines Hausgrundstücks als „klein" nach personenbezogenen Kriterien (Zahl der Bewohner und deren besondere Bedürfnisse) sowie nach sachbezogenen und wertbezogenen Kriterien (Größe, Zuschnitt und Ausstattung der Baulichkeit; Größe des Grundstücks; Wert des Grundstücks einschließlich der Baulichkeit) richten sollte.[153] Hierbei wurden die Begriffe

---

[143] BSG v. 19.05.2009 - B 8 SO 7/08 R - SozR 4-5910 § 88 Nr. 3.
[144] So auch die Prüfung in BSG v. 19.05.2009 - B 8 SO 7/08 R - juris Rn. 18 - SozR 4-5910 § 88 Nr. 3.
[145] BSG v. 19.05.2009 - B 8 SO 7/08 R - SozR 4-5910 § 88 Nr. 3.
[146] BT-Drs. 11/8209.
[147] BGBl I 1990, 2644.
[148] Empfehlungen der Ausschüsse, BR-Drs. 634/1/90, S. 2.
[149] RGBl I 1924, 765, 768.
[150] BGH v. 06.02.2013 - XII ZB 582/12 - FamRZ 2013, 620 ff.
[151] BGBl I 1990, 2644.
[152] Vgl. Empfehlungen der Ausschüsse, BR-Drs. 634/1/90, S. 3.
[153] BVerwG v. 17.10.1974 - V C 50.73 - BVerwGE 47, 103; BVerwG v. 17.01.1980 - 5 C 48/78 - BVerwGE 59, 294.

„Größe, Zuschnitt und Ausstattung" nicht als wertbildende Faktoren angesprochen; vielmehr waren sie in Bezug auf die Wohnbedürfnisse der nachfragenden Person und ihrer Angehörigen zu betrachten.[154] In diesem Sinne sind die Begriffe „Grundstücksgröße", „Hausgröße", „Zuschnitt und Ausstattung des Wohngebäudes" auch in § 90 Abs. 2 Nr. 8 Satz 2 SGB XII auszulegen. Wären sie an dieser Stelle als wertbildende Faktoren angesprochen, läge eine überflüssige Doppelung in Bezug auf den durch die Konjunktion „sowie" gleichgeordneten, unmittelbar nachfolgenden „Wert des Grundstücks" vor. Die Angemessenheit eines Hausgrundstücks bestimmt sich damit im Kern nach zwei Kriterien: zum einen nach der Eignung des Hausgrundstücks, die konkreten Wohnbedürfnisse der nach Maßgabe des § 90 Abs. 2 Nr. 8 Satz 1 SGB XII zu berücksichtigenden Personen zu befriedigen, und zum anderen nach dem – nach § 12 Abs. 3 Nr. 4 SGB II nur ausnahmsweise zu berücksichtigenden[155] – absoluten Wert des Hausgrundstücks.

Die Angemessenheit der Größe von Familienheimen und Eigentumswohnungen war bis zum 31.12.2001 aufgrund der bis dahin in § 88 Abs. 2 Nr. 7 BSHG enthaltenen ausdrücklichen Verweisung nach dem Zweiten Wohnungsbauförderungsgesetz (II. WobauG) zu bestimmen. Nach dessen Aufhebung werden die für die Wohnungsbauförderung maßgeblichen Wohnungsgrößen nach dem Wohnraumförderungsgesetz durch die Länder bestimmt. Der Sozialhilfesenat des BSG[156] hat sich für die Bestimmung der angemessenen Wohnungsgröße aus Gründen der Harmonisierung der Rechtsprechung der SGB-II-Senate[157] angeschlossen, wonach diese zur Wahrung eines bundeseinheitlichen Maßstabs weiterhin nach den Werten des II. WobauG zu bestimmen, jedoch – entsprechend den Vorgaben des § 90 Abs. 2 Nr. 8 Satz 2 SGB XII – nach der Zahl der Bewohner zu differenzieren ist. Danach gelten Familienheime mit einer Wohnfläche bis zu 130 qm und Eigentumswohnungen mit bis zu 120 qm für einen Haushalt mit vier Personen nicht als unangemessen groß. Für jede weitere Person im Haushalt sind zu den genannten Werten weitere 20 qm (vgl. § 39 Abs. 2 i.V.m. § 82 Abs. 2, Abs. 3 Satz 1 II. WobauG) zu addieren. Bei einer geringeren Familiengröße sind je fehlender Person 20 qm abzuziehen, wobei vor allem bei jüngeren Hilfesuchenden eine Untergrenze von 80 qm gelten soll, solange mit einem möglichen „Zuwachs" durch einen neuen Partner oder ein Kind zu rechnen ist.[158] Nach dem Rechtsgedanken des § 82 Abs. 3 Satz 2 II. WobauG sollte von einer Reduzierung der angemessenen Wohnfläche abgesehen werden, wenn sich die Personenzahl erst durch den Auszug der erwachsenen Kinder verringert hat.[159]

Ein **Überschreiten dieser Wohnflächengrenzen** ist bereits nach § 90 Abs. 2 Nr. 8 Satz 2 SGB XII mit Rücksicht auf einen im Einzelfall festzustellenden besonderen Wohnflächenbedarf behinderter, blinder oder pflegebedürftiger Menschen zulässig. Sofern keine ausreichenden Anhaltspunkte zur Bestimmung des konkreten Mehrbedarfs im Einzelfall bestehen, kann die in § 88 Abs. 2 Nr. 7 Satz 3 BSHG durch Verweis auf § 39 Abs. 1 Satz 1 Nr. 1 II. WobauG und § 82 II. WobauG für den Fall der häuslichen Pflege vorgenommene Erhöhung dieser Grenzen um 20 v.H. auf 156 qm bzw. 144 qm[160] eine Orientierung bieten. In Anlehnung an § 39 Abs. 2 II. WobauG und § 82 Abs. 2 II. WobauG dürften aber auch andere besondere persönliche oder – insbesondere wenn es sich um die Wohnung eines nicht selbst hilfebedürftigen Einsatzpflichtigen handelt – berufliche Bedürfnisse des Wohnungsinhabers zu berücksichtigen sein.[161] Weiterhin waren nach diesen Vorschriften Ausnahmen auch dann vorgesehen, wenn die Mehrfläche auf Vorgaben der örtlichen Bauplanung beruhte. Mit Rücksicht auf den Verhältnismäßigkeitsgrundsatz soll nach der Rechtsprechung der für die Grundsicherung für Arbeitsuchende zuständigen Senate des BSG auch bei einer Überschreitung der Wohnflächenobergrenze um nicht mehr als 10% noch von einer angemessenen Wohnfläche auszugehen sein.[162]

---

[154] BVerwG v. 17.10.1974 - V C 50.73 - BVerwGE 47, 103.

[155] BSG v. 07.11.2006 - B 11b AS 37/06 R - BSGE 98, 243 = SozR 4-4200 § 12 Nr. 4; vgl. *Link*, Sozialrecht aktuell 2007, 8, 12.

[156] BSG v. 19.05.2009 - B 8 SO 7/08 R - juris Rn. 19 - SozR 4-5910 § 88 Nr. 3.

[157] BSG v. 07.11.2006 - B 7b AS 2/05 R - BSGE 97, 203 = SozR 4-4200 § 12 Nr. 3; BSG v. 16.05.2007 - B 11b AS 37/06 R - BSGE 98, 243 = SozR 4-4200 § 9 Nr. 7; BSG v. 19.09.2008 - B 14 AS 54/07 R - juris Rn. 16 - FEVS 60, 490.

[158] BSG v. 07.11.2006 - B 7b AS 2/05 R - BSGE 97, 203 = SozR 4-4200 § 12 Nr. 3.

[159] So auch das SG Aurich v. 11.01.2012 - S 15 AS 63/10: keine Reduzierung der angemessenen Wohnfläche bei Auszug von Kindern; *Link*, Sozialrecht aktuell 2007, 8, 12.

[160] Zu den Voraussetzungen OVG Niedersachsen v. 12.06.1995 - 12 L 2513/94 - FEVS 46, 192, 197.

[161] Zum SGB II vgl. auch *Knickrehm* in: Bender/Eicher, Sozialrecht – eine Terra incognita, 2009, 193, 217.

[162] BSG v. 07.11.2006 - B 7b AS 2/05 R - juris Rn. 23 - BSGE 97, 203 = SozR 4-4200 § 12 Nr. 3; zum SGB XII im Ergebnis offen gelassen BSG v. 19.05.2009 - B 8 SO 7/08 R - juris Rn. 19 - SozR 4-5910 § 88 Nr. 3.

80 Bezüglich der noch angemessenen **Grundstücksgröße** haben sich in der Praxis in Anlehnung an Empfehlungen des Deutschen Vereins[163] bestimmte Richtwerte etabliert. Danach soll für ein Reihenhaus eine Grundstücksfläche von bis zu 250 qm, für eine Doppelhaushälfte oder ein Reihenendhaus eine Grundstücksfläche von bis zu 350 qm und für ein freistehendes Einfamilienhaus eine Grundstücksfläche von bis zu 500 qm noch angemessen sein. Diese Werte können aber allenfalls als Anhaltspunkte gelten,[164] da sie zum einen ohne erkennbaren Grund von den durch die BA[165] für den SGB-II-Bereich empfohlenen abweichen und zum anderen Sozialhilfe nach § 9 Abs. 1 SGB XII nach den Besonderheiten des Einzelfalls zu erbringen ist, die insbesondere auch von den örtlichen Verhältnissen bestimmt werden und die innerhalb der Bundesrepublik regional – vor allem auch zwischen städtischem und ländlichem Raum – sehr unterschiedlich sind. Entsprechend dem Ansatz des BVerwG[166] ist daher von den örtlichen Gegebenheiten auszugehen und anstelle einer isolierten Betrachtung der Grundstücksgröße stärker auf den **Gesamtwert des Objekts** (Haus und Grundstück) abzustellen. Angemessen ist danach ein Objekt, das sich im Vergleich mit anderen, nach sachbezogenen Merkmalen vergleichbaren Objekten am „Wohnort" (vgl. hierzu Rn. 81) des Einsatzpflichtigen im unteren Bereich der Verkehrswerte dieser vergleichbaren Objekte hält. Sachbezogene Merkmale in diesem Sinne sind vor allem die in § 90 Abs. 2 Nr. 8 Satz 2 SGB XII nicht unmittelbar wertbezogenen Kriterien, insbesondere der Wohnbedarf der berücksichtigungsfähigen Bewohner. Ein Vergleich mit Objekten, die diesen Wohnbedarf nicht vollständig decken können (z.B. fehlende behindertengerechte Ausstattung) ist daher unzulässig. Dies führt dazu, dass im städtischen Bereich regelmäßig geringere Grundstücksgrößen noch angemessen sein dürften als im ländlichen Bereich, der noch angemessene Wert städtischer Objekte jedoch wegen des Vergleichs ausschließlich mit anderen Objekten am „Wohnort" zum Teil weit über dem noch angemessenen Wert eines Objekts im abgelegenen ländlichen Raum liegen kann. Als mindestens noch angemessen kann in der Regel die Grundstücksfläche gelten, die baurechtlich notwendig ist, um ein Haus mit einer im obigen Sinne noch angemessenen Wohnfläche zu errichten.[167] Jedoch kann sich im Rahmen des vorstehend beschriebenen Vergleichs des Gesamtwerts des Objekts mit anderen Objekten am „Wohnort" – z.B. wegen ungewöhnlich bevorzugter Lage – trotz Einhaltens der baurechtlichen Mindestgrundstücksgröße die Unangemessenheit des Objekts ergeben oder aber auch eine Grundstücksgröße noch angemessen sein, die weit über diese Mindestgröße hinaus geht.

81 Als **räumlicher Bezugsrahmen des Wertvergleichs** und damit „Wohnort" i.S. der vorstehenden Ausführungen sollte nicht in erster Linie auf die politische Stadt-, Orts- oder Gemeindegrenzen abgestellt werden. Vielmehr empfiehlt sich eine Orientierung an den von den SGB-II-Senaten des BSG entwickelten Grundsätzen zum räumlichen Bezugsrahmen der Angemessenheitsprüfung der Kosten der Unterkunft. Danach muss es sich bei dem Vergleichsraum um einen ausreichend großen Raum (nicht bloße Orts- oder Stadtteile) der Wohnbebauung handeln, der auf Grund seiner räumlichen Nähe, seiner Infrastruktur und insbesondere seiner verkehrstechnischen Verbundenheit einen insgesamt betrachtet homogenen Lebens- und Wohnbereich bildet.[168] Diese Parallele rechtfertigt sich aus der Identität des Schutzzwecks des § 90 Abs. 2 Nr. 8 SGB XII und des Leistungszwecks der Kosten der Unterkunft: Beide sollen den Hilfebedürftigen in die Lage versetzen, sein elementares Grundbedürfnis „Wohnen" zu grundsicherungs- bzw. sozialhilferechtlich angemessenen Bedingungen zu befriedigen.[169] Gleichzeitig erscheint es bei beiden Hilfearten im gleichen Maße geboten, einer Ghettoisierung[170] durch Bildung ausreichend großer Vergleichsräume entgegenzuwirken.

82 Als **Folge der Unangemessenheit** muss die nachfragende Person oder sonstige Einsatzverpflichtete das Hausgrundstück vorrangig zur Deckung des Bedarfs innerhalb der Einsatzgemeinschaft einsetzen

---

[163] *Deutscher Verein*, Empfehlungen für den Einsatz von Einkommen und Vermögen in der Sozialhilfe (SGB XII), 2007, Rn. 197 ff.; *Lücking* in: Hauck/Noftz, SGB XII, § 90 Rn. 72; *Geiger* in: LPK-SGB XII, 9. Aufl., § 90 Rn. 53; einen Automatismus ablehnend *Wahrendorf* in: Grube/Wahrendorf, SGB XII, 5. Aufl., § 90 Rn. 59.
[164] BSG v. 19.05.2009 - B 8 SO 7/08 R - juris Rn. 20 - SozR 4-5910 § 88 Nr. 3.
[165] Hinweise der BA zu § 12 SGB II Rn. 12.26.
[166] BVerwG v. 17.01.1991 - 5 C 53/86 - BVerwGE 87, 278, 282 f.; zustimmend BSG v. 19.05.2009 - B 8 SO 7/08 R - juris Rn. 20 - SozR 4-5910 § 88 Nr. 3.
[167] Vgl. *Wahrendorf* in: Grube/Wahrendorf, SGB XII, 5. Aufl., § 90 Rn. 59.
[168] BSG v. 19.02.2009 - B 4 AS 30/08 R - BSGE 102, 263; BSG v. 17.12.2009 - B 4 AS 27/09 R - zur Veröffentlichung in SozR 4-4200 vorgesehen.
[169] Zu § 22 SGB II z.B. BSG v. 17.12.2009 - B 4 AS 27/09 R - juris Rn. 21 m.w.N. - zur Veröffentlichung in SozR 4-4200 vorgesehen.
[170] Zum SGB II vgl. BSG v. 19.02.2009 - B 4 AS 30/08 R - BSGE 102, 263; BSG v. 17.12.2009 - B 4 AS 27/09 R - juris Rn. 20 - zur Veröffentlichung in SozR 4-4200 vorgesehen.

und hierzu verwerten. Dabei ist die Teilbarkeit des Hausgrundstücks keine Frage der Angemessenheit der Größe des Hausgrundstücks, sondern erst der Verwertbarkeit eines unangemessenen Hausgrundstücks.[171] Ein den Rahmen des angemessenen überschreitender bereits eigentumsrechtlich selbständiger Grundstücks- oder Gebäudeteil ist danach grundsätzlich mit seinem Verkehrswert zu berücksichtigen. Ist eine Eigentumsrechtliche Trennung nicht möglich und liegt keine besondere Härte i.S.d. § 90 Abs. 3 SGB XII vor, sollte im Hinblick auf den Schutzzweck des Erhalts des Lebensmittelpunkts anderen Verwertungsformen als dem Verkauf mit anschließendem Umzug der Vorzug gegeben werden (z.B. zimmerweise Vermietung, Verpachtung eines Grundstücksteils) und der Ertrag je nach dessen Natur als Einkommen oder Vermögen berücksichtigt werden.[172] Dabei ist aus Sicht des Leistungsträgers auch zu berücksichtigen, dass es sich im Rahmen des SGB XII zumeist um dauerhaft hilfebedürftige Menschen handelt, so dass eine langfristige Leistungsminderung durch Vermögensverwertung mittels Fruchtziehung u.U. auf lange Sicht wirtschaftlicher ist als die kurzzeitige Unterbrechung des Leistungsbezugs nach Verkauf des Hausgrundstücks. Darüber muss auch berücksichtigt werden, dass die Verwertung von Immobilien immer eine gewisse Zeit in Anspruch nimmt, so dass bis dahin der Lebensunterhalt tatsächlich nicht gedeckt ist. Für den Zeitraum bis zur vollzogenen Verwertung ist dann ein Darlehen nach § 91 SGB XII zu erbringen.

11. Kleiner Barbetrag

Die Gewährung von Sozialhilfe darf nach § 90 Abs. 2 Nr. 9 SGB XII auch nicht von der Verwertung kleinerer Barbeträge oder sonstiger Geldwerte abhängig gemacht werden, wobei eine besondere Notlage der nachfragenden Person besonders zu berücksichtigen ist. Im **SGB II** fehlt eine direkt entsprechende Regelung. An ihre Stelle treten die wesentlich großzügigeren Vermögensfreibeträge nach § 12 Abs. 2 Nr. 1, 1a SGB II und der Ansparbetrag des § 12 Abs. 2 Nr. 4 SGB II. Auch diese Funktion übernimmt der geschützte kleine Barbetrag, denn bei der Einordnung der Sozialhilfe in das SGB wurden zum Ausgleich der stärkeren Pauschalierung die freizulassenden Barbeträge zum 01.01.2005 deutlich erhöht, um ein Ansparen für größere, bisher als einmalige Leistung gewährte Anschaffungen (z.B. Haushaltsgeräte, Winterbekleidung) zu ermöglichen.[173] Der mit zunehmendem Lebensalter immer erheblicher werdende Unterschied in der Höhe der nach SGB II und SGB XII geschützten Vermögenswerte lässt sich nur mit dem nach der gesetzgeberischen Konzeption vorübergehenden Charakter der SGB-II-Leistungen rechtfertigen. Dem Hilfebedürftigen soll es nicht zugemutet werden, bereits bei einer zeitlich begrenzten Notlage die ggf. über viele Jahre angesparten Rücklagen zur Sicherung des gegenwärtigen Grundbedarfs statt zur Sicherung des Lebensstandards insbesondere im Alter einzusetzen. Beim **Übertritt vom SGB II in das SGB XII**, z.B. wegen Feststellung voller Erwerbsminderung unter Gewährung einer nicht bedarfsdeckenden Rente, gelten dann jedoch übergangslos die niedrigeren Freibeträge nach § 90 Abs. 2 Nr. 9 SGB XII, sodass häufig im Anschluss an Alg II zunächst keine Leistungen nach dem SGB XII erbracht werden, bis das über diese Freibeträge hinausgehende, bisher geschützte Vermögen verbraucht ist.

83

Welche Beträge bzw. Werte als „klein" i.S. dieser Vorschrift anzusehen sind, bestimmt die auf Grundlage des § 96 Abs. 2 SGB XII erlassene Verordnung zur Durchführung des § 90 Abs. 2 Nr. 9 des Zwölften Buches Sozialgesetzbuch (DVO§90SGBXII).[174] § 1 DVO§90SGBXII legt differenziert nach der Art des Hilfefalls einerseits und der einstandspflichtigen Personengruppe andererseits bestimmte Vermögensgrenzen fest. Die schwer verständliche Regelung enthält mehrere redaktionelle Fehler (vgl. hierzu Rn. 86 und Rn. 89), deren Korrektur auch über den Wortlaut hinaus der Verordnungsgeber in rechtsstaatlich bedenklicher Weise der Praxis überlässt.[175] Unter Berücksichtigung der in der Praxis üblichen Korrekturen lassen sich die Freibeträge nach § 1 DVO§90SGBXII tabellarisch wie folgt darstellen:[176]

84

---

[171] BSG v. 19.05.2009 - B 8 SO 7/08 R - juris Rn. 20 - SozR 4-5910 § 88 Nr. 3; zum SGB II vgl. BSG v. 15.04.2008 - B 14/7b AS 34/06 R - BSGE 100, 186 = SozR 4-4200 § 12 Nr. 10, jeweils Rn. 29.
[172] Zum SGB II vgl. Sächsisches LSG v. 26.07.2006 - L 3 B 301/05 AS-ER.
[173] Vgl. BT-Drs. 15/1514, S. 74 zu Art. 15 Nr. 2.
[174] Z.Z. i.d.F. Art. 15 des Gesetzes zur Einordnung des Sozialhilferechts in das Sozialgesetzbuch v. 27.12.2003, BGBl I 2003, 3022. Für die juris-Recherche lautet die Abkürzung „BSHG§88Abs2DV 1988".
[175] Zur Kritik an § 1 Abs. 2 Satz 2 BSHG§88Abs2DV 1988 i.d.F. bis 31.12.2004 vgl. z.B. *Brühl* in: LPK-BSHG, 6. Aufl., § 88 Rn. 60.
[176] Vgl. z.B. *Deutscher Verein*, Empfehlungen für den Einsatz von Einkommen und Vermögen in der Sozialhilfe (SGB XII), Ausgabe 2007, Rn. 204; *Lücking* in: Hauck/Noftz, SGB XII, § 90 Rn. 77; *Geiger* in: LPK-SGB XII, 9. Aufl., § 90 Rn. 62; z.T. fehlerhaft die Anlage zu den Berliner Ausführungsvorschriften über den Einsatz von Vermögen nach dem SGB XII v. 10.12.2007, ABl. 2008, 70.

Sozialhilfe ist abhängig vom Vermögen	Hilfe zum Lebensunterhalt und Grundsicherung	Hilfen nach dem 5. bis 9. Kapitel, z.B. zur Gesundheit, zur Pflege, Eingliederungshilfe für behinderte Menschen	Blindenhilfe, Pflegegeld für Schwerstpflegebedürftige, wenn beide Eheleute, Lebenspartner oder Elternteile blind oder pflegebedürftig sind
1. der nachfragenden Person allein			
a) Grundbetrag	1.600 €	2.600 €	
nach Vollendung des 60. Lebensjahres, bei voller Erwerbsminderung oder bei Invalidenrente	2.600 €	2.600 €	
b) **zusätzlich** für jede Person, die vom Nachfragenden oder dessen Ehegatten/Lebenspartner überwiegend unterhalten wird	256 €	256 €	
2. der nachfragenden Person und deren nicht getrennt lebendem Ehegatten/Lebenspartner			
a) Grundbetrag	1.600 €	2.600 €	2.600 €
nach Vollendung des 60. Lebensjahres, bei voller Erwerbsminderung oder bei Invalidenrente	2.600 €	2.600 €	2.600 €
b) **zusätzlich** für den Ehegatten/Lebenspartner	614 €	614 €	1.534 €
c) **zusätzlich** für jede Person, die vom Nachfragenden oder dessen Ehegatten/Lebenspartner überwiegend unterhalten wird	256 €	256 €	256 €
3. einer minderjährigen unverheirateten Person und ihrer Eltern			
a) Grundbetrag	1.600 €	2.600 €	2.600 €
nach Vollendung des 60. Lebensjahres, bei voller Erwerbsminderung oder bei Invalidenrente	2.600 €	2.600 €	2.600 €
b) **zusätzlich** für einen Elternteil	614 €	614 €	1.534 €
c) **zusätzlich** für die nachfragende Person	256 €	256 €	256 €
d) **zusätzlich** für jede Person, die vom Nachfragenden oder den Eltern überwiegend unterhalten wird	256 €	256 €	256 €
4. einer minderjährigen unverheirateten Person und des getrennt lebenden Elternteils, bei dem sie lebt			
a) Grundbetrag	1.600 €	2.600 €	2.600 €
nach Vollendung des 60. Lebensjahres, bei voller Erwerbsminderung oder bei Invalidenrente	2.600 €	2.600 €	2.600 €
b) **zusätzlich** für die nachfragende Person	256 €	256 €	256 €

c) **zusätzlich** für jede Person, die vom Nachfragenden oder dem Elternteil überwiegend unterhalten wird	256 €	256 €	256 €

Für die **Bestimmung der Personengruppe**, von deren Vermögen die Gewährung von Sozialhilfe abhängig ist, knüpft § 1 DVO§90SGBXII an § 19 Abs. 1-4 SGB XII an; Personen einer ehe- oder lebenspartnerschaftsähnlichen Gemeinschaft werden nach § 20 SGB XII Ehegatten oder Lebenspartnern gleichgestellt. Ergänzend zu § 19 Abs. 3 SGB XII bestimmt § 1 Abs. 2 Satz 3 DVO§90SGBXII, dass bei getrenntlebenden Eltern bei der Gewährung von Leistungen nach dem 5. bis 9. Kapitel SGB XII nur das Vermögen des Elternteils zu berücksichtigen ist, bei dem die nachfragende minderjährige und unverheiratete Person lebt. Für die Hilfe zum Lebensunterhalt ergibt sich dies bereits aus § 19 Abs. 1 HS. 2 SGB XII, der für die Berücksichtigung von Vermögen der Eltern oder nur eines Elternteils nach dem Zusammenleben in einem gemeinsamen Haushalt differenziert.[177]

85

Hinsichtlich der **Hilfearten** differenziert § 1 DVO§90SGBXII nach der Hilfe zum Lebensunterhalt (3. Kapitel SGB XII) einerseits und der Hilfe nach dem 5. bis 9. Kapitel SGB XII andererseits. Keine Freibeträge sind dem Wortlaut nach für die Grundsicherung im Alter und bei Erwerbsminderung (4. Kapitel SGB XII) vorgesehen. Eine entsprechende Ergänzung der DVO§90SGBXII dürfte bei der Integration des GSiG, das eine entsprechende Anwendung der BSHG§88Abs2DV 1988 vorsah, in das SGB XII übersehen worden sein. Es ist jedoch kein Grund erkennbar, der eine unterschiedliche Behandlung von Empfängern jeweils nur existenzsichernder Leistungen nach dem 3. oder 4. Kapitel SGB XII rechtfertigen könnte, weshalb die für die Hilfe zum Lebensunterhalt vorgesehenen Freibeträge auch im Rahmen der Grundsicherung anzuwenden sind.[178] Als dritte Gruppe neben den Hilfen nach dem 3. und 4. Kapitel sowie Hilfen nach dem 5. bis 9. Kapitel SGB XII treten nach § 1 DVO§90SGBXII Empfänger von Blindenhilfe oder Pflegegeld für Schwerstpflegebedürftige, für die in § 1 Abs. 1 Satz 2 DVO§90SGBXII erhöhte Freibeträge vorgesehen sind, wenn beide Eheleute, Lebenspartner oder Elternteile, von deren Vermögen die Sozialhilfe abhängig ist, blind oder pflegebedürftig sind.

86

Die **Anwendung der Freibeträge** erfolgt nicht für jeden Vermögensinhaber gesondert, wie es aufgrund des Einzelanspruchs auf Leistungen auch innerhalb von Einsatzgemeinschaften zu erwarten wäre. Vielmehr sind die Freibeträge – wie aus der Zusammenschau der Regelungen des § 1 DVO§90SGBXII zu schließen ist – auf das gesamte in der Einsatzgemeinschaft vorhandene Vermögen anzuwenden, egal wer dessen Inhaber ist. In diesem Sinne hat auch das BSG in Anschluss an die Rechtsprechung zum SGB II entschieden, dass der **Freibetrag für die Einsatzgemeinschaft insgesamt** und nicht nur für die einzelne Person in der für sie im Gesetz vorgesehenen Höhe gewährt wird.[179] Der Freibetrag ermittelt sich aus einem Grundbetrag, der bei der Hilfe zum Lebensunterhalt 1.600 € beträgt und sich auf 2.600 € erhöht, sofern ein Mitglied der Einsatzgemeinschaft das 60. Lebensjahr vollendet hat, im Sinne des Rentenrechts voll erwerbsgemindert ist (ein Rentenanspruch ist nicht notwendig) oder eine Invalidenrente bezieht. Hierbei handelt es sich um Renten nach übergeleitetem Recht der DDR. Dementsprechend gilt für den Bezug von Grundsicherungsleistungen nach dem 4. Kapitel SGB XII ein Grundbetrag von 2.600 €, ebenso wie nach § 1 Abs. 1 Satz 1 Nr. 1 lit. b DVO§90SGBXII bei Leistungen nach dem 5. bis 9. Kapitel SGB XII.

87

In **gemischten Bedarfsgemeinschaften** ist aus Harmonisierungsgründen im Wege des gesetzlichen Härtefalls nach § 90 Abs. 3 Satz 1 SGB XII der **gemeinsame Vermögenswert** privilegiert, der sich aus dem nach § 12 Abs. 3 Satz 1 i.V.m. Satz 2 sowie ggf. § 65 Abs. 5 und § 12 Abs. 2 Satz 1 Nr. 4 SGB II zu errechnenden Wert für die dem SGB II unterfallende(n) Person(en) und dem aus der DVO§90SGBXII zu errechnenden Wert für die dem SGB XII unterfallende(n) Person(en) ergibt.[180]

88

Der Grundbetrag erhöht sich in allen Fallgestaltungen um jeweils 256 € für jede Person, die von einem der Einsatzpflichtigen überwiegend unterhalten wird. Wiederum entgegen dem Wortlaut gilt dies auch

89

---

[177] Für eine entsprechende Anwendung des § 1 Abs. 2 Satz 2 DVO§90SGBXII dagegen *Lücking* in: Hauck/Noftz, SGB XII, § 90 Rn. 83; *Geiger* in: LPK-SGB XII, 9. Aufl., § 90 Rn. 62.
[178] I.E. ebenso *Geiger* in: LPK-SGB XII, 9. Aufl., § 90 Rn. 62; *Lücking* in: Hauck/Noftz, SGB XII, § 90 Rn. 80.
[179] BSG v. 20.09.2012 - B 8 SO 13/11 R - BSGE 112, 61 = SozR 4-3500 § 90 Nr. 5.
[180] BSG v. 20.09.2012 - B 8 SO 13/11 R - BSGE 112, 61 = SozR 4-3500 § 90 Nr. 5.

für Fälle der Hilfe zum Lebensunterhalt nach § 1 Abs. 1 Satz 1 Nr. 1 lit. a DVO§90SGBXII.[181] So ergibt sich aus der Begründung[182] zur Neufassung der DVO§90SGBXII kein Hinweis darauf, dass der in der bisherigen Fassung enthaltene Zeilenumbruch vor dem hierdurch an § 1 Abs. 1 Satz 1 Nr. 1 lit. b DVO§90SGBXII unmittelbar angeschlossenen Wort „zuzüglich" und damit gleichzeitig der Unterhaltsbetrag im Rahmen der Hilfe zum Lebensunterhalt entfallen sollte. Die Korrektur dieses offensichtlichen Redaktionsversehens überlässt der Verordnungsgeber erneut der Praxis. **Überwiegend unterhalten** wird eine Person durch einen Einsatzverpflichteten, wenn sie ihren Lebensunterhalt zu weniger als der Hälfte aus eigenem Einkommen und Vermögen deckt und vom Einsatzverpflichteten tatsächlich finanzielle Leistungen erhält, ohne dass es auf eine Unterhaltspflicht nach bürgerlichem Recht ankommt. Eine Beschränkung auf Unterhaltsleistungen zur Sicherung des sozialhilferechtlich notwendigen Lebensunterhalts kann § 1 Abs. 1 Satz 1 Nr. 1 lit. b DVO§90SGBXII nicht entnommen werden, sodass der Unterhaltsfreibetrag auch dann zu gewähren ist, wenn der Unterhaltene seinen Unterhalt aus eigenen Mitteln decken kann und die Unterhaltsleistungen darüber hinaus erhält. Jedoch kann ein überwiegender Unterhalt in der Praxis regelmäßig angenommen werden, wenn die eigenen Mittel des Unterhaltenen nur weniger als die Hälfte des maßgeblichen sozialhilfe- oder grundsicherungsrechtlichen Bedarfs decken.

90 Der **Freibetrag** aus § 1 Abs. 1 Satz 1 Nr. 1 lit. a oder lit. b DVO§90SGBXII ist nach § 2 Abs. 1 DVO§90SGBXII **angemessen zu erhöhen**, wenn im Einzelfall eine besondere Notlage der nachfragenden Person besteht. Dabei ergibt sich aus der Regelungstechnik des § 1 Abs. 1 DVO§90SGBXII, nach der dem Freibetrag nach § 1 Abs. 1 Satz 1 Nr. 1 lit. a oder lit. b DVO§90SGBXII die Funktion eines Grundfreibetrags zukommt, dass die Erhöhung nicht nur in den Fällen nach § 1 Abs. 1 Nr. 1 DVO§90SGBXII, sondern auch in denen nach den Nummern 2 und 3 der Vorschrift vorzunehmen ist. Die Erhöhung ist beim Vorliegen einer besonderen Notlage zwingend. Ermessen steht dem Sozialhilfeträger auch nicht hinsichtlich des Umfangs der Erhöhung zu. Vielmehr handelt es sich bei dem Begriff „angemessen" um einen gerichtlich voll überprüfbaren unbestimmten Rechtsbegriff.[183]

91 Bei der Prüfung des Vorliegens einer **besonderen Notlage** und bei der Entscheidung über den Umfang der Erhöhung sind nach § 2 Abs. 1 Satz 2 DVO§90SGBXII vor allem Art und Dauer des Bedarfs sowie besondere Belastungen zu berücksichtigen. Nach der Formulierung und dem sich hieraus ergebenden Zweck einer abweichenden Festsetzung des Vermögensfreibetrags bei besonderen Notlagen lehnt sich diese Vorschrift an § 87 Abs. 1 Satz 2 SGB XII an, weshalb die dort genannten Gesichtspunkte wie Art und Schwere einer Behinderung oder Pflegebedürftigkeit sowie Umfang und Dauer der hiermit verbundenen Aufwendungen zur Konkretisierung auch der besonderen Notlage i.S.d. § 2 Abs. 1 DVO§90SGBXII herangezogen werden können[184]. Der Terminus „besondere Notlage" schließt es aus, eine Erhöhung der Freibeträge bereits bei gerade den Belastungen vorzunehmen, denen durch die Sozialhilfe begegnet werden soll.[185] So ist es beispielsweise gerade Ziel und Zweck der Hilfe zur Pflege, die mit einer Pflegebedürftigkeit verbundenen Mehraufwendungen tragen zu helfen.[186] Die Anlehnung an § 87 Abs. 1 Satz 2 SGB XII legt es zudem nahe, über den Wortlaut des § 2 Abs. 1 DVO§90SGBXII hinaus auch eine besondere Notlage bei den unterhaltsberechtigten Angehörigen der nachfragenden Person zu berücksichtigen.[187] Zu den besonderen Belastungen sind insbesondere solche finanzieller Art zu rechnen, z.B. Verpflichtungen, die einsatzpflichtige Personen vor Auftreten und in Unkenntnis einer vorübergehenden Notlage eingegangen sind.

92 Liegen die Voraussetzungen des § 103 SGB XII (vorsätzliches oder grob fahrlässiges Herbeiführen der Voraussetzungen für Leistungen der Sozialhilfe) – im Einzelnen vgl. die Kommentierung zu § 103 SGB XII – oder des § 94 SGB XII (Nichterfüllen von Unterhaltsansprüchen) – im Einzelnen vgl. die Kommentierung zu § 94 SGB XII – vor, so kann der **Freibetrag** des § 1 Abs. 1 Satz 1 Nr. 1 lit. a oder lit. b DVO§90SGBXII nach § 2 Abs. 2 DVO§90SGBXII angemessen **herabgesetzt** werden. Ebenso wie § 2 Abs. 1 DVO§90SGBXII bezieht sich auch Absatz 2 auf alle Fallgruppen des § 1 Abs. 1

---

[181] Allg. Ansicht, z.B. *Geiger* in: LPK-SGB XII, 9. Aufl., § 90 Rn. 62; *Lücking* in: Hauck/Noftz, SGB XII, § 90 Rn. 79.

[182] BT-Drs. 15/1514, S. 74.

[183] Zu § 84 Abs. 1 BSHG BVerwG v. 26.10.1989 - 5 C 30/86 - FEVS 39, 93.

[184] Im Ergebnis ebenso *Geiger* in: LPK-SGB XII, 9. Aufl., § 90 Rn. 6; *Lücking* in: Hauck/Noftz, SGB XII, § 90 Rn. 85.

[185] OVG Rheinland-Pfalz v. 12.07.1967 - 2 A 70/66 - FEVS 14, 428, 430.

[186] VG Berlin v. 26.06.1990 - 8 A 289.88.

[187] Ähnlich *Geiger* in: LPK-SGB XII, 9. Aufl., § 90 Rn. 63.

DVO§90SGBXII. Allerdings liegt im Unterschied zum Absatz 1 sowohl das „ob" als auch der Umfang einer Freibetragsminderung im pflichtgemäßen Ermessen des Sozialhilfeträgers. Dies ist aus dem Gebrauch der Formulierung „kann angemessen herabgesetzt werden" zu schließen, die zweifelsfrei ein Ermessen hinsichtlich des „ob" einer Absenkung einräumt. Diese Kompetenzzuweisung an die Verwaltung würde ausgehebelt, wäre die Angemessenheit des Umfangs der Absenkung gerichtlich voll überprüfbar und dadurch auch ein Ergebnis möglich, wonach nur eine Absenkung mit dem Umfang „Null" angemessen ist. Voraussetzung ist entweder ein schuldhaftes Verhalten i.S.d. § 103 SGB XII oder das Bestehen zivilrechtlicher Unterhaltsansprüche des Leistungsberechtigten, die nach Maßgabe des § 94 SGB XII auf den Sozialhilfeträger übergehen. Eine Vermögensberücksichtigung über die normalen Freibeträge nach § 1 DVO§90SGBXII hinaus kann wegen der Anknüpfung an ein Verschulden bzw. an persönliche Unterhaltsansprüche nur bezüglich des Vermögens vorgenommen werden, welches der Person zuzuordnen ist, durch die die Tatbestände der §§ 103, 94 SGB XII verwirklicht sind. Da sich die Herabsetzung der Freibeträge jedoch durch die Anwendung auf die gesamte Einsatzgemeinschaft (vgl. Rn. 87) auch zu Lasten der weiten Mitglieder der Einsatzgemeinschaft auswirkt, sind deren Belange bei der Ermessensentscheidung mit zu berücksichtigen.

Die **kleinen Barbeträge nach § 90 Abs. 2 Nr. 9 SGB XII sind Freibeträge**. Werden sie überschritten, ist nicht das gesamte Barvermögen, sondern nur der überschießende Betrag zu verwerten. Gleichzeitig werden mittelbar auch andere Vermögenswerte geschützt, wenn auch nach Berücksichtigung des Erlöses aus deren Einsatz oder Verwertung die Barbeträge und Geldwerte nicht den maßgeblichen Freibetrag übersteigen würden.[188] Dementsprechend hat sich der für das Sozialhilferecht zuständige 8. Senat des BSG der Rechtsprechung des BVerwG[189] – und der des BSG zum Freibetrag im Rahmen des SGB II – angeschlossen, wonach Nr. 9 auch nicht geldwertes **Vermögen mittelbar privilegiert**, das **nach** einer tatsächlichen bzw. möglichen **Verwertung** den maßgeblichen Freibetrag nicht übersteigt bzw. **übersteigen würde**.[190] Würde dagegen der Einsatz oder die Verwertung eines solchen Vermögensgegenstands – ggf. zusammen mit vorhandenen Barwerten oder weiteren verwertbaren Vermögensgegenständen – zu freibetragsüberschreitenden Barbeträgen oder Geldwerten führen, ist nicht der Gegenstand selbst geschützt, sondern nur die erlösten Barbeträge oder Geldwerte bis zum maßgeblichen Freibetrag.[191] Daraus ergibt sich gleichzeitig, dass auch nicht mehr angemessener Hausrat zu schonen ist, wenn der die Grenze des Angemessenen überschreitende Wert zzgl. vorhandener Barwerte die Freibeträge nach § 90 Abs. 2 Nr. 9 SGB XII nicht übersteigt.[192]

93

V. Härteregelung (Absatz 3)

1. Allgemeiner Härtebegriff (Absatz 3 Satz 1)

a. Begriff der Härte

Der **Begriff der Härte** im Sinne des § 90 Abs. 3 SGB XII entspricht dem des § 88 Abs. 3 BSHG. Zu seiner Auslegung kann nach wie vor auf die Ausführungen des BVerwG vom 26.01.1966[193] zurückgegriffen werden: Danach ist der Begriff der Härte i.S.d. § 90 Abs. 3 SGB XII – damals des § 88 Abs. 3 BSHG – aus dem Zusammenhang mit den vorangehenden Vorschriften über das Schonvermögen zu bestimmen. Diese sollen gewährleisten, dass die Sozialhilfe nicht zu einer wesentlichen Beeinträchtigung der vorhandenen Lebensgrundlagen führt. Dem Sozialhilfeempfänger (und seinen Angehörigen) soll – nicht zuletzt, um ihn in seinem Bestreben zu unterstützen, sich von der Sozialhilfe unabhängig zu machen – ein gewisser Spielraum in seiner wirtschaftlichen Bewegungsfreiheit erhalten bleiben. Überdies soll verhindert werden, dass die Sozialhilfe, die im Idealfall lediglich eine vorübergehende

94

---

[188] BSG v. 18.03.2008 - B 8/9b SO 9/06 R - BSGE 100, 131 = SozR 4-3500 § 90 Nr. 3 jeweils Rn. 17.
[189] BVerwG v. 19.12.1997 - 5 C 7/96 - BVerwGE 106, 105; zum SGB II: BSG v. 06.09.2007 - B 14/7b AS 66/06 R - juris Rn. 18 - BSGE 99, 77 = SozR 4-4200 § 12 Nr. 5; a.A. OVG NRW v. 27.10.1992 - 24 A 655/92 - FEVS 43, 338; VGH München v. 23.11.1994 - 12 CE 94.2289 - BayVBl. 1995, 663; OVG Saarland v. 06.03.1997 - 8 W 4/97.
[190] BSG v. 20.09.2012 - B 8 SO 13/11 R - BSGE 112, 61 = SozR 4-3500 § 90 Nr. 5.
[191] BVerwG v. 19.12.1997 - 5 C 7/96 - BVerwGE 106, 105; zum SGB II: BSG v. 06.09.2007 - B 14/7b AS 66/06 R - juris Rn. 18 - BSGE 99, 77 = SozR 4-4200 § 12 Nr. 5; a.A. OVG NRW v. 27.10.1992 - 24 A 655/92 - FEVS 43, 338; VGH München v. 23.11.1994 - 12 CE 94.2289 - BayVBl. 1995, 663; OVG Saarland 06.03.1997 - 8 W 4/97.
[192] Vgl. zum SGB II: BSG v. 20.08.2009 - B 14 AS 41/08 R.
[193] BVerwG v. 26.01.1966 - V C 88.64 - BVerwGE 23, 149.

Hilfe ist, zu einem wirtschaftlichen Ausverkauf führt, damit den Willen zur Selbsthilfe lähmt und zu einer nachhaltigen sozialen Herabstufung führt. Diesem Ziel dient auch die Härtevorschrift. Dieser kommt die Aufgabe zu, die Fälle zu erfassen, die wegen ihrer atypischen Ausgestaltung nicht bereits von den Regeltatbeständen des Schonvermögens erfasst werden, diesen aber in Bezug auf den Regelungszweck grundsätzlich gleichwertig sind. Damit geht die Härtevorschrift des § 90 Abs. 3 SGB XII nicht über den Zweck des Schonvermögens hinaus, lediglich die abstrakte Umschreibung dessen, was Schonvermögen ist und was demzufolge dem Einzelnen zu belassen ist, um das Ziel der Sozialhilfe zu erreichen, wird durch die Härtevorschrift aufgelockert. Hiernach kommt es bei der Bestimmung des Begriffs der Härte darauf an, ob die Anwendung der Regelvorschriften – also die Pflicht zum Vermögenseinsatz – zu einem den Leitvorstellungen des § 90 Abs. 2 BSHG nicht entsprechenden Ergebnis führen würde. Dem hat sich das BSG sinngemäß angeschlossen.[194]

95 Folglich lässt sich die **Härte i.S.d. § 90 Abs. 3 SGB XII** als außergewöhnliche Fallgestaltung definieren, die von den Regelfällen des Verwertungsausschlusses in § 90 Abs. 2 Nr. 1-9 SGB XII nicht erfasst wird, diesen aber nach den daraus abzuleitenden Wertungen und Zielen gleichzusetzen ist. Zwei Beispiele hierfür nennt § 90 Abs. 3 Satz 2 SGB XII, indem Vermögen bei Leistungen nach dem Fünften bis Neunten Kapitel von der Verwertung ausgenommen wird, soweit hierdurch eine angemessene Lebensführung oder die Aufrechterhaltung einer angemessenen Alterssicherung wesentlich erschwert würde. Trotz des naheliegenden Umkehrschlusses schließt diese Formulierung die Berücksichtigung dieser Gesichtspunkte im Rahmen des Satzes 1 auch bei der Hilfe zum Lebensunterhalt nicht aus.[195]

96 Inwieweit die Rechtsprechung des BSG zum **Begriff der besonderen Härte nach § 12 Abs. 2 Satz 1 Nr. 6 Alt. 2 SGB II** für die Auslegung des Begriffs der Härte nach § 90 Abs. 3 SGB XII herangezogen werden kann, ist zweifelhaft. So hat der 11b. Senat des BSG ohne erkennbare Notwendigkeit ausgeführt, im Rahmen des § 12 Abs. 2 Satz 1 Nr. 6 Alt. 2 SGB II solle ein strengerer Maßstab gelten als im Recht der Sozialhilfe. Für die Anwendung des § 12 Abs. 3 Satz 1 Nr. 6 Alt. 2 SGB II müssten außergewöhnliche Umstände vorliegen, die dem Betroffenen ein deutlich größeres Opfer abverlangten als eine einfache Härte und erst recht als die mit der Vermögensverwertung stets verbundenen Einschnitte.[196] Dieser Begriffsbestimmung hat sich der 14. Senat ohne Aussage zum Verhältnis zu § 90 Abs. 3 SGB XII angeschlossen.[197] Zwar spricht der Unterschied im Wortlaut – „besondere Härte" gegenüber „Härte" – in der Tat für einen strengeren Maßstab im Rahmen des § 12 Abs. 3 Satz 1 Nr. 6 Alt. 2 SGB II. Doch sind sich beide Regelungen nach systematischer Stellung und Funktion – auch § 12 Abs. 3 Satz 1 Nr. 6 Alt. 2 SGB II soll es ermöglichen, besondere Härtefälle angemessen zu lösen[198] – so ähnlich, dass es unter diesem Gesichtspunkt nicht gerechtfertigt erscheint, den Anwendungsbereich der Härteklausel im Rahmen der Grundsicherung für Arbeitsuchende enger zu fassen als dies die ohnehin recht restriktive Rechtsprechung der Verwaltungsgerichte zu § 88 Abs. 3 BSHG getan hat.[199] Im Gegenteil liegt es im Hinblick auf die generelle Ausrichtung des SGB II auf eine schnelle (Wieder-)Eingliederung in den Arbeitsmarkt und damit einen möglichst kurzen Hilfebezug[200] nahe, die sich ohnehin grundsätzlich am bisherigen Recht der Alhi orientierende Vermögensanrechnung[201] im SGB II großzügiger zu handhaben als in der Sozialhilfe, die aufgrund des verbleibenden Kreises der Leistungsberechtigten tendenziell häufiger langfristig zu erbringen ist. Hierfür spricht auch die insgesamt großzügigere Ausgestaltung der Vermögensberücksichtigung im SGB II, insbesondere der Vermögensfreibeträge nach § 12 Abs. 1 SGB II. Aufgrund der dennoch bestehenden großen Ähnlichkeiten

---

[194] BSG v. 11.12.2007 - B 8/9b SO 20/06 R - juris Rn. 15 - SozR 4-3500 § 90 Nr. 1; BSG v. 25.08.2011 - B 8 SO 19/10 R - juris Rn. 22.

[195] BVerwG v. 13.05.2004 - 5 C 3/03 - juris Rn. 15 - BVerwGE 121, 34; BVerwG v. 17.10.1974 - V C 50.73 - BVerwGE 47, 103; *Geiger* in: LPK-SGB XII, 9. Aufl., § 90 Rn. 72; *Lücking* in: Hauck/Noftz, SGB XII, § 90 Rn. 108.

[196] BSG v. 16.05.2007 - B 11b AS 37/06 R - juris Rn. 33 f. - BSGE 98, 243 = SozR 4-4200 § 12 Nr. 4; kritisch auch *Coseriu* in: Bender/Eicher, Sozialrecht – eine Terra incognita, 2009, 225, 256.

[197] Z.B. BSG v. 15.04.2008 - B 14/7b AS 68/06 R - SozR 4-4200 § 12 Nr. 8; BSG v. 06.09.2007 - B 14/7b AS 66/06 R - BSGE 99, 77 = SozR 4-4200 § 12 Nr. 5; aus neuerer Zeit BSG v. 22.03.2012 - B 4 AS 99/11 R - SozR 4-4200 § 12 Nr. 18 Rn. 18 m.w.N.

[198] BT-Drs. 15/1749, S. 32.

[199] Im Ergebnis ebenso *Radüge* in: jurisPK-SGB II, 2. Aufl., § 12 Rn. 136.

[200] Vgl. § 1 Abs. 1 SGB II; BT-Drs. 15/1516, S. 2, 44.

[201] BT-Drs. 15/1516, S. 45, 53.

zwischen § 12 SGB II und § 90 SGB XII und der funktionellen Identität der jeweiligen Härteklauseln wäre jedoch eine möglichst einheitliche Auslegung wünschenswert, die ggf. durch eine redaktionelle Angleichung der Formulierungen erleichtert werden könnte.

Die Prüfung des Härtetatbestandes erfordert eine bestimmte **Prüfungsreihenfolge**: Grundsätzlich ist zunächst festzustellen, in welcher Form und in welchem Zeitraum eine Verwertung für die Leistungen nach dem SGB XII nachfragende Person tatsächlich und rechtlich möglich ist. Denn erst auf dieser Grundlage kann sodann geprüft werden, ob die Verwertung für den Betroffenen eine besondere Härte bedeuten würde, insbesondere ob sie ggf. offensichtlich unwirtschaftlich ist.[202]

97

Für die **Prüfung des Vorliegens einer Härte** sind alle Umstände des Einzelfalls zu berücksichtigen und daraufhin zu überprüfen, ob sie in ihrem Zusammenwirken eine bei anderen Hilfebedürftigen regelmäßig nicht anzutreffende, also atypische schwere Belastung des Vermögensinhabers ergeben. Eine Härte liegt danach vor, wenn auf Grund besonderer Umstände des Einzelfalles, wie z.B. der Art, Schwere und Dauer der Hilfe, des Alters, des Familienstands oder der sonstigen Belastungen des Vermögensinhabers und seiner Angehörigen, eine typische Vermögenslage deshalb zu einer besonderen Situation wird, weil die soziale Stellung der nachfragenden Person insbesondere wegen einer Behinderung, Krankheit oder Pflegebedürftigkeit nachhaltig beeinträchtigt ist.[203] Bei der danach erforderlichen wertenden Betrachtung im Einzelfall kann auch die **UN-Behindertenrechtskonvention** herangezogen werden.[204] Eine Härte kann sich aber auch unter dem Gesichtspunkt der Gefährdung eines bereits manifestierten Selbsthilfewillens ergeben, wenn durch die Verwertung eines Vermögensgegenstands die soziale Stellung der zum Einsatz verpflichteten, nicht selbst leistungsberechtigten Person beeinträchtigt würde, so z.B. im Fall einer trotz hundertprozentiger Minderung der Erwerbsfähigkeit arbeitenden Mutter, die damit wesentlich zum Unterhalt ihrer Familie beigetragen hat, was vor allem dem Ziel diente, sich selbst und den Kindern das Heim zu erhalten.[205]

98

b. Einzelfälle

Für das Vorliegen einer Härte spielt die **Herkunft des Vermögens** regelmäßig keine entscheidende Rolle,[206] jedoch gilt dies nicht ausnahmslos. In Einzelfällen kann die Herkunft des Vermögens dieses so prägen, dass seine Verwertung eine Härte darstellen kann.[207] Eine Härte liegt dann nahe, wenn das Vermögen aus nachgezahlten oder angesparten Leistungen stammt, die nach § 88 SGB XII nicht als Einkommen zu berücksichtigen sind[208]. Dies gilt insbesondere, wenn eine Leistung als Ausgleich für einen besonderen Bedarf oder Nachteil erbracht wurde, der von den Leistungen der Sozialhilfe nicht umfasst wird und die Ausgleichsfunktion bei Verbrauch des Vermögens für den allgemeinen Lebensunterhalt gefährdet wird. So würde z.B. der Einsatz von Vermögen, das aus einer **Grundrentennachzahlung** stammt, für einen Kriegsbeschädigten eine Härte bedeuten, soweit die Befriedigung eines schädigungsbedingten Nachholbedarfs dadurch wesentlich erschwert würde.[209] Eine Härte liegt demgegenüber nicht schon dann vor, wenn das Vermögen aus einer einmaligen Sozialleistung oder einer **Abfindung** bei Verlust des Arbeitsplatzes stammt,[210] was dem Fehlen einer dem § 7 Abs. 1 AlhiVO 1974 entsprechenden Regelung im § 90 SGB XII zu entnehmen ist. Auch allein die Tatsache, dass ein bestimmter Vermögensgegenstand dem Hilfebedürftigen geschenkt worden ist, begründet noch keine Härte.[211] Ebenso wenig führt es zu einer Härte, dass Vermögen vor Eintritt der Hilfebedürftigkeit durch **Konsumverzicht** erworben wurde.[212] Es stellt auch keine Härte dar, wenn ein verwertba-

99

---

[202] Zu § 12 Abs. 3 Satz 1 Nr. 6 SGB II: BSG v. 30.08.2010 - B 4 AS 70/09 R - juris Rn. 19 f; BSG v. 20.02.2014 - B 14 AS 10/13 R - juris Rn. 31.

[203] BSG v. 11.12.2007 - B 8/9b SO 20/06 R - SozR 4-3500 § 90 Nr. 1; BSG v. 25.08.2011 - B 8 SO 19/10 R; *Geiger* in: LPK-SGB XII, 9. Aufl., § 90 Rn. 79.

[204] Vgl. *Wendt*, RdLH 2012, 137.

[205] BVerwG v. 26.10.1989 - 5 C 34/86 - FEVS 39, 1.

[206] BVerwG v. 17.10.1974 - V C 50.73 - BVerwGE 47, 103, 112.

[207] BSG v. 11.12.2007 - B 8/9b SO 20/06 R - SozR 4-3500 § 90 Nr. 1; *Geiger* in: LPK-SGB XII, 9. Aufl., § 90 Rn. 83; *Sartorius* in: Rothkegel, Sozialhilferecht, 1. Aufl., Teil III Kap. 14 Rn. 69.

[208] BVerwG v. 04.09.1997 - 5 C 8/97 - BVerwGE 105, 199.

[209] BVerwG v. 28.03.1974 - V C 29.73 - BVerwGE 45, 135.

[210] So aber die Rechtslage nach der AlhiVO 1974: BSG v. 19.06.1996 - 7 RAr 116/95 - SozR 3-4100 § 137 Nr. 6 m.w.N.

[211] BVerwG v. 08.07.1991 - 5 B 57/91.

[212] Zur Alhi BSG v. 04.09.1979 - 7 RAr 115/78 - BSGE 49, 30, 32 = SozR 4220 § 6 Nr. 3.

rer, also nicht unter das Schonvermögen fallender Vermögensgegenstand (noch) vorhanden ist, den die nachfragende Person von sich aus, sei es auch durch eine äußerst sparsame, sogar noch unter Sozialhilfeniveau liegende Lebensführung, vor einer Verwertung (bisher) bewahrt hat. Ebenso wenig lässt sich eine Härte im Sinne des Gesetzes damit begründen, dass das Vermögen – wäre es mit Beginn des Antragszeitraums verwertet worden – noch vor dessen Ablauf aufgebraucht gewesen wäre, so dass jedenfalls ab diesem Zeitpunkt Sozialhilfeleistungen in Anspruch genommen werden müssten.[213]

100 Als Härte i.S.d. § 90 Abs. 3 Satz 1 SGB XII wurde weiterhin der Einsatz von aus **Blindengeld** angespartem Vermögen angesehen.[214] Grundsätzlich als Härte anzusehen ist auch der Einsatz angesparten **Erziehungsgeldes** während des gesetzlichen Förderungszeitraums.[215] Auch der Einsatz von Vermögen aus Zahlungen, die ein Hilfesuchender als **Opfer nationalsozialistischer Verfolgung** aus dem Hardship Fund der Claims Conference und nach den Richtlinien zum Härtefond des Landes Nordrhein-Westfalen zur Unterstützung von NS-Opfern erhalten hat, ist als Härte gewertet worden.[216] Eine Härte kann sich auch unter dem Gesichtspunkt einer voraussichtlich **kurzen Dauer** des Hilfebedarfs ergeben. Dies erfordert jedoch außergewöhnliche Umstände, die nicht bereits in § 90 Abs. 2 SGB XII oder § 38 SGB XII erfasst sind[217].

101 Aus einer **Schmerzensgeldzahlung** stammendes Vermögen ist in der Regel nicht zu berücksichtigen, weil sein Einsatz zur Deckung sozialhilferechtlichen Bedarfs angesichts der Ausgleichs- und Genugtuungsfunktion des Schmerzensgeldes eine Härte bedeuten würde.[218] Das Schmerzensgeld ist in seiner ganzen noch vorhandenen Höhe geschützt und nicht nur mit einem bestimmten festen oder prozentualen Anteil. Die Höhe des Schmerzensgeldes hängt allein von der Schwere der Schädigung und dem Gewicht des erlittenen Unrechts ab und es wäre deshalb nicht gerechtfertigt, die freie Verfügbarkeit des zu deren Ausgleich und Genugtuung erhaltenen Schmerzensgeldes in Teilen einzuschränken.[219] Jedoch entfällt mit dem Tod des Geschädigten die Rechtfertigung dafür, Schmerzensgeld unberücksichtigt zu lassen, so dass es bei den Erben nicht mehr geschützt ist.[220]

102 Vermögen aus einem angemessenen **Bestattungsvorsorgevertrag**, also einem gemischten, überwiegend dem Werkvertragsrecht unterliegenden Vertrag über die im Voraus bezahlte Bestattung ggf. unter Einschluss der Grabpflege[221] (zur Sterbegeldversicherung vgl. Rn. 104), ist bei der Gewährung von Sozialhilfe nicht zu berücksichtigen, denn grundsätzlich ist dem Wunsch des Menschen, für die Zeit nach seinem Tod durch eine angemessene Bestattung und Grabpflege vorzusorgen, Rechnung zu tragen. Seine Verwertung stellt eine Härte dar, es sei denn, durch den Abschluss des Bestattungsvorsorgevertrags wurde das Vermögen in der Absicht gemindert, die Voraussetzungen für die Gewährung oder Erhöhung der Leistung herbeizuführen.[222] Als **angemessen** kann ein Bestattungsvorsorgevertrag gelten, der in der Gesamtschau der Leistungen unter Berücksichtigung der örtlichen Preise[223] eine würdige, insgesamt den örtlichen Gepflogenheiten entsprechende einfache Bestattung ermöglicht, die in Art und Umfang der Leistungen nicht wesentlich über das hinausgeht, was auch der Sozialhilfeträger im Todesfalle nach § 74 SGB XII zu leisten verpflichtet wäre (vgl. hierzu i.E. die Kommentierung zu § 74 SGB XII).

103 Auch auf reine **Grabpflegeverträge** eingezahlte Mittel können – natürlich nur für den die Verwertung überhaupt erst ermöglichenden Fall der Kündbarkeit dieses Vertrages – unter dem Gesichtspunkt der Härte vom Einsatzzwang ausgenommen sein.[224] Die Angemessenheit einer Grabpflege beurteilt sich

---

[213] BVerwG v. 19.12.1997 - 5 C 7/96 - BVerwGE 106, 105.
[214] BSG v. 11.12.2007 - B 8/9b SO 20/06 R - SozR 4-3500 § 90 Nr. 1.
[215] BVerwG v. 04.09.1997 - 5 C 8/97 - BVerwGE 105, 199.
[216] LSG NRW v. 28.07.2008 - L 20 SO 17/08.
[217] Zum SGB II BSG v. 06.09.2007 - B 14/7b AS 66/06 R - BSGE 99, 77 = SozR 4-4200 § 12 Nr. 5.
[218] BVerwG v. 18.05.1995 - 5 C 22/93 - BVerwGE 98, 256; BVerwG v. 19.05.2005 - 5 B 106/04 - FEVS 57, 212; zu § 12 SGB II BSG v. 15.04.2008 - B 14/7b AS 6/07 R - SozR 4-4200 § 12 Nr. 9 m.w.N.; zur Anrechnung im AsylbLG vgl. BVerfG v. 11.07.2006 - 1 BvR 293/05 - BVerfGE 116, 229.
[219] BVerwG v. 18.05.1995 - 5 C 22/93 - BVerwGE 98, 256.
[220] BVerwG v. 19.05.2005 - 5 B 106/04 - FEVS 57, 212.
[221] BSG v. 18.03.2008 - B 8/9b SO 9/06 R - SozR 4-3500 § 90 Nr. 3 jeweils Rn. 2, 17.
[222] BSG v. 18.03.2008 - B 8/9b SO 9/06 R - SozR 4-3500 § 90 Nr. 3.
[223] Vgl. BSG v. 18.03.2008 - B 8/9b SO 9/06 R - juris Rn. 24 - SozR 4-3500 § 90 Nr. 3.
[224] BVerwG v. 11.12.2003 - 5 C 84/02 - FEVS 56, 302; BSG v. 18.03.2008 - B 8/9b SO 9/06 R - BSGE 100, 131 = SozR 4-3500 § 90 Nr. 3.

nach den Besonderheiten des Einzelfalles, wobei eine Grabpflege jedenfalls dann als angemessen angesehen werden kann, wenn sie für die Dauer der Mindestruhezeit das Grab in einem der maßgeblichen Friedhofsordnung entsprechenden Zustand hält.[225]

Zu weit geht die Auffassung, nur eine reine **Sterbegeldversicherung** sei vor der Verwertung gemäß § 90 Abs. 3 Satz 1 SGB XII geschützt, nicht aber eine Erlebens- und Todesfallversicherung.[226] Richtig ist, dass diese von ihrem vertraglichen Zuschnitt her kapitalbildende Lebensversicherungen sind, denen eine besondere Zweckbestimmung in Bezug auf Bestattung und/oder Grabpflege nicht innewohnt. Jedoch kann zu verschonendes Vermögen auch dann vorliegen, wenn es in Höhe zu erwartender Bestattungskosten ausgesondert und speziell diesem Zweck, wie in einem Bestattungsvorsorgevertrag, zugeschrieben ist.[227] Ausschlaggebend ist insoweit, dass die objektiven Begleitumstände mit der subjektiven Zweckbestimmung zur Bestattungsvorsorge im Einklang stehen, diese Zweckbestimmung also glaubhaft ist.[228] 104

Anders als nach § 12 Abs. 3 Satz 1 Nr. 2 SGB II gehören **Kraftfahrzeuge** nicht zum Schonvermögen – insbesondere nicht zum geschützten Hausrat[229] – nach § 90 Abs. 2 SGB XII, so dass Leistungen nach dem SGB XII regelmäßig vom vorherigen Einsatz eines Fahrzeugs abhängig sind.[230] Ausnahmsweise kann jedoch der Einsatz eines Kraftfahrzeugs eine Härte darstellen. Dies ist z.B. der Fall, wenn ein Kraftfahrzeug für den normalen Tagesablauf der Familie, deren Mitglieder Sozialhilfe in Anspruch nehmen, unentbehrlich ist und bei einer Veräußerung nur ein geringer Erlös erzielt werden würde.[231] Ein Kraftfahrzeug kann auch deshalb geschützt sein, weil seine Verwertung im Hinblick auf die Bedürfnisse behinderter Menschen eine Härte darstellt, wobei die Vorschriften über die Eingliederungshilfe kein geeignetes Abgrenzungsmerkmal zwischen geschütztem und verwertbarem Vermögen darstellen.[232] Eine Härte wurde auch bei einem Kraftfahrzeug im Gesamtwert von 53.000 DM angenommen, das für 15.000 DM für die Belange eines Rollstuhlfahrers umgerüstet worden ist und das dieser zur Verbesserung seiner Teilhabechancen benötigte.[233] Ferner für ein bereits vorhandenes Kraftfahrzeug von relativ geringem Wert, dessen Betriebskosten aus dem Freibetrag für Erwerbstätige gedeckt werden können und das zur Ausübung einer Erwerbstätigkeit dient[234] oder das bei vorhersehbar kurzem Leistungsbezug für eine bevorstehende Arbeitsaufnahme benötigt wird[235]. Ein **Empfänger von Alg II** muss sein angemessenes Kraftfahrzeug (Verkehrswert bis zu 7.500 €), das Schonvermögen nach den Regelungen des SGB II ist, nicht für seine Ehefrau verwerten, bevor diese Sozialhilfe nach dem SGB XII erhalten kann.[236] Auch hierbei ist zu berücksichtigen, dass in **gemischten Bedarfsgemeinschaften** aus Harmonisierungsgründen über die Härteregelung des Absatzes 3 Satz 1 der **gemeinsame Vermögenswert** privilegiert ist, der sich aus dem nach § 12 Abs. 3 Satz 1 Nr. 2 i.V.m. Satz 2 sowie ggf. § 65 Abs. 5 und § 12 Abs. 2 Satz 1 Nr. 4 SGB II zu errechnenden Wert für die dem SGB II unterfallende(n) Person(en) und dem aus der DVO§90SGBXII zu errechnenden Wert für die dem SGB XII unterfallende(n) Person(en) ergibt.[237] Aus der Privilegierung eines Kraftfahrzeugs, das als Schonvermögen nicht verwertet werden muss, folgt jedoch nicht, dass die Kosten – etwa Steuern und Versicherungsprämien – vom Einkommen des Sozialhilfebeziehers abzuziehen wären.[238] 105

Stellt die **Verwertung eines Kraftfahrzeugs keine Härte** nach § 90 Abs. 3 SGB XII dar, kann es – wie auch andere Vermögensgegenstände – mittelbar über § 90 Abs. 2 Nr. 9 SGB XII geschützt werden, wenn auch nach Berücksichtigung des Erlöses aus dessen Einsatz oder Verwertung die Barbeträge und 106

---

[225] BVerwG v. 11.12.2003 - 5 C 84/02 - juris Rn. 22 - FEVS 56, 302, unter Hinweis auf *Spranger*, NVwZ 2001, 877.
[226] LSG NRW v. 19.03.2009 - L 9 SO 5/07 - ZFSH/SGB 2009, 241.
[227] LSG Hamburg v. 23.02.2009 - L 4 SO 17/08 - ZFSH/SGB 2009, 315.
[228] Vgl. zur Zweckbestimmung Altersvorsorge BSG v. 22.10.1998 - B 7 AL 118/97 R - BSGE 83, 88, 91 = SozR 3-4220 § 6 Nr. 6 m.w.N.
[229] Hessisches LSG v. 18.09.2006 - L 7 SO 49/06 ER.
[230] BSG v. 18.03.2008 - 8/9b SO 11/06 R - SozR 4-3500 § 82 Nr. 4 Rn. 15; BVerwG v. 19.12.1997 - 5 C 7/96 - BVerwGE 106, 105.
[231] Sächsisches OVG v. 18.12.1997 - 2 S 614/95 - FEVS 48, 488.
[232] Bayerischer VGH v. 02.12.1983 - 12 B 83 A.618 - FEVS 33, 403.
[233] OVG NRW v. 30.09.1997 - 24 A 2749/94.
[234] Hamburgisches OVG v. 09.04.1997 - Bs IV 37/97.
[235] Hamburgisches OVG v. 29.03.1994 - Bs IV 51/94.
[236] BSG v. 18.03.2008 - 8/9b SO 11/06 R - SozR 4-3500 § 82 Nr. 4.
[237] BSG v. 20.9.2012 - B 8 SO 13/11 R - BSGE 112, 61 = SozR 4-3500 § 90 Nr. 5.
[238] BSG v. 18.03.2008 - 8/9b SO 11/06 R - SozR 4-3500 § 82 Nr. 4 Rn. 21 f.

Geldwerte nicht den nach dieser Vorschrift maßgeblichen Freibetrag übersteigen. Würde dagegen der Einsatz oder die Verwertung zu freibetragsüberschreitenden Barbeträgen oder Geldwerten führen, ist nicht das Kraftfahrzeug selbst geschont, sondern sind es nur die erlösten Barbeträge oder Geldwerte bis zum maßgeblichen Freibetrag.[239]

107 Die Verwertung eines teilweise **selbst bewohnten Hausgrundstücks** unangemessener Größe mit vermieteter Einliegerwohnung durch Verkauf begründet für sich genommen keine besondere Härte.[240] **Mieterträge**, die den Bedarf mindern, aus Teilen von Hausgrundstücken, die die Angemessenheitsgrenze überschreiten, sind im Rahmen der bei der Härtefallregelung stets erforderlichen Einzelfallprüfung zu berücksichtigen, jedoch mit den weiteren Umständen, z.B. einer erheblichen Überschreitung der Grenzen angemessener Größe, abzuwägen.[241]

c. Offensichtliche Unwirtschaftlichkeit der Verwertung

108 Ein Unterfall der Härte ist die **offensichtliche Unwirtschaftlichkeit der Verwertung** eines Vermögensgegenstandes, obwohl dieses Tatbestandsmerkmal anders als in § 12 Abs. 2 Satz 1 Nr. 6 SGB II in § 90 Abs. 3 SGB XII nicht ausdrücklich erwähnt wird. Es ist jedoch kein Grund erkennbar, wieso dieser Gesichtspunkt im Rahmen der Sozialhilfe völlig außer Betracht bleiben sollte.[242] Nach der insbesondere zum Verwertungsausschluss von **Lebensversicherungsverträgen** entwickelten **Rechtsprechung des BSG zur Alhi und zu § 12 Abs. 3 Satz 1 Nr. 6 SGB II** liegt eine offensichtliche Unwirtschaftlichkeit vor, wenn der mit der Verwertung zu erzielende Gegenwert in einem deutlichen Missverhältnis zum wirklichen Wert des Vermögensgegenstandes steht. Umgekehrt ist offensichtliche Unwirtschaftlichkeit der Vermögensverwertung nicht gegeben, wenn das Ergebnis der Verwertung vom wirklichen Wert nur geringfügig abweicht.[243] Hinsichtlich der Wirtschaftlichkeit der Verwertung ist auf das ökonomische Kalkül eines rational handelnden Marktteilnehmers abzustellen.[244] Es ist mithin zu ermitteln, welchen Verkehrswert der Vermögensgegenstand gegenwärtig auf dem Markt hat. Dieser gegenwärtige Verkaufspreis ist dem Substanzwert gegenüberzustellen,[245] der sich nicht notwendig aus dem Anschaffungswert ergibt.[246] Der Substanzwert ergibt sich bei einem **Lebensversicherungsvertrag** aus den eingezahlten Beiträgen und der Verkehrswert aus dem Rückkaufswert der Versicherung im Zeitpunkt der Antragstellung und unter Berücksichtigung wesentlicher Änderungen während des Leistungsbezugs, z.B. einer Beleihung. In diesem Falle sind die vor der Beleihung gezahlten Beiträge in dem Verhältnis gemindert anzusetzen, in dem die während des streitigen Zeitraums aufgenommene Beleihungssumme zu dem bei der Antragstellung festgestellten Rückkaufswert steht.[247]

109 **Maßstab** für die Bewertung der offensichtlichen Unwirtschaftlichkeit der Verwertung ist nach der Rechtsprechung des BSG zum SGB II die **Verlustquote**, die sich aus dem Vergleich zwischen dem Verkehrswert und dem Substanzwert ergibt.[248] Allerdings hat das BSG bisher **keine absolute Grenze** für die offensichtliche Unwirtschaftlichkeit der Verwertung einer Lebensversicherung festgelegt. Vielmehr lehnt es eine einzelfallunabhängige revisionsgerichtliche Bestimmung einer feststehenden unteren Verlustquote, ab der die Verwertung von Lebensversicherungen immer offensichtlich unwirtschaftlich ist, ausdrücklich ab.[249] Denn damit bliebe die Vielfalt möglicher Fallgestaltungen außen vor, deren Berücksichtigung bei der Rechtsanwendung der unbestimmte Rechtsbegriff der offensichtlichen

---

[239] BVerwG v. 19.12.1997 - 5 C 7/96 - BVerwGE 106, 105; a.A. OVG NRW v. 27.10.1992 - 24 A 655/92 - FEVS 43, 338; VGH München v. 23.11.1994 - 12 CE 94.2289 - BayVBl 1995, 663; OVG Saarland v. 06.03.1997 - 8 W 4/97.
[240] BSG v. 22.03.2012 - B 4 AS 99/11 R - SozR 4-4200 § 12 Nr. 18.
[241] BSG v. 22.03.2012 - B 4 AS 99/11 R - SozR 4-4200 § 12 Nr. 18 Rn. 30.
[242] BSG v. 18.03.2008 - B 8/9b SO 9/06 R - SozR 4-3500 § 90 Nr. 3; BSG v. 25.08.2011 - B 8 SO 19/10 R - juris Rn. 24.
[243] BSG v. 06.09.2007 - B 14/7b AS 66/06 R - BSGE 99, 77 = SozR 4-4200 § 12 Nr. 5 m.w.N.
[244] Zum Recht der Alhi vgl. *Spellbrink* in: Spellbrink/Eicher, Kasseler Handbuch des Arbeitsförderungsrechts, 2003, § 13 Rn. 208.
[245] BSG v. 06.09.2007 - B 14/7b AS 66/06 R - BSGE 99, 77 ff. = SozR 4-4200 § 12 Nr. 5; BSG v. 15.04.2008 - B 14/7b AS 68/06 R - juris Rn. 34 - SozR 4-4200 § 12 Nr. 8.
[246] BSG v. 23.05.2012 - B 14 AS 100/11 R - SozR 4-4200 § 12 Nr. 19 Rn. 23 ff.
[247] BSG v. 15.04.2008 - B 14/7b AS 68/06 R - SozR 4-4200 § 12 Nr. 8.
[248] BSG v. 20.02.2014 - B 14 AS 10/13 R - juris Rn. 36 m.w.N.
[249] BSG v. 20.02.2014 - B 14 AS 10/13 R - juris Rn. 43 in ausdrücklicher Abkehr von z.B. BSG v. 23.05.2012 - B 14 AS 100/11 R - SozR 4-4200 § 12 Nr. 19 Rn. 23, 25.

Unwirtschaftlichkeit dient. Zu den in einer Gesamtschau zu berücksichtigenden Umständen des Einzelfalls können nach Auffassung des BSG mit Blick auf die Verwertung von Lebensversicherungen neben der Verlustquote bei ihrer vorzeitigen Auflösung die konkreten Vertragsbedingungen der Versicherung (z.B. versicherte Risiken, Laufzeit, Leistungen vor und nach Ablauf, Prämien, Kündigungsfristen) und die konkrete Vertragssituation (z.B. bisherige Laufzeit und Ansparphase im Verhältnis zur Laufzeitvereinbarung, bereits in Anspruch genommene Leistungen vor Ablauf) ebenso gehören wie der Umstand, ob die Versicherung bereits beliehen ist. Die für die rechtliche Unterscheidung von wirtschaftlicher und unwirtschaftlicher Verwertung einer Versicherung im Einzelfall prägenden Umstände vollständig zu erfassen und in einer Gesamtschau zu bewerten, ist daher Aufgabe der Verwaltung wie der Instanzgerichte. Hierbei ist auch zu berücksichtigen, was bei der vorzeitigen Auflösung von Versicherungen an Verlusten im Wirtschafts- und Rechtsverkehr allgemein üblich ist.[250]

Der bisherigen Rechtsprechung des **BSG zum SGB II** lässt sich – vorbehaltlich der Besonderheiten des Sozialhilferechts (hierzu Rn. 111) – jedoch ein gewisser Orientierungsrahmen entnehmen: Danach soll die Grenze der offensichtlichen Unwirtschaftlichkeit jedenfalls dann noch nicht erreicht sein, wenn der Rückkaufwert um 12,9% hinter den eingezahlten Beiträgen zurückbleibt. Andererseits sollen bei einem Verlust von 18,5% Zweifel an der Wirtschaftlichkeit bestehen.[251] Eine offensichtliche Unwirtschaftlichkeit angenommen wurde bei Verlustquoten von 48,2%[252], 44,26%[253] und 42,7% bzw. 26,9%[254]. Demgegenüber hat das BSG bei frei handelbaren Vermögenswerten, die u.U. – wie z.B. eine **Münzsammlung** – einem erheblichen Affektsinteresse unterliegen können, anders als bei Vermögenswerten, bei denen es – wie z.B. bei Kapital-Lebensversicherungen, deren Erlöse nach den Vorgaben des Versicherungsvertragsgesetzes zu kalkulieren sind – bei normalem Verlauf eine feste Gewinnerwartung gibt, die Festlegung einer festen Grenze, ab der eine Verwertung unwirtschaftlich wäre, für nicht möglich gehalten.[255] In diesen Fällen stelle auch ein gegenüber dem Anschaffungswert um 22% reduzierter Verkaufserlös keinen wirtschaftlichen Ausverkauf dar.[256] 110

Mit Blick auf diese Rechtsprechung hat auch der für das **Sozialhilferecht** zuständige 8. Senat des BSG einen Härtefall bei einem Verlust von 11% durch die Verwertung einer Lebensversicherung abgelehnt. Dabei hat er offen gelassen, ob die in der Rechtsprechung des BSG zum Recht der Alhi und zum SGB II entwickelten Kriterien zu übernehmen sind, und betont, dass im Sozialhilferecht ein strengerer Maßstab beim Vermögenseinsatz als im SGB II anzulegen sei, weil – anders als dort – typisierend davon auszugehen sei, dass insbesondere der Personenkreis, der Leistungen nach den §§ 41 ff. SGB XII bezieht, angesichts fehlender Erwerbsmöglichkeiten im Alter und bei dauerhafter Erwerbsminderung nicht nur vorübergehend auf die Leistungen angewiesen ist und von ihm deshalb der Einsatz von Vermögen in gesteigertem Maß erwartet werden könne.[257] In der Tat können die in der Rechtsprechung des BSG zum Recht der Alhi und zum SGB II entwickelten Grundsätze nicht eins zu eins für die Sozialhilfe übernommen werden.[258] Denn zum einen fehlt in § 90 Abs. 3 SGB XII das als Anknüpfungspunkt der Rechtsprechung des Bundessozialgerichts zu § 12 Abs. 2 Satz 1 Nr. 6 SGB II dienende Merkmal der „offensichtlichen Unwirtschaftlichkeit". Zum anderen sollte bei Einführung des SGB XII die bisherige Regelung des § 88 BSHG im Wesentlichen inhaltsgleich in § 90 SGB XII übertragen werden[259], was auch als Anknüpfung an die bisherige Rechtsprechung verstanden werden kann. So hat das **BVerwG** eine **Härte i.S.d. § 88 Abs. 3 BSHG** auch für den Fall abgelehnt, dass der Rückkaufwert einer Kapitallebensversicherung um mehr als die Hälfte hinter den eingezahlten Beiträgen zurückbleibt,[260] worauf auch das BSG hinweist.[261] In Anbetracht des dem Gesetzgeber bei der Ausgestaltung 111

---

[250] BSG v. 20.02.2014 - B 14 AS 10/13 R - juris Rn. 43.
[251] BSG v. 06.09.2007 - B 14/7b AS 66/06 R - juris Rn. 20 - BSGE 99, 77 ff. = SozR 4-4200 § 12 Nr. 5; BSG v. 15.04.2008 - B 14/7b AS 68/06 R - juris Rn. 34 - SozR 4-4200 § 12 Nr. 8.
[252] BSG v. 06.09.2007 - B 14/7b AS 66/06 R - BSGE 99, 77 = SozR 4-4200 § 12 Nr. 5, Rn. 20, 23.
[253] BSG v. 20.02.2014 - B 14 AS 10/13 R - juris Rn. 37.
[254] BSG v. 15.04.2008 - B 14/7b AS 6/07 R - SozR 4-4200 § 12 Nr. 9 Rn. 20 ff.
[255] BSG v. 23.05.2012 - B 14 AS 100/11 R - SozR 4-4200 § 12 Nr. 19 Rn. 25.
[256] BSG v. 23.05.2012 - B 14 AS 100/11 R - SozR 4-4200 § 12 Nr. 19 Rn. 26.
[257] BSG v. 25.08.2011 - B 8 SO 19/10 R - juris Rn. 24.
[258] Bayrisches LSG v. 14.06.2005 - L 11 B 206/05 SO ER - FEVS 57, 69 ff.; LSG Baden-Württemberg v. 22.02.2008 - L 2 SO 233/08 ER-B - FEVS 59, 572 ff; a.A. Sächsisches LSG v. 16.04.2009 - L 3 SO 9/08.
[259] BT-Drs. 15/1514, S. 66 zu § 85 des Entwurfs.
[260] BVerwG v. 19.12.1997 - 5 C 7/96 - BVerwGE 106, 105 ff. m.w.N.
[261] BSG v. 25.08.2011 - B 8 SO 19/10 R - juris Rn. 24.

von Sozialleistungen zustehenden Gestaltungsspielraums begründet eine unterschiedliche Auslegung der Härteklauseln nach § 90 Abs. 3 SGB XII und § 12 Abs. 2 Satz 1 Nr. 6 SGB II auch keinen Verstoß gegen den allgemeinen Gleichheitssatz mit der Folge, dass die Rechtsprechung des BSG zur Schonung von Vermögen nach dem SGB II uneingeschränkt übertragen werden müsste,[262] zumal sich der Kreis der Leistungsberechtigten nach dem SGB II und nach dem SGB XII im Hinblick auf das Ziel der kurzfristigen Reintegration in den Arbeitsmarkt wesentlich unterscheidet. Deshalb dürfte die Grenze der Unwirtschaftlichkeit im Rahmen des SGB XII, insbesondere bei der Inanspruchnahme von Hilfe zum Lebensunterhalt nach dem Dritten Kapitel, enger zu ziehen sein als nach dem SGB II.[263] In der Gesamtschau der Umstände des Einzelfalls dürfte es insbesondere darauf ankommen, ob der Wertverlust durch die Verwertung unter Berücksichtigung der voraussichtlichen Dauer des Hilfebedarfs dem Hilfebedürftigen oder einer anderen zum Einsatz verpflichteten Person die Möglichkeit nimmt, sich zukünftig von Sozialhilfeleistungen unabhängig zu machen.[264]

2. Sonderregelung für Leistungen nach dem 5. bis 9. Kapitel (Absatz 3 Satz 2)

112 § 90 Abs. 3 Satz 2 SGB XII enthält eine Konkretisierung des Härtebegriffs speziell für **Leistungen nach dem Fünften bis Neunten Kapitel**, also bei Hilfen zur Gesundheit und Pflege, zur Überwindung besonderer sozialer Schwierigkeiten und in anderen Lebenslagen sowie der Eingliederungshilfe für behinderte Menschen. Bei diesen Leistungen soll der Einsatz oder die Verwertung von Vermögen insbesondere dann eine Härte darstellen, wenn eine angemessene Lebensführung oder die Aufrechterhaltung einer angemessenen Alterssicherung wesentlich erschwert würde. Hierdurch wird kein vom allgemeinen Härtebegriff des § 90 Abs. 3 Satz 1 SGB XII (vgl. hierzu Rn. 94) abweichender Begriff der Härte definiert, zumal die in Satz 2 genannten Gesichtspunkte auch im Rahmen des Satzes 1 zu berücksichtigen sind[265]. Dementsprechend muss auch bei Leistungen nach dem Fünften bis Neunten Kapitel grundsätzlich eine außergewöhnliche Fallgestaltung vorliegen, die von § 90 Abs. 2 Nr. 1-9 SGB XII nicht erfasst wird, den dort genannten Fallgruppen aber nach den daraus abzuleitenden Wertungen und Zielen gleichzusetzen ist (vgl. Rn. 95), damit eine Härte angenommen werden kann. Allerdings kann der besonderen Erwähnung der Fallgruppen des Satzes 2 entnommen werden, dass diese regelhaft den Härtetatbestand erfüllen sollen, es also bei Leistungen nach dem Fünften und Neunten Kapitel in geringerem Maße als bei Leistungen nach dem Dritten und Vierten Kapitel auf eine Gesamtschau aller Umstände (vgl. hierzu Rn. 97) ankommt. Ist der Tatbestand des Satzes 2 erfüllt, kann eine Härte daher nur ausnahmsweise abgelehnt werden.[266]

113 **Die beiden Fallgruppen** des § 90 Abs. 3 Satz 2 SGB XII **sind gleichwertig** nebeneinandergestellt, da nach dieser Vorschrift eine Härte sowohl dann vorliegt, wenn das Vermögen zu einer angemessenen Lebensführung, als auch dann, wenn es zur Aufrechterhaltung einer angemessenen Alterssicherung benötigt wird. Daraus kann jedoch nicht mit dem BVerwG[267] geschlossen werden, die nachfragende Person könne, wenn Sozialhilfe voraussichtlich auf Dauer gewährt werden muss, die Verschonung eines Vermögens zur Alterssicherung nicht verlangen, wenn sie es ohne die Sozialhilfe zur Aufrechterhaltung ihres Lebensunterhaltes benötigen würde, etwa weil die nachfragende Person wegen der Art ihres Leidens bereits aktuell zur Bestreitung des Lebensunterhaltes und später zur Aufrechterhaltung auf die Sozialhilfe angewiesen ist. Vielmehr signalisiert die Verbindung beider Tatbestände mit „oder", dass bereits die Erfüllung eines Tatbestandes ausreicht, um regelmäßig eine Härte anzunehmen. Es ist gerade Zweck des § 90 Abs. 3 Satz 2 SGB XII, die Gewährung von Sozialhilfeleistungen zu ermöglichen, wenn andernfalls verwertbares, zur Aufrechterhaltung einer angemessenen Alterssicherung bestimmtes Vermögen sofort zur Deckung des aktuellen Bedarfs verbraucht werden müsste.

114 Im Ergebnis ist jedoch mit dem BVerwG[268] ein **Ausschluss der Härte bei dauerhaftem Hilfebedarf** anzunehmen, soweit die Härte auf die Bestimmung des Vermögens zur Alterssicherung gestützt wer-

---

[262] Noch zu Alhi/BSHG BVerwG v. 13.05.2004 - 5 C 3/03 - BVerwGE 121, 34 ff.
[263] LSG Sachsen-Anhalt v. 12.08.2009 - L 8 B 4/07 SO.
[264] Vgl. BSG v. 25.08.2011 - B 8 SO 19/10 R - juris Rn. 23.
[265] BVerwG v. 13.05.2004 - 5 C 3/03 - juris Rn. 15 - BVerwGE 121, 34; BVerwG v. 17.10.1974 - V C 50.73 - BVerwGE 47, 103; *Geiger* in: LPK-SGB XII, 9. Aufl., § 90 Rn. 72; *Lücking* in: Hauck/Noftz, SGB XII, § 90 Rn. 108.
[266] Im Ergebnis ebenso *Geiger* in: LPK-SGB XII, 9. Aufl., § 90 Rn. 89.
[267] BVerwG v. 21.10.1970 - V C 33.70 - juris Rn. 20 - FEVS 18, 1; dem folgend *Geiger* in: LPK-SGB XII, 9. Aufl., § 90 Rn. 92; *Lücking* in: Hauck/Noftz, SGB XII, § 90 Rn. 108.
[268] BVerwG v. 21.10.1970 - V C 33.70 - FEVS 18, 1.

den soll. Dies folgt aus der Zweckbezogenheit der Härtevorschrift des § 90 Abs. 3 SGB XII, durch die dem Sozialhilfeempfänger (und seinen Angehörigen) ein gewisser Spielraum wirtschaftlicher Bewegungsfreiheit belassen werden soll, um ihn in seinem Bestreben zu unterstützen, sich von der Sozialhilfe unabhängig zu machen. Würde dieser Zweck auch bei Verschonen des zur Alterssicherung bestimmten Vermögens verfehlt, kann keine Härte angenommen werden, sofern – beispielsweise wegen der Art eines Leidens – hinreichend gesichert ist, dass die nachfragende Person niemals wieder in der Lage sein wird, unabhängig von Sozialhilfe zu leben. In diesem Fall ist nämlich regelmäßig kein schützenswertes Interesse der nachfragenden Person erkennbar, ihr Vermögen nicht sofort, sondern erst zu einem späteren Zeitpunkt zum Decken seines Bedarfs einzusetzen.

Eine **angemessene Lebensführung** wird wesentlich erschwert, wenn ein Vermögensbestandteil für den Hilfesuchenden, die nach § 19 Abs. 3 SGB XII Einsatzverpflichteten oder deren unterhaltsberechtigte Angehörige notwendig ist, um einen auch nach sozialhilferechtlichen Maßstäben billigenswerten, bereits vor der Hilfebedürftigkeit bestehenden[269] Lebensstandard aufrechtzuerhalten. Dies setzt in der Regel voraus, dass das Vermögen geeignet ist, die angemessene Lebensführung auf längere Dauer zu sichern[270]. So wurde eine Härte bei dem Verlangen angenommen, ein behindertengerecht umgebautes Kraftfahrzeug zu verwerten, das die nachfragende Person bisher für ihre Teilnahme am Leben in der Gemeinschaft sowie für häufige Arztbesuche und Therapien einsetzte.[271] Ferner wurde eine Härte angenommen bei einem Verlangen nach der Verwertung von Vermögen, das zur Ausstattung der notwendigen ersten eigenen Wohnung benötigt wurde.[272] Ebenfalls eine Härte darstellen dürfte die Verwertung von Vermögen, aus dessen Erträgen der Lebensunterhalt außerhalb einer erkennbar kurzfristigen Sozialhilfebedürftigkeit wesentlich bestritten wird.[273] In einer älteren Entscheidung hat das BVerwG die Forderung nach der weitergehenden Verwertung eines landwirtschaftlichen Grundstücks als Härte angesehen, obwohl die daraus erzielte, die wirtschaftliche Belastbarkeit ausschöpfende Pacht gemeinsam mit dem weiteren Einkommen der nachfragenden Person deren sozialhilferechtlichen Bedarf dauerhaft nicht deckte. Jedoch wurde ein unangemessener Nachteil in dem bei einem Verkauf drohenden Wegfall der familienhaften Hilfe durch die den Hof bewirtschaftenden Kinder gesehen, zumal nach dem Verbrauch der aus der Verwertung erzielten Mittel der Umfang des Hilfebedarfs nochmals erhöht wäre.[274] 115

Die **Aufrechterhaltung einer angemessenen Altersversorgung** wird vor allem dann wesentlich erschwert, wenn aus den Vermögensgegenständen die spätere Altersversorgung des Hilfesuchenden, der nach § 19 Abs. 3 SGB XII Einsatzverpflichteten oder deren unterhaltsberechtigten Angehörigen sichergestellt werden soll und wenn im Falle ihres Einsatzes die allgemeine Lebensführung im Alter gefährdet wird.[275] Auch dabei kann sich die Härte aus den konkreten Umständen eines voraussichtlich vorübergehenden Hilfebedarfs ergeben. So kann z.B. das Verlangen des Sozialamts nach vorrangigem Einsatz einer zur Altersvorsorge bestimmten Lebensversicherung im Fall einer ledigen, alleinerziehenden Mutter, die nach der Geburt eines Kindes Erziehungsurlaub bzw. Elternzeit in Anspruch nimmt und während dieser Zeit sozialhilfebedürftig wird, eine Härte darstellen.[276] Bei der Feststellung einer Härte ist insbesondere das Bestehen einer Versorgungslücke in der Gesetzlichen Rentenversicherung durch Selbständigkeit oder Krankheit zu berücksichtigen, ferner die Aussichten, diese zukünftig durch noch zu erwerbende Ansprüche aus der Gesetzlichen Rentenversicherung zu schließen. Dabei können auch Behinderungen und die persönliche Ausbildung der nachfragenden Person eine Rolle spielen.[277] 116

Im Gegensatz zu § 12 Abs. 2 Satz 1 Nr. 3 SGB II, nach dessen Wortlaut nur „geldwerte Ansprüche" geschützt sein können, verlangt § 90 Abs. 3 Satz 2 SGB XII keine bestimmte **Form der Altersvorsorge**. Deshalb kann Vermögen z.B. in Form von Lebens- oder Rentenversicherungen, Spargutthaben, 117

---

[269] Hierzu OVG Brandenburg v. 19.06.2003 - 4 A 4/02 - juris Rn. 45 - FEVS 55, 156.
[270] OVG Lüneburg v. 02.03.1977 - IV A 1/74 - FEVS 25, 452.
[271] OVG Nordrhein-Westfalen v. 30.09.1997 - 24 A 2749/94; vgl. auch Bayerischer VGH v. 02.12.1983 - 12 B 83 A.618 - FEVS 33, 403.
[272] OVG Brandenburg v. 19.06.2003 - 4 A 4/02 - FEVS 55, 156.
[273] Geiger in: LPK-SGB XII, 9. Aufl., § 90 Rn. 90 unter Hinweis auf Empfehlungen des Deutschen Vereins, NDV 1971, 20, 80.
[274] BVerwG v. 11.09.1968 - V C 144.67 - FEVS 16, 81.
[275] Geiger in: LPK-SGB XII, 9. Aufl., § 90 Rn. 90 unter Hinweis auf Empfehlungen des Deutschen Vereins, NDV 1971, 20, 81 f.
[276] OVG Bremen v. 10.09.2003 - 2 A 131/02 - FEVS 55, 407.
[277] BSG v. 07.05.2007 - B 14 AS 35/08 R.

Wertpapieren, Aktien oder auch Immobilien[278] geschützt sein. Eine Lebensversicherung zur Bestattungsvorsorge jedoch fällt nicht unter den Verwertungsschutz des § 90 Abs. 3 Satz 2 SGB XII, denn sie trifft erst für die Zeit nach dem Tode Vorsorge und dient so weder zur angemessenen Lebensführung noch zur Aufrechterhaltung einer angemessenen Alterssicherung.[279]

118 Nicht abschließend geklärt ist, welche **Anforderungen an die Sicherheit der Zweckbestimmung** zu stellen sind. Zu weit geht die Forderung, der Schutz der Härtevorschrift solle nur denjenigen zuteilwerden, die ihr Vermögen auch nachweisbar für den Zweck der Alterssicherung verwenden,[280] da in der Regel eine Prognoseentscheidung zu treffen ist, die eine Beobachtung des tatsächlichen Verhaltens im Alter nicht zulässt. Zuzustimmen ist der Aussage, dass bloße Absichten oder unverbindliche Erwägungen nicht ohne weiteres zur Herausnahme eines Teils des zu verwertenden Vermögens führen können.[281] So dürfte es in der Tat mit der Gesetzessystematik nicht vereinbar sein, Lebensversicherungsverträge, die auf das 60. Lebensjahr bezogen sind, generell als geschütztes Altersvorsorgevermögen anzusehen. Liegt bei einer Lebensversicherung freie Verfügbarkeit vor und ist eine Zweckbestimmung nicht nachgewiesen, so kommt kein Vermögensschutz unter dem Gesichtspunkt der Alterssicherung in Betracht.[282] Eine dem Einzelfall angemessene differenzierende Betrachtung ermöglicht hier die Anlehnung an die **Rechtsprechung des BSG zur Arbeitslosenhilfe**:[283] Danach muss ein Vermögensbestandteil **subjektiv** durch den Hilfesuchenden **zur Altersvorsorge bestimmt** sein. Ob dies der Fall ist, ist im Rahmen der Beweiswürdigung anhand der **objektiven** Begleitumstände zu bestimmen. Zur Altersvorsorge bestimmt ist nur Vermögen, das die nachfragende Person nach (nicht vor) Eintritt in den Ruhestand zum Bestreiten des Lebensunterhalts (also nicht für Luxusausgaben) verwenden will.[284] Eine solche Zweckbestimmung kann auch anerkannt werden, wenn ein Vermögen zur Altersvorsorge durch wiederholte Anlage mit kürzeren Laufzeiten stufenweise aufgebaut werden soll.[285] Allerdings werden in einem solchen Fall sehr hohe Anforderungen an die weiteren Begleitumstände zu stellen sein, damit eine subjektive Bestimmung zur Altersvorsorge als bewiesen angesehen werden kann. So muss aus den gesamten objektivierbaren Umständen der „Alterssicherungswille" erkennbar sein. Insoweit stehen bestimmte Anlageformen oder Verwendungswesen von vornherein dem behaupteten subjektiven Zweck näher als andere. Verwendet etwa ein Hilfesuchender sein Vermögen zu spekulativen Geschäften für jeweils kurze Anlagezeiträume, so kann die Behauptung, er wolle hiermit eine angemessene Alterssicherung aufrechterhalten, weniger glaubhaft sein als bei anderen Anlageformen, die – wie etwa eine Kapitallebensversicherung, langfristige Spareinlagen u.Ä. – auf eine Verwertung im Alter zugeschnitten sind.[286]

119 Bereits aus dem Vorstehenden folgt, dass für den Nachweis der Bestimmung zur Altersvorsorge kein fester **Zeitpunkt der Fälligkeit** einer Anlage verlangt werden kann. Allerdings entspricht es dem Zweck des § 90 Abs. 3 Satz 2 SGB XII, dass Altersvorsorgevermögen erst beim tatsächlichen Eintritt in den Ruhestand zum Bestreiten des Lebensunterhalts zur Verfügung stehen soll. Angesichts der subjektiven Unvorhersehbarkeit des Eintritts in den Ruhestand z.B. aus gesundheitlichen Gründen sollte es jedoch ausreichen, wenn die zur Altersvorsorge bestimmte Anlage zu einem dem Ruhestandsalter nahen Zeitpunkt zur Auszahlung gelangt.[287] Jedenfalls ist nicht zu verlangen, dass die Anlage frühestens mit Beginn der Regelaltersrente verfügbar wird. Eine solche Einschränkung auf das regelmäßige Rentenalter stünde im Widerspruch zu der nach den §§ 36, 37, 236 ff. SGB VI für langjährig Versicherte und schwerbehinderte Menschen sowie für Erwerbsgeminderte nach § 43 SGB VI weiterhin gegebenen Möglichkeit einer Inanspruchnahme von Renten vor Vollendung der für sie maßgeblichen Al-

---

[278] Hierzu im Rahmen der Alhi BSG v. 25.03.1999 - B 7 AL 28/98 R - BSGE 84, 48 = SozR 3–4220 § 6 Nr. 7.
[279] LSG Hamburg v. 17.07.2007 - L 5 B 246/07 ER SO - ZFSH/SGB 2008, 684; vgl. aber Rn. 104.
[280] BVerwG v. 21.10.1970 - V C 33.70 - FEVS 18, 1.
[281] BVerwG v. 21.10.1970 - V C 33.70 - FEVS 18, 1.
[282] LSG Nordrhein-Westfalen v. 21.01.2008 - L 20 SO 91/06, Revision anhängig unter B 8 SO 3/09 R.
[283] BSG v. 22.10.1998 - B 7 AL 118/97 R - BSGE 83, 88, 91 = SozR 3-4220 § 6 Nr. 6 m.w.N.; BSG v. 17.03.2005 - B 7a/7 AL 68/04 R - SozR 4-4300 § 193 Nr. 5; ausführlich *Spellbrink*, ZfS 2000, 193, 196 ff.; ebenso Hessisches LSG v. 29.07.2008 - L 7 SO 133/07 ER.
[284] Zur Alhi BSG v. 17.10.1996 - 7 RAr 2/96 - SozR 3-4100 § 137 Nr. 7.
[285] Zur Alhi BSG v. 17.10.1996 - 7 RAr 2/96 - SozR 3-4100 § 137 Nr. 7; BSG v. 29.01.1997 - 11 RAr 21/96 - SozR 3-4220 § 6 Nr. 4.
[286] Zur Alhi BSG v. 25.03.1999 - B 7 AL 28/98 R - BSGE 84, 48 = SozR 3–4220 § 6 Nr. 7.
[287] Zur Alhi BSG v. 19.06.1996 - 7 RAr 116/95 - SozR 3-4100 § 137 Nr. 6; BSG v. 17.10.1996 - 7 RAr 2/96 - SozR 3-4100 § 137 Nr. 7.

tersgrenze für eine Regelaltersrente (Vollendung des 65. bis 67. Lebensjahres, vgl. die §§ 35, 235 SGB VI). Diese Personen sind ebenso auf die Früchte ihrer privaten Vorsorge angewiesen wie Regelaltersrentner. Daher wird regelmäßig ein Anlageziel mit **Vollendung des 60. Lebensjahres** ausreichend sein,[288] denn dies ist der früheste Zeitpunkt für einen Anspruch auf eine Altersrente. Systematisch spricht hierfür auch die partielle Zweckidentität des § 90 Abs. 3 Satz 2 SGB XII mit § 90 Abs. 2 Nr. 2 SGB XII, denn ein hiernach privilegierter Altersvorsorgevertrag liegt auch dann vor, wenn dessen Leistungen bereits mit 60 Jahren in Anspruch genommen werden können (§ 1 Abs. 1 Satz 1 Nr. 2 Altersvorsorgeverträge-Zertifizierungsgesetz). Desgleichen gilt die Grenze der Vollendung des 60. Lebensjahres als frühestmöglicher Bezugszeitpunkt einer Rürup- oder Basis-Rente i.S. des § 10 Abs. 1 Nr. 2 lit. b EStG. Daneben kann im Einzelfall auch ein früherer Zeitpunkt genügen, soweit für bestimmte Berufsgruppen – wie z.B. Piloten – ein niedrigeres Ruhestandsalter vorgesehen ist.

Aus der Formulierung „zur Aufrechterhaltung" einer Alterssicherung hat das BSG zur Arbeitslosenhilfe gefolgert, dass die Zweckbestimmung bereits vor der Arbeitslosmeldung vorgelegen haben muss.[289] Auf den **Zeitpunkt** des Eintritts des Hilfefalls ist auch im Rahmen des § 90 Abs. 3 Satz 2 SGB XII abzustellen. Eine spätere „Bestimmung zur Altersvorsorge" würde dem Subsidiaritätsprinzip (§ 2 Abs. 1 SGB XII) widersprechen, wonach die nachfragende Person vorhandene Mittel zunächst zur Beendigung oder Verringerung der gegenwärtigen Hilfebedürftigkeit einzusetzen hat. Soweit § 90 Abs. 3 Satz 2 SGB XII eine Ausnahme hiervon zulässt, geschieht dies nur im Hinblick auf eine bereits bei der erstmaligen Prüfung der Hilfebedürftigkeit vorliegende Zweckbestimmung. Hiervon ist auch im Hinblick auf sog. **Rürup- oder Basis-Renten** i.S. des § 10 Abs. 1 Nr. 2 lit. b EStG keine Ausnahme zuzulassen.[290] Zwar kann nach § 167 VVG (bis zum 31.12.2007 § 165 Abs. 3 VVG) der Versicherungsnehmer einer Lebensversicherung jederzeit für den Schluss der laufenden Versicherungsperiode die Umwandlung der Versicherung in eine Versicherung verlangen, die den Anforderungen des § 851c Abs. 1 ZPO entspricht, wodurch u.a. die Verwertbarkeit dieser Versicherung im Regelfall bis zur Vollendung des 60. Lebensjahres ausgeschlossen wird. Durch diesen nachträglichen Verwertungsausschluss wird jedoch keine Altersversorgung i.S.d. § 90 Abs. 3 Satz 2 SGB XII aufrechterhalten, sondern erstmalig geschaffen. Anderes kann nur gelten, wenn der fragliche Lebensversicherungsvertrag bereits vor der Umwandlung auch nach den objektiven Begleitumständen glaubhaft zur Alterssicherung bestimmt war. Andererseits ist es nicht erforderlich, dass die nachfragende Person von der Möglichkeit zur Umwandlung des Vertrags Gebrauch macht, soweit sich die Bestimmung zur Altersvorsorge bereits aus anderen Umständen ergibt.[291]

120

Für die Frage, wie ein **angemessenes Altersvorsorgevermögen** zu bestimmen ist, ist zunächst auf den Zweck der Härteregelung zu verweisen: Dem Hilfeempfänger soll eine gewisse wirtschaftliche Bewegungsfreiheit erhalten bleiben, auch um ihm die Möglichkeit zu belassen, sich von der Sozialhilfe unabhängig zu machen. Gleichzeitig soll verhindert werden, dass die – im Idealfall lediglich vorübergehende – Sozialhilfe zu einer nachhaltigen sozialen Herabstufung führt (vgl. Rn. 94 f.). Es soll ihm also die Möglichkeit zu einem Leben unabhängig von der Sozialhilfe erhalten bleiben. Als „angemessen" i.d.S. muss daher ein Alterseinkommen gelten, das es dem Hilfesuchenden ermöglicht, seinen Ruhestand unabhängig von Leistungen der Sozialhilfe zu verleben. Eine Obergrenze ist jedoch aus dem Nachrang der Sozialhilfe (§ 2 Abs. 1 SGB XII) abzuleiten, wonach die nachfragende Person zunächst ihr eigenes Vermögen einzusetzen hat, bevor sie Hilfe in Anspruch nehmen kann. Als angemessen kann daher nur eine Altersvorsorge gelten, die dem Hilfesuchenden im Ruhestand einen Lebensstandard nicht wesentlich über der Sozialhilfebedürftigkeit ermöglicht. Einen Anhaltspunkt zur Bestimmung eines solchen Vermögens liefert der Gesetzgeber mit § 851c Abs. 2 ZPO, der den Pfändungsschutz der Altersvorsorge Selbständiger regelt. Danach kann dieser nach seinem Lebensalter gestaffelt jährlich einen bestimmten Betrag unpfändbar auf eine zur Altersvorsorge unwiderruflich festgelegte Lebensversicherung bis zu einer Gesamtsumme von 238.000 € ansammeln. Der Schuldner darf danach vom 18. bis zum vollendeten 29. Lebensjahr 2.000 €, vom 30. bis zum vollendeten 39. Lebensjahr 4.000 €, vom 40. bis zum vollendeten 47. Lebensjahr 4.500 €, vom 48. bis zum vollendeten 53. Lebensjahr 6.000 €, vom 54. bis zum vollendeten 59. Lebensjahr 8.000 € und vom 60. bis zum vollendeten 65. Lebensjahr 9.000 € jährlich ansammeln. Die hiernach zu errechnenden Summen ergeben einen

121

---

[288] Zur AlhiV 2002 BSG v. 17.03.2005 - B 7a/7 AL 68/04 R - juris Rn. 18 - SozR 4-4300 § 193 Nr. 5.
[289] BSG v. 25.03.1999 - B 7 AL 28/98 R - BSGE 84, 48 = SozR 3-4220 § 6 Nr. 7.
[290] Vgl. zu § 12 Abs. 3 Satz 1 Nr. 3 SGB II BSG v. 31.10.2007 - B 14/11b AS 63/06 R - SozR 4-1200 § 14 Nr. 10; BSG v. 15.04.2008 - B 14 AS 27/07 R.
[291] BSG v. 07.05.2007 - B 14 AS 35/08 R.

nach dem Lebensalter gestaffelten Freibetrag. Hierdurch sollte laut Entwurfsbegründung nur das Vorsorgekapital unpfändbar gestellt werden, das als notwendig angesehen wurde, um im Versicherungsfall eine zur Existenzsicherung erforderliche Rente zu erlangen, d.h. eine Rente in Höhe der jeweiligen Pfändungsfreigrenze.[292] Dies entspricht gegenwärtig einem monatlichen Einkommen von 930 € (§ 850c Abs. 1 Satz 1 ZPO). Gleichzeitig wird berücksichtigt, dass bei einer Hilfebedürftigkeit in jungen Jahren in der Regel noch die Möglichkeit besteht, weitere Altersversorgungsansprüche zu erwerben, während in späteren Jahren die Ansammlung von Ansprüchen bereits weitgehend abgeschlossen ist. Auf die Ansprüche aus diesem Vermögen sind jedoch Ansprüche aus anderen Quellen, z.B. gegenüber der Gesetzlichen Rentenversicherung, anzurechnen. Daher kommt der Verwertungsschutz eines Vermögens in der genannten Höhe nur bei einem Hilfesuchenden kurz vor Eintritt in den Ruhestand ohne jegliche weitere Ansprüche auf Altersversorgung in Betracht. Demgegenüber führt die vom BSG[293] für die Arbeitslosenhilfe entwickelte Orientierung an der gesetzlichen Standardrente im Rahmen der Sozialhilfe aufgrund des hier stärker ausgeprägten Subsidiaritätsgedankens zu großzügigen Ergebnissen.

122 Festzuhalten ist an der Rechtsprechung des BVerwG, wonach die Verwertung eines zur Alterssicherung bestimmten Vermögens nur dann eine besondere Härte im Sinne des § 90 Abs. 3 SGB XII darstellt, wenn den konkreten Umständen nach zu erwarten ist, dass der Hilfeempfänger aufgrund des fraglichen Vermögens, ggf. in Verbindung mit Renten- oder anderen Ansprüchen, in der Lage sein wird, ein Leben unabhängig von Sozialhilfe zu führen.[294] Steht bereits im Zeitpunkt der Vermögensprüfung fest, dass ein solches Sicherungsniveau auch künftig nicht erreicht wird, so wird auch bei einer Freistellung der Schutzzweck des § 90 Abs. 3 SGB XII verfehlt, da hierdurch kein höheres Maß an wirtschaftlicher Bewegungsfreiheit im Alter erzielt wird. Ein anerkennenswertes Interesse des Hilfesuchenden, sein Vermögen erst im Alter und nicht für den aktuellen Lebensunterhalt zu verwenden, wird regelmäßig nicht bestehen. Hingegen kann auch aus der Formulierung „Aufrechterhaltung einer angemessenen Alterssicherung" nicht geschlossen werden, dass der Aufbau einer auskömmlichen Alterssicherung im Prüfungszeitpunkt bereits abgeschlossen sein muss. Vielmehr zeigen die Freistellung sogar der Beiträge zu einem „Riester"-Vertrag nach § 82 Abs. 2 Nr. 3 SGB XII wie auch die nach dem Lebensalter gestaffelten Pfändungsfreigrenzen des § 851c ZPO, dass eine Alterssicherung nach der zutreffenden Vorstellung des Gesetzgebers im Verlauf des Erwerbslebens erst allmählich aufgebaut wird und bereits während des Aufbaus einem besonderen Schutz unterliegen soll.

---

[292] BT-Drs. 16/886, S. 8.
[293] BSG v. 22.10.1998 - B 7 AL 118/97 R - BSGE 83, 88 = SozR 3-4220 § 6 Nr. 6.
[294] BVerwG v. 21.10.1970 - V C 33.70 - FEVS 18, 1; BVerwG v. 14.06.1972 - V C 74.71 - FEVS 19, 441; a.A. wohl *Geiger* in: LPK-SGB XII, 9. Aufl., § 90 Rn. 90.

§ 91 SGB XII Darlehen

(Fassung vom 27.12.2003, gültig ab 01.01.2005)

¹Soweit nach § 90 für den Bedarf der nachfragenden Person Vermögen einzusetzen ist, jedoch der sofortige Verbrauch oder die sofortige Verwertung des Vermögens nicht möglich ist oder für die, die es einzusetzen hat, eine Härte bedeuten würde, soll die Sozialhilfe als Darlehen geleistet werden. ²Die Leistungserbringung kann davon abhängig gemacht werden, dass der Anspruch auf Rückzahlung dinglich oder in anderer Weise gesichert wird.

Gliederung

A. Basisinformationen 1	1. Verwertbares Vermögen 10
I. Textgeschichte und Gesetzgebungsmaterialien 1	2. Unmöglichkeit sofortiger Verwertung oder sofortigen Verbrauchs 13
II. Parallelvorschriften 3	
B. Auslegung der Norm 4	3. Härte der sofortigen Verwertung oder des sofortigen Verbrauchs 16
I. Regelungsgehalt und Bedeutung 4	
II. Normzweck 5	V. Gewährung und Ausgestaltung des Darlehens 19
III. Abgrenzungen 7	
IV. Voraussetzungen der darlehensweisen Gewährung 10	VI. Sicherung des Darlehens 29
	VII. Verfahren 33

A. Basisinformationen

I. Textgeschichte und Gesetzgebungsmaterialien

Die Vorschrift basiert auf **Art. 1 § 86 des Entwurfs eines Gesetzes zur Einordnung des Sozialhilferechts** in das Sozialgesetzbuch der Fraktionen SPD und Bündnis 90/Die Grünen vom 05.09.2003[1]. Während des Gesetzgebungsverfahrens erfolgte lediglich eine redaktionelle Anpassung an die veränderte Zählung der Paragraphen des Gesetzes. Am 30.12.2003 wurde die Norm als Art. 1 § 91 des Gesetzes zur Einordnung des Sozialhilferechts in das Sozialgesetzbuch v. 27.12.2003 verkündet[2] und ist zum 01.01.2005 in Kraft getreten. Seither ist sie **nicht geändert** worden.

Die **Begründung zum Entwurf** eines Gesetzes zur Einordnung des Sozialhilferechts in das Sozialgesetzbuch[3] lautet: „Die Vorschrift überträgt inhaltsgleich den bisherigen § 89 des Bundessozialhilfegesetzes."

II. Parallelvorschriften

§ 91 SGB XII entspricht inhaltsgleich seiner Vorgängervorschrift **§ 89 BSHG**. Abweichungen im Wortlaut (nachfragende Person statt Hilfesuchender, Leistungserbringung statt Gewährung) sind dem veränderten Sprachgebrauch des SGB XII geschuldet. Eine Parallelvorschrift im **SGB II** fand sich zunächst in § 9 Abs. 4 SGB II, wonach der Kreis der Hilfebedürftigen nach dem SGB II auch auf diejenigen erweitert wurde, die vorhandenes einsatzpflichtiges Vermögen aus rechtlichen oder tatsächlichen Gründen vorübergehend nicht verwerten konnten oder für die eine sofortige Verwertung eine besondere Härte bedeutet hätte. Für diesen Fall wurde die Leistungserbringung als Darlehen angeordnet.[4] Mit Wirkung zum 01.04.2006 wurde die Anordnung der Darlehensgewährung inhaltsgleich, aber systematisch stimmiger in § 23 Abs. 5 SGB II verschoben.[5] Seit 01.01.2011 findet sie sich in **§ 24 Abs. 5 SGB II**.[6] Der Wortlaut des § 24 Abs. 5 SGB II orientiert sich deutlich an § 91 SGB XII. Allerdings verlangt § 24 Abs. 5 SGB II (bis zum 31.12.2010: § 23 Abs. 5 SGB II) im Tatbestand eine „besondere

---

1. BT-Drs. 15/1514, S. 25.
2. BGBl I 2003, 3022, 3041.
3. BT-Drs. 15/1514, S. 66 zu § 85.
4. Entwurfsbegründung: BT-Drs. 15/1516, S. 53 f.
5. Art. 1 Nr. 3 lit. b des Gesetzes zur Änderung des Zweiten Buches Sozialgesetzbuch und anderer Gesetze, BGBl I 2006, 558; zur Begründung: Bericht des Ausschusses für Arbeit und Soziales, BT-Drs. 16/688, S. 14.
6. Art. 2 Nr. 31 des Gesetzes zur Ermittlung von Regelbedarfen und zur Änderung des Zweiten und Zwölften Buches Sozialgesetzbuch v. 24.03.2011, BGBl I 2011, 453.

Härte", während in § 91 Satz 1 SGB XII nur von einer „Härte" die Rede ist (vgl. hierzu Rn. 17). Auf der Rechtsfolgenseite ist bei Vorliegen der im Übrigen beiden Vorschriften gemeinsamen Voraussetzungen die Leistungserbringung als Darlehen nach § 24 Abs. 5 SGB II zwingend („sind"), während § 91 SGB XII dem Sozialhilfeträger in atypischen Fällen die Möglichkeit der Leistungserbringung ohne Rückzahlungsverpflichtung belässt („soll"). Eine Rechtfertigung dieses Unterschieds ist weder aus dem Charakter der SGB-II-Leistung als vorübergehende Leistung noch aus dem Ziel der Wiedereingliederung erwerbsfähiger Leistungsempfänger in das Erwerbsleben herzuleiten. Zur Vermeidung ungerechtfertigt divergierender Ergebnisse in beiden Sicherungssystemen sollte der SGB-II-Träger in Fällen, die geeignet erscheinen, nach § 91 SGB XII einen atypischen Fall zu begründen, einen Verzicht auf die Rückforderung der dann nur nominell als Darlehen gewährten Leistung prüfen, wie dies für Ausnahmekonstellationen auch im Rahmen des § 21 Abs. 1 SGB II diskutiert wird.[7]

B. Auslegung der Norm

I. Regelungsgehalt und Bedeutung

4   **§ 91 SGB XII regelt**, wie in Fällen zu verfahren ist, in denen zwar verwertbares Vermögen vorhanden ist, das grundsätzlich vor dem Einsetzen der Sozialhilfe vorrangig einzusetzen ist, dieses Vermögen aber aus tatsächlichen oder rechtlichen Gründen oder unter dem Gesichtspunkt einer besonderen Härte nicht sofort zur Deckung des Hilfebedarfs zur Verfügung steht. Für diesen Fall wird als Regelfall („soll"-Ermessen) die Erbringung von Sozialhilfe in Form eines Darlehens angeordnet. Dabei wird es in das pflichtgemäße Ermessen der Verwaltung gestellt, ob sie die Leistungserbringung von einer Sicherung des Rückzahlungsanspruchs abhängig macht. Die Sicherung kann in dinglicher oder anderer Weise verlangt werden und erfolgen.

II. Normzweck

5   § 91 Satz 1 SGB XII stellt einerseits klar, dass Leistungen der Sozialhilfe auch dann zu erbringen sind, wenn grundsätzlich verwertbares und damit vorrangig einzusetzendes Vermögen vorhanden ist, dieses aber nicht tagegleich („sofortiger Verbrauch") für den zu deckenden aktuellen Bedarf[8] zur Verfügung steht, weil es aus tatsächlichen oder rechtlichen Gründen oder unter dem Gesichtspunkt einer Härte nicht sofort verwertet werden kann. Andererseits ermöglicht § 91 SGB XII durch die Anordnung einer Leistungsgewährung mittels Darlehens, also einer rückzahlungspflichtigen Leistungsgewährung, den Zugriff auf Vermögen, das ggf. erst nach Beendigung des Sozialhilfebezugs verwertet werden kann und deshalb grundsätzlich berücksichtigungsfrei[9] wäre[10]. Der Grundsatz subsidiärer Erbringung von Sozialleistungen wird dadurch um die **Verpflichtung zur nachgelagerten Verwertung von Vermögen** auch nach Ende der aktuellen Bedarfslage erweitert.

6   § 91 Satz 2 SGB XII schafft die Möglichkeit zur **Sicherung des Darlehens**, die ohne besondere Ermächtigung als nachfragende Person belastende Maßnahme nicht zulässig wäre. Darüber hinaus impliziert die Formulierung „Die Leistungserbringung kann davon abhängig gemacht werden ...", dass die Leistung verweigert werden kann, wenn die Sicherung nicht bestellt wird. Aus verfassungsrechtlichen Gründen ist dies jedoch dann ausgeschlossen, wenn es um die physische Existenz sichernde Leistungen geht.

III. Abgrenzungen

7   Nach der Gesetzesbegründung[11] ermächtigt **§ 19 Abs. 5 SGB XII** den Sozialhilfeträger, sog. **erweiterte Hilfe** zu erbringen. Danach soll es im Ermessen des Sozialhilfeträgers stehen, in begründeten Fällen trotz Vorhandenseins vorrangig einzusetzenden Einkommens oder Vermögens nach § 19 Abs. 1-3 SGB XII einsatzverpflichteter Personen an einen Hilfebedürftigen Leistungen zu erbringen und später

---

[7] Vgl. LSG Berlin-Brandenburg v. 01.10.2007 - L 10 B 1545/07 AS ER, L 10 B 1545/07 AS ER PKH - juris Rn. 16; LSG Niedersachsen-Bremen v. 04.09.2008 - L 13 AS 104/08 - juris Rn. 30. Ablehnend: LSG Berlin-Brandenburg v. 05.12.2007 - L 5 B 1597/07 AS ER - juris Rn. 4 ff. m.w.N.

[8] Vgl. LSG Sachsen-Anhalt Beschl. v. 12.08.2009 - L 8 B 4/07 SO - juris Rn. 27.

[9] Vgl. zum BSHG BVerwG v. 21.04.1988 - 5 B 2/88 - Buchholz 436.7 § 25 d BVG Nr. 1; BVerwG v. 19.12.1997 - 5 C 7/96 - BVerwGE 106, 105, 107; zur Alhi vgl. auch BSG v. 30.05.1990 - 11 RAr 33/88.

[10] Zu § 9 Abs. 4 SGB II: BSG v. 06.12.2007 - B 14/7b AS 46/06 R - juris Rn. 13 - BSGE 99, 248 = SozR 4-4200 § 12 Nr. 6.

[11] BT-Drs. 15/1514, S. 57.

für diese Aufwendungen Ersatz zu verlangen. Allerdings gibt der Wortlaut zu Zweifeln Anlass, ob die Intention der Entwurfsverfasser, durch § 19 Abs. 5 SGB XII den § 11 Abs. 2 BSHG inhaltsgleich in das SGB XII zu übertragen,[12] tatsächlich geglückt ist. Denn aus dem Wortlaut der Norm ergibt sich nur die Ermächtigung, einen Aufwendungsersatz zu verlangen, wenn trotz Leistungsfähigkeit der Einsatzverpflichteten tatsächlich Leistungen erbracht worden sind. Die Ermächtigung, entgegen dem Subsidiaritätsgrundsatz des § 2 Abs. 1 SGB XII solche Leistungen auszuzahlen, lässt sich dem gegenüber § 11 Abs. 2 BSHG geänderten Wortlaut nicht mehr entnehmen. Liegen sowohl die Voraussetzungen des § 19 Abs. 5 SGB XII als auch die des § 91 SGB XII vor, soll der Sozialhilfeträger die Wahl haben, ob er ein Darlehen oder eine Vorleistung gegen Aufwendungsersatz gewährt.[13] Dem ist so nicht zu folgen, denn die Darlehensgewährung nach § 91 SGB XII ist beim Vorliegen der dort genannten Voraussetzungen regelmäßig zwingend („soll").[14] Nur in atypischen Fällen kann hiervon abgesehen werden, so dass dann die Möglichkeit zur Prüfung erweiterter Hilfe besteht.

Eine darlehensweise Leistungsgewährung ist auch in **§ 36 Abs. 1 Satz 3 SGB XII** (bis zum 31.12.2010: § 34 Abs. 1 Satz 3 SGB XII) und **§ 37 Abs. 1, Abs. 2 SGB XII** vorgesehen. Anders als nach § 91 SGB XII ist Anknüpfungspunkt für die Darlehensgewährung in beiden Fällen nicht eine zeitliche Verzögerung bei der Verwertung bzw. dem Verbrauch grundsätzlich vorrangig einzusetzenden Vermögens, sondern eine besondere Bedarfslage, die die ausnahmsweise Erbringung zusätzlicher Sozialhilfeleistungen durch Schuldenübernahme bzw. Vorfinanzierung eines an sich aus der Regelleistung zu deckenden Bedarfs erfordert. Hier sind Überschneidungen denkbar, wenn bereits die Regelleistungen nach § 91 SGB XII als Darlehen erbracht werden und das vorübergehend noch nicht verwert- bzw. verbrauchbare, grundsätzlich vorrangig einzusetzende Vermögen auch ausreichen würde, die Schulden bzw. unabweisbaren Bedarf i.S.d. § 37 SGB XII zu decken. In diesen Fällen sollte den nach dem Leistungsgrund spezielleren Regelungen des § 36 SGB XII und § 37 SGB XII der Vorrang eingeräumt werden, so dass sich auch die Ausgestaltung des Darlehens nach diesen Vorschriften richtet. Ebenfalls als vorrangig zu betrachten ist **§ 38 Abs. 1 SGB XII**, wonach Sozialhilfe bereits ausschließlich aufgrund einer voraussichtlich kurzen Bezugsdauer statt als Zuschuss als Darlehen erbracht werden kann.

§ 91 SGB XII kann nicht als Rechtsgrundlage für die darlehensweise Gewährung von Sozialhilfe für die Dauer eines Verwaltungs- oder Gerichtsverfahrens wegen Unklarheiten über die Verwertbarkeit einzelner Vermögensgegenstände herangezogen werden, soweit der Streit ausschließlich das „Ob" und nicht den Zeitpunkt der Verwertung betrifft (vgl. Rn. 10 und Rn. 16). Soweit nicht die zwingenden gesetzlichen Voraussetzungen des § 91 SGB XII erfüllt sind, bietet die Vorschrift dem Hilfeträger nicht die Möglichkeit, i.S. einer allgemeinen Auffangklausel trotz vorhandenen Einkommens und Vermögens flexibel auf einen Hilfefall zu reagieren und Leistungen anstelle eines Zuschusses als ggf. zu sicherndes Darlehen zu erbringen. Es bleibt vielmehr den Gerichten vorbehalten, nach einem Antrag auf **einstweiligen Rechtsschutz** die vorläufige ggf. darlehensweise Leistungserbringung auf Grundlage des § 86b Abs. 2 Satz 4 SGG i.V.m. § 938 Abs. 1 ZPO anzuordnen.[15] Liegen jedoch nach Ansicht des Trägers die Voraussetzungen des § 91 SGB XII vor und bietet er auf dieser Grundlage die Gewährung von Leistungen als Darlehen an, so wird i.d.R. ein Anordnungsgrund für das Begehren einer Leistung als Zuschuss bis zum Abschluss der Hauptsache fehlen.[16] Die Anordnung der vorläufigen, darlehensweisen Erbringung von Sozialhilfeleistungen im Wege des einstweiligen Rechtsschutzes wird beim Fehlen einer ausdrücklichen Bezugnahme auf § 91 SGB XII regelmäßig so zu verstehen sein, dass das Gericht auf Grundlage des § 86b Abs. 2 Satz 4 SGG i.V.m. § 938 Abs. 1 ZPO entschieden hat, dem Antragsteller die einstweilig zuerkannte Leistung nicht in Form eines Zuschusses, sondern in Form eines Darlehens zuzusprechen. Danach soll der Antragsteller die einstweilig zuerkannte Leistung nicht bis zum Abschluss des Hauptsacheverfahrens ungeschmälert behalten, sondern verpflichtet sein, be-

---

[12] BT-Drs. 15/1514, S. 57.
[13] OVG Rheinland-Pfalz v. 18.02.1970 - 2 A 55/69 - FEVS 18, 91; dem folgend z.B. *Geiger* in: LPK-SGB XII, 9. Aufl., § 91 Rn. 9; *Lücking* in: Hauck/Noftz, SGB XII, § 90 Rn. 15; *Dauber* in: Mergler/Zink, SGB XII, § 91 Rn. 13.
[14] Wie hier *Wahrendorf* in: Grube/Wahrendorf, SGB XII, 5. Aufl., § 91 Rn. 2.
[15] A.A. wohl Bayerisches LSG v. 06.05.2009 - L 8 SO 45/09 B ER.
[16] Vgl. LSG Baden-Württemberg v. 22.02.2008 - L 2 SO 233/08 ER-B - FEVS 59, 572; LSG Berlin-Brandenburg v. 05.04.2006 - L 23 B 19/06 SO ER.

reits zuvor nach Maßgabe der zusätzlich zu treffenden Darlehensregelungen Rückzahlungen zu leisten.[17] Ein Rückgriff auf § 91 SGB XII mit der Möglichkeit, die darlehensweise Leistungserbringung von einer Sicherung abhängig zu machen, besteht in diesen Fällen nicht.

IV. Voraussetzungen der darlehensweisen Gewährung

1. Verwertbares Vermögen

10 Grundvoraussetzung der Gewährung von Sozialhilfe durch Darlehen nach § 91 SGB XII ist, dass überhaupt Vermögen vorhanden ist, das „nach § 90 für den Bedarf der nachfragenden Person einzusetzen ist". Ist Vermögen bereits nach § 90 Abs. 2 oder Abs. 3 SGB XII nicht einzusetzen, verbleibt für die Anwendung des § 91 SGB XII kein Raum.[18] § 91 SGB XII knüpft damit nicht an das „Ob" der Verwertbarkeit, sondern allein an den möglichen oder zumutbaren Zeitpunkt der Verwertbarkeit an. Dabei kann es sich **in personeller Hinsicht** sowohl um Vermögen der nachfragenden Person selbst als auch um Vermögen handeln, das einer anderen Person gehört und die insbesondere nach den §§ 19, 20 SGB XII zu dessen Einsatz zu Gunsten der nachfragenden Person verpflichtet ist.[19] Verfügt weder die nachfragende noch eine andere einsatzverpflichtete Person über solches Vermögen, ist die Gewährung von Sozialhilfeleistungen als Darlehen nach § 91 SGB XII ausgeschlossen.

11 Aus dem direkten Verweis auf das nach § 90 SGB XII einzusetzende Vermögen folgt, dass es sich um **Vermögen i.S. des § 90 SGB XII** handeln muss und dass alle Voraussetzungen vorliegen müssen, die § 90 SGB XII für die Verwertbarkeit dieses Vermögens aufstellt (vgl. hierzu i.E. die Kommentierung zu § 90 SGB XII Rn. 36 ff.). Anderenfalls wäre das Vermögen nicht „nach § 90 ... einzusetzen". Dies heißt insbesondere, dass auch die **zeitlichen Grenzen der Verwertbarkeit** zu beachten sind. § 91 SGB XII dient nicht dazu, diese zu erweitern. § 91 SGB XII kann also insbesondere nicht als Begründung herangezogen werden, um Sozialhilfeleistungen lediglich als Darlehen statt als Zuschuss zu gewähren, wenn im Zeitpunkt, in dem die Sozialhilfe eintreten soll, nicht absehbar ist, ob und wann der Einsatzverpflichtete aus einem ihm (abstrakt) zustehenden Vermögen wirtschaftlichen Nutzen ziehen kann.[20] Selbst wenn die Rechtsprechung des BSG zu § 12 Abs. 1 SGB II hinsichtlich der dort vorgeschlagenen Grenze einer Verwertbarkeit binnen sechs Monaten[21] nicht ohne weiteres übernommen werden kann, weil das SGB II normativ davon ausgeht, dass erwerbsfähige Hilfebedürftige innerhalb angemessener Zeit wieder in den Arbeitsmarkt eingegliedert werden und ihnen deshalb Vermögenswerte unter Umständen eher belassen werden müssen als auf Dauer Erwerbsunfähigen[22], ist doch zu beachten, dass Verwertbarkeit nur dann angenommen werden kann, wenn der Berechtigte in der Lage ist, die Verwertung innerhalb einer bei Antragstellung feststehenden Zeitspanne durch eigenes Handeln herbeizuführen. Ist eine Verwertungsmöglichkeit nicht absehbar, etwa weil sie vom Tod einer bestimmten Person abhängt[23], so ist Sozialhilfe als Zuschuss und nicht nach § 91 SGB XII als Darlehen zu erbringen.

12 Bei der Prüfung der Bewilligung von Sozialhilfeleistungen als Darlehen nach § 91 SGB XII ist daher stets eine **Prognoseentscheidung** über den für die Verwertung voraussichtlich notwendigen Zeitraum zu treffen. Sollte dieser die allgemeinen zeitlichen Grenzen der Verwertbarkeit überschreiten, ist Sozialhilfe als Zuschuss zu erbringen. Die Prognose der Verwaltung ist gerichtlich voll überprüfbar. Sie hat auf nachvollziehbaren Annahmen zu fußen. Bestehen Unsicherheiten über den zur Verwertung üblicherweise oder – beim Vorliegen besonderer Umstände – im Einzelfall voraussichtlich notwendigen Zeitraum, hat bereits der Leistungsträger diesbezügliche Ermittlungen anzustellen.[24] Entscheidender

---

[17] Vgl. Sächsisches LSG v. 24.11.2009 - L 3 SO 70/09 B ER.
[18] Allg. Ansicht, z.B.: BVerwG v. 14.05.1969 - V C 167.67 - juris Rn. 20 - BVerwGE 32, 89; *Daubner* in: Mergler/Zink, SGB XII, § 91 Rn. 6; *Lücking* in: Hauck/Noftz, SGB XII, § 91 Rn. 1 und 5; *Geiger* in: LPK-SGB XII, 9. Aufl., § 91 Rn. 3.
[19] Zur Abgrenzung gegenüber anderen Personen Bayerischer VGH v. 07.07.2008 - 12 B 06.2057 - juris Rn. 27.
[20] BSG v. 18.03.2008 - B 8/9b SO 9/06 R - juris Rn. 15 - BSGE 100, 131 = SozR 4-3500 § 90 Nr. 3; BSG v. 19.05.2009 - B 8 SO 7/08 R - juris Rn. 21 - SozR 4-5910 § 88 Nr. 3.
[21] BSG v. 06.12.2007 - B 14/7b AS 46/06 R - juris Rn. 15 - BSGE 99, 248 = SozR 4-4200 § 12 Nr. 6.
[22] Vgl. hierzu BSG v. 30.09.2008 - B 4 AS 19/07 R - juris Rn. 15 f. - BSGE 101, 281 = SozR 4-4200 § 11 Nr. 14; *Coseriu* in: Bender/Eicher, Sozialrecht – eine Terra incognita, 2009, 225, 255 f.
[23] Zum SGB II: BSG v. 06.12.2007 - B 14/7b AS 46/06 R - juris Rn. 15 - BSGE 99, 248 = SozR 4-4200 § 12 Nr. 6.
[24] Zu § 12 SGB II vgl. BSG v. 30.08.2010 - B 4 AS 70/09 R.

Zeitpunkt für die anzustellende Prognose ist bereits nach der Rechtsprechung des BVerwG[25], der sich das BSG[26] angeschlossen hat, der Zeitpunkt, zu dem die Sozialhilfe einsetzen soll.

2. Unmöglichkeit sofortiger Verwertung oder sofortigen Verbrauchs

Weitere Voraussetzung der Gewährung von Sozialhilfeleistungen als Darlehen nach § 91 SGB XII ist, dass entweder (Alternative 1) die sofortige Verwertung oder der sofortige Verbrauch des grundsätzlich verwertbaren Vermögens nicht möglich ist oder (Alternative 2) für die einsatzverpflichtete Person eine Härte bedeuten würde (vgl. hierzu Rn. 16). 13

Die sofortige Verwertung oder der sofortige Verbrauch eines Vermögensgegenstandes kann sowohl in tatsächlicher als auch in rechtlicher Hinsicht ausgeschlossen sein.[27] Ein **tatsächlicher Ausschluss der sofortigen Verwertbarkeit** kann insbesondere bei Immobilienvermögen regelmäßig angenommen werden, da dessen Verwertung, sei es durch Verkauf oder durch Beleihung, im Allgemeinen längere Zeit in Anspruch nimmt. Die Gewährung eines Darlehens nach § 91 SGB XII stellt jedoch keine Alternative zur Verwertung eines Vermögensgegenstandes durch Beleihen dar: Nur wenn auch diese Möglichkeit zur Vermögensverwertung nicht sofort zur Verfügung steht, um einen aktuellen Bedarf zu decken, ist die subsidiäre Sozialhilfeleistung unter den weiteren Voraussetzungen des § 91 SGB XII als Darlehen zu erbringen. Die Leistung als Darlehen ist aber nur für den Zeitraum zulässig, den der Beleihungsvorgang oder eine anderweitige Verwertung erfordert. 14

Ein **rechtlicher Ausschluss der sofortigen Verwertbarkeit** liegt vor, wenn hinsichtlich des Vermögensgegenstands beispielsweise durch Pfändung, Beschlagnahme oder auch privatrechtliche Gestaltung befristete oder bedingte Verfügungsbeschränkungen bestehen, deren Aufhebung die nachfragende Person zum Zeitpunkt, zu dem die Hilfe einsetzen soll, nicht erreichen kann. Entscheidend ist aber auch hier, dass der Verwertbarkeitsausschluss zeitlich von vornherein begrenzt ist und nicht die zeitlichen Grenzen der Verwertbarkeit (vgl. hierzu Rn. 11) überschreitet. Ist dies nicht gewährleistet, ist Sozialhilfe als Zuschuss zu erbringen. 15

3. Härte der sofortigen Verwertung oder des sofortigen Verbrauchs

Bereits nach der Rechtsprechung des BVerwG zu § 89 BSHG ist der **Begriff der Härte** i.S.d. § 90 Abs. 3 SGB XII von dem i.S.d. § 91 SGB XII zu unterscheiden. Letzterer soll sich dabei auf die Verwertung als solche beziehen, während im Rahmen des § 90 Abs. 3 SGB XII danach zu fragen sei, ob durch die Verwertung die soziale Stellung der in § 90 Abs. 3 Satz 1 SGB XII genannten Personen, also des zum Einsatz Verpflichteten oder seiner Angehörigen, beeinträchtigt würde.[28] Diese Trennung ist aber nicht vollkommen: So bezieht sich die Härte i.S.d. § 91 SGB XII nach dem Wortlaut der Norm auf die sofortige Verwertung, also den konkreten Zeitpunkt der Verwertung, während sich die Härte i.S.d. § 90 Abs. 3 SGB XII auf die Verwertung als solche, also das Ob der Verwertung, bezieht, die im Rahmen des § 91 SGB XII gerade nicht endgültig ausgeschlossen sein darf (vgl. Rn. 11 f.). Auch wenn § 91 SGB XII hinsichtlich des Begriffs der Härte keinen Verweis auf § 90 SGB XII enthält[29], ist nicht erkennbar, dass der Schutzzweck der Härteregelung des § 91 SGB XII grundsätzlich ein anderer als der der Härteregelung des § 90 SGB XII ist. Daher werden auch im Rahmen des § 91 SGB XII Härten zu berücksichtigen sein, die sich aus der sozialen Stellung des zum Vermögenseinsatz Verpflichteten ergeben, jedoch nur, wenn sich die Härte gerade aus dem Zeitpunkt und nicht bereits aus dem Ob der Verwertung ergibt. So dürfte eine Härte i.S.d. § 91 SGB XII nicht nur dann anzunehmen sein, wenn sich bei einer Verwertung zu einem späteren Zeitpunkt mit Gewissheit ein deutlich höherer Erlös erzielen ließe, sondern z.B. – unabhängig von möglichen Kostenerwägungen – auch dann, wenn der Einsatzverpflichtete seine zu verwertende langjährige Wohnung einige Monate später ohnehin verlässt. Dies spricht dafür, die **Härte i.S.d. § 91 SGB XII** als außergewöhnliche Fallgestaltung zu definieren, die weder von den Regelfällen des Verwertungsausschlusses in § 90 Abs. 2 Nr. 1-9 SGB XII noch von 16

---

[25] BVerwG v. 19.12.1997 - 5 C 7/96 - BVerwGE 106, 105, 109.

[26] BSG v. 06.12.2007 - B 14/7b AS 46/06 R - juris Rn. 14 - BSGE 99, 248 = SozR 4-4200 § 12 Nr. 6.

[27] BSG v. 18.03.2008 - B 8/9b SO 9/06 R - juris Rn. 15 - BSGE 100, 131 = SozR 4-3500 § 90 Nr. 3; BSG v. 19.05.2009 - B 8 SO 7/08 R - juris Rn. 21 - SozR 4-5910 § 88 Nr. 7; vgl. i.E. die Kommentierung zu § 90 SGB XII Rn. 39 f.

[28] BVerwG v. 14.05.1969 - V C 167.67 - juris Rn. 20 - BVerwGE 32, 89; BVerwG v. 26.10.1989 - 5 C 34/86 - FEVS 39, 1; so auch *Lücking* in: Hauck/Noftz, SGB XII, § 91 Rn. 14.

[29] So die Begründung in BVerwG v. 14.05.1969 - V C 167.67 - juris Rn. 20 - BVerwGE 32, 89; dem folgend *Geiger* in: LPK-SGB XII, 9. Aufl., § 91 Rn. 3.

der Härtefallregelung des § 90 Abs. 3 SGB XII erfasst wird und bei der eine Verwertung auch noch zu einem späteren Zeitpunkt möglich ist, die jedoch für einen begrenzten Zeitraum diesen Fallgruppen nach den daraus abzuleitenden Wertungen und Zielen gleichzusetzen ist. § 91 SGB XII bietet daher keinen Raum zur Lösung von Fällen einer wirtschaftlichen Härte der Verwertung, wenn diese nicht zu einem vorhersehbaren Zeitpunkt innerhalb der zeitlichen Grenzen der Verwertbarkeit entfällt.[30]

17 Ebenso wie in § 90 Abs. 3 SGB XII wird auch in § 91 SGB XII der Begriff „Härte" verwandt, während das SGB II in der **Parallelvorschrift § 24 Abs. 5 SGB II** (bis zum 31.12.2010: § 23 Abs. 5 SGB II, zuvor § 9 Abs. 4 SGB II) den Begriff „besondere Härte" verwendet. Ein sachlicher Grund hierfür ist nicht zu erkennen, zumal beide Normen erkennbar § 89 Satz 1 BSHG zum Vorbild haben[31] und auch die Entwurfsbegründung zu § 9 Abs. 4 SGB II nur von „Härte" spricht, obwohl der Entwurf zu § 9 Abs. 4 SGB II bereits zu diesem Zeitpunkt die Formulierung „besondere Härte" enthält.[32] Es ist daher nicht auszuschließen, dass es sich um ein redaktionelles Versehen handelt. Anderes lässt sich auch nicht daraus ableiten, dass in § 12 Abs. 3 Satz 1 Nr. 6 SGB II ebenfalls der Ausdruck „besondere Härte" verwandt wird. Da diese Härteklausel erst auf Empfehlung des Ausschusses für Wirtschaft und Arbeit eingefügt wurde, kann nicht ausgeschlossen werden, dass sich die konkrete Formulierung an der des Entwurfs zu § 9 Abs. 4 SGB II orientiert hat. Die Materialien geben hierzu leider keinen Aufschluss.[33] Sie geben aber auch keinen Hinweis darauf, dass die Verfasser ein gegenüber den §§ 88, 89 BSHG verschärftes Maß der Härte festschreiben wollten. Auch spricht entgegen dem Wortlaut, der tatsächlich auf einen engeren Härtebegriff im SGB II hindeutet, die insgesamt großzügigere Ausgestaltung der Vermögensberücksichtigung im SGB II für eine eher großzügigere Handhabung als im SGB XII. Vor diesem Hintergrund spricht insbesondere die Identität von systematischer Stellung und Funktion der Härteklauseln des § 24 Abs. 5 SGB II und § 91 SGB XII sowie das Fehlen diesbezüglicher systemspezifischer Besonderheiten für eine möglichst einheitliche Auslegung des Härtebegriffs beider Normen.[34]

18 Auch bei der **Prüfung des Vorliegens einer Härte** i.S.d. § 91 SGB XII sind alle Umstände des Einzelfalls zu berücksichtigen. Sie sind daraufhin zu überprüfen, ob sie in ihrem Zusammenwirken gemeinsam mit der Verpflichtung zum sofortigen Verbrauch oder zur sofortigen Verwertung eines Vermögensgegenstandes eine bei anderen Hilfebedürftigen regelmäßig nicht anzutreffende, also atypische schwere Belastung des Vermögensinhabers ergeben, ohne die Verwertbarkeit des Vermögensgegenstandes völlig auszuschließen.

V. Gewährung und Ausgestaltung des Darlehens

19 Vgl. auch die Kommentierung zu § 37 SGB XII und die Kommentierung zu § 38 SGB XII.

20 Als **Rechtsfolge** ordnet § 91 Satz 1 SGB XII die Erbringung von Leistungen der Sozialhilfe trotz des Vorliegens grundsätzlich, aber nicht sofort verwertbaren Vermögens regelmäßig in Form eines Darlehens an. Hinsichtlich der Leistungsform hat der Träger eine – eingeschränkte – Wahlmöglichkeit durch ein sog. „**Soll-Ermessen**". Danach ist er im Regelfall verpflichtet, die Leistung (nur) als Darlehen zu gewähren. Nur bei Vorliegen einer atypischen Fallgestaltung muss er die Leistung nicht als Darlehen, sondern als Zuschuss erbringen. Die tatsächlichen Grundlagen, aus denen sich diese atypische Fallgestaltung ergibt, hat der Sozialhilfeträger – und hilfsweise das Gericht – vollständig zu ermitteln. Für die Annahme eines **atypischen Falls** hat der Sozialhilfeträger keinen Beurteilungsspielraum. Vielmehr ist dessen Vorliegen gerichtlich voll überprüfbar. Ein atypischer Fall ist insbesondere dann anzunehmen, wenn durch die Rückzahlungsverpflichtung das in § 1 Satz 2 SGB XII beschriebene Ziel gefährdet

---

[30] A.A. wohl *Geiger* in: LPK-SGB XII, 9. Aufl., § 91 Rn. 3 unter Verweis auf Bayerischen VGH v. 29.04.1966 - 274 III 64 - FEVS 14, 417 und Bayerischer VGH v. 19.05.1969 - 175 I 68 - FEVS 17, 85.
[31] Zu § 91 SGB XII BT-Drs. 15/1514, S. 66.
[32] Zu § 9 Abs. 4 SGB II BT-Drs. 15/1516, S. 11 bzw. S. 53.
[33] BT-Drs. 15/1728, S. 176; BT-Drs. 15/1749, S. 32.
[34] Zu § 12 Abs. 3 Satz 1 Nr. 6 SGB II a.A. die Rspr. der SGB II-Senate des BSG, z.B. BSG v. 16.05.2007 - B 11b AS 37/06 R - juris Rn. 33 f. - BSGE 98, 243 = SozR 4-4200 § 12 Nr. 4; BSG v. 15.04.2008 - B 14/7b AS 68/06 R - SozR 4-4200 § 12 Nr. 8; BSG v. 06.09.2007 - B 14/7b AS 66/06 R - BSGE 99, 77 = SozR 4-4200 § 12 Nr. 5; aus neuerer Zeit BSG v. 22.03.2012 - B 4 AS 99/11 R - SozR 4-4200 § 12 Nr 18 Rn. 18 m.w.N.; kritisch auch *Coseriu* in: Bender/Eicher, Sozialrecht – eine Terra incognita, 2009, 225, 256; vgl. auch die Kommentierung zu § 90 SGB XII Rn. 96.

wird, den Leistungsberechtigten durch die Leistung soweit und sobald wie möglich zu befähigen, unabhängig von ihr zu leben.[35]

Das **Soll-Ermessen** bezieht sich jedoch nicht auf die Frage, ob Leistungen überhaupt zu erbringen sind, weshalb der Sozialhilfeträger auch in – i.S.d. § 91 SGB XII – atypischen Fällen nicht berechtigt ist, die Leistungsgewährung abzulehnen.[36] Dies folgt zunächst aus dem Zweck des § 91 SGB XII: Dieser liegt nicht in der Anordnung einer Ausnahme vom Subsidiaritätsgrundsatz des § 2 Abs. 1 SGB XII, sondern in der Anordnung einer Ausnahme vom Beihilfeprinzip, also dem Grundsatz der Erbringung von Sozialhilfe als Zuschuss, und einer damit geschaffenen Pflicht zur nachgelagerten Verwertung von Vermögen. Diese wiederum stellt eine Ausnahme von dem Grundsatz dar, dass nur bereite Mittel, also solche, die rechtzeitig zur Bedarfsdeckung zur Verfügung stehen[37], vorrangig einzusetzen sind. Da aber § 91 Satz 1 SGB XII gerade voraussetzt, dass ein Bedarf besteht, der aus rechtlichen oder tatsächlichen Gründen oder aufgrund einer rechtlich anerkannten Härte nicht zeitgerecht durch den Einsatz erst später verwert- oder verbrauchbaren Vermögens gedeckt werden kann, liegt notwendigerweise bis zu diesem Zeitpunkt eine die Leistungsberechtigung auslösende Bedarfslage i.S.d. § 19 SGB XII vor. Die hieraus folgende Beschränkung auf eine Ausnahme nur in der Leistungsform findet ihren Ausdruck auch im Wortlaut des § 91 Satz 1 SGB XII, nämlich in der Verwendung des bestimmten Artikels „die" in der Rechtsfolgenanordnung „soll die Sozialhilfe als Darlehen geleistet werden". Bezöge sich das Soll-Ermessen auch auf das „Ob" der Leistung, hätte es näher gelegen, auf diesen Artikel zu verzichten und zu formulieren „soll Sozialhilfe als Darlehen geleistet werden". 21

Ebenfalls nicht im Ermessen des Sozialhilfeträgers steht die Frage, ob Leistungen als Darlehen erbracht werden oder die Verwertung durch Aufnahme eines durch den Vermögensgegenstand gesicherten **(Bank-)Darlehens** verlangt werden kann. Entscheidend sind die in § 91 Satz 1 SGB XII genannten Voraussetzungen, die der vollen gerichtlichen Überprüfung unterliegen. Ist die Verwertung des Vermögensgegenstandes – auch durch Aufnahme eines Darlehens – zur Deckung eines bestimmten Bedarfs zeitgerecht möglich und stellt die Verwertung hinsichtlich ihres Zeitpunkts keine Härte dar, so liegen die Voraussetzungen des § 91 SGB XII gerade nicht vor. Dem Subsidiaritätsgrundsatz des § 2 Abs. 1 SGB XII folgend sind dann in Höhe bzw. bis zum Verbrauch des hieraus erzielten Erlöses keine Sozialhilfeleistungen zu erbringen. Allerdings hat es das BVerwG im Rahmen des § 88 Abs. 1 BSHG für unbedenklich gehalten, wenn Hilfe zum Lebensunterhalt trotz anderweitiger Verwertbarkeit eines Hausgrundstücks als Darlehen gewährt wird, da dies eine mildere Form der Verwertung darstelle.[38] Aus Sicht des Einsatzverpflichteten wird dem zuzustimmen sein. Allerdings stellt sich aus haushaltsrechtlicher Sicht die Frage nach der Ermächtigung zur Vergabe eines solchen Darlehens. 22

Auch bei der **Ausgestaltung des Darlehens** bestehen Beschränkungen: **Laufzeit und Höhe** des Darlehens stehen weder im Ermessen des Sozialhilfeträgers noch in der Dispositionsbefugnis von Darlehensgeber und Darlehensnehmer. Vielmehr ergeben sie sich im Rahmen einer Prognoseentscheidung aus den Umständen des Einzelfalls. So folgt die Laufzeit aus der voraussichtlichen Dauer des Verwertungs- bzw. Verbrauchsausschlusses. Denn Gegenstand des § 91 SGB XII ist ein zeitlicher Aufschub der Verwertungspflicht aus Gründen vorübergehender tatsächlicher oder rechtlicher Hindernisse oder mit Rücksicht auf eine Härte bezüglich des Zeitpunkts der Verwertung. Demzufolge ist der fragliche Vermögensgegenstand in dem Augenblick – jedoch auch nicht früher – sofort und vollständig der Verwertung bzw. dem Verbrauch unterworfen, in dem das Hindernis oder die Härte wegfällt. Er steht damit in den Grenzen des § 90 SGB XII in vollem Umfang zur Tilgung des Darlehens bereit. Gleichzeitig entfallen die Voraussetzungen für eine weitere darlehensweise Leistungserbringung. Die Höhe des Darlehens wird zunächst durch die Höhe des vorübergehend ungedeckten Bedarfs der nachfragenden Person, also deren Leistungsanspruch, während der Dauer des Verwertungsaufschubs bestimmt. § 91 SGB XII enthält weder eine Ermächtigung zur Gewährung niedrigerer noch höherer Sozialhilfeleistungen, als sie sich unter Vernachlässigung des vorübergehend unverwertbaren Vermögens nach den allgemeinen Anspruchsregelungen ergeben. 23

---

[35] Vgl. *Falterbaum* in: Hauck/Noftz, SGB XII, § 37 Rn. 5; *Hohm* in: Schellhorn/Schellhorn/Hohm SGB XII, 18. Aufl., § 10 Rn. 15.

[36] A.A. *Daubner* in: Mergler/Zink, SGB XII, § 91 Rn. 12; *Geiger* in: LPK-SGB XII, 9. Aufl., § 91 Rn. 10; *Wahrendorf* in: Grube/Wahrendorf, SGB XII, 5. Aufl., § 91 Rn. 9.

[37] Hierzu z.B. BSG v. 11.12.2007 - B 8/9b SO 23/06 R - juris Rn. 15 - BSGE 99, 262 = SozR 4-3500 § 82 Nr. 3; BVerwG v. 13.05.1996 - 5 B 52/96 juris Rn. 3 - Buchholz 436.0 § 2 BSHG Nr. 20 mit zahlreichen Nachweisen zur Rspr. des BVerwG.

[38] BVerwG v. 06.02.1989 - 5 B 151/88 - Buchholz 436.0 § 88 BSHG Nr. 15.

24 Eine **Obergrenze** der darlehensweisen Gewährung bildet zudem der voraussichtlich aus dem Verbrauch oder der Verwertung des die darlehensweise Leistungserbringung rechtfertigenden, vorübergehend nicht zu verwertenden Vermögens zu erzielende Bedarfsdeckungsbeitrag. Über diesen Betrag hinaus ist Sozialhilfe als verlorener Zuschuss zu gewähren. So muss die Gewährung der Sozialhilfe in Form eines Darlehens ein Ende finden, wenn die Belastungen den Verkehrswert des Vermögensgegenstandes erreichen. Denn anderenfalls stünde der Darlehensnehmer schlechter als derjenige, der sein Vermögen verwertet und im Anschluss daran Hilfe zum Lebensunterhalt erhält.[39] Wird der Bedarfsdeckungsbeitrag prognostisch zu hoch eingeschätzt, ist der Teil des Darlehens, der nicht durch den **Verwertungsertrag** getilgt werden kann, in einen verlorenen Zuschuss umzuwandeln.[40] Dementsprechend steht der Rückforderung eines Sozialhilfedarlehens gemäß § 91 SGB XII der Einwand der unzulässigen Rechtsausübung aus § 242 BGB entgegen, soweit die Darlehenssumme den Wert des vom Hilfeempfänger einzusetzenden Vermögens übersteigt.[41] Verfahrensrechtlich ist dem – je nach Konstellation und Art der Leistungsgewährung (Verwaltungsakt oder öffentlich-rechtlicher Vertrag) – unter **Anwendung der §§ 44, 48, 59 SGB X** Rechnung zu tragen. Dem steht auch der Blick auf die – im SGB XII nicht vorhandene – Regelung über die Modalitäten von Darlehen nach dem SGB II in **§ 42a SGB II** nicht entgegen. Danach soll nach erfolgter Verwertung eine Vereinbarung über die Rückzahlung des ausstehenden Betrags unter Berücksichtigung der wirtschaftlichen Verhältnisse der Darlehensnehmer getroffen werden, wenn der erlangte Betrag den noch nicht getilgten Darlehensbetrag nicht deckt (§ 42a Abs. 3 Satz 2 SGB II). Zum einen führt dies – so auf der Rückzahlung bestanden wird – zu einer Schlechterstellung der Darlehensempfänger gegenüber nachfragenden Personen, die ihr Vermögen sofort verwerten konnten. Zum anderen dürften bei dem zumeist auf dauerhafte Hilfe angewiesenen Kreis der SGB-XII-Leistungen nachfragenden Personen die wirtschaftlichen Verhältnisse auch nach einer die Darlehenshöhe nicht erreichenden Vermögensverwertung regelmäßig weiterhin durch anhaltende Hilfebedürftigkeit gekennzeichnet sein, die einer Durchsetzung des Rückzahlungsanspruchs in Ermangelung einer zur Aufrechnung mit den laufenden Leistungen berechtigenden, dem § 42a Abs. 2 Satz 1 SGB II entsprechenden Regelung entgegensteht.

25 Das nach § 91 SGB XII zu gewährende Darlehen ist **nicht verzinslich**.[42] Jedenfalls für Leistungen, die nicht im Ermessen des Sozialhilfeträgers stehen, folgt dies bereits aus § 32 Abs. 1 SGB X, wonach ein Verwaltungsakt über die Leistungserbringung nur mit einer entsprechenden Nebenbestimmung versehen werden darf, wenn sie durch Rechtsvorschrift zugelassen ist oder sicherstellen soll, dass die gesetzlichen Voraussetzungen der Leistungsbewilligung erfüllt werden. Eine Ermächtigung, die Verzinsung des Darlehens anzuordnen, folgt nicht bereits aus der Rechtsnatur des Darlehens, denn auch zivilrechtlich ist ein Darlehen nur dann verzinslich, wenn dies vereinbart worden ist (§ 488 BGB).[43] Darüber hinaus besteht auch keine praktische Rechtfertigung für eine Verzinsung: Soweit aus dem vorübergehend nicht verwertbaren Vermögen Zinsen oder Zwischengewinne erzielt werden, sind diese nach Maßgabe der §§ 82 ff. SGB XII auf die Höhe der Sozialhilfeleistung anzurechnen. Werden Zinsen oder Gewinne im Zeitpunkt des Eintritts der Verwertbarkeit fällig, stehen sie in vollem Umfang zur Tilgung des Darlehens bereit. Die Annahme der Verzinslichkeit verkennt, dass es sich bei der Leistungsgewährung nach § 91 SGB XII nicht um „freiwillige Leistungen" des Sozialhilfeträgers handelt, sondern durch diese Leistungen – wie bei jeder anderen Sozialhilfeleistung auch – ein zwingender aktueller und aufgrund tatsächlicher, rechtlicher oder als rechtserheblich anerkannter Hindernisse anders nicht zu befriedigender Bedarf zu decken ist. Ohne die Ermächtigung zur darlehensweisen Gewährung wären Leistungen als verlorener Zuschuss zu erbringen und der fragliche Vermögensgegenstand verwertungsfrei bzw. bei anhaltender Bedürftigkeit erst zur Deckung eines späteren Bedarfs einzusetzen.

---

[39] BSG v. 25.08.2011 - B 8 SO 19/10 R - juris Rn. 27; BVerwG v. 17.10.1974 - V C 50.73 - juris Rn. 35 - BVerwGE 47, 103, 113.

[40] Vgl. zu § 23 Abs. 5 SGB II a.F. LSG Berlin-Brandenburg v. 26.03.2010 - L 32 AS 688/09 - ZFSH/SGB 2010, 416; beachte nunmehr aber § 42a Abs. 3 Satz 2 SGB II.

[41] BGH v. 23.01.1996 - XI ZR 155/95 - NJW 1996, 1277 = DVBl 1996, 856.

[42] Kritisch auch *Wahrendorf* in: Grube/Wahrendorf, SGB XII, 5. Aufl., § 91 Rn. 16; a.A. *Hohm* in: Schellhorn/Schellhorn/Hohm, SGB XII, 18. Aufl., § 91 Rn. 17; *Lücking* in: Hauck/Noftz, SGB XII, § 91 Rn. 19; *Daubner* in: Mergler/Zink, SGB XII, § 91 Rn. 14; *DV*, Empfehlungen für den Einsatz von Einkommen und Vermögen in der Sozialhilfe (SGB XII), Rn. 224.

[43] Zum SGB II vgl. *Lang/Blüggel* in: Eicher/Spellbrink, SGB II, 2. Aufl., § 23 Rn. 61; vgl. nun auch *Greiser* in: Eicher, SGB II, 3. Aufl., § 42a Rn. 12.

Soweit das LSG Berlin-Brandenburg[44] seine abweichende Auffassung darauf stützt, dass seit der 26
Schuldrechtsreform zum 01.01.2002 nach § 488 BGB die Verzinslichkeit des Darlehens den gesetzlichen Regelfall bildet, zwingt dies nicht zu den vom LSG hieraus gezogenen Schlüssen. Insbesondere knüpft die Verwendung des Begriffs Darlehen in § 89 BSHG und – dies übernehmend – in § 91 SGB XII historisch betrachtet noch an die §§ 607 ff. BGB in der bis 31.12.2001 geltenden Fassung an, wonach ein Darlehen nur aufgrund besonderer Vereinbarung zu verzinsen war. Anhaltspunkte dafür, dass mit der Schuldrechtsreform auch eine inhaltliche Änderung des Sozialhilferechts verbunden sein sollte, bestehen nicht. Auch die Begründung des Entwurfs eines Gesetzes zur Einordnung des Sozialhilferechts v. 05.09.2003 enthält keinen Hinweis darauf, dass mit dem Übergang vom BSHG zu SGB XII eine inhaltliche Änderung der Regelungen über vermögensverbrauchsvertretende Darlehen gewollt war.[45]

Die **Bewilligung und Ausgestaltung des Darlehens** nach § 91 SGB XII kann nach traditioneller Sicht 27
auf dreierlei Weise erfolgen: Zunächst besteht die Möglichkeit, sowohl die Bewilligung der Sozialhilfe als Darlehen als auch deren Ausgestaltung durch Verwaltungsakt mit der Festlegung der Darlehensbedingungen als Nebenbestimmungen hierzu vorzunehmen. Ferner besteht die Möglichkeit, die Bewilligung des Darlehens durch Verwaltungsakt vorzunehmen und die Darlehensbedingungen in einem öffentlich-rechtlichen Vertrag zu regeln. Daneben wird es z.T. noch für zulässig erachtet, dass die Bewilligung der Sozialhilfeleistung in Form eines Darlehens durch Verwaltungsakt, die weitere Ausgestaltung jedoch i.S.d. sog. Zwei-Stufen-Theorie durch privatrechtlichen Darlehensvertrag erfolgt[46]. Der öffentlich-rechtliche oder privatrechtliche Charakter eines Darlehensvertrags kann insbesondere Auswirkungen auf den **Rechtsweg für die Rückforderung** des Darlehens haben.[47] In der Praxis hat sich die Zuordnung von Darlehensverträgen im Sozialhilferecht – jedenfalls beim Fehlen eindeutiger Anhaltspunkte für eine zivilrechtliche Vertragsgestaltung – zum öffentlichen Recht durchgesetzt.[48] Dem ist zuzustimmen, denn angesichts des unmittelbaren Bezugs auch der Leistungsgewährung nach § 91 SGB XII zur Verwirklichung des Grundrechts auf Gewährleistung eines menschenwürdigen Existenzminimums[49], der weitgehenden normimmanenten Beschränkungen der Gestaltungsfreiheit (vgl. vorstehend Rn. 23 f.) und des strukturellen Ungleichgewichts zwischen Sozialhilfeträger und Leistungsberechtigten[50] erscheinen die auf Privatautonomie und der Vorstellung einer Gleichordnung der Beteiligten beruhenden Handlungsformen des Zivil- und Zivilprozessrechts als unangemessen.

Auch die in der sozialhilferechtlichen Praxis vorherrschende Darlehensausgestaltung durch **öffent-** 28
lich-rechtlichen Vertrag unterliegt im Rahmen des § 91 SGB XII engen Grenzen:[51] So ist der Abschluss eines öffentlich-rechtlichen Vertrags (§§ 53 ff. SGB X) über Sozialleistungen nach § 53 Abs. 2 SGB X grundsätzlich nur zulässig, soweit es sich um eine Ermessensleistung handelt, was – wie bereits oben (vgl. Rn. 21) dargelegt – allein wegen der nach § 91 SGB XII angeordneten Darlehensform nicht der Fall ist.[52] Eine Einordnung der Darlehensgewährung nach § 91 SGB XII als Austauschvertrag i.S.d. § 55 SGB X erscheint lediglich mit Rücksicht auf eine geforderte Sicherungsbestellung möglich, da bei

---

[44] LSG Berlin-Brandenburg v. 18.10.2012 - L 23 SO 106/10 - Revision anhängig unter dem Aktenzeichen B 8 SO 1/13 R.

[45] BT-Drs. 15/1514, S. 66 zu § 86: „Die Vorschrift überträgt inhaltsgleich den bisherigen § 89 des Bundessozialhilfegesetzes".

[46] *Fichtner* in: Fichtner/Wenzel, SGB XII, 4. Aufl., § 10 Rn. 5; zum BSHG *Oesterreicher*, § 89 Rn. 6; a.A. *Hohm* in: Schellhorn/Schellhorn/Hohm, SGB XII, 18. Aufl., § 10 Rn. 14; *Falterbaum* in: Hauck/Noftz, SGB XII, § 37 Rn. 42; OLG Schleswig-Holstein v. 04.09.1987 - 14 U 371/85 - NVwZ 1988, 761 f.; offen gelassen BGH v. 11.06.1987 - III ZR 131/86 - NVwZ 1988, 92 f.; BGH v. 23.01.1996 - XI ZR 155/95 - NJW 1996, 1277 f.

[47] Vgl. BGH v. 11.06.1987 - III ZR 131/86 - NVwZ 1988, 92; OVG Bremen v. 11.09.1985 - 2 B 89/85 - FEVS 35, 56, 57 f.; vgl. hierzu Rn. 33.

[48] OVG Nordrhein-Westfalen v. 17.05.1988 - 8 A 189/87 - FEVS 41, 193; OVG Nordrhein-Westfalen v. 06.09.2000 - 16 B 941/00 jeweils m.w.N.; *Hohm* in: Schellhorn/Schellhorn/Hohm, SGB XII, 18. Aufl, § 10 Rn. 14.

[49] Hierzu BVerfG v. 09.02.2010 - 1 BvL 1/09, 1 BvL 3/09, 1 BvL 4/09 - NJW 2010, 505 = SGb 2010, 227.

[50] Vgl. zu § 24 SGB II: *Behrend* in: jurisPK-SGB II, 3. Aufl. 2012, § 24 Rn. 43.

[51] Vgl. hierzu OVG Niedersachsen v. 27.03.2003 - 12 ME 52/03 - juris Rn. 6 - FEVS 54, 526; OVG Bremen v. 18.02.1986 - 2 BA 42/85 - FEVS 37, 112; *Gent*, SGb 1987, 495; *Salje*, DÖV 1988, 333; *Aschermann*, ZfF 1989, 121; *Schlette*, ZFSH/SGB 1998, 154, 160 f.; *Becker/Schmidtbauer*, info also 1991, 3.

[52] Anders zu § 15h BSHG, der die Leistungsform vollständig in das Ermessen des Leistungsträgers stellte: BSG v. 29.06.1995 - 11 RAr 87/94 - juris Rn. 22 - SozR 3-1300 § 104 Nr. 9; zu § 23 SGB II: *Behrend* in: jurisPK-SGB II, 3. Aufl. 2012, § 24 Rn. 42.

dem hier vorliegenden zinslosen, also unentgeltlichen Darlehen[53] nur diese im nach § 55 SGB X vorausgesetzten Gegenseitigkeitsverhältnis steht. In diesem Fall folgt die Zulässigkeit einer vertraglichen Sicherungsvereinbarung aus § 55 Abs. 2 SGB X i.V.m. § 91 Satz 2 SGB XII. Ob sich der Sozialhilfeträger in diesen Fällen der Handlungsform des öffentlich-rechtlichen Vertrags oder des Verwaltungsaktes mit Nebenbestimmungen bedient, steht in seinem pflichtgemäßen Ermessen.[54] Er hat jedoch zu beachten, dass nur über die Gegenstände zwischen ihm und dem Leistungsempfänger verhandelt werden kann, bezüglich derer ihm Ermessen eingeräumt ist.[55] Gleichzeitig findet der Verhandlungsspielraum des Sozialhilfeträgers dort seine Grenze, wo der Umfang des ihm eingeräumten Ermessens endet. Daher sind Beginn, Laufzeit, Höhe und Fälligkeit des Darlehens der Gestaltung durch die Vertragschließenden regelmäßig entzogen und ihnen verbleibt nur hinsichtlich der Ausgestaltung einer Sicherung ein gewisser Spielraum. Eine öffentlich-rechtliche Darlehensvereinbarung unterliegt dem **Schriftformerfordernis** nach § 56 SGB X.

VI. Sicherung des Darlehens

29   Vgl. auch die Kommentierung zu § 37 SGB XII und die Kommentierung zu § 38 SGB XII.

30   § 91 Satz 2 SGB XII ermächtigt den Sozialhilfeträger dazu, die Leistungserbringung von der **Sicherung des Anspruchs auf Rückzahlung** abhängig zu machen. Ohne eine solche besondere Ermächtigung wäre das Sicherungsverlangen nicht zulässig, da es in die sozialen Rechte der nachfragenden Person eingreift (§ 31 SGB I)[56]. Das „Ob" des Sicherungsverlangens und das „Wie" der Sicherung stehen im pflichtgemäßen Ermessen des Sozialhilfeträgers („**Kann-Ermessen**"). Daher kann der Sozialhilfeträger beispielsweise dann von einem Sicherungsverlangen absehen, wenn bei einem erkennbar vorübergehenden Bedarf der Aufwand der Sicherung in einem Missverhältnis zur voraussichtlichen Darlehenshöhe stünde oder aufgrund der Umstände des Einzelfalls auch ohne eine Sicherung eine Tilgung des Darlehens sicher erwartet werden kann.

31   Die in § 91 Satz 2 SGB XII verwandte Formulierung „Die Leistungserbringung kann davon abhängig gemacht werden ..." impliziert, dass der Sozialhilfeträger berechtigt ist, die Leistung bis zur Bestellung einer von ihm verlangten Sicherheit zu verweigern.[57] Mit Rücksicht auf das Grundrecht auf Gewährleistung des menschenwürdigen Existenzminimums[58] besteht das **Leistungsverweigerungsrecht** des Trägers jedoch nicht grenzenlos. So sind zumindest in Fällen des vorübergehenden tatsächlichen oder rechtlichen Verwertungsausschlusses die Leistungen zu erbringen, die zur Sicherung der physischen Existenz notwendig sind.

32   Wird eine Sicherung verlangt, lässt § 91 Satz 2 SGB XII sowohl das Verlangen nach einer dinglichen Sicherung, aber auch nach jeder anderen **Form der Sicherung** zu. Die dingliche Sicherung eines Darlehens nach § 24 Abs. 5 SGB II erfolgt beim Vorhandensein von Grundstücken oder grundstücksähnlichen Rechten regelmäßig durch Bestellung einer Hypothek oder Grundschuld.[59] Als weitere Sicherungsformen kommen beispielsweise die Sicherungsübereignung, die Forderungsabtretung oder eine Bürgschaft in Betracht. Die Bestellung der Sicherung wie auch deren Freigabe oder Verwertung erfolgt nach den jeweils einschlägigen zivilrechtlichen Regelungen. Wird eine privatrechtliche Forderung zur Sicherung des Darlehensrückzahlungsanspruchs abgetreten, handelt es sich bei Streitigkeiten infolge der Abtretung gegen den Schuldner der abgetretenen Forderung um **zivilrechtliche Streitigkeiten**.[60]

VII. Verfahren

33   Vgl. auch die Kommentierung zu § 37 SGB XII und die Kommentierung zu § 38 SGB XII.

34   Wird die Sozialhilfe nach § 91 SGB XII als Darlehen gewährt, so hängen die Rechtsnatur des Rückzahlungsanspruchs und der **Rechtsweg** für Streitigkeiten über sein Bestehen und seine Höhe von der

---

[53] Zur Rechtsnatur des Darlehens vgl. allg. *Weidenkaff* in: Palandt, BGB, 73. Aufl. 2014, Vorbem. v. § 488 Rn. 3.
[54] *Becker* in: Hauck/Noftz, SGB X, § 53 Rn. 39 und 71.
[55] Vgl. *Becker* in: Hauck/Noftz, SGB X, § 53 Rn. 35.
[56] Vgl. zu § 9 Abs. 4 SGB II i.d.F. des Art. I des G. v. 24.12.2003, BGBl I 2003, 2954, LSG Nordrhein-Westfalen v. 23.12.2005 - L 19 B 67/05 AS ER - juris Rn. 17 ff. - FEVS 57, 473.
[57] OVG Niedersachsen v. 22.07.1999 - 12 M 3558/97 - FEVS 48, 102.
[58] Hierzu BVerfG v. 09.02.2010 - 1 BvL 1/09, 1 BvL 3/09, 1 BvL 4/09 - SGb 2010, 227 = NJW 2010, 505.
[59] LSG Niedersachsen-Bremen v. 15.01.2008 - L 13 AS 207/07 ER.
[60] Vgl. Beschluss des BSG v. 22.03.2012 - B 8 SO 9/12 R, nach Abtrennung einer Widerklage in dem Verfahren B 8 SO 24/10 R.

Form ab, in der das Darlehen gewährt worden ist:[61] Werden die Darlehensbedingungen nach § 32 SGB X als Nebenbestimmungen zu dem gewährenden Verwaltungsakt festgelegt, so sind die Vertragspflichten im Wege der Verwaltungsvollstreckung durchzusetzen; über den Rechtsschutz entscheiden die Sozialgerichte. Schließen Sozialhilfeträger und Hilfebedürftige einen öffentlich-rechtlichen Vertrag, wird auch über dessen Abwicklung im Sozialrechtsweg entschieden. Der Sozialhilfeträger kann die Rückforderung regelmäßig durch Leistungsklage geltend machen.[62] Wird hingegen – entgegen den Ausführungen unter Rn. 27 – über die Gewährung der Sozialhilfe und ihre Höhe durch Verwaltungsakt entschieden, über die Durchführung aber ein tatsächlich dem Privatrecht zuzuordnender[63] Vertrag geschlossen, haben über die Erfüllung der Vertragspflichten die Zivilgerichte zu entscheiden. Ebenso sind Streitigkeiten aus dem zivilrechtlichen Sicherungsgeschäft ohne Rücksicht auf das möglicherweise öffentlich-rechtliche bzw. sozialrechtliche Grundgeschäft vor den Zivilgerichten auszutragen. Dies gilt etwa für einen Anspruch aus **§ 816 Abs. 2 BGB** bei Zahlung an den Neugläubiger.[64]

Werden Leistungen lediglich als Darlehen bewilligt, ist die Klage vor den Sozialgerichten als Anfechtungs- und Verpflichtungsklage zulässig, um **Umwandlung der Darlehensbewilligung** in die Bewilligung eines Zuschusses geltend zu machen.[65] Denn die Anordnung der darlehensweisen Bewilligung von Leistungen verändert den Inhalt des (Haupt-)Verwaltungsaktes selbst und ist damit keine isoliert anfechtbare Nebenbestimmung zur Hauptregelung des Verwaltungsaktes.[66] Auf die isolierte Anfechtungsklage würde daher der gesamte Verfügungssatz und damit gleichzeitig der Leistungsanspruch als solcher entfallen. Auch im Rahmen des Umwandlungsbegehrens sind grundsätzlich alle Anspruchsvoraussetzungen dem Grunde und der Höhe nach unter jedem rechtlichen Gesichtspunkt zu prüfen.[67]

Verstirbt der Hilfeempfänger, nachdem er mit dem Widerspruch die Gewährung von Sozialhilfe als verlorenen Zuschuss anstelle eines Darlehens nach § 91 SGB XII verlangt hat, so kann das Widerspruchsverfahren durch den Erben fortgesetzt und ggf. von diesem die Rückzahlung verlangt werden.[68]

Näheres zu **prozessualen und verwaltungsverfahrensrechtlichen Fragen** vgl. die Praxishinweise der Kommentierung zu § 37 SGB XII Rn. 73 ff.

---

[61] BGH v. 11.06.1987 - III ZR 131/86 - NVwZ 1988, 92; OVG Bremen v. 11.09.1985 - 2 B 89/85 - FEVS 35, 56, 57 f.
[62] OVG Nordrhein-Westfalen v. 17.05.1988 - 8 A 189/87 - FEVS 41, 193; OVG Niedersachsen v. 19.12.1984 - 4 A 165/80 - FEVS 36, 297; OVG Bremen v. 11.09.1985 - 2 B 89/85 - FEVS 35, 56.
[63] Generell ablehnend OLG Schleswig-Holstein v. 04.09.1987 - 14 U 371/85 - NVwZ 1988, 761.
[64] Vgl. Beschluss des BSG v. 22.03.2012 - B 8 SO 9/12 R, nach Abtrennung einer Widerklage in dem Verfahren B 8 SO 24/10 R.
[65] Zum SGB II vgl. BSG v. 13.11.2008 - B 14 AS 36/07 R - BSGE 102, 68 = SozR 4-4200 § 23 Nr. 1 und BSG v. 27.01.2009 - B 14 AS 42/07 R - SozR 4-4200 § 12 Nr. 12.
[66] Zu § 9 Abs. 4 SGB II LSG Nordrhein-Westfalen v. 30.08.2007 - L 7 (12) AS 8/07.
[67] Zum SGB II BSG v. 18.02.2010 - B 4 AS 5/09 R - info also 2010, 185.
[68] OVG Niedersachsen v. 28.07.1993 - 4 L 3368/92 - FEVS 44, 403.

Vierter Abschnitt: Einschränkung der Anrechnung

§ 92 SGB XII Anrechnung bei behinderten Menschen

(Fassung vom 24.03.2011, gültig ab 01.01.2011)

(1) ¹Erfordert die Behinderung Leistungen für eine stationäre Einrichtung, für eine Tageseinrichtung für behinderte Menschen oder für ärztliche oder ärztlich verordnete Maßnahmen, sind die Leistungen hierfür auch dann in vollem Umfang zu erbringen, wenn den in § 19 Abs. 3 genannten Personen die Aufbringung der Mittel zu einem Teil zuzumuten ist. ²In Höhe dieses Teils haben sie zu den Kosten der erbrachten Leistungen beizutragen; mehrere Verpflichtete haften als Gesamtschuldner.

(2) ¹Den in § 19 Abs. 3 genannten Personen ist die Aufbringung der Mittel nur für die Kosten des Lebensunterhalts zuzumuten

1. bei heilpädagogischen Maßnahmen für Kinder, die noch nicht eingeschult sind,
2. bei der Hilfe zu einer angemessenen Schulbildung einschließlich der Vorbereitung hierzu,
3. bei der Hilfe, die dem behinderten noch nicht eingeschulten Menschen die für ihn erreichbare Teilnahme am Leben in der Gemeinschaft ermöglichen soll,
4. bei der Hilfe zur schulischen Ausbildung für einen angemessenen Beruf oder zur Ausbildung für eine sonstige angemessene Tätigkeit, wenn die hierzu erforderlichen Leistungen in besonderen Einrichtungen für behinderte Menschen erbracht werden,
5. bei Leistungen zur medizinischen Rehabilitation (§ 26 des Neunten Buches),
6. bei Leistungen zur Teilhabe am Arbeitsleben (§ 33 des Neunten Buches),
7. bei Leistungen in anerkannten Werkstätten für behinderte Menschen nach § 41 des Neunten Buches und in vergleichbaren sonstigen Beschäftigungsstätten (§ 56),
8. bei Hilfen zum Erwerb praktischer Kenntnisse und Fähigkeiten, die erforderlich und geeignet sind, behinderten Menschen die für sie erreichbare Teilhabe am Arbeitsleben zu ermöglichen, soweit diese Hilfen in besonderen teilstationären Einrichtungen für behinderte Menschen erbracht werden.

²Die in Satz 1 genannten Leistungen sind ohne Berücksichtigung von vorhandenem Vermögen zu erbringen. ³Die Kosten des in einer Einrichtung erbrachten Lebensunterhalts sind in den Fällen der Nummern 1 bis 6 nur in Höhe der für den häuslichen Lebensunterhalt ersparten Aufwendungen anzusetzen; dies gilt nicht für den Zeitraum, in dem gleichzeitig mit den Leistungen nach Satz 1 in der Einrichtung durchgeführte andere Leistungen überwiegen. ⁴Die Aufbringung der Mittel nach Satz 1 Nr. 7 und 8 ist aus dem Einkommen nicht zumutbar, wenn das Einkommen des behinderten Menschen insgesamt einen Betrag in Höhe des Zweifachen der Regelbedarfsstufe 1 nach der Anlage zu § 28 nicht übersteigt. ⁵Die zuständigen Landesbehörden können Näheres über die Bemessung der für den häuslichen Lebensbedarf ersparten Aufwendungen und des Kostenbeitrags für das Mittagessen bestimmen. ⁶Zum Ersatz der Kosten nach den §§ 103 und 104 ist insbesondere verpflichtet, wer sich in den Fällen der Nummern 5 und 6 vorsätzlich oder grob fahrlässig nicht oder nicht ausreichend versichert hat.

(3) ¹Hat ein anderer als ein nach bürgerlichem Recht Unterhaltspflichtiger nach sonstigen Vorschriften Leistungen für denselben Zweck zu erbringen, dem die in Absatz 2 genannten Leistungen dienen, wird seine Verpflichtung durch Absatz 2 nicht berührt. ²Soweit er solche Leistungen erbringt, kann abweichend von Absatz 2 von den in § 19 Abs. 3 genannten Personen die Aufbringung der Mittel verlangt werden.

Gliederung

A. Basisinformationen 1	d. Teilhabeleistungen für noch nicht eingeschulte Menschen 48
I. Textgeschichte/Gesetzgebungsmaterialien 1	e. Hilfe zur schulischen Ausbildung für einen angemessenen Beruf 51
II. Vorgängervorschriften 2	f. Leistungen zur medizinischen Rehabilitation 54
III. Parallelvorschriften 3	g. Leistungen zur Teilhabe am Arbeitsleben 55
IV. Systematische Zusammenhänge 5	h. Leistungen in anerkannten Werkstätten für behinderte Menschen 56
V. Ausgewählte Literaturhinweise 13	i. Hilfen zum Erwerb praktischer Kenntnisse und Fähigkeiten 59
B. Auslegung der Norm 14	
I. Regelungsgehalt und Bedeutung der Norm 14	
II. Normzweck 17	3. Ausschluss der Berücksichtigung von Vermögen (Satz 2) 61
III. Erweiterte Hilfe nach Absatz 1 20	
1. Voraussetzungen und Umfang der Hilfe (Satz 1) 20	4. Grenzen der Kostenbeteiligung für Maßnahmen nach Absatz 2 Satz 1 Nr. 1-6 (Sätze 3, 5) 62
2. Heranziehung zu den Sozialhilfeaufwendungen (Satz 2) 27	
IV. Begrenzte Heranziehung bei bestimmten Maßnahmen der Eingliederungshilfe nach Absatz 2 38	5. Begrenzter Einkommenseinsatz bei Leistungen in anerkannten Werkstätten und bei Hilfen zum Erwerb praktischer Kenntnisse und Fähigkeiten (Satz 4) 72
1. Allgemeines 38	
2. Aufbringung nur der „Kosten des Lebensunterhalts" (Satz 1) für bestimmte Maßnahmen der Eingliederungshilfe 41	6. Kostenersatz bei schuldhaftem Verhalten (Satz 6) 75
a. Allgemeines 41	V. Verpflichtungen Dritter (Absatz 3) 78
b. Heilpädagogische Maßnahmen 45	**C. Praxishinweise** 83
c. Hilfe zu einer angemessenen Schulbildung 46	

A. Basisinformationen

I. Textgeschichte/Gesetzgebungsmaterialien

§ 92 SGB XII wurde durch das **Gesetz zur Einordnung des Sozialhilferechts** in das Sozialgesetzbuch vom 27.12.2003[1] eingefügt und ist – wie das gesamte SGB XII – mit Wirkung zum 01.01.2005 in Kraft getreten. Durch das **Gesetz zur Ermittlung von Regelbedarfen** und zur **Änderung des Zweiten und Zwölften Buches Sozialgesetzbuch** vom 24.03.2011[2] wurden in § 92 Abs. 2 Satz 4 SGB XII die Wörter „zweifacher Eckregelsatz" durch die Wörter „Zweifachen der Regelbedarfsstufe 1 nach der Anlage zu § 28" als Folgeänderungen zu der Neubemessung der Leistungen zur Sicherung des Existenzminimums nach dem SGB II und SGB XII ersetzt. 1

II. Vorgängervorschriften

Vorgängervorschrift zu § 92 SGB XII ist der **weitgehend identische § 43 BSHG**, der um den Ausschluss der Heranziehung von Vermögen (Absatz 2 Satz 2) ergänzt wurde. Anders als § 43 BSHG ist § 92 SGB XII den Bestimmungen über den Einsatz von Einkommen und Vermögen zugeordnet. 2

III. Parallelvorschriften

Für den **Bereich der Kinder- und Jugendhilfe** (SGB VIII) finden sich Regelungen zur Vorleistung von Kosten der Erziehungshilfe und **Heranziehung zu den Aufwendungen**, insbesondere für die Hilfe zur Erziehung in einem Heim oder einer sonstigen betreuten Wohnform und für die Inobhutnahme von Kindern oder Jugendlichen in den §§ 90 ff. SGB VIII. 3

---

[1] BGBl I 2003, 3022.
[2] BGBl I 2011, 453.

4 Das **SGB II** kennt keine besonderen Regelungen zur Berücksichtigung von Einkommen und Vermögen bei behinderten Menschen sowie zur Leistungserbringung in Einrichtungen.

IV. Systematische Zusammenhänge

5 § 92 Abs. 1 SGB XII enthält mit der sog „**erweiterten Hilfe**" eine Modifikation des Nachrangs der Sozialhilfe (§ 2 SGB XII) im Interesse einer **zeitnahen Bedarfsdeckung**.[3] Die Regelung beinhaltet eine Abweichung von dem nach der **Systematik im Sozialhilferecht** grundsätzlich geltenden „**Nettoprinzip**"; Leistungen werden danach – außer in den ausdrücklich gesetzlich angeordneten Fällen – nur in Höhe des Betrags erbracht, der die für die Hilfe zum Lebensunterhalt (§§ 82 bis 84 SGB XII) und/oder die für die besonderen Sozialhilfeleistungen (§§ 85 bis 89 SGB XII) vorgesehenen Grenzen der Berücksichtigung von Einkommen überschreitet, wenn auch kein Vermögen vorhanden ist.[4] Auch wenn die Aufbringung der Mittel teilweise zuzumuten ist, werden nach § 92 Abs. 1 Satz 1 SGB XII Leistungen für eine stationäre Einrichtung, eine Tageseinrichtung für behinderte Menschen oder für ärztliche oder ärztlich verordnete Maßnahmen nicht nur z.T. (sog. **Nettoprinzip**), sondern **in vollem Umfang** erbracht (sog. **Bruttoprinzip**); allerdings wird gleichzeitig eine Beteiligung an den Kosten verlangt.

6 § 92 Abs. 1 SGB XII ist in Abgrenzung zu der **erweiterten Hilfe nach § 19 Abs. 5 SGB XII** zu sehen und findet – bezogen auf die wichtigsten Formen der Betreuung behinderter Menschen – nur Anwendung, wenn den in § 19 Abs. 3 SGB XII genannten Personen die Aufbringung der Sozialhilfemittel **nur teilweise** zuzumuten ist. Ist die Aufbringung der Mittel aus dem Einkommen und Vermögen **in vollem Umfang** möglich und zumutbar, kann **Sozialhilfe gegen Aufwendungsersatz** nach § 19 Abs. 5 SGB XII erbracht werden.

7 § 92 Abs. 2 SGB XII ist eine – auch im Verhältnis zu § 92 Abs. 1 SGB XII – **eigenständige und begünstigende Regelung**[5] zur begrenzten Heranziehung des behinderten Menschen und dessen unterhaltspflichtigen Angehörigen. Durch § 92 Abs. 2 SGB XII wird die nach § 92 Abs. 1 Satz 2 SGB XII vorgesehene Heranziehung weiter eingeschränkt. Der **Zweck dieser Regelung** darf nicht dadurch unterlaufen werden, dass z.B. ein Sozialhilfeträger ein behindertes Kind bei der Inanspruchnahme einer angemessenen Schulbildung mit notwendiger Heimunterbringung auf Unterhaltsansprüche gegen seine Eltern verweist.[6]

8 Verglichen mit anderen Leistungen für (behinderte) Menschen und sonstigen Sozialhilfebeziehern beinhaltet § 92 Abs. 2 SGB XII eine nur begrenzte **Beteiligung an den Kosten des Lebensunterhalts** in Einrichtungen, eine **reduzierte Berücksichtigung** des Einkommens der in § 19 Abs. 3 SGB XII genannten Personen sowie den **Ausschluss der Vermögensberücksichtigung** bei den genannten Maßnahmen.

9 Die Vorschrift ist ergänzend zu den Regelungen des Elften Kapitels zum Einsatz von Einkommen und Vermögen (§§ 82 ff. SGB XII) heranzuziehen. § 92 Abs. 2 Satz 1 SGB XII ermöglicht es insofern nicht, zum **Nachteil des behinderten Menschen und seiner Angehörigen** bei den von § 92 Abs. 2 Satz 1 SGB XII erfassten Maßnahmen der Eingliederungshilfe von den in § 19 Abs. 3 SGB XII genannten Personen die Aufbringung der Mittel für die Kosten des Lebensunterhalts zu verlangen, wenn sich schon bei Anwendung der **allgemeinen Regelungen zum Einsatz von Einkommen und Vermögen §§ 82 ff. SGB XII** kein einzusetzendes Einkommen ergibt.[7]

10 Zum **Verhältnis von § 92 Abs. 2 SGB XII und § 92a SGB XII** bestimmt § 92a Abs. 4 SGB XII, dass § 92 Abs. 2 SGB XII unberührt bleibt; dessen ggf. günstigere Einkommensanrechnungsvorschriften sind also vorrangig, soweit die Regelungsbereiche beider Vorschriften übereinstimmen. Mit **§ 92a Abs. 4 SGB XII** wird zum Ausdruck gebracht, dass nach der Systematik des SGB XII je nach in An-

---

[3] *Mrozynski*, Sozialhilfe und Grundsicherung, III.4 Rn. 15, Stand Februar 2007; *Wahrendorf* in: Grube/Wahrendorf, SGB XII, 4. Aufl. 2012, § 92 Rn. 14; LSG Baden-Württemberg v. 12.12.2013 - L 7 SO 402/11 - juris Rn. 28.

[4] BSG v. 23.08.2013 - B 8 SO 17/12 R - SozR 4-3500 § 92a Nr. 1, Rn. 16.

[5] BSG v. 22.03.2012 - B 8 SO 30/10 R - BSGE 110, 301 = SozR 4-3500 § 54 Nr. 8, Rn. 28; *Löden*, ZfSH/SGB 1983, 484 ff., 484; vgl. zur weitgehend inhaltsgleichen Rechtslage nach dem BSHG: BVerwG v. 22.05.1975 - V C 19.74 - BVerwG 48, 228, 234.

[6] BVerwG v. 02.09.1993 - 5 C 50/91 - BVerwGE 94, 127.

[7] LSG Niedersachsen-Bremen v. 24.09.2009 - L 8 SO 154/07 - FEVS 61, 321; LSG Niedersachsen-Bremen v. 25.02.2010 - L 8 SO 5/08; so auch *Wahrendorf* in: Grube/Wahrendorf, SGB XII, 4. Aufl. 2012, § 92 Rn. 15; a.A. wohl LSG Baden-Württemberg v. 12.12.2013 - L 7 SO 402/11 - juris Rn. 31.

spruch genommener Leistung eine **unterschiedliche Strenge beim Einsatz von Einkommen und Vermögen** angelegt wird.[8] Die Privilegierung behinderter Menschen und ihrer Angehöriger soll in Bezug auf den Katalog der Eingliederungsmaßnahmen des § 92 Abs. 2 SGB XII erhalten bleiben.

Während § 92a SGB XII eine **allgemeine Regelung zum Einkommenseinsatz** für die stationären Leistungen der Hilfe zum Lebensunterhalt nach dem Dritten und Vierten Kapitel enthält, erfasst § 92 Abs. 2 SGB XII nur die dort genannten spezifischen Maßnahmen der Eingliederungshilfe. Zudem regelt § 92a SGB XII ausschließlich den Einkommenseinsatz des Hilfebedürftigen und seines nicht getrennt lebenden Ehegatten oder Lebenspartners. § 92 Abs. 2 SGB XII beinhaltet dagegen eine Vorschrift zum **Einkommenseinsatz (auch) von Eltern behinderter minderjähriger** und **unverheirateter Kinder**, die nur die Eingliederungshilfe betrifft. In gleicher Weise wie § 92 Abs. 2 Satz 3 SGB XII knüpft § 92a Abs. 1 SGB XII an die „**für den häuslichen Lebensunterhalt ersparten Aufwendungen**" an.

Im Verhältnis von § 94 SGB XII (**Übergang von Ansprüchen gegen einen nach bürgerlichem Recht Unterhaltspflichtigen**) und § 92 Abs. 2 SGB XII kann der Sozialhilfeträger wählen, auf welchem Weg er sich Ersatz für die geleistete Sozialhilfe verschaffen will.[9]

V. Ausgewählte Literaturhinweise

Baur/Mertins, Sozialhilfe nach dem SGB XII in stationären Einrichtungen, NDV 2006, 179 ff.; *Hlava/Giese*, Vermögenseinsatz für eine Hochschulassistenz im Rahmen der Eingliederungshilfe, jurisPR-SozR 8/2014, Anm. 4; *Löden*, Zur beschränkten Kostenbeitragspflicht in der Eingliederungshilfe nach § 43 Abs. 2 BSHG, ZfSH/SGB 1983, 484 ff.; *Niemann*, Sozialhilfe im Heim nach dem SGB XII – insbesondere für verheiratete Bewohner; *Pfuhlmann-Riggert*, Die Heranziehung Angehöriger zu Kostenbeiträgen in der Jugend- und Sozialhilfe, 23. Sozialrechtliche Jahresarbeitstagung des DAV; *Rademacker*, Finanzierung von Einrichtungen der Behindertenhilfe nach dem Bruttoprinzip, RdL 1996, 103 ff.; *Rein*, Der Kostenbeitrag für Mittagessen in Kindertageseinrichtungen – Diskriminierung behinderter Kinder durch § 92 Abs. 2 Satz 3 SGB II, ZfSH/SGB 2014, 16 ff.

B. Auslegung der Norm

I. Regelungsgehalt und Bedeutung der Norm

Absatz 1 beinhaltet als Vorschrift zur **erweiterten Hilfe** auch besondere Regelungen zur (erst) nachträglichen Heranziehung der Verpflichteten zum Einsatz von Einkommen und Vermögen bei bestimmten Leistungen für behinderte Menschen.

Absatz 2 regelt die nur **begrenzte Heranziehung** der in § 19 Abs. 3 SGB XII genannten Personen – aber auch der **behinderten Menschen selbst** – zu den Kosten für im Einzelnen bezeichnete Maßnahmen der Eingliederungshilfe. Die beschränkte Inpflichtnahme ergibt sich teils aus einer Begrenzung der kostenbeitragspflichtigen Sozialhilfeaufwendungen (Sätze 1, 3, 5), teils aus abweichenden (Ober-) Grenzen zur Berücksichtigung von Einkommen (Satz 4).

Absatz 3 bestimmt Ausnahmen von den Beschränkungen der Kostenbeteiligung auf die Kosten des Lebensunterhalts bzw. der für den häuslichen Lebensunterhalt ersparten Aufwendungen.

II. Normzweck

§ 92 SGB XII verfolgt sozialpolitische Ziele.[10] Die **erweiterte Hilfe (§ 92 Abs. 1 Satz 1 SGB XII)** stellt – auch gegenüber den jeweiligen Leistungserbringern – sicher, dass die Erbringung notwendiger Leistungen für eine stationäre Einrichtung, für eine Tageseinrichtung für behinderte Menschen oder für ärztliche oder ärztlich verordnete Maßnahmen nicht durch **langwierige Ermittlungen zur wirtschaftlichen Leistungsfähigkeit** der in § 19 Abs. 3 SGB XII genannten Personen verzögert oder verhindert wird. Andererseits soll mit der Heranziehung nach § 92 Abs. 1 Satz 2 SGB XII das **gesetzliche Rangverhältnis** zwischen der (vorrangigen) Hilfe durch die Familiengemeinschaft und der (nachrangigen) Sozialhilfe wiederhergestellt werden.[11]

---

[8] LSG Berlin-Brandenburg v. 10.03.2011 - L 15 SO 83/09 - RdLH 2011, 77-78.
[9] Vgl. BVerwG v. 23.06.1971 - V C 12.71 - BVerwGE 38, 205 ff., 207; vgl. BSG v. 23.08.2013 - B 8 SO 17/12 R - SozR 4-3500 § 92a Nr. 1, Rn. 21.
[10] *Lücking* in: Hauck/Noftz, SGB XII, § 92 Rn. 2, Stand 8/2011.
[11] BVerwG v. 23.06.1971 - V C 12.71 - BVerwGE 38, 205 ff., 208.

18 Sinn und Zweck des § 92 Abs. 2 SGB XII ist es weiter, die **Eltern behinderter Kinder** bezogen auf Eingliederungshilfemaßnahmen mit den Eltern nichtbehinderter Kinder gleichzustellen. Die durch eine **angemessene Bildung ihrer behinderten Kinder** entstehenden höheren Kosten sollen ausgeglichen werden. Insofern sollen die Eltern behinderter Kinder in ihrer **aktiven Mitwirkung an der Eingliederung ihrer Kinder** unterstützt werden; dieses Allgemeininteresse an der Eingliederung soll nicht durch **wirtschaftliche Überlegungen** der Eltern gefährdet werden.[12]

19 **§ 92 Abs. 3 SGB XII** will vermeiden, dass von der Privilegierung der behinderten Menschen und ihrer Angehörigen bei dem Einkommens- und Vermögenseinsatz ein anderer als **nach bürgerlichem Recht Unterhaltsverpflichteter** profitiert.

III. Erweiterte Hilfe nach Absatz 1

1. Voraussetzungen und Umfang der Hilfe (Satz 1)

20 Für den Fall, dass die Behinderung Leistungen für eine stationäre Einrichtung, für eine Tageseinrichtung für behinderte Menschen oder für ärztliche oder ärztlich verordnete Maßnahmen erfordert, sind nach § 92 Abs. 1 Satz 1 SGB XII die Leistungen hierfür auch dann **in vollem Umfang** zu erbringen, wenn den in § 19 Abs. 3 SGB XII genannten Personen die Aufbringung der Mittel nur zu einem Teil zuzumuten ist ("erweiterte Hilfe").

21 Der Begriff der **teilstationären** und **stationären Einrichtung** wird in § 13 Abs. 2 SGB XII legaldefiniert.[13] Umfasst sind hiernach alle Einrichtungen, die der Pflege, der Behandlung oder sonstigen nach dem SGB XII zu deckenden Bedarfe oder der Erziehung dienen. Bei Einrichtungen handelt es sich um einen in einer **besonderen Organisationsform** zusammengefassten Bedarf von personellen und sächlichen Mitteln unter verantwortlicher Trägerschaft. Sie müssen auf eine **gewisse Dauer** angelegt sowie auf einen **wechselnden Personenkreis** zugeschnitten sein und **Leistungen der Sozialhilfe** erbringen. Weiteres wesentliches Merkmal einer Einrichtung i.S.d. Sozialhilferechts ist die **räumliche Bindung an ein Gebäude**.[14] In **stationären Einrichtungen** übernimmt der Einrichtungsträger – anders als in teilstationären Einrichtungen – von der Aufnahme der leistungsberechtigten Person bis zu ihrer Entlassung nach Maßgabe eines angewandten Gesamtkonzepts die **Verantwortung für die tägliche Lebensführung** der leistungsberechtigten Person.[15]

22 **Tageseinrichtungen** sind Einrichtungen, in denen behinderte Menschen während des Tages gefördert und betreut werden; im Unterschied zu ambulanten Leistungen muss die Förderung und Betreuung für eine nicht unwesentliche Dauer im Ablauf des Tages in der Einrichtung erfolgen. Hierunter fallen u.a. Werkstätten für behinderte Menschen, Tagessonderschulen, Sonderkindergärten, Tagesstätten für psychisch Kranke und Tageskliniken.[16]

23 **Ärztlich oder ärztlich verordnete Maßnahmen** sind alle Leistungen, die von Ärzten oder Zahnärzten selbst oder auf Anordnung oder unter Aufsicht eines Arztes durch Angehörige anderer Heilberufe durchgeführt werden. Bei diesen Leistungen besteht die Verpflichtung zur vollen Leistungserbringung unabhängig davon, ob sie ambulant, teil- oder vollstationär durchgeführt werden.

24 Die **erweiterte Hilfe** bezieht sich zunächst auf die **Aufwendungen der Eingliederungshilfe für behinderten Menschen** nach dem Sechsten Kapitel des SGB XII (§§ 53-60 SGB XII). Aber auch der **notwendige Lebensunterhalt in Einrichtungen** im umfassenden Sinne des § 27b Abs. 1 Satz 1 SGB II ist von der erweiterten Hilfe nach § 92 Abs. 1 SGB XII umfasst.[17] Zwar verweist § 92 Abs. 1 SGB XII nur auf § 19 Abs. 3 SGB XII und damit auf die dort genannten besonderen Hilfen. Auch ist der notwendige Lebensunterhalt in Einrichtungen – im Gegensatz zur bisherigen Rechtslage – regelmäßig nicht mehr (wie zuvor nach § 27 Abs. 3 BSHG) Bestandteil der Eingliederungshilfe, sondern wird in § 27b SGB XII im Kapitel für die Hilfe zum Lebensunterhalt geregelt. § 27b Abs. 1 SGB XII (bis zum 31.12.2010: § 35 Abs. 1 Satz 1 SGB XII) bestimmt jedoch i.S.d. Bruttoprinzips, dass der notwen-

---

[12] BVerwG v. 22.05.1975 - V C 19.74 - BVerwGE 48, 228, 234.
[13] BSG v. 13.07.2010 - B 8 SO 13/09 R - BSGE 106, 264 ff. Rn. 13 = SozR 4-3500 § 19 Nr. 2, Rn. 12.
[14] BSG v. 13.07.2010 - B 8 SO 13/09 R m.w.N.; vgl. zum Taschengeld für Strafgefangene auch OLG Celle v. 25.09.2013 - 1 Ws 375/13 - ZfSH/SGB 2014, 36.
[15] *Dauber* in: Mergler/Zink, SGB XII, Stand 8/2013, § 27b Rn. 2
[16] *Lippert* in: Mergler/Zink, SGB XII, Stand August 2007, § 92 Rn. 12.
[17] A.A. *Lippert* in: Mergler/Zink, § 92 SGB II Rn. 9, Stand 6/2013, der einen Anspruch auf vollständige Übernahme der entstehenden Aufwendungen als Vorleistung des Sozialhilfeträgers aus § 92a SGB XII ableitet.

dige Lebensunterhalt in Einrichtungen den **„darin erbrachten" Lebensunterhalt** umfasst (Satz 1), und enthält in Satz 2 eine „Rechengröße" zur Ermittlung des Umfangs des notwendigen Lebensunterhalts in stationären Einrichtungen (vgl. die Kommentierung zu § 27b SGB XII).

Der Gesetzgeber geht also von der Vorstellung aus, dass die **besonderen Hilfen und die Hilfe zum Lebensunterhalt** in Einrichtungen **einheitlich erbracht** werden und insgesamt eine (nachrangige) Heranziehung der Einsatzpflichtigen erfolgt. Mit dem Sinn und Zweck der erweiterten Hilfe (vgl. hierzu Rn. 15) für die wichtigsten Formen der Betreuung behinderter Menschen wäre eine nur teilweise – nach den jeweiligen Aufwendungen für den notwendigen, in der jeweiligen Einrichtung tatsächlich erbrachten Lebensunterhalt, den weiteren notwendigen Lebensunterhalt in stationären Einrichtungen und besondere Hilfen differenzierende – nur begrenzte erweiterte Hilfe nicht vereinbar. Die in § 92 Abs. 1 Satz 1 SGB XII gewählte Formulierung „den in § 19 Abs. 3 genannten Personen" ist insoweit ungenau und missverständlich; erfasst werden vielmehr auch die in § 19 Abs. 1 SGB XII (für die Hilfe zum Lebensunterhalt) bezeichneten Personen, die ohnedies mit denen des Absatzes 3 identisch sind.[18]

25

Für eine **einheitliche erweiterte Hilfe für die besonderen Hilfen** und **die Hilfe zum Lebensunterhalt in Einrichtungen** spricht auch die Entstehungsgeschichte des § 92 Abs. 1 SGB XII. Der Gesetzgeber wollte mit dieser Regelung den bisherigen § 43 BSHG – also auch die erweiterte Hilfe für die vormals mit den Hilfen in besonderen Lebenslagen verbundenen Leistungen zum Lebensunterhalt – inhaltsgleich in das SGB XII übertragen,[19] hat dabei aber offenbar nicht im Blick gehabt, dass sich wegen des Wegfalls der Verklammerung der Hilfe in besonderen Lebenslagen mit den Hilfen zum Lebensunterhalt nach dem vormaligen § 27 Abs. 3 BSHG ein **Bedeutungswandel** der Vorschrift ergeben könnte.

26

2. Heranziehung zu den Sozialhilfeaufwendungen (Satz 2)

Nach § 92 Abs. 1 Satz 2 HS. 1 SGB XII haben die in § 19 Abs. 3 SGB XII genannten Verpflichteten ihren **Anteil zu den Kosten der erbrachten Leistungen** beizutragen. § 92 Abs. 1 Satz 2 HS. 2 SGB XII bestimmt, dass mehrere Verpflichtete als **Gesamtschuldner** (§ 421 BGB) haften. Praktisch betrifft die Regelung zumeist die Eltern von minderjährigen unverheirateten Leistungsberechtigten.

27

Bei den zu erstattenden Kosten muss es sich zunächst um solche einer **rechtmäßigen Leistungserbringung** nach den **tatbestandlichen Voraussetzungen** des § 92 Abs. 1 Satz 1 SGB XII handeln.[20] Liegen z.B. die Voraussetzungen des § 92 Abs. 1 Satz 1 SGB XII, der ausschließlich eine Rechtsgrundlage für **eine von dem Nettoprinzip abweichende Heranziehung** darstellt, nicht vor, ist eine **rechtswidrig begünstigende Wahl des Bruttoprinzips** gegeben. Eine Heranziehung nach § 92 Abs. 1 Satz 2 SGB XII ist dann nicht möglich.[21] Eine Heranziehungsverfügung ist andererseits nicht bereits deshalb rechtswidrig, wenn und weil gleichzeitig eine **Überleitung nach § 93 SGB XII** verfügt ist.[22]

28

Die **gesetzliche Anordnung einer Gesamtschuld** ist nicht so zu verstehen, dass **in Höhe des gesamten Kostenbeitrags** von Gesetzes wegen, damit in gewisser Weise automatisiert, eine Gesamtschuld bestünde. Dies macht bereits die Formulierung in § 92 Abs. 1 Satz 2 SGB XII („in Höhe dieses Teils") – vgl. auch die die Formulierung im vergleichbaren § 19 Abs. 5 Satz 1 SGB XII („in diesem Umfang") – deutlich; ansonsten würden durch das **sogenannte Bruttoprinzip** die Regelungen über die Einkommensberücksichtigung der §§ 82 ff. SGB XII unzulässigerweise konterkariert. Dies erlaubt weder § 92 SGB XII noch § 19 Abs. 5 SGB XII, wie der für das Sozialhilferecht zuständige 8. Senat des BSG in der mündlichen Verhandlung vom 10.11.2011 zur durch Rücknahme der Revision erledigten Sache B 8 SO 6/10 R deutlich gemacht hat. Betroffen ist hiervon insbesondere die **Hilfe zum Lebensunterhalt**, bei der anders als im Rahmen der Einkommensberücksichtigung im Rahmen der besonderen Sozialhilfeleistungen nach den §§ 85 ff. SGB XII **keine gemeinsame Einkommensberücksichtigung** vorzunehmen ist, sondern nur das den Bedarf der jeweils betroffenen Person übersteigende Einkommen auf andere Personen verteilt wird.

29

---

[18] BSG v. 23.08.2013 - B 8 SO 17/12 R - SozR 4-3500 § 92a Nr. 1, Rn. 17.
[19] BT-Drs. 15/1514, S. 66.
[20] BVerwG v. 23.06.1971 - V C 12.71 - BVerwGE 38, 205 ff., 207; BSG v. 23.08.2013 - B 8 SO 17/12 R - SozR 4-3500 § 92a Nr. 1 Rn. 20.
[21] Vgl. BSG v. 23.08.2013 - B 8 SO 17/12 R - juris Rn. 16 f. und 22
[22] BVerwG v. 23.06.1971 - V C 12.71 - BVerwGE 38, 205 ff., 207.

30 Wenn der Gesetzgeber also den Kostenbeitrag im Rahmen der Heranziehung als **Gesamtschuld mehrerer Personen** bezeichnet und damit auch einen Kostenbeitrag zur Hilfe zum Lebensunterhalt meint – was sich daraus ergibt, dass § 19 Abs. 5 SGB XII auch die frühere Regelung des § 11 Abs. 2 BSHG aufgenommen hat –, ist gerade in Fällen der Hilfe zum Lebensunterhalt genau zu prüfen, **ob bzw. in welcher Höhe die einzelnen Verpflichteten** überhaupt zu einem Kostenbeitrag herangezogen werden können. **Nur in Höhe sich deckender Kostenbeitragsanteile** ergibt sich dann eine **Gesamtschuld**; für darüber hinausgehende Anteile einzelner oder mehrerer Personen ist **nur die Anordnung einer Teilschuld zulässig**. Eine **Teilschuldnerschaft** ist auch ohne ausdrückliche Anordnung im Gesetz möglich;[23] vgl. zur Ermessensausübung des Leistungsträgers bei einem Gesamtschuldverhältnis die Kommentierung zu § 102 SGB XII Rn. 24 ff.

31 Die ggf. unterschiedliche Heranziehung der Gesamtschuldner macht die **Konkretisierung der (Teil-)Schuldnerschaft** notwendig. Dies gilt insbesondere auch vor dem Hintergrund der abweichenden Regelung zur **getrennten Heranziehung von Elternteilen** nach § 92 Abs. 2 HS. 2 SGB VIII und der nur anteiligen Haftung der Eltern im Unterhaltsrecht nach § 1606 Abs. 3 BGB.

32 Der Kostenbeitrag ist **öffentlich-rechtlicher Natur** und muss durch einen **Bescheid** von den in § 19 Abs. 3 SGB XII genannten Personen gefordert werden.[24] Liegt keine anderweitige Regelung vor, ist für die Geltendmachung des Kostenbeitrags derjenige Sozialhilfeträger zuständig, der auch für die Leistungserbringung **örtlich** und **sachlich zuständig** war. Dies folgt aus dem allgemeinen Rechtsgrundsatz, dass der Erstattungsanspruch als actus contrarius die **Kehrseite des Leistungsanspruchs** ist.[25]

33 Aus dem bei Verwaltungsakten geltenden **Bestimmtheitsgrundsatz** (§ 33 SGB X) folgt, dass bei einem an mehrere Verpflichtete gerichteten belastenden Verwaltungsakt erkennbar sein muss, ob diese als Gesamtschuldner oder nach Bruchteilen in Anspruch genommen werden.[26] Dass und in welchem Umfang die Verpflichteten nach § 92 Abs. 1 Satz 2 SGB XII als **Gesamtschuldner** (§ 421 BGB) oder **Teilschuldner** herangezogen werden sollen, muss daher dem Inhalt des Bescheides zu entnehmen sein.

34 Bei der **Heranziehung zu einem Kostenbeitrag** besteht grundsätzlich **kein Ermessen**; dieses kann vielmehr – soweit dies nach den konkret anwendbaren Regelungen zum Einsatz des Einkommens und Vermögens nach den §§ 82 ff. SGB XII möglich ist – nur bei der Ermittlung der Höhe des Kostenbeitrags einfließen; vgl. aber zur Ermessensausübung bei Teilschuldnerschaft Rn. 30.

35 Bei der Heranziehung ist zwischen den **Kosten für den Lebensunterhalt** und den **sonstigen Kosten der Maßnahme** zu unterscheiden. Die Höhe der Heranziehung richtet sich bei ersteren nach den §§ 82-84 SGB XII, modifiziert (vgl. dazu die Überschrift zum 11. Kapitel 4. Abschnitt: „Einschränkung der Anrechnung") durch § 92 SGB XII allgemein und darüber hinaus durch § 92a Abs. 2 SGB XII. Soweit es Maßnahmekosten betrifft, die nicht den darin erbrachten Lebensunterhalt darstellen, richtet sich die Heranziehung nach den §§ 85-89 SGB XII, wobei die Privilegierung des § 92 Abs. 2 Satz 4 SGB XII zu berücksichtigen ist; vgl. den **Anhang zu § 13 SGB XII zur Systematik der Einkommensanrechnung bei stationären und teilstationären Sozialhilfeleistungen**.

36 Die **Erhebung eines Kostenbeitrags** nach § 92 Abs. 2 SGB XII ist grundsätzlich auch noch **nach Abschluss der Hilfegewährung** zulässig.[27] Allerdings kann ein barunterhaltspflichtiger Elternteil in die Lage geraten, dass er – etwa bei **Bestehen eines Unterhaltstitels** – laufend Unterhalt zahlen muss, gleichzeitig jedoch – bei ggf. zeitweiser Unterbringung seines behinderten Kindes in einer vollstationären Einrichtung – von dem Sozialhilfeträger zu einem Kostenbeitrag herangezogen wird. Für den Bereich der Kinder und Jugendhilfe enthält **§ 92 Abs. 3 Satz 1 SGB VIII**[28] den Grundsatz, dass eine Heranziehung bei Eltern, Ehegatten und Lebenspartnern **(erst) ab dem Zeitpunkt erhoben** werden darf,

---

[23] Die Möglichkeit einer solchen Anordnung liegt auch der Entscheidung des OVG Nordrhein-Westfalen vom 27.11.1997 (8 A 4279/95 - FEVS 48, 359 ff.) zugrunde, in der die Verfügung einer Teilschuldnerschaft, deren Anordnung anstelle der im Gesetz genannten Gesamtschuld die Betroffene nicht belaste, durch Auslegung angenommen worden ist.

[24] BVerwG v. 08.07.1982 - 5 C 39/81 - BVerwGE 66, 82 ff.; BVerwG v. 25.11.1982 - 5 C 13/82 - ZfSH/SGB 1983, 125 ff.

[25] BSG v. 23.03.2010 - B 8 SO 2/09 R, auch zu den Anforderungen an die Bestimmtheit eines Bescheids über den Kostenersatz durch Erben.

[26] *Engelmann* in: von Wulffen, SGB X, 7. Aufl. 2010, § 33 Rn. 6 m.w.N.; vgl. zur notwendigen Bestimmtheit eines Kostenbeitragsbescheides auch *Wahrendorf* in: Grube/Wahrendorf, SGB XII, 4. Aufl. 2012, § 92 Rn. 11.

[27] BVerwG v. 25.11.1982 - 5 C 13/82 - Buchholz 436.0 § 85 BSHG Nr. 7.

[28] I.d.F. des seit dem 01.10.2005 geltenden Gesetzes zur Weiterentwicklung der Kinder- und Jugendhilfe vom 08.09.2005 - BGBl I 2005, 2729.

ab welchem dem Pflichtigen **die Gewährung der Leistung mitgeteilt** und er über die Folgen für seine Unterhaltspflicht gegenüber dem jungen Menschen aufgeklärt worden ist (vgl. insofern § 10 Abs. 2 Satz 2 SGB VIII).[29]

Eine entsprechende Regelung im SGB XII fehlt. Nach den allgemeinen Grundsätzen zur Einkommensberücksichtigung im SGB XII und SGB II gilt aber, dass nur „**bereite Mittel**", d.h. Einkünfte, die sich der Berechtigte (zumindest) ohne weiteres „alsbald" verschaffen kann, als Einkommen zu werten sind.[30] Insofern kann der Verbrauch vorhandener Mittel durch Zahlungen an das behinderte Kind in der Vergangenheit eingewandt werden.

37

IV. Begrenzte Heranziehung bei bestimmten Maßnahmen der Eingliederungshilfe nach Absatz 2

1. Allgemeines

§ 92 Abs. 2 SGB XII enthält **Grenzen bei der Heranziehung behinderter Menschen** und ihrer **Angehörigen**. Dabei werden zunächst die kostenbeitragspflichtigen Sozialhilfeaufwendungen für behinderte Menschen bei bezeichneten Maßnahmen **im Sinne einer Obergrenze auf die Aufbringung der Mittel nur für die Kosten des Lebensunterhalts beschränkt** (Absatz 2 Sätze 1, 3, 5). Weiter wird die Außerachtlassung von vorhandenem **Vermögen** bestimmt (Absatz 2 Satz 2) und ein **Einkommensfreibetrag** in Höhe des Zweifachen der Regelbedarfsstufe 1 festgelegt (Absatz 2 Satz 4).

38

Die **Privilegierung des Absatzes 2** gilt nicht nur **bei der Anwendung des Bruttoprinzips** nach Maßgabe des § 92 Abs. 1 Satz 1 SGB XII, sondern auch dann, wenn die Leistung nur in der Höhe zu bewilligen ist, die der Bedürftigkeit entspricht („**Nettoprinzip**"). Insofern setzt die Anwendbarkeit des § 92 Abs. 2 SGB XII nicht voraus, dass gleichzeitig die **in § 92 Abs. 1 Satz 1 SGB XII beschriebenen Merkmale** der Hilfe für eine stationäre Einrichtung, für eine Tageseinrichtung für behinderte Menschen oder für ärztliche oder ärztlich verordnete Maßnahmen vorliegen.[31] Dies ergibt sich auch aus § 92 Abs. 2 Satz 3 SGB XII, weil in dieser Vorschrift speziell für die Hilfe in einer Einrichtung die Höhe der Kosten des Lebensunterhalts auf die Höhe der für den häuslichen Lebensunterhalt ersparten Aufwendungen festgelegt wird.

39

Anders als § 92 Abs. 1 Satz 2 SGB XII enthält § 92 Abs. 2 SGB XII auch **keine Anordnung einer Haftung der Verpflichteten** nach § 19 Abs. 3 SGB XII **als Gesamtschuldner**. Eine Anwendung des § 92 Abs. 1 Satz 2 SGB XII zu Lasten der nach § 92 Abs. 2 SGB XII Verpflichteten kommt daher nicht in Betracht. § 92 Abs. 1 Satz 2 SGB XII nimmt mit seiner Formulierung „in Höhe dieses Teils" auf § 92 Abs. 1 Satz 1 SGB XII Bezug, der nach seinem Wortlaut ausdrücklich diejenigen Mittel an Einkommen und Vermögen meint, welche den in § 19 Abs. 3 SGB XII genannten Personen nach den Regelungen der §§ 82 ff. SGB XII zuzumuten sind. § 92 Abs. 2 SGB XII enthält hiervon abweichende und stärker differenzierende Regelungen zur Einkommens- und Vermögensberücksichtigung, so dass von unterschiedlichen Sachverhalten und – in materieller sowie formaler Hinsicht – von **unterschiedlichen Heranziehungsgrundsätzen** auszugehen ist.

40

2. Aufbringung nur der „Kosten des Lebensunterhalts" (Satz 1) für bestimmte Maßnahmen der Eingliederungshilfe

a. Allgemeines

§ 92 Abs. 2 SGB XII begrenzt die zu erstattenden Aufwendungen für bestimmte, in Satz 1 Nrn. 1 bis 8 im Einzelnen aufgezählte Maßnahmen auf die Kosten des Lebensunterhalts (Satz 1). Die **Beschränkung auf die Kosten des Lebensunterhalts** bedeutet zunächst, dass Aufwendungen des Sozialhilfeträgers für die besonderen Hilfen nicht zu erstatten sind. Die **Maßnahmen der Eingliederungshilfe** nach § 92 Abs. 2 Satz 1 Nrn. 1 bis 6 SGB XII können **unabhängig von jeglicher Einkommensgrenze** beansprucht werden.[32]

41

---

[29] Vgl. zu den Anforderungen OVG Nordrhein-Westfalen v. 26.06.2008 - 12 E 683/07.

[30] BSG v. 26.08.2008 - B 8/9b SO 16/07 R - FEVS 60, 346; BSG v. 29.09.2009 - B 8 SO 23/08 R - BSGE 104, 219 = SozR 4-3500 § 74 Nr. 1.

[31] BSG v. 22.03.2012 - B 8 SO 30/10 R - BSGE 110, 301 = SozR 4-3500 § 54 Nr. 8, jeweils Rn. 28; BSG v. 12.12.2013 - B 8 SO 18/12 R - juris Rn. 21.

[32] Vgl. schon BVerwG v. 05.06.1975 - V C 5.74 - Buchholz 436.0 § 40 BSHG Nr. 7.

42 Es ist daher für sämtliche der in § 92 Abs. 2 Satz 1 Nr. 1-8 SGB XII genannten Maßnahmen der Eingliederungshilfe davon auszugehen, dass sich die in Absatz 2 geregelten **Einschränkungen hinsichtlich der zu erstattenden Sozialhilfeaufwendungen** auch auf die Fallgestaltungen der Beteiligung an den Kosten des notwendigen Lebensunterhalts wegen eines (nur) örtlichen oder zeitlichen Bezugs zu Einrichtungen nach § 27b SGB XII (bis zum 31.12.2010: § 35 Abs. 1 SGB XII) beziehen[33] und die Regelung insofern Einschränkungen der Einkommensberücksichtigung nach den §§ 82 ff. SGB XII und § 92a SGB XII beinhaltet.

43 Hinsichtlich des vom Wortlaut des Absatzes 2 durch die Formulierung „den in § 19 Abs. 3 genannten Personen" indirekt unterstellten Zusammenhangs zwischen der Hilfe zum Lebensunterhalt und der Eingliederungsmaßnahme ist zu berücksichtigen, dass die **Kosten des Lebensunterhalts** nach In-Kraft-Treten des SGB XII nur (noch) im Einzelfall Bestandteil der besonderen Hilfen sein können, wenn sie gleichzeitig **integraler Bestandteil der Eingliederungshilfe** sind.[34] Dagegen profitierten Behinderte und ihre Angehörigen nach der **Vorgängerregelung des § 43 BSHG** von der eingeschränkten Heranziehung von Einkommen und Vermögen – unabhängig davon, ob die Hilfe zum Lebensunterhalt integraler Bestandteil der Eingliederungshilfe war – schon allein wegen der **Verklammerung der Hilfe in besonderen Lebenslagen mit der Hilfe zum Lebensunterhalt** nach § 27 Abs. 3 BSHG. Gemäß § 27 Abs. 3 BSHG umfasste bei einer Hilfe, die in einer Anstalt, einem Heim oder einer gleichartigen Einrichtung oder in einer Einrichtung zur teilstationären Betreuung gewährt wurde, die Hilfe in besonderen Lebenslagen auch den in der Einrichtung gewährten Lebensunterhalt. Diese rechtliche Zuordnung beruhte auf einer – regelmäßig – unterstellten **engen funktionalen Nähe** zwischen dem Lebensunterhalt in der Einrichtung und dem konkreten Zweck der besonderen Hilfe.[35] Gleichzeitig bestand ein **örtlicher oder zeitlicher Bezug zur Hilfegewährung** in der Einrichtung. Da die an der Grundpauschale (vgl. nunmehr § 76 Abs. 2 SGB XII) orientierten Kosten des Lebensunterhalts regelmäßig über den Regelsatzleistungen lagen, sollte die **Kostenbeteiligung strikt an den Kosten der häuslichen Ersparnis orientiert** sein.

44 Mit dem **Inkrafttreten des SGB XII** ist die Hilfe zum Lebensunterhalt dagegen nicht mehr – wie nach der Rechtslage nach dem BSHG – „Teil" der Eingliederungshilfe, sondern wird nach § 27b SGB XII (bis zum 31.12.2010: § 35 SGB XII) gesondert berechnet. Ginge man – auch wegen des Verweises des § 92 Abs. 2 Satz 1 SGB XII auf § 19 Abs. 3 SGB XII – davon aus, dass sich § 92 Abs. 2 SGB XII ausschließlich auf die Kostenbeteiligung bei der Eingliederungshilfe für behinderte Menschen bezieht, bliebe kaum ein **Anwendungsbereich für die behinderte Menschen und ihre Angehörigen begünstigende Regelung** des § 92 Abs. 2 SGB XII. Dies entspricht nicht der ausdrücklichen Bezugnahme des Gesetzgebers auf die Kosten des Lebensunterhalts und seinem Willen, den bisherigen § 43 BSHG inhaltsgleich in das neue Recht zu übernehmen.[36]

b. Heilpädagogische Maßnahmen

45 **§ 92 Abs. 2 Satz 1 Nr. 1 SGB XII** bezieht sich auf **heilpädagogische Maßnahmen** nach § 54 Abs. 1 SGB XII in Verbindung mit § 55 Abs. 2 Nr. 2 SGB XI und § 56 Abs. 1 SGB IX für Kinder, die noch nicht eingeschult sind. Wie den Gesetzesmaterialien zu entnehmen ist, erfordert diese Hilfe nicht, dass eine spätere Schul- oder Berufsausbildung möglich ist.[37]

c. Hilfe zu einer angemessenen Schulbildung

46 **§ 92 Abs. 2 Satz 1 Nr. 2 SGB XII** gilt für die **Hilfe zu einer angemessenen Schulbildung** einschließlich der Vorbereitung hierzu (§ 54 Abs. 1 Nr. 1 SGB XII). Die Maßnahmen, die als Hilfen zu einer angemessenen Schulbildung nach § 54 Abs. 1 Satz 1 Nr. 1 SGB II ergriffen werden sollen, sind näher in **§ 12 Eingliederungshilfe-Verordnung** bestimmt. Die Hilfe schließt heilpädagogische und sonstige Maßnahmen ein, die erforderlich und geeignet sind, dem behinderten Kind den Schulbesuch zu ermöglichen und zu erleichtern. Dabei ist die Hilfe **nicht auf den eigentlichen Schulbesuch beschränkt**.[38]

---

[33] A.A. wohl *Hohm* in: Schellhorn/Schellhorn/Hohm, SGB XII, 18. Aufl. 2010, § 92 Rn. 15.
[34] Vgl. z.B. zu den Kosten des Mittagessens BSG v. 09.12.2008 - B 8/9b SO 10/07 R - BSGE 102, 126 ff. = SozR 4-3500 § 54 Nr. 3; vgl. auch die Kommentierung zu § 35 SGB XII.
[35] BVerwG v. 29.09.1994 - 5 C 56/92 - BVerwGE 95, 379 ff., 380.
[36] BT-Drs. 15/1514, S. 66.
[37] BT-Drs. 14/5786, S. 149.
[38] BSG v. 25.06.2008 - B 11b AS 19/07 R - BSGE 101, 79 = SozR 4-3500 § 54 Nr. 1; vgl. z.B. LSG Baden-Württemberg v. 20.11.2009 - L 12 AS 4180/08 - ZfSH/SGB 2010, 244 ff.

So kann im Zusammenhang mit einer angemessenen Schulbildung auch eine **Versorgung mit Hilfsmitteln** (z.B. Schreibmaschine und Tonbandgerät für Blinde) in Betracht kommen. Die **Rechtsprechung des BVerwG** vom 05.06.1975,[39] wonach eine Versorgung mit **Hilfsmitteln** keine Maßnahme der angemessenen Schulbildung sein könne, weil das BSHG eine eigenständige Spezialregelung über die Gewährung von Hilfsmitteln enthalte, ist insofern überholt und nicht mehr haltbar. Vgl. zur **Problematik unterschiedlicher Reha-Zwecke** auch die Kommentierung zu § 54 SGB XII Rn. 41 ff.

d. Teilhabeleistungen für noch nicht eingeschulte Menschen

§ 92 Abs. 2 Satz 1 Nr. 3 SGB XII erfasst die **Hilfe zur Teilhabe am Leben in der Gemeinschaft** für noch nicht eingeschulte Menschen nach § 54 Abs. 1 SGB XII ggf. i.V.m. § 55 Abs. 2 Nr. 3 SGB IX. Erfasst sind in erster Linie schulpflichtige Kinder und Jugendliche, die noch nicht eingeschult werden konnten.[40] Dabei darf der **Schwerpunkt der zu erbringenden Leistung** nicht allein oder vorrangig bei der allgemeinen Teilhabe am Leben in der Gemeinschaft liegen, sondern muss zumindest gleichwertig bei den von § 92 Abs. 2 Satz 1 Nr. 3 SGB II verfolgten **spezifischen Bildungszielen** liegen.[41]

Dies ergibt sich aus der **Binnensystematik des § 92 Abs. 2 Satz 1 SGB XII**, der – mit Ausnahme des § 92 Abs. 2 Satz 1 Nr. 3 SGB XII – ausdrücklich eine spezifische Fördermaßnahme voraussetzt, die über das Ermöglichen der reinen Teilhabe am Leben in der Gemeinschaft herausgeht. Allein der **spezifische Förderbedarf** und eine **spezifische Förderung** rechtfertigen die Bewilligung von Eingliederungsmaßnahmen ohne Prüfung der Einkommens- und Vermögenssituation. Dies verdeutlicht auch der Wortlaut des § 92 Abs. 2 Satz 1 Nr. 3 SGB XII, der an das tatbestandliche Merkmal der **noch nicht erfolgten Einschulung** anknüpft.

Entsprechend ist der **Einbau eines Personenaufzugs** in das Wohnhaus für ein behindertes noch nicht eingeschultes Kind keine (privilegierte) Eingliederungsmaßnahme, bei der der Sozialhilfeträger die Leistung ohne Berücksichtigung von Vermögen und Einkommen zu erbringen hat.[42] Auch die **Anschaffung eines behindertengerechten Pkws** ist keine privilegierte Teilhabe zum Leben in der Gemeinschaft nach § 92 Abs. 2 Satz 1 Nr. 3 SGB XII. Bei dieser Maßnahme der Eingliederungshilfe handelt es sich nicht um spezifische, an der Person des behinderten Menschen ansetzende Maßnahmen, auf die die Hilfen – neben dem **Schwerpunkt der spezifischen Bildungsziele** – ausgerichtet sein müssten.[43]

e. Hilfe zur schulischen Ausbildung für einen angemessenen Beruf

§ 92 Abs. 2 Satz 1 Nr. 4 SGB XII meint die **Hilfe zur schulischen Ausbildung** für einen **angemessenen Beruf** sowie zur Ausbildung für eine sonstige **angemessene Tätigkeit** (§ 54 Abs. 1 Nr. 2, 3 SGB XII), wenn die Leistungen in **besonderen Einrichtungen für behinderte Menschen** erbracht werden.

Die Regelung bezieht sich zunächst auf die in § 54 Abs. 1 Satz 1 Nr. 2 SGB XII genannten Hilfen für einen angemessenen Beruf, die in § 13 der EinglHV näher umschrieben werden und – trotz des unterschiedlichen Wortlauts von § 92 Abs. 2 Satz 1 Nr. 4 SGB XII und § 54 Abs. 1 Satz 1 Nr. 2 SGB XII – auch den Besuch einer Hochschule umfassen. Mit der von § 92 Abs. 2 Satz 1 Nr. 4 SGB XII gleichfalls erfassten **Hilfe zur Ausbildung für eine sonstige angemessene Tätigkeit** sollen Fallgestaltungen erfasst werden, in denen die Behinderung einer Person keine Tätigkeit ermöglicht, die als „Beruf" bezeichnet werden kann (vgl. die Kommentierung zu § 54 SGB XII Rn. 65; § 13a EinglHV).

Besondere Einrichtungen für behinderte Menschen sind solche Einrichtungen, die in ihrer Personal- oder Sachausstattung zumindest teilweise auf die Ausbildung behinderter Menschen zugeschnitten sind (z.B. Berufsbildungswerke, Werkstätten für behinderte Menschen). Dieses hier – im Unterschied zu § 54 Abs. 1 Satz 1 Nr. 2 SGB XII – aufgenommene weitere Erfordernis, dass zumindest eine spezielle, abgegrenzte Teileinrichtung für behinderte Menschen vorhanden sein muss, läuft der in § 4 Abs. 3 SGB IX formulierten gemeinsamen Betreuung behinderter und nicht behinderter Menschen zuwider und entspricht auch nicht dem mit der Einführung des SGB XII verstärkten **Rangverhältnis von ambulanten vor stationären Leistungen**[44] sowie dem **Grundsatz eines selbstbestimmten und selb-**

---

[39] BVerwG v. 05.06.1975 - V C 5.74 - Buchholz 436.0 § 40 BSHG Nr. 7 = FEVS 24, 95 ff.
[40] *Wahrendorf* in: Grube/Wahrendorf, 4. Aufl. 2012, § 92 Rn. 21.
[41] Vgl. ausführlich BSG v. 20.9.2012 - B 8 SO 15711 R - BSGE 112, 67 = SozR 4-3500 § 92 Nr. 1, jeweils Rn. 20; BSG v. 12.12.2013 - B 8 SO 18/12 R - juris Rn. 21.
[42] BSG v. 20.9.2012 - B 8 SO 15711 R - BSGE 112, 67 = SozR 4-3500 § 92 Nr. 1.
[43] BSG v. 12.12.2013 - B 8 SO 18/12 R - juris Rn. 21.
[44] *Hohm* in: Schellhorn/Hohm, SGB XII, 18. Aufl. 2010, § 92 SGB XII Rn. 21.

ständigen Lebens behinderter Menschen (vgl. die Kommentierung zu § 13 SGB XII Rn. 14). Auch ein Verstoß gegen den Gleichheitsgrundsatz aus Art. 3 Abs. 1 GG (Gleichheitsgrundsatz) ist zu diskutieren, weil ein **behinderungsbedingter Nachteilsausgleich**, z.B. für Studierende an regulären Hochschulen, nach dem Wortlaut der Regelung ausgeschlossen ist.[45]

f. Leistungen zur medizinischen Rehabilitation

54 § 92 Abs. 2 Satz 1 Nr. 5 SGB XII gilt bei **Leistungen zur medizinischen Rehabilitation** gemäß § 54 Abs. 1 SGB XII i.V.m. § 26 SGB IX.

g. Leistungen zur Teilhabe am Arbeitsleben

55 § 92 Abs. 2 Satz 1 Nr. 6 SGB XII bezieht sich auf **Leistungen zur Teilhabe am Arbeitsleben** nach § 54 Abs. 1 SGB XII i.V.m. § 33 SGB IX. Die **Leistungen zur Teilhabe am Arbeitsleben** i.S.v. § 92 Abs. 2 Satz 1 Nr. 6 SGB XII i.V.m. § 54 Abs. 1 Satz 1 Nr. 5 SGB XII sollen den Leistungen der Bundesagentur für Arbeit (§ 54 Abs. 1 Satz 2 SGB XII) entsprechen.

h. Leistungen in anerkannten Werkstätten für behinderte Menschen

56 § 92 Abs. 2 Satz 1 Nr. 7 SGB XII kommt bei **Leistungen in anerkannten Werkstätten für behinderte Menschen** und in vergleichbaren sonstigen Beschäftigungsstätten i.S.d. § 56 SGB XII zur Anwendung. Eine **Zertifizierung** der Einrichtung muss nicht vorliegen.

57 Diese **Sonderregelung** zur Beschränkung der Heranziehung nur für die Kosten für den Lebensunterhalt wurde – gleichzeitig mit der Einbeziehung der Hilfen zum Erwerb praktischer Kenntnisse und Fertigkeiten für schwerstbehinderte, nicht werkstattfähige Menschen (§ 92 Abs. 2 Satz 1 Nr. 8 SGB XII) – durch das mit Wirkung vom 01.07.2011 in Kraft getretene **SGB IX vom 19.06.2001**[46] eingeführt. Anders als bei den weiteren Sonderregelungen des § 92 Abs. 2 Satz 1 Nrn. 1 bis 6 SGB XII beinhaltet der **Lebensunterhalt in einer WfbM** allein die Zurverfügungstellung eines **Mittagessens**.[47]

58 Mit der Einfügung des § 92 Abs. 2 Satz 1 Nrn. 7 und 8 SGB XII sollte erreicht werden, dass mit dem **Verzicht auf die Bedürftigkeitsprüfung** die vollen Leistungen allen in einer WfbM Beschäftigten in vollem Umfang zur Verfügung gestellt werden und nur die einen Kostenbeitrag zum Essen zu leisten haben, die über entsprechende Eigenmittel, z.B. Rentenleistungen, verfügen.[48]

i. Hilfen zum Erwerb praktischer Kenntnisse und Fähigkeiten

59 § 92 Abs. 2 Satz 1 Nr. 8 SGB XII bezieht sich auf **Hilfen zum Erwerb praktischer Kenntnisse und Fähigkeiten** für schwerstbehinderte, nicht werkstattfähige Menschen zur Teilhabe am Arbeitsleben in besonderen teilstationären Einrichtungen nach § 54 Abs. 1 Nr. 3 SGB XII i.V.m. § 55 Abs. 2 Nr. 3 SGB IX.

60 Dies sind z.B. **Förderstätten**, in denen behinderte Menschen im Rahmen eines **strukturierten Tagesablaufs** auf Maßnahmen der Teilhabe am Arbeitsleben, insbesondere in einer Werkstatt für behinderte Menschen, vorbereitet werden.[49] Hierzu gehören auch Maßnahmen für solche behinderte Menschen, die Leistungen in den **einer Werkstatt angegliederten Gruppen** erhalten.

3. Ausschluss der Berücksichtigung von Vermögen (Satz 2)

61 Mit der – gegenüber der Vorgängerregelung des § 43 BSHG – neuen Einfügung des Satzes 2 in § 92 Abs. 2 SGB XII wollte der Gesetzgeber klarstellen, dass die in Satz 1 genannten Leistungen **ohne Rücksicht auf einzusetzendes Vermögen** nach § 90f SGB XII zu gewähren sind;[50] es kann also im Rahmen der Eingliederungshilfe nur aus dem Einkommen eine Kostenbeteiligung gefordert werden.[51]

---

[45] Vgl. SG München v. 12.03.2013 - S 48 SO 155/10 – mit kritischer Anmerkung von *Hlava/Giese*, jurisPR-SozR 2014, Anm. 4.

[46] BGBl I 2001, 1046.

[47] LSG Baden-Württemberg v. 12.12.2013 - L 7 SO 402/11 - juris Rn. 30.

[48] BT-Drs. 14/5074, S. 125.

[49] BSG v. 09.12.2008 - B 8/9b SO 11/07 R.

[50] BT-Drs. 15/1514, S. 66.

[51] BT-Drs. 15/1514, S. 66.

4. Grenzen der Kostenbeteiligung für Maßnahmen nach Absatz 2 Satz 1 Nr. 1-6 (Sätze 3, 5)

Nach § 92 Abs. 2 Satz 3 SGB XII sind die Kosten des in einer Einrichtung erbrachten Lebensunterhalts bei den Maßnahmen der Eingliederungshilfe nach § 92 Abs. 2 Satz 1 Nr. 1-6 SGB XII nur in Höhe der für den **häuslichen Lebensunterhalt ersparten Aufwendungen** anzusetzen; dies gilt nicht für den Zeitraum, in dem gleichzeitig mit den Leistungen nach Satz 1 in der Einrichtung durchgeführte andere Leistungen überwiegen. 62

Bei **teilstationären Maßnahmen** besteht die häusliche Ersparnis regelmäßig in den Kosten des Mittagessens; für die Leistungen in anerkannten Werkstätten für behinderte Menschen (§ 92 Abs. 2 Satz 1 Nr. 7 SGB XII) und bei Hilfen zum Erwerb praktischer Kenntnisse und Fertigkeiten für behinderte Menschen zur Ermöglichung einer erreichbaren Teilhabe am Arbeitsleben (§ 92 Abs. 2 Satz 1 Nr. 8 SGB XII) sind – als ersparte Aufwendungen – nur die Kosten für das Mittagessen zu berücksichtigen. Bei vollstationärer Betreuung ist der gesamte Lebensunterhalt einschließlich der Unterkunftskosten betroffen. 63

Es muss aber konkret bei dem Hilfebedürftigen eine **tatsächliche Ersparnis** vorliegen, die z.B. nicht gegeben ist, wenn eine Person die ihr in der Einrichtung angebotene Mahlzeit nicht einnimmt[52] oder der Behinderte nicht anwesend ist. Eine lediglich „**fiktive Haushaltsersparnis**" ist nicht zu berücksichtigen.[53] 64

Vor Geltendmachung einer Kostenbeteiligung bei den in § 19 Abs. 3 SGB XII genannten Personen ist zu prüfen, ob die **häusliche Ersparnis** nicht bereits bei den Kosten des Lebensunterhalts zu einer **Minderung des Bedarfs** und **abweichenden Festlegung des Regelsatzes** nach § 27b Abs. 4 Satz 1 SGB XII (bis 31.12.2010: § 28 Abs. 1 Satz 2 SGB XII) führt. Für Fallgestaltungen, in denen im Rahmen der Eingliederungshilfe in einer **Werkstatt für behinderte Menschen** nach dem SGB XII ein **kostenloses Mittagessen** gewährt wird, hat der für Sozialhilfe zuständige 8. Senat des BSG entschieden, dass der Regelsatz der Sozialhilfe abweichend festzulegen ist, um die bereits in der Eingliederungshilfe pauschal enthaltenen Kosten der Ernährung nicht mehrfach zu berücksichtigen.[54] Für diese Aufwendungen können dann nicht erneut die Leistungsberechtigten oder die Eltern eines behinderten Werkstattbeschäftigten nach § 92 SGB XII in Höhe der ersparten Aufwendungen im Wege eines Kostenbeitrags herangezogen werden. 65

Die **zuständigen Landesbehörden** können nach § 92 Abs. 2 Satz 5 SGB XII Näheres zur Bemessung der für den häuslichen Lebensbedarf ersparten Aufwendungen und des Kostenbeitrags für das Mittagessen bestimmen. Mit § 92 Abs. 2 Satz 5 SGB XII sollten **länderspezifische Regelungen** über den Essenbeitrag ermöglicht werden,[55] ohne dass der Gesetzgeber hier den **Gleichbehandlungsgrundsatz** berücksichtigende einheitliche Vorgaben gemacht hat. Wesentlich detaillierter sieht insofern der die **Kriterien des Umfangs der Heranziehung in der Jugendhilfe** regelnde § 94 SGB VIII in dessen Absatz 5 vor, dass für die Festsetzung der Kostenbeiträge von Eltern, Ehegatten und Lebenspartnern junger Menschen nach Einkommensgruppen gestaffelte Pauschalbeträge durch Rechtsverordnung des zuständigen Bundesministeriums mit Zustimmung des Bundesrates bestimmt werden.[56] 66

Die zu erstattenden Aufwendungen der Hilfe zum Lebensunterhalt sind aber zunächst auf den **tatsächlichen Aufwand** für den in der Einrichtung gewährten Lebensunterhalt im Sinne einer **Obergrenze** beschränkt.[57] Der tatsächliche Aufwand für den in der Einrichtung gewährten Lebensunterhalt ist – soweit dies praktisch möglich ist – aus der Höhe der **Grundpauschale nach § 76 Abs. 2 SGB XII** abzuleiten.[58] Diese umfasst die Kosten für Unterkunft und Verpflegung in Einrichtungen. 67

---

[52] BVerwG v. 19.03.1992 - 5 C 20/87 - NDV 1992, 375, 376.
[53] BVerwG v. 08.05.1996 - 5 B 17/96 - FEVS 47, 241 ff.; BVerwG v. 24.08.1972 - V C 49.72 - FEVS 19, 451; *Mrozynski*, Grundsicherung und Sozialhilfe, III.8 Rn. 19a, Stand Mai 2008.
[54] BSG v. 11.12.2007 - B 8/9b SO 21/06 R - BSGE 99, 252 ff. = SozR 4-3500 § 28 Nr. 3; *Mrozynski*, Grundsicherung und Sozialhilfe, III.8 Rn. 19a, Stand Februar 2007; so auch LSG Niedersachsen-Bremen v. 25.02.2010 - L 8 SO 5/08, anhängig BSG, B 8 SO 6/10 R für das Mittagessen in einer Tagesbildungsstätte im Rahmen der Hilfe zu einer angemessenen Schulbildung; so auch LSG Baden-Württemberg v. 20.11.2009 - L 12 AS 4180/08 für den Abzug des Anteils für Mittagessen vom Sozialgeld bei Besuch einer Ganztagsschule für Sprachbehinderte.
[55] BT-Drs. 14/5800, S. 35.
[56] Verordnung zur Festsetzung der Kostenbeiträge für Leistungen und vorläufige Maßnahmen in der Kinder- und Jugendhilfe – Kostenbeitragsverordnung vom 01.10.2005 (BGBl I 2005, 2907).
[57] BSG v. 23.08.2013 - B 8 SO 17/12 R - juris Rn. 25.
[58] *Lippert* in: Mergler/Zink, SGB XII, § 92 Rn. 31, Stand 1/2007.

68 Übersteigt das zu berücksichtigende Einkommen den sozialhilferechtlichen Bedarf nicht (wesentlich), entspricht die häusliche Ersparnis dem **im Regelbedarf jeweils enthaltenen Anteil** für den Lebensunterhalt. Liegt eine nur teilweise Bedürftigkeit vor, ist bei der Ermittlung der **Höhe der häuslichen Ersparnis** grundsätzlich von der **individuellen Einkommenssituation** der in § 19 Abs. 3 SGB XII genannten Personen auszugehen.[59] Da angenommen werden kann, dass die Höhe des Einkommens auch den Lebensstandard bestimmt, werden die ersparten Aufwendungen zur Sicherung des Lebensunterhalts bei höherem Einkommen über dem Betrag liegen, der sozialhilferechtlich zur Sicherung des Lebensunterhalts vorgesehen ist.

69 Die **Höhe der häuslichen Ersparnis** muss aber bei höheren Einkommen – im Sinne des Gleichbehandlungsgrundsatzes – an **einheitlichen Kriterien** gemessen werden. Dabei können grundsätzlich auch **individuelle Gesichtspunkte**, insbesondere die Zahl der weiter aus dem Einkommen zu versorgenden Personen, weitere Unterhaltspflichten[60] und Aufenthaltszeiten des behinderten Menschen bei seiner Familie[61] im Wege einer pauschalierenden Betrachtung berücksichtigt werden.

70 Ist es mit Schwierigkeiten verbunden, die genaue Höhe der tatsächlich ersparten Aufwendungen durch eine **vollständige Aufklärung aller maßgebenden Umstände** zu ermitteln, kann die Höhe der häuslichen Ersparnis für die Kosten des Lebensunterhalts gemäß § 202 SGG i.V.m. § 287 Abs. 2 Zivilprozessordnung geschätzt werden. Hierbei ist der **„regelsatzmäßige Bedarf"** des Leistungsberechtigten ein geeigneter Ausgangspunkt,[62] von dem ausgehend sich die Heranziehung in Höhe der ersparten Aufwendungen an **Einkommensgruppen** – je nach dem Umfang des Überschreitens des Sozialhilfeniveaus – orientieren kann.[63] Dabei kann auch zu berücksichtigen sein, ob die Ersparnis durch andere Mehrkosten für den häuslichen Lebensunterhalt aufgewogen werde.[64] Dann sind Mehraufwendungen, die den Angehörigen wegen einer stationären Unterbringung eines Haushaltsmitglieds entstehen, ggf. gegenzurechnen.

71 Bei der Begrenzung der Kostenbeteiligung auf die Kosten der häuslichen Ersparnis gilt eine **Ausnahme** für den Zeitraum, in dem gleichzeitig mit den Leistungen der Eingliederungshilfe nach Satz 1 in der Einrichtung durchgeführte **andere Leistungen überwiegen** (§ 92 Abs. 2 Satz 3 HS. 2 SGB XII). Andere Leistungen können z.B. gleichzeitig durchgeführte **medizinische Maßnahmen** sein. Die nach § 19 Abs. 3 SGB XII Verpflichteten können für die Kosten des Lebensunterhalts daher in voller Höhe herangezogen werden, wenn bei Maßnahmen in Einrichtungen die medizinischen Leistungen gegenüber den heilpädagogischen Leistungen (§ 92 Abs. 2 Satz 1 Nr. 1 SGB XII) im Vordergrund stehen. Kein Fall des „Überwiegens" anderer Leistungen liegt aber vor, wenn die „anderen Kosten" – wie beispielsweise bei den Kosten der Unterbringung eines behinderten Schülers im Wohnheim eines Internats – **notwendiger Bestandteil** der besonderen Hilfe, konkret der Hilfe zur angemessenen Schulbildung i.S.d. § 54 Abs. 1 Satz 1 Nr. 1 SGB XII sind.[65]

5. Begrenzter Einkommenseinsatz bei Leistungen in anerkannten Werkstätten und bei Hilfen zum Erwerb praktischer Kenntnisse und Fähigkeiten (Satz 4)

72 In Ergänzung zu den Regelungen des § 92 Abs. 2 Sätze 1-3, 5 SGB XII begünstigt Absatz 2 Satz 4 ausdrücklich den **behinderten Menschen** selbst ergänzend, indem angeordnet wird, dass die Aufbringung der Mittel für die besonderen Maßnahmen nach Absatz 2 Satz 1 Nr. 7 und 8 aus dem Einkommen nicht zumutbar ist, wenn das Einkommen des behinderten Menschen insgesamt einen **Betrag in Höhe des Zweifachen der Regelbedarfsstufe 1 nach der Anlage zu § 28** nicht übersteigt.

---

[59] *Hohm* in: Schellhorn/Schellhorn/Hohm, SGB XII, 18. Aufl. 2010, § 92 Rn. 31 f.
[60] Vgl. § 4 der Verordnung zur Festsetzung der Kostenbeiträge für Leistungen und vorläufige Maßnahmen in der Kinder- und Jugendhilfe – BGBl I 2005, 2907.
[61] Empfehlungen des Deutschen Vereins für den Einsatz von Einkommen und Vermögen in der Sozialhilfe – 2008, Nr. 128 f.
[62] BVerwG v. 24.08.1972 - V C 49.72 - FEVS 19, 451; OVG Hamburg v. 29.03.1985 - Bf I 67/83 - FEVS 35, 366, 371; vgl. auch *Baur/Mertens*, NDV 2006, 179 ff., 181; vgl. hierzu auch *Schwabe*, ZfF 2014, 1 ff., 2 zu den entsprechenden Kürzungsbeträgen beim Mittagessen.
[63] Vgl. hierzu auch die detaillierten Regelungen der Verordnung zur Festsetzung der Kostenbeiträge für Leistungen und vorläufige Maßnahmen in der Kinder- und Jugendhilfe – BGBl I 2005, 2907.
[64] LSG Rheinland-Pfalz v. 25.11.2010 - L 1 SO 8/10
[65] A.A. wohl *Lippert* in: Mergler/Zink, SGB XII, § 92 Rn. 43.

Die Vorschrift enthält einen **Einkommensfreibetrag** und soll ein **Mindesteinkommen** für diejenigen Behinderten garantieren, die trotz begrenzten Leistungsvermögens einer (eingeschränkten) Erwerbstätigkeit nachgehen.[66] Wird der Freibetrag nicht überschritten, kommt also auch kein **Kostenbeitrag für das Mittagessen** in Betracht; erst wenn das Einkommen diese Grenze überschreitet, sind die Beschäftigen in WfbM zu einem Kostenbeitrag für das Mittagessen heranzuziehen.[67]

73

Zwar regelt § 92 Abs. 2 Satz 4 SGB XII nach seinem ausdrücklichen Wortlaut nur den Einsatz des Einkommens des behinderten Menschen, nicht jedoch den **Einkommenseinsatz der von der Einsatzgemeinschaft** nach § 19 Abs. 3 SGB XII erfassten Angehörigen. Die Regelung jedoch ist so auszulegen, dass auch bei einem Unterschreiten der Einkommensgrenze des § 92 Abs. 2 Satz 4 SGB XII durch die Mitglieder der Einsatzgemeinschaft eine Heranziehung zur Kostentragung nicht erfolgen darf. Aus systematischen Gründen darf das bei einer Heranziehung freibleibende Mindesteinkommen nicht gleichzeitig durch einen (weitergehenden) Zugriff auf die Angehörigen der Einsatzgemeinschaft geschmälert werden.[68] Würde man davon ausgehen, dass § 92 Abs. 2 Satz 4 SGB XII allein den behinderten Menschen, nicht jedoch – gleichzeitig – die in § 19 Abs. 3 SGB XII genannten Personen begünstigt, käme es zu einem **(erweiterten) Rückgriff** auf diese in § 19 Abs. 3 SGB II genannten Angehörigen. Die weitere Beschränkung der Beteiligung an den Kosten des Lebensunterhalts auf die Höhe der für den häuslichen Lebensunterhalt ersparten Aufwendungen ist nach dem Wortlaut des § 92 Abs. 2 Satz 3 SGB XII nicht auf die häusliche Ersparnis begrenzt. Ein erweiterter Rückgriff kann jedoch auch vor dem Hintergrund des erhöhten Lebensalters der behinderten Menschen bei Inanspruchnahme der Eingliederungsmaßnahmen nach § 92 Abs. 2 Satz 1 Nr. 7 und 8 SGB XII nicht angenommen werden.

74

6. Kostenersatz bei schuldhaftem Verhalten (Satz 6)

Satz 6 beinhaltet eine **spezielle Regelung des Kostenersatzes bei schuldhaftem Verhalten**. Die Vorschrift ergänzt die §§ 103 und 104 SGB XII. Sie bestimmt, dass zum Ersatz der Kosten nach diesen Vorschriften insbesondere verpflichtet ist, wer sich in den Fällen der Nrn. 5 (**Leistungen zur medizinischen Rehabilitation**) und 6 (**Leistungen zur Teilhabe am Arbeitsleben**) vorsätzlich oder grob fahrlässig nicht oder nicht ausreichend versichert hat. In diesen Fällen soll die begünstigende, nur begrenzte Heranziehung allein für die Kosten der häuslichen Ersparnis nach § 92 Abs. 2 SGB XII unberücksichtigt bleiben. Der Leistungsanspruch an sich, auch auf erweiterte Hilfe i.S.d. § 92 Abs. 1 SGB XII, bleibt jedoch bestehen, weil ein schuldhaftes Verhalten nach **§ 103 SGB XII nur zu einer Erstattungspflicht**, nicht jedoch zum Wegfall des Leistungsanspruchs führt.[69] Für eine Inanspruchnahme im Wege des Kostenersatzes nach den §§ 103, 104 SGB XII müssen sämtliche Voraussetzungen dieser Regelungen erfüllt sein.

75

§ 92 Abs. 2 Satz 6 SGB XII bestimmt i.S. einer **Fallgruppe zu § 103 SGB XII**, dass ein schuldhaftes Verhalten i.S.d. §§ 103, 104 SGB XII vorliegen kann, wenn sich der Behinderte, der Leistungen zur medizinischen Rehabilitation oder Leistungen zur Teilhabe am Arbeitsleben bezieht, nicht ausreichend krankenversichert hat. Ob der fehlende Versicherungsschutz als **vorsätzlich oder grob fahrlässig** anzusehen ist, ist nach den gleichen Maßstäben wie allgemein bei § 103 SGB XII zu prüfen; vgl. insofern die Kommentierung zu § 103 SGB XII Rn. 32.

76

Mit Einfügung des Satzes 6 in die Vorgängerregelung des § 43 Abs. 2 BSHG durch das Sozialgesetzbuch – Neuntes Buch – (SGB IX) – Rehabilitation und Teilhabe behinderter Menschen vom 22.06.2001[70] wollte der Gesetzgeber Fallgestaltungen erfassen, in denen trotz ausreichender Einkommens- und Vermögensverhältnisse auf einen **ausreichenden Krankenversicherungsschutz verzichtet** wurde.[71] Der Anwendungsbereich für diese Regelung dürfte sich allerdings reduziert haben, weil nach Einfügung des Satzes 6 in die Vorgängerregelung des § 43 Abs. 2 BSHG im Jahre 2001 mit dem GKV-Wettbewerbsstärkungsgesetz vom 26.03.2007 zum 01.01.2009 eine **Versicherungspflicht** für alle Einwohner Deutschlands **in der gesetzlichen oder privaten Krankenversicherung** begründet worden ist (§ 193 Abs. 3 Versicherungsvertragsgesetz – VVG). Jede Kündigung einer Krankenversi-

77

---

[66] BT-Drs. 14/5800, S. 35.
[67] LSG Baden-Württemberg v. 12.12.2013 - L 7 SO 402/11 - juris Rn. 30.
[68] *Hohm* in: Schellhorn/Schellhorn/Hohm, SGB XII, 18. Aufl. 2010, § 92 Rn. 34.
[69] BSG v. 18.03.2008 - B 8/9b SO 9/06 R - BSGE 100, 131 ff. = SozR 4-3500 § 90 Nr. 3.
[70] BGBl I 2001, 1046.
[71] BT-Drs. 14/5074 zu Art. 15 Nr. 9 lit. b) aa).

cherung, mit der die Pflicht nach § 193 Abs. 3 Satz 1 VVG (also zum Abschluss einer substitutiven Krankheitskostenversicherung) erfüllt wird, durch den Versicherer ist ausgeschlossen.[72]

V. Verpflichtungen Dritter (Absatz 3)

78 Für den Fall, dass ein anderer als ein nach bürgerlichem Recht Unterhaltsverpflichteter nach sonstigen Vorschriften Leistungen **für denselben Zweck** zu erbringen hat, dem die in Absatz 2 genannten Leistungen dienen, wird seine Verpflichtung durch Absatz 2 nicht berührt (Satz 1). Diese Regelung erfolgt vor dem Hintergrund, dass die nicht zu dem Personenkreis des § 19 Abs. 3 SGB XII gehörenden Leistungsverpflichteten nicht von der **nur begrenzten Heranziehung** zu den Kosten der Eingliederungsmaßnahme profitieren sollen. Die vorrangigen Ansprüche gegenüber anderen natürlichen oder juristischen Personen sollen durch § 92 Abs. 2 SGB XII nicht berührt werden.

79 Es muss sich um **„zweckidentische Leistungen"** handeln. Die an den Begriff der Leistungen für denselben Zweck zu stellenden Anforderungen ergeben sich aus dem Regelungsgehalt des § 92 Abs. 2 SGB XII und dem Sinn und Zweck des § 92 Abs. 3 SGB XII.

80 Es sind daher zunächst alle **von § 83 Abs. 1 SGB XII umfassten Leistungen** „auf Grund öffentlich-rechtlicher Vorschriften zu einem ausdrücklich genannten Zweck", der (zumindest auch) die von § 92 Abs. 2 SGB XII mit einer Verpflichtung zur Aufbringung der Mittel belegte Hilfe zum Lebensunterhalt betrifft, erfasst; insofern wird auf die Kommentierung zu § 83 SGB XII verwiesen. Insbesondere bleiben die **Leistungen anderer Rehabilitationsträger** unberührt.[73] Zwischen dem Kindergeld und den Leistungen zum Lebensunterhalt in einer Einrichtung ist eine **Zweckidentität** aufgrund von § 82 Abs. 1 Satz 2 SGB XII anzunehmen, weil diese Regelung ausdrücklich bestimmt, dass bei Minderjährigen das **Kindergeld** dem jeweiligen Kind als Einkommen zuzurechnen ist, soweit es bei diesem zur Deckung des notwendigen Lebensunterhalts benötigt wird.[74]

81 Über die rechtliche Zweckbestimmung im engeren Sinne i.S.d. § 83 Abs. 1 SGB XII hinausgehend reicht aber auch eine **vertragliche** oder **tatsächliche Zweckidentität**. Als Leistungen für denselben Zweck i.S.d. § 92 Abs. 3 SGB XII kommen daher auch Leistungen auf vertraglicher Grundlage, auf Grund von Schadensersatzansprüchen, Verpflichtungen privater Versicherungsträger, Verpflichtungen des Dienstherrn oder auch Verpflichtungen anderer Sozialleistungsträger in Betracht (vgl. hierzu auch die Kommentierung zu § 88 SGB XII Rn. 24 ff.), die – zumindest auch – **Anteile der Hilfe zum Lebensunterhalt** beinhalten, auf die sich die Kostenbeitragspflicht der nach § 19 Abs. 3 SGB XII einsatzpflichtigen Personen nach § 92 Abs. 2 SGB XII allein erstreckt.

82 Soweit ein **Dritter zweckgleiche Leistungen** erbringt, kann abweichend von Absatz 2 von den in § 19 Abs. 3 SGB XII genannten Personen die Aufbringung der Mittel verlangt werden (Absatz 3 Satz 2). Es sollen also in Fallgestaltungen, in denen andere Verpflichtete ihre Leistungen an die leistungsberechtigte Person tatsächlich erbringen, in diesem Umfang die vorrangigen Leistungen an den Sozialhilfeträger – ggf. hinausgehend über die Begrenzungen des § 92 Abs. 2 SGB XII – „weitergeleitet" werden.

C. Praxishinweise

83 In **sozialgerichtlichen Verfahren** ist zu beachten, dass zu dem kostenprivilegierten Personenkreis i.S.d. § 183 SGG, für den das Verfahren vor den Gerichten der Sozialgerichtsbarkeit **kostenfrei** ist, nur die dort erfassten Versicherten, Leistungsempfänger einschließlich Hinterbliebenenempfänger, behinderte Menschen oder deren Sonderrechtsnachfolger nach § 56 Sozialgesetzbuch Erstes Buch – Allgemeiner Teil – (SGB I) gehören. Zwar knüpft der Begriff des Leistungsempfängers i.S. dieser Vorschrift nicht zwingend an Sozialleistungen i.S.d. § 11 SGB I an;[75] es müssen jedoch zumindest Leistungen mit **ähnlicher oder vergleichbarer (Schutz-)Funktion** wie bei echten Sozialleistungen i.S.d. § 11 SGB I im Streit sein.[76] Zu den kostenprivilegierten Personen i.S.d. § 92 SGB XII gehören im Streit um die

---

[72] Vgl. hierzu BVerfG v. 10.06.2009 - 1 BvR 706/08, 1 BvR 814/08, 1 BvR 819/08, 1 BvR 832/08, 1 BvR 837/08 - juris Rn. 13 ff.

[73] *Hohm* in: Schellhorn/Schellhorn/Hohm, SGB XII, 18. Aufl. 2010, § 92 Rn. 39 f.

[74] A.A. zur alten Rechtslage: BVerwG v. 29.09.1994 - 5 C 56/92 - BVerwGE 96, 379, 381.

[75] BSG v. 01.09.2008 - B 8 SO 12/08 B - SozR 4-1500 § 183 Nr. 8; BSG v. 22.09.2004 - B 11 AL 33/03 R - SozR 4-1500 § 183 Nr. 2; BSG v. 20.12.2005 - B 1 KR 5/05 B - SozR 4-1500 § 183 Nr. 3.

[76] BSG v. 01.09.2008 - B 8 SO 12/08 B - SozR 4-1500 § 183 Nr. 8; BSG v. 22.09.2004 - B 11 AL 33/03 R - SozR 4-1500 § 183 Nr. 2; BSG v. 20.12.2005 - B 1 KR 5/05 B - SozR 4-1500 § 183 Nr. 3.

Rechtmäßigkeit eines Bescheids zum Umfang der Kostenbeteiligung daher nur die Leistungsempfänger, nicht jedoch deren – nicht Sozialhilfeleistungen beziehende – Angehörige.[77]

Einen Überblick über die **Struktur der Einkommensanrechnung** bei stationären und teilstationären Sozialhilfeleistungen enthält die Kommentierung zu Anhang zu § 13 SGB XII - Überblick über die Struktur der Einkommensanrechnung bei stationären und teilstationären Sozialhilfeleistungen SGB XII.

84

---

[77] Vgl. auch BSG v. 23.03.2010 - B 8 SO 2/09 R zu Erben.

§ 92a SGB XII Einkommenseinsatz bei Leistungen für Einrichtungen

(Fassung vom 02.12.2006, gültig ab 07.12.2006)

(1) Erhält eine Person in einer teilstationären oder stationären Einrichtung Leistungen, kann die Aufbringung der Mittel für die Leistungen in der Einrichtung nach dem Dritten und Vierten Kapitel von ihr und ihrem nicht getrennt lebenden Ehegatten oder Lebenspartner aus dem gemeinsamen Einkommen verlangt werden, soweit Aufwendungen für den häuslichen Lebensunterhalt erspart werden.

(2) Darüber hinaus soll in angemessenem Umfang die Aufbringung der Mittel verlangt werden, wenn eine Person auf voraussichtlich längere Zeit Leistungen in einer stationären Einrichtung bedarf.

(3) Bei der Prüfung, welcher Umfang angemessen ist, ist auch der bisherigen Lebenssituation des im Haushalt verbliebenen, nicht getrennt lebenden Ehegatten oder Lebenspartners sowie der im Haushalt lebenden minderjährigen unverheirateten Kinder Rechnung zu tragen.

(4) § 92 Abs. 2 bleibt unberührt.

Gliederung

A. Basisinformationen 1	III. Einkommenseinsatz in Höhe der ersparten Aufwendungen für den häuslichen Lebensunterhalt (Absatz 1) 19
I. Textgeschichte/Gesetzgebungsmaterialien 1	
II. Vorgängervorschriften 3	
III. Parallelvorschriften 4	IV. Einkommenseinsatz bei Leistungen in einer stationären Einrichtung für voraussichtlich längere Zeit (Absatz 2) 22
IV. Systematische Zusammenhänge 6	
V. Ausgewählte Literaturhinweise 11	
B. Auslegung der Norm 12	V. Angemessenheitsprüfung (Absatz 3) 26
I. Regelungsgehalt und Bedeutung der Norm 12	VI. Verweis auf § 92 Abs. 2 SGB XII (Absatz 4) 34
II. Normzweck 16	**C. Praxishinweise** 35

A. Basisinformationen

I. Textgeschichte/Gesetzgebungsmaterialien

1 § 92a SGB XII ist durch das Gesetz zur Änderung des SGB XII und anderer Gesetze vom 02.12.2006[1] in das SGB XII eingefügt worden und am 07.12.2006 in Kraft getreten. Gleichzeitig wurde der **weitgehend inhaltsgleiche § 82 Abs. 4 SGB XII** aufgehoben, der – noch kurz vor Inkrafttreten des SGB XII zum 01.01.2005 – durch das Gesetz zur Änderung des Gesetzes zur Einordnung des Sozialhilferechts in das Sozialgesetzbuch vom 09.12.2004[2] dem § 82 SGB XII angefügt worden war.[3]

2 In gleicher Weise wie nunmehr § 92a SGB XII orientierte sich § 82 Abs. 4 SGB XII an der nur für Leistungen nach dem Fünften bis Neunten Kapitel geltenden Norm des **§ 88 Abs. 1 Nr. 3 SGB XII**, die – gleichfalls durch das Gesetz zur Änderung des SGB XII und anderer Gesetze vom 02.12.2006 – mit Wirkung zum 07.12.2006 durch § 88 Abs. 1 Satz 2 SGB XII ersetzt worden ist. Mit der nunmehr vollzogenen **Trennung der Regelungen zur Berücksichtigung von Einkommen** bei der **Hilfe zum Lebensunterhalt** und bei den **besonderen Hilfen** trug der Gesetzgeber dem Umstand Rechnung, dass (bereits) nach der Neuregelung der Sozialhilfe durch das SGB XII die Hilfe zum Lebensunterhalt nicht mehr Bestandteil der Leistungen nach dem Fünften bis Neunten Kapitel des SGB XII ist, weshalb bei

---

[1] BGBl I 2006, 2670.
[2] BGBl I 2004, 3305.
[3] Vgl. zur Historie des § 83 Abs. 4 SGB XII auch BSG v. 23.08.2013 - B 8 SO 17/12 R - juris Rn. 23 - SozR 4-3500 § 92a Nr. 1.

teilstationären oder stationären Leistungen nach dem Fünften bis Neunten Kapitel schon aus systematischen Gründen kein häuslicher Lebensunterhalt erspart werden kann.[4]

II. Vorgängervorschriften

§ 85 Abs. 1 Nr. 3 BSHG enthielt eine dem Wortlaut des § 92a Abs. 1 und 2 SGB XII weitgehend entsprechende Regelung zur Berücksichtigung von Einkommen. Allerdings wurde mit Inkrafttreten des SGB XII die Systematik der Einkommensberücksichtigung bei stationären und teilstationären Leistungen insbesondere im Hinblick auf die unterschiedliche Beurteilung von integralen Leistungen für den Lebensunterhalt und den sonstigen Kosten der Maßnahme grundsätzlich geändert.[5]

III. Parallelvorschriften

Im **Bereich der Kinder- und Jugendhilfe** (SGB VIII) finden sich in den §§ 90 ff. SGB VIII Regelungen zur Heranziehung, insb. bei der Hilfe zur Erziehung. Zu deren Umfang regelt § 94 Abs. 5 Satz 1 SGB VIII, dass für die Festsetzung der Kostenbeiträge von Eltern, Ehegatten oder Lebenspartnern junger Menschen und Leistungsberechtigter nach § 19 SGB VIII entsprechend den Einkommensgruppen **gestaffelte Pauschalbeträge** durch Rechtsverordnung des zuständigen Bundesministeriums mit Zustimmung des Bundesrates bestimmt werden.

Das **SGB II** kennt keine besonderen Regelungen zur Berücksichtigung von Einkommen und Vermögen bei behinderten Menschen sowie zur Leistungserbringung in Einrichtungen.

IV. Systematische Zusammenhänge

§ 92a SGB XII erfasst – weitgehender als § 92 SGB XII – **alle Formen der stationären oder teilstationären Versorgung** mit Leistungen zum Lebensunterhalt nach dem Dritten und Vierten Kapitel (§ 27b SGB XII). § 92a SGB XII ergänzt insofern die §§ 82 ff. SGB XII; vgl. die Kommentierung zu Anhang zu § 13 SGB XII - Überblick über die Struktur der Einkommensanrechnung bei stationären und teilstationären Sozialhilfeleistungen.

§ 92a SGB XII (Absätze 1 und 2) ist allerdings **keine Norm**, die **eigenständig** zum Erlass einer **Heranziehung** ermächtigt; sie setzt für die Berechtigung zur Heranziehung vielmehr die Regelung in einer anderen Norm (vgl. § 92 Abs. 1 Satz 2 SGB XII) voraus. Nur wenn das Bruttoprinzip (vgl. dazu die Kommentierung zu § 92 SGB XII Rn. 20 ff.) ausnahmsweise zur Anwendung kommt, darf die Beteiligung an den Kosten durch einen Verwaltungsakt „Heranziehung" vorgenommen werden; ansonsten erfolgt eine höhenmäßige Leistungsbegrenzung.[6]

Die Norm betrifft **nur die Leistungen zum Lebensunterhalt**, wie die historische Entwicklung (vgl. dazu Rn. 1 f.) und die Systematik – vgl. § 88 Abs. 1 Satz 2 SGB XII, der die Beteiligung an den Kosten regelt, die nicht Lebensunterhalt darstellen – zeigen.[7] Erfasst sind insoweit auch **nicht** die die stationäre Leistung **ergänzenden Geldleistungen** des § 27b Abs. 1 Satz 1 i.V.m. Abs. 2 SGB XII (**Barbetrag und sonstiger weiterer notwendiger Lebensunterhalt**), sondern ausschließlich der in der Einrichtung selbst erbrachte Lebensunterhalt (§ 27b Abs. 1 Satz 1 Alt. 1 SGB XII).

Nach § 92a Abs. 1 SGB XII kann der Einsatz des Einkommens immer verlangt werden, soweit **Aufwendungen für den häuslichen Lebensunterhalt** erspart werden. In einem weiteren Schritt ist sodann nach § 92a Abs. 2 SGB XII zu prüfen, ob der Hilfebedürftige **voraussichtlich auf längere Zeit Leistungen in einer stationären Einrichtung** benötigt. Liegt diese Voraussetzung vor, soll eine **weitergehende Einkommensberücksichtigung** in angemessenen Umfang stattfinden. Der angemessene Umfang der in diesen Fallgestaltungen erfolgenden Einkommensberücksichtigung ist in § 92a Abs. 3 SGB XII näher umschrieben. Insofern tritt § 92a Abs. 2 SGB XII als **Spezialnorm** zu § 19 Abs. 1 und Abs. 2 SGB XII[8] an die Stelle der üblichen Normen der Bedürftigkeitsprüfung;[9] vgl. zur Berücksichtigung von vorhandenem Einkommen und Vermögen bei mehreren Bedarfen die Kommentierung zu § 27 SGB XII Rn. 34 ff.

---

[4] Kritisch zu Versäumnissen des Gesetzgebers im Zusammenhang mit der Umsetzung des Wegfalls des § 27 Abs. 3 BSHG bei der Einkommensberücksichtigung *Niemann*, NDV 2006, 35, 36; vgl. hierzu auch BSG v. 23.08.2013 - B 8 SO 17/12 R - juris Rn. 23 - SozR 4-3500 § 92a Nr. 1.
[5] Vgl. hierzu BSG v. 23.08.2013 - B 8 SO 17/12 R - juris Rn. 23 - SozR 4-3500 § 92a Nr. 1.
[6] BSG v. 23.08.2013 - B 8 SO 17/12 R - juris Rn. 16 - SozR 4-3500 § 92a Nr. 1.
[7] BSG v. 23.08.2013 - B 8 SO 17/12 R - juris Rn. 16 - SozR 4-3500 § 92a Nr. 1.
[8] BT-Drs. 16/2711, S. 12.
[9] BSG v. 23.08.2013 - B 8 SO 17/12 R - juris Rn. 30 - SozR 4-3500 § 92a Nr. 1.

10 § 92a Abs. 4 SGB XII regelt das **Verhältnis** von **§ 92a SGB XII** zu **§ 92 Abs. 2 SGB XII.**

V. Ausgewählte Literaturhinweise

11 *Baur/Mertins*, Sozialhilfe nach dem SGB XII in stationären Einrichtungen, NDV 2006, 179 ff.; *Deutscher Verein*, Empfehlungen des Deutschen Vereins für den Einsatz von Einkommen und Vermögen in der Sozialhilfe, NDV 2008, 59; *Kaune*, Der Kostenbeitrag von nicht getrennt lebenden Ehegatten in Pflegeeinrichtungen nach dem SGB XII, ZfF 2006, 73 ff.; *Kaune*, Der neue Kostenbeitrag von nicht getrennt lebenden Ehegatten in Pflegeeinrichtungen nach dem SGB XII, ZfF 2007, 241 ff.; *Niemann*, Sozialhilfe im Heim nach dem SGB XII – insbesondere für verheiratete Bewohner; *Ruschmeier*, Kostenbeitragsberechnung bei Einsatzgemeinschaften in der stationären Hilfe nach dem SGB XII – Divergenzen in der Umsetzung des § 92a SGB XII.

B. Auslegung der Norm

I. Regelungsgehalt und Bedeutung der Norm

12 § 92a Abs. 1 SGB XII regelt den Einkommenseinsatz für die Kosten der Hilfe zum Lebensunterhalt (Drittes Kapitel) oder der Grundsicherung im Alter und bei Erwerbsminderung (Viertes Kapitel) in **voll- oder teilstationären Einrichtungen**. Die Vorschrift enthält als Grundsatz eine Begrenzung des Einkommenseinsatzes auf die **Aufwendungen für den häuslichen Lebensunterhalt**.

13 § 92a Abs. 2 SGB XII beinhaltet eine weitergehende Regelung zum Einkommenseinsatz bei den Leistungen zu Sicherung des Lebensunterhalts bei **länger andauernden Aufenthalten in einer stationären Einrichtung** und bestimmt – in ähnlicher Weise wie § 88 Abs. 1 Satz 2 SGB XII für den Einkommenseinsatz bei den besonderen Hilfen – eine **Untergrenze des verbleibenden Einkommens** bei für „**voraussichtlich längere Zeit**" erforderlichen Leistungen in einer stationären Einrichtung.

14 § 92a Abs. 3 SGB XII konkretisiert – ausdrücklich unter Einbeziehung der Einsatzgemeinschaft – die Einkommensberücksichtigung und bestimmt **Prüfkriterien** für die Festlegung eines **angemessenen Umfangs der einzusetzenden Mittel** i.S. des § 92a Abs. 2 SGB XII.

15 § 92a Abs. 4 SGB XII regelt das Verhältnis zu § 92 Abs. 2 SGB XII.

II. Normzweck

16 **Absatz 1** regelt die Kostenbeteiligung nicht nur des Hilfebedürftigen, sondern auf der Grundlage des gesamten einsetzbaren Einkommens auch des nicht getrennt lebenden Ehegatten oder Lebenspartners. Durch den Bezug auf das gemeinsame Einkommen sollte eine aufgrund der bisherigen Rechts eingetretene **Ungleichbehandlung von Ehegatten**, mit der einseitig diejenige Konstellation bessergestellt war, bei welcher der Heimbewohner seinen zu Hause verbliebenen Ehepartner überwiegend unterhielt, beseitigt werden.[10]

17 Die **Absätze 2 und 3** berücksichtigen die hohen finanziellen Kosten eines prognostisch längerfristigen Aufenthalts in einer Einrichtung. Grundsätzlich soll vermieden werden, dass dem Hilfebedürftigen oder der Einsatzgemeinschaft – ggf. durch die Erbringung stationärer Leistungen bewirkte – ungerechtfertigte wirtschaftliche Vorteile belassen werden.[11] Gleichzeitig soll dem **im Haushalt verbliebenen Ehegatten oder Lebenspartner** mit der Zuerkennung eines angemessenen Eigenbetrags ein Leben ermöglicht werden, dessen Standard zwar deutlich gesenkt ist, das sich aber noch an den bisherigen Umständen orientiert.[12]

18 **Absatz 4** stellt klar, dass bei den in § 92 Abs. 2 Satz 1 Nr. 1-8 SGB XII genannten Fällen bei teilstationärer oder stationärer Betreuung ein über häusliche Ersparnisse hinausgehender Einkommenseinsatz in keinem Fall gefordert werden kann.[13]

III. Einkommenseinsatz in Höhe der ersparten Aufwendungen für den häuslichen Lebensunterhalt (Absatz 1)

19 Die Einkommensberücksichtigung für die von § 92a Abs. 1 SGB XII (nur) erfassten Hilfebedürftigen und ihrer nicht getrennt lebenden Ehegatten oder Lebenspartner ist der Höhe nach zunächst einerseits auf den **Wert der ersparten Aufwendungen für den häuslichen Lebensunterhalt** und andererseits

---

[10] BT-Drs. 16/2711, S. 9, 12.
[11] BSG v. 23.08.2013 - B 8 SO 17/12 R - juris Rn. 29 f. - SozR 4-3500 § 92a Nr. 1.
[12] *Ruschmeier*, ZfF 2008, 265 ff., 266.
[13] BT-Drs. 16/2711, S. 12.

auf den **tatsächlichen Aufwand der Einrichtung** für den von ihr geltend gemachten Lebensunterhalt (Grundpauschale nach § 76 Abs. 2 Satz 1 SGB XII) begrenzt.[14] In gleicher Weise wie im Rahmen des § 92 Abs. 1 SGB XII müssen die Aufwendungen tatsächlich erspart werden. Erforderlich ist eine **Prognose** darüber, welche Aufwendungen anfallen würden, wenn der Betreffende nicht in einer Einrichtung untergebracht wäre; diese prognostische Betrachtung ist auch dann erforderlich, wenn vor der Aufnahme in eine Einrichtung **kein Haushalt im eigentlichen Sinne** bestanden hat;[15] zur Auslegung des Begriffs der ersparten Aufwendungen für den häuslichen Lebensunterhalt vgl. die Kommentierung zu § 92 SGB XII Rn. 65 ff.

Nach § 92a Abs. 1 SGB XII „**kann**" der Sozialhilfeträger die Aufbringung der Mittel verlangen. Dies beinhaltet – entgegen der in der Vorauflage zunächst vertretenen Auffassung – jedoch **kein Ermessen** des Leistungsträgers. Insofern hat der für Sozialhilferecht zuständige 8. Senat des BSG entschieden, dass die vom Gesetzgeber gewählte Formulierung („kann") im **Kontext der Neukonzipierung des teilstationären und stationären Leistungen des SGB XII**, mit der die frühere Begünstigung der Empfänger von stationären und teilstationären Maßnahmen beseitigt werden sollte, als „**darf nur**" gelesen werden muss.[16] Die Formulierung ist also lediglich i.S. einer Einschränkung der zunächst nach den §§ 82-84 SGB XII vorzunehmenden Einkommensberücksichtigung zu verstehen. 20

Infolgedessen muss eine **Beteiligung im Rahmen des rechnerischen Anteils des § 27b Abs. 1 Satz 2 SGB XII** (i.S. einer Obergrenze), aber begrenzt auf die (bei prognostischer Betrachtung) tatsächlich ersparten Aufwendungen, erfolgen. Dies kann unmittelbar umgesetzt werden, wenn die Leistung nur entsprechend der Bedürftigkeit gewährt wird. Auch wenn – bei Anwendung des **Bruttoprinzips** (vgl. die Kommentierung zu § 92 SGB XII Rn. 20) – eine **Heranziehung i.S. einer eigenständigen Verfügung** erfolgt (vgl. die Kommentierung zu § 92 SGB XII Rn. 32), ist diese Begrenzung zu beachten.[17] 21

IV. Einkommenseinsatz bei Leistungen in einer stationären Einrichtung für voraussichtlich längere Zeit (Absatz 2)

§ 92a Abs. 2 SGB XII bestimmt, dass – hinausgehend über den Umfang der Beteiligung nach § 92a Abs. 1 SGB XII – in angemessenem Umfang die Aufbringung der Mittel verlangt werden soll, wenn eine Person auf **voraussichtlich längere Zeit** Leistungen in einer **stationären Einrichtung** bedarf. Bei einer Leistungserbringung in einer **teilstationären Einrichtung** kommt eine erweiterte Inanspruchnahme über die ersparten Aufwendungen zum häuslichen Lebensunterhalt nach § 92a Abs. 1 SGB XII hinaus nicht in Betracht;[18] vgl. hierzu die Kommentierung zu Anhang zu § 13 SGB XII - Überblick über die Struktur der Einkommensanrechnung bei stationären und teilstationären Sozialhilfeleistungen. 22

Eine **stationäre Einrichtung** ist eine solche i.S. des § 13 Abs. 1 Satz 2 SGB XII (vgl. auch Rn. 21). Eine Zeitgrenze für die Annahme, dass „die Leistungen zum Lebensunterhalt für **voraussichtlich längere Zeit** benötigt werden", hat der Gesetzgeber nicht festgelegt. Allerdings finden sich in anderen Bereichen des SGB hierzu Anhaltspunkte, auf die zurückgegriffen werden kann. So hat der Gesetzgeber in § 7 Abs. 4 Satz 3 Nr. 1 SGB II mit einer Sechs-Monats-Grenze festgelegt, welche Zeit eines Aufenthalts in einer stationären Einrichtung noch als übergangsweise – im Sinne einer weiteren Erbringung von SGB-II-Leistungen – anzusehen ist. Bei der prognostischen Beurteilung eines voraussichtlich längeren Aufenthalts i.S. des § 92a Abs. 2 SGB XII kommt **krankheits- bzw. behinderungsbedingten Gesichtspunkten** eine wesentliche Bedeutung zu. Für eine Rente wegen Erwerbsminderung wird vorausgesetzt, dass die Erwerbsminderung „auf nicht absehbare Zeit" besteht. Diese Voraussetzung ist erfüllt, wenn sie sich voraussichtlich über einen Zeitraum von **mindestens sechs Monaten** erstreckt.[19] Insofern bestimmt § 101 Abs. 1 SGB VI, dass Renten wegen Erwerbsminderung nicht vor Beginn des siebten Monats nach Eintritt der Erwerbsminderung geleistet werden. Dauert die Erwerbsminderung voraussichtlich kürzer, greifen andere Sicherungsmechanismen, insbesondere die Zahlung von Krankengeld, ein. Auch bei Anwendung des § 92a Abs. 2 SGB XII sollte daher **regelmäßig ein Zeitraum** 23

---

[14] *Kaune*, ZfF 2007, 241; BSG v. 23.08.2013 - B 8 SO 17/12 R - juris Rn. 29 - SozR 4-3500 § 92a Nr. 1.
[15] BSG v. 23.08.2013 - B 8 SO 17/12 R - juris Rn. 24 - SozR 4-3500 § 92a Nr. 1.
[16] Vgl. BSG v. 23.08.2013 - B 8 SO 17/12 R - juris Rn. 24 - SozR 4-3500 § 92a Nr. 1.
[17] Vgl. die entsprechenden Ausführungsschritte zur Feststellung der Rechtmäßigkeit bei einer Heranziehung im Wege des Bruttoprinzips: BSG v. 23.08.2013 - B 8 SO 17/12 R - juris Rn. 21 f. - SozR 4-3500 § 92a Nr. 1.
[18] *Brühl/Schoch*, LPK-SGB XII, 8. Aufl. 2008, § 92a Rn. 15.
[19] BSG v. 23.03.1977 - 4 RJ 49/76 - SozR 2200 § 1247 Nr. 16.

§ 92a

von 6 Monaten zugrunde gelegt werden (vgl. hierzu auch die Kommentierung zu § 88 SGB XII Rn. 32 m.w.N.). Jedenfalls erfüllt eine Zeit von mindestens einem Jahr mit prognostisch offenem Ende die gesetzlichen Voraussetzungen für die erweiterte Einkommensberücksichtigung.[20]

24 Über die Untergrenze des § 92a Abs. 1 SGB XII hinaus soll der Einkommenseinsatz nach § 92a Abs. 2 SGB XII in **angemessenem Umfang** erfolgen. Der gerichtlich voll nachprüfbare **unbestimmte Rechtsbegriff des „angemessenen Umfangs"**[21] findet sich – im Zusammenhang mit dem Einkommenseinsatz bei den besonderen Hilfen – bereits in § 87 Abs. 1 SGB XII (Einsatz von Einkommen über der Einkommensgrenze) bzw. in der mit § 92a Abs. 2 SGB XII inhaltsgleichen Vorschrift des § 88 Abs. 1 Satz 2 SGB XII. Mit der in § 92a Abs. 2 SGB XII enthaltenen Formulierung („soll") ist dem Sozialhilfeträger nur **in atypischen Fällen** Ermessen eingeräumt.[22]

25 Allerdings enthält die Regelung des § 92a Abs. 2 i.V.m. Abs. 3 SGB XII im Unterschied zu § 92a Abs. 1 SGB XII nach ihren tatbestandlichen Voraussetzungen **individualisierende Elemente,**[23] die sich auf die Mitglieder der Einsatzgemeinschaft beziehen. Die Beteiligung des zuhause verbliebenen Ehegatten an den Kosten der Heimunterbringung ist **bei einer langfristigen Unterbringung** aber gerade **nicht auf die häusliche Ersparnis** zu beschränken.

V. Angemessenheitsprüfung (Absatz 3)

26 § 92a Abs. 3 SGB XII trifft eine **nähere Bestimmung zum „angemessenen Umfang"** des Einkommenseinsatzes i.S. des § 92a Abs. 2 SGB XII. Danach ist bei der Prüfung, welcher Umfang einer Einkommensheranziehung angemessen ist, auch der **bisherigen Lebenssituation** des im Haushalt verbliebenen, nicht getrennt lebenden **Ehegatten oder Lebenspartners** sowie der im Haushalt lebenden **minderjährigen unverheirateten Kinder** Rechnung zu tragen.

27 Mit der näheren Erläuterung des Begriffs des **„angemessenen Umfangs"** des Einkommenseinsatzes in § 92a Abs. 3 SGB XII führt der Gesetzgeber Prüfkriterien auf, die sich in erster Linie auf die **Lebenssituation der Mitglieder der Einsatzgemeinschaft** beziehen. Zudem ist den Gesetzesmaterialien zu entnehmen, dass sich die Frage, welche Beteiligung an den Kosten der Heimunterbringung angemessen ist, an den **Umständen des Einzelfalls** orientieren soll.[24]

28 Es hat daher eine **differenzierte Betrachtung** zu erfolgen. Lebte der Hilfebedürftige vor der prognostisch längerfristigen Aufnahme in eine stationäre Einrichtung allein, ergeben sich regelmäßig keine Anhaltspunkte für eine nur eingeschränkte Heranziehung bzw. Einkommensberücksichtigung. Die Kosten für den Lebensunterhalt in der Einrichtung sind bei einem **Alleinstehenden** – hinausgehend über den Rechenposten des § 27b Abs. 1 Satz 2 SGB XII – grundsätzlich nach der Grundpauschale nach § 76 Abs. 2 Satz 1 SGB XII zu bemessen, um eine **Privilegierung stationärer Leistungen** gegenüber ambulanten Hilfen zu vermeiden.[25] Insofern ist zu berücksichtigen, dass dem Hilfebedürftigen in einer stationären Einrichtung neben der in der Einrichtung tatsächlich erbrachten Hilfe zum Lebensunterhalt auch der Barbetrag und ggf. der weitere notwendige Lebensunterhalt nach § 27b Abs. 2 Satz 1 SGB XII zusteht.

29 Lebte der Hilfebedürftige **vor seiner stationären Aufnahme in einer Einsatzgemeinschaft** und besteht diese auch weiterhin, hat sein Einkommen regelmäßig auch die Lebenssituation des nicht getrennt lebenden Ehegatten oder Lebenspartners und der im Haushalt lebenden minderjährigen unverheirateten Kinder geprägt. Ausgehend von der auch in diesen Konstellationen jedenfalls zu berücksichtigenden Ersparnis nach § 92a Abs. 1 SGB XII kann die „darüber hinaus" (Absatz 2) vorzunehmende Einkommensberücksichtigung bis zur Grundpauschale nach § 76 Abs. 2 Satz 1 SGB XII eingeschränkt sein.

30 Vergleichsmaßstab für die **Aufrechterhaltung der bisherigen Lebenssituation** ist grundsätzlich die Lage im Zeitpunkt der Aufnahme in die stationäre Einrichtung.[26] Entsprechend den **Empfehlungen des Deutschen Vereins für den Einsatz von Einkommen und Vermögen in der Sozialhilfe (SGB XII)** bietet es sich in diesen Konstellationen an, zur Berücksichtigung der bisherigen Lebenssi-

---

[20] BSG v. 23.08.2013 - B 8 SO 17/12 R - juris Rn. 27 - SozR 4-3500 § 92a Nr. 1.
[21] Vgl. zur Vorgängervorschrift des § 85 BSHG bereits BVerwG v. 07.04.1995 - 5 B 36/94 - FEVS 46, 8.
[22] Vgl. BVerwG v. 14.01.1982 - 5 C 70/80 - BVerwGE 64, 318, 323; BSG v. 23.08.2013 - B 8 SO 17/12 R - juris Rn. 28 - SozR 4-3500 § 92a Nr. 1.
[23] *Mrozynski*, Grundsicherung und Sozialhilfe, IV.8 Rn. 5, März 2006.
[24] BT-Drs. 16/2711, S. 12.
[25] BSG v. 23.08.2013 - B 8 SO 17/12 R - juris Rn. 29 f. - SozR 4-3500 § 92a Nr. 1.
[26] *Lippert* in: Mergler/Zink, SGB XII, § 92a Rn. 15, Stand August 2007.

tuation auf das **gemeinsame Durchschnittseinkommen** im Jahr vor dem Eintritt des Hilfebedarfs abzustellen, sofern keine andere Betrachtung gerechtfertigt ist.[27] Dabei werden die bisherigen Lebensverhältnisse insb. durch die **Kosten der Unterkunft** wesentlich geprägt. Insofern dürfte die Maßgabe des § 92a Abs. 2 SGB XII, dass der bisherigen Lebenssituation Rechnung getragen werden soll, so zu verstehen sein, dass ein **Umzug** vermieden werden soll,[28] soweit keine unangemessen große Unterkunft vorliegt.

In der **Praxis** existieren **verschiedene Modelle der Berechnung des Einkommenseinsatzes**, die zu unterschiedlich hohen Kostenbeteiligungen in den Konstellationen der Einsatzgemeinschaften führen.[29] Dabei wird zunächst – weitgehend übereinstimmend – ein einheitlicher „**Garantiebetrag**" ermittelt. Dies ist derjenige Betrag, der für den im Haushalt verbliebenen Partner und die Kinder aus dem gemeinsamen Einkommen erhalten werden soll, damit deren Mitglieder nicht selbst sozialhilfebedürftig werden.[30] Diesem Betrag ist das nach Absetzung der in § 82 Abs. 2 und 3 SGB XII genannten Aufwendungen bzw. Erhöhungsbeträge verbleibende Einkommen gegenüberzustellen. Aus der **Differenz zwischen dem Garantiebetrag** und dem zu **berücksichtigenden Einkommen** soll dann ein Anteil zu entnehmen sein, in dessen Höhe eine Einkommensberücksichtigung stattfindet. Dabei wird – als Schutz für den Ehegatten bzw. Partner – z.T. ein den Garantiebetrag **erhöhender Zuschlag** in Höhe eines bestimmten prozentualen Anteils des Regelsatzes (zwischen 30% und höchstens 50% für den Ehegatten) als Erhöhungsbetrag auf den Garantiebetrag vorgeschlagen.[31] Der **Selbstbehalt des getrennt lebenden Ehegatten** soll dabei die Untergrenze des zu berücksichtigenden Einkommens darstellen.[32]

31

Nach den **Berechnungsvorschlägen des Deutschen Vereins**[33] ist das der Einsatzgemeinschaft vor Eintritt der Hilfebedürftigkeit über den Garantiebetrag zur Verfügung stehende **Einkommen kopfteilig aufzuteilen** und damit den nicht hilfebedürftigen Mitgliedern ihr Kopfteil zu belassen. Dabei wird in einem ersten Schritt geprüft, ob das gemeinsame Einkommen ausreicht, damit ohne Gefährdung des notwendigen Lebensunterhalts der im Haushalt Verbliebenen die nach § 92a Abs. 1 SGB XII aufzubringende häusliche Ersparnis voll erbracht werden kann. Im zweiten Schritt werden für die **Einkommensfreilassung und Heranziehung nach § 92a Abs. 2 und 3 SGB XII** die bereits im Rahmen des ersten Schrittes voll erbrachte häusliche Ersparnis und der für den notwendigen Lebensunterhalt der im Haushalt Verbliebenen notwendige Betrag zusammengerechnet. Dem wird das gemeinsame Einkommen gegenübergestellt. Das über den notwendigen Lebensunterhalt hinausgehende Einkommen der Partner wird der Einsatzgemeinschaft nach Kopfteilen zugerechnet, wobei der auf den **Partner in der stationären Einrichtung entfallende Kopfteil** (zusätzlich zur häuslichen Ersparnis nach § 92a Abs. 1 SGB XII) für die Deckung der an ihn in der Einrichtung nach dem Dritten und Vierten Kapitel (zum Lebensunterhalt) erbrachten Leistungen einzusetzen ist.

32

Auch bei einer **Orientierung an bestimmten Berechnungsmöglichkeiten** des Garantiebetrages aus **Gleichbehandlungsgründen** müssen allerdings **Einzelfallgesichtspunkte** berücksichtigt werden. So hat das Landessozialgericht Nordrhein-Westfalen[34] zutreffend ausgeführt, dass durch die Einkommensheranziehung **keine Benachteiligung** von Personen stattfinden darf, die eine pflegebedürftige Person – unter Aufgabe ihrer beruflichen Tätigkeit – nicht sofort in ein Heim geben, sondern sich zunächst nach Kräften bemühen, die **Pflege des Angehörigen selbst sicherzustellen**. Entsprechende Gesichtspunkte (konkret: die Wertung des Pflegegeldes als „Einkommensersatz") seien in die Ermessensüberlegungen einzubeziehen.

33

---

[27] Nr. 144 der Empfehlungen des Deutschen Vereins für den Einsatz von Einkommen und Vermögen in der Sozialhilfe, 2007.

[28] Vgl. *Kaune*, ZfF 2006, 73, 74; vgl. auch Rn. 139, 145 der Empfehlungen des Deutschen Vereins für den Einsatz von Einkommen und Vermögen in der Sozialhilfe (SGB XII), 2007.

[29] Vgl. hierzu mit detaillierten Beispielberechnungen *Ruschmeier*, ZfF 2008, 265 ff.

[30] *Ruschmeier*, ZfF 2008, 265 ff., 266.

[31] *Kaune*, ZfF 2006, 73, 77.

[32] *Kaune*, ZfF 2007, 241.

[33] Vgl. Rn. 137-149 der Empfehlungen des Deutschen Vereins für den Einsatz von Einkommen und Vermögen in der Sozialhilfe, 2007; praktische Berechnungsbeispiele in NDV 2008, 59.

[34] LSG Nordrhein-Westfalen v. 23.02.2011 - L 12 SO 136/10.

VI. Verweis auf § 92 Abs. 2 SGB XII (Absatz 4)

34 Zum **Verhältnis** von **§ 92a SGB XII** zu **§ 92 Abs. 2 SGB XII** bestimmt § 92a Abs. 4 SGB XII, dass § 92 Abs. 2 SGB XII unberührt bleibt. Die günstigeren Einkommensanrechnungsvorschriften nach § 92 Abs. 2 SGB XII sind also vorrangig, soweit die Regelungsbereiche beider Vorschriften übereinstimmen. Zudem regelt § 92a SGB XII ausschließlich den Einkommenseinsatz des Hilfebedürftigen und seines nicht getrennt lebenden Ehegatten oder Lebenspartners. § 92 Abs. 2 SGB XII beinhaltet eine – nur die **Eingliederungshilfe** betreffende – Regelung zum **Einkommenseinsatz (auch) von Eltern minderjähriger** und **unverheirateter Kinder**.

C. Praxishinweise

35 Vgl. zur Kostentragung im sozialgerichtlichen Verfahren die Kommentierung zu § 92 SGB XII Rn. 83.

36 Einen Überblick über die **Struktur der Einkommensanrechnung** bei stationären und teilstationären Sozialhilfeleistungen enthält die Kommentierung zu Anhang zu § 13 SGB XII - Überblick über die Struktur der Einkommensanrechnung bei stationären und teilstationären Sozialhilfeleistungen.

Fünfter Abschnitt: Verpflichtungen anderer

§ 93 SGB XII Übergang von Ansprüchen

(Fassung vom 02.12.2006, gültig ab 07.12.2006)

(1) ¹Hat eine leistungsberechtigte Person oder haben bei Gewährung von Hilfen nach dem Fünften bis Neunten Kapitel auch ihre Eltern, ihr nicht getrennt lebender Ehegatte oder ihr Lebenspartner für die Zeit, für die Leistungen erbracht werden, einen Anspruch gegen einen anderen, der kein Leistungsträger im Sinne des § 12 des Ersten Buches ist, kann der Träger der Sozialhilfe durch schriftliche Anzeige an den anderen bewirken, dass dieser Anspruch bis zur Höhe seiner Aufwendungen auf ihn übergeht. ²Er kann den Übergang dieses Anspruchs auch wegen seiner Aufwendungen für diejenigen Leistungen des Dritten und Vierten Kapitels bewirken, die er gleichzeitig mit den Leistungen für die in Satz 1 genannte leistungsberechtigte Person, deren nicht getrennt lebenden Ehegatten oder Lebenspartner und deren minderjährigen unverheirateten Kindern erbringt. ³Der Übergang des Anspruchs darf nur insoweit bewirkt werden, als bei rechtzeitiger Leistung des anderen entweder die Leistung nicht erbracht worden wäre oder in den Fällen des § 19 Abs. 5 und des § 92 Abs. 1 Aufwendungsersatz oder ein Kostenbeitrag zu leisten wäre. ⁴Der Übergang ist nicht dadurch ausgeschlossen, dass der Anspruch nicht übertragen, verpfändet oder gepfändet werden kann.

(2) ¹Die schriftliche Anzeige bewirkt den Übergang des Anspruchs für die Zeit, für die der leistungsberechtigten Person die Leistung ohne Unterbrechung erbracht wird. ²Als Unterbrechung gilt ein Zeitraum von mehr als zwei Monaten.

(3) Widerspruch und Anfechtungsklage gegen den Verwaltungsakt, der den Übergang des Anspruchs bewirkt, haben keine aufschiebende Wirkung.

(4) Die §§ 115 und 116 des Zehnten Buches gehen der Regelung des Absatzes 1 vor.

Gliederung

A. Basisinformation 1	a. Anspruch 50
I. Textgeschichte/Gesetzgebungsmaterialien 1	b. Anspruchsinhaber 54
II. Vorgängervorschriften 2	c. Anspruchsgegner(-verpflichtete) 58
III. Parallelvorschriften 3	d. Bestehen des Anspruchs 59
1. § 33 SGB II 4	e. Verzicht und erbrechtliche Gestaltungen 61
2. § 332 SGB III 8	f. Verjährte Ansprüche 80
3. § 95 SGB VIII 9	g. Ansprüche als Einkommen und Vermögen 81
4. AsylbLG 13	h. Ansprüche im Einzelnen 82
5. GSiG 15	4. Gleichzeitigkeit der Ansprüche 101
IV. Systematische Zusammenhänge 16	5. Überleitungsschranken 103
V. Ausgewählte Literaturhinweise 24	a. Kausalität (Absatz 1 Satz 3) 103
B. Auslegung der Norm 25	b. Höhe des Anspruchsübergangs (Absatz 1
I. Regelungsgehalt und Bedeutung der Norm 25	Satz 1) 119
1. Übergang von Ansprüchen (Absatz 1) 25	6. Übergang trotz Ausschlusses der Übertragbarkeit, Verpfändung, Pfändung (Absatz 1
2. Absatz 2 26	Satz 4) 120
3. Absatz 3 27	IV. Rechtsfolgen 121
4. Absatz 4 28	1. Ermessen 121
II. Normzweck 29	2. Überleitungsanzeige (Absatz 1 Satz 1,
III. Tatbestandsmerkmale 32	Absatz 2) 127
1. Leistungserbringung 32	a. Rechtsnatur 127
a. Leistungen nach Absatz 1 Satz 1 32	b. Wirkungen 128
b. Aufwendungen nach Absatz 1 Satz 2 40	c. Gesetzliche Anforderungen an die Überleitungsanzeige 134
2. Rechtmäßigkeit der Leistung 41	
3. Anspruch gegen einen anderen 50	

d. Umfang der Überleitung 140
3. Rechtsschutz (Absatz 3) 144
a. Ausschluss des Suspensiveffekts 144
b. Anfechtungsberechtigte 146
c. Notwendige Beiladungen 147
d. Begründetheit des Rechtsmittels 148

e. Aufhebung der Überleitungsanzeige 152
f. Anträge nach § 44 SGB X 153
4. Durchsetzung der Ansprüche 154
5. Vorrangregelungen (Absatz 4) 157
C. Praxishinweise 158

A. Basisinformation

I. Textgeschichte/Gesetzgebungsmaterialien

1   Die Vorschrift wurde als Nachfolgevorschrift zu § 90 Bundessozialhilfegesetz (BSHG) durch Art. 1 des Gesetzes zur Einordnung des Sozialhilferechts in das Sozialgesetzbuch vom 27.12.2003[1] in das SGB XII eingefügt. Sie wurde geändert durch Art. 1 Nr. 16 des Gesetzes zur Änderung des Zwölften Buches Sozialgesetzbuch und anderer Gesetze vom 02.12.2006[2] mit Geltung ab dem 07.12.2006. Dabei wurde § 93 Abs. 1 Satz 2 SGB XII sprachlich verändert. Während die frühere Fassung den Anspruchsübergang nur für Aufwendungen gestattete, die infolge von Leistungen der Hilfe zum Lebensunterhalt nach dem Dritten Kapitel an die vom Anspruchsinhaber nicht getrennt lebenden Ehegatten oder Lebenspartner und seine minderjährige Kinder entstanden sind, sollte die Änderung klarstellen, dass ein Anspruchsübergang auch für Leistungen der Grundsicherung im Alter und bei Erwerbsminderung möglich sein sollte.[3]

II. Vorgängervorschriften

2   Vorgängervorschrift zu § 93 SGB XII ist § 90 des Bundessozialhilfegesetzes zuletzt in der Fassung vom 23.07.1996 (BSHG).[4] Sie enthielt eine – bis auf abweichende Formulierungen, die der geänderten Systematik des SGB XII im Vergleich zum BSHG geschuldet sind (Ablösung der früheren Unterteilung der Hilfen in „Hilfe zum Lebensunterhalt" und „Hilfe in besonderen Lebenslagen") – weitgehend identische Formulierung. Ersatzlos weggefallen ist aber die Regelung des § 90 Abs. 4 Satz 1 BSHG. Dieser schloss den Anspruchsübergang für die während der Ausübung einer gemeinnützigen Arbeit (im Sinne der §§ 19, 20 BSHG) gewährte Hilfe zum Lebensunterhalt nebst Entschädigung ebenso aus wie die Überleitung aufgrund und in Höhe eines nach § 18 Abs. 5 BSHG gewährten Zuschusses, wenn der Hilfeempfänger eine Tätigkeit auf dem allgemeinen Arbeitsmarkt aufnahm. Die speziellen Instrumente zur Förderung der Integration von Sozialhilfeempfängern in den (allgemeinen) Arbeitsmarkt wurden mit der Neuordnung von Arbeitslosen- und Sozialhilfe zum 01.01.2005, der Schaffung des SGB II und einer damit erfolgten grundsätzlich vertikalen Aufteilung der Leistungsberechtigen in erwerbsfähige Personen und nicht erwerbsfähige Personen (§ 7 Abs. 1 Satz 1 i.V.m. § 8 SGB II, § 21 Satz 1 SGB XII[5]) nicht in das SGB XII übernommen. Das SGB XII enthält seither entsprechend seiner Zielrichtung – bis auf Leistungen der Eingliederungshilfe nach § 53 Abs. 3 Satz 2 SGB XII[6] – keine Instrumente mehr zur Eingliederung in das Arbeitsleben.

III. Parallelvorschriften

3   Dem § 93 SGB XII nachgebildete, aber nicht identische Regelungen finden sich für gewährte Leistungen der Sicherung des Lebensunterhaltes in § 33 SGB II, § 332 SGB III und im SGB VIII. Das AsylbLG ordnet (auf der Rechtsfolgenseite) eine entsprechende Anwendung von § 93 SGB XII an. Dagegen fand sich keine entsprechende Vorschrift in dem am 31.12.2004 außer Kraft getretenen Gesetz über eine bedarfsorientierte Grundsicherung im Alter und bei Erwerbsminderung[7] (GSiG).

---

[1] BGBl I 2003, 3022.
[2] BGBl I 2006, 2670.
[3] BT-Drs. 16/2711, S. 12.
[4] Gesetz zur Reform des Sozialhilferechts vom 23.07.1996, BGBl I 1996, 1088.
[5] Zur eigenständigen Definition der Erwerbsfähigkeit nach dem SGB II *Blüggel* in: Eicher, SGB II, § 8 Rn. 5 ff.; BSG v. 21.12.2009 - B 14 AS 42/08 R - juris Rn. 13 ff.; BSG v. 06.09.2007 - B 14/7b AS 16/07 R - BSGE 99, 88 ff.
[6] § 53 Abs. 3 Satz 2 SGB XII benennt auch Eingliederungshilfe zur Ausübung eines angemessenen Berufes oder einer sonstigen angemessenen Tätigkeit und umreißt einen Teilbereich von § 53 Abs. 4 SGB XII i.V.m. § 33 SGB IX, wonach Leistungen zur Teilhabe am Arbeitsleben gewährt werden können.
[7] Art. 12 AVmG vom 26.06.2001, BGBl I 2001, 1310, aufgehoben durch Art. 68 Abs. 1 Nr. 5 Gesetz v. 27.12.2003, BGBl I 2003, 3022 mit Wirkung vom 01.01.2005.

1. § 33 SGB II

§ 33 SGB II entspricht § 93 Abs. 1 Satz 1 i.V.m. § 93 Abs. 1 Satz 3 SGB XII, indem er einen Anspruchsübergang – begrenzt auf die Leistungen, die erbracht wurden, weil der Dritte (Anspruchsverpflichtete) nicht rechtzeitig geleistet hat – vorsieht (§ 33 Abs. 1 Satz 1 SGB II). Anders als das SGB XII, welches mit § 93 SGB XII die allgemeine Vorschrift für Ansprüche gegen Dritte bereithält und hernach in § 94 SGB XII speziell den Anspruchsübergang von Unterhaltsansprüchen regelt, sind in § 33 SGB II **alle Ansprüche gegen Dritte** erfasst. § 33 Abs. 1 Satz 3 i.V.m. § 33 Abs. 2 SGB II beinhaltet dabei den Anspruchsübergang speziell für Unterhaltsansprüche nach dem bürgerlichen Recht und entspricht § 94 SGB XII. Dagegen findet die mit dem **Fortentwicklungsgesetz**[8] eingefügte Regelung zur rückwirkenden Geltendmachung des Anspruchs gegen Dritte (§ 33 Abs. 3 Satz 1 SGB II) nur teilweise ein Pendant im SGB XII: Sie umfasst praktisch vor allem Unterhaltsansprüche nach dem Bürgerlichen Gesetzbuch und entspricht damit § 94 Abs. 4 SGB XII (vgl. dazu die Kommentierung zu § 94 SGB XII), geht aber darüber hinaus und umfasst auch alle anderen Ansprüche.[9]

Im (konstruktiven) Unterschied zu § 93 Abs. 1 Satz 1 SGB XII bestimmt § 33 Abs. 1 Satz 1 SGB II seit dem 01.08.2006 den **Übergang der Ansprüche gegen Dritte kraft Gesetzes** (sog. cessio legis) und ist insoweit § 94 SGB XII angeglichen worden. Zum Anspruchsübergang auf den Träger der Leistungen nach dem SGB II bedarf es keiner Überleitungsanzeige an den aus dem Anspruch Verpflichteten[10] und die Überleitung steht nicht im Ermessen des Trägers („kann"). Das hat Konsequenzen. So fehlen in § 33 SGB II Bestimmungen über die Wirkungen der Überleitungsanzeige und den Rechtsschutz dagegen (vgl. dagegen § 93 Abs. 2 und 3 SGB XII). **Isolierter Rechtsschutz gegen den Anspruchsübergang bzw. einen ihn konstituierenden Akt** ist bei § 33 SGB II nicht eröffnet. Der Dritte/Anspruchsverpflichtete ist darauf verwiesen, vor dem zuständigen Fachgericht, welches durch die Rechtsnatur des geltend gemachten übergegangenen Anspruchs bestimmt wird, den Anspruchsübergang, damit prozessual die Aktivlegitimation des SGB-II-Trägers, zu bestreiten. Der SGB-II-Träger muss im Gegenzug seine Aktivlegitimation – u.U. nach dem **Beibringungsgrundsatz** – belegen.[11]

In Konsequenz des **gesetzlichen Anspruchsüberganges** ermächtigt § 33 Abs. 3 Satz 1 SGB II den Träger der Hilfe, sämtliche übergegangene **Ansprüche auch für die Vergangenheit** ab dem Zeitpunkt geltend zu machen, zu welchem er dem Anspruchsverpflichteten schriftlich mitgeteilt hat, dass er Leistungen gewährt. Das SGB XII enthält diese Ermächtigung in § 94 Abs. 4 SGB XII nur für die Unterhaltsansprüche des BGB. Auch diese gehen nach § 94 Abs. 1 Satz 1 SGB XII kraft Gesetzes über. Die besondere Ermächtigung ist nur für diese zeitgebunden entstehenden Ansprüche praktisch relevant (zu den Einzelheiten vgl. die Kommentierung zu § 94 SGB XII).

Künftige Ansprüche können noch nicht übergehen, der Anspruchsübergang hängt sowohl von ihrem Entstehen als auch von der den Anspruchsübergang rechtfertigenden Leistungsgewährung ab. Gleichwohl gestattet es § 33 Abs. 3 Satz 2 SGB II dem Träger der Leistungen für Arbeitsuchende, bis zur Höhe der bisherigen monatlichen Aufwendungen auch **auf zukünftige Leistungen gegen den Anspruchsverpflichteten zu klagen**, wenn er voraussichtlich noch längere Zeit solche Leistungen für den leistungsberechtigten Gläubiger erbringt. Das auch insoweit als Vorbild dienende SGB XII sieht diese Gestaltungsmöglichkeit wiederum nur für die Ansprüche auf Unterhalt vor (§ 94 Abs. 4 Satz 4 SGB XII).[12]

---

[8] BGBl I 2006, 706.
[9] *Münder* in: LPK-SGB II, § 33 Rn. 66.
[10] *Link* in: Eicher, SGB II, § 33 Rn. 2 und 10, auch zur Rechtslage bis zum 01.08.2006. Die nach § 33 Abs. 3 Satz 1 SGB II für den rückwirkenden Anspruchsübergang notwendige Anzeige an den Anspruchsverpflichteten soll als schlichtes Verwaltungshandeln nur auf die Leistungserbringung hinweisen, dazu *Grote-Seifert* in: jurisPK-SGB II, § 33 Rn. 86; *Münder* in: LPK-SGB II, § 33 Rn. 67 m.w.N.
[11] *Link* in: Eicher, SGB II, § 33 Rn. 72, auch zur Befugnis der Arbeitsgemeinschaft, den übergegangenen Anspruch im Prozess geltend zu machen und Zahlung an sich zu verlangen unter Berufung auf BSG v. 07.11.2006 - B 7b AS 8/06 R - BSGE 97, 217, 228; *Münder* in: LPK-SGB II, § 33 Rn. 74 f., 77, kritisch (aus Sicht der Zivilrichterin) zur nach wie vor abweichenden Ausgestaltung des § 93 SGB XII im Vergleich zu § 94 SGB XII und § 33 SGB II und damit einem teilweise gespaltenen Rechtsweg: *Brückner*, NJW 2008, 1111, 1112.
[12] Näher dazu *Link* in: Eicher, SGB II, § 33 Rn. 34 und 57 m.w.N.; zur praktischen Umsetzung *Münder* in: LPK-SGB II, § 33 Rn. 68 f.

2. § 332 SGB III

8 Eine im Gegensatz zu § 93 SGB XII und § 33 SGB II eingeschränkte Überleitungsermächtigung enthält § 332 SGB III. Er bezweckt, fehlgeleitete Leistungen (des SGB III) an den Leistungsberechtigten rückabzuwickeln und unterscheidet sich in dieser abweichenden Zielrichtung u.a. von § 33 SGB II und § 93 SGB XII. Dies zeigt sich in seinem Anwendungsbereich ebenso wie in den Voraussetzungen und Rechtsfolgen im Einzelnen sowie im Rechtsschutz. § 332 SGB III gestattet eine Überleitung öffentlich-rechtlicher oder privatrechtlicher Ansprüche des Leistungsberechtigten gegen Dritte durch Verwaltungsakt nur, soweit die Ansprüche auf die Deckung des Lebensunterhaltes gerichtet sind, und soweit dem Träger der Leistungen des SGB III gegen den Leistungsberechtigten ein **Erstattungsanspruch** zusteht. Exemplarisch, aber nicht abschließend genannt werden in Absatz 1 Satz 1 als überleitungsfähige Ansprüche solche auf Renten der Sozialversicherung, Renten nach dem Bundesversorgungsgesetz (BVG) und solche, die nach anderen Gesetzen in entsprechender Anwendung des BVG gewährt werden sowie weitere Ansprüche.[13] Voraussetzung für die Überleitung dieser Ansprüche ist schon nach dem Wortlaut stets das Bestehen eines Erstattungsanspruchs der Bundesagentur für Arbeit gegen den Leistungsberechtigten.[14] Auch § 332 SGB III schließt aber einen Anspruchsübergang aus, wenn die Bundesagentur aus dem gleichen Rechtsgrund, nämlich der (zu Unrecht) gewährten Leistung, einen Erstattungsanspruch gegen einen zur Leistung verpflichteten anderen Leistungsträger hat. Die Vorschriften der §§ 102 ff. SGB X gehen damit auch hier einer Anspruchsüberleitung vor (Satz 1 Halbsatz 2[15]). § 332 SGB III fordert grundsätzlich, dass der überzuleitende Anspruch für die gleiche Zeit bestehen muss (**zeitliche Konnexität**[16]) und stellt die Überleitung in das behördliche Entschließungsermessen. § 332 Abs. 4 SGB III entspricht § 93 Abs. 1 Satz 4 SGB XII, indem er klarstellt, dass es nicht darauf ankommt, ob die überzuleitende Forderung auch abtretbar ist.

3. § 95 SGB VIII

9 Im SGB VIII findet sich mit § 95 SGB VIII eine **dem § 93 SGB XII nachgebildete Vorschrift**, die den Träger der öffentlichen Jugendhilfe ermächtigt, durch schriftliche Anzeige an einen Dritten, der kein Leistungsträger nach § 12 SGB I ist, Ansprüche der in § 92 SGB VIII bestimmten Personen gegen diesen Dritten für die Zeit, für die Leistungen der Kinder- und Jugendhilfe gewährt wurden, bis zur Höhe seiner Aufwendungen auf ihn überzuleiten. Zu den Personen, deren Ansprüche übergeleitet werden können, gehören neben Kindern, Jugendlichen und jungen Volljährigen, die durch die Leistungen des SGB VIII gefördert werden sollen, auch deren Eltern, Ehegatten und Lebenspartner. Bis **zum Inkrafttreten des KJHG** vom 26.06.1990[17] enthielt das **Kinder- und Jugendhilferecht (JWG**[18]**) keine eigenständige Regelung** zur Anspruchsüberleitung, sondern sah eine entsprechende Anwendung der Regelungen des BSHG vor (§ 82 JWG i.V.m. §§ 90, 91 BSHG).

10 Vergleichbar dem § 93 SGB XII wird auch die Befugnis zur Anspruchsüberleitung nach dem SGB VIII mit der Funktion, den **Nachrang der Jugendhilfe gegenüber Leistungen anderer herzustellen**, begründet.[19] Der Nachrang des Kinder- und Jugendhilferechts ist dabei schon nach Wortlaut und Struktur des Gesetzes kein solcher, der allgemein die Leistungsgewährung selbst beschränkt. Es gibt keine dem § 2 Abs. 1 SGB XII vergleichbare allgemeine Bestimmung zur Selbsthilfe, der ein allgemeiner Vorrang der Selbsthilfe entnommen werden könnte.[20] Diese Struktur ergibt sich aus der ab-

---

[13] Renten nach dem Gesetz zur Regelung der Rechtsverhältnisse der unter Art. 131 des GG fallenden Personen, Unterhaltsbeihilfe nach dem Gesetz über die Unterhaltsbeihilfe für Angehörige von Kriegsgefangenen, Unterhaltshilfe nach dem Lastenausgleichsgesetz, Mutterschaftsgeld oder Sonderunterstützung nach dem Mutterschutzgesetz, Arbeitsentgelt aus einem Arbeitsverhältnis, das während des Bezugs der zurückzuzahlenden Leistung bestanden hat, näher: *Kador* in: Eicher/Schlegel, SGB III, § 332 Rn. 41 f.
[14] Näher *Kador* in: Eicher/Schlegel, SGB III, § 332 Rn. 15 ff. und Rn. 35: Voraussetzung ist die Feststellung des Anspruchs durch einen Erstattungsbescheid.
[15] *Eicher* in: Eicher/Schlegel, SGB III, § 332 Rn. 48.
[16] Zur Durchbrechung dieses Grundsatzes bei bösgläubigem Erwirken des Leistungsbezuges für bestimmte Leistungen nach § 332 Abs. 1 Satz 3 SGB III, *Kador* in: Eicher/Schlegel, SGB III, § 332 Rn. 4 und 46 f.
[17] BGBl I 1990, 1163.
[18] Gesetz v. 09.07.1922, RGBl I 1922, 633.
[19] *Schindler* in: Frankfurter Kommentar zum SGB VIII, § 95 Rn. 1; *Rechentin* in: Jung, SGB VIII Kinder- und Jugendhilfe, § 95 Rn. 2.
[20] *Meysen* in: Münder/Wiesner, Kinder- und Jugendhilferecht, Ziff. 2.2.2.1 Rn. 3 unter Hinweis darauf, dass Kinder und Jugendliche die Möglichkeit der Selbsthilfe nicht haben.

weichenden Zielsetzung des SGB VIII im Vergleich zu den Leistungssystemen der Existenzsicherung. Es geht im SGB VIII **nicht um die Kompensation einer materiellen Notsituation**, sondern um **Persönlichkeitsentwicklung der Kinder und Jugendlichen**, für die der Staat neben den Eltern eine Verantwortung trägt (Art. 7 Abs. 1 GG).[21] Gleichwohl regelt § 10 SGB VIII einerseits das Rangverhältnis zu anderen Sozialleistungsträgern (§ 10 Abs. 1, 3 und 4 SGB VIII) und bestimmt Kostenbeteiligungen für Unterhaltspflichtige (§ 10 Abs. 2 SGB VIII).[22] Lediglich wenn der Bedarf junger Menschen, den das SGB VIII anerkennt, tatsächlich gedeckt wird, hat der Träger der **Jugendhilfe ein Leistungsverweigerungsrecht. Der vorrangige Einsatz von Einkommen und Vermögen ist** dagegen **keine Leistungsvoraussetzung**.[23]

Ein Nachrang manifestiert sich im SGB VIII vor allem in **Kostenbeteiligungsregelungen** und wird in seinem Umfang durch diese bestimmt (bedingter Nachrang). Ausdruck davon ist § 91 Abs. 5 SGB VIII mit dem **Grundsatz der sog. erweiterten Hilfe** für die stationären, teilstationären Leistungen und vorläufigen Maßnahmen. Eine Kostenbeteiligung sieht das SGB VIII (nur) für näher bestimmte Leistungen und für bestimmte Personen vor (§§ 90 und 91, 92 SGB VIII). Grundsätzlich nicht kostenpflichtig sind die nicht in den §§ 90, 91 SGB VIII genannten ambulanten Hilfen. Die Kostenpflicht knüpft daran an, dass die kostenbeitragspflichtigen Personen durch die staatliche Leistung materiell entlastet werden. In dieser Beschränkung kommt der staatliche Verantwortungsanteil zum Ausdruck.[24] Im SGB XII findet sich eine entsprechende Struktur in den Leistungen, die als „erweiterte Hilfe" ohne Berücksichtigung von Einkommen und Vermögen gewährt werden, die dann auch nur zum begrenzten Kostenbeitrag ermächtigen.

11

Die **Kostenbeitragspflicht rechtfertigt den Anspruchsübergang** nach § 95 SGB VIII personell und hinsichtlich des Umfangs: Mit dem Verweis auf die nach § 92 SGB VIII **kostenbeitragspflichtigen Personen** benennt § 95 SGB VIII die nach der unterhaltsrechtlichen Rangordnung (§§ 1602, 1606, 1608 BGB) Verpflichteten, deren Ansprüche für die Zeit der Hilfegewährung bis zur Höhe der Aufwendungen des Leistungsträgers übergeleitet werden können. § 95 Abs. 2 SGB VIII erlaubt eine Überleitung nur bis zur Höhe des Kostenbeitrages, den eine kostenbeitragspflichtige Person (§ 92 SGB VIII) zu leisten hat.[25]

12

4. AsylbLG

Das AsylbLG hält mit § 7 Abs. 3 Satz 1 AsylbLG, systematisch unter Einkommen und Vermögen angesiedelt, seit dem Ersten Gesetz zur Änderung des Asylbewerberleistungsgesetzes vom 26.05.1997[26] **eine eigene Überleitungsermächtigung** bereit. Danach kann die Behörde einen Anspruch, den ein Leistungsberechtigter gegen einen anderen hat, in entsprechender Anwendung des § 93 SGB XII auf sich überleiten. Vor der Einfügung des § 7 Abs. 3 Satz 1 AsylbLG wurde einer analogen Anwendung der Überleitungsvorschrift des BSHG zu Recht entgegengehalten, dass die Verweisungsvorschrift des § 9 Abs. 3 AsylbLG auch in der bis zum 31.12.2004 geltenden Fassung die Überleitungsvorschrift des § 90 BSHG gerade nicht explizit für anwendbar erklärte.[27]

13

Erfasst werden durch die Überleitungsermächtigung nunmehr abweichend zu § 93 SGB XII (insoweit entsprechend § 90 BSHG) **auch zivilrechtliche Unterhaltsansprüche**[28]: Zwar verweist § 7 Abs. 3

14

---

[21] *Schindler* in: Münder/Wiesner, Kinder- und Jugendhilferecht, Ziff. 5.5.1.3 Rn. 4 ff.

[22] Praktisch relevant ist dabei vor allem die Abgrenzung zur Leistungspflicht der Träger der Sozialhilfe für Leistungen der Eingliederungshilfe, vgl. dazu die Bestimmung des § 10 Abs. 4 SGB VIII, näher *Meysen* in: Münder/Wiesner, Kinder- und Jugendhilferecht, Ziff. 2.2.4.2. Rn. 12 ff. Darüber hinaus gibt es Überschneidungsbereiche mit dem Erziehungsauftrag der Schule (Art. 7 Abs. 1 GG) und den Leistungen nach dem SGB V sowie der Arbeitsförderung nach SGB III und Grundsicherung nach SGB II (§ 16 SGB II), dazu z.B. BSG v. 22.03.2012 - B 8 SO 30/10 R - juris Rn. 15 - BSGE 110, 301 ff.; BVerwG v. 19.10.2011 - 5 C 6/11 - ZFSH/SGB 2012, 33 ff.

[23] Zur Struktur im SGB VIII: *Meysen* in: Münder/Wiesner, Kinder- und Jugendhilferecht, Ziff. 2.2.2.1 Rn. 5 unter Berufung auf BVerwG v. 23.09.1999 - 5 C 26.98 - BVerwGE 109, 325, 329 f.

[24] Dazu *Schindler* in: Münder/Wiesner, Kinder- und Jugendhilferecht, Ziff. 5.5.1.3 Rn. 7.

[25] Näher *Schindler* in: Frankfurter Kommentar zum SGB VIII, § 95 Rn. 7 f.; *Rechentin* in: Jung, SGB VIII Kinder- und Jugendhilfe, § 95 Rn. 8.

[26] Art. 1 des Ersten Gesetzes zur Änderung des Asylbewerberleistungsgesetzes vom 26.05.1997, BGBl I 1997, 1130, in Kraft getreten am 01.06.1997.

[27] So LG Münster v. 06.11.1997 - 15 O 379/97 - VersR 1998, 739 zur Überleitung von Schadensersatzansprüchen.

[28] So auch *Birk* in: LPK-SGB XII, § 7 AsylbLG Rn. 9; *Hohm* in: Schellhorn/Schellhorn/Hohm, SGB XII, § 7 AsylbLG Rn. 31.

Satz 1 AsylbLG nicht auf § 94 SGB XII, der für Unterhaltsansprüche eine Spezialregelung zu § 93 SGB XII enthält. Es handelt sich dabei aber um eine Rechtsfolgen-, nicht eine Rechtsgrundverweisung des AsylbLG auf die Vorschriften des SGB XII. Dies ergibt aus der weiten Formulierung der Vorschrift, die schlicht und einschränkungslos von „Anspruch gegen einen anderen" spricht. Würden diese Ansprüche nicht erfasst, würde dies im Übrigen eine nicht gerechtfertigte Besserstellung der Leistungsberechtigten des AsylbLG gegenüber Sozialhilfeempfängern bedeuten. In § 7 Abs. 3 Satz 1 AsylbLG ist die Einschränkung, dass der „andere" kein Leistungsträger nach § 12 SGB I sein darf (vgl. § 93 Abs. 1 Satz 1 SGB XII), zwar nicht enthalten. § 9 Abs. 3 AsylbLG erklärt aber die Erstattungsvorschriften des §§ 102-114 SGB X ausdrücklich für anwendbar, so dass eine entsprechende systematisch begründete Einschränkung des § 7 Abs. 3 AsylbLG zumindest nahe liegt (vgl. näher die Kommentierung zu § 7 AsylbLG und die Kommentierung zu § 9 AsylbLG).

5. GSiG

15 Streitig blieb für das am 31.12.2004 außer Kraft getretene GSiG, welches nur eine kurze Geltungs- und damit Lebensdauer von 2 Jahren aufwies, die Frage, welche Folgerungen sich daraus ergeben, dass **das GSiG selbst keine Vorschrift zur Überleitung von Ansprüchen gegen Dritte** beinhaltete. Lediglich § 3 Abs. 2 GSiG bestimmte, dass für den Einsatz von Einkommen und Vermögen die §§ 76-88 des Bundessozialhilfegesetzes einschließlich der dazu ergangenen Rechtsverordnungen entsprechend gelten sollten. Eine Überleitung von Ansprüchen ist dabei nicht deshalb entbehrlich, weil nach § 2 Abs. 1 Satz 3 GSiG Unterhaltsansprüche der Leistungssuchenden gegenüber ihren Kindern und Eltern bis zur Einkommensgrenze von 100.000 € unberücksichtigt bleiben (vgl. dazu die Kommentierung zu § 94 SGB XII), denn in Betracht kommen beispielsweise Ansprüche gegen Dritte aus Darlehen oder § 528 BGB. Da ein Verweis auf die §§ 90, 91 BSHG im GSiG ebenso fehlte wie ein Verweis auf § 89 BSHG mit der Möglichkeit einer darlehensweisen Gewährung von Grundsicherungsleistungen, wurde in dem Fall, dass Ansprüche gegen Dritte bestehen, teilweise schon ein Leistungsanspruch verneint. Die Gegenmeinung aber lehnte zu Recht **eine analoge Anwendung des § 90 BSHG** zu Lasten des Leistungsberechtigten ab.[29] Bestehen unter Berücksichtigung des Gesetzeszwecks jedenfalls bei bestehenden, aber der Höhe nach unklaren oder streitigen Ansprüchen gegen Dritte keine bereiten Mittel des Leistungsberechtigten[30], kann kaum von einem gesetzgeberischen Versehen im Hinblick auf die fehlende Regelung zum Anspruchsübergang ausgegangen werden, welches eine analoge Anwendung des § 90 BSHG rechtfertigen würde. Es bleibt das Argument, dass beim Ausschluss einer Überleitungsermächtigung Kostennachteile für den Grundsicherungsträger entstehen. Dem Ergebnis ist aber die erklärte Zielsetzung des Gesetzes entgegenzuhalten, wonach die Grundsicherung unter erleichterten Bedingungen gewährt werden sollte, um verschämte Altersarmut zu verhindern.[31] Zu berücksichtigen ist zudem, dass das GSiG keine Bedarfsdeckung bezweckt hat, sondern eine Bedarfsorientierung aufweist und demgemäß der Leistungsumfang des § 3 Abs. 1 GSiG im Ergebnis hinter den Leistungen des BSHG zurückblieb.[32]

IV. Systematische Zusammenhänge

16 § 93 SGB XII steht im Zusammenhang mit den Vorschriften des SGB XII, welche die Bedürftigkeit des Hilfesuchenden und damit seinen Anspruch auf Sozialhilfe bestimmen. Nach § 2 Abs. 1 SGB XII erhält Sozialhilfe nicht, wer sich selbst helfen kann, erwähnt sind dabei insbesondere der Einsatz seiner Arbeitskraft, eigenen Einkommens und Vermögens. Welches Einkommen und Vermögen (wie) einzusetzen ist, bestimmt sich nach § 19 Abs. 1-5 SGB XII (früher § 11 Abs. 1 BSHG) und den Vorschriften der §§ 82 ff. SGB XII (Einkommen) und 90 ff. SGB XII (Vermögen). **§ 2 Abs. 1 SGB XII ist** – schon aufgrund der allgemein gehaltenen Formulierung und seiner systematischen Stellung – **keine isolierte Ausschlussnorm** für sozialhilferechtliche Ansprüche[33] oder Begründung eines **fundamentalen Prinzips der Sozialhilfe**[34]. Er wird als Programmsatz (vgl. näher die Kommentierung zu § 2 SGB XII

---

[29] Dazu *Wenzel* in: Fichtner, Bundessozialhilfegesetz, 2. Aufl. 2003, § 2 GSiG Rn. 6; *Schoch*, ZfF 2003, 1 ff.; guter Überblick zum Streitstand bei: *Hofmann/Brühl*, IK-GSiG, 2003, § 2 Rn. 25 ff.
[30] *Wenzel* in: Fichtner, Bundessozialhilfegesetz, 2. Aufl. 2003, § 2 GSiG Rn. 6; *Brühl/Hofmann*, IK-GSiG, 2003, § 2 Rn. 34 und 39.
[31] BT-Drs. 14/5150, S. 48 f.
[32] *Renn* in: LPK-GSiG, Einl. Rn. 15; *Wenzel* in: Fichtner, Bundessozialhilfegesetz, VorGiSG, Rn. 3.
[33] BSG v. 26.08.2008 - B 8/9b SO 16/07 R - FamRZ 2009, 44, 45 Rn. 15; BSG v. 29.09.2009 - B 8 SO 23/08 R - ZFSH/SGB 2010, 42, 46 Rn. 20.
[34] So aber wohl *Wahrendorf* in: Grube/Wahrendorf, SGB XII, § 93 Rn. 10.

Rn. 7 ff.) konkretisiert durch die **spezielleren Vorschriften, insbesondere zur Hilfebedürftigkeit (§§ 19, 24 SGB XII) sowie zum Einsatz von Einkommen und Vermögen (§§ 82, 90 SG XII)**. Im Zusammenhang mit und in der Ausformung durch die genannten weiteren Normen wird durch § 2 SGB XII die **sozialhilferechtliche Bedürftigkeit mitbestimmt**. Zu dem in § 2 Abs. 1 SGB XII (und in § 90 Abs. 1 SGB XII) genannten „Vermögen" gehören seinem Sinn und Zweck nach auch **Ansprüche gegenüber Dritten**.[35] Ansprüche gegen Dritte beseitigen die Hilfebedürftigkeit allein aber nicht, wenn der Dritte nicht zeitgleich mit dem Auftreten einer Bedarfslage leistet.[36] Leistet der Dritte auf eine bestehende oder behauptete Forderung nicht, ist schon die Forderung bestritten, stehen dem Hilfebedürftigen aus dem (vermeintlichen) Anspruch auch als Teil seines Vermögens keine einsetzbaren und damit „**bereiten" Mittel zur Verfügung**, er ist bedürftig.[37] Erkennbar wird das an der Formulierung von § 2 SGB XII, der in Absatz 1 „andere" nur erwähnt, wenn der Hilfesuchende durch sie Hilfe erhält. Im Übrigen stellt Absatz 2 Satz 1 klar, dass Unterhaltsansprüche nicht per se einen Leistungsanspruch nach SGB XII ausschließen. Kann demgemäß ein aktuell bestehender, nicht aufschiebbarer Bedarf i.S.d. SGB XII nicht mit Hilfe gerichtlichen Rechtsschutzes dadurch zeitnah befriedigt werden, dass ein Anspruchsverpflichteter (Dritter) leistet, hat der Träger der Sozialhilfe zur Beseitigung der Bedarfslage (ggf. nur als Darlehen) Hilfen zu erbringen (Umkehrschluss aus den §§ 2 Abs. 1, 19 Abs. 1-5 SGB XII; bis zum 31.12.2004: §§ 2 Abs. 1, 11 Abs. 1 BSHG).[38] Die **Existenz von Vorschriften zum Anspruchsübergang (§§ 93, 94 SGB XII) sowie die Befugnis nach § 95 SGB XII bestätigen das Ergebnis**. Die Vorschriften über den Anspruchsübergang oder die Befugnis Leistungen für den Hilfebedürftigen festzustellen, hätte es nicht bedurft, wenn schon das (vermeintliche) Bestehen eines Anspruchs gegen Dritte die Hilfebedürftigkeit ausschließt oder daraus dem Träger der Sozialhilfe ein Leistungsverweigerungsrecht erwächst (vgl. die Kommentierung zu § 2 SGB XII Rn. 18).

§ 2 Abs. 2 Satz 1 SGB XII (wie schon § 2 Abs. 2 Satz 1 BSHG) stellt vor diesem Hintergrund klar, dass durch **Leistungen des Sozialhilfeträgers** die **Verpflichtungen Dritter gegenüber einem Hilfesuchenden des SGB XII nicht berührt** werden. Sie bleiben Ansprüche (ggf. auch Vermögen) des Hilfesuchenden (vgl. dazu die Kommentierung zu § 90 SGB XII). Konstitutiv erscheint diese Bestimmung zunächst im Hinblick auf die besonders genannten bürgerlich-rechtlichen Unterhaltspflichten des anspruchsverpflichteten Dritten. Für zivilrechtliche Unterhaltspflichten erschließt sich die Notwendigkeit der Anordnung des § 2 Abs. 2 SGB XII deshalb unmittelbar, weil auch der zivilrechtliche Unterhalt einen tatsächlichen Bedarf umfasst – teilweise deckungsgleich ist – und somit mit der erfolgten Hilfegewährung seitens des Trägers der Sozialhilfe dieser Unterhalt (teilweise) gedeckt wird. In der Folge könnte also der Unterhaltsanspruch erlöschen[39] (vgl. näher dazu die Kommentierung zu § 94 SGB XII). Die gesetzliche Anordnung des § 2 Abs. 2 SGB XII ist daher für diese Leistungen die **notwendige Voraussetzung für einen Anspruchsübergang**.[40]

17

---

[35] Für Ansprüche nach § 528 BGB hat das BSG bislang offen gelassen, ob diese Vermögen i.S.d. § 90 SGB XII sind oder ob nicht erst bei Zufluss entsprechender Leistungen aus dem Anspruch diese als Einkommen sozialhilferechtlich zu berücksichtigen sind, BSG v. 02.02.2010 - B 8 SO 21/08 R - juris Rn. 13.

[36] In § 90 Abs. 1 SGB XII findet sich demgemäß auch die Formulierung, dass nur verwertbares Vermögen zu berücksichtigen ist, dazu *Geiger* in: LPK-SGB XII, § 90 Rn. 9 f.; enger demgegenüber die Kommentierung zu § 90 SGB XII Rn. 25: Ansprüche nach den §§ 93, 94 SGB XII sind schon kein zu berücksichtigendes Vermögen.

[37] BSG v. 29.09.2009 - B 8 SO 23/08 R - ZFSH/SGB 2010, 42, 47; BSG v. 30.08.2010 - B 4 AS 70/09 R; LSG Thüringen v. 30.07.2009 - L 9 AS 1159/08 ER; juris: Verwertbares Vermögen setzt voraus, dass der Hilfesuchende über dieses tatsächlich verfügen kann, allein ein Anspruch aus § 528 BGB stellt kein verwertbares Vermögen dar, so auch BSG v. 29.09.2009 - B 8 SO 23/08 R - ZFSH/SGB 2010, 42, 47.

[38] BSG v. 29.09.2009 - B 8 SO 23/08 R - ZFSH/SGB 2010, 46 f.; so auch *W. Schellhorn* in: Schellhorn/Schellhorn/Hohm, SGB XII, § 2 Rn. 2 unter Berufung auf die Garantenfunktion der Sozialhilfe im System der sozialen Sicherung. Mit der Schaffung des SGB II dürfte sich diese auf den Träger der SGB II Leistungen erstrecken; *Geiger* in: LPK-SGB XII, § 90 Rn. 9 f.

[39] Zum Inhalt des Betreuungs- und Barbedarfs *Brudermüller* in: Palandt, BGB, Einf. v. § 1601 Rn. 2; näher zum Unterhaltsbedarf *ders.*, § 1610 Rn. 9 ff.

[40] Vgl. § 10 Abs. 2 SGB VIII zu einer abweichenden Konstruktion über Kostenbeiträge, wonach die voll- und teilstationären Angebote, soweit sie teilweise auch den notwendigen Unterhalt sicherstellen, zum Erlöschen des Unterhaltsanspruchs führen, *Schindler* in: Münder/Wiesner, Kinder- und Jugendhilferecht, Ziff. 5.5.1.2 Rn. 5; *Meysen* in: Frankfurter Kommentar zum SGB VIII, § 10 Rn. 31 f.

18 Im Unterschied dazu können **Ansprüche** des Hilfesuchenden **gegenüber sonstigen Dritten** von Sozialhilfeleistungen nur berührt werden, wenn sie auf das gleiche Ziel gerichtet sind oder sie im jeweiligen Tatbestand sogar explizit auf Hilfebedürftigkeit abstellen. In diesem letzteren Fall fungiert § 2 Abs. 2 SGB XII als Bestimmung der Rangfolge der Verpflichteten. Unter den in den §§ 18-29 SGB I genannten Sozialleistungen sind die ebenfalls bedarfsabhängigen Leistungen der Grundsicherung für Arbeitsuchende (§ 19a SGB I) zu nennen. Überschneidungen in der Zielsetzung sind daneben beispielsweise für die Leistungen des SGB XI denkbar (§ 21a SGB I). Für einen **Anspruch aus § 528 BGB** (Rückforderung wegen Verarmung des Schenkers) erscheint **§ 2 Abs. 2 Satz 1 SGB XII als Klarstellung**. Der zivilrechtliche Anspruch setzt tatbestandsmäßig voraus, dass der Schenker nach Vollziehung der Schenkung außerstande ist, seinen angemessenen Lebensunterhalt zu bestreiten, also hilfebedürftig ist. Für andere vermögenswerte Ansprüche, die dagegen nur geeignet sind, zur Bedarfsbefriedigung des Hilfesuchenden zumindest beizutragen, so z.B. Ansprüche auf Darlehensrückzahlung oder Bereicherungsrecht, bedarf es der Anordnung des § 2 Abs. 2 Satz 1 SGB XII dagegen nicht. Sie werden von Leistungen der Sozialhilfe in ihrem Entstehen und Erlöschen nicht berührt.

19 § 93 Abs. 1 Satz 1 SGB XII nimmt von der Anspruchsüberleitung die **Ansprüche gegen Leistungsträger i.S.d. § 12 SGB I** aus. Damit wird für diese der **Vorrang der eigenständigen Erstattungsregelungen** der §§ 102 ff. SGB X gesichert.

20 Eine Sonderstellung nehmen daneben die Ansprüche des Hilfesuchenden auf **Arbeitsentgelt** gegen seinen Arbeitgeber und die auf Gesetz beruhenden **Schadensersatzansprüche** des Hilfesuchenden ein. Sie gehen kraft Gesetzes nach den spezielleren Regelungen der **§§ 115 und 116 SGB X** über. § 93 Abs. 4 SGB XII normiert auch insoweit einen Vorrang der Regelungen des SGB X.

21 Da der Anspruch gegen einen Dritten nach § 93 SGB XII nicht kraft Gesetzes (mit der Gewährung der Leistung an den Hilfebedürftigen) übergeht, ist daneben eine **Abtretung** durch den Leistungsempfänger oder die weiteren genannten Personen (Eltern, nicht getrennt lebender Ehegatte/Lebenspartner) **durch Rechtsgeschäft** grundsätzlich möglich (§ 398 BGB). Das Gesetz enthält für den Leistungsempfänger **kein Abtretungsverbot**.[41] Der Anspruch kann danach an den Sozialhilfeträger oder an Dritte abgetreten werden. Für den Träger der Sozialhilfe gelten dabei die **Schranken des § 93 SGB XII**, diese dürfen durch die rechtsgeschäftlich erfolgende Abtretung nicht unterlaufen werden[42] (so z.B. die Begrenzung auf die Höhe der Aufwendungen oder Begrenzung auf Personen, die in § 93 SGB XII genannt sind). Ein den Begrenzungen des § 93 SGB XII zuwiderlaufendes privatrechtliches Rechtsgeschäft ist schon nach **§ 32 SGB I nichtig**, soweit es zum Nachteil des Sozialhilfeberechtigten[43] erfolgt. Sind (nur) Dritte dadurch nachteilig betroffen, z.B., indem sie in einem über die Vorschriften zum Einkommens- und Vermögenseinsatz hinausgehenden Umfang herangezogen werden, ist die Freiwilligkeit der Abtretung zu prüfen und müssen im Übrigen auch die Aussagen der §§ 90, 82 SGB XII herangezogen werden. Abzugrenzen davon ist der praktisch häufige Fall, dass sich der Träger der Sozialhilfe, wenn er im Rahmen der mit einem Wohnungswechsel verbundenen Transaktionskosten nach § 35 Abs. 2 Satz 5 SGB XII Leistungen für eine geschuldete Mietsicherheit darlehensweise an den Hilfebedürftigen erbringt, regelmäßig den mietvertraglichen Kautionsrückzahlungsanspruch abtreten lässt. Dieser Fall der Abtretung ist ein gesetzlich ausdrücklich erlaubter und näher bestimmter.[44] Für eine **Abtretung** des **übergeleiteten Anspruchs** durch den Sozialhilfeträger **an Dritte** dürfte dagegen eine Rechtsgrundlage und damit gesetzliche Ermächtigung fehlen.[45]

---

[41] *Münder* in: Rothkegel, Sozialhilferecht, Kap. 26 Rn. 9; BGH v. 09.11.1994 - IV ZR 66/94 - NJW 1995, 323, 324; *Kiss* in: Mergler/Zink, § 93 Rn. 2.

[42] BVerwG v. 30.11.1972 - BVerwG V C 87.72 - BVerwGE 41, 216, 220. Der Träger der Sozialhilfe hatte sich vom Vater des Hilfebedürftigen Dienstbezüge abtreten lassen, obwohl die damals geltende Fassung des § 90 Abs. 1 Satz 1 BSHG eine Überleitung dieser Ansprüche (noch) nicht ermöglichte (geändert durch das BSHG-Reformgesetz mit Wirkung vom 01.08.1996). *Münder* in: Rothkegel, Sozialhilferecht, 2005, Kap. 26 Rn. 9; *ders.* in: LPK-SGB XII, § 93 Rn. 10; BGH v. 09.11.1994 - IV ZR 66/94 - NJW 1995, 323, 324; BGH v. 16.03.1994 - XII ZR 225/92 - NJW 1994, 1733, 1734.

[43] Zum geschützten Personenkreis: *Weselski* in: jurisPK-SGB I, § 32 Rn. 12 ff.

[44] Dazu näher *Berlit* in: LPK-SGB XII, § 35 Rn. 97; zur Rechtslage unter dem BSHG *Ruff*, ZFSH/SGB 2003, 202, 206 f.

[45] Dazu *Falterbaum* in: Hauck/Noftz, SGB XII, § 93 Rn. 11, der davon ausgeht, dass die gesetzlichen Regelungen bezüglich des Übergangs von Ansprüchen abschließend sind, der Träger der Sozialhilfe schon deshalb den Anspruch nicht abtreten kann.

Kommt eine rechtsgeschäftliche Abtretung des Leistungsberechtigten oder der nach § 93 SGB XII einbezogenen Personen an Dritte der Überleitungsanzeige des Sozialhilfeträgers zuvor, **unterliegt die Abtretung einer Begrenzung durch § 138 BGB**.[46] Privatrechtliche Rechtsgeschäfte, die nach ihrem aus Inhalt, Beweggrund und Zweck zu entnehmenden Charakter darauf angelegt sind, Vermögensverhältnisse zum Schaden des Sozialhilfeträgers und damit auf Kosten der Allgemeinheit zu regeln, und nach ihrer ganzen Zielrichtung einem Vertrag zu Lasten Dritter nahe kommen, können nach § 138 BGB sittenwidrig und damit nichtig sein. Dabei ist bei Auslegung und Subsumtion zu § 138 BGB zu beachten: 22

- Das BGB ist geprägt vom Grundsatz der Vertragsfreiheit und ein spezifisch sozialhilferechtliches Abtretungsverbot existiert nach den §§ 398 ff. BGB nicht.
- Das SGB XII selbst enthält mit § 26 SGB XII ein Instrument bereit, auf eine Vermögensminderung zu reagieren, die vom Leistungsberechtigten in der Absicht vorgenommen wurde, die Voraussetzungen für die sozialhilferechtliche Leistungsgewährung zu erreichen.[47]
- Ist die Sittenwidrigkeit des Rechtsgeschäfts Ergebnis einer Gesamtwürdigung (mit Berücksichtigung subjektiver Umstände), kommt es darauf an, ob der am Rechtsgeschäft beteiligte Dritte Schutz verdient, weil er um die Umstände nicht weiß und sich auch nicht grob fahrlässig einer solchen Erkenntnis verschlossen hat.

Es dürften dabei die Grundsätze, die die zivilgerichtliche Rechtsprechung zur Inhaltskontrolle von Eheverträgen entwickelt hat, entsprechend gelten, so kann z.B. wegen § 138 BGB eine Abtretung unwirksam sein, die faktisch die **Vermögenslosigkeit** zu Lasten der Sozialhilfe herbeigeführt hat.[48] **Zurückhaltend** sollte dabei im Hinblick darauf, dass § 2 Abs. 1 SGB XII für die Leistungen des SGB XII gerade keine isolierte Ausschlussnorm darstellt, mit einem dem **Sozialhilferecht innewohnenden „Grundsatz der Selbsthilfe" im Rahmen des § 138 BGB** argumentiert werden. Daher kann dem OLG Hamm nur eingeschränkt gefolgt werden, wenn es unter Bezugnahme auf ein Nachrangprinzip des § 2 Abs. 1 SGB XII die Sittenwidrigkeit der Ausschlagung einer Erbschaft durch einen Sozialhilfeempfänger prüft. Überzeugender ist es, wenn das OLG im Folgenden innerhalb des unbestimmten Rechtsbegriffs der Sittenwidrigkeit mit einem **Prinzip der Selbstverantwortung als notwendigem Spiegelbild der Handlungsfreiheit des Hilfesuchenden** argumentiert und deshalb prüft, ob von dem Einzelnen (im konkreten Einzelfall) auch unter sittlichen Aspekten erwartet werden muss, dass er vor der Inanspruchnahme von Sozialhilfe einen ihm angetragenen Vermögenserwerb wahrnimmt. Auch dabei dürfen aber die positiv-rechtlichen Wertungen (z.B. § 26 SGB XII) nicht mit § 138 BGB überspielt werden.[49]

Als vergleichbare Fallgestaltung dazu geraten zunehmend sog. **„Behindertentestamente"** in den Blickpunkt der Rechtsprechung (und Literatur) zu § 138 BGB (vgl. dazu Rn. 63). 23

V. Ausgewählte Literaturhinweise

Armbrüster, Die Nachrangigkeit der Sozialhilfe und die guten Sitten, in: FS für Franz Jürgen Säcker, 2011, S. 13 ff.; *Brückner*, Wohnungsrecht und subjektives Ausübungshindernis, NJW 2008, 1111-1115; *Dernedde*, Regressforderungen des Sozialhilfeträgers bei Elternunterhalt, JURA 2008, 839 844; *Doering-Striening/Horn*, Der Übergang von Pflichtteilsansprüchen von Sozialhilfebeziehern, NJW 2013, 1276 ff.; *Frings*, Überleitungsfähigkeit des Wohnungsrechts auf Sozialhilfeträger? Sozialrecht aktuell 2009, 201-204; *Gühlstorf/Ette*, Die „Schenkung" eines mit einem Nießbrauch belasteten Grundstücks und seine Rückforderung durch den Sozialhilfeträger; ZfF 2007, 265-270; *dies.*, Die 24

---

[46] Für die Ansprüche aus § 528 BGB ist zudem § 399 Alt. 1 BGB zu beachten, wonach eine Abtretung ausgeschlossen ist, wenn durch die Leistung an einen anderen als den ursprünglichen Gläubiger eine Veränderung ihres Inhaltes erfolgt, dazu BGH v. 09.11.1994 - IV ZR 66/94 - NJW 1995, 323 ff.

[47] *W. Schellhorn* in: Schellhorn/Schellhorn, SGB XII, § 2 Rn. 15.

[48] VG Aachen v. 07.07.2004 - 2 L 447/04 - juris; zur Sittenwidrigkeit eines Unterhaltsverzichtes nach § 138 BGB, der nach seinen objektiven Gehalt zu Lasten des Sozialhilfeträgers geht: BGH v. 25.10.2006 - XII ZR 144/04 - NJW 2007, 904, 905 f.; zur Sittenwidrigkeit von Unterhaltsverträgen, die bewirken, dass der Unterhaltsberechtigte oder -verpflichtete nicht mehr in der Lage ist, die eigene Existenz zu sichern: BGH v. 05.11.2008 - XII ZR 157/06 - BGHZ 178, 322, Rn. 36 f.; BGH v. 08.12.1982 - IVb ZR 333/81, BGHZ 86, 82, 86 ff, 89 f., vgl. auch die Anmerkungen zu § 94 SGB XII.

[49] OLG Hamm v. 16.07.2009 - 15 Wx 85/09 - NJW-RR 2010, 83-85 mit zahlreichen Nachweisen zur Sittenwidrigkeit der Ausschlagung einer Erbschaft durch einen Empfänger von Sozialhilfe; zuletzt zu § 2 SGB XII: BSG v. 02.02.2010 - B 8 SO 21/08 R - juris Rn. 13.

„Schenkung" eines mit einem Nießbrauch belasteten Grundstücks und seine Rückforderung durch den Sozialhilfeträger, ZfF 2008, 13-16; *Gühlstorf*, Überleitung und zivilrechtliche Durchsetzung von Schenkungsrückforderungsansprüchen, ZfF 2006, 121-130; *ders.*, Nochmals – Die Überleitung von Ansprüchen aus einem Wohnrecht – Die neuen Entscheidungen des BGH – ZfF 2009, 265-270; *Hußmann*, Sozialhilferegress: Überleitung und Übergang von Ansprüchen nach der Reform des Sozialrechts durch Hartz IV, ZEV 2005, 54-60; *Haarmann*, Die Rückforderung von Schenkungen durch den Träger der Sozialhilfe und private Dritte nach Verarmung des Schenkers, Münster 1998; *Ihrig*, Erbrechtliche Gestaltungen mit nachteiligen Wirkungen für Dritte, insbesondere Sozialleistungsträger, NotBZ 2011, 345 ff.; *Kenitz*, Der sozialhilferechtliche Nachranggrundsatz bei testamentarischen Zuwendungen an ein behindertes Kind, Münster 2012; *Kopp*, Der Rückforderungsanspruch gegen den „Zweitbeschenkten" bei Verarmung des Schenkers, JR 2012, 491 ff.; *Kuntze*, Rückgriffsansprüche des Leistungsträgers im Rahmen des § 33 SGB II, Zur unterhaltsrechtlichen Nachrangsicherung nach § 33 SGB II, ZfF 2007, 153-159; *Meisterernst*, Schenkung von Schonvermögen im Rahmen einer vorweggenommenen Erbfolge und Rückforderung durch Sozialhilfeträger, DNotZ 2005, 283-285; *Müller*, Der Rückgriff gegen Angehörige von Sozialleistungsempfängern, 6. Aufl. 2012; *von Proff*, Erbrechtsgestaltung nach der jüngsten BGH-Rechtsprechung zum Behindertentestament, RNotZ 2012, 272 ff.; *Rodert/Dillmann*, Ein „Klassiker" bleibt lebendig, ZfF 2012, 193 ff.; *Rodert/Martin*, Nachrang der Sozialhilfe wiederherstellen – wie geht das? – Überleitung von Ansprüchen durch Sozialhilfeträger nach § 93 SGB XII –, ZfF 2013, 265-271; *Spall*, Anmerkung zur Entscheidung des BGH, Urteil vom 19.01.2011, IV ZR 7/10 – Zum Pflichtteilsverzicht eines behinderten Sozialleistungsbeziehers, MittBayNot 2012, 141 ff.; *Zeranski*, Zur Aussetzung des Zivilrechtsstreites aus übergeleitetem Recht bei Anfechtung der Überleitungsanzeige, FamRZ 1999, 824-828.

B. Auslegung der Norm

I. Regelungsgehalt und Bedeutung der Norm

1. Übergang von Ansprüchen (Absatz 1)

25 Nach § 93 Abs. 1 SGB XII ist der Träger der Sozialhilfe ermächtigt, durch **privatrechtsgestaltenden Hoheitsakt einen Wechsel der Anspruchsinhaberschaft** für Ansprüche von nach dem SGB XII leistungsberechtigten Personen und näher bestimmten Angehörigen, begrenzt auf den Umfang seiner Aufwendungen, auf sich selbst zu bewirken. Nach Absatz 1 Satz 2 kann der Anspruch auch wegen Leistungen, die zeitgleich an Ehegatten, Lebenspartner oder minderjährige unverheiratete Kinder der leistungsberechtigten Person erbracht werden, übergeleitet werden. Der durch die Ansprüche verpflichtete Dritte darf dabei selbst kein Leistungsträger nach § 12 SGB I sein, weil insoweit die Vorschriften über die Erstattung von Leistungen nach den §§ 102 ff. SGB X vorrangig sind. Für Unterhaltsansprüche enthält § 94 SGB XII eine speziellere Regelung mit einem gesetzlichen Forderungsübergang. Überleitungsfähig sind grundsätzlich alle Ansprüche, unabhängig davon, ob sie (z.B. nach den §§ 850 ff. ZPO) dem Pfändungsschutz unterliegen (dazu § 400 BGB) oder ihre Überleitung ausgeschlossen ist (§ 399 BGB), streitig ist dagegen, ob auch höchstpersönliche Ansprüche damit einer Überleitung zugänglich sind (dazu Anm. zu § 93 Abs. 1 Satz 4 SGB XII). Ein Anspruchsübergang darf zum Schutz des Dritten und in strenger Ausrichtung an den in § 2 SGB XII niedergelegten Grundgedanken der Sozialhilfe nur in dem Maße erfolgen, in dem bei zeitnaher Erfüllung des Anspruchs durch den Dritten eine Hilfebedürftigkeit im Sinne des SGB XII nicht eingetreten wäre (vgl. die Kommentierung zu § 2 SGB XII Rn. 12 f.) oder ein Kostenbeitrag entstanden wäre (sog. **Kausalitätserfordernis**, § 93 Abs. 1 Satz 3 SGB XII).

2. Absatz 2

26 Der Anspruchsübergang erfolgt weder kraft Gesetzes (sog. cessio legis) noch durch Vertrag (entspr. § 398 BGB), sondern im Wege des rechtsgestaltenden Hoheitsaktes der Überleitungsanzeige. Der Forderungsübergang kraft eines rechtsgestaltenden Verwaltungsaktes kann als **cessio magistralis (Magistralzession)** bezeichnet werden.[50] Die Rechtsgestaltung wirkt nur für einen ununterbrochenen Leistungsbezug, muss daher **bei Unterbrechung erneuert** werden. Als insoweit relevante Unterbrechung definiert § 93 Abs. 2 Satz 2 SGB XII bindend einen Zeitraum von mehr als zwei Monaten.

---

[50] Instruktiv zu § 332 SGB III erläutert von *Kador* in: Eicher/Schlegel, SGB III, § 332 Rn. 1 und 8.

3. Absatz 3

In der Konsequenz des Charakters der Überleitungsanzeige als eines Verwaltungsaktes enthält Absatz 3 Sonderregelungen zu § 86a Abs. 1 SGG und schließt in Ergänzung der in § 86a Abs. 2 SGG geregelten Fälle als „Bundesgesetz" i.S.d. § 86a Abs. 2 Nr. 4 SGG einen **Suspensiveffekt** der statthaften Rechtsbehelfe/-mittel des (Anfechtungs-)Widerspruchs und der Anfechtungsklage aus. 27

4. Absatz 4

Ansprüche auf Arbeitsentgelt und gesetzlich begründete Ansprüche auf Schadensersatz gehen nach den Vorschriften der §§ 115, 116 SGB X kraft Gesetzes auf den Träger der Sozialhilfe über, wenn dieser deshalb Sozialleistungen erbringt. § 93 Abs. 4 SGB XII enthält eine **Kollisionsregelung zugunsten des SGB X**. 28

II. Normzweck

§ 93 SGB XII ist die **notwendige Ergänzung zur allgemeinen Bestimmung des § 2 SGB XII und den Vorschriften über (den Einsatz von) Einkommen und Vermögen nach den §§ 19 und 90 SGB XII**. Hilfebedürftig ist danach auch, wer zwar Ansprüche gegen Dritte hat, die geeignet sind, seinen Bedarf (zumindest teilweise) zu decken, diese aber nicht (zeitnah) realisieren kann. Der um Leistungen Nachsuchende kann sich in diesem Fall gerade nicht durch Einsatz eigenen Vermögens selbst helfen (§ 2 Abs. 1 SGB XII i.V.m. den Vorschriften zum Einkommens- und Vermögenseinsatz). Die Überleitungsvorschrift ist die notwendige Ergänzung zur gesetzlich begründeten Pflicht des Trägers der Sozialhilfe, Hilfe zu gewähren, wenn auf einen (zumindest behaupteten) Anspruch des Hilfesuchenden gegen einen Dritten dieser tatsächlich nicht leistet.[51] (Erst) die Ermächtigung zur Überleitung in § 93 ordnet einen **Nachrang der Sozialhilfe an, die Überleitung stellt ihn her**.[52] **Missverständlich** ist daher die häufig verwendete **Formulierung der „Wiederherstellung"** des **Nachranges**. Diese lässt eine durch die Hilfegewährung eintretende **ungerechtfertigte**, d.h. dem Gesetz nicht entsprechende **Vermögensverteilung** vermuten.[53] Die Hilfegewährung erfolgt dagegen – auch bei Bestehen überleitungsfähiger Ansprüche – gemäß § 2 SGB XII i.V.m. den Vorschriften über den Einkommens- und Vermögenseinsatz. Vor diesem Hintergrund ist § 93 SGB XII kein gesetzlich geregelter öffentlich-rechtlicher Aufwendungsersatzanspruch.[54] Dies gilt ungeachtet der Tatsache, dass der Abschnitt mit „Verpflichtungen Anderer" überschrieben ist (vgl. auch § 2 Abs. 2 Satz 1 SGB XII) und das Gesetz selbst den Anspruchsübergang durch getätigte Aufwendungen begründet und begrenzt („bis zur Höhe seiner Aufwendungen", § 93 Abs. 1 Sätze 1 und 2 SGB XII). Damit ordnet der Gesetzgeber für die Überleitung eine **bedarfsbezogene Betrachtung** an.[55] 29

Die **Überleitung** der Ansprüche steht **im Ermessen des Trägers der Sozialhilfe**. Sie versetzt ihn in die Position des Gläubigers mit allen prozessualen Gestaltungsmöglichkeiten. Die Überleitung ermöglicht eine Übernahme des Prozessrisikos im Fall bestrittener Forderungen. Sind Ansprüche gegen Dritte ohne weiteres realisierbar, hat der Hilfesuchende dagegen kein Wahlrecht, eigene Bemühungen zu unterlassen und diese stattdessen dem Träger der Sozialhilfe zu überlassen. Eine Leistungsverweigerung durch den Träger der Sozialhilfe ist aber auch in diesem Fall nur ausnahmsweise unter Berufung auf Selbsthilfeobliegenheiten (§ 2 SGB XII) möglich.[56] Ermessensgerecht sind für den Träger der Sozialhilfe bei der Frage, ob er Ansprüche überleitet, neben der fiskalischen Erwägung, seine Aufwen- 30

---

[51] Zuletzt BSG v. 29.09.2009 - B 8 SO 23/08 R - ZFSH/SGB 2010, 42, 46 f.; *Wahrendorf* in: Grube/Wahrendorf, SGB XII, § 93 Rn. 2 sieht dies – insoweit überkommen – noch als Ausdruck des Faktizitätsprinzips.

[52] BVerwG v. 28.10.1999 - 5 C 28/98 - BVerwGE 110, 5; *Grote-Seifert* in: jurisPK-SGB II, § 33 Rn. 19; *Münder* in: LPK-SGB XII, § 93 Rn. 1.

[53] In diesem Sinne: BVerwG v. 26.11.1969 - V C 54.69 - BVerwGE 34, 219, 221 f: nachträgliche Herstellung des vom Gesetz nach § 2 BSHG gewollten Rangverhältnisses in Abgrenzung zu einem selbständigen Ersatzanspruch; BVerwG v. 10.05.1990 - 5 C 63.88 - BVerwGE 85, 136 f: Herstellung der Haushaltslage, die bestünde, wenn der Anspruch des Hilfeempfängers früher erfüllt worden wäre.

[54] In diese Richtung: BGH v. 20.05.2003 - X ZR 246/02 - BGHZ 155, 57, 60: Der Sozialhilfeträger tritt mit seinen Leistungen für den Dritten in Vorlage.

[55] Vgl. BSG v. 25.04.2013 - B 8 SO 104/12 B - juris Rn. 9: „Wie beim Einsatz des Einkommens müssen die Vorschriften über die Überleitung von Ansprüchen folglich bedarfsorientiert gesehen werden."

[56] Dazu BSG v. 29.09.2009 - B 8 SO 23/08 R - ZFSH/SGB 2010, 42, 46; vgl. die Kommentierung zu § 2 SGB XII Rn. 18.

dungen von dem Dritten zu erhalten[57] und einer Prognose der Erfolgsaussichten im Falle eines Prozesses, Erwägungen, die die sozialen/familiären Belange des Berechtigten und des Dritten einschließen (diese können im Einzelfall sowohl für als auch gegen eine Überleitung sprechen, vgl. dazu Rn. 121).

31 Abweichend von der Vorgängervorschrift des § 90 BSHG erfasst § 93 Abs. 1 Satz 1 SGB XII auch die **Ansprüche** der vom Hilfebedürftigen nicht getrennt lebenden **Lebenspartnerinnen und Lebenspartner** und reagiert damit auf die weitgehende Gleichstellung der eingetragenen Partnerschaft Gleichgeschlechtlicher im Familien-, Steuer- und Beamtenrecht sowie im Recht der betrieblichen Hinterbliebenenversorgung.[58] Die entsprechende Aufnahme der Lebenspartner in § 93 Abs. 1 Satz 2 SGB XII ist eine Folge der Aufnahme in Satz 1.[59]

III. Tatbestandsmerkmale

1. Leistungserbringung

a. Leistungen nach Absatz 1 Satz 1

32 Mit dem Begriff der **leistungsberechtigten Person**, für die Leistungen erbracht werden, formuliert § 93 Abs. 1 Sätze 1 und 2 SGB XII die **Grundvoraussetzung** für eine Überleitungsberechtigung des Trägers der Sozialhilfe und zugleich die **innere Rechtfertigung** für den Anspruchsübergang: Der Sozialhilfeträger muss Leistungen erbringen[60]. Der Begriff der Leistungen meint dabei aufgrund der systematischen Stellung **nur Leistungen der Sozialhilfe**. Dazu gehören solche nach dem SGB XII. Um welche Leistungen es sich dabei handelt (3. oder 4. bzw. 5.-9. Kapitel), ist wichtig für die Frage, **wessen Ansprüche neben denjenigen des Leistungsberechtigten selbst übergeleitet** werden können (vgl. Rn. 34). Insoweit **weicht § 93 SGB XII von § 33 SGB II ab**, wonach der Anspruchsübergang nur für Leistungen zur Sicherung des Lebensunterhaltes, damit solche des Kap. 3 Abschnitts 2 des SGB II vorgesehen ist; dazu gehören die pauschalen Regelleistungen, das Sozialgeld zuzüglich der Mehrbedarfe (§§ 19-28 SGB II), nicht dazu gehören das Einstiegsgeld, das als verlorener Zuschuss gewährt wird (§ 16b SGB II) sowie die Zuschüsse zu Beiträgen für Sicherungssysteme der privaten Kranken-, Pflegeversicherung (als Annex zu den Regelleistungen). Umstritten war – zumindest bis zur gesetzlichen Klarstellung in § 19 SGB II durch Gesetz zur Fortentwicklung der Grundsicherung – die Einordnung des **früheren Zuschlags zum Alg II** nach § 24 SGB II (a.F.).[61] Uneinheitlich beurteilt wird, ob Leistungen für Bildung und Teilhabe zu den Leistungen der Sicherung des Lebensunterhaltes rechnen (§ 28 SGB II[62]).

33 Im Bereich des § 93 SGB XII gehören zu den **Leistungen** solche z.B. nach **§ 31 SGB XII** oder **§ 36 SGB XII**, ebenso wie solche **Leistungen**, die typischerweise **regelmäßig wiederkehren** (z.B. Leistungen für Unterkunft und Heizung nach den §§ 35 Abs. 1 und Abs. 4 SGB XII, Leistungen für Bildung und Teilhabe, § 34 SGB XII).

34 Zu den **Leistungen**, die **nach § 93 SGB XII** zu einer Überleitung berechtigen, gehören **auch diejenigen, die noch nach den Vorschriften des BSHG erbracht worden sind**, soweit bis zum 31.12.2004 noch keine Überleitungsanzeige erfolgt war.[63] Soweit § 93 Abs. 1 Sätze 1 und 2 SGB XII nunmehr auch den Anspruchsübergang von Ansprüchen des Lebenspartners der hilfebedürftigen Person vorsieht sowie wegen der Erbringung von Leistungen, die zeitgleich an den Lebenspartner erbracht werden, handelt es sich um eine Erweiterung des Personenkreises gegenüber dem BSHG. Ermöglicht § 93 SGB XII damit erstmals eine Überleitung auch wegen Leistungen, die bis zum 31.12.2004 gewährt

---

[57] Zu der Frage, ob es sich wegen der Verpflichtung zur (Wieder-)Herstellung des Nachranges um ein intendiertes Ermessen handelt, vgl. Rn. 123.

[58] BVerfG v. 07.07.2009 - 1 BvR 1164/07 - JZ 2010, 37 ff. mit Anm. *Hillgruber*; zuletzt: BVerfG v. 19.02.2013 - 1 BvL 1/11, 1 BvR 3247/09 - Sukzessivadoption; BVerfG v. 07.05.2013 - 2 BvR 909/06, 2 BvR 1981/06, 2 BvR 288/07 - Ehegattensplitting.

[59] BT-Drs. 15/1514, S. 66.

[60] BSG v. 25.04.2013 - B 8 SO 104/12 B - juris Rn. 9.

[61] Näher *Grote-Seifert* in: jurisPK-SGB II, § 33 Rn. 31 m.w.N.; *Münder* in: LPK-SGB II, § 33 Rn. 9 unter Berufung auf OLG München v. 28.11.2005 - 16 UF 1262/05 - FamRZ 2006, 1125.

[62] *Link* in: Eicher, SGB II, § 33 Rn. 16.

[63] OVG Bremen v. 24.02.2010 - S 3 A 169/07 - juris Rn. 22; LSG Nordrhein-Westfalen v. 09.11.2005 - L 20 (12) B 38/05 SO ER - FEVS 57, 529, 530; LSG Berlin-Brandenburg v. 16.08.2007 - L 23 B 150/07 SO ER - FEVS 59, 154, 155; Bayerisches LSG v. 25.11.2010 - L 8 SO 136/10, FEVS 62, 564 ff. - juris Rn. 25; *Kiss* in: Mergler/Zink, SGB XII, § 93 Rn. 13.

wurden, handelt es sich für diesen Personenkreis nicht um eine **unzulässige Rückwirkung**.[64] Es handelt sich in diesem Fall zwar um eine **tatbestandliche Rückanknüpfung** (= unechte Rückwirkung), soweit die Norm den Eintritt von Rechtsfolgen von Gegebenheiten, hier der Leistungserbringung bis zum 31.12.2004, abhängig macht, die vor der Gesetzesverkündung liegen. Betroffen sind damit vorrangig die Grundrechte[65] des Art. 14 GG, soweit vermögenswerte Ansprüche des Lebenspartners übergeleitet werden, sowie Art. 6 Abs. 1 GG, soweit die eingetragene Lebenspartnerschaft mit Kindern als „Familie" Schutz erfährt und das Gesetz an die Partnerschaft sozialhilferechtliche Einstandspflichten in Gestalt der Überleitung knüpft[66]. Darüber hinaus wird Art. 2 Abs. 1 GG betroffen, dagegen nicht Art. 3 GG, da die Vergleichsgruppe der Ehepartner schon vorher von der Regelung umfasst gewesen ist. Mit der Einbeziehung der Lebenspartner auch für die bis zum 31.12.2004 gewährten Leistungen verfolgt der Gesetzgeber das legitime Interesse einer Angleichung an die Ehepartner und stellt die eingetragene Lebenspartnerschaft i.S.d. LPartG als auf Dauer angelegte Verantwortungs- und Einstandsgemeinschaft mit der Ehe gleich. Ein **besonders schutzwürdiges Vertrauen des Personenkreises** dergestalt, dass an die begründete Partnerschaft keine sozialhilferechtlichen Pflichten geknüpft werden, bestand nicht. Seit dem 01.08.2001 begründet § 2 LPartG für die Lebenspartner die Pflicht, einander Fürsorge und Unterstützung zu gewähren, nach § 5 LPartG sind sie einander entsprechend §§ 1360a und 1360b BGB zu angemessenem Lebensunterhalt verpflichtet. Die Einbeziehung in § 93 SGB XII auch für Leistungen, die bis zum 31.12.2004 gewährt wurden, erfolgte daher nicht überraschend. Im Übrigen ermöglicht das eingeräumte Ermessen, von einer Überleitung im Einzelfall aus Vertrauensschutzgründen abzusehen.

Im Unterschied zu § 90 BSHG, wonach Voraussetzung für die Überleitung war, dass „Hilfe gewährt" wird, **formuliert § 93 SGB XII, dass „Leistungen erbracht" werden**. Umstritten ist wegen dieser Änderung im Wortlaut, ob eine Überleitung nur möglich ist, wenn tatsächlich Leistungen fließen und dann noch nicht, wenn nur ein Bewilligungsbescheid vorliegt oder ein Bescheid, der die Leistungsberechtigung feststellt und nach § 37 SGB X bekannt gegeben wurde.[67] Praxisrelevant erscheint dabei allein der Fall, dass ein Bewilligungsbescheid vorliegt, aber keine Leistungen daraus fließen. Der umgekehrte Fall, dass Leistungen ohne ausdrücklichen Bescheid fließen, stellt im Regelfall keine rechtsgrundlose Leistung dar. Abgesehen von dem Ausnahmefall einer versehentlich erfolgten (i.d.R. fehlgeleiteten) Zahlung, die keine Überleitung rechtfertigt, ist zu prüfen, ob nicht ein bereits früher erlassener Verwaltungsakt mit Dauerwirkung Rechtsgrund für eine Zahlung ist.[68] Ist dies nicht der Fall, liegt z.B. in der in der Praxis häufigen schlichten Weiterzahlung einer einmal zeitlich begrenzt bewilligten Leistung für einen Anschlusszeitraum i.d.R. eine konkludent erfolgte Bewilligung vor. Nach **§ 33 Abs. 2 Satz 1 SGB X kann ein Verwaltungsakt in anderer Weise** (als schriftlich oder mündlich), damit konkludent erlassen werden. Für den Realakt der Zahlung von Krankengeld ist das seit langem von der Rechtsprechung anerkannt. Für die Zahlung von Sozialhilfe gilt nichts anderes.[69] Im Übrigen rechtfertigt schon der Bewilligungsbescheid die Überleitung. Der Begünstigte kann aus einem ausdrücklich erlassenen Bewilligungsbescheid, solange er nicht nach den Vorschriften des SGB X aufgehoben ist, Zahlung der bewilligten Sozialhilfe verlangen. Diese kann er ggf. mittels einfacher Leistungsklage oder im Verfahren des vorläufigen Rechtsschutzes tatsächlich erlangen. Der Bescheid ist Anspruchsgrundlage und Rechtsgrund für das Erreichen und Behalten der Leistung. Damit ist er in der Lage, den

---

[64] Offen gelassen von LSG Nordrhein-Westfalen v. 09.11.2005 - L 20 (12) B 38/05 SO ER - FEVS 57, 529, 530.
[65] BVerfG v. 14.05.1986 - 2 BvL 2/83 - BVerfGE 72, 200, 241 f.; BVerfG v. 03.12.1997 - 2 BvR 882/97 - BVerfGE 97, 67, 78 f.
[66] Zum Schutzbereich: *Pieroth* in: Jarass/Pieroth, GG, Art. 6 Rn. 4.
[67] Für die Maßgeblichkeit des Bewilligungsbescheides: *Münder* in: LPK-SGB XII, § 93 Rn. 12; nach *Kiss* in: Mergler/Zink, § 93 Rn. 13 und *Decker* in: Oestreicher, SGB II/SGB XII, § 93 Rn. 36 kommt es auf einen Bewilligungsbescheid nicht an, er ist nicht erforderlich, es kommt darauf an, ob die Leistung tatsächlich erbracht wird; nach *Wolf* in: Fichtner/Wenzel, SGB XII, § 93 Rn. 8 reicht es aus, wenn Leistungen tatsächlich erbracht werden oder bewilligt wurden. Vom Erfordernis „tatsächlicher Leistungsgewährung" spricht *Wahrendorf* in: Grube/Wahrendorf, § 93 Rn. 9.
[68] Zur Auslegung des Verwaltungsaktes aus Sicht des Empfängerhorizontes: BSG v. 17.06.2008 - B8/9b AY 1/07 R - BSGE 101, 49, 50 f. Rn. 11; LSG Niedersachsen-Bremen v. 16.10.2008 - L 8 SO 70/08 ER - juris Rn. 12 ff.
[69] *Engelmann* in: von Wulffen/Schütze, SGB X, § 33 Rn. 22 m.w.N.; BSG v. 17.06.2008 - B8/9b AY 1/07 R - BSGE 101, 49, 50 f. Rn. 11 m.w.N.; VG Karlsruhe v. 14.11.2002 - 2 K 1129/01 - juris; für die Zahlung von Krankengeld: BSG v. 09.12.1986 - 8 RK 27/84 - SozR 2200 § 183 Nr. 51 S. 144; BSG v. 09.02.1989 - 3 RK 19/87 - NJW 1989, 2349, 2350, Auszahlung von Krankengeld, Arzneimittelkosten.

frühesten Zeitpunkt für eine Überleitung zu begründen. Macht der Träger der Sozialhilfe den übergeleiteten Anspruch geltend, obwohl er tatsächlich – auch nach Aufforderung oder Klageerhebung – keine Leistungen erbringt, steht dem im Einzelfall § 242 BGB in Gestalt des Einwandes unzulässiger Rechtsausübung entgegen.[70]

36 Eine Leistungsgewährung liegt auch in dem Fall vor, dass Leistungen auf der Grundlage von **§ 19 Abs. 5 SGB XII** als **erweiterte Hilfe** erbracht werden. Dabei handelt es sich um Leistungen des SGB XII und „echte" Sozialhilfe.[71]

37 Uneinheitlich wird die Frage beantwortet, ob zu den „Leistungen" i.S.d. § 93 Abs. 1 SGB XII auch die **darlehensweise Gewährung von Sozialhilfe** gehört. Einerseits enthält der Wortlaut keine Einschränkung insoweit, so dass er einer Anwendbarkeit der Überleitungsermächtigung nicht entgegensteht.[72] Andererseits wird einer solchen Überleitung der Einwand einer unzulässigen **Doppelsicherung**[73] und damit Übersicherung[74] entgegengehalten. **Für die Einbeziehung** der darlehensweise gewährten Leistungen spricht neben dem Wortlaut die Systematik. Der **Begriff der „Leistungen" des § 93 SGB XII** wird andernorts nicht nach Darlehen und Nichtdarlehen unterschieden: Nach § 8 SGB XII gehören zu den Leistungen auch die darlehensweise bewilligten. § 10 SGB XII unterscheidet die „Leistungen" nur nach Dienstleistung, Geld- oder Sachleistung.[75] Das wird bestätigt durch die gesetzlichen Grundlagen für die Gewährung von Darlehen, die von einem einheitlichen Leistungsbegriff ausgehen.[76] Auch das Bundesausbildungsförderungsgesetz (BAföG) ordnet für Vorausleistungen nach den §§ 36, 37 unterschiedslos einen Forderungsübergang auch für Leistungen an, die darlehensweise erbracht werden.[77] Schon zu **§ 91 BSHG** (der Vorgängernorm zu § 94 SGB XII) wurde eine **darlehensweise Gewährung** für **ausreichend** erachtet.[78] **§ 91 Satz 2 SGB XII**, wonach der **Darlehensrückzahlungsanspruch** dinglich oder in anderer Weise gesichert werden darf, spricht i.S. eines Umkehrschlusses nicht dagegen, denn um eine solche Sicherung geht es gerade nicht.[79] In Anbetracht der Interessenlage des Trägers der Sozialhilfe auf der einen und derjenigen des Hilfeempfängers auf der anderen Seite hat eine differenzierte Lösung, wonach eine **Überleitung jedenfalls von dem Zeitpunkt an möglich** ist, zu dem klar ist, dass das **Darlehen nicht zurückgezahlt** werden kann, den Vorzug einer **interessengerechten Lösung**[80]. Es erscheint aber **praktisch schwierig** und für den Träger der Sozialhilfe mit **Rechtsunsicherheit** verbunden, diesen Zeitpunkt zu bestimmen. Liegt eine **endgültig erklärte Zahlungsverweigerung** durch den Hilfeempfänger vor, könnte diese den Zeitpunkt für die zulässige Überleitung markieren. Ist das aber nicht der Fall, muss der Träger der Sozialhilfe anhand von Indizien bestimmen, ob der Sozialhilfeempfänger das Darlehen nicht zurückzahlt. **Indiz** für das **(dauerhafte) Un-**

---

[70] Dabei wird in Rechnung gestellt, dass mit dieser Konstruktion die Überleitung selbst nicht zu Fall gebracht werden kann, sondern der Einwand erst bei der Durchsetzung des Anspruchs greifen kann. Dabei muss er als eine objektive Schranke der Ausübung betrachtet werden, denn der Hilfesuchende ist an der Durchsetzung des Anspruchs regelmäßig aufgrund des Verlustes der Anspruchsinhaberschaft und Aktivlegitimation nicht mehr beteiligt, kann den Einwand also nicht wirksam erheben. Der anspruchsverpflichtete Dritte kann gemäß §§ 412, 404 BGB den Einwand erheben, das setzt voraus, dass er von den Umständen der Leistungsgewährung Kenntnis hat.

[71] LSG Bayern v. 11.10.2013 - L 8 SO 105/13 - juris.

[72] *Pfohl/Steymanns* in: Linhart/Adolph, SGB II/SGB XII/AsylbLG, § 93 Rn. 2; SG Freiburg v. 23.06.2008 - S 6 SO 2234/08 - ZFSH/SGB 2008, 488 ff.

[73] *Kiss* in: Mergler/Zink, SGB XII, § 93 Rn. 13; *Falterbaum* in: Hauck/Noftz, SGB XII, § 93 Rn. 20; *Wahrendorf* in: Grube/Wahrendorf, § 93 Rn. 9; a.A. aber: *Streichsbier* in: Grube/Wahrendorf, SGB XII, § 38 Rn. 2 für den Anspruchsübergang nach § 94 SGB XII.

[74] *Münder* in: LPK-SGB XII, § 93 Rn. 16.

[75] Für das SGB II leitet das OLG Celle aus der Verwendung eines einheitlichen Rechtsbegriffs der Leistungen zur Sicherung des Lebensunterhaltes (§ 23 Abs. 4 SGB II) einen Forderungsübergang nach § 33 SGB II bei darlehensweiser Bewilligung her, OLG v. 09.01.2008 - 15 WF 293/07 - ZFSH/SGB 2008, 361. In diesem Sinne auch: *Link* in: Eicher, SGB II, § 33 Rn. 17 m.w.N.

[76] §§ 22 Abs. 1 Satz 2, 29 Abs. 1 Satz 7 HS. 2, 34 Abs. 1 Satz 3, 37, 38 Abs. 1, 91 Satz 1 SGB XII.

[77] OLG Celle v. 09.01.2008 - 15 WF 293/07 - ZFSH/SGB 2008, 361.

[78] Schaefer/Wolf in: Fichtner/Wenzel, BSHG, § 91 Rn. 31 unter Berufung auf OLG Hamm v. 27.06.2000 - 2 WF 225/00 - FamRZ 2001, 1237.

[79] In der Praxis werden die darlehensweise gewährten Leistungen für Mietsicherheiten (Kaution) nach § 29 Abs. 1 Satz 7 SGB XII durch Abtretung des Rückgewähranspruchs gesichert.

[80] *Wolf* in: Fichtner/Wenzel, SGB XII, § 93 Rn. 8. LSG Berlin-Brandenburg v. 16.08.2007 - L 23 B 150/07 SO ER - FEVS 59, 154, 155 f; *Münder* in: LPK-SGB XII, § 93 Rn. 16.

vermögen kann der laufende Bezug von SGB-II-Leistungen sein[81], zwingend ist das aber nicht. Diese Unsicherheiten und die genannten Argumente sprechen dafür, eine **Überleitung grundsätzlich auch bei darlehensweiser Gewährung von Hilfen für möglich zu halten**. Dem **Einwand einer unzulässigen Doppelsicherung** des Darlehens durch Überleitung kann mit dem Einwand begegnet werden, dass allein die darlehensweise Gewährung keine „Sicherung" im Rechtssinne darstellt.

Die Gefahr, dass der **Sozialhilfeträger zweimal die Leistungen** erhält, besteht nicht. Zahlt der Hilfeempfänger das Darlehen zurück, entfällt damit der Rechtsgrund für die Überleitung. Er hat in diesem Fall einen Anspruch gegen den Träger der Sozialhilfe auf **Rückübertragung des übergeleiteten Anspruchs**. Dieser Anspruch ist ein **öffentlich-rechtlicher Erstattungsanspruch**. Möglich wäre auch eine Rechtskonstruktion, wonach in diesem Fall wegen des Darlehenscharakters der Hilfeleistung von einem mit der **Überleitung begründeten Treuhandverhältnis** zwischen Hilfeempfänger und Träger der Sozialhilfe ausgegangen wird. Das Treuhandverhältnis ist vergleichbar dem Fall einer (vertraglichen) Sicherungsabtretung, in der eine **Durchsetzung nur erlaubt ist, wenn das Darlehen fällig und nicht zurückgezahlt** wird. Ist der **Anspruch gegen den Dritten zwischenzeitlich** vom Träger der Sozialhilfe schon **realisiert** worden, richtet sich der Anspruch des Hilfeempfängers auf **Herausgabe des Erlöses** als Surrogat, analog § 818 Abs. 1 Satz 2 BGB.[82] Hat der **Dritte** auf die übergegangene Forderung zwischenzeitlich bereits **an den Sozialhilfeträger geleistet**, kann der Hilfeempfänger gegenüber einem Zahlungsverlangen des Sozialhilfeträgers aus dem Darlehen **Erfüllung** einwenden.[83]

38

Eine **Überleitungsanzeige** kann **gleichzeitig** mit dem Erlass des Bewilligungs- oder Feststellungsbescheides ergehen, hingegen ist eine **(vorsorgliche) Überleitung** nicht zulässig und **rechtswidrig**, wenn noch gar keine Leistungen gewährt/bewilligt worden sind.[84] Davon zu trennen ist die **Anordnung des § 93 Abs. 2 Satz 1 SGB XII**, wonach die **einmal abgegebene Überleitungsanzeige so lange** für die anschließend gewährten Leistungen **wirkt, so lange diese ununterbrochen i.S.d. § 93 Abs. 2 Satz 2 SGB XII gewährt werden**. § 94 Abs. 4 Satz 2 SGB XII, wonach der Träger der Sozialhilfe, der voraussichtlich auf längere Zeit Leistungen zu erbringen hat, auch künftige Unterhaltsbeträge klageweise geltend machen kann, ist davon keine Ausnahme, setzt er doch eine laufende Gewährung voraus und lässt den Anspruchsübergang – auch bei gerichtlicher Verurteilung – nur zu, wenn tatsächlich Sozialhilfe geleistet wird.[85]

39

b. Aufwendungen nach Absatz 1 Satz 2

Zu den Leistungen, die zur Überleitung berechtigen, gehören nach § 93 Abs. 1 Satz 2 SGB XII auch Leistungen, die – neben den Leistungen für die leistungsberechtigte Person nach § 93 Abs. 1 Satz 1 SGB XII – für den (nicht getrennt lebenden) Ehegatten oder Lebenspartner sowie die minderjährigen unverheirateten Kinder erbracht werden. Der damit umfasste Kreis ist identisch mit der **nach § 27 Abs. 2 Sätze 2 und 3 SGB XII** definierten Einsatzgemeinschaft. Die Hilfeleistungen für die in Satz 2 genannten **Familienangehörigen** müssen nach dem Wortlaut **gleichzeitig mit den Leistungen für die Person erbracht** werden, deren Ansprüche übergeleitet werden. Ungeklärt ist, ob es entgegen dem Wortlaut **ausreicht**, wenn der **Anspruchsinhaber nur leistungsberechtigt** ist, selbst aber **keine Leistungen bezieht**.[86] Offen ist darüber hinaus, ob auch die – in Satz 2 nicht genannten – **Leistungen nach dem Fünften bis Neunten Kapitel**, die der Träger für die in Satz 2 genannten Familienangehörigen erbringt, zur Überleitung berechtigen. Gegen die Einbeziehung der Aufwendungen für die Leistungen nach dem Fünften bis Neunten Kapitel und die Ausdehnung auf den Fall, dass der Anspruchsinhaber nur leistungsberechtigt ist, spricht **aufgrund des Eingriffscharakters** der **Anspruchsüberleitung** für den Anspruchsberechtigten und -verpflichteten der **Vorbehalt des Gesetzes** (§ 31 SGB I). Speziell **gegen die Einbeziehung der Leistungen nach dem Fünften bis Neunten Kapitel** in den Anwendungsbereich des Satzes 2 spricht zudem der **Wille des Gesetzgebers**: Mit der zum 07.12.2006 mit

40

---

[81] LSG Berlin-Brandenburg v. 16.08.2007 - L 23 B 150/07 SO ER - FEVS 59, 154, 155 f.
[82] Dazu *Sprau* in: Palandt, BGB, § 818 Rn. 14.
[83] So im Ergebnis auch: OLG Hamm v. 27.06.2000 - 2 WF 225/00 unter Berufung auf *Schellhorn* in: Schellhorn/Schellhorn, BSHG, § 15b Rn. 13.
[84] *Wahrendorf* in: Grube/Wahrendorf, SGB XII, § 93 Rn. 9 geht davon aus, dass die Überleitung unwirksam ist.
[85] *H. Schellhorn* in: Schellhorn/Schellhorn/Hohm, SGB XII, § 94 Rn. 139.
[86] In diesem Sinne: *Wahrendorf* in: Grube/Wahrendorf, SGB XII, § 93 Rn. 11; a.A. wohl *Münder* in: LPK-SGB XII, § 93 Rn. 27; *Pfohl/Steymans* in: Linhart/Adolph, SGB II/SGB XII/AsylbLG, § 93 Rn. 16; differenzierend: *Kiss* in: Mergler/Zink, SGB XII, § 93 Rn. 30, wonach der Leistungsberechtigte zwar hilfebedürftig sein muss, aber keine HLU beziehen muss.

Art. 1 Nr. 16 des Gesetzes zur Änderung des Zwölften Buches Sozialgesetzbuch und anderer Gesetze vom 02.12.2006[87] erfolgten Aufnahme von „Leistungen des Vierten Kapitels" in den Wortlaut des Satzes 2 war nach der Gesetzesbegründung eine **Klarstellung** dahingehend **beabsichtigt**, dass auch diese Leistungen einbezogen sind.[88] Für die Leistungen nach dem Fünften bis Neunten Kapitel hat der Gesetzgeber eine solche Klarstellung aber – bis jetzt – gerade nicht vorgenommen.

2. Rechtmäßigkeit der Leistung

41 Seinem Wortlaut nach macht § 93 Abs. 1 Satz 1 SGB XII die Überleitung nur von der Hilfegewährung abhängig, die **Rechtmäßigkeit der gewährten Hilfe** ist als gesetzliches Erfordernis nicht benannt.[89] Infolgedessen wurden bereits zu den Vorgängervorschriften (auch zu § 90 BSHG) unterschiedliche Sichtweisen zu dem Erfordernis rechtmäßiger Hilfeleistungen vertreten.[90] Die **sprachliche Neufassung** hat im Angesicht der unterschiedlichen Auffassungen **keine Klarstellung** erbracht[91], so dass die bisherigen Argumentationslinien in Rechtsprechung und Schrifttum fortbestehen. Für die Interpretation, wonach **nur rechtmäßige Leistungen** eine Überleitung rechtfertigen können, werden **Systematik sowie Sinn und Zweck** angeführt. Danach enthält **§ 45 SGB X** eine **abschließende Regelung** für den Fall rechtswidrig erbrachter Leistungen gegenüber dem Leistungsberechtigten. Die damit formulierten Beschränkungen könnten durch eine Anspruchsüberleitung unterlaufen werden. Für die mit der Überleitung erstrebte (Wieder-)Herstellung des Nachranges besteht danach **bei rechtswidriger Leistungsgewährung** – auch vor dem Grundsatz der **Gesetzmäßigkeit des Verwaltungshandelns** – **kein Bedürfnis,** denn in diesem Fall ist der Sozialhilfeträger zur Gewährung der Leistung überhaupt nicht verpflichtet gewesen. Zudem hat der in Anspruch genommene **Dritte** keine **Möglichkeit, die Rechtswidrigkeit der Hilfeleistung überprüfen zu lassen**, ein solches **berechtigtes Interesse** ist im Einzelfall aber anerkannt (so angenommen bei Ansprüchen aus § 528 BGB).[92]

42 Dem **wird entgegengehalten**, dass die **Tatbestandswirkung** eines bewilligenden Sozialhilfebescheides auch für die Überleitung Beachtung finden muss, solange dieser nicht nach § 45 SGB X zurückgenommen ist.[93] Soll der (Wieder-)Herstellung des Nachranges der Sozialhilfe als Grundprinzip des Sozialhilferechts eine im Zweifel vorrangige Bedeutung beigemessen werden, soll nach dieser Auffas-

---

[87] BGBl I 2006, 2670.
[88] BT-Drs. 16/2711, S. 12, dazu bereits Rn. 1.
[89] So schon BVerwG v. 18.12.1975 - V C 2.75 - BVerwGE 50, 64, 71.
[90] Für die Einbeziehung nur rechtmäßig erbrachter Leistungen: *Münder* in: LPK-BSHG, 5. Aufl., § 90 Rn. 6 f.; *Zeitler* in: Mergler/Zink, BHSG, § 90 Rn. 22a; a.A.: *Schaefer* in: Kopp/Fichtner, BSHG, § 90 Rn. 9; differenzierend: *Schellhorn* in: Schellhorn/Schellhorn, BSHG, 16. Aufl., § 90 Rn. 26; BVerwG v. 04.06.1992 - 5 C 57/88 - NJW 1992, 3313; BVerwG v. 17.05.1973 - V C 108.72 - BVerwGE 42, 198, auf S. 202 führt das Gericht aus, dass schon unter der Geltung der Fürsorgeordnung Streit über das Rechtmäßigkeitserfordernis herrschte; differenzierend: BVerwG v. 18.12.1975 - V C 2.75 - BVerwGE 50, 65 ff.; BVerwG v. 27.10.1977 - V C 9.77 - BVerwGE 55, 23 ff.
[91] Sowohl die seit dem 01.01.2005 verwendete Formulierung, wonach „Leistungen erbracht" worden sein müssen oder „bei Gewährung von Hilfen nach dem Fünften bis Neunten Kapitel" in § 93 Abs. 1 Satz 1 SGB XII als auch die Begriffswahl, wonach „Hilfe gewährt" wurde in § 90 BSHG, bleiben die Antwort schuldig, ob es sich um rechtmäßig erbrachte Leistungen handeln muss.
[92] *Kiss* in: Mergler/Zink, § 93 Rn. 14; *Münder* in: LPK-SGB XII, § 93 Rn. 14 m.w.N.; *ders.* in: Rothkegel, Sozialhilferecht, 2005, Kap. 26 Rn. 12. Für Ansprüche aus § 528 BGB hebt *Müller*, Der Rückgriff gegen Angehörige von Sozialleistungsempfängern, 2008, Teil B Rn. 110 ff, S. 155 f. hervor, dass Einwendungen des Dritten gegen die Rechtmäßigkeit der Hilfeleistungen dann nicht ausgeschlossen sind, wenn er ohne die rechtswidrige Hilfeleistung nicht zur Leistung verpflichtet ist. Das Argument übersieht, dass § 528 BGB nicht auf die Hilfegewährung durch den Träger der Sozialhilfe abstellt, sondern die Rückforderung für den Fall vorsieht, dass der Schenker nach der Schenkung außerstande ist, seinen angemessenen Unterhalt zu bestreiten. Dafür ist die Gewährung der Sozialhilfe sicherlich ein Indiz, sie ersetzt für das Zivilgericht aber nicht die eigene Prüfung des Tatbestandsmerkmals, so z.B. OLG Köln v. 28.03.2007 - 2 U 37/06 - juris Rn. 37; BGH v. 17.01.1996 - IV ZR 184/94 - NJW 1996, 987 f.
[93] *Wahrendorf* in: Grube/Wahrendorf, SGB XII, § 93 Rn. 10, soweit er aber eine weitere Begründung im Nachrang als „fundamentales Prinzip der Sozialhilfe" findet, fehlt einem solchen Prinzip im Gesetz eine ausreichende Stütze, a.A. zu Recht die Kommentierung zu § 2 SGB XII Rn. 8 ff.; nach BVerwG v. 04.06.1992 - 5 C 57/88 - NJW 1992, 3313 f. entfällt mit der Rücknahme des Bewilligungsbescheides der Überleitungstatbestand; unbeantwortet bleiben die daran anknüpfenden Fragen, ab welchem Zeitpunkt dieser entfällt und wie sich eine Anfechtung der Entziehung mit aufschiebender Wirkung auf den Überleitungstatbestand auswirkt.

sung (**erst recht**) ein solches **Bedürfnis** bestehen, wenn diese rechtswidrig geleistet wurde. Schließlich sollen **Belange des Dritten** durch den Gläubigerwechsel nicht berührt sein, es erscheine vielmehr unbillig, wenn dieser **aus einem Fehler des Sozialhilfeträgers einen Vorteil** erlange.[94] Die **vermittelnde Lösung** fragt danach, ob die Sozialhilfe im Wesentlichen von den gleichen Voraussetzungen abhängt wie der übergeleitete Anspruch, so z.B. bei Unterhaltsansprüchen, dann soll es auf die Rechtmäßigkeit nicht ankommen. Es soll demzufolge **ausreichend** sein, wenn (nur) das **Zivilgericht die Anspruchsvoraussetzungen prüft**; anders soll dagegen der Fall behandelt werden, dass es sich um höchstpersönliche Rechte handelt, die übergeleitet werden oder wenn sich die **Voraussetzungen der Hilfegewährung** wesentlich von denjenigen des übergeleiteten Anspruchs **unterscheiden**. Nur dann soll im Rahmen der Überleitung die Rechtmäßigkeit der gewährten Leistungen geprüft werden.[95] Die vermittelnde Auffassung führt zu der **unbefriedigenden Folge**, dass in dem Fall, in dem (nur) das Zivilgericht die (deckungsgleichen) Anspruchsvoraussetzungen prüft, der **Grundsatz der Amtsermittlung nicht gilt** und damit nach dem **Beibringungsgrundsatz** die Beurteilung der Rechtmäßigkeit der Leistungsgewährung von **Parteivorbringen** abhängt.[96]

Die besseren Argumente sprechen dafür, die **Rechtmäßigkeit** der Überleitung **nicht von der Rechtmäßigkeit der Leistungsgewährung** abhängig zu machen.[97] Zu unterscheiden ist zwischen der **Rechtsposition des Hilfeempfängers** und derjenigen des anspruchsverpflichteten **Dritten**. Der **Dritte** erfährt durch die Überleitung eine **Veränderung seiner Rechtsposition**, dies gilt unabhängig davon, dass er nach § 404 BGB (analog) dem neuen Gläubiger die Einwendungen entgegensetzen kann, die zur Zeit der Überleitung gegenüber dem Hilfeempfänger bestanden (vgl. Rn. 128). Infolge der Überleitung erlebt er zwar keine direkte Schmälerung seiner Rechte, es wird aber seine Rechtsposition durch einseitigen hoheitlichen Akt verändert und ihm ein neuer Gläubiger zugewiesen (Magistralzession). Die Veränderung seiner Rechtsposition durch einseitigen hoheitlichen Akt, also ohne seine Einwilligung, ist an Art. 2 Abs. 1 GG zu messen.[98] In die **Rechtsposition des Hilfeempfängers** wird mit der Überleitung **unmittelbar eingegriffen** und diese rechtlich geschmälert. Hat er – wenn auch rechtswidrig – Leistungen (mittels Bescheid und/oder tatsächlich) erhalten, steht dem Eingriff in seine Rechte ein **vermögenswerter Zuwachs** gegenüber. Ist eine **Rückforderung** der rechtswidrig bewilligten Leistungen **nur in den Grenzen des § 45 SGB X** möglich, verbleibt ihm u.U. der Zuwachs endgültig. Eine **Überleitung** ist ihm gegenüber schon deswegen **gerechtfertigt**.

43

Die Überleitung entspricht **auch Sinn und Zweck des § 93 SGB XII**, denn es besteht ein Bedürfnis, den vom Gesetz **mit § 93 SGB XII verfolgten Nachrang** für die tatsächlich gewährte Hilfe herzustellen. Dies gilt vor allem dann, wenn die Hilfe aufgrund der Schranken der §§ 45 ff. SGB X nicht zurückgefordert werden kann. Der **vermögenswerte Vorteil** trägt die Überleitung in diesem Fall auch, soweit der anspruchsverpflichtete Dritte von der Überleitung betroffen ist. Zu kurz greift dabei das Argument, dass es der **Rechtsstaatlichkeit** widerspricht, wenn der Träger der Sozialhilfe aufgrund eines rechtswidrigen Aktes in die Vermögensrechte des Sozialhilfeberechtigten eingreift. Der Leistungsempfänger erhält einen vermögenswerten (rechtswidrig gewährten) Vorteil und bei einer **saldierenden Betrachtung seiner Vermögenslage** ist diese nicht geschmälert. Die Rechtsstaatlichkeit i.S.d. **Gesetzmäßigkeit** staatlichen Handelns ist durch die Überleitung nicht berührt. Sie findet im Übrigen in den Vorschriften des §§ 45 ff. SGB X ihren Ausdruck. Das Prinzip der Gesetzmäßigkeit tritt in den Vorschriften über die Rücknahme rechtswidriger Verwaltungsakte teilweise hinter die **Rechtssicherheit** (als Teil des Rechtsstaatsprinzips) zurück.[99]

44

---

[94] BVerwG v. 17.05.1973 - V C 108.72 - BVerwGE 42, 198, 202 f.; BVerwG v. 04.06.1992 - 5 C 57/88 - NJW 1992, 3313 f.; zu § 93 SGB XII der Linie des BVerwG folgend: Hessisches LSG v. 01.11.2007 - L 9 SO 79/07 ER - SAR-aktuell 2008, 14, 15 f.; SG Freiburg v. 23.06.2008 - S 6 SO 2234/08 ER - ZFSH/SGB 2008, 488, 494; SG Freiburg v. 20.11.2008 - S 6 SO 2404/08 - juris Rn. 40 ff.

[95] BVerwG v. 18.12.1975 - V C 2.75 - BVerwGE 50, 64, 72 f.; BVerwG v. 27.10.1977 - V C 9.77 - BVerwGE 55, 23, 27.

[96] Für § 33 SGB II ausgeführt von: *Münder* in: LPK-SGB II, § 33 Rn. 10.

[97] LSG Bayern v. 11.10.2013 - L 8 SO 105/13 - juris Rn. 22; a.A. *Pfohl/Steymans* in: Linhart/Adolph, SGB II/SGB XII/AsylbLG, § 93 Rn. 25; *Münder* in: LPK-SGB XII, § 93 Rn. 14.

[98] Deshalb ist bereits fraglich, ob unberücksichtigt bleiben kann, dass sich seine Situation dadurch tatsächlich verschlechtern kann, dass er einen Gläubiger erhält, den er sich nicht ausgesucht hat und dieser ggf. erstmals bereit und in der Lage ist, den Anspruch (auch gerichtlich) durchzusetzen, dazu *Link* in: Eicher SGB II, § 33 Rn. 22.

[99] *Padé* in: jurisPK-SGB X, § 45 Rn. 27.

45 Eine mögliche **Kollision mit den Vorschriften über die Aufhebung und Bestandskraft rechtswidriger Bewilligungen**, damit den §§ 45 und 50 SGB X, ist schließlich kein tragfähiges Gegenargument gegen die Überleitung. Die **Überleitung** darf für den Leistungsberechtigten nicht zu Ergebnissen führen, die mit den genannten (Vertrauens-)Schutzvorschriften über die beschränkte Aufhebbarkeit **in Widerspruch** treten. Zwei Konstellationen sind dabei zu unterscheiden:

(1) Ist eine **Rücknahme** der rechtswidrigen Bewilligung oder nur tatsächlich gewährten Leistungen nach den §§ 45, 50 SGB X **ausgeschlossen**, führt eine ausgesprochene **Überleitung** nicht zur Durchsetzung eines nach der Systematik der §§ 45 ff. SGB X nicht zugelassenen Erstattungsanspruchs, sondern wird durch die gewährte und dem Leistungsempfänger zu belassende Bewilligung **gerechtfertigt** (vgl. Rn. 46).[100]

(2) Fordert der Träger der Sozialhilfe die Leistungen in den Grenzen des § 45 SGB X (oder bei nur tatsächlicher Gewährung nach § 50 Abs. 2 SGB X) zurück, muss der Hilfeempfänger eine **doppelte Befriedigung** des Trägers der Sozialhilfe nicht fürchten. Denn er ist zwar selbst einem **Erstattungsanspruch ausgesetzt** (§ 50 SGB X) und der Träger aufgrund der Überleitung **Inhaber der Forderung**. Gleichzeitig **entfällt aber der Rechtsgrund für** die erfolgte **Überleitung**[101] und der Hilfeempfänger kann die **Rückübertragung seines Anspruchs analog § 812 BGB** vom Träger der Sozialhilfe verlangen.[102] Das gilt bei einer angefochtenen Behördenentscheidung über die Aufhebung/Rückforderung der Leistungsgewährung aber erst ab dem Zeitpunkt, in dem diese wirksam wird. Widerspruch und Anfechtungsklage haben insoweit aufschiebende Wirkung (§ 86a SGG[103]).

46 Hat der Träger der Sozialhilfe bereits einen **Rückforderungsbescheid** über die bewilligten Leistungen der Sozialhilfe erlassen und ist dieser **bestandskräftig**, kann er **nicht mehr von § 93 SGB XII** Gebrauch machen und jetzt noch Ansprüche überleiten. Dies folgt für das LSG Baden-Württemberg unmittelbar aus **Sinn und Zweck der Überleitungsermächtigung**. Der Durchsetzung des Nachranges bedarf es (nun) nicht mehr; der Sozialhilfeträger kann (und muss) unmittelbar aus dem Rückforderungsbescheid gegen den Hilfeempfänger vollstrecken[104].

47 Hat der Sozialhilfeträger **bereits übergeleitet** und **hebt dann die Leistungsbewilligung auf**, muss der Leistungsberechtigte seinen **Anspruch auf Rückübertragung** der übergeleiteten Forderung zur Vermeidung einer doppelten Befriedigung einem Erstattungsverlangen nach § 50 SGB X als **Einrede**[105] entgegenhalten. Hat der **anspruchsverpflichtete Dritte**, der sich dem Sozialhilfeträger gegenüber nicht auf die für den Leistungsempfänger rechtsgrundlose Vermögensverschiebung berufen kann, **schon an den Träger der Sozialhilfe geleistet**, muss der **Hilfeempfänger** gegenüber der Erstattungspflicht aus § 50 SGB X die **Einrede der Erfüllung** erheben, um eine doppelte Zahlung an den Träger der Sozialhilfe zu vermeiden.[106]

48 Selbst wenn am **Erfordernis der Rechtmäßigkeit der Leistungen festgehalten** wird, betrifft das die **materielle Rechtmäßigkeit** der Überleitung und ist (nur) auf entsprechenden Rechtsbehelf hin durch das zuständige Sozialgericht zu prüfen (vgl. dazu Rn. 144). Es führt nicht dazu, dass der **anspruchsverpflichtete Dritte** im **Prozess um die Durchsetzung des Anspruchs** die Rechtswidrigkeit der gewährten Leistungen gegen den Träger der Sozialhilfe in Stellung bringen könnte. Aufgrund der **Tatbestandswirkung** der **bestehenden Überleitung** muss das für die Durchsetzung des Anspruchs zuständige Gericht diese beachten.

---

[100] *Link* in: Eicher, SGB II, § 33 Rn. 22; SG Freiburg v. 23.06.2008 - S 6 SO 2234/08 ER - ZFSH/SGB 2008, 490, 494, bestätigt durch Urteil v. 20.11.2008 - S 6 SO 2404/08 - juris Rn. 41 f., welches in der Überleitung in diesem Fall entgegen dem BVerwG v. 04.06.1992 - 5 C 57/88 - NJW 1992, 3313, 3314 eine zulässige Durchbrechung der Vorschriften des §§ 45, 50 SGB X erblickt, die durch die Wiederherstellung des Nachrangs gerechtfertigt sein soll.

[101] Dagegen nicht schon der Überleitungstatbestand, BVerwG v. 04.06.1992 - 5 C 57/88 - NJW 1992, 3313, 3314.

[102] BGH v. 25.06.1990 - II ZR 119/89 - NJW-RR 1990, 1312 f. für den Fall des gesetzlichen Forderungsüberganges nach § 115 SGB X.

[103] *Keller* in: Meyer-Ladewig/Keller/Leitherer, SGG, § 86a Rn. 16c.

[104] LSG Baden-Württemberg v. 22.07.2010 - L 7 SO 853/09 - ZFSH/SGB 2010, 543, 546.

[105] Analog § 273 BGB: Ein einheitliches Lebensverhältnis liegt in Gestalt des Sozialhilfefalles vor.

[106] Nach SG Freiburg v. 20.11.2008 - S 6 SO 2404/08 - juris, ist dagegen die Überleitung auch im Fall der bestandskräftigen Rücknahme des Bewilligungsbescheides und eines bestandskräftig festgestellten Erstattungsanspruchs noch zulässig. Im Rahmen des nach § 93 SGB XII eingeräumten Ermessens könne ein durch die §§ 45, 50 SGB X gewährter Vertrauensschutz Berücksichtigung finden (SG Freiburg v. 20.11.2008 - S 6 SO 2404/08 - juris Rn. 42).

Für **§ 33 SGB II,** nach dem die Überleitung von Gesetzes wegen eintritt (**cessio legis**), ist die Frage, ob die Leistungserbringung rechtmäßig sein muss, erst im **Rahmen der Durchsetzung des Anspruchs relevant**. Ist die Rechtmäßigkeit der gewährten Leistungen Voraussetzung für die wirksame Überleitung, muss der Träger der Sozialhilfe im Zivilprozess nach dem **Beibringungsgrundsatz die Rechtmäßigkeit** darlegen und ggf. Beweis antreten[107]. Geht es dagegen nur um die Wirksamkeit der **Bewilligung**, muss nur diese dargelegt werden, z.B. mittels Vorlage der entsprechenden Bewilligungsbescheide.

3. Anspruch gegen einen anderen

a. Anspruch

Überleitungsfähig sind grundsätzlich sind **sämtliche Ansprüche**, verstanden i.S.d. **Legaldefinition des § 195 Abs. 1 BGB** als „Recht, von einem anderen ein Tun oder Unterlassen zu verlangen". Um Hilfebedürftigkeit für die Bedarfslagen der Sozialhilfe beeinflussen oder im besten Fall verhindern zu können, sind vermögenswerte Ansprüche, also solche, die „kapitalisiert", also sich zumindest **in Zahlungsansprüche umwandeln können**, überleitungsfähig.[108] Ansprüche gliedern sich entsprechend ihrem Rechtsgrund in **öffentliche** und **privatrechtliche**. Für die öffentlich-rechtlichen Ansprüche schließt § 93 Abs. 1 Satz 1 **solche gegen Leistungsträger i.S.d. § 12 SGB I von der Überleitung aus**, ein mögliches Nebeneinander von Ansprüchen wird hier über die Vorschriften der Erstattung nach den §§ 102-114 SGB X geordnet.[109] Zu den praktisch bedeutsamen Ansprüchen, die ihre Rechtsgrundlage im öffentlichen Recht haben, gehören Ansprüche auf Steuererstattungen.[110]

Für bestimmte **öffentlich-rechtliche Ansprüche**, die § 93 SGB XII unterfallen, existieren **spezielle Regelungen**, mit denen der Träger der Sozialhilfe eine Auszahlung an sich herbeiführen kann. Sie **schließen**, gerade weil sie besondere Voraussetzungen formulieren, den gleichzeitigen oder hilfsweisen **Rückgriff** auf § 93 SGB XII **aus**. Dazu gehört die öffentlich-rechtliche Leistung auf **Kindergeld**. Nach **§ 48 Abs. 1 Satz 4 SGB I** können laufende Geldleistungen, die der Sicherung des Lebensunterhalts zu dienen bestimmt sind, wozu u.a. auch das Kindergeld rechnet, in angemessener Höhe an die Stelle erfolgen, die dem Ehegatten oder den **Kindern des Leistungsberechtigten (an seiner Stelle) Unterhalt gewährt**. Die dadurch eröffnete spezielle Anordnung der Auszahlung ändert – teilweise – die Empfangsberechtigung der dem Leistungsberechtigten zustehenden Sozialleistung zugunsten eines oder mehrerer Unterhaltsberechtigter[111] oder des (vorleistenden) Sozialleistungsträgers (**Abzweigung**). Parallel dazu ermächtigt **§ 74 Abs. 1 Satz 4 i.V.m. Satz 1 EStG** die Familienkasse, auf einen Antrag des Trägers der Sozialhilfe das Kindergeld an diesen statt an den Kindergeldberechtigten auszuzahlen, wenn dieser dem Kind gegenüber seiner gesetzlichen Unterhaltspflicht nicht nachkommt.[112]

Die **Überleitungsfähigkeit** öffentlich-rechtlicher Ansprüche wird **nicht** dadurch **ausgeschlossen**, dass es sich nicht um sog. gebundene (Muss-)Leistungen handelt, sondern sie ihre Grundlage in Soll- oder Kann-Bestimmungen haben, die zu gewährende Leistung im **Ermessen** steht. Besteht das Ermessen zumindest auch im Interesse des Leistungsempfängers, hat er ein **subjektives öffentliches Recht** zumindest auf ermessensfehlerfreie Entscheidung, welches der Überleitung zugänglich ist.[113]

Zu den überleitungsfähigen Ansprüchen gehören sowohl **Geld- als auch Sachansprüche (vgl. Übergang trotz Ausschlusses der Übertragbarkeit, Verpfändung, Pfändung (Absatz 1 Satz 4),**

---

[107] In diesem Sinne: *Münder* in: LPK-SGB II, § 33 Rn. 9 ff.; differenzierend unter Berufung auf das BVerwG *Grote-Seifert* in: juris-PK SGB II, § 33 Rn. 30: die Rechtswidrigkeit der gewährten Leistungen berührt die Überleitung nur dann, wenn die Verpflichtung des Dritten erst durch Gewährung der Hilfe entstanden ist.

[108] *Link* in: Eicher, SGB II, § 33 Rn. 31.

[109] Zu der damit verfolgten „geschlossenen Lösung" *Roos* in: von Wulffen/Schütze, SGB X, vor § 102 Rn. 1.

[110] BSG v. 02.02.2010 - B 8 SO 17/08 R - juris; zur Steuererstattung im SGB II: BSG v. 28.10.2009 - B 14 AS 64/08 R - juris; für Beihilfeansprüche: BVerwG v. 21.01.1982 - 2 C 46.81 - BVerwGE 64, 333.

[111] Zu den Voraussetzungen BFH v. 17.12.2008 - III R 6/07 - BFHE 224, 228; jüngst BFH v. 09.02.2009 - III R 37/07 - FamRZ 2009, 1062 f., vgl. dazu die Kommentierung zu § 94 SGB XII.

[112] BSG v. 07.10.2004 - B 11 AL 13/04 R - BSGE 93, 203, 205.

[113] Allgemein *Sachs* in: Stelkens/Bonk/Sachs, VwVfG, § 40 Rn. 131 ff.; *Kopp/Ramsauer*, VwVfG, § 40 Rn. 32, jeweils mit Hinweis auf die Schutznormtheorie; soweit *Münder*, LPK-SGB XII, § 93 Rn. 17 zur Begründung des überleitungsfähigen Anspruchs auf ermessensfehlerfreie Entscheidung auf § 39 Abs. 1 Satz 2 SGB I verweist, gilt dieser lediglich für die Sozialleistungen nach den §§ 11, 12 SGB I, deren Überleitungsfähigkeit ist aber nach § 93 Abs. 1 Satz 1 SGB XII ausgeschlossen.

Rn. 120 ff. Nicht überleitungsfähig sind kraft ihrer Art unter den zivilrechtlichen Ansprüchen **höchstpersönliche Ansprüche** wie solche auf Naturalunterhalt oder persönliche Dienstleistungen oder je nach Ausgestaltung solche auf Gebrauchsüberlassung.[114] Bei Ansprüchen auf Naturalleistungen ist zudem zu differenzieren, ob sie einer Kapitalisierung zugänglich sind. Im Fall des **Wohnrechtes** kann das nicht überleitungsfähige Recht selbst nicht übergeleitet werden, wohl aber ein Ausgleichsanspruch wegen Nichtinanspruchnahme (vgl. dazu Rn. 86). Für die Überleitung **gesetzlicher unterhaltsrechtlicher Ansprüche** enthält § 94 SGB XII eine zu § 93 SGB XII spezielle Regelung.[115]

b. Anspruchsinhaber

54 Überleitungsfähig sind Ansprüche der Person, die Leistungen erhält, damit **Ansprüche des unmittelbaren Leistungsempfängers**, entgegen dem Wortlaut rechtfertigt eine bloße Anspruchsberechtigung die Überleitung nicht (vgl. dazu bereits Rn. 32). In Abweichung zu § 33 SGB II ordnet das SGB XII – soweit der unmittelbare Leistungsempfänger Leistungen nach dem Fünften bis Neunten Kapitel bezieht – an, dass auch **Ansprüche** erfasst werden, die **seinen Eltern, seinem nicht getrennt lebenden Ehegatten oder Lebenspartner** zustehen. Einer expliziten Einbeziehung der Ansprüche von Ehegatten oder Lebenspartnern bedarf § 33 SGB II deshalb nicht, weil diese über die dort **in § 7 Abs. 2 und 3 SGB II niedergelegte Rechtsfigur der Bedarfsgemeinschaft** erfasst werden. Abweichend von der **Einsatzgemeinschaft** des § 27 Abs. 2 SGB XII ist im SGB II nicht nur das Einkommen und Vermögen des Angehörigen bei der Bedarfsermittlung des Hilfesuchenden zu berücksichtigen, sondern gilt der Angehörige der Bedarfsgemeinschaft selbst als hilfebedürftig, der mit seiner Arbeit, seinem Einkommen und Vermögen seinen Unterhalt und (!) den Hilfebedarf (des SGB II) der mit ihm in der Bedarfsgemeinschaft lebenden Personen nicht decken kann (§ 9 Abs. 2 SGB II).[116]

55 In § 93 SGB XII enthält der Wortlaut des Gesetzes eine **Beschränkung** der Überleitung auf **solche Ansprüche**, die diesen Personen **gerade für den Hilfeempfänger** zustehen (z.B. Beihilfe- oder Schadensersatzansprüche), nicht. Gleichwohl wird diese Beschränkung aus systematisch-teleologischen Gründen vertreten[117]. Diese teleologisch **inhaltliche Beschränkung** ist tragfähig und verdient Zustimmung. Bei einer weitergehenden Einbeziehung aller Ansprüche der neben dem Leistungsberechtigten genannten Personen würden über den Umweg des § 93 SGB XII die **speziellen Vorschriften** über den **Einkommens- und Vermögenseinsatz** nach den §§ 19, 82 und 90 SGB XII teilweise **überspielt** und im Ergebnis Unterhaltsansprüche ausgedehnt. Die Einschränkung entspricht schließlich dem **Sinn der Überleitung**, den **Nachrang** der Sozialhilfe – neben dem Einsatz von Einkommen und Vermögen – **zu realisieren**.[118] Insoweit ist aber dann ein Gleichlauf mit den Einkommens- und Vermögensvorschriften angezeigt.

56 Hat der Anspruchsinhaber vor der Überleitung den Anspruch abgetreten, geht diese ins Leere (eine Verpfändung[119] hindert dagegen nicht). Eine während des **Bezugs von Sozialhilfeleistungen** erfolgte **Abtretung** kann aber nach § 138 BGB **sittenwidrig** sein. Der Träger der Sozialhilfe muss also u.U. prüfen, ob eine Überleitung unter Berufung auf die Unwirksamkeit gegenüber dem bisherigen Anspruchsinhaber gleichwohl Erfolg verspricht.[120]

---

[114] *Münder* in: LPK-SGB XII, § 93 Rn. 18; *Wahrendorf* in: Grube/Wahrendorf, SGB XII, § 93 Rn. 11; zur Bedeutung der Übertragbarkeit des Rechts vgl. § 93 Abs. 1 Satz 4 SGB XII, Rn. 120.

[115] Vertragliche Unterhaltsansprüche sind dagegen nach § 93 SGB XII überleitungsfähig, wenn es sich um sog. unechte Unterhaltsverträge, d.h. wirtschaftliche Austauschverträge, handelt, vgl. dazu BVerwG v. 27.05.1993 - 5 C 7/91 - BVerwGE 92, 281 ff. Austauschverträgen fehlt danach die „Einseitigkeit", die die gesetzliche Unterhaltspflicht zwischen Verwandten prägt und Ausdruck sittlicher Bindung und Familienzusammengehörigkeit ist.

[116] *Münder* in: LPK-SGB II, § 9 Rn. 7; zu § 33 SGB II: *Mecke* in: Eicher, SGB II, § 33 Rn. 16.

[117] *Münder* in: LPK-SGB XII, § 93 Rn. 25 unter Berufung auf BGH v. 13.07.2004 - VI ZR 273/03 - FamRZ 2004, 1569 ff.; *Wahrendorf* in: Grube/Wahrendorf, SGB XII, § 93 Rn.11; a.A. wohl *Kiss* in: Mergler/Zink, SGB XII, § 93 Rn. 15; *Pfohl/Steymans* in: Linhart/Adolph, SGB II/SGB XII /AsylbLG, § 93 Rn. 6, die keine Beschränkung der Ansprüche formulieren.

[118] BSG v. 25.04.2013 - B 8 SO 104/12 B - juris Rn. 9.

[119] §§ 1273, 1279 BGB für die zivilrechtliche Forderung.

[120] Hat der Hilfeempfänger die Forderung wirksam, aber unentgeltlich abgetreten, kann aus der Abtretung ein Anspruch auf Rückforderung der verschenkten Forderung nach § 528 BGB entstanden sein, der wiederum Gegenstand einer Überleitung sein kann.

Der Anspruch erlischt – außer bei höchstpersönlichen Rechten – nicht durch den **Tod des Anspruchs-** 57
berechtigten. Die Überleitung ist neben dem **Kostenersatz nach § 102 SGB XII** gegenüber dem Erben möglich.[121]

c. Anspruchsgegner(-verpflichtete)

Anspruchsgegner muss „ein anderer", damit ein Dritter sein, der kein Leistungsträger i.S.v. § 12 58
SGB I ist. Im Verhältnis zu diesen gilt der Vorrang der Erstattungsvorschriften nach den §§ 102
SGB XII.[122]

d. Bestehen des Anspruchs

Nach dem Wortlaut des § 93 Abs. 1 Satz 1 SGB XII kann nur **ein bestehender Anspruch** Gegenstand 59
der Überleitung sein; Gleichwohl muss nach bisher herrschender Auffassung in Rechtsprechung und
Literatur schon zur Vorgängerbestimmung des BSHG das Bestehen des Anspruchs nicht zum Zeitpunkt der Überleitung positiv feststehen und ist mithin **keine Voraussetzung für die Rechtmäßigkeit
der Überleitungsanzeige**.[123] Daraus könnte der Schluss gezogen werden, Gegenstand der Überleitung
ist ein bloß behaupteter Anspruch.[124] Die Überleitung ist aber ausgeschlossen und damit rechtswidrig,
wenn das Bestehen des übergeleiteten Anspruchs nach materiellem Recht offensichtlich ausgeschlossen und damit die Überleitung erkennbar sinnlos ist. Entscheidend ist somit nicht, ob ein **Anspruch**
tatsächlich besteht, **er darf nicht vornherein ausgeschlossen sein**. Das ist auch z.B. bei einem schon
erfolgten Verzicht auf ein bestehendes Recht nicht der Fall[125] (vgl. Rn. 61), so dass eine Überleitung
möglich bleibt. Die Prüfung und Entscheidung des Trägers der Sozialhilfe ist auf diese sog. **Negativevidenz** beschränkt. Dem Maßstab folgt auch die sozialgerichtliche Prüfung (vgl. dazu Rn. 149).[126]

Künftige Ansprüche (z.B. auf Unterhalt) sind überleitungsfähig, wenn sie schon genügend bestimm- 60
bar sind. Für die Überleitungsanzeige als Verwaltungsakt (vgl. dazu Rn. 127) ergibt sich das **Gebot der
Bestimmtheit** speziell aus § 33 Abs. 1 SGB X. Diesem Erfordernis wird eine pauschale Überleitung
aller künftigen Ansprüche des Hilfeempfängers nicht gerecht.[127] Die Überleitung künftiger bestimmbarer, z.B. laufender Ansprüche, steht **unter der aufschiebenden Bedingung**, dass künftig Sozialhilfeleistungen nach Maßgabe des § 93 Abs. 2 SGB XII tatsächlich gewährt werden.[128] **Verfügungen** des

---

[121] BVerwG v. 10.05.1990 - 5 C 63/88 - BVerwGE 85, 136, 137 ff.; BGH v. 14.06.1995 - IV ZR 212/94 - FamRZ 1995, 1123 (vgl. dazu Rn. 93); *Pfohl/Steymans* in: Linhart/Adolph, SGB II/SGB XII/AsylbLG, § 93 Rn. 10; für Vorrangigkeit der Überleitung gegenüber dem Kostenersatz: *Kiss* in: Mergler/Zink, SGB XII § 93 Rn. 19.

[122] Zu den danach ausgeschlossenen Ansprüchen nach dem SGB im Einzelnen näher: *Pfohl/Steymans* in: Linhart/Adolph, SGB II/SGB XII/AsylbLG, § 93 Rn. 7 und 9; zu den ausgeschlossenen Anspruchsverpflichteten zählt beispielsweise auch die Familienkasse für das Kindergeld, vgl. § 74 EStG.

[123] BVerwG v. 05.08.1986 - 5 B 33/86 - FEVS 36, 309, 316; BVerwG v. 04.06.1992 - 5 C 57.88 - FEVS 43, 99, 101; BSG v. 25.04.2013 - B 8 SO 104/12 B - juris Rn. 8.

[124] So für die nach § 332 SGB III überzuleitenden Ansprüche: *Kador* in: Eicher/Schlegel, SGB III, § 332 Rn. 38 unter Hinweis auf BSG v. 25.04.2013 - B 8 SO 104/12 B - juris zu § 93 SGB XII.

[125] BSG v. 25.04.2013 - B 8 SO 104/12 B - juris.

[126] Grundlegend zu § 90 BSHG: BVerwG v. 26.11.1969 - V C 54.69 - FEVS 17, 203 ff.; BVerwG v. 04.06.1992 - 5 C 57.88 - FEVS 43, 99, 101; BVerwG v. 27.05.1993 - 5 C 7.91 - BVerwGE 92, 281, 283 f.; zu § 93 SGB XII: BSG v. 25.04.2013 - B 8 SO 104/12 B - juris Rn. 8 f.; LSG Bayern v. 14.02.2008 - L 11 SO 20/07 - FEVS 60, 131, 132; LSG NRW v. 09.11.2005 - L 20 (12) B 38/05 SO ER - FEVS 57, 529, 530; *Kiss* in: Mergler/Zink, SGB XII, § 93 Rn. 17.

[127] *Münder* in: LPK-SGB XII, § 93 Rn. 19; *Wolf* in: Fichtner/Wenzel, SGB XII, § 93 Rn. 20; LSG NRW v. 23.02.2007 - L 20 B 142/06 - FEVS 58, 448 ff.

[128] BGH v. 18.03.1992 - XII ZR 1/91 - NJW 1992, 1624, 1625. Für § 33 SGB II ausgeführt von *Link* in: Eicher, SGB II, § 33 Rn. 34, der darauf hinweist, dass die Ansprüche im Moment ihres Entstehens übergehen. Im zivilgerichtlichen Verfahren unter Berufung auf die erfolgte Überleitung muss das nach Auffassung des BGH v. 18.03.1992 - XII ZR 1/91 - NJW 1992, 1624, 1625 im Urteilstenor durch Verurteilung unter der Bedingung ununterbrochener Leistungsgewährung zum Ausdruck kommen; a.A. für die Überleitung nach § 91 BSHG (= § 94 SGB XII) mit guten Gründen wegen der abweichenden Fassung der Überleitung nach § 94 Abs. 4 Satz 2 SGB XII: OLG Koblenz v. 15.01.1996 - 13 UF 701/95 - FamRZ 1996, 756; es empfiehlt sich daher auch für den Sozialhilfeträger, dort seinen Antrag entsprechend zu formulieren, um eine teilweise Klageabweisung zu vermeiden.

(Noch-)Anspruchsinhabers, die in der Zwischenzeit die vom Eintritt der Bedingung abhängige Wirkung **vereiteln** oder **beeinträchtigen**, sind **unwirksam** (vgl. § 161 BGB). Zugunsten Dritter sind aber die **Gutglaubensvorschriften** zu beachten (§ 161 Abs. 3 BGB).[129]

e. Verzicht und erbrechtliche Gestaltungen

aa. Verzicht

61 **Verzichtet der Berechtigte auf Ansprüche**, sind diese einer nachfolgenden Überleitung entzogen.[130] Tut er dies in Kenntnis seiner bestehenden oder sich bereits abzeichnenden künftigen Hilfebedürftigkeit, kann der Verzicht – wie eine schenkweise erfolgte Abtretung – im **Einzelfall nach § 138 BGB sittenwidrig** und nichtig sein, wenn zugleich die Absicht nachweisbar ist, Leistungen der Sozialhilfe zu beziehen.[131] Ist ein erklärter Verzicht nicht sittenwidrig, kommt ein **überleitungsfähiger Schenkungsrückforderungsanspruch** in Betracht.[132]

62 Für einen **erst nach Wirksamwerden** der Überleitungsanzeige erfolgten Verzicht kommt es dagegen auf § 138 BGB nicht an, er scheitert schon an einer weiter bestehenden **Rechtsmacht** i.S.d. Verfügungsbefugnis, denn der Hilfeempfänger ist nicht mehr **Anspruchsinhaber**.[133]

bb. Erb- und Pflichtteilsrechte

63 Besondere praktische Bedeutung erlangen in der aktuellen „Generation der Erben" – gerade bei behinderten Menschen, die dauerhaft Sozialhilfeleistungen beziehen – erbrechtliche Gestaltungsmittel, die einen Zugriff des Sozialhilfeträgers auf Vermögenswerte des behinderten Menschen oder seiner Familie verhindern oder zumindest erschweren sollen. Je nach gewählter Gestaltung können die Gestaltungen mit dem Verdikt der Sittenwidrigkeit belegt sein.

64 Neben den erbrechtlich isoliert möglichen Gestaltungsmitteln der **Ausschlagung** und des **Verzichts** (vgl. dazu Rn. 69) sind – vor dem Hintergrund steigender Vermögen – besondere testamentarische „kombinierte Lösungen" wie das sog. **Behindertentestament** mit Auswirkungen auf überleitungsfähige (Erb-)Rechtspositionen praktisch bedeutsam. Typische Merkmale solcher letztwilliger Verfügungen sind, dass das behinderte Kind von seinen (sich u.U. **gegenseitig als Alleinerben** einsetzenden) **Eltern** als **Vorerbe** (Erbe auf Zeit) eingesetzt, zusätzlich ein (Dauer-)**Testamentsvollstrecker** bestellt und konkrete **Verwaltungs-** oder **Teilungsanordnungen für den Nachlass getroffen** werden. **Weitere Kinder oder Dritte werden als Schlusserben (Erben nach dem länger lebenden Elternteil) eingesetzt.** Ziel dieser – im Einzelnen entgegen dem Begriff „Behindertentestament" vielgestaltigen – letztwilligen Verfügungen oder Erbverträge ist es regelmäßig, dem dauerhaft behinderten und auf Sozialhilfe angewiesenen Kind die **Vorteile aus dem Nachlassvermögen** zu verschaffen, dem Träger der **Sozialhilfe** aber **einen Zugriff auf das Erbe** zu verschließen.[134] Diese Motivation und die ihr folgende Ausgestaltung zu Lasten des Sozialhilfeträgers werfen die Frage auf, ob eine sittenwidrige Gestaltung nach § 138 BGB vorliegt. Dazu sind im Einzelfall in einem ersten Schritt die **letztwilligen Verfügungen auszulegen**, um zu ermitteln, welche Verfügungen über das Erbe z.B. dem eingesetzten Testamentsvollstrecker zugunsten des behinderten Kindes erlaubt sind und welche nicht.[135]

65 Zu berücksichtigen ist bei der gebotenen Betrachtung, dass, wenn der behinderte Leistungsbezieher zum Vorerben bestellt ist, in seinem Todesfall auch ein **Kostenansatz** nach § **102 SGB XII** nicht zur Anwendung kommt. Die Erben des behinderten Leistungsbeziehers sind nicht Erben des Vorerben, sondern des ursprünglichen Erblassers[136]. Der BGH hat diese Folgen gesehen und gleichwohl diese Ge-

---

[129] *Münder* in: LPK-SGB XII, § 93 Rn. 23.
[130] Für zivilrechtliche Ansprüche vgl. § 397 BGB (Verzicht als Vertrag).
[131] BGH v. 08.12.1982 - IVb ZR 333/81 - BGHZ 86, 82, 87 ff.; BGH v. 17.09.1986 - IVb ZR 59/85 - NJW 1987, 1546, 1548 jeweils für den Unterhaltsverzicht; dem folgend LSG Bayern v. 14.02.2008 - L 11 SO 20/07 - FEVS 60, 131, 133; *Kiss* in: Mergler/Zink, SGB XII, § 93 Rn. 18; *Wolf* in: Fichtner/Wenzel, SGB XII, § 93 Rn. 21; *Münder* in: LPK-SGB XII, § 93 Rn. 23; *Link* in: Eicher, SGB II, § 33 Rn. 35; zur Sittenwidrigkeit der Ausgestaltung eines Leibgedingevertrages vgl. Rn. 92. Zum praktisch wichtigsten Fall des Unterhaltverzichts vgl. die Kommentierung zu § 94 SGB XII.
[132] BSG v. 25.04.2013 - B 8 SO 104/12 B - juris.
[133] *Link* in: Eicher, SGB II, § 33 Rn. 35; *Kiss* in: Mergler/Zink, SGB XII, § 93 Rn. 18.
[134] Näher zu den Merkmalen und unterschiedlichen Gestaltungen des Behindertentestamens *Rodert/Dillmann*, ZfF 2012, 193, 198 ff. unter Hinweis auch auf Gestaltungen, die die bis 01. Januar 2010 geltende Fassung des § 2306 BGB (Ausschlagung) nutzen.
[135] BGH v. 27.03.2013 - XII ZB 679/11 - juris.
[136] Näher: *Rodert/Dillmann*, ZfF 2012, 193, 198 ff.

staltungen des Behindertentestaments **am Maßstab des § 138 BGB** als **nicht sittenwidrig bezeichnet**[137]. Zur Begründung führt er u.a. aus, dass die aus der **Erbrechtsfreiheit** folgende Testierfreiheit es auch Eltern behinderter Kinder gestatte, über Vermögen zum Wohl ihrer Kinder zu verfügen, der Träger der Sozialhilfe dadurch nur **mittelbar benachteiligt** werde und dies wie jeder andere Gläubiger hinzunehmen habe.

Das im Rahmen erbrechtlicher Verfügungen regelmäßig zur Anwendung gebrachte **Berliner Testament (§ 2269 BGB**[138]**) wird häufig von einer Pflichtteilssanktionsklausel**[139] begleitet. Dazu hat der BGH – soweit die sich gegenseitig zu Alleinerben und die Kinder (auflösend bedingt) zu Schlusserben nach dem zuletzt Versterbenden einsetzenden Eltern daneben zusätzlich ein sog. Behindertentestament für den Schlusserbfall erstellt haben – die **Pflichtteilssanktionsklausel** im Ergebnis zugunsten der testierenden Eltern **einschränkend** wie folgt ausgelegt[140]: Macht der **Sozialhilfeträger** im ersten Erbfall den Pflichtteil (des Leistungsberechtigten) aus der nach § 93 SGB XII erfolgten Überleitung geltend, soll der Leistungsberechtigte im **zweiten Erbfall** – trotz der Pflichtteilsklausel – **nicht auf** den **Pflichtteil beschränkt sein** und demzufolge nicht von der (Schluss-)Erbenstellung ausgeschlossen sein. Der BGH begründet das damit, dass ansonsten der Träger der Sozialhilfe über den zweimaligen Zugriff auf den Pflichtteil von den Beschränkungen des Behindertentestaments (die im Schlusserbfall gelten) verschont bliebe und dies dem Erblasserwillen widerspräche. **66**

Diese **einschränkende Auslegung der Pflichtteilsklausel** selbst soll konsequenterweise dann **nicht zur Anwendung** kommen, wenn **kein Behindertentestament** vorliegt. Davon ist auszugehen, wenn der (behinderte) Leistungsberechtigte **ohne Unterschied zu den übrigen Erben, sondern alle gleichmäßig zu Schlusserben eingesetzt sind** und keine Anhaltspunkte dafür vorliegen, dass die Erblasser den schon zu ihren Lebzeiten Leistungen erbringenden Sozialhilfeträgern den Zugriff auf den Erbteil des (behinderten) Leistungsberechtigten erschweren oder ihn verhindern wollten.[141] **67**

Das **Eingreifen der Pflichtteilssanktionsklausel** (auch zu Lasten des Sozialhilfeträgers) fordert **kein zusätzliches subjektives Element** i.S. eines bewussten Auflehnens gegen den Erblasserwillen, so dass die Beschränkung auf den Pflichtteil im zweiten Erbfall zum Tragen kommt, wenn der Träger der Sozialhilfe im ersten Erbfall den Pflichtteilsanspruch aus übergeleitetem Recht geltend macht.[142] **68**

Der zweite Fall, der der **Prüfung nach § 138 BGB** unterstellt wird, ist der **Verzicht auf Erbrechte oder die Ausschlagung mit Auswirkungen auf Sozialhilfeansprüche:** Verzichtet ein erbberechtigter **behinderter Mensch und Bezieher oder Bezieherin** von Leistungen des SGB XII (konkret: Leistungen der Eingliederungshilfe) noch vor dem Erbfall auf seinen **Pflichtteilsanspruch** (z.B. gegenüber dem erstversterbenden Elternteil) liegt nach der Entscheidung des BGH v. 19.01.2011 darin **kein sittenwidriger Verzicht** zu Lasten des Sozialhilfeträgers.[143] In Anlehnung an seine Rechtsprechung zum Behindertentestament[144] stellt der BGH vor dem Hintergrund einer bis dahin für diesen Fall kontroversen Sichtweise klar, dass die **Leistungsempfänger** von ihrem in § 2346 Abs. 2 BGB begründeten Recht Gebrauch machen, durch Rechtsgeschäft mit dem Erblasser/der Erblasserin schon die Entstehung des Pflichtteilsanspruchs auszuschließen. Dies gründet, so der BGH, **im verfassungsrechtlichen Grundsatz der Privatautonomie**. Davon ausgehend stellt der BGH die Grundsätze auf, wonach damit die **vom Gesetz bereitgestellten und somit erlaubten Gestaltungsmöglichkeiten** ausgeschöpft werden. Ihre Unwirksamkeit bleibt dagegen die – positiv – zu begründende Ausnahme.[145] Konkret meint **69**

---

[137] BGH v. 21.03.1990 - IV ZR 169/89 - BGHZ 11, 36 ff.; BGH v. 20.10.1993 - IV ZR 231/92 - BGHZ 123, 368 ff.; zuletzt: BGH v. 27.03.2013 - XII ZB 679/11 - juris Rn. 20; zur Geschichte: *Rodert/Dillmann*, ZfF 2012, 193, 199 ff.

[138] Neben der gegenseitigen Einsetzung der Ehegatten oder Lebenspartner (§ 10 Abs. 4 LPartG) zu Alleinerben wird ein Dritter zum Erben des überlebenden Ehegatten/Lebenspartners eingesetzt, nach der Regel des § 2269 Abs. 1 BGB wird dieser Schlusserbe des Überlebenden.

[139] Es wird in der letztwilligen Verfügung angeordnet, dass der Schlusserbe, der im beim ersten Erbfall den Pflichtteil geltend macht, auch beim zweiten Erbfall nur den Pflichtteil bekommen soll, *Musielak* in: MünchKomm-BGB, § 2269 Rn. 65.

[140] BGH v. 19.10.2005 - IV ZR 235/03 - juris Rn. 22 - FamRZ 2006, 194 ff.

[141] So OLG Hamm v. 28.02.2013 - I-10 U 71/12, 10 U 71/12 - juris.

[142] OLG Hamm v. 28.02.2013 - I-10 U 71/12, 10 U 71/12 - juris Rn. 57.

[143] BGH v. 19.01.2011 - IV ZR 7/10 - NJW 2011, 1586-1590.

[144] Vgl. Rn. 64 und BGH v. 20.10.1993 - IV ZR 231/92 - BGHZ 123, 368; BGH v. 21.03.1990 - IV ZR 169/89 - BGHZ 111, 36.

[145] BGH v. 19.01.2011 - IV ZR 7/10 - juris Rn. 18 f. - NJW 2011, 1586-1590.

das, auch in Fällen nachteiliger Wirkungen solcher Gestaltungsmittel **zu Lasten der Allgemeinheit** unterliegt nicht das Rechtsgeschäft einer Rechtfertigung dafür, dass es nicht sittenwidrig ist, sondern **muss** umgekehrt die **Sittenwidrigkeit i.S.v. § 138 BGB positiv begründet** werden. Der Nachteil, der dem Träger der Sozialhilfe aus dem Verzicht auf das Pflichtteilsrecht erwächst, ist nach dem BGH ein Reflex aus dem Verzicht.

70 Der BGH erkennt damit zwar an, dass **zivilrechtlich bereitgehaltene Dispositionsmöglichkeiten mit den Regelungen des Sozialhilferechts in Konflikt** geraten können, nach denen nur staatliche Hilfe erhält, wer sich nicht selbst durch Einkünfte und Vermögen unterhalten kann. Dieser **Nachrang** ist aber, so das Gericht, im Sozialhilferecht selbst **nicht strikt durchgehalten**, sondern je nach Leistungsart durchbrochen. Für behinderte Menschen zeige sich dies insbesondere in der nur begrenzten Überleitung von Unterhaltsansprüchen gegenüber ihren Eltern. Gerade darin manifestiere sich das **zum Nachrang gegenläufige Prinzip des Familienlastenausgleichs**, welches im Fall behinderter Kinder die wirtschaftlichen Lasten zum Teil endgültig auf die Allgemeinheit überträgt. Wird der erbrechtliche Pflichtteilsanspruch als Korrelat zur Unterhaltspflicht (der Eltern) verstanden, findet in der grundsätzlichen Anerkennung des Pflichtteilsverzichts der Familienlastenausgleich seine Fortsetzung über den Tod der Eltern hinaus.[146]

71 Maßgeblich für den BGH ist schließlich, dass mit dem Verzicht durch den Leistungsempfänger nur eine Situation eintritt, die auch durch eine **testamentarische Gestaltung der Eltern** erreicht werden könnte. Hätten sich die Eltern nicht gegenseitig zu Alleinerben eingesetzt und wäre der Leistungsempfänger ohne den Verzicht schon nach dem Tod des ersten Elternteils in die Miterbenstellung eingerückt, könnte der Träger der Sozialhilfe, um das überleitungsfähige Pflichtteilsrecht zu begründen, nicht das **Ausschlagungsrecht des § 1943 BGB** auf sich **überleiten**, da dies nach überwiegender Auffassung in Rechtsprechung und Literatur einen **nicht zulässigen Eingriff** in die (verfassungsrechtlich geschützte) **Erbfolge** darstellen würde. Der Zugriff auf den Pflichtteil des Leistungsempfängers wäre dem Sozialhilfeträger dann entsprechend verwehrt wie bei Wirksamkeit des Pflichtteilsverzichts. Der BGH verweist anschließend auf die **eigenständigen Sanktionsnormen** des **SGB XII** für Fälle, in denen die Hilfebedürftigkeit selbst herbeigeführt wird (§ 26 SGB XII). Für eine weitergehende **Wirkung sozialrechtlicher Wertungen** auf das Zivilrecht fehle eine tragfähige (gemeint wohl: rechtliche) Grundlage.[147]

72 Neben dem **Verzicht** bezeichnet der BGH auch die **Ausschlagung** als **aktive erbrechtliche Gestaltungsmöglichkeiten**, die dem Leistungsempfänger nach SGB XII genauso durch die Privatautonomie und eine „negative Erbfreiheit" sowie die sogar verfassungsrechtlich unterfütterte Schutzwürdigkeit des Familienfriedens (Art. 6 Abs. 1 GG) eröffnet sind wie jedem anderen. Der nur **unvollkommen ausgestaltete Nachranggrundsatz** (allein) entfaltet, so das Gericht, **keine hinreichende Prägekraft**, um die verfassungsrechtlich abgesicherten Gestaltungsmöglichkeiten über § 138 BGB einzuschränken.[148]

73 Der **Argumentation des BGH** ist sowohl für das Behindertentestament als auch den Verzicht/die Ausschlagung aus verschiedenen Gründen grundsätzlich zu folgen.[149] Die Entscheidungen stehen in der Anknüpfung an einen durch das SGB XII an verschiedenen Stellen verwirklichten **Familienlastenausgleich** in einer Linie mit der **Rechtsprechung des BSG**. Dieses stellt für die Leistungen des Vierten Kapitels des SGB XII aus § 43 Abs. 2 Satz 1 SGB XII, wonach Einkommen der Eltern bis zur Grenze von jährlich 100.000 € nicht zu berücksichtigen ist und die Grundsicherungsleistungen des Vierten Kapitels die Unterhaltsverpflichtung der Eltern behinderter Kinder zum Erlöschen bringt, heraus, komme die rechtspolitische Wertung zum Ausdruck, für den Lebensunterhalt dieses Personenkreises habe **in der Regel vorrangig die staatliche Gemeinschaft einzustehen**.[150] Soweit der BGH dem **Nachranggrundsatz** des SGB XII die notwendige Prägekraft abspricht, um das Werturteil der Sittenwidrigkeit zu begründen, ist das in der Einzelbegründung überzeugend und entspricht der **Linie des**

---

[146] BGH v. 19.01.2011 - IV ZR 7/10 - juris Rn. 23 und Rn. 36 - NJW 2011, 1586-1590.

[147] BGH v. 19.01.2011 - IV ZR 7/10 - juris Rn. 30 ff. - NJW 2011, 1586-1590 m.w.N. zur Überleitung des Ausschlagungsrechts.

[148] BGH v. 19.01.2011 - IV ZR 7/10 - juris Rn. 28 - NJW 2011, 1586-1590 m.w.N. zur Überleitung des Ausschlagungsrechts.

[149] Kritisch dagegen *Rodert/Dillmann*, ZfF 2012, 193, 202 ff.; ablehnend *Armbrüster* in: Festschrift für Säcker, S. 13 ff.; OLG Hamm v. 16.07.2009 - I-15 Wx 85/09, 15 Wx 85/09 - NJW 2010, 83 f. für die Ausschlagung einer werthaltigen Erbschaft.

[150] BSG v. 08.02.2007 - B 9b SO 5/06 R - juris Rn. 29 - BSGE 98, 121, 127.

BSG, welches den Grundsatz streng in **seinen formal-rechtlichen Einzelausprägungen** im SGB XII sucht und nicht als übergeordnetes Strukturprinzip des SGB XII versteht. Einer **einheitlichen Prägekraft** des **Nachranggrundsatzes**, wie er in § 2 SGB XII allgemein formuliert sein könnte, **steht schon entgegen**, dass der sozialhilferechtliche Nachrang bei unterschiedlichen Leistungen und Personen **unterschiedlich** – teilweise auch in das Ermessen im Einzelfall gestellt – **ausgestaltet** ist. Insoweit können gerade die in der Kritik von *Rodert/Dillmann* dargestellten gesetzlichen Einzelausprägungen[151] herangezogen werden, um zu zeigen, dass es einen einheitlichen **Nachrang** nicht gibt. Er erscheint vielmehr im SGB XII selbst höchst heterogen und **quantitativ wie qualitativ vielgestaltig**. Das zeigt sich in § 19 Abs. 2 bis 5 SGB XII sowie in den §§ 82, 90 ff. SGB XII. So schafft § 85 SGB XII für Hilfen nach dem Fünften bis Neunten Kapitel eine **eigene Einkommensgrenze**, diese wird relativiert und die Heranziehung in das Ermessen gestellt von § 88 Abs. 1 SGB XII. Die Auslegung von Absatz 1 Satz 2 wird schließlich ergänzt um die Berücksichtigung von Art und Schwere der Behinderung, der voraussichtlichen Dauer der Hilfeleistung (teilweise entnommen aus § 87 Abs. 1 SGB XII). Eine spezielle Einkommensanrechnung und Vermögensberücksichtigung enthält § 92 SGB XII für behinderte Menschen und ihre nach § 19 Abs. 3 SGB XII zu berücksichtigenden Angehörigen für bestimmte Leistungen. Allein schon die genannten Regelungen belegen, dass es gerade **keine allgemeine Zumutbarkeitsgrenze** für den Einsatz von Einkommen und Vermögen gibt. Schon diese Vielgestaltigkeit verhindert es, aus dem Nachrang ein feststehendes sozialhilferechtliches Werturteil für § 138 BGB als „**Einheit der Rechtsordnung**" zu entnehmen bzw. mit der Sittenwidrigkeit ein sozialhilferechtliches **Nachrangigkeitsprinzip** als **anerkannte Ordnung** abzusichern.[152] Allein der Rückgriff auf § 2 SGB XII hilft wegen dessen **Programmsatzcharakters** (vgl. dazu die Kommentierung zu § 2 SGB XII Rn. 7 ff.) insoweit nicht weiter. Letzten Endes ist der Gesetzgeber, wenn er erbrechtliche Gestaltungen wegen ihrer „Sozialschädlichkeit" ausschließen will, vor dem Hintergrund der **grundrechtlichen Testier- und negativen Erbfreiheit** gehalten, die **wesentlichen Entscheidungen, wonach bestimmte testamentarische Verfügungen unwirksam sind**, ausdrücklich und im Wege gesetzlicher Bestimmungen zu treffen (**Wesentlichkeitsprinzip**[153]). Hier wäre dann – de lege ferenda – auch Raum, Abstufungen nach Größe des Nachlasses, Dauer und Kostenumfang der Eingliederungshilfe oder anderer Leistungen vorzunehmen[154] und die Wertung mit dem Gedanken des Lastenausgleichs in Einklang zu bringen[155].

Innerhalb des Werturteils der Sittenwidrigkeit ist nach dem BGH die Motivation einer familienhaften Rücksichtnahme zugunsten des überlebenden Elternteils ein nachvollziehbarer Grund für den Pflichtteilsverzicht, so dass die sozialhilferechtlichen Auswirkungen hinzunehmen sind. Dieses Ergebnis dürfte in der Konsequenz des BGH aber entsprechend für den Fall gelten, dass ein Hilfebedürftiger/Leistungsbezieher auf einen bereits angefallenen (aber noch nicht geltend gemachten) Pflichtteilsanspruch im Wege des **Erlassvertrages verzichtet**. So betont der **BGH** für die **Ausschlagung** und den **Verzicht** auf das Pflichtteilsrecht aus der angefallenen Erbschaft **gleichermaßen**, dass es keine „Pflicht zum Erben" gibt, es vielmehr **Ausfluss der negativen Erbfreiheit** ist, sich gegen einen vom Gesetz vorgesehenen Vonselbsterwerb wie einen Pflichtteil zu wehren.[156] Nach *Krauß* soll ein solcher Verzicht hingegen gegen **§ 138 BGB verstoßen**.[157]

74

Keine andere Beurteilung folgt für das **Pflichtteilsrecht** schließlich aus der These, dieses habe **Unterhaltsfunktion**. Diese ist jedenfalls nicht in gleicher Weise ausgestaltet wie im Unterhaltsrecht. So fehlt es gerade an einer Bestimmung vergleichbar § 1614 BGB, wonach ein Verzicht auf den Unterhalt zwischen Verwandten für die Zukunft unzulässig ist[158] (vgl. auch Rn. 70).

75

---

[151] *Rodert/Dillmann*, ZfF 2012, 193, 202 ff.
[152] In diese Richtung *Armbrüster* in: Festschrift für Säcker, S. 13 ff.
[153] Das spricht gegen die Auffassung von *Armbrüster* in: Festschrift für Säcker, S. 13 ff., wonach sowohl das Behindertentestament als auch die Erbausschlagung und der Pflichtteilsverzicht wegen Vereitelung des Nachrangigkeitsgrundsatzes sittenwidrig sind.
[154] Diese Erwägungen wollen *Rodert/Dillmann*, ZfF 2012, 193, 204 im Rahmen des § 138 BGB anstellen.
[155] Ähnlich wohl der BGH, wenn er auf das „beredte Schweigen" des Gesetzgebers verweist, BGH v. 19.01.2011 - IV ZR 7/10 - juris Rn. 39 - NJW 2011, 1586, 1590.
[156] BGH v. 19.01.2011 - IV ZR 7/10 - juris Rn. 27 - NJW 2011, 1586, 1588.
[157] So *Krauß*, ErbR 2011, 162, 165 f.
[158] A.A. *Armbrüster* in: Festschrift für Säcker, S. 13 ff., 25 f.

76 Keine andere Auffassung folgt aus der **Rechtsprechung des BSG im Bereich des SGB II**.[159] Betrachtet das BSG dort einen **Pflichtteilsanspruch gegen die Mutter** als **Vermögen**, das grundsätzlich verwertbar ist und sieht es im Fall des sog. Berliner Testaments keine besondere Härte nach § 12 Abs. 3 Nr. 6 SGB II darin, dass das (hilfebedürftige) Kind den mit dem Erbfall entstandenen Pflichtteilsanspruch gegen den überlebenden Elternteil geltend zu machen hat[160], bestehen **Unterschiede zum Fall des BGH**. **Vor allem aber hatte das BSG einen Verzicht auf das Recht nicht zu bewerten, sondern die Verwertbarkeit des Vermögens nach den Regelungen des SGB II**. Im Fall des BSG war der Pflichtteilsanspruch bereits mit dem Erbfall entstanden (§ 2317 Abs. 1 BGB), ein Verzicht war bis zu seiner Entscheidung des Gerichts nicht festgestellt. Der Anspruch steht damit nach der für das Gericht zunächst zwingenden Grundentscheidung des § 12 SGB II als **vermögenswertes Recht** grundsätzlich zur Verfügung und konnte eine Hilfebedürftigkeit ausschließen. Seine Unverwertbarkeit ist nach § 12 Abs. 3 SGB II zu bewerten und nach dessen Nr. 6 die begründungsbedürftige Ausnahme. Für das SGB XII wird im Hinblick auf den Vermögenseinsatz nach § 90 SGB XII ein entsprechendes Ergebnis für richtig gehalten.[161] Das BSG führt aus, dass eine „besondere Härte" sich nicht lediglich aus den wirtschaftlichen Auswirkungen der Verwertung für den Hilfebedürftigen ergeben kann, sondern auch familiäre Konfliktsituationen zu beachten sein können. Allein aus der Geltendmachung eines Pflichtteilsanspruchs aus einem Berliner Testament folge jedoch keine familiäre Konfliktsituation, die zu einer besonderen Härte i.S.d. SGB II führe.[162] Im Fall des BGH geht es dagegen darum, ob der zivilrechtlich mit § 2303 BGB erlaubte **Verzicht auf einen künftig entstehenden Pflichtteilsanspruch** ausnahmsweise unter Berücksichtigung seiner sozialhilferechtlichen Auswirkungen nach § 138 BGB unwirksam ist.

77 Gänzlich hinzunehmen sind Verzicht und Ausschlagung als zivilrechtlich eröffnete Gestaltungsmittel eines Hilfebedürftigen zu Lasten der Allgemeinheit aber nicht in jedem Fall. Insoweit bietet der unbestimmte Rechtsbegriff der Sittenwidrigkeit die Möglichkeit, statt auf ein Nachrangprinzip auf ein **Prinzip der Selbstverantwortung als notwendiges Spiegelbild der Handlungsfreiheit für einen Hilfebedürftigen** abzustellen, und im konkreten Einzelfall zu prüfen, ob unter sittlichen Aspekten erwartet werden muss, dass er vor der Inanspruchnahme von Sozialhilfe einen ihm angetragenen Vermögenserwerb wahrnimmt[163] (vgl. dazu bereits Rn. 24). Eine solche Prüfung muss aber zurückhaltend und unter Beachtung bestehender gesetzlicher Wertungen wie den Vorschriften zum Einkommens- und Vermögenseinsatz erfolgen. Bei Verzicht auf eine Erbschaft oder einen Pflichtteil sind neben dem Grundsatz der Selbsthilfe als objektive Pflicht das Wissen und das Einsichtsvermögen des Verzichtenden um und in diese Pflicht zu prüfen. Darüber hinaus sind die Größe des Erb- oder Pflichtteils, die **Motive des Leistungsberechtigten für den Verzicht** oder die **Ausschlagung (Zerrüttung im Verhältnis zum Erblasser, etc.)** sowie die Frage zu prüfen, ob der Verzichtende berechtigterweise auf eine andere angemessene Erwerbsquelle hoffen konnte, insoweit ein vorwerfbarer Irrtum vorlag oder er mit Absicht sozialhilfebedürftig zu werden i.S. dolus directus handelte.

78 Auch im Fall der zivilrechtlichen Wirksamkeit von Verzicht/Ausschlagung ist freilich nicht gänzlich ausgeschlossen, dass sich **an die gewählten Gestaltungsmittel sozialhilfe-/grundsicherungsrechtlich negative Folgen** knüpfen können (§ 26 SGB XII und § 31 Abs. 2 SGB II). Diese werden durch die Erbfreiheit oder Privatautonomie nicht ausgeschlossen, knüpfen sie an grundrechtlich geschützte Freiheitsausübung negative **Folgen** (allein) für den Bereich der Fürsorgeleistungen. Erfasst wird dadurch aber **nur bestehendes Vermögen**, so dass zu prüfen ist, ob ein zukünftiger Pflichtteilsanspruch erfasst ist. Darüber hinaus ist im Rahmen der Frage, ob es einen „nachvollziehbaren Grund" für die Minderung des Vermögens gibt, die Überlegung des BGH, wonach niemand gezwungen werden darf zu erben, zu berücksichtigen.[164]

79 Davon zu trennen ist ferner die Frage, ob im Hinblick auf die vom BSG für grundsätzlich als zumutbar angesehene Verwertung des Pflichtteilsanspruchs im Einzelfall die Geltendmachung und damit **Verwertung des Pflichtteilsanspruchs** durch einen Schlusserben **unwirtschaftlich** sein kann, wenn sie eine **Pflichtteilsstrafklausel** (vgl. dazu Rn. 66-68) auslöst, die zu einem quantifizierbaren, viel höhe-

---

[159] BSG v. 06.05.2010 - B 14 AS 2/09 R - SozR 4-4200 § 12 Nr. 15; so aber *Zimmer*, ZEV 2011, 262 f.; auch im Übrigen kritisch zur Entscheidung des BGH.
[160] BSG v. 06.05.2010 - B 14 AS 2/09 R - juris Rn. 22/23 - SozR 4-4200 § 12 Nr. 15.
[161] *Krauß*, ErbR 2011, 162, 166.
[162] BSG v. 06.05.2010 - B 14 AS 2/09 R - juris Rn. 29 - SozR 4-4200 § 12 Nr. 15.
[163] OLG Hamm v. 16.07.2009 - I-15 Wx 85/09, 15 Wx 85/09 - NJW 2010, 83 f. für die Ausschlagung.
[164] *Streichsbier* in: Grube/Wahrendorf, SGB XII, § 26 Rn. 7 a.E.

ren Verlust einer Schlusserbschaft führt. Im SGB II und SGB XII würde das zu einer Unverwertbarkeit des Anspruchs (als Vermögen) führen (offensichtliche Unwirtschaftlichkeit).[165] Im gebotenen Gleichlauf mit den Vorschriften zum Vermögenseinsatz wäre dann auch eine Überleitung des Pflichtteilsanspruchs unzulässig[166], zumindest aber ermessensfehlerhaft (vgl. Rn. 121).

f. Verjährte Ansprüche

Die **Verjährung des Anspruchs** hindert die Überleitung nicht, sie hat, wenn die Einrede erhoben wird, Auswirkung auf seine Durchsetzbarkeit.[167] Einem **verwirkten Anspruch** steht dagegen **§ 242 BGB als Einwendung** gegenüber, d.h. das Zivilgericht hat sie auch ohne eine erhobene Einrede zu beachten. Dabei kann der **Verwirkungstatbestand** schon **bei Überleitung** bestehen und damit den Anspruch selbst – wenn er sich als evident darstellt – ausschließen oder erst **durch** ein **Verhalten des Sozialhilfeträgers** nach Überleitung entstehen und nur die Durchsetzbarkeit des Anspruchs berühren.[168]

80

g. Ansprüche als Einkommen und Vermögen

Ansprüche des Hilfeempfängers gegen Dritte können als vermögenswerte Rechte dem **Begriff des Einkommens oder Vermögens** nach den §§ 82, 90 Abs. 1 SGB XII unterfallen.[169] Ansprüche schließen einen Leistungsanspruch aus, wenn sie so **realisierbar** sind, dass der Betreffende daraus **einen bestehenden Bedarf befriedigen kann**. Hier ist dann eine Sozialhilfegewährung und demzufolge eine Überleitung zwar möglich, aber wegen des Vorranges des Mitteleinsatzes nach § 19 Abs. 1 („bestreiten können") und § 90 SGB XII im Ergebnis nicht nur überflüssig, sondern **nicht zulässig**, also **rechtswidrig**. In der Praxis muss der Träger der Sozialhilfe oft auf einen Antrag auf Hilfe hin entscheiden, ob die Ansprüche verwertbares Vermögen oder schon laufendes Einkommen darstellen oder die Hilfegewährung gerechtfertigt ist und uno actu oder im Nachgang der Hilfegewährung eine Überleitung vorzunehmen ist. Einen Wertungswiderspruch zwischen den Vorschriften zum Schutz des Einkommens und Vermögens (§§ 82 ff., 90 Abs. 2 und 3 SGB XII) und der Ermächtigung zur Überleitung verhindert dabei § 93 Abs. 1 Satz 3 SGB XII (vgl. dazu Kausalität (Absatz 1 Satz 3), vgl. Rn. 103). Im Einzelfall kann die **Abgrenzung zwischen Einkommen und Vermögen** sich als schwierig erweisen. Im Bereich der **Pflichtteils- und Erbansprüche** unterscheidet das BSG im SGB II danach, ob der Erbanspruch bereits vor der (ersten) Antragstellung bestanden hat, der Erbfall eingetreten ist (geschütztes Vermögen) oder erst danach (dann Einkommen). Kommt es dann im Bedarfszeitraum zu einer Auszahlung, liegt kein Zufluss und damit Einkommen vor.[170] Liegt der **Erbfall erst nach Beginn des Bedarfszeitraums** i.S.d. SGB II, liegt zwar kein (ggf. geschütztes) Vermögen vor, liegt ein zu berücksichtigendes Einkommen aber erst mit Auszahlung vor. Handelt es sich hingegen um ein **Vermächtnis**, wäre dieses als Forderung gegen den Nachlass zu qualifizieren, und Zahlungen darauf, wenn sie innerhalb des Bedarfszeitraums erfolgen, als Einkommen zu werten.[171] Liegt geschütztes Vermögen vor, darf eine Anspruchsüberleitung nicht erfolgen, eine gedachte Erfüllung des Anspruchs ließe die Hilfebedürftigkeit unberührt (vgl. Kausalität (Absatz 1 Satz 3), vgl. Rn. 103).

81

h. Ansprüche im Einzelnen

Zu den überleitungsfähigen Ansprüchen gehören:

82

---

[165] *Krauß*, ErbR 2011, 162, 163. Dabei kann im Hinblick auf die prognostisch zu beurteilende unterschiedliche Leistungsdauer eine unterschiedliche Betrachtung der Wirtschaftlichkeit zwischen SGB II und SGB XII gerechtfertigt sein.

[166] *Krauß*, ErbR 2011, 162, 166.

[167] Näher *Kiss* in: Mergler/Zink, SGB XII, § 93 Rn. 20.

[168] Zum notwendigen Zeit- und Umstandsmoment *Kiss* in: Mergler/Zink, SGB XII, § 93 Rn. 21.

[169] Zur Abgrenzung zwischen Einkommen und Vermögen als inhaltlich-normativ abwägende Entscheidung: BSG v. 30.09.2008 - B 4 AS 29/07 R - BSGE 101, 291 = SozR 4-4200 § 11 Nr. 15, jeweils Rn. 18: Einkommensteuererstattung; BSG v. 03.03.2009 - B 4 AS 47/08 R - juris: Abfindung; guter Überblick bei: BSG v. 28.10.2009 - B 14 AS 64/08 R - juris Rn. 14 ff.; *Brühl/Geiger* in: LPK-SGB XII, § 90 Rn. 5, § 82 Rn. 7; zu Forderungen als Vermögen: *Brühl/Geiger* in: LPK-SGB XII, § 90 Rn. 5 und 8, § 82 Rn. 8; kritisch zum Schenkungsrückforderungsanspruch als § 528 BGB als Vermögen: BSG v. 02.02.2010 - B 8 SO 21/08 R - juris Rn. 13. Auch das BVerwG hat im Fall der Auszahlung eines ererbten Anspruchs diesen als Einkommen gewertet, v. 18.02.1999 - 5 C 16/98 - NJW 1999, 3210 f.

[170] BSG v. 28.10.2009 - B 14 AS 62/08 R - juris.

[171] *Söhngen* in: jurisPK-SGB II, § 11 Rn. 32 ff.

aa. Zivilrechtliche Ansprüche

83 Dazu gehören u.a.:
- Offene Forderungen aus **Kauf-** oder **Darlehensverträgen**.
- Ansprüche auf **Rückzahlung einer Einlage als (stiller) Gesellschafter**.[172]
- **Versicherungsleistungen** (z.B. aus der privaten Kranken- und Pflege- oder Unfallversicherung, Berufsunfähigkeits- und Lebensversicherung[173]).
- **Schadensersatzansprüche** (aus Arzthaftung[174], Ansprüche nach § 844 Abs. 2 BGB wegen Tötung der unterhaltspflichtigen Person[175]).
- Ansprüche aus **ungerechtfertigter Bereicherung**.
- Ansprüche aus **Erbschaft** (z.B. ererbte Ansprüche auf Rückzahlung eines Bausparguthabens[176]).
- **Pflichtteils-** und **Pflichtteilsergänzungsforderungen** (§§ 2303 ff., 2317, 2325 BGB).[177]
- Ansprüche auf **Ersatz von Verwendungen des Nießbrauchers** (§§ 1049, 1057 BGB).
- Leistungen aus **Übergabeverträgen**.[178]
- Ansprüche aus dem **Zugewinnausgleich** (§ 1371 BGB).
- Ansprüche aus **Schenkung** wegen Verarmung des Schenkers (§ 528 BGB[179]), ob ein **Anspruch auf Wertersatz, ersatzweise erfüllbar durch Herausgabe der Sache** (z.B. nach § 528 BGB i.V.m. § 822 BGB ggf. analog) auch gegen den sog. **Zweitbeschenkten** bestehen kann, d.h. denjenigen, an den der Beschenkte zwar nicht das Geschenk, sondern ein Surrogat unentgeltlich zuwendet, ist streitig.[180]
- Rechte aus **Leibrenten** (§§ 759-761 BGB[181]).
- **Anspruch** des Hilfeempfängers als **Miterbe** gegen die anderen Miterben auf **Erbauseinandersetzung** (§ 2042 BGB); mit der Auseinandersetzung des Erbes durch Aufteilung der Bestandteile auf die einzelnen Erben (z.B. im Wege der Teilungsversteigerung, §§ 180 ff. Gesetz über die Zwangsversteigerung und Zwangsverwaltung) und dem dinglichen Vollzug der Verteilung endet die Erbengemeinschaft zur gesamten Hand (§ 2032 BGB) und endet auch der Auseinandersetzungsanspruch. Eine danach erst erfolgende Überleitung des Anspruchs auf **Erbauseinandersetzung geht ins Leere**.[182] Im Fall der **Teilungsversteigerung** des unteilbaren Erbes mit anschließender Hinterlegung des Erlöses soll der **Anspruch des Hilfeempfängers gegen die Hinterlegungsstelle** nach Auffassung des LSG Baden-Württemberg nicht überleitungsfähig sein, weil diese nicht Dritter im Sinne des § 93 sein soll.[183] **Dritter** i.S.d. § 93 SGB XII kann aber jeder sein, der kein Leistungsträger nach § 12 SGB I ist (vgl. Rn. 58). Dazu kann **auch ein öffentlich-rechtlicher Träger** gehören (vgl. auch Rn. 84). Eine **Überleitung** des Anspruchs gegen die Hinterlegungsstelle kann aber, insoweit ist dem LSG zuzustimmen, ausgeschlossen sein, wenn insoweit **geschütztes Einkommen oder Vermögen** des Hilfeempfängers vorliegt. Ist der öffentlich-rechtliche Herausgabeanspruch **Erfüllungssurrogat** für den unteilbaren Gegenstand des Erbes, kann seine Überleitung ausgeschlossen sein, weil der

---
[172] LSG Baden-Württemberg v. 12.12.2013 - L 7 SO 4209/09 - juris.
[173] LSG Sachsen v. 11.06.2012 - L 7 SO 22/10 B ER - juris.
[174] BGH v. 13.07.2004 - VI ZR 273/03 - FamRZ 2004, 1569 ff.
[175] BGH v. 13.02.1996 - VI ZR 318/94 - NJW 1996, 1674 f.
[176] LSG NRW v. 20.12.2006 - L 20 B 135/06 SO - FEVS 58, 448 ff. Zu den überleitungsfähigen Ansprüchen aus Vermächtnissen, *Rodert/Martin*, ZfF 2013, 265, 267, unter Berufung auf LSG NRW v. 23.01.2012 - L 20 SO 565/11 B - juris Rn. 22, auch zur Frage, ob dieses allein zum Zweck der Ausschlagung übergeleitet werden kann, um hernach Pflichtteilsansprüche geltend zu machen.
[177] *Pfohl/Steymans* in: Linhart/Adolph, SGB II/SGB XII/AsylbLG, § 93 Rn. 9 mit weiteren Nachweisen aus der Rechtsprechung; speziell zur Überleitung von Pflichtteilsansprüchen *Doering/Striening/Horn*, NJW 2013, 1276 ff.
[178] OLG Koblenz v. 16.01.1998 - 10 U 14/94 - FamRZ 1999, 256 - juris Leitsätze; zum Wohnrecht ausführlich in Rn. 86.
[179] BSG v. 02.02.2010 - B 8 SO 21/08 R - juris; BGH v. 19.10.2004 - X ZR 2/03 - FamRZ 2005, 177 f.; BGH v. 20.05.2003 - X ZR 246/02 - FamRZ 2003, 1265 ff.; BGH v. 26.10.1999 - X ZR 69/97 - NJW 2000, 728 ff.; BGH v. 17.12.2009 - Xa ZR 6/09 - FamRZ 2010, 463 f.; *Kiss* in: Mergler/Zink, SGB XII, § 93 Rn. 16.
[180] Bejahend: BGH v. 10.02.2004 - X ZR 117/02 - BGHZ 158, 63 ff.; *Kopp*, JR 2012, 491 ff.
[181] BGH v. 22.06.1995 - III ZR 18/95 - NJW 1995, 2790 f.
[182] LSG Baden-Württemberg v. 22.07.2010 - L 7 SO 853/09 - ZFSH/SGB 2010, 543, 545.
[183] LSG Baden-Württemberg, v. 22.07.2010 - L 7 SO 853/09 - ZFSH/SGB 2010, 543, 546.

Erbteil zum ggf. **geschützten Vermögen** gehört.[184] Insoweit sind die Grundsätze des BSG zur **Abgrenzung von Einkommen und Vermögen im Fall einer Erbschaft** (vgl. Rn. 81) zu berücksichtigen.

- **Ansprüche aus** einem (privatrechtlichen) **Heimvertrag** gehören, wenn der Träger der Sozialhilfe sie anstelle des Heimes erbringt. Sind im Fall eines Aufenthaltes eines Leistungsberechtigten im Behindertenwohnheim Leistungen wie eine Harnblasenkatheterisierung nach dem Vertrag des Leistungsberechtigten mit dem Heim von diesem zu erbringen, erbringt dieses die Leistung aber nicht und lehnt auch die gesetzliche Krankenversicherung die entsprechende Gewährung im Wege der häuslichen Krankenpflege ab (§ 37 Abs. 2 Satz 1 SGB V), hält das BSG den Träger der Sozialhilfe für verpflichtet, solche ambulanten Leistungen wegen Systemversagens zu erbringen. Aus Anlass dieser Leistungsgewährung kann der Träger der Sozialhilfe **Ansprüche des Leistungsberechtigten gegen das Heim** auf sich überleiten.[185] Die Anspruchsüberleitung gegen eine **verpflichtete Krankenkasse** ist dagegen durch § 93 Abs. 1 Satz 1 SGB XII **ausgeschlossen** (vgl. dazu Rn. 19). (Vorrangige) Ansprüche des Berechtigten gegen die Krankenkasse kann der (vor-)leistende Träger der Sozialhilfe **über § 95 SGB XII als Prozessstandschafter** geltend machen (vgl. dazu die Kommentierung zu § 95 SGB XII Rn. 63).

bb. Öffentlich-rechtliche Ansprüche

Zu den grundsätzlich überleitungsfähigen Ansprüchen des öffentlichen Rechts gehören: 84

- Ansprüche nach den **Beihilfevorschriften** des öffentlichen Dienstes[186],
- Ansprüche auf **Steuererstattung**,
- Ansprüche auf Leistungen nach dem Gesetz über die Sicherung des Unterhalts der zum Wehrdienst einberufenen Wehrpflichtigen und ihrer Angehörigen (**USG**),
- Ansprüche auf Vollwaisengeld nach dem **Beamtenversorgungsgesetz**[187],
- Anspruch auf den **Barbetrag** nach dem **landesrechtlichen Maßregelvollzugsgesetz** bei Unterbringung in einem psychiatrischen Krankenhaus[188].

Für Ansprüche auf **Kindergeld** enthält § 74 Abs. 1 und 2 EStG eine **abschließende Sonderregelung**, 85
die den Rückgriff auf § 93 SGB XII ausschließt.[189]

cc. Wohnrechte

Von besonderer praktischer Bedeutung ist die **Überleitungsfähigkeit von Wohnrechten bzw. Rechten aus einem Wohnrecht**. Inhalt des Wohnrechts ist das Recht, ein Gebäude oder einen Teil eines 86
Gebäudes unter Ausschluss des Eigentümers als Wohnung zu benutzen (zum Inhalt: § 1093 Abs. 1 Satz 1 BGB). Es kann allein schuldrechtlich begründet sein[190], ist aber weitaus häufiger – oft im Zusammenhang mit der Übertragung von Grundstücken – als dingliches Recht durch Eintragung ins

---

[184] LSG Baden-Württemberg v. 22.07.2010 - L 7 SO 853/09 - ZFSH/SGB 2010, 543, 545 unter Berufung auf LSG Nordrhein-Westfalen v. 20.12.2006 - L 20 B 135/06 SO ER - FEVS 58, 448 und *Falterbaum* in: Hauck/Noftz, SGB XII, § 93 Rn. 27.

[185] BSG im Termin zur mündlichen Verhandlung vom 09.06.2011 - B 8 SO 16/09 R - Terminbericht vom 09.06.2011, eine Entscheidung in der Sache wurde vertagt; im neu anberaumte Termin am 10.11.2011 hat der beklagte Sozialhilfeträger den Anspruch der Bewohnerin anerkannt und sich in einem Vergleich mit der beigeladenen Krankenkasse darauf geeinigt, dass diese ihm die Kosten für die Harnkatheterisierung ab dem 01.04.2007 als Leistung der häuslichen Krankenpflege erstattet – Terminbericht Nr. 57/11. Der Sozialhilfeträger behielt sich vor, etwaige Kostenerstattungsansprüche für die Harnkatheterisierung vor dem 01.04.2007 gegen den ebenfalls beigeladenen Heimträger geltend zu machen, vgl. dazu www.reha-recht.de/infothek/aus-der-rechtsprechung/wichtige-urteile/ (abgerufen am 26.03.2014).

[186] BVerwG v. 21.02.1982 - 2 C 46/81 - BVerwGE 64, 333, 335.

[187] VG Frankfurt v. 10.07.2008 - 9 E 1455/07 - juris.

[188] SG Frankfurt a.M. v. 14.06.2006 - S 55 SO 173/06 ER - juris.

[189] FG Brandenburg v. 19.06.2002 - 6 K 981/01 - EFG 2002, 1315, 1316; *Weber-Grellet* in: Schmidt, EStG, § 74 Rn. 5; vgl. Rn. 50. Die Abzweigung nach § 74 Abs. 1 EStG steht im Ermessen des zuständigen Trägers, zu den Anforderungen an die Ausübung im Fall des volljährigen behinderten Kindes jüngst BFH v. 09.02.2009 - III R 37/07 - BFHE 224, 290 ff.

[190] Auf ein allein schuldrechtlich begründetes unentgeltliches Wohnrecht werden die Vorschriften über die Leihe angewandt, dazu *Bassenge* in: Palandt, BGB, § 1093 Rn. 1 unter Berufung auf OLG Köln v. 23.04.1999 - 19 U 13/96 - NJW-RR 2000, 152 f.; *Mayer* in: Staudinger, BGB, § 1093 Rn. 7.

Grundbuch begründet.[191] Im Zusammenhang mit der **Übertragung von (Haus-)Grundstücken** wird häufig neben der Begründung eines Wohnrechts zugunsten des Übergebenden eine Pflegeverpflichtung für den Erwerber vereinbart. Das Wohnrecht und die Pflegeverpflichtung geraten stets dann in den Blickpunkt der Überleitung, wenn der Berechtigte dauerhaft in ein Senioren-/Pflegeheim verzieht.

87 Als **beschränkt persönliche Dienstbarkeit ist das Wohnrecht selbst ein höchstpersönliches** Recht und nicht übertragbar.[192] Übertragbar ist das sog. **Ausübungsrecht**, wonach der Berechtigte die Wohnung dann an Dritte überlassen darf, wenn dies gestattet ist.[193] Im Fall des dauerhaften **Umzugs in eine Pflegeeinrichtung** aufgrund von Pflegebedürftigkeit des Wohnrechtsberechtigten liegt eine Überleitung des Ausübungsrechts selbst nahe. Seit der Entscheidung des BGH vom 19.01.2007 ist dabei geklärt, dass das **Wohnrecht nicht erlischt**, wenn der Berechtigte **dauerhaft in eine Pflegeeinrichtung umzieht** und daher subjektiv an der Ausübung gehindert ist.[194] Ein **dauerhafter Umzug liegt nicht vor,** wenn der Wohnrechtsberechtigte noch **Einrichtungsgegenstände in der Wohnung belässt. Gegenstand des Überleitungsbescheids** können in diesem Fall Ansprüche sein, die einen Ausgleich für die Nichtinanspruchnahme des Wohnungsrechts darstellen.[195] Ist die Wohnung nach dem Umzug bereits wieder vermietet, kann der Anspruch auf die Mietzinsen der Überleitung zugänglich sein.

88 Ist die **Wohnung zwischenzeitlich an Dritte vermietet**, kommt es für die Überleitung darauf an, welche Vereinbarungen die Parteien des Wohnrechts getroffen haben: Sollen die Einkünfte nach der **Vereinbarung** dem Wohnberechtigten zufließen, kann der Träger der Sozialhilfe den (schuldrechtlichen) Anspruch aus dieser Vereinbarung[196] auf **Auskehrung der Mieteinnahmen** auf sich überleiten[197]. Häufig fehlen jedoch entsprechende ausformulierte Vereinbarungen. Ist zwischen den Beteiligten nur eine sog. **Vermietungsvereinbarung** geschlossen, wonach der (Wohn-)Berechtigte auch zur Vermietung berechtigt ist, kann sich dieser Bestimmung nach Auffassung des BGH im Einzelfall im Wege ergänzender Vertragsauslegung entnehmen lassen, dass ihm auch die Mieteinnahmen zufließen sollen, wenn er die Wohnung aufgibt.[198] Fehlt auch diese Vermietungsvereinbarung, kann eine **ergänzende Vertragsauslegung** ergeben, dass der Verpflichtete zur Weitervermietung berechtigt ist und dem Wohnrechtberechtigten die tatsächlich erzielten Einkünfte aus seiner nicht mehr bewohnten Wohnung zugutekommen sollen, z.B., weil das Wohnrecht einen Teil der Altersvorsorge darstellt. In der Entscheidung vom 09.01.2009 weist der BGH aber darauf hin, dass wegen des höchst persönlichen Charakters des Wohnrechts im Regelfall nach dem **Parteiwillen** keine Pflicht des Verpflichteten zu einer Vermietung bestehe.[199] In der Konsequenz der Entscheidungen liegt es aber, dass der Wohnrechtberechtigte auch dann einen Anspruch auf Auskehrung des Mietzinses hat, wenn er der Vermietung nicht zugestimmt hat, da der Verpflichtete hier nicht besser stehen soll.[200] Eine Überleitung dieser Ansprüche auf den Träger der Sozialhilfe ist danach möglich. Die Folge lässt sich für den Wohnrechtberechtigten und Verpflichteten durch eine Ausgestaltung des Wohnrechts vermeiden, wonach dieses automatisch erlischt, sobald der Berechtigte dauerhaft in eine Pflegeeinrichtung umzieht.[201]

---

[191] § 1093 BGB, dazu *Bassenge* in: Palandt, BGB, § 1093 Rn. 17.

[192] § 1092 Abs. 1 Satz 2 BGB, dazu *Bassenge* in: Palandt, BGB, § 1093 Rn. 18; *Münder* in: LPK-SGB XII, § 93 Rn. 18 m.w.N. Daran ändert auch § 93 Abs. 1 Satz 4 SGB XII nichts, denn das Recht ist als höchstpersönliches ausgestaltet und deswegen nicht übertragbar. Für das allein schuldrechtlich begründete Recht muss dagegen im Einzelfall ggf. unter Rückgriff auf § 242 BGB ermittelt werden, ob es als übertragbares Recht ausgestaltet ist.

[193] Für das dingliche Recht geregelt in § 1092 Abs. 1 Satz 2 BGB.

[194] BGH v. 19.01.2007 - V ZR 163/06 - NJW 2007, 1884 f.

[195] BGH v. 19.01.2007 - V ZR 163/06 - NJW 2007, 1884.

[196] Eine besondere Vereinbarung für den ländlichen Raum, die regelmäßig Zahlungsansprüche bei Vermietung nach sich zieht, ist die Begründung des Wohnrechts als Teil eines sog. Altenteilsrechts i.S.d. Art. 96 EGBGB i.V.m. den landesrechtlichen Vorschriften, vgl. zur Auslegung einer Vereinbarung als Altenteilsvertrag: BGH v. 25.10.2002 - V ZR 293/01 - NJW 2003, 1325 f.

[197] Je nach Ausgestaltung der Vereinbarung ist dem Verpflichteten ein Abzug seiner Aufwendungen nach den Grundsätzen der Geschäftsbesorgung, insbesondere § 670 BGB, möglich.

[198] BGH v. 19.01.2007 - V ZR 163/06 - NJW 2007, 1884, 1886: bei anderer Vertragsauslegung liefe es auf eine Besserstellung des Verpflichteten auf Kosten des Berechtigten hinaus, dazu *Gühlstorf*, ZfF 2010, 265 ff.; guter Überblick zur Rechtsprechung bis einschließlich 2007 bei *Brückner,* NJW 2008, 1111.

[199] BGH v. 09.01.2009 - V ZR 168/07 - NJW 2009, 1348, 1349.

[200] *Gühlstorf*, ZfF 2010, 265, 266, er befürwortet darüber hinaus eine entsprechende Anwendung der Grundsätze auf rein schuldrechtlich begründete Wohnrechte.

[201] Zur Frage der Sittenwidrigkeit einer solchen Vereinbarung vgl. Rn. 93.

In der Praxis häufig wird die **Wohnung** entweder nach dem Umzug des Berechtigten **durch den Verpflichteten selbst genutzt** oder – weniger häufig – **leer stehen**. Während das OLG Celle im Fall einer Eigennutzung durch den Verpflichteten dem Berechtigten eine Entschädigung in Höhe der ortsüblichen Miete zubilligte sowie im Fall des Leerstands einen Anspruch gegen den Verpflichteten auf Zustimmung zur Vermietung[202], erteilte der BGH dieser Auffassung eine Absage: Ein Anspruch auf Zustimmung zur Vermietung habe der Wohnberechtigte nicht. Im Fall der Eigennutzung durch den Verpflichteten muss dagegen nach dem Parteiwillen geforscht werden: Nach dem BGH besteht in der Regel **kein Anspruch auf Entschädigung**, da dies regelmäßig nicht dem **beiderseitigen Parteiwillen** entspreche.[203] Für den Träger der Sozialhilfe bleibt dann in der Konsequenz kein überleitbarer Anspruch.[204]

89

Entsprechende Grundsätze hat der BGH für den Fall aufgestellt, dass anstatt oder neben der Begründung des Wohnrechts in den Übertragungsverträgen für Grundstücke als Gegenleistung eine **Pflicht zur Gewährung von Kost/Logis und Pflege für den Übernehmenden** vereinbart wurde. Sieht die Parteivereinbarung als Ende der Verpflichtung den auf Dauer angelegten Wegzug in eine Pflegeeinrichtung vor, entsteht kein überleitungsfähiger Anspruch in Gestalt eines Anspruchs wegen ersparter Aufwendungen für Kost/Logis/Pflegeleistungen.

90

Im Rahmen der gebotenen Vertragsauslegung in dem Fall, dass für das Wohnrecht und/oder die Pflege/Kost/Logis **keine Begrenzung durch den Umzug in eine Pflegeeinrichtung vereinbart** war[205], muss danach gefragt werden, ob die Beteiligten bei Begründung des Rechts davon ausgegangen sind, der Übergeber könne zu Hause gepflegt werden bzw. könne bis zum Tod das Wohnrecht in Anspruch nehmen und deshalb keine Regelung für den Fall des Umzugs in ein Pflege- oder Seniorenheim getroffen haben.[206] Hier ist Raum für eine **ergänzende Regelung** eröffnet. Aus der entsprechenden Vereinbarung muss – wenn nach einem überleitungsfähigen Anspruch wegen ersparter Aufwendungen geforscht wird – zudem der Wille erkennbar sein, dass das eingeräumte Recht dem **Absicherungsinteresse des Wohnrechtsinhabers/Pflegeberechtigten dienen** soll.[207]

91

Nach der jüngeren Rechtsprechung des BGH sind **Grundstücksübertragungsverträge**, in denen als alleinige Gegenleistung die Pflicht für den Übernehmer zur Gewährung von Kost/Logis und/oder Pflege vereinbart wird, diese aber enden soll, wenn der Berechtigte dauerhaft in eine Pflegeeinrichtung verzieht, nicht sittenwidrig.[208] In der Konsequenz wird auch eine entsprechende Begrenzung des Umfangs eines Wohnrechts nicht als **sittenwidrig** anzusehen sein.[209] Für den Sozialhilfeträger bleibt allein eine Prüfung, ob aus der Übertragung im Einzelfall ein **überleitungsfähiger Anspruch aus § 528 BGB** folgt, wenn der Wohnrechtsberechtigte dauerhaft in eine Pflegeeinrichtung verzieht und hilfebedürftig wird. Im Rahmen der Prüfung, ob und inwieweit eine **Schenkung** vorliegt, ist der Wert der Gegenleistung danach zu bemessen, wie lange voraussichtlich Pflegeleistungen durch den Übernehmer zu erbringen sind.[210]

92

---

[202] OLG Celle v. 15.10.2007 - 4 W 195/07 - NJW-RR 2008, 397 f.
[203] BGH v. 09.01.2009 - V ZR 168/07 - NJW 2009, 1348, 1349 unter Hinweis darauf, dass die familiäre Verbundenheit regelmäßig dazu führt, dass eine Nutzung der Wohnung unentgeltlich sein soll. Einem Anspruch auf Zustimmung zur Überlassung an Dritte stehe entgegen, dass in diesem Fall entgegen dem erkennbaren Parteiwillen das Wohnungsrecht das Gepräge eines Nießbrauchrechts erhalte. A.A. *Gühlstorf/Ette*, ZfF 2007, 265, 268.
[204] *Gühlstorf*, ZfF 2007, 266.
[205] BGH v. 29.01.2010 - V ZR 132/09 - FamRZ 2010, 554 f.
[206] So im Fall BGH v. 06.02.2009 - V ZR 130/08 - NJW 2009, 1346 ff.
[207] Für das Wohnrecht: BGH v. 09.01.2009 - V ZR 168/07 - NJW 2009, 1348 f.; für die Pflegeleistungen BGH v. 29.01.2010 - V ZR 132/09 - FamRZ 2010, 554 f.; für Altenteilsleistungen BGH v. 23.01.2003 - V ZB 48/02 - NJW-RR 2003, 577 f.; zur Vertragsauslegung eines Hofübergabevertrages BGH v. 21.09.2001 - V ZR 14/01 - NJW 2002, 440, 441: „Die Vorstellung, zum „Sozialfall" zu werden, ist in bäuerlichen Kreisen geradezu unerträglich."
[208] BGH v. 06.02.2009 - V ZR 130/08 - NJW 2009, 1348 ff.; so auch schon BGH v. 23.01.2003 - V ZB 48/02 - NJW-RR 2003, 577 f.; der BGH stellt in diesem Fall klar, dass auch kein Vertrag zu Lasten Dritter (konkret des Sozialhilfeträgers) vorliegt, in diese Richtung aber noch BGH v. 21.09.2001 - V ZR 14/01 - NJW 2002, 440 f.
[209] *Gühlstorf/Ette*, ZfF 2007, 265/268.
[210] *Gühlstorf* weist zu Recht darauf hin, dass eine Kapitalisierung der Gegenleistung anhand der Lebenserwartung des Berechtigten nicht erfolgt, *Gühlstorf*, ZfF 2007, 268. Zu Schenkungsrückforderungsansprüchen ausführlich: *Gühlstorf*, ZfF 2006, 121 ff.; *Kiss* in: Mergler/Zink, SGB XII, § 93 Rn. 16 sowie unter Rn. 93.

dd. Schenkungsrückforderungsansprüche

93 In der Praxis bedeutsam und streitig sind häufig Ansprüchsüberleitungen von Ansprüchen nach § 528 BGB, d.h. **des Anspruchs auf Rückforderung wegen Verarmung des Schenkers.** Soweit der Schenker nach der Vollziehung der Schenkung außerstande ist, seinen angemessenen Lebensunterhalt zu bestreiten oder seine gesetzliche Unterhaltspflicht zu erfüllen, kann er von dem Beschenkten die Herausgabe des Geschenks nach den Vorschriften über die Herausgabe einer ungerechtfertigten Bereicherung verlangen. In der Praxis erfolgen oftmals **Vermögensübertragungen** (Geldbeträge, Spareinlagen, Grundstücke) in **unmittelbarer zeitlicher Nähe oder zeitgleich zur dauerhaften Übersiedlung in eine Pflegeeinrichtung**, bevorzugt an nahe Angehörige, **ohne** dass eine (dem Wert entsprechende[211]) **Gegenleistung** vereinbart wurde. Beantragen die „Übersiedler" dann ergänzende Leistungen der Sozialhilfe, um die Kosten der Pflegeeinrichtung zu decken und sind solche unentgeltlichen Übertragungen erkennbar, erfolgt unter Berufung auf eine vollzogene Schenkung regelmäßig eine Überleitung des Anspruchs auf Rückforderung wegen Verarmung des Schenkers. **In der Praxis** lassen sich mittels entsprechender Ausgestaltung der Antragsformulare mit der Frage nach Vermögensübertragungen innerhalb der letzten 10 Jahre und der Pflicht zur Vorlage der Kontoauszüge mindestens der letzten 3 Monate vor dem Antrag sowie von praktisch immer noch verbreiteten Sparbüchern solche Vermögensübertragungen erkennen. Mühe bereitet oft, die **„echte" Schenkung** i.S. einer Übertragung von Rechtspositionen von einer nur zum Schein erfolgten, einem **Scheingeschäft nach § 117 BGB**, abzugrenzen, bei welchem die Vermögensübertragung **nichtig** ist. Liegt dagegen kein Scheingeschäft vor[212], sondern ist die Übertragung der Vermögenswerte ernstlich gewollt und vereinbart, ist zu prüfen, ob im Innenverhältnis der „Beschenkte" die Rechtsposition nur für den Schenker innehält und damit als ein fremdnütziger **verdeckter Treuhänder** den Weisungen und Beschränkungen des Schenkers unterworfen ist.[213] Eine Überleitung von (formalen) Schenkungsrückforderungsansprüchen ist in diesem Fall möglich, aber nicht erforderlich, denn wirtschaftlich gehört das Verschenkte auch hier noch zum Vermögen des Schenkers i.S.d. § 90 SGB XII und ist bei der Prüfung der Hilfebedürftigkeit zu berücksichtigen.[214]. Überleitungsfähig sind aber ggf. die aus einem Vertragsverhältnis folgenden **Rückabwicklungsansprüche** bei **Beendigung** der **Treuhandabrede**.[215]

94 Liegt dagegen eine Schenkung i.S. einer unentgeltlichen Zuwendung aus dem Vermögen zugunsten eines anderen vor (§ 516 BGB) und ist der Schenker danach nicht in der Lage, seinen Unterhalt oder den gesetzlichen Unterhalt Angehöriger (i.S.d. § 1601 BGB) zu befriedigen, **entsteht der Anspruch aus § 528 BGB**. Für den Anspruch ist es unbeachtlich, ob der **verschenkte Gegenstand zum Schonvermögen** im Sinne des § 90 SGB XII gehört: § 528 BGB fordert keine Kausalität zwischen Schenkung und Bedürftigkeit.[216] Der Beschenkte kann dem Anspruch nach **§ 529 Abs. 2 BGB** aber die **Einrede** entgegenhalten, dass er bei Berücksichtigung seiner sonstigen Verpflichtungen außerstande ist, das Geschenk herauszugeben, ohne dass sein standesgemäßer Unterhalt gefährdet ist.[217]

95 § 528 BGB verlangt eine Herausgabe des Geschenkten nach den **Grundsätzen der ungerechtfertigten Bereicherung** (§ 812 ff., § 818 BGB[218]). Grundsätzlich ist der verschenkte **Gegenstand** herauszugeben (§ 528 Abs. 1 Satz 1 BGB i.V.m. § 812 Abs. 1 BGB). Der Rückforderungsanspruch besteht jedoch nur in dem **Maße, wie es zur Deckung des Unterhaltes erforderlich** ist („soweit"). Die **Zielrichtung „Sicherung des Unterhaltes"** begrenzt damit bei einem unteilbaren Gegenstand (z.B.

---

[211] Eine gemischte Schenkung liegt vor, wenn der Wert der Leistung des einen dem Wert der Leistung des anderen nur zu einem Teil entspricht und die Vertragsparteien dies wissen und übereinstimmend wollen, *Weidenkaff* in: Palandt, BGB, § 516 Rn. 13.

[212] Zumindest der erforderliche Nachweis für diese in der Praxis häufig bemühte Argumentation der Sozialhilfeträger, die bei einer unentgeltlichen Übertragung von Vermögenswerten teilweise schon die Leistung nicht erbringen wollen, gelingt oft nur schwer.

[213] Zur rechtsgeschäftlichen Treuhand: *Bassenge* in: Palandt, § 903 Rn. 33 ff.

[214] Vgl. die Kommentierung zu § 90 SGB XII; zur parallelen Regelung § 12 SGB II und näher zur Treuhand *Mecke* in: Eicher, SGB II, § 12 Rn. 32 ff. Die Beweislast liegt auch hier beim Träger der Sozialhilfe, der eine verdeckte Treuhand hinter einer dokumentierten Vermögensübertragung vermutet.

[215] Näher BSG v. 18.03.2008 - B 8/9b SO 9/06 R - juris Rn. 15 - BSGE 100, 131; *Mecke* in: Eicher, SGB II, § 12 Rn. 37.

[216] BGH v. 19.10.2004 - X ZR 2/03 - NJW 2005, 670 f.

[217] Zu den daraus folgenden Ermittlungspflichten für das Gericht im Rahmen der von Amts wegen gebotenen Sachaufklärung: BSG v. 02.02.2010 - B 8 SO 21/08 R - juris Rn. 15 ff.

[218] Nach allgemeiner Meinung handelt es sich um eine Rechtsfolgenverweisung auf das Bereicherungsrecht.

Grundstück) den Rückforderungsanspruch nach der Rechtsprechung des BGH von vornherein auf die **wiederkehrende Zahlung** eines der jeweiligen Bedürftigkeit des Schenkers entsprechenden **Wertanteils** bis der Wert des Geschenks erschöpft ist, umfasst dagegen nicht die Herausgabe des gesamten Geschenks.[219] Eine solche **Unteilbarkeit des Geschenks** sieht der BGH, wenn nur die Möglichkeit zur Bildung von **ideellen**, nicht aber **realen Bruchteilen** besteht (z.B. wenn sich die Herausgabpflicht nach dem Inhalt des § 528 BGB nur auf 54/100 des verschenkten Bruchteils an einem Grundstück erstreckt). Der Beschenkte kann der Herausgabepflicht entweder durch Zahlung des Wertanteils nachkommen, dazu ist er jedoch – auch im Fall des übergeleiteten Anspruchs – nicht verpflichtet. Der BGH begründet dies mit dem Sinn und Zweck des Rückgewähranspruchs: der Beschenkte muss das Geschenk schlimmstenfalls im Ganzen herausgeben, er ist jedoch **nicht zur Verwertung des Geschenks oder dem Einsatz eigener Mittel verpflichtet**. Für den Träger der Sozialhilfe bedeutet das, wenn der Beschenkte **statt Zahlung** die **Übertragung des gesamten Gegenstandes** anbietet, dass er das Risiko und die Kosten der Verwertung (z.B. des Bruchteilseigentums) tragen muss; dieses Risiko ist mit § 528 BGB nicht auf den Beschenkten übergegangen.[220] Hat der Beschenkte mit einem zugewandten Geldbetrag z.B. ein Kfz erworben, richtet sich der **Rückforderungsanspruch** nach § 528 BGB i.V.m. § 818 Abs. 1 Satz 2 BGB auf das Kfz als **Surrogat** bzw. dessen Wert (§ 818 Abs. 2 BGB). Dem gleichzustellen ist der Fall, dass der Schenker den Geldbetrag nicht an die Begünstigte selbst zahlt, sondern an einen Dritten, z.B. einen Verkäufer, und dieser den Gegenstand an den Begünstigten übereignet (Zahlung auf fremde Schuld und Vollziehung der Schenkung nach § 518 Abs. 2 BGB).[221]

Der **Anspruch** des bedürftigen Schenkers auf **Herausgabe des Geschenkes** oder im Fall eines verschenkten Grundstücks auf **Wertersatz** (vgl. Rn. 95) unterliegt der **Verjährung nach § 195 BGB (3 Jahre)**. Diese **Einrede** kann der Beschenkte auch dem **Sozialhilfeträger** entgegenhalten, der einen Anspruch aus § 528 BGB i.V.m. § 818 Abs. 2 BGB auf Teilwertersatz in Gestalt von monatlichen Zahlungen bis zum Wert des geschenkten, unteilbaren Gegenstandes auf sich übergeleitet hat. Richtet sich der **Anspruch** auf Rückgewähr, also **Rückübertragung** eines **Grundstücks** oder auf **Begründung, Übertragung oder Aufhebung** eines **Rechts** an einem Grundstück (z.B. Nießbrauch), beträgt die **Verjährungsfrist dagegen 10 Jahre (§ 196 BGB)**. Nach Auffassung des BGH verjährt dann auch der **Herausgabeanspruch auf Teilwertersatz (Zahlung)** entsprechend § 196 BGB, dagegen nicht nach § 195 BGB, weil der Wertersatzanspruch als volles **Äquivalent** dem **Erfüllungsanspruch** folgt.[222] *Mleczko*[223] stimmt der Entscheidung unter Nennung der anderslautenden überwiegenden Literaturmeinung zu Recht zu und begründet dies mit Sinn und Zweck, weil der Wertersatzanspruch den Beschenkten davor bewahren soll, mehr herauszugeben als der verarmte Schenker benötigt, den Beschenkten aber nicht besser stellen soll.

96

Streitig ist in der zivilrechtlichen Praxis, ob sich der **Rückforderungsanspruch wegen Verarmung des Schenkers** auch **gegen den Zweitbeschenkten** richten kann (vgl. dazu Rn. 83). Damit bezeichnet der Begriff eine Person, die zwar nicht das Geschenk selbst erhalten hat, aber von dem Erstbeschenkten unentgeltlich das Geschenk erhalten hat.[224] Der BGH hat einen solchen **Rückforderungsanspruch gegen den Zweitbeschenkten aus § 528 BGB i.V.m. § 822 BGB** angenommen und z.B. bei einem mit den Mitteln aus einem geschenkten Geldbetrag erworbenen Kfz einen Anspruch auf Wertersatz zugesprochen. Hilfsweise kann der Gegenstand selbst herausgegeben werden. Nutzungen sind dagegen nicht herauszugeben, bei der Prüfung einer Entreicherung aber in Ansatz zu bringen.[225] Kommt es für die Überleitung nur darauf an, dass der Anspruch nicht (evident) ausgeschlossen ist, sind auch solche Rückforderungsansprüche überleitungsfähig.

97

Der **Tod des Schenkers** berührt die Überleitung nicht, wenn der **Anspruch** zu diesem Zeitpunkt **schon übergeleitet** war oder zumindest von dem Schenker noch geltend gemacht wurde. Ist er **zu Lebzeiten** des Schenkers dagegen **nicht geltend** gemacht worden, **ist streitig, ob** er als **höchstpersönliches**

98

---

[219] BGH v. 19.10.2004 - X ZR 2/03 - NJW 2005, 670 f.; *Weidenkaff* in: Palandt, BGB, § 528 Rn. 6 m.w.N.; BSG v. 02.02.2010 - B 8 SO 21/08 R - juris; LSG Berlin-Brandenburg v. 10.10.2007 - L 23 B 146/07 SO ER - auszugsweise in: SAR 2008, 2-4.
[220] Deutlich in diesem Sinne: BGH v. 17.12.2009 - Xa ZR 6/09 - FamRZ 2010, 463 f.
[221] So im Fall des LSG Bayern v. 11.10.2013 - L 8 SO 105/13 - juris.
[222] BGH v. 22.04.2010 - Xa ZR 73/07 - juris Rn. 27 und 29 - NJW 2011, 218, 220.
[223] *Mleczko*, jurisPK-FamR 8/2011, Anm. 2.
[224] *Kopp*, JR 2012, 491.
[225] BGH v. 10.02.2004 - X ZR 117/02 - BGHZ 158, 63 ff.; dazu *Kopp*, JR 2012, 491 ff.

Recht grundsätzlich mit dem Tod** erlischt.[226] Anderes gilt aber jedenfalls, wenn der **Schenker fremde Hilfe in Anspruch genommen, wenn ein Dritter unterhaltssichernde Leistungen erbracht** hat. Nach Auffassung des BGH hat der Schenker sich dann gerade nicht mit einem unangemessen geringen Unterhalt zufrieden gegeben oder konnte es wegen Pflegebedürftigkeit gar nicht und konnte der Anspruch auch gegen seinen Willen mit der Überleitung geltend gemacht werden.[227]

99   Der Anspruch geht nicht im Wege der **Konfusion** unter, wenn der Beschenkte gleichzeitig auch Erbe des verstorbenen Schenkers wird.[228] Nicht ohne weiteres gefolgt werden kann der Begründung, der Anspruch sei auch deswegen nach dem Tod überleitungsfähig, weil die Überleitungsanzeige nur eine materiell-rechtlich ohnehin schon bestehende Rechtslage konkretisiere, die schon mit der Gewährung von Sozialhilfe entstehe.[229] Für § 528 BGB bedarf es dieser schwierigen Konstruktion nicht: Erlaubt die Eigenart des Anspruchs, dass er trotz § 399 Alt. 1 BGB zu Lebzeiten an einen Zessionar **abgetreten werden kann**[230], der den **Unterhalt des Schenkers sicherstellt**, kann damit auch seine **Überleitungsfähigkeit nach dem Tod gerechtfertigt** werden[231].

100   **Einfachere Möglichkeiten** als die Überleitung der Ansprüche aus § 528 BGB stehen für den Träger der Sozialhilfe i.d.R. nicht zur Verfügung. Verschließt sich der Schenker trotz eigener (Sozialhilfe-)Bedürftigkeit generell eigenen Bemühungen, Ansprüche nach § 528 BGB durchzusetzen, die ohne weiteres realisierbar sind, kann das (nur ausnahmsweise) eine Ablehnung der Leistung unter Berufung auf die vorrangige Möglichkeit, sich selbst zu helfen, rechtfertigen[232]. Für eine bloße **Versagung der Leistungen nach § 66 SGB I** fehlt es an einer ausreichenden Grundlage, denn die Verfolgung eigener Ansprüche gehört nicht zu den Mitwirkungspflichten nach den §§ 60-62, 65 SGB I.[233]

4. Gleichzeitigkeit der Ansprüche

101   Die überleitungsfähigen Ansprüche werden **in ihrem Umfang begrenzt** durch das Tatbestandsmerkmal, wonach eine Überleitung (nur) „für die Zeit, für die Leistungen erbracht werden" zugelassen wird.[234] Der Zeitraum, für den Sozialhilfeleistungen gewährt werden, muss danach mit der zeitlichen Leistungspflicht des Dritten übereinstimmen. Das mit den Begriffen „**Gleichzeitigkeit der Ansprüche**" oder „**Zeitraumidentität**" übersetzte Erfordernis ist ein Ausfluss des Charakters der Anspruchsüberleitung als einer Konkretisierung des von § 2 SGB XII nur allgemein umschriebenen Nachrangverhältnisses. Ein weiteres – mit der Gleichzeitigkeit eng verwandtes – ist das Erfordernis der Kausalität (vgl. Rn. 103). In beiden Merkmalen zeigt sich, dass § 93 SGB XII dem Leistungsträger **keinen allgemeinen Kostenerstattungsanspruch** eröffnet.[235]

102   Der überzuleitende Anspruch muss **nicht gleichzeitig** mit dem sozialhilferechtlichen **entstanden** oder **fällig** geworden sein, es reicht aus, dass er – selbst wenn in der **Vergangenheit entstanden ist** – in dem in der Bewilligung ausgesprochenen Zeitraum **noch fällig** und **nicht erfüllt** ist, der Wortlaut steht dem nicht entgegen.[236] In der Konsequenz muss der Anspruch auch nicht **für den bewilligten Zeitraum be-**

---

[226] *Weidenkaff* in: Palandt, BGB, § 528 Rn. 4.
[227] BGH v. 25.04.2001 - X ZR 229/99 - BGHZ 147, 288 ff. - juris Rn. 11 f.
[228] *Kiss* in: Mergler/Zink, SGB XII, § 93 Rn. 19; BGH v. 14.06.1995 - IV ZR 212/94 - FamRZ 1995, 1123 f.; BVerwG v. 10.05.1990 - 5 C 63/88 - BVerwGE 85, 136 f.
[229] So der BGH unter Berufung auf das BVerwG v. 10.05.1990 - 5 C 63/88 - BVerwGE 85, 136 f.
[230] *Weidenkaff* in: Palandt, BGB, § 528 Rn. 4.
[231] *Weidenkaff* in: Palandt, BGB, § 528 Rn. 4 m.w.N. aus der Rspr. des BGH.
[232] BSG v. 29.09.2009 - B 8 SO 23/08 R - ZFSH/SGB 2010, 42, 46.
[233] Abweichend dazu, gleichzeitig instruktiv zu den Voraussetzungen, die Leistungen nach § 26 Abs. 1 Nr. 1 SGB XII wegen der Schenkung zu beschränken: LSG Berlin-Brandenburg v. 10.10.2007 - L 23 B 146/07 SO ER - auszugsweise in: SAR 2008, 2-4; deutlich zur (begrenzten) Funktion des Selbsthilfegrundsatzes in diesem Zusammenhang: BSG v. 02.02.2010 - B 8 SO 21/08 R - juris Rn. 13; BSG v. 29.09.2009 - B 8 SO 23/08 R - ZFSH/SGB 2010, 42, 46.
[234] Durch Änderung durch das SGB-II-Fortentwicklungsgesetz vom 20.07.2006 (BGBl I 2006, 1706) findet sich die entsprechende Formulierung nun auch in § 33 Abs. 1 Satz 1 SGB II für die Überleitung.
[235] *Link* in: Eicher, SGB II, § 33 Rn. 37 unter Berufung auf die verwaltungsgerichtliche Rspr. schon zu § 90 BHSG.
[236] LSG Baden-Württemberg v. 12.12.2013 - L 7 SO 4209/09 - juris Rn. 36; *Kiss* in: Mergler/Zink, SGB XII, § 93 Rn. 23 m.w.N.; *Münder* in: LPK-SGB XII, § 93 Rn. 28, wonach die Verrechnungszeiträume identisch sein müssen; für das SGB II: *Link* in: Eicher, SGB II, § 33 Rn. 37. Nach *Rodert/Martin*, ZfF 2013, 265, 267 unter Berufung auf OLG Frankfurt v. 07.10.2003 - 14 U 233/02 - juris Rn. 19, kann dagegen für Sozialhilfeleistungen, die vor Fälligkeit des Pflichtteilsanspruchs erbracht werden, die Überleitung nicht erfolgen.

stimmt sein.[237] Für **künftige Forderungen** bewirkt das Merkmal der Gleichzeitigkeit einen doppelt bedingten (durch Anspruchsentstehung und Hilfegewährung) Anspruchsübergang.[238] Für die **Zeitidentität** zwischen bewilligter Leistung und Anspruch ist auch von Bedeutung, ob es sich **jeweils um einmalige oder laufende Rechte** handelt. Für die Beurteilung maßgebend ist (aus Gründen der Rechtssicherheit) der **in der Bewilligung benannte Zeitraum**, nicht der tatsächliche Empfang der Leistungen.[239] Sind die Hilfen nach dem SGB XII nicht explizit für einen Zeitraum bewilligt (z.B. **einmalige Leistungen**), ist unter Heranziehung der gesetzlichen Vorgaben (konkret repräsentiert durch Bestimmungen zum Einkommenseinsatz) **zu bestimmen**, für welche Zeiträume sie erbracht werden.[240] *Münder*[241] schlägt vor, für die laufenden Leistungen nach dem **Fünften bis Neunten Kapitel** das **Monatsprinzip** des § 85 Abs. 1 SGB XII heranzuziehen, für **einmalige Leistungen nach dem Dritten und Vierten Kapitel** kommt danach ein Rückgriff auf **§ 31 Abs. 2 Satz 2 SGB XII**, für einmalige Leistungen nach dem **Fünften bis Neunten Kapitel** auf **§ 87 Abs. 3 SGB** XII in Betracht.

5. Überleitungsschranken

a. Kausalität (Absatz 1 Satz 3)

Das Gebot, dass der Anspruchsübergang nur insoweit[242] bewirkt werden darf, als bei rechtzeitiger Leistung des Anspruchsverpflichteten entweder die Leistung nicht erbracht worden wäre (§ 93 Abs. 1 Satz 3 Alt. 1 SGB XII) oder – für Leistungen nach den §§ 19 Abs. 5 und 92 SGB XII – ein Aufwendungsersatz oder Kostenbeitrag zu leisten wäre (§ 93 Abs. 1 Satz 3 Alt. 2 SGB XII), **begrenzt** die **Überleitung inhaltlich**. Aus dem Tatbestandsmerkmal ist erkennbar, dass die Überleitung nicht zur Realisierung eines allgemeinen Kostenerstattungsanspruchs vorgesehen ist. 103

Die Frage der **Kausalität** ist **logisch** noch vor der Begrenzung durch die getätigten Aufwendungen der Höhe nach zu klären. Kausalität erfordert im Einzelfall eine „**erweiterte Kausalitätsprüfung**" i.S. einer hypothetischen Betrachtungsweise aus ex ante Perspektive Zu fragen ist: 104

- Besteht ein Leistungsanspruch des Hilfebedürftigen und wenn ja,
- in welcher Höhe besteht der Leistungsanspruch, wenn bei der Ermittlung unterstellt wird, dass gerade der jetzt zur Überleitung vorgesehene Anspruch gegen den Dritten zum Zeitpunkt seiner Fälligkeit erfüllt worden wäre?[243]

§ 93 SGB XII **berechtigt** nur in dem **Maße zu einer Überleitung**, in dem gerade durch die ordnungsgemäße **Erfüllung** des überzuleitenden **Anspruchs der sozialhilferechtliche Anspruch** des Leistungsberechtigten geringer wäre oder ganz entfallen würde. Dem gleichzustellen sind die Fälle der §§ 19 Abs. 5 und 92 SGB XII, soweit unterstellt wird, dass der Anspruch erfüllt wird und ein **Aufwendungsersatz** bzw. **Kostenbeitrag** dann hätte erhoben werden können. Diese Kausalitätsprüfung ist deshalb eine „erweiterte oder angereicherte i.S. einer **normativ überlagerten**", weil sie sich nicht auf die Bewertung eines tatsächlichen und hypothetischen Geschehens beschränkt. Die Frage nach der Kausalität i.S.d. § 93 SGB XII kann vielmehr nur beantwortet werden, wenn dabei die den Leistungs- und Kostenersatzanspruch definierenden Regelungen des SGB XII auf den hypothetischen Sachverhalt (der Anspruch wird zeitnah erfüllt) angewandt werden. Dabei soll der **Leistungsberechtigte** bei der Überleitung **nicht schlechter stehen** als er stehen würde, wenn der Anspruch **rechtzeitig**, d.h. bei **Fälligkeit**, in dem **geschuldeten Umfang** erfüllt worden wäre.[244] 105

---

[237] *Kiss* in: Mergler/Zink, SGB XII, § 93 Rn. 23 m.w.N. weist auf die Verwandtschaft mit der Zuflusstheorie beim Einkommenseinsatz hin. Einschränkungen der Überleitung, die wegen Art des Anspruchs oder seiner besonderen Zweckbestimmung usw. Wertungswidersprüche vermeiden, erfolgen über das Merkmal der Kausalität nach § 93 Abs. 1 Satz 3 SGB XII.

[238] Für die Legalzession des § 33 SGB II ausgeführt von: *Link* in: Eicher § 33 Rn. 34, vgl. dazu bereits die Ausführungen zu künftigen Ansprüchen.

[239] *Münder* in: LPK-SGB XII, § 93 Rn. 28; zu § 33 SGB II: *Link* in: Eicher, SGB II, § 33 Rn. 37.

[240] *Münder* in: LPK-SGB XII, § 93 Rn. 29.

[241] *Münder* in: LPK-SGB XII, § 93 Rn. 29, so auch *H. Schellhorn* in: Schellhorn/Schellhorn/Hohm, SGB XII, § 93 Rn. 25.

[242] In § 33 SGB II ist der Begriff „soweit" im Zuge des SGB II-Fortentwicklungsgesetzes durch die Formulierung „wenn" ersetzt worden, auf die damit verbundenen neu geschaffenen Schwierigkeiten bei der Auslegung weist *Link* in: Eicher, SGB II § 33 Rn. 38 hin.

[243] Als Leistung aus dem Anspruch ist nur die geschuldete Leistung zu verstehen, dazu *Decker* in: Oestreicher/Schelter/Kunz, SGB II/XII, § 93 Rn. 62 m.w.N.

[244] *Kiss* in: Mergler/Zink, SGB XII, § 93 Rn. 31.

106 Das Erfordernis der Kausalität verlangt zunächst eine **genaue Bestimmung des Inhaltes** des zur Überleitung vorgesehenen **Anspruchs**, bevor seine Auswirkungen auf einen Anspruch nach SGB XII ermittelt werden; Kausalität des so ermittelten Anspruchs liegt vor, wenn dem Leistungsberechtigten die Verwendung der nunmehr **als bereitstehend gedachten Mittel** zur Beseitigung einer Hilfebedürftigkeit sozialhilferechtlich zugemutet wird. Dies beurteilt sich – unter Berücksichtigung der sozialhilferechtlichen Leistung – anhand der **Vorschriften über den Einkommens- und Vermögenseinsatz**, Einkommen und Vermögen werden dabei – je nach Leistung – unterschiedlichen Einsatzregelungen unterworfen.[245] Die Kausalitätsprüfung fordert, den als erfüllt gedachten Anspruch in dieses System einzugliedern. Eine Überleitung ist ausgeschlossen, wenn Ansprüche nach SGB XII schon gar nicht als Vermögen oder Einkommen gelten oder nicht zu berücksichtigen sind (Freibeträge).

107 **Einkommen** in diesem Sinne ist alles, was jemand in Geld oder Geldeswert in dem Bedarfszeitraum wertmäßig dazu erhält. Davon abzugrenzen ist **Vermögen** i.S.v. § 90 SGB XII. Vermögen ist, was der Leistungsberechtigte vor der Bedarfszeit bereits hat oder in einem vorangegangenen Bedarfszeitraum angespart hat.[246] Mittel, die der Hilfesuchende also erst in der Bedarfszeit erhält oder erhalten kann, sind regelmäßig als **Zufluss** Einkommen (Zuflusstheorie).[247]

108 Der Tatbestand der Überleitung knüpft vor diesem Hintergrund gerade an den Fall an, dass der Leistungsberechtigte einen Anspruch, eine Forderung hat, ihm aber (noch) keine Leistungen aus seinem Anspruch zugeflossen sind (sonst wären es präsente Hilfsmöglichkeiten und eine Überleitung grundsätzlich nicht erforderlich). Die hypothetische Betrachtung hat also eine Erfüllung des Anspruchs zu unterstellen und basierend darauf zu prüfen, ob die (gedachten) Mittel grundsätzlich geldeswerte Mittel sind, die zufließen. Der **Regelung des § 82 SGB XII** ist zu entnehmen, dass im Falle der Erfüllung einer (Geld-)Forderung sozialhilferechtlich grundsätzlich nicht das Schicksal der Forderung interessiert, sondern allein auf das Erzielen von Einkünften in Geld oder Geldeswert abzustellen ist.[248]

109 Als **Vermögen** sind auch hergebrachte, also bereits bei Beginn des Bedarfszeitraums bestehende Forderungen nach § 90 Abs. 1 SGB XII in der Sozialhilfe nur zu berücksichtigen, soweit sie **verwertbar** sind. Zudem gebietet § 90 Abs. 2 und 3 SGB XII, solche Forderungen im Rahmen der Prüfung der Hilfebedürftigkeit nicht zu berücksichtigen, die als Vermögen privilegiert werden. Das hat auch die Kausalitätsprüfung nach § 93 SGB XII zu berücksichtigen, die nur solche Forderungen zum Gegenstand der Überleitung macht, die nicht zum geschützten Vermögen rechnen. Liegt geschütztes Vermögen nach § 90 Abs. 2 und 3 SGB XII oder unverwertbares Vermögen vor, darf eine Anspruchsüberleitung nicht erfolgen, denn eine gedachte Erfüllung des Anspruchs ließe die Hilfebedürftigkeit unberührt. In der **hypothetischen Betrachtung im Rahmen der Kausalität sind deshalb Wertungswidersprüche sowohl mit den Vorschriften zum Einkommenseinsatz als auch mit den Vorschriften zum Vermögensschutz zu vermeiden**.

110 Es bietet sich demgemäß eine **Prüfung** folgendermaßen an. Bei geldwerten Leistungen sind die **Vorschriften über den Einkommenseinsatz** nach den §§ 82 ff. SGB XII auf den Anspruchsinhalt anzuwenden.[249] Besonders bei öffentlich-rechtlichen Ansprüchen gegenüber Leistungsträgern, die nicht § 12 SGB I unterfallen[250], sind die geschuldeten Leistungen nur dann einzusetzen, wenn sie nach ihrer Zweckrichtung mit der Sozialhilfe identisch sind (vgl. § 83 Abs. 1 SGB XII)[251]. Nach § 83 Abs. 2 SGB XII sind **Schmerzensgeldansprüche** (§ 253 BGB) **nicht als Einkommen** zu berücksichtigen. Sie sind auch nicht überleitungsfähig. Für das AsylbLG hat das BVerfG eine Pflicht zum Einsatz solcher Mittel als Einkommen/Vermögen ausgeschlossen und ausgeführt, der Sonderstellung des Schmer-

---

[245] BSG v. 19.05.2009 - B 8 SO 35/07 R - juris Rn. 14; *Münder* in: LPK-SGB XII, § 93 Rn. 31 f.

[246] *Geiger* in: LPK-SGB XII, § 90 Rn. 5 unter Nachweis der Rspr. des BSG.

[247] Ausführlich und teilweise kritisch: *Münder* in: LPK-SGB XII, § 82 Rn. 4 ff.; BSG v. 19.05.2009 - B 8 SO 35/07 R - juris Rn. 14.

[248] BSG v. 19.05.2009 - B 8 SO 35/07 R - juris Rn. 15.

[249] Ausgenommen ist danach Leistungen nach dem SGB XII selbst, die Grundrente nach dem BVG sowie Leistungen, die eine entsprechende Anwendung des BVG vorsehen, bestimmte Beihilfen nach dem BEG. Soweit bis zum 31.12.2010 ein Teilbetrag des Elterngeldes nach § 10 Abs. 1 BEEG i.H.v. 300 Euro unberücksichtigt blieb, gilt das nach § 10 Abs. 5 BEEG (i.d.F. v. 09.12.2010) seit dem 01.01.2011 nur noch für Elterngeld von vormalig berufstätigen Eltern.

[250] Z.B. Babygeld nach landesrechtlichen Vorschriften, BAföG, Blindengeld nach den Landesblindengesetzen, Eigenheimzulage, Contergangeschädigtenrente, Versorgungsansprüche von Beamten.

[251] Vgl. zur Zweckbestimmung die Kommentierung zu § 83 SGB XII; *Münder* in: LPK-SGB XII, § 83 Rn. 3 ff., 9 ff. (Einzelfälle).

zensgeldes, welches nicht der Bestreitung des Lebensunterhaltes dient, werde innerhalb der sonstigen Einkommens- und Vermögensarten durch die gesamte Rechtsordnung Rechnung getragen. Mit § 83 Abs. 2 SGB XII enthält das SGB XII eine Kodifizierung dieser Grundsätze, dies schließt nach seinem Sinn und Zweck eine Berücksichtigung und Überleitung solcher Ansprüche aus.[252] Für Leistungen nach dem **Fünften bis Neunten Kapitel** sind die §§ 85 ff. SGB XII von besonderer Bedeutung, da sie **differenzierte Regelungen** zur Frage enthalten, inwieweit laufendes Einkommen einzusetzen ist.

Absetzbeträge vom Einkommen nach § 82 Abs. 2 SGB XII sind nicht zu berücksichtigen und 111 **demgemäß nicht überleitungsfähig**, wenn diese im Falle rechtzeitiger Zahlung zur Erfüllung des übergeleiteten Anspruchs nicht als Einkommen zu berücksichtigen wären. Dem Sozialhilfeempfänger muss insoweit weiterhin der Anspruch gegen den Schuldner verbleiben.[253]

Besonderes Augenmerk in der Abgrenzung von Einkommen zu Vermögen verdienen Ansprüche aus 112 **Erbschaft** und **Pflichtteilsansprüche** (vgl. dazu bereits Rn. 81). Ist der Erbanspruch bereits vor Antragstellung entstanden, d.h. der Erbfall eingetreten, gehört er zum Vermögen, ohne dass es auf die Durchsetzung von Ansprüchen etwa gegen die Miterben ankommt. Kommt es dann im Bedarfszeitraum zu einer Auszahlung, liegt kein Zufluss und damit kein Einkommen vor.[254] Liegt der **Erbfall erst nach Beginn des (ersten) Bedarfszeitraums** i.S.d. SGB II, liegt zwar kein geschütztes Vermögen, sondern wegen der Wirkungen der Gesamtrechtsnachfolge ein zu berücksichtigendes Einkommen vor. **Zufluss i.S. bereiter Mittel zur Bedarfsdeckung** liegt aber erst mit Auszahlung (Erbauseinandersetzung) vor.[255] In dem Fall des LSG NRW, in dem es um einen **ererbten Anspruch auf eine Bausparsumme** geht, handelte es sich – soweit der Erbfall während des laufenden Hilfebezugs eingetreten ist – um Einkommen, dagegen nicht um Vermögen. § 90 Abs. 2 Nr. 9 SGB XII kommt demgemäß auch im Rahmen der hypothetischen Betrachtung des § 93 SGB XII nicht zur Anwendung. Zufluss dürfte aber nach der Rspr. des BSG erst mit Auszahlung des Guthabens vorliegen.[256]

Handelt es sich hingegen um ein **Vermächtnis**, wäre dieses als Forderung gegen den Nachlass zu qua- 113 lifizieren, und Zahlungen darauf, wenn sie innerhalb des Bedarfszeitraums erfolgen, als Einkommen zu werten.[257]

Der praktisch relevante Fall des **Anspruchs wegen Verarmung des Schenkers nach § 528 BGB,** 114 wenn der verschenkte Gegenstand zum **Schonvermögen** des Leistungsempfängers gehört (§ 90 Abs. 2 Nr. 4-8, vor allem Nr. 8: angemessenes Hausgrundstück oder ein i.S.d. § 90 Abs. 2 Nr. 9 geschützter Barbetrag) ist dabei ein Sonderfall und lässt sich unter Heranziehung von **Sinn und Zweck der Vermögensschutzvorschriften** lösen. Das BVerwG hat für den Schenkungsrückforderungsanspruch aus der Rechtsprechung des BGH entnommen, der von § 528 BGB geschuldete Rückforderungsanspruch stelle im Regelfall kein Vermögen i.S.d. § 90 SGB XII dar, denn er bestehe nur in Gestalt der Sicherstellung eines wiederkehrenden Bedarfs, dagegen nicht in der Rückgewähr des wertmäßig höheren verschenkten Grundstücks bzw. des gesamten verschenkten Geldbetrages.[258] Wird damit die Rechtsprechung des BGH berücksichtigt, wonach bei einem unteilbaren Gegenstand (z.B. Grundstück) der Rückforderungsanspruch von vornherein auf die wiederkehrende Zahlung eines der jeweiligen Bedürftigkeit des Schenkers entsprechenden Wertanteils begrenzt ist[259] so ist dem zuzustimmen. Gleichwohl

---

[252] BVerfG v. 11.07.2006 - 1 BvR 293/05 - ZFSH/SGB 2006, 734, 737, dazu *Hohm*, NVwZ 1997, 419 ff; *W. Schellhorn* in: Schellhorn/Schellhorn/Hohm, SGB XII § 93 Rn. 21; zur Zwecksetzung des Schmerzensgeldes BT-Drs. 7/308, S. 17; als angespartes Vermögen soll es dagegen verwertbar i.S.d. § 90 SGB XII sein und nicht bereits wegen der Herkunft nach § 90 Abs. 3 SGB XII ausgeschlossen, sondern je nach künftiger Verwendung ggf. teilweise freizustellen *Steimer* in: Mergler/Zink, SGB XII, § 90 Rn. 75.

[253] BSG v. 14.03.2012 - B 14 AS 98/11 R - juris.

[254] BSG v. 28.10.2009 - B 14 AS 62/08 R; BSG v. 24.02.2011 - B 14 AS 45/09 R - juris.

[255] BSG v. 25.01.2012 - B 14 AS 101/11 R - juris; näher *Söhngen* in: jurisPK-SGB II, § 11 Rn. 32 f.

[256] BSG v. 25.01.2012 - B 14 AS 101/11 R - juris; LSG NRW v. 20.12.2006 - L 20 B 135/06 SO ER - juris Rn. 21 f.

[257] *Söhngen* in: jurisPK-SGB II, § 11 Rn. 32 ff. unter Verweis auf die Rspr. des BSG v. 25.01.2012 - B 14 AS 101/11 R - juris.

[258] BVerwG v. 25.06.1992 - 5 C 37/88 - NJW 1992, 3312, 3313; für den Fall des verschenkten Geldbetrages ist dem insoweit zuzustimmen, als nach § 528 BGB keine Rückgewähr des verschenkten Geldbetrages an sich – d.h. unabhängig vom konkret anfallenden Notbedarf – geschuldet wird und damit auch im Rahmen der Kausalität nur der jeweils im Bedarfszeitraum geschuldete Betrag zugrunde gelegt werden darf und keine nach § 528 BGB überobligatorischen Leistungen, vgl. dazu Rn. 93.

[259] BSG v. 02.02.2010 - B 8 SO 21/08 R - juris Rn. 16; LSG Berlin-Brandenburg v. 10.10.2007 - L 23 B 146/07 SO ER - juris, auszugsweise in: SAR 2008, 2 ff.; bei der Bestimmung des Leistungsinhaltes von § 528 BGB gelten nach BGH v. 19.10.2004 - X ZR 2/03 - NJW 2005, 670 f. die Grenzen des SGB XII, also auch § 90 SGB XII, nicht.

greift die Schlussfolgerung, schon wegen dieses Anspruchsinhaltes würden die Vermögensschutzvorschriften nicht gelten, für den Vermögensschutz des SGB XII zu kurz: Soweit der BGH ausgeführt hat, der Beschenkte könne bei einem unteilbaren Anspruch nach § 528 BGB diesen auch dadurch erfüllen, dass er anbietet, den unteilbaren verschenkten Gegenstand selbst zurückzuübertragen, wird damit der verschenkte und ggf. nach § 90 Abs. 2 und 3 SGB XII geschützte Gegenstand selbst zur Verwertung gestellt (vgl. dazu Rn. 93 und Rn. 106). Spätestens in diesem Fall stellt sich die Frage, ob dieser Anspruchsinhalt zum geschützten Vermögen des Leistungsberechtigten gehört. Um dieses zufällige Ergebnis zu vermeiden, erscheint es naheliegender zu fragen, wie weit der Vermögensschutz nach § 90 SGB XII seinem Sinn und Zweck nach trägt. Dem Leistungsberechtigten sollen damit bestimmte **bestehende Vermögenswerte erhalten bleiben**, er soll nicht zu ihrer Verwertung gezwungen werden. Er **verliert diesen Schutz** aber, wenn er sich **dessen selbst begibt**, indem er die geschützten Vermögenswerte verschenkt. Er wird **nicht wieder schutzwürdig**, wenn es um Rückgewähransprüche aus der Schenkung geht.[260]

115 § 93 Abs. 1 Satz 3 SGB XII stellt klar, dass eine Überleitung nicht nur aufgrund und im Umfang der Leistungen, die der Träger der Sozialhilfe gewähren musste, weil der Anspruch gegen den Dritten nicht zeitnah zum Entstehen des Bedarfs realisierbar war, erfolgen darf, sondern auch dann, wenn die Leistungsgewährung selbst einen **Anspruch auf Aufwendungsersatz oder einen solchen auf Kostenbeitrag** begründet. Die Überleitung **realisiert** den in diesen Ansprüchen zum Ausdruck kommenden **begrenzten Nachrang**.

116 Das SGB XII sieht solche Ansprüche an zwei Stellen vor: nach **§ 19 Abs. 5 SGB XII** sind Sozialhilfeleistungen auch in dem Fall möglich, wenn den Personen nach § 19 Abs. 3 SGB XII die Aufbringung der hierfür erforderlichen Mittel zumindest teilweise zuzumuten ist. Die dann nach überkommener Terminologie sog. „**erweiterten Hilfen**"[261] sind in Fällen geboten, in denen – trotz vorhandenem Vermögen – ohne die Hilfegewährung eine rechtzeitige Bedarfsdeckung scheitert. Dem gleichzustellen sind Fälle, in denen im Zeitpunkt des Bedarfs und der Bewilligung der Leistung für den Träger der Sozialhilfe noch unklar ist, ob **bedarfsdeckendes Einkommen oder Vermögen** vorhanden ist. Als eine weitere Form der „erweiterten Hilfe" wird § 92 SGB XII gesehen.[262] Für bestimmte Leistungen der **Eingliederungshilfe** für behinderte Menschen **beschränkt** er die **Anrechnung von Einkommen oder Vermögen** der grundsätzlich nach § 19 Abs. 3 SGB XII bestimmten Personen. Nach **§ 92 Abs. 1 Satz 1 SGB XII** sind die Leistungen für näher bestimmte Maßnahmen der Eingliederungshilfe selbst dann in vollem Umfang durch den Träger der Sozialhilfe zu erbringen, wenn dem Leistungsempfänger oder den Personen des § 19 Abs. 3 SGB XII die Aufbringung der Mittel nach den allgemeinen Vorschriften über Einkommens- und Vermögenseinsatz teilweise zuzumuten wäre.[263] Von diesen Personen ist nach § 92 Abs. 1 Satz 2 SGB XII (erst auf einer zweiten Stufe) ein Kostenbeitrag für die Leistungen allerdings nur nach den differenzierten Anrechnungsbestimmungen des § 92 Abs. 2 und 3 SGB XII zu erheben. Die Leistungsgewährung nach den §§ 19 Abs. 5 und 92 SGB XII, wonach die Leistungen auch dann in voller Höhe erbracht werde, wenn die Mittelaufbringung den hierzu Verpflichteten teilweise möglich ist, verbunden mit einer nachträglichen anteiligen Heranziehung zu Aufwendungen für

---

[260] A.A. *Münder* in: LPK-SGB XII, § 93 Rn. 33; *Müller*, Der Rückgriff gegen Angehörige von Sozialleistungsempfängern, Teil B. II. 1 b. Rn. 107.

[261] Für § 19 Abs. 5 SGB XII wird nach wie vor die überkommene Terminologie, teilweise auch die „unechte" Sozialhilfe und „Vorleistung", verwendet, *Buchner* in: Oestreicher, SGB II/SGB XII, § 19 Rn. 35 ff.; *Schoch* in: LPK-SGB XII, § 19 Rn. 18; *Rothkegel* in: Sozialhilferecht, Teil III Kap. 6, S. 218 Rn. 69; *Pattar* in: Berlit/Conradis/Sartorius, Existenzsicherungsrecht, Teil II, Kap. 10, Rn. 26.

[262] *Wahrendorf* in: Grube/Wahrendorf, SGB XII, § 92 Rn. 1.

[263] *Wahrendorf* in: Grube/Wahrendorf, SGB XII, § 92 Rn. 2. Nach überwiegender Auffassung entfällt die Pflicht des Trägers der Sozialhilfe zur Gewährung der Maßnahmen, wenn den nach § 19 Abs. 3 SGB XII Einstandspflichtigen die Kosten in vollem Umfang zugemutet werden können, *Wahrendorf* in: Grube/Wahrendorf, § 92 Rn. 6, oder wenn die Kosten aus eigenen Mitteln des Leistungsberechtigten tatsächlich getragen werden, *Bieritz-Harder* in: LPK-SGB XII, § 92 Rn. 4.

die Leistungen, folgt jeweils dem **Bruttoprinzip**.[264] Dieses ist z.B. im Bereich des Kinder- und Jugendhilferechts weit verbreitet (vgl. Rn. 10).

§ 93 SGB XII erlaubt die Überleitung, gestützt auf einen Aufwendungs- oder Kostenersatzanspruch, nur bei **Kausalität** der Ansprüche gegen den Dritten für den Aufwendungs- oder Kostenersatzanspruch:[265] Dabei ist in der damit gebotenen **hypothetischen Betrachtung** danach zu fragen, ob **bei rechtzeitiger Leistung** des Dritten auf den Anspruch Aufwendungsersatz oder ein Kostenbeitrag zu der gewährten Sozialhilfe zu leisten wäre, dagegen nicht, ob der rechtzeitig realisierte Anspruch die Sozialhilfeleistung ganz oder teilweise hätte entfallen lassen. Der Kostenbeitrags- und Aufwendungsersatzanspruch selbst bedarf zur Durchsetzung einer konkretisierenden Verfügung/Festsetzung.[266] Die hypothetische Betrachtungsweise fragt dagegen nur danach, ob eine entsprechende Verpflichtung zum Aufwendungsersatz oder Kostenbeitrag im Fall der rechtzeitigen Realisierung des Anspruchs bestanden hätte.[267] Wenn **bei rechtzeitiger Leistung** des Dritten **ein Kostenersatz/Aufwendungsersatz nicht zu leisten gewesen** wäre, ist eine Überleitung nicht zulässig. Ist dagegen auch ohne den Anspruch gegen den Dritten ein Kostenbeitrag/Aufwendungsersatz rechtmäßig, dürfte aufgrund der durch § 93 Abs. 1 Satz 3 SGB XII geforderten strengen Kausalität eine Überleitung (statt eines Kostenbeitrages) nicht zulässig sein; das gilt auch, wenn bereits ein Kostenbeitrag mittels Bescheid erhoben wurde.[268] Die **Höhe der Überleitung** ist durch die danach zu ermittelnde **Höhe** eines **Aufwendungsersatzanspruchs** oder **Kostenbeitrags** bestimmt und begrenzt.[269]

Auf **die Einhaltung der Grenzen** der Überleitung nach Absatz 1 Satz 3 kann sich nicht nur der **Leistungsempfänger**, sondern auch der aus dem Anspruch verpflichtete Dritte **berufen**[270] (vgl. Rn. 151).

b. Höhe des Anspruchsübergangs (Absatz 1 Satz 1)

Die Überleitung ist nur **bis zur Höhe der Aufwendungen des Trägers** der Sozialhilfe für die geleistete Sozialhilfe möglich, § 93 Abs. 1 Satz 1 SGB XII statuiert damit eine **Obergrenze** für die Überleitung[271], aber **keine Pflicht**, die Obergrenze stets voll auszunutzen (vgl. dazu Rn. 121). **Besonderheiten** gelten für die **Kosten der Unterkunft**. Anders als § 94 Abs. 1 Satz 6 SGB XII ordnet § 93 SGB XII für Leistungsempfänger nach dem Dritten und Vierten Kapitel keine entsprechende Geltung des § 105 Abs. 2 SGB XII an, wonach **im Ergebnis eine Überleitung nur in Höhe von 44% der Leistungen erfolgen** darf. Die **Begrenzung** gilt aber **in analoger Anwendung**, die Interessenlage ist vergleichbar, da mit § 94 Abs. 1 Satz 6 SGB XII auf eine Änderung des Wohngeldgesetzes reagiert wurde, wonach neben Leistungen für die Unterkunft – anders als bisher – kein Anspruch auf Wohngeld besteht, die Rückforderung von Wohngeld unterliegt aber Beschränkungen. Soweit die Überleitungsbegrenzung des § 94 SGB XII deswegen für Unterkunftsansprüche **entsprechend § 105 Abs. 2 SGB XII** eine

---

[264] Zum Bruttoprinzip und kritisch zu seiner Ausdehnung: BSG v. 26.08.2008 - B8/9b SO 10/06 R - BSGE 101, 217, 220 Rn. 15; zur Beibehaltung des Bruttoprinzips in § 92 SGB XII entgegen den Plänen im Gesetzentwurf zum SGB XII, zu einem Nettoprinzip überzugehen, *Wolf* in: Fichtner/Wenzel, SGB XII, § 92 Rn. 1: „systemwidrige Sonderstellung"; zu der nach durch die Neufassung des § 19 Abs. 5 SGB XII in Abweichung zu § 29 BSHG begründeten Streitfrage, ob die Hilfegewährung nach dieser Bestimmung einen begründeten Fall verlangt, *Schoch* in: LPK-SGB XII, § 19 Rn. 20 ff., SG Karlsruhe v. 29.01.2009 - S 4 SO 5201/07 - ZFSH/SGB 2009, 181 ff. und die Kommentierung zu § 19 SGB XII.

[265] *Decker* in: Oestreicher, SGB II/SGB XII, § 93 Rn. 64.

[266] *W. Schellhorn* in: Schellhorn/Schellhorn/Hohm, SGB XII, § 92 Rn. 10; *Pfohl/Steymans* in: Linhart/Adolph, SGB II/SGB XII/AsylbLG, § 92 Rn. 4; LSG Berlin-Brandenburg v. 18.09.2006 - L 22 B 1274/06 R ER - juris Rn. 22.

[267] *H. Schellhorn* in: Schellhorn/Schellhorn/Hohm, SGB XII, § 93 Rn. 30; missverständlich *Decker* in: Oestreicher/Schelter/Kunz, SGB XII/SGB II, § 93 Rn. 64, der ausführt, erforderlich sei eine kausale Verknüpfung zwischen der Nichtleistung des Kostenbeitrages/Aufwendungsersatzes und der Gewährung von Sozialhilfe. Nach dem Bruttoprinzip wäre die Sozialhilfe selbst auch ohne den Kostenbeitrag/Aufwendungsersatz in der gewährten Höhe zu leisten gewesen.

[268] Nach *Pfohl/Steymans* in: Linhart/Adolph, SGB II/SGB XII/AsylbLG, § 92 Rn. 4 schließt ein Kostenbeitrag nach § 92 Abs. 1 SGB XII eine Überleitung aus.

[269] *Kiss* in: Mergler/Zink, SGB XII, § 93 Rn. 37.

[270] *H. Schellhorn* in: Schellhorn/Schellhorn/Hohm, SGB XII, § 93 Rn. 30 a.E. unter Berufung auf das BVerwG.

[271] *Kiss* in: Mergler/Zink, SGB XII, § 93 Rn. 26; zur Situation bei einer Mehrheit von Schuldnern: *Link* in: Eicher, SGB II, § 33 Rn. 40.

Schlechterstellung von Sozialhilfebeziehern verhindern will, indem (für die Rückabwicklung) der Sozialhilfeleistung für die Unterkunft ein **(fiktiver) Wohngeldanteil** zugewiesen wird, besteht kein Grund, für die Überleitung anderer Ansprüche eine solche Begrenzung nicht anzunehmen.[272]

6. Übergang trotz Ausschlusses der Übertragbarkeit, Verpfändung, Pfändung (Absatz 1 Satz 4)

120 Ohne Einfluss auf die Überleitungsfähigkeit des Anspruchs ist nach der Anordnung des § 93 Abs. 1 Satz 4 SGB XII, ob er nach der übrigen Rechtsordnung **übertragbar, verpfändbar ist oder von Dritten gepfändet** werden kann. Der damit eröffnete weite Anwendungsbereich der Überleitung erfasst aber wegen ihres besonderen Leistungsinhalts keine höchstpersönliche Rechte (vgl. § 399 Alt. 1 BGB[273]); er findet eine praktische Grenze in den Rechten, die schwer durchsetzbar sind (zu den entsprechenden Ermessenserwägungen vgl. Rn. 121) oder die einer Kapitalisierung nicht zugänglich sind (vgl. dazu Rn. 86 ff.). Nicht geklärt ist, ob die Eröffnung des Insolvenzverfahrens über das Vermögen des Leistungsberechtigten die nachfolgende Anspruchsüberleitung hindert. Im Hinblick auf § 91 InsO, der einen Rechtserwerb nur noch für in Absatz 2 näher benannte Ansprüche zulässt, dürften nur noch unbelastete Ansprüche einer Überleitung zugänglich sein[274].

IV. Rechtsfolgen

1. Ermessen

121 Die Überleitung von Ansprüchen steht nach § 93 Abs. 1 Satz 1 SGB XII im **pflichtgemäßen Ermessen**. Es bezieht sich sowohl auf das „Ob" einer Überleitung (**Entschließungsermessen**[275]) als auch auf das „Wie", im Fall des § 93 SGB XII meint das vor allem die Höhe der Überleitung (**Auswahlermessen**, vgl. auch die Formulierung des Satzes 1: „bis zu"). Die Entscheidung muss sich damit, zumindest um vor Gericht Bestand zu haben, von den bekannten **Ermessensfehlern**

(1) **Ermessensausfall**,

(2) **Ermessensfehlgebrauch** und

(3) **Ermessensüberschreitung**

frei sein.

122 Es müssen auf einer ersten Stufe – zur Vermeidung eines Ermessensausfalls – erkennbar **überhaupt Ermessenserwägungen** angestellt werden. Das erfordert, dass die überleitende Behörde (erkennbar) erkannt hat, dass sie Ermessen auszuüben hat. Die Ermessenserwägungen sind nur für **solche Belange** angezeigt, die für den Träger der Sozialhilfe schon kraft der Amtsermittlung **erkennbar sind** oder vom **Leistungsberechtigten** oder dem Anspruchsverpflichteten **vorgetragen** werden.

123 Zu den Belangen, die **ermessensfehlerfrei** berücksichtigt werden dürfen (ggf. müssen) gehören z.B. **familiäre und soziale Belange** (erhebliche Belastung des **Familienfriedens**, auch solche des Anspruchsgegners, z.B. die Berücksichtigung des Umstandes, dass dieser den Anspruchsinhaber **überobligatorisch gepflegt** hat)[276], soweit sie bekannt oder erkennbar sind (vgl. dazu Rn. 122). Dagegen ist die **Leistungsfähigkeit des Dritten** nicht zwingend Gegenstand der Abwägung.[277] Von Bedeutung kann schließlich sein, ob eine **Verwertung des Anspruchs unwirtschaftlich** erscheint (bei erbrechtlichen Ansprüchen z.B. das Eingreifen einer Pflichtteilssanktionsklausel) oder **schwer durchsetzbar** (Privatinsolvenz des Schuldners).

---

[272] *Wolf* in: Fichtner/Wenzel, SGB XII, § 93 Rn. 25; zur Zwecksetzung des § 105 Abs. 2 *SGB* XII: *Grube* in: Grube/Wahrendorf, SGB XII § 105 Rn. 5 und 12 ff.; zur parallelen Problematik bei § 33 SB II: *Link* in: Eicher, SGB II, § 33 Rn. 42.

[273] *Münder* in: LPK-SGB XII, § 93 Rn. 18; a.A. *Wolf* in: Fichtner/Wenzel, SGB XII, § 93 Rn. 54.

[274] *Rodert/Martin*, ZfF 2013, 265, 268 unter Berufung auf OLG Köln v. 06.03.2013 - 2 U 160/12 (unveröffentlicht); so auch Saarländisches Oberlandesgericht Saarbrücken v. 21.11.2013 - 4 U 377/12 - juris Rn. 76 ff. für § 33 SGB II; *Pfohl/Steymans* in: Linhart/Adolph, SGB II/SGB XII/AsylbLG, § 93 Rn. 22.

[275] Dazu: *Decker* in: Oestreicher/Schelter/Kunz, SGB II/SGB XII, § 93 Rn. 92-

[276] BVerwG v. 27.05.1993 - 5 C 7/91 - NDV 1994, 37.

[277] Nach Auffassung des Bayerischen LSG kann sie noch im Stadium der Durchsetzung des Anspruchs berücksichtigt werden, Bayerisches LSG v. 14.02.2008 - L 11 SO 20/07 - FEVS 60, 131, 133 f.; zustimmend dazu: LSG Bayern v. 11.06.2010 - L 7 SO 22/10 B ER - juris Rn. 28.

Eine **Ermessensreduzierung** auf Null zugunsten von Überleitung wird eher nicht bestehen, in Richtung einer Nicht-Überleitung dagegen denkbar (schwerwiegende Belange des Leistungsberechtigten betroffen, gleichzeitig Anspruchsdurchsetzung unwirtschaftlich). Für ein sog. **intendiertes Ermessen**, wonach durch das Gesetz selbst schon eine bestimmte Richtung der Erwägungen vorgezeichnet ist, ein bestimmtes Ergebnis im Grundsatz gewollt ist und deswegen geringe Anforderungen an die Ermessenserwägungen zu stellen sind[278], **fehlt es schon an Anhaltspunkten im Gesetzestext**. Dieses enthält insbesondere keine Soll-Bestimmung zugunsten einer Überleitung. Zur Vorgängerbestimmung des § 90 BSHG hat das BSG für die fehlerfreie Überleitung die Ausübung von **Ermessen** ohne Einschränkungen gefordert.[279] Dem ist auch für § 93 SGB XII zuzustimmen. Eine entsprechende **Zweckrichtung** des eröffneten Ermessens ergibt sich aus dem Gesamtzusammenhang[280] nicht. Ein übergeordnetes **Strukturprinzip der Sozialhilfe, dem eine entsprechend Zweckrichtung für § 93 SGB XII entnommen werden könnte**, existiert nicht. Aus dem allgemeinen **Programmsatz** des **§ 2 SGB XII** ergibt es sich nicht, weil dieser gerade auf Konkretisierung angelegt ist.[281] Der darin allgemein niedergelegte Nachrang hat in den folgenden Gesetzeskapiteln unterschiedliche Ausprägungsgrade erfahren. Die überleitende Behörde darf zur Begründung ihrer Ermessensentscheidung aber fehlerfrei auf die gesetzliche Wertung des § 2 SGB XII und insbesondere dessen Absatz 2 verweisen, wonach der Grundsatz der Selbsthilfe besteht und Verpflichtungen anderer „unberührt bleiben". Mit § 93 SGB XII wird der Sozialhilfeträger berechtigt, allein in Verfolgung des abstrakten Grundsatzes nach § 2 SGB XII diese Verpflichtung mit der Überleitung einzulösen.

124

Als **äußere Grenze** dürfen nur die im Gesetz angeordneten Rechtsfolgen Gegenstand der Entscheidung sein. Das Ermessen eröffnet z.B. **keine** Rechtsfolge der **Anspruchsüberleitung auf Dritte**, z.B. auf Einrichtungsträger, und es erlaubt keine Regelung der Durchsetzung des Anspruchs (wohl aber eine als solche erkennbare Zahlungsaufforderung). Eine Überleitung mit diesen Inhalten stellt eine **Ermessensüberschreitung** dar.

125

Anspruch auf eine ermessensfehlerfreie Entscheidung i.S. eines subjektiven öffentlichen Rechts hat nicht nur der **Adressat** der Überleitungsanzeige, der Anspruchsinhaber, sondern auch der aus dem Anspruch verpflichtete **Dritte**[282] (vgl. Rn. 151).

126

2. Überleitungsanzeige (Absatz 1 Satz 1, Absatz 2)

a. Rechtsnatur

Entgegen ihrer Bezeichnung im Gesetz ist die Überleitungs„anzeige" mehr als eine schlichte Benachrichtigung. Sie ist ein **Verwaltungsakt**. Das ergibt sich schon aus der ihr vom Gesetz zugewiesenen **Regelungswirkung**. Sie bewirkt den Übergang der Ansprüche, d.h. an die Stelle des bisherigen Anspruchsinhabers tritt der Träger der Sozialhilfe als neuer Gläubiger[283] (**Magistralzession**). Sie ist damit ein **(privat-)rechtsgestaltender Hoheitsakt**. Indem § 93 Abs. 3 SGB XII in Bezug auf den Rechts-

127

---

[278] Grundlegend: BVerwG v. 26.11.1969 - V C 54.69 - BVerwGE 34, 219, 224; *Wahrendorf* in: Grube/Wahrendorf, SGB XII, § 93 Rn. 21; dem folgend LSG NRW v. 20.12.2006 - L 20 B 135/06 SO ER - FEVS 58, 448, 450; LSG NRW v. 23.02.2007 - L 20 B 142/06 - juris; LSG NRW v. 18.07.2007 - L 20 B 16/07 SO - juris; Bayerisches LSG v. 14.02.2008 - L 11 SO 20/07 - FEVS 60, 131, 133, 134; a.A. wie hier: *Decker* in: Oestreicher/Schelter/Kunz, SGB II/SGB XII, § 93 Rn. 98; Bayerisches LSG v. 11.10.2013 - L 8 SO 105/13 - juris; kritisch zur „Neuschöpfung" der Rechtsfigur eines sog. intendierten Ermessens allgemein: *Maurer*, Allgemeines Verwaltungsrecht, § 7 Rn. 12 m.w.N.

[279] BSG v. 02.02.2010 - B 8 SO 17/08 R - juris Rn. 13.

[280] Zu dieser Begründung eines zweckgerichteten Ermessens, *Maurer*, Allgemeines Verwaltungsrecht, § 7 Rn. 12.

[281] BSG v. 29.09.2009 - B 8 SO 23/08 R - ZFSH/SGB 2010, 42, 45 f.; BSG v. 02.02.2010 - B 8 SO 21/08 R - juris Rn. 13; zu den hergebrachten Strukturprinzipien des BSHG vgl. die Kommentierung zu § 2 SGB XII Rn. 8; a.A. SG Aachen v. 23.09.2009 - S 19 SO 64/09 - SAR 2010, 6, 9.

[282] *Münder* in: LPK-SGB XII, § 93 Rn. 58; BVerwG v. 27.05.1993 - 5 C 7.91 - BVerwGE 92, 281, 283 unter Berufung auf den Eingriffscharakter der Überleitungsanzeige; LSG Sachsen v. 11.06.2012 - L 7 SO 22/10 B ER - juris Rn. 22.

[283] § 93 Abs. 1 Satz 1 SGB XII beschreibt diese Wirkung in der Formulierung „durch Anzeige ... bewirken ...". Sie wird durch die Konkretisierung des Umfanges in § 93 Abs. 2 SGB XII noch einmal verdeutlicht; BSG v. 02.02.2010 - B 8 SO 17/08 R - juris Rn. 10.

schutz gegen die Anzeige unmissverständlich von einem Verwaltungsakt spricht, schafft er insoweit letzte Gewissheit.[284]

b. Wirkungen

128 Die Anzeige **ändert** die **Rechtsnatur** des Anspruchs mit dem Gläubigerwechsel **nicht**, ist damit in ihrer Wirkung einer **rechtsgeschäftlichen Abtretung vergleichbar**. Konkret bedeutet das, der Anspruch geht in der Gestalt über, die er im Moment der Überleitung hat.[285] Nach der Überleitung darf der Träger der Sozialhilfe den Schuldner mit allen gesetzlichen Mitteln zur vertragsgemäßen Leistung anhalten.[286]

129 **Unselbständige Gestaltungsrechte**, wie ein Anfechtungs-, Rücktritts- oder Kündigungsrecht des **Leistungsberechtigten**, stehen dagegen weiterhin dem Leistungsberechtigten zu; er kann sie aber nur mit Zustimmung des Trägers der Sozialhilfe ausüben.[287]

130 **Nebenrechte** (wie z.B. der Auskunftsanspruch oder bei öffentlich-rechtlichen Ansprüchen das Antragsrecht) gehen nach dem Rechtsgedanken von § 401 BGB bzw. analog über. Zu den einen **Pflichtteilsanspruch** begleitenden **Nebenrechten** gehören die **Auskunfts- und Wertermittlungsrechte**.[288]

131 Der Anspruchsverpflichtete (Dritte) behält aber analog § 404 BGB – § 412 BGB gilt nur für die Legal-, hingegen nicht die Magistralzession[289] – seine **bestehenden Einreden** und Einwendungen. Er kann **Gestaltungsrechte** (wie Anfechtung) weiter ausüben. Diese müssen dem Altgläubiger, d.h. dem Leistungsberechtigten, gegenüber erklärt werden, sie können auch auf ein Verhalten des Leistungsberechtigten nach der Überleitung gestützt werden.[290]

132 Der Anspruchsverpflichtete kann mit **befreiender Wirkung** aber nur noch an den Träger der Sozialhilfe leisten (Rechtsgedanke des § 409 BGB, vgl. aber § 407 BGB, wenn er gutgläubig geleistet hat).[291] Das gilt – so lange der **Verwaltungsakt wirksam (und nach § 93 Abs. 4 SGB XII kraft Gesetzes sofort vollziehbar) ist**[292] – selbst dann, wenn die **Überleitung rechtswidrig** erfolgte, z.B., weil der übergeleitete Anspruch zum geschützten Einkommen oder Vermögen gehört. Daher dürfte die Auffassung für § 93 SGB XII nicht überzeugen, wonach in dem Fall, dass die Zahlung auf eine zunächst als Einkommen (dagegen nicht als geschütztes Vermögen) überleitungsfähige Forderung aus einem Pflichtteilsanspruch, die in einem späteren Bewilligungszeitraum zu geschütztem Vermögen wird[293], keine befreiende Wirkung mehr haben kann.

133 Anderes gilt bei der Überleitung zukünftiger Ansprüche: Der Übergang erstreckt sich bei **Unterhaltsansprüchen** (dazu § 94 SGB XII) und ähnlichen künftig entstehenden Ansprüchen nicht auf das „Stammrecht"; dieses verbleibt vielmehr dem Hilfebedürftigen; für künftige Einzelansprüche aus dem Stammrecht erfolgt die **Überleitung unter der aufschiebenden Bedingung**, dass Sozialhilfe gewährt wird. Der Dritte ist nicht gehindert, weiter an den Leistungsberechtigten zu leisten und dadurch die Hilfebedürftigkeit zu reduzieren.[294] Bei wiederkehrenden Leistungen werden **Doppelleistungen an den Leistungsberechtigten vermieden**, wenn der Anspruchsverpflichtete die Direktzahlung an den Leistungsberechtigten dem Sozialhilfeträger **anzeigt**. Sicherstellen kann dies der Träger durch einen entsprechenden Hinweis in der Überleitungsanzeige an den Dritten.

---

[284] Für § 90 BSHG unter Berufung auf die entsprechende Vorschrift des § 90 Abs. 3 BSHG ausgeführt von BVerwG v. 25.06.1992 - 5 C 37/88 - NJW 1992, 3312.
[285] BGH v. 29.03.1985 - V ZR 107/84 - BGHZ 94, 141, 142; BGH v. 20.12.1985 - V ZR 66/85 - BGHZ 96, 380, 381.
[286] *Münder* in: LPK-SGB XII, § 93 Rn. 49; BGH v. 22.06.1995 - III ZR 18/95 - NJW 1995, 2790 f.
[287] Vgl. für die rechtsgeschäftliche Abtretung *Grüneberg* in: Palandt, BGB, § 398 Rn. 20.
[288] *Doering-Striening/Horn*, NJW 2013, 1276, 1278; OLG Hamm v. 28.02.2013 - I-10 U 71/12, 10 U 71/12 - juris.
[289] Für eine direkte Anwendung des § 412 BGB und eine analoge Anwendung von § 409 BGB und § 836 Abs. 2 ZPO auf die Magistralzession des § 332 SGB III *Kador* in: Eicher/Schlegel, SGB III, § 332 Rn. 13 und 50.
[290] *Wolf* in: Fichtner/Wenzel, SGB XII, § 93 Rn. 39; *Grüneberg* in: Palandt, § 404 Rn. 4.
[291] *Wolf* in: Fichtner/Wenzel, SGB XII, § 93 Rn. 39 und 41. *Kiss* in: Mergler/Zink, SGB XII Rn. 28.
[292] Für § 332 SGB III ausgeführt von: *Kador* in: Eicher/Schlegel, SGB III, § 332 Rn. 13.
[293] Zu der Problematik, die sich aus der „Aggregatrechtsprechung" des BSG zum SGB II entwickeln kann, *Doering-Striening/Horn*, NJW 2013m 1276, 1277 m.w.N. aus der Rspr.
[294] *Münder* in: LPK-SGB XII, § 93 Rn. 50; *Pfohl/Steymans* in: Linhart/Adolph, SGB II/SGB XII/AsylbLG, § 93 Rn. 13; BSG v. 11.11.1982 - 7 RAr 5/82 - juris, vgl. Rn. 60.

c. Gesetzliche Anforderungen an die Überleitungsanzeige

Als Verwaltungsakt unterliegt die Überleitungsanzeige zunächst **formellen Anforderungen**, die teilweise speziell von § 93 Abs. 2 SGB XII formuliert werden: **Zuständig** für den Erlass des Bescheides der Überleitungsanzeige ist der Träger, der die Leistungen erbracht hat, damit der sachlich und örtlich zuständige hilfegewährende Träger.[295] Hat der **unzuständige** Träger Leistungen erbracht, liegt eine rechtswidrige Leistung vor (vgl. dazu Rn. 41). **Zuständig** für den Erlass der Überleitungsanzeige ist in diesem Fall der Träger, der für die **rechtmäßige Hilfeleistung zuständig** ist. Allein aus der Bestandskraft einer rechtswidrigen Bewilligung folgt keine Befugnis des Unzuständigen i.S. einer Zuständigkeit auch für die auf der Bewilligung aufbauenden belastenden Verwaltungsakte, zu denen die Überleitung gehört. Die §§ 44 ff. SGB X verdeutlichen, dass es sogar für die Aufhebung bestandskräftiger Verwaltungsakte auf die eigentliche Zuständigkeit ankommt.[296] Das Ergebnis steht nicht im Widerspruch zu Sinn und Zweck der Herstellung des Nachrangs. Diesen herzustellen ist auch bei Leistung des Unzuständigen gerechtfertigt. Ein Grundsatz, wonach Nachrang nur dort herzustellen ist, wo die Mittel der Sozialhilfe tatsächlich aufgewendet wurden, hat jedenfalls positiv-rechtlich keinen Niederschlag gefunden.[297] Ob der unzuständige Träger gegen den überleitenden Träger einen Anspruch auf die aus dem Anspruch folgenden Mittel nach den Grundsätzen der öffentlich-rechtlichen GoA geltend machen kann (§ 667 BGB), erscheint in Anbetracht der ausdifferenzierten Erstattungs-Regeln der §§ 102 ff. SGB X zweifelhaft. Liegt lediglich ein **Verstoß gegen die örtliche Zuständigkeit** vor, ist im Rahmen der Anfechtung der Überleitung **§ 42 SGB X** zu beachten. 134

§ 93 Abs. 2 SGB XII schreibt eine **schriftliche Form** für die Überleitungsanzeige ausdrücklich **nur für den betroffenen anspruchsverpflichteten Drittschuldner** vor, dagegen nicht für den Leistungsempfänger.[298] Für diesen findet daher die (allgemeine) Bestimmung zur Form von Verwaltungsakten, damit **§ 33 Abs. 2 SGB X**, Anwendung. Der Verwaltungsakt kann dem Leistungsempfänger gegenüber daher schriftlich, mündlich oder auf andere Weise erlassen werden und ihm auch formlos eröffnet werden.[299] Ein Verstoß gegen das Formerfordernis der Schriftlichkeit führt zumindest zur **Rechtswidrigkeit**, nur im Ausnahmefall zur Nichtigkeit.[300] Ungeachtet der Frage, ob der Mangel der Schriftform zur Nichtigkeit führt, liegt das Erfordernis, die Schriftform zu wahren, schließlich **im eigenen Interesse des überleitungsberechtigten Trägers**, denn ohne sie ist schon der **Nachweis der Überleitung** schwer zu führen. 135

Vor dem Erlass des Verwaltungsaktes, der in die Rechte von Beteiligten eingreift, sind diese nach **§ 24 Abs. 1 SGB X** zu hören. Die Überleitungsanzeige führt zu einer **Gläubigerauswechslung**, daher ist dem bisherigen Gläubiger, also dem **Leistungsberechtigten**, Gelegenheit zur Stellungnahme zu geben.[301] Da die Überleitungsanzeige des Sozialhilfeträgers auch unmittelbar in das Rechtsverhältnis des Leistungsempfängers (bzw. der in Absatz 1 Satz 1 benannten Angehörigen) zu dem **Dritten**, dem Schuldner des Anspruchs, eingreift, ist auch dieser zuvor anzuhören.[302] 136

Als Verwaltungsakt muss die Überleitungsanzeige **hinreichend bestimmt** sein[303]; der übergeleitete Anspruch **muss darin klar benannt und erkennbar**, zumindest identifizierbar sein, wenn auch nicht 137

---

[295] *Kiss* in: Mergler/Zink, SGB XII, § 93 Rn. 4 f. auch zum Fall der Heranziehung für Aufgaben nach § 99 SGB XII, dazu auch *Münder* in: LPK-SGB XII, § 93 Rn. 37.

[296] So BSG v. 23.08.2013 - B 8 SO 17/12 R für den Kostenheranziehungsbescheid nach § 92 Abs. 1 Satz 2 SGB XII.

[297] So aber *Wahrendorf* in: Grube/Wahrendorf, SGB X, § 93 Rn. 24 unter Berufung auf den „Grundsatz Identität von Hilfe gewährendem und überleitendem Hilfeträger".

[298] Zum entsprechenden Aufbau des § 332 SGB III: *Eicher* in: Eicher/Schlegel, SGB III, § 332 Rn. 50 und 53.

[299] *Kiss* in: Mergler/Zink, § 93 Rn. 10; zu § 332 SGB III: *Eicher* in: Eicher/Schlegel, SGB III, § 332 Rn. 53 m.w.N.

[300] Zur Nichtigkeit bei Formmangel: *Roos* in: von Wulffen/Schütze, SGB X, § 40 Rn. 9; *Pfohl/Steymans* in: Linhart/Adolph, SGB II/SGB XII/AsylbLG, § 93 Rn. 12 hält eine förmliche Zustellung deswegen für geboten.

[301] Ein Absehen von der Anhörung nach § 24 Abs. 2 SGB X ist nicht erlaubt.

[302] In diese Richtung: BSG v. 02.02.2010 - B 8 SO 17/08 R - juris Rn. 13; so schon BVerwG v. 27.05.1993 - 5 C 7/91 - BVerwGE 92, 281, 282 f.; LSG Sachsen v. 11.06.2012 - L 7 SO 22/10 B ER - juris Rn. 23; *Münder* in: LPK-SGB XII, § 93 Rn. 39.

[303] § 33 Abs. 1 SGB X, dazu BSG v. 02.02.2010 - B 8 SO 17/08 R - juris Rn. 13; *Decker* in: Oestreicher/Schelter/Kunz, SGB II/SGB XII, § 93 Rn. 88; zur inhaltlichen Bestimmtheit als Voraussetzung der materiellen Rechtmäßigkeit: *Engelmann* in: von Wulffen/Schütze, SGB X, § 33 Rn. 2. Zu den notwendigen Bestandteilen der Überleitungsanzeige *Rodert/Martin*, ZfF 2013, 265, 269 m.w.N. aus der Rspr.

zwingend beziffert[304]. Auch der **Adressat der Anzeige, Gläubiger und/oder Schuldner** muss hinreichend bestimmt sein. Die **Anzeige kann mit dem Leistungsbescheid an den Leistungsberechtigten verbunden** werden, wenn sie als eigenständige Regelung hinreichend deutlich und erkennbar ist.

138 Die nach § 35 SGB X ausreichend begründete Überleitungsanzeige ist als Verwaltungsakt **nach § 37 SGB X dem Beteiligten bekannt** zu geben, für den sie bestimmt ist oder der von ihr betroffen wird. Adressaten sind der Schuldner des Anspruchs (der **Dritte**), aber auch der **Leistungsempfänger** als bisheriger Gläubiger. Bekanntgabe setzt voraus, dass sie mit Willen der Behörde den Adressaten **zugegangen** ist.[305] Das meint, sie muss als **zielgerichtete Mitteilung** an den Adressaten durch die Behörde erfolgen. Übersendet diese nur eine Kopie des bereits ergangenen Bescheides, soll darin keine Bekanntgabe liegen.[306] Zwingend erscheint das Ergebnis nicht, insoweit muss im Einzelfall der Wille der Behörde ermittelt werden. Mit der **Bekanntgabe** wird die Anzeige als Verwaltungsakt dem jeweiligen Adressaten gegenüber **wirksam** und löst den **Lauf von Rechtsmittelfristen** aus.

139 Der **Dritte** wird als Adressat **Verfahrensbeteiligter** i.S.v. § 12 Abs. 1 Nr. 2 SGB X, er hat Anspruch auf Akteneinsicht (§ 25 SGB X).

d. Umfang der Überleitung

140 Die Überleitungsanzeige wirkt **zeitlich** nicht unbegrenzt in die Zukunft. Der bestehende Anspruch geht im Moment der Wirksamkeit der Anzeige für die Zeit über, für die ununterbrochen Leistungen erbracht werden (Absatz 2 Satz 1).[307] Mit der Unterbrechung der Leistung verliert die Anzeige ihre Rechtswirkung. Als **Unterbrechung** definiert das Gesetz in Satz 2 einen Zeitraum **von mehr als zwei Monaten**. Es reicht zur Wahrung der andauernden Leistungserbringung aus, wenn **zwischenzeitlich einmalige Leistungen** bewilligt werden. Speziell für diese muss bestimmt werden, „für" welchen Zeitraum i.S.d. § 93 SGB XII sie erbracht werden. Ebenso wie bei der Ermittlung der Gleichzeitigkeit kann dabei für Leistungen des Dritten Kapitels auf die **Wertung** des § 31 Abs. 2 Satz 2 SGB XII abgestellt werden und für Leistungen nach dem Fünften bis Neunten Kapitel auf § 87 Abs. 3 SGB XII. Mit der Formulierung („für die Zeit ...") gibt das Gesetz zu erkennen, dass die Überleitungsanzeige auch künftige Ansprüche erfasst und insoweit **Dauerwirkung** entfaltet.[308] Das **Erfordernis ununterbrochenen Leistungsbezuges** setzt die in dem Erfordernis der Gleichzeitigkeit (Absatz 1 Satz 1) schon zum Ausdruck kommende **innere Verknüpfung zwischen Hilfeleistung** und **Anspruchsübergang** für die Überleitungsanzeige fort (vgl. Rn. 101).

141 Eine **unterbrochene Leistungserbringung** liegt nach den gemäß § 26 SGB X für die Fristberechnung anwendbaren Vorschriften des BGB (§§ 187 Abs. 2, 188 Abs. 2 und 3 BGB) vor, **wenn für einen Zeitraum von zwei Monaten und 1 Tag** keine Leistungen bewilligt worden sind.[309]

142 Wird die einer Überleitungsanzeige zugrunde liegende bewilligte **Leistung eingestellt** oder **aufgehoben**, **endet** die **Wirkung** der erfolgten Überleitungsanzeige. Dies gilt auch, wenn im Anschluss eine **andere Leistung nahtlos weiterbewilligt** wird; dann bedarf es einer **neuen Überleitungsanzeige**.[310] Das Ergebnis folgt aus der strengen Anbindung der Überleitung an eine konkrete Leistungsgewährung (Absatz 1 Satz 1), aus der Regelung des Absatzes 2, wonach mit Ende der Leistung die Wirkung der

---

[304] BSG v. 02.02.2010 - B 8 SO 17/08 R - juris Rn. 13; zur Überleitung dem Grunde nach: *Pfohl/Steymans* in: Linhart/Adolph, SGB II/SGB XII/AsylbLG, § 93 Rn. 10 m.w.N. Zur hinreichenden Bestimmtheit der Überleitung von Erbschaftsansprüchen *Rodert/Martin*, ZfF 2013, 265, 267 unter Berufung auf LG Köln v. 18.05.2012 - 5 O 334/11 (unveröffentlicht).

[305] Zu Fragen des Zugangs: *Engelmann* in: von Wulffen, SGB X, § 37 Rn. 3. Zu den Adressaten bei Eheleuten, Betreuung, Erbengemeinschaften, Bevollmächtigte *Rodert/Martin*, ZfF 2013, 265, 269.

[306] *Engelmann* in: von Wulffen, SGB X, § 37 Rn. 3, unter Berufung auf LSG NRW v. 15.08.2011 - L 19 AS 100/11 B - juris Rn. 13.

[307] Nach dem Wortlaut des Gesetzes geht der Anspruch ab dem Zeitpunkt über, ab dem Leistungen bewilligt wurden, auch wenn dieser vor dem Erlass des Überleitungsbescheides liegt, *Kiss* in: Mergler/Zink, SGB XII § 93 Rn. 40.

[308] *Kiss* in: Mergler/Zink, SGB XII, § 93 Rn. 39; LSG NRW v. 23.02.2007 - L 20 B 142/06 SO - juris; *Pfohl/Steymans* in: Linhart/Adolph, SGB II/SGB XII/AsylbLG, § 93 Rn. 23 sprechen missverständlich von einem künftig fällig werdenden Anspruch unter Bezugnahme auf LSG NRW.

[309] *Münder* in: LPK-SGB XII, § 93 Rn. 53.

[310] Für den nahtlosen Übergang streitig, wie hier: *Wahrendorf* in: Grube/Wahrendorf, SGB XII, § 93 Rn. 29; *Münder* in: LPK-SGB XII, § 93 Rn. 55; *Decker* in: Oestreicher SGB II/SGB XII, § 93 Rn. 108; a.A. *H. Schellhorn* in: Schellhorn/Schellhorn/Hohm, SGB XII, § 93 Rn. 55; *Kiss* in: Mergler/Zink, SGB XII, § 93 Rn. 41: nur rechtserhebliche Unterbrechung, z.B., wenn anderer Sozialhilfeträger zuständig wird.

Anzeige endet. Es folgt schließlich aus dem Bestimmtheitsgebot der Überleitungsanzeige und der gebotenen pflichtgemäßen Ausübung des Ermessens. Gleiches gilt, **wenn für die Leistungen ein Zuständigkeitswechsel eintritt** und ein anderer Leistungsträger für die Leistungen zuständig wird.[311]

Soll bei Unterbrechung der Leistung vermieden werden, dass der Dritte weiter an den Sozialhilfeträger Leistungen (ohne Rechtsgrund) auf den Anspruch erbringt, obwohl die Überleitungsanzeige nicht mehr wirkt, empfiehlt sich für den Träger der Sozialhilfe, diesem die **Unterbrechung der Leistungsgewährung bzw. noch besser, das Ende der Überleitung anzuzeigen**.[312]   143

3. Rechtsschutz (Absatz 3)

a. Ausschluss des Suspensiveffekts

Die gegen den Verwaltungsakt der Überleitungsanzeige allein statthaften Rechtsmittel des (Anfechtungs-)Widerspruchs und der Anfechtungsklage haben nach Absatz 3 **keine aufschiebende Wirkung**.[313] Die Anzeige **wirkt** damit trotz eines eingelegten Rechtsbehelfs so lange, bis der Träger der Sozialhilfe nach § 86a Abs. 3 SGG **die sofortige Vollziehung** ganz oder teilweise **aussetzt**[314] oder nach § 86b Abs. 1 Nr. 2 SGG das zuständige angerufene Gericht die **aufschiebende Wirkung** des Rechtsbehelfs anordnet oder auf Klage hin den Verwaltungsakt aufhebt (§ 54 Abs. 1 Satz 1 SGG).[315]   144

Dabei wirkt die gerichtliche Anordnung der **aufschiebenden Wirkung grundsätzlich zurück**, soweit sich aus der gerichtlichen Entscheidung nichts anderes ergibt.[316] Die Anordnung der aufschiebenden Wirkung für den rechtsgestaltenden Verwaltungsakt der Überleitungsanzeige hindert vorläufig die Rechtswirkungen der Anzeige.[317] Sie hat ein **umfassendes Ausnutzungs- und Verwirklichungsverbot zur Folge**, der Träger der Sozialhilfe ist an der Durchsetzung des Anspruchs gehindert. Treten die **Rechtswirkungen** der Anzeige **vorläufig nicht ein**, können Zahlungen des Dritten **weiter an den Leistungsberechtigten mit befreiender Wirkung** erbracht werden.   145

b. Anfechtungsberechtigte

Absatz 3 beantwortet die Frage, wer zur Anfechtung befugt ist, nicht. **Anfechtungsberechtigt** sind sowohl der **Leistungsberechtigte** als auch der durch den Anspruch verpflichtete **Dritte**.[318] Der Leistungsberechtigte und der Drittbetroffene sind jeweils **Adressaten des belastenden Verwaltungsaktes**. Der Leistungsberechtigte verliert die Gläubigerstellung, für den Drittbetroffenen bewirkt die Anzeige die Auswechslung des Gläubigers ohne sein Einverständnis. Zwar erweitert die privatrechtsgestaltende Wirkung der Überleitungsanzeige die ohnehin bestehenden Befugnisse des Gläubigers zivilrechtlich nicht zu Lasten des Drittbetroffenen (zur **Überleitungsanzeige** vgl. Rn. 127), dieser erlebt aber mit der Veränderung einer bestehenden Rechtsbeziehung einen Eingriff i.S.d. Art. 2 Abs. 1 GG.[319]   146

---

[311] Für § 33 SGB II: *Link* in: Eicher, SGB II, § 33 Rn. 56; *Decker* in: Oestreicher/Schelter/Kunz, SGB II/SGB XII, § 93 Rn. 108.

[312] *Kiss* in: Mergler/Zink, SGB XII, § 93 Rn. 42 m.w.N.

[313] Nach dem Grundsatz des § 86a Abs. 1 SGG hat die Anfechtung auch bei rechtsgestaltenden Verwaltungsakten aufschiebende Wirkung, vgl. aber § 86a Abs. 2 Nr. 4 SGG.

[314] Der Suspensiveffekt wirkt grundsätzlich auf den Erlasszeitpunkt zurück, soweit keine abweichende Anordnung getroffen wird.

[315] Entsprechend dem Prüfungsmaßstab des § 86a Abs. 3 Satz 2 SGG hat der Antrag auf Aussetzung der Vollziehung/Anordnung der aufschiebenden Wirkung Aussicht auf Erfolg, wenn ernsthafte Zweifel an der Rechtmäßigkeit der Überleitungsanzeige bestehen, *Münder* in: LPK-SGB XII, § 93 Rn. 56, bei offenem Ergebnis ist eine Folgenabwägung vorzunehmen.

[316] *Schenke* in: Kopp, VwGO, § 80 Rn. 171; *Keller* in: Meyer-Ladewig/Keller/Leitherer, SGG, § 86b Rn. 19.

[317] *Schoch* in: Schoch/Schmidt-Aßmann/Pietzner, VwGO, § 80 Rn. 90 ff., 107 f. einschränkender *Schenke* in: Kopp, VwGO, § 80 Rn. 179: nur das Gebrauchmachen ist gehindert.

[318] So BVerwG v. 27.05.1993 - 5 C 7/91 - BVerwGE 92, 281 f.; zustimmend zur Klagebefugnis des Drittschuldners vgl. LSG NRW v. 20.12.2012 - L 9 SO 22/09 - juris Rn. 25.

[319] Das BVerwG begründet mit der Regelungswirkung gegenüber dem Dritten schon den Anspruch auf ermessensfehlerfreie Entscheidung, BVerwG v. 27.05.1993 - 5 C 7/91 - BVerwGE 92, 286; zu § 332 SGB III ausgeführt von *Kador* in: Eicher/Schlegel, SGB III, § 332 Rn. 10 und 50, wonach der Drittschuldner sogar von § 332 SGB III als Adressat der Anzeige bestimmt wird; LSG Sachsen v. 11.06.2012 - L 7 SO 22/10 B ER - juris.

c. Notwendige Beiladungen

147 Die Gestaltungswirkung der Überleitungsanzeige für das Rechtsverhältnis zwischen dem Leistungsberechtigten als bisherigem Gläubiger und dem anspruchsverpflichteten Drittbetroffenen bedingt, dass die gerichtliche Entscheidung über den Bestand der Anzeige nur einheitlich ergeht. Der Dritte ist daher **notwendig beizuladen**, wenn der Leistungsberechtigte die Überleitungsanzeige anficht (§ 75 Abs. 2 Alt. 1 SGG).[320] Steht der übergeleitete Anspruch neben dem Leistungsberechtigten auch einem anderen im Wege der **Gesamtgläubigerschaft** (§ 428 BGB) zu, ist auch dieser notwendig beizuladen, weil die Entscheidung auch ihm gegenüber nur einheitlich ergehen kann.[321] Ficht der **Dritte** die Überleitungsanzeige an, ist der Leistungsberechtigte notwendig beizuladen.[322]

d. Begründetheit des Rechtsmittels

aa. Rechtsfehler (Prüfungsumfang)

148 Das **Gericht prüft** im Rahmen der zulässigen Anfechtung gegen die Überleitungsanzeige neben den **formell-rechtlichen Anforderungen**[323] die **tatbestandlichen** des § 93 Abs. 1 und 4 SGB XII sowie die **Ermessensausübung**.

149 Den **Bestand des übergeleiteten Anspruchs** prüft es dabei – unabhängig vom Vortrag und entsprechenden Ausführungen – nur darauf hin, ob er **evident**, d.h. **offensichtlich nicht besteht** (sog. **Negativevidenz**[324], vgl. Rn. 59). **Der Anspruch muss mithin nicht positiv zur Überzeugung des Gerichts feststehen, er darf nur nicht von vornherein nach objektivem materiellem Recht ausgeschlossen sein.** Ist z.B. zur Ermittlung, ob der Anspruch besteht, eine **Beweisaufnahme erforderlich**, darf das Sozialgericht diese dem Zivilgericht vorbehalten.[325]

150 Diese entgegen dem Wortlaut des § 93 Abs. 1 SGB XII vorgenommene **Begrenzung gerichtlicher Prüfung** erklärt sich weder mit dem (allgemeinen) Hinweis auf ein gegliedertes Rechtsschutzsystem[326], welches ausschließt, dass das SG über zivilrechtliche (Vor-)Fragen entscheidet, noch allein mit der privatrechtsgestaltenden Wirkung der Überleitungsanzeige Zivil- oder verwaltungsrechtliche Vorfragen i.S.v. Tatbestandselementen begegnen den Sozialgerichten auch an anderer Stelle.[327] Privatrechtsgestaltende Verwaltungsakte entfalten regelmäßig Bindungswirkung für das Zivilrecht und die befassten Gerichte. Die Besonderheit besteht vielmehr in dem **Charakter der Überleitung** und einem **vom Gesetz selbst angelegten zweistufigen Verfahren**. § 93 SGB XII eröffnet die Überleitung von Ansprüchen, ohne dass der Träger damit die Befugnis erhält, den übergeleiteten Anspruch auch zu regeln, sondern er ist zur Durchsetzung auf die Erlangung eines (zivil-)gerichtlichen Titels verwiesen. Das BVerwG hat bereits früh darauf hingewiesen, dass dem Gesetz damit durchaus die Vorstellung einer **Trennung zwischen der Überleitung selbst und der Realisierung der Ansprüche** zugrunde liegt.[328] Diese Vorstellung setzt sich beim Rechtsschutz fort. Daraus ergibt sich auch für den – insoweit unveränderten § 93 SGB XII – eine gewisse **Zweiteilung der Prüfbefugnisse**. Sie weist dem Sozialgericht vor allem die Prüfung der sozialhilferechtlichen Vorgaben zu, das Bestehen des Anspruchs prüft das Gericht nur so weit, wie notwendig ist, damit eine Überleitungsanzeige nicht „mangels Substrat" sinnlos erscheint. Demgegenüber ist dem nachfolgenden Gericht aufgegeben, das Bestehen des

---

[320] BSG v. 02.02.2010 - B 8 SO 17/08 R - juris Rn. 10.
[321] BSG v. 02.02.2010 - B 8 SO 17/08 R - juris Rn. 10. Eine Gesamtgläubigerschaft kraft Gesetzes für die Steuererstattungsansprüche zusammenveranlagter Ehegatten lehnt die finanz- bzw. zivilrechtliche Rechtsprechung ab, für Ansprüche aus einem Bausparvertrag von Ehegatten wurde sie dagegen bejaht, *Grüneberg* in: Palandt, BGB, 428 Rn. 2 und 3 m.w.N.
[322] *Wahrendorf* in: Grube/Wahrendorf, SGB XII, § 93 Rn. 31 unter Berufung auf das BSG.
[323] So schon BVerwG v. 26.11.1969 - V C 54.69 - BVerwGE 34, 219, 224.
[324] BSG v. 25.04.2013 - B 8 SO 104/12 B - juris Rn. 8 f.; LSG Baden-Württemberg v. 12.12.2013 - L 7 SO 4209/09 - juris; LSG Bayern v. 14.02.2008 - L 11 SO 20/07 - FEVS 60, 131, 132; LSG NRW v. 09.11.2005 - L 20 (12) B 38/05 SO ER - FEVS 57, 529, 530; *Kiss* in: Mergler/Zink, SGB XII, § 93 Rn. 17. Grundlegend zu § 90 BSHG: BVerwG v. 26.11.1969 - V C 54.69 - FEVS 17, 203 ff.; BVerwG v. 04.06.1992 - 5 C 57.88 - FEVS 43, 99, 101.
[325] So bei LSG Baden-Württemberg v. 12.12.2013 - L 7 SO 4209/09 - juris Rn. 34 f.
[326] *Wahrendorf* in: Grube/Wahrendorf, SGB XII, § 93 Rn. 13.
[327] Z.B. § 243 Abs. 1 Nr. 3, Abs. 2 Nr. 3 SGB VI.
[328] BVerwG v. 26.11.1969 - V C 54.69 - BVerwGE 34, 219, 223.

Anspruchs und seine Durchsetzbarkeit zu prüfen.³²⁹ Eine Negativevidenz wird z.B. vorliegen, wenn nach den übereinstimmend vorgetragenen Umständen der Beteiligten keine Tatsachen vorliegen, die nach § 528 BGB eine Schenkung begründen könnten.

bb. Rechtsverletzung

Der Leistungsberechtigte wird aufgrund der belastenden Wirkung durch jede rechtswidrig erfolgte (ermessensfehlerhafte) Anspruchsüberleitung in seinen Rechten verletzt und kann sich infolgedessen auf die Fehler berufen. Sein **subjektiv-öffentliches Recht auf ermessensfehlerfreie Entscheidung** wird auch durch eine **Nichtberücksichtigung** der Interessen des **Drittbetroffenen** verletzt. Auch der anspruchsverpflichtete **Dritte** kann sich auf fehlende Tatbestandsvoraussetzungen der Überleitung wie z.B. der notwendigen Kausalität berufen und hat insbesondere einen **Anspruch** auf **ermessensfehlerfreie Entscheidung**.³³⁰

151

e. Aufhebung der Überleitungsanzeige

Auf die erfolgreiche Anfechtung der Überleitungsanzeige folgt ihre **Kassation, d.h. Aufhebung** durch das Gericht (§ 54 Abs. 1 Satz 1 SGG). Diese lässt die **Wirkungen** grundsätzlich **rückwirkend** auf den Zeitpunkt des Erlasses der Überleitungsanzeige **entfallen** (es sei denn, die Rechtswidrigkeit ist erst zu einem späteren Zeitpunkt eingetreten und das Gericht berücksichtigt das in seinem Ausspruch).³³¹ Die rückwirkende Aufhebung bewirkt, dass der **Träger der Sozialhilfe – im Verhältnis zum Leistungsberechtigten und dem Schuldner – rückwirkend zum Nichtberechtigten wird.** Der Schuldner des Anspruchs ist durch seine bis zu dem Zeitpunkt geleisteten Zahlungen frei geworden. **Der Leistungsberechtigte** hat gegen den Träger der Sozialhilfe einen **öffentlich-rechtlichen Anspruch auf Erstattung nach § 131 Abs. 1 SGG, § 816 Abs. 2 BGB** analog.³³² Hat der Sozialhilfeträger parallel zur Überleitung bei Leistungen an behinderte Menschen nach § 92 SGB XII diese zu Kosten herangezogen (**Heranziehungsverfügung**), kann dem Erstattungsverlangen des Leistungsberechtigten die **Einrede „dolo agit** qui petit quod statim redditurus est" entgegenstehen. Der Leistungsberechtigte kann die Zahlung des Erstattungsbetrages nicht verlangen, weil er diesen sofort wieder an den Sozialhilfeträger herausgeben müsste.³³³

152

f. Anträge nach § 44 SGB X

Der Primärrechtsschutz durch Anfechtung der Überleitungsanzeige innerhalb der vorgesehenen Fristen wird ergänzt durch § 44 SGB X für den Fall der Versäumung der Widerspruchs- oder Klagefrist. § 44 SGB X findet auch **im Bereich des SGB XII Anwendung**.³³⁴ Nach § 44 Abs. 2 Satz 1 i.V.m. § 44 Abs. 1 SGB X ist ein rechtswidriger, nicht begünstigender Verwaltungsakt, auch nachdem er unanfechtbar geworden ist, ganz oder teilweise mit Wirkung für die Zukunft zurückzunehmen. Nach Satz 2 kann er auch für die Vergangenheit zurückgenommen werden. **Zu den nicht begünstigenden Verwaltungsakten gehört die Überleitungsanzeige**.³³⁵ Ihr privatrechtsgestaltender Charakter steht dem ebenso wenig entgegen wie die Dauerwirkung.³³⁶ **Antragsberechtigt** sind sowohl der **Leistungsempfänger** (bisheriger Gläubiger) als auch der anspruchsverpflichtete **Dritte (Schuldner)**. Auf die Rücknahme einer rechtswidrigen Überleitung **für die Zukunft besteht ein Anspruch**, für die **Vergangen-**

153

---

³²⁹ BVerwG v. 26.11.1969 - V C 54.69 - BVerwGE 34, 219, 223 f.; BVerwG v. 04.06.1992 - 5 C 57.88 - FEVS 43, 99, 101; BVerwG v. 27.05.1993 - 5 C 7.91 - BVerwGE 92, 281, 283 f.; LSG Bayern v. 14.02.2008 - L 11 SO 20/07 - FEVS 60, 131, 132; LSG NRW v. 09.11.2005 - L 20 (12) B 38/05 SO ER - FEVS 57, 529, 530.

³³⁰ *Münder* in: LPK-SGB XII, § 93 Rn. 58; BVerwG v. 27.05.1993 - 5 C 7.91 - BVerwGE 92, 281, 283 unter Berufung auf den Eingriffcharakter der Überleitungsanzeige; LSG Sachsen v. 11.06.2012 - L 7 SO 22/10 B ER - juris Rn. 22.

³³¹ *Keller* in: Meyer-Ladewig/Keller/Leitherer, SGG, § 131 Rn. 3a; *Schenke* in: Kopp, VwGO, § 113 Rn. 8.

³³² BSG v. 23.08.2013 - B 8 SO 17/12 R - juris Rn. 15.

³³³ BSG v. 23.08.2013 - B 8 SO 17/12 R - juris Rn. 15 a.E.

³³⁴ Für rechtswidrige bestandskräftige Leistungsablehnungen nach § 44 Abs. 1 SGB X: BSG v. 26.08.2008 - B 8 SO 26/07 R - SozR 4-1300 § 44 Nr. 15 Rn. 15 f.; BSG v. 29.09.2009 - B 8 SO 16/08 R - SozR 4-1300 § 44 Nr. 20 Rn. 11; *Schütze* in: von Wulffen/Schütze, § 44 Rn. 48.

³³⁵ Belastend i.S.d. § 44 Abs. 2 SGB XII ist jeder Eingriff in Rechtsstellungen und geschützte Vermögenspositionen des Adressaten, *Schütze* in: von Wulffen/Schütze, SGB X, § 44 Rn. 22.

³³⁶ Zu den Dauerverwaltungsakten: *Schütze* in: von Wulffen/Schütze, SGB X, § 44 Rn. 21, Absatz 2 begründet einen Auffangtatbestand für die zum Nachteil der Adressaten rechtswidrigen Verwaltungsakte, die nicht der Vorschrift des Absatzes 1 unterliegen, BSG v. 16.02.2012 - B 9 SB 2/11 R.

heit steht sie im **Ermessen** der Behörde.[337] Wird der Verwaltungsakt zurückgenommen, entfällt der Rechtsgrund für bereits auf den Anspruch erbrachte Leistungen. Die **materielle Ausschlussfrist des § 44 Abs. 4 SGB X gilt für die Rücknahme der Überleitungsanzeige nicht**, denn die Überleitungsanzeige **zieht keine Pflicht zur rückwirkenden Gewährung von Sozialleistungen** nach sich und kann dem auch nicht gleichgestellt werden.[338]

4. Durchsetzung der Ansprüche

154   Der Übergang des Anspruchs stattet den Träger der Sozialhilfe mit der für die gerichtliche Durchsetzung vor dem zuständigen Fachgericht notwendigen **Aktivlegitimation** aus. Darauf ist er angewiesen, weil ihm die Überleitung nicht die Befugnis verleiht, den übergeleiteten Anspruch durch Verwaltungsakt zu regeln, sondern er zur Vollstreckung eines gerichtlichen Titels bedarf.[339] Das zur Durchsetzung **angerufene Gericht** ist an die **Überleitungsanzeige** bis zu ihrer Aufhebung oder Rücknahme durch den überleitenden Träger **gebunden**.[340]

155   Da der Anspruchsübergang auch – soweit z.B. ein Pflichtteilsanspruch betroffen ist – die zur Durchsetzung des übergeleiteten Pflichtteilsanspruchs normierten **Neben**- und **Hilfsansprüche** umfasst (vgl. Rn. 130), kann der Träger auch diese als Aktivlegitimierter **durchsetzen**.

156   Für Ansprüche, die aufgrund **öffentlich-rechtlicher** Vorschriften bestehen und regelmäßig mittels Verwaltungsakt konkretisiert gewährt werden, rückt der Träger der Sozialhilfe mit der Überleitung in die **Beteiligtenstellung** in einem laufenden Verwaltungsverfahren.[341]

5. Vorrangregelungen (Absatz 4)

157   Die **Kollisionsregelung** des Absatzes 4 räumt den **Erstattungsvorschriften der §§ 115 und 116 SGB X** den **Vorrang** vor einer Überleitung ein. § 115 SGB X regelt den Übergang von Ansprüchen gegen den Arbeitgeber auf Sozialleistungsträger im Wege der **cessio legis** für den Fall, dass der Arbeitgeber Entgeltansprüche nicht erfüllt und dies einen Anspruch auf Sozialleistungen begründet (**Entgeltfortzahlungsanspruch** in bestimmten Fällen). Zu den davon umfassten Sozialleistungen gehören auch Leistungen der Sozialhilfe, so dass die Vorrangregelung bewirkt, dass sich für den Träger der Sozialhilfe der Anspruchsübergang nach § 115 SGB X anstelle des § 93 SGB XII vollzieht. Da seit dem 01.01.2005 für erwerbsfähige Personen i.S.d. § 8 SGB II nur Leistungsansprüche nach dem SGB II in Betracht kommen (vgl. § 21 SGB XII), ist der Anwendungsbereich des § 115 SGB X in der Sozialhilfe in der Praxis gering.[342] Für **gesetzliche Schadensersatzansprüche** des Leistungsberechtigten begründet **§ 116 SGB X** für den Sozialleistungsträger eine **spezielle cessio legis**, wenn er aufgrund des Schadensereignisses Sozialleistungen für denselben Zeitraum und zur Behebung eines Schadens der gleichen Art (Kongruenz) zu erbringen hat.[343] § 116 SGB X **sperrt** für die **Schadensersatzansprüche, die von ihm nicht erfasst** werden, eine **Überleitung** nach § 93 SGB XII **nicht**, so in dem Fall, dass die erbrachten Hilfeleistungen nicht schadenskongruent sind.[344] Bei **fehlender Kongruenz** sperrt auch das **Quotenvorrecht** des Geschädigten nach § 116 Abs. 2 SGB X die **Anspruchsüberleitung** nach § 93 SGB XII **nicht**, das soll auch für den Fall positiver Kongruenz gelten.[345] In dem Fall, dass der **zum Schadensersatz verpflichtete** Schädiger **trotz des Anspruchsüberganges** auf den Träger der Sozialhilfe an den **Leistungsempfänger** (als Geschädigter) **zahlt**, gewährt **§ 116 Abs. 7 SGB X** dem Träger der Sozialhilfe entweder einen sozialrechtlichen **Erstattungsanspruch** gegen den Leistungsberechtigten (Satz 1) oder gegen ihn und den Schädiger als Gesamtschuldner (Satz 2). Dieser ist vor den Sozialgerichten zu verfolgen.[346]

---

[337] Eine Ermessensreduzierung auf Null hat das BSG im Bereich des Absatzes 2 Satz 2 bislang abgelehnt, *Schütze* in: von Wulffen/Schütze, SGB X, § 44 Rn. 25 unter Berufung auf BSG v. 24.02.1987 - 11b RAr 60/86 - SozR 1300 § 44 Nr. 28 S. 77 f.

[338] Allgemein für eine enge Anwendung des § 44 Abs. 4: *Schütze* in: von Wulffen/Schütze, SGB X, § 44 Rn. 28.

[339] So schon BVerwG v. 26.11.1969 - V C 54.69 - FEVS 34, 219, 222; zu den Auswirkungen auf den anhängigen Zivilprozess: *Kiss* in: Mergler/Zink, § 93 Rn. 44; *Wolf* in: Fichtner/Wenzel, SGB XII, § 93 Rn. 45 f.

[340] Mit Ausnahme einer nach § 40 SGB X nichtigen Überleitungsanzeige.

[341] VG Frankfurt v. 10.07.2008 - 9 E 1455/07 - juris.

[342] § 33 Abs. 5 SGB II enthält eine zu § 93 Abs. 4 SGB XII wortgleiche Regelung.

[343] *Pfohl/Steymans* in: Linhart/Adolph, SGB II/SGB XII/AsylbLG, § 93 Rn. 28 f.; *Münder* in: LPK-SGB XII, § 93 Rn. 7 ff.

[344] *Münder* in: LPK-SGB XII, § 93 Rn. 9 m.w.N.

[345] LSG NRW v. 20.12.2012 - L 9 SO 22/09 - juris; LG Bonn v. 03.05.2006 - 9 O 30/06 - juris.

[346] BSG v. 27.04.2010 - B 8 SO 2/10 R - juris.

C. Praxishinweise

Ansprüche des Leistungsberechtigten gegen Dritte sind nur dann einer Überleitung überhaupt zugänglich, wenn sie in Höhe und Bestand dem Träger der Sozialhilfe bekannt sind. Zum 01.01.2005 wurden die unter Geltung des BSHG auf Unterhaltspflichtige **beschränkten Auskunftspflichten in § 117 Abs. 2 und 3 SGB XII** auf Vorschlag des Vermittlungsausschusses **erweitert**: nunmehr sind – neben den Unterhaltspflichtigen (§ 117 Abs. 1 SGB XII) – auch Personen dem Träger der Sozialhilfe auskunftspflichtig, die dem Leistungsberechtigten zu Leistungen verpflichtet sind, die geeignet sind oder waren, Leistungen der Sozialhilfe zu mindern (§ 117 Abs. 3 Alt. 1 SGB XII) oder die für den Leistungsberechtigten Guthaben führen oder Vermögensgegenstände verwahren (§ 117 Abs. 3 Alt. 2 SGB XII).[347] Dazu können Geld- und Kreditinstitute, Versicherungen, aber auch Personen in der Funktion des verdeckten Treuhänders gehören[348] sowie Betreuer[349]. Nicht zu diesen „sonstigen Verpflichteten" gehören Partner einer nichtehelichen Lebensgemeinschaft bzw. entsprechende gleichgeschlechtliche Partner/-innen, die nicht solche nach dem LPartG sind. Sie sind nicht „zur Leistung verpflichtet"[350]. Der Träger der Sozialhilfe ist befugt, Auskunft von diesen Dritten auch **ohne Zustimmung des Leistungsberechtigten** einzufordern[351]; die Auskunftspflicht ist nach § 117 Abs. 6 SGB XII bußgeldbewehrt.

158

Für den **Sozialhilfeempfänger** ist die Klage gegen die Überleitungsanzeige vor dem Sozialgericht **gerichtskostenfrei** (§ 183 SGG[352]).

159

Wendet sich der anspruchsverpflichtete **Dritte** gerichtlich **gegen** die **Überleitungsanzeige, gehört** er **nicht** zu den nach **§ 183 SGG** kostenprivilegierten Personen.[353] Im Rahmen des nach § 197a SGG **gerichtskostenpflichtigen Verfahrens** bestimmt sich der Streitwert nach § 52 Abs. 1 GKG regelmäßig nach der Höhe der Forderung. Ein Abschlag wegen der auf die Negativevidenz beschränkten Prüfung des Bestehens des Anspruchs ist nicht gerechtfertigt.[354] Bei **wiederkehrenden Leistungen** ist nach § 52 Abs. 2 GKG i.V.m. einer analogen Anwendung des § 42 Abs. 1 GKG zu prüfen, ob der dreifache Jahresbetrag gerechtfertigt ist. Liegen zur Höhe der übergeleiteten Forderung dem Gericht keine ausreichenden Anhaltspunkte vor, ist vom **Auffangstreitwert** (§ 52 Abs. 2 GKG) auszugehen. Im Verfahren des **vorläufigen Rechtsschutzes** kann der Streitwert halbiert werden.[355]

160

Für das SGB II wurde der doppelte Rechtsweg mit Änderung des § 33 SGB II abgeschafft und ein Gleichlauf mit § 94 SGB XII erreicht, für § 93 SGB XII ist das (bislang) nicht geschehen, so dass die Träger auf das **zweistufige Verfahren der Überleitung** (mit vollem Rechtsschutz des Leistungsberechtigten und Dritten ausgestattet) und anschließend der **gerichtlichen Klage** vor dem zuständigen Fachgericht verwiesen ist. Vor dem **Zivilgericht** gilt der **Beibringungsgrundsatz**. Der Träger der Sozialhilfe ist deshalb darauf verwiesen, den Anspruch schlüssig darzulegen und ggf. die notwendigen Beweismittel (insbesondere Urkunden) beizubringen oder anzubieten. Im Gegenzug kann der Anspruchsverpflichtete alle im Zivilprozess zulässigen Verteidigungsmittel nutzen (z.B. Tatsachen bestreiten oder mit Nichtwissen erklären, vgl. § 138 ZPO).

161

Ist der Träger der Sozialhilfe nicht von **Gerichtskosten** befreit, fallen diese – wenn sowohl die Überleitung als auch die anschließende Durchsetzung des Anspruchs vor den Gerichten streitig ausgetragen werden müssen – **zweimal** an (vor dem SG als Pauschgebühr nach § 184 SGG[356]).

162

Ist der Anspruch schon vor dem zuständigen Fachgericht – wegen der praktisch häufig betroffenen bürgerlich-rechtlichen Ansprüche dem Zivilgericht – **rechtshängig**, hindert das die Überleitung nicht. Nach **§ 265 Abs. 2 Satz 1 ZPO** bleibt der **Leistungsberechtigte** zur **Prozessführung** vor dem Zivilgericht oder einem anderen Gericht **weiter** befugt. Der Träger der **Sozialhilfe** darf **nicht ohne seine**

163

---

[347] *Hohm* in: Schellhorn/Schellhorn/Hohm, SGB XII, § 117 Rn. 2 und 16 f.; *Schaefer* in: Wenzel/Fichtner, SGB XII, § 117 Rn. 6; BT-Drs. 15/2260, S. 5.

[348] *Wahrendorf* in: Grube/Wahrendorf, SGB XII, § 117 Rn. 25.

[349] Näher *Müller*, info also 2013, 106 f.; vgl. die Kommentierung zu § 117 SGB XII.

[350] *Münder* in: LPK-SGB XII, § 117 Rn. 30.

[351] *Hohm* in: Schellhorn/Schellhorn/Hohm, SGB XII, § 117 Rn. 17.

[352] Landessozialgericht Baden-Württemberg v. 12.12.2013 - L 7 SO 4209/09 - juris Rn. 39.

[353] Bayerisches LSG v. 25.11.2010 - L 8 SO 136/10 - juris Rn 38.

[354] Bayerisches LSG v. 22.06.2009 - L 18 SO 56/09 B - juris; so schon Bayerischer VGH v. 10.04.2003 - 12 C 03.616 - juris; a.A. LSG BW v. 18.07.2008 - L 7 SO 1336/08 W-A, L 7 SO 3383/07 AK-A - JurBüro 2008, 534 f.: 50% Abschlag.

[355] Sächsisches LSG v.11.06.2012 - L 7 SO 22/10 B ER - juris Rn. 30.

[356] § 184 SGG i.V.m. § 2 GKG bewirkt eine Befreiung der Gebührenpflicht für die Stadtstaaten.

Zustimmung an seine **Stelle** treten. Der Leistungsberechtigte muss aber seinen **Klageantrag** auf Zahlung an den Träger der Sozialhilfe **umstellen**.[357] Hat der Leistungsberechtigte bereits einen **Titel** erlangt, muss der Träger der Sozialhilfe **nach § 727 ZPO** dessen **Umschreibung** beantragen, wenn er daraus vollstrecken will.

164 Ist beim SG ein **Rechtsmittel** gegen die **Überleitungsanzeige** anhängig, kann das Fachgericht, welches über das Bestehen und die Durchsetzbarkeit des Anspruchs entscheidet, den bei ihm anhängigen Rechtsstreit im Hinblick darauf wegen **Vorgreiflichkeit aussetzen**. Es muss dies wegen der Rechts- und Tatbestandswirkung der Überleitungsanzeige aber nicht.[358]

165 Hat das SG **die aufschiebende Wirkung für Widerspruch oder Klage angeordnet**, ist die **Aussetzung** dagegen für das Zivilgericht **regelmäßig notwendig**.[359] Dagegen hat das Zivilgericht einen bloßen Antrag nach § 44 SGB X nicht zu beachten, ein sich anschließender Rechtsstreit gegen die ablehnende Behördenentscheidung berechtigt dagegen zur Aussetzung.

---

[357] *Hartmann* in: Baumbach/Lauterbach/Albers, ZPO, § 265 Rn. 17; *Wolf* in: Fichtner/Wenzel, SGB XII § 93 Rn. 45.
[358] A.A. für die Pflicht zur Aussetzung für § 332 SGB III ausgeführt von: *Kador* in: Eicher/Schlegel, SGB III, § 332 Rn. 72.
[359] *Zeranski*, FamRZ 1999, 824, 827; *Kiss* in: Mergler/Zink, SGB XII, § 93 Rn. 44; *Wolf* in: Fichtner/Wenzel, SGB XII, § 93 Rn. 45; *Hartmann* in: Baumbach/Lauterbach/Albers, ZPO, § 148 Rn. 34; eine entsprechende Regelung enthält § 94 VwGO für das verwaltungsgerichtliche Verfahren.

§ 94 SGB XII Übergang von Ansprüchen gegen einen nach bürgerlichem Recht Unterhaltspflichtigen

(Fassung vom 02.12.2006, gültig ab 07.12.2006)

(1) ¹Hat die leistungsberechtigte Person für die Zeit, für die Leistungen erbracht werden, nach bürgerlichem Recht einen Unterhaltsanspruch, geht dieser bis zur Höhe der geleisteten Aufwendungen zusammen mit dem unterhaltsrechtlichen Auskunftsanspruch auf den Träger der Sozialhilfe über. ²Der Übergang des Anspruchs ist ausgeschlossen, soweit der Unterhaltsanspruch durch laufende Zahlung erfüllt wird. ³Der Übergang des Anspruchs ist auch ausgeschlossen, wenn die unterhaltspflichtige Person zum Personenkreis des § 19 gehört oder die unterhaltspflichtige Person mit der leistungsberechtigten Person vom zweiten Grad an verwandt ist; der Übergang des Anspruchs des Leistungsberechtigten nach dem Vierten Kapitel gegenüber Eltern und Kindern ist ausgeschlossen. ⁴Gleiches gilt für Unterhaltsansprüche gegen Verwandte ersten Grades einer Person, die schwanger ist oder ihr leibliches Kind bis zur Vollendung seines sechsten Lebensjahres betreut. ⁵§ 93 Abs. 4 gilt entsprechend. ⁶Für Leistungsempfänger nach dem Dritten und Vierten Kapitel gilt für den Übergang des Anspruchs § 105 Abs. 2 entsprechend.

(2) ¹Der Anspruch einer volljährigen unterhaltsberechtigten Person, die behindert im Sinne von § 53 oder pflegebedürftig im Sinne von § 61 ist, gegenüber ihren Eltern wegen Leistungen nach dem Sechsten und Siebten Kapitel geht nur in Höhe von bis zu 26 Euro, wegen Leistungen nach dem Dritten Kapitel nur in Höhe von bis zu 20 Euro monatlich über. ²Es wird vermutet, dass der Anspruch in Höhe der genannten Beträge übergeht und mehrere Unterhaltspflichtige zu gleichen Teilen haften; die Vermutung kann widerlegt werden. ³Die in Satz 1 genannten Beträge verändern sich zum gleichen Zeitpunkt und um denselben Vomhundertsatz, um den sich das Kindergeld verändert.

(3) ¹Ansprüche nach Absatz 1 und 2 gehen nicht über, soweit

1. die unterhaltspflichtige Person Leistungsberechtigte nach dem Dritten und Vierten Kapitel ist oder bei Erfüllung des Anspruchs würde oder

2. der Übergang des Anspruchs eine unbillige Härte bedeuten würde.

²Der Träger der Sozialhilfe hat die Einschränkung des Übergangs nach Satz 1 zu berücksichtigen, wenn er von ihren Voraussetzungen durch vorgelegte Nachweise oder auf andere Weise Kenntnis hat.

(4) ¹Für die Vergangenheit kann der Träger der Sozialhilfe den übergegangenen Unterhalt außer unter den Voraussetzungen des bürgerlichen Rechts nur von der Zeit an fordern, zu welcher er dem Unterhaltspflichtigen die Erbringung der Leistung schriftlich mitgeteilt hat. ²Wenn die Leistung voraussichtlich auf längere Zeit erbracht werden muss, kann der Träger der Sozialhilfe bis zur Höhe der bisherigen monatlichen Aufwendungen auch auf künftige Leistungen klagen.

(5) ¹Der Träger der Sozialhilfe kann den auf ihn übergegangenen Unterhaltsanspruch im Einvernehmen mit der leistungsberechtigten Person auf diesen zur gerichtlichen Geltendmachung rückübertragen und sich den geltend gemachten Unterhaltsanspruch abtreten lassen. ²Kosten, mit denen die leistungsberechtigte Person dadurch selbst belastet wird, sind zu übernehmen. ³Über die Ansprüche nach den Absätzen 1 bis 4 ist im Zivilrechtsweg zu entscheiden.

Gliederung

A. Basisinformation 1	1. Reichweite des Anspruchsübergangs............... 120
I. Textgeschichte/Gesetzgebungsmaterialien........... 1	2. Übergang des Auskunftsanspruchs 131
II. Vorgängervorschriften.. 3	3. Ausschluss des Übergangs bei Erfüllung des
III. Parallelvorschriften 8	Anspruchs durch laufende Zahlung
1. § 33 SGB II 8	(Absatz 1 Satz 2) 133
2. § 332 SGB III 13	4. Ausschluss des Überganges nach Absatz 1
3. § 68 SGB III 14	Sätze 3 und 4 134
4. AsylbLG 15	a. Personen der Einsatzgemeinschaft, entferntere
5. GSiG 16	Verwandte und Grundsicherungsberechtigte
6. § 95 SGB VIII 18	(Satz 3)... 134
7. § 27h BVG 20	b. Schwangere und Betreuende (Satz 4) 141
8. § 7 UVG 21	5. Kollisionsregelung des Absatzes 1 Satz 5 144
9. § 37 BAföG 23	6. Entsprechende Geltung von § 105 Abs. 2
IV. Systematische Zusammenhänge 24	SGB XII für Leistungsempfänger nach dem
V. Literaturhinweise... 32	Dritten Kapitel (Absatz 1 Satz 6) 145
B. Auslegung 33	7. Unterhaltsansprüche volljähriger behinderter
I. Regelungsinhalt und Bedeutung der Norm......... 33	oder pflegebedürftiger Personen (Absatz 2).... 146
1. Anspruchsübergang kraft Gesetzes (Absatz 1) 33	8. Härteregelung des Absatzes 3 162
2. Absatz 2... 34	a. Neuregelung zum BSHG 163
3. Absatz 3.. 35	b. Satz 1 Nr. 1... 166
4. Absatz 4.. 36	c. Satz 1 Nr. 2 182
5. Absatz 5.. 37	d. Darlegungslast nach Absatz 3 Satz 2 191
II. Normzweck 38	9. Unterhalt für die Vergangenheit (Absatz 4
III. Tatbestandsmerkmale... 39	Satz 1)... 192
1. Leistungserbringung... 39	10. Künftige Leistungen (Absatz 4 Satz 2) 198
2. Rechtmäßigkeit der Leistung 50	11. Rückübertragung des Anspruchs zur Durch-
3. Für die Zeit (zeitliche Deckungsgleichheit) 55	setzung auf den Berechtigten (Absatz 5
4. Unterhaltsanspruch nach bürgerlichem Recht.....58	Sätze 1-2) 201
a. Rechtsgrund der Unterhaltspflicht 58	a. Rückübertragung zur Durchsetzung und
b. Ansprüche 60	Abtretung des geltend gemachten Unterhalts-
c. Anspruchsinhaber... 69	anspruchs (Satz 1)... 201
d. Entstehen und Bestand des Anspruchs 70	b. Anspruch auf Kostenübernahme (Satz 2) 215
e. Fälligkeit... 90	12. Rechtsweg (Absatz 5 Satz 3) 221
f. Erlöschen des Anspruchs 91	**C. Praxishinweise** 222
g. Verjährung einzelner Ansprüche auf	I. Rechtsweg.. 222
Unterhalt.. 115	II. Verfahren und Entscheidung 225
IV. Rechtsfolge: Anspruchsübergang 120	III. Sonstiges 235

A. Basisinformation

I. Textgeschichte/Gesetzgebungsmaterialien

1 Die Vorschrift wurde als **Nachfolgevorschrift zu § 91 Bundessozialhilfegesetz** (BSHG) durch Artikel 1 des Gesetzes zur Einordnung des Sozialhilferechts in das Sozialgesetzbuch vom 27.12.2003[1] in das SGB XII eingefügt. § 94 SGB XII wurde im Vergleich zu § 91 BSHG sprachlich und redaktionell verändert[2] und enthält eine Neugestaltung, die vor allem auf der Einordnung der Leistungen der Grundsicherung im Alter und bei Erwerbsminderung in das SGB XII als Viertes Kapitel, speziell die §§ 41 ff. SGB XII, beruht. Seit dem 01.01.2003 bis zum 31.12.2004 wurde im Rahmen der Gewährung von Leistungen der bedarfsorientierten Grundsicherung im Alter und bei Erwerbsminderung nach dem GSiG[3] auf die Heranziehung unterhaltspflichtiger Eltern und Kinder verzichtet, wenn deren jährliches Gesamteinkommen unter 100.000 € lag (§ 2 Abs. 1 GSiG).

---

[1] BGBl I 2003, 3022.
[2] Überblick bei: *Decker* in: Oestreicher, SGB II/SGB XII, § 94 Rn. 1.
[3] Altersvermögensgesetz vom 26.06.2001, BGBl I 2001, 1310.

§ 94 SGB XII wurde **geändert** durch das **Verwaltungsvereinfachungsgesetz vom 21.03.2005 mit Wirkung zum 30.03.2005**[4]. Es handelte sich im Verhältnis zur am 01.01.2005 in Kraft getretenen Fassung um eine (rein) redaktionelle (Folge-)Anpassung der in Absatz 2 Satz 1 genannten Kapitel, nachdem im Vermittlungsausschuss das Recht der Grundsicherung im Alter und bei Erwerbsminderung als Viertes Kapitel in das SGB XII eingefügt worden war und infolgedessen die diesem nachfolgenden Kapitel eine andere Bezifferung erfahren hatten (das Fünfte Kapitel wurde zum Sechsten, das ursprünglich Sechste zum Siebten Kapitel). Eine **weitere Änderung** erfolgte durch Art. 1 Nr. 16 des Gesetzes zur Änderung des Zwölften Buches Sozialgesetzbuch und anderer Gesetze vom 02.12.2006[5] **mit Geltung ab dem 07.12.2006**. Diese erfasste die Absätze 1 und 3 und diente nach der Gesetzesbegründung der **Klarstellung eines redaktionellen Versehens**, welches zur Ungleichbehandlung der Leistungsberechtigten nach dem Vierten Kapitel geführt hatte[6]. Die Klarstellung **erstreckte die Anordnung des § 94 Abs. 1 Satz 6 SGB XII**, wonach für den Übergang des Anspruchs § 105 Abs. 2 SGB XII entsprechend gilt, damit die Folgeregelung zum Wegfall des Wohngeldes für Leistungsberechtigte nach dem SGB XII, **auf die Leistungen des Vierten Kapitels**. Die zum 01.01.2005 in Kraft getretene Textfassung des Absatzes 1 Satz 6 hatte die entsprechende Anwendung des § 105 Abs. 2 SGB XII nur für die Leistungsempfänger nach dem Dritten Kapitel angeordnet und damit die Leistungen nach dem Vierten Kapitel benachteiligt (zur Bedeutung vgl. Rn. 145). Eine entsprechende **Ergänzung** erfuhr zum **07.12.2006 Absatz 3 Satz 1 Nr. 1**: Soweit dieser den Übergang von Ansprüchen gegen Personen ausschloss, die selbst Leistungsberechtigte nach dem Dritten Kapitel waren oder bei Erfüllung des Anspruchs geworden wären, erstreckte die Änderung diesen Ausschluss auf die nach dem Vierten Kapitel Leistungsberechtigten.

II. Vorgängervorschriften

Bereits die bis zum Inkrafttreten des BSHG am 01.06.1962 geltende **Reichsverordnung über die Fürsorgepflicht** vom 13.02.1924[7] (RFV) enthielt in § 23 eine Vorschrift über die Heranziehung Unterhaltspflichtiger. Danach konnte der nach bürgerlichem Recht Unterhaltspflichtige auf Antrag des verpflichteten Fürsorgeverbandes im Verwaltungsweg zum Kostenersatz und zur Erfüllung der Unterhaltspflicht angehalten werden (§ 23 Abs. 1 Satz 1 RFV). Im Falle des Bestreitens der Unterhaltspflicht war die **Verwaltungsbehörde** nach § 23 Abs. 2 Satz 1 der RFV berechtigt, **die Unterhaltspflicht** vorbehaltlich des ordentlichen Rechtsweges **im Verwaltungsweg festzustellen** (sog. **Resolutverfahren**[8]). Der Unterhaltspflichtige konnte daraus nicht gezwungen werden, den Unterhalt direkt an den Fürsorgeverband statt an den Berechtigten zu zahlen.[9] Die privatrechtlichen Forderungen wurden durch die Feststellung im Verwaltungswege in ihrem Rechtsgrund nicht berührt. Der Beschluss über die Feststellung war aber kraft reichsgesetzlicher Anordnung **vorläufig vollstreckbar** (§ 23 Abs. 2 Satz 3 RFV). Die **Vollstreckung** im Sinne der Durchsetzung der festgestellten Unterhaltspflicht konnte **durch eigene Amtsvollzieher** der entscheidenden Behörden oder durch die (ordentlichen) Gerichte erfolgen. Die Entscheidung darüber, ob der Fürsorgeverband einen **Verwaltungsbeschluss** nach § 23 RFV erwirken sollte, lag in seinem **Ermessen**.[10] Das **Verfahren** auf Feststellung der Unterhaltspflicht war **nachrangig zum ordentlichen Rechtsweg** ausgestaltet. Das bedeutete, die Verwaltungsentscheidung konnte durch die im ordentlichen Rechtsweg zu treffende Entscheidung über die Unterhaltspflicht aufgehoben oder abgeändert werden (erkennbar an § 23 Abs. 2 Satz 4 der Reichsverordnung). Zudem sperrte ein rechtskräftiges Urteil des ordentlichen Gerichts über die Unterhaltspflicht eine Verwaltungsentscheidung nach § 23 RFV (§ 23 Abs. 2 Satz 1 RFV „vorbehaltlich").

Die Nachfolgevorschrift des § 90 BSHG i.d.F. vom 30.06.1961[11] ermächtigte den Träger der Sozialhilfe, **Ansprüche** des Hilfeempfängers und weiterer benannter Personen **gegen einen anderen** durch schriftliche Anzeige an den anderen auf sich **überzuleiten**. Die Bestimmung erfasste auch Unterhalts-

---

[4] BGBl I 2005, 818; kritisch zur Geltung erst ab dem 30.03.2005, *Decker* in: Oestreicher, SGB II/SGB XII, § 94 Rn. 4.
[5] BGBl I 2006, 2670.
[6] BT-Drs. 16/2711, S. 12.
[7] RGBl I 1924, 100.
[8] *W. Schellhorn*, FuR 1990, 20.
[9] *Fleischmann/Jäger/Jehle*, Die öffentliche Fürsorge, 4. Aufl. 1939, § 23 Anm. 3 a.E. und Anm. 4, c).
[10] So der Wortlaut des § 23 Abs. 1 Satz 1 SGB XII „kann", nach *Fleischmann/Jäger/Jehle*, Die öffentliche Fürsorge, 4. Aufl. 1939, § 23 Anm. 5. war das Ermessen von den Erfolgsaussichten bestimmt.
[11] BGBl I 1961, 815, in Kraft getreten am 01.06.1962.

ansprüche.[12] § 91 BSHG sah hinsichtlich der Berechtigung zur Überleitung **Einschränkungen für die nach bürgerlichem Recht Unterhaltspflichtigen** vor und fungierte als Sonder- oder modifizierende **Ergänzungsregelung** zu § 90 BSHG. Im Zuge mehrerer Gesetzesänderungen wurden die Schutzvorschriften zugunsten Unterhaltspflichtiger ausgeweitet, z.B. durch das 3. ÄndG zum BSHG[13] vom 23.03.1974, wonach eine Überleitung von Unterhaltsansprüchen nicht bewirkt werden durfte, wenn der Unterhaltspflichtige mit dem Hilfeempfänger im zweiten oder einem entfernteren Grade verwandt war[14]. Der schon enthaltene **Begriff der „Härte"** wurde durch nähere gesetzliche Regelungen konkretisiert[15]. Mit dem **Inkrafttreten des SGB X** und seiner **Erstattungsvorschriften** zum 01.07.1983 (§§ 102 ff. SGB X) wurde § 90 Abs. 1 Satz 1 BSHG durch die Einschränkung ergänzt, wonach der „andere" (der Verpflichtete) **„kein Leistungsträger nach § 12 SGB I"** sein durfte.

5 § 91 BSHG ist durch **Gesetz zur Umsetzung des Föderalen Konsolidierungsprogramms – FKPG vom 23.06.1993**[16] mit Geltung ab dem 27.06.1993 **neu gefasst** worden. Er enthielt nunmehr nicht mehr nur Modifizierungen für die Unterhaltsansprüche der in § 90 BSHG dem Grunde nach geregelten Ermächtigung zur Überleitung, sondern **regelte den Übergang von Unterhaltsansprüchen eigenständig und abschließend**. An die Stelle der Magistralszession, der Anspruchsüberleitung kraft hoheitlicher Überleitungsanzeige, trat **für die Unterhaltsansprüche eine cessio legis**, d.h. der Übergang von Ansprüchen kraft Gesetzes, wenn die tatbestandlich in § 91 BSHG vorgesehenen Voraussetzungen vorlagen. **Ziel war es „vor allem, den Durchgriff des Trägers der Sozialhilfe gegenüber** einem dem Hilfeempfänger nach bürgerlichen Recht **Unterhaltspflichtigen zu erleichtern".**[17] Mit der gewählten Rechtskonstruktion einer **cessio legis** wurde – für die Praxis bedeutsam – die **ausschließliche Zuständigkeit der Zivilgerichte** – auch für die sozialhilferechtlichen Vorfragen – begründet (§ 91 Abs. 4 BSHG).[18]

6 § 94 SGB XII überträgt zum 01.01.2005 die entsprechende Vorschrift des § 91 BSHG und enthält gegenüber § 91 BSHG einige Änderungen zunächst redaktioneller Art. So wurde der Begriff Hilfeempfänger durch die leistungsberechtigte Person ersetzt.[19] Durch die **Aufnahme der Leistungen der Grundsicherung im Alter und bei Erwerbsminderung in das SGB XII** hat § 94 SGB XII im Vergleich zu § 91 BSHG aber darüber hinaus eine **(inhaltliche) Ergänzung** erfahren. Nach § 43 SGB XII gelten für diese Leistungen **Besonderheiten** bei **Vermögenseinsatz und Unterhaltsansprüchen**, insbesondere beim Verwandtenunterhalt, diese berücksichtigt auch § 94 Abs. 1 Satz 3 HS. 2 SGB XII. Die Einfügung der Sozialhilfe in das SGB XII wurde zudem zum Anlass genommen, den **Übergang von Ansprüchen volljähriger behinderter oder pflegebedürftiger Personen neu zu gestalten**. § 94 Abs. 2 SGB XII schafft für diesen Personenkreis in teilweiser Umgestaltung des § 91 Abs. 2 Sätze 2-5 BSHG eine Begrenzung der Überleitung gegen Unterhaltspflichtige der Höhe nach (sog. **Pauschalabgeltung**[20]). Eine weitere Neugestaltung in § 94 SGB XII ist eine **Folgeregelung zur Abschaffung des § 27 Abs. 3 BSHG**, wonach die **Hilfe** in besonderen Lebenslagen, die in einer **stationären oder teilstationären Einrichtung** gewährt wurde, auch den in der Einrichtung gewährten Lebensunterhalt umfasste. Die Leistungen der Hilfe zum Lebensunterhalt in den genannten Einrichtungen gelten nunmehr nicht mehr als Hilfe in besonderen Lebenslagen (vgl. dazu auch § 27b SGB XII). Damit finden für diese Leistungen andere Einkommensgrenzen Anwendung (z.B. die §§ 85, 92, 92a SGB XII).

7 **§ 94 Abs. 2 SGB XII** ersetzt die in § 91 Abs. 2 BSHG niedergelegte **Vermutungsregelung** für eine unbillige Härte bei volljährigen Kindern, die Hilfe zur Pflege oder Eingliederungshilfe für behinderte Menschen erhalten. Danach entfällt die Prüfung einer unbilligen Härte (zunächst) zugunsten eines einkommens- und vermögensunabhängigen, betragsmäßig im Gesetz festgesetzten Unterhaltsbetrages, der kraft Gesetzes übergeht. **§ 94 Abs. 3 SGB XII übernimmt Teile des § 91 Abs. 1 Satz 3 und**

---

[12] *Wienand* in: Knopp/Fichtner, Bundessozialhilfegesetz, 7. Aufl. 1992, § 90 Rn. 1; *Münder*, ZfSH/SGB 1985, 193 ff.
[13] BGBl I 1993, 777.
[14] Näher zu den Änderungen *W. Schellhorn*, FuR 1990, 20 f.
[15] Von der Inanspruchnahme unterhaltspflichtiger Eltern behinderter oder von einer Behinderung bedrohter oder pflegebedürftiger Hilfeempfänger, denen nach Vollendung des 21. Lebensjahres Eingliederungshilfe für Behinderte oder Hilfe zur Pflege gewährt wird, konnte abgesehen werden, dazu *W. Schellhorn*, FuR 1990, 20 f.
[16] BGBl I 1993, 944, 952.
[17] BT-Drs. 12/4401, S. 82.
[18] BT-Drs. 13/3904, S. 46, besorgt dazu: *Scholz*, FamRZ 1994, 1.
[19] Näher zu den redaktionellen Änderungen: *Decker* in: Oestreicher, SGB II/SGB XII, § 94 Rn. 1.
[20] Vgl. Rn. 146; *Decker* in: Oestreicher, SGB II/SGB XII, § 94 Rn. 175 ff.

Abs. 2 Satz 2 BSHG, wählt aber einen anderen Bezugspunkt für die Ermittlung der Härte. Der Anspruchsübergang wird in dem Fall ausgeschlossen, dass die unterhaltpflichtige Person hilfebedürftig ist oder bei Erfüllung des Anspruchs hilfebedürftig nach dem Dritten oder Vierten Kapitel wird.

III. Parallelvorschriften

1. § 33 SGB II

Anders als das SGB XII, welches mit § 93 SGB XII die allgemeine Vorschrift für den Übergang von Ansprüchen gegen Dritte bereithält und hernach in § 94 SGB XII speziell den Anspruchsübergang von Unterhaltsansprüchen regelt, sind durch die Regelung des § 33 SGB II **alle Ansprüche gegen Dritte (mit Ausnahme der Leistungsträger nach § 12 SGB I)** seit jeher **als überleitungsfähig** erfasst. § 33 Abs. 1 Satz 4 i.V.m. § 33 Abs. 2 SGB II regelt dabei speziell den Anspruchsübergang für Unterhaltansprüche nach dem bürgerlichen Recht. War die Vorschrift rechtstechnisch zunächst an § 90 BSHG/§ 93 SGB XII ausgerichtet und konnte ein Anspruchsübergang auch für Unterhaltsansprüche nur durch schriftliche Anzeige bewirkt werden (sog. **Magistralzession**), wurde mit dem Gesetz zur Fortentwicklung der Grundsicherung für Arbeitsuchende vom 20.07.2006[21] für alle erfassten Ansprüche ein **Anspruchsübergang kraft Gesetzes** (cessio legis) vorgesehen und § 33 SGB II damit rechtstechnisch insgesamt an § 94 SGB XII ausgerichtet.

8

In Abweichung zu § 94 SGB XII formuliert § 33 Abs. 2 Satz 1 Nr. 1 SGB II einen **Ausschluss des Überganges** von Unterhaltsansprüchen, wenn der **Verpflichtete mit dem Leistungsberechtigten in einer Bedarfsgemeinschaft** nach § 7 Abs. 3 SGB II **lebt**. Hintergrund der (scheinbaren) Privilegierung des Personenkreises ist, dass deren Einkommen und Vermögen nach § 9 Abs. 2 SGB II im Rahmen der Ermittlung eines Anspruchs bereits berücksichtigt sind. Nach § 9 Abs. 1 i.V.m. Abs. 2 Satz 3 SGB II ist hilfebedürftig, wer seinen Lebensunterhalt und den Bedarf der Bedarfsgemeinschaft, damit auch den Lebensunterhalt derjenigen mit ihm in einer Bedarfsgemeinschaft lebenden, in Absatz 2 näher bezeichneten, Personen nicht oder nicht ausreichend aus eigenen Kräften und Mitteln, d.h. aus dem zu berücksichtigenden Einkommen oder Vermögen, sichern kann[22]. Dadurch werden auch **Personen wie Leistungsberechtigte behandelt**, die ihren **individuellen Bedarf** aus Einkommen/Vermögen **decken können**[23]. Einkommen und Vermögender Mitglieder der Bedarfsgemeinschaft werden im Übrigen bei der Leistungsermittlung wie folgt berücksichtigt: Nach § 9 Abs. 2 Satz 1 SGB II sind bei Personen, die in einer Bedarfsgemeinschaft leben, auch das Einkommen und Vermögen des Partners zu berücksichtigen. Nach § 9 Abs. 2 Satz 2 SGB II sind bei unverheirateten Kindern, die mit ihren Eltern oder einem Elternteil in einer Bedarfsgemeinschaft leben, und die die Leistungen zur Sicherung des Lebensunterhaltes nicht aus ihrem eigenen Einkommen und Vermögen beschaffen können, auch das Einkommen und Vermögen der Eltern oder des Elternteils und des in Bedarfsgemeinschaft lebenden (nichtehelichen) Partners zu berücksichtigen.[24] Die mit den Unterhaltsverpflichteten in der Bedarfsgemeinschaft lebenden, näher bestimmten Unterhaltsberechtigten werden mit diesen Regelungen auf die zur Verfügung stehenden (Geld- und sonstigen vermögenswerten) Mitteln, die auch Gegenstand der Unterhaltspflicht sein können, verwiesen. Voraussetzung ist, dass die unterhaltsverpflichtete Person mit der berechtigten Person in einem Haushalt **zusammenlebt**.[25]

9

§ 33 Abs. 2 Satz 1 SGB II enthält eine weitere **Einschränkung für den Verwandtenunterhalt (nicht für den Ehegattenunterhalt)**. Unterhaltsansprüche gegen Verwandte gehen nicht über, wenn der **Berechtigte den Unterhaltsanspruch nicht geltend macht, es sei denn, es handelt sich um die Eltern minderjähriger Hilfebedürftiger oder solcher, die zwar volljährig sind, aber das 25. Lebensjahr noch nicht vollendet haben und ihre Erstausbildung noch nicht abgeschlossen haben** (§ 33 Abs. 2 Satz 1 Nr. 2 a) und b)). Mit dieser Einschränkung unterscheidet sich § 33 SGB II von § 94 SGB XII. Der Gesetzgeber hat sich dabei für das SGB II an § 194 Abs. 3 Nr. 11 SGB III (in der bis zum

10

---

[21] BGBl I 2006, 1706, mit Wirkung zum 01.08.2006.
[22] Durch die textliche Neufassung des § 9 SGB II durch das RBEG hat sich an der rechtlichen Begründung und Konstituierung der Bedarfsgemeinschaft und der Hilfebedürftigkeit ihrer Mitglieder keine Änderung ergeben. Lediglich der Bedarf zur Eingliederung in Arbeit soll Hilfebedürftigkeit nicht begründen, *Mecke* in: Eicher, SGB II, § 9 Rn. 16 und 18, vgl. auch die Gesetzesbegründung, BT-Drs. 17/3404, S. 93.
[23] *Link* in: Eicher, SGB II, § 33 Rn. 43.
[24] *Link* in: Eicher, SGB II, § 33 Rn. 43; *Münder* in: LPK-SGB II, § 33 Rn. 33: Einkommen, das über den (fiktiven) Bedarf hinausgeht, wird bei der Bedürftigkeit des Unterhaltspflichtigen direkt berücksichtigt.
[25] *Mecke* in: Eicher, SGB II, § 9 Rn. 31; *Link* in: Eicher, SGB II, § 33 Rn. 45.

31.12.2004 geltenden Fassung) angelehnt und stellt insoweit eine Möglichkeit der Selbsthilfe zurück. Ausgenommen von der Privilegierung sind die Eltern minderjähriger Hilfebedürftiger, die nach den §§ 1602 Abs. 2, 1603 Abs. 2 BGB gesteigert unterhaltspflichtig sind. Entsprechendes gilt für minderjährige und volljährige Kinder, die ihre Erstausbildung noch nicht abgeschlossen habe, denn nach § 1610 Abs. 2 BGB schulden Eltern im Rahmen ihrer wirtschaftlichen Leistungsfähigkeit dem Kind Unterhalt für eine optimale begabungsbezogene Berufsausbildung. **Unterhaltsansprüche**, die dagegen **tatsächlich** vom Berechtigten geltend gemacht werden, gehen unterschiedslos über.[26]

11 **§ 33 Abs. 2 Satz 3 SGB II entspricht § 94 Abs. 3 Satz 1 Nr. 1** SGB XII: Der Anspruchsübergang ist nur möglich, **wenn das Einkommen und Vermögen der unterhaltsverpflichteten Person das nach den Einkommens- und Vermögensvorschriften des SGB II einzusetzende Einkommen und Vermögen übersteigt**. Entsprechend dem Pendant in § 94 SGB XII soll damit vermieden werden, dass der **Unterhaltsverpflichtete** infolge des Unterhalts selbst **nach den Regeln des SGB II hilfebedürftig wird**. Die Norm erfordert – wie § 91 Abs. 2 Satz 1 BSHG – eine **Vergleichsberechnung**. Es ist dabei aber abweichend zu § 91 BSHG auf die unterhaltsverpflichtete Person und die für sie geltenden Regeln über Einkommens- und Vermögenseinsatz abzustellen (zu § 91 Abs. 2 BSHG vgl. Rn. 174). Neben der Ermittlung des Unterhaltsanspruchs des Berechtigten nach zivilrechtlichen Grundsätzen ist zudem zu ermitteln, wie hoch der hypothetische Bedarf des Unterhaltsverpflichteten auf Leistungen nach dem SGB II wäre und wie hoch seine Bedürftigkeit. Der BGH hat zur Vergleichsberechnung jüngst darauf hingewiesen, dass **Hilfebedürftigkeit** bereits dann vorliegen kann, wenn zwar der **eigene Bedarf des Unterhaltsverpflichteten** durch Einkommen gedeckt wird, aber der **Bedarf weiterer Mitglieder der Bedarfsgemeinschaft nicht gedeckt** werden kann. Auch in diesem Fall greife die Schutzvorschrift des § 33 Abs. 2 Satz 3 SGB II ein[27]. **Abweichungen zwischen dem bürgerlich-rechtlich zu bestimmenden Selbstbehalt** und einem Bedarf nach SGB II können sich dabei aus der **Berücksichtigung fiktiver Einkünfte** des Unterhaltsverpflichteten wegen Verletzung seiner Erwerbsobliegenheit ergeben.[28] Ergebnis der Vergleichsberechnung kann sein, dass **Unterhaltsansprüche nur in begrenzter Höhe geltend gemacht** werden können.[29] Für Personen der Bedarfsgemeinschaft kommt dagegen § 33 Abs. 2 Satz 3 SGB II nicht zur Anwendung, weil der Übergang von Unterhaltsansprüchen schon nach § 33 Abs. 2 Satz 1 Nr. 1 a) SGB II ausgeschlossen ist.

12 Anlässlich der Umsetzung der **Vorgaben, die das Bundesverfassungsgericht in seinem Urteil vom 09.02.2010** zur verfassungskonformen Neuregelung der Regelbedarfe des Zweiten und Zwölften Buch Sozialgesetzbuch getroffen hat[30], hat die Neufassung in § 33 SGB II durch das Gesetz zur Ermittlung der Regelbedarfe und zur Änderung des Zweiten und Zwölften Sozialgesetzbuches vom 24.03.2011 (RBEG[31]) **eine redaktionelle Änderung** vorgenommen. Der frühere Begriff des „Empfängers von Leistungen" wurde in § 33 SGB II ebenso wie in allen anderen Bestimmungen des SGB II ersetzt durch „Personen, die Leistungen zur Sicherung des Lebensunterhaltes beziehen". Eine inhaltliche Änderung ist damit nicht beabsichtigt. Nach der Gesetzesbegründung erfolgt die redaktionelle Anpassung im Sinne des **Gender Mainstreaming**[32], die Begründung zum Gesetzentwurf nennt als Ziel, die Anforderungen an geschlechtsneutrale Bezeichnungen auch im Bereich des SGB II umzusetzen[33].

---

[26] Zum Ganzen näher: *Link* in: Eicher, SGB II, § 33 Rn. 45 ff. auch mit näheren Hinweisen zur Frage, wann ein „Geltendmachen" vorliegt.

[27] BGH v. 23.10.2013 - XII ZB 570/12; *Schürmann*, juris-PR-FamR 2/2014, Anm. 7.

[28] Näher *Link* in: Eicher, SGB II, § 33 Rn. 51 ff.; *Münder* in: LPK-SGB II, § 33 Rn. 37 ff. auch zu der Frage, welche Kosten für Unterkunft und Heizung für den Bedarf bei dem Verpflichteten im Rahmen der Vergleichsberechnung anzusetzen sind (Rn. 39).

[29] *Münder* in: LPK-SGB II, § 33 Rn. 42.

[30] BVerfG v. 09.02.2010 - 1 BvL 1/09, 1 BvL 3/09, 1 BvL 4/09 - BVerfGE 125, 175 ff.

[31] BGBl I 2011, 453.

[32] BT-Drs. 17/3404, S. 112.

[33] BT-Drs. 17/3404, S. 45; Gender Mainstreaming wird dabei als Strategie verstanden, um durchgängig sicherzustellen, dass Gleichstellung als Staatsaufgabe (Art. 3 Abs. 2 GG) insbesondere von der öffentlichen Verwaltung verwirklicht wird. Mit Gender Mainstreaming wird die Optimierung des Verwaltungshandelns im Hinblick auf die systematische Beachtung der Lebenswirklichkeiten von Männern und von Frauen bei der Planung, Durchführung und Bewertung des eigenen Handelns bezeichnet, so BT-Drs. 17/3404, S. 45.

2. § 332 SGB III

§ 332 SGB III gestattet eine Überleitung öffentlich-rechtlicher oder privatrechtlicher **Ansprüche des** 13
Leistungsberechtigten gegen Dritte durch Verwaltungsakt, soweit diese auf die **Deckung des Lebensunterhaltes gerichtet sind** und **soweit dem Träger der Leistungen des SGB III** gegen den Leistungsberechtigten ein **Erstattungsanspruch** zusteht. Dieser kann sich aus § 50 SGB X ergeben (näher zu § 332 SGB III vgl. die Kommentierung zu § 93 SGB XII Rn. 3). § 332 SGB III bezweckt, **fehlgeleitete Leistungen an den Leistungsberechtigten rückabzuwickeln** und unterscheidet sich in dieser abweichenden Zielrichtung u.a. von § 94 SGB XII (vgl. die Kommentierung zu § 93 SGB XII Rn. 3). Zu den von § 332 Abs. 1 Satz 1 SGB III umfassten Ansprüchen gegen Dritte gehören neben den in Satz 1 Nrn. 1-6 einzeln genannten öffentlich-rechtlichen Ansprüchen und Ansprüchen auf Arbeitsentgelt (Satz 1 Nr. 7) auch Unterhaltsansprüche nach dem BGB, denn sie weisen eine den Leistungen zur Deckung des Lebensunterhalts nach SGB III entsprechende Zwecksetzung auf.[34] **Abweichend** zu § 94 SGB XII erfolgt der Rechtsübergang – wie nach § 93 SGB XII – durch **Überleitungsanzeige** (**Magistralzession**).

3. § 68 SGB III

Im Bereich der Berufsausbildung hat die Bundesagentur für Arbeit (BA) einen ausbildungsbedingten 14
Bedarf i.S.d. §§ 61 ff. SGB III nur zu decken, soweit dem Auszubildenden die nötigen finanziellen Mittel nicht bereits anderweitig zur Verfügung stehen (§ 56 Abs. 1 Nr. 3 SGB III, **Subsidiarität der Berufsausbildungsbeihilfe – BAB**). Zu dem danach auf den Gesamtbedarf anzurechnenden Einkommen gehört nach § 67 SGB III grundsätzlich auch das Einkommen der unterhaltspflichtigen Eltern, soweit es bestimmte Freibeträge überschreitet (**§ 67 Abs. 1 i.V.m. Abs. 2 und Abs. 5 SGB III**). Die Anrechnung erfolgt zunächst unabhängig davon, ob tatsächlich Unterhaltsleistungen von den Eltern an den Auszubildenden erbracht werden.[35] Soweit diese nicht oder nur teilweise Unterhaltszahlungen erbringen (ausbleibender Unterhalt) **tritt die BA in die Leistungsverpflichtung der Eltern eines Auszubildenden durch Vorauszahlung nach § 68 SGB III ein**. Sie leistet nach § 68 Abs. 1 Satz 1 SGB III Berufsausbildungsbeihilfe (BAB) nach Anhörung der Eltern ohne Berücksichtigung des von den Eltern geschuldeten Unterhaltes, wenn der Auszubildende glaubhaft macht, dass seine Eltern den Unterhalt nicht leisten oder das die Freibeträge übersteigende Einkommen nicht berechnet werden kann, weil die Eltern die erforderlichen Auskünfte nicht erteilen oder Urkunden nicht vorliegen und die Ausbildung gefährdet ist (Fall sog. **Gleichwohlgewährung**[36]). Dabei sind auch Einkommen des Ehegatten oder Lebenspartners zu berücksichtigen (§ 68 Abs. 1 Satz 1 HS. 2 SGB III). Nach § 68 Abs. 2 Satz 1 SGB III **geht** in diesem Fall der **Anspruch des Auszubildenden auf Unterhaltsleistungen gegen seine Eltern bis zur Höhe des anzurechnenden Unterhaltsanspruchs zusammen mit dem unterhaltsrechtlichen Auskunftsanspruch mit der Zahlung der BAB auf die Agentur für Arbeit über**. § 68 Abs. 2 Sätze 2-4, Abs. 3-5 SGB III enthalten, teils mit § 94 SGB XII identische, teils leicht modifizierende (§ 68 Abs. 3 und 4 SGB III) Ausgestaltungsregelungen für den gesetzlichen Anspruchsübergang.

4. AsylbLG

Das AsylbLG enthält keine dem § 94 SGB XII entsprechende Vorschrift. § 7 Abs. 3 AsylbLG ermächtigt die zuständige Behörde, die Ansprüche des Leistungsberechtigten gegen einen anderen **in entsprechender Anwendung des § 93 SGB XII** auf sich überzuleiten, § 94 SGB XII ist nicht erwähnt. Aus der Rechtsfolgenverweisung auf § 93 SGB XII folgt, dass der Träger der Sozialhilfe – mangels Sperrwirkung des im Verhältnis zu § 93 SGB XII spezialgesetzlichen § 94 SGB XII – auch **Unterhaltsansprüche des Asylbewerberleistungsberechtigten nach § 93 SGB XII** überleiten kann.[37] In der Konsequenz dürften in diesem Fall auch die Einschränkungen des § 94 SGB XII für den Übergang von Ansprüchen nicht gelten.[38]

---

[34] *Düe* in: Brand, SGB III, § 332 Rn. 7; *Kador* in: Eicher/Schlegel, SGB III, § 332 Rn. 42; *Schaumberg* in: jurisPK-SGB III, § 332 Rn. 36.
[35] *Buser* in: Eicher/Schlegel, SGB III, § 72 Rn. 1.
[36] *Buser* in: Eicher/Schlegel, SGB III, § 72 Rn. 1, *Herbst* in: jurisPK-SGB III, § 68 Rn. 14: „Sonderform der Ausbildungsförderung und eine besondere Ausprägung des Subsidiaritätsprinzips".
[37] *Birk* in: LPK-SGB XII, § 7 AsylbLG Rn. 9; *Deibel*, ZAR 1998, 28, 37.
[38] *Deibel*, ZAR 1998, 28, 37; vgl. dazu im Einzelnen die Kommentierung zu § 7 AsylbLG.

5. GSiG

16 Das vom 01.01.2003 bis zum 31.12.2004 geltende **GSiG**[39] **enthielt selbst keine Vorschrift zur Überleitung von Ansprüchen gegen Dritte**, sondern erklärte in § 3 Abs. 2 GSiG, für den Einsatz von Einkommen und Vermögen sollten die §§ 76-88 des Bundessozialhilfegesetzes (BSHG) einschließlich der dazu ergangenen Rechtsverordnungen entsprechend gelten. Ein Anspruchsübergang ist für die Unterhaltsansprüche nicht schon deshalb entbehrlich, weil das GSiG neben dem schlichten Verweis auf die Einkommens- und Vermögensvorschriften des BSHG in Abweichung zu diesen für die Unterhaltsansprüche gegenüber Kindern und Eltern eine Privilegierung enthielt: Zwar bestimmte § 2 Abs. 1 Satz 3 GSiG, dass **Unterhaltsansprüche** der Leistungssuchenden gegenüber ihren **Kindern und Eltern bis zur Einkommensgrenze von 100.000 € unberücksichtigt** blieben. Kein Anwendungsbereich für einen Übergang unterhaltsrechtlicher Ansprüche ergab sich bei Einkommen und Vermögen von Kindern oder Eltern, das über der Einkommensgrenze von 100.000 € lag, denn nach § 2 Abs. 3 GSiG bestand bereits kein Anspruch auf Grundsicherung, wenn eine konkrete Prüfung nach § 2 Abs. 2 Sätze 2-5 GSiG ein höheres Einkommen ergeben hat. Für **Unterhaltsansprüche gegenüber anderen Personen** (getrennt lebende/geschiedene Ehegatten, Großeltern) **verblieb aber Raum für einen Anspruchsübergang** auf den Träger der Grundsicherung.[40] Da das GSiG – anders als das AsylbLG – keine entsprechende Anwendbarkeit der Vorschriften des BSHG über die Anspruchsüberleitung oder den Anspruchsübergang (§§ 90 f. BSHG) enthielt, dabei auch keine Vorschriften über eine zumindest darlehensweise Leistungsgewährung bereithielt, wurde teilweise schon ein Anspruch des Leistungsberechtigten nach GSiG verneint, wenn Ansprüche gegen Dritte bestanden, mit der Begründung, dass das GSiG kein Instrumentarium zur Herstellung des Rangverhältnisses vorhalte.[41] Speziell für den Fall, dass Ansprüche gegen Dritte, also auch berücksichtigungsfähige Unterhaltsansprüche, für möglich gehalten wurden, wurde stattdessen eine Leistungsgewährung nach BSHG diskutiert, die dann § 91 BSHG mit dem gesetzlichen Anspruchsübergang eröffnen sollte.

17 Dem **Gesetzeszweck des GSiG**, wonach die **Grundsicherung unter erleichterten Bedingungen als die Sozialhilfe** gewährt werden sollte, um **verschämte Altersarmut zu verhindern** sowie einem Verzicht auf die Inanspruchnahme von Unterhalt sichernden Leistungen entgegenzuwirken[42], wurden beide Varianten nicht gerecht[43]. Es ist zu berücksichtigen, dass nach dem GSiG berücksichtigungsfähige Unterhaltsansprüche einen Leistungsanspruch gerade nicht ausschlossen. Das galt umfassend. Soweit das GSiG zur Begründung eines Anspruchsüberganges weder auf § 91 BSHG noch – wie beispielsweise das AsylbLG – auf § 90 BSHG (heute § 93 SGB XII) verwies, kann von einem Redaktionsversehen nicht ausgegangen werden. Vielmehr **sollte** – auch bei höheren Einkommen und Vermögen – **ein Anspruchsübergang wegen Leistungen der Grundsicherung nicht erfolgen**. Dies wird bestätigt durch die Gesetzgebungsmaterialien, die für diesen Personenkreis einen Unterhaltsrückgriff nicht für sachgerecht hielten.[44] Unter Berücksichtigung der Tatsache, dass das GSiG gerade keine Bedarfsdeckung bezweckte, sondern an einer Bedarfsorientierung ausgerichtet war und demgemäß der Leistungsumfang des § 3 Abs. 1 GSiG im Ergebnis hinter den Leistungen des BSHG zurückblieb, erschien das Ergebnis hinnehmbar.[45] Für zulässige ergänzende Leistungen der Sozialhilfe blieb dagegen die Möglichkeit des Anspruchsübergangs für Unterhaltsansprüche nach § 91 BSHG.

6. § 95 SGB VIII

18 Das SGB VIII enthält keine dem § 94 SGB XII nachgebildete Vorschrift. Mit § 95 SGB VIII findet sich eine **dem § 93 SGB XII nachgebildete Vorschrift**, die den Träger der öffentlichen Jugendhilfe

---

[39] Art. 12 AVmG vom 26.06.2001, BGBl I 2001, 1310, aufgehoben durch Art. 68 Abs. 1 Nr. 5 G. v. 27.12.2003, BGBl I 2003, 3022 mit Wirkung vom 01.01.2005.

[40] *Wenzel* in: Fichtner/Wenzel, BSHG, 2. Aufl. 2003, § 2 GSiG Rn. 6; a.A. *Schoch* in: Renn/Schoch, LPK-GSiG, § 2 Rn. 26, Privilegierung auch dieser Personen im Wege eines Erst-recht-Schlusses; *Münder*, NJW 2002, 3661, 3663 unter Berufung auf § 91 Abs. 1 Satz 3 BSHG.

[41] *Schoch* in: Renn/Schoch, LPK-GSiG, § 2 Rn. 17 m.w.N., vgl. dazu auch die Kommentierung zu § 93 SGB XII Rn. 15.

[42] BT-Drs. 14/5150, S. 48 f.; BT-Drs. 14/4595, S. 43, 72 f.; *Schoch* in: Renn/Schoch, LPK-GSiG, § 2 Rn. 6 ff. und 51.

[43] Zur letzten Variante: *Wenzel* in: Fichtner/Wenzel, BSHG, 2. Aufl. 2003, § 2 GSiG Rn. 6; zum Rückgriff auf das BSHG: *Schoch* in: Renn/Schoch, LPK-GSiG, § 2 Rn. 16.

[44] BT-Drs. 14/4595, S. 72 f.

[45] *Renn* in: LPK-GSiG, Einl. Rn 15; *Wenzel* in: Fichtner, Bundessozialhilfegesetz, VorGiSG, Rn. 3.

ermächtigt, durch schriftliche Anzeige an einen Dritten, der kein Leistungsträger nach § 12 SGB I ist, Ansprüche der in § 92 Abs. 1 SGB VIII bestimmten Personen gegen diesen Dritten für die Zeit, für die Leistungen der Kinder- und Jugendhilfe gewährt wurden, bis zur Höhe seiner Aufwendungen auf ihn überzuleiten. Zu den **Ansprüchen gegen Dritte** gehören grundsätzlich auch **Unterhaltsansprüche** nach dem Bürgerlichen Recht. Das SGB VIII kennt aber keine dem § 2 Abs. 1 SGB XII entsprechende Vorschrift und **normiert für seine Leistungen keinen Vorrang der Selbsthilfe**.[46] Entsprechend seiner Zwecksetzung – die Leistungsgewährung erfolgt nicht deshalb, weil Unterhaltszahlungen ausbleiben, sondern reagiert auf Förderbedarfe[47] – kann die Leistungsgewährung nicht vom vorherigen Einsatz von Einkommen und Vermögen abhängig gemacht werden, sondern erfolgt davon unabhängig[48]. Nach **§ 10 Abs. 2 SGB VIII** werden unterhaltspflichtige Personen nach Maßgabe der §§ 90-97b SGB VIII an den **Kosten für Leistungen und vorläufige Maßnahmen** nach diesem Buch **beteiligt**. Die §§ 91-92 SGB VIII enthalten Kostenbeteiligungsansprüche auch für Unterhaltsverpflichtete, § 95 SGB XII mithin eine Ermächtigung zur Anspruchsüberleitung vergleichbar dem § 93 SGB XII.[49] Das SGB VIII folgt damit dem **Bruttoprinzip, d.h., die notwendige Leistung der Jugendhilfe wird gewährt und (auf einer zweiten Stufe) ein Kostenbeitrag dafür erhoben**. Ein freilich schwächer ausgeprägter Nachrang[50] wird so erst auf der „Sekundärebene" installiert.[51] Die regelmäßig unterhaltsverpflichteten Eltern (auch Ehegatten oder Lebenspartner nach dem LPartG[52]) werden entsprechend ihren Einkommensverhältnissen zu den Kosten stationärer oder teilstationärer Leistungen herangezogen, dagegen nicht ambulanter Leistungen.[53] Die **Kostenbeitragspflicht rechtfertigt grundsätzlich auch den Anspruchsübergang** nach § 95 SGB VIII: Mit dem Verweis auf die nach § 92 SGB VIII **kostenbeitragspflichtigen Personen** benennt § 95 SGB VIII die nach der unterhaltsrechtlichen Rangordnung (§§ 1602, 1606, 1608 BGB) Verpflichteten, Ansprüche gegen diese können für die Zeit der Hilfegewährung bis zur Höhe der Aufwendungen des Leistungsträgers übergeleitet werden. § 95 Abs. 2 SGB VIII erlaubt eine Überleitung zudem nur bis zur Höhe des Kostenbeitrages, den eine kostenbeitragspflichtige Person (§ 92 SGB VIII) zu leisten hat.[54]

Im Rahmen **stationärer Leistungen und bei der Inobhutnahme** wird im Umfang der Jugendhilfeleistung auch der **unterhaltsrechtliche Bedarf gedeckt, er ist Bestandteil der Hilfe** bzw. **Annex-Leistung**[55] (§ 10 Abs. 2 Satz 2; §§ 39; 42 Abs. 2 Satz 3 SGB VIII). Der **Unterhaltsanspruch entfällt**[56], ist aber zumindest **auf Null reduziert**[57]. Der frühere § 96 SGB VIII, der bis zum 31.07.2001 für näher bestimmte **Leistungen an Volljährige** eine Überleitungsermächtigung für Unterhaltsansprü- 19

---

[46] Eingeschränkt: *Vondung* in: LPK-SGB VIII, § 10 Rn. 39: Unterhaltsverpflichtungen sind entsprechend dem Grundsatz der Selbsthilfe im Hinblick auf die Kostenbeteiligung gegenüber der Jugendhilfe vorrangig. Sie können in Konkurrenz mit der Sicherstellung des Lebensunterhalts nach § 39 SGB VIII treten, sie berechtigen aber nicht zur Ablehnung einer wirtschaftlichen Leistung nach § 39 VIII.

[47] Vgl. dazu schon die Kommentierung zu § 93 SGB XII Rn. 9 f.; *Meysen* in: Frankfurter Komm., SGB VIII, § 10 Rn. 5 und 31.

[48] *Meysen* in: Frankfurter Komm., SGB VIII, § 10 Rn. 5.

[49] Zu den drei Arten der Kostenbeteiligung: 1. pauschalierter Kostenbeitrag nach § 90 SGB VIII, 2. individualisierter oder pauschalierter Kostenbeitrag nach § 91 SGB VIII oder 3. Überleitung des Anspruchs nach § 95 SGB VIII, *Kunkel/Pattar* in: LPK-SGB VIII, § 95 Rn. 1.

[50] OVG Brandenburg v. 19.06.2003 - 4 A 4/02 - FEVS 55, 156, 164 f.

[51] Von der Kostenbeteiligung als Spiegelbild des Nachrangs sprechen *Kunkel /Pattar* in: LPK-SGB VIII, § 95 Rn. 1.

[52] *Vondung* in: LPK-SGB VIII, § 10 Rn. 39; vgl. zu den genannten Personen § 91 SGB VIII i.V.m. § 92 SGB VIII.

[53] Denn der Gesetzgeber hat mit der Regelung der §§ 91 ff. SGB VIII alle ambulanten Formen individueller Leistungen von der Heranziehung zu den Kosten ausgenommen, *Wiesner*, SGB VIII, § 91 Rn. 7, was sich aus dem Wortlaut des § 91 SGB VIII ergibt, vgl. dazu bereits die Kommentierung zu § 93 SGB XII Rn. 15 f.

[54] Näher *Schindler* in: Frankfurter Komm., SGB VIII, § 95 Rn 7 f.; *Rechentin* in: Jung, SGB VIII Kinder- und Jugendhilfe, § 95 Rn 8.

[55] Zur Annex-Leistung des Unterhaltes nach § 39 SGB VIII im Verhältnis zu Erziehung (§ 27 SGB VIII), Betreuung und Vollzeitpflege (§ 33 SGB VIII), OVG des Saarlandes v. 26.11.2009 - 3 B 433/09 - NVwZ-RR 2010, 239 f.

[56] *Vondung* in: LPK-SGB VIII, § 10 Rn. 40 unter Berufung auf § 10 Abs. 2 Satz 1 und 2 SGB VIII: Absatz 2 Satz 2 stelle klar, dass der Unterhalt durch die Jugendhilfeleistung gedeckt wird, die Unterhaltsberechtigung entfällt, Bayr. VGH v. 25.10.2012 - 12 ZB 11.501 - juris Rn. 23 - NJW 2013, 633 f.; BGH v. 06.12.2006 - XII ZR 197/04 - juris Rn. 27 - FamRZ 2007, 377 ff.; *Wiesner*, SGB VIII, § 10 Rn. 28. Die Eltern werden dadurch aber nicht ihrer materiellen Verantwortung gegenüber dem jungen Menschen enthoben, diese konkretisiert sich in dem Kostenbeitrag.

[57] *Meysen* in: Frankfurter Komm., SGB VIII, § 10 Rn. 32. Er lebt auch nicht wieder auf, wenn die festgesetzten Kosten nicht beigetrieben werden können.

che enthielt, ist im Hinblick auf die Regelungen über die Kostenbeteiligung allerdings **ersatzlos entfallen**. Für diese Personengruppe ist seither **die Kostenbeitragspflicht abschließend**, eine Überleitung der (dem Grunde nach bestehenden) Unterhaltsansprüche nach § 95 SGB VIII ist **nicht möglich**.[58] Der Anspruchsübergang nach § 95 SGB VIII erfasst Ansprüche gegen Verwaltungsstellen nur, wenn sie keine Leistungsträger nach § 12 SGB I sind (vgl. insoweit die dem § 93 SGB XII entsprechende Einschränkung in § 95 SGB VIII).

7. § 27h BVG

20 § 27h Abs. 1 Satz 1 Bundesversorgungsgesetz (BVG) enthält **eine § 94 Abs. 1 Satz 1 SGB XII entsprechende gesetzliche Anordnung für den Übergang von Unterhaltsansprüchen** bei Hilfegewährung. Der Umfang ist in den nachfolgenden Bestimmungen der Norm (Absatz 1 Sätze 2-4, Absätze 2-4) teilweise abweichend geregelt. Nach § 1 Opferentschädigungsgesetz (OEG) haben die dort Genannten auf Antrag einen Anspruch auf Versorgung in entsprechender Anwendung der Vorschriften des Bundesversorgungsgesetzes (BVG).

8. § 7 UVG

21 Leistungen der Sozialhilfe konkurrieren im Fall rückständigen Kindesunterhalts regelmäßig mit Leistungen, die nach dem **Unterhaltsvorschussgesetz (UVG)**[59] erbracht werden[60]. § 7 UVG enthält u.a. für den Übergang von Kindesunterhaltsansprüchen[61] gegen einen Elternteil auf das Land eine § 94 SGB XII (ehemals § 91 BSHG) nachgebildete Vorschrift für den Fall der Gewährung von Unterhaltsvorschussleistungen. § 7 UVG geht insoweit davon aus, dass die nach dem UVG gewährte Unterhaltsleistung den Unterhaltsbedarf des Kindes nicht deckt, sondern eine gegenüber dem zivilrechtlichen Anspruch subsidiäre Leistung ist.[62] Im Hinblick darauf, dass § 7 UVG teilweise hinter § 94 SGB XII zurückbleibt, insbesondere eine Regelung wie § 94 Abs. 3 SGB XII fehlt, hat der BGH klargestellt, dass mangels einer planwidrigen Regelungslücke insoweit keine analoge Anwendung der Bestimmungen des § 94 SGB XII im Rahmen des § 7 UVG eröffnet ist. Fiktives Einkommen kann berücksichtigt werden[63]. § 7 Abs. 2 UVG regelt die Inanspruchnahme des rückständigen Elternteils für die Vergangenheit. § 7 Abs. 3 Satz 2 UVG enthält zum **Schutz des Unterhaltsberechtigten ein Benachteiligungsverbot** für den Fall, dass der Träger den übergegangenen (rückständigen) Unterhaltsanspruch geltend macht und **dieser mit einem laufenden Anspruch des Berechtigten auf Unterhalt konkurriert** und für diese Zeit keine Unterhaltsleistungen nach dem UVG fließen[64]. Entsprechend § 94 Abs. 4 Satz 2 SGB XII regelt § 7 Abs. 4 Satz 1 UVG die Geltendmachung künftiger Unterhaltsansprüche durch den Träger der Unterhaltsvorschussleistung. § 7 Abs. 4 Sätze 3 und 4 UVG entsprechen § 94 Abs. 5 Sätze 1 und 2 SGB XII und ermöglichen die **Rückübertragung übergegangener Unterhaltsansprüche** auf den Unterhaltsleistungsempfänger zur gerichtlichen Geltendmachung und einen entsprechenden Anspruch auf Übernahme der daraus folgenden Kosten.

---

[58] *Schindler* in: Frankfurter Komm., SGB VIII, § 95 Rn. 3; *Kunkel/Pattar* in: LPK-SGB VIII, § 95 Rn. 1, auch mit dem Hinweis, dass die Regelung für Großeltern nicht konsistent ist, da sie nach § 10 Abs. 2 SGB VIII vorrangig leistungspflichtig sind, durch § 92 SGB VIII als Kostenschuldner aber nicht erfasst, so dass ihre Heranziehung nach § 95 SGB VIII zwar möglich ist, aber nicht vom Sinn der Neuregelung mit dem Wegfall des § 96 SGB VIII umfasst.

[59] Vom 17.07.2007, BGBl I 2007, 1446, zuletzt geändert durch Gesetz vom 03.05.2013, BGBl I 2013, 1108, zu den jüngsten Änderungen: *Többen*, NJW 2013, 1841 ff.

[60] Leistungen nach dem UVG gehen in der überwiegenden Mehrzahl der Fälle gleichzeitig mit Transferleistungen nach dem SGB II und SGB XII einher, weil der Lebensunterhalt der betroffenen Kinder in aller Regel nicht ausreichend gesichert ist, S. 1 der Stellungnahme der Bundesvereinigung der Kommunalen Spitzenverbände im Rahmen der öffentlichen Anhörung zum Gesetzentwurf, BT-Drs. 17/8802 vom 28.01.2013, Protokoll Nr. 17/85, S. 24 (Deutscher Bundestag – Ausschuss für Familie, Senioren, Frauen und Jugend).

[61] Er erfasst auch Ansprüche auf sonstige Leistungen, die bei rechtzeitiger Gewährung als Einkommen nach dem UVG anzurechnen wären, wie ausstehende Schadensersatzleistungen oder unterhaltsersetzende Leistungen, die nicht von Sozialleistungsträgern zu erbringen waren, *Grube*, UVG, § 7 Rn. 7.

[62] Näher *Grube* in: Grube, UVG, § 7 Rn. 2 unter Berufung auf Rechtsprechung des BGH. Gegenüber anderen nachrangig haftenden Unterhaltsschuldnern, wie den Großeltern, sind die Unterhaltsleistungen dagegen bedarfsdeckend.

[63] BGH v. 14.03.2001 - XII ZR 57/99 - FuR 2001, 320 f.; *Conradis* in: Rancke, Mutterschutz/Elterngeld/Elternzeit, § 7 UVG Rn. 5; *Margraf* in: Koch, Handbuch des Unterhaltsrechts, Rn. 6008.

[64] Dazu BGH v. 23.08.2006 - XII ZR 26/04 - NJW 2006, 3561 ff.

Treffen **Leistungen nach dem UVG mit Leistungen des SGB XII oder SGB II zusammen** und werden zuerst Leistungen nach SGB XII/SGB II erbracht, gehen Unterhaltsansprüche nach diesen Regelwerken zunächst auf die Träger der Sozialhilfe (oder SGB II) über. Es kommen Erstattungsvorschriften (§§ 102 ff. SGB X) zur Anwendung. Wegen der **nur nachrangigen Zuständigkeit des Trägers der Sozialhilfe/SGB II gegenüber Leistungen nach UVG** (§ 2 Abs. 2 Satz 1 i.V.m. Abs. 1 SGB XII[65]) entsteht nach § 104 SGB X ein Erstattungsanspruch des Trägers der Sozialhilfe gegen den Träger der Leistungen nach dem UVG[66]. Nach § 107 SGB X gilt die **Leistung des UVG** als mit der Sozialhilfeleistung (SGB II-Leistung) erfüllt. Wegen dieser **Erfüllungswirkung** geht dann der Unterhaltsanspruch nach § 7 UVG vom Träger der Sozialhilfe/SGB II in Höhe des vorrangigen Anspruchs auf den Träger der Leistungen nach UVG über (doppelte cessio legis).[67]

9. § 37 BAföG

Soweit das Einkommen der Eltern nach dem BAföG auf den Bedarf des **Auszubildenden** anzurechnen ist, **geht sein bürgerlich-rechtlicher Unterhaltsanspruch gegen seine Eltern nebst Auskunftsanspruch mit der Zahlung von Ausbildungsförderung** bis zur Höhe der geleisteten Aufwendungen auf das Land über (§ 37 Abs. 1 Satz 1 BAföG). Im Unterschied zu § 94 SGB XII ist der **Anspruch nach § 37 Abs. 6 BAföG** von dem Monat an zu **verzinsen**, der auf die Mitteilung des Amtes für Ausbildungsförderung über den erfolgten Anspruchsübergang an die Eltern folgt (§ 37 Abs. 6 Satz 2 BAföG).

IV. Systematische Zusammenhänge

§ 94 SGB XII erfasst – anders als § 93 SGB XII – nur bürgerlich-rechtliche Unterhaltsansprüche des Leistungsberechtigten gegen Unterhaltspflichtige. Im Unterschied zu § 93 SGB XII wählt er dafür (seit dem FKPG vom 23.06.1993[68]) das Instrument des gesetzlichen Forderungsüberganges („cessio legis"), ohne dass ein hoheitlicher Akt (wie bei der Magistralzession) erforderlich ist. Er steht – wie die §§ 93 und 95 SGB XII – im 11. Kapitel über den Einsatz des Einkommens und Vermögens unter dem Fünften Abschnitt „Verpflichtungen anderer".

Die Bestimmung korreliert mit den Vorschriften des SGB XII, welche die Bedürftigkeit des Hilfesuchenden und damit seinen Anspruch auf Sozialhilfe bestimmen. Nach § 2 Abs. 1 SGB XII erhält Sozialhilfe nicht, wer sich selbst helfen kann. Erwähnt sind dabei insbesondere der Einsatz seiner Arbeitskraft, eigenen Einkommens und Vermögens. Welches Einkommen und Vermögen (wie) einzusetzen ist, bestimmt sich nach den §§ 19 Abs. 1-5 SGB XII (früher § 11 Abs. 1 BSHG) und den Vorschriften der §§ 82 ff. SGB XII (Einkommen) und der §§ 90 ff. SGB XII (Vermögen); vgl. näher dazu die Kommentierung zu § 93 SGB XII Rn. 16 f. Zum Vermögen i.S.d. § 2 Abs. 1 SGB XII gehören seinem Sinn und Zweck auch **Ansprüche gegenüber Dritten, damit auch Unterhaltsansprüche nach den §§ 1601 ff. BGB (Verwandtenunterhalt) sowie aus Ehe und Lebenspartnerschaft**. Was allgemein für Ansprüche des Leistungsberechtigten gegen Dritte gilt, trifft auch für Unterhaltsverpflichtete nicht zeitgleich zu: Sie beseitigen die Hilfebedürftigkeit allein nicht, wenn der Unterhaltsverpflichtete nicht zeitgleich mit dem Auftreten einer sozialhilferechtlich umschriebenen Bedarfslage leistet. **Leistet der Unterhaltsverpflichtete tatsächlich keinen Unterhalt**, z.B. weil er das Bestehen des Anspruchs bestreitet, stehen dem Hilfebedürftigen aus seinem Vermögen i.S.d. § 2 Abs. 1 SGB XII insoweit **keine** einsetzbaren und damit **„bereiten" Mittel** zur Verfügung.[69] Kann ein aktuell bestehender, nicht aufschiebbarer Bedarf – wie im Regelfall – auch **nicht mit Hilfe gerichtlichen Rechtsschutzes** aus einem **Unterhaltsanspruch zeitnah befriedigt werden**, hat der Träger der Sozialhilfe zur Beseitigung der Bedarfslage bei entsprechender Kenntnis (§ 18 SGB XII) **Hilfen zu erbringen** (vgl. dazu schon die Kommentierung zu § 93 SGB XII Rn. 16).

Nach § 2 Abs. 2 Satz 1 SGB XII (wie schon § 2 Abs. 2 Satz 1 BSHG) bleiben **Verpflichtungen der Unterhaltsschuldner** gegenüber einem Hilfesuchenden des SGB XII **durch Leistungen des Sozialhilfeträgers unberührt**. Anders als für sonstige vermögenswerte Ansprüche des Leistungsberechtig-

---

[65] *Armborst* in: LPK-SGB XII, § 2 Rn. 19 ff., 23.
[66] Für SGB II-Leistungen näher: *Grube* in: Grube, UVG, § 7 Rn. 30 ff.
[67] Für SGB II-Leistungen, *Grube* in: Grube, UVG, § 7 Rn. 34.
[68] BGBl I 1993, 944.
[69] BSG v. 29.09.2009 - B 8 SO 23/08 R - ZFSH/SGB 2010, 42, 47; LSG Thüringen v. 30.07.2009 - L 9 AS 1159/08 ER - juris: verwertbares Vermögen setzt voraus, dass der Hilfesuchende über dieses tatsächlich verfügen kann, allein ein Anspruch aus § 528 BGB stellt kein verwertbares Vermögen dar, so auch BSG v. 29.09.2009 - B 8 SO 23/08 R - ZFSH/SGB 2010, 42, 47.

ten gegenüber Dritten hat diese Bestimmung **für Unterhaltsansprüche nicht nur klarstellenden, sondern konstitutiven Charakter**. Dies folgt aus der **Deckungsgleichheit** vieler sozialhilferechtlicher Leistungen mit dem Inhalt der Unterhaltsansprüche. Auch der zivilrechtliche Unterhalt umfasst einen tatsächlichen Bedarf wie z.B. Nahrung, Wohnung, Kleidung, also auch das zum Leben Unerlässliche (existenzsichernde Leistungen). Dem entspricht die sozialhilferechtliche Leistung (vgl. § 27a Abs. 1 und § 1 Satz 1 SGB XII). Mit der Hilfegewährung der Sozialhilfe wird der Unterhalt (teilweise) tatsächlich gedeckt.[70] Der Anspruch auf **Unterhalt erlischt** grundsätzlich **bei tatsächlicher Befriedigung**, also Bedarfsdeckung (§ 362 BGB, zur Art und Weise der Erbringung für den Familienunterhalt vgl. § 1360a Abs. 2 BGB). Sinn und Zweck der Leistungen nach dem SGB XII (wie dem SGB II und dem UVG) ist es aber gerade nicht, denjenigen von seinen Verbindlichkeiten zu befreien, der dem Leistungsempfänger gegenüber unterhaltspflichtig ist[71]. Für zivilrechtliche Unterhaltspflichten erschließt sich so die Notwendigkeit des § 2 Abs. 2 SGB XII unmittelbar[72]: Die gesetzliche Anordnung manifestiert in rechtstechnischer Hinsicht die Sozialhilfe als gegenüber dem geschuldeten Unterhalt subsidiäre Leistung. Für einen **Anspruchsübergang** ist die Bestimmung für bereits gewährte Leistungen die (logisch) **notwendige Voraussetzung**.[73]

27 **§ 94 SGB XII hat eine gegenüber § 93 SGB XII selbständige Bedeutung, die auch einen Rückgriff auf § 93 SGB XII ausschließt:** er bildet eigene, spezielle Voraussetzungen für den Anspruchsübergang, betreffend die Unterhaltsansprüche aus, sowie bedient sich einer cessio legis für diese Ansprüche, enthält spezielle Bestimmungen über Reichweite und Folgen des Anspruchsübergangs bzw. Schicksal der erfassten Unterhaltsansprüche (wie schon § 91 BHSG im Verhältnis zu § 90 BSHG).

28 Von der Anspruchsüberleitung nach § 94 SGB XII ausgenommen sind **Ansprüche gegen Leistungsträger i.S.d. § 12 SGB I**, da für diese der **Vorrang der eigenständigen Erstattungsregelungen nach den §§ 102 ff. SGB X** gilt.

29 Über die Verweisung in § 94 Abs. 1 Satz 5 SGB XII auf § 93 Abs. 4 SGB XII ist auch im Anwendungsbereich des § 94 SGB XII den **Ansprüchen auf Arbeitsentgelt** und den **auf Gesetz beruhenden Schadensersatzansprüchen des Leistungsberechtigten** die mit den §§ 115 und 116 SGB X verbundene Sonderbehandlung belassen worden (vgl. dazu bereits die Kommentierung zu § 93 SGB XII Rn. 20 und 102).

30 Die durch § 94 SGB XII erfassten **Unterhaltsansprüche** gehören zu den nach **§ 400 BGB nicht abtretbaren, weil unpfändbaren Forderungen**. Nach **§ 850b Abs. 1 Nr. 2 ZPO** sind **Unterhaltsrenten**, die **auf gesetzlicher Vorschrift beruhen**, sowie die wegen Entziehung einer solchen Forderung zu entrichtenden Renten **unpfändbar**.[74] Dabei gilt § 400 BGB über § 412 BGB auch für den gesetzlichen Forderungsübergang.[75] Der **Pfändungsschutz ist nicht lückenlos**. Neben der gesetzlich mit § 850b Abs. 2 ZPO angeordneten Durchbrechung (Pfändung nach Billigkeit) wird eine **Pfändbarkeit der Unterhaltsansprüche** angenommen, wenn die **Schutzfunktion** der Vorschrift nicht greift, sie also ihrem Sinn und Zweck nach **nicht zur Anwendung kommen soll (subsidiäre Pfändbarkeit)**. Der gesetzliche Pfändungsschutz soll verhindern, dass dem Unterhaltsgläubiger die Lebensgrundlage entzo-

---

[70] Zum Inhalt des Betreuungs- und Barbedarfs *Brudermüller* in: Palandt, BGB, Einf. vor § 1601 Rn. 2; näher zum Unterhaltsbedarf *ders.* in: Palandt, § 1610 Rn. 9 ff.

[71] *Margraf* in: Koch, Handbuch des Unterhaltsrechts, Rn. 6001.

[72] Der BGH führt für das Arbeitslosengeld II aus, dieses sei (unterhaltsrechtlich) nicht als Einkommen des Unterhaltsberechtigten zu berücksichtigen, es werde nur subsidiär gewährt. Nur dies sei mit § 33 SGB II und seinem Forderungsübergang vereinbar, andernfalls entfiele der Unterhaltsanspruch mangels Bedürftigkeit und könne nicht mehr auf den SGB-II-Träger übergehen, BGH v. 19.11.2008 - XII ZR 129/06 - FamRZ 2009, 307, 309 mit zustimmender Anm. von *Günther*, FamRZ 2009, 307, 310 f. mit dem zutreffenden Hinweis auf § 5 Abs. 1 Satz 1 SGB II.

[73] So schon § 22 RFV (Reichsfürsorgepflichtverordnung vom 13.02.1924) für die Unterhaltspflicht; vgl. § 10 Abs. 2 SGB VIII zu einer abweichenden Konstruktion über Kostenbeiträge, wonach die voll- und teilstationären Angebote, soweit sie teilweise auch den notwendigen Unterhalt sicherstellen, zum Erlöschen des Unterhaltsanspruchs führen, *Schindler* in: Münder/Wiesner/Meysen, Kinder- und Jugendhilferecht, Ziff. 5.5.1.2 Rn. 5; *Meysen* in: Frankfurter Komm., SGB VIII, § 10 Rn. 31 f.

[74] Kritisch zu der Vorschrift: *Foerste*, NJW 2006, 2945 ff.

[75] *Busche* in: Staudinger, BGB, § 400 Rn. 15 unter Berufung auf RGZ 76, 204, 208, allerdings unter der Einschränkung, dass dies nur gilt, wenn der Zweck dies rechtfertigt. Das soll bei Forderungsübergängen nach § 116 SGB X und § 93 SGB XII nicht der Fall sein.

gen wird.[76] Diese **Schutzfunktion entfällt**, wenn der Abtretende vom Abtretungsempfänger entweder **vollen Gegenwert seiner Unterhaltsansprüche** oder sogar explizit **Unterhalt erhalten hat**[77]. Dabei ist nicht relevant, ob die Leistung des Abtretungsempfängers an den Gläubiger freiwillig erfolgte oder aufgrund gesetzlicher Verpflichtung oder zur Gewährung von Sozialhilfe.[78] Maßgebend ist, dass die **Leistung gerade diejenigen Bedürfnisse befriedigt, deren Schutz die Unpfändbarkeitsregel bezweckt**.[79] Auf diesem **Gedanken beruht** auch § 94 SGB XII, wenn er einen Anspruchsübergang für die eigentlich unpfändbaren Unterhaltsansprüche zulässt.[80] Abweichend zu § 93 Abs. 1 Satz 4 SGB XII benennt er daher diese Ausnahme von § 400 BGB (Unpfändbarkeit) nicht explizit, sondern **setzt sie** mit seiner Rechtsfolge **voraus**[81].

(Nur) unter den genannten Voraussetzungen sind (rückständige)[82] **Unterhaltsansprüche** wegen Wegfalles der Schutzfunktion **ausnahmsweise auch an Dritte rechtsgeschäftlich abtretbar** (§ 398 BGB). Insoweit dürfte, wenn der Dritte unterhaltssichernde Leistungen erbringt, **eine Kollision mit § 94** SGB XII nicht bestehen. Auf den Dritten kann der Leistungsberechtigte den Unterhaltsanspruch dann rechtsgeschäftlich abtreten. In diesem Umfang dürfte dann auch keine Sozialhilfe notwendig werden, die einen Anspruchsübergang kraft Gesetzes nach sich ziehen und schon deswegen eine Verfügungsbefugnis beim Leistungsberechtigten nicht mehr belassen würde.

31

V. Literaturhinweise

Armbrüster, Die Nachrangigkeit der Sozialhilfe und die guten Sitten, in: Festschrift für Säcker, 2011, S. 13-28; *Binschus*, Unterhaltsansprüche volljähriger Kinder; Elternunterhalt, Hinweise auf Rechtsprechung und Schrifttum, ZfF 2010, 254-262; *Bress-Brandmaier/Gühlstorf*, Die Geltendmachung von Unterhaltsansprüchen durch Sozialleistungsträger nach dem SGB II und dem SGB XII, ZfF 2005, 193-201; *Bress-Brandmaier/Gühlstorf*, Das FamG – Die Reform des familienrechtlichen Prozessrechts, ZfF 2010, 193-208; *Diehl*, Der gesetzliche Forderungsübergang und die Folgen für die gerichtliche Geltendmachung von Kindesunterhaltsansprüchen, ZKJ 2013, 396-398; *Dose*, Elternunterhalt in der Rechtsprechung des Bundesgerichtshofs, FamRZ 2013, 993-1001; *Hußmann*, Der gesetzliche Forderungsübergang nach § 33 SGB II, FPR 2007, 354-359; *Kleffmann/Kleffmann*, Die Entwicklung des Unterhaltsrechts im Jahr 2013, Teil I und II, FuR 2014, 2-11 und 72-80; *Lau/Lau*, Kinder psychisch kranker Eltern und die „familiäre Solidarität", FamRZ 2011, 862-865; *Ludyga*, Unterhaltspflichten von Kindern gegenüber ihren Eltern im Alter und bei Pflegebedürftigkeit unter Berücksichtigung des SGB XII, NZS 2011, 606-612; *Müller*, Der Rückgriff gegen Angehörige von Sozialleistungsempfängern, 6. Aufl. 2012; *Scholz*, FamRZ 2004, 751-762; *Schürmann*, Kindesunterhalt im Spannungsfeld von Familien- und Sozialrecht, SGb 2009, 200-206.

32

B. Auslegung

I. Regelungsinhalt und Bedeutung der Norm

1. Anspruchsübergang kraft Gesetzes (Absatz 1)

§ 94 Abs. 1 SGB XII begründet den Übergang der Forderungen bürgerlich-rechtlicher, gesetzlicher Unterhaltsansprüche des Sozialhilfeberechtigten[83] gegen die Unterhaltsverpflichteten kraft Gesetzes.

33

---

[76] Hanseatisches OLG Bremen v. 11.10.2001 - 4 U 20/01 - NJW-RR 2002, 361 f.; *Stöber* in: Zöller, ZPO, § 850b Rn. 1.

[77] Zum Anspruchsübergang auf den Zweitverpflichteten nach § 1607 Abs. 2 BGB schon ausgeführt *Kropholler*, FamRZ 1965, 413, 416.

[78] Hanseatisches OLG Bremen v. 11.10.2001 - 4 U 20/01 - NJW-RR 2002, 361 f.; BGH v. 04.07.1972 - VI ZR 114/71 - NJW 1972, 1703, 1705. *Busche* in: Staudinger, BGB, § 400 Rn. 11; zu entsprechenden Erwägungen für den Anspruch aus § 528 BGB, BGH v. 09.11.1994 - IV ZR 66/94 - BGHZ 127, 354, 356.

[79] *Busche* in: Staudinger, BGB, § 400 Rn. 11 a.E.

[80] *Busche* in: Staudinger, BGB, § 400 Rn. 15.

[81] Sie war schon zu § 1542 RVO anerkannt, dazu *Stöber* in: Zöller, ZPO, § 850b Rn. 3.

[82] Künftige Ansprüche sind nach Auffassung des Hanseatischen OLG Bremen v. 11.10.2001 - 4 U 20/01 - NJW-RR 2002, 361 f. dagegen nicht abtretbar.

[83] Die originär vertraglichen Unterhaltsansprüche sind dagegen nach § 93 SGB XII überzuleiten, *Münder* in: Rothkegel, Sozialhilferecht, Kap. 26 Rn. 29 m.w.N., weniger klar dagegen *ders.* in: Berlit/Conradis/Sartorius, Existenzsicherungsrecht, Kap. 40 Rn. 22 und Rn. 67.

Absatz 1 benennt sowohl den Anspruchsberechtigten als auch die -verpflichteten sowie (zusammen mit den Absätzen 2 und 3) den Umfang des Überganges.

2. Absatz 2

34 Absatz 2 enthält Modifizierungen hinsichtlich des Umfangs, in welchem der Unterhaltsanspruch eines/einer volljährigen und behinderten oder im Sinne des SGB XII pflegebedürftigen Leistungsberechtigten gegenüber seinen/ihren Eltern übergeht (Satz 1). Satz 2 begründet eine gesetzliche Vermutung für die Leistungsfähigkeit im Umfang von Satz 1. Satz 3 knüpft die Beträge des Satzes 1 an die gesetzliche Höhe des Kindergeldes.

3. Absatz 3

35 Absatz 3 enthält spezielle Beschränkungen des nach Absatz 1 pauschal bestimmten Anspruchsübergangs, wenn die anspruchsverpflichteten Personen dadurch selbst hilfebedürftig werden oder der Anspruchsübergang eine unbillige Härte für diese Personen darstellt.

4. Absatz 4

36 Der Absatz begründet ein über die Vorschriften des BGB hinausgehendes Klagerecht für den Träger der Sozialhilfe für rückständige Unterhaltsansprüche aus der Vergangenheit als auch ein solches in begrenztem Umfang für die Zukunft.

5. Absatz 5

37 Absatz 5 eröffnet dem Sozialhilfeträger die Möglichkeit, die Forderungen auf die leistungsberechtigte Person mit deren Einvernehmen zur gerichtlichen Durchsetzung zurück zu übertragen und sich den eingeklagten Betrag (im Voraus) abtreten zu lassen (Satz 1). Er eröffnet dem Leistungsberechtigten für diesen Fall einen Anspruch auf Gewährung der für die Durchsetzung notwendigen Kosten (Satz 2) und bestimmt ferner den Rechtsweg für Ansprüche aus den Absätzen 1-4 (Satz 3).

II. Normzweck

38 § 94 SGB XII dient – wie § 93 SGB XII – der **Herstellung des Rangverhältnisses** der Sozialhilfe **speziell** zu den **Unterhaltspflichtigen**, wie es durch die Bestimmungen das SGB XII ausgeformt ist (vgl. dazu den abweichend bestimmten Rang der Leistungen des SGB VIII, vgl. zum SGB VIII Rn. 16). **Ansprüche auf gesetzlichen Unterhalt** einer leistungsberechtigten Person sind nach näherer Maßgabe der speziellen Bestimmungen des § 19 SGB XII und der Vorschriften über den Einsatz von Einkommen und Vermögen, welche im Zusammenwirken die allgemein gehaltene Bestimmung des § 2 SGB XII ausformen, **vorrangig gegenüber den Leistungen der Sozialhilfe**. § 94 SGB XII schafft für den Träger der Sozialhilfe im Falle der Leistungsgewährung trotz des Bestehens solcher vorrangiger Unterhaltsansprüche die notwendige Bedingung, das gesetzlich angeordnete Rangverhältnis zwischen Sozialhilfe und der Unterhaltspflicht selbst zu realisieren und im Weigerungsfall des zivilrechtlich Verpflichteten die Unterhaltspflicht gerichtlich durchzusetzen. Das vom Gesetz gewählte Mittel ist dabei keine Verleihung einer Befugnis zur Durchsetzung im Wege einer hoheitlichen Anordnung, eines Verwaltungsaktes, sondern – insoweit auch in Abweichung beispielsweise zu § 95 SGB XII – die **Begründung einer Gläubigerstellung** im Wege des gesetzlichen Anspruchsüberganges.[84]

III. Tatbestandsmerkmale

1. Leistungserbringung

39 Wie im Tatbestand des § 93 Abs. 1 Satz 1 SGB XII formuliert auch § 94 Abs. 1 Satz 1 SGB XII mit dem Begriff der **„leistungsberechtigten Person, für die Leistungen erbracht werden"**, die **Grundvoraussetzung** und zugleich gegenüber der Person die **innere Rechtfertigung für** einen **Anspruchsübergang** kraft Gesetzes: Der Träger der Sozialhilfe muss Leistungen erbringen. Der Begriff der Leistungen ist identisch mit dem Begriff, wie er in § 93 SGB XII gebraucht wird (vgl. die Kommentierung zu § 93 SGB XII Rn. 32). Auch in § 94 SGB XII gehören zu den Leistungen **neben den typischerweise regelmäßig wiederkehrenden und damit sog. laufenden Leistungen** im Bereich des Dritten, Vierten und der Kapitel Fünf bis Neun **einmalige Leistungen** (z.B. nach den §§ 31 und 36 SGB XII).

---

[84] Dagegen begründet § 95 SGB XII für Ansprüche des Leistungsberechtigten gegen Träger von Sozialleistungen (lediglich) eine gesetzliche Prozessstandschaft, vgl. dazu die Kommentierung zu § 95 SGB XII.

Zu den **Leistungen, die einen Anspruchsübergang rechtfertigen,** gehören auch solche, die lediglich zu einem **Kostenbeitrag oder Aufwendungsersatz** gegen den Leistungsberechtigten berechtigen. Dazu gehört die erweiterte Hilfe nach § 19 Abs. 5 SGB XII (**Aufwendungsersatz**) und Hilfen für behinderte Menschen, die nach § 92 SGB XII zunächst zu erbringen sind und zum Kostenbeitrag berechtigen (**Bruttoprinzip**). Im Unterschied zu § 93 SGB XII erwähnt § 94 SGB XII solche Aufwendungen nicht ausdrücklich. Geht es um Kostenbeiträge oder Aufwendungsersatz für Leistungen an den Leistungsberechtigten, ist es gerechtfertigt, dass seine Ansprüche gegen Unterhaltsverpflichtete übergehen.[85] Für die Vorgängerregelung des § 91 BHSG war das anerkannt.[86] Der **Übergang** des Unterhaltsanspruchs des Leistungsberechtigten ist dabei zu **trennen** von dem **Kostenbeitrag**, der von Personen nach § 19 SGB XII (mittels eines eigenständigen Leistungsbescheides) erhoben werden kann.[87]

40

Bestimmte Leistungen nach dem SGB XII **berechtigen nicht zum Anspruchsübergang** nach § 94 SGB XII, weil sie eine Heranziehung Unterhaltspflichtiger nicht erlauben. Die Leistung ist trotz bestehender Unterhaltspflicht in dem Umfang zu erbringen, selbst ein Kostenbeitrag ist nicht zu erheben. Dazu gehören Leistungen, die ohne Rücksicht auf Einkommen und Vermögen des Leistungsberechtigten zu erbringen sind (vgl. die §§ 68 Abs. 2 Satz 1, 71 Abs. 4 SGB XII). Nach **§ 68 Abs. 2 Satz 2 i.V.m. § 67 SGB XII** ist bei Hilfen zur Überwindung besonderer sozialer Schwierigkeiten von der **Inanspruchnahme Unterhaltspflichtiger abzusehen**, soweit dadurch der Erfolg der Maßnahme gefährdet würde.[88]

41

Bei anderen Leistungen ist der **Übergang von Unterhaltsansprüchen eingeschränkt, weil die Leistungsberechtigten selbst nur in beschränktem Umfang herangezogen** werden können. Für die in § 92 Abs. 2 Satz 1 Nr. 1-8, Satz 3 SGB XII genannten Leistungen ist die Aufbringung der Mittel **nur für die Kosten des Lebensunterhalts** oder **in Höhe ersparter Aufwendungen** zuzumuten. Nach § 92 Abs. 2 Satz 4 SGB XII ist die Berücksichtigung von Einkommen im Rahmen des Kostenbeitrags des behinderten Menschen noch weiter eingeschränkt für die Leistungen nach § 92 Abs. 2 Satz 1 Nr. 7 und 8 SGB XII. Dementsprechend findet auch nur in diesem begrenzten Umfang ein Anspruchsübergang von Unterhaltsansprüchen statt.[89]

42

Im **Umkehrschluss von § 92 Abs. 3 SGB XII** sind schließlich Unterhaltspflichtige, die nicht getrennt lebende Ehegatten/Lebenspartner sind, bei minderjährigen unverheirateten Kindern auch deren Eltern für die in § 92 Abs. 2 SGB XII genannten (Reha-)Leistungen schon (gar) **nicht unterhaltspflichtig**. Das betrifft vor allem **Leistungen der Eingliederungshilfe (§§ 53 ff. SGB XII)** in Gestalt der Hilfen in einer **Werkstatt für behinderte Menschen oder in Tagesförderstätten. Ein Anspruchsübergang ist insoweit ausgeschlossen.**

43

Abweichend zu § 93 SGB XII sind nach dem klaren Wortlaut des § 94 SGB XII **nur Leistungen für die leistungsberechtigte Person** selbst (d.h. den Anspruchsinhaber des überzuleitenden Anspruchs), dagegen nicht Leistungen an ihre Eltern, nicht getrennt lebende Ehegatten oder Lebenspartner gemeint (**Personenidentität**, vgl. demgegenüber der erweiterte Personenkreis in § 93 Abs. 1 Satz 2 SGB XII). Werden Leistungen unter **Berücksichtigung einer Einsatzgemeinschaft** erbracht (§ 27 Abs. 2 Sätze 2 und 3 SGB XII), muss für den Anspruchsübergang der **auf den Unterhaltsberechtigten** entfallende **Teil der Leistungen** ermittelt werden.[90]

44

Die **Leistungen** müssen nach dem Wortlaut „erbracht werden", § 94 SGB XII unterscheidet sich damit – ebenso wie § 93 SGB XII – in dieser gewählten Formulierung von der entsprechenden Vorgängerbestimmung des BSHG, die forderte, dass „Hilfe gewährt" wird. Die Frage, ob es dabei auf den **Bewilligungsbescheid oder die tatsächliche Leistungsgewährung** an den Berechtigten ankommt, ist auch mit der Neuformulierung nicht eindeutig entschieden. Entsprechend den Ausführungen zu § 93 SGB XII reicht es **grundsätzlich aus, dass ein Bewilligungsbescheid über die Leistungen vorliegt.** Er ist wegen seines **Anspruchscharakters** für den Berechtigten der frühestmögliche Zeitpunkt für den

45

---

[85] *Schellhorn* in: Schellhorn/Schellhorn/Hohm, SGB XII, § 94 Rn. 55.
[86] BVerwG v. 08.07.1982 - 5 C 39.81 - BVerwGE 66, 82, 86 ff.
[87] BVerwG v. 08.07.1982 - 5 C 39.81 - BVerwGE 66, 82, 86 ff., wonach die Verfolgung eines übergegangenen Unterhaltsanspruchs das Bedürfnis für einen (parallelen) Kostenbeitragsbescheid entfallen lässt; LSG NRW v. 20.06.2007 – L 12 SO 20/06 - juris; nachgehend BSG v. 23.03.2010 - B 8 SO 12/08 R - juris.
[88] *Schellhorn* in: Schellhorn/Schellhorn/Hohm, SGB XII, § 94 Rn. 55 m w N
[89] Näher *Schellhorn* in: Schellhorn/Schellhorn/Hohm, SGB XII, § 94 Rn. 55 m.w.N.; *Falterbaum* in: Hauck/Noftz, § 94 Rn. 44.
[90] *Wahrendorf* in: Grube/Wahrendorf, SGB XII, § 94 Rn. 14.

Rechtsübergang.[91] Dies bewirkt keine einseitige Benachteiligung des Leistungsberechtigten oder des Dritten (Unterhaltsschuldner). Werden aus dem Bescheid keine Leistungen gewährt, kann der Leistungsberechtigte direkt aus dem Bescheid gegen den Träger (im Klagewege) vorgehen. Einer Realisierung der übergangenen Ansprüche durch den Sozialhilfeträger gegenüber dem Dritten bei gleichzeitiger Leistungsverweigerung gegenüber dem Berechtigten steht der **Einwand unzulässiger Rechtsausübung** entgegen. Bei dauerhafter Leistungsverweigerung hat der Berechtigte einen Anspruch auf Rückübertragung der Unterhaltsansprüche, mindestens Auszahlung des Erlangten.

46 Ein ausdrücklicher **förmlicher Bewilligungsbescheid** ist allerdings für die Leistungen **nicht erforderlich**. Auch mit der (bewussten und zielgerichteten) tatsächlichen Leistungserbringung an den Berechtigten (z.B. Auszahlung) kann eine Leistung i.S.d. § 94 Abs. 1 Satz 1 SGB XII erbracht worden sein. Die Leistung ist dann mit Rechtsgrund „erbracht worden", wenn die **Zahlung selbst eine Regelung enthält** (so bei „Schalterverwaltungsakten", vgl. dazu näher die Kommentierung zu § 93 SGB XII Rn. 35[92]). **Abzugrenzen** davon sind die Fälle einer auf einen nicht oder **nicht mehr wirksamen Rechtsgrund** erfolgten Zahlung und der versehentlich erfolgten (i.d.R. **fehlgeleiteten**) Zahlung. Die **auf einen vermeintlichen Rechtsgrund erfolgende Zahlung** ist eine Leistung. Vergleichbar der für eine zivilrechtliche Leistung notwendigen Zweckbestimmung (notwendige subjektive Seite als Bestandteil des Leistungsbegriffs[93]) stellt sie eine gewollte Zuwendung dar. Bei einer **schlicht fehlgeleiteten (Aus-)Zahlung** liegt hingegen keine Leistung im Sinne des § 94 SGB XII vor[94], weil es an der erforderlichen **Zweckbestimmung** fehlt. Ein **Anspruchsübergang** nach § 94 SGB XII ist in diesem Fall **nicht gerechtfertigt**.

47 Parallel zu § 93 SGB XII stellt sich auch für § 94 SGB XII die Frage, ob die **darlehensweise Erbringung** der Leistung für einen Anspruchsübergang ausreicht. Der Wortlaut ist insoweit ohne Einschränkung. Die Systematik der Leistungen des SGB XII spricht wie bei § 93 SGB XII für die unterschiedslose Einbeziehung der darlehensweise erbrachten Leistungen (vgl. dazu bereits näher die Kommentierung zu § 93 SGB XII Rn. 37). Aus der Besonderheit des § 94 SGB XII im Vergleich zu § 93 SGB XII, dass die **Unterhaltsansprüche kraft Gesetzes übergehen** und nicht im Wege der hoheitlich bewirkten Überleitung (Magistralzession), folgt keine abweichende Beurteilung. Das **BAföG ordnet für Vorausleistungen** auch für die Leistungen einen Anspruchsübergang kraft Gesetzes an, die darlehensweise erbracht werden.[95] Im Bereich des § 33 SGB II, der seit dem 01.08.2006[96] für jegliche Ansprüche gegenüber Dritten nur den **Anspruchsübergang kraft Gesetzes** kennt, ist ein **Anspruchsübergang für darlehensweise gewährte** Leistungen **anerkannt**[97].

48 Die für § 93 SGB XII teilweise vertretene **differenzierte Lösung**, wonach eine Anspruchsüberleitung von dem Zeitpunkt an möglich sein soll, zu dem klar ist, dass das Darlehen nicht zurückgezahlt werden kann (vgl. die Kommentierung zu § 93 SGB XII Rn. 37 m.w.N.), ist aufgrund der damit verbundenen Rechtsunsicherheit, diesen Zeitpunkt zu bestimmen, für den in § 94 SGB XII angeordneten gesetzlichen Anspruchsübergang erst recht **nicht tauglich**. Dem **Einwand einer (unzulässigen) Übersicherung** des Trägers der Sozialhilfe im Fall des Anspruchsüberganges bei nur darlehensweise gewährten

---

[91] Vgl. die Kommentierung zu § 93 SGB XII Rn. 35, vgl. zum Zeitpunkt des Anspruchsüberganges Rn. 131; *Wolf* in: Fichtner/Wenzel, SGB XII, § 94 Rn. 31; a.A. *Kiss* in: Mergler/Zink, SGB XII, § 94 Rn. 7: erforderlich für den Rechtsübergang ist eine tatsächliche Auszahlung der Leistungen, allein der Bewilligungsbescheid reicht nicht; *Decker* in: Oestreicher, SGB II/SGB XII, § 94 Rn. 24.

[92] Danach liegt in der bewussten Weiterzahlung, z.B. in der Folge einer einmal bewilligten Leistung, i.d.R. eine konkludent erfolgte Bewilligung, ein Verwaltungsakt, der nach § 33 Abs. 2 Satz 1 SGB X in „anderer Weise" erlassen wurde.

[93] *Stadler* in: Jauernig, Bürgerliches Gesetzbuch, § 812 Rn. 4 m.w.N.

[94] Zu der Frage, ob es sich dabei (wenigstens) um eine „Leistung" i.S. des § 50 Abs. 2 SGB X handelt oder die Mittel der Behörde schlicht abhandengekommen sind, so dass die Rückforderung privatrechtlich zu erfolgen hat, *Schütze* in: von Wulffen/Schütze, SGB X, § 50 Rn. 13 m.w.N.

[95] Vgl. dazu OLG Celle v. 09.01.2008 - 15 WF 293/07 - ZFSH/SGB 2008, 361 zu § 33 SGB II; zu § 91 BSHG bejahend: *Schaefer/Wolf* in: Fichtner/Wenzel, BSHG, § 91 Rn. 31 unter Berufung auf OLG Hamm v. 27.06.2000 - 2 WF 225/00 - FamRZ 2001, 1237.

[96] Umstellung von der Magistral- auf die Legalzession durch das SGB II-Fortentwicklungsgesetz vom 20.07.2006, BGBl I 2006, 1706, *Link* in: Eicher, SGB II, § 33 Rn. 14 und 40.

[97] *Link* in: Eicher, SGB II, § 33 Rn. 17: fiduziarische Verbindung zwischen dem übergegangenen Anspruch und dem Tilgungsanspruch; a.A. *Wahrendorf* in: Grube/Wahrendorf, SGB XII, § 94 Rn. 12 unter Berufung darauf, dass mit der Rückzahlung des Darlehens das Nachrangverhältnis hergestellt wird.

Leistungen, kann für § 94 SGB XII – wie bereits für § 93 SGB XII – entgegengehalten werden, dass allein die darlehensweise Gewährung keine Sicherung (im Rechtssinne) bietet. Der Leistungsberechtigte kann im Fall der Rückzahlung des gewährten Darlehens vom Träger der Sozialhilfe die (Rück-)Übertragung der Ansprüche verlangen, weil der Rechtsgrund für den Anspruchsübergang entfallen ist (näher dazu, auch zur Rechtsnatur des Rückübertragungsanspruchs und dem aus einem hier nur treuhänderisch zugunsten des Leistungsberechtigten erfolgten Rechtsübergang auf den Träger der Sozialhilfe, vgl. die Kommentierung zu § 93 SGB XII Rn. 37). Für die rechtsgeschäftliche (Rück-)Übertragbarkeit des nach § 412 i.V.m. § 400 BGB an sich nicht übertragbaren Anspruchs auf den Berechtigten spricht schon die Regelung des § 94 Abs. 5 Satz 1 SGB XII. Eine **Realisierung des Anspruchs gegenüber dem Unterhaltsschuldner** ist im Fall der nur darlehensweisen Gewährung erst dann und nur in dem Umfang möglich, in dem das Darlehen nicht getilgt wurde[98] (vgl. zur Durchsetzung der darlehensweisen Gewährung die Praxishinweise in Rn. 233).

Zu den **Leistungen**, die nach § 94 SGB XII einen Anspruchsübergang bewirken, gehören nicht diejenigen, **die noch nach den Vorschriften des BSHG erbracht** wurden. 49

2. Rechtmäßigkeit der Leistung

Wie für § 93 SGB XII stellt sich auch für § 94 SGB XII bei insoweit offenem Wortlaut die Frage, ob der Anspruchsübergang nur bei **rechtmäßig gewährten Leistungen** erfolgt. Für § 94 SGB XII stellt sich diese Frage praktisch erst im Rahmen der Durchsetzung des Unterhaltsanspruchs (vor dem zuständigen Zivilgericht), da keine Überleitungsanzeige erforderlich ist. Ist die **Rechtmäßigkeit der gewährten Sozialhilfeleistung Voraussetzung** für einen Anspruchsübergang, muss sie vom Träger der Sozialhilfe nach dem im **Zivilprozess geltenden Beibringungsgrundsatz** dargelegt werden. Das Zivilgericht müsste die **Rechtmäßigkeit** der Hilfegewährung dann **als Tatbestandselement des Anspruchsübergangs** prüfen. Der Streitstand zu dem Rechtmäßigkeitserfordernis ist zu § 93 SGB XII bereits dargelegt (vgl. die Kommentierung zu § 93 SGB XII Rn. 41). Für § 94 SGB XII wird teilweise die **praktische Relevanz** der Streitfrage bestritten.[99] Im Ergebnis ist der Einwand nicht zutreffend. Hintergrund ist dabei die (nur) teilweise Deckungsgleichheit der Sozialhilfe- und Unterhaltsansprüche: In dem Maße, in dem die Hilfen nach dem SGB XII und Unterhaltsansprüche tatsächlich deckungsgleich sind, liegt bei einer wegen tatsächlich vorhandenen und realisierbaren Einkommens oder Vermögens nicht rechtmäßig gewährten Hilfeleistung nach dem SGB XII zwar regelmäßig auch kein Unterhaltsanspruch vor, der übergehen kann. Ob dies dazu führt, dass das Erfordernis der Rechtmäßigkeit der Hilfeleistung dann praktisch ohne Bedeutung ist, ist aber fraglich. Dagegen spricht schon, dass die Vorschriften über Einkommens- und Vermögensschutz zwischen dem Unterhaltsrecht und SGB XII nicht identisch sind (z.B. wegen § 19 Abs. 1 und 3 SGB XII) und dass der Unterhaltsanspruch von der Sozialhilfe und ihrer Gewährung unabhängig ist und sein Bestehen vom Zivilgericht selbständig geprüft wird. Allein die Berufung auf die **Bestandskraft eines bewilligenden Sozialhilfebescheides oder einer Überleitungsanzeige** hilft in dem Fall, dass Einkommensvorschriften nicht beachtet wurden, nicht. Die Gewährung von Sozialhilfe ist auch im Rahmen des Unterhaltsanspruchs zwar ein Indiz für die zivilrechtliche Hilfebedürftigkeit, ersetzt für das Zivilgericht aber nicht die eigenständige Prüfung.[100] 50

Darüber hinaus sind Einkommens- und Vermögensbestimmungen nur ein Element der Rechtmäßigkeit erbrachter Sozialhilfeleistungen. So können Hilfen nach dem SGB XII schon deswegen **rechtswidrig erbracht** worden sein, weil sie **entgegen den weiteren nach dem SGB XII die Hilfegewährung bestimmenden Vorschriften erbracht** wurden (im Fall der Hilfen nach den §§ 53 ff., 67 SGB XII nicht die richtige Hilfe erbracht worden sein, so z.B. weil sie für den Betreffenden nicht geeignet ist)[101]. Schließlich kann sich die Rechtswidrigkeit der Leistungserbringung auch daraus ergeben, dass der Leistungsberechtigte zu Unrecht Leistungen nach dem SGB XII erhält, obwohl er rechtmäßig einen Anspruch auf Leistungen nach dem SGB II hätte[102]. Zumindest in den letzteren Fallgruppen stellt sich 51

---

[98] *Link* in: Eicher, SGB II, § 33 Rn. 17.
[99] *Decker* in: Oestreicher, SGB II/SGB XII, § 94 Rn. 25; *Wahrendorf* in: Grube/Wahrendorf, SGB XII, § 94 Rn. 13; vgl. demgegenüber z.B. OLG Frankfurt v. 28.07.2011 - 2 UF 78/11 - juris.
[100] Vgl. z.B. zur Prüfung der Tatbestandsmerkmale eines Unterhaltsbedarfes eines übergeleiteten Anspruchs aus § 528 BGB, BGH v. 17.01.1996 - IV ZR 184/94 - NJW 1996, 987 f.
[101] Zu möglichen Fehlern insoweit: *Münder* in: LPK-SGB XII, § 94 Rn. 9 ff.
[102] Zu einem umgekehrten Fall OLG Frankfurt v. 28.07.2011 - 2 UF 78/11 - juris.

§ 94

also im Rahmen der Durchsetzung des Unterhaltsanspruchs die Frage, ob die erbrachte Sozialhilfe rechtmäßig gewährt sein muss.

52 Unter Hinweis darauf, dass bei Einbeziehung rechtswidriger Leistungen der Sozialhilfe der **Unterhaltsverpflichtete für Leistungen in Anspruch genommen wird, die der Träger der Sozialhilfe nicht oder nicht in dem entsprechenden Umfang hätte erbringen dürfen**.[103], wird das Erfordernis der Rechtmäßigkeit von Teilen der Kommentarliteratur als für § 94 SGB XII stets notwendiges Tatbestandsmerkmal betrachtet.[104] Die **Belange des unterhaltsverpflichteten Dritten würden so verkürzt**[105].

53 Die Einwände sind zwar nachvollziehbar, dem Ergebnis wird gleichwohl nicht zugestimmt. Für § 93 SGB XII wurde dargelegt, dass die **besseren Argumente vielmehr dafür sprechen**, die Rechtmäßigkeit der Überleitungsanzeige **nicht von der Rechtmäßigkeit der Sozialhilfebewilligung abhängig zu machen**. Dies lässt sich damit begründen, dass im Fall eines verbleibenden Vermögenszuwachses beim Leistungsberechtigten in Gestalt der Leistung durch die Überleitung weder Rechte des Leistungsberechtigten noch des anspruchsverpflichteten Dritten unzulässig geschmälert werden (vgl. die Kommentierung zu § 93 SGB XII Rn. 43). Im Bereich des § 94 SGB XII, in welchem nach der gesetzlichen Ausgestaltung unmittelbar aufgrund der Gewährung der Sozialhilfe auf den Dritten im Wege des daran geknüpften Anspruchsüberganges zugegriffen werden kann, gilt im Prinzip nichts anderes[106]. Der **Wortlaut** des § 94 SGB XII stellt trotz der Konstruktion einer cessio legis nicht auf das Erfordernis der Rechtmäßigkeit ab.[107] Der Aspekt, dass es sich dabei um einen höchst persönlichen, nach § 400 BGB grundsätzlich nicht übertragbaren Anspruch handelt, gebietet nicht, **§ 94 SGB XII als Ausnahmeregelung** zu sehen und deshalb den Anspruch nur dann übergehen zu lassen, wenn rechtmäßig Sozialhilfe gewährt wurde.[108] Die Übertragung grundsätzlich nicht übertragbarer Rechte rechtfertigt sich aus der Tatsache, dass der Unterhaltsberechtigte den vollen Gegenwert seiner Unterhaltsansprüche, oftmals gerade den Lebensunterhalt, erhält (vgl. Rn. 24). Der **Leistungsberechtigte erfährt bei rechtswidrigen Gewährungen Schutz im Umfang der §§ 45 ff. SGB X** (vgl. dazu näher die Kommentierung zu § 93 SGB XII Rn. 41 ff.).

54 Der **unterhaltsverpflichtete Dritte** erfährt **keine unbillige Schmälerung** seiner **Rechtsposition**. Er kann sich bei rechtswidrigen Sozialhilfeleistungen darauf berufen, dass der Sozialhilfeträger die rechtswidrige Leistung vom Hilfeempfänger zurückfordert, bevor er einen übergegangenen Unterhaltsanspruch durchsetzt. Insoweit wird dem systematischen Argument Rechnung getragen, dass der Träger der Sozialhilfe sich durch den Anspruchsübergang nicht den vorrangigen Weg der §§ 45 ff. SGB X ersparen darf, indem er sich stattdessen gleich an den (unterhaltspflichtigen) Dritten hält.[109] Ist der Träger der Sozialhilfe mit dem Vorgehen nach den §§ 45 ff. SGB X erfolgreich, hat er den Unterhaltsanspruch an den Leistungsberechtigten zurückzuübertragen, weil der Rechtsgrund der Leistungsgewährung für den Anspruchsübergang entfallen ist. Ein automatischer Rückfall des Anspruchs erfolgt dagegen nicht. Der **Anspruch auf Rückübertragung** ist ein **öffentlich-rechtlicher Erstattungsanspruch**[110]. Für **den in Anspruch genommenen Unterhaltsschuldner**, den Dritten, gilt im Übrigen: Aufgrund der Unabhängigkeit des Unterhaltsanspruchs von der gewährten Sozialhilfe[111] wird **allein**

---

[103] *Münder* in: LPK-SGB XII, § 94 Rn. 9. BVerwG v. 27.03.1968 - V C 3.67 - BVerwGE 29, 229, 234.

[104] *Kiss* in: Mergler/Zink, SGB XII, § 94 Rn. 8; *Decker* in: Oestreicher, SGB II/SGB XII, § 94 Rn. 25; *Wolf* in: Fichtner/Wenzel, SGB XII, § 94 Rn. 31 a.E.

[105] OLG Frankfurt v. 28.07.2011 - 2 UF 78/11 - juris Rn. 37 zu § 33 SGB II auch mit dem Argument, dass dieser gerade keine Schranken wie § 94 SGB XII aufweise.

[106] A.A. *Münder* in: LPK-SGB XII, § 94 Rn. 9; *Kiss* in: Mergler/Zink, SGB XII § 94 Rn. 8 allerdings jeweils mit dem zutreffenden Hinweis, dass aufgrund der zivilrechtlichen Beibringungslast der Einwand der Rechtswidrigkeit dargelegt werden muss; OLG Frankfurt v. 28.07.2011 - 2 UF 78/11 - juris Rn. 37, im dortigen Fall hat der SGB II-Träger selbst im Klageverfahren darauf hingewiesen, dass Leistungen nach dem SGB XII hätten bewilligt werden müssen.

[107] Zu § 33 SGB II, *Link* in: Eicher, SGB II, § 33 Rn. 22

[108] Zu dieser Überlegung: BVerwG v. 27.10.1977 - V C 9.77 - BVerwGE 55, 23, 26 zur Überleitung nach dem BAföG.

[109] *Link* in: Eicher SGB II, § 33 Rn. 22; zu dieser Erwägung: BVerwG v. 27.03.1968 - V C 3.67 - BVerwGE 29, 229, 234. *Wahrendorf* in: Grube/Wahrendorf, SGB XII, § 94 Rn. 13.

[110] BSG v. 23.08.2013 - B 8 SO 17/12 R - juris Rn. 15 für die Überleitung nach § 93 SGB XII ausgeführt; *Link* in: Eicher SGB II, § 33 Rn. 22 m.w.N.

[111] Vergleichbare Erwägungen zum Verhältnis BAföG – Unterhaltsanspruch bei BVerwG v. 27.10.1977 - V C 9.77 - BVerwGE 55, 23, 27 f.

durch die **(fehlerhaft) gewährte Sozialhilfe kein Unterhaltsanspruch** entgegen dem Zivilrecht geschaffen oder aufrechterhalten. Der unterhaltsverpflichtete Dritte wird in Anspruch genommen, weil ein Unterhaltsanspruch besteht, nicht weil Sozialhilfe gewährt wurde.[112] Wurde rechtswidrig Sozialhilfe gewährt und sind **Ansprüche** nach den **§§ 45 ff. SGB X ausgeschlossen**, bleibt der **Anspruchsübergang** durch den dauerhaften vermögenswerten Vorteil beim Hilfeempfänger **gerechtfertigt**[113]. Rechte des Dritten werden durch die rechtswidrige Bewilligung (Begünstigung) nicht beeinträchtigt.

3. Für die Zeit (zeitliche Deckungsgleichheit)

Voraussetzung des Anspruchsüberganges ist, dass die leistungsberechtigte Person **für die Zeit, für die Leistungen erbracht werden**, einen Unterhaltsanspruch nach bürgerlichem Recht hat. Das mit dem Schlagwort der **Gleichzeitigkeit der Ansprüche** umschriebene Erfordernis **konkretisiert** den Sinn und Zweck der Überleitung, den **Nachrang der Sozialhilfe** herzustellen (zu dem von § 2 SGB XII nur allgemein umschriebenen Nachrangverhältnis vgl. die Kommentierung zu § 93 SGB XII Rn. 101). Der Anspruchsübergang begründet für den Leistungsträger **keinen allgemeinen Kostenersatzanspruch** gegen Dritte, weil er Leistungen erbringt, sondern er wird dadurch **gerechtfertigt** und damit auch **begrenzt**, dass der Träger der Sozialhilfe **anstelle der Unterhaltsverpflichteten** Leistungen erbringt. Der **Zeitraum, für den Sozialhilfeleistungen erbracht werden**, muss sich mit dem **Zeitraum decken**, für welchen der **Unterhaltsschuldner Leistungen schuldet**. Für die Bestimmung ist hinsichtlich der Sozialhilfeleistungen **der in der Bewilligung benannte Zeitraum** maßgebend, hingegen nicht der tatsächliche Empfang der Leistungen.[114] Bei diesbezüglich **mehrdeutigen Bewilligungen** ist der Zeitraum durch **Auslegung** der Bewilligung zu bestimmen[115]. Wird **Hilfe zum Lebensunterhalt** gewährt, bildet grundsätzlich der einzelne **Monat** die kleinste gemeinsame Verrechnungseinheit. Ein Abstellen auf die tägliche Gegenüberstellung unter Berufung auf die überkommene Vorstellung, dass der Sozialhilfeanspruch täglich neu entsteht, ist mit der Umstellung des SGB XII auf pauschalierte Regelbedarfe, die den notwendigen Lebensunterhalt monatlich bestimmen und einmalige Bedarfe nur in engen Ausnahmen als eigene Bedarfstatbestände kennen, im Übrigen aber gerade auch mit den in den Regelsätzen enthaltenen Ansparbeträgen von einem monatlichen Bedarf ausgehen, überholt.[116] Das Abstellen auf eine tageweise Bewilligung ist spätestens obsolet, wenn Leistungen – wie in der Praxis üblich – für mehr als einen Monat bewilligt werden. **Ändern** sich die Leistungen **in einzelnen Monaten**, müssen diese **jeweils** dem Unterhaltsanspruch gegenüber gestellt werden. Eine **Durchschnittsberechnung**, wie sie im Unterhaltsrecht praktiziert wird, ist wegen § 94 Abs. 1 SGB XII und seiner klaren Zuordnung **nicht zulässig**.[117]

55

Bei **einmaligen Leistungen** nach dem SGB XII, die nicht für einen bestimmten Zeitraum bewilligt werden (z.B. nach den §§ 31, 35 Abs. 2 Satz 5, 36 SGB XII) ist unter **Rückgriff auf die gesetzlichen Vorgaben zum Einkommenseinsatz** zu bestimmen, für welche Zeiträume sie als erbracht gelten die teilweise systematisch nur für bestimmte Leistungen gelten, Konkret relevant sind für einmalige Leistungen nach dem Fünften bis Neunten Kapitel § 87 Abs. 3 SGB XII, für Leistungen nach dem Dritten und Vierten Kapitel kommt § 31 Abs. 2 Satz 2 SGB XII als Maßstab in Betracht.[118] Für **laufende Ansprüche nach dem Fünften bis Neunten Kapitel** bieten sich ein **Rückgriff auf § 85 SGB XII** und das darin verfolgte **Monatsprinzip** an.

56

Der **Unterhaltsanspruch** muss nicht gleichzeitig mit dem sozialhilferechtlichen Anspruch entstanden sein, es reicht aus, dass er in dem in der Bewilligung ausgesprochenen Zeitraum **noch fällig (vgl. Rn. 90) und nicht erfüllt** (vgl. Rn. 91) ist[119].

57

---

[112] Ähnlich *Link* in: Eicher, SGB II, § 33 Rn. 22.

[113] *Link* in: Eicher, SGB II, § 33 Rn. 22.

[114] Vgl. die Kommentierung zu § 93 SGB XII Rn. 101; *Münder* in: LPK-SGB XII, § 94 Rn. 16; für § 33 SGB II, *Link* in: Eicher, SGB II, § 33 Rn. 37.

[115] *Wahrendorf* in: Grube/Wahrendorf, SGB XII, § 94 Rn. 15.

[116] So aber noch *Münder* in: LPK-SGB XII, § 94 Rn. 17.

[117] Ähnlich *Wahrendorf* in: Grube/Wahrendorf, SGB XII, § 94 Rn. 16 unter Berufung auf die „maßgeblichen Strukturen des Sozialhilferechts"; zur Durchschnittsberechnung im Unterhaltsrecht: *Dose* in: Wendl/Dose, Unterhaltsrecht in der familiengerichtlichen Praxis, § 1 Rn. 25 f. und Rn. 72 f.; *Margraf* in: Koch, Handbuch des Unterhaltsrechts, Rn. 1143/1143a.

[118] Dazu bereits näher die Kommentierung zu § 93 SGB XII Rn. 101; *Münder* in: LPK-SGB XII, § 94 Rn. 18.

[119] *Gerenkamp* in: Mergler/Zink, SGB XII, § 94 Rn. 9.

4. Unterhaltsanspruch nach bürgerlichem Recht

a. Rechtsgrund der Unterhaltspflicht

58 Erfasst werden nach § 94 Abs. 1 Satz 1 SGB XII **Unterhaltsansprüche** der **leistungsberechtigten Person** nach **bürgerlichem Recht**. Der Begriff erfasst die **kraft Gesetzes bestehenden Unterhaltsansprüche**, dagegen **nicht** die **vertraglich begründeten**. Letztere können allein nach § 93 SGB XII übergeleitet werden.[120] **Vertraglich begründete Unterhaltsansprüche** sind dabei nur solche, die einseitig sind und Ausdruck sittlicher Bindung und Familienzusammengehörigkeit[121] (sog. **"echte" Unterhaltsverträge**). Für die "echten" Unterhaltsverträge hatte das BVerwG zwar offen gelassen, ob sie unmittelbar nach § 94 SGB XII übergehen.[122] Nach dem Wortlaut des § 94 SGB XII ("Unterhaltsanspruch nach bürgerlichem Recht") sowie unter Heranziehung der Gesetzessystematik, die in § 94 Abs. 1 Satz 3 SGB XII Verwandte ab dem zweiten Grad ausnimmt, ist eine Anwendung des § 94 SGB XII nach seiner eigenen Wertung abzulehnen.[123] Dies gilt auch für solche echten Unterhaltsverträge, die die gesetzlichen Unterhaltspflichten ablösen und an ihre Stelle ein von der Bedürftigkeit und Leistungsfähigkeit losgelöstes Leibrentenstammrecht setzen (**novierende Vereinbarungen**[124]). Diese können (erst recht) **nach § 93 SGB XII übergeleitet** werden. Eine Lücke oder Umgehungsmöglichkeit entsteht also nicht, in der Praxis lediglich eine etwas andere Handhabung durch die Notwendigkeit einer Überleitungsanzeige für die Ansprüche[125].

59 Zu den echten Unterhaltsverträgen rechnen **nicht solche, die nicht nur von einer symbolischen Gegenleistung abhängig sind, sondern Gegenstand eines wirtschaftlichen Austauschvertrages sind** (z.B. Altenteilsverträge[126]). Echte Unterhaltsverträge sind auch nicht solche, **die die gesetzlich bestehende Unterhaltspflicht im Rahmen eines Spielraumes nur konkretisieren.**[127] **Im Zweifel** ist eine **unselbständige** vertragliche **Ausgestaltung** des gesetzlichen Unterhaltsanspruchs anzunehmen[128].

b. Ansprüche

60 Unterhaltspflichten und spiegelbildliche -ansprüche begründet das BGB **zwischen Verwandten, Ehegatten**, dem Ehegattenunterhalt nach dem BGB gleichgestellt sind Unterhaltsansprüche zwischen den **Partnern einer eingetragenen Lebenspartnerschaft**.

aa. Verwandtenunterhalt

61 Von besonderer praktischer Bedeutung ist der sog. **Verwandtenunterhalt**. Nach **§ 1601 BGB** sind **Verwandte in gerader Linie** verpflichtet, einander Unterhalt zu gewähren. Unterhaltsverpflichtet sind danach **alle in gerader ab- und aufsteigender Linie miteinander Verwandten** i.S.d. § 1589 BGB, ohne Rücksicht auf den Grad der Verwandtschaft.[129] **Nicht unterhaltspflichtig** sind dagegen **Verwandte in der Seitenlinie** (Geschwister, Verschwägerte nach § 1590 BGB und Stiefkinder). Praktisch bedeutsam für § 94 SGB XII sind Unterhaltsansprüche der **Kinder gegenüber den Eltern (und umgekehrt)**. Die **Unterhaltsansprüche der Kinder** gegenüber den Eltern unterteilen sich nach dem Grad

---

[120] *Münder* in: Rothkegel, Sozialhilferecht, Kap. 26 Rn. 29.
[121] BVerwG v. 27.05.1993 - 5 C 7/91 - FamRZ 1994, 31, 32; zu Verträgen, die originär Unterhaltsverhältnisse begründen, *Born* in: Münchener Kommentar zum BGB, vor § 1601 Rn. 10.
[122] Zuletzt BVerwG v. 27.05.1993 - 5 C 7/91 - FamRZ 1994, 31, 32.
[123] *Münder* in: Rothkegel, Sozialhilferecht, Kap. 26 Rn. 29; BGH v. 25.01.1989 - IVb ZR 31/88 - juris Rn. 22 zu § 37 BAföG; a.A. *Decker* in: Oestreicher, SGB II/SGB XII, § 94 Rn. 40: "echte" Unterhaltsverträge unterfallen § 94 SGB XII; *Wahrendorf* in: Grube/Wahrendorf, SGB XII, § 94 Rn. 18, u.a. mit dem Argument, dass vertragliche Vereinbarungen an die Stelle gesetzlicher Ansprüche treten können und kein Unterschied in der Handhabung des § 94 SGB XII gemacht werden kann.
[124] Im Ehegattenunterhalt möglich, § 1585c BGB, mit dem Leibrentenstammrecht wird der gesetzliche Unterhaltsanspruch abgegolten. Das Recht begründet Ansprüche auf regelmäßig wiederkehrende Leistungen, ohne die Kriterien der Bedürftigkeit und Leistungsfähigkeit, näher: *Kleffmann* in: Prütting/Wegen/Weinreich, BGB, § 1569 Rn. 16 und § 1585c Rn. 4.
[125] Einen ausführlichen Überblick über die Voraussetzungen der einzelnen Unterhaltsansprüche gibt *Decker* in: Oestreicher, SGB II/SGB XII, § 94 Rn. 42-75.
[126] BVerwG v. 27.05.1993 - 5 C 7/91 - FamRZ 1994, 31, 32.
[127] *Born* in: Münchener Kommentar zum BGB, vor § 1601 Rn. 10.
[128] *Kleffmann* in: Prütting/Wegen/Weinreich, BGB, § 1585c Rn. 5 m.w.N.
[129] *Brudermüller* in: Palandt, BGB, § 1601 Rn. 1. Der Grad der Verwandtschaft spielt nach den §§ 1606 ff. BGB aber eine Rolle für die zivilrechtliche Rangfolge der Unterhaltsberechtigten und -verpflichteten.

der gesetzlichen Inanspruchnahme in solche, bei denen die Eltern als **gesteigert Unterhaltspflichtige** betrachtet werden und solche, bei denen sie als **nicht gesteigert Unterhaltspflichtige** herangezogen werden.

Gesteigert unterhaltspflichtig sind Eltern gegenüber ihren **minderjährigen, unverheirateten** oder diesen nach § 1754 BGB (Annahme als Kind) gleichgestellten Kindern, ihren **volljährigen unverheirateten** Kindern, die in ihrem Haushalt leben und sich in der **allgemeinen Schulausbildung** befinden (§ 1603 Abs. 2 BGB, **dazu unter Leistungsfähigkeit**). 62

Nicht gesteigert unterhaltspflichtig sind Eltern im Verhältnis zu ihren **verheirateten** oder **volljährigen** Kindern, **Kinder** im Verhältnis **zu ihren Eltern**[130], Verwandte in gerader Linie im **zweiten oder einem entfernteren Grad** (z.B. im zweiten Grad: Großeltern für die Enkel und umgekehrt), **nicht miteinander verheiratete Elternteile** eines Kindes untereinander (§ 1615l BGB). 63

Unterhalt kann entsprechend dem Unterhaltsbedarf als **Naturalunterhalt** oder **Barunterhalt** geleistet werden/nach den gesetzlichen Bestimmungen zu leisten sein (z.B. § 1612 BGB). Der **Begriff des Naturalunterhaltes** steht für die **tatsächliche Versorgung** des Unterhaltsberechtigten mit Nahrung, Kleidung, Wohnung, Erziehung, Unterricht, Pflege im Krankheitsfall, Besuche bei einem (wegen eines apallischen Syndroms untergebrachten) Kind. **Barunterhalt** steht für die Aufbringung der für die genannten Leistungen erforderlichen **Geldmittel**.[131] 64

bb. Ehegatten

Der Ehegattenunterhalt unterteilt sich in den Ehegattenunterhalt bei **Bestehen einer Lebensgemeinschaft** (regelmäßig kein Barunterhaltsanspruch), den **Trennungsunterhalt bei Getrenntleben** (§ 1361 BGB) und den **nachehelichen Unterhalt (nach den Vorschriften des EheG für Scheidungen/Aufhebungen vor dem 01.07.1977 und der §§ 1569 ff. BGB für Scheidungen und Aufhebungen**[132] **nach dem 30.06.1977)**. Für die Unterhaltsansprüche der **Ehen, die vor dem 03.10.1990 in der ehemaligen DDR geschieden** wurden, gelten gemäß EGBGB Art. 234 § 5 die §§ 29-33 des Familiengesetzbuches der DDR (FGB) in der ab dem 01.10.1990 (FamRÄndG a.F.) geltenden Fassung. 65

cc. Lebenspartner

Die **Eingetragene Lebenspartnerschaft** begründet nach dem Lebenspartnerschaftsgesetz vom 16.02.2001[133] (LPartG) gegenseitige Unterhaltsansprüche der Lebenspartner für die Zeit des Bestehens der Partnerschaft (§ 5 LPartG), für den Zeitraum der Trennung (§ 12 LPartG mit dem Verweis auf die §§ 1361, 1609 BGB) und den Zeitraum nach Aufhebung der Lebenspartnerschaft (nachpartnerschaftlicher Unterhalt, § 16 LPartG). Die **Unterhaltsansprüche** sind als **gesetzlich begründete** zwar nicht im formellen Sinn bürgerlich-rechtliche, da nicht originär durch das BGB begründet, aber in einem materiellen Sinn.[134] Zur Begründung reicht dabei allein nicht aus, darauf zu verweisen, dass die eingetragene Lebenspartnerschaft durchgängig im SGB XII der Ehe gleichgestellt ist.[135] Die durch die Lebenspartnerschaft begründeten Unterhaltspflichten sind aber wie die ehelichen Ausdruck der durch die Begründung konstituierten, rechtlich ausgestalteten Einstehens- und Verantwortungsgemeinschaft (Rechtsgemeinschaft).[136] Das wird bestätigt durch die von Anfang an bestehenden Verweisungen auf die meisten unterhaltsrechtlichen Bestimmungen des BGB, insbesondere des Ehegattenunterhalts. Spätestens seit der mit Wirkung zum 01.01.2005 und zum 01.01.2008 weitgehenden **Anpassung der Lebenspartnerschaft an die Ehe,** speziell auch des **Lebenspartnerschaftsunterhalts an den Ehegattenunterhalt,**[137] ist die Einbeziehung der Unterhaltsansprüche der Lebenspartner als quasi **bürgerlich-rechtliche nach § 94 SGB XII gerechtfertigt.** 66

---

[130] Näher *Ludyga*, NZS 2011, 606, 607 ff.

[131] *Brudermüller* in: Palandt, BGB, Einf. v. § 1601 Rn. 2.

[132] Für die fehlerhafte Ehe, Neuregelung der Aufhebung zum 01.07.1998 unter Wegfall der bis dahin noch daneben geregelten nichtigen Ehe in den §§ 1314 ff. BGB.

[133] BGBl I 2001, 266.

[134] Für die Einbeziehung der Unterhaltsansprüche: *Gerenkamp* in: Mergler/Zink, SGB XII, § 94 Rn. 19 ff.; *Decker* in: Oestreicher, SGB II/SGB XII, § 94 Rn. 70 f.; *Wolf* in: Fichtner/Wenzel, SGB XII, § 94 Rn. 21; *H. Schellhorn* in: Schellhorn/Schellhorn/Hohm, SGB XII, § 94 Rn. 24a.

[135] So aber *Decker* in: Oestreicher, SGB II/SGB XII, § 94 Rn. 70.

[136] *Dethloff*, NJW 2001, 2598, 2600; „Die eingetragene Lebenspartnerschaft ist als eigenständiges familienrechtliches Institut für gleichgeschlechtliche Paare geschaffen", *Dethloff*, Familienrecht, § 7 Rn. 1.

[137] Dazu *Kaiser* in: Erman, BGB, vor § 1 LPartG, Rn. 3; *Dethloff*, Familienrecht, § 7 Rn. 23 f.

dd. Anspruch wegen Tötung der unterhaltspflichtigen Person

67 **Nicht erfasst von dem Begriff der bürgerlich-rechtlichen Unterhaltsansprüche** sind Ansprüche aus § 844 Abs. 2 BGB, die in dem Fall entstehen, in dem durch eine unerlaubte Handlung i.S.d. §§ 823 ff. BGB[138] eine Person getötet wird, die zur Zeit der Verletzung einem Dritten gegenüber kraft Gesetzes zum Unterhalt verpflichtet war oder unterhaltspflichtig werden konnte. Wird diesem Dritten durch die Tötung das Recht auf den Unterhalt entzogen, ist der Ersatzpflichtige zum Schadensersatz in Form einer Geldrente in Höhe des Unterhalts, zu der der Getötete während der Dauer seines mutmaßlichen Lebens verpflichtet wäre, verpflichtet. Es handelt sich dabei nicht um einen Unterhaltsanspruch, sondern einen **Anspruch auf Unterhaltsersatz, damit einen Schadensersatzanspruch**.[139] Für den Fall, dass der **Träger der Sozialhilfe gerade wegen des Schadensereignisses Leistungen erbringt**, ist zudem der **Anspruchsübergang nach § 116 SGB X** gemäß der Verweisung des § 94 Abs. 1 Satz 5 SGB XII auf § 93 Abs. 4 SGB XII **vorrangig**.[140]

68 Einen **eigenen Anspruch** kann der **Träger der Sozialhilfe** dagegen **aus § 823 Abs. 2 BGB i.V.m. § 170 StGB (Verletzung der Unterhaltspflicht)** haben, eines Anspruchsüberganges bedarf es daher nicht.[141] Der Anspruch steht neben den Unterhaltsansprüchen.[142]

c. Anspruchsinhaber

69 Es muss sich um einen **Unterhaltsanspruch des Leistungsberechtigten** handeln, der Anspruch eines anderen Mitglieds der Einsatzgemeinschaft nach § 19 Abs. 1 und 3 SGB XII ist nicht erfasst.[143]

d. Entstehen und Bestand des Anspruchs

70 Voraussetzung eines Unterhaltsanspruchs ist, dass ein **Unterhaltsverpflichteter** existiert, der **Unterhaltsberechtigte**[144] **bedürftig** ist und der Verpflichtete **leistungsfähig** ist und sich die Zeiträume der Leistung nach SGB XII und des Unterhalts decken (**Gleichzeitigkeit**). Die §§ 1601 ff. BGB erfassen dabei zwar vom Wortlaut her nur den Verwandtenunterhalt zwischen Verwandten in gerader Linie, auf sie wird aber auch bei anderen gesetzlichen Unterhaltsansprüchen mittelbar Bezug genommen[145] oder verwiesen[146] und sie enthalten darüber hinaus Grundsätze, die für jede Unterhaltspflicht – soweit für diese keine Modifizierungen angeordnet sind[147] – Geltung beanspruchen[148].

71 Über die **Einzelheiten der aktuellen Rechtsprechung** zu den **einzelnen Unterhaltsansprüchen**, insbesondere auch der Rangfolge der Unterhaltspflichtigen, informieren jährlich erscheinende Überblicksdarstellungen.[149]

---

[138] Für Gefährdungshaftung außerhalb des BGB bestehen Sonderregelungen, z.B. im HaftpflichtG, StVG, ProdHaftG, dazu *Sprau* in: Palandt, BGB, § 844 Rn. 2.

[139] BGH v. 23.04.1974 - VI ZR 188/72 - NJW 1974, 1373: Leistungsverpflichtung ist ihrem Wesen nach keine Unterhaltsleistung, sondern Schadensersatzleistung; *Sprau* in: Palandt, BGB, § 844 Rn. 8; *Wahrendorf* in: Grube/Wahrendorf, SGB XII, § 94 Rn. 20.

[140] Zu den Ansprüchen, die § 116 SGB X erfasst, gehören auch solche nach § 844 Abs. 2 BGB, *Bieresborn* in: von Wulffen/Schütze, SGB X, § 116 Rn. 1a und 11: zivilrechtliche Schadensersatzansprüche, auch Unterhaltsschaden; noch weitergehender: *Breitkreuz* in: LPK-SGB X, § 116 Rn. 4: alle Ansprüche auf Schadensersatz, die auf Vorschriften außerhalb des SGB beruhen.

[141] Zu § 7 Abs. 1 UVG für den Träger der Unterhaltsvorschusskasse ausgeführt von BGH v. 11.05.2010 - IX ZB 163/09 - NJW 2010, 2353 f. Zur Verjährung der Ansprüche: OLG Köln v. 23.01.2014 - 27 UF 113/13 - juris.

[142] OLG Köln v. 23.01.2014 - 27 UF 113/13 - juris Rn. 34: unterschiedliche Streitgegenstände.

[143] *Wolf* in: Fichtner/Wenzel, SGB XII, § 94 Rn. 30.

[144] Zu den Unterhaltsberechtigten und -verpflichteten vgl.: *Dethloff*, Familienrecht, §§ 9-11 (Verwandtenunterhalt), § 15 insbes. IV. (Adoption), § 4 C. und J. (Ehelicher Unterhalt), § 7 C. (Unterhalt in der Eingetragenen Lebenspartnerschaft).

[145] § 1754 BGB (Adoption).

[146] Z.B. § 1615l Abs. 3 BGB (Unterhaltsanspruch zwischen den Eltern eines nichtehelichen Kindes).

[147] So enthalten die §§ 1569 ff. BGB (nachehelicher Unterhalt) seit dem 01.01.2008 Grundsätze einer stärkeren Eigenverantwortung und wirtschaftlichen Entlastung der sog. Zweitfamilien, *Brudermüller* in: Palandt, BGB, Einf. v. § 1569 Rn. 4 f.

[148] *Brudermüller* in: Palandt, BGB, Einf. v. § 1601 Rn. 5; *Decker* in: Oestreicher, SGB II/SGB XII, § 94 Rn. 38.

[149] *Dose*, FamRZ 2013, 993-1001; *Graba*, FF 2013, 136-146; *Kleffmann/Kleffmann*, FuR 2014, 2 ff., 72 ff.; *Klinkhammer*, FPR 2013, 121-128; *Spangenberg*, FamRZ 2014, 88-90.

aa. Bedürftigkeit

Bedürftig ist, wer **außerstande ist, sich selbst zu unterhalten** (§ 1602 Abs. 1 BGB). Der **Anspruch umfasst nach der Grundnorm für den Verwandtenunterhalt den gesamten Lebensbedarf**, auch krankheitsbedingte Mehrkosten, und zwar auch dann, wenn sie z.B. durch eine Behinderung und die dauernde Pflegebedürftigkeit veranlasst sind. Der **unterhaltsrechtliche Bedarf** richtet sich entweder nach dem **bisherigen Lebensstandard** (so beim angemessenen Unterhalt von Ehegatten nach den ehelichen Lebensverhältnissen) oder nach der u.U. **wechselnden Lebensstellung** (so beim Verwandtenunterhalt)[150]. Er ist nicht notwendig deckungsgleich mit dem sozialhilferechtlichen Bedarf des SGB XII[151], hat aber praktisch Berührungspunkte. Nach § 1612a Abs. 1 BGB schulden Eltern ihren minderjährigen Kindern das – sächliche – Existenzminimum als **Mindestunterhalt (Mindestbedarf)**. Dieses wird praktisch nach der in der Sozialhilfe gewährten Hilfe zum Lebensunterhalt bestimmt.[152]

72

Besondere Erwähnung verdienen für die Sicherstellung des Mindestunterhalts für Kinder die geänderten Vorschriften zur **Anrechnung des Kindergeldes** (§ 1612b BGB) sowie sonstiger **kindbezogener Leistungen**, die den Anspruch auf Kindergeld ausschließen (§ 1612c BGB[153]). „Kindergeld ist die wichtigste staatliche Leistung an Familien an der Schnittstelle von Sozial-, Steuer- und Unterhaltsrecht".[154] Zur Vereinfachung und Vereinheitlichung der Anrechnung ordnen beide Vorschriften für Kindergeld und die „kindbezogenen Leistungen" an, dass die Leistung, unabhängig davon, an welchen Elternteil sie ausgezahlt wird, jeweils in der Höhe, in der sie auf das einzelne Kind entfällt, **auf den Barunterhalt, d.h. den Bedarf anzurechnen** ist (dagegen nicht auf den Unterhaltsanspruch).[155] In der entsprechenden Höhe wird Leistungsfähigkeit des Kindes angenommen, wird dieses auf den Tabellenunterhalt nach der Düsseldorfer Tabelle angerechnet (**Vorwegabzug beim Bedarf**).[156]

73

Beim **Elternunterhalt, d.h. Unterhalt für die Eltern erwachsener Kinder** bestimmt sich der **Bedarf** nach deren **Lebensstellung** (§ 1610 BGB). Umfasst werden laufende Aufwendungen für Unterkunft, Verpflegung, Kleidung, Kosten für die Kranken- und Pflegeversicherung, Mehrbedarf für Medikamente, eine Haushaltshilfe. Für die dauerhaft auf einen Aufenthalt im **Alters- oder Pflegeheim** angewiesenen Eltern gehören dazu praktisch die monatlich anfallenden **Pflege-** und **Heimkosten**[157].

74

bb. Leistungsfähigkeit

Unterhaltspflichtig ist nicht, wer bei Berücksichtigung seiner sonstigen Verpflichtungen außerstande ist, ohne Gefährdung seines angemessenen Unterhalts den Unterhalt zu gewähren (§ 1603 Abs. 1 BGB). Die damit umschriebene (unterhaltsrechtliche) **Leistungsfähigkeit** richtet sich nach den **Mitteln** (Einkommen und Vermögen[158]), über die der Unterhaltspflichtige unter Berücksichtigung von bestimmten Verbindlichkeiten **verfügt** oder zumutbar verfügen könnte sowie dem **Maß der Haftung** im Verhältnis zum Unterhaltspflichtigen.

75

Zu dem zu berücksichtigenden **Einkommen** gehören neben **Arbeitseinkommen** (einschließlich aller Leistungen, die im Hinblick auf das Arbeits- oder Dienstverhältnis gewährt werden, wie Zulagen, Prämien, Zuschläge), für die Vergangenheit auch Einnahmen aus Schwarzarbeit[159]. Zum Einkommen

76

---

[150] *Brudermüller* in: Palandt, BGB, § 1610 Rn. 3. Vgl. dazu die umfassende Darstellung der einzelnen Unterhaltsansprüche bei *Decker* in: Oestreicher, SGB II/SGB XII, § 94 Rn. 42-154 (zur Rechtslage vor 01.01.2008 mit der Änderung der Rangfolge in § 1609 BGB).

[151] Zu den Unterschieden Überblick bei: *Scholz*, FamRZ 2004, 751 ff.; *Gerenkamp* in: Mergler/Zink, SGB XII, § 94 Rn. 25 für Bedarfstatbestände des SGB XII, die dem zivilrechtlichen Unterhalt fremd sind.

[152] Näher *Klinkhammer*, FamRZ 2010, 845 ff., der insoweit auch die Auswirkungen des Urteils des BVerfG v. 09.02.2010 - 1 BvL 1/09, 3/09, 4/09 - FamRZ 2010, 429 ff. auf den unterhaltsrechtlichen Mindestbedarf erläutert; zum Mindestunterhalt minderjähriger Kinder, *Brudermüller* in: Palandt, BGB, § 1612a Rn. 6 ff., zum Existenzminimum i.S.d. SozR, insbes. Rn. 11.

[153] UÄndG 2008 v. 16.12.2007, BGBl I 2007, 3189, in Kraft seit dem 01.01.2008. Die kindbezogenen Leistungen i.S. von § 1612c BGB ergeben sich abschließend aus § 65 Abs. 1 Nr. 1-3 EStG, umfasst sind u.a. Kinderzulagen und -zuschüsse aus der gesetzlichen Unfall- und Rentenversicherung.

[154] *Brudermüller* in: Palandt, BGB, § 1612b Rn. 3.

[155] *Soyka* in: Prütting/Wegen/Weinreich, BGB, § 1612b Rn. 4; KG v. 23.08.2012 - 19 UF 38/12 - juris Rn. 16.

[156] *Brudermüller* in: Palandt, BGB, § 1612b Rn. 1 ff., Rn. 8.

[157] *Ludyga*, NZS 2011, 606, 610 m.w.N.

[158] Näher *Brudermüller* in: Palandt, BGB, § 1603 Rn. 3 ff. m.w.N.; Vermögenseinsatz bei Inanspruchnahme von Kindern für Elternunterhalt: *Jakobs*, FuR 2010, 9 ff. Für den Elternunterhalt näher *Ludyga*, NZS 2011, 606, 610 ff.

[159] Näher *Kleffmann/Kleffmann*, FuR 2014, 2, 3.

rechnet **Lohnersatzeinkommen**. Beim **Elterngeld ist ein Sockelbetrag von 300 €** nicht anzurechnen[160], bei dem zum 01.08.2013 eingeführten **Betreuungsgeld** ist dieses grundsätzlich anrechnungsfrei[161]. Weitere **geldwerte Vorteile** können z.B. mietfreies Wohnen bzw. der Wohnwert eines Miteigentumsanteils sein.

77 Welche Mittel der Unterhaltsverpflichtete in welchem Umfang einzusetzen hat, damit das **Maß der Haftung**, hängt von der konkreten Ausgestaltung der Unterhaltspflicht ab. Im Fall einer sog. **gesteigerten Unterhaltspflicht** (begründet z.B. in § 1603 Abs. 1 i.V.m. Abs. 2 BGB für Eltern minderjähriger Kinder) trifft die Unterhaltsschuldner die Pflicht, alle verfügbaren Mittel heranzuziehen und – wenn der eigene Unterhalt anderweitig sichergestellt ist – auch auf den Selbstbehalt ganz oder teilweise zu verzichten.[162] Weniger streng ist dagegen die Haftung gegenüber den Eltern (Elternunterhalt, vgl. dazu Rn. 82).

78 Besondere Bedeutung erlangen für die Ermittlung der Leistungsfähigkeit des Verpflichteten, aber auch der Bedürftigkeit des Berechtigten die sog. **fiktiven Einkünfte und Vermögenswerte**. Den Unterhaltsverpflichteten trifft die Obliegenheit, im Interesse des Unterhaltsberechtigten seine Arbeitskraft so gut wie möglich einzusetzen (**Erwerbsobliegenheit**[163]) und **Vermögenswerte zu realisieren**. Tut er dies nicht, muss er sich fiktive Einkünfte[164] bzw. **fiktives Vermögen**[165] zurechnen lassen, die er durch eine zumutbare Erwerbstätigkeit oder Realisierung von Vermögen erzielen könnte. Die Einkommensfiktion kann auch für andere **leistungsfähigkeitssteigernde Handlungen** wie die **rechtzeitige Beantragung einer Rente** gelten.[166]

79 Nach den Grundsätzen des BVerfG bleibt Grundvoraussetzung eines jeden Unterhaltsanspruchs die Leistungsfähigkeit. Überschreitet danach der ausgeurteilte Unterhalt die **Grenze des Zumutbaren** (z.B. bei der Erwerbsobliegenheit durch ein Abstellen bei den Erwerbsmöglichkeiten auf solche im gesamten Bundesgebiet), ist die Beschränkung des Lebensunterhalts vor Art. 2 Abs. 1 GG verfassungswidrig.[167]

80 Einkommen aus **überobligatorischer Tätigkeit**[168] ist dagegen nach Treu und Glauben unter Berücksichtigung der Umstände des Einzelfalles (ggf. nur teilweise) zu berücksichtigen. **Nach Erreichen der Altersgrenze** besteht grundsätzlich keine Erwerbsobliegenheit mehr. Gleichwohl erzieltes Einkommen aus Erwerbstätigkeit ist daher als **überobligatorisch** nach Maßgabe der Umstände des Einzelfalls zu berücksichtigen, wobei Alter, Belastung (körperlich und psychisch) in Rechnung zu stellen sind.[169]

---

[160] BGH v. 18.04.2012 - XII ZR 73/10 - FamRZ 2012, 1201, 1202 unter Berufung auf § 11 BEEG.

[161] Näher *Kleffmann/Kleffmann*, FuR 2014, 2, 4 mit Hinweis auf den Ausnahmefall, in dem eine Anrechnung beim Unterhaltsberechtigten erfolgt.

[162] Näher *Brudermüller* in: Palandt, BGB, § 1603 Rn. 40 m.w.N. „nur nach umfassender Interessenabwägung", m.w.N. aus der Rechtsprechung; für den Elternunterhalt vgl. *Ludyga*, NZS 2011, 606, 610.

[163] Diese bestimmt sich für Unterhaltsansprüche durchaus unterschiedlich, vgl. *Brudermüller* in: Palandt, BGB, § 1603 Rn. 22 ff. Bei getrennt lebenden und geschiedenen Ehegatten sind die persönlichen Lebensverhältnisse maßgeblich, so kann die Betreuung minderjähriger Kinder einer Erwerbsobliegenheit entgegenstehen. Für den Trennungsunterhalt gelten dabei z.B. großzügigere Anforderungen, weil er an die bestehenden Lebensverhältnisse mehr anknüpft als der nacheheliche Unterhalt, vgl. z.B. BGH v. 18.04.2012 - XII ZR 73/10 - FamRZ 2012, 1201, 1202.

[164] Zur Ermittlung der Einkünfte und Dauer der Anrechnung: *Brudermüller* in: Palandt, BGB, § 1603 Rn. 51 f.

[165] *Kleffmann/Kleffmann*, FuR 2014, 2, 4 m.w.N.

[166] OLG Nürnberg v. 12.08.1996 - 7 UF 2277/96 - FamRZ 1997, 961, 962: verspätete Antragstellung auf Erhöhung der Erwerbsunfähigkeitsrente nach § 5 VAHRG.

[167] BGH v. 07.11.1979 - IV ZR 96/78 - BGHZ 75, 272, 274 f.; BVerfG v. 08.07.2005 - 1 BvR 1078/05 - FamRZ 2005, 1893, 1894; einschränkend: BVerfG v.14.12.2006 - 1 BvR 2236/06 - FamRZ 2007, 273/274; näher zu den Voraussetzungen: *Brudermüller* in: Palandt, BGB, § 1603 Rn. 22 ff., 26 ff.; zum Kausalitätserfordernis, wonach der Verstoß gegen die Erwerbsobliegenheit ursächlich für die fehlende Leistungsfähigkeit sein muss, den erwerbslosen Unterhaltsschuldner z.B. die objektive Beweislast für die fehlende Vermittelbarkeit trifft, *Brudermüller* in: Palandt, BGB, § 1603 Rn. 25, 27 und § 1361 Rn. 40 ff.; näher zu den einzelnen Ausprägungen: *Kleffmann* in: Prütting/Wegen/Weinreich, BGB, Vor § 1577 Rn. 31 ff. m.w.N. aus der Rspr. des BVerfG, z.B. BVerfG v. 15.02.2010 - 1 BvR 2236/09 - FamRZ 2010, 626 ff. mit Anm. *Borth* speziell zur Erwerbsobliegenheit im Rahmen gesteigerter Unterhaltspflicht gegenüber minderjährigen Kindern.

[168] Zuschläge für Einsätze in Krisen- oder Kriegsgebieten, näher BGH v. 18.04.2012 - XII ZR 73/10 - FamRZ 2012, 1201, 1203.

[169] *Kleffmann/Kleffmann*, FuR 2014, 2, 3 m.w.N. aus der Rspr. des BGH.

Abhängig von der Frage, ob gesteigerte oder nicht gesteigerte Unterhaltspflicht besteht, sind von dem Einkommen/Vermögen **Abzüge** in Gestalt von (konkreten) Aufwendungen, Schulden, Verbindlichkeiten, Steuern, Abgaben einkommensmindernd zu berücksichtigen[170]. Hinsichtlich der **Abzugsfähigkeit von Geldstrafen und Geldbußen** kommt es auf den Einzelfall an, der BGH differenziert u.a. danach, ob es sich um eine Kriminalstrafe oder eine Geldbuße handelt. Eine Geldbuße kann z.B. zu berücksichtigen sein, wenn sie im Zusammenhang mit Einkommen oder Vermögen steht, welches berücksichtigt wird.[171]

81

Von seinem so ermittelten Nettoeinkommen darf der Verpflichtete zur Deckung seines eigenen Bedarfs einen bestimmten Betrag behalten, der dann bei der Berechnung von Unterhaltsansprüchen seine Leistungsfähigkeit mindert, denn der eigene angemessene Unterhalt muss stets gesichert sein (§ 1603 BGB, **Selbstbehalt**[172]). Die Höhe des Selbstbehaltes wird u.a. dadurch bestimmt, ob der Unterhaltsverpflichtete **erwerbstätig ist oder nicht,**[173] sowie **von der Bedeutung des Unterhaltsanspruchs, schließlich gesetzlicher Wertungen.**[174] So ist z.B. für Elternunterhalt ein erhöhter Selbstbehalt zu berücksichtigen.[175] Für Eltern eines erwachsenen unterhaltsberechtigten Kindes ist zu berücksichtigen, ob dieses schon eine Ausbildung durchlaufen hat, es bereits wirtschaftliche Selbständigkeit erlangt hat, bevor es wieder bedürftig wurde und die Eltern (ggf. selbst Rentner) auf diese Eigenständigkeit vertrauen durften. Ist das der Fall, ist ein **erhöhter Selbstbehalt** bei den Eltern zu berücksichtigen.[176] Von dem Selbstbehalt zu bestreiten sind z.B. auch **Tierhalterkosten,** soweit die Tierhaltung ein Hobby darstellt.[177]

82

Als Orientierungshilfe für den Unterhalt haben die Oberlandesgerichte für die Praxis **Tabellen und Leitlinien** entwickelt. Leitbild für die Pauschalierung der unterhaltsrelevanten Bedarfe ist die **Düsseldorfer Tabelle (Unterhaltsbedarfstabelle)**[178] mit ihrem Zahlenwerk. Sie bildet die Grundlage für ein bundesweit einheitliches Unterhaltsrecht, sie hat keine Gesetzeskraft, sondern ist im Wege der Gesetzesauslegung gewonnene **Richtlinie**.[179] Sie staffelt typisiert unter Zugrundelegung einer Unterhaltspflicht gegenüber zwei Unterhaltsberechtigten (ein Ehegatte und ein Kind oder zwei Kinder) ohne Rücksicht auf den Rang, nach Einkommensgruppen und – beim Kindesunterhalt – nach (drei) Altersstufen und ordnet bei Kindern jeder Einkommensgruppe bestimmte Bedarfsbeträge zu.[180] Sie belässt aufgrund ihres (beispielhaften) Charakters Raum für die Berücksichtigung der jeweiligen konkreten Verhältnisse (Zahl der Unterhaltsberechtigten, Rangfolge usw.) im Einzelfall durch das befasste Gericht nach dessen Ermessen (durch Berücksichtigung von Ab- und Zuschlägen). Sie begrenzt den Kindesunterhalt nicht nach oben, bei Einkünften, die über dem Höchstbetrag der (10.) Einkommensgruppe liegen, muss die Berechnung konkret erfolgen[181].

83

---

[170] *Brudermüller* in: Palandt, BGB, § 1603 Rn. 5 ff.

[171] BGH v. 07.08.2013 - XII ZB 269/12 - juris Rn. 33 für die bauordnungsrechtliche Geldbuße, die im Zusammenhang mit einem Miteigentumsanteil steht. In der Literatur wird das teilweise abweichend beurteilt (keine Berücksichtigung).

[172] Zum Begriff *Brudermüller* in: Palandt, BGB, Einf. v. § 1601 Rn. 21.

[173] *Brudermüller* in: Palandt, BGB, § 1603 Rn. 13 ff. maßgeblich bei minderjährigen Kindern und privilegierten volljährigen Schülern; für den Elternunterhalt vgl. die Überlegungen bei *Ludyga*, NZS 2011, 606, 610 f.

[174] BGH v. 18.07.2012 - XII ZR 91/10 - juris Rn. 15.

[175] BGH v. 12.12.2012 - XII ZR 43/11 - juris Rn. 17 ff., 45, auch zum Familienselbstbehalt.

[176] Näher BGH v. 18.07.2012 - XII ZR 91/10 - juris Rn. 16.

[177] OLG Hamm v. 29.10.2012 - II-9 UF 64/12, 9 UF 64/12 - juris Rn. 60, zum Elternunterhalt, nachgehend bestätigend BGH v. 05.042014 - XII ZB 25/13 - juris; anderes kann gelten, wenn eine spürbare Senkung des Lebensstandards erwartbar ist und wenn die erforderliche Interessenabwägung zu dem Ergebnis führt, dass die Aufgabe des Hobbys unbillig erscheint.

[178] Neugefasst für den Zeitraum ab dem 01.01.2013 im Hinblick auf die gestiegenen Leistungen nach SGB II, FuR 2013, 90; FamRZ 2013, 96; abrufbar unter www.olg-duesseldorf.nrw.de (abgerufen am 10.04.2014); näher zur Bedeutung: *Klinkhammer*, FamRZ 2008, 193 ff.

[179] *Brudermüller* in: Palandt, BGB, Einf. v. § 1601 Rn. 12 ff.; dagegen hat die sog. Berliner Vortabelle seit dem 01.01.2008 keinen Anwendungsbereich mehr, da es für eine Differenzierung des Unterhaltsbedarfs nach dem Wohnsitz des Kindes im alten oder neuen Bundesgebiet keine Grundlage mehr gibt, *Gerenkamp* in: Mergler/Zink, SGB XII, § 94 Rn. 27.

[180] Näher *Brudermüller* in: Palandt, Einf. v. § 1601 Rn. 12 ff.; vgl. dazu auch die umfassende Darstellung der einzelnen Unterhaltsansprüche bei *Decker* in: Oestreicher, SGB II/SGB XII, § 94 Rn. 42-154 (zur Rechtslage vor 01.01.2008 mit der Änderung der Rangfolge in § 1609 BGB).

[181] *Soyka* in: Prütting/Wegen/Weinreich, BGB, Vor § 1601 ff Rn. 10.

84 Im Fall des **Elternunterhalts** stellt sich praktisch oft die Frage, ob **allein** auf das unterhaltspflichtige **Kind** abzustellen ist oder **Einkünfte seines Ehegatten/Lebenspartners** zu berücksichtigen sind (**Schwieger-Haftung**). Der **BGH** stellt in einem ersten Schritt nur auf die Einkünfte des jeweiligen Kindes ab, der Ehe- oder Lebenspartner steht außerhalb des Unterhaltsrechtsverhältnisses. In dem Fall, dass das Einkommen des Unterhaltspflichtigen unter dem Selbstbehalt liegt, hat er gleichwohl **die ihm zur Verfügung stehenden Geldmittel einzusetzen**, soweit er diese nicht zur Bestreitung des eigenen angemessenen Lebensunterhalts benötigt. Das kommt bei einem entsprechend hohen Einkommen des erwerbstätigen Ehegatten/Lebenspartners in Betracht, wenn er daraus den unterhaltspflichtigen Ehegatten/Partner mit unterhält und dieser folglich einen Teil seines **Einkommens zur Bestreitung des Familienunterhalts nicht benötigt**. Der betreffende Einkommensteil kann für Unterhaltszwecke eingesetzt werden, sofern der angemessene Selbstbehalt (§ 1603 BGB) gewahrt bleibt[182].

85 Bei Ermittlung der Leistungsfähigkeit des Unterhaltsverpflichteten berücksichtigt die zivilgerichtliche Rechtsprechung im Übrigen bei übergegangenen Unterhaltsansprüchen bereits die **Wertungen des § 94 SGB XII**. Unter dogmatischem Rückgriff auf § 94 Abs. 3 Satz 1 Nr. 2 SGB XII (unbillige Härte) rechnet das OLG Düsseldorf zu dem **Bedarf, der die Leistungsfähigkeit des Unterhaltsverpflichteten** bestimmt, auch die **Fahrt- und Besuchskosten**, die dieser monatlich aufwendet, um den im Heim untergebrachten **Elternteil** zu besuchen. Der unbestimmte Rechtsbegriff der **unbilligen Härte** (§ 94 Abs. 1 Satz 3 Nr. 2 SGB XII) soll den Anspruchsübergang begrenzen und dabei auch soziale Belange wie die Beziehungen in der Familie berücksichtigen (vgl. dazu näher Rn. 182). Das nach Art. 6 GG geschützte **Rücksichtnahmegebot** auf die **Belange der Familie** und die familiären Bindungen wird nicht gewahrt, wenn der unterhaltspflichtige Angehörige entweder darauf verwiesen wird, die Besuche einzustellen oder sie aus dem (pauschalen) Selbstbehalt zu finanzieren.[183] Auch der **BGH** kommt zu diesem Ergebnis und berücksichtigt die Kosten für Besuche, soweit sie als angemessen erscheinen. Auch in Kenntnis der eigenen Unterhaltspflicht muss das Kind die Besuche nicht einschränken, sie **sind Ausdruck einer sittlichen Pflicht**. Der BGH wählt dazu allerdings einen dogmatisch anderen Ansatz. Diese **Kosten mindern schon die unterhaltsrechtliche Leistungsfähigkeit** i.S.d. § 1603 Abs. 1 BGB (vgl. dazu Rn. 75 ff.). Das Gericht lässt ausdrücklich offen, ob sich das Ergebnis auch unter Rückgriff auf die spezifisch sozialhilferechtliche Wertung ergibt, so dass es z.B. auf das SGB II oder BAföG übertragbar erscheint.[184]

86 Sind mehrere bedürftige oder leistungspflichtige Personen vorhanden, so greift eine **Rangfolge** ein, die zum Teil **Spiegelbild der gesetzlichen Erbfolge** ist. Nähere Verwandte gehen den entfernteren und Abkömmlinge den Vorfahren vor.

87 Die Bestimmung des Umfanges des Unterhaltes des Unterhaltsberechtigten[185] wird in sog. **Mangelfällen**, das meint, wenn das, was der Unterhaltspflichtige zu leisten vermag, **nicht für alle Unterhaltsansprüche verschiedener Berechtigter ausreicht**, durch die **gesetzlich** festgelegte **Rangfolge** der Unterhaltsberechtigten praktisch beeinflusst[186]. Durch das **Gesetz zur Änderung des Unterhaltsrechts vom 21.12.2007 (UÄndG)**[187] hat die für die **Rangfolge der Berechtigten** maßgebliche Vorschrift des § 1609 BGB eine **Änderung zum 01.01.2008** erfahren: Seither enthält § 1609 BGB eine streng numerisch festgelegte, **zentral** für alle Unterhaltsberechtigten **geltende Rangfolge**. Die für den Unterhalt zur Verfügung stehenden Mittel sind danach in der gesetzlich angeordneten Reihenfolge zu bedienen, unabhängig davon, ob ein Mangelfall vorliegt.[188] Den absoluten **Vorrang** vor allen übrigen Personen haben dabei **minderjährige unverheiratete Kinder** und die ihnen **gleichgestellten volljährigen** privilegierten Kinder[189]. Liegt ein Mangelfall vor, hat ein nachrangig Berechtigter erst einen Anspruch, wenn der vorrangig Berechtigte befriedigt ist. Ist die Verteilungsmasse danach erschöpft, gehen alle Nachrangigen leer aus, es **erfolgt keine Quotierung**. Nur die **gleichrangig Berechtigten** erhalten u.U. einen anteiligen Unterhalt. Eine **Änderung der verbindlichen gesetzlichen Rangfolge** kann durch

---

[182] BGH v. 15.10.2003 - XII ZR 122/00 - FamRZ 2004, 366, 367 f.; dazu *Born* in: MünchKomm-BGB, § 1601 Rn. 27 m.w.N.; ablehnend zu dieser faktischen Mithaftung *Ludyga*, NZS 2011, 606, 610.
[183] OLG Düsseldorf v. 27.02.2011 - II-7 UF 99/10, 7 UF 99/10 - juris Rn. 29 f.; so auch OLG Köln v. 05.07.2001 - 14 UF 13/01 - FamRZ 2002, 572, 573.
[184] BGH v. 17.10.2012 - XII ZR 17/11 - juris Rn. 30 f.
[185] *Dethloff*, Familienrecht, § 6 Rn. 112 (nachehelicher Unterhalt), § 11 Rn. 58 ff. (Verwandtenunterhalt).
[186] *Dethloff*, Familienrecht, § 11 Rn. 58.
[187] BGBl I 2007, 3189.
[188] *Brudermüller* in: Palandt, BGB, § 1609 Rn. 1 ff., 3.
[189] *Dethloff*, Familienrecht, § 11 Rn. 64.

Vereinbarung, insbesondere Anspruchsverzicht erreicht werden (vgl. Rn. 93).[190] Bei **mehreren Unterhaltsverpflichteten** richtet sich die Rangfolge nach den §§ 1584, 1608 BGB (leistungspflichtig ist in erster Linie der Ehegatte) und § 1606 BGB (Abkömmlinge, danach Eltern und andere Verwandte aufsteigender Linie). Gleich nahe Verwandte und barunterhaltspflichtige Eltern eines Kindes haften anteilsmäßig nach ihren Einkommens- und Vermögensverhältnissen (§ 1606 Abs. 3 BGB). Fällt ein Verwandter aus, tritt der nächste an seine Stelle (§ 1607 BGB), bei Eltern haftet für den Kindesunterhalt zunächst der eine Elternteil allein (§ 1606 Abs. 3 Satz 1 BGB, **Ausfallhaftung**).

Jede bürgerlich-rechtliche Unterhaltspflicht findet ihre Grenze in der **absoluten Leistungsunfähigkeit des Unterhaltsverpflichteten**. Diese wird dort gesehen, wo diesem nicht mehr die Mittel zur Sicherung der eigenen Existenz, d.h. für den eigenen notwendigen Lebensbedarf verbleiben und er durch die Leistung von Unterhalt seinerseits sozialhilfebedürftig wird oder die Auferlegung der Unterhaltspflicht unverhältnismäßig belastet (vgl. dazu Rn. 79). Diese Grenze gilt auch für den Ansatz fiktiver Einkünfte (zu fiktiven Einkünften vgl. Rn. 78).[191] Hier weist das **bürgerlich-rechtliche Unterhaltsrecht Parallelen zum SGB XII auf**. Nach § 94 Abs. 3 Satz 1 Nr. 1 SGB XII ist der Anspruchsübergang im Fall der Hilfebedürftigkeit nach dem SGB XII ausgeschlossen (vgl. näher dazu Rn. 35).

88

cc. Gleichzeitigkeit

Ein Unterhaltsanspruch kann nur dann bestehen, wenn Unterhaltsbedürftigkeit und Leistungsfähigkeit **im gleichen Zeitraum** bestehen. Bei der Bestimmung des Anspruchs kommt es auf die Leistungsfähigkeit des Verpflichteten während der Zeit an, für die der Unterhalt verlangt wird[192]. Steigert sich die Leistungsfähigkeit erst zu einem späteren Zeitpunkt, wird der Umfang der Unterhaltspflicht für einen zurückliegenden Zeitraum dadurch nicht mehr beeinflusst.[193] **Nachzahlungen von Sozialleistungen nach § 44 SGB X** für zurückliegende Zeiträume dürfen **nicht dem Einkommen zurückliegender Zeiträume zugerechnet** werden.[194] Damit ist – ähnlich wie bei der Feststellung der Nachrangigkeit eines sozialhilferechtlichen Anspruchs zu einem vermögenswerten Anspruch gegen Dritte – der dafür maßgebliche Zeitraum festzulegen.[195]

89

e. Fälligkeit

Unterhaltsansprüche sind **monatlich im Voraus** zu erbringen in dem Sinne, dass zum 01. jedes Monats die Geldleistung abgesandt sein muss (Schickschuld, § 1361 Abs. 4 Satz 2 BGB, §§ 1585 Abs. 1 Satz 2, 1612 Abs. 3 BGB). Beim Kindesunterhalt kann die Fälligkeit nach dem **Geburtsdatum** des Kindes bestimmt werden.

90

f. Erlöschen des Anspruchs

aa. Erfüllung

Gemäß § 362 Abs. 1 BGB erlischt das Schuldverhältnis, wenn die geschuldete Leistung an den Gläubiger bewirkt wird, dabei ist nicht auf die Leistungshandlung, sondern den **Leistungserfolg** abzustellen.[196] Das gilt auch für den Unterhaltsanspruch. Erfüllung ist dann eingetreten, wenn der Erfolg beim Berechtigten eingetreten ist, also Naturalunterhalt geleistet oder Barunterhalt an ihn erbracht worden ist. Für **Vorauszahlungen** auf den Unterhalt schränkt **§ 1614 Abs. 2 BGB** den Zeitraum ein, für den sie mit befreiender Wirkung geleistet werden können.[197] Allein die **Weiterleitung von Kindergeld**

91

---

[190] Näher *Brudermüller* in: Palandt, BGB, § 1609 Rn. 4; zur Vereinbarung *Kiss* in: Mergler/Zink, SGB XII, § 94 Rn. 43: Rangänderung durch Parteivereinbarung möglich, aber nicht zu Lasten des Sozialhilfeträgers.

[191] *Kleffmann* in: Prütting/Wegen/Weinreich, BGB, vor § 1577 Rn. 31 ff. m.w.N. und 1577 Rn. 6; *Brudermüller* in: Palandt, BGB, § 1603 Rn. 12 und § 1581 Rn. 22 ff. (Mangelfall) unter Berufung auf BVerfG, u.a. v. 20.08.2001 - 1 BvR 1509/97 - NJW-RR 2002, 73, 74.

[192] Im Hinblick auf Einkommensverbesserungen bestehen hierbei beim nachehelichen Unterhalt nach Rechtskraft der Scheidung gewisse Modifizierungen, da Anknüpfungspunkt für den Ehegattenunterhalt grundsätzlich die ehelichen Lebensverhältnisse sind, dazu näher *Margraf* in: Koch, Handbuch des Unterhaltsrechts, Rn. 1008 ff.

[193] BGH v. 24.10.1984 - IVb ZR 43/83 - FamRZ 1985, 155, 156.

[194] OLG Nürnberg v. 12.08.1996 - 7 UF 2277/96 - FamRZ 1997, 961, 962.

[195] *Decker* in: Oestreicher, SGB II/SGB XII, § 94 Rn. 38 m.w.N.

[196] *Grüneberg* in: Palandt, BGB, § 362 Rn. 2.

[197] Näher: *Hammermann* in: Erman, BGB, § 1614 Rn. 7: lediglich Einschränkung der Erfüllungswirkung der Leistung, dagegen kein Vorauszahlungsverbot. Der Schuldner handelt also auf eigenes Risiko, dass er noch einmal leisten muss.

durch die Eltern bringt den Unterhaltsanspruch nicht insoweit zum Erlöschen, sie hat vielmehr Auswirkung auf den Bedarf des unterhaltsberechtigten Kindes (vgl. Rn. 72).[198]

bb. Tod des Berechtigten

92 Der Unterhaltsanspruch erlischt mit dem **Tode des Berechtigten oder Verpflichteten** (§ 1615 Abs. 1 BGB). **Unberührt** bleiben die zum Zeitpunkt des Todes des Leistungsberechtigten bereits **fälligen** Ansprüche oder **solche für die Vergangenheit** (nach Maßgabe des § 1613 BGB), sie gehen gemäß § 1922 Abs. 1 BGB auf die Erben über.[199]

cc. Verzicht auf Unterhalt

93 **Verzichtet** der Unterhaltsberechtigte auf Unterhaltsansprüche, sind sie einem nachfolgenden Anspruchsübergang entzogen. Nach § 397 Abs. 1 BGB erlischt das Schuldverhältnis, wenn der **Gläubiger dem Schuldner durch Vertrag die Schuld erlässt**. Unterhaltsansprüche gehören grundsätzlich zu den verzichtbaren Ansprüchen. Die Verzichtbarkeit ist jedoch **durch Sonderregelungen für einzelne Unterhaltsansprüche gesetzlich eingeschränkt** durch die §§ 1614 und 1615 BGB (vgl. die Geltungsanordnung in 1360a Abs. 3 BGB und § 1361 Abs. 4 Satz 4 BGB). Nach § 1614 Abs. 1 BGB kann zwar auf rückständigen, aber **nicht auf künftigen Verwandtenunterhalt** wirksam verzichtet werden. Ein dennoch vereinbarter Verzicht ist **nach § 134 BGB nichtig**.[200] Für den **Ehegattenunterhalt** und **Unterhalt nach dem Lebenspartnerschaftsgesetz** ist ein Unterhaltsverzicht (häufig in Form von Unterhaltsverträgen erklärt) für die Ehedauer nicht möglich, sondern erst **für die Zeit nach der Scheidung**.[201] § 1614 Abs. 1 BGB bezweckt, den Berechtigten selbst sowie die Sozialkassen und nachrangig Haftende zu schützen.[202]

94 Ein nach § 1585c BGB (Vereinbarungen über den Unterhalt) für die Zukunft grundsätzlich möglicher (Teil-)**Verzicht** auf nachehelichen/nachpartnerschaftlichen Unterhalt kann **sittenwidrig und daher nach § 138 BGB nichtig** sein. Es gelten insoweit – im Kontext des § 94 SGB XII – ähnliche Überlegungen wie im Fall des § 93 SGB XII und der Frage, ob eine vor der Überleitung erfolgte Abtretung des überzuleitenden Rechts durch den Berechtigten nach § 138 BGB nichtig ist (vgl. die Kommentierung zu § 93 SGB XII Rn. 22). Im Rahmen der dabei gebotenen **Würdigung der Gesamtumstände** eines Verzichts hat für die Sittenwidrigkeit **einerseits** grundsätzlich die **individuelle Gestaltungsfreiheit** hinsichtlich der ehelichen Lebensverhältnisse Bedeutung.[203] Andererseits darf die Vertragsfreiheit nicht dazu führen, den **Schutzzweck gesetzlicher Regelungen** durch vertragliche Vereinbarungen **beliebig zu unterlaufen**. Die Prüfung, ob solche sittenwidrigen Gesamtumstände schon im Zeitpunkt des Zustandekommens der Vereinbarung vorliegen, ist Gegenstand der **Wirksamkeitskontrolle** der Vereinbarung. Sittenwidrig kann ein Verzicht unter zwei Aspekten sein: weil im Verhältnis der Ehegatten untereinander eine **gestörte Vertragsparität** vorliegt oder darin **zu Lasten des Sozialhilfeträgers** disponiert wird.[204]

95 Gemessen daran liegt Sittenwidrigkeit bei einem Unterhaltsverzicht **zwischen Ehegatten** vor, wenn insbesondere in Eheverträgen **eine durch die individuelle Gestaltungsfreiheit nicht gerechtfertigte einseitige Lastenverteilung für den Scheidungsfall – losgelöst von der künftigen Entwicklung der Ehegatten und ihrer Lebensverhältnisse – zuungunsten nur eines Ehegatten** vorgenommen wurde.[205] Darin muss sich eine bei Vertragsschluss **unterlegene Verhandlungsposition** eines Ehepart-

---

[198] KG v. 23.08.2012 - 19 UF 38/12 - juris Rn. 16 unter Berufung auf § 1612b Abs. 1 BGB.

[199] *Hammermann* in: Erman, BGB, § 1615 Rn. 3; *Dethloff*, Familienrecht, § 11 Rn. 51. Für den Sterbemonat wird der volle Betrag des Kalendermonats geschuldet, § 1612 Abs. 3 BGB.

[200] *Dethloff*, Familienrecht, § 11 Rn. 50; § 1614 BGB gilt entsprechend für den Vollstreckungsverzicht; *Hammermann* in: Erman, BGB, § 1614 Rn. 1.

[201] §§ 1361 Abs. 4, 1360a Abs. 2, 1614 Abs. 1 BGB, § 1585c BGB, § 12 Satz 2 LPartG und § 16 LPartG, dazu *Dethloff*, Familienrecht, § 4 Rn. 115 m.w.N.

[202] *Hammermann* in: Erman, BGB, § 1614 Rn. 1.

[203] BGH v. 25.10.2006 - XII ZR 144/04 - NJW 2007, 904, 906: BGH v. 02.02.2011 - XII ZR 11/09 - juris Rn. 14.

[204] *Armbrüster* in: Festschrift für Säcker, 13 f.

[205] Grundlegend BGH v. 11.02.2004 - XII ZR 265/02 - BGHZ 158, 81, 86 ff., 94 ff. unter Erläuterung und Berücksichtigung der Grundsätze des BVerfG zur Inhaltskontrolle von Eheverträgen und Unterhaltsvereinbarungen BVerfG v. 06.02.2001 - 1 BvR 12/92 - FamRZ 2001, 343 ff. und BVerfG v. 29.03.2001 - 1 BvR 1766/92 - FamRZ 2001, 985 ff. mit Parallelen zur Inhaltskontrolle von Bürgschaftsverträgen; BGH v. 02.02.2011 - XII ZR 11/09 - juris Rn. 14.

ners oder eine **Zwangslage**, im Ergebnis eine **Störung der subjektiven Vertragsparität**, manifestieren.[206] Maßgeblich sind die **Einkommens- und Vermögensverhältnisse**, der geplante oder bereits verwirklichte **Zuschnitt** der Ehe, **Beweggründe** für die Vereinbarung. Eine auf eine **einseitige Lastenverteilung gestützte tatsächliche Vermutung** für die **subjektive Seite** der Sittenwidrigkeit **lässt sich nicht aufstellen**, sie stellt nur ein **Indiz** für eine unterlegene Verhandlungsposition dar. Es müssen außerhalb der Vertragsurkunde liegende Umstände hinzutreten.[207]

Ist der Verzicht **Teil** von **zusammenhängenden ehevertraglichen** Einzelregelungen, ist auch das **Zusammenwirken** aller vertraglichen **Einzelregelungen** in den Blick zu nehmen und auf eine einseitige Benachteiligung eines Ehegatten hin zu prüfen.[208] Ein einseitiger Unterhaltsverzicht liegt danach dann nicht vor, wenn **mittellose – sozialhilfebedürftige – Ehepartner wechselseitig auf Unterhalt verzichten** (zur Frage der Sittenwidrigkeit dieser Gestaltung zu Lasten des Sozialhilfeträgers, vgl. Rn. 98). Das gilt auch dann, wenn beide das **aufgrund der bereits im Zeitpunkt des Vertragsschlusses absehbaren zukünftigen Entwicklung mögliche Einkommen oder Vermögen wechselseitig** vor einer Inanspruchnahme durch den anderen im Scheidungsfall **schützen wollen**.[209] Geht es (regelmäßig) um **Unterhaltsansprüche für die Zukunft**, sind diese (noch) nicht auf den Träger der Sozialhilfe übergegangen, die Ehegatten sind damit nicht nur zur vertraglichen Disposition berechtigt, sondern noch Forderungsinhaber und verfügungsbefugt.[210] Allein unter Berücksichtigung des § 161 BGB könnte ein Verzicht unwirksam sein, wenn auch insoweit eine aufschiebend bedingter Übergang zugrunde gelegt wird (vgl. Rn. 198). Ein aufschiebend bedingter Anspruchsübergang dürfte allerdings nicht sämtliche (noch eher zeitlich ferne) künftige Ansprüche erfassen. 96

Ein gegenseitiger – zum Zeitpunkt des Vertragsschlusses wirksamer – Unterhaltsverzicht kann gleichwohl **im Scheidungsfall rechtsmissbräuchlich ausgeübt werden (sog. Ausübungskontrolle)**. Entscheidend ist danach, ob sich nunmehr – **im Zeitpunkt der Scheidung** – aus der Berufung auf die Vereinbarung eine **evident einseitige Lastenverteilung** ergibt, die unzumutbar ist. Der Begriff des Rechtsmissbrauchs verweist zunächst darauf, dass diese **Schranke aus § 242 BGB** folgt, also zu prüfen ist, ob einem Ehepartner nach Treu und Glauben (im konkreten Scheidungsfall) verwehrt ist, sich auf eine ihn begünstigende Regelung – den Unterhaltsverzicht – zu berufen.[211] **Folge** einer erkannten Rechtsmissbräuchlichkeit, z.B. eines gegenseitigen Unterhaltsverzichts, ist daher nicht stets die Unwirksamkeit der Regelung, sondern es ist **diejenige Rechtsfolge** (vom Gericht) anzuordnen, **die den berechtigten Belangen beider Ehepartner** in der eingetretenen Situation in ausgewogener Weise **Rechnung trägt (Vertragsanpassung)**[212]. Dabei darf das Gericht z.B. den durch den Unterhaltsverzicht benachteiligten Ehegatten **nicht besser stellen** als er/sie stünde, wenn es den Verzicht nicht geben würde[213]. Maßgebend ist u.a., ob die **tatsächliche Gestaltung** der ehelichen Lebensverhältnisse **von der ursprünglichen Lebensplanung**, die dem Verzicht zugrunde lag, **grundlegend abweicht**. Erhebliche Bedeutung gewinnt schließlich im Rahmen der Gesamtwürdigung in Anlehnung an § 1587b BGB (Herabsetzung und zeitliche Begrenzung des Unterhalts wegen Unbilligkeit) die Prüfung, ob und inwieweit das Unvermögen, für den eigenen Unterhalt zu sorgen, durch **ehebedingte Nachteile mitbestimmt wird**.[214] Ausgehend davon hat der BGH für Ehegatten, die ihre **Erwerbstätigkeit zugunsten der Betreuung gemeinsamer Kinder eingeschränkt** haben und im Zeitpunkt der Scheidung **erwerbsgemindert** sind, eine grundlegende Abweichung der tatsächlichen Gestaltung für möglich gehalten. Er hat darauf hingewiesen, dass einer dadurch bedingten **unzureichenden Altersvorsorge** grundsätzlich durch den **Versorgungsausgleich** begegnet wird. Nur wenn die ehebedingten Versor- 97

---

[206] BGH v. 02.02.2011 - XII ZR 11/09 - juris Rn. 14; BGH v. 31.10.2012 - XII 129/10 - juris Rn. 24 f.
[207] BGH v. 31.10.2012 - XII 129/10 - juris Rn. 17 ff., 24.
[208] BGH v. 31.10.2012 - XII 129/10 - juris Rn. 22.
[209] BGH v. 25.10.2006 - XII ZR 144/04 - NJW 2007, 904, 905, Rente wegen Erwerbsminderung und künftiges Arbeitseinkommen bzw. Hausgrundstück in Polen.
[210] Abweichend dazu wohl *Armbrüster* in: Festschrift für Säcker, 13, 15, wenn er ausführt, ein Verzicht von Sozialhilfeempfängern sei von vornherein nicht möglich, weil der Anspruch bereits übergegangen sei.
[211] BGH v. 02.02.2011 - XII ZR 11/09 - juris Rn. 16.
[212] Grundlegend dazu: BGH v. 11.02.2004 - XII ZR 265/02 - BGHZ 158, 81 ff.; BGH v. 02.02.2011 - XII ZR 11/09 - juris Rn. 16; BGH v. 31.10.2012 - XII ZR 129/10 - juris Rn. 35. Zu übertragen sind die Grundsätze über den Wegfall der Geschäftsgrundlage, § 313 BGB.
[213] Die gesetzlichen Kriterien z.B. des § 1570 BGB in der seit dem 01.01.2008 geltenden Fassung können die Obergrenze für einen Unterhaltsanspruch bilden, BGH v. 02.02.2011 - XII ZR 11/09 - juris Rn. 28.
[214] Zu § 1578b BGB: BGH v. 26.05.2010 - XII ZR 143/08 - BGHZ 186, 1 ff., 10 f., Rn. 35 ff.

gungsnachteile im Vergleich zu den fiktiv zu bestimmenden Versorgungsanrechten (bei hypothetischer Erwerbsbiographie[215]) nicht angemessen aufgefangen werden, ist eine Vertragsanpassung im Hinblick auf den Unterhaltsverzicht angezeigt[216]. Demgegenüber stellen allein die **zwischenzeitlich aufgetretene Erkrankung** und ein daraus entstehender höherer Bedarf des nach wie vor mittellosen Ehepartners **keine einseitige Lastenverteilung** dar, weil sie bereits kein ehebedingtes Risiko ist.[217]

98 Neben der einseitigen Lastenverteilung insbesondere beim Ehegattenunterhalt kann auch ein **Unterhaltsverzicht** deshalb **sittenwidrig** sein, weil er **zu Lasten des Sozialhilfeträgers** erfolgt. Eine solche Sittenwidrigkeit hat der BGH bei Verzicht auf nachehelichen Unterhalt gesehen, wenn die **Vertragsschließenden (Verlobte, Eheleute) dadurch bewusst eine Unterstützungsbedürftigkeit zu Lasten der Sozialhilfe herbeiführen, auch wenn sie eine Schädigung des Trägers der Sozialhilfe nicht beabsichtigen**.[218] Ein Unterhaltsverzicht zu Lasten des Trägers der Sozialhilfe liegt dabei nach Auffassung des BGH nicht vor, **wenn die Ehegatten bei Abschluss des Ehevertrags noch nicht verheiratet gewesen sind und die Eheschließung vom vorherigen Unterhaltsverzicht abhängig gemacht wird**. In einem solchen Fall habe der später bedürftige Ehegatte von vornherein keine Aussicht gehabt, Anspruch auf nachehelichen Unterhalt zu erwerben, weil die Eheschließung von der Eingehung eines Unterhaltsverzichts abhängig gemacht wurde. Der Verzicht habe die Bedürftigkeit und damit das Risiko, zur Bestreitung des Lebensunterhaltes auf Sozialhilfe angewiesen zu sein, nicht erhöht.[219] Auch können **Lebensrisiken eines Partners**, die bereits vor Beginn der Ehe bestanden und z.B. keine Aussicht auf eine Erwerbsgrundlage versprechen (bestehende Krankheit), von vornherein aus der gemeinsamen Verantwortung herausgenommen werden. Daraus folgt, dass ein ehevertraglicher **Unterhaltsverzicht nicht schon deshalb sittenwidrig ist**, weil er **im Scheidungsfall eine Sozialhilfebedürftigkeit** nach sich zieht, während ohne den Verzicht Anspruch auf bedarfsdeckende Unterhaltsleistungen bestehen würde.[220] Dies wird von Teilen der Literatur in dem Fall abweichend gesehen, in dem der Eheschluss von einem Ehepartner vom vorherigen Verzicht auf Unterhalt abhängig gemacht wird. Hierin wird ein **Widerspruch zu dem verfassungsrechtlichen und gesellschaftlichen Leitbild** der Ehe gesehen, der zur Sittenwidrigkeit führt.[221] Die Kritik am BGH sieht sich ihrerseits der Schwierigkeit ausgesetzt, ein solches (zudem dem Wandel unterworfenes) verfassungsrechtliches Leitbild zu bestimmen.

99 Maßgeblich für das **Gesamturteil nach § 138 BGB**, das gerade im Hinblick auf die Belange des Sozialhilfeträgers erfolgt, ob ein **ehebedingtes Risiko oder wirtschaftliche Risiken einer individuellen Ehegestaltung** durch vertragliche Vereinbarungen sozialisiert, d.h. zu Lasten einer Sozialhilfebedürftigkeit geregelt wurden. Waren danach beide Partner schon bei Eheschließung sozialhilfebedürftig, liegt kein **ehebedingtes Risiko** vor, **das durch den Verzicht sozialisiert wurde**, selbst wenn der Bedarf infolge einer (weiteren) Erkrankung während der Ehezeit gestiegen ist. „Eine Pflicht zur Begünstigung des Sozialhilfeträgers für den Scheidungsfall kennt das geltende Recht nicht"[222]. Eine vertragliche Abrede ist allerdings dann sittenwidrig, wenn **damit auf der Ehe beruhende Familienlasten objektiv zum Nachteil der Sozialhilfe geregelt werden**. Das ist dann der Fall, wenn aus der Gestaltung der ehelichen (Familien-)Verhältnisse, insbesondere der **Verteilung von Erwerbs- und Familienarbeit im Scheidungsfall Nachteile** für einen Ehegatten folgen, die durch den **Unterhalt ausgeglichen würden**, was die Ehegatten aber vertraglich ausgeschlossen haben. Ehebedingte Nachteile, die das Unterhaltsrecht ausgleichen will, können so nicht auf den Träger der Sozialhilfe verlagert werden.[223]

100 Entscheidend sind im Rahmen der **Gesamtbetrachtung Inhalt, Beweggrund und Zweck der Vereinbarung**. **Ausgangspunkt** ist nach dem BGH die **Vertragsfreiheit** zur Gestaltung von ehelichen Unterhaltspflichten. **Lebensrisiken** eines Partners, die bereits vor der Ehe bestanden, können von

---

[215] Eine überschlägige Schätzung ist nach § 287 ZPO, begleitet durch eine nachvollziehbare Plausibilitätskontrolle, zulässig, BGH v. 31.10.2012 - XII ZR 129/19 - juris Rn. 48 ff. 51.
[216] BGH v. 31.10.2012 - XII ZR 129/19 - juris Rn. 36 ff.
[217] BGH v. 25.10.2006 - XII ZR 144/04 - NJW 2007, 904, 905.
[218] BGH v. 08.12.1982 - IVb ZR 333/81 - BGHZ 86, 82, 88; BGH v. 25.10.2006 - XII ZR 144/04 - NJW 2007, 904, 905; BGH v. 05.11.2008 - XII ZR 157/06 - BGHZ 178, 322 Rn. 36.
[219] BGH v. 09.07.1992 - XII ZR 57/91 - NJW 1992, 3164 f.
[220] BGH v. 25.10.2006 - XII ZR 144/04 - NJW 2007, 904, 906: Ausschluss von nicht ehebedingten Risiken möglich.
[221] *Armbrüster* in: Festschrift für Säcker, 13, 15.
[222] BGH v. 25.10.2006 - XII ZR 144/04 - NJW 2007, 904, 906.
[223] BGH v. 25.10.2006 - XII ZR 144/04 - NJW 2007, 904, 906 m.w.N.; BGH v. 05.11.2008 - XII ZR 157/06 - juris Rn. 36 - BGHZ 178, 322; vgl. dagegen zu den Besonderheiten einer Scheidung noch nach altem Recht: BGH v. 08.12.1982 - Ivb ZR 333/81 - BGHZ 86, 82, 86 f.

vornherein aus der gemeinsamen Verantwortung herausgenommen werden. Entsprechendes soll für andere nicht ehebedingte Risiken gelten. Ein **Unterhaltsverzicht** ist **nicht schon deswegen sittenwidrig**, weil er **bewirkt**, dass ein Ehegatte im Scheidungsfall **sozialhilfebedürftig** wird. **Anderes gilt**, wenn **ehe- oder familienbedingte Risiken** damit „sozialisiert" werden[224]. So hat der BGH für den Unterhaltsverzicht einer zu diesem Zeitpunkt **nicht erwerbstätigen und voraussichtlich wegen der Betreuung eines gemeinsamen behinderten Kindes auch weiter nicht erwerbstätigen Ehefrau bei bestehender Unterhaltsfähigkeit des Ehemannes** eine **Sittenwidrigkeit** bejaht und dabei auf die auf einer Nachwirkung der Ehe beruhende Nichterwerbstätigkeit abgestellt sowie auf die Tatsache, dass dadurch **zwangsläufig Sozialhilfebedürftigkeit** eintrat.[225] Speziell für **rückständigen Unterhalt**, über den die **Eheleute eine Vereinbarung mit Verzichtscharakter** getroffen hatten, nachdem die Ehefrau bereits Sozialhilfe bezog und dem Ehemann vom Träger der Sozialhilfe nach § 94 Abs. 4 Satz 1 SGB XII die **Gewährung von Sozialhilfe mitgeteilt worden war**, liegt ein sittenwidriger Verzicht vor. Die Parteien handeln bei dieser Sachlage in dem **Bewusstsein**, eine Inanspruchnahme des Unterhaltspflichtigen durch den Sozialhilfeträger zu verhindern. Auf eine (zusätzliche) **spezifische Schädigungsabsicht** kommt es dabei nicht an.[226] Gibt dagegen ein Ehepartner **im Zuge eines wechselseitigen Unterhaltsverzichts ein Leibrentenversprechen** gegenüber dem anderen ab, welches über den gesetzlichen Unterhalt hinausgeht und dazu führt, dass er nicht mehr in der Lage ist, seine eigene Existenz zu sichern und deshalb ergänzender Sozialleistungen bedarf, ist **allein das Leibrentenversprechen sittenwidrig**.[227] Offen gelassen hat der BGH bislang, ob der **Unterhaltsverzicht sittenwidrig** ist, wenn **gerade die Eheschließung** z.B. eines unterhaltsrechtlich Leistungsfähigen mit einem mittellosen ausländischen Staatsangehörigen eine **Belastung des Sozialhilfeträgers** nach sich zieht.[228]

In der Praxis wird es für den Träger der Sozialhilfe häufig schwierig sein, zu entscheiden, ob ein aktenkundiger oder vorgetragener Unterhaltsverzicht wirksam ist oder nicht. Es empfiehlt sich aber, diesen vor Erhebung einer Klage auf Unterhalt zu prüfen. Im Rahmen des **zivilprozessualen Beibringungsgrundsatzes** hat der Sozialhilfeträger – wenn sich der Pflichtige auf einen Verzicht beruft und für diesen auch Beweismittel anbieten kann – seinerseits **Umstände** substantiiert darzulegen und ggf. **Beweis anzubieten, die für eine Sittenwidrigkeit** des Verzichts sprechen. Der **Amtsermittlungsgrundsatz** gilt für das Zivilgericht insoweit **nicht**.   101

Ist ein Unterhaltsverzicht z.B. wegen des regelmäßig erforderlichen **subjektiven Tatbestandes beider Beteiligter** nicht sittenwidrig nach § 138 BGB, kommt für den Träger der Sozialhilfe allein ein **Vorgehen nach § 26 Abs. 1 Nr. 1 SGB XII** in Betracht, wenn allein der Hilfebedürftige den Verzicht in der Absicht erklärt hat, die Voraussetzungen für die Gewährung von Sozialhilfe herbeizuführen.   102

dd. Verwirkung

Der Unterhaltsanspruch unterliegt mit der Vorschrift des **§ 1611 BGB** einem **speziellen Verwirkungstatbestand**. Nach Absatz 1 Satz 1 ist der Anspruch auf einen bloßen Beitrag zum **Unterhalt in 3 Fällen reduziert**[229], wenn   103

1. der Unterhaltsberechtigte durch sein **sittliches Verschulden bedürftig geworden** ist oder
2. seine **eigene Unterhaltspflicht** gegenüber dem Berechtigten **gröblich vernachlässigt** hat oder
3. sich **vorsätzlich einer schweren Verfehlung** gegen den Unterhaltsberechtigten oder einen seiner nahen Angehörigen **schuldig** gemacht hat. Dabei ist der Charakter als eng auszulegende Ausnahmevorschrift zu beachten[230], die Vorschrift setzt zudem **ein Verschulden voraus**[231].

---

[224] BGH v. 25.10.2006 - XII ZR 144/04 - juris Rn. 20 ff.
[225] BGH v. 08.12.1982 - IVb ZR 333/81 - BGHZ 86, 82, 88 f.
[226] BGH v. 17.09.1986 - IVb ZR 59/85 - FamRZ 1987, 40, 42 f.
[227] BGH v. 05.11.2008 - XII ZR 157/06 - BGHZ 178, 322 Rn. 36 ff.
[228] BGH v. 25.10.2006 - XII ZR 144/04 - NJW 2007, 904, 906; eine Sittenwidrigkeit bejaht in diesem Fall *Armbrüster* in: Festschrift für Säcker, 13, 15, mit der pauschalen Begründung, dass solche Eheschließungen regelmäßig darauf angelegt seien, dem bedürftigen Ehegatten einen Aufenthaltstitel und Zugang u.a. zu den Sozialsystemen zu verschaffen.
[229] So im Fall von OLG Celle v. 26.05.2010 - 15 UF 272/09 - juris Rn. 17 ff.: Herabsetzung des geschuldeten Unterhaltes um 25%
[230] BGH v. 19.05.2004 - XII ZR 304/02 - FamRZ 2004, 1559 f.; BGH v. 15.09.2010 - XII ZR 148/09 - FamRZ 2010, 1888 ff. Dabei reicht eine krankheitsbedingte Vernachlässigung der Pflichten nicht aus.
[231] *Engler* in: Staudinger, BGB, § 1611 Rn. 25; BGH v. 15.09.2010 - XII ZR 148/09 - FamRZ 2010, 1888 ff.

104 Schließlich **entfällt** nach Absatz 1 **Satz 2 die Verpflichtung vollständig**, wenn die Inanspruchnahme des Verpflichteten **grob unbillig** erscheint.

105 Durch **sittliches Verschulden bedürftig geworden** (Alternative 1) kann nach der Rechtsprechung jemand sein, der der **Spiel-, Alkohol- oder Drogensucht** anheimgefallen ist.[232] Schon im Hinblick auf den Krankheitswert der genannten Erscheinungen erscheint diese Interpretation als zu weitgehend. Notwendig ist darüber hinaus daher ein **vorwerfbares Verhalten von erheblichem Gewicht.** Erforderlich ist daher zumindest, dass sich der Berechtigte in diesen Fällen zusätzlich (grundlos) weigert, eine Therapie aufzunehmen[233].

106 Eine **gröbliche Vernachlässigung der eigenen Unterhaltspflicht gegenüber dem Pflichtigen** (Alternative 2) kann regelmäßig nur beim Elternunterhalt praktisch werden. Erforderlich ist eine Verletzung der Pflicht zum **Bar- oder Naturalunterhalt**. Diese Verletzung kann auch in der Vernachlässigung des **Betreuungsunterhalts** liegen[234]. Die Pflichtverletzung ist für sich genommen nicht ausreichend ist, sondern es müssen **weitere Umstände** hinzukommen, etwa ernsthafte Versorgungsschwierigkeiten der Familie. Ist die Vernachlässigung **krankheitsbedingt**, liegt keine gröbliche Pflichtverletzung vor. Eine gewisse **Dauer der Vernachlässigung** ist erforderlich, i.d.R. bei Vernachlässigung über ein Jahr ist die Dauer erreicht[235].

107 Eine **schwere Verfehlung** (Alternative 3) kann nach der Rechtsprechung des BGH regelmäßig nur bei einer **tiefgreifenden Beeinträchtigung schutzwürdiger wirtschaftlicher oder persönlicher Belange des Pflichtigen** angenommen werden. Anerkannt sind **tätliche Angriffe, Bedrohungen, wiederholte grobe Beleidigungen oder Denunziationen.** Als **Verfehlung der Eltern gegen das Kind** kann sich auch eine – durch Unterlassen herbeigeführte – **Verletzung elterlicher Pflichten** (Aufsichtspflicht, Pflicht zu Beistand und Rücksicht nach § 1618a BGB, auch gegenüber volljährigen Kindern) erweisen. Neben schwerwiegenden Übergriffen reicht auch ein **Verhalten aus, das in seiner Gesamtschau einen groben Mangel an verwandtschaftlicher Gesinnung erkennen lässt** und infolgedessen z.B. einen Unterhaltsberechtigten als Person herabwürdigt und zurücksetzt oder kränkt[236].

108 Allein ein vom unterhaltsberechtigten Elternteil ausgehender **langjähriger Kontaktabbruch** stellt zwar regelmäßig eine Verfehlung dar. Diese ist aber **nur ausnahmsweise** bei **Vorliegen weiterer Umstände** geeignet, eine Verwirkung nach § 1611 Abs. 1 Alt. 3 BGB eintreten zu lassen. Mit diesen Ausführungen hat **der BGH** zuletzt mit seinem **Beschluss vom 12.02.2014** Aufmerksamkeit über Fachkreise hinaus erregt.[237] Der Sozialhilfeträger hatte einen Sohn aus übergegangenem Recht für Aufwendungen in Anspruch genommen, die er für den Heimaufenthalt des Vaters getätigt hatte. Es hatte bis zum Tod des Vaters nach der Scheidung von der Mutter mehr als **40 Jahre kein Kontakt** bestanden. Der Vater hatte zudem in seinem Testament verfügt, der Sohn solle **nur** den „strengsten **Pflichtteil**" erhalten. Der BGH führt aus, eine Kontaktverweigerung führe nur ausnahmsweise zur Verwirkung. Die Verletzung der **elterlichen Unterhaltspflicht gegenüber (Klein-)Kindern** stelle regelmäßig eine **schwere Verfehlung** i.S. des § 1611 BGB dar. Der Kontaktabbruch gegenüber volljährigen Kindern sei ebenfalls grundsätzlich als Verfehlung zu qualifizieren, jedoch nicht ohne weitere Umstände als eine schwere. Der Vater habe noch bis zur Volljährigkeit des Sohnes, damit einer gewissen Selbständigkeit, seine Elternstellung mit den daraus folgenden Pflichten wahrgenommen. Die Errichtung eines **Testaments** sei auch mit **Enterbung des Sohnes** keine Verfehlung, sondern **Ausdruck der Testierfreiheit.**[238]

109 Die schwere Verfehlung setzt ein **Verschulden voraus,** Vorsatz reicht nicht. Ist die Verletzung elterlicher Pflichten **Folge einer Erkrankung**, kann schon von der (gröblichen) Verletzung der Unterhaltspflicht nicht ausgegangen werden[239].

---

[232] *Brudermüller* in: Palandt, § 1611 Rn. 2 m.w.N.; eingeschränkter aber *Soyka* in: Prütting/Wegen/Weinreich, BGB, § 1611 Rn. 2.

[233] *Soyka* in: Prütting/Wegen/Weinreich, BGB, § 1611 Rn. 2 m.w.N.

[234] BGH v. 19.05.2004 - XII ZR 304/02 - juris Rn. 11.

[235] *Hollinger* in: jurisPK-BGB, § 1579 Rn. 138 f.

[236] OLG Oldenburg v. 25.10.2012 - 14 UF 80/12 - FamRZ 2013, 1051 ff.; insoweit zustimmend die Nachfolgeentscheidung des BGH v. 14.02.2014 - XII ZB 607/12 - juris Rn. 15.

[237] Vgl. www.zeit.de/gesellschaft/familie/2014-02/bgh-urteil-kinder-zahlen-heimkosten-fuer-eltern (abgerufen am 10.04.2014).

[238] BGH v. 12.02.2014 - XII ZB 607/12 - juris Rn. 18 ff.; ähnlich *Soyka* in: Prütting/Wegen/Weinreich, BGB, § 1611 Rn. 4.

[239] BGH v. 15.09.2010 - XII ZR 148/09 - FamRZ 2010, 1888, 1890 f.

Nach § 1611 Abs. 2 BGB ist der **Verwirkungstatbestand des Absatzes 1** auf die Unterhaltspflicht von **Eltern** gegenüber ihren **minderjährigen** unverheirateten **Kindern nicht anzuwenden.** 110

Rechtsfolge einer Verwirkung nach § 1611 BGB ist nicht automatisch, dass der Unterhaltsanspruch ganz entfällt, sondern der Höhe nach **auf Billigkeit beschränkt (§ 1611 Abs. 1 Satz 1 BGB).** Er **entfällt zur Gänze,** wenn eine so schwerwiegende Verfehlung vorliegt, das selbst die Zahlung eines geringfügigen Unterhalts der Gerechtigkeit in unerträglicher Weise widerspricht (**§ 1611 Abs. 1 Satz 2 BGB**). Dieses Urteil ist Ergebnis einer **Abwägung,** in der neben der Schwere der Verfehlung, der wirtschaftlichen Lage des Unterhaltsverpflichteten auch ggf. seine eigenen Verfehlungen zu berücksichtigen sind[240]. 111

Die Geltendmachung eines Unterhaltsanspruchs kann darüber hinaus – wie die jedes Anspruchs – nach **§ 242 BGB verwirkt** sein. Die **Verwirkung nach allgemeinen Grundsätzen** stellt eine **Einwendung** dar. Das Zivilgericht hat sie auch ohne eine ausdrücklich erhobene Einrede zu prüfen. 112

Voraussetzung einer Verwirkung ist das **Vorliegen eines sog. Zeit- und Umstandsmoments**. Das **Zeitmoment** erfordert, dass der Anspruch **über einen längeren Zeitraum nicht geltend gemacht** wird. Das **Umstandsmoment** fordert, dass der Verpflichtete sich aufgrund des **Verhaltens des Berechtigten** darauf eingerichtet hat, dieser werde sein (vermeintliches) Recht nicht mehr geltend machen. Gerade wegen dieses **Vertrauenstatbestandes** muss die Geltendmachung als mit **Treu und Glauben** unvereinbare Härte erscheinen.[241] Die Verwirkung kann dem **Anspruch schon bei Anspruchsübergang anhaften** oder **später** durch ein Verhalten des Trägers der Sozialhilfe begründet werden. Für **Unterhaltsansprüche** als **wiederkehrende Leistungen** hat die Rechtsprechung dazu eine mehr **typisierende Betrachtung** zugelassen.[242] An das **Zeitmoment** stellt der BGH dabei keine strengen Anforderungen. Von einem Unterhaltsgläubiger, der auf laufenden Unterhalt angewiesen ist, muss eher erwartet werden, dass er sich zeitnah um die Durchsetzung bemüht, andernfalls können rückständige Unterhaltsansprüche zu einer erdrückenden Schuldenlast anwachsen. Als **Zeitmoment** kann danach schon **1 Jahr ausreichen, in dem der Anspruch nicht geltend gemacht wird, obwohl der Gläubiger dazu in der Lage wäre (dazu gehört auch, dass er Kenntnis von den Ansprüchen hat**).[243] **Dieselben Anforderungen** gelten bei einem Anspruch aus übergegangenem Recht, den eine **Behörde** geltend macht.[244] Für das **Umstandsmoment** reicht es aus, dass sich der Verpflichtete mit Rücksicht auf **das gesamte Verhalten des Berechtigten** darauf **einrichten** durfte und **eingerichtet hat, dass dieser sein Recht in der Zukunft nicht geltend machen wird.**[245] Hier kann es ausreichen, dass der Berechtigte während des Scheidungsverfahrens trotz mehrerer Anfragen des Gerichts, einen bezifferten Unterhaltsantrag zu stellen, diesem nicht nachkommt, sondern insoweit **untätig** bleibt und der Verpflichtete dies so verstehen konnte, dass der Berechtigte keinen Unterhalt mehr geltend macht.[246] Für **bereits titulierten Unterhalt** wird ein etwas strengerer Maßstab angelegt: Der Gläubiger muss sich lediglich um die Durchsetzung des Anspruchs bemühen, unterlässt er dies, weil kein Vermögen beim Schuldner vorhanden ist, ist das Umstandsmoment i.d.R. nicht erfüllt[247]. 113

Im Fall des Anspruchsüberganges auf den Träger der Sozialhilfe hat es der BGH sogar ausreichen lassen, dass **trotz erfolgter Auskunftserteilung** des Verpflichteten über einen **Zeitraum von ca. 20 Monaten keine weitere Reaktion** des **Trägers der Sozialhilfe** erfolgte und dieser (für den Verpflichteten) **untätig** blieb. Der Verpflichtete konnte davon ausgehen, nicht mehr in Anspruch genommen zu werden.[248] Die etwas (zu) weitgehende Aussage, wonach **bloße Untätigkeit der Behörde für das Umstandsmoment ausreicht** und sich damit die Verwirkung von Unterhaltsansprüchen nicht mehr trennscharf von der Verjährung unterscheidet (vgl. Rn. 115), hat der BGH **später** speziell für den 114

---

[240] BGH v. 15.09.2010 - XII ZR 148/09 - FamRZ 2010, 1888, 1890; zu den Billigkeitserwägungen: *Soyka* in: Prütting/Wegen/Weinreich, BGB, § 1611 Rn. 6.
[241] *Grüneberg* in: Palandt, BGB, § 242 Rn. 93 f., 95; speziell für Unterhalt, OLG Hamm v. 06.08.2009 - II-2 UF 241/08 - FamRZ 2010, 303, 304/305.
[242] *Grüneberg* in: Palandt, BGB, § 242 Rn. 95.
[243] BGH v. 22.11.2006 - XII ZR 152/04 - NJW 2007, 1273, 1275; OLG Hamm v. 06.08.2009 - II-2 UF 241/08 - FamRZ 2010, 303, 305; *Grüneberg*, in: Palandt, BGB, § 242 Rn. 95.
[244] BGH v. 15.09.2010 - XII ZR 148/09 - FamRZ 2010, 1888, 1889.
[245] BGH v. 15.09.2010 - XII ZR 148/09 - FamRZ 2010, 1888, 1889.
[246] BGH v. 22.11.2006 - XII ZR 152/04 - NJW 2007, 1273, 1275. Dazu auch *Kiss* in: Mergler/Zink, SGB XII, § 94 Rn. 48.
[247] *Niepmann/Schwamb*, NJW 2014, 672, 676 m.w.N.
[248] BGH v. 23.10.2002 - XII ZR 266/99 - FamRZ 2002, 1698, 1699; dazu zustimmend: *Jakobs*, FuR 2010, 9, 15.

Sozialhilfeträger noch **präzisiert**: bei **der gebotenen Gesamtschau** müssen auch **Vorgänge Berücksichtigung finden, die nicht unmittelbar der Durchsetzung** des Anspruchs dienen, **wie die Einräumung von (großzügigen) Stellungnahmefristen** für den Verpflichteten im Rahmen der **Sachverhaltsermittlung**. Auch sie sind als Bemühen zu qualifizieren, den Anspruch durchzusetzen und **stehen einem Vertrauen** des Verpflichteten, der Anspruch werde (dauerhaft) nicht durchgesetzt, **entgegen**.[249]

g. Verjährung einzelner Ansprüche auf Unterhalt

115 Unterhaltsansprüche unterliegen der **Verjährung**.[250] Die Verjährung führt **nicht zum Erlöschen** des Anspruchs, sie stellt ein **dauerndes Leistungsverweigerungsrecht** dar (**§ 214 BGB, Einrede**).[251] Im **Prozess** ist sie **nicht von Amts wegen zu berücksichtigen** und steht dem Anspruchsübergang nicht entgegen.

116 Nach § 197 Abs. 2 BGB i.V.m. § 195 BGB beträgt die **regelmäßige Verjährung für Unterhaltsansprüche 3 Jahre**. Soweit § 199 Abs. 1 Nr. 2 BGB auf die **Kenntnis** oder grob fahrlässige **Unkenntnis** von den Anspruchsumständen und der Person des Schuldners für den Fristbeginn abstellt, muss sich der Träger der Sozialhilfe im Fall des Rechtsüberganges als Rechtsnachfolger die **Kenntnis des Leistungsberechtigten für entstandene Ansprüche zurechnen** lassen.[252]

117 Im Übrigen kommt es **bei öffentlich-rechtlichen Körperschaften** auf die **Kenntnis der nach der innerbetrieblichen Organisation zuständigen** Person an.[253] Für Regressansprüche hat der BGH auf die Kenntnis der **Bediensteten** der Regressabteilung abgestellt.[254] Für **Behörden** wird auch eine **begrenzte Wissenszurechnung** für möglich gehalten, wenn ein Beamter oder Bediensteter mit der Erledigung der entsprechenden Aufgabe betraut wurde[255]. Eine **Wissenszusammenrechnung** i.S. einer Addierung eines „aufgespaltenen" Wissens mehrerer Bediensteter ist für Behörden bislang jedoch **abgelehnt** worden[256]. Wird in Behörden keine aktenmäßige Erfassung organisiert, kommt die Annahme einer **groben Fahrlässigkeit** der Unkenntnis in Betracht.

118 Für **rechtskräftig festgestellte Ansprüche** (= Ansprüche bis zur Rechtskraft der Entscheidung) beträgt die **Verjährungsfrist** gemäß § 197 Abs. 1 Nr. 3, Abs. 2 BGB **30 Jahre**. Für **künftig fällig werdende Ansprüche** gilt § 218 BGB **(3 Jahre)**.[257]

119 Die Verjährung wird nach § 204 BGB durch näher bezeichnete Rechtsverfolgungsmaßnahmen **gehemmt**[258]. Nach **§ 207 Abs. 1 Nr. 2a) BGB** sind **Unterhaltsansprüche von Kindern gegen ihre Eltern** bis zur Volljährigkeit **gehemmt**.

IV. Rechtsfolge: Anspruchsübergang

1. Reichweite des Anspruchsübergangs

120 Der Anspruch geht nach dem Wortlaut **bis zur Höhe der Aufwendungen** auf den Träger der Sozialhilfe über. Abweichend zu § 93 Abs. 1 Satz 3 SGB XII und § 33 Abs. 1 Satz 1 SGB II enthält § 94 Abs. 1 SGB XII keine Einschränkungen dahingehend, dass der Anspruch nur übergeht, wenn bei recht-

---

[249] BGH v. 15.09.2010 - XII ZR 148/09 - FamRZ 2010, 1888, 1890.
[250] *Ellenberger* in: Palandt, BGB, § 194 Rn. 8 und § 197 Rn. 6; a.A. *Dethloff*, Familienrecht, § 11 Rn. 52: als familienrechtliche Ansprüche aus einem Dauerrechtsverhältnis sind Unterhaltsansprüche unverjährbar (§ 194 Abs. 2 BGB), einzelne Unterhaltsraten unterliegen dagegen der dreijährigen Verjährung nach den §§ 195, 199 BGB, unter Beachtung der Hemmungsvorschrift des § 207 Abs. 1 Nr. 2a) BGB.
[251] *Ellenberger* in: Palandt, BGB, Überbl. v. § 194 Rn. 5 und § 214 Rn. 1-3.
[252] *Ellenberger* in: Palandt, BGB, § 199 Rn. 26 m.w.N. Nicht erfasst werden von einem solchen Titel Ansprüche aus vorsätzlicher unerlaubter Handlung (Verletzung der Unterhaltspflicht), OLG Köln v. 23.01.2014 - 27 UF 113/13 - juris Rn. 31.
[253] Zum Fristbeginn und Lauf: § 199 Abs. 1 Nr. 1 und 2 BGB, *Ellenberger* in: Palandt, BGB, § 199 Rn. 24 f. m.w.N. aus der Rspr.; näher: *Kiss* in: Mergler/Zink, SGB XII, § 94 Rn. 47, zu Einzelheiten: *Büttner*, FamRZ 2002, 361 ff.
[254] BGH v. 18.01.1994 - VI ZR 190/93 - NJW 1994, 1150 f.; BGH v. 15.03.2011 - VI ZR 162/10 - NJW 2011, 1799, 1800 Rn. 13.
[255] BGH v. 15.03.2011 - VI ZR 162/10 - NJW 2011, 1799, 1800 Rn. 14.
[256] *Ellenberger* in: Palandt, BGB, § 199 Rn. 25.
[257] *Decker* in: Oestreicher, SGB II/SGB XII, § 94 Rn. 154.
[258] Vollstreckungshandlungen aus titulierten Schadensersatzansprüchen wegen Verletzung der Unterhaltspflicht (§ 823 Abs. 2 BGB) wirken insoweit nicht für (künftige) Unterhaltsansprüche, umgekehrt wirken auch Vollstreckungshandlungen aus titulierten Unterhaltsansprüchen nicht verjährungshemmend oder -unterbrechend zugunsten der Schadensersatzansprüche, OLG Köln v. 23.01.2014 - 27 UF 113/13 - juris Rn. 31 f.

zeitiger Leistung des Unterhaltsverpflichteten Sozialhilfeleistungen nicht oder nicht in der konkreten Höhe erbracht worden wären. Nach **Sinn und Zweck** des § 94 SGB XII, insbesondere unter Berücksichtigung seiner inneren Rechtfertigung, den Nachrang der Sozialhilfe herzustellen, ist aber eine **Kausalität der Nichterfüllung von Unterhaltspflichten für die Sozialhilfegewährung** zu fordern. Die Sozialhilfe ist nach den Bestimmungen der §§ 19, 82 ff., 90 SGB XII i.V.m. § 2 SGB XII nicht nachrangig, wenn sie trotz eines anderen bestehenden Anspruchs zu gewähren ist, eine Überleitung folglich nicht gerechtfertigt. Die **Nichterfüllung des Unterhaltsanspruchs muss danach ursächlich sein für die Sozialhilfegewährung**.[259] Die dadurch geforderte **Kausalität begrenzt die Höhe** des Anspruchsüberganges logisch noch vor der (absoluten) Höhe der getätigten Aufwendungen (vgl. dazu bereits die Kommentierung zu § 93 SGB XII Rn. 103). Das Gebot erfordert eine **„erweiterte Kausalitätsprüfung"** i.S. einer **hypothetischen Betrachtung aus der ex ante Perspektive** mit der Frage, ob und in welchem Umfang ein (sozialhilferechtlicher) Leistungsanspruch des Leistungsberechtigten besteht, wenn unterstellt wird, dass der Unterhaltsanspruch vom Verpflichteten zum Zeitpunkt seiner Fälligkeit erfüllt worden wäre (vgl. die entsprechenden Überlegungen in der Kommentierung zu § 93 SGB XII Rn. 103). Die Kausalitätsprüfung ist deshalb eine „erweiterte", weil sie sich nicht auf die Bewertung eines tatsächlichen Geschehensablaufs im Sinne der conditio-sine-qua-non-Formel beschränken darf, sondern notwendig die die sozialhilferechtliche Hilfebedürftigkeit des Leistungsberechtigten **bestimmenden Regelungen des SGB XII** auf den hypothetischen Sachverhalt, in dem rechtzeitig Unterhalt geleistet wird, anzulegen hat.[260]

Erforderlich ist dazu die **genaue Bestimmung des Inhalts des Unterhaltsanspruchs**, bevor seine Auswirkungen auf die Hilfebedürftigkeit abschließend bestimmt werden können. Anders als im Anwendungsbereich des § 93 SGB XII, der verschiedenartige Ansprüche des Berechtigten erfasst, so dass ihre Heranziehung sich nach den verschiedenen Bestimmungen nach den §§ 82 ff., 90 SGB XII bestimmt, gehören die als bereitstehend unterstellten Mittel des § 94 SGB XII zwar grundsätzlich zu dem nach § 82 Abs. 1 SGB XII zu berücksichtigenden Einkommen, welches zur Bedarfsdeckung vom Leistungsberechtigten einzusetzen ist.[261] Soweit es bei der Anspruchsüberleitung um rückständige, d.h. nicht erbrachte Unterhaltsleistungen geht, dürfte auch die teilweise schwierige **Wertbestimmung von Naturalunterhaltsleistungen** entfallen[262], sondern es ist der **Barunterhalt** anzusetzen. Es muss allerdings nach der Bestimmung des Inhaltes des Unterhaltsanspruchs geprüft werden, ob er **der Deckung des gleichen Bedarfs dient** wie die gewährte Sozialhilfe (Deckungsgleichheit).[263] Das ist vor allem bei der **Hilfe zum Lebensunterhalt nach dem Dritten Kapitel** regelmäßig der Fall. Dazu gehören auch die **neuen Bedarfe für Bildung und Teilhabe** (§ 34 SGB XII). Sie stellen einen Teil des Existenzminimums sicher, die bildungsbezogenen Bedarfslagen gehören ebenso wie die Teilhabebedarfslagen zum **angemessenen Unterhalt** i.S. des § 1610 BGB[264]. Nicht eindeutig ist die Deckungsgleichheit bei **Hilfen nach § 36** SGB XII (Übernahme von Schulden bei drohendem Verlust der Wohnung oder vergleichbarer Notlage). Stellt man hier allerdings auf den **Inhalt der Schulden** ab, bei der Wohnung die rückständigen Mieten, handelt es sich regelmäßig um einen **ehemals laufenden Bedarf der Hilfe zum Lebensunterhalt**. Gleiches gilt, wenn auf den **Grund für die Schulden** abgestellt wird und dabei

---

[259] So auch *Decker* in: Oestreicher, SGB II/SGB XII, § 94 Rn. 29 f. unter Hinweis auf die Gesetzesgeschichte, insbesondere auf die Begründung des Gesetzentwurfs zum FKPG, wonach der gesetzliche Forderungsübergang bei allen Hilfen stattfindet, deren Bedarfslage auch Unterhaltsbedarf darstellt, wenn der Unterhaltspflichtige unterhaltsfähig ist (BT-Drs. 12/4401, S. 82); *Kiss* in: Mergler/Zink, SGB XII, § 94 Rn. 49; Empfehlungen des Deutschen Vereins für Öffentliche und Private Fürsorge, FamRZ 2005, 1387 Rn. 8; für § 33 SGB II: *Link* in: Eicher, SGB II, § 33 Rn. 38 f.

[260] Vgl. die entsprechenden Überlegungen in der Kommentierung zu § 93 SGB XII Rn. 103 und bei *Link* in: Eicher, SGB II, § 33 Rn. 39.

[261] *Hohm* in: Schellhorn/Schellhorn/Hohm, SGB XII, § 82 Rn. 11.

[262] Dazu *Schmidt* in: Eicher, SGB II, § 11 Rn. 19; *Geiger* in: LPK-SGB XII, § 82 Rn. 100 ff. LSG Hamburg v. 26.09.2005 - L 5 B 196/05 ER AS - NDV-RD 2006, 12 f.

[263] *Decker* in: Oestreicher, SGB II/SGB XII, § 94 Rn. 32 f.

[264] *Grube* in: Grube/Wahrendorf, SGB XII, § 34 Rn. 1 ff., 8 (zu der geringen Anwendung im Leistungsbereich des SGB XII) und 15 f. zu den Bedarfstatbeständen; *Brudermüller* in: Palandt, BGB, § 1610 Rn. 9 zu den Bedarfsposten, die regelmäßig mit den Tabellensätzen erfasst werden sowie Rn. 13 zum Mehrbedarf, wozu auch z.B. Nachhilfeunterricht gehört.

nachweisbar ist, dass Grund für die Schulden ein rückständiger Unterhalt ist.[265] Ein **gegenüber dem Unterhalt weitergehender qualitativer Bedarf** wird in Hilfen nach § 70 SGB XII (**Hilfe zur Weiterführung des Haushaltes**) gesehen, weil die Hilfe hier nicht (nur) der leistungsberechtigten Person zugutekommt, sondern den Haushaltsangehörigen.[266] Bei **häuslicher Pflege**, die durch Unterhaltspflichtige in natura geleistet wird (§ 63 SGB XII), ist in Rechnung zu stellen, dass die Versorgung Volljähriger durch den Unterhaltspflichtigen nicht von der Barunterhaltspflicht befreit.[267] Dagegen sind **Hilfen bei Schwangerschaft und Mutterschaft** (§ 50 SGB XII) sowie sonstige **Eingliederungshilfen** sowie **Hilfen nach § 67 SGB XII** Bestandteile des angemessenen bürgerlich-rechtlichen (Verwandten-)Unterhalts i.S. von § 1610 BGB[268].

122 Wird Sozialhilfe unter Zugrundelegung einer **Einsatzgemeinschaft** gewährt, also **Einkommen** einer mit dem unterhaltsberechtigten Leistungsberechtigten zusammenlebenden Person **berücksichtigt**, weil diese es für andere einzusetzen hat (§ 27 Abs. 2 Satz 2 SGB XII), geht der **Unterhaltsanspruch nur in dem Umfang über, in dem für den Leistungsberechtigten Leistungen gewährt** werden. Sozialhilfe wird nicht „für die Einsatzgemeinschaft", sondern für jedes Mitglied gewährt. Es handelt sich nicht um einen gemeinschaftlichen Bedarf.[269] Im **Zivilprozess** der Durchsetzung des Unterhaltsanspruchs muss der Träger der Sozialhilfe unter der Herrschaft des **Beibringungsgrundsatzes** ggf. den dem Einzelnen bewilligten Anspruch mittels der Bescheide (ggf. deren Rechenwerk) und die Auswirkungen eines Unterhaltsanspruchs auf den **Anspruch des Einzelnen darlegen**.[270] Unklarheiten der Bescheide können dabei **zu seinen Lasten** gehen.

123 Mit der Formulierung „bis zur Höhe der Aufwendungen" hat der Gesetzgeber eine **Obergrenze für den Anspruchsübergang** formuliert. Ein über die Höhe der geleisteten Aufwendungen **hinausgehender Anspruchsübergang findet nicht** statt. In Höhe des **überschießenden Teils** verbleibt der Unterhaltsanspruch **beim Leistungsberechtigten**.[271] Anders als bei der Magistralzession in § 93 SGB XII und in der bis zum 01.08.2006 geltenden Fassung des § 33 SGB II[272] besteht bei der cessio legis für den Träger der Leistungen **kein Ermessen**, ob er die Obergrenze für den Anspruchsübergang voll **ausschöpft**. Der Anspruch geht, wenn die Voraussetzungen im Übrigen vorliegen, **kraft Gesetzes bis zur Höhe der Aufwendungen über**.[273] Hat der Leistungsberechtigte **gegen mehrere Schuldner einen Unterhaltsanspruch**, so gehen diese jeweils in Höhe der erbrachten Aufwendungen nach dem Gesetzesbefehl des § 94 SGB XII auf den Leistungsträger über, unabhängig davon, ob sie in der **unterhaltsrechtlichen Rangfolge des § 1606 BGB** gleichrangig nebeneinander stehen.[274] Der Träger der Sozialhilfe ist wegen der **Rangfolge der Verpflichteten** aber nicht gänzlich frei, welchen Schuldner er zuerst in Anspruch nimmt. Nach § 1607 Abs. 1 BGB hat der nach einem Verwandten (nach § 1606 BGB) Haftende Unterhalt (nur) zu gewähren, soweit ein Verwandter auf Grund des § 1603 BGB nicht unterhaltspflichtig ist (mangelnde Leistungsfähigkeit). Unter **mehreren gleichrangig Verpflichteten** kann der Träger hingegen wählen, welchen er in Anspruch nimmt. Nach § 1606 Abs. 3 Satz 1 BGB haften aber mehrere gleich nahe Verwandte entsprechend ihren Einkommens- und Vermögensverhältnissen

---

[265] Ablehnend dagegen für § 34 SGB XII (jetzt: § 36): *Decker* in: Oestreicher, SGB II/SGB XII, § 94 Rn. 34: qualitativ weitergehender Bedarf, der keinen Forderungsübergang rechtfertigt; *Kiss* in: Mergler/Zink, SGB XII, § 94 Rn. 49 mit dem Verweis auf Rn. 25.

[266] *Decker* in: Oestreicher, SGB II/SGB XII, § 94 Rn. 34; zu § 70: *H. Schellhorn* in: Schellhorn/Schellhorn/Hohm, SGB XII, § 70 Rn. 21; *Kiss* in: Mergler/Zink, SGB XII, § 94 Rn. 49 mit dem Verweis auf Rn. 25.

[267] Für Eltern gegenüber ihren Kindern, vgl. § 1606 Abs. 3 Satz 2 BGB als Ausnahme für die minderjährigen Kinder, *Brudermüller* in: Palandt, BGB, § 1606 Rn. 12; nach *Decker* in: Oestreicher, SGB II/SGB XII, § 94 Rn. 34 und dem Deutschen Verein für Öffentliche und Private Fürsorge, FamRZ 2005, 1387 Rn. 8 liegt dagegen hier kein unterhaltsrechtlicher Bedarf vor.

[268] *Brudermüller* in: Palandt, BGB, § 1610 Rn. 9 ff., 13; Zu Besonderheiten beim Ehegattenunterhalt nach Scheidung, § 1578 BGB, *Dethloff*, Familienrecht, § 6 Rn. 62 ff.

[269] *Schoch* in: LPK-SGB XII, § 27 Rn. 9/10.

[270] *Scholz*, FamRZ 2004, 751, 755; *Wolf* in: Fichtner/Wenzel, SGB XII, § 94 Rn. 30.

[271] *Münder* in: LPK-SGB XII, § 94 Rn. 25; *Link* in: Eicher, SGB II, § 33 Rn. 40.

[272] Dazu *Link* in: Eicher, SGB II, § 33 Rn. 11.

[273] *Link* in: Eicher/Spellbrink, SGB II, § 33 Rn. 40.

[274] So *Link* in: Eicher, SGB II, § 33 Rn. 40 a.E. unter Berufung auf *Mrozynski*, Grundsicherung und Sozialhilfe, II.13.3a/b.

nur anteilig, nicht als Gesamtschuldner.[275] Ist der **Träger der Sozialhilfe** durch Inanspruchnahme eines Unterhaltsschuldners gänzlich befriedigt, kann der Leistungsberechtigte aus dem **öffentlich-rechtlichen Erstattungsanspruch die Rückübertragung der weiteren Ansprüche** verlangen.[276]

Der Anspruchsübergang bewirkt bis zur Höhe der Aufwendungen einen **Gläubigerwechsel**. An die Stelle des Leistungsberechtigten tritt der **Träger der Sozialhilfe als neuer Gläubiger** des Unterhaltsanspruchs.[277] Es handelt sich dagegen nicht um die Einräumung einer bloßen Prozessstandschaft. Der Träger der Sozialhilfe übernimmt den bestehenden bürgerlich-rechtlichen Anspruch in seinem **originären Rechtscharakter**. Dieser wird **durch den Anspruchsübergang nicht verändert**, er bleibt daher bürgerlich-rechtlicher Natur.[278] 124

Nebenforderungen wie **Zinsen** sollen davon nicht erfasst sein, abgestellt wird zur Begründung auf den Inhalt der den Forderungsübergang bewirkenden Vorschrift selbst. § 94 SGB XII spricht nur von dem Unterhaltsanspruch selbst und dem unterhaltsrechtlichen Auskunftsanspruch, jedoch nicht von Nebenforderungen. Darüber hinaus stehen den **Nebenforderungen i.S. des § 94 SGB XII bei strenger Betrachtung keine sozialhilferechtlichen Aufwendungen gegenüber**. Es besteht keine zeitliche Deckungsgleichheit bzw. Kausalität zwischen zivilrechtlichem Anspruch und sozialhilferechtlicher Aufwendung.[279] Dies dürfte auch einer Übertragung der Nebenforderungen nach § 93 SGB XII und der Magistralzession entgegenstehen. Allein für die **Prozesszinsen** könnte aus § 94 Abs. 5 SGB XII, der für den Regelfall davon ausgeht, dass der Träger der Sozialhilfe den Unterhaltsanspruch gerichtlich geltend macht, eine Rechtfertigung dafür gesehen werden, dass er (auch) Gläubiger der Prozesszinsen wird. 125

Der Anspruch geht **in dem Zeitpunkt über**, in dem die tatbestandlichen Voraussetzungen, insbesondere die Leistungsgewährung, vorliegen.[280] Der Übergang vollzieht sich so lange wie Hilfe gewährt wird. Er **endet**, wenn **keine Hilfe mehr geleistet** wird und sei es auch für einen nur kurzen Zeitraum. **Wechselt** die **Hilfeart**, geht er (kraft Gesetzes) nach den für diese Hilfe geltenden Bestimmungen über.[281] 126

Der Schuldner kann auf den rückständigen Unterhalt nur an den Träger der Sozialhilfe mit **befreiender Wirkung** leisten.[282] Künftige Unterhaltsleistungen hat er dagegen an den Leistungsberechtigten zu zahlen. Zwar erfasst der Anspruchsübergang nach Absatz 1 grundsätzlich die **künftigen Unterhaltsansprüche**, der **Anspruchsübergang** steht für diese aber entsprechend dem in Absatz 1 formulierten Erfordernis **unter der aufschiebenden Bedingung**, dass „Leistungen" (tatsächlich) „erbracht" werden.[283] **Künftige Unterhaltsansprüche** gehen erst dann auf den Träger der Sozialhilfe über, wenn für den Monat, auf den der Unterhaltsanspruch entfällt (§§ 1585 Abs. 1 Satz 2, 1612 Abs. 3 Satz 1 BGB), Leistungen der Sozialhilfe erbracht werden. **Das Stammrecht bleibt beim unterhaltsberechtigten Leistungsempfänger.**[284] 127

Gehen **Ansprüche** des Unterhaltsberechtigten **nicht in vollem Umfang auf den Träger der Sozialhilfe** über, sondern verbleibt ein Teil beim Leistungsberechtigten und kann der Unterhaltspflichtige nur eine **Teilzahlung auf den rückständigen oder laufenden Unterhalt** leisten, stellt sich die Frage, ob 128

---

[275] *Brudermüller* in: Palandt, BGB, § 1606 Rn. 5. Aus diesem Grund geht *Mrozynski*, Grundsicherung und Sozialhilfe, II.13.3b davon aus, dass nur die anteiligen Unterhaltsansprüche auf den Träger übergehen (zu § 33 SGB II).

[276] *Link* in: Eicher, SGB II, § 33 Rn. 40 a.E. In dem Fall, dass der vorrangig Verpflichtete aus anderen Gründen als der mangelnden Leistungsfähigkeit nicht herangezogen werden kann und daher ein anderer Verwandter herangezogen wird, geht nach § 1607 Abs. 2 BGB allerdings der Anspruch auf den Unterhalt Leistenden über. § 1607 Abs. 2 BGB folgt mit seiner cessio legis dem § 94 SGB XII nach, das erscheint sachgerecht, weil der Nachrang hergestellt und beim Sozialhilfeträger kein Bedürfnis mehr für eine Forderungsinhaberschaft besteht.

[277] *Münder* in: LPK-SGB an XII, § 94 Rn. 78.

[278] *Diehl* in: ZKJ 2013, 396; *H. Schellhorn* in: Schellhorn/Schellhorn/Hohm, SGB XII, § 94 Rn. 123.

[279] OLG Hamm v. 22.11.2001 - 8 WF 168/01 - FamRZ 2002, 983; *H. Schellhorn* in: Schellhorn/Schellhorn/Hohm, SGB XII, § 94 Rn. 123; a.A. OLG Celle v. 26.05.2010 - 15 UF 272/09 - juris Rn. 33; OLG Hamm v. 29.10.2012 - II-9 UF 64/12, 9 UF 64/12 - juris Rn. 87; KG v. 23.08.2012 - 19 UF 38/12 - FamRZ 2013, 1336 f. Rn. 22, zitiert nach juris: Zinsanspruch aus den §§ 286 Abs. 1, 288 Abs. 1 BGB begründet.

[280] *Decker* in: Oestreicher, SGB II/SGB XII, § 94 Rn. 194; *Link* in: Eicher, SGB II, § 33 Rn. 69: mit Beginn der Leistungsgewährung.

[281] *Decker* in: Oestreicher, SGB II/SGB XII, § 94 Rn. 197.

[282] Vgl. §§ 412, 407 BGB analog, *Kiss* in: Mergler/Zink, SGB XII, § 94 Rn. 50.

[283] BGH v. 07.10.1981 - IVb ZR 598/80 - NJW 1982, 232 f.

[284] BGH v. 29.02.1956 - IV ZR 202/55 - BGHZ 20, 127, 130; *Kiss* in: Mergler/Zink, SGB XII, § 94 Rn. 50.

er im Rahmen einer **Zahlung frei bestimmen kann, auf welchen Unterhaltsteil** er leistet. Dem könnte ein **vorrangiges Recht auf Befriedigung** für die Forderung des Trägers der Sozialhilfe entgegenstehen. Relevant wird das vor allem in dem Fall, in dem der Gläubiger des Unterhaltsanspruchs nicht mehr im Leistungsbezug nach SGB XII steht und die Zahlung daher (über die Vorschriften zur Berücksichtigung von zufließendem Einkommen) keinen Einfluss auf seinen laufenden Sozialhilfebedarf haben kann. Für den künftigen Unterhalt des (unverheirateten) Kindes enthält § 1612 Abs. 2 BGB eine Regelung zum Bestimmungsrecht der Eltern. Dieses umfasst aber nur die Art und den Zeitraum, für den Unterhalt gewährt wird, enthält keine Aussage zum Mangelfall. Nach der **allgemeinen Bestimmung des § 366 Abs. 1 BGB**, die auch für mehrere Forderungen aus einem Schuldverhältnis Anwendung findet[285], und auf monatliche Zahlungen auf den Unterhalt[286] hat der Schuldner ein Bestimmungsrecht, für welche Verbindlichkeit die Leistung gilt. Dieses Bestimmungsrecht ist jedoch – wie andere direkt oder analog dem BGB entnommene (Gestaltungs-)Rechte – den Grenzen des **§ 242 BGB** unterworfen. Der **Einwand unzulässiger Rechtsausübung** kann dabei durch **öffentlich-rechtliche Vorgaben** ausgelöst werden, die nicht zur Disposition der Beteiligten stehen.[287] Das Recht zur **Tilgungsbestimmung für rückständigen Unterhalt** wird danach durch die im Anspruchsübergang zum Ausdruck kommende **gesetzliche Vorstellung** beschränkt. In der Folge steht es dem säumigen, zur Tilgungsbestimmung berechtigten Unterhaltsschuldner in dem Umfang, in dem **seine Säumigkeit die Sozialhilfegewährung in der Vergangenheit hervorgerufen hat**, nicht frei, mit einer Tilgungsbestimmung eine Befriedigung von übergegangenen Unterhaltsansprüchen zugunsten des insoweit vorleistenden Sozialhilfeträgers zu verhindern[288].

129 Trifft der **Schuldner keine Bestimmung**, kommt im Unterhaltsrecht nicht § 366 Abs. 2 BGB zur Anwendung, nach der gesetzlichen Vermutung würde zunächst die ältere Schuld beglichen. Es gilt vielmehr der Grundsatz, dass auf den laufenden Unterhalt gezahlt wird, dann auf Rückstände[289].

130 Der BGH hat klargestellt, dass ein **Aufrechnungsverbot des § 394 BGB i.V.m. § 850b Abs. 1 Nr. 2 ZPO auch zugunsten des Trägers öffentlicher Sozialleistungen gilt**, wenn und soweit diese Leistungen der Sozialhilfe (oder Grundsicherung für Arbeitsuchende) zur Sicherung des Lebensunterhalts erbracht haben und der Unterhaltsanspruch des Hilfeempfängers auf sie übergegangen ist. So ist der **Betreuungsunterhaltsanspruch** der **Mutter unpfändbar** (§ 1615l BGB). Das führt – für Unterhaltsverpflichtete – zu einem Verbot der Aufrechnung mit Gegenforderungen (§ 394 BGB). Dieser Pfändungsschutz kommt auch dann zur Anwendung, wenn der Unterhaltsanspruch auf den (vorleistenden) Sozialleistungsträger übergegangen ist. Das ergibt sich aus dem Zweck des Aufrechnungsverbotes. Dieser erschöpft sich nicht in der Sicherung der Existenz des (ursprünglichen) Forderungsinhabers, sondern er dient seit jeher auch dem Schutz der öffentlichen Kassen der Existenzsicherungsträger.[290] Speziell für § 94 SGB XII (wie § 33 SGB II) lässt sich das Ergebnis zusätzlich mit dem **Sinn und Zweck** des Anspruchsübergangs begründen, der **Herstellung des Nachrangs** der Sozialhilfe im Verhältnis zur Verpflichtung anderer.[291]

2. Übergang des Auskunftsanspruchs

131 Mit dem Unterhaltsanspruch geht der **unterhaltsrechtliche Auskunftsanspruch** auf den Träger der Sozialhilfe über. Er **steht neben dem öffentlich-rechtlichen Auskunftsanspruch** des § 117 SGB XII.[292] Sein Umfang bestimmt sich nach den §§ 1580, 1605 BGB.[293] § 1605 BGB gilt dabei nicht

---

[285] *Grüneberg* in: Palandt, BGB, § 366 Rn. 1 m.w.N.

[286] Saarländisches Oberlandesgericht Saarbrücken v. 24.08.2009 - 9 WF 65/09 - FamRZ 2010, 684 ff.

[287] Vgl. insoweit die Beschränkungen der analog § 362 BGB i.V.m. § 185 Abs. 2 BGB laufenden Genehmigung der Zahlung von Arbeitslohn auf zwischen einem Sozialleistungsempfänger und der Bundesagentur für Arbeit aufgespaltene Arbeitslohnforderungen im Fall der Gleichwohlgewährung nach § 117 AFG: BSG v. 04.11.1999 - B 7 AL 72/98 R - BSGE 85, 116, 120 f.

[288] Zustimmend *Wahrendorf* in: Grube/Wahrendorf, SGB XII, § 94 Rn. 28.

[289] *Grüneberg* in: Palandt, BGB, § 1612 Rn. 3.

[290] BGH v. 08.05.2013 - XII ZB 192/11 - juris Rn. 15 ff. u.a. unter Berufung auf die Motive des BGB.

[291] BGH v. 08.05.2013 - XII ZB 192/11 - juris Rn. 24.

[292] *Wahrendorf* in: Grube/Wahrendorf, SGB XII, § 94 Rn. 26; zum klarstellenden Charakter der Erwähnung des Auskunftsanspruchs vor dem Hintergrund der Rechtslage bis zum 31.12.1996, wonach nach der Auffassung des BGH nur der öffentlich-rechtliche Auskunftsanspruch, nicht dagegen der unterhaltsrechtliche dem Träger nach § 91 BSHG zur Verfügung stand: *H. Schellhorn* in: Schellhorn/Schellhorn/Hohm, SGB XII, § 94 Rn. 124.

[293] Dazu *Veldtrup/Schwabe*, ZfF 2002, 97 ff.

nur für den Verwandtenunterhalt, sondern für alle gesetzlichen Unterhaltsansprüche (für Ehegatten über § 1580 Satz 2 BGB entsprechend anwendbar, im Übrigen §§ 1361 Abs. 4 Satz 4, 1615l Abs. 3 Satz 1 BGB, §§ 12 Satz 2 und 16 Satz 2 LPartG). Der Auskunftsanspruch geht aber nur **in dem Umfang der Aufwendungen über**, bei einem überschießenden Unterhaltsanspruch, der beim Berechtigten verbleibt, spaltet er sich und bleibt insoweit zum Teil bei diesem.

Kraft des Auskunftsanspruchs kann der Träger der Sozialhilfe **Auskunftsklage vor dem Zivilgericht** erheben, er kann aber auch – wie in der unterhaltsrechtlichen Praxis gängig – im Wege der Stufenklage Erteilung der Auskunft und Zahlung verlangen (vgl. Rn. 233). Der Träger der Sozialhilfe hat ein **Wahlrecht**, ob er den **Auskunftsanspruch nach § 1605 BGB** aktiviert **oder** im Wege des **§ 117 SGB XII** vorgeht und mittels eines **Verwaltungsakts** den Unterhaltspflichtigen zur Auskunft veranlasst (vgl. näher die Kommentierung zu § 117 SGB XII). Der Kreis der Auskunftspflichtigen des § 117 SGB XII ist dabei weiter als derjenige des § 1605 BGB. Eine **erneute Auskunft** ist jederzeit wieder einholbar (vgl. dagegen die zeitliche Beschränkung des § 1605 Abs. 2 BGB: grundsätzlich nur alle zwei Jahre).[294] 132

3. Ausschluss des Übergangs bei Erfüllung des Anspruchs durch laufende Zahlung (Absatz 1 Satz 2)

Nach Satz 2 ist der **Übergang** des Unterhaltsanspruchs **ausgeschlossen**, soweit der Unterhaltsanspruch **durch laufende Zahlung** erfüllt wird. Hat die Vorschrift nicht nur klarstellenden Charakter – ein erfüllter Anspruch kann schon nach allgemeinen zivilrechtlichen Regeln nicht übergehen, nur eine bestehende Forderung kann übertragen werden[295] (§ 362 Abs. 1 BGB i.V.m. §§ 412, 398 BGB) –, so hat sie dennoch einen sehr engen Anwendungsbereich. Dieser liegt weniger darin begründet, dass der Schuldner bei erhobener Klage des Sozialhilfeträgers laufend befreiend an den ursprüngliche Gläubiger leisten kann[296]. Sie beruht vielmehr auf der Besonderheit der Ansprüche aus Unterhalt. **Unterhalt ist im Voraus monatlich zu leisten und damit am 01. des jeweiligen Monats für den gesamten Monat fällig.**[297] Ansprüche auf Sozialhilfe sind nach der Grundregel des § 41 SGB I **mit ihrem Entstehen fällig**. Sie entstehen nach § 40 Abs. 1 SGB I regelmäßig, sobald ihre gesetzlichen Voraussetzungen vorliegen. Im Bereich der Sozialhilfe löst bereits das Bekanntwerden des Bedarfs den fälligen Anspruch aus (§ 18 SGB XII[298]). Zahlt der Unterhaltsverpflichtete rechtzeitig zum 01. des Monats und hat der Träger der Sozialhilfe noch keine Leistungen erbracht, kommt Satz 2 nicht zur Anwendung, wenn er in dem Monat Leistungen gewährt, denn der Unterhaltsanspruch erlischt mit Erfüllung zum 01. des Monats.[299] Zahlt der Verpflichtete dagegen nicht zum 01. des Monats, sondern später im laufenden Monat, z.B. weil das Gehalt erst am 15. zur Verfügung steht, ist der Unterhaltsanspruch fällig und noch nicht erfüllt, der Leistungsberechtigte muss dann zumindest über § 38 SGB XII für die Zwischenzeit Leistungen der Sozialhilfe erhalten. In Höhe des nicht erfüllten Unterhaltsanspruchs würde dann der Anspruch mit der Hilfegewährung übergehen. Für diesen **Fall, in dem laufend, d.h. jeden Monat, eine (verspätete) Unterhaltszahlung beim Leistungsberechtigten eingeht**, schließt **Satz 2 den Übergang des Anspruchs aus**. Geht der Unterhalt dagegen erst nach dem Fälligkeitsmonat beim Leistungsberechtigten ein, ist die Anwendung des Satzes 2 ausgeschlossen, der Unterhaltsanspruch ist übergegangen.[300] 133

---

[294] Näher zu den Vor- und Nachteilen beider Instrumente: *H. Schellhorn* in: Schellhorn/Schellhorn/Hohm, SGB XII, § 94 Rn. 124.

[295] *H.F. Müller* in: Prütting/Wegen/Weinreich, BGB, § 398 Rn. 10.

[296] *H. Schellhorn* in: Schellhorn/Schellhorn/Hohm, SGB XII, § 94 Rn. 59; nach *Münder* in: LPK-SGB XII, § 94 Rn. 27 hat die Norm dagegen Bedeutung bei Klagen auf künftige Leistungen.

[297] § 1612 Abs. 3 Satz 1 BGB i.V.m. § 1613 Abs. 1 Satz 2 BGB, § 1585 BGB, § 1361 Abs. 4 BGB; § 1360a Abs. 2 Satz 1 BGB, § 16 LPartG, *Hammermann* in: Erman, BGB, § 1612 Rn. 38, vgl. zur Verschiebung wegen Gehaltes, das erst am 15. des Monats kommt, OLG Karlsruhe v. 30.08.2004 - 16 WF 113/04 - FamRZ 2005, 378 f.

[298] *Krahmer/Markovic* in: LPK-SGB I, § 41 Rn. 7.

[299] *H. Schellhorn* in: Schellhorn/Schellhorn/Hohm, SGB XII, § 94 Rn. 59.

[300] *H. Schellhorn* in: Schellhorn/Schellhorn/Hohm, SGB XII, § 94 Rn. 59.

4. Ausschluss des Überganges nach Absatz 1 Sätze 3 und 4

a. Personen der Einsatzgemeinschaft, entferntere Verwandte und Grundsicherungsberechtigte (Satz 3)

aa. Einsatzgemeinschaft

134 Der Übergang des Unterhaltsanspruchs ist ausgeschlossen, wenn die unterhaltspflichtige Person zum Personenkreis nach § 19 SGB XII gehört. Die damit bezeichneten Personen sind als dem Grunde nach Unterhaltspflichtige deshalb vom Anspruchsübergang nach § 94 SGB XII herausgenommen, weil sie über **die Figur der Einsatzgemeinschaft mit ihrem Einkommen und Vermögen für die Bedarfe der Sozialhilfe speziell und abschließend nach den Vorschriften des SGB XII berücksichtigt werden**. § 19 SGB XII regelt das seit 2011 nur noch explizit für die Leistungen nach dem Fünften bis Neunten Kapitel in Absatz 3 Satz 2 mit der Bezeichnung der Personen. Der Verweis in § 94 Abs. 1 Satz 3 SGB XII ist seither unvollständig. Die Einstandsgemeinschaft wird seither für die sonstigen Leistungen in § 27 Abs. 2 Sätze 2 und 3 SGB XII behandelt[301]. Die **Sonderbehandlung dieser Unterhaltspflichtigen** ist umfassend. Sie sind damit nicht von ihrer Einstandspflicht ausgenommen, einer Anspruchsüberleitung bedarf es hierfür aber nicht. Soweit der Träger der Sozialhilfe Personen der Einsatzgemeinschaft Hilfen erbringt, obwohl andere (unterhaltsverpflichtete) Mitglieder dieser Gemeinschaft hierfür nach dem SGB XII genügend Einkommen und Vermögen aufweisen, sich aber z.B. weigern zu leisten und bei Nichtgewährung die Durchführung der Hilfe gefährdet wäre, stützen sich die Leistungen auf § 19 Abs. 5 SGB XII (sog. **erweiterte Hilfen**)[302]. Von den weiteren – auch den unterhaltsverpflichteten – Mitgliedern der Einsatzgemeinschaft wird der Träger einen **Aufwendungsersatz** verlangen (§ 19 Abs. 5 Satz 1 SGB XII). Dieser wird (lediglich) durch den (fiktiv zu errechnenden) Sozialhilfebedarf des Unterhaltspflichtigen begrenzt, jedoch nicht durch die Vorschriften des Unterhaltsrechts oder die Grenzen für eine Anspruchsüberleitung nach § 94 SGB XII.[303]

bb. Verwandte ab dem zweiten Grad

135 Verwandte in gerader Linie, bei denen also eine Person von der anderen abstammt (§ 1589 Satz 1 BGB), sind nach § 1601 BGB – unabhängig vom Grad der Verwandtschaft – einander zum Unterhalt verpflichtet. Auch Urenkel und Urgroßeltern sind damit von der Unterhaltspflicht erfasst. § 94 Abs. 1 Satz 3 HS. 2 SGB XII nimmt – ausgehend von dem Personenkreis des § 1601 BGB – **vom Anspruchsübergang** nach § 94 SGB XII **Verwandte ab dem zweiten Grad aus** (insbesondere Großeltern und Enkel, sowie Urgroßeltern und Urenkel). Vom Anspruchsübergang erfasst bleiben danach Unterhaltsansprüche von Eltern im Verhältnis zu ihren Kindern und umgekehrt, auch die Eltern des nichtehelichen Kindes und Adoptiveltern (§ 1754 BGB). Der Ausschluss des Anspruchsüberganges gilt selbst dann, wenn zum Zeitpunkt der Gewährung von Sozialhilfe eine **titulierte Forderung** gegen einen solchen Unterhaltsverpflichteten vorliegt.[304]

136 Der Ausschluss des Anspruchsüberganges nach § 94 SGB XII führt nicht dazu, dass die **Unterhaltsansprüche** gegen die entfernteren Verwandten für die Sozialhilfe **unberücksichtigt** bleiben. Sie können als Vermögen/Einkommen des Leistungsberechtigten nach den §§ 19, 82, 90, § 2 Abs. 2 Satz 1 SGB XII Berücksichtigung finden. Von einer Prüfung ihres Bestandes und Realisierbarkeit ist der Träger der Sozialhilfe damit durch den Ausschluss eines Anspruchsüberganges nicht vollständig enthoben.[305] Eine **Verweisung des Berechtigten auf die Geltendmachung** von **Unterhaltsansprüchen** gegen diese Personen unter Bezugnahme auf einen **Grundsatz der Selbsthilfe** ist allerdings schon wegen der insoweit in § 2 SGB XII gesetzlich unterbestimmten Regelung zur Selbsthilfe unzulässig[306]. Spe-

---

[301] Dabei kann die Einstandspflicht nach § 19 SGB XII und § 27 Abs. 2 SGB XII für die Beteiligten im Umfang weiter reichen als die Unterhaltspflicht oder – über die Berücksichtigung von Einkommens- und Vermögensgrenzen – günstiger sein.

[302] *Schoch* in: LPK-SGB XII, § 19 Rn. 21 rechnet diesen Fall explizit zu den „begründeten" Fällen für die erweiterte Sozialhilfe.

[303] *Schoch* in: LPK-SGB XII, § 19 Rn. 23; *H. Schellhorn* in: Schellhorn/Schellhorn/Hohm, SGB XII, § 94 Rn. 64 m.w.N.

[304] *Münder* in: LPK-SGB XII, § 94 Rn. 29.

[305] A.A. *H. Schellhorn* in: Schellhorn/Schellhorn/Hohm, SGB XII, § 94 Rn. 69 a.E. Zum Diskussionsstand, ob § 94 SGB XII den bürgerlich-rechtlichen Unterhaltsanspruch begrenzt: *Münder* in: LPK-SGB XII, § 94 Rn. 69 f.

[306] Kommentierung zu § 2 SGB XII Rn. 8 ff., 13, insbes. 18; zur Vorgängerbestimmung des § 2 BSHG, BSG v. 02.02.2010 - B 8 SO 21/08 R - juris Rn. 13.

ziell für die von § 94 Abs. 1 Satz 3 SGB XII privilegierten Personen wäre eine solche Verweigerung von Leistungen auch im Erst-recht-Schluss unzulässig: Wenn schon Leistungen deshalb nicht versagt werden dürfen, weil ein nach § 94 SGB XII übergangsfähiger Unterhaltsanspruch besteht, dürfen sie erst recht nicht verweigert werden, wenn kein Anspruchsübergang erfolgen darf. Eines Rückgriffs auf die in § 94 Abs. 1 Sätze 3 und 4 SGB XII zum Ausdruck kommende gesetzliche Wertung bedarf es danach nur hilfsweise.[307]

cc. Grundsicherungsberechtigte

Nach Satz 3 letzter Halbsatz ist ein Anspruchsübergang für **Leistungsberechtigte nach dem Vierten Kapitel (§§ 41 ff. SGB XII) gegenüber Eltern und Kindern ausgeschlossen**. Die Vorschrift setzt den schon speziell in § 43 Abs. 2 SGB XII für diesen Personenkreis geregelten weitgehenden Ausschluss der Berücksichtigung von Unterhaltsansprüchen in § 94 SGB XII fort. Nach § 43 Abs. 2 Satz 1 SGB XII bleiben Unterhaltsansprüche für ein Gesamteinkommen von jährlich unter 100.000 € unberücksichtigt. Dabei ist die Betrachtung jedes Elternteils, nicht deren Gesamteinkommen, geboten[308]. Nach § 43 Abs. 2 Satz 2 SGB XII wird vermutet, dass das Einkommen der Unterhaltspflichtigen den genannten Grenzbetrag nicht überschreitet. Die **Unterhaltsprivilegierung** soll wie schon unter Geltung des GSiG verhindern, dass vor allem ältere Menschen ihre Ansprüche nach den §§ 41 ff. SGB XII aus Furcht vor einem Unterhaltsrückgriff auf ihre Kinder nicht realisieren und so verschämter Altersarmut entgegenwirken[309]. Diese Beschränkung auf Vermögen von unter 100.000 € übernimmt § 94 SGB XII nicht, sondern schließt einen Anspruchsübergang generell für die Leistungen des Vierten Kapitels aus. Das führt nicht zu einem Auseinanderlaufen gesetzlicher Wertung. Denn die Vermutung, dass kein Einkommen von mehr 100.000 € vorliegt, kann nach § 43 Abs. 2 Satz 6 SGB XII widerlegt werden. Liegt danach **Gesamteinkommen von über 100.000 € vor, besteht schon kein Anspruch** auf Leistungen der Grundsicherung nach den §§ 41 ff. SGB XII, damit kein Anlass für einen Übergang von Ansprüchen. Ist in diesem Fall wegen eines tatsächlich nicht geleisteten Unterhalts **Hilfe** (nur) nach dem **Dritten Kapitel** zu leisten, ist ein Anspruchsübergang durch § 94 Abs. 1 Satz 3 SGB XII nicht ausgeschlossen.[310]

Der **Ausschluss** des Anspruchsübergangs **gilt nur für die Leistungen der Grundsicherung nach dem Vierten Kapitel**, dagegen nicht für die Sozialhilfeleistungen, die nach dem **Dritten, Fünften bis Neunten Kapitel** für den grundsicherungsberechtigten Personenkreis (ergänzend) erbracht werden. Lediglich für Leistungen nach dem Dritten sowie Sechsten und Siebten Kapitel enthält der nachfolgende § 94 Abs. 2 SGB XII für **Eltern behinderter oder pflegebedürftiger Kinder** eine eigene Beschränkung des Anspruchsübergangs[311].

Der Ausschluss des Anspruchsübergangs nach § 94 Abs. 1 Satz 3 SGB XII hindert die Familienkasse nicht daran, eine **Abzweigung des Kindergeldes** nach **§ 74 Abs. 1 EStG** zugunsten des Trägers der Sozialhilfe vorzunehmen. Das **Kindergeld kann an den Sozialhilfeträger ausgezahlt werden**, obwohl der kindergeldberechtigte **Elternteil nicht zum Unterhalt seines Kindes verpflichtet** ist. Der Zweck, der dem Ausschluss des Anspruchsüberganges zugrunde liegt, einen Rückgriff des Sozialhilfeträgers auf den Unterhaltspflichtigen zu verhindern, wird dadurch nicht beeinträchtigt.[312] Das dürfte entsprechend für eine **Abzweigung des Kindergeldes nach dem BKGG nach § 48 Abs. 2 i.V.m. Abs. 1 Satz 4 SGB I** gelten. Die Entscheidungen über die Abzweigung stehen (jeweils) im Ermessen der das Kindergeld erbringenden Stellen.

Soweit das BSG zwar eine **Abzweigung** des für den Grundsicherungsberechtigten gewährten **Kindergeldes** zugunsten des Trägers der Sozialhilfe nach § 74 Abs. 1 Satz 4 EStG trotz § 43 Abs. 2 Satz 1 SGB XII und § 94 Abs. 1 Satz 3 SGB XII zulässt, gleichzeitig aber das **grundsicherungsberechtigte Kind nicht (unter Berufung auf die Selbsthilfe) auf eine Abzweigung des Kindergeldes** zu seinen Gunsten nach § 74 Abs. 1 Satz 3 EStG **verweisen will**, weist *Gerlach* kritisch darauf hin, dass insoweit

---

[307] Zum Ganzen: *Münder* in: LPK-SGB XII, § 94 Rn. 75 mit umfassenden Nachweisen zum Meinungsstand.
[308] BSG v. 25.04.2013 - B 8 SO 21/11 R - juris; Vorinstanz: LSG Niedersachsen-Bremen v. 28.07.2011 - L 8 SO 10/09 - juris.
[309] *Wahrendorf* in: Grube/Wahrendorf, SGB XII, § 43 Rn. 14 m.w.N.; *Gerenkamp* in: Mergler/Zink, SGB XII, § 94 Rn. 58.
[310] *H. Schellhorn* in: Schellhorn/Schellhorn/Hohm, SGB XII, § 94 Rn. 73.
[311] *H. Schellhorn* in: Schellhorn/Schellhorn/Hohm, SGB XII, § 94 Rn. 72.
[312] BFH v. 23.02.2006 - III R 65/04 - BFHE 212, 481, 483 f. für einen Ausschluss des Überganges wegen unbilliger Härte.; *H. Schellhorn* in: Schellhorn/Schellhorn/Hohm, SGB XII, § 94 Rn. 72a.

ein unnötiger Verwaltungsmehraufwand besteht. Darüber hinaus habe das BSG den Zweck des Kindergeldes nicht vertiefend gewürdigt und eine **Divergenz zur Rechtsprechung des BFH** begründet. Dieser sehe die Voraussetzungen einer Abzweigung zu Gunsten des Sozialleistungsträgers auch dann als erfüllt an, wenn der Kindergeldberechtigte nicht zum Unterhalt verpflichtet sei, weil das Kind Grundsicherungsleistungen erhalte[313]. Nach der Begründung des BFH ist **zwar der Tatbestand des § 74 Abs. 1 Satz 3 EStG** auch bei der Gewährung von Grundsicherungsleistungen für das Kind **erfüllt**, da die Eltern mangels Leistungsfähigkeit nicht unterhaltspflichtig sind[314]. Damit tritt er im Ergebnis nicht in Widerspruch zum BSG. Die Privilegierung des § 43 SGB XII führt aus Sicht des BSG nicht dazu, dass die Eltern unterhaltsrechtlich insoweit „nicht leistungsfähig" sind. Die **Grundsicherungsleistungen reduzieren die Unterhaltsansprüche** gegen die Eltern[315]. Leisten diese im Übrigen Naturalunterhalt, sind die Voraussetzungen für die Abzweigung nicht erfüllt. Für das BSG ist zudem entscheidend, dass die Anwendung des § 74 EStG neben § 43 SGB XII nicht dazu führen darf, quasi über die Hintertür dem Grundsicherungsberechtigten die Durchsetzung von Unterhaltspflichten gegen die kindergeldberechtigten Eltern (über die Auskehr des Kindergeldes) aufzuzwingen. Eine Abzweigung ist aber zugunsten desjenigen erlaubt, der tatsächlich den Unterhalt trägt, also auch des Trägers der Grundsicherungsleistungen. Zumindest mit diesem Ergebnis steht das BSG nicht im Widerspruch zum BFH[316]. Der BFH führt in neueren Entscheidungen aus, es könne in dem Fall, dass ein behindertes grundsicherungsberechtigtes Kind im Haushalt der Eltern lebt und diese keine existenzsichernden Leistungen beziehen, offen bleiben, ob die Eltern in Höhe der Grundsicherungsleistungen mangels Leistungsfähigkeit i.S.v. § 74 Abs. 1 Satz 3 EStG nicht unterhaltspflichtig seien. Die Kindergeldberechtigten würden insoweit Unterhaltsleistungen erbringen, die über den Betrag des Kindergelds hinausgehen. Es sei in diesem Fall jedenfalls regelmäßig im Rahmen des **Ermessens von einer Abzweigung abzusehen**.[317]

b. Schwangere und Betreuende (Satz 4)

141 Vom Anspruchsübergang ausgeschlossen sind nach Absatz 1 Satz 4 **Unterhaltsansprüche gegen Verwandte ersten Grades,** also gegen **Eltern und Kinder**, einer Person, die entweder **schwanger** ist oder ihr **leibliches Kind** bis zur Vollendung seines 6. Lebensjahres **betreut**. Die Regelung steht im Zusammenhang mit den (Neu-)Regelungen der Vorschriften über den erlaubten Schwangerschaftsabbruch und ist erstmals mit dem Schwangeren- und Familienhilfegesetz vom 27.07.1992[318] in § 91 Abs. 1 Satz 1 BSHG eingefügt worden. Sie dient dem Schutz des ungeborenen Lebens, indem bei dem Bezug von Sozialhilfe der Unterhaltsregress gegen Verwandte ersten Grades ausgeschlossen wird. Voraussetzung ist, dass die leistungsberechtigte Person schwanger ist oder ihr leibliches Kind in den ersten Lebensjahren betreut. Schwangere werden vom Beginn des 1. Schwangerschaftsmonats erfasst, wenn die **Schwangerschaft** durch das **Zeugnis eines Arztes oder einer Hebamme** (ggf. rückwirkend) **bestätigt** wird. Bei der zweiten Alternative muss ein leibliches Kind betreut werden. Aus der im Gegensatz zu § 91 BSHG nunmehr geschlechtsneutralen Formulierung (zu den parallelen Aspekten des Gender Mainstreaming bei der Neufassung des SGB II, damit auch § 33 SGB II, vgl. Rn. 8) folgt, **dass die betreuende Person Leistungsempfängerin oder Leistungsempfänger sein kann. Leiblich i.S. des § 94 SGB XII** ist damit **nicht nur** ein Kind, was die betreuende Person **geboren hat**. Nach § 1591 BGB wäre das nur die Mutter als sog. Tragemutter[319]. Leiblich ist das Kind danach auch, wenn es von einem Leistungsberechtigten betreut wird, der es nach § 1591 BGB (als Mutter) geboren hat oder – praktisch häufiger – das nach § 1589 Satz 1 BGB vom Leistungsberechtigten abstammt und dabei im

---

[313] *Gerlach*, ZfF 2011, 73, 83 f. unter Hinweis auf BSG v. 26.08.2008 - B 8/9b SO 16/07 R - juris Rn. 15 - FEVS 60, 346, 348 f. und BSG v. 08.02.2007 - B 9b SO 5/06 R - juris Rn. 23 ff. - BSGE 98, 121, 126.

[314] BFH v. 17.12.2008 - III R 6/07 - BFHE 224, 229, 231.

[315] BSG v. 08.02.2007 - B 9b SO 5/06 R - BSGE 98, 121, 126 Rn. 25; so auch BFH v. 17.12.2008 - III R 6/07 - BStBl. II 2009, 926, 927.

[316] BSG v. 26.08.2008 - B 8/9b SO 16/07 R - juris Rn. 17 - FEVS 60, 346, 349 und BFH v. 17.12.2008 - III R 6/07 - BFHE 224, 232.

[317] BFH v. 18.04.2013 - V R 48/11 - juris Rn. 16 ff., 20 ff., 23, dazu *Kruse/Schiffer-Werneburg* in: LPK-SGB I, § 48 Rn. 20.

[318] BGBl I 1992, 1398.

[319] *Hammermann* in: Erman, BGB, § 1591 Rn. 1.

erstem Grad verwandt ist (§ 1589 Satz 3 BGB). Damit werden – auch entsprechend Sinn und Zweck zwar betreuende Väter[320], nicht aber ohne weiteres – Adoptiv- und Stiefkinder erfasst[321].

Betreut wird das Kind durch die leistungsberechtigte Person, wenn sich das Kind **überwiegend** in ihrer Obhut befindet. **Tagesbetreuung** in Kindertagesstätten schließt das ebenso wenig aus wie eine **Mitbetreuung durch weitere Personen,** wenn die leistungsberechtigte Person die Hauptverantwortung für die Betreuung trägt (vgl. die abweichende Formulierung der alleinigen Pflege/Erziehung in § 30 Abs. 3 SGB XII).[322] Bei einem **Wechsel in der Betreuung** vor Vollendung des 6. Lebensjahres[323] ist Satz 4 auch anzuwenden, wenn die nunmehr betreuende Person leistungsberechtigt ist[324]. Die Regelung wird flankiert durch § 19 Abs. 4 SGB XII sowie § 39 Satz 3 Nr. 1 SGB XII, welche für den Fall der Haushalts- und Einstandsgemeinschaft bestimmen, dass Einkommen der Verwandten ersten Grades bei der Schwangeren/Betreuenden Eltern nicht berücksichtigt wird.[325] 142

Nicht erfasst von den Privilegierungen der Sätze 3 und 4 sind **alle Personen**, deren Unterhaltspflicht gegenüber dem Leistungsberechtigten **nicht auf Verwandtschaft beruht**. Dies meint den unterhaltspflichtigen (geschiedenen) Ehegatten, Lebenspartner/Lebenspartnerin nach dem LPartG, die Mutter oder den Vater des nichtehelichen Kindes in ihrem Verhältnis zueinander (§ 1615l BGB) sowie die (ein Kind) Annehmenden während der Zeit der Adoptionspflege (§ 1751 Abs. 4 BGB). 143

5. Kollisionsregelung des Absatzes 1 Satz 5

Über die Verweisung des Satzes 5 auf § 93 Abs. 4 SGB XII ist im Verhältnis des Anspruchsüberganges nach § 94 SGB XII zu **den Vorschriften der §§ 115 und 116 SGB X** mit einer **eigenständigen cessio legis, einem Anspruchsübergang kraft Gesetzes,** für die umfassten Ansprüche diesem Anspruchsübergang der Vorrang vor einem Anspruchsübergang nach § 94 SGB XII eingeräumt (vgl. zu Inhalt und den Rechtsfolgen die Kommentierung zu § 93 SGB XII Rn. 157). Damit ist der Übergang von Unterhaltsansprüchen ausgeschlossen, soweit dem Träger der Sozialhilfe für die erbrachte Hilfe nach den Vorschriften der §§ 115, 116 SGB X Ansprüche gegen die dort näher bestimmten Dritten (Arbeitgeber, Schädiger) zustehen.[326] Diese **haften im Verhältnis zu den Unterhaltsschuldnern vorrangig** und sollen durch Unterhaltsleistungen nicht entlastet werden.[327] Die Feststellung des Vorranges der Ansprüche nach den §§ 115, 116 SGB X bedingt die Feststellung, inwieweit die **Ansprüche mit den erbrachten Sozialhilfeleistungen kongruent** sind.[328] Hiervon ist dann auszugehen, wenn die Leistung des Versicherungsträgers und der vom Schädiger zu leistende Schadensersatz dem Ausgleich derselben Einbuße des Geschädigten dienen.[329] Nur in diesem Umfang gehen die Ansprüche nach den §§ 115, 116 SGB X auf den Träger der Sozialhilfe über. Der Anspruchsübergang nach § 116 SGB X auf den Träger der Sozialhilfe erfolgt dabei grundsätzlich zum Zeitpunkt des Schaden stiftenden Ereignisses, 144

---

[320] *Münder* in: LPK-SGB XII, § 94 Rn. 31 unter Berufung auf die Entstehungsgeschichte der geschlechtsneutralen Formulierung (Vermittlungsausschuss, der der geschlechtsspezifischen Formulierung nicht gefolgt ist); *Schürmann* in: Harich, Handbuch der Grundsicherung für Arbeitsuchende, Kap. 12 Rn. 25 unter Berufung auch auf verfassungsrechtliche Vorgaben.

[321] A.A. *Schürmann* in: Harich, Handbuch der Grundsicherung für Arbeitsuchende, Kap. 12 Rn. 25 zu § 33 SGB II, ohne weitere Auseinandersetzung mit der Entstehungsgeschichte. Der Ausschluss von Adoptiv- und Stiefkindern provoziert freilich die Frage, ob die Unterscheidung Entstehungsgeschichte und der verfolgten Intention verfassungsrechtlich haltbar ist.

[322] *Münder* in: LPK-SGB XII, § 94 Rn. 31; *Gerenkamp* in: Mergler/Zink, SGB XII, § 94 Rn. 59; für die gleichlautenden § 33 Abs. 2 Satz 1 Nr. 3b SGB II: *Link* in: Eicher, SGB II, § 33 Rn. 48.

[323] Zur Bestimmung der Vollendung des Lebensjahres: *H. Schellhorn* in: Schellhorn/Schellhorn/Hohm, SGB XII, § 94 Rn. 76.

[324] *H. Schellhorn* in: Schellhorn/Schellhorn/Hohm, SGB XII, § 94 Rn. 78.

[325] *Münder* in: LPK-SGB XII, § 94 Rn. 31 a.E.

[326] *H. Schellhorn* in: Schellhorn/Schellhorn/Hohm, SGB XII, § 94 Rn. 15.

[327] Zur Zwecksetzung: *Bieresborn* in: von Wulffen/Schütze, SGB X, § 116 Rn. 1a.

[328] Zum Erfordernis der sachlichen und zeitlichen Kongruenz des Schadensersatzes mit der Sozialleistung nach § 116 SGB X: *Breitkreuz* in: LPK-SGB X, § 116 Rn. 8 ff.; *Bieresborn* in: von Wulffen/Schütze, SGB X, § 116 Rn. 5; BGH v. 05.03.2002 - VI ZR 442/00 - BGHZ 150, 94, 99; aus der Praxis zuletzt: BGH v. 27.06.2006 - VI ZR 337/04 - NJW 2006, 3565, 3566 f., danach sind Leistungen der Hilfe zur Pflege nach den §§ 61 ff SGB XII mit dem Ersatzanspruch wegen vermehrter Bedürfnisse nach § 843 BGB kongruent; BGH v. 18.05.2010 - VI ZR 142/09 - juris Rn. 15 ff.: für die Altersrente für schwerbehinderte Menschen.

[329] BGH v. 18.05.2010 - VI ZR 142/09 - juris Rn. 15.

ausnahmsweise später (mit Eintritt der Leistungspflicht des Sozialleistungsträgers).[330] Gehen Ansprüche **wegen fehlender Kongruenz** nicht nach den vorrangigen Regeln des SGB X über, **bleibt hingegen Raum** für den **Anspruchsübergang** nach § 94 SGB XII.

6. Entsprechende Geltung von § 105 Abs. 2 SGB XII für Leistungsempfänger nach dem Dritten Kapitel (Absatz 1 Satz 6)

145 § 94 Abs. 1 Satz 6 SGB XII reagiert auf die zum 01.01.2005 erfolgte Änderung des Wohngeldgesetzes. Seither sind nach § 1 Abs. 2 WoGG Sozialhilfeempfänger vom Bezug von Wohngeld ausgeschlossen, die Leistungsberechtigten erhalten die Kosten der Unterkunft als Sozialhilfeleistungen im Rahmen des § 35 SGB XII. Diese Änderung soll nach der Regelung des Satzes 6 nicht zu Lasten der Unterhaltspflichtigen gehen. Mit dem Verweis auf § 105 Abs. 2 SGB XII wird für die – regelmäßig Leistungen für Unterkunft beziehende – Gruppe der Hilfeempfänger nach dem Dritten und Vierten Kapitel bewirkt, dass für den Anspruchsübergang den Hilfen für die Unterkunft (mit Ausnahme der Kosten für Heizung- und Warmwasserversorgung) ein (freilich **fiktiver**) **Wohngeldanteil** (von 56 v.H.) zugewiesen wird. In **Höhe dieses fiktiven Wohngeldanteils der gewährten Leistungen Unterkunft geht der Unterhaltsanspruch** nicht über. Im Gegenzug erfolgt in Höhe von 44% der bewilligten Leistungen für Unterkunft ein Anspruchsübergang nach § 94 SGB XII.[331]

7. Unterhaltsansprüche volljähriger behinderter oder pflegebedürftiger Personen (Absatz 2)

146 Nach **Absatz 2 Satz 1** geht der Anspruch einer **volljährigen unterhaltsberechtigten Person**, die **behindert** im Sinne von § 53 SGB XII oder **pflegebedürftig** im Sinne des § 61 SGB XII ist, **gegen ihre Eltern** wegen bestimmter gewährter Leistungen der Sozialhilfe nur in beschränktem Umfang über. Damit begründet Absatz 2 Satz 1 eine **sozialstaatlich begründete Ausnahme vom generellen und umfassenden Übergang** des Anspruchs. Die Sonderregelung folgt mit der Formulierung einer absoluten **Obergrenze für den Übergang des Unterhaltsanspruchs**[332] der **Vorgängervorschrift** des § 91 Abs. 2 Satz 3 BSHG, welche als gesetzlich näher bestimmte besondere Härteregelung angesehen wurde (sog. **Pauschalabgeltung**).[333] Sie weicht aber hinsichtlich der erfassten Leistungen systematisch ab und ist den allgemeinen Härtegründen nach Absatz 3 vorangestellt. Erfasst sind in Abweichung zur Vorgängerfassung **nicht nur stationär, sondern auch ambulant und teilstationär erbrachte Leistungen**[334]. Die Sonderregelung soll nach der gesetzgeberischen Intention der **besonderen Belastung der Eltern** bei der u.U. lebenslangen Versorgung dieser i.d.R. dauerhaft hilfebedürftigen Leistungsberechtigten Rechnung tragen.[335] Erfasst von der Beschränkung nach Absatz 2 werden demgemäß **nur Unterhaltsansprüche gegen die Eltern**. Andere Unterhaltspflichtige (z.B. Ehegatten und Kinder) sind allein nach Absatz 1 und ggf. Absatz 3 gegen einen im Einzelfall unzumutbaren dauerhaften Unterhaltsregress geschützt. Die Begrenzung auf die pauschale Abgeltung nach Absatz 2 ist **nicht antragsabhängig**.[336]

147 Mit dem Begriff der **Volljährigkeit** verweist Satz 1 auf **§ 2 BGB**, wonach die Volljährigkeit mit der Vollendung des 18. Lebensjahres eintritt. Die **Unterhaltsberechtigung** muss gegenüber den Eltern bestehen (§ 1601 BGB). **Behindert i.S.d. § 53 Abs. 1 Satz 1 SGB XII sind zum einen die nach § 2 Abs. 1 Satz 1 SGB IX in ihrer Teilhabefähigkeit an der Gemeinschaft wesentlich Eingeschränkten sowie solche, die von einer solchen wesentlichen Behinderung bedroht sind**. Damit knüpft § 94 SGB XII über § 53 SGB XII, auch soweit Personen einbezogen sind, die von einer wesentlichen Behinderung bedroht sind, an den Behinderungsbegriff des SGB IX an.[337] Eine Legaldefinition des (sozi-

---

[330] BGH v. 27.06.2006 - VI ZR 337/04 - NJW 2006, 3565, 3566; *Bieresborn* in: von Wulffen/Schütze, SGB X, § 116 Rn. 2 m.w.N.

[331] *Münder* in: LPK-SGB XII, § 94 Rn. 33.

[332] BGH v. 18.01.2012 - XII ZR 15/10 - juris Rn. 11; KG v. 23.08.2012 - 19 UF 38/12 - juris Rn. 13.

[333] Zu § 91 Abs. 2 Sätze 3-5 BSHG: *W. Schellhorn/H. Schellhorn*, BSHG, § 91 Rn. 90.

[334] *Gerenkamp* in: Mergler/Zink, SGB XII, § 94 Rn. 62.

[335] BVerwG v. 17.06.1993 - 5 C 43/90 - BVerwGE 92, 330, 334 zur Vorgängervorschrift des § 91 Abs. 2 Satz 3 BSHG; *Gerenkamp* in: Mergler/Zink, SGB XII, § 94 Rn. 62.

[336] *Wahrendorf* in: Grube/Wahrendorf, SGB XII, § 94 Rn. 33 in Abweichung zu § 91 Abs. 2 Satz 4 BSHG.

[337] Vgl. die Kommentierung zu § 53 SGB XII; zur Maßgeblichkeit der Legaldefinition im SGB IX für das gesamte Rehabilitationsrecht, *Knittel* in: ders., SGB IX, § 2 Rn. 9; zu den Tatbestandsvoraussetzungen des § 2 SGB IX: *Neumann* in: Neumann/Pahlen/Majerski-Pahlen, Sozialgesetzbuch IX, § 2; *Welti* in: Lachwitz/Schellhorn/Welti, HK-SGB IX, zu § 2.

alhilferechtlichen) Begriffs der **Pflegebedürftigkeit** enthält § 61 SGB XII (vgl. die Kommentierung zu § 61 SGB XII).

Der Anspruch auf Unterhalt geht für **Leistungen** der leistungsberechtigten Person, die nach dem **Sechsten oder Siebten Kapitel** gewährt werden, in Höhe von bis zu 26 € über, wegen gewährten Leistungen nach dem **Dritten Kapitel** geht er in Höhe von bis zu 20 € monatlich über. Nach **§ 94 Abs. 2 Satz 3 SGB XII** sind diese Pauschalbeträge an die **Höhe des Kindergeldes** gebunden und damit dynamisch. Steigt das Kindergeld, steigen auch die Pauschalbeträge des Absatzes 2 Satz 1 um denselben Vomhundertsatz. *Gerlach*[338] bemängelt zu Recht, dass das Gesetz offen lässt, ob für die **Höhe der Fortschreibung** das Kindergeld für das erste oder zweite Kind oder deren Summe **maßgeblich** sein soll. In Anbetracht des vom Gesetz zugrunde gelegten Regelfalles soll aber wohl der **Betrag für das erste Kind** maßgebend sein.

148

Nicht erfasst von der pauschalen Abgeltung sind **Leistungen** nach dem **Vierten Kapitel**. Für diese bleiben nach § 43 Abs. 2 SGB XII Unterhaltsansprüche bei einem jährlichen Gesamteinkommen von unter 100.000 € unberücksichtigt, bei nachweisbarem Einkommen über der Grenze sind dagegen schon keine Leistungen zu gewähren und können nach § 94 Abs. 1 Satz 3 letzter Halbsatz SGB XII Unterhaltsansprüche nicht übergehen (vgl. dazu bereits Rn. 138).

149

Mit den genannten **Leistungen nach dem Sechsten und Siebten Kapitel** (Hilfe zur **Pflege** und **Eingliederungshilfe**) werden **Hilfeleistungen** erfasst, die regelmäßig für den Kreis der Leistungsberechtigten (Behinderte Menschen und Pflegebedürftige) gewährt werden und schon nach der Vorgängernorm mit zuletzt 26 € pauschal abgegolten wurden. Neu ist die nunmehr **unterschiedslose Leistungserfassung unabhängig davon, ob die Hilfe in einer teil- oder vollstationären Einrichtung** oder **ambulant** erbracht wird.

150

Neu im Vergleich zum BSHG ist zudem die **Sonderregelung für Leistungen nach dem Dritten Kapitel**, die sich auch bei stationär erbrachten Leistungen auswirkt. Während nach § 27 Abs. 3 BSHG der Lebensunterhalt Bestandteil der Eingliederungshilfe auch in Einrichtungen war und daher § 91 Abs. 2 Satz 3 BSHG auch diesen erfasste[339], sind nach dem SGB XII die in den Einrichtungen zur Sicherung des notwendigen Lebensunterhaltes erbrachten **Leistungen dem Dritten/Vierten Kapitel zuzuordnen**[340]. Für diese Leistungen ordnet § 94 Abs. 2 Satz 1 SGB XII nunmehr **eine eigenständige pauschale Abgeltung** der Unterhaltsansprüche mit 20 € an. Erfasst werden die gewährten Leistungen auch, soweit sie als **Ermessensleistungen**[341] erbracht werden.

151

Hat der Gesetzgeber mit Formulierung, dass der Unterhaltsbetrag „bis zu 26" bzw. „bis zu 20 €" übergeht, eine **Obergrenze** eingeführt und liegt der einem Übergang nach Absatz 1 grundsätzlich zugängliche monatliche **Unterhaltsanspruch unter diesem Höchstbetrag**, geht er nur in diesem (geringeren) Umfang über. Besteht er nach den allgemeinen (Unterhalts-)Regeln in einem höheren Umfang, wird er durch Absatz 2 für den Anspruchsübergang gekappt (vgl. hierzu die Vermutungsregeln im nachfolgenden Satz 2). Werden **sowohl Leistungen nach dem Sechsten/Siebten Kapitel** als auch nach dem **Dritten Kapitel** erbracht, was wegen § 27b SGB XII bei Eingliederungshilfe in einer stationären Einrichtung regelmäßig der Fall ist, beläuft sich der monatliche Pauschal-Unterhaltsbetrag auf höchstens **46 €. Eine weitere, darüber hinausgehende Inanspruchnahme der Eltern kann nicht erfolgen**.[342] Aus der Formulierung, wonach der Anspruch gegen „die Eltern" nach Satz 1 beschränkt ist, folgt, dass sich die **Obergrenze auf beide Elternteile zusammen** bezieht, nicht auf jeden einzelnen, so dass insgesamt von beiden zusammen nur ein Beitrag von maximal 46 € verlangt werden kann.

152

Für **Leistungen der Eingliederungshilfe in Form der Hilfe in der Werkstatt für behinderte Menschen oder in Tagesförderstätten** wird **§ 94 Abs. 2 SGB XII durch § 92 Abs. 2 i.V.m. Abs. 3 SGB XII modifiziert**: Nach § 92 Abs. 2 Satz 1 SGB XII ist für die dort genannten Personen und die enumerativ aufgelisteten (Rehabilitations-)Leistungen die Aufbringung der Mittel im Wege des Kostenbeitrages nur für die Leistung der Hilfe zum Lebensunterhalt zumutbar[343], dagegen nicht für die Eingliederungshilfeleistungen nach den §§ 53, 54 SGB XII[344]. § 92 Abs. 2 Sätze 2-4 SGB XII enthält weitere Einschränkungen.

153

---

[338] ZfF 2011, 73, 87 mit Ausweis der bis 2010 maßgebenden konkreten Fortschreibungsbeträge.
[339] *W. Schellhorn/H. Schellhorn*, BSHG, § 91 Rn. 93.
[340] *H. Schellhorn* in: Schellhorn/Schellhorn/Hohm, SGB XII, § 94 Rn. 1.
[341] *H. Schellhorn* in: Schellhorn/Schellhorn/Hohm, SGB XII, § 94 Rn. 89.
[342] *H. Schellhorn* in: Schellhorn/Schellhorn/Hohm, SGB XII, § 94 Rn. 91; *Gerenkamp* in: Mergler/Zink, SGB XII, § 94 Rn. 63.
[343] *Münder* in: LPK-SGB XII, § 92 Rn. 6.
[344] *Münder* in: LPK-SGB XII, § 92 Rn. 6 ff.

154 Nach § 92 Abs. 3 SGB XII werden schließlich die **Verpflichtungen anderer** als der nach bürgerlichem Recht Unterhaltspflichtigen **nicht** von den nach Absatz 2 erbrachten Leistungen **berührt** (vgl. dazu Rn. 39). Im Umkehrschluss aus Absatz 3 werden die nach bürgerlichem Recht Unterhaltspflichtigen von der Leistung von ihrer Verpflichtung insoweit befreit. § 92 Abs. 2 und 3 SGB XII ist insoweit lex specialis zu § 94 Abs. 2 SGB XII und geht ihm vor. Es fehlt mithin in diesen Fällen schon an einer auch für § 94 Abs. 2 SGB XII vorausgesetzten Unterhaltspflicht. Diese kann auch nicht in Höhe der Pauschalabgeltung übergehen.[345]

155 Lebt **nur noch ein Elternteil, halbiert sich der Betrag des Absatzes 2 nicht entsprechend.** Zwar ist für die Anordnung einer gesetzlichen Gesamtschuld in § 94 Abs. 2 SGB XII kein ausreichender Textanhalt gegeben.[346] Ein entgegenstehender systematischer Anhalt ergibt sich nicht aus der gesetzlichen Vermutung des Absatzes 2 Satz 2, wonach mehrere existente Unterhaltsschuldner zu gleichen Teilen haften. Was im Fall des Versterbens eines Teil-Schuldners gilt, ist damit gerade nicht geregelt. Hilfreich erscheint die zivilrechtliche Wertung. Die Pauschalabgeltung ist nicht von der gesetzlichen Unterhaltspflicht entkoppelt, wie sich u.a. aus der Gestaltung der Pauschalbeträge als Höchst- und nicht Festbeträge für den Anspruchsübergang ergibt. Nach § 1606 Abs. 3 Satz 1 BGB haften mehrere gleich nahe Verwandte anteilig, nach § 1607 Abs. 1 BGB haftet ein nachrangiger Verwandter erst, wenn der (vorrangig) verpflichtete Verwandte nicht leistungsfähig ist. Nach § 1615 Abs. 1 BGB erlischt der Unterhaltsanspruch mit dem Tode des Verpflichteten, es treten nicht die Erben an seine Stelle, der Anteil des nach § 1606 Abs. 3 BGB Haftenden kann sich erhöhen.[347] Der überlebende Elternteil haftet danach zunächst vorrangig – entsprechend seiner Leistungsfähigkeit – für den gesamten Unterhalt, nur bei fehlender Leistungsfähigkeit aktualisiert sich nach § 1607 BGB die Unterhaltspflicht entfernterer Verwandter. Damit kann die **unterhaltsrechtliche Wertung** für den öffentlich-rechtlichen Anspruchsübergang nicht unberücksichtigt bleiben. Diese rechtfertigt, dem Elternteil nach dem Ableben des anderen Elternteils nach Absatz 2 Satz den **gesamten Höchstbetrag für die pauschale Abgeltung zuzuweisen**[348]. Vor übermäßiger Inanspruchnahme ist er sowohl durch Satz 2 als auch durch Absatz 3 geschützt.

156 Nach **Absatz 2 Satz 2** wird vermutet, dass der Anspruch in Höhe der Beträge nach Satz 1 übergeht und mehrere Unterhaltspflichtige zu gleichen Teilen haften, nach **Halbsatz 2** kann die Vermutung widerlegt werden. **Entgegen dem Wortlaut betrifft die gesetzliche Vermutungsregelung nicht den Anspruchsübergang selbst.** Erfolgt damit eine Änderung i.S. einer gesetzlichen Einwirkung auf ein bestehendes Recht unmittelbar kraft Gesetzes[349], kann diese nicht vermutungsweise erfolgen und kann sie (der Logik der Vorschrift folgend) auch nicht widerlegt werden. Es wird mit Satz 2 vielmehr gesetzlich vermutet, dass die **Eltern** in Höhe der Pauschalbeträge **leistungsfähig nach § 1603 BGB sind** und insoweit ein Unterhaltsanspruch besteht[350]. Dafür spricht die eingeschobene Vermutung betreffend die Anteile der Unterhaltspflichtigen. Nach **§ 1606 Abs. 3 BGB** haften gleich nahe Verwandte **anteilig** nach ihren Erwerbs- und Vermögensverhältnissen. Für volljährige Kinder haften Eltern entsprechend ihrer Leistungsfähigkeit für den Barunterhalt. Für den begrenzten Betrag des § 94 Abs. 2 Satz 1 SGB XII **geht das Gesetz** demgegenüber mit der Vermutung in Satz 2 im Wege einer zulässigen **Typisierung** davon aus, dass **die unterhaltspflichtigen Eltern zu gleichen Teilen** (und nicht anteilig im Verhältnis ihrer Leistungsfähigkeit) haften, weil ihr Einkommen/Vermögen insoweit ausreicht.

157 Der BGH sah sich zur Klarstellung veranlasst, dass **mit der gesetzlichen Vermutung** nicht die Prüfung entfällt, dass ein Unterhaltsanspruch dem Grunde und der Höhe nach im Umfang von Absatz 2 Satz 1 besteht. Es wird damit **lediglich eine die Darlegungs- und Beweislast umkehrende Vermutung** vorgenommen[351]. Die **gesetzliche Vermutung der Leistungsfähigkeit** in einem Umfang von bis zu 26/20 € bewirkt, dass der Träger der Sozialhilfe, im Fall, dass er den Anspruch geltend macht, bis

---

[345] So im Ergebnis auch: *Münder* in: LPK-SGB XII, § 94 Rn. 35.; Schreiben des BMAS an den Bundesverband für Körper- und Mehrfachbehinderte vom 06.12.2005, www.bvkm.de (abgerufen am 10.04.2014).
[346] Dazu *Gerenkamp* in: Mergler/Zink, § 94 Rn. 63.
[347] *Hammermann* in: Erman, BGB, § 1615 Rn. 4.
[348] So im Ergebnis auch: *H. Schellhorn* in: Schellhorn/Schellhorn/Hohm, SGB XII, 94 Rn. 92; *Pfohl/Steymans* in: Linhart/Adolph, SGB XII, § 94 Rn. 139; a.A. *Gerenkamp* in: Mergler/Zink, SGB XII, § 94 Rn. 63.
[349] Entsprechend der rechtsgeschäftlichen Abtretung nach 398 BGB, auf die § 412 BGB verweist, liegt bei der cessio legis zwar nicht ein rechtsgeschäftlich begründeter verfügender Charakter vor, sondern eine Einwirkung/Gestaltung qua Gesetz.
[350] BGH v. 23.06.2010 - XII ZR 170/08 - NJW 2010, 2957, 2960.
[351] BGH v. 18.01.2012 - XII ZR 15/10 - juris Rn. 12.

zu dieser Höhe die für § 1603 BGB maßgeblichen konkreten Einkommens- und Vermögensverhältnisse weder selbst prüfen noch im Zivilprozess darlegen muss. Im zivilrechtlichen Verfahren der Unterhaltsansprüche ist damit die **Beweislast umgekehrt**, die allgemein bei demjenigen liegt, der einen Anspruch in einer bestimmten Höhe geltend macht, damit grundsätzlich beim Sozialhilfeträger für die unterhaltsrechtliche Leistungsfähigkeit im Fall des § 94 Abs. 2 Satz 2 SGB XII: Für die im Hinblick auf die Pauschalbeträge **fehlende Leistungsfähigkeit nach bürgerlich-rechtlichen Vorschriften** über den Unterhalt liegt die Beweislast nach der Vorschrift bei den Eltern bzw. einem Elternteil. Wollen diese die gesetzliche Vermutung widerlegen, müssen sie zur Leistungsunfähigkeit oder einer abweichenden anteiligen Haftung vortragen[352] und ggf. den Vollbeweis führen.

Die vom Träger der Sozialhilfe nur nach Absatz 2 im Wege des Unterhalts heranzuziehenden Eltern haben regelmäßig einen **Kindergeldanspruch, dieser ist aber nicht Voraussetzung für die Anwendung des Absatzes 2.** Die Gesetzessystematik soll nach Ansicht des BGH sogar gegen einen Zusammenhang zum Kindergeldbezug sprechen.[353] Der Höchstbetrag von 46 € reicht nicht an das gewährte Kindergeld zur Gänze heran. 158

Eine **Abzweigung des Kindergeldes nach § 74 Abs. 1 Satz 3 i.V.m. Satz 4 EStG** zugunsten des Trägers der Sozialhilfe ist **neben** dem beschränkten **Unterhaltsanspruchsübergang möglich.**[354] Danach kann eine Abzweigung zugunsten der dem Kind Unterhalt gewährenden Stelle auch dann erfolgen, wenn der Kindergeldberechtigte nur Unterhalt in Höhe eines Betrages zu leisten braucht, der geringer ist als das für die Auszahlung in Betracht kommende Kindergeld (§ 74 Abs. 1 Satz 3 Alt. 2 EStG). Der BFH hat noch zu § 91 Abs. 2 BSHG klargestellt, dass sich die **sozialhilferechtliche pauschale Abgeltung nicht auf den Fortbestand der bürgerlich-rechtlichen Unterhaltspflicht auswirkt.**[355] Das nach § 74 EStG eröffnete Ermessen der Familienkasse wird nach Sinn und Zweck des § 74 EStG bestimmt, der eine Abzweigung von Kindergeld rechtfertigt, wenn kein oder nur ein geringer kindbedingter Unterhaltsaufwand entsteht.[356] Der tatsächlich neben § 94 Abs. 2 SGB XII geleistete Unterhalt (einschließlich eines Betreuungs- und Sachunterhaltes) kann dazu führen, dass das Ermessen des Sozialhilfeträgers zugunsten einer Nichtabzweigung reduziert ist.[357] Der BFH führt in einer neueren Entscheidung aus, in dem Fall, dass ein behindertes grundsicherungsberechtigtes Kind im Haushalt der Eltern lebt und diese keine existenzsichernden Leistungen beziehen, sei zu unterstellen, dass sie insoweit Unterhaltsleistungen erbringen, die sogar über den Betrag des Kindergelds hinausgehen. Es sei in diesem Fall jedenfalls regelmäßig im Rahmen des **Ermessens von einer Abzweigung abzusehen.**[358] Aber auch in dem Fall, dass **Unterhaltspflichtige den Pauschalbetrag** oder die Pauschalbeträge leisten, ist zumindest diese Leistung bei der **Abzweigung** des Kindergeldes an den Träger der Sozialhilfe (§ 74 Abs. 1 Satz 4 EStG) zu **berücksichtigen.** Eine **volle Abzweigung** kommt dann nicht in Betracht.[359] 159

Der eingeschränkte Übergang des Anspruchs nach Absatz 2 ist **zeitlich nicht begrenzt**, er wirkt bis zum **Ende der Sozialhilfegewährung** oder dem **Ende der Unterhaltspflicht** dem Grunde nach (§ 1615 BGB mit dem Tod des Berechtigten oder Verpflichteten).[360] 160

Der **derzeitige übergangsfähige Pauschalbetrag** nach Absatz 2 liegt bei Leistungen nach dem Sechsten Kapitel (Eingliederungshilfe für behinderte Menschen) und dem Siebten Kapitel (Hilfe zur Pflege) derzeit bei 31,06 € im Monat, bei der Hilfe zum Lebensunterhalt bei 23,90 € im Monat. 161

---

[352] BGH v. 18.01.2012 - XII ZR 15/10 - juris Rn. 12; BGH v. 18.07.2012 - XII ZR 91/10 - juris.

[353] Deutlich BGH v. 23.06.2010 - XII ZR 170/08 - NJW 2010, 2957, 2958 f. Die Bedeutung des eingeschränkten Anspruchsüberganges erschöpfe sich in der sozialstaatlichen Zielsetzung, wonach die Eltern bereits durch die Behinderung des Kindes belastet seien und es zu keiner weiteren Belastung durch die Pflegekosten kommen soll. Auch wenn kein Kindergeld gewährt wird, greife der privilegierte Anspruchsübergang ein, zustimmende Anmerkung von *Kieninger*, FamRZ 2010, 1421 ff.; KG v. 23.08.2012 - 19 UF 38/12 - juris Rn. 18.

[354] BFH v. 26.02.2006 - III R 65/04 - BFHE 212, 481, 483 f.

[355] BFH v. 17.02.2004 - VIII R 58/03 - BFHE 206, 1, 4, für § 94 SGB XII folgend: FG Baden-Württemberg v. 11.11.2008 - 4 K 2281/07 - EFG 2009, 492, 493.

[356] FG Baden-Württemberg v. 11.11.2008 - 4 K 2281/07 - EFG 2009, 492, 493 f.

[357] Zu so einem Fall: FG Baden-Württemberg v. 29.04.2009 - 4 K 2995/07 - EFG 2009, 1306 ff.

[358] BFH v. 18.04.2013 - V R 48/11 - juris Rn. 16 ff., 20 ff., 23, dazu *Kruse/Schiffer-Werneburg* in: LPK-SGB I, § 48 Rn. 20.

[359] FG Baden-Württemberg v. 11.11.2008 - 4 K 2281/07 - EFG 2009, 492, 494 unter Berufung auf den BFH mit Anmerkung von *Reuß*, EFG 2009, 494, 494/495; *Gerlach*, ZfF 2011, 73, 87.

[360] *Gerenkamp* in: Mergler/Zink, SGB XII, § 94 Rn. 63.

8. Härteregelung des Absatzes 3

162 Absatz 3 Satz 1 enthält eine gegenüber Absatz 2 generelle **Einschränkung** des in Absatz 1 angeordneten **Anspruchsüberganges**. Danach gehen Unterhaltsansprüche nicht über, wenn entweder die **unterhaltspflichtige Person selbst hilfebedürftig nach dem Dritten oder Vierten Kapitel** ist oder es – infolge der Erfüllung der Unterhaltspflicht – werden würde (Satz 1 Nr. 1). Darüber hinaus wird der Übergang des Anspruchs eingeschränkt, wenn dieser für die unterhaltspflichtige Person eine **unbillige Härte** bedeuten würde (Satz 1 Nr. 2).

a. Neuregelung zum BSHG

163 Die Regelung ist – zusammen mit Absatz 2 – an die **Stelle des früheren § 91 Abs. 2 BSHG getreten**. Nach **§ 91 Abs. 2 BSHG** hing der **Anspruchsübergang von doppelten Voraussetzungen** ab, zum einen vom **Bestehen eines bürgerlich-rechtlichen Unterhaltsanspruchs**, zum anderen zusätzlich davon, ob der **Unterhaltspflichtige** bei (unterstellter) Inanspruchnahme in Höhe des ermittelten Unterhaltsanspruchs **seinen sozialhilferechtlichen Bedarf noch decken konnte**. Dabei war sein sozialhilferechtlicher Bedarf unter **Zugrundelegung seines Einkommens und Vermögens allerdings nach den für den Leistungsberechtigten (Unterhaltsberechtigten) maßgeblichen sozialhilferechtlichen Bestimmungen (des BSHG)** zu ermitteln. Der Unterhaltspflichtige partizipierte also auch von besonderen Einkommens- und Vermögensgrenzen des BSHG, die jeweils für die an den Leistungsberechtigten gewährte Hilfe Geltung beanspruchten. Die Berechnung hatte ihn so zu stellen, als ob er die Hilfe bekommen würde, für die ein Anspruchsübergang in Betracht kam. Er hatte nur das Einkommen einzusetzen, das den so ermittelten sozialhilferechtlichen Bedarf überstieg. War dieser ermittelte Betrag geringer als der ermittelte Unterhaltsanspruch selbst, war nur der geringere Betrag nach § 91 BSHG überleitungsfähig Dem lag das Motiv zugrunde, dass der Unterhaltspflichtige nicht in höherem Maße zu den Kosten der Hilfe herangezogen werden sollte als der unterhaltsberechtigte Leistungsempfänger selbst.[361] Diese gesetzlich gebotene **doppelte Berechnung** provozierte einen (zu) hohen Verwaltungsaufwand und wurde daher nicht in das SGB XII übernommen.[362]

164 Nach der Gesetzesbegründung zu § 94 Abs. 3 SGB XII sollen **durch die Neuregelung** im Hinblick auf alle Unterhaltspflichtigen die **Doppelberechnungen entfallen**. Es soll dann ein Ausschluss vom Unterhaltsübergang erfolgen, wenn beim Unterhaltspflichtigen eine Leistungsberechtigung nach dem Dritten Kapitel gegeben ist oder durch Heranziehung zu Unterhalt eintreten würde.[363] Die weitere Einschränkung für den Fall einer unbilligen Härte (Nr. 2) ist ohne Änderung aus § 91 Abs. 2 Satz 2 BSHG übernommen worden.

165 Anwendbar ist **Absatz 3 Satz 1 sowohl für den Anspruchsübergang von Unterhaltsansprüchen nach § 94 Abs. 1 als auch Abs. 2 SGB XII**.[364]

b. Satz 1 Nr. 1

166 Der Regelung der Nr. 1, wonach ein **Unterhaltsanspruch** gegen den selbst nach dem Dritten oder Vierten Kapitel **hilfebedürftigen Unterhaltspflichtigen genauso wenig übergeht wie gegen den Unterhaltspflichtigen, der erst und gerade durch die Erfüllung des Anspruchs hilfebedürftig wird**, nimmt den schon für das bürgerlich-rechtliche Unterhaltsrecht geltenden Grundsatz auf, wonach die Unterhaltspflicht ihre Grenze darin findet, dass der Unterhaltspflichtige durch die Leistung des Unterhalts nicht selbst sozialhilfebedürftig werden darf (vgl. § 1603 BGB).[365] Ausdruck findet das Existenzminimum im **Selbstbehalt, der so bemessen ist, dass der Unterhaltsschuldner seinen eigenen Bedarf decken kann**[366]. Der Selbstbehalt ist u.a. von der unterschiedlichen Schutzbedürftigkeit des Unterhaltsschuldners sowie von der Frage abhängig, ob der Unterhaltsschuldner erwerbstätig ist.[367] Er kann auch anderen Modifikationen unterworfen sein (vgl. Rn. 82).[368] Er **ist insoweit nicht identisch**

---

[361] Zur alten Rechtslage unter dem BSHG: *W. Schellhorn/H. Schellhorn*, BSHG, § 91 Rn. 73.
[362] *H. Schellhorn* in: Schellhorn/Schellhorn/Hohm, SGB XII, § 94 Rn. 94 f.
[363] BT-Drs. 15/1514, S. 66 f.
[364] *Gerenkamp* in: Mergler/Zink, SGB XII, § 94 Rn. 67; *Decker* in: Oestreicher, SGB II/SGB XII, § 94 Rn. 162.
[365] BGH v. 02.05.1990 - XII ZR 72/89 - FamRZ 1990, 849, 850: Jede Unterhaltspflicht findet dort ihre Grenze, wo dem Betroffenen nicht die Mittel für den eigenen notwendigen Lebensbedarf verbleiben; BVerfG v. 20.08.2001 - 1 BvR 1509/97 - FamRZ 2001, 1685 ff.
[366] BGH v. 18.01.2012 - XII ZR 15/10 - juris Rn. 16; BGH v. 18.07.2012 - XII ZR 91/10 - juris Rn. 15.
[367] *Brudermüller* in: Palandt, BGB, § 1603 Rn. 12 ff., auch zur Funktion der Düsseldorfer Tabelle insoweit.
[368] Vgl. die bei *Brudermüller* in: Palandt, BGB, § 1603 Rn. 20 formulierten Gründe, so führt z.B. längere Arbeitsunfähigkeit des Unterhaltsschuldners zu einer Herabsetzung, Erhöhung möglich zur Wahrnehmung des Umgangsrechts.

mit der sozialhilferechtlichen Hilfebedürftigkeit nach dem Dritten/Vierten Kapitel. Mit der Einschränkung der Nr. 1 soll vermieden werden, dass der Unterhaltspflichtige, der schon Fürsorgeleistungen bezieht, zum Unterhalt herangezogen wird oder dass er gerade infolge der Durchsetzung des Unterhalts **sozialhilfebedürftig** wird.

aa. Leistungsbezieher

Bezieht der Unterhaltsschuldner **bereits Leistungen nach dem Dritten oder Vierten Kapitel**, ist eine den Anspruchsübergang beschränkende Leistungsberechtigung i.S.d. Nr. 1 damit nachgewiesen. So lange ein entsprechender **Bewilligungsbescheid** nicht aufgehoben ist, entwickelt er – auch für das Zivilgericht – **Tatbestandswirkung**. Er ist nach der verwendeten Formulierung der „Leistungsberechtigung" zwar nicht Voraussetzung. Der für die Leistungsberechtigung beweispflichtige Unterhaltsschuldner muss aber **ohne** den **Bescheid** die Voraussetzungen einer Hilfebedürftigkeit (= Leistungsberechtigung) dem Sozialhilfeträger und im Zivilverfahren dem Zivilgericht **darlegen** und u.U. **Vollbeweis** führen. 167

bb. Hilfebedürftigkeit durch Unterhaltspflicht

Nach der **zweiten Alternative der Nr. 1** reicht es aus, wenn der **Unterhaltsberechtigte durch die Erfüllung der geschuldeten Unterhaltsleistung hilfebedürftig nach dem Dritten oder Vierten Kapitel werden würde**. Entsprechend der Gesetzesbegründung entfällt damit zwar die bisherige Doppelberechnung (vgl. Rn. 162), es bleibt aber eine Pflicht zur Prüfung einer **hypothetischen Hilfebedürftigkeit**. Sie ist für die Praxis dadurch vereinfacht, dass auf die **Hilfebedürftigkeit des Unterhaltspflichtigen nach dem Dritten und Vierten Kapitel des SGB XII** abgestellt wird: Abzustellen ist nicht nur auf seine Einkommens- und Vermögensverhältnisse, **heranzuziehen sind auch die für ihn (in seiner Lebenssituation) geltenden sozialhilferechtlichen Bestimmungen zur Ermittlung einer Hilfebedürftigkeit nach dem Dritten oder** – bei Vorliegen der personellen Tatbestandsvoraussetzungen – **Vierten Kapitel**. Für den Sozialhilfeträger vereinfacht ist diese Prüfung durch die schon bei Berechnung des Unterhaltsanspruchs anzuwendenden anerkannten Grundsätze der Unterhaltsrechtsprechung, vor allem zum **Selbstbehalt** (vgl. Rn. 75). Ist dieser unterschritten, schließt das schon einen übergangsfähigen Unterhaltsanspruch aus. Der bürgerlich-rechtliche Selbstbehalt weicht zwar aufgrund der abweichenden Berechnung z.B. nach den Leitlinien der Düsseldorfer Tabelle ab. Er ist aber nach den Leitlinien so ausgestaltet, dass er i.d.R. **ausreichend über dem sozialhilferechtlich anerkannten Bedarf** liegt.[369] 168

Für den Träger der Sozialhilfe sind danach **strukturell drei Fallgruppen denkbar**, die praktisch bei einer Erfüllung des Unterhaltsanspruchs eine **Hilfebedürftigkeit** nach dem Dritten/Vierten Kapitel hervorrufen können und ihn (nach Maßgabe des Satzes 2) zu der konkreten Prüfung des § 94 Abs. 3 Satz 1 Nr. 1 SGB XII veranlassen: 169

Ist im Rahmen der Berechnung des zivilrechtlichen Unterhaltsanspruchs der **Selbstbehalt des Unterhaltsschuldners herabgesetzt**, kann bei Erfüllung der Unterhaltspflicht Hilfebedürftigkeit nach dem SGB XII eintreten (1.). 170

Der unterhaltsrechtliche Selbstbehalt kann den sozialhilferechtlich anerkannten Bedarf unterschreiten, wenn im Rahmen des Unterhalts **Einkommen des Unterhaltsschuldners berücksichtigt** wird, das nach den Vorschriften des SGB XII zur Einkommensanrechnung nicht zu berücksichtigen ist (2.). 171

Schließlich schützt der unterhaltsrechtliche Selbstbehalt dann nicht vor Sozialhilfebedürftigkeit, wenn im Rahmen der Bestimmung der unterhaltsrechtlichen Leistungsfähigkeit beim Unterhaltsschuldner **fiktives Einkommen** berücksichtigt wird. Der Träger der Sozialhilfe hat bei der Prüfung der hypothetischen Sozialhilfebedürftigkeit das **tatsächliche Einkommen** des Unterhaltspflichtigen zu ermitteln, **fiktives Einkommen ist nicht zu berücksichtigen**[370] (3.). 172

---

[369] Vgl. zum Selbstbehalt unter Heranziehung der Düsseldorfer Tabelle, Stand: 01.01.2013, *Brudermüller* in: Palandt, BGB, § 1603 Rn. 14 ff.; BVerfG v. 20.08.2001 - 1 BvR 1509/97 - NJW-RR 2002, 73, 74 berichtet von der Zugrundelegung eines doppelten Eckregelsatzes des Haushaltsvorstandes als Selbstbehalt.

[370] *Kiss* in: Mergler/Zink, SGB XII, § 94 Rn. 69; *Wolf* in: Fichtner/Wenzel, SGB XII, § 94 Rn. 53; *Link* in: Eicher, SGB II, § 33 Rn. 52; BGH v. 31.05.2000 - XII ZR 119/98 - juris Rn. 14; Der auf der Zurechnung eines fiktiven Einkommens begründete Unterhaltsanspruch geht nicht auf den Leistungsträger über; BGH v. 23.10.2013 - XII ZB 570/12 - juris Rn. 23.

173 Aufgrund der strengen Grundsätze des BVerfG zur Verhältnismäßigkeit der Zurechnung fiktiver Einkünfte wird in der Anwendung dieses zuletzt genannten Grundsatzes zunehmend **zur Zurückhaltung** geraten, vgl. Rn. 78.[371]

174 Mit der gesetzgeberischen Entscheidung, dass es grundsätzlich auf die potenzielle Hilfebedürftigkeit nach dem Dritten bzw. Vierten Kapitel des SGB XII ankommt, hat sich der Gesetzgeber für die allgemeinen **Einkommensgrenzen** der §§ 82 ff. SGB XII entschieden (vgl. dazu bereits Rn. 120). Er hat **keine Unterscheidung** mehr danach zugelassen, **ob es sich für den Leistungsberechtigten um eine Hilfeart (Fünftes bis Neuntes Kapitel)** handelt, für die nach den §§ 85 ff. SGB XII besondere Einkommensgrenzen für die Leistungsberechtigten und deren nicht getrennt lebende Ehegatten und Lebenspartner angeordnet sind (vgl. zur insoweit abweichenden Struktur des § 91 Abs. 2 Bundessozialhilfegesetz Rn. 162). Allein für die Hilfebedürftigkeit nach dem Vierten Kapitel formuliert § 82 Abs. 3 SGB XII besondere Einkommensgrenzen. Diese Wertentscheidung bewirkt für Leistungen, die nach dem Fünften bis Neunten Kapitel gewährt werden, für den Unterhaltspflichtigen eine **Schlechterstellung** im Vergleich zum Leistungsberechtigten selbst und eine **Schlechterstellung im Vergleich zum BSHG**.[372] Sie ist dennoch zur Verhinderung einer verfassungsrechtlich bedenklichen Ungleichbehandlung mit dem Leistungsberechtigten nicht im Rahmen der Nr. 1 zu korrigieren und dieser berichtigend erweiternd auszulegen.[373] Für den Fall, dass der Unterhaltsschuldner z.B. als behinderter Mensch leistungsberechtigt nach dem Fünften bis Neunten Kapitel ist oder durch die Erfüllung der Unterhaltspflicht wird, kann zur Vermeidung unzumutbarer (verfassungswidriger) Nachteile Nr. 2 aktiviert werden. Es ist in diesem Fall eine **unbillige Härte** zu prüfen[374] (vgl. dazu Rn. 182). Die gesetzgeberische Entscheidung, ihn u.U. stärker als den Leistungsberechtigten selbst heranzuziehen, ist jedoch grundsätzlich hinzunehmen.

cc. Erwerbstätige

175 Nach dem Wortlaut der Nr. 1 gelten auch für **Erwerbstätige** die Vorschriften des SGB XII, dagegen nicht die Einkommensvorschriften des SGB II, gleiches gilt für die Vermögensberücksichtigung[375]. Sinn und Zweck der Vorschrift, wonach Personen nicht durch staatlichen Rückgriff selbst hilfebedürftig werden dürfen[376], legt es nahe, trotzdem für Erwerbstätige auf die tatsächliche oder eine potentielle **Leistungsberechtigung nach dem SGB II, konkret § 19 SGB II, abzuheben**. Aufgrund der seit dem 01.01.2005 erfolgenden vertikalen Teilung der Personengruppen zwischen SGB II und SGB XII bemisst sich die Hilfebedürftigkeit für erwerbstätige und i.d.R. erwerbsfähige Personen regelmäßig nach dem SGB II (vgl. dort § 8 SGB II). Im Rahmen des § 94 SGB XII ist jedoch einerseits zu beachten, dass dieser zeitgleich mit den Regelungen des SGB II in Kraft getreten ist und gerade keinen Verweis auf eine Hilfebedürftigkeit oder einen Leistungsbezug nach dem SGB II als Übergangsschranke enthält. Andererseits wurde die Umstellung auf eine Leistungsberechtigung nach dem Dritten und Vierten Kapitel des SGB XII vor allem mit Verwaltungsvereinfachung begründet.[377] Schließlich weist das BSG insbesondere für die Einkommensermittlung und -berücksichtigung darauf hin, dass SGB II und SGB XII als zwei nicht miteinander kompatible Systeme in Einklang zu bringen sind.[378] Es erscheint u.a. in Anbetracht der Anreizwirkung von Erwerbstätigenfreibeträgen im SGB II sinnvoll, auch bei § 94 Abs. 1 Satz 1 Nr. 1 SGB XII auf die Bedürftigkeit nach SGB II abzuheben. Dies beruht auf einem Verständnis, wonach der Anspruchsübergang nicht nur zum Schutz eines potentiellen SGB-XII-Leistungsträgers beschränkt wird, sondern auch eine Bedürftigkeit und damit mögliche Zahlungspflicht des SGB-II-Trägers vermeiden will. Aufstocker und solche, die es infolge des Unterhalts-

---

[371] *Brudermüller* in: Palandt, BGB, § 1603 Rn. 22 m.w.N.
[372] *Münder* in: LPK-SGB XII, § 94 Rn. 43.
[373] So aber *Münder* in: LPK-SGB XII, § 94 Rn. 43: Heranziehung der Einkommensgrenzen nach dem Fünften bis Neunten Kapitel für (potentiell) nach diesen Kapiteln leistungsberechtigte Unterhaltspflichtige; *Wolf* in: Fichtner/Wenzel, SGB XII, § 94 Rn. 55: einschränkende Auslegung aus verfassungsrechtlichen Gründen, keine Schlechterstellung im Vergleich zum Leistungsberechtigten.
[374] *H. Schellhorn* in: Schellhorn/Schellhorn/Hohm, SGB XII, § 94 Rn. 99; *Kiss* in: Mergler/Zink, SGB XII, § 94 Rn. 68.
[375] Vgl. BSG v. 09.06.2011 - B 8 SO 20/09 R - juris Rn. 19 ff. - BSGE 108, 241, 247.
[376] BGH v. 23.10.2013 - XII ZB 570/12 - juris Rn. 12 - NJW-RR 2014, 65 ff., m.w.N. aus der Rspr. und unter Hinweis auf Schutz der Menschenwürde und Sozialstaatsprinzip.
[377] BT-Drs. 15/1514, S. 66 f.
[378] BSG v. 09.06.2011 - B 8 SO 20/09 R - juris Rn. 23 - BSGE 108, 241, 249 f.

anspruchs werden, sind danach vom Anspruchsübergang ausgenommen. Eine **Einschränkung** hat dagegen zu gelten, soweit der nach dem SGB II Leistungsberechtigte den befristeten Zuschlag nach § 24 SGB II bezahlt erhielt[379] oder **Einstiegsgeld** nach § 16b SGB II erbracht wird.[380] Zweifelhaft ist das jedoch schon bei der für 1-€-Jobs gezahlten **Mehraufwandsentschädigung nach § 16d Abs. 7 SGB II**[381]. Für diese ist danach zu entscheiden, ob sie den **Charakter eines Einkommens** oder einer **Eingliederungshilfe** haben. Nur im ersteren Fall kommt ein Anspruchsübergang zum Tragen. Richtig erscheint aufgrund ihrer Ausgestaltung und der Tatsache, dass sie nicht als Einkommen nach SGB II gelten, ihnen den Charakter einer Eingliederungshilfe mit Anreizfunktion zuzumessen.[382]

dd. Arbeitsuchende

Es fragt sich, ob § 94 Abs. 1 Satz 1 Nr. 1 SGB XII **generell für Leistungsbezieher oder potentiell Leistungsberechtigte nach dem SGB II** diesen Maßstab übernimmt, auch wenn diese nicht arbeiten.[383] Die vertikale Teilung zwischen SGB II und SGB XII nach dem Merkmal der Erwerbsfähigkeit (§ 8 SGB II) spricht dafür. Die Tatsache, dass im SGB II andere Einkommens- und Vermögens- und Erwerbsfreibeträge gelten, spricht nicht dagegen. Sie sind mit einer im Vergleich zum SGB XII abweichenden Zielsetzung, wonach die Aufnahme einer Erwerbstätigkeit unterstützt werden soll, zu erklären[384], jedoch nicht mit einer im Hinblick auf den Unterhaltsregress verminderten Schutzwürdigkeit der Unterhaltspflichtigen. Dies und die Vermeidung von Wertungswidersprüchen rechtfertigt es, Personen einzubeziehen, die Leistungen nach dem SGB II beziehen oder hypothetisch beziehen könnten, unabhängig davon, ob sie erwerbstätig sind, allerdings unter der **Voraussetzung, dass sie arbeitsuchend sind**.

176

ee. Rechtsfolge

Rechtsfolge der Berücksichtigung der Maßstäbe des SGB II ist, dass neben dem Unterhaltsverpflichteten auch die **Mitglieder einer Bedarfsgemeinschaft zu berücksichtigen** sind. Denn im Unterschied zur Konstruktion der Einsatzgemeinschaft im SGB XII, in der Einkommen und Vermögen anderer Personen lediglich zu berücksichtigen ist, wird nach § 9 SGB II jedes Mitglied der Bedarfsgemeinschaft hilfebedürftig, wenn das (Gesamt-)Einkommen nicht ausreicht, um alle zu versorgen (§ 9 Abs. 2 Satz 3 SGB II)[385].

177

Ausgehend davon ist zu prüfen, ob beim Unterhaltspflichtigen **bei Erfüllung der Unterhaltspflicht** ein Einkommen in Höhe des **Regelsatzes** zuzüglich der **Unterkunftskosten**, ggf. eines nach SGB XII (SGB II) zu berücksichtigenden **Mehrbedarfs** verbleibt. Hinsichtlich der **Kosten der Unterkunft** sind dabei grundsätzlich die **tatsächlichen Unterkunftskosten** zugrunde zu legen. Sie sind i.d.R. noch angemessen i.S.d. § 35 Abs. 1 Satz 1 i.V.m. Abs. 2 Satz 1 SGB XII, denn der Unterhaltspflichtige ist tatsächlich kein Leistungsempfänger nach dem SGB XII. Eine **völlige Freistellung von dem Kriterium der Angemessenheit** ist jedoch im Hinblick darauf, dass das Gesetz auf Hilfebedürftigkeit abhebt, nicht angebracht.[386] Denkbar ist eine **Erhöhung** der für Hilfebedürftige angemessenen Kosten um 20-30%; allerdings enthält auch der den Unterhaltsanspruch selbst mitbestimmende zivilrechtliche Selbstbehalt eine Begrenzung der zu berücksichtigenden Warmmiete, so dass eine spezifisch sozialhilferechtliche Angemessenheit im Ergebnis praktisch weniger zum Tragen kommen dürfte.

178

---

[379] Der befristete Zuschlag des § 24 SGB II zum Arbeitslosengeld II für die Dauer von zwei Jahren nach dem Ende des Bezugs von Arbeitslosengeld ist mit Art. 15 Nr. 4 des Haushaltsbegleitgesetzes vom 09.12.2010, verkündet am 14.12.2010 mit Wirkung zum 01.01.2011, abgeschafft worden (BGBl I 2010, 1885).

[380] Ähnlich *Scholz*, FamRZ 2004, 751, 758.

[381] Sie sollen nach *H. Schellhorn* in: Schellhorn/Schellhorn/Hohm, SGB XII, § 94 Rn. 95 nicht zum Schutz des § 94 Abs. 3 Satz 1 Nr. 1 SGB XII führen.

[382] *Stölting* in: Eicher, SGB II, § 16d Rn. 61/62 m.w.N. und Rn. 64.

[383] Offen gelassen von *Schellhorn* in: Schellhorn/Schellhorn/Hohm, SGB XII, § 94 Rn. 95.

[384] Zu den Motiven für die unterschiedlichen Vermögensgrenzen: BSG v. 28.03.2008 - B 8/9b SO 11/06 R - juris Rn. 16 - BSGE 100, 139 ff.

[385] BGH v. 23.10.2013 - XII ZB 570/12 - juris Rn. 15 ff. und 23; a.A. ohne Begründung: *Link* in: Eicher, SGB II, § 33 Rn. 53.

[386] So aber wohl *Münder* in: LPK-SGB XII, § 94 Rn. 41 unter Berufung auf die Empfehlungen des Deutschen Vereins; wenig konkret *Schürmann* in: Harich, Handbuch der Grundsicherung für Arbeitsuchende, Kap. 12 Rn. 27 für § 33 Abs. 2 Satz 3 SGB II: „Kosten unterliegen nicht in gleicher Weise der Angemessenheitsprüfung nach § 22 SGB II".

179 Bei der Berechnung der **Hilfebedürftigkeit** i.S. des Dritten und Vierten Kapitels sind die Personen der **Einsatzgemeinschaft nach § 27 Abs. 2 Satz 2 SGB XII** zu berücksichtigen. Dies ergibt sich **nicht** unmittelbar aus dem **Wortlaut** des Satzes 1 Nr. 1, aber aus **Sinn und Zweck**. Für die Berücksichtigung nur des Unterhaltsverpflichteten selbst könnte zwar neben dem Wortlaut auch die im SGB XII im Vergleich zum SGB II abweichende Bestimmung der Hilfebedürftigkeit benannt werden. Im Unterschied zu § 9 Abs. 2 Satz 3 SGB II führt die Tatsache, dass überschießendes Einkommen eines der Mitglieder der Einsatzgemeinschaft zur Deckung der Bedarfe anderer Mitglieder nach der Anordnung des SGB XII herangezogen/berücksichtigt wird, nicht dazu, dass dieser selbst hilfebedürftig wird. Der BGH weist auf diesen Unterschied zu Recht in seiner jüngsten Entscheidung zum Anspruchsübergang und seinen Schranken nach § 33 Abs. 2 Satz 3 SGB II hin[387]. Begründet der BGH in dieser Entscheidung dann die Pflicht, auch die Mitglieder der (SGB-II-)Bedarfsgemeinschaft zu berücksichtigen, u.a. explizit mit der abweichenden gesetzlichen Struktur der Hilfebedürftigkeit von SGB II und SGB XII, könnte dies dafür sprechen, dass er (im Umkehrschluss) bei § 94 Abs. 3 Satz 1 Nr. 1 SGB XII nur den Unterhaltspflichtigen selbst maßgebend sein lässt. Eine höchstrichterliche zivilgerichtliche Entscheidung steht noch aus[388]. Maßgebend ist nach der hier vertretenen Auffassung demgegenüber nach Sinn und Zweck der Beschränkung des Anspruchsübergangs aber nicht die Konstruktion der fiktiven Hilfebedürftigkeit im SGB II, die das SGB XII nicht kennt. Soll mit der Anspruchseinschränkung nicht nur vermieden werden soll, dass der Verpflichtete selbst sozialhilfebedürftig wird, sondern überhaupt vermieden werden, dass **letztlich für die Erfüllung der Unterhaltspflicht (weitere) Mittel der Sozialhilfe aufgewendet werden**, rechtfertigt dies die Prüfung, ob durch die Inanspruchnahme des Unterhaltsverpflichteten die mit ihm in einer Einsatzgemeinschaft lebenden Personen vermehrt sozialhilfebedürftig werden. Eine Rangfolge der Personen sieht das SGB XII im Unterschied zum Unterhaltsrecht zwar nicht vor. Begründen lässt sich dieses Ergebnis aber mit dem Bestreben, dass **durch sozialrechtlich angeordnete Rückgriffsmöglichkeiten des Staates nicht nur keine Hilfebedürftigkeit des Unterhaltsverpflichteten entstehen soll**, sondern keine (weitere) Hilfebedürftigkeit, unabhängig davon, ob auch Dritte (in der Einstandsgemeinschaft) sich insoweit auf das Sozialstaatsgebot und die Menschenwürde berufen können[389]. Im Übrigen begründet zwar die Einstandsgemeinschaft keine Hilfebedürftigkeit aller Mitglieder, sie weist aber Einkommen den Personen zu. Soweit die Bedenken dagegen damit begründet werden, dass die zivilrechtliche Unterhaltsrangfolge möglicherweise umgangen wird[390], trägt diese Kritik nicht. Das Ergebnis erscheint strukturell bedingt durch die Trennung der Rechtsbereiche und zwingt nicht dazu, sozialhilferechtliche Systementscheidungen innerhalb der Sozialhilfe zu relativieren.[391] Beachtenswert erscheint hingegen der Einwand, dass schon durch den fehlenden Unterhalt beim Leistungsberechtigten Sozialhilfebedürftigkeit aufgetreten ist und der Anspruchsübergang nur der Herstellung des Nachrangs dient, so dass bei Gesamtbetrachtung eine Hilfebedürftigkeit mit dem Anspruchsübergang nur auf die Einstandsgemeinschaft „verschoben", aber nicht neu begründet wird.

180 Für die Prüfung einer (hypothetischen) Hilfebedürftigkeit des Unterhaltspflichtigen nach Nr. 1 ist auf den **Zeitpunkt der Leistungsgewährung** abzustellen, Einkommen und Vermögen können nur berücksichtigt werden, wenn sie (tatsächlich) zu diesem Zeitpunkt zur Verfügung standen. Werden sie dagegen erst später vom Unterhaltspflichtigen erworben, dürfen sie im Rahmen der Ermittlung der Hilfebedürftigkeit nicht für frühere Zeiträume berücksichtigt werden.

181 Der Anspruchsübergang ist nur ausgeschlossen, „soweit" der Unterhaltsverpflichtete dadurch bedürftig wird. Führt die Vergleichsberechnung nach Nr. 1 dazu, dass der Unterhaltspflichtige nur bei voller Erfüllung des Unterhaltsanspruchs hilfebedürftig würde, nicht dagegen in Höhe eines bestimmten Teilbetrages, geht nur ein **Teilbetrag** des Unterhaltsanspruchs auf den Träger der Sozialhilfe über.[392]

---

[387] BGH v. 23.10.2013 - XII ZB 570/12 - juris Rn. 15 ff., zustimmend *Soyka*, FuR 2014, 104, 106.
[388] Darauf weist *Soyka* hin, FuR 2014, 104, 107.
[389] BGH v. 23.10.2013 - XII ZB 570/12 - juris Rn. 12 zu § 33 SGB II.
[390] *Münder* in: LPK-SGB XII, § 94 Rn. 40 m.w.N.; *Kiss* in: Mergler/Zink, SGB XII, § 94 Rn. 68.
[391] So auch *H. Schellhorn* in: Schellhorn/Schellhorn/Hohm, SGB XII, § 94 Rn. 98; *Wolf* in: Fichtner/Wenzel, SGB XII, § 94 Rn. 54. Diese Wertung stellt auch der BGH heraus, BGH v. 23.10.2013 - XII ZB 570/12 - juris Rn. 23.
[392] *Decker* in: Oestreicher, SGB II/SGB XII, § 94 Rn. 163.

c. Satz 1 Nr. 2

Der gesetzliche Anspruchsübergang ist **soweit ausgeschlossen**, als die Inanspruchnahme des Unterhaltsschuldners eine **unbillige Härte** bedeuten würde. Die Regelung wurde nahezu unverändert[393] aus § 91 Abs. 2 BSHG übernommen, in welchen sie mit dem Gesetz zur Umsetzung des föderalen Konsolidierungsprogrammes vom 23.06.1993 (FKPG)[394] aufgenommen wurde. Es sollte mit dem Begriff eine Anpassung an die Sprachregelung des Unterhaltsrechts erreicht werden.[395]

182

Der **unbestimmte Rechtsbegriff** der unbilligen Härte ist **gerichtlich** (i.d.R. vom Zivilgericht) **voll überprüfbar**:[396] Er umfasst Härten **im materiellen wie im immateriellen (sozialen) Sinn** und kann sowohl in der Person des unterhaltsberechtigten Leistungsempfängers als auch in der Person des Unterhaltspflichtigen bestehen.[397] Neben den wirtschaftlichen und persönlichen Verhältnissen der Beteiligten (zueinander) kann es auf die **soziale Lage** ankommen.[398] Allerdings können **Umstände**, die bereits im Rahmen des zivilrechtlichen Unterhaltsanspruchs einer Geltendmachung entgegenstehen, wegen der eigenständigen Bedeutung des sozialhilferechtlichen Begriffs **keine Berücksichtigung** finden[399], führen sie doch auch regelmäßig dazu, dass der Unterhaltsanspruch nicht besteht oder ihm dauerhafte Einwendungen entgegenstehen (z.B. wegen Verwirkung). Daher kann eine Sachverhaltskonstellation, die nicht alle Tatbestandsvoraussetzungen der unterhaltsrechtlichen Verwirkung (§ 1611 BGB) erfüllt, nicht zur Anwendung des § 94 Abs. 3 SGB XII führen.[400] Die unbillige Härte geht vielmehr darüber hinaus und zeichnet sich durch die **Einbeziehung sozialer und familiärer Belange** aus.[401] Heranzuziehen ist dabei der spezifisch sozialhilferechtliche **Grundsatz der familiengerechten Hilfe**, nach dem bei Leistungen der Sozialhilfe die **besonderen Verhältnisse der Familie** der Leistungsberechtigten zu berücksichtigen sind (§ 16 Satz 1 SGB XII). Die Sozialhilfe soll den Zusammenhalt der Familie festigen (§ 16 Satz 2 SGB XII). Dies erscheint bei der Geltendmachung von Unterhaltsansprüchen von besonderer Bedeutung, finden diese doch ihre Rechtfertigung gerade in familiärer Verbindung. Maßgebend sind stets die Umstände des Einzelfalles. Im Lichte des § 16 SGB XII kann eine unbillige Härte in der Überleitung von Ansprüchen und anschließender Heranziehung zum Unterhalt bestehen,

183

- wenn dadurch nachhaltig der Familienfrieden gestört wird[402],
- wenn dadurch nicht mehr die Mittel verbleiben, um den Kontakt zu volljährigen Unterhaltsberechtigten z.B. durch regelmäßige (wöchentliche) Besuchsfahrten aufrechtzuerhalten[403],
- wenn die Höhe und Dauer des Bedarfs unabhängig von § 1611 BGB zu einer nachhaltigen und unzumutbaren Beeinträchtigung des Unterhaltspflichtigen und seiner Familienangehörigen führt.

Auch ein krankhaft aggressives Verhalten des Unterhaltsberechtigten zum -pflichtigen lässt einen Rückgriff genauso wie ein familiäres Zerwürfnis oder ein fehlender Kontakt des Unterhaltspflichtigen zum -berechtigten nicht schlechthin als unbillig erscheinen[404]. Im Einzelfall kann aber eine unverschuldete völlige Entfremdung von Eltern und Kindern eine unbillige Härte begründen (selbst wenn sie auf einer psychischen Erkrankung beruht[405]).

---

[393] § 91 Abs. 2 BSHG schloss dem Wortlaut nach den Anspruchsübergang überhaupt aus, enthielt eine „Soweit"-Formulierung nicht.

[394] BGBl I 1993, 944, 952.

[395] BGH v. 23.06.2010 - XII ZR 170/08 - NJW 2010, 2957, 2959 unter Berufung auf die Gesetzesbegründung.

[396] BGH v. 23.06.2010 - XII ZR 170/08 - NJW 2010, 2957, 2959; BGH v. 15.09.2010 - XII ZR 148/09 - FamRZ 2010, 1888, 1891 Rn. 43.

[397] Zuletzt BGH v. 23.06.2010 - XII ZR 170/08 - NJW 2010, 2957, 2959.

[398] BVerwG v. 12.07.1979 - 5 C 35/78 - BVerwGE 58, 209, 211.

[399] BGH v. 23.06.2010 - XII ZR 170/08 - NJW 2010, 2957, 2959.

[400] BGH v. 15.09.2010 - XII ZR 148/09 - juris Rn. 44 - FamRZ 2010, 1888, 1891 m.w.N.; BGH v. 12.02.2014 - XII 607/12 - juris Rn. 31 zur „schweren Verfehlung" i.S. des § 1611 BGB.

[401] BGH v. 15.09.2010 - XII ZR 148/09 - juris Rn. 44 - FamRZ 2010, 1888, 1891. BGH v. 12.02.2014 - XII ZB 607/12 - juris Rn. 31.

[402] *Münder* in: LPK-SGB XII, § 94 Rn. 47 unter Berufung auf OLG Köln v. 15.03.1996 - 11 U 209/95 - FamRZ 1997, 53 f.

[403] OLG Düsseldorf v. 27.02.2011 - II-7 UF 99/10, 7 UF 99/10 - juris Rn. 28 ff. - FamRZ 2011, 1657 f.; bei Minderjährigen dürften die Besuchskosten schon deren unterhaltsrechtliche Leistungsfähigkeit mindern.

[404] BGH v. 23.06.2010 - XII ZR 170/08 - NJW 2010, 2957, 2959 f.; *Klatt*, ZFE 2006, 167 ff.; dies wird regelmäßig schon im Rahmen des § 1611 BGB berücksichtigt, vgl. dazu nun auch die Entscheidung des BGH v. 12.02.2014 - XII ZB 607/12 - juris.

[405] BGH v. 21.04.2004 - XII ZR 251/01 - FamRZ 2004, 1097 f.

184 Unter Berücksichtigung der **familiengerechten Hilfegewährung** ist ein Absehen vom Anspruchsübergang ebenfalls geboten, wenn der Unterhaltsverpflichtete den Berechtigten bereits über **das Maß seiner Unterhaltsverpflichtung hinaus gepflegt** hat.[406] Mit diesem Verständnis relativiert der Begriff der unbilligen Härte im Ergebnis – neben der gesetzlich fixierten Obergrenze der Nr. 1 – die bürgerlich-rechtliche Unterhaltspflicht und riskiert dabei aufgrund des Abstellens auf den Familienverband letztlich eine Kollision mit den bürgerlich-rechtlichen gesetzlichen Vorgaben zu Inhalt und Grenzen der Unterhaltspflicht.[407] Er sollte daher – wie schon vom BVerwG mit dem Begriff der „Randfälle" betont[408] – auf extreme Fälle beschränkt bleiben.

185 Kritisch mit den neueren Grundsätzen des **BGH zur unbilligen Härte** beim Übergang von Unterhaltspflichten von **Kindern von psychisch erkrankten unterhaltsberechtigten Elternteilen** setzt sich teilweise die (familienrechtliche) Literatur auseinander. Soweit der BGH im Bereich der Bestimmung der „unbilligen Härte" eine Anleihe bei § 94 Abs. 2 SGB XII und seiner Höchstbeträge für den Anspruchsübergang nicht für gerechtfertigt hält, weil Absatz 2 eine spezielle gesetzgeberische Wertung darstellt, die auf den Elternunterhalt nicht generell übertragbar ist[409], wird das teilweise als unbefriedigend empfunden. *Lau/Lau* halten es für möglich, den „besonderen Lebensleistungen" wie der langjährigen Pflege des Unterhaltsberechtigten eine besondere Lebenssituation des Unterhaltsverpflichteten gleichzustellen. **Kinder psychisch kranker Eltern** könnten so einen Anspruchsübergang mit dem Vortrag zu Fall bringen oder auf den Betrag des § 94 Abs. 2 SGB XII beschränken, dass sie trotz jahrelanger belastender psychischer Krankheit der Eltern, die infolge dessen keinen oder nur eingeschränkten Unterhalt geleistet haben, im Erwachsenenalter (kraft eigener Lebensleistung) ein „normales Leben" führen[410]. Diese Auffassung ist derjenigen des BGH weder strukturell noch im Ergebnis überlegen. Einer überobligatorischen Pflege, die es als eine unbillige Härte erscheinen lassen kann, wenn daneben oder danach auch noch ein Unterhaltsanspruch gegen den Pflegenden auf den Träger der Sozialhilfe übergeht, kann der Umstand, dass ein „normales Leben" geführt wird, obwohl Eltern **Unterhaltspflichten** in der Vergangenheit **krankheitsbedingt** vernachlässigt haben, nicht gleichgestellt werden. Der für die überobligatorische Pflege Angehöriger einsichtige Zusammenhang, dass mit dieser nicht nur Unterhalt erbracht, sondern die Gesellschaft entlastet wurde (Gedanke der Aufopferung), ist im Fall, dass jetzt ein „normales Leben" trotz schwieriger Kindheit und unzureichender elterlicher Unterhaltsleistung geführt wird, nicht ohne weiteres erbracht. Der Anteil eigener Lebensleistung und wenn ja, welcher, am „normalen Leben" dürfte schwer zu bestimmen sein und ist offen für außerrechtliche (Be-)Wertungen von Biographien und Lebensentscheidungen. Dem BGH ist im Übrigen zuzustimmen, dass die in der **Systematik des § 94 SGB XII niedergelegten Wertungen nicht** durch Auslegung **überspielt** werden dürfen. Danach gilt: Eine positiv-rechtliche Bestimmung, die die Lasten dauerhaft psychisch kranker Eltern von den Kindern partiell auf die Gesellschaft überträgt, wie es die §§ 94 Abs. 2, 43 Abs. 2 Satz 1 SGB XII in begrenztem Maße vornehmen, fehlt für das Verhältnis von Kindern zu ihren psychisch dauerhaft kranken Eltern. Dies schließt es aus, den Übergang von Unterhaltsansprüchen der psychisch kranken hilfebedürftigen Eltern gegen ihre Kinder über den Begriff der unbilligen Härte entsprechend § 94 Abs. 2 SGB XII zu begrenzen.

186 Eine **unbillige Härte** kann schließlich darin bestehen, dass ein Sozialhilfeträger einen übergegangenen Unterhaltsanspruch auch insoweit geltend macht, als eine **Sozialhilfebedürftigkeit hätte vermieden werden können** und dies **gerade auf einem Handeln des Staates oder seiner Organe beruht**. Ein solcher kausaler Zusammenhang kann bestehen, wenn der Hilfeempfänger dem Sozialhilfeträger zur Kenntnis bringt, dass z.B. Probleme mit der Aufrechterhaltung eines Kranken- und Pflegeversicherungsschutzes bestehen und der Träger im Rahmen des Anspruchs auf Beratung (§ 14 SGB I) gegenüber dem Hilfeempfänger die Möglichkeit und Pflicht gehabt hätte, z.B. auf einen Beitritt zur freiwilligen Kranken- und damit auch Pflegeversicherung hinzuweisen. Wird deshalb eine Beitrittsfrist versäumt und hat der Hilfebedürftige deshalb keinen Anspruch auf Leistungen der Kranken- oder Pflege-

---

[406] BGH v. 15.09.2010 - XII ZR 148/09 - FamRZ 2010, 1888, 1891 Rn. 46 m.w.N.; BGH v. 23.07.2003 - XII ZR 339/00 - FamRZ 2003, 1468 ff.; weitere Nachweise bei *Wahrendorf* in: Grube/Wahrendorf, SGB XII, § 94 Rn. 39; *Münder* in: LPK-SGB XII, § 94 Rn. 47.

[407] Vgl. die entsprechende Kritik an der neueren Rechtsprechung des BGH bei: *Decker* in: Oestreicher, SGB II/SGB XII, § 94 Rn. 170 – insbesondere zur Verwischung der Grenze zu § 1611 BGB.

[408] BVerwG v. 12.07.1979 - 5 C 35/78 - BVerwGE 58, 209, 212 ff.

[409] BGH v. 15.09.2010 - XII ZR 148/09 - FamRZ 2010, 1888, 1891 Rn. 47.

[410] *Lau/Lau*, FamRZ 2011, 862, 864.

versicherung und ist insoweit (vermehrt) sozialhilfebedürftig, kann der Anspruchsübergang eine unbillige Härte darstellen. Dabei kommt es im Ergebnis nicht darauf an, ob die Versäumnisse dem Hilfeempfänger gegenüber einen sozialrechtlichen Herstellungsanspruch auslösen[411].

Systematische Bedenken stehen einer Auffassung entgegen, welche die **unbillige Härte** nach Nr. 2 auch darin begründet sieht, dass die **Einkommensgrenzen** für den Unterhaltspflichtigen in der Berechnung **nach Nr. 1 auf das Dritte und Vierte Kapitel festgelegt sind**, der **Unterhaltspflichtige** selbst aber entweder **Leistungen nach dem Fünften bis Neunten Kapitel bezieht oder bei Heranziehung zum Unterhalt voraussichtlich insoweit hilfebedürftig werden würde** (vgl. Rn. 180 zur Schlechterstellung im Vergleich zum BSHG). Die gesetzliche Festlegung der Nr. 1 verbietet, in diesen Fällen pauschal die positiv-rechtlich bestimmten Grenzen des Anspruchsübergangs nach Nr. 1 über den Begriff der unbilligen Härte zu modifizieren. Diese ist daher Extremfällen mit unzumutbarer Belastung (z.B. bei schwerer Behinderung des Unterhaltspflichtigen) vorbehalten. 187

Spezialgesetzlich bestimmt § 18 Abs. 2 Satz 2 Conterganstiftungsgesetz (ContStifG i.d.F. v. 26.06.2013), dass der **Übergang** von Unterhaltsansprüchen von **contergangeschädigten Leistungsberechtigten** nach dem SGB XII **gegenüber ihren Ehegatten**, Lebenspartnern, Kindern und Eltern eine **unbillige Härte** i.S.v. § 94 Abs. 3 Satz 1 Nr. 2 SGB XII **darstellt**. Es handelt sich – als **Konkretisierung des unbestimmten Rechtsbegriffs** – um eine **gesetzlich zwingende Anordnung**, so dass der Übergang von Unterhaltsansprüchen auf den Sozialhilfeträger damit ausnahmslos ausgeschlossen wird. Offen ist, ob damit nach dem Tod des Leistungsberechtigten auch ein Kostenersatz gegenüber den Unterhaltspflichtigen nach § 102 SGB XII ausgeschlossen werden soll. Die Erwägungen des BSG v. 23.03.2010[412] sprechen eher dagegen. 188

Die **Härteregelung** erfasst grundsätzlich auch einen nach **Absatz 2 begrenzten Anspruchsübergang**. Allerdings ist dabei im Rahmen der Härte-Prüfung auch eine im Vergleich zu den Vermögens- und Einkommensverhältnissen der unterhaltspflichtigen Eltern **verhältnismäßig geringe Inanspruchnahme** in Rechnung zu stellen.[413] 189

Ein **Absehen vom Übergang der Unterhaltsansprüche nach Absatz 3** steht einer **Abzweigung des Kindergeldes nicht entgegen**. Die Familienkasse kann das Kindergeld nach § 74 Abs. 1 Sätze 1 und 4 EStG nach ihrem Ermessen an den Sozialhilfeträger abzweigen. Auch wenn der Kindergeldberechtigte neben den Leistungen des Sozialhilfeträgers nur geringe eigene Unterhaltsleistungen für das Kind erbringt, ist die Ermessensentscheidung der Familienkasse, ob und in welcher Höhe das Kindergeld an den Sozialhilfeträger abgezweigt wird, nicht dahin gehend auf Null reduziert, dass das gesamte Kindergeld an den Sozialhilfeträger auszuzahlen ist.[414] Erbringt der Unterhaltspflichtige z.B. im Wege des Betreuungsunterhalts Leistungen, ohne selbst existenzsichernde Leistungen zu beziehen, sei zu unterstellen, dass er insoweit Unterhaltsleistungen erbringe, die sogar über den Betrag des Kindergelds hinausgehen. Es sei in diesem Fall jedenfalls regelmäßig im Rahmen des **Ermessens von einer Abzweigung abzusehen** (vgl. Rn. 159).[415] 190

d. Darlegungslast nach Absatz 3 Satz 2

Nach **Absatz 3 Satz 2** hat der **Träger** der Sozialhilfe die **Einschränkung** des Überganges des Satzes 1, damit von Nr. 1 und 2, **nur zu berücksichtigen**, wenn er von ihren Voraussetzungen durch vorgelegte Nachweise oder auf andere Weise **Kenntnis erlangt**. Die Regelung war in § 91 BSHG nicht enthalten, sondern ist neu in § 94 SGB XII erstmals eingefügt worden. Sie dient nach der Gesetzesbegründung der Verwaltungsvereinfachung.[416] Sie **schränkt für den Träger der Sozialhilfe die Amtsermittlungspflicht (§ 20 SGB X) ein**[417]. Er muss die für den Betroffenen günstigen Umstände, die eine unbillige Härte begründen können, **nicht von Amts wegen ermitteln**. Nach dem Wortlaut gilt dies 191

---

[411] Vgl. zu einem entsprechenden Fall: OLG Oldenburg v. 25.10.2012 - 14 UF 82/12 - ZFSH 2013, 55, 59.
[412] BSG v. 23.03.2010 - B 8 SO 2/09 R - juris Rn. 21 ff.
[413] BGH v. 23.06.2010 - XII ZR 170/08 - NJW 2010, 2957, 2960; a.A. *Kiss* in: Mergler/Zink, SGB XII, § 94 Rn. 71: Härteregelung gilt nicht für Leistungen an volljährige behinderte oder pflegebedürftige Personen (Absatz 2).
[414] BFH v. 23.02.2006 - III R 65/04 - BFHE 212, 481, 484 f.
[415] BFH v. 18.04.2013 - V R 48/11 - juris Rn. 16 ff., 20 ff., 23.
[416] „Sofern der zuständige Träger der Sozialhilfe selbst keine eigene Kenntnis von solchen Umständen hat, muss die betroffene unterhaltspflichtige Person oder die leistungsberechtigte Person den Träger der Sozialhilfe in Kenntnis setzen. Dieses vereinfachte Verfahren entlastet die Unterhaltspflichtigen und den Träger der Sozialhilfe gleichermaßen und stellt eine deutliche Verwaltungsvereinfachung dar." BT-Drs. 15/1514, S. 67.
[417] *Kiss* in: Mergler/Zink, SGB XII, § 94 Rn. 77.

selbst dann, wenn derjenige einfach nur behauptet, es liege eine solche Härte vor, ohne entsprechende Nachweise für die Voraussetzungen vorzulegen. Hat der Träger dagegen z.B. durch entsprechende beigezogene Unterlagen/Akten, damit **auf andere Weise, Kenntnis** erhalten, muss er die Einschränkung beachten. Die gesetzliche Anordnung gilt im materiell-rechtlichen Rechtsverhältnis Sozialhilfeträger und Pflichtiger und **bestimmt** (nämlich im Sinne einer Lockerung) für die an Recht und Gesetz gebundene Behörde **die Voraussetzungen einer Zahlungsaufforderung**. **Selbständig einklagbar** ist diese Pflicht für den Unterhaltspflichtigen dagegen **nicht**. Zur Wehr setzen kann sich der Unterhaltspflichtige gegen einen Verstoß also nicht, er wird i.d.R. – mit oder ohne Berufung auf die Härte – die Zahlung verweigern. Legt er dann Nachweise für die unbillige Härte oder seine Bedürftigkeit vor, hat der Träger sie nach Absatz 3 Satz 1 zu prüfen. Gleiches gilt im Ergebnis für das befasste Zivilgericht. Die Anordnung des Satzes 2 wirkt so als **eigenständige prozessuale Darlegungs- und Beweislastregel**[418], die das Zivilgericht zu beachten hat, wenn der Träger aufgrund der Zahlungsverweigerung Klage gegen den Pflichtigen erhebt.

9. Unterhalt für die Vergangenheit (Absatz 4 Satz 1)

192 Absatz 4 Satz 1 ermöglicht dem Träger der Sozialhilfe, (übergegangene) **Unterhaltsansprüche für die Vergangenheit** über die Regelungen des Bürgerlichen Rechts hinaus geltend zu machen. Der Träger der Sozialhilfe erhält damit eine gegenüber anderen Unterhaltsgläubigern privilegierte Stellung. **Unterhaltsansprüche** können **nach dem BGB** grundsätzlich nur für die **Gegenwart und Zukunft** geltend gemacht werden. Ein Anspruch kann dagegen für die Vergangenheit nur unter bestimmten Bedingungen gefordert werden, um den Unterhaltsschuldner davor zu schützen, dass Unterhaltslasten entstehen, deren kontinuierliches Anwachsen er nicht in Rechnung stellen konnte.[419] Während für Unterhaltsansprüche Geschiedener dafür (sogar) ein **Verzug des Verpflichteten** vorliegen muss (§§ 1585b, 1318 Abs. 2 BGB bzw. entsprechende Bestimmungen des EheG, jeweils in Verbindung mit § 286 BGB[420]), lässt es das Zivilrecht in **§ 1613 Abs. 1 BGB** für den Verwandtenunterhalt und die Unterhaltsansprüche der Ehegatten, den Trennungsunterhalt sowie den Unterhalt der nicht miteinander verheirateten Eltern des Kindes[421] – neben dem möglichen Verzug – genügen, wenn der Unterhaltsberechtigte den Pflichtigen **zur Erteilung von Auskunft** über seine Einkommens- und Vermögensverhältnisse **aufgefordert** hat. Der Verpflichtete kann sich dann in seiner Lebensführung darauf einstellen.[422] **§ 1613 Abs. 2 BGB** bestimmt weitere Fälle (und Einschränkungen in Verbindung mit Absatz 3), in denen Unterhalt für die Vergangenheit gefordert werden darf.[423] § 94 Abs. 4 Satz 1 SGB XII lässt es als öffentlich-rechtliche Sondernorm dagegen ausreichen, dass der Träger der Sozialhilfe **dem Unterhaltsschuldner schriftlich mitteilt**, dass er **Leistungen** für den hilfebedürftigen Unterhaltsgläubiger **erbringt**, die Unterhaltsansprüche muss er dagegen nicht erwähnen. Das erscheint für die Sozialhilfe konsequent, weil sich der Unterhaltsschuldner im Wissen der Leistungen auf einen Anspruchsübergangs einstellen kann. Die Regelung entspricht damit inhaltlich der Vorgängerregelung im BSHG, § 91 Abs. 3 Satz 1 BSHG.

193 § 94 Abs. 4 Satz 1 SGB XII **ergänzt die bürgerlich-rechtlichen Vorschriften**, verdrängt sie aber nicht und hat keinen Vorrang. Liegt demgemäß ein Fall vor, in dem bereits nach dem BGB ein Unterhaltsanspruch für die Vergangenheit gefordert werden kann, z.B. weil der Verpflichtete schon zur Auskunft aufgefordert wurde, kommt die sozialhilferechtliche Norm nach ihrer im Wortlaut formulierten ausdrücklichen Selbstbeschränkung („außer unter den Voraussetzungen des bürgerlichen Rechts") nicht zur Anwendung.

194 Ist hingegen der Verpflichtete nicht zur Auskunft aufgefordert worden oder nach § 286 BGB in Verzug gesetzt worden, kann der **Träger der Sozialhilfe** (nicht der Unterhaltsberechtigte) Unterhalt für die Vergangenheit von dem Zeitpunkt ab fordern, zu welchem er (nicht der Berechtigte) **dem Pflichtigen**

---

[418] *Wahrendorf* in: Grube/Wahrendorf, SGB XII, § 94 Rn. 30; *Decker* in: Oestreicher, SGB II/SGB XII, § 94 Rn. 172.
[419] *Brudermüller* in: Palandt, BGB, § 1613 Rn. 1.
[420] Nach § 286 Abs. 2 BGB tritt der Verzug in den dort bestimmten Fällen auch ohne Mahnung ein.
[421] Vgl. die Verweisungsnormen auf § 1613 BGB der §§ 1360a Abs. 3 (Ehegattenunterhalt), 1361 Abs. 4 Satz 4 (Trennungsunterhalt), 1615l Abs. 3 Satz 1 (unverheiratete Eltern des Kindes) BGB.
[422] Zu Form und inhaltlicher Bestimmtheit der Aufforderung und zum Hintergrund der Regelung des § 1613 BGB: *Decker* in: Oestreicher, SGB II/SGB XII, § 94 Rn. 199 m.w.N.
[423] Näher *Brudermüller* in: Palandt, BGB, § 1613 Rn. 7 ff.

die Erbringung der Leistung schriftlich mitgeteilt hat (sog. **Rechtswahrungsanzeige**[424]). Diese **schriftliche Mitteilung** des Trägers der Sozialhilfe ist als Instrument des öffentlichen Rechts nicht (unmittelbar) auf die Bewirkung von Rechtsfolgen gerichtet, sie ist daher **kein Verwaltungsakt**.[425] Sie ist vielmehr eine **öffentlich-rechtliche Willenserklärung**[426] **mit Mahncharakter**[427], denn an sie knüpft das Gesetz – vergleichbar der zivilrechtlichen Mahnung (§§ 280 Abs. 2 und 3, 287 ff. BGB) – Rechtsfolgen. Nach der ausdrücklichen Regelung in § 94 Abs. 4 Satz 1 SGB XII bedarf sie (aus Gründen der Rechtssicherheit) der **Schriftform**. Entsprechend der Grundsätze zum schriftlichen Verwaltungsakt (§ 33 Abs. 2 SGB X) erfordert dies die Verkörperung des Gedankeninhaltes durch Schriftzeichen auf einem Datenträger in einer ohne weiteres lesbaren Form[428]. Eine nur mündliche Mitteilung reicht hingegen nicht. Hingegen gelten die **Vorschriften über die Bekanntgabe von Verwaltungsakten (§ 37 SGB X) nicht entsprechend**, vielmehr die Vorschriften des BGB über Willenserklärungen (§§ 130-133 BGB) entsprechend.[429] Die Willenserklärung muss, vor allem wenn der Träger sich zur Begründung seines Anspruchs auf sie im Nachhinein beruft, **hinreichend bestimmt** sein.[430] Die Rechtswahrungsanzeige setzt schon nach dem Wortlaut voraus, dass die **Leistung** an den Berechtigten „**erbracht**" wird, kann also logisch nicht vor einer Leistungserbringung wirksam werden. Eine **konkrete betragsmäßige Bezifferung** der erbrachten Leistung ist nach Sinn und Zweck der Anzeige (Warnfunktion) **nicht erforderlich**[431].

Wird der **Leistungsbezug unterbrochen**, muss eine **neue Mitteilung** ergehen.[432] Sie muss nicht unverzüglich nach Leistungsgewährung erfolgen.[433] Will der Träger der Sozialhilfe – für einen späteren Prozess – die **Nachweisbarkeit** der Mitteilung sicherstellen, empfiehlt sich die **Zustellung** nach den landesrechtlichen Zustellungsbestimmungen (analog § 132 BGB).[434] **195**

Ist die Mitteilung kein Verwaltungsakt, muss sie **keine Rechtsbehelfsbelehrung** enthalten und kann sie auch nicht (isoliert) mittels Anfechtungsklage (vor dem SG) angefochten werden. Der Pflichtige kann **gegen die Mitteilung im Wege** der **Feststellungsklage im Sozialrechtsweg nach § 55 Nr. 1 SGG** das Nichtbestehen eines Rechtsverhältnisses feststellen lassen, denn damit kann auch die Pflichtwidrigkeit eines schlichten Verwaltungshandelns festgestellt werden[435]; Für eine solche Klage dürfte das notwendige **Feststellungsinteresse** gegeben sein. Eine **vorrangige Leistungsklage** bietet keine Aussicht auf Erfolg. Auf Unterlassung kann der Träger nicht verklagt werden, wenn die Mitteilung schon ergangen ist. Entsprechend dem auch für die Feststellungsklage geltenden **Subsidiaritätsgrundsatz**, der **rechtswegübergreifend** gilt[436], kann der Pflichtige auch nicht auf die Abwehr der aus der Mitteilung folgenden Unterhaltsansprüche im Zivilprozess verwiesen werden. In diesem ist er als Beklagter in der Verteidigungshaltung, kann aber – anders als bei Amtshaftungsansprüchen – nicht selbst (Leistungs-)Klage erheben. Aus einem für ihn positiven **Feststellungsurteil** folgt dann konsequenterweise eine **Bindung des nachfolgenden Zivilgerichts**. **196**

---

[424] Zu diesem in der Zeit vor dem 27.06.1993 überkommenen Begriff: *Decker* in: Oestreicher, SGB II/SGB XII, § 94 Rn. 204.

[425] *Kiss* in: Mergler/Zink, SGB XII, § 94 Rn. 78; *Decker* in: Oestreicher, SGB II/SGB XII, § 94 Rn. 203; *Münder* in: LPK-SGB XII, § 94 Rn. 82; *Wahrendorf* in: Grube/Wahrendorf, SGB XII, § 94 Rn. 41.

[426] Zur Verrechnung als öffentlich-rechtliche Willenserklärung: BSG v. 24.07.2003 - B 4 RA 60/02 R - SozR 4-1200 § 52 Nr. 1 Rn. 7 ff.; dazu Beschluss des 13. Senates des BSG v. 25.02.2010 - B 13 R 76/09 R und BSG v. 31.08.2011 - GS 2/10 - BSGE 109, 81 ff. (Großer Senat) Verrechnung darf sich Gestalt eines Verwaltungsaktes ergehen, ob die Aufrechnung eine öffentlich-rechtliche Willenserklärung ist, hat das BSG offen gelassen, Rn. 15 ff., 19.

[427] Entsprechend der zivilrechtlichen Mahnung hat sie Warnfunktion, zur Mahnung, *Stadler* in: Jauernig, BGB, § 286 Rn. 17.

[428] *Engelmann* in: von Wulffen/Schütze, SGB X, § 33 Rn. 19, Schriftlichkeit ist auch gewahrt bei Telegramm, Telefax, ein gerichtliches Protokoll, dagegen nicht schon bei Übermittlung auf einem Datenträger wie USB-Stick, CD-Rom.

[429] A.A. *Decker* in: Oestreicher, SGB II/SGB XII, § 94 Rn. 203.

[430] Für die öffentlich-rechtliche Verrechnungserklärung: BSG v. 24.07.2003 - B 4 RA 60/02 R - SozR 4-1200 § 52 Nr. 1 Ss. 8 Rn. 21.

[431] *Kiss* in: Mergler/Zink, SGB XII, § 94 Rn. 78.

[432] *Kiss* in: Mergler/Zink, SGB XII, § 94 Rn. 78 a.E.

[433] *Kiss* in: Mergler/Zink, SGB XII, § 94 Rn. 78 a.E.; a.A. *Wahrendorf* in: Grube/Wahrendorf, SGB XII, § 94 Rn. 31.

[434] So auch *Münder* in: LPK-SGB XII, § 94 Rn. 82.

[435] *Keller* in: Meyer-Ladewig/Keller/Leitherer, SGG § 55 Rn. 6.

[436] Einschränkend BSG v. 27.01.1977 - 12/8 REh 1/75 - BSGE 43, 148, 151.

197 Gemäß der **Formulierung des Satzes 1 als Ausnahme** von dem allgemeinen Grundsatz, wonach Unterhaltsansprüche nur für die Gegenwart und Zukunft geltend gemacht werden können, muss der **Träger der Sozialhilfe** in einem angestrengten Zivilprozess auf Unterhalt aus übergegangenem Recht nach dem **Beibringungsgrundsatz** die ihm günstigen Tatsachen, damit die **Mitteilung, ggf. auch ihren Zugang darlegen und den Nachweis führen**. Einer entsprechenden Einwendung des Schuldners, er habe sie nicht erhalten, bedarf es nicht.

10. Künftige Leistungen (Absatz 4 Satz 2)

198 Nach **Absatz 4 Satz 2** kann – inhaltsgleich zu § 91 Abs. 3 Satz BSHG – der Träger bis zur Höhe der bisherigen monatlichen Aufwendungen auch auf künftige Unterhaltsleistungen klagen, wenn die Leistung **voraussichtlich auf längere Zeit erbracht** werden muss. Die Vorschrift ist vor dem Hintergrund der mit § 94 Abs. 1 SGB XII erfolgten Ausgestaltung des Anspruchsüberganges verständlich, wonach der **Unterhaltsberechtigte, der Leistungsempfänger,** für künftige Unterhaltsraten **Anspruchsinhaber** bleibt und diese (insoweit aufschiebend bedingt) erst mit der Leistungsgewährung übergehen (vgl. Rn. 127). Mit der Vorschrift des Absatzes 4 Satzes 2 begründet demgemäß das Gesetz für die künftigen, noch nicht übergegangenen Einzelansprüche eine **gesetzliche Prozessstandschaft** für den Träger der Sozialhilfe. Er kann das (noch) **fremde Recht des Leistungsberechtigten im eigenen Namen** geltend machen.[437] Soweit der Träger kraft § 94 Abs. 4 Satz 2 SGB XII – mit seiner Klage vor dem Zivilgericht – **künftige Leistungen** geltend machen darf, handelt es sich um eine **Sonderbestimmung** zu § 259 ZPO, der für die Klage auf künftige Leistungen engere Voraussetzungen vorsieht.[438] Aufgrund der im Wortlaut angelegten Beschränkung auf den Träger der Sozialhilfe gilt die Vorschrift **nicht** für den **Unterhaltsberechtigten,** der z.B. einen weitergehenden Unterhaltsanspruch neben dem Träger der Sozialhilfe geltend macht. Er unterfällt mit diesem Begehren **§ 259 ZPO**.

199 Das Tatbestandsmerkmal, dass die Hilfe voraussichtlich auf **längere Zeit** erbracht werden muss, erfordert als **unbestimmter Rechtsbegriff** eine **Prognose**. Einen Anhalt für den Begriff der **längeren Zeit** bieten Zeiträume in anderen, systematisch verwandten Bestimmungen. Begrenzt hilfreich ist dabei der Blick auf § 38 SGB XII, in dem eine darlehensweise Leistungsgewährung vorgesehen ist, wenn die Leistungen nur für „kurze Dauer" zu gewähren sind. Insoweit liegt ebenfalls ein unbestimmter Rechtsbegriff vor, der eine inhaltliche Bestimmung des „längeren Zeitraums" im Wege eines Umkehrschlusses ermöglicht. Nach der Gesetzesbegründung zur Darlehensregelung soll damit ein Zeitraum von bis zu **sechs Monaten** gemeint sein[439]. Längere Zeit könnte damit der Zeitraum von über sechs Monaten sein. In § 29 Abs. 1 Satz 3 SGB XII ist eine Übernahme nicht angemessener Kosten der Unterkunft für „längstens 6 Monate" vorgesehen. Dieser Zeitraum einer Übergangsregelung spricht für ein entsprechendes Zeitverständnis des Gesetzes i.S. von „kurzer Zeitraum". Im spezifischen Kontext des Unterhaltsrechts, in dem § 94 Abs. 4 SGB XII steht, bietet sich ein Blick in das BGB an. Nach **§ 1614 Abs. 2 BGB i.V.m. § 760 Abs. 2 BGB** kann der Unterhaltsberechtigte den Unterhalt für **höchstens 3 Monate im Voraus** erbringen. Wird das mit kurzer Zeit übersetzt, ist eine im Vergleich dazu „längere Zeit" für die Klage auf künftigen Unterhalt bei einer voraussichtlichen Leistungserbringung ab **4 Monaten bzw. 6 Monaten** zu sehen.[440]

200 Die erforderliche **Prognose** muss auf **Tatsachen** beruhen, die nahelegen, dass der Leistungsberechtigte voraussichtlich mehr als 4 bzw. 6 Monate hilfebedürftig bleibt. Ein geplanter **längerfristiger Aufenthalt in einer Einrichtung** ist ein solcher Umstand; gleiches gilt, wenn eine **Erwerbsminderung** i.S. des SGB VI festgestellt wird. Maßgebend ist der **Zeitpunkt** der gerichtlichen Entscheidung.

---

[437] *Kiss* in: Mergler/Zink, SGB XII, § 94 Rn. 84.

[438] OLG Stuttgart v. 04.05.2006 - 15 WF 110/06 - juris - OLG-Report 2006, 874, 875; zur Rechtslage vor Geltung des § 91 Abs. 3 Satz 2 BSHG unter Heranziehung des § 259 ZPO noch: BGH v. 18.03.1992 - XII ZR 1/91 - NJW 1992, 1624, 1625 f.

[439] *Streichsbier* in: Grube/Wahrendorf, SGB XII, § 38 Rn. 3 unter Berufung auf BT-Drs. 9/842, S. 86.

[440] Der Zeitraum von 6 Monaten ist auch nach *Decker* in: Oestreicher, SGB II/SGB XII ein längerer nach Satz 2, allerdings ohne Begründung, ebenso *Kiss* in: Mergler/Zink, SGB XII, § 94 Rn. 84 unter Berufung auf § 38 SGB XII.

11. Rückübertragung des Anspruchs zur Durchsetzung auf den Berechtigten (Absatz 5 Sätze 1-2)

a. Rückübertragung zur Durchsetzung und Abtretung des geltend gemachten Unterhaltsanspruchs (Satz 1)

Mit der Möglichkeit der **Rückübertragung** des kraft Gesetzes übergegangenen Anspruchs entspricht § 94 Abs. 5 Satz 1 SGB XII einerseits seiner Vorgängerregelung in § 91 Abs. 4 Satz 1 BSHG, darüber hinaus den parallelen Regelungen im SGB III (§ 68 Abs. 5 SGB III) und § 33 Abs. 4 Satz 1 SGB II. 201

In der Folge des § 94 Abs. 1 SGB XII ist allein der Träger der Sozialhilfe als Inhaber der Forderung befugt, den Unterhaltsanspruch gerichtlich geltend zu machen. Absatz 5 ermöglicht hier eine modifizierende Gestaltung. Der Sozialhilfeträger kann den Leistungsberechtigten wieder zum Gläubiger machen, denn der Begriff der **„Rückübertragung"** des übergegangenen Unterhaltsanspruchs ist rechtstechnisch. Er bezeichnet ein **zivilrechtliches Verfügungsgeschäft**, mit dem der **Leistungsberechtigte** in vollem Umfang (wieder) **Gläubiger des Unterhaltsanspruchs wird**.[441] Die erforderliche **Abtretung** des übergegangenen Unterhaltsanspruchs auf den Leistungsberechtigten erfolgt auf öffentlich-rechtlicher Grundlage, bleibt aber eine **privatrechtliche**. (vgl. zu den Folgen Rn. 222)[442] Dass insoweit diese aufwendige Rechtskonstruktion gewählt wurde und der Leistungsberechtigte **nicht nur Prozessstandschafter** des Trägers der Sozialhilfe wird[443], lässt sich vor allem mit Gesetzesgeschichte belegen. Bis zum 31.07.1996 war in der Vorgängervorschrift des § 91 BSHG (heute dem § 94 Abs. 5 SGB XII entsprechende Regelung nicht enthalten. Gleichwohl haben die Träger der Sozialhilfe (und die Unterhaltsvorschusskassen) in der Praxis kraft Gesetzes übergegangene Unterhaltsansprüche auf die Leistungsberechtigten zur gerichtlichen Geltendmachung im Wege der formlosen schriftlichen Abtretungserklärung übertragen. Die Zivilrechtsprechung und an ihrer Spitze der BGH haben diese Rückabtretung des kraft Gesetzes übergegangenen Anspruchs für unwirksam erklärt. Nach dieser Rechtsprechung war **eine treuhänderische Rückübertragung nichtig,** weil sie entgegen der durch § 91 BSHG (heute § 94 SGB XII) und § 7 UVG festgelegten Rollenverteilung dem Leistungsberechtigten das Prozess- und Kostenrisiko für die Geltendmachung der rückübertragenen Ansprüche auferlegte. Nach der vom BGH erkannten gesetzlichen Rollenverteilung sollten die Leistungsberechtigten mit dem Anspruchsübergang von der Belastung, rückständigen Unterhalt einzuklagen, befreit werden und der Durchgriff des Trägers der Sozialhilfe auf den Unterhaltspflichtigen erleichtert werden. Der damit gesetzlich zugewiesenen Aufgabe sollte sich der Träger der Sozialhilfe nicht entziehen dürfen. Für den Leistungsberechtigten erwuchs aus der regelmäßig geschlossenen Treuhandvereinbarung die Verpflichtung, die Unterhaltsansprüche klageweise geltend zu machen. Die treuhänderische Rückübertragung wich so zum Nachteil des Sozialhilfeberechtigten von der gesetzlichen Vorschrift ab und wurde vom BGH als nach § 32 SGB I nichtig deklariert.[444] 202

Durch das **Gesetz zur Reform des Sozialhilferechts vom 23.07.1996 (SHRefG)**[445] hat der Gesetzgeber auf diese Rechtsprechung und die damit hervorgerufene vermehrte Verwaltungsbelastung reagiert.[446] § 91 Abs. 4 Sätze 1-2 BSHG ist mit dem Ziel der vereinfachten Verwaltungspraxis neu gefasst worden. Dem folgt § 94 Abs. 5 Sätze 1-2 SGB XII. Die Vorschrift soll **eine einheitliche Prozessführung für bereits übergegangene Unterhaltsansprüche,** für **weitergehende eigene Ansprüche** des Leistungsberechtigten auf Unterhalt für die Vergangenheit und zukünftige Unterhaltsansprüche **ermöglichen.**[447] 203

---

[441] Deutlich BGH v. 02.04.2008 - XII ZB 266/03 - NJW 2008, 1950, 1952; BGH v. 29.08.2012 - XII ZR 154/09 - juris Rn. 18.

[442] BGH v. 02.04.2008 - XII ZB 266/03 - NJW 2008, 1950, 1952; *Münder*, LPK-SGB II, § 33 Rn. 81; LSG Bayern v. 05.11.2012 - L 7 AS 493/12 B PKH - juris Rn. 15; a.A. *Link* in: Eicher, SGB II, § 33 Rn. 62: gemischter Vertrag.

[443] So aber *Link* in: Eicher, SGB II, § 33 Rn. 60/61: gesetzliche Ermächtigung zu einer gewillkürten Prozessstandschaft; dagegen keine Vollabtretung; *Münder*, LPK-SGB II, § 33 Rn. 81 unter Berufung auf *Soyka*, FuR 2012, 657: „Gläubiger ist Prozessstandschafter des SGB II-Trägers"; wie hier aber: BGH v. 29.08.2012 - XII ZR 154/09 - NW 2012, 3642, 3643 f. Rn. 18 und deutlich in Rn. 20; *Soyka*, FuR 2012, 656 f.: eigene Sachlegitimation des Leistungsberechtigten (treuhänderische Inkassozession).

[444] BGH v. 03.07.1996 - XII ZR 99/95 - NJW 1996, 3273, 3274 f.

[445] BGBl I 1996, 1088.

[446] BT-Drs. 13/3904, S. 46.

[447] So die Einschätzung des BGH v. 02.04.2008 - XII ZB 266/03 - NJW 2008, 1950, 1952.

204 Rechtstechnisch schafft § 94 Abs. 5 Satz 1 SGB XII eine **Rechtsgrundlage** für die Rückübertragung des Anspruchs und die damit für den Leistungsberechtigten verbundene **Pflichtenstellung**. Als Norm des Sozialhilferechts rechtfertigt sie die damit verbundene **Pflichtenstellung** für den **Leistungsberechtigten** und gewährt einen **Anspruch** auf **Übernahme** der mit der Prozessführung verbundenen Kosten (Satz 2), so dass der auf § 32 SGB I gestützte Vorwurf nicht mehr bejaht werden kann. Eine **von dieser gesetzlichen Regelung abweichende Gestaltung** in der Weise, dass der Sozialhilfeträger anstatt der (Rück-)Abtretung dem Leistungsberechtigten lediglich eine **Einziehungsermächtigung** erteilt und ihn beauftragt, den Anspruch im Wege der **gewillkürten Prozessstandschaft** geltend zu machen, ist dagegen nicht mehr zulässig. Der Leistungsberechtigte hat kein schutzwürdiges Eigeninteresse daran, die übergegangenen Unterhaltsansprüche geltend zu machen[448].

205 **Voraussetzung** einer Rückübertragung ist zunächst, dass der **Unterhaltsanspruch** vorher nach den Absätzen 1-3 **auf den Träger übergegangen** ist.[449] Die Rückübertragung steht im **Ermessen** des Trägers der Sozialhilfe, dabei ist dieses nicht auf eine einseitig-hoheitliche Verwaltungsentscheidung bezogen, sondern als **Ausübungsbefugnis** darauf, **ob** und **in welchem Umfang** dem Leistungsberechtigten die Rückübertragung des Unterhaltsanspruchs angetragen wird.[450]

206 Erfolgt die auf öffentlich-rechtlicher Grundlage beruhende **Rück-Abtretung privatrechtlich**, ergeben sich auch die (praktischen) Anforderungen aus dem BGB. Die Übertragung ist nach § 398 Satz 1 BGB ein **verfügungsrechtlicher Vertrag** zwischen dem Träger und dem Leistungsberechtigten. Spezielle **Formvorschriften** für die Übertragung enthält § 94 Abs. 5 SGB XII nicht.

207 Die Rückabtretung erfordert ein **Einvernehmen** des Leistungsberechtigten. Die schon nach dem Wortlaut erforderliche Voraussetzung steht nicht nur für die gemäß § 398 Satz 1 BGB für eine (privatrechtliche) Abtretung notwendige Willenserklärung, die einen freien Willensentschluss voraussetzt.[451] Sie folgt auch aus den sich an die Abtretung anschließenden **Rechtspflichten** und **-folgen** und einem dadurch begründetem besonderen **Rechtsverhältnis** zwischen Sozialhilfeträger und Leistungsberechtigten (vgl. Rn. 212). Die Entscheidung des Sozialhilfeträgers für oder gegen die Abtretung ist dagegen **kein Verwaltungsakt**[452].

208 Der Träger der Sozialhilfe darf den Anspruch auf den Leistungsberechtigten als neuer Gläubiger nach der Ermächtigung des § 94 Abs. 5 Satz 1 SGB XII (nur) **„zur Geltendmachung"**, dagegen nicht zur **außergerichtlichen Durchsetzung**[453] oder sogar beliebigen **Verfügung** übertragen.

209 Aus der vom Gesetz begrenzten Bevollmächtigung des Leistungsberechtigten wird der **treuhänderische Charakter** der Übertragung deutlich. Nach Gewährung von Leistungen der Sozialhilfe bleibt es **Sache des Sozialhilfeträgers, den Nachrang der Sozialhilfe** durch Geltendmachung von Ansprüchen gegen Dritte, wozu auch Unterhaltsansprüche rechnen, **zu realisieren**.[454] Die (Rück-)Abtretung verschafft dem Leistungsberechtigten die Stellung eines **Inkassozessionars**, der in der Ausnutzung seiner Gläubigerstellung **treuhänderisch** gebunden ist.[455]

210 Maßgebend für die Frage, ob eine Rückabtretung erfolgt, sind für den Sozialhilfeträger **verfahrensrechtliche Gesichtspunkte**, so z.B., ob der Berechtigte ohnehin bereits einen Unterhaltsprozess führt. Die Befugnis besteht dagegen nicht im Interesse des Leistungsberechtigten. Er hat demgemäß **kein subjektiv-öffentliches Recht**, den Anspruch übertragen zu erhalten[456].

211 Mit der Abtretung wird **ein Auftragsverhältnis zwischen dem Träger der Sozialhilfe und dem Leistungsberechtigten** begründet. Der Leistungsempfänger übernimmt unentgeltlich die Besorgung des für ihn fremden Geschäfts des Trägers der Sozialhilfe.[457] Es liegt insoweit eine **Indienstnahme eines**

---

[448] BGH v. 29.08.2012 - XII ZR 154/09 - juris Rn. 19 unter Hinweis auf die ältere Rechtsprechung.

[449] *Buser* in: Eicher/Schlegel, SGB III, § 72 Rn. 94, entspricht jetzt § 68 SGB III.

[450] *Link* in: Eicher, SGB II, § 33 Rn. 62; LSG Bayern v. 05.11.2012 - L 7 As 493/12 B PKH - juris Rn. 16: reine Befugnisnorm.

[451] Zur Freiheit der Willensentschließung: *Ellenberger* in: Palandt, BGB, Einf. v. § 116 Rn. 20 und § 123 Rn. 1.

[452] LSG Bayern v. 05.11.2012 - L 7 AS 493/12 B PKH - juris.

[453] *Link* in: Eicher, SGB II, § 33 Rn. 62. Eine gleichwohl erfolgte Abtretung zur außergerichtlichen Durchsetzung erginge ultra vires, wäre rechtswidrig, aber nicht nichtig oder wirkungslos.

[454] BGH v. 02.04.2008 - XII ZB 266/03 - NJW 2008, 1950, 1952; BGH v. 03.07.1996 - XII ZR 99/95 - NJW 1996, 3273, 3275: „Mit dem gesetzlichen Übergang des Unterhaltsanspruchs auf den Sozialleistungsträger wird diesem die Verantwortung für den Unterhaltsprozess zugewiesen." BGH v. 29.08.2012 - XII ZR 154/09 - juris Rn. 19.

[455] *Soyka*, FuR 2012, 657 f.; zur Abgrenzung von Einziehungsermächtigung und Inkassozession: BGH v. 15.11.1984 - III ZR 115/83 - WM 1985, 613 ff.

[456] Zu dieser Konstellation LSG Bayern v. 05.11.2012 - L 7 AS 493/12 B PKH - juris.

[457] BGH v. 02.04.2008 - XII ZB 266/03 - NJW 2008, 1950, 1952.

Privaten zur Erfüllung einer öffentlichen Aufgabe vor.[458] Die (Rück-)Abtretung begründet für den Leistungsberechtigten Pflichten gegenüber dem Träger der Sozialhilfe und weist ihm zumindest formal-rechtlich das Prozessrisiko zu. Der darin konstituierte **mögliche Grundrechtseingriff** erhält mit § 94 Abs. 5 Satz 1 SGB XII eine gesetzliche Grundlage. Der Eingriff[459] ist verhältnismäßig. Er verfolgt einen **legitimen Zweck,** nämlich die **Herstellung des Nachrangs** und bedient sich des Mittels einer **einvernehmlichen Pflichtenbegründung.** Das Einvernehmen des Leistungsberechtigten muss sich danach neben der Rückübertragung auf die Geltendmachung erstrecken, d.h. auf das Führen des Prozesses für den Träger. Die Tatsache, dass der Leistungsberechtigte mit der Geltendmachung des Anspruchs eine öffentliche Aufgabe wahrnimmt, muss bei der Auslegung des Begriffs der „Kosten" nach Absatz 5 Satz 2 ebenso berücksichtigt werden wie bei der Frage, ob und in welchem Umfang er für die Durchsetzung des Anspruchs mit Erfolg Prozesskostenhilfe beantragen kann (vgl. Rn. 233).

Das mit der Rückabtretung begründete **Auftragsverhältnis** zwischen dem Träger der Sozialhilfe und dem Leistungsberechtigten entsteht **kraft Gesetzes** und bewirkt eine entsprechende Anwendung der §§ 670 ff. BGB.   212

Mit der Rückabtretung wird der **Leistungsberechtigte** in den Lage versetzt, sowohl den ursprünglich auf den Sozialhilfeträger übergegangenen Anspruch als auch einen bei ihm verbleibenden (für den Sozialhilfeträger überschießenden) Unterhaltsanspruch im Wege einer **einheitlichen Klage** geltend zu machen. Der bürgerlich-rechtliche **Auskunftsanspruch geht in Höhe des rückübertragenen Anspruchs auf den Leistungsberechtigten über** (dagegen nicht der Anspruch aus § 117 SGB XII). War er bis dahin wegen weiterer Unterhaltsansprüche, die beim Berechtigten verblieben sind, **gespalten, wird er in der Person des Berechtigten praktisch wieder vereinigt.**[460]   213

Die treuhänderische Rückübertragung mit der Begründung eines Auftragsverhältnisses wird nach **Satz 5 letzter Halbsatz** begleitet durch eine **weitere Abtretung,** wonach zeitgleich mit der Rückabtretung der „**geltend gemachte Unterhaltsanspruch an den Träger** abgetreten wird". Entgegen dem Gesetzeswortlaut tritt der Leistungsberechtigte damit nicht den gerade erlangten Unterhaltsanspruch selbst, sondern nur **die aus ihm fließenden (ausgeurteilten) Beträge zugleich an den Träger der Sozialhilfe ab.**[461] Es handelt sich dann hinsichtlich dieser erst künftig ausgeurteilten (insoweit unsicheren) Beträge um eine **Vorausabtretung.**[462] Folglich kann der Antrag des Leistungsberechtigten, der den rückabgetretenen Anspruch vor dem Zivilgericht geltend macht, aufgrund der (Voraus-)Abtretung der ausgeurteilten Beträge nur auf Gewährung von Unterhalt an ihn und Zahlung des Betrages an den Sozialhilfeträger lauten.[463]   214

b. Anspruch auf Kostenübernahme (Satz 2)

Nach **Absatz 5 Satz 2** hat die leistungsberechtigte Person **Anspruch auf Ersatz der Kosten, mit denen sie durch das Führen des Prozesses nach Satz 1 belastet wird**. Die Regelung entspricht dem früheren § 91 Abs. 4 Satz 2 BSHG. Diese war ein Teil der Reaktion des Gesetzgebers auf die Rechtsprechung des BGH, die es als Verstoß gegen § 32 SGB I wertete, wenn der Leistungsberechtigte treuhänderisch von dem Träger der Sozialhilfe den Anspruch zur gerichtlichen Geltung nach Satz 1 zurückübertragen erhielt und so das Prozess- und Kostenrisiko zu tragen hatte.[464] Der in Satz 2 konstituierte gesetzliche Anspruch auf Kostenübernahme ist vor dem Hintergrund der **Prinzipien des Auftragsrechts** zu sehen und verfolgt damit die Intention, dass dem Leistungsberechtigten aus der „Wahr-   215

---

[458] Grundlegend zur Indienstnahme: BVerfG v. 16.03.1971 - 1 BvR 52/66, 1 BvR 665/66, 1 BvR 667/66, 1 BvR 754/66 - BVerfGE 33, 292 – Erdölbevorratungspflicht; zuletzt: BVerwG v. 18.03.2010 - 3 C 26/09 - ZFSH/SGB 2010, 350-353 zur unentgeltlichen Beförderung Schwerbehinderter im öffentlichen Personennahverkehr nach § 148 SGB IX.

[459] Schafft § 94 Abs. 5 SGB XII die Voraussetzungen für einen wirksamen Grundrechtsverzicht, liegt schon kein Eingriff vor; zur Zulässigkeit eines Grundrechtsverzichts *Jarass* in: Jarass/Pieroth, GG, Vorb. vor Art. 1 Rn. 36 (Einwilligung in die Grundrechtsbeeinträchtigung); *Sachs*, GG, vor Art. 1 Rn. 52 ff.: Aufgabe konkreter Einzelelemente des Grundrechtsschutzes, bei Grundrechten, die Verhaltensmöglichkeiten schützen, kommt ein Ausübungsverzicht in Betracht, gerade dann muss aber Freiwilligkeit vorliegen, Rn. 54 ff.

[460] *Decker* in: Oestreicher, SGB II/SGB XII, § 94 Rn. 209 m.w.N. aus der Rechtsprechung.

[461] So die Formulierung BGH v. 02.04.2008 - XII ZB 266/03 - NJW 2008, 1950, 1952; Nach *Link* in: Eicher, SGB II, § 33 Rn. 62 handelt es sich um die „Vorausabtretung des durch den Rechtsstreit erlangten Anspruchs".

[462] *Buser* in: Eicher/Schlegel, SGB III, § 72 Rn. 96, entspricht § 68 SGB III.

[463] A.A. wohl *Soyka*, FuR 2012, 656, 657: Leistungsberechtigter kann Zahlung an sich verlangen.

[464] BGH v. 02.04.2008 - XII ZB 266/03 - NJW 2008, 1950, 1952.

nehmung von öffentlich-rechtlichen Aufgaben" keine Nachteile entstehen sollen[465] (vgl. Rn. 207). Umfasst sind die **notwendigen Gerichts- und Anwaltskosten**.[466] Der Anspruch ist ein **Anspruch auf Prozesskostenvorschuss**, damit weder nur ein **Freistellungsanspruch** im Innenverhältnis noch lediglich ein **Kostenerstattungsanspruch** nur für den Fall der abgeschlossenen gerichtlichen Durchsetzung. Die Abkehr vom bloßen Kostenerstattungsanspruch folgt dabei **aus der gewählten Formulierung** des § 94 Abs. 5 Satz 2 SGB XII, wonach die Kosten vom Träger der Sozialhilfe zu übernehmen sind, mit denen der Berechtigte „belastet wird". Schon der Wortlaut bezieht sich auf die Gegenwart. Aus der **Intention**, den Berechtigten von (Kosten-)Nachteilen, die aus der gerichtlichen Durchsetzung entstehen können, gänzlich zu entlasten sowie aus der **strukturellen Verwandtschaft zu den Regelungen über den Auftrag** ergibt sich zudem der Charakter eines Vorschusses **entsprechend dem allgemeinen Vorschussanspruch des § 669 BGB**.

216 Die Struktur des Anspruchs als eines solchen auf Kostenvorschuss hat Einfluss auf die **Bedürftigkeit i.S.v. § 114 ZPO des** Leistungsberechtigten für die Geltendmachung des rückübertragenen Unterhaltsanspruchs. Ein **Anspruch auf Prozesskostenvorschuss** gegen den Träger der Sozialhilfe ist ein Vermögenswert der die Bewilligung von Prozesskostenhilfe insoweit **ausschließt**.[467] Der Berechtigte selbst hat im Übrigen kein eigenes schutzwürdiges Interesse an der Geltendmachung der (rück-)übertragenen Unterhaltsansprüche (öffentliche Aufgabe, vgl. dazu Rn. 201). Der Vermögenscharakter des Prozesskostenvorschusses kann nicht unter Hinweis auf den Nachrang der Sozialhilfe (§ 2 Abs. 1 SGB XII) verneint werden. Die Indienstnahme des Leistungsberechtigten für die öffentliche, dem Sozialhilfeträger nach wie vor obliegende Aufgabe der Herstellung des Nachrangs, bestimmt den Charakter des **Prozesskostenvorschusses**. Er ist – auch im Verhältnis zum Leistungsberechtigten – **keine sozialstaatliche Leistung**, sondern gehört zu den **Kosten der laufenden Verwaltung des Sozialhilfeträgers**.[468] Die Durchsetzung des Prozesskostenvorschusses ist dabei für den Leistungsberechtigten nicht unzumutbar im Sinne des § 115 Abs. 2 HS. 1 ZPO. Er kann bis zur Zahlung des entsprechenden Vorschusses die gerichtliche Geltendmachung verweigern.[469]

217 Für **laufende und zukünftige Ansprüche auf Unterhalt**, die noch nicht auf den Träger der Sozialhilfe übergegangen sind und wegen derer er nur nach § 94 Abs. 4 Satz 2 SGB XII im Wege der Prozessstandschaft Klage erheben könnte (vgl. dazu Rn. 198), handelt der **Leistungsberechtigte** dagegen nicht im Interesse des Sozialhilfeträgers. Folglich hat er insoweit **keinen Anspruch auf Prozesskostenvorschuss** nach Satz 2 gegen den Träger der Sozialhilfe und kann ein solcher seinem Begehren auf Prozesskostenhilfe nicht als Vermögen entgegengehalten werden.[470] Allein der **Gedanke der Prozessökonomie**, wonach es ein Gebot ist, dass die beim Unterhaltsgläubiger (dem Leistungsberechtigten) verbliebenen und die vom Träger der Sozialhilfe nach § 94 Abs. 5 Satz 1 SGB XII übertragenen Ansprüche in einem einheitlichen Verfahren geltend zu machen sind, rechtfertigt nach Auffassung des BGH **keine Prozesskostenbewilligung für das gesamte Verfahren**[471].

218 Macht der Berechtigte die Kosten des (zivilrechtlichen) Rechtsstreits nach § 94 Abs. 5 Satz 2 SGB XII – eines öffentlich-rechtlichen[472] Anspruchs – im Klageweg geltend, ist der **Rechtsweg zu den Sozial-**

---

[465] BGH v. 02.04.2008 - XII ZB 266/03 - NJW 2008, 1950, 1952.

[466] *Soyka*, FuR 656, 657; differenzierend: *Kiss* in: Mergler/Zink, SGB XII, § 94 Rn. 88; nicht erfasst von § 33 Abs. 4 Satz 2 SGB II sind nach LSG NRW v. 01.12.2009 - L 19 B 239/09 AS - juris Rn. 21 vorprozessuale Aufwendungen (Geschäftsgebühr Nr. 2300 VV RVG) unter Berufung auf den Wortlaut, eine Anspruchsgrundlage soll danach nur in § 670 BGB analog im Rahmen eines öffentlich-rechtlichen Auftragsverhältnisses gegeben sein, differenzierend auch dazu *Kiss* in: Mergler/Zink, SGB XII, § 94 Rn. 88.

[467] So im Ergebnis: *Soyka*, FuR 2012, 656, 657; die dazu höchst unterschiedliche Rechtsprechung der OLGs findet sich in der Übersicht bei: *Decker* in: Oestreicher, SGB II/SGB XII, § 94 Rn. 220; der BGH hat die Frage mit Entscheidung v. 02.04.2008 - XII ZB 266/03 - NJW 2008, 1950, 1951 geklärt, mit Anmerkung von *Günther*, FamRZ 2008, 1162-1163.

[468] BGH v. 02.04.2008 - XII ZB 266/03 - NJW 2008, 1950, 1952; *Wahrendorf* in: Grube/Wahrendorf, SGB XII, § 94 Rn. 43: es handelt sich nicht um Sozialhilfeleistungen, sondern um Verfahrenskosten.

[469] BGH v. 02.04.2008 - XII ZB 266/03 - NJW 2008, 1950, 1953 unter Berufung auf *Sprau* in: Palandt, BGB, § 669 Rn. 1.

[470] BGH v. 02.04.2008 - XII ZB 266/03 - NJW 2008, 1950, 1953; a.A. für die Geltendmachung von künftigen Unterhaltsansprüchen bis zur Höhe der bisherigen Aufwendungen des Trägers der Sozialhilfe: OLG Karlsruhe v. 27.08.1998 - 2 WF 81/98 - NJW-RR 1999, 1226 f.

[471] BGH v. 02.04.2008 - XII ZB 266/03 - NJW 2008, 1950, 1953.

[472] So auch LSG NRW v. 01.12.2009 - L 19 B 239/09 AS - juris Rn. 17 zu § 33 Abs. 4 Satz 2 SGB II.

gerichten eröffnet. Zwar werden mit den Kosten nach Absatz 5 Satz 2 **keine Leistungen der Sozialhilfe**[473] gefordert (vgl. dazu bereits Rn. 216). Er findet aber als Kostenerstattungsanspruch für den Leistungsberechtigten seine **Rechtsgrundlage im SGB XII**, so dass es sich um eine **Angelegenheit der Sozialhilfe** i.S.d. § 51 Abs. 1 Nr. 6a SGG handelt.[474]

Statthafte Klageart ist die **Leistungsklage**. Der **Charakter eines gesetzlich bestimmten öffentlich-rechtlichen Auftragsverhältnisses**, aus dem der Anspruch resultiert und die Tatsache, dass **die Rückübertragung im Einvernehmen erfolgt**, regelmäßig eine **öffentlich-rechtliche Vereinbarung über die Geltendmachung** abgeschlossen wird, **lässt die Rechtsbeziehung als von Gleichordnung geprägt** erscheinen.[475]   219

Das Verfahren ist **nicht** nach § 197a SGG **gerichtskostenpflichtig**, denn die Leistungsberechtigten gehören zum **Personenkreis nach § 183 SGG**. Sie sind zwar nicht „in ihrer Eigenschaft als Sozialhilfe-Leistungsempfänger" im engeren Sinne im Sinne des § 183 SGG beteiligt. Der Anspruch setzt aber zum einen eine **Leistungsempfängereigenschaft** voraus; zum anderen entspricht es seinem Sinn und Zweck, den **Leistungsberechtigten von Kosten für die Rechtsverfolgung freizustellen**. Zu diesem würde eine Gerichtskostenpflicht für die Geltendmachung des Kostenerstattungsanspruchs an sich in Widerspruch treten. Der Leistungsberechtigte ist entsprechend den in § 183 SGG genannten Personen schutzwürdig.   220

12. Rechtsweg (Absatz 5 Satz 3)

Absatz 5 Satz 3 trifft **für die Ansprüche nach den Absätzen 1-4** eine ausdrückliche Zuordnung der Rechtsstreitigkeiten zu den Zivilgerichten. Die Bestimmung ist, soweit sie die **Unterhaltsansprüche** erfasst, **deklaratorischer Art**. Die Unterhaltsansprüche werden durch den Anspruchsübergang in ihrer Rechtsnatur nicht verändert und sind schon deshalb auch durch den Träger der Sozialhilfe vor dem **Zivilgericht** zu verfolgen. **Ansprüche und Streitigkeiten aus Absatz 5** sind nach dem Wortlaut von Satz 3 nicht erfasst. **Ansprüche** des Leistungsberechtigten gegen den Träger der Sozialhilfe aus der Geltendmachung des rückübertragenen Anspruchs auf **Kostenerstattung** oder **Zahlung** eines **Prozesskostenvorschusses** sind danach im Rechtsweg vor den Sozialgerichten zu verfolgen (vgl. Rn. 218). Der Leistungsberechtigte kann sich, statt Klage auf Kostenvorschuss zu erheben – wie vom BGH für zulässig erachtet – auch schlicht weigern, den rückübertragenen Unterhaltsanspruch durchzusetzen, solange er noch keinen Kostenvorschuss erhalten hat.[476]   221

C. Praxishinweise

I. Rechtsweg

Für die Geltendmachung des Unterhaltsanspruchs ist einheitlich für Leistungsberechtigte und Sozialhilfeträger der **Rechtsweg** zu den **Zivilgerichten** eröffnet (vgl. § 94 Abs. 5 Satz 3 SGB XII). Der wesentliche Unterschied zu den Gerichten der Sozial- und Verwaltungsgerichtsbarkeit ist die **Herrschaft des Beibringungs- oder Verhandlungsgrundsatzes** im Unterhaltsprozess im Gegensatz zum Amtsermittlungsgrundsatz (§ 113 FamG i.V.m. §§ 26, 112 Nr. 1, 231 FamG v. 17.12.2008[477]). Die Zivilgerichte haben die für den Anspruchsübergang maßgeblichen **Bestimmungen des § 94 SGB XII**, ggf. unter Heranziehung **weiterer Vorschriften des SGB XII** (als Vorfragen) im Rahmen des geltend gemachten Unterhalts- und Auskunftsanspruchs zu prüfen. Zuständig sind für Unterhalts- und Auskunftsklagen die **Familiengerichte** (§ 23a GVG i.V.m. § 111 FamG).   222

---

[473] *Wahrendorf* in: Grube/Wahrendorf, SGB XII, § 94 Rn. 43; zur Regelung über die Erstattung von Fahrgeldausfällen nach § 60 SchwerbehindertenG (a.F.) BVerwG v. 08.05.1990 - 7 ER 101.90 - Behindertenrecht 1990, 165 f.; zur seit dem 01.07.2001 geltenden Nachfolgevorschrift des § 148 Abs. 5 SGB IX *Vogl* in: jurisPK-SGB IX, § 148 Rn. 44.

[474] Entscheidend ist dafür, dass es sich um einen Rechtsstreit handelt, bei dem die Möglichkeit gegeben ist, dass die vom Kläger hergeleitete Rechtsfolge ihre Grundlage im SGB XII findet oder ein Zusammenhang mit der Sozialhilfegewährung besteht, *Keller* in: Meyer-Ladewig/Keller/Leitherer, SGG, § 51 Rn. 33b. LSG NRW v. 01.12.2009 - L 19 B 239/09 AS - juris Rn. 13.

[475] Anders für Ansprüche aus § 148 Abs. 5 SGB IX: VG Gelsenkirchen v. 05.08.2002 - 11 K 5882/99 - juris Rn. 34; VGH Baden-Württemberg v. 11.03.2008 - 9 S 1369/06 - juris: Verpflichtungsklage.

[476] BGH v. 02.04.2008 - XII ZB 266/03 - NJW 20081950, 1953.

[477] Gesetz über das Verfahren in Familiensachen und in den Angelegenheiten der freiwilligen Gerichtsbarkeit (FamG), BGBl I 2008, 2586, in Kraft seit dem 01.09.2009.

223 Für den geltend gemachten Unterhaltsanspruch ist der Träger der Sozialhilfe nach § 64 Abs. 3 Satz 2 SGB X vor den Zivilgerichten von den **Gerichtskosten befreit**.[478]

224 Handelt es sich bei der **Rückübertragung** von übergegangenen Unterhaltsansprüchen auf den Leistungsberechtigten/Hilfempfänger nach § 94 Abs. 5 Satz 1 SGB XII um einen rein zivilrechtlichen Vertrag, sind auch für Streitigkeiten die **Zivilgerichte** zuständig. Dies gilt ungeachtet der Tatsache, dass Absatz 5 Satz 3 insoweit nur die Ansprüche der Absätze 1-4 erwähnt. Bei Streitigkeiten ist ggf. der **Rechtsweg** vorab im **Beschlussweg** nach § 17a Abs. 3 GVG zu klären[479].

II. Verfahren und Entscheidung

225 Wird der Unterhaltsverpflichtete aus (vermeintlich) übergegangenem Recht vom Träger der Sozialhilfe in Anspruch genommen, fehlt für seine **Feststellungsklage** mit dem Inhalt festzustellen, dass Ansprüche nicht übergegangen sind, regelmäßig das **Rechtsschutzbedürfnis**, weil ein Fall des § 94 Abs. 3 SGB XII vorliegt, wenn er zuvor nicht versucht hat, dem Träger der Sozialhilfe die maßgeblichen Umstände (außerprozessual) darzulegen[480].

226 Für **Unterhaltsansprüche**, die **vor der Rechtshängigkeit** einer zivilgerichtlichen Klage (§ 261 i.V.m. § 253 ZPO) auf den Träger der Sozialhilfe nach § 94 SGB XII **übergegangen** sind, ist der Leistungsberechtigte weder Anspruchsinhaber noch als gesetzlicher Prozessstandschafter – ohne entsprechende Rückübertragung nach § 94 Abs. 5 Satz 1 SGB XII – befugt, den Anspruch geltend zu machen. Es mangelt ihm an der **Aktivlegitimation, wenn er die Ansprüche nicht nach § 94 Abs. 5 Satz 1 SGB XII übertragen erhalten hat.** Eine Klage wäre zumindest unbegründet[481].

227 Gehen Ansprüche infolge der weiteren Leistungserbringung des Trägers der Sozialhilfe **nach Rechtshängigkeit** auf ihn über, liegt ein Fall der **Veräußerung** der **streitbefangenen Sache** nach § 265 ZPO vor. Der **Leistungsberechtigte** ist berechtigt, die Klage weiterzuführen (§ 265 Abs. 2 Satz 2 ZPO), muss in diesem Fall den **Klageantrag umstellen** und auf Zahlung an den Träger der Sozialhilfe klagen.[482] Ansonsten ist die Klage unbegründet.[483] Stellt er die Klage nicht um, kann der Träger der Sozialhilfe nach **§ 265 Abs. 2 Satz 2 ZPO allein mit Zustimmung des Klagegegners (des Unterhaltspflichtigen)** den Prozess nicht anstelle des Leistungsberechtigten **übernehmen. Auch die Zustimmung des Leistungsberechtigten ist erforderlich.**[484] **Nur im Fall seiner verweigerten Zustimmung ist der Weg der Hauptintervention für den Sozialhilfeträger frei, denn er nimmt insoweit das Recht, worüber gestritten wird, für sich in Anspruch (§ 64 ZPO).**[485] Ohne Zustimmung des Leistungsberechtigten kann er diesem ferner im Wege der **Nebenintervention** nach § 265 Abs. 2 Satz 3 i.V.m. § 66 ZPO beitreten.

228 Macht der Leistungsberechtigte Ansprüche für sich und den Sozialhilfeträger geltend, weil Ansprüche teilweise bei ihm verbleiben, so z.B. weil der Unterhaltspflichtige sonst sozialhilfebedürftig wird (dazu Absatz 3 Satz 1 Nr. 1, Rn. 166[486]), handelt es sich (lediglich) **um zwei verschiedene Anträge** in einer Klage.

229 Der Träger der Sozialhilfe kann, da auch der Auskunftsanspruch auf ihn übergegangen ist, nach § 254 ZPO im Wege der **Stufenklage** vorgehen.

---

[478] *Decker* in: Oestreicher, SGB II/SGB XII, § 94 Rn. 236 mit zahlreichen Nachweisen aus der Rechtsprechung; *Roos* in: von Wulffen/Schütze, SGB X, § 64 Rn. 18a unter Hinweis auf die Gesetzesbegründung, die für die Verfahren nach FamG.

[479] LSG Bayern v. 05.11.2012 - L 7 AS 493/12 B PKH - juris Rn. 15 ff.

[480] OLG Sachsen-Anhalt v. 10.07.2012 - 3 WF 153/12 (VKH), 3 WF - juris Rn. 5.

[481] *Soyka*, FuR 2012, 656, 657; BGH v. 29.08.2012 - XII ZR 154/09 - NJW 2012, 3642, 3643, Rn. 18.

[482] BGH v. 31.05.2000 - XII ZR 119/98 - FamRZ 2000, 1385 f.; BGH v. 02.04.2008 - XII ZB 266/03 - NJW 2008, 1950, 1953; BGH v. 29.08.2012 - XII ZR 154/09 - NJW 2012, 3642, 3643; *Soyka*, FuR 2012, 656, 657.

[483] *Greger* in: Zöller, ZPO, § 265 Rn. 6a.

[484] *Greger* in: Zöller, ZPO, § 265 Rn. 7; a.A. *Decker* in: Oestreicher, SGB II/SGB XII, § 94 Rn. 224, der eine Zustimmung des Leistungsberechtigten nicht für erforderlich hält; dabei kommt es nicht darauf an, ob der Leistungsberechtigte zur Zustimmung aus § 94 Abs. 1 SGB XII verpflichtet ist, eine solche Pflicht aus dem dem Rechtsübergang zugrunde liegenden Grundgeschäft (hier: cessio legis) wird für möglich gehalten, dazu *Greger* in: Zöller, ZPO, § 265 Rn. 7.

[485] *Greger* in: Zöller, ZPO, § 265 Rn. 7.

[486] Praktisch relevant ist der Fall, dass unterhaltsrechtlich fiktive Einkünfte zu berücksichtigen sind, näher *Soyka*, FuR 2012, 656, 657.

Stirbt der Leistungsberechtigte, der in **gesetzlicher Prozessstandschaft** nach § 265 ZPO die auf den Sozialhilfeträger übergegangenen Unterhaltsansprüche bereits bei Beginn der Leistung eingeklagt hat, **während des Prozesses**, ist dieser **nach § 239 ZPO unterbrochen**. Der Träger der Sozialhilfe kann den Prozess für die rechtshängigen Ansprüche nicht als „Rechtsnachfolger", und sei es in die Prozessstandschaft ohne Zustimmung des Gegners oder im Wege des gewillkürten Klägerwechsels, aufnehmen, sondern allenfalls die Erben[487]. Dabei können die vom Forderungsübergang erfassten Unterhaltsansprüche nicht im Wege der Gesamtrechtsnachfolge auf die Erben des Leistungsberechtigten übergehen, so dass diese insoweit **nicht „Rechtsnachfolger" i.S. des § 239 ZPO sind**. Der Leistungsberechtigte war zum Zeitpunkt des Todes hinsichtlich der übergegangenen Ansprüche lediglich gesetzlicher Prozessstandschafter. Der BGH befürwortet jedoch in diesem Fall eine **entsprechende Anwendung der Vorschrift** und hält die **Erben** für befugt, **den Rechtsstreit aufzunehmen**, hingegen nicht den Träger der Sozialhilfe als Inhaber der Forderung. Dieser kann auch nicht stattdessen im Wege des gewillkürten Klägerwechsels eintreten[488]. 230

Maßgebend für die Entscheidung des Zivilgerichts ist der **Zeitpunkt der letzten mündlichen Verhandlung**: Hat der Sozialhilfeträger bis dahin Leistungen gewährt, muss der Antrag für den vergangenen Zeitraum auf Zahlung an ihn lauten; für **die Zukunft ist dagegen noch der Leistungsberechtigte Forderungsinhaber** und kann **Leistung an sich verlangen**[489]. 231

Wird gegen die Entscheidung des Zivilgerichts **Beschwerde** eingelegt, muss der Leistungsberechtigte, bezogen auf den dann maßgeblichen späteren Zeitpunkt der letzten mündlichen Verhandlung (vor dem OLG) für die Zwischenzeit – bei weiterem Hilfebezug – die **Klage wieder umstellen**[490]. 232

Eine **Realisierung des Anspruchs gegenüber dem Unterhaltsschuldner** ist im Fall der nur **darlehensweisen Gewährung von Sozialhilfeleistungen** nur in dem Umfang möglich, in dem das **Darlehen nicht getilgt** wurde.[491] Die **Darlegungs- und Beibringungslast** obliegt in diesem Fall aus Gründen des **Schutzes vor einer Übersicherung** dem **Träger der Sozialhilfe** dafür, dass der Schuldner das Darlehen bisher nicht getilgt hat. 233

Umstritten ist, ob in den **Klageantrag** (und demzufolge auch im Urteil) **als aufschiebende Bedingung** die **weitere Erbringung** der Leistungen aufzunehmen ist[492]. 234

III. Sonstiges

Aus einem **von dem Leistungsberechtigten** erstrittenen **Urteil** über rückständigen Unterhalt kann der **Sozialhilfeträger nicht vollstrecken**. Er kann aber wegen des Anspruchsüberganges **Titelumschreibung nach § 727 ZPO** beantragen. Die **Beibringung** und der **Nachweis** der dafür erforderlichen **Voraussetzung** des § 325 ZPO, nämlich, dass er **nach Eintritt der Rechtshängigkeit der streitbefangenen Ansprüche Rechtsnachfolger geworden ist**, dass also die Sozialhilfeleistung nach Rechtshängigkeit des Unterhaltsanspruchs erfolgt ist[493] und die Voraussetzungen der cessio legis[494], liegen bei ihm. Dabei werden in der Rechtsprechung uneinheitliche Anforderungen an den Nachweis aufgestellt.[495] § 727 ZPO erfordert diesbezüglich, dass die **Rechtsnachfolge** entweder **offenkundig** ist oder mittels **öffentlicher** oder **öffentlich beglaubigter Urkunden** nachgewiesen wird. Nach teilweiser Auffassung soll die bloße Vorlage von **Leistungs-/Bewilligungsbescheiden zum Nachweis nicht reichen,** denn mit diesen wird der erforderliche Nachweis aller Voraussetzungen für den Anspruchsüber- 235

---

[487] BGH v. 29.08.2012 - XII ZR 154/09 - NJW 2012, 3642, 3643, Rn. 12 ff.; *Soyka*, FuR 2012, 657.

[488] BGH v. 29.08.2012 - XII ZR 154/09 - NJW 2012, 3642, 3643, Rn. 12 ff.

[489] BGH v. 29.08.2012 - XII ZR 154/09 - NJW 2012, 3642, 3643; dies gilt ungeachtet der Tatsache, dass der Sozialhilfeträger – wenn er selbst das Verfahren selbst führen würde – seine Klage auch auf künftige Unterhaltsansprüche erstrecken kann.

[490] *Soyka*, FuR 2012, 656, 657.

[491] *Link* in: Eicher/Spellbrink, SGB II, § 33 Rn. 17.

[492] Befürwortend *Münder* in: LPK-SGB II, § 33 Rn. 69, Bedingung, wonach künftige Leistungen in der Höhe zu zahlen sind, die bis zur Klauselerteilung nachzuweisen sind; BGH v. 28.05.2008 - XII ZB 34/05, dagegen *Wendl/Klinkhammer*, Unterhaltsrecht in der familiengerichtlichen Praxis, § 8 Rn. 275, dazu *Schürmann* in: Harich, Handbuch der Grundsicherung für Arbeitsuchende, Kap. 12 Rn. 34 m.w.N.

[493] *Stöber* in: Zöller, ZPO, § 727 Rn. 19.

[494] Vgl. zum insoweit vergleichbaren Anspruchsübergang nach § 7 UVG *Baumbach/Lauterbach/Albers/Hartmann*, ZPO, § 727 Rn. 10 f. m.w.N.; zur Darlegungslast für § 33 SGB II a.F.: OLG Celle v. 15.03.2006 - 15 UF 54/05 - FamRZ 2006, 1204.

[495] *Baumbach/Lauterbach/Albers/Hartmann*, ZPO, § 727 Rn. 11.

gang, insbesondere die Rechtmäßigkeit der erbrachten Leistung nicht geführt.[496]. Die **Bescheide** sind aber wie auch eine **beglaubigte Aufstellung über die geleisteten Aufwendungen** als **öffentliche Urkunden** geeignet, die Leistungserbringung nachzuweisen[497].

236 Im Unterschied zu § 33 Abs. 2 Satz 3 SGB II bürdet § 94 SGB XII mit Absatz 3 Satz 1 Nr. 1 dem Schuldner, nicht dem Gläubiger, die (materielle) Beweislast auf, darzulegen, dass er bei Erfüllung des Anspruchs hilfebedürftig i.S. der Vorschrift wird. Der für die **Titelumschreibung** erforderliche Nachweis, dass **dieser Ausschlussgrund für den Rechtsübergang** nicht vorliegt, kann demzufolge mittels einer **Versicherung** erfolgen, wonach der Sozialhilfeträger keine Kenntnis von einer drohenden Sozialhilfebedürftigkeit des Schuldners hat. Eines urkundlichen Nachweises bedarf es dagegen nicht[498].

237 Im **umgekehrten Fall**, dass der **Träger der Sozialhilfe** (sowohl für vergangene als auch künftige Zeiträume) einen **Titel über Unterhalt erwirkt hat**, stellt sich die Frage, ob der Unterhaltsberechtigte dadurch gehindert ist, selbst einen Titel für künftige, noch nicht übergegangene Unterhaltsansprüche zu erwirken. Wird er unter Hinweis auf seine Forderungsinhaberschaft grundsätzlich für in der Lage gesehen (auch) einen Titel zu erstreiten, sieht sich der Unterhaltsschuldner u.U. der **Gefahr einer doppelten Inanspruchnahme** im Wege der Vollstreckung ausgesetzt[499]. Gleichzeitig ist der Sozialhilfeträger aus dem Charakter der **Subsidiarität der Sozialhilfe** (§ 2 SGB XII) gehalten, dem Unterhaltsberechtigten die Titulierung zu ermöglichen und damit dafür Sorge zu tragen, dass dieser unabhängig von Sozialhilfe leben kann. Eine Lösung könnte dergestalt erfolgen, dass der **Träger der Sozialhilfe** dem Schuldner gegenüber **erklärt**, er **verzichte** für noch nicht übergegangene Ansprüche **auf die Rechte** aus dem Titel. Dies beseitigt die **Vollstreckbarkeit** des Titels, eine weitere Titulierung wird möglich. Der Träger wird ausreichend dadurch geschützt, dass er im Fall der Nichtzahlung auf den (neuen) Titel diesen seinerseits wieder umschreiben lassen kann[500].

238 Ändern sich nach einer gerichtlichen Entscheidung die Einkommens- und Vermögensverhältnisse beim Unterhaltspflichtigen, kann der Träger der Sozialhilfe nach **§ 238 FamRG**[501] **Abänderungsklage** erheben.[502]

---

[496] So OLG Hamm v. 28.01.2011 - 12 UF 4/11 - FamRZ 2011, 1318 für § 33 SGB II.
[497] *Stöber* in: Zöller, ZPO, § 727 Rn. 22 m.w.N.: Eine bloße Bescheinigung des Sozialamtes reicht aber nicht aus.
[498] OLG Stuttgart v. 09.10.2007 - 8 WF 128/07 - juris Rn. 16 ff. und OLG Stuttgart v. 13.08.2012 - 8 WF 88/11 - juris Rn. 14; *Stöber* in: Zöller, ZPO, § 727 Rn. 22.
[499] Dazu kritisch, u.a. unter Hinweis auf die Rechtskraft des ersten Titels, *Diehl*, ZKJ 2013, 396, 398.
[500] So der Vorschlag von *Diehl*, ZKJ 2013, 396, 398.
[501] Für gesetzliche Unterhaltsansprüche und damit Unterhaltssachen lex specialis zu § 323 ZPO, *Vollkommer* in: Zöller, ZPO, § 323 Rn. 1.
[502] *Decker* in: Oestreicher, SGB II/SGB XII, § 94 Rn. 236.

§ 95 SGB XII Feststellung der Sozialleistungen

(Fassung vom 27.12.2003, gültig ab 01.01.2005)

¹Der erstattungsberechtigte Träger der Sozialhilfe kann die Feststellung einer Sozialleistung betreiben sowie Rechtsmittel einlegen. ²Der Ablauf der Fristen, die ohne sein Verschulden verstrichen sind, wirkt nicht gegen ihn. ³Satz 2 gilt nicht für die Verfahrensfristen, soweit der Träger der Sozialhilfe das Verfahren selbst betreibt.

Gliederung

A. Basisinformation ... 1	II. Normzweck ... 25
I. Textgeschichte/Gesetzgebungsmaterialien ... 1	III. Tatbestandsmerkmale ... 29
II. Vorgängervorschriften ... 2	1. Träger der Sozialhilfe ... 29
III. Parallelvorschriften ... 3	2. Erstattungsberechtigung ... 31
1. § 202 SGB III (a.F.) ... 3	3. Grenzen der Erstattungsberechtigung ... 50
2. § 5 Abs. 3 SGB II ... 4	IV. Rechtsfolge ... 53
3. AsylbLG ... 10	1. Ermessen ... 53
4. GSiG ... 11	2. Sozialleistung ... 62
5. § 97 SGB VIII ... 13	3. Feststellung betreiben ... 73
6. § 27i BVG ... 14	4. Rechtsmittel einlegen ... 94
IV. Systematische Zusammenhänge ... 15	5. Ablauf von Fristen (Satz 2) ... 98
V. Ausgewählte Literaturhinweise ... 23	6. Verfahrensfristen (Satz 3) ... 103
B. Auslegung der Norm ... 24	**C. Praxishinweise** ... 105
I. Regelungsgehalt und Bedeutung der Norm ... 24	

A. Basisinformation

I. Textgeschichte/Gesetzgebungsmaterialien

Die Vorschrift wurde als Nachfolgevorschrift zu § 91a Bundessozialhilfegesetz (BSHG) durch Artikel 1 des Gesetzes zur Einordnung des Sozialhilferechts in das Sozialgesetzbuch vom 27.12.2003[1] in das SGB XII eingefügt. Sie besteht seither unverändert in der zum 01.01.2005 in Kraft getretenen Fassung. **1**

II. Vorgängervorschriften

Die Vorgängervorschrift § 91a BSHG trat an die Stelle des § 1538 Abs. 1 Reichsversicherungsordnung (RVO), der bis zum 30.06.1983 „die ersatzberechtigten Gemeinden und Träger der Armenfürsorge" ermächtigte, die Feststellung der „Leistungen aus der RVO", damit nur Leistungen der Sozialversicherung, zu betreiben und Rechtsmittel einzulegen.[2] Durch Art. 26 des HBegleitG 1984[3] sind mit Wirkung vom 01.01.1984 die Worte „aus der Sozialversicherung" in § 91a BSHG gestrichen worden[4]. Gegenüber § 91a BSHG hat § 95 SGB XII eine redaktionelle Änderung dahingehend erfahren, dass der bisherige zweite Halbsatz des Satzes 2 nunmehr zu Satz 3 geworden ist. Demgemäß formuliert die amtliche Begründung zu § 95 SGB XII: „Die Vorschrift [§ 95 SGB XII] überträgt inhaltsgleich den bisherigen § 91a des Bundessozialhilfegesetzes."[5] **2**

III. Parallelvorschriften

1. § 202 SGB III (a.F.)

Die **Vorschrift** wurde mit den Vorschriften über die Arbeitslosenhilfe (Alhi) durch das 4. Gesetz für moderne Dienstleistungen am Arbeitsmarkt vom 24.12.2003[6] und der Einführung der Grundsicherung **3**

---

[1] BGBl I 2003, 3022.
[2] Dazu *Schellhorn* in: Schellhorn, BSHG, § 91a Rn. 2-4.
[3] Gesetz über Maßnahmen zur Entlastung der öffentlichen Haushalte und zur Stabilisierung der Finanzentwicklung in der Rentenversicherung sowie über die Verlängerung der Investitionshilfeabgabe vom 22.12.1983, BGBl I 1983, 1532.
[4] Dazu BSG v. 19.12.1991 - 12 RK 24/90 - BSGE 70, 72, 75.
[5] BT-Drs. 15/1514, S. 67.
[6] BGBl I 2003, 2954.

für Arbeitsuchende (SGB II) anstelle der Alhi mit Wirkung ab dem 01.01.2005 **aufgehoben**[7]. Das Arbeitsamt wurde darin ermächtigt, Arbeitslose, die in absehbarer Zeit die Voraussetzungen für einen Altersrentenbezug voraussichtlich erfüllen, dazu aufzufordern, diese Rente innerhalb eines Monats zu beantragen (Satz 1). Wird der Rentenantrag – trotz Aufforderung – nicht fristgerecht gestellt, ruht der Anspruch auf Alhi ab dem letzten Tag, an dem die Antragstellung nach der Aufforderung möglich war (§ 202 Abs. 1 Satz 3 SGB III). § 202 Abs. 1 SGB III bezweckte die **Herstellung des Nachranges der Arbeitslosenhilfe im Verhältnis zu den Renten wegen Alters**.[8]

2. § 5 Abs. 3 SGB II

4   § 5 Abs. 3 SGB II kombiniert in Satz 1 in der geltenden Fassung § 91a BSHG/§ 95 SGB XII mit Elementen des früheren § 202 SGB III.[9] Die Regelung enthält eine dem § 95 SGB XII nachgebildete, allerdings nicht gleichlautende Ermächtigung für die **Leistungsträger des SGB II**, für Leistungen anderer Träger zugunsten des Hilfebedürftigen **den erforderlichen Antrag zu stellen** und Rechtsmittel einzulegen, wenn der Hilfebedürftige trotz Aufforderung einen erforderlichen Antrag auf Leistungen nicht stellt (§ 5 Abs. 3 Satz 1 SGB II). Die Vorschrift beschränkte sich bis zur Änderung durch das Fortentwicklungsgesetz[10] darauf, dem Leistungsträger lediglich ein Antragsrecht einzuräumen, erfasste aber – abweichend zu § 202 SGB III – nicht nur Rentenleistungen wegen Alters. § 5 Abs. 3 Satz 2 SGB II ist wortgleich mit § 95 Sätze 2 und 3 SGB XII. § 5 Abs. 3 SGB II dient – wie auch § 95 SGB XII – nach der Gesetzesbegründung dazu, das **Realisieren der Ansprüche des Leistungsberechtigten gegen andere Träger** und den **Nachrang** der Leistungen der Grundsicherung für Arbeitsuchende sicherzustellen.[11] Anders als im BSHG und im SGB XII dient der Rentenantrag dem SGB-II-Träger aber wegen **§ 7 Abs. 4 SGB II**, wonach keine Leistungen erhält, wer Rente wegen Alters bezieht, der (gezielten) Aussteuerung von Hilfeempfängern aus dem Leistungsbezug von SGB II.[12] Dagegen führt im Bereich des SGB XII der Bezug von Rente wegen Alters nicht zum Leistungsausschluss, ergänzende Leistungen der Hilfe zum Lebensunterhalt nach den §§ 27 ff. oder 41 ff. SGB XII sind neben den Hilfen des Fünften bis Neunten Kapitels weiter möglich.

5   Nach der Grundnorm des § 5 Abs. 1 SGB II berühren **Leistungsansprüche nach dem SGB II** die auf anderen Rechtsvorschriften beruhenden Leistungen – respektive die Leistungsansprüche – nicht. Während § 5 Abs. 2 Satz 1 SGB II für die **Leistungen zur Sicherung des Lebensunterhaltes nach dem SGB II** einen **Vorrang** vor den Leistungen des **Dritten Kapitels des SGB XII** (§§ 27-40 SGB XII) anordnet, schließt § 5 Abs. 2 Satz 2 SGB II einen Anspruch auf Sozialgeld (§ 19 Abs. 1 Satz 2 SGB II[13]) für den (dauerhaft) nicht erwerbsfähigen Angehörigen des erwerbsfähigen Hilfebedürftigen aus und verweist diesen auf vorrangige **Leistungen der Grundsicherung im Alter und bei Erwerbsminderung** (§§ 41 ff. SGB XII). § 5 Abs. 2 Satz 2 SGB II erscheint damit für Leistungen zur Sicherung des Lebensunterhaltes als Ausnahmeregel zur Regelung des § 21 Satz 1 SGB XII, wonach Leistungen zur Sicherung des Lebensunterhaltes des SGB II nicht nur für Erwerbsfähige, sondern auch deren Angehörige vorrangig zu Leistungen des SGB XII sind.

6   § 5 Abs. 3 SGB II **ermächtigt** den Leistungsträger im Unterschied zu § 95 SGB XII nach dem Wortlaut („Leistungsberechtigte") und dem systematischen Zusammenhang mit § 5 Abs. 2 Satz 2 SGB II auch, **den nicht erwerbsfähigen Angehörigen** dazu aufzufordern, z.B. einen Antrag beim zuständigen Leistungsträger der Grundsicherung (des SGB XII) zu stellen und im Weigerungsfall diesen Antrag anstelle des Berechtigten selbst zu stellen; er erfasst so **alle Mitglieder der Bedarfsgemeinschaft**. Das gilt auch nach der redaktionellen Änderung des § 5 Abs. 2 Satz 2 SGB XII zum 01.01.2011. Zwar wurde der bis dahin gewählte Begriff des „Hilfebedürftigen" durch denjenigen des „Leistungsberech-

---

[7] Zur Historie der aufgehobenen §§ 190-206 SGB III (a.F.): *Henke/Eicher* in: Eicher/Schlegel, SGB III, vor §§ 190-206 Rn. 1 ff.
[8] *Brandts* in: Niesel, SGB III (2. Aufl. 2002), § 202 Rn. 3.
[9] *Knickrehm/Hahn* in: Eicher, SGB II, § 5 Rn. 29 f.
[10] Gesetz zur Fortentwicklung der Grundsicherung für Arbeitsuchende, BGBl I 2006, 1706.
[11] BT-Drs. 15/1516, S. 51 f.; dazu *Knickrehm/Hahn* in: Eicher, SGB II, § 5 Rn. 5 und 27 f.: verfahrensmäßige Absicherung des Nachrangs, kritisch *Spellbrink*, SozSich 2004, 164 ff.
[12] Deutlich *Spellbrink*, SozSich 2004, 166; *G. Becker/Spellbrink* in: Eicher, SGB II, § 7 Rn. 134.
[13] Seit dem 01.01.2011 findet sich die dem früheren § 28 Abs. 1 Satz 1 SGB II (a.F.) entsprechende Regelung für das Sozialgeld in § 19 Abs. 1 Satz 2 SGB II als Teil der einheitlichen Regelung der Leistungen des SGB II. Eine inhaltliche Änderung ist damit nicht verbunden (BT-Drs. 17/3404, S. 97).

tigten" ersetzt. Dieser erfasst auch den nicht erwerbsfähigen sozialgeldberechtigten Angehörigen. Das ergibt sich aus der Differenzierung des SGB II. Wie § 3 SGB II (n.F.) zeigt, kennt es sowohl den **Leistungsberechtigten** und den **erwerbsfähigen Leistungsberechtigten**.[14]

Neben Ansprüchen nach dem SGB XII sind für § 5 SGB II praktisch relevante Ansprüche solche auf **Renten aus der Gesetzlichen Rentenversicherung,** Ansprüche aus dem Bundesausbildungsförderungsgesetz (**BAföG**) sowie auf **Krankengeld**. 7

Abweichend zu § 95 SGB XII ist in § 5 Abs. 3 Satz 1 SGB II aus § 202 Satz 1 SGB III (a.F.) das **Erfordernis** übernommen worden, den **Berechtigten vor Ausübung des Antragsrechts** durch den Leistungsträger **erfolglos zur Antragstellung aufzufordern**. Streitig ist dabei die schon zu § 202 SGB III (a.F.) unterschiedlich beantwortete Frage, ob die **notwendige Aufforderung** als **Verwaltungsakt** zu qualifizieren ist[15] und ob schon die **Aufforderung im Ermessen** des Leistungsträgers steht.[16] Das Erfordernis, den Leistungsberechtigten zur Antragstellung aufzufordern, provoziert schließlich die Frage, ob die Aufforderung des SGB-II-Trägers **Rechtmäßigkeitsvoraussetzung für die Leistungsgewährung des dann angegangenen Sozialleistungsträgers** ist.[17] 8

Der **Antrag an den zuständigen Leistungsträger** steht schon nach dem Wortlaut des § 5 Abs. 3 Satz 1 SGB II im **Ermessen** des SGB-II-Trägers.[18] Die **Rechtsstellung** des Trägers der Grundsicherung für Arbeitsuchende nach Stellung des Antrages nach § 5 Abs. 3 Satz 2 SGB II ist die einer Person, die fremde Rechte im eigenen Namen beantragt, denn der Leistungsberechtigte bleibt **Inhaber des Anspruchs**.[19] Er ist deshalb in einem Klageverfahren um die Leistung **notwendig beizuladen**.[20] Ebenso wie in § 95 Satz 3 SGB XII bestimmt § 5 Abs. 3 Satz 2 SGB II, dass der Ablauf von Rechtsbehelfs- und Rechtsmittelfristen, die ohne Verschulden des Grundsicherungsträgers verstrichen sind, nicht gegen diesen wirkt. Dies betrifft nicht den **Fall der unterbliebenen Antragstellung**, denn bei dieser handelt es sich nicht um den „Ablauf einer Frist", gerade wenn der Antrag materiell-rechtliche Anspruchsvoraussetzung ist.[21] 9

3. AsylbLG

Das AsylbLG kennt **keine § 95 SGB XII entsprechende Vorschrift**. Die §§ 7 Abs. 3 und 8 Abs. 1 AsylbLG („Einkommen und Vermögen" und „Leistungen bei Verpflichtungen Dritter"), die eine entsprechende Vorschrift erwarten lassen, enthalten keine vergleichbare Befugnis. § 7 Abs. 3 AsylbLG ermächtigt bei bestehenden Ansprüchen gegen Dritte nur zur Anspruchsüberleitung entsprechend § 93 SGB XII. § 9 Abs. 2 AsylbLG stellt klar, dass Leistungen anderer durch das AsylbLG nicht berührt werden. Eine **entsprechende Heranziehung des § 95 SGB XII im AsylbLG verbietet sich**. Die dem § 9 Abs. 2 AsylbLG systematisch folgenden § 9 Abs. 3 und 4 AsylbLG erklären bestimmte Vorschriften des SGB X[22] und SGB XII (§ 118 SGB XII) für entsprechend anwendbar. Zu diesen gehört § 95 10

---

[14] *Knickrehm/Hahn* in: Eicher, SGB II, § 5 Rn. 27.
[15] *Knickrehm/Hahn* in: Eicher, SGB II, § 5 Rn. 32 ff.; für die Qualität eines Verwaltungsaktes: LSG NRW v. 01.02.2010 - L 19 B 371/09 AS ER - juris Rn. 6; offen gelassen, LSG Sachsen-Anhalt v. 12.01.2009 - L 5 B 284/08 AS ER - NZS 2010, 59 ff.
[16] Bejahend: LSG NRW v. 01.02.2010 - L 19 B 371/09 AS ER - juris Rn. 9; LSG Hessen v. 24.05.2011 - L 7 AS 88/11 B ER Rn. 21 - juris; *Luthe* in: Hauck/Noftz, SGB II, § 5 Rn. 158; *Armborst* in: LPK-SGB II, § 5 Rn. 49 unter Berufung auf LSG NRW v. 12.06.2012 - L 7 AS 916/12 B ER.
[17] Nach *Knickrehm/Hahn* in: Eicher, SGB II, § 5 Rn. 36 kann in Konsequenz von BSG v. 19.12.1991 - 12 RK 24/90 - BSGE 70, 72, 76 der angegangene Sozialleistungsträger gehalten sein, einen Antrag abzulehnen. Das BSG hält dabei den im Wege des § 91a BSHG angegangenen Sozialleistungsträger für befugt, die beantragte Feststellung auch deshalb abzulehnen, „weil die Voraussetzungen des § 91a BSHG nicht erfüllt sind". Zu den Rechtsfolgen der Nichtbefolgung einer solchen Aufforderung *Knickrehm/Hahn* in: Eicher, SGB II, § 5 Rn. 37 und LSG Sachsen-Anhalt v. 12.01.2009 - L 5 B 284/08 AS ER - NZS 2010, 59 ff.
[18] *Knickrehm/Hahn* in: Eicher, SGB II, § 5 Rn. 35; *Luthe* in: Hauck/Noftz, SGB II, § 5 Rn. 158; *Meyerhoff* in: jurisPK-SGB II, § 5 Rn. 94.
[19] *Knickrehm/Hahn* in: Eicher, SGB II, § 5 Rn. 38 unter Berufung auf BSG v. 04.08.1981 - 5a/5 RKn 6/80 - USK 81295; *Luthe* in: Hauck/Noftz, SGB II, § 5 Rn. 168.
[20] *Knickrehm/Hahn* in: Eicher, SGB II, § 5 Rn. 38; BSG v. 04.08.1981 - 5a/5 RKn 6/80 - USK 81295 S. 1299 f.; *Luthe* in: Hauck/Noftz, SGB II, § 5 Rn. 168.
[21] *Knickrehm/Hahn* in: Eicher, SGB II, § 5 Rn. 40 unter Berufung auf BSG v. 08.02.2007 - B 7a AL 36/06 R - juris.
[22] Zur Anwendbarkeit des § 44 SGB X im AsylbLG über § 9 Abs. 3 AsylbLG: BSG v. 17.06.2008 - B 8 AY 5/07 R - SozR 4-3520 § 9 Nr. 1 Rn. 12 f.

SGB XII nicht. Diese Anordnung hat erkennbar abschließenden Charakter, das Schweigen des Gesetzgebers zu § 95 SGB XII ist ein beredtes.

4. GSiG

11 Das bis zum 31.12.2004 geltende Gesetz über eine bedarfsorientierte Grundsicherung im Alter und bei Erwerbsminderung (GSiG)[23] kannte **keine dem § 95 SGB XII (§ 91a BSHG) vergleichbare Vorschrift**. Es enthielt überhaupt kein gesetzliches Instrumentarium zur Herstellung eines gesetzlichen Nachranges.[24] Eine **analoge Heranziehung des § 91a BSHG** war nicht gerechtfertigt. § 3 Abs. 2 GSiG verwies nur auf die Regelungen des BSHG zum Einsatz von Einkommen und Vermögen (§§ 76-88 BHSG) und die dazu ergangenen Rechtsverordnungen. Schon diese explizite Benennung einzelner Vorschriften stand einer **entsprechenden Anwendung weiterer Vorschriften des BSHG** entgegen. Aus den Pflichten des § 5 und § 7 GSiG, wonach der Träger der Rentenversicherung verpflichtet ist, den Leistungsberechtigten auf den Antrag nach GSiG hinzuweisen bzw. ein Antragsformular auszuhändigen sowie aus der Pflicht zur Zusammenarbeit zwischen Renten- und Grundsicherungsträger zur Gewährleistung der Grundsicherungsleistungen (§ 7 GSiG) lässt sich zudem erkennen, dass der Gesetzgeber von der typischen Situation ausging, dass ein erforderlicher Antrag für das Recht auf Rente ohne Zutun des Grundsicherungsträgers gestellt wird[25]. Es galt (nur) den notwendigen Antrag auf (ergänzende) Leistungen der Grundsicherung zu sichern. Das GSiG hielt zu diesem Zweck nur **Beratungs- und Informationspflichten** zugunsten des Leistungsberechtigten für beide Träger bereit. Dagegen ermöglichte § 91a BSHG dem Träger der Sozialhilfe für Personen, die um Leistungen der Sozialhilfe nachsuchten oder die bislang Leistungen der Sozialhilfe bezogen, den nach § 1 GSiG erforderlichen Antrag für die der Sozialhilfe gegenüber vorrangigen Leistungen[26] nach dem GSiG zu stellen[27].

12 Der Verzicht auf Regelungen zur Herstellung des Nachrangs rechtfertigte sich schließlich für das GSiG aus seiner **von der Sozialhilfe abweichenden Zwecksetzung**, wonach eine **Bedarfsorientierung**, aber keine vollständige Bedarfsdeckung erfolgen sollte.

5. § 97 SGB VIII

13 Die Vorschrift entspricht § 95 SGB XII. Auch diese Regelung soll der **Sicherung des Nachranges** (der Jugendhilfe) und zugleich der **schnelleren Realisierung von Erstattungsansprüchen** dienen.[28] Während Erstattungsvorschriften nur für bereits erbrachte Leistungen eine Erstattung erlauben, ermöglicht § 97 SGB VIII **die Feststellung der (Sozial-)Leistungspflicht in die Zukunft gerichtet sowie die Stellung des erforderlichen Antrages** bereits dann, wenn der Träger der Jugendhilfe eine positive Entscheidung getroffen, aber noch keine Leistungen tatsächlich erbracht hat.[29] Für eine **gerichtliche Feststellung im Wege des Insichprozesses** wird ein ausreichendes Feststellungsinteresse nicht gesehen, wenn für den Jugendhilfeträger und den auf Feststellung in Anspruch genommenen Träger – wie in der Praxis häufig bei kommunalen Gebietskörperschaften – eine gemeinsame Entscheidungsspitze besteht.[30] Das **Feststellungsverfahren kann neben dem Erstattungsverfahren** betrieben werden. **Fristen**, die der Träger selbst in Lauf gesetzt hat, muss er beachten, dagegen nicht solche, die **ohne sein Verschulden** verstrichen sind, weil er von der Anspruchsberechtigung noch nichts wissen konnte oder einen ablehnenden Bescheid nicht kannte.[31]

---

[23] Vom 26.06.2001, BGBl I 2001, 1310, 1335, in Kraft seit dem 01.01.2003.

[24] *Schoch* in: LPK-GSiG, § 2 Rn. 17.

[25] Entsprechende Beratungs- und Informationspflichten liegen beim Träger der Kranken- und Rentenversicherung, vgl. die §§ 14-16 SGB I und insbesondere § 115 Abs. 6 SGB VI für die Rente nach SGB VI und den Träger der Rentenversicherung.

[26] *Schoch*, info also 2002, 243, 244.

[27] *Schoch*, info also 2002, 243, 244 f. auch zu kommunalverfassungsrechtlichen Bedenken eines solchen „Insichgeschäfts", wenn der Sozialhilfeträger auch Grundsicherungsträger ist; zum Insichgeschäft BSG v. 26.01.2000 - B 13 RJ 37/98 R - SozR 3-5910 § 91a Nr. 7 S. 39 f. (für den Rentenantrag des Sozialamtes einer kreisfreien Stadt, gerichtet an ein in sie eingegliedertes Versicherungsamt; zum Insichprozess auch schon BVerwG v. 06.11.1991 - 8 C 10.90 - FEVS 42, 221, 223.

[28] *Schindler* in: Frankfurter Kommentar zum SGB VIII, § 97 Rn. 1.

[29] *Schindler* in: Frankfurter Kommentar zum SGB VIII, § 97 Rn. 2.

[30] *Schindler* in: Frankfurter Kommentar zum SGB VIII, § 97 Rn. 4.

[31] *Schindler* in: Frankfurter Kommentar zum SGB VIII, § 97 Rn. 6 f. m.w.N.

6. § 27i BVG

Mit § 27i ist mit Gesetz vom 04.11.1982[32] mit Wirkung zum 01.07.1983 für die **Träger der Kriegs-** **opferfürsorge** im Gesetz über die Versorgung der Opfer des Krieges –Bundesversorgungsgesetz (BVG) eine mit § 95 SGB XII identische Regelung eingeführt worden[33]. 14

IV. Systematische Zusammenhänge

§ 95 SGB XII steht – wie die §§ 93 und 94 SGB XII – **im inhaltlich-systematischen Zusammenhang** **mit § 2 SGB XII und den Vorschriften, die die Bedürftigkeit von Hilfesuchenden bestimmen** (vgl. dazu bereits die Kommentierung zu § 93 SGB XII Rn. 16 ff.). Er ist eines der Instrumente zur **Herstellung des Nachranges der Sozialhilfe**[34] (neben den §§ 93, 94 SGB XII). Im Unterschied zu diesen Vorschriften steht er daneben aber auch im Dienst der **Vorschriften über die Erstattung** zwischen den Trägern von Sozialleistungen (vor allem die §§ 102 ff. SGB X). Damit dient er unmittelbar der Herstellung des gesetzlichen (Nach-)Rangverhältnisses zwischen Trägern von Sozialleistungen, dagegen nicht im Verhältnis zu privaten Dritten.[35] In dieser Zielrichtung ergänzt er die §§ 93 und 94 SGB XII. Erkennbar wird die Verknüpfung mit den Erstattungsvorschriften daran, dass nach dem Tatbestand nur der **erstattungsberechtigte Leistungsträger** die Feststellung von Sozialleistungen betreiben kann. Die damit unmittelbar in Bezug genommenen **Vorschriften über die Erstattung von Sozialleistungen, z.B. nach den §§ 102 ff. SGB X** bestimmen selbst nicht die Verteilung leistungsrechtlicher Verpflichtungen im Verhältnis der Leistungsträger. Diese wird vom **materiellen Sozialrecht**, damit auch dem SGB XII, vorgegeben[36]: Zu den „Verpflichtungen anderer", die nach § 2 Abs. 1 Satz 1 SGB XII von den Sozialhilfeleistungen unberührt bleiben, gehören im gegliederten System und Nebeneinander von (unterschiedlichen) Sozialleistungen auch andere Sozialleistungen. Diese Vorstellung liegt dem Gebot des § 2 Abs. 2 Satz 2 SGB XII zugrunde, wonach auf Rechtsvorschriften beruhende Leistungen[37] nicht deshalb versagt werden dürfen, weil (auch) nach dem Recht der Sozialhilfe Leistungen vorgesehen sind. § 83 SGB XII bestätigt das indirekt, indem er im Rahmen der Ermittlung der Hilfebedürftigkeit (nur) bestimmte, auf öffentlich-rechtlichen Vorschriften beruhende, tatsächlich erbrachte Leistungen von der Berücksichtigung ausnimmt. 15

Die Herstellung des Rang- und damit Nachrangverhältnisses zwischen dem (vorleistenden) Träger der Sozialhilfe und den Trägern der übrigen Sozialleistungen kann **für erbrachte Leistungen** nicht im Wege einer Überleitung solcher Ansprüche des Leistungsberechtigten auf den Träger der Sozialhilfe und ihrer Durchsetzung nach § 93 SGB XII erfolgen. Dessen Absatz 1 Satz 1 nimmt die Ansprüche gegen Träger von Sozialleistungen nach § 12 SGB I explizit von der Überleitung aus (vgl. dazu die Kommentierung zu § 93 SGB XII Rn. 50 f.).[38] Für die **Herstellung des Rang- und Nachrangverhältnisses** zugunsten des Trägers der Sozialhilfe für **erbrachte Leistungen**[39] im Verhältnis zu anderen Sozialleistungsträgern sieht das SGB X vielmehr das Instrument der **Erstattung**[40] vor; für die Sozialhilfe erfolgt 16

---

[32] BGBl I 1982, 1450.

[33] *Dau* in: Knickrehm, Gesamtes Soziales Entschädigungsrecht, § 27i BVG Rn. 1; Maßgebliche Auslegungsgrundsätze dazu bei: BSG v. 28.04.1999 - B 9 V 8/98 R - BSGE 84, 61 ff.

[34] *Decker* in: Oestreicher, SGB II/SGB XII, § 95 Rn. 4 unter Berufung auf BSG v. 19.12.1991 - 12 RK 24/90 - BSGE 70, 72, 78; BSG v. 22.04.1998 - B 9 VG 6/96 R - BSGE 82, 112, 117.

[35] So aber die §§ 93 und 94 SGB XII.

[36] *Roos* in: von Wulffen/Schütze, SGB X, vor § 102 Rn. 3 f. und Rn. 10: Erstattungsansprüche hängen inhaltlich vom Leistungsanspruch des Berechtigten ab, setzen in ihrem Bestehen regelmäßig Leistungsansprüche voraus.

[37] Nach überwiegender Meinung werden, obwohl die entsprechende Einschränkung des § 2 Abs. 2 Satz 2 BSHG, wonach nur Leistungen erfasst waren, auf die kein Anspruch besteht, geändert wurde, durch Absatz 2 Satz 2 nur Ermessensleistungen erfasst; die Auffassung erscheint nach Sinn und Zweck zutreffend. Leistungen, auf die ein Anspruch besteht, können nicht mit Erwägungen abgelehnt werden, es bestünden gleichzeitig Ansprüche auf Sozialhilfeleistungen, nur bei eingeräumten Ermessen können solche Erwägungen überhaupt in Betracht kommen; *Wahrendorf* in: Grube/Wahrendorf, SGB XII, § 2 Rn. 41; *Armborst* in: LPK-SGB XII, § 2 Rn. 32; *Fichtner* in: Fichtner/Wenzel, SGB XII, § 2 Rn. 28 f.; zur Altfassung des § 2 Abs. 2 Satz 2 BSHG, *Schellhorn* in: Schellhorn, BSHG, 16. Aufl. 2002, § 2 Rn. 51 f.

[38] Missverständlich insoweit *Wolf* in: Fichtner/Wenzel, SGB XII, § 95 Rn. 1, wonach die Regelung darauf abzielt, eine Grundlage für die Überleitung nach § 93 SGB XII zu geben.

[39] Der Erstattungsanspruch kann dabei schon geltend gemacht werden, bevor die Sozialleistung erbracht worden ist, also auch für künftig wiederkehrende Ansprüche, so *Roos* in: von Wulffen/Schütze, SGB X, vor § 102 Rn. 5 unter Berufung auf BSG v. 25.06.1964 - 4 RJ 89/62 - BSGE 21, 157, 158.

[40] *Schelter/Schiefer* in: Oestreicher, SGB II/SGB XII, § 2 Rn. 29.

sie praktisch meistens nach § 104 SGB X.[41] Hat danach ein **nachrangig verpflichteter** Leistungsträger Sozialleistungen erbracht und ist der Anspruch des Leistungsberechtigten auf die Leistungen nicht nachträglich ganz oder teilweise entfallen (§ 103 SGB X), ist der **Leistungsträger erstattungspflichtig**, gegen den der Leistungsberechtigte **vorrangig** einen Anspruch hat(te), soweit dieser Leistungsträger nicht bereits selbst geleistet hat, bevor er von der Leistung des anderen (nachrangigen) Leistungsträgers Kenntnis erlangt hat.

17 Der Träger der Sozialhilfe kann mit § 95 SGB XII **statt oder neben Erstattungsansprüchen (vor allem die §§ 102 ff., 104 SGB X)** die **Feststellung** der Leistungspflicht des vorrangig verpflichteten Leistungsträgers für die bereits erbrachten Leistungen geltend machen. **Erstattungsansprüche** und die Befugnis des **§ 95 SGB XII** stehen so grundsätzlich **gleichrangig** nebeneinander (zur Frage der gleichzeitigen gerichtlichen Geltendmachung beider Ansprüche, vgl. Rn. 109). Gerade im Hinblick auf **laufende und künftige Sozialleistungsansprüche** ist der Begriff der Feststellung **weit**, d.h. auch im Sinne der Durchsetzung des Leistungsanspruchs **zu verstehen** (vgl. dazu Rn. 73 ff.).

18 Die das Erstattungsverfahren prägende **Erfüllungsfiktion des § 107 SGB X** hindert das Verfahren nach § 95 SGB XII nicht, hat **aber Konsequenzen für die Rechtsnatur und Funktion des § 95 SGB XII, damit auch seine Auslegung und Anwendung**. Nach § 107 Abs. 1 SGB X gilt durch die Leistung des Trägers der Sozialhilfe an den Leistungsberechtigten bei gleichzeitig bestehender vorrangiger Leistungspflicht eines anderen Trägers von Sozialleistungen (z.B. Rententräger) der Anspruch des Leistungsberechtigten gegen diesen Träger von Sozialleistungen im Umfang der Sozialhilfeleistungen als erfüllt (Erfüllungsfiktion).[42] Diese **Erfüllungsfiktion** tritt kraft Gesetzes und unabhängig davon ein, ob der Erstattungsanspruch vom berechtigten Träger geltend gemacht wird.[43] Sie **wirkt zunächst im Verhältnis des Leistungsberechtigten zum vorrangig verpflichteten Träger**. Der Berechtigte kann die Leistung von diesem nicht noch einmal verlangen. Sie wirkt auch **im Verhältnis zu Dritten**, die auf die Sozialleistung zugreifen könnten.[44] Gleichwohl stellt sie für die Entscheidung des im Wege des § 95 SGB XII vom Sozialhilfeträger angegangenen anderen Sozialleistungsträgers kein verfahrensrechtliches Hindernis dar. Dies wird schon durch die gesetzliche Fiktion der Erfüllung selbst deutlich („gilt ... als erfüllt"), die sich von § 362 Abs. 1 BGB unterscheidet.[45] Zudem geht mit der Bezugnahme auf den Sozialhilfeträger als Erstattungsberechtigter § 95 SGB XII selbst seinem Wortlaut nach davon aus, dass die Feststellung nach § 95 SGB XII auch für Zeiträume, für die ein Erstattungsanspruch besteht, gerade nicht durch die Erfüllungsfiktion verhindert wird. Eine Erfüllungswirkung nach § 107 SGB X, die eine Feststellung i.S.v. § 95 SGB XII sperren würde, liefe aus Sicht des BSG auf einen Zirkelschluss hinaus und ließe den § 95 SGB XII ins Leere laufen.[46] Diese letztere Einschätzung erscheint etwas zu pauschal. Wenn die Erfüllungswirkung für schon erbrachte Leistungen schon eine Feststellung nach § 95 SGB XII sperren würde, bliebe der Anwendungsbereich, soweit der Träger der Sozialhilfe für berechtigt angesehen wird, auch für zukünftige Leistungen das Verfahren zu betreiben, auf die Verfolgung aus Anlass künftiger Leistungen beschränkt. Es verbliebe also ein **Anwendungsbereich für § 95 SGB XII**. Dieser wäre allerdings nur ein Instrument für den Träger der Sozialhilfe, seine künftige Leistungspflicht zu verhindern, indem für den Leistungsberechtigten vorrangige Sozialleistungsansprüche zur Realisierung gebracht werden sollen. Seinen Erstattungsanspruch für bereits erbrachte Leistungen könnte er dagegen damit nicht sichern.

19 Das BSG weist mit seiner Erkenntnis, dass die Erfüllungsfiktion den Anwendungsbereich des § 95 SGB XII entgegen seinem Sinn und Zweck beschränken könnte, aber auf eine gewisse logische Unstimmigkeit in der Gesetzessystematik hin, die sich aus der **Gesetzesgeschichte** erklärt. § 95 SGB XII übernimmt – wie schon die Vorgängervorschrift des § 91a BSHG – die Regelung des § 1538 RVO mit wenigen Modifizierungen (vgl. dazu bereits Rn. 2). Zwar stellte § 1531 RVO eine dem § 104 SGB X entsprechende Vorschrift dar, die dem Träger der Sozialhilfe einen eigenständigen Erstattungsanspruch für den Fall der Leistungserbringung gegen die Träger der Sozialversicherung gewährte.[47] Die-

---

[41] BSG v. 22.04.1998 - B 9 VG 6/96 R - BSGE 82, 112, 115 unter Berufung auf die „Systemsubsidiarität der Sozialhilfe" (noch zum BSHG); *Roos* in: von Wulffen/Schütze, SGB X, § 104 Rn. 2 f.
[42] BSG v. 22.04.1998 - B 9 VG 6/96 R - BSGE 82, 112, 113; zur Funktion des § 107 SGB X: Decker in: Oestreicher, SGB II/SGB XII, § 95 Rn. 8; *Roller* in: von Wulffen/Schütze, SGB X, § 107 Rn. 2.
[43] BSG v. 29.04.1997 - 8 RKn 29/95 - SozR 3-1300 § 107 SGB X Nr. 10 S. 13 f.
[44] *Böttiger* in: LPK-SGB X, § 107 Rn. 6.
[45] Dazu *Roller* in: von Wulffen/Schütze, SGB X, § 107 Rn. 7.
[46] BSG v. 26.01.2000 - B 13 RJ 37/98 R - SozR 3-5910 § 91a Nr. 7 S. 34.
[47] Dazu *v. Maydell*, ZfS 1965, 122 f. m.w.N.

ser mit Leistungserbringung entstehende **Erstattungsanspruch ließ den Anspruch des Leistungsberechtigten** gegen den Sozialversicherungsträger nach den gesetzlichen Vorschriften aber **unberührt**.[48] Eine Erfüllung bzw. eine Erfüllungsfiktion war gesetzlich nicht geregelt. Dies erklärt die (unkritische) Haltung des § 1538 RVO zu dem Schicksal des Leistungsanspruchs. Blieb dieser auch bei Bestehen eines Erstattungsanspruchs in seiner Existenz unberührt, konnte ihn der Träger der Sozialhilfe mit § 1538 RVO auch für den Zeitraum geltend machen, in dem der Erstattungsanspruch schon entstanden war. Um eine doppelte Inanspruchnahme des Sozialversicherungsträgers – und sei es durch klageweise Inanspruchnahme von Seiten des leistungsberechtigten Versicherten, auch nachdem der Erstattungsanspruch bereits entstanden war – zu verhindern, wurden seinerzeit von Rechtsprechung und Literatur verschiedene Konstruktionen gewählt (besondere Verstrickung des Anspruchs auf Sozialversicherungsleistungen zugunsten des Trägers der Sozialhilfe, Belastung des Anspruchs zugunsten des erstattungsberechtigten Trägers, Unmöglichkeit der erneuten Leistungsgewährung für den verpflichteten Sozialleistungsträger aus tatsächlichen Gründen, Verfügungsbeschränkung über den Anspruch für den leistungsberechtigten Versicherten in Höhe des Erstattungsanspruchs[49]).

Demgegenüber **verknüpft § 107 SGB X seit seinem Inkrafttreten zum 01.07.1983 den Erstattungsanspruch des (vorleistenden) Leistungsträgers mit dem korrespondierenden Sozialleistungsanspruch** des Berechtigten. § 107 Abs. 1 SGB X misst mit seiner Anordnung, wonach der Anspruch des Berechtigten gegen den zur Leistung verpflichteten Leistungsträger als erfüllt gilt, soweit ein Erstattungsanspruch besteht, diesem Erstattungsanspruch bzw. außerhalb des § 103 SGB X[50] schon der diesen auslösenden Leistung des vorleistenden Trägers **Erfüllungswirkung** in Bezug auf den endgültigen Leistungsanspruch des Berechtigten zu[51]. Dieser darf die erhaltene Leistung als Leistung des – endgültig – verpflichteten Leistungsträgers behalten. Für den endgültig verpflichteten Leistungsträger begründet er im Verhältnis zum Leistungsberechtigten einen **Erfüllungseinwand**.[52]

Auf diese gesetzliche Anordnung des § 107 SGB X hat der Gesetzgeber aber weder für § 91a BSHG noch für die Nachfolgevorschrift des § 95 SGB XII mit einer entsprechenden Änderung reagiert. Dafür, dass sie weiterhin auch im Interesse der Sicherung eines (bereits entstandenen) Erstattungsanspruchs steht, spricht der beibehaltene Begriff der „Erstattungsberechtigung" sowie für § 91a BSHG die Entstehungsgeschichte.[53] Das **BSG** hat vor diesem Hintergrund die Auffassung vertreten, die **Erfüllungsfiktion des § 107 SGB X ändere** auch für bereits erbrachte Leistungen des Sozialhilfeträgers, deren Erstattung er sichern will, **nichts an seiner durch § 95 SGB XII begründeten Befugnis, die Leistung für den Berechtigten geltend zu machen**.[54] Die Literatur stimmt zu und hält teilweise für den Fall, dass schon ein Erstattungsanspruch entstanden ist, die Auszahlung der nach § 95 SGB XII festgestellten Leistung an den Träger für Sozialhilfe für möglich.[55] **Konsequenz des § 107 SGB X** ist jedoch, dass der Leistungsberechtigte in Höhe der den Erstattungsanspruch auslösenden (Vor-)Leistungen **materiell-rechtlich keinen Anspruch mehr** hat, den der Träger der Sozialhilfe noch als Leistungsanspruch gegen den Sozialleistungsträger nach § 95 SGB XII geltend machen kann. Dabei kann

---

[48] *v. Maydell*, ZfS 1965, 123.

[49] Vgl. dazu die Übersicht über die verschiedenen Lösungsansätze des BSG und die angebotene eigene Lösung im Weg einer Verfügungsbeschränkung, die *v. Maydell* gerade mit der Existenz des § 1538 RVO zu belegen versucht, in: ZfS 1965, 123.

[50] Nach § 103 SGB X entsteht der Erstattungsanspruch erst im Zeitpunkt des nachträglichen Wegfalls der ursprünglichen Leistungspflicht, dazu *Böttiger* in: LPK-SGB X, § 103 Rn. 40 und § 107 Rn. 4.

[51] BSG v. 23.06.1993 - 9/9a RV 35/91 - SozR 3-1300 § 112 Nr. 2 S. 6; *Becker* in: Hauck/Noftz, SGB X, § 107 Rn. 1 und 7a, betont, dass in der Sache nicht der Erstattungsanspruch, sondern die tatsächliche Erbringung der Vorleistung das entscheidende Kriterium ist.

[52] *Becker* in: Hauck/Noftz, SGB X, § 107 Rn. 8.

[53] Nach der Gesetzesbegründung wurde § 91a BSHG wegen der Streichung des § 1538 RVO eingefügt, BR-Drs. 526/80, S. 31, die Vorschrift knüpft daher auch in Zielrichtung an den aufgehobenen § 1538 RVO an, so unter Berufung auf die Gesetzesbegründung *Schellhorn* in: Schellhorn, BSHG, 16. Aufl., § 91a Rn. 2.

[54] BSG v. 22.04.1998 - B 9 VG 6/96 R - BSGE 82, 112, 115 f. allerdings unter Berufung auf die Rechtsprechung zum früheren Recht.

[55] Nach *Grube* in: Grube/Wahrendorf, SGB XII, § 95 Rn. 11 folgt aus § 107 SGB X lediglich, dass wegen bereits geleisteter Sozialhilfe die Zahlung an den Träger der Sozialhilfe erfolgt; so auch *Schaefer/Wolf*, BSHG, 16. Aufl., § 91a Rn. 8; nach *Decker* in: Oestreicher, SGB II/SGB XII, § 95 Rn. 8 unter Berufung auf das BSG, besteht schon deshalb keine Kollision mit § 107 SGB X, weil das Verfahren des § 95 SGB XII lediglich der Feststellung des Anspruchs dem Grunde nach und nicht auch schon der Gewährung der Leistung dient.

nicht darauf verwiesen werden, § 107 SGB X wirke nur im Verhältnis des Leistungsberechtigten zum Sozialleistungsträger (vgl. dazu bereits Rn. 20), denn ein eigenes Recht an dem Leistungsanspruch steht dem Träger der Sozialhilfe gerade nicht zur Verfügung. Er kann nur den Anspruch des Berechtigten im Verhältnis zum Sozialleistungsträger verfolgen. Angesichts der Wirkung des § 107 SGB X geht § 95 SGB XII hinsichtlich bereits erbrachter Leistungen demgemäß über die Begründung einer Prozessstandschaft für den Träger der Sozialhilfe hinaus. Er begründet für **Sozialleistungsansprüche**, die im Wege der Vorleistung bereits erfüllt sind, eine Antrags- und Anfechtungsbefugnis für abgelehnte Sozialleistungsansprüche und mit der Befugnis zur Feststellung eine **besondere Feststellungsklage mit dem Charakter einer Fortsetzungsfeststellungsklage (vergleichbar § 113 Abs. 1 Satz 4 VwGO)**. Gerechtfertigt wird dies durch die gewählte Verknüpfung und den Sachzusammenhang zu bestehenden Erstattungsansprüchen. Er **erlaubt** hingegen **nicht** die **Verfolgung des bereits erfüllten Leistungsanspruchs** im Wege der **Leistungsklage**.

22 Handelt es sich bei dem verfolgten Sozialleistungsanspruch um einen **Rentenanspruch**, erfasst die Erfüllungsfiktion des § 107 SGB X nicht das **Stammrecht auf Rente**, also den Rentenanspruch dem Grunde nach, sondern nur die daraus abzuleitenden Ansprüche des Rentenberechtigten auf Auszahlung seiner monatlichen Rente, die monatlich fällig werden[56] (vgl. zum Ganzen Rn. 105 ff.).

V. Ausgewählte Literaturhinweise

23 *Gerlach*, Erstattungsansprüche nach den §§ 102 ff. SGB X zwischen den Trägern der Sozialhilfe, den Trägern der Grundsicherung für Arbeitsuchende und anderen Leistungsträgern bei strittiger Erwerbsfähigkeit vor und nach dem Inkrafttreten des SGB II-Fortentwicklungsgesetzes, ZfF 2006, 241-251; *Giese*, Auswirkungen des Ersten und Zehnten Buches des Sozialgesetzbuches auf das verwaltungsrechtliche Sozialrecht, insbesondere auf das Sozialhilferecht, ZfSH/SGB 1988, 1-16; *Pscherer*, Arbeitslose und Rente, LVAMitt 2005, 154-182; *Schoch*, Zur Umsetzung des Grundsicherungsgesetzes, info also 2002, 243-247, *Spellbrink*, Dürfen Bezieher von Arbeitslosengeld II künftig vorzeitig in die Rente abgeschoben werden, SozSich 2004, 164-169; *Vogel*, Kann eine kreisfreie Stadt bei sich selbst einen Rentenantrag nach § 91a BSHG stellen?, SGb 1993, 355-356.

B. Auslegung der Norm

I. Regelungsgehalt und Bedeutung der Norm

24 § 95 SGB XII ermöglicht dem Träger der Sozialhilfe, die **Feststellung** einer **Sozialleistung** herbeizuführen, **ohne** selbst **Anspruchsinhaber** zu sein, und zu diesem Zweck auch **Rechtsmittel** einzulegen (Satz 1). Sind für die Feststellung der Sozialleistung des Anspruchsberechtigten nach den für die Leistung maßgeblichen Vorschriften **Fristen** zu beachten, so muss der Sozialhilfeträger diese nur gegen sich gelten lassen, wenn er sie vorwerfbar hat verstreichen lassen (Satz 2). Eine Ausnahme gilt dabei aber für die ihm durch das Verfahrensrecht auferlegten Fristen ab dem Moment, in dem der Sozialhilfeträger die **Feststellung** in dem dafür vorgesehenen Verfahren **selbst betreibt** (Satz 3).

II. Normzweck

25 § 95 SGB XII hat **zwei Zielrichtungen**:

26 Für **bereits erbrachte Leistungen** ermöglicht die Vorschrift dem (vor-)leistenden Träger der Sozialhilfe, seinen **Erstattungsanspruch** nicht nur zu sichern[57], sondern **aktiv die Voraussetzungen für seine Realisierung herbeizuführen**. Eine Realisierung des Erstattungsanspruchs erfolgt hingegen damit nicht, denn der Träger der Sozialhilfe kann – da der Anspruch beim Berechtigten verbleibt – **nicht** – quasi auf verkürztem Weg – die **Auszahlung an sich** verlangen[58]. Wegen der inhaltlichen Verknüpfung zwischen den Erstattungsansprüchen und Leistungsansprüchen kann nach überwiegender Ansicht in der Rechtsprechung ein (den Leistungsberechtigten) **bindender Verwaltungsakt oder ein rechtskräftiges Urteil** (gegenüber dem Leistungsberechtigten), in denen eine Leistungspflicht des auf Erstattung in Anspruch genommenen Trägers verneint worden ist, dem Sozialhilfeträger **im Erstattungs-**

---

[56] Ausgeführt zur Verrechnung von BSG v. 26.09.1991 - 4/1 RA 33/90 - SozR 3-1200 § 52 Nr. 2 S. 24 f. zur Unterscheidung Rentenstammrecht – Auszahlungsanspruch vgl. etwa BSG v. 09.12.1981 - 1 RJ 104/80 - BSGE 53, 8, 12

[57] So *Decker* in: Oestreicher, SGB II/SGB XII, § 95 Rn. 3; BSG v. 22.04.1998 - B 9 VG 6/96 R - BSGE 82, 112, 116.

[58] *Decker* in: Oestreicher, SGB II/SGB XII, § 95 Rn. 3.

streit entgegengehalten werden, es sei denn, der Bescheid ist offensichtlich unrichtig[59]. Für den Fall, dass der Sozialhilfeträger als Prozessstandschafter nach § 91a BSHG (entspricht § 95 SGB XII) die (vorrangige) **Sozialleistung** für den Berechtigten **zunächst beantragt**, den ablehnenden Bescheid dann aber bestandskräftig werden lässt, hat das BSG schließlich ausgeführt: „Der ersatzbegehrende Leistungsträger kann sich auf eine offensichtliche Unrichtigkeit der Bescheide jedenfalls dann nicht berufen, wenn er [...] als Sozialhilfeträger berechtigt war, das Verwaltungsverfahren für den Hilfeempfänger selbst zu betreiben, und dieses auch tatsächlich betrieben hat". Hat er den ablehnenden Bescheid bindend werden lassen, kann er nach dem Gebot der engen Zusammenarbeit gemäß § 86 SGB X eine nochmalige Überprüfung der Sachlage auch bei offensichtlicher Unrichtigkeit der bisherigen Leistungsablehnung im Erstattungsverfahren nicht verlangen.[60] **Im Zweifel** wird der Sozialhilfeträger daher zur Sicherung seiner Erstattungsansprüche gut beraten sein, die **Bestandskraft ablehnender Entscheidungen** zu verhindern.

Er ermöglicht zudem einem erstattungsberechtigten und damit nachrangig zuständigen Träger der Sozialhilfe, **bestehende** und **zukünftige vorrangige Ansprüche** des Betreffenden **selbst zu realisieren** und dadurch im Ergebnis für die Zukunft die **eigene Leistungspflicht zu beenden** und eine Erstattung obsolet werden zu lassen. 27

Für beide Zielrichtungen gestattet § 95 SGB XII u.a., auch lediglich die **Feststellung vorrangiger Sozialleistungen** für den Berechtigten herbeizuführen. Unter der Herrschaft des **Vorranges des Gesetzes** (Art. 20 Abs. 3 GG) bewirkt regelmäßig auch allein die **verbindliche Feststellung einer Anspruchsberechtigung** für eine Sozialleistung, dass diese vom zuständigen Träger zumindest ab der Feststellung auch ohne Vollstreckung dem Berechtigten gewährt wird. Aufgrund des erstrittenen Titels kann der Sozialhilfeträger zumindest das Erstattungsverfahren einleiten und bei der Durchsetzung des Erstattungsanspruchs auf die feststellende Entscheidung verweisen. 28

III. Tatbestandsmerkmale

1. Träger der Sozialhilfe

Die durch § 95 SGB XII verliehene Ermächtigung steht nur dem **Träger der Sozialhilfe** zu, soweit er erstattungsberechtigt ist (vgl. sogleich Rn. 31 ff.). 29

§ 3 Abs. 1 SGB XII benennt als für die (hoheitliche) Aufgabe der Sozialhilfe verantwortliche **Träger der Sozialhilfe** die **örtlichen** und **überörtlichen** Träger. **Örtliche Träger** sind – soweit die landesrechtliche Ausgestaltung keine abweichende Regelung trifft[61] – die kreisfreien Städte und die Kreise jeweils als Gesamtkörperschaften[62] (**§ 3 Abs. 2 Satz 1 SGB XII**). Die **überörtlichen Träger der Sozialhilfe** werden nach § 3 Abs. 3 SGB XII durch das Landesrecht bestimmt.[63] Die allgemeine Aufgabenzuweisungsnorm wird ergänzt durch die Vorschriften über die sachliche Zuständigkeit nach § 28 Abs. 2 SGB I sowie § 97 SGB XII und für die örtliche Zuständigkeit die Vorschriften des SGB XII (§ 98 SGB XII). 30

2. Erstattungsberechtigung

Die Feststellungsbefugnis wird nur **dem erstattungsberechtigten Träger** der Sozialhilfe durch § 95 SGB XII eingeräumt, damit verweist der Gesetzestext auf das weitere Tatbestandsmerkmal der **Erstattungsberechtigung**. 31

Wird nur der **erstattungsberechtigte** Träger der Sozialhilfe ermächtigt, die Feststellung von Leistungen zu betreiben, spiegelt sich in dem Merkmal die eine **Funktion der Regelung** wider, die **Erstattung zu sichern** und vorrangige Ansprüche gegen andere Sozialleistungsträger – möglichst ohne Vollstreckung – zu realisieren, indem sie verbindlich festgestellt werden (vgl. Rn. 25). § 95 SGB XII definiert nicht, wann eine Erstattungsberechtigung vorliegt, setzt sie vielmehr voraus. Eine **Erstattungsberechtigung** kann sich aus den systematisch nahestehenden Regelungen des **SGB XII**, anderen spe- 32

---

[59] Näher *Gmati* in: jurisPK-SGB X, § 105 Rn. 64; zuletzt i.S.d. Auffassung: LSG Baden-Württemberg v. 18.07.2013 - L 6 U 2895/11 - juris Rn. 25 m.w.N.
[60] BSG v. 12.05.1991 - B 7 AL 74/98 R - juris Rn. 17 - BSGE 84, 80 ff.
[61] Zur Öffnungsklausel: *Schiefer* in: Oestreicher, SGB II/SGB XII, § 3 Rn. 16.
[62] Zu den daraus folgenden Konsequenzen: *Münder* in: LPK-SGB XII, § 3 Rn. 9.
[63] Überörtliche Träger können dabei je nach Landesrecht sein: das Land selbst, besondere Kommunalverbände, Wohlfahrtsverbände; sehr guter tabellarischer Überblick über die einzelnen landesrechtlichen Ausgestaltungen (bis auf Berlin) bei: *Schiefer* in: Oestreicher, SGB II/SGB XII, § 3 Rn. 24.

zialgesetzlichen Regelungen oder den allgemeinen Vorschriften des Dritten Kapitels, Zweiter Abschnitt des **SGB X**, der §§ 102 ff. SGB X, ergeben (vgl. dazu Rn. 15 ff.). Eine Beschränkung allein auf die Vorschriften des SGB X ist dagegen nach Wortlaut und Sinn und Zwecke nicht gerechtfertigt. Die **Erstattungsberechtigung** für den Träger der Sozialhilfe kann sich schließlich auch aus Spezial- oder Sondervorschriften (LAG) ergeben.[64]

33 Erstattungsberechtigte i.S.d. § 95 SGB XII sind die Träger der Sozialhilfe hingegen nicht hinsichtlich der **Kostenerstattung nach den §§ 106-108 SGB XII**. Diese Vorschriften stehen im Zusammenhang mit den **Vorschriften** zur **örtlichen Zuständigkeit**. Gemäß § 98 Abs. 1 SGB XII bestimmt sich diese grundsätzlich nach dem tatsächlichen oder gewöhnlichen Aufenthalt des Leistungsberechtigten. Vorleistungspflichten und Eilzuständigkeiten sind für näher bestimmte Fälle vorgesehen. Die Regelungen der §§ 106 ff. SGB XII konstituieren daran anknüpfend **Erstattungspflichten zwischen den Sozialhilfeträgern**, so, wenn diese aufgrund der Sonderregelungen vorläufig oder im Wege der Eilzuständigkeit für einen Aufenthalt in einer stationären Einrichtung Hilfe geleistet haben (§ 106 Abs 1 SGB XII i.V.m. § 98 Abs. 2 Satz 3 SGB XII) oder im unmittelbaren Anschluss an einen solchen Aufenthalt (§ 106 Abs. 3 SGB XII) leisten, darüber hinaus, wenn ein Kind oder ein Jugendlicher in einer anderen Familie oder bei anderen Personen als bei seinen Eltern oder bei einem Elternteil untergebracht ist (§ 107 SGB XII mit Verweis auf die §§ 98 Abs. 2 und 106 SGB XII) und bei Einreise aus dem Ausland ohne einen gewöhnlichen Aufenthalt im In- oder Ausland (§ 108 SGB XII). Eine **Kostenerstattung zwischen den örtlichen Trägern der Sozialhilfe** ist in diesen Fällen **nicht deshalb eröffnet, um den Nachrang der Sozialhilfe herzustellen**. Die verschiedenen Sozialhilfeträger stehen insoweit gleichrangig nebeneinander. Die Erstattung ist vorgesehen, um eine vom Gesetz in diesen Fällen als unbillig angesehene Belastung einzelner Sozialhilfeträger zu vermeiden, so z.B. für den praktisch häufigen Fall, dass in ihrem örtlichen Zuständigkeitsbereich sich vermehrt oder im Vergleich zu anderen sogar geballt (attraktive) Einrichtungen befinden (sog. **Sonderlastenausgleich**).[65] Die Erstattungsvorschriften sichern so bei Unklarheit über die örtliche Zuständigkeit eine gleichwohl schnelle Leistungsgewährung an den Einzelnen, indem sie einen reibungslosen Kostenausgleich zwischen den beteiligten Sozialhilfeträgern ohne Beteiligung des Leistungsberechtigten festlegen.[66] Mit einer daran anknüpfenden Feststellung der Leistungspflicht für die Zukunft würden **nicht der Nachrang der Sozialhilfe hergestellt**, sondern örtliche Zuständigkeiten im Verhältnis der Träger der Sozialhilfe fiskalisch durchgesetzt. Auf § 105 SGB X kann sich der „vorleistende Träger" schließlich in diesen (Sonder-)Fällen zur Begründung seiner Erstattungsberechtigung nicht ersatzweise berufen, denn er hat in den Fällen der §§ 106 ff. SGB XII nicht als „unzuständiger Träger" geleistet. Die Heranziehung des § 95 SGB XII entspricht in diesen Fällen zudem **nicht Sinn und Zweck** der damit eröffneten Befugnis. Als Instrument zur **Sicherung des Kostenerstattungsanspruchs nach den §§ 106 ff. SGB XII** erscheint die Feststellung schon als **nicht tauglich**.[67] **§ 106 Abs. 1 Satz 1 SGB XII verpflichtet** den nach § 98 Abs. 2 Satz 1 SGB XII örtlich zuständigen Träger zur **Kostenerstattung**. Konsequenterweise müsste auch die Feststellung des § 95 SGB XII auf dieses Tatbestandsmerkmal gerichtet sein und nicht auf die Feststellung einer Sozialleistung. § 106 Abs. 1 Satz 2 SGB XII gewährt zudem auch dann Kostenerstattung, wenn ein die örtliche Zuständigkeit bestimmender gewöhnlicher Aufenthalt des Leistungsberechtigten nicht vorhanden oder (endgültig) nicht zu ermitteln ist.[68] Die nach § 95 SGB XII ermöglichte Feststellung der Sozialleistung müsste dann konsequenterweise zum Ziel haben, dass der Aufenthalt nicht zu ermitteln ist. Beides findet sich im Begriff der „Feststellung der Sozialleistung", die positiv auf einen Anspruch gerichtet ist, auch bei weiter Auslegung nicht. Allein in diese Betrachtung fügt sich schließlich die Privilegierung des § 95 Satz 2 SGB XII hinsichtlich möglicher Fristen für die Leistung ein, die nicht so recht auf die Fallkonstellation des § 106 SGB XII passt.[69] Die Erwägungen gelten entspre-

---

[64] Dazu *Zeitler* in: Mergler/Zink, SGB XII, § 95 Rn. 10.
[65] *Schellhorn* in: Schellhorn/Schellhorn/Hohm, SGB XII, § 106 Rn. 1 und 11.
[66] *Schellhorn* in: Schellhorn/Schellhorn/Hohm, SGB XII, § 106 Rn. 1 und 11.
[67] Zu den beiden Zwecksetzungen: BSG v. 26.01.2000 - B 13 RJ 37/98 R - SozR 3-5910 § 91a Nr. 7 S. 32 f.
[68] „War für die Leistungserbringung ein örtlicher Träger der Sozialhilfe sachlich zuständig, sind diesem die aufgewendeten Kosten von dem überörtlichen Träger der Sozialhilfe zu erstatten, zu dessen Bereich der örtliche Träger gehört", § 106 Abs. 1 Satz 2 SGB X.
[69] A.A. *Zeitler* in: Mergler/Zink, SGB XII, § 95 Rn. 7 unter Berufung auf Bayerischer VGH v. 05.04.1990 - 12 B 88.1195 - FEVS 41, 4 ff. Im dortigen Verfahren klagte allerdings der Träger der Jugendhilfe nach der Vorgängervorschrift zu § 97 SGB VII, dem § 82a JWG, gegen den überörtlichen Träger der Sozialhilfe (Eingliederungshilfe).

chend für die **Erstattungsregelungen des § 10b AsylbLG**, die dem § 106 SGB XII und § 98 SGB XII nachgebildet sind.[70]

Nach **§ 43 Abs. 1 SGB I** i.V.m. § 102 SGB X hat der Träger der Sozialhilfe, der als **erstangegangener Leistungsträger** in einem negativen Kompetenzkonflikt **vorläufig Leistungen** gewährt, einen Erstattungsanspruch.[71] Damit kommt auch eine Anwendung des § 95 SGB XII, z.B. zur Sicherung dieses Anspruchs, in Betracht. § 95 SGB XII erfasst diesen Fall aber nur bei einem weiteren Verständnis von Vorrang/Nachrang, die Einbeziehung erscheint nach Sinn und Zweck aber vertretbar. § 43 Abs. 1 SGB I enthält eine eigenständige Leistungsermächtigung für den **Fall des negativen Kompetenzkonflikts**.[72] § 102 SGB X ist die **erstattungsrechtliche Ergänzung** dazu. Er rekurriert dabei – anders als § 104 SGB X – nicht auf ein Vorrang-/Nachrangverhältnis zwischen den Leistungsträgern. In dieser Erstattung erfolgt demgemäß auch keine Herstellung eines solchen. § 102 SGB X grenzt sich gerade gegenüber § 104 SGB X ab, der Erstattung ermöglicht, weil ein nur nachrangig Verpflichteter geleistet hat. Dies gilt sowohl bei einem eng gefassten Anwendungsbereich des § 43 Abs. 1 SGB I als auch bei weitergehender Auslegung. Erfasst die Vorschrift nur echte negative Kompetenzkonflikte, in denen ausschließlich streitig ist, welcher Leistungsträger für die gleiche Sozialleistung zuständig ist, das materielle Anspruch aber nicht streitig ist (**reiner Kompetenzkonflikt**), hätte sie nur einen schmalen Anwendungsbereich. Auch Streitigkeiten über die Zuständigkeit zwischen Sozialhilfeträgern sind aber schon nach dieser Lesart umfasst.[73] § 43 Abs. 1 SGB I erfasst demgegenüber auch den Fall, dass ein Leistungsträger nicht primär seine Zuständigkeit, sondern solche anspruchsbegründenden Merkmale ablehnt, die zugleich seine **sachliche Zuständigkeit** betreffen.[74] In beiden Fällen läuft der Leistungsberechtigte Gefahr, aufgrund des gegliederten Systems der Sozialleistungen und unterschiedlicher Auffassungen der zuständigen Träger nicht zeitnah seine Leistungen zu erhalten.[75] Dem begegnet § 43 SGB I. Diese Zielrichtung, dem Leistungsberechtigten bereite Mittel zeitnah zu gewähren, ohne dass damit (im Verhältnis der Träger) die „Verpflichtung anderer" erlischt, rechtfertigt es, den daraus folgenden **Erstattungsanspruch § 95 SGB XII zu unterstellen**.

Hat demgemäß der Sozialhilfeträger **im Fall des § 43 SGB I** die Leistung **nach außen erkennbar**[76] **für einen anderen** erbracht, ist er **Erstattungsberechtigter** auch nach § 95 SGB XII. § 43 Abs. 1 SGB I und demgemäß § 95 SGB XII **erfassen nicht jeden Fall der Ablehnung, sondern sind auf Zuständigkeitsstreitigkeiten im weiteren Sinne** beschränkt. Nicht erfasst sind dann die Fälle, in denen der eigentlich zuständige Leistungsträger nicht seine Zuständigkeit (z.B. wegen Streits über den personellen Anwendungsbereich einer Norm), sondern die materiellen Anspruchsvoraussetzungen für die Leistung verneint, z.B. mangels Hilfebedürftigkeit die Leistung ablehnt.[77]

Der **praktisch** seit Einführung der Leistungen nach SGB II **häufige Fall** eines Konfliktes über die – auch die sachliche Zuständigkeit bestimmenden – materiellen Anspruchsvoraussetzungen zwischen dem Träger der Sozialhilfe und demjenigen der Grundsicherung für Arbeitsuchende wegen unterschiedlicher Auffassung darüber, ob der Leistungsberechtigte erwerbsfähig i.S. des § 8 Abs. 1 SGB II ist, ist freilich eigenständig in **§ 44a SGB II** geregelt. Die Regelung begründet keine Erstattungsberechtigung des SGB XII-Trägers, so sich der SGB II-Träger gesetzeskonform verhält. § 44a Abs. 1 Satz 7 SGB II in der ab dem 01.01.2011 geltenden Fassung des GSiOrgWG[78], zuletzt geändert zum

---

[70] *Birk* in: LPK-SGB XII § 10a AsylbLG Rn. 1; *Fasselt* in: Fichtner/Wenzel, SGB XII, § 10a AsylbLG Rn. 1.

[71] § 43 SGB I erfasst auch den Träger der Sozialhilfe und sozialhilferechtliche Ansprüche, *Timme* in: LPK-SGB I, § 43 Rn. 8 und 16 (zwischen mehreren Sozialhilfeträgern); *Roos* in: von Wulffen/Schütze, SGB X, § 102 Rn. 12.

[72] Zum Leistungscharakter: *Mrozynski*, SGB I, § 43 Rn. 15; *Rolfs* in: Hauck/Noftz, SGB I, § 43 Rn. 20.

[73] Zu einem solchen Fall: BVerwG v. 26.09.1991 - 5 C 14/87 - BVerwGE 89, 81, 83: „§ 43 Abs. 1 SGB I gilt auch, wenn ein Anspruch auf Sozialhilfe besteht und zwischen mehreren Trägern der Sozialhilfe streitig ist, wer zur Leistung verpflichtet ist"; *Giese*, ZfSH/SGB 1988, 1, 9.

[74] Zu einem solchen Fall: OVG Münster v. 05.01.1996 - 24 B 3205/95 - FEVS 46, 470, 472; *Rolfs* in: Hauck/Noftz, SGB I, § 43 Rn. 21; *Blüggel* in: Eicher, SGB II, § 44a Rn. 24; ablehnend wohl *Wagner* in: jurisPK-SGB I, § 43 Rn. 14 und 18; differenzierend: *Mrozynski*, SGB I, § 43 Rn. 10.

[75] Zur Zielsetzung des § 43 SGB I: *Mrozynski*, SGB I, § 43 Rn. 4; *Wagner* in: jurisPK-SGB I, § 43 Rn. 4, 16 ff.; OVG Münster v. 05.01.1996 - 24 B 3205/95 - FEVS 46, 470, 471; *Giese*, ZfSH/SGB 1988, 1, 9.

[76] Zu diesem Erfordernis: *Roos* in: von Wulffen/Schütze, SGB X, § 102 Rn. 6.

[77] *Wagner* in: jurisPK-SGB I, § 43 Rn. 27 unter Berufung auf BVerwG v. 05.08.1982 - 5 C 102/81 - Buchholz 436.51 § 62 JWG Nr. 1.

[78] Gesetz zur Weiterentwicklung der Organisation der Grundsicherung für Arbeitsuchende vom 03.08.2010, BGBl I 2010, 1112.

01. April 2011 durch das RBEG/SGB2/SGB12ÄndG,[79] bestimmt, dass bis zur Entscheidung über den Widerspruch gegen die Feststellung zur Erwerbsfähigkeit der Agentur für Arbeit die Agentur für Arbeit und der kommunale Träger bei Vorliegen der übrigen Voraussetzungen Leistungen der Grundsicherung für Arbeitsuchende erbringen (**Nahtlosigkeitsregelung**, so auch die bis zum 31.12.2010 geltende entsprechende Bestimmung des § 44a Abs. 1 Satz 3 SGB II mit der Leistungspflicht bis zur Entscheidung der Einigungsstelle).[80] Dies gilt analog auch in dem Fall, dass nicht über die Frage der Erwerbsunfähigkeit Streit zwischen den Trägern besteht, sondern über die Dauerhaftigkeit der Erwerbsunfähigkeit.[81] Somit dürfte der Träger der Sozialhilfe in diesen Fällen nicht als erster Leistungen erbringen, einer Feststellung nach § 95 SGB XII bedarf es nicht. Die Nahtlosigkeitsregelung ist aufgrund ihrer abweichenden Struktur keine lex specialis zu § 43 SGB I mit einer eigenen vorläufigen Leistungspflicht, sondern ist § 125 Abs. 1 SGB III nachempfunden (Fiktion der Erwerbsfähigkeit). Sie enthält eine **endgültige Zahlungspflicht** für den Träger der Leistungen nach dem SGB II[82], **begründet deshalb keine Erstattungsansprüche über § 43 SGB I i.V.m. § 102 SGB X**. Eine Erstattungspflicht u.U. auch für den Träger der Sozialhilfe sieht § 44a Abs. 3 SGB II i.V.m. § 103 SGB X für den Fall vor, dass sich herausstellt, eine dauerhafte Erwerbsunfähigkeit liegt vor.[83]

37 Zu den Erstattungsvorschriften zugunsten des Trägers der Sozialhilfe nach § 95 SGB XII gehört **nicht § 50 SGB X**, der bei rechtsgrundlosen Leistungen (z.B. aufgrund aufgehobenen Verwaltungsaktes) dem Träger der Sozialleistung gegen den Empfänger der Leistungen einen Erstattungsanspruch verleiht (§ 50 Abs. 1 und Abs. 2 SGB X).[84] Dies ergibt sich zwar nicht unmittelbar aus dem Wortlaut, denn „erstattungsberechtigt" ist auch der Träger der Sozialhilfe des § 50 SGB X. Es ergibt sich aber aus Systematik sowie Sinn und Zweck. § 95 SGB XII steht unter der Überschrift „Verpflichtungen anderer". Andere sind aber gerade nicht der Leistungsberechtigte selbst, der nach § 50 SGB X erstattungspflichtig ist.[85] Zur **Sicherung des Erstattungsspruchs unmittelbar gegen den Leistungsberechtigten** ist § 95 SGB XII auch untauglich. Er ermächtigt auf der Rechtsfolgenseite zur Feststellung einer Sozialleistung, dagegen nicht zur Feststellung des Erstattungsanspruchs selbst. Für ein solches Verfahren im Klageweg gegen den Leistungsempfänger würde das Rechtsschutzbedürfnis fehlen, denn § 50 SGB X ermächtigt zum Erlass eines vollstreckbaren Verwaltungsaktes. Er gibt dem berechtigten Träger der Sozialleistung ein spezielleres und effektiveres Instrument an die Hand (§ 50 Abs. 3 SGB X) und verweist ihn damit zwingend darauf.[86] Die durch § 95 SGB XII allein mögliche **Feststellung von Sozialleistungsansprüchen des Leistungsberechtigten gegenüber Dritten** kann nicht den Erstattungsanspruch nach § 50 SGB X sichern, denn das Gesetz schafft für § 50 SGB X – anders als beispielsweise die §§ 104 f. SGB X – keinen Zusammenhang zwischen der Gewährung von Sozialleistungen an den Leistungsberechtigten und einem daraus folgenden Erstattungsanspruch.[87] Sozialleistungsansprüche des erstattungspflichtigen Leistungsempfängers gegen Dritte würden dem Sozialhilfeträger im Fall eines Erstattungsanspruchs nach § 50 SGB X lediglich die Möglichkeit eröffnen, im Wege der Pfändung (§ 54 Abs. 4 SGB I) auf diese Ansprüche zuzugreifen und sich zu befriedigen. § 95 SGB XII eröffnet aber mit der Feststellung – anders als z.B. § 113 SGB XII für Erstattungsansprüche gegen andere Sozialleistungsträger – nicht einmal eine privilegierte Befriedigungsmöglichkeit. Er nützt somit dem Träger im Fall des Erstattungsanspruchs nach § 50 SGB X nicht. Entsprechendes gilt für den **Kostenerstattungsanspruch des § 103 SGB XII**. Auch dieser ist gegen den Leistungsempfänger gerichtet und kann keine Erstattungsberechtigung i.S.d. § 95 SGB XII vermitteln.[88]

---

[79] Gesetz zur Ermittlung von Regelbedarfen und zur Änderung des Zweiten und Zwölften Buches Sozialgesetzbuch vom 24.03.2011, BGBl I 2011, 453.

[80] *Blüggel* in: Eicher, SGB II, § 44a Rn. 62 ff. m.w.N. auch noch zur bis zum 31.12.2010 geltenden Fassung des § 44a Abs. 1 Satz 3 SGB II.

[81] *Blüggel* in: Eicher, SGB II, § 44a Rn. 22 f.

[82] BSG v. 07.11.2006 - B 7b AS 10/06 R - BSGE 97, 231, 236, Rn. 20; näher *Blüggel* in: Eicher, SGB II § 44a Rn. 64 ff..

[83] *Knapp* in: jurisPK-SGB II, § 44a Rn. 69 und 82 f.; *Blüggel* in: Eicher, SGB II, § 44a Rn. 80 ff.

[84] *Grube* in: Grube/Wahrendorf, SGB XII, § 95 Rn. 6.

[85] *Schellhorn* in: Schellhorn/Schellhorn/Hohm, SGB XII, § 106 Rn. 9.

[86] An seiner statt sind z.B. auch Aufrechnung, Verrechnung oder eine Leistungsklage nicht zulässig, *Schütze* in: von Wulffen/Schütze, SGB X, § 50 Rn. 30.

[87] Anders für die Erstattungsansprüche der §§ 102 ff. SGB X: *Roos* in: von Wulffen/Schütze, SGB X, vor §§ 102-114 Rn. 6, wonach der Erstattungsanspruch mit dem Leistungsanspruch des Berechtigten eng verknüpft ist.

[88] *Schellhorn* in: Schellhorn/Schellhorn/Hohm, SGB XII, § 95 Rn. 9.

Der Begriff der Erstattungsberechtigung legt nahe, dass ein **Erstattungsanspruch entstanden** sein muss. Diese entstehen von Gesetzes wegen, wenn ihre Tatbestandsvoraussetzungen erfüllt sind.[89] Nach den §§ 102-105 SGB X ist jeweils Tatbestandsvoraussetzung für das Entstehen, dass der erstattungsberechtigte Träger Leistungen „erbracht hat".[90] Dies erfordert, dass der Sozialleistungsanspruch des Leistungsberechtigten erfüllt sein muss, der geschuldete Leistungserfolg eingetreten ist (§ 362 Abs. 1 BGB analog). Allein die Erfüllungshandlung, so auch der Erlass des begünstigenden Verwaltungsaktes, reicht für die Erstattungsberechtigung nach den §§ 102 ff. SGB X nicht, es kommt vielmehr darauf an, dass die Leistung **dem Berechtigten zugeflossen** ist.[91] Dem steht nicht entgegen, dass der Erstattungsanspruch zur Wahrung der Ausschlussfrist[92] des § 111 SGB X auch für erst zukünftig zu erbringende Leistungen schon geltend gemacht werden darf[93].

§ 95 SGB XII erlaubt demgegenüber, den Begriff der **Erstattungsberechtigung weiter auszulegen, d.h. auch im Sinne einer bloßen Anwartschaft oder sogar nur Aussicht** zu verstehen.[94] Dieses Verständnis wird dem **Sinn und Zweck der Vorschrift** gerecht. Soll § 95 SGB XII neben § 102 SGB X oder anderen Erstattungsansprüchen eigenständige Bedeutung einerseits als Sicherungsinstrument für die Erstattungsansprüche zukommen, andererseits – speziell im Hinblick auf die Hilfebedürftigkeit – dem Träger der Sozialhilfe ermöglichen, auch für die Zukunft Hilfebedürftigkeit zu vermeiden bzw. zumindest zu verhindern, indem er vorrangige Ansprüche auf Sozialleistungen für den Berechtigten durchsetzt, muss die **Erstattungsberechtigung in einem weiteren Sinne verstanden** werden. Ausreichend ist danach, dass der Träger der Sozialhilfe einen **Erstattungsanspruch haben kann, er muss noch nicht entstanden sein.**[95]

Ein positiver **Bescheid über den Sozialhilfeanspruch ist dabei nicht Voraussetzung** es genügt das Bestehen einer **Leistungspflicht nach materiellem Recht**[96]. Diese ist wegen § 18 SGB XII nicht von einem Antrag abhängig, sondern der Träger der Sozialhilfe hat bei Kenntnis von der Hilfebedürftigkeit von Amts wegen Leistungen zu erbringen.[97] Ein **Vergleich mit § 93 SGB XII** bestätigt die weitere Auslegung: Anders als dieser ermöglicht § 95 SGB XII keine Überleitung des Anspruchs des Berechtigten, sondern ermächtigt nur zur Geltendmachung für den Berechtigten im Wege einer Prozessstandschaft. Ein vergleichbarer Eingriff in dessen Rechts- insbesondere Vermögensposition, der es erfordert, diesen zumindest durch einen bewilligenden Bescheid über die Leistungen zu rechtfertigen, liegt nicht vor. Es reicht allerdings wegen der Inanspruchnahme der Sachbefugnis für ein fremdes Recht und einen so gearteten Eingriff in ein Rechtsverhältnis nicht die bloße Möglichkeit, dass der Leistungsberechtigte Empfänger von Sozialhilfeleistungen wird.[98] Liegt danach (noch) kein Bewilligungsbescheid und keine (tatsächliche) Leistungserbringung vor, hat das Gericht im Verfahren des § 95 SGB XII im Wege der Amtsermittlung zumindest zu überprüfen, ob ein Sozialhilfeanspruch entstanden ist.[99]

Sinn und Zweck der Ermächtigung, eine Sozialleistung des Berechtigten gegenüber einem anderen Sozialleistungsträger deshalb feststellen zu lassen, weil **Erstattungsansprüche gesichert werden sollen**, spricht dafür, eine Erstattungsberechtigung nach § 95 SGB XII nur anzunehmen, wenn die **nachfol-**

---

[89] BSG v. 25.04.1989 - 4/11a RK 4/87 - SozR 1300 § 111 Nr. 6, S. 24.

[90] *Roos* in: von Wulffen/Schütze, SGB X, vor § 102 Rn. 17.

[91] Zutreffend und detailliert: *Böttiger* in: LPK-SGB X, § 102 Rn. 19 unter Berufung auf BSG v. 25.04.1989 - 4/11a RK 4/87 - SozR 1300 § 111 Nr. 6 S. 24; ähnlich *Klattenhoff* in: Hauck/Noftz, SGB X, § 102 Rn. 6.

[92] Nach BSG v. 25.04.1989 - 4/11a RK 4/87 - SozR 1300 § 111 Nr. 6 S. 22 geht der Erstattungsanspruch mit Fristablauf unter.

[93] BSG v. 25.06.1964 - 4 RJ 89/62 - BSGE 21, 157, 158 f.; *Roos* in: von Wulffen/Schütze, SGB X, vor § 102 Rn. 5.

[94] *Decker* in: Oestreicher, SGB II/SGB XII, § 95 Rn. 10.

[95] BSG v. 06.02.1997 - 3 RK 12/96 - BSGE 80, 93, 94; *Decker* in: Oestreicher, SGB II/SGB XII, § 95 Rn. 10.

[96] Einschränkend: *Münder* in: LPK-SGB XII, § 95 Rn. 2: Es genügt, dass der Träger einen Erstattungsanspruch haben kann; *Grube* in: Grube/Wahrendorf, SGB XII, § 95 Rn. 4 unter unzutreffender Berufung auf BSG v. 06.02.1997 - 3 RK 12/96 - BSGE 80, 93, 94, auf eine Grundentscheidung über die Leistungspflicht stellt das Gericht nicht ab. Demgegenüber enger (Entscheidung über die Leistung muss dem Grunde nach vorliegen) *Decker* in: Oestreicher, SGB II/SGB XII, § 95 Rn. 10; *Schellhorn* in: Schellhorn/Schellhorn/Hohm, SGB XII, § 95 Rn. 9.

[97] BSG v. 29.09.2009 - B 8 SO 16/08 R - BSGE 104, 213, 215, Rn. 13.

[98] *Wolf* in: Fichtner/Wenzel, SGB XII, § 95 Rn. 4; so schon *Schaefer/Wolf* in: Fichtner/Wenzel, BSHG, 2. Aufl. 2003, § 91a Rn. 4.

[99] Liegen schließlich Anhaltspunkte vor, dass der Sozialhilfeträger trotz eines Anspruchs dauerhaft die Leistung verweigert, ist seine Befugnis aus § 95 SGB XII unter die Beschränkung von § 242 BGB (Treu und Glauben) zu stellen.

genden (übrigen) Voraussetzungen des Erstattungsanspruchs erfüllt sind oder zumindest nicht ausgeschlossen sind. Das BSG hat zum notwendigen Zusammenhang der Erstattungsvorschriften zur Vorgängervorschrift des § 95 SGB XII, § 1538 RVO, ausgeführt: „die „Ersatzberechtigung" in § 1538 RVO [= erstattungsberechtigt i.S. des § 95] ist die einschränkende Voraussetzung, dass die Sachlegitimation des Fürsorgeverbandes von dessen Recht auf Ausgleich aus der Versicherungsleistung abhängig ist. Für einen nicht ersatzberechtigten Fürsorgeträger besteht danach kein Interesse an der Feststellung einer einem Dritten gebührenden Leistung".[100]

42 Zu den damit in Bezug genommenen Voraussetzungen gehört nach den §§ 102 ff. SGB X, dass eine Erstattung nur **für rechtmäßig erbrachte Leistungen** erfolgen darf[101], d.h. für den Träger der Sozialhilfe, dass die materiellen Voraussetzungen für die Sozialhilfegewährung vorliegen. Dieser **allgemeine Rechtsgedanke im Erstattungsrecht**, führt dazu, eine Erstattungsberechtigung im Sinne des § 95 SGB XII nur anzunehmen, wenn die vom Träger der Sozialhilfe erbrachte oder bewilligte Leistung **rechtmäßig** ist.[102]

43 Sozialhilfe kann nur rechtmäßig gewährt werden, wenn der **Leistungsberechtigte nach den Vorschriften des SGB XII bedürftig** ist (§ 2 SGB XII i.V.m. den Vorschriften des SGB XII zum Einkommens- und Vermögenseinsatz), weil ihm bereite Mittel nicht zur Verfügung stehen.[103] Bestehende andere Leistungsansprüche schließen dabei die Bedürftigkeit nicht aus, solange der Berechtigte die Leistungen nicht erhalten hat und sie auch nicht zeitnah realisieren kann. Entsprechendes gilt erst recht für nur mögliche oder behauptete Ansprüche. Davon gehen sowohl § 95 SGB XII als auch die §§ 102 ff. SGB X aus.

44 Die praktisch häufigste Erstattungsberechtigung resultiert für den Träger der Sozialhilfe aus **§ 104 SGB X**. Erstattungsberechtigt nach § 104 Abs. 1 SGB X ist der **nachrangig verpflichtete Leistungsträger**. Der für § 104 SGB X maßgebliche Nachrang ergibt sich aus einzelnen Vorschriften, leistungshindernden Normen und ggf. systematischen Zusammenhängen, dagegen für den Träger der Sozialhilfe **grundsätzlich nicht aus einem allgemeinen Nachranggrundsatz für die Sozialhilfe**.[104] Nachrangig verpflichtet ist der Träger der Sozialhilfe dabei nur dann, wenn der Leistungsberechtigte keinen oder einen geringeren Anspruch auf Leistungen der Sozialhilfe hätte, wenn die andere Sozialleistung als zum Zeitpunkt der Bedürftigkeit bereit gehalten unterstellt wird. Diesen auch für die Erstattungsberechtigung nach § 104 SGB X notwendigen Zusammenhang formuliert § 104 Abs. 1 Sätze 2 und 3 SGB X.[105] Ist ein bestehender Leistungsanspruch auch im Falle seiner zeitnah zum Bedarf gedachten Erfüllung nach dem SGB XII nicht als Einkommen oder verwertbares Vermögen beachtlich, ist die Leistung der Sozialhilfe damit von den gesetzlichen Bestimmungen als nicht nachrangig ausgestaltet, so z.B. durch die Vorschrift der §§ 83, 84 SGB XII. Die Frage, ob die Sozialhilfeleistungen nachrangig sind, lässt sich freilich ohne den Blick auf die Sozialleistung, die nach § 104 SGB X erstattet werden soll bzw. deren Feststellung mit § 95 SGB XII betrieben werden soll, nicht beantworten (vgl. daher zum fehlenden Nachrang Rn. 62 ff.). Ein i.S.d. § 104 SGB X fehlender Nachrang schließt wegen der auch durch die Systematik angezeigten engen Verknüpfung zwischen Feststellungsbefugnis und vorrangiger Leistungsansprüche („Verpflichtungen anderer") die Anwendung des § 95 SGB XII aus.[106] Mit dieser **Voraussetzung** ist § 95 SGB XII i.V.m. § 104 SGB X **deckungsgleich mit den §§ 93 und**

---

[100] BSG v. 15.12.1961 - 4 RJ 43/61 - BSGE 16, 44, 47.

[101] Zu § 102 SGB X: *Roos* in: von Wulffen/Schütze, SGB X, § 102 Rn. 17; *Böttiger* in: LPK-SGB X, § 102 Rn. 28; zu § 103 SGB X: *Roos* in: von Wulffen/Schütze, SGB X, § 103 Rn. 5; *Böttiger* in: LPK-SGB X, § 103 Rn. 11; zu § 104 SGB X: *Roos* in: von Wulffen/Schütze, SGB X, § 104 Rn. 8; *Böttiger* in: LPK-SGB X, § 104 Rn. 14; zu § 105 SGB X: *Roos* in: von Wulffen/Schütze, SGB X, § 105 Rn. 7; *Böttiger* in: LPK-SGB X, § 105 Rn. 14 f.; allgemein *Böttiger* in: LPK-SGB X, vor §§ 102-114 Rn. 10.

[102] *Decker* in: Oestreicher, SGB II/SGB XII, § 95 Rn. 9 m.w.N.; BSG v. 25.01.1994 - 7 RAr 42/93 - BSGE 74, 36, 39 ff.

[103] BSG v. 02.02.2010 - B 8 SO 21/08 R - juris Rn. 13.

[104] BSG v. 02.02.2010 - B 8 SO 21/08 R - juris Rn. 13; BSG v. 26.08.2008 - B 9/9b SO 16/07 R - FamRZ 2009, 44, 45, zum generellen Nachrang, der aus § 2 BSHG folgt, noch: BSG v. 14.05.1985 - 4a RJ 13/84 - FEVS 35, 213, 215.

[105] Näher *Böttiger* in: LPK-SGB X, § 104 Rn. 9 ff.

[106] LSG Niedersachsen v. 14.07.2000 - L 9 V 70/96 - juris Rn. 18; Bayr. VGH v. 12.11.2001 - 12 B 98.2866 - juris Rn. 22.

94 SGB XII. § 93 Abs. 1 Satz 3 SGB XII fordert insoweit die **Kausalität** des überzuleitenden Anspruchs für die Beurteilung der Sozialhilfebedürftigkeit, § 94 SGB XII beinhaltet das Erfordernis mit dem Tatbestandsmerkmal des Unterhaltsanspruchs.

Erstattungsberechtigt nach § 104 SGB X ist **nur der sachlich und örtlich zuständige** Träger der Sozialhilfe. Daraus lässt sich folgern, dass auch die Erstattungsberechtigung i.S. des § 95 SGB XII nur diesem im Verhältnis zum verpflichteten Träger der geltend gemachten Sozialleistung zusteht.[107] Der **unzuständige Träger** der Sozialhilfe hat zwar nach **§ 105 SGB X einen Erstattungsanspruch** als unzuständig Leistender gegen den zuständigen Leistungsträger. Voraussetzung dafür ist, dass er nicht vorsätzlich, d.h. in Kenntnis seiner Unzuständigkeit geleistet hat.[108] § 95 SGB XII enthält insoweit für den Träger der Sozialhilfe auch keine Beschränkung auf § 104 SGB X, der Wortlaut lässt die Einbeziehung des § 105 SGB X zu. Allerdings sind in diesem Fall **die jeweils Verpflichteten nicht deckungsgleich**. Der zuständige Träger der Sozialhilfe i.S.d. § 105 SGB X ist nicht der Träger der Sozialleistung im Sinne des § 95 SGB XII, denn er hat tatsächlich keine Sozialleistung erbracht, der unzuständige Sozialhilfeträger hingegen hat gegen den anspruchsverpflichteten Sozialleistungsträger keinen Erstattungsanspruch: Leistet der örtlich oder sachlich unzuständige Träger der Sozialhilfe und liegen die übrigen Voraussetzungen für eine rechtmäßige Leistungsgewährung, vor allem die Hilfebedürftigkeit vor, hat er nach § 105 SGB X einen Erstattungsanspruch gegen den sachlich/örtlich zuständigen Träger der Sozialhilfe, dagegen nicht gegen einen leistungsverpflichteten Sozialleistungsträger (z.B. Träger der Rentenversicherung). Eine **Beschränkung der Anwendung des § 95 SGB XII** könnte sich für diesen Fall aus **Sinn und Zweck der Vorschrift** ergeben. Zwar hat der unzuständige Träger der Sozialhilfe tatsächlich Hilfe geleistet, weil die Voraussetzungen der Hilfebedürftigkeit nach § 19 Abs. 1-5 SGB XII i.V.m. § 2 SGB XII vorlagen, könnte deswegen auch ein Bedürfnis nach Herstellung des Nachrangs bestehen, welches die Feststellung nach § 95 SGB XII grundsätzlich rechtfertigt. Allerdings erwächst dem unzuständigen Träger der Sozialhilfe aus der Feststellung nach § 95 SGB XII kein Erstattungsanspruch gerade gegen den (zuständigen) Sozialleistungsträger. Zur Realisierung seines Anspruchs auf Erstattung gegen den zuständigen Sozialhilfeträger hilft ihm also § 95 SGB XII unmittelbar nicht. Der **zuständige Träger der Sozialhilfe ist aus § 105 SGB X hingegen nur erstattungspflichtig**, nicht -berechtigt. Dieser hat aber, gerade wenn er nach § 105 SGB X in Anspruch genommen wird, ein Interesse an der Realisierung des vorrangigen Leistungsanspruchs gegen den Sozialleistungsträger. Die **Lösung liegt in § 107 SGB X**. Der Erstattungsanspruch des unzuständigen Trägers der Sozialhilfe (aus § 105 SGB X) bringt nach § 107 SGB X den bestehenden Sozialhilfeanspruch des Leistungsberechtigten gegen den örtlich/sachlich zuständigen Träger der Sozialhilfe zum Erlöschen. Die Leistung des unzuständigen Trägers wirkt als **Leistung des zuständigen Trägers der Sozialhilfe**. Hat dieser aber dadurch „Sozialleistungen" an den Leistungsberechtigten „erbracht", so **erwächst ihm ein Erstattungsanspruch nach § 104 Abs. 1 SGB X** gegen den vorrangig zuständigen Träger der Sozialleistung (z.B. den Träger der Rentenversicherung).[109] Damit ist er auch der im Sinne des § 95 SGB XII Erstattungsberechtigte. Es besteht somit **keine Notwendigkeit** dafür, **dass der unzuständige Leistungsträger** quasi die **Feststellung** der Sozialleistung für den zuständigen **betreibt**.[110] Die Auffassung steht schließlich nicht im Widerspruch zur ständigen Rechtsprechung des BSG, wonach der Leistungsträger, der einem Erstattungsanspruch nach den §§ 102 ff. SGB X ausgesetzt ist bzw. diesen befriedigt hat, dadurch nicht eine „Sozialleistung" i.S.d. § 102 ff. SGB X erbracht hat, die ihn gegenüber einem Dritten dann zum Erstattungsberechtigten macht.[111] Soweit § 95 SGB XII daneben die Geltendmachung der Leistungen für die Zukunft eröffnet, um es dem Träger der Sozialhilfe zu ermöglichen, seine eigene Anspruchsverpflichtung zu beseitigen oder zu reduzieren, weil die Hilfebedürftigkeit entfällt, ist diese Zielrichtung für den unzuständig Leistenden nicht gerechtfertigt, denn er ist **tatsächlich nicht anspruchsverpflichtet**.

---

[107] Hessischer VGH v. 30.04.1996 - 9 UE 1079/92 - FEVS 47, 34, 35 ff., 37: örtliche Zuständigkeit muss gewahrt werden, so auch *Zeitler* in: Mergler/Zink, § 95 Rn. 11; *Decker* in: Oestreicher, SGB II/SGB XII, § 95 Rn. 9 m.w.N.; wohl auch BSG v. 26.01.2000 - B 13 RJ 37/98 R - SozR 3-5910 § 91a Nr. 7 S. 32.

[108] *Roos* in: von Wulffen/Schütze, SGB X, § 105 Rn. 10.

[109] A.A. *Klattenhoff* in: Hauck/Noftz, SGB X, § 102 Rn. 11 und Vorbem. §§ 102-104 Rn. 14, wonach die Erstattungsleistung keine Sozialleistung darstellt, unter Berufung auf BSG v. 25.06.1985 - 9a RV 23/83 - SozR 1200 § 44 Nr. 13 S. 43; BSG v. 18.12.1979 - 2 RU 3/79 - BSGE 49, 227, 228; allerdings jeweils zu § 44 Abs. 1 SGB I entschieden; Bayr. VGH v. 30.06.2004 - 12 B 00.1250 - juris Rn. 14.

[110] A.A. *Schellhorn* in: Schellhorn/von Maydell, GK-SGB X, § 104 Rn. 46.

[111] *Böttiger* in: LPK-SGB X, § 102 Rn. 18 unter Berufung auf BSG v. 28.10.2008 - B 8 SO 23/07 R - juris Rn. 19.

46 Für einen Erstattungsanspruch nach den §§ 102 ff. SGB X müssen die Leistungen zeitgleich und von der Leistungsart her vergleichbar sein (**Gleichartigkeit**). Diese **Gleichartigkeit der Leistungen** wird in § 104 SGB X nicht genannt, aber vorausgesetzt, da ein Erstattungsanspruch nur ausgelöst werden kann, wenn der erstleistende Träger eine Verpflichtung des in Anspruch genommenen zweiten Trägers erfüllt hat.[112] Die erbrachten Leistungen müssen ihrer Art nach der **Zweckbestimmung** des vorrangig verpflichteten Leistungsträgers entsprechen und **für den gleichen Zeitraum erbracht** worden sein.[113] Darf für § 95 SGB XII ein Erstattungsanspruch nicht ausgeschlossen sein, muss diese **Gleichartigkeit der Sozialhilfe mit der festzustellenden Sozialleistung** vorliegen. Die Frage lässt sich ohne den Blick auf die Sozialleistung nicht beantworten (vgl. dazu Rn. 62 ff.).

47 Die Erstattungsberechtigung kann sich für den Träger der Sozialhilfe auch aus **§ 104 Abs. 1 Satz 4 SGB X** i.V.m. den Vorschriften über einen **Aufwendungs- oder Kostenbeitrag** ergeben. Danach gilt Satz 1, damit der Erstattungsanspruch, entsprechend wenn von den Trägern der Sozialhilfe, der Kriegsopferfürsorge und der Jugendhilfe Aufwendungsersatz geltend gemacht oder ein Kostenbeitrag erhoben werden kann; Satz 3 gilt in diesen Fällen nicht. Mit der Sonderregelung auch für den Träger der Sozialhilfe erweitert § 104 Abs. 1 Satz 4 HS. 1 SGB X die Erstattungsberechtigung und dehnt sie für den hilfegewährenden Träger der Sozialhilfe auf die Fälle aus, in denen er (lediglich) einen **Kostenbeitrags- oder Aufwendungsersatzanspruch gegen den Leistungsberechtigten** hat. Sie soll eine ungerechtfertigte Bereicherung des Leistungsberechtigten in den Fällen verhindern, in denen die Träger der Sozialhilfe zwar zur Leistung verpflichtet sind, aber für diese (Voraus-)Leistung vom Leistungsberechtigten Kostenbeitrag verlangen können. **Kostenbeitragsansprüche** im Sinne des § 104 Abs. 1 Satz 4 SGB X enthalten **§ 27 Abs. 3 SGB XII** sowie **§ 92 SGB XII**. Einen dem gleichgestellten **Aufwendungsersatzanspruch** im Sinne des § 104 Abs. 1 Satz 4 SGB X hält **§ 19 Abs. 5 SGB XII bereit**. Voraussetzung eines solchen Kostenbeitrags- oder Aufwendungsersatzanspruchs i.S.d. § 104 Abs. 1 Satz 4 SGB X ist, dass dieser **durch einen Verwaltungsakt bereits konkretisiert** ist.[114] Der Begriff der **Erstattungsberechtigung** in § 95 SGB XII lässt eine **Einbeziehung** einer Erstattungsberechtigung, die aus einem Aufwendungs-/Kostenbeitragsanspruch resultiert, dem Wortlaut und Sinn und Zweck nach zu.[115] Anders als § 113 SGB XII fordert § 95 SGB XII keinen Erstattungsanspruch, sondern eine Erstattungsberechtigung, und legt nicht fest, woraus diese resultiert.[116] Eine Berechtigung zur Feststellung wegen einer Erstattungsberechtigung, die auf einem Aufwendungsersatz-/Kostenbeitragsanspruch beruht, findet zudem in § 93 Abs. 1 Satz 3 HS. 2 SGB XII teilweise ein Pendant, wonach in Höhe des Kosten-/Aufwendungsersatzanspruchs eine Überleitung eines Anspruchs gegen einen Dritten (Nicht-Sozialleistungsträger nach § 12 SGB I) erfolgen darf. Sie weicht nur insoweit ab, als nach § 104 Abs. 1 Satz 4 HS. 2 SGB X für die Erstattungsberechtigung nicht Voraussetzung ist, dass der Träger der Sozialhilfe gerade aufgrund der Leistungspflicht des anderen Trägers von Sozialleistungen einen Kosten- oder Aufwendungsersatzanspruch hat.[117]

---

[112] BSG v. 14.11.1984 - 1/4 RJ 57/84 - BSGE 57, 218, 219; BSG v. 25.01.1994 - 7 RAr 42/93 - BSGE 74, 36 ff.

[113] Ausführlich zu den einzelnen Voraussetzungen: BSG v. 25.01.1994 - 7 RAr 42/93 - BSGE 74, 36 ff.; *Roos* in: von Wulffen/Schütze, SGB X, § 104 Rn. 11; *Böttiger* in: LPK-SGB X, § 104 Rn. 15 ff. (Kongruenz); BSG v. 14.11.1984 - 1/4 RJ 57/84 - BSGE 57, 218, 219.

[114] LSG Berlin-Brandenburg v. 18.09.2006 - L 22 B 1274/06 R ER - juris Rn. 22; nur für den Träger der Jugendhilfe als Erfordernis aufgestellt von *Böttiger* in: LPK-SGB X, § 104 Rn. 28; *Roos* in: von Wulffen/Schütze, SGB X, § 104 Rn. 18; ob der Erstattungsanspruch für den Träger der Sozialhilfe erst mit der Entscheidung über den Kostenbeitrag entsteht, hat BSG v. 12.05.1999 - B 7 AL 74/98 R - BSGE 84, 80, 83 offen gelassen; für den Träger der Jugendhilfe dagegen bejaht in BSG v. 22.09.1988 - 2 RU 9/88 - SozR 1300 § 104 Nr. 13 S. 38, vgl. dazu auch die Kommentierung zu § 93 SGB XII Rn. 103 ff.

[115] Eine Anwendung der Vorgängervorschrift des § 91a BSHG bejaht BSG v. 12.05.1999 - B 7 AL 74/98 R - BSGE 84, 80, 84.

[116] A.A. für § 113 SGB XII: LSG Berlin-Brandenburg v. 18.09.2006 - L 22 B 1274/06 R ER - juris Rn. 27: danach ist über die Vorschrift des § 104 Abs. 1 Satz 4 SGB X nicht etwa die Gleichstellung mit dem Erstattungsanspruch nach Satz 1 angeordnet. Das BSG benennt dagegen den Anspruch aus § 104 Abs. 1 Satz 4 SGB X als Erstattungsanspruch, BSG v. 29.03.1994 - 13 RJ 65/92 - juris Rn. 18.

[117] *Böttiger* in: LPK-SGB X, § 104 Rn. 27; *Roos* in: von Wulffen/Schütze, SGB X, § 104 Rn. 16; BSG v. 29.03.1994 - 13 RJ 65/92 - juris Rn. 18. Zur in § 93 Abs. 1 Satz 3 SGB XII angelegten Kausalität vgl. die Kommentierung zu § 93 SGB XII Rn. 103 ff.

Nach **§ 104 Abs. 2 SGB X** kann ein Erstattungsanspruch auch dadurch ausgelöst werden, dass von einem nachrangig Verpflichteten **für Angehörige** des Berechtigten nach Absatz 1 **Sozialleistungen erbracht** wurden. Der praktisch häufige Fall ist dabei derjenige, dass **Leistungen an Kinder** des Sozialleistungsberechtigten vom Träger der Sozialhilfe erbracht werden, der dadurch auch einen Erstattungsanspruch wegen der den Eltern zustehenden Leistungen des Kindergeldes hat und folglich nach § 95 SGB XII auch diesen Anspruch betreiben darf.[118]

48

Die Erstattungsberechtigung weist den für die Sozialhilfe **sachlich und örtlich zuständigen** Träger der Sozialhilfe als Anspruchsberechtigten aus und bestimmt damit auch den nach § 95 SGB XII zuständigen Träger.

49

3. Grenzen der Erstattungsberechtigung

Betrifft die **Feststellung allein vergangene Zeiträume** und kann damit für den Träger der Sozialhilfe (nur) den Erstattungsanspruch sichern, ist für die Erstattungsberechtigung i.S. des § 95 SGB XII schließlich maßgebend, ob der Träger der Sozialhilfe die **Frist des § 111 SGB X** schon versäumt hat und der Erstattungsanspruch untergegangen ist.[119] Der Begriff der Erstattungsberechtigung in § 95 SGB XII ist unter Beachtung der Schranken des § 111 SGB X auszulegen.[120] § 111 SGB X schützt aus Gründen der **Rechtssicherheit** den erstattungspflichtigen Leistungsträger, der ggf. entsprechende Rückstellungen machen kann und der nach Ablauf von 12 Monaten nach Entstehung des Erstattungsanspruchs nicht mehr damit zu rechnen braucht, in Anspruch genommen zu werden.[121] Er gilt für alle Erstattungsansprüche der §§ 102 ff. SGB X. Ermöglicht § 95 SGB XII Leistungsansprüche des Leistungsberechtigten durchzusetzen, können diese zwar eigenen Ausschlussfristen unterliegen. Mit einer Feststellung nach § 95 SGB XII für vergangene Zeiträume kommt wegen der Erfüllungswirkung des § 107 SGB X zwar eine Auszahlung an den Leistungsberechtigten im Umfang der Erstattungsansprüche nicht in Betracht (vgl. Rn. 15 und Rn. 105 ff.). Der Träger der Sozialhilfe würde im Ergebnis mit dem Verfahren nach § 95 SGB XII aber für vergangene Zeiträume eine Rechtsposition verfolgen, die nach § 111 SGB X ausgeschlossen und untergegangen ist. Das spricht gegen eine Befugnis nach § 95 SGB XII für diese Erstattungsansprüche. Allein für die den Erstattungsanspruch überschießenden Leistungen, die für die Vergangenheit an den Berechtigten auszuzahlen sind (Spitzbetrag), dürfte – auch aus Gründen der Herstellung des Nachrangs – **kein Rechtsschutzbedürfnis für den Träger der Sozialhilfe** an der Geltendmachung bestehen.[122] Geht es dagegen um **laufende und zukünftige Leistungen**, sperrt § 111 SGB X eine (neu entstehende) Erstattungsberechtigung nicht.

50

Eine Erstattungsberechtigung i.S.d. § 95 SGB XII liegt nicht mehr vor, wenn der zur Erstattung verpflichtete vorrangige Leistungsträger dem Träger der Sozialhilfe schon Erstattung geleistet hat, der **Erstattungsanspruch erfüllt**[123] **und analog § 362 Abs. 1 BGB erloschen ist.**

51

§ 95 SGB XII beantwortet die Frage, ob mit dem **Tod des Leistungsberechtigten** auch die **Erstattungsberechtigung** und damit das **Antragsrecht** des Sozialhilfeträgers nach § 95 SGB XII **erlischt**, nicht. Maßgeblich ist insoweit das materielle Sozialrecht.[124] Nach **§ 59 Satz 2 SGB I** erlöschen Ansprüche auf Geldleistungen nur, wenn sie im Zeitpunkt des Todes des Berechtigten weder festgestellt sind noch ein Verwaltungsverfahren über sie anhängig ist. § 95 SGB XII sieht keine Ausnahme von dem allgemeinen Grundsatz vor. Eine solche Ausnahme kann mit dem bestehenden Erstattungsanspruch und einem daraus folgenden Interesse des Sozialhilfeträgers allein nicht begründet werden. Daraus folgt: In ein **bereits laufendes Verfahren** kann der Träger der Sozialhilfe bei Tod des Berechtigten eintreten[125], ist der Berechtigte dagegen vor dem Antrag nach § 95 SGB XII verstorben, erlischt das Antragsrecht auch für den Träger der Sozialhilfe (vgl. zu den prozessualen Konsequenzen Rn. 105).

52

---

[118] *Schellhorn* in: Schellhorn/Schellhorn/Hohm, SGB XII, § 95 Rn. 22 mit der Begrenzung auf das Kindergeld nach dem BKGG, dagegen nicht dasjenige nach dem EStG.

[119] Dazu BSG v. 25.04.1989 - 4/11a RK 4/87 - SozR 1300 § 111 Nr. 6 S. 22.

[120] So für § 91a BSHG auch Hess. VGH v. 30.04.1996 - 9 UE 1079/92 - FEVS 47, 34, 39 f.

[121] *Roller* in: von Wulffen, SGB X, § 111 Rn. 2.

[122] BSG v. 01.07.1997 - 2 RU 32/96 - USK 9799, 573: Der Träger der Sozialhilfe kann von seinem Recht aus § 91a BSHG aber nur Gebrauch machen, wenn und soweit ihm ein berechtigtes Interesse an der Feststellung zuzubilligen ist.

[123] OVG Münster v. 26.06.1997 - 16 A 2391/96 - FEVS 48, 176, 177; *Grube* in: Grube/Wahrendorf, SGB XII, § 95 Rn. 8.

[124] A.A. *Zeitler* in: Mergler/Zink, SGB XII, § 95 Rn. 15, wonach das Antragsrecht für den Träger der Sozialhilfe mit dem Tod des Leistungsberechtigten erlischt.

[125] *Schellhorn* in: Schellhorn/Schellhorn/Hohm, SGB XII, § 95 Rn. 12.

IV. Rechtsfolge

1. Ermessen

53 Der Gebrauch der von § 95 SGB XII eröffneten besonderen Befugnis steht im **Ermessen** des Trägers der Sozialhilfe.[126] Es umfasst sowohl das **Entschließungsermessen** (das „Ob") als auch ein – freilich beschränktes – **Auswahlermessen** (das „Wie"), denn die Befugnis eröffnet das Feststellen einer Sozialleistung und die Einlegung von Rechtsmitteln. Als Instrument zur Realisierung eines Erstattungsanspruchs steht die Befugnis neben der Durchsetzung des Erstattungsanspruchs gegenüber anderen Trägern von Sozialleistungen. Ein **gesetzlicher, das Ermessen bindender Vorrang** zugunsten der Feststellung nach § 95 SGB XII oder der Durchsetzung der Erstattungsansprüche besteht **nicht**.[127]

54 Macht der Träger der Sozialhilfe von seinem Recht nach § 95 SGB XII Gebrauch, kann es nicht als missbräuchlich angesehen werden, wenn dies es **neben einem bereits laufenden Erstattungsverfahren nach den §§ 102 ff. SGB X** betreibt[128], § 95 SGB XII bietet vielmehr im Vergleich zum Erstattungsverfahren die **weitergehende Möglichkeit**, Ansprüche für die Zukunft feststellen zu lassen. Der zweigleisige Weg erscheint sinnvoll, z.B. wenn der im Wege der Erstattung schon in Anspruch Genommene seine Zuständigkeit bestreitet oder eine Anspruchsvoraussetzung bestreitet[129]. Der Sozialhilfeträger sollte und darf im Rahmen des Entschließungsermessens zudem berücksichtigen, dass wegen der inhaltlichen Verknüpfung zwischen den Erstattungsansprüchen und Leistungsansprüchen nach überwiegender Ansicht in der Rechtsprechung ein (den Leistungsberechtigten) **bindender Verwaltungsakt oder ein rechtskräftiges Urteil** (gegenüber dem Leistungsberechtigten), in denen eine Leistungspflicht des auf Erstattung in Anspruch genommenen Trägers verneint worden ist, ihm, dem Sozialhilfeträger, **im Erstattungsstreit entgegengehalten werden kann, es sei denn der Bescheid ist offensichtlich unrichtig**[130] (vgl. dazu bereits Rn. 25). Im Zweifel darf der Sozialhilfeträger sich daher im Rahmen des Ermessens dafür entscheiden, zur Sicherung seiner Erstattungsansprüche die **Bestandskraft** ablehnender Entscheidungen zu verhindern oder zumindest Einfluss auf die entsprechende Verwaltungsentscheidung zu nehmen.

55 **Nicht ermessensfehlerhaft**, weil **missbräuchlich** ist es schließlich, wenn der Träger der Sozialhilfe Sozialleistungsansprüche des Berechtigten im Wege des § 95 SGB XII verfolgt, obwohl sich für diesen daraus keine **unmittelbaren finanziellen Vorteile bieten**. Das kann der Fall sein, wenn z.B. der Träger der Sozialhilfe bei einer bereits gewährten Rentenleistung einen früheren Rentenbeginn erstrebt, die daraus folgende Zahlung aber dem Berechtigten keinen Vorteil bringt, weil sie vollständig Gegenstand von Erstattungsansprüchen ist.[131]

56 Das pflichtgemäße **Ermessen wird begrenzt** durch ein notwendiges **berechtigtes Interesse an der Feststellung**. Das BSG hat dabei offen gelassen, ob dies für den Träger der Sozialhilfe fehlt und er von seinem Recht keinen Gebrauch machen darf, wenn er die Feststellung des Verfahrens aufnimmt oder **Rechtsmittel einlegt, obwohl dies der Leistungsberechtigte schon getan hat**.[132] § 95 SGB XII geht vor dem Hintergrund der **Selbständigkeit jeder Rechtsverfolgung** und der Rechtsmittel aber davon aus, dass der Träger der Sozialhilfe – gerade in Anbetracht der Erwägungen in Rn. 55 – nicht gehalten ist, sich auf die Durchsetzung des Anspruchs durch den Leistungsberechtigten zu verlassen.[133]

57 Das Ermessen ist **im eigenen Interesse** des Trägers der Sozialhilfe eröffnet, obwohl dieser ermächtigt wird, ein fremdes Recht durchzusetzen.[134] Das eingeräumte **Ermessen** ist in erster Linie **unter Beachtung fiskalischer Gesichtspunkte** auszuüben (vgl. dazu bereits Rn. 58), die sich nicht mit denjenigen

---

[126] BSG v. 01.07.1997 - 2 RU 32/96 - USK 9799 S 573.

[127] In diesem Sinne auch: Bayr. VGH v. 27.11.2001 - 12 B 99.586 - juris Rn. 18.

[128] BSG v. 22.04.1998 - B 9 VG 6/96 R - BSGE 82, 113, 116; *Schellhorn* in: Schellhorn/Schellhorn/Hohm, SGB XII, § 95 Rn. 6.

[129] Nach BSG v. 22.04.1998 - B 9 VG 6/96 R - BSGE 82, 113, 116 können nach Funktion sowie Sinn und Zweck des § 91a BSHG (jetzt § 95 SGB XII) beide Wege gleichzeitig beschritten werden.

[130] Näher *Gmati* in: jurisPK-SGB X, § 105 Rn. 64; zuletzt i.S.d. Auffassung: LSG Baden-Württemberg v. 18.07.2013 - L 6 U 2895/11 - juris Rn. 25 m.w.N.

[131] BSG v. 26.01.2000 - B 13 RJ 37/98 R - FEVS 51, 481, 483.

[132] BSG v. 01.07.1997 - 2 RU 32/96 - USK 9799, 573.

[133] So im Ergebnis auch: LSG BW v. 03.05.2001 - L 1 U 2770/99 - E-LSG U-147 S. 4; BSG v. 01.07.1997 - 2 RU 32/96 - USK 9799 S. 573: eigenständiges Recht des Sozialhilfeträgers auf Feststellung.

[134] BSG v. 28.11.1973 - 4 RJ 159/72 - BSGE 36, 267, 269 (noch zu § 1538 RVO); BSG v. 19.12.1991 - 12 RK 24/90 - BSGE 70, 72, 76.

aus Sicht des Leistungsberechtigten decken müssen.[135] Gleichwohl hat der Leistungsberechtigte **ein subjektives öffentliches Recht auf ermessensfehlerfreie Entscheidung**, denn § 95 SGB XII begründet für seine Ansprüche mit der Prozessstandschaft die Befugnis des Sozialhilfeträgers, eine Entscheidung herbeizuführen, die in das Rechtsverhältnis des Leistungsberechtigten zum Schuldner der Ansprüche unmittelbar eingreift, indem der Prozessstandschafter vermeintliche Ansprüche des Leistungsberechtigten auch ohne dessen Zustimmung verfolgt.[136] Der Leistungsberechtigte kann sein Recht auf ermessensfehlerfreie Entscheidung – vor allem im Vorfeld eines vom Sozialhilfeträger angestrengten Klageverfahrens (zu dem er notwendig beizuladen ist) – mit einer **Feststellungs- oder Leistungsklage** (regelmäßig in Gestalt der **Unterlassungsklage**[137]) gegen den Träger der Sozialhilfe verfolgen.

Der nach § 95 SGB XII in Anspruch zu nehmende **Sozialleistungsträger hat als Schuldner** dagegen **keinen Anspruch auf ermessensfehlerfreie Entscheidung**. Ihm bleibt der bisherige Gläubiger erhalten, allein die eingeräumte gesetzliche Prozessstandschaft berührt seine Rechte nicht.

58

Eine **Ermessensreduzierung auf Null** im Sinne einer Verengung des Ermessens zur Pflicht, die Sozialleistung festzustellen, ist unter Berücksichtigung des Grundsatzes größtmöglicher Verwirklichung sozialer Rechte für den Einzelnen (§ 2 Abs. 2 SGB I) in einem Ausnahmefall denkbar, dass der Leistungsberechtigte vorübergehend nicht handlungsfähig ist, der Träger der Sozialhilfe das erkennt, ein Vertreter nicht zeitnah bestellt werden kann und die zur Erstattung berechtigte Sozialleistung z.B. für einen frühzeitigen Beginn einen Antrag erfordert (z.B. § 99 SGB VI).[138] Mit § 95 SGB XII wird hingegen kein der Verfahrenspflegschaft vergleichbares Instrument installiert, aus dem **spezielle Vermögensbetreuungspflichten** und demzufolge auch eine **Haftung** folgen.[139]

59

Eine **Ermessensreduzierung zugunsten des Nichtbetreibens des Anspruchs** wird nur im Ausnahmefall vorliegen, da das im Vordergrund stehende fiskalische Interesse regelmäßig für das Betreiben des Anspruchs streiten dürfte und der Leistungsberechtigte damit – anders als bei § 5 Abs. 3 SGB II – keine sozialhilferechtlichen Nachteile erleiden kann (vgl. dazu Rn. 4 ff.). Möglich ist eine solche Reduzierung des Ermessens zugunsten eines Nichtbetreibens der Leistung aber für Altersrenten, nämlich dann, wenn der mit § 95 SGB XII verfolgte **Rentenanspruch des Berechtigten ein solcher mit Abschlägen wegen der vorzeitigen Inanspruchnahme der Altersrente** ist.[140] Es fehlt im SGB XII eine dem § 12a Satz 2 Nr. 1 SGB II (und § 13 Abs. 2 SGB II) entsprechende Vorschrift, die in diesem Fall das **Ermessen steuert**.[141] Es bietet sich an, zur Frage, wann hier eine Reduzierung des Ermessens vorliegt, teilweise eine **Anleihe bei § 12a SGB II** oder der auf § 13 Abs. 2 SGB II beruhenden **UnbilligkeitsV**[142] oder den **Grundsätzen** zu machen, die für § **202 SGB III (a.F.)** entwickelt wurden. § 202 SGB III (a.F.) enthielt in Gestalt einer Sollensregelung die Ermächtigung für das Arbeitsamt, Alhi-Bezieher dazu aufzufordern, eine Altersrente zu beantragen (vgl. dazu bereits näher Rn. 3 ff.). Dabei war anerkannt, dass eine Aufforderung zum Rentenantrag unproblematisch ist, wenn deren **Zugangsfaktor 1** beträgt. War der Faktor dagegen wegen der vorzeitigen Inanspruchnahme reduziert, bestand keine Obliegenheit des Leistungsberechtigten zur Inanspruchnahme der Rente.[143]

60

---

[135] BSG v. 28.11.1973 - 4 RJ 159/72 - BSGE 36, 267, 269.

[136] BSG v. 04.08.1981 - 5a/5 RKn 6/80 - USK 81295 S. 1300. A.A. zur Ermessensausübung, die nur reflexhaft die Interessen des Leistungsberechtigten berühren soll und daher auch keine (drittschützende) Amtspflicht nach § 839 BGB darstellt: BSG v. 28.11.1973 - 4 RJ 159/72 - BSGE 36, 267, 269/270.

[137] Zur Unterlassungsklage als echte Leistungsklage: *Keller* in: Meyer-Ladewig/Keller/Leitherer, SGG, § 54 Rn. 42 f.

[138] Zu dieser Konstellation auch für den SGB II-Träger und seiner parallelen Befugnis nach § 5 Abs. 3 SGB II *Luthe* in: Hauck/Noftz, SGB II § 5 Rn. 159, wonach in diesem Fall ein Vertreter von Amts wegen zu bestellen ist oder die Bestellung eines Betreuers nach den §§ 1896 ff. BGB beim Amtsgericht anzuregen ist.

[139] Damit scheiden auch daraus entstehende Schadensersatzansprüche aus; a.A. für den SGB-II-Träger und seiner parallelen Befugnis nach § 5 Abs. 3 SGB II *Luthe* in: Hauck/Noftz, SGB II § 5 Rn. 159, wonach bei schuldhafter Amtspflichtverletzung ein Anspruch nach § 839 BGB in Betracht kommt.

[140] §§ 236 Abs. 1 Satz 2, 236a Abs. 1 Satz 2, 237 Abs. 3 Satz 2, 237a Abs. 2 Satz 2, jeweils i.V.m. § 77 SGB VI, vgl. aber dazu § 38 SGB VI (abschlagsfreie Altersrente für langjährig Versicherte ab Vollendung des 65. Lebensjahres) sowie die für den 01.07.2014 geplante Einführung einer abschlagsfreien Altersrente für besonders langjährig Versicherte ab Vollendung des 63. Lebensjahres in § 236b SGB Gesetzentwurf der Bundesregierung; *Schellhorn* in: Schellhorn/Schellhorn/Hohm, § 95 Rn. 20 bejaht in diesem Fall einen Ermessensmissbrauch.

[141] Näher zur ermessensleitenden Funktion: *Knickrehm/Hahn* in: Eicher, SGB II, § 12a Rn. 4.

[142] Verordnung zur Vermeidung unbilliger Härten durch Inanspruchnahme einer vorgezogenen Altersrente v. 14.04.2008, BGBl I 2008, 734.

[143] *Brandts* in: Niesel, SGB III, 2. Aufl. 2002, § 202 Rn. 8.

61 Wegen des **Programmsatzes des § 2 Abs. 1 SGB XII** und der Pflicht zum Einsatz vorhandener Selbsthilfemöglichkeiten werden für das SGB XII die Grundsätze des § 12a SGB II oder diejenigen zu § 202 SGB III (a.F.) nicht ungeschmälert übertragen werden können. Der allein materielle Verlust des Leistungsberechtigten an Rentenzahlungen, der aber weiter auf ergänzende Leistungen der Sozialhilfe angewiesen ist, wird häufig weniger Gewicht haben als die fiskalische Überlegung, dass langfristig eine höhere Rente eine verringerte Hilfebedürftigkeit und Leistungspflicht für den Träger hervorruft. Dies dürfte erst recht in dem Fall gelten, dass die Rente trotz der Abschläge dazu führt, dass der Berechtigte **unabhängig von Sozialhilfe** leben kann. Eine Ermessensreduzierung zugunsten des Nichtbetreibens der Sozialleistung liegt dann trotz der Abschläge nicht vor.

2. Sozialleistung

62 Der Begriff der **Sozialleistung** wurde mit Einfügung des § 91a BSHG in das Sozialhilferecht in Anpassung an die Terminologie des SGB I gewählt. Er ist **identisch mit einer Sozialleistung nach § 11 SGB I, §§ 18-29 SGB I**[144], geht aber wegen § 68 SGB I noch darüber hinaus. Sozialleistungen sind nach § 11 Satz 1 SGB I zunächst **Dienst-, Sach- und Geldleistungen, die auf dem Sozialgesetzbuch** beruhen. Dazu gehören insbesondere **Beitragserstattungsansprüche** nach § 210 SGB VI[145], Leistungen aus der **gesetzlichen Rentenversicherung**[146] und **Alterssicherung der Landwirte** (§ 23 SGB I), Leistungen aus der **Unfallversicherung** (§ 22 SGB I)[147], Sozialleistungen sind **Leistungen des SGB II** (§ 19a Abs. 1 SGB I) und **SGB III** (§ 19 Abs. 1 SGB I). In dem praktisch häufigen Fall, dass zwischen den Trägern Uneinigkeit über die Erwerbsfähigkeit des Leistungsberechtigten besteht, ist allerdings der Vorrang des § 44a SGB II zu beachten[148]. Umfasst sind **Leistungen des SGB V**, vor allem **Krankengeld** und **Leistungen zur Rehabilitation** (§ 21 SGB I). Soweit nach § 28 Abs. 1 SGB I auch **Leistungen der Sozialhilfe** zu den Sozialleistungen rechnen, sind auch sie von § 95 SGB XII grundsätzlich umfasst. Die Befugnis zur Feststellung der Ansprüche des Leistungsberechtigten gegen andere Träger der Sozialhilfe ist jedoch eingeschränkt (vgl. dazu schon Rn. 15 und Rn. 25).

63 Praktisch relevant kann die **Feststellungsbefugnis im Verhältnis zu den gesetzlichen Krankenkassen** in den Fällen werden, in denen der Träger der Sozialhilfe für **behinderte Menschen** insbesondere Leistungen nach dem Fünften bis Neunten Kapitel, z.B. für einen Aufenthalt in Einrichtungen, erbringt (betreutes Wohnen, Besuch der Werkstatt für behinderte Menschen etc.) und diese Personen zudem der Leistungen nach dem SGB V, wie z.B. der häuslichen Krankenpflege, bedürfen (§ 37 SGB V). Erbringt **die Krankenkasse ihre Leistungen nicht** und muss der **Träger der Sozialhilfe** im Wege eines **Systemversagens** hierfür einspringen[149], kann er über § 95 SGB XII anstelle oder mit dem leistungsberechtigten behinderten Menschen die **Feststellung** der vorrangigen **Leistung gegen die Krankenkasse** betreiben.

64 Zu den Sozialleistungen rechnen auch Leistungen des **Bundesausbildungsförderungsgesetzes** (§ 18 Abs. 1 SGB I i.V.m. § 68 Nr. 1 SGB I[150]). Über die **Fiktion des § 68 SGB I** gelten neben den in das SGB **eingeordneten Sozialleistungen** auch die (noch) nicht benannten als Besondere Teile. Die genannten Gesetze gehören nicht nur zum materiellen Sozialrecht, sondern über die **Anordnung** des § 68 **SGB I zum Sozialrecht** im formellen Sinn.[151] § 22 SGB XII enthält aber in der Nachfolge des § 26

---

[144] BSG v. 19.12.1991 - 12 RK 24/90 - BSGE 70, 72, 77.

[145] *Schellhorn* in: Schellhorn/Schellhorn/Hohm, SGB XII, § 95 Rn. 9.

[146] BSG v. 26.01.2000 - B 13 RJ 37/98 R - FEVS 51, 481 ff.

[147] BSG v. 01.07.1997 - 2 RU 32/96 - USK 9799 S. 573; LSG BW v. 03.05.2001 - L 1 U 2770/99 - E-LSG U-147 S. 4.

[148] Aufgrund der gesetzlich angeordneten vertikalen Teilung der Zuständigkeit für die Leistungen für Erwerbsfähige (SGB II) und Nichterwerbsfähige nach § 8 SGB II und der Spezialregelung des § 44a SGB II mit der Zuständigkeit des SGB-II-Trägers im Konfliktfall (dazu § 21 Satz 3 SGB XII), wird die Feststellung der Leistungen nach SGB II durch den Träger der Sozialhilfe die Ausnahme sein, evtl. aber dann, wenn das Verfahren des § 44a SGB II praktisch unterlaufen wird.

[149] Für möglich gehalten vom BSG im Termin zur mündlichen Verhandlung v. 09.06.2011 - B 8 SO 16/09 R - Terminsbericht vom 09.06.2011, eine Entscheidung in der Sache wurde vertagt; im neuen Termin zur mündlichen Verhandlung hat die Krankenkasse dem Träger der Sozialhilfe im Vergleichswege die aufgewendeten Kosten erstattet, Terminsbericht Nr. 57/11, vgl. dazu bereits § 93 Rn. 82 m.w.N.

[150] OVG Münster v. 26.06.1997 - 16 A 2391/96 - FEVS 48, 176 ff.

[151] BT-Drs. 7/868, S. 35; *Kessler* in: LPK-SGB I, § 68 Rn. 5; zur Gesetzestechnik: *Kampe/Voelzke* in: jurisPK-SGB I, § 68 Rn. 13 f.

BSHG für Auszubildende, deren Ausbildung nach dem BAföG oder deren berufliche Weiterbildung nach den §§ 60-62 SGB III dem Grunde nach objektiv förderungswürdig ist, einen weitgehenden **Leistungsausschluss** für Leistungen nach dem Dritten und Vierten Kapitel des SGB XII für ausbildungsgeprägte Bedarfe (so auch die parallele Regelung des § 7 Abs. 5 Satz 1 SGB II).[152] Ausgenommen bleiben besondere Härtefälle, die zu einer Beihilfeleistung nach Ermessen berechtigten (§ 22 Abs. 1 Satz 2 SGB XII). Praktische Bedeutung hat daher **für schwerbehinderte Menschen in Ausbildung** (z.B. körper- und lernbehinderte Schüler) die Abgrenzung von gewährten Leistungen als solche der **Eingliederungshilfen nach dem SGB XII** oder als **Leistungen der Ausbildungsförderung**. Erbringt der Träger der Sozialhilfe für diese Personengruppe Leistungen als solche der Eingliederungshilfe (z.B. bei Internatsunterbringung Unterbringungs- und Fahrtkosten), die einen **Ausbildungsbedarf** befriedigen, kann er als Erstattungsberechtigter nach § 95 SGB XII Leistungen nach dem BAföG (Ausbildungsförderung) für den Berechtigten feststellen.[153]

Ebenso wie § 18 SGB I mit dem „Recht der Ausbildungsförderung" weist auch § 24 SGB I mit dem **Recht der sozialen Entschädigung bei Gesundheitsschädigung** auf eine Vielzahl von Leistungsgesetzen, in welchem solche Entschädigungsansprüche geregelt sind; dazu gehört das Bundesversorgungsgesetz (BVG) und weitere Regelungen, die mehrheitlich Ansprüche nur dem Grunde nach konstituieren und wegen des Umfangs und der Einzelheiten auf das BVG verweisen. Die Gleichstellung rechtfertigt es, diese Leistungen als Sozialleistungen nach § 95 SGB XII zu qualifizieren.[154]

65

Neben dem Recht der sozialen Entschädigung sind unter diesen Besonderen Teilen des SGB praktisch bedeutsam die Leistungen nach dem **Unterhaltsvorschussgesetz**[155] (§ 68 Nr. 14 SGB I), **Leistungen der Kinder- und Jugendhilfe** (§ 27 Abs. 1 SGB I). Zu den Sozialleistungen nach § 95 SGB XII gehört das **Wohngeld** (§ 26 SGB I). Seit der **Änderung des Wohngeldgesetzes** durch Gesetz vom 07.07.2005[156] sind Bezieher von Leistungen zum Lebensunterhalt und der Grundsicherung im Alter und bei Erwerbsminderung (§ 7 Abs. 1 Nr. 5 und 6 WoGG[157]) sowie nach § 7 Abs. 1 Nr. 1, 2 WoGG (n.F.), Bezieher von Leistungen des SGB II[158] **seit dem 14.07.2005 vom Bezug von Wohngeld ausgeschlossen**. „Leistungen der Hilfe zum Lebensunterhalt" werden auch bei Leistungen der Eingliederungshilfe in Höhe der in den Tagessätzen enthaltenen Pauschalen für Unterkunft und Verpflegung (Grundpauschalen) erbracht.[159]

66

---

[152] BSG v. 06.09.2007 - B 14/7b AS 36/06 R - BSGE 99, 67 ff., *Hohm* in: Schellhorn/Schellhorn/Hohm, SGB XII, § 22 Rn. 6 ff.

[153] Beispielhaft zur Ausbildungsförderung in Härtefällen nach der Härteverordnung zu § 14a BAföG Bayr. VGH v. 13.05.2008 - 12 B 06.3207 - juris: Maßgebend für die Abgrenzung bei Betreuung einer behinderten Auszubildenden in einem Internat ist danach, ob die Internatsunterbringung im Wesentlichen auf der Behinderung beruht oder ausbildungsbedingt ist; instruktiv zu einem ähnlichen Fall unter Erörterung des Nachranges nach § 2 Abs. 1 SGB XII: BVerwG v. 02.12.2009 - 5 C 33/08 - NVwZ-R 2010, 357 ff; OVG NRW v. 23.01.2012 - 12 A 1905/11 - juris Rn. 56 ff.

[154] Z.B. § 60 Infektionsschutzgesetz (zur Vorgängervorschrift des § 51 Abs 1 BSeuchG: BSG v. 15.08.1996 - 9 RVi 1/94 - juris; zur Rechtsänderung: LSG Berlin-Brandenburg v. 11.03.2010 - L 13 VJ 24/07 - ZFSH/SGB 2010, 361 ff.; BSG v. 20.07.2005 - B 9a/9 VJ 2/04 R - SozR 4-3851 § 20 Nr. 1 S. 2), § 80 Soldatenversorgungsgesetz (SVG), §§ 21-24 des Strafrechtlichen Rehabilitierungsgesetzes; §§ 3, 4, 6 Verwaltungsrechtliches Rehabilitierungsgesetz; § 1 Opferentschädigungsgesetz (OEG). Zu den Leistungen nach OEG ausgeführt bei BSG v. 22.04.1998 - B 9 VG 6/96 R - BSGE 82, 112, 116; etwas enger noch die Auffassung in: BSG v. 19.12.1991 - 12 RK 24/90 - BSGE 70, 72, 77.

[155] Bayr. VGH v. 27.11.2001 - 12 B 99.586 - juris.

[156] § 1 Abs. 2 Satz Nr. 2 und 3 WoGG vom 07.07.2005, BGBl I 2005, 2029.

[157] In der Fassung des Gesetzes vom 22.12.2008, BGBl I 2008, 2963, in Kraft seit dem 01.01.2009; zur Verfassungsmäßigkeit des Ausschlusses: Bayr. VGH v. 27.04.2010 - 12 BV 08.3353 - juris; zum Ausschluss SGB II.

[158] Arbeitslosengeld II und Sozialgeld sowie Zuschüsse nach § 27 Abs. 3 SGB II und Übergangsgeld nach § 21 Abs. 4 Satz 1 SGB VI, also auch während der Zahlung eines Vorschusses nach § 25 SGB II, vgl. § 7 Abs. 1 Nr. 1 WoGG.

[159] Bayr. VGH v. 27.04.2010 - 12 BV 08.3353 - juris Rn. 16 ff.; vgl. die Reduktion des Kostenersatzes um einen fiktiven Wohngeldzuschuss in § 105 Abs. 2 SGB XII, auf den beispielsweise auch § 94 Abs. 1 Satz 6 SGB XII zur Beschränkung des Anspruchsüberganges auf den Träger der Sozialhilfe verweist, und die Kommentierung zu § 94 SGB XII Rn. 145. Zum Ausschluss von Wohngeld bei Gewährung von SGB-II-Leistungen schon bei entsprechendem Leistungsbescheid, OVG Lüneburg v. 29.07.2010 - 4 LA 59/09 - juris; vgl. aber zum Mittagessen in der Werkstatt für behinderte Menschen als integraler Bestandteil der Eingliederungshilfe und nicht der Hilfe zum Lebensunterhalt, BSG v. 09.12.2008 - B 8/9b SO 10/07 R - BSGE 102, 126-134.

§ 95

67 Hinsichtlich der in § 25 Abs. 1 SGB I nebeneinander genannten **Kindergeld**arten **des Kindergeldes nach dem Bundeskindergeldgesetz und dem Familienlastenausgleich** bestimmt § 68 Nr. 9 SGB I nur das **Kindergeld nach dem Bundeskindergeldgesetz** als besonderen Teil des SGB. In der Konsequenz kann auch nur dieses eine Sozialleistung nach § 95 SGB XII sein[160], das Kindergeld nach dem EStG dagegen nicht (dazu schon Rn. 48 zum Begriff der Erstattungsberechtigung nach § 104 Abs. 2 SGB X). Aufgrund der für beide Arten speziellen Instrumente der Abzweigung nach § 74 EStG und § 48 SGB I dürfte der Weg des § 95 SGB XII in der Praxis für den Träger der Sozialhilfe weniger attraktiv sein. **Eltern- und Betreuungsgeld** nach § 25 Abs. 2 SGB I sind dagegen nach § 68 Nr. 15 SGB I Sozialleistung.

68 Das dürfte auch für die **landesrechtlichen Leistungen des Landeserziehungs- und Familiengeldes** gelten (Bayern, Sachsen, Thüringen und Baden-Württemberg). Diese werden bei der **sozialhilferechtlichen Einkommensermittlung** allerdings **unberücksichtigt**[161], so dass § 95 SGB XII sie nicht erfasst. § 10 Abs. 1 i.V.m. Abs. 5 BEEG benennt auch dem Elterngeld und Betreuungsgeld „vergleichbare Leistungen" und schließt diese, soweit sie Erwerbsersatzeinkommen für vorausgegangenes Erwerbseinkommen sind, i.H.v. 300 € monatlich von der Anrechnung auf Leistungen nach dem SGB II/XII aus; sind sie nicht solches Erwerbsersatzeinkommen, führt das nach der zum 01.01.2011 geltenden Neufassung des § 10 Abs. 5 BEEG zu einer vollen Anrechenbarkeit. Zu den nach § 10 Abs. 1 BEEG vergleichbaren Leistungen sollen die Landeserziehungsgelder nicht gehören. Ob dem in dieser Pauschalität nach landesrechtlicher Ausgestaltung sowie Sinn und Zweck der jeweiligen Leistung zugestimmt werden kann, ist zweifelhaft.[162] In der Praxis kann das aber offen bleiben, da sich die Nichtberücksichtigung regelmäßig aus § 27 Abs. 2 BEEG (in der Fassung vom 15.02.2013) ergeben dürfte. Dieser bestimmt, dass für die dem früheren Erziehungsgeld vergleichbaren Leistungen der Länder die Vorschriften des (außer Kraft getretenen) Bundeserziehungsgeldgesetzes (BErzGG), die die Anrechnung auf andere bedarfsabhängige Sozialleistung betreffen, entsprechend Anwendung finden. Danach blieb das Erziehungsgeld bei einkommensabhängigen Sozialleistungen unberücksichtigt (§ 8 Absatz 1 BErzGG in der bis zum 31.12.2006 geltenden Fassung). Die landesrechtlichen Leistungen dürften in Zwecksetzung und Ausgestaltung (teilweise einkommensabhängig, aber nicht an Bedarfsdeckung orientiert, also als Zusatzleistung für die Erziehung gedacht) zumindest teilweise dem früheren Erziehungsgeld entsprechen[163], so dass sie von der Anrechnung im Ergebnis frei bleiben.

69 Die oben genannten Sozialleistungen können auch Gegenstand des § 95 SGB XII sein, soweit sie für ihre Verwirklichung auf den richterrechtlich geprägten **sozialrechtlichen Herstellungsanspruch** für den Leistungsberechtigten angewiesen sind.[164]

70 Zu den Sozialleistungen, die weder in den §§ 18 ff. SGB I noch in § 68 SGB I genannt sind, gleichwohl von § 95 SGB XII umfasst sind, gehören Ansprüche auf **Sozialleistungen nach § 44 Abs. 1 SGB X**. Soweit nach § 44 Abs. 1 SGB X auf Antrag in dem Fall, dass wegen unrichtiger Rechtsanwendung oder unter Zugrundelegung eines unrichtigen Sachverhalts Sozialleistungen zur Unrecht nicht erbracht worden sind, der Verwaltungsakt insoweit zurückzunehmen und nach § 44 Abs. 4 SGB X die Sozialleistungen nachträglich zu gewähren sind, handelt es sich im Kontext des § 95 SGB XII auch bei den aus § 44 SGB X erwachsenen Ansprüchen um die ursprünglichen Sozialleistungen. Dabei dürfte § 44 SGB X im Recht der Sozialhilfe aufgrund seiner Anerkennung durch das BSG[165] zwischenzeitlich zunehmende praktische Bedeutung aufweisen.

---

[160] *Decker* in: Oestreicher, SGB II/SGB XII, § 95 Rn. 13 a.E. mit weiteren Hinweisen auf die unterschiedliche Rechtsprechung der verschiedenen Finanzgerichte.

[161] Vgl. den Hinweis für Bayern: www.zbfs.bayern.de/erziehungsgeld (abgerufen am 25.03.2014).

[162] Zu den Kriterien der Vergleichbarkeit einerseits *Buchner/Becker*, Mutterschutzgesetz und Bundeselterngeld- und Elternzeitgesetz, § 10 Rn. 8, andererseits *Wersig* in: Vereinbarkeit von Familie und Beruf, Kap. 6.10, § 10 BEEG Rn. 2: keine Vergleichbarkeit.

[163] Näher *Buchner/Becker*, Mutterschutzgesetz und Bundeselterngeld- und Elternzeitgesetz, § 10 Rn. 8.

[164] BSG v. 26.01.2000 - B 13 RJ 37/98 R - SozR 3-5910 § 91a Nr. 7 S 36 ff.: früherer Rentenbeginn; *Münder* in: LPK-SGB XII, § 95 Rn. 2 a.E. Als den Herstellungsanspruch begründende Pflichtverletzung taugt nur eine solche gegenüber dem Leistungsberechtigten, nicht gegenüber dem Träger der Sozialhilfe.

[165] Für rechtswidrige bestandskräftige Leistungsablehnungen nach § 44 Abs. 1 SGB X: BSG v. 26.08.2008 - B 8 SO 26/07 R - SozR 4-1300 § 44 Nr. 15 Rn. 15 f.; BSG v. 29.09.2009 - B 8 SO 16/08 R - SozR 4-1300 § 44 Nr. 20 Rn. 11; BSG v. 28.02.2013 - B 8 SO 4/12 R - juris Rn. 10; *Schütze* in: von Wulffen/Schütze, SGB X, § 44 Rn. 48 m.w.N. zur Rspr. des BSG.

Ansprüche, die nicht – und sei es über die Anordnung des § 68 SGB I oder zumindest kraft ihrer Wurzel (vgl. Rn. 70) – in das SGB einbezogen sind, sind **keine Sozialleistungen nach § 95 SGB XII**. Das gilt für: Anspruch aus **Lastenausgleich, Beamtenversorgung, Steuererstattungsansprüche, Anspruch auf Arbeitslosenbeihilfe nach § 86a Soldatenversorgungsgesetz (SVG)**[166]; für die **Unterhaltssicherung für Soldaten** enthält § 4a Abs. 3 USG eine Sonderregelung[167].

Die für § 95 SGB XII notwendige **Gleichartigkeit der Sozialleistung** (vgl. zur Gleichartigkeit als Voraussetzung der Erstattungsberechtigung Rn. 46) mit der Sozialhilfe mit den Unterpunkten der **Gleichzeitigkeit** und der **Zweckidentität**, genauer, **dem Erfordernis, dass die Leistungen von der Leistungsart her mit der Sozialhilfe vergleichbar**[168] sein müssen, entspricht dem Erfordernis in § 93 Abs. 1 SGB XII. Danach darf der Anspruchsübergang nur **für die Zeit bewirkt** werden, für die **Leistungen erbracht** werden, und wegen des identischen Zwecks Einfluss auf die Hilfebedürftigkeit haben[169]. Auf die Ausführungen in der Kommentierung zu § 93 SGB XII Rn. 101 und der Kommentierung zu § 93 SGB XII Rn. 103 ff. wird verwiesen. Das **Erfordernis**, dass die **festzustellende Leistung** für den **gleichen Zeitraum** bestimmt ist wie die Sozialhilfe, ist auch im praktisch wichtigen Fall, dass die Feststellung für **laufende und zukünftige Leistungen** betrieben werden soll, zu beachten.

3. Feststellung betreiben

Die nach § 95 SGB XII dem Träger eingeräumte Befugnis, die „Feststellung der Sozialleistung zu betreiben" und „Rechtsmittel einzulegen", eröffnet keine alternativen Handlungsmöglichkeiten, sondern ergänzende.[170] Der Begriff der **Feststellung** ist **weit auszulegen**. Er umfasst nicht nur das Begehren nach einer **rein feststellenden Verwaltungs- oder Gerichtsentscheidung** hinsichtlich der Sozialleistung. In einem nicht streng rechtstechnisch geprägten Verständnis des Begriffs der Feststellung wird darunter von jeher auch die **Verwirklichung und Durchsetzung der Leistung** verstanden[171], dagegen **nicht die Gestaltung eines Rechts** (vgl. dazu Rn. 80)[172]. Mit einem nur **feststellenden Charakter** der erstrebten Entscheidung wäre auch dem **Ziel des § 95 SGB XII**, neben der Realisierung des Erstattungsanspruchs vorrangige Ansprüche des Leistungsberechtigten für die Zukunft zu realisieren, trotz der Gesetzesbindung der Verwaltung letztlich nur **unvollkommen Rechnung** getragen.[173]

Das „**Betreiben**" der Feststellung umfasst – wie der technisch eher unscharfe Begriff nahelegt – **alle rechtserheblichen Handlungen** und Gestaltungsrechte, die für die **Verwirklichung** des vermeintlichen **Anspruchs** auf Sozialleistungen erforderlich sind.

Rechtstechnisch begründet § 95 SGB XII bei Vorliegen der Voraussetzungen eine **Prozessführungsbefugnis**, nämlich die **Berechtigung, den Anspruch in eigener Person mit dem Ziel der Leistung an den Leistungsberechtigten geltend zu machen**[174], ohne dass es hierzu eines weiteren Hoheitsaktes bedarf. Einen Rechtsübergang für den Leistungsanspruch begründet § 95 SGB XII dagegen gerade

---

[166] Soweit § 86a Abs. 1 Satz 2 SVG die entsprechende Anwendbarkeit der Vorschriften des Sozialgesetzbuchs anordnet, reicht das als Rechtsfolgenverweisung nicht aus. Als Sozialleistungen i.S.d. § 44 Abs. 1 SGB X hat das BSG die Leistungen nach SVG dagegen anerkannt, BSG v. 01.09.1994 - 7 RAr 106/93 - BSGE 75, 69 ff.

[167] *Schellhorn* in: Schellhorn/Schellhorn/Hohm, SGB XII, § 95 Rn. 10.

[168] *Roos* in: von Wulffen/Schütze, SGB X, § 104 Rn. 11; *Wolf* in: Fichtner/Wenzel, SGB XII, § 95 Rn. 6; BSG v. 14.11.1984 - 1/4 RJ 57/84 - BSGE 57, 218 f; instruktiv für Ansprüche nach dem Unterhaltsvorschussgesetz: Bayr. VGH v. 27.11.2001 - 12 B 99.586 - juris Rn. 26; BSG v. 25.01.1994 - 7 RAr 42/93 - BSGE 74, 36, 39 ff.

[169] Für das Erfordernis der Gleichzeitigkeit bejaht von: *Decker* in: Oestreicher, SGB II/SGB XII, § 95 Rn. 14.

[170] OVG NRW v. 17.12.2012 - 12 A 1949/12 - juris Rn. 49. In der in § 1538 RVO noch verwendeten Formulierung, wonach sie „auch Rechtsmittel einlegen können", kommt der ergänzende Charakter des zweiten Halbsatzes noch deutlicher zum Ausdruck.

[171] BSG v. 15.12.1961 - 4 RJ 43/61 - BSGE 16, 44, 47 spricht schon von der mit § 1538 RVO eingeräumten Befugnis, ein fremdes Recht in eigenem Namen durchzusetzen; LSG Niedersachsen v. 14.07.2000 - L 9 V 70/96 - juris Rn. 16.

[172] OVG NRW v. 17.12.2012 - 12 A 1949/12 - juris Rn. 49.

[173] So auch OVG Münster vom 17.12.2012 - 12 A 1949/12 - juris Rn. 49.

[174] Dazu *Vollkommer* in: Zöller, ZPO, vor § 50 Rn. 18: „Grundsätzlich ist der Inhaber des Rechts befugt, es in eigenem Namen einzuklagen; das Gegenstück hierzu ist, dass jemand prozessführungsbefugt ist, ohne Inhaber des Rechts zu sein. Prozessführungsbefugnis ist das Recht, über das behauptete (streitige) Recht einen Prozess als die richtige Partei im eigenen Namen zu führen, ohne dass eine (eigene) materiellrechtliche Beziehung zum Streitgegenstand vorzuliegen braucht."

nicht. Die materiell-rechtliche **Verfügungsbefugnis** bleibt **beim Leistungsberechtigten**. Die Rechtsstellung des Trägers der Sozialhilfe im Verhältnis zum Sozialleistungsträger definiert sich allein von derjenigen des Leistungsberechtigten.

76 Die Vorschrift gibt dem Träger der Sozialhilfe die (umfassende) **Befugnis**, im eigenen Namen für den Leistungsberechtigten ein **Verwaltungsverfahren anzustoßen** und alle **Verfahrenshandlungen** vorzunehmen, zu denen auch der Leistungsberechtigte berechtigt wäre.[175] Auf seinen Antrag ist der Träger der **Sozialhilfe als Antragsteller Beteiligter nach § 13 Abs. 1 Nr. 1 SGB X**. Das Verwaltungsverfahren endet – auch wenn mit dem Träger der Sozialhilfe ein in anderen Zusammenhängen gleichgeordneter Träger hoheitlicher Gewalt beteiligt ist – mit einem **Verwaltungsakt**.[176] Der sachlegitimierte Träger kann als Beteiligter und Adressat des Verwaltungsaktes nach § 62 SGB X i.V.m. den §§ 83, 84 SGG **Widerspruch erheben**.

77 Auf eine **Mitwirkung des Leistungsberechtigten** oder seine Zustimmung kommt es dabei nicht an, denn der Träger ist **nicht Vertreter** des Leistungsberechtigten.[177]

78 Ist der Antrag auf Erlass des Verwaltungsaktes – begünstigender oder feststellender Art – erfolglos, ermächtigt § 95 SGB XII den Träger, mit dem weiten Begriff, die Feststellung zu betreiben, auch dazu, für das fremde Recht und den daraus nach wie vor Berechtigten **Klage zu erheben**. Dem Träger der Sozialhilfe wird für diesen Fall eine **Prozessstandschaft,** die kraft gesetzlicher Ermächtigung wirkende Befugnis, einen Prozess in eigenem Namen für ein fremdes Recht zu führen, eingeräumt.[178] Es handelt sich um eine **gesetzliche Prozessstandschaft kraft gesetzlicher Ermächtigung durch das materielle Rechts**, nicht um eine gewillkürte.[179] Von der bloßen **Prozessvertretung** unterscheidet sich die Prozessstandschaft dadurch, dass sie ein eigenes Prozessführungsrecht begründet und eine **Übertragung der Ausübungsermächtigung** hinsichtlich des Rechts vorliegt.[180]

79 Daraus ergibt sich **Inhalt und Grenze der Befugnis**. Der Träger der Sozialhilfe wird nicht Rechtsinhaber, er kann nach § 95 SGB XII die Feststellung der Sozialleistung betreiben, aber **diese nicht selbst gestalten**. Zu berücksichtigen sind schließlich Sinn und Zweck der Befugnis. Den von § 16 SGB I vorgesehenen **Antrag** für die Sozialleistung kann der Träger der Sozialhilfe für den Leistungsberechtigten stellen. Das gilt unabhängig davon, ob es sich um einen nur **formellen Antrag** handelt, der das Verwaltungsverfahren in Gang setzt und nach § 19 SGB IV für Leistungen der Kranken-, sozialen Pflege-, Rentenversicherung und Recht der Arbeitsförderung für die Leistungsgewährung erforderlich ist, oder um einen **materiellen Antrag**, der materiell-rechtliche Anspruchsvoraussetzung ist (so § 99 SGB VI).[181]

80 **Gestaltungsrechte**, die von der materiell-rechtlichen Position abhängen, kann der Träger der Sozialhilfe nicht ausüben.[182] Dies schließt es aus, einen **Beitritt zur freiwilligen gesetzlichen Krankenversicherung zu erklären**. Der Beitritt zur freiwilligen Mitgliedschaft muss nach § 9 Abs. 2 Nr. 1 SGB V z.B. innerhalb von drei Monaten nach Beendigung der Pflichtmitgliedschaft **angezeigt werden**. Der Beitritt zur Krankenversicherung ist schon dem Wortlaut nach nicht „die Feststellung einer Sozialleistung". Aufgrund der bewusst identischen Formulierung der „Sozialleistung" in § 95 SGB XII in Anlehnung an die §§ 11 und 18-29 SGB I ist die Sach-, Dienst- oder Geldleistung gemeint. Dagegen ist die Erklärung eines Beitritts zur freiwilligen Krankenversicherung (§ 9 SGB V), genauer die Anzeige des Beitritts, auch durch einen Dritten, die Ausübung eines Gestaltungsrechts und nicht lediglich die Feststellung einer Sozialleistung.[183] Erst die mit dem Gestaltungsrecht begründete Mitgliedschaft

---

[175] BSG v. 19.12.1991 - 12 RK 24/90 - BSGE 70, 72, 76; BSG v. 22.04.1998 - B 9 VG 6/96 - BSGE 82, 112, 116.
[176] BSG v. 19.12.1991 - 12 RK 24/90 - BSGE 70, 72, 76; *Wolf* in: Fichtner/Wenzel, SGB XII, § 95 Rn. 9.
[177] Vgl. aber die Erwägungen des BSG, wonach der Träger der Sozialhilfe, der den Beitritt des Leistungsberechtigten zur freiwilligen gesetzlichen Krankenversicherung erklärt, ohne dass die Voraussetzungen des § 91a BSHG (§ 95 SGB XII) vorliegen, als Vertreter ohne Vertretungsmacht agieren könnte, BSG v. 11.06.1992 - 12 RK 59/91 - SozR 3-2200 § 313 Nr. 1 S. 5 f., vgl. hierzu Rn. 80.
[178] BSG v. 19.12.1991 - 12 RK 24/90 - BSGE 70, 72, 75 f.; allgemein: *Vollkommer* in: Zöller, ZPO, vor § 50 Rn. 20.
[179] *Vollkommer* in: Zöller, ZPO, vor § 50 Rn. 20 ff.
[180] BVerwG v. 30.11.1973 - IV C 20.73 - DÖV 1974, 318.
[181] So auch OVG Münster vom 17.12.2012 - 12 A 1949/12 - juris Rn. 49. Zur Befugnis, einen materiellen Antrag für den Leistungsberechtigten zu stellen: BSG v. 22.04.1998 - B 9 VG 6/96 - BSGE 82, 112, 117; *Grube* in: Grube/Wahrendorf, SGB XII, § 95 Rn. 10.
[182] *Münder* in: LPK-SGB XII, § 95 Rn. 4.
[183] BSG v. 19.12.1991 - 12 RK 24/90 - BSGE 70, 72, 77; der Beitritt ist eine empfangsbedürftige Willenserklärung des Berechtigten, dazu *Peters* in: Kasseler Kommentar zum Sozialversicherungsrecht, § 9 SGB V Rn. 50.

schafft die Voraussetzung für spätere – feststellungsfähige – Sozialleistungen. Einer **analogen Anwendung des § 91a BSHG, der Vorgängervorschrift zu § 95 SGB XII**, hat das BSG für diesen Fall eine klare Absage erteilt. Es fehle an der erforderlichen Regelungslücke und widerspreche dem Ausnahmecharakter der sozialhilferechtlichen Befugnis, die keine Eingriffe in Gestaltungsrechte beabsichtige, für diesen Fall auch keine Verteidigungsmöglichkeiten für den Leistungsberechtigten bereithalte.[184] Ist die Ausübung des Gestaltungsrechts selbst nicht möglich, **gilt das auch für Rechtsbehelfe** gegen eine negative Statusentscheidung, denn diese regelt nicht unmittelbar eine Sozialleistung, sondern stellt einen Status fest.[185]

Das BSG hat es aber für möglich gehalten, dass in dem vom Träger der Sozialhilfe für den Leistungsberechtigten erklärten **Beitritt zur freiwilligen Krankenversicherung** eine **Willenserklärung des Vertreters ohne Vertretungsmacht** liegt (§ 180 Satz 2 BGB i.V.m. den §§ 177 ff. BGB). Diese muss jedoch zu ihrer Wirksamkeit **innerhalb der Frist für den Beitritt** des § 9 Abs. 2 SGB V vom Leistungsberechtigten genehmigt werden (§ 184 BGB), eine danach erteilte Genehmigung wirkt nicht zurück.[186] Der Fall erhält in der Sozialhilfe **praktische Relevanz**, wenn der **Bezug von Leistungen nach dem SGB II** (z.B. wegen fehlender Erwerbsfähigkeit oder mangels weiterer Antragstellung) endet und der danach für die Leistungen nunmehr zuständige Träger der Sozialhilfe im Rahmen seiner Leistungsgewährung ein Interesse daran hat, dass der Leistungsberechtigte nach Ende der durch den Alg II-Bezug begründeten Pflichtmitgliedschaft (gemäß § 5 Abs. 1 Nr. 2a SGB V) zeitnah, d.h. innerhalb der Fristen, eine **freiwillige Mitgliedschaft in der GKV** (gemäß § 9 Abs. 1 Nr. 1 SGB V) begründet.[187] Eine **fehlende Mitgliedschaft** in der gesetzlichen GKV **aufgrund der bestandskräftigen Statusentscheidung** steht auch einem **späteren Erstattungsverlangen** des Trägers der Sozialhilfe (§ 104 SGB X), welches er auf die für eine Krankheit für den Leistungsberechtigten getätigten Aufwendungen stützt (§ 264 Abs. 1 oder Abs. 7 SGB V oder § 48 Satz 1 SGB XII), **entgegen**.[188] Das BSG hat speziell für diesen Fall im Übrigen klargestellt, dass die **Träger der gesetzlichen Krankenversicherung**, denen der Beitritt im Rahmen der freiwilligen Versicherung angezeigt wird, die **Tatbestandswirkung von Alg II bewilligenden Verwaltungsakten** grundsätzlich ohne eigenes Prüfungsrecht **hinzunehmen haben**.[189]

81

Die **Auffassung**[190], wonach es in dem Fall, dass der **Träger der Sozialhilfe** der Krankenkasse lediglich anzeigt, er „übernehme fortan die Beiträge" für die freiwillige Versicherung für den Berechtigten"[191], eine (förmliche) Anzeige i.S.d. § 9 SGB V jedoch nicht erfolgt, der **Heranziehung des Herstellungsanspruchs nicht bedarf, ist nicht zutreffend**. Auch unter Berücksichtigung von § 17 SGB I i.V.m. dem **Meistbegünstigungsgrundsatz** ist die Krankenkasse nicht berechtigt, bereits die ihr zugegangene Mitteilung des Trägers der Sozialhilfe so auszulegen, als sei damit eine Beitrittsanzeige erfolgt. § 16 SGB I hilft nur bedingt weiter, denn bei der Erklärung des Beitritts zur freiwilligen Krankenversicherung handelt es sich um eine notwendige Willenserklärung des Leistungsberechtigten zur Statusbegründung, die sich gerade von einem schlichten Antrag auf Sozialleistungen unterscheidet. Die analoge Anwendung des **§ 16 SGB I** (Anträge auf Sozialleistungen) und **§ 17 SGB I** (organisatorische Sicherstellungspflicht der Träger für den Bezug von Sozialleistungen) auf die Beitrittserklärung zur freiwilligen Krankenversicherung[192] dürfte ihre Grenze finden, wenn nur Willenserklärungen oder formlose Mitteilungen Dritter vorliegen. Dies gilt umso mehr, wenn ihr **objektiver Erklärungswert mehrdeutig** ist (Anzeige des Beitritts für einen Dritten oder schlichte Anzeige, dass Beiträge in dem Fall geleistet werden, dass durch diesen eine freiwillige Versicherung begründet wird oder verbindliche Zusicherung).

82

---

[184] BSG v. 19.12.1991 - 12 RK 24/90 - BSGE 70, 72, 77, 79 f.; *Grube* in: Grube/Wahrendorf, SGB XII, § 95 Rn. 7.
[185] Hessisches LSG v. 15.03.2010 - L 1 KR 47/08 - juris Rn. 33.
[186] BSG v. 11.06.1992 - 12 RK 59/91 - SozR 3-2200 § 313 Nr. 1 S. 5; *Peters* in: Kasseler Kommentar zum Sozialversicherungsrecht, § 9 SGB V Rn. 50.
[187] Instruktiv der Fall des Hessischen LSG v. 15.03.2010 - L 1 KR 47/08 - juris, in dem sich der Träger der Sozialhilfe unter Berufung auf § 95 SGB XII gegen die Ablehnung der freiwilligen Weiterversicherung für den Leistungsberechtigten durch die Krankenkasse gewandt hatte und zeitgleich einen Erstattungsanspruch wegen bereits getätigter Aufwendungen der Krankenhilfe gegen die Krankenkasse geltend gemacht hatte.
[188] Hessisches LSG v. 15.03.2010 - L 1 KR 47/08 - juris Rn. 35.
[189] BSG v. 24.06.2008 - B 12 KR 29/07 R - SozR 4-2500 § 9 Nr. 3.
[190] *Rieker*, jurisPR-SozR 10/2011, Anm. 3.
[191] So im Fall Hessisches LSG v. 15.03.2010 - L 1 KR 47/08 - juris.
[192] BSG v. 14.04.1983 - 8 RK 9/81 - SozR 1200 § 16 Nr. 8 S. 11 ff.

§ 95

83 Im gleichen Kontext steht die Entscheidung des 12. Senates des BSG, wonach der Träger der Sozialhilfe nicht berechtigt ist, die **Feststellung einer Familienversicherung** eines Hilfeempfängers zu beantragen. Berechtigt, diese (feststellende[193]) **Statusentscheidung** zu beantragen, sind nur der **Familienversicherte und der Stammversicherte**. Das Recht aus § 95 SG XII bezieht sich demgemäß **nur auf Leistungsansprüche**, **nicht** auf die Herbeiführung von **Entscheidungen über den versicherungsrechtlichen Status**, diese haben vielmehr für den Träger der Sozialhilfe Tatbestandswirkung.[194]

84 Der Träger der Sozialhilfe kann aber, wenn er die Mitgliedschaft in der GKV nicht selbst verfolgen darf, **unmittelbar Leistungsansprüche des Berechtigten** gegen die Krankenkassen nach § 95 SGB XII **geltend machen**. Innerhalb dieses verfolgten Anspruchs ist über das **Bestehen der Familienversicherung oder einer freiwilligen Mitgliedschaft als Vorfrage** – ggf. unter Beachtung einer bereits ergangenen Entscheidung über den Status – zu entscheiden.[195] Soweit möglich, sollte der Sozialhilfeträger also parallel den **Berechtigten selbst veranlassen**, gegen eine negative **Statusfeststellung Rechtsbehelfe einzulegen**, um die Bestandskraft und damit die ggf. nachteilige Tatbestandswirkung des Verwaltungsaktes über die Statusfeststellung zu verhindern.[196]

85 Abzugrenzen davon ist die Fallgestaltung, dass der Sozialhilfeempfänger z.B. mangels Vorversicherungszeit keine Mitgliedschaft in der Krankenversicherung erhalten kann, die Krankenkasse aber nach **§ 264 Abs. 2 SGB V die Krankenbehandlung übernimmt und die dadurch entstehenden Aufwendungen vom Träger der Sozialhilfe erstattet erhält (§ 264 Abs. 7 SGB V)**. Soweit der Leistungsberechtigte in diesem Fall für die Leistungserbringung nach § 264 Abs. 3 Satz 1 SGB V eine **Krankenkasse** im Bereich des für die Hilfe zuständigen Sozialhilfeträgers **zu wählen hat**, kann der Träger der Sozialhilfe nach **§ 264 Abs. 3 Satz 3 i.V.m. § 175 Abs. 3 Satz 2 SGB V** an seiner Stelle das **Wahlrecht** ausüben.[197]

86 Zu den Anträgen, die der Träger der Sozialhilfe nach § 95 SGB XII stellen kann, gehört auch der **Antrag nach § 44 SGB X** (vgl. Rn. 69).[198] Dabei gelten auch für ihn die **Grenzen des § 44 SGB X**. Er kann weder nach § 44 Abs. 1 SGB X noch nach § 44 Abs. 2 SGB X bestandskräftige Entscheidungen über die Mitgliedschaft in der gesetzlichen Krankenversicherung angreifen und ihre Aufhebung verlangen. Dem steht die Eigenart der **Statusfeststellung** entgegen, die **keine rückwirkende Begründung der Mitgliedschaft** gestattet.[199]

87 Für die nach § 55 SGG **gegenüber Anfechtungs- und Leistungsklage** grundsätzlich nur **subsidiär zulässige Feststellungsklage** stellt § 95 SGB XII mit seiner Ermächtigung für den erstattungsberechtigten Sozialhilfeträger im Verhältnis zu anderen Trägern eine **lex specialis** dar.[200] Diese kann jedoch **nicht dazu führen**, die **Prozessvoraussetzungen** (insbesondere Vorverfahren und Fristen) für Anfechtungs- und Leistungsklagen **zu umgehen**. Nach **Ablauf von Verfahrensfristen** ist die Feststellungsklage demgemäß unzulässig oder im Hinblick auf bindende bestandskräftige Entscheidungen unbegründet.[201] Anderes folgt aus § 95 Satz 2 SGB XII nur in dem Fall, dass der Leistungsträger das Verfahren nicht selbst betreibt, vgl. § 95 Satz 3 SGB XII.[202]

88 In einem **vom Träger der Sozialhilfe angestrengten Prozess** ist dieser aber **nicht auf** die **Feststellungsklage beschränkt**, sondern ist auch zur Führung einer Leistungsklage ermächtigt.

---

[193] Die Familienversicherung beginnt und endet kraft Gesetzes ein, *Wiegand* in: Eichenhofer/Wenner, SGB V, § 10 Rn. 69 f.

[194] BSG v. 17.06.1999 - B 12 KR 11/99 - SozR 3-5910 § 91a Nr. 6 S. 26 f.; der Träger kann auch als Dritter die Feststellung des Status nicht beantragen und auch keine Feststellungsklage erheben.

[195] BSG v. 17.06.1999 - B 12 KR 11/99 - SozR 3-5910 § 91a Nr. 6 S. 27; *Just* in: Becker/Kingreen, SGB V, § 10 Rn. 51.

[196] Zu den Folgen einer positiven oder ablehnenden Verwaltungsentscheidung: *Wiegand* in: Eichenhofer/Wenner, SGB V, § 10 Rn. 70; *Just* in: Becker/Kingreen, SGB V, § 10 Rn. 47 m.w.N.

[197] Dazu LSG Berlin-Brandenburg v. 20.02.2008 - L 23 B 30/08 SO ER - juris; für die Gewährung des Krankenversicherungsschutzes nach § 264 Abs. 2 SGB V ist die Wahl nicht konstitutiv, vgl. dazu LSG Berlin-Brandenburg v. 07.11.2007 - L 9 B 519/07 KR ER - juris Rn. 6.

[198] *Decker* in: Oestreicher, SGB II/SGB XII, § 95 Rn. 18; Bayr. LSG v. 15.02.1995 - L 13 AN 56/93 - Breithaupt 1995, 694 ff.

[199] Hessisches LSG v. 15.03.2010 - L 1 KR 47/08 - juris Rn. 34 unter Hinweis auf die Rechtsprechung des BSG.

[200] Vgl. BSG v. 28.03.2013 - B 4 AS 42/12 R - juris Rn. 12.

[201] VG Augsburg v. 05.02.2013 - Au 3 K 12.396 - juris Rn. 82, 83.

[202] VG Augsburg v. 05.02.2013 - Au 3 K 12.396 - juris Rn. 82, 83.

Der **Träger der Sozialhilfe** kann mit seinem Antrag oder der Klage aber **nicht Leistung der Sozialleistung an sich** verlangen, denn er ist nicht Rechtsinhaber, sondern Leistung an den Leistungsberechtigten.[203]

89

Haben sowohl der Träger der Sozialhilfe als auch der Leistungsberechtigte Klage auf die Leistung erhoben, besteht zwischen ihnen eine **notwendige Streitgenossenschaft, denn das streitige Rechtsverhältnis kann beiden gegenüber nur einheitlich festgestellt werden**.[204] Auch die notwendige Streitgenossenschaft begründet **jeweils ein Prozessverhältnis**, jeder Streitgenosse kann seine Klage zurücknehmen.[205] Das **Sachurteil** muss aber ein **einheitliches** sein.[206] Dies gilt **auch schon für das Widerspruchsverfahren**, so dass der Streitgenosse, der keinen Widerspruch eingelegt hat, als durch den Widerspruchsführer vertreten gilt und zu dem Widerspruchsverfahren zuzuziehen ist, so dass im Vorverfahren eine einheitliche Entscheidung ergeht[207] (§ 74 SGG i.V.m. § 62 ZPO). Der solchermaßen **säumige und lediglich zugezogene Streitgenosse** ist jedoch **nicht befugt**, den **Widerspruchsbescheid selbständig** mit der Klage **anzufechten**.[208]

90

Hat der **Leistungsberechtigte** keine Klage erhoben und ist dem Verfahren nicht beigetreten, ist er zu dem Klageverfahren des Sozialhilfeträgers **notwendig beizuladen**. Er ist, da aus seinem Recht geklagt wird, an dem Rechtsverhältnis derart beteiligt, dass die **Entscheidung** über die Leistung auch **ihm gegenüber nur einheitlich** ergeht.[209]

91

Hat allein der Leistungsberechtigte Klage erhoben, begründet § 95 SGB XII keine **notwendige Beiladung des Sozialhilfeträgers** nach § 75 Abs. 2 SGG. Mit der Befugnis nach § 95 SGB XII wird diesem gerade kein materielles Recht (an der Sozialleistung) gewährt, sondern er wird **nur verfahrensrechtlich berechtigt**. Die Entscheidung hat zwar einheitlich zu ergehen, die (einfache) Beiladung kann für den Träger der Sozialhilfe eine eigenständig betriebene Feststellung nicht ersetzen. Der Träger der Sozialhilfe kann sich aber aufgrund der Prozessführungsbefugnis des § 95 SGB XII der bereits erhobenen Klage des Leistungsberechtigten **in jedem Stadium des Verfahrens eigenständig anschließen** und damit eine **subjektive Klagehäufung** begründen.[210]

92

Bei **Tod des Leistungsberechtigten** besteht die nach § 95 SGB XII begründete Prozessführungsbefugnis des Trägers der Sozialhilfe weiter. Eine Unterbrechung des Verfahrens nach § 202 SGG i.V.m. § 239 ZPO tritt ihm gegenüber nicht ein. Seine Rechtsstellung im Sinne der Begründung eines eigenen Prozessrechtsverhältnisses unterscheidet sich insoweit von dem Fall, dass er nur als Beigeladener an einem Verfahren des Leistungsberechtigten beteiligt ist.[211] Die **Rechtsnachfolger des Leistungsberechtigten** sind notwendige Streitgenossen, wenn sie den Prozess nicht aufnehmen, sind sie (notwendig) **beizuladen**.[212]

93

4. Rechtsmittel einlegen

Die im § 95 SGB XII besonders erwähnte Befugnis des Trägers der Sozialhilfe, **Rechtsmittel einzulegen**, ist überflüssig. Allein schon aus der **Prozessführungsbefugnis** für die Durchsetzung der Leistungen für den Berechtigten folgt die Befugnis, auch notwendige Rechtsmittel einzulegen. Eine **gesetzliche Prozessstandschaft** für ein Recht ist **nicht** auf die Klageerhebung **begrenzt**.

94

Die Befugnis, Rechtsmittel einzulegen, ist unter Berücksichtigung des Sinn und Zwecks der Durchsetzung von Sozialleistungen **weit auszulegen**. Dazu gehören die im Sprachgebrauch wegen ihres charakteristischen Devolutiveffekts genannten Rechtsmittel im engeren Sinne, also die **Berufung**, Revi-

95

---

[203] Bayr. VGH v. 13.05.2008 - 12 B 06.3207 - juris Rn. 19 mit zahlreichen weiteren Nachweisen zur Rechtsstellung des Trägers.

[204] Über § 74 SGG nach § 59 ZPO, BSG v. 08.07.1965 - 12/4 RJ 130/60 - BSGE 23, 168 f.; differenzierend *Schwab* in: Festschrift für Lent, 1957, S. 271, 274 f., 290: eine notwendige Streitgenossenschaft liegt nur dann vor, wenn Rechtskrafterstreckung eintritt.

[205] BSG v. 30.07.1971 - 2 RU 241/68 - BSGE 33, 99, 100: Der von ihm betriebene Rechtsstreit ist damit beendet.

[206] § 74 SGG i.V.m. § 62 ZPO.

[207] *Leitherer* in: Meyer-Ladewig/Keller/Leitherer, SGG, § 78 Rn. 4; BSG v. 28.01.1982 - 5a/5 RKn 7/80 - juris Rn. 13.

[208] BSG v. 28.01.1982 - 5a/5 RKn 7/80 - juris Rn. 13.

[209] BSG v. 04.08.1981 - 5a/5 RKn 6/80 - USK 81295 S. 1299 f.: Die Entscheidung greift unmittelbar in die Rechtssphäre ein.

[210] LSG Baden-Württemberg v. 11.02.1971 - L 4 J 57/68B - Breithaupt 1971, 785 f.

[211] LSG Baden-Württemberg v. 11.02.1971 - L 4 J 57/68B - Breithaupt 1971, 786.

[212] BSG v. 04.08.1981 - 5a/5 RKn 6/80 - USK 81295 S. 1300.

sion[213] sowie – vor allem im Verfahren auf einstweiligen Rechtsschutz – die **Beschwerde**[214] und die **Nichtzulassungsbeschwerde**[215]. Dazu gehören auch die nach den Prozessordnungen in den mit „Rechtsmittel" überschriebenen Abschnitten darüber hinaus genannten. Dazu zählt die **Erinnerung**[216], auch der außerordentliche Rechtsbehelf der **Anhörungsrüge** nach § 178a SGG[217]. Eine **teleologische Reduktion**, die den Träger der Sozialhilfe von der letztgenannten Rüge ausschließt, ist für § 178a SGG **nicht geboten**. Dies gilt auch bei Berücksichtigung der Begründung und seiner Entstehungsgeschichte. Die Norm wurde auf Anregung von zwei Beschlüssen des BVerfG geschaffen, in welchen aus dem **Rechtsstaatsprinzip** i.V.m. Art. 103 GG eine fachgerichtliche Abhilfemöglichkeit für den Fall der Verletzung rechtlichen Gehörs in entscheidungserheblicher Weise gefordert wurde.[218] Sowohl die Begründung aus dem Rechtsstaatsprinzip als auch aus dem **Verfahrensgrundrecht Art. 103 GG**[219] lassen eine Einbeziehung der nach § 95 SGB XII agierenden Träger zu. Das Ergebnis wird speziell für § 95 SGB XII durch die Erkenntnis gestützt, dass der öffentliche Träger ermächtigt wird, in der Sache einen **dem grundrechtsberechtigten Bürger zustehenden Sozialleistungsanspruch** zu verfolgen und die Verletzung des rechtlichen Gehörs daher den Bürger mittelbar treffen kann, wenn sie in entscheidungserheblicher Weise erfolgt. Mit der entsprechenden Begründung zählt auch die **Gegenvorstellung** als formloser Rechtsbehelf zu den eröffneten Rechtsmitteln.[220] Die **Wiederaufnahme des Verfahrens**[221] ist weder nach den Prozessordnungen systematisch den Rechtsmitteln zugeordnet, noch ihrem Wesen nach zumindest mit den Rechtsbehelfen vergleichbar. Sie gilt als **außerordentlicher Rechtsbehelf**, der darauf gerichtet ist, die **Rechtskraft** der angegriffenen Entscheidung **zu beseitigen** und danach die fehlerhafte Entscheidung durch eine neue zu ersetzen.[222] Für ihre **Einbeziehung in den Begriff des Rechtsmittels** nach § 95 SGB XII streitet die Möglichkeit, ein **ablehnendes Urteil zu beseitigen**, verbunden mit der Chance der Erlangung eines neuen, die Sozialleistung **positiv feststellenden**. **Gegen** die **Einbeziehung** spricht der **Wortlaut** und die im Vergleich zu den Rechtsmitteln im engeren Sinn **abweichende Struktur**, letztlich aber der Umstand, dass mit der Befugnis des § 95 SGB XII die Ermächtigung geschaffen wurde, in das Rechtsverhältnis des Leistungsberechtigten zum Sozialleistungsträger einzugreifen und sich daher eine ausdehnende, über den Wortlaut hinausgehende Ausdehnung verbietet. Die auf die Verletzung von Grundrechten beschränkte **Verfassungsbeschwerde ist kein Rechtsmittel** und nicht von § 95 SGB XII erfasst.[223]

96 Das **Rechtsmittel des Trägers der Sozialhilfe wirkt nicht für den Rechtsstreit**, den der **Leistungsberechtigte** als notwendiger Streitgenosse geführt hat, da der Grundsatz gilt, dass das Rechtsmittel jedes Streitgenossen gesondert zu beurteilen ist. Wenn allerdings einer **kein eigenes Rechtsmittel** eingelegt hat, wird dieser nach Auffassung des BSG nicht zum Rechtsmittelführer, **bleibt aber Beteiligter des Verfahrens**.[224] Zu einem vom Träger weitergeführten Rechtsstreit wird der Leistungsberechtigte über § 74 SGG i.V.m. § 62 Abs. 2 ZPO wegen der Notwendigkeit einer einheitlichen Entscheidung zu-

---

[213] BSG v. 15.12.1961 - 4 RJ 43/61 - BSGE 16, 44, 46 ff. - Sprungrevision.
[214] § 172 SGG; § 146 VwGO.
[215] § 160a SGG; § 133 VwGO.
[216] § 178 SGG; § 151 VwGO.
[217] § 152a VwGO.
[218] BVerfG v. 30.03.2003 - 1 PBvU 1/02 - BVerfGE 107, 395 ff. und BVerfG v. 07.10.2003 - 1 BvR 10/99 - BVerfGE 108, 341 ff.
[219] Zur Grundrechtsberechtigung von juristischen Personen des Öffentlichen Rechts nach Art. 103 GG: BVerfG v. 08.07.1982 - 2 BvR 1187/80 - BVerfGE 61, 82, 104 - Sasbach: „objektive Verfahrensgrundsätze, die für jedes gerichtliche Verfahren gelten und daher auch jedem zugutekommen müssen, der nach den Verfahrensnormen parteifähig ist oder von dem Verfahren unmittelbar betroffen wird."
[220] Nach der Begründung zum Anhörungsrügegesetz BT-Drs. 15/3706, S. 14 unter A. II. 4 sollen außerordentliche Rechtsbehelfe durch die Anhörungsrüge nicht ausgeschlossen sein.
[221] § 179 SGG i.V.m. den Vorschriften der ZPO (§§ 578-591 ZPO); § 153 Abs. 1 VwGO.
[222] *Leitherer* in: Meyer-Ladewig/Keller/Leitherer, SGG, § 179 Rn. 2a; *Schenke* in: Kopp/Schenke, VwGO, § 153 Rn. 2; *Greger* in: Zöller, ZPO, vor § 578 Rn. 1: Trotz rechtsmittelähnlichen Charakters kein wirkliches Rechtsmittel.
[223] BVerfG v. 10.10.1978 - 1 BvR 475/78 - BVerfGE 49, 252, 258.
[224] BSG v. 28.09.2006 - B 3 KR 28/05 R - BSGE 97, 133, 134 f.; a.A. wohl noch BSG v. 26.04.1979 - 5 RKn 22/77 - SozR 1500 § 151 Nr. 7 S. 14: rechtzeitige Berufungseinlegung durch notwendigen Streitgenossen oder notwendig Beigeladenen wirkt für den anderen, der verspätet Berufung eingelegt hat, wenn derselbe Streitgegenstand betroffen ist, so auch Teile der zivilprozessualen Literatur, vgl. *Vollkommer* in: Zöller, ZPO, § 62 Rn. 32 m.w.N. aus der Rspr. des BGH. Das gilt selbst dann, wenn die Rechtsmittelfrist gegen den Untätigen schon abgelaufen ist.

gezogen und als notwendiger Streitgenosse Beteiligter.[225] **Beigeladener** könnte er in diesem Verfahren nur dann sein, wenn er nicht Beteiligter ist (§ 69 SGG). Hat er **sein eigenes Rechtsmittel zurückgenommen**, soll er in dem Rechtsmittelverfahren nach früher Auffassung des BSG **keine Prozessanträge mehr stellen** und nicht am Ende des Berufungsverfahrens **noch ein selbständiges Rechtsmittel einlegen** können, auch nicht über § 62 Abs. 1 ZPO als Vertreter des säumigen Streitgenossen.[226]

Will der Träger der Sozialhilfe gegen ein Urteil des SG die **Sprungrevision** nach § 161 SGG einlegen, bedarf **er nicht nur** der schriftlichen Zustimmung des Prozessgegners, sondern auch der **schriftlichen Zustimmung des Leistungsberechtigten**, wenn dieser entweder notwendiger **Streitgenosse** oder notwendiger **Beigeladener** ist.[227]

5. Ablauf von Fristen (Satz 2)

Nach Satz 2 wirkt ein **Fristablauf**, der **ohne Verschulden** des Trägers der Sozialhilfe eingetreten ist, nicht gegen ihn. Diese Privilegierung gilt entgegen dem offenen Wortlaut nur, **wenn** der **Träger** der Sozialhilfe das Verfahren auf Feststellung der Leistung **nicht selbst betreibt**. Das ergibt sich systematisch aus dem nachfolgenden Satz 3, wonach das Privileg der Unbeachtlichkeit eines Fristablaufs von Verfahrensfristen für ihn dann nicht gelten soll, wenn er das Verfahren selbst betreibt. Diese Klarstellung wäre bei anderer Auslegung überflüssig. Zu den privilegierten Fristen gehören **Verfahrensfristen, insbesondere Rechtsmittel- und Rechtsbehelfsfristen**. Das gilt auch für **materielle Fristen**, so die in der Praxis bedeutsame Frist für den Rentenantrag nach § 99 SGB VI, deren Einhaltung für eine zeitnah zur Erfüllung der Anspruchsvoraussetzung beginnende Rentenzahlung Voraussetzung ist.[228] Gleiches **gilt für § 33 SGB XI** für die Leistungen der **sozialen Pflegeversicherung**. Die Privilegierung trägt der Interessenlage des Trägers der Sozialhilfe Rechnung, der bei Hilfebedürftigkeit leisten muss, ohne diese von Vorleistungen wie der Rechtsdurchsetzung durch den Leistungsberechtigten abhängig machen zu können.[229] Dies und die von Satz 2 abweichende Bezeichnung der Verfahrensfristen in Satz 3 rechtfertigen es, **jegliche Frist** einzubeziehen.

Den Träger der Sozialhilfe darf am Fristablauf kein **Verschulden** treffen. Der Begriff des Verschuldens ist im SGB ebenso wenig wie im BGB definiert.[230] Nach zivilrechtlicher Terminologie ist er der **Oberbegriff der Schuldformen Vorsatz und Fahrlässigkeit** und ist notwendiges Element einer Zurechnung. Fahrlässig handelt nach § 276 Abs. 2 BGB, wer die im Verkehr erforderliche Sorgfalt außer Acht lässt. Im **Kontext des § 95 SGB XII** ist vorsätzliches oder fahrlässiges Verhalten **nicht** auf eine **Pflichtverletzung** bezogen, denn dem Träger der Sozialhilfe ist im Verhältnis zum Leistungsberechtigten oder Dritten **keine besondere (Verhaltens-)Pflicht** auferlegt. § 95 SGB XII knüpft mit dem Begriff jedoch, wie § 276 Abs. 2 BGB, an einen **objektiven Sorgfaltsmaßstab**[231] bezogen auf die Wahrung von Fristen an, die für die (positive) Feststellung der Sozialleistung bedeutsam sind. **Nicht notwendig** ist ein **subjektiv vorwerfbares Verhalten**.[232]

Die **Vorschriften** über die **Wiedereinsetzung in den vorigen Stand**, die ebenfalls eine **Fristversäumnis** zum Gegenstand haben, machen die Wiedereinsetzung davon abhängig, dass den Berechtigten „kein Verschulden" trifft. Hier erkennt die Rechtsprechung ein **Nichtverschulden** grundsätzlich nur dann, wenn für den **gewissenhaft Handelnden** bei Anwendung gebotener Sorgfalt die **Versäumung der Verfahrensfrist nicht vermeidbar** war. Für die Vorwerfbarkeit kommt es auf die persönlichen Verhältnisse an und das Verschulden muss für die Fristversäumnis ursächlich sein.[233]

---

[225] BSG v. 26.04.1979 - 5 RKn 22/77 - Breithaupt 1979, 933; BSG v. 28.09.2006 - B 3 KR 28/05 R - BSGE 97, 133, 134 f.

[226] Er würde andernfalls über die Figur des notwendigen Streitgenossen begünstigt werden, BSG v. 30.07.1971 - 2 RU 241/68 - BSGE 33, 99, 100 f.; a.A. zu den Prozessanträgen *Vollkommer* in: Zöller, ZPO, § 62 Rn. 32: Die Prozessführung des fleißigen Streitgenossen kommt allen Streitgenossen zugute, die Parteistellung erlaubt es jedem, auch Prozesshandlungen vorzunehmen.

[227] BSG v. 08.07.1965 - 12/4 RJ 130/60 - BSGE 23, 168 f.

[228] *Schmidt* in: jurisPK-SGB VI, § 99 Rn. 5/6 und 23.

[229] In diese Richtung: *Wolf* in: Fichtner/Wenzel, § 95 Rn. 10.

[230] Zum BGB vgl. die Feststellung bei: *Grüneberg* in: Palandt, BGB, § 276 Rn. 5.

[231] *Grüneberg* in: Palandt, BGB, § 276 Rn. 15.

[232] Anders dagegen in § 276 BGB, *Grüneberg* in: Palandt, BGB, § 276 Rn. 5.

[233] *Siefert* in: von Wulffen/Schütze, SGB X, § 27 Rn. 16; grundlegend BSG v. 10.12.1974 - GS 2/73 - BSGE 38, 248, 259 unter Berufung auf die Schutzwürdigkeit des Sozialleistungsberechtigten; *Keller* in: Meyer-Ladewig/Keller/Leitherer, SGG, § 67 Rn. 3.

101 Davon ausgehend trifft bei dem allein objektiven Maßstab des § 95 SGB XII den Träger ein **Verschulden** am Fristablauf, wenn er in einem vom Leistungsberechtigten betriebenen Verfahren die **Kenntnis und Möglichkeit** hatte, eine für die Sozialleistung fristgebundene Willenserklärung oder Handlung vorzunehmen oder wenn er die Kenntnis bei Beachtung der **im Verkehr erforderlichen Sorgfalt** hätte haben können. Für das **Kennenmüssen** reicht die **Kenntnis** der eine Sozialleistungsberechtigung **begründenden Umstände**. Der Träger muss nicht auch die Kenntnis eines (oft vermeintlichen) Anspruchs haben, zumal er dafür jeweils über Kenntnisse im Fachrecht verfügen müsste. Dem **gleichzustellen** sind Kenntnisse oder das Kennenmüssen eines **Vorgangs, der eine Frist in Lauf setzt** (z.B. der Erlass eines Bescheides). Entsprechende **Umstände**, die der Berechtigte z.B. in einem Antragsformular mitteilt oder bei einer Vorsprache beim Sozialhilfeträger berichtet, muss dieser zur Kenntnis nehmen und die notwendigen Schritte zur Feststellung einleiten.

102 Mit der gewählten Formulierung, wonach der Fristablauf **nicht „gegen ihn wirkt"**, schließt der Wortlaut rechtstechnisch **weder den Fristbeginn aus noch den Fristablauf** i.S. einer Hemmung oder Unterbrechung **aus**, sondern die aus dem Fristablauf für den Träger negative Folge. **Praktisch** bedeutet dies, dass der Träger in einem selbst initiierten Verfahren oder in dem Moment, in dem er in das laufende Verfahren des Leistungsberechtigten einsteigt, sich **abgelaufene Fristen nicht entgegenhalten lassen muss**.

6. Verfahrensfristen (Satz 3)

103 Die Rechtsfolge des Satzes 2 gilt nicht für die **Verfahrensfristen**, soweit der Träger der Sozialhilfe **das Verfahren selbst betreibt**. Anders als Satz 2 benennt Satz 3 ausdrücklich **nur Verfahrensfristen**[234], also solche, die für die Betreibung des Verfahrens relevant sind. Dazu gehören vor allem **Rechtsbehelfsfristen**. Der Träger der Sozialhilfe kann damit das Verfahren auf Feststellung, wenn er es selbst betreibt, nur so betreiben, wie dies auch der Leistungsberechtigte kann.[235]

104 **Versäumt** der Träger der Sozialhilfe in dem Verfahren auf Feststellung der Sozialleistung für den Leistungsberechtigten („schuldhaft" im obigen Sinne) **Fristen** und werden dadurch Bescheide bestandskräftig und Urteile rechtskräftig, kann er sich in einem **anschließenden Erstattungsverfahren** nach den §§ 102 ff. SGB X nicht auf die **offensichtliche Unrichtigkeit** der bestands- und rechtskräftigen **Leistungsablehnung** berufen.[236]

C. Praxishinweise

105 Die Ermächtigung des § 95 SGB XII berührt die **Rechtsnatur** des Sozialleistungsanspruchs nicht, allein diese bestimmen den **Rechtsweg**.[237] § 95 SGB XII steht insoweit im Einklang mit **§ 114 SGB X**, der auch für die **Erstattungsansprüche** nach den §§ 102 ff. SGB X den Rechtsweg der jeweiligen Sozialleistung für maßgeblich erklärt. Nach § 114 Satz 2 SGB X ist im Falle der §§ 103-105 SGB X, damit auch im Bereich des für § 95 SGB XII praktisch relevanten § 104 SGB X, der Anspruch gegen den erstattungspflichtigen Leistungsträger maßgebend. Je nach der Rechtsnatur des öffentlich-rechtlichen Sozialleistungsanspruchs eröffnet sich dieser zu den **Verwaltungs-**[238] oder **Sozialgerichten**[239].

106 Als prozessuale Berechtigung, einen **fremden Anspruch in eigenem Namen** geltend zu machen, ist die Prozessführungsbefugnis, die § 95 SGB XII verleiht, Element der **Zulässigkeit** eines Antrags/einer Klage. In der VwGO und dem SGG enthält die Klagebefugnis eine Regelung der (aktiven) Prozessführungsbefugnis, die gesetzliche Prozessstandschaft stellt demgemäß eine gesetzliche Spezialregelung der Klagebefugnis dar.[240] Danach kann es für die Zulässigkeit der Klage ausreichen, wenn nach dem Vortrag des Trägers der Sozialhilfe **die Möglichkeit besteht, dass nach den Rechtssätzen** er als Erstattungsberechtigter nach § 95 SGB XII die Leistung betreibt (**Möglichkeitstheorie**[241]). Ob **tatsäch-**

---

[234] So schon § 1238 RVO.
[235] Auf die für alle Verfahrensbeteiligten geltenden § 27 SGB X und § 67 SGG kann er sich bei Fristversäumnissen berufen.
[236] BSG v. 12.05.1999 - B 7 AL 74/98 R - BSGE 84, 80, 83 f.
[237] BSG v. 11.12.1986 - 12 RK 52/84 - SozR 5910 § 13 Nr. 1; BSG v. 19.12.1991 - 12 RK 24/90 - BSGE 70, 72, 73.
[238] Z.B. Leistungen nach dem BAföG, dem UnterhaltsvorschussG.
[239] Vgl. § 51 SGG.
[240] Näher *Kopp/Schenke*, VwGO, Vorbem. § 40 Rn. 24, genauer § 42 Rn. 65 ff. Nach § 42 Abs 2 VwGO ist, soweit gesetzlich nichts anderes bestimmt ist, die Klage nur zulässig, wenn der Kläger geltend macht, in seinen Rechten verletzt zu sein; vgl. die entsprechende Formulierung in § 54 Abs. 1 Satz 2 SGG, zur Klagebefugnis: *Keller* in: Meyer-Ladewig/Keller/Leitherer, SGG, § 54 Rn. 9 ff. und 22 ff.
[241] *Kopp/Schenke*, VwGO, § 42 Rn. 66.

lich die **Voraussetzungen** für die Erstattungsberechtigung vorliegen, kann in der **Begründetheit** der Klage geprüft werden. Wird hingegen die Prozessführungsbefugnis in strenger Anlehnung an den Zivilprozess als allein objektive Prozessvoraussetzung gesehen, ist die Klage bereits **unzulässig**, wenn die Voraussetzungen des § 95 SGB XII nicht vorliegen, insbesondere die Erstattungsberechtigung. In der Konsequenz ist dann das Tatbestandselement der „Erstattungsberechtigung" in der Zulässigkeit der Klage zu prüfen.[242]

Hat der für den geltend gemachten Sozialleistungsanspruch verpflichtete Träger schon die **Antragsberechtigung des Trägers der Sozialhilfe bestritten** und den Antrag auf Gewährung der Leistung für den Berechtigten deswegen abgewiesen, ist der Träger der Sozialhilfe in einem anschließenden Klageverfahren **prozessführungs- und klagebefugt**, weil der Beklagte gerade das **eigene (= subjektive) vermeintliche (verfahrensmäßige) Recht** des Sozialhilfeträgers aus § 95 SGB XII **negiert**.[243] **107**

Da § 95 SGB XII selbst von der Feststellung der Sozialleistung spricht, beseitigt er auch für laufende und künftige Leistungen die **Feststellungsklage** nach § 55 SGG anstelle der Leistungsklage gestatten und insoweit die prozessrechtlich vorgeprägte **Subsidiarität** dieser Klageart (vgl. dazu bereits Rn. 87).[244] **108**

Der Träger der Sozialhilfe kann **wahlweise** entweder die **Feststellung** der Leistungen **nach § 95 SGB XII** betreiben oder einen **Erstattungsanspruch** wegen der erbrachten Leistungen durchsetzen.[245] Beide Instrumente stehen grundsätzlich gleichrangig nebeneinander. Werden **laufende und künftige Ansprüche des Berechtigten** nach § 95 SGB XII geltend gemacht, besteht für das Verfahren nach § 95 SGB XII kein Zweifel an einem Rechtsschutzbedürfnis.[246] **109**

Im Fall einer **gleichzeitigen gerichtlichen Geltendmachung** beider Ansprüche (aus § 95 SGB XII und Erstattung) wird teilweise ein **Rechtsschutzbedürfnis** für die Feststellung nach § 95 SGB XII bezweifelt. Im Ergebnis dürfte die dafür angegebene Begründung bei Berücksichtigung der Erfüllungsfiktion (vgl. dazu Rn. 15) keinen Bestand haben. Nichts anderes gilt, soweit das **Rechtsschutzbedürfnis** für das Verfahren nach § 95 SGB XII fehlen soll, wenn der Träger der Sozialhilfe **gleichzeitig Erstattungsklage** erhebt und es **nicht zumindest auch um künftig entstehende Leistungsansprüche des Berechtigten geht**[247]. Wird diese Auffassung dann damit begründet, dass im Rahmen des Erstattungsstreitverfahrens ohnehin geprüft werde, ob der Leistungsberechtigte einen Anspruch hat[248], berücksichtigt sie nicht, dass im Rahmen des Erstattungsverfahrens, welches regelmäßig für den Träger der Sozialhilfe nach § 104 SGB X eröffnet sein wird, die **Bescheide** des endgültig zuständigen Sozialleistungsträgers, die gegenüber dem Leistungsberechtigten ergangen sind, grundsätzlich zu **beachten** sind. Die **Entscheidung** über die **Leistung bestimmt** zugleich den Umfang der **Erstattung**.[249] Grund und Höhe der Leistung kann dann nicht im Erstattungsstreit geklärt werden. Seine **selbständige Bedeutung gegenüber** dem Erstattungsverfahren[250] erlangt § 95 SGB XII daher in der Möglichkeit des Trägers der Sozialhilfe, das Verwaltungsverfahren anstelle des Leistungsberechtigten für die Leistungsbescheide in Gang zu setzen und gegen (Teil-)Ablehnungen gerade im Interesse des Erstattungsanspruchs vorzugehen (vgl. dazu auch Rn. 53)[251]. **110**

Es bietet sich u.U. sogar an, im Klageverfahren **beide Ansprüche zu kumulieren** und hinsichtlich der (teilweise) abgelehnten Leistungen für den Berechtigten die **Anfechtungsklage- und Leistungsklage** zu betreiben – gerichtet gegen die Ablehnung des Antrags. Daneben ist eine **Leistungsklage** auf Erfüllung der Erstattungsansprüche statthaft, die aus erbrachten Leistungen bereits erwachsen sind.[252] Die **111**

---

[242] So praktiziert von LSG Bayern v. 15.02.1995 - L 13 An 56/93 - Breith. 1995, 694, 697 f.; Hess. VGH v. 30.04.1996 - 9 UE 1079/92 - FEVS 47, 34, 35 f.; BSG v. 15.08.1996 - 9 RVi 1/94 - juris Rn. 11 ff.
[243] BSG v. 19.12.1991 - 12 RK 24/90 - BSGE 70, 72, 75 f.
[244] *Keller* in: Meyer-Ladewig/Keller/Leitherer, SGG, § 55 Rn. 19 ff. m.w.N.
[245] BSG v. 15.12.1961 - 4 RJ 43/61 - BSGE 16, 44, 46; allgemein *Pohle* in: Festschrift für Lent, 1957, 195, 222 f.
[246] Für laufende Ansprüche *Decker* in: Oestreicher, SGB II/SGB XII, § 95 Rn. 7.
[247] Diskutiert von BSG v. 11.10.1994 - 1 RK 38/93 - SozR 3-2500 § 58 Nr. 4 S. 7 f.
[248] BSG v. 11.10.1994 - 1 RK 38/93 - SozR 3-2500 § 58 Nr. 5 S. 7 f.
[249] BSG v. 23.06.1993 - 9/9a RV 35/91 - SozR 3-1300 § 112 Nr. 2 S. 5; BSG v. 25.01.1994 - 7 RAr 42/93 - BSGE 74, 36, 39.
[250] Zu dieser Überlegung: BSG v. 11.10.1994 - 1 RK 38/93 - SozR 3-2500 § 58 Nr. 5 S. 7 f.
[251] BSG v. 23.06.1993 - 9/9a RV 35/91 - SozR 3-1300 § 112 Nr. 2 S. 5.
[252] So die Klagekombination bei BSG v. 22.04.1998 - B 9 VG 6/96 R - BSGE 82, 112, 114 f.

mit der Anfechtungsklage kombinierte Leistungsklage auf Gewährung der Leistungen des Sozialleistungsberechtigten ist wegen der **Erfüllungswirkung des § 107 SGB X nur begründet**, soweit es um **laufende und künftige Ansprüche** geht.

112 Für die über § 107 SGB X **bereits erfüllten Sozialleistungsansprüche** hält das BSG die **(insoweit isolierte) Anfechtungsklage** für statthaft.[253] Dies erscheint praktikabel, wenn damit – wie im Fall des BSG – die Klage aus dem Erstattungsanspruch verbunden ist. Die leistungsablehnenden Bescheide werden dann nicht bestandskräftig, eine Verurteilung zur Auszahlung an den Träger der Sozialhilfe kann dagegen nur aus dem Erstattungsanspruch und der darauf gestützten kumulierten Leistungsklage erfolgen.

113 Ratsam erscheint – insbesondere, wenn kumulativ keine Klage aus dem Erstattungsanspruch erhoben wurde – die **Anfechtungsklage mit einem Antrag auf Feststellung zu verbinden, gerichtet auf die (positive) Feststellung der Leistungspflicht** des Sozialleistungsträgers im Verhältnis zum Leistungsberechtigten. Eine **Verurteilung des Sozialleistungsträgers** kann im Rahmen des § 95 SGB XII allein **auf Leistung an den Leistungsberechtigten erfolgen**, dagegen nicht auf Leistung oder Feststellung zugunsten des Trägers der Sozialhilfe.[254] Die **Leistungsklage** allein aus § 95 SGB XII zugunsten des Berechtigten ist wegen der **Erfüllungswirkung** nach § 107 SGB X für einen vergangenen Zeitraum nur erfolgversprechend, wenn der Leistungsberechtigte einen **über die Höhe des Erstattungsanspruchs hinausgehenden Anspruch** hat (Spitzbetrag). **Berücksichtigt** der Träger der Sozialhilfe im Rahmen des Klageverfahrens die **Erfüllungswirkung** spätestens **bei der Antragstellung nicht**, ist sein Antrag insoweit unbegründet wegen Erfüllung.[255] Hinsichtlich des Sozialleistungsanspruchs des Leistungsberechtigten, der über den Erstattungsanspruch in der Höhe hinausreicht (Spitzbetrag), könnte eine Leistungsklage bei enger Betrachtung des § 95 SGB XII, weil über den Erstattungsanspruchs hinaus erhoben, unzulässig/unbegründet sein, weil insoweit bereits keine Prozessstandschaft für den Träger der Sozialhilfe besteht. Da es sich aber regelmäßig um einen einheitlichen Leistungsanspruch handelt, sprechen **Gründe der Prozessökonomie** dafür, dass dem Träger der Sozialhilfe **auch insoweit noch eine Prozessstandschaft** aus § 95 SGB XII zur Seite steht.

114 Handelt es sich bei dem Sozialleistungsanspruch um einen **Rentenanspruch**, erfasst die **Erfüllungsfiktion** des § 107 SGB X **nicht das Rentenstammrecht** (vgl. dazu bereits Rn. 15) und macht der Träger der Sozialhilfe mit dem Verfahren nur den Anspruch auf Rente dem Grunde nach geltend, hat er die Erfüllungsfiktion für bereits erbrachte Leistungen nicht zu beachten. Die **Leistungsklage** – gerichtet auf die Gewährung von Rente, dagegen nicht auf Auszahlung der Rente – kann er ohne Einschränkung auch hinsichtlich bereits erbrachter Leistungen verfolgen. Es handelt sich dabei nach Auffassung des BSG um ein **Grundurteil**. Welche Zahlungsansprüche aus der Rente dann dem Sozialhilfeträger und welche dem Leistungsberechtigten zustehen, wird ggf. im **Betragsverfahren** geklärt.[256]

115 Das **Tatbestandsmerkmal der Erstattungsberechtigung** muss im Rahmen des vom **Amtsermittlungsgrundsatz** beherrschten Gerichtsverfahrens der Sozial- und Verwaltungsgerichte als Element der Zulässigkeit oder Begründetheit der Klage zur Überzeugung des Gerichts vorliegen (zumindest möglich sein). Der Träger der Sozialhilfe kann dabei, insbesondere wenn dies vom Beklagten oder dem beigeladenen Leistungsberechtigten bestritten wird, die für die Erstattungsberechtigung **erforderliche Rechtmäßigkeit seiner gewährten Sozialhilfe** nicht unter Berufung auf die Bestandskraft eines Bewilligungsbescheides begründen. Gleiches gilt für die weiteren Tatbestandselemente der §§ 102 ff. SGB X. Die **Prüfungskompetenz des angerufenen Gerichts umfasst insoweit notwendig den Erstattungsanspruch nach den §§ 102 ff. SGB X und seine Voraussetzungen**.[257]

116 Hat der Sozialhilfeträger von seinem **Feststellungsrecht schon Gebrauch** gemacht und Klage erhoben, tritt durch den **Tod des Leistungsberechtigten im Prozess** um die Leistungsansprüche **keine Unterbrechung** des Gerichtsverfahrens nach den §§ 202 SGG i.V.m. § 239 ZPO (§ 173 VwGO i.V.m.

---

[253] So auch Bayr. VGH v. 13.05.2008 - 12 B 06.3207 - juris Rn. 21. Zur Zulässigkeit der isolierten Anfechtungsklage: *Keller* in: Meyer-Ladewig/Keller/Leitherer, SGG, § 54 Rn. 4a ff. und 38a: reine Anfechtungsklage ist zulässig, wenn das Klageziel mit ihr erreicht werden kann.

[254] BSG v. 26.01.2000 - B 13 RJ 37/98 R - FEVS 51, 481, 484; BSG v. 22.04.1998 - B 9 VG 6/96 R - SozR 3-5910 § 91a Nr. 4 S. 20 f.; *Decker* in: Oestreicher, SGB II/SGB XII, § 95 Rn. 20.

[255] So wohl im Ergebnis BSG v. 22.04.1998 - B 9 VG 6/96 R - SozR 3-5910 § 91a Nr. 4 S. 114.

[256] BSG v. 26.01.2000 - B 13 RJ 37/98 R - SozR 3-5910 § 91a Nr. 7 S. 33 f. unter Berufung auf BSG v. 08.08.1990 - 11 RAr 79/88 - SozR 3-1300 § 104 Nr. 3 S. 4 ff.

[257] Hessischer VGH v. 30.04.1996 - 9 UE 1079/92 - FEVS 47, 34, 37 ff.; zu den Voraussetzungen des Erstattungsanspruchs BSG v. 25.01.1994 - 7 RAr 42/93 - BSGE 74, 36, 39 ff.

§ 239 ZPO) ein. Der **Leistungsberechtigte** ist regelmäßig nur Beigeladener. Parteien i.S.d. § 239 ZPO sind nach Rechtsprechung des BSG bei entsprechender Anwendung auf den sozialgerichtlichen Prozess aber nur die Hauptbeteiligten, damit Kläger und Beklagter, dagegen nicht der (notwendig) Beigeladene.[258] Auch **Rechtsnachfolger** sind **nicht beizuladen**.[259]

Im Klageverfahren zur Durchsetzung der Sozialleistungen für den Berechtigten ist der Träger der Sozialhilfe vor dem Sozialgericht von **Gerichtskosten** befreit. Soweit er als gesetzlicher Prozessstandschafter Leistungsansprüche des Berechtigten für diesen geltend macht, gehört er „als Leistungsberechtigter" zu den nach § 183 SGG privilegierten Personen.[260] Diese Streitigkeiten zählen dagegen **nicht zu den Erstattungsstreitigkeiten zwischen Sozialleistungsträgern**, die nach § 197a Abs. 3 SGG von der Privilegierung ausgenommen und gerichtskostenpflichtig sind, denn der Träger der Sozialhilfe macht keinen originären, eigenen Anspruch auf Erstattung geltend, sondern den Leistungsanspruch des Leistungsberechtigten.[261] Gerichtskosten fallen damit nach § 197a Abs. 1 SGG nicht an. § 64 Abs. 3 Satz 2 SGB X, wonach die Träger der Sozialhilfe vor den Gerichten der Sozialgerichtsbarkeit von Gerichtskosten befreit sind, kommt daher nicht zum Tragen.

117

Anderes gilt auch dann nicht, wenn die Klage auf Sozialleistungen mit einer **Klage auf Erstattung verbunden** wird. In einem solchen Fall liegt eine **objektive Klagehäufung** mit einem teilbaren Streitgegenstand vor. Für den Erstattungsteil kommt § 64 Abs. 3 Satz 2 SGB X zur Anwendung und ist dieser gerichtskostenfrei.[262] Unterliegt nur ein Streitgegenstand einer objektiven Klagehäufung dagegen der Gerichtskostenpflicht, hält das BSG eine **kombinierte Kostenentscheidung in einer einheitlichen Entscheidung** für möglich.[263]

118

Für die Sozialleistungen, die vor dem **Verwaltungsgericht** verfolgt werden müssen[264], sieht **§ 188 Satz 2 HS. 1 VwGO** eine **Gerichtskostenfreiheit** vor. Diese gilt auch für den Träger der Sozialhilfe, der nach § 95 SGB XII klagt. Soweit § 188 Satz 2 HS. 2 VwGO die Erstattungsstreitigkeiten davon – wie § 197a Abs. 3 SGG – ausnimmt, liegt eine solche Streitigkeit zwischen Sozialleistungsträgern nicht vor (vgl. Rn. 117).

119

Klagt der bereits leistende Sozialhilfeträger gegen einen aus seiner Sicht vorrangig zuständigen und damit dem Grunde nach erstattungspflichtigen Leistungsträger auf Erbringung der Leistungen, kann es allerdings – je nach formuliertem Klageantrag im **Einzelfall** – zweifelhaft sein, **ob** er damit einen **Leistungsanspruch** unter Berufung auf § 95 SGB XII (für den Berechtigten) betreibt **oder bereits Erstattung** aufgewendeter Kosten an sich selbst verlangt (§§ 102 ff. SGB X). Die Frage kann schon im Hinblick auf die Gerichtskostenfreiheit des Verfahrens zur Durchsetzung von Sozialleistungsansprüchen im Gegensatz zur Gerichtskostenpflicht von Trägerstreitigkeiten um Erstattung (vgl. dazu Rn. 118) nicht offen bleiben. Das **Gericht wird von Amts wegen auf Klarstellung** des **entsprechenden Klageantrags** dringen müssen; gelingt dies nicht, muss es unter **Heranziehung der Klagebegründung** durch **Auslegung** ermitteln, welchen Anspruch der Sozialhilfeträger geltend macht.[265]

120

---

[258] BSG v. 22.04.1998 - B 9 VG 6/96 R - BSGE 82, 112, 118; BSG v. 19.12.1991 - 12 RK 24/90 - BSGE 70, 72, 74; a.A. BVerwG v. 23.10.1998 - 7 B 248/98 - Buchholz 310 § 65 VwGO Nr. 129: Verfahrensunterbrechung bei Tod eines notwendig Beigeladenen, der nicht anwaltlich vertreten ist, weil er eine verfahrensrechtliche Stellung einnimmt, die derjenigen des streitgenössischen Streithelfers im Zivilprozess (§ 69 ZPO) vergleichbar ist.

[259] BSG v. 19.12.1991 - 12 RK 24/90 - BSGE 70, 72, 74.

[260] *Leitherer* in: Meyer-Ladewig/Keller/Leitherer, SGG, § 183 Rn. 6b.

[261] VGH Mannheim v. 07.02.2006 - 7 S 2426/05 - NDV-RD 2006, 131, 132: *Münder* in: LPK-SGB XII, § 95 Rn. 6.

[262] Sind an einem Erstattungsstreitverfahren nur Träger der Sozialhilfe beteiligt, soll sich die Kostenfreiheit schon aus § 197a SGG ergeben, *Feddern* in: jurisPK-SGB X, § 64 SGB X Rn. 49. 1 unter Berufung auf SG Mannheim v. 07.05.2013 - S 9 SO 4188/12 - juris.

[263] BSG v. 26.07.2006 - B 3 KR 6/06 B - juris Rn. 10 ff.

[264] Leistungen nach der Ausbildungsförderung, der Jugendhilfe und Leistungen nach den §§ 25-27h des BVG (Kriegsopferfürsorge) nach § 7 Abs. 2 OEG, nach dem SVG, UnterhaltsvorschussG.

[265] VGH München v. 24.07.2012 - 12 C 12.1364 - juris Rn. 14 ff.

Sechster Abschnitt: Verordnungsermächtigungen

§ 96 SGB XII Verordnungsermächtigungen

(Fassung vom 31.10.2006, gültig ab 08.11.2006)

(1) Die Bundesregierung kann durch Rechtsverordnung mit Zustimmung des Bundesrates Näheres über die Berechnung des Einkommens nach § 82, insbesondere der Einkünfte aus Land- und Forstwirtschaft, aus Gewerbebetrieb und aus selbständiger Arbeit bestimmen.

(2) Das Bundesministerium für Arbeit und Soziales kann durch Rechtsverordnung mit Zustimmung des Bundesrates die Höhe der Barbeträge oder sonstigen Geldwerte im Sinne des § 90 Abs. 2 Nr. 9 bestimmen.

Gliederung

A. Basisinformationen 1	**D. Verordnung zur Durchführung des § 90**
I. Textgeschichte und Gesetzgebungsmaterialien 1	**Abs. 2 Nr. 9 SGB XII** 9
II. Parallelvorschriften 3	I. Textgeschichte und Materialien 9
B. Auslegung der Norm 5	II. Regelungsgehalt und Normzweck 12
I. Regelungsgehalt 5	III. Kommentierung der DV§90SGB XII im
II. Normzweck 7	Einzelnen 16
C. Verordnung zur Durchführung des § 82 SGB XII 8	

A. Basisinformationen

I. Textgeschichte und Gesetzgebungsmaterialien

1   Die Vorschrift basiert auf **Art. 1 § 91 des Entwurfs eines Gesetzes zur Einordnung des Sozialhilferechts in das Sozialgesetzbuch** der Fraktionen SPD und Bündnis 90/Die Grünen vom 05.09.2003[1]. Während des Gesetzgebungsverfahrens erfolgte lediglich eine redaktionelle Anpassung an die veränderte Zählung der Paragraphen der Endfassung des Gesetzes. Am 30.12.2003 wurde die Norm als Art. 1 § 96 des Gesetzes zur Einordnung des Sozialhilferechts in das Sozialgesetzbuch v. 27.12.2003 verkündet[2] und ist zum 01.01.2005 in Kraft getreten. Seither ist sie **nicht geändert** worden.

2   Die **Begründung** zu Art. 1 § 91 des Entwurfs eines Gesetzes zur Einordnung des Sozialhilferechts in das Sozialgesetzbuch[3] lautet: „In Absatz 1 überträgt die Vorschrift im Wesentlichen inhaltsgleich den bisherigen § 76 Abs. 3 des Bundessozialhilfegesetzes. Bei der Änderung der Verordnungsermächtigung handelt es sich um eine Folgeänderung auf Grund der Neuregelung des § 79 Abs. 3. In Absatz 2 wird inhaltsgleich die Verordnungsermächtigung des bisherigen § 88 Abs. 4 des Bundessozialhilfegesetzes übertragen." Die Übernahme der Verordnungsermächtigung des § 76 Abs. 3 BSHG in § 96 Abs. 1 SGB XII, wodurch diese an das Ende des Kapitels gestellt wurde, diente der Angleichung an die Systematik des Sozialgesetzbuches.[4] Gleiches gilt für die Übernahme des § 88 Abs. 4 BSHG in § 96 Abs. 2 SGB XII.[5]

II. Parallelvorschriften

3   § 96 Abs. 1 SGB XII entspricht nicht vollständig seiner Vorgängervorschrift **§ 76 Abs. 3 BSHG**. Diese ermächtigte zusätzlich zur Bestimmung der Einkommensfreibeträge für die in § 76 Abs. 2a BSHG genannten Gruppen Erwerbstätiger und deren Abgrenzung untereinander. Diese Ermächtigung ist durch § 82 Abs. 3 SGB XII (in der Entwurfsbegründung noch als § 79 Abs. 3 bezeichnet)[6] obsolet geworden, weswegen der diesbezügliche Passus des § 96 Abs. 3 BSHG in § 96 Abs. 1 SGB XII entfallen ist. § 91

---

[1] BT-Drs. 15/1514, S. 26.
[2] BGBl I 2003, 3022, 3045 f.
[3] BT-Drs. 15/1514, S. 67 zu § 91.
[4] BT-Drs. 15/1514, S. 65 zu § 77 a.E.
[5] BT-Drs. 15/1514, S. 66 zu § 85.
[6] BT-Drs. 15/1514, S. 67 zu § 91.

Abs. 2 SGB XII entspricht inhaltlich **§ 88 Abs. 4 BSHG**. Abweichungen im Wortlaut folgen nur aus der geänderten Geschäftsverteilung der Bundesregierung und der geänderten Paragraphenzählung im SGB XII.

Im SGB II findet § 96 SGB XII eine Parallele in **§ 13 Abs. 1 SGB II**, der das Bundesministerium für Arbeit und Soziales im Einvernehmen mit dem Bundesministerium für Finanzen ohne Zustimmung des Bundesrates ermächtigt, durch Rechtsverordnung zu bestimmen, welche nicht bereits in §§ 11 ff SGB II (bis zum 31.12.2010: § 11 SGB II) ausgenommenen weiteren Einnahmen nicht als Einkommen zu berücksichtigen sind und wie das Einkommen im Einzelnen zu berechnen ist (Nr. 1), welche weiteren Vermögensgegenstände über § 12 SGB II hinaus nicht als Vermögen zu berücksichtigen sind und wie der Wert des Vermögens zu ermitteln ist (Nr. 2) sowie welche Pauschbeträge für die vom Einkommen nach § 11b SGB II (bis zum 31.12.2010: § 11 Abs. 2 SGB II) abzusetzenden Beträge zu berücksichtigen sind (Nr. 3). § 13 Abs. 1 Nr. 1 und Nr. 3 SGB II entspricht somit im Wesentlichen § 96 Abs. 1 SGB XII. § 96 Abs. 2 SGB XII hat keine direkte Entsprechung im SGB II. Der Umfang der freigestellten Vermögenswerte ist dort bereits direkt im Gesetz, nämlich in § 12 Abs. 2 SGB II, festgelegt. § 13 Nr. 2 SGB II gibt zwar auch die Möglichkeit, weitere Barwerte berücksichtigungsfrei zu stellen, geht im Übrigen aber über § 96 Abs. 2 SGB XII hinaus, nach dem nicht auch die Freistellung weiterer Vermögensgegenstände und die Ermittlung des Vermögenswertes durch Verordnung geregelt werden darf. Auf Grundlage des § 13 SGB II ist die Verordnung zur Berechnung von Einkommen sowie zur Nichtberücksichtigung von Einkommen und Vermögen beim Arbeitslosengeld II/Sozialgeld (**Alg II-V**)[7] erlassen worden.

B. Auslegung der Norm

I. Regelungsgehalt

§ 96 SGB XII ermächtigt in **Absatz 1** die Bundesregierung mit Zustimmung des Bundesrates, die Einzelheiten der Einkommensberechnung im Rahmen des § 82 SGB XII durch Rechtsverordnung zu regeln. Auf dieser Grundlage beruht die Verordnung zur Durchführung des § 82 des Zwölften Buches Sozialgesetzbuch (**DV§82SGB XII**; juris-Abk.: BSHG§76DV)[8], die auf der durch Art. 12 des Gesetzes zur Einordnung des Sozialhilferechts in das Sozialgesetzbuch neugefassten und unter Anpassung an den Sprachgebrauch und die Paragraphenzählung des SGB XII überführten Verordnung zur Durchführung des § 76 BSHG beruht.

Durch **§ 96 Abs. 2 SGB XII** wird das BMAS ermächtigt, ebenfalls mit Zustimmung des Bundesrates durch Rechtsverordnung die Höhe der Barbeträge oder sonstigen Geldwerte zu bestimmen, von denen nach § 90 Abs. 2 Nr. 9 SGB XII die Sozialhilfe nicht abhängig gemacht werden darf. Dies wurde durch die Verordnung zur Durchführung des § 90 Abs. 2 Nr. 9 des Zwölften Buches Sozialgesetzbuch (**DV§90SGB XII**; juris-Abk.: BSHG§88Abs2DV 1988)[9] umgesetzt, die auf der durch Art. 15 des Gesetzes zur Einordnung des Sozialhilferechts in das Sozialgesetzbuch neugefassten und mit einigen Änderungen überführten Verordnung zur Durchführung des § 88 Abs. 2 BSHG beruht.

II. Normzweck

Mit § 96 SGB XII wird eine bereits im Rahmen der Reichsgrundsätze über Voraussetzungen, Art und Maß der öffentlichen Fürsorge[10] bzw. des BSHG[11] angewendete Regelungstechnik weiterverfolgt, die Vorschriften des Gesetzes über die Berücksichtigung von Einkommen und Vermögen durch Verordnungen zu ergänzen. Zwar wird hierdurch eine gewisse **Vereinfachung und Flexibilisierung** gegenüber einer Regelung durch das Gesetz selbst erreicht, doch ist dieser Effekt durch die Wahl des Er-

---

[7] Z.Z. Alg II-V v. 17.12.2007, BGBl I 2007, 2942, zuletzt geändert durch das EhrenamtStG v. 21.03.2013, BGBl I 2013, 556.

[8] Z.Z. i.d.F. durch Art. 11 des Gesetzes zur Vereinfachung der Verwaltungsverfahren im Sozialrecht v. 21.03.2005, BGBl I 2005, 818.

[9] Z.Z. i.d.F. durch Art. 15 des Gesetzes zur Einordnung des Sozialhilferechts in das Sozialgesetzbuch v. 27.12.2003, BGBl I 2003, 3022.

[10] Zur Bestimmung des kleinen Barbetrags zuletzt Verordnung zur Durchführung des § 8a Abs. 1 Buchstabe g der Reichsgrundsätze über Voraussetzungen, Art und Maß der öffentlichen Fürsorge vom 12.04.1954, BGBl I 1954, 94.

[11] Für die Einkommensberechnung zuerst Verordnung zur Durchführung des § 76 des Bundessozialhilfegesetzes v. 28.11.1962, BGBl I 1962, 692.

mächtigungsadressaten im Rahmen des Absatzes 1 (Bundesregierung als Ganzes) und die auch nach Absatz 2 erforderliche Zustimmung des Bundesrates begrenzt. Das Zustimmungserfordernis folgt aus Art. 80 Abs. 2 GG, da es sich beim SGB XII um ein Zustimmungsgesetz handelt und der Bundesrat anders als in § 13 SGB II nicht auf das Zustimmungserfordernis verzichtet hat.

C. Verordnung zur Durchführung des § 82 SGB XII

8   Eine gesonderte Kommentierung zu **DVO§82SGB XII** befindet sich am Ende des Bandes.

D. Verordnung zur Durchführung des § 90 Abs. 2 Nr. 9 SGB XII

I. Textgeschichte und Materialien

9   § 96 Abs. 2 SGB XII ermächtigt das BMAS mit Zustimmung des Bundesrates durch Rechtsverordnung, die Höhe der Barbeträge oder sonstigen Geldwerte zu bestimmen, von denen nach § 90 Abs. 2 Nr. 9 SGB XII die Sozialhilfe nicht abhängig gemacht werden darf. Hierzu wurde durch Art. 15 des Gesetzes zur Einordnung des Sozialhilferechts in das Sozialgesetzbuch die Verordnung zur Durchführung des § 90 Abs. 2 Nr. 9 des Zwölften Buches Sozialgesetzbuch (**DV§90SGB XII**)[12] geschaffen. Gegenüber der zuvor geltenden Verordnung zur Durchführung des § 88 Abs. 2 BSHG[13] erfolgten überwiegend rein redaktionelle Anpassungen an Sprachgebrauch und Systematik des SGB XII. Allerdings erfolgte auch eine deutliche Erhöhung der Grundfreibeträge nach § 1 Abs. 1 Nr. 1 DV§90SGB XII. Diese soll es Leistungsempfängern ermöglichen, nach Wegfall der nach dem BSHG noch gewährten einmaligen Leistungen zum Decken dieser nunmehr mit der Regelleistung pauschal abgegoltenen Bedarfe Rücklagen zu bilden.

10 Die **Begründung** zu Art. 15 des Entwurfs eines Gesetzes zur Einordnung des Sozialhilferechts in das Sozialgesetzbuch verweist zu den Nrn. 1, 3 und 4 auf redaktionelle Änderungen. Die Begründung zu Nr. 2 lautet:[14]

„Die Erhöhung der Vermögensschongrenzen in Nummer 1 Buchstabe a korrespondiert mit der neuen Konzeption der Regelsätze, die künftig alle pauschalierbaren Leistungen der Hilfe zum Lebensunterhalt umfassen. Da von den Leistungsberechtigten Ansparungen für größere Anschaffungen wie z.B. Haushaltsgeräte, Wintermantel oder für Wohnungsrenovierungen verlangt werden, müssen diese konsequenterweise bei der Vermögensanrechnung unberücksichtigt bleiben. Der Aufstockungsbetrag orientiert sich an den im Regelfall zu erwartenden Ansparungen. In Folge dieser Änderungen ergibt sich auch für Leistungsberechtigte nach dem Vierten bis Achten Kapitel eine Erhöhung. Die bisherige Grenze von 4.091 Euro entfällt für die wenigen in Betracht kommenden Fälle; sie wurde zunehmend zu Recht als unbegründet angesehen.

Die Einbeziehung der Lebenspartner im Sinne des Lebenspartnerschaftsgesetzes ist eine Folgeänderung zu § 19 des Zwölften Buches Sozialgesetzbuch. Für Lebenspartner, die künftig im Rahmen der Bedürftigkeitsprüfung ihr Vermögen wie Ehegatten füreinander einzusetzen haben, sollen dieselben Freibetragsgrenzen wie für Ehegatten gelten."

11 Die DV§90SGB XII i.d.F. des Gesetzes zur Einordnung des Sozialhilferechts in das Sozialgesetzbuch **trat zum 01.01.2005 in Kraft** und gilt seither unverändert; Maßgaben aufgrund des EinigVtr sind m.W.v. 15.12.2010 nicht mehr anzuwenden.[15]

II. Regelungsgehalt und Normzweck

12 Die Gewährung von Sozialhilfe darf nach § 90 Abs. 2 Nr. 9 SGB XII nicht von der Verwertung kleinerer Barbeträge oder sonstiger Geldwerte abhängig gemacht werden, wobei eine besondere Notlage der nachfragenden Person besonders zu berücksichtigen ist. Welche Beträge bzw. Werte als „klein" i.S. dieser Vorschrift anzusehen sind, wird auf Grundlage der Verordnungsermächtigung des § 96 Abs. 2 SGB XII durch die DV§90SGB XII[16] bestimmt.

---

[12] Z.Z. i.d.F. durch Art. 15 des Gesetzes zur Einordnung des Sozialhilferechts in das Sozialgesetzbuch v. 27.12.2003, BGBl I 2003, 3022.
[13] Vom 11.02.1988, BGBl I 1988, 150; zuletzt i.d.F. durch Gesetz v. 26.06.2001, BGBl I 2001, 1310.
[14] BT-Drs. 15/1514, S. 74.
[15] Art. 109 Nr. 4 lit. f D lit. ii G v. 08.12.2010, BGBl I 2010, 1864.
[16] Z.Z. i.d.F. durch Art. 15 des Gesetzes zur Einordnung des Sozialhilferechts in das Sozialgesetzbuch v. 27.12.2003, BGBl I 2003, 3022.

§ 1 DV§90SGB XII (im Einzelnen vgl. die Kommentierung zu § 90 SGB XII Rn. 80 ff.) legt differenziert nach der Art des Hilfefalls einerseits und der einstandspflichtigen Personengruppe andererseits bestimmte Vermögensgrenzen fest. Da die schwer verständliche Regelung mehrere redaktionelle Fehler enthält, haben sich in der Praxis auch über den Wortlaut hinaus bestimmte Korrekturen durchgesetzt. 13

Nach **§ 2 Abs. 1 DV§90SGB XII** (im Einzelnen vgl. die Kommentierung zu § 90 SGB XII Rn. 86 ff.) ist der Freibetrag aus § 1 Abs. 1 Satz 1 Nr. 1 lit. a oder lit. b DV§90SGB XII **angemessen zu erhöhen**, wenn im Einzelfall eine besondere Notlage der nachfragenden Person besteht. Dabei ergibt sich aus der Regelungstechnik des § 1 DV§90SGB XII, dass die Erhöhung auch in den Fällen nach § 1 Abs. 1 Nr. 2 und 3 DV§90SGB XII vorzunehmen ist. Bei der Prüfung des Vorliegens einer besonderen Notlage und bei der Entscheidung über den Umfang der Erhöhung sind nach **§ 2 Abs. 1 Satz 2 DV§90SGB XII** vor allem Art und Dauer des Bedarfs sowie besondere Belastungen zu berücksichtigen. Liegen die Voraussetzungen des § 103 SGB XII oder des § 94 SGB XII vor, so kann der Freibetrag des § 1 Abs. 1 Satz 1 Nr. 1 lit. a oder lit. b DV§90SGB XII nach **§ 2 Abs. 2 DV§90SGB XII** angemessen **herabgesetzt** werden. 14

§ 3 DV§90SGB XII erstreckt den räumlichen Geltungsbereich der Verordnung auf Berlin. Nach **§ 4 DV§90SGB XII** trat die Vorgängerfassung zum 01.04.1988 in Kraft. Beide Normen sind sachlich überholt, aber bisher nicht aufgehoben worden. 15

III. Kommentierung der DV§90SGB XII im Einzelnen

Zu den Einzelheiten der DV§90SGB XII vgl. die Kommentierung zu § 90 SGB XII Rn. 80 ff. 16

§ 97 SGB XII Sachliche Zuständigkeit

Zwölftes Kapitel: Zuständigkeit der Träger der Sozialhilfe

Erster Abschnitt: Sachliche und örtliche Zuständigkeit

(Fassung vom 27.12.2003, gültig ab 01.01.2007)

(1) Für die Sozialhilfe sachlich zuständig ist der örtliche Träger der Sozialhilfe, soweit nicht der überörtliche Träger sachlich zuständig ist.

(2) ¹Die sachliche Zuständigkeit des überörtlichen Trägers der Sozialhilfe wird nach Landesrecht bestimmt. ²Dabei soll berücksichtigt werden, dass so weit wie möglich für Leistungen im Sinne von § 8 Nr. 1 bis 6 jeweils eine einheitliche sachliche Zuständigkeit gegeben ist.

(3) Soweit Landesrecht keine Bestimmung nach Absatz 2 Satz 1 enthält, ist der überörtliche Träger der Sozialhilfe für

1. Leistungen der Eingliederungshilfe für behinderte Menschen nach den §§ 53 bis 60,
2. Leistungen der Hilfe zur Pflege nach den §§ 61 bis 66,
3. Leistungen der Hilfe zur Überwindung besonderer sozialer Schwierigkeiten nach den §§ 67 bis 69,
4. Leistungen der Blindenhilfe nach § 72

sachlich zuständig.

(4) Die sachliche Zuständigkeit für eine stationäre Leistung umfasst auch die sachliche Zuständigkeit für Leistungen, die gleichzeitig nach anderen Kapiteln zu erbringen sind, sowie für eine Leistung nach § 74.

(5) ¹Die überörtlichen Träger sollen, insbesondere bei verbreiteten Krankheiten, zur Weiterentwicklung von Leistungen der Sozialhilfe beitragen. ²Hierfür können sie die erforderlichen Einrichtungen schaffen oder fördern.

Gliederung

A. Basisinformationen 1	a. Grundsatz (Absätze 1 und 2) 13
I. Textgeschichte/Gesetzgebungsmaterialien 1	b. Landesgesetzliche Regelungen 16
II. Vorgängervorschriften 4	c. Fehlen einer landesgesetzlichen Regelung (Absatz 3) 32
III. Landesrechtliche Vorschriften 5	3. Vorläufige Leistung und Zuständigkeitsstreit ... 33
IV. Ausgewählte Literaturhinweise 6	4. Zuständigkeit nach Absatz 4 36
B. Auslegung der Norm 7	a. Allgemeines 36
I. Regelungsgehalt und Bedeutung der Norm 7	b. Stationäre Leistungen 40
II. Tatbestandsmerkmale 9	c. Weitere Leistungen 41
1. Bestimmung der Träger der Sozialhilfe 9	5. Zuständigkeit nach Absatz 5 43
a. Örtlicher Träger 10	III. Rechtsfolgen 47
b. Überörtlicher Träger 11	**C. Praxishinweise** 50
2. Zuständigkeit 13	

A. Basisinformationen

I. Textgeschichte/Gesetzgebungsmaterialien

1   Die Regelungen des § 97 Abs. 1 und 2 SGB XII sind zum 01.01.2005 als Teil des neu geschaffenen Zwölften Buches Sozialgesetzbuch in der Fassung vom 27.12.2003¹ in Kraft getreten, Absatz 3 ist erst zum 01.07.2007 in Kraft getreten. Da nicht alle Bundesländer die Zuständigkeit des überörtlichen Trä-

---

¹ BGBl I 2003, 3022.

gers der Sozialhilfe bestimmt hatten und ihnen hierzu Gelegenheit gegeben werden musste, war die Übergangsregelung erforderlich. In der Zwischenzeit galt § 100 Abs. 1 BSHG weiter.

Die Regelungen der §§ 99-101 BSHG wurden inhaltsgleich übernommen. Die Gesetzesbegründung führt weiter aus:
„Die bisher sehr differenzierte Regelung der sachlichen Zuständigkeit ist seit langem durch vorrangiges Landesrecht bereits weitgehend abgelöst. Soweit dies in Teilen nicht erfolgt ist, wird eine vereinfachte Regelung eingestellt. Sie soll die vielen Schnittstellen zwischen den örtlichen und überörtlichen Trägern beseitigen und dazu führen, dass die Leistungen für eine der in § 8 genannten Hilfen aus einer Hand erfolgt und insbesondere keine Differenzierung zwischen ambulanten, teilstationären und stationären Leistungen entsteht. Dies erleichtert auch für Leistungsberechtigte die Transparenz behördlicher Zuständigkeiten. Absatz 1 und Absatz 2 Satz 1 übernehmen geltendes Recht aus den bisherigen §§ 99 und 100 des Bundessozialhilfegesetzes. Absatz 2 Satz 2 regt an, bei künftigen Regelungen der sachlichen Zuständigkeit durch die Länder die genannten Ziele zu berücksichtigen. Absatz 3 bestimmt für den Fall fehlender Landesregelungen die sachliche Zuständigkeit der überörtlichen Träger. Wegen der erforderlichen Übergangszeit tritt Absatz 3 erst am 01.01.2007 in Kraft; für die Zwischenzeit gilt § 100 Abs. 1 des Bundessozialhilfegesetzes weiter. Absatz 4 führt die bisherige Tendenz, Leistungen aus einer Hand zu erbringen, konsequent fort. Insbesondere der Wegfall des bisherigen § 27 Abs. 3 des Bundessozialhilfegesetzes würde ohne diese Regelung, die auch gegenüber landesrechtlichen Bestimmungen gilt, zu einer Zuständigkeit von zwei Trägern der Sozialhilfe führen, was nun vermieden wird. Absatz 5 überträgt inhaltsgleich den § 101 des Bundessozialhilfegesetzes."[2]

§ 97 SGB XII gilt seit der Einführung des § 46b SGB XII durch das Gesetz zur Änderung des Zwölften Buches Sozialgesetzbuch vom 20.12.2012[3] nicht mehr für **Leistungen der Grundsicherung im Alter und bei Erwerbsminderung**. Nach § 46b Abs. 1 SGB XII werden die für die Ausführung dieses Gesetzes nach diesem Kapitel zuständigen Träger durch Landesrecht bestimmt. Die sachliche Zuständigkeit für Grundsicherungsleistungen richtet sich daher seit dem 01.01.2013 ausschließlich nach Landesrecht. Der generelle Ausschluss der §§ 97 ff. SGB XII ist durch das Zweite Gesetz zur Änderung des Zwölften Buches Sozialgesetzbuch (2. SGBXIIÄndG) vom 01.10.2013 rückwirkend zum 01.01.2013 teilweise wieder zurückgenommen worden. In dem eingefügten § 46b Abs. 3 SGB XII werden in den Sätzen 2 und 3 Ausnahmen vom Ausschluss der Regelungen des Zwölften Kapitels geregelt, die jedoch die örtliche Zuständigkeit (§ 98 SGB XII) betreffen (vgl. hierzu die Kommentierung zu § 98 SGB XII Rn. 11).

II. Vorgängervorschriften

Die Vorschrift entspricht den früheren §§ 99-101 BSHG, die Rechtsprechung hierzu kann daher zur Auslegung herangezogen werden.

III. Landesrechtliche Vorschriften

Die Länder haben folgende Ausführungsgesetze bzw. -verordnungen erlassen:
- **Baden-Württemberg**: Gesetz zur Ausführung des Zwölften Buches Sozialgesetzbuch (AGSGB XII) vom 01.07.2004 (GBl 2004, 469, 534);
- **Bayern**: Gesetz zur Ausführung der Sozialgesetze (AGSG) vom 08.12.2006 (GVBl 2006, 942); zuletzt geändert durch Finanzausgleichsänderungsgesetz 2010 (GVBl 2010, 166);
- **Berlin**: Gesetz zur Ausführung des Zwölften Buches Sozialgesetzbuch (AG-SGB XII) = Artikel II des Gesetzes vom 07.09.2005 (GVBl 2005, 467);
- **Brandenburg**: Gesetz zur Ausführung des Zwölften Buches Sozialgesetzbuch (AG-SGB XII) vom 03.11.2010 (GVBl I/2010, Nr. 36);
- **Bremen**: Gesetz zur Ausführung des Zwölften Buches Sozialgesetzbuch-Ausführungsgesetz zum SGB XII (AG-SGB XII) vom 30.04.2007 (Brem.GBl 2007, 315);
- **Hessen**: Ausführungsgesetz zum Zwölften Buch Sozialgesetzbuch (HAG/SGB XII) vom 20.12.2004 (GVBl I 2004, 488), zuletzt geändert durch das Zweite Gesetz zur Änderung des Hessischen Ausführungsgesetzes zum Zwölften Buch Sozialgesetzbuch und zur Aufhebung bisherigen Rechts vom 27.04.2010 (GVBl 2010, 138);

---
[2] BT-Drs. 15/1514, S. 67.
[3] BGBl I 2013, 3733.

- **Mecklenburg-Vorpommern**: Gesetz zur Ausführung des Zwölften Buches Sozialgesetzbuch (SGB XII-AG M-V) vom 20.12.2004 (GVOBl. M-V 2004, 546), zuletzt geändert durch das Gesetz zur Änderung des Gesetzes zur Durchführung der Kriegsopferfürsorge und zur Änderung anderer Gesetze vom 17.12.2009 (GVBl 2009, 726);
- **Niedersachsen**: Gesetz zur Ausführung des Zwölften Buchs des Sozialgesetzbuchs (NdsAG SGB XII) vom 16.12.2004 (Nds. GVBl 2004, 644), zuletzt geändert durch das Gesetz zur Änderung des Niedersächsischen Gesetzes zur Ausführung des Zwölften Buchs des Sozialgesetzbuchs vom 26.03.2009 (GVBl 2009, 166);
- **Nordrhein-Westfalen**: § 2 des Landesausführungsgesetzes zum Sozialgesetzbuch Zwölftes Buch (SGB XII) – Sozialhilfe – für das Land Nordrhein-Westfalen (AG-SGB XII NRW) vom 16.12.2004 (GV NRW 2004, 816), zuletzt geändert durch das Erste Gesetz zur Änderung des Landesausführungsgesetzes zum Sozialgesetzbuch Zwölftes Buch (SGB XII) – Sozialhilfe – für das Land Nordrhein-Westfalen (AG-SGB XII) vom 09.06.2009 (GVBl 2009, 335) in Verbindung mit der Ausführungsverordnung zum Sozialgesetzbuch Zwölftes Buch (SGB XII) – Sozialhilfe – (AV-SGB XII NRW);
- **Rheinland-Pfalz**: Landesgesetz zur Ausführung des Zwölften Buches Sozialgesetzbuch (AGSGB XII) vom 22.12.2004 (GVBl 2004, 571), zuletzt geändert durch das Landesgesetz zur Änderung von Ausführungsvorschriften zum Zweiten und zum Zwölften Buch Sozialgesetzbuch vom 28.09.2010 (GVBl 2010, 298);
- **Saarland**: Gesetz zur Ausführung des Zwölften Buches Sozialgesetzbuch (AGSGB XII) vom 08.03.2005 (Amtsblatt 2005, S. 438), zuletzt geändert durch das Gesetz zur Reform der Saarländischen Verwaltungsstrukturen (Verwaltungsstrukturreformgesetz – VSRG) vom 21.11.2007 (Amtsblatt 2007, 2393);
- **Sachsen**: Gesetz zur Ausführung des Sozialgesetzbuches (SächsAGSGB) = Artikel 2 des Gesetzes zur Aufhebung und Änderung von Rechtsvorschriften im Freistaat Sachsen vom 06.06.2002 (SächsGVBl. Jg. 2002, 168), zuletzt geändert durch das Zweite Gesetz zur Änderung des Sächsischen Gesetzes zur Ausführung des Sozialgesetzbuches vom 23.09.2010 (GVBl 2010, 269);
- **Sachsen-Anhalt**: Gesetz zur Ausführung des Zwölften Buches Sozialgesetzbuch – Sozialhilfe – (AG SGB XII) vom 11.01.2005 (GVBl. LSA 2005, 8);
- **Schleswig-Holstein**: Gesetz zur Ausführung des Zwölften Buches Sozialgesetzbuch (AG-SGB XII) vom 17.12.2010 (GVOBl 2010, 789);
- **Thüringen**: Gesetz zur Ausführung des Zwölften Buches Sozialgesetzbuch (ThürAGSGB XII) vom 17.12.2004 (GVBl 2004, 891), zuletzt geändert durch das Thüringer Gesetz zur Änderung der Geltungsdauer von Gesetzen aus dem Geschäftsbereich des Ministeriums für Soziales, Familie und Gesundheit und zur Regelung der Dienstaufsicht im Bereich der Kriegsopferversorgung (GVBl 2009, 322).

IV. Ausgewählte Literaturhinweise

Basse, Kostenerstattungsrechtliche Entscheidungen der Sozial- und Verwaltungsgerichte sowie der Spruchstelle Stuttgart, ZfF 2007, 236-238; *Finke*, Das trägerübergreifende persönliche Budget aus Sicht der überörtlichen Träger der Sozialhilfe, Behindertenrecht 2006, 57-64; *Greß/Rixen/Wasem*, Eingliederungshilfe für seelisch behinderte Kinder und Jugendliche – Abgrenzungsprobleme und Reformszenarien, VSSR 2009, 43-60; *Luik*, Kostenerstattung für Mittagessen in Werkstatt für behinderte Menschen, jurisPR-SozR 21/2009, Anm. 2; *Schmid*, Soziallasten im Kommunalen Finanzausgleich und Beteiligung der Gemeinden, Städte und Landkreise an den Lasten das Landes Baden-Württemberg im Länderfinanzausgleich, BWGZ 2005, 31-40; *Schoch*, Zuständigkeiten in der Sozialhilfe und der Grundsicherung für Arbeitsuchende, ZfS 2005, 209-213; *Schwarz*, Aufgabenübertragung im Spannungsfeld von Bundesrecht und Landesrecht, ZKF 2009, 73-80; *Schwarz*, Stillschweigende Aufgabenübertragung und Anwendung des landesverfassungsrechtlichen Konnexitätsprinzips – Teil II, ZKF 2007, 6-12; *Wendt*, Umsetzung des SGB XII auf Landesebene, RdLH 2005, 20-22; *Wöhler*, Kommunale Sozialverwaltung richtet sich neu aus, BtPrax 2006, 204-210.

B. Auslegung der Norm

I. Regelungsgehalt und Bedeutung der Norm

§ 97 SGB XII regelt die sachliche Zuständigkeit zwischen örtlichem und überörtlichem Träger der Sozialhilfe, eröffnet jedoch dem Landesgesetzgeber weitreichende Möglichkeiten eigener Regelungen. Soweit solche landesgesetzlichen Regelungen vorhanden sind, gehen sie der bundesrechtlichen Regelung vor. 7

Absatz 1 regelt die grundsätzliche Zuständigkeit des örtlichen Sozialhilfeträgers. Absatz 2 regelt, dass dem Landesgesetzgeber die Regelung der Zuständigkeit des überörtlichen Trägers der Sozialhilfe obliegt, wobei Satz 2 klarstellt, dass mit Ausnahme der Leistungen zur Hilfe in anderen Lebenslagen (§§ 70-74 SGB XII) möglichst für alle Leistungen eine einheitliche sachliche Zuständigkeit gegeben sein soll. Fehlt eine landesgesetzliche Regelung, so normiert Absatz 3 die Zuständigkeit des überörtlichen Trägers. Nach Absatz 4 wird die sachliche Zuständigkeit im Fall stationärer Hilfe auf alle Leistungen, die gleichzeitig nach anderen Kapiteln zu erbringen sind, erweitert. Absatz 5 enthält keine Zuständigkeitsregelung, sondern einen Auftrag an die überörtlichen Träger zur Weiterentwicklung von Leistungen. 8

II. Tatbestandsmerkmale

1. Bestimmung der Träger der Sozialhilfe

Die Bestimmung der örtlichen und überörtlichen Träger der Sozialhilfe erfolgt auf der Grundlage des § 3 SGB XII durch Landesgesetz. 9

a. Örtlicher Träger

Örtlicher Träger sind in der Regel die kreisfreien Städte und Kreise, soweit nichts anderes bestimmt ist (§ 3 Abs. 2 SGB XII). In Berlin, Bremen, Niedersachsen, Saarland und Sachsen finden sich zum Teil abweichende Bestimmungen. 10
- **Berlin**: Örtlicher und überörtlicher Träger der Sozialhilfe ist das Land Berlin (§ 1 AG-SGB XII).
- **Bremen**: Örtliche Träger der Sozialhilfe sind die Stadtgemeinden Bremen und Bremerhaven (§ 1 AGSGB XII).
- **Niedersachsen**: Örtliche Träger der Sozialhilfe sind die Landkreise und kreisfreien Städte sowie die Region Hannover in ihrem gesamten Gebiet (§ 1 Abs. 2 Satz 1 Nds. AG SGB XII).
- **Saarland**: Örtliche Träger der Sozialhilfe sind die Landkreise und der Regionalverband Saarbrücken (§ 1 Abs. 2 Satz 1 AGSGB XII).
- **Sachsen**: Örtlicher Träger der Sozialhilfe sind die Landkreise und kreisfreien Städte oder von diesen gebildete Zweckverbände (§ 10 SächsAGSGB).

b. Überörtlicher Träger

Der überörtliche Träger wird durch Landesgesetz bestimmt. Die einzelnen Länder haben folgende Regelungen getroffen: 11
- **Baden-Württemberg**: Kommunalverband für Jugend und Soziales (§ 1 Abs. 2 AGSGB XII Baden-Württemberg);
- **Bayern**: Bezirke (Art. 81 Abs. 1 AGSG);
- **Berlin**: Land Berlin (§ 1 AG-SGB XII Berlin);
- **Brandenburg**: Land Brandenburg (§ 2 Abs. 2 AG-SGB XII);
- **Bremen**: Freie Hansestadt Bremen (Land Bremen) (§ 2 AGSGB XII);
- **Hessen**: Landeswohlfahrtsverband Hessen (§ 3 Abs. 1 HAG/SGB XII);
- **Mecklenburg-Vorpommern**: Kommunaler Sozialverband Mecklenburg-Vorpommern (§ 1 Abs. 3 SGB XII-AG M-V);
- **Niedersachsen**: Land Niedersachsen (§ 1 Abs. 3 Nds. AG SGB XII);
- **Nordrhein-Westfalen**: Landschaftsverbände (§ 1 Abs. 1 AG-SGB XII NRW);
- **Rheinland-Pfalz**: Land Rheinland-Pfalz (§ 1 Abs. 2 AGSGB XII);
- **Saarland**: Land Saarland (§ 1 Abs. 3 AGSGB XII);
- **Sachsen:** Kommunaler Sozialverband Sachsen (§ 13 SächsAGSGB);
- **Sachsen-Anhalt:** Land Sachsen-Anhalt (§ 2 Abs. 1 AG SGB XII);
- **Schleswig-Holstein**: Land Schleswig-Holstein (§ 2 Abs. 1 AG SGB XII);
- **Thüringen**: Land Thüringen (§ 2 Abs. 1 ThürAGSGB XII).

12 In **Hamburg** ist keine landesgesetzliche Regelung zur Bestimmung der Träger der Sozialhilfe erfolgt. Zuständig sind nach der Anordnung zur Durchführung des Zwölften Buches Sozialgesetzbuches vom 19.09.2006[4] grundsätzlich die Bezirksämter.

2. Zuständigkeit

a. Grundsatz (Absätze 1 und 2)

13 Der örtliche Träger der Sozialhilfe ist nach § 97 Abs. 1 SGB XII grundsätzlich für alle Leistungen nach dem SGB XII zuständig, soweit nicht ausdrücklich die Zuständigkeit des überörtlichen Trägers der Sozialhilfe bestimmt ist.

14 Die sachliche Zuständigkeit des überörtlichen Trägers kann durch Landesgesetz bestimmt werden (§ 97 Abs. 2 SGB XII), wobei eine möglichst **einheitliche sachliche Zuständigkeit** für die Leistungen nach § 8 Nr. 1-6 SGB XII hergestellt werden soll. Hierbei handelt es sich jedoch lediglich um eine Anregung, der Landesgesetzgeber ist nicht gezwungen, dem Folge zu leisten.[5]

15 Zu beachten sind die besonderen im SGB XII geregelten Zuständigkeiten des überörtlichen Trägers für Sozialhilfe für Deutsche im Ausland (§ 24 SGB XII), den Abschluss von Rahmenverträgen nach § 79 SGB XII, die Kostenerstattung bei Aufenthalt in einer Einrichtung (§ 106 Abs. 1 Satz 2 SGB XII) und die Kostenerstattung bei Einreise aus dem Ausland (§ 108 Abs. 1 Satz 1 SGB XII). Diese Spezialregelungen gehen dem § 97 SGB XII vor.

b. Landesgesetzliche Regelungen

16 Folgende landesrechtliche Regelungen sind getroffen worden:

17 **Baden Württemberg**: § 3 JSVG vom 01.07.2004 regelt die Zuständigkeit des Kommunalverbandes für die Beratung und Unterstützung der örtlichen Träger
- beim Abschluss von Leistungs-, Vergütungs-, Qualitäts- und Prüfungsvereinbarungen im Rahmen des Achten, Elften und Zwölften Buches Sozialgesetzbuch,
- bei der Planung in der Alten- und Behindertenhilfe sowie der Planung der Hilfen nach dem achten Kapitel des Zwölften Buches Sozialgesetzbuch und
- im Rahmen des § 97 Abs. 5 SGB XII.

Somit wurde die sachliche Zuständigkeit für alle Hilfen nach dem SGB XII dem örtlichen Träger übertragen, soweit dies möglich ist.

18 **Bayern**: Nach Art. 82 Abs. 1 Satz 1 AGSG sind die überörtlichen Träger sachlich zuständig für alle Leistungen nach dem Sechsten Kapitel SGB XII, alle Leistungen der Sozialhilfe, die in stationären oder teilstationären Einrichtungen gewährt werden, sowie für die Leistungen der Blindenhilfe nach § 72 SGB XII. Nach Satz 2 sind die überörtlichen Träger jedoch für Leistungen nach dem Vierten Kapitel SGB XII nur dann zuständig, wenn der Leistungsberechtigte zugleich Hilfen in einer (voll-)stationären Einrichtung nach anderen Kapiteln erhält. Hierbei ist zu beachten, dass das Mittagessen in einer WfbM Bestandteil der Eingliederungshilfe und keine Leistung nach dem Vierten Kapitel SGB XII ist, so dass der überörtliche Träger hierfür zuständig ist.[6]

19 **Brandenburg**: Die in § 97 Abs. 3 SGB XII genannten Aufgaben wurden durch § 4 AG-SGB XII dem örtlichen Träger der Sozialhilfe übertragen. Nach § 5 Abs. 1 AG-SGB XII ist der überörtliche Träger zuständig für
- die Unterstützung des örtlichen Sozialhilfeträgers bei den in § 4 genannten Aufgaben,
- die Förderung der zielgerichteten Erbringung und Überprüfung der in § 4 benannten Leistungen und deren Qualitätssicherung,
- den Erlass von Rahmenrichtlinien und Empfehlungen zur Ausführung des Leistungsrechts,
- die Erfassung und Auswertung der Ausgaben der in den Bereichen des § 97 Abs. 3 des Zwölften Buches Sozialgesetzbuch aufgrund der nach den §§ 14 und 17 vorliegenden Daten,
- die Gewährung von Sozialhilfe für Deutsche im Ausland nach den §§ 24, 132 und 133 des Zwölften Buches Sozialgesetzbuch,
- die Kostenerstattung nach den §§ 106 Abs. 1 Satz 2 und 108 des Zwölften Buches Sozialgesetzbuch.

Weiterhin ist nach § 5 Abs. 3 AG-SGB XII der überörtliche Träger zuständig für

---

[4] www.landesrecht-hamburg.de/jportal/portal/page/bshaprod.psml?showdoccase=1&doc.id=jlr-SGB12DAnOHA2006rahmen&doc.part=X&doc.origin=bs&st=lr (abgerufen am 27.03.2014).

[5] *Schoch* in: LPK-SGB XII, § 97 Rn. 12.

[6] BSG v. 09.12.2008 - B 8/9b SO10/07 R - BSGE 102, 26 ff. = SozR 4-3500 § 54 Nr. 3.

- den Abschluss von Leistungs-, Prüfungs- und Vergütungsvereinbarungen nach § 75 Abs. 3 des Zwölften Buches Sozialgesetzbuch,
- die Mitwirkung bei Abschluss und Kündigung von Versorgungsverträgen nach § 72 Abs. 2 Satz 1 des Elften Buches Sozialgesetzbuch,
- den Abschluss von Pflegesatzvereinbarungen nach § 85 Abs. 2 Satz 1 Nr. 2 des Elften Buches Sozialgesetzbuch,
- den Abschluss von Vereinbarungen zur Übernahme gesondert berechneter Investitionskosten nach § 75 Abs. 5 Satz 3 des Zwölften Buches Sozialgesetzbuch, soweit sie sich auf teilstationäre oder stationäre Einrichtungen beziehen.

Bremen: Für die in § 97 Abs. 3 SGB XII genannten Aufgaben ist nach § 4 AGSGB XII der örtliche Träger der Sozialhilfe zuständig. Weiterhin hat Bremen von der Möglichkeit des § 101 Abs. 2 SGB XII Gebrauch gemacht und die Zuständigkeit für die Aufgaben nach den §§ 24 und 108 SGB XII dem örtlichen Träger der Sozialhilfe in der Stadtgemeinde Bremen übertragen (§ 10 Abs. 1 AGSGB XII). Die Zuständigkeit des überörtlichen Trägers ergibt sich aus § 5 AGSGB XII. Nach Absatz 1 ist der überörtliche Träger sachlich für die Gewährleistung einer leistungsfähigen, zahlenmäßig ausreichenden und wirtschaftlichen Versorgungsstruktur für die in § 97 Abs. 3 des Zwölften Buches Sozialgesetzbuch aufgeführten Hilfearten zuständig. Nach Absatz 2 werden vom überörtlichen Träger folgende Aufgaben wahrgenommen:

- Abschluss von Vereinbarungen nach dem Zehnten Kapitel des Zwölften Buches Sozialgesetzbuch und nach dem Siebten und Achten Kapitel des Elften Buches Sozialgesetzbuch für ambulante, teilstationäre und stationäre Leistungen,
- Erlass von Rahmenrichtlinien zur Ausführung des Leistungsrechts,
- landesweite Grundsatzplanung unter Berücksichtigung der kommunalen Fachplanungen.

Hessen: Die sachliche Zuständigkeit des örtlichen und überörtlichen Trägers der Sozialhilfe ist in § 2 HAG/SGB XII geregelt. Hier wird abweichend von § 97 Abs. 3 SGB XII eine Zuständigkeit des örtlichen Trägers für bestimmte, in § 97 Abs. 3 SGB XII genannte Leistungen festgelegt, im Übrigen verbleibt es jedoch bei der Zuständigkeit des überörtlichen Trägers für die dort genannten Leistungen.

- Nach § 2 Abs. 1 Nr. 1 HAG/SGB XII ist der überörtliche Träger der Sozialhilfe sachlich zuständig bei Nichtsesshaften für die Hilfen nach § 8 Nr. 1 und 3 bis 7 des Zwölften Buches Sozialgesetzbuch sowie für die jeweils gebotene Beratung und Unterstützung außerhalb einer Einrichtung zur stationären Betreuung, sofern die Hilfe zur Sesshaftmachung bestimmt ist. Nach Nr. 2 ist der örtliche Träger zuständig für die Leistungen nach dem Sechsten bis Achten Kapitel des Zwölften Buches Sozialgesetzbuch für Personen mit Beginn des Kalendermonats, der auf die Vollendung des 65. Lebensjahres folgt, wenn die Hilfe in einer Einrichtung zur stationären oder teilstationären Betreuung zu gewähren ist; der überörtliche Träger ist für Leistungen an Personen, bei denen besondere Lebensverhältnisse mit sozialen Schwierigkeiten verbunden sind, zuständig, wenn es erforderlich ist, die Hilfe in einer Einrichtung zur stationären oder teilstationären Betreuung zu gewähren.
- Nach Absatz 2 bleibt der überörtliche Träger zuständig für Personen, die bei Vollendung des 65. Lebensjahres Eingliederungshilfe für behinderte Menschen in einer Einrichtung zur stationären Betreuung erhalten.
- Nach Absatz 3 ist für grundsicherungsberechtigte Personen, für die der überörtliche Träger der Sozialhilfe Leistungen nach dem Sechsten Kapitel des Zwölften Buches Sozialgesetzbuch in vollstationären Einrichtungen erbringt, dieser zugleich auch für die Leistungen der Grundsicherung im Alter und bei Erwerbsminderung zuständig. Er ist auch für Personen zuständig, die vollstationär betreut werden, das 65. Lebensjahr noch nicht vollendet haben und denen Hilfe zur Pflege nach dem Zwölften Buch Sozialgesetzbuch gewährt wird.

Mecklenburg-Vorpommern: Die sachliche Zuständigkeit des überörtlichen Trägers ergibt sich aus § 3 SGB XII-AG M-V. Hieraus ergibt sich eine Zuständigkeit für

- den Abschluss von Leistungs-, Vergütungs- und Prüfungsvereinbarungen nach § 75 Abs. 3 des Zwölften Buches Sozialgesetzbuch unter Berücksichtigung einer personenzentrierten, lebensfeldorientierten Hilfegewährung;
- die Erarbeitung, Weiterentwicklung und den Abschluss von Landesrahmenvereinbarungen nach § 79 des Zwölften Buches Sozialgesetzbuch für den ambulanten, teilstationären und stationären Bereich einschließlich der erforderlichen Anlagen;
- die Kostenerstattung nach § 106 Abs. 1 Satz 2 des Zwölften Buches Sozialgesetzbuch;

- die Kostenerstattung bei Einreise aus dem Ausland nach den §§ 108 und 115 des Zwölften Buches Sozialgesetzbuch;
- die Sozialhilfe für Deutsche im Ausland nach den §§ 24, 132, 133 des Zwölften Buches Sozialgesetzbuch;
- die Mitwirkung bei dem Abschluss von Versorgungsverträgen nach § 72 des Elften Buches Sozialgesetzbuch sowie die Mitwirkung bzw. den Abschluss von Rahmenverträgen und Vereinbarungen nach den §§ 75, 80a, 82 und 84 bis 88 des Elften Buches Sozialgesetzbuch.

23 **Niedersachsen**: Nach § 6 Abs. 2 Nds. AG SGB XII ist der überörtliche Träger zuständig für
- teilstationäre und stationäre Leistungen der Eingliederungshilfe für Menschen mit Behinderung nach den §§ 53 bis 60 SGB XII sowie der Hilfe zur Pflege nach den §§ 61 bis 66 SGB XII, wenn die Leistungen wegen der Behinderung oder des Leidens der Leistungsberechtigten in Verbindung mit den Besonderheiten des Einzelfalls erforderlich sind,
- für die Hilfen zum Besuch einer Hochschule im Rahmen des § 54 Abs. 1 Nr. 2 SGB XII,
- für die Blindenhilfe nach § 72 SGB XII,
- bei Leistungsberechtigten mit besonderen sozialen Schwierigkeiten für teilstationäre und stationäre Leistungen nach den §§ 67 bis 69 SGB XII sowie für die Hilfe zum Lebensunterhalt und für ambulante Leistungen nach den §§ 67 bis 69 SGB XII, wenn die Leistungen dazu bestimmt sind, Nichtsesshaften bei der Überwindung ihrer besonderen sozialen Schwierigkeiten zu helfen,
- für die Sozialhilfe für Deutsche im Ausland nach § 24 SGB XII.

24 **Nordrhein-Westfalen**: Nach § 2 Abs. 1 und 2 Satz 1 der Ausführungsverordnung zum Sozialgesetzbuch Zwölftes Buch (SGB XII) – Sozialhilfe – (AV-SGB XII NRW) ist der überörtliche Träger der Sozialhilfe sachlich zuständig
- für Leistungen nach dem Fünften bis Neunten Kapitel des SGB XII a) für Personen, die in § 53 Abs. 1 Satz 1 SGB XII genannt sind, Menschen mit einer geistigen Behinderung, Menschen mit einer seelischen Behinderung oder Störung, Anfallskranke und Suchtkranke bis zur Vollendung des 65. Lebensjahres, wenn es wegen der Behinderung oder des Leidens dieser Personen in Verbindung mit den Besonderheiten des Einzelfalls erforderlich ist, die Hilfe in einer teilstationären oder stationären Einrichtung zu gewähren; dies gilt nicht, wenn die Hilfegewährung in der Einrichtung überwiegend aus anderen Gründen erforderlich ist; für Personen, die bei Vollendung des 65. Lebensjahres ununterbrochen seit 12 Monaten Eingliederungshilfe für Behinderte in einer stationären Einrichtung erhalten haben, wenn die Leistung weiterhin in einer stationären Einrichtung erbracht wird; § 97 Abs. 4 SGB XII bleibt unberührt;
- für alle Leistungen der Eingliederungshilfe nach § 54 SGB XII für behinderte Menschen, die das 18. Lebensjahr vollendet haben, außerhalb einer teilstationären oder stationären Einrichtung, die mit dem Ziel geleistet werden sollen, selbstständiges Wohnen zu ermöglichen oder zu sichern; neben den Leistungen nach den §§ 53, 54 SGB XII umfasst die Zuständigkeit insbesondere auch die Hilfen nach § 55 Abs. 2 Nr. 3-7 SGB IX und andere im Einzelfall notwendige Hilfen nach dem Fünften bis Neunten Kapitel SGB XII, ohne die ein selbstständiges Wohnen nicht erreicht oder gesichert werden kann; die Zuständigkeit des überörtlichen Trägers erstreckt sich in den Fällen dieser Nummer auch auf die Leistungen der Hilfe zum Lebensunterhalt nach dem Dritten Kapitel des SGB XII;
- für die Hilfe zum Besuch einer Hochschule im Rahmen der Eingliederungshilfe nach § 54 SGB XII für behinderte Menschen;
- für die Versorgung behinderter Menschen mit Körperersatzstücken und größeren Hilfsmitteln zur medizinischen Rehabilitation, zur Teilhabe am Arbeitsleben und zur Teilhabe am Leben der Gemeinschaft im Sinne des § 54 Abs. 1 Satz 1 SGB XII in Verbindung mit den §§ 26, 33 und 55 SGB IX;
- für die Hilfe zur Überwindung besonderer sozialer Schwierigkeiten nach den §§ 67 bis 69 SGB XII für Personen bis zur Vollendung des 65. Lebensjahres, wenn es erforderlich ist, die Hilfe in einer teilstationären oder stationären Einrichtung zu gewähren, oder wenn sie dazu dient, Hilfe in einer teilstationären oder stationären Einrichtung zu verhindern;
- für die Leistungen der Blindenhilfe nach § 72 SGB XII;
- für die durch die §§ 85 und 86 SGB XI zugewiesenen Aufgaben.

Die Zuständigkeit des überörtlichen Trägers nach Absatz 1 Nr. 2 und 5b umfasst auch die Planungsverantwortung und die Ermittlung des Bedarfs.

25 **Rheinland-Pfalz**: Nach § 2 AGSGB XII ist der überörtliche Träger zuständig für
- die Sozialhilfe für Deutsche im Ausland (§ 24 SGB XII);

- die Hilfen zur Gesundheit (§§ 47-52 SGB XII), die Eingliederungshilfe für behinderte Menschen (§§ 53-60 SGB XII), die Hilfe zur Pflege (§§ 61-66 SGB XII) und die Hilfe in sonstigen Lebenslagen (§ 73 SGB XII) für die in § 53 Abs. 1 Satz 1 SGB XII genannten Menschen, wenn es wegen der Behinderung oder Erkrankung dieser Menschen in Verbindung mit den Besonderheiten des Einzelfalls erforderlich ist, die Hilfe in einer teilstationären oder stationären Einrichtung im Sinne des § 13 Abs. 2 SGB XII zu gewähren, dies gilt nicht, wenn die Hilfegewährung in einer Einrichtung überwiegend aus einem anderen Grund erforderlich ist;
- die Versorgung behinderter Menschen mit Körperersatzstücken sowie orthopädischen und anderen Hilfsmitteln im Sinne des § 31 SGB IX im Rahmen der Eingliederungshilfe für behinderte Menschen (§ 54 Abs. 1 SGB XII in Verbindung mit § 26 Abs. 2 Nr. 6 SGB IX);
- die Blindenhilfe (§ 72 SGB XII);
- die Hilfe zur Überwindung besonderer sozialer Schwierigkeiten (§§ 67-69 SGB XII), wenn es erforderlich ist, die Hilfe in einer teilstationären oder stationären Einrichtung im Sinne des § 13 Abs. 2 SGB XII zu gewähren;
- die Leistungen nach § 8 SGB XII außerhalb einer teilstationären oder stationären Einrichtung im Sinne des § 13 Abs. 2 SGB XII bei Leistungsberechtigten nach § 67 SGB XII, sofern bei diesen besondere Lebensverhältnisse mit sozialen Schwierigkeiten verbunden sind, die durch das Fehlen oder Ungesicherten wirtschaftlichen Lebensgrundlage und eine nicht gesicherte Wohnsituation sowie häufig wechselnde Aufenthaltsorte gekennzeichnet sind oder die Leistungsberechtigten nach Beendigung einer richterlich angeordneten Freiheitsentziehung in betreute Wohnformen aufgenommen werden;
- die Hilfe zum Besuch einer Hochschule im Rahmen der Eingliederungshilfe für behinderte Menschen (§ 54 Abs. 1 Satz 1 Nr. 2 SGB XII);
- die vorbeugende Gesundheitshilfe (§ 47 SGB XII) und die Hilfe bei Krankheit (§ 48 SGB XII) sowie die Hilfe zur Pflege (§§ 61-66 SGB XII) und die Hilfe zur Weiterführung des Haushalts (§ 70 SGB XII), sofern diese Hilfen während eines stationären Aufenthalts wegen Krebserkrankung oder nach einem solchen Aufenthalt zu gewähren sind;
- die in Nr. 2 genannten Hilfen und die Hilfe zur Überwindung besonderer sozialer Schwierigkeiten (§§ 67-69 SGB XII) für Menschen, die nach dem Landesgesetz für psychisch kranke Menschen untergebracht sind.

Saarland: Nach § 2 Abs. 2 AGSGB XII ist der überörtliche Träger zuständig für die 26
- Sozialhilfe für Deutsche im Ausland (§ 24 SGB XII);
- Eingliederungshilfe für behinderte Menschen (§§ 53-60 SGB XII);
- Hilfe zur Überwindung besonderer Schwierigkeiten (§§ 67-69 SGB XII);
- Hilfen zur Gesundheit (§§ 47-52 SGB XII), die Hilfe zur Pflege für Personen bis zur Vollendung des 65. Lebensjahres (§§ 61-66 SGB XII) und die Hilfe in sonstigen Lebenslagen (§ 73 SGB XII) für die in § 53 Abs. 1 Satz 1 SGB XII genannten Menschen, für Menschen mit einer sonstigen geistigen oder seelischen Behinderung oder Störung und für anfallskranke oder suchtkranke Menschen, wenn es wegen der Behinderung oder Erkrankung in Verbindung mit den Besonderheiten des Einzelfalls erforderlich ist, die Hilfe in einer teilstationären oder stationären Einrichtung im Sinne des § 13 Abs. 2 SGB XII zu gewähren; dies gilt nicht, wenn die Hilfegewährung in der Einrichtung überwiegend aus anderem Grund erforderlich ist;
- Blindenhilfe (§72 SGB XII);
- psychisch kranke Menschen, die nach den Vorschriften über die Unterbringung psychisch Kranker (Unterbringungsgesetz-UBG) untergebracht sind.

Nach § 2 Abs. 3 SGB XII ist der überörtliche Träger der Sozialhilfe sachlich zuständig für Leistungen der Grundsicherung im Alter und bei Erwerbsminderung in stationären Leistungsfällen nach Absatz 2, wenn gleichzeitig Leistungen nach dem Vierten Kapitel des Zwölften Buches Sozialgesetzbuch zu erbringen sind.

Sachsen: Nach § 13 Abs. 2 SächsAGSGB ist der überörtliche Träger der Sozialhilfe sachlich zuständig 27
für
- alle teilstationären und stationären Leistungen für Personen, die das 18. Lebensjahr, aber noch nicht das 65. Lebensjahr vollendet haben, mit Ausnahme der Leistungen nach dem Fünften Kapitel des Zwölften Buches Sozialgesetzbuches; § 97 Abs. 4 SGB XII bleibt unberührt;
- alle Leistungen für die in § 53 Abs. 1 SGB XII genannten Personen, die das 18. Lebensjahr, aber noch nicht das 65. Lebensjahr vollendet haben, wenn sie wegen der Art und Schwere ihrer Behinderung oder ihres Leidens im ambulant betreuten Wohnen untergebracht sind;

- alle Leistungen für die in § 67 Satz 1 SGB XII genannten Personen, die das 18. Lebensjahr, aber noch nicht das 65. Lebensjahr vollendet haben, wenn sie wegen der Art und Schwere ihrer sozialen Schwierigkeiten im ambulanten betreuten Wohnen untergebracht sind;
- die Leistungen zum Besuch einer Hochschule im Rahmen der Eingliederungshilfe für behinderte Menschen;
- die Leistungen zur Beschaffung eines Kraftfahrzeuges, für besondere Bedienungseinrichtungen und Zusatzgeräte für Kraftfahrzeuge sowie zur Erlangung der Fahrerlaubnis, zur Instandhaltung sowie die Übernahme von Betriebskosten eines Kraftfahrzeuges im Rahmen der Eingliederungshilfe für behinderte Menschen;
- stationäre Leistungen nach dem Fünften Kapitel des Zwölften Buches Sozialgesetzbuches ab dem 61. Tag des Aufenthalts in einer stationären Einrichtung.

Nach § 13 Abs. 3 SächsAGSGB ist der überörtliche Träger der Sozialhilfe für den Abschluss von Vereinbarungen mit den Trägern von teilstationären und stationären Einrichtungen oder mit den Trägern von Diensten des ambulanten betreuten Wohnens nach dem Achten Kapitel des Elften Buches Sozialgesetzbuch und nach dem Zehnten Kapitel des Zwölften Buches Sozialgesetzbuch zuständig. Weiterhin berät und unterstützt der überörtliche Träger die örtlichen Träger bei der Sozialplanung (§ 13 Abs. 4 SächsAGSGB). Zuständigkeiten aufgrund anderer Rechtsvorschriften bleiben unberührt.

28 **Sachsen-Anhalt**: Nach § 3 AG SGB XII ist der überörtliche Träger der Sozialhilfe zuständig für
- Leistungen der Eingliederungshilfe für behinderte Menschen im Sinne der §§ 53 bis 60 SGB XII;
- Leistungen der Hilfe zur Pflege im Sinne der §§ 61 bis 66 SGB XII;
- Leistungen der Hilfe zur Überwindung besonderer sozialer Schwierigkeiten im Sinne der §§ 67 bis 69 SGB XII, wenn es erforderlich ist, die Hilfen in einer teilstationären oder stationären Einrichtung zu gewähren;
- Leistungen der Blindenhilfe im Sinne von § 72 SGB XII.

29 **Schleswig-Holstein**: Nach § 2 Abs. 2 AGSGB XII ist der überörtliche Träger der Sozialhilfe zuständig für die Hilfe zur Überwindung besonderer sozialer Schwierigkeiten (§ 8 Nr. 6 SGB XII), wenn es erforderlich ist, die Leistung in einer Einrichtung zur stationären oder teilstationären Betreuung zu erbringen.

30 **Thüringen**: Nach § 4 Abs. 1 ThürAGSGB XII ist der überörtliche Träger der Sozialhilfe zuständig für
- die Sozialhilfe für Deutsche im Ausland nach § 24 SGB XII;
- die Kostenerstattung nach den §§ 106 Abs. 1 Satz 2 und 108 SGB XII.

Nach Absatz 3 ist der überörtliche Träger im Rahmen der Steuerungs- und Planungskompetenzen zuständig für die Standort- und Bedarfsplanung sowie nach Maßgabe des Landeshaushalts für die investive Förderung von teil- und vollstationären Pflegeeinrichtungen und von teil- und vollstationären Einrichtungen für die Hilfe zur Überwindung besonderer sozialer Schwierigkeiten.

Weiterhin ist der überörtliche Träger nach Absatz 4 zuständig für
- den Abschluss von Leistungs-, Vergütungs- sowie Prüfvereinbarungen nach § 75 Abs. 3 SGB XII für die in Absatz 3 genannten Einrichtungen;
- den Abschluss von Rahmenverträgen gemeinsam mit den kommunalen Spitzenverbänden nach § 79 Abs. 1 SGB XII;
- die Beratung der örtlichen Träger der Sozialhilfe mit dem Ziel der einheitlichen Anwendung des Sozialhilferechts;
- die Erhebung und Auswertung von planungserheblichen Daten.

31 In **Hamburg** wurden die Aufgaben der örtlichen und überörtlichen Träger durch die „Anordnung zur Durchführung des Zwölften Buches Sozialgesetzbuch vom 19. September 2006"[7] jeweils bestimmten Bezirksämtern und Behörden (Behörde für Arbeit, Soziales, Familie und Integration, Behörde für Gesundheit und Verbraucherschutz, Behörde für Schule und Berufsbildung, Finanzbehörde) zugeordnet.

c. Fehlen einer landesgesetzlichen Regelung (Absatz 3)

32 Fehlt eine landesgesetzliche Regelung der sachlichen Zuständigkeit des überörtlichen Trägers, wird die Zuständigkeit durch § 97 Abs. 3 SGB XII geregelt. Dies ist nur der Fall in Hamburg, Hessen und Berlin. In Hessen sind jedoch bestimmte Leistungen des § 97 Abs. 3 SGB XII dem örtlichen Träger der Sozialhilfe übertragen worden.

---

[7] www.landesrecht-hamburg.de/jportal/portal/page/bshaprod.psml?showdoccase=1&doc.id=jlr-SGB12DAnOHA2006rahmen&doc.part=X&doc.origin=bs&st=lr (abgerufen am 27.03.2014).

3. Vorläufige Leistung und Zuständigkeitsstreit

Eine § 98 Abs. 2 Satz 3 SGB XII entsprechende Regelung, welcher Träger bei Streit über die sachliche Zuständigkeit die Leistung erbringt, enthält § 97 SGB XII nicht. Es gilt daher die allgemeine Regelung des § 43 Abs. 1 SGB I, wonach der zuerst angegangene Träger vorläufig erbringen kann bzw. muss, wenn der Berechtigte dies beantragt. Nach § 102 Abs. 1 SGB X ist der tatsächlich zuständige Leistungsträger zur Erstattung verpflichtet. 33

Weiterhin enthalten die Ausführungsgesetze der Länder teilweise Regelungen über vorläufige Leistungsgewährung in **Zweifels- und Eilfällen**, welche als speziellere Regelung dem § 43 Abs. 1 SGB I vorgehen. Durchweg ist in diesen Fällen der örtliche Träger zuständig für die vorläufige Leistungsgewährung bei Unklarheit über die sachliche Zuständigkeit sowie dann, wenn der überörtliche Träger nicht rechtzeitig tätig werden kann (§ 6 Abs. 1 HAG/SGB XII, § 7 Abs. 1 Satz 1 Nds. AG SGB XII, § 4 Abs. 1 AG-SGB XII NRW, § 11 Abs. 1 Satz 1 AGSGB XII Rheinland-Pfalz, § 12 Abs. 1 und 2 AG SGB XII Saarland, § 12 Abs. 1 SächsAGSGB XII, § 12 Abs. 2 Satz 1 AG-SGB XII Schleswig-Holstein). In den Fällen, in welchen auch der örtliche Träger nicht rechtzeitig Hilfe leisten kann, haben die kreisangehörigen Gemeinden die unaufschiebbaren notwendigen Maßnahmen zu treffen (§ 5 AGSGB XII BW, § 7 Abs. 2 AG-SGB XII Brandenburg, § 6 Abs. 2 HAG/SGB XII, § 13 Satz 1 SGB XII-AG M-V, § 7 Abs. 2 Nds. AG SGB XII, § 4 Abs. 3 AG SGB XII NRW, § 11 Abs. 2 AGSGB XII Rheinland-Pfalz, § 12 Abs. 3 AG SGB XII Saarland, § 12 Abs. 2 SächsAGSGB XII, § 12 Abs. 1 AG-SGB XII Schleswig-Holstein). 34

Hinsichtlich der **Kostenerstattung** in diesen Fällen ist § 112 SGB XII zu berücksichtigen, der es den Ländern ermöglicht, die Kostenerstattung zwischen den Trägern der Sozialhilfe zu regeln (vgl. die Kommentierung zu § 112 SGB XII). 35

4. Zuständigkeit nach Absatz 4

a. Allgemeines

Bei stationären Leistungen wird die Zuständigkeit des hierfür zuständigen Trägers auf gleichzeitig zu erbringende Leistungen nach anderen Kapiteln sowie auf die Leistung nach § 74 SGB XII (Bestattungskosten) erweitert. Die Regelung war nach dem Wegfall des § 27 Abs. 3 BSHG, wonach stationäre Hilfe auch die Hilfe zum Lebensunterhalt erfasste, erforderlich. Durch die Regelung wird die Hilfegewährung aus einer Hand gewährleistet.[8] 36

Eine abweichende Regelung durch Landesrecht ist nicht möglich. 37

Aus der sachlichen Zuständigkeit für die stationären Leistungen folgt die Zuständigkeit für die übrigen Leistungen. Voraussetzung ist jedoch, dass tatsächlich die Zuständigkeit für die stationären Leistungen gegeben ist. Die bestandskräftige Bewilligung stationärer Leistungen durch einen **unzuständigen Träger** führt deshalb nicht zur Anwendung des § 97 Abs. 4 SGB XII.[9] 38

Auch die durch **§ 14 SGB IX** begründete Zuständigkeit führt grundsätzlich nicht zur Anwendung des § 97 Abs. 4 SGB XII.[10] § 14 SGB IX hat den Zweck, dass Zuständigkeiten schnell geklärt und notwendige (Teilhabe-)Leistungen schnell erbracht werden, die Herbeiführung weiterreichender Zuständigkeiten über § 97 Abs. 4 SGB XII mit der auch daraus folgenden Kostentragungspflicht ist mit diesen Zwecken nicht ohne weiteres zu begründen. Eine Ausnahme hiervon hält das BSG für den **weiteren notwendigen Lebensunterhalt** nach § 27b Abs. 2 SGB XII für naheliegend, hat dies jedoch im Ergebnis offengelassen.[11] 39

b. Stationäre Leistungen

Die Zuständigkeitskonzentration des § 97 Abs. 4 SGB XII greift nur bei **vollstationären** Leistungen, nicht bei teilstationären. Es muss sich um Leistungen in einer Einrichtung im Sinne des § 13 SGB XII handeln. 40

---

[8] BT-Drs. 15/1514, S. 67
[9] Vgl. hierzu BSG v. 23.08.2013 - B 8 SO 17/12 R.
[10] BSG v. 23.08.2013 - B 8 SO 17/12 R.
[11] BSG v. 23.08.2013 - B 8 SO 17/12 R.

c. Weitere Leistungen

41 Die Zuständigkeit besteht für „gleichzeitig" zu erbringende Leistungen. Das Merkmal der Gleichzeitigkeit ist nach Sinn und Zweck der Vorschrift nicht eng auszulegen.[12] Auch die Leistungen, die mit der stationären Leistung in Zusammenhang stehen, aber außerhalb der Einrichtung erbracht werden, sind „gleichzeitig" im Sinne des § 97 Abs. 4 SGB XII.

42 Ebenfalls ist der für die stationären Leistungen zuständige Träger auch für **Bestattungskosten** (§ 74 SGB XII) zuständig. Es besteht somit die Zuständigkeit für die Kosten der Bestattung desjenigen, der bis zu seinem Versterben stationäre Leistungen erhielt, wenn die Bestattungspflichtigen die Kosten nicht aufbringen können.[13] Macht der Heiminsasse als Bestattungspflichtiger Leistungen für einen anderen Todesfall geltend, so handelt es sich um eine gleichzeitig zu erbringende Leistung, für welche ebenfalls die Zuständigkeit des für die stationäre Leistung zuständigen Trägers besteht.

5. Zuständigkeit nach Absatz 5

43 Durch § 97 Abs. 5 SGB XII wird der überörtliche Träger der Sozialhilfe **beauftragt**, insbesondere bei verbreiteten Krankheiten zur Weiterentwicklung von Leistungen der Sozialhilfe beizutragen, als Beispiel wird die Schaffung und Förderung von Einrichtungen genannt.

44 Die allgemein gehaltene Vorschrift richtet sich vorrangig an den Sozialhilfeträger. Ein **Anspruch** einer Einrichtung auf Förderung ist grundsätzlich denkbar, allerdings besteht ein weitreichendes Ermessen des Sozialhilfeträgers.

45 Auch wenn nach dem Wortlaut vorrangig die Weiterentwicklung von Leistungen bei verbreiteten Krankheiten genannt wird, ist der Weiterentwicklungsauftrag nicht hierauf beschränkt. Vielmehr kann auch in anderen Bereichen Weiterentwicklungsbedarf bestehen. § 97 Abs. 5 SGB XII stellt eine allgemeine **Experimentierklausel** dar, mit welcher die Anpassung des Leistungsrechts an soziale Veränderungen ermöglicht werden soll.

46 Die Vorschrift ermöglicht nicht nur die Schaffung und Förderung von **Einrichtungen** im Sinne des § 13 Abs. 2 SGB XII[14], da die Förderung anderer Einrichtungen zumindest von Satz 1 erfasst ist. Die weitreichende Experimentierklausel wird nicht durch die lediglich beispielhafte Nennung des Begriffs der Einrichtung eingeschränkt, vielmehr kann der Weiterentwicklungsbedarf gerade auch in Bezug auf die Form der Einrichtung an sich bestehen.

III. Rechtsfolgen

47 Verwaltungsakte, die unter Verstoß gegen die Regelungen über die sachliche Zuständigkeit ergangen sind, sind **formell rechtswidrig**. Eine Heilung oder Unbeachtlichkeit nach den §§ 41, 42 SGB X ist nicht möglich, nur ein Verstoß gegen die Regeln über die örtliche, nicht jedoch über die sachliche Zuständigkeit kann nach § 42 SGB X unbeachtlich sein.

48 Ggf. ist der Verwaltungsakt auch **nichtig** nach § 40 Abs. 1 SGB X, allerdings nur dann, wenn die sachliche Zuständigkeit offensichtlich ist. Dies wird bei einem Handeln des örtlichen statt des überörtlichen Trägers der Sozialhilfe bzw. umgekehrt regelmäßig nicht der Fall sein.

49 Hat ein sachlich unzuständiger Träger Leistungen erbracht, besteht ein **Erstattungsanspruch** gegen den zuständigen Träger nach § 105 SGB X.

C. Praxishinweise

50 Da eine § 98 Abs. 1 Satz 2 SGB XII bzw. § 2 SGB X entsprechende Regelung für den Bereich der sachlichen Zuständigkeit fehlt, ist bei einer **Änderung der sachlichen Zuständigkeit** während der Erbringung der Leistungen nicht der bis dahin zuständige Träger weiter zuständig, auch nicht übergangsweise.

51 Soweit ein Land von der Möglichkeit des **§ 99 SGB XII** Gebrauch macht und die Gemeinden oder Gemeindeverbände zur Durchführung von Aufgaben heranzieht, berührt dies die sachliche Zuständigkeit nicht. Zur Frage, gegen wen in diesen Fällen die Klage zu richten ist, vgl. die Kommentierung zu § 99 SGB XII Rn. 22.

---

[12] *Schoch* in: LPK-SGB XII, § 97 Rn. 10; *Wahrendorf* in: Grube/Wahrendorf, SGB XII, § 97 Rn. 18.

[13] BSG v. 09.09.2009 - B 8 SO 23/08 R.

[14] Zum Einrichtungsbegriff vgl. BSG v. 23.08.2013 - B 8 SO 14/12 R.

§ 98 SGB XII Örtliche Zuständigkeit

(Fassung vom 20.12.2012, gültig ab 01.01.2013)

(1) ¹Für die Sozialhilfe örtlich zuständig ist der Träger der Sozialhilfe, in dessen Bereich sich die Leistungsberechtigten tatsächlich aufhalten. ²Diese Zuständigkeit bleibt bis zur Beendigung der Leistung auch dann bestehen, wenn die Leistung außerhalb seines Bereichs erbracht wird.

(2) ¹Für die stationäre Leistung ist der Träger der Sozialhilfe örtlich zuständig, in dessen Bereich die Leistungsberechtigten ihren gewöhnlichen Aufenthalt im Zeitpunkt der Aufnahme in die Einrichtung haben oder in den zwei Monaten vor der Aufnahme zuletzt gehabt hatten. ²Waren bei Einsetzen der Sozialhilfe die Leistungsberechtigten aus einer Einrichtung im Sinne des Satzes 1 in eine andere Einrichtung oder von dort in weitere Einrichtungen übergetreten oder tritt nach dem Einsetzen der Leistung ein solcher Fall ein, ist der gewöhnliche Aufenthalt, der für die erste Einrichtung maßgebend war, entscheidend. ³Steht innerhalb von vier Wochen nicht fest, ob und wo der gewöhnliche Aufenthalt nach Satz 1 oder 2 begründet worden ist oder ist ein gewöhnlicher Aufenthaltsort nicht vorhanden oder nicht zu ermitteln oder liegt ein Eilfall vor, hat der nach Absatz 1 zuständige Träger der Sozialhilfe über die Leistung unverzüglich zu entscheiden und sie vorläufig zu erbringen. ⁴Wird ein Kind in einer Einrichtung im Sinne des Satzes 1 geboren, tritt an die Stelle seines gewöhnlichen Aufenthalts der gewöhnliche Aufenthalt der Mutter.

(3) In den Fällen des § 74 ist der Träger der Sozialhilfe örtlich zuständig, der bis zum Tod der leistungsberechtigten Person Sozialhilfe leistete, in den anderen Fällen der Träger der Sozialhilfe, in dessen Bereich der Sterbeort liegt.

(4) Für Hilfen an Personen, die sich in Einrichtungen zum Vollzug richterlich angeordneter Freiheitsentziehung aufhalten oder aufgehalten haben, gelten die Absätze 1 und 2 sowie die §§ 106 und 109 entsprechend.

(5) ¹Für die Leistungen nach diesem Buch an Personen, die Leistungen nach dem Sechsten bis Achten Kapitel in Formen ambulanter betreuter Wohnmöglichkeiten erhalten, ist der Träger der Sozialhilfe örtlich zuständig, der vor Eintritt in diese Wohnform zuletzt zuständig war oder gewesen wäre. ²Vor Inkrafttreten dieses Buches begründete Zuständigkeiten bleiben hiervon unberührt.

Gliederung

A. Basisinformation 1	b. Fortbestehende Zuständigkeit 27
I. Textgeschichte/Gesetzgebungsmaterialien 1	2. Zuständigkeit bei stationären Leistungen nach Absatz 2 29
II. Vorgängervorschriften 6	a. Grundsätzlicher Anwendungsbereich (Satz 1) ... 29
III. Parallelvorschriften 7	b. Einrichtungswechsel (Satz 2) 38
IV. Systematische Zusammenhänge 8	c. Vorläufige Eintrittspflicht (Satz 3) 40
V. Ausgewählte Literaturhinweise 15	d. Erstreckung auf Kinder (Satz 4) 42
B. Auslegung der Norm 16	3. Zuständigkeit bei Bestattungskosten 44
I. Regelungsgehalt und Bedeutung der Norm 16	4. Zuständigkeit bei Vollzug freiheitsentziehender Maßnahmen 47
II. Normzweck 19	5. Zuständigkeit bei ambulant betreuten Wohnformen 50
III. Tatbestandsmerkmale 22	**C. Praxishinweise** 61
1. Zuständigkeit bei nichtstationären (ambulanten) Leistungen nach Absatz 1 22	
a. Maßgeblichkeit des tatsächlichen Aufenthaltsortes 22	

A. Basisinformation

I. Textgeschichte/Gesetzgebungsmaterialien

1 Die Vorschrift ist – wie das gesamte SGB XII – durch das Gesetz zur Einordnung des Sozialhilferechts in das Sozialgesetzbuch vom 27.12.2003[1] eingeführt worden und gem. Art. 70 Abs. 1 dieses Gesetzes zum **01.01.2005** in Kraft getreten.

2 § 98 SGB XII stimmt weitgehend überein mit der Fassung des ursprünglichen Gesetzentwurfes der Fraktionen SPD und Bündnis 90/Die Grünen (hier noch § 93), in dem zur Begründung auf § 97 BSHG hingewiesen wird.[2] Im Gesetzgebungsverfahren ist auf Empfehlung des Vermittlungsausschusses Absatz 1 Satz 2 eingefügt worden[3] im Zusammenhang mit der Eingliederung der Grundsicherung im Alter und bei Erwerbsminderung in das SGB XII. Dieser Satz wurde mit Wirkung vom 01.01.2013 wieder aufgehoben (vgl. näher dazu Rn. 5).

3 Durch Art. 10 Nr. 6.0a des **Verwaltungsvereinfachungsgesetzes** vom 21.03.2005[4] wurde rückwirkend zum 01.01.2005 „zur Verwaltungsvereinfachung entsprechend den Wünschen der Länder"[5] in Absatz 5 ein Satz 2 eingefügt, wonach vor dem Inkrafttreten des SGB XII begründete Zuständigkeiten unberührt bleiben.

4 Eine Umformulierung von Absatz 5 Satz 1 erfolgte durch das **Gesetz zur Änderung des Zwölften Buches Sozialgesetzbuch und anderer Gesetze** vom 02.12.2006[6] mit Wirkung ab 07.12.2006. Diese Änderung des zum 01.01.2005 neu in das SGB XII aufgenommenen Absatzes zielte nach der Gesetzesbegründung auf eine „Klarstellung des Gewollten".[7]

5 Durch Art. 1 Nr. 10 des **Gesetzes zur Änderung des Zwölften Buches Sozialgesetzbuch vom 20.12.2012**[8] wurde mit Wirkung ab 01.01.2013 die Zuständigkeitsregelung für Leistungen der Grundsicherung im Alter und bei Erwerbsminderung in § 98 Abs. 1 Satz 2 SGB XII als Folgeänderung zur Einfügung von § 46b SGB XII[9] ersatzlos aufgehoben. Dieser umfassende Ausschluss der Anwendbarkeit von § 98 SGB XII auf Leistungen der Grundsicherung im Alter und bei Erwerbsminderung ist teilweise durch das Zweite Gesetz zur Änderung des Zwölften Buches Sozialgesetzbuch (2. SGBXII-ÄndG) vom 01.10.2013[10] durch eine Ergänzung von § 46b SGB XII rückwirkend zum 01.01.2013 (Art. 2 Satz 2 2. SGBXIIÄndG) korrigiert worden. Es wird nunmehr die entsprechende Anwendbarkeit von § 98 Abs. 2 Sätze 1-3 SGB XII und von § 98 Abs. 5 SGB XII angeordnet.

II. Vorgängervorschriften

6 § 98 SGB XII entspricht weitgehend **§ 97 BSHG** in seiner vom 27.06.1993-31.12.2004 geltenden Fassung.[11] Die Absätze 1-3 sind nahezu inhaltsgleich übernommen worden. Absatz 4 ist § 97 Abs. 5 BSHG nachgebildet. Der frühere § 97 Abs. 3 BSHG mit der Legaldefinition des Begriffs „Einrichtung" ist in § 13 Abs. 2 SGB XII enthalten. Keine Entsprechung im BSHG besitzt Absatz 2 Satz 3, der eine Gesetzeslücke schließen soll. Ebenfalls neu ist Absatz 5, der die Zuständigkeit desjenigen Trägers der Sozialhilfe vorsieht, der vor Eintritt der Person in Formen betreuter ambulanter Wohnmöglichkeiten zuletzt zuständig war.[12]

---

[1] BGBl I 2003, 3022.
[2] Vgl. BT-Drs. 15/1514, S. 27 u. 67 (zu § 93).
[3] BT-Drs. 15/2260, S. 4.
[4] BGBl I 2005, 818.
[5] Vgl. BT-Drs. 15/4751, S. 26, 48.
[6] BGBl I 2006, 2670.
[7] Vgl. BT-Drs. 16/2711, S. 13.
[8] BGBl I 2012, 2783.
[9] Vgl. BT-Drs. 17/10748, S. 17.
[10] BGBl I 2013, 3733.
[11] Ausführlich zur Rechtsentwicklung *Steimer* in: Mergler/Zink, SGB XII, § 98 Rn. 2 ff.
[12] Vgl. BT-Drs. 15/1514, S. 67 (zu § 93).

III. Parallelvorschriften

Eine vergleichbare Regelung zur örtlichen Zuständigkeit enthält § 10a AsylbLG. Im Recht der Grundsicherung für Arbeitsuchende knüpft § 36 SGB II die örtliche Zuständigkeit im Grundsatz an den gewöhnlichen Aufenthalt und nur, wenn dieser nicht feststellbar ist, ausnahmsweise an den tatsächlichen Aufenthalt. Dies entspricht § 98 Abs. 2 SGB XII, der in erster Linie ebenfalls an den gewöhnlichen Aufenthalt abstellt.

IV. Systematische Zusammenhänge

Aufbauend auf § 3 Abs. 1 SGB XII, der die Träger der Sozialhilfe festlegt, und § 97 SGB XII, der die **sachliche Zuständigkeit** dieser Träger regelt, enthält § 98 SGB XII für das Recht der Sozialhilfe eine Bestimmung zur **örtlichen Zuständigkeit**. Diese gilt nicht nur für die Leistungserbringung im engen Sinn, sondern auch für die (nachträgliche) **Heranziehung zu Kosten**.[13] Den allgemeinen Regelungen zur örtlichen Zuständigkeit in **§ 2 SGB X** geht § 98 SGB XII vor, soweit er hiervon abweicht (§ 37 Satz 1 SGB I). Ein Anwendungsbereich mangels einer entsprechenden Regelung in § 98 SGB XII dürfte allein für § 2 Abs. 3 SGB X verbleiben, der den eher seltenen Fall der institutionellen Zuständigkeitsänderung – etwa durch eine Gesetzesänderung – betrifft.[14] Ob auch für § 2 Abs. 1 Satz 2 SGB X ein Anwendungsbereich in Betracht kommt,[15] erscheint zweifelhaft, denn für die Zuständigkeit nach § 98 Abs. 1 SGB XII sind alleine die tatsächlichen Verhältnisse im Sinne des tatsächlichen Aufenthalts maßgebend, die zu beurteilen es nicht der Entscheidung einer Aufsichtsbehörde bedarf. Soweit die Zuständigkeit an den gewöhnlichen Aufenthalt anknüpft (Absatz 2), ist für Zweifelsfälle die Verfahrensweise durch § 98 Abs. 2 Satz 3 SGB XII vorgegeben.

Für die zahlenmäßig bedeutsamen **Leistungen der Grundsicherung im Alter und bei Erwerbsminderung** (Viertes Kapitel = §§ 41 ff. SGB XI) enthielt § 98 Abs. 1 Satz 2 SGB XII in der bis zum 31.12.2012 geltenden Fassung eine Zuständigkeitsbestimmung, die abweichend vom Grundsatz des Absatzes 1 Satz 1 regelte, dass der Träger örtlich zuständig ist, in dessen Bereich der gewöhnliche Aufenthaltsort des Leistungsberechtigten liegt. Diese Regelung war aus § 4 Abs. 1 GSiG übernommen und entsprach § 36 Satz 1 SGB II, der für die Grundsicherungsleistungen nach dem SGB II ebenfalls auf den gewöhnlichen Aufenthalt abstellt.

Diese **Sonderregelung** ist durch Art. 1 Nr. 10 des Gesetzes zur Änderung des Zwölften Buches Sozialgesetzbuch vom 20.12.2012[16] mit Wirkung ab 01.01.2013 **entfallen**. Als Folgeänderung zur Einfügung von § 46b SGB XII[17] wurde § 98 Abs. 1 Satz 2 SGB XII ersatzlos aufgehoben. Durch **§ 46b SGB XII** ist eine eigenständige Vorschrift für die Trägerbestimmung durch die Länder bezogen auf die Leistungen nach dem Vierten Kapitel SGB XII geschaffen worden. Hintergrund ist nach der Gesetzesbegründung der durch die Erhöhung der Erstattungsleistungen des Bundes an die Länder nach § 46a SGB XII auf 75% im Jahr 2013 und 100% ab dem Jahr 2014 bedingte Übergang von der Eigenverwaltung nach Art. 84 GG in die Bundesauftragsverwaltung nach Art. 85 GG für Leistungen nach dem Vierten Kapitel SGB XII. Als Folge hiervon wird benannt, dass das bisher nach Art. 84 Abs. 1 Sätze 1 und 2 GG den Ländern zustehende Abweichungsrecht für diesen Teil des SGB XII ab dem 01.01.2013 nicht mehr besteht.[18]

Durch das Zweite Gesetz zur Änderung des Zwölften Buches Sozialgesetzbuch (2. SGBXIIÄndG) vom 01.10.2013[19] ist dieser umfassende Ausschluss der Unabwendbarkeit auch von § 98 SGB XII durch § 46b SGB XII teilweise – **rückwirkend** zum 01.01.2013 (Art. 2 Satz 2 2. SGBXIIÄndG) – **korrigiert** worden. Nach dem neuen § 46b Abs. 3 Satz 2 SGB XII gilt bei Leistungsberechtigten der Grundsicherung im Alter und bei Erwerbsminderung der Aufenthalt in einer stationären Einrichtung und in Einrichtungen zum Vollzug richterlich angeordneter Freiheitsentziehung nicht als gewöhnlicher Aufenthalt. § 98 Abs. 2 Sätze 1-3 SGB XII wird für entsprechend anwendbar erklärt. Für die Leistungen der Grundsicherung im Alter und bei Erwerbsminderung an Personen, die Leistungen nach dem

---

[13] Vgl. BSG v. 23.08.2013 - B 8 SO 17/12 R - juris Rn. 19.
[14] Vgl. *Wahrendorf* in: Grube/Wahrendorf, SGB XII, § 98 Rn. 37; *Schoch* in: LPK-SGB XII, Rn. 64.
[15] So *Schoch* in: LPK-SGB XII, Rn. 64.
[16] BGBl I 2012, 2783.
[17] Vgl. BT-Drs. 17/10748, S. 17.
[18] Vgl. BT-Drs. 17/10748, S. 17.; kritisch dazu Stellungnahme des Bundesrates, BT-Drs. 17/10748, S. 25 f.; hierzu die Gegenäußerung der Bundesregierung, BT-Drs. 17/11055, S. 4 f.; zu den Hintergründen mit weiterer Kritik *Henneke*, Der Landkreis 2012, 286, 288 ff.
[19] BGBl I 2013, 3733.

Sechsten bis Achten Kapitel in Formen ambulanter betreuter Wohnmöglichkeiten erhalten, wird § 98 Abs. 5 SGB XII für entsprechend anwendbar erklärt (§ 46b Abs. 3 Satz 3 SGB XII). Mit dieser Korrektur wird eine Spaltung der örtlichen Zuständigkeit beseitigt, zu der es durch die Streichung von § 98 Abs. 1 Satz 2 SGB XII a.F. kommen konnte bei stationärer Unterbringung außerhalb des Bundeslandes, in dem zuvor der gewöhnliche Aufenthalt war.[20] Durch die Anwendung von § 98 SGB XII ist sichergestellt, dass auch bei einem Aufenthalt der Leistungsberechtigten in stationären Einrichtungen und in Einrichtungen zum Vollzug richterlich angeordneter Freiheitsentziehung sowie bei der Inanspruchnahme ambulant betreuter Wohnmöglichkeiten stets eine einheitliche örtliche Zuständigkeit besteht.

12 Weitere Regelungen mit Bezug zur örtlichen Zuständigkeit enthalten **§ 24 Abs. 4 SGB XII** für den Sonderfall der Sozialhilfe für Deutsche im Ausland[21] und **§ 107 SGB XII**, der für Kinder und Jugendliche, die in einer anderen Familie untergebracht sind, § 98 Abs. 2 SGB XII für entsprechend anwendbar erklärt (vgl. näher dazu die Kommentierung zu § 107 SGB XII Rn. 46 ff.).

13 Soweit **Teilhabe- bzw. Rehabilitationsleistungen** vom Träger der Sozialhilfe zu erbringen sind, ist auch bezogen auf die örtliche Zuständigkeit **§ 14 SGB IX** zu beachten. Nach dieser Vorschrift entsteht im Falle einer unterbliebenen rechtzeitigen Weiterleitung an den zuständigen Träger eine nach außen verbindliche Zuständigkeit des zuerst angegangenen Rehabilitationsträgers.[22] Abgesehen davon, dass eine Beschränkung des Anwendungsbereichs nur auf die sachliche Zuständigkeit dem Wortlaut des § 14 SGB IX nicht entnommen werden kann, sprechen auch der Sinn und Zweck der Regelung, nämlich im Interesse des behinderten Menschen Zuständigkeitszweifel rasch zu beseitigen und Rechtssicherheit zu schaffen, für die Erstreckung des § 14 SGB IX auch auf Fragen der örtlichen Zuständigkeit.[23]

14 Weiter ist für das Verständnis der Norm **§ 13 Abs. 2 SGB XII** von zentraler Bedeutung, der die für die Abgrenzung zwischen § 98 Abs. 1 und 2 SGB XII wesentliche Legaldefinition des Begriffs „Einrichtung" enthält. Diese Definition war in § 97 BSHG, der Vorgängernorm des § 98 SGB XII, noch unmittelbar enthalten. Hinzuweisen ist schließlich auf **§ 109 SGB XII**, der klarstellt, dass ein Aufenthalt in einer Einrichtung im Sinne von § 98 Abs. 2 SGB XII oder in einer Vollzugsanstalt nicht als gewöhnlicher Aufenthalt gilt (vgl. näher dazu die Kommentierung zu § 109 SGB XII Rn. 3).

V. Ausgewählte Literaturhinweise

15 *Gerlach*, Streitfall § 98 Absatz 5 SGB XII – Die örtliche Zuständigkeit für Leistungen in ambulanten betreuten Wohnmöglichkeiten, ZfF 2008, 1 ff.; *Gotzen*, Sozialhilfe im Todesfall, ZfF 2006, 1 ff.; *Hammel*, Zuständigkeitsprobleme beim ambulant betreuten Wohnen – Ein Beitrag zur Auslegung und Anwendung des § 98 Absatz 5 SGB XII, ZFSH/SGB 2008, 67 ff.; *Henneke*, Ein Jahr danach: Was ist aus den Beschlüssen der Kommission zur Neuordnung der Kommunalfinanzen geworden?, Der Landkreis 2012, 286-290; *Josef/Wenzel*, Zuständigkeitsfragen beim ambulanten betreuten Wohnen nach § 98 Absatz 5 SGB XII, NDV 2007, 85 ff; *Schoch*, Zuständigkeiten in der Sozialhilfe und der Grundsicherung für Arbeitsuchende, ZfS 2005, 209 ff.

B. Auslegung der Norm

I. Regelungsgehalt und Bedeutung der Norm

16 § 98 SGB XII regelt die Grundsätze der örtlichen Zuständigkeit für die Sozialhilfe in einem differenzierten und ziemlich komplizierten **Regel-Ausnahme-Verhältnis**, die nicht nur für die Leistungserbringung im engen Sinn gelten, sondern auch für die (nachträgliche) Heranziehung zu Kosten.[24] Besondere Bedeutung enthält die Vorschrift dadurch, dass mit der Festlegung der örtlichen Zuständigkeit auch die – im Allgemeinen – endgültige Kostenträgerschaft bestimmt wird.[25] Der **allgemeine Grund-**

---

[20] Vgl. zur Begründung des Gesetzentwurfs BT-Drs. 17/13662, S. 6 und BT-Drs. 17/14202, S. 5 f.
[21] Vgl. dazu *Bieback* in: Grube/Wahrendorf, SGB XII, § 24 Rn. 43 und die Kommentierung zu § 24 SGB XII Rn. 62.
[22] Vgl. nur BSG v. 29.09.2009 - B 8 SO 19/08 R m.w.N.
[23] So auch *Wahrendorf* in: Grube/Wahrendorf, SGB XII, § 98 Rn. 40; *Schlette* in: Hauck/Noftz, SGB XII, K § 98 Rn. 18 a; *Luik* in: jurisPK-SGB IX, § 14 Rn. 45; LSG Niedersachsen-Bremen v. 30.04.2009 - L 8 SO 99/09 B ER.
[24] Vgl. BSG v. 23.08.2013 - B 8 SO 17/12 R - juris Rn. 19.
[25] Vgl. nur *Wahrendorf* in: Grube/Wahrendorf, SGB XII, § 98 Rn. 5.

satz der Anknüpfung an den tatsächlichen Aufenthaltsort des Leistungsberechtigten in **Absatz 1** Satz 1 wird zunächst in Absatz 1 Satz 2 durchbrochen für den Fall der Leistungserbringung außerhalb des örtlichen Bereichs des zuständigen Trägers.

Ebenfalls abweichend vom allgemeinen Grundsatz enthält **Absatz 2** besondere Zuständigkeitsregelungen für **stationäre Leistungen**. Maßgebend für die Bestimmung der örtlichen Zuständigkeit ist insoweit der gewöhnliche Aufenthalt (Satz 1). Absatz 2 Satz 2 enthält eine Sonderregelung für den Fall, dass die stationäre Einrichtung gewechselt wird. Absatz 2 Satz 3 bestimmt, wie zu verfahren ist, wenn Unklarheiten bezüglich des gewöhnliche Aufenthalts bestehen oder ein Eilfall gegeben ist. Absatz 2 Satz 4 schließlich enthält eine Sonderregelung für Kinder, die in Einrichtungen geboren werden.

Auch die **Absätze 3-5** enthalten **weitere Sonderregelungen** für bestimmte Fallgruppen: Absatz 3 regelt die örtliche Zuständigkeit für Fälle, in denen nach § 74 SGB XII Bestattungskosten gewährt werden, Absatz 4 für Hilfe an Personen, die sich in Einrichtungen zum Vollzug richterlich angeordneter Freiheitsentziehung aufhalten oder aufgehalten haben. Schließlich betrifft Absatz 5 die örtliche Zuständigkeit bei Leistungen an Personen in ambulant betreuten Wohnmöglichkeiten.

II. Normzweck

Die Festlegung der örtlichen Zuständigkeit in § 98 SGB XII verfolgt unterschiedliche Ziele. Übergeordnet und unabhängig von der konkreten Zuständigkeitsregelung stellt die Norm zunächst eine **Ordnungs- und Schutzvorschrift** im Rahmen allgemeiner rechtsstaatlicher Grundsätze dar. Durch die Vermittlung eines konkreten, sachlich (über § 97 SGB XII) und örtlich zur Entscheidung verpflichteten Trägers, wird es dem Leistungsberechtigten erst ermöglicht, seine Ansprüche gegenüber diesem konkreten Träger geltend zu machen.[26]

Soweit nach § 98 Abs. 1 SGB XII für die örtliche Zuständigkeit an den tatsächlichen Aufenthalt angeknüpft wird (**Aufenthaltsprinzip**), hat das den Zweck, durch den ortsnahen Träger im Interesse des Hilfesuchenden eine schnelle und effektive Hilfe in einer gegenwärtigen Notlage sicherzustellen.[27]

Demgegenüber wird nach § 98 Abs. 2 SGB XII für stationäre Leistungen zur Bestimmung der örtlichen Zuständigkeit nach dem sogenannten **Herkunftsprinzip**[28] darauf abgestellt, wo der Leistungsberechtigte „herkommt", d.h., wo er zuletzt seinen gewöhnlichen – und nicht tatsächlichen – Aufenthaltsort hatte. Zweck dieser Regelung ist die unmittelbare Entlastung der Träger am Einrichtungsort. Nach § 97 BSHG in der bis 1993 geltenden Fassung war auch insoweit das Aufenthaltsprinzip normiert. Die Entlastung der Träger am Ort der Einrichtung erfolgte über – verwaltungsaufwendige – Erstattungsverfahren, deren teilweiser Wegfall zwar zu einer Verwaltungsvereinfachung geführt hat, indes auf Kosten einer kaum mehr vom Leistungsberechtigten durchschaubaren Zuständigkeitsregelung.[29] Hinzu kommt, dass in zahlreichen Konstellationen gleichwohl ein Lastenausgleich zwischen verschiedenen Trägern der Sozialhilfe vom Gesetzgeber für erforderlich gehalten wurde, was die nicht unkomplizierten Erstattungsregelungen der §§ 106 ff. SGB XII belegen (vgl. dazu die Übersicht mit Abgrenzungen in der Kommentierung zu § 106 SGB XII Rn. 7 ff.).

III. Tatbestandsmerkmale

1. Zuständigkeit bei nichtstationären (ambulanten) Leistungen nach Absatz 1

a. Maßgeblichkeit des tatsächlichen Aufenthaltsortes

Grundsätzlich ist nach § 98 Abs. 1 Satz 1 SGB XII für die Sozialhilfe der Träger zuständig, in dessen Bereich sich der Leistungsberechtigte tatsächlich aufhält. Umfasst hiervon sind alle Sozialhilfeleistungen, die in § 8 SGB XII genannt werden, soweit nicht in den folgenden Regelungen des § 98 SGB XII oder in den Leistungsvorschriften selbst Abweichendes geregelt ist. Unter dem tatsächlichen Aufenthalt ist die körperliche, **physische Anwesenheit** zu verstehen. Es ist unerheblich, aus welchem Grund

---

[26] Vgl. *Steimer* in: Mergler/Zink, SGB XII, § 98 Rn. 8; *Schlette* in: Hauck/Noftz, SGB XII, K § 98 Rn. 1; *Wahrendorf* in: Grube/Wahrendorf, SGB XII, § 98 Rn. 5.

[27] St. Rechtsprechung zu § 97 BSHG, vgl. nur BVerwG v. 24.01.1994 - 5 C 47/91 - BVerwGE 95, 60 ff.; BVerwG v. 23.06.1994 - 5 C 26/92 - BVerwGE 97, 103 ff.

[28] So *Wahrendorf* in: Grube/Wahrendorf, SGB XII, § 98 Rn. 3.

[29] Vgl. *Wahrendorf* in: Grube/Wahrendorf, SGB XII, § 98 Rn. 3; kritisch auch *Schlette* in: Hauck/Noftz, SGB XII, K § 98 Rn. 2.

der Berechtigte anwesend ist, ob er sich dauernd oder vorübergehend, erlaubt oder unerlaubt, polizeilich gemeldet oder nicht, in einer eigenen Wohnung, zu Besuch oder ohne Obdach an diesem räumlichen Ort aufhält.[30]

23 Orientiert an Sinn und Zweck der Regelung hat die verwaltungsgerichtliche Rechtsprechung diesem weiten Begriffsverständnis gewisse **Grenzen** gezogen. Maßgeblich für die Auslegung des Begriffes des tatsächlichen Aufenthaltes sei der Grundsatz, dass der sozialhilferechtliche Bedarf dort gedeckt werden soll, wo er entsteht. Bei einer nur **kurzfristigen Ortsabwesenheit** kann deshalb die örtliche Zuständigkeit des bisherigen Sozialhilfeträgers fortbestehen, wenn die Bedarfslage in seinem Verantwortungsbereich nicht nur entstanden und ihm zur Kenntnis gelangt ist, sondern von ihm auch durch Erledigung des Hilfefalles hätte beseitigt werden können.[31] Diese Sicht wird man auch der Auslegung des § 98 SGB XII zugrunde legen können. Sie vermeidet einerseits, dass sich der Hilfebedürftige bereits bei kurzfristiger Abwesenheit mit anderen Trägern auseinandersetzen muss, was den Zweck der Regelung, eine schnelle Hilfe zu ermöglichen, konterkarieren könnte. Andererseits sprechen hierfür auch Gründe der Verwaltungspraktikabilität.[32] Im Einzelnen ist dabei nach den unterschiedlichen Bedarfen zu differenzieren.

24 Entsprechend der Verwaltungspraxis, **laufende Hilfe** zum Lebensunterhalt in der Regel für einen Monat zu gewähren, dürfte bei einem länger als einen Monat dauernden Aufenthalt stets schon von einem tatsächlichen Aufenthalt i.S.d. § 98 Abs. 1 Satz 1 SGB XII auszugehen sein. In der Folge endet die örtliche Zuständigkeit eines bisher Hilfe leistenden Trägers, soweit dieser nicht bewusst gem. Absatz 1 Satz 2 (vgl. dazu Rn. 27 f.) die Leistungen auch außerhalb seines Bereiches erbringen will. Zuständig wird der für das Gebiet des neuen Aufenthaltsorts zuständige Träger.[33] Entsprechendes muss für die **Kosten der Unterkunft** gelten, bezogen auf die Wohnung am bisherigen Aufenthaltsort. Denkbar ist allerdings, dass nach den Umständen des Einzelfalles Wohnungserhaltungskosten bei bestehendem Bedarf vom bisher zuständigen Träger zu übernehmen sind, weil insoweit die – weiter andauernde – Bedarfslage noch in seinem Verantwortungsbereich entstanden ist.[34]

25 Bei **einmaligen Bedarfen** ist auch bei kürzerer Ortsabwesenheit darauf abzustellen, ob der Bedarf und die Ortsnähe des Trägers in einer funktionalen Beziehung zueinander stehen,[35] was jeweils für den bisherigen und den Träger des aktuellen Aufenthaltsortes gesondert zu beurteilen ist. Vor diesem Hintergrund ist für die Tragung von **Umzugskosten** (einschließlich der Wohnungsbeschaffungskosten und Kosten für eine Einzugsrenovierung, vgl. dazu im Einzelnen die Kommentierung zu § 35 SGB XII) in der Regel der bisherige Träger zuständig, denn die Kosten fallen funktional betrachtet noch am bisherigen Wohnort vor dem Umzug an.[36] Anders ist das bei Zahlung einer **Mietkaution**, die im Zusammenhang mit dem neuen Wohn- und Aufenthaltsort steht, so dass hierfür der für diesen Ort (Zuzugsort) zuständige Träger in Anspruch zu nehmen ist.[37] Gleiches gilt für die sogenannte **Mietübernahmebescheinigung**, die der Form nach als persönliche Hilfe nach § 10 SGB XII anzusehen sein dürfte.[38] Bei Kosten für die **Auszugsrenovierung** ist danach zu differenzieren, wann diese anfallen. Fallen sie noch vor dem Umzug an, bleibt der bisherige Träger zuständig, fallen sie danach an, ist der Bedarf funktional bereits dem Träger des Zuzugsortes zuzurechnen.[39]

26 Probleme ergeben sich im Fall eines **regelmäßig wechselnden tatsächlichen Aufenthalts**. Hier ist die örtliche Zuständigkeit an den Ort zu knüpfen, der die persönlichen und wirtschaftlichen Verhältnisse des Leistungsberechtigten maßgeblich bestimmt und seinen Lebensmittelpunkt bildet.[40] In dem Fall ei-

---

[30] Vgl. nur *Wahrendorf* in: Grube/Wahrendorf, SGB XII, § 98 Rn. 8; *Schlette* in: Hauck/Noftz, SGB XII, K § 98 Rn. 24.

[31] Vgl. BVerwG v. 24.01.1994 - 5 C 47/91 - BVerwGE 95, 60 ff.; BVerwG v. 05.03.1998 - 5 C 12/97; BVerwG v. 22.12.1998 - 5 C 21/97 - NVwZ 2000, 572 ff.; teilweise kritisch gegenüber dieser Rechtsprechung *Wahrendorf* in: Grube/Wahrendorf, SGB XII, § 98 Rn. 8.

[32] Eher zurückhaltend *Wahrendorf* in: Grube/Wahrendorf, SGB XII, § 98 Rn. 8 ff.

[33] So auch *Wahrendorf* in: Grube/Wahrendorf, SGB XII, § 98 Rn. 8; *Steimer* in: Mergler/Zink, SGB XII, § 98 Rn. 32.

[34] Vgl. dazu BVerwG v. 22.12.1998 - 5 C 21/97 - NVwZ 2000, 572 ff.

[35] So *Wahrendorf* in: Grube/Wahrendorf, SGB XII, § 98 Rn. 8.

[36] Vgl. BVerwG v. 05.03.1998 - 5 C 12/97.

[37] So auch die Kommentierung zu § 35 SGB XII; *Wahrendorf* in: Grube/Wahrendorf, SGB XII, § 98 Rn. 12.

[38] Vgl. *Grube* in: Grube/Wahrendorf, SGB XII, § 35 Rn. 58.

[39] So auch *Wahrendorf* in: Grube/Wahrendorf, SGB XII, § 98 Rn. 12.

[40] BVerwG v. 23.06.1994 - 5 C 26/92 - BVerwGE 96, 152 ff.

nes Internatsaufenthaltes eines Kindes während der Woche und des Aufenthalts bei den Eltern am Wochenende hat das BVerwG den Wohnort der Eltern als tatsächlichen Aufenthaltsort des Kindes für die Bestimmung der örtlichen Zuständigkeit als maßgeblich angesehen.[41]

b. Fortbestehende Zuständigkeit

Nach § 98 Abs. 1 Satz 2 SGB XII bleibt die Zuständigkeit nach Satz 1 bis zur Beendigung der Leistung auch dann bestehen, wenn die **Leistung außerhalb seines Bereiches** erbracht wird. Diese Ausnahmeregelung prolongiert also die Zuständigkeit eines an sich wegen des fehlenden tatsächlichen Aufenthalts des Leistungsempfängers nicht mehr zuständigen Trägers, die nur geknüpft ist an den tatsächlichen Umstand, dass die Leistung weiterhin erbracht wird.[42] Diese Regelung ist nur verständlich vor dem Hintergrund des § 107 BSHG (Kostenerstattung bei Umzug), der nach einem Ortswechsel Kostenerstattungsansprüche des nunmehr zuständigen Trägers für eine Dauer bis zu zwei Jahren vorgesehen hat.[43] Für den bisher zuständigen Träger konnte es zur Vermeidung solcher Kostenerstattungsansprüche sinnvoll sein, Leistungen für eine gewisse Zeit selbst weiter zu gewähren. Indes ist eine dem § 107 BSHG entsprechende Vorschrift nicht in das SGB XII übernommen worden, so dass der beschriebene Anreiz für den bisher zuständigen Träger nicht mehr besteht.[44]

27

Praktische Bedeutung dürfte der Regelung in § 98 Abs. 1 Satz 2 SGB XII daher allenfalls noch zukommen, wenn der bisher zuständige Träger eine Hilfe für notwendig hält, die Bedürftigkeit aber nicht in seinem Zuständigkeitsbereich beseitigen kann. Relevante Fallkonstellationen sind etwa die Unterbringung in teilstationären Einrichtungen, die sich außerhalb des örtlichen Zuständigkeitsbereichs des Trägers befinden (Frauenhäuser, Tageskliniken, Tagespflegestätten).[45] Auch bei mehr als kurzfristigen Ortsabwesenheiten – etwa zu Urlaubszwecken –, bei denen wegen der Änderung des tatsächlichen Aufenthaltsortes im Sinne des Absatzes 1 Satz 1 auch eine Zuständigkeitsänderung eintreten würde (vgl. dazu Rn. 23 ff.), könnte sich eine weitere Leistungserbringung auf der Grundlage des § 98 Abs. 1 Satz 2 SGB XII anbieten.

28

2. Zuständigkeit bei stationären Leistungen nach Absatz 2

a. Grundsätzlicher Anwendungsbereich (Satz 1)

aa. Allgemeines

§ 98 Abs. 2 SGB XII regelt eine weitere bedeutsame **Ausnahme** von dem Grundsatz, dass der Träger des tatsächlichen Aufenthaltsortes zuständig ist. Es wird für stationäre Leistungen zur Bestimmung der örtlichen Zuständigkeit auf den **gewöhnlichen und nicht tatsächlichen Aufenthaltsort** abgestellt und damit eine Sonderzuständigkeit begründet. Maßgebend ist der gewöhnliche Aufenthaltsort des Leistungsberechtigten im Zeitpunkt der Aufnahme in die Einrichtung oder in den zwei Monaten vor der Aufnahme. Zuständig ist der Träger, in dessen Bereich der gewöhnliche Aufenthaltsort gelegen hat. Der Zweck dieser Regelung ist die unmittelbare, nicht nur über Erstattungsansprüche erfolgende Entlastung der Träger am Einrichtungsort (vgl. näher dazu Rn. 21). Die Regelung ist – mit Ausnahme von Satz 4, der sich auf Kinder erstreckt – gem. § 46b Abs. 3 Satz 2 SGB XII entsprechend anwendbar auf Leistungen der Grundsicherung im Alter und bei Erwerbsminderung.

29

bb. Stationäre Leistung in einer Einrichtung

§ 98 Abs. 2 SGB XII gilt für stationäre Leistungen. Das sind Leistungen, wie sich aus dem weiteren Regelungszusammenhang des Absatzes 2 ergibt, die in Einrichtungen erbracht werden. Was allgemein unter (teilstationären und stationären) Leistungen für Einrichtungen zu verstehen ist, hat der Gesetzgeber nunmehr zusammenfassend in § 13 SGB XII geregelt (vgl. näher dazu die Kommentierung zu § 13 SGB XII Rn. 14 ff.). Der **Begriff „Einrichtung"** war bereits nach dem Rechtsverständnis des BSHG der Oberbegriff für „Anstalten", „Heime" und „gleichartige Einrichtungen" (vgl. § 97 Abs. 4 BSHG).

30

---

[41] BVerwG v. 23.06.1994 - 5 C 26/92 - BVerwGE 96, 152 ff.

[42] Vgl. zu den Einzelheiten *Wahrendorf* in: Grube/Wahrendorf, SGB XII, § 98 Rn. 17; zur Vorgängerregelung in § 97 Abs. 1 Satz 2 BSHG vgl. BVerwG v. 20.09.2001 - 5 C 6/01 - BVerwGE 115, 142 ff.

[43] Vgl. BVerwG v. 20.09.2001 - 5 C 6/01 - BVerwGE 115, 142 ff; *Schlette* in: Hauck/Noftz, SGB XII, K § 98 Rn. 41; zur Bedeutung im Hinblick auf § 98 Abs. 5 Satz 2 SGB XII vgl. Rn. 50.

[44] *Schlette* in: Hauck/Noftz, SGB XII, K § 98 Rn. 41, vgl. auch *Steimer* in: Mergler/Zink, SGB XII, § 98 Rn. 49.

[45] Vgl. *Schlette* in: Hauck/Noftz, SGB XII, K § 98 Rn. 39; *Wahrendorf* in: Grube/Wahrendorf, SGB XII, § 98 Rn. 16.

Nach der vom BVerwG zu dieser Vorschrift entwickelten Rechtsprechung handelt es sich bei einer Einrichtung im Sinne des BSHG um einen in einer besonderen Organisationsform zusammengefassten Bestand von personellen und sächlichen Mitteln unter verantwortlicher Trägerschaft, der auf gewisse Dauer angelegt und für einen wechselnden Personenkreis zugeschnitten ist und Leistungen der Sozialhilfe erbringt. Wesentliches Merkmal einer Einrichtung im Sinne des Sozialhilferechts war seit jeher die räumliche Bindung an ein Gebäude. Diesem Verständnis hat sich das BSG für das SGB XII angeschlossen, wobei es betont, dass eine konzeptionelle Verknüpfung zwischen Maßnahmen die erbracht werden, und der Unterbringung nicht zu verlangen ist.[46]

31 Ausgehend von der Unterscheidung in § 13 Abs. 1 SGB XII zwischen teilstationären und stationären Einrichtungen (vgl. die Kommentierung zu § 13 SGB XII Rn. 22 ff.) sind von § 98 Abs. 2 SGB XII nur **stationäre Einrichtungen** erfasst. Der Begriff entspricht der vollstationären Einrichtung i.S.d. SGB XI. Dementsprechend umfassen auch die von § 98 Abs. 2 Satz 1 SGB XII umfassten stationären Leistungen nur **vollstationäre Leistungen** (vgl. auch § 13 Abs. 1 Satz 1 SGB XII), die in (stationären) Einrichtungen erbracht werden (vgl. ausführlich dazu die Kommentierung zu § 106 SGB XII Rn. 35 ff.). Die Zuständigkeit nach § 98 Abs. 2 Satz 1 SGB XII erstreckt sich indes auf alle Sozialhilfeleistungen, welche die in (voll)stationären Einrichtungen lebenden Leistungsberechtigten zur Deckung ihres Bedarfs an Pflege, Behandlung oder an den sonstigen nach dem SGB XII relevanten Bedarfen sowie an Erziehung (vgl. § 13 Abs. 2 SGB XII) erhalten.[47]

32 An dem Charakter einer stationären Einrichtung ändert sich nichts, wenn der Hilfeempfänger in gewissen Abständen aus organisatorischen Gründen gezwungen ist, sich für **kurze Zeiten außerhalb der Einrichtung** aufzuhalten.[48] Insoweit ist § 106 Abs. 2 SGB XII zu beachten. Darüber hinaus lebt die Zuständigkeit bei einer **Unterbrechung** der Maßnahme (etwa wegen Urlaubs) mit deren Fortführung wieder auf; Voraussetzung dafür ist eine prognostische Beurteilung der Maßnahmefortführung bei Beginn der Unterbrechung.[49]

33 Auch in Fällen, in denen neben stationären Leistungen **additiv teilstationäre Leistungen** auf Grundlage einer den gesamten Menschen und Leistungsfall umfassenden ganztägigen Einbindung erbracht werden, richtet sich die örtliche Zuständigkeit insgesamt nach § 98 Abs. 2 Satz 1 SGB XII, etwa wenn zu den stationären Leistungen aufgrund eines Heimaufenthalts tagsüber Leistungen in einer Werkstatt für behinderte Menschen (WfbM) erbracht werden oder auch wenn andere sogenannte **Zusammenhangskosten** (etwa für einen Behindertenfahrdienst) anfallen.[50] Die teilstationären Einrichtungen an sich umfassen dagegen nur Teilbereiche der vollstationären Leistungserbringung. Auch wenn die teilstationären Leistungen – wie bei einer (voll)stationären Leistung – unter Einschluss der Pflege und Verpflegung sowie der Betreuung erbracht werden, werden diese den Hilfebedürftigen nur teilzeitig, also nur tagsüber oder nur nachts, zur Verfügung gestellt. Eine von § 98 Abs. 1 Satz 1 SGB XII abweichende Zuständigkeitsbestimmung rechtfertigt sich in diesen Fällen noch nicht.

cc. Gewöhnlicher Aufenthalt vor der Aufnahme

34 Liegen die Voraussetzungen einer stationären Leistung in einer Einrichtung vor, bestimmt sich die örtliche Zuständigkeit danach, wo der Leistungsempfänger zum Zeitpunkt der Aufnahme oder in den zwei Monaten vor der Aufnahme seinen **gewöhnlichen Aufenthalt** gehabt hat. Der Ort des tatsächlichen Aufenthalts, also der Ort der Einrichtung, ist grundsätzlich (zur Ausnahme vgl. Rn. 40 f.) ohne Bedeutung, was die Einrichtungsorte vor einer übergebührlichen Inanspruchnahme schützt. Abzustellen ist auf den gewöhnlichen Aufenthalt zum Zeitpunkt der Aufnahme, oder – für den Fall dass eine solcher nicht besteht – auf den letzten innerhalb der letzten zwei Monate bestehenden gewöhnlichen Aufent-

---

[46] BSG v. 13.07.2010 - B 8 SO 13/09 R m.w.N. zur verwaltungsgerichtlichen Rechtsprechung; BSG v. 23.08.2013 - B 8 SO 14/12 R; vgl. auch die Kommentierung zu § 13 SGB XII Rn. 53 ff. und die Kommentierung zu § 106 SGB XII Rn. 32 ff.
[47] Vgl. BVerwG v. 19.10.2006 - 5 C 26/06 - BVerwGE 127, 74 ff.; so auch die Kommentierung zu § 106 SGB XII Rn. 38.
[48] Vgl. BSG v. 23.08.2013 - B 8 SO 14/12 R.
[49] BSG v. 23.08.2013 - B 8 SO 14/12 R.
[50] Vgl. BVerwG v. 19.10.2006 - 5 C 26/06 - BVerwGE 127, 74 ff. (zu § 97 BSHG); *Wahrendorf* in: Grube/Wahrendorf, SGB XII, § 98 Rn. 20; *Steimer* in: Mergler/Zink, SGB XII, § 98 Rn. 55 ff.

halt. Für die Fristberechnung sind die §§ 26 Abs. 1 SGB X i.V.m. §§ 187 Abs. 1, 188 Abs. 2 BGB heranzuziehen.[51]

Was unter einem „gewöhnlichen Aufenthalt" zu verstehen ist, wird in **§ 30 Abs. 3 Satz 2 SGB I** definiert. Danach hat jemand seinen gewöhnlichen Aufenthalt dort, wo er sich unter Umständen aufhält, die erkennen lassen, dass er an diesem Ort oder in diesem Gebiet nicht nur vorübergehend verweilt. Unter „Ort" ist die jeweilige politische Gemeinde zu verstehen und nicht ein bestimmtes Haus oder eine bestimmte Wohnung.[52] Abzustellen ist auf den Willen, den Lebensmittelpunkt an diesem Ort bis auf weiteres – also nicht nur vorübergehend oder besuchsweise – zu begründen und zu behalten (subjektives Element) und als objektives Element auf einen Aufenthalt von einer gewissen Dauer.[53]   35

Ob beides vorliegt, ist anhand der **tatsächlichen Umstände** und entsprechender **Indizien** zu beantworten. Erforderlich ist eine Prognose über die weitere Dauer des Aufenthalts, jedoch ist ein bestimmter Zeitraum der bisherigen Aufenthaltsdauer nicht Voraussetzung. Der gewöhnliche Aufenthalt kann schon am Tag des Zuzugs begründet werden,[54] setzt aber stets einen tatsächlichen Aufenthalt voraus[55]. Der Dauer des bisherigen Aufenthalts kommt aber eine gewichtige Indizwirkung zu, ebenso den konkreten Wohnverhältnissen (Wohnung oder andere Unterkunft).[56] Auch ein unfreiwilliger Aufenthalt kann ein gewöhnlicher Aufenthalt i.S.d. Gesetzes sein, etwa der Aufenthalt in einem Frauenhaus.[57] Demgegenüber steht auch ein längerer Auslandsaufenthalt bei einem weiter bestehenden Rückkehrwillen dem gewöhnlichen Aufenthalt am bisherigen Aufenthaltsort nicht entgegen.[58]   36

Als gewöhnlicher Aufenthalt gilt nicht der auf **richterlich angeordneter Freiheitsentziehung** beruhende Aufenthalt in einer Vollzugsanstalt (§ 109 SGB XII, vgl. dazu die Kommentierung zu § 109 SGB XII Rn. 6 ff.).   37

b. Einrichtungswechsel (Satz 2)

§ 98 Abs. 2 Satz 2 SGB XII regelt, dass es bei einem Wechsel der Einrichtung – vom Gesetz als „Übertritt" bezeichnet – bei der **Zuständigkeit** des für die **erste Einrichtung** zuständigen Trägers verbleibt, in der sich der Leistungsempfänger befunden hat. Es ist der gewöhnliche Aufenthalt bei Eintritt in die erste Einrichtung maßgebend, der sich nach Absatz 2 Satz 1 gerichtet hat. Dies gilt für den Fall, dass die Leistung erstmals in der neuen Einrichtung erbracht wird, aber auch dann, wenn bereits vorher Leistungen gewährt wurden. Praktisch führt die Regelung dazu, dass der mögliche Zeitpunkt, zu dem ein zuständigkeitsbegründender gewöhnlicher Aufenthalt des Leistungsempfängers bestanden haben kann, noch vor die in Absatz 2 Satz 1 geregelte Zweimonatsfrist verschoben wird.   38

Von einem Übertritt im Sinne der Bestimmung ist nur dann auszugehen, wenn der Einrichtungswechsel unmittelbar, also ohne weitere **Zwischenaufenthalte**, stattfindet.[59] Entscheidend ist, dass der Zwischenaufenthalt nicht den Zeitraum überschreitet, der für den konkreten Wechsel erforderlich erscheint.[60] Ist der Zeitraum länger, richtet sich die Zuständigkeit nach Absatz 2 Satz 1, wenn durch den Zwischenaufenthalt ein gewöhnlicher Aufenthalt i.S. dieser Regelung begründet wurde, ansonsten nach Absatz 2 Satz 3 i.V.m. Absatz 1 Satz 1, wobei der für das Gebiet des letzten tatsächlichen Aufenthaltsorts zuständige Träger nicht nur vorläufig, sondern endgültig auch für die stationären Leistungen zuständig bleibt.[61] So reicht etwa ein fünftägiges Verweilen an einem Ort bis zur erneuten Aufnahme in eine stationäre Einrichtung nach Abbruch einer stationären Rehabilitation nicht aus, um   39

---

[51] Vgl. *Schlette* in: Hauck/Noftz, SGB XII, K § 98 Rn. 48; *Wahrendorf* in: Grube/Wahrendorf, SGB XII, § 98 Rn. 25 (richtig ist SGB X statt SGB I).
[52] Vgl. BVerwG v. 17.05.1973 - V C 107.72 - BVerwGE 42, 196 ff.
[53] Zu den Einzelheiten vgl. *Schlegel* in: jurisPK-SGB I, § 30 Rn. 34 ff.; vgl. auch die Kommentierung zu § 106 SGB XII Rn. 43.
[54] So BSG v. 29.04.2010 - B 9 SB 2/09 R - juris Rn. 32; BVerwG v. 04.06.1997 - 1 C 25/96 - NVwZ-RR 1997, 751 ff.
[55] Vgl. Sächsisches LSG v. 23.02.2009 - L 7 B 24/08 SO ER.
[56] Vgl. *Schlegel* in: jurisPK-SGB I, § 30 Rn. 43 ff.; *Wahrendorf* in: Grube/Wahrendorf, SGB XII, § 98 Rn. 24; *Schoch* in: LPK-SGB XII, Rn. 19.
[57] Vgl. BVerwG v. 08.12.2006 - 5 B 65/06 m.w.N.; zu weiteren Einzelfällen *Hohm* in: Schellhorn/Schellhorn/Hohm, SGB XII, § 98 Rn. 52 ff.
[58] So LSG NRW v. 03.02.2010 - L 12 (20) SO 3/09 im Falle eines 8-wöchigen Australienaufenthalts.
[59] Vgl. *nur Wahrendorf* in: Grube/Wahrendorf, SGB XII, § 98 Rn. 27; *Hohm* in: Schellhorn/Schellhorn/Hohm, SGB XII, § 98 Rn. 91.
[60] Vgl. BVerwG v. 18.05.2000 - 5 C 27/99 - BVerwGE 111, 213 ff.
[61] So auch *Schoch* in: LPK-SGB XII, § 98 Rn. 37.

durch diesen Zwischenaufenthalt einen – neuen – gewöhnlichen Aufenthalt und damit eine neue örtliche Zuständigkeit zu begründen, wenn unter Berücksichtigung der bei Beginn des Aufenthalts erkennbaren Umstände dem Aufenthalt sämtliche Merkmale einer selbstbestimmten, auf Dauer eingerichteten Häuslichkeit fehlen.[62]

c. Vorläufige Eintrittspflicht (Satz 3)

40 Nach § 98 Abs. 2 Satz 3 SGB XII wird der nach Absatz 1, also der **für den tatsächlichen Aufenthaltsort zuständige Träger**, zur Entscheidung über die Leistung zuständig, wenn ein gewöhnlicher Aufenthalt innerhalb von 4 Wochen nicht feststeht, nicht zu ermitteln bzw. nicht vorhanden ist oder ein Eilfall vorliegt. Der danach zuständige Träger hat die Leistung (zunächst) vorläufig zu erbringen, kann aber unter den Voraussetzungen des § 106 Abs. 1 SGB XII einen Erstattungsanspruch geltend machen. Dieser richtet sich in den Fällen, in denen der nach § 98 Abs. 2 Satz 1 SGB XII zuständige Träger ermittelt werden kann, gegen diesen, und im Übrigen (bei weiter ungeklärtem oder nicht vorhandenem gewöhnlichen Aufenthalt) gegen den überörtlichen Träger der Sozialhilfe, wenn der örtliche Träger geleistet hat. Für den Fall, dass ein gewöhnlicher Aufenthalt nicht zu ermitteln war oder fehlt, enthielt die Vorgängerbestimmung § 97 BSHG keine Entsprechung. Insofern schließt § 98 Abs. 2 Satz 3 SGB XII eine Regelungslücke.[63]

41 Durch § 98 Abs. 2 Satz 3 SGB XII wird sichergestellt, dass im **Interesse des Leistungsberechtigten** auch in den Fällen der Bedarf unverzüglich gedeckt wird, in denen Unklarheiten bezüglich der (örtlichen) Zuständigkeit bestehen oder – wie in Eilfällen – die Hilfe des zuständigen Trägers zwingend zu spät kommen würde.[64] Mit dem Interesse des Leistungsberechtigten rechtfertigt sich auch, dass der nach Absatz 2 Satz 3 zuständige Träger die stationäre Leistung vorfinanzieren muss und auch den Verwaltungsaufwand eines Kostenerstattungsverfahrens zu tragen hat. Wegen der weiteren Einzelheiten zur vorläufigen Eintrittspflicht nach § 98 Abs. 2 Satz 3 SGB XII kann auf die Kommentierung zu § 106 SGB XII Rn. 42 Bezug genommen werden.

d. Erstreckung auf Kinder (Satz 4)

42 § 98 Abs. 2 Satz 4 SGB XII regelt die örtliche Zuständigkeit für den Fall, dass ein Kind – das ja naturgemäß zum Zeitpunkt seiner Geburt noch keinen gewöhnlichen Aufenthalt gehabt haben kann – in einer stationären Einrichtung geboren wird. Als gewöhnlicher Aufenthalt des Kindes wird in diesem Fall der **gewöhnliche Aufenthalt der Mutter** fingiert. Nach dem Ende des Aufenthalts in der Einrichtung richtet sich bei weiter bestehendem Bedarf die örtliche Zuständigkeit nach den allgemeinen Vorschriften. So orientiert sich bei einem Einrichtungswechsel i.S.d. Absatzes 2 Satz 2 (vgl. Rn. 40 f.) die Zuständigkeit weiter an dem begründeten gewöhnlichen Aufenthalt, also an dem ursprünglichen gewöhnlichen Aufenthalt der Mutter. Kommt es zu einer Unterbrechung der stationären Leistungen, ist bei einem weiteren Leistungsbezug Absatz 1 Satz 1 heranzuziehen, bei einer späteren Erbringung weiterer stationärer Leistungen Absatz 2 Sätze 1-3, ohne dass weitere Besonderheiten gelten.[65]

43 Diese Sonderregelung für Kinder gilt über den Verweis in § 98 Abs. 4 SGB XII auch für Kinder, die in **Vollzugsanstalten** i.S. dieser Vorschrift geboren werden. Zu beachten ist in diesem Zusammenhang auch § 107 SGB XII, der § 98 Abs. 2 SGB XII für entsprechend anwendbar erklärt, wenn ein Kind oder ein Jugendlicher in einer anderen Familie oder bei anderen Personen als bei seinen Eltern oder bei einem Elternteil untergebracht ist (vgl. dazu die Kommentierung zu § 107 SGB XII Rn. 46 ff.).

3. Zuständigkeit bei Bestattungskosten

44 Eine weitere Sonderzuständigkeit sieht § 98 Abs. 3 SGB XII für den Fall der Übernahme von Bestattungskosten nach § 74 SGB XII vor. Die Regelung erscheint im Hinblick auf die Struktur des Anspruchs nach § 74 SGB XII **wenig geglückt**. So knüpft die erste Alternative der Bestimmung an den Leistungsbezug des Verstorbenen vor seinem Tod an und erklärt den leistenden Träger für örtlich zuständig, obwohl der Anspruch nach § 74 SGB XII mit dieser Leistung in keinem Zusammenhang steht, denn er begünstigt den zur Bestattung Verpflichteten.[66] Auch die zweite Alternative, wonach subsidiär

---

[62] Vgl. LSG Sachsen-Anhalt v. 21.12.2010 - L 8 SO 8/08 - juris Rn. 48 ff.
[63] Vgl. BT-Drs. 15/1514, S. 67 (zu § 93).
[64] Vgl. *Schoch* in: LPK-SGB XII, § 98 Rn. 39 und die Kommentierung zu § 106 SGB XII Rn. 61 ff. unter Hinweis auf BVerwG v. 14.06.2001 - 5 C 21/00 - BVerwGE 114, 326 ff.
[65] So *Schoch* in: LPK-SGB XII, § 98 Rn. 45.
[66] Grundlegend dazu BSG v. 29.09.2009 - B 8 SO 23/08 R - SozR 4-3500 § 74 Nr. 1; vgl. auch die Kommentierung zu § 76 SGB XII f.

der Träger für zuständig erklärt wird, in dessen Gebiet der Sterbeort liegt, erscheint nicht sachgerecht, weil eben nicht die Bestattung an sich Gegenstand der Leistungspflicht ist, sondern die Entlastung des Verpflichteten von den damit verbundenen Kosten.[67] Hinzu kommt, dass § 98 Abs. 3 SGB XII sich als lückenhaft erweist, weil auch Fälle vorkommen, in denen beide Alternativen nicht vorliegen (kein Leistungsbezug; Sterbeort liegt im Ausland oder ist unbekannt), gleichwohl aber materiellrechtlich ein Anspruch nach § 74 SGB XII besteht (vgl. Rn. 46).[68]

Soweit nach der Grundregelung in § 98 Abs. 3 SGB III auf den Leistungsbezug abgestellt wird, ist ein **laufender Leistungsbezug** zu fordern, da nur ein solcher „bis zum Tod", also über einen gewissen Zeitraum hinaus, in Betracht kommt.[69] Nach dem Wortlaut ist der Bezug von Sozialhilfe zu fordern. Die Gewährung anderer Leistungen, etwa Alg-II, reicht nicht aus,[70] was indes nur Bedeutung hat für die Frage der örtlichen Zuständigkeit. Dem materiellen Anspruch aus § 74 SGB XII steht selbstverständlich nicht entgegen, wenn der Verstorbene keine Sozialhilfe bezogen hat, denn es ist auf die Person des zur Bestattung Verpflichteten abzustellen. Konkret zuständig kann der örtliche, aber auch – etwa bei einem Bezug von stationären Leistungen durch den Verstorbenen – der überörtliche Träger sein.[71] Ist mangels entsprechenden Leistungsbezugs der Träger der Sozialhilfe am Sterbeort zuständig, kann dies nur dann greifen, wenn der Sterbeort bekannt ist und in Deutschland liegt, da Träger der Sozialhilfe im Ausland nicht existieren (vgl. die Kommentierung zu § 74 SGB XII Rn. 19. 45

Besteht ein Anspruch nach § 74 SGB XII, **greift** aber **keine der Alternativen** des § 98 Abs. 3 SGB XII ein (vgl. Rn. 44), richtet sich die Zuständigkeit nach der allgemeinen Regelung in § 98 Abs. 1 Satz 1 SGB XII, also nach dem tatsächlichen Aufenthaltsort des Leistungsberechtigten.[72] Leistungsberechtigter ist der Bestattungspflichtige, der nach § 74 SGB XII erstattungsberechtigt ist.[73] 46

4. Zuständigkeit bei Vollzug freiheitsentziehender Maßnahmen

§ 98 Abs. 4 SGB XII bestimmt, dass für Hilfen an Personen, die sich in Einrichtungen zum Vollzug richterlich angeordneter Freiheitsentziehung aufhalten oder aufgehalten haben, die Absätze 1 und 2 sowie die §§ 106 und 109 SGB XII entsprechend gelten. Damit werden von der Vorschrift umfasste **Vollzugseinrichtungen den vollstationären Einrichtungen** nach § 13 SGB XII **gleichgestellt**. Entsprechend dem Zweck der Regelung in Absatz 2 Sätze 1 und 2 zielt auch Absatz 4 darauf, den für den jeweiligen Einrichtungsort zuständigen Sozialhilfeträger vor unverhältnismäßiger Kostenbelastung zu schützen.[74] Denn durch den Verweis auf Absatz 2 wird der Träger für örtlich zuständig erklärt, in dessen Bereich der Leistungsberechtigte zuvor seinen gewöhnlichen Aufenthalt hatte. Soweit auch auf Absatz 1 verwiesen wird, kann dies nur von Bedeutung sein für die in der Vorschrift genannten Alternative, dass der Aufenthalt in der Vollzugseinrichtung beendet ist („aufgehalten haben").[75] Da ab diesem Zeitpunkt aber ohnehin die allgemeine Zuständigkeitsregelung des Absatzes 1 anwendbar wäre, dürfte der zusätzliche Verweis auf Absatz 1 in § 98 Abs. 4 SGB XII ins Leere gehen.[76] Durch den Verweis auf die §§ 106 und 109 SGB XII wird im Übrigen die Leistungserbringung an Personen in einer Vollzugseinrichtung auch kostenerstattungsrechtlich den stationären Leistungen i.S.d. § 98 Abs. 2 Sätze 1 und 2 SGB XII gleichgestellt (vgl. dazu im Einzelnen die Kommentierung zu § 106 SGB XII Rn. 95 ff. und die Kommentierung zu § 109 SGB XII Rn. 14 ff.). 47

Unter einer **richterlich angeordneten Freiheitsentziehung** sind nicht nur der Vollzug von Strafhaft oder Untersuchungshaft zu verstehen, sondern auch Maßregeln zur Besserung und Sicherung sowie die Unterbringung psychisch Kranker oder Suchtkranker nach den Unterbringungsgesetzen der Länder, ggf. auch von Kindern oder Betreuten.[77] Abzustellen ist auf den tatsächlichen Aufenthalt in einer solchen Vollzugseinrichtung. Der Leistungsempfänger muss sich also körperlich dort aufhalten. Der Be- 48

---

[67] BSG v. 29.09.2009 - B 8 SO 23/08 R - SozR 4-3500 § 74 Nr. 1.
[68] Vgl. die Kommentierung zu § 74 SGB XII Rn. 20; *Grube* in: Grube/Wahrendorf, SGB XII, § 74 Rn. 47 f.
[69] So auch *Wahrendorf* in: Grube/Wahrendorf, SGB XII, § 98 Rn. 31; *Schoch* in: LPK-SGB XII, § 98 Rn. 49.
[70] A.A. *Grube* in: Grube/Wahrendorf, SGB XII, § 74 Rn. 48.
[71] Vgl. zur Problematik BSG v. 29.09.2009 - B 8 SO 23/08 R - SozR 4-3500 § 74 Nr. 1, Rn. 11.
[72] Vgl. SG Aachen v. 14.05.2012 - S 20 SO 98/12 ER m.w.N.
[73] Vgl. die Kommentierung zu § 74 SGB XII Rn. 20; *Schoch* in: LPK-SGB XII, § 98 Rn. 51.
[74] Vgl. *Schlette* in: Hauck/Noftz, SGB XII, K § 98 Rn. 89; *Schoch* in: LPK-SGB XII, § 98 Rn. 54.
[75] So *Schlette* in: Hauck/Noftz, SGB XII, K § 98 Rn. 91.
[76] Dazu auch *Wahrendorf* in: Grube/Wahrendorf, SGB XII, § 98 Rn. 35.
[77] Vgl. nur *Wahrendorf* in: Grube/Wahrendorf, SGB XII, § 98 Rn. 33; *Schlette* in: Hauck/Noftz, SGB XII, K § 98 Rn. 90 und die Kommentierung zu § 106 SGB XII Rn. 97 f.

griff „sich aufhalten" umfasst neben dem örtlichen und dem zeitlichen auch ein funktionales Moment. Aufenthalt und Vollzug stehen in einer funktionalen Beziehung.[78] Damit stehen Freigänge, Wochenendbeurlaubungen und Hafturlaube einem Aufenthalt i.S.d. § 98 Abs. 4 SGB XII nicht entgegen. Denn während solcher Zeiten ist der Leistungsempfänger noch funktional der Vollzugsanstalt zuzurechnen. Anderes kann indes gelten, wenn der Aufenthalt bereits einer anderen eigenständigen Einrichtung zuzuordnen ist, z.B. einem justizvollzugsexternen Krankenhaus (vgl. die Kommentierung zu § 106 SGB XII Rn. 99 m.w.N.).

49 § 98 Abs. 4 SGB XII gilt für **alle Hilfen**, die an Personen in den genannten Einrichtungen erbracht werden. Gleichwohl ist nicht zu verkennen, dass die überwiegenden Bedarfe dieser Personen durch die Vollzugeinrichtungen gedeckt werden, beispielsweise auf der Grundlage des StVollzG. Eine praktische Relevanz dürfte die Regelung daher nur für bestimmte „Restbedarfe" haben, etwa die Kosten für eine beibehaltene Wohnung oder die Einlagerung von Inventar.[79] Ob entsprechende Ansprüche bestehen, ist eine Frage des materiellen Sozialhilferechts.

5. Zuständigkeit bei ambulant betreuten Wohnformen

50 § 98 Abs. 5 Satz 1 SGB XII in seiner seit dem 07.12.2006 geltenden Fassung des Gesetzes zur Änderung des Zwölften Buches Sozialgesetzbuch und anderer Gesetze[80] bestimmt die örtliche Zuständigkeit für Leistungen nach dem Sechsten bis Achten Kapitel des SGB XII (Eingliederungshilfe für behinderte Menschen, Hilfe zur Pflege und Hilfe zur Überwindung besonderer sozialer Schwierigkeiten), die in **Formen ambulanter betreuter Wohnmöglichkeiten** erbracht werden. Die Regelung ist gem. § 46b Abs. 3 Satz 3 SGB XII entsprechend anwendbar auf Leistungen der Grundsicherung im Alter und bei Erwerbsminderung. Örtlich zuständig ist danach der Träger, der zuletzt zuständig war oder gewesen wäre. Doch sollen vor Inkrafttreten des SGB XII begründete Zuständigkeiten hiervon unberührt bleiben (§ 98 Abs. 5 Satz 2 SGB XII). Hieraus folgt, dass § 98 Abs. 5 Satz 1 SGB XII unter Berücksichtigung der Gesetzesbegründung[81] nur für **Leistungsfälle ab dem 01.01.2005** Anwendung findet. Für die davor liegenden Leistungsfälle gelten also die Regelungen des BSHG weiter.[82] Dies ist deshalb von gewisser praktischer Bedeutung, weil das BSHG eine dem § 98 Abs. 5 Satz 1 SGB XII entsprechende Regelung für ambulant betreute Wohnformen nicht enthielt, so dass der tatsächliche Aufenthaltsort die örtliche Zuständigkeit begründete. Folglich führt also bei einem vor dem 01.01.2005 eingetretenem Leistungsfall wegen der Anwendung von § § 97 Abs. 1 BSHG trotz § 98 Abs. 5 Satz 1 SGB XII ein Umzug auch nach dem 31.12.2004 in den örtlichen Zuständigkeitsbereich eines anderen Trägers zu einem Wechsel der Zuständigkeit. Für den dann zuständigen Träger hat das die missliche Konsequenz, dass sich zwar seine Zuständigkeit (noch) aufgrund des BSHG ergibt, er indes keinen Erstattungsanspruch geltend machen kann, wie es für die Zeit vor dem 01.01.2005 gem. § 107 BSHG für maximal zwei Jahre möglich war (vgl. dazu Rn. 27). Denn die Fortgeltung des § 107 BSHG über den 31.12.2004 hinaus kann § 98 Abs. 5 Satz 2 SGB XII nicht entnommen werden.[83]

51 Dieses Abstellen auf die **Aufenthaltsverhältnisse des Leistungsempfängers vor Beginn der ambulant betreuten Wohnmöglichkeit** erweitert den Schutz der Orte, die entsprechende Möglichkeiten anbieten.[84] Ausdrückliche Hinweise auf dieses Regelungsziel, das auch der Zuständigkeitsbestimmung bei stationären Leistungen in § 98 Abs. 2 SGB XII zugrunde liegt, enthalten die Gesetzesmaterialien indes nicht.[85]

52 Der **Begriff „betreute Wohnmöglichkeiten"** orientiert sich nach der Gesetzesbegründung an dem des § 55 Abs. 2 Nr. 6 SGB IX.[86] Im Rahmen der Eingliederungshilfe ist er über die Bezugnahme in § 54

---

[78] So zu § 97 BSHG: BVerwG v. 06.04.1995 - 5 C 12/93 – BVerwGE 98, 132 ff: vgl. auch *Wahrendorf* in: Grube/Wahrendorf, SGB XII, § 98 Rn. 34 und die Kommentierung zu § 106 SGB XII Rn. 99.

[79] Vgl. *Wahrendorf* in: Grube/Wahrendorf, SGB XII, § 98 Rn. 34; *Schlette* in: Hauck/Noftz, SGB XII, K § 98 Rn. 91; *Hohm* in: Schellhorn/Schellhorn/Hohm, SGB XII, § 98 Rn. 117 ff.

[80] BGBl I 2006, 2670.

[81] Vgl. BT-Drs. 15/4751, S. 48 zu Nr. 6.0a.

[82] So BSG v. 25.08.2011 - B 8 SO 7/10 R und B 8 SO 8/10 R; BSG v. 25.04.2013 – B 8 SO 16/11 R.

[83] So zutreffend SG Stade v. 18.02.2013 – S 33 SO 161/11 ZVW in dem der Zurückweisungsentscheidung des BSG v. 25.08.2011 - B 8 SO 7/10 R nachgehenden Entscheidung (Revision – erneut – anhängig unter B 8 SO 10/13 R).

[84] Ausführlich dazu BSG v. 25.08.2011 - B 8 SO 7/10 R und B 8 SO 8/10 R; vgl. auch *Schlette* in: Hauck/Noftz, SGB XII, K § 98 Rn. 94; *Kirsten/Wenzel*, NDV 2007, 85, 87; *Gerlach*, ZfF 2008, 1, 2 f.

[85] *Schlette* in: Hauck/Noftz, SGB XII, K § 98 Rn. 94.

[86] BT-Drs. 15/1514, S. 67 (zu § 93).

Abs. 1 SGB XII auf § 55 SGB IX sogar unmittelbar anzuwenden.[87] In § 55 SGB IX werden die einzelnen Leistungen zur Teilhabe am Leben in der Gemeinschaft beschrieben. Bei den betreuten Wohnmöglichkeiten geht es um die wohnbezogene Betreuung des Menschen. Dieser soll so weit wie möglich befähigt werden, alle wichtigen Alltagsverrichtungen in seinem Wohnbereich selbstständig vornehmen zu können, sich im Wohnumfeld zu orientieren oder zumindest dies alles mit sporadischer Unterstützung Dritter erreichen können.[88]

Umfasst wird von dem Begriff also eine Vielzahl von unterschiedlichen Maßnahmen, die wiederum ambulant oder auch stationär durchgeführt werden können. Die Zuständigkeitsregelung in Absatz 5 bezieht sich allein auf **ambulante Formen** des betreuten Wohnens.[89] In Zweifelsfällen kann die Abgrenzung anhand des HeimG und der dort enthaltenen Definition des Heimbegriffs, der stets eine stationäre Unterbringung nahelegt, vorgenommen werden.[90] Liegt eine stationäre Form vor, ist § 98 Abs. 2 Sätze 1 und 2 SGB XII anwendbar und nicht Absatz 5. 53

Bei der näheren Bestimmung der „betreuten Wohnmöglichkeiten" ist nach Sinn und Zweck der Leistung weniger auf die Wohnform abzustellen, sondern eher auf **Art und Zielsetzung der Betreuungsleistungen**. Die Wohnung, in der die ambulanten Leistungen erbracht werden, muss daher – entgegen verbreiteter Auffassung[91] – nicht vom Anbieter der ambulanten Dienstleistungen organisiert sein. Es bedarf keiner Koppelung von Wohnungsgewährung und Betreuung.[92] Vielmehr kann es im Einzelfall ausreichen, dass der Hilfeempfänger die Wohnung selbst anmietet, aber fachlich geschulte Personen Betreuungsleistungen erbringen, die darauf gerichtet sind, dem Leistungsberechtigten Fähigkeiten und Kenntnisse zum selbstbestimmten Leben zu vermitteln. Dabei darf es sich nicht um sporadische, situativ bedingte Betreuungsleistungen handeln, sondern diese müssen in einer regelmäßigen Form erbracht werden und in eine Gesamtkonzeption eingebunden sein, die auf die Verwirklichung einer möglichst selbstständigen und selbstbestimmten Lebensführung ausgerichtet ist.[93] 54

Nach der sprachlich eher verwirrenden Formulierung „Für Leistungen nach diesem Buch an Personen, die Leistungen nach dem Sechsten bis Achten Kapitel ... erhalten ..." erstreckt sich die angeordnete **Zuständigkeit auf alle Sozialleistungen i.S.d. § 8 SGB XII**, die an den Berechtigten erbracht werden und damit auch auf solche, die über die Leistungen nach dem Sechsten bis Achten Kapitel hinausgehen.[94] 55

Anwendungsvoraussetzung des § 98 Abs. 5 SGB XII ist **nicht**, dass ein **Sozialhilfebezug bis zum Eintritt** vorgelegen haben muss, was durch die Formulierung, dass zuständig auch der Träger ist, der vor Eintritt in die betreute Wohnform zuständig gewesen „wäre", klargestellt ist.[95] Vielmehr ist bei fehlendem vorhergehendem Sozialhilfebezug zu klären, welcher Träger örtlich zuständig gewesen wäre in dem hypothetischen Fall, dass der Leistungsberechtigte die naheliegenden Leistungsansprüche geltend gemacht hätte. Es ist dann auf die Zuständigkeitsregelungen der Absätze 1-4 abzustellen.[96] Dabei ist bei weiteren Leistungen neben denen des Betreuten Wohnens allein maßgeblich die Zuständigkeit für diese Leistung; Leistungszuständigkeiten sollen also nicht auseinanderfallen.[97] 56

---

[87] So auch *Schlette* in: Hauck/Noftz, SGB XII, K § 98 Rn. 97.
[88] Ausführlich dazu *Luthe* in: jurisPK-SGB IX, § 55 Rn. 43 ff.; dem im Wesentlichen folgend BSG v. 25.08.2011 - B 8 SO 7/10 R und B 8 SO 8/10 R.
[89] Vgl. *Wahrendorf* in: Grube/Wahrendorf, SGB XII, § 98 Rn. 36.
[90] Ausführlich dazu *Schlette* in: Hauck/Noftz, SGB XII, K § 98 Rn. 97.
[91] Vgl. etwa LSG Niedersachsen-Bremen v. 21.06.2007 - L 13 SO 5/07 ER; SG Stade v. 21.12.2009 - S 33 SO 16/07 und S 33 SO 18/07; *Schlette* in: Hauck/Noftz, SGB XII, § 98, Rn. 97 ff.; *Hohm* in: Schellhorn/Schellhorn/Hohm, SGB XII, § 98 Rn. 126.
[92] So ausdrücklich BSG v. 25.08.2011 - B 8 SO 7/10 R und B 8 SO 8/10 R; BSG v. 25.04.2013 - B 8 SO 16/11 R.
[93] So BSG v. 25.08.2011 - B 8 SO 7/10 R und B 8 SO 8/10 R; vgl. auch BSG v. 25.04.2013 - B 8 SO 16/11 R; LSG NRW v. 17.06.2010 - L 9 SO 15/09; OVG Bremen v. 26.06.2006 - S 3 B 188/06; *Steimer* in: Mergler/Zink, SGB XII, § 98 Rn. 85; *Josef/Wenzel*, NDV 2007, 85, 89; *Gerlach*, ZfF 2008, 1, 5; abweichend LSG Baden-Württemberg v. 04.05.2011 - L 2 SO 5815/09 - juris Rn. 32.
[94] Allgemeine Auffassung, vgl. BSG v. 25.08.2011 - B 8 SO 7/10 R und B 8 SO 8/10 R; *Steimer* in: Mergler/Zink, SGB XII, § 98 Rn. 88; *Wahrendorf* in: Grube/Wahrendorf, SGB XII, § 98 Rn. 37.
[95] Vgl. zu den bis dahin bestehen Streitfragen *Hammel*, ZFSH/SGB 2008, 67, 72 f.
[96] Vgl. *Schlette* in: Hauck/Noftz, SGB XII, K § 98 Rn. 96, insbesondere zu Anwendung von § 98 Abs. 2 SGB XII auch BSG v. 25.08.2011 - B 8 SO 7/10 R und B 8 SO 8/10 R.
[97] So BSG v. 25.08.2011 - B 8 SO 8/10 R - juris Rn. 13; vgl. dazu auch Rn. 55.

57 Problematisch bleiben Fallkonstellationen, in denen ein **Wechsel zwischen verschiedenen** von § 98 Abs. 5 SGB XII (mit bzw. ohne längere Unterbrechungszeiten) umfassten **Wohnformen** oder aber ein Wechsel aus der ambulanten betreuten Wohnform in eine stationäre Form der Betreuung stattfindet. Im Fall eines Wechsels erscheint noch eine Auslegung mit dem Wortlaut vereinbar, nach der sich mehrere im engen zeitlichen Zusammenhang stattfindende betreute Wohnformen noch als „diese Wohnform" im Sinne der Vorschrift – also als eine einzige zusammenhängende Maßnahme – bezeichnen lassen. Dies entspricht der gesetzlichen Wertung in § 98 Abs. 2 Satz 2 SGB XII bei gleicher Interessenlage und führt zu dem Ergebnis, dass abzustellen ist auf den (ggf. hypothetisch) örtlich zuständigen Träger beim Eintritt in die erste betreute Wohnform.[98] Kommt es zwischen dem Wechsel allerdings zu einer Unterbrechung, die auch im Rahmen des § 98 Abs. 2 Satz 2 SGB XII beim Übertritt von einer stationären Einrichtung in die andere einen zeitlichen Zusammenhang ausschließen würde, ist die örtliche Zuständigkeit neu zu bestimmen.

58 Doch ist auch insoweit zu beachten, dass nach der Rechtsprechung des 8. Senats des BSG[99] ein **Umzug** für sich genommen dann nicht zu einer neuen Zuständigkeitsbestimmung führt, wenn damit **kein neuer Leistungsfall** verbunden ist. Bei der Beurteilung, wann ein neuer Leistungsfall vorliegt, ist insbesondere bei Leistungen der Eingliederungshilfe das Ziel der Eingliederung zu beachten; solange dieses nicht erreicht ist, der Bedarf also noch nicht gedeckt ist, schadet auch nicht ein zeitweiliger Wegfall der Bedürftigkeit. Auch die Änderung der Leistungserbringung allein rechtfertigt kaum die Annahme eines neuen Leistungsfalls; denn Eingliederung ist kein punktuelles Geschehen, sondern ein dauerhafter Prozess, dessen Inhalte ständig überprüft werden müssen.

59 Demgegenüber lässt es der Wortlaut des § 98 Abs. 5 SGB XII nicht zu, bei einem **Wechsel von einer betreuten Wohnform in eine Einrichtung mit stationärer Betreuung** (sogenannte gemischte Ketten) die bisherige, auf Absatz 5 beruhende Zuständigkeit fortzuschreiben.[100] Dem steht entgegen, dass sich die Zuständigkeit für stationäre Leistungen nach § 98 Abs. 2 Satz 1 oder Satz 2 SGB XII richtet und auf den gewöhnlichen Aufenthalt vor Beginn der stationären Maßnahme abstellt. Auch der Wohnort im Rahmen einer ambulanten Betreuung i.S.d. § 98 Abs. 5 SGB XII begründet in der Regel einen gewöhnlichen Aufenthalt, so dass der für diesen Ort zuständige Träger zwingend für die stationäre Leistung zuständig wird.[101] Zwar ist zuzugeben, dass dies der mutmaßlichen Intention des Gesetzes, nämlich Träger, in deren Gebiet die Möglichkeit des betreuten Wohnens besteht, zu entlasten, direkt entgegenläuft. Eine Auflösung dieses Konfliktes bleibt indes dem Gesetzgeber vorbehalten.[102]

60 Die Frage ist auch in der Rechtsprechung weiter umstritten. Abweichend von der hier vertretenen Auffassung hat das VG Minden in Anbetracht von Entstehungsgeschichte und ratio legis des § 98 Abs. 5 Satz 1 SGB XII sowie einer dem (ausdrücklich) geregelten Fall des „inter-stationären" Übertritts vergleichbaren Interessenlage eine Regelungslücke bzw. eine planwidrige Unvollständigkeit des Gesetzes angenommen, die mittels einer analogen Anwendung des § 98 Abs. 2 Satz 2 SGB XII zu schließen sei.[103] Demgegenüber halten das LSG Rheinland-Pfalz und das Thüringer LSG zu Recht § 98 Abs. 2 Satz 2 SGB XII auf die oben beschriebenen „gemischten Ketten" von Zeiten ambulant betreuten Wohnens und stationären Aufenthalten für nicht übertragbar.[104] Das BSG wiederum hält die Anwendung von § 98 Abs. 2 Satz 2 SGB XII für möglich (nur) für den Fall einer Kette betreuter Wohnformen im **Wechsel zwischen ambulanten, teilstationären und stationären Maßnahmen** – gleichgültig, in welcher Reihenfolge.[105] Die Frage wurde offen gelassen, weil bei entsprechender Anwendung des § 98 Abs. 2 SGB XII denknotwendig § 98 Abs. 5 Satz 2 SGB XII (vgl. dazu Rn. 50) zu beachten gewesen wäre und sich die Zuständigkeit deshalb nach den Vorschriften des BSHG gerichtet hätte, das eine § 98 Abs. 5 SGB XII vergleichbare Vorschrift noch nicht enthielt.

---

[98] So auch *Schlette* in: Hauck/Noftz, SGB XII, K § 98 Rn. 96 b.

[99] BSG v. 25.08.2011 - B 8 SO 7/10 R und B 8 SO 8/10 R; vgl. auch BSG v. 25.04.2013 - B 8 SO 16/11 R.

[100] So aber *Josef/Wenzel*, NDV 2007, 85, 90 f.; dem zustimmend *Hammel*, ZFSH/SGB 2008, 67, 74; *Schlette* in: Hauck/Noftz, SGB XII, K § 98 Rn. 96 a.

[101] *Gerlach*, ZfF 2008, 1, 9.

[102] Instruktiv der Formulierungsvorschlag von *Josef/Wenzel*, NDV 2007, 85, 91.

[103] VG Minden v. 17.12.2010 - 6 K 2167/10 - juris Rn. 41 ff.; ähnlich wohl auch Schleswig-Holsteinisches LSG v. 12.03.2014 - L 9 SO 50/13.

[104] LSG Rheinland-Pfalz v. 23.02.2012 - L 1 SO 135/10; Thüringer LSG v. 17.10.2012 - L 8 SO 74/1, Revision anhängig unter dem Aktenzeichen B 8 SO 32/12 R.

[105] BSG v. 25.04.2013 - B 8 SO 6/12 R.

C. Praxishinweise

Zuständigkeitskonflikte sind auch im Rahmen des § 98 SGB XII nicht ausgeschlossen, sondern wegen der Komplexität der Vorschrift wohl geradezu vorprogrammiert.[106] Aufgrund der überragenden Bedeutung der Sozialhilfe auch in verfassungsrechtlicher Hinsicht für den Leistungsberechtigten dürfen solche Konflikte aber keinesfalls auf dem Rücken des Berechtigten ausgetragen werden. Soweit es um stationäre Leistungen geht, enthält § 98 Abs. 2 SGB XII eine abschließende Spezialregelung zur vorläufigen Zuständigkeit, die den Berechtigten ausreichend schützen sollte.[107] Greift § 98 Abs. 2 SGB XII nicht ein, ist bei Zuständigkeitskonflikten auch wegen der örtlichen Zuständigkeit **§ 43 SGB I** anwendbar, wonach auf Antrag des Berechtigten spätestens nach einem Monat der zuerst angegangene Leistungsträger vorläufige Leistungen zu erbringen hat.[108] Dieser Anspruch kann ggf. im Wege des einstweiligen Rechtsschutzes geltend gemacht werden.[109]

61

Im Übrigen hat sich das BSG mehrfach veranlasst gesehen, Zurückverweisungen (auch) deshalb vorzunehmen, weil tatsächliche **Feststellungen** fehlten, zur **Form der ambulanten Wohnmöglichkeit** i.S.d. § 98 Abs. 5 SGB XII. So reicht es insbesondere nicht aus, lediglich auf Bewilligungsbescheide Bezug zu nehmen, die solche Leistungen bezeichnen. Die Instanzgerichte haben die tatsächlichen Grundlagen dieser Entscheidungen darzustellen und zu überprüfen.[110]

62

---

[106] Vgl. *Schoch* in: LPK-SGB XII, § 98 Rn. 66 f.
[107] Zum Verhältnis § 98 SGB XII und § 43 SGB I vgl. Sächsisches LSG v. 23.02.2009 - L 7 B 24/08 SO-ER - ZFSH/SGB 2009, 427 ff.
[108] Zu den Einzelheiten vgl. *Wagner* in: jurisPK-SGB I, § 43 Rn. 25 ff.
[109] Vgl. Bayrisches LSG v. 13.11.2007 - L 8 B 500/07 SO ER - FEVS 59, 130 ff
[110] Vgl. BSG v. 25.08.2011 - B 8 SO 7/10 R - juris Rn. 14, und B 8 SO 8/10 R - juris Rn. 14; BSG v. 25.04.2013 - B 8 SO 16/11 R - juris Rn. 13.

§ 99 SGB XII Vorbehalt abweichender Durchführung

(Fassung vom 27.12.2003, gültig ab 01.01.2005)

(1) Die Länder können bestimmen, dass und inwieweit die Kreise ihnen zugehörige Gemeinden oder Gemeindeverbände zur Durchführung von Aufgaben nach diesem Buch heranziehen und ihnen dabei Weisungen erteilen können; in diesen Fällen erlassen die Kreise den Widerspruchsbescheid nach dem Sozialgerichtsgesetz.

(2) Die Länder können bestimmen, dass und inwieweit die überörtlichen Träger der Sozialhilfe örtliche Träger der Sozialhilfe sowie diesen zugehörige Gemeinden und Gemeindeverbände zur Durchführung von Aufgaben nach diesem Buch heranziehen und ihnen dabei Weisungen erteilen können; in diesen Fällen erlassen die überörtlichen Träger den Widerspruchsbescheid nach dem Sozialgerichtsgesetz, soweit nicht nach Landesrecht etwas anderes bestimmt wird.

Gliederung

A. Basisinformation 1
I. Textgeschichte/Gesetzgebungsmaterialien 1
II. Vorgängervorschriften 3
III. Parallelvorschriften 4
IV. Systematische Zusammenhänge 5
V. Ausgewählte Literaturhinweise 6
B. Auslegung der Norm 7
I. Regelungsgehalt und Bedeutung der Norm 7
II. Normzweck 9
III. Tatbestandsmerkmale 10
1. Allgemeines 10
2. Heranziehung durch die Kreise (Absatz 1) 16
3. Heranziehung durch die überörtlichen Träger der Sozialhilfe (Absatz 2) 17
C. Praxishinweise 18

A. Basisinformation

I. Textgeschichte/Gesetzgebungsmaterialien

1 Die Vorschrift ist – wie das gesamte SGB XII – durch das Gesetz zur Einordnung des Sozialhilferechts in das Sozialgesetzbuch vom 27.12.2003[1] eingeführt worden und gem. Art. 70 Abs. 1 dieses Gesetzes zum **01.01.2005** in Kraft getreten.

2 § 99 SGB XII stimmt weitgehend überein mit der Fassung des ursprünglichen Gesetzentwurfes der Fraktionen SPD und Bündnis 90/Die Grünen (hier noch § 94), in dem zur Begründung auf § 96 Abs. 1 Satz 2 und Abs. 2 Satz 2 BSHG hingewiesen wird.[2] Im Gesetzgebungsverfahren ist auf Empfehlung des Vermittlungsausschusses in beiden Absätzen die Bezugnahme auf die Verwaltungsgerichtsordnung durch eine Bezugnahme auf das Sozialgerichtsgesetz ersetzt worden,[3] was wegen der Überantwortung der Streitigkeiten der Sozialhilfe an die Sozialgerichtsbarkeit erforderlich war.

II. Vorgängervorschriften

3 § 99 SGB XII entspricht **§ 96 Abs. 1 Satz 2 und Abs. 2 Satz 2 BSHG**. § 96 BSHG enthielt eine zusammenfassende Regelung zu den örtlichen und überörtlichen Trägern der Sozialhilfe. § 96 Abs. 1 Satz 1 und Abs. 2 Satz 1 BSHG ist inhaltsgleich in § 3 Abs. 2 und § 3 Abs. 3 SGB XII übernommen worden.[4]

III. Parallelvorschriften

4 Eine mit § 99 Abs. 1 SGB XII vergleichbare Regelung enthält **§ 6 Abs. 2 SGB II** für Kreise, denen als kommunale Träger Aufgaben der Grundsicherung für Arbeitsuchende nach § 6 Abs. 1 Satz 1 Nr. 2 SGB II zugewiesen sind.

---

[1] BGBl I 2003, 3022.
[2] Vgl. BT-Drs. 15/1514, S. 27 und 67 (zu § 93).
[3] BT-Drs. 15/2260, S. 4.
[4] Vgl. BT-Drs. 15/1514, S. 67 (zu § 93) und die Kommentierung zu § 3 SGB XII Rn. 2 ff.

IV. Systematische Zusammenhänge

§ 99 SGB XII steht im Zusammenhang mit **§ 3 SGB XII**, in dem bestimmt ist, dass die Sozialhilfe von **örtlichen und überörtlichen Trägern** geleistet wird (§ 3 Abs. 1 SGB XII). Örtliche Träger der Sozialhilfe sind zunächst die kreisfreien Städte und die Kreise (§ 3 Abs. 2 Satz 1 SGB XII). Darüber hinaus enthält § 3 SGB XII Ermächtigungen der Länder, die überörtlichen Träger überhaupt und die örtlichen Träger abweichend vom Grundsatz festzulegen.[5] § 99 SGB XII ergänzt diese landesrechtlichen Möglichkeiten zur Bestimmung der Träger um die – durch landesrechtliche Vorschriften erst zu schaffende – Erlaubnis der Träger, bestimmte Körperschaften, die nicht Träger sind, zur Aufgabenerfüllung heranzuziehen.[6] Die amtliche Überschrift von § 99 SGB XII „Vorbehalt abweichender Durchführung" weist schließlich auf den Zusammenhang mit den Vorschriften zur **sachlichen und örtlichen Zuständigkeit in den §§ 97 und 98 SGB XII** hin. Diese Zuständigkeiten werden in der Sache von § 99 SGB XII indes nicht beschränkt (vgl. Rn. 13).[7] Seit dem 01.01.2013 gilt die Vorschrift gem. § 46b Abs. 3 SGB XII nicht mehr für Leistungen der Grundsicherung im Alter und bei Erwerbsminderung (vgl. dazu die Kommentierung zu § 46b SGB XII Rn. 7 und die Kommentierung zu § 46b SGB XII Rn. 9 ff.)

V. Ausgewählte Literaturhinweise

Schoch, Zuständigkeiten in der Sozialhilfe und der Grundsicherung für Arbeitsuchende, ZfS 2005, 209 ff.; *Strassfeld*, Behörde als „richtige" Beteiligte? Rechtsträgerprinzip versus Behördenprinzip, SGb 2010, 520 ff.; vgl. im Übrigen die Kommentierung zu § 3 SGB XII Rn. 11.

B. Auslegung der Norm

I. Regelungsgehalt und Bedeutung der Norm

Die Norm enthält in Absatz 1 die **Ermächtigung des Landesgesetzgebers**, es den Kreisen (regelmäßig als örtliche Träger der Sozialhilfe) zu ermöglichen, kreisangehörige Gemeinden oder Gemeindeverbände zur Aufgabenwahrnehmung heranzuziehen. Diese Ermächtigung wird ergänzt durch verfahrensrechtliche Vorgaben zum Weisungsrecht und zur Befugnis, Widerspruchsbescheide zu erlassen. Absatz 2 betrifft die entsprechende Heranziehung der örtlichen Träger der Sozialhilfe bzw. der Gemeinden oder Gemeindeverbände auch durch die überörtlichen Träger der Sozialhilfe.

Weitere Einzelheiten dieser sogenannten **Durchführungsheranziehung**[8] ergeben sich aus den **Ausführungsgesetzen der Länder**.[9] Abgesehen von den Stadtstaaten Bremen, Berlin und Hamburg haben die Länder von der Ermächtigung des § 99 SGB XII Gebrauch gemacht. Dabei sehen die Länder Bayern, Hessen, Rheinland-Pfalz und Thüringen vor, dass eine Aufgabenübertragung (auch) auf Antrag der Gemeinden oder Gemeindeverbände erfolgen kann. Baden-Württemberg macht als einziges Bundesland die Heranziehung von einer Zustimmung der Gemeinde (zwei Drittel aller Stimmen des gemeinsamen Ausschusses, § 3 Abs. Satz 1 AGSGB XII) abhängig.

II. Normzweck

Ziel der Regelung ist es, Voraussetzungen dafür zu schaffen, die **Hilfen** nach dem SGB XII möglichst **bürgernah zur Verfügung stellen zu können**. Dies entspricht der allgemeinen Pflicht der Leistungsträger, den Zugang zu Sozialleistungen möglichst einfach zu gestalten (§ 17 Abs. 1 Nr. 3 SGB I) und darüber hinaus dem normativ festgelegten Verfahrensgrundsatz, das Verwaltungsverfahren einfach, zweckmäßig und zügig durchzuführen (§ 9 Satz 2 SGB X). Durch die Heranziehung der Gemeinden zur Durchführung der Aufgaben, die § 99 SGB XII ermöglicht, werden einerseits deren Kenntnis der örtlichen Situation genutzt, andererseits dem Bürger Wege erspart.

---

[5] Vgl. – auch zur verfassungsrechtlichen Problematik – *Wahrendorf* in: Grube/Wahrendorf, SGB XII, § 3 Rn. 11 f. und die Kommentierung zu § 3 SGB XII Rn. 4 ff.
[6] Vgl. zur Abgrenzung von § 3 SGB XII und § 99 SGB XII auch die Kommentierung zu § 3 SGB XII Rn. 31.
[7] Vgl. nur *Schlette* in: Hauck/Noftz, SGB XII, K § 99 Rn. 2; *Hohm* in: Schellhorn/Schellhorn/Hohm, SGB XII, § 99 Rn. 4.
[8] So BSG v. 28.10.2008 - B 8 SO 23/07 R - BSGE 102, 10 ff.
[9] Eine Zusammenstellung und Verlinkung zu den einzelnen SGB XII-Ausführungsgesetzen findet sich auf der Internetseite http://www.saarheim.de/Gesetze_Laender/agsgb_laender.htm (abgerufen am 29.04.2014).

III. Tatbestandsmerkmale

1. Allgemeines

10   Die an die Bundesländer gerichteten gleichlautenden Ermächtigungen in Absatz 1 und Absatz 2 regeln in der Sache (nur) eine **„Ermächtigung zur Ermächtigung"**: Die Länder werden ermächtigt, die Kreise (Absatz 1) oder überörtlichen Träger der Sozialhilfe (Absatz 2) zu ermächtigen, bestimmte Körperschaften zur „Durchführung von Aufgaben nach diesem Buch", also nach dem SGB XII, heranzuziehen. Diese Ermächtigungen sind umfassend, denn eine Beschränkung auf bestimmte Aufgaben enthalten sie nicht. Die konkrete Heranziehung erfolgt in zwei Stufen:

11   Das Land bestimmt auf der ersten Stufe, ob es den Kreisen oder überörtlichen Trägern der Sozialhilfe überhaupt erlaubt sein soll, die genannten Körperschaften zur Aufgabendurchführung heranzuziehen. Ohne dass es in § 99 SGB XII ausdrücklich so vorgegeben ist, geschieht dies praktisch in der **Form des Parlamentsgesetzes** durch die jeweiligen Ausführungsgesetze der Länder zum SGB XII (vgl. Rn. 8). Theoretisch erscheint auch eine Bestimmung durch andere Instrumente – etwa durch Rechtsverordnung – statthaft.[10]

12   Die Heranziehung der einzelnen Körperschaft erfolgt dann auf der zweiten Stufe durch den Kreis bzw. den überörtlichen Trägern der Sozialhilfe, wobei Form, Umfang und ggf. weitere Voraussetzungen vom **Inhalt der Ermächtigungsvorschriften** der ersten Stufe und den **kommunalrechtlichen Besonderheiten** des jeweiligen Bundeslandes abhängen.[11] In Betracht kommt die Heranziehung durch Satzung (so die Regelungen in den meisten Ländern), aber auch durch Verordnung (so teilweise in Bayern) oder öffentlich-rechtlichen Vertrag (vorgesehen in Niedersachsen, Schleswig-Holstein und Thüringen).[12]

13   Rechtstechnisch handelt es sich bei der in § 99 SGB XII vorgesehenen Durchführungsheranziehung weder um Amtshilfe, die nur zur Unterstützung eines – hier nicht anzunehmenden – fremden Verfahrens dient (vgl. die §§ 3 ff. SGB X), noch um ein Delegationsverhältnis, denn die sachliche Zuständigkeit nach § 97 SGB XII i.V.m. den einzelnen landesrechtlichen Regelungen bleibt durch § 99 SGB XII unangetastet.[13] Durch die Inanspruchnahme wird die betroffene Körperschaft nämlich nicht selbst zum Träger der Sozialhilfe i.S.d. § 3 SGB XII. Sachgerecht erscheint daher, mit dem BSG die Heranziehung als ein **Auftragsverhältnis eigener Art** anzusehen, denn der Rechtsfigur des (gesetzlichen) Auftragsverhältnisses ist die in § 99 SGB XII vorgesehene Aufgabenwahrnehmung am ähnlichsten.[14]

14   Dementsprechend ist es naheliegend, die verfahrensrechtliche Vorschrift über das gesetzliche Auftragsverhältnis in **§ 97 SGB X entsprechend anzuwenden**, soweit diese nicht durch spezielle landesrechtlichen Bestimmungen gem. § 37 SGB I verdrängt wird. Über § 97 Abs. 2 SGB X sind theoretisch auch die Vorschriften über Mitteilungspflichten/Prüfungsrechte (§ 89 Abs. 3-5 SGB X) und den Aufwendungsersatz (§ 91 Abs. 1-3 SGB X) entsprechend anwendbar;[15] allerdings enthalten die Landesgesetze häufig eigene Regelungen.

15   Unmittelbar in § 99 Abs. 1 und Abs. 2 SGB XII ist in verfahrensrechtlicher Hinsicht geregelt, dass die zur Heranziehung ermächtigten Kreise bzw. überörtlichen Träger der Sozialhilfe **Weisungen** erteilen können und selbst die **Widerspruchsbescheide** erlassen, wobei letzteres nach Absatz 2 für die überörtlichen Träger unter dem Vorbehalt fehlender abweichender landesrechtlicher Bestimmungen steht. Nicht besonders geregelt ist die Form der Weisung, so dass sowohl allgemein-abstrakte Weisungen in der Gestalt von Verwaltungsvorschriften oder Richtlinien, aber auch Einzelweisungen in Betracht kommen.[16] Für das Widerspruchsverfahren und damit auch für den Erlass des Widerspruchsbescheides im Allgemeinen sind die Vorschriften des SGG anwendbar (§§ 78 ff. SGG). Auf das SGG wird in § 99 SGB XII zwar ausdrücklich hingewiesen, jedoch folgt dessen Anwendbarkeit bereits aus § 62 SGB X i.V.m. § 51 Abs. 1 Nr. 6a SGG.

---

[10] Vgl. *Schoch* in: LPK-SGB XII, § 99 Rn. 6; *Schlette* in: Hauck/Noftz, SGB XII, K § 99 Rn. 7.

[11] Vgl. zur entsprechenden Regelung im SGB II *Rixen/Weißenberger* in: Eicher, SGB II, § 6 Rn. 18.

[12] Vgl. *Schlette* in: Hauck/Noftz, SGB XII, K § 99 Rn. 7.

[13] Vgl. *Wahrendorf* in: Grube/Wahrendorf, SGB XII, § 99 Rn. 4; so auch BSG v. 11.12.2007 - B 8/9b SO 21/06 R - BSGE 99, 252 ff.; BSG v. 19.05.2009 - B 8 SO 7/08 R - SozR 4-5910 § 88 Nr. 3.

[14] Vgl. BSG v. 19.05.2007 - B 8 SO 7/08 R - SozR 4-5910 § 88 Nr. 3; BSG v. 02.02.2010 - B 8 SO 21/08 R; so auch *Schoch* in: LPK-SGB XII, § 99 Rn. 8; *Hohm* in: Schellhorn/Schellhorn/Hohm, SGB XII, § 99 Rn. 4.

[15] *Hohm* in: Schellhorn/Schellhorn/Hohm, SGB XII, § 99 Rn. 5; *Schlette* in: Hauck/Noftz, SGB XII, K § 99 Rn. 4.

[16] Vgl. nur *Schlette* in: Hauck/Noftz, SGB XII, K § 99 Rn. 11.

2. Heranziehung durch die Kreise (Absatz 1)

Im Einzelnen können nach § 99 Abs. 1 SGB XII die Kreise – als örtliche Träger der Sozialhilfe – zur **Heranziehung der Gemeinden oder Gemeindeverbände** ermächtigt werden. Bedeutung hat dies demnach für die Aufgaben nach dem SGB XII, die die örtlichen Träger in sachlicher und örtlicher Zuständigkeit (vgl. die §§ 97, 98 SGB XII) wahrzunehmen haben (dazu im Einzelnen die Kommentierung zu § 97 SGB XII und die Kommentierung zu § 98 SGB XII). Der Widerspruchsbescheid ist auch bei der Heranziehung der Gemeinden oder Gemeindeverbände vom Kreis zu erlassen (Halbsatz 2). Anders als in den Fällen des Absatzes 2 ist hinsichtlich des Erlasses der Widerspruchsbescheide eine andere Regelung durch Landesrecht nicht möglich.

16

3. Heranziehung durch die überörtlichen Träger der Sozialhilfe (Absatz 2)

Soweit nach § 99 Abs. 2 SGB XII die überörtlichen Träger ermächtigt werden, weicht diese Regelung von Absatz 1 insoweit ab, als sie **neben den Gemeinden oder Gemeindeverbänden auch noch die örtlichen Träger** – also die Kreise oder kreisfreien Städte – heranziehen kann. Die Bedeutung dieser Alternative dürfte im Vergleich mit Absatz 1 weitaus geringer sein, denn sie bezieht sich zum einen nur auf die Aufgaben, die den überörtlichen Trägern der Sozialhilfe zugewiesen sind (vgl. § 97 Abs. 2-5 SGB XII). Zum anderen kommt sie aber von vornherein nur in den Bundesländern in Betracht, in denen überhaupt höhere Kommunalverbände mit Aufgaben nach dem SGB XII betraut worden sind (derzeit Baden-Württemberg, Bayern, Hessen, Nordrhein-Westfalen und Sachsen). In den anderen Ländern sind die Länder selbst überörtliche Träger der Sozialhilfe, so dass direkt Absatz 1 anwendbar ist.[17] Von der Ermächtigung des § 99 Abs. 2 SGB XII haben bisher nur die Länder Bayern, Nordrhein-Westfalen und Sachsen Gebrauch gemacht, ohne indes Sonderregelungen zum Erlass des Widerspruchsbescheides, die Absatz 2 zulässt, erlassen zu haben. Somit bleibt für den Erlass des Widerspruchsbescheides der jeweilige überörtliche Träger der Sozialhilfe zuständig.

17

C. Praxishinweise

Trotz der Regelung, dass die Kreise (Absatz 1) oder die überörtlichen Träger (Absatz 2) die Widerspruchsbescheide erlassen, sind **Klagen** dennoch gegen die zur Aufgabenerfüllung **herangezogene Körperschaft** (also in der Regel die Gemeinde) zu richten, wenn diese den **Ausgangsbescheid im eigenen Namen** erlassen hat. Denn nach § 95 SGG ist Gegenstand der Klage, (auch) wenn ein Vorverfahren stattgefunden hat, der ursprüngliche Verwaltungsakt. Zudem wird regelmäßig kein (isolierter) Anspruch gegenüber der Widerspruchsbehörde bestehen können und geltend gemacht, sondern es soll die für die Erfüllung des behaupteten Anspruchs zuständige Stelle verurteilt werden. Auch eine Beiladung des Kreises oder des überörtlichen Trägers kommt nicht in Betracht, denn dieser ist nicht Dritter i.S.d. § 75 Abs. 2 Alt. 1 SGG, weil seine (eigenen) Aufgaben durch die herangezogene Körperschaft wahrgenommen werden.[18]

18

Auch der 4. Senat des BSG ist in den vergleichbaren Fällen, in denen für die Aufgabenerfüllung nach dem **SGB II** Kreise als zugelassene kommunale Träger (§ 6a SGB II) kreisangehörige Kommunen durch Satzung heranziehen, der Auffassung, dass richtige Beklagte die herangezogene kommunale Körperschaft ist, wenn diese in eigenem Namen handelt.[19] Doch abweichend vom 8. Senat[20] schien der 4. Senat die Beteiligung des Kreises als Träger jedenfalls dann für notwendig zu halten, wenn dieser den Widerspruchsbescheid erlassen hat.[21] Offen blieb, in welcher Weise diese Beteiligung erfolgen sollte. Eine Beiladung kam nicht in Betracht, da der Kreis nicht Dritter ist i.S.v. § 75 Abs. 2 Alt. 1 SGG ist (vgl. Rn. 18).

19

Dass kein Fall der notwendigen **Beiladung des Kreises als Widerspruchsbehörde** nach § 75 Abs. 2 Alt. 1 SGG vorliegt, hat nunmehr auch der 4. Senat des BSG entschieden.[22] Liegt aber kein Fall des § 75 Abs. 2 Alt. 1 SGG vor, hätte sich die Notwendigkeit der Beiladung allein aus § 75 Abs. 2 Alt. 2 SGG (unechte notwendige Beiladung) ergeben können. Diese würde voraussetzen, dass bei Ablehnung des Anspruchs ein anderer Träger als leistungspflichtig in Betracht kommt, welcher nach § 75 Abs. 5

20

---

[17] Vgl. auch *Wahrendorf* in: Grube/Wahrendorf, SGB XII, § 99 Rn. 7 ff.
[18] So BSG v. 02.02.2010 - B 8 SO 21/08 R; zu § 6 Abs. 2 SGB II auch *Weißenberger*, SGb 2013, 14, 18.
[19] BSG v. 22.11.2011 - B 4 AS 138/10 R - juris Rn. 10.
[20] BSG v. 02.02.2010 - B 8 SO 21/08 R.
[21] BSG v. 22.11.2011 - B 4 AS 138/10 R - juris Rn. 24.
[22] BSG v. 16.02.2012 - B 4 AS 14/11 R - juris Rn. 20; BSG v. 22.03.2012 - B 4 AS 99/11 R - juris Rn. 13.

SGG sogar verurteilt werden kann. Auf den Kreis als Widerspruchsbehörde trifft dies nicht zu, denn allein die beklagte Kommune ist gegenüber dem Hilfebedürftigen im Außenverhältnis materiell verpflichtet.[23] Vor diesem Hintergrund hat der 8. Senat – ausgehend davon, dass der 4. Senat ohne ausdrückliche Kenntlichmachung seine entgegenstehende Rechtsprechung aufgegeben habe – zu Recht im Hinblick auf die Rechtsprechung des 4. Senats klargestellt, dass die Widerspruchsbehörde auch nicht nach § 75 Abs. 2 Satz 1 Alt. 2 SGG beizuladen ist und es eine andere Art der notwendigen Beiladung nicht gebe.[24]

21 Wird die **herangezogene Körperschaft im Namen des zuständigen Sozialhilfeträgers** tätig, ist dieser der richtige Beteiligte im Prozess.[25] Es ist zweifelhaft, ob das Handeln in fremdem Namen offengelegt werden muss; selbst wenn man dies annähme, dürfte die Aufhebung des Verwaltungsaktes allein wegen dieses möglichen Verfahrensfehlers regelmäßig an § 42 SGB X scheitern, weil die Entscheidung dadurch offensichtlich nicht beeinflusst worden sein kann.[26]

22 Streitig kann indes sein, ob sich die **Klage gegen die Körperschaft** als juristische Person **oder gegen die Behörde**, die die Bescheide erteilt hat, richten muss. Nach § 70 Nr. 3 SGG sind Behörden nämlich beteiligungsfähig, soweit das Landesrecht dies bestimmt (**Behördenprinzip**). Außer in den Ländern Rheinland-Pfalz, Saarland und Schleswig-Holstein war dies auch in Nordrhein-Westfalen (§ 3 Ausführungsgesetz zum Sozialgerichtsgesetz – AG-SGG – in der bis zum 31.12.2010 geltenden Fassung v. 08.12.1973[27]) vorgesehen, was zu Auslegungsstreitigkeiten zwischen den für Sozialhilfe zuständigen Senaten des LSG NRW und dem BSG geführt hat. So hat der 8. Senat des BSG schon in einer seiner ersten Entscheidungen zur Sozialhilfe ausgeführt, dass richtige Beklagte bzw. Beteiligte die Bürgermeister der herangezogen Städte als Behörde sind,[28] später klargestellt, dass ein Wahlrecht, wer zu verklagen ist, nicht besteht[29] und dementsprechend im Verfahren gegebenenfalls das Rubrum zu berichtigen ist[30]. Es ist auch ohne Bedeutung, ob die Behörde im Briefkopf von Schreiben in Erscheinung getreten ist oder nicht.[31] Dieser Sicht hat das LSG NRW sozusagen die Gefolgschaft verweigert.[32] Bis zuletzt hat es daran festgehalten, dass nach dem SGG das **Rechtsträgerprinzip** maßgebend sei für die Bestimmung des richtigen Beklagten. Danach soll nicht die Behörde, sondern (nur) deren Rechtsträger – also die Gemeinde oder Stadt als Körperschaft – am Verfahren beteiligt sein können.[33] Bestätigt sieht sich das LSG NRW in seiner Auffassung nicht zuletzt darin, dass der Landesgesetzgeber § 3 AG-SGG zum 01.01.2011 ersatzlos gestrichen hat, mit der Begründung, es bestehe kein praktisches Bedürfnis für eine solche Regelung.[34] Die **Aufhebung des Behördenprinzips in Nordrhein-Westfalen** hat im Prozess ggf. einen von Amts wegen zu beachtenden Beteiligtenwechsel zur Folge.[35]

23 Für NRW hat sich das Problem, das ohnehin nur formaler Natur ist,[36] ab dem 01.01.2011 zwar erledigt. Soweit in anderen Bundesländern das Behördenprinzip noch besteht, erscheint die **Auffassung des 8. Senats des BSG überzeugender**. Denn § 70 Nr. 3 SGG würde zusammen mit den entsprechenden landerechtlichen Vorschriften schlicht leerlaufen, wenn ausnahmslos vom Rechtsträgerprinzip auszugehen wäre. Auch ist dem 8. Senat zuzustimmen, dass § 70 Nr. 3 SGG als speziellere Regelung die gleichzeitige Anwendbarkeit von § 70 Nr. 1 SGG ausschließt.[37] Soweit darauf verwiesen wird, dass bei dieser Sichtweise Probleme bezüglich der Rechtskrafterstreckung und Vollstreckbarkeit von Urteilen entstehen könnten,[38] sind solche, soweit ersichtlich, in der Praxis bisher nicht aufgetreten. Folgerichtig

---

[23] Ständige Rechtsprechung, vgl. BSG v. 16.02.2012 - B 4 AS 14/11 R - juris Rn. 20; BSG v. 22.03.2012 - B 4 AS 99/11 R - juris Rn. 13.
[24] BSG v. 20.09.2012 - B 8 SO 13/11 R; vgl. zum Ganzen auch *Weißenberger*, SGb 2013, 14 ff.
[25] BSG v. 09.06.2011 - B 8 SO 11/10 R; BSG v. 19.06.2012 - B 4 AS 162/11 R - juris Rn. 10.
[26] BSG v. 09.06.2011 - B 8 SO 11/10 R.
[27] GVBl. NRW, 412.
[28] BSG v. 16.10.2007 - B 8/9b SO 8/06 R - BSGE 99, 137 ff.
[29] BSG v. 29.09.2009 - B 8 SO 19/08 R - SGb 2010, 649 ff.; zuletzt BSG v. 02.02.2010 - B 8 SO 21/08 R.
[30] Zuletzt BSG v. 02.02.2010 - B 8 SO 21/08 R.
[31] BSG v. 25.08.2011 - B 8 SO 20/10 R - juris Rn. 12.
[32] Vgl. nur LSG NRW v. 25.02.2008 - L 20 SO 31/07 - info also 2008, 129 ff.; LSG NRW v. 08.02.2010 - L 19 (20) AS 45/09; LSG NRW v. 18.02.2010 - L 9 SO 33/08; LSG NRW v. 19.04.2010 - L 20 SO 18/09.
[33] Ausführlich LSG NRW v. 25.02.2008 - L 20 SO 31/07 - info also 2008, 129 ff.
[34] Vgl. LSG NRW v. 18.02.2010 - L 9 SO 33/08 und LSG NRW v. 19.04.2010 - L 20 SO 18/09.
[35] BSG v. 14.04.2011 - B 8 SO 19/09 R - juris Rn. 11.
[36] So ausdrücklich BSG v. 28.10.2008 - B 8 SO 23/07 R - BSGE 102, 10 ff.
[37] BSG v. 29.09.2009 - B 8 SO 19/08 R - SGb 2010, 649 ff.
[38] Vgl. LSG NRW v. 08.02.2010 - L 19 (20) AS 45/09; ebenso *Strassfeld*, SGb 2010, 520, 521 f.

müssten diese Bedenken auch gegenüber jedem nicht gerichtlich angegriffenen und stets nur von der Behörde erlassenen Bewilligungsbescheid bestehen, was praxisfremd und ersichtlich kaum vertretbar ist. Entscheidend bleibt nämlich, dass materiellrechtlich, unabhängig davon, wer zur Durchführung von Aufgaben herangezogen wurde, Bescheide erteilt hat und ggf. im Prozess beteiligt war, stets allein der Träger der Aufgaben berechtigt und verpflichtet wird.[39] Die Abschaffung des Behördenprinzips, wofür in der Tat manches sprechen könnte, muss dem Gesetzgeber vorbehalten bleiben.

Auch der 10. Senat des BSG hat in diesem Zusammenhang betont, dass die **Prozessführungsbefugnis** unproblematisch ist, wenn die nach § 70 Nr. 3 SGG beteiligtenfähige Behörde eines Rechtsträgers an dessen Stelle verklagt wird und sich gegen Ansprüche der Klägerseite verteidigt. Denn es entspricht der Funktion einer durch organisationsrechtliche Rechtssätze gebildeten Behörde, im Rahmen ihrer Zuständigkeit für den Staat oder einen anderen Träger der öffentlichen Verwaltung dessen Aufgaben nach außen selbstständig wahrzunehmen.[40]

Enthält die **Rechtsbehelfsbelehrung des Widerspruchsbescheids** nicht den Hinweis, dass sich die Klage gegen die beteiligtenfähige Behörde richtet, macht dies allerdings die Rechtsmittelbelehrung nicht falsch im Sinne des § 66 SGG.[41]

---

[39] Vgl. BSG v. 28.10.2008 - B 8 SO 23/07 R - BSGE 102, 10 ff., BSG v. 02.02.2010 - B 8 SO 21/08 R.
[40] BSG v. 30.09.2010 - B 10 EG 7/09 R -, ausdrücklich entgegen *Strassfeld*, SGb 2010, 520.
[41] BSG v. 25.08.2011 - B 8 SO 20/10 R - juris Rn. 13.

Zweiter Abschnitt: Sonderbestimmungen
§ 100 SGB XII (weggefallen)

(Fassung vom 02.12.2006, gültig ab 01.04.2007)

(weggefallen)

1   § 100 SGB XII in der Fassung vom 21.03.2005 ist gemäß Art. 1 Nr. 19 des Gesetzes vom 02.12.2006 (BGBl I 2006, 2670) mit Ablauf des 31.03.2007 weggefallen.

§ 101 SGB XII Behördenbestimmung und Stadtstaaten-Klausel

(Fassung vom 27.12.2003, gültig ab 01.01.2005)

(1) Welche Stellen zuständige Behörden sind, bestimmt die Landesregierung, soweit eine landesrechtliche Regelung nicht besteht.

(2) Die Senate der Länder Berlin, Bremen und Hamburg werden ermächtigt, die Vorschriften dieses Buches über die Zuständigkeit von Behörden dem besonderen Verwaltungsaufbau ihrer Länder anzupassen.

Gliederung

A. Basisinformationen 1
I. Textgeschichte/Gesetzgebungsmaterialien 1
II. Vorgängervorschriften 2
III. Untergesetzliche Vorschriften 3
B. Auslegung der Norm 5

A. Basisinformationen

I. Textgeschichte/Gesetzgebungsmaterialien

Die Vorschrift ist zum 01.01.2005 als Teil des neu geschaffenen Zwölften Buches Sozialgesetzbuch in der Fassung vom 27.12.2003[1] in Kraft getreten. Sie ist wortgleich mit dem früheren § 151 BSHG. Änderungen sind bisher nicht erfolgt. Seit dem 01.01.2013 gilt die Norm wegen der Regelung in § 46b Abs. 3 SGB XII nicht mehr für Leistungen der Grundsicherung bei Erwerbsminderung und im Alter.   1

II. Vorgängervorschriften

Die Vorschrift entspricht § 151 BSHG.   2

III. Untergesetzliche Vorschriften

Die Freie und Hansestadt Hamburg hat von der Ermächtigung des § 101 Abs. 2 SGB XII Gebrauch gemacht und die „Anordnung zur Durchführung des Zwölften Buches Sozialgesetzbuch vom 19. September 2006"[2] erlassen. Zuständige Träger der Sozialhilfe sind danach grundsätzlich die Bezirksämter, verschiedene Aufgaben wurden auch auf andere Behörden übertragen, nämlich auf die Behörde für Arbeit, Soziales, Familie und Integration, die Behörde für Gesundheit und Verbraucherschutz, die Behörde für Schule und Schulbildung sowie die Finanzbehörde.   3

Bremen hat in § 10 AGSGB XII besondere Regelungen zur Zuständigkeit getroffen.   4

B. Auslegung der Norm

Durch § 101 Abs. 1 SGB XII werden die Landesregierungen ermächtigt, die zuständigen Behörden zu bestimmen, soweit eine landesgesetzliche Regelung nicht besteht. Es handelt sich um einen **Auffangtatbestand**.   5

Durch die Regelung wird sichergestellt, dass auch beim Fehlen einer landesgesetzlichen Regelung die zuständigen Behörden bestimmt werden können. Die Bestimmung kann durch Anordnungen oder Verordnungen erfolgen.   6

§ 101 Abs. 2 SGB XII räumt den Stadtstaaten Berlin, Bremen und Hamburg die Möglichkeit ein, von den Vorschriften über die Zuständigkeit von Behörden abzuweichen, um die von Flächenstaaten abweichende Behördenstruktur zu berücksichtigen.   7

Von der Möglichkeit hat Hamburg Gebrauch gemacht (vgl. Rn. 3).   8

Bremen hat die eigentlich dem überörtlichen Träger zugeordneten Aufgaben nach § 24 SGB XII i.V.m. §§ 132, 133 SGB XII (Hilfe für Deutsche im Ausland) und § 108 SGB XII (Kostenerstattung bei Einreise aus dem Ausland) dem örtlichen Träger der Sozialhilfe in der Stadtgemeinde Bremen übertragen (§ 10 AGSGB XII).   9

---

[1] BGBl I 2003, 3022.
[2] www.landesrecht-hamburg.de/jportal/portal/page/bshaprod.psml?showdoccase=1&doc.id=jlr-SGB12DAnOHA2006rahmen&doc.part=X&doc.origin=bs&st=lr (abgerufen am 27.03.2014).

Dreizehntes Kapitel: Kosten

Erster Abschnitt: Kostenersatz

§ 102 SGB XII Kostenersatz durch Erben

(Fassung vom 02.12.2006, gültig ab 07.12.2006)

(1) [1]Der Erbe der leistungsberechtigten Person oder ihres Ehegatten oder ihres Lebenspartners, falls diese vor der leistungsberechtigten Person sterben, ist vorbehaltlich des Absatzes 5 zum Ersatz der Kosten der Sozialhilfe verpflichtet. [2]Die Ersatzpflicht besteht nur für die Kosten der Sozialhilfe, die innerhalb eines Zeitraumes von zehn Jahren vor dem Erbfall aufgewendet worden sind und die das Dreifache des Grundbetrages nach § 85 Abs. 1 übersteigen. [3]Die Ersatzpflicht des Erben des Ehegatten oder Lebenspartners besteht nicht für die Kosten der Sozialhilfe, die während des Getrenntlebens der Ehegatten oder Lebenspartner geleistet worden sind. [4]Ist die leistungsberechtigte Person der Erbe ihres Ehegatten oder Lebenspartners, ist sie zum Ersatz der Kosten nach Satz 1 nicht verpflichtet.

(2) [1]Die Ersatzpflicht des Erben gehört zu den Nachlassverbindlichkeiten. [2]Der Erbe haftet mit dem Wert des im Zeitpunkt des Erbfalles vorhandenen Nachlasses.

(3) Der Anspruch auf Kostenersatz ist nicht geltend zu machen,

1. soweit der Wert des Nachlasses unter dem Dreifachen des Grundbetrages nach § 85 Abs. 1 liegt,
2. soweit der Wert des Nachlasses unter dem Betrag von 15.340 Euro liegt, wenn der Erbe der Ehegatte oder Lebenspartner der leistungsberechtigten Person oder mit dieser verwandt ist und nicht nur vorübergehend bis zum Tod der leistungsberechtigten Person mit dieser in häuslicher Gemeinschaft gelebt und sie gepflegt hat,
3. soweit die Inanspruchnahme des Erben nach der Besonderheit des Einzelfalles eine besondere Härte bedeuten würde.

(4) [1]Der Anspruch auf Kostenersatz erlischt in drei Jahren nach dem Tod der leistungsberechtigten Person, ihres Ehegatten oder ihres Lebenspartners. [2]§ 103 Abs. 3 Satz 2 und 3 gilt entsprechend.

(5) Der Ersatz der Kosten durch die Erben gilt nicht für Leistungen nach dem Vierten Kapitel und für die vor dem 1. Januar 1987 entstandenen Kosten der Tuberkulosehilfe.

Gliederung

A. Basisinformationen 1	2. Absatz 2 37
I. Textgeschichte/Gesetzesbegründung............. 1	a. Ersatzpflicht als Nachlassverbindlichkeit 37
II. Systematische Zusammenhänge 6	b. Beschränkung der Haftung 38
III. Ausgewählte Literaturhinweise 8	3. Haftungsausschlüsse des Absatzes 3 44
B. Auslegung der Norm 9	a. Kein Ermessen 44
I. Regelungsgehalt und Bedeutung der Norm......... 9	b. Freibetrag nach Absatz 3 Nr. 1 45
II. Parallelen im SGB II 13	c. Privilegierung von Pflegepersonen nach
III. Tatbestandsmerkmale und Rechtsfolgen 17	Absatz 3 Nr. 2 46
1. Absätze 1, 5 17	d. Besondere Härte nach Absatz 3 Nr. 3 53
a. Leistungsrechtlich rechtmäßige Leistungs-	4. Erlöschen des Anspruchs nach Absatz 4 61
erbringung 17	a. Erlöschensfrist des Absatzes 4 Satz 1 61
b. Ersatzpflichtige Personen 21	b. Hemmung, Ablaufhemmung, Neubeginn und
c. Umfang der Haftung 26	Verjährung nach Absatz 4 Satz 2 63
d. Ersatzberechtigte und Entscheidungs-	**C. Praxishinweise** 68
zuständigkeit 34	I. Verwaltungsverfahren 68
e. Anwendbarkeit von § 105 Abs. 2 SGB XII 36	II. Gerichtsverfahren 74

A. Basisinformationen

I. Textgeschichte/Gesetzesbegründung

Die Vorschriften über den **Kostenersatz** waren bei **Inkrafttreten des Bundessozialhilfegesetzes**[1] in § 92 BSHG gebündelt; eine Kostenersatzpflicht war für Fälle vorgesehen, in denen die Voraussetzungen für die Gewährung von Sozialhilfe durch vorsätzliches oder grob fahrlässiges Verhalten herbeigeführt worden (§ 92 Abs. 2 BSHG) oder der Hilfeempfänger oder sein Ehegatte zu ausreichend Einkommen oder Vermögen gelangt waren (§ 92 Abs. 3 BSHG). § 92 Abs. 5 BSHG enthielt eine Regelung über eine unselbstständige Erbenhaftung; die nach § 92 Abs. 2 oder 3 BSHG eingetretenen Verpflichtungen gingen danach auf den Erben des Verpflichteten über.[2] Eine dem § 102 SGB XII vergleichbare Regelung über eine selbstständige Erbenhaftung gab es im BSHG zunächst nicht.

Mit dem **Zweiten Gesetz zur Änderung des Bundessozialhilfegesetzes** vom 14.08.1969[3] wurden die Ersatzansprüche neu geregelt. Die bis dahin in § 92 BSHG enthaltenen Regelungen wurden durch die §§ 92-92c BSHG ersetzt. § 92a BSHG trat weitgehend an die Stelle der bisherigen Regelungen in § 92 Abs. 2 und 5 BSHG (Kostenersatz bei schuldhaftem Herbeiführen der Voraussetzungen für die Leistungsgewährung, Härtefallregelung, unselbstständige Erbenhaftung), § 92b BSHG an die Stelle von § 92 Abs. 2, 5 BSHG, wobei die Ersatzpflicht auf Fälle des kurzfristigen Leistungsbezugs sowie der Erbringung von Einmalleistungen beschränkt wurde. Neu geschaffen wurde die selbstständige Erbenhaftung des § 92c BSHG (jetzt: § 102 SGB XII); nach der Begründung zum Gesetzentwurf der Bundesregierung sollte mit der Regelung verhindert werden, dass sich die Vermögensschutzvorschriften des § 88 Abs. 2 und 3 BSHG nicht nur zugunsten des Hilfeempfängers und seiner in den §§ 11 und 28 BSHG genannten nächsten Angehörigen, sondern darüber hinaus auch zugunsten seiner Erben auswirkten.[4]

Mit dem **Dritten Gesetz zur Änderung des Bundessozialhilfegesetzes** vom 25.03.1974[5] wurde § 92c Abs. 4 BSHG neu gefasst; die Erlöschensfrist wurde von 2 auf 3 Jahre verlängert und für den Fristablauf auf den ebenfalls neu gefassten § 92a Abs. 3 Satz 2 BSHG verwiesen. Mit dem **Haushaltsbegleitgesetz 1984** vom 22.12.1983[6] wurde in § 92c Abs. 1 Satz 2 BSHG der Zeitraum vor dem Erbfall, für den die erbrachten Sozialhilfeleistungen zu ersetzen waren, von 5 auf 10 Jahre erweitert. Durch das **Zweite Rechtsbereinigungsgesetz** vom 16.12.1987[7] wurden in § 92c Abs. 1 Satz 1 BSHG die Wörter „mit Ausnahme der Kosten der Tuberkulosehilfe" durch die Wörter „mit Ausnahme der vor dem 1. Januar 1987 entstandenen Kosten der Tuberkulosehilfe" ersetzt.[8] **Das Zweite Gesetz zur Umsetzung des Spar-, Konsolidierungs- und Wachstumsprogramms** vom 21.12.1993[9] brachte eine Neufassung von Absatz 2; der Erbe haftete jetzt mit dem Wert des im Zeitpunkt des Erbfalls vorhandenen Nachlasses; die Neuregelung war eine Reaktion auf die Rechtsprechung des Bundesverwaltungsgerichts[10] zum bis dahin geltenden Recht, wonach der Erbe das Nachlassvermögen mit der Folge der Haftungsbefreiung auf einen Dritten hatte übergehen lassen können.[11] Mit dem **4. Euro-Einführungsgesetz** vom 21.12.2000[12] wurde in Absatz 3 eine Anpassung an die Euro-Umstellung vorgenommen.

Im Zuge der **Einordnung des Sozialhilferechts in das Sozialgesetzbuch** zum 01.01.2005[13] sollte nach der Gesetzesbegründung[14] mit § 102 SGB XII der bis dahin geltende § 92c BSHG inhaltsgleich übertragen werden. Anders als zuvor sind seither aber auch Erben des Lebenspartners im Sinne des Lebenspartnerschaftsgesetzes, der mit der leistungsberechtigten Person zusammengelebt hat, in die Er-

---

[1] Bundessozialhilfegesetz vom 30.06.1961, BGBl I 1961, 815.
[2] Zur Gesetzesbegründung vgl. Begründung zum Gesetzentwurf der Bundesregierung, BT-Drs. III/1799, S. 18, 55 zu § 85 des Entwurfs.
[3] BGBl I 1969, 1153.
[4] BT-Drs. V/3495, S. 5, 16.
[5] BGBl I 1974, 777.
[6] BGBl I 1983, 1532.
[7] BGBl I 1986, 2441.
[8] Zur Begründung vgl. BR-Drs. 90/86, S. 27.
[9] BGBl I 1993, 2374.
[10] BVerwG v. 25.06.1992 - 5 C 67/88 - BVerwGE 90, 250.
[11] BT-Drs. 12/5930, S. 4.
[12] BGBl I 2000, 1983.
[13] Gesetz zur Einordnung des Sozialhilferechts in das Sozialgesetzbuch vom 27.12.2003, BGBl I 2003, 3022.
[14] BT-Drs. 15/1514, S. 67 zu § 97 des Gesetzentwurfs der Regierungsfraktionen.

satzpflicht einbezogen. Auch wurde die bis dahin maßgebliche Referenzgröße in § 92c Abs. 1 Satz 2 und Abs. 3 Nr. 1 BSHG – das Zweifache des Grundbetrages der besonderen Einkommensgrenze nach § 81 BSHG – ersetzt, da diese besondere Einkommensgrenze nicht in das SGB XII übernommen wurde. Als maßgebliche Referenzgröße gilt seither das Dreifache des Grundbetrages nach § 80 SGB XII. § 102 Abs. 5 SGB XII wurde erst im Laufe des Gesetzgebungsverfahrens auf Vorschlag des Vermittlungsausschusses angefügt[15]; damit wurde der Ausschluss von Ersatzansprüchen im Hinblick auf vor dem 01.01.1987 entstandene Kosten der Tuberkulosehilfe fortgeführt und auf Leistungen nach dem Vierten Kapitel des SGB XII erweitert.

5   Mit dem **Verwaltungsvereinfachungsgesetz** vom 21.03.2005[16] wurde in § 102 Abs. 1 Satz 1 SGB XII ein Redaktionsversehen beseitigt[17]. Das **Gesetz zur Änderung des Zwölften Buches Sozialgesetzbuch und anderer Gesetze** vom 02.12.2006[18] brachte eine Neufassung des § 102 Abs. 4 Satz 2 SGB XII; dieser verweist nunmehr auf § 103 Abs. 3 Sätze 2 und 3 SGB XII statt – wie zuvor – nur auf § 103 Abs. 3 Satz 2 SGB XII. Auch insoweit handelte es sich um die Berichtigung eines Redaktionsversehens; aus § 92a Abs. 3 Satz 2 HS. 1 und 2 BSHG waren ab dem 01.01.2005 § 103 Abs. 3 Sätze 2 und 3 SGB XII geworden, in dem Verweis des § 102 Abs. 4 Satz 2 SGB XII war dies zunächst nicht berücksichtigt gewesen.[19]

II. Systematische Zusammenhänge

6   § 102 SGB XII steht im **Kontext** der Regelungen der **§§ 102-105 SGB XII** über „Kostenersatz" (so die Überschrift des 1. Abschnitts des 13. Kapitels des SGB XII). Diese Regelungen erweitern die Rückabwicklungsmöglichkeiten insbesondere der §§ 44 ff., 50 SGB X mit dem Ziel der Herstellung des **Nachrangs der Sozialhilfe** für Konstellationen, in denen es als unbillig erscheinen würde, wenn die Solidargemeinschaft endgültig für die Kosten der Sozialhilfeleistungen aufkommen müsste.

7   Die Besonderheit des Ersatzanspruchs nach § 102 SGB XII besteht darin, dass der Anspruch erst bei Eintritt des Erbfalls in der Person des Erben entsteht; es handelt sich insofern um eine **Erbfallschuld**. Das Entstehen der Ersatzverpflichtung des § 102 SGB XII ist abgesehen vom Eintritt des Erbfalls im Wesentlichen nicht an besondere Voraussetzungen geknüpft. Einer Haftung des Erben in den Fällen der §§ 103 Abs. 2, 104 SGB XII liegen hingegen schon vor dem Erbfall in der Person des Erblassers entstandene Verpflichtungen zugrunde, deren Entstehen an besondere Tatbestandsvoraussetzungen in der Person des Erblassers gebunden sind und die mit dem Erbfall als Nachlassverbindlichkeit auf den Erben übergehen. Insofern kann bei der Erbenhaftung nach § 102 SGB XII von einer **selbstständigen** und bei einer Haftung der Erben nach den §§ 103, 104 SGB XII von einer **unselbstständigen Erbenhaftung** gesprochen werden.

III. Ausgewählte Literaturhinweise

8   *Baltzer*, Die Vermächtnislösung lebt, ZEV 2008, 116-121; *Conradis*, Sozialhilferegress, Kostenersatz durch den Erben, § 102 SGB XII, § 35 SGB XII, ZEV 2005, 379-383; *Doering-Striening*, Vom BSHG zum SGB XII – Bilanz, Probleme, Perspektiven – Erbrecht und SGB XII, VSSR 2009, 93-126; *Eichenhofer*, Rückgriff des Sozialhilfeträgers aufgrund vorangegangener Vermögensverfügungen unter Lebenden oder von Todes wegen, NDV 1999, 82-89 und 111-120; *Gotzen*, Sozialhilfe im Todesfall, ZfF 2006, 1-5; *Grosse/Gunkel*, Die Erbenhaftung nach § 35 SGB II, info also 2013, 3-14; *Hänlein*, Kostenersatz durch Erben; Haftung der Erben für Sozialhilfeaufwendungen, jurisPR-SozR 7/2003, Anm. 5; *Horst*, Kostenersatz der Erben für Betreuung in einer Werkstatt für behinderte Menschen, ZAP Fach 12, 199-208; *Jülicher*, Erbfall und Sozialhilferegress, FPR 2006, 148-150; *Lambrecht*, Der Zugriff des Sozialhilfeträgers auf den erbrechtlichen Erwerb, 2001; *Littig/Mayer*, Sozialhilferegress gegenüber Erben und Beschenkten, 1999; *Loos*, Die Sozialhilfe, der Tod und das Recht, 2003; *Meisterernst*, Schenkung von Schonvermögen im Rahmen einer vorweggenommenen Erbfolge und Rückforderung durch Sozialhilfeträger, DNotZ 2005, 283-285; *Muscheler*, Das Vor- und Nachvermächtnis, AcP 2008, 69-100; *Schwabe*, Rückzahlung von Sozialhilfe? Die rechtlichen Rahmenbedingungen zur Rückforderung von Leistungen nach dem SGB XII, ZfF 2006, 217-231; *Wahrendorf*, Zur Dogmatik der Aufhebung und Rückforderung von Leistungen nach dem SGB II und SGB XII, Organisation und

---

[15] BT-Drs. 15/2260, S. 5.
[16] BGBl I 2005, 818.
[17] BR-Drs. 676/2/04, S. 34.
[18] BGBl I 2006, 2670.
[19] Vgl. BR-Drs. 617/06, S. 22.

Verfahren im sozialen Rechtsstaat 2008, 577-590 (Schriften zum Öffentlichen Recht, Band 1109); *Weber*, Erbenhaftung – Rechtliche Probleme im Umgang mit vererbten Immobilien nach dem Tod des Erblassers im Zweiten und Zwölften Buch Sozialgesetzbuch, DVP 2014, 10-24; *Wendt*, Kostenersatz der Erben für Betreuung in einer Werkstatt für behinderte Menschen; RdLH 2012, 137.

B. Auslegung der Norm

I. Regelungsgehalt und Bedeutung der Norm

§ 102 SGB XII enthält wie auch die §§ 103-105 SGB XII eine Ausnahme von dem Grundsatz der generellen Freiheit von Kostenersatz für die Leistungen der Sozialhilfe. In der Gesetzesentwicklung handelt es sich bei den Leistungen der Sozialhilfe um eine Fortentwicklung der Leistungen nach dem bis zum Inkrafttreten des BSHG[20] geltenden Fürsorgerechts. Für Fürsorgeleistungen galt noch eine generelle Kostenersatzpflicht gegenüber dem Unterstützten oder sonstigen Ersatzpflichtigen.[21] Mit dem BSHG wurde insoweit ein Paradigmenwechsel eingeleitet. Waren zunächst in § 92 Abs. 2 und 3 BSHG noch weitgehende Regelungen über den Kostenersatz enthalten und hatten insbesondere nach § 92 Abs. 3 BSHG noch der Hilfeempfänger, sein Ehegatte und die Eltern von Hilfeempfängern, denen vor Vollendung des 18. Lebensjahres Hilfe zum Lebensunterhalt gewährt worden war, bei Überschreiten von Einkommens- und Vermögensfreibeträgen ohne weitere Voraussetzungen Ersatz zu leisten, so wurde mit dem Zweiten Gesetz zur Änderung des Bundessozialhilfegesetzes[22] bereits das Regel-Ausnahmeverhältnis umgekehrt und im Wesentlichen die auch heute noch vorhandene Systematik der Ersatzansprüche geschaffen. Lediglich § 92b BSHG enthielt noch eine nur einkommensabhängige Ersatzpflicht, die aber nur bei kurzfristigem Leistungsbezug oder beim Bezug von Einmalleistungen zum Tragen kommen konnte; § 92b BSHG wurde dann mit dem Dritten Gesetz zur Änderung des Bundessozialhilfegesetzes[23] ganz abgeschafft[24].

9

Die **Geltendmachung von Ersatzansprüchen** war nunmehr die **Ausnahme**. Sie wird seither nur noch zugelassen, wenn besondere Gründe es als gerechtfertigt erscheinen lassen, den Nachrang der Sozialhilfe durch Ersatzansprüche wiederherzustellen. In den Fällen des § 91a BSHG (jetzt: §§ 103, 104 SGB XII) knüpft die Ersatzpflicht an ein deliktisches oder „quasi-deliktisches" Verhalten des Ersatzpflichtigen an. Mit der Regelung über die selbstständige Erbenhaftung des § 91c BSHG (jetzt: § 102 SGB XII) sollte hingegen erreicht werden, dass sich die Vermögensschutzvorschriften des § 88 Abs. 2 und 3 BSHG oder sonstige Privilegierungen des Hilfeempfängers auch nur zugunsten des Hilfeempfängers und seiner in den §§ 11 und 28 BSHG genannten nächsten Angehörigen und nicht darüber hinaus auch zugunsten dessen Erben auswirken. Der Gesetzgeber sieht es als nicht gerechtfertigt an, dass den Erben der Hilfeempfänger, besonders denjenigen, die dem Hilfeempfänger nicht nahe gestanden haben, nur deshalb zu Lasten der Allgemeinheit Vermögen zuwachsen soll, weil dem Hilfeempfänger und seinen nächsten Angehörigen selbst die Verwertung dieses Vermögens nicht zugemutet worden ist.[25] In derartigen Fällen soll vielmehr der Ersatzanspruch des § 92c BSHG (jetzt: § 102 SGB XII) den **Nachrang der Sozialhilfe** realisieren.

10

Die **Leistungen der Grundsicherung im Alter und bei Erwerbsminderung** sind von dieser Ersatzpflicht **ausgenommen**, ebenso die vor dem 01.01.1987 entstandenen Kosten der **Tuberkulosehilfe** (§ 102 Abs. 5 SGB XII). Seit dem 01.01.1987 werden Leistungen der Tuberkulosehilfe grundsätzlich nicht mehr erbracht; eine Ausnahme enthält die Übergangsregelung des § 135 SGB XII, nach der Leistungen bis zum 31.12.1987 fortgesetzt werden konnten.

11

Verweise auf § 102 Abs. 3 und 4 SGB XII finden sich im Vormundschafts- und Betreuungsrecht (§§ 1836e Abs. 1 Satz 3, 1908i Abs. 1 Satz 1 BGB).

12

---

[20] Bundessozialhilfegesetz vom 30.06.1961, BGBl I 1961, 815.

[21] §§ 25, 25a der Verordnung über die Fürsorgepflicht vom 13.02.1924, RGBl I 1924, 100, i.d.F. der Zweiten Verordnung des Reichspräsidenten zur Sicherung von Wirtschaft und Finanzen vom 05.06.1931, RGBl I 1931, 279, und des Gesetzes vom 22.12.1936, RGBl I 1936, 1125, i.V.m. der Verordnung über den Ersatz von Fürsorgekosten vom 30.01.1951, BGBl I 1951, 154.

[22] Zweites Gesetz zur Änderung des Bundessozialhilfegesetzes vom 14.08.1969, BGBl I 1969, 1153.

[23] Drittes Gesetz zur Änderung des Bundessozialhilfegesetzes vom 25.03.1974, BGBl I 1974, 777.

[24] Grundlegend zur Gesetzesentwicklung auch BVerwG v. 21.10.1987 - 5 C 39/85 - BVerwGE 78, 165, 168.

[25] BT-Drs. V/3495, S. 5, 16.

II. Parallelen im SGB II

13 § 35 SGB II enthält für den Bereich der Grundsicherung für Arbeitsuchende eine vergleichbare Regelung. § 35 SGB II sollte sich nach der Gesetzesbegründung an das Sozialhilferecht anlehnen[26] und hat inhaltlich zu § 102 SGB XII auch weitgehende Parallelen.

14 Anders als nach § 102 SGB XII ist ersatzpflichtig nach § 35 SGB II aber nur der Erbe des Leistungsempfängers, nicht auch der Erbe des Ehegatten oder des Lebenspartners. Eine Ersatzpflicht nach § 35 SGB II in der bis zum 31.03.2011 geltenden Fassung bestand zudem nur im Hinblick auf die Leistungen zur Sicherung des Lebensunterhalts; seit dem 01.04.2011 erstrecken sich die Ersatzansprüche allerdings auch auf die (gesamten) Leistungen nach dem Zweiten Buch Sozialgesetzbuch, auch auf Beiträge zur Kranken-, Renten- und Pflegeversicherung (§ 35 Abs. 1 Satz 2 SGB II). Auch die Freigrenzen sind nicht identisch. Nach § 35 Abs. 1 Satz 1 SGB XII besteht eine Verpflichtung zum Kostenersatz, soweit die Kosten den Betrag von 1.700 € übersteigen; nach § 102 Abs. 2 Satz 2 SGB XII liegt die – höhere – Grenze bei dem Dreifachen des Grundbetrages nach § 85 Abs. 1 SGB XII (also beim Sechsfachen des Eckregelsatzes, ab dem 01.01.2011 beim Sechsfachen der Regelbedarfsstufe 1 nach der Anlage zu § 28 SGB XII). Der Freibetrag nach § 102 Abs. 3 Nr. 1 SGB XII hat in § 35 SGB II keine Entsprechung, der Freibetrag nach § 105 Abs. 3 Nr. 2 SGB XII von 15.340 € liegt in den Fällen des § 35 Abs. 2 Nr. 1 SGB II bei 15.500 €.

15 Ein Grund für die unterschiedlichen Regelungen über den Adressatenkreis der Ansprüche nach § 102 SGB XII und § 35 SGB II kann in den unterschiedlichen Systematiken bei der Einbeziehung von Ehegatten und Lebenspartnern in den Kreis der Anspruchsberechtigten gesehen werden. Ehegatten und Lebenspartner gehören im SGB II bei den Leistungen zur Sicherung des Lebensunterhalts, auf die die Ersatzpflicht begrenzt ist, zur Bedarfsgemeinschaft (§ 7 Abs. 3 SGB II); deren Mitglieder – von Ausnahmen abgesehen (z.B. § 7 Abs. 4 SGB II) – alle einen Leistungsanspruch haben, sofern der Gesamtbedarf der Bedarfsgemeinschaft nicht aus eigenen Kräften und Mitteln gedeckt ist (§ 9 Abs. 2 Satz 3 SGB II). Beim Versterben des Ehegatten oder Lebenspartners eines Hilfebedürftigen ist deshalb im Leistungssystem des SGB II in aller Regel auch der Ehegatte oder Lebenspartner selbst hilfebedürftig gewesen und hat Leistungen erhalten; eine Heranziehung der Erben des Ehegatten oder Lebenspartners kommt deshalb in aller Regel schon wegen der dem Ehegatten oder Lebenspartner selbst gewährten Leistungen in Betracht. Den auf § 9 Abs. 2 Satz 3 SGB II beruhenden Gleichlauf der Leistungsansprüche innerhalb der Bedarfsgemeinschaft gibt es im SGB XII auch bei der Hilfe zum Lebensunterhalt in dieser Form nicht.

16 Für die unterschiedliche Höhe der jeweiligen Freigrenzen in § 35 SGB II und § 102 SGB XII sind konkrete Gründe nicht bekannt[27]; die Freibeträge im SGB II sind – mit Ausnahme von § 35 Abs. 2 Nr. 1 SGB II – geringfügig niedriger. Es dürfte allerdings auch im Hinblick auf Art. 3 GG nicht auf verfassungsrechtliche Bedenken stoßen, wenn der Gesetzgeber im SGB II als dem Leistungssystem für erwerbsfähige Hilfebedürftige in den Fällen des § 35 SGB II weitergehend auf das Erbe des Hilfebedürftigen zugreift als in Fällen nach Erbringung von Sozialhilfeleistungen in den Fällen des § 102 SGB XII. Dies kann auch das Fehlen einer dem § 102 Abs. 3 Nr. 1 SGB XII entsprechenden Regelung in § 35 SGB II rechtfertigen.

III. Tatbestandsmerkmale und Rechtsfolgen

1. Absätze 1, 5

a. Leistungsrechtlich rechtmäßige Leistungserbringung

17 Eine Verpflichtung zum Ersatz von Kosten der Sozialhilfe nach § 102 Abs. 1 Satz 1 SGB XII kommt nur in Betracht, wenn die **leistungsrechtlichen Voraussetzungen** für die Erbringung von Sozialhilfe **vorgelegen** haben. Wenn hingegen die Regelungen der §§ 45, 48, 50 SGB X anwendbar sind, sind sie abschließend; eine analoge Anwendung des § 102 SGB XII scheidet aus.[28] Wurden mithin Leistungen erbracht, ohne dass die leistungsrechtlichen Voraussetzungen vorlagen, wurde etwa Sozialhilfe geleistet, obwohl zu verwertendes Vermögen (§ 90 SGB XII) vorhanden war, oder wurde die Anrechnung von Einkommen (§ 82 SGB XII) versäumt, und lag auch kein Fall des § 19 Abs. 5 SGB XII vor, so

---

[26] BT-Drs. 15/1516, S. 62.
[27] Vgl. *Conradis* in: LPK-SGB XII, § 102 Rn. 5.
[28] Vgl. BSG v. 23.03.2010 - B 8 SO 2/09 R; BVerwG v. 21.10.1987 - 5 C 39/85 - BVerwGE 78, 165.

muss der Leistungsfall nach den §§ 44 ff. SGB X rückabgewickelt werden. Entsprechende Aufhebungs- und Erstattungsentscheidungen können auch noch gegenüber den Erben getroffen werden, wenn die Voraussetzungen gegenüber dem Erblasser vorgelegen haben.[29]

§ 102 SGB XII und die §§ 44 ff. SGB X können **nebeneinander** zur Anwendung kommen, wenn die leistungsrechtlichen Voraussetzungen für die Erbringung von Sozialhilfe nur teilweise vorlagen. Das kann insbesondere dann der Fall sein, wenn die rechtliche Bewertung zeitabschnittsweise unterschiedlich ausfällt oder wenn Einkommen nicht angerechnet wurde, das nur zum teilweisen Wegfall des Leistungsanspruchs geführt haben würde.[30] 18

Eine Inanspruchnahme des Erben nach § 102 SGB XII kommt **nicht** in Betracht für Kosten, die durch Gewährung von Leistungen an den Erblasser nach **§ 19 Abs. 5 SGB XII** entstanden sind; in solchen Fällen müssen ggf. die Kosten auf der Grundlage von § 19 Abs. 5 SGB XII i.V.m. § 1967 BGB von dem Erben zurückgefordert werden, soweit nicht bereits der Erblasser selbst die Kosten erstattet hat. § 19 Abs. 5 SGB XII betrifft Fälle, in denen die Sozialhilfeleistungen zu Recht gewährt wurden.[31] Auch wenn dies aus dem Wortlaut des § 19 Abs. 5 SGB XII heute nicht mehr unmittelbar erkennbar ist, müssen für die Gewährung von Leistungen nach dieser Vorschrift bestimmte Voraussetzungen vorliegen (vgl. die §§ 11 Abs. 2, 29 BSHG: „begründete Fälle"); § 19 Abs. 5 SGB XII hat deshalb nach hier vertretener Ansicht nicht lediglich die Bedeutung einer Auffangvorschrift für Fälle, in denen die Voraussetzungen für eine Rückforderung von Leistungen nach den §§ 45, 48, 50 SGB X nicht vorliegen; vielmehr schafft er einen Tatbestand für eine rechtmäßige Leistungsgewährung. Ein Aufwendungsersatzanspruch nach § 19 Abs. 5 SGB XII, der auf den Erben übergeht, schmälert deshalb als Erblasserschuld von vornherein den Nachlass, der Gegenstand des Anspruchs nach § 102 SGB XII ist; die Anwendung des § 102 SGB XII kommt nicht in Betracht. 19

Sofern zur Herstellung des Nachrangs der Sozialhilfe auch übergeleitete Ansprüche nach **§ 93 SGB XII** gegen den Erben geltend gemacht werden können, sind solche Ansprüche gegenüber einer Inanspruchnahme nach § 102 SGB XII **vorrangig**. Dies zeigt sich in Fällen, in denen noch zu Lebzeiten des Hilfeempfängers übergeleitet worden ist; dann gehört nämlich die übergeleitete Forderung nicht mehr zum Nachlass als Verfügungsmasse für den Ersatzanspruch nach § 102 SGB XII. Dieses Rangverhältnis zwischen den § 93 SGB XII und § 102 SGB XII besteht nach dem Tode des Hilfeempfängers fort.[32] 20

b. Ersatzpflichtige Personen

Ersatzpflichtig ist der **Erbe der leistungsberechtigten Person oder ihres Ehegatten/Lebenspartners**, falls diese vor der leistungsberechtigten Person versterben. § 102 Abs. 1 SGB XII regelt so – wie zuvor § 92c Abs. 1 BSHG – **zwei mögliche Kostenersatzansprüche** mit möglicherweise unterschiedlichen Schuldnern, die auch nebeneinander bestehen können; der Kostenersatz ist nicht entweder auf den Erben des Hilfeempfängers einerseits oder auf den Erben dessen Ehegatten/Lebenspartners andererseits beschränkt in dem Sinne, dass die Ersatzpflicht des einen Erben die des anderen ausschlösse. Ist der Hilfeempfänger gestorben, ist dessen Erbe zum Kostenersatz verpflichtet, ist der Ehegatte/Lebenspartner des Hilfeempfängers vor diesem verstorben, ist der Erbe des Ehegatten/Lebenspartners zum Kostenersatz verpflichtet; ob und in welchem Umfang eine Kostenersatzpflicht des Erben des vorverstorbenen Ehegatten (fort)besteht, ist unabhängig davon, ob und in welchem Umfang später (auch) eine Kostenersatzpflicht des Erben des Hilfeempfängers entsteht. Die Kostenersatzansprüche gegen die Erben des Ehegatten/Lebenspartners einerseits und die des Hilfeempfängers selbst andererseits stehen selbständig nebeneinander. Wenn allerdings der Ehegatte/Lebenspartner erst nach dem Hilfeempfänger verstirbt, besteht keine Ersatzpflicht der Erben des Ehegatten/Lebenspartners.[33] 21

Wer **Erbe** ist, ergibt sich aus den **§§ 1922 ff. BGB** und **§ 10 LPartG**. Erbe ist auch der (nicht befreite) **Vorerbe** (vgl. die §§ 2100 ff. BGB).[34] Zwar unterliegt der Vorerbe Beschränkungen bei Verfügungen 22

---

[29] So wohl auch *Bieback* in: Grube/Wahrendorf, SGB XII Sozialhilfe, § 102 Rn. 10.
[30] *Bieback* in: Grube/Wahrendorf, SGB XII Sozialhilfe, § 102 Rn. 10; *Wolf* in: Fichtner/Wenzel, Kommentar zum SGB XII – Sozialhilfe Asylbewerberleistungsgesetz, § 102 Rn. 5.
[31] *Grube* in: Grube/Wahrendorf, SGB XII Sozialhilfe, § 18 Rn. 27.
[32] BVerwG v. 10.05.1990 - 5 C 63/88 - BVerwGE 85, 136, 138.
[33] BVerwG v. 10.07.2003 - 5 C 17/02 - BVerwGE 118, 313, 316.
[34] Der Vorerbe kann über die zur Erbschaft gehörenden Gegenstände verfügen, soweit sich nicht aus den Vorschriften der §§ 2113-2115 BGB etwas anderes ergibt. Der Erblasser kann den Vorerben von den Beschränkungen und Verpflichtungen der §§ 2113 Abs. 1 und 2114 BGB befreien, § 2136 BGB.

über Nachlassgegenstände (§§ 2113 ff., 2136 BGB). Auch der nicht befreite Vorerbe haftet aber mit dem Wert des Nachlasses. Als Erbe hat der Vorerbe die Nachlassverbindlichkeiten zu erfüllen (vgl. § 1967 Abs. 1 BGB). Gegebenenfalls muss der Nacherbe seine Einwilligung zu einer Verfügung erteilen, die der Erbe wegen der sich aus seiner Stellung als Vorerbe ergebenden Verfügungsbeschränkung nicht ohne weiteres vornehmen darf, wenn die Verfügung zur Berichtigung einer Nachlassverbindlichkeit erforderlich ist (§ 2120 Satz 1 BGB)[35]. **Kein Erbe** ist der **Vermächtnisnehmer** (§§ 2147 ff. BGB). Zu den Fällen des Erbschaftserwerbs wird die Auffassung vertreten, dass die Kostenersatzpflicht den **Erbschaftserwerber** nicht treffe – weder in direkter noch analoger Anwendung der §§ 2385, 2382 BGB.[36] Die Erbenstellung wird in der Regel durch eine **Ausschlagung** auch vor dem Hintergrund einer sonst drohenden Ersatzpflicht entfallen und die Ausschlagung nicht sittenwidrig sein[37]; allerdings dürften insoweit auch Konstellationen in Betracht kommen, bei denen für die Beurteilung einer Sittenwidrigkeit die Einzelheiten in den Blick zu nehmen sind.

23   Wird der Hilfeempfänger von **mehreren** Personen beerbt, so haften diese als **Gesamtschuldner (§ 2058 BGB)**[38]; jeder Miterbe kann auf den vollen Ersatzanspruch in Anspruch genommen werden[39]; auch nach Teilung des Nachlasses bleibt grundsätzlich die gesamtschuldnerische Haftung bestehen[40]. Ist allerdings einer der Miterben nach § 102 Abs. 3 Nr. 2 oder 3 SGB XII (voll) privilegiert, so sollen nach verbreiteter Auffassung die nicht privilegierten Miterben nur entsprechend dem Verhältnis der Summe ihrer Erbanteile zum Gesamterbe in Anspruch genommen werden können; der Ersatzanspruch würde sich dann um den Anteil, der auf den privilegierten Erben entfällt, vermindern.[41] Diese Auffassung überzeugt allerdings nur dann, wenn die auf die nicht privilegierten Miterben entfallenden Erbteile insgesamt nicht ausreichen, um den vollen Ersatzanspruch zu erfüllen. Da jeder Miterbe letztlich nur mit dem Wert des auf ihn entfallenden Erbteils haftet (§ 102 Abs. 2 Satz 2 SGB XII), muss sich in solchen Fällen der Ersatzanspruch reduzieren; ansonsten müssten von den nicht privilegierten Erben Ausgleichsansprüche gegen den privilegierten Erben geltend gemacht werden (§ 426 Abs. 1 BGB), was dessen Privilegierung unterlaufen würde. Anders ist die Situation aber dann, wenn die Erbteile der nicht privilegierten Erben schon ausreichen, um den Ersatzanspruch zu erfüllen. Es gibt dann keinen Grund, dem Ziel des Gesetzgebers, den Nachrang der Sozialhilfe durch Abschöpfung des Nachlasses bei den nicht privilegierten Erben wiederherzustellen, nicht in vollem Umfang Geltung zu verschaffen; insbesondere bestehen dann auch keine Regressansprüche der nichtprivilegierten Erben gegen den privilegierten Erben nach § 426 BGB.[42] Die nicht privilegierten Erben haften im Ergebnis demnach (im Innenverhältnis) beschränkt auf ihre jeweiligen Erbteile für die gesamte Ersatzforderung; die Privilegierung eines Erben kann sich so zu Lasten der übrigen Erben auswirken. Der privilegierte Erbe selbst kann weder von dem Sozialhilfeträger[43] noch von den Miterben in Anspruch genommen werden.

24   Auf das Gesamtschuldverhältnis sind die §§ 421 ff. BGB anzuwenden. Teilweise wird angenommen, dass es im **Ermessen** des Leistungsträgers stehe, welchen der in Betracht kommenden Schuldner er in Anspruch nimmt.[44] Dass insoweit Anspruch auf eine Ermessensentscheidung im Sinne des § 39 SGB I besteht, lässt sich zwar dem Gesetz nicht unmittelbar entnehmen. Auch das **Bundesverwaltungsge-**

---

[35] BVerwG v. 23.09.1982 - 5 C 109/81 - BVerwGE 66, 161.
[36] *Schellhorn* in: Schellhorn/Schellhorn/Hohm, SGB XII Sozialhilfe, § 102 Rn. 10; in diesem Sinne wohl auch BVerwG v. 04.10.2010 - 3 B 17/10.
[37] *Link* in: Eicher, SGB II, 3. Aufl., § 35 Rn. 13 mit Hinweis auf BGH v. 19.01.2011 - IV ZR 7/10 und BVerwG v. 10.04.1991 - 5 B 29.90.
[38] *Schellhorn* in: Schellhorn/Schellhorn/Hohm, SGB XII Sozialhilfe, § 102 Rn. 12; *Lücking* in: Hauck/Noftz, SGB XII, § 102 Rn. 27; *Bieback* in: Grube/Wahrendorf, SGB XII Sozialhilfe, § 102 Rn. 35; *Steimer* in: Mergler/Zink, Sozialgesetzbuch XII und Asylbewerberleistungsgesetz, § 102 Rn. 29; *Baur* in: Jahn, Sozialgesetzbuch für die Praxis Zwölftes Buch Sozialhilfe, § 102 Rn. 26; *Conradis* in: LPK-SGB XII, § 102 Rn. 8; *Wolf* in: Fichtner/Wenzel, Kommentar zum SGB XII – Sozialhilfe Asylbewerberleistungsgesetz, § 102 Rn. 17.
[39] Offen gelassen in BSG v. 23.03.2010 - B 8 SO 2/09 R.
[40] BSG v. 23.08.2013 - B 8 SO 7/12 R.
[41] So wohl VGH Baden-Württemberg v. 29.06.1976 - VI 1016/75 - FEVS 25, 107; *Conradis* in: LPK-SGB XII, § 102 Rn. 8; *Lücking* in: Hauck/Noftz, SGB XII, § 102 Rn. 27; *Schellhorn* in: Schellhorn/Schellhorn/Hohm, SGB XII Sozialhilfe, § 102 Rn. 12.
[42] Offen gelassen von OVG NRW v. 20.02.2001 - 22 A 2695/99 - NJW 2002, 695.
[43] Hessischer VGH v. 26.11.1998 - 1 UE 1276/95 - FEVS 51, 180.
[44] *Bieback* in: Grube/Wahrendorf, SGB XII Sozialhilfe, § 102 Rn. 35; LSG Berlin-Brandenburg v. 27.09.2012 - L 14 AS 1348/11.

richt hat aber – allerdings in einem anderen normativen Kontext – die Auffassung vertreten, dass sich ein Anspruch auf Ermessensbetätigung bei der Inanspruchnahme eines von mehreren Gesamtschuldnern aus § 421 BGB ergebe, wobei an die Stelle von dessen Worten „**nach Belieben**" die Worte „**nach Ermessen**" treten müssten.[45] Die Ermessensausübung soll danach nur durch das Willkürverbot und offenbare Unbilligkeit begrenzt sein und eine Begründung der Ermessensentscheidung soll regelmäßig entbehrlich sein, wenn die Gesamtschuldnerhaftung nicht Schuldnerschutz, sondern Verwaltungsvereinfachung und Effizienz des Gesetzesvollzuges zum Ziel hat. Bei einem derart weiten Verständnis des Ermessensspielraums verbunden mit dem Absehen von einem Begründungserfordernis dürften sich indes zu einer Entscheidung nach Belieben kaum Unterschiede ergeben, zumal das Verfassungsrang genießende Willkürverbot nicht nur bei Ermessensentscheidungen zu beachten ist. Das **BSG** hat sich mittlerweile zwar den Erwägungen des Bundesverwaltungsgerichts im Grundsatz angeschlossen, speziell im Hinblick auf § 92c BSHG (und damit entsprechend auch zu § 102 SGB XII) aber entschieden, dass bei der Frage, von welchem Gesamtschuldner Kostenersatz in welcher Höhe verlangt werde, weitergehende Ermessenserwägungen anzustellen seien.[46] § 92c BSHG verfolge auch **bereicherungsrechtliche Ziele**. Deshalb müsse die Auswahl eines Gesamtschuldners für den Kostenersatz insgesamt im Rahmen einer **Ermessensentscheidung unter Berücksichtigung der Zielsetzung der Norm** – Herstellung des Nachrangs der Sozialhilfe durch Zugriff auf den durch das Erbe Begünstigten – unter Berücksichtigung der entsprechenden Umstände erfolgen. Eine Rolle spielten insbesondere eine bereits erfolgte Verteilung des Erbes, wenn sie vor Kenntnis von dem Kostenersatzanspruch durchgeführt worden sei, ein eventueller Verbrauch des ererbten Vermögens, die Anzahl der Erben, der Wert des Nachlasses und die Höhe des Kostenersatzanspruchs sowie die Relation der beiden Werte zueinander und auch die Erbquote. Nur eine Gesamtschau der Situation aller Erben werde deren individueller Zahlungspflicht gerecht. Dies werde durch die Struktur der Vorschrift des § 92c BSHG bestätigt. Sie enthalte bereits selbst ausdrückliche Privilegierungen von Erben mit der Folge, dass der Anspruch auf Kostenersatz bei den privilegierten Erben nicht geltend zu machen sei.[47] Vgl. zur **Problematik der Gesamtschuldnerschaft** auch die Kommentierung zu § 2 SGB XII Rn. 28 ff.

Der Erbe ist dann **nicht ersatzpflichtig**, wenn er **selbst der Leistungsberechtigte** ist und seinen Ehegatten oder Lebenspartner beerbt (§ 102 Abs. 1 Satz 4 SGB XII). Sinn und Zweck des § 102 SGB XII ist die Herstellung des Nachrangs der Sozialhilfe, wenn der Grund für die Vermögensprivilegierung entfallen ist; solange das Vermögen bei einem Mitglied der Einsatzgemeinschaft verbleibt, ist dies nicht der Fall.

c. Umfang der Haftung

Die Ersatzpflicht des Erben des Ehegatten oder Lebenspartners besteht **nicht für Kosten** der Sozialhilfe, die **während des Getrenntlebens der Ehegatten oder Lebenspartner** geleistet wurden (§ 102 Abs. 1 Satz 3 SGB XII).[48] Die Regelung ist eine Ausprägung des auch dem § 102 Abs. 1 Satz 4 SGB XII zugrunde liegenden Rechtsgedankens, wonach der Nachlass zum Ersatz der aufgewandten Sozialhilfekosten dann, aber auch nur dann herangezogen werden soll, wenn vor dem Eintritt des Erbfalls innerhalb der Einsatzgemeinschaft (geschütztes) Vermögen vorhanden war und nach dem Eintritt des Erbfalls ein Vermögensschutz nicht mehr gerechtfertigt ist. In Fällen, in denen der Erblasser und sein Ehegatte/Lebenspartner getrennt gelebt haben, ist Ersteres nicht der Fall; Einkommen und Vermögen des getrennt lebenden Ehegatten/Lebenspartners ist bei dem Hilfebedürftigen dann nämlich nicht zu berücksichtigen (z.B. § 27 Abs. 2 Satz 2 SGB XII).

Die Ersatzpflicht besteht **nur für Kosten** der Sozialhilfe, **die das Dreifache des Grundbetrages nach § 85 Abs. 1 SGB XII übersteigen** (§ 102 Abs. 1 Satz 2 SGB XII). Die Regelung hat in erster Linie eine Entlastung der Sozialhilfeträger zum Ziel; mit ihr sollte eine zu starke verwaltungsmäßige Belastung der Träger durch laufende Überwachung der Leistungsfälle sowie durch die Einbeziehung von geringen Beträgen vermieden werden.[49]

Mit dem Dreifachen des Grundbetrags nach § 85 Abs. 1 SGB XII ist im Ergebnis das Sechsfache der

---

[45] BVerwG v. 22.01.1993 - 8 C 57/91; BVerwG v. 04.10.2010 - 3 B 17/10.
[46] BSG v. 23.08.2013 - B 8 SO 7/12 R.
[47] BSG v. 23.08.2013 - B 8 SO 7/12 R.
[48] Zum Begriff des Getrenntlebens vgl. die Kommentierung zu § 19 SGB XII; grundlegend hierzu BSG v. 18.02.2010 - B 4 AS 49/09 R (zu § 7 SGB II).
[49] BT-Drs. V/3495, S. 16.

Regelbedarfsstufe 1 nach der Anlage zu § 28 SGB XII gemeint; der Grundbetrag ist in § 85 Abs. 1 Nr. 1 SGB XII als das Zweifache der Regelbedarfsstufe 1 definiert. Die Ermittlung und Festlegung der Regelbedarfe erfolgt seit dem 01.01.2011 nach den §§ 28-29, 40 SGB XII.

28 Der sich nach § 102 Abs. 1 Satz 2 SGB XII ergebende Betrag ist als **Freibetrag** zu verstehen; übersteigen die Kosten der Sozialhilfe diesen Betrag, so ist nur der überschießende Anteil gegenüber dem Erben geltend zu machen.[50] Dabei ist der Betrag ohne Rücksicht auf die Zahl der Erben nur einmal vom Nachlass abzusetzen.[51] Maßgeblicher Zeitpunkt für die Ermittlung der Höhe des Freibetrages ist der Eintritt des Erbfalls.[52] Keine Rolle spielt für die Höhe des Freibetrages, ob in dem Zehnjahreszeitraum des § 102 Abs. 1 Satz 2 SGB XII mehrere Sozialhilfeträger Leistungen erbracht haben; der Freibetrag ist auch in diesem Fall nur einmal zu gewähren.[53]

29 Die Ersatzpflicht besteht nur für solche Kosten, die **innerhalb eines Zeitraums von 10 Jahren vor dem Erbfall** aufgewandt worden sind (§ 102 Abs. 1 Satz 2 SGB XII). Mit Erbfall ist der Tod der leistungsberechtigten Person oder des Ehegatten/Lebenspartners gemeint. Auf die Situation der Erben kommt es nicht an, insbesondere nicht darauf, ob und ggf. wann die Erbschaft ausgeschlagen worden ist.[54] Kosten, die erst nach dem Tod der leistungsberechtigten Person entstehen – z.B. vom Sozialhilfeträger übernommene Bestattungskosten – fallen mithin nicht mehr in den Anwendungsbereich des § 102 SGB XII[55]. Die Frist reicht vom Tag des Todes zehn Jahre zurück bis zu dem Tag, der nach seiner Benennung dem Todestag entspricht (vgl. § 188 Abs. 2 BGB).[56]

30 Mit den Kosten der Sozialhilfe sind alle vom Leistungsträger bei Vorliegen der leistungsrechtlichen Voraussetzungen erbrachten **Sozialhilfeleistungen nach dem SGB XII oder dem BSHG** gemeint; ausgenommen sind nach § 102 Abs. 5 SGB XII allein die Leistungen der Grundsicherung im Alter und bei Erwerbsminderung (§§ 41 ff. SGB XII) und die vor dem 01.01.1987 entstandenen Kosten der Tuberkulosehilfe. Die Tuberkulosehilfe war bis zum 31.12.1986 in den §§ 48-66 BSHG geregelt; mit dem Zweiten Rechtsbereinigungsgesetz vom 16.12.1986[57] wurde sie gestrichen (vgl. hierzu auch die Übergangsregelung des § 135 SGB XII, nach der Leistungen bis zum 31.12.1987 weiter gewährt werden konnten). Angesichts der Zehnjahresfrist des § 102 Abs. 1 Satz 2 SGB XII wird der Ausschluss dieser Leistungen von der Ersatzpflicht nur noch selten Bedeutung haben. Dass der Kostenerstattungsanspruch aus § 102 SGB XII auch Hilfeleistungen umfasst, die noch unter der Geltung des BSHG erbracht worden sind[58], ergibt sich jedenfalls aus dem Ausschluss der vor dem 01.01.1987 erbrachten Leistungen der Tuberkulosehilfe. Keine Einigkeit bestand zunächst darüber, ob der Zeitpunkt der letzten Behördenentscheidung[59] oder der Erbfall[60] bestimme, ob § 92c BSHG oder § 102 SGB XII anzuwenden ist. Das Bundesverwaltungsgericht hatte insoweit zu § 92c Abs. 1 Satz 2 BSHG entschieden, dass maßgeblicher Zeitpunkt für die Ermittlung der Höhe des Freibetrages der Eintritt des Erbfalls sei[61]. Das BSG hat mittlerweile allgemein klargestellt, dass nach den Grundsätzen des intertemporalen Rechts für das anzuwendende Recht der Erbfall entscheidend sei[62].

31 Die Erbenhaftung besteht nicht nur dann, wenn es sich bei dem Erbe um Gegenstände handelt, deren Verwertung während des Leistungsbezugs aufgrund von Privilegierungen innerhalb des BSHG oder des SGB XII nicht verlangt werden konnte. Vielmehr kommt auch eine **Erbenhaftung im Hinblick auf solche Vermögensgegenstände in Betracht, die aufgrund sonstiger Vorschriften privilegiert**

---

[50] BVerwG v. 23.09.1982 - 5 C 109/81 - BVerwGE 66, 161.
[51] BVerwG v. 26.10.1978 - V C 52.77 - BVerwGE 57, 26.
[52] BVerwG v. 26.10.1978 - V C 52.77 - BVerwGE 57, 26.
[53] So *Bieback* in: Grube/Wahrendorf, SGB XII Sozialhilfe, § 102 Rn. 15; *Steimer* in: Mergler/Zink, Sozialgesetzbuch XII und Asylbewerberleistungsgesetz, § 102 Rn. 14.
[54] *Schellhorn* in: Schellhorn/Schellhorn/Hohm, SGB XII Sozialhilfe, § 103 Rn. 19; *Lücking* in: Hauck/Noftz, SGB XII, § 102 Rn. 11.
[55] *Lücking* in: Hauck/Noftz, SGB XII, § 102 Rn. 11.
[56] *Schellhorn* in: Schellhorn/Schellhorn/Hohm, SGB XII Sozialhilfe, § 103 Rn. 19; *Lücking* in: Hauck/Noftz, SGB XII, § 102 Rn. 11.
[57] BGBl I 1986, 2441.
[58] LSG NRW v. 09.11.2005 - L 20 (12) B 38/05 SO ER - FEVS 57, 529; SG Karlsruhe v. 27.08.2009 - S 1 SO 1039/09.
[59] SG Karlsruhe v. 27.08.2009 - S 1 SO 1039/09.
[60] SG Frankfurt v. 28.11.2008 - S 36 SO 212/05.
[61] BVerwG v. 26.10.1978 - V C 52.77 - BVerwGE 57, 26.
[62] BSG v. 23.08.2013 - B 8 SO 7/12 R.

waren, z.B. aufgrund des Gesetzes über die Errichtung einer Stiftung „Hilfswerk für behinderte Kinder"[63]. Die Erbenhaftung wird nur dann entfallen können, wenn sich aus der gesetzlichen Vermögens- oder Einkommensschutzregelung eine Privilegierung nicht nur des Hilfeempfängers selbst, sondern auch des Erben ableiten lässt.

Die Ersatzpflicht besteht für die rechtmäßig innerhalb eines Zeitraums von zehn Jahren vor dem Erbfall geleistete Hilfe auch dann, wenn sie vor dem Erwerb des (späteren) Nachlassvermögens durch den Hilfeempfänger gewährt worden ist.[64] Etwas anderes lässt sich weder dem Wortlaut des § 102 SGB XII – bzw. zuvor des § 92c BSHG – entnehmen noch sprechen hierfür systematische Gründe. Insbesondere kann der Geltungsbereich des § 102 SGB XII in solchen Fällen nicht entgegen dem Wortlaut aufgrund eines allgemeinen Grundsatzes eingeschränkt werden, wonach Sozialhilfe nicht mit einer Rückzahlungspflicht belastet sei[65], denn § 102 SGB XII schränkt diesen Grundsatz gerade ein. Dementsprechend vertritt auch das BSG aufgrund von Wortlaut sowie systematischen und historischen Argumenten die Auffassung, dass die Erbenhaftung **nicht** auf Fälle beschränkt sei, in denen der Erblasser **bereits zum Zeitpunkt der Sozialhilfegewährung Inhaber des Vermögens** war, das bei Eintritt des Erbfalls vorhanden war.[66] Soweit ersichtlich liegt bisher keine Rechtsprechung zu der Frage vor, ob die Argumentation auch auf den Fall des Vorversterbens des Ehegatten oder Lebenspartners übertragen werden kann, wenn der Ehegatte oder Lebenspartner – als selbst nicht leistungsberechtigte Person – nach dem Sozialhilfebezug Vermögen erworben hat (§ 102 Abs. 1 Satz 1 Alt. 2 SGB XII). 32

Für die **Geltendmachung von Zinsen** für die Ersatzforderung durch den Sozialhilfeträger gibt es **keine Rechtsgrundlage**.[67] 33

d. Ersatzberechtigte und Entscheidungszuständigkeit

Gläubiger der Ersatzforderung ist der Träger der erbrachten Sozialhilfeleistungen. Von der Gläubigerstellung zu unterscheiden ist die Frage der Entscheidungszuständigkeit für die Geltendmachung der Ersatzforderung, die sich insbesondere in Fällen der Heranziehung (§ 99 SGB XII) stellen kann. Sofern nichts anderes bestimmt ist, wird für die Geltendmachung der Ersatzforderung die Stelle zuständig sein, die auch über die Leistungserbringung entschieden hat. Sind allerdings nach der Leistungserbringung Änderungen in der Zuständigkeitsverteilung eingetreten, so wird für die Bestimmung der Zuständigkeit nach den Grundsätzen des intertemporalen Rechts[68] nicht auf die Verhältnisse bei Leistungserbringung, sondern bei Geltendmachung der Ersatzforderung abzustellen sein. 34

Im Gesetz nicht ausdrücklich geregelt ist der Fall, dass innerhalb des Zeitraums von zehn Jahren vor dem Erbfall Leistungen von mehreren Sozialhilfeträgern erbracht wurden. Auch in solchen Fällen kommt der Freibetrag des § 102 Abs. 1 Satz 2 SGB XII dem oder den Erben nur einmal zugute. Kein Zweifel dürfte auch daran bestehen, dass jeder der in Betracht kommenden Sozialhilfeträger bzw. die für ihn handelnde zuständige Stelle seinen Kostenersatz im Hinblick auf die selbst erbrachten Sozialhilfeleistungen in vollem Umfang ohne Rücksicht auf mögliche Forderungen anderer Träger im Außenverhältnis gegenüber dem Erben des Hilfeempfängers geltend machen kann – jedenfalls solange noch keiner der anderen in Betracht kommenden Träger tätig geworden ist. Zweifelhaft ist indes das (Innen-)Verhältnis der Träger untereinander, wenn der nach § 102 Abs. 3 SGB III für den Kostenersatz zur Verfügung stehende Teil des Erbes nicht ausreicht, um die Kosten aller Träger zu decken. § 102 SGB XII liefert für das Verhältnis der Forderungen der einzelnen Träger untereinander kaum Anhaltspunkte. Gegen ein an den Zeitpunkt der Geltendmachung der jeweiligen Forderung gegenüber dem Erben gekoppeltes Prioritätsprinzip (es geht die Forderung des Trägers vor, der sie zuerst gegenüber dem Erben geltend macht) dürfte aber wohl eine dadurch bedingte, mit dem Erbfall entstehende „Wettlauf"-Situation der Leistungsträger sprechen. In Betracht könnte deshalb auch eine quotale Verteilung der durch den Wert des Nachlasses begrenzten Gesamtforderung auf die einzelnen Träger nach der Höhe der ihnen jeweils entstandenen Kosten kommen, wobei ggf. die Leistungsträger untereinander entsprechend § 430 BGB zum internen Ausgleich verpflichtet wären, wenn ein Träger gegenüber dem 35

---

[63] BSG v. 23.03.2010 - B 8 SO 24/08 R.
[64] *Bieback* in: Grube/Wahrendorf, SGB XII Sozialhilfe, § 102 Rn. 13; OVG NRW v. 20.02.2001 - 22 A 2695/99 - NJW 2002, 695.
[65] So aber wohl *Conradis* in: LPK-SGB XII, § 102 Rn. 14.
[66] BSG v. 23.08.2013 - B 8 SO 7/12 R.
[67] *Lücking* in: Hauck/Noftz, SGB XII, § 102 Rn. 15; *Bieback* in: Grube/Wahrendorf, SGB XII Sozialhilfe, § 102 Rn. 12.
[68] Hierzu *Kopp*, SGb 1993, 593.

Erben höhere Kosten geltend gemacht hat, als ihm nach der auf ihn entfallenden Quote zustehen. Es würde dann eine teilweise oder – wenn das gesamte zur Verfügung stehende Erbe von geringerem Wert wäre als die Kosten jedes Einzelnen der beteiligten Leistungsträger – eine vollständige Gesamtgläubigerschaft der beteiligten Träger entstehen.

e. Anwendbarkeit von § 105 Abs. 2 SGB XII

36 § 105 Abs. 2 SGB XII ist auf die Ersatzansprüche des § 102 SGB XII **anwendbar**.[69] § 105 Abs. 2 Satz 1 SGB XII spricht von „Rückforderung"; diese Formulierung lässt einerseits zwar darauf schließen, dass in erster Linie Erstattungsansprüche im Sinne des § 50 SGB X gemeint sind, mit denen die Leistungsgewährung unmittelbar zwischen Leistungserbringer und Leistungsempfänger rückabgewickelt wird. Die Formulierung schließt andererseits aber nicht aus, dass auch eine Ersatzforderung gemeint sein kann, wenn die Ersatzforderung nach Inhalt und tatbestandlicher Anknüpfung einer Erstattungsforderung nahe steht. Das ist hier der Fall. Zwar hat der Gesetzgeber für die Rückabwicklung der Leistung die Konstruktion eines gegen den Erben gerichteten, eigenständigen Ersatzanspruchs gewählt. In der Sache geht es aber darum, einen Ausgleich für die gewährten Sozialhilfeleistungen aus dem Vermögen des Erblassers zu erreichen; die Haftung des Erben ist auch auf dieses Vermögen beschränkt (§ 102 Abs. 2 Satz 2 SGB XII). Von daher bestehen starke inhaltliche Parallelen zu einem öffentlich-rechtlichen Erstattungsanspruch, der ebenfalls auf die wertmäßige Rückabwicklung einer Sozialleistungsgewährung gerichtet ist. Deshalb ist es gerechtfertigt, die Privilegierung des § 105 Abs. 2 SGB XII auch auf den Erben anzuwenden, zumal dies auch Sinn und Zweck des § 105 Abs. 2 SGB XII entspricht. Der Leistungsberechtigte selbst – und dann konsequenterweise auch seine Erben – sollen durch den mit dem Bezug von Sozialhilfeleistungen verbundenen Ausschluss von Leistungen nach dem Wohngeldgesetz keine Nachteile dadurch erleiden, dass die Rückforderung von Leistungen nach dem Wohngeldgesetz an engere Voraussetzungen geknüpft ist als die Rückforderung von Leistungen der Sozialhilfe (vgl. hierzu die Kommentierung zu § 105 SGB XII). Ohne Anwendung des § 105 Abs. 2 SGB XII würden dem Erben aber Nachteile entstehen; Ersatzansprüche gegen den Erben im Hinblick auf dem Erblasser gewährte Leistungen nach dem Wohngeldgesetz gibt es nicht.

2. Absatz 2

a. Ersatzpflicht als Nachlassverbindlichkeit

37 § 102 Abs. 2 Satz 1 SGB XII stellt klar, dass es sich bei der Ersatzpflicht des Erben um eine **Nachlassverbindlichkeit** (§ 1967 Abs. 2 BGB) handelt.[70] Die Klarstellung ist allerdings für die Ausgestaltung der Haftung des Erben nur von **untergeordneter Bedeutung**; der Gesetzgeber hat nämlich die Beschränkung der Haftung des Erben in den Fällen des § 102 SGB XII nicht den Regelungen der §§ 1975 ff. BGB unterworfen, sondern sie mit § 102 Abs. 2 Satz 2 SGB XII eigenständig geregelt und auf den Wert des im Zeitpunkt des Erbfalls vorhandenen Nachlasses beschränkt.[71]

b. Beschränkung der Haftung

38 Nach § 102 Abs. 2 Satz 2 SGB XII haftet der Erbe mit dem **Wert des im Zeitpunkt des Erbfalls vorhandenen Nachlasses**. Es ist damit klargestellt, dass der Erbe grundsätzlich nicht mit eigenem Einkommen und Vermögen für die Ersatzforderung aufzukommen hat.

39 Der Wert des Nachlasses ist im SGB XII nicht eigenständig definiert. Bei den Begriffen „Erbe" und „Wert des Nachlasses" handelt es sich vielmehr um die Begriffsbildungen des **Bürgerlichen Gesetzbuches**, deren Inhalt auch im Kontext des § 102 SGB XII heranzuziehen ist. Der Wert des Nachlasses (vgl. § 2311 Abs. 1 BGB) ist nach bürgerlich-rechtlichen Maßstäben **die Differenz zwischen dem in Geld zu veranschlagenden Aktivbestand und dem Passivbestand im Zeitpunkt des Erbfalls**. Nicht einzubeziehen ist der Wert der Ersatzforderung selbst, da die Ersatzforderung erst und nur insoweit geltend gemacht werden darf, als ein die Freibeträge nach § 102 Abs. 3 Nr. 1 und 2 SGB XII übersteigender Wert des Nachlasses vorhanden ist.[72] Nichts anderes gilt auch für befreite oder nicht befreite Vorerben. Zwar unterliegen befreite oder – weitergehend – nicht befreite Vorerben (zu den erbrechtlichen Begriffen vgl. die §§ 2100 ff. BGB) bei Verfügungen über Nachlassgegenstände Beschränkungen

---

[69] *Bieback* in: Grube/Wahrendorf, SGB XII Sozialhilfe, § 102 Rn. 12.
[70] Vgl. zu § 35 SGB II LSG Berlin-Potsdam v. 27.09.2012 - L 14 AS 1348/11.
[71] Vgl. BVerwG v. 25.06.1992 - 5 C 67/88 - BVerwGE 90, 250.
[72] BVerwG v. 23.09.1982 - 5 C 109/81 - BVerwGE 66, 161.

(vgl. hierzu die §§ 2113 ff., 2136 BGB). Auch der Vorerbe hat aber die Nachlassverbindlichkeiten zu erfüllen. Gegebenenfalls muss der Nacherbe seine Einwilligung zu einer Verfügung erteilen, die der Vorerbe wegen der sich aus seiner Stellung ergebenden Verfügungsbeschränkung nicht ohne weiteres allein vornehmen darf.[73]

Zum Aktivbestand des Nachlasses zählen auch Surrogate, z.B. Ersatzansprüche für eingetretene Schäden; dies kann auch dann gelten, wenn die Ansprüche erst in der Person des Erben entstanden sind.[74] Ansprüche aus Lebensversicherungen oder Kapitalversicherungen gehören beim Tod des Versicherungsnehmers nicht zu dessen Nachlass, wenn bereits im Versicherungsschein zu Leistungen an einen Bezugsberechtigten verpflichtet wurde. Der Anspruch auf die Versicherungssumme entsteht dann unmittelbar in dessen Person. Zum Nachlass gehört der Anspruch dagegen dann, wenn die Angabe des Bezugsberechtigten unterblieben ist.[75] Der Anspruch aus einer Kapitallebensversicherung gehört auch dann zum Nachlass, wenn der begünstigte Dritte vor dem Versicherungsnehmer stirbt und kein Ersatzbegünstigter benannt worden ist; das Bezugsrecht fällt dann auf den Versicherungsnehmer zurück.[76] 40

Nachlassverbindlichkeiten, die von dem Aktivbestand des Nachlasses abzuziehen sind, sind die vom Erben zu tragenden **Bestattungskosten** (§ 1968 BGB).[77] Nicht zu den zu berücksichtigenden Bestattungskosten gehören aber regelmäßig laufende **Grabpflegekosten**.[78] Diese Kosten entspringen meist keiner rechtlichen, sondern einer sittlichen Pflicht des Erben und zählen nicht zu den Nachlassverbindlichkeiten; etwas anderes kann aber gelten, wenn der Erblasser selbst einen **Grabpflegevertrag** abgeschlossen hat.[79] Nicht abzusetzen sind in der Regel auch **Reisekosten von Angehörigen zum Beerdigungsort**.[80] **Pflichtteils- und Vermächtnisansprüche**[81] oder **Auflagen** sind zwar Nachlassverbindlichkeiten. Sie sind aber **nachrangig** und daher nicht vorab als Passivposten zu berücksichtigen. Der Pflichtteilsberechtigte geht den anderen Nachlassgläubigern nach, da er Befriedigung erst aus dem schuldenfreien Nachlass verlangen darf[82]; den Pflichtteilsansprüchen im Rang noch nachgehend sind Vermächtnisse und Auflagen[83]. Der Ersatzanspruch des Sozialhilfeträgers hat gegenüber auf die Staatskasse übergegangenen Ansprüchen auf **Aufwendungsersatz und Betreuervergütung nach den §§ 1836e Abs. 1 Satz 1, 1908i Abs. 1 BGB** keinen Vorrang; die Ansprüche können ohne Berücksichtigung des jeweils anderen von der Behörde festgesetzt werden. Mangelnde Durchsetzbarkeit bei Verbrauch des Nachlasses ist im Zwangsvollstreckungsverfahren einzuwenden.[84] 41

Ob dann, wenn der Erbe oder ein ihm nahe stehender Dritter dem Erblasser **Pflegeleistungen** erbracht hat, der Nachlass um einen Vergütungsanspruch des Pflegenden zu mindern ist, hängt von den Umständen des Einzelfalls ab. Sofern eine Vergütung nicht ausdrücklich vereinbart war, kann die Annahme einer stillschweigenden Vereinbarung nach § 612 Abs. 1 BGB in Betracht kommen. Dienstleistungen unter Ehegatten, Verwandten, Freunden und in eheähnlichen Verhältnissen werden indes häufig unentgeltlich erbracht. Auch die Voraussetzungen für Ansprüche nach § 812 Abs. 1 Satz 2 Alt. 2 BGB dürften regelmäßig nicht vorliegen.[85] 42

Entscheidend ist der **Wert des Nachlasses im Zeitpunkt des Erbfalls**. Wenn der Erbe vor Inanspruchnahme durch den Sozialhilfeträger Teile des Nachlasses verschenkt oder sonst veräußert, hat dies auf seine Haftung keine Auswirkungen.[86] Die Festlegung auf den Zeitpunkt des Erbfalls erfolgte mit dem 43

---

[73] BVerwG v. 23.09.1982 - 5 C 109/81 - BVerwGE 66, 161, 163.
[74] *Edenhofer* in: Palandt, Bürgerliches Gesetzbuch, § 2311 Rn. 2.
[75] *Edenhofer* in: Palandt, Bürgerliches Gesetzbuch, § 1922 Rn. 39.
[76] Bayerischer VGH v. 04.02.2000 - 12 ZB 99.2883 - FEVS 52, 319.
[77] *Edenhofer* in: Palandt, Bürgerliches Gesetzbuch, § 1968 Rn. 1; *Schoenfeld* in: Grube/Wahrendorf, SGB XII Sozialhilfe, § 102 Rn. 21; OVG Rheinland-Pfalz v. 05.04.2001 - 12 A 10133/01 - FEVS 52, 573.
[78] *Schoenfeld* in: Grube/Wahrendorf, SGB XII Sozialhilfe, § 102 Rn. 21 mit Hinweis auf OVG Lüneburg v. 18.11.1980 - 4 A 97/79 - FEVS 31, 197; OLG Oldenburg v. 28.01.1992 - 5 U 96/91 - FamRZ 1992, 987; SG Frankfurt v. 28.11.2008 - S 36 SO 212/05.
[79] So *Edenhofer* in: Palandt, Bürgerliches Gesetzbuch, § 1968 Rn. 3 mit Hinweis auf BGH v. 20.09.1973 - III ZR 148/71 - BGHZ 61, 238 und OLG Oldenburg v. 28.01.1992 - 5 U 96/91 - FamRZ 1992, 987.
[80] BGH v. 19.02.1960 - VI ZR 30/59 - BGHZ 32, 72-76.
[81] SG Karlsruhe v. 31.08.2012 - S 1 SO 362/12.
[82] *Edenhofer* in: Palandt, Bürgerliches Gesetzbuch, § 2311 Rn. 3.
[83] *Edenhofer* in: Palandt, Bürgerliches Gesetzbuch, § 2311 Rn. 5.
[84] So Bayerisches Oberstes Landesgericht v. 03.03.2005 - 3Z BR 192/04 - NJW 2005, 3731.
[85] Näher hierzu VGH Baden-Württemberg v. 07.10.1992 - 6 S 2567/90 - NJW 1993, 2955.
[86] *Baur* in: Jahn, Sozialgesetzbuch für die Praxis Zwölftes Buch Sozialhilfe, § 102 Rn. 25.

Zweiten Gesetz zur Umsetzung des Spar-, Konsolidierungs- und Wachstumsprogramms vom 21.12.1993[87], mit dem § 92c Abs. 2 BSHG neu gefasst wurde. Die Neuregelung war eine Reaktion des Gesetzgebers auf die Rechtsprechung des Bundesverwaltungsgerichts[88] zu § 92c Abs. 2 BSHG in der bis dahin gültigen Fassung, wonach der Erbe das Nachlassvermögen mit der Folge der Haftungsbefreiung auf einen Dritten übergehen lassen konnte.[89] Aus dem mit der Gesetzesänderung verfolgten Sinn und Zweck, Vermögensverschiebungen zu Lasten des Sozialhilfeträgers zu vermeiden, ergibt sich, dass mit der – insoweit missverständlichen – Formulierung des § 102 Abs. 2 Satz 2 SGB XII nicht gemeint sein kann, dass der Erbe in jedem Fall für die Ersatzforderung des Sozialhilfeträgers mit dem Wert des im Zeitpunkt des Erbfalls vorhandenen Nachlasses haften soll und erst später entstehende Nachlassverbindlichkeiten ausnahmslos keine Berücksichtigung mehr finden könnten. Vielmehr soll der Wert im Zeitpunkt des Erbfalls nach Abzug berücksichtigungsfähiger Nachlassverbindlichkeiten, die – wie etwa die Beerdigungskosten – auch noch nach dem Erbfall entstehen können, Ausgangspunkt für die Berechnung der Ersatzforderung gegen den Erben sein. Berücksichtigungsfähig sind dabei jedenfalls solche Nachlassverbindlichkeiten, die auf gesetzlichen Verpflichtungen des Erben beruhen (für die Beerdigungskosten § 1968 BGB). Insoweit sollte mit der Festlegung auf den Zeitpunkt des Erbfalls keine Änderung herbeigeführt werden, denn dies wäre auf eine nicht beabsichtigte persönliche, nicht auf den Bestand des Nachlasses beschränkte Inanspruchnahme des Erben hinausgelaufen.

3. Haftungsausschlüsse des Absatzes 3

a. Kein Ermessen

44   In den in § 102 Abs. 3 SGB XII genannten Fällen ist der Anspruch auf Kostenersatz nicht geltend zu machen. Die Ausschlusstatbestände sind vom Sozialhilfeträger von Amts wegen zu beachten; der Erbe muss sie nicht als Einrede geltend machen. Es besteht auch kein Ermessen[90]. Der Erbe ist – insbesondere in den Fällen des § 102 Abs. 3 Nr. 3 SGB XII – aber gehalten, die Tatsachen, die einen Ausschluss rechtfertigen, darzulegen, soweit es sich um Umstände handelt, die seiner persönlichen Sphäre zuzuordnen sind; denn solange der Sozialhilfeträger oder die zur Entscheidung berufene Stelle keine entsprechenden Anhaltspunkte hat, besteht für ggf. weitere, von Amts wegen durchzuführende Ermittlungen kein Anlass.

b. Freibetrag nach Absatz 3 Nr. 1

45   Nach § 102 Abs. 3 Nr. 1 SGB XII ist der Anspruch auf Kostenersatz nicht geltend zu machen, soweit der Wert des Nachlasses unter dem Dreifachen des Grundbetrags nach § 85 Abs. 1 SGB XII liegt. Mit dem Grundbetrag nach § 85 Abs. 1 SGB XII ist auch hier – wie in § 102 Abs. 1 Satz 2 SGB XII (vgl. Rn. 14) – ein Betrag in Höhe der zweifachen Regelbedarfsstufe 1 nach der Anlage zu § 28 SGB XII gemeint (§ 85 Abs. 1 Nr. 1 SGB XII); effektiv bleibt mithin ein Betrag in Höhe der sechsfachen Regelbedarfsstufe 1 frei. Dieser Betrag ist als Freibetrag zu verstehen, d.h. der Erbe haftet nur insoweit, als der Wert des Nachlasses den Freibetrag übersteigt; dies ergibt sich unmittelbar aus der Formulierung des § 102 Abs. 3 Nr. 1 SGB XII („soweit").[91] Der **Freibetrag** ist nach der Rechtsprechung des Bundesverwaltungsgerichts **nachlassbezogen**, nicht erbenbezogen zu verstehen; mehrere Erben können den Freibetrag nicht mehrfach geltend machen.[92] Im Ergebnis profitieren die einzelnen Erben entsprechend ihrer Erbquote von dem Freibetrag.

c. Privilegierung von Pflegepersonen nach Absatz 3 Nr. 2

46   Nach § 102 Abs. 3 Nr. 2 SGB XII ist der Anspruch auf Kostenersatz nicht geltend zu machen, soweit der Wert des Nachlasses unter dem Betrag von 15.340 € liegt, wenn der Erbe der Ehegatte oder Lebenspartner der leistungsberechtigten Person oder mit dieser verwandt ist und nicht nur vorübergehend bis zum Tod der leistungsberechtigten Person mit dieser in häuslicher Gemeinschaft gelebt und sie gepflegt hat.

---

[87] BGBl I 1993, 2374.
[88] BVerwG v. 25.06.1992 - 5 C 67/88 - BVerwGE 90, 250.
[89] BT-Drs. 12/5930, S. 4.
[90] Hessischer VGH v. 26.11.1998 - 1 UE 1276/95 - FEVS 51, 180.
[91] Vgl. *Bieback* in: Grube/Wahrendorf, SGB XII Sozialhilfe, § 102 Rn. 15; *Steimer* in: Mergler/Zink, Sozialgesetzbuch XII und Asylbewerberleistungsgesetz, § 102 Rn. 20.
[92] BVerwG v. 26.10.1978 - V C 52.77 - BVerwGE 57, 26, 28.

Die Regelung hat **Anreizfunktion**. Mit ihr soll die Pflegebereitschaft nahestehender Personen gefördert werden.[93] Sie stand nach der ursprünglichen Absicht des Gesetzgebers aber auch im Zusammenhang mit der Härtefallregelung der Nr. 3[94]; der Pflegeperson, die mit dem Erblasser in häuslicher Gemeinschaft gelebt hat, und ihn – u.U. – unentgeltlich gepflegt hat, sollte hierfür ein **Ausgleich** gewährt werden. Liegen die Voraussetzungen der Nr. 2 vor, geht die Regelung der Nr. 2 der Nr. 3 vor; die Regelungen kommen nicht nebeneinander zur Anwendung.[95]

47

Die Privilegierung des § 102 Abs. 3 Nr. 2 SGB XII kommt in Betracht für Ehegatten, Lebenspartner nach dem Lebenspartnerschaftsgesetz und Verwandte (§ 1589 BGB). Die privilegierte Person muss zudem mit dem Erblasser in „**häuslicher Gemeinschaft**" gelebt haben. Der Begriff ist weder mit den Begriffen der Einsatzgemeinschaft (§ 19 SGB XII in der bis zum 31.12.2010 geltenden Fassung, seit dem 01.01.2011 z.B. § 27 Abs. 2 SGB XII) noch der Haushaltsgemeinschaft (§ 36 SGB XII in der bis zum 31.12.2010 geltenden Fassung; seit dem 01.01.2011: § 39 SGB XII) noch der Wohngemeinschaft identisch; vielmehr ist der Begriff sowohl nach Wortlaut als auch nach Sinn und Zweck der Regelung eigenständig auszulegen. Entsprechend der Anreizfunktion des § 102 Abs. 3 Nr. 2 SGB XII (vgl. Rn. 47) ist dabei eine **enge Auslegung nicht angezeigt**. Die Annahme einer „häuslichen Gemeinschaft" im Sinne des § 102 Abs. 3 Nr. 2 SGB XII kommt deshalb schon dann in Betracht, wenn Pflegeperson und Hilfeempfänger unter einem Dach leben[96]; ein **gemeinsames Haushalten** im Sinne eines gemeinsamen Wirtschaftens ist **nicht erforderlich**[97]. Teilweise wird vertreten, dass eine bloße Wohngemeinschaft nicht ausreiche[98]; allerdings dürfte bei gemeinschaftlichem Wohnen bei gleichzeitiger Erbringung von Pflegeleistungen eines Mitbewohners gegenüber dem Hilfebedürftigen per se schon ein Gemeinschaftsverhältnis vorliegen, das über eine reine Wohngemeinschaft hinausgeht. Keine häusliche Gemeinschaft besteht, wenn sich der Hilfebedürftige über große Teile des Tages in einem Heim befindet.[99] Liegt keine häusliche Gemeinschaft vor, wurden aber Pflegeleistungen von einer der in § 102 Abs. 3 Nr. 2 SGB XII benannten Pflegepersonen erbracht, so soll eine analoge Anwendung des § 102 Abs. 3 Nr. 2 SGB XII in Betracht kommen.[100] Angesichts des Wortlauts des § 102 Abs. 3 Nr. 2 SGB XII erscheint das Vorliegen einer Regelungslücke indes zweifelhaft.[101] Zudem kann in solchen Fällen ein Rückgriff auf die Härtefallregelung des § 102 Abs. 3 Nr. 3 SGB XII in Betracht kommen; dies entspricht wohl auch der in der Gesetzesbegründung hervortretenden Vorstellung der Entwurfsverfasser.[102]

48

Die Privilegierung des § 102 Abs. 3 Nr. 2 SGB XII setzt weiter voraus, dass der Ehegatte, Lebenspartner oder Verwandte den Hilfebedürftigen „**gepflegt**" hat. Erforderlich ist insoweit, dass der Verstorbene pflegebedürftig im Sinne des § 61 Abs. 1 SGB XII war und der Erbe dementsprechend Leistungen erbracht hat.[103] Nicht erforderlich ist, dass der Erbe die Pflegeleistungen allein erbracht hat; ausreichend kann auch sein, dass er sich an der Pflege nur beteiligt hat[104], z.B. wenn ein ambulanter Pflegedienst eingeschaltet war, solange die Leistungen eine **Erheblichkeitsschwelle** überschreiten.[105]

49

---

[93] BVerwG v. 26.10.1978 - V C 52.77 - BVerwGE 57, 26, 28; BVerwG v. 23.09.1982 - 5 C 109/81 - BVerwGE 66, 161.
[94] BT-Drs. V/3495, S. 16.
[95] BVerwG v. 23.09.1982 - 5 C 109/81 - BVerwGE 66, 161, 165.
[96] *Steimer* in: Mergler/Zink, Sozialgesetzbuch XII und Asylbewerberleistungsgesetz, § 102 Rn. 22; *Baur* in: Jahn, Sozialgesetzbuch für die Praxis Zwölftes Buch Sozialhilfe, § 102 Rn. 26.
[97] So wohl auch *Conradis* in: LPK-SGB XII, § 102 Rn. 12; *Schellhorn* in: Schellhorn/Schellhorn/Hohm, SGB XII – Sozialhilfe, § 102 Rn. 24; *Wolf* in: Fichtner/Wenzel, Kommentar zum SGB XII – Sozialhilfe Asylbewerberleistungsgesetz, § 102 Rn. 12; *Bieback* in: Grube/Wahrendorf, SGB XII Sozialhilfe, § 102 Rn. 20; *Lücking* in: Hauck/Noftz, SGB XII, § 102 Rn. 23.
[98] *Wolf* in: Fichtner/Wenzel, Kommentar zum SGB XII – Sozialhilfe Asylbewerberleistungsgesetz, § 102 Rn. 12.
[99] *Baur* in: Jahn, Sozialgesetzbuch für die Praxis Zwölftes Buch Sozialhilfe, § 102 Rn. 32.
[100] VGH Hessen v. 26.11.1998 - 1 UE 1276/95 - FEVS 51, 180.
[101] *Baur* in: Jahn, Sozialgesetzbuch für die Praxis Zwölftes Buch Sozialhilfe, § 102 Rn. 33.
[102] BT-Drs. V/3495, S. 16.
[103] *Schellhorn* in: Schellhorn/Schellhorn/Hohm, SGB XII – Sozialhilfe, § 102 Rn. 24; *Conradis* in: LPK-SGB XII, § 102 Rn. 12; *Bieback* in: Grube/Wahrendorf, SGB XII Sozialhilfe, § 102 Rn. 21; *Steimer* in: Mergler/Zink, Sozialgesetzbuch XII und Asylbewerberleistungsgesetz, § 102 Rn. 23.
[104] *Schellhorn* in: Schellhorn/Schellhorn/Hohm, SGB XII – Sozialhilfe, § 102 Rn. 24; *Bieback* in: Grube/Wahrendorf, SGB XII Sozialhilfe, § 102 Rn. 21.
[105] *Lücking* in: Hauck/Noftz, SGB XII, § 102 Rn. 24.

50 Der Erbe muss schließlich **„nicht nur vorübergehend bis zum Tod der leistungsberechtigten Person"** mit dieser in häuslicher Gemeinschaft gelebt und diese gepflegt haben. Das Merkmal „nicht nur vorübergehend" bezieht sich nach dieser Formulierung sowohl auf das Leben in häuslicher Gemeinschaft als auch auf die Pflege. Maßgeblich sein dürfte der **nach außen hervortretende Wille des Erben**, die Pflege und häusliche Gemeinschaft mit dem Leistungsempfänger dauerhaft oder zumindest langfristig, mindestens über ein Jahr, zu gestalten.[106] Hätte der Gesetzgeber als Abgrenzungskriterium objektiv auf die tatsächliche Dauer des häuslichen Zusammenlebens und der Pflege abstellen wollen, so wäre eine Formulierung wie etwa „nicht nur kurzfristig" naheliegender gewesen. Mit der Auslegung, wonach auf den nach außen hervortretenden Willen des Erben abzustellen ist, werden zudem die Abgrenzungsprobleme verringert, die sich ansonsten bei Abstellen auf die Dauer des Zusammenlebens ergäben; dafür, welche Dauer dann als Mindestdauer anzunehmen wäre, fehlen konkrete normative Anhaltspunkte.

51 Der Umstand, dass die leistungsberechtigte Person kurz vor ihrem Tod wegen verschlechtertem Gesundheitszustand stationär in ein Krankenhaus aufgenommen wurde, steht mithin der Anwendung des § 102 Abs. 3 Nr. 2 SGB XII nicht entgegen.[107] Anders kann es sein, wenn die Person wegen verändertem Pflegebedarf in eine Pflegeeinrichtung aufgenommen wurde; dann kann aber die Annahme eines Härtefalls im Sinne des § 102 Abs. 3 Nr. 3 SGB XII in Betracht kommen.

52 Auf die Privilegierung berufen kann sich von mehreren Erben nur derjenige, in dessen Person die Voraussetzungen des § 102 Abs. 3 Nr. 2 SGB XII vorliegen. Die Regelung knüpft an eine besondere Beziehung zwischen einem Miterben und dem Hilfeempfänger an; sie stellt demnach auf die Erfüllung qualifizierter Merkmale in der Person eines Erben ab und ist dahin zu verstehen, dass (nur) derjenige Miterbe, der sich zu Lebzeiten des Hilfeempfängers der Mühe unterzogen hat, diesen bei sich aufzunehmen und zu pflegen, hierfür „belohnt" werden soll.[108] Bei dem Betrag des § 102 Abs. 3 Nr. 2 SGB XII handelt es sich so – anders als in den Fällen des § 102 Abs. 3 Nr. 1 SGB XII – um einen erben- und nicht nachlassbezogenen Freibetrag. Diesem Verständnis steht der Wortlaut des § 102 Abs. 3 Nr. 2 SGB XII, der auf den „Wert des Nachlasses" Bezug nimmt, nicht entgegen; denn § 102 Abs. 3 Nr. 2 SGB XII enthält – wie im Übrigen auch § 102 SGB XII insgesamt – gar keine ausdrücklichen Regelungen über die Behandlung von Erbengemeinschaften. Für die konkrete Berechnung der einzelnen Haftungsanteile (im Innenverhältnis) ist von dem Erbteil des privilegierten Erben der Freibetrag abzuziehen; sodann ist die Ersatzforderung quotal nach den Werten der nach Abzug des Freibetrags verbliebenen Erbteile auf die einzelnen Miterben zu verteilen; dabei ist die Haftung der einzelnen Erben (im Innenverhältnis) auf den Wert ihrer Erbteile bzw. beim privilegierten Erben auf den Wert des Erbteils abzüglich des Freibetrags begrenzt. Die Privilegierung eines Erben kann sich so zu Lasten der übrigen Erben auswirken. Dies entspricht auch Sinn und Zweck der Privilegierung. Sie soll nur einem von mehreren Erben zugutekommen, aber nicht dazu führen, dass der Anspruch des Sozialhilfeträgers auf Kostenersatz geschmälert wird, wenn nach Abzug des Freibetrags der Erbteil des privilegierten Erben und die Erbteile der übrigen Erben für den Kostenersatz ausreichen (vgl. Rn. 23).

d. Besondere Härte nach Absatz 3 Nr. 3

53 Nach § 102 Abs. 3 Nr. 3 SGB XII ist der Anspruch auf Kostenersatz nicht geltend zu machen, soweit die Inanspruchnahme des Erben nach der Besonderheit des Einzelfalls eine besondere Härte bedeuten würde.

54 Die Formulierung („soweit") macht deutlich, dass auch bei Vorliegen von Umständen, die an sich geeignet sind, eine besondere Härte zu begründen, nicht ohne weiteres vollständig von der Geltendmachung eines Ersatzanspruches abzusehen ist. Vielmehr steht die Annahme einer Härte in Relation zur Höhe des geltend zu machenden Ersatzanspruchs; der Anspruch ist nur insoweit nicht geltend zu machen, als gerade die Geltendmachung einer höheren Forderung eine besondere Härte begründen würde.

55 Aus der Formulierung des § 102 Abs. 3 Nr. 3 SGB XII geht weiter hervor, dass die Härtefallregelung **eng auszulegen** ist.[109] Der Gesetzgeber hat sich nicht auf den Erlass einer allgemeinen Härtefallrege-

---

[106] *Wolf* in: Fichtner/Wenzel, Kommentar zum SGB XII – Sozialhilfe Asylbewerberleistungsgesetz, § 102 Rn. 13; *Baur* in: Jahn, Sozialgesetzbuch für die Praxis Zwölftes Buch Sozialhilfe, § 102 Rn. 34; a.A. *Lücking* in: Hauck/Noftz, SGB XII, § 103 Rn. 23.

[107] *Wolf* in: Fichtner/Wenzel, Kommentar zum SGB XII – Sozialhilfe Asylbewerberleistungsgesetz, § 102 Rn. 13; *Bieback* in: Grube/Wahrendorf, SGB XII Sozialhilfe, § 103 Rn. 22.

[108] BVerwG v. 26.10.1978 - V C 52.77 - BVerwGE 57, 26, 28.

[109] Vgl. SG Karlsruhe v. 31.08.2012 - S 1 SO 362/12.

lung beschränkt, sondern darüber hinaus eine „besondere" Härte verlangt. Erforderlich ist demnach, dass im Einzelfall für die Annahme einer besonderen Härte gewichtige Gründe persönlicher und wirtschaftlicher Art vorhanden sind. Es muss ein besonderer Lebenssachverhalt vorliegen, der von der dem § 102 SGB XII zugrunde liegenden Typik ansonsten nicht abgebildet wird.[110] Als **Orientierungspunkt** kann die spezielle Regelung des **§ 102 Abs. 3 Nr. 2 SGB XII** dienen, die auch in der Gesetzesbegründung in die Nähe der Härtefallregelung gerückt wird; danach kann die Annahme einer besonderen Härte insbesondere dann in Betracht kommen, wenn im Einzelfall zwar die Voraussetzungen der Nr. 2 nicht erfüllt, aber vergleichbar sind.[111] Allerdings wird in solchen Fällen dann in der Regel auch höchstens der Freibetrag nach Nr. 2 zugestanden werden können.

Die Annahme einer besonderen Härte kann dann in Betracht kommen, wenn der Erbe den Hilfeempfänger gepflegt hat, die Vergünstigung des § 102 Abs. 3 Nr. 2 SGB XII aber nur deshalb nicht beanspruchen kann, weil er mit dem Hilfeempfänger zwar **nicht verwandt** war, aber ein anderweitig begründetes enges persönliches Verhältnis bestand[112], ebenso, wenn eine Pflegeperson zusätzliche Strapazen auf sich nimmt, die mit der **Entfernung zwischen Pflegeort und ihrem Aufenthaltsort** verbunden sind[113]. Eine besondere Härte ist auch dann angenommen worden, wenn der Erbe **auf ein zum Nachlass gehörendes Haus werterhöhende Aufwendungen zur Renovierung** gemacht hat, weil der Erbe ansonsten gerade deshalb mehr Kosten zu ersetzen hätte, weil er selbst Aufwendungen gemacht hat.[114] Anders ist es aber dann, wenn der Erbe nach dem Erbfall ein Darlehen aufgewandt hat, um das ererbte Haus zu renovieren und zu modernisieren; denn hierdurch hat das Haus eine Wertsteigerung erfahren, die dem Erben bei einem Verkauf zugutekäme.[115] 56

Keine besondere Härte begründet der Umstand, dass vor der Geltendmachung des Kostenersatzanspruchs gegen die Erben des vorverstorbenen Ehegatten auch der Hilfeempfänger selbst verstorben ist.[116] Eine besondere Härte wird man jedenfalls auch nicht regelmäßig annehmen können, wenn der Erbe das ererbte Vermögen bereits verbraucht hat; dies würde die Regelung des § 102 Abs. 2 Satz 2 SGB XII, wonach der Erbe mit dem Wert des im Zeitpunkt des Erbfalls vorhandenen Vermögens haftet, unterlaufen.[117] Auch Arbeitslosigkeit des Erben kann regelmäßig die Annahme einer besonderen Härte nicht ohne weiteres begründen; denn Bezugspunkt der Erbenhaftung ist der Nachlasswert und nicht das Einkommen des Erben.[118] 57

Eine besondere Härte ergibt sich nicht daraus, dass es sich bei dem ererbten Grundbesitz um **Miteigentum an der Wohnung** handelt, die ein Erbe mit seinem Ehegatten bewohnt hat und nach seinem Tod weiterhin bewohnt, selbst wenn dies zum Verlust eines früheren Familienheimes führen kann.[119] 58

Bei der Inanspruchnahme des Erben nach § 102 SGB XII ist nicht (ergänzend) auf § 90 Abs. 2 Nr. 8 SGB XII (**Schonvermögen** eigengenutzte Wohnung) zurückzugreifen. Vielmehr sind solche Umstände allein im Rahmen der Härtefallregelung nach § 102 Abs. 3 Nr. 3 SGB XII zu prüfen. § 90 Abs. 2 Nr. 8 SGB XII begründet kein „postmortales Schonvermögen" zugunsten des Erben.[120] Diese Auslegung entspricht der Systematik der §§ 102, 90 SGB XII. § 102 SGB XII geht grundsätzlich von einer Ersatzpflicht des Erben aus und betrifft vielfach gerade Fälle, in denen vor dem Ableben des Erblassers eine Privilegierung von Vermögen nach § 90 Abs. 2 und Abs. 3 SGB XII bestanden hat. Inwieweit der Erbe vor einer Ersatzverpflichtung nach § 102 SGB XII geschützt ist, ist aus § 102 SGB XII selbst, insbesondere dessen Absätzen 2 und 3, zu entnehmen. Der Gesetzgeber hat die Vorschriften über die Kostenersatzpflicht des Erben gerade nicht in einen Zusammenhang zu den Regelungen über das einzusetzende Vermögen gestellt.[121] 59

---

[110] Vgl. BVerwG v. 23.09.1982 - 5 C 109/81 - BVerwGE 66, 161.
[111] BT-Drs. V/3495, S. 16 zu § 92c BSHG.
[112] VGH Baden-Württemberg v. 14.03.1990 - 6 S 1913/89 - FEVS 41, 205.
[113] Hessischer VGH v. 26.11.1998 - 1 UE 1276/95 - FEVS 51, 180, allerdings unter analoger Anwendung von § 92c Abs. 3 Nr. 2 BSHG.
[114] VGH Baden-Württemberg v. 14.03.1990 - 6 S 1913/89 - FEVS 41, 205.
[115] VGH Baden-Württemberg v. 07.10.1992 - 6 S 2567/90 - FEVS 44, 104.
[116] BVerwG v. 10.07.2003 - 5 C 17/02 - BVerwGE 118, 313.
[117] Vgl. OVG Sachsen v. 23.03.2006 - 4 E 318/05 - ErbR 2006, 59.
[118] OVG Sachsen v. 23.03.2006 - 4 E 318/05 - ErbR 2006, 59.
[119] Bayerisches LSG v. 23.02.2012 - L 8 SO 113/09; vgl. hierzu die Anmerkung von *Wendt*, RdLH 2012, 137.
[120] LSG Baden-Württemberg v. 22.12.2010 - L 2 SO 5548/08.
[121] BSG v. 23.03.2010 - B 8 SO 2/09 R.

60 Der Freibetrag des § 102 Abs. 3 Nr. 3 SGB XII kommt bei Vorhandensein mehrerer Erben nur dem Erben zugute, in dessen Person die Voraussetzungen für eine besondere Härte vorliegen; bei dem Freibetrag des § 102 Abs. 3 Nr. 3 SGB XII handelt es sich wie in den Fällen des § 102 Abs. 3 Nr. 2 SGB XII um einen erben- und nicht um einen nachlassbezogenen Freibetrag. Für die Aufteilung der Ersatzforderung auf die Erben gelten die Ausführungen zu § 102 Abs. 3 Nr. 2 SGB XII entsprechend (vgl. Rn. 52).

4. Erlöschen des Anspruchs nach Absatz 4

a. Erlöschensfrist des Absatzes 4 Satz 1

61 Nach § 102 Abs. 4 Satz 1 SGB XII erlischt der Anspruch auf Kostenersatz in **drei Jahren** nach dem Tod der leistungsberechtigten Person, ihres Ehegatten oder ihres Lebenspartners. Nach dem Wortlaut des § 102 Abs. 4 Satz 1 SGB XII handelt es sich nicht um eine Verjährungsregelung, sondern um ein **Erlöschen** des Anspruchs. Für Hemmung, Ablaufhemmung und Neubeginn gelten allerdings die Vorschriften des Bürgerlichen Gesetzbuches über die Verjährung sinngemäß (§ 102 Abs. 4 Satz 2 SGB XII i.V.m. § 103 Abs. 3 Sätze 2 und 3 SGB XII). Das Erlöschen (wie im Übrigen im öffentlichen Recht auch die Verjährung) sind von der Behörde **von Amts wegen** zu beachten. Der Betroffene muss das Erlöschen nicht einredeweise geltend machen.[122] Ein Ermessensspielraum besteht für die Behörde nicht. Das Erlöschen des Anspruchs infolge Fristablaufs gegenüber einem Miterben führt nicht zum Erlöschen des Anspruchs gegenüber den weiteren als Gesamtschuldner haftenden Miterben.[123]

62 Das Erlöschen des Ersatzanspruchs gegenüber einem Erben soll sich auf Ersatzansprüche gegen – vor Fristablauf in Anspruch genommene – Miterben nicht auswirken; der Anspruch gegen die Miterben reduziere sich nicht anteilig. Das Erlöschen falle wie die Verjährung unter § 425 Abs. 2 BGB und wirke deshalb nur gegenüber dem Erben, in dessen Person die Voraussetzungen für das Erlöschen vorlägen. Den in Anspruch genommenen Miterben blieben gegenüber dem anderen Erben Ausgleichsansprüche nach § 426 Abs. 1 BGB.[124]

b. Hemmung, Ablaufhemmung, Neubeginn und Verjährung nach Absatz 4 Satz 2

63 § 102 Abs. 4 Satz 2 SGB XII verweist auf § 103 Abs. 3 Sätze 2 und 3 SGB XII. Nach § 103 Abs. 3 Satz 2 SGB XII gelten die §§ 203-214 BGB entsprechend.

64 Die §§ 203-209 BGB enthalten Regelungen über die Hemmung der Verjährung. Nach § 209 BGB wird der Zeitraum, während dessen die Verjährung gehemmt ist, in die Verjährungsfrist nicht eingerechnet. Im Zusammenhang des § 103 Abs. 3 SGB XII werden insoweit vor allem die §§ 203, 204 BGB von Bedeutung sein. Schweben zwischen dem Schuldner und dem Gläubiger Verhandlungen über den Anspruch oder die den Anspruch begründenden Umstände, so ist nach § 203 BGB der Fristablauf gehemmt, bis der eine oder andere Teil die Fortsetzung der Verhandlungen verweigert. Eine Hemmung tritt auch durch Rechtsverfolgung ein; insbesondere wird der Fristablauf gehemmt durch Erhebung der Klage auf Leistung oder auf Feststellung des Anspruchs (§ 204 Abs. 1 Nr. 1 BGB); insoweit enthält § 103 Abs. 3 Satz 3 SGB XII eine ergänzende Regelung (vgl. Rn. 66).

65 Die §§ 210, 211 BGB regeln die Fälle der Ablaufhemmung bei nicht voll Geschäftsfähigen und in Nachlassfällen. Nach § 211 Satz 1 BGB tritt die Verjährung eines Anspruchs, der zu einem Nachlass gehört oder sich gegen einen Nachlass richtet, nicht vor dem Ablauf von sechs Monaten nach dem Zeitpunkt ein, in dem die Erbschaft von dem Erben angenommen oder das Insolvenzverfahren über den Nachlass eröffnet wird oder von dem an der Anspruch von einem oder gegen einen Vertreter geltend gemacht werden kann. § 212 BGB regelt Fälle des Neubeginns der Verjährung. Bedeutung wird vor allem § 212 Abs. 1 Nr. 1 BGB haben; danach beginnt die Verjährung erneut, wenn der Schuldner dem Gläubiger gegenüber den Anspruch durch Abschlagszahlung, Zinszahlung, Sicherheitsleistung oder in anderer Weise anerkennt.

66 Nach § 103 Abs. 3 Satz 3 SGB XII steht der **Erhebung der Klage der Erlass eines Leistungsbescheids gleich**[125]; der Leistungsbescheid muss zumindest den Betrag enthalten, den der Schuldner be-

---

[122] Vgl. *Schellhorn* in: Schellhorn/Schellhorn/Hohm, SGB XII – Sozialhilfe, § 103 Rn. 31.
[123] OVG NRW v. 20.02.2001 - 22 A 2695/99 - FEVS 53, 378.
[124] LSG Berlin-Brandenburg v. 27.09.2012 - L 14 AS 1348/11 zu § 35 SGB II; a.A. *Link* in: Eicher, SGB II, 3. Aufl., § 35 Rn. 10.
[125] § 103 Abs. 3 Satz 3 SGB XII enthält eine dem § 52 Abs. 1 Satz 1 SGB X vergleichbare Regelung für die Hemmung der Verjährung; § 52 Abs. 1 Satz 1 SGB X selbst ist nicht anwendbar.

zahlen soll.[126] Der Verweis auf § 103 Abs. 3 Satz 3 SGB XII war zunächst in § 102 Abs. 4 SGB XII nicht enthalten. Mit dem Gesetz zur Änderung des Zwölften Buches Sozialgesetzbuch und anderer Gesetze vom 02.12.2006[127] wurde dann § 102 Abs. 4 Satz 2 SGB XII aber neu gefasst und der Verweis auch auf § 103 Abs. 3 Satz 3 SGB XII bezogen. Es handelte sich um die Beseitigung eines Redaktionsversehens; aus § 92a Abs. 3 Satz 2 HS. 1 und 2 BSHG waren ab dem 01.01.2005 § 103 Abs. 3 Sätze 2 und 3 SGB XII geworden, in dem Verweis des § 102 Abs. 4 Satz 2 SGB XII war dies zunächst nicht berücksichtigt worden.[128]

Ist ein Ersatzanspruch durch unanfechtbaren Leistungsbescheid festgestellt, so gilt eine **30-jährige Verjährungsfrist** (§ 197 BGB, § 52 Abs. 2 SGB X)[129] und nicht mehr die dreijährige Erlöschensfrist. Denn bei der Erlöschensfrist handelt es sich um eine Geltendmachungsfrist und nicht auch um eine Durchsetzungsfrist.[130] Nach Unanfechtbarkeit des die Leistungspflicht verfügenden Verwaltungsakts ist Rechtsgrund für die Ersatzpflicht der für die Beteiligten bindend gewordene Verwaltungsakt (§ 77 SGG); dass auch dieser nach drei Jahren kraft Gesetzes erlöschen soll, kann ohne ausdrückliche gesetzliche Regelung nicht angenommen werden. 67

C. Praxishinweise

I. Verwaltungsverfahren

Eine spezielle verfahrensrechtliche Regelung betreffend die Geltendmachung von Ersatzansprüchen enthält **§ 117 SGB XII**. Nach § 117 Abs. 1 Satz 1 SGB XII haben (u.a.) Kostenersatzpflichtige dem Träger der Sozialhilfe über ihre Einkommens- und Vermögensverhältnisse Auskunft zu geben, soweit die Durchführung des Zwölften Buches Sozialgesetzbuch dies erfordert. Dabei haben sie die Verpflichtung, auf Verlangen des Trägers der Sozialhilfe Beweisurkunden vorzulegen oder ihrer Vorlage zuzustimmen (§ 117 Abs. 1 Satz 2 SGB XII). Die Auskunftspflicht kann gegenüber dem Pflichtigen durch Verwaltungsakt konkretisiert und im Wege der Verwaltungsvollstreckung durchgesetzt werden.[131] Die Vorschrift kann im Zusammenhang des § 102 SGB XII vor allem Bedeutung erlangen für die Ermittlung des Erbes, soweit der Sozialhilfeträger entsprechende Erkenntnisse nicht schon im Zusammenhang mit der Leistungserbringung an den Erblasser erlangt hat. 68

Bei der Ermittlung der Erben kann der Sozialhilfeträger oder die zur Entscheidung berufene Stelle vom Inhalt eines vom Nachlassgericht erteilten **Erbscheins** ausgehen. Für den Erbschein gilt die Vermutung der Richtigkeit (**§ 2365 BGB**). Wenn keine gewichtigen Gründe erkennbar sind, die in tatsächlicher oder rechtlicher Hinsicht gegen die Richtigkeit des Erbscheins sprechen, ist deshalb von dessen Richtigkeit auszugehen.[132] Selbst einleiten kann die Behörde das Erbscheinsverfahren nicht; dies ist nur in – hier nicht vorliegenden – Ausnahmefällen möglich (vgl. die §§ 792, 896 ZPO). Ist kein Erbschein erteilt, muss die Behörde deshalb selbst Ermittlungen anstellen und die Erbfolge beurteilen. Die Ermittlungstiefe kann sich dabei an anderweitig geregelten gesetzlichen Nachweiserfordernissen für die Erbfolge orientieren. Zu erwähnen ist insbesondere § 35 Abs. 1 Satz 2 GBO, wonach der Nachweis für die Erbfolge durch eine in einer öffentlichen Urkunde enthaltenen Verfügung von Todes wegen und der vom Nachlassgericht aufgenommenen Niederschrift über die Eröffnung geführt werden kann. Für die Behörde besteht die Möglichkeit, sich beim Nachlassgericht für die Beurteilung der Erbfolge erforderliche Urkunden zu beschaffen (§ 357 FamFG). 69

Kostenersatzansprüche nach § 102 SGB XII sind durch Leistungsbescheide geltend zu machen; die Erhebung einer allgemeinen **Leistungsklage ohne den vorherigen Erlass eines Leistungsbescheids wäre unzulässig**.[133] 70

---

[126] BVerwG v. 14.01.1982 - 5 C 70/80 - BVerwGE 64, 318.
[127] BGBl I 2006, 2670.
[128] Vgl. BR-Drs. 617/06, S. 22.
[129] *Wolf* in: Fichtner/Wenzel, Kommentar zum SGB XII – Sozialhilfe Asylbewerberleistungsgesetz, § 103 Rn. 19.
[130] So aber wohl *Steimer* in: Mergler/Zink, Sozialgesetzbuch XII und Asylbewerberleistungsgesetz, § 103 Rn. 31.
[131] BVerwG v. 21.01.1993 - 5 C 22/90 - BVerwGE 91, 375; BVerwG v. 17.06.1993 - 5 C 43/90 - BVerwGE 92, 330; *Wahrendorf* in: Grube/Wahrendorf, SGB XII Sozialhilfe, § 117 Rn. 12.
[132] BFH v. 22.11.1995 - II R 89/93; BVerwG v. 05.02.1986 - 3 B 92/84; BSG v. 23.03.2010 - B 8 SO 2/09 R; BSG v. 23.08.2013 - B 8 SO 7/12 R.
[133] BSG v. 25.10.1995 - 12 RK 72/93; *Baur* in: Jahn, Sozialgesetzbuch für die Praxis Zwölftes Buch Sozialhilfe, Vorbemerkungen zu den §§ 102-105 Rn. 20.

71 Die Leistungsbescheide müssen **inhaltlich hinreichend bestimmt** sein (§ 33 SGB X); unverzichtbar ist die Angabe des Betrags, den der Adressat bezahlen soll[134]; für die Herbeiführung der Wirkungen des § 103 Abs. 3 Satz 3 SGB XII reicht ein Bescheid, der die Ersatzpflicht nur dem Grunde nach feststellt, nicht aus.[135] Die Bescheide müssen mit einer **Begründung** versehen sein (§ 35 SGB X); erforderlich ist insbesondere eine Darstellung der Zusammensetzung der Ersatzforderung.

72 Sollen mehrere Erben als Gesamtschuldner in Anspruch genommen werden, so müssen Leistungsbescheide an alle betroffenen Erben gerichtet werden. Aus der Formulierung der jeweiligen Verfügungssätze sollte sich ergeben und es muss sich zumindest durch Auslegung der jeweiligen Bescheide insgesamt ergeben, dass eine Inanspruchnahme in Gesamtschuldnerschaft erfolgen soll. Lässt sich die gesamtschuldnerische Haftung auch durch Auslegung aus den Bescheiden nicht ermitteln, sind diese inhaltlich unrichtig. Ein Hinweis auf eine gesamtschuldnerische Haftung nicht in Anspruch genommener Gesamtschuldner soll allerdings entbehrlich sein.[136]

73 Widerspruch und Klage gegen die Leistungsbescheide haben aufschiebende Wirkung (§ 86a Abs. 1 SGG). Die sofortige Vollziehung kann von der Behörde unter den Voraussetzungen des § 86a Abs. 2 Nr. 5 SGG angeordnet werden; erforderlich ist dabei die schriftliche Begründung des besonderen Interesses. Das besondere Interesse ist mehr als das für den Erlass des Verwaltungsakts erforderliche Interesse. Notwendig ist in der Regel ein zusätzliches öffentliches Interesse an dem sofortigen Vollzug, so dass die gesetzlichen Voraussetzungen für den Erlass des Verwaltungsakts nicht zur Begründung des sofortigen Vollzugs ausreichen.[137]

II. Gerichtsverfahren

74 Im Gerichtsverfahren ist der Sozialhilfeträger für die Anspruchsvoraussetzungen des Ersatzanspruchs darlegungs- und beweispflichtig; eine Unaufklärbarkeit geht zu seinen Lasten. Umstände, die in der persönlichen Sphäre eines Betroffenen liegen, hat dieser aufgrund seiner prozessualen Mitwirkungspflicht aber selbst darzulegen.[138]

75 Bei der Überprüfung von Erstattungsbescheiden ist die **Rechtmäßigkeit der Leistungen**, für die Ersatz verlangt wird, in vollem Umfang von Amts wegen zu überprüfen.[139] Der Ersatzpflichtige muss insoweit nicht selbst Überprüfungen durchführen und Zweifel an der Rechtmäßigkeit der Leistungserbringung äußern; ihm werden dazu häufig auch die erforderlichen Informationen fehlen.

76 Wird eine Forderung gegen einen **Gesamtschuldner** geltend gemacht und wendet sich dieser gegen die Forderung, so müssen andere Gesamtschuldner **nicht notwendig beigeladen** werden.[140] Die Voraussetzungen des § 75 Abs. 2 Alt. 1 SGG liegen nicht vor. Gesamtschuldner sind an dem streitigen Rechtsverhältnis nicht derart beteiligt, dass die Entscheidung gegenüber allen Gesamtschuldnern nur einheitlich ergehen kann. Entsprechendes hat der Bundesgerichtshof im Zusammenhang mit der notwendigen Streitgenossenschaft (§ 62 ZPO) entschieden im Hinblick auf § 425 Abs. 2 BGB, wonach das gegen einen Gesamtschuldner ergangene Urteil nur für und gegen diesen Rechtskraft entfaltet.[141] Dementsprechend könnte auch durch eine (notwendige) Beiladung keine Rechtskrafterstreckung auf die Gesamtschuldner erreicht werden.

77 Die Klage des Erben ist gegen den ihn zum Kostenersatz heranziehenden Bescheid nicht kostenprivilegiert im Sinne des § 183 SGG.[142]

---

[134] Zum Bestimmtheitserfordernis vgl. BSG v. 23.08.2013 - B 8 SO 7/12 R.
[135] Vgl. BVerwG v. 14.01.1982 - 5 C 70/80 - BVerwGE 64, 318.
[136] BVerwG v. 22.01.1993 - 8 C 57/91.
[137] *Keller* in: Meyer-Ladewig/Keller/Leitherer, SGG Sozialgerichtsgesetz Kommentar, § 86a Rn. 20.
[138] BVerwG v. 09.08.1993 - 5 B 1/93.
[139] BSG v. 23.03.2010 - B 8 SO 2/09 R.
[140] BSG v. 23.08.2013 - B 8 SO 7/12 R.
[141] BGH v. 24.06.1992 - VIII ZR 203/91.
[142] BSG v. 23.03.2010 - B 8 SO 2/09 R.

§ 103 SGB XII Kostenersatz bei schuldhaftem Verhalten

(Fassung vom 27.12.2003, gültig ab 01.01.2005)

(1) ¹Zum Ersatz der Kosten der Sozialhilfe ist verpflichtet, wer nach Vollendung des 18. Lebensjahres für sich oder andere durch vorsätzliches oder grob fahrlässiges Verhalten die Voraussetzungen für die Leistungen der Sozialhilfe herbeigeführt hat. ²Zum Kostenersatz ist auch verpflichtet, wer als leistungsberechtigte Person oder als deren Vertreter die Rechtswidrigkeit des der Leistung zu Grunde liegenden Verwaltungsaktes kannte oder infolge grober Fahrlässigkeit nicht kannte. ³Von der Heranziehung zum Kostenersatz kann abgesehen werden, soweit sie eine Härte bedeuten würde.

(2) ¹Eine nach Absatz 1 eingetretene Verpflichtung zum Ersatz der Kosten geht auf den Erben über. ²§ 102 Abs. 2 Satz 2 findet Anwendung.

(3) ¹Der Anspruch auf Kostenersatz erlischt in drei Jahren vom Ablauf des Jahres an, in dem die Leistung erbracht worden ist. ²Für die Hemmung, die Ablaufhemmung, den Neubeginn und die Wirkung der Verjährung gelten die Vorschriften des Bürgerlichen Gesetzbuchs sinngemäß. ³Der Erhebung der Klage steht der Erlass eines Leistungsbescheides gleich.

(4) ¹Die §§ 44 bis 50 des Zehnten Buches bleiben unberührt. ²Zum Kostenersatz nach Absatz 1 und zur Erstattung derselben Kosten nach § 50 des Zehnten Buches Verpflichtete haften als Gesamtschuldner.

Gliederung

A. Basisinformationen 1	2. Absatz 1 Satz 2 34
I. Textgeschichte/Gesetzesbegründung 1	a. Kenntnis oder grob fahrlässige Unkenntnis 34
II. Systematische Zusammenhänge 4	b. Rechtswidrig gewährte Leistungen 37
III. Ausgewählte Literaturhinweise 9	IV. Rechtsfolgen 39
B. Auslegung der Norm 10	1. Ersatzpflichtige Personen, Gesamtschuldnerhaftung 39
I. Regelungsgehalt und Bedeutung der Norm 10	2. Härtefall 42
II. Parallelen und Unterschiede zum SGB II 14	3. Keine Anwendung des § 105 Abs. 2 SGB XII 49
1. Rechtlage bis zum 31.03.2011 14	4. Unselbständige Erbenhaftung 50
2. Rechtslage ab dem 01.04.2011 16	5. Erlöschensfrist 56
III. Tatbestandsmerkmale 17	6. Verhältnis zu den §§ 45 ff. SGB X 64
1. Absatz 1 Satz 1 17	**C. Praxishinweise** 67
a. Rechtmäßige Leistungserbringung 17	I. Verwaltungsverfahren 67
b. Sozialwidriges Verhalten 19	II. Gerichtsverfahren 72
c. Kausalität und Zurechnung 30	
d. Verschulden 33	

A. Basisinformationen

I. Textgeschichte/Gesetzesbegründung

Als erste Vorläuferregelung zu § 103 SGB XII kann § 92 BSHG in der Fassung des **Bundessozialhilfegesetzes vom 30.06.1961**[1] angesehen werden.[2] In § 92 BSHG waren zunächst die Vorschriften über Kostenersatz gebündelt; eine Kostenersatzpflicht war für Fälle vorgesehen, in denen die Voraussetzungen für die Gewährung von Sozialhilfe durch vorsätzliches oder grob fahrlässiges Verhalten herbeigeführt worden waren (§ 92 Abs. 2 BSHG) oder der Hilfeempfänger oder sein Ehegatte zu ausreichend Einkommen oder Vermögen gelangt war (§ 92 Abs. 3 BSHG). Mit dem **Zweiten Gesetz zur Änderung des Bundessozialhilfegesetzes** vom 14.08.1969[3] wurden die bis dahin in § 92 BSHG enthaltenen Regelungen durch die §§ 92-92c BSHG ersetzt; § 92a BSHG trat dabei weitgehend an die Stelle der

1

---

[1] BGBl I 1961, 815.
[2] Zur Gesetzesbegründung vgl. Gesetzentwurf der Bundesregierung, BT-Drs. III/1799, S. 18, 55 zu § 85 Entwurf.
[3] BGBl I 1969, 1153.

bisherigen Regelungen in § 92 Abs. 2 und 5 BSHG[4] (Kostenersatz bei schuldhaftem Herbeiführen der Voraussetzungen für die Leistungsgewährung, Härtefallregelung, Übergang der Verpflichtung auf den Erben). Das **Dritte Gesetz zur Änderung des Bundessozialhilfegesetzes** vom 25.03.1973[5] brachte eine Neufassung von § 92a Abs. 1 Satz 2 und Abs. 3 (Härtefallregelung und Erlöschensfrist). Durch das **Zweite Gesetz zur Umsetzung des Spar-, Konsolidierungs- und Wachstumsprogramms** vom 21.12.1993[6] wurde Absatz 2 Satz 2 neu gefasst und Absatz 4 (heute: § 104 SGB XII) angefügt; Absatz 2 Satz 2 enthielt nun einen Verweis auf den ebenfalls neu gefassten § 92c Abs. 2 Satz 2 BSHG. Im ursprünglichen Gesetzesentwurf waren die Änderungen noch nicht vorgesehen; sie gehen auf eine Beschlussempfehlung des Ausschusses für Familie und Senioren zurück.[7]

2   Im Zuge der **Einordnung des Sozialhilferechts in das Sozialgesetzbuch** zum 01.01.2005 sollten nach der Gesetzesbegründung mit § 103 SGB XII die Regelungen des § 92a Abs. 1-3 BSHG im Wesentlichen inhaltsgleich in das SGB XII übernommen werden. Allerdings sollte die bisherige Beschränkung auf die Fälle, in denen der Kostenersatzpflichtige für sich oder für seine unterhaltsberechtigten Angehörigen die Voraussetzungen für die Leistungen der Sozialhilfe herbeigeführt hat, aufgegeben werden und eine Ersatzverpflichtung künftig auch in Fällen bestehen, in denen für sonstige Dritte die Voraussetzungen für die Leistungen herbeigeführt worden sind.[8] Neu aufgenommen wurde § 103 Abs. 1 Satz 2 SGB XII; die Gesetzgebungsmaterialien äußern sich zu den Gründen für die Aufnahme dieser Regelung nicht.

3   § 103 SGB XII gilt unverändert in der Fassung des **Gesetzes zur Einordnung des Sozialhilferechts in das Sozialgesetzbuch** vom 27.12.2003.[9]

II. Systematische Zusammenhänge

4   Die Vorschrift steht im Kontext der Regelungen der **§§ 102-105 SGB XII** über „Kostenersatz" (so die Überschrift des 1. Abschnitts des 13. Kapitels des SGB XII). Die Vorschriften ermöglichen die Rückabwicklung von Sozialhilfefällen, in denen es als unbillig erscheinen würde, wenn die Solidargemeinschaft endgültig für die Kosten der Sozialhilfeleistungen aufkommen müsste; sie erweitern dabei die Rückabwicklungsmöglichkeiten insbesondere der §§ 44 ff., 50 SGB X. Ziel ist die Realisierung des **Nachrangs der Sozialhilfe**.

5   § 103 Abs. 1 Satz 1 SGB XII ermöglicht dabei die Geltendmachung von Ersatzansprüchen gegenüber Personen, die nach Vollendung des 18. Lebensjahres für sich oder andere durch vorsätzliches oder grob fahrlässiges Verhalten die Voraussetzungen für die Leistungen der Sozialhilfe herbeigeführt haben. In derartigen Fällen scheitert eine Rückabwicklung der Leistungen nach den §§ 45, 48, 50 SGB X, weil die Voraussetzungen für die Leistungen vorgelegen haben und die Leistungen deshalb **nach dem materiellen Leistungsrecht rechtmäßig** erbracht wurden.

6   § 103 Abs. 1 Satz 2 SGB XII normiert eine Ersatzpflicht der leistungsberechtigten Person oder deren Vertreters, wenn die Person oder ihr Vertreter die Rechtswidrigkeit des der Leistung zugrunde liegenden Verwaltungsakts kannte oder infolge grober Fahrlässigkeit nicht kannte. Anders als Satz 1 betrifft Satz 2 mithin Fälle, in denen die Leistung rechtswidrig bewilligt wurde; es wird deshalb vielfach die Auffassung vertreten, dass § 103 Abs. 1 Satz 2 SGB XII der Regelung des § 104 SGB XII systematisch näher stehe als der des § 103 Abs. 1 Satz 1 SGB XII[10]; weitergehend wird teilweise daraus die Schlussfolgerung gezogen, dass § 103 Abs. 1 Satz 2 SGB XII Bedeutung nur im Rahmen der Verweisung des § 104 Satz 1 SGB XII habe[11] (vgl. Rn. 38).

---

[4] Zur Gesetzesbegründung vgl. Gesetzentwurf der Bundesregierung, BT-Drs. V/3495, S. 5, 16.
[5] BGBl I 1974, 777.
[6] BGBl I 1993, 2374.
[7] BT-Drs. 12/5930, S. 4.
[8] BT-Drs. 15/1514, S. 68 zu § 98 des Gesetzentwurfs der Regierungsfraktionen.
[9] BGBl I 2003, 3022.
[10] Vgl. *Schoenfeld* in: Grube/Wahrendorf, SGB XII Sozialhilfe, § 103 Rn. 14; *Steimer* in: Mergler/Zink, Sozialgesetzbuch XII und Asylbewerberleistungsgesetz, § 103 Rn. 19; *Lücking* in: Hauck/Noftz, SGB XII, § 103 Rn. 15; *Wolf* in: Fichtner/Wenzel, Kommentar zum SGB XII – Sozialhilfe Asylbewerberleistungsgesetz, § 103 Rn. 7; *Schellhorn* in: Schellhorn/Schellhorn/Hohm, SGB XII – Sozialhilfe, § 103 Rn. 19; *Baur* in: Jahn, Sozialgesetzbuch für die Praxis Zwölftes Buch Sozialhilfe, § 103 Rn. 28; *Conradis* in: LPK-SGB XII, § 103 Rn. 8.
[11] *Schoenfeld* in: Grube/Wahrendorf, SGB XII Sozialhilfe, § 103 Rn. 14; ähnlich wohl auch *Conradis* in: LPK-SGB XII, § 103 Rn. 8.

Das **Verhältnis zwischen einer Rückabwicklung nach § 103 SGB XII und den §§ 44 ff., 50 SGB X** wird durch § 103 Abs. 4 SGB XII klargestellt; danach bleiben die §§ 44-50 SGB X unberührt; zum Kostenersatz nach Absatz 1 und zur Erstattung derselben Kosten nach § 50 SGB X Verpflichtete haften als Gesamtschuldner.

Im Zusammenhang mit den §§ 103, 104 SGB XII steht auch § 92 Abs. 2 Satz 6 SGB XII, der unter Bezugnahme auf die §§ 103, 104 SGB XII eine Ersatzpflicht anordnet, wenn sich eine Person in den Fällen der § 92 Abs. 2 Satz 1 Nrn. 5 und 6 SGB XII (Leistungen zur medizinischen Rehabilitation und zur Teilhabe am Arbeitsleben) nicht oder nicht ausreichend versichert hat. Die Regelung des § 92 Abs. 2 Satz 6 SGB XII dürfte sich in erster Linie in einer Klarstellung der Anwendbarkeit der §§ 103, 104 SGB XII für die Fälle nicht ausreichender Versicherung erschöpfen und ansonsten kaum eine eigenständige Bedeutung haben. Die Regelung bezieht sich – was der systematische Kontext des § 92 Abs. 2 SGB XII nahe legt und worauf wohl auch die Gesetzgebungsmaterialien hindeuten[12] – auf eine Ersatzpflicht für Kosten der Maßnahmen nach § 92 Abs. 2 Satz 1 Nrn. 5 und 6 SGB XII, wenn sie vom Sozialhilfeträger deshalb übernommen werden müssen, weil – etwa bei Unfallereignissen - anderweitig keine Versicherung bestanden hat, nicht aber – worauf der Wortlaut des § 92 Abs. 2 Satz 6 SGB XII wohl eher hindeutet – auf eine Ersatzpflicht (nur) für Kosten nicht versicherter Risiken, die sich erst während der Maßnahmen nach § 92 Abs. 2 Satz 1 Nrn. 5 und 6 SGB XII realisieren. Der Wortlaut des § 92 Abs. 2 Satz 6 SGB XII ist insoweit missverständlich; anstatt „hat" müsste es am Satzende heißen „hatte".

III. Ausgewählte Literaturhinweise

Berlit, Heranziehung zum Kostenersatz wegen schuldhaft sozialwidrigen Verhaltens für Zeiten einer Untersuchungshaft und einer Ersatzfreiheitsstrafe, jurisPR-SozR 1/2003, Anm. 6; *Eichenhofer*, Rückgriff des Sozialhilfeträgers aufgrund vorangegangener Vermögensverfügungen unter Lebenden oder von Todes wegen, NDV 1999, 82-89 und 111-120; *Franck*, Aktuelle sozialhilferechtliche Probleme im Erbrecht, (Vorweggenommene) Erbfolge und soziale Sicherung 2011, 37-62 (Schriften zum Notarrecht, Band 28); *Grote-Seifert*, Grundsicherung für Arbeitsuchende – Ersatzanspruch bei sozialwidrigem Verhalten – grob fahrlässige Herbeiführung von Hilfebedürftigkeit für Mitglieder der Bedarfsgemeinschaft – Inhaftierung nach Straftat – Sozialwidrigkeitsbegriff, SGb 2013, 658-660; *Mihm*, Die Verschuldensrelevanz im Sozialleistungsrecht, NZS 1995, 7-12; *Paul*, Rückforderung zu Unrecht erbrachter Sozialhilfeleistungen, SuP 2000, 479-495; *Podewils*, Das Behinderten- und Bedürftigentestament, AnwZert ErbR 7/2013, Anm. 1; *von Proff*, Erbrechtsgestaltung nach der jüngsten BGH-Rechtsprechung zum Behindertentestament, RNotZ 2012, 272-281; *Schwabe*, Rückzahlung von Sozialhilfe? Die rechtlichen Rahmenbedingungen zur Rückforderung von Leistungen nach dem SGB XII, ZfF 2006, 217-231; *Wahrendorf*, Zur Dogmatik der Aufhebung und Rückforderung von Leistungen nach dem SGB II und SGB XII, Organisation und Verfahren im sozialen Rechtsstaat 2008, 577-590 (Schriften zum Öffentlichen Recht, Band 1109); *Weber*, Kostenerstattung und Kostenersatz bei rechtswidrig oder zu Unrecht gewährter Sozialhilfe nach dem SGB XII, DVP 2010, 278-285.

B. Auslegung der Norm

I. Regelungsgehalt und Bedeutung der Norm

§ 103 SGB XII enthält wie auch die §§ 102-105 SGB XII insgesamt eine **Ausnahme** von dem **Grundsatz der generellen Freiheit von Kostenersatz** für die Leistungen der Sozialhilfe. In der historischen Entwicklung handelt es sich bei den Leistungen der Sozialhilfe um eine Fortentwicklung der Leistungen nach dem bis zum Inkrafttreten des BSHG[13] geltenden Fürsorgerecht. Für Fürsorgeleistungen galt noch eine generelle Kostenersatzpflicht gegenüber dem Unterstützten oder sonstigen Ersatzpflichtigen.[14] Mit dem BSHG wurde insoweit ein Paradigmenwechsel eingeleitet. Enthielt zunächst § 92 Abs. 2 und 3 BSHG noch weitergehende Regelungen über den Kostenersatz und hatten insbesondere nach § 92 Abs. 3 BSHG noch der Hilfeempfänger, sein Ehegatte und die Eltern von Hilfeempfängern,

---

[12] BR-Drs. 49/1/01, S. 35 zu § 43 BSHG.
[13] Bundessozialhilfegesetz vom 30.06.1961, BGBl I 1961, 815.
[14] §§ 25, 25a der Verordnung über die Fürsorgepflicht vom 13.02.1924, RGBl I 1924, 100, i.d.F. der Zweiten Verordnung des Reichspräsidenten zur Sicherung von Wirtschaft und Finanzen vom 05.06.1931, RGBl I 1931, 279, und des Gesetzes vom 22.12.1936, RGBl I 1936, 1125, i.V.m. der Verordnung über den Ersatz von Fürsorgekosten vom 30.01.1951, BGBl I 1951, 154.

denen vor Vollendung des 18. Lebensjahres Hilfe zum Lebensunterhalt gewährt worden war, bei Überschreiten von Einkommens- und Vermögensfreibeträgen ohne weitere Voraussetzungen Ersatz zu leisten, so wurde mit dem Zweiten Gesetz zur Änderung des Bundessozialhilfegesetzes[15] bereits das Regel/Ausnahmeverhältnis umgekehrt und im Wesentlichen die auch heute noch vorhandene Systematik der Ersatzansprüche geschaffen. Lediglich § 92b BSHG enthielt noch eine nur einkommensabhängige Ersatzpflicht, die aber nur bei kurzfristigem Leistungsbezug oder beim Bezug von Einmalleistungen zum Tragen kommen konnte; § 92b BSHG wurde dann mit dem Dritten Gesetz zur Änderung des Bundessozialhilfegesetzes[16] ganz abgeschafft.[17] **Die Geltendmachung von Ersatzansprüchen war nunmehr die Ausnahme.** Sie wird seither nur noch zugelassen, **wenn besondere Gründe** es als gerechtfertigt erscheinen lassen, den **Nachrang der Sozialhilfe** durch Ersatzansprüche wiederherzustellen.

11   In den Fällen des **§ 103 Abs. 1 Satz 1 SGB XII** besteht demnach eine Ersatzpflicht für Personen, die vorsätzlich oder grob fahrlässig die Voraussetzungen für die Erbringung von Sozialhilfe herbeigeführt haben. Die eigentliche Bedeutung der Regelung liegt darin, dass eine Rückabwicklung der Leistung durch einen Ersatzanspruch auch in Fällen ermöglicht wird, in denen die **Leistungserbringung leistungsrechtlich rechtmäßig gewesen** ist und daher eine Rückabwicklung über die §§ 45, 48, 50 SGB X von vornherein ausscheidet. Die Rückabwicklung ist allerdings nicht bei jedem Verhalten möglich, das zum Eintritt der Leistungsvoraussetzungen führt; vielmehr müssen die Leistungsvoraussetzungen durch ein „sozialwidriges" Verhalten herbeigeführt worden sein. Entscheidend ist mithin jeweils eine Abwägung, ob das fragliche Handeln oder Verhalten von Gründen getragen war, die den endgültigen Einsatz öffentlicher Mittel zur Übernahme der Folgen des Handelns rechtfertigen können.

12   **§ 103 Abs. 1 Satz 2 SGB XII** regelt einen Ersatzanspruch gegen die leistungsberechtigte Person oder deren Vertreter bei jeweiliger Kenntnis oder grob fahrlässiger Unkenntnis von der Rechtswidrigkeit des der Leistung zugrunde liegenden Verwaltungsakts. Die Gesetzgebungsmaterialien geben keinen Aufschluss darüber, aus welchen Motiven heraus die Vorschrift eingefügt wurde. Durch die mögliche Inanspruchnahme des Vertreters der leistungsberechtigten Person schon bei dessen Kenntnis oder grob fahrlässiger Unkenntnis von der Rechtswidrigkeit der Bewilligungsentscheidung erweitert sie jedenfalls den Kreis der als ersatzpflichtig in Betracht kommenden Personen. Der Anknüpfungspunkt der Haftung ist die **Kenntnis oder grob fahrlässige Unkenntnis von der Rechtswidrigkeit** und damit nicht ein „Verhalten", wie es die (amtliche) Überschrift des § 103 SGB XII an sich voraussetzt. Auch zur Überschrift des § 104 SGB XII („Kostenersatz für zu Unrecht erbrachte Leistungen") „passt" die Regelung inhaltlich nicht ohne weiteres. „Zu Unrecht" erbracht im Sinne des § 104 SGB XII sind die Leistungen nach ganz überwiegend vertretener Auffassung nicht schon dann, wenn die Bewilligungsentscheidung nach materiellem Leistungsrecht rechtswidrig war, erforderlich ist vielmehr, dass der die Leistungen bewilligende Verwaltungsakt aufgehoben wird.[18] Dass auch in den Fällen des § 103 Abs. 1 Satz 2 SGB XII die Aufhebung des die Leistungen bewilligenden Verwaltungsakts für die Geltendmachung des Ersatzanspruchs erforderlich wäre, lässt sich indes aus der Formulierung des § 103 Abs. 1 Satz 2 SGB XII selbst kaum ableiten. Die **Auslegung** der Vorschrift und damit auch die Ermittlung ihrer Bedeutung stoßen deshalb auf **Schwierigkeiten** (vgl. Rn. 36).

13   § 103 Abs. 2 SGB XII regelt den Übergang der eingetretenen Ersatzpflicht auf den Erben. § 103 Abs. 3 SGB XII enthält eine dreijährige Erlöschensfrist und verweist für den Fristablauf auf die Regelungen des Bürgerlichen Gesetzbuches. § 103 Abs. 4 SGB XII ordnet eine Gesamtschuldnerschaft des Ersatzverpflichteten mit einem nach § 50 SGB X zur Erstattung Verpflichteten an; Bedeutung hat diese Regelung vor allem in den Fällen des § 103 Abs. 1 Satz 2 SGB XII, in denen auch eine Rückabwicklung nach den §§ 45, 50 SGB X in Betracht kommt.

---

[15] Zweites Gesetz zur Änderung des Bundessozialhilfegesetzes vom 14.08.1969, BGBl I 1969, 1153.
[16] Drittes Gesetz zur Änderung des Bundessozialhilfegesetzes vom 25.03.1974, BGBl I 1974, 777.
[17] Grundlegend zur Gesetzesentwicklung auch BVerwG v. 21.10.1987 - 5 C 39/85 - BVerwGE 78, 165.
[18] So BVerwG v. 20.11.1997 - 5 C 16/97 - BVerwGE 105, 374 zu § 91a BSHG; *Bieback* in: Grube/Wahrendorf, SGB XII Sozialhilfe, § 104 Rn. 3; *Conradis* in: LPK-SGB XII, § 104 Rn. 5; *Steimer* in: Mergler/Zink, Sozialgesetzbuch XII und Asylbewerberleistungsgesetz, § 104 Rn. 5; *Schellhorn* in: Schellhorn/Schellhorn/Hohm, SGB XII – Sozialhilfe, § 104 Rn. 6; *Lücking* in: Hauck/Noftz, SGB XII, § 104 Rn. 9; *Baur* in: Jahn, Sozialgesetzbuch für die Praxis Zwölftes Buch Sozialhilfe, § 104 Rn. 6; *Wolf* in: Fichtner/Wenzel, Kommentar zum SGB XII – Sozialhilfe Asylbewerberleistungsgesetz, § 104 Rn. 5.

II. Parallelen und Unterschiede zum SGB II

1. Rechtlage bis zum 31.03.2011

§ 103 Abs. 1 Satz 1 SGB XII hatte im SGB II zunächst eine **Parallele** in § 34 Abs. 1 Satz 1 Nr. 1 SGB II[19] (in der bis zum 31.03.2011 geltenden Fassung); in den Gesetzgebungsmaterialen wurde auf die Parallelität des § 34 SGB II a.F. mit den Regelungen des Sozialhilferechts auch ausdrücklich hingewiesen.[20] Trotz der – demnach gewollten – Parallelität bestanden im Einzelnen **Unterschiede**. § 103 Abs. 1 Satz 1 SGB XII und § 34 Abs. 1 Satz 1 Nr. 1 SGB XII unterschieden sich in der Formulierung insoweit, als in § 103 Abs. 1 Satz 1 SGB XII Voraussetzung für den Ersatzanspruch das (ungeschriebene) Tatbestandsmerkmal der „Sozialwidrigkeit" ist; § 34 Abs. 1 Satz 1 Nr. 1 SGB II setzte hingegen das Fehlen eines „wichtigen Grundes" voraus (vgl. Rn. 19). § 34 Abs. 1 Satz 1 Nr. 2 SGB II begrenzte zudem die Ersatzpflicht auf Fälle, in denen die Voraussetzungen der eigenen Hilfebedürftigkeit oder der Hilfebedürftigkeit von Personen, mit denen der Ersatzpflichtige in einer Bedarfsgemeinschaft lebte, herbeigeführt wurden; in § 103 Abs. 1 Satz 1 SGB XII genügt dagegen die Herbeiführung der Leistungsvoraussetzungen bei Dritten, ohne dass der Personenkreis näher umschrieben wird. Anders als § 103 SGB XII enthielt § 34 SGB XII a.F. auch keine allgemeine Härteklausel, sondern nur die spezielle Härtefallregelung des § 34 Abs. 1 Satz 2 SGB II; danach war von der Geltendmachung des Ersatzanspruchs nur dann abzusehen, soweit sie den Ersatzpflichtigen künftig von Leistungen nach dem SGB II oder SGB XII abhängig gemacht hätte. Eine dem § 103 Abs. 1 Satz 2 SGB XII vergleichbare Regelung gab und gibt es im SGB II nicht (zur Rechtslage ab dem 01.04.2011 vgl. Rn. 16).

Angesichts des Umstands, dass es sich sowohl beim SGB XII als auch dem SGB II um existenzsichernde Grundsicherungssysteme handelt und die Parallelität des § 34 SGB II a.F. mit den Regelungen des Sozialhilferechts in der Gesetzesbegründung auch noch explizit hervorgehoben worden war, stellte sich die Frage nach der **Rechtfertigung** der dennoch vorhandenen **Unterschiede** im Einzelnen.[21] Die Verwendung des Begriffs des „wichtigen Grundes" in § 34 SGB II a.F. brachte insoweit keine Probleme mit sich; die „Sozialwidrigkeit" des § 103 SGB XII und den wichtigen Grund des § 34 SGB II a.F. wird man weitgehend parallel auslegen können und müssen. Im Hinblick auf den unterschiedlichen Umfang der Ersatzpflicht (Ersatz für Leistungen an Mitglieder der Bedarfsgemeinschaft in den Fällen des § 34 SGB II a.F., Ersatz für Leistungen an „andere" Personen in den Fällen des § 103 Abs. 1 Satz 1 SGB XII) kommt eine Harmonisierung durch einschränkende Auslegung im Hinblick auf den Umfang der Ersatzpflicht in den Fällen des § 103 Abs. 1 Satz 1 SGB XII nicht in Betracht; sie würde dem ausdrücklich geäußerten Willen des Gesetzgebers widersprechen.[22] Eine Harmonisierung von SGB II und SGB XII ist insoweit auch nicht geboten. Die unterschiedlichen Regelungen lassen sich rechtfertigen. Bei den Leistungen nach dem SGB II handelt es sich nach ihrer Konzeption – anders als in den Fällen des SGB XII – in erster Linie um eher kurzfristig ausgerichtete Lohnersatz- und Eingliederungsleistungen für erwerbsfähige Personen, die nach ihrer Zielsetzung meist mit geringeren Aufwendungen verbunden sein werden als die langfristig angelegten Sozialhilfeleistungen. Wenn deshalb im Bereich des SGB II die Geltendmachung von Ersatzansprüchen gegenüber dem SGB XII im Hinblick auf den Kreis der Leistungsempfänger eingeschränkt ist, so liegt dies im Rahmen des Gestaltungsermessens des Gesetzgebers; eine planwidrige Systemwidrigkeit kann nicht mit der erforderlichen Sicherheit festgestellt werden und es gibt deshalb auch keinen hinreichenden Grund für eine Auslegung des § 103 Abs. 1 Satz 1 SGB XII oder des § 34 Abs. 1 SGB II gegen den jeweiligen Wortlaut oder eine Rechtsfortbildung. Bei dem Fehlen einer allgemeinen Härteklausel in § 34 SGB II a.F. dürfte es sich ebenfalls um eine bewusste Entscheidung des Gesetzgebers gehandelt haben, für die allerdings Gründe konkret nicht benannt wurden[23]; sie mag – auch – im Zusammenhang damit gestanden haben, dass im SGB II – wie dargestellt – typisierend von geringeren Ersatzansprüchen ausgegangen werden kann, was zur Rechtfertigung des Fehlens einer allgemeinen Härtefallklausel in § 34 SGB II a.F. beitragen konnte. Angesichts des eindeutigen Wortlauts des § 34 SGB II a.F. und des § 103 SGB XII ist im Hinblick auf die Unterschiede bei der Härtefallregelung jedenfalls für eine vollständige Harmonisierung durch Auslegung oder Analogiebildung kein Raum; eine gewisse Annäherung kann durch (enge) Auslegung des Begriffs der Härte in § 103 Abs. 1 Satz 3 SGB XII und durch die in den Fällen des § 103 Abs. 1 Satz 3

---

[19] So auch *Link* in: Eicher/Spellbrink, SGB II, 2. Aufl., § 34 Rn. 5.
[20] BT-Drs. 15/1516, S. 62.
[21] Zur gebotenen Harmonisierung der beiden Leistungssysteme: BSG v. 19.05.2009 - B 8 SO 7/08 R.
[22] BT-Drs. 15/1514, S. 68.
[23] Vgl. BT-Drs. 15/1516, S. 62.

SGB XII erforderliche Ermessensausübung erreicht werden. Gründe, aus denen der Gesetzgeber im SGB II auf eine Parallelregelung zu § 103 Abs. 1 Satz 2 SGB XII verzichtet hatte (und nach wie vor hat), sind ebenso wenig bekannt wie die Gründe, die zur Einfügung der Regelung im Zusammenhang mit der Einordnung des Sozialhilferechts in das Sozialgesetzbuch geführt haben. Angesichts des problematischen Regelungsgehalts und des wohl nur sehr engen Anwendungsbereichs (vgl. Rn. 36) ist eine analoge Anwendung im Bereich des SGB II nicht angezeigt.

2. Rechtslage ab dem 01.04.2011

16 Seit dem 01.04.2011 ist § 34 SGB II (a.F.) durch die §§ 34, 34a SGB II n.F. ersetzt.[24] § 34 Abs. 1 Satz 1 SGB II n.F. entspricht dabei dem früheren § 34 Abs. 1 Satz 1 Nr. 1 SGB II a.F. Die Regelung ist inhaltlich im Wesentlichen erhalten geblieben. Neu sind die allgemeine Härteklausel des § 34 Abs. 1 Satz 3 SGB II n.F., die § 34 Abs. 1 Satz 2 SGB II a.F. ersetzt und nach wie vor Ermessenserwägungen nicht zulässt, sowie der Umfang des Ersatzanspruches; er soll künftig das gesamte Leistungsspektrum des SGB II umfassen; dazu gehören nach § 34 Abs. 1 Satz 2 SGB II n.F. auch die geleisteten Beiträge zur Kranken-, Renten- und Pflegeversicherung.[25] § 34 SGB II n.F. hat sich insoweit inhaltlich an § 103 SGB II angenähert, ohne dass eine Übereinstimmung erreicht wird; es fehlt insbesondere nach wie vor eine Parallelregelung zu § 103 Abs. 1 Satz 2 SGB XII. Sofern Unterschiede verblieben sind, wird man fortan von einer bewussten gesetzgeberischen Entscheidung ausgehen müssen. Eine harmonisierende Auslegung wird aber vor allem noch bei den Generalklauseln (Sozialwidrigkeit – wichtiger Grund) in Betracht kommen. In der Normüberschrift des § 34 SGB II n.F. ist jetzt ausdrücklich von „sozialwidrigem Verhalten" die Rede[26], zusätzlich enthält der Normtext aber weiterhin das Erfordernis des Fehlens eines wichtigen Grundes. Ob damit zwei in ihrem Bedeutungsgehalt abtrennbare Tatbestandsmerkmale gemeint sind[27] oder ob das nur in der Überschrift enthaltene Merkmal der Sozialwidrigkeit in das Fehlen des wichtigen Grundes hineinzulesen ist, kann dahinstehen; inhaltliche Unterschiede zu § 103 Abs. 1 Satz 1 SGB XII dürften sich insoweit unabhängig davon grundsätzlich nicht ergeben[28].

III. Tatbestandsmerkmale

1. Absatz 1 Satz 1

a. Rechtmäßige Leistungserbringung

17 Voraussetzung für den Ersatzanspruch ist, dass die betreffende Person die Voraussetzungen für die Leistungen der Sozialhilfe herbeigeführt hat. Dies bedeutet, dass die **leistungsrechtlichen Voraussetzungen für eine Leistungserbringung vorgelegen haben müssen**, d.h. dass Leistungen nach dem materiellen Leistungsrecht rechtmäßig erbracht wurden.[29] Lagen hingegen die leistungsrechtlichen Voraussetzungen für die Leistungen nicht vor, so muss für die Rückabwicklung auf andere Vorschriften zurückgegriffen werden, insbesondere die §§ 44 ff., 50 SGB X, § 103 Abs. 1 Satz 2 SGB XII oder § 104 SGB XII.

18 Erbrachte etwa der Sozialhilfeträger Leistungen an eine Person, die sich endgültig weigerte, gegenüber der Sozialhilfe vorrangige Ansprüche gegenüber Dritten geltend zu machen, ohne hierfür Gründe zu benennen, so konnte nach der Rechtsprechung des Bundesverwaltungsgerichts für die erbrachten Leistungen kein Ersatz nach § 92a Abs. 1 BSHG (bzw. jetzt: § 103 Abs. 1 Satz 1 SGB XII) gefordert werden, da die Voraussetzungen für die Erbringung der Leistungen im Hinblick auf den Selbsthilfegrundsatz nicht vorlagen und die Leistungsbewilligung mithin rechtswidrig erfolgt war.[30] Ob diese Rechtsprechung allerdings auch im Hinblick auf die Bedeutung des Selbsthilfegrundsatzes (§ 2 Abs. 1

---

[24] Gesetz zur Ermittlung von Regelbedarfen und zur Änderung des Zweiten und Zwölften Buches Sozialgesetzbuch vom 24.03.2011, BGBl I 2011, 453.
[25] Zur Begründung der Neuregelung vgl. BT-Drs. 17/3404, S. 185 und speziell zur allgemeinen Härtefallregelung, die erst auf Empfehlung des Ausschusses für Arbeit und Soziales eingefügt wurde, BT-Drs. 17/4095, S. 34.
[26] Angesichts der Rechtsprechung zur Vorgängerversion (BSG v. 02.11.2012 - B 4 AS 39/12 R) hat diese Änderung wohl nur deklaratorische Bedeutung.
[27] *Link* in: Eicher, SGB II, 3. Aufl., § 34 Rn. 24 f.
[28] Im Einzelfall sind indes inhaltliche Unterschiede aber auch nicht ausgeschlossen, vgl. BSG v. 02.11.2012 - B 4 AS 39/12 R.
[29] BVerwG v. 05.05.1983 - 5 C 112/81 - BVerwGE 67, 163 zu § 92a Abs. 1 BSHG.
[30] BVerwG v. 05.05.1983 - 5 C 112/81 - BVerwGE 67, 163.

SGB XII; früher: § 2 Abs. 1 BSHG) Bestand haben wird, bleibt abzuwarten; das BSG scheint insoweit von einem gewandelten Verständnis auszugehen, das in § 2 Abs. 1 SGB XII (früher: § 2 Abs. 1 BSHG) nicht mehr einen eigenständigen Anspruchsausschluss, sondern mehr einen durch die Vorschriften über die Einkommens- und Vermögensberücksichtigung konkretisierten Programmsatz sieht.[31]

b. Sozialwidriges Verhalten

§ 103 Abs. 1 Satz 1 SGB XII verlangt nach seinem Wortlaut nur, dass die Voraussetzungen für die Leistungen der Sozialhilfe durch ein „Verhalten" herbeigeführt worden sind. Die Rechtsprechung hat jedoch seit jeher aus dem mit dem Übergang von den fürsorgerechtlichen Bestimmung zum BSHG im Jahr 1961 eingeleiteten Paradigmenwechsel bei der Ausgestaltung der Ersatzansprüche die Schlussfolgerung gezogen, dass es sich bei den Ersatzansprüchen nach dem BSHG, die ein schuldhaftes Handeln voraussetzen, um **„quasi-deliktische"** Ansprüche handelt. Das Verhalten, das den Ersatzanspruch auslöst, muss danach zwar nicht rechtswidrig sein, es muss aber einem „Unwerturteil" unterworfen werden können und sich so als **„sozialwidrig"** darstellen.[32] § 34 Abs. 1 Satz 1 Nr. 1 SGB II bzw. ab dem 01.04.2011 § 34 Abs. 1 Satz 1 SGB II, die Parallelvorschrift für den Bereich der Grundsicherung für Arbeitsuchende, setzt insoweit zudem ausdrücklich die Herbeiführung von Hilfebedürftigkeit „ohne wichtigen Grund" voraus; in der Überschrift zu § 34 SGB II n.F. ist jetzt auch ausdrücklich von einem „sozialwidrigen" Verhalten die Rede. Sowohl das Erfordernis des Fehlens eines wichtigen Grundes als auch die Sozialwidrigkeit des fraglichen Verhaltens sollen die Ersatzansprüche auf Fälle beschränken, in denen für den Betroffenen ein Alternativverhalten zumutbar gewesen wäre[33]; es geht dabei in beiden Rechtsgebieten letztlich um eine Abwägung der Interessen des Betroffenen mit denen der Allgemeinheit, die die Mittel für die Sozialhilfe bzw. Grundsicherung aufzubringen hat.

Bei dem ungeschriebenen Tatbestandsmerkmal der **„Sozialwidrigkeit"** handelt es sich um einen unbestimmten Rechtsbegriff, der gerichtlich voll überprüfbar ist; einen Beurteilungsspielraum hat die Behörde bei der Ausfüllung dieses Tatbestandsmerkmals nicht. Die erforderliche Interessenabwägung ist jeweils unter Berücksichtigung der besonderen Umstände des Einzelfalls durchzuführen. Der Begriff der Sozialwidrigkeit wird dabei **restriktiv ausgelegt** werden müssen; denn im Grundsatz handelt es sich bei der Sozialhilfe um Leistungen, die unabhängig von den Gründen gewährt werden, die zum Eintritt der Hilfebedürftigkeit geführt haben.[34] Die Rechtsprechung war bisher hauptsächlich mit Konstellationen befasst, die sich verschiedenen Fallgruppen zuordnen lassen. Zur weiteren Konturierung des Begriffs der Sozialwidrigkeit, die zur Gewährleistung der von Verfassungs wegen gebotenen Vorhersehbarkeit der Rechtsanwendung erforderlich ist, wird man sich an den bisher gebildeten Fällen und Fallgruppen orientieren müssen, auch wenn diese zum Teil wegen veränderter rechtlicher Rahmenbedingungen überholt sind. Die bisher von der Rechtsprechung entschiedenen Fälle betrafen zu einem wesentlichen Teil erwerbsfähige Personen und werden deshalb zukünftig vor allem im Bereich der Grundsicherung für Arbeitsuchende Bedeutung haben; allerdings können sie im Bereich der Sozialhilfe nach wie vor in Fällen eine Rolle spielen, in denen erwerbsfähige Personen mit von Leistungen nach dem SGB II ausgeschossenen Personen in einer Bedarfsgemeinschaft (§ 7 SGB II) leben.

Als sozialwidrig wurden Verhaltensweisen angesehen, die dazu geführt haben, dass die ansonsten mögliche **Erzielung von Erwerbseinkommen** oder von Lohnersatzleistungen unterblieben ist. Ein Ersatzanspruch ist bejaht worden in einem Fall, in dem der Betroffene es versäumt hatte, sich um eine **Verlängerung seiner Aufenthaltserlaubnis** zu bemühen, und nach Ablauf der Aufenthaltserlaubnis seinen bis dahin bestehenden Anspruch auf Arbeitslosengeld verloren hatte.[35] Einem Ersatzanspruch konnte auch ausgesetzt sein, wer die Voraussetzungen für die Gewährung von Hilfe zum Lebensunterhalt an sich selbst und seine unterhaltsberechtigten Angehörigen dadurch herbeigeführt hatte, dass er seinen **Arbeitsplatz leichtfertig aufgegeben** und die Verhängung einer Sperrzeit durch das Arbeitsamt veranlasst hatte.[36] Als nicht vom Regelungszweck des § 92a BSHG umfasst wurde jedoch der Fall

---

[31] Vgl. hierzu BSG v. 26.08.2008 - B 8/9b SO 16/07 R.
[32] BVerwG v. 24.04.1976 - V C 41.74 - BVerwGE 51, 61; BVerwG v. 14.01.1982 - 5 C 70/80 - BVerwGE 64, 318; BVerwG v. 23.09.1999 - 5 C 22/99.
[33] Vgl. *Link* in: Eicher, SGB II, 3. Aufl., § 34 Rn. 28.
[34] *Lücking* in: Hauck/Noftz, SGB XII, § 103 Rn. 9.
[35] OVG NRW v. 23.05.1990 - 8 A 2224/87 - FEVS 41, 432.
[36] Niedersächsisches OVG v. 22.11.1995 - 4 L 817/95; ähnlich Bayerischer VGH v. 11.02.2000 - 12 B 95.2620 und Bayerischer VGH v. 24.08.2000 - 12 B 95.2620; VG Gelsenkirchen v. 25.04.2002 - 19 K 5222/99; vgl. zu diesem Themenkreis mittlerweile auch BSG v. 02.11.2012 - B 4 AS 39/12 R; BSG v. 16.04.2013 - B 14 AS 55/12 R.

angesehen, dass ein straffällig Gewordener nach der Entlassung aus der Strafhaft keinen Arbeitsplatz fand und auf Hilfe zum Lebensunterhalt angewiesen war.[37]

22 Umstritten war, ob ein Ersatzanspruch geltend gemacht werden konnte, wenn Sozialhilfe wegen der unmittelbaren wirtschaftlichen Folgen einer **Untersuchungs- oder Strafhaft** geleistet werden musste. Nach der Rechtsprechung des Bundesverwaltungsgerichts konnte eine sozialwidrig herbeigeführte Mittellosigkeit als im Sinne des § 92a Abs. 1 BSHG haftungsauslösender Umstand eine Heranziehung zum Kostenersatz für die den unterhaltsberechtigten Angehörigen gewährte Sozialhilfe auch für Zeiten einer Untersuchungshaft und einer Ersatzfreiheitsstraße rechtfertigen.[38] Die Nichtzahlung einer als Bewährungsauflage auferlegten Geldbuße mit der Folge der Inhaftierung und der Hilfebedürftigkeit von Ehefrau und Sohn konnte als sozialwidriges Verhalten zu einem Erstattungsanspruch nach § 92a Abs. 1 BSHG führen.[39] Das BSG hat dies für den Bereich des SGB II präzisiert und für den Fall des Verlusts einer Arbeit wegen Inhaftierung (Untersuchungshaft) zum Merkmal der Sozialwidrigkeit des § 34 SGB II in Anknüpfung an die sozialhilferechtliche Rechtsprechung ausgeführt, dass ein spezifischer Bezug zwischen dem Verhalten selbst und dem Erfolg erforderlich sei. Diese einschränkende Auslegung dürfe nicht durch eine weitreichende und nicht nur auf begründete Ausnahmefälle beschränkte Ersatzpflicht der Leistungsberechtigten und ihrer Angehörigen unterlaufen werden. Zudem seien die zum Teil vom Sozialhilferecht abweichenden Wertungen des SGB II bei der Einstufung eines Verhaltens als sozialwidrig im Sinne des § 34 SGB II einzubeziehen. Insofern enthalte das SGB II detaillierte Regelungen zur Refinanzierung von „zu Unrecht" erbrachten SGB II-Leistungen bzw. zu Leistungskürzungen bei bestimmten Verhaltensweisen. Im konkreten Fall hat das Gericht das Verhalten des Betroffenen als in seiner Handlungstendenz nicht auf die Herbeiführung von Bedürftigkeit bzw. den Wegfall der Erwerbstätigkeit oder -möglichkeit gerichtet gesehen.[40] Weil das BSG bei seiner Begründung gerade (auch) auf die spezifischen Regelungen des SGB II bei Beendigung einer Erwerbstätigkeit abgestellt hat, erscheint eine generelle Übertragung dieser Rechtsprechung auf die Sozialhilfe nicht ohne weiteres angezeigt; allerdings sind Fälle denkbar, in denen Personen, die selbst zum Rechtskreis des SGB II gehören, durch Inhaftierung die Gewährung von Sozialhilfe – insbesondere Leistungen der Grundsicherung im Alter und bei Erwerbsminderung – an andere Personen herbeiführen können (vgl. § 19 Abs. 1 Satz 2 SGB II; vgl. hierzu näher auch Rn. 32); jedenfalls in solchen Konstellationen erscheint es naheliegend, die Wertungen des BSG zum SGB II auch für § 103 SGB XII heranzuziehen.

23 Als sozialwidrig im Sinne des § 91a Abs. 1 BSHG ist auch angesehen worden, wenn durch das Fehlverhalten eines Ehegatten – insbesondere in Fällen der **Gewaltanwendung** oder der Gewaltandrohung – die Ehefrau Zuflucht in einem Frauenhaus suchen musste und auf Leistungen der Sozialhilfe angewiesen war.[41]

24 Einen Ersatzanspruch konnte die **Kündigung einer Krankenversicherung** bei nachfolgendem Bezug von Krankenhilfe auslösen; war der Betroffene nicht mehr in der Lage, die Kosten der Krankenversicherung selbst aufzubringen, so musste er dem Sozialhilfeträger die Entscheidung überlassen, ob dieser die Beiträge zur freiwilligen Krankenversicherung übernehmen oder erst im Krankheitsfall Krankenhilfe leisten wollte.[42] Auch das Unterlassen der Beantragung von Arbeitslosenhilfe und der damit einhergehende Verlust des Schutzes der gesetzlichen Krankenversicherung konnten einen Ersatzanspruch auslösen.[43] Beide Konstellationen können allerdings nach dem heutigen Recht (§ 264 SGB V, Wegfall der Arbeitslosenhilfe) so nicht mehr eintreten.

25 Die **Aufgabe einer hauptberuflichen Tätigkeit** zwecks Aufnahme eines Studiums mit der Folge, dass Unterhaltsverpflichtungen nicht mehr nachgekommen werden kann, stellt nach der Rechtsprechung des Bundesverwaltungsgerichts nicht aus sich heraus ein sozialwidriges Verhalten dar. Allerdings lässt sich aus den gesetzlichen Rahmenbedingungen – insbesondere Art. 12 GG – ebenso wenig ableiten, dass eine berufliche Weiterbildung per se nicht sozialwidrig ist. Abzustellen ist auf die Umstände des konkreten Einzelfalls. Erheblich für die Beurteilung kann sein, ob das Studium von vornherein als Teil

---

[37] Niedersächsisches OVG v. 26.06.1991 - 4 L 183/89.
[38] BVerwG v. 10.04.2003 - 5 C 4/02 - BVerwGE 118, 109; a.A. VGH Baden-Württemberg v. 05.12.2001 - 7 S 2825/99.
[39] Bayerischer VGH v. 13.01.2005 - 12 B 02.860.
[40] Vgl. BSG v. 02.11.2012 - B 4 AS 39/12 R; im Anschluss auch BSG v. 16.04.2013 - B 14 AS 55/12 R.
[41] VGH Baden-Württemberg v. 28.10.1998 - 6 S 1669/96 - FEVS 49, 101.
[42] BVerwG v. 23.09.1999 - 5 C 22/99 - BVerwGE 109, 331-336; SG Gotha v. 02.06.2008 - S 14 SO 3481/06.
[43] VG Münster v. 07.08.2003 - 5 K 875/00.

einer Ausbildung beabsichtigt war, die sich nur stufenweise und unterbrochen erlangen ließ; dann wird es auch darauf ankommen, ob während der längeren Unterbrechung die ursprünglichen, weiterführenden Pläne nicht bereits aufgegeben waren. Als sozialwidrig erscheinen kann die Aufnahme eines Studiums andererseits dann, wenn die Fortbildung Ausdruck eines die Interessen der unterhaltsberechtigten Familie vernachlässigenden Egoismus ist; dem kann insbesondere dann besondere Bedeutung zukommen, wenn das Studium nicht geeignet ist, für den Pflichtigen und seine Familie eine deutliche Besserstellung in materieller Hinsicht zu gewährleisten, wenn es also wesentlich nur der Anhebung des persönlichen Sozialprestiges des Pflichtigen gedient hat.[44]

Ersatzverpflichtet kann auch sein, wer hilfebedürftig wird, weil er vorsätzlich oder grob fahrlässig **nicht genügend unternimmt, um andere Geldleistungen**, auf die er einen Anspruch hat und die er auch erhalten würde, (rechtzeitig) **zu erlangen**.[45] Ersatzpflichtig kann sich auch derjenige machen, der trotz Leistungsfähigkeit Leistungen nicht erbringt, insbesondere **Unterhaltspflichten vernachlässigt**.[46]

Eine Sozialwidrigkeit wurde bei der Verursachung eines Verkehrsunfalls aufgrund Trunkenheit und folgender Pflegebedürftigkeit angenommen.[47] Auch hier wird man allerdings sehr stark auf die Umstände des Einzelfalls abzustellen und Adäquanzgesichtspunkte bei dem Zusammenhang zwischen dem tatbestandlichen Verhalten und dessen Folgen für den Sozialhilfeträger zu berücksichtigen haben.

Sozialwidrig kann nach der Rechtsprechung des Bundesverwaltungsgerichts derjenige handeln, der eine Lage schafft, die den Träger der Sozialhilfe zwingt, trotz vorangegangener Ablehnung der Hilfe diese doch noch leisten zu müssen, im konkreten Fall dadurch, dass ein behindertes Kind in einer privaten Tagesstätte statt in einem staatlichen Sonderschulkindergarten untergebracht wurde.[48]

Ersatzverpflichtungen können in Betracht gezogen werden, wenn **zivilrechtlich zulässige Gestaltungsmöglichkeiten** zum Eintritt oder zum Fortbestehen von Sozialhilfebedürftigkeit führen. Der Bundesgerichtshof hat zu diesem Themenkreis entschieden, dass der Pflichtteilsverzicht eines behinderten Sozialleistungsbeziehers grundsätzlich nicht sittenwidrig sei; er hat aber auch auf das sozialrechtliche Regelungssystem – insbesondere im Zusammenhang mit dem sozialhilferechtlichen Nachranggrundsatz – hingewiesen und ausgeführt, dass für das Hineinwirken dieses Regelungssystems auf § 138 Abs. 1 BGB eine tragfähige Grundlage fehle.[49] Aus der verneinten Sittenwidrigkeit im zivilrechtlichen Sinn wird man mithin nicht ohne weiteres immer auch auf fehlende Sozialwidrigkeit im sozialhilferechtlichen Sinn schließen können; für die Beurteilung wird vielmehr auf die Gegebenheiten des Einzelfalls abzustellen sein.

c. Kausalität und Zurechnung

Zwischen dem sozialwidrigen Verhalten und dem „Erfolg", d.h. der Notwendigkeit der Sozialhilfeleistung, muss ein hinreichender Zusammenhang bestehen. Dabei ist nicht allein auf Kausalitätsgesichtspunkte abzustellen; Einschränkungen kommen vielmehr unter **Zurechnungs-** und insbesondere **Adäquanzgesichtspunkten** in Betracht. Insbesondere können Bedingungen, die nur unter eigenartigen, unwahrscheinlichen und nach dem gewöhnlichen Verlauf der Dinge außer Betracht zu lassenden Umständen die Notwendigkeit der Sozialhilfegewährung herbeiführen konnten, außer Betracht bleiben.[50]

Zurechnungsgesichtspunkte sprechen nach hier vertretener Auffassung dafür, dass vom Anwendungsbereich des § 103 Abs. 1 Satz 1 SGB XII nicht Fälle des § 48 SGB X (nachträgliche Änderung der tatsächlichen oder rechtlichen Verhältnisse) umfasst sind.[51] Denn wenn in solchen Fällen ab einem be-

---

[44] BVerwG v. 24.06.1976 - V C 41.74 - BVerwGE 51, 61.
[45] VGH Baden-Württemberg v. 16.05.1979 - VI 997/78; ähnlich LSG Nordrhein-Westfalen v. 07.11.2008 - L 20 B 135/08 SO; a.A. VG Freiburg v. 28.02.2002 - 4 K 2331/99 für den Fall, dass ein Elternteil verspätet einen Antrag auf Unterhaltsvorschussleistungen stellt, so dass höhere Sozialhilfe geleistet werden muss; die öffentliche Hand müsse zwar für die höhere Sozialhilfe aufkommen, werde dafür aber in einem anderen Bereich geschont.
[46] VGH Hessen v. 22.11.1988 - IX OE 19/82 - ZfSH/SGB 1989, 255.
[47] *Lücking* in: Hauck/Noftz, SGB XII, § 103 Rn. 8 mit Hinweis auf VGH Bayern, JSRG 1989, 310.
[48] BVerwG v. 14.01.1982 - 5 C 70/80 - BVerwGE 64, 318.
[49] BGH v. 19.01.2011 IV ZR 7/10.
[50] VGH Baden-Württemberg v. 28.01.1998 - 6 S 1669/96 - FEVS 49, 101; ähnlich *Lücking* in: Hauck/Noftz, SGB XII, § 103 Rn. 10.
[51] A.A. *Lücking* in: Hauck/Noftz, SGB XII, § 103 Rn. 31.

stimmten Zeitpunkt aufgrund veränderter Umstände nach materiellem Leistungsrecht ganz oder teilweise unrechtmäßig Leistungen erbracht werden, so kann dies demjenigen, der die Voraussetzungen für die Leistungen ursprünglich herbeigeführt hat, gerade nicht mehr zugerechnet werden.

32   Zurechnungsgesichtspunkte werden insbesondere auch eine Rolle spielen in Fällen, in denen das **Verhalten des möglichen Ersatzpflichtigen die Erzielung von Erwerbseinkünften verhindert** hat, etwa indem er vorsätzlich oder grob fahrlässig und ohne wichtigen Grund Anlass für die Beendigung seines Beschäftigungsverhältnisses gegeben hat oder eine Beschäftigung nicht aufgenommen hat. In solchen Fällen wird nunmehr zwar auf den möglichen (erwerbsfähigen) Ersatzpflichtigen selbst und Familienangehörige meist die Anwendung des § 34 Abs. 1 Satz 1 Nr. 1 SGB II bzw. ab dem 01.04.2011 § 34 Abs. 1 Satz 1 SGB II in Betracht kommen; nach wie vor kann aber auch § 103 Abs. 1 Satz 1 SGB XII einschlägig sein, wenn der mögliche Ersatzpflichtige mit einer Person in einer Bedarfsgemeinschaft (§ 7 SGB II) lebt, die Leistungen nach dem 4. Kapitel des SGB XII erhält (vgl. § 19 Abs. 1 Satz 2 SGB II). Es stellt sich bei der Geltendmachung von Ersatzansprüchen in allen Fällen die Frage, ob und ggf. inwieweit im Hinblick auf das Erwerbsrisiko die Regelungen des § 31 SGB II als abschließende Risikoverteilung angesehen werden müssen und ob ggf. daneben noch die Geltendmachung von Ersatzansprüchen nach § 34 SGB II bzw. § 103 Abs. 1 Satz 1 SGB XII in Betracht kommt. § 91a Abs. 1 BSHG – die Vorgängervorschrift des § 103 Abs. 1 Satz 1 SGB XII – war in Fällen, in denen durch ein sperrzeitauslösendes Verhalten Arbeitslosigkeit herbeigeführt wurde, angewandt worden.[52] Die Bundesagentur für Arbeit hatte in ihren Dienstanweisungen zu § 34 SGB II a.F. noch darauf hingewiesen, dass bei sperrzeitauslösenden Verhaltensweisen ein sozialwidriges Verhalten vorliegen „kann" (Nr. 34.6), ohne dieses „kann" näher zu spezifizieren. Soweit aus der vorliegenden Rechtsprechung ersichtlich, hatte dementsprechend § 34 SGB II insoweit im Bereich der Grundsicherung für Arbeitsuchende kaum Bedeutung erlangt.[53] Das BSG[54] hat mittlerweile zu § 34 SGB II (a.F.) für den Fall des Verlusts einer Arbeit wegen Inhaftierung (Untersuchungshaft) zum Merkmal der Sozialwidrigkeit zwar in Anknüpfung an die sozialhilferechtliche Rechtsprechung ausgeführt, dass ein spezifischer Bezug zwischen dem Verhalten selbst und dem Erfolg erforderlich sei; es hat hierbei aber auf zum Teil vom Sozialhilferecht abweichende Wertungen des SGB II – insbesondere auf § 31 SGB II – abgestellt. Eine unterschiedliche Auslegung des § 34 Abs. 1 Satz 1 Nr. 1 SGB II a.F. bzw. § 34 Abs. 1 Satz 1 SGB II n.F. und des § 103 Abs. 1 Satz 1 SGB XII dürfte unter Harmonisierungsgesichtspunkten für derartige Fallkonstellationen jedenfalls dann kaum zu rechtfertigen sein, wenn die ersatzpflichtige Person selbst zum Rechtskreis des SGB II gehört.

d. Verschulden

33   Eine Ersatzpflicht tritt nur bei schuldhaftem Verhalten ein; schuldhaft (**vorsätzlich oder grob fahrlässig**) handelt nur, wer sich **der Sozialwidrigkeit seines Verhaltens bewusst oder grob fahrlässig nicht bewusst** ist.[55] Eventualvorsatz ist ausreichend. Grobe Fahrlässigkeit liegt vor, wenn die erforderliche Sorgfalt in besonders schwerem Maße verletzt wird (vgl. § 45 Abs. 2 Satz 3 Nr. 3 SGB X); das ist dann der Fall, wenn aufgrund einfachster und naheliegender Überlegungen hätte erkannt werden können, dass zur Vermeidung der Inanspruchnahme von Sozialhilfeleistungen ein anderes als das beanstandete Verhalten zu erwarten war.[56] Die subjektive Tatbestandskomponente umfasst auch das Bewusstsein über das Werturteil, dem das anspruchsauslösende Verhalten zu unterwerfen ist; dabei dürfen aber im Hinblick auf dieses Werturteil die Anforderungen an die Erfüllung des subjektiven Tatbestands nicht überspannt werden; ansonsten bestünde die Gefahr, dass gerade derjenige profitiert, der sich bedenkenlos über an ihn gerichtete Verhaltenserwartungen hinwegsetzt.

2. Absatz 1 Satz 2

a. Kenntnis oder grob fahrlässige Unkenntnis

34   Nach § 103 Abs. 1 Satz 2 SGB XII ist zum Kostenersatz auch verpflichtet, wer als leistungsberechtigte Person oder deren Vertreter die Rechtswidrigkeit des der Leistung zugrunde liegenden Verwaltungsakts kannte oder infolge grober Fahrlässigkeit nicht kannte.

---

[52] OVG Niedersachsen v. 22.11.1995 - 4 L 817/95: Ersatzpflicht beschränkt auf die Dauer der Sperrzeit.
[53] Z.B. LSG Bayern v. 26.08.2009 - L 11 AS 362/09 B PKH.
[54] BSG v. 02.11.2012 - B 4 AS 39/12 R; im Anschluss auch BSG v. 16.04.2013 - B 14 AS 55/12 R.
[55] BVerwG v. 23.09.1999 - 5 C 22/99 - BVerwGE 109, 331.
[56] Vgl. BSG v. 25.01.1994 - 7 RAr 14/93 - BSGE 74, 20.

Anknüpfungspunkt für die Ersatzhaftung ist bei dieser Tatbestandsvariante bei wörtlicher Auslegung ein rein passives „Verhalten", nämlich die bloße Kenntnisnahme von dem bewilligenden Verwaltungsakt bei Kenntnis oder grob fahrlässiger Unkenntnis von dessen Rechtswidrigkeit.[57] Die Regelung kann insoweit inhaltlich als auch nach ihrer Formulierung als **Anknüpfung an § 45 Abs. 2 Satz 3 Nr. 3 SGB X** angesehen werden, wonach sich der Begünstigte gegenüber der Rücknahme eines rechtswidrigen begünstigenden Verwaltungsakts nicht auf Vertrauensschutz berufen kann, wenn er die Rechtswidrigkeit des Verwaltungsakts kannte oder infolge grober Fahrlässigkeit nicht kannte.[58]

35

Bei der Anknüpfung des Ersatzanspruchs nach § 103 Abs. 1 Satz 2 SGB XII an die unter Vertrauensschutzgesichtspunkten konzipierte Erstattungsregelung des § 45 Abs. 2 Satz 3 Nr. 3 SGB X ergibt sich die Schwierigkeit, dass sich eine Einstandspflicht eines Dritten und insbesondere eines Vertreters des Leistungsempfängers, der selbst jedenfalls nicht unmittelbar durch die Leistungsgewährung begünstigt ist und deshalb nicht Erstattungsschuldner sein kann, wohl nur dann rechtfertigen lässt, wenn das – auch von der Überschrift des § 103 SGB XII geforderte – schuldhafte „Verhalten" des Vertreters in irgendeiner Weise kausal für den „Schaden" des Sozialhilfeträgers geworden ist. Die bloße Kenntnis oder grob fahrlässige Unkenntnis eines Vertreters von der Rechtswidrigkeit des der Leistung zugrunde liegenden Verwaltungsakts als solche kann aber nicht kausal sein für die rechtswidrige Leistungserbringung und den dadurch entstehenden Ausfall des Sozialhilfeträgers, der sich insbesondere bei Uneinbringlichkeit einer Erstattungsforderung nach den §§ 45, 50 SGB X realisieren kann. Eine Kausalitätsbeziehung zwischen der Einbuße bei dem Sozialhilfeträger und der Kenntnis des Vertreters wird man vielmehr nur dann annehmen können, wenn der Vertreter Einfluss auf die Verwendung der gewährten Leistungen hat und mit der Kenntnis des Vertreters von der Rechtswidrigkeit des Verwaltungsakts eine Mitwirkungspflicht zur Schadensabwendung gegenüber dem Sozialhilfeträger verbunden ist und diese Pflicht verletzt wird, etwa dadurch, dass die zu Unrecht bewilligten Leistungen entgegengenommen und verbraucht werden.[59] Als eigentlichen sachlichen Anknüpfungspunkt für die Ersatzhaftung wird man mithin die tatsächliche Verfügungsbefugnis des Vertreters über die gewährten Leistungen und ggf. die Verletzung einer Mitwirkungspflicht zur Schadensabwendung gegenüber dem Sozialhilfeträger bei rechtswidriger Leistungsbewilligung anzunehmen haben; eine derartige Verfügungsbefugnis und Verpflichtung werden vom Gesetzgeber wohl typisierend unterstellt. Sie müssen aber – etwa wenn der Vertreter keinen Einfluss auf die Verwendung der rechtswidrig bewilligten Leistungen hat – tatsächlich nicht in jedem Fall bestehen. Man wird § 103 Abs. 1 Satz 2 SGB XII deshalb **zurückhaltend auslegen** müssen und eine Ersatzhaftung des Vertreters nur dann annehmen können, wenn für den Vertreter bei Kenntnis oder grob fahrlässiger Unkenntnis von der Rechtswidrigkeit der Leistungsbewilligung tatsächlich die Möglichkeit bestanden hätte, die Entgegennahme und/oder den Verbrauch der Leistungen zu verhindern; die Anordnung einer Ersatzhaftung ohne entsprechende Verantwortlichkeit des Haftenden würde ansonsten auf verfassungsrechtliche Bedenken stoßen. Die **Anwendung** der Regelung wird auf diesem Hintergrund wohl **nur dann möglich** sein, wenn der **Vertreter** die gewährte Sozialhilfe **selbst verwaltet, insbesondere bei Eltern, die für ihre minderjährigen Kinder handeln, oder bei Betreuern, die die Mittel für die von ihnen betreuten Personen verwalten.**[60]

36

b. Rechtswidrig gewährte Leistungen

§ 103 Abs. 1 Satz 2 SGB XII wird man nur auf Fälle anwenden können, in denen Rechtsgrund für die gewährten Leistungen **ein von Anfang an rechtswidriger Verwaltungsakt** war, nicht hingegen auf Fälle der nachträglichen Änderung der tatsächlichen oder rechtlichen Verhältnisse (§ 48 SGB X). Für diese Auslegung sprechen Wortlaut und sachliche Anknüpfung der Vorschrift, die sich – vgl. Rn. 35 – an § 45 Abs. 2 Satz 3 Nr. 3 SGB X und somit an Fällen anfänglich rechtswidriger Verwaltungsakte orientieren. Zwar ist nicht bekannt, aus welchen Gründen der Gesetzgeber die Konstellationen des § 48 SGB X nicht einbeziehen wollte; durch die Nichteinbeziehung entsteht auch eine gewisse Diskrepanz

37

---

[57] Hierzu SG Reutlingen v. 25.09.2012 - S 5 SO 2995/11.
[58] So *Lücking* in: Hauck/Noftz, SGB XII, § 103 Rn. 14.
[59] Ähnlich wohl *Lücking* in: Hauck/Noftz, SGB XII, § 103 Rn. 14, der als Anknüpfung des Ersatzanspruchs die Kenntnis der Rechtswidrigkeit eines der Leistung zugrunde liegenden Verwaltungsakts ansieht, wenn die Sozialhilfeleistung dennoch angenommen und genutzt wird.
[60] Im Ergebnis ähnlich wohl auch *Steimer* in: Mergler/Zink, Sozialgesetzbuch XII und Asylbewerberleistungsgesetz, § 103 Rn. 20, der für die Ersatzhaftung verlangt, dass der Vertreter Empfänger der Leistung gewesen sein muss.

§ 103

zu § 104 SGB XII, der tatbestandlich auch Konstellationen des § 48 SGB X umfasst (vgl. die Kommentierung zu § 104 SGB XII). Denkbar ist insoweit aber, dass der Gesetzgeber die typisierend unterstellte Verantwortlichkeit eines Vertreters (vgl. Rn. 36) für die Konstellationen des § 48 SGB X (d.h. nachträglicher Veränderungen), die nicht mehr in unmittelbarem Zusammenhang mit dem unter Beteiligung des Vertreters abgewickelten Verwaltungsverfahren stehen, als zu weitgehend angesehen hat. Auch angesichts der problematischen und deshalb eine enge Auslegung verlangenden tatbestandlichen Anknüpfung des § 103 Abs. 1 Satz 2 SGB XII ist für eine erweiternde Auslegung im Hinblick auf die Fälle des § 48 SGB X kein Raum (vgl. Rn. 36).

38 Voraussetzung des Ersatzanspruchs nach § 103 Abs. 1 Satz 2 SGB XII ist **nicht die Rücknahme der Bewilligungsentscheidung** nach den §§ 45, 48 SGB X.[61] Im Wortlaut des § 103 Abs. 1 Satz 2 SGB XII ist eine solche Voraussetzung nicht angelegt. Im Gegenteil wird von einem Ersatzanspruch gegenüber der „leistungsberechtigten Person" gesprochen; die „Leistungsberechtigung" kann sich bei rechtswidriger Bewilligung nur aus der fortbestehenden Bewilligungsentscheidung ergeben. Eine solche Voraussetzung ergibt sich auch nicht aus der Systematik der §§ 103, 104 SGB XII. Insbesondere kann nicht angenommen werden, es handele sich bei der Verortung des § 103 Abs. 1 Satz 2 SGB XII um ein gesetzgeberisches Versehen, die Regelung müsse stattdessen als Ergänzung zu § 104 Satz 1 SGB XII angesehen werden[62] und deshalb auch die tatbestandlichen Voraussetzungen des § 104 SGB XII übernehmen[63]. Wie oben dargelegt knüpft die Ersatzhaftung des § 103 Abs. 1 Satz 2 SGB XII wie auch die Haftung nach § 103 Abs. 1 Satz 1 SGB XII an ein schuldhaftes Verhalten an und „passt" daher zu dem – auch in der Überschrift des § 103 SGB XII benannten – Regelungsthema des § 103 SGB XII. Zudem werden die Voraussetzungen für eine Rücknahme der Bewilligungsentscheidung in den Fällen des § 103 Abs. 1 Satz 2 SGB XII aufgrund der Zurechenbarkeit der Kenntnis des Vertreters von der Rechtswidrigkeit des der Leistung zugrunde liegenden Verwaltungsakts regelmäßig vorliegen (§ 45 Abs. 2 Satz 3 Nr. 3 SGB X)[64], so dass die Rücknahme als tatbestandliche Voraussetzung – anders als in den Fällen des § 104 SGB XII – kaum eine eigenständige Bedeutung hätte.

IV. Rechtsfolgen

1. Ersatzpflichtige Personen, Gesamtschuldnerhaftung

39 Ersatzpflichtig nach **§ 103 Abs. 1 Satz 1 SGB XII** kann **jeder mindestens 18-Jährige** sein, der ein tatbestandliches Verhalten realisiert hat. Ersatzpflichtig **nach § 103 Abs. 1 Satz 2 SGB XII** kann hingegen **nur die leistungsberechtigte Person oder deren Vertreter** sein; als Vertreter kommen dabei sowohl gesetzliche Vertreter (z.B. Eltern oder Betreuer) als auch – mit den oben dargestellten Einschränkungen – rechtsgeschäftlich bestellte Vertreter in Betracht.[65]

40 Die Heranziehung zum Kostenersatz steht – abgesehen von Härtefällen – **nicht im Ermessen** des Sozialhilfeträgers; die Ersatzhaftung besteht kraft Gesetzes („ist verpflichtet", § 103 Abs. 1 Satz 1 SGB XII). Ein Entscheidungsspielraum besteht allerdings bei der Auswahl unter mehreren in Betracht kommenden Schuldnern in den Fällen des § 103 Abs. 4 SGB XII.

41 Zum Kostenersatz nach § 103 Abs. 1 SGB XII Verpflichtete und zur Erstattung derselben Kosten nach § 50 SGB X Verpflichtete haften nach § 103 Abs. 4 Satz 2 SGB XII als **Gesamtschuldner**. Eine gesamtschuldnerische Haftung kommt dabei nicht nur dann in Betracht, wenn eine Haftung nach § 103 Abs. 1 SGB XII mit einer solchen nach § 50 SGB X zusammentrifft, sondern auch dann, wenn mehrere Personen nach § 103 Abs. 1 SGB XII haften; Letzteres ist möglich, wenn Verursachungsbeiträge mehrerer Personen zur Herbeiführung der Voraussetzungen für die Sozialhilfegewährung geführt haben (vgl. die §§ 830, 840 BGB). Auf das Gesamtschuldverhältnis sind die §§ 421 ff. BGB anzuwenden. Teilweise wird angenommen, dass es im **Ermessen** des Leistungsträgers stehe, welchen der in Betracht

---

[61] So aber *Lücking* in: Hauck/Noftz, SGB XII, § 103 Rn. 18.
[62] So aber *Lücking* in: Hauck/Noftz, SGB XII, § 103 Rn. 15; *Steimer* in: Mergler/Zink, Sozialgesetzbuch XII und Asylbewerberleistungsgesetz, § 103 Rn. 20; *Schellhorn* in: Schellhorn/Schellhorn/Hohm, SGB XII Sozialhilfe, § 103 Rn. 19; *Baur* in: Jahn, Sozialgesetzbuch für die Praxis Zwölftes Buch Sozialhilfe, § 104 Rn. 28; *Conradis* in: LPK-SGB XII, § 103 Rn. 8.
[63] Zu § 104 SGB XII wird vertreten, dass für die Geltendmachung des Ersatzanspruchs Voraussetzung ist, dass der der Leistung zugrunde liegende Verwaltungsakt aufgehoben wird. Vgl. hierzu *Bieback* in: Grube/Wahrendorf, SGB XII Sozialhilfe, § 104 Rn. 3; vgl. auch die Kommentierung zu § 104 SGB XII.
[64] *Baur* in: Jahn, Sozialgesetzbuch für die Praxis Zwölftes Buch Sozialhilfe, § 104 Rn. 28.
[65] Hierzu LSG NRW v. 24.05.2012 - L 9 SO 281/11.

kommenden Schuldner er in Anspruch nimmt.[66] Dass insoweit Anspruch auf eine Ermessensentscheidung im Sinne des § 39 SGB I besteht, lässt sich zwar dem Gesetz nicht unmittelbar entnehmen. Auch das **Bundesverwaltungsgericht** hat aber – allerdings in einem anderen normativen Kontext – die Auffassung vertreten, dass sich ein Anspruch auf Ermessensbetätigung bei der Inanspruchnahme eines von mehreren Gesamtschuldnern aus § 421 BGB ergebe, wobei an die Stelle von dessen Worten „**nach Belieben**" die Worte „nach Ermessen" treten müssten.[67] Die Ermessensausübung soll danach nur durch das Willkürverbot und offenbare Unbilligkeit begrenzt sein und eine Begründung der Ermessensentscheidung soll regelmäßig entbehrlich sein, wenn die Gesamtschuldnerhaftung nicht Schuldnerschutz, sondern Verwaltungsvereinfachung und Effizienz des Gesetzesvollzuges zum Ziel hat. Bei einem derart weiten Verständnis des Ermessensspielraums verbunden mit dem Absehen von einem Begründungserfordernis dürften sich indes zu einer Entscheidung nach Belieben kaum Unterschiede ergeben, zumal das Verfassungsrang genießende Willkürverbot nicht nur bei Ermessensentscheidungen zu beachten ist. Auch das **BSG** hat mittlerweile entschieden, dass bei der Frage, von welchem Gesamtschuldner Kostenersatz in welcher Höhe verlangt werde, Ermessen auszuüben sei; es hat sich dabei im Wesentlichen auf die Rechtsprechung des Bundesverwaltungsgerichts bezogen und besondere Anforderungen an die Ermessensausübung bisher nur im Hinblick auf § 102 SGB XII formuliert.[68]

2. Härtefall

Nach § 103 Abs. 1 Satz 3 SGB XII kann von der Heranziehung zum Kostenersatz abgesehen werden, soweit sie eine Härte bedeuten würde. **42**

Der Begriff der Härte ist als **unbestimmter Rechtsbegriff gerichtlich voll überprüfbar**; ein Beurteilungsspielraum steht der Behörde nicht zu.[69] Ein Regelbeispiel für den Begriff ist im Gesetz nicht benannt. Das in § 92a Abs. 1 Satz 2 HS. 2 SGB XII noch enthaltene Beispiel (Heranziehung des Ersatzpflichtigen beeinträchtigt die Fähigkeit, künftig unabhängig von Sozialhilfe am Leben in der Gemeinschaft teilzunehmen), bei dem zwingend von der Heranziehung abzusehen war, wurde in die Formulierung des § 103 Abs. 1 Satz 3 SGB XII nicht mehr übernommen. Die Bedeutung dieses speziell geregelten Falles wurde wohl überwiegend im Bereich der Grundsicherung für erwerbsfähige Personen gesehen, weshalb sich eine ähnliche Regelung in § 34 Abs. 1 Satz 2 SGB II (in der bis zum 31.03.2011 geltenden Fassung) fand. Vergleichbare Fallkonstellationen können ggf. aber jetzt eine Härte im Rahmen der allgemeinen Härtefallklausel des § 103 Abs. 1 Satz 3 SGB XII begründen, wobei – anders als zuvor – das Absehen von der Heranziehung im Ermessen der Behörde steht. Seit dem 01.04.2011 ist § 34 SGB II (a.F.) durch die §§ 34, 34a SGB II n.F. ersetzt. § 34 Abs. 1 Satz 3 SGB II enthält jetzt wie § 103 Abs. 1 Satz 3 SGB XII eine allgemeine Härteklausel, die aber Ermessenserwägungen nicht zulässt. **43**

Fraglich ist, ob der Begriff der Härte des § 103 Abs. 1 Satz 3 SGB XII als Tatbestandsmerkmal erst die Möglichkeit einer eigenständigen Ermessensentscheidung eröffnet, oder ob die **Ermessensausübung und der Begriff der Härte aneinandergekoppelt** sind, d.h. der Begriff der Härte Inhalt und Grenzen der pflichtgemäßen Ermessensausübung bestimmt; Letzteres wurde von der Rechtsprechung im Zusammenhang mit dem Erlass von Forderungen zum Begriff der Unbilligkeit angenommen.[70] Zu unterschiedlichen Ergebnissen werden beide Auffassungen wohl nur in Fällen führen können, in denen trotz der Annahme einer Härte sonstige, den Begriff der Härte nicht berührende Umstände vorliegen, die für die Geltendmachung der Ersatzforderung sprechen. Dies dürfte nur in den seltensten Fällen in Betracht kommen. Systematische Argumente deuten allerdings darauf hin, dass der Gesetzgeber dies in den Fällen des § 103 Abs. 1 Satz 3 SGB XII nicht als völlig ausgeschlossen angesehen hat. So ist etwa die Härtefallregelung des § 102 Abs. 3 Nr. 3 SGB XII nach ihrer Formulierung anders als die des § 103 Abs. 1 Satz 3 SGB XII nicht als Ermessensvorschrift ausgestaltet. Dass bei der verschuldensabhängigen Haftung des § 103 Abs. 1 SGB XII ein Ermessen eingeräumt ist, kann auf diesem Hintergrund darauf hindeuten, dass auch bei Annahme einer Härte, die in erster Linie nach den wirtschaftli- **44**

---

[66] *Bieback* in: Grube/Wahrendorf, SGB XII Sozialhilfe, § 102 Rn. 35; LSG Berlin-Brandenburg v. 27.09.2012 - L 14 AS 1348/11.
[67] BVerwG v. 22.01.1993 - 8 C 57/91; BVerwG v. 04.10.2010 - 3 B 17/10.
[68] BSG v. 23.08.2013 - B 8 SO 7/12 R.
[69] Vgl. *Schellhorn* in: Schellhorn/Schellhorn/Hohm, SGB XII – Sozialhilfe, § 103 Rn. 21; *Steimer* in: Mergler/Zink, Sozialgesetzbuch XII und Asylbewerberleistungsgesetz, § 103 Rn. 22.
[70] Vgl. hierzu *Greiser* in: Eicher, SGB II, 3. Aufl., § 44 Rn. 5 ff.; Gemeinsamer Senat der obersten Gerichtshöfe des Bundes v. 19.10.1971 - GmS-OBG 3/70; BSG v. 04.03.1999 - B 11/10 AL 5/98 R.

§ 103

chen oder sonstigen persönlichen Verhältnissen des Schuldners zum Zeitpunkt der Geltendmachung der Ersatzforderung zu beurteilen sein wird, Gesichtspunkte vorhanden sein können, die den Begriff der Härte nicht berühren, wohl aber Einfluss auf die Geltendmachung der Ersatzforderung haben können, insbesondere etwa der Grad des Verschuldens, das zum Entstehen der Ersatzforderung geführt hat.

45 Voraussetzung für die Annahme einer Härte ist in jedem Fall das Vorliegen **besonderer Umstände**, die auch in Ansehung des mit § 103 Abs. 1 SGB XII verfolgten Zwecks, den Nachrang der Sozialhilfe herzustellen, ein Absehen von der Inanspruchnahme des Betroffenen als gerechtfertigt erscheinen lassen können.[71]

46 Die Annahme einer Härte kann insbesondere in Betracht kommen in Fällen, in denen durch die Geltendmachung des Ersatzanspruchs das **Gebot familiengerechter Hilfe** (§ 16 SGB XII) verletzt würde, wenn also insbesondere durch die Ersatzforderung der Zusammenhalt der Familie gefährdet würde.[72] Auch kann eine aufgrund besonderer persönlicher Umstände vermutlich **dauerhafte wirtschaftliche Schwäche** eines vormaligen Hilfeempfängers für die Annahme einer Härte ausreichen; auf sonstige „soziale" Schwierigkeiten muss es dabei nicht ankommen.[73]

47 Liegt ein Härtefall vor, so steht – sofern man keine Kopplung des Härtebegriffs mit der Ermessensausübung annimmt (vgl. hierzu Rn. 44) – das Absehen von der Heranziehung zum Kostenersatz im Ermessen des Sozialhilfeträgers, soweit die Heranziehung eine Härte bedeuten würde. Das Ermessen ist entsprechend dem Zweck der Ermächtigung auszuüben (vgl. § 39 Abs. 1 Satz 1 SGB I); auf die pflichtgemäße Ausübung des Ermessens besteht ein Anspruch (§ 39 Abs. 1 Satz 2 SGB I). Aus der Formulierung „soweit" ergibt sich, dass von der Heranziehung auch teilweise oder zeitweise abgesehen werden kann[74]; die Formulierung macht auch deutlich, dass **zwischen der Annahme der Härte und der Ersatzforderung eine Wechselwirkung besteht**, d.h. die Höhe der Ersatzforderung oder die Art ihrer Geltendmachung (z.B. Forderung in einem sofort fälligen Betrag anstatt in Raten) kann die Härte erst begründen.

48 Bei der Ermessensausübung kann der **Grad des Verschuldens** bei dem Verhalten, das zur unrechtmäßigen Leistungsgewährung geführt hat, Berücksichtigung finden. Bei den für die Ermessensausübung anzustellenden Zweckmäßigkeitserwägungen sollen auch Gesichtspunkte einfließen können, die die Behörde selbst betreffen, etwa die Erfolgsaussicht bei der Geltendmachung des Ersatzanspruchs und der hierfür erforderliche Aufwand.[75] Insoweit dürften vorrangig allerdings die einschlägigen Regelungen der jeweiligen Leistungsträger über Niederschlagung, Stundung und Erlass von Forderungen sein.

3. Keine Anwendung des § 105 Abs. 2 SGB XII

49 § 105 Abs. 2 SGB XII ist auf die Ersatzansprüche des § 103 SGB XII **nicht anwendbar**.[76] Bereits der Wortlaut des § 105 Abs. 2 Satz 1 SGB XII spricht gegen die Anwendung; die Norm regelt „Rückforderungen", § 103 SGB XII hingegen nicht „Rückforderungen", sondern Ersatzansprüche. Auch sachlich gibt es in den Fällen des § 103 SGB XII keinen Grund, den Begriff der Rückforderung des § 105 Abs. 2 SGB XII weit auszulegen und den Schuldner einer Ersatzforderung im Sinne des § 103 Abs. 1 SGB XII durch Anwendung des § 105 Abs. 2 SGB XII zu privilegieren. § 103 Abs. 1 SGB XII normiert quasi-deliktische Ersatzansprüche, die ein schuldhaftes Verhalten des Schuldners voraussetzen. Sie stehen zudem in ihrer tatbestandlichen Anknüpfung – zumindest was den Verschuldensmaßstab angeht – sachlich den Fällen des § 45 Abs. 2 Satz 3 SGB X nahe. Die Fälle des § 45 Abs. 3 Satz 2 SGB XII sind nach § 105 Abs. 2 Satz 2 SGB XII von der Anwendung des § 105 Abs. 1 Satz 1 SGB XII ohnehin ausgeschlossen. Die verfassungsrechtlichen Erwägungen, die den Gesetzgeber zur Privilegierung des § 105 Abs. 2 Satz 1 SGB XII bewogen haben (vgl. hierzu die Kommentierung zu § 105 SGB XII Rn. 9), sind auf derartige Fälle nicht übertragbar.

---

[71] Vgl. *Bieback* in: Grube/Wahrendorf, SGB XII Sozialhilfe, § 103 Rn. 40.
[72] *Conradis* in: LPK-SGB XII, § 103 Rn. 12.
[73] So OVG Nordrhein-Westfalen v. 22.05.2000 - 16 A 5805/96 - FEVS 52, 131.
[74] *Steimer* in: Mergler/Zink, Sozialgesetzbuch XII und Asylbewerberleistungsgesetz, § 103 Rn. 23; *Schellhorn* in: Schellhorn/Schellhorn/Hohm, SGB XII – Sozialhilfe, § 103 Rn. 24.
[75] *Wolf* in: Fichtner/Wenzel, Kommentar zum SGB XII – Sozialhilfe Asylbewerberleistungsgesetz, § 103 Rn. 15.
[76] A.A. *Conradis* in: LPK-SGB XII, § 105 Rn. 8; *Lücking* in: Hauck/Noftz, SGB XII, § 105 Rn. 12; *Schellhorn* in: Schellhorn/Schellhorn/Hohm, SGB XII – Sozialhilfe, § 105 Rn. 12.

4. Unselbständige Erbenhaftung

Nach § 103 Abs. 2 Satz 1 SGB XII geht die eingetretene Verpflichtung zum Kostenersatz auf die Erben über. 50

Bei der Erbenhaftung nach § 103 Abs. 2 SGB XII handelt es sich um eine **unselbständige Erbenhaftung** im Unterschied zu der selbständigen Erbenhaftung des § 102 SGB XII; § 103 Abs. 2 Satz 1 SGB XII verlangt – anders als § 102 SGB XII – für die Haftung des Erben, dass die Verpflichtung zum Zeitpunkt des Erbfalls bereits eingetreten ist, d.h. die tatbestandlichen Voraussetzungen des Ersatzanspruchs zum Zeitpunkt des Erbfalls bereits vorgelegen haben.[77] Dabei kommt es nicht darauf an, ob der Ersatzanspruch zu Lebzeiten des Erblassers bereits durch die Behörde geltend gemacht worden ist.[78] 51

Der Erbe kann gegenüber dem Anspruch die Einwendungen geltend machen, die auch der ersatzpflichtige Verstorbene hätte geltend machen können.[79] Keine Einigkeit besteht im Hinblick auf die Frage, ob der Erbe sich auch auf einen Härtefall im Sinne des § 103 Abs. 1 Satz 3 SGB XII berufen kann.[80] Die Frage dürfte in der Praxis kaum Bedeutung erlangen. Nach § 103 Abs. 2 Satz 1 SGB XII geht „eine nach Abs. 1 eingetretene Verpflichtung" auf den Erben über. Der „Eintritt" der Verpflichtung ist in § 103 Abs. 1 Satz 1 und 2 SGB XII geregelt; systematisch von dem Bestand der Erstattungsforderung zu unterscheiden ist die – personenbezogene – Heranziehungsentscheidung nach § 103 Abs. 1 Satz 3 SGB XII, die den Anspruch als solchen aber nicht berührt. Da § 103 Abs. 2 Satz 1 SGB XII auf § 103 Abs. 1 SGB XII insgesamt Bezug nimmt, ist zwar davon auszugehen, dass die nach § 103 Abs. 1 Satz 1 oder 2 SGB XII entstandene Ersatzforderung auf den Erben übergeht und dass die zuständige Behörde dann gegenüber dem Erben eine Entscheidung über ein Absehen von der Heranziehung zu treffen hat; ein Absehen von der Heranziehung könnte gegenüber dem Erben aber nur dann in Betracht kommen, wenn aus in dessen Person liegenden Gründen die Heranziehung eine Härte bedeuten würde. Es ist jedoch kaum erkennbar, unter welchen Umständen die Heranziehung des Erben für eine vom Erblasser begründete Nachlassverbindlichkeit eine Härte begründen könnte.[81] 52

Für die Haftung des Erben entscheidend ist der **Wert des Nachlasses im Zeitpunkt des Erbfalls**. Wenn der Erbe vor Inanspruchnahme durch den Sozialhilfeträger Teile des Nachlasses verschenkt oder sonst veräußert, hat dies auf seine Haftung keine Auswirkungen.[82] Die Festlegung auf den Zeitpunkt des Erbfalls erfolgte mit dem Zweiten Gesetz zur Umsetzung des Spar-, Konsolidierungs- und Wachstumsprogramms vom 21.12.1993[83], mit dem § 92c Abs. 2 BSHG neu gefasst wurde. Die Neuregelung war eine Reaktion des Gesetzgebers auf die Rechtsprechung des Bundesverwaltungsgerichts[84] zu § 92c Abs. 2 BSHG in der bis dahin gültigen Fassung, wonach der Erbe das Nachlassvermögen mit der Folge der Haftungsbefreiung auf einen Dritten übergehen lassen konnte.[85] Aus dem mit der Gesetzesänderung verfolgten Sinn und Zweck, Vermögensverschiebungen zu Lasten des Sozialhilfeträgers zu vermeiden, ergibt sich, dass mit der – insoweit missverständlichen – Formulierung des § 102 Abs. 2 Satz 2 SGB XII nicht gemeint sein kann, dass der Erbe in jedem Fall für die Ersatzforderung des Sozialhilfeträgers mit dem Wert des im Zeitpunkt des Erbfalls vorhandenen Nachlasses haften soll und erst später entstehende Nachlassverbindlichkeiten ausnahmslos keine Berücksichtigung mehr finden könnten. Vielmehr soll der Wert im Zeitpunkt des Erbfalls nach Abzug berücksichtigungsfähiger Nachlassverbindlichkeiten, die – wie etwa die Beerdigungskosten – auch noch nach dem Erbfall entstehen können – Ausgangspunkt für die Berechnung der Ersatzforderung gegen den Erben sein; berücksichtigungsfähig sind dabei jedenfalls solche Nachlassverbindlichkeiten, die auf gesetzlichen Verpflichtungen des Erben beruhen (für die Beerdigungskosten § 1968 BGB). Insoweit sollte mit der Festlegung auf den 53

---

[77] *Steimer* in: Mergler/Zink, Sozialgesetzbuch XII und Asylbewerberleistungsgesetz, § 103 Rn. 26; *Schellhorn* in: Schellhorn/Schellhorn/Hohm, SGB XII – Sozialhilfe, § 103 Rn. 26; *Lücking* in: Hauck/Noftz, SGB XII, § 104 Rn. 22.

[78] *Lücking* in: Hauck/Noftz, SGB XII, § 104 Rn. 22.

[79] *Steimer* in: Mergler/Zink, Sozialgesetzbuch XII und Asylbewerberleistungsgesetz, § 103 Rn. 27.

[80] Dafür: *Steimer* in: Mergler/Zink, Sozialgesetzbuch XII und Asylbewerberleistungsgesetz, § 103 Rn. 27; *Conradis* in: LPK-SGB XII, § 103 Rn. 22; *Lücking* in: Hauck/Noftz, SGB XII, § 104 Rn. 22; dagegen: *Wolf* in: Fichtner/Wenzel, Kommentar zum SGB XII – Sozialhilfe Asylbewerberleistungsgesetz, § 103 Rn. 16; *Baur* in: Jahn, Sozialgesetzbuch für die Praxis Zwölftes Buch Sozialhilfe, § 103 Rn. 35.

[81] So wohl auch *Baur* in: Jahn, Sozialgesetzbuch für die Praxis Zwölftes Buch Sozialhilfe, § 103 Rn. 35.

[82] *Baur* in: Jahn, Sozialgesetzbuch für die Praxis Zwölftes Buch Sozialhilfe, § 102 Rn. 25.

[83] BGBl I 1993, 2374.

[84] BVerwG v. 25.06.1992 - 5 C 67/88 - BVerwGE 90, 250.

[85] BT-Drs. 12/5930, S. 4.

Zeitpunkt des Erbfalls keine Änderung herbeigeführt werden; denn dies wäre auf eine nicht beabsichtigte persönliche, nicht auf den Bestand des Nachlasses beschränkte Inanspruchnahme des Erben hinausgelaufen.

54 Im Kontext der unselbständigen Erbenhaftung des **§ 103 SGB XII** bringt der Verweis des § 103 Abs. 2 Satz 2 SGB XII auf § 102 Abs. 2 Satz 2 SGB XII mit der Beschränkung der Ersatzhaftung für den Erben eine **Privilegierung**, die im bürgerlichen Recht für Nachlasserbenschulden ansonsten nur durch die erbrechtlichen Instrumente der Haftungsbeschränkung herbeigeführt werden kann. Gründe für diese Privilegierung sind zwar nicht dargetan; es gibt aber auch keine Anhaltspunkte dafür, dass es sich insoweit um ein gesetzgeberisches (Redaktions-)Versehen gehandelt haben könnte.

55 Der **Wert des Nachlasses** ist im SGB XII nicht eigenständig definiert. Mit „Erbe" und „Wert des Nachlasses" sind vielmehr die Begriffsbildungen des **Bürgerlichen Gesetzbuches** gemeint, deren Inhalt auch im Kontext des § 102 SGB XII und – damit durch die Verweisung des § 103 Abs. 2 Satz 2 SGB XII – auch des § 103 SGB XII zugrunde zu legen ist. Der Wert des Nachlasses (vgl. § 2311 Abs. 1 BGB) ist nach bürgerlich-rechtlichen Maßstäben die Differenz zwischen dem in Geld zu veranschlagenden Aktivbestand und dem Passivbestand im Zeitpunkt des Erbfalls (zu den Einzelheiten vgl. die Kommentierung zu § 102 SGB XII).

5. Erlöschensfrist

56 Nach § 103 Abs. 3 Satz 1 SGB XII erlischt der Anspruch auf Kostenersatz in drei Jahren vom Ablauf des Jahres an, in dem die Leistung erbracht worden ist. Für die Hemmung, die Ablaufhemmung, den Neubeginn und die Wirkung der Verjährung gelten nach § 103 Abs. 3 Satz 2 SGB XII die Vorschriften des Bürgerlichen Rechts sinngemäß.

57 § 103 Abs. 3 Satz 1 SGB XII regelt keine Verjährung, sondern ein **Erlöschen** des Anspruchs. Das Erlöschen ist wie auch die Verjährung von der Behörde **von Amts wegen** zu beachten. Ein Ermessen der Behörde besteht nicht. Der Betroffene muss das Erlöschen des Anspruchs auch nicht einredeweise geltend machen.[86]

58 Für den **Beginn der Erlöschensfrist** kommt es auf den Ablauf des Jahres an, in dem die Leistung tatsächlich erbracht worden ist; entscheidend ist nicht das Wirksamwerden des Bewilligungsbescheids oder der Zeitraum, für den die Leistungen bewilligt worden sind.[87] Bei Dauerleistungen gibt es keine einheitliche Erlöschensfrist; für die jeweiligen Einzelleistungen ist für den Fristbeginn jeweils auf den Ablauf des Jahres abzustellen, in dem die (Einzel-)Leistungen tatsächlich erbracht worden sind.

59 Nach § 103 Abs. 3 Satz 2 SGB XII **gelten die §§ 203-214 BGB entsprechend**.

60 Die §§ 203-209 BGB enthalten Regelungen über die Hemmung der Verjährung. Nach § 209 BGB wird der Zeitraum, während dessen die Verjährung gehemmt ist, in die Verjährungsfrist nicht eingerechnet. Im Zusammenhang des § 103 Abs. 3 SGB XII werden insoweit vor allem die §§ 203, 204 BGB von Bedeutung sein. Schweben zwischen dem Schuldner und dem Gläubiger Verhandlungen über den Anspruch oder die den Anspruch begründenden Umstände, so ist nach § 203 BGB der Fristablauf gehemmt, bis der eine oder andere Teil die Fortsetzung der Verhandlungen verweigert. Eine Hemmung tritt auch durch Rechtsverfolgung ein; insbesondere wird der Fristablauf gehemmt durch Erhebung der Klage auf Leistung oder auf Feststellung des Anspruchs (§ 204 Abs. 1 Nr. 1 BGB); eine ergänzende Regelung hierzu enthält § 103 Abs. 3 Satz 3 SGB XII (vgl. Rn. 62).

61 Die §§ 210, 211 BGB regeln die Fälle der Ablaufhemmung bei nicht voll Geschäftsfähigen und in Nachlassfällen. Insbesondere tritt nach § 211 Abs. 1 Satz 1 BGB die Verjährung eines Anspruchs, der sich gegen einen Nachlass richtet, nicht vor dem Ablauf von sechs Monaten nach dem Zeitpunkt ein, in dem die Erbschaft von dem Erben angenommen oder das Insolvenzverfahren über den Nachlass eröffnet wird oder von dem an der Anspruch von einem oder gegen einen Vertreter geltend gemacht werden kann. Die Verweisung des § 103 Abs. 3 Satz 2 SGB XII auch auf § 211 BGB macht deutlich, dass der Erbe sich auf den (teilweisen) Ablauf der Erlöschensfrist vor Eintritt des Erbfalls berufen kann. § 212 BGB regelt Fälle des Neubeginns der Verjährung; Bedeutung hat hier vor allem § 212 Abs. 1 Nr. 1 BGB: Danach beginnt die Verjährung erneut, wenn der Schuldner dem Gläubiger gegenüber den Anspruch durch Abschlagszahlung, Zinszahlung, Sicherheitsleistung oder in anderer Weise anerkennt.

---

[86] Vgl. *Schellhorn* in: Schellhorn/Schellhorn/Hohm, SGB XII – Sozialhilfe, § 103 Rn. 31.
[87] Vgl. *Lücking* in: Hauck/Noftz, SGB XII, § 103 Rn. 24.

Nach § 103 Abs. 3 Satz 3 SGB XII **steht der Erhebung der Klage der Erlass eines Leistungsbescheids gleich**[88]; der Leistungsbescheid muss zumindest den Betrag enthalten, den der Schuldner bezahlen soll.[89] **62**

Ist ein Ersatzanspruch durch unanfechtbaren Leistungsbescheid festgestellt, so gilt eine **30-jährige Verjährungsfrist** (§ 197 BGB, § 52 Abs. 2 SGB X)[90] und nicht mehr die dreijährige Erlöschensfrist. Denn bei der Erlöschensfrist handelt es sich um eine Geltendmachungsfrist und nicht auch um eine Durchsetzungsfrist.[91] Nach Unanfechtbarkeit des die Leistungspflicht verfügenden Verwaltungsakts ist Rechtsgrund für die Ersatzpflicht der für die Beteiligten bindend gewordene Verwaltungsakt (§ 77 SGG); dass auch dieser nach drei Jahren kraft Gesetzes erlöschen soll, kann ohne ausdrückliche gesetzliche Regelung nicht angenommen werden. **63**

6. Verhältnis zu den §§ 45 ff. SGB X

§ 103 Abs. 4 Satz 1 SGB X stellt klar, dass die Vorschriften über die Aufhebung von Bewilligungsentscheidungen und die Erstattung von Leistungen nach den §§ 44 ff SGB X unberührt bleiben. **64**

Bedeutung dürfte die Regelung vor allem in den Fällen des § 103 Abs. 1 Satz 2 SGB XII haben, in denen regelmäßig auch die Voraussetzungen für die Geltendmachung einer Erstattungsforderung nach den §§ 45, 50 SGB X vorliegen. Voraussetzung für die Geltendmachung eines Ersatzanspruchs nach § 103 Abs. 1 Satz 2 SGB XII ist die Rücknahme des Bewilligungsbescheids aber nicht (vgl. Rn. 38).[92] **65**

Eine Anwendung der §§ 45 ff. SGB XII kann aber auch in den Fällen des § 103 Abs. 1 Satz 1 SGB XII in Erwägung gezogen werden. In Betracht könnten hier Fälle des § 48 SGB X bei nachträglicher Änderung der tatsächlichen oder rechtlichen Verhältnisse kommen, die bei Erlass der Bewilligungsentscheidung vorgelegen haben. Ob in solchen Fällen aber tatsächlich eine Gesamtschuld entsteht, hängt davon ab, ob sich der Anwendungsbereich des § 103 Abs. 1 Satz 1 SGB XII überhaupt auf solche Fälle erstreckt[93] oder ob – wofür nach hier vertretener Auffassung Zurechnungsgesichtspunkte sprechen (vgl. Rn. 31) – die Anwendbarkeit des § 103 Abs. 1 Satz 1 SGB XII strikt auf solche Leistungen beschränkt ist, für deren Erbringung die leistungsrechtlichen Voraussetzungen vorgelegen haben. **66**

C. Praxishinweise

I. Verwaltungsverfahren

Eine spezielle verfahrensrechtliche Regelung betreffend die Geltendmachung von Ersatzansprüchen enthält **§ 117 SGB XII**. Nach § 117 Abs. 1 Satz 1 SGB XII haben (u.a.) Kostenersatzpflichtige dem Träger der Sozialhilfe über ihre Einkommens- und Vermögensverhältnisse Auskunft zu geben, soweit die Durchführung des Zwölften Buches Sozialgesetzbuch dies erfordert. Dabei haben sie die Verpflichtung, auf Verlangen des Trägers der Sozialhilfe Beweisurkunden vorzulegen oder ihrer Vorlage zuzustimmen (§ 117 Abs. 1 Satz 2 SGB XII). Die Auskunftspflicht kann gegenüber dem Pflichtigen durch Verwaltungsakt konkretisiert und im Wege der Verwaltungsvollstreckung durchgesetzt werden.[94] **67**

Kostenersatzansprüche nach § 103 SGB XII sind durch Leistungsbescheide geltend zu machen; die Erhebung einer allgemeinen **Leistungsklage ohne den vorherigen Erlass eines Leistungsbescheids wäre unzulässig**.[95] **68**

---

[88] § 103 Abs. 3 Satz 3 SGB XII enthält eine dem § 52 Abs. 1 Satz 1 SGB X vergleichbare Regelung für die Hemmung der Verjährung, die von der Verweisung des § 103 Abs. 3 Satz 2 SGB XII auf die Vorschriften des Bürgerlichen Rechts nicht umfasst ist.
[89] BVerwG v. 14.01.1982 - 5 C 70/80 - BVerwGE 64, 318.
[90] *Fichtner* in: Fichtner/Wenzel, Kommentar zum SGB XII – Sozialhilfe Asylbewerberleistungsgesetz, § 103 Rn. 19; a.A. wohl *Steimer* in: Mergler/Zink, Sozialgesetzbuch XII und Asylbewerberleistungsgesetz, § 103 Rn. 31.
[91] So aber wohl *Steimer* in: Mergler/Zink, Sozialgesetzbuch XII und Asylbewerberleistungsgesetz, § 103 Rn. 31.
[92] A.A. *Lücking* in: Hauck/Noftz, SGB XII, § 103 Rn. 29.
[93] So wohl *Lücking* in: Hauck/Noftz, SGB XII, § 103 Rn. 31.
[94] BVerwG v. 21.01.1993 - 5 C 22/90 - BVerwGE 91, 375; BVerwG v. 17.06.1993 - 5 C 43/90 - BVerwGE 92, 330; *Wahrendorf* in: Grube/Wahrendorf, SGB XII Sozialhilfe, § 117 Rn. 12.
[95] BSG v. 25.10.1995 - 12 RK 72/93; *Baur* in: Jahn, Sozialgesetzbuch für die Praxis Zwölftes Buch Sozialhilfe, Vorbemerkungen zu den §§ 102-105 Rn. 20.

69 Die Leistungsbescheide müssen inhaltlich **hinreichend bestimmt** sein (§ 33 SGB X); unverzichtbar ist die Angabe des Betrags, den der Adressat bezahlen soll; für die Herbeiführung der Wirkungen des § 103 Abs. 3 Satz 2 SGB XII reicht ein Bescheid, der die Ersatzpflicht nur dem Grunde nach feststellt, nicht aus.[96] Die Bescheide müssen mit einer **Begründung** versehen sein (§ 35 SGB X); erforderlich ist insbesondere eine Darstellung der Zusammensetzung der Ersatzforderung.

70 Sollen mehrere **Gesamtschuldner** in Anspruch genommen werden, so müssen Leistungsbescheide an alle betroffenen Schuldner gerichtet werden. Aus der Formulierung der jeweiligen Verfügungssätze sollte sich ergeben und es muss sich zumindest durch Auslegung der jeweiligen Bescheide insgesamt ergeben, dass eine Inanspruchnahme in Gesamtschuldnerschaft erfolgen soll. Lässt sich die gesamtschuldnerische Haftung auch durch Auslegung aus den Bescheiden nicht ermitteln, sind diese inhaltlich unrichtig. Ein Hinweis auf eine gesamtschuldnerische Haftung nicht in Anspruch genommener Gesamtschuldner im Bescheid des in Anspruch genommenen Schuldners soll allerdings entbehrlich sein.[97]

71 Widerspruch und Klage gegen derartige Bescheide haben **aufschiebende Wirkung** (§ 86a Abs. 1 SGG). Die sofortige Vollziehung kann unter den Voraussetzungen des § 86a Abs. 2 Nr. 5 SGG angeordnet werden.

II. Gerichtsverfahren

72 Im Gerichtsverfahren ist der Sozialhilfeträger für die Anspruchsvoraussetzungen des Ersatzanspruchs darlegungs- und beweispflichtig; eine Unaufklärbarkeit geht zu seinen Lasten. Umstände, die in der persönlichen Sphäre eines Betroffenen liegen, hat dieser aufgrund seiner prozessualen Mitwirkungspflicht aber selbst darzulegen.[98]

73 Bei der Überprüfung von Erstattungsbescheiden ist in den Fällen des § 103 Abs. 1 Satz 1 SGB XII – sofern man wie hier die Auffassung vertritt, dass eine Ersatzpflicht nur in Betracht kommt, soweit die leistungsrechtlichen Voraussetzungen vorgelegen haben – die Rechtmäßigkeit der Leistungen, für die Ersatz verlangt wird, in vollem Umfang von Amts wegen zu überprüfen.

74 Wird eine Forderung gegen einen **Gesamtschuldner** geltend gemacht und wendet sich dieser gegen die Forderung, so müssen andere Gesamtschuldner **nicht notwendig beigeladen** werden[99]. Die Voraussetzungen des § 75 Abs. 2 Alt. 1 SGG liegen nicht vor. Gesamtschuldner sind an dem streitigen Rechtsverhältnis nicht derart beteiligt, dass die Entscheidung gegenüber allen Gesamtschuldnern nur einheitlich ergehen kann. Dies hat der Bundesgerichtshof im Zusammenhang mit der notwendigen Streitgenossenschaft (§ 62 ZPO) entschieden im Hinblick auf § 425 Abs. 2 BGB, wonach das gegen einen Gesamtschuldner ergangene Urteil nur für und gegen diesen Rechtskraft entfaltet.[100] Dementsprechend könnte auch durch eine (notwendige) Beiladung keine Rechtskrafterstreckung auf die Gesamtschuldner erreicht werden.

---

[96] Vgl. BVerwG v. 14.01.1982 - 5 C 70/80 - BVerwGE 64, 318.
[97] BVerwG v. 22.01.1993 - 8 C 57/91.
[98] BVerwG v. 09.08.1993 - 5 B 1/93.
[99] BSG v. 23.08.2013 - B 8 SO 7/12 R.
[100] BGH v. 24.06.1992 - VIII ZR 203/91.

§ 104 SGB XII Kostenersatz für zu Unrecht erbrachte Leistungen

(Fassung vom 27.12.2003, gültig ab 01.01.2005)

[1]Zum Ersatz der Kosten für zu Unrecht erbrachte Leistungen der Sozialhilfe ist in entsprechender Anwendung des § 103 verpflichtet, wer die Leistungen durch vorsätzliches oder grob fahrlässiges Verhalten herbeigeführt hat. [2]Zum Kostenersatz nach Satz 1 und zur Erstattung derselben Kosten nach § 50 des Zehnten Buches Verpflichtete haften als Gesamtschuldner.

Gliederung

A. Basisinformationen 1	3. Verschulden 20
I. Textgeschichte/Gesetzesbegründung 1	IV. Rechtsfolgen 21
II. Systematische Zusammenhänge 3	1. Härtefall 21
III. Ausgewählte Literaturhinweise 6	2. Kein Ermessensspielraum 28
B. Auslegung der Norm 7	3. Keine Anwendung des § 105 Abs. 2
I. Regelungsgehalt und Bedeutung der Norm 7	SGB XII 29
II. Parallelen und Unterschiede zum SGB II 10	4. Erlöschensfrist 30
1. Rechtslage bis zum 31.03.2011 10	5. Gesamtschuldnerhaftung 32
2. Rechtslage ab dem 01.04.2011 12	6. Unselbständige Erbenhaftung 34
III. Tatbestandsmerkmale 13	**C. Praxishinweise** 37
1. „Zu Unrecht" erbrachte Leistungen 13	I. Verwaltungsverfahren 37
2. Sozialwidriges Verhalten 17	II. Gerichtsverfahren 42

A. Basisinformationen

I. Textgeschichte/Gesetzesbegründung

Vorläuferregelung von § 104 SGB XII ist § 92a Abs. 4 BSHG. Die Vorschrift wurde mit dem **Zweiten Gesetz zur Umsetzung des Spar-, Konsolidierungs- und Wachstumsprogramms** vom 21.12.1993[1] eingefügt. Im ursprünglichen Gesetzesentwurf war sie noch nicht enthalten; sie geht auf eine Beschlussempfehlung des Ausschusses für Familie und Senioren zurück[2]. **1**

Mit § 104 SGB XII sollte § 92a Abs. 4 BSHG inhaltsgleich übernommen werden[3]; § 104 SGB XII gilt nach wie vor in der ursprünglichen Fassung des **Gesetzes zur Einordnung des Sozialhilferechts in das Sozialgesetzbuch** vom 27.12.2003[4]. **2**

II. Systematische Zusammenhänge

Die Vorschrift steht im Kontext der Regelungen der **§§ 102-105 SGB XII** über „Kostenersatz" (so die Überschrift des 1. Abschnitts des 13. Kapitels des SGB XII). Die Vorschriften betreffen (überwiegend) Fälle, in denen die Voraussetzungen für eine Rückabwicklung von Leistungen nach den §§ 44 ff., 50 SGB X rechtlich oder tatsächlich nicht gegeben sind, in denen es aber als unbillig erscheinen würde, wenn die Solidargemeinschaft endgültig für die Kosten der Sozialhilfeleistungen aufkommen müsste. **3**

§ 104 SGB XII erweitert in diesem Kontext die Rückabwicklungsmöglichkeiten der §§ 45 ff., 50 SGB X insoweit, als eine Rückforderung nicht nur gegenüber dem Leistungsempfänger möglich ist, d.h. demjenigen, dem die Leistung bewilligt und erbracht worden ist, sondern auch gegenüber einem Dritten, der die Leistungen durch vorsätzliches oder grob fahrlässiges Verhalten herbeigeführt hat. **4**

Abzugrenzen ist dabei der Anwendungsbereich von **§ 104 SGB XII** gegenüber dem der beiden Tatbestände des **§ 103 Abs. 1 SGB XII**. **§ 104 SGB XII** ermöglicht nur die Geltendmachung eines Ersatzanspruchs für „zu Unrecht" gewährte Leistungen, während **§ 103 Abs. 1 Satz 1 SGB XII** den Anspruch an die Herbeiführung der Voraussetzungen für die Leistungen knüpft; die leistungsrechtlichen Voraussetzungen für die Leistungen müssen in den Fällen des § 103 Abs. 1 Satz 1 SGB XII also vorgelegen haben und also am Maßstab des materiellen Leistungsrechts rechtmäßig gewesen sein. § 103 **5**

---

[1] BGBl I 1993, 2374.
[2] BT-Drs. 12/5930, S. 4.
[3] BT-Drs. 15/1514, S. 68 zu § 99 des Gesetzentwurfs der Regierungsfraktionen.
[4] BGBl I 2003, 3022.

Abs. 1 Satz 2 SGB XII und **§ 104 SGB XII** unterscheiden sich durch ihre unterschiedliche tatbestandliche Anknüpfung; § 104 SGB XII leitet die Ersatzpflicht aus der Herbeiführung der Leistungen, § 103 Abs. 1 Satz 2 SGB XII aus einem „Verhalten" (vgl. hierzu die Kommentierung zu § 103 SGB XII Rn. 34) im Zusammenhang mit der Gewährung der Leistungen ab.

III. Ausgewählte Literaturhinweise

6   *Basse*, Kostenerstattungsrechtliche Entscheidungen der Sozial- und Verwaltungsgerichte sowie der Spruchstelle Stuttgart, ZfF 2007, 91-93; *Linhart*, Probleme beim Vollzug des neuen § 92a Abs. 4 BSHG, BayVBl 1996, 486-492; *May*, Zur Auslegung des § 92a Abs. 4 Bundessozialhilfegesetz, DVP 1998, 258-259; *Paul*, Rückforderung zu Unrecht erbrachter Sozialhilfeleistungen, SuP 2000, 479-495; *Schwabe*, Rückzahlung von Sozialhilfe? Die rechtlichen Rahmenbedingungen zur Rückforderung von Leistungen nach dem SGB XII, ZfF 2006, 217-231; *Wahrendorf*, Zur Dogmatik der Aufhebung und Rückforderung von Leistungen nach dem SGB II und SGB XII, Organisation und Verfahren im sozialen Rechtsstaat 2008, 577-590 (Schriften zum Öffentlichen Recht, Band 1109); *Weber*, Kostenerstattung und Kostenersatz bei rechtswidrig oder zu Unrecht gewährter Sozialhilfe nach dem SGB XII, DVP 2010, 278-285.

B. Auslegung der Norm

I. Regelungsgehalt und Bedeutung der Norm

7   § 104 SGB XII enthält wie auch die §§ 102-105 SGB XII insgesamt eine **Ausnahme vom Grundsatz der generellen Kostenersatzfreiheit für die Leistungen der Sozialhilfe**. In der historischen Entwicklung handelt es sich bei den Leistungen der Sozialhilfe um eine Fortentwicklung der Leistungen nach dem bis zum Inkrafttreten des BSHG[5] geltenden Fürsorgerecht. Für Fürsorgeleistungen galt noch eine generelle Kostenersatzpflicht gegenüber dem Unterstützten oder sonstigen Ersatzpflichtigen[6]. Mit dem BSHG wurde insoweit ein Paradigmenwechsel eingeleitet. Enthielt zunächst § 92 Abs. 2 und 3 BSHG noch weitgehende Regelungen über den Kostenersatz und hatten insbesondere nach § 92 Abs. 3 BSHG noch der Hilfeempfänger, sein Ehegatte und die Eltern von Hilfeempfängern, denen vor Vollendung des 18. Lebensjahres Hilfe zum Lebensunterhalt gewährt worden war, bei Überschreiten von Einkommens- und Vermögensfreibeträgen ohne weitere Voraussetzungen Ersatz zu leisten, so wurde mit dem Zweiten Gesetz zur Änderung des Bundessozialhilfegesetzes[7] bereits das Regel/Ausnahmeverhältnis umgekehrt und im Wesentlichen die auch heute noch vorhandene Systematik der Ersatzansprüche geschaffen. Lediglich § 92b BSHG enthielt noch eine nur einkommensabhängige Ersatzpflicht, die aber nur bei kurzfristigem Leistungsbezug oder beim Bezug von Einmalleistungen zum Tragen kommen konnte; § 92b BSHG wurde dann mit dem Dritten Gesetz zur Änderung des Bundessozialhilfegesetzes[8] ganz abgeschafft.[9] Die Geltendmachung von Ersatzansprüchen war nunmehr die Ausnahme. Sie wird seither nur noch zugelassen, wenn besondere Gründe es als gerechtfertigt erscheinen lassen, den Nachrang der Sozialhilfe durch Ersatzansprüche wiederherzustellen.

8   § 104 SGB XII **erweitert die Möglichkeiten der Rückabwicklung zu Unrecht erbrachter Leistungen**. Anders als nach den §§ 45 ff., 50 SGB X kann nicht nur der Leistungsempfänger als Schuldner eines Erstattungsanspruchs, sondern stattdessen auch ein Dritter als Schuldner eines Ersatzanspruchs in Anspruch genommen werden. Die Inanspruchnahme ist auf Fälle der grob fahrlässigen oder vorsätzlichen Herbeiführung der Leistungen beschränkt. Der Erstattungsschuldner nach § 50 SGB X und der Schuldner des Ersatzanspruchs nach § 104 SGB XII haften als Gesamtschuldner (§ 104 Satz 2 SGB XII).

9   Die Regelung kann als **Fortentwicklung des § 92a Abs. 1 BSHG** (jetzt: § 103 Abs. 1 Satz 1 SGB XII) verstanden werden, der die Inanspruchnahme (auch) Dritter in Fällen rechtmäßiger Leistungsgewährung ermöglicht, wenn der Dritte die Voraussetzungen der Leistungsgewährung vorsätzlich oder grob

---

[5]   Bundessozialhilfegesetz vom 30.06.1961, BGBl I 1961, 815.
[6]   §§ 25, 25a der Verordnung über die Fürsorgepflicht vom 13.02.1924, RGBl I 1924, 100, i.d.F. der Fassung der Zweiten Verordnung des Reichspräsidenten zur Sicherung von Wirtschaft und Finanzen vom 05.06.1931, RGBl I 1931, 279, und des Gesetzes vom 22.12.1936, RGBl I 1936, 1125, i.V.m. der Verordnung über den Ersatz von Fürsorgekosten vom 30.01.1951, BGBl I 1951, 154.
[7]   Zweites Gesetz zur Änderung des Bundessozialhilfegesetzes vom 14.08.1969, BGBl I 1969, 1153.
[8]   Drittes Gesetz zur Änderung des Bundessozialhilfegesetzes vom 25.03.1974, BGBl I 1974, 777.
[9]   Grundlegend zur Gesetzesentwicklung auch BVerwG v. 21.10.1987 - 5 C 39/85 - BVerwGE 78, 165.

fahrlässig herbeigeführt hat.[10] Die Einführung des § 92a Abs. 4 BSHG (jetzt: § 104 SGB XII) war dabei eine **Reaktion** des Gesetzgebers **auf die Rechtsprechung des Bundesverwaltungsgerichts**[11], nach der die Erstattung zu Unrecht erbrachter Leistungen nach den §§ 45, 50 SGB X nur vom Leistungsempfänger selbst, nicht aber von dessen Ehegatten oder bei minderjährigen unverheirateten Hilfeempfängern nicht von den Eltern verlangt werden kann. Mit § 92a Abs. 4 BSHG sollte diese Lücke durch Erweiterung der Regelungen des § 92a Abs. 1 BSHG geschlossen werden. Es wurde als nicht hinnehmbar angesehen, dass etwa Eltern, die für ihr Kind Leistungen erschlichen, diese nicht zu ersetzen brauchten und dem Träger der Sozialhilfe dadurch erhebliche Mehrkosten bzw. Einnahmeausfälle entstehen konnten.[12]

II. Parallelen und Unterschiede zum SGB II

1. Rechtslage bis zum 31.03.2011

Die Vorschrift fand im SGB II bis zum 31.03.2011 eine **Parallele in § 34 Abs. 1 Satz 1 Nr. 2 SGB II**.[13] Die Formulierung von § 34 Abs. 1 Satz 1 Nr. 2 SGB II stimmte zwar mit der des § 104 SGB XII nicht überein; insbesondere war nicht von „zu Unrecht" erbrachten Leistungen die Rede. Für eine inhaltliche Nähe der beiden Regelungen sprach aber, dass der Gesetzgeber mit § 34 SGB XII an die Regelungen des Sozialhilferechts anknüpfen wollte.[14] Es wäre deshalb nicht verständlich gewesen, wenn die Lücke, die im Bereich der Rückabwicklung zu Unrecht erbrachter Leistungen im Sozialhilferecht dadurch bestanden hatte, dass Aufhebungs- und Erstattungsentscheidungen nur gegenüber dem Leistungsempfänger getroffen werden konnten[15], und die mit § 92a Abs. 4 BSHG bzw. dann § 104 SGB XII geschlossen werden sollte, im Bereich des SGB II mit § 34 SGB II erneut hätte geöffnet werden sollen. Insoweit erschien eine **Harmonisierung**[16] in beiden Rechtsgebieten, die vom Wortlaut der Regelungen als gedeckt angesehen werden konnte, angezeigt, zumal Gründe für eine unterschiedliche Regelung nicht ersichtlich waren.[17]

10

Unter Harmonisierungsgesichtspunkten erschien es dann auch angezeigt, bei den tatbestandlichen Voraussetzungen im Einzelnen – soweit der Wortlaut der beiden Normen es zuließ und soweit es keine entgegenstehenden sachlichen Unterschiede gab – durch entsprechende Auslegung weitestmöglich Übereinstimmung anzustreben. Insbesondere stellte sich die Frage, ob im Hinblick auf **das Erfordernis der Aufhebung der Leistungsbewilligungen** Unterschiede gerechtfertigt waren (vgl. Rn. 13). Die Verwendung des Begriffs des „wichtigen Grundes" in § 34 SGB II brachte unter Harmonisierungsgesichtspunkten keine Probleme mit sich; die Voraussetzungen „**zu Unrecht erbracht**" des § 104 SGB XII und den „**wichtigen Grund**" des § 34 SGB II konnten **parallel ausgelegt** werden. Im Hinblick auf den **unterschiedlichen Umfang der Ersatzpflicht** (Ersatz für Leistungen an Mitglieder der Bedarfsgemeinschaft in den Fällen des § 34 SGB II, Ersatz für Leistungen an „andere" Personen in den Fällen des § 104 SGB XII i.V.m. § 103 Abs. 1 Satz 1 SGB XII) konnte eine Harmonisierung durch Auslegung der §§ 103, 104 SGB XII und § 34 Abs. 1 SGB II nicht erreicht werden. Sie hätte dem klaren Gesetzeswortlaut der Vorschriften, der im Hinblick auf die §§ 103, 104 SGB XII auch durch die Gesetzgebungsmaterialien bestätigt wurde[18], widersprochen. Eine Harmonisierung von SGB II und SGB XII war insoweit auch nicht geboten. Die unterschiedlichen Regelungen ließen sich rechtfertigen. Bei den Leistungen nach dem SGB II handelt es sich nach ihrer Konzeption – anders als in den Fällen des SGB XII – in erster Linie um eher kurzfristig ausgerichtete Lohnersatz- und Eingliederungsleistungen für erwerbsfähige Personen, die nach ihrer Zielsetzung meist mit geringeren Aufwendungen verbunden sein werden als die langfristig angelegten Sozialhilfeleistungen. Wenn deshalb im Bereich des

11

---

[10] Vgl. *Schoenfeld* in: Grube/Wahrendorf, SGB XII Sozialhilfe, 2. Aufl., § 104 Rn. 3.
[11] BVerwG v. 30.04.1992 - 5 C 29/88; BVerwG v. 22.10.1992 - 5 C 65/88.
[12] BT-Drs. 12/5930, S. 4.
[13] So *Link* in: Eicher/Spellbrink, SGB II, 2. Aufl., § 34 Rn. 11a; a.A. *Conradis* in: LPK-SGB XII, 8. Aufl., § 104 Rn. 3.
[14] Vgl. BT-Drs. 15/1516, S. 62.
[15] BVerwG v. 30.04.1992 - 5 C 29/88; BVerwG v. 30.04.1992 - 5 C 29/88.
[16] Zur gebotenen Harmonisierung in beiden Rechtsgebieten vgl. BSG v. 19.05.2009 - B 8 SO 7/08 R.
[17] Allerdings deuten die Gesetzgebungsmaterialien zu den am 01.04.2011 eingetretenen Änderungen des SGB II (BT-Drs. 17/3404, S. 186) darauf hin, dass man bei Einfügung des § 34a SGB II von einer Neuregelung und nicht nur von einer Modifikation des § 34 Abs. 1 Satz 1 Nr. 2 SGB II ausging.
[18] BT-Drs. 15/1514, S. 68.

SGB II die Geltendmachung von Ersatzansprüchen gegenüber dem SGB XII im Hinblick auf den Kreis der Leistungsempfänger eingeschränkt war, so lag dies im Rahmen des Gestaltungsermessens des Gesetzgebers; eine planwidrige Systemwidrigkeit konnte nicht mit der erforderlichen Sicherheit festgestellt werden und es gab deshalb auch keinen hinreichenden Grund für eine Auslegung der §§ 103, 104 SGB XII oder des § 34 Abs. 1 SGB II gegen den jeweiligen Wortlaut oder für eine Rechtsfortbildung. Bei dem Fehlen einer allgemeinen Härteklausel in § 34 SGB II dürfte es sich ebenfalls um eine bewusste Entscheidung des Gesetzgebers gehandelt haben, für die allerdings Gründe konkret nicht benannt waren[19]; sie mag – auch – im Zusammenhang damit gestanden haben, dass im SGB II – wie dargestellt – typisierend von geringeren Ersatzansprüchen ausgegangen werden kann, was zur Rechtfertigung des Fehlens einer allgemeinen Härtefallklausel in § 34 SGB II beitragen konnte; angesichts des eindeutigen Wortlauts des § 34 SGB II und der §§ 103, 104 SGB XII war im Hinblick auf die Unterschiede bei der Härtefallregelung jedenfalls für eine vollständige Harmonisierung durch Auslegung oder Analogiebildung kein Raum. Eine gewisse Annäherung konnte durch (enge) Auslegung des Begriffs der Härte in den §§ 103 Abs. 1 Satz 3, 104 SGB XII und durch die in den Fällen der §§ 103 Abs. 1 Satz 3, 104 SGB XII erforderliche Ermessensausübung erreicht werden.

2. Rechtslage ab dem 01.04.2011

12 Seit dem 01.04.2011 ist § 34 SGB II (a.F.) durch die §§ 34, 34a SGB II n.F. ersetzt.[20] An die Stelle des § 34 Abs. 1 Satz 1 Nr. 2 SGB II a.F. ist § 34a SGB II n.F. getreten. Ziel dabei war es, den Grundgedanken des § 104 SGB XII in das SGB II aufzunehmen und den besonderen Gegebenheiten der Grundsicherung für Arbeitsuchende anzupassen.[21] Eine vollständige Harmonisierung mit § 104 SGB XII sollte nicht erreicht werden; trotz einer inhaltlichen Annäherung gibt es deshalb zwischen den beiden Vorschriften nach wie vor Unterschiede. Die Ersatzpflicht des § 34a SGB II n.F. ist – ähnlich wie die des § 104 SGB XII – nicht mehr begrenzt auf Leistungen zur Sicherung des Lebensunterhalts und auch nicht mehr auf Leistungen, die an den Ersatzpflichtigen oder mit ihm in einer Bedarfsgemeinschaft lebende Personen erbracht wurden; allerdings kann anders als nach § 104 SGB XII nur Ersatz für Leistungen verlangt werden, die an Dritte erbracht wurden. Der Ersatzanspruch des § 34a SGB II n.F. setzt aber nicht zwingend voraus, dass der der Leistung zu Grunde liegende Verwaltungsakt aufgehoben wird[22]; das legt die Begründung des Gesetzentwurfs nahe[23] und wird von § 34a Abs. 2 Satz 2 SGB II n.F. vorausgesetzt; auch die – sich wohl bewusst von § 104 SGB XII absetzende – Formulierung des § 34a Abs. 1 Satz 1 SGB II n.F. (Ersatz rechtswidrig erhaltener Leistungen), die im Laufe des Gesetzgebungsverfahrens zur Klarstellung geändert wurde[24], deutet darauf hin. § 34a SGB II n.F. enthält keine Härtefallklausel. Der Ersatzanspruch kann sich auch gegen minderjährige Personen richten.

III. Tatbestandsmerkmale

1. „Zu Unrecht" erbrachte Leistungen

13 Überwiegend wird die Auffassung vertreten, dass ein Ersatzanspruch nach § 104 SGB XII erst dann geltend gemacht werden kann, wenn der der **Leistung zugrunde liegende Verwaltungsakt aufgehoben** worden und so der Rechtsgrund für die Leistung entfallen ist.[25] Das Bundesverwaltungsgericht hatte dies zu § 92a Abs. 2 Satz 1 BSHG entschieden. Es hat dabei offen gelassen, ob dies bereits aus der Formulierung „zu Unrecht erbracht" folge, und sich zur Begründung stattdessen auf den in § 92a Abs. 2 Satz 1 BSHG noch enthaltenen Klammerzusatz „(§ 50 des Zehntes Buches Sozialgesetzbuches)" gestützt. Bei diesem – in § 104 SGB XII nicht mehr enthaltenen – Klammerzusatz handele es sich um eine (Teil-)Rechtsgrundverweisung; die nach § 92a Abs. 4 Satz 1 BSHG begründete Kosten-

---

[19] Vgl. BT-Drs. 15/1516, S. 62.
[20] Gesetz zur Ermittlung von Regelbedarfen und zur Änderung des Zweiten und Zwölften Buches Sozialgesetzbuch vom 24.03.2011, BGBl I 2011, 453.
[21] BT-Drs. 17/3404, S. 186.
[22] So auch *Link* in: Eicher, SGB II, 3. Aufl., § 34a Rn. 24.
[23] Vgl. BT-Drs. 17/3404, S. 186.
[24] Vgl. BT-Drs. 17/4032, S. 14 und BT-Drs. 17/4095, S. 34.
[25] So *Bieback* in: Grube/Wahrendorf, SGB XII Sozialhilfe, § 104 Rn. 4; *Conradis* in: LPK-SGB XII, § 104 Rn. 5; *Steimer* in: Mergler/Zink, Sozialgesetzbuch XII und Asylbewerberleistungsgesetz, § 104 Rn. 5; *Schellhorn* in: Schellhorn/Schellhorn/Hohm, SGB XII – Sozialhilfe, § 104 Rn. 6; *Lücking* in: Hauck/Noftz, SGB XII, § 104 Rn. 9; *Baur* in: Jahn, Sozialgesetzbuch für die Praxis Zwölftes Buch Sozialhilfe, § 104 Rn. 6; *Wolf* in: Fichtner/Wenzel, Kommentar zum SGB XII – Sozialhilfe Asylbewerberleistungsgesetz, § 104 Rn. 5.

ersatzpflicht müsse deshalb an dieselben rechtlichen Voraussetzungen wie eine Erstattungspflicht nach § 50 SGB X geknüpft sein.[26] Aus dem Wegfall des Klammerzusatzes in § 104 SGB XII allein wird man nicht folgern können, dass der Gesetzgeber insoweit eine Änderung der Rechtslage beabsichtigt hat, zumal in der Begründung zum Gesetzentwurf der Regierungsfraktionen ausgeführt ist, dass § 92a Abs. 4 BSHG inhaltsgleich in das SGB XII übertragen werden sollte.[27] Allerdings hätte zunächst eine anzustrebende Parallelität in der Auslegung von § 104 SGB XII und § 34 Abs. 1 Satz 1 Nr. 2 SGB II (in der bis zum 31.03.2011 geltenden Fassung), dessen Wortlaut eine Aufhebung der Bewilligungsentscheidung nicht verlangte[28], dafür sprechen können, von diesem Erfordernis auch in den Fällen des § 104 SGB XII abzusehen. Mittlerweile findet sich die Parallelregelung allerdings in § 34a SGB II und diese Regelung setzt sich in ihrer Formulierung von § 104 SGB II gerade ab („rechtswidrig erbrachte Leistungen" – „zu Unrecht erbrachte Leistungen"); diese sprachliche Absetzung war „zur Klarstellung" auch beabsichtigt[29], so dass für eine parallele Auslegung wohl kein Raum mehr ist.

Auch in Fällen des § 48 Abs. 1 Satz 2 Nr. 2 SGB X (nachträgliche Änderungen) dürfte die Anwendung des § 104 SGB XII vom Wortlaut der Vorschrift gedeckt sein und Sinn und Zweck der Regelung entsprechen.[30] Denn auch in derartigen Fällen kann beim Verschweigen von wesentlichen Tatsachen entgegen § 60 Abs. 1 Nr. 1 oder 2 SGB I vom „Herbeiführen" von Leistungen gesprochen werden. Soweit die leistungsrechtlichen Voraussetzungen für die Leistungserbringung nicht vorgelegen haben, können die Leistungen auch als „zu Unrecht erbracht" angesehen werden; die Formulierung des § 104 SGB XII setzt sich insoweit – anders als die des § 103 Abs. 1 Satz 2 SGB X – von der Formulierung des § 45 SGB X deutlich ab und nimmt gerade nicht nur auf (anfänglich) rechtswidrige Verwaltungsakte Bezug.

14

Auf Grundlage der Rechtsprechung des Bundesverwaltungsgerichts zu § 92a BSHG[31] und der im Anschluss an diese Entscheidung in der Kommentarliteratur noch ganz überwiegend vertretenen Auffassung, wonach die Geltendmachung eines Ersatzanspruchs nach § 104 SGB XII die Aufhebung des der Leistung zugrunde liegenden Verwaltungsakts voraussetzt, könnte (und müsste ggf.) die dann für die Geltendmachung eines Ersatzanspruchs nach § 104 SGB XII erforderliche Aufhebungsentscheidung auch noch gegenüber dem Erben des Sozialhilfeempfängers getroffen werden, wenn dies gegenüber dem Erblasser unterblieben ist.[32]

15

Teilweise wird – ebenfalls auf der Grundlage der Rechtsprechung des Bundesverwaltungsgerichts zu § 92a BSHG[33] – die Auffassung vertreten, dass für die Geltendmachung eines Anspruchs nach § 104 SGB XII die Aufhebung der Leistungsbewilligung zumindest vollziehbar sein müsse.[34] Es wird darauf hingewiesen, dass Widerspruch und Klage gegen eine Aufhebungsentscheidung aufschiebende Wirkung haben (§ 86a Abs. 1 SGG) und die Behörde deshalb – lege der Leistungsempfänger Widerspruch gegen die Aufhebungsentscheidung ein und erhebe er gegen eine Zurückweisung seines Widerspruchs Klage – unter den Voraussetzungen des § 86a Abs. 2 Nr. 5 SGG die sofortige Vollziehbarkeit der Entscheidung anordnen müsse, wenn sie vor der abschließenden Entscheidung über das Rechtsmittel eine (sofort wirksam werdende) Entscheidung nach § 104 SGB XII treffen wolle. Die Situation unterscheidet sich insoweit allerdings nicht von den Fällen der Geltendmachung von Erstattungsforderungen nach den § 50 Abs. 1 SGB X, die ebenfalls tatbestandlich die Aufhebung des der Leistung zugrunde liegenden Bewilligungsbescheids voraussetzen, bei denen aber nicht in Frage steht, dass die Erstattungsentscheidung zeitgleich mit der Aufhebungsentscheidung getroffen werden kann; nach § 50 Abs. 3 Satz 2 SGB X soll dies sogar der Regelfall sein. Deshalb kann auch in den Fällen des § 104 SGB X dessen Vollziehbarkeit nicht Voraussetzung für die Geltendmachung von Ersatzforderungen durch Erlass eines Leistungsbescheids sein.

16

---

[26] BVerwG v. 20.11.1997 - 5 C 16/97 - BVerwGE 105, 374.
[27] BT-Drs. 15/1514, S. 68 zu § 99 des Entwurfs.
[28] Vgl. hierzu *Link* in: Eicher/Spellbrink, SGB II Grundsicherung für Arbeitsuchende, § 34 Rn 11a, auch mit Nachweisen zur Gegenmeinung.
[29] Vgl. BT-Drs. 17/4032, S. 14 und BT-Drs. 17/4095, S. 34.
[30] So wohl auch *Conradis* in: LPK-SGB XII, § 104 Rn. 6; möglicherweise auch *Lücking* in: Hauck/Noftz, SGB XII, § 104 Rn. 5 mit Hinweis u.a. auf OVG Hamburg v. 11.07.1996 - Bs IV 111/96 - FEVS 47, 162.
[31] BVerwG v. 20.11.1997 - 5 C 16/97 - BVerwGE 105, 374.
[32] OVG Berlin v. 16.07.1970 - VI B 27.69 - FEVS 18, 137; BVerwG v. 21.10.1987 - 5 C 39/85 - BVerwGE 78, 165.
[33] BVerwG v. 20.11.1997 - 5 C 16/97 - BVerwGE 105, 374.
[34] *Steimer* in: Mergler/Zink, Sozialgesetzbuch XII und Asylbewerberleistungsgesetz, § 104 Rn. 5.

2. Sozialwidriges Verhalten

17 § 104 Satz 1 SGB XII ordnet eine entsprechende Anwendung von § 103 SGB XII an. (Ungeschriebene) Voraussetzung für Ersatzansprüche nach § 103 Abs. 1 Satz 1 SGB XII ist die Verwirklichung eines **sozialwidrigen Verhaltens**. Das den Anspruch auf Kostenersatz auslösende Verhalten im Sinne des § 103 Abs. 1 Satz 1 SGB XII muss danach zwar nicht notwendig ein „rechtswidriges" im Sinn des Rechts der unerlaubten Handlung (§§ 823 ff. BGB) oder des Strafrechts sein. Der Nachranggrundsatz gebietet vielmehr die Heranziehung zum Kostenersatz auch in Fällen, in denen die Hilfeleistung zugunsten von unterhaltsberechtigten Angehörigen etwa wegen Arbeitsscheu oder Verschwendungssucht des Unterhaltpflichtigen notwendig wird.[35] Das ungeschriebene Tatbestandsmerkmal der Sozialwidrigkeit wird auf diesem Hintergrund auch in § 104 Satz 1 SGB XII hineingelesen.[36] Wenn indes das fragliche Verhalten ursächlich dafür gewesen ist, dass Leistungen zu Unrecht erbracht wurden, wird die Herbeiführung der unrechtmäßigen Leistungserbringung die Sozialwidrigkeit des fraglichen Verhaltens in der Regel bereits **indizieren**.[37]

18 Dies gilt allerdings nur dann, wenn das fragliche Verhalten allein ursächlich für die Leistungserbringung geworden ist. Hat ein Verhalten eines Dritten, z.B. die Herbeiführung einer Situation, in der der Dritte nicht mehr zur Erbringung von Unterhaltsleistungen in der Lage ist, zur Erbringung von Sozialhilfe geführt, beruht aber die Rechtswidrigkeit der Leistungserbringung auf anderen Gründen, etwa der Nichtberücksichtigung von Vermögen aufgrund unzutreffender Angaben des Leistungsempfängers, so ist schon zu prüfen, ob überhaupt das von § 104 Satz 1 SGB XII vorausgesetzte „Herbeiführen" der Leistung durch das Verhalten des Dritten vorliegt;[38] über die Sozialwidrigkeit des Verhaltens des Dritten sagt die rechtswidrige Leistungsgewährung als solche hier nichts aus.

19 Die Rechtsprechung hat vor diesem Hintergrund Fälle der **mangelnden Mitwirkung nach § 60 SGB I** wohl zu Recht als sozialwidrig angesehen, wenn die mangelnde Mitwirkung zu unrechtmäßiger Leistungsgewährung geführt hat, insbesondere in einem Fall, in dem ein Betreuer es unterlassen hatte, den Sozialhilfeträger von dem Eintritt der Beitragsfreiheit bisher übernommener Krankenkassenbeiträge für den Betreuten zu unterrichten.[39] Die §§ 60 ff. SGB I, insbesondere § 66 SGB I, können gegenüber den Kostenersatzregelungen nicht als verdrängende Spezialregelungen angesehen werden.

3. Verschulden

20 Eine Ersatzpflicht tritt nur bei schuldhaftem Verhalten ein; erforderlich ist **Vorsatz oder grobe Fahrlässigkeit** im Hinblick auf die Sozialwidrigkeit des Verhaltens, d.h. in der Regel im Hinblick auf Herbeiführung der rechtswidrigen Leistungserbringung. Eventualvorsatz ist ausreichend. Grobe Fahrlässigkeit liegt vor, wenn die erforderliche Sorgfalt in besonders schwerem Maße verletzt wird (vgl. § 45 Abs. 2 Satz 3 Nr. 3 SGB X); das ist dann der Fall, wenn aufgrund einfachster und naheliegender Überlegungen das erwartete Verhalten hätte erkannt werden können.[40]

IV. Rechtsfolgen

1. Härtefall

21 Nach § 104 Satz 1 SGB XII i.V.m. § 103 Abs. 1 Satz 3 SGB XII kann von der Heranziehung zum Kostenersatz abgesehen werden, soweit sie eine Härte bedeuten würde.

22 Der Begriff der Härte ist als **unbestimmter Rechtsbegriff** gerichtlich voll überprüfbar; ein Beurteilungsspielraum steht der Behörde nicht zu.[41] Ein Regelbeispiel für den Begriff ist im Gesetz nicht benannt. Das in § 92a Abs. 1 Satz 2 HS. 2 SGB XII noch enthaltene Beispiel (Heranziehung des Ersatzpflichtigen beeinträchtigt die Fähigkeit, künftig unabhängig von Sozialhilfe am Leben in der Gemein-

---

[35] BVerwGE v. 23.09.1999 - 5 C 22/99 - BVerwGE 109, 331; BVerwG v. 24.06.1976 - V C 41.74 - BVerwGE 51, 61 jeweils zu § 92a Abs. 1 Satz 1 BSHG.

[36] *Conradis* in: LPK-SGB XII, § 104 Rn. 7; *Steimer* in: Mergler/Zink, Sozialgesetzbuch XII und Asylbewerberleistungsgesetz, § 104 Rn. 5.

[37] Vgl. *Conradis* in: LPK-SGB XII, § 104 Rn. 7 f.

[38] *Conradis* in: LPK-SGB XII, § 104 Rn. 8.

[39] VGH Bayern v. 26.05.2003 - 12 B 99.2576 - FEVS 55, 35; vgl. hierzu auch LSG NRW v. 24.05.2012 - L 9 SO 281/11.

[40] Vgl. BSG v. 25.01.1994 - 7 RAr 14/93 - BSGE 74, 20.

[41] Vgl. *Schellhorn* in: Schellhorn/Schellhorn/Hohm, SGB XII – Sozialhilfe, § 103 Rn. 21; *Steimer* in: Mergler/Zink, Sozialgesetzbuch XII und Asylbewerberleistungsgesetz, § 103 Rn. 22.

schaft teilzunehmen), bei dem zwingend von der Heranziehung abzusehen war, wurde in die Formulierung des § 103 Abs. 1 Satz 3 SGB XII nicht mehr übernommen[42]; derartige Fälle können nunmehr eine Härte im Rahmen der allgemeinen Härtefallklausel des § 103 Abs. 1 Satz 3 SGB XII begründen, wobei – anders als zuvor – das Absehen von der Heranziehung im Ermessen der Behörde steht.

Fraglich ist, ob der Begriff der Härte als **Tatbestandsmerkmal erst die Möglichkeit einer eigenständigen Ermessensentscheidung eröffnet**, oder ob **die Ermessensausübung und der Begriff der Härte aneinandergekoppelt** sind, d.h. der Begriff der Härte Inhalt und Grenzen der pflichtgemäßen Ermessensausübung bestimmt; Letzteres wurde von der Rechtsprechung im Zusammenhang mit dem Erlass von Forderungen zum Begriff der Unbilligkeit angenommen.[43] Materiellrechtlich zu unterschiedlichen Ergebnissen werden beide Auffassungen wohl nur in Fällen führen können, in denen trotz der Annahme einer Härte sonstige, den Begriff der Härte nicht berührende Umstände vorliegen, die für die Geltendmachung der Ersatzforderung sprechen. Dies dürfte nur in den seltensten Fällen in Betracht kommen. Systematische Argumente deuten allerdings darauf hin, dass der Gesetzgeber dies nicht als völlig ausgeschlossen angesehen hat. So ist etwa die Härtefallregelung des § 102 Abs. 3 Nr. 3 SGB XII nach ihrer Formulierung anders als die des § 103 Abs. 1 Satz 3 SGB XII nicht als Ermessensvorschrift ausgestaltet. Dass bei der verschuldensabhängigen Haftung des § 103 Abs. 1 SGB XII ein Ermessen eingeräumt ist, kann auf diesem Hintergrund darauf hindeuten, dass auch bei Annahme einer Härte, die in erster Linie nach den wirtschaftlichen oder sonstigen persönlichen Verhältnissen des Schuldners zum Zeitpunkt der Geltendmachung der Ersatzforderung zu beurteilen sein wird, Gesichtspunkte vorhanden sein können, die den Begriff der Härte nicht berühren, wohl aber Einfluss auf die Geltendmachung der Ersatzforderung haben können, insbesondere etwa der Grad des Verschuldens, das zum Entstehen der Ersatzforderung geführt hat.

Voraussetzung für die Annahme einer Härte ist in jedem Fall das Vorliegen **besonderer Umstände**, die auch in Ansehung des mit § 103 Abs. 1 SGB XII verfolgten Zwecks, den Nachrang der Sozialhilfe herzustellen, ein Absehen von der Inanspruchnahme des Betroffenen als gerechtfertigt erscheinen lassen können.[44]

Die Annahme einer Härte wird insbesondere für möglich gehalten in Fällen, in denen durch die Geltendmachung des Ersatzanspruchs das Gebot **familiengerechter Hilfe** (§ 16 SGB XII) verletzt würde, wenn also insbesondere durch die Ersatzforderung der Zusammenhalt der Familie gefährdet würde.[45] Auch kann eine aufgrund besonderer persönlicher Umstände vermutlich **dauerhafte wirtschaftliche Schwäche** eines vormaligen Hilfeempfängers für die Annahme einer Härte ausreichen; auf sonstige „soziale" Schwierigkeiten muss es dabei nicht ankommen.[46]

Liegt ein Härtefall vor, so steht – sofern man keine Kopplung des Härtebegriffs mit der Ermessensausübung annimmt (vgl. hierzu Rn. 23) – das Absehen von der Heranziehung zum Kostenersatz im Ermessen des Sozialhilfeträgers, soweit die Heranziehung eine Härte bedeuten würde. Das Ermessen ist entsprechend dem Zweck der Ermächtigung auszuüben (vgl. § 39 Abs. 1 Satz 1 SGB I); auf die pflichtgemäße Ausübung des Ermessens besteht ein Anspruch (§ 39 Abs. 1 Satz 2 SGB I). Aus der Formulierung „soweit" ergibt sich, dass von der Heranziehung auch teilweise oder zeitweise abgesehen werden kann[47]; die Formulierung macht auch deutlich, dass **zwischen der Annahme der Härte und der Ersatzforderung eine Wechselwirkung** besteht, d.h. die Höhe der Ersatzforderung oder die Art ihrer Geltendmachung (z.B. Forderung in einem sofort fälligen Betrag anstatt in Raten) kann die Härte erst begründen.

Bei der Ermessensausübung kann der **Grad des Verschuldens** bei dem Verhalten, das zur unrechtmäßigen Leistungsgewährung geführt hat, Berücksichtigung finden. Bei den für die Ermessensausübung anzustellenden Zweckmäßigkeitserwägungen sollen auch Gesichtspunkte einfließen können, die die Behörde selbst betreffen, etwa die Erfolgsaussicht bei der Geltendmachung des Ersatzanspruchs und der hierfür erforderliche Aufwand.[48] Insoweit dürften vorrangig allerdings die einschlägigen Regelungen der jeweiligen Leistungsträger über Niederschlagung, Stundung und Erlass von Forderungen sein.

---

[42] Ein vergleichbarer Fall ist jetzt in § 34 Abs. 1 Satz 2 SGB II geregelt; dort fehlt aber eine allgemeine Härteklausel.

[43] Vgl. hierzu *Greiser* in: Eicher, SGB II, 3. Aufl., § 44 Rn. 5 ff.; Gemeinsamer Senat der obersten Gerichtshöfe des Bundes v. 19.10.1971 - GmS-OBG 3/70; BSG v. 04.03.1999 - B 11/10 AL 5/98 R.

[44] Vgl. *Bieback* in: Grube/Wahrendorf, SGB XII Sozialhilfe, § 103 Rn. 40.

[45] *Conradis* in: LPK-SGB XII, § 103 Rn. 12.

[46] So OVG Nordrhein-Westfalen v. 22.05.2000 - 16 A 5805/96 - FEVS 52, 131.

[47] *Steimer* in: Mergler/Zink, Sozialgesetzbuch XII und Asylbewerberleistungsgesetz, § 103 Rn. 23; *Schellhorn* in: Schellhorn/Schellhorn/Hohm, SGB XII – Sozialhilfe, § 103 Rn. 24.

[48] *Wolf* in: Fichtner/Wenzel, Kommentar zum SGB XII – Sozialhilfe Asylbewerberleistungsgesetz, § 103 Rn. 15.

2. Kein Ermessensspielraum

28 Die Heranziehung zum Kostenersatz steht – abgesehen von Härtefällen – nicht im Ermessen des Sozialhilfeträgers; der Anspruch ist zwingend geltend zu machen. Ein Entscheidungsspielraum besteht lediglich bei der Auswahl unter mehreren Schuldnern in den Fällen des § 104 Satz 2 SGB XII (vgl. Rn. 32).

3. Keine Anwendung des § 105 Abs. 2 SGB XII

29 § 105 Abs. 2 SGB XII ist auf die Ersatzansprüche des § 104 SGB XII **nicht anwendbar**.[49] Bereits der Wortlaut des § 105 Abs. 2 Satz 1 SGB XII spricht gegen die Anwendung; die Norm regelt „Rückforderungen", § 104 SGB XII hingegen nicht „Rückforderungen", sondern Ersatzansprüche. Auch sachlich gibt es in den Fällen des § 104 SGB XII keinen Grund, den Begriff der Rückforderung des § 105 Abs. 2 SGB XII weit auszulegen und den Schuldner einer Ersatzforderung im Sinne des § 104 SGB XII durch Anwendung des § 105 Abs. 2 SGB XII zu privilegieren. Zum einen normiert § 104 SGB XII quasi-deliktische Ersatzansprüche, die ein schuldhaftes Verhalten des Schuldners voraussetzen. Die Ersatzansprüche stehen in ihrer tatbestandlichen Anknüpfung zudem sachlich den Fällen der §§ 45 Abs. 2 Satz 3, 48 Abs. 1 Satz 2 Nr. 2 SGB X nahe; die Fälle des § 45 Abs. 3 Satz 2 SGB XII sind nach § 105 Abs. 2 Satz 2 SGB XII von der Anwendung des § 105 Abs. 1 Satz 1 SGB XII ohnehin ausgeschlossen[50]. Die verfassungsrechtlichen Erwägungen, die den Gesetzgeber zur Privilegierung des § 105 Abs. 2 Satz 1 SGB XII bewogen haben (vgl. hierzu die Kommentierung zu § 105 SGB XII Rn. 9), sind auf derartige Fälle nicht übertragbar.

4. Erlöschensfrist

30 Nach § 104 Satz 1 SGB XII gilt § 103 Abs. 3 SGB XII entsprechend. Nach § 103 Abs. 3 Satz 1 SGB XII erlischt der Anspruch auf Kostenersatz in drei Jahren vom Ablauf des Jahres an, in dem die Leistung erbracht worden ist. Für die Hemmung, die Ablaufhemmung, den Neubeginn und die Wirkung der Verjährung gelten nach § 103 Abs. 3 Satz 2 SGB XII die Vorschriften des Bürgerlichen Rechts sinngemäß. Anders als im Bürgerlichen Recht ist allerdings das Erlöschen des Anspruchs (wie im öffentlichen Recht auch die Verjährung) **von Amts wegen** zu beachten.

31 Für den Beginn der 3-Jahresfrist in den Fällen des § 104 SGB XII wird teilweise – entsprechend der Formulierung des § 103 Abs. 3 Satz 1 SGB XII – auf die Erbringung der Leistungen abgestellt[51], andere Autoren stellen ab auf die Rücknahmeentscheidung[52]. Das Bundesverwaltungsgericht hat mittlerweile zu § 92a Abs. 4 BSHG unter Heranziehung historischer und teleologischer Gesichtspunkte entschieden, dass der **Ersatzanspruch in drei Jahren vom Ablauf des Jahres an, in dem er aufgrund der Rücknahme der rechtswidrigen Sozialhilfebewilligung entstanden ist, erlischt**.[53] Sofern man daran festhält, dass Voraussetzung für Ersatzansprüche nach § 104 SGB XII die Aufhebung des der Leistung zugrunde liegenden Verwaltungsakts ist, gelten diese Erwägungen unverändert für den Ersatzanspruch nach § 104 SGB XII fort.

5. Gesamtschuldnerhaftung

32 Zum Kostenersatz nach § 104 Satz 1 SGB XII Verpflichtete und zur Erstattung derselben Kosten nach § 50 SGB X Verpflichtete haften als **Gesamtschuldner**. Eine gesamtschuldnerische Haftung kommt dabei nicht nur dann in Betracht, wenn eine Haftung nach § 104 SGB XII mit einer solchen nach § 50 SGB X zusammentrifft, sondern auch dann, wenn mehrere Personen nach § 104 SGB XII haften; Letzteres ist möglich, wenn Verursachungsbeiträge mehrerer Personen die Leistungsgewährung herbeigeführt haben, obwohl die Voraussetzungen dafür nicht gegeben waren (vgl. die §§ 830, 840 BGB). Auf das Gesamtschuldverhältnis sind die §§ 421 ff. BGB anzuwenden. Teilweise wird angenommen, dass

---

[49] *Schellhorn* in: Schellhorn/Schellhorn/Hohm, SGB XII – Sozialhilfe, § 105 Rn. 12; a.A. *Conradis* in: LPK-SGB XII, § 105 Rn. 8; *Lücking* in: Hauck/Noftz, SGB XII, § 105 Rn. 12.

[50] Die Fälle des § 48 Abs. 1 Satz 2 Nr. 2 SGB X sind vom Anwendungsbereich der Parallelvorschrift des § 40 Abs. 2 SGB II ausgenommen; insoweit ist bisher allerdings keine Angleichung des § 105 Abs. 2 SGB XII an § 40 Abs. 2 SGB II erfolgt.

[51] So wohl *Conradis* in: LPK-SGB XII, § 104 Rn. 10.

[52] *Baur* in: Jahn, Sozialgesetzbuch für die Praxis Zwölftes Buch Sozialhilfe, § 104 Rn. 7 unter Bezugnahme auf OVG Münster v. 15.03.2004 - 12 A 3993/02; *Wolf* in: Fichtner/Wenzel, Kommentar zum SGB XII – Sozialhilfe Asylbewerberleistungsgesetz, § 104 Rn. 6.

[53] BVerwG v. 24.11.2005 - 5 C 16/04 - FEVS 57, 495.

es im **Ermessen des Leistungsträgers** stehe, welchen der in Betracht kommenden Schuldner er in Anspruch nimmt.[54] Dass insoweit Anspruch auf eine Ermessensentscheidung im Sinne des § 39 SGB I besteht, lässt sich zwar dem Gesetz nicht unmittelbar entnehmen. Auch das **Bundesverwaltungsgericht** hat allerdings – in einem anderen normativen Kontext – die Auffassung vertreten, dass sich ein Anspruch auf Ermessensbetätigung bei der Inanspruchnahme eines von mehreren Gesamtschuldnern aus § 421 BGB ergebe, wobei an die Stelle von dessen Worten „nach Belieben" die Worte „nach Ermessen" treten müssten.[55] Die Ermessensausübung soll nach dieser Rechtsprechung nur durch das Willkürverbot und offenbare Unbilligkeit begrenzt sein und eine Begründung der Ermessensentscheidung soll regelmäßig entbehrlich sein, wenn die Gesamtschuldhaftung nicht Schuldnerschutz, sondern Verwaltungsvereinfachung und Effizienz des Gesetzesvollzuges zum Ziel hat. Bei einem derart weiten Ermessensspielraum verbunden mit dem Absehen von einem Begründungserfordernis dürften sich indes zu der – vom Gesetzeswortlaut wohl eher nahe gelegten – Entscheidung nach Belieben kaum Unterschiede ergeben, zumal das Verfassungsrang genießende Willkürverbot nicht nur bei Ermessensentscheidungen zu beachten ist. Auch das **BSG** hat mittlerweile entschieden, dass bei der Frage, von welchem Gesamtschuldner Kostenersatz in welcher Höhe verlangt werde, Ermessen auszuüben sei; es hat sich dabei im Wesentlichen auf die Rechtsprechung des Bundesverwaltungsgerichts bezogen und besondere Anforderungen an die Ermessensausübung bisher nur im Hinblick auf § 102 SGB XII formuliert.[56] Jedenfalls ergibt sich aus § 37 Satz 1 SGB I kein genereller Vorrang einer Inanspruchnahme nach § 104 SGB XII; aufgrund des öffentlichen Interesses an einer möglichst umfassenden, einfachen und zügigen Durchsetzung des Kostenersatzes muss der Sozialleistungsträger vielmehr bei der Bestimmung des in Anspruch zu nehmenden Schuldners ein Wahlrecht haben.[57]

Liegen die Voraussetzungen für Ansprüche nach den §§ 45 ff., 50 SGB X und § 104 SGB XII in einer Person vor, besteht **Anspruchskonkurrenz**; keine der Anspruchsgrundlagen scheidet aus Spezialitätsgründen aus.[58] 33

6. Unselbständige Erbenhaftung

Nach § 104 SGB XII i.V.m. § 103 Abs. 2 Satz 1 SGB XII geht die eingetretene Verpflichtung zum Kostenersatz auf die Erben über. Der Erbe haftet dabei mit dem Wert des im Zeitpunkt des Erbfalles vorhandenen Nachlasses (§ 104 SGB XII i.V.m. § 103 Abs. 2 Satz 2 SGB XII und § 102 Abs. 2 Satz 2 SGB XII). 34

Bei der Erbenhaftung nach § 104 SGB XII i.V.m. § 103 Abs. 2 SGB XII handelt es sich um eine **unselbständige Erbenhaftung** im Unterschied zu der selbständigen Haftung des Erben nach § 102 SGB XII. Die Formulierung des § 103 Abs. 2 Satz 1 SGB XII verlangt für die Haftung des Erben, dass die Verpflichtung – zum Zeitpunkt des Erbfalls – bereits eingetreten ist, d.h. die tatbestandlichen Voraussetzungen des Anspruchs vorgelegen haben.[59] Zweifelhaft ist, ob diese Voraussetzung auch im Rahmen der entsprechenden Anwendung nach § 104 SGB XII für die Haftung des Erben aufzustellen ist. Denn anders als in den Fällen des § 103 Abs. 1 SGB XII liegt – jedenfalls ausgehend von der Rechtsprechung des Bundesverwaltungsgerichts zu § 92a BSHG[60] und der daran anschließend ganz überwiegend auch zu § 104 SGB XII noch vertretenen Auffassung – in den Fällen des § 104 Satz 1 SGB XII ein „gestreckter" Entstehungstatbestand für den Ersatzanspruch vor; es kann passieren, dass der Handelnde zwar die Leistung rechtswidrig herbeiführt, dass aber erst nach seinem Ableben die Leistung als „zu Unrecht" erbracht angesehen werden kann, weil erst dann der Bewilligungsbescheid aufgehoben wird und damit der Rechtsgrund für die Leistung entfällt. Der Zweck des § 104 SGB XII, den Nachrang der Sozialhilfe herzustellen, spricht dafür, dass auch in solchen Fällen der Erbe in Anspruch ge- 35

---

[54] *Bieback* in: Grube/Wahrendorf, SGB XII Sozialhilfe, § 102 Rn. 35; LSG Berlin-Brandenburg v. 27.09.2012 - L 14 AS 1348/11.
[55] BVerwG v. 22.01.1993 - 8 C 57/91; BVerwG v. 04.10.2010 - 3 B 17/10.
[56] BSG v. 23.08.2013 - B 8 SO 7/12 R.
[57] *Baur* in: Jahn, Sozialgesetzbuch für die Praxis Zwölftes Buch Sozialhilfe, § 104 Rn. 8 mit Hinweis auf BVerwG v. 10.07.2003 - 5 C 17/02 - BVerwGE 118, 313.
[58] BVerwG v. 24.11.2005 - 5 C 16/04 - FEVS 57, 495-499.
[59] *Steimer* in: Mergler/Zink, Sozialgesetzbuch XII und Asylbewerberleistungsgesetz, § 103 Rn. 26; *Schellhorn* in: Schellhorn/Schellhorn/Hohm, SGB XII – Sozialhilfe, § 103 Rn. 26; *Schoenfeld* in: Grube/Wahrendorf, SGB XII Sozialhilfe, § 103 Rn. 22; *Lücking* in: Hauck/Noftz, SGB XII, § 104 Rn. 22.
[60] BVerwG v. 20.11.1997 - 5 C 16/97 - BVerwGE 105, 374.

nommen werden kann; die Haftung des Erben müsste dann allerdings auf den Bestand des Nachlasses beschränkt sein, der bei Wirksamwerden der Aufhebung der Bewilligungsentscheidung noch vorhanden ist.

36 Der Erbe kann gegenüber dem Anspruch die Einwendungen geltend machen, die auch der ersatzpflichtige Verstorbene hätte geltend machen können.[61] Umstritten ist, ob der Erbe sich auf das Vorliegen eines Härtefalls berufen kann.[62] In der Praxis wird dies kaum in Betracht kommen können (vgl. hierzu die Kommentierung zu § 103 SGB XII Rn. 50).

C. Praxishinweise

I. Verwaltungsverfahren

37 Eine spezielle verfahrensrechtliche Regelung betreffend die Geltendmachung von Ersatzansprüchen enthält **§ 117 SGB XII**. Nach § 117 Abs. 1 Satz 1 SGB XII haben (u.a.) Kostenersatzpflichtige dem Träger der Sozialhilfe über ihre Einkommens- und Vermögensverhältnisse Auskunft zu geben, soweit die Durchführung des Zwölften Buches Sozialgesetzbuch dies erfordert. Dabei haben sie die Verpflichtung, auf Verlangen des Trägers der Sozialhilfe Beweisurkunden vorzulegen oder ihrer Vorlage zuzustimmen (§ 117 Abs. 1 Satz 2 SGB XII). Die Auskunftspflicht kann gegenüber dem Pflichtigen durch Verwaltungsakt konkretisiert und im Wege der Verwaltungsvollstreckung durchgesetzt werden.[63]

38 Kostenersatzansprüche nach § 104 SGB XII sind durch Leistungsbescheide geltend zu machen; **die Erhebung einer allgemeinen Leistungsklage ohne den vorherigen Erlass eines Leistungsbescheids wäre unzulässig.**[64]

39 Die Leistungsbescheide müssen inhaltlich **hinreichend bestimmt** sein (§ 33 SGB X). Unverzichtbar ist die Angabe des Betrags, den der Adressat bezahlen soll. Für die Herbeiführung der Wirkungen des § 103 Abs. 3 Satz 2 SGB XII reicht ein Bescheid, der die Ersatzpflicht nur dem Grunde nach feststellt, nicht aus.[65] Die Bescheide müssen mit einer **Begründung** versehen sein (§ 35 SGB X); erforderlich ist insbesondere eine Darstellung der Zusammensetzung der Ersatzforderung.

40 Sollen mehrere Gesamtschuldner in Anspruch genommen werden, so müssen **Leistungsbescheide an alle betroffenen Schuldner** gerichtet werden. Aus der Formulierung der jeweiligen Verfügungssätze sollte sich ergeben und es muss sich zumindest durch Auslegung der jeweiligen Bescheide insgesamt ergeben, dass eine Inanspruchnahme in Gesamtschuldnerschaft erfolgen soll. Lässt sich die gesamtschuldnerische Haftung auch durch Auslegung aus den Bescheiden nicht ermitteln, sind diese inhaltlich unrichtig. Ein Hinweis auf eine gesamtschuldnerische Haftung nicht in Anspruch genommener Gesamtschuldner im Bescheid des in Anspruch genommenen Schuldners soll allerdings entbehrlich sein.[66]

41 Widerspruch und Klage gegen derartige Bescheide haben **aufschiebende Wirkung** (§ 86a Abs. 1 SGG). Die sofortige Vollziehung kann unter den Voraussetzungen des § 86a Abs. 2 Nr. 5 SGG angeordnet werden.

II. Gerichtsverfahren

42 Im Gerichtsverfahren ist der Sozialhilfeträger für die Anspruchsvoraussetzungen des Ersatzanspruchs darlegungs- und beweispflichtig; eine Unaufklärbarkeit geht zu seinen Lasten. Umstände, die in der persönlichen Sphäre eines Betroffenen liegen, hat dieser aufgrund seiner prozessualen Mitwirkungspflicht aber selbst darzulegen.[67]

43 Wird eine Forderung gegen einen **Gesamtschuldner** geltend gemacht und wendet sich dieser gegen die Forderung, so müssen andere Gesamtschuldner **nicht notwendig beigeladen** werden[68]. Die Vo-

---

[61] *Steimer* in: Mergler/Zink, Sozialgesetzbuch XII und Asylbewerberleistungsgesetz, § 103 Rn. 27.
[62] Dafür: *Steimer* in: Mergler/Zink, Sozialgesetzbuch XII und Asylbewerberleistungsgesetz, § 103 Rn. 27; *Conradis* in: LPK-SGB XII, § 103 Rn. 22; dagegen: *Lücking* in: Hauck/Noftz, SGB XII, § 104 Rn. 22.
[63] BVerwG v. 21.01.1993 - 5 C 22/90 - BVerwGE 91, 375; BVerwG v. 17.06.1993 - 5 C 43/90 - BVerwGE 92, 330; *Wahrendorf* in: Grube/Wahrendorf, SGB XII Sozialhilfe, § 117 Rn. 12.
[64] BSG v. 25.10.1995 - 12 RK 72/93; *Baur* in: Jahn, Sozialgesetzbuch für die Praxis Zwölftes Buch Sozialhilfe, Vorbemerkungen zu den §§ 102-105 Rn. 20.
[65] Vgl. BVerwG v. 14.01.1982 - 5 C 70/80 - BVerwGE 64, 318.
[66] BVerwG v. 22.01.1993 - 8 C 57/91.
[67] BVerwG v. 09.08.1993 - 5 B 1/93.
[68] BSG v. 23.08.2013 - B 8 SO 7/12 R.

raussetzungen des § 75 Abs. 2 Alt. 1 SGG liegen nicht vor. Gesamtschuldner sind an dem streitigen Rechtsverhältnis nicht derart beteiligt, dass die Entscheidung gegenüber allen Gesamtschuldnern nur einheitlich ergehen kann. Dies hat der Bundesgerichtshof im Zusammenhang mit der notwendigen Streitgenossenschaft (§ 62 ZPO) entschieden und zur Begründung auf § 425 Abs. 2 BGB verwiesen, wonach das gegen einen Gesamtschuldner ergangene Urteil nur für und gegen diesen Rechtskraft entfaltet.[69] Dementsprechend könnte auch durch eine (notwendige) Beiladung keine Rechtskrafterstreckung auf die Gesamtschuldner erreicht werden.

Wendet sich ein Dritter, der Leistungen der Sozialhilfe durch vorsätzliches oder grob fahrlässiges Verhalten herbeigeführt hat, gegen einen Kostenerstattungsanspruch des Sozialhilfeträgers nach § 104 SGB XII, so besteht keine Gerichtskostenfreiheit, weil der Dritte nicht als Leistungsempfänger in Anspruch genommen wird.[70]

44

---

[69] BGH v. 24.06.1992 - VIII ZR 203/91.
[70] Landessozialgericht NRW v. 21.10.2011 - L 20 SO 373/11 B.

§ 105 SGB XII Kostenersatz bei Doppelleistungen, nicht erstattungsfähige Unterkunftskosten

(Fassung vom 24.03.2011, gültig ab 01.01.2011)

(1) Hat ein vorrangig verpflichteter Leistungsträger in Unkenntnis der Leistung des Trägers der Sozialhilfe an die leistungsberechtigte Person geleistet, ist diese zur Herausgabe des Erlangten an den Träger der Sozialhilfe verpflichtet.

(2) ¹Von den bei den Leistungen nach § 27a oder § 42 berücksichtigten Kosten der Unterkunft, mit Ausnahme der Kosten für Heizungs- und Warmwasserversorgung, unterliegen 56 vom Hundert nicht der Rückforderung. ²Satz 1 gilt nicht im Fall des § 45 Abs. 2 Satz 3 des Zehnten Buches oder wenn neben Leistungen nach dem Dritten oder Vierten Kapitel gleichzeitig Wohngeld nach dem Wohngeldgesetz geleistet worden ist.

Gliederung

A. Basisinformationen 1	b. Unkenntnis 16
I. Textgeschichte/Gesetzesbegründung 1	c. Öffentlich-rechtlicher Herausgabeanspruch 19
II. Systematische Zusammenhänge 3	d. Keine Anwendbarkeit der Frist des § 111
III. Ausgewählte Literaturhinweise 6	SGB X 22
B. Auslegung der Norm 7	e. Vier-Beteiligten-Verhältnisse 23
I. Regelungsgehalt und Bedeutung der Norm 7	2. Absatz 2 24
1. Absatz 1 7	a. Satz 1 24
2. Parallelen des Absatzes 1 im SGB II 8	b. Satz 2 Alternative 1 34
3. Absatz 2 9	c. Satz 2 Alternative 2 39
4. Parallelen des Absatzes 2 im SGB II 13	C. Praxishinweise 40
II. Tatbestandsmerkmale und Rechtsfolgen 15	I. Verwaltungsverfahren 40
1. Absatz 1 15	II. Gerichtsverfahren 43
a. Leistungen eines vorrangig verpflichteten Leistungsträgers 15	

A. Basisinformationen

I. Textgeschichte/Gesetzesbegründung

1 Im BSHG gab es eine dem **§ 105 Abs. 1 SGB XII** entsprechende Regelung noch nicht. Die Vorschrift gilt nach wie vor in ihrer ursprünglichen Fassung des **Gesetzes zur Einordnung des Sozialhilferechts in das Sozialgesetzbuch vom 27.12.2003**.[1] Nach der Begründung der Entwurfsverfasser sollte eine Regelungslücke zur Verhinderung des Doppelbezugs von Sozialleistungen geschlossen werden.[2]

2 Auch **§ 105 Abs. 2 SGB XII** hat keine Vorläuferregelung im BSHG. Die Vorschrift war im ursprünglichen Gesetzesentwurf der Regierungsfraktionen[3] und der Bundesregierung[4] noch nicht enthalten und wurde im Gesetzgebungsverfahren nachträglich erst auf Empfehlung des Ausschusses für Gesundheit und soziale Sicherung aufgenommen.[5] Mit der Regelung sollte erreicht werden, dass sich der Ausschluss der Empfänger von Leistungen der Hilfe zum Lebensunterhalt von den Leistungen nach dem Wohngeldgesetz rechtlich und tatsächlich nicht auf die Betroffenen auswirkt. Das Wohngeld unterliege grundsätzlich nicht der Erstattung. Die Betroffenen sollten durch § 105 Abs. 2 SGB XII so gestellt werden, wie sie stünden, wenn sie Wohngeld erhalten hätten.[6] Die Vorschrift bezog sich in ihrer ursprünglichen Fassung des Gesetzes zur Einordnung des Sozialhilferechts in das Sozialgesetzbuch[7] nur auf die Leistungen nach § 27 SGB XII (in der damaligen Fassung). Mit dem **Gesetz zur Verein-**

---

[1] BGBl I 2003, 3022.
[2] BT-Drs. 15/1514, S. 68.
[3] BT-Drs. 15/1514.
[4] BR-Drs. 559/03.
[5] BT-Drs. 15/1734, S. 57.
[6] BT-Drs. 15/1761, S. 7.
[7] Gesetz v. 27.12.2003, BGBl I 2003, 3022.

fachung der Verwaltungsverfahren im Sozialrecht vom 21.03.2005[8] wurden auch die Leistungen nach § 42 SGB XII einbezogen; damit sollte ein redaktionelles Versehen behoben werden[9]. Mit dem **Gesetz zur Änderung des Zwölften Buches Sozialgesetzbuches und anderer Gesetze** vom 02.12.2006[10] wurde erneut eine redaktionelle Anpassung vorgenommen[11] („Leistungen nach dem Dritten oder Vierten Kapitel" statt „der Hilfe zum Lebensunterhalt" in Satz 2). Mit Art. 3 Nr. 33 des **Gesetzes zur Ermittlung von Regelbedarfen und zur Änderung des Zweiten und Zwölften Buches Sozialgesetzbuch**[12] ist mit Wirkung ab dem 01.01.2011 in § 105 Abs. 2 Satz 1 SGB XII die Angabe „§ 27" durch die Angabe „§ 27a" ersetzt worden; es handelt sich um eine redaktionelle Anpassung an die Neuregelungen der §§ 27 ff. SGB XII.

II. Systematische Zusammenhänge

Die Vorschrift steht im Kontext der Regelungen der **§§ 102-105 SGB XII** über „Kostenersatz" (so die Überschrift des 1. Abschnitts des 13. Kapitels des SGB XII). Die Vorschriften ermöglichen die Rückabwicklung von Sozialhilfefällen, in denen es als unbillig erscheinen würde, wenn die Solidargemeinschaft endgültig für die Kosten der Sozialhilfeleistungen aufkommen müsste; sie erweitern dabei die Rückabwicklungsmöglichkeiten insbesondere der §§ 44 ff., 50 SGB X. Ziel ist die Realisierung des **Nachrangs der Sozialhilfe**.

3

§ 105 Abs. 1 SGB XII bildet in diesem Kontext insoweit einen Fremdkörper, als die Vorschrift „die Herausgabe des Erlangten" anordnet und somit einen **öffentlich-rechtlichen Herausgabeanspruch** des Sozialhilfeträgers gegen den Leistungsempfänger normiert, nicht aber – wie die §§ 102-104 SGB XII im Übrigen – einen „Ersatz"-anspruch gegen die Person(en), die für vom Sozialhilfeträger aufgewandte Kosten aufzukommen haben.

4

§ 105 Abs. 2 SGB XII ist nicht nur eine Annexregelung zu Absatz 1, was schon an der besonderen Benennung der Regelung in der Normüberschrift deutlich wird. Die Regelung steht vielmehr im Zusammenhang mit Erstattungsforderungen der Sozialhilfeträger nach § 104 SGB X, Erstattungsforderungen von Sozialhilfeleistungen nach den §§ 44 ff., 50 SGB X und den Ansprüchen nach den §§ 102, 105 Abs. 1 SGB XII; in allen diesen Fällen kann die Rückforderung von Unterkunftskosten nach näherer Maßgabe des § 105 Abs. 2 SGB XII in Betracht gezogen werden (vgl. dazu im Einzelnen Rn. 27-31).

5

III. Ausgewählte Literaturhinweise

Schwabe, Rückzahlung von Sozialhilfe? Die rechtlichen Rahmenbedingungen zur Rückforderung von Leistungen nach dem SGB XII, ZfF 2006, 217-231; Stellungnahme des Deutschen Vereins zum Entwurf der Bundesregierung für ein Gesetz zur Änderung des Zwölften Buches Sozialgesetzbuch und anderer Gesetze (BT-Drs. 16/2711), NDV 2006, 540-543; *Udsching/Link*, Aufhebung von Leistungsbescheiden im SGB II, SGb 2007, 513-521.

6

B. Auslegung der Norm

I. Regelungsgehalt und Bedeutung der Norm

1. Absatz 1

Die Vorschrift verpflichtet Personen, die „versehentlich" Doppelleistungen erhalten haben, zur „Herausgabe des Erlangten". Mit der Vorschrift wird eine **Gesetzeslücke** gefüllt, die sich nach der Rechtsprechung des Bundesverwaltungsgerichts[13] in Fällen ergab, in denen der Sozialhilfeträger rechtmäßig Leistungen erbracht hatte und ein anderer, vorrangig verpflichteter Leistungsträger während der Leistungsgewährung durch den Sozialhilfeträger nicht geleistet hatte, seine Leistungen aber nachträglich mit befreiender Wirkung (§ 104 Abs. 1 Satz 1 SGB X) an den Berechtigten erbracht hatte. Eine Rückabwicklung nach den allgemeinen Vorschriften der §§ 48, 50 SGB X gegenüber dem Leistungsempfänger wäre nur nach Maßgabe des § 48 Abs. 1 Satz 2 Nr. 3, Satz 3 SGB X in Betracht gekommen.

7

---

[8] BGBl I 2005, 818.
[9] BR-Drs. 676/04, S. 68.
[10] BGBl I 2006, 2670.
[11] BR-Drs. 617/06, S. 5.
[12] BGBl I 2011, 453.
[13] BVerwG v. 17.08.1995 - 5 C 26/93 - BVerwGE 99, 114.

Dies hätte nach der Rechtsprechung des Bundesverwaltungsgerichts aber vorausgesetzt, dass die tatsächliche Notlage im Bedarfszeitraum im Nachhinein als nicht vorhanden gewesen und die Hilfegewährung als zu Unrecht erfolgt hätten angesehen werden können. Eine Regelung, die dies zugelassen hätte, gab es nach dieser Rechtsprechung weder im Bundessozialhilfegesetz noch konnte eine solche Betrachtungsweise auf § 48 Abs. 1 Satz 3 SGB X gestützt werden.

2. Parallelen des Absatzes 1 im SGB II

8   **Im SGB II gibt es eine vergleichbare Regelung nicht.** Für das SGB II wurde allerdings im Hinblick auf § 48 Abs. 1 Satz 3 SGB X die Auffassung vertreten, dass finanzielle Mittel, die für Zeiträume erlangt werden, für die zugleich Leistungen nach dem **SGB II** bezogen wurden, auch dann zu berücksichtigen seien, wenn sie in den fraglichen Zeiträumen nicht zur Verfügung gestanden hätten. Die Hilfebedürftigkeit entfalle dann nachträglich ganz oder teilweise, so dass eine **Aufhebung der Leistungsbescheide nach § 48 Abs. 1 Satz 2 Nr. 3 SGB X** und eine Rückforderung der erbrachten Leistungen nach § 50 SGB X möglich seien.[14] Angesichts der anzustrebenden Harmonisierung[15] zwischen SGB II und SGB XII wäre es auch wenig verständlich gewesen, wenn die Lücke, die mit § 105 Abs. 1 SGB XII geschlossen werden sollte, im SGB II hätte fortbestehen sollen. Angesichts des mittlerweile im SGB II unmittelbar gesetzlich verankerten Zuflussprinzips (§ 11 Abs. 2 SGB II) – zuvor war dies nur in der Arbeitslosengeld II/Sozialgeld-Verordnung geregelt gewesen – ist allerdings auch für das SGB II fraglich geworden, ob sich in den hier fraglichen Konstellationen eine rückwirkende Anrechnung von Einkommen durch § 48 Abs. 1 Satz 3 SGB X rechtfertigen lässt. Hält man dies nicht (mehr) für möglich, so dürfte auch eine analoge Anwendung des § 105 Abs. 1 SGB XII mittlerweile auf Schwierigkeiten stoßen; das SGB II ist in zahlreichen Fällen geändert worden, ohne dass der Gesetzgeber insoweit einen Regelungsbedarf gesehen hätte.

3. Absatz 2

9   Die Vorschrift soll **vermeiden**, dass Empfängern von Leistungen nach dem SGB XII dadurch **Nachteile** entstehen, dass seit dem 01.01.2005 beim Empfang von Hilfe zum Lebensunterhalt oder Grundsicherung im Alter und bei Erwerbsminderung nach dem SGB XII ein Anspruch auf Wohngeld grundsätzlich ausgeschlossen ist (§ 7 WoGG; bis zum 31.12.2008: § 1 WoGG). Ohne die Regelung des § 105 Abs. 2 SGB XII könnten – so jedenfalls die Gesetzesbegründung[16] – den Empfängern der genannten Leistungen Nachteile konkret dadurch entstehen, dass die Rückforderung von Leistungen nach dem WoGG teilweise an engere Voraussetzungen geknüpft ist als die Rückforderung von Leistungen nach dem SGB XII. Insbesondere sind die leistungsrechtlichen Voraussetzungen für die Gewährung der Leistungen für Unterkunft nach dem SGB XII einerseits und für die Gewährung von Wohngeld andererseits unterschiedlich und insbesondere setzt auch die Aufhebung der Wohngeldbewilligung bei Änderung der Einkommensverhältnisse das Überschreiten einer Geringfügigkeitsschwelle voraus (vgl. hierzu die §§ 29, 30 WoGG in den bis zum 31.12.2008 gültigen Fassungen des WoGG, jetzt §§ 27, 28 WoGG). Den bis zum 31.12.2003 noch vorhandenen viel gravierenderen Unterschied, nämlich die Nichtanwendbarkeit des § 48 Abs. 1 Satz 2 Nr. 3, Satz 3 SGB X[17] auf Leistungen nach dem WoGG, hat der Gesetzgeber allerdings mit dem Vierten Gesetz für moderne Dienstleistungen am Arbeitsmarkt durch Änderung des § 29 WoGG (seit dem 01.01.2009: § 27 WoGG) abgemildert; seither ist auch eine rückwirkende Aufhebung für bereits abgelaufene Bewilligungsabschnitte möglich[18]. Durch eine in ihrer Anknüpfung sehr stark typisierende und pauschalierende Begrenzung der Rückforderung auf 44% der nach dem SGB XII gewährten Leistungen für Unterkunft soll vor diesem Hintergrund erreicht werden, dass den Beziehern von Leistungen nach dem SGB XII bei der Rückforderung von Leistungen ein fiktives Wohngeld verbleibt und sie damit nicht schlechter gestellt werden, als wenn sie tatsächlich Wohngeld bezogen hätten; der Anteil von 56% an den Unterkunftskosten, der als fiktives Wohngeld beim Leistungsempfänger verbleiben soll, orientiert sich am tatsächlichen Subventionssatz des bis Ende 2004 Sozialhilfeempfängern nach dem WoGG gewährten besonderen Mietzuschusses auf der Basis der empirischen Werte der Wohngeldstatistik 2001.[19]

---

[14] *Udsching/Link*, SGb 2007, 513, 520.
[15] Vgl. BSG v. 19.05.2009 - B 8 SO 7/08 R.
[16] BT-Drs. 15/1761, S. 7.
[17] Vgl. BVerwG v. 21.03.2002 - 5 C 4/01.
[18] Vgl. hierzu BT-Drs. 15/1516, S. 78.
[19] BT-Drs. 15/1761, S. 7.

Motiv für die Schaffung der in der praktischen Handhabung eher komplizierten Regelung war wohl eine **Entscheidung des Bundesverfassungsgerichts**[20] zu § 29 WoGG i.d.F. der Bekanntmachung der Neufassung des Wohngeldgesetzes vom 01.04.1965[21]. Das Gericht hatte es als mit Art. 3 Abs. 1 GG nicht vereinbar angesehen, dass nach § 29 WoGG Empfänger von bestimmten Leistungen nach dem BSHG vom Bezug von Wohngeld ausgeschlossen waren. Es hatte seine Auffassung im Wesentlichen damit begründet, dass die Rückforderung von Wohngeld an engere Voraussetzungen geknüpft sei als die Rückforderung von Sozialhilfeleistungen und deshalb die Empfänger von Sozialhilfeleistungen ohne hinreichenden Sachgrund durch den Ausschluss von den Leistungen nach dem WoGG benachteiligt seien. Mit § 105 Abs. 2 SGB XII soll – wie dargestellt – dieser Nachteil durch eine stark typisierende und pauschalierende Regelung kompensiert werden.

10

§ 105 Abs. 2 SGB XII ist **nicht nur auf Forderungen nach § 105 Abs. 1 SGB XII** anwendbar. In Betracht kommt auch eine Anwendung auf Erstattungsforderungen nach den §§ 45 ff., 50 SGB X und auf Ansprüche nach den §§ 102, 105 Abs. 1 SGB XII[22] (vgl. Rn. 27).

11

Fragen im Hinblick auf die Bedeutung des § 105 Abs. 2 SGB XII wirft der Umstand auf, dass man bei Erlass der Vorschrift wohl noch davon ausging, dass das Wohngeld „grundsätzlich" (gar) nicht der Erstattung unterliege[23], und man in diesem Unterschied zu den Leistungen nach dem SGB XII den wesentlichen Grund für die Schaffung des § 105 Abs. 2 SGB XII sah. Gerade der angenommene „grundsätzliche" Ausschluss der Erstattung von Wohngeld, mit dem die Nichtanwendbarkeit des § 48 Abs. 1 Satz 3 Nr. 3, Satz 3 SGB X gemeint gewesen sein dürfte, hatte aber nach den Neuregelungen des Vierten Gesetzes für moderne Dienstleistungen am Arbeitsmarkt keinen Bestand mehr; § 29 WoGG ermöglichte ab dem 01.01.2004 auch die Rückforderung von Wohngeld für abgelaufene Bewilligungsabschnitte bei Änderung der Einkommensverhältnisse.[24] Dies stellt die Bedeutung des § 105 Abs. 2 SGB XII insgesamt in Frage. Der Gesetzgeber hat allerdings zwischenzeitlich die Parallelregelung des § 40 Abs. 2 SGB II (in der bis zum 31.03.2011 geltenden Fassung) im Detail geändert (vgl. Rn. 13) und damit bekräftigt, dass er im Grundsatz daran festhalten wollte. Nachdem es zwischenzeitlich Bestrebungen gegeben hatte, § 40 Abs. 2 SGB II ganz abzuschaffen, ist dann mit dem Gesetz zur Ermittlung von Regelbedarfen und zur Änderung des Zweiten und Zwölften Buches Sozialgesetzbuch[25] § 40 Abs. 2 SGB II nicht gestrichen worden; im Gegenteil sind sowohl § 40 Abs. 2 SGB II als auch § 105 Abs. 2 SGB XII geändert worden (Art. 2 Nr. 32 und Art. 3 Nr. 33); die Regelungen des § 40 Abs. 2 SGB II a.F. finden sich jetzt in § 40 Abs. 4 SGB II n.F.

12

4. Parallelen des Absatzes 2 im SGB II

Das **SGB II** enthält mit **§ 40 Abs. 2 SGB II** (in der bis zum 31.03.2011 geltenden Fassung) eine vergleichbare Vorschrift. Ihr Wortlaut schränkt den Anwendungsbereich anders als § 105 Abs. 2 SGB XII auf Erstattungsfälle nach den §§ 45 ff., 50 SGB X ein; auf die Ersatzansprüche der §§ 34, 35 SGB II oder Erstattungsansprüche nach § 104 SGB X ist sie deshalb jedenfalls direkt nicht anwendbar. Eine analoge Anwendung des § 40 Abs. 2 SGB II unter dem Gesichtspunkt der Harmonisierung von § 40 Abs. 2 SGB II und § 105 Abs. 2 SGB XII[26] könnte allenfalls auf die Erbenhaftung nach § 35 SGB II und Erstattungsansprüche nach § 104 SGB X in Betracht kommen; denn auch § 105 Abs. 2 SGB XII ist nach hier vertretener Auffassung nur auf die Erbenhaftung nach § 102 SGB XII und Erstattungsansprüche nach § 104 SGB X anwendbar, nicht aber auf die Ersatzansprüche nach den §§ 103, 104 SGB XII (vgl. Rn. 31). In der ursprünglichen, am 01.01.2005 in Kraft getretenen Fassung[27] entsprach § 40 Abs. 2 SGB XII inhaltlich ansonsten weitgehend § 105 Abs. 2 SGB XII; § 40 Abs. 2 Satz 2 SGB XII enthielt insbesondere auch einen Anwendungsausschluss für die Fälle des § 45 Abs. 2 Satz 3 SGB XII.

13

---

[20] BVerfG v. 14.11.1969 - 1 BvL 4/69 - BVerfGE 27, 220.
[21] BGBl I 1965, 177.
[22] Vgl. *Schellhorn* in: Schellhorn/Schellhorn/Hohm, SGB XII – Sozialhilfe, § 105 Rn. 12; auch *Lücking* in: Hauck/Noftz, SGB XII Sozialhilfe, § 105 Rn. 12, allerdings nur im Hinblick auf die §§ 102-104 SGB XII; ebenso *Conradis* in: LPK-SGB XII, § 105 Rn. 8.
[23] BT-Drs. 15/1761, S. 7.
[24] Vgl. hierzu BT-Drs. 15/1516, S. 78.
[25] BGBl I 2011, 453.
[26] Zur gebotenen Harmonisierung der beiden Leistungssysteme des SGB II und des SGB XII vgl. BSG v. 19.05.2009 - B 8 SO 7/08 R.
[27] Art. 1 des Vierten Gesetzes für moderne Dienstleistungen am Arbeitsmarkt vom 24.12.2003, BGBl I 2003, 2954.

14 § 40 Abs. 2 SGB II wurde durch das Gesetz zur Änderung des Zweiten Buches Sozialgesetzbuch und anderer Gesetze vom 24.03.2006 **geändert**.[28] Der Anwendungsausschluss des § 40 Abs. 2 Satz 2 SGB II wurde erweitert auf die Fälle des § 48 Abs. 1 Satz 2 Nr. 2 SGB X sowie auf Fälle, in denen die Leistungsbewilligung lediglich teilweise aufgehoben wird. Diese Änderungen wurden im SGB XII nicht mit vollzogen. Mit dem Gesetz zur Ermittlung von Regelbedarfen und zur Änderung des Zweiten und Zwölften Buches Sozialgesetzbuch vom 24.03.2011[29] ist § 40 Abs. 2 SGB II zu **§ 40 Abs. 4 SGB II** geworden. Der Anwendungsausschluss des § 40 Abs. 4 Satz 2 SGB II erstreckt sich jetzt auch auf die Fälle des § 48 Abs. 1 Satz 2 Nr. 4 SGB X. Die Änderung ist auf § 105 Abs. 2 SGB XII wiederum nicht übertragen worden. Da der Gesetzgeber die Änderungen des § 40 Abs. 2 bzw. Abs. 4 SGB II für § 105 Abs. 2 SGB XII konsequent nicht übernimmt, drängt sich die Möglichkeit, generell die Änderungen des § 40 SGB II im Wege analoger Anwendung auf § 105 SGB XII zu übertragen, nicht mehr auf.

II. Tatbestandsmerkmale und Rechtsfolgen

1. Absatz 1

a. Leistungen eines vorrangig verpflichteten Leistungsträgers

15 Voraussetzung für die Anwendung ist, dass ein **vorrangig verpflichteter Leistungsträger** in Unkenntnis der Leistung des Trägers der Sozialhilfe an die leistungsberechtigte Person geleistet hat. Der Begriff des Leistungsträgers bezieht sich auf die Legaldefinition des § 12 SGB I, also die in den §§ 18-29 SGB I genannten Körperschaften, Anstalten und Behörden.[30]

b. Unkenntnis

16 Voraussetzung ist weiter, dass der vorrangig verpflichtete Leistungsträger in **Unkenntnis** der Leistungen des Sozialhilfeträgers an die leistungsberechtigte Person geleistet hat. Rechtserhebliche Kenntnis besteht, wenn der vorrangige und nach § 104 SGB X erstattungspflichtige Leistungsträger aufgrund der ihm mitgeteilten Tatsachen rechtlich in der Lage ist, dem Leistungsanspruch des (vermeintlich) Sozialleistungsberechtigten die Erfüllungswirkung des § 107 Abs. 1 SGB X entgegenzuhalten, sodass der erstattungspflichtige Leistungsträger die Leistung gegenüber dem Leistungsberechtigten verweigern und anstelle dessen den Erstattungsanspruch des erstattungsberechtigten Trägers befriedigen kann. Welche konkrete „Kenntnis" für Erstattungsansprüche nach § 104 SGB X rechtserheblich ist, hängt von der betroffenen Erstattungskonstellation ab.[31]

17 Hat der Träger der vorrangigen Leistung hingegen in Kenntnis der Leistungen des Sozialhilfeträgers geleistet, so besteht die Regelungslücke, die mit § 105 Abs. 1 SGB XII geschlossen werden soll, nicht; der Sozialhilfeträger hat dann gegenüber dem vorrangig verpflichteten Leistungsträger nach § 104 Abs. 1 Sätze 1 und 3 SGB X einen Erstattungsanspruch, soweit der Sozialhilfeträger seine Leistungen bei (rechtzeitiger) Leistung des vorrangigen Trägers nicht hätte erbringen müssen. Der Sozialhilfeträger verliert diesen Erstattungsanspruch nur, soweit der vorrangige Träger seine Leistung bereits erbracht hat, bevor er von der Leistung des nachrangigen Sozialhilfeträgers Kenntnis erlangt hat (§ 104 Abs. 1 Satz 1 SGB X). Hat mithin der vorrangig verpflichtete Träger in Kenntnis der erbrachten Leistungen des Sozialhilfeträgers geleistet, so wird der Nachrang der Sozialhilfe dadurch hergestellt, dass der Sozialhilfeträger weiterhin seinen Erstattungsanspruch gegen den vorrangig verpflichteten Träger verfolgen kann und muss. Der vorrangig verpflichtete Träger ist darauf verwiesen, seine zu Unrecht erbrachten Leistungen (vgl. § 107 Abs. 1 SGB X) vom Empfänger zurückzufordern, sofern die Voraussetzungen dafür nach den §§ 45, 50 SGB X vorliegen.

18 Hatte der vorrangig verpflichtete Träger bei Erbringung seiner Leistungen keine Kenntnis von den zuvor erbrachten Sozialhilfeleistungen, so wäre der Sozialhilfeträger – ohne die Regelung des § 105 Abs. 1 SGB XII – auf einen Erstattungsanspruch nach § 50 SGB X angewiesen, um den Nachrang der Sozialhilfe wiederherzustellen. Um einen solchen Erstattungsanspruch geltend machen zu können, müssten zuvor die Bewilligungsentscheidungen nach § 48 Abs. 1 Satz 2 Nr. 3, Satz 3 SGB X aufgehoben werden; nach der Rechtsprechung des Bundesverwaltungsgerichts[32] ist dies nicht möglich.

---

[28] BGBl I 2006, 558.
[29] BGBl I 2011, 453.
[30] *Schellhorn* in: Schellhorn/Schellhorn/Hohm, SGB XII – Sozialhilfe, § 105 Rn. 6.
[31] Vgl. BSG v. 22.06.2010 - B 1 KR 21/09 R.
[32] BVerwG v. 17.08.1995 - 5 C 26/93 - BVerwGE 99, 114.

c. Öffentlich-rechtlicher Herausgabeanspruch

Sind die Voraussetzungen des § 105 Abs. 1 SGB XII gegeben, besteht die Verpflichtung zur Herausgabe des Erlangten an den Träger der Sozialhilfe. Die Formulierung „**Herausgabe des Erlangten**" lässt trotz der missverständlichen Überschrift zu § 105 SGB XII und der insoweit missverständlichen Überschrift zum 1. Abschnitt des 13. Kapitels des SGB XII („Kostenersatz") nicht die Schlussfolgerung zu, dass es sich bei dem Anspruch um einen echten Ersatzanspruch handelt.[33] Vielmehr normiert § 105 Abs. 1 SGB XII einen Anspruch, der auf Herausgabe der vom vorrangig verpflichteten Träger erbrachten Leistungen in dem Umfang gerichtet ist, in dem der vorrangig verpflichtete Träger einen Erstattungsanspruch nach § 104 SGB X hätte geltend machen können.[34] Diese Auslegung entspricht unmittelbar der Formulierung des Normtextes. Sie wird auch durch systematische Gründe gestützt. Der Gesetzgeber wollte mit § 105 Abs. 1 SGB XII die Lücke schließen, die nach der Rechtsprechung des Bundesverwaltungsgerichts entsteht, wenn die Abwicklung der Erstattungsforderung nach § 104 SGB X – bei Unkenntnis des vorrangig verpflichteten Leistungsträgers – scheitert und dieser statt auf die Erstattungsforderung des Sozialhilfeträgers auf den Anspruch des Leistungsempfängers zahlt. Es besteht in diesen Fällen eine enge sachliche Verwandtschaft zur Konstellation des § 816 Abs. 2 BGB, in der eine Leistung nicht an den „richtigen" Adressaten erbracht wird und dem „richtigen" Adressaten das Recht eingeräumt wird, die Herausgabe des Geleisteten an sich zu verlangen. Mit § 105 Abs. 1 SGB XII hat der Gesetzgeber einen öffentlich-rechtlichen Anspruch geschaffen, der diesen Rechtsgedanken aufgreift.

19

Die Verwandtschaft des Anspruchs mit § 816 BGB legt **partiell** eine **entsprechende Anwendung der Regelungen des Bereicherungsrechts** über den Anspruchsumfang (§§ 818 ff. BGB) nahe.[35] Dafür spricht zum einen, dass sich § 105 Abs. 1 SGB XII schon nach seinem Wortlaut von sonstigen, mit dem Regelungsgegenstand des § 816 Abs. 2 BGB vergleichbaren Normierungen des öffentlichen Rechts absetzt. Während etwa § 116 Abs. 7 SGB X oder § 157 Abs. 3 Satz 2 SGB III[36], die ebenfalls die Abwicklung von Leistungsfällen bei nachträglicher Berücksichtigung des Zuflusses von Leistungen Dritter zum Gegenstand haben, jeweils von „Erstattung" sprechen, lehnt sich § 105 Abs. 1 SGB XII mit der Formulierung „Herausgabe" deutlich enger an § 816 Abs. 2 BGB an. Anders als bei § 116 Abs. 7 SGB X und § 157 Abs. 3 Satz 2 SGB III kann deshalb im Fall des § 105 Abs. 1 SGB XII aus der Formulierung nicht geschlossen werden, dass es sich um einen von vornherein auf die Rückgängigmachung einer Wertverschiebung gerichteten öffentlich-rechtlichen Erstattungsanspruch handelt. Vielmehr deutet die Formulierung „Herausgabe" wegen der Parallelität zu § 816 Abs. 2 BGB auf eine teilweise, allerdings durch die Besonderheiten des öffentlich-rechtlichen Kontexts überlagerte Anwendung des § 818 BGB hin; dies gilt insbesondere auch für die Regelungen der § 818 Abs. 1, 2 BGB, ohne die bei Wegfall des konkreten Leistungsgegenstandes ein Herausgabeanspruch untergehen würde. Für eine vom öffentlich-rechtlichen Kontext überlagerte Anwendung des § 818 BGB spricht zum anderen, dass bei der Geltendmachung von Forderungen nach § 105 Abs. 1 SGB XII nach dem vom Gesetzgeber verfolgten Konzept Besonderheiten des Einzelfalls wohl nicht gänzlich unbeachtet bleiben sollen. Mit § 105 Abs. 1 SGB XII sollte die durch die Nichtanwendbarkeit von § 48 SGB X entstandene Lücke geschlossen werden. Da bei nach § 48 Abs. 1 Satz 2 Nr. 3 SGB X zu treffenden Aufhebungsentscheidungen in atypischen Fällen eine Ermessensbetätigung erforderlich ist („soll")[37], muss dies dann auch bei dem die Lücke ausfüllenden § 105 Abs. 1 SGB XII der Fall sein. Man wird deshalb davon ausgehen können, dass der Leistungsempfänger in atypischen Fällen vom Leistungsträ-

20

---

[33] In diesem Sinne aber wohl *Grube* in: Grube/Wahrendorf, SGB XII Sozialhilfe – Kommentar, § 105 Rn. 9; *Baur* in: Jahn, Sozialgesetzbuch für die Praxis Zwölftes Buch (XII) Sozialhilfe, § 105 Rn. 9.

[34] *Conradis* in: LPK-SGB XII, § 105 Rn 4; *W. Schellhorn* in: Schellhorn/Schellhorn/Hohm, SGB XII – Sozialhilfe, § 105 Rn. 8; *Lücking* in: Hauck/Noftz, SGB XII Sozialhilfe, § 105 Rn. 5.

[35] *Conradis* in: LPK-SGB XII, § 105 Rn 4; *W. Schellhorn* in: Schellhorn/Schellhorn/Hohm, SGB XII – Sozialhilfe, § 105 Rn. 8; a.A. *Lücking* in: Hauck/Noftz, SGB XII Sozialhilfe, § 105 Rn. 8; *Wolf* in: Fichtner/Wenzel, Kommentar zum SGB XII – Sozialhilfe, § 105 Rn. 1; *Baur* in: Jahn, Sozialgesetzbuch für die Praxis Zwölftes Buch (XII) Sozialhilfe, § 105 Rn. 9.

[36] Zur Auslegung der Vorgängerregelung § 143 Abs. 3 Satz 2 SGB III bzw. der Vorvorgängerregelung § 117 Abs. 4 Satz 4 (ab dem 01.07.1983: Satz 2) AFG vgl. BSG v. 24.07.1986 - 7 RAr 4/85; auch BSG v. 27.04.2010 - B 8 SO 2/10 R.

[37] Anders im SGB II und SGB III, vgl. § 40 Abs. 2 Nr. 3 SGB II i.V.m. § 330 Abs. 3 SGB III.

§ 105

ger nur nach Ausübung pflichtgemäßen Ermessens (§ 39 SGB I) in Anspruch genommen werden darf. Der Vertrauensschutz der § 818 Abs. 3 und 4 BGB ist im Kontext des § 105 Abs. 1 SGB XII insoweit durch die Vorgaben des § 48 SGB X verdrängt.

21 Der Leistungsempfänger wird sich demnach jedenfalls dann regelmäßig nicht auf eine Entreicherung berufen können, wenn er wusste, dass er die (Doppel-)Leistungen nicht endgültig behalten kann. Im Übrigen wird man auf die **besonderen Umstände des Einzelfalls** abzustellen haben.[38] Eine Rolle könnte auch spielen, wenn der Sozialhilfeträger es unterlassen hat, trotz Kenntnis seinen Erstattungsanspruch (rechtzeitig) anzumelden.[39]

d. Keine Anwendbarkeit der Frist des § 111 SGB X

22 Zweifelhaft erscheint, ob bereits nach Ablauf der Frist des § 111 SGB X die Geltendmachung des Anspruchs durch den Sozialhilfeträger ausgeschlossen ist.[40] Die Jahresfrist des § 111 SGB X gilt zwischen Leistungsträgern im Hinblick auf Erstattungsansprüche nach den §§ 102 ff. SGB X und verfolgt insoweit auch spezifische Zielsetzungen[41]; Verwaltungsvorgänge sollen beschleunigt werden, Leistungsträger sollen frühzeitig wissen, welche Ansprüche auf sie zukommen und welche Rückstellungen sie zu bilden haben. Naheliegender erscheint es deshalb, auf die Frist des § 103 Abs. 3 Satz 1 SGB XII abzustellen.[42]

e. Vier-Beteiligten-Verhältnisse

23 § 105 Abs. 1 SGB XII gilt auch für den Fall, dass die **leistungsberechtigte Person** (die Person, die Anspruch auf die vorrangigen Leistungen hat) und der **Empfänger der Leistungen der Sozialhilfe nicht identisch** sind. Auch in derartigen Fällen kann sich die Regelungslücke, die mit § 105 Abs. 1 SGB XII geschlossen werden sollte, öffnen. Denn auch in solchen Fällen kann es vorkommen, dass der Sozialhilfeträger mit einem Erstattungsanspruch gegen den vorrangigen Leistungsträger ausfällt und – unter Zugrundelegung der Rechtsprechung des Bundesverwaltungsgerichts[43] – eine Aufhebung nach § 48 Abs. 1 Satz 3 SGB X gegenüber dem Sozialhilfeempfänger ausscheidet. Bei 4-Beteiligten-Verhältnissen tritt nach der Rechtsprechung des Bundessozialgerichts bei Zahlung von Sozialleistungen durch einen nachrangig verpflichteten Träger bei nachträglicher Gewährung der vorrangigen Leistung die Erfüllungsfiktion des § 107 SGB X grundsätzlich nur ein, soweit Personenidentität der Leistungsempfänger besteht. Abweichendes bedarf einer gesetzlichen Regelung[44]. Die erforderliche gesetzliche Regelung findet sich für den Bereich der Sozialhilfe in § 114 SGB XII. Danach können Erstattungsansprüche auch geltend gemacht werden im Hinblick auf Sozialhilfeleistungen, die an den Ehegatten oder Lebenspartner und die minderjährigen unverheirateten Kinder der Person, die den Anspruch auf die vorrangige Leistung hat, geleistet wurden (vgl. § 114 Nr. 2 SGB XII). § 105 Abs. 1 SGB XII ist in solchen Fällen unmittelbar anwendbar.[45]

2. Absatz 2

a. Satz 1

aa. Nichtprivilegierung der Heizungs- und Warmwasserversorgung

24 Die Vorschrift ordnet an, dass von den bei den Leistungen nach § 27a SGB XII oder § 42 SGB XII berücksichtigten Kosten der Unterkunft, mit Ausnahme der Kosten für Heizungs- und Warmwasserversorgung, 56 v.H. nicht der Rückforderung unterliegen.

25 Grund für **die Nichtprivilegierung der Kosten für Heizungs- und Warmwasserversorgung** war der Umstand, dass diese Kosten auch bei der Bemessung des Wohngeldes keine Berücksichtigung fanden (§ 5 Abs. 2 WoGG a.F.) und deshalb für ihre Privilegierung kein Grund bestand.[46]

---

[38] So im Ergebnis auch *Schellhorn* in: Schellhorn/Schellhorn/Hohm, SGB XII – Sozialhilfe, § 105 Rn. 8.
[39] Vgl. hierzu auch *Grube* in: Grube/Wahrendorf, SGB XII Sozialhilfe – Kommentar, § 105 Rn. 8.
[40] So *Schellhorn* in: Schellhorn/Schellhorn/Hohm, SGB XII – Sozialhilfe, § 105 Rn. 10.
[41] Vgl. *Böttiger* in: LPK-SGB X, § 111 Rn. 1.
[42] *Conradis* in: LPK-SGB XII, § 105 Rn. 5.
[43] BVerwG v. 17.08.1995 - 5 C 26/93 - BVerwGE 99, 114.
[44] Vgl. BSG v. 12.05.2011 - B 11 AL 24/10 R.
[45] Die abweichende Auffassung der Vorauflage wird insoweit aufgegeben.
[46] So *Eicher* in: Eicher/Spellbrink, SGB II, 2. Aufl., § 40 Rn. 104; die Rechtslage hat sich mittlerweile allerdings wieder geändert, vgl. § 9 Abs. 1 WoGG n.F.

Das LSG Stuttgart[47] hat zu § 40 Abs. 2 Satz 1 in der bis zum 31.03.2006 geltenden Fassung entschieden, dass eine (teilweise) Ausnahme der Erstattung der Kosten der Unterkunft nach § 40 SGB II dann nicht gerechtfertigt sei, wenn ein Bedarf ohnehin nicht bestanden habe; § 40 Abs. 2 SGB II sei einschränkend so auszulegen, dass grundsätzlich überhaupt ein Anspruch auf Wohngeld denkbar gewesen sein müsse. Dies wird auf § 105 Abs. 2 SGB XII zu übertragen sein. 26

bb. Anwendungsbereich

Der Anwendungsbereich des § 105 Abs. 2 SGB XII erstreckt sich nicht nur auf Forderungen nach § 105 Abs. 1 SGB XII. In Betracht kommt auch eine **Anwendung auf** Erstattungsforderungen nach den **§§ 45 ff., 50 SGB X** und auf Ersatzansprüche nach den **§§ 102, 105 Abs. 1 SGB XII**.[48] 27

Dass auch Rückforderungen nach den **§§ 45 ff., 50 SGB X** gemeint sind, ist im Wortlaut der Vorschrift unmittelbar angelegt. Sie nimmt einerseits unmittelbar auf § 45 SGB X Bezug (Satz 2); zum anderen macht auch die Benennung der Regelung des Absatzes 2 in der Normüberschrift deutlich, dass es sich bei Absatz 2 nicht nur um einen Annex zu Absatz 1, sondern um eine Regelung von eigenständiger Bedeutung handelt. Zudem wird in der Gesetzesbegründung (nur) auf die Fälle der Erstattung nach § 50 SGB X Bezug genommen.[49] Auch Sinn und Zweck des § 105 Abs. 2 SGB XII, die Nachteile des Ausschlusses von den Wohngeldleistungen zu vermeiden, sprechen gegen eine Anwendung nur in den Fällen des § 105 Abs. 1 SGB XII. Gestützt wird das Auslegungsergebnis schließlich durch Harmonisierungsgesichtspunkte für die beiden Grundsicherungssysteme des SGB II und des SGB XII[50]; die Parallelregelung des § 40 Abs. 2 SGB II (ab dem 01.04.2011: § 40 Abs. 4 SGB II) bezieht sich schon nach ihrem Wortlaut auf Erstattungsforderungen nach § 50 SGB X. 28

Anwendbar ist § 105 Abs. 2 SGB XII auch auf die **§§ 102, 105 Abs. 1 SGB XII**. Die Ansprüche nach den §§ 102, 105 Abs. 1 SGB XII stehen nach Inhalt und tatbestandlicher Anknüpfung einer Erstattungsforderung nahe (vgl. hierzu jeweils die Kommentierung zu § 102 SGB XII und Rn. 7). Es ist deshalb gerechtfertigt, die Privilegierung des § 105 Abs. 2 SGB XII auch in diesen Fällen zu gewähren. 29

Die Anwendung auch auf Erstattungsforderungen nach **§ 104 SGB X** wird vom Wortlaut des § 105 Abs. 2 SGB XII nicht nahe gelegt („Rückforderung"). Sie entspricht zwar dem dargestellten Zweck, den Einschränkungen bei der Rückabwicklung von Wohngeldleistungen auch bei der Rückabwicklung von Leistungen nach dem SGB XII Rechnung zu tragen. Angesichts des unklaren Wortlauts und des ohnehin zweifelhaften Sinns der Vorschrift (vgl. Rn. 9) erscheint eine weite Auslegung nicht geboten, zumal auch die Parallelvorschrift des § 40 Abs. 4 SGB II schon nach ihrem – insoweit wohl eindeutigen – Wortlaut auf Erstattungsforderungen nach § 104 SGB X nicht anwendbar ist.[51] 30

Nicht anwendbar ist § 105 Abs. 2 SGB XII auf die Fälle der **§§ 103, 104 SGB XII**.[52] Schon der Wortlaut des § 105 Abs. 2 SGB XII spricht gegen eine Anwendung; die §§ 103, 104 SGB XII regeln nicht „Rückforderungen", sondern echte Ersatzansprüche. Auch sachlich gibt es in diesen Fällen keinen Grund, den Begriff der Rückforderung des § 105 Abs. 2 SGB XII weit auszulegen und den Schuldner einer Ersatzforderung im Sinne der §§ 103, 104 SGB XII durch Anwendung des § 105 Abs. 2 SGB XII zu privilegieren. Die §§ 103, 104 SGB XII normieren quasi-deliktische Ersatzansprüche, die ein schuldhaftes Verhalten des Schuldners voraussetzen. Die Ersatzansprüche der §§ 103, 104 SGB XII stehen zudem – § 103 Abs. 1 Satz 1 SGB XII zumindest, was den Verschuldensmaßstab angeht – in ihrer tatbestandlichen Anknüpfung sachlich den Fällen der §§ 45 Abs. 2 Satz 3, 48 Abs. 1 Satz 2 Nr. 2 SGB X nahe; die Fälle des § 45 Abs. 3 Satz 2 SGB XII sind nach § 105 Abs. 2 Satz 2 SGB XII von der Anwendung des § 105 Abs. 1 Satz 1 SGB XII ohnehin ausgenommen[53]; die verfassungsrechtlichen 31

---

[47] LSG Stuttgart v. 14.05.2013 - L 13 AS 1389/11.
[48] Vgl. *Schellhorn* in: Schellhorn/Schellhorn/Hohm, SGB XII – Sozialhilfe, § 105 Rn. 12; auch *Lücking* in: Hauck/Noftz, SGB XII Sozialhilfe, § 105 Rn. 12, allerdings nur im Hinblick auf die §§ 102-104 SGB XII; ebenso *Conradis* in: LPK-SGB XII, § 105 Rn. 8.
[49] BT-Drs. 15/1761, S. 7.
[50] Vgl. BSG v. 19.05.2009 - B 8 SO 7/08 R.
[51] An der Auffassung der Vorauflage wird insoweit nicht mehr festgehalten.
[52] Differenzierend zwischen §§ 103, 104 SGB XII: *Schellhorn* in: Schellhorn/Schellhorn/Hohm, SGB XII – Sozialhilfe, § 105 Rn. 12; a.A. *Conradis* in: LPK SGB XII, § 105 Rn. 8; *Lücking* in: Hauck/Noftz, SGB XII, § 105 Rn. 12.
[53] Die Fälle des § 48 Abs. 1 Satz 2 Nr. 2 SGB X sind vom Anwendungsbereich der Parallelvorschrift des § 40 Abs. 2 SGB II (in der bis zum 31.03.2011 geltenden Fassung) ausgenommen; insoweit ist bisher allerdings keine Angleichung des § 105 Abs. 2 SGB XII an § 40 Abs. 2 SGB II erfolgt.

Gründe, die den Gesetzgeber zur Privilegierung des § 105 Abs. 2 Satz 1 SGB XII bewogen haben (vgl. hierzu Rn. 9), bestehen in derartigen Fällen nicht.

cc. Anrechnung von Einkommen bei Teilrückforderungen

32 In Fällen, in denen bei der nachträglichen Anrechnung von Einkommen nicht die gesamten Leistungen der Rückforderung unterliegen und Hilfe zum Lebensunterhalt in Form von Regelsatzleistungen, eventuellen Zuschlägen und Kosten für Unterkunft und Heizung gewährt wurde, stellt sich die Frage, wie sich der zurückgeforderte Betrag zusammensetzt, insbesondere ob und inwieweit er Unterkunftskosten umfasst; nur soweit Letzteres der Fall ist, kann sich die Rückforderung nach § 105 Abs. 2 SGB XII reduzieren. Das SGB XII beantwortet diese Frage nicht unmittelbar. Im SGB II findet sich eine Regelung in § 19 SGB II (in der bis zum 31.12.2010 geltenden Fassung), wonach das Einkommen zunächst auf die Leistungen der Bundesagentur (meist also auf die Regelleistung und eventuelle Mehrbedarfszuschläge) und dann erst auf die Leistungen des kommunalen Trägers (also im Wesentlichen die Kosten für Unterkunft und Heizung) anzurechnen ist; diese Regelung knüpft jedoch an die unterschiedliche Trägerschaft für die Leistungen an und ist deshalb auf das SGB XII nicht unmittelbar übertragbar. Sinn und Zweck des § 105 Abs. 2 SGB XII sprechen indes dafür, bei der Hilfe zum Lebensunterhalt **Einkommen** auch im Bereich des SGB XII **zunächst nicht auf die Kosten für Unterkunft**, sondern auf die sonstigen Leistungen anzurechnen. Denn eine quotale Anrechnung des Einkommens auf die Leistungen für Unterkunft einerseits und die sonstigen Leistungen andererseits würde zu einer Anwendung des § 105 Abs. 2 SGB XII auch in solchen Fällen führen, in denen dem Hilfebedürftigen auch nach Einkommensanrechnung ein Anspruch auf Hilfe in einer Höhe verbleibt, die über den Kosten der Unterkunft liegt. § 105 Abs. 2 SGB XII soll aber lediglich sicherstellen, dass dem Hilfebedürftigen durch den Ausschluss von Leistungen nach dem Wohngeldgesetz kein Nachteil bei Rückforderungen entsteht. Reicht das Einkommen des Hilfebedürftigen aber schon nicht aus, um seine sonstigen Bedarfe zu decken, und kann demnach das Einkommen so angerechnet werden, dass dem Hilfebedürftigen die Unterkunftskosten verbleiben, besteht für eine Anwendung des § 105 Abs. 2 SGB XII nach dessen Schutzzweck kein Anlass. Das BSG hat im Zusammenhang mit Erörterungen zum Streitgegenstandsbegriff darauf hingewiesen, dass es in Betracht kommen könne, Einkommen auf die einzelnen Leistungen der Hilfe zum Lebensunterhalt anteilig nach dem Verhältnis der einzelnen Leistungen zum Gesamtbedarf anzurechnen[54]; angesichts der dargestellten Überlegungen zu § 105 Abs. 2 SGB XII stellt sich die Frage, ob man jedenfalls bei der Anwendung des § 105 Abs. 2 SGB XII die Unterkunftskosten hiervon ausklammern sollte (was insoweit auch zu einer Harmonisierung mit § 40 Abs. 2 SGB II bzw. seit dem 01.04.2011 mit § 40 Abs. 4 SGB II führen würde).

33 Geht man – wie dargestellt – davon aus, dass nachträgliche Einkommenszuflüsse erst zuletzt auf die Unterkunftskosten anzurechnen sind, so kann nach den dargelegten Schutzzwecküberlegungen § 105 Abs. 2 SGB XII auch **erst dann** zu einer **Verringerung einer Rückforderung führen, wenn dem Leistungsempfänger nach der Rückforderung nicht mehr mindestens 56 vom Hundert der Unterkunftskosten verbleiben**. Denn erst dann realisiert sich – jedenfalls nach der dem § 105 Abs. 2 SGB XII zugrunde liegenden Typisierung – der Nachteil des Ausschlusses von den Leistungen nach dem WoGG, der mit der Regelung des § 105 Abs. 2 SGB XII kompensiert werden soll; § 105 Abs. 2 SGB XII führt demnach nicht immer schon dann zu einer Kürzung der Rückforderung, wenn überhaupt Unterkunftskosten von der Einkommensanrechnung betroffen sind.

b. Satz 2 Alternative 1

34 Die **erste Alternative des Satzes 2** betrifft die **Fälle des § 45 Abs. 2 Satz 3 SGB X**. Der Ausschluss des § 105 Abs. 2 Satz 1 SGB XII für diese Fälle erklärt sich dadurch, dass das Bundesverwaltungsgericht lediglich die Anwendung des § 48 SGB X im Hinblick auf die Sonderregelungen der §§ 29, 30 WoGG (a.F.) (teilweise) für unanwendbar erklärt, die Anwendbarkeit des § 45 SGB X jedoch bejaht hatte.[55]

35 Der inhaltlich mit § 105 Abs. 2 Satz 2 SGB XII zunächst weitgehend übereinstimmende **§ 40 Abs. 2 Satz 2 SGB II** ist erstmals mit Wirkung **ab dem 01.04.2006 geändert** worden; nach § 40 Abs. 2 Satz 2 SGB II (in der bis zum 31.03.2011 geltenden Fassung) galt § 40 Abs. 2 Satz 1 SGB II nicht in den Fäl-

---

[54] BSG v. 26.08.2008 - B 8/9b SO 10/06 R.
[55] *Eicher* in: Eicher/Spellbrink, SGB II, 2. Aufl., § 40 Rn. 31 mit Hinweis auf BVerwG v. 21.03.2002 - 5 C 4/01 - BVerwGE 116, 161, BVerwG v. 25.09.1992 - 8 C 68/90 und 8 C 70/90 - BVerwGE 91, 82 und BVerwG v. 25.09.1992 - 8 C 69/90 und 8 C 71/90 - NJW 1993, 747.

len des § 45 Abs. 2 Satz 3 SGB X, des § 48 Abs. 1 Satz 2 Nr. 2 SGB X sowie in den Fällen, in denen die Bewilligung lediglich teilweise aufgehoben wird. Diese Änderung ist **im SGB XII nicht nachvollzogen** worden.

Aus welchen Gründen der Gesetzgeber den Anwendungsbereich des § 40 Abs. 2 Satz 1 SGB II auf die Fälle der vollständigen Aufhebung der Leistungsbewilligung eingeschränkt hat, ist nicht erkennbar; auch die Gesetzgebungsmaterialien geben darüber keinen Aufschluss.[56] Bei Teilaufhebungen ist aber die sachliche Berechtigung für die Anwendung des § 40 Abs. 2 Satz 1 SGB II nicht anders zu beurteilen als bei vollständigen Aufhebungen. Denn auch bei Teilaufhebungen – etwa aufgrund von Einkommensanrechnung – kann es vorkommen, dass dem Leistungsempfänger (ohne die Regelung des § 40 Abs. 2 SGB II bzw. § 105 Abs. 2 SGB XII) nicht mehr 56 v.H. der Unterkunftskosten verbleiben würden; gerade solche Ergebnisse sollen mit § 40 Abs. 2 SGB II bzw. § 105 Abs. 2 SGB XII aber vermieden werden. Denkbar ist, dass mit der Änderung des § 40 Abs. 2 Satz 2 SGB II eine Vereinfachung herbeigeführt werden sollte, um die – im Bereich des SGB II wegen der durch § 9 Abs. 2 Satz 3 SGB II vorgegebenen Systematik für die Einkommensanrechnung – gegenüber dem SGB XII noch komplizierteren Berechnungen bei Teilrückforderungen zu vermeiden. Dieser Gesichtspunkt wäre dann auf das SGB XII aber gerade nicht ohne weiteres übertragbar. **Von einer durch analoge Anwendung des § 40 Abs. 2 Satz 2 SGB II auszufüllenden Gesetzeslücke im Bereich des § 105 Abs. 2 SGB XII kann unter diesen Umständen nicht ausgegangen werden.**

Grund für den Ausschluss der Fälle der Privilegierung des § 40 Abs. 2 Satz 1 SGB II in den Fällen des § 48 Abs. 1 Satz 2 Nr. 2 SGB X war nach der Begründung zur Beschlussempfehlung des Ausschusses für Arbeit und Soziales die Erwägung, dass in diesen Fällen der Hilfebedürftige durch sein verspätetes Anzeigen der Änderung der Verhältnisse eine sofortige Aufhebungsentscheidung der Behörde unterlaufe. Zeige der Betroffene die Änderung der Einkommensverhältnisse hingegen rechtzeitig an, erfolge eine sofortige Aufhebung wegen Wegfalls der Bedürftigkeit. Im Ergebnis bedeute dies, dass der Leistungsempfänger besser gestellt sei, wenn er bedarfsdeckendes Einkommen verspätet anzeige.[57] Zwar kann auch in diesen Fällen dem Hilfebedürftigen ein Nachteil dadurch entstehen, dass er nachträglich kein Wohngeld mehr beantragen kann. Dies ist dann aber auf sein eigenes Verhalten und nicht auf den Ausschluss von den Leistungen nach dem WoGG als solchem zurückzuführen. Die verfassungsrechtlichen Erwägungen, die der Regelung des § 40 Abs. 1 Satz 1 SGB II zugrunde liegen, sind deshalb nicht auf diese Situation übertragbar. Dieselben Erwägungen gelten auch im Bereich des § 105 Abs. 2 SGB XII, was eine **analoge Anwendung des § 40 Abs. 2 Satz 2 SGB II insoweit unter Harmonisierungsgesichtspunkten**[58] **als angezeigt hätte erscheinen lassen**.

Allerdings sind durch das Gesetz zur Ermittlung von Regelbedarfen und zur Änderung des Zweiten und Zwölften Buches Sozialgesetzbuch[59] sowohl § 40 Abs. 2 SGB II als auch § 105 Abs. 2 SGB XII geändert worden (Art. 2 Nr. 32 und Art. 3 Nr. 33); die Regelungen des § 40 Abs. 2 SGB II a.F. finden sich jetzt in § 40 Abs. 4 SGB II n.F. Die Fälle des § 48 Abs. 1 Satz 2 Nr. 4 SGB X sind in den Anwendungsausschluss des § 40 Abs. 4 Satz 2 SGB II n.F. einbezogen worden. Eine Angleichung von § 40 Abs. 4 SGB II und § 105 Abs. 2 SGB XII hat es trotz gleichzeitiger Änderung der beiden Vorschriften nicht gegeben, so dass man die für eine Analogiebildung erforderliche planwidrige Regelungslücke nur (noch) schwer wird begründen können.

c. Satz 2 Alternative 2

Mit der **zweiten Alternative des Satzes 2** sollten **Übergangsfälle** nach Inkrafttreten des SGB XII erfasst werden, in denen es zu einem Nebeneinander der Leistungen der Hilfe zum Lebensunterhalt mit demjenigen Wohngeld kommen konnte, dessen Bewilligungszeitraum noch nicht abgelaufen war. In diesen Fällen sollte die Erstattung nach § 50 SGB X uneingeschränkt greifen, weil dem Betreffenden bereits für seine Unterkunftskosten Wohngeld geleistet wurde und es insoweit keines Ausschlusses der Erstattung bedurfte.[60]

---

[56] Vgl. die Begründung zur Beschlussempfehlung des Ausschusses für Arbeit und Soziales in BT-Drs. 16/688, S. 15.
[57] BT-Drs. 16/688, S. 15.
[58] Zur gebotenen Harmonisierung der beiden Leistungssysteme: BSG v. 19.05.2009 - B 8 SO 7/08 R.
[59] BGBl I 2011, 453.
[60] BT-Drs. 15/1761, S. 7.

C. Praxishinweise
I. Verwaltungsverfahren

40 Ansprüche nach § 105 Abs. 1 SGB XII sind durch Leistungsbescheide geltend zu machen; **die Erhebung einer allgemeinen Leistungsklage ohne den vorherigen Erlass eines Leistungsbescheids wäre unzulässig.**[61]

41 Die Leistungsbescheide müssen **inhaltlich hinreichend bestimmt** sein (§ 33 SGB X). Unverzichtbar ist die Angabe des Betrags, den der Adressat bezahlen soll. Die Bescheide müssen mit einer **Begründung** versehen sein (§ 35 SGB X); erforderlich ist insbesondere eine Darstellung der Zusammensetzung der Forderung, d.h. für welche Zeiträume welche Leistungen zurückgefordert werden.

42 Widerspruch und Klage gegen derartige Bescheide haben **aufschiebende Wirkung** (§ 86a Abs. 1 SGG). Die sofortige Vollziehung kann unter den Voraussetzungen des § 86a Abs. 2 Nr. 5 SGG angeordnet werden.

II. Gerichtsverfahren

43 Für Streitigkeiten über Ansprüche nach § 105 Abs. 1 SGB XII sind die Sozialgerichte zuständig (§ 51 Abs. 1 Nr. 5 SGG). Der Anspruch hat öffentlich-rechtlichen Charakter.

44 Im Gerichtsverfahren ist der Sozialhilfeträger für die Voraussetzungen des Anspruchs nach § 105 Abs. 1 SGB XII darlegungs- und beweispflichtig; eine Unaufklärbarkeit geht zu seinen Lasten. Umstände, die in der persönlichen Sphäre eines Betroffenen liegen, hat dieser aufgrund seiner prozessualen Mitwirkungspflicht aber selbst darzulegen.[62]

---

[61] BSG v. 25.10.1995 - 12 RK 72/93; *Baur* in: Jahn, Sozialgesetzbuch für die Praxis Zwölftes Buch Sozialhilfe, Vorbemerkungen zu den §§ 102-105 Rn. 20.
[62] BVerwG v. 09.08.1993 - 5 B 1/93.

Zweiter Abschnitt: Kostenerstattung zwischen den Trägern der Sozialhilfe

§ 106 SGB XII Kostenerstattung bei Aufenthalt in einer Einrichtung

(Fassung vom 27.12.2003, gültig ab 01.01.2005)

(1) ¹Der nach § 98 Abs. 2 Satz 1 zuständige Träger der Sozialhilfe hat dem nach § 98 Abs. 2 Satz 3 vorläufig leistenden Träger die aufgewendeten Kosten zu erstatten. ²Ist in den Fällen des § 98 Abs. 2 Satz 3 und 4 ein gewöhnlicher Aufenthalt nicht vorhanden oder nicht zu ermitteln und war für die Leistungserbringung ein örtlicher Träger der Sozialhilfe sachlich zuständig, sind diesem die aufgewendeten Kosten von dem überörtlichen Träger der Sozialhilfe zu erstatten, zu dessen Bereich der örtliche Träger gehört.

(2) Als Aufenthalt in einer stationären Einrichtung gilt auch, wenn jemand außerhalb der Einrichtung untergebracht wird, aber in ihrer Betreuung bleibt, oder aus der Einrichtung beurlaubt wird.

(3) ¹Verlässt in den Fällen des § 98 Abs. 2 die leistungsberechtigte Person die Einrichtung und erhält sie im Bereich des örtlichen Trägers, in dem die Einrichtung liegt, innerhalb von einem Monat danach Leistungen der Sozialhilfe, sind dem örtlichen Träger der Sozialhilfe die aufgewendeten Kosten von dem Träger der Sozialhilfe zu erstatten, in dessen Bereich die leistungsberechtigte Person ihren gewöhnlichen Aufenthalt im Sinne des § 98 Abs. 2 Satz 1 hatte. ²Absatz 1 Satz 2 gilt entsprechend. ³Die Erstattungspflicht wird nicht durch einen Aufenthalt außerhalb dieses Bereichs oder in einer Einrichtung im Sinne des § 98 Abs. 2 Satz 1 unterbrochen, wenn dieser zwei Monate nicht übersteigt; sie endet, wenn für einen zusammenhängenden Zeitraum von zwei Monaten Leistungen nicht zu erbringen waren, spätestens nach Ablauf von zwei Jahren seit dem Verlassen der Einrichtung.

Gliederung

A. Basisinformationen 1	c. Erbringung von Leistungen der Sozialhilfe 68
I. Textgeschichte 1	d. Leistungserbringung an einen Leistungsberechtigten, der sich in einer Einrichtung oder Vollzugsanstalt aufhält 89
II. Vorgängervorschriften 2	
III. Parallelvorschriften 5	
IV. Systematische Zusammenhänge 7	3. Kostenerstattung bei fehlendem bzw. nicht ermittelbarem letztem gewöhnlichen Aufenthalt (Absatz 1 Satz 2) 103
1. Abgrenzung der Erstattungsansprüche nach den §§ 106 ff. SGB XII untereinander 7	
	a. Allgemeines 103
2. Abgrenzung der Erstattungsansprüche nach den §§ 106 ff. SGB XII von anderen Erstattungsansprüchen 11	b. Maßgeblicher gewöhnlicher Aufenthalt ist nicht vorhanden oder nicht zu ermitteln 106
	c. Leistungserbringung in den Fällen des § 98 Abs. 2 Sätze 3 und 4 SGB XII 111
3. Abgrenzung der Erstattungsansprüche nach den §§ 106 ff. SGB XII vom Leistungsanspruch des Hilfebedürftigen 20	d. Leistungserbringung durch einen örtlichen Träger der Sozialhilfe 118
B. Auslegung der Norm 23	e. Leistungserbringung an einen Leistungsberechtigten, der sich in einer Einrichtung oder Vollzugsanstalt aufhält 121
I. Regelungsgehalt und Bedeutung der Norm 23	
II. Normzweck 28	
III. Tatbestandsmerkmale 31	f. Erbringung von Leistungen der Sozialhilfe 122
1. Anknüpfung an die Leistungserbringung in stationären Einrichtungen 31	4. Fiktion des fortbestehenden Aufenthalts in einer stationären Einrichtung (Absatz 2) 132
2. Kostenerstattung bei Eilfällen und Zuständigkeitszweifeln (Absatz 1 Satz 1) 40	5. Kostenerstattung bei Verlassen der Einrichtung und vorläufiger Leistungsverpflichtung (Absatz 3 Satz 1) 141
a. Allgemeines 40	
b. Durch § 98 Abs. 2 Satz 3 SGB XII als zuständig bestimmter Träger der Sozialhilfe 41	a. Allgemeines 141

b. Leistungsberechtigte Person ... 146	d. Umfang des Erstattungsanspruchs ... 191
c. Vorliegen der Fallgestaltung nach § 98 Abs. 2 SGB XII ... 149	e. Ende des Erstattungsanspruchs ... 194
d. Verlassen der Einrichtung bzw. der Vollzugseinrichtung ... 150	3. Erstattungsanspruch nach Absatz 1 Satz 2 ... 195
e. Verbleiben im Zuständigkeitsbereich des für die Einrichtung bzw. die Vollzugseinrichtung zuständigen Trägers der Sozialhilfe ... 155	a. Entstehen des Erstattungsanspruchs ... 195
	b. Erstattungsberechtigter Träger der Sozialhilfe ... 198
	c. Erstattungspflichtiger Träger der Sozialhilfe ... 200
f. Erhalt von Leistungen der Sozialhilfe binnen eines Monats durch den örtlichen Träger der Sozialhilfe ... 158	d. Umfang des Erstattungsanspruchs ... 201
	e. Ende des Erstattungsanspruchs ... 202
6. Kostenerstattung bei Verlassen der Einrichtung und bei wegen fehlenden bzw. nicht ermittelbaren maßgeblichen letzten gewöhnlichen Aufenthalts i.S.d. § 98 Abs. 2 Satz 1 SGB XII einsetzender endgültiger Leistungsverpflichtung (Absatz 3 Satz 2) ... 173	4. Erstattungsanspruch nach Absatz 3 Satz 1 ... 203
	a. Allgemeines ... 203
	b. Entstehen des Erstattungsanspruchs ... 204
	c. Erstattungsberechtigter Träger der Sozialhilfe ... 206
	d. Erstattungspflichtiger Träger der Sozialhilfe ... 207
	e. Umfang des Erstattungsanspruchs ... 208
	f. Ende des Erstattungsanspruchs ... 209
IV. Rechtsfolgen ... 177	5. Erstattungsanspruch nach Absatz 3 Satz 2 ... 214
1. Allgemeines ... 177	a. Entstehen des Erstattungsanspruchs ... 214
2. Erstattungsanspruch nach Absatz 1 Satz 1 ... 178	b. Erstattungsberechtigter Träger der Sozialhilfe ... 216
a. Entstehen des Erstattungsanspruchs ... 178	
b. Erstattungsberechtigter Träger der Sozialhilfe ... 184	c. Erstattungspflichtiger Träger der Sozialhilfe ... 217
	d. Umfang des Erstattungsanspruchs ... 218
c. Erstattungspflichtiger Träger der Sozialhilfe ... 185	e. Ende des Erstattungsanspruchs ... 219

A. Basisinformationen

I. Textgeschichte

1 § 106 SGB XII wurde durch Art. 1 des Gesetzes zur Einordnung des Sozialhilferechts in das Sozialgesetzbuch v. 27.12.2003[1] erlassen und trat mit Wirkung zum 01.01.2005[2] in Kraft[3].

II. Vorgängervorschriften

2 § 106 SGB XII übernimmt die zuvor geltenden Regelungen des **§ 103 BSHG** inhaltsgleich in das SGB XII.[4]

3 Die Vorschrift des **§ 107 BSHG**, die einen Erstattungsanspruch bei Umzügen begründete, wurde nicht ins SGB XII übernommen. Hierfür wurde im Hinblick auf den in der Hilfe zum Lebensunterhalt verbleibenden Personenkreis der Nichterwerbsfähigen keine Notwendigkeit mehr gesehen.[5]

4 Hinsichtlich des Übergangs vom BSHG zu den Regelungen des SGB XII gelten die **Grundsätze des intertemporalen Verwaltungsrechts**, auf die bei Fehlen besonderer Übergangs- oder Überleitungsvorschriften zurückzugreifen ist.[6] Danach richtet sich die Beurteilung eines Sachverhalts grundsätzlich nach dem Recht, das zur Zeit der anspruchsbegründenden Ereignisse oder Umstände (z.B. der Leistungsgewährung) gegolten hat, soweit nicht später in Kraft getretenes Recht ausdrücklich oder stillschweigend etwas anderes bestimmt.[7] Da im Rahmen der Kostenerstattungsansprüche der Anfall der zu erstattenden Sozialhilfekosten maßgeblich ist, ist nach der Rechtsprechung[8] das im Zeitpunkt des Kostenaufwande geltende Recht anzuwenden. Ist das **Erstattungsverhältnis** im Zeitpunkt des Inkraft-

---

[1] BGBl I 2003, 3022.
[2] Art. 70 Abs. 1 des Gesetzes zur Einordnung des Sozialhilferechts in das Sozialgesetzbuch.
[3] Zu den Materialien vgl. BT-Drs. 15/1514, S. 68 zu § 101.
[4] BT-Drs. 15/1514, S. 168 zu § 101.
[5] BT-Drs. 15/1514, S. 68 „Zum Zweiten Abschnitt".
[6] BSG v. 24.03.2009 - B 8 SO 34/07 R - juris Rn. 9 - SozR 4-5910 § 111 Nr. 1; *Kopp*, SGb 1993, 593, 602.
[7] BSG v. 24.03.2009 - B 8 SO 34/07 R - juris Rn. 9 m.w.N. - SozR 4-5910 § 111 Nr. 1.
[8] BSG v. 24.03.2009 - B 8 SO 34/07 R - juris Rn. 9 - SozR 4-5910 § 111 Nr. 1; Hessisches LSG v. 26.08.2011 - L 7 SO 14/10 - juris Rn. 34.

tretens des SGB XII am 01.01.2005 **abgeschlossen**, ist das Recht des BSHG anzuwenden.[9] Zum Abschluss des Erstattungsverhältnisses vgl. BSG vom 24.03.2009.[10] Im Übrigen vgl. die Kommentierung zu § 108 SGB XII Rn. 3.

III. Parallelvorschriften

§ 10b AsylbLG enthält vergleichbare Regelungen zur Kostenerstattung von Leistungen, die an Leistungsberechtigte nach dem AsylbLG in Einrichtungen, die der Krankenbehandlung oder anderen Maßnahmen nach dem AsylbLG dienen, erbracht werden.   5

Weitere Parallelvorschriften existieren nicht. Auch sieht das SGB II eine vergleichbare Regelung nicht vor.   6

IV. Systematische Zusammenhänge

1. Abgrenzung der Erstattungsansprüche nach den §§ 106 ff. SGB XII untereinander

Die §§ 106 ff. SGB XII beinhalten **Erstattungsansprüche zwischen Trägern der Sozialhilfe** infolge der Erbringung von Sozialhilfeleistungen an leistungsberechtigte Hilfebedürftige. Die Erstattungsansprüche sichern, dass der aufgrund der gesetzlichen Wertung in den §§ 98, 106 ff. SGB XII zur Tragung der Kosten für die Leistungserbringung verpflichtete Träger der Sozialhilfe auch dann mit Kosten der Sozialhilfeleistung belastet wird, wenn ein anderer Träger der Sozialhilfe die Leistung bereits erbracht hat. Die Erstattungsansprüche dienen damit der Herstellung der im Gesetz bestimmten Lastenverteilung zwischen verschiedenen Trägern der Sozialhilfe. Sie dienen einer gleichmäßigen Lastenverteilung unter den Trägern der Sozialhilfe, um eine als unbillig empfundene Kostenverteilung (im Fall des § 106 SGB XII: vor allem der Einrichtungsstandorte) zu vermeiden. Es handelt es sich daher bei § 106 SGB XII um eine **besondere Lastenausgleichsregelung**.[11]   7

§ 106 SGB XII beinhaltet vier Erstattungsansprüche wegen Leistungen in Einrichtungen und knüpft in der Sache an die Zuständigkeitsregelungen des § 98 Abs. 2 SGB XII an. Diese bestimmen (Ausnahme nur gem. § 98 Abs. 2 Satz 3 SGB XII) den für den gewöhnlichen Aufenthalt des Leistungsempfängers im Zeitpunkt der Aufnahme in die Einrichtung oder in den zwei der Aufnahme vorhergehenden Monaten (im Folgenden: „**maßgeblicher letzter gewöhnlicher Aufenthalt**") zuständigen Träger der Sozialhilfe als für die Leistungen in Einrichtungen zuständigen Träger. **§ 107 SGB XII** enthält für die (eigentlich ambulant zu erbringende) Familienpflege eine Gleichstellung mit Leistungen in Einrichtungen und erklärt im Hinblick auf Zuständigkeiten und Erstattungsregelungen die für Einrichtungen geltenden Regelungen der §§ 98, 106 SGB XII für entsprechend anwendbar. **§ 108** SGB XII begründet wegen der Erbringung von Sozialhilfeleistungen an in die Bundesrepublik Deutschland eingereiste Personen ohne gewöhnlichen Aufenthalt einen besonderen Erstattungsanspruch.   8

Die **Erstattungsansprüche des § 106 SGB XII** grenzen sich von denjenigen nach **§ 107 i.V.m. § 106 SGB XII** dadurch ab, dass im Fall des § 106 SGB XII stationäre Leistungen in Einrichtungen (Absatz 1 Satz 1 und Absatz 1 Satz 2) bzw. im Nachgang eines Einrichtungsaufenthalts ambulante bzw. teilstationäre Leistungen (Absatz 3 Satz 1 und Absatz 3 Satz 2 i.V.m. Absatz 1 Satz 2) erbracht wurden, im Fall des § 107 SGB XII wurden jedoch die Aufwendungen für ambulante Leistungen der Familienpflege (vgl. dazu die Kommentierung zu § 107 SGB XII Rn. 22 f.) erbracht.   9

Vom **Erstattungsanspruch nach § 108 SGB XII** grenzen sich diejenigen des **§ 106 SGB XII** auf drei Ebenen ab: Zunächst gilt § 108 SGB XII nur hinsichtlich solcher Personen, die in die Bundesrepublik Deutschland eingereist sind und bei denen innerhalb eines Monats danach Sozialhilfeleistungen einsetzen. § 106 SGB XII stellt dagegen lediglich auf eine Leistungserbringung im Inland ab. Des Weiteren greift der Erstattungsanspruch nach § 108 SGB XII bei allen Leistungsarten (ambulant, teilstationär und stationär), während die Erstattungsansprüche des § 106 SGB XII grds. nur auf Einrichtungsleistungen und (insoweit Absatz 3) auch auf nachgehende Leistungen anwendbar sind. Darüber hinaus knüpfen die Erstattungsansprüche des § 106 SGB XII (und auch diejenigen des § 107 i.V.m. § 106 SGB XII) an einen Zuständigkeitskonflikt an, als mangels eines (rechtzeitig) feststellbaren oder vorhandenen gewöhnlichen Aufenthalts oder eines Eilfalles eine frühzeitige Leistungsaufnahme durch den an sich zuständigen Träger der Sozialhilfe nicht möglich war. Dagegen ist Grundlage des Erstattungsanspruchs gem. § 108 SGB XII gerade das Fehlen eines gewöhnlichen Aufenthalts sowohl im In-   10

---

[9] BSG v. 24.03.2009 - B 8 SO 34/07 R - juris Rn. 9 - SozR 4-5910 § 111 Nr. 1.

[10] BSG v. 24.03.2009 - B 8 SO 34/07 R - juris Rn. 9 - SozR 4-5910 § 111 Nr. 1.

[11] BSG v. 22.03.2012 - B 8 SO 2/11 R - juris.

land als auch im Ausland. Gegenüber den Ansprüchen aus § 106 SGB XII und § 107 SGB XII ist derjenige des § 108 SGB XII spezieller und geht diesen vor (§ 37 Satz 1 SGB I, vgl. dazu die Kommentierung zu § 108 SGB XII Rn. 6).

2. Abgrenzung der Erstattungsansprüche nach den §§ 106 ff. SGB XII von anderen Erstattungsansprüchen

11 Neben den Erstattungsansprüchen der §§ 106 ff. SGB XII bestehen noch **weitere Erstattungsregelungen**. Solche Vorschriften finden sich im gesamten SGB, vor allem im SGB X. Welcher Erstattungstatbestand eingreift, richtet sich nach den jeweiligen Anspruchsvoraussetzungen. Ein Wahlrecht zwischen verschiedenen Erstattungsregelungen besteht nicht.[12]

12 Die Erstattungsansprüche nach den **§§ 106 ff. SGB XII** richten sich – wie diejenigen der **§§ 102 ff. SGB X** – gegen andere Sozialleistungsträger.[13] Dabei enthalten die §§ 102 ff. SGB X Erstattungsansprüche
- wegen der Erbringung von vorläufigen Sozialleistungen (§ 102 SGB X),
- wegen der Erbringung von Sozialleistungen, die wegen einer hinzutretenden Leistungsverpflichtung eines anderen Sozialleistungsträgers nachträglich entfallen sind (§ 103 SGB X),
- wegen der Erbringung nachrangiger Sozialleistungen (§ 104 SGB X) und
- wegen der Erbringung von Sozialleistungen durch einen unzuständigen Leistungsträger (§ 105 SGB X).

13 Diesen Erstattungsansprüchen gegenüber gehen die §§ 106 ff. SGB XII für Erstattungsansprüche zwischen Trägern der Sozialhilfe
- wegen der Erbringung von Leistungen der Sozialhilfe in Einrichtungen (§ 106 SGB XII),
- wegen der Erbringung von Leistungen der Sozialhilfe in Form von Leistungen der Familienpflege (§ 107 i.V.m. § 106 SGB XII) sowie
- wegen der Erbringung von Leistungen der Sozialhilfe nach Einreise in die Bundesrepublik Deutschland (§ 108 SGB XII)

als speziellere Regelungen i.S.d. § 37 Satz 1 SGB I vor.[14] Es handelt sich bei den Erstattungsansprüchen der §§ 106 ff. SGB XII um **besondere Lastenausgleichsregelungen**.[15] Sie dienen einer gleichmäßigen Lastenverteilung unter den Trägern der Sozialhilfe, um eine als unbillig empfundene Kostenverteilung zu vermeiden.[16] Diesen Aspekt der Ausgleichung von ungerechten Lastenverteilungen hat das BSG in den Vordergrund gerückt und sieht so gegenüber den Erstattungsansprüchen der §§ 102 ff. SGB X einen besonderen Zweck der Erstattungsansprüche nach den §§ 106 ff. SGB XII.[17]

14 Soweit die §§ 106 ff. SGB XII nicht eingreifen, sind auch zwischen Trägern der Sozialhilfe die Regelungen der §§ 102 ff. SGB X, insbesondere die Regelungen der §§ 106 ff. SGB X zum Erstattungsverfahren, anwendbar; nicht anwendbar ist jedoch § 107 SGB X.[18] So ist z.B. § 105 SGB X anzuwenden, bei Leistungserbringung durch einen auch nach § 98 Abs. 2 SGB XII nicht zuständigen Träger der Sozialhilfe. Denn auch soweit § 110 Abs. 1 Satz 1 SGB XII die Rechtmäßigkeit der Leistungserbringung als Voraussetzung der Erstattung bestimmt, wird darin nicht ausgeschlossen, dass das Gesetz an anderer Stelle auch einen Erstattungsanspruch für eine rechtswidrige Leistung (hier: § 105 SGB X) vorsehen kann.[19] Zum Verhältnis der §§ 106 ff. SGB XII zu Erstattungsansprüchen der §§ 102 ff. SGB X vgl. LSG Baden-Württemberg.[20]

---

[12] *Klinge* in: Hauck/Noftz, SGB XII, § 106 Rn. 4.
[13] Zu den Erstattungsansprüchen nach den §§ 106 ff. SGB XII bzw. den §§ 102 ff. SGB X im Kontext der europäischen Regelungen vgl. *Schreiber*, ZESAR 2006, 423, 431 a.E.
[14] Bayerischer VGH v. 25.04.2002 - 12 B 00.1257 - juris Rn. 21; OVG Rheinland-Pfalz v. 30.03.2000 - 12 A 12373/99 - juris Rn. 14 - ZFSH/SGB 2000, 552-556 = NDV-RD 2000, 89-91 = HVBG-INFO 2000, 2719-2725; *Klinge* in: Hauck/Noftz, SGB XII, § 106 Rn. 4.
[15] BSG v. 22.03.2012 - B 8 SO 2/11 R - juris.
[16] BSG v. 22.03.2012 - B 8 SO 2/11 R - juris.
[17] BSG v. 22.03.2012 - B 8 SO 2/11 R - juris.
[18] BSG v. 22.03.2012 - B 8 SO 2/11 R - juris - SozR 4-5910 § 147 Nr. 2.
[19] BVerwG v. 12.09.1991 - 5 C 41/86 - juris Rn. 11 - FEVS 42, 224; so im Ergebnis auch *Klinge* in: Hauck/Noftz, SGB XII, § 106 Rn. 5; a.A. *Mergler/Zink*, BSHG, 4. Aufl., Abschnitt 9 Rn. 8 ff.
[20] LSG Baden-Württemberg v. 30.03.2011 - L 2 SO 1196/10 - juris.

Auch die **Rückerstattungsansprüche** nach § 112 SGB X sowie die **Regelungen zum Erstattungsverfahren** (§§ 106-114 SGB X) werden durch die §§ 106 ff. SGB XII nur insoweit verdrängt bzw. modifiziert, als sich in den §§ 109 ff. SGB XII ausdrückliche Sonderregelungen (so z.B. zur Bagatellgrenze § 110 Abs. 2 SGB XII, Verjährung § 111 SGB XII oder dem Verhältnis zu Vorausverfügungen § 113 SGB XII) finden; nicht anwendbar ist § 107 SGB X.[21]   15

Vom Erstattungsanspruch des **§ 50 SGB X** grenzen sich die Ansprüche der §§ 106 ff. SGB XII dadurch ab, dass jener sich – anders als diejenigen der §§ 106 ff. SGB XII bzw. §§ 102 ff. SGB X – nicht gegen Sozialleistungsträger i.S.d. § 12 SGB I, sondern gegen den Leistungsempfänger richtet. Mit diesem Anspruch verlangt der Träger der Sozialhilfe auch, wie jedoch bei Erstattungsansprüchen üblich, nicht seine Aufwendungen von Dritten ersetzt, sondern revidiert eine rechtswidrige Leistungserbringung gegenüber dem Leistungsempfänger. In diesem Sinne knüpft der Erstattungsanspruch nach § 50 SGB X an eine rechtswidrige, die Erstattungsansprüche der §§ 106 ff. SGB XII dagegen an eine rechtmäßige Leistungserbringung (§ 110 Abs. 1 Satz 1 SGB XII) an.   16

Die Ersatz- und Erstattungsregelungen der **§§ 115, 116 SGB X** beinhalten Ersatzansprüche wegen der Erbringung von Sozialleistungen, die sich nicht gegen Sozialleistungsträger, sondern gegen Dritte (Arbeitgeber bzw. Schädiger) richten. Insoweit grenzen sie sich von den §§ 106 ff. SGB XII ab, die sich ausschließlich gegen Sozialleistungsträger i.S.d. § 12 SGB I in Form von Trägern der Sozialhilfe (§§ 12, 28 SGB I) richten.   17

Auch der Ersatz von Aufwendungen eines Nothelfers i.S.d. **§ 25 SGB XII** unterscheidet sich von den Erstattungsansprüchen der §§ 106 ff. SGB XII. Bei dem Aufwendungsersatzanspruch nach § 25 SGB XII handelt es sich um eine spezielle sozialhilferechtliche Form der Geschäftsführung ohne Auftrag[22]; gleichwohl stellt die erbrachte Leistung eine Sozialhilfeleistung im weiteren Sinne dar[23]. Dabei knüpft der Aufwendungsersatzanspruch des § 25 SGB XII an einen Notfall und daher an eine zuständigkeitsüberschreitende Hilfeleistung an, während der Erstattungsanspruch des § 106 SGB XII an die konkrete, gesetzlich bestimmte Zuständigkeitsverteilung nach § 98 Abs. 2 SGB XII anknüpft.   18

Ein Erstattungsanspruch kann sich auch aus **§ 14 Abs. 4 Satz 1 SGB IX** ergeben, wenn nach Bewilligung der Leistung durch einen Rehabilitationsträger nach § 14 Abs. 1 Sätze 2 bis 4 SGB IX festgestellt wird, dass ein anderer Rehabilitationsträger für die Leistung zuständig ist. Im Unterschied zu den Ansprüchen nach den §§ 106 ff. SGB XII knüpft der Erstattungsanspruch des § 14 Abs. 4 Satz 1 SGB IX daran an, dass ein Rehabilitationsträger i.S.d. § 6 Abs. 1 SGB IX kraft der in § 14 SGB IX bestimmten bindenden, alle Leistungsrechte umfassenden Zuständigkeit Leistungen zu erbringen hatte. Dagegen knüpfen die Ansprüche nach den §§ 106 ff. SGB XII an die dort genannten Fallkonstellationen an, wobei davon ausgegangen wird, dass deren Zuständigkeit nicht durch § 14 SGB IX aufgedrängt wurde.[24] Die Rechtsprechung der LSG sieht beim Zusammentreffen der beiden Konstellationen in § 14 Abs. 4 SGB IX eine vorrangige Regelung gegenüber § 106 SGB XII, da aufgrund der gegenüber § 98 Abs. 2 Satz 3 SGB XII kürzeren Entscheidungsfrist (zwei statt vier Wochen) von einer für Teilhabeleistungen allgemein vorrangig geltenden Regelung auszugehen sei.[25] § 14 Abs. 4 Satz 1 SGB IX wiederum schließt innerhalb seines Anwendungsbereichs als speziellere Norm den Rückgriff auf die §§ 102 ff. SGB X aus.[26]   19

---

[21] BSG v. 22.03.2012 - B 8 SO 2/11 R - juris - SozR 4-5910 § 147 Nr. 2.

[22] BSG v. 11.06.2008 - B 8 SO 45/07 B - juris Rn. 9 - SozR 4-1500 § 183 Nr. 7; BVerwG v. 27.01.1971 - V C 74.70 - juris Rn. 9 - BVerwGE 37, 133, 134 = NDV 1971, 141 = FEVS 18, 121 = Buchholz 436.0 § 121 BSHG Nr. 1; *Franke* in: Rothkegel, Sozialhilferecht, 2005, Teil III Kap 16 Rn. 11.

[23] BSG v. 11.06.2008 - B 8 SO 45/07 B - juris Rn. 9 - SozR 4-1500 § 183 Nr. 7; *Rothkegel* in: Rothkegel, Sozialhilferecht, 2005, Teil II Kap. 5 Rn. 12.

[24] Zur Abgrenzung der Erstattungsansprüche nach den §§ 102 ff. SGB XII zum Erstattungsanspruch nach § 14 Abs. 4 SGB IX vgl. BSG v. 25.08.2011 - B 8 SO 7/10 R - juris; LSG Rheinland-Pfalz v. 23.02.2012 - L 1 SO 135/10 - juris Rn. 49 – nachgehend BSG v. 13.02.2014 - B 8 SO 11/12 R, dazu vgl. Terminbericht des BSG 4/14; LSG Baden-Württemberg v. 07.11.2006 - L 11 KR 2438/06 - juris Rn. 55; *Luik* in: jurisPK-SGB IX, § 14 SGB IX Rn. 98.

[25] Thüringer LSG v. 25.07.2013 - L 8 SO 784/11 - juris Rn. 32 ff.; LSG Rheinland-Pfalz v. 23.02.2012 - L 1 SO 135/10 - juris Rn. 49, nachgehend BSG v. 13.02.2014 - B 8 SO 11/12 R, dazu vgl. Terminbericht des BSG 4/14; LSG Baden-Württemberg v. 07.11.2006 - L 11 KR 2438/06 - juris; *Luik* in: jurisPK-SGB IX, § 14 SGB IX Rn. 98; *Schlette* in: Hauck/Noftz, SGB XII, § 98 Rn. 70a ff.

[26] BSG v. 25.08.2011 - B 8 SO 7/10 R - juris; *Luik* in: jurisPK-SGB IX, § 14 Rn. 98.

3. Abgrenzung der Erstattungsansprüche nach den §§ 106 ff. SGB XII vom Leistungsanspruch des Hilfebedürftigen

20 Von den Erstattungsansprüchen unberührt ist der **Leistungsanspruch des Leistungsberechtigten**. Dessen Anspruch richtet sich zwingend gegen den jeweils sachlich (§ 97 SGB XII) und örtlich (§ 98 SGB XII) zuständigen Träger der Sozialhilfe.

21 Für den Leistungsanspruch des Hilfebedürftigen ist es grds. unerheblich, dass das Gesetz die Tragung der zur Erfüllung dieses Leistungsanspruchs erforderlichen Aufwendungen einem anderen als dem leistenden Träger zuweist.

22 Mit der rechtmäßigen Erbringung der Leistung durch den gegenüber dem Leistungsberechtigten bestehenden Sozialleistungsanspruch erlischt dieser Anspruch. Hat der Träger der Sozialhilfe als unzuständiger Träger die Leistung erbracht, erlischt der Sozialhilfe-Anspruch des Berechtigten gegen den wirklich zuständigen Träger jedenfalls nicht wegen der Erstattungsregelungen der §§ 106 ff. SGB XII, denn § 107 SG X gilt in diesem Verhältnis nicht. Lediglich soweit ein Erstattungsanspruch nach den §§ 102 ff. SGB X besteht – beim unzuständigen Sozialhilfeträger kommt insbesondere der Erstattungsanspruch nach § 105 SGB X in Betracht –, gilt gem. **§ 107 SGB X** der Anspruch des Berechtigten gegen den zur Leistung verpflichteten Leistungsträger als erfüllt.

B. Auslegung der Norm

I. Regelungsgehalt und Bedeutung der Norm

23 § 106 SGB XII bestimmt vier Kostenerstattungsansprüche zwischen Trägern der Sozialhilfe (Absatz 1 Satz 1, Absatz 1 Satz 2, Absatz 3 Satz 1, Absatz 3 Satz 2 i.V.m. Absatz 1 Satz 2). Diese Erstattungsansprüche sollen einen **Lastenausgleich zwischen Trägern der Sozialhilfe** bewirken, wenn anstelle des letztlich verpflichteten Trägers ein anderer Leistungsträger die Sozialhilfeleistungen erbracht hat. Zu erstatten sind Kosten der Leistungserbringung in Einrichtungen (Absatz 1) bzw. im Anschluss an den Aufenthalt in Einrichtungen (Absatz 3). Dabei knüpft die Regelung an die Zuständigkeitszuweisung des § 98 Abs. 2 SGB XII bei der Erbringung von Leistungen in Einrichtungen an.

24 § 106 SGB XII enthält in **Absatz 1** zwei Erstattungsansprüche: Zunächst ist in **Satz 1** ein Erstattungsanspruch gegen den nach § 98 Abs. 2 Satz 1 SGB XII regulär für die stationäre Leistung zuständigen Träger der Sozialhilfe, in **Satz 2** dagegen für den Fall des Fehlens eines nach § 98 Abs. 2 Satz 1 SGB XII zuständigen Trägers der Sozialhilfe, ein Erstattungsanspruch gegen den überörtlichen Träger der Sozialhilfe normiert.

25 Insoweit bezwecken die Vorschriften des § 106 SGB XII den Schutz des Trägers der Sozialhilfe am Einrichtungsort vor überproportionalen finanziellen Belastungen.[27]

26 **Absatz 2** enthält eine gesetzliche Fiktion, nach der bestimmte Formen der Betreuung bzw. des Aufenthalts außerhalb einer Einrichtung auch als Aufenthalt in einer stationären Einrichtung zu gelten haben.

27 § 106 **Abs. 3** SGB XII enthält zwei weitere Erstattungsansprüche (Absatz 3 Satz 1 und Absatz 3 Satz 2 i.V.m. Absatz 1 Satz 2) und erweitert die Erstattung von Aufwendungen auf diejenigen Fälle, in denen in den Fällen des § 98 Abs. 2 SGB XII die leistungsberechtigte Person die Einrichtung verlässt und im Bereich des örtlichen Trägers, in dem die Einrichtung liegt, innerhalb von einem Monat danach Leistungen der Sozialhilfe erhält. Dies sind vor allem Fälle der offenen Hilfe, für die nach § 98 Abs. 2 SGB XII auch weiterhin der für den Ort des maßgeblichen letzten gewöhnlichen Aufenthalts (vgl. Rn. 42) vor dem Einrichtungsaufenthalt zuständige Träger der Sozialhilfe zur Kostentragung verpflichtet bleibt.

II. Normzweck

28 Die Erstattungsansprüche sichern, dass der aufgrund der gesetzlichen Wertung in den §§ 98, 106 ff. SGB XII zur Tragung der Kosten für die Leistungserbringung verpflichtete Träger der Sozialhilfe auch dann mit den **Kosten der Sozialhilfeleistung** belastet wird, wenn ein anderer Träger der Sozialhilfe die Leistung bereits erbracht hat. Insoweit sollen die Erstattungsansprüche einen **Lastenausgleich zwischen Trägern der Sozialhilfe** bewirken, wenn anstelle des letztlich verpflichteten Trägers ein anderer Leistungsträger die Sozialhilfeleistungen erbracht hat. Dieser Lastenausgleich ist nach der gesetzlichen Vorstellung erforderlich, da die sich aus § 98 SGB XII ergebende Zuständigkeit zu einer ungleichmäßigen Belastung einzelner Träger der Sozialhilfe führt – insbesondere dann, wenn sich in deren Zustän-

---

[27] SG Lüneburg v. 02.07.2009 - S 22 SO 90/08 - juris Rn. 26.

digkeitsbereich eine Einrichtung oder eine Vollzugsanstalt befindet. Die Erstattungsansprüche dienen damit der **Herstellung der im Gesetz bestimmten Lastenverteilung** zwischen verschiedenen Trägern der Sozialhilfe.[28] Die Erstattungsansprüche dienen einer gleichmäßigen Lastenverteilung unter den Trägern der Sozialhilfe, um eine als unbillig empfundene Kostenverteilung zu vermeiden.[29]

Damit bezwecken die §§ 106 ff. SGB XII den **Schutz bestimmter Träger der Sozialhilfe**. § 106 SGB XII schützt den Träger am Ort von stationären Einrichtungen, § 107 SGB XII den Träger am Ort der Familienpflege und § 108 SGB XII den Träger am Ort der Einreise aus dem Ausland. **29**

Zugleich sichert § 106 SGB XII auch den **Schutz der Leistungsberechtigten in Eilfällen und bei Zuständigkeitszweifeln**, als dem nach § 98 Abs. 2 Satz 3 SGB XII vorläufig leistenden Träger der Ersatz ihrer Aufwendungen in Aussicht steht. Dies verhindert, dass Zuständigkeitskonflikte, Zweifelsfragen und Eilfälle auf dem Rücken der Leistungsberechtigten ausgetragen werden. **30**

III. Tatbestandsmerkmale

1. Anknüpfung an die Leistungserbringung in stationären Einrichtungen

Die Kostenerstattungsansprüche des § 106 SGB XII (Absatz 1 Satz 1, Absatz 1 Satz 2, Absatz 3 Satz 1, Absatz 3 Satz 2 i.V.m. Absatz 1 Satz 2) knüpfen an die Erbringung von **stationären Leistungen in Einrichtungen** an. Denn § 106 SGB XII stellt als Tatbestandsvoraussetzung immer auf die Zuständigkeit nach § 98 Abs. 2 SGB XII ab. Diese Vorschrift regelt die örtliche Zuständigkeit jedoch nur für die Leistungserbringung in stationären Einrichtungen. **31**

Einrichtungen sind gem. § 13 Abs. 2 SGB XII alle Einrichtungen, die der Pflege, der Behandlung oder sonstigen nach dem SGB XII zu deckenden Bedarfen oder der Erziehung dienen. Doch enthält § 13 SGB XII keine Legaldefinition des Begriffs der Einrichtungen.[30] **32**

Der frühere Begriff der **„Anstalt, Heim oder gleichartige Einrichtung"** des BSHG, der in § 13 Abs. 2 SGB XII zum Begriff der Einrichtung zusammengefasst ist, erfordert einen in einer besonderen Organisation zusammengefassten Bestand von personellen und sächlichen Mitteln unter verantwortlicher Trägerschaft, der auf gewisse Dauer angelegt und für einen wechselnden Personenkreis zugeschnitten ist und einen Bezug zur Sozialhilfe oder der Jugendhilfe aufweist.[31] Auch Jugendhilfeleistungen seien ausreichend, was sich aus § 13 Abs. 2 SGB XII ergebe.[32] Allerdings sei gemäß § 13 Abs. 2 SGB XII nicht erforderlich, dass tatsächlich für die Maßnahmen auch Sozialhilfeleistungen bzw. Jugendhilfeleistungen gewährt worden seien.[33] Eine andere Auslegung widerspreche § 98 Abs. 2 SGB XII, weil dieser ausreichen lasse, dass ein entsprechender Bedarf erst im Laufe des Aufenthalts oder sogar erst bei Übertritt in eine weitere Einrichtung entstehe[34]; ein permanenter Leistungsanspruch gegenüber dem Sozialhilfeträger/Jugendhilfeträger bei ununterbrochenem Aufenthalt in einer Einrichtung bzw. bei einer Einrichtungskette sei für die Bestimmung der örtlichen Zuständigkeit mithin nicht erforderlich.[35] Ausreichend sei, dass mögliche Leistungen nach dem Fünften bis Neunten Kapitel des SGB XII – bzw. Jugendhilfeleistungen als Einrichtungsleistungen von den Leistungsträgern des Sozialhilferechts bzw. des Jugendhilferechts – hätten erbracht werden müssen, wenn die Förderung nicht durch einen anderen erfolgt wäre.[36] Nicht genügend, aber auch nicht erforderlich sei, dass die Einrichtung abstrakt einem gesetzlichen Ziel dienen könne bzw. konkret dienen könnte.[37] Entscheidend sei vielmehr, ob Betreuungsleistungen eines Sozialhilfeträgers oder eines Jugendhilfeträgers statt der Unterbringung in der Einrichtung, die mit gewissen Betreuungsleistungen ohnedies verbunden sei, erforderlich gewesen sei. **33**

---

[28] BSG v. 22.03.2012 - B 8 SO 2/11 R - juris.
[29] BSG v. 22.03.2012 - B 8 SO 2/11 R - juris.
[30] LSG NRW v. 27.04.2009 - L 20 SO 27/08 - juris Rn. 21.
[31] BSG v. 23.08.2013 - B 8 SO 14/12 R - juris Rn. 14 - SozR 4-5910 § 97 Nr. 1 m.w.N. auch zur Rsp des BVerwG; vgl. dazu auch die Kommentierung zu § 13 SGB XII Rn. 17.
[32] BSG v. 23.08.2013 - B 8 SO 14/12 R - juris Rn. 14 - SozR 4-5910 § 97 Nr. 1.
[33] BSG v. 23.08.2013 - B 8 SO 14/12 R - juris Rn. 15 - SozR 4-5910 § 97 Nr. 1 m.w.N. auch zur Rsp des BVerwG.
[34] BSG v. 23.08.2013 - B 8 SO 14/12 R - juris Rn. 15 - SozR 4-5910 § 97 Nr. 1 m.w.N. auch zur Rsp des BVerwG; BVerwG v. 02.10.2003 - 5 C 24/02 - juris - Buchholz 436.0 § 103 BSHG Nr. 4.
[35] BSG v. 23.08.2013 - B 8 SO 14/12 R - juris Rn. 16 - SozR 4-5910 § 97 Nr. 1.
[36] BSG v. 23.08.2013 - B 8 SO 14/12 R - juris Rn. 16 - SozR 4-5910 § 97 Nr. 1.
[37] BSG v. 23.08.2013 - B 8 SO 14/12 R - juris Rn. 15 - SozR 4-5910 § 97 Nr. 1; vgl. die Kommentierung zu § 13 SGB XII Rn. 17.

§ 106

34 Eine Einrichtung in diesem Sinne setzt eine persönliche, sachliche, räumliche und organisatorische Bezogenheit voraus.[38] Insoweit ist eine **stationäre Einrichtung** der in einer besonderen Organisationsform und unter einer gesamtverantwortlichen Leitung zusammengefasste Bestand an persönlichen und sächlichen Mitteln, der auf eine gewisse Dauer angelegt und für einen größeren, wechselnden Personenkreis bestimmt ist.[39]

35 In diesem Sinne sind stationäre Einrichtungen selbständig wirtschaftende Einrichtungen, in denen Leistungsberechtigte leben und ganztägig unter ständiger Verantwortung einer ausgebildeten Fachkraft die erforderlichen Hilfen erhalten. Das entspricht z.B. im SGB XI dem Begriff der **vollstationären Einrichtung**. Nach der Rechtsprechung des BSG[40] genügt ein Aufenthalt im Internat der Annahme einer stationären Leistung; dass konzeptionell getrennt davon eine Bildungsmaßnahme besucht wird, sei für die Klassifizierung der Unterbringung selbst als stationär ohne Belang. Solange im Internat gewohnt werde, sei die konzeptionelle Verknüpfung nur für die Frage bedeutsam, ob auch Zusammenhangkosten zu den stationären Leistungen zählten.[41]

36 Im Hinblick auf die Unterscheidung des **§ 13** Abs. 1 SGB XII in teilstationäre und stationäre Einrichtungen sind von § 106 SGB XII i.V.m. § 98 Abs. 2 SGB XII nur vollstationäre Einrichtungen erfasst. Auch § 13 Abs. 1 SGB XII stellt auf die Unterscheidung von stationären Leistungen bzw. Einrichtungen einerseits und teilstationären sowie ambulanten Leistungen bzw. Einrichtungen andererseits ab. Insoweit kennt das SGB XII den Begriff einer vollstationären Leistung bzw. Einrichtung nicht; derartige Leistungen bzw. Einrichtungen werden im SGB XII – in Abgrenzung zur teilstationären und zur ambulanten Leistung – als stationär bezeichnet. Umfasst der Begriff der stationären Einrichtungen damit nur vollstationäre Einrichtungen, so umfasst auch der Begriff der **stationären Leistung** i.S.d. § 98 Abs. 2 Satz 1 SGB XII nur vollstationäre Leistungen (vgl. auch § 13 Abs. 1 Satz 1 SGB XII), die in (stationären) Einrichtungen erbracht werden. Das soll nach der Rechtsprechung des LSG Rheinland-Pfalz auch für sog. additive teilstationäre Leistungen gelten.[42]

37 Die Beschränkung auf lediglich stationäre Leistungen in Einrichtungen rechtfertigt sich auch vor dem Sinn und Zweck des § 98 Abs. 2 Satz 1 SGB XII. Denn ein Aufenthalt in einer teilstationären Einrichtung nutzt zwar deren Einrichtungsleistungen, der Leistungsempfänger befindet sich dort jedoch nur teilzeitig, also nur tagsüber oder nur nachts. Auch wenn im Übrigen die Leistungen wie bei einer vollstationären Leistung unter Einschluss der Pflege und Verpflegung sowie der Betreuung erbracht werden, begründet der Leistungsempfänger in dieser Einrichtung keinen Lebensmittelpunkt und damit keinen gewöhnlichen Aufenthalt i.S.d. § 30 Abs. 3 Satz 2 SGB I, woran jedoch § 98 Abs. 2 SGB XII anknüpft.

38 In (voll)stationären Einrichtungen leben Leistungsberechtigte und erhalten dort die erforderlichen Hilfeleistungen zur Deckung ihres Bedarfs an Pflege, Behandlung oder an den sonstigen nach dem SGB XII relevanten Bedarfen sowie an Erziehung (vgl. § 13 Abs. 2 SGB XII). Hierzu zählen auch die Fälle, in denen z.B. Heimleistungen und tagsüber Leistungen in einer Werkstatt für behinderte Menschen (WfbM) geleistet werden; insoweit zählen auch Fälle von **additiven teilstationären Leistungen** auf Grundlage einer den gesamten Menschen und Leistungsfall umfassenden ganztägigen Einbindung in die Leistungserbringung (hier: aufgrund eines Heimaufenthalts) zu den stationären Leistungen.[43] **Teilstationäre Einrichtungen** umfassen dagegen nur Teilbereiche der vollstationären Leistungserbringung. Auch wenn die teilstationären Leistungen – wie bei einer (voll)stationären Leistung – unter Einschluss der Pflege und Verpflegung sowie der Betreuung erbracht werden, werden diese den Hilfebedürftigen **nur teilzeitig**, also nur tagsüber oder nur nachts, zur Verfügung gestellt.

39 Das BSG hat es zuletzt offen gelassen, ob § 98 Abs. 2 Satz 2 SGB XII und letztlich auch § 106 SGB XII bei sog. **gemischten Ketten zwischen Ambulant-betreutem-Wohnen** (§ 98 Abs. 5 SGB XII) **und stationären Maßnahmen** überhaupt Anwendung findet.[44] Dagegen hat das Hessische

---

[38] BVerwG v. 22.05.1975 - V C 19.74 - juris Rn. 19 - BVerwGE 48, 228-237 = Buchholz 436.0 § 40 BSHG Nr. 6 = NDV 1976, 153-155.
[39] *Krahmer* in: LPK-SGB XII, 3. Aufl., § 13 Rn. 4; *Schiefer* in: Oesterreicher, SGB II/SGB XII, § 106 Rn. 22.
[40] BSG v. 23.08.2013 - B 8 SO 14/12 R - juris Rn. 19, 20 - SozR 4-5910 § 97 Nr. 1.
[41] BSG v. 23.08.2013 - B 8 SO 14/12 R - juris Rn. 19, 20 - SozR 4-5910 § 97 Nr. 1.
[42] LSG Rheinland-Pfalz v. 23.02.2012 - L 1 SO 135/10 - juris Rn. 55 ff., nachgehend BSG v. 13.02.2014 - B 8 SO 11/12 R, vgl. dazu den Terminbericht 4/14.
[43] So auch LSG Rheinland-Pfalz v. 23.02.2012 - L 1 SO 135/10 - juris Rn. 55 ff., nachgehend BSG v. 13.02.2014 - B 8 SO 11/12 R, vgl. dazu Terminbericht 4/14.
[44] BSG v. 13.02.2014 - B 8 SO 11/12 R, vgl. dazu Terminbericht 4/14.

LSG[45] ausgeführt, § 106 Abs. 1 SGB XII verweise zwar nicht auf die Bestimmung des Anstaltsübertritts in § 98 Abs. 2 Satz 2 SGB XII. Gleichwohl werde man wegen des Schutzzwecks des § 98 Abs. 2 Satz 2 SGB XII, der zur Folge hat, dass eine einmal begründete örtliche Zuständigkeit nicht durch den mehrfachen nahtlosen Wechsel der stationären Einrichtungen geändert werde, auch in dem Fall einer Perpetuierung nach § 98 Abs. 2 Satz 2 SGB XII die Erstattungsvorschrift des § 106 Abs. 1 SGB XII heranziehen können.[46] Andernfalls könnte das die Bereitschaft zur vorläufigen Leistungsgewährung nach § 98 Abs. 2 Satz 3 SGB XII beeinträchtigen, weil der angegangene Sozialhilfeträger dann befürchten müsse, auf den Kosten sitzen zu bleiben, wenn sich die örtliche und sachliche Zuständigkeit eines anderen Sozialhilfeträgers nur über § 98 Abs. 2 Satz 2 SGB XII bestimmen lasse.[47] Liege eine ununterbrochene „Einrichtungs- oder Anstaltskette" vor, so sei der gewöhnliche Aufenthalt, der für die erste Einrichtung maßgebend gewesen sei, maßgeblich für die Bestimmung der örtlichen Zuständigkeit und damit die Erstattungspflicht nach § 106 Abs. 1 SGB XII.[48]

2. Kostenerstattung bei Eilfällen und Zuständigkeitszweifeln (Absatz 1 Satz 1)

a. Allgemeines

§ 106 Abs. 1 Satz 1 SGB XII begründet einen Anspruch auf Erstattung der getätigten Aufwendungen, wenn nicht der nach § 98 Abs. 2 Satz 1 SGB XII zur Leistung verpflichtete Träger der Sozialhilfe, sondern ein anderer Träger der Sozialhilfe Leistungen der Sozialhilfe erbringt. Diese Leistungen bestimmen sich nicht nur nach § 8 SGB XII; vielmehr enthalten auch die §§ 11, 23, 24, 25 SGB XII jeweils Leistungen der Sozialhilfe. Voraussetzung dieses Erstattungsanspruchs ist, dass ein durch § 98 Abs. 2 Satz 3 SGB XII als zuständig bestimmter Träger der Sozialhilfe (b) rechtmäßige und vorläufige Leistungen der Sozialhilfe an Leistungsempfänger erbringt (c), die sich in einer Einrichtung oder einer Vollzugsanstalt aufhalten (d).

40

b. Durch § 98 Abs. 2 Satz 3 SGB XII als zuständig bestimmter Träger der Sozialhilfe

aa. Gesetzliche Zuständigkeitszuweisung nach § 98 Abs. 2 Satz 3 SGB XII

Der Erstattungsanspruch des § 106 Abs. 1 Satz 1 SGB XII will die **kostenrechtlichen Folgen einer Sozialhilfeerbringung** für den durch § 98 Abs. 2 Satz 3 SGB XII ausnahmsweise (weil anstelle des nach der grundsätzlichen Zuständigkeitszuweisung in § 98 Abs. 2 Satz 1 SGB XII eigentlich zur Leistungserbringung verpflichteten Trägers der Sozialhilfe) als zuständig bestimmten Träger der Sozialhilfe **ausgleichen**. Der Ausgleich begründet sich darin, dass anstelle des eigentlich nach § 98 Abs. 2 Satz 1 SGB XII leistungsverpflichteten Trägers der Sozialhilfe ein anderer Träger der Sozialhilfe (hier: derjenige nach § 98 Abs. 2 Satz 3, Abs. 1 Satz 1 SGB XII) die Leistung erbracht hat.

41

§ 98 Abs. 2 Satz 1 SGB XII weist die Erbringung von stationären Leistungen (vgl. dazu Rn. 31 ff.) demjenigen Träger der Sozialhilfe als örtlich zuständigen Träger zu, in dessen Bereich der Leistungsberechtigte seinen gewöhnlichen Aufenthalt im Zeitpunkt der Aufnahme in die Einrichtung oder in den zwei Monaten vor der Aufnahme zuletzt gehabt hatte. Auf den gewöhnlichen Aufenthalt im Zwei-Monats-Zeitraum vor Aufnahme in die Einrichtung ist abzustellen, wenn im Zeitpunkt der Aufnahme in die Einrichtung ein gewöhnlicher Aufenthalt i.S.d. § 30 Abs. 3 Satz 2 SGB I nicht vorhanden oder zu ermitteln ist. Maßgeblich ist insoweit der letzte gewöhnliche Aufenthalt vor Aufnahme in die Einrichtung („**maßgeblicher letzter gewöhnlicher Aufenthalt**").

42

Eine Person hat ihren **gewöhnlichen Aufenthalt** dort, wo sie sich unter Umständen aufhält, die erkennen lassen, dass sie an diesem Ort oder in diesem Gebiet nicht nur vorübergehend verweilt (**§ 30 Abs. 3 Satz 2 SGB I**). Dabei ist unter „Ort" die jeweilige **politische Gemeinde** zu verstehen und nicht ein bestimmtes Haus oder eine bestimmte Wohnung.[49] Maßgeblich ist (1.) als **subjektives Element** auf den Willen, den Lebensmittelpunkt an diesem Ort bis auf weiteres – also nicht nur vorübergehend oder besuchsweise – zu begründen und zu behalten[50] und (2.) als **objektives Element** auf einen Aufenthalt von einer gewissen Dauer abzustellen[51]. Entscheidend sind die näheren Umstände des Einzelfalles im Hin-

43

---

[45] Hessisches LSG v. 20.03.2013 - L 6 SO 168/10 - juris Rn. 30, 31.
[46] Hessisches LSG v. 20.03.2013 - L 6 SO 168/10 - juris Rn. 30, 31.
[47] Hessisches LSG v. 20.03.2013 - L 6 SO 168/10 - juris Rn. 30, 31.
[48] Hessisches LSG v. 20.03.2013 - L 6 SO 168/10 - juris Rn. 30, 31.
[49] BVerwG v. 17.05.1973 - V C 107.72 - juris Rn. 14 - BVerwGE 42, 196/198 = NDV 1974, 28.
[50] VGH München v. 29.07.1999 - 12 B 97.3431 - juris Rn. 25 - FEVS 51, 517.
[51] VGH München v. 29.07.1999 - 12 B 97.3431 - juris Rn. 25 - FEVS 51, 517.

blick auf Unterkunft und Aufenthalt sowie die Qualität und Quantität der am Aufenthaltsort entstandenen persönlichen Bindungen.[52] Ein zeitlich unbedeutender Aufenthalt von Stunden oder Tagen reicht für die Begründung eines gewöhnlichen Aufenthalts daher regelmäßig nicht aus.[53]

44 Nach der Rechtsprechung des **BVerwG**[54] ist ein gewöhnlicher Aufenthalt durch einen **zukunftsoffenen Verbleib** bis auf weiteres sowie durch den Mittelpunkt der Lebensbeziehungen an diesem Ort, gekennzeichnet. Dies ist jeweils nach den Umständen des Einzelfalls zu entscheiden.[55] Insoweit ist auf eine vorausschauende Betrachtung (Prognose) abzustellen.[56] Daher reicht ein **zeitlich unbedeutender Aufenthalt** von Stunden oder Tagen – Kurzaufenthalt – für die Begründung eines gewöhnlichen Aufenthalts regelmäßig nicht aus.[57] Lasse sich eine Willensbildung im Hinblick auf eine Niederlassungsabsicht nicht feststellen, stellten die Dauer des Aufenthalts an einem bestimmten Ort sowie die sonstigen objektiven Merkmale, die zum Zeitpunkt des Ortswechsels vorlägen, wichtige Indizien für die Frage, ob ein gewöhnlicher Aufenthalt begründet wurde, dar.[58] **Nichtsesshafte**, die in mehr oder weniger regelmäßigen Zeitabständen an bestimmten Orten einen Aufenthalt einlegen, ohne dass sie einen solchen Aufenthaltsort zum Mittelpunkt ihrer Lebensbeziehungen auch nur bis auf weiteres machen wollen, begründen daher keinen gewöhnlichen Aufenthalt.[59] Jedoch kann es auch bei einem Nichtsesshaften Phasen der Sesshaftigkeit – mit einem gewöhnlichen Aufenthalt i.S.d. § 30 SGB I – geben.[60] Insoweit können Stadtstreicher trotz Fehlens einer festen Unterkunft einen gewöhnlichen Aufenthalt an einem Ort begründen, auch wenn die Wohnverhältnisse möglicherweise nur unzureichend sind, wie z.B. in einem Obdachlosenasyl.[61]

45 Entscheidend für die Begründung eines gewöhnlichen Aufenthalts sind die näheren Umstände der Unterkunft und des Aufenthalts sowie die Qualität und Quantität der am Aufenthaltsort entstandenen persönlichen Bindungen.[62] Dazu hat das LSG Sachsen-Anhalt entschieden, dass im Falle mehrerer gescheiterter Heimaufenthalte und jeweils zwischenzeitlicher Rückkehr zum Ehegatten für die Bestimmung des örtlich zuständigen Leistungsträgers der Wohnsitz des Ehegatten maßgeblich sei.[63] Das Vorhandensein einer Wohnung oder des Wohnsitzes in melderechtlicher Hinsicht sei nicht maßgebend.[64] Der gewöhnliche Aufenthalt von **Kindern** bestimmt sich grds. nach dem Aufenthalt der Eltern bzw. nach dem Aufenthalt des mit dem Kind zusammenlebenden Elternteils, wenn keine Anhaltspunkte dafür vorliegen, dass das Kind einen davon abweichenden gewöhnlichen Aufenthalt oder einen abweichenden tatsächlichen Aufenthalt genommen hat.[65] Da bei Minderjährigen der subjektive Wille für die Aufenthaltsnahme in den Hintergrund trete, seien alleine die objektiven Umstände entscheidend.[66]

46 Auch bei **geistig bzw. seelisch behinderten Menschen** ist von den oben dargestellten Grundsätzen auszugehen. Das Bayerische LSG[67] hat jedoch darauf hingewiesen, dass – auch wenn es sich bei dem subjektiven Element zur Begründung des gewöhnlichen Aufenthalts um einen tatsächlichen Willen

---

[52] Hessisches LSG v. 18.09.2013 - L 4 SO 328/12 - juris Rn. 26; Bayerisches LSG v. 21. 06.2012 - L 8 SO 132/10 - juris Rn. 102; LSG Sachsen-Anhalt v. 08.02.2012 - L 8 SO 1/10 - juris Rn. 40.
[53] Hessisches LSG v. 18.09.2013 - L 4 SO 328/12 - juris Rn. 26; *Wahrendorf* in Grube/Wahrendorf, SGB XII, 4. Aufl., § 98 Rn. 23.
[54] BVerwG v. 06.10.2003 - 5 B 92/03 - juris Rn. 5 f. - FEVS 56, 300.
[55] VG Bremen v. 31.05.2011 - 5 K 2728/04 - juris Rn. 21.
[56] LSG Sachsen-Anhalt v. 21.12.2010 - L 8 SO 8/08 - juris Rn. 48; VG Bremen v. 31.05.2011 - 5 K 2728/04 - juris Rn. 21.
[57] SG Karlsruhe v. 13.07.2010 - S 4 SO 580/09 - juris Rn. 29 - EuG 2011, 37-44; *Wahrendorf* in: Grube/Wahrendorf, SGB XII, 2. Aufl., § 98 Rn. 19.
[58] SG Karlsruhe v. 13.07.2010 - S 4 SO 580/09 - juris Rn. 29 - EuG 2011, 37-44; *Hohm* in: Schellhorn/Schellhorn/Hohm, SGB XII, 17. Aufl., § 98 Rn. 30.
[59] VG Bremen v. 31.05.2011 - 5 K 2728/04 - juris Rn. 21.
[60] VG Bremen v. 31.05.2011 - 5 K 2728/04 - juris Rn. 22.
[61] VG Bremen v. 31.05.2011 - 5 K 2728/04 - juris Rn. 21.
[62] Bayerisches LSG v. 21.06.2012 - L 8 SO 132/10 - juris Rn. 102; LSG Sachsen-Anhalt v. 08.02.2012 - L 8 SO 1/10 - juris Rn. 40.
[63] LSG Sachsen-Anhalt v. 08.02.2012 - L 8 SO 1/10 - juris Rn. 41, 43.
[64] LSG Sachsen-Anhalt v. 08.02.2012 - L 8 SO 1/10 - juris Rn. 40.
[65] SG Neuruppin v. 28.01.2011 - S 14 SO 88/09 - juris 25 unter Hinweis auf OVG Mecklenburg-Vorpommern v. 28.08.2007 - 1 L 300/05 - juris.
[66] SG Neuruppin v. 28.01.2011 - S 14 SO 88/09 - juris 25; OVG Nordrhein-Westfalen v. 16.02.2009 - 12a 3303/07 - juris; OVG Mecklenburg-Vorpommern v. 28.08.2007 - 1 L 300/05 - juris.
[67] Bayerisches LSG v. 21.06.2012 - L 8 SO 132/10 - juris Rn. 108, 113, 115.

und nicht um eine rechtlichen Willen handele und davon auszugehen sei, dass auch ein psychisch Kranker einen Willen zur Begründung eines gewöhnlichen Aufenthalts haben könne – eine massive seelische Behinderung den geäußerten Willen überlagern könne,[68] weshalb im Einzelfall und unter Würdigung der Umstände ein gewöhnlicher Aufenthalt i.S. eines Lebensmittelpunktes anhand objektiver Gesichtspunkte nicht begründet werden könne.[69]

Abweichend hiervon verpflichtet **§ 98 Abs. 2 Satz 3 SGB XII** einen anderen Träger der Sozialhilfe – quasi im Vorgriff auf die Leistungserbringung durch den nach § 98 Abs. 2 Satz 1 SGB XII zuständigen und gegenüber dem Leistungsberechtigten zur Erbringung der Sozialhilfeleistung verpflichteten Träger der Sozialhilfe –, gegenüber dem sich in einer Einrichtung bzw. wegen einer richterlich angeordneten Freiheitsentziehung in einer Vollzugsanstalt (§ 98 Abs. 4 SGB XII) aufhaltenden Leistungsberechtigten (Hilfebedürftigen) Leistungen der Sozialhilfe zu erbringen. Dabei greift § 98 Abs. 2 Satz 3 SGB XII statt dem für den maßgeblichen letzten gewöhnlichen Aufenthaltsort zuständigen Träger der Sozialhilfe ersatzweise auf den für den tatsächlichen Aufenthaltsort des Leistungsberechtigten, also den Ort der Einrichtung bzw. Vollzugsanstalt, zuständigen Träger der Sozialhilfe zurück und verpflichtet diesen zur Leistungserbringung gegenüber dem Leistungsberechtigten.

47

Diese Verpflichtung des an sich nicht zuständigen Trägers der Sozialhilfe wird dadurch ausgelöst, dass innerhalb von vier Wochen nach Aufnahme in die Einrichtung bzw. die Vollzugsanstalt **nicht feststeht, ob und wo** der nach § 98 Abs. 2 Satz 1 SGB XII maßgebliche **letzte gewöhnliche Aufenthalt** lag, ein **gewöhnlicher Aufenthaltsort nicht vorhanden oder nicht zu ermitteln** war oder ein Eilfall vorlag. Damit knüpft § 98 Abs. 3 Satz 2 SGB XII – gewissermaßen auch bei Eilfällen, bei denen ja auch die eigentlich gesetzlich vorgegebene Zuständigkeitszuweisung durchbrochen wird – an einen **ungeklärten Zuständigkeitskonflikt** (auch im Sinne einer **Unklarheit über die Zuständigkeit**) an und nimmt diesen zum Anlass, **zwecks rascher Leistungserbringung** die leistungsrechtliche Erledigung des Hilfefalles gegenüber dem Leistungsberechtigten einem bestimmten Träger der Sozialhilfe zuzuweisen. Insoweit verpflichtet § 98 Abs. 2 Satz 3 SGB XII den Träger des tatsächlichen Aufenthaltsortes (§ 98 Abs. 1 SGB XII), also den für den Ort der Einrichtung zuständigen Träger der Sozialhilfe („**Träger am Einrichtungsort**"), an Stelle des für den maßgeblichen letzten gewöhnlichen Aufenthalt (vgl. Rn. 42) vor Aufnahme in die Einrichtung zuständigen Trägers der Sozialhilfe, unverzüglich über die Leistung zu entscheiden und diese vorläufig zu erbringen.

48

Im Gegenzug zu dieser die eigentliche Zuständigkeitsverteilung überschreitenden Leistungsverpflichtung des Trägers am Einrichtungsort erwächst diesem gem. § 106 Abs. 1 Satz 1 SGB XII ein Anspruch auf **Erstattung seiner Aufwendungen** gegen den nach § 98 Abs. 2 Satz 1 SGB XII an sich zuständigen Träger.

49

Der **tatsächliche Aufenthalt** folgt der körperlichen Anwesenheit des Leistungsberechtigten und liegt daher bei Personen, die sich in Einrichtungen oder Vollzugsanstalten aufhalten, am Ort der Einrichtung bzw. Vollzugsanstalt.[70]

50

bb. Zuständigkeitszuweisung, weil ein maßgeblicher letzter gewöhnlicher Aufenthalt i.S.d. § 98 Abs. 2 Satz 1 SGB XII innerhalb von vier Wochen nach Aufnahme in die Einrichtung nicht feststeht

Ist ein maßgeblicher letzter gewöhnlicher Aufenthalt nicht rasch – § 98 Abs. 2 Satz 3 Alt. 1 SGB XII stellt auf einen Zeitraum von vier Wochen ab – zu ermitteln, wird der für den Einrichtungsort zuständige Träger durch § 98 Abs. 2 Satz 3 SGB XII zur vorläufigen Leistungserbringung gegenüber dem Leistungsberechtigten verpflichtet. Die Anknüpfung der von der eigentlichen Zuständigkeitsordnung des § 98 Abs. 2 Satz 1 SGB XII abweichenden Zuständigkeitsbestimmung zu Lasten des Trägers am Einrichtungsort i.S.d. § 98 Abs. 1 Satz 1 SGB XII an einen Zeitraum von vier Wochen soll bei einer auch länger andauernden Zuständigkeitsklärung zwischen den Trägern der Sozialhilfe den offenen Zuständigkeitskonflikt zumindest gegenüber dem Leistungsberechtigten und der Einrichtung rasch beenden, sodass der Leistungsberechtigte schnell die erforderlichen Hilfeleistungen erhalten kann. Insoweit bezieht sich die Vier-Wochen-Frist nur auf den Fall, dass nicht feststeht, ob und wo der maßgebliche letzte gewöhnliche Aufenthalt lag.

51

---

[68] Bayerisches LSG v. 21.06.2012 - L 8 SO 132/10 - juris Rn. 108, 113.
[69] Bayerisches LSG v. 21.06.2012 - L 8 SO 132/10 - juris Rn. 114.
[70] LSG Baden-Württemberg v. 30.03.2011 - L 2 SO 1196/10 - juris Rn. 39.

52 Kann insoweit zeitnah nicht festgestellt werden, wo der Ort des maßgeblichen letzten gewöhnlichen Aufenthalts lag bzw. ob es einen solchen überhaupt gibt, ist daher nach vier Wochen die Zuständigkeit des Trägers am Einrichtungsort begründet.

53 Unabhängig davon, ob sich später ein maßgeblicher letzter gewöhnlicher Aufenthalt findet, hat daher der für den tatsächlichen Aufenthaltsort (Einrichtungsort) zuständige Träger der Sozialhilfe vier Wochen nach der Aufnahme des Leistungsberechtigten in die Einrichtung die Leistungserbringung aufzunehmen.

54 Lässt sich auch nach Ablauf von vier Wochen nicht ermitteln, wo der – tatsächlich an irgendeinem nicht feststellbaren Ort bestehende – maßgebliche letzte gewöhnliche Aufenthalt lag, liegt ein Fall des nichtermittelbaren maßgeblichen letzten gewöhnlichen Aufenthalts i.S.d. § 98 Abs. 2 Satz 3 Alt. 2 SGB XII vor. Steht dagegen fest, dass es einen maßgeblichen letzten gewöhnlichen Aufenthalt des Leistungsberechtigten nicht gegeben hat, liegt ein solcher i.S.d. § 98 Abs. 2 Satz 3 Alt. 3 SGB XII nicht vor.

cc. Zuständigkeitszuweisung, weil kein maßgeblicher letzter gewöhnlicher Aufenthalt i.S.d. § 98 Abs. 2 Satz 1 SGB XII ermittelbar ist

55 Dem Fehlen eines maßgeblichen letzten gewöhnlichen Aufenthalts (vgl. Rn. 42) i.S.d. § 98 Abs. 2 Satz 1 SGB XII steht es gleich, wenn zwar ein gewöhnlicher Aufenthaltsort vorhanden ist, aber dieser Ort **nicht ermittelt** werden kann. Das kann z.B. bei bewusstlos aufgefundenen unbekannten Personen der Fall sein. Die in § 98 Abs. 2 Satz 3 SGB XII genannte Vier-Wochen-Frist greift in diesem Fall nicht.

56 Voraussetzung ist, dass sich weder vor noch nach Ablauf von vier Wochen nach der Aufnahme in die Einrichtung nicht ermitteln lässt, wo der – tatsächlich an irgendeinem nicht feststellbaren Ort bestehende – maßgebliche letzte gewöhnliche Aufenthalt liegt. Insoweit ist der maßgebliche letzte gewöhnliche Aufenthalt zu ermitteln. Dazu haben die Träger der Sozialhilfe tatsächlich und ernsthaft alle möglichen und zumutbaren Ermittlungen durchzuführen, um den maßgeblichen letzten gewöhnlichen Aufenthaltsort zu finden.

57 Nicht ausreichend ist es, wenn der Träger der Sozialhilfe lediglich oberflächliche Ermittlungen vornimmt oder bloß pauschal behauptet, den maßgeblichen letzten gewöhnlichen Aufenthaltsort nicht ermitteln zu können.[71] Vielmehr hat er **konkret darzulegen**, dass und warum ein letzter gewöhnlicher Aufenthalt i.S.d. § 98 Abs. 2 Satz 1 SGB XII und § 30 Abs. 3 Satz 2 SGB I nicht ermittelt werden kann. Nur so weit unter Zugrundelegung objektiver Gesichtspunkte weitere Ermittlungen unzumutbar oder unmöglich sind[72], kann von einem nichtermittelbaren letzten gewöhnlichen Aufenthalt ausgegangen werden. Bloße Behauptungen und oberflächliche Ermittlungen genügen nicht.

58 Letztlich hat der Erstattung begehrende Träger der Sozialhilfe im Erstattungsverfahren gegenüber dem erstattungspflichtigen Träger der Sozialhilfe die Darlegung zu führen, dass ein letzter gewöhnlicher Aufenthalt nicht ermittelt werden kann. Kann dieser solche Darlegungen nicht treffen, geht das zu seinen Lasten. Er trägt das Risiko der **Feststellungslast**; lässt sich nicht nachweisen, dass kein gewöhnlicher Aufenthalt bestanden hatte oder ermittelt werden kann, besteht der Erstattungsanspruch nicht. Im Gerichtsverfahren hat das Gericht den maßgeblichen letzten gewöhnlichen Aufenthalt (vgl. Rn. 42) des Leistungsempfängers zu ermitteln. Mit der Feststellung des maßgeblichen letzten gewöhnlichen Aufenthalts des Leistungsempfängers wird zugleich auch die Zuständigkeit eines bestimmten Trägers der Sozialhilfe sowie auch dessen grds. Zuständigkeit zur Erstattung nach § 106 SGB XII festgestellt. Lässt sich also vom Gericht ein maßgeblicher letzter gewöhnlicher Aufenthalt (vgl. Rn. 42) nicht ermitteln, ist mangels erstattungspflichtigem Träger der Sozialhilfe nach materiellrechtlichen Gesichtspunkten zu entscheiden.

59 Liegt der maßgebliche letzte gewöhnliche Aufenthalt im Ausland, muss angenommen werden, dass ein maßgeblicher letzter gewöhnlicher Aufenthalt i.S.d. § 98 Abs. 2 Satz 3 SGB XII endgültig nicht zu ermitteln ist bzw. nicht vorliegt (vgl. dazu Rn. 64 ff.).

---

[71] *Klinge* in: Hauck/Noftz, SGB XII, § 106 Rn. 22; *Schiefer* in: Oesterreicher, SGB II/SGB XII, § 106 Rn. 54.
[72] *Schiefer* in: Oesterreicher, SGB II/SGB XII, § 106 Rn. 54.

dd. Zuständigkeitszuweisung, weil kein maßgeblicher letzter gewöhnlicher Aufenthalt i.S.d. § 98 Abs. 2 Satz 1 SGB XII vorhanden ist

Voraussetzung der gesetzlichen Übertragung der Zuständigkeit auf den Träger des Aufenthaltsortes (Träger am Einrichtungsort) i.S.d. § 98 Abs. 1 Satz 1 SGB XII ist insoweit, dass ein nach § 98 Abs. 2 Satz 1 SGB XII **maßgeblicher letzter gewöhnlicher Aufenthalt** (vgl. Rn. 42) nicht existiert, es also tatsächlich keinen Ort gibt, an dem sich der Leistungsberechtigte unmittelbar vor der Aufnahme in die Einrichtung bzw. in den letzten zwei Monaten zuvor, unter Umständen aufgehalten hat, die erkennen lassen, dass er an diesem Ort oder in diesem Gebiet nicht nur vorübergehend verweilt und somit seinen Lebensmittelpunkt begründet hat. Maßgeblich ist, ob der Leistungsberechtigte den Willen hatte, einen **Lebensmittelpunkt** an einem bestimmten Ort bis auf weiteres – also nicht nur vorübergehend oder besuchsweise – zu begründen und zu behalten (**subjektives Element**)[73] und der Aufenthalt von einer gewissen Dauer (**objektives Element**)[74] war. Ein solchermaßen fehlender Wille oder eine fehlende Dauer des Aufenthalts kann u.a. bei wohnsitzlosen und nicht-sesshaften Personen vorliegen. Vgl. hierzu auch die Kommentierung zu § 108 SGB XII Rn. 31 ff.   60

ee. Zuständigkeitszuweisung wegen Vorliegen eines Eilfalles

Auch bei Eilfällen begründet § 98 Abs. 2 Satz 3 SGB XII die vorläufige Leistungszuständigkeit des Trägers der Sozialhilfe am Ort des tatsächlichen Aufenthalts (Einrichtungsort) i.S.d. § 98 Abs. 1 Satz 1 SGB XII.   61

Eilfälle sind Fallgestaltungen, in denen von vornherein feststeht, dass eine Hilfeleistung durch den sachlich und örtlich zuständigen Träger der Sozialhilfe zwingend zu spät kommt.[75] Hier ist schnelle und effektive Hilfe durch einen ortsnahen Träger sicherzustellen.[76]   62

Unter die Eilfälle des § 98 Abs. 2 Satz 3 SGB XII fallen auch die Fälle des **§ 25 SGB XII**.[77] Insoweit wird durch § 25 i.V.m. § 98 Abs. 2 Satz 3, Abs. 1 Satz 1 SGB XII sichergestellt, dass sich der Nothelfer, der in den Eilfällen, in denen eine Benachrichtigung des zuständigen Trägers der Sozialhilfe nicht möglich war, Hilfe gewährt hatte, einer klaren und einfach zu handhabenden Zuständigkeitsordnung gegenübersieht. Indem der Gesetzgeber den Träger der Sozialhilfe am Ort der Eilhilfe für örtlich zuständig erklärt, ermöglicht er es dem Hilfesuchenden und dem Nothelfer, den zuständigen Träger der Sozialhilfe alsbald in Kenntnis zu setzen und damit den Nothilfefall in einen Sozialhilfefall in der Verantwortung des zuständigen Trägers überzuleiten.[78]   63

ff. Gewöhnlicher Aufenthalt liegt im Ausland

Besitzt der Leistungsberechtigte zwar einen grds. im Rahmen des § 98 Abs. 2 Satz 1 SGB XII maßgeblichen letzten gewöhnlichen Aufenthalt (vgl. Rn. 42), so kann die Zuständigkeit eines Trägers der Sozialhilfe daran nicht angeknüpft werden, wenn der **Ort dieses gewöhnlichen Aufenthalts im Ausland** liegt. Ein Fall des § 108 Abs. 1 Satz 1 SGB XII liegt schon deswegen nicht vor, weil ein inländischer Aufenthaltsort nicht tatsächlich besteht. Einen für gewöhnliche Aufenthalte im Ausland zuständigen Träger der Sozialhilfe sieht das SGB XII aber nur im Rahmen der besonderen Leistungen nach § 24 SGB XII (dort Absätze 4 und 5) vor.   64

Nach der Rechtsprechung des BVerwG hat der Träger der Sozialhilfe, in dessen Bereich sich ein Hilfesuchender tatsächlich aufhält, auch dann im Sinne des § 98 Abs. 2 Satz 3 SGB XII vorläufig zu leisten, wenn ein gewöhnlicher Aufenthalt des Hilfeempfängers im Inland im Zeitpunkt der Aufnahme oder in den zwei Monaten vor der Aufnahme nicht vorhanden oder nicht zu ermitteln ist und feststeht, dass kein anderer örtlicher Träger für die Leistungsgewährung örtlich zuständig ist.[79]   65

Insoweit ist immer dann, wenn der nach § 98 Abs. 2 Satz 1 SGB XII zu bestimmende gewöhnliche **Aufenthalt im Ausland liegt**, i.S.d. § 98 Abs. 2 Satz 3 SGB XII anzunehmen, dass ein gewöhnlicher **Aufenthalt nicht vorhanden bzw. nicht zu ermitteln** ist. § 106 SGB XII beschränkt damit die An-   66

---

[73] VGH München v. 29.07.1999 - 12 B 97.3431 - juris Rn. 25 - FEVS 51, 517.
[74] VGH München v. 29.07.1999 - 12 B 97.3431 - juris Rn. 25 - FEVS 51, 517.
[75] *Schiefer* in: Oestereicher, SGB II/SGB XII, § 106 Rn. 8.
[76] BVerwG v. 14.06.2001 - 5 C 21/00 - BVerwGE 114, 326 = FEVS 53, 97 = NVwZ 2002, 483 unter Hinweis auf die Gesetzesbegründung zum Entwurf des Gesetzes zur Umsetzung des Föderalen Konsolidierungsprogramms – FKPG, BT-Drs. 12/4401, S. 84 zu Nr. 17.
[77] SG Aachen v. 24.01.2006 - S 20 SO 107/05 - juris Rn. 19 - EuG 2007, 138-144; zu § 25 vgl. auch Rn. 17.
[78] SG Aachen v. 24.01.2006 - S 20 SO 107/05 - juris Rn. 19 - EuG 2007, 138-144.
[79] BVerwG v. 06.02.2003 - 5 C 9/02 - juris Rn. 14 - FEVS 54, 385-389.

knüpfung an § 98 Abs. 2 SGB XII auf gewöhnliche Aufenthalte im Inland. § 108 SGB XII betrifft dagegen die Fälle, in denen sowohl im Inland als auch im Ausland ein solcher gewöhnlicher Aufenthalt nicht besteht.

67 Liegt der nach § 98 Abs. 2 Satz 1 SGB XII maßgebliche letzte gewöhnliche Aufenthalt im Ausland, ist der nach § 98 Abs. 2 Satz 3 SGB XII zu bestimmende **Träger der Sozialhilfe am tatsächlichen Aufenthaltsort** (Einrichtungsort) zuständig. Da ein gewöhnlicher Aufenthalt im Inland nicht nur innerhalb von vier Wochen nach Aufnahme in die Einrichtung bzw. Vollzugsanstalt weder feststeht noch ein solcher vorliegt oder ermittelt werden kann, liegt kein Fall des § 106 Abs. 1 Satz 1 SGB XII, sondern ein Erstattungsfall nach **§ 106 Abs. 1 Satz 2 SGB XII** vor.

c. Erbringung von Leistungen der Sozialhilfe

aa. Allgemeines

68 Der nach § 98 Abs. 2 Satz 3 SGB XII vom Gesetz zur vorläufigen Leistungserbringung verpflichtete Träger des tatsächlichen Aufenthaltsortes (§ 98 Abs. 1 SGB XII) hat gegenüber dem Leistungsberechtigten zunächst – und unter Beachtung des Interessenwahrungsgrundsatzes (vgl. die Kommentierung zu § 110 SGB XII Rn. 20 f.) – die volle **Leistung zu erbringen**. Er hat im Interesse des erstattungspflichtigen Trägers der Sozialhilfe zwar die Kosten der Leistungserbringung möglichst gering zu halten, aus den Interessen des erstattungspflichtigen Trägers der Sozialhilfe lässt sich aber eine Einschränkung des materiellen Leistungsanspruchs des Leistungsberechtigten nicht entnehmen (vgl. die Kommentierung zu § 110 SGB XII Rn. 20 f.). Zur Frage, ob der erstattungsberechtigte Träger der Sozialhilfe auch vorrangige Ersatz- und Erstattungsansprüche durchzusetzen hat[80], vgl. die Kommentierung zu § 110 SGB XII Rn. 20.

69 Der Erstattungsanspruch richtet sich nach § 106 Abs. 1 Satz 1 SGB XII gegen den nach § 98 Abs. 2 Satz 1 SGB XII **zur Leistung verpflichteten Träger** der Sozialhilfe des maßgeblichen letzten gewöhnlichen Aufenthalts (vgl. Rn. 42), ohne dass insoweit eine Beschränkung auf örtliche Träger der Sozialhilfe bestünde. Zuständig i.S.d. § 98 Abs. 2 Satz 1 SGB XII kann – in Abhängigkeit von der jeweiligen Leistung – sowohl ein örtlicher als auch ein überörtlicher Träger der Sozialhilfe i.S.d. § 97 SGB XII sein (vgl. § 97 Abs. 3 SGB XII). Eine Beschränkung der Leistungspflicht nach § 98 Abs. 2 Satz 1 bzw. 4 und Abs. 4 SGB XII auf lediglich örtliche Träger ist weder aus § 98 Abs. 2 SGB XII noch im Hinblick auf den Erstattungsanspruch (und insoweit anders als in § 106 Abs. 1 Satz 2 SGB XII) aus § 106 Abs. 1 Satz 1 SGB XII zu entnehmen.[81]

bb. Erbringung von Leistungen der Sozialhilfe

70 § 106 Abs. 1 Satz 1 SGB XII setzt voraus, dass der nach § 98 Abs. 2 Satz 3 SGB XII als zuständig bestimmte Träger der Sozialhilfe **Leistungen der Sozialhilfe erbracht** hat. Die Erbringung von anderen Leistungen als den Sozialhilfeleistungen (vgl. dazu Rn. 40) oder auch die Erbringung von Leistungen durch andere Träger als Träger der Sozialhilfe (z.B. Träger der Jugendhilfe oder der Kriegsopferfürsorge) begründen auch dann nicht den Erstattungsanspruch des § 106 Abs. 1 Satz 1 SGB XII, wenn diese Träger nachrangige Leistungen erbringen. Lediglich soweit ein Gesetz ausdrücklich die Anwendbarkeit des § 106 Abs. 1 Satz 1 SGB XII anordnet, ist dessen Anwendungsbereich eröffnet (so z.B. in § 107 SGB XII).

71 **Welche Leistung** der Sozialhilfe i.S.d. **§ 8 SGB XII** (Hilfe zum Lebensunterhalt §§ 27-40 SGB XII, Hilfen zur Gesundheit §§ 47-52 SGB XII, Eingliederungshilfe für behinderte Menschen §§ 53-60 SGB XII, Hilfe zur Pflege §§ 61-66 SGB XII, Hilfe zur Überwindung besonderer sozialer Schwierigkeiten §§ 67-69 SGB XII, Hilfe in anderen Lebenslagen §§ 70-74 SGB XII sowie Beratung und Unterstützung) oder der **§§ 11, 23, 24, 25 SGB XII** und **in welcher Form** i.S.d. § 10 Abs. 1 SGB XII (Dienst-, Sach- oder Geldleistung) diese erbracht werden, ist im Rahmen des § 106 Abs. 1 Satz 1 SGB XII unerheblich; jedoch schließt § 44 Abs. 4 SGB XII in der seit 01.01.2013 geltenden Fassung Erstattungsansprüche nach dem 13. Kapitel des SGB XII, mithin auch solche nach den §§ 106 ff. SGB XII, für Leistungen der Grundsicherung im Alter und bei Erwerbsminderung[82] nach den

---

[80] So *Schiefer* in: Oesterreicher, SGB II/SGB XII, § 106 Rn. 38.
[81] A.A. *Schiefer* in: Oesterreicher, SGB II/SGB XII, § 106 Rn. 5.
[82] Dazu vgl. SG Lüneburg v. 02.07.2009 - S 22 SO 90/08 - juris Rn. 28.

§§ 41-46b SGB XII aus. Zu erstatten sind die jeweiligen Aufwendungen, ohne dass es auf die Art und die Form der Leistungserbringung ankommt. Dienst- und Sachleistungen sind in Geld zu erstatten, § 108 Abs. 1 SGB X.

Eine Leistung der Sozialhilfe ist **erbracht**, sobald der Träger der Sozialhilfe die Leistung gegenüber dem Leistungsberechtigten nach dem für ihn maßgeblichen Recht bewirkt hat.[83] Bei Geldleistungen ist daher der Zeitpunkt maßgeblich, in dem die Leistung den Leistungsberechtigten zugeflossen ist.[84] Dabei kommt es nicht darauf an, ob und ggf. wann seitens des Trägers der Sozialhilfe über den Leistungsanspruch entschieden wurde. Maßgeblich ist, dass die Leistung erbracht wurde; nur erbrachte Leistungen können erstattet werden.

cc. Rechtmäßige Leistungserbringung

Ein Erstattungsanspruch entsteht nur dann (vgl. z.B. die Kommentierung zu § 110 SGB XII Rn. 8), wenn die tatsächlich erbrachte (vgl. dazu Rn. 72) Sozialhilfeleistung **rechtmäßig** war. Diesen allgemeinen Grundsatz bestätigt § 110 Abs. 1 Satz 1 SGB XII, als hiernach die aufgewendeten Kosten nur zu erstatten sind, soweit die Leistung „diesem Buch", also dem SGB XII, entspricht.

Rechtmäßig erbracht ist eine Leistung der Sozialhilfe, wenn diese den nach dem SGB XII oder anderen einschlägigen Gesetzen und Ausführungsregelungen anzuwendenden Vorschriften sowie den am Aufenthaltsort des Leistungsberechtigten zur Zeit der Leistungserbringung bestehenden Grundsätzen für die Leistung von Sozialhilfe (§ 110 Abs. 1 Satz 2 SGB XII) entspricht. Insoweit ist erforderlich, dass die Tatbestandsvoraussetzungen des jeweiligen Leistungsanspruchs erfüllt sind und keine Einwendungen bestehen. Näher dazu vgl. die Kommentierung zu § 110 SGB XII Rn. 15 ff. Hinsichtlich von **Ermessensleistungen** vgl. die Kommentierung zu § 110 SGB XII Rn. 17 ff.

Ein Verstoß gegen die **sachliche und örtliche Zuständigkeit** macht nicht nur die Leistungserbringung rechtswidrig, er löst auch keinen Erstattungsanspruch i.S.d. §§ 106 ff. SGB XII aus[85]; allenfalls kann sich ein Erstattungsanspruch aus § 105 SGB X ableiten.

Insoweit ist die Erbringung stationärer Leistungen nur rechtmäßig, wenn diese den **Nachrang der stationären Leistungen** hinter den teilstationären und ambulanten Leistungen (§ 13 Abs. 1 Satz 2 SGB XII) beachtet („**Vorrang ambulanter und teilstationärer Leistungen**"). Der Vorrang der ambulanten Leistung gilt jedoch nicht, wenn eine Leistung für eine geeignete stationäre Einrichtung zumutbar und eine ambulante Leistung mit unverhältnismäßigen Mehrkosten verbunden ist (§ 13 Abs. 1 Satz 4 SGB XII). Stationäre Leistungen dürfen daher nur erbracht werden, wenn diese – auch unter Beachtung der Grundsätze der Wirtschaftlichkeit, Sparsamkeit und Zweckmäßigkeit sowie des Wunsch- und Wahlrechts des Leistungsberechtigten (§ 9 Abs. 2 SGB XII) – geeignet, erforderlich, angemessen und zumutbar sind, um die im Einzelfall gegebene Bedarfslage zu decken und die Bedarfslage nicht auch ausreichend, besser, zweckmäßiger und ohne unverhältnismäßige Mehrkosten durch ambulante bzw. teilstationäre Leistungen gedeckt werden kann (vgl. hierzu im Einzelnen die Kommentierung zu § 13 SGB XII).

dd. Heimbetreuungsbedürftigkeit

Stationäre Leistungen in Einrichtungen können in diesem Sinne nur dann rechtmäßig erbracht werden, wenn **Heimbetreuungsbedürftigkeit** vorliegt. Mit dem Begriff der Heimbetreuungsbedürftigkeit wird zum Ausdruck gebracht, dass ambulante und teilstationäre Leistungen unter Beachtung der Besonderheiten des Einzelfalles, der Berücksichtigung des Wunsch- und Wahlrechts (§ 9 Abs. 2 SGB XII) sowie im Hinblick auf unverhältnismäßige Mehrkosten nicht ausreichen, um die gegebene Bedarfslage ausreichend zu decken.[86] Damit kommt es dafür, ob Heimbetreuungsbedürftigkeit zu prüfen ist, nicht darauf an, ob der Träger der Sozialhilfe auch für stationäre Leistungen sachlich zuständig ist (vgl. § 97 Abs. 2 SGB XII)[87]; Heimbetreuungsbedürftigkeit in diesem Sinn ist das entscheidende Kriterium zur Abgrenzung der sachlichen Zuständigkeit, soweit nicht durch Landesrecht (§ 97 Abs. 2 bzw. Abs. 3 SGB XII) auch örtlichen Trägern der Sozialhilfe die Leistungserbringung in Einrichtungen zugewiesen ist.

---

[83] BSG v. 25.04.1989 - 4/11a RK 4/87 - juris Rn. 31 - BSGE 65, 31, 38 = SozR 1300 § 111 Nr. 6.
[84] BSG v. 25.04.1989 - 4/11a RK 4/87 - juris Rn. 31 - BSGE 65, 31, 38 = SozR 1300 § 111 Nr. 6.
[85] BVerwG v. 02.07.1969 - V C 88.68 - juris Rn. 13 ff. - BVerwGE 32, 279-282.
[86] *Klinge* in: Hauck/Noftz, SGB XII, § 109 Rn. 15; a.A. *Schiefer* in: Oestreicher, SGB II/SGB XII, § 106 Rn. 33 unter Hinweis auf VGH BW v. 01.12.1995 - 6 S 1814/95 - FEVS 46, 296.
[87] So aber *Schiefer* in: Oestreicher, SGB II/ SGB XII, § 106 Rn. 33.

78 Nach anderer Ansicht[88] ist für die Annahme der Heimbetreuungsbedürftigkeit lediglich entscheidend, ob der Hilfeempfänger in Anbetracht seiner körperlichen oder seelischen Beschaffenheit – oder wegen besonderer sozialer Umstände – der Fürsorge durch andere bedarf und deshalb seine Aufnahme in eine Anstalt, ein Heim oder eine gleichartige Einrichtung nützlich und zweckmäßig ist; die Aufnahme braucht darüber hinaus nicht auch erforderlich zu sein. Dieser Auffassung dürfte jedoch vor dem Hintergrund der Rangfolge des § 13 Abs. 1 Satz 2 SGB XII nicht mehr zuzustimmen sein.

79 Heimbetreuungsbedürftigkeit liegt insoweit vor, wenn ein Leistungsberechtigter **auf die spezifischen Leistungen einer stationären Einrichtung angewiesen** ist. Das ist der Fall, wenn gerade die sachlichen und fachlichen Leistungen der Einrichtung erforderlich sind (z.B. Unterkunft, Verpflegung und ganztägige z.B. medizinische Betreuung), aber auch dann, wenn dem Hilfebedürftigen ein Leben außerhalb der Einrichtung auch unter Zuhilfenahme von Betreuern und ambulanten sowie teilstationären Leistungen nicht möglich oder zumutbar ist.[89] Das ist dann nicht der Fall, wenn alleine die Existenzsicherung, also die Gewährung von Unterkunft und Hilfe zum Lebensunterhalt, im Vordergrund der Leistungserbringung steht und eine solche auch ausreicht, um die bestehende Bedarfslage zu decken.[90]

80 Grundlage der Heimbetreuungsbedürftigkeit können körperliche, geistige, seelische, charakterliche Gebrechen[91], Krankheiten, Behinderung, Pflegebedürftigkeit, Jugendlichkeit, Alter, Wohnsitzlosigkeit und Nicht-Sesshaftigkeit, Verwahrlosung, soziale Gefährdung oder Hilflosigkeit und Selbstgefährdung sein[92]. Diese Umstände bedingen für sich alleine Heimbetreuungsbedürftigkeit noch nicht. Vielmehr muss dieser Umstand so gestaltet sein, dass der durch ihn hervorgerufene **Bedarf auch nicht mit ambulanten und teilstationären Leistungen ausreichend gedeckt** werden kann. So begründet Pflegebedürftigkeit oder auch Wohnsitzlosigkeit alleine Heimbetreuungsbedürftigkeit noch nicht. Hinzukommen muss noch, dass der konkret vorhandene Pflegebedarf nur durch vollstationäre Pflege ausreichend gedeckt werden kann oder die Wohnsitzlosigkeit einer ambulanten oder teilstationären Leistungserbringung, z.B. bei Leistungen der Eingliederungshilfe, entgegensteht.

81 In diesem Sinne wird bei Aufenthalten in **Frauenhäusern** häufig die Heimbetreuungsbedürftigkeit zu verneinen sein[93], denn außer der geschützten Unterkunft können die erforderlichen Leistungen regelmäßig bedarfsdeckend auch ambulant bzw. teilstationär erbracht werden. Regelmäßig wird ein Erstattungsanspruch aber bereits daran scheitern, dass Frauenhäuser keine stationären Einrichtungen sind. Denn insoweit dürfte es regelmäßig an der ganztägigen Versorgung und Betreuung unter Aufsicht einer Fachkraft fehlen.[94]

ee. Vorläufige Leistungserbringung

82 Der nach § 98 Abs. 3 Satz 2 SGB XII als zuständig bestimmte Träger der Sozialhilfe (Träger am Einrichtungsort) muss eine **vorläufige Leistung erbracht haben**. Vorläufige Leistungen[95] dürfen nur erbracht werden, wenn ein Gesetz dies ausdrücklich zulässt. § 98 Abs. 2 Satz 3 SGB XII begründet eine entsprechende **gesetzliche Grundlage**. Den dort zugrunde liegenden Zuständigkeitskonflikt (vgl. dazu Rn. 48) löst § 98 Abs. 2 Satz 3 SGB XII im Sinne einer raschen Leistungserbringung. Dazu ermächtigt und verpflichtet das Gesetz den Träger des Einrichtungsortes (vgl. dazu Rn. 48) schon vor abschließender Klärung der Zuständigkeit und vor Aufnahme der Leistungserbringung durch den an sich verpflichteten Träger der Sozialhilfe (§ 98 Abs. 2 Satz 1 SGB XII) zu einer vorgreifenden Leistungserbringung. Da die durch § 98 Abs. 2 Satz 1 SGB XII zugewiesene Zuständigkeit des letztlich verpflichteten Trägers der Sozialhilfe durch die ersatzweise Zuständigkeit nach § 98 Abs. 2 Satz 3 SGB XII nicht ausgeschlossen wird, ermächtigt § 106 Abs. 2 Satz 3 SGB XII – verpflichtet aber auch nur – zu einer vorläufigen Leistungserbringung. Eine endgültige Leistungserbringung ist daher grds. verwehrt (zur Ausnahme vgl. Rn. 123 ff.), ein Verstoß macht die Leistungserbringung rechtswidrig (§ 31 SGB I).

---

[88] *Schiefer* in: Oesterreicher, SGB II/SGB XII, § 106 Rn. 33 unter Hinweis auf VGH BW v. 01.12.1995 - 6 S 1814/95 - FEVS 46, 296.
[89] *Klinge* in: Hauck/Noftz, SGB XII, § 109 Rn. 16.
[90] *Schiefer* in: Oesterreicher, SGB II/SGB XII, § 106 Rn. 33.
[91] *Klinge* in: Hauck/Noftz, SGB XII, § 109 Rn. 16.
[92] *Klinge* in: Hauck/Noftz, SGB XII, § 109 Rn. 16.
[93] *Klinge* in: Hauck/Noftz, SGB XII, § 109 Rn. 16.
[94] *Schiefer* in: Oesterreicher, SGB II/SGB XII, § 106 Rn. 28.
[95] Zu vorläufigen Leistungen vgl. auch *Eicher* in: Eicher/Schlegel, SGB III, § 328 SGB III, insbesondere Rn. 1, 40 ff.

Das Erfordernis der vorläufigen Leistungserbringung gleicht demjenigen des **§ 102 Abs. 1 SGB X**. Zu 83
dieser Vorschrift ist anerkannt, dass die vorläufige Leistungsgewährung voraussetzt, dass der in Anspruch genommene Leistungsträger zwar zunächst kraft Gesetzes zur Leistung verpflichtet ist, gleichzeitig jedoch **Unklarheit über die Zuständigkeit** für die endgültige Leistungserbringung oder ein **Zuständigkeitskonflikt** besteht.[96] Der die Leistung erbringende Träger muss daher zwar zunächst gesetzlich zur vorläufigen Leistungserbringung verpflichtet sein, gleichzeitig aber entweder in Kenntnis von der Zuständigkeit eines anderen Leistungsträgers und damit der eigenen Unzuständigkeit leisten oder sich noch im Ungewissen darüber befinden, welcher andere Leistungsträger zuständig ist.[97] Das Gesetz räumt insoweit dem Leistungsberechtigten im Hinblick auf eine schnelle Leistungserbringung bei unklarer Zuständigkeit das Recht und dem Leistungsträger zugleich auch die Pflicht ein, ausschließlich vorläufige Leistungen verlangen bzw. erbringen zu können.

Eine solche gesetzliche Regelung enthält auch **§ 98 Abs. 2 Satz 3 SGB XII**. Diese Vorschrift will – 84
trotz eines nicht vorhandenen, nicht schnell zu ermittelnden oder nicht feststehenden maßgeblichen letzten gewöhnlichen Aufenthalts (vgl. Rn. 42) und damit der fehlenden bzw. unklaren Zuständigkeit eines konkreten Trägers der Sozialhilfe – eine **rasche Leistungserbringung gewährleisten**. Um die rasche Leistungserbringung zu ermöglichen, verpflichtet § 98 Abs. 2 Satz 3 SGB XII den für den tatsächlichen Aufenthalt des Leistungsberechtigten zuständigen Träger der Sozialhilfe (Träger der Sozialhilfe am Einrichtungsort), vorläufige Leistungen zu erbringen. Insoweit gleichen sich die Erstattungslagen nach § 102 Abs. 1 SGB X und diejenige des § 106 Abs. 1 Satz 1 SGB XII. Die zu § 102 Abs. 1 SGB X entwickelten Grundsätze können damit auch auf § 98 Abs. 2 Satz 3 SGB XII übertragen werden.[98]

Bei der Leistungserbringung muss damit der **Wille** des die vorläufige Leistung erbringenden Leistungsträgers, im Hinblick auf die ungeklärte bzw. ungewisse Zuständigkeit und damit **lediglich vorläufig leisten zu wollen**, nach außen deutlich werden, also **erkennbar** sein.[99] Denn soweit nichts anderes für den Leistungsempfänger erkennbar oder bestimmt ist, darf dieser nämlich von einer endgültigen Leistungserbringung seitens des leistungsverpflichteten Trägers ausgehen. Der Charakter der Erbringung einer vorläufigen Sozialleistung muss insoweit von Anfang an feststehen; eine **nachträgliche Umdeutung** einer einmal erbrachten Leistung in eine vorläufige Sozialleistung ist nicht möglich.[100] Daher muss der durch § 98 Abs. 2 Satz 3 SGB XII zur Leistungserbringung verpflichtete Träger der Sozialhilfe gegenüber dem Leistungsberechtigten zum Ausdruck bringen, wegen der ungelösten Zuständigkeitsfrage lediglich eine vorläufige Leistung zu erbringen[101], bis der tatsächlich zuständige Träger der Sozialhilfe den Leistungsfall übernimmt. 85

Dagegen hat das LSG Sachsen-Anhalt[102]entschieden, es komme nicht darauf an, ob der Träger der Sozialhilfe im Außenverhältnis zum Leistungsberechtigten nicht vorläufig geleistet habe. Im Rahmen des Erstattungsverfahrens sei alleine auf das Innenverhältnis der Träger der Sozialhilfe untereinander abzustellen.[103] Insoweit genüge es, dass **im Innenverhältnis** der Leistungsträger untereinander klar sei, dass nur vorläufige Leistungen i.S.d. § 106 Abs. 1 SGB XII erfolgt seien.[104] Ob dieser Rechtsprechung zu folgen sein wird, erscheint fraglich, denn ob eine Leistung im Außenverhältnis anders als im Innenverhältnis behandelt werden kann, einmal als endgültige, einmal als vorläufige Leistung, erscheint fraglich. 86

Die **Berechtigung**, vorläufige Leistungen zu erbringen, **entfällt**, wenn die bislang offene bzw. ungeklärte Zuständigkeit geklärt ist, also entweder der nach § 98 Abs. 2 Satz 1 SGB XII verpflichtete Leistungsträger bestimmt ist oder sicher feststeht, dass ein maßgeblicher letzter gewöhnlicher Aufenthalt nicht existiert bzw. nicht ermittelt werden kann. Dann wandelt sich die vorläufige Zuständigkeit nach § 98 Abs. 2 Satz 3 SGB XII in eine endgültige Leistungsverpflichtung um und verfestigt sich zu einer 87

---

[96] Vgl. z.B. BSG v. 20.10.2009 - B 5 R 44/08 R - juris Rn. 19.
[97] BSG v. 22.05.1985 - 1 RA 33/84 - juris Rn. 16 - BSGE 58, 119-127 = SozR 1300 § 104 Nr. 7.
[98] Faktisch so gehandhabt durch LSG v. 14.06.2006 - L 11 SO 28/05 - juris Rn. 21 - FEVS 58, 142-144.
[99] BSG v. 20.10.2009 - B 5 R 44/08 R - juris Rn. 19; BSG v. 22.05.1985 - 1 RA 33/84 - juris Rn. 16 - BSGE 58, 119-127 = SozR 1300 § 104 Nr. 7.
[100] BSG v. 22.05.1985 - 1 RA 33/84 - juris Rn. 16 - BSGE 58, 119-127 = SozR 1300 § 104 Nr. 7.
[101] LSG BY v. 14.06.2006 - L 11 SO 28/05 - juris Rn. 21 - FEVS 58, 142-144.
[102] LSG Sachsen-Anhalt v. 21.12.2010 - L 8 SO 8/08 - juris Rn. 62.
[103] LSG Sachsen-Anhalt v. 21.12.2010 - L 8 SO 8/08 - juris Rn. 62.
[104] LSG Sachsen-Anhalt v. 21.12.2010 - L 8 SO 8/08 - juris Rn. 62; ebenso SG Neuruppin v. 28.01.2011 - S 14 SO 88/09 - juris Rn. 26.

endgültigen Zuweisung der Zuständigkeit an den jeweiligen Träger der Sozialhilfe.[105] **Übernimmt der endgültig zur Leistungserbringung zuständige Träger der Sozialhilfe die Leistungserbringung**, erledigt sich – insoweit anders als im Fall des § 328 SGB III – die vorläufige Leistungsbewilligung nicht; vielmehr hat der nach § 98 Abs. 2 Satz 3 SGB XII zuständige Träger der Sozialhilfe seinen Leistungsbescheid nach § 48 SGB X aufzuheben (näher dazu, auch zu verfahrensrechtlichen Fragen, vgl. Rn. 123 ff.).

88 Ist ein maßgeblicher **letzter gewöhnlicher Aufenthaltsort** (vgl. Rn. 42) **tatsächlich nicht vorhanden** oder auch nach Ablauf von vier Wochen nicht zu ermitteln oder lässt ein solcher sich abschließend zu keiner Zeit feststellen, **wandelt sich** die vorläufige Zuständigkeit nach § 98 Abs. 2 Satz 3 SGB XII in eine **endgültige Zuständigkeit** des Trägers am Einrichtungsort um (vgl. dazu Rn. 123 ff.). Insoweit erwächst einem örtlichen Träger der Sozialhilfe dann ein Erstattungsanspruch nach § 106 Abs. 1 Satz 2 SGB XII.

d. Leistungserbringung an einen Leistungsberechtigten, der sich in einer Einrichtung oder Vollzugsanstalt aufhält

aa. Allgemeines

89 Der Erstattungsanspruch des § 106 Abs. 1 Satz 1 SGB XII setzt mit der Bezugnahme auf § 98 Abs. 2 Satz 1 SGB XII (und § 98 Abs. 4 SGB XII) des Weiteren voraus, dass der Leistungsberechtigte sich in einer Einrichtung bzw. einer Vollzugsanstalt aufhält.

bb. Aufenthalt in einer Einrichtung

90 § 98 Abs. 2 Satz 1 SGB XII bestimmt die Zuständigkeit von Trägern der Sozialhilfe, wenn **stationäre Leistungen in Einrichtungen** erbracht werden. § 98 Abs. 2 Satz 1 SGB XII knüpft bei stationären Leistungen in Einrichtungen die örtliche Zuständigkeit an den Ort des letzten gewöhnlichen Aufenthalts vor dem Eintritt in die Einrichtung.

91 Stationäre Leistungen i.S.d. § 98 Abs. 2 Satz 1 SGB XII sind alleine **(voll)stationäre Leistungen** in Einrichtungen (vgl. dazu Rn. 32 ff.). Teilstationäre und ambulante Leistungen sind von § 98 Abs. 2 SGB XII nicht erfasst. Zu Fällen ambulant betreuter Wohnformen bzw. eines Wechsels zwischen ambulanten und stationären Einrichtungsformen („gemischte Kette") vgl. Rn. 39.[106]

92 Für die ambulante sowie die teilstationäre Leistungserbringung, z.B. in Einrichtungen der Tages- oder Nachtpflege, des ambulant betreuten Wohnens usw., richtet sich die Zuständigkeit daher nach § 98 Abs. 1 SGB XII; ein Kostenerstattungsanspruch nach § 106 SGB XII scheidet aus. Das gilt auch dann, wenn eine (voll)stationäre Einrichtung im Einzelfall nur ambulante oder teilstationäre Leistungen erbringt.[107]

93 Soweit stationäre Leistungen in Einrichtungen erbracht werden, setzt dies den Aufenthalt des Leistungsberechtigten dort voraus (vgl. dazu auch die amtliche Überschrift des § 106 SGB XII sowie § 106 Abs. 2 SGB XII). Ein Leistungserbringer hält sich in einer Einrichtung auf, wenn er sich dort befindet. Jedoch umfasst der Begriff des „**Aufenthalts in einer Einrichtung**" neben dem **örtlichen** auch ein **zeitliches** sowie ein **funktionales Moment**.[108] Damit kommt dem Aufenthalt eine an die Leistungserbringung in Einrichtungen gebundene Bedeutung zu[109], was sich durch den Umkehrschluss zu § 106 Abs. 2 SGB XII bestätigt.

94 § 106 Abs. 1 Satz 1 SGB XII i.V.m. § 98 Abs. 2 Satz 3 und 1 SGB XII stellt dabei auf den tatsächlichen Aufenthalt des Leistungsempfängers in einer solchen Einrichtung ab. Ein tatsächlicher **Aufenthalt** in einer Einrichtung setzt nicht nur die tatsächliche **Anwesenheit** des Leistungsempfängers innerhalb der Einrichtung voraus. Vielmehr knüpft der Aufenthalt i.S.d. § 106 Abs. 1 Satz 1 SGB XII i.V.m. § 98 Abs. 2 SGB XII an einen **einrichtungs- bzw. anstaltsspezifischen Aufenthalt** (funktionales Mo-

---

[105] *Klinge* in: Hauck/Noftz, SGB XII, § 106 Rn. 21.

[106] Aus der Rsp. vgl. BSG v. 25.08.2011 - B 8 SO 7/10 R - juris; Hessisches LSG v. 20.03.2013 - L 6 SO 168/10 - juris Rn. 30, 31; Thüringer LSG v. 17.10.2012 - L 8 SO 74/11 - juris, nachgehend BSG - B 8 SO 32/12 R, dazu vgl. Terminbericht 42/13; LSG Rheinland-Pfalz v. 23.02.2012 - L 1 SO 135/10 - juris Rn. 55 ff., 59, nachgehend BSG v. 13.02.2014 - B 8 SO 11/12 R, dazu vgl. Terminbericht 4/14.

[107] *Klinge* in: Hauck/Noftz, SGB XII, § 106 Rn. 13.

[108] BVerwG v. 06.04.1995 - 5 C 12/93 - juris Rn. 15 - BVerwGE 98, 132-137; vgl. auch Rn. 11.

[109] So zum Aufenthalt in einer Vollzugsanstalt BVerwG v. 06.04.1995 - 5 C 12/93 - juris Rn. 15 - BVerwGE 98, 132-137.

ment) unter Nutzung der Angebote und der Betreuung der Einrichtung bzw. Vollzugsanstalt an. Damit haben reguläre Beschäftigte der Einrichtung, auch wenn sie dort wohnen und der Leistungen des Trägers der Sozialhilfe bedürfen, keinen Aufenthalt in der Einrichtung. Scheidet ein Einrichtungsbewohner aus der Betreuung oder den einrichtungs- bzw. anstaltsspezifischen Leistungen aus, obwohl er noch tatsächlich in der Einrichtung bzw. der Anstalt verbleibt, greift weder § 109 SGB XII noch § 106 Abs. 1 Satz 1 SGB XII; insoweit gilt § 106 Abs. 3 SGB XII (vgl. dazu Rn. 141 ff. bzw. Rn. 173 ff.).

cc. Aufenthalt in einer Vollzugseinrichtung

Bei Personen, die sich in einer Vollzugsanstalt aufhalten, ist der Träger der **Vollzugsanstalt** für die Erbringung existenzsichernder Leistungen zuständig. Dieser hat sich um die Sicherung des Lebensunterhalts seiner Insassen zu kümmern. Lediglich bei sonstigen, ungedeckten und auch vom Zweck des Vollzugs nicht erfassten Bedarfen bleibt – soweit nicht nach den Vorschriften des SGB II ein Grundsicherungsträger zuständig ist – der Träger der Sozialhilfe leistungsverpflichtet.[110] Daher kommt bei Aufenthalten in Vollzugseinrichtungen nur ein sehr eingeschränktes Leistungsspektrum der Träger der Sozialhilfe in Betracht. 95

§ 98 Abs. 4 SGB XII erklärt die **Vorschriften über stationäre Einrichtungen** auch für Leistungen an diejenigen Personen für anwendbar, die sich zum Vollzug richterlich angeordneter Freiheitsentziehung in Einrichtungen aufhalten oder aufgehalten haben. Insoweit stellt § 98 Abs. 4 SGB XII die Leistungserbringung an diese Personen einer stationären Leistungserbringung i.S.d. § 98 Abs. 2 Satz 1 SGB XII gleich. Für diese Gleichstellung ist es unerheblich, ob der Träger der Sozialhilfe für den Insassen der Vollzugsanstalt ambulante, teil- oder vollstationäre Leistungen erbringt. Wegen der Freiheitsentziehung und der damit verbundenen „Unterbringung" in der Vollzugsanstalt fingiert § 98 Abs. 4 SGB XII, dass die den dort einsitzenden Leistungsberechtigten erbrachten Leistungen der Sozialhilfe stationäre Leistungen i.S.d. § 98 Abs. 2 Satz 1 SGB XII darstellen. 96

Dabei setzt § 98 Abs. 4 SGB XII voraus, dass sich der Leistungsempfänger auf **richterlich angeordnete Freiheitsentziehung** in einer Vollzugsanstalt aufhält. Damit muss der Aufenthalt zunächst unmittelbar auf eine richterliche Freiheitsentziehung i.S. einer Kausalität zurückzuführen sein. Andere Gründe für den Aufenthalt in der Vollzugsanstalt, z.B. eine polizeiliche Ingewahrsamnahme oder eine freiwillige Schutzhaft, genügen nicht. 97

Vollzugsanstalten i.S.d. § 98 Abs. 4 SGB XII sind nicht nur **Strafgefängnisse** (Justizvollzugsanstalten, Strafanstalten, Untersuchungsgefängnisse). Auch **psychiatrische Krankenhäuser**, Einrichtungen des Maßregelvollzugs, sozialtherapeutische Anstalten, Alkohol- und Drogenentzugseinrichtungen sowie Jugendarresteinrichtungen werden erfasst.[111] 98

§ 98 Abs. 4 SGB XII stellt auf den aktuellen und auch einen beendeten **tatsächlichen Aufenthalt** in einer solchen Vollzugsanstalt ab; der Leistungsempfänger muss sich also tatsächlich dort aufhalten. Der Begriff „sich aufhalten" umfasst dabei auch hier neben dem **örtlichen** und dem **zeitlichen** auch ein **funktionales Moment**.[112] Damit kommt dem Aufenthalt eine an den Vollzug der Freiheitsentziehung in einer Einrichtung gebundene Bedeutung zu.[113] Mit dieser auf den Aufenthalt in Einrichtungen zum Vollzug ausgerichteten und damit wesentlich funktional geprägten Auslegung des BVerwG[114] sind auch **Freigänge**, Wochenendbeurlaubungen und **Hafturlaube**, während denen der Leistungsempfänger noch funktionell der Vollzugsanstalt zuzurechnen ist, unter den Aufenthalt i.S.d. § 109 SGB XII zu fassen, wenn der Aufenthalt nicht bereits einer anderen eigenständigen Einrichtung zugeordnet ist (z.B. einem justizvollzugsexternen Krankenhaus).[115] 99

dd. Fingierter Aufenthalt in einer Einrichtung bzw. Vollzugseinrichtung bei Geburt eines Kindes

Wird ein Kind in einer Einrichtung bzw. einer Vollzugsanstalt (§ 98 Abs. 4 SGB XII) geboren, so ordnet § 98 Abs. 2 Satz 4 SGB XII an, dass das Kind **keinen eigenen gewöhnlichen Aufenthalt** begründet, sondern den seinen vom gewöhnlichen Aufenthalt der Mutter ableitet. Das entspricht auch den Regelungen des BGB, wonach sich der Wohnsitz von Kindern aus dem der Eltern ableitet (§ 11 Satz 1 100

---

[110] BVerwG v. 12.10.1993 - 5 C 38/92 - juris Rn 14 ff. - NDV 1994, 152.
[111] *Schiefer* in: Oestereicher, SGB II/SGB XII, § 106 Rn. 72.
[112] BVerwG v. 06.04.1995 - 5 C 12/93 - juris Rn. 15 - BVerwGE 98, 132-137; vgl. auch Rn. 11.
[113] BVerwG v. 06.04.1995 - 5 C 12/93 - juris Rn. 15 - BVerwGE 98, 132-137.
[114] BVerwG v. 06.04.1995 - 5 C 12/93 - juris Rn. 15 - BVerwGE 98, 132-137.
[115] BVerwG v. 06.04.1995 - 5 C 12/93 - juris Rn. 21 ff. - BVerwGE 98, 132-137.

BGB). Befindet sich die Mutter in einer stationären Einrichtung oder einer Vollzugsanstalt (§ 98 Abs. 4 SGB XII), ist für diese nach § 98 Abs. 2 Satz 1 SGB XII derjenige Träger der Sozialhilfe zuständig, in dessen Bereich die Mutter ihren gewöhnlichen Aufenthalt im Zeitpunkt der Aufnahme in die Einrichtung oder in den zwei Monaten vor der Aufnahme zuletzt gehabt hatte. Nach Absatz 2 Satz 4 ist an diese Zuständigkeit auch für das Kind anzuknüpfen.

101 Erbringt jedoch in den Fällen des § 98 Abs. 2 Satz 3 SGB XII, also bei ungeklärter Zuständigkeit hinsichtlich der Mutter, der für den Einrichtungsort zuständige Träger der Sozialhilfe Leistungen an das Kind, so sind auch dessen Aufwendungen auf die Grundlage des § 106 Abs. 1 Satz SGB XII 1 i.V.m. § 98 Abs. 2 Satz 4 SGB XII von dem für die Mutter zuständigen Träger i.S.d. § 98 Abs. 2 Satz 1 SGB XII zu erstatten. Für das Kind greift daher ein Kostenerstattungsanspruch **unter denselben Voraussetzungen wie bei der Mutter**.[116]

102 Der Kostenerstattungsanspruch **endet**, wenn der Aufenthalt des Kindes in der Einrichtung unterbrochen bzw. beendet wird.[117] In der Folge ist für den Kostenerstattungsanspruch alleine auf das Kind abzustellen, sodass insoweit auch im Hinblick auf das Kind die Voraussetzungen des Kostenerstattungsanspruchs wegen nachgehender Leistungen nach § 106 Abs. 3 SGB XII bzw. wenn das Kind wieder zur Mutter in die Einrichtung zurückkehrt, die Voraussetzungen des Kostenerstattungsanspruchs nach § 106 Abs. 1 SGB XII eigenständig zu prüfen sind. § 98 Abs. 2 Satz 4 SGB XII macht das Vorliegen der Voraussetzungen eines Leistungsanspruchs für stationäre Leistungen nicht entbehrlich, sodass Leistungen an das Kind nur dann erstattet werden können, wenn diesem gegenüber die Leistungen rechtmäßig erbracht wurden.

3. Kostenerstattung bei fehlendem bzw. nicht ermittelbarem letztem gewöhnlichen Aufenthalt (Absatz 1 Satz 2)

a. Allgemeines

103 § 106 Abs. 1 Satz 2 SGB XII beinhaltet einen **eigenständigen Kostenerstattungsanspruch** gegen den überörtlichen Träger der Sozialhilfe, zu dessen Zuständigkeitsbereich der für den Einrichtungsort zuständige Träger der Sozialhilfe gehört. Auch der Erstattungsanspruch des § 106 Abs. 1 Satz 2 SGB XII knüpft an die Zuständigkeitsregelung des § 98 Abs. 2 SGB XII, hier der Sätze 3 und 4, und damit an die Erbringung von (voll)stationären Leistungen in Einrichtungen, vgl. dazu Rn. 31 ff. (§ 98 Abs. 2 Sätze 2, 3, 4 SGB XII) bzw. in Vollzugsanstalten an, vgl. dazu Rn. 95 ff. (§ 98 Abs. 4 SGB XII i.V.m. Absatz 2 Sätze 3, 4).

104 Voraussetzung dieses gegenüber § 106 Abs. 1 Satz 1 SGB XII eigenständigen Erstattungsanspruchs ist, dass, wenn ein gewöhnlicher Aufenthalt nicht vorhanden oder nicht zu ermitteln war (b), in den Fällen des § 98 Abs. 2 Sätze 3 und 4 SGB XII (c), ein örtlicher Träger der Sozialhilfe (d) an einen sich in einer Einrichtung bzw. einer Vollzugsanstalt aufhaltenden Leistungsberechtigten (e) rechtmäßig Leistungen der Sozialhilfe erbracht hat (f).

105 Der Erstattungsanspruch richtet sich nach § 106 Abs. 1 Satz 2 SGB XII gegen den für den die Leistung erbringenden örtlichen Träger der Sozialhilfe **zuständigen überörtlichen Träger** der Sozialhilfe (§ 97 Abs. 2 SGB XII).

b. Maßgeblicher gewöhnlicher Aufenthalt ist nicht vorhanden oder nicht zu ermitteln

106 Der Erstattungsanspruch nach § 106 Abs. 1 Satz 2 SGB XII setzt voraus, dass ein nach § 98 Abs. 2 Satz 1 SGB XII **maßgeblicher letzter gewöhnlicher Aufenthalt** (vgl. Rn. 42) **nicht existiert**. Es darf daher keinen Ort geben, an dem sich der Leistungsberechtigte unter Umständen aufgehalten hat, die erkennen lassen, dass er an diesem Ort oder in diesem Gebiet nicht nur vorübergehend verweilt und somit seinen Lebensmittelpunkt hat (vgl. dazu Rn. 43). Das kann bei wohnsitzlosen und nicht-sesshaften Personen der Fall sein.

107 Ein nach § 98 Abs. 2 Satz 1 SGB XII maßgeblicher letzter gewöhnlicher Aufenthalt besteht auch dann nicht, wenn dieser im **Ausland** liegt und der Leistungsberechtigte lediglich zu Besuchszwecken eingereist war.[118]

---

[116] Schoch in: LPK-SGB XII, 9. Aufl., § 106 Rn. 13.
[117] Schoch in: LPK-SGB XII, 9. Aufl., § 106 Rn. 14.
[118] Klinge in: Hauck/Noftz, SGB XII, § 106 Rn. 23.

Dem steht gleich, wenn zwar ein gewöhnlicher Aufenthaltsort vorhanden, aber dieser Ort des nach § 98 Abs. 2 Satz 1 SGB XII maßgeblichen letzten gewöhnlicher Aufenthalts – auch außerhalb der Vier-Wochen-Frist des § 98 Abs. 2 Satz 3 SGB XII – **nicht ermittelt werden kann**. Das kann z.B. bei bewusstlos aufgefundenen unbekannten Personen der Fall sein. 108

Der nach § 98 Abs. 2 Satz 3 SGB XII zur Leistung verpflichtete Träger der Sozialhilfe hat im Erstattungsverfahren gegenüber dem erstattungspflichtigen Träger der Sozialhilfe **konkret darzulegen**, dass ein maßgeblicher letzter gewöhnlicher Aufenthalt i.S.d. § 98 Abs. 2 Satz 1 SGB XII i.V.m. § 30 Abs. 2 Satz 3 SGB I nicht vorhanden war oder dass ein solcher nicht ermittelt werden kann. Eine bloß pauschale Behauptung genügt nicht.[119] Vielmehr kann dies nur dann angenommen werden, wenn der Erstattung begehrende Träger unter Zugrundelegung objektiver Gesichtspunkte alles ihm Zumutbare und Mögliche unternommen hat, um den gewöhnlichen Aufenthalt zu ermitteln.[120] Bloß oberflächliche Ermittlungen genügen nicht.[121] 109

Kann der Erstattung begehrende Träger der Sozialhilfe diese Darlegung nicht führen, geht das zu seinen Lasten. Er trägt das Risiko der **Feststellungslast**; lässt sich nicht nachweisen, dass kein gewöhnlicher Aufenthalt bestanden hatte oder ermittelt werden kann, besteht der Erstattungsanspruch nicht. Im Gerichtsverfahren hat das Gericht den maßgeblichen letzten gewöhnlichen Aufenthalt (vgl. Rn. 42) des Leistungsempfängers zu ermitteln (vgl. dazu Rn. 58). 110

c. Leistungserbringung in den Fällen des § 98 Abs. 2 Sätze 3 und 4 SGB XII

aa. Nach § 98 Abs. 2 Satz 3 SGB XII zuständiger Träger bei Erbringung stationärer Leistungen, wenn ein gewöhnlicher Aufenthalt nicht vorhanden ist oder sich nicht ermitteln lässt

Der Erstattungsanspruch des § 106 Abs. 1 Satz 2 SGB XII knüpft an eine Leistungserbringung nach § 98 Abs. 2 Satz 3 SGB XII an. Nach dieser Vorschrift wird der für den tatsächlichen Aufenthalt in der Einrichtung zuständige Träger der Sozialhilfe (**Träger am Einrichtungsort**) ermächtigt und verpflichtet, im Vorgriff auf das Einsetzen der Leistungserbringung durch den nach § 98 Abs. 2 Satz 1 SGB XII für den letzten gewöhnlichen Aufenthaltsort vor Aufnahme in die Einrichtung zuständigen Träger der Sozialhilfe vorläufig Leistungen zu erbringen (vgl. dazu Rn. 82 ff., Rn. 123 ff.). 111

Damit hat dem Erstattungsanspruch nach § 106 Abs. 1 Satz 2 SGB XII zwingend eine **ungeklärte Zuständigkeitsfrage** i.S.d. § 98 Abs. 2 Satz 3 SGB XII vorauszugehen. Zunächst muss daher versucht werden, den wirklich zuständigen Träger der Sozialhilfe i.S.d. § 98 Abs. 2 Satz 1 SGB XII ausfindig zu machen. 112

Ist ein maßgeblicher letzter gewöhnlicher Aufenthaltsort (vgl. Rn. 42) tatsächlich nicht vorhanden, auch nach Ablauf von vier Wochen nicht zu ermitteln und ist ein solcher sich auch abschließend zu keiner Zeit feststellen, **wandelt sich die vorläufige Zuständigkeit** nach § 98 Abs. 2 Satz 3 SGB XII in eine endgültige um. In diesem Fall verfestigt sich die Pflicht zur Erbringung von vorläufigen Leistungen zu der Verpflichtung, **endgültig für den Leistungsfall zuständig** zu sein. Dann fällt die Leistungserbringung letztlich in die Zuständigkeit des für den tatsächlichen Aufenthalt zuständigen Trägers der Sozialhilfe i.S.d. § 98 Abs. 1 SGB XII.[122] Als Ausgleich erwächst einem örtlichen Träger der Sozialhilfe dann ein Erstattungsanspruch nach § 106 Abs. 1 Satz 2 SGB XII. Zum Übergang von vorläufigen Leistungen zu endgültiger Leistungserbringung vgl. Rn. 123 ff. 113

bb. Nach § 98 Abs. 2 Satz 4 SGB XII zuständiger Träger bei Erbringung stationärer Leistungen und Geburt in einer Einrichtung

Wird in einer Einrichtung ein Kind geboren, so ordnet § 98 Abs. 2 Satz 4 SGB XII an, dass das Kind **keinen eigenen gewöhnlichen Aufenthalt** begründet, sondern den seinen vom gewöhnlichen Aufenthalt der Mutter ableitet. Befindet sich die Mutter in einer stationären Einrichtung, ist für diese nach § 98 Abs. 2 Satz 1 SGB XII derjenige Träger der Sozialhilfe zuständig, in dessen Bereich die Mutter ihren gewöhnlichen Aufenthalt im Zeitpunkt der Aufnahme in die Einrichtung oder in den zwei Monaten vor der Aufnahme zuletzt gehabt hatte. Nach Absatz 2 Satz 4 ist an diese **Zuständigkeit auch für das Kind** anzuknüpfen. 114

---

[119] *Klinge* in: Hauck/Noftz, SGB XII, § 106 Rn. 22.
[120] *Schiefer* in: Oesterreicher, SGB II/SGB XII, § 106 Rn. 54.
[121] *Schiefer* in: Oesterreicher, SGB II/SGB XII, § 106 Rn. 54.
[122] *Klinge* in: Hauck/Noftz, SGB XII, § 106 Rn. 21.

115   Ist jedoch auch hinsichtlich der Mutter ein i.S.d. § 98 Abs. 2 Satz 1 SGB XII maßgeblicher letzter gewöhnlicher Aufenthaltsort (vgl. Rn. 42) weder vorhanden noch zu ermitteln, so liegt auch hinsichtlich des Kindes ein solcher nicht vor.

116   Daher ordnet § 106 Abs. 1 Satz 2 SGB XII an, dass bei fehlendem oder nicht zu ermittelndem maßgeblichem letzten gewöhnlichen Aufenthalt der Mutter, dem für die Leistungserbringung nach § 98 Abs. 2 Satz 3 SGB XII zuständigen örtlichen Träger der Sozialhilfe auch wegen der Leistungen für das Kind ein Erstattungsanspruch gegen seinen überörtlichen Träger der Sozialhilfe erwächst.

117   Jedoch **endet** der Kostenerstattungsanspruch, wenn der Aufenthalt des Kindes in der Einrichtung unterbrochen wird.[123] In der Folge ist dann für den Kostenerstattungsanspruch alleine auf das Kind abzustellen, sodass insoweit auch im Hinblick auf das Kind die Voraussetzungen des Kostenerstattungsanspruchs nach § 106 Abs. 3 SGB XII eigenständig zu prüfen sind (vgl. dazu Rn. 102).

d. Leistungserbringung durch einen örtlichen Träger der Sozialhilfe

118   Voraussetzung des Erstattungsanspruchs aus § 106 Abs. 1 Satz 2 SGB XII ist auch, dass der Erstattung begehrende Träger der Sozialhilfe die Leistungen als **örtlicher Träger der Sozialhilfe** erbracht hat. Ob ein Träger der Sozialhilfe örtlicher Träger der Sozialhilfe ist, beurteilt sich nach § 97 Abs. 1 SGB XII.

119   Ergibt sich schon aus den §§ 97 Abs. 2 und 3, 98 Abs. 2 Sätze 3 und 1 SGB XII die sachliche und örtliche **Zuständigkeit eines überörtlichen Trägers** der Sozialhilfe, so entsteht ein Erstattungsanspruch nicht. Sinn des Erstattungsanspruchs ist es, die in Folge des Vorhandenseins einer Einrichtung an einem bestimmten Ort den für den Einrichtungsort zuständigen örtlichen Träger der Sozialhilfe treffenden Lasten auf den überörtlichen Träger der Sozialhilfe zu verlagern. Dieser ist damit nach der gesetzlichen Wertung zur Tragung derjenigen Kosten zuständig und verpflichtet, die mangels eines maßgeblichen gewöhnlichen Aufenthaltsortes keinem konkreten örtlichen Träger der Sozialhilfe angelastet werden können. Ein Erstattungsanspruch des überörtlichen Trägers der Sozialhilfe gegen sich selbst ist ausgeschlossen. Ein anderer überörtlicher Träger der Sozialhilfe kann nicht nach § 98 Abs. 2 Sätze 3, 1 SGB XII zuständig geworden sein.

120   Gleichfalls ist ein Erstattungsanspruch aus § 106 Abs. 1 Satz 2 SGB XII zu verneinen, wenn anstelle des im konkreten Leistungsfall nach den §§ 98 Abs. 2 Satz 3 bzw. 4, 97 Abs. 2 und 3 SGB XII zuständigen überörtlichen Trägers der Sozialhilfe ein örtlicher Träger der Sozialhilfe die Leistung – wegen Verstoßes gegen die Zuständigkeit dann **rechtswidrig** – erbracht hat.

e. Leistungserbringung an einen Leistungsberechtigten, der sich in einer Einrichtung oder Vollzugsanstalt aufhält

121   Mit der Anknüpfung an § 98 Abs. 2 Satz 3 SGB XII setzt der Erstattungsanspruch des § 106 Abs. 1 Satz 2 SGB XII auch voraus, dass einem Leistungsberechtigten, der sich **in einer Einrichtung** oder in einer Vollzugsanstalt (§ 98 Abs. 4 SGB XII) **aufhält**, stationäre Leistungen gewährt werden. Hierzu vgl. Rn. 90 ff.

f. Erbringung von Leistungen der Sozialhilfe

aa. Rechtmäßige Erbringung von Leistungen der Sozialhilfe

122   Voraussetzung des Erstattungsanspruchs gem. § 106 Abs. 1 Satz 1 SGB XII ist auch, dass dem Leistungsberechtigten eine Leistung der Sozialhilfe (vgl. dazu Rn. 70 f.) erbracht (vgl. dazu Rn. 72) wurde. Diese Leistungserbringung muss rechtmäßig sein (§ 110 Abs. 1 Satz 1 SGB XII), vgl. dazu Rn. 73 ff.

bb. Vorläufige Leistungserbringung?

123   § 98 Abs. 2 Satz 3 SGB XII ermächtigt und verpflichtet dazu, Leistungen der **Sozialhilfe vorläufig zu erbringen** (vgl. dazu Rn. 82 ff.). Grund dieser lediglich vorläufigen Leistungserbringung ist die wegen des fehlenden maßgeblichen letzten gewöhnlichen Aufenthalts (vgl. Rn. 42) des Leistungsberechtigten offene bzw. ungeklärte Zuständigkeit.

124   Ist die Zuständigkeit aber geklärt und der nach § 98 Abs. 2 Satz 1 SGB XII verpflichtete Träger der Sozialhilfe gefunden, **entfällt** die nach § 98 Abs. 2 Satz 3 SGB XII begründete, gesetzlich aufgedrängte Zuständigkeit und Leistungsverpflichtung des für den tatsächlichen Aufenthalt zuständigen Trägers

---

[123] *Schoch* in: LPK-SGB XII, 9. Aufl., § 106 Rn. 14.

der Sozialhilfe und damit die Berechtigung und **Verpflichtung zur Erbringung vorläufiger Leistungen**. Der nach § 98 Abs. 2 Satz 1 SGB XII zuständige Träger der Sozialhilfe hat den Leistungsfall zu übernehmen und endgültige Leistungen zu erbringen.

Der für die endgültige Leistungserbringung zuständige Träger der Sozialhilfe hat durch **Verwaltungsakt** seine Leistungspflicht **ab Beginn der stationären Leistungserbringung** festzustellen und die Leistungserbringung zu übernehmen; eine Leistungsbewilligung erst ab Ende der vorläufigen Leistungen ist nicht ausreichend und rechtswidrig. Die Übernahme der Leistung sowie den Zeitpunkt der tatsächlichen Leistungsübernahme hat der Träger der Sozialhilfe auch dem vorläufig leistenden Träger der Sozialhilfe mitzuteilen, der dann für die Zeit ab der tatsächlichen Leistungserbringung durch den nach § 98 Abs. 2 Satz 1 SGB XII zuständigen Träger seine **vorläufige Leistungsbewilligung nach § 48 SGB X aufzuheben** hat. 125

Bei der Prüfung seiner materiellrechtlich bestehenden Leistungspflicht gegenüber dem Leistungsempfänger ist der nach § 98 Abs. 2 Satz 1 SGB XII zuständige Träger **nicht** an die – ggf. auch bestandskräftigen – Leistungsentscheidungen des vorläufig leistenden Trägers der Sozialhilfe **gebunden**. Anders als zu § 328 SGB III[124] begründet eine Leistungsbewilligung des nach § 98 Abs. 2 Satz 3 SGB XII zur vorläufigen Leistungserbringung verpflichteten Trägers der Sozialhilfe **weder** eine **Tatbestandswirkung** zu Lasten des endgültig nach § 98 Abs. 2 Satz 1 SGB XII zuständigen Trägers, **noch** besteht aus anderen Gründen eine **Bindungswirkung**. Der zur endgültigen Leistungserbringung verpflichtete Träger der Sozialhilfe kann und muss daher – ohne Berücksichtigung einer Bestandskraft der vorläufigen Leistungsbewilligung – eine eigene, von der vorläufigen Leistungsbewilligung abweichende Leistungsentscheidung treffen; auch die §§ 45, 48 SGB X gelten insoweit nicht. Die vorläufige Leistung nach § 98 Abs. 2 Satz 3 SGB XII ist eine eigenständige Leistung eines anderen als des an sich nach § 98 Abs. 2 Satz 1 SGB XII zur Leistungserbringung zuständigen Trägers der Sozialhilfe und ist nicht etwa ein Teil der zu erbringenden endgültigen Leistung.[125] Das Gesetz begründet insoweit eine Leistungspflicht des tatsächlich nach § 98 Abs. 2 Satz 1 SGB XII zuständigen Trägers der Sozialhilfe und daneben – um eine rasche Leistungserbringung zu gewährleisten – eine vorläufige Leistungspflicht eines regelmäßigen anderen Trägers der Sozialhilfe. Eine Bindung ist gesetzlich nicht angelegt. Vielmehr erwartet das Gesetz eine jeweils eigenständige, rechtmäßige Entscheidung der jeweils zuständigen Träger über ihre Leistungspflicht gegenüber dem Leistungsberechtigten. Die spätere endgültige Entscheidung wird daher durch den vorläufigen Leistungsbescheid des nach § 98 Abs. 2 Satz 3 SGB XII zuständigen Trägers der Sozialhilfe inhaltlich nicht präjudiziert. 126

Der **vorläufige Leistungsbescheid** des nach § 98 Abs. 2 Satz 3 SGB XII zuständigen Trägers der Sozialhilfe verliert seine **Wirkung** nicht mit dem **endgültigen Bescheid**[126]; die vorläufige Leistungsentscheidung **erledigt sich nicht „auf andere Weise"** i.S.d. § 39 Abs. 2 SGB X. Auch ersetzt die endgültige Entscheidung des nach § 98 Abs. 2 Satz 1 SGB XII zuständigen Trägers der Sozialhilfe nicht die vorläufige Entscheidung des nach § 98 Abs. 2 Satz 3 SGB XII zuständigen Trägers der Sozialhilfe.[127] Damit hat der nach § 98 Abs. 2 Satz 3 SGB XII die vorläufige Leistung erbringende Träger der Sozialhilfe seine Leistungsentscheidung **nach § 48 SGB X aufzuheben**; die Übernahme der tatsächlichen Leistungserbringung durch den nach § 98 Abs. 2 Satz 1 SGB XII zuständigen Träger der Sozialhilfe stellt insoweit eine Änderung der Verhältnisse i.S.d. § 48 Abs. 1 Satz 1 SGB X dar. 127

Für den Zeitraum, in dem der nach § 98 Abs. 2 Satz 3 SGB XII zur vorläufigen Leistungserbringung zuständige und verpflichtete Träger der Sozialhilfe bereits Leistungen erbracht hat, hat der zur endgültigen Leistungserbringung zuständige Träger der Sozialhilfe dessen Leistungen zu erstatten. Das BSG geht hinsichtlich der Erstattungsansprüche nach den §§ 106 ff. SGB XII davon aus, dass § 107 SGB X nicht gilt, der Anspruch des Hilfebedürftigen gegen den tatsächlich zuständigen Sozialhilfeträger durch die vorläufige Leistung nicht erfüllt sei.[128] Mag § 107 SGB X auch nicht gelten, so bedeutet dies im Falle des § 106 SGB XII jedoch nicht, dass der Hilfebedürftige neben der bereits erlangten vorläufigen Leistung nochmal eine weitere, nämlich die endgültige, Sozialhilfeleistung verlangen könnte; andernfalls hätte auch der Erstattungsanspruch nach § 106 SGB XII keine Bedeutung. Daher muss der **Anspruch des Leistungsempfängers** des Leistungsempfängers gegen den nach § 98 Abs. 2 Satz 1 128

---

[124] Vgl. insoweit *Eicher* in: Eicher/Schlegel, SGB III, § 328 Rn. 47 ff.
[125] So zum Vorschuss nach § 42 SGB I BSG v. 16.06.1999 - B 9 V 13/98 R - juris Rn. 12 - SozR 3-1200 § 42 Nr. 8.
[126] Anders zum Vorschuss nach § 42 SGB I: BSG v. 16.06.1999 - B 9 V 13/98 R - juris Rn. 12 - SozR 3-1200 § 42 Nr. 8 m.w.N.
[127] So aber zu § 328 SGB III: *Eicher* in: Eicher/Schlegel, SGB III, § 328 Rn. 60.
[128] BSG v. 22.03.2012 - B 8 SO 2/11 R - juris - SozR 4-5910 § 147 Nr. 2.

SGB XII zuständigen Träger der Sozialhilfe insoweit ausscheiden, weil der sozialhilferechtliche Bedarf bereits gedeckt ist. Insoweit verbleibt es – soweit nicht höhere Leistungen vom zuständigen Sozialhilfeträger zu beanspruchen sind – bei der Leistungserbringung durch den vorläufig leistenden Träger der Sozialhilfe; der zuständige Träger der Sozialhilfe hat diesem dann die vorläufigen Leistungen zu erstatten. Daher kommt auch eine Rückforderung bzw. **Erstattung** der bereits vorläufig erbrachten Leistungen vom Leistungsempfänger durch den nach § 98 Abs. 2 Satz 3 SGB XII zuständigen Träger der Sozialhilfe nicht in Betracht.

129 Existiert dagegen **kein maßgeblicher letzter gewöhnlicher Aufenthalt** oder kann dieser endgültig nicht ermittelt werden, entfällt der in § 98 Abs. 2 Satz 3 SGB XII vorausgesetzte Zuständigkeitskonflikt ebenfalls. Insoweit **wandelt sich die vorläufige Zuständigkeit** nach § 98 Abs. 2 Satz 3 SGB XII in eine endgültige Leistungsverpflichtung um und verfestigt sich **zu einer endgültigen Zuweisung der Zuständigkeit** an diesen Träger der Sozialhilfe; die Zuständigkeit eines anderen Trägers der Sozialhilfe sieht das SGB XII nicht vor. Damit fällt die Leistungserbringung letztlich endgültig in die Zuständigkeit des für den tatsächlichen Aufenthalt zuständigen Trägers der Sozialhilfe i.S.d. § 98 Abs. 1 SGB XII.[129] Als Ausgleich erwächst einem örtlichen Träger der Sozialhilfe dann ein Erstattungsanspruch nach § 106 Abs. 1 Satz 2 SGB XII.[130]

130 Liegt der Leistungserbringung aber kein Zuständigkeitskonflikt mehr zugrunde und weist das Gesetz dem bisher vorläufig leistenden Träger die Leistungserbringung nun endgültig zu, **entfällt die Berechtigung** zur Erbringung **vorläufiger Leistungen**. Vielmehr muss der nach § 98 Abs. 2 Satz 3 SGB XII mangels tatsächlich vorhandenem oder ermittelbarem maßgeblichen letzten gewöhnlichen Aufenthalt i.S.d. § 98 Abs. 2 Satz 1 SGB XII endgültig zuständig gewordene Träger der Sozialhilfe die Leistungen gegenüber dem Leistungsberechtigten nun endgültig erbringen. Er darf ab diesem Zeitpunkt dann auch keine vorläufigen Leistungen mehr erbringen. Insoweit hat der Träger der Sozialhilfe gegenüber dem Leistungsempfänger anhand objektiver Gesichtspunkte offen zu legen und zu dokumentieren, dass der Zuständigkeitskonflikt i.S.d. § 98 Abs. 2 Satz 3 SGB XII beendet ist und anschließend die vorläufigen Leistungen – rückwirkend ab Beginn der vorläufigen Leistungserbringung – in eine endgültige Leistungserbringung umzuwandeln. Dies hat der Träger der Sozialhilfe dem Leistungsempfänger mitzuteilen; die Umwandlung einer vorläufigen in eine endgültige Leistungserbringung stellt einen Verwaltungsakt i.S.d. § 31 SGB X dar.

131 Dem steht der Erstattungsanspruch nach § 106 Abs. 1 Satz 2 SGB XII und die damit eintretende anderweitige Kostenbelastung des überörtlichen Trägers der Sozialhilfe nicht entgegen. Denn der Erstattungsanspruch des § 106 Abs. 1 Satz 2 SGB XII setzt gerade voraus, dass sich die vorläufige Zuständigkeit in eine endgültige Leistungsverpflichtung umgewandelt hat.

4. Fiktion des fortbestehenden Aufenthalts in einer stationären Einrichtung (Absatz 2)

132 Der Kostenerstattungsanspruch des Absatzes 1 knüpft an den Aufenthalt in einer stationären Einrichtung. Wird der **Aufenthalt unterbrochen oder beendet**, entfallen dessen Voraussetzungen und der Kostenerstattungsanspruch des § 106 Abs. 1 SGB XII endet. Nach dem Ende des Aufenthalts in einer Einrichtung kommt dann allenfalls ein Erstattungsanspruch nach § 106 Abs. 3 SGB XII in Betracht.

133 Die Regelung des Absatzes 2 **fingiert das Fortbestehen des Einrichtungsaufenthalts** und führt dazu, dass der Kostenerstattungsanspruch des § 106 Abs. 1 SGB XII auch dann bestehen bleibt, wenn der Hilfebedürftige tatsächlich die Einrichtung verlassen hat, aber in ihrer Betreuung bleibt oder aus der Einrichtung beurlaubt wird. Die Erbringung additiver teilstationärer Leistungen in einer WfbM auf Grundlage einer internatsmäßigen Unterbringung des Leistungsempfängers in einem Heim zählen entsprechend den Ausführungen in Rn. 38 f. noch zur stationären Leistungserbringung, sodass es auf die Fortbestehensfiktion nur dann ankommt, wenn z.B. die Betreuung durch die WfbM aufrechterhalten bleibt, der Leistungsempfänger aber das Heim i.S.d. Absatzes 2 verlassen hat. Auch nach Verlassen der Einrichtung bzw. auch während der Beurlaubung i.S.d. Absatzes 2 muss die Heimbetreuungsbedürftigkeit dem Grunde nach fortbestehen.[131] Denn anderenfalls entfiele der Rechtsgrund für die Erbringung stationärer Leistungen, was zur Rechtswidrigkeit der Leistungserbringung und zum Wegfall des Erstattungsanspruchs führen würde.

---

[129] *Klinge* in: Hauck/Noftz, SGB XII, § 106 Rn. 21.
[130] Ebenso LSG Baden-Württemberg v. 30.03.2011 - L 2 SO 1196/10 - juris Rn. 40.
[131] *Schiefer* in: Oesterreicher, SGB II/SGB XII, § 106 Rn. 59.

Voraussetzung ist damit auch, dass sich die nach Absatz 2 als Einrichtungsaufenthalt fingierte Zeit **direkt an einen tatsächlichen Aufenthalt** in einer Einrichtung oder Vollzugsanstalt **anschließt**.[132] Bloß besuchsweise Aufenthalte in der Einrichtung genügen nicht.[133] Nicht erforderlich ist dagegen, dass schon während des Einrichtungsaufenthalts Hilfebedürftigkeit vorlag. 134

Eine Unterbringung außerhalb der Einrichtung kann nur dann nach § 106 Abs. 2 SGB XII als fortdauernder Einrichtungsaufenthalt gelten, wenn auch **weiterhin eine Betreuung durch die Einrichtung gewährleistet** und tatsächlich ausgeübt wird. Die Einrichtung muss den Leistungsberechtigten insoweit auch weiterhin tatsächlich beobachten, beaufsichtigen und überwachen[134] sowie die Möglichkeit haben, kurzfristig auf den Leistungsberechtigten zugreifen zu können und den Inhalt wie auch den Fortgang der Maßnahme beeinflussen können. Nur so ist gewährleistet, dass der Leistungsberechtigte in der Betreuung der Einrichtung verbleibt. 135

Hierzu hat das **BSG** zuletzt entschieden, dass für die Anwendung des § 106 Abs. 2 SGB XII nicht jede Art der Betreuung genügt.[135] Erforderlich ist eine **Form der ständigen Überwachung unter Einschaltung dritter Stellen**. Dabei muss der Einrichtung ein **bestimmender Einfluss** verbleiben.[136] 136

Beispielhaft für derartige, den Einrichtungsaufenthalt verlängernde Unterbringungen seien die Unterbringung in einer Familienpflege, in einer Ausbildungsstätte, einer Wohngruppe oder auch einer eigenen Wohnung genannt[137], wenn dort eine tatsächliche Betreuung durch die Einrichtung ausgeübt wird. Dabei ist es unerheblich, ob die Unterbringung am Ort der Einrichtung, innerhalb des Zuständigkeitsbereichs des örtlichen oder überörtlichen Trägers der Sozialhilfe oder andernorts erfolgt. Maßgeblich ist nur, dass die Einrichtung die tatsächliche Betreuung aufrechterhält bzw. der Einrichtung bei Einschaltung dritter Stellen noch immer ein **bestimmender Einfluss** zukommt.[138] 137

Eine **Unterbringung außerhalb der Einrichtung** muss aber im Ergebnis einer (voll)stationären Leistungserbringung in einer Einrichtung entsprechen. Daher müssen lokale Leistungsangebote und die Betreuung durch die Einrichtung genutzt werden, sodass die dem Leistungsberechtigten erbrachten Leistungen auch bei einer Unterbringung außerhalb der Einrichtung im Ergebnis einer (voll)stationären Leistungserbringung entsprechen. Daher greift nicht § 106 Abs. 2 SGB XII, sondern § 106 Abs. 1 Satz 1 SGB XII ein, wenn ausgehend von einer Unterbringung in der Einrichtung der Leistungsberechtigte sich lediglich tagsüber außerhalb der Einrichtung befindet, er also nur z.B. im Rahmen einer Berufsausbildung eine Lehrstelle, eine Schule oder eine WfbM besucht und im Übrigen in der Einrichtung verbleibt. 138

Auch muss die Unterbringung **außerhalb der rechtlichen und organisatorischen Sphäre** der Einrichtung erfolgen. Außenwohngruppen, die noch der rechtlichen und organisatorischen Sphäre der Einrichtung zuzurechnen sind, gehören zur Einrichtung und begründen keine Unterbringung außerhalb dieser. 139

Der Fortbestand eines Einrichtungsaufenthalts wird auch dann von § 106 Abs. 2 SGB XII fingiert, wenn der Leistungsberechtigte **beurlaubt** wird.[139] Damit ist ein von vornherein auf überschaubare Zeit befristetes, von einem Rückkehrwillen getragenes Verlassen der Einrichtung auch dann für den Erstattungsanspruch nach § 106 Abs. 1 und 2 SGB XII unschädlich, wenn während der Abwesenheit eine Betreuung durch die Einrichtung nicht erfolgen kann. Entlassungen, auch wenn diese vorläufig oder auf Probe erfolgen, sind keine Beurlaubungen in diesem Sinn.[140] 140

---

[132] *Klinge* in: Hauck/Noftz, SGB XII, § 106 Rn. 27, 28.
[133] *Schiefer* in: Oesterreicher, SGB II/SGB XII, § 106 Rn. 58.
[134] *Klinge* in: Hauck/Noftz, SGB XII, § 106 Rn. 27.
[135] BSG v. 13.02.2014 - B 8 SO 11/12 R, vgl. dazu den Terminbericht des BSG 4/14.
[136] BSG v. 13.02.2014 - B 8 SO 11/12 R, vgl. dazu den Terminbericht des BSG 4/14.
[137] *Klinge* in: Hauck/Noftz, SGB XII, § 106 Rn. 27.
[138] BSG v. 13.02.2014 - B 8 SO 11/12 R, vgl. dazu den Terminbericht des BSG 4/14.
[139] Zur Fiktion des fortbestehenden Aufenthalts in einer stationären Einrichtung bei Unterbringung außerhalb bzw. Beurlaubung vgl. BSG v. 23.08.2013 - B 8 SO 14/12 R – juris Rn. 20 - SozR 4-5910 § 97 Nr. 1.
[140] *Klinge* in: Hauck/Noftz, SGB XII, § 106 Rn. 28; *Schiefer* in: Oesterreicher, SGB II/SGB XII, § 106 Rn. 57.

§ 106

5. Kostenerstattung bei Verlassen der Einrichtung und vorläufiger Leistungsverpflichtung (Absatz 3 Satz 1)

a. Allgemeines

141 § 106 Abs. 3 SGB XII beinhaltet zwei eigenständige Erstattungsansprüche. Zum einen sieht § 106 Abs. 3 Satz 1 SGB XII einen Erstattungsanspruch gegen den für die stationäre Leistung zuständigen Träger der Sozialhilfe, wenn der Leistungsempfänger die Einrichtung verlassen hat. Zum anderen bestimmt § 106 Abs. 3 Satz 2 SGB XII für den Fall, dass ein maßgeblicher letzter gewöhnlicher Aufenthalt tatsächlich nicht existiert oder endgültig nicht ermittelt werden kann, einen Erstattungsanspruch gegen den überörtlichen Träger der Sozialhilfe, zu dessen Bereich der leistende örtliche Träger gehört.

142 Beide Erstattungsansprüche greifen für **Leistungen, die nach dem Ende eines Aufenthalts** in einer stationären Einrichtung **erbracht** werden. Auch diese Erstattungsansprüche knüpfen an die Erbringung von (voll)stationären Leistungen in Einrichtungen (§ 98 Abs. 2 SGB XII), vgl. dazu Rn. 31 ff., oder in Vollzugsanstalten (§ 98 Abs. 4, 2 SGB XII), vgl. dazu Rn. 95 ff., an und verlängern den Schutz des für den Einrichtungsort zuständigen Trägers der Sozialhilfe.[141] Insoweit folgen die Regelungen dem Umstand, dass für die Erbringung sog. offener Hilfen gem. § 98 Abs. 1 SGB XII der Träger der Sozialhilfe des tatsächlichen Aufenthalts zuständig ist, solche Hilfen aber regelmäßig im Umfeld von Einrichtungen angeboten werden und damit den hierfür zuständigen Träger der Sozialhilfe unverhältnismäßig belasten.

143 Verlässt eine bisher in einer Einrichtung versorgte Person diese Einrichtung und wird sie innerhalb eines Monats nach Beendigung des Aufenthalts in der Einrichtung hilfebedürftig i.S.d. § 19 SGB XII, begründet § 106 Abs. 3 Satz 1 SGB XII einen Erstattungsanspruch gegen den nach § 98 Abs. 2 Satz 1 SGB XII verpflichteten Träger der Sozialhilfe.

144 **Voraussetzung** des Erstattungsanspruchs nach § 106 Abs. 3 Satz 1 SGB XII ist, dass eine leistungsberechtigte Person (b) in den Fällen des § 98 Abs. 2 SGB XII (c) die Einrichtung bzw. die Vollzugsanstalt verlässt (d), weiterhin im Gebiet des für den Einrichtungsort zuständigen örtlichen Trägers der Sozialhilfe verbleibt (e) und binnen eines Monats nach Beendigung des Einrichtungsaufenthalts rechtmäßig erbrachte Sozialhilfeleistungen erhält (f).

145 § 106 Abs. 3 Satz 1 SGB XII gilt auch, wenn der Leistungsberechtigte nach einem richterlich angeordneten Freiheitsentzug eine **Vollzugsanstalt** verlässt und binnen eines Monats danach rechtmäßig erbrachte Sozialhilfeleistungen erhält, § 98 Abs. 2 SGB XII wird insoweit gem. § 98 Abs. 4 SGB XII für entsprechend anwendbar erklärt.

b. Leistungsberechtigte Person

146 Nach § 106 Abs. 3 Satz 1 SGB XII muss eine leistungsberechtigte Person die Einrichtung verlassen. Nicht eindeutig ist, ob mit dem Begriff der „leistungsberechtigten Person" gemeint ist, dass die Person schon während des vorhergehenden Einrichtungsaufenthalts leistungsberechtigt war und entsprechende Leistungen der Sozialhilfe erhalten haben muss, oder ob es ausreicht, dass Hilfebedürftigkeit erst im Anschluss an den Einrichtungsaufenthalt eingetreten ist.

147 Nach wohl **h.M.** soll der Erstattungsanspruch des § 106 Abs. 3 Satz 1 SGB XII nicht voraussetzen, dass bereits in der Einrichtung Sozialhilfeleistungen erbracht wurden[142], ein **Vorbezug von Sozialhilfeleistungen** sei **nicht erforderlich**. Auch wenn kein Träger der Sozialhilfe davor geschützt ist, dass nichtbedürftige Personen in seinen Zuständigkeitsbereich verziehen und erst nach dem Zuzug hilfebedürftig werden, hat es das BSG ausreichen lassen, dass Hilfebedürftigkeit erst im Laufe des Aufenthalts oder sogar erst bei Übertritt in eine weitere Einrichtung entsteht; ein permanenter Leistungsanspruch gegenüber dem Sozialhilfeträger/Jugendhilfeträger bei ununterbrochenem Aufenthalt in einer Einrichtung bzw. bei einer Einrichtungskette sei für die Bestimmung der örtlichen Zuständigkeit, mithin auch bei § 106 SGB XII, nicht erforderlich.[143] Ausreichend sei, dass mögliche Leistungen nach dem Fünften

---

[141] *Klinge* in: Hauck/Noftz, SGB XII, § 106 Rn. 30.
[142] BVerwG v. 02.10.2003 - 5 C 24/02 - juris Rn. 15 f. - ZFSH/SGB 2004, 174-177; BVerwG v. 02.10.2003 - 5 C 20/02 - juris Rn. 14 f. - BVerwGE 119, 90-96 = NVwZ-RR 2004, 356-358; *Klinge* in: Hauck/Noftz, SGB XII, § 106 Rn. 31; *Schellhorn* in: Schellhorn/Schellhorn/Hohm, SGB XII, 18. Aufl., § 106 Rn. 28; *Schoch* in: LPK-SGB XII, 9. Aufl., § 106 Rn. 18.
[143] BSG v. 23.08.2013 - B 8 SO 14/12 R - juris Rn. 16 - SozR 4-5910 § 97 Nr. 1.

bis Neunten Kapitel des SGB XII – bzw. Jugendhilfeleistungen als Einrichtungsleistungen – von den Leistungsträgern des Sozialhilferechts bzw. des Jugendhilferechts hätten erbracht werden müssen, wenn die Förderung nicht durch einen anderen erfolgt wäre.[144]

Der Erstattungsanspruch des § 106 Abs. 3 Satz 1 SGB XII ist daher gegeben, wenn entweder mit Verlassen der Einrichtung die Hilfebedürftigkeit entfällt und diese im Laufe des folgenden Monats erneut eintritt oder die Hilfebedürftigkeit auch bei Verlassen der Einrichtung schon gar nicht entfallen ist. 148

c. Vorliegen der Fallgestaltung nach § 98 Abs. 2 SGB XII

Der Erstattungsanspruch des § 106 Abs. 3 Satz 1 SGB XII stellt auf das Vorliegen von „**Fällen des** 149 **§ 98 Abs. 2**" und damit auf eine nach § 98 Abs. 2 SGB XII begründete Zuständigkeit ab. Damit knüpft § 106 Abs. 3 Satz 1 SGB XII nicht nur an einen vorherigen Einrichtungs- bzw. Vollzugsanstaltsaufenthalt an, sondern auch an eine durch § 98 Abs. 2 SGB XII tatsächlich bestehende Leistungsverpflichtung eines dort genannten Trägers der Sozialhilfe. Dabei kommt es für den Erstattungsanspruch nach Absatz 3 Satz 1 nicht darauf an, ob während des Einrichtungsaufenthalts tatsächlich der nach § 98 Abs. 2 Satz 1 SGB XII primär leistungsverpflichtete Träger oder ersatzweise ein nach § 98 Abs. 2 Sätze 3 und 4 SGB XII anderer, vorläufig leistungsverpflichteter Träger der Sozialhilfe die Leistung erbracht hat. Maßgeblich ist nur, dass – die Fortdauer des Einrichtungsaufenthalts unterstellt – sich nach § 98 Abs. 2 SGB XII die Zuständigkeit eines anderen Trägers der Sozialhilfe ergeben würde, als diejenige des für den Einrichtungsort zuständigen Trägers.

d. Verlassen der Einrichtung bzw. der Vollzugseinrichtung

Voraussetzung des Erstattungsanspruchs nach § 106 Abs. 3 Satz 1 SGB XII ist, dass die leistungsberechtigte Person **die Einrichtung verlässt**. 150

Eine Einrichtung wird verlassen, wenn der **stationäre Aufenthalt** in dieser Einrichtung **beendet** wird. 151 Das ist der Fall, wenn der Leistungsberechtigte die Einrichtung nicht nur im Rahmen des § 106 Abs. 2 SGB XII verlässt[145] und fortan ohne Betreuung der Einrichtung lebt.

Ein Verlassen der Einrichtung liegt immer schon dann vor, wenn die rechtmäßige Erbringung von Leistungen der Sozialhilfe in der Einrichtung beendet ist bzw. beendet wird. Das kann der Fall sein, wenn Heimbetreuungsbedürftigkeit oder Hilfebedürftigkeit entfällt oder aus anderem Grund die entsprechende Leistungsbewilligung seitens des Trägers der Sozialhilfe aufgehoben oder zurückgenommen wird. Ein körperliches Verlassen der Einrichtung ist nicht erforderlich. Damit greift § 106 Abs. 3 Satz 1 SGB XII auch dann, wenn ein zuvor stationär untergebrachter Leistungsberechtigter zwar weiterhin in der Einrichtung wohnt, aber nur noch ambulante oder teilstationäre Leistungen erhält. 152

Welche **Gründe** zur Beendigung des Aufenthalts in der Einrichtung führen, ist ohne Bedeutung[146]; eine 153 Beurlaubung oder eine Unterbringung außerhalb der Einrichtung i.S.d. § 106 Abs. 2 SGB XII genügen jedoch nicht.

Da § 98 Abs. 4 SGB XII den § 98 Abs. 2 SGB XII für entsprechend anwendbar erklärt, greift § 106 154 Abs. 3 Satz 1 SGB XII auch, wenn der Leistungsberechtigte nach einem richterlich angeordneten Freiheitsentzug eine Vollzugsanstalt verlässt (vgl. § 98 Abs. 4 SGB XII: „… sich in Einrichtungen … aufhalten oder aufgehalten haben").

e. Verbleiben im Zuständigkeitsbereich des für die Einrichtung bzw. die Vollzugseinrichtung zuständigen Trägers der Sozialhilfe

Der Erstattungsanspruch des § 106 Abs. 3 Satz 1 SGB XII begründet sich in der Tatsache, dass gerade 155 die für Einrichtungsorte zuständigen Träger der Sozialhilfe als für den tatsächlichen Aufenthalt am Einrichtungsort zuständige Träger der Sozialhilfe gem. § 98 Abs. 1 SGB XII durch offene Hilfen im Nachgang zu stationären Einrichtungsaufenthalten oder im Umfeld der Einrichtung verbleibende Leistungsberechtigte unverhältnismäßig belastet werden.

Daher setzt der Erstattungsanspruch voraus, dass der Leistungsberechtigte **im räumlichen Zuständig-** 156 **keitsbereich** des örtlichen Trägers der Sozialhilfe, in dessen Gebiet die Einrichtung liegt, **verbleibt**. Insoweit ist erforderlich, dass die leistungsberechtigte Person ihren **tatsächlichen Aufenthalt** i.S.d. § 98 Abs. 1 Satz 1 SGB XII im räumlichen Zuständigkeitsbereich dieses Trägers der Sozialhilfe hat.

---

[144] BSG v. 23.08.2013 - B 8 SO 14/12 R - juris Rn. 16 - SozR 4-5910 § 97 Nr. 1.
[145] BVerwG v. 19.10.2006 - 5 C 26/06 - juris Rn. 9 - BVerwGE 127, 74-79.
[146] *Klinge* in: Hauck/Noftz, SGB XII, § 106 Rn. 30.

157 Verlässt die leistungsberechtigte Person vor dem Erhalt (vgl. dazu Rn. 159 ff., Rn. 164 ff.) von Sozialhilfeleistungen den Zuständigkeitsbereich des für den Einrichtungsort zuständigen örtlichen Trägers der Sozialhilfe, entsteht – soweit nicht ein Fall des Absatzes 3 Satz 3 Halbsatz 1 vorliegt – gar kein Erstattungsanspruch nach § 106 Abs. 3 Satz 1 SGB XII. Das gilt auch dann, wenn die leistungsberechtigte Person vor Einsetzen der Leistungen der Sozialhilfe zwar den tatsächlichen Aufenthalt aus dem Gebiet des für die Einrichtung zuständigen örtlichen Trägers der Sozialhilfe verlegt, aber bereits innerhalb des Monats nach Verlassen der Einrichtung wieder in dessen Zuständigkeitsbereich zurückkehrt.

f. Erhalt von Leistungen der Sozialhilfe binnen eines Monats durch den örtlichen Träger der Sozialhilfe

aa. Allgemeines

158 Erstattet werden können nur bereits erbrachte Leistungen. Daher stellt auch § 106 Abs. 3 Satz 1 SGB XII – wie alle Erstattungsansprüche – auf das Erbrachtsein von erstattungsfähigen Sozialleistungen ab.

bb. Erhalt von Sozialhilfeleistungen binnen eines Monats nach Verlassen der Einrichtung

159 Ein Erstattungsanspruch entsteht nur, wenn der leistungsberechtigte ehemalige Einrichtungsbewohner binnen eines Monats nach Verlassen der Einrichtung Sozialhilfeleistungen erhält.

160 Dabei ist nicht erforderlich, dass der Leistungsberechtigte die Sozialhilfeleistungen unmittelbar im Anschluss an den Aufenthalt in der Einrichtung erhalten hat bzw. die Leitungserbringung das Verlassen der Einrichtung überdauert hat. Denn – wie der Wortlaut des Absatzes 3 Satz 1 zeigt – genügt es, wenn er die Leistung **binnen eines Monats nach dem Ausscheiden** aus der Einrichtung erhalten hat, sodass eine Leistungsunterbrechung – aus welchen Gründen auch immer – von weniger als einem Monat unschädlich ist.

161 Dabei ist nach dem Wortlaut des Absatzes 3 Satz 1 nicht die Kenntnis des Trägers der Sozialhilfe[147] oder das Einsetzen der Sozialhilfe i.S.d. § 18 SGB XII maßgeblich. Entscheidend ist vielmehr das **Erhalten der Leistungen**. Dabei kommt es bei Absatz 3 Satz 1 auch nicht auf das konkrete Erhalten von Sozialhilfeleistungen z.B. i.S. einer Auszahlung der Geldleistung binnen eines Monats nach Ende des Einrichtungsaufenthalts an; maßgeblich ist vielmehr nur, dass der Leistungsanspruch innerhalb des Monatszeitraums entsteht.

162 Auch wenn die bisherige Regelung des § 103 BSHG inhaltsgleich in das SGB XII übernommen werden sollte[148], hat sich der Wortlaut verändert. Nach § 103 Abs. 3 Satz 1 BSHG kam es darauf an, dass der Hilfeempfänger der Sozialhilfe bedurfte („… und bedarf er im Bereich des örtlichen Trägers, …, innerhalb von einem Monat danach der Sozialhilfe, …"). Ob mit dem neuen Wortlaut des § 106 Abs. 3 Satz 1 SGB XII gegenüber der Regelung des § 103 Abs. 3 Satz 1 BSHG eine Änderung beabsichtigt war oder eine solche eingetreten ist, erscheint fraglich. Denn erstattet werden können nur tatsächlich erbrachte Sozialhilfeleistungen. Auch vor dem Zweck, den für den Einrichtungsort zuständigen Träger zu schützen, erscheint die Beschränkung auf tatsächlich im Monatszeitraum erbrachte Sozialhilfeleistungen nicht zwingend. Daher ist § 106 Abs. 3 Satz 1 SGB XII dahingehend zu verstehen, dass maßgeblich ist, dass der nach § 98 Abs. 2 SGB XII zuständige Träger der Sozialhilfe **Sozialhilfeleistungen auf einen Leistungsanspruch erbracht** hat, **der innerhalb eines Monats** nach Verlassen der Einrichtung **entstanden ist**.

163 Ein Erstattungsanspruch entsteht auch dann nicht, wenn die leistungsberechtigte Person vor Einsetzen der Sozialhilfe innerhalb der Monatsfrist ihren tatsächlichen und gewöhnlichen Aufenthalt **aus dem Zuständigkeitsgebiet** des für den Einrichtungsort zuständigen Trägers der Sozialhilfe **verlegt** – auch dann, wenn sie innerhalb der Monatsfrist zurückkehrt. Absatz 3 Satz 3 ist hier nicht anwendbar, da Satz 3 nur Fälle betrifft, in denen während des tatsächlichen Leistungsbezuges eine Unterbrechung des Aufenthalts eintritt.

---

[147] So aber *Klinge* in: Hauck/Noftz, SGB XII, § 106 Rn. 32.
[148] BT-Drs. 15/1514, S. 68 zu § 101.

cc. Erhalt von rechtmäßigen Sozialhilfeleistungen durch den am Einrichtungsort zuständigen örtlichen Träger der Sozialhilfe

Die leistungsberechtigte Person muss rechtmäßige **Sozialhilfeleistungen i.d.S.** erhalten haben, dass der Anspruch innerhalb der Monatsfrist entstanden ist und der Träger der Sozialhilfe Leistungen – ggf. auch später – hierfür erbracht hat. Grds. ist dabei unerheblich, welche Sozialhilfeleistungen der Leistungsberechtigte erhält. Es kommen nicht nur Leistungen der Hilfe zum Lebensunterhalt in Betracht, auch die sonstigen Hilfeleistungen wie die Hilfen zur Gesundheit i.S.d §§ 47-52 SGB XII, die Eingliederungshilfe für behinderte Menschen i.S.d. §§ 53-60 SGB XII, die Hilfe zur Pflege i.S.d. §§ 61-66 SGB XII, die Hilfe zur Überwindung besonderer sozialer Schwierigkeiten nach den §§ 67-69 SGB XII sowie die Hilfe in anderen Lebenslagen gem. §§ 70-74 SGB XII oder §§ 11, 23, 24, 25 SGB XII sind erfasst. 164

Nach der in der Vorauflage vertretenen Ansicht war auch die die Erbringung von **Leistungen der Grundsicherung im Alter und bei Erwerbsminderung** nach den §§ 41-46a SGB XII nicht ausgeschlossen, auch wenn hier gem. § 98 Abs. 1 Satz 2 SGB XII in der bis 31.12.2012 geltenden Fassung bereits eine Zuständigkeit des Trägers der Sozialhilfe am gewöhnlichen Aufenthaltsort des Leistungsberechtigten bestand. 165

Hierzu hat das SG Lüneburg ausgeführt, entscheidend sei insoweit nur, dass eine Leistung der Sozialhilfe binnen Monatsfrist bezogen werde, um die Kontinuität des Hilfefalles zu gewährleisten.[149] 166

Zum 01.01.2013 wurde § 98 Abs. 1 Satz 2 SGB XII a.F. aufgehoben.[150] Nunmehr handelt es sich bei den Leistungen der **Grundsicherung im Alter und bei Erwerbsminderung**[151] um eine bundesfinanzierte Leistung (§ 46a SGB XII). Auch wenn nach § 48b SGB XII einzelne Regelungen des § 98 SGB XII für anwendbar erklärt werden, schließt § 44 Abs. 3 SGB XII[152] in der seit 01.01.2013 geltenden Fassung die Kostenerstattungsansprüche der §§ 102 ff. SGB XII, mithin auch diejenigen der §§ 106 ff. SGB XII, aus. Einer solchen Erstattung bedarf es auch nicht, weil nunmehr die Kosten der Grundsicherung im Alter und bei Erwerbsminderung alleine vom Bund getragen werden (§ 46a SGB XII). 167

Die Leistungen der Sozialhilfe müssen **rechtmäßig erbracht** worden sein. Vgl. dazu Rn. 72 ff. 168

Die Sozialhilfeleistungen müssen des Weiteren durch den **örtlichen Träger der Sozialhilfe** im Rahmen seiner nach § 98 Abs. 2 SGB XII zugewiesenen Zuständigkeit erbracht sein. Hat ein überörtlicher Träger die Leistungen erbracht, scheidet ein Erstattungsanspruch nach § 106 Abs. 3 Satz 1 SGB XII aus. 169

dd. Monatsfrist

Der Erstattungsanspruch des § 106 Abs. 3 Satz 1 SGB XII setzt voraus, dass der Leistungsanspruch des Leistungsberechtigten innerhalb von einem Monat nach Verlassen der Einrichtung entstanden ist. 170

Die Monatsfrist stellt eine **Ausschlussfrist** dar. Ist diese verstrichen, ohne dass die leistungsberechtigte Person in diesem Sinne Leistungen der Sozialhilfe erhalten hat, kann ein Erstattungsanspruch nach § 106 Abs. 3 Satz 1 SGB XII nicht mehr entstehen. Die Frist kann nicht verlängert werden. Absatz 3 Satz 3 Halbsatz 1 greift vor Leistungsbezug, also innerhalb der Monatsfrist, nicht. 171

Zur Berechnung der Monatsfrist ist nicht auf einen Kalendermonat abzustellen; gemeint ist die Zeitdauer eines Monats. Die Monatsfrist berechnet sich nach **§ 26 Abs. 1 SGB X i.V.m. §§ 187 Abs. 1, 188 Abs. 1, Abs. 2 Alt. 1 BGB**; sie beginnt am Tag nach Beendigung des Aufenthalts in der Einrichtung und endet an dem Tag, der einen Monat später durch sein Datum („seine Zahl") dem Ereignistag (Tag des Aufenthaltsendes) entspricht. Fehlt in dem Monat dieser Tag, so endet die Frist mit dem Ablauf des letzten Tages dieses Monats (§ 188 Abs. 3 BGB). 172

---

[149] SG Lüneburg v. 02.07.2009 - S 22 SO 90/08 - juris Rn. 28.

[150] Art. 1 Nr. 10 des Gesetzes zur Änderung des Zwölften Buches Sozialgesetzbuch v. 20.12.2012, BGBl I 2012, 2783-2788; zu den Materialien vgl. Drs. 17/10748.

[151] www.gesetze-im-internet.de/sgb_12/BJNR302300003.html#BJNR302300003BJNG000600000 (abgerufen am 19.03.2014).

[152] Art. 1 Nr. 4 lit. b) des Gesetzes zur Änderung des Zwölften Buches Sozialgesetzbuch v. 20.12.2012, BGBl I 2012, 2783-2788; zu den Materialien vgl. Drs. 17/10748.

6. Kostenerstattung bei Verlassen der Einrichtung und bei wegen fehlenden bzw. nicht ermittelbaren maßgeblichen letzten gewöhnlichen Aufenthalts i.S.d. § 98 Abs. 2 Satz 1 SGB XII einsetzender endgültiger Leistungsverpflichtung (Absatz 3 Satz 2)

173 Der zweite in § 106 Abs. 3 SGB XII beinhaltete Erstattungsanspruch greift, sofern ein maßgeblicher **letzter gewöhnlicher Aufenthalt** i.S.d. § 98 Abs. 2 Satz 1 SGB XII **nicht existiert** bzw. nicht ermittelt werden kann. Dann wandelt sich die in § 98 Abs. 2 Satz 3 SGB XII bestimmte Pflicht zur Erbringung vorläufiger Leistungen in die Verpflichtung zur endgültigen Leistungserbringung um. § 106 Abs. 3 Satz 2 SGB XII i.V.m. Absatz 1 Satz 2 bestimmt in diesem Fall einen Erstattungsanspruch gegen den überörtlichen Träger der Sozialhilfe, zu dessen Bereich der leistende örtliche Träger gehört.

174 **Voraussetzung** dieses Erstattungsanspruchs nach § 106 Abs. 3 Satz 2 SGB XII ist, dass
- eine leistungsberechtigte Person (vgl. dazu Rn. 146 ff.)
- in den Fällen des § 98 Abs. 2 SGB XII (vgl. dazu Rn. 149)
- die Einrichtung bzw. die Vollzugsanstalt verlässt (vgl. dazu Rn. 150 ff.),
- weiterhin im Gebiet des für den Einrichtungsort zuständigen örtlichen Trägers der Sozialhilfe verbleibt (vgl. dazu Rn. 155 ff.),
- binnen eines Monats nach Beendigung des Einrichtungsaufenthalts rechtmäßig erbrachte Sozialhilfeleistungen erhält (vgl. dazu Rn. 158 ff.) und
- ein nach § 98 Abs. 2 Satz 1 SGB XII zuständiger Träger wegen des Fehlens eines gewöhnlichen Aufenthalts im Zeitpunkt der Aufnahme in die Einrichtung oder in den zwei Monaten zuvor, nicht vorhanden ist (vgl. dazu Rn. 106 ff.).

175 § 106 Abs. 3 Satz 2 SGB XII gilt auch, wenn der Leistungsberechtigte nach einem richterlich angeordneten Freiheitsentzug eine **Vollzugsanstalt** verlässt (§ 98 Abs. 2 i.V.m. § 98 Abs. 4 SGB XII).

176 Da der Erstattungsanspruch nach § 106 Abs. 3 Satz 2 SGB XII sich aus Bestandteilen der Erstattungsansprüche nach § 106 Abs. 3 Satz 1 SGB XII sowie des § 106 Abs. 1 Satz 2 SGB XII zusammensetzt, sei auf Rn. 141 und Rn. 103 verwiesen.

IV. Rechtsfolgen

1. Allgemeines

177 Die Erstattungsansprüche des § 106 SGB XII sind auf Erstattung der für den Leistungsfall aufgewendeten Kosten gerichtet. Zum Umfang vgl. die Kommentierung zu § 110 SGB XII Rn. 21 ff. Auch gilt § 114 SGB XII. Des Weiteren gelten auch die Vorschriften der §§ 106 ff. SGB X, soweit nicht die §§ 109 ff. SGB XII Abweichendes bestimmen. Der Erstattungsanspruch ist daher nach § 111 SGB X geltend zu machen. Zum Erstattungsverfahren vgl. die Kommentierung zu § 110 SGB XII Rn. 38 ff. Zu erstatten sind die jeweiligen Aufwendungen, ohne dass es auf die Art und die Form der Leistungserbringung ankommt. Dienst- und Sachleistungen sind in Geld zu erstatten, § 108 Abs. 1 SGB X.

2. Erstattungsanspruch nach Absatz 1 Satz 1

a. Entstehen des Erstattungsanspruchs

178 Der Erstattungsanspruch nach § 106 Abs. 1 Satz 1 SGB XII entsteht unmittelbar in dem Zeitpunkt, in dem sämtliche Tatbestandsvoraussetzungen erfüllt sind; § 40 Abs. 1 SGB I gilt entsprechend.

179 Entstehungsvoraussetzung ist damit lediglich die **Erbringung einer rechtmäßigen Sozialhilfeleistung** durch einen gem. § 98 Abs. 2 Satz 3 SGB XII zur vorläufigen Leistungserbringung verpflichteten Träger der Sozialhilfe an eine sich in einer Einrichtung bzw. einer Vollzugsanstalt befindliche Person. Dabei setzt das Gesetz voraus, dass es sich bei dem nach § 98 Abs. 2 Satz 3 SGB XII i.V.m. Absatz 1 Satz 1 zur vorläufigen Leistungserbringung verpflichteten Träger der Sozialhilfe nicht zugleich um den für den maßgeblichen letzten gewöhnlichen Aufenthalt i.S.d § 98 Abs. 2 Satz 1 SGB XII zuständigen Träger der Sozialhilfe handelt, denn ein Erstattungsanspruch des Trägers gegen sich ist nicht möglich.

180 Damit entsteht der Erstattungsanspruch bereits in dem Zeitpunkt, in dem die zu erstattende Sozialhilfeleistung erbracht wird.

181 Eine **Sozialleistung ist erbracht**, sobald der Träger der Sozialhilfe die Leistung gegenüber dem Leistungsempfänger nach dem für ihn maßgeblichen Recht bewirkt hat.[153] Bei Geldleistungen ist daher der Zeitpunkt maßgeblich, in dem die Leistung dem Leistungsempfänger zugeflossen ist.[154] Dabei kommt

---

[153] BSG v. 25.04.1989 - 4/11a RK 4/87 - juris Rn. 31 - BSGE 65, 31, 38 - SozR 1300 § 111 Nr. 6.
[154] BSG v. 25.04.1989 - 4/11a RK 4/87 - juris Rn. 31 - BSGE 65, 31, 38 - SozR 1300 § 111 Nr. 6.

es nicht darauf an, ob und ggf. wann seitens des Trägers der Sozialhilfe über den Leistungsanspruch entschieden wurde. Maßgeblich ist, dass die Leistung erbracht wird. Denn der Erstattungsanspruch des § 106 SGB XII stellt nicht auf die Bewilligung der Leistungen, sondern auf deren tatsächliche Erbringung ab.

Da nur erbrachte Leistungen erstattet werden können, stellt sich die Frage nach dem Vorliegen und dem Zeitpunkt eines die Sozialhilfeleistung bewilligenden **Verwaltungsaktes** lediglich im Rahmen der Prüfung der Rechtmäßigkeit der Leistungserbringung. Damit kommt es für das Entstehen des Erstattungsanspruchs als solchen nur insoweit auf den Zeitraum, für den die Leistung erbracht wurde, an, als der Erstattungsanspruch nach § 106 SGB XII auch in zeitlicher Hinsicht das Zusammentreffen der Leistungserbringung durch den erstattungsberechtigten Träger der Sozialhilfe mit einer Leistungsverpflichtung des erstattungspflichtigen Trägers der Sozialhilfe voraussetzt. 182

Der Erstattungsanspruch des § 106 Abs. 1 Satz 1 SGB XII ist nicht vom Überschreiten der **Bagatellgrenze** des § 110 Abs. 2 SGB XII abhängig. Es gilt lediglich die Bagatellgrenze des § 110 Satz 2 SGB X. 183

b. Erstattungsberechtigter Träger der Sozialhilfe

Erstattungsberechtigt ist der nach § 98 Abs. 2 Satz 3 SGB XII vorläufig leistende Träger der Sozialhilfe. Auch hier kann es sich in Abhängigkeit von der jeweils erbrachten Leistung um einen örtlichen oder einen überörtlichen Träger der Sozialhilfe i.S.d. § 97 SGB XII handeln. 184

c. Erstattungspflichtiger Träger der Sozialhilfe

aa. Allgemeines

Erstattungspflichtig ist gem. § 106 Abs. 1 Satz 1 SGB XII der nach § 98 Abs. 2 Satz 1 SGB XII zuständige Träger der Sozialhilfe. Das ist der Träger der Sozialhilfe, in dessen Bereich der Leistungsberechtigte seinen gewöhnlichen Aufenthalt im Zeitpunkt der Aufnahme in die Einrichtung hatte oder in den zwei Monaten vor der Aufnahme zuletzt gehabt hatte. Abzustellen ist auf den letzten gewöhnlichen Aufenthaltsort i.S.d. § 30 Abs. 3 Satz 2 SGB I (vgl. dazu die Kommentierung zu § 109 SGB XII Rn. 7). 185

bb. Nach § 98 Abs. 2 Satz 1 SGB XII zuständiger Träger bei Erbringung stationärer Leistungen

Nach § 98 Abs. 2 Satz 1 SGB XII ist der Träger der Sozialhilfe für die Erbringung von stationären Leistungen in Einrichtungen örtlich zuständig, in dessen Zuständigkeitsbereich der Leistungsberechtigte vor der Aufnahme in die Einrichtung zuletzt seinen gewöhnlichen Aufenthalt hatte oder in den zwei Monaten vor Aufnahme in die Einrichtung hatte. 186

Zuständig in diesem Sinne und damit erstattungspflichtig i.S.d. § 106 Abs. 1 Satz 1 SGB XII kann in Abhängigkeit von der jeweiligen Leistung sowohl ein **örtlicher als auch ein überörtlicher Träger** der Sozialhilfe i.S.d. § 97 SGB XII sein. Eine Beschränkung der Leistungspflicht nach § 98 Abs. 2 Satz 1 bzw. 4 und Abs. 4 SGB XII auf lediglich örtliche Träger ist weder aus § 98 Abs. 2 SGB XII noch aus § 106 Abs. 1 Satz 1 SGB XII zu entnehmen.[155] 187

cc. Nach § 98 Abs. 2 Satz 1, Abs. 4 SGB XII zuständiger Träger bei Leistungserbringung in Vollzugsanstalten

Soweit überhaupt eine Leistungspflicht des Trägers der Sozialhilfe für sich in aufgrund richterlich angeordneten Freiheitsentzugs in Vollzugsanstalten aufhaltende hilfebedürftige Personen in Betracht kommt, kann es sich nur um eine Leistungspflicht für ungedeckte und auch **vom Zweck des Vollzugs nicht erfasste Bedarfe** i.S.d. SGB XII handeln. Nur insoweit bleibt – soweit nicht nach den Vorschriften des SGB II ein Grundsicherungsträger zuständig ist – der Träger der Sozialhilfe leistungsverpflichtet.[156] Daher kommt bei Aufenthalten in Vollzugseinrichtungen nur ein sehr eingeschränktes Leistungsspektrum der Träger der Sozialhilfe in Betracht. 188

§ 98 Abs. 4 SGB XII erklärt die Vorschriften über stationäre Einrichtungen auch für Leistungen an diejenigen Personen für anwendbar, die sich zum Vollzug richterlich angeordneter Freiheitsentziehung in Einrichtungen aufhalten oder aufgehalten haben. Insoweit stellt § 98 Abs. 4 SGB XII die Leistungser- 189

---

[155] A.A. *Schiefer* in: Oesterreicher, SGB II/SGB XII, § 106 Rn. 5.
[156] BVerwG v. 12.10.1993 - 5 C 38/92 - juris Rn 14 ff. - NDV 1994, 152.

bringung an diese Personen einer stationären Leistungserbringung i.S.d. § 98 Abs. 2 Satz 1 SGB XII gleich. Für diese **Gleichstellung** ist es unerheblich, ob der Träger der Sozialhilfe für den Insassen der Vollzugsanstalt **ambulante, teil- oder vollstationäre Leistungen** erbringt. Wegen der Freiheitsentziehung und der damit verbundenen „Unterbringung" in der Vollzugsanstalt fingiert § 98 Abs. 4 SGB XII, dass die den dort einsitzenden Leistungsberechtigten erbrachten Leistungen der Sozialhilfe stationäre Leistungen i.S.d. § 98 Abs. 2 Satz 1 SGB XII darstellen.

190 Zuständig zur Leistungserbringung in Vollzugsanstalten ist der Träger der Sozialhilfe, in dessen Zuständigkeitsbereich der Leistungsberechtigte vor der Aufnahme in die Vollzugsanstalt seinen **letzten gewöhnlichen Aufenthalt** hatte.

d. Umfang des Erstattungsanspruchs

191 Der nach § 106 Abs. 1 Satz 1 SGB XII erstattungspflichtige Träger der Sozialhilfe hat dem erstattungsberechtigten Träger der Sozialhilfe die tatsächlich und rechtmäßig (§ 110 Abs. 1 Satz 1 SGB XII) entstandenen Aufwendungen i.S.v. Nettokosten der Leistungserbringung zu erstatten (vgl. dazu die Kommentierung zu § 110 SGB XII Rn. 23 ff.).

192 Nach der ausdrücklichen Anordnung des § 110 Abs. 2 SGB XII gilt die dortige Bagatellgrenze in den Fällen einer vorläufigen Leistungserbringung nach § 98 Abs. 2 Satz 3 SGB XII nicht. Durch die Nichtgeltung der **Bagatellgrenze des § 110 Abs. 2 SGB XII** wird der vom Gesetz zu einer vorläufigen Leistungserbringung gezwungene Träger der Sozialhilfe privilegiert. Er soll nicht befürchten müssen, wegen seiner im Vorgriff auf die Klärung der Zuständigkeitsfrage erbrachten Leistungen Nachteile in Kauf nehmen zu müssen.[157] Es gilt lediglich die Bagatellgrenze des § 110 Satz 2 SGB X.

193 Zu erstatten sind die aufgewendeten Kosten. In der Sache handelt es sich um **Aufwendungen für Leistungen in Einrichtungen.** Hierzu gehören nicht nur die Pflegesätze bzw. die entsprechend der Vergütungsvereinbarung mit der Einrichtung geschuldeten Entgelte. Zu erstatten sind **auch die dem Leistungsberechtigten in Einrichtungen gewährten Hilfen zum Lebensunterhalt** nach § 35 SGB XII. Des Weiteren sind erstattungsfähig alle diejenigen Kosten, die aus Anlass oder zumindest gleichzeitig mit den Leistungen in Einrichtungen anfallen.[158] Denn diese fallen nach **§ 97 Abs. 4** SGB XII ebenfalls in die Zuständigkeit des für die Einrichtungsleistung zuständigen Trägers der Sozialhilfe und sind insoweit als Kosten der stationären Leistung zu berücksichtigen. Im Übrigen vgl. die Kommentierung zu § 110 SGB XII Rn. 21 ff.

e. Ende des Erstattungsanspruchs

194 Der Erstattungsanspruch **endet**, wenn dessen Voraussetzungen entfallen. Dies ist der Fall, wenn der Aufenthalt in der Einrichtung bzw. der Vollzugsanstalt beendet ist oder die Heimbetreuungsbedürftigkeit bzw. die sonstigen Voraussetzungen des Leistungsanspruchs des Leistungsberechtigten (z.B. die Hilfebedürftigkeit) entfallen sind und die Leistungsbewilligung insoweit aufgehoben bzw. zurückgenommen ist, sodass eine weitere Leistungserbringung rechtswidrig ist.

3. Erstattungsanspruch nach Absatz 1 Satz 2

a. Entstehen des Erstattungsanspruchs

195 Der Erstattungsanspruch nach § 106 Abs. 1 Satz 2 SGB XII entsteht unmittelbar in dem Zeitpunkt, in dem sämtliche Tatbestandsvoraussetzungen erfüllt sind; § 40 Abs. 1 SGB I gilt entsprechend.

196 Entstehungsvoraussetzung ist damit lediglich die **Erbringung einer rechtmäßigen Sozialhilfeleistung** durch einen gem. § 98 Abs. 2 Satz 3 SGB XII zur vorläufigen Leistungserbringung verpflichteten Träger der Sozialhilfe, an eine sich in einer Einrichtung bzw. einer Vollzugsanstalt befindliche Person, bei der ein maßgeblicher letzter gewöhnlicher Aufenthalt (vgl. Rn. 42) nicht vorhanden oder nicht zu ermitteln ist. Damit entsteht der Erstattungsanspruch bereits in dem Zeitpunkt, in dem die zu erstattende Sozialhilfeleistung erbracht wird (zur Leistungserbringung vgl. Rn. 181 f.).

197 Der Erstattungsanspruch des § 106 Abs. 1 Satz 2 SGB XII ist nicht vom Überschreiten der **Bagatellgrenze** des § 110 Abs. 2 SGB XII abhängig. Es gilt lediglich die Bagatellgrenze des § 110 Satz 2 SGB X.

---

[157] So zum Eilfall BVerwG v. 14.06.2001 - 5 C 21/00 - juris Rn. 18 - BVerwGE 114, 326-332.
[158] *Schiefer* in: Oesterreicher, SGB II/SGB XII, § 106 Rn. 40.

b. Erstattungsberechtigter Träger der Sozialhilfe

Erstattungsberechtigt ist der örtliche Träger der Sozialhilfe, der mangels eines maßgeblichen letzten gewöhnlichen Aufenthalts (vgl. Rn. 42) und damit mangels eines anderen zuständigen Trägers der Sozialhilfe nach § 98 Abs. 2 Satz 3 SGB XII nicht nur vorläufig, sondern endgültig leistungsverpflichtet ist. Erstattungsberechtigt nach Abs. 1 Satz 2 SGB XII kann nur ein örtlicher Träger der Sozialhilfe sein. 198

§ 106 Abs. 1 Satz 2 SGB XII schließt einen Erstattungsanspruch zugunsten von **überörtlichen Trägern der Sozialhilfe** aus. Denn Sinn des Erstattungsanspruchs ist es, die den für den Einrichtungsort zuständigen Träger der Sozialhilfe in Folge der Einrichtung treffenden Lasten auf den überörtlichen Träger der Sozialhilfe zu verlagern. Dieser soll nach der gesetzlichen Wertung zur Tragung derjenigen Kosten zuständig und verpflichtet sein, die mangels eines maßgeblichen gewöhnlichen Aufenthalts keinem konkreten örtlichen Träger der Sozialhilfe angelastet werden können. Dieses Schutzes bedarf ein überörtlicher Träger der Sozialhilfe nicht, sodass § 106 Abs. 1 Satz 2 SGB XII ausdrücklich nur Erstattungsansprüche der örtlichen Träger der Sozialhilfe normiert. 199

c. Erstattungspflichtiger Träger der Sozialhilfe

Erstattungspflichtig ist der **überörtliche Träger** der Sozialhilfe (§ 97 Abs. 2 SGB XII), in dessen Bereich der leistende örtliche Träger liegt. Auf eine sachliche Zuständigkeit des überörtlichen Trägers der Sozialhilfe i.S.d. § 97 Abs. 2, 3 und 4 SGB XII kommt es nicht an; § 106 Abs. 1 Satz 2 SGB XII begründet eine eigenständige Erstattungszuständigkeit der überörtlichen Träger der Sozialhilfe für Leistungsfälle, in denen ein letzter gewöhnlicher Aufenthalt nicht vorhanden bzw. nicht zu ermitteln ist. 200

d. Umfang des Erstattungsanspruchs

Zu erstatten sind die aufgewendeten Kosten der Leistungserbringung i.S.v. Nettokosten in vollem Umfang. Zum Umfang der Kostenerstattung vgl. die Kommentierung zu § 110 SGB XII Rn. 21 ff. Die Bagatellgrenze des § 110 Abs. 2 SGB XII gilt nur insoweit nicht, als vorläufige Leistungen erstatten werden; für die nach Beendigung des Zuständigkeitskonflikts erbrachte endgültige Leistungen gilt dagegen § 110 Abs. 2 SGB XII. 201

e. Ende des Erstattungsanspruchs

Der Erstattungsanspruch **endet**, wenn dessen Voraussetzungen entfallen. Dies ist der Fall, wenn der Aufenthalt in der Einrichtung bzw. der Vollzugsanstalt beendet ist oder die Heimbetreuungsbedürftigkeit bzw. die sonstigen Voraussetzungen des Leistungsanspruchs des Leistungsberechtigten (z.B. die Hilfebedürftigkeit) entfallen sind und die Leistungsbewilligung insoweit aufgehoben bzw. zurückgenommen ist, sodass eine weitere Leistungserbringung rechtswidrig ist. 202

4. Erstattungsanspruch nach Absatz 3 Satz 1

a. Allgemeines

§ 106 Abs. 3 SGB XII enthält zwei unterschiedliche Erstattungsansprüche. Zum einen sieht § 106 Abs. 3 Satz 1 SGB XII einen Erstattungsanspruch gegen den für den maßgeblichen letzten gewöhnlichen Aufenthaltsort zuständigen Träger der Sozialhilfe vor, zum anderen bestimmt § 106 Abs. 3 Satz 2 SGB XII einen Erstattungsanspruch gegen den überörtlichen Träger der Sozialhilfe, zu dessen Bereich der leistende örtliche Träger gehört. 203

b. Entstehen des Erstattungsanspruchs

Erstattungsansprüche entstehen kraft Gesetzes, sobald die im Gesetz genannten Voraussetzungen vorliegen; § 40 SGB I gilt entsprechend. 204

Voraussetzung ist, dass der für den Einrichtungsort zuständige örtliche Träger der Sozialhilfe einer Person, die eine in seinem Gebiet liegende Einrichtung verlassen und sich weiterhin in seinem Gebiet aufhält, rechtmäßig Leistungen der **Sozialhilfe** für einen innerhalb eines Monats nach Verlassen der Einrichtung beginnenden Zeitraum **erbracht hat**. Entstehensvoraussetzung ist daher das **Erbringen einer rechtmäßigen Leistung** an eine in § 106 Abs. 3 Satz 1 SGB XII beschriebene Person. In diesem Moment der Leistungserbringung (zur Erbringung der Leistung vgl. Rn. 70 f. bzw. Rn. 181 f.) entsteht der Erstattungsanspruch nach § 106 Abs. 3 Satz 1 SGB XII. 205

§ 106

c. Erstattungsberechtigter Träger der Sozialhilfe

206 Gem. § 106 Abs. 3 Satz 1 SGB XII sind dem örtlichen Träger der Sozialhilfe die aufgewendeten Kosten zu erstatten. Erstattungsberechtigt kann daher nur ein örtlicher Träger der Sozialhilfe sein.

d. Erstattungspflichtiger Träger der Sozialhilfe

207 Für den Erstattungsanspruch aus § 106 Abs. 3 Satz 1 SGB XII ist erstattungspflichtig der **Träger der Sozialhilfe**, der auch nach § 98 Abs. 2 Satz 1 SGB XII zur Leistungserbringung in der Einrichtung zuständig war. Damit ist der für den letzten gewöhnlichen Aufenthaltsort vor Aufnahme in die Einrichtung zuständige Träger der Sozialhilfe verpflichtet, dem örtlichen Träger der Sozialhilfe, in dessen Bereich die Einrichtung liegt, auch über das Ende des Aufenthalts in der Einrichtung hinaus dessen tatsächliche Aufwendungen zu erstatten. Erstattungspflichtig kann daher sowohl ein örtlicher (§ 97 Abs. 1 SGB XII) als auch ein überörtlicher Träger (§ 97 Abs. 2 und 3 SGB XII) der Sozialhilfe sein.

e. Umfang des Erstattungsanspruchs

208 Rechtsfolge des § 106 Abs. 3 Satz 1 SGB XII ist das Entstehen eines Erstattungsanspruchs. Zum Umfang des Erstattungsanspruchs und zum Erstattungsverfahren vgl. die Kommentierung zu § 110 SGB XII Rn. 21 ff.. Zu erstatten sind die tatsächlich und rechtmäßig aufgewendeten Kosten der Leistungserbringung. Leistungen in Einrichtungen werden von § 106 Abs. 3 SGB XII schon tatbestandlich nicht erfasst, sodass solche auch nicht zu erstatten sind. Die Bagatellgrenze des **§ 110 Abs. 2** SGB XII **gilt**, soweit vorläufige Leistungen zu erstatten sind.

f. Ende des Erstattungsanspruchs

209 Der Erstattungsanspruch **endet**, wenn dessen Voraussetzungen entfallen. Dies ist der Fall, wenn die Hilfebedürftigkeit entfällt, aber auch wenn und soweit die Leistungserbringung aufgehoben bzw. zurückgenommen ist. Dies ist aber auch dann der Fall, wenn der Leistungsberechtigte wieder in eine Einrichtung aufgenommen wird oder aus dem Zuständigkeitsbereich des für den Einrichtungsort zuständigen örtlichen Trägers der Sozialhilfe verzieht.

210 Ein nur **kurzzeitiges Verlassen des Zuständigkeitsgebietes** des für den Einrichtungsort zuständigen Trägers oder ein **kurzzeitiger Aufenthalt in einer Einrichtung** – nicht zwingend in derselben Einrichtung, die zuvor verlassen wurde –, lässt nach **§ 106 Abs. 3 Satz 3 SGB XII** die Erstattungspflicht nicht entfallen. Kurzzeitig ist diese Unterbrechung der Zuständigkeit des leistenden Trägers, wenn diese zwei Monate nicht übersteigt.

211 Die Erstattungspflicht **endet zwingend**, wenn für einen zusammenhängenden Zeitraum von zwei Monaten Sozialhilfeleistungen nicht zu erbringen waren (§ 106 Abs. 3 Satz 3 HS. 2 SGB XII). Insoweit stellt die Vorschrift darauf ab, ob durch den bis zu diesem Zeitpunkt erstattungsberechtigten, für den Einrichtungsort zuständigen örtlichen Träger der Sozialhilfe Sozialhilfeleistungen nicht mehr zu erbringen waren. Ob andere Träger Leistungen der Sozialhilfe zu erbringen hatten (z.B. ein überörtlicher Träger), ist ohne Bedeutung für das Ende des Erstattungsanspruchs.

212 Aus welchen Gründen Leistungen nicht zu erbringen waren, ist unerheblich. In Betracht kommt zunächst das Entfallen von Hilfebedürftigkeit für mehr als zwei zusammenhängende Monate. Jedoch beenden auch ein über § 106 Abs. 3 Satz 3 HS. 1 SGB XII hinausgehender längerer Aufenthalt in einer Einrichtung innerhalb wie auch außerhalb des Zuständigkeitsgebiets oder auch ein insoweit längeres Verlassen des Zuständigkeitsgebietes den Erstattungsanspruch.

213 Der Erstattungsanspruch **endet spätestens nach Ablauf von zwei Jahren** seit dem Verlassen der Einrichtung (§ 106 Abs. 3 Satz 3 HS. 2 SGB XII). Zur Berechnung der Zwei-Jahresfrist vgl. § 26 Abs. 1 SGB X i.V.m. §§ 187 Abs. 1 und 188 Abs. 1, Abs. 2 Alt. 1 BGB.

5. Erstattungsanspruch nach Absatz 3 Satz 2

a. Entstehen des Erstattungsanspruchs

214 Auch der Erstattungsanspruch nach § 106 Abs. 3 Satz 2 SGB XII i.V.m. Absatz 1 Satz 2 entsteht kraft Gesetzes, sobald die im Gesetz genannten Voraussetzungen vorliegen; § 40 SGB I gilt entsprechend. Voraussetzung ist, dass der für den Einrichtungsort zuständige örtliche Träger der Sozialhilfe einer Person, die eine in seinem Gebiet liegende Einrichtung verlassen hat und sich auch weiterhin in seinem Gebiet aufhält, rechtmäßig Leistungen der **Sozialhilfe** für einen innerhalb eines Monats nach Verlassen der Einrichtung beginnenden Zeitraum **erbracht** hat und die Person keinen maßgeblichen letzten gewöhnlichen Aufenthalt (vgl. Rn. 42) hatte oder ein solcher nicht zu ermitteln ist.

Entstehensvoraussetzung ist daher das **Erbringen einer rechtmäßigen Leistung** an eine in § 106 Abs. 3 Satz 2 SGB XII i.V.m. Absatz 1 Satz 2 und § 98 Abs. 2 Satz 3 SGB XII beschriebene Person. Im Moment der Leistungserbringung entsteht der Erstattungsanspruch nach § 106 Abs. 3 SGB XII.

b. Erstattungsberechtigter Träger der Sozialhilfe

Erstattungsberechtigt ist der örtliche Träger der Sozialhilfe, der mangels eines maßgeblichen letzten gewöhnlichen Aufenthalts (vgl. Rn. 42) und damit mangels eines anderen zuständigen Trägers der Sozialhilfe nach § 98 Abs. 2 Satz 3 SGB XII nicht nur vorläufig, sondern endgültig leistungsverpflichtet ist. Erstattungsberechtigt nach Absatz 1 Satz 2 kann damit nur ein örtlicher Träger der Sozialhilfe sein. § 106 Abs. 1 Satz 2 SGB XII schließt Erstattungsansprüche **überörtlicher Träger der Sozialhilfe** aus (vgl. dazu Rn. 199).

c. Erstattungspflichtiger Träger der Sozialhilfe

Existiert ein letzter gewöhnlicher Aufenthaltsort i.S.d. § 30 Abs. 3 Satz 2 SGB I nicht oder lässt sich ein solcher nicht ermitteln, ist der für den Einrichtungsort zuständige **überörtliche Träger der Sozialhilfe** erstattungspflichtig.[159] Denn der eigenständige Erstattungsanspruch des **§ 106 Abs. 3 Satz 2 SGB XII** verweist insoweit auf die entsprechende Geltung des Absatzes 1 Satz 2. Damit ist gewährleistet, dass der für den Einrichtungsort zuständige Träger seine Aufwendungen vom überörtlichen Träger der Sozialhilfe immer dann ersetzt erhält, wenn vor Aufnahme des Leistungsberechtigten in die Einrichtung kein maßgeblicher letzter gewöhnlicher Aufenthalt i.S.d. § 98 Abs. 2 Satz 1 SGB XII vorhanden ist, unabhängig davon, ob es sich um Leistungen während des Einrichtungsaufenthalts oder i.S.d. § 106 Abs. 3 Satz 1 SGB XII um nachfolgende Leistungen handelt.

d. Umfang des Erstattungsanspruchs

Zum Umfang des Erstattungsanspruch vgl. Rn. 208 sowie die Kommentierung zu § 110 SGB XII Rn. 21 ff., zum Erstattungsverfahren vgl. die Kommentierung zu § 110 SGB XII Rn. 41. Die Bagatellgrenze des **§ 110 Abs. 2 SGB XII gilt**, soweit vorläufige Leistungen zu erstatten sind.

e. Ende des Erstattungsanspruchs

Die Erstattungsansprüche **enden**, wenn deren Voraussetzungen entfallen. Dazu vgl. Rn. 209 ff. Zu beachten ist insbesondere Absatz 3 Satz 3.

---

[159] *Schoch* in: LPK-SGB XII, 9. Aufl., § 106 Rn. 23.

§ 107 SGB XII Kostenerstattung bei Unterbringung in einer anderen Familie

(Fassung vom 27.12.2003, gültig ab 01.01.2005)

§ 98 Abs. 2 und § 106 gelten entsprechend, wenn ein Kind oder ein Jugendlicher in einer anderen Familie oder bei anderen Personen als bei seinen Eltern oder bei einem Elternteil untergebracht ist.

Gliederung

A. Basisinformationen 1	3. Kinder und Jugendliche 28
I. Textgeschichte 1	4. Unterbringung 32
II. Vorgängervorschriften 2	5. Unterbringung in einer anderen Familie bzw.
III. Parallelvorschriften 4	bei anderen Personen als den Eltern bzw.
B. Auslegung der Norm 5	einem Elternteil 40
I. Regelungsgehalt und Bedeutung der Norm ... 5	IV. Rechtsfolgen 45
II. Normzweck 9	1. Gleichstellung mit Leistungen in Einrichtungen 45
III. Tatbestandsmerkmale 13	2. Örtlich zuständiger Träger der Sozialhilfe ... 46
1. Familienpflege 13	3. Kostenerstattung 51
2. Familienpflege nach dem SGB XII 22	

A. Basisinformationen

I. Textgeschichte

1 § 107 SGB XII wurde durch Art. 1 des Gesetzes zur Einordnung des Sozialhilferechts in das Sozialgesetzbuch v. 27.12.2003[1] erlassen und trat mit Wirkung zum 01.01.2005[2] in Kraft[3].

II. Vorgängervorschriften

2 Vorgängervorschrift ist **§ 104 BSHG**, der inhaltsgleich in das SGB XII übertragen wurde.[4]

3 Zum Übergang von den Regelungen des BSHG zum SGB XII nach den Grundsätzen des Intertemporalen Verwaltungsrechts vgl. die Kommentierung zu § 108 SGB XII Rn. 3.

III. Parallelvorschriften

4 Parallelvorschriften existieren auch im SGB II nicht.

B. Auslegung der Norm

I. Regelungsgehalt und Bedeutung der Norm

5 § 107 SGB XII nimmt eine **Gleichstellung von Familienpflege i.S.d. § 54 Abs. 3 SGB XII und (voll)stationärer Betreuung** in einer Einrichtung vor und verdeutlicht damit den gesteigerten Wert der Familienpflege. Dabei begründet § 107 SGB XII **keine Gleichstellungsfiktion**, nach der die Familienpflege als Aufenthalt in einer stationären Einrichtung gilt. Vielmehr erklärt § 107 SGB XII bestimmte einrichtungsbezogene Vorschriften (§ 98 Abs. 2 SGB XII für die Zuständigkeit und § 106 SGB XII für die Kostenerstattung) für entsprechend anwendbar.[5]

6 § 107 SGB XII ist damit, soweit er auf § 98 Abs. 2 SGB XII verweist, eine **Zuständigkeitsvorschrift**[6] und steht daher insoweit systematisch an der falschen Stelle, als auch, soweit er auf § 106 SGB XII verweist, zugleich eine **Erstattungsregelung**.[7]

---

[1] BGBl I 2003, 3022.
[2] Art. 70 Abs. 1 des Gesetzes zur Einordnung des Sozialhilferechts in das Sozialgesetzbuch.
[3] Zu den Materialien vgl. BT-Drs. 15/1514, S. 68 zu § 102.
[4] BT-Drs. 15/1514, S. 68 zu § 102.
[5] *Klinge* in: Hauck/Noftz, SGB XII, § 107 Rn. 1.
[6] OVG Nds v. 18.05.1995 - 12 M 7208/94 - juris Rn. 3 - ZfF 1995, 160-161; VGH Hessen v. 15.02.1996 - 9 TG 3506/95 - NDV-RD 1996, 130-131; VG Ansbach v. 31.05.2007 - AN 14 K 04.02821 - juris; VG Ansbach v. 16.03.2005 - AN 14 E 04.03661 - juris; *Schiefer* in: Oesterreicher, SGB II/SGB XII, § 107 Rn. 3.
[7] BVerwG v. 17.12.2003 - 5 C 14/02 - juris Rn. 12 - BVerwGE 119, 356-363 = FEVS 55, 292-296; *Klinge* in: Hauck/Noftz, SGB XII, § 107 Rn. 1; *Schiefer* in: Oesterreicher, SGB II/SGB XII, § 107 Rn. 3.

§ 109 SGB XII ergänzt die Regelungen des § 107 SGB XII und schließt zugleich aus, dass das Kind bzw. der Jugendliche am Ort der Familienpflege i.S.d. Zuständigkeits- und Erstattungsvorschriften des (§ 98 bzw. § 106 ff) einen gewöhnlichen Aufenthalt begründet (vgl. die Kommentierung zu § 109 SGB XII Rn. 7).

§ 107 SGB XII enthält keine Regelungen über die Voraussetzungen der Familienpflege. Unter welchen Voraussetzungen eine Familienpflege nach materiellem Recht, z.B. den §§ 53 ff. SGB XII, in Betracht kommt, ist den Vorschriften des materiellen Rechts (§§ 53, 54 (insbesondere dort Abs. 3) SGB XII) zu entnehmen.

II. Normzweck

Zweck der Vorschrift ist es, den Träger am Ort der Familienpflege von den entsprechenden **Kosten zu entlasten** und diese demjenigen Träger aufzuerlegen, der auch für eine Kostentragung im Fall der stationären Versorgung des Kindes bzw. des Jugendlichen in einer Einrichtung zuständig wäre. Insoweit dient § 107 SGB XII der zuständigkeits- und kostenrechtlichen **Gleichstellung** von stationären Leistungen in Einrichtungen und der einrichtungsersetzenden ambulanten Familienpflege (jetzt geregelt in § 54 Abs. 3 SGB XII).

Nach Sinn und Zweck der Regelung soll der Träger der Sozialhilfe am Ort einer Einrichtung (bzw. bei Familienunterbringung: der Unterbringungsfamilie) von den Zufälligkeiten des mit dieser Lage verknüpften tatsächlichen Aufenthaltsorts eines Hilfebedürftigen entlastet werden.[8]

Die Gleichstellung von Familienpflege und stationären Leistungen in Einrichtungen soll auch dazu **anreizen**, weitere Familienpflegestellen zu schaffen.[9]

Der gem. § 98 Abs. 2 Satz 1 SGB XII für den maßgeblichen letzten gewöhnlichen Aufenthalt vor Beginn der Familienpflege oder der Einrichtungsbetreuung zuständige Träger der Sozialhilfe soll nicht im Hinblick auf eine ihn treffende Kostenlast die im konkreten Einzelfall geeignete und erforderliche Maßnahme zugunsten einer für ihn günstigeren, aber weniger geeigneten Versorgung und Betreuung des Kindes bzw. des Jugendlichen wählen. Welche Maßnahme im Einzelfall geeigneter ist, ist anhand des Einzelfalles und der entsprechenden Zielsetzung der Leistungen zu beurteilen.

III. Tatbestandsmerkmale

1. Familienpflege

Die Familienpflege stellt einen **besonderen Typ der Erbringung von Leistungen der Eingliederungshilfe nach den §§ 53 ff. SGB XII (§ 54 Abs. 3 SGB XII)** dar. Sie soll stationäre Leistungen in Einrichtungen durch eine familienorientierte Betreuung und Pflege von Kindern und Jugendlichen ersetzen. Dies setzt voraus, dass die Kinder und Jugendlichen zu anderen Pflegepersonen als den Eltern, somit in einem anderen räumlichen Umfeld und einer anderen Familie, verbracht und über Tag und Nacht in deren Haushalt versorgt werden (§ 54 Abs. 3 SGB XII). Dort soll unter Zuhilfenahme aller ambulanten und teilstationären Leistungsangebote sowie der Beratungs- und Unterstützungsleistungen des SGB XII, ggf. auch unter Einschluss von Sozialleistungen anderer Träger (z.B. des SGB V, SGB VIII, SGB IX und SGB XI), im Ergebnis dasselbe Leistungsziel (vgl. dazu § 53 Abs. 3 SGB XII) wie mittels stationärer Leistungen in Einrichtungen erzielt werden.

Damit handelt es sich bei der Familienpflege des § 54 Abs. 3 SGB XII um eine ambulante, die **stationäre Einrichtungen ersetzende Leistungsform**. Diese an sich ambulante Leistungsform stellt der Gesetzgeber über § 107 SGB XII den stationären Leistungen gleich, als er auch für die Familienpflege die für Einrichtungen geltenden Regelungen über die Zuständigkeit der Träger der Sozialhilfe (§ 98 Abs. 2 SGB XII) sowie die für Einrichtungsleistungen geltenden Kostenerstattungsansprüche (§ 106 SGB XII) für entsprechend anwendbar erklärt.

Gegenüber der Unterbringung in einer Einrichtung zeichnet sich die Familienpflege gerade bei Kindern und Jugendlichen dadurch aus, dass diese über die fachlichen Leistungen, die weiterhin vom Träger der Sozialhilfe erbracht werden, in dem sozialen Umfeld einer funktionierenden Familie aufwachsen und damit auch trotz ihrer SGB-XII-relevanten Bedarfslage i.S.d. § 53 Abs. 1 SGB XII Zugang zum Leben in der Gesellschaft und einer Familie erlangen.

---

[8] LSG Nordrhein-Westfalen v. 14.02.2011 - L 20 SO 110/08 - juris Rn. 79, anhängig gewesen beim BSG unter B 8 SO 9/11 R, das Verfahren wurde ohne Urteil erledigt (vgl. Terminbericht 50/12 zur Sitzung des BSG vom 20.09.2012).

[9] *Schoch* in: LPK-SGB XII, 9. Aufl., § 107 Rn. 1.

§ 107

16 Familienpflege ist eine Form der **Erbringung von ambulanten Leistungen der Eingliederungshilfe** gem. §§ 53 ff. SGB XII (vgl. § 54 Abs. 3 SGB XII). Sie kann grds. als Ganztagspflege oder auch als teilzeitige Tages- bzw. Nachtpflege ausgestaltet sein. Jedoch knüpft § 54 Abs. 3 SGB XII lediglich an eine Familienpflege, die „über Tag und Nacht" besteht, also ganztägig ist, an. Auch genügt eine teilzeitige Familienpflege nicht, um die Wirkungen des § 107 SGB XII zu begründen. Denn die Gleichstellung von Familienpflege und Leistungen in Einrichtungen lässt sich nur dann rechtfertigen, wenn beiden Leistungen vergleichbare Leistungssituationen zugrunde liegen.

17 **Inhalt** der Familienpflege i.S.d. § 54 Abs. 3 SGB XII ist grds. **auch** die Erbringung von **erzieherischen Leistungen**. Diese Notwendigkeit ergibt sich zwangsläufig aus der Einbindung des Kindes bzw. des Jugendlichen in die Pflegefamilie. Damit tritt die **Familienpflege nach dem SGB XII** in ein Spannungsverhältnis zur **Familienpflege nach dem SGB VIII**. Dort kann z.B. nach § 32 Satz 2 SGB VIII Hilfe zur Erziehung, die die Entwicklung des Kindes oder des Jugendlichen durch soziales Lernen in der Gruppe, Begleitung der schulischen Förderung und Elternarbeit unterstützt und dadurch den Verbleib des Kindes oder des Jugendlichen in seiner Familie sichert, auch durch geeignete Formen der Familienpflege geleistet werden.

18 Zur **Abgrenzung** von Leistungen nach dem SGB VIII und dem SGB XII wird teilweise auf das Schwergewicht der Leistungsziele abgestellt.[10] Liege das Schwergewicht der Hilfe im Bereich der Kinder- und Jugendhilfe, gelte das Regime des SGB VIII für die gesamte Leistung, sei Schwerpunkt dagegen eine Zielsetzung aus dem Bereich der Eingliederungshilfe (§ 53 Abs. 1, 3 SGB XII), diene die Familienpflege also dazu, eine drohende Behinderung zu verhüten oder eine vorhandene Behinderung oder deren Folgen zu beseitigen oder zu mildern oder den Behinderten in die Gesellschaft einzugliedern, unterfalle die Familienpflege gänzlich dem Regime des SGB XII.[11] Insoweit sei das Verhältnis zwischen der Jugendhilfe nach dem SGB VIII und der Eingliederungshilfe nach dem SGB XII nicht absolut, also nicht in dem Sinne geregelt, dass bereits das bloße Vorliegen einer – wesentlichen – geistigen (oder körperlichen) Behinderung bzw. des Drohens einer derartigen Behinderung den absoluten Vorrang der Eingliederungshilfe und damit von Leistungen der Sozialhilfe begründe.[12] Sei daher die Behinderung eines Kindes oder Jugendlichen die Ursache für ein Erziehungsdefizit auf Seiten der Eltern und sei aus diesem Grunde eine Erziehung außerhalb des Elternhauses erforderlich, so sei die Unterbringung als Hilfe zur Erziehung zu qualifizieren[13] und unterfalle dem SGB VIII.

19 Dagegen sieht das **BVerwG**[14] für eine (auch) den Zielen der Eingliederungshilfe dienende Leistung einen Vorrang der Leistungen der Eingliederungshilfe nach dem SGB XII vor den sich damit überschneidenden Leistungen der Jugendhilfe. Das **BSG**[15] andererseits sieht insoweit keine sachliche Zielidentität. Eine personelle Teilidentität alleine genüge nicht, um eine teilweise Kongruenz für die Anwendung der Konkurrenzregelung des § 10 Abs. 4 SGB VIII anzunehmen.[16]

20 Welche Leistungen tatsächlich im Rahmen der Familienpflege zu erbringen sind und welchem Regime sie daher unterliegen, wird in § 107 SGB XII nicht angesprochen. Vielmehr setzt § 107 SGB XII eine auf Grundlage des SGB XII geschaffene, einer stationären Leistungserbringung vergleichbare Leistungssituation im Rahmen der Familienpflege voraus. Die Voraussetzungen dieser Leistungserbringung bestimmen sich damit alleine nach § 54 Abs. 3 SGB XII.

21 Auch im **BGB** finden sich Regelungen zur Familienpflege, als dort die Folgen der Familienpflege vor allem im Hinblick auf das elterliche Sorgerecht geregelt werden (vgl. die §§ 1630, 1632, 1685, 1688 BGB). In diesem bürgerlichrechtlichen Sinne bedeutet Familienpflege die Pflege und Erziehung eines Kindes oder Jugendlichen in einer anderen als seiner Herkunftsfamilie.[17] Für die Familienpflege im

---

[10] Z.B. VG Kassel v. 18.06.2002 - 5 E 1318/97 - juris Rn. 27.
[11] VG Kassel v. 18.06.2002 - 5 E 1318/97 - juris Rn. 27.
[12] OVG Nds v. 10.10.1997 - 12 L 549/97 - juris Rn. 30 - FEVS 48, 281.
[13] VG Kassel v. 18.06.2002 - 5 E 1318/97 - juris Rn. 27; OVG Nds v. 10.10.1997 - 12 L 549/97 - juris Rn. 30 ff. - FEVS 48, 281; Bay. VGH v. 06.04.1995 - 12 B 92.1768 - juris Rn. 83 ff. - FEVS 46, 185.
[14] BVerwG v. 22.10.2009 - 5 C 19/08 - BVerwGE 135, 159-176 - juris Rn. 9 - FamRZ 2010, 464-467 = NVwZ-RR 2010, 231-236.
[15] BSG v. 24.03.2009 - B 8 SO 29/07 R - juris Rn. 15 ff. - BSGE 103, 39-45 = SozR 4-2800 § 10 Nr. 1.
[16] Zur Abgrenzung von Jugendhilfe- und Eingliederungshilfeleistungen vgl. auch LSG Nordrhein-Westfalen v. 14.02.2011 - L 20 SO 110/08 - juris Rn. 59 ff., anhängig gewesen beim BSG unter B 8 SO 9/11 R, vgl. dazu den Terminbericht 50/12 zur Sitzung des BSG vom 20.09.2012.
[17] BGH v. 04.07.2001 - XII ZB 161/98 - juris Rn. 20 - NJW 2001, 3337-3339 m.w.N.

Sinne des BGB genügt jedes faktische Pflegeverhältnis familienähnlicher Art, gleichgültig, ob ein Pflegevertrag oder eine etwa nach § 44 SGB VIII erforderliche Pflegeerlaubnis vorliegt.[18]

2. Familienpflege nach dem SGB XII

Die Gleichstellung mit stationären Leistungen i.S.d. § 107 SGB XII kann auch bei der Familienpflege bei Kindern und Jugendlichen nur dann zum Tragen kommen, wenn die Familienpflege **als Leistung des SGB XII erbracht** wird (vgl. dazu Rn. 18 ff.). Das SGB XII enthält insoweit in § 54 Abs. 3 SGB XII nähere Regelungen. Steht die Familienpflege dagegen unter dem Regime des SGB VIII oder wird sie ohne sozial(hilfe)rechtliche Grundlage durchgeführt, gilt § 107 SGB XII nicht.[19]

22

In diesem Sinne hat sich auch das SG Mannheim[20] gegen die h.M.[21] gewandt. Unter Hinweis auf den Wortlaut der Vorschrift („untergebracht ist") fordert das SG Mannheim[22] die Einbindung der untergebrachten Person in eine organisatorisch bzw. institutionell vorgegebene „Einrichtung". Dies werde auch in der Rechtsprechung und Literatur teilweise gefordert,[23] zumindest müsse die Unterbringung grds. einem stationären Aufenthalt in einer Einrichtung gleichkommen. Daran fehle es, wenn das Kind oder der Jugendliche ohne Beteiligung eines Amtes innerhalb der Familie freiwillig bei einem anderen Familienmitglied außerhalb des Elternhaushalts unterkomme und dort (innerhalb der Familie im weiteren Sinne) betreut, versorgt und erzogen werde.[24]

23

Zum Verständnis des Begriffs der Unterbringung ist nach der vorliegend vertretenen Auffassung zu fragen, ob es ausreicht, dass alleine der gesetzliche Vertreter eine Bestimmung über den Aufenthalt, die Betreuung, Pflege und Erziehung eines Kindes oder Jugendlichen bei einem anderen Familienangehörigen, einer anderen Familie oder in einem Internat getroffen hat, also die Unterbringung nicht auf eine Maßnahme einer Behörde oder eines Gerichtes zurückzuführen ist. Die bloße auf eine Bestimmung durch den gesetzlichen Vertreter zurückzuführende Unterbringung in einer anderen Familie soll nach **h.M.** ausreichen, denn diese versteht den Begriff des „Unterbringen" i.S. von **„sich befinden"**.[25] Dagegen fordern *Schellhorn* und *Rabe*,[26] es müsse sich wenigstens um ein „echtes Betreuungsverhältnis" handeln, eine rein wohnungsmäßige Aufnahme in eine andere Familie reiche nicht.

24

Zivilrechtlich wird die Unterbringung als die Fremdplatzierung des Kindes bzw. Jugendlichen außerhalb des Elternhauses verstanden.[27] Mit Blick auf die zivilrechtlichen Regelungen (vgl. die §§ 1631b, 1906 BGB) wird deutlich, dass es für die Unterbringung nicht auf den bloßen Willen des gesetzlichen Vertreters ankommen kann, vielmehr **ein gerichtliches Mitwirken erforderlich** ist (Genehmigung bzw. Anordnung durch das Gericht[28]). Diese Überlegung kann auch für das Verständnis der Unterbringung i.S.d. § 107 SGB XI herangezogen werden, weshalb nach der hier vertretenen Auffassung eine Unterbringung nur vorliegen soll, wenn ein Gericht oder eine Behörde die Unterbringung veranlasst, genehmigt oder zumindest daran mitgewirkt hat, es sich somit um eine einem Gericht bzw. einer Behörde zurechenbare Maßnahme handelt. Es besteht kein Grund, das Verständnis der Unterbringung sozialhilferechtlich weiter zu fassen, zumal das Gesetz auf eine „Unterbringung", nicht auf einen (gewöhnlichen) Aufenthalt bei einer anderen Familie abstellt. Auch eine Familienpflege i.S.d. § 54 Abs. 3 SGB XII ist eine behördliche Maßnahme (zur Entscheidung des Eingliederungshilfeträgers in Abstimmung mit dem Jugendhilfeträger vgl. die Kommentierung zu § 54 SGB XII Rn. 75). Gleiches gilt für

25

---

[18] BGH v. 04.07.2001 - XII ZB 161/98 - juris Rn. 20 - NJW 2001, 3337-3339 m.w.N.
[19] OVG Nds v. 19.05.2003 - 12 LC 291/02 - juris Rn. 34 - NDV-RD 2003, 106-109.
[20] SG Mannheim v. 07.05.2013 - S 9 SO 4188/12 - juris.
[21] Insbesondere BVerwG v. 17.12.2003 - 5 C 14/02 - juris - BVerwGE 119, 356 ff.
[22] SG Mannheim v. 07.05.2013 - S 9 SO 4188/12 - juris.
[23] Vgl. *Schiefer* in: Oestreicher, SGB II/SGB XII, § 107 SGB XII, Rn. 9 unter Hinweis auf VG München v. 14.01.1999 - M 15 K 96.7015 - juris.
[24] SG Mannheim v. 07.05.2013 - S 9 SO 4188/12 - juris.
[25] VG Bayreuth v. 22.06.2009 - 3 K 08.788 - juris Rn. 38; *Klinge* in: Hauck/Noftz, SGB XII, § 107 Rn. 5; *Schoch* in: LPK-SGB XII, 9. Aufl., § 107 Rn. 9; *Wahrendorf* in: Grube/Wahrendorf, SGB XII, 4. Aufl., § 107 Rn. 3; *Steimer/Zink* in: Mergler/Zink, Handbuch der Grundsicherung und Sozialhilfe, § 107 Rn. 11.
[26] *Schellhorn* in: Schellhorn/Schellhorn/Hohm, SGB XII, 18. Aufl., § 107 Rn. 6 f.; *Rabe* in: Fichtner/Wenzel, 4. Aufl., § 107 Rn. 3.
[27] *Hamdan* in: jurisPK-BGB, 6. Aufl. 2012, § 1631b BGB Rn. 2 unter Hinweis auf *Salgo* in: Staudinger, BGB, § 1631b BGB Rn. 11.
[28] Dazu, dass eine Unterbringung nach dem BGB immer eine Freiheitsentziehung darstellt, vgl. *Jaschinski* in: jurisPK-BGB, 6. Aufl. 2012, § 1906 i.d.F. v. 17.12.2008, Rn. 17, 26.

jugendhilferechtliche bzw. familienrechtliche Maßnahmen einer Familienpflege oder Unterbringung. Das Merkmal einer entsprechend verstandenen, behördlich veranlassten Unterbringung widerspricht insoweit auch nicht der Rechtsprechung des BVerwG,[29] das bestimmt hatte, dass es maßgeblich auf den Umstand der Unterbringung in „einer anderen Familie oder bei anderen Personen als bei seinen Eltern oder bei einem Elternteil" ankomme und nicht darauf, ob die Unterbringung sozialhilferechtlich veranlasst oder auf anderer Grundlage erfolgt sei.

26 Diese **enge Auslegung** des Begriffs der „Unterbringung" dürfte auch durch Systematik und den Zweck der Regelung gestützt werden. Mit § 107 SGB XII soll der Träger der Sozialhilfe, in dessen Bereich sich die Familienpflegestelle befindet, bei Kindern und Jugendlichen, die aus dem Zuständigkeitsbereich eines anderen Trägers der Sozialhilfe stammen, von der endgültigen Kostentragung entlastet werden[30] und so der Unterbringungsort vor übermäßigen Belastungen geschützt werden.[31] Derartige übermäßige Belastungen ergeben sich aber für einen Träger der Sozialhilfe daraus, dass in bestimmten Konstellationen Hilfebedürftige in seinen Zuständigkeitsbereich kommen, ohne dass er hierauf Einfluss hat; so knüpft § 106 SGB XII den Erstattungsanspruch an das Vorhandensein einer stationären Einrichtung, § 108 SGB XII an die Einreise in die Bundesrepublik Deutschland an. Erfolgt die Belastung des Trägers der Sozialhilfe dagegen deswegen, weil sich eine Person mit gewöhnlichem Aufenthalt im Bundesgebiet aus freien Stücken entschließt, sich im Zuständigkeitsbereich eines Trägers der Sozialhilfe aufzuhalten bzw. niederzulassen, so erwächst daraus kein Erstattungsanspruch. Wird die Zuständigkeit des Träger der Sozialhilfe durch eine solche freie Willensentscheidung des Hilfebedürftigen bzw. seines Sorgeberechtigten veranlasst und nicht durch besondere Umstände (wie z.B. das Vorhandensein einer Einrichtung oder einer Einreise aus dem Ausland) „aufgedrängt", so besteht nach der vorliegend vertretenen Ansicht kein Bedürfnis, diesen Träger der Sozialhilfe zu entlasten. Vergleichbar „aufgedrängt" wird die Zuständigkeit eines Trägers der Sozialhilfe aber bei Unterbringungen nur dann, wenn diese behördlich oder gerichtlich angeordnet bzw. veranlasst sind. Daher spricht nach der hier vertretenen Auffassung viel dafür, die „Unterbringung" i.S.d. § 107 eng zu verstehen und nur an behördliche bzw. gerichtlich angeordnete Unterbringungen anzuknüpfen.

27 Die Voraussetzungen der Familienpflege sind in § 107 SGB XII nicht bestimmt. Hierzu ist auf die §§ 53, 54 (Abs. 3) SGB XII zu verweisen.

3. Kinder und Jugendliche

28 Voraussetzung der Gleichstellung von Familienpflege und stationären Einrichtungen ist, dass es sich um eine Familienpflege für Kinder und Jugendliche handelt.[32] Die Familienpflege von anderen Personen als Kindern und Jugendlichen – so sehr dies ggf. im Hinblick auf die soziale Integration behinderter Erwachsener sozialpolitisch wünschenswert wäre – wird von § 107 SGB XII nicht erfasst.

29 Nach den entsprechend heranziehbaren Definitionen des § 7 Abs. 1 Nr. 1 und 2 SGB VIII sind **Kinder** Personen, die noch nicht 14 Jahre alt sind. **Jugendlicher** ist, wer 14, aber noch nicht 18 Jahre alt ist. Damit sind alle **Minderjährigen** i.S.d. § 2 BGB, unabhängig von der Bezeichnung als Kind oder Jugendlicher, erfasst.

30 Ab **Eintritt der Volljährigkeit**, also dem Tag des 18. Geburtstages (§ 2 i.V.m. § 187 Abs. 2 BGB), endet daher die Gleichstellung der Familienpflege mit der Pflege in Einrichtungen und auch eine Kostenerstattung nach § 106 SGB XII.[33] Insoweit ist auch die Auffassung der Zentralen Spruchstelle für Fürsorgestreitigkeiten[34] (einer bis zum Jahr 2002 bestehenden Schiedsgerichtsbarkeit auf der Rechtsgrundlage der Fürsorgerechtsvereinbarung) abzulehnen[35], die die Erreichung der Volljährigkeit als Fall des Verlassens der Familienpflege i.S.d. § 106 Abs. 3 Satz 1 SGB XII wertet und einen Erstattungsanspruch nach § 106 Abs. 3 Satz 1 SGB XII konstruiert.

---

[29] BVerwG v. 17.12.2003 (5 C 14/02 - BVerwGE 119, 356 ff - juris.
[30] Vgl. dazu *Klinge* in: Hauck/Noftz, SGB XII, § 107 Rn. 1.
[31] Vgl. *Wahrendorf* in: Grube/Wahrendorf, SGB XII, 4. Aufl., § 107 Rn. 1.
[32] Vgl. auch § 54 Abs. 3 Satz 1 SGB XII.
[33] OVG Nds v. 14.03.2007 - 4 LC 86/07 - juris Rn. 30 - FEVS 58, 519-523.
[34] ZSpr. EuG 41, 432; ZSpr. EuG 42, 282; ZSpr. EuG 44, 314.
[35] *Klinge* in: Hauck/Noftz, SGB XII, § 107 Rn. 4; *Schoch* in: LPK-SGB XII, 9. Aufl., § 107 Rn. 5; a.A. *Schellhorn* in: Schellhorn/Schellhorn/Hohm, SGB XII, 18. Aufl., § 107 Rn. 20.

Zu den Kindern gehören nicht nur **leibliche Kinder** – unabhängig von deren Familienstand (ehelich oder unehelich) – sondern auch **adoptierte Kinder**.[36] Insoweit stellt § 107 SGB XII auf tatsächliche und rechtliche Verwandtschaft i.S.d. §§ 1589, 1754 Abs. 1 BGB ab. Stief- und Pflegekinder gehören daher nicht zu den Kindern i.S.d. § 107 SGB XII.[37]

31

4. Unterbringung

Untergebracht sind Kind oder Jugendliche, wenn Erziehung, Betreuung und Aufsicht durch andere Personen als die Eltern oder einen Elternteil geleistet werden und die Unterbringung nicht nur von unbedeutend kurzer Dauer ist.[38] Jedoch **muss die Familienpflege einer stationären Leistung entsprechen** (vgl. Rn. 36). Daher bedeutet die Unterbringung die nicht nur kurzzeitige Herausnahme eines Kindes oder eines Jugendlichen aus seinem bisherigen sozialen und familiären Umfeld zum Zwecke der Erziehung, Betreuung, Beaufsichtigung, Fürsorge, Pflege und der sonstigen Leistungserbringung entsprechend den nach dem SGB XII festgestellten Bedarfen.[39] Die Unterbringung entspricht insoweit dem in § 54 Abs. 3 SGB XII verwendeten Begriff der Versorgung des Kindes bzw. Jugendlichen.

32

Eine Unterbringung i.S.d. § 107 SGB XII dürfte auch voraussetzen, dass eine Behörde oder ein Gericht die Unterbringung veranlasst oder genehmigt hat (vgl. dazu auch Rn. 25 f.). Daran fehlt es, wenn das Kind oder der Jugendliche ohne Beteiligung einer Behörde oder eines Gerichts innerhalb oder außerhalb der Familie freiwillig bei einem anderen Familienmitglied oder einer Person außerhalb des Elternhaushalts unterkommt und dort betreut, versorgt und erzogen wird.[40] Dieses Verständnis tritt nicht in Widerspruch zur Rechtsprechung des BVerwG.[41]

33

Mit der Unterbringung korrespondiert auch der **tatsächliche Aufenthalt** des Kindes bzw. des Jugendlichen bei der Pflegefamilie bzw. Pflegeperson. Erforderlich sind der tatsächliche Aufenthalt des Kindes bzw. Jugendlichen bei der Pflegefamilie bzw. Pflegeperson und damit die räumliche Trennung von den Eltern bzw. dem Elternteil. Wohnt daher zumindest ein Elternteil noch bei der Pflegefamilie bzw. Pflegeperson, ist Familienpflege i.S.d. § 107 SGB XII nicht möglich.[42]

34

Kennzeichen der Unterbringung in der Pflegefamilie bzw. bei der Pflegeperson ist auch die **Ausübung der Erziehung und der Personensorge** durch die Pflegefamilie bzw. die Pflegeperson.[43] Insoweit muss die Pflegefamilie bzw. Pflegeperson im Rahmen der Familienpflege die Rolle eines Elternersatzes einnehmen. Dazu muss sie die eigentlich den Eltern obliegenden Betreuungsverpflichtungen ausüben.[44] Verbleibt den Eltern noch grundsätzlicher Erziehungseinfluss, liegt regelmäßig eine Unterbringung nicht vor.[45]

35

Im Ergebnis muss die Unterbringung in der Familienpflege einem Einrichtungsaufenthalt entsprechen. Denn die Gleichstellung von Familienpflege und stationären Leistungen in Einrichtungen rechtfertigt sich nur dann, wenn die Leistungssituation vergleichbar ist. Insoweit kann eine **nur teilzeitige Familienpflege** regelmäßig **nicht von § 107 SGB XII** erfasst sein; auch § 54 Abs. 3 SGB XII erfasst teilzeitige Familienpflege nicht. Denn anders als bei einer stationären und damit ganztägigen Betreuung in der Einrichtung außerhalb das angestammten sozialen und familiären Milieus erfolgt bei einer teilzeitigen Familienpflege (regelmäßig in Form von Tages- oder Nachtpflege) eine Betreuung nur zu gewissen Tages- bzw. Nachtzeiten, ebenso fehlt die Herausnahme des Kindes und Jugendlichen aus dem bisherigen familiären Umfeld. Insoweit lässt sich bei einer nur teilzeitigen Familienpflege die Gleichstellung mit (voll)stationären Leistungen nicht begründen.

36

Der **Grund** für die Unterbringung ist ebenso ohne Bedeutung für § 107 SGB XII wie auch die Person, die die Unterbringung betreibt.[46] Jedoch muss es sich um eine ganztägige Familienpflege handeln, die auf Grundlage des § 54 Abs. 3 SGB XII erbracht wird.

37

---

[36] *Schiefer* in: Oesterreicher, SGB II/SGB XII, § 107 Rn. 6.
[37] *Schiefer* in: Oesterreicher, SGB II/SGB XII, § 107 Rn. 6.
[38] VG Potsdam v. 10.10.2002 - 7 K 4354/96 - juris Rn. 14.
[39] Dazu vgl. *Klinge* in: Hauck/Noftz, SGB XII, § 107 Rn. 5; *Schiefer* in: Oesterreicher, SGB II/SGB XII, § 107 Rn. 9.
[40] Zu einem solchen Fall vgl. SG Mannheim v. 07.05.2013 - S 9 SO 4188/12; vgl. dazu auch Rn. 23 ff.
[41] BVerwG v. 17.12.2003 - 5 C 14/02 - BVerwGE 119, 356 ff - juris; vgl. dazu auch Rn. 25 f.
[42] *Schoch* in: LPK-SGB XII, 9. Aufl., § 107 Rn. 8.
[43] *Schiefer* in: Oesterreicher, SGB II/SGB XII, § 107 Rn. 8.
[44] *Klinge* in: Hauck/Noftz, SGB XII, § 107 Rn. 5.
[45] *Schiefer* in: Oesterreicher, SGB II/SGB XII, § 107 Rn. 7.
[46] *Schellhorn* in: Schellhorn/Schellhorn/Hohm, SGB XII, 18. Aufl., § 107 Rn. 7.

38 Das SG Mannheim hat demgemäß entschieden, dass das **freiwillige Unterkommen** eines Jugendlichen außerhalb seines Elternhauses ohne Beteiligung einer Behörde keine Unterbringung i.S. von § 107 SGB XII darstellt.[47]

39 Die Unterbringung wird nicht durch **Wochenend- oder Ferienaufenthalte** außerhalb der Pflegefamilie unterbrochen. So schaden Familienheimfahrten über Wochenenden, Ferien, Feiertage nicht, solange diese Abwesenheit von dem Willen getragen ist, in die Pflegefamilie zurückzukehren. Insoweit ist § 106 Abs. 2 SGB XII entsprechend heranzuziehen („Beurlaubung").

5. Unterbringung in einer anderen Familie bzw. bei anderen Personen als den Eltern bzw. einem Elternteil

40 Die Familienpflege steht der Erbringung stationärer Leistungen nur dann gleich, wenn das Kind oder der Jugendliche **in einer anderen Familie oder bei anderen Personen** als bei seinen Eltern oder bei einem Elternteil untergebracht ist. Ein Ausschluss der Familienpflege ist auch bei **nahen Verwandten** nicht bestimmt. Vielmehr ist regelmäßig eine möglichst familiennahe Unterbringung wünschenswert.

41 Da die Familienpflege auch nicht den Kontakt zu den Eltern bzw. einem Elternteil unterbindet, kann auch ein Besuch oder nur kurzzeitiger Aufenthalt der Eltern bzw. eines Elternteils des Kindes bzw. des Jugendlichen bei der Pflegefamilie bzw. der Pflegeperson die Gleichstellung nach § 107 SGB XII nicht beeinträchtigen.

42 § 107 SGB XII setzt hinsichtlich der Pflegefamilie weder voraus, dass diese aus zwei Personen unterschiedlichen Geschlechts besteht, noch dass es sich um eine klassische Familie aus Eltern und eigenen Kindern handelt. Es genügt, wenn durch die Unterbringung des Kindes bzw. des Jugendlichen eine „Familie" aus Eltern und „Kindern" resultiert. Darüber hinaus genügt auch eine einzelne Pflegeperson, die die Familienpflege für das Kind bzw. den Jugendlichen übernimmt. Auch insoweit ist es unerheblich, ob diese Pflegeperson bereits eigene Kinder hat.

43 **Ausgeschlossen** ist die Gleichstellung nur, wenn die pflegende Familie zumindest aus einem Elternteil des Kindes bzw. des Jugendlichen besteht oder zumindest noch ein Elternteil bei der Pflegefamilie bzw. Pflegeperson wohnt. Eltern i.d.S. sind die unmittelbaren leiblichen Eltern, aber auch die Adoptiveltern[48]; Großeltern, Stief- und Pflegeeltern gehören nicht dazu.

44 Die Familienpflege i.S.d. § 107 SGB XII ist nicht genehmigungspflichtig; wegen der Anknüpfung an § 54 Abs. 3 SGB XII ist jedoch eine Pflegeerlaubnis i.S.d. § 44 SGB VIII erforderlich (§ 54 Abs. 3 Satz 2 SGB XII).[49] Dagegen bedarf es vor dem Hintergrund des § 107 SGB XII einer vertraglichen Vereinbarung zwischen dem Träger der Sozialhilfe, der Pflegefamilie/Pflegeperson sowie den Eltern des Kindes bzw. des Jugendlichen nicht. Solche Vereinbarungen können jedoch aus anderen Gründen durchaus sinnvoll sein.

IV. Rechtsfolgen

1. Gleichstellung mit Leistungen in Einrichtungen

45 § 107 SGB XII ordnet die entsprechende Geltung der §§ 98 Abs. 2, 106 SGB XII an. Damit wird im Hinblick auf die Zuständigkeitsregelungen und die Erstattungsvorschriften eine **rechtliche Gleichstellung** von Leistungen der Familienpflege mit Leistungen in Einrichtungen erreicht. Im Hinblick auf die Zuständigkeit und die letztendliche Verteilung der Kosten unterscheiden sich Familienpflege und Einrichtungsleistungen damit nicht.[50]

2. Örtlich zuständiger Träger der Sozialhilfe

46 § 107 SGB XII erklärt sämtliche Zuständigkeitsregelungen des § 98 Abs. 2 SGB XII für entsprechend anwendbar.

---

[47] SG Mannheim v. 07.05.2013 - S 9 SO 4188/12 - juris; vgl. auch Rn. 23 ff.
[48] *Schiefer* in: Oesterreicher, SGB II/SGB XII, § 107 Rn. 7.
[49] A.A. *Klinge* in: Hauck/Noftz, SGB XII, § 107 Rn. 5.
[50] Zu Übergängen aus Einrichtungen in die Familienpflege vgl. LSG Nordrhein-Westfalen v. 14.02.2011 - L 20 SO 110/08 - juris Rn. 79, anhängig gewesen beim BSG unter B 8 SO 9/11 R (dazu vgl. Terminbericht 50/12 zur Sitzung des BSG vom 20.09.2012).

Daher ist für die Familienpflege der Träger der Sozialhilfe gem. §§ 107, 98 Abs. 2 Satz 1 SGB XII **örtlich zuständig**, in dessen Bereich das Kind bzw. der Jugendliche seinen gewöhnlichen Aufenthalt im Zeitpunkt des Beginns der Familienpflege hatte oder in den zwei Monaten vor Beginn der Familienpflege zuletzt gehabt hatte. 47

Steht innerhalb von vier Wochen nicht fest, ob und wo der gewöhnliche Aufenthalt nach § 98 Abs. 2 Satz 1 SGB XII begründet worden ist oder ist ein gewöhnlicher Aufenthaltsort nicht vorhanden oder nicht zu ermitteln oder liegt ein Eilfall vor (vgl. die Kommentierung zu § 106 SGB XII Rn. 40), hat der für den tatsächlichen Aufenthaltsort des Kindes bzw. des Jugendlichen zuständige Träger der Sozialhilfe i.S.d. § 98 Abs. 1 Satz 1 SGB XII, also regelmäßig der für den Ort der Familienpflege zuständige Träger der Sozialhilfe, über die Leistung unverzüglich zu entscheiden und sie vorläufig zu erbringen (§ 98 Abs. 2 Satz 3 SGB XII), vgl. dazu die Kommentierung zu § 106 SGB XII Rn. 84. 48

Bei einem **Wechsel der Familienpflegestelle** gilt § 98 Abs. 2 Satz 2 SGB XII, bei Geburt eines Kindes während der Familienpflege gilt § 98 Abs. 2 Satz 4 SGB XII. 49

Welcher Träger der Sozialhilfe, ob ein örtlicher (§ 97 Abs. 1 SGB XII) oder ein überörtlicher Träger der Sozialhilfe (§ 97 Abs. 2, 3 SGB XII), für die Erbringung der Familienpflege **sachlich zuständig** ist, wird durch § 107 SGB XII auch i.V.m. § 98 Abs. 2 SGB XII nicht festgelegt. Dies bestimmt sich ausschließlich anhand des § 97 SGB XII ggf. i.V.m. landesrechtlichen Regelungen (§ 97 Abs. 2 Satz 1 SGB XII). 50

3. Kostenerstattung

Auch hinsichtlich der letztendlichen Kostenverteilung bestimmt § 107 SGB XII eine Gleichstellung der Familienpflege mit den Einrichtungsleistungen. Insoweit erklärt § 107 SGB XII nämlich die **Kostenerstattungsansprüche nach § 106 SGB XII** für entsprechend anwendbar. 51

Entsprechende Anwendung finden daher alle Erstattungsansprüche des § 106 (Abs. 1 Satz 1, Abs. 1 Satz 2, Abs. 3 Satz 1, Abs. 3 Satz 2 i.V.m. Abs. 1 Satz 2) SGB XII sowie die in § 106 SGB XII bestimmten ergänzenden Regelungen (Absatz 2, Absatz 3 Satz 3). Insoweit sei auf die Kommentierung zu § 106 SGB XII verwiesen. 52

Nach § 107 i.V.m. § 106 Abs. 2 SGB XII gilt die Familienpflege als fortbestehend, wenn und solange das Kind bzw. der Jugendliche außerhalb der Pflegefamilie untergebracht wird, aber in der Betreuung der Pflegefamilie bleibt, oder aus der Familienpflege heraus beurlaubt wird. Neben Familienheimfahrten an Wochenenden, Feiertagen und in den Ferien kommt eine **Beurlaubung oder auswärtige Unterbringung i.S.d. § 106 Abs. 2 SGB XII** auch dann in Betracht, wenn das Kind bzw. der Jugendliche sich vorübergehend in einem Krankenhaus oder einer Therapieeinrichtung befindet.[51] 53

Die Kostenerstattungsansprüche umfassen **alle rechtmäßig erbrachten Sozialhilfeleistungen** (§ 110 Abs. 1 SGB XII) in der Zeit, in der das Kind oder der Jugendliche in einer Pflegefamilie oder bei einer Pflegeperson untergebracht ist. Das gilt auch für die sog. Zusammenhangskosten, also z.B. Kosten für die Leistungen der Eingliederungshilfe an Kinder oder Jugendliche, die neben bzw. außerhalb der Hilfe in der Familienpflegestelle erbracht werden.[52] 54

Zu den **erstattungsfähigen Kosten** gehören daher die Hilfen zum Lebensunterhalt einschließlich der Unterbringungskosten und auch die sonstigen geleisteten Hilfen (z.B. Leistungen der Eingliederungshilfe) sowie die **im Zusammenhang mit der Familienpflege angefallenen Kosten** für Bekleidung, Ausbildung, Schule.[53] Ein solcher Zusammenhang mit der Familienpflege besteht regelmäßig schon dann, wenn die Aufwendungen erforderlich sind, um das mit der Familienpflege angestrebte Ziel zu fördern. 55

---

[51] *Klinge* in: Hauck/Noftz, SGB XII, § 107 Rn. 6.
[52] BVerwG v. 17.12.2003 - 5 C 14/02 - juris Rn. 12 - BVerwGE 119, 356-363 = FEVS 55, 292-296; VG Magdeburg v. 20.03.2007 - 6 A 346/04 - juris Rn. 17.
[53] *Klinge* in: Hauck/Noftz, SGB XII, § 107 Rn. 7.

§ 108 SGB XII Kostenerstattung bei Einreise aus dem Ausland

(Fassung vom 27.12.2003, gültig ab 01.01.2005)

(1) ¹Reist eine Person, die weder im Ausland noch im Inland einen gewöhnlichen Aufenthalt hat, aus dem Ausland ein und setzten innerhalb eines Monats nach ihrer Einreise Leistungen der Sozialhilfe ein, sind die aufgewendeten Kosten von dem von einer Schiedsstelle bestimmten überörtlichen Träger der Sozialhilfe zu erstatten. ²Bei ihrer Entscheidung hat die Schiedsstelle die Einwohnerzahl und die Belastungen, die sich im vorangegangenen Haushaltsjahr für die Träger der Sozialhilfe nach dieser Vorschrift sowie nach den §§ 24 und 115 ergeben haben, zu berücksichtigen. ³Satz 1 gilt nicht für Personen, die im Inland geboren sind oder bei Einsetzen der Leistung mit ihnen als Ehegatte, Lebenspartner, Verwandte oder Verschwägerte zusammenleben. ⁴Leben Ehegatten, Lebenspartner, Verwandte oder Verschwägerte bei Einsetzen der Leistung zusammen, ist ein gemeinsamer erstattungspflichtiger Träger der Sozialhilfe zu bestimmen.

(2) ¹Schiedsstelle im Sinne des Absatzes 1 ist das Bundesverwaltungsamt. ²Die Länder können durch Verwaltungsvereinbarung eine andere Schiedsstelle bestimmen.

(3) Ist ein Träger der Sozialhilfe nach Absatz 1 zur Erstattung der für eine leistungsberechtigte Person aufgewendeten Kosten verpflichtet, hat er auch die für den Ehegatten, den Lebenspartner oder die minderjährigen Kinder der leistungsberechtigten Personen aufgewendeten Kosten zu erstatten, wenn diese Personen später einreisen und Sozialhilfe innerhalb eines Monats einsetzt.

(4) Die Verpflichtung zur Erstattung der für Leistungsberechtigte aufgewendeten Kosten entfällt, wenn für einen zusammenhängenden Zeitraum von drei Monaten Sozialhilfe nicht zu leisten war.

(5) Die Absätze 1 bis 4 sind nicht anzuwenden für Personen, deren Unterbringung nach der Einreise in das Inland bundesrechtlich oder durch Vereinbarung zwischen Bund und Ländern geregelt ist.

Gliederung

A. Basisinformationen 1	b. Ausschluss kraft anderweitiger Unterbringungsregelung i.S.d. Absatzes 5 71
I. Textgeschichte 1	3. Entscheidung der Schiedsstelle nach Absatz 2, Absatz 1 Sätze 2 und 4 80
II. Vorgängervorschriften 2	a. Allgemeines 80
III. Parallelvorschriften 4	b. Schiedsstelle 81
B. Auslegung der Norm 5	c. Verfahren vor der Schiedsstelle 82
I. Regelungsgehalt und Bedeutung der Norm 5	d. Entscheidung der Schiedsstelle 87
II. Normzweck 13	e. Erforderlichkeit einer Schiedsstellenentscheidung nach Absatz 3 97
III. Tatbestandsmerkmale 18	IV. Rechtsfolgen 102
1. Erstattungsanspruch nach Absatz 1 Satz 1 18	1. Allgemeines 102
a. Allgemeines 18	2. Entstehen des Erstattungsanspruchs 105
b. Person 20	3. Erstattungsberechtigter Träger der Sozialhilfe 110
c. Einreise in die Bundesrepublik Deutschland 22	4. Erstattungspflichtiger Träger der Sozialhilfe ... 112
d. Fehlen eines gewöhnlichen Aufenthalts im Inland und Ausland im Zeitpunkt der Einreise 26	5. Umfang des Erstattungsanspruchs 113
e. Einsetzen von Leistungen der Sozialhilfe binnen eines Monats nach Einreise 43	6. Ende des Erstattungsanspruchs 116
f. Rechtmäßige Leistungserbringung 54	**C. Praxishinweise** 124
2. Ausschluss des Erstattungsanspruchs 59	
a. Ausschluss wegen eines Geburtsbezugs zur Bundesrepublik Deutschland i.S.d. Absatzes 1 Satz 3 59	

A. Basisinformationen

I. Textgeschichte

§ 107 SGB XII wurde durch Art. 1 des Gesetzes zur Einordnung des Sozialhilferechts in das Sozialgesetzbuch v. 27.12.2003[1] erlassen und trat mit Wirkung zum 01.01.2005[2] in Kraft[3].

II. Vorgängervorschriften

Vorgängervorschrift ist **§ 108 BSHG**, der im Wesentlichen inhaltsgleich ins SGB XII übernommen wurde[4] und der seine Wurzeln in § 12 RFV[5] hat.

Nach den **Grundsätzen des intertemporalen Verwaltungsrechts**, auf die bei Fehlen besonderer Übergangs- oder Überleitungsvorschriften zurückzugreifen ist,[6] richtet sich die Beurteilung eines Sachverhalts grundsätzlich nach dem Recht, das zur Zeit der anspruchsbegründenden Ereignisse oder Umstände (z.B. der Leistungsgewährung) gegolten hat, soweit nicht später in Kraft getretenes Recht ausdrücklich oder stillschweigend etwas anderes bestimmt.[7] Da im Rahmen der Kostenerstattungsansprüche der Anfall von Sozialhilfekosten der maßgebliche Umstand ist, ist nach der Rechtsprechung[8] das im Zeitpunkt des Aufwandes dieser Kosten geltende Recht anzuwenden. Ist das **Erstattungsverhältnis** im Zeitpunkt des Inkrafttretens des SGB XII am 01.01.2005 **abgeschlossen**, sind noch die maßgeblichen Regelungen des BSHG anzuwenden.[9] Abgeschlossen ist ein Erstattungsverhältnis jedenfalls dann, wenn der Erstattungsanspruch beendet ist (z.B. § 107 Abs. 2 BSHG).[10] Die Vorschriften des BSHG sind nach der Rechtsprechung des Hessischen LSG[11] sowie des LSG Celle-Bremen[12] aber auch auf zwar früher begonnene, aber zum 01.01.2005 **noch nicht abgeschlossene Kostenerstattungsfälle** anzuwenden.

III. Parallelvorschriften

Parallelvorschriften existieren auch im SGB II nicht.

B. Auslegung der Norm

I. Regelungsgehalt und Bedeutung der Norm

§ 108 SGB XII enthält einen **besonderen Kostenerstattungsanspruch** für die Fälle der Einreise einer Person aus dem Ausland. Insoweit bestimmt § 108 SGB XII einen Erstattungsanspruch nur dann, wenn im Zeitpunkt der Einreise ein gewöhnlicher Aufenthalt nicht vorhanden war und die Person oder eine Person, mit der diese zusammenlebt, nicht in der Bundesrepublik Deutschland geboren wurde. Maßgebliches Anknüpfungsmerkmal dieses Erstattungsanspruchs ist demnach die **Einreise aus dem Ausland** ohne gewöhnlichen Aufenthaltsort und ohne Geburtsort in Deutschland. Demgegenüber ist die Art der Leistungserbringung, z.B. ambulant oder in Einrichtungen, irrelevant.

Gegenüber anderen Erstattungsansprüchen ist derjenige des § 108 Abs. 1 Satz 1 SGB XII **spezieller** (§ 37 Satz 1 SGB I).[13] Daher verdrängt der Erstattungsanspruch des § 108 Abs. 1 Satz 1 SGB XII auch im Fall der Erbringung stationärer Leistungen die Erstattungsansprüche des § 106 SGB XII sowie diejenigen der §§ 102 ff. SGB X. Denn im Verfahren nach § 108 SGB XII wird in Anknüpfung und auf Grundlage der Einreise einer Person ohne gewöhnlichen Aufenthalt eine von § 106 SGB XII abwei-

---

[1] BGBl I 2003, 3022.
[2] Art. 70 Abs. 1 des Gesetzes zur Einordnung des Sozialhilferechts in das Sozialgesetzbuch.
[3] Zu den Materialien vgl. BT-Drs. 15/1514, S. 68 zu § 103.
[4] BT-Drs. 15/1514, S. 68 zu § 103.
[5] Verordnung über die Fürsorgepflicht v. 13.02.1924, RGBl 1924, 100.
[6] BSG v. 24.03.2009 - B 8 SO 34/07 R - juris Rn. 9 - SozR 4-5910 § 111 Nr. 1; *Kopp*, SGb 1993, 593, 602.
[7] BSG v. 24.03.2009 - B 8 SO 34/07 R - juris Rn. 9 m.w.N. - SozR 4-5910 § 111 Nr. 1.
[8] BSG v. 24.03.2009 - B 8 SO 34/07 R - juris Rn. 9 - SozR 4-5910 § 111 Nr. 1; Hessisches LSG v. 26.08.2011 - L 7 SO 14/10 - juris Rn. 34.
[9] BSG v. 24.03.2009 - B 8 SO 34/07 R - juris Rn. 9 - SozR 4-5910 § 111 Nr. 1.
[10] Dazu vgl. BSG v. 24.03.2009 - B 8 SO 34/07 R - juris Rn. 9 - SozR 4-5910 § 111 Nr. 1.
[11] Hessisches LSG v. 26.08.2011 - L 7 SO 14/10 - juris Rn. 34.
[12] LSG Celle-Bremen v. 25.02.2010 - L 8 SO 76/07 - juris Rn. 18.
[13] *Klinge* in: Hauck/Noftz, SGB XII, § 108 Rn. 1; *Schoch* in: LPK-SGB XII, 9. Aufl., § 108 Rn. 2.

chende Erstattungszuständigkeit begründet; insoweit erfasst § 108 SGB XII seinem Wortlaut, Sinn und Zweck nach alle Fälle der Leistungserbringung an eine eingereiste Person ohne gewöhnlichen Aufenthalt und ist für die hier betroffene Personengruppe spezieller.

7   Die Vorschrift des § 108 SGB XII enthält in **Absatz 1 Satz 1** einen Kostenerstattungsanspruch gegen einen von der Schiedsstelle zu bestimmenden überörtlichen Träger der Sozialhilfe, wenn eine Person, die weder im In- noch im Ausland einen gewöhnlichen Aufenthalt hatte, in die Bundesrepublik Deutschland einreist und innerhalb eines Monats danach Leistungen der Sozialhilfe einsetzen. § 108 **Abs. 1 Satz 3** SGB XII schließt die Erstattung aus, wenn die Person oder eine mit ihr zusammenlebende Person in Deutschland geboren wurde.

8   **Absatz 2** bestimmt die **Schiedsstelle**, deren Aufgabe es ist, den erstattungspflichtigen Träger zu bestimmen. Im Blick auf diese Entscheidung bestimmen die Regelungen des Absatzes 1 Sätze 2 und 4 Näheres.

9   **Absatz 3** betrifft die Erstattungsansprüche **nachgereister Familienangehöriger**, für die der nach Absatz 1 Satz 1 von der Schiedsstelle bestimmte überörtliche Träger der Sozialhilfe ebenfalls Kosten zu erstatten hat.

10 **Absatz 4** begrenzt den Erstattungsanspruch in **zeitlicher Hinsicht**. Dieser entfällt, wenn für einen zusammenhängenden Zeitraum von drei Monaten Sozialhilfe nicht mehr zu leisten ist.

11 Nach **Absatz 5** ist § 108 SGB XII nicht anzuwenden für Personen, deren Unterbringung nach der Einreise in das Inland bundesrechtlich oder durch Vereinbarung zwischen Bund und Ländern geregelt ist.

12 Im Ergebnis hat § 108 SGB XII heute **kaum noch Bedeutung**. Regelmäßig lässt sich heute ein gewöhnlicher Aufenthalt auch im Ausland ermitteln; dann ist aber der für den tatsächlichen Aufenthaltsort zuständige Träger der Sozialhilfe nach § 98 Abs. 1 Satz 1 SGB XII zur Leistungserbringung verpflichtet; ein Fall des § 108 SGB XII liegt dann nicht mehr vor. Auch reisen – vor allem in Folge der europäischen Einwanderungspolitik, verbunden mit den in Folge des Schengen-Abkommens an die Grenzen Europas verlagerten Einreisekontrollen – nur noch wenige Personen, die weder im Inland noch im Ausland einen gewöhnlichen Aufenthalt besitzen, in der Bundesrepublik Deutschland ein.

II. Normzweck

13 Mit dem Kostenerstattungsanspruch des § 108 SGB XII sollen die sich **an den bundesdeutschen Grenzen befindlichen Träger** der Sozialhilfe **geschützt** werden. Diese Träger der Sozialhilfe werden bei Einreise von Personen, die bereits hilfebedürftig sind bzw. es kurz danach werden, regelmäßig stärker belastet als Träger ohne direkten Bezug zu einer Einreisestelle.

14 Insoweit soll die Kostenerstattungspflicht des § 108 Abs. 1 Satz 1 SGB XII – wie es das BSG zur Vorgängervorschrift des § 108 BSHG ausgeführt hat[14] – typisierend **besondere Belastungen** bestimmter Träger der Sozialhilfe, die etwa grenznah oder an besonders verkehrsgünstigen Orten (See-, Flughäfen, Eisenbahnknotenpunkten, Autobahnauffahrten) gelegen sind, durch dort verstärkt aus dem Ausland zuziehende Hilfesuchende **abwenden**.[15]

15 Die Erstattungsansprüche sichern letztlich ab, dass der aufgrund der gesetzlichen Wertung in den §§ 98, 106 ff. SGB XII zur Tragung der Kosten für die Leistungserbringung verpflichtete Träger der Sozialhilfe auch dann mit Kosten der Sozialhilfeleistung belastet wird, wenn ein anderer Träger der Sozialhilfe die Leistung bereits erbracht hat. Die Erstattungsansprüche dienen damit der Herstellung der im Gesetz bestimmten Lastenverteilung zwischen verschiedenen Trägern der Sozialhilfe. Damit dienen aber die Erstattungsansprüche einer gleichmäßigen Lastenverteilung unter den Trägern der Sozialhilfe, um eine als unbillig empfundene Kostenverteilung (im Fall des § 108 SGB XII: vor allem der Grenzorte) zu vermeiden. Es handelt sich daher bei § 108 SGB XII um eine **besondere Lastenausgleichsregelung**,[16] die zunächst die örtlichen Träger der Sozialhilfe schützt, aber **auch den Schutz des überörtlichen Sozialhilfeträgers**, wenn dieser sachlich zuständig ist, bezweckt.[17] Diesen Aspekt der Ausgleichung von ungerechten Lastenverteilungen hat das BSG in den Vordergrund gerückt und sieht so gegenüber den Erstattungsansprüchen der §§ 102 ff. SGB X einen besonderen Zweck der Erstattungsansprüche nach den §§ 106 ff. SGB XII, was für die Auslegung der Norm Bedeutung erlangt (vgl. Rn. 14).

---

[14] BSG v. 24.03.2009 - B 8/9b SO 17/07 R - juris Rn. 15 - BSGE 103, 34-39 = SozR 4-5910 § 108 Nr. 1.

[15] *Klinge* in: Hauck/Noftz, SGB XII, § 108 Rn. 2; *Schoch* in: LPK-SGB XII, 9. Aufl., § 108 Rn. 1; *Wahrendorf* in: Grube/Wahrendorf, SGB XII, 4. Aufl., § 108 Rn. 1.

[16] BSG v. 22.03.2012 - B 8 SO 2/11 R - juris.

[17] BSG v. 22.03.2012 - B 8 SO 2/11 R; so auch *Schiefer* in: Oesterreicher, SGB II/SGB XII, § 108 SGB XII Rn. 9.

§ 108 SGB XII will Belastungen, die einen Träger der Sozialhilfe durch die Erbringung von Sozialhilfeleistungen an eingereiste Personen ohne gewöhnlichen Aufenthalt und an Personen mit inländischem Geburtsort treffen, durch einen **Erstattungsanspruch gegen einen überörtlichen Träger** ausgleichen.[18] In Anbetracht unterschiedlicher und auch wechselnder Einreisegebiete und davon abhängiger ungleicher Belastungen der jeweiligen Träger der Sozialhilfe ist aber die Kostentragung nicht im Sinne genereller Zuständigkeit oder einer generellen Erstattungsverpflichtung des jeweiligen als erstattungspflichtig bestimmten überörtlichen Trägers geregelt worden. § 108 SGB XII schützt, wie auch die Vorgängerregelung des § 108 BSHG, nur den **ersten Ort des Grenzübertritts**.[19] Ein Aufenthaltswechsel lässt den Schutz des nach § 108 SGB XII erstattungsberechtigten Trägers der Sozialhilfe entfallen,[20] denn nur die in Folge der Einreise im Sinne des § 108 SGB XII entstehenden, zufälligen, also ohne Bezug des jeweiligen Sozialhilfeempfängers zum Gebiet des örtlichen Trägers der Sozialhilfe entstehenden Lasten sollen durch den Erstattungsanspruch ausgeglichen werden.[21]

16

Dem Erstattungsanspruch nach § 108 Abs. 1 Satz 1 SGB XII kann durchaus entgegengehalten werden, dass **in Folge veränderter Mobilität und Besiedlung** in Deutschland nicht mehr nur grenznahe Hilfeträger von Fällen des aufenthaltslosen Grenzübertritts betroffen sind.[22] Auch verursacht die zwingende Einschaltung der Schiedsstelle – neben dem bei Kostenerstattungsverfahren sowieso **regelmäßig hohen Verwaltungsaufwand** – weiteren Aufwand.[23] Diesen Überlegungen hat der Gesetzgeber des Gesetzes zur Einordnung des Sozialhilferechts in das Sozialgesetzbuch v. 27.12.2003[24] nicht entsprochen. Auch wurde in der Begründung des Entwurfs auf diese Diskussion nicht näher eingegangen.

17

III. Tatbestandsmerkmale

1. Erstattungsanspruch nach Absatz 1 Satz 1

a. Allgemeines

§ 108 Abs. 1 SGB XII begründet einen **besonderen Erstattungsanspruch** zugunsten desjenigen Trägers der Sozialhilfe, der einer hilfebedürftig gewordenen, bei Einreise keinen gewöhnlichen Aufenthalt besitzenden Person Leistungen gem. § 8 SGB XII erbringt.

18

Voraussetzung des Erstattungsanspruchs nach § 108 Abs. 1 Satz 1 SGB XII ist daher, dass eine Person (b) in die Bundesrepublik Deutschland einreist (c) und im Zeitpunkt der Einreise ohne gewöhnlichen Aufenthalt im In- oder Ausland war (d). Für die Person müssen innerhalb eines Monats nach der Einreise Sozialhilfeleistungen einsetzen (e). Darüber hinaus muss die Leistung rechtmäßig, also vom zuständigen Träger entsprechend den materiellrechtlichen Vorgaben des SGB XII, erbracht sein (f). Auch darf der Erstattungsanspruch nicht wegen eines inländischen Geburtsortes der eingereisten Person oder einer mit ihr zusammenlebenden Person nach Absatz 1 Satz 3 (2.a) oder wegen einer anderweitigen, vorgehenden Unterbringungsregelung nach Absatz 5 (2.b) ausgeschlossen sein.

19

b. Person

Der Erstattungsanspruch des § 108 Abs. 1 Satz 1 SGB XII stellt zunächst auf die Einreise einer Person ab. Erfasst sind **nur natürliche Personen**.[25]

20

Auf die **Staatsangehörigkeit** der Person kommt es nicht an. Insoweit ist die deutsche, eine ausländische, aber auch das Fehlen einer Staatsangehörigkeit ohne Bedeutung.

21

c. Einreise in die Bundesrepublik Deutschland

Der besondere Kostenerstattungsanspruch des § 108 SGB XII gründet sich auf die Einreise einer Person aus dem Ausland in die Bundesrepublik Deutschland. Eine solche **Einreise** aus dem Ausland liegt vor, wenn die Staatsgrenze der Bundesrepublik Deutschland aus dem Ausland kommend körperlich

22

---

[18] BVerwG v. 20.02.1992 - 5 C 22/88 - juris Rn. 10 - FEVS 42, 353-358 = ZfSH/SGB 1992, 362-364.
[19] Hessisches LSG v. 28.04.2010 - L 6 SO 155/09 - juris Rn. 26.
[20] Hessisches LSG v. 28.04.2010 - L 6 SO 155/09 - juris Rn. 26.
[21] BSG v. 24.03.2009 - B 8/9b SO 17/07 R - juris Rn. 16 - BSGE 103, 34-39 = SozR 4-5910 § 108 Nr. 1; Hessisches LSG v. 28.04.2010 - L 6 SO 155/09 - juris Rn. 26.
[22] Zur Kritik an der Vorschrift vgl. z.B. *Schoch* in: LPK-SGB XII, 9. Aufl., § 108 Rn. 1; *Wahrendorf* in: Grube/Wahrendorf, SGB XII, 4. Aufl., § 108 Rn. 1.
[23] *Klinge* in: Hauck/Noftz, SGB XII, § 108 Rn. 2; *Schoch* in: LPK-SGB XII, 9. Aufl., § 108 Rn. 1.
[24] BGBl I 2003, 3022.
[25] *Schoch* in: LPK-SGB XII, 9. Aufl., § 108 Rn. 4.

§ 108

überschritten, überflogen oder überfahren wird.[26] Dabei kommt dem Merkmal der Einreise „aus dem Ausland" keine eigenständige Bedeutung zu, denn wenn die Staatsgrenze der Bundesrepublik Deutschland von außen überschritten wird, kommt die betreffende Person zwangsläufig immer aus dem Ausland.

23 Da auch das Grundstück **ausländischer diplomatischer Vertretungen** zum bundesdeutschen Staatsgebiet gehört – diese Flächen lediglich einem besonderen Schutz unterstehen – liegt keine Einreise i.S.d. § 108 Abs. 1 Satz 1 SGB XII vor, wenn eine Person z.B. aus einem Botschaftsgelände heraus das Gebiet der Bundesrepublik Deutschland betritt.

24 Für die Einreise i.S.d. § 108 Abs. 1 Satz 1 SGB XII ist es ohne Bedeutung, weshalb die Person in die Bundesrepublik Deutschland eingereist ist. Auf den **Grund der Einreise** kommt es nicht an. Daher kann die Einreise zum Zweck der Durchreise ebenso einen Erstattungsanspruch nach § 108 Abs. 1 Satz 1 SGB XII begründen, wie die als dauerhaft geplante Einreise i.S. einer Einwanderung, die Einreise aus Flucht- und Vertreibungsgründen, aus Gründen der Erwerbstätigkeit oder aus Urlaubszwecken usw.

25 Ebenso ist die **Länge bzw. Dauer des Aufenthalts** unerheblich; es kommt nicht darauf an, ob die Einreise zu einem dauerhaften, einem länger andauernden oder einem bloß kurzzeitigen Aufenthalt erfolgen sollte.

d. Fehlen eines gewöhnlichen Aufenthalts im Inland und Ausland im Zeitpunkt der Einreise

aa. Allgemeines

26 § 108 SGB XII begründet bei Einreise einer Person aus dem Ausland nur dann einen besonderen Erstattungsanspruch, wenn die Person im Zeitpunkt der Einreise einen **gewöhnlichen Aufenthalt** nicht besaß.

27 Unerheblich ist dabei die **Staatsangehörigkeit** der Person[27], sodass sowohl deutsche als auch ausländische Staatsangehörige und Staatenlose ohne gewöhnlichen Aufenthalt den Erstattungsanspruch des § 108 Abs. 1 Satz 1 SGB XII auslösen können. Die Vorschrift gilt daher auch für Hilfeleistungen an Ausländer nach § 23 SGB XII.[28]

28 **Kinder**, die nach dem Grenzübertritt der Eltern in der Bundesrepublik Deutschland geboren werden, sind von § 108 Abs. 1 Satz 1 SGB XII nicht erfasst.[29] Sie erfüllen die Voraussetzungen des § 108 Abs. 1 Satz 1 SGB XII nicht: Sie sind nicht aus dem Ausland eingereist.

bb. Gewöhnlicher Aufenthalt

29 Der gewöhnliche Aufenthalt bestimmt sich vorliegend **nach den deutschen Maßstäben** des § 30 Abs. 3 Satz 2 SGB I. Zwar knüpft § 108 Abs. 1 SGB XII auch an einen fehlenden gewöhnlichen Aufenthalt im Ausland an, doch bedeutet dies nicht, dass damit die im Ausland geltenden Regelungen von Bedeutung wären. Bei der Anwendung des deutschen Sozialhilferechts darf insoweit die ausländische Anknüpfungstatsache des fehlenden gewöhnlichen Aufenthalts nach den deutschen Regelungen untersucht und festgestellt werden.

30 § 30 Abs. 3 Satz 2 SGB I enthält eine Legaldefinition des gewöhnlichen Aufenthalts. Danach hat jemand seinen gewöhnlichen Aufenthalt dort, wo er sich unter Umständen aufhält, die erkennen lassen, dass er an diesem Ort oder in diesem Gebiet nicht nur vorübergehend verweilt. Dabei ist unter „Ort" die jeweilige **politische Gemeinde** zu verstehen und nicht ein bestimmtes Haus oder eine bestimmte Wohnung.[30] Maßgeblich ist (1.) als **subjektives Element** auf den Willen, den Lebensmittelpunkt an diesem Ort bis auf weiteres – also nicht nur vorübergehend oder besuchsweise – zu begründen und zu behalten[31] und (2.) als **objektives Element** auf einen Aufenthalt von einer gewissen Dauer, abzustellen[32]. Entscheidend sind die näheren Umstände des Einzelfalles im Hinblick auf Unterkunft und Auf-

---

[26] *Klinge* in: Hauck/Noftz, SGB XII, § 108 Rn. 7.
[27] *Schiefer* in: Oesterreicher, SGB II/SGB XII, § 108 Rn. 5; *Schoch* in: LPK-SGB XII, 9. Aufl., § 108 Rn. 4.
[28] *Schiefer* in: Oesterreicher, SGB II/SGB XII, § 108 Rn. 5.
[29] *Schoch* in: LPK-SGB XII, 9. Aufl., § 108 Rn. 4.
[30] BVerwG v. 17.05.1973 - V C 107.72 - juris Rn. 14 - BVerwGE 42, 196/198 - NDV 1974, 28.
[31] VGH München v. 29.07.1999 - 12 B 97.3431 - juris Rn. 25 - FEVS 51, 517.
[32] VGH München v. 29.07.1999 - 12 B 97.3431 - juris Rn. 25 - FEVS 51, 517.

enthalt sowie die Qualität und Quantität der am Aufenthaltsort entstandenen persönlichen Bindungen.[33] Ein zeitlich unbedeutender Aufenthalt von Stunden oder Tagen reicht für die Begründung eines gewöhnlichen Aufenthalts daher regelmäßig nicht aus.[34]

cc. Fehlen eines gewöhnlichen Aufenthalts im In- und im Ausland

Eine Person hat keinen gewöhnlichen Aufenthalt i.S.d. **§ 30 Abs. 3 Satz 2 SGB I**, wenn sie sich nirgends unter Umständen aufhält, die erkennen lassen, dass sie an diesem Ort oder in diesem Gebiet nicht nur vorübergehend verweilt. Es kann insoweit am subjektiven Element, also dem **Willen**, den Lebensmittelpunkt an einem bestimmten Ort begründen oder bewahren zu wollen, fehlen, aber auch am objektiven Element, einer **gewissen Aufenthaltsdauer**. Darauf, ob ggf. wo nach ausländischem Recht ein gewöhnlicher Aufenthalt begründet ist, kommt es im Rahmen des § 108 Abs. 1 Satz 1 SGB XII nicht an. Ob und wo ein gewöhnlicher Aufenthalt vorliegt, ist alleine anhand des einschlägigen deutschen Rechts zu bestimmen (§ 30 Abs. 3 Satz 2 SGB I). 31

Einem fehlenden gewöhnlichen Aufenthalt stehen die Fälle gleich, in denen ein gewöhnlicher Aufenthalt **endgültig nicht ermittelt oder festgestellt** werden kann.[35] Damit erfasst § 108 Abs. 1 Satz 1 SGB XII – mit Ausnahme der Eilfälle – auch die in § 98 Abs. 2 Satz 2 SGB XII beschriebenen Fallgestaltungen. 32

Ein solcher gewöhnlicher Aufenthalt darf weder im **Inland** noch im **Ausland** liegen. Das „Inland" entspricht dem Staatsgebiet der Bundesrepublik Deutschland; das „Ausland" umfasst sämtliche außerhalb des bundesdeutschen Staatsgebietes liegenden Flächen. 33

Verbleibt **zumindest** noch an einem dieser Orte (In- oder Ausland) **ein gewöhnlicher Aufenthalt**, so greift § 108 Abs. 1 Satz 1 SGB XII nicht ein. Die **örtliche Zuständigkeit** ergibt sich dann aus § 98 SGB XII, wobei bei stationären Leistungen und einem alleinigen gewöhnlichen Aufenthalt im Ausland angenommen werden muss, dass ein maßgeblicher letzter gewöhnlicher Aufenthalt i.S.d. § 98 Abs. 2 Satz 3 endgültig nicht zu ermitteln ist bzw. nicht vorliegt. Zuständig wäre insoweit der für den tatsächlichen Aufenthalt zuständige Träger der Sozialhilfe, dem gem. § 106 Abs. 1 Satz 2 SGB XII ein Erstattungsanspruch gegen seinen überörtlichen Träger der Sozialhilfe erwächst. Entsprechendes gilt auch dann, wenn zwar ein früherer gewöhnlicher Aufenthalt im Bundesgebiet ermittelt werden kann, dieser aber schon länger als zwei Monate vor Aufnahme in die Einrichtung aufgegeben wurde; dies deshalb, weil sich die Zuständigkeitsvorschriften des § 98 Abs. 2 SGB XII auf einen tatsächlichen letzten gewöhnlichen Aufenthalt oder einen solchen innerhalb von zwei Monaten vor dem Eintritt in eine Einrichtung beziehen. 34

Nicht von § 108 SGB XII erfasst sind **Grenzpendler, Geschäfts- und Urlaubsreisende**[36], denn diese reisen unter Beibehaltung ihres gewöhnlichen Aufenthalts in die Bundesrepublik Deutschland ein. Auch in diesen Fällen richtet sich die örtliche Zuständigkeit entsprechend § 98 Abs. 1 Satz 1 bzw. Abs. 2 Satz 3 SGB XII nach dem tatsächlichen Aufenthalt bzw. nach § 98 Abs. 1 Satz 2 oder Abs. 2 Satz 1 SGB XII nach dem gewöhnlichen Aufenthalt. Das zuvor (vgl. Rn. 34) Gesagte gilt entsprechend. 35

Das gilt auch für **Deutsche mit gewöhnlichem Aufenthalt im Ausland**. Für sie schließt § 24 SGB XII den Leistungsanspruch im Ausland fast vollständig aus; reisen sie wieder in die Bundesrepublik Deutschland ein, verbleibt es bis zur Begründung eines gewöhnlichen Aufenthalts im Inland bei der sich aus § 98 Abs. 1 Satz 1 bzw. Abs. 2 Satz 3 SGB XII ergebenden Zuständigkeit des für den tatsächlichen Aufenthalt zuständigen Trägers der Sozialhilfe.[37] Insoweit ist im Rahmen des § 98 Abs. 2 Satz 3 SGB XII anzunehmen, dass ein inländischer gewöhnlicher Aufenthalt endgültig nicht ermittelt werden kann bzw. nicht vorhanden ist. Nur wenn der Deutsche auch im Ausland keinen gewöhnlichen Aufenthalt hat, entsteht der Erstattungsanspruch nach § 108 Abs. 1 Satz 1 SGB XII. 36

Hat eine Person in der Absicht, in die Bundesrepublik Deutschland einzureisen, ihren **bisherigen gewöhnlichen Aufenthalt aufgegeben**[38] oder kehrt eine Person, die ihren vorherigen gewöhnlichen Auf- 37

---

[33] Hessisches LSG v. 18.09.2013 - L 4 SO 328/12 - juris Rn. 26; Bayerisches LSG v. 21.06.2012 - L 8 SO 132/10 - juris Rn. 102; LSG Sachsen-Anhalt v. 08.02.2012 - L 8 SO 1/10 - juris Rn. 40.
[34] Hessisches LSG v. 18.09.2013 - L 4 SO 328/12 - juris Rn. 26; vgl. dazu auch die Kommentierung zu § 106 SGB XII Rn. 44; *Wahrendorf* in: Grube/Wahrendorf, SGB XII, 4. Aufl., § 98 Rn. 23.
[35] *Schiefer* in: Oestereicher, SGB II/SGB XII, § 108 Rn. 5.
[36] *Klinge* in: Hauck/Noftz, SGB XII, § 108 Rn. 6.
[37] *Schiefer* in: Oestereicher, SGB II/SGB XII, § 108 Rn. 6.
[38] *Klinge* in: Hauck/Noftz, SGB XII, § 108 Rn. 6.

enthalt in der Bundesrepublik Deutschland zwecks Ausreise aufgegeben hat ohne Begründung bzw. nach Aufgabe eines neuen gewöhnlichen Aufenthalts im Ausland wieder in die Bundesrepublik Deutschland zurück[39], ist der Anwendungsbereich des § 108 SGB XII eröffnet. Gleiches gilt für fahrende **Wanderarbeitnehmer** oder **Kriegsflüchtlinge**[40] (soweit letztere nicht unter Absatz 5 fallen). Im Übrigen kann ein Ausländer im Inland einen gewöhnlichen Aufenthalt nur in dem Gebiet begründen, in dem er sich ausländerrechtlich aufhalten darf.[41]

38 Für in die Bundesrepublik Deutschland **eingereiste Ausländer** beschränkt sich der Leistungsanspruch unabhängig vom Vorliegen eines gewöhnlichen Aufenthalts auf die nach § 23 SGB XII möglichen Leistungen. Die örtliche Zuständigkeit bestimmt sich nach § 98 Abs. 1 Satz 1 bzw. Abs. 2 Satz 3 SGB XII. Auch insoweit ist anzunehmen, dass im Hinblick auf die Zuständigkeit zur Erbringung stationärer Leistungen ein inländischer gewöhnlicher Aufenthalt endgültig nicht zu ermitteln oder vorhanden ist. Hat der eingereiste Ausländer tatsächlich jedoch weder im Inland noch im Ausland einen gewöhnlichen Aufenthalt, entsteht der Erstattungsanspruch des § 108 Abs. 1 Satz 1 SGB XII.

dd. Maßgeblicher Zeitpunkt

39 Die Person darf im **Zeitpunkt der Einreise** keinen gewöhnlichen Aufenthalt, weder im Inland noch im Ausland, haben. Maßgeblich ist alleine der Zeitpunkt der Einreise[42]. § 108 Abs. 1 Satz 1 SGB XII knüpft – insoweit anders als etwa § 98 Abs. 2 Satz 1 SGB XII („… ihren gewöhnlichen Aufenthalt … haben oder in den zwei Monaten vor … zuletzt gehabt hatten.") – auch nicht rückwärtsgerichtet an einen bei Einreise zwar schon beendeten, aber **früher noch vorhandenen gewöhnlichen Aufenthalt** an. Damit ist ein früher vorhandener aber bereits (ggf. auch erst kurz) vor der Einreise aufgegebener gewöhnlicher Aufenthalt im Rahmen des § 108 Abs. 1 Satz 1 SGB XII unbeachtlich.

40 Ein erst **nach der Einreise** in der Bundesrepublik Deutschland begründeter gewöhnlicher Aufenthalt genügt ebenso nicht.[43] Dieser führt vor dem Sinn und Zweck der Regelung, die grenznahen Träger der Sozialhilfe zu entlasten, nicht zum Ziel. Denn für die Anknüpfung der Zuständigkeit ist nach § 98 Abs. 1 Satz 1 SGB XII vor allem der tatsächliche Aufenthalt bedeutsam, der regelmäßig – so jedenfalls die Vorstellung des Gesetzgebers – bei eingereisten Personen gerade im grenznahen Gebiet liegt.

ee. Darlegung

41 Der Erstattung begehrende Träger der Sozialhilfe hat im Erstattungsverfahren gegenüber dem erstattungspflichtigen Träger der Sozialhilfe **konkret darzulegen**, dass der Hilfebedürftige zur Zeit der Einreise in die Bundesrepublik Deutschland einen gewöhnlichen Aufenthalt i.S.d. § 30 Abs. 3 Satz 2 SGB I nicht besaß. Eine bloß pauschale Behauptung genügt nicht.[44] Hierzu muss der Erstattung begehrende Träger unter Zugrundelegung objektiver Gesichtspunkte alles ihm Zumutbare und Mögliche unternommen haben, den gewöhnlichen Aufenthalt zu ermitteln.[45] Bloße Behauptungen und oberflächliche Ermittlungen genügen nicht.[46]

42 Kann der Erstattung begehrende Träger der Sozialhilfe die Darlegung nicht führen, dass der Hilfebedürftige weder im Inland noch im Ausland einen gewöhnlichen Aufenthalt hatte, geht das zu seinen Lasten. Er trägt das Risiko der **Feststellungslast**; lässt sich nicht nachweisen, dass kein gewöhnlicher Aufenthalt bestanden hatte oder ermittelt werden kann, besteht der Erstattungsanspruch nicht. Im Gerichtsverfahren hat das Gericht zu ermitteln, ob bei Einreise ein gewöhnlicher Aufenthalt im Ausland bzw. im Inland bestanden hatte. Mit dieser Feststellung wird zugleich auch eine Tatbestandsvoraussetzung des Erstattungsanspruchs festgestellt. Lässt sich also vom Gericht nicht ermitteln, dass kein gewöhnlicher Aufenthalt im In- oder Ausland vorlag, besteht schon aus materiellrechtlichen Gründen ein Erstattungsanspruch nicht.

---

[39] *Klinge* in: Hauck/Noftz, SGB XII, § 108 Rn. 6.
[40] *Klinge* in: Hauck/Noftz, SGB XII, § 108 Rn. 6.
[41] BVerwG v. 13.08.2003 - 5 C 49/01 - juris Rn. 13 - FEVS 55, 129-131.
[42] *Klinge* in: Hauck/Noftz, SGB XII, § 108 Rn. 6.
[43] *Schoch* in: LPK-SGB XII, 9. Aufl., § 108 Rn. 6.
[44] *Klinge* in: Hauck/Noftz, SGB XII, § 106 Rn. 22.
[45] *Schiefer* in: Oesterreicher, SGB II/SGB XII, § 106 Rn. 54.
[46] *Schiefer* in: Oesterreicher, SGB II/SGB XII, § 106 Rn. 54.

e. Einsetzen von Leistungen der Sozialhilfe binnen eines Monats nach Einreise

aa. Einsetzen von Leistungen der Sozialhilfe innerhalb eines Monats nach Einreise

Zugunsten der eingereisten Person müssen **innerhalb eines Monats** nach Einreise Leistungen der **Sozialhilfe einsetzen**. Dabei ist Hilfebedürftigkeit keine eigenständige Tatbestandsvoraussetzung des Erstattungsanspruchs; vielmehr müssen Sozialhilfeleistungen i.S.d. §§ 8, 11, 23, 24, 25 SGB XII innerhalb eines Monats nach Einreise eingesetzt haben; jedoch schließt § 44 Abs. 4 SGB XII in der seit 01.01.2013 geltenden Fassung Erstattungsansprüche nach dem 13. Kapitel des SGB XII, mithin auch solche nach den §§ 106 ff. SGB XII für Leistungen der Grundsicherung im Alter und bei Erwerbsminderung[47] nach den §§ 41-46b SGB XII aus. Leistungen der Sozialhilfe, mit Ausnahme der Leistungen der Grundsicherung im Alter und bei Erwerbsminderung (zum Ausschluss von Kostenerstattungsansprüchen im Fall dieser Leistungen vgl. § 44 Abs. 4 SGB XII), setzen gem. **§ 18 Abs. 1 SGB XII** ein, sobald dem Träger der Sozialhilfe oder den von ihm beauftragten Stellen bekannt wird, dass die Voraussetzungen für die Leistung vorliegen. § 18 Abs. 2 Satz 2 SGB XII verlagert diesen Zeitpunkt noch zeitlich vor, als auch die Kenntnis eines unzuständigen Trägers der Sozialhilfe ausreicht, um die Leistungen der Sozialhilfe einsetzen zu lassen. 43

Insoweit ist schon nach dem Wortlaut des § 108 Abs. 1 Satz 1 SGB XII nicht entscheidend, ob die Hilfe bescheidmäßig festgestellt war und wann dem Hilfeempfänger tatsächlich Hilfe geleistet worden ist. Maßgeblich ist vielmehr, ab welchem Zeitpunkt bei tatsächlicher Leistungserbringung die Person **zur Hilfe berechtigt** war[48], also dass innerhalb eines Monats nach Einreise der Anspruch auf Sozialhilfeleistungen entstanden ist. 44

Zwar weicht die Formulierung des § 108 Abs. 1 Satz 1 SGB XII von derjenigen des Kostenerstattungsanspruchs nach **§ 106 Abs. 3 Satz 1 SGB XII** ab (vgl. die Kommentierung zu § 106 SGB XII ff.), doch dürfte sich daraus im Ergebnis kein Unterschied ergeben. Denn auch im Hinblick auf den identischen Regelungszweck von § 108 Abs. 1 Satz 1 SGB XII und § 106 Abs. 3 Satz 1 SGB XII ist im Rahmen des § 106 Abs. 3 Satz 1 SGB XII nicht auf das tatsächliche Erhalten einer Sozialhilfeleistung abzustellen. Vielmehr ist auch § 106 Abs. 3 Satz 1 SGB XII dahingehend zu verstehen, dass maßgeblich ist, ob der nach § 98 Abs. 2 SGB XII zuständige Träger der Sozialhilfe für einen Zeitraum Sozialhilfeleistungen zu erbringen hatte und – ggf. auch nachträglich – tatsächlich erbracht hat, der innerhalb eines Monats nach Verlassen der Einrichtung beginnt (vgl. die Kommentierung zu § 106 SGB XII ff.). 45

bb. Einsetzen innerhalb eines Monats nach Einreise

Maßgeblich ist, dass die Sozialhilfeleistung innerhalb eines Monats nach der Einreise in dem zuvor dargestellten Sinn einsetzt. Das ist dann der Fall, wenn der Leistungsanspruch erst im Laufe des Monats eintritt oder der Träger der Sozialhilfe Leistungen erst für einen innerhalb des Monatszeitraums beginnenden Zeitraum erbringt. Leistungen der Sozialhilfe setzen aber auch dann innerhalb der Monatsfrist ein, wenn die Anspruchsvoraussetzungen bereits beim Grenzübertritt vorlagen und der Sozialhilfeanspruch daher unmittelbar mit dem Grenzübergang entsteht. Das „**Einsetzen**" von Sozialhilfeleistungen bedeutet nämlich insoweit nicht, dass die Hilfebedürftigkeit erstmals in der Bundesrepublik Deutschland aufgetreten ist. 46

Entsteht der Sozialhilfeanspruch erst **nach Ablauf des Monats** oder erbringt der Träger der Sozialhilfe Leistungen erst für einen nach Ablauf des Monats beginnenden Zeitraum, entsteht der Erstattungsanspruch des § 108 Abs. 1 Satz 1 SGB XII auch dann nicht, wenn der Träger der Sozialhilfe das Verstreichen der Frist nicht zu vertreten hat. 47

Zur **Wahrung der Monatsfrist** ist es unerheblich, welche Hilfen i.S.d. §§ 8, 11, 23, 24, 25 SGB XII der hilfebedürftigen Person geleistet werden. Insoweit genügen einmalige Leistungen wie auch Dauerleistungen ebenso wie Dienst-, Sach- oder Geldleistungen. Es werden auch Leistungen des **überörtlichen Sozialleistungsträgers** erfasst.[49] Auch auf den Umfang der Leistung kommt es nicht an, sodass auch kleine Leistungen („Bagatellbeträge") zur Fristwahrung ausreichen.[50] Denn die **Bagatellgrenze** des § 110 Abs. 2 SGB XII ist erst dann von Bedeutung, wenn diese unter Zusammenrechnung aller zu erstattenden Aufwendungen nicht innerhalb von 12 Monaten überschritten wird. Für die Unterbre- 48

---

[47] Dazu vgl. SG Lüneburg v. 02.07.2009 - S 22 SO 90/08 - juris Rn. 28.
[48] BSG v. 24.03.2009 - B 8/9b SO 17/07 R - juris Rn. 14 - BSGE 103, 34-39 = SozR 4-5910 § 108 Nr. 1.
[49] BSG v. 22.03.2012 - B 8 SO 2/11 R - juris; *Schiefer* in: Oestereicher, SGB II/SGB XII, § 108 Rn. 9.
[50] *Schoch* in: LPK-SGB XII, 9. Aufl., § 108 Rn. 10.

chung der Monatsfrist genügen daher auch solche rechtmäßig erbrachten Leistungen, die zu diesem Zeitpunkt wegen Unterschreitens der Bagatellgrenze einen Erstattungsanspruch noch nicht begründen würden.

cc. Beginn, Berechnung und Dauer der Monatsfrist

49 Die Frist von einem Monat beginnt mit der **Einreise** im Sinne des Grenzübertritts.[51] Sie gilt für den Leistungsberechtigten selbst, für jeden zusammen mit ihm eingereisten Menschen (Ehegatten, Partner, Kinder) laufen eigene, mit dessen Einreise beginnende Fristen. Daher kann das Einsetzen von Sozialhilfeleistungen zugunsten eines Leistungsempfängers die für die zusammen mit diesem eingereisten Personen laufenden Fristen nicht unterbrechen. Auch die diesen Personen geleistete Sozialhilfe muss innerhalb eines Monats nach deren Einreise einsetzen. Absatz 3 greift insoweit nicht, da auch dieser das Einsetzen der Sozialhilfe innerhalb eines Monats nach – wenn auch späterer – Einreise voraussetzt.

50 Die Monatsfrist berechnet sich nach **§ 26 Abs. 1 SGB X i.V.m. §§ 187 Abs. 1, 188 Abs. 1, Abs. 2 Alt. 1 BGB**; sie beginnt am Tag nach der Einreise und endet an dem Tag, der einen Monat später durch sein Datum („seiner Zahl nach") dem Ereignistag (Einreisetag) entspricht. Sie entspricht nicht einem Kalendermonat; gemeint ist vielmehr die Zeitdauer eines Monats.

dd. Wirkung der Monatsfrist

51 Die Monatsfrist stellt eine **Ausschlussfrist** dar. Ist diese verstrichen, ohne dass zugunsten der leistungsberechtigten Person Leistungen der Sozialhilfe eingesetzt hätten (vgl. dazu Rn. 43 ff.), kann ein Erstattungsanspruch nach § 108 Abs. 1 Satz 1 SGB XII **nicht mehr entstehen**. Die Frist kann nicht verlängert werden; Wiedereinsetzung in den vorigen Stand ist ebenfalls nicht möglich.

52 Die Monatsfrist gilt für den eingereisten **Leistungsberechtigten** selbst, aber auch **für jeden** zusammen mit ihm **eingereisten Menschen** (Ehegatten, Partner, Kinder usw.). Auch deren Leistungen müssen innerhalb eines Monats nach ihrer Einreise einsetzen. Absatz 3 greift insoweit nicht, da auch dieser das Einsetzen der Sozialhilfe innerhalb eines Monats nach – wenn auch späterer – Einreise voraussetzt.

53 Abzustellen ist auf die jeweilige hilfebedürftige Person, deren konkrete Einreise (vgl. auch Absatz 3) und die ihr gegenüber einsetzenden Leistungen. Setzt die Sozialhilfe erst nach Ablauf der Frist ein, so ist der Erstattungsanspruch des § 108 Abs. 1 Satz 1 SGB XII hinsichtlich jeder Person ausgeschlossen, gegenüber der die Sozialhilfe nicht innerhalb der Frist eingesetzt hat.

f. Rechtmäßige Leistungserbringung

54 Voraussetzung jedes Erstattungsanspruchs ist die **Erbringung rechtmäßiger Leistungen**. Insoweit unterscheidet sich auch der Anspruch nach § 108 Abs. 1 Satz 1 SGB XII nicht von anderen Erstattungsansprüchen. Vielmehr bestimmt **§ 110 Abs. 1 Satz 1 SGB XII** dies ausdrücklich.[52]

55 Gleichwohl besteht ein Unterschied zu den §§ 102 ff. SGB X darin, dass weder für die **Erfüllungsfiktion** des § 107 SGB X (vgl. Rn. 102) Bedarf besteht noch bei der **Rückerstattung (§ 112 SGB X)** die Rechtsprechung des BSG zur Bindung an Leistungsbescheide des erstattungspflichtigen Sozialleistungsträgers[53] Anwendung findet.[54]

56 Damit ist zu prüfen, ob die Anspruchsvoraussetzungen erfüllt waren, der Leistungsempfänger also einen Anspruch auf die erbrachte Leistung hatte, und ob Einwendungen dem Anspruch entgegenstehen. Hinsichtlich von **Ermessensleistungen** vgl. die Kommentierung zu § 110 SGB XII Rn. 17 ff.

57 Ein Verstoß gegen die **sachliche und örtliche Zuständigkeit** macht nicht nur die Leistungserbringung rechtswidrig, sie lässt auch den Erstattungsanspruch i.S.d. § 108 Abs. 1 Satz 1 SGB XII entfallen[55]; allenfalls kann sich ein Erstattungsanspruch aus § 105 SGB X ableiten.

58 Die sachliche und örtliche Zuständigkeit ergibt sich entsprechend der zu erbringenden Leistung aus den §§ 97, 98 SGB XII. Erfasst sind auch Leistungen des überörtlichen Sozialleistungsträgers.[56]

---

[51] *Schiefer* in: Oesterreicher, SGB II/SGB XII, § 108 Rn. 15.
[52] Vgl. dazu BSG v. 22.03.2012 - B 8 SO 2/11 R - juris - SozR 4-5910 § 147 Nr. 2.
[53] BSG v. 23.06.1993 - 9/9a RV 35/91 - SozR 3-1300 § 112 Nr. 2 - juris: keine Rückerstattungspflicht bei nicht mehr nach § 45 SGB X zurücknehmbaren Bewilligungsbescheiden.
[54] BSG v. 22.03.2012 - B 8 SO 2/11 R - juris.
[55] So zu § 106 SGB XII: BVerwG v. 02.07.1969 - V C 88.68 - juris Rn. 13 ff. - BVerwGE 32, 279-282.
[56] BSG v. 22.03.2012 - B 8 SO 2/11 R – juris; *Schiefer* in Oesterreicher, SGB II/SGB XII, § 108 SGB XII Rn. 9.

2. Ausschluss des Erstattungsanspruchs

a. Ausschluss wegen eines Geburtsbezugs zur Bundesrepublik Deutschland i.S.d. Absatzes 1 Satz 3

aa. Geburtsort in der Bundesrepublik Deutschland

Ein Erstattungsanspruch ist nach § 108 Abs. 1 Satz 3 Alt. 1 SGB XII **ausgeschlossen** („Satz 1 gilt nicht …"), wenn die eingereiste Person zu irgendeinem Zeitpunkt **im Inland geboren** ist. Voraussetzung des Erstattungsanspruchs ist es daher, dass der Hilfebedürftige außerhalb des Staatsgebietes der Bundesrepublik Deutschland geboren wurde[57], also keine Geburtsbeziehung zur Bundesrepublik Deutschland aufweist. 59

Ohne Bedeutung ist dabei die **Staatsangehörigkeit**. Vielmehr ist alleine der Geburtsort in der Bundesrepublik Deutschland ausschlaggebend. Insoweit stellt § 108 Abs. 1 Satz 3 SGB XII auf eine unmittelbare oder auch mittelbare Geburtsbeziehung zur Bundesrepublik Deutschland ab. 60

bb. Zusammenleben mit Ehegatten, Lebenspartnern, Verwandten oder Verschwägerten

Gem. Absatz 1 Satz 3 Alternative 2 ist der Erstattungsanspruch auch dann ausgeschlossen, wenn zwar die eingereiste Person nicht im Inland geboren wurde, aber mit einem hier geborenen Ehegatten, Lebenspartner, Verwandten oder Verschwägerten **zusammenlebt**. 61

Ehegatten sind die angeheiratete Ehefrau bzw. der angeheiratete Ehemann. **Lebenspartner** sind solche i.S.d. LPartG. Für die **Verwandtschaft und Schwägerschaft** ist auf die Regelungen des BGB abzustellen (§§ 1589, 1590 BGB); der Grad der Verwandtschaft bzw. Schwägerschaft ist ohne Belang. 62

Eine nähere Definition des **Zusammenlebens** fehlt; es kann auch zur Auslegung des Tatbestandsmerkmals des Zusammenlebens nicht auf andere Vorschriften, die ebenfalls das Merkmal „Zusammenleben" beinhalten, zurückgegriffen werden.[58] Vielmehr ist eine im Hinblick auf Sinn und Zweck des Erstattungsanspruchs abgeleitete Auslegung des Begriffs des „Zusammenlebens" zu suchen. 63

Das Zusammenleben in diesem Sinne verlangt zumindest eine **gemeinsame Wohnung**, nicht nur das Wohnen in unmittelbarer Nähe.[59] Denn ein Zusammenleben ist mehr als nur ein In-der-Nähe-Wohnen[60]. Nach Wortlaut sowie Sinn und Zweck der Vorschrift des § 108 Abs. 1 Satz 3 SGB XII schließt bereits ein **vorübergehendes Zusammenleben** den Erstattungsanspruch aus.[61] Ein Zusammenleben über einen längeren Zeitraum in einer gemeinsamen Wohnung ist damit nicht gefordert.[62] Wohnt jemand dagegen zwar in der Nähe der Verwandten, aber in einer eigenen Wohnung, liegt ein Zusammenleben in diesem Sinn nicht vor.[63] 64

Wo der Hilfebedürftige in die Bundesrepublik Deutschland einreist, beruht grds. letztlich auf Zufälligkeiten; zufällig ist daher auch die Zuständigkeit eines bestimmten Trägers der Sozialhilfe. Dabei sind/waren vor allem die grenznahen Träger der Sozialhilfe regelmäßig stärker diesen Zufällen ausgesetzt. Der Erstattungsanspruch des § 108 Abs. 1 Satz 1 SGB XII knüpft aber gerade an diese „Zufälligkeit" des Übertritts in das Zuständigkeitsgebietes eines Trägers der Sozialhilfe an.[64] Daher gebieten Sinn und Zweck der Vorschrift deren Anwendung nicht, wenn Personen gezielt in den Zuständigkeitsbereich eines Trägers der Sozialhilfe – z.B. Zuzug zu bereits in Deutschland lebenden Verwandten – einreisen. Denn dann ist Grund für die **zielgerichtete – nicht mehr zufällige – Ortswahl** des Hilfeempfängers, dass eine Einreise und Verlagerung des Lebensmittelpunktes durch solche Angehörige vereinfacht wird. In diesen Fällen ist eine Kostenerstattung nicht erforderlich.[65] Der nach § 98 SGB XII zuständige Träger der Sozialhilfe ist dann zur Kostentragung verpflichtet. **Teleologische Gesichts-** 65

---

[57] *Schiefer* in: Oesterreicher, SGB II/SGB XII, § 108 Rn. 19.
[58] BSG v. 24.03.2009 - B 8/9b SO 17/07 R - juris Rn. 17 - BSGE 103, 34-39 = SozR 4-5910 § 108 Nr. 1.
[59] BSG v. 24.03.2009 - B 8/9b SO 17/07 R - juris Rn. 17 - BSGE 103, 34-39 = SozR 4-5910 § 108 Nr. 1.
[60] BSG v. 24.03.2009 - B 8/9b SO 17/07 R - juris Rn. 17 - BSGE 103, 34-39 = SozR 4-5910 § 108 Nr. 1.
[61] So das BSG v. 24.03.2009 - B 8/9b SO 17/07 R - juris Rn. 15 zu § 108 Abs. 1 Satz 3 BSHG - BSGE 103, 34-39 = SozR 4-5910 § 108 Nr. 1.
[62] BSG v. 24.03.2009 - B 8/9b SO 17/07 R - juris Rn. 15 - BSGE 103, 34-39 = SozR 4-5910 § 108 Nr. 1.
[63] BSG v. 24.03.2009 - B 8/9b SO 17/07 R - juris - BSGE 103, 34-39.
[64] BSG v. 24.03.2009 - B 8/9b SO 17/07 R - juris Rn. 15, 16 - BSGE 103, 34-39 1 = SozR 4-5910 § 108 Nr. 1; Hessisches LSG v. 28.04.2010 - L 6 SO 155/09 - juris Rn. 26.
[65] Dazu BSG v. 24.03.2009 - B 8/9b SO 17/07 R - juris Rn. 16 - BSGE 103, 34-39 = SozR 4-5910 § 108 Nr. 1.

punkte sprechen dann dafür, dass eine Kostenerstattung in Fällen mit Geburtsbeziehung bereits entfällt, wenn der Einreisende nur **vorübergehend** mit in Deutschland geborenen Angehörigen **zusammenlebt**.[66] Ob der Einreisende auch dauerhaft mit den Angehörigen zusammenlebt, ist unerheblich.[67]

66 Nach der Rechtsprechung des **LSG Nordrhein-Westfalen** bedürfe der örtliche Träger der Sozialhilfe allein nach dem unmittelbaren Übertritt des Schutzes aus § 108 SGB XII.[68] Dieser Schutz sei nicht mehr nötig nach einem erneuten bzw. abermaligen Zuzug aus einem Ort in Deutschland.[69] Dieser Schutz nehme gerade auf die Zuständigkeitsbegründung infolge des Übertritts aus dem Ausland Rücksicht; sobald die mit dem Übertritt begründete Zuständigkeit infolge Wegzugs der Hilfebedürftigen geendet habe, bedürfe der für den Einreiseort zuständige örtliche Sozialhilfeträger eines solchen Schutzes nicht mehr.[70] Nach dem Wiederzuzug eines Hilfeempfängers aus einem anderen, deutschen Wohnort an den Einreiseort liege demnach kein Sachverhalt mehr vor, an den § 108 SGB XII nach seiner Schutzfunktion anknüpft.[71]

67 **Dagegen** hat das **BSG**[72] ausgeführt, auch der überörtliche Sozialhilfeträger sei von § 108 SGB XII erfasst und geschützt.[73] Auch sei die Regelung nach einem bloßen Wechsel der sachlichen Zuständigkeit wegen der Erbringung von stationären Leistungen vom örtlichen zum überörtlichen Träger der Sozialhilfe selbst dann weiterhin anzuwenden, wenn diese Leistungen später an einem anderen als dem Zuzugsort, aber weiterhin im Zuständigkeitsbereich des überörtlichen Sozialhilfeträgers erbracht würden.[74] Damit verändert der **bloße Wechsel der sachlichen Zuständigkeit vom örtlichen zum überörtlichen Träger** der Sozialhilfe **ohne Wechsel des Wohnorts**[75] den Bezug zum Zuzugsort nicht. Der Schutzzweck des § 108 SGB XII, die Verteilung entstehender Sozialhilfelasten wegen ungleicher Belastung von Sozialhilfeträgern, gebietet für diesen Fall – anders dagegen bei einem Wechsel der örtlichen Zuständigkeit, z.B. wegen eines Ortswechsels – keine einschränkende Auslegung der Norm.[76] Allein der Wechsel der sachlichen Zuständigkeit lässt den Bezug zum Zuzugsort und den zeitlichen Zusammenhang nicht entfallen.[77] Werden auch überörtliche Träger der Sozialhilfe vom Schutzbereich des § 108 SGB XII erfasst, kann es nach der zu § 108 BSHG ergangenen Rechtsprechung des BSG[78] – die so auch auf § 108 SGB XII anzuwenden ist – für den Erstattungsanspruch keine Rolle mehr spielen, ob der Hilfebedürftige unmittelbar nach seinem Übertritt aus dem Ausland in einer Einrichtung untergebracht wird und der überörtliche Sozialhilfeträger deshalb für etwaige Sozialhilfeleistungen zuständig wäre oder ob er vor der Aufnahme in die Einrichtung zunächst – ggf. auch nur für kurze Zeit – Hilfe zum Lebensunterhalt vom örtlichen Träger der Sozialhilfe erhält und anschließend eine stationäre Aufnahme in einem für den am selben Ort zuständigen überörtlichen Träger der Sozialhilfe erlangt. Auch unter Berücksichtigung der Rechtsprechung des BVerwG[79] konnte für das BSG insoweit nur entscheidend sein, ob der Bezug zum Einreiseort unabhängig von der sachlichen Zuständigkeit des Sozialhilfeträgers zum Zeitpunkt der erstmaligen Inanspruchnahme von Sozialhilfeleistungen nach dem Übertritt aus dem Ausland aufrechterhalten geblieben war.[80] Die Erstattungspflicht endet deshalb erst und

---

[66] BSG v. 24.03.2009 - B 8/9b SO 17/07 R - juris Rn. 16 - BSGE 103, 34-39 = SozR 4-5910 § 108 Nr. 1.
[67] BSG v. 24.03.2009 - B 8/9b SO 17/07 R - juris Rn. 16 - BSGE 103, 34-39 = SozR 4-5910 § 108 Nr. 1.
[68] LSG Nordrhein-Westfalen v. 22.11.2010 - L 20 SO 4/09 - juris Rn. 48, nachgehend BSG v. 22.03.2012 - B 8 SO 2/11 R - juris - SozR 4-5910 § 147 Nr. 2.
[69] LSG Nordrhein-Westfalen v. 22.11.2010 - L 20 SO 4/09 - juris Rn. 48, nachgehend BSG v. 22.03.2012 - B 8 SO 2/11 R - juris - SozR 4-5910 § 147 Nr. 2.
[70] LSG Nordrhein-Westfalen v. 22.11.2010 - L 20 SO 4/09 - juris Rn. 48, nachgehend BSG v. 22.03.2012 - B 8 SO 2/11 R - juris - SozR 4-5910 § 147 Nr. 2.
[71] LSG Nordrhein-Westfalen v. 22.11.2010 - L 20 SO 4/09 - juris Rn. 48, nachgehend BSG v. 22.03.2012 - B 8 SO 2/11 R - juris - SozR 4-5910 § 147 Nr. 2.
[72] BSG v. 22.03.2012 - B 8 SO 2/11 R - juris - SozR 4-5910 § 147 Nr. 2.
[73] So auch *Schiefer* in Oesterreicher, SGB II/SGB XII, § 108 SGB XII Rn. 9
[74] BSG v. 22.03.2012 - B 8 SO 2/11 R - juris - SozR 4-5910 § 147 Nr. 2.
[75] BSG v. 22.03.2012 - B 8 SO 2/11 R - juris Rn. 15 - SozR 4-5910 § 147 Nr. 2; a.A. *Rabe* in: Fichtner/Wenzel, SGB XII – Sozialhilfe mit AsylbLG, 4. Aufl., § 108 SGB XII Rn. 8.
[76] BSG v. 22.03.2012 - B 8 SO 2/11 R - juris Rn. 15 - SozR 4-5910 § 147 Nr. 2.
[77] BSG v. 22.03.2012 - B 8 SO 2/11 R - juris Rn. 15 - SozR 4-5910 § 147 Nr. 2.
[78] BSG v. 22.03.2012 - B 8 SO 2/11 R - juris Rn. 15 - SozR 4-5910 § 147 Nr. 2.
[79] Dazu vgl. BVerwG v. 20.10.2005 - 5 C 23/04 - juris - BVerwGE 124, 265-268.
[80] BSG v. 22.03.2012 - B 8 SO 2/11 R - juris Rn. 15 - SozR 4-5910 § 147 Nr. 2.

nur dann, wenn der die Kostenerstattungspflicht nach § 108 BSHG SGB XII rechtfertigende Bezug zum Einreiseort entfällt.[81]

Ob im Rahmen des Zusammenlebens ein **Wille**, zumindest für eine gewisse Zeit und **in zumindest geringem Umfang füreinander aufzukommen**, erforderlich ist, erscheint fraglich. § 108 Abs. 1 Satz 3 SGB XII spricht lediglich von einem Zusammenleben mit in der Bundesrepublik Deutschland geborenen Personen. Dass ein gewisser Einstands- oder Versorgungswille erforderlich wäre, lässt sich weder aus dem Wortlaut noch aus Sinn und Zweck der Vorschrift ableiten. In diesem Sinn **setzt** das Zusammenleben – über das gemeinsame Wohnen hinaus – **nicht voraus**, dass die Personen zumindest in geringem Umfang **füreinander wirtschaften und aufkommen** und insoweit zumindest in Grundformen einer Haushalts-, Bedarfs-, Einstands- bzw. Lebensgemeinschaft[82] i.S.d. §§ 19 Abs. 1 Satz 2, 36 bzw. § 1353 Abs. 1 Satz 2 BGB vergleichbar sind. Eine bloß kurzzeitige Trennung hebt weder ein Zusammenleben noch eine Einstands- bzw. Lebensgemeinschaft auf.[83]

68

Nach dem Urteil des **Hessischen LSG**[84] setzt ein **Zusammenleben** nach § 108 Abs. 1 Satz 3 SGB XII nicht einen gemeinsamen gewöhnlichen Aufenthalt mit Personen, die bereits zuvor in Deutschland gelebt haben, voraus. Der Anspruch gegenüber dem überörtlichen Träger der Sozialhilfe sei bereits dann ausgeschlossen, wenn zusammenlebende Personen ihren gewöhnlichen Aufenthalt im Ausland aufgäben, um im Geltungsbereich des SGB XII zusammenzuleben.[85]

69

cc. Maßgeblicher Zeitpunkt

Die in Absatz 1 Satz 3 genannten Personen müssen **bei Einsetzen** (vgl. dazu Rn. 43 ff.) der Sozialhilfeleistung zusammenleben. Insoweit ist unbedeutend, ob die Personen gemeinsam aus dem Ausland eingereist sind oder erst in der Bundesrepublik Deutschland das Zusammenleben begründet haben.

70

b. Ausschluss kraft anderweitiger Unterbringungsregelung i.S.d. Absatzes 5

Ein Erstattungsanspruch ist nach § 108 Abs. 5 SGB XII ebenfalls **ausgeschlossen**, wenn für die eingereisten Personen eine **Unterbringung** bundesrechtlich oder durch Vereinbarung zwischen Bund und Ländern geregelt ist.

71

Derartige **Vereinbarungen** dienen dazu, die eingereisten Personen schnell auf den Zuständigkeitsbereich eines oder mehrerer bestimmter Träger der Sozialhilfe zu verteilen, um so deren geordnete Verteilung durchführen sowie eine unkontrollierte Belastung verschiedenster Träger der Sozialhilfe vermeiden zu können.[86] Dementsprechend kommen solche Vereinbarungen regelmäßig dann in Betracht, wenn innerhalb kurzer Zeit eine größere Personengruppe Einreisender oder vergleichbare Fallgestaltungen auftreten.

72

Beispiele für **Unterbringungsvereinbarungen**[87]:
- die Beschlüsse der Konferenz der Innenminister der Länder vom 30.11.1973, 15.02.1974 und 22.06.1978,
- die Vereinbarung der Innenminister der Länder über die Verteilung der Asylbewerber vom 15.02.1974,
- die Vereinbarung der Regierungen der Länder über die Verteilung der Asylbewerber v. 02.07.1982,
- der Beschluss der Regierungschefs des Bundes und der Länder v. 05.03.1982 i.V.m. dem Gesetz über Maßnahmen für im Rahmen humanitärer Hilfsaktionen aufgenommener Flüchtlinge („Kontingentflüchtlinge") v. 22.07.1980[88],
- die im Benehmen mit den Ländern zustande gekommene Anordnung des Bundesministeriums des Inneren gemäß § 23 Abs. 2 Aufenthaltsgesetz zur Aufnahme bestimmter Flüchtlinge aus dem Irak vom 05.12.2008.

73

---

[81] BSG v. 22.03.2012 - B 8 SO 2/11 R - juris Rn. 15 - SozR 4-5910 § 147 Nr. 2.
[82] Im Ergebnis ebenso *Schellhorn* in: Schellhorn/Schellhorn/Hohm, SGB XII, 18. Aufl., § 108 Rn. 18, der eine Familiengemeinschaft für ausreichend hält; a.A. *Schiefer* in: Oesterreicher, SGB II/SGB XII, § 108 Rn. 20.
[83] *Klinge* in: Hauck/Noftz, SGB XII, § 108 Rn. 12.
[84] Hessisches LSG v. 28.04.2010 - L 6 SO 155/09 - juris Rn. 2.
[85] Hessisches LSG v. 28.04.2010 - L 6 SO 155/09 - juris Rn. 26 unter Hinweis auf *Schellhorn* in: Schellhorn/Schellhorn/Hohm, SGB XII, 17. Aufl., § 108 Rn. 5.
[86] *Klinge* in: Hauck/Noftz, SGB XII, § 108 Rn. 18.
[87] *Klinge* in: Hauck/Noftz, SGB XII, § 108 Rn. 19.
[88] BGBl I 1980, 1057.

§ 108

74 Beispiele für **bundesrechtliche Regelungen**[89]:
- Verordnung über die Bereitstellung von Durchgangslagern und über die Verteilung der in das Bundesgebiet aufgenommenen deutschen Vertriebenen auf die Länder des Bundesgebietes (Verteilungsverordnung) v. 28.03.1952[90],
- Verordnung über die Anerkennung und Verteilung von ausländischen Flüchtlingen (Asyl-Verordnung) v. 06.01.1953[91],
- Gesetz über Maßnahmen für im Rahmen humanitärer Hilfsaktionen aufgenommene Flüchtlinge v. 22.07.1980[92],
- § 23 AufenthG.

75 Auch wenn § 108 Abs. 5 SGB XII insoweit von einer anderweitig geregelten **Unterbringung** spricht, bedeutet dies keine reguläre bzw. amtliche Unterbringung unter Zuweisung in eine Wohnung oder ein Heim mit Versorgung und Kostentragung.[93] Der Begriff der Unterbringung kann nicht in diesem Sinne eng ausgelegt werden. Es genügt, wenn durch Bundesrecht oder eine Vereinbarung zwischen Bund und den Ländern eine Regelung über die Verteilung der Einreisenden auf einzelne Bundesländer bzw. einzelne Träger der Sozialhilfe getroffen wurde.[94] Hierzu genügt mit der Rechtsprechung des BVerwG[95] als Unterbringungsregelung i.S.d. § 108 Abs. 5 SGB XII eine Regelung über die Verteilung der Einreisenden, die – wenn auch im Zusammenwirken mit weiteren (z.B. landesinternen) Regelungen – die willkürliche, unkontrollierbare Belastung irgendeines Trägers der Sozialhilfe ausschließt und die es gerade mit Rücksicht auf die Kostentragung ermöglicht, den Hilfesuchenden einem bestimmten Träger der Sozialhilfe zuzuordnen.

76 Entsprechende **Vereinbarungen zwischen Bund und den Ländern** müssen daher nur die Verteilung der einreisenden Personen auf die Länder regeln und können die weitere Verteilung innerhalb der einzelnen Länder diesen selbst überlassen[96]; Regelungen zur Verteilung der Kosten müssen diese nicht zwingend enthalten.

77 Zur Wirksamkeit und damit zur Verbindlichkeit der Vereinbarungen i.S.d. § 108 Abs. 5 SGB XII genügt es, wenn die „Vereinbarung zwischen Bund und den Ländern" sich als ein Beschluss der Länder, z.B. als Beschluss der Innenministerkonferenz, der auf Anregung der Bundesregierung ergangen ist und damit inhaltlich vom Bund mitgetragen wird, darstellt; eine stärkere Beteiligung des Bundes am Zustandekommen einer Vereinbarung ist nach der Rechtsprechung des BVerwG nicht erforderlich.[97]

78 Mangels Bundesbeteiligung in zumindest diesem geringen Umfang soll eine Vereinbarung nach **§ 32a Abs. 1 AuslG** keine Vereinbarung i.S.d. § 108 Abs. 5 SGB XII darstellen, weil diese Vereinbarung nach § 32a Abs. 11 AuslG alleine von den Ländern geschlossen werde.[98]

79 **Asylbewerber** fallen auch dann nicht in den Anwendungsbereich des § 108 SGB XII, wenn sie Leistungen nach § 2 Abs. 1 AsylbLG beziehen. Denn diese erhalten trotz der leistungsrechtlichen Angleichung noch immer Leistungen nach dem AsylbLG, auch wenn diese den Leistungen nach dem SGB XII entsprechen. Auch insoweit gilt der Ausschluss nach § 9 Abs. 1 AsylbLG, § 23 Abs. 2 SGB XII.

3. Entscheidung der Schiedsstelle nach Absatz 2, Absatz 1 Sätze 2 und 4

a. Allgemeines

80 Der zur Erstattung verpflichtete überörtliche Träger der Sozialhilfe wird durch die Entscheidung einer Schiedsstelle bestimmt (§ 108 Abs. 1 Satz 1 SGB XII). Insoweit begründet das Gesetz keinen von vornherein mit der Leistungserbringung entstehenden Erstattungsanspruch. Vielmehr kann der Erstattungsanspruch erst entstehen, wenn die Schiedsstelle den erstattungsverpflichteten Träger bestimmt hat.

---

[89] *Klinge* in: Hauck/Noftz, SGB XII, § 108 Rn. 19.
[90] BGBl I 1952, 236.
[91] BGBl I 1953, 3.
[92] BGBl I 1980, 1057.
[93] BVerwG v. 20.02.1992 - 5 C 22/88 - juris Rn. 11 - FEVS 42, 353-358 = ZfSH/SGB 1992, 362-364.
[94] BVerwG v. 20.02.1992 - 5 C 22/88 - juris Rn. 11 - FEVS 42, 353-358 = ZfSH/SGB 1992, 362-364; *Klinge* in: Hauck/Noftz, SGB XII, § 108 Rn. 18.
[95] BVerwG v. 20.02.1992 - 5 C 22/88 - juris Rn. 11 - FEVS 42, 353-358 = ZfSH/SGB 1992, 362-364.
[96] BVerwG v. 20.02.1992 - 5 C 22/88 - juris Rn. 13 - FEVS 42, 353-358 = ZfSH/SGB 1992, 362-364.
[97] BVerwG v. 20.02.1992 - 5 C 22/88 - juris Rn. 14 - FEVS 42, 353-358 = ZfSH/SGB 1992, 362-364.
[98] A.A. *Schoch* in: LPK-SGB XII, 9. Aufl., § 108 Rn. 28.

b. Schiedsstelle

Schiedsstelle i.S.d. Absatzes 1 Satz 1 ist das **Bundesverwaltungsamt** (§ 108 Abs. 2 Satz 1 SGB XII), soweit die Länder nicht durch Verwaltungsvereinbarung eine andere Schiedsstelle bestimmt haben (Absatz 2 Satz 2). Insoweit besteht die Möglichkeit zur Einrichtung einer ständigen Schiedsstelle, es kann aber auch nur eine für den konkreten Fall vereinbarte Schiedsstelle begründet werden. Eine solche Verwaltungsvereinbarung wurde bisher jedoch nicht geschlossen.

81

c. Verfahren vor der Schiedsstelle

§ 108 SGB XII regelt das Verfahren vor der Schiedsstelle nur rudimentär. Über die Besetzung der Schiedsstelle existieren keine Regelungen. Diese ergeben sich – soweit nicht durch eine Ländervereinbarung eine Schiedsstelle geschaffen wird – aus den Bestimmungen des Bundesversicherungsamtes. Die Schiedsstelle muss sich eine Verfahrens- oder **Geschäftsordnung** geben, die das Verfahren sowie die Mitwirkung der Träger der Sozialhilfe näher bestimmt.

82

Soweit für die Schiedsstelle keine sonstigen Regelungen eingreifen, gilt das **SGB X entsprechend**. Insoweit **beginnt das Verfahren** vor der Schiedsstelle gem. § 18 SGB X. Ein Antragserfordernis ist nicht bestimmt. Andererseits ist die Entscheidung der Schiedsstelle erforderlich, um einen Erstattungsanspruch zu begründen. Daher hat die Schiedsstelle immer schon dann ihr Ermessen in Richtung der **Einleitung eines Verfahrens** zur Bestimmung des erstattungspflichtigen überörtlichen Trägers der Sozialhilfe auszuüben, wenn sie Kenntnis vom Vorliegen einer nach § 108 Abs. 1 Satz 1 SGB XII zur Erstattung berechtigenden Situation hat oder ein Träger der Sozialhilfe dies beantragt.

83

Zu überlegen ist, ob die Schiedsstelle durch **Verwaltungsakt** i.S.d. § 31 Satz 1 SGB X entscheidet.[99] Maßgeblich ist hier die Frage des Vorliegens einer auf unmittelbare Rechtswirkung nach außen gerichteten Regelung i.S.d. § 31 Satz 1 SGB X. Ähnlich dem Einvernehmen bzw. der Zustimmung der Gemeinde nach § 36 BauGB oder § 9 Abs. 2 FStrG könnte auch Schiedsentscheidung i.S.d. § 108 die Außenwirkung abgesprochen werden.[100] Insoweit ist zu beachten, dass die Schiedsstellenentscheidung den Anspruchsgegner des Erstattungsanspruchs festlegt; eine inhaltliche Prüfung des Erstattungsanspruchs steht der Schiedsstelle dagegen nicht zu (vgl. Rn. 91). Das BSG sieht z.B. in den Schiedsentscheidungen des SGB XI (z.B. bei der Festlegung von Vergütungen) Verwaltungsakte.[101] Anders als in den zum SGB XI entschiedenen Fallgestaltungen handelt es sich jedoch bei der Schiedsentscheidung nach § 108 SGB XII um eine alleine zwischen Behörden ergehende Entscheidung. Damit dürfte der Schiedsspruch – auch wenn es sich bei den beteiligten Trägern der Sozialhilfe um rechtlich selbständige juristische Personen des öffentlichen Rechts handelt – um keine das Innenverhältnis der Verwaltung verlassende Regelung handeln und damit **keinen Verwaltungsakt** darstellen.

84

Die **Rechtsprechung** hat die Frage der Rechtsqualität der Schiedsstellenentscheidung bislang **offen gelassen**.[102]

85

Der Schiedsspruch ist damit grds. nicht anfechtbar. Vielmehr muss die Fehlerhaftigkeit des Schiedsspruchs im Erstattungsverfahren zwischen den Trägern der Sozialhilfe, vor Gericht im Rahmen der Erstattungsklage (**Leistungsklage** gem. § 54 Abs. 5 SGG) geprüft werden. Wird dagegen dem Schiedsspruch die Rechtsnatur eines Verwaltungsaktes beigemessen, so wäre mit einer die Anfechtungsklage konsumierenden, auf Neuentscheidung über den Schiedsantrag gerichteten Verpflichtungsklage vorzugehen. Mangels besonderer Zuweisung der Zuständigkeit an ein höheres Gericht nach den §§ 39, 29 Abs. 2 Nr. 1 SGG ist die Klage vor dem Sozialgericht zu erheben (§ 8 SGG).

86

---

[99] So VGH BY v. 01.10.1992 - 12 CZ 91.3802 - juris Rn. 11 - FEVS 43, 400-404; *Klinge* in: Hauck/Noftz, SGB XII, § 108 Rn. 15; *Rabe* in: Fichtner/Wenzel, SGB XII – Sozialhilfe mit AsylbLG, 4. Aufl., § 108 SGB XII Rn. 3; *Schiefer* in: Oesterreicher, SGB II/SGB XII, § 108 SGB XII Rn. 12; *Steimer* in: Mergler/Zink, Handbuch der Grundsicherung und Sozialhilfe, § 108 SGB XII Rn. 17; *Wahrendorf* in: Grube/Wahrendorf, SGB XII, 4. Aufl., § 108 Rn. 10.
[100] BVerwG v. 28.05.1963 - I C 247.58 - BVerwGE 16, 116-133 - juris Rn. 3.
[101] BSG v. 17.12.2009 - B 3 P 3/08 R - juris Rn. 20 f.
[102] Nicht angesprochen in BSG v. 24.03.2009 - B 8/9b SO 17/07 R - juris Rn. 13 - BSGE 103, 34-39 = SozR 4-5910 § 108 Nr. 1; offen gelassen in LSG Baden-Württemberg v. 25.03.2010 - L 7 SO 5799/08 - juris Rn. 17 - ZFSH/SGB 2010, 468-471.

d. Entscheidung der Schiedsstelle

87 Die Schiedsstelle hat mit ihrem Schiedsspruch festzulegen, **welcher überörtliche Träger** der Sozialhilfe (§ 97 Abs. 2 SGB XII) für einen konkreten Erstattungsfall **erstattungspflichtig** ist. Der Inhalt der Entscheidung steht im pflichtgemäßen **Ermessen** der Schiedsstelle.[103]

88 Die Schiedsstelle hat neutral, unter Abwägung der Umstände des Einzelfalles und unter Ausübung des eingeräumten pflichtgemäßen Ermessens, zu entscheiden.

89 Das eingeräumte **Ermessen** ist durch § 108 Abs. 1 Satz 2 SGB XII **eingeengt**, als die Schiedsstelle bei ihrer Entscheidung die Einwohnerzahl und die Belastungen, die sich im vorangegangenen Haushaltsjahr für die Träger der Sozialhilfe nach § 108 Abs. 1 Satz 1 SGB XII sowie nach den §§ 24 und 115 SGB XII ergeben haben, zu berücksichtigen hat. Weitere Einschränkungen ergeben sich nicht. Daher kann auch ein in sonst keiner Beziehung zu dem konkreten Leistungsfall stehender überörtlicher Träger der Sozialhilfe verpflichtet werden; dieser ist vorher zu hören.

90 Nach Absatz 1 Satz 4 ist ein **gemeinsamer, einheitlicher Träger** der Sozialhilfe zu bestimmen, wenn Ehegatten, Lebenspartner, Verwandte oder Verschwägerte bei Einsetzen der Leistung zusammenleben. Der Begriff des Zusammenlebens kann insoweit wie in Absatz 1 Satz 3 bestimmt werden.

91 Die Schiedsstelle ist nicht befugt, das Bestehen eines Kostenerstattungsanspruches zu prüfen. Aufgabe der Schiedsstelle kann **nur eine Schlüssigkeitsprüfung** auf Grund der ihr vom örtlichen Träger der Sozialhilfe vorgelegten Unterlagen sein.[104] Ansonsten müsste das Bundesverwaltungsamt in vollem Umfang in die sozialhilferechtliche Prüfung einsteigen, obwohl es insoweit keinerlei Sachnähe aufweist. Eine nähere Prüfung über das Bestehen, die Voraussetzungen und den Umfang des Kostenerstattungsanspruchs und eine für die beteiligten Träger der Sozialhilfe verbindliche Vorentscheidung darüber trifft es deshalb nicht.[105]

92 Auch nach der Rechtsprechung des **BSG**[106] regelt die Schiedsstelle nicht die Verpflichtung zur Kostenerstattung verbindlich, sondern bestimmt bei bestehender Kostenerstattungspflicht (nur) den erstattungspflichtigen Sozialhilfeträger. Insoweit kann der Schiedsstelle **lediglich eine Schlüssigkeitsprüfung** obliegen; zu einer verbindlichen Vorentscheidung über das Bestehen, die Voraussetzungen und den Umfang des Kostenerstattungsanspruchs ist diese jedoch **nicht befugt**.[107]

93 Die Schiedsstelle hat insoweit lediglich zu bestimmen, **gegen welchen überörtlichen Träger der Sozialhilfe** (§ 97 Abs. 2 SGB XII) sich ein möglicher und nicht schon offensichtlich ausgeschlossener Erstattungsanspruch i.S.d. § 108 Abs. 1 Satz 1 SGB XII zu richten hat, also welcher überörtliche Träger der Sozialhilfe, wenn die Voraussetzungen des Erstattungsanspruchs erfüllt sind, zur Erstattung verpflichtet ist. Insoweit darf die Schiedsstelle auch weder den Inhalt noch den Umfang eines Erstattungsanspruchs nach § 108 Abs. 1 Satz 1 SGB XII festlegen. Im Ergebnis handelt es sich bei dem Schiedsspruch daher um eine **isolierte Elementenfeststellung** über die Person des zur Erstattung verpflichteten überörtlichen Trägers der Sozialhilfe.

94 Die Entscheidung der Schiedsstelle bleibt **wirksam**, solange der Leistungsberechtigte noch im Leistungsbezug ist und daher der Leistungsfall i.S.d. Erstattungsfalls noch nicht abgeschlossen ist. Mit Ende des Leistungsfalles erledigt sich der Schiedsspruch. Bis zu diesem Zeitpunkt entfaltet die Schiedsstellenentscheidung auch gegenüber anderen Trägern Wirkung und stellt auch diesen gegenüber die Erstattungszuständigkeit des überörtlichen Trägers der Sozialhilfe fest.[108]

95 Dazu hat das **BSG** entschieden),[109] dass die Bestimmung durch die Schiedsstelle erkennbar nicht einen in der Vergangenheit (bereits) entstandenen Erstattungsanspruch im engeren Sinn betrifft, sondern **den laufenden Sozialhilfefall bis zu dessen Beendigung erfasst**.[110] Andernfalls müsste die Schiedsstelle angesichts immer wieder neu entstehender Erstattungsansprüche in regelmäßigen zeitlichen Abständen

---

[103] *Schiefer* in: Oesterreicher, SGB II/SGB XII, § 108 Rn. 12.

[104] BSG v. 24.03.2009 - B 8/9b SO 17/07 R - juris Rn. 13 - BSGE 103, 34-39 = SozR 4-5910 § 108 Nr. 1; *Klinge* in: Hauck/Noftz, SGB XII, § 108 Rn. 15; *Schoch* in: LPK-SGB XII, 9. Aufl., § 108 Rn. 16.

[105] BSG v. 24.03.2009 - B 8/9b SO 17/07 R - juris Rn. 13 - BSGE 103, 34-39 = SozR 4-5910 § 108 Nr. 1; *Klinge* in: Hauck/Noftz, SGB XII, § 108 Rn. 15; *Schoch* in: LPK- SGB XII, 9. Aufl., § 108 Rn. 16.

[106] BSG v. 14.04.2011 - B 8 SO 23/09 R - juris Rn. 17; BSG v. 24.03.2009 - B 8/9b SO 17/07 R - juris Rn. 13 - BSGE 103, 34-39 = SozR 4-5910 § 108 Nr. 1.

[107] LSG Baden-Württemberg v. 25.03.2010 - L 7 SO 5799/08 - juris Rn. 18 - ZFSH/SGB 2010, 468-471.

[108] *Schellhorn* in: Schellhorn/Schellhorn/Hohm, SGB XII, 18. Aufl., § 108 Rn. 17.

[109] BSG v. 14.04.2011 - B 8 SO 23/09 R - juris Rn. 16 - SozR 4-5910 § 147 Nr. 1.

[110] Vgl. dazu auch *Schellhorn* in: Schellhorn/Schellhorn, BSHG, 16. Aufl., § 108 Rn. 17; vgl. auch Rn. 94.

den zur Kostenerstattung verpflichteten überörtlichen Träger der Sozialhilfe immer wieder neu bestimmen; denn bei wiederkehrenden Leistungen entsteht nach jedem Bewilligungsabschnitt jeweils ein gesonderter Erstattungsanspruch.[111]

Die **gerichtliche Kontrolle** des Schiedspruches ist nur eingeschränkt.[112] Die Gerichte dürfen den Schiedspruch nur daraufhin überprüfen, ob die Ermittlung des Sachverhalts in einem fairen Verfahren unter Wahrung des rechtlichen Gehörs erfolgte, der bestehende Beurteilungsspielraum eingehalten und zwingendes Gesetzesrecht (z.B. die Vorgaben des § 108 Abs. 1 Satz 2 SGB XII) beachtet worden ist. Dies erfordert, dass die gefundene Abwägung im Schiedspruch hinreichend begründet wurde.

e. Erforderlichkeit einer Schiedsstellenentscheidung nach Absatz 3

Eine Schiedsstellenentscheidung ist nicht erforderlich bei **nachgereisten Familienangehörigen**. Denn insoweit verpflichtet § 108 Abs. 3 SGB XII den von der Schiedsstelle zur Erstattung verpflichteten überörtlichen Träger der Sozialhilfe auch zur Erstattung der für den Ehegatten, den Lebenspartner oder die minderjährigen Kinder der leistungsberechtigten Personen aufgewendeten Kosten, wenn diese Personen später einreisen und Sozialhilfe innerhalb eines Monats einsetzt. Ein Zusammenleben mit einer früher eingereisten Person ist nicht erforderlich. Auch wenn Absatz 3 faktisch in den meisten Fällen an zusammenlebende Familienangehörige anknüpft, so will die Vorschrift doch alle aus dem Umfeld desselben Leistungsberechtigten stammenden Leistungsfälle kostenmäßig demselben überörtlichen Träger der Sozialhilfe zuweisen. Insoweit ist unerheblich, ob die den Erstattungsanspruch auslösenden Personen zusammenleben.[113] Unerheblich ist auch der Geburtsort; Absatz 3 knüpft – wie auch Absatz 1 Satz 4 und anders als Absatz 1 Satz 3 – nicht an eine Geburt im Inland an.

Auch hinsichtlich der nachgereisten Angehörigen müssen Leistungen **binnen eines Monats** nach der Einreise **einsetzen** (vgl. dazu Rn. 43 ff.).

Für diese Personen entstehen – nach den Voraussetzungen des § 108 Abs. 1 Satz 1 SGB XII – **eigenständige Erstattungsansprüche**; es wird nicht lediglich unter Verzicht auf die Voraussetzungen des § 108 Abs. 1 Satz 1 SGB XII eine Erweiterung des Erstattungsumfanges angeordnet.[114] Absatz 3 macht jedoch insoweit eine Bestimmung des erstattungspflichtigen überörtlichen Trägers der Sozialhilfe durch die Schiedsstelle entbehrlich, als das Gesetz hier ausnahmsweise selbst anordnet, gegen wen sich der Erstattungsanspruch richten soll.

Kraft Gesetzes ist erstattungspflichtig derjenige überörtliche Träger der Sozialhilfe, der auch schon für die zuerst eingereiste Person erstattungspflichtig ist.

Dies setzt voraus, dass der zuerst eingereisten Person **noch Sozialhilfeleistungen geleistet** werden[115], denn ohne deren Sozialhilfebezug entfällt die Erstattungspflicht des von der Schiedsstelle bestimmten Trägers der Sozialhilfe. Dies ergibt sich schon aus dem Wortlaut der Vorschrift, als dort darauf abgestellt wird, dass der überörtliche Träger der Sozialhilfe „… zur Erstattung der für eine leistungsberechtigte Person aufgewendeten Kosten verpflichtet …" ist. Dieser ist nicht mehr zur Erstattung verpflichtet, wenn die Leistungsberechtigung des Hilfeempfängers entfallen ist.

IV. Rechtsfolgen

1. Allgemeines

Der Erstattungsanspruch des § 108 SGB XII ist auf Erstattung sämtlicher für den Leistungsfall **aufgewendeten Kosten** gerichtet. Soweit § 108 SGB XII und die §§ 110 ff. SGB XII (auch § 114 SGB XII, vgl. dazu die Kommentierung zu § 114 SGB XII Rn. 43 f.) keine vorgehenden Regelungen enthalten, gelten die §§ 106 ff. SGB X, mit Ausnahme des § 107 SGB X.[116] Der Erstattungsanspruch ist daher nach § 111 SGB X **geltend zu machen**. Da bis zur Schiedsstellenentscheidung der Anspruchsgegner nicht feststeht, jedoch die Frist des § 111 SGB X läuft, sind die Erstattungsansprüche bis zum Erlass der Schiedsstellenentscheidung gegenüber der Schiedsstelle geltend zu machen.[117]

---

[111] BSG v. 14.04.2011 - B 8 SO 23/09 R - juris Rn. 16 - SozR 4-5910 § 147 Nr. 1.
[112] BSG v. 14.12.2000 - B 3 P 19/00 R - juris Rn. 22 - BSGE 87, 199-208 = SozR 3-3300 § 85 Nr. 1.
[113] *Schellhorn* in: Schellhorn/Schellhorn/Hohm, SGB XII, 18. Aufl., § 108 Rn. 20.
[114] So im Ergebnis aber noch *Schoch* in: LPK-SGB XII, 8. Aufl., § 108 Rn. 18.
[115] *Klinge* in: Hauck/Noftz, SGB XII, § 108 Rn. 16; *Schoch* in: LPK-SGB XII, 9. Aufl., § 108 Rn. 23.
[116] BSG v. 22.03.2012 - B 8 SO 2/11 R - juris - SozR 4-5910 § 147 Nr. 2.
[117] *Schiefer* in: Oesterreicher, SGB II/SGB XII, § 108 Rn. 33.

| 103 | Die Rückerstattung zu Unrecht erstatteter Kosten bestimmt sich nach **§ 112 SGB X**.[118]
| 104 | Zum Erstattungsverfahren vgl. die Kommentierung zu § 110 SGB XII Rn. 41 ff.

2. Entstehen des Erstattungsanspruchs

| 105 | Erstattungsansprüche entstehen grds. unmittelbar in dem Zeitpunkt, in dem sämtliche Tatbestandsvoraussetzungen erfüllt sind; § 40 Abs. 1 SGB I gilt entsprechend.

| 106 | **Voraussetzung** des Erstattungsanspruchs nach § 108 Abs. 1 Satz 1 SGB XII ist daher, dass eine Person in die Bundesrepublik Deutschland einreist und im Zeitpunkt der Einreise ohne gewöhnlichen Aufenthalt im In- oder Ausland war. Für die Person müssen innerhalb eines Monats nach der Einreise Sozialhilfeleistungen einsetzen. Darüber hinaus muss die Leistung rechtmäßig erbracht sein. Auch darf der Ausschlussgrund nach Absatz 1 Satz 3 bzw. Absatz 5 den Erstattungsanspruch nicht ausschließen.

| 107 | Nach dem Urteil des Hessischen LSG[119] **entsteht** die Pflicht zur Erstattung von Kosten nur dann und soweit, als vom erstattungsberechtigten Träger der Sozialhilfe Kosten für einen Hilfeempfänger aufgewendet wurden.[120] In diesem Sinn entsteht der Erstattungsanspruch nach § 108 SGB XII erst in dem **Zeitpunkt der tatsächlichen Zuwendung der Leistung** an den Hilfebedürftigen.[121] Dabei kommt es nicht darauf an, ob die Sozialhilfe durch Bescheid festgestellt und tatsächlich gezahlt wurde, sondern ob ein Sozialhilfeanspruch bestanden hat, die Leistungserbringung, auch in ihrer Höhe, **rechtmäßig** war.[122]

| 108 | Der Erstattungsanspruch nach § 108 Abs. 1 Satz 1 SGB XII **entsteht jedoch** erst, wenn die Schiedsstelle den erstattungspflichtigen **Träger bestimmt** hat. Ohne eine solche Schiedsstellenentscheidung richtet sich der Erstattungsanspruch noch gegen keinen bestimmten Träger der Sozialhilfe. Mag die Schiedsstelle an sich auch nur den erstattungspflichtigen Sozialhilfeträger bestimmen,[123] so kann ohne Anspruchsverpflichteten ein Anspruch nicht entstehen. Zwar hat das BSG[124] gerade für die Anwendung des § 108 SGB XII wie auch des § 115 SGB XII nicht auf das Entstehen eines konkreten Erstattungsanspruchs, vielmehr auf das Entstehen des Sozialhilfefalles, abgestellt, doch kann nur dann dieser Anspruch aus einer Erstattungspflicht dem Grunde nach zu einem konkreten Erstattungsanspruch erwachsen, wenn die Erstattungspflicht einem konkreten Verpflichteten zugewiesen ist. Wird aber durch die Schiedsstellenentscheidung ein solcher erstattungspflichtiger Träger bestimmt, so entsteht mit dieser Bestimmung zugleich ihm gegenüber der Anspruch auf Erstattung für die davor erbrachten Sozialhilfeleistungen. Werden nach der Schiedsstellenentscheidung Sozialhilfeleistungen erbracht, dann entsteht der Erstattungsanspruch insoweit mit der Leistungserbringung.

| 109 | Dagegen entsteht der sich aus § 108 Abs. 1 Satz 1 SGB XII ergebende Erstattungsanspruch in den Fällen des Absatzes 3 unmittelbar mit der Erbringung der rechtmäßigen Sozialhilfeleistung an die in § 108 Abs. 1 Satz 1 SGB XII genannte Person, soweit schon eine Schiedsstellenentscheidung den für die zuerst eingereiste Person erstattungspflichtigen überörtlichen Träger der Sozialhilfe festgelegt hat. Ist noch keine Schiedsentscheidung ergangen, gilt Rn. 108.

3. Erstattungsberechtigter Träger der Sozialhilfe

| 110 | Der Erstattungsanspruch nach § 108 Abs. 1 Satz 1 SGB XII steht dem **Träger der Sozialhilfe** zu, der die **Sozialhilfeleistung** rechtmäßig an die in Absatz 1 Satz 1 genannte eingereiste Person **erbracht** hatte.

| 111 | In Abhängigkeit von der jeweils im konkreten Erstattungsfall erbrachten Leistung der Sozialhilfe kann sowohl ein **örtlicher** als auch ein **überörtlicher Träger** der Sozialhilfe i.S.d. § 97 SGB XII erstattungsberechtigt sein. Eine Beschränkung des Erstattungsanspruchs alleine auf örtliche Träger der Sozialhilfe, wie ihn z.B. § 197 Abs. 1 Satz 2 SGB XII enthält, besteht im Fall des § 108 Abs. 1 Satz 1 SGB XII nicht.

---

[118] BSG v. 22.03.2012 - B 8 SO 2/11 R - juris - SozR 4-5910 § 147 Nr. 2.
[119] Hessisches LSG v. 28.04.2010 - L 6 SO 155/09 - juris Rn. 23.
[120] Ebenso LSG Nordrhein-Westfalen v. 22.11.2010 - L 20 SO 4/09 - juris Rn. 39 f., nachgehend BSG v. 22.03.2012 - B 8 SO 2/11 R - juris - SozR 4-5910 § 147 Nr. 2.
[121] BSG v. 14.04.2011 - B 8 SO 23/09 R - juris Rn. 14 - SozR 4-5910 § 147 Nr. 1.
[122] BSG v. 14.04.2011 - B 8 SO 23/09 R - SozR 4-5910 § 147 Nr. 1.
[123] BSG v. 14.04.2011 - B 8 SO 23/09 R - juris Rn. 16 - SozR 4-5910 § 147 Nr. 1.
[124] BSG v. 14.04.2011 - B 8 SO 23/09 R - juris Rn. 16 - SozR 4-5910 § 147 Nr. 1.

4. Erstattungspflichtiger Träger der Sozialhilfe

Erstattungspflichtig ist derjenige **überörtliche Träger** der Sozialhilfe (§ 97 Abs. 2 SGB XII), den die Schiedsstelle bestimmt hat. Darauf, ob der durch die Schiedsstelle bestimmte überörtliche Träger der Sozialhilfe sachlich (§ 97 Abs. 2 und 3 SGB XII) oder örtlich (§ 98 Abs. 1 und 2 SGB XII) zuständig war, kommt es nicht an. Mit der Schiedsstellenentscheidung wird dieser Träger zuständigkeitserweiternd verpflichtet, die Vorleistung des erstattungsberechtigten Trägers zu erstatten. Insoweit bildet die Schiedsstellenentscheidung den Rechtsgrund für die Erstattung seitens des überörtlichen Trägers der Sozialhilfe.

112

5. Umfang des Erstattungsanspruchs

Zu erstatten sind die jeweiligen **tatsächlichen Aufwendungen** i.S.v. Nettoaufwendungen, ohne dass es auf die Art und die Form der Leistungserbringung ankommt. Dienst- und Sachleistungen sind in Geld zu erstatten, § 108 Abs. 1 SGB X. Zum Umfang vgl. grds. die Kommentierung zu § 110 SGB XII Rn. 23 ff.

113

Nach § 108 SGB XII sind insoweit nur die Kosten zu erstatten, die dem erstattungsberechtigten Träger der Sozialhilfe **in einem konkreten Hilfefall** durch Gewährung von Sozialhilfeleistungen an einen Hilfeempfänger entstehen, aber nicht die Kosten von an dritte Sozialleistungsträger geleisteten Erstattungen.[125]

114

Darüber hinaus verpflichtet **§ 108 Abs. 3 SGB XII** den von der Schiedsstelle zur Erstattung verpflichteten überörtlichen Träger der Sozialhilfe auch zur Erstattung der für den **Ehegatten**, den **Lebenspartner** oder die **minderjährigen Kinder** der leistungsberechtigten Personen aufgewendeten Kosten, wenn diese Personen später einreisen und Sozialhilfe innerhalb eines Monats einsetzt. Für diese Personen entstehen – nach den Voraussetzungen des § 108 Abs. 1 Satz 1 SGB XII – eigenständige Erstattungsansprüche. Absatz 3 macht jedoch eine Bestimmung des erstattungspflichtigen überörtlichen Trägers der Sozialhilfe durch die Schiedsstelle entbehrlich, als das Gesetz hier ausnahmsweise selbst anordnet, gegen wen sich der Erstattungsanspruch richten soll. Kraft Gesetzes ist erstattungspflichtig derjenige überörtliche Träger der Sozialhilfe, der auch schon für die zuerst eingereiste Person erstattungspflichtig ist.

115

6. Ende des Erstattungsanspruchs

Der Erstattungsanspruch des § 108 Abs. 1 Satz 1 SGB XII endet, wenn dessen **Voraussetzungen entfallen**. Das ist u.a. dann der Fall, wenn Hilfebedürftigkeit entfällt oder die Leistungserbringung rechtswidrig wird. Gleiches hat auch zu gelten, wenn die eingereiste Person aus dem Zuständigkeitsbereich des erstattungsberechtigten Trägers der Sozialhilfe **verzieht**.[126] Denn im Zeitpunkt der Begründung einer neuen Zuständigkeit hat der Leistungsberechtigte bereits einen gewöhnlichen Aufenthalt im Inland, sodass sich die Anwendung des § 108 Abs. 1 Satz 1 SGB XII verbietet. Es folgt aus Sinn und Zweck des § 108 SGB XII, dass der überörtliche Träger der Sozialhilfe zur Erstattung von Sozialhilfekosten für aus dem Ausland übergetretene Hilfebedürftige nicht gegenüber einem örtlichen Träger der Sozialhilfe verpflichtet ist, der infolge Zuzugs der Hilfebedürftigen aus dem Inland („Umzug") für die Hilfeleistung – sei es auch erneut – zuständig geworden ist.[127] Der mit § 108 SGB XII verfolgte Schutzzweck wird bei einem Umzug des Hilfebedürftigen im Inland, der mit einem Wechsel der örtlichen Zuständigkeit verbunden ist, nicht berührt; denn einem solchen Umzug fehlt der die Kostenerstattungspflicht nach § 108 BSHG rechtfertigende Bezug zum Einreiseort.[128]

116

Auch das Hessische LSG[129] hat in diesem Sinn entschieden. Zwar folge aus dem Wortlaut der Vorschrift nicht, dass ein Erstattungsanspruch gegen den überörtlichen Träger der Sozialhilfe entfalle, wenn der Hilfebedürftige umziehe und den Zuständigkeitsbereich des zunächst erstattungsberechtigten Trägers der Sozialhilfe und damit den ersten **Anlaufort nach dem Grenzübertritt verlasse**,[130] doch lasse ein Umzug nach Ablauf der Monatsfrist nach Sinn und Zweck der Norm eine Erstattungspflicht

117

---

[125] VGH BY v. 12.08.2004 - 12 B 00.2288 - juris Rn. 11 - FEVS 56, 149-152.
[126] BVerwG v. 20.10.2005 - 5 C 23/04 - juris Rn. 11 - BVerwGE 124, 265-268; VGH BY v. 12.08.2004 - 12 B 00.2288 - juris Rn. 13 - FEVS 56, 149-152; Schoch in: LPK-SGB XII, 9. Aufl., § 108 Rn. 13.
[127] BVerwG v. 20.10.2005 - 5 C 23/04 - juris Rn. 11 - BVerwGE 124, 265-268.
[128] BVerwG v. 20.10.2005 - 5 C 23/04 - juris Rn. 11 - BVerwGE 124, 265-268.
[129] Hessisches LSG v. 26.08.2011 - L 7 SO 81/09 - juris Rn. 22 und Rn. 23.
[130] Hessisches LSG v. 26.08.2011 - L 7 SO 81/09 - juris Rn. 22.

entfallen.[131] Der **Schutzzweck der Norm** werde im Falle des Umzugs Hilfebedürftiger im Inland, der mit einem Wechsel der örtlichen Zuständigkeit verbunden sei, nicht berührt; einem solchen Umzug fehle grundsätzlich der die Kostenerstattungspflicht nach § 108 SGB XII rechtfertigende Bezug zum Einreiseort selbst dann, wenn der Umzug lediglich in eine Nachbargemeinde erfolge.[132]

118 Der **Bezug zum Zuzugsort** ist allerdings nicht gelöst, wenn ohne Umzug bloß die **sachliche Zuständigkeit** (etwa wegen stationärer Leistungen) **wechselt**; dies gilt selbst dann, wenn die stationäre Leistung ohne vorherigen Umzug in einem anderen als dem Zuzugsort, aber weiterhin im Zuständigkeitsbereich des überörtlichen Sozialhilfeträgers, fortgesetzt werde.[133]

119 Darüber hinaus entfällt der Erstattungsanspruch nach **§ 108 Abs. 4 SGB XII** erst und aber auch immer dann, wenn für einen zusammenhängenden **Zeitraum von drei Monaten** Sozialhilfe für den Leistungsberechtigten **nicht zu leisten** war. Dieser Beendigungstatbestand stellt nicht darauf ab, ob für drei Monate tatsächlich keine Leistungen erbracht wurden, sondern darauf, ob Sozialhilfe in dem Sinne nicht zu leisten war, als auf sie **kein Anspruch besteht**.[134]

120 Der Anspruch endet nicht, wenn und solange durchgehend Leistungen vom örtlichen oder entsprechenden **überörtlichen Sozialhilfeträger** erbracht werden.[135]

121 Jede Leistungserbringung innerhalb der drei Monate, auch wenn diese unterhalb der Bagatellgrenze des § 110 Abs. 2 SGB XII liegt, genügt, um den Drei-Monats-Zeitraum zu unterbrechen.[136] Nach Ende der **Unterbrechung** beginnt ein neuer Drei-Monats-Zeitraum zu laufen; eine Zusammenrechnung des vor und des nach der Unterbrechung liegenden Zeitraumes ist ausgeschlossen.[137] Andere als Sozialhilfeleistungen unterbrechen den Zeitraum von drei Monaten nicht.

122 Die **Drei-Monats-Frist beginnt** unmittelbar mit Entfallen der Anspruchsvoraussetzungen für die zuvor erbrachte Sozialhilfeleistung. Die Frist berechnet sich nach § 26 Abs. 1 SGB X i.V.m. §§ 187 Abs. 1 und 188 Abs. 2 Alt. 1 BGB.

123 Die Frist des Absatzes 4 läuft **für jeden Erstattungsanspruch** gesondert. Daher läuft auch in den Fällen des Absatzes 1 Satz 4 bzw. Absatz 3 für jede Person eine eigene Frist.[138]

C. Praxishinweise

124 Das LSG Nordrhein-Westfalen[139] hat entschieden, dass **Anerkenntnisse** über die Erstattungspflicht nach § 108 BSHG – Gleiches muss auch für § 108 SGB XII gelten – keine Rechtsgrundlage hätten. Eine analoge Anwendung des **§ 54 SGB X** komme nicht in Betracht, denn die Qualifizierung eines aufforderungsgemäßen Anerkenntnisses als Vergleichsvertrag sei gesetzlich nicht gewollt[140]: Die Möglichkeit des **Vergleichsvertrages** bestehe nur für Verträge i.S.v. § 53 Abs. 1 Satz 2 SGB X, also subordinationsrechtliche Verträge bei Verwaltungsaktbefugnis der Behörde;[141] zwischen den Trägern der Sozialhilfe bestehe aber kein Subordinationsverhältnis.[142] Ein Anerkenntnis könne auch nicht als (allgemeinerer) öffentlich-rechtlicher **Vertrag** i.S.d. § 53 SGB X angesehen werden.[143] Auch für eine durch Anerkenntnis begründete **konstitutive** Schuldverpflichtung **fehle eine Grundlage** im SGB X bzw. im SGB XII/BSHG; gleichgeordnete Verwaltungsträger seien vielmehr untereinander auf die ein-

---

[131] Hessisches LSG v. 26.08.2011 - L 7 SO 81/09 - juris Rn. 23.

[132] Hessisches LSG v. 26.08.2011 - L 7 SO 81/09 - juris Rn. 23.

[133] BSG v. 22.03.2012 - B 8 SO 2/11 R - juris Rn. 15 - SozR 4-5910 § 147 Nr. 2.

[134] *Schiefer* in: Oesterreicher, SGB II/SGB XII, § 108 Rn. 26.

[135] BSG v. 22.03.2012 - B 8 SO 2/11 R - juris - SozR 4-5910 § 147 Nr. 2.

[136] *Klinge* in: Hauck/Noftz, SGB XII, § 108 Rn. 17.

[137] *Schiefer* in: Oesterreicher, SGB II/SGB XII, § 108 Rn. 28.

[138] *Schiefer* in: Oesterreicher, SGB II/SGB XII, § 108 Rn. 29.

[139] LSG Nordrhein-Westfalen v. 22.11.2010 - L 20 SO 4/09 - juris Rn. 54 ff., nachgehend BSG v. 22.03.2012 - B 8 SO 2/11 R - juris - SozR 4-5910 § 147 Nr. 2.

[140] LSG Nordrhein-Westfalen v. 22.11.2010 - L 20 SO 4/09 - juris Rn. 54 ff., nachgehend BSG v. 22.03.2012 - B 8 SO 2/11 R - juris - SozR 4-5910 § 147 Nr. 2.

[141] LSG Nordrhein-Westfalen v. 22.11.2010 - L 20 SO 4/09 - juris Rn. 54 ff., nachgehend BSG v. 22.03.2012 - B 8 SO 2/11 R - juris - SozR 4-5910 § 147 Nr. 2.

[142] LSG Nordrhein-Westfalen v. 22.11.2010 - L 20 SO 4/09 - juris Rn. 54 ff., nachgehend BSG v. 22.03.2012 - B 8 SO 2/11 R - juris - SozR 4-5910 § 147 Nr. 2.

[143] LSG Nordrhein-Westfalen v. 22.11.2010 - L 20 SO 4/09 - juris Rn. 54 ff., nachgehend BSG v. 22.03.2012 - B 8 SO 2/11 R - juris - SozR 4-5910 § 147 Nr. 2.

vernehmliche Bewertung des Anspruchsbestehens angewiesen oder auf eine Klage, die sich nur materiell-rechtlich begründen lasse, nicht aber allein durch eine den Anspruch bejahende Erklärung des materiell-rechtlich doch nicht verpflichteten Sozialleistungsträgers.[144]

Dazu hat das **BSG**[145] ausgeführt, ein Rückerstattungsanspruch nach § 112 SGB X setze voraus, dass überhaupt eine Erstattung (durch den Rückerstattungsberechtigten) erfolgt sei, der Erstattungsanspruch also regelmäßig – sei es ausdrücklich, sei es konkludent, etwa durch die Erstattung selbst – jedenfalls zunächst „anerkannt" sei, wenn der auf Rückerstattung angegangene Träger nicht hierzu verurteilt worden sei. Dieses § 112 SGB X immanente „Anerkenntnis" könne der Empfänger der zu Unrecht erfolgten Erstattung dem Rückerstattungsbegehren nicht entgegenhalten.[146]

125

---

[144] LSG Nordrhein-Westfalen v. 22.11.2010 - L 20 SO 4/09 - juris Rn. 54 ff., nachgehend BSG v. 22.03.2012 - B 8 SO 2/11 R - juris - SozR 4-5910 § 147 Nr. 2.
[145] BSG v. 22.03.2012 - B 8 SO 2/11 R - juris Rn. 18 - SozR 4-5910 § 147 Nr. 2.
[146] BSG v. 22.03.2012 - B 8 SO 2/11 R - juris Rn. 18 - SozR 4-5910 § 147 Nr. 2.

§ 109 SGB XII Ausschluss des gewöhnlichen Aufenthalts

(Fassung vom 27.12.2003, gültig ab 01.01.2005)

Als gewöhnlicher Aufenthalt im Sinne des Zwölften Kapitels und des Dreizehnten Kapitels, Zweiter Abschnitt, gelten nicht der Aufenthalt in einer Einrichtung im Sinne von § 98 Abs. 2 und der auf richterlich angeordneter Freiheitsentziehung beruhende Aufenthalt in einer Vollzugsanstalt.

Gliederung

A. Basisinformationen 1	1. Allgemeines 6
I. Textgeschichte 1	2. Gewöhnlicher Aufenthalt 7
II. Vorgängervorschriften....................... 2	3. Aufenthalt in einer Einrichtung i.S.d. § 98
B. Auslegung der Norm 3	Abs. 2 SGB XII 8
I. Regelungsgehalt und Bedeutung der Norm 3	4. Aufenthalt in einer Vollzugsanstalt............. 14
II. Normzweck 5	IV. Rechtsfolgen 19
III. Tatbestandsmerkmale......................... 6	

A. Basisinformationen

I. Textgeschichte

1 § 109 SGB XII wurde durch Art. 1 des Gesetzes zur Einordnung des Sozialhilferechts in das Sozialgesetzbuch v. 27.12.2003[1] erlassen und trat mit Wirkung zum 01.01.2005[2] in Kraft[3].

II. Vorgängervorschriften

2 Vorgängervorschrift zu § 109 SGB XII ist **§ 109 BSHG**, der inhaltsgleich ins SGB XII überführt wurde.[4] Die Regelung geht auf § 9 RFV[5] zurück, nach dem bereits damals bei Eintritt oder Einlieferung in eine Fürsorge-, Erziehungs- oder Zwangsanstalt an diesem Ort kein gewöhnlicher Aufenthalt begründet werden konnte.[6]

B. Auslegung der Norm

I. Regelungsgehalt und Bedeutung der Norm

3 Nach den Regelungen des 12. Kapitels des SGB XII knüpft die örtliche Zuständigkeit von Trägern der Sozialhilfe grds. an den tatsächlichen bzw. den gewöhnlichen Aufenthalt der Leistungsberechtigten an. § 109 SGB XII beinhaltet insoweit eine **gesetzliche Fiktion**, nach der Personen, die sich in einer Einrichtung i.S.d. § 98 Abs. 2 SGB XII oder aufgrund richterlich angeordneter Freiheitsentziehung in einer Vollzugsanstalt aufhalten, dort im Hinblick auf die Zuständigkeit von Trägern der Sozialhilfe und auch im Hinblick auf die Erstattungsansprüche der §§ 106 ff. SGB XII keinen gewöhnlichen Aufenthalt begründen.

4 Insoweit rundet § 109 SGB XII den durch die §§ 106 ff. SGB XII geschaffenen **Schutz** derjenigen **Träger der Sozialhilfe** ab, in deren Zuständigkeitsbereich sich eine Einrichtung i.S.d. § 98 Abs. 2 SGB XII oder eine Vollzugsanstalt befindet. Diese Träger werden durch die §§ 106 ff., 109 SGB XII davor geschützt, als für den gewöhnlichen Aufenthaltsort zuständige Träger der Sozialhilfe auch für in ihrem Zuständigkeitsgebiet in Einrichtungen untergebrachte Hilfebedürftige Leistungen erbringen zu müssen.[7]

---

[1] BGBl I 2003, 3022.
[2] Art. 70 Abs. 1 des Gesetzes zur Einordnung des Sozialhilferechts in das Sozialgesetzbuch.
[3] Zu den Materialien vgl. BT-Drs. 15/1514, S. 68 zu § 104.
[4] BT-Drs. 15/1514, S. 68 zu § 104.
[5] Verordnung über die Fürsorgepflicht v. 13.02.1924, RGBl 1924, 100.
[6] *Schiefer* in: Oestreicher, SGB II/SGB XII, § 109 Rn. 1.
[7] SG Lüneburg v. 02.07.2009 - S 22 SO 90/08 - juris 26; SG Leipzig v. 30.11.2007 - S 21 SO 87/07 ER - juris Rn. 37.

II. Normzweck

§ 109 SGB XII dient dem **Schutz** von **Trägern der Sozialhilfe**, in deren Zuständigkeitsbereich sich eine **Einrichtung** oder eine **Vollzugsanstalt** befindet.[8] Unter Zugrundelegung der gewöhnlichen Zuständigkeitsregelungen würden diese Träger gegenüber anderen Trägern der Sozialhilfe erheblich mehr belastet, zumal Personen, die sich in Einrichtungen i.S.d. § 98 Abs. 2 SGB XII oder Vollzugsanstalten aufhalten, oft unfreiwillig in den Zuständigkeitsbereich dieses Trägers gelangt sind und der Träger bei Personen in Einrichtungen auch keinen Einfluss auf die Beendigung der Hilfebedürftigkeit hat. Durch die §§ 106 ff., 109 SGB XII werden diese Träger davor geschützt, als für den gewöhnlichen Aufenthaltsort zuständige Träger der Sozialhilfe auch für Hilfebedürftige in Einrichtungen und Vollzugsanstalten Leistungen erbringen zu müssen.

III. Tatbestandsmerkmale

1. Allgemeines

§ 109 SGB XII enthält die **negative gesetzliche Fiktion**, dass ein im Hinblick auf Zuständigkeitsfragen und Erstattungsansprüche i.S.d. **12. Kapitels und 13. Kapitels, Zweiter Abschnitt**, relevanter gewöhnlicher Aufenthalt in der Einrichtung nicht besteht. Ob sich jedoch in Folge dessen ein Erstattungsanspruch gegen einen anderen Träger der Sozialhilfe ergibt und welcher Träger erstattungspflichtig ist, wird in § 109 SGB XII nicht geregelt. Insoweit ist dann zu prüfen, wo der rechtlich relevante gewöhnliche Aufenthalt von Personen, die sich in Einrichtungen i.S.d. § 98 Abs. 2 SGB XII oder aufgrund richterlich angeordneter Freiheitsentziehung in einer Vollzugsanstalt befinden, liegt (vgl. dazu Rn. 7). Ebenso sind die Voraussetzungen der Erstattungsansprüche anhand der gesetzlichen Tatbestandsmerkmale der §§ 106-108 SGB XII zu prüfen (vgl. dazu die Kommentierung zu § 106 SGB XII, die Kommentierung zu § 107 SGB XII und die Kommentierung zu § 108 SGB XII).

2. Gewöhnlicher Aufenthalt

§ 30 Abs. 3 Satz 2 SGB I enthält eine Regelung zum gewöhnlichen Aufenthalt. Danach hat jemand seinen gewöhnlichen Aufenthalt dort, wo er sich unter Umständen aufhält, die erkennen lassen, dass er an diesem Ort oder in diesem Gebiet nicht nur vorübergehend verweilt. Dabei ist unter „Ort" die jeweilige **politische Gemeinde** zu verstehen und nicht ein bestimmtes Haus oder eine bestimmte Wohnung.[9] Dabei ist auf den Willen, den Lebensmittelpunkt an diesem Ort bis auf weiteres – also nicht nur vorübergehend oder besuchsweise – zu begründen und zu behalten (**subjektives Element**)[10], abzustellen. Hinzukommen muss, dass der Aufenthalt von einer gewissen Dauer ist (**objektives Element**).[11] Entscheidend sind die näheren Umstände des Einzelfalles im Hinblick auf Unterkunft und Aufenthalt sowie die Qualität und Quantität der am Aufenthaltsort entstandenen persönlichen Bindungen.[12] Ein zeitlich unbedeutender Aufenthalt von Stunden oder Tagen reicht für die Begründung eines gewöhnlichen Aufenthalts daher regelmäßig nicht aus.[13]

3. Aufenthalt in einer Einrichtung i.S.d. § 98 Abs. 2 SGB XII

§ 109 SGB XII setzt voraus, dass sich der Leistungsempfänger in einer Einrichtung i.S.d. § 98 Abs. 2 SGB XII aufhält. Der Einrichtungsbegriff nimmt Bezug auf § 13 Abs. 2 SGB XII. Einrichtungen i.S.d. §§ 13 Abs. 2, 98 Abs. 2 SGB XII sind **stationäre Einrichtungen** (vgl. dazu die Kommentierung zu § 106 SGB XII Rn. 31 ff.). Diese dienen der **Pflege**, der **Behandlung**, der **Erziehung** oder der Befriedigung sonstiger im SGB XII genannter Bedarfe (§ 13 Abs. 2 SGB XII). Dabei umfasst § 98 Abs. 2 SGB XII nur **voll-**, nicht auch **teilstationäre Einrichtungen** (zum Begriff vgl. die Kommentierung zu

---

[8] Hessisches LSG v. 18.09.2013 - L 4 SO 328/12 - juris Rn. 30; LSG BY v. 14.06.2006 - L 11 SO 28/05 - juris Rn. 23 - FEVS 58, 142-144; VGH München v. 29.07.1999 - 12 B 97.3431 - juris Rn. 7 - FEVS 51, 517.
[9] BVerwG v. 17.05.1973 - V C 107.72 - juris Rn. 14 - BVerwGE 42, 196/198 = NDV 1974, 28.
[10] VGH München v. 29.07.1999 - 12 B 97.3431 - juris Rn. 25 - FEVS 51, 517.
[11] VGH München v. 29.07.1999 - 12 B 97.3431 - juris Rn. 25 - FEVS 51, 517.
[12] Hessisches LSG v. 18.09.2013 - L 4 SO 328/12 - juris Rn. 26; Bayerisches LSG v. 21.06.2012 - L 8 SO 132/10 - juris Rn. 102; LSG Sachsen-Anhalt v. 08.02.2012 - L 8 SO 1/10 - juris Rn. 40.
[13] Hessisches LSG v. 18.09.2013 - L 4 SO 328/12 - juris Rn. 26; vgl. dazu auch die Kommentierung zu § 106 SGB XII Rn. 44; *Wahrendorf* in: Grube/Wahrendorf, SGB XII, 4. Aufl., § 98 Rn. 23.

§ 109

§ 106 SGB XII Rn. 31 ff.).[14] Dagegen nimmt das LSG Niedersachsen-Bremen an, § 109 SGB XII sei nur bei einer vollstationären Einrichtungsunterbringung einschlägig.[15]

9 § 109 SGB XII stellt auf den tatsächlichen Aufenthalt in einer solchen Einrichtung ab; der Leistungsempfänger muss sich also tatsächlich in der Einrichtung aufhalten. Ein **Aufenthalt** in der Einrichtung oder der Vollzugsanstalt i.S.d. § 109 SGB XII setzt nicht nur die tatsächliche **Anwesenheit** des Leistungsempfängers innerhalb der Einrichtung bzw. Vollzugsanstalt voraus. Vielmehr knüpft der Aufenthalt i.S.d. § 109 SGB XII an einen **einrichtungs- bzw. anstaltsspezifischen Aufenthalt** (funktionales Moment) unter Nutzung der Angebote und der Betreuung der Einrichtung bzw. Vollzugsanstalt an. Damit werden reguläre Beschäftigte der Einrichtung bzw. Vollzugsanstalt, auch wenn sie dort wohnten und der Leistungen des Trägers der Sozialhilfe bedürften, von § 109 SGB XII nicht erfasst.[16] Scheidet ein Einrichtungsbewohner aus der Betreuung oder den einrichtungs- bzw. anstaltsspezifischen Leistungen aus, obwohl er noch tatsächlich in der Einrichtung bzw. der Anstalt verbleibt, greift § 109 SGB XII nicht mehr; insoweit ist § 106 Abs. 3 SGB XII zu beachten. Für diesen Fall begründet § 106 Abs. 3 Satz 1 SGB XII einen Erstattungsanspruch des Trägers der Sozialhilfe am Ort der Einrichtung gegen den nach § 98 Abs. 2 Satz 1 SGB XII verpflichteten Träger der Sozialhilfe, wenn eine bisher in einer Einrichtung versorgte Person die Einrichtung verlässt und innerhalb eines Monats nach Beendigung des Aufenthalts in der Einrichtung hilfebedürftig i.S.d. § 19 SGB XII wird. Besteht keine Zuständigkeit eines nach § 98 Abs. 2 Satz 1 SGB XII verpflichteten Trägers der Sozialhilfe, weil ein maßgeblicher letzter gewöhnlicher Aufenthalt i.S.d. § 98 Abs. 2 Satz 1 SGB XII (vgl. dazu die Kommentierung zu § 106 SGB XII) nicht existiert bzw. nicht ermittelt werden kann, so bestimmt § 106 Abs. 3 Satz 2 SGB XII i.V.m. Absatz 1 Satz 2 einen Erstattungsanspruch des Trägers am Ort der Einrichtung gegen den überörtlichen Träger der Sozialhilfe, zu dessen Bereich der leistende örtliche Träger gehört.

10 Ebenso greift § 109 SGB XII nicht bei Übergangswohnheimen für Spätaussiedler[17], zentralen Aufnahmeeinrichtungen für jüdische Emigranten[18], Notaufnahme- und Durchgangslagern[19] sowie bei Gemeinschaftsunterkünften für Asylbewerber[20].

11 Hält sich der Leistungsempfänger **außerhalb der Einrichtung** auf, greift § 109 SGB XII nicht.[21] Als Aufenthalt in einer stationären Einrichtung gilt nach § 106 Abs. 2 SGB XII auch, wenn jemand zwar außerhalb der Einrichtung untergebracht ist, aber in ihrer Betreuung bleibt, oder aus der Einrichtung beurlaubt wird (vgl. dazu die Kommentierung zu § 106 SGB XII Rn. 140 ff.). Bei einem Aufenthalt außerhalb der Einrichtung ist ggf. § 106 Abs. 3 SGB XII zu beachten (vgl. dazu Rn. 9). In diesem Zusammenhang hat das Hessische LSG in neuerer Zeit schon kurze Aufenthalte am Ort der Einrichtung schon kurz vor dem Beginn des tatsächlichen Einrichtungsaufenthalts in den Anwendungsbereich des § 109 SGB XII einbezogen.[22] Auch schon durch die Aufnahme in die einer stationären Einrichtung angeschlossene Herberge für zwei Tage zur Überbrückung der Zeit bis zur Aufnahme in den stationären Bereich der Einrichtung werde kein gewöhnlicher Aufenthalt begründet; § 109 SGB XII sei insoweit erweiternd auszulegen.[23] Solle eine Entlastung der Anstaltsorte erreicht werden, so müsse nicht nur die Begründung des gewöhnlichen Aufenthalts durch das Eintreten in die Anstalt außer Betracht bleiben, sondern auch die Begründung des gewöhnlichen Aufenthalts am Anstaltsort, sofern hierfür die Absicht des Eintretens in die Anstalt maßgebend ist, es sei denn, der Aufenthalt am Anstaltsort vor Anstaltsaufnahme sei von vornherein auf nicht unerhebliche Dauer angelegt, oder es sei unsicher, wie sich der

---

[14] So im Ergebnis auch BSG v. 23.08.2013 - B 8 SO 14/12 R - juris Rn. 19 f - SozR 4-5910 § 97 Nr. 1.
[15] LSG Niedersachsen-Bremen v. 28.07.2011 - L 8 SO 29/09 - juris Rn. 30.
[16] Vgl. z.B. *Schoch* in: LPK-SGB XII, 9. Aufl., § 109 Rn. 3; *Steimer* in: Mergler/Zink, Handbuch der Grundsicherung und Sozialhilfe, § 109 SGB XII Rn. 4.
[17] BVerwG v. 18.03.1999 - 5 C 11/98 - juris Rn. 24 - FEVS 49, 434; BVerwG v. 07.10.1999 - 5 C 21/98 - juris 13 - FEVS 51, 385.
[18] BVerwG v. 24.01.2000 - 5 B 211/99 - juris Rn. 5 - FEVS 51, 389.
[19] *Klinge* in: Hauck/Noftz, SGB XII, § 109 Rn. 5.
[20] *Klinge* in: Hauck/Noftz, SGB XII, § 109 Rn. 5 unter Hinweis auf VGH BW v. 08.04.1994 - 6 S 745/94 - ESVGH 44, 241 = VBlBW 1994, 285-287.
[21] So auch *Klinge* in: Hauck/Noftz, SGB XII, § 109 Rn. 4.
[22] Hessisches LSG v. 18.09.2013 - L 4 SO 328/12 - juris Rn. 32, anhängig beim BSG unter B 8 SO 20/13 R; Hessisches LSG v. 18.09.2013 - L 4 SO 320/12 - juris Rn. 32, anhängig beim BSG unter B 8 SO 19/13 R.
[23] Hessisches LSG v. 18.09.2013 - L 4 SO 328/12 - juris Rn. 32, anhängig beim BSG unter B 8 SO 20/13 R; Hessisches LSG v. 18.09.2013 - L 4 SO 320/12 - juris Rn. 32, anhängig beim BSG unter B 8 SO 19/13 R.

Wunsch nach Eintritt in eine Anstalt verwirklichen lasse.[24] Ob es dazu aber eines Abstellens auf § 109 SGB XII bedarf oder vielmehr schon aus dem Begriff des gewöhnlichen Aufenthalts i.S.d. § 30 Abs. 3 Satz 2 SGB I und den Umständen des Einzelfalles unter Berücksichtigung der objektiven und subjektiven Elemente (vgl. dazu Rn. 7) ein gewöhnlicher Aufenthalt bei nur bis zum Beginn des Einrichtungsaufenthalts wenige Tage dauerndem, vorübergehendem Aufenthalt an einem Ort abzulehnen ist, erscheint fraglich.

Durch die Bezugnahme des § 107 SGB XII auf § 106 SGB XII und § 98 Abs. 2 SGB XII gilt auch der Aufenthalt im Rahmen der **Familienpflege** als Aufenthalt in einer Einrichtung. § 109 SGB XII ist auch hier anzuwenden, sodass der in einer Familienpflege Untergebrachte am Ort der Familienpflege keinen gewöhnlichen Aufenthalt i.S.d. § 109 SGB XII begründet.[25] 12

Die Fiktion des § 109 SGB XII gilt nur für den **Zeitraum des Aufenthalts** in der Einrichtung. Nach Beendigung des Aufenthalts bzw. der Entlassung entfällt die Wirkung des § 109 SGB XII und es ist nach § 30 Abs. 3 Satz 2 SGB I der gewöhnliche Aufenthaltsort zu bestimmen. Dieser kann ggf. dann auch am Ort der Einrichtung bzw. der Vollzugsanstalt begründet werden. 13

4. Aufenthalt in einer Vollzugsanstalt

Bei Personen, die sich in einer Vollzugsanstalt aufhalten, ist grds. nicht der Träger der Sozialhilfe, sondern vielmehr die **Vollzugsanstalt** selbst für die Erbringung von Leistungen zuständig. Lediglich bei sonstigen, ungedeckten und auch vom Zweck des Vollzugs nicht erfassten Bedarfen bleibt – soweit nicht nach den Vorschriften des SGB II ein Grundsicherungsträger zuständig ist – der Träger der Sozialhilfe leistungsverpflichtet.[26] Daher kommt bei Aufenthalten in Vollzugseinrichtungen nur ein sehr eingeschränktes Leistungsspektrum der Sozialhilfe in Betracht. 14

§ 109 SGB XII setzt voraus, dass sich der Leistungsempfänger auf **richterlich angeordnete Freiheitsentziehung** in einer Vollzugsanstalt aufhält. Damit muss der Aufenthalt zunächst unmittelbar auf eine richterliche Freiheitsentziehung i.S. einer Kausalität zurückzuführen sein. Andere Gründe für den Aufenthalt in der Vollzugsanstalt, z.B. eine polizeiliche Ingewahrsamnahme oder eine freiwillige Schutzhaft, genügen nicht. 15

Vollzugsanstalten i.S.d. § 109 SGB XII sind nicht nur **Strafgefängnisse** (Justizvollzugsanstalten, Strafanstalten, Untersuchungsgefängnisse, §§ 112 ff. StPO). Auch **psychiatrische Krankenhäuser**, Einrichtungen des Maßregelvollzugs (§§ 61 ff. StGB), sozialtherapeutische Anstalten, Alkohol- und Drogenentzugseinrichtungen sowie Jugendarresteinrichtungen (§§ 16, 17 JGG) werden erfasst.[27] 16

§ 109 SGB XII stellt auch hier auf den **tatsächlichen Aufenthalt** in einer solchen Vollzugsanstalt ab; der Leistungsempfänger muss sich also tatsächlich dort aufhalten. Der Begriff „sich aufhalten" umfasst neben dem örtlichen und dem zeitlichen auch ein **funktionales Moment**.[28] Damit kommt dem Aufenthalt eine an den Vollzug der Freiheitsentziehung in einer Einrichtung gebundene Bedeutung zu.[29] Mit dieser auf den Aufenthalt in Einrichtungen zum Vollzug ausgerichteten und damit wesentlich funktional geprägten Auslegung des BVerwG[30] sind auch **Freigänge**, Wochenendbeurlaubungen und **Hafturlaube**, während denen der Leistungsempfänger noch funktionell der Vollzugsanstalt zuzurechnen ist, unter den Aufenthalt i.S.d. § 109 SGB XII zu fassen. Eine solche Zuordnung setzt allerdings voraus, dass der Aufenthalt nicht bereits einer anderen eigenständigen Einrichtung zugeordnet ist (z.B. einem justizvollzugsexternen Krankenhaus).[31] 17

---

[24] Hessisches LSG v. 18.09.2013 - L 4 SO 328/12 - juris Rn. 33, anhängig beim BSG unter B 8 SO 20/13 R; Hessisches LSG v. 18.09.2013 - L 4 SO 320/12 - juris Rn. 32, anhängig beim BSG unter B 8 SO 19/13 R; jeweils unter Hinweis auf BVerwG v. 17.05.1973 - V C 107.72 - juris - BVerwGE 42, 196, 198; aus der Literatur vgl. z.B. *Klinge* in: Hauck/Noftz, SGB XII, § 109 Rn. 4; *Schoch* in LPK-SGB XII, 9. Aufl., § 109 Rn. 2.

[25] *Klinge* in: Hauck/Noftz, SGB XII, § 109 Rn. 3; *Schoch* in: LPK-SGB XII, 9. Aufl., § 109 Rn. 6; a.A. Mergler/Zink, BSHG, 4. Aufl., § 109 Rn. 9.

[26] BVerwG v. 12.10.1993 - 5 C 38/92 - juris Rn 14 ff. - NDV 1994, 152; *Klinge* in: Hauck/Noftz, SGB XII, § 109 Rn. 6.

[27] *Klinge* in: Hauck/Noftz, SGB XII, § 109 Rn. 6.

[28] BVerwG v. 06.04.1995 - 5 C 12/93 - juris Rn. 15 - BVerwGE 98, 132-137; vgl. auch Rn. 9.

[29] BVerwG v. 06.04.1995 - 5 C 12/93 - juris Rn. 15 - BVerwGE 98, 132-137.

[30] BVerwG v. 06.04.1995 - 5 C 12/93 - juris Rn. 15 - BVerwGE 98, 132-137.

[31] BVerwG v. 06.04.1995 - 5 C 12/93 - juris Rn. 21 ff. - BVerwGE 98, 132-137.

18 Nach Beendigung des richterlich angeordneten Freiheitsentzugs entfällt die Fiktion des § 109 SGB XII. Denn diese gilt nur für den **Zeitraum des Aufenthalts** in der Vollzugsanstalt. Nach Beendigung des Aufenthalts bzw. der Entlassung entfällt die Wirkung des § 109 SGB XII und es ist nach § 30 Abs. 3 Satz 2 SGB I der gewöhnliche Aufenthaltsort zu bestimmen. Dieser kann ggf. dann auch am Ort der Einrichtung bzw. der Vollzugsanstalt begründet werden. Auch insoweit ist § 106 Abs. 3 SGB XII zu beachten (vgl. dazu Rn. 9).

IV. Rechtsfolgen

19 Rechtsfolge des § 109 SGB XII ist es, dass Aufenthalte in Einrichtungen i.S.d. § 98 Abs. 2 SGB XII und auf richterlich angeordneter Freiheitsentziehung beruhende Aufenthalte in einer Vollzugsanstalt **nicht als gewöhnlicher Aufenthalt** im Sinne des **12. Kapitels und des 13. Kapitels, Zweiter Abschnitt** des SGB XII gelten. Insoweit fingiert das Gesetz im Wege einer negativen Fiktion, dass – obwohl die sonstigen Voraussetzungen für einen gewöhnlichen Aufenthalt erfüllt sind – der zur Begründung einer Zuständigkeit eines Trägers der Sozialhilfe maßgebliche Ort des gewöhnlichen Aufenthalts nicht dem Ort des tatsächlichen Aufenthalts entspricht und dass im Rahmen der Erstattungsansprüche nach den §§ 106 ff. SGB XII der Ort des Aufenthalts auch nicht als Ort des gewöhnlichen Aufenthalts angenommen werden darf.

20 Hinsichtlich anderer Fragestellungen als der des 12. Kapitels (sachliche und örtliche Zuständigkeit) und des 13. Kapitels Zweiter Abschnitt (Erstattungsansprüche zwischen Trägern der Sozialhilfe) kann auch trotz des § 109 SGB XII ein gewöhnlicher Aufenthalt am Ort der Einrichtung oder der Vollzugsanstalt angenommen werden. Denn § 109 SGB XII begrenzt seinen Anwendungsbereich selbst auf die dort genannten Vorschriften des SGB XII.

21 Wo der für das 12. Kapitel und 13. Kapitel, Zweiter Abschnitt, rechtlich maßgebliche Ort des gewöhnlichen Aufenthalts liegt, bestimmt § 109 SGB XII dagegen nicht. Dieser bestimmt sich **nach § 30 Abs. 3 Satz 2 SGB I**. Den gewöhnlichen Aufenthalt hat jemand dort, wo er sich unter Umständen aufhält, die erkennen lassen, dass er an diesem Ort oder in diesem Gebiet nicht nur vorübergehend verweilt (vgl. dazu Rn. 7).

22 Hat der Leistungsempfänger **vor seinem Aufenthalt** in der Einrichtung oder der Vollzugsanstalt bereits einen gewöhnlichen Aufenthalt i.S.d. § 30 Abs. 3 Satz 2 SGB I im Zuständigkeitsbereich des Trägers der Sozialhilfe, zu dem die Einrichtung oder die Vollzugsanstalt, in der er sich aufhält, gehört, bleibt § 109 SGB XII ohne Relevanz. Denn auch bei Nichtbeachtung des Aufenthalts gem. § 109 SGB XII wäre dieser Träger der Sozialhilfe zuständig. Erstattungsansprüche kommen insoweit auch nicht in Betracht. Ein bloß kurzer (Zwischen-)Aufenthalt vor Eintritt in die Einrichtung bzw. die Vollzugsanstalt genügt jedoch nicht,[32] wenn dieser keinen gewöhnlichen Aufenthalt begründet.

23 Die Fiktion des § 109 SGB XII gilt nur für den **Zeitraum des Aufenthalts** in der Einrichtung bzw. der Vollzugsanstalt. Nach Beendigung des Aufenthalts bzw. der Entlassung entfällt die Fiktion und es ist nach § 30 Abs. 3 Satz 2 SGB I der gewöhnliche Aufenthaltsort zu bestimmen. Dieser kann ggf. dann auch am Ort der Einrichtung bzw. der Vollzugsanstalt begründet werden.

---

[32] VGH BY v. 02.03.2005 - 12 B 01.813 - juris Rn. 25 ff. - FEVS 56, 557-560; VGH BY v. 29.07.1999 - 12 B 97.3431 - juris Rn. 28 - FEVS 51, 517.

§ 110 SGB XII Umfang der Kostenerstattung

(Fassung vom 24.03.2011, gültig ab 01.01.2011)

(1) ¹Die aufgewendeten Kosten sind zu erstatten, soweit die Leistung diesem Buch entspricht. ²Dabei gelten die am Aufenthaltsort der Leistungsberechtigten zur Zeit der Leistungserbringung bestehenden Grundsätze für die Leistung von Sozialhilfe.

(2) ¹Kosten unter 2 560 Euro, bezogen auf einen Zeitraum der Leistungserbringung von bis zu zwölf Monaten, sind außer in den Fällen einer vorläufigen Leistungserbringung nach § 98 Abs. 2 Satz 3 nicht zu erstatten. ²Die Begrenzung auf 2 560 Euro gilt, wenn die Kosten für die Mitglieder eines Haushalts im Sinne von § 27 Absatz 2 Satz 2 und 3 zu erstatten sind, abweichend von Satz 1 für die Mitglieder des Haushalts zusammen.

Gliederung

A. Basisinformationen 1
I. Textgeschichte 1
II. Vorgängervorschriften 3
III. Parallelvorschriften 4
B. Auslegung der Norm 5
I. Regelungsgehalt und Bedeutung der Norm 5
II. Normzweck 8
III. Tatbestandsmerkmale 12
1. Voraussetzung der Erstattung: Rechtmäßige Leistungserbringung 12
2. Umfang der Erstattung: Erstattung der tatsächlichen Aufwendungen 23
3. Begrenzung der Erstattung: Erstattung nur bei Überschreiten der Bagatellgrenze 28

IV. Rechtsfolgen 39
V. Erstattungsverfahren 41
1. Anwendbarkeit der §§ 106 ff. SGB X 41
2. Geltendmachung des Erstattungsanspruchs nach § 111 SGB X 42
3. Verjährung von Erstattungsansprüchen nach § 111 SGB XII 46
4. Verzinsung von Erstattungsansprüchen 47
5. Keine Erstattung von Verwaltungskosten 49
6. Rückerstattung zu Unrecht geleisteter Erstattungen nach § 112 SGB X 50
7. Gerichtliche Durchsetzung 54

A. Basisinformationen

I. Textgeschichte

§ 110 SGB XII wurde durch Art. 1 des Gesetzes zur Einordnung des Sozialhilferechts in das Sozialgesetzbuch v. 27.12.2003[1] erlassen und trat mit Wirkung zum 01.01.2005[2] in Kraft[3]. 1

§ 110 Abs. 2 Satz 2 SGB XII wurde durch Art. 3 Nr. 34 des Gesetzes zur Ermittlung von Regelbedarfen und zur Änderung des Zweiten und Zwölften Buches Sozialgesetzbuch v. 24.03.2011[4] mit **Wirkung zum 01.01.2011 geändert** und insoweit der Neufassung von § 19 Abs. 1 SGB XII angepasst; die früher dort in Satz 2 beinhaltete Regelung findet sich jetzt in § 27 Abs. 2 Sätze 2 und 3 SGB XII.[5] 2

II. Vorgängervorschriften

Mit § 110 SGB XII wird die Vorgängervorschrift des **§ 111 BSHG**[6] inhaltsgleich in das SGB XII übernommen.[7] 3

III. Parallelvorschriften

Vergleichbare Vorschriften über Umfang und Inhalt von Erstattungsansprüchen finden sich in den §§ 102 Abs. 2, 103 Abs. 2, 104 Ab. 3, 105 Abs. 2, 108, 109 SGB X. 4

---
[1] BGBl I 2003, 3022.
[2] Art. 70 Abs. 1 des Gesetzes zur Einordnung des Sozialhilferechts in das Sozialgesetzbuch.
[3] Zu den Materialien vgl. BT-Drs. 15/1514, S. 69 zu § 105.
[4] BGBl I 2011, 453.
[5] Zu den Materialien vgl. BR-Drs. 661/10, S. 210 = BT-Drs. 17/3404, S. 129.
[6] Zuletzt in der Fassung des Gesetzes zur Umsetzung des Föderalen Konsolidierungsprogramms – (FKPG) v. 23.06.1993, BGBl I 1993, 944 sowie des 4. Euroeinführungsgesetzes v. 21.12.2000, BGBl I 2000, 1983.
[7] BT-Drs. 15/1514, S. 69 zu § 105.

B. Auslegung der Norm

I. Regelungsgehalt und Bedeutung der Norm

5 Die §§ 106 ff. SGB XII bestimmen die Voraussetzung der Erstattungsansprüche zwischen Trägern der Sozialhilfe. Regelungen über den Umfang der Erstattung enthalten sie nicht. § 110 SGB XII schließt diese Lücke und enthält Regelungen über Inhalt und Umfang der Kostenerstattungsansprüche nach den §§ 106 ff. SGB XII.

6 Zunächst bestimmt § 110 Abs. 1 Satz 1 SGB XII, dass die zu erstattende Sozialhilfeleistung „**diesem Buch entspricht**". Insoweit ergänzt § 110 Abs. 1 Satz 1 SGB XII auch die §§ 106 ff. SGB XII, als eine zusätzliche Voraussetzung der Erstattungsansprüche bestimmt wird: Die zu erstattende Sozialhilfeleistung muss **rechtmäßig** erbracht sein. Insoweit verdeutlicht § 110 Abs. 1 Satz 1 einen **allgemeinen Rechtsgedanken**, der auch den Erstattungsansprüchen der §§ 102 ff. SGB X zugrunde liegt: Nur rechtmäßig erbrachte Sozialleistungen sollen von anderen Trägern erstattet werden; das Risiko der rechtswidrigen Leistungserbringung hat alleine der die Leistung erbringende Träger zu tragen. Für die Beurteilung der Rechtmäßigkeit der Leistungserbringung ist dabei zunächst auf die gesetzlichen **Bestimmungen des SGB XII** und der sonstigen leistungsrelevanten Rechtsvorschriften abzustellen. Soweit den Trägern der Sozialhilfe eigene Regelungsbefugnisse zustehen, ist auch im Rahmen der Erstattungsansprüche gem. § 110 Abs. 1 Satz 2 SGB XII auf die am Aufenthaltsort des Leistungsberechtigten zur Zeit der Leistungserbringung bestehenden Grundsätze für die Leistung von Sozialhilfe abzustellen.

7 § 110 Abs. 2 SGB XII enthält eine **Bagatellgrenze**, die den Erstattungsanspruch der Höhe nach limitiert.

II. Normzweck

8 Die Erstattungsansprüche sichern ab, dass der aufgrund der gesetzlichen Wertung in den §§ 98, 106 ff. SGB XII zur Tragung der Kosten für die Leistungserbringung verpflichtete Träger der Sozialhilfe auch dann mit **Kosten der Sozialhilfeleistung** belastet wird, wenn ein anderer Träger der Sozialhilfe die Leistung bereits erbracht hat. Die Erstattungsansprüche dienen damit der **Herstellung der im Gesetz bestimmten Lastenverteilung** zwischen verschiedenen Trägern der Sozialhilfe. Damit dienen aber die Erstattungsansprüche – wie z.B. der Erstattungsanspruch des § 108 SGB XII (früher § 108 BSHG) zeigt – einer gleichmäßigen Lastenverteilung unter den Trägern der Sozialhilfe, um eine als unbillig empfundene Kostenverteilung (im Fall des § 108 SGB XII: vor allem der Grenzorte) zu vermeiden.[8] Diesen Aspekt der Ausgleichung von ungerechten Lastenverteilungen hat das BSG in den Vordergrund gerückt und sieht so gegenüber den Erstattungsansprüchen der §§ 102 ff. SGB X einen besonderen Zweck der Erstattungsansprüche nach den §§ 106 ff. SGB XII,[9] was für die Auslegung der Norm Bedeutung erlangt. § 110 SGB XII enthält als Ergänzung zu den §§ 106 ff. SGB XII, die die Voraussetzungen der Erstattungsansprüche zwischen Trägern der Sozialhilfe normieren, Vorschriften über den Inhalt und den Umfang der Erstattungsansprüche. Mit Absatz 1 Satz 1 werden auch die Voraussetzungen der Erstattungsansprüche ergänzt und die Erstattungsansprüche insoweit begrenzt, als eine Erstattung nur erfolgen kann, wenn die zu erstattende Sozialhilfeleistung rechtmäßig erbracht ist. Nur **rechtmäßig erbrachte Leistungen** sollen ausgeglichen werden.

9 Der die Leistung erbringende Träger der Sozialhilfe ist nicht nur gegenüber dem Leistungsempfänger für die Rechtmäßigkeit der Leistung verantwortlich, vielmehr stellt § 110 Abs. 1 SGB XII klar, dass er auch im Verhältnis zum erstattungspflichtigen Träger für die Rechtmäßigkeit der Leistung verantwortlich ist.[10]

10 Da es sich bei den Leistungen der Sozialhilfe um **kommunale Aufgaben** handelt, unterliegen diese, soweit sie nicht gesetzlich normiert sind, der Ausgestaltung durch den zuständigen Träger der Sozialhilfe. Um Streitigkeiten über die Rechtmäßigkeit der Leistungserbringung, die aufgrund unterschiedlicher lokaler Ausgestaltung der Leistungen durch die Träger der Sozialhilfe entstehen können, zu verhindern, bestimmt § 110 Abs. 1 Satz 2 SGB XII, auf wessen Leistungsausgestaltung es im konkreten Erstattungsverfahren ankommt: Maßgeblich sind die am Aufenthaltsort des Leistungsberechtigten zur Zeit der Leistungserbringung bestehenden Grundsätze für die Leistung von Sozialhilfe.

---

[8] BSG v. 22.03.2012 - B 8 SO 2/11 R - juris Rn. 12 - SozR 4-5910 § 147 Nr. 2.
[9] BSG v. 22.03.2012 - B 8 SO 2/11 R - juris Rn. 12 - SozR 4-5910 § 147 Nr. 2.
[10] Hessisches LSG v. 26.08.2011 - L 7 SO 14/10 - juris Rn. 44.

Die **Bagatellgrenze** des § 110 Abs. 2 SGB XII begrenzt die Erstattungsansprüche der Höhe nach. Geringfügige Leistungen i.S.v. Bagatellbeträgen sollen kein Erstattungsverfahren auslösen. Mit der Bestimmung von Bagatellgrenzen dient § 110 Abs. 2 SGB XII der Verwaltungsvereinfachung[11] und dem Rechtsfrieden ebenso.

III. Tatbestandsmerkmale

1. Voraussetzung der Erstattung: Rechtmäßige Leistungserbringung

Mit den Erstattungsregelungen soll gesichert werden, dass der aufgrund der gesetzlichen Wertung in den §§ 98, 106 ff. SGB XII zur Kostentragung verpflichtete Träger der Sozialhilfe auch dann mit den Kosten der Leistungserbringung belastet wird, wenn ein anderer Träger der Sozialhilfe die Leistung bereits erbracht hat. Die Erstattungsansprüche dienen damit der Herstellung der im Gesetz **materiellrechtlich bestimmten Lastenverteilung** zwischen verschiedenen Trägern der Sozialhilfe. Sie belasten insoweit nachträglich den nach § 98 SGB XII mit der materiellrechtlichen Kostentragung belasteten und damit erstattungspflichtigen Träger mit den Kosten der Leistungserbringung seitens eines anderen Trägers der Sozialhilfe.

Eine solche nachträgliche Korrektur der Lastenverteilung ist nur dann gerechtfertigt, wenn die zu erstattende Leistung dem geltenden Recht entspricht, also **rechtmäßig** erbracht ist. Dies bestimmt § 110 Abs. 1 Satz 1 SGB XII ausdrücklich, als dieser anordnet, dass die zu erstattende Leistung „diesem Buch" entsprechen muss. Die Leistungen des erstattungsberechtigten Trägers der Sozialhilfe müssen nach Art, Form und Maß den Regelungen des SGB XII entsprechen.[12]

Entscheidend ist dabei nicht, ob die Sozialhilfe durch Bescheid festgestellt und tatsächlich gezahlt worden ist. Maßgeblich ist vielmehr, ob ein Sozialhilfeanspruch bestanden hat, die Leistung also – auch in ihrer Höhe – rechtmäßig war.[13] Insoweit verweist das BSG auf die dort anzuwendende Regelung des § 111 Abs. 1 BSHG, wonach die aufgewandten Kosten (nur) zu erstatten sind, „soweit die Hilfe diesem Gesetz entspricht".[14] Zwar sind im Erstattungsverhältnis der §§ 102 ff. SGB X die beteiligten Träger grundsätzlich an Bescheide gebunden, mit denen der erstattungspflichtige Träger dem Sozialleistungsberechtigten gegenüber bindend über Grund und Höhe des Leistungsanspruches entschieden hat, sodass sich selbst bei Unrichtigkeit des Leistungsbescheids der Erstattungsanspruch nach diesem Bescheid bemisst, wenn ihn der erstattungspflichtige Träger nicht mehr zu Lasten des Sozialleistungsberechtigten nach den §§ 45 ff. SGB X aufheben darf;[15] diese Rechtsprechung kann aber nicht uneingeschränkt auf das Erstattungsverhältnis nach den §§ 106 ff. SGB XII übertragen werden.[16] Dies zeige schon § 111 Abs. 1 Satz 1 BSHG (jetzt § 110 Abs. 1 Satz 1 SGB XII), wonach aufgewandte Kosten (nur) zu erstatten seien, „soweit die Hilfe diesem Gesetz entspricht".[17] Maßgebend für die Rechtmäßigkeit der Leistung seien danach gerade nicht ein bestandskräftiger Verwaltungsakt, sondern die materielle Rechtslage sowie die Verwaltungsübung – etwa nach den regionalen Sozialhilferichtlinien – am jeweiligen Aufenthaltsort.[18] Dies gilt entsprechend auch für die auf § 111 Abs. 1 BSHG folgende Regelung des § 110 Abs. 1 SGB XII.

Die Leistungserbringung muss daher den **Nachrang der Sozialhilfe** (§ 2 SGB XII) beachten, muss in Art, Umfang und Inhalt der Leistungserbringung den **Voraussetzungen der jeweiligen Leistungsansprüche** entsprechen (§ 17 SGB XII), die Grundsätze der Wirtschaftlichkeit und Sparsamkeit sowie auch den Einsatz von Einkommen und Vermögen berücksichtigen (§ 19 SGB XII). Auch ist § 18 SGB XII zu beachten. Darüber hinaus sind auch die **formellen Voraussetzungen** der Leistungserbrin-

---

[11] BSG v. 24.03.2009 - B 8 SO 34/07 R - juris Rn. 14 - SozR 4-5910 § 111 Nr. 1.
[12] BSG v. 24.03.2009 - B 8 SO 34/07 R - juris Rn. 15 - SozR 4-5910 § 111 Nr. 1; *Wahrendorf* in: Grube/Wahrendorf, SGB XII, 4. Aufl., § 110 Rn. 7; *Rabe* in: Fichtner/Wenzel, SGB XII/ AsylbLG, 4. Aufl., § 110 SGB XII Rn. 2.
[13] BSG v. 22.03.2012 - B 8 SO 2/11 R - juris Rn. 11 - SozR 4-5910 § 147 Nr. 2; BSG v. 14.04.2011 - B 8 SO 23/09 R - juris Rn. 22 - SozR 4-5910 § 147 Nr. 1.
[14] BSG v. 14.04.2011 - B 8 SO 23/09 R - juris Rn. 22 - SozR 4-5910 § 147 Nr. 1; BSG v. 24.03.2009 - B 8/9b SO 17/07 R - juris Rn. 14, 19 - BSGE 103, 34 ff. Rn. 14, 19 = SozR 4-5910 § 108 Nr. 1.
[15] BSG v. 22.03.2012 - B 8 SO 2/11 R - juris Rn. 11 - SozR 4-5910 § 147 Nr. 2; BSG v. 23.06.1993 - 9/9a RV 35/91 - SozR 3-1300 § 112 Nr. 2 S. 4 ff m.w.N.
[16] So zum Erstattungsanspruch nach § 108 BSHG: BSG v. 22.03.2012 - B 8 SO 2/11 R - juris Rn. 11 - SozR 4-5910 § 147 Nr. 2.
[17] BSG v. 22.03.2012 - B 8 SO 2/11 R - juris Rn. 11 - SozR 4-5910 § 147 Nr. 2.
[18] BSG v. 22.03.2012 - B 8 SO 2/11 R - juris Rn. 12 - SozR 4-5910 § 147 Nr. 2.

§ 110

gung, einschließlich der **sachlichen und örtlichen Zuständigkeit**, zu beachten.[19] Die erbrachte Leistung muss also nach Art, Form und Maß den Regelungen des SGB XII entsprechen.[20] Das **BSG** hat neuerdings zum gegen Erben gerichteten Kostenerstattungsanspruch des § 92c BSHG (jetzt § 102) das Erfordernis der rechtmäßigen Leistungserbringung auf die Frage begrenzt, ob die gewährten Leistungen nach den **materiellrechtlichen Vorschriften** des BSHG bzw. SGB XII zugestanden hatten, während reine Formverstöße ohne Bedeutung seien;[21] wenn der Erblasser materiellrechtlich einen Anspruch auf die Leistungen gehabt hätte, hätte er auch bei Vorliegen von Formverstößen in jedem Fall Sozialhilfe – ggf. allerdings von einem anderen (zuständigen) Sozialhilfeträger – erhalten. Allein dies sei für einen Ersatzanspruch gegen den Erben nach § 92c BSHG (§ 102) entscheidend. Die Übernahme dieser Auffassung auch für die zwischen Träger der Sozialhilfe untereinander bestehenden Erstattungsansprüche erscheint überlegenswert. Zu berücksichtigen ist jedoch, dass gerade im SGB X für den typischen Fall formeller Rechtswidrigkeit, nämlich den Verstoß gegen die Zuständigkeitsordnung, in § 105 SGB X ein besonderer Erstattungsanspruch begründet ist. Würde es – zumindest im Rahmen der Erstattungsansprüche nach dem SGB X – nicht auf formelle Rechtmäßigkeit ankommen, wäre letztlich der Erstattungsanspruch des § 105 SGB X überflüssig.

16 Auch die nach § 110 Abs. 1 Satz 2 SGB XII maßgeblichen, am Aufenthaltsort des Leistungsberechtigten zur Zeit der Leistungserbringung bestehenden **Grundsätze für die Leistung von Sozialhilfe** sind einzuhalten. Diese Grundsätze können durch Richtlinien, Ausführungsvorschriften, Dienstanweisungen, Vereinbarungen mit Dritten (z.B. Leistungs- und Vergütungsvereinbarungen), aber auch durch eine ermessenseinschränkende Verwaltungspraxis („Selbstbindung der Verwaltung") konkretisiert werden. Verstöße hiergegen begründen ebenso wie der Verstoß gegen Gesetzesbestimmungen (SGB XII, Verordnungen usw.) Rechtswidrigkeit.

17 Auch bei **Ermessensleistungen** – unabhängig davon, ob es sich um eine Leistung handelt, deren Gewährung dem Grunde nach und/ oder deren Erbringung im pflichtgemäßen Ermessen steht (§ 17 Abs. 2 Satz 1) – ist die Rechtmäßigkeit der Leistung bzw. der Leistungserbringung Voraussetzung der Erstattung. Insoweit kann der erstattungspflichtige Träger einwenden, dass die Leistung ermessensfehlerhaft erfolgt war.[22] Es müssen jedoch insoweit „evidente Gründe" vorgebracht werden.[23] Das kann nur geschehen, wenn der die Leistung erbringende Träger die Grenzen des Ermessens (Ermessensausfall, Ermessensunterschreitung, Ermessensüberschreitung/Ermessensfehlgebrauch, Ermessensmissbrauch, Nichtbeachtung der Ermessensreduzierung auf Null) nicht beachtet hat.[24]

18 Sind die **Grenzen des Ermessens** beachtet, kann sich der erstattungspflichtige Träger der Sozialhilfe dagegen nicht gegen die eigentlichen Ermessenserwägungen wenden.[25] Damit kann gegenüber der Ermessensausübung durch den erstattungsberechtigten Träger nicht eingewandt werden, die Leistung anders bzw. kostengünstiger erbracht[26] oder das Ermessen anders ausgeübt zu haben[27].

19 Dabei kommt es bei der Beurteilung der Ermessensausübung auch auf die am **Aufenthaltsort** des Leistungsberechtigten zur Zeit der Leistungserbringung bestehenden Grundsätze für die Leistung von Sozialhilfe an (vgl. dazu Rn. 16).

20 Eine **Leistungserbringung** kann damit nicht mittels einer Erstattung ausgeglichen werden, wenn für sie keine Rechtsgrundlage (§ 31 SGB I, § 17 SGB XII) vorhanden ist oder sie entgegen den gesetzlichen Regelungen bzw. den für den erstattungsberechtigten Leistungsträger maßgeblichen Vorschriften und Grundsätzen erbracht wird.

---

[19] BSG v. 24.03.2009 - B 8 SO 34/07 R - juris Rn. 15 - SozR 4-5910 § 111 Nr. 1; *Klinge* in: Hauck/Noftz, SGB XII, § 110 Rn. 4 unter Hinweis auf ZSpr, EuG, 32, 108; a.A. BSG v. 23.03.2010 - B 8 SO 2/09 R - juris Rn. 17.

[20] So zur Vorgängervorschrift § 111 BSHG: BSG v. 24.03.2009 - B 8 SO 34/07 R - juris Rn. 15 - SozR 4-5910 § 111 Nr. 1.

[21] BSG v. 23.03.2010 - B 8 SO 2/09 R - juris Rn. 17 unter Hinweis auf BVerwG v. 21.10.1987 - 5 C 39/85 - BVerwGE 78, 165-172 = DÖV 1988, 733-734.

[22] *Kater* in: KassKomm-SGB, SGB X, § 102 SGB X Rn. 29.

[23] BSG v. 14.05.1985 - 4a RJ 21/84 - juris Rn. 22 - SozR 1300 § 104 Nr. 6.

[24] Zur Ermessensausübung vgl. auch Hessisches LSG v. 26.08.2011 - L 7 SO 14/10 - juris Rn. 45 ff.

[25] *Kater* in: KassKomm-SGB, SGB X, § 104 SGB X Rn. 41.

[26] BSG v. 14.05.1985 - 4a RJ 21/84 - juris Rn. 22 - SozR 1300 § 104 Nr. 6.

[27] BSG v. 28.02.1980 - 8a RK 13/79 - BSGE 50, 47-51 = SozR 2200 § 184a Nr. 3; BSG v. 24.03.1983 - 8 RK 2/82 - juris Rn. 12 - SozR 2200 § 184a Nr. 5.

Anhand § 110 Abs. 1 Satz 1 SGB XII wird der **Grundsatz der Gesetzmäßigkeit** verdeutlicht. Hieraus wird aber auch abgeleitet, dass der erstattungsberechtigte Träger bei seiner Leistungserbringung die **Interessen** des erstattungspflichtigen Trägers zu beachten hat.[28] Danach sei der die Leistung erbringende Träger der Sozialhilfe verpflichtet, soweit möglich und zumutbar, die Kosten der Leistungserbringung im Hinblick auf die Erstattung möglichst gering zu halten. Insoweit habe er seine Leistungserbringung auch immer wieder zu überprüfen[29] und auch vorrangige Ansprüche (z.B. Unterhaltsansprüche) zu verfolgen[30]. Es sei die Pflicht des erstattungsberechtigten Trägers der Sozialhilfe alle nach Lage des Einzelfalles zumutbaren und möglichen Maßnahmen und Vorkehrungen zu treffen, die erforderlich sind, um die erstattungsfähigen Kosten möglichst niedrig zu halten.[31] Ob dieser Auffassung zuzustimmen ist, erscheint fraglich. Mit der Pflicht zur **Verfolgung anderer Ersatz- oder Erstattungsansprüche** wird der vorleistende Träger der Sozialhilfe, dem z.B. nach § 98 Abs. 2 Satz 3 SGB XII gesetzlich eine von der wirklichen Leistungsverpflichtung (§ 98 Abs. 2 Satz 1 SGB XII) abweichende (grds. vorübergehende) Leistungszuständigkeit zugewiesen wird, mit dem Risiko und den Lasten der Durchsetzung der anderweitigen Ansprüche belegt. Dagegen wollen die Erstattungsansprüche der §§ 106 ff. SGB XII, aber auch der §§ 102 ff. SGB X diesen Träger grds. von den Risiken der von der regulären gesetzlichen Leistungsverpflichtung abweichenden Leistungserbringung befreien.[32]

21

Eine Beschränkung des Leistungsanspruchs des Hilfebedürftigen kann jedenfalls auf den **Interessenwahrungsgrundsatz** nicht gestützt werden. Denn der Leistungsanspruch des Berechtigten kann nicht durch die (vermutliche) Interessenlage des erstattungspflichtigen Trägers beeinträchtigt werden.

22

2. Umfang der Erstattung: Erstattung der tatsächlichen Aufwendungen

Nach § 110 Abs. 1 Satz 1 SGG XII sind die **aufgewendeten Kosten** zu erstatten. Aufgewendet sind alle Kosten, die dem Träger der Sozialhilfe im Hinblick auf die Erbringung der konkreten zu erstattenden Sozialhilfeleistung anfallen.

23

Zu berücksichtigen sind jedoch auch alle **Einnahmen**, die dem Träger der Sozialhilfe ggf. aus Anlass der Leistungserbringung von Dritten zufließen (z.B. Eigenanteile, Unterhaltsbeiträge, Leistungen Dritter), soweit sie den Erstattungsanspruch mindern (vgl. dazu aber auch Rn.21). An sich stehen diese Einnahmen dem nach § 98 SGB XII endgültig zuständigen, also dem erstattungspflichtigen Träger der Sozialhilfe zu, der diese Ansprüche auch zu verfolgen hat (vgl. Rn.21). Vereinnahmt jedoch der erstattungsberechtigte Träger diese Beträge, reduziert sich seine Erstattungsforderung.

24

Zu erstatten sind somit die tatsächlichen Kosten der Leistungserbringung i.S.d. **Nettokosten**. § 110 Abs. 1 Satz 1 SGB XII stellt auf die vom Träger der Sozialhilfe tatsächlich aufgewendeten Kosten ab, nicht auf die (rechtlich) durchsetzbaren oder tatsächlich geltend gemachten Aufwendungen.[33]

25

Die Erstattungsfähigkeit von Betten- und Platzgeldern (Freihaltepauschalen), die für Zeiten, in denen sich eine Person nicht in der Einrichtung aufhält, anfallen, ist umstritten.[34] Jedenfalls sind im Falle der Erstattung von Leistungen in Einrichtungen nicht nur der Pflegesatz oder sonstige vereinbarte Entgelte, sondern auch die im Zusammenhang mit der Einrichtungsleistung stehenden Aufwendungen zum notwendigen Lebensunterhalt zu erstatten.[35]

26

Nicht zu erstatten sind jedoch diejenigen Kosten, hinsichtlich derer das Gesetz (z.B. die §§ 109, 110 SGB X bzw. § 110 Abs. 2 SGB XII) oder Vereinbarungen (§ 110 SGB X) eine Erstattung **ausschließen**. Damit sind die sachlichen und persönlichen **Verwaltungskosten** sowie geringfügige Auslagen (§ 109 SGB X) nicht zu erstatten. Gleichfalls sind nicht zu erstatten die tatsächlichen Aufwendungen,

27

---

[28] *Klinge* in: Hauck/Noftz, SGB XII, § 110 Rn. 5 m.w.N.; *Schiefer* in: Oestreicher, SGB II/SGB XII; § 110 Rn. 12 ff.

[29] *Klinge* in: Hauck/Noftz, SGB XII, § 110 Rn. 5.

[30] *Schiefer* in: Oestreicher, SGB II/SGB XII. § 110 Rn. 14 f.

[31] LSG Niedersachsen-Bremen v. 25.02.2010 - L 8 SO 76/07 - juris Rn. 23.

[32] Zum Zweck des § 110 SGB XII vgl. BSG v. 24.03.2009 - B 8 SO 34/07 R - juris Rn. 13 - SozR 4-5910 § 111 Nr. 11.

[33] BSG v. 24.03.2009 - B 8 SO 34/07 R - juris Rn. 12 - SozR 4-5910 § 111 Nr. 1; *Wahrendorf* in: Grube/Wahrendorf, SGB XII, 4. Aufl., § 110 Rn. 6; *Rabe* in: Fichtner/Wenzel, SGB XII/ AsylbLG, 4. Aufl., § 110 SGB XII Rn. 1.

[34] Dafür: *Schoch* in: LPK-BSHG, 6. Aufl., § 103 Rn. 15; *Steimer* in: Mergler/Zink, Handbuch der Grundsicherung und Sozialhilfe, § 110 Rn. 5; *Wahrendorf* in: Grube/Wahrendorf, SGB XII, 4. Aufl., § 110 Rn. 6; dagegen: *Mergler/Zink*, BSHG, 4. Aufl., § 103 Rn. 16 f.

[35] *Klinge* in: Hauck/Noftz, SGB XII, § 110 Rn. 3.

soweit sie die **Bagatellgrenze** (z.B. § 110 Abs. 2 SGB XII bzw. § 110 Satz 2 SGB X) nicht übersteigen. Auch soweit die Träger der Sozialhilfe Pauschalierungen i.S.d. § 110 Sätze 1, 3 SGB X vereinbart haben, gelten deren Regelungen.

3. Begrenzung der Erstattung: Erstattung nur bei Überschreiten der Bagatellgrenze

28 § 110 Abs. 2 SGB XII bestimmt eine Bagatellgrenze, unterhalb derer eine Erstattung nicht vorzunehmen ist. Insoweit begrenzt § 110 Abs. 2 SGB XII den Erstattungsanspruch, als unterhalb der Bagatellgrenze ein Erstattungsanspruch materiellrechtlich schon gar **nicht entsteht**.[36]

29 Diese Bagatellgrenze gilt für **alle Erstattungsfälle** der §§ 106 ff. SGB XII, **außer** der Erstattung einer **vorläufigen Leistungserbringung** nach § 98 Abs. 2 Satz 3 i.V.m. § 106 Abs. 1 SGB XII, auch soweit diese Vorschriften über § 107 SGB XII anwendbar sind. Erfasst sind damit die Erstattungsansprüche nach den §§ 106 Abs. 2, 107 i.V.m. 106 Abs. 3, 108 SGB XII.

30 In diesen Fällen gilt die Bagatellgrenze von 2.560 €, bezogen auf einen Zeitraum der Leistungserbringung von bis zu **12 Monaten**. Dieser Zeitraum von 12 Monaten bezieht sich nicht auf das Kalenderjahr, sondern lediglich auf einen Zeitraum von 12 zusammenhängenden Monaten. Der 12-Monats-Zeitraum beginnt mit erstmaliger Leistungserbringung im konkreten Erstattungsfall. Innerhalb des mit der Leistungserbringung beginnenden Zeitraumes von 12 Monaten muss die zu erstattende Leistung nicht durchgängig über die vollen 12 Monate hinweg erbracht worden sein. Es genügt, wenn die Leistungserbringung – auch mit Unterbrechungen – **innerhalb von 12 Monaten** die Bagatellgrenze überschreitet.

31 Wird die Bagatellgrenze innerhalb von 12 Monaten überschritten, sind **die gesamten Kosten zu erstatten**.[37] Überschreitet die Leistung innerhalb des 12-Monats-Zeitraums nicht die Bagatellgrenze, so kann Erstattung erst verlangt werden, wenn in einem folgenden 12-Monats-Zeitraum der Betrag von 2.560 € überschritten wird.

32 Ist die Bagatellgrenze einmal überschritten, so muss der Erstattungsbetrag in den folgenden 12 Monaten die Bagatellgrenze nicht erneut überschreiten.[38] Denn die Bagatellgrenze bezieht sich auf den gesamten Leistungsfall als gesamte Einheit. **Leistungsfall** ist insoweit der die zu erstattende Sozialhilfeleistung **auslösende Sachverhalt** (z.B. die Gewährung von Eingliederungshilfeleistungen an einen Menschen mit Behinderung).

33 Die Bagatellgrenze muss **überschritten** werden. Das Erreichen des Betrages von genau 2.560 € genügt nicht. Es kommt insoweit auch nicht darauf an, welcher Betrag zur Erstattung verlangt wird, sondern darauf, in welcher Höhe ein Erstattungsanspruch tatsächlich besteht.

34 Maßgeblich ist der **tatsächliche Betrag** der im Einzelfall aufgewendeten Leitungen.[39] Dieser Betrag ist bei der Prüfung, ob die Bagatellgrenze überschritten ist, nicht um spätere auf den Leistungsfall entfallende Einnahmen (vgl. dazu Rn.37) oder um Beträge zu reduzieren, denen Umstände wie die Versäumung einer Ausschlussfrist oder die Einrede der Verjährung entgegenstehen.[40] Denn würde bei der Prüfung der Bagatellgrenze nicht an die unmittelbar festzustellenden tatsächlichen Aufwendungen des geltend gemachten Erstattungsanspruchs, sondern zusätzlich an deren Realisierbarkeit angeknüpft, müsste in vielen Fallgestaltungen bereits im Vorfeld einer gerichtlichen Geltendmachung (auch) darüber gestritten werden, ob der Grenzbetrag – etwa wegen der Versäumung einer Ausschlussfrist oder der Einrede der Verjährung oder rechtswidriger Leistungsgewährung – nicht erreicht ist.[41] Diese (vermehrten) Konfliktfälle sind vom Gesetzgeber weder nicht beabsichtigt noch lassen sie sich vor dem mit der Bagatellgrenze verfolgten Ziel der Vereinfachung rechtfertigen.[42] Demgemäß muss bei der Bagatellgrenze auf einen objektiv feststellbaren Leistungszeitraum, nicht auf einen vom Erstattungsberechtigten oder -pflichtigen, etwa durch Erhebung der Einrede der Verjährung, zu beeinflussenden Abrechnungszeitraum abgestellt werden.[43] Bei der Ermittlung, ob der Bagatellgrenzbetrag überschritten ist,

---

[36] BVerwG v. 13.05.2004 - 5 C 47/02 - juris Rn. 16 - NVwZ-RR 2004, 858-859.
[37] BVerwG v. 19.12.2000 - 5 C 30/99 - juris Rn. 9 f. - BVerwGE 112, 294.
[38] *Schoch* in: LPK-SGB XII, 9. Aufl., § 110 Rn. 9 f.
[39] BSG v. 24.03.2009 - B 8 SO 34/07 R - juris Rn. 12 - SozR 4-5910 § 111 Nr. 1; vgl. dazu auch Rn. 23 ff.
[40] BSG v. 24.03.2009 - B 8 SO 34/07 R - juris Rn. 14 - SozR 4-5910 § 111 Nr. 1; a.A. LSG BW v. 22.11.2007 - L 7 SO 5078/06 - juris Rn. 19.
[41] BSG v. 24.03.2009 - B 8 SO 34/07 R - juris Rn. 14 - SozR 4-5910 § 111 Nr. 1.
[42] BSG v. 24.03.2009 - B 8 SO 34/07 R - juris Rn. 14 - SozR 4-5910 § 111 Nr. 1.
[43] BSG v. 24.03.2009 - B 8 SO 34/07 R - juris Rn. 14 - SozR 4-5910 § 111 Nr. 1.

sind daher die **tatsächlichen Gesamtaufwendungen** des erstattungsberechtigten Leistungsträgers zu berücksichtigen.[44]

Die Bagatellgrenze gilt dabei für jeden Leistungsfall (vgl. dazu Rn.32) grds. gesondert. **Mehrere Leistungsfälle** (z.B. die Erbringung von Leistungen für einen abgeschlossenen Zeitraum und die spätere erneute Leistungserbringung für einen anderen abgeschlossenen Zeitraum) und auch mehrere verschiedene Leistungen an denselben Leistungsempfänger, die nicht auf derselben Leistungsgrundlage beruhen[45] (z.B. die gleichzeitige Erbringung von Eingliederungshilfeleistungen und Leistungen der Grundsicherung im Alter oder bei Erwerbsminderung; zum Ausschluss von Kostenerstattungsansprüchen bei diesen Leistungen seit 01.01.2013 vgl. § 44 Abs. 4 SGB XII), sind nicht zusammenzurechnen. 35

Abweichendes gilt nur gemäß § 110 Abs. 2 Satz 2 SGB XII. Hiernach gilt die Bagatellgrenze von 2.560 €, wenn die Kosten für die **Mitglieder eines Haushalts** im Sinne von § 27 Abs. 2 Satz 2 und 3 SGB XII (bis 31.12.2010: § 19 Abs. 1 Satz 2 SGB XII) zu erstatten sind. Dann gilt die Bagatellgrenze abweichend von § 110 Abs. 2 Satz 1 SGB XII für alle Mitglieder des Haushalts zusammen. Erfasst sind in entsprechender Anwendung des § 20 SGB XII auch **Mitglieder nichtehelicher Lebensgemeinschaften**.[46] § 110 Abs. 2 Satz 2 SGB XII erstreckt sich mit der alleinigen Verweisung auf § 27 Abs. 2 Satz 2 und 3 SGB XII (bis 31.12.2010: § 19 Abs. 1 Satz 2 SGB XII) auf alle Mitglieder der Einsatzgemeinschaft. Erfasst sind die Gesamtsozialhilfeleistungen, die diesem Personenkreis geleistet werden. Die Verweisung beschränkt sich nicht lediglich auf die Hilfen zum Lebensunterhalt.[47] 36

Ist die Bagatellgrenze zwar ursprünglich überschritten, **sinkt** aber der zu erstattende Betrag aufgrund von **nachträglichen** (also nach Erbringung der Leistung anfallenden) Einnahmen (z.B. anderen Erstattungen, Unterhaltsbeiträgen usw.), so ist dies für den Erstattungsfall unbeachtlich. Diese Einnahmen stehen dem erstattungspflichtigen Träger der Sozialhilfe zu (vgl. dazu Rn.21); eine Rückerstattung nach § 112 SGB X scheidet insoweit aus. Wurden dagegen schon ursprünglich **unterhalb der Bagatellgrenze** liegende Erstattungen vorgenommen, so ist die Erstattung nach § 112 SGB X rückabzuwickeln. Denn diese sind zu Unrecht geleistet; unterhalb der Bagatellgrenze besteht ein Erstattungsanspruch nicht.[48] Bei Rückabwicklungsansprüchen nach § 112 SGB X gilt § 110 Abs. 2 SGB XII nicht. 37

Im Fall einer **vorläufigen Leistungserbringung** nach § 98 Abs. 2 Satz 3 SGB XII gilt lediglich die Bagatellgrenze des § 110 Satz 2 SGB X. 38

IV. Rechtsfolgen

Zu erstatten sind die tatsächlichen und rechtmäßig angefallenen Aufwendungen des Trägers der Sozialhilfe unter Absetzung der erzielten Einnahmen aus dem Leistungsfall (vgl. dazu Rn.21, Rn. 23 ff.), soweit sie diesem Träger zu Gute gekommen sind (vgl. dazu grds. Rn.21, Rn.24, Rn.37), sowie der nicht erstattungsfähigen Aufwendungen (vgl. dazu Rn.27). Bleiben die erstattungsfähigen Aufwendungen unterhalb der Bagatellgrenze des Absatzes 2, ist nichts zu erstatten, denn ein Erstattungsanspruch entsteht erst, wenn die Bagatellgrenze überschritten wird. 39

Wird dagegen die Bagatellgrenze einmal überschritten, sind die gesamten Kosten zu erstatten, auch soweit diese unterhalb der Bagatellgrenze liegen.[49] 40

V. Erstattungsverfahren

1. Anwendbarkeit der §§ 106 ff. SGB X

Soweit die §§ 106 ff. SGB XII keine Regelungen enthalten, sind die §§ 106 ff. SGB X als allgemeine Regelungen über Erstattungsverfahren zwischen Sozialleistungsträgern anwendbar. Dies gilt nicht nur für § 111 SGB X, sondern auch für die Rückerstattung nach § 112 SGB X.[50] Dagegen ist für die Anwendung des § 107 SGB X (Erfüllungsfiktion) wegen des Charakters der Erstattungsansprüche nach 41

---

[44] BSG v. 24.03.2009 - B 8 SO 34/07 R - juris Rn. 14 - SozR 4-5910 § 111 Nr. 1 m.w.N.
[45] OVG RLP v. 29.01.2002 - 12 A 11536/01 - juris Rn. 22 ff. - ZFSH/SGB 2002, 280-283.
[46] OVG RLP v. 29.01.2002 - 12 A 11536/01 - ZFSH/SGB 2002, 280-283; *Schiefer* in: Oesterreicher, SGB II/SGB XII, § 110 Rn. 24.
[47] BSG v. 24.03.2009 - B 8 SO 34/07 R - juris Rn. 11 - SozR 4-5910 § 111 Nr. 1; so jetzt auch *Klinge* in: Hauck/Noftz, SGB XII, § 110 Rn. 13.
[48] VG Berlin v. 21.10.2003 - 8 A 218.00 - juris Rn. 21 f. - ZfF 2005, 162-163; *Klinge* in: Hauck/Noftz, SGB XII, § 110 Rn. 14.
[49] BVerwG v. 19.12.2000 - 5 C 30/99 - juris Rn. 9 ff. - BVerwGE 112, 294.
[50] BSG v. 22.03.2012 - B 8 SO 2/11 R - juris - SozR 4-5910 § 147 Nr. 2.

den §§ 106 ff. SGB XII als besondere Lastenausgleichsregelung (vgl. Rn. 8), anders als bei den §§ 102 ff. SGB X, die der (Wieder-)Herstellung der materiell-rechtlich bestimmten Kostentragungspflichten dienen, kein Raum.[51]

2. Geltendmachung des Erstattungsanspruchs nach § 111 SGB X

42 Erstattungsansprüche sind **fristgerecht geltend zu machen** (§ 111 SGB X).[52] Der Anspruch auf Erstattung ist nach § 111 Satz 1 SGB X ausgeschlossen, wenn der Erstattungsberechtigte ihn nicht spätestens zwölf Monate nach Ablauf des letzten Tages, für den die Leistung erbracht wurde, geltend macht. Der Lauf der Frist beginnt gem. § 111 Satz 2 SGB X frühestens mit dem Zeitpunkt, zu dem der erstattungsberechtigte Leistungsträger von der Entscheidung des erstattungspflichtigen Leistungsträgers über seine Leistungspflicht Kenntnis erlangt hat.

43 Eine solche Entscheidung des erstattungspflichtigen Trägers gegenüber dem Leistungsberechtigten[53] ergeht in der Sozialhilfe regelmäßig nicht. In diesen Fällen bestimmt sich der **Fristbeginn nach § 111 Satz 1 SGB X**.[54]

44 Jeder Erstattungsanspruch ist eigenständig geltend zu machen. Mit der Geltendmachung bringt der erstattungsbegehrende Träger seinen Willen zum Ausdruck, vom Adressaten der Geltendmachung Erstattung seiner Aufwendungen zu verlangen. Insoweit genügt es, wenn der Wille, zumindest rechtssichernd tätig zu werden, deutlich erkennbar zum Ausdruck kommt.[55]

45 **Wiederkehrende Leistungen** sind nach dem jeweiligen Bewilligungsabschnitt eigenständig und gesondert geltend zu machen. Denn bei wiederkehrenden Sozialleistungen entstehen wegen der in einzelnen Bewilligungsabschnitten erbrachten Einzelleistungen jeweils gesonderte Erstattungsansprüche.[56] Diese sind eigenständig geltend zu machen; sie können auch im Voraus geltend gemacht werden. Es laufen für jeden Leistungsabschnitt eigene Ausschlussfristen.

3. Verjährung von Erstattungsansprüchen nach § 111 SGB XII

46 Erstattungsansprüche unterliegen der Verjährung. Hierfür enthält § 111 SGB XII gegenüber dem SGB X eigenständige Regelungen. Eine Geltendmachung i.S.d. § 111 SGB X unterbricht die Verjährung nach § 111 SGB XII nicht.

4. Verzinsung von Erstattungsansprüchen

47 Der Erstattungsanspruch ist **nicht zu verzinsen**. Denn weder das SGB XII noch das SGB X enthält hierfür eine Grundlage. § 44 SGB I gilt nicht. Zwar bestimmt § 108 Abs. 2 SGB X die Verzinsung von Erstattungsansprüchen der Sozialhilfe-, Kriegsopferfürsorge- und Jugendhilfeträger, doch sind Erstattungsansprüche dieser Träger untereinander nicht nach § 108 Abs. 2 SGB X zu verzinsen.[57]

48 Auch **Verzugs- und Prozesszinsen** sind nach der Rechtsprechung des BSG nicht zu zahlen.[58]

5. Keine Erstattung von Verwaltungskosten

49 Gemäß § 109 Satz 1 SGB X ist die Erstattung von Verwaltungskosten **ausgeschlossen**. Auslagen sind nach § 109 Satz 2 SGB X auf Anforderung zu erstatten, wenn sie im Einzelfall 200 € übersteigen. Die Bundesregierung kann durch Rechtsverordnung mit Zustimmung des Bundesrates den in Satz 2 genannten Betrag entsprechend der jährlichen Steigerung der monatlichen Bezugsgröße nach § 18 SGB IV anheben und dabei auf 10 € nach unten oder oben runden.

---

[51] Vgl. auch BSG v. 22.03.2012 - B 8 SO 2/11 R - juris Rn. 12 - SozR 4-5910 § 147 Nr. 2.
[52] Dazu vgl. z.B. BSG v. 14.04.2011 - B 8 SO 23/09 R - juris Rn. 19 - SozR 4-5910 § 147 Nr. 1; LSG Sachsen-Anhalt v. 08.02.2012 - L 8 SO 1/10 - juris Rn. 45.
[53] Dazu BSG v. 28.02.2008 - B 1 KR 13/07 R - juris Rn. 19 - FEVS 60, 5-9.
[54] BSG v. 28.02.2008 - B 1 KR 13/07 R - juris Rn. 19 - FEVS 60, 5-9; *Böttiger* in: LPK-SGB X, 3. Aufl., § 111 Rn. 21a.
[55] BSG v. 30.06.2009 - B 1 KR 21/08 R - juris Rn. 15; *Böttiger* in: LPK-SGB X, 3. Aufl., § 111 Rn. 4.
[56] BSG v. 06.04.1989 - 2 RU 34/88 - juris Rn. 21 f. - BSGE 65, 27-31 = SozR 1300 § 111 Nr. 4.
[57] BT-Drs. 13/3904, S. 48; BSG v. 13.07.2010 - B 8 SO 10/10 R - juris Rn. 9 ff.; BVerwG v. 22.02.2001 - 5 C 34/00 - juris Rn. 9 - BVerwGE 114, 61-68.
[58] BSG v. 13.07.2010 - B 8 SO 10/10 R - juris Rn. 12; BSG v. 02.02.2010 - B 8 SO 22/08 R - juris Rn. 9; a.A. *Schiefer* in: Oesterreicher, SGB II/SGB XII, § 110 Rn. 38 unter Hinweis auf die Rspr. des BVerwG.

6. Rückerstattung zu Unrecht geleisteter Erstattungen nach § 112 SGB X

Soweit eine Erstattung zu Unrecht erfolgt ist, sind die gezahlten Beträge nach § 112 SGB X zurückzuerstatten.[59] Rückerstattungsansprüche setzen (1.) eine tatsächlich durchgeführte Erstattung und (2.) die (zumindest teilweise) Rechtsgrundlosigkeit der Erstattung voraus.[60] Der Rückerstattungsanspruch steht dem vermeintlich erstattungspflichtigen Träger zu. Er richtet sich gegen den Leistungsträger, der die vermeintliche Erstattungsleistung erhalten hat.[61]

Unrechtmäßig und damit **ohne Rechtsgrund** erbracht ist eine Erstattung, wenn diese auf einer Verletzung der Erstattungsvoraussetzungen i.S.d. §§ 106 ff. SGB XII, einem Verstoß gegen die Regelungen des Erstattungsverfahrens (insbesondere § 110 Abs. 2 SGB XII und § 111 SGB X) beruht. Sie kann aber auch auf Störungen im Verhältnis der Leistungsträger zum Leistungsempfänger beruhen.[62] Die Unrechtmäßigkeit der Erstattung kann von Anfang an bestehen oder auch nachträglich eingetreten sein.[63] Sie kann die Erstattung als Ganze oder auch nur teilweise betreffen. Ein Verschulden ist nicht erforderlich.

Das LSG Nordrhein-Westfalen[64] hat ausgeführt, **Anerkenntnisse** über die Erstattungspflicht nach § 108 BSHG – Gleiches muss auch für § 108 SGB XII gelten – hätten keine Rechtsgrundlage. Eine analoge Anwendung des **§ 54 SGB X** komme nicht in Betracht, denn die Qualifizierung eines aufforderungsgemäßen Anerkenntnisses als Vergleichsvertrag sei gesetzlich nicht gewollt[65]: Die Möglichkeit des **Vergleichsvertrages** bestehe nur für Verträge i.S.v. § 53 Abs. 1 Satz 2 SGB X, also subordinationsrechtliche Verträge bei Verwaltungsaktbefugnis der Behörde;[66] zwischen den Trägern der Sozialhilfe bestehe aber kein Subordinationsverhältnis.[67] Ein Anerkenntnis könne auch nicht als (allgemeinerer) öffentlich-rechtlicher **Vertrag** i.S.d. § 53 SGB X angesehen werden.[68] Auch für eine durch Anerkenntnis begründete **konstitutive** Schuldverpflichtung **fehle eine Grundlage** im SGB X bzw. im SGB XII/BSHG; gleichgeordnete Verwaltungsträger seien vielmehr untereinander auf die einvernehmliche Bewertung des Anspruchsbestehens angewiesen oder auf eine Klage, die sich nur materiell-rechtlich begründen lasse, nicht aber allein durch eine den Anspruch bejahende Erklärung des materiell-rechtlich doch nicht verpflichteten Sozialleistungsträgers.[69]

Dazu hat das **BSG**[70] ausgeführt, ein Rückerstattungsanspruch nach § 112 SGB X setze voraus, dass zunächst überhaupt eine Erstattung (durch den Rückerstattungsberechtigten) erfolgt sei, der Erstattungsanspruch also regelmäßig – sei es ausdrücklich, sei es konkludent, etwa durch die Erstattung selbst – jedenfalls zunächst „anerkannt" sei, sofern der auf Rückerstattung angegangene Träger nicht hierzu verurteilt worden sei. Dieses § 112 SGB X immanente „Anerkenntnis" könne der Empfänger der zu Unrecht erfolgten Erstattung dem Rückerstattungsbegehren nicht entgegenhalten.[71]

7. Gerichtliche Durchsetzung

Erstattungsansprüche gegenüber anderen Trägern der Sozialhilfe können nicht mittels Verwaltungsakts festgesetzt werden. Insoweit fehlt es an einem Über-/Unterordnungsverhältnis zwischen den Trä-

---

[59] *Wahrendorf* in: Grube/Wahrendorf, SGB XII, 4. Aufl., § 110 Rn. 5.
[60] Dazu vgl. BSG v. 22.03.2012 - B 8 SO 2/11 R - juris Rn. 18 f - SozR 4-5910 § 147 Nr. 2.
[61] Dazu näher *Böttiger* in: LPK-SGB X, 3. Aufl., § 112 Rn. 2 ff.
[62] BSG v. 02.11.1990 - 2 RU 10/90 - juris.
[63] *Böttiger* in: LPK-SGB X, 3. Aufl., § 112 Rn. 3.
[64] LSG Nordrhein-Westfalen v. 22.11.2010 - L 20 SO 4/09 - juris Rn. 54 ff., nachgehend BSG v. 22.03.2012 - B 8 SO 2/11 R - juris - SozR 4-5910 § 147 Nr. 2.
[65] LSG Nordrhein-Westfalen v. 22.11.2010 - L 20 SO 4/09 - juris Rn. 54 ff., nachgehend BSG v. 22.03.2012 - B 8 SO 2/11 R - juris - SozR 4-5910 § 147 Nr. 2.
[66] LSG Nordrhein-Westfalen v. 22.11.2010 - L 20 SO 4/09 - juris Rn. 54 ff., nachgehend BSG v. 22.03.2012 - B 8 SO 2/11 R - juris - SozR 4-5910 § 147 Nr. 2.
[67] LSG Nordrhein-Westfalen v. 22.11.2010 - L 20 SO 4/09 - juris Rn. 54 ff., nachgehend BSG v. 22.03.2012 - B 8 SO 2/11 R - juris - SozR 4-5910 § 147 Nr. 2.
[68] LSG Nordrhein-Westfalen v. 22.11.2010 - L 20 SO 4/09 - juris Rn. 54 ff., nachgehend BSG v. 22.03.2012 - B 8 SO 2/11 R - juris - SozR 4-5910 § 147 Nr. 2.
[69] LSG Nordrhein-Westfalen v. 22.11.2010 - L 20 SO 4/09 - juris Rn. 54 ff., nachgehend BSG v. 22.03.2012 - B 8 SO 2/11 R - juris - SozR 4-5910 § 147 Nr. 2.
[70] BSG v. 22.03.2012 - B 8 SO 2/11 R - juris Rn. 18 - SozR 4-5910 § 147 Nr. 2.
[71] BSG v. 22.03.2012 - B 8 SO 2/11 R - juris Rn. 18 - SozR 4-5910 § 147 Nr. 2.

gern. Sie sind vielmehr mittels einer **Leistungsklage**[72] gem. § 54 Abs. 5 SGG gerichtlich durchzusetzen. Hierzu bestimmt § 114 Satz 1 SGB X den **Rechtsweg**. Danach ist für den Erstattungsanspruch derselbe Rechtsweg wie für den Anspruch auf die Sozialleistung gegeben. Daher sind die Erstattungsansprüche nach den §§ 106 ff. SGB XII vor den Sozialgerichten zu verfolgen.

---

[72] Vgl. *Böttiger* in: LPK-SGB X, 3. Aufl., vor §§ 102 ff. Rn. 21.

§ 111 SGB XII Verjährung

(Fassung vom 27.12.2003, gültig ab 01.01.2005)

(1) Der Anspruch auf Erstattung der aufgewendeten Kosten verjährt in vier Jahren, beginnend nach Ablauf des Kalenderjahres, in dem er entstanden ist.

(2) Für die Hemmung, die Ablaufhemmung, den Neubeginn und die Wirkung der Verjährung gelten die Vorschriften des Bürgerlichen Gesetzbuchs sinngemäß.

Gliederung

A. Basisinformationen 1	2. Erstattungsanspruch zwischen Trägern der Sozialhilfe 14
I. Textgeschichte 1	3. Beginn der Verjährungsfrist 17
II. Vorgängervorschriften 2	4. Verjährungsfrist und Geltendmachung 22
III. Parallelvorschriften 5	5. Ende der Verjährungsfrist 23
IV. Systematische Zusammenhänge 6	IV. Rechtsfolgen 24
B. Auslegung der Norm 10	1. Wirkung der Verjährung 24
I. Regelungsgehalt und Bedeutung der Norm 10	2. Vereinbarungen über die Verjährung 28
II. Normzweck 12	3. Hemmung, Ablaufhemmung, Neubeginn der Verjährung 29
III. Tatbestandsmerkmale 13	4. Rechtsmissbrauch und Verwirkung 32
1. Allgemeines 13	

A. Basisinformationen

I. Textgeschichte

§ 111 SGB XII wurde durch Art. 1 des Gesetzes zur Einordnung des Sozialhilferechts in das Sozialgesetzbuch v. 27.12.2003[1] erlassen und trat mit Wirkung zum 01.01.2005[2] in Kraft[3].   1

II. Vorgängervorschriften

Eine unmittelbare Vorgängervorschrift enthielt das BSHG nicht. Bis 30.06.1983 galt § 113a BSHG.[4] Verglichen mit dieser Vorschrift wurde § 111 SGB XII neu gefasst, um eine **einheitliche vierjährige Verjährungsfrist** bei Kostenerstattungen von Sozialleistungsträgern auch im Sozialhilfebereich zu gewährleisten.[5]   2

Die Ergänzung der ansonsten anwendbaren Vorschriften der §§ 106 ff. SGB X war erforderlich, nachdem die §§ 111 und 113 SGB X durch das **4. Euro-Einführungsgesetz** zum 01.01.2002 geändert wurden. Die dortige Veränderung führte zu der nicht beabsichtigten Konsequenz, dass die Kostenerstattungsverfahren zwischen den Trägern der Sozialhilfe nicht mehr von der Vorschrift des § 113 SGB X mit seiner vierjährigen Verjährungsfrist erfasst wurden.[6]   3

Nach den Grundsätzen des intertemporalen Rechts ist § 111 SGB XII auf diejenigen Erstattungsansprüche anzuwenden, die seit seinem Inkrafttreten am 01.01.2005 entstanden sind.[7] Für zuvor abgeschlossene Erstattungsverhältnisse gilt alleine das zuvor geltende Recht des BSHG.[8] Für Sachverhalte, die **am 01.01.2005 noch nicht abgeschlossen** waren, kann § 120 Abs. 2 SGB X entsprechend heran-   4

---

[1] BGBl I 2003, 3022.
[2] Art. 70 Abs. 1 des Gesetzes zur Einordnung des Sozialhilferechts in das Sozialgesetzbuch.
[3] Zu den Materialien vgl. BT-Drs. 15/1514, S. 69 zu § 106.
[4] Zu Fragen des anzuwendenden Rechts zwischen 01.07.1983 und Einführung des § 111 SGB XII vgl. LSG BW v. 22.11.2007 - L 7 SO 5078/06 - juris Rn. 16; LSG Berlin-Brandenburg v. 08.10.2009 - L 15 SO 144/08 - juris; OVG Lüneburg v. 23.01.2003 - 12 LC 527/02 - juris; VG Ansbach v. 19.06.2008 - AN 14 K 07.03482 - juris.
[5] BT-Drs. 15/1514, S. 69 zu § 106.
[6] BT-Drs. 15/1514, S. 69 zu § 106; dazu auch Bayerischer VGH v. 23.11.2009 - 12 BV 08.2146 - juris Rn. 20; Bayerischer VGH v. 03.12.2009 - 12 BV 08.2147 - juris Rn. 20.
[7] BSG v. 23.03.2010 - B 8 SO 2/09 R - juris Rn. 12.
[8] Vgl. zu früheren Rechtsänderungen BVerwG v. 13.05.2004 - 5 C 47/02 - juris Rn. 11 ff. - NVwZ-RR 2004, 858-859 = Buchholz 436.0 § 111 BSHG Nr. 10.

gezogen werden, sodass § 111 SGB XII gilt, wenn das Erstattungsverfahren am 01.01.2005 noch nicht abgeschlossen war. Gegenüber dem in Art. 229 § 6 EGBGB angesprochenen Rechtsgedanken enthält eine analoge Anwendung des § 120 Abs. 2 SGB X einen systemimmanenteren Lösungsansatz.

III. Parallelvorschriften

5 § 113 SGB X beinhaltet eine Regelung über die Verjährung von Erstattungsansprüchen, von der **§ 111 SGB X** abweicht. Sonstige Parallelvorschriften existieren nicht. Insbesondere enthält auch § 34 Abs. 3 SGB II keine entsprechende Verjährungsvorschrift für Erstattungsansprüche.

IV. Systematische Zusammenhänge

6 Alle Ansprüche unterliegen der Verjährung, § 194 Abs. 1 BGB. Dabei lässt der Eintritt der Verjährung das **Bestehen des Anspruchs unberührt**, gibt dem Anspruchsschuldner jedoch das **Recht, die Leistung zu verweigern**, § 214 Abs. 1 BGB. Diese Regelungen sind, soweit das öffentliche Recht nichts Abweichendes bestimmt, auch auf öffentlich-rechtliche Ansprüche, auch auf die öffentlich-rechtlichen Erstattungsansprüche, anzuwenden (zu § 111 SGB XII vgl. dessen Absatz 2).

7 § 113 SGB X regelt in Abweichung zum BGB eigenständig den **Beginn und die Dauer** der Verjährungsfrist für **Erstattungsansprüche zwischen Sozialleistungsträgern**. Diese Vorschrift wäre grds. auch auf die Erstattungsansprüche der §§ 106 ff. BGB anzuwenden. Jedoch würde die Anwendung des durch das 4. Euro-Einführungsgesetz zum 01.01.2002[9] geänderten § 113 SGB X im Bereich der Sozialhilfe dazu führen, dass die Erstattungsansprüche der Träger der Sozialhilfe mangels Beginns der Verjährungsfrist faktisch einer Verjährung nicht unterliegen und damit hilfsweise allenfalls eine dreißigjährige Verjährungsfrist des § 195 BGB gälte.[10]

8 Nach § 113 Abs. 1 Satz 1 SGB X verjähren Erstattungsansprüche in vier Jahren nach Ablauf des Kalenderjahres, in dem der erstattungsberechtigte Leistungsträger von der **Entscheidung des erstattungspflichtigen Leistungsträgers** über dessen Leistungspflicht Kenntnis erlangt hat. Eine solche Entscheidung ergeht bei Trägern der Sozialhilfe nicht.[11] Denn der erstattungspflichtige Träger der Sozialhilfe steht in keiner Rechtsbeziehung zur leistungsberechtigten Person mehr, so dass es auch keine „Entscheidung über die Leistungspflicht" geben kann.[12]

9 § 111 Abs. 1 SGB XII regelt daher in Abweichung von § 113 Abs. 1 Satz 1 SGB X eigenständig den **Beginn, die Dauer und das Ende** der Verjährungsfrist für Erstattungsansprüche der Träger der Sozialhilfe und verzichtet – was auch bei § 113 SGB X sinnvoll wäre – auf eine Anknüpfung an eine Entscheidung des erstattungspflichtigen Trägers und lässt die Verjährungsfrist mit dem Ablauf des Kalenderjahres, in dem der Erstattungsanspruch entstanden ist, beginnen. Teilweise wird auch vertreten, wegen der damit entstandenen planwidrigen Regelungslücke, die auch die Jugendhilfeträger erfasst, sei § 111 SGB XII auch auf Erstattungsansprüche der Jugendhilfeträger nach den **§§ 89a und 89c SGB VIII** anzuwenden.[13]

B. Auslegung der Norm

I. Regelungsgehalt und Bedeutung der Norm

10 § 113 SGB X regelt eigenständig den Beginn und die Dauer der Verjährungsfrist für Erstattungsansprüche zwischen Sozialleistungsträgern. § 111 Abs. 1 SGB XII enthält eine **speziellere Regelung** (§ 37 Satz 1 SGB I) für die Erstattungsansprüche der §§ 106 ff. SGB XII. Diese Regelung ist notwendig, um die mit dem 4. Euro-Einführungsgesetz zum 01.01.2002[14] in § 113 Abs. 1 Satz 1 SGB X eingeführte Anknüpfung der Verjährungsfrist an eine Entscheidung des erstattungspflichtigen Leistungsträgers gegenüber dem Leistungsberechtigten für den Bereich der Sozialhilfe wieder auszuschließen (vgl. dazu Rn. 7 ff.).

---

[9] BGBl I 2000, 1983.
[10] So *Klinge* in: Hauck/Noftz, SGB XII, § 111 Rn. 3; *Schoch* in: LPK-SGB XII, 9. Aufl., § 111 Rn. 2.
[11] Zum Problem: *Böttiger* in: LPK-SGB X, 3. Aufl., § 113 Rn. 9; § 111 Rn. 21.
[12] BT-Drs. 15/1514, S. 69 zu § 106.
[13] Für Erstattungsansprüche nach § 89a SGB VIII: VG Würzburg v. 24.01.2013 - W 3 K 11.1060 - juris Rn. 21; für Erstattungsansprüche nach § 89c SGB VIII: BayVGH v. 23.11.2009 - 12 BV 08.2146 - juris; Bayerischer VGH v. 03.12.2009 - 12 BV 08.2147 - juris; OVG Saarland v. 23.05.2012 - 3 A 410/11 - juris.
[14] BGBl I 2000, 1983.

Die praktische Bedeutung des § 111 Abs. 1 liegt in der Korrektur der ungewollten Folgen der Änderung des § 113 Abs. 1 Satz 1 SGB X durch das 4. Euroeinführungsgesetz vom 01.01.2002.[15]

II. Normzweck

Setzt der Gläubiger seinen Anspruch nicht zeitnah durch, so soll er auch nach langer Zeit diesen Anspruch nicht mehr zwangsweise durchsetzen können. Insoweit gibt der Eintritt der Verjährung dem Schuldner das Recht, an einem über längere Zeit hinweg bestehenden Zustand festzuhalten. Damit dienen die Verjährungsvorschriften der **Rechtssicherheit** und dem **Rechtsfrieden**. Dabei zielt § 111 SGB XII im Rahmen der Verjährungsregelungen auf die **Korrektur** eines in Folge der Änderung des § 113 Abs. 1 Satz 1 SGB X durch das **4. Euroeinführungsgesetz** vom 01.01.2002[16] aufgetretenen Problems (vgl. dazu Rn. 7 ff.).

III. Tatbestandsmerkmale

1. Allgemeines

§ 111 SGB XII enthält keine Regelung, die das Entstehen und den Bestand von Erstattungsansprüchen betrifft. Vielmehr enthält die Vorschrift eine Regelung über die **Durchsetzbarkeit der Erstattungsansprüche**. Dabei regelt § 111 Abs. 1 SGB XII auch nicht die Wirkungen der Verjährung, sondern nur den **Beginn**, Dauer und damit auch das **Ende** der **Verjährungsfrist**. Die Wirkungen der Verjährung ergeben sich aus § 111 Abs. 2 i.V.m. § 214 Abs. 1 BGB, wonach ab Eintritt der Verjährung (Ablauf der Verjährungsfrist) dem Anspruchsschuldner das Recht zusteht, die Leistung zu verweigern.

2. Erstattungsanspruch zwischen Trägern der Sozialhilfe

§ 111 SGB XII knüpft an die **Ansprüche auf Erstattung der aufgewendeten Kosten**, also an die Erstattungsansprüche zwischen den Trägern der Sozialhilfe (§ 97 SGB XII) nach den **§§ 106 ff. SGB XII** an. Die Vorschrift betrifft nicht die sonstigen Erstattungsansprüche, die ihre Grundlage nicht in den §§ 106 ff. SGB XII haben. Sie gilt damit nicht für die Erstattungsansprüche der §§ 102 ff. SGB X, auch wenn am Erstattungsverhältnis im konkreten Fall nur Träger der Sozialhilfe beteiligt sind.

§ 111 SGB XII greift auch nicht ein bei **Rückerstattungsansprüchen** i.S.d. § 112 SGB X. Diese Rückerstattungsansprüche sind weder unselbständige Annexansprüche zu den Erstattungsansprüchen, noch sind sie in § 111 Abs. 1 SGB XII genannt. Für sie gilt die Verjährungsregelung des § 113 Abs. 1 Satz 2 SGB X. Diese Rückerstattungsansprüche verjähren in vier Jahren nach Ablauf des Kalenderjahres, in dem die Erstattung zu Unrecht erfolgt ist.

§ 111 Abs. 1 SGB XII setzt das **Bestehen eines Anspruchs** auf Erstattung der aufgewendeten Kosten voraus. Besteht z.B. mangels rechtmäßiger Leistungserbringung oder wegen des Anspruchsuntergangs gem. § 111 SGB X kein solcher Erstattungsanspruch, kann ein solcher auch nicht verjähren.

3. Beginn der Verjährungsfrist

Gem. § 113 Abs. 1 SGB XII beginnt die Verjährungsfrist nach Ablauf des Kalenderjahres, in dem der **Erstattungsanspruch entstanden** ist. Das Kalenderjahr läuft am 31.12. eines Jahres, 24 Uhr ab. Die Verjährungsfrist beginnt damit am 01.01. des folgenden Jahres um 0.00 Uhr.

Maßgeblich ist nach § 111 Abs. 1 SGB XII das Kalenderjahr, in dem der Erstattungsanspruch **entsteht**. Erstattungsansprüche entstehen unmittelbar in dem Zeitpunkt, in dem sämtliche Tatbestandsvoraussetzungen erfüllt sind; § 40 Abs. 1 SGB I gilt entsprechend.[17]

Voraussetzung der **Erstattungsansprüche gem. §§ 106, 107 SGB XII** ist lediglich die Leistungserbringung durch einen anderen als den zuständigen Träger der Sozialhilfe. Insoweit entstehen diese Erstattungsansprüche in dem Zeitpunkt, in dem die zu erstattende Sozialhilfeleistung i.S.d. §§ 106 ff. SGB XII erbracht wird. Dabei ist eine Sozialleistung erbracht, sobald der Träger der Sozialhilfe die Leistung gegenüber dem Leistungsempfänger nach dem für ihn maßgeblichen Recht bewirkt hat.[18] Bei Geldleistungen ist daher der Zeitpunkt maßgeblich, in dem die Leistung dem Leistungsempfänger zugeflossen ist.[19] Dabei kommt es nicht darauf an, ob und ggf. wann seitens des Trägers der Sozialhilfe

---

[15] BGBl I 2000, 1983.
[16] BGBl I 2000, 1983.
[17] BSG v. 23.09.1997 - 2 RU 37/96 - juris Rn. 20 - BSGE 81, 103-111 = SozR 3-1300 § 105 Nr. 4.
[18] BSG v. 25.04.1989 - 4/11a RK 4/87 - juris Rn. 31 - BSGE 65, 31, 38 = SozR 1300 § 111 Nr. 6.
[19] BSG v. 25.04.1989 - 4/11a RK 4/87 - juris Rn. 31 - BSGE 65, 31, 38 = SozR 1300 § 111 Nr. 6.

über den Leistungsanspruch entschieden wurde. Maßgeblich ist, wann die Leistung erbracht wird, denn die Erstattungsansprüche der §§ 106, 107 SGB XII stellen nicht auf die Bewilligung der Leistungen, sondern auf deren tatsächliche Erbringung ab. Nur erbrachte Leistungen können erstattet werden. Lediglich im Rahmen der Prüfung, ob die Leistungserbringung rechtmäßig ist, kann sich daher die Frage nach dem Vorliegen und dem Zeitpunkt eines die Sozialhilfeleistung bewilligenden Verwaltungsaktes stellen. Damit kommt es für das Entstehen des Erstattungsanspruchs als solchen nur insoweit auf den Zeitraum, für den die Leistung erbracht wird, an, als die Erstattungsansprüche nach den §§ 106, 107 SGB XII auch in zeitlicher Hinsicht das Zusammentreffen der Leistungserbringung durch den erstattungsberechtigten Träger der Sozialhilfe mit einer Leistungsverpflichtung des erstattungspflichtigen Trägers der Sozialhilfe voraussetzen.

20 Dagegen entsteht der **Erstattungsanspruch nach § 108 SGB XII** erst dann, wenn die Schiedsstelle den erstattungspflichtigen Träger bestimmt hat. Denn ohne eine solche Schiedsstellenentscheidung richtet sich der Erstattungsanspruch noch gegen keinen anderen Träger der Sozialhilfe. Mag die Schiedsstelle an sich auch nur den erstattungspflichtigen Sozialhilfeträger bestimmen,[20] so kann ohne Anspruchsverpflichteten ein Anspruch nicht entstehen. Zwar hat das BSG[21] z.B. für die Anwendung des § 108 SGB XII wie auch des § 115 SGB XII nicht auf das Entstehen eines konkreten Erstattungsanspruchs, vielmehr auf das Entstehen des Sozialhilfefalles abgestellt, doch können nur tatsächlich bestehende, also entstandene Ansprüche verjähren. Daher ist im Rahmen des § 111 Abs. 1 SGB XII nicht auf den Sozialhilfefall, sondern auf das Entstehen eines Kostenerstattungsanspruchs abzustellen. Wird aber erst durch die Schiedsstellenentscheidung ein solcher erstattungspflichtiger Träger bestimmt, so entsteht mit dieser Bestimmung zugleich ihm gegenüber der Anspruch auf Erstattung für die davor erbrachten Sozialhilfeleistungen. Werden nach der Schiedsstellenentscheidung Sozialhilfeleistungen erbracht, dann entsteht der Erstattungsanspruch insoweit mit der Leistungserbringung (vgl. dazu Rn. 19).

21 Bei **wiederkehrenden Sozialleistungen** kommt es für die Entstehung des Erstattungsanspruchs auf den Zeitraum an, für den die einzelne Leistung erbracht wurde. Insoweit entstehen wegen der Einzelleistungen, die in einzelnen Bewilligungsabschnitten erbracht werden, jeweils gesonderte Erstattungsansprüche.[22]

4. Verjährungsfrist und Geltendmachung

22 Da die Erstattungsansprüche der §§ 106 ff. SGB XII, wie auch diejenigen der §§ 102 ff. SGB X der Geltendmachung bedürfen (§ 111 SGB X),[23] ist die Verjährungsfrist von der Frist zur **Geltendmachung** gem. § 111 SGB X zu unterscheiden. Nicht fristgerecht geltend gemachte Erstattungsansprüche sind gem. § 111 SGB X ausgeschlossen. Diese Ausschlussfrist führt zu einem Entfallen des Erstattungsanspruchs, sodass für nicht fristgerecht geltend gemachte Erstattungsansprüche die **Verjährungsfrist** des § 111 Abs. 1 SGB XII ohne Bedeutung ist.[24] Die rechtzeitige Geltendmachung i.S.d. § 111 SGB X wahrt zwar die dortige Frist, hat jedoch keine Auswirkungen auf den Lauf der Verjährungsfrist. § 45 Abs. 3 SGB I ist nicht entsprechend anwendbar. § 111 SGB XII hat daher Bedeutung nur für fristgerecht geltend gemachte Erstattungsansprüche.

5. Ende der Verjährungsfrist

23 Die Verjährungsfrist endet mit Ablauf des vierten auf den Beginn der Frist folgenden Jahres, also am 31.12., 24 Uhr, vier Jahre später. Zur Berechnung ist auf die §§ 187 Abs. 2, 188 Abs. 2 Alt. 2 BGB abzustellen. Nach Ablauf dieser Frist tritt Verjährung ein.

IV. Rechtsfolgen

1. Wirkung der Verjährung

24 Hinsichtlich der Wirkungen der Verjährung verweist § 111 Abs. 2 SGB XII auf eine sinngemäße Geltung des BGB. Es gelten die **§§ 214 ff. BGB**.

---

[20] BSG v. 14.04.2011 - B 8 SO 23/09 R - juris Rn. 16 - SozR 4-5910 § 147 Nr. 1.
[21] BSG v. 14.04.2011 - B 8 SO 23/09 R - juris Rn. 16 - SozR 4-5910 § 147 Nr. 1.
[22] BSG v. 06.04.1989 - 2 RU 34/88 - juris Rn. 22 - BSGE 65, 27, 29, 31 = SozR 1300 § 111 Nr. 4.
[23] Vgl. z.B. BSG v. 14.04.2011 - B 8 SO 23/09 R - juris Rn. 19 - SozR 4-5910 § 147 Nr. 1.
[24] *Böttiger* in: LPK-SGB X, 3. Aufl., § 113 Rn. 3.

Ist die Verjährungsfrist abgelaufen, tritt Verjährung ein. Der Eintritt der Verjährung berührt das **Bestehen des Anspruchs** nicht; der Erstattungsanspruch bleibt bestehen. Vielmehr erlangt der Anspruchsschuldner mit dem Eintritt der Verjährung das **Recht, die Leistung zu verweigern**, § 214 Abs. 1 BGB i.V.m. § 111 Abs. 2 SGB XII. Insoweit erwächst dem Schuldner mit dem Eintritt der Verjährung gegenüber dem Gläubiger ein Leistungsverweigerungsrecht.

Das Leistungsverweigerungsrecht ist auch bei Erstattungsansprüchen – anders als der Ausschluss des Erstattungsanspruchs wegen unterlassener Geltendmachung nach § 111 SGB X – **nicht von Amts wegen** zu beachten, sondern ist als **Einrede** vom Schuldner bis zum Schluss der letzten mündlichen Verhandlung der letzten Tatsacheninstanz geltend zu machen.[25] In der Revisionsinstanz kann die Verjährungseinrede nicht erstmals geltend gemacht werden.[26]

Der Eintritt der Verjährung hindert nur die zwangsweise Durchsetzung des Anspruchs. Die freiwillige Erfüllung durch den Schuldner ist dagegen nicht ausgeschlossen. Das auf einen verjährten Anspruch Geleistete kann nicht zurückgefordert werden, § 111 Abs. 2 SGB XII i.V.m. § 214 Abs. 2 Satz 1 BGB. Der Eintritt der Verjährung bzw. die Leistung auf einen verjährten Anspruch begründet damit keinen Rückerstattungsanspruch nach § 112 SGB X.

2. Vereinbarungen über die Verjährung

Vereinbarungen über die Verjährung sind nach § 111 Abs. 2 SGB XII i.V.m. § 202 BGB grds. zulässig. Durch solche Vereinbarungen kann die Verjährungsfrist verkürzt, verlängert, deren Beginn oder Ablauf modifiziert werden.[27] Nach Eintritt der Verjährung ist auch der Verzicht auf deren Wirkungen möglich.[28]

3. Hemmung, Ablaufhemmung, Neubeginn der Verjährung

Auch für die Hemmung, die Ablaufhemmung und den Neubeginn der Verjährung verweist § 111 Abs. 2 SGB XII auf die sinngemäße Geltung des BGB. § 45 Abs. 3 SGB I gilt nicht.

Ist die Verjährung gehemmt, §§ 203-209 BGB, ist die Zeit der **Hemmung** nicht in die Verjährungsfrist einzurechnen (§ 209 BGB). Die häufigsten Fälle der Verjährungshemmung sind die Hemmung der Verjährung bei Verhandlungen i.S.d. § 203 BGB, solange zwischen dem Schuldner und dem Gläubiger Verhandlungen über den Anspruch schweben, und die Hemmung der Verjährung während der Rechtsverfolgung (§ 204 BGB).

Tritt dagegen eine Ablaufhemmung (§§ 210, 211 BGB) ein, sind die letzten sechs Monate der Verjährungsfrist gehemmt und laufen erst nach Wegfall des Grundes weiter. Ordnet das Gesetz gem. § 212 BGB den **Neubeginn** (früher: Unterbrechung) der Verjährungsfrist an, fängt die Verjährungsfrist vollständig neu zu laufen an. Zum Übergangsrecht vgl. Art 229 § 6 EGBGB.

4. Rechtsmissbrauch und Verwirkung

Ein Recht oder eine Rechtsposition dürfen nicht in unzulässiger Weise ausgeübt bzw. ausgenutzt werden (§ 242 BGB).

Im Einzelfall kann sich auch die Erhebung der Verjährungseinrede als **rechtsmissbräuchlich** erweisen.[29] Dann darf sich der Schuldner nicht auf den Eintritt der Verjährung berufen. Das kommt vor allem dann in Betracht, wenn der Schuldner den Gläubiger an der rechtzeitigen Durchsetzung seines Rechts gehindert hat.

Andererseits kann im Einzelfall auch der Erstattungsberechtigte sich rechtsmissbräuchlich verhalten und seinen Anspruch verwirken. Das Rechtsinstitut der **Verwirkung**[30] existiert als Ausprägung des Grundsatzes von Treu und Glauben i.S.d. § 242 BGB auch im Sozialrecht[31]. Sie setzt voraus, dass der Berechtigte die Ausübung seines Rechts während eines längeren Zeitraumes unterlassen hat (1.) und weitere besondere Umstände hinzutreten, die nach den Besonderheiten des Einzelfalls und des in Betracht kommenden Rechtsgebietes das verspätete Geltendmachen des Rechts nach Treu und Glauben

---

[25] BSG v. 06.12.1989 - 2 RU 30/89 - juris Rn. 12.
[26] BSG v. 06.12.1989 - 2 RU 30/89 - juris Rn. 12.
[27] *Palandt*, BGB, 62. Aufl., § 202 BGB Rn. 2.
[28] BGH v. 04.07.1973 - IV ZR 185/72 - NJW 1973, 1690; LSG BW v. 28.02.2003 - L 4 KR 2531/01 - juris.
[29] *Kater* in: KassKomm, § 113 SGB X Rn. 18.
[30] *Palandt*, BGB, 62. Aufl., § 242 BGB Rn. 87.
[31] BSG v. 01.07.2010 - B 13 R 67/09 R - juris Rn. 31 m.w.N.

dem Verpflichteten gegenüber als illoyal erscheinen lassen (2.).[32] Solche besonderen Umstände liegen regelmäßig dann vor, wenn der Verpflichtete infolge eines bestimmten Verhaltens des Berechtigten darauf vertrauen durfte, dass dieser das Recht (hier: die Erhebung der Einrede der Verjährung) nicht mehr geltend machen werde (Vertrauensgrundlage) und der Verpflichtete tatsächlich darauf vertraut hat, das Recht werde nicht mehr ausgeübt (Vertrauenstatbestand) und sich infolgedessen in seinen Vorkehrungen und Maßnahmen so eingerichtet hat (Vertrauensverhalten), dass ihm durch die verspätete Durchsetzung des Rechts ein unzumutbarer Nachteil entstehen würde.[33]

---

[32] BSG v. 01.07.2010 - B 13 R 67/09 R - juris Rn. 31.
[33] So BSG v. 01.07.2010 - B 13 R 67/09 R - juris Rn. 31; BSG v. 29.01.1997 - 5 RJ 52/94 - juris Rn. 18 - BSGE 80, 41-45 = SozR 3-2200 § 1303 Nr. 6, jeweils auch mit Fallgestaltungen, in denen eine Verwirkung nicht angenommen worden war.

§ 112 SGB XII Kostenerstattung auf Landesebene

(Fassung vom 27.12.2003, gültig ab 01.01.2005)

Die Länder können Abweichendes über die Kostenerstattung zwischen den Trägern der Sozialhilfe ihres Bereichs regeln.

Gliederung

A. Basisinformationen ... 1	III. Tatbestandsmerkmale ... 8
I. Textgeschichte ... 1	1. Regelung durch Landesgesetz ... 8
II. Vorgängervorschriften ... 2	2. Ermächtigung zur Regelung der Kostenerstattung zwischen Trägern der Sozialhilfe ... 10
III. Parallelvorschriften ... 3	
IV. Landesrecht ... 4	3. Ermächtigung zur Regelung von „Abweichendem" ... 14
B. Auslegung der Norm ... 6	
I. Regelungsgehalt und Bedeutung der Norm ... 6	IV. Rechtsfolgen ... 17
II. Normzweck ... 7	**C. Praxishinweise** ... 18

A. Basisinformationen

I. Textgeschichte

§ 112 SGB XII wurde durch Art. 1 des Gesetzes zur Einordnung des Sozialhilferechts in das Sozialgesetzbuch v. 27.12.2003[1] erlassen und trat mit Wirkung zum 01.01.2005[2] in Kraft[3].   1

II. Vorgängervorschriften

§ 112 SGB XII überträgt im Wesentlichen den bisherigen **§ 113 BSHG** in das SGB XII.[4] Anders als die Vorgängervorschrift berechtigt § 112 SGB XII nicht nur dazu, „Näheres" (so noch § 113 BSHG), sondern „**Abweichendes**" über die Kostenerstattung zwischen den Trägern der Sozialhilfe ihres Bereichs zu regeln. Abweichend vom geltenden Recht des SGB XII können die Länder für ihren Landesbereich die Kostenerstattung, anders als im Bundesrecht bestimmt, regeln.[5] Damit sind die Länder nicht nur darauf beschränkt, für Erstattungsfälle zwischen den Trägern der Sozialhilfe ihres Landes innerhalb der durch Bundesrecht gem. §§ 106 ff. SGB XII gezogenen Grenzen Einzelheiten der Erstattungsdurchführung zu regeln, sondern können eigenständige Erstattungspflichten begründen bzw. nach Bundesrecht bestehende Erstattungspflichten aufheben.   2

III. Parallelvorschriften

Eine Parallelvorschrift findet sich auch im SGB II nicht.   3

IV. Landesrecht

Parallelvorschriften im eigentlichen Sinne existieren nicht. Jedoch bestehen in einigen Ländern im Rahmen eines **kommunalen Finanzausgleichs** Ausgleichsmechanismen für regional angefallene Sozialhilfekosten (vgl. dazu Rn. 18). Insoweit würde § 112 SGB XII nun diese Länder auch dazu berechtigen, durch Landesgesetz entsprechende parallele Erstattungsansprüche auszuschließen.   4

Z.B. Baden-Württemberg hat in § 10 des Gesetzes zur Ausführung des Zwölften Buches Sozialgesetzbuch (AGSGB XII) vom 01.07.2004[6] eine entsprechende Regelung getroffen.   5

B. Auslegung der Norm

I. Regelungsgehalt und Bedeutung der Norm

§ 112 SGB XII beinhaltet eine **bundesgesetzliche Ermächtigung** zugunsten der Bundesländer, vom Bundesrecht **abweichende Regelungen** über die Kostenerstattung zwischen den Trägern der Sozial-   6

---

[1] BGBl I 2003, 3022.
[2] Art. 70 Abs. 1 des Gesetzes zur Einordnung des Sozialhilferechts in das Sozialgesetzbuch.
[3] Zu den Materialien vgl. BT-Drs. 15/1514, S. 69 zu § 107.
[4] BT-Drs. 15/1514, S. 69 zu § 107.
[5] BT-Drs. 15/1514, S. 69 zu § 107.
[6] GBl 2004, 469, 534.

hilfe ihres Bereichs zu erlassen. Die Länder sind insoweit nun nicht mehr nur darauf beschränkt, „Näheres" zur Kostenerstattung zwischen Trägern ihres Bereichs zu regeln (so noch § 113 BSHG). Vielmehr können die Länder nunmehr Erstattungsansprüche vollständig neu begründen, bundesgesetzliche Erstattungsansprüche verändern, deren Durchführung modifizieren und auch bundesgesetzliche Erstattungsansprüche ausschließen. Mit dieser Regelung wurden Vorschläge des Deutschen Vereins umgesetzt.[7]

II. Normzweck

7 § 112 SGB XII ermöglicht es den Ländern, die finanziellen Belastungen der Träger der Sozialhilfe ihres Landes abweichend von der bundesgesetzlich bestimmten Zuständigkeits- und der daraus folgenden Lasten- bzw. Kostenzuweisung zu verteilen. Ziel einer solchen Landesregelung kann der gerechtere Ausgleich der Kostenbelastung zwischen Trägern der Sozialhilfe[8] sein, die Rechtsklarheit in Auslegungsfällen[9], die weitere Reduzierung von Kostenerstattungsansprüchen[10] aber auch ein vereinfachtes Zusammenarbeiten der örtlichen und überörtlichen Träger der Sozialhilfe unter Berücksichtigung der im Land bestehenden sonstigen finanziellen Ausgleichsinstrumente.

III. Tatbestandsmerkmale

1. Regelung durch Landesgesetz

8 § 112 SGB XII erlaubt den Ländern, vom Bundesrecht abweichende Regelungen zur Kostenerstattung zu treffen. Erforderlich ist hierzu ein **förmliches Landesgesetz**.[11] Ein solches Landesgesetz enthält z.B. in Baden-Württemberg § 10 AGSGB XII.[12] Es genügt jedoch auch, dass durch formelles Landesgesetz eine weitere Ermächtigungsgrundlage für den Erlass abweichender Regelungen in einer Rechtsverordnung geschaffen wird.[13]

9 Zwangsläufig kann das aufgrund der Ermächtigung des § 112 SGB XII geschaffene Landesrecht lediglich **innerhalb dieses Bundeslandes** gelten. Schon aus Gründen der verfassungsrechtlichen Zuweisung von Kompetenzen an ein Bundesland kann kein Bundesland Regelungen treffen, die die Behörden anderer Bundesländer binden. Insoweit ist die Beschränkung des § 112 SGB XII auf „Träger der Sozialhilfe ihres Bereichs" ein deklaratorischer Hinweis auf die beschränkte Regelungskompetenz der Länder. Im Verhältnis zu Trägern der Sozialhilfe anderer Bundesländer, aber auch hinsichtlich anderer als Träger der Sozialhilfe innerhalb des Landes gelten die bundesrechtlichen Vorschriften der §§ 106 ff. ohne Einschränkungen[14] bzw. die sonstigen einschlägigen Erstattungsregelungen, wie z.B. die §§ 102 ff. SGB X.

2. Ermächtigung zur Regelung der Kostenerstattung zwischen Trägern der Sozialhilfe

10 § 112 SGB XII erlaubt den Ländern lediglich „Abweichendes über die **Kostenerstattung zwischen den Trägern der Sozialhilfe**" zu regeln. Dabei setzt die Kostenerstattung zwischen Trägern der Sozialhilfe voraus, dass zunächst auf beiden Seiten des Erstattungsverhältnisses zwingend jeweils **ausschließlich Träger der Sozialhilfe** beteiligt sind. Sind daher am Erstattungsvorgang nicht auf beiden Seiten ausschließlich Träger der Sozialhilfe beteiligt, greift die Ermächtigung des § 112 SGB XII nicht. Insoweit kann über § 112 SGB XII nicht die Kostenerstattung nach den §§ 102 ff. SGB X verändert werden.

---

[7] *Lücking* in: Hauck/Noftz, SGB XII, § 112 Rn. 1 unter Hinweis auf *Zeitler*, Gutachten für den DV, NDV 1998, S. 104, 113.

[8] *Lücking* in: Hauck/Noftz, SGB XII, § 112 Rn. 4.

[9] *Lücking* in: Hauck/Noftz, SGB XII, § 112 Rn. 4.

[10] *Lücking* in: Hauck/Noftz, SGB XII, § 112 Rn. 4.

[11] *W. Schellhorn* in: Schellhorn/Schellhorn/Hohm, SGB XII, 18. Aufl., § 112 Rn. 1.

[12] § 10 des Gesetzes zur Ausführung des Zwölften Buches Sozialgesetzbuch (AGSGB XII) Baden-Württemberg vom 01.07.2004 (GBl. 2004, 469, 534).

[13] Vgl. z.B. für Hessen § 7 des Hessischen Ausführungsgesetzes zum Zwölften Buch Sozialgesetzbuch (HAG/SGB XII) vom 20.12.2004 (GVBl. I 2004, 488); für Nordrhein-Westfalen § 2 lit. c) des Landesausführungsgesetzes zum Sozialgesetzbuch Zwölftes Buch (SGB XII) – Sozialhilfe – für das Land Nordrhein-Westfalen (AG-SGB XII NRW) vom 16.12.2004 (GV NRW 2004, S. 816) – hierzu vgl. BSG v. 28.10.2008 - B 8 SO 23/07 R - juris Rn. 28 ff. - BSGE 102, 10-21 = SozR 4-2500 § 264 Nr. 2.

[14] BT-Drs. 15/1514, S. 69 zu § 107.

Auch muss es sich bei dem Erstattungsvorgang um eine **Kostenerstattung** handeln. Andere Erstattungsvorgänge als Kostenerstattungen erfasst § 112 SGB XII nicht. 11

Dabei nimmt der Verweis des § 112 SGB XII auf die „Kostenerstattung zwischen den Trägern der Sozialhilfe" Bezug auf die Regelungen der **§§ 106, 107 und 108 SGB XII**, in denen die Voraussetzungen eines Kostenerstattungsanspruchs zwischen Trägern der Sozialhilfe nach dem SGB XII geregelt sind.[15] Diese Vorschriften stehen im 13. Kapitel des SGB XII, Zweiter Abschnitt, der die „Kostenerstattung zwischen den Trägern der Sozialhilfe" regelt. Doch auch soweit das **SGB XII** weitere **Kostenerstattungen zwischen Trägern der Sozialhilfe** bestimmt, greift § 112 SGB XII. Denn angesichts der weiten Formulierung des § 112 SGB XII kann allein aus der systematischen Stellung des § 112 SGB XII als Abschluss des Zweiten Abschnitts des 13. Kapitels nicht darauf geschlossen werden, dass andere Kostenerstattungen nach dem SGB XII zwischen Trägern der Sozialhilfe nicht durch § 112 SGB XII erfasst sein sollen.[16] Auch wenn § 115 SGB XII lediglich eine Übergangsvorschrift für früher entstandene Ansprüche, die heute ihre Grundlage in § 108 SGB XII hätten, und keinen neuen Erstattungsanspruch begründet, so handelt es sich in diesen Fällen doch um eine Kostenerstattung zwischen Trägern der Sozialhilfe, die durch Landesrecht gem. § 112 SGB XII verändert werden kann. 12

Von der Ermächtigungsgrundlage **nicht erfasst** sind dagegen alle Regelungen über die Erstattung anderer Aufwendungen als Kosten sowie über die Kostenerstattung außerhalb des SGB XII. Denn bei diesen Erstattungsregelungen handelt es sich – auch wenn im konkreten Einzelfall ausschließlich Träger der Sozialhilfe beteiligt sind – nicht um die „Kostenerstattung zwischen Trägern der Sozialhilfe". Daher können die Länder auch die Erstattungsansprüche der **§§ 102 ff. SGB X** weder hinsichtlich der Voraussetzungen noch hinsichtlich der Durchführung (§§ 106 ff. SGB X) durch Landesgesetze abweichend ausgestalten.[17] 13

3. Ermächtigung zur Regelung von „Abweichendem"

§ 112 SGB XII ermächtigt die Länder, „Abweichendes" zu regeln. Damit ist es den Ländern eröffnet, durch eigene Regelungen von maßgeblichen, im SGB XII durch Bundesrecht geregelten Bestimmungen der Kostenerstattung zwischen Trägern der Sozialhilfe abzuweichen. Explizite Beschränkungen enthält § 115 SGB XII nicht. Grenzen sind dem Landesgesetzgeber jedoch insoweit gesetzt, als es sich um eine Regelung der Kostenerstattung zwischen Trägern der Sozialhilfe des Landes handeln muss. 14

Im Rahmen der auf die Kostenerstattungsansprüche des SGB XII bezogenen Ermächtigungsgrundlage steht es dem Landesgesetzgeber nach § 112 SGB XII daher frei, **neue Kostenerstattungsansprüche** bzw. Kostenerstattungstatbestände zu schaffen, die bundesgesetzlich geregelten Kostenerstattungsansprüche zu **modifizieren** und auch bundesgesetzlich vorgesehene Kostenerstattungsansprüche **auszuschließen**.[18] Es sind daher auch substantielle Veränderungen der §§ 106 ff. SGB XII zulässig.[19] Insoweit kommt es auch nicht mehr darauf an, dass aufgrund der Ermächtigung des § 112 SGB XII die Erstattungsvorschriften der §§ 106 ff. SGB XII nur „ausgeführt werden".[20] Denn § 112 SGB XII ermächtigt nun auch zu „abweichenden" Regelungen und damit auch dazu, diese Erstattungsansprüche aufzuheben oder inhaltlich abzuändern und auch die Anwendung weiterer für die Erstattung geltender Vorschriften, insbesondere des § 111 SGB XII und des § 111 SGB X, auszuschließen. 15

Darüber hinaus enthält die Ermächtigung des § 112 SGB XII, wie bisher auch § 113 BSHG, auch die Befugnis, die **verfahrensrechtlichen Regelungen** der **§§ 109-111 SGB XII** durch Landesgesetz abzuändern bzw. näher auszugestalten.[21] Denn die Ermächtigung, „Abweichendes über die Kostenerstattung" zu regeln, umfasst nicht nur die Befugnis, diese Kostenerstattungsansprüche inhaltlich auszugestalten, sondern auch **deren Durchführung** eigenständig zu regeln. 16

---

[15] So auch *W. Schellhorn* in: Schellhorn/Schellhorn/Hohm, SGB XII, 18. Aufl., § 112 Rn. 1.

[16] So aber *Schaefer* in: Fichtner/Wenzel, SGB XII, 4. Aufl., § 112.

[17] Ebenso: *Rabe* in: Fichtner/Wenzel, SGB XII, 3. Aufl., § 112 Rn. 2; a.A. *W. Schellhorn* in: Schellhorn/Schellhorn/Hohm, SGB XII, 18. Aufl., § 112 Rn. 1; *Schoch* in: LKP-SGB XII, 8. Aufl., § 112.

[18] A.A. *Wahrendorf* in: Grube/Wahrendorf, SGB XII, 4. Aufl., § 112; wohl auch Schoch in LPK-SGB XII, 9. Auflage, § 112, Rn. 1.

[19] A.A. *Wahrendorf* in: Grube/Wahrendorf, SGB XII, 4. Aufl., § 112.

[20] Dazu vgl. OVG NDS v. 23.07.2003 - 4 LB 572/02 - juris Rn. 11 - FEVS 55, 377-379.

[21] *W. Schellhorn* in: Schellhorn/Schellhorn/Hohm, SGB XII, 18. Aufl., § 112 Rn. 1; *Schoch* in: LKP-SGB XII, 8. Aufl., § 112; a.A. *Wahrendorf* in: Grube/Wahrendorf, SGB XII, 4. Aufl., § 112.

IV. Rechtsfolgen

17 Hat ein Bundesland auf Grundlage der Ermächtigung des § 112 SGB XII eine von den Regelungen des SGB XII über die Kostenerstattung zwischen Trägern der Sozialhilfe abweichende Regelung erlassen, so bestimmt sich die Kostenerstattung nach diesen Vorschriften. Soweit Landesrecht keine Regelungen enthält, gelten **subsidiär** die **bundesrechtlichen Kostenerstattungsregelungen**, vorrangig diejenigen der §§ 106 ff. SGB XII, nachrangig diejenigen der §§ 106 ff. SGB X.

C. Praxishinweise

18 Für Beispiele **landesrechtlicher Regelungen** i.S.d. § 112 SGB XII sei auf folgende Gesetze verwiesen:
- **Baden-Württemberg**: §§ 21-22 des Gesetzes über den kommunalen Finanzausgleich (Finanzausgleichsgesetz – FAG) i.d.F. Bekanntmachung vom 01.01.2000 (GBl., 399), zuletzt geändert durch Art. 1 des Gesetzes vom 01.03.2010 (GBl., 265);
- **Bayern**: Art. 2 und 3 des Gesetzes über den Finanzausgleich zwischen Staat, Gemeinden und Gemeindeverbänden (Finanzausgleichsgesetz – FAG) i.d.F. der Bekanntmachung vom 02.07.2008 (GVBl 2008, 386);
- **Hessen**: § 23 des Gesetzes zur Regelung des Finanzausgleichs (Finanzausgleichsgesetz – FAG) i.d.F. vom 29.05.2007 (GVBl I 2007, 310); bzw. § 7 des Hessischen Ausführungsgesetzes zum Zwölften Buch Sozialgesetzbuch (HAG/SGB XII) vom 20.12.2004 (GVBl I 2004, 488);
- **Niedersachsen**: § 12 des Niedersächsisches Gesetzes zur Ausführung des Zwölften Buchs des Sozialgesetzbuchs (Nds. AG SGB XII – Nds. GVBl 2004, 644).

19 Nachfolgend sind **Ausführungsgesetze der Länder zum SGB XII** aufgelistet:
- **Baden-Württemberg**: Gesetz zur Ausführung des Zwölften Buches Sozialgesetzbuch v. 01.07.2004 (AGSGB XII – GBl 2004, 469), zuletzt geändert durch Artikel 2 des Gesetzes vom 13.12.2011 (GBl 2011, 548, 549);
- **Bayern**: Gesetz zur Ausführung der Sozialgesetze v. 08.12.2006 (AGSG – GVBl 2006, 942), zuletzt geändert durch § 2 des Gesetzes vom 24.07.2013, GBl 2013, 454);
- **Berlin**: Gesetz zur Ausführung des Zwölften Buches Sozialgesetzbuch v. 11.02.1999 (AG-SGB XII – GVBl 2005, 467), zuletzt geändert durch Artikel V des Gesetzes vom 13.07.2011 (GVBl 2011, 345);
- **Brandenburg**: Gesetz zur Ausführung des Zwölften Buches Sozialgesetzbuch v. 06.12.2006 (AG-SGB XII – GVBl I 2006, 166), zuletzt geändert durch Artikel 2 des Gesetzes vom 12.07.2011 (GVBl I 2011, 11, [Nr. 15]);
- **Bremen**: Gesetz zur Ausführung des Zwölften Buches Sozialgesetzbuch (AGSGB XII – Brem.GBl 2007, 315), zuletzt geändert durch Nr. 2.2 i.V.m. Anl. 2 ÄndBek. vom 24.01.2012 (Brem.GBl 2012, 24);
- **Hamburg**: Ein Ausführungsgesetz ist nicht erlassen (im Internet vgl. www.landesrecht.hamburg.de/jportal/portal/page/bshaprod.psml?st=lr, abgerufen am 14.03.2014);
- **Hessen**: Hessisches Ausführungsgesetz zum Zwölften Buch Sozialgesetzbuch v. 20.12.2004 (HAG/SGB XII – GVBl I 2004, 488), zuletzt geändert durch Gesetz vom 10.12.2013 (GVBl 2013, 675);
- **Mecklenburg-Vorpommern**: Gesetz zur Ausführung des Zwölften Buches Sozialgesetzbuch vom 20.12.2004 (SGB XII-AG M-V - GVOBl M-V 2004, 546), zuletzt geändert durch geändert durch Gesetz vom 10.12.2012 (GVOBl. M-V 2012, 535); **Niedersachsen:** Niedersächsisches Gesetz zur Ausführung des Zwölften Buchs des Sozialgesetzbuchs v. 16.12.2004 (Nds. AG SGB XII – Nds. GVBl. 2004, 644), zuletzt geändert durch Artikel 1 des Gesetzes vom 11.12.2013 (Nds. GVBl. 2013, 284);
- **Nordrhein-Westfalen**: Landesausführungsgesetz zum Sozialgesetzbuch Zwölftes Buch (SGB XII) – Sozialhilfe – für das Land Nordrhein-Westfalen v. 16.12.2004 (AG-SGB XII NRW – GV. NRW. 2004, 816), zuletzt geändert durch Gesetz vom 05.03.2013 (GV. NRW 2013, 130);
- **Rheinland-Pfalz**: Landesgesetz zur Ausführung des Zwölften Buches Sozialgesetzbuch v. 22.12.2004 (AGSGB XII – GVBl 2004, 571), zuletzt geändert durch Artikel 2 des Gesetzes vom 19.12.2012 (GVBl 2012, 393);

- **Saarland**: Saarländisches Ausführungsgesetz zum SGB XII v. 08.03.2005 (AGSGB XII – Amtsbl. 2005, 438), zuletzt geändert durch Artikel 1 des Gesetzes vom 20.11.2013 (Amtsbl. I 2013, 308);
- **Sachsen**: Sächsisches Gesetz zur Ausführung des Sozialgesetzbuches v. 06.06.2002 (SächsAGSGB – SächsGVBl 2002, 168), zuletzt geändert durch Artikel 46 des Gesetzes vom 27.01.2012 (SächsGVBl 2012, 130, 556);
- **Sachsen-Anhalt**: Gesetz zur Ausführung des Zwölften Buches Sozialgesetzbuch (Sozialhilfe) v. 11.01.2005 (AG SGB XII – GVBl LSA 2005, 8);
- **Schleswig-Holstein**: Gesetz zur Ausführung des Zwölften Buches Sozialgesetzbuch v. 15.12.2005 (AG-SGB XII – GVOBl 2005, 568), zuletzt geändert durch Artikel 1 des Gesetzes vom 31.05.2013 (GVOBl 2013, 237);
- **Thüringen**: Thüringer Gesetz zur Ausführung des Zwölften Buches Sozialgesetzbuch v. 17.12.2004 (ThürAGSGB XII – GVBl 2004, 891), zuletzt geändert durch Gesetz vom 19.12.2013 (GVBl 2013, 350).

Zu diesen Ausführungsgesetzen vgl. im Internet www.saarheim.de/Gesetze_Laender/agsgb_laender.htm [20] (abgerufen am 14.03.2014) mit weiteren Links.

Dritter Abschnitt: Sonstige Regelungen

§ 113 SGB XII Vorrang der Erstattungsansprüche

(Fassung vom 27.12.2003, gültig ab 01.01.2005)

Erstattungsansprüche der Träger der Sozialhilfe gegen andere Leistungsträger nach § 104 des Zehnten Buches gehen einer Übertragung, Pfändung oder Verpfändung des Anspruchs vor, auch wenn sie vor Entstehen des Erstattungsanspruchs erfolgt sind.

Gliederung

A. Basisinformationen 1
I. Textgeschichte 1
II. Vorgängervorschriften 2
III. Parallelvorschriften 3
IV. Systematische Zusammenhänge 4
B. Auslegung der Norm 9
I. Regelungsgehalt und Bedeutung der Norm 9
II. Normzweck 13
III. Tatbestandsmerkmale 16
1. Allgemeines 16
2. Bestehender Erstattungsanspruch eines Trägers der Sozialhilfe gem. § 104 SGB X 18
3. Übertragung, Pfändung oder Verpfändung des vorrangigen Sozialleistungsanspruchs 24
IV. Rechtsfolgen 28

A. Basisinformationen

I. Textgeschichte

1 § 113 SGB XII wurde durch Art. 1 des Gesetzes zur Einordnung des Sozialhilferechts in das Sozialgesetzbuch v. 27.12.2003[1] erlassen und trat mit Wirkung zum 01.01.2005[2] in Kraft[3].

II. Vorgängervorschriften

2 Vorgängervorschrift ist der am 01.01.1994 in Kraft getretene § 122a BSHG[4], der mit § 113 inhaltsgleich ins SGB XII übertragen wurde[5].

III. Parallelvorschriften

3 Eine Parallelvorschrift findet sich auch im SGB II nicht.

IV. Systematische Zusammenhänge

4 Sozialleistungsansprüche sind **Gegenstand des Rechtsverkehrs** und sind als solche im Rahmen der §§ 53, 54 SGB I **verfügungs- und belastungsfähig**. Solche Verfügungen und Belastungen sind grds. auch **schon vor Entstehen des Sozialleistungsanspruchs** (Vorausverfügungen) möglich. Treffen in Folge dessen mehrere solcher Vorausverfügungen zusammen und reicht der Sozialleistungsanspruch nicht aus, um alle Forderungen zu erfüllen, richtet sich deren Verhältnis nach dem **Prioritätsprinzip**. Die zeitlich früher entstandene und wirksame Verfügung ist zuerst zu erfüllen. Dies gilt nach der Rechtsprechung auch dann, wenn eine solche Verfügung über einen Sozialleistungsanspruch mit einem Erstattungsanspruch nach den §§ 102 ff. SGB X zusammentrifft.[6] Insoweit gehen mit der herrschenden Rechtsprechung Vorausverfügungen über zukünftig entstehende Sozialleistungsansprüche, die zu einem Zeitpunkt vorgenommen werden, zu dem ein Erstattungsanspruch noch nicht entstanden war, diesen Erstattungsansprüchen vor.[7]

---

[1] BGBl I 2003, 3022.
[2] Art. 70 Abs. 1 des Gesetzes zur Einordnung des Sozialhilferechts in das Sozialgesetzbuch.
[3] Zu den Materialien vgl. BT-Drs. 15/1514, S. 69 zu § 108.
[4] Art. 1 Nr. 15 des Zweiten Gesetzes zur Umsetzung des Spar-, Konsolidierungs- und Wachstumsprogramms (2. SKWPG) v. 22.12.1993 (BGBl I 1993, 2374); zu den Materialien vgl. BT-Drs. 12/5930, S. 6.
[5] BT-Drs. 15/1514, S. 69 zu § 108.
[6] BSG v. 25.04.1990 - 5 RJ 12/89 - juris - SGb 1991, 321; BSG v. 07.09.1989 - 5 RJ 63/88 - juris - BSGE 65, 258; BSG v. 30.01.1985 - 1/4 RJ 107/83 - juris - SozR 1300 § 104 Nr. 4; BSG v. 14.11.1984 - 1/4 RJ 57/84 - juris - BSGE 57, 218; vgl. dazu auch *Böttiger* in: LPK-SGB X, 3. Aufl., § 106 Rn. 11 ff, *Roßbroich*, NDV 1986, 134.
[7] BSG v. 25.04.1990 - 5 RJ 12/89 - juris - SGb 1991, 321; BSG v. 07.09.1989 - 5 RJ 63/88 - juris - BSGE 65, 258; BSG v. 30.01.1985 - 1/4 RJ 107/83 - juris - SozR 1300 § 104 Nr. 4; BSG v. 14.11.1984 - 1/4 RJ 57/84 - juris - BSGE 57, 218; *Kater* in: KassKomm-SGB, SGB XII, § 104 SGB X Rn. 42 ff; *v. Einem*, SGb 1987, 147, 148; a.A. *Böttiger* in: LPK-SGB X, 3. Aufl., § 106 Rn. 11 ff.

Handelt es sich bei einer der aufeinandertreffenden Sozialleistungen um eine **vorausgeleistete Sozialhilfeleistung**, so würde die weitere Sozialleistung wegen des vom BSG angenommenen Prioritätsprinzips nach einer Vorausverfügung nicht mehr dem Erstattungsanspruch des Trägers der Sozialhilfe und damit der Sozialhilfe, sondern dem verfügungsbegünstigten Dritten (z.B. einer Bank), zugutekommen. Dieses Ergebnis ist unbillig.[8]

Abweichend vom Prioritätsprinzip bestimmt § 113 SGB XII, dass Erstattungsansprüche nach § 104 SGB X einer Übertragung, Pfändung oder Verpfändung des Sozialleistungsanspruchs immer vorgehen. In diesem Sinne hat auch das LSG Nordrhein-Westfalen[9] entschieden. Die Rechtsprechung des BSG zur Konkurrenz von Abtretungen/Pfändungen zum Erstattungsanspruch nach § 104 SGB X[10], die Einführung von § 122a BSHG bzw. § 113 SGB XII und auch des § 53 Abs. 5 SGB I, sprächen für einen Vorrang des gesetzlichen Erstattungssystems bei zeitgleichem Entstehen des Erstattungsanspruchs und Übergang des Anspruchs nach § 53 SGB I.

Damit setzt § 113 SGB XII zwingend eine Erstattungssituation, also das Bestehen zweier Sozialleistungsansprüche, voraus: einen nachrangigen Sozialhilfeanspruch sowie einen vorgehenden Leistungsanspruch, über den durch freiwillige Verfügung (Übertragung bzw. Verpfändung i.S.d. § 53 SGB I) oder mittels eines zwangsweisen Zugriffs Dritter (Pfändung i.S.d. §§ 54, 55 SGB I) verfügt worden ist. In diesem **Dreiecksverhältnis**, in das durch die Verfügung, Verpfändung bzw. Pfändung von vierter Seite eingegriffen wurde, dient die Vorschrift des § 113 SGB XII letztlich dazu, den absoluten Nachrang der Leistungen der Sozialhilfe gegenüber anderen Leistungen und Ansprüchen (vgl. § 2) durchzusetzen.[11] Dieser **leistungsrechtliche Nachrang** wird gegenüber anderen Sozialleistungsträgern im Erstattungsrecht durch § 104 SGB X mit einem besonderen Erstattungsanspruch gesichert; parallel dazu sichert § 113 SGB XII den Nachrang der Sozialhilfeleistungen dadurch, dass den Sozialhilfeleistungen gegenüber freiwilligen bzw. zwangsweisen Verfügungen über den anderweitigen Sozialleistungsanspruch ein Vorrang eingeräumt wird.

B. Auslegung der Norm

I. Regelungsgehalt und Bedeutung der Norm

Treffen nachrangige (§ 2 SGB XII) Sozialhilfeleistungen mit vorrangigen sonstigen Sozialleistungen zusammen, sieht **§ 104 SGB X** Erstattungsansprüche vor. Im Rahmen dieser Erstattungsansprüche soll die **Nachrangigkeit der Sozialhilfe** gegenüber anderen Sozialleistungen durchgesetzt werden. Diese Erstattungsansprüche wären jedoch durch die nach der Rechtsprechung gemäß dem Prioritätsprinzip vorgehend zu berücksichtigenden früheren Übertragungen, Verpfändungen oder Pfändungen dieses sonstigen Sozialleistungsanspruchs bedroht. § 113 SGB XII hebt insoweit das Prioritätsprinzip auf und verhilft dazu, den Nachrang der Sozialhilfeleistungen gegenüber anderen Sozialleistungen auch bei Übertragungen, Verpfändungen oder Pfändungen wiederherzustellen. Insoweit bedeutet § 113 SGB XII nicht nur eine Korrektur der Rechtsprechung des BSG.[12] Mit dieser Vorschrift entzieht der Gesetzgeber freiwilligen Verfügungen und Verpfändungen seitens des Leistungsberechtigten sowie zwangsweisen Zugriffen Dritter auf die sonstige Sozialleistung im Wege der Pfändung ihre rechtliche Wirkung gegenüber einem Erstattungsanspruch eines Trägers der Sozialhilfe nach § 104 SGB X.

§ 113 SGB XII regelt insoweit das **Verhältnis** von freiwilligen Verfügungen (Übertragung bzw. Verpfändung i.S.d. § 53 SGB I) des hilfebedürftigen Leistungsberechtigten und zwangsweisen Zugriffen Dritter auf einen Sozialleistungsanspruch (Pfändung i.S.d. §§ 54, 55 SGB I) einerseits zum Anspruch auf Sozialhilfe andererseits.

§ 113 SGB XII ist eine gegenüber den §§ 102 ff. SGB X **speziellere Regelung** und geht diesen nach § 37 Satz 1 SGB I vor.[13] Jedoch betrifft § 113 SGB XII **ausschließlich** die Erstattungsansprüche nach

---

[8] *Lücking* in: Hauck/Noftz, SGB XII, § 113 Rn. 3.
[9] LSG Nordrhein-Westfalen v. 08.05.2012 - L 18 R 334/11 - juris; nachgehend BSG v. 29.01.2014 - B 5 R 36/12 R.
[10] BSG v. 22.06.1988 - 1 S 4/87 - juris; BSG v. 25.04.1990 - 5 RJ 12/89 - BSGE 67, 6 - juris SozR 3-1200 § 48 Nr. 1.
[11] Dazu vgl. *Lücking* in: Hauck/Noftz, SGB XII, § 113 Rn. 1.
[12] Vgl. z.B. BSG v. 25.04.1990 - 5 RJ 12/89 - juris - SGb 1991, 321; BSG v. 07.09.1989 - 5 RJ 63/88 - juris - BSGE 65, 258; BSG v. 30.01.1985 - 1/4 RJ 107/83 - juris - SozR 1300 § 104 Nr. 4; BSG v. 14.11.1984 - 1/4 RJ 57/84 - juris - BSGE 57, 218.
[13] *W. Schellhorn* in: Schellhorn/Schellhorn/Hohm, SGB XII, 18. Aufl., § 113 Rn. 4; *Steimer* in: Mergler/Zink, Handbuch der Grundsicherung und Sozialhilfe, § 113 SGB XII, Rn. 2; *Wahrendorf* in: Grube/Wahrendorf, SGB XII, 4. Aufl., § 113 Rn. 2.

§ 113

§ 104 SGB X. Andere Erstattungsansprüche (z.B. die §§ 50, 91, 102, 103, 105 SGB X) sind auch dann nicht erfasst, wenn dadurch eine Sozialhilfeleistung erstattet werden soll.

12 Auch greift § 113 SGB XII allein zugunsten von Erstattungsansprüchen der Träger der Sozialhilfe. **Andere Sozialleistungsträger** kommen, auch wenn sie nachrangige Sozialleistungen erbringen (z.B. Jugendhilfeträger oder Kriegsopferfürsorgeträger), nicht in den Genuss des § 113 SGB XII.[14]

II. Normzweck

13 Mit § 113 SGB XII soll die **Nachrangigkeit der Sozialhilfeleistungen** (§ 2 SGB XII) gegenüber anderen Sozialleistungen auch insoweit durchgesetzt werden, als der Berechtigte oder ein Dritter grds. zulässigerweise (§§ 53-55 SGB I) über die sonstige Sozialleistung verfügt hat. Insoweit trägt § 113 SGB XII, wie auch die §§ 93, 114 SGB XII, dem Umstand Rechnung, dass statt des früheren Fürsorgeanspruchs des Familienvorstandes heute ein **individueller Sozialhilfeanspruch** jedes einzelnen Mitglieds der Einstands- bzw. Haushaltsgemeinschaft begründet ist. Dabei sollen die Ersatz- und Erstattungsvorschriften die durch die Individualisierung der Sozialhilfeansprüche aufgetretenen Schwierigkeiten dann ausgleichen, wenn der Hilfebedürftige mit anderen Personen zusammenlebt.

14 Insoweit dienen die Vorschriften der §§ 93, 114 SGB XII einerseits sowie der §§ 102 ff. SGB X i.V.m. § 113 SGB XII andererseits einer möglichst weitgehenden **Gleichbehandlung von Hilfeempfängern** und den für sie zum Einsatz des Einkommens **verpflichteten Personen** unabhängig vom Zeitpunkt der Durchsetzung der ihnen zustehenden Ansprüche.[15] Denn diese Normen werden von dem Regelungszweck getragen, den Empfänger von Sozialhilfeleistungen bzw. die betreffende Einstands- bzw. Haushaltsgemeinschaft nicht wegen des zufälligen Umstandes ungerechtfertigt besserzustellen, dass eigentlich einzusetzende Mittel, soweit sie bei rechtzeitiger Realisierung die Gewährung von Sozialhilfeleistungen ausschließen würden, der Gemeinschaft erst im Nachhinein zufließen.[16] Kurz gesagt soll damit verhindert werden, dass Personen alleine deshalb, weil die ihnen zustehende Sozialleistung nicht rechtzeitig erbracht werden kann und sie deshalb in den Genuss der Sozialhilfeleistungen kommen, in die Lage versetzt werden, nicht nur mit der Sozialhilfeleistung ihren Lebensunterhalt zu bestreiten, sondern darüber hinaus auch die für dieselbe Zeit zustehende Sozialleistung im Wege der freiwilligen oder zwangsweisen Verfügung zur Deckung anderer Bedarfe bzw. Verbindlichkeiten nutzen zu können. Ohne § 113 SGB XII stünden den Leistungsempfängern letztlich sowohl Sozialhilfeleistungen als auch die anderweitige Sozialleistung faktisch gleichzeitig zur Verfügung; die Nachrangigkeit der Sozialhilfe zur Sicherung des Lebensunterhalts würde unterlaufen.

15 Vor diesem Hintergrund enthält § 113 SGB XII eine Korrektur der Rechtsprechung des BSG zur Anwendung des Prioritätsgrundsatzes bei Erstattungsansprüchen.

III. Tatbestandsmerkmale

1. Allgemeines

16 § 113 SGB XII setzt immer das **Bestehen zweier Sozialleistungsansprüche** voraus: einen nachrangigen Sozialhilfeanspruch sowie einen vorgehenden Leistungsanspruch, aus deren Zusammentreffen sich ein Erstattungsanspruch nach § 104 SGB X ergibt. Des Weiteren muss über den vorgehenden Sozialleistungsanspruch durch **freiwillige Verfügung** (Übertragung bzw. Verpfändung i.S.d. § 53 SGB I) oder mittels **zwangsweiser Pfändung** (i.S.d. §§ 54, 55 SGB I) verfügt worden sein.

17 Das durch das Zusammentreffen von Sozialhilfeleistung und sonstiger Sozialleistung entstehende **Dreiecksverhältnis** aus hilfebedürftigem Leistungsempfänger, Träger der Sozialhilfe und dem für die sonstige Sozialleistung zuständigen Sozialleistungsträger, dessen Ausgleich durch die §§ 102 ff. SGB X geregelt ist, wird durch die Verfügung, Verpfändung bzw. Pfändung von vierter Seite insoweit gestört, als der **Erstattungsanspruch** des Trägers der Sozialhilfe aus § 104 SGB X **beeinträchtigt** wird. § 113 SGB XII wehrt diese zu Lasten der nachrangigen Sozialhilfe eingetretene Störung ab.

2. Bestehender Erstattungsanspruch eines Trägers der Sozialhilfe gem. § 104 SGB X

18 § 113 SGB XII setzt zwingend ein durch das Zusammentreffen von Sozialhilfeleistung einerseits und bestehendem Anspruch auf eine sonstige Sozialleistung andererseits entstehendes Dreiecksverhältnis voraus. Aus diesem Dreiecksverhältnis muss **einer der Erstattungsansprüche nach § 104 SGB X** re-

---

[14] Dazu vgl. *Lücking* in: Hauck/Noftz, SGB XII, § 113 Rn. 4.
[15] Vgl. dazu VG Dresden v. 19.04.2003 - 14 K 2985/00 - juris Rn. 112 m.w.N.
[16] Vgl. dazu VG Dresden v. 19.04.2003 - 14 K 2985/00 - juris Rn. 112.

sultieren. § 113 SGB XII erfasst sowohl den Erstattungsanspruch nach § 104 Abs. 1 Satz 1 SGB X, den Aufwendungsersatzanspruch nach § 104 Abs. 1 Satz 4 SGB X[17] und auch den Kostenerstattungsanspruch gem. § 104 Abs. 2 SGB X. **§ 104 Abs. 1 Satz 1 SGB X** begründet dabei zugunsten des Trägers einer erbrachten nachrangigen Sozialleistung einen Erstattungsanspruch gegen den für die für denselben Zeitraum zustehende vorrangige Sozialleistung zuständigen Sozialleistungsträger. **§ 104 Abs. 1 Satz 4 SGB X** bestimmt zugunsten der dort genannten Träger der Sozial-, Kinder-, Jugendhilfe und Kriegsopferfürsorge eine Erweiterung dieses Erstattungsanspruchs, als die genannten Träger auch Aufwendungsersatz und Kostenbeiträge (z.B. § 11 Abs. 2 BSHG, § 27 Abs. 3 SGB XII, § 91 SGB VIII) erstatten verlangen können; § 114 SGB XII ist jedoch vorgehend zu beachten. Gem. **§ 104 Abs. 2 SGB X** wird die für einen Erstattungsanspruch nach § 104 Abs. 1 Satz 1 SGB X erforderliche Personenidentität zwischen dem Empfänger der nachrangigen Sozialleistung und dem Berechtigten der vorgehenden Sozialleistung durchbrochen, als mit § 104 Abs. 2 SGB X auch in Fällen, in denen es an dieser Personenidentität fehlt, hinsichtlich bestimmter Sozialleistungen dennoch ein Erstattungsanspruch bestehen kann. Werden insoweit für einen Angehörigen des Berechtigten nachrangige Sozialleistungen erbracht und hatte der Berechtigte mit Rücksicht auf diesen Angehörigen einen vorrangigen Sozialleistungsanspruch, so besteht unter den sonstigen Voraussetzungen des § 104 Abs. 1 Satz 1 SGB X auch insoweit ein Erstattungsanspruch.[18]

Die Erstattungsansprüche des § 104 SGB X entstehen nur, wenn die dort genannten Voraussetzungen erfüllt sind. Das bedeutet hinsichtlich des Erstattungsanspruchs nach § 104 Abs. 1 Satz 1 SGB X, dass die **rechtmäßig erbrachte Sozialhilfeleistung** mit einer sachlich, zeitlich und persönlich kongruenten vorrangigen Sozialleistung zusammentrifft.[19] Auch darf der Erstattungsanspruch nicht durch eine eigene Leistungserbringung des erstattungspflichtigen Leistungsträgers vor Kenntnis der Sozialhilfeleistung gem. § 104 Abs. 1 Satz 1 SGB X ausgeschlossen sein. 19

Die Voraussetzungen der Erstattungsansprüche nach § 104 SGB X werden durch § 113 SGB XII nicht verändert. Ebenso sind die Einschränkungen der Erstattungsansprüche durch die jeweils geltenden Bagatellgrenzen, Pauschalierungen usw. (**§§ 109, 110 SGB X; § 110 SGB XII**) zu beachten. 20

§ 113 SGB XII greift nur zugunsten der Erstattungsansprüche von **Trägern der Sozialhilfe** nach § 104 SGB X. Träger der Sozialhilfe sind die örtlichen und die überörtlichen **Träger i.S.d. § 97 SGB XII**. Andere Träger nachrangiger Sozialleistungen sind ebenso wenig erfasst wie auf anderen Anspruchsgrundlagen beruhende Erstattungsansprüche (z.B. die §§ 50, 91, 102, 103, 105 SGB X). 21

Ist kein Erstattungsanspruch eines Trägers der Sozialhilfe nach § 104 SGB X entstanden, greift § 113 SGB XII nicht. Auch soweit der **Erstattungsanspruch** mangels Geltendmachung gem. § 111 SGB X **untergegangen** ist, besteht kein Erstattungsanspruch i.S.d. § 113 SGB XII mehr. Denn hat der für die sonstige Sozialleistung zuständige Sozialleistungsträger in Folge fehlender Geltendmachung i.S.d. § 111 SGB X wegen des materiellrechtlichen Untergangs des Erstattungsanspruchs gegenüber dem Träger der Sozialhilfe keine Erstattung mehr zu leisten, kann eine anderweitige Verfügung oder Pfändung den Erstattungsanspruch des Trägers der Sozialhilfe nicht mehr beeinträchtigen. Hinsichtlich der Geltendmachung nach § 111 SGB X verlangt das LSG Berlin-Brandenburg, dass zumindest dann, wenn in Rechte Dritter eingegriffen werde, eine konkrete Darlegung des Ersatzanspruchs erforderlich sei.[20] Fehlten die erforderlichen Angaben, sei das Bestehen des geltend gemachten Anspruchs auf der Grundlage der Darlegungen des Trägers der Sozialhilfe nicht nachvollziehbar, es liege eine wirksame Anmeldung des Anspruchs nicht vor. Ein nicht wirksam angemeldeter Erstattungsanspruch sei aber von dem in Anspruch genommenen Leistungsträger nicht zu befriedigen, er genieße erst recht gegenüber dem Pfändungsgläubiger keinen Vorrang nach § 113 SGB XII.[21] Dies kann jedoch nur gelten, wenn **keine wirksame, fristgerechte Geltendmachung** vorliegt. Denn der Erstattungsanspruch nach § 111 SGB X entfällt erst mit Ablauf der Frist des § 111 SGB X, sofern der Erstattungsanspruch nicht zuvor wirksam geltend gemacht wurde. Erst nach ungenutztem Ablauf der Frist des § 111 SGB X kann die Wirkung des § 113 SGB XII entfallen, zuvor muss § 113 SGB XII angewandt werden. 22

---

[17] LSG Berlin-Brandenburg v. 11.05.2009 - L 22 R 220/09 ER - juris Rn. 41; *Schoch* in: LPK-SGB XII, 9. Aufl., § 113 Rn. 3; a.A. LSG Berlin-Brandenburg v. 18.09.2006 - L 22 B 1274/06 R ER - juris Rn. 27.

[18] *Kater* in: KassKomm-SGB, SGB XII, § 104 SGB X Rn. 23-26; *Trenk-Hinterberger*, SGb 1991, 326, 329 f.; *Böttiger* in: LPK-SGB X, 3. Aufl., § 104 Rn. 22.

[19] Zu den Voraussetzungen des Erstattungsanspruchs nach § 104 SGB X vgl. z.B. *Böttiger* in: LKP-SGB X, 3. Aufl., § 104 Rn. 4 ff.

[20] LSG Berlin-Brandenburg v. 18.09.2006 - L 22 B 1274/06 R ER - juris Rn. 22.

[21] LSG Berlin-Brandenburg v. 18.09.2006 - L 22 B 1274/06 R ER - juris Rn. 22.

23 Dagegen geht der Erstattungsanspruch bei Eintritt der **Verjährung** i.S.d. § 113 SGB X bzw. § 111 SGB XII nicht unter; lediglich seine Durchsetzung kann gehindert sein (§ 214 Abs. 1 BGB). Beruft sich der erstattungspflichtige Sozialleistungsträger daher auf den Eintritt der Verjährung, ist § 113 SGB XII nicht anwendbar, denn auch hier beeinträchtigt die Verfügung oder Pfändung den Erstattungsanspruch nicht. Wird dagegen nicht auf den Eintritt der Verjährung berufen, so gilt § 113 SGB XII weiterhin.

3. Übertragung, Pfändung oder Verpfändung des vorrangigen Sozialleistungsanspruchs

24 § 113 SGB XII setzt voraus, dass der Anspruch auf die zur Erstattung der Sozialhilfeleistung führende sonstige Sozialleistung übertragen, gepfändet oder verpfändet wurde. Dabei beschreibt § 113 SGB XII die freiwillige Verfügung über den sonstigen Sozialleistungsanspruch durch den hilfebedürftigen Leistungsberechtigten i.S. einer **Übertragung** (Abtretung) und **Verpfändung** i.S.d. § 53 SGB I sowie den zwangsweisen Zugriff Dritter auf die sonstige Sozialleistung im Wege einer **Pfändung** i.S.d. §§ 54, 55 SGB I.

25 Die freiwillige Verfügung, wie auch der zwangsweise Zugriff auf die sonstige Sozialleistung, muss gerade diejenige **Sozialleistung** betreffen, die wegen ihres Zusammentreffens mit der geleisteten Sozialhilfe den Erstattungsanspruch nach § 104 SGB X begründet hat.

26 Freiwillige Verfügungen wie auch zwangsweise Zugriffe Dritter auf Sozialleistungen sind nur unter den Voraussetzungen der **§§ 53 ff. SGB I** zulässig und damit wirksam. Entspricht eine freiwillige Verfügung oder zwangsweise Pfändung des vorrangigen Leistungsanspruchs nicht den durch die §§ 53 ff. SGB I gestellten Anforderungen, ist die Verfügung bzw. Pfändung unwirksam und kann schon aus diesem Grund einen Erstattungsanspruch nicht beeinträchtigen;[22] § 113 SGB XII greift dann ins Leere.

27 Nur wenn die freiwillige **Verfügung** bzw. der zwangsweise **Zugriff** auf die erstattungspflichtige Sozialleistung **wirksam** ist, ordnet § 113 SGB XII den Vorrang der Erstattungspflicht nach § 104 SGB X an. Dabei kommt es gem. § 113 SGB XII nicht darauf an, wann die freiwillige Verfügung bzw. der zwangsweise Zugriff wirksam geworden sind. Denn entsprechend seinem Halbsatz 2 ordnet § 113 SGB XII den Vorrang des Erstattungsanspruchs auch dann an, wenn die freiwillige Verfügung bzw. der zwangsweise Zugriff **schon vor Entstehen des Erstattungsanspruchs erfolgt** sind.

IV. Rechtsfolgen

28 § 113 SGB XII ordnet an, dass die einen Erstattungsanspruch des Trägers der Sozialhilfe aus § 104 SGB X beeinträchtigenden freiwilligen Verfügungen bzw. zwangsweisen Zugriffe auf den vorrangigen erstattungspflichtigen Sozialleistungsanspruch gegenüber dem Erstattungsanspruch nachrangig sind. Insoweit werden die freiwilligen Verfügungen bzw. zwangsweisen Zugriffe im Fall des § 113 SGB XII **nicht unwirksam**. Sie werden nur mit einem **gesetzlichen Nachrang** gegenüber dem Erstattungsanspruch des Trägers der Sozialhilfe aus § 104 SGB X belegt. Insoweit bestimmt das Gesetz in § 113 SGB XII, dass die Erfüllung der auf Dritte übertragenen Leistungsansprüche in der Zeit und in der Höhe ausgesetzt werden, in der der Erstattungsanspruch des Trägers der Sozialhilfe nach § 104 SGB X ansonsten ins Leere ginge.[23] Damit bestimmt § 113 SGB XII die **vorrangige Befriedigung** des Erstattungsanspruchs des Trägers der Sozialhilfe aus § 104 SGB X vor den wirksam auf Dritte übertragenen Leistungsansprüchen.

29 Dem vorrangigen **Befriedigungsrecht** des Trägers der Sozialhilfe entspricht die Pflicht des für die erstattungspflichtige Sozialleistung zuständigen Sozialleistungsträgers, vor Befriedigung des Sozialleistungsanspruchs durch Zahlung an den (Dritt-)Gläubiger zuerst den Träger der Sozialhilfe zu bedienen. Jedoch obliegt dem erstattungspflichtigen Leistungsträger ohne nähere Anhaltspunkte nicht die Pflicht, nach einer erstattungsberechtigenden vorherigen Sozialhilfeerbringung zu forschen. Hat der erstattungspflichtige Sozialleistungsträger jedoch seine Leistung erbracht, bevor er von der Sozialhilfeerbringung Kenntnis hatte, so ist der Erstattungsanspruch ausgeschlossen (§ 104 Abs. 1 Satz 1 SGB X). Das bereits Gezahlte ist nicht zurückzufordern,[24] denn mangels Erstattungsanspruch nach § 104 Abs. 1 Satz 1 SGB X ist § 113 SGB XII nicht berührt.

30 Das vorrangige Befriedigungsrecht greift auch dann, wenn die Übertragung, Verpfändung bzw. Pfändung **vor Entstehen des Erstattungsanspruchs** erfolgten, also früher wirksam geworden sind. Gehen die Übertragung, Verpfändung bzw. Pfändung dem Entstehen des Erstattungsanspruchs zeitlich zuvor,

---

[22] Dazu vgl. z.B. BSG v. 29.01.2014 - B 5 R 36/12 R.
[23] BT-Drs. 12/5930, S. 6.
[24] *W. Schellhorn* in: Schellhorn/Schellhorn/Hohm, SGB XII, 18. Aufl., § 113 Rn. 8.

so greift § 113 SGB XII. Werden die Übertragung, Verpfändung bzw. Pfändung nach Entstehen des Erstattungsanspruchs wirksam, geht der Erstattungsanspruch nach § 104 SGB X diesen schon nach dem Prioritätsprinzip vor. Daher ist es unerheblich, wann die Übertragung, Verpfändung bzw. Pfändung wirksam wird; maßgeblich ist vielmehr, dass diese den Erstattungsanspruch des Trägers der Sozialhilfe nach § 104 SGB X beeinträchtigen und damit die Wirkung des § 113 SGB XII auslösen.

Soweit die zu erstattende Sozialleistung den Erstattungsanspruch aus § 104 SGB X übersteigt, sind die **übersteigenden Leistungsteile** unter Beachtung der §§ 53 ff. SGB I entsprechend der Übertragung, Verpfändung bzw. Pfändung an den (Dritt-)Gläubiger auszukehren. Denn insoweit beeinträchtigen die Übertragung, Verpfändung bzw. Pfändung den Erstattungsanspruch des Trägers der Sozialhilfe nicht. 31

Mit der gesetzlichen Anordnung des Nachrangs wird erheblich **in die Rechte der Gläubiger eingegriffen**.[25] Diesen geht der ihnen wirksam übertragene Leistungsanspruch faktisch zumindest insoweit verloren, als der Träger der Sozialhilfe vorrangig aus der eigentlich ihnen zustehenden Sozialleistung befriedigt wird.[26] 32

Jedoch gebieten weder der Wortlaut des § 113 SGB XII, noch die Gesetzesbegründung zu § 122a BSHG, noch verfassungsrechtliche Gründe eine einschränkende Auslegung des § 113 SGB XII.[27] Das gilt auch im Hinblick auf Pfändungen oder Verfügungen, die der Sicherung von Unterhaltsansprüchen dienen. Es ist nicht Aufgabe der aus allgemeinen Steuermitteln finanzierten Sozialhilfe, Schulden des sozialhilfebedürftigen Leistungsberechtigten abzudecken,[28] wozu auch Unterhaltsansprüche gehören, die Hilfebedürftige nicht erfüllen. 33

Mit dem LSG Berlin-Brandenburg[29] **verstößt** § 113 SGB XII **nicht gegen das Grundgesetz**: Art. 3 Abs. 1 GG sei nicht verletzt, denn es obliege grundsätzlich dem Ermessen des Gesetzgebers zu bestimmen, an welchem Sachverhalt er sich ausrichte und welche Elemente für eine Regelung maßgebend sein sollen. Soweit der Gesetzgeber maßgeblich darauf abstelle, dass durch die Sozialhilfe nicht Schulden des sozialhilfebedürftigen Rentners getilgt werden sollen, sei es sachgerecht, alle Schulden gleich zu erfassen. Auch sei weder der Grundsatz des Vertrauensschutzes als Ausprägung der Rechtssicherheit (Art. 20 Abs. 3 GG) noch des Eigentums (Art. 14 Abs. 1 Satz 1 GG) oder der allgemeinen Handlungsfreiheit (Art. 2 Abs. 1 GG) verletzt. Denn bereits seit dem Inkrafttreten des § 122a BSHG zum 01.01.1994 stehe jede Pfändung unter dem Vorbehalt des Nichtentstehens eines Erstattungsanspruchs des Trägers der Sozialhilfe. Ein von einem solchen Erstattungsanspruch unbelastetes Pfändungspfandrecht habe seither nicht mehr begründet werden können. Ebenso habe Vertrauensschutz auf ein unbelastetes Recht seither nicht mehr entstehen können. 34

---

[25] *Lücking* in: Hauck/Noftz, SGB XII, § 113 Rn. 5.
[26] Zweifel an der Verfassungsmäßigkeit hegt *Schoch* in: LPK-BSHG, § 122a Rn. 1.
[27] LSG Berlin-Brandenburg v. 11.05.2009 - L 22 R 220/09 ER - juris Rn. 44.
[28] LSG Berlin-Brandenburg v. 11.05.2009 - L 22 R 220/09 ER - juris Rn. 44 unter Hinweis auf BT-Drs. 12/5930, S. 6.
[29] LSG Berlin-Brandenburg v. 11.05.2009 - L 22 R 220/09 ER - juris Rn. 44.

§ 114 SGB XII Ersatzansprüche der Träger der Sozialhilfe nach sonstigen Vorschriften

(Fassung vom 02.12.2006, gültig ab 07.12.2006)

Bestimmt sich das Recht des Trägers der Sozialhilfe, Ersatz seiner Aufwendungen von einem anderen zu verlangen, gegen den die Leistungsberechtigten einen Anspruch haben, nach sonstigen gesetzlichen Vorschriften, die dem § 93 vorgehen, gelten als Aufwendungen

1. **die Kosten der Leistung für diejenige Person, die den Anspruch gegen den anderen hat, und**
2. **die Kosten für Leistungen nach dem Dritten und Vierten Kapitel, die gleichzeitig mit der Leistung nach Nummer 1 für den nicht getrennt lebenden Ehegatten oder Lebenspartner und die minderjährigen unverheirateten Kinder geleistet wurden.**

Gliederung

A. Basisinformationen 1	3. Aufwendungsersatzanspruch gegen einen „anderen" 26
I. Textgeschichte 1	4. Zusammentreffen des Aufwendungsersatzanspruchs mit einem Anspruch des Leistungsberechtigten 28
II. Vorgängervorschriften 3	
III. Parallelvorschriften 4	
IV. Systematische Zusammenhänge 5	
B. Auslegung der Norm 14	5. Aufwendungsersatzanspruch geht dem Anspruch aus § 93 SGB XII vor 32
I. Regelungsgehalt und Bedeutung der Norm 14	
II. Normzweck 15	6. Weitere Voraussetzungen bei Sozialhilfegewährung an Personen nach Nr. 2 37
III. Tatbestandsmerkmale 19	
1. Aufwendungen des Trägers der Sozialhilfe 19	IV. Rechtsfolgen 43
2. Aufwendungsersatzanspruch „nach sonstigen gesetzlichen Vorschriften" 20	1. Rechtsfolgen der Nr. 1 43
	2. Rechtsfolgen der Nr. 2 44

A. Basisinformationen

I. Textgeschichte

1 § 114 SGB XII wurde durch Art. 1 des **Gesetzes zur Einordnung des Sozialhilferechts in das Sozialgesetzbuch** v. 27.12.2003[1] erlassen und trat mit Wirkung zum 01.01.2005[2] in Kraft[3].

2 Durch Art. 1 Nr. 22 des **Gesetzes zur Änderung des Zwölften Buches Sozialgesetzbuch und anderer Gesetze** vom 02.12.2006[4] wurde § 114 SGB XII mit Wirkung zum 07.12.2006[5] geändert. Mit der Änderung wurde § 114 SGB XII auch auf die an Ehegatten oder Lebenspartner geleistete Grundsicherung ausgedehnt und klargestellt, dass auch insoweit ein Ersatzanspruch des Trägers der Sozialhilfe bestehen kann.[6] Erstattungsansprüche unter den Trägern der Sozialhilfe sind jedoch seit 01.01.2013 gemäß § 44 Abs. 4 SGB XII ausgeschlossen.[7]

II. Vorgängervorschriften

3 Vorgängervorschrift zu § 114 SGB XII ist **§ 140 BSHG**, der im Wesentlichen inhaltsgleich ins SGB XII übernommen wurde.[8] Über den bisherigen Regelungsinhalt des § 140 BSHG hinaus werden

---

[1] BGBl I 2003, 3022.
[2] Art. 70 Abs. 1 des Gesetzes zur Einordnung des Sozialhilferechts in das Sozialgesetzbuch.
[3] Zu den Materialien vgl. BT-Drs. 15/1514, S. 69 zu § 109.
[4] BGBl I 2006, 2670.
[5] Art. 3 Abs. 1 des Gesetzes zur Änderung des Zwölften Buches Sozialgesetzbuch und anderer Gesetze vom 02.12.2006 (BGBl I 2006, 2670).
[6] BT-Drs. 16/2711, S. 13.
[7] Art. 1 Nr. 4 lit. B) des Gesetzes zur Änderung des Zwölften Buches Sozialgesetzbuch v. 20.12.2012, BGBl I 2012, 2783-2788; zu den Materialien vgl. Drs. 17/10748.
[8] BT-Drs. 15/1514, S. 69 zu § 109.

von § 114 SGB XII nunmehr auch die Lebenspartner im Sinne des Lebenspartnerschaftsgesetzes erfasst. Daher werden die Kosten der Hilfe zum Lebensunterhalt des Lebenspartners von Leistungsberechtigten, die der Träger der Sozialhilfe aufgebracht hat, in die Erstattungspflichten Dritter einbezogen, auch wenn diese sich nicht aus § 88 SGB XII, sondern aus einer außerhalb des Zwölften Buches geregelten Anspruchsgrundlage ergeben.[9]

III. Parallelvorschriften

Eine Parallelvorschrift findet sich im SGB II in **§ 34b SGB II** (bis 31.12.2010: § 34a SGB II). Bestimmt sich das Recht des Trägers der Grundsicherung für Arbeitsuchende, Ersatz seiner Aufwendungen von einem anderen zu verlangen, gegen den die Leistungsberechtigten einen Anspruch haben, nach sonstigen gesetzlichen Vorschriften, die § 33 SGB III (Ersatzansprüche) vorgehen, gelten als Aufwendungen auch solche Leistungen zur Sicherung des Lebensunterhalts, die an den nicht getrennt lebenden Ehegatten oder Lebenspartner des Hilfebedürftigen erbracht wurden sowie an dessen unverheiratete Kinder, die das 25. Lebensjahr noch nicht vollendet hatten.   4

IV. Systematische Zusammenhänge

Die Leistungen der Sozialhilfe sind gem. § 2 SGB XII anderen Leistungsansprüchen gegenüber nachrangig. Hat der Leistungsberechtigte Ansprüche gegen vorrangig verpflichtete **Sozialleistungsträger**, so wird der Nachrang der Sozialhilfe mittels des Erstattungsanspruchs gem. § 104 SGB X – abgesichert durch das vorrangige Befriedigungsrecht gegenüber freiwilligen Verfügungen bzw. zwangsweisen Pfändungen nach § 113 SGB XII – durchgesetzt. Richten sich die Ansprüche des Leistungsberechtigten jedoch gegen Personen oder Stellen, die **keine Leistungsträger** i.S.d. § 12 SGB I sind, kann ein Erstattungsanspruch nach § 104 SGB X nicht entstehen. In einem solchen Fall kann der Träger der Sozialhilfe unter den Voraussetzungen des § 93 SGB XII den gegen den Dritten gerichteten Anspruch des Hilfebedürftigen durch schriftliche Anzeige auf sich überleiten (Im Einzelnen vgl. die Kommentierung zu § 93 SGB XII).   5

Eine Überleitung nach **§ 93 SGB XII** kann auch dann erfolgen, wenn der übergeleitete Anspruch nicht dem Leistungsberechtigten, sondern einer anderen Person zusteht (§ 93 Abs. 1 Satz 1 SGB XII: auch **Eltern**, nicht getrennt lebender **Ehegatte** oder **Lebenspartner**; § 93 Abs. 1 Satz 2 SGB XII: auch nicht getrennt lebender Ehegatte oder Lebenspartner und minderjährige unverheiratete **Kinder**). Insoweit setzt die Überleitung keine Personenidentität voraus.   6

Dagegen setzen die Erstattungsansprüche der **§§ 102 ff. SGB X**, wie auch die Ersatzansprüche der **§§ 115 ff. SGB X** kongruente Leistungen voraus. Die zu erstattende Leistung muss mit der erstattungspflichtigen Leistung kongruent sein, dieser also entsprechen bzw. vergleichbar sein. Diese Kongruenz bezieht sich nicht nur auf sachliche und zeitliche Kongruenz; sie setzt auch Kongruenz im Sinne einer **Personenidentität**[10] voraus. D.h. der Leistungsempfänger der zur Erstattung berechtigenden Sozialleistung muss mit dem Leistungsberechtigten der erstattungspflichtigen Sozialleistung (§§ 102 ff. SGB X) bzw. des übergegangen Anspruchs (§§ 115 ff. SGB X) identisch sein.   7

Beispiel: Der Sozialleistungsträger hat an den Leistungsempfänger, dessen Ehegatten und Kinder Sozialleistungen erbracht. Der Leistungsempfänger hat einen Anspruch gegen einen anderen Sozialleistungsträger (z.B. einen Krankengeldanspruch gegen die Krankenkasse). Nach den §§ 102 ff. SGB X kann der Sozialleistungsträger von dem anderen Sozialleistungsträger (Krankenkasse) grds. nur die Erstattung der an den Leistungsempfänger erbrachten Sozialleistungen verlangen. Er kann vom anderen Sozialleistungsträger grds. die an den Ehegatten bzw. die Kinder erbrachten Hilfen erstattet verlangen. Lediglich § 104 Abs. 1 Satz 4 SGB X beinhaltet insoweit eine Ausnahme vom **strengen Kongruenzprinzip**.   8,9

§ 114 Nr. 2 SGB XII durchbricht dieses strenge **Kongruenzprinzip**. Nach dieser Vorschrift kann der Träger der Sozialhilfe Aufwendungsersatzansprüche gegen eine dem Hilfebedürftigen zustehende Leistung auch wegen einer Leistungserbringung zugunsten anderer Personen als den Leistungsberechtigten selbst (dessen nicht getrennt lebenden Ehegatten oder Lebenspartner und dessen minderjährige unverheiratete Kinder) geltend machen.   10

---

[9] BT-Drs. 15/1514, S. 69 zu § 109.
[10] BSG v. 12.05.2011 - B 11 AL 24/10 R – juris - SozR 4-1300 § 107 Nr. 4; BSG v. 08.08.1990 - 11 RAr 79/88 - SozR 3-1300 § 104 Nr. 3; LSG Nordrhein-Westfalen v. 29.11.2012 - L 16 AL 329/11 - juris; *Böttiger* in: LPK-SGB X, 3. Aufl., § 104 Rn. 19 ff; *Pattar* in: jurisPK-SGB X, § 104 Rn. 24, 27; a.A. *Wahrendorf* in: Grube/Wahrendorf, SGB XII, 4. Aufl., § 114 Rn. 1.

11 **Beispiel**: Der Träger der Sozialhilfe hat Hilfe zum Lebensunterhalt an den Hilfebedürftigen, dessen Ehegatten und Kinder erbracht. Der Hilfebedürftige hat einen Anspruch gegen einen anderen Sozialleistungsträger (z.B. einen Krankengeldanspruch gegen die Krankenkasse). Nach den §§ 102 ff. SGB X kann der Träger der Sozialhilfe von dem anderen Sozialleistungsträger (Krankenkasse) grds. nur die Erstattung der an den Hilfebedürftigen erbrachten Hilfen verlangen. Wegen der Erweiterung in § 114 Nr. 2 SGB XII kann er aber auch vom anderen Sozialleistungsträger die an den Ehegatten bzw. die Kinder erbrachten Hilfen erstattet verlangen.

12 Insoweit erweitert § 114 Nr. 2 SGB XII hinsichtlich der ersatzberechtigenden Leistungen die Erstattungsregelungen außerhalb des SGB XII und gleicht diese einem Aufwendungsersatz gem. § 93 SGB XII an. Dem steht § 37 SGB I nicht entgegen[11], denn bei § 114 Nr. 2 SGB XII handelt es sich um eine spezielle, nur den Träger der Sozialhilfe betreffende Ergänzung des § 104 SGB X.

13 In der Sache dürfte es sich bei § 114 SGB XII eigentlich um eine Ersatz- bzw. Erstattungsregelung handeln, die systematisch in den fünften Abschnitt des 11. Kapitels gehörte.[12] Denn auch hinsichtlich der Rechtsfolgen stellt § 114 SGB XII die außerhalb des SGB XII bestehenden Ersatzansprüche denjenigen nach § 93 SGB XII gleich.[13]

B. Auslegung der Norm

I. Regelungsgehalt und Bedeutung der Norm

14 Wie auch § 104 Abs. 2 SGB X beinhaltet § 114 Nr. 2 SGB XII eine **Durchbrechung** des im Erstattungs- und Ersatzrecht auch hinsichtlich der Person geltenden strengen **Kongruenzprinzips** i.S.v. Personenidentität.[14] Darüber hinaus führt § 114 SGB XII dazu, dass alle Aufwendungsersatzansprüche der Träger der Sozialhilfe, unabhängig davon, ob ihre Rechtsgrundlage aus dem SGB XII (z.B. § 93 Abs. 1 Satz 2 SGB XII) stammt oder nicht (z.B. § 116 SGB X) **denselben Umfang** haben (§ 114 Nr. 1 SGB XII).

II. Normzweck

15 Die Vorschrift bezweckt die **Durchbrechung** des im Erstattungs- und Ersatzrecht geltenden strengen **Kongruenzprinzips** (vgl. dazu Rn. 7 f.).

16 Des Weiteren ordnet § 114 SGB XII an, dass **alle Aufwendungsersatzansprüche der Träger der Sozialhilfe**, unabhängig davon, ob ihre Rechtsgrundlage aus dem SGB XII (z.B. § 93 Abs. 1 Satz 2 SGB XII) stammt oder nicht (z.B. § 116 SGB X) **denselben Umfang** haben (§ 114 Nr. 1 SGB XII). Damit tragen die §§ 93 und 114 SGB XII nachträglich dazu bei, den **Nachrang der Sozialhilfe** gegenüber anderen Sozialleistungsansprüchen oder sonstigen Ansprüchen, dann **wiederherzustellen**, wenn die Sozialhilfe im Vorgriff auf die Realisierung dieser Ansprüche in Vorleistung zu treten hatte.[15]

17 Während die **§§ 2, 19, 39** (bis 31.12.2010: 36 **SGB XII**) durch Einbeziehung bestimmter Dritter und deren Leistungsansprüche in eine sozialhilferechtliche Einstands- bzw. Haushaltsgemeinschaft im Vorfeld der Sozialhilfeerbringung deren Nachrang gegenüber anderweitigen Ansprüchen sichern, zielen die **§§ 93, 114 SGB XII** auf die **nachträglich rückwirkende Wiederherstellung des sozialhilferechtlichen Nachrangprinzips**. Insoweit bilden die §§ 93, 114 SGB XII bei der nachträglich notwendig werdenden Wiederherstellung des Nachrangs der Hilfe zum Lebensunterhalt wegen nicht rechtzeitig erfüllter Forderungen gegen andere Sozialleistungsträger oder Dritte das Korrelat zu § 19 SGB XII, der die dort genannten Personen im Rahmen der Bewilligung von Hilfe zum Lebensunterhalt zu einer Einstands- bzw. Haushaltsgemeinschaft zusammenfasst und zum gegenseitigen Einsatz des Einkommens verpflichtet.[16]

18 Dabei tragen die §§ 93, 114 dem Umstand Rechnung, dass statt des **früheren Fürsorgeanspruchs des Familienvorstandes** heute ein **individueller Sozialhilfeanspruch** jedes einzelnen Mitglieds der Einstands- bzw. Haushaltsgemeinschaft begründet ist. Insoweit gleichen die §§ 93, 114 SGB XII die durch die Individualisierung der Sozialhilfeansprüche aufgetretene Schwierigkeit aus, wenn der Hilfebedürf-

---

[11] BSG v. 08.08.1990 - 11 RAr 79/88 - juris Rn. 34 - SozR 3-1300 § 104 Nr. 3.
[12] *Decker* in: Oesterreicher, SGB II/SGB XII, § 114 Rn. 5.
[13] *Decker* in: Oesterreicher, SGB II/SGB XII, § 114 Rn. 6.
[14] *Decker* in: Oesterreicher, SGB II/SGB XII, § 114 Rn. 4.
[15] *Decker* in: Oesterreicher, SGB II/SGB XII, § 114 Rn. 6.
[16] VG Dresden v. 19.04.2003 - 14 K 2985/00 - juris Rn. 112; *Schellhorn* in: Schellhorn/Jirasek/Seipp, BSHG, 14. Aufl., § 90 Rn. 32.

tige Angehörige hat. Die §§ 93, 114 SGB XII einerseits und die §§ 102 ff. SGB X i.V.m. § 113 SGB XII andererseits wollen eine Besserstellung von Empfängern von Hilfe zum Lebensunterhalt bzw. die betreffende Einstands- bzw. Haushaltsgemeinschaft verhindern, die dadurch eintreten könnte, dass eigentlich von den Hilfebedürftigen einzusetzende Mittel der Gemeinschaft erst im Nachhinein zufließen.[17]

III. Tatbestandsmerkmale

1. Aufwendungen des Trägers der Sozialhilfe

Nach § 114 SGB XII muss der Träger der Sozialhilfe (§§ 97, 98 SGB XII) einen Anspruch auf Ersatz **"seiner Aufwendungen"** haben. Aufwendungen hat der Träger der Sozialhilfe erst dann, wenn er **tatsächlich** eine Leistung an den Leistungsberechtigten oder dessen in § 114 Nr. 2 SGB XII genannte nicht getrennt lebende Ehegatten oder Lebenspartner bzw. dessen minderjährige unverheiratete Kinder erbracht hat. Welche Sozialhilfeleistung i.S.d. §§ 8, 11, 23, 24, 25 SGB XII gegenüber dem Leistungsberechtigten erbracht wurde, ist dabei ohne Bedeutung;[18] Leistungen an nicht getrennt lebende Ehegatten oder Lebenspartner bzw. die minderjährigen unverheirateten Kinder des Leistungsberechtigten können dagegen nur erfasst sein, wenn es sich um Leistungen nach dem Dritten und Vierten Kapitel des SGB XII (Hilfe zum Lebensunterhalt bzw. Grundsicherung im Alter und bei Erwerbsminderung) handelt.

19

2. Aufwendungsersatzanspruch „nach sonstigen gesetzlichen Vorschriften"

Der Aufwendungsersatzanspruch muss nach „sonstigen gesetzlichen Vorschriften" bestehen. Hierzu gehören alle gesetzlichen Regelungen, **innerhalb** wie auch **außerhalb des SGB XII**, die dem Träger der Sozialhilfe das Recht geben, Ersatz seiner Aufwendungen von einem anderen verlangen zu können und die ihre **Grundlage nicht in § 93 SGB XII** haben. Nicht- bzw. untergesetzliche Aufwendungsersatzregelungen, etwa auf Grundlage einer Verwaltungsvereinbarung oder eines Verwaltungsvertrages, genügen nicht.

20

Dem Träger der Sozialhilfe steht das Recht, von einem anderen Ersatz der Aufwendungen verlangen zu können, immer dann zu, wenn der andere kraft Gesetzes verpflichtet ist, dem Träger der Sozialhilfe dessen Kosten und Aufwendungen für die von ihm erbrachten Sozialhilfeleistungen zu ersetzen. Das ist sowohl hinsichtlich der **Ersatzansprüche** im engeren Sinne (z.B. § 19 Abs. 5 SGB XII; §§ 115 ff. SGB X) der Fall, als auch bei Erstattungsansprüchen (z.B. §§ 102 ff. SGB X).

21

Auch die **Erstattungsansprüche der §§ 102 ff. SGB X** geben dem Träger der Sozialhilfe das Recht, von einem anderen, hier einem Sozialleistungsträger i.S.d. § 12 SGB I, den Ersatz seiner Leistungsaufwendungen zu erlangen. Denn auch durch diese Regelungen soll gesichert werden, dass der aufgrund des materiellen Sozialrechts verpflichtete Leistungsträger auch dann mit den Kosten der Sozialleistung belastet wird, wenn ein anderer Leistungsträger (hier der Träger der Sozialhilfe) die Leistung bereits erbracht hat.[19] Insoweit weist das BSG[20] zu § 102 SGB X zu Recht darauf hin, dass es dort um den Ersatz aller Individualkosten des Einzelfalles geht.

22

Jedoch fallen **nicht alle Erstattungsansprüche** unter § 114 SGB XII. Denn nur solche Erstattungsansprüche sind erfasst, auf deren Grundlage der Träger der Sozialhilfe Ersatz seiner Aufwendungen **von einem Dritten** verlangen kann, unabhängig davon, ob es sich um eine natürliche oder juristische Person bzw. einen Leistungsträger handelt. Der Anspruch aus § 50 SGB X gehört daher nicht zu diesen Aufwendungsersatzansprüchen. Mit diesem Anspruch verlangt der Träger der Sozialhilfe nicht seine Aufwendungen von Dritten ersetzt, sondern revidiert eine rechtswidrige Leistungserbringung gegenüber dem Leistungsempfänger.

23

Aufwendungsersatzansprüche **entstehen und erlöschen** nach den für sie jeweils einschlägigen Vorschriften. Sie sind auch in der nach diesen Vorschriften maßgeblichen Art und Weise zu verfolgen und durchzusetzen (z.B. § 111 SGB X). § 114 SGB XII erweitert die so nach anderen Vorschriften entstandenen Aufwendungsersatzansprüche nur soweit als das Merkmal der persönlichen Kongruenz i.S. einer Personenidentität hinsichtlich der in § 114 Nr. 2 SGB XII genannten Personen durchbrochen wird.

24

---

[17] VG Dresden v. 19.04.2003 - 14 K 2985/00 - juris Rn. 112; vgl. auch die Kommentierung zu § 113 SGB XII Rn. 14.
[18] *Decker* in: Oestereicher, SGB II/SGB XII, § 114 Rn. 9.
[19] *Böttiger* in: LPK-SGB X, 3. Aufl., vor §§ 102 ff. Rn. 5.
[20] BSG v. 08.09.2009 - B 1 KR 9/09 R - juris Rn. 18.

25 Setzt § 114 SGB XII einen Aufwendungsersatzanspruch voraus, so bedeutet dies, dass der Träger der Sozialhilfe selbst grds. **rechtmäßig** Leistungen erbringt bzw. erbracht hat[21]; sonst entsteht kein Aufwendungsersatzanspruch. Unter welchen **Voraussetzungen** dieser Aufwendungsersatzanspruch entsteht, ist in § 114 SGB XII nicht geregelt.

3. Aufwendungsersatzanspruch gegen einen „anderen"

26 Der von § 114 SGB XII vorausgesetzte Aufwendungsersatzanspruch des Trägers der Sozialhilfe muss gegen „**einen anderen**" gerichtet sein. Dieser „andere" kann eine natürliche oder juristische Person, auch ein anderer Leistungsträger, sein. Dabei muss es sich nicht zwingend um einen Sozialleistungsträger i.S.d. § 12 SGB I handeln.

27 Auch **§ 93 SGB XII** regelt Ersatzansprüche gegen „andere". Jedoch betrifft § 93 SGB XII nach dessen Absatz 1 Satz 2 nur solche „anderen", die keine Sozialleistungsträger i.S.d. § 12 SGB I sind. In Abgrenzung dazu betrifft **§ 114 SGB XII** also im Wesentlichen Ansprüche des Trägers der Sozialhilfe gegen die **Sozialleistungsträger** des § 12 SGB I. Darüber hinaus grenzt sich § 114 SGB XII von § 93 SGB XII auch dadurch ab, dass die von § 114 SGB XII erfassten Aufwendungsersatzansprüche auf „sonstigen gesetzlichen Vorschriften, die dem § 93 vorgehen" beruhen müssen.

4. Zusammentreffen des Aufwendungsersatzanspruchs mit einem Anspruch des Leistungsberechtigten

28 Der Aufwendungsersatzanspruch des Trägers der Sozialhilfe muss mit einem Anspruch des Leistungsberechtigten gegenüber dem „anderen" (vgl. dazu Rn. 26 ff.) so **zusammentreffen**, dass die zu ersetzende Sozialhilfe sich **auf denselben Zeitraum bezieht** wie der Anspruch des Leistungsberechtigten gegenüber dem „anderen" (**zeitliche Kongruenz**). Insoweit bilden der Leistungsanspruch des Leistungsberechtigten gegen den „anderen" und der Aufwendungsersatzanspruch des Trägers der Sozialhilfe gegen diesen ein **Dreiecksverhältnis**. In diesem Dreiecksverhältnis muss **gerade der Leistungsberechtigte** einen Anspruch gegen den „anderen" haben. Es genügt nicht, wenn der Leistungsanspruch einer der in § 114 Nr. 2 SGB XII genannten Personen zusteht.

29 Zwar durchbricht § 114 Nr. 2 SGB XII die strenge Kongruenz i.S. einer Personenidentität aus Empfänger der erstattungsberechtigenden Sozialleistung einerseits und Leistungsberechtigtem der erstattungspflichtigen Sozialleistung andererseits. Doch gilt diese Durchbrechung nur hinsichtlich der Leistungserbringung seitens des Trägers der Sozialhilfe an andere Personen als den Hilfebedürftigen selbst (vgl. § 114 Nr. 2 SGB XII). Gerade der **Leistungsberechtigte** muss einen Anspruch gegen den „anderen" haben. Insoweit muss der Leistungsberechtigte **zugleich Empfänger der Sozialhilfeleistung** als auch Inhaber des **Anspruchs gegen den „anderen"** (vgl. dazu Rn. 26 ff.) sein.

30 Nur wenn ein Aufwendungsersatzanspruch gegen einen „anderen" für dieselbe Zeit (zeitliche Kongruenz) mit einem Anspruch des Leistungsberechtigten gegen denselben „anderen" zusammentrifft, liegt die Situation des § 114 SGB XII vor. Fehlt es – ggf. auch aus zeitlichen Gründen – an dem beschriebenen Dreiecksverhältnis, scheidet § 114 SGB XII aus.

31 Daher fällt auch der Anspruch aus § 91 SGB X grds. nicht in den Anwendungsbereich des § 114 SGB XII. Hier fehlt es daran, dass der Anspruch des Trägers der Sozialhilfe gegen den ersatzpflichtigen Auftraggeber mit einem anderen Anspruch des Leistungsberechtigten zusammenfällt.

5. Aufwendungsersatzanspruch geht dem Anspruch aus § 93 SGB XII vor

32 § 114 SGB XII setzt voraus, dass der Aufwendungsersatzanspruch einem Anspruch aus § 93 SGB XII **vorgeht**.

33 Kraft ausdrücklicher gesetzlicher Anordnung gehen die Aufwendungsersatzansprüche gegen den Arbeitgeber sowie gegen Schadenersatzpflichtige i.S.d. §§ 115, 116 SGB X dem § 93 SGB XII vor (**§ 93 Abs. 4 SGB XII**).

34 Des Weiteren geht der Aufwendungsersatzanspruch des **§ 292 Abs. 4 LAG**[22] dem § 93 SGB XII vor. Insoweit enthält das LAG in § 292 eine gegenüber § 93 SGB XII speziellere Regelung.

---

[21] Lediglich bei § 105 SGB X kann auf das Merkmal der Zuständigkeit verzichtet werden; vgl. dazu auch die Kommentierung zu § 110 SGB XII Rn. 15 ff.

[22] § 292 des Gesetzes über den Lastenausgleich (Lastenausgleichsgesetz) in der Neufassung vom 02.06.1993 (BGBl I 1993, 845; BGBl I 1995, 248) i.d.F. des Art. 1 Nr. 8 Gesetzes zur Änderung und Bereinigung des Lastenausgleichsrechts vom 21.06.2006 (BGBl I 2006, 1323).

Kraft tatbestandlicher Anordnung des § 93 SGB XII sind dort gerade Ansprüche gegen Sozialleistungsträger i.S.d. § 12 SGB I aus dessen Geltungsbereich ausgenommen. Ein Verhältnis in dem Sinne, dass ein Erstattungsanspruch der §§ 102 ff. SGB X dem § 93 SGB XII vorgehen könnte, existiert insoweit nicht;[23] denn diese setzen gerade einen erstattungspflichtigen Sozialleistungsträger i.S.d. § 12 SGB I voraus. Die Erstattungsansprüche nach den **§§ 102 ff. SGB X** können daher § 114 SGB XII nicht unter dem Gesichtspunkt der Spezialität vorgehen, wie dies ursprünglich bei der Einführung des § 140 BSHG im Verhältnis von § 90 BSHG und § 1531 RVO der Fall war.[24] An dem Ergebnis, dass § 93 SGB XII nicht anzuwenden ist, soweit der Erstattungsanspruch eingreift, hat sich aber nichts geändert.[25] Daher ist gerade die Nichtanwendbarkeit des § 93 SGB XII nach der Rechtsprechung des BSG für die Anwendung des § 114 SGB XII von Bedeutung.[26] Insoweit versteht das BSG[27] § 114 SGB XII dahin, dass es auf ein konkretes Rangverhältnis zwischen § 93 SGB XII und dem Aufwendungsersatzanspruch nicht ankomme. 35

Kommt es damit letztlich nicht auf ein Rangverhältnis an, sondern alleine darauf, dass **§ 93 SGB XII nicht eingreift**, so kommen grds. alle zuvor beschriebenen Aufwendungsersatzansprüche ebenso in Betracht wie alle Regelungen, nach denen dem Träger der Sozialhilfe ein Anspruch gegen einen „anderen" (vgl. dazu Rn. 26 f.) zusteht. Dies gilt z.B. bei[28] 36

- § 94 SGB XII für übergeleitete Unterhaltsansprüche nach bürgerlichem Recht,
- §§ 106 ff. SGB XII für Erstattungsansprüche gegen andere Träger der Sozialhilfe,
- § 74 Abs. 2 EStG für auf Dritte übergegangene Kindergeldansprüche.

Dagegen greift § 114 SGB XII nicht, wenn Ansprüche nach § 93 Abs. 1 Satz 1 SGB XII selbst übergeleitet werden.[29]

6. Weitere Voraussetzungen bei Sozialhilfegewährung an Personen nach Nr. 2

Soweit § 114 SGB XII nach dessen Nr. 2 auch Sozialhilfeleistungen an **andere Personen** als den Leistungsberechtigten selbst betrifft, müssen die in Nr. 2 genannten **weiteren Voraussetzungen** vorliegen. Liegen diese Voraussetzungen nicht vor, greift auch § 114 Nr. 2 SGB XII nicht ein.[30] Auch eine analoge Anwendung scheidet dann aus.[31] 37

§ 114 SGB XII durchbricht mit seiner Nr. 2 zugunsten von nicht **getrennt lebenden Ehegatten** und Lebenspartnern sowie den minderjährigen unverheirateten Kindern des Leistungsberechtigten den Grundsatz der persönlichen Kongruenz. Dabei ist Nr. 2 hinsichtlich von **Kindern** auf minderjährige unverheiratete Kinder beschränkt; insoweit weicht § 114 SGB XII von § 34b SGB II (bis 31.12.2010: § 34a SGB II) ab, der auch Kinder bis zur Vollendung des 25. Lebensjahres erfasst, weil diese noch zur Bedarfsgemeinschaft gehören (§ 7 Abs. 3 Nr. 2 SGB II). **Lebenspartner** sind solche i.S.d. Lebenspartnerschaftsgesetzes. 38

Es ist jedoch **nicht erforderlich**, dass der nicht getrennt lebende Ehegatte und Lebenspartner sowie das minderjährige unverheiratete Kind mit dem Leistungsberechtigten **zusammenleben**.[32] Das Zusammenleben ist insoweit allein deswegen nicht erforderlich, weil dies vom Wortlaut des § 114 SGB XII nicht vorausgesetzt wird. Darin unterscheidet sich § 114 SGB XII auch von § 27 Abs. 2 Satz 2 SGB XII und § 39 SGB XII (bis 31.12.2010: § 19 Abs. 1 Satz 2 SGB XII und § 36 SGB XII). 39

Ehe- oder partnerschaftsähnliche Gemeinschaften sind nicht in § 114 Nr. 2 SGB XII genannt und werden daher auch nicht erfasst.[33] Ebenso wenig genügt eine bloße Haushaltsgemeinschaft i.S.d. § 39 40

---

[23] *Decker* in: Oesterreicher, SGB II/SGB XII, § 114 Rn. 7.
[24] BSG v. 08.08.1990 - 11 RAr 79/88 - SozR 3-1300 § 104 Nr. 34.
[25] BSG v. 08.08.1990 - 11 RAr 79/88 - SozR 3-1300 § 104 Nr. 34.
[26] BSG v. 08.08.1990 - 11 RAr 79/88 - SozR 3-1300 § 104 Nr. 34.
[27] BSG v. 08.08.1990 - 11 RAr 79/88 - SozR 3-1300 § 104 Nr. 34.
[28] Vgl. dazu *Schoch* in: LPK-SGB XII, 9. Aufl., § 114 Rn. 4.
[29] *Schoch* in: LPK-SGB XII, 9. Aufl., § 114 Rn 3; *Steimer* in Mergler/Zink, Handbuch der Grundsicherung und Sozialhilfe, § 114 SGB XII Rn. 4.
[30] So zu § 34b SGB II: LSG Nordrhein-Westfalen v. 29.11.2012 - L 16 AL 329/11 - juris Rn. 45 ff.
[31] So zu § 34b SGB II: LSG Nordrhein-Westfalen v. 29.11.2012 - L 16 AL 329/11 - juris Rn. 45 ff.
[32] *Schoch* in: LPK-SGB XII, 9. Aufl., § 114 Rn. 5.
[33] *Schoch* in: LPK-SGB XII, 9. Aufl., § 114 Rn 6; vgl. dazu auch BSG v. 08.08.1990 - 11 RAr 79/88 - SozR 3-1300 § 104 Nr. 3.

SGB XII.³⁴ Die Lücke im Gesetz kann auch nicht durch eine ausweitende Auslegung des § 20 SGB XII geschlossen werden.³⁵ Auch eine analoge Anwendung kommt nicht in Betracht.³⁶

41 Sozialhilfeleistungen an nicht getrennt lebende Ehegatten oder Lebenspartner und die minderjährigen unverheirateten Kinder des Leistungsberechtigten können – entsprechend dem Wortlaut der Vorschrift – nach § 114 SGB XII nur dann erfasst werden, wenn es sich um **Leistungen nach dem Dritten und Vierten Kapitel** des SGB XII (**Hilfe zum Lebensunterhalt und Leistungen der Grundsicherung im Alter und bei Erwerbsminderung**) handelt. Andere Sozialhilfeleistungen genügen nicht.³⁷ Diese Beschränkung leuchtet jedoch nicht ein. Die Leistungserbringung an die in § 114 Nr. 2 SGB XII genannten Personen berechtigt nur zum Aufwendungsersatz, wenn diese rechtmäßig war.

42 Auch müssen diese Sozialhilfeleistungen an den nicht getrennt lebenden Ehegatten oder Lebenspartner bzw. die minderjährigen unverheirateten Kinder des Leistungsberechtigten zeitgleich zu Sozialhilfeleistungen an den Leistungsberechtigten erbracht werden („**gleichzeitig**"). Der Leistungsberechtigte und die weiteren beim Aufwendungsersatz nach § 114 Nr. 2 SGB XII zu berücksichtigenden Personen müssen gleichzeitig Sozialhilfeleistungen erhalten haben. Insoweit muss der Leistungsberechtigte zugleich Empfänger der Sozialhilfeleistung als auch Inhaber des Anspruchs gegen den „anderen" (vgl. dazu Rn. 26 ff.) sein.

IV. Rechtsfolgen

1. Rechtsfolgen der Nr. 1

43 Hinsichtlich des Leistungsberechtigten gelten als ersatzfähige Aufwendungen des Trägers der Sozialhilfe die Kosten der Leistung für diejenige Person, die den Anspruch gegen den anderen hat, also sämtliche für die Leistungserbringung gegenüber dem Leistungsberechtigten angefallenen Aufwendungen des Trägers der Sozialhilfe.

2. Rechtsfolgen der Nr. 2

44 Kraft der **gesetzlichen Fiktion** des § 114 Nr. 2 SGB XII gelten auch die Kosten für **Leistungen nach dem Dritten und Vierten Kapitel**, die gleichzeitig mit der Leistung an den Leistungsberechtigten für den nicht getrennt lebenden Ehegatten oder Lebenspartner und dessen minderjährige unverheiratete Kinder geleistet wurden, als Aufwendungen einer Leistungsgewährung gegenüber dem Leistungsberechtigten selbst.

---

[34] *Schoch* in: LPK-SGB XII, 9. Aufl., § 114 Rn 7.
[35] A.A. LSG NRW v. 13.01.2006 - L 19 AL 111/05 - juris Rn. 17.
[36] So zu § 34b SGB II: LSG Nordrhein-Westfalen v. 29.11.2012 - L 16 AL 329/11 - juris Rn. 45 ff.
[37] *Decker* in: Oesterreicher, SGB II/SGB XII, § 114 Rn. 11.

§ 115 SGB XII Übergangsregelung für die Kostenerstattung bei Einreise aus dem Ausland

(Fassung vom 27.12.2003, gültig ab 01.01.2005)

Die Pflicht eines Trägers der Sozialhilfe zur Kostenerstattung, die nach der vor dem 1. Januar 1994 geltenden Fassung des § 108 des Bundessozialhilfegesetzes entstanden oder von der Schiedsstelle bestimmt worden ist, bleibt bestehen.

Gliederung

A. Basisinformationen 1	1. Allgemeines 11
I. Textgeschichte 1	2. Kostenerstattungsanspruch nach § 108 BSHG
II. Vorgängervorschriften 2	a.F. 12
III. Parallelvorschriften 3	3. Kostenerstattungsanspruch nach § 108 BSHG
B. Auslegung der Norm 4	a.F. vor dem 01.01.1994 entstanden 16
I. Regelungsgehalt und Bedeutung der Norm 4	4. Beitrittsgebiet 19
II. Normzweck 9	IV. Rechtsfolgen 20
III. Tatbestandsmerkmale 11	**C. Praxishinweise** 24

A. Basisinformationen

I. Textgeschichte

§ 115 SGB XII wurde durch Art. 1 des Gesetz zur Einordnung des Sozialhilferechts in das Sozialgesetzbuch v. 27.12.2003[1] erlassen und trat mit Wirkung zum 01.01.2005[2] in Kraft[3].   1

II. Vorgängervorschriften

Vorgängervorschrift ist der am 27.06.1993 in Kraft getretene § 147 BSHG[4], der mit § 115 inhaltsgleich ins SGB XII übertragen wird[5].   2

III. Parallelvorschriften

Eine Parallelvorschrift findet sich auch im SGB II nicht.   3

B. Auslegung der Norm

I. Regelungsgehalt und Bedeutung der Norm

§ 108 BSHG enthielt – wie heute **§ 108 SGB XII** – Regelungen über Kostenerstattungen bei Übertritt (Einreise) aus dem Ausland und anschließendem Eintritt von Sozialhilfebedürftigkeit.   4

Bis zum 31.12.1993 enthielt § 108 BSHG i.d.F. des Zweiten Rechtsbereinigungsgesetzes v. 16.12.1986[6] **Kostenerstattungsansprüche** gegenüber **überörtlichen Trägern** der Sozialhilfe. Die Erstattungspflicht des überörtlichen Trägers der Sozialhilfe knüpfte dabei grds. an den **Geburtsort** des Hilfebedürftigen in seinem Zuständigkeitsgebiet an (§ 108 Abs. 1 BSHG i.d.F. des zweiten Rechtsbereinigungsgesetzes). Erst wenn kein Geburtsort in der Bundesrepublik Deutschland gegeben oder zu ermitteln war, war der zur Erstattung verpflichtete überörtliche Träger der Sozialhilfe durch eine **Schiedsstelle** zu bestimmen (§ 108 Abs. 2 BSHG i.d.F. des zweiten Rechtsbereinigungsgesetzes).   5

Ab dem 01.01.1994 wurde die Anknüpfung an den Geburtsort aufgegeben. § 108 Abs. 1 BSHG i.d.F. des Gesetzes über Maßnahmen zur Bewältigung der finanziellen Erblasten im Zusammenhang mit der Herstellung der Einheit Deutschlands, zur langfristigen Sicherung des Aufbaus in den neuen Ländern, zur Neuordnung des bundesstaatlichen Finanzausgleichs und zur Entlastung der öffentlichen Haushalte   6

---

[1] BGBl I 2003, 3022.
[2] Art. 70 Abs. 1 des Gesetzes zur Einordnung des Sozialhilferechts in das Sozialgesetzbuch.
[3] Zu den Materialien vgl. BT-Drs. 15/1514, S. 69 zu § 110.
[4] BGBl I 1993, 944, zu den Materialien vgl. BT-Drs. 12/4401, S. 89 zu Nr. 33 (§ 147).
[5] Zu den Materialien vgl. BT-Drs. 15/1514, S. 69 zu § 110.
[6] BGBl I 1986, 244.

§ 115

(Gesetz zur Umsetzung des Föderalen Konsolidierungsprogramms – FKPG) v. 23.06.1993[7] knüpfte nun die Zuständigkeit und Verpflichtung zur **Erstattung** an die **Entscheidung einer Schiedsstelle** (vgl. dazu den im Wesentlichen inhaltsgleichen § 108 SGB XII).

7 § 115 enthält – wie **zuvor § 147 BSHG** – eine **Übergangsvorschrift** zu dieser Änderung des § 108 BSHG zum 01.01.1994. Die Vorschrift begründet daher keinen eigenen bzw. neuen Kostenerstattungsanspruch.

8 Zum Zeitpunkt dieser Rechtsänderung **bereits entstandene Kostenerstattungsansprüche** bleiben nach § 147 BSHG und § 115 SGB XII existent. Das gilt auch insoweit, als es sich bei der Kostenerstattung um über den 31.12.1993 hinaus laufende Leistungsfälle handelt. Soweit vor dem 01.01.1994 bereits eine Kostenerstattungspflicht begründet oder durch eine Schiedsstelle festgesetzt wurde, bleibt diese Pflicht damit auch über den 01.01.1994 bzw. den 01.01.2005 hinaus bestehen. Diese Erstattungsfälle sind damit auch weiterhin nach § 108 BSHG i.d.F. des Zweiten Rechtsbereinigungsgesetzes vom 16.12.1986[8] über den 31.12.1993 hinaus fortzuführen.

II. Normzweck

9 Das FKPG zielte u.a. darauf, durch eine weitgehende unmittelbare Zuordnung von örtlichen Zuständigkeiten an die bisher zur Kostenerstattung verpflichteten Träger die **Kostenerstattungsregelungen zu reduzieren**.[9] Die Änderung des § 108 BSHG durch das FKPG zum 01.01.1994 ist in diesem Zusammenhang zu sehen. Die Tatbestände der Kostenerstattung, die erheblichen Verwaltungsaufwand verursachten, sollten reduziert, eine Vereinfachung der gebliebenen Kostenerstattung und eine erste Angleichung an das SGB X erreicht werden.[10]

10 Mit der Vorgängerregelung des § 147 BSHG sollten bereits vor dem 01.01.1993 eingetretene Kostenerstattungspflichten bestehen bleiben, um durch Neubearbeitung der Fälle erforderlichen **Verwaltungsaufwand auszuschließen**.[11] Dieser Zweck liegt auch § 115 zugrunde. Die Vorschrift dient damit aber nicht nur der **Vermeidung von ungerechtfertigtem Verwaltungsaufwand**, sondern auch der Verwaltungsvereinfachung, der Rechtssicherheit und der Rechtsklarheit.

III. Tatbestandsmerkmale

1. Allgemeines

11 Voraussetzung der Übergangsregelung ist, dass zunächst ein **Kostenerstattungsanspruch gem. § 108 BSHG a.F.** entstanden war. Darüber hinaus muss dieser Kostenerstattungsanspruch **vor dem 01.01.1994 entstanden** sein.

2. Kostenerstattungsanspruch nach § 108 BSHG a.F.

12 Trat eine Person vor dem 01.01.1994 aus dem Ausland in die Bundesrepublik Deutschland über (Einreise), wurde diese Person innerhalb eines Monats nach dem Übertritt aus dem Ausland hilfebedürftig und hatte sie weder im Ausland noch im Geltungsbereich des BSHG einen gewöhnlichen Aufenthalt, so war derjenige überörtliche Träger der Sozialhilfe, in dessen Bereich der Hilfebedürftige seinen Geburtsort hatte, zur Erstattung der von einem anderen Träger der Sozialhilfe aufgewendeten Sozialhilfekosten verpflichtet (**§ 108 Abs. 1 Satz 1 BSHG** in der bis zum 31.12.1993 geltenden Fassung des Zweiten Rechtsbereinigungsgesetzes).

13 Lebten Ehegatten, Verwandte und Verschwägerte bei Eintritt des Hilfebedarfs zusammen, richtete sich der erstattungspflichtige Träger nach dem ältesten von ihnen, der im Geltungsbereich dieses Gesetzes geboren ist (**§ 108 Abs. 3 Satz 1 BSHG** i.d.F. des Zweiten Rechtsbereinigungsgesetzes). War keine dieser Personen im Geltungsbereich dieses Gesetzes geboren, so war ein gemeinsamer erstattungspflichtiger Träger durch eine Schiedsstelle zu bestimmen.

14 Erst wenn kein Geburtsort innerhalb der Bundesrepublik Deutschland vorhanden oder zu ermitteln war (**§ 108 Abs. 2 Satz 1 BSHG** i.d.F. des Zweiten Rechtsbereinigungsgesetzes), war der zur Kostenerstattung verpflichtete überörtliche Träger der Sozialhilfe von einer Schiedsstelle zu bestimmen. Bei ihrer Entscheidung hatte die Schiedsstelle die Einwohnerzahl und die Belastungen, die sich im vorangegan-

---

[7] BGBl I 1993, 944.
[8] BGBl I 1986, 244.
[9] BT-Drs. 12/4401, S. 84 zu Nr. 17 (§ 97).
[10] BT-Drs. 12/4401, S. 84 zu Nr. 17 (§ 97).
[11] BT-Drs. 12/4401, S. 84 zu Nr. 17 (§ 97).

genen Haushaltsjahr nach § 108 Abs. 1-4 BSHG sowie nach § 119 ergeben haben, zu berücksichtigen (§ 108 Abs. 2 Satz 2 BSHG i.d.F. des Zweiten Rechtsbereinigungsgesetzes). Die Zuständigkeitsbestimmung durch die Schiedsstelle war ein Verwaltungsakt.[12]

War gem. § 108 Abs. 1-3 BSHG i.d.F. des Zweiten Rechtsbereinigungsgesetzes ein Träger der Sozialhilfe demnach zur Erstattung der für einen Hilfeempfänger aufgewendeten Kosten verpflichtet, so hatte er auch die für den Ehegatten oder die minderjährigen Kinder des Hilfeempfängers aufgewendeten Kosten zu erstatten, wenn diese Personen später in den Geltungsbereich dieses Gesetzes übergetreten waren und innerhalb eines Monats der Sozialhilfe bedurften (§ 108 Abs. 4 BSHG i.d.F. des Zweiten Rechtsbereinigungsgesetzes).

3. Kostenerstattungsanspruch nach § 108 BSHG a.F. vor dem 01.01.1994 entstanden

Der Kostenerstattungsanspruch des § 108 BSHG in der bis zum 31.12.1993 geltenden Fassung des Zweiten Rechtsbereinigungsgesetzes muss bereits **vor dem 01.01.1994 entstanden** sein. § 115 SGB XII begründet keinen eigenständigen, neuen Kostenerstattungsanspruch. Vielmehr knüpft die Vorschrift an einen bereits eigenständig entstandenen Kostenerstattungsanspruch an.

Kostenerstattungsansprüche **entstanden** auch nach § 108 BSHG in der bis 31.12.1993 geltenden Fassung des Zweiten Rechtsbereinigungsgesetzes analog § 40 Abs. 1 SGB I, sobald ihre im Gesetz bestimmten **Voraussetzungen vorlagen**. Das setzte nicht voraus, dass der Kostenerstattungsanspruch anerkannt oder gar rechtskräftig festgestellt worden war.[13] Auch kam es nicht darauf an, ob der Kostenerstattungsanspruch bereits vor dem 01.01.1994 i.S.d. § 111 SGB X geltend gemacht worden war. Denn eine Kostenerstattungspflicht bestand auch ohne Geltendmachung durch den Erstattungsberechtigten.[14]

Jedoch hat das **BSG**[15] bei § 147 BSHG, jetzt § 115 SGB XII, nicht an die Entstehung des eigentlichen Kostenerstattungsanspruchs angeknüpft. Vielmehr erfasse § 115 SGB XII alle laufenden Sozialhilfefälle, die ihren **Beginn vor dem 31.12.1993** gehabt hätten und nicht für einen zusammenhängenden Zeitraum von mehr als drei Monaten unterbrochen worden seien. Zwar entstehe der eigentliche Anspruch auf Kostenerstattung erst in dem Zeitpunkt der tatsächlichen Zuwendung.[16] § 147 BSHG und ihm folgend auch § 115 SGB XII stellten aber nach Wortlaut, Systematik, Teleologie und historischer Entwicklung nicht auf die Anspruchsentstehung im engeren Sinn, sondern auf eine **Pflicht zur Kostenerstattung** ab.[17] Damit sei die einmal dem Grunde nach entstandene Pflicht, Kosten zu erstatten, also der eigentliche Kostenerstattungsfall, gemeint.[18] Damit stellt das BSG nicht auf die Entstehung eines Kostenerstattungsanspruchs an sich ab, sondern vielmehr auf die die Erstattung auslösende Hilfegewährung im Sinne des Beginns des Sozialhilfefalles.[19] Dieser Auslegung des **BSG ist zuzustimmen**. Denn damit entspricht die Auslegung des § 115 SGB XII auch derjenigen des § 108 Abs. 2 SGB XII, wo ebenfalls nicht auf den konkreten Erstattungsanspruch, sondern auf den **laufenden Sozialhilfefall** abgestellt wird.[20] Somit genügt es, wenn der **Kostenerstattungsfall bereits vor dem 01.01.1994 begonnen** hat, die Sozialhilfeleistung erstmals vor dem 01.01.1994 erbracht wurde. Dies ist auch dann der Fall, wenn der Sozialhilfefall vor dem 31.12.1993 begonnen, aber über den 31.12.1993 hinaus fortgedauert hat; auf eine Geltendmachung vor dem 31.12.1993 kommt es nicht an.[21] Zur Geltendmachung vgl. Rn. 24. Mit **Urteil vom 22.03.2012** hat das BSG[22] diese Rechtsprechung bestätigt und noch einmal

---

[12] VGH BY v. 01.10.1992 - 12 CZ 91.3802 - juris Rn. 11 - FEVS 43, 400-404.
[13] *Zeitler*, NDV 1993, 289, 292.
[14] VGH BY v. 08.07.2004 - 12 B 00.1392 - juris Rn. 17 - FEVS 56, 158-161.
[15] BSG v. 14.04.2011 - B 8 SO 23/09 R - juris Rn. 14 - SozR 4-5910 § 147 Nr. 1; a.A. vorgehend LSG Nordrhein-Westfalen v. 22.11.2010 - L 20 SO 4/09 - juris.
[16] BSG v. 14.04.2011 - B 8 SO 23/09 R - juris Rn. 14.
[17] BSG v. 14.04.2011 - B 8 SO 23/09 R - juris Rn. 14.
[18] BSG v. 14.04.2011 - B 8 SO 23/09 R - juris Rn. 14.
[19] *Steimer* in: Mergler/Zink, Handbuch der Grundsicherung und Sozialhilfe, § 115 SGB XII Rn. 5a.
[20] Vgl. dazu auch die Kommentierung zu § 108 SGB XII Rn. 17 sowie bei *Schellhorn* in: Schellhorn/Schellhorn/Hohm, SGB XII, 18. Aufl., § 108 Rn. 17; so auch BSG v. 14.04.2011 - B 8 SO 23/09 R - juris Rn. 16 - SozR 4-5910 § 147 Nr. 1.
[21] BSG v. 14.04.2011 - B 8 SO 23/09 R - juris Rn. 19.
[22] BSG v. 22.03.2012 - B 8 SO 2/11 R - juris - SozR 4-5910 § 147 Nr. 2.

verdeutlicht, dass es nicht auf die Anspruchsentstehung im eigentlichen Sinn ankomme, sondern auf die einmal dem Grunde nach entstandene Pflicht, Kosten zu erstatten. Maßgeblich sei also der eigentliche Kostenerstattungsfall.[23]

4. Beitrittsgebiet

19   Mit Inkrafttreten des BSHG im Beitrittsgebiet war § 108 BSHG in der jeweils geltenden Fassung auch im Beitrittsgebiet anzuwenden. War danach ein Kostenerstattungsanspruch entstanden, bleibt dieser nach § 147 BSHG sowie § 115 SGB XII bestehen. Denn § 147 BSHG und § 115 SGB XII gelten auch dann, wenn durch die zum 01.01.1994 in Kraft getretene Änderung der §§ 97 ff. und 108 BSHG ein Träger aus dem Beitrittsgebiet zuständig geworden und zur Kostenerstattung verpflichtet wäre.

IV. Rechtsfolgen

20   War vor dem 01.01.1994 die Erstattungspflicht des überörtlichen Trägers der Sozialhilfe kraft Gesetzes entstanden oder hatte eine Schiedsstelle vor dem 01.01.1994 eine solche Erstattungspflicht bestimmt, bleibt die **entstandene Erstattungspflicht** auch nach dem 31.12.1993 (§ 147 BSHG i.d.F. des FKPG) bzw. 31.12.2004 (§ 115 SGB XII) bestehen. Der vor dem 31.12.1993 zur Erstattung verpflichtete Träger bleibt damit auch nach den Rechtsänderungen für die vor dem 01.01.1994 entstandenen Erstattungsansprüche zuständig und zur Kostenerstattung verpflichtet. Diese Erstattungszuständigkeit gilt auch dann, wenn über den 31.12.1994 hinaus Leistungen zu erbringen waren und ggf. entsprechend § 108 BSHG i.d.F. des FKPG (§ 108 BSHG n.F.) ein anderer Träger zuständig oder erstattungsverpflichtet wäre. § 115 SGB XII bewirkt damit, wie auch schon die Vorgängervorschrift des § 147 BSHG, nicht nur, dass alte Erstattungsansprüche bestehen bleiben, sondern, dass vor dem 01.01.1994 entstandene Erstattungsfälle bei dem damals zuständigen überörtlichen Träger der Sozialhilfe verbleiben.

21   Auf den noch nach den alten Regelungen bestehenden Erstattungsanspruch sind die jeweils bei dessen Entstehung geltenden Erstattungsregelungen anzuwenden. Daher gelten die jeweils geltenden Bagatellgrenzen, z.B. bis zum 31.12.1993 § 111 Abs. 2 Satz 1 BSHG in der vor dem 01.01.1994 geltenden Fassung (200 DM = 102,26 €); ab 01.01.1994 galt dann für über den 31.12.1993 hinaus fortlaufende Erstattungsfälle die Bagatellgrenze des § 111 Abs. 2 BSHG i.d.F. des FKPG. Des Weiteren gelten die Regelungen der §§ 106 ff. SGB X subsidiär.[24] Der Kostenerstattungsanspruch war daher rechtzeitig geltend zu machen (§ 111 SGB X a.F.).

22   Dagegen regelt § 115 SGB XII als Übergangsvorschrift, wie auch schon § 147 BSHG, alleine den Fortbestand der Erstattungspflicht, ohne etwas über deren materielle Voraussetzungen auszusagen.[25] Insoweit begründet die Vorschrift keinen eigenen oder neuen Kostenerstattungsanspruch. § 115 SGB XII kann daher nicht entnommen werden, wann und unter welchen materiellen Voraussetzungen eine nach § 108 BSHG a.F. entstandene und über den Zeitpunkt des Inkrafttretens der Gesetzesänderung zum 01.01.1994 hinaus fortbestehende Kostenerstattungspflicht endet.[26] Dies ist vielmehr anhand der zum Leistungszeitpunkt jeweils maßgeblichen materiellrechtlichen Regelungen zu beurteilen.

23   So endet der Kostenerstattungsanspruch nach § 108 Abs. 5 BSHG (a.F. und n.F.), wenn dem Hilfeempfänger inzwischen für einen zusammenhängenden Zeitraum von 3 Monaten Sozialhilfe nicht zu gewähren war. Ebenso endet der Erstattungsanspruch, wenn der Hilfeempfänger durch Umzug innerhalb der Bundesrepublik Deutschland die Zuständigkeit eines anderen Trägers der Sozialhilfe begründet hatte. Die Kostenerstattungspflicht nach § 108 BSHG lebt auch nicht wieder auf, wenn der Hilfeempfänger nach zwischenzeitlichem Umzug im Inland in den Bereich des für den Einreiseort zuständigen örtlichen Trägers der Sozialhilfe zurückkehrt und von ihm weiterhin Sozialhilfe erhält.[27]

---

[23] BSG v. 22.03.2012 - B 8 SO 2/11 R - juris Rn. 13 - SozR 4-5910 § 147 Nr. 2. Dazu vgl. auch im Ergebnis zustimmend *Steimer* in: Mergler/Zink, Handbuch der Grundsicherung und Sozialhilfe, § 115 SGB XII Rn. 5a.

[24] Vgl. dazu VGH BY v. 08.07.2004 - 12 B 00.1392 - FEVS 56, 158-161.

[25] BVerwG v. 20.10.2005 - 5 C 23/04 - juris Rn. 10 - BVerwGE 124, 265-268.

[26] BVerwG v. 20.10.2005 - 5 C 23/04 - juris Rn. 10 - BVerwGE 124, 265-268.

[27] BVerwG v. 20.10.2005 - 5 C 23/04 - juris Rn. 11 - BVerwGE 124, 265-268.

C. Praxishinweise

Fortbestehende Kostenerstattungsansprüche nach § 115 SGB XII waren zunächst gem. § 111 SGB X a.F. geltend zu machen.[28] Ohne rechtzeitige Geltendmachung ist der Anspruch materiellrechtlich untergegangen.[29] Zu prüfen ist im Einzelfall auch, ob mittlerweile Verjährung eingetreten ist.[30] Daher hat das BSG[31] nicht zu Unrecht nur einen sehr kleinen Anwendungsbereich des § 115 SGB XII gesehen. Kommt der erstattungspflichtige Träger dem Anspruch nicht nach, ist der Erstattungsanspruch mittels einer Leistungsklage vor Gericht zu verfolgen.

---

[28] BSG v. 14.04.2011 - B 8 SO 23/09 R - juris Rn. 19.
[29] Vgl. dazu *Böttiger* in: LPK-SGB X, 3. Aufl., § 111 Rn. 13 ff.
[30] BSG v. 14.04.2011 - B 8 SO 23/09 R - juris Rn. 19.
[31] BSG v. 14.04.2011 - B 8 SO 23/09 R - juris Rn. 19.

Vierzehntes Kapitel: Verfahrensbestimmungen

§ 116 SGB XII Beteiligung sozial erfahrener Dritter

(Fassung vom 27.12.2003, gültig ab 01.01.2005)

(1) Soweit Landesrecht nichts Abweichendes bestimmt, sind vor dem Erlass allgemeiner Verwaltungsvorschriften sozial erfahrene Dritte zu hören, insbesondere aus Vereinigungen, die Bedürftige betreuen, oder aus Vereinigungen von Sozialleistungsempfängern.

(2) Soweit Landesrecht nichts Abweichendes bestimmt, sind vor dem Erlass des Verwaltungsaktes über einen Widerspruch gegen die Ablehnung der Sozialhilfe oder gegen die Festsetzung ihrer Art und Höhe Dritte, wie sie in Absatz 1 bezeichnet sind, beratend zu beteiligen.

Gliederung

A. Basisinformationen 1	d. Rechtsfolge: Pflicht zur Anhörung 19
I. Textgeschichte/Gesetzgebungsmaterialien 1	e. Rechtsfolgen bei unterbliebener Anhörung........ 21
II. Vorgängervorschriften........................... 2	2. Beratende Beteiligung sozial erfahrener Dritter (Absatz 2)........................... 24
III. Parallelvorschriften 3	a. Vor dem Erlass eines Verwaltungsaktes über einen Widerspruch 24
IV. Systematische Zusammenhänge 4	b. Sozial erfahrene Dritte 35
V. Ausgewählte Literaturhinweise..................... 6	c. Soweit Landesrecht nichts Abweichendes bestimmt 39
B. Auslegung der Norm 7	
I. Regelungsgehalt und Bedeutung der Norm 7	d. Rechtsfolge: Pflicht zur beratenden Beteiligung 40
II. Normzweck 11	
III. Tatbestandsmerkmale/Rechtsfolgen 12	e. Rechtsfolgen bei unterbliebener beratender Beteiligung 42
1. Anhörung sozial erfahrener Dritter (Absatz 1).... 12	
a. Vor dem Erlass allgemeiner Verwaltungsvorschriften.................................. 12	**C. Praxishinweise** 43
b. Sozial erfahrene Dritte 16	
c. Soweit Landesrecht nichts Abweichendes bestimmt 17	

A. Basisinformationen

I. Textgeschichte/Gesetzgebungsmaterialien

1   Die Regelung trat wie das gesamte SGB XII zum 01.01.2005 in Kraft (Art. 1 des Gesetzes vom 27.12.2003[1]). Sie ist danach nicht geändert worden. Die Gesetzesmaterialien zum Entwurf des Gesetzes zur Einordnung des Sozialhilferechts in das Sozialgesetzbuch sind in BT-Drs. 15/1514 enthalten.

II. Vorgängervorschriften

2   Die Regelung des § 116 SGB XII „überträgt im wesentlichen inhaltsgleich den bisherigen § 114 des Bundessozialhilfegesetzes".[2] Dabei stellt die Ersetzung des Wortes „Personen" durch „Dritte" in den Absätzen 1 und 2 klar, dass es sich um Dritte im Sinne von § 78 SGB X handelt.[3]

III. Parallelvorschriften

3   Eine Parallelvorschrift zu § 116 SGB XII existiert nicht. Insbesondere das SGB II enthält keine vergleichbare Regelung über die Beteiligung sozial erfahrener Dritter.

IV. Systematische Zusammenhänge

4   § 116 SGB XII ist Teil des Vierzehnten Kapitels des SGB X, in dem ausweislich seiner Überschrift „Verfahrensvorschriften" für das SGB X getroffen sind. Allgemeine Vorschriften über das Verwal-

---

[1] BGBl I 2003, 3022.
[2] BT-Drs. 15/1514, S. 69.
[3] BT-Drs. 15/1514, S. 69.

tungsverfahren für alle Bereiche des SGB sind im **SGB X** normiert, die zurücktreten, sofern und soweit besondere Regelungen existieren (§ 37 SGB I).

Die Regelung des § 116 Abs. 2 SGB XII über die beratende Beteiligung Dritter ist im Zusammenhang mit dem **Schutz des Sozialgeheimnisses** i.S.d. § 35 SGB I zu sehen.[4] Personen oder Stellen, die dort nicht genannt und denen Sozialdaten übermittelt worden sind, dürfen diese nur zu dem Zweck verarbeiten oder nutzen, zu dem sie ihnen befugt übermittelt worden sind (§ 78 SGB X). 5

V. Ausgewählte Literaturhinweise

Frings, Zur Notwendigkeit einer stärkeren Stellung der sozial erfahrenen Personen gemäß § 114 BSHG, ZfSH/SGB 1990, 303; *Schoch*, Beteiligung sozial erfahrener Dritter (§ 116 SGB XII): Länderregelungen, ZfF 2006, 175; *Stahlmann*, Die Beteiligung sozial erfahrener Personen im Sozialhilferecht – Bestandsaufnahme und rechtspolitische Perspektiven –, ZfSH/SGB 1989, 505. 6

B. Auslegung der Norm

I. Regelungsgehalt und Bedeutung der Norm

§ 116 SGB XII regelt die **Beteiligung Dritter**. 7

Absatz 1 des § 116 SGB XII normiert die **Anhörung** sozial erfahrener Dritter vor dem Erlass von allgemeinen Verwaltungsvorschriften als **abstrakt-generelle Regelungen**. 8

Absatz 2 des § 116 SGB XII normiert dagegen die **beratende Beteiligung** sozial erfahrener Dritter in einem konkreten Verwaltungsverfahren, und zwar vor der Bekanntgabe einer **konkret-individuellen Regelung**. 9

Die Regelung über die Beteiligung Dritter des § 116 SGB XII erfasst sachlich **alle Leistungsarten** der Sozialhilfe i.S.d. § 8 SGB XII. 10

II. Normzweck

Die Norm des § 116 SGB XII verfolgt durch die Beteiligung Dritter den Zweck, die **besondere Sachkunde** und die **praktische Erfahrungen Dritter** für das Sozialhilferecht nutzbar zu machen. Dies gilt sowohl für die allgemeine Gesetzesanwendung (§ 116 Abs. 1 SGB XII) als auch im Rahmen eines konkreten Verwaltungsverfahrens (§ 116 Abs. 2 SGB XII). Zugleich wird auf diese Weise ein **Schutz der Belange der Hilfebedürftigen** bezweckt.[5] 11

III. Tatbestandsmerkmale/Rechtsfolgen

1. Anhörung sozial erfahrener Dritter (Absatz 1)

a. Vor dem Erlass allgemeiner Verwaltungsvorschriften

Gemäß § 116 Abs. 1 SGB XII sind, soweit Landesrecht nichts Abweichendes bestimmt, vor dem Erlass allgemeiner Verwaltungsvorschriften sozial erfahrene Dritte zu hören, insbesondere aus Vereinigungen, die Bedürftige betreuen, oder aus Vereinigungen von Sozialleistungsempfängern. 12

Verwaltungsvorschriften sind **abstrakt-generelle Anordnungen** einer Behörde an nachgeordnete Behörden oder eines Vorgesetzten an die ihm unterstellten Verwaltungsbediensteten. Sie beruhen auf der Befugnis zur Leitung eines Geschäftsbereichs.[6] Sie betreffen entweder 13

- die **innere Ordnung einer Behörde** (Organisations- und Dienstvorschriften) oder
- das **sachliche Verwaltungshandeln** (insb. Auslegungsrichtlinien bzw. norminterpretierende Verwaltungsvorschriften und Ermessensrichtlinien bzw. ermessenslenkende Verwaltungsvorschriften).[7]

Der von § 116 Abs. 1 SGB XII verwendete Terminus „allgemeine Verwaltungsvorschrift" ist eigentlich eine Tautologie, weil Verwaltungsvorschriften im Gegensatz zur Einzelanweisung wie dargelegt **generelle** Weisungen sind.[8] Der Zweck des § 116 Abs. 1 SGB XII (vgl. Rn. 11) verdeutlicht aber, dass von dem Anwendungsbereich des § 116 Abs. 1 SGB XII diejenigen Verwaltungsvorschriften erfasst 14

---

[4] Vgl. BT-Drs. 15/1514, S. 69.
[5] *Conradis* in: LPK-SGB II, § 116 Rn. 2; *Streichsbier* in: Grube/Wahrendorf, SGB XII, § 116 Rn. 1; *Schlette* in: Hauck/Noftz, SGB XII, K § 116 Rn. 1.
[6] BVerwG v. 09.06.1983 - 2 C 34/80 - BVerwGE 67, 222, 229.
[7] Zum Vorstehenden: *Maurer*, Allgemeines Verwaltungsrecht, § 24 Rn. 1 und 8-10.
[8] *Schlette* in: Hauck/Noftz, SGB XII, K § 116 Rn. 7.

werden sollen, die das **sachliche Verwaltungshandeln** betreffen, nicht also ausschließlich die innere Behördenordnung.[9] Denn nur insoweit kann die besondere Sachkunde und Erfahrung der Dritten nutzbar gemacht werden.

15 Verwaltungsvorschriften entfalten ihre Rechtswirkungen unmittelbar grundsätzlich nur im staatlichen Innenbereich (Innenwirkung).[10] **Außenwirkung** erhalten sie (nur) mittelbar über die Verwaltungspraxis und den Gleichheitssatz (Art. 3 Abs. 1 GG) im Sinne einer Selbstbindung der Verwaltung.[11]

b. Sozial erfahrene Dritte

16 **Dritte** i.S.d. § 116 Abs. 1 SGB XII sind Personen, die außerhalb des Sozialhilfeträgers stehen, also **Verwaltungsexterne**.[12] „**Sozial erfahrene** Dritte" sind Personen, die **praktische Erfahrungen** mit den Problemen sozial schwacher Menschen haben.[13] Ob diese Erfahrungen aus haupt-, nebenberuflichen oder ehrenamtlichen Tätigkeiten herrühren, ist unerheblich.[14] Zu der Qualifikation der „sozial erfahrenen Dritten" macht § 116 SGB XII ebenfalls keine Aussagen oder Vorgaben. Beispielhaft („insbesondere") werden Dritte „aus Vereinigungen, die Bedürftige betreuen, oder aus Vereinigungen von Sozialleistungsempfängern" genannt. Mit ersteren sind insbesondere die Verbände der freien Wohlfahrtspflege (hierzu § 5 SGB XII) gemeint.[15]

c. Soweit Landesrecht nichts Abweichendes bestimmt

17 Die Regelung des § 116 Abs. 1 SGB XII steht unter einem **unbegrenzten Vorbehalt abweichenden Landesrechts**. Die Bundesländer können § 116 SGB XII damit nicht nur ausfüllen, sondern auch inhaltlich abändern, seinen Anwendungsbereich beschränken oder die Regelung sogar völlig außer Kraft setzen.[16] Von ihrer Regelungskompetenz haben einige Bundesländer in ihren Ausführungsgesetzen zum SGB XII auch Gebrauch gemacht. Zu nennen sind hier, ohne Anspruch auf Vollständigkeit:[17]

Baden-Württemberg	AG SGB XII v. 11.07.2004, GBl., 469
Bayern	Art. 22 des 4. Änderungsgesetzes zur Ausführung des SGB v. 27.12.2004, GVBl., 541
Brandenburg	AG-BSHG/SGB XII i.d.F. v. 07.02.2005, GVBl. I, 182
Hamburg	Gesetz zu § 116 SGB XII v. 01.09.2005, Hamb. GVBl., 385
Hessen	HAG/SGB XII v. 20.12.2004, GVBl. I, 488
Mecklenburg-Vorpommern	SGB XII-AGMV i.d.F. v. 19.12.2005, GVBl. M-V, 587, 589
Rheinland-Pfalz	AG SGB XII v. 22.12.2004, GVBl., 571
Sachsen	SächsAG SGB XII i.d.F. v. 14.07.2005, SächsGVBl., 167
Sachsen-Anhalt	AG SGB XII v. 11.01.2005, GVBl. LSA, 8
Schleswig-Holstein	AG-SGB XII v. 15.12.2005, GVOBl., 568

18 Ein **Überblick** über die **Ausführungsgesetze aller 16 Bundesländer zum SGB XII** einschließlich ihrer Wiedergabe findet sich im Internet unter www.saarheim.de/Gesetze_Laender/agsgb_laender.htm (abgerufen am 13.03.2014).

d. Rechtsfolge: Pflicht zur Anhörung

19 § 116 Abs. 1 SGB XII sieht als Rechtsfolge vor, dass sozial erfahrene Dritte „zu hören", also **anzuhören** sind. Dies ist weniger als die in Absatz 2 vorgesehene beratende Beteiligung, gleichwohl aber eine Gelegenheit für die sachkundigen Dritten, ihre besondere Sachkunde und ihre praktischen Erfahrungen zu Gehör zu bringen.

---

[9] Betreffen die Verwaltungsvorschriften beide genannten Bereiche, dürfte § 116 Abs. 1 SGB XII dagegen nach seinem Sinn und Zweck anwendbar sein.
[10] *Maurer*, Allgemeines Verwaltungsrecht, § 24 Rn. 16. Eine Ausnahme sind die so genannten verwaltungskonkretisierenden Verwaltungsvorschriften (Rn. 25a), die im Sozialrecht aber ohne Relevanz sind.
[11] *Maurer*, Allgemeines Verwaltungsrecht, § 24 Rn. 21.
[12] *Conradis* in: LPK-SGB II, § 116 Rn. 7: „nicht (…) Bedienstete"; *Schlette* in: Hauck/Noftz, SGB XII, K § 116 Rn. 5.
[13] *Schlette* in: Hauck/Noftz, SGB XII, K § 116 Rn. 5.
[14] *Streichsbier* in: Grube/Wahrendorf, SGB XII, § 116 Rn. 3.
[15] *Schlette* in: Hauck/Noftz, SGB XII, K § 116 Rn. 5.
[16] *Streichsbier* in: Grube/Wahrendorf, SGB XII, § 116 Rn. 1; *Schlette* in: Hauck/Noftz, SGB XII, K § 116 Rn. 19.
[17] Vgl. *Conradis* in: LPK-SGB II, § 116 Rn. 5; *Schlette* in: Hauck/Noftz, SGB XII, K § 116 Rn. 19.

Gleichwohl handelt es sich bei § 116 Abs. 1 SGB XII um eine **rein konsultative Beteiligung ohne jede echte Mitentscheidungsbefugnis**.[18] In welcher Form die Anhörung zu erfolgen hat, ist gesetzlich nicht vorgegeben.

e. Rechtsfolgen bei unterbliebener Anhörung

Es fragt sich, welche Rechtsfolgen eintreten, wenn die durch § 116 Abs. 1 SGB XII angeordnete **Anhörung** vor dem Erlass von allgemeinen Verwaltungsvorschriften **unterbleibt** bzw. nur unzureichend vorgenommen wird (sofern das Landesrecht nichts Abweichendes regelt, vgl. Rn. 17). Hier ist zwischen der allgemeinen Verwaltungsvorschrift und dem auf sie gestützten Verwaltungsakt zu unterscheiden:

Die **Verwaltungsvorschrift** selbst ist wegen Verstoßes gegen § 116 Abs. 1 SGB XII als formelles Recht nichtig.[19]

Kontrovers wird dagegen beurteilt, ob ein **Verwaltungsakt**, der sich auf eine § 116 Abs. 1 SGB XII verletzende Verwaltungsvorschrift stützt, rechtswidrig ist. Dies wird zum Teil verneint. Denn wenn dieser Verwaltungsakt formell und materiell im Einklang mit den Vorschriften des SGB XII (als Außenrecht) stehe, könne ein Verstoß gegen Normen des Innenrechts im Außenrechtskreis keine Rechtswidrigkeit begründen.[20] Dem wird entgegengehalten, dass diese Trennung zwischen Innen- und Außenrecht zu kurz greife.[21] Allerdings wird zugleich und zu Recht betont, dass die praktischen Konsequenzen sehr gering sind. Denn der Streit wird praktisch nur dann relevant, wenn die Verwaltungsvorschrift über die gleichmäßige Verwaltungspraxis Außenwirkung entfaltet (vgl. hierzu Rn. 15) und Leistungen gewährt, also begünstigend wirkt, und sodann unter Verstoß gegen § 116 Abs. 1 SGB XII eingeschränkt oder aufgehoben wird.[22]

2. Beratende Beteiligung sozial erfahrener Dritter (Absatz 2)

a. Vor dem Erlass eines Verwaltungsaktes über einen Widerspruch

Gemäß § 116 Abs. 2 SGB XII sind, soweit Landesrecht nichts Abweichendes bestimmt, vor dem Erlass des Verwaltungsaktes über einen Widerspruch gegen die Ablehnung der Sozialhilfe oder gegen die Festsetzung ihrer Art und Höhe sozial erfahrene Dritte beratend zu beteiligen.

Wird ein **Widerspruch** gegen einen Verwaltungsakt erhoben, beginnt gemäß § 83 SGG das **Vorverfahren**. Gemäß § 84 Abs. 1 Satz 1 SGG ist der Widerspruch binnen eines Monats, nachdem der Verwaltungsakt dem Beschwerten bekanntgegeben worden ist, schriftlich oder zur Niederschrift bei der Stelle einzureichen, die den Verwaltungsakt erlassen hat.

Das Vorverfahren endet entweder

- mit Erlass eines **(Teil-)Abhilfebescheides**, wenn der Sozialhilfeträger den Widerspruch als begründet erachtet (§ 85 Abs. 1 SGG), oder
- mit dem Erlass eines **Widerspruchsbescheides**, wenn der Sozialhilfeträger dem Widerspruch nicht (in vollem Umfang) abhilft (§ 85 Abs. 2 SGG).

Die Regelung des § 116 Abs. 2 SGB XII erfasst nach ihrem Wortlaut beide vorgenannten Verfahrensarten. Denn ein „Verwaltungsakt über einen Widerspruch" ist sowohl ein (vollständiger oder teilweiser) Abhilfebescheid als auch ein Widerspruchsbescheid. Sinn und Zweck des § 116 Abs. 2 SGB XII erfordern jedoch eine **Einschränkung (teleologische Reduktion)** seines weiten Wortlauts. Denn Sinn und Zweck des § 116 SGB XII ist die Nutzung der praktischen Erfahrung der Dritten zum Schutze der Interessen der Hilfebedürftigen (vgl. Rn. 11). Ausgehend hiervon ergibt es keinen Sinn, eine Beteiligung der Dritten auch dann zu fordern, wenn die Hilfebedürftigen mit ihrem Widerspruch in vollem Umfang Erfolg haben und ein Abhilfebescheid (§ 85 Abs. 1 SGG), also eine begünstigende Entscheidung, erlassen wird. Dies unabhängig davon, ob Ausgangs- und Widerspruchsbehörde identisch sind oder nicht (vgl. § 85 Abs. 2 SGG[23]). Denn nach Sinn und Zweck des § 116 SGB XII ist bei vollem Erfolg des Widerspruchs eine Beteiligung sozial erfahrener Dritter in beiden Fällen nicht geboten.

---

[18] *Schlette* in: Hauck/Noftz, SGB XII, K § 116 Rn. 2 und 9.
[19] *Conradis* in: LPK-SGB II, § 116 Rn. 12; *Schlette* in: Hauck/Noftz, SGB XII, K § 116 Rn. 16. A.A. *v. Renesse* in: Jahn, SGB XII, § 116 Rn. 9.
[20] *Streichsbier* in: Grube/Wahrendorf, SGB XII, § 116 Rn. 4; *Schlette* in: Hauck/Noftz, SGB XII, K § 116 Rn. 16 m.w.N.
[21] *Conradis* in: LPK-SGB II, § 116 Rn. 13.
[22] *Conradis* in: LPK-SGB II, § 116 Rn. 13.
[23] Hierzu *Leitherer* in: Meyer-Ladewig/Keller/Leitherer, SGG, § 85 Rn. 3 ff.

28 Hat der Widerspruch dagegen keinen oder keinen vollständigen (nur Teil-Abhilfebescheid mit folgendem Widerspruchsbescheid) Erfolg, ist die Beteiligung Dritter dagegen sinnvoll und erforderlich. Die Regelung des § 116 Abs. 2 SGB XII erfasst damit nur den Erlass eines **Widerspruchsbescheides** (§ 85 Abs. 2 SGG).[24] Nach dem zuvor Ausgeführten gilt dies unabhängig davon, ob zuvor bereits ein Teil-Abhilfebescheid erlassen worden war oder nicht, weil die das Vorverfahren abschließende Widerspruchsentscheidung in beiden Fällen eine den Hilfebedürftigen **belastende Entscheidung** darstellt.

29 Ob die Anhörung der sozial erfahrenen Dritten bereits im Abhilfeverfahren (§ 85 Abs. 1 SGG) oder erst im Widerspruchsverfahren (§ 85 Abs. 2 SGG) erfolgen muss, ist gesetzlich nicht geregelt, so dass beides rechtlich zulässig ist.[25] Bei einer Beteiligung im Abhilfeverfahren ist eine Beteiligung im Widerspruchsverfahren nicht mehr erforderlich.[26]

30 Der **Widerspruch** muss sich gemäß § 116 Abs. 2 SGB XII inhaltlich „gegen die **Ablehnung der Sozialhilfe** oder gegen die **Festsetzung ihrer Art und Höhe**" richten. Damit sind thematisch die praktisch wichtigsten Anwendungsfelder erfasst. Die Regelung über die Beteiligung Dritter des § 116 SGB XII erfasst sachlich alle Leistungsarten der **Sozialhilfe**. Dies sind zunächst die in § 8 SGB XII genannten Leistungen, ferner die in den §§ 23 und 24 SGB XII normierte Sozialhilfe für Ausländer und Sozialhilfe für Deutsche im Ausland. Auch die in § 11 SGB XII normierte Beratung und Unterstützung wird von § 116 Abs. 2 SGB XII erfasst, weil auch in diesen Fällen die Einbeziehung der praktischen Erfahrung der Dritten Sinn ergibt. Bei dem Anspruch eines Nothelfers gemäß § 25 SGB XII dürfte es sich dagegen nicht mehr um „Sozialhilfe" im Sinne des § 116 Abs. 2 SGB XII handeln. Denn bei dem Anspruch des Nothelfers aus § 25 SGB XII handelt es sich um eine spezielle sozialhilferechtliche Form der Geschäftsführung ohne Auftrag.[27]

31 Als eine „**Ablehnung der Sozialhilfe**" sind auch
   • die **Leistungskürzungen und -einstellungen** nach den §§ 26, 39 SGB XII sowie
   • die **Aufhebung von Bewilligungsentscheidungen** gemäß § 45 oder § 48 SGB X
   anzusehen.[28] Denn diese Entscheidungen sind hinsichtlich ihrer materiellen Auswirkungen für den betroffenen Hilfebedürftigen Leistungsablehnungen bzw. kommen diesen gleich. Sinn und Zweck des § 116 SGB XII lassen es gerechtfertigt erscheinen, (auch) diese belastenden Verwaltungsentscheidungen in seinen Anwendungsbereich einzubeziehen. Gleiches gilt für Bescheide nach **§ 44 SGB X**.

32 Eine „Ablehnung der Sozialhilfe" ist nicht nur die (materielle) Ablehnung in der Sache, sondern auch die (formelle) **Versagung wegen fehlender Mitwirkung des Hilfebedürftigen** gemäß §§ 60, 66 Satz 1 Fall 1 (i.V.m. § 37 Satz 1) SGB I. Denn in beiden Fällen wird das Erbringen von Sozialhilfeleistungen abgelehnt.

33 Keine „Ablehnung der Sozialhilfe" i.S.d. § 116 Abs. 2 SGB XII ist dagegen bereits nach dem Wortlaut die **Entziehung einer bereits gewährten Leistung** gemäß § 66 Satz 1 Fall 2 SGB I. Auch Sinn und Zweck des § 116 Abs. 2 SGB XII sprechen gegen eine Einbeziehung solcher Entziehungsentscheidungen. Denn während bei der Aufhebung von Bewilligungsentscheidungen gemäß § 45 oder § 48 SGB X (vgl. hierzu Rn. 31) die nachträgliche Leistungsaufhebung der anfänglichen Leistungsablehnung hinsichtlich der **materiellen** Wirkung gleichzusetzen ist, ist die Entziehung der Leistung gemäß § 66 Satz 1 Fall 2 SGB I eine rein **formelle** Entscheidung, die darauf basiert, dass der Hilfebedürftige einer Mitwirkungsobliegenheit nicht nachgekommen ist. Holt er aber diese Mitwirkung nach, kann der Leistungsträger unter der Voraussetzung des § 67 SGB I die entzogene Leistung wieder erbringen.

34 Keine „Ablehnung der Sozialhilfe" i.S.d. § 116 Abs. 2 SGB XII liegt ferner z.B. bei einem **Auskunftsersuchen gemäß § 117 SGB XII**[29] oder bei einer **Überleitungsanzeige gemäß § 93 SGB XII**[30] vor. Die **Ablehnung einer Verzinsung** eines Nachzahlungsanspruchs nach § 44 SGB I ist ebenfalls keine „Ablehnung von Sozialhilfe" gemäß § 116 Abs. 2 SGB XII; denn eine Zinszahlung ist keine Sozialleistung im Sinne von § 11 SGB I und der Zinsanspruch wurzelt materiell-rechtlich nicht im SGB XII, sondern im SGB I.[31]

---

[24] *Streichsbier* in: Grube/Wahrendorf, SGB XII, § 116 Rn. 7; *Schlette* in: Hauck/Noftz, SGB XII, K § 116 Rn. 10.
[25] *Schlette* in: Hauck/Noftz, SGB XII, K § 116 Rn. 10.
[26] *Schlette* in: Hauck/Noftz, SGB XII, K § 116 Rn. 10.
[27] BSG v. 11.06.2008 - B 8 SO 45/07 B - SozR 4-1500 § 183 Nr. 7 m.w.N. Hierzu *Wahrendorf*, jurisPR-SozR 3/2010, Anm. 5.
[28] Vgl. *Schlette* in: Hauck/Noftz, SGB XII, K § 116 Rn. 11.
[29] *Schlette* in: Hauck/Noftz, SGB XII, K § 116 Rn. 13.
[30] *Streichsbier* in: Grube/Wahrendorf, SGB XII, § 116 Rn. 16; *v. Renesse* in: Jahn, SGB XII, § 116 Rn. 12.
[31] LSG NRW v. 10.06.2013 - L 20 SO 479/12, anhängig BSG - B 8 SO 17/13 R.

b. Sozial erfahrene Dritte

Die Definition des „Dritten" ist in § 116 Abs. 1 und Abs. 2 SGB XII nicht identisch. Grund hierfür ist der unterschiedliche Regelungszusammenhang: Während **Absatz 1** des § 116 SGB XII die Beteiligung sozial erfahrener Dritter vor dem Erlass von allgemeinen Verwaltungsvorschriften als **abstrakt-generellen Regelungen** normiert, regelt **Absatz 2** die Beteiligung Dritter in einem konkreten Verwaltungsverfahren, das auf den Erlass bzw. den Abschluss einer **konkret-individuellen Regelung** gerichtet ist (vgl. Rn. 13). 35

„**Dritte**" im Sinne des § 116 Abs. 2 SGB XII sind deshalb diejenigen, die **am Verwaltungsverfahren nicht beteiligt** sind.[32] Am Sozialverwaltungsverfahren sind gemäß **§ 12 Abs. 1 SGB X** beteiligt 36
- Nr. 1: Antragsteller und Antragsgegner,
- Nr. 2: diejenigen, an die die Behörde den Verwaltungsakt richten will oder gerichtet hat,
- Nr. 3: diejenigen, mit denen die Behörde einen öffentlich-rechtlichen Vertrag schließen will oder geschlossen hat,
- Nr. 4: diejenigen, die nach § 12 Abs. 2 SGB X von der Behörde zu dem Verfahren hinzugezogen worden sind, weil ihre rechtlichen Interessen durch den Ausgang des Verfahrens berührt werden.

Die Regelung des **§ 12 Abs. 3 SGB X** ordnet an, dass derjenige, der **anzuhören** ist (ohne dass die Voraussetzungen des § 12 Abs. 1 SGB X vorliegen), dadurch **nicht Beteiligter** wird. Dies betrifft auch die sozial erfahrenen Dritten im Sinne des § 116 Abs. 2 SGB XII. Denn die „beratende Beteiligung" ist ein Sonderfall der Anhörung. Sie werden also durch ihre „beratende Beteiligung" nicht zu Beteiligten des Verwaltungsverfahrens gemäß § 12 SGB X. 37

Die Regelung des § 116 Abs. 2 SGB XII über die beratende Beteiligung Dritter ist deshalb im Zusammenhang mit dem **Schutz des Sozialgeheimnisses** i.S.d. § 35 SGB I zu sehen (vgl. hierzu bereits Rn. 5). Danach hat jeder Anspruch darauf, dass die ihn betreffenden Sozialdaten (§ 67 Abs. 1 SGB X) von den Leistungsträgern nicht unbefugt erhoben, verarbeitet oder genutzt werden (Sozialgeheimnis). Personen oder Stellen, die nicht in § 35 SGB I genannt und denen Sozialdaten übermittelt worden sind, dürfen diese nur zu dem Zweck verarbeiten oder nutzen, zu dem sie ihnen befugt übermittelt worden sind (§ 78 SGB X). Die sozial erfahrenen Dritten gemäß § 116 Abs. 2 SGB X unterliegen damit ebenfalls der **Geheimhaltungspflicht**. 38

c. Soweit Landesrecht nichts Abweichendes bestimmt

Ebenso wie die Regelung des § 116 Abs. 1 SGB XII steht auch ihr Absatz 2 unter einem unbegrenzten Vorbehalt abweichenden Landesrechts, von dem einzelne Bundesländer auch Gebrauch gemacht haben (vgl. hierzu Rn. 17). 39

d. Rechtsfolge: Pflicht zur beratenden Beteiligung

§ 116 Abs. 2 SGB XII sieht als Rechtsfolge vor, dass sozial erfahrene Dritte „**beratend zu beteiligen**" sind. Dies ist eine Sonderform der Anhörung. Allerdings erfordert die „beratende Beteiligung" gemäß § 116 Abs. 2 SGB XII nach ihrem Wortlaut mehr als die dort in Absatz 1 vorgesehene schlichte „Anhörung".[33] Denn eine beratende Beteiligung erfordert jedenfalls einen **(Beratungs-)Dialog** zwischen den „sozial erfahrenen Dritten" und der zuständigen Behörde, während die bloße Anhörung keinen Austausch voraussetzt, sondern ein schlichtes Zur-Kenntnis-Nehmen genügen lässt. 40

Gleichwohl handelt es sich auch bei § 116 Abs. 2 SGB XII um eine **rein konsultative Beteiligung ohne jede echte Mitentscheidungsbefugnis**.[34] 41

e. Rechtsfolgen bei unterbliebener beratender Beteiligung

Ist die beratende Beteiligung des Dritten vor Erlass des Widerspruchsbescheides unterblieben (oder nur unzureichend erfolgt), liegt ein **Verstoß gegen das formelle Recht** des § 116 Abs. 2 SGG vor. Der Widerspruchsbescheid ist **rechtswidrig**. Bei den Folgen, die sich daraus ergeben, ist zu differenzieren: 42
- Erhebt der Hilfebedürftige Klage gegen den ablehnenden Bescheid, scheitert die Klage nicht an der Prozessvoraussetzung des **erfolglos durchgeführten Vorverfahrens** (§ 78 Abs. 1 Satz 1 SGG). Zwar ist das Widerspruchsverfahren wegen der unterbliebenen beratenden Beteiligung formell

---

[32] Vgl. *Schlette* in: Hauck/Noftz, SGB XII, K § 116 Rn. 5.
[33] *Schlette* in: Hauck/Noftz, SGB XII, K § 116 Rn. 14: „intensivere Mitwirkung".
[34] *Streichsbier* in: Grube/Wahrendorf, SGB XII, § 116 Rn. 7; *Schlette* in: Hauck/Noftz, SGB XII, K § 116 Rn. 2 und 14.

rechtswidrig durchgeführt worden. Die Fehlerfreiheit des Vorverfahrens ist aber nicht Prozessvoraussetzung; erforderlich und ausreichend ist vielmehr, dass der Widerspruch erfolglos geblieben ist.[35]

- **Gegenstand einer Klage** ist bei durchgeführtem Vorverfahren grundsätzlich der Ausgangsbescheid in der Gestalt des Widerspruchsbescheides (§ 95 SGG). Der Widerspruchsbescheid kann aber ausnahmsweise dann alleiniger Gegenstand der (Anfechtungs-)Klage sein, wenn und soweit er gegenüber dem Ausgangsverwaltungsakt eine zusätzliche selbständige Beschwer enthält.[36] Dies ist bei einem Verstoß gegen die Verfahrensvorschrift des § 116 Abs. 2 SGB XII der Fall. Der Widerspruchsbescheid ist damit – allein oder neben dem Ausgangsverwaltungsakt – **selbständig anfechtbar**.
- Allerdings kann die **gerichtliche Aufhebung des Widerspruchsbescheides** mit Erfolg **nicht** begehrt werden. Denn von der Anfechtbarkeit (sowie ferner Rechtswidrigkeit) ist die Aufhebbarkeit einer Verwaltungsentscheidung zu unterscheiden. Gemäß **§ 42 Satz 1 SGB X** (i.V.m. § 37 Satz 1 SGB I) kann die **Aufhebung** eines Verwaltungsaktes, der nicht nach § 40 SGB XII nichtig ist, **nicht** allein deshalb beansprucht werden, weil er unter Verletzung von Vorschriften über das **Verfahren**, die Form oder die örtliche Zuständigkeit zustande gekommen ist.[37] Die Sonderregelung des § 42 **Satz 2 SGB XII**, die die Geltung von § 42 Satz 1 SGB XII ausschließt[38], greift nicht, weil sie nur die Folgen einer unterbliebenen Anhörung des Beteiligten gemäß § 24 SGB X (nicht die Beteiligung eines Dritten gemäß § 116 SGB XII) regelt, wie der systematische Zusammenhang mit § 41 (Abs. 1 Nr. 3) SGB X und damit § 24 SGB X verdeutlicht. Gemäß § 42 Satz 1 SGB X muss offensichtlich sein, dass die Verletzung die Entscheidung in der Sache nicht beeinflusst hat. Es muss also die fehlende Kausalität des Verfahrensfehlers für die Entscheidung festgestellt werden.[39] Da die Entscheidungen über Leistungen nach dem SGB XII vielfach gebundene Entscheidungen (und keine Ermessensentscheidungen) sind, kann der Verfahrensfehler die Entscheidung in der Sache jedoch insoweit offensichtlich nicht beeinflusst haben.[40] Bei Ermessensentscheidungen ist dies hingegen zu prüfen. Eine Heilung der unterbliebenen Beteiligung gemäß **§ 41 SGB X** scheidet dagegen aus, weil dieser Fehler im Katalog des § 41 Abs. 1 SGB X nicht genannt ist.[41]
- Das **BSG**[42] hat entschieden, das Erfordernis der Beteiligung sozial erfahrener Personen sei **kein bloßes Ordnungserfordernis**. Vielmehr stelle die Nichtbeteiligung sozial erfahrener Personen im Widerspruchsverfahren einen erheblichen Mangel des Vorverfahrens dar, der überdies wegen der Bedeutung der Beratung für die Entscheidungspraxis der Behörden im Allgemeinen nicht der Disposition der unmittelbar Beteiligten überlassen werden könne und mithin von Amts wegen zu berücksichtigen sei. Ein ggf. von Amts wegen zu beachtender Verfahrensmangel führe allerdings nur unter den Voraussetzungen des § 42 SGB X zu einer Aufhebung.[43]

C. Praxishinweise

43   Wegen der geringen praktischen Relevanz des § 116 SGB XII insbesondere aufgrund abweichenden Landesrechts (vgl. Rn. 17) und wegen der Verzögerung der Entscheidung über den Widerspruch aufgrund der Beteiligung gemäß § 116 Abs. 2 SGB XII wird rechtspolitisch diskutiert, ob eine Abschaffung dieser Regelung nicht sinnvoll wäre.[44]

---

[35] *Leitherer* in: Meyer-Ladewig/Keller/Leitherer, SGG, § 78 Rn. 2.
[36] *Leitherer* in: Meyer-Ladewig/Keller/Leitherer, SGG, § 95 Rn. 3a m.N. zur Rspr. des BSG, die im Ergebnis hinsichtlich der Anfechtbarkeit § 79 Abs. 2 VwGO entspricht.
[37] *Streichsbier* in: Grube/Wahrendorf, SGB XII, § 116 Rn. 9. Gegen eine Anwendung des § 42 SGB X jedoch *Schlette* in: Hauck/Noftz, SGB XII, K § 116 Rn. 18 mit dem Hinweis, diese Regelung werde für das Widerspruchsverfahren durch § 79 Abs. 2 VwGO verdrängt. Im Verfahren vor den Sozialgerichten gilt allerdings nicht die VwGO, sondern das SGG. Außerdem bleibt die Geltung des SGB X hiervon unberührt. Dies gilt auch für das Widerspruchsverfahren, wie der Umkehrschluss aus § 84a SGG verdeutlicht, wonach „für das Vorverfahren (…) § 25 Abs. 4 des Zehnten Buches Sozialgesetzbuch nicht [gilt]". Andere Normen des SGB X werden dagegen nicht für unanwendbar erklärt.
[38] Hierzu BSG v. 24.07.2001 - B 4 RA 2/01 R - SozR 3-8850 § 5 Nr. 5.
[39] *Schütze* in: von Wulffen, SGB X, § 42 Rn. 7 und 9.
[40] A.A. im Ergebnis *Conradis* in: LPK-SGB II, § 116 Rn. 19, allerdings ohne Ausführungen zu § 42 SGB X.
[41] *Streichsbier* in: Grube/Wahrendorf, SGB XII, § 116 Rn. 9.
[42] BSG v. 23.03.2010 - B 8 SO 17/09 R.
[43] BSG v. 23.03.2010 - B 8 SO 17/09 R.
[44] Vgl. in diesem Sinne *Conradis* in: LPK-SGB II, § 116 Rn. 23.

§ 116a SGB XII Rücknahme von Verwaltungsakten

(Fassung vom 24.03.2011, gültig ab 01.04.2011)

Für die Rücknahme eines rechtswidrigen nicht begünstigenden Verwaltungsakts gilt § 44 Absatz 4 Satz 1 des Zehnten Buches mit der Maßgabe, dass anstelle des Zeitraums von vier Jahren ein Zeitraum von einem Jahr tritt.

Gliederung

A. Basisinformationen 1	1. Zeitliche Anwendbarkeit der Vorschrift
I. Textgeschichte/Gesetzgebungsmaterialien 1	(§ 136 SGB XII a.F.) 30
II. Vorgängervorschrift 3	a. § 136 SGB XII a.F. und die Grundsätze des
III. Parallelvorschriften 4	intertemporalen Rechts 30
IV. Systematische Zusammenhänge 6	b. Antrag als notwendige Voraussetzung 35
1. Der systematische Zusammenhang im engeren	c. Antrag bis 31.03.2011 40
Sinne 6	2. Rücknahme eines nicht begünstigenden
2. Grundsätzliches zu § 44 SGB X 9	Verwaltungsakts 43
a. Inhalt des § 44 SGB X 9	3. Leistungen nach dem SGB XII 44
b. Der Antrag nach § 44 SGB X 13	4. Analoge Anwendung auf das AsylbLG 45
3. § 44 SGB X und Existenzsicherungs-	a. Grundsätzliches/Analogie zulasten des
leistungen 22	Bürgers 45
B. Auslegung der Norm 26	b. Vergleichbare Interessenlage 47
I. Regelungsgehalt und Bedeutung der Norm 26	c. Planwidrige Regelungslücke 49
II. Normzweck 28	IV. Rechtsfolge 52
III. Tatbestandsmerkmale 30	1. Begrenzung der Frist 52
	2. Beginn der Frist 53

A. Basisinformationen

I. Textgeschichte/Gesetzgebungsmaterialien

Die Vorschrift wurde durch das Gesetz zur Ermittlung von Regelbedarfen und zur Änderung des Zweiten und Zwölften Buches Sozialgesetzbuch **mit Wirkung zum 01.04.2011** neu in das SGB XII eingeführt.[1] Änderungen wurden an der Vorschrift noch nicht vorgenommen. 1

Die Vorschrift soll nach der Gesetzesbegründung die Anwendung des § 44 SGB XII begrenzen, da die steuerfinanzierten Leistungen des SGB XII der Sicherung des Lebensunterhalts dienen und dabei im besonderen Maße die Deckung **gegenwärtiger Bedarfe** bewirken sollen. Andererseits sollen die Leistungsträger und die Sozialgerichte entlastet werden.[2] 2

II. Vorgängervorschrift

Die Vorschrift des § 116a SGB XII wurde zum 01.04.2011 neu in das SGB XII eingeführt.[3] Es gibt weder im SGB XII noch im vorherigen BSHG eine Vorgängervorschrift. 3

III. Parallelvorschriften

Eine Parallelvorschrift zu § 116a SGB XII findet sich in **§ 40 Abs. 1 Satz 2 SGB II** für den Bereich der Grundsicherung für Arbeitsuchende. Im Bereich des ebenfalls der Sicherung des Existenzminimums dienenden **Asylbewerberleistungsgesetzes** findet sich keine vergleichbare Vorschrift (vgl. hierzu Rn. 45 f.). 4

Anders als in § 40 Abs. 2 Nr. 2 SGB II gelten aber im Sozialhilferecht **nicht** die Einschränkungen des **§ 330 Abs. 1 SGB III**.[4] Insoweit kann auch nicht von einer für eine Analogie notwendigen ungewoll- 5

---

[1] Art. 3 Nr. 35 des Gesetzes zur Ermittlung von Regelbedarfen und zur Änderung des Zweiten und Zwölften Buches Sozialgesetzbuch vom 24.03.2011, BGBl I 2011, 453; vgl. zur Geltung ab 01.04.2011: Art. 14 Abs. 3 des Gesetzes zur Ermittlung von Regelbedarfen und zur Änderung des Zweiten und Zwölften Buches Sozialgesetzbuch vom 24.03.2011, BGBl I 2011, 453.
[2] BT-Drs. 17/3404, S. 129.
[3] Art. 3 Nr. 35 des Gesetzes zur Ermittlung von Regelbedarfen und zur Änderung des Zweiten und Zwölften Buches Sozialgesetzbuch vom 24.03.2011, BGBl I 2011, 453.
[4] Vgl. dazu BSG v. 09.06.2011 - B 8 AY 1/10 R - juris Rn. 22.

ten Lücke ausgegangen werden,[5] weil der Gesetzgeber mit der Einfügung des § 116a SGB XII ausschließlich die Begrenzung der nachträglichen Leistungserbringung auf den Jahreszeitraum aus dem SGB II übernommen hat.

IV. Systematische Zusammenhänge

1. Der systematische Zusammenhang im engeren Sinne

6   Die Vorschrift des § 116a SGB XII stellt eine Ausnahmevorschrift zu **§ 44 SGB X** dar. Dieser wiederum ist eine anderweitige gesetzliche Bestimmung im Sinne des **§ 77 SGG**.

7   Nach § 77 SGG ist ein Verwaltungsakt, gegen den Widerspruch nicht oder erfolglos eingelegt wird, für die Beteiligten **in der Sache bindend**, soweit durch Gesetz nichts anderes bestimmt ist. Diese Bindungswirkung tritt grundsätzlich nach Ablauf der Frist ein, in der Widerspruch einzulegen ist (nach § 84 Abs. 1 Satz 1 SGG grundsätzlich ein Monat). § 44 SGB X schafft nun die Möglichkeit einen belastenden Verwaltungsakt trotz Ablaufs der Widerspruchsfrist **vier Jahre**[6] **rückwirkend noch einer Überprüfung** zuzuführen.

8   Von dieser Vorschrift des § 44 SGB X stellt **§ 116a SGB XII eine Ausnahme** dar und begrenzt den zeitlichen Anwendungsbereich. Im SGB XII ist eine Überprüfung nunmehr grundsätzlich nur noch für **ein Jahr**[7] rückwirkend möglich.

2. Grundsätzliches zu § 44 SGB X

a. Inhalt des § 44 SGB X

9   Nach § 44 Abs. 1 Satz 1 SGB X ist ein Verwaltungsakt, auch nachdem er unanfechtbar geworden ist, mit Wirkung **für die Vergangenheit**[8] **zurückzunehmen**, soweit sich im Einzelfall ergibt, dass bei seinem Erlass das Recht (formell oder materiell) unrichtig angewandt oder von einem unrichtigen Sachverhalt ausgegangen worden ist und deshalb Sozialleistungen nicht erbracht wurden. Die Verwaltung hat hier insoweit **kein Ermessen** („ist").[9] Eine Ausnahme von dieser Pflicht zur Rücknahme regelt § 44 Abs. 1 Satz 2 SGB XII für den Fall, dass der Verwaltungsakt auf Angaben beruht, die der Betroffene in wesentlicher Beziehung unrichtig oder unvollständig gemacht hat. Die Sozialleistungsträger können danach zugunsten des Betroffenen eine neue Entscheidung selbst dann treffen, wenn ihre frühere Entscheidung im sozialgerichtlichen Verfahren durch ein **rechtskräftiges Urteil** bestätigt worden ist.[10] Einschränkungen können sich aber nach einem Vergleich ergeben.[11] Die Vorschrift gilt zudem analog für Bescheide über die Rücknahme von Leistungsbescheiden.[12] Maßgeblich ist allerdings für die nachträgliche Leistungserbringung selbst, ob die Sozialleistung nach materiellem Recht zustand; die formelle Rechtswidrigkeit des bestandskräftigen Verwaltungsakts genügt also dafür nicht.[13]

10 Das SGB X kennt keine dem **§ 51 VwVfG vergleichbare Regelung**, die es der Behörde erlaubt, ein Wiederaufgreifen des abgeschlossenen Verwaltungsverfahrens unter Berufung auf die Bindungswirkung früherer Bescheide abzulehnen.[14] Nach § 44 Abs 1 SGB X ist die Behörde vielmehr verpflichtet,

---

[5] Vgl. zum ohnedies zweifelhaften Sinn des § 330 SGB III: *Greiser* in: Eicher/Schlegel, SGB III, § 330 Rn. 6, Stand Februar 2013; *Greiser* in: Eicher, SGB II, 3. Aufl. 2013, § 40 Rn. 10.

[6] Durch die – auch für das SGB XII weiterhin geltende – Vorschrift des § 44 Abs. 4 Satz 2 SGB XII kann es zu einer rückwirkenden Leistungsgewährung von 4 Jahren und 364 Tagen führen, vgl. zu § 44 Abs. 4 Satz 2 SGB X Rn. 53.

[7] Durch die Vorschrift des § 44 Abs. 4 Satz 2 SGB X kann es im für den Leistungsempfänger günstigsten Fall zu einer rückwärtigen Leistungsgewährung von einem Jahr und 364 Tagen kommen.

[8] Vergangenheit ist insoweit die Zeit bis zur Bekanntgabe des zurückzunehmenden Verwaltungsakts (BSG v. 24.02.1987 - 11b RAr 53/86 - BSGE 61, 189 ff. = SozR 1300 § 48 Nr. 31).

[9] Vgl. dazu auch beispielsweise: BSG v. 26.01.1981 - 9 RV 29/80 - BSGE 51, 139 ff.

[10] BSG v. 26.09.1986 - 2 RU 45/85 - BSGE 60, 251, 255; BSG v. 28.01.1981 - 9 RV 29/80 - BSGE 51, 139 ff.

[11] *Eicher* in: Eicher/Spellbrink, SGB II, § 40 Rn. 36; *Waschull* in: LPK-SGB X, vor §§ 44-51 Rn. 24.

[12] BSG v. 12.12.1996 - 11 RAr 31/96 - SozR 3-1300 § 44 Nr. 19.

[13] BSG v. 22.03.1989 - 7 RAr 122/87 - SozR 1300 § 44 Nr. 38.

[14] BSG v. 11.11.2003 - B 2 U 32/02 R - NZS 2004, 660 ff.; *Eicher* in: Eicher/Spellbrink, SGB II, § 40 Rn. 36; andere Ansicht: BSG v. 03.04.2001 - B 4 RA 22/00 R - BSGE 88, 75. 79 f.; BSG v. 03.02.1988 - 9/9a RV 18/86 - BSGE 63, 33 ff.

auch bei **wiederholten Anträgen** über die Rücknahme der entgegenstehenden Verwaltungsakte zu entscheiden.[15] Lehnt es die Behörde ab, sich erneut mit der Sache zu befassen, bescheidet sie inzident zugleich den weitergehenden Antrag auf Zugunstenentscheidung abschlägig.[16]

Sozialleistungen werden jedoch – wie oben bereits erwähnt – rückwirkend nur für eine **begrenzte Zeit** erbracht. Diese Beschränkung gilt allerdings nicht für die Rücknahme von Bescheiden über die **Rücknahme von Leistungsbescheiden**.[17] Regelmäßig hat der Leistungsempfänger nach Ablauf der vier Jahre dann aber keinen Anspruch mehr auf Rücknahme des Bescheides für die Zeit davor.[18] In den nicht § 44 Abs. 1 SGB X unterfallenden Konstellationen ist der Verwaltungsakt zwingend nur mit Wirkung für die Zukunft zurückzunehmen. Die Rücknahme für die Vergangenheit steht insoweit im Ermessen der Behörde (Absatz 2).

11

In den Fällen des § 44 Abs. 1 i.V.m. Abs. 4 SGB X ist die richtige **Klageart** die kombinierte Anfechtungs-, Verpflichtungs- und Leistungsklage.[19] Wenn rückwirkend keine Leistungen zu erbringen sind, dann entfällt regelmäßig auch der **Anspruch auf Rücknahme** des rechtswidrigen bestandskräftigen Verwaltungsakts.[20]

12

b. Der Antrag nach § 44 SGB X

aa. Inhaltliche Anforderungen

Ein Antrag nach § 44 SGB X ist jedes Vorbringen, das sich inhaltlich außerhalb der zulässigen Rechtsbehelfe **gegen einen nicht begünstigenden Verwaltungsakt** wendet oder etwas begehrt, was von der Rücknahme eines solchen Verwaltungsaktes abhängt.[21] Es genügt also jedes Vorbringen, das so auszulegen oder umzudeuten ist, der Antragsteller wolle die Überprüfung eines bestandskräftigen Bescheids – auch wenn sein Begehren in erster Linie auf ein anderes Ziel gerichtet ist.[22] Nach dem sog. Meistbegünstigungsprinzip ist im Zweifel davon auszugehen, dass ein Hilfebedürftiger ohne Rücksicht auf den Wortlaut des Antrags all diejenigen Leistungen begehrt, die ihm den größten Nutzen bringen können.[23] Danach ist nach der Rechtsprechung des BSG grundsätzlich auch ein unzulässiger (verfristeter) Widerspruch als Antrag nach § 44 SGB X auszulegen.[24]

13

bb. Antragsteller

Berechtigt, den Antrag zu stellen, ist der **Adressat des belastenden Verwaltungsaktes**, dessen Rücknahme mit dem Antrag begehrt wird. Ein wirksamer Antrag liegt danach vor, wenn ihn der Berechtigte selbst stellt oder er in dessen Vertretungsmacht gestellt wird. Hierfür kommt entweder gesetzliche Vertretungsmacht (etwa nach § 1629 BGB) oder die Erteilung einer **Vollmacht** (§ 13 Abs. 1 Satz 1 SGB X) in Betracht. Eine § 38 SGB II vergleichbare Vermutungsregelung ist im SGB XII nicht vorgesehen.

14

---

[15] BSG 11.11.2003 - B 2 U 32/02 R - NZS 2004, 660 ff.; BSG v. 28.01.1981 - 9 RV 29/80 - BSGE 51, 139 ff.; *Eicher* in: Eicher/Spellbrink, SGB II, § 40 Rn. 36.

[16] BSG v. 11.11.2003 - B 2 U 32/02 R - NZS 2004, 660 ff.; *Eicher* in: Eicher/Spellbrink, SGB II, § 40 Rn. 36.

[17] BSG v. 12.12.1996 - 11 RAr 31/96 - SozR 3-1300 § 44 Nr. 19.

[18] BSG v. 06.03.1991 - 9b RAr 7/90 - BSGE 68, 180 ff.; anders allerdings in: BSG v. 21.03.2002 - B 7 AL 44/01 R - SozR 3-4100 § 119 Nr. 23.

[19] BSG v. 09.06.2011 - B 8 AY 1/10 R - juris Rn. 16; vgl. zu dieser Problematik auch *Eicher* in: Eicher/Schlegel, SGB III, § 330 Rn. 12a, Stand August 2007, m.w.N., insbesondere zur abweichenden Meinung des 2. Senats des BSG in einem obiter dictum.

[20] BSG v. 29.09.2009 - B 8 SO 16/08 R - BSGE 104, 213 ff. Rn. 22 = SozR 4-1300 § 44 Nr. 20; BSG v. 06.03.1991 - 9b RAr 7/90 - BSGE 68, 180 ff. = SozR 3-1300 § 44 Nr. 1; zu einer Ausnahme vgl. BSG v. 21.03.2002 - B 7 AL 44/01 R - SozR 3-4100 § 119 Nr. 23, S. 119.

[21] *Steinwedel* in: KassKomm-SGB, SGB X, § 44 Rn. 22; vgl. zur weiten Auslegung auch BSG v. 20.07.2011 - B 13 R 97/11 B.

[22] *Schütze* in: von Wulffen, SGB X, § 44 Rn. 38.

[23] Vgl. dazu beispielsweise: BSG v. 10.05.2011 - B 4 KG 1/10 R - SGb 2011, 395; BSG v. 06.05.2009 - B 11 AL 37/07 R - SozR 4-4300 § 73 Nr. 1; BSG v. 26.08.2008 - B 8/9b SO 18/07 R - SozR 4-3500 § 18 Nr. 1; vgl. auch die Kommentierung zu § 18 SGB XII Rn. 55.

[24] Vgl. beispielsweise BSG v. 13.08.1986 - 9a RV 8/85 - SozR 1500 § 84 Nr. 5.

15 Soweit ein Antragsteller zunächst **nicht in Vertretungsmacht** des Adressaten gehandelt hat, so ist die Verfahrenshandlung schwebend unwirksam; sie kann durch Vollmachterteilung (Genehmigung) voll wirksam werden.[25] Die Wirksamkeit der Vertretung gilt in diesem Fall – der allgemeinen Regel folgend[26] – ex tunc, also von Anfang an.

cc. Adressat des Antrags

16 Nach § 44 Abs. 3 Satz 1 SGB X entscheidet über die Rücknahme nach Unanfechtbarkeit des Verwaltungsakts nicht die im Zeitpunkt des Erlasses, sondern die im **Zeitpunkt der Aufhebungsentscheidung zuständige Behörde**.[27] Dies gilt nach § 44 Abs. 3 Satz 2 SGB X auch dann, wenn der zurückzunehmende Verwaltungsakt von einer anderen Behörde erlassen worden ist.[28] Die Vorschrift findet nicht nur auf einen Wechsel der örtlichen Zuständigkeit, sondern auch für den Wechsel der sachlichen Zuständigkeit Anwendung.[29] Sie gilt auch dann, wenn sich die örtliche Zuständigkeit zwar nicht geändert hat, der Erstbescheid aber von der örtlich unzuständigen Behörde erlassen worden ist.[30] Bis zur Unanfechtbarkeit ist die erlassende Behörde für eine Rücknahmeentscheidung zuständig.[31]

17 Das auf den ersten Blick verwundernde Ergebnis ist, dass eine Behörde die Fehler einer anderen Behörde auszugleichen (und Leistungen nach § 44 Abs. 1 Satz 1 SGB X nachzuzahlen) hat. Im Fall des § 45 Abs. 5 SGB X i.V.m. § 44 Abs. 3 SGB X erhält die zuständige Behörde Leistungen erstattet (§ 50 SGB X), die eine andere Behörde überzahlt hat. Dem lässt sich allerdings mit einem **Erstattungs- bzw. Herausgabeanspruch** begegnen. Diese lassen sich dann konstruieren, wenn davon ausgegangen wird, dass die nach § 44 Abs. 3 SGB X zuständige Behörde in einem **gesetzlichen Auftragsverhältnis zur Ausgangsbehörde** steht (§ 93 SGB X). Dann ergibt sich der Erstattungsanspruch der nach § 44 Abs. 3 SGB X zuständigen Behörde gegen die ursprüngliche Behörde aus § 93 SGB X i.V.m. § 91 Abs. 1 Satz 1 SGB X. Im umgekehrten Fall, in dem die zuständige Behörde überzahlte Leistungen vom Leistungsempfänger nach § 50 SGB X erhält, hätte die Ausgangsbehörde einen Herausgabeanspruch aus § 93 SGB X i.V.m. § 667 BGB. Zwar sind die Regelungen des BGB beim gesetzlichen Auftragsverhältnis nicht über § 61 Satz 2 SGB X anwendbar, allerdings sind die grundsätzlichen Regelungen des BGB auch auf das gesetzliche Auftragsverhältnis anzuwenden, da auch dieses typische Merkmale eines Auftrags aufweist.[32]

18 Mit einer Entscheidung aus dem Jahr 2012 hat das BSG die im Jahr 1999 seitens des BSG aufgestellten Grundsätze zu § 44 Abs. 3 SGB X für die Grundsicherung für Arbeitsuchende stark eingeschränkt.[33] § 44 Abs. 3 SGB X sei bei einem Wechsel der örtlichen Zuständigkeit bezüglich kommunaler Leistungen nicht anwendbar, da die Abgrenzung der Zuständigkeiten verschiedener Arbeitsgemeinschaften (jetzt: gemeinsamer Einrichtungen) insoweit nicht nur eine Frage der örtlichen Zuständigkeit – sondern auch der sog. **Verbandszuständigkeit** – sei.[34] Diese Verbandszuständigkeit sei von § 44 Abs. 3 SGB X nicht erfasst.[35] Die Verbandszuständigkeit betrifft die Frage, welche Aufgaben und Befugnisse einem bestimmten Träger der öffentlichen Verwaltung zur Erledigung zugewiesen sind. Diese sei bei dem kommunalen Träger als Teil der Arbeitsgemeinschaft auf das (räumliche) Gebiet der Kommune beschränkt.[36] Die Verbandszuständigkeit beziehe sich also auf den konkreten kommunalen Träger.

---

[25] Vgl. auch *Rixen/Waschull* in: LPK-SGB X, § 13 Rn. 5.

[26] Vgl. dazu im Zivilrecht § 184 Abs. 1 BGB; aus der Rechtsprechung des BSG zum Prozessrecht BSG v. 21.06.2001 - B 13 RJ 5/01 R; BSG v. 24.03.1971 - 6 RKa 16/70 - BSGE 32, 251 ff.

[27] BSG v. 09.06.2011 - B 8 AY 1/10 R - SGb 2011, 457; BSG v. 09.06.1999 - B 6 KA 70/98 R - SozR 3-2500 § 95 Nr. 20; *Krasney* in: KassKomm-SGB, SGB X, § 13 Rn. 7; vgl. dazu auch *Waschull* in: LPK-SGB X, § 44 Rn. 56.

[28] BSG v. 09.06.1999 - B 6 KA 70/98 R - SozR 3-2500 § 95 Nr. 20; BSG v. 16.05.1995 - 9 RV 1/94 - SozR 3-3200 § 88 Nr. 1; BVerwG v. 25.08.1995 - 5 B 141/95 - DÖV 1995, 1046; *Schütze* in: von Wulffen, SGB X, § 44 Rn. 37.

[29] BSG v. 09.06.1999 - B 6 KA 70/98 R - SozR 3-2500 § 95 Nr. 20; *Waschull* in: LPK-SGB X, § 44 Rn. 57.

[30] BVerwG v. 25.08.1995 - 5 B 141/95 - DÖV 1995, 1046; ähnlich BSG v. 09.06.1999 - B 6 KA 70/98 R - SozR 3-2500 § 95 Nr. 20; vgl. ebenfalls *Waschull* in: LPK-SGB X, § 44 Rn. 57.

[31] *Schütze* in: von Wulffen, SGB X, § 44 Rn. 37; *Waschull* in: LPK-SGB X, § 44 Rn. 58.

[32] Vgl. *Seewald* in: KassKomm-SGB, SGB X, § 93 Rn. 18, Stand 04/2011.

[33] Vgl. BSG v 23.05.2012 - B 14 AS 133/11 R.

[34] Vgl. BSG v 23.05.2012 - B 14 AS 133/11 R - juris Rn. 12.

[35] Vgl. BSG v 23.05.2012 - B 14 AS 133/11 R - juris Rn. 13.

[36] Vgl. BSG v 23.05.2012 - B 14 AS 133/11 R - juris Rn. 15.

Eine Begründung dafür, warum sich diese auf die **konkrete Kommune bezieht**, bleibt das BSG allerdings schuldig. Unklar ist zudem auch, warum § 44 Abs. 3 SGB X nicht für die Verbandszuständigkeit gelten soll. Die insoweit seitens des BSG zitierte Entscheidung aus dem Jahr 1999[37] **trifft zur Verbandszuständigkeit keine Aussage.** Die Entscheidung dürfte neben den Leistungen des kommunalen Trägers nach § 6 Abs. 1 Satz 1 Nr. 2 auch die Leistungen betreffen, die grundsätzlich der Bundesagentur obliegen, wenn eine Optionskommune handelt (§ 6a). Folgen der Entscheidung andere Senate des BSG, so ist § 44 Abs. 3 SGB X in seiner Anwendung künftig sehr stark eingeschränkt. Auch im SGB XII und im AsylbLG handeln kommunale Träger. Im SGB V und SGB VII, in denen eine Mitgliedschaft in einer konkreten Versicherung besteht, läge bei einem Wechsel der Versicherung beispielsweise wegen Umzugs beim neuen Versicherungsträger auch keine Verbandszuständigkeit. Anderes gilt für die Bundesagentur[38] und dürfte zudem für die Deutsche Rentenversicherung (SGB VI) gelten.

19

Wird der Antrag nach § 44 SGB X bei einer unzuständigen Behörde gestellt, so kommt die allgemeine **Regelung des § 16 SGB I** zur Anwendung. Nach § 16 Abs. 2 Satz 1 SGB I sind Anträge, die bei einem unzuständigen Leistungsträger, bei einer für die Sozialleistung nicht zuständigen Gemeinde oder bei einer amtlichen Vertretung der Bundesrepublik Deutschland im Ausland gestellt werden, unverzüglich an den zuständigen Leistungsträger weiterzuleiten.[39] Nach § 16 Abs. 2 Satz 2 SGB I gilt der Antrag als zu dem Zeitpunkt gestellt, in dem er bei einer der in § 16 Abs. 2 Satz 1 SGB I genannten Stellen eingegangen ist.

20

Die Vorschrift des § 16 SGB I, die sich vorrangig auf Anträge auf Sozialleistungen bezieht, gilt auch für **Anträge nach § 44 SGB X**.[40] Nach ständiger Rechtsprechung des BSG wird § 16 Abs. 1 SGB I entsprechend auch auf Anträge angewandt, die zwar keine Anträge auf Sozialleistungen im Sinne von § 11 SGB I sind, jedoch für die Stellung als Versicherter Bedeutung haben.[41] Dies ist bei einem Antrag nach § 44 SGB X der Fall.

21

3. § 44 SGB X und Existenzsicherungsleistungen

Das BVerwG hatte unter Rückgriff auf den sog. **Aktualitätsgrundsatz** noch vertreten, dass § 44 SGB X im Recht der Sozialhilfe keine Anwendung finde.[42] Eine Gewährung von Leistungen für die Vergangenheit kam nach dieser Rechtsprechung nur in begrenzten Ausnahmefällen in Betracht.[43]

22

Dies hat das **BSG** sowohl für die Grundsicherung für Arbeitsuchende als auch die Sozialhilfe anders gesehen.[44] Dabei gehen die Senate des BSG allerdings unterschiedlich weit in der Anwendung der Norm. Nach dem 4. Senat des BSG sind für die Grundsicherung für Arbeitsuchende die rechtswidrig vorenthaltenen Leistungen für die Vergangenheit vollständig nachzuzahlen, ohne dass es auf einen **Fortbestand der Bedürftigkeit** ankommt. Danach stehen der Anwendbarkeit des § 44 SGB X keine über die gesetzlich normierten Einschränkungen hinausgehenden Besonderheiten des SGB II entgegen.[45] So weit ist der 8. Senat für den Bereich der Sozialhilfe (und das AsylbLG) nicht gegangen.[46] Hier ist für eine Nachzahlung ein Fortbestand des Bedarfs und der Bedürftigkeit notwendig;[47] maßgebender

23

---

[37] Vgl. BSG v. 09.06.1999 - B 6 KA 70/98 R - SozR 3-2500 § 95 Nr. 20.
[38] Vgl. BSG v 23.05.2012 - B 14 AS 133/11 R - juris Rn. 15.
[39] Vgl. für die allgemeine Anwendbarkeit des § 16 SGB I im Sozialhilferecht BSG v. 26.08.2008 - B 8/9b SO 18/07 R - SozR 4-3500 § 18 Nr. 1 und die Kommentierung zu § 18 SGB XII Rn. 10.
[40] BSG v. 30.03.2004 - B 4 RA 48/01 R; vgl. für die allgemeine Anwendbarkeit im Sozialhilferecht BSG v. 26.08.2008 - B 8/9b SO 18/07 R - SozR 4-3500 § 18 Nr. 1 und die Kommentierung zu § 18 SGB XII Rn. 10.
[41] BSG v. 14.04.1984 - 8 RK 9/81 - SozR 1200 § 16 Nr. 8; BSG v. 26.11.1985 - 12 RK 41/84 - BSGE 59, 190 ff.; BSG v. 17.07.1990 - 12 RK 10/89 - SozR 3-1200 § 16 Nr. 2; vgl. dazu auch *Seewald* in: KassKomm-SGB, SGB I, § 16 Rn. 3.
[42] BVerwG v. 15.12.1983 - 5 C 65/82 - BVerwGE 68, 285 ff.; BVerwG v. 13.11.2003 - 5 C 26/02 - FEVS 55, 320.
[43] Etwa wenn eine rechtswidrige ablehnende Entscheidung mit Widerspruch und Klage angegriffen wurde: BVerwG v. 19.06.1980 - 5 C 26/79 - BVerwGE 60, 236 ff.
[44] Zum SGB II: BSG v. 01.06.2010 - B 4 AS 78/09 R - BSGE 106, 155 ff.; zum SGB XII: BSG v. 16.10.2007 - B 8/9b SO 8/06 R - BSGE 99, 137 ff.; BSG v. 26.08.2008 - B 8 SO 26/07 R - SozR 4-1300 § 44 Nr. 15; BSG v. 29.09.2009 - B 8 SO 16/08 R - BSGE 104, 213 ff.; zum AsylbLG: BSG v. 17.06.2008 - B 8 AY 5/07 R - SozR 4-3520 § 9 Nr. 1.
[45] BSG v. 01.06.2010 - B 4 AS 78/09 R - BSGE 106, 155 ff.
[46] BSG v. 29.09.2009 - B 8 SO 16/08 R - BSGE 104, 213 ff.; nunmehr auch zum AsylbLG: BSG v. 09.06.2011 - B 8 AY 1/10 R - SGb 2011, 457.
[47] Vgl. dazu im Einzelnen: BSG v. 29.09.2009 - B 8 SO 16/08 R - BSGE 104, 213 ff.; nunmehr auch zum AsylbLG: BSG v. 09.06.2011 - B 8 AY 1/10 R - SGb 2011, 457.

Zeitpunkt ist die letzte mündliche Verhandlung.[48] Von einem fortbestehenden Bedarf ist bei nicht gewährten pauschalierten Leistungen auszugehen, bei denen normativ-typisierend bereits von einem vorhandenen Bedarf auszugehen ist, also nicht lediglich die Höhe eines dem Grunde nach zu überprüfenden Bedarfs normativ-typisierend unterstellt wird.[49]

24 Die **Rechtsprechung des 8. Senats** zur begrenzten Anwendung des § 44 SGB X im Sozialhilferecht[50] ist trotz der Gleichschaltung der Jahresregelung für die rückwirkend zu erbringenden Leistungen im SGB II und SGB XII **weiter anwendbar**. An den vom BSG in den jeweiligen Entscheidungen (vgl. Rn. 23) genannten Gründen für die im Hinblick auf die Aktualität des Bedarfs unterschiedlichen Rechtsfolgen hat sich durch die Einfügung des § 116a SGB XII nichts geändert; die Gesetzesmaterialien (vgl. dazu Rn. 1 f.) ergeben keine Anhaltspunkte für das Gegenteil.

24.1 A.A. ist *Coseriu*; vgl. dazu die Ausführungen unter Kommentierung zu § 18 SGB XII Rn. 48.

25 Teilweise wird in der Literatur gefordert, dass ein Wegfall der Bedürftigkeit einen Anspruch in einem Verfahren nach § 44 SGB X **nur insoweit entgegenstehen** könne, wie dieser **Wegfall** gehe. Mit anderen Worten: Der Anspruch entfällt nur in der Höhe, in der durch den Wegfall der Bedürftigkeit eine Nachholung des noch offenen Bedarfs möglich war.[51] Die Problematik lässt sich zuspitzen, wenn nur für einen Monat die Bedürftigkeit entfällt, da nach der Rechtsprechung des BSG auch ein derart kurzfristiger Wegfall der Bedürftigkeit der Realisierung eines Anspruchs im Verfahren nach § 44 SGB X entgegen steht.[52] Dieses Ergebnis ist jedoch – entgegen der Kritik in der Literatur – **in sich konsistent**. Das BSG nimmt beim Bedarf zugunsten des Leitungsempfängers einen Fortbestand dieses Bedarfs bei pauschalierten Leistungen an (vgl. Rn. 23). Hier wird also auch nicht im Einzelnen geprüft, ob der Bedarf tatsächlich noch fortbesteht. Von daher erscheint es als konsequent, beim Fortfall der Bedürftigkeit auch nicht im Einzelnen zu prüfen, ob eine Nachholung des Bedarfs in dieser Zeit möglich war (vgl. zur Anwendbarkeit des § 44 SGB X im SGB XII auch die Kommentierung zu § 18 SGB XII Rn. 46 f.).

B. Auslegung der Norm

I. Regelungsgehalt und Bedeutung der Norm

26 Die Norm begrenzt den Anwendungsbereich des § 44 SGB X. Wie bereits in Rn. 6 ff. dargestellt, kann mit einem Antrag nach § 44 SGB X ein belastender Verwaltungsakt mindestens vier Jahre noch angegriffen werden, obwohl die Widerspruchsfrist des § 84 SGG bereits verstrichen ist.[53] Diese grundsätzliche Frist von vier Jahren – § 44 Abs. 4 Satz 1 SGB X – wird nun in § 116a SGB XII **auf ein Jahr begrenzt**. Der Beginn dieser Frist richtet sich aber auch weiterhin nach § 44 Abs. 4 Satz 2 SGB X (vgl. Rn. 53).

27 Die Norm wird in der Praxis – trotz ihres unscheinbaren und kurzen Wortlauts – eine **große Bedeutung** haben. Durch § 44 SGB X haben Entscheidungen im Sozialrecht grundsätzlich für mindestens vier Jahre keine wirklich Bestandskraft. Die Bedeutung der Widerspruchsfrist ist damit erheblich eingeschränkt. Dies hat in der Praxis – gerade in den Bereichen der Grundsicherung für Arbeitsuchende – zu einem starken Verfahrensaufkommen geführt.

II. Normzweck

28 Die Regelung soll nach der Gesetzesbegründung die Anwendung des § 44 SGB XII begrenzen, da die steuerfinanzierten Leistungen des SGB XII der Sicherung des Lebensunterhalts dienen und dabei im besonderen Maße die Deckung **gegenwärtiger Bedarfe** bewirken sollen.[54] Die Regelungen § 40

---

[48] BSG v. 09.06.2011 - B 8 AY 1/10 R - SGb 2011, 457 Rn. 20.
[49] BSG v. 09.06.2011 - B 8 AY 1/10 R - juris Rn. 16; BSG v. 29.09.2009 - B 8 SO 16/08 R - BSGE 104, 213 ff. Rn. 20 = SozR 4-1300 § 44 Nr. 20.
[50] Zustimmend *Pattar*, NZS 2010, 7 ff. und *Wahrendorf* in: Organisation und Verfahren im sozialen Rechtsstaat – FS für Friedrich E. Schnapp, 2008, S. 577, 578 ff. m.w.N.; vgl. auch *Grube*, Sozialrecht aktuell 2010, 11 ff.; kritisch *Dillmann*, DVP 2010, 90 ff. und *Hochheim*, NZS 2009, 24 ff.
[51] Vgl. *Scheider* in: GK-AsylbLG, § 9 Rn. 71, Stand 12/2012.
[52] Vgl. dazu: BSG v. 20.12.2012 - B 7 AY 4/11 R - juris Rn. 14.
[53] Der Antrag ist dabei keine notwendige Voraussetzung, eine Überprüfung von Amts wegen ist in der Vorschrift ebenso vorgesehen.
[54] BT-Drs. 17/3404, S. 129; zu § 40 Abs. 1 Satz 2 SGB II vgl. die insoweit gleichlautende Begründung: BT-Drs. 17/3404, S. 114.

Abs. 1 Satz 2 SGB II einerseits und § 116a SGB XII andererseits sind damit wohl eine Reaktion des Gesetzgebers auf die Rechtsprechung des BSG zum sog. **Aktualitätsgrundsatzes** (vgl. hierzu Rn. 22).[55] Da die Rechtsprechung zur Grundsicherung für Arbeitsuchende hier deutlich weiter gegangen ist, sind die Vorschriften wohl vor allem eine Reaktion auf die Entwicklung in diesem Bereich. Hinzu kommt, dass die Klage- und Verwaltungsverfahren dort auch eine weitaus größere Anzahl ausmachen. Aus Gleichbehandlungsgründen (**Art. 3 Abs. 1 GG**) wäre aber eine Begrenzung allein für Fälle der Grundsicherung für Arbeitsuchende nicht möglich gewesen (zum AsylbLG vgl. Rn. 47).

Zum anderen sollen die Leistungsträger und die **Sozialgerichte entlastet werden**.[56] Wie oben bereits erwähnt, hat der weite zeitliche Anwendungsbereich des § 44 SGB X in der Praxis – gerade in den Bereichen der Grundsicherung für Arbeitsuchende – zu einem starken Verfahrensaufkommen geführt.

III. Tatbestandsmerkmale

1. Zeitliche Anwendbarkeit der Vorschrift (§ 136 SGB XII a.F.)

a. § 136 SGB XII a.F. und die Grundsätze des intertemporalen Rechts

Die Vorschrift ist nach dem Text des Gesetzes zur Ermittlung von Regelbedarfen und zur Änderung des Zweiten und Zwölften Buches Sozialgesetzbuch **mit Wirkung zum 01.04.2011** in Kraft getreten.[57] § 136 SGB XII i.d.F. vom 20.11.2012 (gültig bis 31.12.2013) schafft in einer gesonderten Übergangsvorschrift aber einen **Bestandsschutz für Anträge, die vor dem 01.04.2011** gestellt wurden. Auf derartige Anträge findet § 116a SGB XII keine Anwendung, auch wenn der weitere Verlauf des Verfahrens – also beispielsweise der Erstbescheid – bereits nach dem 01.04.2011 liegt.

Mit der Anwendung sich ändernden Normen befasst sich das sog. **intertemporale Recht**. Nach der Änderung einer Norm bedarf es in der folgenden Zeit jeweils einer Entscheidung, ob auf den zu entscheidenden Sachverhalt die neue Vorschrift bereits Anwendung findet oder nicht. Hier lassen aus Rechtsprechung und Lehre sich gewisse Grundsätze oder Gesichtspunkte herleiten, die aber alle nicht ausnahmslos gelten und sich teilweise auch widersprechen.

Der erste Grundsatz oder Gesichtspunkt dieses intertemporalen Rechts ist die **Sofortwirkung und die Nichtrückwirkung** des neuen Rechts.[58] Eine neue Vorschrift soll grundsätzlich ab ihrem Inkrafttreten, aber auch nicht davor, Anwendung finden. Ergänzt wird dies durch die Regel, dass grundsätzlich das Recht Anwendung findet, das im Zeitpunkt des zu beurteilenden Sachverhalts in Geltung war („**tempus regit actum**").[59] Werden also im Zeitpunkt der Geltung des neuen Rechts Sachverhalte aus der Zeit vor der Rechtsänderung beurteilt, so gilt grundsätzlich das alte Recht, soweit nicht später in Kraft getretenes Recht ausdrücklich oder stillschweigend etwas anderes bestimmt. Unter isolierter Anwendung dieser Regeln wäre § 136 SGB XII überflüssig, wenn an den Antrag nach § 44 SGB X als maßgeblichen Zeitpunkt angeknüpft würde.[60] Allerdings kann nach einem dritten Grundsatz oder Gesichtspunkt

---

[55] Der Gesetzgeber beruft sich explizit auf den Aktualitätsgrundsatz, vgl. BT-Drs. 17/3404, S. 129, S. 114 (zu § 40 Abs. 1 Satz 2 SGB II). Mit Schaffung der Regelung hat der Gesetzgeber die grundsätzliche Anwendbarkeit der Vorschriften – wie sie von der Rechtsprechung des BSG vertreten wird – anerkannt.

[56] BT-Drs. 17/3404, S. 129.

[57] Art. 14 Abs. 3 des Gesetzes zur Ermittlung von Regelbedarfen und zur Änderung des Zweiten und Zwölften Buches Sozialgesetzbuch vom 24.03.2011, BGBl I 2011, 453.

[58] BSG v. 24.08.2004 - B 2 U 12/03 R - SozR 4-2700 § 70 Nr. 1; Hessisches LSG v. 14.12.2007 - L 7 AL 183/06; vgl. dazu ausführlich *Kopp*, SGb 1993, 593, 595 mit weiteren Nachweisen vor allem aus dem Privatrecht; vgl. dazu beispielsweise: *Nipperdey* in: Eneccerus, Allgemeiner Teil des Bürgerlichen Rechts, Erster Halbband, 1959, 356.

[59] Vgl. dazu im Sozialhilferecht: BSG v. 24.03.2009 - B 8/9b SO 17/07 R - BSGE 103, 34 ff.; BSG v. 24.03.2009 - B 8 SO 34/07 R - SozR 4-5910 § 111 Nr. 1; vgl. zum Sperrzeitrecht beispielsweise: BSG v. 06.05.2009 - B 11 AL 10/08 R - SozR 4-4300 § 144 Nr. 19; zum Krankengeldrecht: BSG v. 26.11.1991 - 1/3 RK 25/90 - SozR 3-2500 § 48 Nr. 1; vgl. dazu allgemein für das intertemporale Verwaltungsrecht *Kopp*, SGb 1993, 593, 595; zum europäischen Recht *Heukels*, Intertemporales Gemeinschaftsrecht – Rückwirkung, Sofortwirkung und Rechtsschutz in der Rechtsprechung des Gerichtshofes der Europäischen Gemeinschaften, 1990, S. 51 f.

[60] Zumindest ist wohl nicht an den Zeitpunkt der aufzuhebenden Entscheidung anzuknüpfen. Vgl. dazu BSG v. 07.10.2009 - B 11 AL 31/08 R - BSGE 104, 285 ff. zu einer Rückforderung nach § 335 SGB III; dazu ebenfalls BSG v. 18.05.2010 - B 7 AL 16/09 R; vgl. zur Frage des Anknüpfungszeitpunkts bei der Ausfüllung der Grundsätze auch Hessisches LSG v. 14.12.2007 - L 7 AL 183/06.

das neue Recht bereits dann Anwendung finden, wenn der aus der Vergangenheit herrührende Sachverhalt noch „aktuell" und „anhängig" ist („negotia pendentia").[61] Dem können allerdings wiederum verfassungsrechtliche Gesichtspunkte (**Vertrauensschutz**) entgegenstehen.[62]

33 **Verfahrensrecht** richtet sich überwiegend nach dem dritten Grundsatz: Danach sind Änderungen des Verfahrensrechts bei bereits anhängigen Verfahren zu beachten,[63] sofern nicht ein verfassungskonform abweichender Geltungswille des Gesetzes festzustellen ist.[64] Dies ist der Fall, wenn die Beteiligten nach bisherigem Verfahrensrecht eine **schutzwürdige Position** erlangt haben, die es nach dem neuen Verfahrensrecht nicht mehr gibt,[65] wenn also wiederum rechtsstaatliche Grundsätze der Rechtssicherheit und des Vertrauensschutzes dies gebieten.[66] Dies führt dazu, dass die **Zulässigkeit** eines Antrags zumeist nach dem zum Zeitpunkt der Stellung des Antrags geltenden Recht zu beurteilen ist.[67] Für den **weiteren Fortgang**, etwa die Entscheidung, ist allerdings grundsätzlich bereits das spätere Recht anzuwenden,[68] sofern nicht wiederum ein verfassungskonform abweichender Geltungswille des Gesetzes festzustellen ist.[69]

34 Danach hätten die Grundsätze des intertemporalen Rechts ohne die Übergangsvorschrift des § 136 SGB XII dazu führen können, dass bei einer Verwaltungsentscheidung nach dem 01.04.2011 über einen in der Zeit bis zum 31.03.2011 gestellten Antrag bereits das neue – eingeschränkte – Recht des § 116a SGB XII Anwendung gefunden hätte. Die durch den Antrag nach § 44 SGB X erworbene Stellung wäre **wohl keine schutzwürdige Position** im obigen Sinne gewesen, da mit dem Antrag nach § 44 SGB X eine grundsätzlich bereits bindende Entscheidung angegriffen wird.

b. Antrag als notwendige Voraussetzung

aa. Notwendigkeit des Antrags

35 Zunächst stellt sich die Frage, ob ein Antrag **notwendige Voraussetzung** für das Eingreifen der Übergangsregelung des § 136 SGB XII ist. Das Verfahren nach § 44 SGB X ist nämlich gerade nicht von einem derartigen Antrag abhängig, vielmehr kann (und muss) die Verwaltung auch von Amts wegen

---

[61] Vgl. allgemein BSG v. 27.08.1998 - B 10 AL 7/97 R - SozR 3-4100 § 141e Nr. 3; vgl. zum Geltungszeitraumprinzip im SGB III (Anwendung des neuen Rechts, wenn die maßgeblichen Rechtsfolgen in den zeitlichen Geltungsbereich des neuen Rechts fallen) BSG v. 08.02.2007 - B 7a AL 38/06 R - SozR 4-4300 § 434j Nr. 2; BSG v. 06.02.2003 - B 7 AL 72/01 R - SozR 4-4100 § 119 Nr. 1; zum Prozessrecht BSG v. 19.02.1992 - GS 1/89 - BSGE 70, 133 ff.; vgl. dazu für das intertemporale Verwaltungsrecht ebenfalls *Kopp*, SGb 1993, 593, 595; allgemein zur Maßgeblichkeit neuen Rechts im Revisionsverfahren BSG v. 09.09.1986 - 7 RAr 67/85 - NJW 1986, 604 ff.

[62] BSG v. 01.07.2010 - B 11 AL 6/09 R - ZIP 2010, 2215 ff.; BSG v. 03.12.2009 - B 11 AL 28/08 R - SozR 4-4300 § 118 Nr. 5; vgl. zum Schutz wohlerworbener Rechte grundlegend *Schlegel* in: VSSR 2004, S. 313 ff.; ebenso *Kopp*, SGb 1993, 593, 598; aus der Rechtsprechung der Zivilgerichtsbarkeit vgl. BGH v. 24.04.1996 - IV ZR 263/95 - NJW 1996, 2096 f.

[63] BSG v. 14.04.2011 - B 8 SO 18/09 R - SGb 2011, 329; BSG v. 16.12.2009 - B 7 AL 146/09 B; BSG v. 13.03.1997 - 11 RAr 51/96 - NZS 1997, 586 ff.; BSG v. 15.12.1982 - GS 2/80 - BSGE 54, 223 ff.; zum Prozessrecht BSG v. 19.02.1992 - GS 1/89 - BSGE 70, 133 ff.

[64] BSG v. 14.04.2011 - B 8 SO 18/09 R - SGb 2011, 329; BSG v. 19.03.1998 - B 7 AL 44/97 R - SGb 1998, 471 f.; BSG v. 13.03.1997 - 11 RAr 51/96 - NZS 1997, 586 ff.

[65] BSG v. 19.02.1992 - GS 1/89 - BSGE 70, 133 ff.

[66] BSG v. 16.12.2009 - B 7 AL 146/09 B; vgl. dazu auch BVerfG v. 22.03.1983 - 2 BvR 475/78 - BVerfGE 63, 343 ff.

[67] Zur Zulässigkeit einer Leistungsklage BSG v. 11.12.2002 - B 5 RJ 42/01 R - SozR 3-2600 § 118 Nr. 11; zum Wegfall der Möglichkeit der Berufung nach Einlegung der Berufung BSG v. 04.09.1958 - 11/9 RV 1144/55 - BSGE 8, 135 ff.; *Kopp*, SGb 1993, 593, 601 unter Bezugnahme auf die Rechtsprechung des BGH zur Zulässigkeit von Rechtsmitteln: BGH v. 12.02.1992 - XII ZR 53/91 - MDR 1992, 608 f.

[68] Vgl. allgemein BSG v. 14.04.2011 - B 8 SO 18/09 R - SGb 2011, 329; BSG v. 16.12.2009 - B 7 AL 146/09 B; BSG v. 13.03.1997 - 11 RAr 51/96 - NZS 1997, 586 ff.; BSG v. 15.12.1982 - GS 2/80 - BSGE 54, 223 ff.; zum Prozessrecht BSG v. 19.02.1992 - GS 1/89 - BSGE 70, 133 ff.; vgl. dazu auch *Kopp*, SGb 1993, 593, 601.

[69] BSG v. 14.04.2011 - B 8 SO 18/09 R - SGb 2011, 329; BSG v. 19.03.1998 - B 7 AL 44/97 R - SGb 1998, 471 f.; BSG v. 13.03.1997 - 11 RAr 51/96 - NZS 1997, 586 ff.

eine derartige Zugunstenentscheidung treffen.[70] Nach dem eindeutigen Wortlaut des § 136 SGB XII ist für das Eingreifen der Übergangsvorschrift aber ein Antrag notwendig.

Eine Analogie kommt zudem nicht in Betracht. Bei einer Aufhebungsentscheidung von Amts wegen liegt keine vergleichbare Interessenlage vor.[71] Grund für die Übergangsregelung sind Vertrauensschutzgesichtspunkte (vgl. Rn. 26), Anknüpfungspunkt für dieses Vertrauen ist aber gerade der vor der Neuregelung gestellte Antrag. 36

bb. Ersetzbarkeit des Antrags

Allerdings ist ein Ersetzen des Antrags nach den Grundsätzen des **sozialrechtlicher Herstellungsanspruchs** möglich, wenn die Verwaltung es pflichtwidrig versäumt hat, den Antragsteller auf die Möglichkeit des Antrags hinzuweisen.[72] Dabei ist allerdings zu bedenken, dass die Verwaltung im Rahmen des § 44 SGB X nicht verpflichtet ist, ihren Aktenbestand auf Fehler durchzusuchen.[73] Dies gilt auch, wenn eine neue Rechtslage in Kraft tritt.[74] § 44 Abs. 1 Satz 1 SGB X bezieht sich auf den „Einzelfall".[75] Dementsprechend kann eine für den sozialrechtlichen Herstellungsanspruch notwendige Pflichtverletzung in Bezug auf die Übergangsfrist des § 136 SGB XII nicht regelmäßig – sondern nur am Einzelfall – hergeleitet werden. 37

Eine solche auf den Einzelfall bezogene Pflicht zur Beratung kann sich aber – beispielsweise bei einer Vorsprache – aus den Grundsätzen der **Spontanberatungspflicht** ergeben. Nach diesen Grundsätzen ist eine Verletzung von Beratungs- und Auskunftspflichten mit der Folge des sozialrechtlichen Herstellungsanspruchs ohne ein vom Bürger herangetragenes Auskunfts- und Beratungsbegehren anerkannt, wenn sich im Rahmen eines Verwaltungsverfahrens ein **konkreter Anlass** ergibt, den Bürger spontan auf klar zutage liegende Gestaltungsmöglichkeiten hinzuweisen, die sich offensichtlich als zweckmäßig aufdrängen und die jeder verständige Bürger mutmaßlich nutzen würde.[76] 38

Wird der für § 136 SGB XII notwendige Antrag nach den Grundsätzen des sozialrechtlichen Herstellungsanspruchs ersetzt, so ist eine **Rücknahme des belastenden Verwaltungsaktes** und die Gewährung weiterer Leistungen – dem bislang geltenden § 44 Abs. 4 Satz 1 SGB X entsprechend – für **vier Jahre möglich**. Daran könnten Zweifel bestehen, da sich die Rechtsprechung des BSG bei der Bemessung der zeitlichen Reichweite des sozialrechtlichen Herstellungsanspruchs an § 44 Abs. 4 SGB X orientiert.[77] Es besteht also die Möglichkeit, dass unter der Geltung des § 116a SGB XII auch die zeitliche Reichweite des sozialrechtlichen Herstellungsanspruchs im Sozialhilferecht zu begrenzen ist. Dies gilt jedoch jedenfalls nicht für den hier besprochenen Fall. Sinn und Zweck der Übergangsvorschrift ist es schließlich gerade, dem Bürger Vertrauensschutz zukommen zu lassen, der in der Zeit bis zum 31.03.2011 noch einen Antrag gestellt hat. Soweit die Voraussetzungen des sozialrechtlichen Herstellungsanspruchs vorliegen, muss dieser Vertrauensschutz in gleichem (zeitlichem) Umfang gelten. 39

c. Antrag bis 31.03.2011

Der Antrag nach § 44 SGB X muss bis zum 31.03.2011 gestellt worden sein. Entscheidend ist dabei der Eingang bei der Behörde bzw. einer Behörde (§ 16 Abs. 2 Satz 2 SGB I, vgl. Rn. 49). 40

---

[70] *Steinwedel* in: KassKomm-SGB, SGB X, § 44 Rn. 24; *Schütze* in: von Wulffen, SGB X, § 44 Rn. 39; *Waschull* in: LPK-SGB X, § 44 Rn. 38.

[71] Vgl. zu den Voraussetzungen einer Analogie *Larenz*, Methodenlehre der Rechtswissenschaft, 1991, S. 370 ff. und S. 380 ff.; aus der Rechtsprechung des BSG: BSG v. 27.06.2007 - B 6 KA 24/06 R - SozR 4-2500 § 73 Nr. 3.

[72] Vgl. zu den Voraussetzungen BSG v. 18.01.2011 - B 4 AS 29/10 R - SozR 4-1200 § 14 Nr. 15; BSG v. 20.10.2010 - B 13 R 15/10 R - SozR 4-1500 § 193 Nr. 6; BSG v. 30.09.2009 - B 9 VG 3/08 R - SozR 4-3100 § 60 Nr. 6; BSG v. 15.12.1994 - 4 RA 64/93 - SozR 3-2600 § 58 Nr. 2; vgl. dazu auch die Kommentierung zu § 10 SGB XII Rn. 69 ff.

[73] BSG v. 26.01.1988 - 2 RU 5/87 - SozR 1300 § 44 Nr. 31; *Steinwedel* in: KassKomm-SGB, SGB X, § 44 Rn. 24; *Schütze* in: von Wulffen, SGB X, § 44 Rn. 39; *Waschull* in: LPK-SGB X, § 44 Rn. 42; *Jung*, SGb 2002, 1, 2; vgl. auch bereits BSG v. 19.03.1981 - 4 RJ 1/80 - SozR 2200 § 1301 Nr. 14.

[74] *Schütze* in: von Wulffen, SGB X, § 44 Rn. 39.

[75] *Steinwedel* in: KassKomm-SGB, SGB X, § 44 Rn. 24; *Waschull* in: LPK-SGB X, § 44 Rn. 43: unter Bezugnahme auf die Anforderungen der Massenverwaltung auch *Schütze* in: von Wulffen, SGB X, § 44 Rn. 39.

[76] BSG v. 09.12.1997 - 8 RKn 1/97 - BSGE 81, 251 ff.; vgl. auch BSG v. 28.09.2010 - B 1 KR 31/09 R - SozR 4-2500 § 50 Nr. 2; BSG v. 06.05.2010 - B 13 R 44/09 R - SozR 4-1200 § 14 Nr. 13.

[77] Vgl. beispielsweise BSG v. 27.03.2007 - B 13 R 58/06 R - SozR 4-1300 § 44 Nr. 9.

41 Wird diese Frist versäumt, so ist eine **Wiedereinsetzung in den vorherigen Stand** nach § 27 SGB X **nicht** möglich. Nach § 27 Abs 1 SGB X ist Wiedereinsetzung in den vorigen Stand zu gewähren, wenn jemand ohne Verschulden verhindert war, eine gesetzliche Frist einzuhalten. Dabei enthält § 136 SGB XII bereits keine **Frist im Sinne des § 27 Abs. 1 SGB X**.[78] Fristen sind abgrenzbare bestimmte oder bestimmbare nicht notwendig zusammenhängende Zeitspannen zwischen zwei oder mehreren Zeitpunkten.[79] Hier ist im Gesetz lediglich ein Endzeitpunkt – nämlich der 31.03.2011 – genannt. Es handelt sich zwar um eine „Übergangsfrist", nicht aber um den üblichen Lauf einer – zu einem bestimmten Zeitpunkt beginnenden – Frist. Der Antrag nach § 44 SGB X ist nicht an eine Frist gebunden, von dem Zeitpunkt der Antragstellung hängt lediglich der zeitliche Überprüfungsumfang ab.[80]

42 Die Wiedereinsetzung ist nach **§ 27 Abs. 5 SGB X** zudem nicht möglich, wenn sich aus einer Rechtsvorschrift ergibt, dass sie ausgeschlossen ist. Möglich ist ein solcher Ausschluss nach der Rechtsprechung des BSG sowohl in Form einer ausdrücklichen Anordnung innerhalb der betroffenen Fristenregelung als auch dadurch, dass er sich aus dem Wesen der Frist durch Auslegung von Ziel und Zweck der jeweiligen Fristbestimmung und der ihr zugrunde liegenden Interessenabwägung ergibt.[81] Diesbezüglich ließe sich hier argumentieren, dass nach dem Ende der Übergangsfrist § 116a SGB XII Anwendung finden soll, da es sich um eine **Ausnahme von den Grundsätzen des intertemporalen Verwaltungsverfahrensrechts** handelt (vgl. Rn. 9).

2. Rücknahme eines nicht begünstigenden Verwaltungsakts

43 Die Begrenzung des Anwendungsbereichs des § 44 SGB X knüpft in § 116a SGB XII an die Rücknahme von **nicht begünstigenden Verwaltungsakten** an. Einen solchen nicht begünstigenden Verwaltungsakt setzt aber bereits § 44 SGB X voraus,[82] so dass diesbezüglich keine zusätzliche Tatbestandsvoraussetzung geschaffen wurde. Die Begrenzung der rückwirkenden Rücknahme auf (mindestens) ein Jahr bezieht sich damit auf alle Rücknahmen nach § 44 SGB X, die Entscheidungen über Leistungen nach dem SGB XII betreffen (zu prozessualen und verwaltungsverfahrensrechtlichen Fragen bei Umwandlung eines Darlehens in eine nicht rückzahlbare Geldleistung vgl. die Kommentierung zu § 37 SGB XII Rn. 79).

3. Leistungen nach dem SGB XII

44 Eine Begrenzung auf bestimmte Leistungsarten lässt sich dem Wortlaut nicht entnehmen, so dass die beschränkende Wirkung des § 116a SGB XII für **jegliche Leistungsbereiche nach dem SGB XII** gilt. Dabei bezieht sich die Vorschrift auch nicht nur auf die Leistungsgewährung im engeren Sinne, sondern auch auf anderweitigen Entscheidungen, die sich auf Normen aus dem SGB XII beziehen, wie beispielsweise die Festsetzung von Kostenbeiträgen, §§ 92a, 103 SGB XII. Da es sich insoweit aber letztlich um eine geringere Leistungsgewährung handelt, fällt dieser Fall direkt unter § 44 SGB X. Es bedarf insoweit keiner Analogie, wie etwa im Bereich von Rückforderungen (vgl. hierzu Rn. 9).[83]

---

[78] Vgl. zur Antragstellung nach § 37 SGB II BSG v. 18.01.2011 - B 4 AS 99/10 R - SozR 4-4200 § 37 Nr. 5; *Eicher* in: Eicher/Spellbrink, SGB II, § 40 Rn. 106b; zu einem Antrag auf Entgeltsicherung für älter Arbeitnehmer nach dem SGB III BSG v. 08.02.2007 - B 7a AL 36/06 R - ZfS 2007, 119.

[79] *Timme* in: LPK-SGB X, § 47 Rn. 5.

[80] Mit ähnlicher Argumentation zu § 37 SGB II: BSG v. 18.01.2011 - B 4 AS 99/10 R - SozR 4-4200 § 37 Nr. 5.

[81] BSG v. 23.01.2008 - B 10 EG 6/07 R - SozR 4-7833 § 4 Nr. 1; andere Ansicht: *Plagemann*, NJW 1983, 2172, 2175, der eine explizite gesetzliche Regelung als notwendige Voraussetzung für die Anwendbarkeit des § 27 Abs. 5 SGB X sieht.

[82] Dies ergibt sich zwar nicht aus dem expliziten Wortlaut des § 44 Abs. 1 SGB X. Diese Einordnung ergibt sich aber aus dem Passus „und soweit deshalb Sozialleistungen zu Unrecht nicht erbracht oder Beiträge zu Unrecht erhoben worden sind", da auch ein *leistungsgewährender Verwaltungsakt* insoweit *nicht begünstigend* ist, als er *keine höhere* Leistung gewährt, vgl. BSG v. 28.09.1999 - B 2 U 32/98 R - BSGE 84, 281 ff. Zudem folgt die Anknüpfung an den nicht begünstigenden Verwaltungsakt explizit auch aus Absatz 2 der Vorschrift und dem systematischen Zusammenhang zu § 45 SGB X, vgl. auch: *Steinwedel* in: KassKomm-SGB, SGB X, § 44 Rn. 12.

[83] BSG v. 12.12.1996 - 11 RAr 31/96 - SozR 3-1300 § 44 Nr. 19.

4. Analoge Anwendung auf das AsylbLG

a. Grundsätzliches/Analogie zulasten des Bürgers

§ 116a SGB XII ist im AsylbLG analog anwendbar.[84] Eine solche Analogie bedarf einer planwidrigen Regelungslücke und einer vergleichbaren Interessenlage.[85] Zuvor stellt sich zudem noch die Frage, ob eine Analogie zulasten des Bürgers grundsätzlich möglich ist. 45

Eine solche **Analogie zulasten des Bürgers** ist nicht grundsätzlich ausgeschlossen.[86] Im öffentlichen Recht besteht kein allgemeines Analogieverbot zum Nachteil von Bürgern.[87] Allerdings vertritt die wohl h.M., dass eine Analogie zulasten des Bürgers in der **Eingriffsverwaltung** unzulässig ist.[88] Diese Ansicht stützt sich dabei auf den sog. Vorbehalt des Gesetzes. Ein hoheitlicher Eingriff in die Rechtssphäre des Bürgers, der nach dem Grundsatz der Gesetzmäßigkeit der Verwaltung einer gesetzlichen Grundlage bedürfe, könne von der Verwaltung nicht selbst durch analoge Anwendung einer Norm geschaffen werden.[89] Zumindest in der Leistungsverwaltung kann dem aber nicht gefolgt werden. Auf der Grundlage methodengerechter Konkretisierung ist dem rechtsstaatlichen **Gesetzesvorbehalt** ebenso hinreichend Genüge getan.[90] 46

b. Vergleichbare Interessenlage

Die Interessenlage ist bei der Gewährung von Leistungen nach dem AsylbLG mit der Gewährung von Leistungen nach dem SGB II und SGB XII vergleichbar. Auch die Leistungen nach dem AsylbLG sind **steuerfinanziert** und dienen als Leistungen zur Sicherung des Lebensunterhalts im besonderen Maße der **Deckung gegenwärtiger Bedarfe** (vgl. hierzu Rn. 28).[91] Eine sachliche Rechtfertigung der unterschiedlichen Fristen wird sich schwerlich finden lassen, was gerade vor dem Hintergrund des Art. 3 GG relevant sein dürfte. 47

Ebenso steht einer Analogie nicht zwingend entgegen, dass es sich bei § 116a SGB XII um eine **Ausnahmevorschrift** handelt, die als solche grundsätzlich eng auszulegen ist („singularia non sunt extenda").[92] Auch bei Ausnahmevorschriften ist eine Analogie nämlich nicht ausgeschlossen. Vielmehr ist zur Beantwortung der Frage, ob eine Analogie möglich ist, eine **Orientierung am Sinn und Zweck der Vorschrift** vorzunehmen.[93] Es ist zu fragen, warum der Gesetzgeber die geregelten Fälle von der grundsätzlichen Wertung ausgenommen hat.[94] Angewendet auf die vorliegende Problematik ist also eine Orientierung daran notwendig, warum der Gesetzgeber die Vorschrift des § 44 SGB X im Bereich des SGB XII eingeschränkt hat. Da insoweit eine Überstimmung zwischen den geregelten Fällen im SGB II und SGB XII und dem nicht geregelten Fall des AsylbLG besteht (vgl. Rn. 47), steht der Ausnahmecharakter der Vorschrift der **Analogie für sich genommen nicht entgegen**. 48

c. Planwidrige Regelungslücke

Zudem liegt eine **planwidrige Regelungslücke** vor.[95] Eine solche ist Voraussetzung für eine richterliche Rechtsfortbildung, denn es ist nicht die Aufgabe der Judikatur, rechtspolitische „Fehler" zu korrigieren.[96] Gegen eine solche planwidrige Regelungslücke spricht nicht, dass die Wortlautgrenze des 49

---

[84] BSG v. 26.06.2013 - B 7 AY 6/12 R; vorher bereits SG Münster v. 24.04.2012 - S 12 AY 193/11; andere Ansicht: *Scheider* in: GK-AsylbLG, § 9 Rn. 73, Stand 12/2012; *Heinrich*, ZfF 2012, 228, 232.
[85] *Larenz*, Methodenlehre der Rechtswissenschaft, 1991, S. 370 ff. und S. 380 ff.; aus der Rechtsprechung des BSG: BSG v. 27.06.2007 - B 6 KA 24/06 R - SozR 4-2500 § 73 Nr. 3.
[86] BSG v. 26.06.2013 - B 7 AY 6/12 R; bereits vorher: BSG v. 09.06.2011 - B 8 SO 1/10 R - juris Rn. 23 unter Bezugnahme auf: BSG v. 18.05.2000 - B 11 AL 77/99 R - SozR 3-4100 § 59e Nr. 1.
[87] BSG v. 26.06.2013 - B 7 AY 6/12 R; BSG v. 18.05.2000 - B 11 AL 77/99 R - SozR 3-4100 § 59e Nr. 1.
[88] BVerfG v. 14.08.1996 - 2 BvR 2088/93 - NJW 1996, 3146 ff.; zur Literatur: *Konzak*, NVwZ 1997, 872 f.
[89] BVerfG v. 14.08.1996 - 2 BvR 2088/93 - NJW 1996, 3146 ff.
[90] BSG v. 18.05.2000 - B 11 AL 77/99 R - SozR 3-4100 § 59e Nr. 1 unter Bezugnahme auf: *Müller*, Juristische Methodik, 1997, S. 131 ff.; 144 ff.
[91] BSG v. 26.06.2013 - B 7 AY 6/12 R.
[92] Vgl. *Larenz*, Methodenlehre der Rechtswissenschaft, 1991, 312 ff.
[93] Vgl. *Larenz*, Methodenlehre der Rechtswissenschaft, 1991, 353 ff.
[94] Vgl. *Larenz*, Methodenlehre der Rechtswissenschaft, 1991, 353 ff.
[95] BSG v. 26.06.2013 - B 7 AY 6/12 R unter Verweis auf die Begründung des Referentenentwurfs eines Dritten Gesetzes zur Änderung des Asylbewerberleistungsgesetzes vom 04.12.2012.
[96] *Larenz*, Methodenlehre der Rechtswissenschaft, 1991, S. 370, Fn. 9.

§ 116a SGB XII überschritten wird, denn die Analogie überschreitet als Rechtsfortbildung stets die Wortlautgrenze. Der Wortlaut ist zwar die Grenze der Auslegung,[97] nicht aber der Rechtsfortbildung, zu der die Analogie gehört.[98]

50 Den **Gesetzgebungsmaterialien** lässt sich kein Hinweis entnehmen, dass die Problematik gesehen wurde. Die Erwähnungen des AsylbLG in der Gesetzgebungsgeschichte beziehen sich auf andere Problematiken, wie beispielsweise die der Einbeziehung der Leistungsempfänger nach dem AsylbLG in die Referenzgruppe zur Bestimmung der Höhe der Regelbedarfe,[99] der zu erwartenden Mehrkosten bei Leistungsempfängern von § 2 AsylbLG[100] oder der Ausdehnung der Leistungsgewährung nach SGB II oder XII auf Leistungsbezieher des „dann aufzuhebenden" AsylbLG.[101] Die Begrenzung der Frist des § 44 SGB X scheint dabei wohl auch nicht die einzige Problematik zu sein, bei der der Gesetzgeber die Einbeziehung des AsylbLG übersehen hat. Ebenfalls nicht gesehen wurde wohl die Erwähnung des Asylbewerberleistungsrechts in § 10 Abs. 5 Satz 1 BEEG.

51 Da die Vergleichbarkeit der Interessenslage derart eindeutig ist und auf der anderen Seite nicht ersichtlich ist, dass der Gesetzgeber das Problem gesehen hat, sprechen die **überwiegenden Gründe für eine analoge Anwendung** des § 116a SGB XII auf das AsylbLG. Für Überprüfungsanträge, die vor dem 01.04.2011 gestellt worden sind, gilt § 116a SGB XII wegen einer ebenfalls entsprechenden Anwendbarkeit des § 136 SGB XII nicht.[102]

51.1 Vgl. zur analogen Anwendung des § 116a SGB XII im Asylbewerberleistungsrecht auch *Palsherm*, SGb 2014, 277 ff.

IV. Rechtsfolge

1. Begrenzung der Frist

52 Im Anwendungsbereich des § 116a SGB XII (vgl. hierzu Rn. 30), tritt bei der Anwendung des § 44 SGB X im Absatz 4 der Vorschrift anstelle des Zeitraums von vier Jahren ein Zeitraum von **einem Jahr**. Nach § 44 Abs. 4 Satz 1 SGB X werden Sozialleistungen nach den Vorschriften der besonderen Teile des Sozialgesetzbuches längstens für einen Zeitraum bis zu vier Jahren vor der Rücknahme erbracht, wenn ein Verwaltungsakt mit Wirkung für die Vergangenheit zurückgenommen worden ist. Nach § 116a SGB XII werden nunmehr also Leistungen nach dem SGB XII grundsätzlich für einen Zeitraum von einem Jahr vor der Rücknahme erbracht (vgl. dazu Rn. 8).

2. Beginn der Frist

53 Die Frist wird nach § 44 Abs. 4 Satz 2 SGB XII vom **Beginn des Jahres** an gerechnet, in dem der Verwaltungsakt zurückgenommen wird. Erfolgt die Rücknahme auf Antrag, so tritt nach Satz 3 der Vorschrift bei der Berechnung des Zeitraumes, für den rückwirkend Leistungen zu erbringen sind, anstelle der Rücknahme der Antrag. Da § 116a SGB XII lediglich § 44 Abs. 4 Satz 1 SGB X modifiziert, **gelten diese Regelungen auch weiterhin** im Rahmen des SGB XII.

---

[97] H.M. vgl. beispielsweise: *Larenz*, Methodenlehre der Rechtswissenschaft, 1991, S. 324.
[98] *Larenz*, Methodenlehre der Rechtswissenschaft, 1991, S. 370 ff.
[99] Vgl. dazu beispielsweise: BT-Drs. 17/3404, S. 88 und BT-Drs. 17/3982, S. 2.
[100] Vgl. dazu beispielsweise: BT-Drs. 17/3404, S. 2 und S. 45 f.
[101] Vgl. dazu: BT-Drs. 17/4106, S. 2.
[102] BSG v. 26.06.2013 - B 7 AY 3/12 R.

§ 117 SGB XII Pflicht zur Auskunft

(Fassung vom 24.03.2011, gültig ab 01.01.2011)

(1) [1]Die Unterhaltspflichtigen, ihre nicht getrennt lebenden Ehegatten oder Lebenspartner und die Kostenersatzpflichtigen haben dem Träger der Sozialhilfe über ihre Einkommens- und Vermögensverhältnisse Auskunft zu geben, soweit die Durchführung dieses Buches es erfordert. [2]Dabei haben sie die Verpflichtung, auf Verlangen des Trägers der Sozialhilfe Beweisurkunden vorzulegen oder ihrer Vorlage zuzustimmen. [3]Auskunftspflichtig nach Satz 1 und 2 sind auch Personen, von denen nach § 39 trotz Aufforderung unwiderlegt vermutet wird, dass sie Leistungen zum Lebensunterhalt an andere Mitglieder der Haushaltsgemeinschaft erbringen. [4]Die Auskunftspflicht der Finanzbehörden nach § 21 Abs. 4 des Zehnten Buches erstreckt sich auch auf diese Personen.

(2) Wer jemandem, der Leistungen nach diesem Buch beantragt hat oder bezieht, Leistungen erbringt oder erbracht hat, die geeignet sind oder waren, diese Leistungen auszuschließen oder zu mindern, hat dem Träger der Sozialhilfe auf Verlangen hierüber Auskunft zu geben, soweit es zur Durchführung der Aufgaben nach diesem Buch im Einzelfall erforderlich ist.

(3) [1]Wer jemandem, der Leistungen nach diesem Buch beantragt hat oder bezieht, zu Leistungen verpflichtet ist oder war, die geeignet sind oder waren, Leistungen auszuschließen oder zu mindern, oder für ihn Guthaben führt oder Vermögensgegenstände verwahrt, hat dem Träger der Sozialhilfe auf Verlangen hierüber sowie über damit im Zusammenhang stehendes Einkommen oder Vermögen Auskunft zu erteilen, soweit es zur Durchführung der Leistungen nach diesem Buch im Einzelfall erforderlich ist. [2]§ 21 Abs. 3 Satz 4 des Zehnten Buches gilt entsprechend.

(4) Der Arbeitgeber ist verpflichtet, dem Träger der Sozialhilfe über die Art und Dauer der Beschäftigung, die Arbeitsstätte und das Arbeitsentgelt der bei ihm beschäftigten Leistungsberechtigten, Unterhaltspflichtigen und deren nicht getrennt lebenden Ehegatten oder Lebenspartner sowie Kostenersatzpflichtigen Auskunft zu geben, soweit die Durchführung dieses Buches es erfordert.

(5) Die nach den Absätzen 1 bis 4 zur Erteilung einer Auskunft Verpflichteten können Angaben verweigern, die ihnen oder ihnen nahe stehenden Personen (§ 383 Abs. 1 Nr. 1 bis 3 der Zivilprozessordnung) die Gefahr zuziehen würden, wegen einer Straftat oder einer Ordnungswidrigkeit verfolgt zu werden.

(6) [1]Ordnungswidrig handelt, wer vorsätzlich oder fahrlässig die Auskünfte nach den Absätzen 2, 3 Satz 1 und Absatz 4 nicht, nicht richtig, nicht vollständig oder nicht rechtzeitig erteilt. [2]Die Ordnungswidrigkeit kann mit einer Geldbuße geahndet werden.

Gliederung

A. Basisinformationen 1	1. Auskunftspflicht von Unterhaltspflichtigen, Ehegatten, Lebenspartnern und Kostenersatzpflichtigen (Absatz 1 Sätze 1-3) 19
I. Textgeschichte/Gesetzgebungsmaterialien 1	
II. Vorgängervorschriften 3	
III. Parallelvorschriften 4	2. Auskunftspflicht von Finanzbehörden (Absatz 1 Satz 4) 30
IV. Systematische Zusammenhänge 6	
V. Ausgewählte Literaturhinweise 9	3. Auskunftspflicht von Leistungserbringern (Absatz 2) 32
B. Auslegung der Norm 10	
I. Regelungsgehalt und Bedeutung der Norm 10	
II. Normzweck 16	4. Auskunftspflicht von Leistungsverpflichteten (Absatz 3 Satz 1) 37
III. Tatbestandsmerkmale 19	

5. Auskunftspflicht von Arbeitgebern (Absatz 4) 43	2. Entschädigung (Absatz 3 Satz 2) 60
IV. Rechtsfolgen 46	3. Zeugnisverweigerungsrecht (Absatz 5) 63
1. Auskunftspflicht (Absätze 1-4) 46	4. Ordnungswidrigkeitenrecht (Absatz 6) 66
a. Rechtsnatur 46	a. Tatbestand (Satz 1) 70
b. Inhalt 48	b. Rechtswidrigkeit und Verschulden 73
c. Grenzen 53	c. Rechtsfolge: Ermessen (Satz 2) 78
d. Durchsetzung 55	**C. Praxishinweise** 81

A. Basisinformationen

I. Textgeschichte/Gesetzgebungsmaterialien

1 Die Regelung trat wie das gesamte SGB XII zum 01.01.2005 in Kraft (Art. 1 des Gesetzes vom 27.12.2003[1]). Die Gesetzesmaterialien zum Entwurf des Gesetzes zur Einordnung des Sozialhilferechts in das Sozialgesetzbuch sind in BT-Drs. 15/1514 enthalten.

2 § 117 **Abs. 1 Satz 3** SGB XII ist durch das Gesetz zur Ermittlung von Regelbedarfen und zur Änderung des Zweiten und Zwölften Buches Sozialgesetzbuch vom 24.03.2011[2] mit Wirkung vom **01.01.2011** geändert worden. Eine inhaltliche Änderung ist damit nicht verbunden. In der Gesetzesbegründung heißt es[3]:
„Es handelt sich um eine redaktionelle Folgeänderung aufgrund der Neustrukturierung des Dritten Kapitels. Der Verweis bezieht sich auf die Nichtanwendbarkeit der Unterhaltsvermutung, die bislang in § 36 geregelt ist und künftig in § 39 enthalten sein wird."

II. Vorgängervorschriften

3 Die Regelung des § 117 „überträgt im wesentlichen inhaltsgleich den bisherigen **§ 116 des Bundessozialhilfegesetzes**"[4]. Ergänzt wurde die Regelung dahingehend, dass nunmehr auch Lebenspartner im Sinne des Lebenspartnerschaftsgesetzes in die Regelung einbezogen werden.[5] Die Regelungen der Absätze 2 und 3 des § 117 enthielt § 116 BSHG nicht.

III. Parallelvorschriften

4 Die Regelung entspricht in wesentlichen Teilen **§ 60 SGB II**; auf die dortige Rechtsprechung und Literatur kann deshalb insoweit zurückgegriffen werden. Diese Norm regelt im Grundsicherungsrecht des SGB II ausweislich ihrer Überschrift die „Auskunftspflicht und Mitwirkungspflicht Dritter".

5 Die Regelungen des § 60 Abs. 1-4 SGB II lehnen sich wiederum an **§ 315 SGB III** an und § 60 Abs. 5 SGB II orientiert sich an **§ 319 SGB III**[6]; auf die diesbezügliche Rechtsprechung und Kommentierung kann daher ebenfalls zurückgegriffen werden.

IV. Systematische Zusammenhänge

6 § 117 SGB XII ist Teil des Vierzehnten Kapitels des SGB X, in dem ausweislich seiner Überschrift „Verfahrensvorschriften" für das SGB X getroffen sind. Allgemeine Vorschriften über das Verwaltungsverfahren für grundsätzlich alle Bereiche des SGB sind im **SGB X** normiert.

7 Die Regelung des § 117 SGB XII normiert ausweislich ihrer Überschrift die „**Pflicht zur Auskunft**". Diese Auskunftspflicht bezieht sich auf **Dritte**, d.h. auf andere Personen als den Hilfebedürftigen selbst. Eine Auskunftsobliegenheit des **Hilfebedürftigen selbst** ergibt sich aus § 60 (i.V.m. § 37 Satz 1) SGB I. Danach hat der Hilfebedürftige insbesondere alle Tatsachen anzugeben, die für die Leistung erheblich sind, und auf Verlangen des zuständigen Leistungsträgers der Erteilung der erforderlichen Auskünfte durch Dritte zuzustimmen (§ 60 Abs. 1 Nr. 1 SGB I).

8 Eine allgemeine Auskunftspflicht begründet bereits **§ 98 SGB X** für Arbeitgeber und **§ 99 SGB X** für Unterhaltspflichtige; in § 37 Satz 1 SGB I wird auf das SGB X verwiesen. Die §§ 98, 99 SGB X wer-

---

[1] BGBl I 2003, 3022.
[2] BGBl I 2011, 453.
[3] BT-Drs. 17/3404, S. 129.
[4] BT-Drs. 15/1514, S. 69.
[5] BT-Drs. 15/1514, S. 69.
[6] BT-Drs. 15/1516, S. 66.

den jedoch durch spezielle und besonders ausgestaltete Auskunftspflichten (auch des SGB XII) verdrängt.[7]

V. Ausgewählte Literaturhinweise

Formann, Die Auskunftsansprüche gegenüber Dritten im SGB II und ihre Durchsetzung durch die Jobcenter, SGb 2013, 448-452; *Müller*, Die vollstreckbare Auskunftspflicht des Betreuers gem. § 117 Abs. 3 SGB XII, info also 2013, 106 f.; *Wieser*, Ordnungswidrigkeiten bei Bewilligung der Grundsicherung von Arbeitssuchenden und Sozialhilfe SGB II/XII, 2. Aufl. 2010.

B. Auslegung der Norm

I. Regelungsgehalt und Bedeutung der Norm

Die Regelung des § 117 SGB XII normiert ausweislich ihrer Überschrift die **„Pflicht zur Auskunft"**. Diese Auskunftspflicht bezieht sich auf **Dritte**, d.h. auf andere Personen als den Hilfebedürftigen selbst.

Unter dem Dach des § 117 SGB XII sind dabei Auskunftspflichten **verschiedener Regelungsadressaten** normiert. Dies sind:

Absatz 1	Unterhaltspflichtige, Ehegatten, Lebenspartner, Kostenersatzpflichtige
Absatz 2	Leistungserbringer
Absatz 3	Leistungsverpflichtete
Absatz 4	Arbeitgeber

Ergänzend hierzu normiert § 117 Abs. 5 SGB XII ein **Zeugnisverweigerungsrecht**, § 117 Abs. 6 SGB XII enthält das **Ordnungswidrigkeitenrecht**.

Sachlich bezieht sich die Auskunftspflicht des § 117 SGB XII auf **sämtliche Leistungen der Sozialhilfe**. Dies ergibt sich aus ihrer systematischen Stellung. Denn § 117 SGB XII ist Teil des Vierzehnten Kapitels des SGB XII. Die dortigen „Verfahrensbestimmungen" gelten für alle Leistungsarten des SGB XII. Die Regelung des § 117 SGB XII erfasst also sachlich alle Leistungsarten der Sozialhilfe. Dies sind zunächst die in § 8 SGB XII genannten Leistungen, ferner die in §§ 23 und 24 SGB XII normierte Sozialhilfe für Ausländer und Sozialhilfe für Deutsche im Ausland. Auch die in § 11 SGB XII normierte Beratung und Unterstützung wird von § 116 Abs. 2 SGB XII erfasst, weil auch in diesen Fällen die Einbeziehung der praktischen Erfahrung der Dritten Sinn macht. Bei dem Anspruch eines Nothelfers gemäß § 25 SGB XII dürfte es sich dagegen nicht mehr um eine Sozialhilfeleistung handeln, zumal § 117 SGB XII auf einen solchen Sachverhalt erkennbar nicht zugeschnitten ist. Denn bei dem Anspruch des Nothelfers aus § 25 SGB XII handelt es sich um eine spezielle sozialhilferechtliche Form der Geschäftsführung ohne Auftrag.[8]

Die Regelung des § 117 SGB XII trägt dem Umstand Rechnung, dass Eingriffe in **Grundrechte des GG** nur aufgrund eines Gesetzes erfolgen dürfen: Die Normierung einer Pflicht **Dritter** zur Preisgabe von Daten greift in deren Recht auf informationelle Selbstbestimmung[9] aus Art. 2 Abs. 1 i.V.m. Art. 1 Abs. 1 GG ein, sofern man die abgefragten Daten als von dem Schutzbereich dieses Rechts umfasst ansieht, und beschränkt ggf. deren Berufsausübungsfreiheit (Art. 12 Abs. 1 Satz 2 GG), beeinträchtigt jedenfalls aber deren allgemeine Handlungsfreiheit (Art. 2 Abs. 1 GG). Insbesondere der Grundsatz der **Verhältnismäßigkeit** ist deshalb (als „Schranken-Schranke") zu beachten. Die Ermittlungen müssen also insbesondere für die Aufklärung des Sachverhaltes stets **geeignet** sowie **erforderlich** und dürfen für die Betroffenen im Einzelfall **nicht unzumutbar** sein.

Bei der Anwendung des § 117 SGB XII haben die Sozialhilfeträger nicht nur die Grundrechte der Dritten als Auskunftspflichtigen, sondern auch die **Grundrechte der Hilfebedürftigen** selbst im Blick zu behalten, vor allem ihr Recht auf informationelle Selbstbestimmung (Art. 2 Abs. 1 i.V.m. Art. 1 Abs. 1 GG). Denn mit der Inanspruchnahme von Dritten auf Auskunft gemäß § 117 SGB XII gibt der Sozialhilfeträger notwendigerweise preis, dass derjenige, auf den sich die Auskunft inhaltlich bezieht, hilfebedürftig nach dem SGB XII ist. Der **Schutz von Sozialdaten** ist in § 35 SGB I, §§ 67 ff. SGB X normiert. Der Bezug von Sozialhilfeleistungen ist ein Sozialdatum, dessen Offenbarung durch das Jobcen-

---

[7] Vgl. BSG v. 16.08.1989 - 7 RAr 82/88 - SozR 4100 § 144 Nr. 1.
[8] BSG v. 11.06.2008 - B 8 SO 45/07 R - SozR 4-1500 § 183 Nr. 7 m.w.N. Hierzu *Wahrendorf*, jurisPR-SozR 3/2010, Anm. 5.
[9] Hierzu BVerfG v. 15.12.1983 - 1 BvR 209/83 u.a. - BVerfGE 65, 1 (Volkszählung).

ter nur zulässig ist, wenn der Leistungsbezieher gemäß § 67a Abs. 2 Satz 1 SGB X eingewilligt und damit mitgewirkt hat oder eine gesetzliche Offenbarungsbefugnis gemäß § 67a Abs. 2 Satz 2 Nr. 2 SGB X vorliegt.[10] Das BSG hat damit den **Vorrang der Datenerhebung beim Betroffenen** (§ 67a Abs. 2 Satz 1 SGB X) betont.

II. Normzweck

16 Zweck der Auskunftspflichten Dritter ist es, dem Sozialhilfeträger die Prüfung der Voraussetzungen für die Gewährung von Leistungen nach dem SGB XII zu ermöglichen. Dies betrifft vor allem die **Prüfung der Hilfebedürftigkeit** nach § 19 SGB XII und das dort zu berücksichtigende Einkommen und Vermögen (§§ 82 ff. SGB XII).

17 Die Auskunftspflichten Dritter dienen damit der Erfüllung des **Untersuchungsgrundsatzes** (§ 37 Satz 1 SGB I i.V.m. § 20 Abs. 1 SGB X); die Auskunft ist **Beweismittel** (§ 21 Abs. 1 Satz 2 Nr. 1 SGB X). Zugleich soll eine „zügige" Leistungsgewährung (§ 17 Abs. 1 Satz 1 SGB I) ermöglicht werden.

18 Die Norm des § 117 SGB XII erleichtert es den Sozialhilfeträgern durch die dortige Auskunftspflicht und die daraus gewonnenen Informationen zudem, die **Kostenerstattung gemäß §§ 102 ff. SGB XII** insbesondere gegenüber **Erben** oder den **Übergang von Ansprüchen gemäß §§ 93 ff. SGB XII** insbesondere gegen **Unterhaltspflichtige** geltend zu machen.[11] Verfahrensrechtlich betrachtet bildet § 117 SGB XII damit die Vorstufe zu diesen Instrumenten der Kostenerstattung und Überleitung.[12] Zugleich ist die Regelung des § 117 SGB XII Ausdruck des in § 2 SGB XII normierten Grundsatzes des **Nachrangs der Sozialhilfe**.[13]

III. Tatbestandsmerkmale

1. Auskunftspflicht von Unterhaltspflichtigen, Ehegatten, Lebenspartnern und Kostenersatzpflichtigen (Absatz 1 Sätze 1-3)

19 Persönlich erfasst § 117 Abs. 1 **Satz 1** SGB XII
- Unterhaltspflichtige,
- nicht getrennt lebende Ehegatten oder Lebenspartner und
- Kostenersatzpflichtige.

20 „**Unterhaltspflichtige**" sind Personen, zwischen denen **Unterhaltsansprüche** bestehen. Unterhaltsansprüche bestehen nach dem Zivilrecht **kraft Gesetzes** zwischen:
- Ehegatten (§§ 1360 ff. BGB),
- Partnern einer geschiedenen oder aufgehobenen Ehe (§§ 1569 ff. BGB[14]),
- eingetragenen Lebenspartner (§§ 5, 12 LPartG),
- Partner einer aufgehobenen Lebenspartnerschaft (§ 16 LPartG),
- Verwandten in gerader Linie (§ 1601 BGB) und
- nicht miteinander verheirateten Eltern (§ 1615l BGB).

21 Unterhaltsansprüche können ferner **kraft Vertrages** bestehen.

22 **Verwandte in gerader Linie** sind – wie ausgeführt – unterhaltspflichtig. Hiermit dürften ausschließlich die **im ersten Grad** Verwandten gemeint sein[15]; der Grad der Verwandtschaft bestimmt sich nach der Zahl der sie vermittelnden Geburten (§ 1589 Satz 3 BGB). Denn die Auskunftspflicht des § 117 Abs. 1 SGB XII ist im systematischen Zusammenhang mit der Regelung des Anspruchsübergangs in § 94 SGB XII zu sehen (vgl. Rn. 18). Gemäß § 94 Abs. 1 Satz 3 SGB XII ist der Übergang des Anspruchs ausgeschlossen, wenn die unterhaltspflichtige Person mit dem Hilfebedürftigen vom zweiten Grad an verwandt ist.

---

[10] So BSG v. 25.01.2012 - B 14 AS 65/11 R - zum SGB II bei Anfragen an einen früheren Vermieter des Leistungsberechtigten. Zu dieser Entscheidung des BSG *Rieker*, WzS 2012, 344-346.
[11] *Wahrendorf* in: Grube/Wahrendorf, SGB XII, § 117 Rn. 3.
[12] *Wahrendorf* in: Grube/Wahrendorf, SGB XII, § 117 Rn. 3.
[13] *Schlette* in: Hauck/Noftz, SGB XII, K § 117 Rn. 1.
[14] Für die aufgehobene Ehe i.V.m. § 1518 Abs. 2 BGB.
[15] So *Schlette* in: Hauck/Noftz, SGB XII, K § 117 Rn. 8 und 19; *Schoch* in: LPK-SGB XII, § 117 Rn. 25.

Neben den „Unterhaltspflichtigen" führt § 117 Abs. 1 Satz 1 SGB XII ferner „**nicht getrennt lebende** **Ehegatten oder Lebenspartner**" auf. Diese sind – wie sich aus der vorstehenden Übersicht ergibt – ebenfalls bereits kraft Gesetzes zum Unterhalt verpflichtet. Der Auskunftsanspruch setzt damit eine **bestehende Partnerschaft** voraus; er besteht also nicht bei Getrenntleben.[16]   23

Ferner werden „**Kostenersatzpflichtige**" in § 117 Abs. 1 Satz 1 SGB XII aufgeführt. Der Kostenersatz ist in den **§§ 102 ff. SGB XII** geregelt. Dort werden als Kostenersatzpflichtige insbesondere die **Erben** des Hilfebedürftigen oder seines Ehegatten bzw. Lebenspartners genannt (§§ 103 Abs. 1 und 2, 104 SGB XII).   24

Gemäß § 117 Abs. 1 **Satz 3** SGB XII sind auskunftspflichtig auch Personen, von denen nach **§ 39 SGB XII** trotz Aufforderung unwiderlegt vermutet wird, dass sie Leistungen zum Lebensunterhalt an andere Mitglieder der **Haushaltsgemeinschaft** (vgl. hierzu die Kommentierung zu § 39 SGB XII) erbringen.   25

Personen, mit denen Hilfebedürftige **in eheähnlicher oder lebenspartnerschaftsähnlicher Gemeinschaft** leben, sind ebenfalls **auskunftspflichtig** gemäß § 117 Abs. 1 Satz 3 SGB XII.[17] Allerdings werden sie in dieser Norm – anders als im grundsicherungsrechtlichen Pendant des § 60 Abs. 4 Satz 1 Nr. 1 SGB II („Partner") – ausdrücklich nicht genannt. Aus § 20 SGB XII ergibt sich jedoch ihre Auskunftspflicht. Zwar bezieht sich die in § 20 Satz 1 SGB XII angeordnete Gleichbehandlung mit Ehegatten nur auf die „Voraussetzungen" sowie den „Umfang[...] der Sozialhilfe", nicht dagegen auf Auskunftsansprüche.[18] Gemäß § 20 Satz 2 SGB XII gilt aber § 39 SGB XII (bis 31.12.2010: § 36 SGB XII) entsprechend. Die Norm des § 117 Abs. 1 Satz 3 SGB XII bezieht sich auf „Personen, von denen nach § 36 vermutet wird, dass sie Leistungen zum Lebensunterhalt an andere Mitglieder der Haushaltsgemeinschaft erbringen". Über § 20 Satz 2 SGB XII gehören hierzu eheähnliche und lebenspartnerschaftliche Gemeinschaften; erstere werden in der Gesetzesbegründung zu § 36 (ab 01.01.2011 § 39) SGB XII auch ausdrücklich erwähnt.[19]   26

Das SG Dortmund hat eine Ermächtigungsgrundlage für ein Auskunftsersuchen gegenüber Personen, die mit Hilfebedürftigen in einer eheähnlichen Gemeinschaft leben, verneint; insbesondere § 117 SGB XII scheide insoweit aus.[20] Das LSG NRW ist dem entgegengetreten.[21] Eine Auskunftspflicht für Personen, die mit Hilfebedürftigen in einer **eheähnlichen Gemeinschaft** leben, bestehe zwar nicht gemäß § 117 Abs. 1 **Satz 1** SGB XII, weil Partner einer eheähnlichen Gemeinschaft weder unterhaltspflichtig noch kostenersatzpflichtig seien. Die Auskunftspflicht bestehe aber nach Maßgabe des § 117 Abs. 1 **Satz 3** SGB XII. Unter den dort genannten Voraussetzungen seien auch Personen in die Auskunftpflicht einbezogen, die dem Hilfebedürftigen gegenüber zivilrechtlich nicht unterhaltspflichtig sind, und somit auch Partner einer eheähnlichen Gemeinschaft. Eine Reduktion des Anwendungsbereiches des § 117 Abs. 1 Satz 3 SGB XII sei nicht geboten, weil dies der Entstehungsgeschichte sowie Sinn und Zweck der Norm zuwiderliefe. Aus § 43 Abs. 1 Halbsatz 2 SGB XII folge nichts anderes. Aus dieser Regelung könne nicht hergeleitet werden, dass eheähnliche und lebenspartnerschaftsähnliche Gemeinschaften bei Leistungen der Grundsicherung im Alter und bei Erwerbsminderung aus dem Anwendungsbereich des § 39 SGB XII „herausdefiniert" werden sollen, sondern habe ausschließlich zur Folge, dass sich der Sozialhilfeträger bei diesen Leistungen (ausnahmsweise) nicht auf die Vermutungen des (grundsätzlich subsidiär anwendbaren) § 39 Satz 1 SGB XII stützen könne, sondern den entsprechenden Nachweis erbringen müsse.[22]   27

Die **Auskunftspflicht Unterhaltspflichtiger** entsteht bereits dann, wenn die Relevanz der begehrten Auskünfte für die Prüfung des Leistungsbegehrens einerseits und möglicher Unterhaltsansprüche des Hilfebedürftigen andernfalls **nicht offensichtlich ausgeschlossen** ist.[23] Das Auskunftsersuchen ist also dann rechtswidrig, wenn **offensichtlich** kein überleitbarer Anspruch besteht (so genannte **Negativevi-**   28

---

[16] So zu § 60 Abs. 4 SGB II BSG v. 24.02.2011 - B 14 AS 87/09 R.
[17] Dies ist str. Wie hier *Schlette* in: Hauck/Noftz, SGB XII, K § 117 Rn. 14. A.A. *Wahrendorf* in: Grube/Wahrendorf, § 117 Rn. 11; *Schoch* in: LPK-SGB XII, § 117 Rn. 28.
[18] *Schoch* in: LPK-SGB XII, § 117 Rn. 28.
[19] BT-Drs. 15/1514, S. 61 (linke Spalte unten, zum damaligen § 37).
[20] SG Dortmund v. 17.12.2012 - S 41 SO 426/12 ER.
[21] LSG NRW v. 07.03.2013 - L 9 SO 13/13 B ER.
[22] Zum Vorstehenden LSG NRW v. 07.03.2013 - L 9 SO 13/13 B ER.
[23] BSG v. 20.12.2012 - B 8 SO 75/12 B; LSG NRW v. 14.09.2009 - L 20 SO 96/08 - FamRZ 2010, 599. Ebenso LSG NRW v. 16.04.2008 - L 12 SO 4/07.

denz).²⁴ Denn die Auskunftspflicht des § 117 SGB XII soll die eigentliche Prüfung der unterhaltsrechtlichen Fragen ja erst ermöglichen und bei Ungewissheit einer Unterhaltsverpflichtung zur Sachverhaltsklärung gerade beitragen. Die abschließende Prüfung dieser unterhaltsrechtlichen Fragen obliegt den Zivilgerichten. Eine Negativevidenz kann damit nur dann vorliegen, wenn ein Anspruch von vornherein, d.h. ohne nähere Prüfung, **offensichtlich ausgeschlossen** ist. Dies wird schon angesichts der Bedeutung etwa der familiengerichtlichen Rechtsprechung für die Rechtspraxis und fortschreitender Rechtsentwicklung **nur in Ausnahmefällen** in Betracht kommen.²⁵ In aller Regel wird daher ein Auskunftsanspruch bestehen.²⁶ Nur wenn ohne jede Beweiserhebung und ohne eingehende rechtliche Überlegungen ersichtlich ist, dass der Unterhaltsanspruch nicht besteht, darf eine Auskunft vom (vermeintlich) Unterhaltspflichtigen nicht verlangt werden; es ist nicht Aufgabe der Sozialgerichte, unterhaltsrechtlichen Fragen nachzugehen.²⁷ Eine Ausnahme kann nur bei erkennbar sinnlosen Auskunftsverlangen gegeben sein, wenn **offensichtlich** ist, dass die betreffende Person als Unterhaltsschuldner des Sozialhilfeempfängers nicht in Betracht kommt; eine solche Offensichtlichkeit ist jedoch dann nicht gegeben, wenn sich dies erst nach Aufklärung des Sachverhaltes oder Ermittlung des vermeintlich schlüssigen Sachvortrages beantworten lässt.²⁸ Bei einer in der Praxis nicht selten behaupteten **Verwirkung des Unterhaltsanspruches** dürfte daher regelmäßig keine Negativevidenz gegeben sein, zumal die zivilgerichtliche höchstrichterliche Rechtsprechung insoweit restriktiv ist.²⁹ Bei der Prüfung der Negativevidenz ist auch eine **Verjährung des Unterhaltsanspruches** zu berücksichtigen, sofern der Unterhaltsschuldner die Einrede der Verjährung erhebt; denn zwar ist mit der Erhebung der Einrede der Verjährung der Unterhaltsanspruch materiell nicht erloschen, jedoch ist dieser dauerhaft nicht durchsetzbar.³⁰

29 **Neben** dieser **öffentlich**-rechtlichen Auskunftspflicht nach § 117 Abs. 1 SGB XII begründet **§ 94 Abs. 1 Satz 1 SGB XII i.V.m. § 1605 BGB** ggf. auch einen **zivil**rechtlichen Auskunftsanspruch zugunsten des Sozialhilfeträgers. Denn unter den Voraussetzungen des § 94 Abs. 1 Satz 1 SGB XII geht der Unterhaltsanspruch „zusammen mit dem unterhaltsrechtlichen Auskunftsanspruch" auf den Sozialhilfeträger über. Zwischen beiden Auskunftsansprüchen hat der Sozialhilfeträger ein **Wahlrecht**.³¹ Den Auskunftsanspruch des § 117 SGB XII kann der Sozialhilfeträger aufgrund seiner überwiegend angenommenen Verwaltungsaktbefugnis allerdings leichter zwangsweise durchsetzen (vgl. hierzu Rn. 55) als den übergeleiteten zivilrechtlichen Auskunftsanspruch des § 1605 BGB, der vor den Zivilgerichten klageweise geltend zu machen ist.³² Diese Verwaltungsaktbefugnis dürfte einer Auskunftsklage vor den Zivilgerichten, überdies dem dort erforderlichen allgemeinen Rechtsschutzbedürfnis regelmäßig entgegenstehen (vgl. zur sozialgerichtlichen Klage Rn. 59), weil sich der Sozialhilfeträger durch die Bekanntgabe eines Verwaltungsakts leichter einen Titel (selbst) verschaffen kann.³³ Das BSG hat in der mündlichen Verhandlung vom 12.02.2014³⁴ zu erkennen gegeben, dass der Auskunftsanspruch des § 117 SGB XII im Zusammenhang mit § 94 Abs. 2 SGB XII nicht bestehe, solange die Leistungsfähigkeit bezüglich des in pauschalierter Form übergegangenen Unterhaltsanspruchs nicht bestritten werde; die Kenntnis des Sozialhilfeträgers über die Einkommens- und Vermögensverhält-

---

[24] So zu § 117 Abs. 1 Satz 1 SGB XII LSG NRW v. 14.09.2009 - L 20 SO 96/08 - FamRZ 2010, 599, unter Hinweis auf BVerwG v. 05.08.1986 - 5 B 33/86 - ZfSH/SGB 1987, 26. Ebenso *Schoch* in: LPK-SGB XII, § 117 Rn. 24; *Wieser* in: Linhart/Adolph, § 117 SGB XII Rn. 12; *Schlette* in: Hauck/Noftz, SGB XII, K § 117 Rn. 9 m.w.N. Vgl. zu § 60 Abs. 2 Satz 3 SGB II (und dem dortigen Verweis auf § 1605 Abs. 1 BGB) *Blüggel* in: Eicher, SGB II, § 60 Rn. 20 m.w.N.
[25] LSG NRW v. 14.09.2009 - L 20 SO 96/08 - FamRZ 2010, 599.
[26] BSG v. 20.12.2012 - B 8 SO 75/12 B.
[27] SG Düsseldorf v. 30.11.2010 - S 42 SO 132/09.
[28] BSG v. 20.12.2012 - B 8 SO 75/12 B unter Abgrenzung zu LSG NRW v. 01.09.2010 - L 12 SO 61/09.
[29] Vgl. zuletzt BGH v. 12.02.2014 - XII ZB 607/12: keine Verwirkung des Anspruchs auf Elternunterhalt bei einseitigem Kontaktabbruch des Unterhaltsberechtigten gegenüber seinem volljährigen Sohn.
[30] Sächsisches LSG v. 13.02.2014 - L 7 AS 34/10 - m.w.N. und unter Hinweis auf eine kurze Verjährung von drei Jahren gemäß § 195 BGB.
[31] *Schoch* in: LPK-SGB XII, § 117 Rn. 2; *v. Renesse* in: Jahn, SGB XII, § 117 Rn. 13; *Schlette* in: Hauck/Noftz, SGB XII, K § 117 Rn. 4 m.w.N.
[32] *Schlette* in: Hauck/Noftz, SGB XII, K § 117 Rn. 4.
[33] Vgl. zum zivilprozessualen Rechtsschutzbedürfnis *Greger* in: Zöller, ZPO, vor § 253 Rn. 18b m.w.N.
[34] Revisionsverfahren B 8 SO 20/12 R, hierzu Terminbericht Nr. 4/14 des 8. Senats des BSG vom 13.02.2014, www.bsg.bund.de (abgerufen am 06.03.2014).

nisse des möglichen Unterhaltsschuldners sei dann nicht erforderlich, und den Interessen des Sozialhilfeträgers sei dann im Rahmen des zivilrechtlichen und zivilprozessualen Verfahrens ausreichend Rechnung getragen.

2. Auskunftspflicht von Finanzbehörden (Absatz 1 Satz 4)

§ 117 Abs. 1 Satz 4 SGB XII normiert eine besondere Auskunftspflicht der **Finanzbehörde**. 30
Dies ist eine Sonderregelung zu der allgemeinen Regelung des **§ 21 Abs. 4 SGB X**. Danach haben die 31 Finanzbehörden Auskunft über die ihnen bekannten Einkommens- oder Vermögensverhältnisse des Antragstellers, Leistungsempfängers, Erstattungspflichtigen, Unterhaltsverpflichteten, Unterhaltsberechtigten oder der zum Haushalt rechnenden Familienmitglieder zu erteilen. Die **Kostenersatzpflichtigen** (vgl. Rn. 25) werden dort nicht genannt. § 117 Abs. 1 Satz 4 SGB XII erstreckt den Anwendungsbereich des § 21 Abs. 4 SGB X auch auf diese Personengruppe.

3. Auskunftspflicht von Leistungserbringern (Absatz 2)

Persönlich erfasst § 117 **Abs. 2** SGB XII Personen, die antragstellenden oder bereits im Leistungsbezug stehenden Hilfebedürftigen **Leistungen erbringen oder erbracht haben**, die geeignet sind oder waren, die Sozialhilfeleistungen auszuschließen oder zu mindern. Parallelvorschrift zu dieser Norm ist im SGB II (mit Modifikationen) die Regelung des § 60 Abs. 1 SGB II. Jedoch ist der Sozialhilfeträger nicht berechtigt, gegenüber einem Dritten Auskunft zu verlangen, wenn der Dritte zwar leistet bzw. leistungsverpflichtet ist, aber **Sozialhilfe** nicht gezahlt wird und eine **bestandskräftige Ablehnung** vorliegt.[35] 32

Solche Leistungen des Dritten sind alle Leistungen, die geeignet sind oder waren, eine Hilfebedürftigkeit auszuschließen. Bei der Prüfung der Hilfebedürftigkeit nach § 19 SGB XII sind Einkommen und Vermögen (§§ 82 ff. SGB XII) des Hilfebedürftigen zu berücksichtigen. Der Dritte ist somit dann auskunftspflichtig, wenn er dem Hilfebedürftigen „**bedürftigkeitsrelevante Leistungen**"[36] jeglicher Art zuwendet oder zugewendet hat, die Einkommen oder Vermögen im Sinne der §§ 82 ff. SGB XII darstellen und nach diesen Normen auch zu berücksichtigen, also nicht privilegiert sind. 33

Dies können z.B. **Schenkungen** Dritter an den Hilfebedürftigen sein. **Arbeitgeber** werden dagegen von der speziellen Regelung des § 117 **Abs. 4** SGB XII erfasst. 34

§ 117 Abs. 2 verlangt nur, dass die Leistungen **tatsächlich erbracht** werden bzw. worden sind. Das Entstehen eines Schuldverhältnisses und eines Rechtsanspruches, kraft dessen der Dritte Leistungen an den Hilfebedürftigen zu erbringen hat, ist also weder ausreichend noch erforderlich. Denn anders als Absatz 3 („zu Leistungen verpflichtet ist") spricht Absatz 2 von „Leistungen erbringt". § 117 Abs. 2 SGB XII hat deshalb möglicherweise vorrangig Leistungen im Blick, die – anders als Absatz 3 – ohne entsprechende Leistungsverpflichtung erbracht werden, also etwa Leistungen aufgrund eines (bloßen) Gefälligkeitsverhältnisses oder Zuwendungen unter Ehegatten, die der ehelichen Lebensgemeinschaft dienen (unbenannte Zuwendungen). 35

Persönlich erfasst § 117 Abs. 2 SGB XII **alle natürlichen und juristischen Personen des privaten oder öffentlichen Rechts**.[37] Auskunftspflichtig nach dieser Norm können deshalb z.B. auch andere Sozialleistungsträger oder Versicherungsunternehmen sein.[38] 36

4. Auskunftspflicht von Leistungsverpflichteten (Absatz 3 Satz 1)

Persönlich erfasst § 117 **Abs. 3** Satz 1 SGB XII Personen, die antragstellenden oder bereits im Leistungsbezug stehenden Hilfebedürftigen 37

- **Fall 1: zu Leistungen verpflichtet sind oder waren**, die geeignet sind oder waren, die Sozialhilfeleistungen auszuschließen oder zu mindern, oder
- **Fall 2: für ihn Guthaben führt** oder **Vermögensgegenstände verwahrt**.

Deshalb ist der Sozialhilfeträger nicht berechtigt, von einem Dritten, der zwar leistet bzw. leistungsverpflichtet ist, Auskunft zu verlangen, wenn keine **Sozialleistungen** gezahlt werden und eine **bestandskräftige Ablehnung** vorliegt.[39]

Parallelvorschrift zu § 117 Abs. 3 Satz 1 SGB XII ist im SGB II die Regelung des § 60 Abs. 2 SGB II. 38

---

[35] LSG Baden-Württemberg v. 27.09.2011 - L 13 AS 4950/10.
[36] So zu § 60 SGB II (vgl. Rn. 4) BT-Drs. 15/1516, S. 66.
[37] *Schlette* in: Hauck/Noftz, SGB XII, K § 117 Rn. 29.
[38] BR-Drs. 559/1/03, S. 20.
[39] LSG Baden-Württemberg v. 27.09.2011 - L 13 AS 4950/10.

39 Leistungen des Dritten im Sinne des § 117 Abs. 3 Satz 1 § 117 Abs. 3 Satz 1 **Fall 1** SGB XII sind alle Leistungen, die geeignet sind oder waren, eine Hilfebedürftigkeit auszuschließen. Bei der Prüfung der Hilfebedürftigkeit nach § 19 SGB XII sind Einkommen und Vermögen (§§ 82 ff. SGB XII) des Hilfebedürftigen zu berücksichtigen. Der Dritte ist somit dann auskunftspflichtig, wenn er dem Hilfebedürftigen zu „**bedürftigkeitsrelevanten Leistungen**"[40] jeglicher Art verpflichtet ist oder war, die Einkommen oder Vermögen im Sinne der §§ 82 ff. SGB XII darstellen und nach diesen Normen auch zu berücksichtigen, also nicht privilegiert sind.

40 § 117 Abs. 3 SGB XII setzt dabei nicht voraus, dass diese Leistungen tatsächlich auch erbracht werden oder worden sind, sondern dass auf sie ein **Rechtsanspruch** besteht (Umkehrschluss aus Absatz 2: Rn. 35). Werden/wurden die Leistungen auch tatsächlich erbracht, besteht eine Auskunftspflicht sowohl nach § 117 Abs. 2 SGB XII als auch nach Absatz 3.

41 Die Norm des § 117 Abs. 3 Satz 1 **Fall 2** SGB XII betrifft insbesondere **Geld- und Kreditinstitute und Versicherungen** mit allen Anlageformen, die zur Entstehung von zu berücksichtigendem Einkommen oder Vermögen führen.[41] Die Regelung des § 117 Abs. 3 Satz 1 Fall 2 SGB XII dürfte auch den **Betreuer** (§§ 1896 ff. BGB) eines Leistungsberechtigten erfassen können, weil die in der Entstehungsgeschichte aufgeführten Geld- und Kreditinstitute und Versicherungen den persönlichen Anwendungsbereich der Auskunftspflicht gemäß § 117 Abs. 3 Satz 1 Fall 2 SGB XII nur beschreiben, nicht aber abschließend definieren und ein Betreuer Guthaben für den Betreuten führen dürfte[42], sofern sein Aufgabenkreis (§ 1896 Abs. 2 BGB) die Vermögenssorge umfasst.[43]

42 Eine **Entschädigungsregelung** trifft § 117 Abs. 3 Satz 2 SGB XII (vgl. hierzu Rn. 60).

5. Auskunftspflicht von Arbeitgebern (Absatz 4)

43 § 117 Abs. 4 SGB XII normiert die Auskunftspflicht von **Arbeitgebern**. Parallelvorschrift zu dieser Norm ist im SGB II die Regelung des § 60 Abs. 3 SGB II.

44 Die Auskunftspflicht nach § 117 Abs. 4 SGB XII erfasst persönlich denjenigen, der eine der folgenden Personen als **Arbeitgeber** (hierzu § 7 SGB IV) beschäftigt:

- Leistungsberechtigte (= Hilfebedürftige),
- Unterhaltspflichtige (vgl. Rn. 20),
- nicht getrennt lebenden Ehegatten oder Lebenspartner der Hilfebedürftigen und
- Kostenersatzpflichtige.

45 Arbeitgeber kann eine natürliche Person sowie eine juristische Person des Privatrechts oder des öffentlichen Rechts sein.

IV. Rechtsfolgen

1. Auskunftspflicht (Absätze 1-4)

a. Rechtsnatur

46 Die Auskunftspflicht ist eine **öffentlich-rechtliche Verpflichtung** der Dritten.[44] § 117 SGB XII ermächtigt den SGB-XII-Träger, seine öffentlich-rechtliche, der Leistungsgewährung vorgelagerte Aufgabe der Amtsermittlung auch durch Inanspruchnahme Dritter zu erfüllen (§§ 20, 21 SGB X), obwohl diese – eben als Dritte – außerhalb des Sozialrechtsverhältnisses zwischen SGB-XII-Träger und Hilfebedürftigem stehen. Das daraus entstehende öffentlich-rechtliche Rechtsverhältnis (bzgl. eines Arbeitgebers wird auch von Indienstnahmeverhältnis gesprochen) begründet die Auskunftspflicht als eine **echte Leistungspflicht** (Schuld) des Dritten.

47 § 117 **Abs. 1 Satz 4** SGB XII normiert zudem als Spezialregelung zu § 21 Abs. 4 SGB X eine besondere Auskunftspflicht der **Finanzbehörde**.

---

[40] So zu § 60 SGB II (vgl. Rn. 4) BT-Drs. 15/1516, S. 66.
[41] BR-Drs. 559/1/03, S. 21. Ebenso zu § 60 SGB II BT-Drs. 15/1516, S. 66.
[42] So allgemein *Müller*, info also 2013, 106 f.
[43] Hierzu *Diederichsen* in: Palandt, 72. Aufl. 2013, § 1896 Rn. 22.
[44] So bzgl. des Arbeitgebers BSG v. 12.02.1980 - 7 RAr 26/79 - BSGE 49, 291, 293; BSG v. 30.01.1990 - 11 RAr 11/89 - BSGE 66, 188; BSG v. 28.06.1991 - 11 RAr 117/90 - BSGE 69, 114. Allgemein LSG Hessen v. 05.09.2006 - L 9 SO 48/06 ER - FEVS 58, 429; *Schlette* in: Hauck/Noftz, SGB XII, K § 117 Rn. 4.

b. Inhalt

aa. Auskunftspflichten gemäß Absätze 1-3

Die Auskunftspflichtigen der Absätze 1-3 des § 117 SGB XII haben Auskunft zu geben über 48
- ihre Einkommens- und Vermögensverhältnisse (im Falle der **Absätze 1 und 3**) bzw.
- die Leistungen, die sie dem Hilfebedürftigen erbringen oder erbracht haben (im Falle des **Absatzes 2**).

Die Auskunftspflichtigen nach § 117 **Abs. 1** SGB XII haben nach **Satz 2** darüber hinaus auf Verlangen 49
des Sozialhilfeträgers auch **Beweisurkunden** vorzulegen oder ihrer Vorlage zuzustimmen. Eine Urkunde im strafrechtlichen Sinne (§ 267 StGB) ist eine verkörperte Gedankenerklärung, die zum Beweis im Rechtsverkehr geeignet und bestimmt ist und einen Aussteller erkennen lässt.

bb. Auskunftspflicht des Arbeitgebers gemäß Absatz 4

Gemäß § 117 Abs. 4 SGB XII ist der Arbeitgeber ist verpflichtet, dem Träger der Sozialhilfe über 50
- die Art und Dauer der Beschäftigung,
- die Arbeitsstätte und
- das Arbeitsentgelt

der bei ihm beschäftigten Leistungsberechtigten, Unterhaltspflichtigen und deren nicht getrennt lebenden Ehegatten oder Lebenspartner sowie Kostenersatzpflichtigen Auskunft zu geben.

Arbeitsentgelt sind gemäß **§ 14 Abs. 1 Satz 1 SGB IV** alle laufenden oder einmaligen Einnahmen aus 51
einer Beschäftigung, gleichgültig, ob ein Rechtsanspruch auf die Einnahmen besteht, unter welcher Bezeichnung oder in welcher Form sie geleistet werden und ob sie unmittelbar aus der Beschäftigung oder im Zusammenhang mit ihr erzielt werden. Zu den Arbeitsentgelten gehören ferner die weiteren in § 14 SGB IV genannten (bzw. gleichgestellten) Entgelte. Zwar bezieht sich § 14 SGB IV unmittelbar nur auf die Sozialversicherung, nicht also auf die Sozialhilfe. Es kann aber davon ausgegangen werden, dass der Gesetzgebung bei Verwendung des Ausdruckes „Arbeitsentgelt" bewusst war, einen rechtstechnischen, im SGB IV legaldefinierten Ausdruck zu verwenden.

Gemäß **§ 98 Abs. 1 Satz 3 SGB X** hat der Arbeitgeber auf Verlangen die **Geschäftsbücher**, Listen 52
oder andere Unterlagen, aus denen die Angaben über die Beschäftigung hervorgehen, während der Betriebszeit nach seiner Wahl entweder in seinen eigenen Geschäftsräumen oder in den Räumen des Leistungsträgers (oder der Einzugsstelle) zur Einsicht vorzulegen. Diese **Pflicht zur Einsichtsgewährung** gilt im Anwendungsbereich des SGB XII jedoch **nicht**. Zwar ist das SGB X gemäß § 37 Satz 1 SGB I grundsätzlich auch bei Leistungen des SGB XII anwendbar. Die Regelung des § 98 Abs. 1 Satz 3 SGB X steht aber im systematischen Zusammenhang mit § 98 Abs. 1 Satz 1 SGB X und nimmt darauf auch ausdrücklich Bezug. Der sachliche Anwendungsbereich des § 98 Abs. 1 Satz 1 SGB X erstreckt sich ausdrücklich nur auf die „Sozialversicherung einschließlich der Arbeitslosenversicherung".[45]

c. Grenzen

Die Auskunftspflicht nach § 117 Abs. 1-4 SGB XII reicht jeweils soweit, wie es zur Durchführung der 53
Leistungen nach dem SGB XII **erforderlich** ist (so § 117 Abs. 1 Satz 1, Abs. 2, Abs. 3 Satz 1, Abs. 4 SGB XII; ebenso bzgl. der Finanzbehörden § 21 Abs. 4 SGB X i.V.m. § 37 Satz 1 SGB I). Der Umfang der Auskunftspflicht ist damit mit dem Umfang der Amtsermittlungspflicht des Sozialhilfeträgers (§ 20 SGB X) kongruent.

Durch die Begrenzung auf „das Erforderliche" konkretisiert § 117 SGB XII einfach-rechtlich den ver- 54
fassungsrechtlichen **Grundsatz der Verhältnismäßigkeit** als grundrechtliche Schranken-Schranke. Eine Auskunftspflicht der Dritten besteht damit nur, solange und soweit die Heranziehung der Dritten zur Durchführung des SGB XII und damit der Klärung eines Leistungsanspruches geeignet sowie erforderlich ist und die Dritten nicht unangemessen in Anspruch nimmt.[46] Damit ist eine **Güterabwägung** zwischen dem Auskunftsinteresse des Sozialleistungsträgers und den schutzwürdigen Persönlichkeitsinteressen des Auskunftsverpflichteten vorzunehmen.[47] Das Interesse des Auskunftsverpflichteten an der Geheimhaltung seiner Daten überwiegt dann das Auskunftsinteresse des Sozialleistungsträgers, wenn der Unterhaltsanspruch unabhängig von seinen Einkommens- und Vermögensverhältnis-

---

[45] Im SGB II ist dagegen eine solche Pflicht zur Einsichtsgewährung in § 60 Abs. 5 SGB II normiert.
[46] LSG NRW v. 14.09.2009 - L 20 SO 96/08 - FamRZ 2010, 599. Vgl. bereits LSG NRW v. 09.06.2008 L 20 SO 36/07. Ferner *Schoch* in: LPK-SGB XII, § 117 Rn. 17.
[47] Sächsisches LSG v. 28.02.2013 - L 7 AS 745/11 zu § 60 Abs. 2 SGB II als Parallelvorschrift.

sen ganz offensichtlich (evident) nicht besteht.[48] Der Auskunftsanspruch des Sozialhilfeträgers gegen den Ehegatten eines zum Unterhalt gegenüber einem Sozialhilfeempfänger verpflichteten Angehörigen reicht nur soweit, wie es zur Ermittlung der Leistungsfähigkeit des Ehegatten als möglichen Schuldner von Ehegattenunterhalt **erforderlich** ist.[49] Erkläre der Ehegatte, uneingeschränkt leistungsfähig zu sein, sei der entsprechende Auskunftsanspruch des Sozialhilfeträgers damit ausreichend erfüllt.[50] Das BSG hat in der mündlichen Verhandlung vom 12.02.2014[51] zu erkennen gegeben, dass der Auskunftsanspruch des § 117 SGB XII im Zusammenhang mit § 94 Abs. 2 SGB XII nicht bestehe, solange die Leistungsfähigkeit bezüglich des in pauschalierter Form übergegangenen Unterhaltsanspruchs nicht bestritten werde; die Kenntnis des Sozialhilfeträgers über die Einkommens- und Vermögensverhältnisse des möglichen Unterhaltsschuldners sei dann **nicht erforderlich**, und den Interessen des Sozialhilfeträgers sei dann im Rahmen des zivilrechtlichen und zivilprozessualen Verfahrens ausreichend Rechnung getragen.

d. Durchsetzung

55 Eine Auskunftspflicht eines Dritten darf nach überwiegender Auffassung durch (vollstreckungsfähigen) **Verwaltungsakt** konkretisiert werden.[52]

56 Dies erscheint in dieser Allgemeinheit zweifelhaft. Denn der Gebrauch dieser Handlungsform erfordert eine gesetzliche Regelung, die den Leistungsträger ermächtigt, (gerade) durch Verwaltungsakt zu handeln (so z.B. im Rentenversicherungsrecht § 118 Abs. 4 Satz 2 SGB VI). Eine solche Regelung ist deshalb erforderlich, weil der Einsatz dieser Handlungsform einen eigenen Eingriffswert aufweist.[53] Denn indem sie die abstrakt-generelle Regelung des Gesetzes verbindlich konkretisiert und individualisiert, legt die Verwaltung fest, was im Einzelfall rechtens sein soll (§ 40 Abs. 1 Satz 1 i.V.m. § 31 SGB X). Eine solche Regelung ist auch nicht entbehrlich. Zwar besteht zwischen dem Sozialhilfeträger und den Auskunftspflichtigen ein öffentlich-rechtliches Rechtsverhältnis. Aber nicht jedes öffentlich-rechtliche Rechtsverhältnis berechtigt den zuständigen Träger der öffentlichen Verwaltung, Ansprüche aus diesem Rechtsverhältnis durch Verwaltungsakt geltend zu machen. Dies ist nur dann der Fall, wenn ein so genanntes Über-/Unterordnungsverhältnis zwischen den Beteiligten besteht.[54]

57 Eine **Sonderrechtsbeziehung** in diesem Sinne besteht zwischen dem Sozialhilfeträger und den gemäß § 117 SGB XII **Auskunftspflichtigen**. Denn hier besteht die Besonderheit, dass Ansprüche des Hilfebedürftigen gegenüber Dritten und insbesondere Unterhaltsverpflichteten unter den Voraussetzungen der §§ 93 ff. SGB XII auf den Sozialhilfeträger übergehen und ferner gemäß §§ 102 ff. SGB XII Kostenersatzansprüche bestehen; verfahrensrechtlich betrachtet bildet § 117 SGB XII die **Vorstufe zu diesen Instrumenten der Überleitung und Kostenerstattung**. Diese Instrumente der Überleitung und Kostenerstattung führen zu einer Sonderrechtsbeziehung zwischen dem Sozialhilfeträger und den Auskunftspflichtigen, die über einen singulären Kontakt deutlich hinausgeht (vgl. allerdings zum Verhältnis des Sozialhilfeträgers zu den Eltern bzw. Kindern des Hilfebedürftigen als Auskunftspflichtigen gemäß der **Sonderregelung des § 43 Abs. 2 Sätze 4 und 5 SGB XII** die Kommentierung zu § 43 SGB XII[55]).

---

[48] So Sächsisches LSG v. 28.02.2013 - L 7 AS 745/11.
[49] Landessozialgericht Berlin-Brandenburg v. 18.10.2012 - L 23 SO 36/10.
[50] So LSG Berlin-Brandenburg v. 18.10.2012 - L 23 SO 36/10.
[51] Revisionsverfahren B 8 SO 20/12 R, hierzu Terminbericht Nr. 4/14 des 8. Senats des BSG vom 13.02.2014, www.bsg.bund.de (abgerufen am 06.03.2014).
[52] *Brühl/Schoch* in: LPK-SGB XII, § 43 Rn. 15; *Karmanski* in: Jahn, § 43 SGB XII Rn. 24; *Wahrendorf* in: Grube/Wahrendorf, § 43 Rn. 15; *Adolph* in: Linhart/Adolph, § 43 Rn. 46. Ebenso zur Auskunftspflicht nach § 116 Abs. 1 BSHG (heute § 117 SGB XII) BVerwG v. 21.01.1993 - 5 C 22/90 - BVerwGE 91, 375, und BVerwG v. 17.06.1993 - 5 C 43/90 - BVerwGE 92, 330. Vgl. zum Arbeitsförderungsrecht BSG v. 16.08.1989 - 7 RAr 82/88 - SozR 4100 § 144 Nr. 1; *Düe* in: Niesel, § 312 SGB III Rn. 4; *Steinmeyer* in: Gagel, § 312 SGB III Rn. 80 und 83; *Voelzke* in: Hauck/Noftz, K § 312 SGB III Rn. 28; a.A. hinsichtlich eines Schadensersatzanspruches des Leistungsträgers der 7. Senat des BSG: BSG v. 12.02.1980 - 7 RAr 26/79 - BSGE 49, 291; BSG v. 20.10.1983 - 7 RAr 41/82 - BSGE 56, 20; BSG v. 16.08.1989 - 7 RAr 82/88 - SozR 4100 § 144 Nr. 1; der 11. Senat des BSG bejaht dagegen diese Befugnis: BSGE 66, 188.
[53] *Erichsen* in: Erichsen/Ehlers, AllgVerwR, 2002. § 15 I 1 m.w.N., str.
[54] BSG v. 12.02.1980 - 7 RAr 26/79 - BSGE 49, 291; so auch BSG v 16.08.1989 - 7 RAr 82/88 - SozR 4100 § 144 Nr. 1.
[55] Vgl. hierzu ferner LSG NRW v. 16.05.2013 - L 9 SO 212/12.

Folgt man der hier vertretenen Auffassung, dass eine **Auskunftspflicht** eines Dritten damit **durch (vollstreckungsfähigen) Verwaltungsakt** konkretisiert werden darf, kann der Sozialhilfeträger diesen Verwaltungsakt mit den Mitteln der **Verwaltungsvollstreckung** durchsetzen.[56] Denn ein Verwaltungsakt kann mit Zwangsmitteln, insbesondere Zwangsgeld oder (Ersatz-)Zwangshaft, durchgesetzt werden, wenn er auf die Vornahme einer Handlung gerichtet ist (§ 37 Satz 1 SGB I i.V.m. § 66 Abs. 1 SGB X und §§ 6, 9 VwVG, bzw. § 37 Satz 1 SGB I i.V.m. § 66 Abs. 4 SGB X und § 888 ZPO.) Die Mitwirkungspflicht des Dritten ist – anders als Mitwirkungsobliegenheiten des Hilfebedürftigen – eine Leistungspflicht des Dritten, also hinsichtlich der Auskunft eine auf die Vornahme einer Handlung gerichtete Pflicht.

58

Eine **Leistungsklage** auf Erteilung der Auskunft ist mangels Rechtsschutzbedürfnisses unzulässig.[57] Denn erteilt der Dritte die Auskunft nicht, kann der Sozialhilfeträger ihn als Zeugen vernehmen (§ 37 Satz 1 SGB I i.V.m. § 21 Abs. 1 Satz 2 Nr. 2 SGB X), ggf. das Sozialgericht um entsprechende, auch eidliche Vernehmung ersuchen (§ 22 SGB X). Folgt man der hier vertretenen Auffassung, kann sich der SGB-XII-Träger zudem durch Erlass eines Verwaltungsaktes selbst (und einfacher) einen Vollstreckungstitel schaffen.

59

2. Entschädigung (Absatz 3 Satz 2)

Für die Auskunftspflichtigen gemäß § 117 **Abs. 3** Satz 1 verweist der § 117 Abs. 3 Satz 2 auf die allgemeine Regelung des § 21 Abs. 3 Satz 4 SGB X. Danach gilt: Falls die Behörde Dritte herangezogen hat, erhalten sie auf Antrag in entsprechender Anwendung des Justizvergütungs- und -entschädigungsgesetzes (JVEG) eine **Entschädigung**.

60

Es fragt sich, ob die Auskunftspflichtigen gemäß § 117 **Abs. 1, 2 und 4** SGB XII ebenfalls eine solche Entschädigung beanspruchen können. Dies ist zu verneinen. Zwar findet das SGB X und damit auch sein § 21 grundsätzlich auf alle Bücher des SGB ergänzende Anwendung, so § 37 Satz 1 SGB I. Dies gilt aber nur, soweit sich aus den Büchern des SGB „nichts Abweichendes ergibt" (§ 37 Satz 1 HS. 1 SGB I). Hier ergibt sich „Abweichendes" aus der Konzeption und Systematik des § 117 SGB XII: Denn nur bzgl. der Auskunftspflichtigen gemäß § 117 **Abs. 3** SGB XII wird auf die Entschädigungsregel des § 21 Abs. 3 Satz 4 SGB X verwiesen. Dies bedeutet im Umkehrschluss, dass nach der legislativen Konzeption den Auskunftspflichtigen gemäß § 117 **Abs. 1, 2 und 4 SGB XII** eine Entschädigung **nicht** zu gewähren ist. Andernfalls würde die gesetzliche Konstruktion konterkariert werden.

61

Ein Grund für die in § 117 Abs. 3 Satz 2 SGB XII nur eingeschränkt vorgesehene Entschädigung dürfte sein, dass insbesondere Banken und Sparkassen bisweilen nicht unerhebliche Kosten und Mühen entstehen, wenn sie für den Sozialhilfeträger Kontostände und -entwicklungen rückverfolgen und ausdrucken müssen.[58]

62

3. Zeugnisverweigerungsrecht (Absatz 5)

Gemäß § 117 Abs. 5 SGB XII können die nach den Absätzen 1-4 zur Erteilung einer Auskunft Verpflichteten Angaben verweigern, die ihnen oder ihnen nahe stehenden Personen (§ 383 Abs. 1 Nr. 1-3 ZPO) die Gefahr zuziehen würden, wegen einer Straftat oder einer Ordnungswidrigkeit verfolgt zu werden.

63

Zur **Verweigerung des Zeugnisses** sind gemäß § 383 Abs. 1 Nr. 1-3 ZPO berechtigt:

64

Nr. 1:	der **Verlobte** einer Partei oder derjenige, mit dem die Partei ein Versprechen eingegangen ist, eine Lebenspartnerschaft zu begründen;
Nr. 2:	der **Ehegatte** einer Partei, auch wenn die Ehe nicht mehr besteht;
Nr. 2a:	der **Lebenspartner** einer Partei, auch wenn die Lebenspartnerschaft nicht mehr besteht;
Nr. 3:	diejenigen, die mit einer Partei in gerader Linie **verwandt oder verschwägert**, in der Seitenlinie bis zum dritten Grad verwandt oder bis zum zweiten Grad verschwägert sind oder waren (hierzu die §§ 1589, 1590 BGB).

---

[56] *Wieser* in: Linhart/Adolph, § 117 SGB XII Rn. 4a. A.A. hinsichtlich des Arbeitgebers im Arbeitsförderungsrecht BSG v. 12.02.1980 - 7 RAr 26/79 - BSGE 49, 291, 293 = SozR 4100 § 145 Nr. 1, allerdings ohne Begründung.

[57] Vgl. entsprechend zur Parallelvorschrift des § 60 SGB II: *Blüggel* in: Eicher, SGB II, § 60 Rn. 57, *Formann*, SGb 2013, 448-452.

[58] *Wieser* in: Linhart/Adolph, § 117 Rn. 19.

65 Das Zeugnisverweigerungsrecht aus persönlichen Gründen gemäß § 383 ZPO begründet kein von Amts wegen zu beachtendes Vernehmungsverbot, sondern ein grundsätzlich **verzichtbares Recht des Zeugen**.[59] Macht er hiervon keinen Gebrauch, ist seine Aussage als Beweismittel zu verwerten, solange er nicht rechtswidrig bzw. verfahrensfehlerhaft zu seiner Aussage veranlasst wurde.[60] Hierbei ist zu beachten, dass die vorgenannten Personen gemäß § 383 Abs. 2 ZPO **vor** der Vernehmung über ihr Recht zur Verweigerung des Zeugnisses **zu belehren sind** (vgl. auch § 21 Abs. 3 Satz 3 SGB X i.V.m. § 37 Satz 1 SGB I).

4. Ordnungswidrigkeitenrecht (Absatz 6)

66 Gemäß § 117 **Abs. 6 Satz 1** SGB XII handelt ordnungswidrig, wer vorsätzlich oder fahrlässig die Auskünfte nach den Absätzen 2, 3 Satz 1 und Absatz 4 nicht, nicht richtig, nicht vollständig oder nicht rechtzeitig erteilt. Die Ordnungswidrigkeit kann gemäß **Satz 2** mit einer Geldbuße geahndet werden.

67 Ergänzend anzuwenden ist das **OWiG**; denn dieses Gesetz gilt für Ordnungswidrigkeiten nach Bundesrecht und nach Landesrecht (§ 2 OWiG).[61]

68 Wer **zuständige Behörde** für den Erlass des Bußgeldbescheides ist, ist ggf. in dem Ausführungsgesetz des jeweiligen Bundeslandes zum SGB XII geregelt.

69 Parallelvorschrift zu § 117 Abs. 6 SGB XII ist im SGB II (mit Modifikationen) die Regelung des § 63 SGB II.

a. Tatbestand (Satz 1)

70 Die Ordnungswidrigkeitennorm des § 117 Abs. 6 Satz 1 SGB XII erfasst persönlich **alle Auskunftspflichtigen** des § 117 **Abs. 2, Abs. 3 Satz 1** und **Abs. 4** SGB XII. Im Umkehrschluss bedeutet dies, dass eine Nicht-/Schlechterfüllung der Auskunftspflicht des **§ 117 Abs. 1 SGB XII keine** Ordnungswidrigkeit darstellt.[62]

71 Sachlich wird **jede Form der Nicht- bzw. Schlechterfüllung** der gesetzlichen Auskunftspflicht erfasst („die Auskünfte ... nicht, nicht richtig, nicht vollständig oder nicht rechtzeitig erteilt").

72 Adressat im Falle des § 117 **Abs. 4** SGB XII ist der **Arbeitgeber**. Bei Arbeitgebern, die keine Einzelunternehmen sind, richtet sich die bußgeldrechtliche Haftung nach den Regeln für das Handeln für einen anderen (§ 9 OWiG). Entscheidend ist hierbei, wer danach für das Unternehmen (z.B. GmbH, AG, KG, aber auch juristische Personen des öffentlichen Rechts) dessen Arbeitgeberrolle repräsentiert (etwa ein Geschäftsführer, ein Vorstand oder ein ausdrücklich mit der Erledigung einer bestimmten Unternehmenspflicht Beauftragter, hierzu im Einzelnen § 9 Abs. 1 und 2 OWiG).[63]

b. Rechtswidrigkeit und Verschulden

73 Die Bußgeldtatbestände des § 117 Abs. 6 SGB XII können **vorsätzlich oder fahrlässig** verwirklicht werden und setzen damit schuldhaftes Verhalten voraus.

74 Unterschieden werden drei verschiedene Erscheinungsformen des **Vorsatzes**[64]:
- **Absicht** liegt dann vor, wenn es dem Betreffenden gerade darauf ankommt, den Eintritt des tatbestandlichen Erfolges herbeizuführen oder den Umstand zu verwirklichen, für den das Gesetz absichtliches Handeln voraussetzt.
- **Direkter Vorsatz** ist dann gegeben, wenn der Betreffende weiß oder als sicher voraussieht, dass sein Handeln zur Verwirklichung des gesetzlichen Tatbestandes führt.
- **Eventualvorsatz** bedeutet, der Betreffende hält es ernstlich für möglich und findet sich damit ab, dass sein Verhalten zur Verwirklichung des gesetzlichen Tatbestandes führt.

75 § 117 Abs. 6 SGB XII erfasst alle drei Vorsatzformen, da sein Wortlaut nicht näher differenziert. Der Vorsatz bezieht sich auf **alle Tatbestandsmerkmale** (Umkehrschluss aus der Irrtumsregelung des § 11 OWiG), die der Täter somit kennen und verwirklichen wollen (bzw. dieses in Kauf nehmen) muss.

76 **Fahrlässig** handelt, wer die im Verkehr erforderliche Sorgfalt außer Acht lässt (vgl. § 276 Abs. 2 BGB).

---

[59] *Greger* in: Zöller, ZPO, § 383 Rn. 1.
[60] BGH v. 31.05.1976 - RiZ (R) 1/76 - NJW 1977, 1198; BGH v. 23.02.1990 - V ZR 188/88 - BGHZ 110, 298.
[61] Vgl. zum Ordnungswidrigkeitsrecht *Wieser*, Ordnungswidrigkeiten bei Bewilligung der Grundsicherung von Arbeitsuchenden und Sozialhilfe SGB II/XII, 2. Aufl. 2010.
[62] *Schlette* in: Hauck/Noftz, SGB XII, K § 117 Rn. 47.
[63] *Rixen* in: Eicher, SGB II, § 63 Rn. 6.
[64] Vgl. auch BSG v. 18.03.2008 - B 8/9b SO 9/06 R - BSGE 100, 131.

Rechtfertigungs- und Entschuldigungs-/Schuldausschließungsgründe sind zwar denkbar (z.B. Notwehr gemäß § 15 OWiG), sie dürften aber in der Praxis des SGB XII nur eine untergeordnete Rolle spielen.[65]

c. Rechtsfolge: Ermessen (Satz 2)

Die Verfolgung von Ordnungswidrigkeiten liegt im **pflichtgemäßen Ermessen** der Verfolgungsbehörde. Solange das Verfahren bei ihr abhängig ist, kann sie es einstellen (§ 47 Abs. 1 OWiG).[66] Entsprechend ordnet § 117 **Abs. 6 Satz 2** SGB XII an, dass die Ordnungswidrigkeit mit einer Geldbuße geahndet werden **kann**.

Zur **Bußgeldhöhe** macht § 117 Abs. 6 SGB XII keine Aussagen. Es ist deshalb ergänzend das OWiG heranzuziehen. Gemäß § 17 Abs. 1 OWiG beträgt die Geldbuße beträgt **mindestens 5 €** und, wenn das Gesetz wie hier nichts anderes bestimmt, **höchstens 1.000 €** (§ 17 Abs. 1 OWiG). Gemäß § 17 Abs. 2 OWiG vermindert sich die Obergrenze der Geldbuße auf die Hälfte der genannten Summe, wenn die Tat fahrlässig begangen wurde, also hier auf 500 €.

Grundlage für die Zumessung der Geldbuße sind gemäß § 17 Abs. 3 Satz 1 OWiG die Bedeutung der Ordnungswidrigkeit und der Vorwurf, der den Täter trifft. Auch die wirtschaftlichen Verhältnisse des Täters kommen in Betracht; bei geringfügigen Ordnungswidrigkeiten bleiben sie jedoch in der Regel unberücksichtigt (§ 17 Abs. 3 Satz 2 OWiG). Gemäß § 17 Abs. 4 Satz 1 OWiG soll die Geldbuße den wirtschaftlichen Vorteil, den der Täter aus der Ordnungswidrigkeit gezogen hat, übersteigen. Reicht das gesetzliche Höchstmaß hierzu nicht aus, so kann es überschritten werden (§ 17 Abs. 4 Satz 2 OWiG).

C. Praxishinweise

Nimmt die Behörde Dritte gemäß § 117 SGB XII auf Auskunft in Anspruch, hat sie den Grundsatz der **Verhältnismäßigkeit** zu beachten. Die Auskünfte müssen also insbesondere geeignet sein, um den (möglichen) Leistungsanspruch des Hilfebedürftigen klären zu können. Dies bedeutet, dass nach nicht-rechtserheblichen Informationen nicht gefragt werden darf. Den Sozialhilfeträgern ist es allgemein nicht verwehrt, zur Auskunftserlangung **Vordrucke** zu verwenden (vgl. zum Einsatz von Vordrucken gegenüber dem Hilfebedürftigen § 60 Abs. 2 SGB I). Allerdings birgt dies die Gefahr, damit über das Ziel hinauszuschießen.[67] Denn Vordrucke sind für eine Vielzahl von denkbaren Lebenssachverhalten vorgesehen und entsprechend pauschal. Der Sozialhilfeträger hat deshalb zu prüfen, ob die dort abgefragten Auskünfte **auch im konkreten Fall erforderlich** sind.

Nach Ansicht des 14. Senats des BSG ist **im Prozess** ein „Nachschieben von Gründen" im Sinne eines **Wechsels von § 117 Abs. 1 zu Abs. 2** SGB XII unzulässig.[68]

---

[65] Vgl. *Rixen* in: Eicher, SGB II, § 63 Rn. 25.
[66] Vgl. *Rixen* in: Eicher, SGB II, § 63 Rn. 26.
[67] So der Hinweis von *Schoch* in: LPK-SGB XII, § 117 Rn. 59. Ferner *v. Renesse* in: Jahn, SGB XII, § 117 Rn. 10.
[68] Vgl. BSG v. 24.02.2011 - B 14 AS 87/09 R - juris Rn. 15 ff.

§ 118 SGB XII Überprüfung, Verwaltungshilfe

(Fassung vom 20.07.2006, gültig ab 01.08.2006)

(1) ¹Die Träger der Sozialhilfe können Personen, die Leistungen nach diesem Buch mit Ausnahme des Vierten Kapitels beziehen, auch regelmäßig im Wege des automatisierten Datenabgleichs daraufhin überprüfen,

1. ob und in welcher Höhe und für welche Zeiträume von ihnen Leistungen der Bundesagentur für Arbeit (Auskunftsstelle) oder der Träger der gesetzlichen Unfall- oder Rentenversicherung (Auskunftsstellen) bezogen werden oder wurden,
2. ob und in welchem Umfang Zeiten des Leistungsbezuges nach diesem Buch mit Zeiten einer Versicherungspflicht oder Zeiten einer geringfügigen Beschäftigung zusammentreffen,
3. ob und welche Daten nach § 45d Abs. 1 und § 45e des Einkommensteuergesetzes dem Bundeszentralamt für Steuern (Auskunftsstelle) übermittelt worden sind und
4. ob und in welcher Höhe ein Kapital nach § 90 Abs. 2 Nr. 2 nicht mehr dem Zweck einer geförderten zusätzlichen Altersvorsorge im Sinne des § 10a oder des Abschnitts XI des Einkommensteuergesetzes dient.

²Sie dürfen für die Überprüfung nach Satz 1 Name, Vorname (Rufname), Geburtsdatum, Geburtsort, Nationalität, Geschlecht, Anschrift und Versicherungsnummer der Personen, die Leistungen nach diesem Buch beziehen, den Auskunftsstellen übermitteln. ³Die Auskunftsstellen führen den Abgleich mit den nach Satz 2 übermittelten Daten durch und übermitteln die Daten über Feststellungen im Sinne des Satzes 1 an die Träger der Sozialhilfe. ⁴Die ihnen überlassenen Daten und Datenträger sind nach Durchführung des Abgleichs unverzüglich zurückzugeben, zu löschen oder zu vernichten. ⁵Die Träger der Sozialhilfe dürfen die ihnen übermittelten Daten nur zur Überprüfung nach Satz 1 nutzen. ⁶Die übermittelten Daten der Personen, bei denen die Überprüfung zu keinen abweichenden Feststellungen führt, sind unverzüglich zu löschen.

(2) ¹Die Träger der Sozialhilfe sind befugt, Personen, die Leistungen nach diesem Buch beziehen, auch regelmäßig im Wege des automatisierten Datenabgleichs daraufhin zu überprüfen, ob und in welcher Höhe und für welche Zeiträume von ihnen Leistungen nach diesem Buch durch andere Träger der Sozialhilfe bezogen werden oder wurden. ²Hierzu dürfen die erforderlichen Daten nach Absatz 1 Satz 2 anderen Trägern der Sozialhilfe oder einer zentralen Vermittlungsstelle im Sinne des § 120 Nr. 1 übermittelt werden. ³Diese führen den Abgleich der ihnen übermittelten Daten durch und leiten Feststellungen im Sinne des Satzes 1 an die übermittelnden Träger der Sozialhilfe zurück. ⁴Sind die ihnen übermittelten Daten oder Datenträger für die Überprüfung nach Satz 1 nicht mehr erforderlich, sind diese unverzüglich zurückzugeben, zu löschen oder zu vernichten. ⁵Überprüfungsverfahren nach diesem Absatz können zusammengefasst und mit Überprüfungsverfahren nach Absatz 1 verbunden werden.

(3) ¹Die Datenstelle der Rentenversicherungsträger darf als Vermittlungsstelle für das Bundesgebiet die nach den Absätzen 1 und 2 übermittelten Daten speichern und nutzen, soweit dies für die Datenabgleiche nach den Absätzen 1 und 2 erforderlich ist. ²Sie darf die Daten der Stammsatzdatei (§ 150 des Sechsten Buches) und der bei ihr für die Prüfung bei den Arbeitgebern geführten Datei (§ 28p Abs. 8 Satz 2 des Vierten Buches) nutzen, soweit die Daten für die Datenabgleiche erforderlich sind. ³Die nach Satz 1 bei der Datenstelle der Rentenversicherungsträger gespeicherten Daten sind unverzüglich nach Abschluss der Datenabgleiche zu löschen.

(4) ¹Die Träger der Sozialhilfe sind befugt, zur Vermeidung rechtswidriger Inanspruchnahme von Sozialhilfe Daten von Personen, die Leistungen nach diesem Buch beziehen, bei anderen Stellen ihrer Verwaltung, bei ihren wirtschaftlichen Unternehmen und bei den Kreisen, Kreisverwaltungsbehörden und Gemeinden zu überprüfen, soweit diese für die Erfüllung dieser Aufgaben erforderlich sind. ²Sie dürfen für die Überprüfung die in Absatz 1 Satz 2 genannten Daten übermitteln. ³Die Überprüfung kann auch regelmäßig im Wege des automatisierten Datenabgleichs mit den Stellen durchgeführt werden, bei denen die in Satz 4 jeweils genannten Daten zuständigkeitshalber vorliegen. ⁴Nach Satz 1 ist die Überprüfung folgender Daten zulässig:

1. Geburtsdatum und -ort,
2. Personen- und Familienstand,
3. Wohnsitz,
4. Dauer und Kosten von Miet- oder Überlassungsverhältnissen von Wohnraum,
5. Dauer und Kosten von bezogenen Leistungen über Elektrizität, Gas, Wasser, Fernwärme oder Abfallentsorgung und
6. Eigenschaft als Kraftfahrzeughalter.

⁵Die in Satz 1 genannten Stellen sind verpflichtet, die in Satz 4 genannten Daten zu übermitteln. ⁶Sie haben die ihnen im Rahmen der Überprüfung übermittelten Daten nach Vorlage der Mitteilung unverzüglich zu löschen. ⁷Eine Übermittlung durch diese Stellen unterbleibt, soweit ihr besondere gesetzliche Verwendungsregelungen entgegenstehen.

Gliederung

A. Basisinformationen 1
I. Textgeschichte/Gesetzgebungsmaterialien 1
II. Vorgängervorschrift 5
III. Parallelvorschriften 13
IV. Untergesetzliche Vorschriften 14
V. Systematische Zusammenhänge 15
VI. Literaturhinweise 18
B. Auslegung der Norm 19
I. Regelungsgehalt und Bedeutung der Norm 19
II. Normzweck 21
III. Vereinbarkeit mit höherrangigem Recht 22
1. Verstoß gegen Europarecht 22
2. Verstoß gegen das Grundgesetz 23
a. Allgemeines 23
b. Bestimmtheit der gesetzlichen Grundlage 24
c. Verhältnismäßigkeit des Eingriffs 26
d. Organisatorische Vorkehrungen 29
IV. Tatbestandsmerkmale 30
1. Allgemeines 30
2. Hinreichender Anlass 31
3. Träger des Sozialhilfe 32
4. Persönlicher Anwendungsbereich 33
a. Abgleich mit anderen Sozialleistungsträgern
   (Absatz 1) 33
b. Abgleich mit anderen Sozialhilfeträgern
   (Absatz 2) 35
c. Abgleich mit andere Stellen (Absatz 4) 36
V. Rechtsfolge 39
1. Allgemeines 39
2. Abgleich mit anderen Sozialleistungsträgern
   (Absatz 1) 40
a. Auskunftspflichtige Stellen 40
b. Umfang der Datenübertragung 42
c. Verfahren 46
3. Abgleich mit anderen Sozialhilfeträgern
   (Absatz 2) 51
a. Auskunftspflichtige Stellen 51
b. Umfang der Datenübermittlung 52
c. Verfahren 54
4. Abgleich mit Stellen außerhalb des Sozialleistungsbereichs (Absatz 4) 56
a. Auskunftspflichtige Stelle 56
b. Umfang der Datenübermittlung 61
c. Verfahren 63
5. Das Verfahren nach Absatz 3 65
VI. Rechtstatsachen 68
C. Praxishinweise 72

A. Basisinformationen

I. Textgeschichte/Gesetzgebungsmaterialien

1   Die Vorschrift wurde durch Art. 1 des Gesetzes zur Einordnung des Sozialhilferechts in das Sozialgesetzbuch vom 27.12.2003[1] eingeführt. Dabei wurde die Vorschrift im Wesentlichen **inhaltsgleich aus dem bisherigen § 117 BSHG** übernommen.[2] Die Änderungen waren im Wesentlichen unbedeutend. Es wurde aus dem bisherigen Absatz 2a in § 117 BSHG nunmehr § 118 Abs. 3 SGB XII (mit der Folgeänderung für Absatz 3) und die Verordnungsermächtigung aus § 117 Abs. 1 Satz 2, Abs. 2 Satz 6 SGB XII nunmehr, der Systematik des SGB entsprechend,[3] in § 120 SGB XII am Ende des Abschnitts geregelt. Allerdings wurde in Absatz 1 die Ausnahme der Bezieher des Vierten Kapitels aufgenommen (vgl. Rn. 33). Eine derartige Regelung war im BSHG nicht notwendig, da diese Leistungen vormals im Grundsicherungsgesetz geregelt waren.

2   Der **Bundesrat** war im Gesetzgebungsverfahren mit dem Vorhaben, den Anwendungsbereich der Vorschrift auszudehnen, gescheitert: So sah die Stellungnahme des Bundesrates vor, dass Absatz 1 auf alle Sozialleistungsträger ergänzt wird, die Vorschrift auch bereits im Antragsverfahren gilt und der Umfang der seitens des Bundesamts für Finanzen zu übermittelnden Daten ausgeweitet wird.[4] Dies wurde jedoch nicht umgesetzt.

3   Die erste Änderung erfolgte durch das Gesetz zur Neuorganisation der Bundesfinanzverwaltung und zur Schaffung eines Refinanzierungsregisters (BFinVwNeuOG) vom 22.09.2005[5] mit Wirkung zum 01.01.2006. In Art. 4 Abs. 36 dieses Gesetzes wurden in § 118 Abs. 1 Satz 1 Nr. 3 die Wörter „Bundesamt für Finanzen" durch die Wörter „Bundeszentralamt für Steuern" ersetzt.

4   Mit Wirkung zum 01.08.2006 wurde durch Art. 8 Nr. 4 des Gesetzes zur Fortentwicklung der Grundsicherung für Arbeitsuchende vom 20.07.2006[6] in § 118 Abs. 1 Satz 1 Nr. 3 SGB XII nach der Angabe „§ 45d Abs. 1" die Angabe „und § 45e" eingefügt. Damit kann nun auch ein Datenabgleich in Bezug auf Konten und Depots im EU-Ausland erfolgen.

II. Vorgängervorschrift

5   Die Vorschrift wurde im Jahr 2005 im Wesentlichen aus **§ 117 BSHG** in der zuletzt geltenden Fassung übernommen.

6   Diese Vorschrift wurde **im Jahr 1993** durch Art. 7 Nr. 34 des Gesetzes zur Umsetzung des Föderalen Konsolidierungsprogramms (FKPG) vom 23.06.1993[7] mit Wirkung zum 27.06.1993 eingeführt. Sie sollte dazu beitragen, missbräuchliche Inanspruchnahme von Sozialhilfeleistungen zu verhindern und aufzudecken (vgl. Rn. 21).[8]

7   Durch Art. 1 Nr. 37 des Gesetzes zur Reform des Sozialhilferechts vom 23.07.1996[9] wurden mit Wirkung zum 01.08.1996 zunächst unwesentliche Änderungen in Absatz 1 Satz 2 vorgenommen (Ersetzen des Worts „Sozialversicherungsnummer" durch das Wort „Versicherungsnummer"); zudem wurden in Absatz 1 Satz 7 und Absatz 2 Satz 6 die Worte „Familie und Senioren" durch das Wort „Gesundheit" ersetzt. Außerdem wurde in Absatz 2 Satz 2 neben dem anderen Sozialhilfeträger die eine zentrale Vermittlungsstelle im Sinne des Absatzes 1 Satz 7 eingefügt. Zudem wurde in Absatz 3 Satz 3 der automatisierte Datenabgleich „eingeführt" (vgl. Rn. 37).

8   Durch Art. 11 Nr. 2 des Ersten Gesetzes zur Änderung des SGB III und anderer Gesetze (Erstes SGB-III-Änderungsgesetz – 1. SGB III-ÄndG) vom 16.12.1997[10] wurde Absatz 2a, die Regelung über die Rentenversicherungsträger als Vermittlungsstelle, mit Wirkung zum 01.01.1998 eingeführt (vgl. Rn. 65).

---

[1] BGBl I 2003, 3022.
[2] Vgl. BT-Drs. 15/1514, S. 69.
[3] Vgl. BT-Drs. 15/1514, S. 69.
[4] BR-Drs. 559/1/03, S. 13.
[5] BGBl I 2005, 2809.
[6] BGBl I 2006, 1706.
[7] BGBl I 1993, 944.
[8] BT-Drs. 12/4401, S. 85.
[9] BGBl I 1996, 1088.
[10] BGBl I 1997, 2970.

Durch Art. 9 des Gesetzes zur Neuregelung der geringfügigen Beschäftigungsverhältnisse vom 24.03.1999[11] wurde Absatz 2a Satz 2 mit Wirkung zum 01.04.1999 neu geregelt. Es wurden die Wörter „der Datei der geringfügig Beschäftigten (§ 105 Abs. 3 des Vierten Buches Sozialgesetzbuch)" gestrichen.

Durch Art. 1 Nr. 9 des Siebten Gesetzes zur Änderung des Bundessozialhilfegesetzes vom 26.06.1999[12] wurden mit Wirkung zum 01.07.1999 in Absatz 1 Satz 7 und Absatz 2 Satz 6 jeweils das Wort „Gesundheit" durch die Wörter „Arbeit und Sozialordnung" ersetzt. Zudem wurde in Absatz 1 Satz 7 die Wörter „im Einvernehmen mit dem Bundesministerium für Arbeit und Sozialordnung und" gestrichen.

Durch Art. 5 Nr. 2 Gesetz zur Änderung des Opferentschädigungsgesetzes und anderer Gesetze vom 06.12.2000[13] wurde Absatz 1 Satz 1 mit Wirkung zum 15.12.2000 vollständig neu (in der bis heute geltenden Fassung) gefasst.

Durch Art. 11 Nr. 4 des Gesetzes zur Reform der gesetzlichen Rentenversicherung und zur Förderung eines kapitalgedeckten Altersvorsorgevermögens (Altersvermögensgesetz – AVmG)[14] wurde in Absatz 1 Satz 1 mit Wirkung zum 01.01.2002 die Nr. 4 eingefügt, die sich auf geförderte zusätzliche Altersvorsorge im Sinne des § 10a oder des Abschnitts XI des Einkommensteuergesetzes bezieht.

III. Parallelvorschriften

Eine parallele Vorschrift findet sich in **§ 52 SGB II**. Im Asylbewerberleistungsgesetz ist § 118 SGB XII nach § 9 Abs. 3 AsylbLG entsprechend anwendbar. Hier findet sich zudem in § 11 Abs. 3 AsylbLG ein weiterer automatischer Datenabgleich mit der Ausländerbehörde. Im Arbeitsförderungsrecht finden sich vergleichbare Vorschriften in den §§ 304 ff. SGB III.

IV. Untergesetzliche Vorschriften

Zu § 118 SGB XII wurde die Verordnung zur Durchführung des § 118 Abs. 1 und 2 des Zwölften Buches Sozialgesetzbuch (**Sozialhilfedatenabgleichsverordnung** – SozhiDAV) vom 21.01.1998 erlassen.[15] In dieser Verordnung werden die Einzelheiten des Datenabgleichs geregelt.

V. Systematische Zusammenhänge

Die **Übermittlung von Sozialdaten** an Dritte ist allgemein in den §§ 67a-78 SGB X geregelt. Gegenüber § 69 SGB X erweitert § 118 SGB XII die Befugnisse der Behörde, da ein automatisierter Datenabgleich möglich ist. Diese Vorschriften bleiben neben § 118 SGB XII anwendbar.[16] § 118 SGB XII regelt eine Ausnahme vom Sozialgeheimnis nach § 35 Abs. 1 SGB I. Als Ausnahmevorschrift ist § 118 SGB XII im Zweifel also eng auszulegen.[17]

Bei § 118 Abs. 1 und 2 SGB XII handelt es sich um eine **spezielle Form der Amtshilfe** nach Art. 35 GG, §§ 3 ff. SGB X. Gegenüber den Voraussetzungen der §§ 4 ff. SGB X stellt § 118 SGB XII lex specialis dar.[18] Außerhalb des Anwendungsbereichs der Norm bleibt ein Rückgriff allerdings möglich. Die Vorschrift entfaltet also keine Sperrwirkung über ihren Anwendungsbereich hinaus.[19] Bei § 118 Abs. 4 SGB XII handelt es sich (neben der auch hier geregelten Amtshilfe) auch um einen Fall der Verwaltungshilfe, der Hilfe zwischen Ämtern einer Behörde also (vgl. Rn. 58).[20]

Neben der Vorschrift anwendbar bleiben **Auskunftspflichten im Einzelfall**, wie z.B. die Auskunftspflicht des Finanzamts nach § 21 Abs. 4 SGB X,[21] oder des Arbeitgebers nach § 117 Abs. 4 SGB XII.[22] Eine spezielle Einzelabfrage des Sozialhilfeträgers ist zudem in § 45d Abs. 2 EStG geregelt.

---

[11] BGBl I 1999, 388.
[12] BGBl I 1999, 442.
[13] BGBl I 2000, 1676.
[14] BGBl I 2001, 1310.
[15] BGBl I 1998, 103.
[16] *Schlette* in: Hauck/Noftz, SGB XII, § 118 Rn. 6.
[17] *Krahmer* in: LPK-SGB XII, § 118 Rn. 1; *Schlette* in: Hauck/Noftz, SGB XII, § 118 Rn. 4; *Schoch* in: ZfS 2000, 262, 274.
[18] *Schlette* in: Hauck/Noftz, SGB XII, § 118 Rn. 7; andere Ansicht wohl: *Kunkel*, NVwZ 1995, 21, 22, 22.
[19] *Schlette* in: Hauck/Noftz, SGB XII, § 118 Rn. 7.
[20] *Kunkel*, NVwZ 1995, 21, 21 Fn. 8.
[21] *Schlette* in: Hauck/Noftz, SGB XII, § 118 Rn. 6; *Bauer* in: Mergler/Zink, SGB XII, § 118 Rn. 3.
[22] *Bauer* in: Mergler/Zink, SGB XII, § 118 Rn. 3.

VI. Literaturhinweise

18 *Kunkel*, Missbrauchskontrolle oder Kontrollmissbrauch in der Sozialhilfe, NVwZ 1995, 21 ff.; *Martens*, Vermuteter Sozialmissbrauch und gefühlte Kostenexplosion beim Arbeitslosengeld II, SozSich 2005, 358 ff.; *Sellin/Engels*, Die Praxis des automatisierten Datenabgleichs in der Sozialhilfe nach § 117 Abs. 1 und Abs. 2 BSHG, NDV 2001, 38 ff.; *Steinberg*, Auskunftsersuchen nach § 93 AO und „Rasterfahndung" seitens der Steuerfahndung, DStR 2008, 1718 ff.; *Wenner*, „Gläserner" Leistungsempfänger durch neues Steuerehrlichkeitsgesetz? Wie weit die Sozialbehörden Bandkonten überprüfen können und dürften, SozSich 2005, 102 ff.

B. Auslegung der Norm

I. Regelungsgehalt und Bedeutung der Norm

19 Die Norm regelt einen **automatisierten Datenabgleich**. Die Sozialhilfeträger werden ermächtigt, ohne Wissen und Ermächtigung des Leistungsempfängers die Angaben des Leistungsempfängers anhand von Auskunftsersuchen an andere Stellen zu überprüfen. In Absatz 1 ist der Datenabgleich mit anderen Sozialleistungsträgern, in Absatz 2 mit anderen Sozialhilfeträgern geregelt. Absatz 4 regelt den Datenabgleich mit ausgewählten anderen Stellen außerhalb des Sozialleistungsbereichs.

20 Ein **Anfangsverdacht** ist nicht notwendig (vgl. Rn. 31). Deshalb wird in der Norm im Einzelnen geregelt, bei wem eine Überprüfung der Angaben durchgeführt wird, bei welchen Stellen eine Überprüfung in welchem Umfang erfolgt und wann diese Daten wieder zu löschen sind, um den Vorgaben des Bundesverfassungsgerichts im Volkszählungsurteil[23] Genüge zu tun (vgl. Rn. 29).

II. Normzweck

21 Die Norm dient der Verhinderung von missbräuchlicher **Inanspruchnahme von Sozialhilfe**. Sie hat zum einen eine generalpräventive Komponente, Missbrauch zu verhindern, zum anderen aber auch eine repressive Komponente, bereits vorhandenen Missbrauch aufzudecken.[24]

III. Vereinbarkeit mit höherrangigem Recht

1. Verstoß gegen Europarecht

22 Bei automatisierten Verarbeitungen ist die **Europäische Datenschutzrichtlinie**, d.h. die Richtlinie 95/46/EG des Europäischen Parlaments und des Rates vom 24.10.1995 zum Schutz natürlicher Personen bei der Verarbeitung personenbezogener Daten und zum freien Datenverkehr (im Folgenden: EGRL 46/95) zu beachten.[25] Diese Richtlinie gilt nach Art. 3 Abs. 1 EGRL 46/95 unter anderem für die ganz oder teilweise automatisierte Verarbeitung personenbezogener Daten. Nach Art. 18 Abs. 1 EGRL 46/95 müssen die Mitgliedstaaten eine Meldung durch den für die Verarbeitung Verantwortlichen bei der nach Art. 28 EGRL 46/95 einzurichtenden Kontrollstelle vorsehen. Eine solche **Meldepflicht** ergibt sich aus § 118 SGB XII nicht. Dies führt allerdings nicht zu einem Verstoß gegen die Richtlinie, da sich diese Meldepflicht aus dem insoweit anwendbaren § 79 SGB X ergibt.[26] Soweit § 118 SGB XII als lex specialis gesehen wird, so ergibt sich die Anwendung des § 79 SGB X zumindest aus einer europarechtskonformen Auslegung.

2. Verstoß gegen das Grundgesetz

a. Allgemeines

23 Der in § 118 SGB XII geregelte Datenabgleich stellt einen Eingriff in das **Recht auf informationelle Selbstbestimmung** dar.[27] Dieses sich aus Art. 1 Abs. 1 und Art. 2 Abs. 1 GG ergebende Grundrecht hat das BVerfG erstmals im sog. Volkszählungsurteil herausgearbeitet.[28] Das Grundrecht gewährleistet insoweit die Befugnis des Einzelnen, grundsätzlich selbst über die Preisgabe und Verwendung seiner

---

[23] Vgl. BVerfG v. 15.12.1983 - 1 BvR 209/83 - BVerfGE 61, 1 ff.
[24] BT-Drs. 12/4401, S. 85.
[25] Amtsblatt EG L 281, S. 31 ff.
[26] Ebenso zu § 52 SGB II: *Wagner* in: jurisPK-SGB II, § 52 Rn. 55.
[27] Insoweit besteht wohl Einigkeit, vgl. nur: *Schlette* in: Hauck/Noftz, SGB XII, § 118 Rn. 4.
[28] BVerfG v. 15.12.1983 - 1 BvR 209/83 - juris Rn. 145 ff. - BVerfGE 61, 1 ff.

persönlichen Daten zu bestimmen.[29] Der Eingriff ist bezogen auf den automatischen Datenabgleich verfassungsrechtlich gerechtfertigt.[30] Dass dieser Abgleich nach der Vorschrift „auch regelmäßig" erfolgen kann, ist aber nach der Rechtsprechung des BVerfG wohl nicht zu rechtfertigen. Diesbezüglich bedarf es einer **verfassungskonformen Auslegung**.[31]

b. Bestimmtheit der gesetzlichen Grundlage

Nach der Rechtsprechung des BVerfG bedarf die Beschränkung des Grundrechts auf informationelle Selbstbestimmung nach Art. 2 Abs. 1 GG zunächst einer (verfassungsmäßigen) gesetzlichen Grundlage, aus der sich die Voraussetzungen und der **Umfang der Beschränkungen klar und für den Bürger erkennbar** ergeben und die damit dem rechtsstaatlichen Gebot der Normenklarheit entspricht.[32] Eine solche ist hier mit § 118 SGB XII gegeben. Aus dieser Vorschrift sind Voraussetzungen und Umfang des Eingriffs klar erkennbar.[33]   24

Zu den Bestimmtheitsanforderungen gehört es zudem, dass der Gesetzgeber den **Erhebungszweck** in einer dem Recht auf informationelle Selbstbestimmung genügenden Weise festlegt.[34] Bei personenbezogenen Daten hat er den Verwendungszweck bereichsspezifisch und präzise zu bestimmen.[35] Dies ist hier der Fall. Zu der Parallelvorschrift des § 52 SGB II wird vertreten, dass es an der Bestimmung des Erhebungszwecks fehle, da nicht der Datenabgleich selbst, sondern die Aufdeckung eines rechtsmissbräuchlichen Bezugs Zweck der Vorschrift sei.[36] Ob dem zu folgen ist, oder ob es genügt, dass sich dieser Zweck aus dem Regelungszusammenhang erschließt,[37] bedarf hier nicht der Entscheidung, da zumindest in Absatz 4 Satz 1 der Zweck konkret genannt ist („zur Vermeidung rechtswidriger Inanspruchnahme von Sozialhilfe"). Dass dieser Zweck in den Absätzen 1 und 2 nicht genannt ist, ist unschädlich. Die Anforderungen an die Bestimmtheit haben nach dem BVerfG die Funktion, eine hinreichend präzise Umgrenzung des Verwendungszwecks der betroffenen Informationen sicherzustellen, um so das verfassungsrechtliche Gebot der Zweckbindung der erhobenen Information zu verstärken.[38] Zumindest mit der konkreten Nennung des Zwecks in Absatz 4 erschließt sich der Zweck auch für die anderen Absätze, so dass den Anforderungen des BVerfG insoweit Genüge getan ist.   25

c. Verhältnismäßigkeit des Eingriffs

Des Weiteren hat der Gesetzgeber den Grundsatz der **Verhältnismäßigkeit** zu beachten.[39] Hier ist zwischen dem automatischen Datenabgleich einerseits und der Möglichkeit der regelmäßigen Durchführung andererseits zu unterscheiden.   26

Bezogen auf den **automatischen Datenabgleich** (auch ohne Zustimmung des Betroffenen) ist der Grundsatz der Verhältnismäßigkeit hinreichend beachtet. Diesbezüglich ist die Vorschrift geeignet, erforderlich und verhältnismäßig im engeren Sinne.[40] Die Eignung der Vorschrift, Missbrauch zu verhindern und aufzudecken, ist nicht streitig, sie wird nicht mehr bestritten.[41] Die Vorschrift ist auch erfor-   27

---

[29] BVerfG v. 15.12.1983 - 1 BvR 209/83 - juris Rn. 149 - BVerfGE 61, 1 ff.
[30] *Schlette* in: Hauck/Noftz, SGB XII, § 118 Rn. 4; *Wenner* in: SozSich 2005, 102, 105; allgemein auch: *Bauer* in: Mergler/Zink, SGB XII, § 118 Rn. 3; *Schaefer* in: Fichtner/Wenzel, SGB XII, § 118 Rn. 11; zu § 52 SGB II: *Voelzke* in: Hauck/Noftz, SGB II, § 52 Rn. 4; *Mayer* in: Oestereicher, SGB II, § 52 Rn. 12; *Müller-Thele* in: Mergler/Zink, SGB II, § 52 Rn. 11; unter Betonung des Zwecks der Verhinderung des Leistungsmissbrauchs: *Stähler* in: GK-SGB II, § 52 Rn. 6; mit Bedenken: *Oppermann* in: Eicher/Spellbrink, SGB II, § 52 Rn. 6.
[31] So zu § 52 SGB II auch: *Brünner* in: LPK-SGB II, § 52 Rn. 8; andere Ansicht, aber ebenfalls unter Betonung der Notwendigkeit einer engen Auslegung: *Schaefer* in: Fichtner/Wenzel, SGB XII, § 118 Rn. 11; *Krahmer* in: LPK-SGB XII, § 118 Rn. 1; *Schlette* in: Hauck/Noftz, SGB XII, § 118 Rn. 4; *Streichsbier* in: Grube/Wahrendorf, SGB XII, § 118 Rn. 3, wonach die Vorschrift an die „Grenze des datenschutzrechtlichen Zulässigen" gehe.
[32] BVerfG v. 15.12.1983 - 1 BvR 209/83 - juris Rn. 151 - BVerfGE 61, 1 ff.
[33] *Schlette* in: Hauck/Noftz, SGB XII, § 118 Rn. 4.
[34] BVerfG v. 13.06.2007 - 1 BvR 1550/03 - juris Rn. 98 - BVerfGE 118, 168 ff.
[35] BVerfG v. 15.12.1983 - 1 BvR 209/83 - juris Rn. 155 - BVerfGE 61, 1 ff.
[36] *Schmidt* in: Gagel, SGB II, § 52 Rn. 9; ähnlich: *Oppermann* in: Eicher/Spellbrink, SGB II, § 52 Rn. 6.
[37] So *Voelzke* in: Hauck/Noftz, SGB II, § 52 Rn. 22 zur Frage der Zweckbindung nach § 52 Abs. 3 SGB II.
[38] BVerfG v. 13.06.2007 - 1 BvR 1550/03 - juris Rn. 96 - BVerfGE 118, 168 ff.
[39] BVerfG v. 15.12.1983 - 1 BvR 209/83 - juris Rn. 151 - BVerfGE 61, 1 ff.
[40] *Schlette* in: Hauck/Noftz, SGB XII, § 118 Rn. 4.
[41] Die diesbezüglichen Zweifel bezogen auf die Durchführbarkeit des Datenabgleichs – vgl. dazu: *Kunkel*, NVwZ 1995, 21, 23 – sind überholt. Vgl. dazu auch: BVerfG v. 13.06.2007 - 1 BvR 1550/03 - juris Rn. 118 ff. - BVerfGE 118, 168 ff.

derlich. Zwar wäre ein Datenabgleich nach Zustimmung des Leistungsempfängers ein milderes Mittel,[42] welches aber nicht gleich effektiv ist.[43] Auch ein manueller Abgleich stellt keine realistische Alternative dar.[44] Die Vorschrift ist bezogen auf den automatischen Datenabgleich auch verhältnismäßig im engeren Sinne. Sie dient mit der Verhinderung von missbräuchlicher Inanspruchnahme von Sozialleistungen (vgl. Rn. 21) einem Gemeinwohlbelang von erheblicher Bedeutung.[45] Die Kontrolle bezieht sich zudem nur auf Dinge, die der Leistungsempfänger bei Antragstellung ohnehin angeben muss.[46] Nach empirischen Untersuchungen aus der Praxis werden durch den Datenabgleich ca. 2-3% der Gesamtfallzahl als Missbrauchsfälle aufgedeckt (vgl. Rn. 68),[47] so dass mittlerweile nicht von einem nur vermuteten Missbrauch zu sprechen ist.[48] Dies ist zumindest auch kein derart geringer Schaden, dass eine Überprüfung unverhältnismäßig wäre.[49] Zudem ist die präventive Wirkung der Vorschrift zu beachten.[50]

28 Allerdings stellt sich die Möglichkeit der **anlasslosen routinemäßigen Abfrage** nach der Rechtsprechung des BVerfG als nicht verfassungsgemäß dar.[51] Das BVerfG hat hierzu ausgeführt, dass „routinemäßige oder anlasslose Ermittlungen [...] im Sozialrecht verfassungsrechtlich ebenso wenig zu rechtfertigen sind wie im Bereich des Steuerrechts".[52] Eine solche liegt aber bei einer regelmäßigen Überprüfung gerade vor. Dementsprechend schränken diese Vorgaben § 118 SGB XII ein.[53] Dies führt aber nicht zur Verfassungswidrigkeit der Vorschrift,[54] vielmehr kann die Vorschrift **verfassungskonform** ausgelegt werden. Dies ist deshalb möglich, da § 118 SGB XII (im Gegensatz zu § 52 SGB II) eine routinemäßige oder anlasslose Ermittlung nicht anordnet. Vielmehr steht das Einschreiten der Behörde im Ermessen. Dass eine Ermittlung ohne hinreichenden Tatverdacht möglich ist, verstößt nicht gegen die Verfassung. Das BVerfG hat eine Vorschrift, die eine automatisierte Abfrage vorsah, soweit dies zur Festsetzung oder Erhebung von Steuer erforderlich ist (§ 93 Abs. 7 AO),[55] als hinreichend bestimmt angesehen und hierin keine derartige routinemäßig oder anlasslose Ermittlung gesehen.[56] Ein Anlass besteht danach nicht erst, wenn ein begründeter Verdacht dafür vorliegt, dass Unregelmäßigkeiten vorliegen. Das BVerfG hat diesbezüglich die finanzgerichtliche Rechtsprechung als hinreichend bestimmt (und mit dem Grundgesetz vereinbar) angesehen, wonach ein Datenabgleich möglich ist, wenn aufgrund konkreter Anhaltspunkte oder aufgrund allgemeiner Erfahrungen ein Auskunftsersuchen angezeigt ist.[57] Unter diesen Voraussetzungen ist der vorliegende Datenabgleich ebenfalls zulässig (vgl. Rn. 31).

d. Organisatorische Vorkehrungen

29 Zuletzt hat der Gesetzgeber **organisatorische und verfahrensrechtliche Vorkehrungen** zu treffen, welche der Gefahr einer Verletzung des Persönlichkeitsrechts entgegenwirken.[58] Dies ist hier durch § 118 Abs. 1 Satz 4 ff., Abs. 2 Satz 4 ff., Abs. 3 Satz 3, Abs. 4 Satz 6 ff. SGB XII und § 15 SozhiDAV geschehen. Geregelt sind Pflichten der Auskunftsstelle und des Sozialhilfeträgers. Die Auskunftsstelle

---

[42] Vgl. dazu: *Kunkel*, NVwZ 1995, 21, 23.
[43] *Schlette* in: Hauck/Noftz, SGB XII, § 118 Rn. 4 zu § 52 SGB II; *Mayer* in: Oestereicher, SGB II, § 52 Rn. 12.
[44] BVerfG v. 13.06.2007 - 1 BvR 1550/03 - juris Rn. 123 ff. - BVerfGE 118, 168 ff.
[45] BVerfG v. 13.06.2007 - 1 BvR 1550/03 - juris Rn. 129 - BVerfGE 118, 168 ff.
[46] *Voelzke* in: Hauck/Noftz, SGB II, § 52 Rn. 4 zu § 52 SGB II; *Wenner* in: SozSich 2005, 102, 105 bezieht zudem mit ein, dass der Hilfesuchende mit dem Begehren an die Sozialbehörde tritt, ihm Mittel zur Deckung des notwendigen Lebensbedarfs zur Verfügung zu stellen.
[47] *Sellin/Engels*, NDV 2001, 38, 40; *Schlette* in: Hauck/Noftz, SGB XII, § 118 Rn. 35.
[48] So aber: *Kunkel*, NVwZ 1995, 21, 24.
[49] Für die Begründung einer restriktiven Auslegung: *Stähler* in: GK-SGB II, § 52 Rn. 6.
[50] So auch: *Schlette* in: Hauck/Noftz, SGB XII, § 118 Rn. 4.
[51] BVerfG v. 13.06.2007 - 1 BvR 1550/03 - juris Rn. 144 - BVerfGE 118, 168 ff.
[52] BVerfG v. 13.06.2007 - 1 BvR 1550/03 - juris Rn. 144 - BVerfGE 118, 168 ff.
[53] Ähnlich zu § 52 SGB II: *Oppermann* in: Eicher/Spellbrink, SGB II, § 52 Rn. 6a.
[54] So wohl zu § 52 SGB II: *Brünner* in: LPK-SGB II, § 52 Rn. 8, der dies allerdings auf die gebundene Entscheidung in § 52 SGB II stützt, was in § 118 SGB XII gerade nicht der Fall ist; andere Ansicht auch zu § 52 SGB II: *Mayer* in: Oestereicher, SGB II, § 52 Rn. 12.
[55] In der Fassung vom 22.09.2005, BGBl I 2005, 2809.
[56] BVerfG v. 13.06.2007 - 1 BvR 1550/03 - juris Rn. 144 unter Bezugnahme auf Rn. 114 - BVerfGE 118, 168 ff.
[57] BVerfG v. 13.06.2007 - 1 BvR 1550/03 - juris Rn. 114 - BVerfGE 118, 168 ff., zur finanzgerichtlichen Rechtsprechung beispielsweise: BFH v. 29.10.1986 - VII R 82/85 - juris Rn. 24 - BFHE 148, 108 ff.
[58] BVerfG v. 15.12.1983 - 1 BvR 209/83 - juris Rn. 151 - BVerfGE 61, 1 ff.

hat die Daten nach Abschluss der Verfahren nach den Absätzen 3 und 4 zu löschen (Absatz 3 Satz 3; Absatz 4 Satz 6). In den Absätzen 1 und 2 hat sie die Möglichkeit zu wählen, ob die Daten zurückgegeben, gelöscht oder vernichtet werden (Absatz 1 Satz 4; Absatz 2 Satz 4). Der Sozialhilfeträger darf die Daten nur für den Abgleich nutzen und muss sie, wenn die Abfrage negativ ausfällt, löschen, wobei dies explizit nur in Absatz 1 (Sätze 5 und 6) geregelt ist (vgl. zu Absatz 1 Rn. 46, zu Absatz 2 Rn. 54, zu Absatz 3 Rn. 67 und zu Absatz 4 Rn. 63).

IV. Tatbestandsmerkmale

1. Allgemeines

Die wesentlichen Tatbestandsmerkmale sind der **Auskunftsberechtigte** und derjenige, über den die **Auskunft eingeholt** werden kann. Zudem sind Verfahrensvorschriften zu beachten. Aufgrund der verfassungsrechtlichen Anforderungen bedarf es zudem eines **hinreichenden Anlasses** zum Einschreiten (vgl. Rn. 28).[59] Hierbei handelt es sich um ein ungeschriebenes Tatbestandsmerkmal.

30

2. Hinreichender Anlass

Für die Frage des hinreichenden Anlasses kann in Grundzügen auf die **finanzgerichtliche Rechtsprechung zu Auskunftsersuchen** (insbesondere zu Sammelauskunftsersuchen) zurückgegriffen werden. Das Auskunftsersuchen muss hier aufgrund konkreter Anhaltspunkte oder allgemeiner Erfahrungen angezeigt sein.[60] Bezüglich der allgemeinen Erfahrungen genügt dabei nicht die allgemeine, in jedwedem Zusammenhang nach der Lebenserfahrung gerechtfertigte Vermutung, dass es bei beantragten Leistungen zu Missbrauchsfällen kommt.[61] Es bedarf vielmehr der Darlegung einer über die bloße allgemeine Lebenserfahrung hinausgehenden erhöhten Wahrscheinlichkeit.[62] Allerdings genügen auch branchentypische Erfahren aus, um einen hinreichenden Anlass zu begründen.[63] Ein Bezug zu einem konkreten Einzelfall ist dabei nicht notwendig.[64] Ebenso erscheint fraglich, ob sich die allgemeine Erfahrung bereits realisiert haben muss.[65]

31

3. Träger des Sozialhilfe

Überprüfungsberechtigt ist nach Absatz 1 Satz 1 der **Träger der Sozialhilfe**. Dass die örtlichen und überörtlichen Sozialhilfeträger im Sinne des § 3 SGB XII hierunter fallen, ist unproblematisch. Streitig ist allerdings, ob Gemeinde oder Gemeindeverbände nach dieser Vorschrift zum Datenabgleich berechtigt sind, soweit die Durchführung der Angelegenheiten der Sozialhilfe nach § 99 Abs. 1 SGB XII auf sie übertragen wurde.[66] Diese Heranziehung ändert allerdings nichts an der sachlichen Zuständigkeit des Landkreises als dem Träger der Sozialhilfe. Zwischen Landkreis und kreisangehörigen Gemeinden besteht lediglich ein besonderes öffentlich rechtliches Auftragsverhältnis.[67] Dementsprechend ist der Begriff des Trägers der Sozialhilfe nicht erweiternd auszulegen.

32

---

[59] Andere Ansicht (unter Bezugnahme auf den Wortlaut): *Krahmer* in: LPK-SGB XII, § 118 Rn. 3.

[60] Vgl. hierzu aus der finanzgerichtlichen Rechtsprechung: BFH v. 29.10.1986 - VII R 82/85 - juris Rn. 24 - BFHE 148, 108 ff.; BFH v. 24.03.1987 - VII R 30/86 - juris Rn. 19 - BFHE 149, 404 ff.

[61] Vgl. hierzu aus der finanzgerichtlichen Rechtsprechung (zur Steuerhinterziehung): BFH v. 16.01.2009 - VII R 25/08 - juris Rn. 30 - BFHE 224, 201 ff.

[62] Vgl. hierzu aus der finanzgerichtlichen Rechtsprechung: BFH v. 19.02.2009 - II R 61/07 - juris Rn. 18.

[63] Vgl. hierzu aus der finanzgerichtlichen Rechtsprechung: BFH v. 21.03.2002 - VII B 152/01 - juris Rn. 31 - BFHE 198, 42 ff.

[64] So allerdings: *Steinberg*, DStR 2008, 1718 ff., der die Begriffe „konkrete Anhaltspunkte" und „allgemeine Erfahrung" aus der Definition des BFH mit einem „und" statt mit einem „oder" verknüpft.

[65] So der BFH in einer neueren Entscheidung: BFH v. 19.02.2009 - II R 61/07 - juris Rn. 18.

[66] Für eine entsprechende Anwendbarkeit: *Bauer* in: Mergler/Zink, SGB XII, § 118 Rn. 7; *Schaefer* in: Fichtner/Wenzel, SGB XII, § 118 Rn. 5; andere Ansicht: *Krahmer* in: LPK-SGB XII, § 118 Rn. 3; *Streichsbier* in: Grube/Wahrendorf, SGB XII, § 118 Rn. 3. *Schlette* in: Hauck/Noftz, SGB XII, § 118 Rn. 14 (allerdings möglich, soweit vom Deligationsakt umfasst).

[67] *Kunkel*, NVwZ 1995, 21, 21.

4. Persönlicher Anwendungsbereich

a. Abgleich mit anderen Sozialleistungsträgern (Absatz 1)

33 Die Vorschrift des § 118 Abs. 1 SGB XII richtet sich an **Bezieher von Leistungen nach dem SGB XII**. Ausgenommen sind allerdings Bezieher von Leistungen nach dem Vierten Kapitel, also der Grundsicherung im Alter und bei Erwerbsminderung. Hierin ist eine Privilegierung zu sehen. Problematisch ist, dass diese Privilegierung in den weiteren Absätzen nicht fortgeschrieben ist. Allerdings kann hieraus nicht geschlossen werden, dass es sich bei der klar geregelten Ausnahme um ein Redaktionsversehen handelt.[68]

34 Nach dem eindeutigen Wortlaut der Vorschrift ist der automatische Datenabgleich nur bei Personen möglich, die (bereits) **im Bezug stehen**. Das bedeutet, dass zum einen Personen ausgeschlossen sind, die sich noch im Erstverfahren befinden,[69] zum anderen ist ein Abgleich bei Personen, deren Einkommen und Vermögen vorrangig einzusetzen wäre, die selbst aber nicht im Bezug stehen, nicht möglich.[70] Der Bundesrat hat sich mit einer weitergehenden Initiative nicht durchsetzen können.[71] Danach sollte sich die Vorschrift auch schon im Antragsverfahren Anwendung finden. Auch eine Anwendung auf Personen, die in der Vergangenheit Leistungen bezogen haben, ist nicht möglich.[72]

b. Abgleich mit anderen Sozialhilfeträgern (Absatz 2)

35 Beim Datenabgleich mit anderen Sozialhilfeträgern ist eine Überprüfung ebenfalls nur bei **Leistungsbeziehern** möglich (vgl. Rn. 33). Im Unterschied zu Absatz 1 ist in Absatz 2 die Ausnahme bezogen auf die Bezieher der Leistungen zur Grundsicherung in Alter und Erwerbsminderung nicht geregelt. Umstritten ist, was aus dieser unterschiedlichen Regelung folgt, ob die Absätze also unterschiedliche Anwendungsbereiche haben,[73] Absatz 1 im Anwendungsbereich erweitert wird,[74] oder in Absatz 2 die Ausnahme des Absatzes 1 analog gilt.[75] Trotz des unklaren Regelungskonzepts ist wegen der Eindeutigkeit des Wortlauts der ersten Ansicht zu folgen, die Privilegierung aus Absatz 1 also nicht auf Absatz 2 zu übertragen (zur Auslegung des Absatzes 1 vgl. Rn. 33).

c. Abgleich mit andere Stellen (Absatz 4)

36 Die Formulierung des Anwendungsbereichs in Absatz 4 unterscheidet sich von denen in den Absätzen 1 und 2. Hier findet sich zum einen der Passus „zur Vermeidung rechtswidriger Inanspruchnahme von Sozialhilfe", zum anderen findet sich eine Bindung an die Erforderlichkeit zur Aufgabenerfüllung.

37 Aus dem ersten Passus wird teilweise geschlossen, dass auch eine **Überprüfung von Hilfesuchenden** möglich ist,[76] der Anwendungsbereich also erweitert ist. Dem ist nicht zu folgen, da der Gesetzestext auch hier deutlich Personen benennt, die Leistungen beziehen.[77] Aus dem zweiten Passus wird teil-

---

[68] So aber: *Schlette* in: Hauck/Noftz, SGB XII, § 118 Rn. 9; wie hier: *Streichsbier* in: Grube/Wahrendorf, SGB XII, § 118 Rn. 3; *Krahmer* in: LPK-SGB XII, § 118 Rn. 1; wie hier im Ergebnis auch: *Bauer* in: Mergler/Zink, SGB XII, § 118 Rn. 8.

[69] *Bauer* in: Mergler/Zink, SGB XII, § 118 Rn. 8; *Krahmer* in: LPK-SGB XII, § 118 Rn. 3; *Schaefer* in: Fichtner/Wenzel, SGB XII, § 118 Rn. 4; *Streichsbier* in: Grube/Wahrendorf, SGB XII, § 118 Rn. 4; *Schoch* in: ZfS 2000, 262, 274.

[70] *Schlette* in: Hauck/Noftz, SGB XII, § 118 Rn. 10; *Krahmer* in: LPK-SGB XII, § 118 Rn. 3; *Schoch* in: ZfS 2000, 262, 275; *Streichsbier* in: Grube/Wahrendorf, SGB XII, § 118 Rn. 4.

[71] *Schlette* in: Hauck/Noftz, SGB XII, § 118 Rn. 7.

[72] *Streichsbier* in: Grube/Wahrendorf, SGB XII, § 118 Rn. 4.

[73] Für einen unterschiedlichen Anwendungsbereich: *Bauer* in: Mergler/Zink, § 118 Rn. 11; für eine erweiternde Auslegung auch für Absatz 1: *Schlette* in: Hauck/Noftz, SGB XII, § 118 Rn. 9; für eine Begrenzung auch in den Absätzen 2 und 4: *Krahmer* in: LPK-SGB XII, § 118 Rn. 1.

[74] *Bauer* in: Mergler/Zink, § 118 Rn. 11.

[75] Für einen unterschiedlichen Anwendungsbereich: *Bauer* in: Mergler/Zink, § 118 Rn. 11; für eine erweiternde Auslegung auch für Absatz 1: *Schlette* in: Hauck/Noftz, SGB XII, § 118, Rn. 9; für eine Begrenzung auch in den Absätzen 2 und 4: *Krahmer* in: LPK-SGB XII, § 118 Rn. 1.

[76] *Bauer* in: Mergler/Zink, SGB XII, § 118 Rn. 19. Teilweise wird der Abwendungsbereich (wohl) auf Hilfesuchende beschränkt, vgl. *Schelter-Kunz* in: Oestereicher, BSHG, § 117 Rn. 12; allerdings ist zu beachten, dass diese Ansicht – zumindest bislang – zum SGB XII nicht weitergeführt wurde, da § 118 SGB XII im Oestereicher-Kommentar bislang nicht kommentiert wurde.

[77] *Schlette* in: Hauck/Noftz, SGB XII, § 118 Rn. 24; *Krahmer* in: LPK-SGB XII, § 118 Rn. 16; *Schaefer* in: Fichtner/Wenzel, SGB XII, § 118 Rn. 5; *Streichsbier* in: Grube/Wahrendorf, SGB XII, § 118 Rn. 6.

weise eine **Verengung des Anwendungsbereichs** befürwortet. Danach sollen wegen der Bindung an die Erforderlichkeit standardisierte Abgleiche in der Regel nicht rechtmäßig sein.[78] Gegen eine (generelle) Verengung des Anwendungsbereichs spricht, dass der Gesetzgeber bereits im Jahr 1996 in Absatz 4 Satz 3 deutlich geregelt hat, dass auch hier ein automatisiertes Verfahren möglich sein soll (vgl. Rn. 7).[79]

Allerdings ist hier in besonderem Maße eine **Erforderlichkeitsprüfung** notwendig.[80] Es darf also kein „milderes Mittel" zur Erfüllung des Gesetzeszwecks geben. Der Sozialhilfeträger darf also nicht auf einfacherem, die informationelle Selbstbestimmung weniger berührendem Wege an die Daten gelangen können. Dies ergibt sich aus den verfassungsrechtlichen Anforderungen zwar allgemein für die anderen Absätze. Diese gegenüber den Absätzen 1 und 2 weitere (explizit geregelte) Einschränkung erklärt sich vor dem Hintergrund, dass hier auch ein Rückgriff auf Daten bei wirtschaftlichen Unternehmen möglich ist.

38

V. Rechtsfolge

1. Allgemeines

Die Vorschrift enthält – im Gegensatz zu § 52 SGB II – keine Verpflichtung der Behörde zum Datenabgleich. Vielmehr liegt die Überprüfung im **Ermessen der Behörde**.[81] Die Überprüfung kann stichprobenartig erfolgen, oder sich auf die Gesamtzahl der Empfänger beziehen.[82] Streitig ist allerdings, ob auch ein anlassbezogenes Auskunftsersuchen von der Vorschrift des § 118 SGB XII gedeckt ist.[83] Für eine solche Möglichkeit wird angeführt, dass „auch" ein automatisierter Datenabgleich möglich ist.[84] Dem ist zu folgen.

39

2. Abgleich mit anderen Sozialleistungsträgern (Absatz 1)

a. Auskunftspflichtige Stellen

Auskunftspflichtig sind
- die Bundesagentur für Arbeit, Absatz 1 Satz 1 Nr. 1,
- die Träger der gesetzlichen Unfallversicherung, Absatz 1 Satz 1 Nr. 1,
- die Träger der gesetzlichen Rentenversicherung, Absatz 1 Satz 1 Nr. 1,
- das Bundesamt für Finanzen, Absatz 1 Satz 1 Nr. 3.

40

Weitere Leistungsträger sind nach der Vorschrift nicht auskunftspflichtig.[85] Die Initiative des Bundesrates, diese Vorschrift bei Eingliederung des BSHG in das System des Sozialgesetzbuchs auf alle Sozialleistungsträger zu ergänzen,[86] ist gescheitert (vgl. Rn. 2).

41

b. Umfang der Datenübertragung

Die Vorschrift erlaubt **keine vollständige Übersendung** der bei der auskunftspflichtigen Stelle vorhandenen Daten.[87] Vielmehr ist in Absatz 1 Satz 1 Nr. 1-4 im Einzelnen geregelt, welche Daten zu übermitteln sind:

42

Nach Nr. 1 haben die **Agentur für Arbeit und die Träger der gesetzlichen Unfall- und Rentenversicherung** zu übertragen, ob und in welcher Höhe und für welche Zeiträume von ihnen Leistungen bezogen werden oder wurden. Hierdurch soll ein Doppelbezug verhindert werden. Mit anderen Leistungsträgern ist ein Abgleich nicht möglich.[88] Deshalb kann ein Bezug von anderen Sozialleistungen nicht überprüft werden, wie beispielsweise Leistungen der Krankenversicherung, der Jugendhilfe, von

43

---

[78] *Krahmer* in: LPK-SGB XII, § 118 Rn. 16.
[79] *Schlette* in: Hauck/Noftz, SGB XII, § 118 Rn. 24; *Streichsbier* in: Grube/Wahrendorf, SGB XII, § 118 Rn. 6.
[80] *Bauer* in: Mergler/Zink, SGB XII, § 118 Rn. 22; *Streichsbier* in: Grube/Wahrendorf, SGB XII, § 118 Rn. 10.
[81] *Schlette* in: Hauck/Noftz, SGB XII, § 118 Rn. 3; ähnlich: *Bauer* in: Mergler/Zink, § 118 Rn. 17.
[82] *Schlette* in: Hauck/Noftz, SGB XII, § 118 Rn. 14; ähnlich: *Bauer* in: Mergler/Zink, § 118 Rn. 17.
[83] *Schlette* in: Hauck/Noftz, SGB XII, § 118 Rn. 14; andere Ansicht: *Krahmer*, ZfSH/SGB 1993, 524 526.
[84] *Schlette* in: Hauck/Noftz, SGB XII, § 118 Rn. 12.
[85] *Streichsbier* in: Grube/Wahrendorf, SGB XII, § 118 Rn. 5.
[86] BR-Drs. 559/1/03, S. 13.
[87] Vgl. dazu auch: *Krahmer* in: LPK-SGB XII, § 118 Rn. 5; *Streichsbier* in: Grube/Wahrendorf, SGB XII, § 118 Rn. 5.
[88] *Kunkel*, NVwZ 1995, 21, 21.

Erziehungsgeld oder Wohngeld. Allerdings kann der Bezug von Kindergeld überprüft werden, da hierfür die jeweilige Agentur für Arbeit als Dienststelle der Bundesanstalt für Arbeit zuständig ist (§ 25 Abs. 3 SGB I).[89]

44 Nach Nr. 2 hat die **Datenstelle der Rentenversicherung** mitzuteilen, ob und in welchem Umfang Zeiten des Leistungsbezuges mit Zeiten einer Versicherungspflicht oder Zeiten einer geringfügigen Beschäftigung zusammentreffen. Damit soll eine verschwiegene, möglicherweise bedarfsmindernde oder -ausschließende Tätigkeit aufgedeckt werden können. In Nr. 2 ist – im Gegensatz zu den anderen Nummern – die Auskunftsstelle nicht genannt.

45 Nach Nr. 3 hat das **Bundeszentralamt für Steuern** mitzuteilen, ob und welche Daten nach den §§ 45d Abs. 1 und 45e EStG übermittelt worden sind und nach Nr. 4, ob und in welcher Höhe ein Kapital nach § 90 Abs. 2 Nr. 2 SGB XII nicht mehr dem Zweck einer geförderten zusätzlichen Altersvorsorge im Sinne des § 10a oder des Abschnitts XI des Einkommensteuergesetzes dient. Dadurch soll vorhandenes, nicht angegebenes Vermögen aufgedeckt werden, welches kein Schonvermögen darstellt. Die Vorschrift wird ergänzt durch die Einzelabfragemöglichkeit des Sozialhilfeträgers in § 45 Abs. 3 EStG (vgl. Rn. 17).

c. Verfahren

46 Nach Absatz 1 Satz 2 hat der Sozialhilfeträger Vorname (Rufname), Geburtsdatum, Geburtsort, Nationalität, Geschlecht, Anschrift und Versicherungsnummer der Personen an die Auskunftsstellen zu übermitteln. Der Abgleich findet also nicht dergestalt statt, dass der Träger der Sozialhilfe direkten Zugriff auf die Daten bekommt. Der Abgleich erfolgt vielmehr durch die Auskunftsstelle. Näheres regelt § 11 SozhiDAV.

47 Für alle drei Auskunftsverfahren ist geregelt, **wie mit den Daten zu verfahren ist**, soweit sie erhoben wurden. Damit setzt der Gesetzgeber die Anforderungen des BVerfG aus dem Volkszählungsurteil um (vgl. Rn. 29). Dabei ist zwischen den Vorgaben für die Auskunftsstelle und den Vorgaben für den Sozialhilfeträger zu unterscheiden.

48 Die Auskunftsstelle nach Absatz 1 hat die Daten, soweit sie nicht mehr erforderlich sind, zurückzugeben, zu löschen oder zu vernichten, Absatz 1 Satz 4. Der Begriff des Löschens ist in § 67 Abs. 6 Nr. 5 SGB X legaldefiniert. Danach ist Löschen das Unkenntlichmachen gespeicherter Sozialdaten. Die Daten unterliegen damit einem sog. absoluten Verwendungsverbot.[90]

49 Die Sätze 5 und 6 regeln die Verfahrensvorschriften für den Sozialhilfeträger. Dieser darf die Daten nach Satz 5 nicht für eigene Zwecke gebrauchen, sog. **absolutes Zweckentfremdungsverbot**.[91] Nach Satz 6 hat der Sozialhilfeträger die Daten, soweit das Ergebnis der Überprüfung negativ war, zudem zu löschen. Im Falle einer Übereinstimmung können die Daten zu Beweiszwecken gespeichert werden.[92] Teilweise wird gefordert, dass vor einer weiteren Verwendung der Betroffene zu hören ist.[93] Dies ergibt sich jedoch weder aus dem Gesetz, noch erscheint einer derartige Vorgehensweise anderweitig zwingend geboten.

50 Im Gegensatz zu Absatz 4 findet sich in Absatz 1 **keine Übermittlungssperre** aus datenschutzrechtlichen Gründen (vgl. Rn. 63). Dies wirkt sich im Ergebnis aber nicht aus, da die Regelung des Absatzes 4 Satz 6 ebenfalls keine einschränkende Wirkung hat bzw. nur deklaratorischer Natur ist. Nach Absatz 2 Satz 5 darf der Abgleich nach Absatz 1 mit dem Abgleich nach Absatz 2 zusammengefasst werden.

3. Abgleich mit anderen Sozialhilfeträgern (Absatz 2)

a. Auskunftspflichtige Stellen

51 Nach Absatz 2 sind **andere Träger der Sozialhilfe** auskunftspflichtig. Auch hier ist streitig, ob die Gemeinden und Gemeindeverbände, an die die Aufgaben nach § 99 SGB XII delegiert wurden, unter diesen Begriff fallen (vgl. Rn. 32). Auch hier ist eine erweiternde Auslegung nicht möglich.[94] Eine analoge Anwendung der Vorschrift auf Leistungsträger nach dem AsylbLG ist zudem ebenfalls wegen des eindeutigen Wortlauts nicht möglich.[95]

---

[89] *Kunkel*, NVwZ 1995, 21, 21.
[90] *Krahmer* in: LPK-SGB XII, § 118 Rn. 7.
[91] *Schlette* in: Hauck/Noftz, SGB XII, § 118 Rn. 14; *Krahmer* in: LPK-SGB XII, § 118 Rn. 8.
[92] *Schlette* in: Hauck/Noftz, SGB XII, § 118 Rn. 14.
[93] *Krahmer* in: LPK-SGB XII, § 118 Rn. 8.
[94] *Schlette* in: Hauck/Noftz, SGB XII, § 118 Rn. 17; *Krahmer* in: LPK-SGB XII § 118 Rn. 11.
[95] *Krahmer* in: LPK-SGB XII § 118 Rn. 11.

b. Umfang der Datenübermittlung

Nach Absatz 2 Satz 1 hat der um Auskunft ersuchte Sozialhilfeträger zu überprüfen, ob und in welcher Höhe und für welche Zeiträume von ihm Leistungen nach dem SGB XII bezogen werden oder wurden. Die Auskunftspflicht bezieht sich auf alle Leistungen. Insbesondere sind hier Leistungen nach dem Vierten Kapitel nicht ausgenommen. 52

Allerdings ist (auch hier) der Leistungsbezug nach dem **AsylbLG** nicht erfasst, auch wenn diese Leistungen auch vom Träger der Sozialhilfe gewährt werden. Eine analoge Anwendung der Vorschrift kommt nicht in Betracht, da es sich um eine Ausnahmevorschrift handelt, singularia non sunt extenda.[96] Dies gilt auch für weitere Sozialleistungen wie etwa Jugendhilfe, Ausbildungsvorschuss, Unterhaltsvorschuss oder Wohngeld.[97] 53

c. Verfahren

Auch in Absatz 2 hat der Träger der Sozialhilfe die in Absatz 1 Satz 2 genannten Daten an die Auskunftsstelle, also den anderen Träger der Sozialhilfe, zu übermitteln, der den Abgleich durchführt (vgl. Rn. 46). In Absatz 2 Satz 4 findet sich auch die Pflicht der Auskunftsstelle, die Daten zurückzugeben, zu löschen oder zu vernichten (vgl. Rn. 48). In Absatz 2 findet sich aber weder das Zweckentfremdungsverbot, noch die Pflicht des auskunftssuchenden Trägers, die Daten zu löschen, soweit die Abfrage negativ war. Letzteres wird als **Redaktionsversehen** angesehen.[98] Dem ist zuzustimmen. Absatz 1 Satz 6 ist danach entsprechend anzuwenden. Auch für das Zweckentfremdungsverbot kann allerdings nichts anderes gelten, so dass auch Absatz 1 Satz 5 entsprechend heranzuziehen ist. 54

Nach Absatz 2 Satz 5 können mehrere Verfahren nach Absatz 2 zusammengefasst werden. Zudem dürfen die Verfahren nach den Absätzen 1 und 2 danach zusammengefasst werden. 55

4. Abgleich mit Stellen außerhalb des Sozialleistungsbereichs (Absatz 4)

a. Auskunftspflichtige Stelle

Nach Absatz 4 Satz 1 sind dem Sozialhilfeträger auskunftspflichtig: 56
- andere Stellen ihrer Verwaltung,
- ihre wirtschaftlichen Unternehmen,
- Kreise, Kreisverwaltungsbehörden und Gemeinden.

Was andere Verwaltungsstellen des Sozialhilfeträgers sind, ergibt sich im Rückschluss aus Absatz 4 Satz 4 Nr. 1-4 und 6. Danach sind dies: 57
- Standesamt,
- Jugendamt,
- Einwohnermeldeamt,
- Ausländeramt,
- Wohngeldstelle,
- Kfz-Zulassungsstelle.[99]

Der Regelung bedurfte es, da im Datenschutzrecht nach § 2 BDSG der sog. **funktionelle, aufgabenbezogene Stellenbegriff** gilt.[100] Dies ist für Gebietskörperschaften in § 67 Abs. 9 Satz 3 SGB X zudem explizit geregelt.[101] Die Vorschrift ermöglicht damit organisationsrechtlich gesehen einen internen Datenabgleich,[102] also eine Verwaltungshilfe (vgl. Rn. 16). Allerdings darf der Auskunftsstelle nur der Datensatz nach Satz 4 übermittelt werden, nicht die möglicherweise falschen Angaben des Hilfsempfängers.[103] 58

Aus Absatz 4 Satz 4 Nr. 5 ergibt sich, dass der Gesetzgeber in Bezug auf die wirtschaftlichen Unternehmen vor allem solche der Daseinsvorsorge vor Augen hat.[104] Allerdings werden auch Krankenhäu- 59

---

[96] Ebenso: *Schlette* in: Hauck/Noftz, SGB XII, § 118 Rn. 19.
[97] *Schlette* in: Hauck/Noftz, SGB XII, § 118 Rn. 19.
[98] *Schlette* in: Hauck/Noftz, SGB XII, § 118 Rn. 21; *Krahmer* in: LPK-SGB XII § 118 Rn. 11.
[99] So auch *Schlette* in: Hauck/Noftz, SGB XII, § 118 Rn. 27.
[100] *Gola* in: Gola/Schomerus, BDSG, § 2 Rn. 7.
[101] *Bieresborn* in: von Wulffen, SGB X, § 67 Rn. 32.
[102] *Schlette* in: Hauck/Noftz, SGB XII, § 118 Rn. 22; ähnlich: *Krahmer* in: LPK-SGB XII, § 118 Rn. 14.
[103] *Krahmer* in: LPK-SGB XII, § 118 Rn. 16.
[104] *Schlette* in: Hauck/Noftz, SGB XII, § 118 Rn. 28.

ser, Altenheime, Pflegeheime und Behinderteneinrichtungen unter diesen Begriff subsumiert.[105] Dabei ist die **Rechtsform** nicht entscheidend,[106] solange das Unternehmen im Eigentum des Trägers steht. Unternehmen, an denen die öffentliche Hand nur beteiligt ist, unterfallen dem Anwendungsbereich nicht.[107]

60 Die Auskunftspflicht der Kreise und Kreisverwaltungsbehörden hat nur für den Fall Bedeutung, dass der Datenabgleich durch den überörtlichen Träger der Sozialhilfe durchgeführt wird, denn für den örtlichen Träger der Sozialhilfe fallen die Kreise und Kreisverwaltungsbehörden bereits unter die „anderen Stellen ihrer Verwaltung".[108]

b. Umfang der Datenübermittlung

61 Nach Absatz 4 Satz 4 Nr. 1-6 können folgende Daten überprüft werden:
- Geburtsdatum und -ort,
- Personen- und Familienstand,
- Wohnsitz,
- Dauer und Kosten von Miet- oder Überlassungsverhältnissen von Wohnraum,
- Dauer und Kosten von bezogenen Leistungen über Elektrizität, Gas, Wasser, Fernwärme oder Abfallentsorgung und
- Eigenschaft als Kraftfahrzeughalter.

62 Die Aufzählung ist **abschließend**,[109] da es sich – auch bei der hier vertretenen Einschränkung (vgl. Rn. 31) – um eine weitere Überprüfungsmöglichkeit handelt.[110] Das bedeutet, dass von der Wohngeldstelle beispielsweise nicht der Bezug von Wohngeld erfragt werden kann. Ebenso wenig kann von der Kfz-Zulassungsstelle erfragt werden, was für ein Kfz auf den Hilfsempfänger angemeldet ist.[111] Auskunftpflichtig ist jeweils die sachnächste Stelle. Das bedeutet, dass beispielsweise der Personenstand nur vom Standesamt, nicht vom Jugendamt angefordert werden kann.[112]

c. Verfahren

63 Auch in Absatz 4 übersendet die Auskunftsstelle die Daten an den Sozialhilfeträger, Satz 5 (vgl. Rn. 46). Nach Satz 6 sind auch hier die Auskunftsstellen verpflichtet, die vom Sozialhilfeträger übermittelten Daten nach der Übersendung zu löschen (vgl. Rn. 48), wobei hier nicht die Wahlmöglichkeit besteht, die Daten alternativ zurückzugeben oder zu vernichten. Auch in Absatz 4 findet sich aber weder das Zweckentfremdungsverbot noch die Pflicht des auskunftssuchenden Trägers zum Löschen, soweit die Abfrage negativ war (vgl. Rn. 54). Auch hier ist Absatz 1 Sätze 5 und 6 entsprechend anzuwenden.

64 Nach Absatz 4 Satz 6 besteht eine **Übermittlungssperre**, wenn besondere gesetzliche Verwendungsregelungen entgegenstehen. Umstritten ist der Umfang dieser gesetzlichen Verwendungsregelungen. Fraglich ist nämlich, ob neben den besonderen Verwendungsschranken auch allgemeine Datenschutzregelungen gemeint sind.[113] Dieser Streit hat wohl keine praktischen Auswirkungen, da auch die engere Ansicht zu dem Ergebnis kommt, dass diese engere datenschutzrechtliche Schranke einer Übermittlung nicht entgegensteht.[114] Entscheidend sind danach die besonderen gesetzlichen Verwendungsschranken wie in § 39 BDSG für Berufs- und Amtsgeheimnisse, in § 76 SGB X bezüglich medizinischer Daten des Sozialleistungsträgers und in § 65 SGB VIII bezogen auf persönliche und erzieheri-

---

[105] *Bauer* in: Mergler/Zink, § 118 Rn. 21.
[106] *Kunkel*, NVwZ 1995, 21, 21; *Schaefer* in: Fichtner/Wenzel, SGB XII, § 118 Rn. 5.
[107] *Schlette* in: Hauck/Noftz, SGB XII, § 118 Rn. 28; *Krahmer* in: LPK-SGB XII, § 118 Rn. 16; *Schaefer* in: Fichtner/Wenzel, SGB XII, § 118 Rn. 7.
[108] *Schlette* in: Hauck/Noftz, SGB XII, § 118 Rn. 28.
[109] *Schlette* in: Hauck/Noftz, SGB XII, § 118 Rn. 31; *Schaefer* in: Fichtner/Wenzel, SGB XII, § 118 Rn. 8; *Streichsbier* in: Grube/Wahrendorf, SGB XII, § 118 Rn. 9.
[110] *Bauer* in: Mergler/Zink, § 118 Rn. 23.
[111] *Schlette* in: Hauck/Noftz, SGB XII, § 118 Rn. 31; ebenso: *Bauer* in: Mergler/Zink, § 118 Rn. 24; *Krahmer* in: LPK-SGB XII, § 118 Rn. 18; *Streichsbier* in: Grube/Wahrendorf, SGB XII, § 118 Rn. 9.
[112] *Schlette* in: Hauck/Noftz, SGB XII, § 118 Rn. 31; *Bauer* in: Mergler/Zink, § 118 Rn. 23; ähnlich (unter Nennung eines anderen Beispiels): *Krahmer* in: LPK-SGB XII, § 118 Rn. 18.
[113] So: *Kunkel*, NVwZ 1995, 21, 22; anderer Ansicht *Schlette* in: Hauck/Noftz, SGB XII, § 118 Rn. 22.
[114] *Kunkel*, NVwZ 1995, 21, 22, 22.

sche Hilfe durch die Jugendämter. Da diese Schranken aber ohnehin zu beachten sind, hat die Regelung in Absatz 4 Satz 6 nur deklaratorische Wirkung.[115]

5. Das Verfahren nach Absatz 3

Nach § 118 Abs. 3 SGB XII darf die Datenstelle der Rentenversicherungsträger als **Vermittlungsstelle** für das Bundesgebiet die nach den Absätzen 1 und 2 übermittelten Daten speichern und nutzen, soweit dies für die Datenabgleiche nach den Absätzen 1 und 2 erforderlich ist. § 118 Abs. 3 SGB XII regelt damit keinen eigenen Überprüfungstatbestand.[116] Vielmehr werden **datenschutzrechtliche Einzelheiten** geregelt.[117] Diese Praxis war schon vor der Einführung dieser Regelung in § 117 BSHG im Jahr 1997 (vgl. Rn. 8) durchgeführt worden. Durch diese Vorschrift sollte diese Praxis auf eine datenschutzrechtlich ausreichende Grundlage gestellt werden.[118] Mit diesem Verfahren war eine Kostenersparnis beabsichtigt, da Datennetze und Dateien nicht neu aufgebaut werden mussten.[119] 65

Die Datenstelle der Rentenversicherung wird nach § 145 Abs. 1 Satz 1 SGB VI von der Deutschen Rentenversicherung Bund verwaltet. Sie ist allerdings keine Unterorganisation der DRV.[120] Die Datenstelle vermittelt die Daten zwischen dem Sozialhilfeträger, der die Auskunft über die Daten einholt und der auskunftsgebenden Stelle. Die Datenstelle übernimmt eine technische Verteilerfunktion in Form einer **kurzfristigen Zwischenspeicherung von Daten**, die sie von verschiedenen Einrichtungen erhält, in einem gemeinsamen Bestand erfasst und auf Anforderung weitergibt.[121] Dabei darf sie nach Satz 2 der Vorschrift die Daten der Stammsatzdatei (§ 150 SGB VI) und der bei ihr für die Prüfung bei den Arbeitgebern geführten Datei (§ 28p Abs. 8 Satz 2 SGB IV) nutzen, soweit die Daten für die Datenabgleiche erforderlich sind. Dabei reicht für diese Erforderlichkeit nicht aus, dass die Daten zur Überprüfung der Sozialhilfeleistungen geeignet sind,[122] vielmehr ist darüber hinaus auch notwendig, dass ein anderweitiger Datenabgleich sich schwerer oder nicht realisieren lassen würde.[123] 66

Nach § 119 Abs. 3 Satz 3 SGB XII sind die bei der Datenstelle der Rentenversicherungsträger gespeicherten Daten unverzüglich nach Abschluss der Datenabgleiche zu löschen. Auch hier findet sich nicht die Möglichkeit, die Daten wahlweise zurückzugeben oder zu vernichten (vgl. Rn. 63). Die Rentenversicherung soll gerade **keine Zentraldatei über Sozialleistungen** führen.[124] Auch damit wird den Anforderungen des BVerfG zur informationellen Selbstbestimmung Rechnung getragen (vgl. Rn. 29). Dieses Löschungsgebot gilt auch für die zum Datenabgleich erforderlichen Datensätze.[125] Zudem ermöglicht die Vorschrift keinen Datenaustausch.[126] Es handelt sich vielmehr um eine „Einbahnstraße" zugunsten des Sozialhilfeträgers.[127] Die auskunftsgebenden Stellen können von dem Sozialhilfeträger nur über die allgemeinen Vorschriften Daten erlangen. 67

VI. Rechtstatsachen

Bezüglich des Datenabgleichs hat es bereits mehrere **Evaluationen** gegeben. 68

Im Jahr 1998 wurde im **Landkreis Ravensburg** eine empirische Untersuchung durchgeführt. Dabei wurde eine Missbrauchsquote von 3,1% der Fälle ermittelt. Die Schadensquote betrug 1,3%.[128] Eine ebenfalls im Jahr 1998 durchgeführte Ermittlung in **Berlin** ergab eine Missbrauchsquote von 2,0% und eine Schadensquote von 0,25%.[129] 69

---

[115] Vgl. zur dennoch angenommenen Wichtigkeit (wegen der fehlenden Etabliertheit des Datenschutzes): *Krahmer* in: LPK-SGB XII, § 118 Rn. 20.

[116] *Krahmer* in: LPK-SGB XII, § 118 Rn. 12.

[117] *Schlette* in: Hauck/Noftz, SGB XII, § 118 Rn. 22; ähnlich: *Krahmer* in: LPK-SGB XII, § 118 Rn. 14.

[118] BT-Drs. 13/8994, S. 72 f.

[119] *Schlette* in: Hauck/Noftz, SGB XII, § 118 Rn. 22.

[120] BT-Drs. 15/3654, S 79.

[121] *Schlette* in: Hauck/Noftz, SGB XII, § 118 Rn. 22.

[122] So aber: *Bauer* in: Mergler/Zink, § 118 Rn. 15.

[123] Ähnlich (unter Bezugnahme auf die verfassungsrechtlichen Anforderungen): *Krahmer* in: LPK-SGB XII, § 118 Rn. 14.

[124] *Bauer* in: Mergler/Zink, § 118 Rn. 16.

[125] *Bauer* in: Mergler/Zink, § 118 Rn. 16.

[126] *Schaefer* in: Fichtner/Wenzel; SGB XII, § 118 Rn. 12.

[127] *Schlette* in: Hauck/Noftz, SGB XII, § 118 Rn. 23; vgl. dazu auch bereits: BT-Drs. 12/4401, S. 85 bei Einführung des § 117 BSHG.

[128] *Martens*, SozSich 2005, 358, 360, eine weitere Differenzierung ist den Ausführungen nicht zu entnehmen.

[129] *Martens*, SozSich 2005, 358, 361, eine weitere Differenzierung ist den Ausführungen nicht zu entnehmen.

70 Eine **Untersuchung aus dem Jahr 1999** ergab, dass von den seitens der Datenstelle der Rentenversicherung gemeldeten Doppelbezügen den Sozialbehörden 79% bekannt waren. Bei 21% handelt es sich damit um verdeckte Doppelbezüge. Dabei war zwar der Doppelbezug von Sozialhilfe und Lohnersatzleistungen in 88% der Fälle bekannt, der Doppelbezug von Sozialhilfe und Entgelt aus geringfügiger Beschäftigung nur in 53% der Fälle.[130] Davon handelte es sich in 78% der Fälle um sog. schadhaften Parallelbezug, dass also anrechenbares Einkommen (über den Freibeträgen) verschwiegen wurde.[131] Insgesamt lag ein rechtswidriger Bezug in 2,5% der Fälle vor, was ca. 0,5% der Ausgaben für die Hilfe zum Lebensunterhalt ausmachte.[132] Diese Auswertung basierte auf den ausgefüllten **Fragebögen von 179 Sozialhilfeträgern**.[133]

71 Eine weitere Untersuchung datiert auf die **Jahre 2001/2002**, bezieht sich allerdings, wie die Untersuchungen im Jahre 1998, lediglich auf einen eingegrenzten Bereich, hier die **Hansestadt Hamburg**. Dabei ergab sich ein erstaunlich ähnlicher Wert von 2,4% der Sozialhilfeempfänger, die zu Unrecht Leistungen bezogen.[134] Dabei wurde zudem festgestellt, dass es sich hierbei teilweise um „Intensivtäter" handelte, anders ausgedrückt, dass 0,15% der Bezieher 40% des Schadens ausmachten.[135]

C. Praxishinweise

72 Ein Verstoß gegen die Vorschriften führt zunächst zu einem **Verwertungsverbot**.[136] Zudem ergibt sich ein **Anspruch auf Löschen**. Da es sich bei dem Sozialhilfeträger um eine Landesbehörde handelt, ergibt sich der Anspruch gegen den Sozialhilfeträger aus den Landesdatenschutzgesetzen.[137] Bei der Vermittlungsstelle der Rentenversicherung handelt es sich um eine Bundesbehörde, weshalb sich der Anspruch auf Löschen hier nach § 20 Abs. 2 Nr. 1 BDSG richtet. Diese Ansprüche sind spezieller als der allgemeine öffentlich-rechtliche Folgenbeseitigungsanspruch.[138] Steht die Verletzung der Vorschrift noch bevor, so ist eine vorbeugende Unterlassungsklage möglich.[139]

73 Ebenso kann sich ein Anspruch auf Schadensersatz aus Amtshaftung nach § 839 BGB i.V.m. Art 34 GG ergeben.[140] Des Weiteren kann der Betroffene nach § 81 SGB X den **Datenschutzbeauftragten** anrufen.[141]

---

[130] *Sellin/Engels*, NDV 2001, 38, 41.
[131] *Sellin/Engels*, NDV 2001, 38, 41.
[132] *Sellin/Engels*, NDV 2001, 38, 41.
[133] *Sellin/Engels*, NDV 2001, 38, 40.
[134] *Martens*, SozSich 2005, 358, 360.
[135] *Martens*, SozSich 2005, 358, 360.
[136] *Schlette* in: Hauck/Noftz, SGB XII, § 118 Rn. 34; *Krahmer* in: LPK-SGB XII § 118 Rn. 22.
[137] § 17 Abs. 3 Satz 2 BlnDSG; § 19 Abs. 2a, Abs. 3 ff. BbgDSG; § 19 Abs. 3 Nr. 1 HmbDSG; § 19 Abs. 2 Nr. 2 HDSG (Hessen); § 13 Abs. 2 Nr. 2 DSG M-V; § 17 Abs. 2 Nr. 1 NDSG; § 19 Abs. 3 a) DSG NRW; § 23 Abs. 1 Nr. 2, Abs. 2 LDSG-BW; Art. 12 Abs. 1 Nr. 1, Abs. 2 ff. BayDSG; § 19 Abs. 2 Nr. 1 LDSG (Rheinland-Pfalz); § 21 Abs. 3a SDSG (Saarland); § 20 Abs. 1 Nr. 1 SächsDSG; § 16 Abs. 2 Nr. 1 DSG-LSA; § 28 Abs. 2 Nr. 1 LDSG (Schleswig-Holstein); § 16 Abs. 1 Nr. 1 ThürDSG.
[138] So aber: *Schlette* in: Hauck/Noftz, § 118 Rn. 34.
[139] So auch: *Krahmer* in: LPK-SGB XII, § 118 Rn. 22.
[140] So auch *Krahmer* in: LPK-SGB XII, § 118 Rn. 22.
[141] So auch *Krahmer* in: LPK-SGB XII, § 118 Rn. 22.

§ 119 SGB XII Wissenschaftliche Forschung im Auftrag des Bundes

(Fassung vom 31.10.2006, gültig ab 08.11.2006)

Der Träger der Sozialhilfe darf einer wissenschaftlichen Einrichtung, die im Auftrag des Bundesministeriums für Arbeit und Soziales ein Forschungsvorhaben durchführt, das dem Zweck dient, die Erreichung der Ziele von Gesetzen über soziale Leistungen zu überprüfen oder zu verbessern, Sozialdaten übermitteln, soweit

1. dies zur Durchführung des Forschungsvorhabens erforderlich ist, insbesondere das Vorhaben mit anonymisierten oder pseudoanonymisierten Daten nicht durchgeführt werden kann, und
2. das öffentliche Interesse an dem Forschungsvorhaben das schutzwürdige Interesse der Betroffenen an einem Ausschluss der Übermittlung erheblich überwiegt.

¹Vor der Übermittlung sind die Betroffenen über die beabsichtigte Übermittlung, den Zweck des Forschungsvorhabens sowie ihr Widerspruchsrecht nach Satz 3 schriftlich zu unterrichten. ²Sie können der Übermittlung innerhalb eines Monats nach der Unterrichtung widersprechen. ³Im Übrigen bleibt das Zweite Kapitel des Zehnten Buches unberührt.

Gliederung

A. Basisinformationen 1	IV. Tatbestandsmerkmale 14
I. Textgeschichte/Gesetzgebungsmaterialien 1	1. Allgemeines 14
II. Vorgängervorschrift 2	2. Übermittlungsempfänger 15
III. Systematische Zusammenhänge 3	3. Zweck und Bedeutung der Forschung 16
B. Auslegung der Norm 4	4. Erforderlichkeit der Übertragung 19
I. Regelungsgehalt und Bedeutung der Norm 4	5. Information des Betroffenen 21
II. Normzweck 7	6. Kein Widerspruch 22
III. Vereinbarkeit mit höherrangigem Recht 8	V. Rechtsfolge 24
1. Allgemeines 8	1. Allgemeines 24
2. Bestimmtheit der gesetzlichen Grundlage 9	2. Träger der Sozialhilfe 25
3. Verhältnismäßigkeit des Eingriffs 10	3. Sozialdaten 26
4. Organisatorische Vorkehrungen 13	**C. Praxishinweise** 27

A. Basisinformationen

I. Textgeschichte/Gesetzgebungsmaterialien

Die Vorschrift wurde durch Art. 1 des Gesetzes zur Einordnung des Sozialhilferechts in das Sozialgesetzbuch vom 27.12.2003[1] eingeführt. Dabei wurde die Vorschrift **inhaltsgleich aus dem bisherigen § 118 BSHG** übernommen.[2] Durch Art 266 Nr. 2 der Neunten Zuständigkeitsanpassungsverordnung wurde die Vorschrift mit Wirkung zum 08.11.2006 geändert.[3] Diese Änderung war eine Folge einer neuen Zuständigkeitsverteilung innerhalb der Bundesministerien. Nunmehr war nicht mehr das Ministerium für Gesundheit und Soziales zuständig, sondern das Ministerium für Arbeit und Soziales.

1

II. Vorgängervorschrift

Die Vorschrift wurde im Jahr 2005 aus **§ 118 BSHG** in der zuletzt geltenden Fassung übernommen. Diese Vorschrift war mit Wirkung zum 01.05.2002 durch Art. 1 Nr. 6 des Gesetzes zur Verlängerung von Übergangsregelungen im Bundessozialhilfegesetz vom 27.04.2002 eingeführt worden.[4] Vorher war mit einem Modellvorhaben zur Verbesserung der Zusammenarbeit mit den Arbeitsämtern in § 18a

2

---

[1] BGBl I 2003, 3022.
[2] Vgl. BT-Drs. 15/1514, S. 69.
[3] BGBl I 2006, 2407.
[4] BGBl I 2002, 1462.

Abs. 3 und 4 BSHG eine entsprechende bereichsspezifische Rechtsgrundlage geschaffen worden, die eine systematische Begleitforschung ermöglichte. In der Rechtspraxis wurden hierdurch Zweifel ausgelöst, ob für die Zwecke vergleichbarer oder anderer Forschungsvorhaben auf dem Gebiet der Sozialhilfe nicht ebenso eine ausdrückliche gesetzliche Regelung bestehen müsse, um Sozialhilfedaten zulässigerweise übermitteln zu können.[5]

III. Systematische Zusammenhänge

3 Die Vorschrift stellt eine **Spezialvorschrift zu § 75 SGB X** dar.[6] Der Gesetzgeber sah die in § 75 SGB XII geschaffene Rechtsgrundlage nicht als ausreichend an (vgl. Rn. 5). Die weiteren Vorschriften des Zehnten Kapitels des SGB X bleiben nach § 119 Satz 4 SGB XII aber unberührt, so dass dem Betroffenen vor allem die Rechte aus den §§ 81 ff. SGB X zustehen (vgl. Rn. 28). Außerdem ergeben sich damit für die Forschungseinrichtung aus § 78 SGB X Geheimhaltungspflichten (vgl. Rn. 13).

B. Auslegung der Norm

I. Regelungsgehalt und Bedeutung der Norm

4 § 119 SGB XII schafft für den Sozialhilfeträger eine **Befugnis, Sozialdaten an Forschungsinstitute zu übermitteln**, die im Auftrag des Bundesministeriums für Arbeit und Sozialordnung Forschungsaufträge durchführen, im Rahmen derer die Wirksamkeit von gesetzlichen Regelungen im Bereich der sozialen Leistungen überprüft wird.[7]

5 Die Vorschrift stellt eine Spezialvorschrift zu § 75 SGB X dar (vgl. Rn. 3). Der Gesetzgeber sah die dort grundsätzlich vorgesehene **Einwilligungslösung** als nicht hinreichend an. Diese habe bislang keine brauchbaren Ergebnisse erbracht, weil es trotz erheblicher Anstrengungen der Sozialhilfeträger nicht gelungen sei, ausreichende Rückläufe zu bekommen.[8] Zudem sah der Gesetzgeber die in § 75 Abs. 2 SGB X vorgesehene Einschaltung der 16 Obersten Landesbehörden als zu umständlich an. Dies sei bei einem bundeseinheitlichen und notwendigerweise repräsentativen Forschungsvorhaben in der Regel nicht praktikabel.[9]

6 Zudem sah der Gesetzgeber es nicht als ausreichend an, nur über die **Sozialhilfestatistik nach den §§ 121 ff. SGB XII** Datenmaterial für die empirische Forschung zu erlangen.[10]

II. Normzweck

7 Mit den Daten, die über § 119 SGB XII erlangt werden können, sollen **Forschungsaufträge durchgeführt werden**, im Rahmen derer die Wirksamkeit von gesetzlichen Regelungen im Bereich der sozialen Leistungen überprüft wird.[11] Die Möglichkeit der fortlaufenden empirischen Forschung soll zu einer Verbesserung der Effektivität der Sozialhilfe und vergleichbarer Gesetze über soziale Leistungen führen. Damit soll insbesondere das Ziel verfolgt werden, Bedürftigkeit zu überwinden.[12]

---

[5] BT-Drs. 14/8531, S. 18 bei Einführung des § 118 BSHG.
[6] So bereits der Gesetzgeber bei Einführung des § 118 BSHG: BT-Drs. 14/8531, S. 18; vgl. ebenfalls *Bauer* in: Mergler/Zink, § 119 Rn. 11; *Schlette* in: Hauck/Noftz, SGB XII, § 119 Rn. 1. *Grube* in: Grube/Wahrendorf, SGB XII, § 118 Rn. 2; *Schaefer* in: Fichtner/Wenzel, SGB XII, § 119 Rn. 1; als andere Ansicht könnte die Kommentierung von *Krahmer* in: LPK-SGB XII, § 119 Rn. 1 verstanden werden. Allerdings wird in Rn. 8 der Kommentierung die in § 75 SGB XII vorgesehene Einwilligung lediglich wegen der Rechtssicherheit „empfohlen".
[7] BT-Drs. 14/8531, S. 18; dies Zweckrichtung findet sich auch im Gesetzestext: „... das dem Zweck dient, die Erreichung der Ziele von Gesetzen über soziale Leistungen zu überprüfen oder zu verbessern."
[8] BT-Drs. 14/8531, S. 18 bei Einführung des § 118 BSHG.
[9] BT-Drs. 14/8531, S. 18 bei Einführung des § 118 BSHG.
[10] BT-Drs. 14/8531, S. 18 bei Einführung des § 118 BSHG.
[11] BT-Drs. 14/8531, S. 18 bei Einführung des § 118 BSHG; diese Zweckrichtung findet sich auch im Gesetzestext: „... das dem Zweck dient, die Erreichung der Ziele von Gesetzen über soziale Leistungen zu überprüfen oder zu verbessern."
[12] BT-Drs. 14/8531, S. 18 bei Einführung des § 118 BSHG.

III. Vereinbarkeit mit höherrangigem Recht

1. Allgemeines

Die Vorschrift ist an den Vorgaben des Bundesverfassungsgerichts zum Grundrecht der **informationellen Selbstbestimmung** zu messen (vgl. dazu die Kommentierung zu § 118 SGB XII Rn. 22). Der Eingriff ist **gerechtfertigt**.[13]

2. Bestimmtheit der gesetzlichen Grundlage

Die Rechtfertigung des Eingriffs setzt zunächst eine gesetzliche Grundlage voraus, aus der sich die Voraussetzungen und der Umfang der Beschränkungen klar und für den Bürger erkennbar ergeben.[14] Eine solche ist mit den § 119 SGB XII geschaffen worden. Zu den Bestimmtheitsanforderungen gehört es dabei auch, dass der Gesetzgeber den **Erhebungszweck** in einer dem Recht auf informationelle Selbstbestimmung genügenden Weise festlegt.[15] Bei personenbezogenen Daten hat er den Verwendungszweck bereichsspezifisch und präzise zu bestimmen.[16] Dies ist hier der Fall. Der Erhebungszweck – Erreichung der Ziele von Gesetzen über soziale Leistungen zu überprüfen – findet sich im Gesetz.

3. Verhältnismäßigkeit des Eingriffs

Des Weiteren hat der Gesetzgeber den Grundsatz der **Verhältnismäßigkeit** zu beachten.[17] Der bereits erörterte gesetzgeberische Zweck, die Wirksamkeit von gesetzlichen Regelungen im Bereich der sozialen Leistungen zu überprüfen und dadurch eine Verbesserung der Effektivität der Sozialhilfe zu erreichen, um letztlich Bedürftigkeit zu überwinden[18] (vgl. Rn. 7), stellt ein überwiegendes Allgemeininteresse dar.[19]

Die Vorschrift ist auch geeignet, erforderlich und angemessen.[20] Zwar wäre eine **Einwilligungslösung** ein milderes Mittel gegenüber der in der Vorschrift gewählten Widerspruchslösung, jedoch ist die Einwilligungslösung nicht gleich effektiv, da dies die Durchführung der Forschungsvorhaben erheblich erschweren würde[21] (vgl. die Kommentierung zu § 118 SGB XII Rn. 27). Zudem wird der Bürger in der vorliegenden Vorschrift durch § 119 Satz 1 Nr. 1 SGB XII geschützt. Danach darf die geregelte Form der Übermittlung nur gewählt werden, wenn dies zur Durchführung des Forschungsvorhabens erforderlich ist, insbesondere das Vorhaben mit anonymisierten oder pseudoanonymisierten Daten nicht durchgeführt werden kann (vgl. Rn. 19). Damit ist dem Erforderlichkeitsgrundsatz durch den Tatbestand hinreichend Genüge getan.

Die Vorschrift ist auch **verhältnismäßig im engeren Sinne**. Die Überprüfung und Verbesserung der sozialen Gesetzgebung hat eine wichtige Bedeutung. Zudem ergibt sich auch hier eine besondere Regelung im Tatbestand. In § 119 Satz 1 Nr. 2 SGB XII ist die Verpflichtung des Ministeriums statuiert, bei jedem Forschungsvorhaben eine Abwägungsentscheidung zu treffen. Das öffentliche Interesse an dem Forschungsvorhaben muss das schutzwürdige Interesse der Betroffenen an einem Ausschluss der Übermittlung erheblich überwiegen (vgl. Rn. 18). Zudem ist der Betroffene dadurch weiter geschützt, dass er zu informieren ist (vgl. Rn. 21) und ein Recht hat, der Übersendung zu widersprechen (vgl. Rn. 22).[22]

4. Organisatorische Vorkehrungen

Zuletzt hat der Gesetzgeber **organisatorische und verfahrensrechtliche Vorkehrungen** zu treffen, welche der Gefahr einer Verletzung des Persönlichkeitsrechts entgegenwirken.[23] Solche ergeben sich

---

[13] So im Ergebnis auch *Bauer* in: Mergler/Zink, § 119 Rn. 2; *Schlette* in: Hauck/Noftz, SGB XII, § 119 Rn. 7; ebenso wohl: *Grube* in: Grube/Wahrendorf, SGB XII, § 119 Rn. 2.
[14] Vgl. zu dieser Voraussetzung BVerfG v. 15.12.1983 - 1 BvR 209/83 - juris Rn. 151 - BVerfGE 61, 1 ff.
[15] BVerfG v. 13.06.2007 - 1 BvR 1550/03 - juris Rn. 98 - BVerfGE 118, 168 ff.
[16] BVerfG v. 15.12.1983 - 1 BvR 209/83 - juris Rn. 155 - BVerfGE 61, 1 ff.
[17] BVerfG v. 15.12.1983 - 1 BvR 209/83 - juris Rn. 151 - BVerfGE 61, 1 ff.
[18] BT-Drs. 14/8531, S. 18 bei Einführung des § 118 BSHG.
[19] Vgl. zu dieser Voraussetzung: BVerfG v. 15.12.1983 - 1 BvR 209/83 - juris Rn. 150 - BVerfGE 61, 1 ff.
[20] Vgl. zu dieser Voraussetzung: BVerfG v. 15.12.1983 - 1 BvR 209/83 - juris Rn. 151 - BVerfGE 61, 1 ff.
[21] Dazu auch bereits der Gesetzgeber bei Einführung des § 118 BSHG: BT-Drs. 14/8531, S. 18; so auch *Bauer* in: Mergler/Zink, § 119 Rn. 2.
[22] Ebenfalls unter Bezugnahme auf diese Schutzmechanismen *Schlette* in: Hauck/Noftz, SGB XII, § 119 Rn. 7.
[23] BVerfG v. 15.12.1983 - 1 BvR 209/83 - juris Rn. 151 - BVerfGE 61, 1 ff.

hier aus § 78 SGB X (der nach § 119 Satz 4 SGB XII Anwendung findet). Nach § 78 Abs. 1 Satz 1 SGB X darf die Forschungseinrichtung die Daten nur zu dem Zweck verarbeiten oder nutzen, zu dem sie ihnen befugt übermittelt worden sind. Nach § 78 Abs. 1 Satz 2 SGB X hat die Forschungseinrichtung die Daten zudem in demselben Umfang geheim zu halten wie die Sozialleistungsträger. Daraus folgt auch, dass die Daten bei einem Widerspruch des Betroffenen gelöscht werden.[24] Nach § 78 Abs. 2 SGB X sind die in der Forschungseinrichtung beschäftigten Personen, welche diese Daten verarbeiten oder nutzen, spätestens bei der Übermittlung auf die Einhaltung dieser Pflichten hinzuweisen.

IV. Tatbestandsmerkmale

1. Allgemeines

14 Der Tatbestand des § 119 SGB XII stellt zunächst Anforderungen an den **Datenempfänger** und **Zweck und Bedeutung der Forschung**. Zudem muss eine derartige Datenerhebung erforderlich sein. Schließlich bedarf es der Information des **Betroffenen**, der der Übersendung widersprechen kann.

2. Übermittlungsempfänger

15 Übermittlungsempfänger kann nach § 119 SGB XII nur eine **wissenschaftliche Einrichtung** sein. Dabei kann es sich um Forschungsinstitute in privater und öffentlicher Trägerschaft handeln.[25] Entscheidend ist, dass das Forschungsinstitut im Auftrag des Bundesministeriums für Arbeit und Soziales handelt.[26]

3. Zweck und Bedeutung der Forschung

16 § 119 Satz 1 SGB XII setzt zunächst voraus, dass die Forschung dem Zweck dient, die Erreichung der Ziele von Gesetzen **über soziale Leistungen zu überprüfen** oder zu verbessern.[27] Es muss sich um ein Bemühen um neue Erkenntnisse unter Anwendung wissenschaftlicher Methoden zur planmäßigen und begründbaren Wahrheitssuche handeln.[28]

17 Die Forschung ist nicht auf das **SGB XII** beschränkt. Allerdings ist dies wohl die **vorrangige Zielrichtung**.[29] Dennoch ist nicht zu fordern, dass die Forschung bezüglich anderer Gesetze zwingend Auswirkungen auf das SGB XII haben muss.[30] Der Gesetzgeber hatte die Verbesserung der Effektivität der Sozialhilfe und vergleichbarer Gesetze über soziale Leistungen im Auge.[31] Zwar gab der Gesetzgeber vor allem die Überwindung von Bedürftigkeit als Ziel an,[32] jedoch steht die Verbesserung anderer Gesetze dennoch neben dem Zweck der Verbesserung der Sozialhilfe. Diesem Zweck können auch **historische oder soziologische Forschungen dienen**, soweit diese als klare Zielsetzung die Überprüfung und Verbesserung der entsprechenden Gesetze haben.[33] Eine inhaltliche Schwerpunktsetzung ist hier schwierig, so dass viel mehr das Ziel der Forschungsarbeit entscheidend für die Einordnung ist. Dazu muss das Forschungsvorhaben allerdings hinreichend bestimmt sein, damit eine Überprüfung oder Verbesserung der jeweiligen Gesetze auch möglich ist.[34]

18 Zudem setzt § 119 Satz 1 Nr. 2 SGB XII voraus, dass das **öffentliche Interesse** an dem Forschungsvorhaben das schutzwürdige Interesse der Betroffenen an einem Ausschluss der Übermittlung erheblich überwiegt. Es ist also eine **Abwägungsentscheidung** zu treffen.[35] Diese Abwägungsentscheidung ist gerichtlich voll überprüfbar.[36] Es liegt kein Beurteilungsspielraum vor. Dabei ist bei der Bewertung

---

[24] *Schaefer* in: Fichtner/Wenzel, SGB XII, § 119 Rn. 4.
[25] *Bauer* in: Mergler/Zink, § 119 Rn. 4.
[26] Von *Schlette* in: Hauck/Noftz, § 119 Rn. 3 in Abgrenzung zur Zweckbestimmung als formelle Voraussetzung bezeichnet.
[27] Von *Schlette* in: Hauck/Noftz, § 119 Rn. 3 in Abgrenzung zur Beauftragung durch das BMAS als materielle Voraussetzung bezeichnet.
[28] *Krahmer* in: LPK-SGB XII, § 119 Rn. 3 unter Bezugnahme des in § 75 Abs. 1 Nr. 1 SGB X gebrauchten Begriff „wissenschaftlichen Forschung".
[29] *Bauer* in: Mergler/Zink, § 119 Rn. 4.
[30] So aber: *Bauer* in: Mergler/Zink, § 119 Rn. 4.
[31] BT-Drs. 14/8531, S. 18 bei Einführung des § 118 BSHG.
[32] BT-Drs. 14/8531, S. 18 bei Einführung des § 118 BSHG.
[33] Anderer Ansicht *Bauer* in: Mergler/Zink, § 119 Rn. 4.
[34] *Krahmer* in: LPK-SGB XII, § 119 Rn. 3.
[35] *Bauer* in: Mergler/Zink, § 119 Rn. 5.
[36] *Bauer* in: Mergler/Zink, § 119 Rn. 5.

des Interesses des Betroffenen zu berücksichtigen, dass er nach Satz 3 ein Widerspruchsrecht hat.[37] Deshalb ist nicht der Ansicht zuzustimmen, die davon ausgeht, dass ein derartiges Überwiegen nur selten vorliegen dürfte.[38] Für das öffentliche Interesse ist der zu erwartende praktische Ertrag der Auswertung abzuschätzen.[39]

4. Erforderlichkeit der Übertragung

Zudem ist eine Übermittlung nur zulässig, soweit dies zur Durchführung des Forschungsvorhabens erforderlich ist, insbesondere das Vorhaben mit **anonymisierten oder pseudoanonymisierten Daten** nicht durchgeführt werden kann. 19

Anonymisieren ist nach § 67 Abs. 8 SGB X das derartige Verändern von Sozialdaten, dass die Einzelangaben über persönliche oder sachliche Verhältnisse nicht mehr oder nur mit einem unverhältnismäßig großen Aufwand an Zeit, Kosten und Arbeitskraft einer bestimmten oder bestimmbaren natürlichen Person zugeordnet werden können. **Pseudonymisieren** ist nach § 67 Abs. 8a SGB X das Ersetzen des Namens und anderer Identifikationsmerkmale durch ein Kennzeichen zu dem Zweck, die Bestimmung des Betroffenen auszuschließen oder wesentlich zu erschweren. Teilweise wird angenommen, dass eine solche Erforderlichkeit nur selten gegeben sein könne, da eine Arbeit mit entsprechenden Codierungen möglich sei.[40] Dem ist grundsätzlich zuzustimmen. Ist eine solche Codierung allerdings beispielsweise mit einem **unzumutbaren Aufwand** verbunden, so kann sich eine Erforderlichkeit durchaus ergeben. Zudem ist denkbar, dass für ein Forschungsvorhaben codierte Daten nicht hinreichend sind. Auch bezüglich dieser Erforderlichkeitsprüfung steht der Verwaltung kein Beurteilungsspielraum zu, so dass die Entscheidung gerichtlich voll überprüfbar ist.[41] 20

5. Information des Betroffenen

Nach § 119 Satz 2 SGB XII sind die Betroffenen vor der Übermittlung über die beabsichtigte Übermittlung, den Zweck des Forschungsvorhabens sowie ihr Widerspruchsrecht **schriftlich zu unterrichten**. Soweit die Informationen nicht vollständig sind, läuft die Widerspruchsfrist nicht.[42] Diese Information wird sinnvollerweise durch den Sozialhilfeträger erfolgen.[43] Allerdings hat der Sozialhilfeträger die Belehrung nicht förmlich zuzustellen. 21

6. Kein Widerspruch

Der Betroffene kann nach Satz 3 der Übermittlung **innerhalb eines Monats widersprechen**. Wem gegenüber der Widerspruch zu erklären ist, ergibt sich aus dem Gesetzestext nicht. Es dürfte allerdings sinnvoll sein, dass dieser gegenüber dem Sozialhilfeträger zu erklären ist, da dieser die Daten an die Forschungseinrichtung übermittelt. Allerdings ist ein Widerspruch gegenüber der Forschungseinrichtung datenschutzrechtlich ebenfalls beachtlich.[44] Der Widerspruch muss nicht begründet werden.[45] 22

Der Vorschrift ist nicht zu entnehmen, ob die Monatsfrist für die Übermittlung abgewartet werden muss. Allerdings setzt die Gesetzesbegründung voraus, dass gegen den Willen keine Übermittlung erfolgt,[46] was bedeuten würde, dass die Monatsfrist abzuwarten ist.[47] Wurden die Daten im Zeitpunkt des Widerspruchs des Betroffenen bereits übermittelt, so sind die Daten zu löschen (vgl. Rn. 27). Nach Ablauf der Frist entfaltet ein Widerspruch keine Rechtswirkungen mehr, es handelt sich also um eine Aus- 23

---

[37] *Schlette* in: Hauck/Noftz, § 119 Rn. 4.
[38] So aber *Krahmer* in: LPK-SGB XII, § 119 Rn. 4.
[39] *Schlette* in: Hauck/Noftz, § 119 Rn. 4.
[40] *Krahmer* in: LPK-SGB XII, § 119 Rn. 4.
[41] *Bauer* in: Mergler/Zink, § 119 Rn. 5.
[42] *Bauer* in: Mergler/Zink, § 119 Rn. 9.
[43] *Schlette* in: Hauck/Noftz, § 119 Rn. 5.
[44] So auch: *Bauer* in: Mergler/Zink, § 119 Rn. 8.
[45] *Schlette* in: Hauck/Noftz, § 119 Rn. 5.
[46] In der Gesetzesbegründung zu § 118 BSHG (BT-Drs. 14/8531, S. 18) heißt es: „Dabei kann der Träger der Sozialhilfe im Zusammenwirken mit dem Auftragnehmer ein flexibles und verwaltungseinfaches Verfahren wählen, weil sichergestellt und erkennbar ist, dass gegen den erklärten Willen des Betroffenen keine Übermittlung von Daten erfolgt und dass sein Sozialdatenschutz gewahrt ist."
[47] So auch: *Bauer* in: Mergler/Zink, § 119 Rn. 7.

schlussfrist.⁴⁸ Die Gegenansicht relativiert in zu starker Weise den Sinn und Zweck dieser Ausschlussfrist, die Datenerhebung nach Ablauf der Frist ohne weitere Komplikationen zu ermöglichen.

V. Rechtsfolge

1. Allgemeines

24 Liegen die Voraussetzungen des § 119 SGB XII vor, so kann der Träger der Sozialhilfe Sozialdaten an die Forschungseinrichtung übermitteln.

2. Träger der Sozialhilfe

25 Dass die **örtlichen und überörtlichen Sozialhilfeträger** im Sinne des § 3 SGB XII unter den Begriff des Trägers der Sozialhilfe fallen, ist unproblematisch. Problematisch ist, ob Gemeinde oder Gemeindeverbände nach dieser Vorschrift zum Übersenden berechtigt sind, soweit die Durchführung der Angelegenheiten der Sozialhilfe nach § 99 Abs. 1 SGB XII auf sie übertragen wurde (vgl. die Kommentierung zu § 118 SGB XII Rn. 32). Ebenso wie in § 118 SGB XII ist auch hier eine erweiternde Auslegung nicht möglich.⁴⁹

3. Sozialdaten

26 Sozialdaten sind nach § 67 Abs. 1 SGB X Einzelangaben über persönliche oder sachliche Verhältnisse einer bestimmten oder bestimmbaren natürlichen Person, die von einer in § 35 SGB I genannten Stelle im Hinblick auf ihre Aufgaben nach diesem Gesetzbuch erhoben, verarbeitet oder genutzt werden. Stelle im Sinne des § 35 Abs. 1 SGB I ist hier der Träger der Sozialhilfe, § 35 Abs. 1 Satz 1; 12 Satz 1 SGB I, § 28 Abs. 2 SGB I. Aufgabe nach dem SGB I ist hier die Sozialhilfe, § 28 Abs. 1 SGB I.

C. Praxishinweise

27 Bei einem Verstoß gegen § 119 SGB XII (vor allem die – vollständige – Informationspflicht) oder einem Widerspruch nach Übermittlung ist die Erhebung der Daten rechtswidrig,⁵⁰ woraus dem Betroffenen ein **Anspruch auf Löschung der Daten** erwächst. Wonach sich dieser ergibt, richtet sich danach, wie die Forschungseinrichtung organisiert ist. Handelt es sich um eine Landesbehörde, ergibt sich der Anspruch aus den Landesdatenschutzgesetzen.⁵¹ Bei einer Bundesbehörde folgt der Anspruch aus § 20 Abs. 2 Nr. 1 BDSG. Bei einem Forschungsinstitut in privater Trägerschaft ist § 35 Abs. 2 Satz 2 Nr. 1 BDSG anzuwenden. Diese Ansprüche sind spezieller als der allgemeine öffentlich-rechtliche Folgenbeseitigungsanspruch.⁵²

28 Daneben wird der **öffentlich-rechtliche Folgenbeseitigungsanspruch** gegen den Sozialhilfeträger erwogen, der darauf gerichtet wäre, dass dieser darauf hinwirken muss, dass bei der Forschungseinrichtung die Daten gelöscht werden.⁵³ Ein solcher Anspruch dürfte aber vor dem Hintergrund des direkten Anspruchs gegen die Forschungseinrichtung nicht praxisrelevant sein.

29 Zudem besteht die Möglichkeit, nach § 81 Abs. 1 Nr. 1 und 2 SGB X den jeweiligen **Datenschutzbeauftragten** anzurufen (vgl. Rn. 3).

---

⁴⁸ So auch: *Bauer* in: Mergler/Zink, § 119 Rn. 10; im Ergebnis ebenso: *Krahmer* in: LPK-SGB XII, § 119 Rn. 7; anderer Ansicht (wohl) *Schelter-Kunz* in: Oestereicher, BSHG, § 118 Rn. 19; allerdings ist zu beachten, dass diese Ansicht – zumindest bislang – zum SGB XII nicht weitergeführt wurde, da § 119 SGB XII im Oestereicher-Kommentar bislang nicht kommentiert wurde; danach differenzierend, ob die Daten bereits übersandt wurden, *Schlette* in: Hauck/Noftz, § 119 Rn. 5.

⁴⁹ *Schlette* in: Hauck/Noftz, § 119 Rn. 1.

⁵⁰ *Bauer* in: Mergler/Zink, § 119 Rn. 6; *Schlette* in: Hauck/Noftz, § 119 Rn. 5; *Krahmer* in: LPK-SGB XII, § 119 Rn. 6.

⁵¹ § 17 Abs. 3 Satz 2 BlnDSG; § 19 Abs. 2a, Abs. 3 ff. BbgDSG; § 19 Abs. 3 Nr. 1 HmbDSG; § 19 Abs. 2 Nr. 2 HDSG (Hessen); § 13 Abs. 2 Nr. 2 DSG M-V; § 17 Abs. 2 Nr. 1 NDSG; § 19 Abs. 3 a) DSG NRW; § 23 Abs. 1 Nr. 2, Abs. 2 LDSG-BW; Art 12 Abs. 1 Nr. 1, Abs. 2 ff. BayDSG; § 19 Abs. 2 Nr. 1 LDSG (Rheinland-Pfalz); § 21 Abs. 3a SDSG (Saarland); § 20 Abs. 1 Nr. 1 SächsDSG; § 16 Abs. 2 Nr. 1 DSG-LSA; § 28 Abs. 2 Nr. 1 LDSG (Schleswig-Holstein); § 16 Abs. 1 Nr. 1 ThürDSG.

⁵² *Bauer* in: Mergler/Zink, § 119 Rn. 6; unter Bezugnahme auf den öffentlich-rechtlichen Folgenbeseitigungsanspruch allerdings *Schlette* in: Hauck/Noftz, § 119 Rn. 5.

⁵³ *Bauer* in: Mergler/Zink, § 119 Rn. 6.

§ 120 SGB XII Verordnungsermächtigung

(Fassung vom 31.10.2006, gültig ab 08.11.2006)

Das Bundesministerium für Arbeit und Soziales wird ermächtigt, durch Rechtsverordnung mit Zustimmung des Bundesrates

1. das Nähere über das Verfahren des automatisierten Datenabgleichs nach § 118 Abs. 1 und die Kosten des Verfahrens zu regeln; dabei ist vorzusehen, dass die Zuleitung an die Auskunftsstellen durch eine zentrale Vermittlungsstelle (Kopfstelle) zu erfolgen hat, deren Zuständigkeitsbereich zumindest das Gebiet eines Bundeslandes umfasst, und
2. das Nähere über das Verfahren nach § 118 Abs. 2 zu regeln.

Gliederung

A. Basisinformationen 1	B. Auslegung der Norm 8
I. Textgeschichte/Gesetzgebungsmaterialien 1	I. Regelungsgehalt und Bedeutung der Norm 8
II. Vorgängervorschrift 3	II. Normzweck 10
III. Parallelvorschriften 4	III. Tatbestandsmerkmale 11
IV. Untergesetzliche Vorschriften 5	IV. Rechtsfolge 13
V. Literaturhinweise 7	V. Rechtstatsachen 16

A. Basisinformationen

I. Textgeschichte/Gesetzgebungsmaterialien

Die Vorschrift wurde durch Art. 1 des Gesetzes zur Einordnung des Sozialhilferechts in das Sozialgesetzbuch vom 27.12.2003[1] eingeführt. Dabei wurde die Vorschrift **im Wesentlichen aus dem bisherigen § 117 Abs. 1 Satz 7 und Abs. 2 Satz 6 BSHG** übernommen. Neu aufgenommen wurde das Erfordernis des Einvernehmens des Bundesministeriums für Wirtschaft und Arbeit bei Erlass der Verordnung (zuständig war zu diesem Zeitpunkt das Ministerium für Gesundheit und Soziale Sicherung). Diese Änderung erfolgte auf Grund neuer Zuständigkeiten des Bundesministeriums für Wirtschaft und Arbeit.[2] Außerdem wurde die Verordnungsermächtigung in eine eigene Vorschrift gestellt. 1

Durch Art. 266 Nr. 3 der Neunten Zuständigkeitsanpassungsverordnung vom 31.10.2006[3] wurde die Vorschrift mit Wirkung zum 08.11.2006 erneut wegen neuer Zuständigkeiten der Ministerin geändert. Die Wörter „Gesundheit und Soziale Sicherung" wurden durch die Wörter „Arbeit und Soziales" ersetzt und die Wörter „im Einvernehmen mit dem Bundesministerium für Wirtschaft und Arbeit" gestrichen. Zuständig ist seither also (allein) das Ministerium für Arbeit und Soziales. 2

II. Vorgängervorschrift

Die Vorschrift wurde im Wesentlichen aus dem bisherigen **§ 117 Abs. 1 Satz 7 BSHG**[4] **und dem bisherigen § 117 Abs. 2 Satz 6 BSHG**[5] übernommen. 3

---

[1] BGBl I 2003, 3022.
[2] Vgl. BT-Drs. 15/1514, S. 69.
[3] BGBl I 2006, 2407.
[4] Eingeführt durch Art. 1 Nr. 37a bb des Gesetzes vom 23.07.1996, BGBl I 1996, 1088 mit Wirkung zum 01.08.1996; geändert durch Art. 1 Nr. 9a des Gesetzes vom 25.06.1999, BGBl I 1999, 1442 mit Wirkung zum 01.07.1999 und geändert durch Art. 51 Nr. 5 der Verordnung vom 25.11.2003, BGBl I 2003, 2304 mit Wirkung zum 28.11.2003.
[5] Eingeführt durch Art. 1 Nr. 37a bb des Gesetzes vom 23.07.1996, BGBl I 1996, 1088 mit Wirkung zum 01.08.1996; geändert durch Art. 1 Nr. 9b des Gesetzes vom 25.06.1999, BGBl I 1999, 1442 mit Wirkung zum 01.07.1999 und geändert durch Art. 51 Nr. 5 der Verordnung vom 25.11.2003, BGBl I 2003, 2304 mit Wirkung zum 28.11.2003.

§ 120

III. Parallelvorschriften

4 Eine parallele Verordnungsermächtigung (für den Datenabgleich nach § 52 SGB II) findet sich in **§ 52 Abs. 4 SGB II**. Parallele untergesetzliche Vorschrift ist die Verordnung zur Regelung des Grundsicherungs-Datenabgleichs vom 27.07.2005 (**Grundsicherungsdatenabgleichsverordnung** – GrSiDAV).[6]

IV. Untergesetzliche Vorschriften

5 Untergesetzliche Vorschrift zu § 120 SGB XII ist die Verordnung zur Durchführung des § 118 Abs. 1 und 2 des Zwölften Buches Sozialgesetzbuch (**Sozialhilfedatenabgleichsverordnung** – SozhiDAV). In dieser Verordnung werden die **Einzelheiten des Datenabgleichs** geregelt. Die Verordnung wurde durch Art. 16 des Gesetzes zur Einordnung des Sozialhilferechts in das Sozialgesetzbuch vom 27.12.2003[7] aus der Verordnung zur Durchführung des § 117 Abs. 1 und 2 des BSHG (Sozialhilfedatenabgleichsverordnung – SozhiDAV) übernommen und lediglich im Sprachgebrauch angepasst. Die vorherige Verordnung war am 21.01.1998 eingeführt worden,[8] um die technische Seite des Datenabgleichs näher zu regeln.[9] Geändert wurde diese Verordnung vor allem durch die Erste Verordnung zur Änderung der Sozialdatenabgleichsverordnung vom 20.12.2001,[10] wodurch der Anwendungsbereich des Datenabgleichs erweitert wurde.[11] Weiterhin folgten (vor allem) redaktionelle Änderungen und Zuständigkeitsänderungen.[12]

6 Neben den technischen Einzelheiten regelt die Verordnung in § 2 Abs. 1 SozhiDAV auch, **wie häufig der Datenabgleich durchzuführen ist**. Danach hat der Abgleich kalendervierteljährlich zu erfolgen. Diese anlasslose, routinemäßige Überprüfung verstößt nach der Rechtsprechung des BVerfG gegen das **Grundrecht auf informationelle Selbstbestimmung** (vgl. die Kommentierung zu § 118 SGB XII Rn. 28). Ein Abgleich ist nur bei einem hinreichenden Anlass möglich (vgl. die Kommentierung zu § 118 SGB XII Rn. 31). Insoweit ist die Verordnung nichtig.

V. Literaturhinweise

7 *Marschner*, Datenabgleich in der Sozialhilfe und erweiterte Auskunftpflichten der Sozialhilfeträger gegenüber Strafverfolgungsbehörden; *ders.*, Änderung der Sozialhilfedatenabgleichsverordnung zur Verhinderung von Leistungsmissbrauch, NJW 2002, 737 ff.

B. Auslegung der Norm

I. Regelungsgehalt und Bedeutung der Norm

8 Die Vorschrift schafft die Möglichkeit, die **Einzelheiten des Datenabgleichs aus § 118 SGB XII** durch eine Verordnung zu regeln. Dabei bezieht sich diese Ermächtigung in § 120 Nr. 1 SGB XII auf das Verfahren nach § 118 Abs. 1 SGB XII, also den Abgleich mit anderen Sozialleistungsträgern und in § 120 Nr. 2 SGB XII auf das Verfahren nach § 118 Abs. 2 SGB XII, also den Abgleich mit anderen Trägern der Sozialhilfe. Das Verfahren nach § 118 Abs. 4 SGB XII, der Abgleich mit anderen Trägern außerhalb des Sozialleistungsbereichs, ist nicht erwähnt und kann damit nicht durch Verordnung geregelt werden.

---

[6] In der Fassung des Gesetzes zur Fortentwicklung der Grundsicherung für Arbeitsuchende (ArbGrdFortG), BGBl I 2006, 1706.
[7] BGBl I 2003, 3022.
[8] BGBl I 1998, 103.
[9] Vgl. dazu näher *Marschner* in: NJW 1998, 3627 ff., der einen Überblick über die Regelungen gibt.
[10] BGBl I 2001, 4050.
[11] Vgl. dazu näher *Marschner* in: NJW 2002, 737 ff., der einen Überblick über die einzelnen Änderungen gibt.
[12] Unter Geltung des BSHG: Art. 266 der Achten Zuständigkeitsanpassungsverordnung vom 25.11.2003, BGBl I 2003, 2304; Art 26 des Dritten Gesetzes für moderne Dienstleistungen am Arbeitsmarkt vom 23.12.2003, BGBl I 2003, 2848; Art. 48 des Vierten Gesetzes für moderne Dienstleistungen am Arbeitsmarkt vom 24.12.2003, BGBl I 2003, 2954; unter Geltung des SGB XII: Art. 20 des Gesetzes zur Organisationsreform der gesetzlichen Rentenversicherung vom 09.12.2004, BGBl I 2004, 3242/3271; Art. 4 des Gesetzes zur Neuorganisation der Bundesfinanzverwaltung und zur Schaffung eines Refinanzierungsregisters vom 22.09.2005, BGBl I 2005, 2809; Art. 365 der Neunten Zuständigkeitsanpassungsverordnung vom 31.10.2006, BGBl I 2006, 2407/2456; vgl. dazu auch *Bauer* in: Mergler/Zink, SGB XII, § 120 Rn. 3.

Anders stellt sich die Situation allerdings für das (ebenfalls nicht gesondert erwähnte) **Verfahren nach § 118 Abs. 3 SGB XII** dar. Hiernach können die Datenabgleiche des § 118 SGB XII über die Datenstelle der Rentenversicherungsträger als Vermittlungsstelle erfolgen. Diese Regelung stellt keinen eigenen Überprüfungstatbestand dar, sondern regelt datenschutzrechtliche Besonderen bei der Durchführung der in Absatz 1, Absatz 2 und Absatz 4 geregelten Datenabgleiche (vgl. die Kommentierung zu § 118 SGB XII Rn. 65). Deshalb kann dieses Verfahren bezogen auf die Abgleiche nach den Absätzen 1 und 2 (trotz fehlender expliziter Erwähnung) ebenfalls aufgrund der Verordnungsermächtigung des § 120 SGB XII näher geregelt werden. Dementsprechend sieht § 3 Abs. 1 SozhiDAV die Datenstelle der Rentenversicherung als Vermittlungsstelle vor.

II. Normzweck

Die Verordnungsermächtigung dient, da hierdurch die **Einzelheiten des Verfahrens** nach § 118 SGB XII geregelt werden können, wie der Datenabgleich selbst der Aufdeckung und Verhinderung von Leistungsmissbrauch (vgl. die Kommentierung zu § 118 SGB XII Rn. 21).

III. Tatbestandsmerkmale

Zuständig für Erlass und Änderung der Verordnung ist das **Bundesministerium für Arbeit und Soziales** (vgl. Rn. 2). Für eine Regelung bedarf es der Zustimmung des Bundesrates. Bezüglich des Verfahrens nach **§ 118 Abs. 1 SGB XII** kann nach § 120 Satz 1 Nr. 1 SGB XII das Nähere dieses Verfahrens, aber auch die Frage der Kostentragung geregelt werden. Bezüglich des Verfahrens ist vorzusehen, dass die Zuleitung an die Auskunftsstellen durch eine zentrale Vermittlungsstelle (Kopfstelle) zu erfolgen hat, deren Zuständigkeitsbereich zumindest das Gebiet eines Bundeslandes umfasst.

In § 120 Satz 1 Nr. 2 SGB XII ist die Verordnungsermächtigung für das Verfahren nach **§ 118 Abs. 2 SGB XII** geregelt. Hier kann lediglich das „Nähere des Verfahrens" geregelt werden, ohne dass die Kosten hier explizit angesprochen wären. Aus dem Umkehrschluss zu Nr. 1 kann aber wohl nicht geschlossen werden, dass hier über die Kosten keine Regelung getroffen werden darf. Es dürfte sich wohl eher um ein Redaktionsversehen handeln. In der SozhiDAV wurde jedenfalls keine Beschränkung vorgenommen. Die Regelungen zu den Kosten in § 1 SozhiDAV und § 16 SozhiDAV beziehen sich vielmehr auf beide Verfahren.

IV. Rechtsfolge

Die Rechtsfolge der Norm besteht in der Möglichkeit der Schaffung einer Verordnung, in der Einzelheiten zu den Verfahren nach § 118 Abs. 1 und 2 SGB XII geregelt werden.

Dies ist die Verordnung zur Durchführung des § 118 Abs. 1 und 2 des Zwölften Buches Sozialgesetzbuch (Sozialhilfedatenabgleichsverordnung – SozhiDAV, vgl. Rn. 5). § 2 SozhiDAV regelt dabei die **Auswahl der Abgleichsfälle und den Abgleichszeitraum**. Diese Vorschrift ist nach der hier vertretenen Ansicht teilweise nichtig (vgl. Rn. 6). § 3 SozhiDAV regelt die Übermittlung der Daten an die Vermittlungsstelle, § 4 SozhiDAV die Übermittlung der Daten an die Auskunftsstellen. Die §§ 5-10 SozhiDAV regeln weitere Einzelheiten des Verfahrens der Datenübermittlung, jeweils bezogen auf die unterschiedlichen Übertragungsarten.

§ 11 SozhiDAV regelt die Besonderheiten des Abgleichs nach § 118 Abs. 1 SGB XII, § 12 SozhiDAV die Rückübermittlung des Antwortdatensatzes an die Vermittlungsstelle nach dem Abgleich. § 13 SozhiDAV regelt Besonderheiten bezüglich des Abgleichs nach § 118 Abs. 2 SGB XII, § 14 SozhiDAV die Rückübermittlung der Feststellungen nach § 12 SozhiDAV und der Ergebnisse des Abgleichs nach § 13 SozhiDAV an die Vermittlungsstellen. § 15 SozhiDAV regelt die Überwachung des Dateneingangs und die Datenlöschung, um den Regelungen in § 118 Abs. 1 Satz 4 ff., Abs. 2 Satz 4 ff., Abs. 3 Satz 3 SGB XII und damit letztlich den Anforderungen des BVerfG an die organisatorischen Vorkehrungen zur Durchsetzung des Datenschutzes gerecht zu werden (vgl. die Kommentierung zu § 118 SGB XII Rn. 29). § 16 SozhiDAV regelt schließlich die Kosten der Vermittlungsstelle.

V. Rechtstatsachen

Bezüglich des Datenabgleichs hat es bereits **mehrere Evaluationen** gegeben, in denen die Effizienz des Datenabgleichs überprüft wurde. Danach werden durch den Datenabgleich ca. 2-3% der Fälle als Missbrauchsfälle aufgedeckt (vgl. die Kommentierung zu § 118 SGB XII Rn. 68).

Fünfzehntes Kapitel: Statistik

Erster Abschnitt: Bundesstatistik für das Dritte und Fünfte bis Neunte Kapitel *(zukünftig)*

§ 121 SGB XII Bundesstatistik

(Fassung vom 02.12.2006, gültig ab 07.12.2006, gültig bis 31.12.2014)

Zur Beurteilung der Auswirkungen dieses Buches und zu seiner Fortentwicklung werden Erhebungen über

1. die Leistungsberechtigten, denen
   a) Hilfe zum Lebensunterhalt nach dem Dritten Kapitel (§§ 27 bis 40),
   b) Grundsicherung im Alter und bei Erwerbsminderung nach dem Vierten Kapitel (§§ 41 bis 46),
   c) Hilfen zur Gesundheit nach dem Fünften Kapitel (§§ 47 bis 52),
   d) Eingliederungshilfe für behinderte Menschen nach dem Sechsten Kapitel (§§ 53 bis 60),
   e) Hilfe zur Pflege nach dem Siebten Kapitel (§§ 61 bis 66),
   f) Hilfe zur Überwindung besonderer sozialer Schwierigkeiten nach dem Achten Kapitel (§§ 67 bis 69) und
   g) Hilfe in anderen Lebenslagen nach dem Neunten Kapitel (§§ 70 bis 74) geleistet wird,
2. die Ausgaben und Einnahmen der Sozialhilfe

als Bundesstatistik durchgeführt.

§ 121 SGB XII Bundesstatistik für das Dritte und Fünfte bis Neunte Kapitel

(Fassung vom 20.12.2012, gültig ab 01.01.2015)

Zur Beurteilung der Auswirkungen des Dritten und Fünften bis Neunten Kapitels und zu deren Fortentwicklung werden Erhebungen über

1. die Leistungsberechtigten, denen
   a) Hilfe zum Lebensunterhalt nach dem Dritten Kapitel (§§ 27 bis 40),
   b) Hilfen zur Gesundheit nach dem Fünften Kapitel (§§ 47 bis 52),
   c) Eingliederungshilfe für behinderte Menschen nach dem Sechsten Kapitel (§§ 53 bis 60),
   d) Hilfe zur Pflege nach dem Siebten Kapitel (§§ 61 bis 66),
   e) Hilfe zur Überwindung besonderer sozialer Schwierigkeiten nach dem Achten Kapitel (§§ 67 bis 69) und
   f) Hilfe in anderen Lebenslagen nach dem Neunten Kapitel (§§ 70 bis 74) geleistet wird,
2. die Einnahmen und Ausgaben der Träger der Sozialhilfe nach dem Dritten und Fünften bis Neunten Kapitel

als Bundesstatistik durchgeführt.

Gliederung

A. Basisinformationen 1	B. Auslegung der Normen 9
I. Textgeschichte/Gesetzgebungsmaterialien 1	I. Regelungsgehalt und Bedeutung der Norm 9
II. Vorgängervorschriften............................. 5	II. Normzweck 10
III. Parallelvorschriften............................. 6	III. Vereinbarkeit mit höherrangigem Recht.......... 11
IV. Untergesetzliche Vorschriften 7	IV. Die Regelung im Einzelnen 14
V. Systematische Zusammenhänge........... 8	V. Rechtstatsachen............................. 16

A. Basisinformationen

I. Textgeschichte/Gesetzgebungsmaterialien

Die Vorschrift wurden durch Art. 1 des Gesetzes zur Einordnung des Sozialhilferechts in das Sozialgesetzbuch vom 27.12.2003[1] mit Wirkung zum 01.01.2005 eingeführt. Dabei wurde die Vorschrift **aus dem bisherigen § 127 BSHG übernommen**; in der Nr. 1 entspricht die Vorschrift allerdings nun dem Leistungskatalog des § 8 SGB XII.[2] 1

Durch das Gesetz zur **Änderung des Zwölften Sozialgesetzbuchs** und anderer Gesetze vom 02.12.2006[3] wurde die Vorschrift mit Wirkung vom 07.12.2006 geändert. Hierbei handelt es sich um rein **sprachliche Änderung**, eine Anpassung an den Sprachgebrauch des SGB XII. Es wurden nun in der Vorschrift die Kapitel erwähnt. Dies diene der Vereinfachung, da im Fünfzehnten Kapitel nur noch die Kapitelbezeichnungen verwendet würden.[4] 2

Die Vorschrift wurde durch Art. 1 Nr. 12 des Gesetzes zur Änderung des Zwölften Buches Sozialgesetzbuch vom 20.12.2012[5] erneut geändert, diese Änderung tritt aber erst **mit Wirkung vom 01.01.2015** in Kraft. Die Änderungen stehen im Zusammenhang mit der neu eingeführten **gesonderten Statistik für die Leistungen nach dem Vierten Kapitel** in den §§ 128a ff. SGB XII. Die sich auf die Leistungen nach dem Vierten Kapitel beziehenden Regelungen waren dementsprechend aufzuheben, bezüglich der übrigen Vorschriften war eine Konkretisierung und Anpassung notwendig.[6] 3

Deshalb wird die Überschrift wie folgt gefasst: „Bundesstatistik für das Dritte und Fünfte bis Neunte Kapitel". Im Satzteil vor § 121 Nr. 1 SGB XII werden die Wörter „dieses Buches" durch die Wörter „des Dritten und Fünften bis Neunten Kapitels" und das Wort „seiner" durch das Wort „deren" ersetzt. § 121 Nr. 1 Buchst. b SGB XII wird aufgehoben. Die lit. c bis g werden die lit. b bis f. § 121 Nr. 2 SGB XII wird ebenso wie die Überschrift angepasst, die Vorschrift bezieht sich nun auf die Einnahmen und Ausgaben der Träger der Sozialhilfe nach dem Dritten und Fünften bis Neunten Kapitel. 4

II. Vorgängervorschriften

Die Vorschrift wurde im Jahr 2005 (im Wesentlichen) aus **§ 127 BSHG** in der zuletzt geltenden Fassung übernommen. Diese Vorschrift (und die folgenden Vorschriften) wurde im Jahr 1993 durch Art. 7 Nr. 34 des Gesetzes zur Umsetzung des Föderalen Konsolidierungsprogramms (FKPG) vom 23.06.1993[7] mit Wirkung zum 27.06.1993 eingeführt. 5

III. Parallelvorschriften

Parallelvorschriften finden sich in § 12 AsylbLG, §§ 53-55 SGB II und den §§ 98-103 SGB VIII. 6

IV. Untergesetzliche Vorschriften

Eine Verordnungsermächtigung existiert nicht. Die Verordnungsermächtigung des § 129 SGB XII bezieht sich lediglich auf § 128 SGB XII (vgl. die Kommentierung zu § 129 SGB XII Rn. 2). 7

---

[1] BGBl I 2003, 3022.
[2] Vgl. BT-Drs. 15/1514, S. 69.
[3] BGBl I 2006, 2670.
[4] Vgl. BT-Drs. 16/2711, S. 13.
[5] BGBl I 2012, 2783.
[6] Vgl. dazu auch: BT-Drs. 17/10748, S. 17.
[7] BGBl I 1993, 944.

§ 121

V. Systematische Zusammenhänge

8   Da es sich bei der Statistik nach § 121 SGB XII um eine **Bundesstatistik** handelt, ist ergänzend das Bundesstatistikgesetz (BStatG)[8] anwendbar.[9]

B. Auslegung der Normen

I. Regelungsgehalt und Bedeutung der Norm

9   Die Regelung bestimmt, **welche Arten von Statistiken** erhoben werden, Empfängerstatistik nach Nr. 1 und Aufwandstatistik nach Nr. 2. Die Regelungen der §§ 121 ff. SGB XII schaffen die Rechtsgrundlage für die Erstellung der Sozialhilfestatistik, wie es § 5 Abs. 1 Satz 1 BStatG fordert. Die Sozialhilfestatistik wird aus den jeweiligen Geschäftsstatistiken der Verwaltungen erstellt, stellt also eine sog. Sekundärstatistik dar.[10] Die Erhebungen werden als Vollerhebungen durchgeführt.[11]

II. Normzweck

10 Die Statistik wird nach § 121 SGB XII „zur Beurteilung der Auswirkungen dieses Buches" durchgeführt. Sie hat als **Bundesstatistik** zudem die Aufgabe, laufend Daten über Massenerscheinungen zu erheben, zu sammeln, aufzubereiten, darzustellen und zu analysieren.[12] Durch die Ergebnisse der Bundesstatistik werden gesellschaftliche, wirtschaftliche und ökologische Zusammenhänge für Bund, Länder einschließlich Gemeinden und Gemeindeverbände, Gesellschaft, Wissenschaft und Forschung aufgeschlüsselt.[13] Die Statistik soll neben diesem Zweck der weiteren politischen Planung[14] **Einspareffekte** nach sich ziehen. Dies soll dadurch erreicht werden, dass die Orientierungsgrundlagen für ein treffsicheres Handeln verbessert werden und zum anderen eine verbesserte Informationsgrundlage zur Vermeidung von Missbrauch vorliege.[15]

III. Vereinbarkeit mit höherrangigem Recht

11 Die Vorschrift ist an den Vorgaben des Bundesverfassungsgerichts zum Grundrecht der **informationellen Selbstbestimmung** zu messen (vgl. die Kommentierung zu § 118 SGB XII Rn. 22). Der Eingriff in dieses Grundrecht ist aber gerechtfertigt.[16] Eine gesetzliche Grundlage, aus der sich die Voraussetzungen und der Umfang der Beschränkungen klar und für den Bürger erkennbar ergeben,[17] ist mit den §§ 121 ff. SGB XII geschaffen worden. In § 121 Satz 1 SGB XII wird auch der Erhebungszweck genannt (vgl. Rn. 14).[18]

12 Der gesetzgeberische Zweck, Orientierungsgrundlagen für ein treffsicheres Handeln zu verbessern und eine verbesserte Informationsgrundlage zur Vermeidung von Missbrauch zu schaffen,[19] stellt zudem ein überwiegendes Allgemeininteresse dar.[20] Die Vorschriften sind auch **geeignet, erforderlich und angemessen**.[21] Ein milderes, gleich effektives Mittel ist nicht ersichtlich. Außerdem stellt sich der Eingriff auch als verhältnismäßig im engeren Sinne dar. Dabei ist nämlich zu berücksichtigen, dass der Eingriff hier eine recht geringe Intensität hat.

13 Zudem liegen vor allem mit §§ 126, 127 SGB XII **organisatorische und verfahrensrechtliche Vorkehrungen** vor, welche der Gefahr einer Verletzung des Persönlichkeitsrechts entgegenwirken.[22] Danach dürften keine individualisierten Daten weitergegeben werden (vgl. zum einen die Kommentierung zu § 126 SGB XII Rn. 11, zum anderen die Kommentierung zu § 127 SGB XII Rn. 10).

---

[8] BGBl I 1987, 462, 565.
[9] Vgl. auch: *Raum* in: Mergler/Zink, vor § 121 Rn. 6.
[10] BT-Drs. 12/4401, S. 87 bei Einführung des § 127 BSHG.
[11] *Decker* in: Mergler/Zink, §§ 121-129 Rn. 1.
[12] § 1 Satz 1 BStatG.
[13] § 1 Satz 4 BStatG.
[14] § 1 Satz 5 BStatG; so auch: BT-Drs. 12/4401, S. 86.
[15] BT-Drs. 12/4401, S. 86.
[16] *Decker* in: Mergler/Zink, SGB XII, vor §§ 121-129 Rn. 11.
[17] Vgl. zu dieser Voraussetzung: BVerfG v. 15.12.1983 - 1 BvR 209/83 - juris Rn. 151 - BVerfGE 61, 1 ff.
[18] Vgl. zu dieser Voraussetzung: BVerfG v. 13.06.2007 - 1 BvR 1550/03 - juris Rn. 98 - BVerfGE 118, 168 ff.
[19] BT-Drs. 12/4401, S. 86.
[20] Vgl. zu dieser Voraussetzung: BVerfG v. 15.12.1983 - 1 BvR 209/83 - juris Rn. 150 - BVerfGE 61, 1 ff.
[21] Vgl. zu dieser Voraussetzung: BVerfG v. 15.12.1983 - 1 BvR 209/83 - juris Rn. 151 - BVerfGE 61, 1 ff.
[22] Vgl. zu dieser Voraussetzung: BVerfG v. 15.12.1983 - 1 BvR 209/83 - juris Rn. 151 - BVerfGE 61, 1 ff.

IV. Die Regelung im Einzelnen

§ 121 SGB XII bestimmt zunächst den **Zweck der Statistik**. Sie soll „zur Beurteilung der Auswirkungen dieses Buches" durchgeführt werden. Die Vorschrift sieht dazu eine Empfängerstatistik (Nr. 1) und eine Aufwandstatistik (Nr. 2) vor. Die Empfängerstatistik bezieht sich auf die Leistungsarten nach § 8 SGB XII. Die Aufwandstatistik bezieht sich auf die Einnahmen und Ausgaben der Sozialhilfe. Der zunächst etwas überraschende Begriff der „Einnahmen" bezieht sich auf Darlehen nach § 37 SGB XII (bis zum 31.12.2010: § 34 SGB XII), übergegangene Ansprüche nach den §§ 93, 94 SGB XII, Kostenersatz nach den §§ 103-105 SGB XII, Rückerstattung von zu Unrecht erbrachter Leistungen nach § 50 SGB X und Erstattung durch andere Leistungsträger nach den §§ 102 ff. SGB X.

14

§ 121 SGB XII bestimmt zudem, dass die Erhebungen als **Bundesstatistiken** geführt werden. Damit ist das BStatG anwendbar (vgl. Rn. 8). Grundsätzlich ist nach § 3 BStatG deshalb das Statistische Bundesamt zuständig. Dies hat nach § 3 Abs. 1 Satz 1 Nr. 1c BStatG die Ergebnisse der Bundesstatistiken in der erforderlichen sachlichen und regionalen Gliederung für den Bund zusammenzustellen sowie für allgemeine Zwecke zu veröffentlichen und darzustellen. Nach § 3 Abs. 1 Satz 1 Nr. 2a BStatG hat das Statistische Bundesamt allerdings eine Zuständigkeit Bundesstatistiken zu erheben und aufzubereiten nur dann, wenn und soweit es im BStatG oder einem sonstigen Bundesgesetz bestimmt ist oder die beteiligten Länder zustimmen. Eine gesetzliche Zuweisung an das Statistische Bundesamt findet sich weder im BStatG noch in den §§ 121 ff. SGB XII. Deshalb obliegt die Erhebung und Aufbereitung **grundsätzlich den Statistischen Landesämtern**. Der Bund hat hierbei kein Weisungs- oder Kontrollrecht den Landesämtern gegenüber.[23]

15

V. Rechtstatsachen

Die **Sozialhilfestatistik 2006** zeigte, dass mit Einführung des Vierten Gesetzes über moderne Dienstleistungen am Arbeitsmarkt zum 01.01.2005[24] erwartungsgemäß die Empfänger- und Ausgabenzahlen für die **Hilfe zum Lebensunterhalt drastisch zurückgingen**. Die Sozialhilfe werde nunmehr – noch deutlicher als bis Ende 2004 – von der Eingliederungshilfe für behinderte Menschen dominiert, die die finanziell mit Abstand wichtigste Hilfeart der Sozialhilfe darstelle.[25] Zudem fielen nach dieser Statistik die seit Einführung der **Grundsicherung im Alter und bei Erwerbsminderung** zum 01.01.2003 stetig gestiegene Zahl der Empfänger dieser Hilfeart sowie das ebenfalls stetig wachsende Ausgabenvolumen auf, das mit den Leistungen der Grundsicherung im Alter und bei Erwerbsminderung einhergehe.[26]

16

Dieser Trend zeigte sich auch in der **Sozialhilfestatistik 2007**. Danach hat sich die Zahl der Bezieher von Leistungen der Grundsicherung in Alter und Erwerbsminderung seit der Einführung im Jahr 2003 bis zum Jahresende 2007 um rund 67% erhöht.[27] Grund dafür dürfte allerdings unter anderem sein, dass es in der Anfangszeit bei den durchführenden Kommunen teilweise zu einem nicht unerheblichen Rückstand hinsichtlich der Antragsbearbeitung gekommen sei. Die Veränderungsrate gegenüber dem jeweiligen Vorjahr lag im Jahr 2007 mit 7,4% und im Jahr 2006 mit 8,2% dementsprechend deutlich niedriger als 2005 bzw. 2004 mit jeweils knapp 20% mehr Empfängern.[28] Damit lasse sich im Zeitverlauf einerseits ein deutlicher **Anstieg der Empfängerzahlen**, andererseits aber **auch eine gewisse Konsolidierung** der Veränderungsraten konstatieren.[29]

17

Auch in den Folgejahren zeigt sich dieser Trend weiterhin. Die Anstiegsrate ist mittlerweile relativ stabil, was aber auch zeigt, dass keine vollständige Konsolidierung eingetreten ist. In der Sozialhilfestatistik **2008** findet sich insoweit ein Anstieg der Ausgaben für die Leistungen nach dem Vierten Kapitel in Höhe von 6,5%,[30] in der Sozialhilfestatistik **2009** in Höhe von 6,6%.[31] Die Anstiegsrate bei der Eingliederungshilfe ist ähnlich hoch (2008: 4,5%[32]; 2009: 6,7%[33]).

18

---

[23] *Niewald* in: LPK-SGB XII, § 121 Rn. 1.
[24] Gesetz vom 23.12.2003, BGBl I 2003, 2954.
[25] *Haustein/Dorn* in: WiSta 2007, 1245, 1260.
[26] *Haustein/Dorn* in: WiSta 2007, 1245, 1260.
[27] *Haustein/Dorn* in: WiSta 2009, 68, 75.
[28] *Haustein/Dorn* in: WiSta 2009, 68, 75.
[29] *Haustein/Dorn* in: WiSta 2009, 68, 75.
[30] *Dorn* in: WiSta 2010, 60, 71.
[31] *Duschek* in: WiSta 2011, 140, 152.
[32] *Dorn* in: WiSta 2010, 60, 71.
[33] *Duschek* in: WiSta 2011, 140, 152.

19 Aus der **Sozialhilfestatistik 2010** ergibt sich für die Leistungen nach dem Vierten Kapitel weiterhin ein Anstieg der Ausgaben in Höhe von 5,5%.[34] Die Eingliederungshilfe ist – wie in den vorherigen Statistiken – der bei weitem größte Posten (57% der Gesamtausgaben).[35] Auf Platz zwei folgen mit 19% der Gesamtausgaben deutlich abgeschlagen die Leistungen nach dem Vierten Kapitel.[36] Die Ausgaben für die Eingliederungshilfe stiegen im Jahr 2010 um 4,2%.[37]

20 Die **Sozialhilfestatistik 2011** bekräftigt diese Trends. Erneut stiegen die Ausgaben für Leistungen nach dem Vierten Kapitel und die Eingliederungshilfe (7,6% bzw. 4%).[38] Die Eingliederungsleistungen stellten mit 57% erneut den deutlich größten Posten (Platz zwei mit 19% erneut die Leistungen nach dem Vierten Kapitel).[39] Wie in den Vorjahren zeigt sich auch in dieser Statistik, dass knapp die Hälfte der Eingliederungsleistungen wiederum in die Hilfe zum selbstbestimmten Leben in betreuten Wohnmöglichkeiten investiert wurde (49%[40], im Vorjahr beispielsweise: 48%[41]). Platz zwei belegten in beiden Fällen die Leistungen in anerkannten Werkstätten für behinderte Menschen (2011: 27%[42]; 2010: 27%[43]).

---

[34] *Duschek* in: WiSta 2012, 244, 254.
[35] *Duschek* in: WiSta 2012, 244, 254.
[36] *Duschek* in: WiSta 2012, 244, 255.
[37] *Duschek* in: WiSta 2012, 244, 255.
[38] *Duschek/Lemmer* in: WiSta 2012, 199, 210.
[39] *Duschek/Lemmer* in: WiSta 2012, 199, 209.
[40] *Duschek/Lemmer* in: WiSta 2012, 199, 209.
[41] *Duschek* in: WiSta 2012, 244, 255.
[42] *Duschek/Lemmer* in: WiSta 2012, 199, 209.
[43] *Duschek* in: WiSta 2012, 244, 255.

§ 122 SGB XII Erhebungsmerkmale

(Fassung vom 24.03.2011, gültig ab 01.01.2011, gültig bis 31.12.2014)

(1) Erhebungsmerkmale bei der Erhebung nach § 121 Nr. 1 Buchstabe a sind:

1. für Leistungsberechtigte, denen Leistungen nach dem Dritten Kapitel für mindestens einen Monat erbracht werden:

   a) Geschlecht, Geburtsmonat und -jahr, Staatsangehörigkeit, Migrationshintergrund, bei Ausländern auch aufenthaltsrechtlicher Status, Stellung zum Haushaltsvorstand, Art der geleisteten Mehrbedarfszuschläge,

   b) für Leistungsberechtigte, die das 15. Lebensjahr vollendet, die Altersgrenze nach § 41 Abs. 2 aber noch nicht erreicht haben, zusätzlich zu den unter Buchstabe a genannten Merkmalen: Beschäftigung, Einschränkung der Leistung,

   c) für Leistungsberechtigte in Personengemeinschaften, für die eine gemeinsame Bedarfsberechnung erfolgt, und für einzelne Leistungsberechtigte: Wohngemeinde und Gemeindeteil, Art des Trägers, Leistungen in und außerhalb von Einrichtungen, Beginn der Leistung nach Monat und Jahr, Beginn der ununterbrochenen Leistungserbringung für mindestens ein Mitglied der Personengemeinschaft nach Monat und Jahr, die in den § 27a Absatz 3, §§ 27b, 30 bis 33, 34 Absatz 2 bis 7, §§ 35 bis 38 und 133a genannten Bedarfe je Monat, Nettobedarf je Monat, Art und jeweilige Höhe der angerechneten oder in Anspruch genommenen Einkommen und übergegangenen Ansprüche, Zahl aller Haushaltsmitglieder, Zahl aller Leistungsberechtigten im Haushalt,

   d) bei Änderung der Zusammensetzung der Personengemeinschaft und bei Beendigung der Leistungserbringung zusätzlich zu den unter den Buchstaben a bis c genannten Merkmalen: Monat und Jahr der Änderung der Zusammensetzung oder der Beendigung der Leistung, bei Ende der Leistung auch Grund der Einstellung der Leistungen und

2. für Leistungsberechtigte, die nicht zu dem Personenkreis der Nummer 1 zählen: Geschlecht, Altersgruppe, Staatsangehörigkeit, Vorhandensein eigenen Wohnraums, Art des Trägers.

(2) Erhebungsmerkmale bei der Erhebung nach § 121 Nr. 1 Buchstabe b sind: Geschlecht, Geburtsmonat und -jahr, Wohngemeinde und Gemeindeteil, Art des Trägers, Staatsangehörigkeit sowie bei Ausländern auch aufenthaltsrechtlicher Status, Leistungen in und außerhalb von Einrichtungen, Ursache und Beginn der Leistungsgewährung nach Monat und Jahr, die in § 42 Nummer 1 bis 5 genannten Bedarfe je Monat, Nettobedarf je Monat, Art und jeweilige Höhe der angerechneten oder in Anspruch genommenen Einkommen.

(3) Erhebungsmerkmale bei den Erhebungen nach § 121 Nr. 1 Buchstabe c bis g sind für jeden Leistungsberechtigten:

1. Geschlecht, Geburtsmonat und -jahr, Wohngemeinde und Gemeindeteil, Staatsangehörigkeit, bei Ausländern auch aufenthaltsrechtlicher Status, Art des Trägers, erbrachte Leistung im Laufe und am Ende des Berichtsjahres sowie in und außerhalb von Einrichtungen nach Art der Leistung nach § 8, am Jahresende erbrachte Leistungen nach dem Dritten und Vierten Kapitel jeweils getrennt nach in und außerhalb von Einrichtungen,

2. bei Leistungsberechtigten nach dem Sechsten und Siebten Kapitel auch die einzelne Art der Leistungen und die Ausgaben je Fall, Beginn und Ende der Leistungserbringung nach Monat und Jahr sowie Art der Unterbringung, Leistung durch ein Persönliches Budget,

3. bei Leistungsberechtigten nach dem Sechsten Kapitel zusätzlich die Beschäftigten, denen der Übergang auf den allgemeinen Arbeitsmarkt gelingt,

4. bei Leistungsberechtigten nach dem Siebten Kapitel zusätzlich Erbringung von Pflegeleistungen von Sozialversicherungsträgern.

(4) Erhebungsmerkmale bei der Erhebung nach § 121 Nr. 2 sind:

Art des Trägers, Ausgaben für Leistungen in und außerhalb von Einrichtungen nach § 8, Einnahmen in und außerhalb von Einrichtungen nach Einnahmearten und Leistungen nach § 8.

§ 122 SGB XII Erhebungsmerkmale

(Fassung vom 20.12.2012, gültig ab 01.01.2015)

(1) Erhebungsmerkmale bei der Erhebung nach § 121 Nummer 1 Buchstabe a sind:

1. für Leistungsberechtigte, denen Leistungen nach dem Dritten Kapitel für mindestens einen Monat erbracht werden:

   a) Geschlecht, Geburtsmonat und -jahr, Staatsangehörigkeit, Migrationshintergrund, bei Ausländern auch aufenthaltsrechtlicher Status, Stellung zum Haushaltsvorstand, Art der geleisteten Mehrbedarfszuschläge,

   b) für Leistungsberechtigte, die das 15. Lebensjahr vollendet, die Altersgrenze nach § 41 Abs. 2 aber noch nicht erreicht haben, zusätzlich zu den unter Buchstabe a genannten Merkmalen: Beschäftigung, Einschränkung der Leistung,

   c) für Leistungsberechtigte in Personengemeinschaften, für die eine gemeinsame Bedarfsberechnung erfolgt, und für einzelne Leistungsberechtigte: Wohngemeinde und Gemeindeteil, Art des Trägers, Leistungen in und außerhalb von Einrichtungen, Beginn der Leistung nach Monat und Jahr, Beginn der ununterbrochenen Leistungserbringung für mindestens ein Mitglied der Personengemeinschaft nach Monat und Jahr, die in den § 27a Absatz 3, §§ 27b, 30 bis 33, 34 Absatz 2 bis 7, §§ 35 bis 38 und 133a genannten Bedarfe je Monat, Nettobedarf je Monat, Art und jeweilige Höhe der angerechneten oder in Anspruch genommenen Einkommen und übergegangenen Ansprüche, Zahl aller Haushaltsmitglieder, Zahl aller Leistungsberechtigten im Haushalt,

   d) bei Änderung der Zusammensetzung der Personengemeinschaft und bei Beendigung der Leistungserbringung zusätzlich zu den unter den Buchstaben a bis c genannten Merkmalen: Monat und Jahr der Änderung der Zusammensetzung oder der Beendigung der Leistung, bei Ende der Leistung auch Grund der Einstellung der Leistungen und

2. für Leistungsberechtigte, die nicht zu dem Personenkreis der Nummer 1 zählen: Geschlecht, Altersgruppe, Staatsangehörigkeit, Vorhandensein eigenen Wohnraums, Art des Trägers.

(2) (weggefallen)

(3) Erhebungsmerkmale bei den Erhebungen nach § 121 Nummer 1 Buchstabe b bis f sind für jeden Leistungsberechtigten:

1. **Geschlecht, Geburtsmonat und -jahr, Wohngemeinde und Gemeindeteil, Staatsangehörigkeit, bei Ausländern auch aufenthaltsrechtlicher Status, Art des Trägers, erbrachte Leistung im Laufe und am Ende des Berichtsjahres sowie in und außerhalb von Einrichtungen nach Art der Leistung nach § 8, am Jahresende erbrachte Leistungen nach dem Dritten und Vierten Kapitel jeweils getrennt nach in und außerhalb von Einrichtungen,**
2. **bei Leistungsberechtigten nach dem Sechsten und Siebten Kapitel auch die einzelne Art der Leistungen und die Ausgaben je Fall, Beginn und Ende der Leistungserbringung nach Monat und Jahr sowie Art der Unterbringung, Leistung durch ein Persönliches Budget,**
3. **bei Leistungsberechtigten nach dem Sechsten Kapitel zusätzlich die Beschäftigten, denen der Übergang auf den allgemeinen Arbeitsmarkt gelingt,**
4. **bei Leistungsberechtigten nach dem Siebten Kapitel zusätzlich Erbringung von Pflegeleistungen von Sozialversicherungsträgern.**

(4) Erhebungsmerkmale bei der Erhebung nach § 121 Nummer 2 sind:

Art des Trägers, Ausgaben für Leistungen in und außerhalb von Einrichtungen nach § 8, Einnahmen in und außerhalb von Einrichtungen nach Einnahmearten und Leistungen nach § 8.

Gliederung

A. Basisinformationen 1	III. Parallelvorschriften 13
I. Textgeschichte/Gesetzgebungsmaterialien 1	IV. Untergesetzliche Vorschriften 14
1. Änderungen bei Einfügung ins SGB XII 1	V. Systematische Zusammenhänge 15
2. Änderungen durch das Erste SGB-XII-Änderungsgesetz 4	**B. Auslegung der Normen** 16
3. Weitere Änderungen 7	I. Regelungsgehalt und Bedeutung der Normen 16
4. Änderungen durch das Gesetz zur Änderungen des SGB XII 10	II. Normzweck 17
II. Vorgängervorschriften 12	III. Vereinbarkeit mit höherrangigem Recht 18
	IV. Die Regelung im Einzelnen 19

A. Basisinformationen

I. Textgeschichte/Gesetzgebungsmaterialien

1. Änderungen bei Einfügung ins SGB XII

Die Vorschrift wurde durch Art. 1 des Gesetzes zur Einordnung des Sozialhilferechts in das Sozialgesetzbuch vom 27.12.2003[1] mit Wirkung zum 01.01.2005 eingeführt. Dabei wurde die Vorschrift **im Grundsatz aus § 128 BSHG übernommen.**[2] Allerdings kam es auch zu einigen Änderungen bei der Einordnung.

Bei der Einordnung in das SGB XII wurde (neben Folgeänderungen) zunächst das Merkmal „**Migrationshintergrund**" in Absatz 1 Satz 1 Nr. 1a aufgenommen. Dies sei von erheblichem Gewicht für die Analyse und Prognose sozialer und wirtschaftlicher Notlagen sowie für die Überwindung derartiger Notlagen.[3] Außerdem wurden aus Nr. 1b die sich auf die Überwindung der Arbeitslosigkeit beziehenden Merkmale gestrichen. Grund hierfür war, dass diese Gruppe nun **unter das SGB II fällt**.[4] Aus dem gleichen Grund wurde Nr. 1e gestrichen, die sich auf die Förderung der Erwerbstätigkeit bezog. Zudem entfielen in Nr. 1d die Merkmale „besondere soziale Situation des Hilfeempfängers" und „Vorleistungsempfänger". Nach den Gesetzgebungsmaterialien gab nur ein Viertel der Leistungsempfänger eine besondere soziale Situation an, so dass der Aussagewert dieser nur mit beträchtlichem Recher-

1

2

---

[1] BGBl I 2003, 3022.
[2] Vgl. BT-Drs. 15/1514, S. 69.
[3] Vgl. BT-Drs. 15/1514, S. 70.
[4] Vgl. BT-Drs. 15/1514, S. 70.

cheaufwand zu beantwortenden Frage gering gewesen sei.[5] Das Merkmal „Vorleistungsempfänger" bezog sich auf Leistungen, die nunmehr auch im Wesentlichen vom SGB II abgedeckt werden. Zudem wurde in Nr. 1d die jeweilige Höhe des angerechneten oder in Anspruch genommenen Einkommens aufgenommen, wodurch das Merkmal „Haupteinkommen" entfallen konnte.[6] Außerdem wurden in Absatz 3 zur **„Hilfe zur Pflege" und zur „Eingliederungshilfe" weitere Merkmale** aufgenommen: Diese Merkmale sind die Ausgaben je Fall, die Zu- und Abgänge beim Persönlichen Budget und die Beschäftigten, denen der Übergang auf den allgemeinen Arbeitsmarkt gelingt. Dabei – so der Gesetzgeber – handele sich um wichtige Daten für ein zielgerichtetes Verwaltungshandeln sowie für die Auswirkungen und die Fortentwicklung.[7]

3 Eine weitere Änderung erfolgte durch den Vermittlungsausschuss: Hier wurde § 122 Abs. 2 SGB XII eingeführt (mit den Folgeänderungen in den §§ 123 und 125 SGB XII).[8] Dieser Absatz 2 bezieht sich auf die Leistungen nach dem Vierten Kapitel. Die Vorschrift wurde im Wesentlichen aus § 8 Grundsicherungsgesetz übernommen.

2. Änderungen durch das Erste SGB-XII-Änderungsgesetz

4 Durch das Gesetz zur Änderung des Zwölften Sozialgesetzbuchs und anderer Gesetze vom 02.12.2006[9] wurde die Vorschrift mit Wirkung zum 07.12.2006 geändert. Hierbei handelt es sich zum einen um eine rein **sprachliche Änderung**, eine Anpassung an den Sprachgebrauch des SGB XII.[10]

5 Zudem wurden Anpassungen des Erhebungsumfangs an **zwischenzeitliche Rechtsänderungen bzw. mit Zeitablauf weggefallene Erhebungskriterien** vorgenommen. Dabei wurde auf die bisherige Nr. 1c verzichtet, da die Erfassung einer vollen Erwerbsminderung bei Leistungsberechtigten in der Hilfe zum Lebensunterhalt nur für die Zeit unmittelbar vor und nach der Einführung der Grundsicherung im Alter und bei Erwerbsminderung von Bedeutung gewesen sei.[11] Im neuen lit. c wurde nunmehr auch der Zusatzbarbetrag nach § 133a SGB XII berücksichtigt. Außerdem wurden die Erhebungsmerkmale in der Hilfe zum Lebensunterhalt (Absatz 1) und der Grundsicherung im Alter und bei Erwerbsminderung (Absatz 2) einander angeglichen.[12]

6 In Absatz 3 wurde bei der Statistik für Leistungsberechtigte nach dem Fünften bis Neunten Kapitel neben Klarstellungen das Merkmal „am Jahresende erbrachte Leistungen nach dem Dritten und Vierten Kapitel jeweils getrennt nach in und außerhalb von Einrichtungen" neu aufgenommen. Damit können – so der Gesetzgeber – künftig alle Personen, die neben den Leistungen nach dem Fünften bis Neunten Kapitel auch Leistungen nach dem Dritten bzw. Vierten Kapitel SGB XII erhalten, identifiziert werden.[13] In § 122 Abs. 4 SGB XII wurde zudem ein Verweisungsfehler korrigiert.[14]

3. Weitere Änderungen

7 Mit dem RV-Altersgrenzenanpassungsgesetz (RVAGAnpG) vom 20.04.2007[15] ergab sich zum 01.01.2008 eine Folgeänderung in § 122 Abs. 1 Satz 1 Nr. 1b SGB XII bezogen auf die **geänderte Altersgrenze** in § 41 Abs. 2 SGB XII.

8 Durch das Gesetz zur Neuregelung des Wohngeldrechts und zur Änderung des Sozialgesetzbuchs vom 24.09.2008[16] wurde mit Wirkung zum 01.01.2009 zudem aus § 122 Abs. 4 SGB XII das Erhebungsmerkmal „Anzahl und Kosten der Gutachten nach § 45 Satz 2" gestrichen.

9 Mit Gesetz zur Ermittlung von Regelbedarfen und zur Änderung des Zweiten und Zwölften Buches Sozialgesetzbuch vom 24.03.2011[17] wurde die Vorschrift erneut geändert: In **Absatz 1** Nr. 1 lit. c wurden die Wörter „§§ 28 bis 35, 37, 38 und § 133a" durch die Wörter „§ 27a Absatz 3, §§ 27b, 30 bis 33, 34

---

[5] Vgl. BT-Drs. 15/1514, S. 70.
[6] Vgl. BT-Drs. 15/1514, S. 70.
[7] Vgl. BT-Drs. 15/1514, S. 70.
[8] Vgl. BT-Drs. 15/2260, S. 5, auch zu den weiteren Änderungen.
[9] BGBl I 2006, 2670.
[10] Vgl. BT-Drs. 16/2711, S. 13.
[11] Vgl. BT-Drs. 16/2711, S. 13.
[12] Vgl. BT-Drs. 16/2711, S. 13.
[13] Vgl. BT-Drs. 16/2711, S. 13.
[14] Vgl. BT-Drs. 16/2711, S. 13, auch zu den weiteren Änderungen.
[15] BGBl I 2007, 554.
[16] BGBl I 2008, 1856.
[17] BGBl I 2011, 453

Absatz 2 bis 6, §§ 35 bis 38 und 133a" ersetzt. In **Absatz 2** wurden die Wörter „§ 42 Satz 1 Nr. 1 bis 5" durch die Wörter „§ 42 Nummer 1 bis 5" ersetzt. Durch die Änderung von Absatz 1 wurde – neben redaktionellen Folgeänderungen – der Erhebungsumfang an die **Einführung von Bedarfen für Bildung und Teilhabe** in § 34 Abs. 2-6 SGB XII angepasst. Dadurch werden die für die Bedarfe für Bildung und Teilhabe zu gewährenden Leistungen in den Erhebungsumfang der Bundesstatistik für das Dritte Kapitel einbezogen. Die Änderung in Absatz 2 stellt eine **redaktionelle Folgeänderung** zur Neufassung von § 42 SGB XII dar.[18]

4. Änderungen durch das Gesetz zur Änderungen des SGB XII

Die Vorschrift wurde durch Art. 1 Nr. 13 des Gesetzes zur Änderung des Zwölften Buches Sozialgesetzbuch vom 20.12.2012[19] erneut geändert, diese Änderung tritt aber erst **mit Wirkung vom 01.01.2015** in Kraft. Diese Änderungen stehen im Zusammenhang mit der neu eingeführten **gesonderten Statistik für die Leistungen nach dem Vierten Kapitel** in den §§ 128a ff. SGB XII. Die sich auf die Leistungen nach dem Vierten Kapitel beziehenden Regelungen waren dementsprechend aufzuheben, bezüglich der übrigen Vorschriften war eine Konkretisierung und Anpassung notwendig.[20]   10

Deshalb wurde **§ 122 Abs. 2 SGB XII**, der sich auf die Leistungen nach dem Vierten Kapitel bezog, aufgehoben. Durch die Einführung der §§ 128a ff. SGB XII war zudem § 121 SGB XII zu ändern, was in § 122 Abs. 3 SGB XII zu einer **Folgeänderung** geführt hat.[21] Zudem finden sich sprachliche Anpassungen (in den Absätzen 1 und 4).[22]   11

II. Vorgängervorschriften

Die Vorschrift wurde im Jahr 2005 im Grundsatz aus **§ 128 BSHG** in der zuletzt geltenden Fassung übernommen (vgl. die Kommentierung zu § 121 SGB XII Rn. 5). Vorgängervorschrift von § 122 Abs. 2 SGB XII ist § 8 Grundsicherungsgesetz.   12

III. Parallelvorschriften

Zu Parallelvorschriften vgl. die Kommentierung zu § 121 SGB XII Rn. 6.   13

IV. Untergesetzliche Vorschriften

Eine Verordnungsermächtigung existiert nicht (vgl. die Kommentierung zu § 121 SGB XII Rn. 7).   14

V. Systematische Zusammenhänge

Da es sich bei der Statistik nach § 121 SGB XII um eine **Bundesstatistik** handelt, ist ergänzend das Bundesstatistikgesetz (BStatG)[23] anwendbar.[24] § 122 SGB XII erfüllt die Anforderungen des § 9 Abs. 1 BStatG, die Erhebungsmerkmale zu bestimmen (vgl. Rn. 16).   15

B. Auslegung der Normen

I. Regelungsgehalt und Bedeutung der Normen

§ 122 SGB XII regelt die sog. **Erhebungsmerkmale**. Dass diese gesetzlich zu bestimmen sind, ergibt sich aus § 9 Abs. 1 BStatG, der wegen § 121 SGB XII Anwendung findet (vgl. Rn. 15).[25] Diese Erhebungsmerkmale umfassen nach § 10 Abs. 1 Satz 2 BStatG Angaben über persönliche und sachliche Verhältnisse, die zur statistischen Verwendung bestimmt sind.   16

II. Normzweck

Zum Normzweck vgl. die Kommentierung zu § 121 SGB XII Rn. 10.   17

---

[18] Vgl. zu beidem: BT-Drs. 17/3404, S. 93.
[19] BGBl I 2012, 2783.
[20] Vgl. dazu auch: BT-Drs. 17/10748, S. 17.
[21] Vgl. dazu auch: BT-Drs. 17/10748, S. 17.
[22] BT-Drs. 17/10748, S. 17.
[23] BGBl I 1987, 462, 565.
[24] *Raum* in: Mergler/Zink, vor § 121 Rn. 6.
[25] Unter dieser Bezugnahme auch: BT-Drs. 12/4401, S. 87 bei Einführung des § 128 BSHG.

III. Vereinbarkeit mit höherrangigem Recht

18 Die Vorschrift ist mit **höherrangigem Recht** vereinbar (vgl. die Kommentierung zu § 121 SGB XII Rn. 11).

IV. Die Regelung im Einzelnen

19 § 122 SGB XII regelt die sog. **Erhebungsmerkmale**. Die Erhebungsmerkmale sind der Träger der statistischen Sachinformation.[26] Hier wird festgelegt, zu welchen Fragen die Statistik erhoben werden soll. Die Erhebungsmerkmale sind in § 121 SGB XII nicht so gestaltet, dass sie bei Abfrage der Daten nur eine Frage zulassen würden.[27] Dies ist zulässig.[28] Das Gebot der Normklarheit fordert nicht, dass die Fragen im Einzelnen vom Gesetzgeber vorformuliert sind.[29]

20 § 122 SGB XII ist die Vorschrift, die bislang die meisten Änderungen erfahren hat. Die Absätze 1-3 beziehen sich auf die Empfängerstatistik nach § 121 Nr. 1 SGB XII, Absatz 4 auf die Aufwandstatistik nach § 121 Nr. 2 SGB XII.

21 § 122 Abs. 1 SGB XII bezieht sich auf **Leistungen nach dem Dritten Kapitel** (§ 121 Nr. 1a SGB XII). Dabei wird zwischen Langzeit- und Kurzzeitempfängern differenziert (§ 122 Abs. 1 Nr. 1 und Nr. 2 SGB XII). Voraussetzung für eine Aufnahme in die Statistik nach Absatz 1 Satz 1 Nr. 1 (**Langzeitempfänger**) ist der Bezug von mindestens einem Monat. Damit fällt eine kürzere Gewährung von laufender Leistung, aber auch die alleinige Gewährung von einmaligen Bedarfen aus dem Anwendungsbereich dieser Statistik heraus.[30] Diese Leistungen werden in der Statistik nach Absatz 1 Satz 1 Nr. 2 berücksichtigt. Der Katalog der Erwerbsmerkmale ist bei dieser Statistik für die **Kurzzeitempfänger** wesentlich kleiner. Damit nahm der Gesetzgeber auf die „vergleichsweise mangelhafte Datenlage" bei den Sozialämtern zu diesem Personenbereich Rücksicht.[31]

22 § 122 Abs. 3 SGB XII bezieht sich auf Leistungen nach dem Fünften bis Neunten Kapitel (§ 121 Nr. 1c-g SGB XII). Diese Vorschrift fällt zum 01.01.2015 weg, da sich nun die §§ 128a ff. SGB XII mit der Statistik zu den Leistungen nach dem Vierten Kapitel beziehen. § 122 Abs. 3 SGB XII auf Leistungen nach dem Fünften bis Neunten Kapitel (§ 121 Nr. 1c-g SGB XII).

23 § 122 Abs. 4 SGB XII bezieht sich auf die **Aufwandsstatistik**. Dabei werden auch die Einnahmen nach den wesentlichen Leistungsarten differenziert. Seit dem 01.01.2009 werden die Gutachtenkosten nicht mehr erhoben (vgl. Rn. 8).

---

[26] *Raum* in: Mergler/Zink, SGB XII, § 122 Rn. 2.
[27] Vgl. auch: *Raum* in: Mergler/Zink, SGB XII, § 122 Rn. 2.
[28] BVerwG v. 11.12.1990 - 1 C 52/88 - NJW 1991, 1246.
[29] BVerfG v. 16.07.1969 - 1 BvL 19/63 - BVerfGE 27, 1 ff.; in Bezug auf § 122 SGB XII auch: *Raum* in: Mergler/Zink, SGB XII, § 122 Rn. 2.
[30] Vgl. dazu auch: *Raum* in: Mergler/Zink, SGB XII, § 122 Rn. 6; *Schlette* in: Hauck/Noftz, SGB XII, § 122 Rn. 2.
[31] BT-Drs. 12/4401, S. 87.

§ 123 SGB XII Hilfsmerkmale

(Fassung vom 02.12.2006, gültig ab 07.12.2006, gültig bis 31.12.2014)

(1) Hilfsmerkmale sind

1. Name und Anschrift des Auskunftspflichtigen,
2. für die Erhebung nach § 122 Abs. 1 Nr. 1 und Abs. 2 die Kennnummern der Leistungsberechtigten,
3. Name und Telefonnummer der für eventuelle Rückfragen zur Verfügung stehenden Person.

(2) ¹Die Kennnummern nach Absatz 1 Nr. 2 dienen der Prüfung der Richtigkeit der Statistik und der Fortschreibung der jeweils letzten Bestandserhebung. ²Sie enthalten keine Angaben über persönliche und sachliche Verhältnisse der Leistungsberechtigten und sind zum frühestmöglichen Zeitpunkt spätestens nach Abschluss der wiederkehrenden Bestandserhebung zu löschen.

§ 123 SGB XII Hilfsmerkmale

(Fassung vom 20.12.2012, gültig ab 01.01.2015)

(1) Hilfsmerkmale für Erhebungen nach § 121 sind

1. Name und Anschrift des Auskunftspflichtigen,
2. für die Erhebung nach § 122 Absatz 1 Nummer 1 die Kennnummern der Leistungsberechtigten,
3. Name und Telefonnummer der für eventuelle Rückfragen zur Verfügung stehenden Person.

(2) ¹Die Kennnummern nach Absatz 1 Nummer 2 dienen der Prüfung der Richtigkeit der Statistik und der Fortschreibung der jeweils letzten Bestandserhebung. ²Sie enthalten keine Angaben über persönliche und sachliche Verhältnisse der Leistungsberechtigten und sind zum frühestmöglichen Zeitpunkt spätestens nach Abschluss der wiederkehrenden Bestandserhebung zu löschen.

Gliederung

A. Basisinformationen 1	B. Auslegung der Normen 9
I. Textgeschichte/Gesetzgebungsmaterialien 1	I. Regelungsgehalt und Bedeutung der Normen 9
II. Vorgängervorschriften 5	II. Normzweck 10
III. Parallelvorschriften 6	III. Vereinbarkeit mit höherrangigem Recht 11
IV. Untergesetzliche Vorschriften 7	IV. Die Regelung im Einzelnen 12
V. Systematische Zusammenhänge 8	

A. Basisinformationen

I. Textgeschichte/Gesetzgebungsmaterialien

Die Vorschrift wurde durch Art. 1 des Gesetzes zur Einordnung des Sozialhilferechts in das Sozialgesetzbuch vom 27.12.2003[1] mit Wirkung zum 01.01.2005 eingeführt. Dabei wurde die Vorschriften **inhaltsgleich aus dem bisherigen § 129 BSHG in das Gesetzgebungsverfahren** eingeführt.[2] Eine Änderung erfolgte aber durch den Vermittlungsausschuss: Hier wurde § 122 Abs. 2 SGB XII eingeführt (vgl. die Kommentierung zu § 122 SGB XII Rn. 3), was zu einer Folgeänderung in § 123 SGB XII führte.[3]

1

---

[1] BGBl I 2003, 3022.
[2] Vgl. BT-Drs. 15/1514, S. 70.
[3] Vgl. BT-Drs. 15/2260, S. 5; auch zu den weiteren Änderungen.

2 Durch das Gesetz zur Änderung des Zwölften Sozialgesetzbuchs und anderer Gesetze vom 02.12.2006[4] wurde Absatz 1 Nr. 2 mit Wirkung vom 07.12.2006 geändert. Hierbei handelt es sich um eine rein sprachliche Änderung, eine Anpassung an den Sprachgebrauch des SGB XII.[5]

3 Die Vorschrift wurde durch Art. 1 Nr. 14 des Gesetzes zur Änderung des Zwölften Buches Sozialgesetzbuch vom 20.12.2012[6] erneut geändert, diese Änderung tritt aber erst **mit Wirkung vom 01.01.2015** in Kraft. Diese Änderungen stehen im Zusammenhang mit der neu eingeführten **gesonderten Statistik für die Leistungen nach dem Vierten Kapitel** in den §§ 128a ff. SGB XII. Die sich auf die Leistungen nach dem Vierten Kapitel beziehenden Regelungen waren dementsprechend aufzuheben, bezüglich der übrigen Vorschriften war eine Konkretisierung und Anpassung notwendig.[7]

4 Im Satzteil vor Nr. 1 werden deshalb nach dem Wort „Hilfsmerkmale" die Wörter „für Erhebungen nach § 121" eingefügt. Durch die Ergänzung wird klargestellt, dass die **Hilfsmerkmale** nach § 123 Abs. 1 SGB XII für die **Erhebungen nach § 121 SGB XII** (und nicht die nach § 128a SGB XII) gelten.[8] In Nr. 2 wird die Angabe „§ 122 Abs. 1 Nr. 1 und Abs. 2" durch die Wörter „§ 122 Absatz 1 Nummer 1" ersetzt. Durch diese Änderung wird als Folgeänderung zur Zusammenfassung der Vorschriften für die Statistik über Leistungsberechtigte nach dem Vierten Kapitel SGB XII in den §§ 128a ff. SGB XII die Verweisung ausschließlich für den Anwendungsbereich der Hilfsmerkmale auf die **Statistik nach dem Dritten Kapitel SGB XII** beschränkt. Im Übrigen liegt lediglich eine sprachliche Anpassung vor.[9]

II. Vorgängervorschriften

5 Diese Vorschrift wurde im Jahr 2005 (im Wesentlichen) aus **§ 129 BSHG** in der zuletzt geltenden Fassung übernommen (vgl. die Kommentierung zu § 121 SGB XII Rn. 5).

III. Parallelvorschriften

6 Zu den Parallelvorschriften vgl. die Kommentierung zu § 121 SGB XII Rn. 6.

IV. Untergesetzliche Vorschriften

7 Eine Verordnungsermächtigung existiert nicht (vgl. die Kommentierung zu § 121 SGB XII Rn. 7).

V. Systematische Zusammenhänge

8 Da es sich bei der Statistik nach § 121 SGB XII um eine **Bundesstatistik** handelt, ist ergänzend das Bundesstatistikgesetz (BStatG)[10] anwendbar.[11] § 123 SGB XII erfüllt die Anforderungen des § 9 Abs. 1 BStatG, die Hilfsmerkmale gesetzlich zu bestimmen (vgl. Rn. 9).

B. Auslegung der Normen

I. Regelungsgehalt und Bedeutung der Normen

9 § 123 SGB XII regelt die sog. **Hilfsmerkmale**. Dass diese gesetzlich zu bestimmen sind, ergibt sich aus § 9 Abs. 1 BStatG, der wegen § 121 SGB XII Anwendung findet (vgl. Rn. 8).[12] Hilfsmerkmale sind nach § 10 Abs. 1 Satz 3 BStatG Angaben, die der technischen Durchführung von Bundesstatistiken dienen.

II. Normzweck

10 Zum Normzweck vgl. die Kommentierung zu § 121 SGB XII Rn. 10.

---

[4] BGBl I 2006, 2670.
[5] Vgl. BT-Drs. 16/2711, S. 13.
[6] BGBl I 2012, 2783.
[7] Vgl. dazu auch: BT-Drs. 17/10748, S. 17.
[8] BT-Drs. 17/10748, S. 17.
[9] BT-Drs. 17/10748, S. 17.
[10] BGBl I 1987, 462, 565.
[11] *Raum* in: Mergler/Zink, vor § 121 Rn. 6.
[12] Unter dieser Bezugnahme auch BT-Drs. 12/4401, S. 88 bei Einführung des § 129 BSHG.

III. Vereinbarkeit mit höherrangigem Recht

Die Vorschrift ist mit **höherrangigem Recht** vereinbar (vgl. die Kommentierung zu § 121 SGB XII Rn. 11).

IV. Die Regelung im Einzelnen

§ 123 SGB XII regelt die sog. **Hilfsmerkmale**. Die Hilfsmerkmale dienen der **Durchführung der Statistik**. Im Fall des § 123 SGB XII sind dies nach Absatz 1 Nr. 1-3 Name und Anschrift des Auskunftspflichtigen, die Kennnummern der Leistungsberechtigten und Name und Telefonnummer der für eventuelle Rückfragen zur Verfügung stehenden Person.

Die Daten tauchen selbst nicht in der Statistik auf. Mit ihnen wird zum einen die Vollständigkeit des Rücklaufs der Daten geprüft.[13] Nach § 123 Abs. 2 Satz 1 SGB XII dienen sie zudem der **Prüfung der Richtigkeit** der Statistik und der Fortschreibung der jeweils letzten Bestandserhebung. Ebenso sind die Hilfsmerkmale für die Möglichkeit von Rückfragen an den Auskunftsgebenden bei nicht vollständigen oder nicht plausiblen Daten notwendig.[14]

Nach § 10 Abs. 1 Satz 4 BStatG dürfen die Hilfsmerkmale für andere Zwecke als der technischen Durchführung nur gespeichert werden, soweit es gesetzlich gesondert zugelassen ist. Dies ist nach § 10 Abs. 2 Satz 1 BStatG für den Namen der Gemeinde und die Blockseite[15] möglich, um eine **regionale Zuordnung** zu ermöglichen. Die übrigen Teile der Anschrift dürfen nach § 10 Abs. 2 Satz 2 BStatG für die Zuordnung zu Blockseiten für einen Zeitraum bis zu vier Jahren nach Abschluss der jeweiligen Erhebung genutzt werden.

Nach § 12 Abs. 1 Satz 1 BStatG sind Hilfsmerkmale grundsätzlich zu löschen, sobald bei den statistischen Ämtern die Überprüfung der Erhebungs- und Hilfsmerkmale auf ihre Schlüssigkeit und Vollständigkeit abgeschlossen ist. Nach Satz 2 sind sie zudem von den Erhebungsmerkmalen zum **frühestmöglichen Zeitpunkt zu trennen und gesondert aufzubewahren**. Eine Ausnahme gilt allerdings (unter anderem) nach § 12 Abs. 2 BStatG für periodische Erhebungen. Bei diesen periodischen Erhebungen dürfen die zur Bestimmung des Kreises der zu Befragenden erforderlichen Hilfsmerkmale, soweit sie für nachfolgende Erhebungen benötigt werden, gesondert aufbewahrt werden. Um eine solche Statistik handelt es sich bei den Erhebungen nach § 122 Abs. 1 Nr. 1 und Abs. 2 SGB XII. Deshalb kann hier nach § 123 Abs. 2 SGB XII die Kennnummer nach § 123 Abs. 1 Nr. 2 SGB XII gesondert aufbewahrt werden. Sie darf keine Angaben über persönliche und sachliche Verhältnisse der Leistungsberechtigten enthalten. Dabei ist darauf abzustellen, dass keine **direkte** Identifikation möglich ist.[16] Dies stellt eine Abweichung von § 3 Abs. 1 BDSG dar, wonach es für die Definition der personenbezogenen Daten ausreicht, dass Einzelangaben über persönliche oder sachliche Verhältnisse einer bestimmten oder **bestimmbaren** natürlichen Person vorliegen.

---

[13] *Raum* in: Mergler/Zink, SGB XII, § 123 Rn. 2; ähnlich bereits BT-Drs. 12/4401, S. 88 bei Einführung des § 129 BSHG.
[14] Vgl. dazu § 123 Abs. 1 Nr. 3 SGB XII; vgl. auch *Raum* in: Mergler/Zink, SGB XII, § 123 Rn. 2; *Niewald* in: LPK-SGB XII, § 123 Rn. 1.
[15] Blockseite ist nach § 10 Abs. 3 BStatG innerhalb eines Gemeindegebiets die Seite mit gleicher Straßenbezeichnung von der durch Straßeneinmündungen oder vergleichbare Begrenzungen umschlossenen Fläche.
[16] *Raum* in: Mergler/Zink, SGB XII, § 123 Rn. 4.

§ 124 SGB XII Periodizität, Berichtszeitraum und Berichtszeitpunkte

(Fassung vom 02.12.2006, gültig ab 07.12.2006, gültig bis 31.12.2014)

(1) ¹Die Erhebungen nach § 122 Abs. 1 Nr. 1 Buchstabe a bis c und Abs. 2 werden als Bestandserhebungen jährlich zum 31. Dezember durchgeführt. ²Die Angaben sind darüber hinaus bei Beginn und Ende der Leistungserbringung sowie bei Änderung der Zusammensetzung der Personengemeinschaft nach § 122 Abs. 1 Nr. 1 Buchstabe c zu erteilen. ³Die Angaben zu § 122 Abs. 1 Nr. 1 Buchstabe d sind ebenfalls zum Zeitpunkt der Beendigung der Leistungserbringung und der Änderung der Zusammensetzung der Personengemeinschaft zu erteilen.

(2) Die Erhebung nach § 122 Abs. 1 Nr. 2 wird als Bestandserhebung vierteljährlich zum Quartalsende durchgeführt.

(3) Die Erhebungen nach § 122 Abs. 3 und 4 erfolgen jährlich für das abgelaufene Kalenderjahr.

§ 124 SGB XII Periodizität, Berichtszeitraum und Berichtszeitpunkte

(Fassung vom 20.12.2012, gültig ab 01.01.2015)

(1) ¹Die Erhebungen nach § 122 Absatz 1 Nummer 1 Buchstabe a bis c werden als Bestandserhebungen jährlich zum 31. Dezember durchgeführt. ²Die Angaben sind darüber hinaus bei Beginn und Ende der Leistungserbringung sowie bei Änderung der Zusammensetzung der Personengemeinschaft nach § 122 Absatz 1 Nummer 1 Buchstabe c zu erteilen. ³Die Angaben zu § 122 Absatz 1 Nummer 1 Buchstabe d sind ebenfalls zum Zeitpunkt der Beendigung der Leistungserbringung und der Änderung der Zusammensetzung der Personengemeinschaft zu erteilen.

(2) Die Erhebung nach § 122 Absatz 1 Nummer 2 wird als Bestandserhebung vierteljährlich zum Quartalsende durchgeführt.

(3) Die Erhebungen nach § 122 Absatz 3 und 4 erfolgen jährlich für das abgelaufene Kalenderjahr.

Gliederung

A. Basisinformationen 1	B. Auslegung der Normen 9
I. Textgeschichte/Gesetzgebungsmaterialien 1	I. Regelungsgehalt und Bedeutung der Normen 9
II. Vorgängervorschriften 5	II. Normzweck 10
III. Parallelvorschriften 6	III. Vereinbarkeit mit höherrangigem Recht 11
IV. Untergesetzliche Vorschriften 7	IV. Die Regelung im Einzelnen 12
V. Systematische Zusammenhänge 8	

A. Basisinformationen

I. Textgeschichte/Gesetzgebungsmaterialien

1 Die Vorschrift wurde durch Art. 1 des Gesetzes zur Einordnung des Sozialhilferechts in das Sozialgesetzbuch vom 27.12.2003[1] mit Wirkung zum 01.01.2005 eingeführt. Dabei wurde die Vorschrift **im Gesetzgebungsverfahren zunächst inhaltsgleich aus dem bisherigen § 130 BSHG** übernommen.[2] Auf Vorschlag des Vermittlungsausschusses wurde aus dem Entwurf des § 124 Abs. 1 SGB XII aber

---

[1] BGBl I 2003, 3022.
[2] Vgl. BT-Drs. 15/1514, S. 70.

der Satz 4 gestrichen, der vorsah, dass mit den Erhebungsmerkmalen des § 122 SGB XII vierteljährlich Bestandszahlen festgeschrieben werden (was unter der Geltung des BSHG ebenfalls möglich war). Durch das Gesetz zur Änderung des Zwölften Sozialgesetzbuchs und anderer Gesetze vom 02.12.2006[3] erfolgte mit Wirkung zum 07.12.2006 zum einen eine **rein sprachliche Änderung**: Es wurde in der Überschrift das Wort „Berichtzeitpunkt" ergänzt, was den Umfang der Regelung klarer verdeutlichen sollte.[4] Zudem ergab sich in § 124 Abs. 1 Satz 2 SGB XII eine Folgeänderung daraus, dass mit dem gleichen Gesetz in § 122 Abs. 2 SGB XII eine Anpassung des Erhebungsumfangs an zwischenzeitliche Rechtsänderungen bzw. mit Zeitablauf weggefallene Erhebungskriterien erfolgte (vgl. die Kommentierung zu § 122 SGB XII Rn. 5).[5]

Die Vorschrift wurde durch Art. 1 Nr. 15 des Gesetzes zur Änderung des Zwölften Buches Sozialgesetzbuch vom 20.12.2012[6] erneut geändert, diese Änderung tritt aber erst **mit Wirkung vom 01.01.2015** in Kraft. Diese Änderungen stehen im Zusammenhang mit der neu eingeführten **gesonderten Statistik für die Leistungen nach dem Vierten Kapitel** in den §§ 128a ff. SGB XII. Die sich auf die Leistungen nach dem Vierten Kapitel beziehenden Regelungen waren dementsprechend aufzuheben, bezüglich der übrigen Vorschriften war eine Konkretisierung und Anpassung notwendig.[7]

Deshalb werden in § 124 Abs. 1 Satz 1 SGB XII die Wörter „§ 122 Abs. 1 Nr. 1 Buchstabe a bis c und Abs. 2" durch die Wörter „§ 122 Absatz 1 Nummer 1 Buchstabe a bis c" ersetzt. Dadurch wird die Bestimmung für die Durchführung einer Jahresstatistik auf Leistungsberechtigte und Leistungen nach dem Dritten Kapitel des SGB XII beschränkt. Die Periodizität der Statistik für das **Vierte Kapitel** bestimmt sich künftig nach § 128f SGB XII (vgl. dazu im Einzelnen die Kommentierung zu § 128f SGB XII). Bei den weiteren Änderungen in den (Sätzen 2 und 3 des Absatzes 1 sowie den Absätzen 2 und 3) handelt es sich um redaktionelle Änderungen zur Vereinheitlichung der Schreibweise innerhalb der Vorschrift.[8]

II. Vorgängervorschriften

Diese Vorschrift wurde im Jahr 2005 (im Wesentlichen) aus **§ 130 BSHG** in der zuletzt geltenden Fassung übernommen (vgl. die Kommentierung zu § 121 SGB XII Rn. 5).

III. Parallelvorschriften

Zu den Parallelvorschriften vgl. die Kommentierung zu § 121 SGB XII Rn. 6.

IV. Untergesetzliche Vorschriften

Eine Verordnungsermächtigung existiert nicht (vgl. die Kommentierung zu § 121 SGB XII Rn. 7).

V. Systematische Zusammenhänge

Da es sich bei der Statistik nach § 121 SGB XII um eine **Bundesstatistik** handelt, ist ergänzend das Bundesstatistikgesetz (BStatG)[9] anwendbar.[10] § 124 SGB XII erfüllt die Anforderungen des § 9 Abs. 1 BStatG, Berichtszeitraum, Berichtszeitpunkt und Periodizität zu bestimmen (vgl. Rn. 9).

B. Auslegung der Normen

I. Regelungsgehalt und Bedeutung der Normen

§ 124 SGB XII regelt **Periodizität, Berichtszeitraum und Berichtszeitpunkte** der Statistik. Dass diese gesetzlich zu bestimmen sind ergibt sich aus § 9 Abs. 1 BStatG, der wegen § 121 SGB XII Anwendung findet (vgl. Rn. 8).

II. Normzweck

Zum Normzweck vgl. die Kommentierung zu § 121 SGB XII Rn. 10.

---

[3] BGBl I 2006, 2670.
[4] Vgl. BT-Drs. 16/2711, S. 13.
[5] Vgl. BT-Drs. 16/2711, S. 13.
[6] BGBl I 2012, 2783.
[7] Vgl. dazu auch: BT-Drs. 17/10748, S. 17.
[8] BT-Drs. 17/10748, S. 18.
[9] BGBl I 1987, 462, 565.
[10] *Raum* in: Mergler/Zink, vor § 121 Rn. 6.

§ 124

III. Vereinbarkeit mit höherrangigem Recht

11 Die Vorschrift ist mit **höherrangigem Recht** vereinbar (vgl. die Kommentierung zu § 121 SGB XII Rn. 11).

IV. Die Regelung im Einzelnen

12 Nach § 124 Abs. 1 Satz 1 SGB XII werden die Erhebungen bezogen auf die Leistungen nach dem Dritten Kapitel (die länger als einen Monat im Bezug stehen – § 122 Abs. 1 Nr. 1 SGB XII) und dem Vierten Kapitel (§ 122 Abs. 2 SGB XII) als Bestandserhebungen **jährlich zum 31.12.** durchgeführt.

13 Nach § 124 Abs. 1 Satz 2 SGB XII werden diese Angaben darüber hinaus bei **Beginn und Ende der Leistungserbringung** sowie bei **Änderung der Zusammensetzung der Personengemeinschaft** im Sinne des § 122 Abs. 1 Nr. 1c SGB XII erteilt. Dabei sind nach § 124 Abs. 1 Satz 3 SGB XII auch die Angaben nach § 122 Abs. 1 Nr. 1d SGB XII zu erteilen, die sich (nur) auf die Änderung der Zusammensetzung der Personengemeinschaft und die Beendigung der Leistungserbringung beziehen. Diese Regelungen sind quasi ein Verbleib des zunächst gesehenen Bedarfs an aktuellen, unterjährigen Bestands-, Zu- und Abgangsdaten bei Einführung der Vorschriften im Jahr 1993.[11] Allerdings wurde bereits bei dieser Einführung bezogen auf (den jetzigen) § 122 Abs. 1 Nr. 1 SGB XII auf eine vierteljährige Bestandsstatistik verzichtet, um die Jahresstatistik zeitnäher nutzen zu können.[12] Zudem wurde die vierteljährliche Fortschreibung der Bestandszahlen anhand der Zu- und Abgänge bei Einordnung des BSHG in das Sozialgesetzbuch auf Vorschlag des Vermittlungsausschusses gestrichen (vgl. Rn. 1). Bei Zu- und Abgängen und Änderungen der Bedarfsgemeinschaft müssen die Angaben danach zwar weiterhin direkt erteilt werden, sie werden aber **nicht mehr in eine vierteljährliche Abgangs- und Zugangsstatistik umgesetzt**.

14 Eine vierteljährige Erhebung gibt es noch für die **Kurzzeitbezieher**, § 124 Abs. 2 SGB XII in Verbindung mit § 122 Abs. 1 Nr. 2 SGB XII. Die weiteren Erhebungen (nach § 122 Abs. 3 SGB XII und § 122 Abs. 4 SGB XII) erfolgen nach § 124 Abs. 3 SGB XII ebenfalls jährlich.

---

[11] BT-Drs. 12/4401, S. 88 bei Einführung des § 130 BSHG.
[12] BT-Drs. 12/4401, S. 88 bei Einführung des § 130 BSHG.

§ 125 SGB XII Auskunftspflicht

(Fassung vom 02.12.2006, gültig ab 07.12.2006, gültig bis 31.12.2014)

(1) ¹**Für die Erhebungen besteht Auskunftspflicht.** ²Die Angaben nach § 123 Abs. 1 Nr. 3 sowie die Angaben zum Gemeindeteil nach § 122 Abs. 1 Nr. 1 Buchstabe c, § 122 Abs. 2 und Abs. 3 Nr. 1 sind freiwillig.

(2) **Auskunftspflichtig sind die zuständigen örtlichen und überörtlichen Träger der Sozialhilfe sowie die kreisangehörigen Gemeinden und Gemeindeverbände, soweit sie Aufgaben dieses Buches wahrnehmen.**

§ 125 SGB XII Auskunftspflicht

(Fassung vom 20.12.2012, gültig ab 01.01.2015)

(1) ¹**Für die Erhebungen nach § 121 besteht Auskunftspflicht.** ²Die Angaben nach § 123 Absatz 1 Nummer 3 sowie die Angaben zum Gemeindeteil nach § 122 Absatz 1 Nummer 1 Buchstabe c und Absatz 3 Nummer 1 sind freiwillig.

(2) **Auskunftspflichtig sind die zuständigen örtlichen und überörtlichen Träger der Sozialhilfe sowie die kreisangehörigen Gemeinden und Gemeindeverbände, soweit sie Aufgaben dieses Buches wahrnehmen.**

Gliederung

A. Basisinformationen 1	B. Auslegung der Normen 9
I. Textgeschichte/Gesetzgebungsmaterialien 1	I. Regelungsgehalt und Bedeutung der Normen 9
II. Vorgängervorschriften 5	II. Normzweck 10
III. Parallelvorschriften 6	III. Vereinbarkeit mit höherrangigem Recht 11
IV. Untergesetzliche Vorschriften 7	IV. Die Regelung im Einzelnen 12
V. Systematische Zusammenhänge 8	

A. Basisinformationen

I. Textgeschichte/Gesetzgebungsmaterialien

Die Vorschrift wurde durch Art. 1 des Gesetzes zur Einordnung des Sozialhilferechts in das Sozialgesetzbuch vom 27.12.2003[1] zum 01.01.2005 eingeführt. Dabei wurde die Vorschrift **inhaltsgleich aus dem bisherigen § 131 BSHG in das Gesetzgebungsverfahren** eingeführt.[2] Eine Änderung erfolgte durch den Vermittlungsausschuss: Hier wurde § 122 Abs. 2 SGB XII eingeführt (vgl. die Kommentierung zu § 122 SGB XII Rn. 3), was zu einer Folgeänderung in § 125 SGB XII führte.[3] **1**

Durch das Gesetz zur Änderung des Zwölften Sozialgesetzbuchs und anderer Gesetze vom 02.12.2006[4] ergab sich mit Wirkung zum 07.12.2006 in § 124 Abs. 1 Sätze 1-3 SGB XII eine weitere Folgeänderungen daraus, dass mit dem gleichen Gesetz in § 122 Abs. 2 SGB XII eine Anpassung des Erhebungsumfangs an zwischenzeitliche Rechtsänderungen bzw. mit Zeitablauf weggefallene Erhebungskriterien erfolgte (vgl. die Kommentierung zu § 122 SGB XII Rn. 5).[5] **2**

Die Vorschrift wurde durch Art. 1 Nr. 16 des Gesetzes zur Änderung des Zwölften Buches Sozialgesetzbuch vom 20.12.2012[6] erneut geändert, diese Änderung tritt aber erst **mit Wirkung vom 01.01.2015** in Kraft. Diese Änderungen stehen im Zusammenhang mit der neu eingeführten **gesonder-** **3**

---
[1] BGBl I 2003, 3022.
[2] Vgl. BT-Drs. 15/1514, S. 70.
[3] Vgl. BT-Drs. 15/2260, S. 5; auch zu den weiteren Änderungen.
[4] BGBl I 2006, 2670.
[5] Vgl. BT-Drs. 16/2/11, S. 13.
[6] BGBl I 2012, 2783.

ten Statistik für die Leistungen nach dem Vierten Kapitel in den §§ 128a ff. SGB XII. Die sich auf die Leistungen nach dem Vierten Kapitel beziehenden Regelungen waren dementsprechend aufzuheben, bezüglich der übrigen Vorschriften war eine Konkretisierung und Anpassung notwendig.[7]

4 Danach wird in § 125 Satz 1 SGB XII nach dem Wort „Erhebungen" die Angabe „nach § 121" eingefügt. Durch die Einfügung dieses Verweises auf § 121 SGB XII wird verdeutlicht, dass die in § 125 SGB XII geregelten Hilfsmerkmale **ausschließlich für die Erhebungen nach den §§ 121 ff. SGB XII** gelten.[8] Der Satz 2 wird insgesamt neu gefasst und zwar wie folgt: „Die Angaben nach § 123 Absatz 1 Nummer 3 sowie die Angaben zum Gemeindeteil nach § 122 Absatz 1 Nummer 1 Buchstabe c und Absatz 3 Nummer 1 sind freiwillig." Dadurch bleiben bei der freiwilligen Angabe von Hilfsmerkmalen die Erhebungen zu **Leistungsberechtigten** und **Leistungen nach dem Vierten Kapitel SGB XII unberücksichtigt**. Es handelt sich dementsprechend um eine Folgeänderung zur Zusammenfassung der Vorschriften über die Bundesstatistik für das Vierte Kapitel SGB XII in den §§ 128a ff. SGB XII.[9]

II. Vorgängervorschriften

5 Die Vorschrift wurde im Jahr 2005 (im Wesentlichen) aus **§ 131 BSHG** in der zuletzt geltenden Fassung übernommen (vgl. die Kommentierung zu § 121 SGB XII Rn. 5).

III. Parallelvorschriften

6 Zu den Parallelvorschriften vgl. die Kommentierung zu § 121 SGB XII Rn. 6.

IV. Untergesetzliche Vorschriften

7 Eine Verordnungsermächtigung existiert nicht (vgl. die Kommentierung zu § 121 SGB XII Rn. 7).

V. Systematische Zusammenhänge

8 Da es sich bei der Statistik nach § 121 SGB XII um eine **Bundesstatistik** handelt, ist ergänzend das Bundesstatistikgesetz (BStatG)[10] anwendbar.[11] § 125 SGB XII erfüllt die Anforderungen des § 15 Abs. 1 Satz 1 BStatG, wonach gesetzlich zu bestimmen ist, ob und in welchem Umfang die Erhebung mit oder ohne Auskunftspflicht erfolgen soll (vgl. Rn. 9).

B. Auslegung der Normen

I. Regelungsgehalt und Bedeutung der Normen

9 § 125 SGB XII regelt den Umfang der **Auskunftspflicht der Behörden**. § 15 Abs. 1 Satz 1 BStatG, der wegen § 121 SGB XII Anwendung findet (vgl. Rn. 7), fordert, dass die eine Bundesstatistik anordnende Rechtsvorschrift festzulegen hat, ob und in welchem Umfang die Erhebung mit oder ohne Auskunftspflicht erfolgen soll. Nach den Gesetzgebungsunterlagen (zum BStatG) soll der Gesetzgeber dies für jeden Einzelfall prüfen.[12] Die Auskunftspflicht sollte nicht perpetuiert werden.[13]

II. Normzweck

10 Zum Normzweck vgl. die Kommentierung zu § 121 SGB XII Rn. 10.

III. Vereinbarkeit mit höherrangigem Recht

11 Die Vorschrift ist mit **höherrangigem Recht** vereinbar (vgl. die Kommentierung zu § 121 SGB XII Rn. 11).

IV. Die Regelung im Einzelnen

12 Nach § 125 Abs. 1 Satz 1 SGB XII besteht für die Erhebung **grundsätzlich Auskunftspflicht**. Allerdings sind in Satz 2 Ausnahmen geregelt. Die **Freiwilligkeit** gilt zunächst für Name und Telefonnummer der für eventuelle Rückfragen zur Verfügung stehenden Person (§ 123 Abs. 1 Nr. 3 SGB XII). Au-

---

[7] Vgl. dazu auch: BT-Drs. 17/10748, S. 17.
[8] BT-Drs. 17/10748, S. 18.
[9] BT-Drs. 17/10748, S. 18.
[10] BGBl I 1987, 462, 565.
[11] *Raum* in: Mergler/Zink, vor § 121 Rn. 6.
[12] BT-Drs. 10/6666, S. 14, 15 unter Bezugnahme das Volkszählungsurteil des BVerfG.
[13] BT-Drs. 10/6666, S. 15.

ßerdem sind die Angaben zu den zusätzlichen Erhebungsmerkmalen bei Personengemeinschaften (§ 122 Abs. 1 Nr. 1c SGB XII) und den gesamten Erhebungsmerkmalen bei Leistungen nach dem Vierten, Fünften, Achten und Neunten Kapitel (§ 122 Abs. 2, Abs. 3 Nr. 1 SGB XII) freiwillig. Bezüglich der weiteren Erhebungen (Sechstes Kapitel und Siebtes Kapitel) sind die Daten teilweise freiwillig (§ 122 Abs. 3 Nr. 1 SGB XII). Die Daten nach § 122 Abs. 3 Nr. 2-4 SGB XII scheinen von dieser Freiwilligkeit nicht umfasst zu sein. Für Zusatzerhebungen nach § 128 SGB XII kann der Kreis der Auskunftspflichtigen im Sinne des § 125 Abs. 2 SGB XII nach § 129 Nr. 1a SGB XII durch Verordnung erweitert werden.[14]

Verfassungsrechtlich ist die Auskunftspflicht **nicht problematisch**, da Träger des Grundrechts auf informationelle Selbstbestimmung nur natürliche Personen sind und hier Behörden auskunftspflichtig sind. Zwar kann der Amtsträger auch als solcher Träger dieses Grundrechts sein,[15] nicht jedoch bezogen auf die Herausgabe allgemeiner, sich nicht auf ihn konkret beziehender Daten.[16] 13

Auskunftspflichtig sind nach § 125 Abs. 2 SGB XII die **zuständigen örtlichen und überörtlichen Träger der Sozialhilfe** sowie die kreisangehörigen Gemeinden und Gemeindeverbände, soweit sie Aufgaben des SGB XII wahrnehmen. Damit sind neben den Trägern im Sinne des § 3 Abs. 1 SGB XII auch die Stellen auskunftspflichtig, denen Aufgaben nach § 99 Abs. 1 oder Abs. 2 SGB XII übertragen wurden. 14

Die Auskunftspflicht besteht nach § 15 Abs. 5 BStatG gegenüber den mit der Durchführung der Bundesstatistiken amtlich betrauten Stellen und Personen. Dies sind bei der Sozialhilfestatistik grundsätzlich die Statistischen Landesämter (vgl. die Kommentierung zu § 121 SGB XII Rn. 15). 15

---

[14] Vgl. dazu auch *Schlette* in: Hauck/Noftz, SGB XII, § 125 Rn. 1.
[15] BVerwG v. 23.06.2004 - 3 C 41/03 - juris Rn. 30 ff. - BVerwGE 121, 115 ff.
[16] Ebenso *Raum* in: Mergler/Zink, SGB XII, § 125 Rn 3.

§ 126 SGB XII Übermittlung, Veröffentlichung

(Fassung vom 27.12.2003, gültig ab 01.01.2005, gültig bis 31.12.2014)

(1) ¹An die fachlich zuständigen obersten Bundes- oder Landesbehörden dürfen für die Verwendung gegenüber den gesetzgebenden Körperschaften und für Zwecke der Planung, jedoch nicht für die Regelung von Einzelfällen, vom Statistischen Bundesamt und den statistischen Ämtern der Länder Tabellen mit statistischen Ergebnissen übermittelt werden, auch soweit Tabellenfelder nur einen einzigen Fall ausweisen. ²Tabellen, deren Tabellenfelder nur einen einzigen Fall ausweisen, dürfen nur dann übermittelt werden, wenn sie nicht differenzierter als auf Regierungsbezirksebene, bei Stadtstaaten auf Bezirksebene, aufbereitet sind.

(2) Die statistischen Ämter der Länder stellen dem Statistischen Bundesamt für Zusatzaufbereitungen des Bundes jährlich unverzüglich nach Aufbereitung der Bestandserhebung und der Erhebung im Laufe des Berichtsjahres Einzelangaben aus einer Zufallsstichprobe mit einem Auswahlsatz von 25 vom Hundert der Leistungsempfänger zur Verfügung.

(3) Die Ergebnisse der Sozialhilfestatistik dürfen auf die einzelne Gemeinde bezogen veröffentlicht werden.

§ 126 SGB XII Übermittlung, Veröffentlichung

(Fassung vom 20.12.2012, gültig ab 01.01.2015)

(1) ¹An die fachlich zuständigen obersten Bundes- oder Landesbehörden dürfen für die Verwendung gegenüber den gesetzgebenden Körperschaften und für Zwecke der Planung, jedoch nicht für die Regelung von Einzelfällen, vom Statistischen Bundesamt und den statistischen Ämtern der Länder Tabellen mit statistischen Ergebnissen nach § 121 übermittelt werden, auch soweit Tabellenfelder nur einen einzigen Fall ausweisen. ²Tabellen, deren Tabellenfelder nur einen einzigen Fall ausweisen, dürfen nur dann übermittelt werden, wenn sie nicht differenzierter als auf Regierungsbezirksebene, bei Stadtstaaten auf Bezirksebene, aufbereitet sind.

(2) Die statistischen Ämter der Länder stellen dem Statistischen Bundesamt zu den Erhebungen nach § 121 für Zusatzaufbereitungen des Bundes jährlich unverzüglich nach Aufbereitung der Bestandserhebung und der Erhebung im Laufe des Berichtsjahres Einzelangaben aus einer Zufallsstichprobe mit einem Auswahlsatz von 25 vom Hundert der Leistungsempfänger zur Verfügung.

(3) Die Ergebnisse der Sozialhilfestatistik dürfen auf die einzelne Gemeinde bezogen veröffentlicht werden.

Gliederung

A. Basisinformationen 1	I. Regelungsgehalt und Bedeutung der Normen 8
I. Textgeschichte/Gesetzgebungsmaterialien 1	II. Normzweck 9
II. Vorgängervorschriften 4	III. Vereinbarkeit mit höherrangigem Recht 10
III. Parallelvorschriften 5	IV. Die Regelung im Einzelnen 11
IV. Untergesetzliche Vorschriften 6	1. Übermittlung von Tabellen (Absatz 1) 11
V. Systematische Zusammenhänge 7	2. Zusatzerhebungen (Absatz 2) 14
B. Auslegung der Normen 8	3. Veröffentlichung (Absatz 3) 17

A. Basisinformationen

I. Textgeschichte/Gesetzgebungsmaterialien

Die Vorschrift wurde durch Art. 1 des Gesetzes zur Einordnung des Sozialhilferechts in das Sozialgesetzbuch vom 27.12.2003[1] mit Wirkung zum 01.01.2005 eingeführt. Dabei wurden die Absätze 1 und 3 der Vorschrift **inhaltsgleich aus dem bisherigen § 132 BSHG** übernommen.[2] In Absatz 2 wurde die vorgesehene Stichprobe auf die Empfänger von Leistungen nach dem Vierten bis Achten Kapitel erweitert.[3] 1

Die Vorschrift wurde durch Art. 1 Nr. 17 des Gesetzes zur Änderung des Zwölften Buches Sozialgesetzbuch vom 20.12.2012[4] geändert, diese Änderung tritt aber erst **mit Wirkung vom 01.01.2015** in Kraft. Diese Änderungen stehen im Zusammenhang mit der neu eingeführten **gesonderten Statistik für die Leistungen nach dem Vierten Kapitel** in den §§ 128a ff. SGB XII. Die sich auf die Leistungen nach dem Vierten Kapitel beziehenden Regelungen waren dementsprechend aufzuheben, bezüglich der übrigen Vorschriften war eine Konkretisierung und Anpassung notwendig.[5] 2

In § 126 Abs. 1 Satz 1 SGB XII wird deshalb nach dem Wort „Ergebnissen" die Angabe „nach § 121" eingefügt. Durch diese Ergänzung wird klargestellt, dass die Vorschrift für die Übermittlung von statistischen Ergebnissen für die **Erhebungen nach den §§ 121 ff. SGB XII** gilt.[6] In Absatz 2 werden nach den Wörtern „Statistischen Bundesamt" die Wörter „zu den Erhebungen nach § 121" eingefügt. Dadurch wird ebenfalls klargestellt, dass sich die Weitergabe von Datensätzen aus einer Zufallsstichprobe von den Statistischen Ämtern der Länder an das Statistische Bundesamt auf Daten aus den **Erhebungen nach den §§ 121 ff. SGB XII** bezieht.[7] 3

II. Vorgängervorschriften

Die Vorschriften wurde im Jahr 2005 (im Wesentlichen) aus **§ 132 BSHG** in der zuletzt geltenden Fassung übernommen (vgl. die Kommentierung zu § 121 SGB XII Rn. 5). 4

III. Parallelvorschriften

Zu den Parallelvorschriften vgl. die Kommentierung zu § 121 SGB XII Rn. 6. 5

IV. Untergesetzliche Vorschriften

Eine Verordnungsermächtigung existiert nicht (vgl. die Kommentierung zu § 121 SGB XII Rn. 7). 6

V. Systematische Zusammenhänge

Da es sich bei der Statistik nach § 121 SGB XII um eine **Bundesstatistik** handelt, ist ergänzend das Bundesstatistikgesetz (BStatG)[8] anwendbar.[9] Für § 126 Abs. 1 SGB XII ist dabei vor allem § 16 Abs. 4 BStatG relevant (vgl. Rn. 12). § 126 Abs. 3 SGB XII erfüllt die Voraussetzungen des § 16 Abs. 1 Satz 1 BStatG (vgl. Rn. 17). 7

B. Auslegung der Normen

I. Regelungsgehalt und Bedeutung der Normen

§ 126 SGB XII regelt die **Übermittlung und die Veröffentlichung der Daten**. § 126 Abs. 1 SGB XII regelt dabei die Übermittlung in dem datenschutzrechtlich problematischen Fall von Tabellen, deren Tabellenfelder nur einen einzigen Fall ausweisen (sog. „Tabellen-Eins"). § 126 Abs. 2 SGB XII regelt Zusatzaufbereitungen anhand einer Zufallsstichprobe. § 126 Abs. 3 SGB XII regelt schließlich die Veröffentlichung. 8

---

[1] BGBl I 2003, 3022.
[2] Vgl. BT-Drs. 15/1514, S. 70.
[3] Vgl. BT-Drs. 15/1514, S. 70.
[4] BGBl I 2012, 2783.
[5] Vgl. dazu auch: BT-Drs. 17/10748, S. 17.
[6] BT-Drs. 17/10748, S. 18.
[7] BT-Drs. 17/10748, S. 18.
[8] BGBl I 1987, 462, 565.
[9] *Raum* in: Mergler/Zink, vor § 121 Rn. 6.

II. Normzweck

9   Zum Normzweck vgl. die Kommentierung zu § 121 SGB XII Rn. 10.

III. Vereinbarkeit mit höherrangigem Recht

10 Die Vorschrift ist mit **höherrangigem Recht** vereinbar (vgl. die Kommentierung zu § 121 SGB XII Rn. 11).

IV. Die Regelung im Einzelnen

1. Übermittlung von Tabellen (Absatz 1)

11 § 126 Abs. 1 SGB XII regelt die **Übermittlung von Tabellen**, deren Tabellenfelder **nur einen einzigen Fall** ausweisen. Datenschutzrechtlich problematisch sind diese Fälle deshalb, da hier keine wirkliche Anonymisierung vorliegt. Nach § 3 Abs. 6 BDSG ist Anonymisieren das derartige Verändern personenbezogener Daten, dass die Einzelangaben über persönliche oder sachliche Verhältnisse nicht mehr oder nur mit einem unverhältnismäßig großen Aufwand an Zeit, Kosten und Arbeitskraft einer bestimmten oder bestimmbaren natürlichen Person zugeordnet werden können. Dies ist bei einer Tabelle mit nur einem Fall gerade nicht der Fall.

12 Deshalb ergeben sich aus **§ 16 Abs. 4 BStatG**, der wegen § 121 SGB XII Anwendung findet (vgl. Rn. 6), besondere Anforderungen, um eine unbegrenzte Weitergabe derartiger Daten zu verhindern.[10] Danach dürfen die Daten nur dann an die oberste Bundes- oder Landesbehörde übermittelt werden, wenn dies durch die eine Bundesstatistik anordnenden Rechtsvorschriften zugelassen ist. Diese Rechtsgrundlage schafft § 126 Abs. 1 SGB XII.

13 In seinen Voraussetzungen knüpft **§ 126 Abs. 1 Satz 1 SGB XII** dabei zunächst an den Anforderungen aus § 16 Abs. 4 Satz 1 BStatG an. Danach darf eine derartige Einzeldaten enthaltende Erhebung nur für die Verwendung gegenüber den gesetzgebenden Körperschaften und für Zwecke der Planung, jedoch nicht für die Regelung von Einzelfällen (also zum Erlassen von Verwaltungsakten, § 31 SGB X) an die obersten Bundes- oder Landesbehörden vom Statistischen Bundesamt und den statistischen Ämtern der Länder übermittelt werden. § 126 Abs. 1 Satz 1 SGB XII verschärft diese Anforderungen noch dahingehend, dass nur eine Übermittlung an das **zuständige Ministerium** möglich ist. Zudem darf eine Übermittlung nach Absatz 1 Satz 2 nur dann erfolgen, wenn sie nicht differenzierter als auf Regierungsbezirksebene, bei Stadtstaaten auf Bezirksebene, aufbereitet sind.

2. Zusatzerhebungen (Absatz 2)

14 Nach § 126 Abs. 2 SGB XII haben die statistischen Ämter der Länder dem Statistischen Bundesamt für **Zusatzaufbereitungen** des Bundes jährlich unverzüglich nach Aufbereitung der Bestandserhebung und der Erhebung im Laufe des Berichtsjahres Einzelangaben aus einer Zufallsstichprobe mit einem **Auswahlsatz von 25%** der Leistungsempfänger zur Verfügung zu stellen. Zuständig ist, wie sich dem Wortlaut der Vorschrift entnehmen lässt, das Statistische Bundesamt.[11]

15 Diese Zusatzaufbereitungen begründete der Gesetzgeber bei Einführung im Jahr 1993 damit, dass für **ad-hoc-Anfragen** und wissenschaftliche Auswertungen zur Fortentwicklung des Sozialhilferechts auf Bundesebene jederzeit detailliertes Basismaterial verfügbar sein soll, das tiefergehende Analysen zulässt, als sie die Standardauswertung vorsieht.[12] Damit soll gewährleistet werden, dass umfassende Daten zeitnah vorliegen und verfügbar sind.

16 Mit der Einfügung in das SGB XII hat der Gesetzgeber diese Zufallsstichprobe auf die Bezieher nach dem **Vierten bis Neunten Kapitel erweitert** (vgl. Rn. 1). Damit sollte vor allem auch im Bereich der Hilfe zur Pflege und der Eingliederungshilfe eine weitergehende Datenerhebung möglich sein. In diesem Bereich sei es wünschenswert, die Zufallsstichprobe für diese Leistungen sowohl auf die Bestandserhebung als auch auf die Erhebung der Empfängerinnen und Empfänger im Laufe des Berichtsjahres auszudehnen.[13]

---

[10] BT-Drs. 10/6666, S. 15.
[11] Vgl. dazu auch: § 3 Abs. 1 Satz 1 Nr. 2b BStatG.
[12] BT-Drs. 12/4401, S. 88 bei Einführung des § 132 BSHG.
[13] BT-Drs. 15/1514, S. 70.

3. Veröffentlichung (Absatz 3)

Nach § 126 Abs. 3 SGB XII dürfen die Ergebnisse der Sozialhilfestatistik **auf die einzelne Gemeinde bezogen** veröffentlicht werden. Danach soll die Veröffentlichung durch die Gemeinde ermöglicht werden, da diese schließlich auch nach § 125 SGB XII auskunftspflichtig ist.[14] Eine derartige Veröffentlichung berührt das Statistikgeheimnis aus § 16 BStatG, weshalb eine gesetzliche Ermächtigung notwendig ist.[15] Die Vorschrift lässt eine Ausnahme von der Geheimhaltungspflicht aber nur in Bezug auf die Gemeinde, nicht in Bezug auf die Leistungsempfänger zu, um das berechtigte Interesse der Leistungsempfänger an der Geheimhaltung zu wahren.[16] Aus diesen Gründen wurde eine zunächst geplante Veröffentlichung bezogen auf Gemeindeteile auch aus dem Entwurf gestrichen.[17]

17

---

[14] BT-Drs. 12/4401, S. 88 bei Einführung des § 132 BSHG.
[15] § 16 Abs. 1 Satz 1 BStatG.
[16] BT-Drs. 12/4401, S. 88 bei Einführung des § 132 BSHG.
[17] BT-Drs. 12/4801, S. 32, 139 bei Einführung des § 132 BSHG.

§ 127 SGB XII Übermittlung an Kommunen

(Fassung vom 27.12.2003, gültig ab 01.01.2005)

(1) Für ausschließlich statistische Zwecke dürfen den zur Durchführung statistischer Aufgaben zuständigen Stellen der Gemeinden und Gemeindeverbände für ihren Zuständigkeitsbereich Einzelangaben aus der Erhebung nach § 122 mit Ausnahme der Hilfsmerkmale übermittelt werden, soweit die Voraussetzungen nach § 16 Abs. 5 des Bundesstatistikgesetzes gegeben sind.

(2) Die Daten können auch für interkommunale Vergleichszwecke übermittelt werden, wenn die betreffenden Träger der Sozialhilfe zustimmen und sichergestellt ist, dass die Datenerhebung der Berichtsstellen nach standardisierten Erfassungs- und Melderegelungen sowie vereinheitlichter Auswertungsroutine erfolgt.

Gliederung

A. Basisinformationen 1	B. Auslegung der Normen 6
I. Textgeschichte/Gesetzgebungsmaterialien 1	I. Regelungsgehalt und Bedeutung der Normen 6
II. Vorgängervorschriften................................ 2	II. Normzweck 7
III. Parallelvorschriften 3	III. Vereinbarkeit mit höherrangigem Recht............ 8
IV. Untergesetzliche Vorschriften 4	IV. Die Regelung im Einzelnen 9
V. Systematische Zusammenhänge................ 5	

A. Basisinformationen

I. Textgeschichte/Gesetzgebungsmaterialien

1 Die Vorschrift wurde durch Art. 1 des Gesetzes zur Einordnung des Sozialhilferechts in das Sozialgesetzbuch vom 27.12.2003[1] zum 01.01.2005 eingeführt. Dabei wurde Absatz 1 der Vorschrift **inhaltsgleich aus dem bisherigen § 133 BSHG** übernommen.[2] Neu eingeführt wurde Absatz 2, der interkommunale Vergleiche der in Absatz 1 genannten Kommunen erleichtern sollte. Die bisher von einzelnen Trägern gemeinsam mit anderen erfolgten Vergleiche hätten sich für die Durchführung der Sozialhilfe als hilfreich erwiesen.[3]

II. Vorgängervorschriften

2 Die Vorschrift wurde im Jahr 2005 (im Wesentlichen) aus **§ 133 BSHG** in der zuletzt geltenden Fassung übernommen (vgl. die Kommentierung zu § 121 SGB XII Rn. 5).

III. Parallelvorschriften

3 Zu den Parallelvorschriften vgl. die Kommentierung zu § 121 SGB XII Rn. 6.

IV. Untergesetzliche Vorschriften

4 Eine Verordnungsermächtigung existiert nicht (vgl. die Kommentierung zu § 121 SGB XII Rn. 7).

V. Systematische Zusammenhänge

5 Da es sich bei der Statistik nach § 121 SGB XII um eine **Bundesstatistik** handelt, ist ergänzend das Bundesstatistikgesetz (BStatG)[4] anwendbar.[5] Für § 127 SGB XII ist dabei vor allem § 16 Abs. 5 BStatG relevant (vgl. Rn. 11).

---

[1] BGBl I 2003, 3022.
[2] Vgl. BT-Drs. 15/1514, S. 70.
[3] Vgl. BT-Drs. 15/1514, S. 70.
[4] BGBl I 1987, 462, 565.
[5] *Raum* in: Mergler/Zink, vor § 121 Rn. 6.

B. Auslegung der Normen

I. Regelungsgehalt und Bedeutung der Normen

§ 127 SGB XII regelt die **Übermittlung an Kommunen**. Absatz 1 regelt dabei die gewöhnliche Übermittlung der Daten, Absatz 2 den sog. interkommunalen Vergleich. 6

II. Normzweck

Zum Normzweck vgl. die Kommentierung zu § 121 SGB XII Rn. 10. 7

III. Vereinbarkeit mit höherrangigem Recht

Die Vorschrift ist mit **höherrangigem Recht** vereinbar (vgl. die Kommentierung zu § 121 SGB XII Rn. 11). 8

IV. Die Regelung im Einzelnen

§ 127 SGB XII regelt die **Übermittlung an Kommunen**. Absatz 1 regelt dabei die gewöhnliche Übermittlung der Daten, Absatz 2 den sog. interkommunalen Vergleich. 9

Nach § 127 Abs. 1 SGB XII dürfen **für ausschließlich statistische Zwecke** den zur Durchführung statistischer Aufgaben zuständigen Stellen der Gemeinden und Gemeindeverbände für ihren Zuständigkeitsbereich Einzelangaben aus der Erhebung nach § 122 SGB XII mit Ausnahme der Hilfsmerkmale übermittelt werden. „Ausschließlich aus statistischen Zwecken" bedeutet, dass diese Daten nicht herangezogen werden dürften, um Einzelfälle zu regeln, also **Verwaltungsakte im Sinne des § 31 SGB X** zu erlassen (vgl. die Kommentierung zu § 126 SGB XII Rn. 13).[6] 10

Die Übersendung ist allerdings nur möglich, soweit die Voraussetzungen des **§ 16 Abs. 5 BStatG** erfüllt sind.[7] Diese Vorschrift setzt voraus, dass die Übermittlung in einem eine Bundesstatistik anordnenden Gesetz vorgesehen ist und Art und Umfang der zu übermittelnden Einzelangaben bestimmt sind. Dies ist durch § 127 Abs. 1 SGB XII und § 122 SGB XII gegeben: § 127 Abs. 1 SGB XII ordnet die Möglichkeit der Übermittlung an, der Umfang ist durch § 127 Abs. 1 SGB XII in Verbindung mit § 122 SGB XII bestimmt. Dass die Hilfsmerkmale (nach § 123 SGB XII) hierbei auszunehmen sind, ist ebenfalls in § 127 Abs. 1 SGB XII explizit geregelt. 11

Die Übermittlung ist zudem nach § 16 Abs. 5 Satz 2 BStatG nur zulässig, wenn durch Landesgesetz eine **Trennung der Stellen**, an die übersandt werden soll, von anderen kommunalen Verwaltungsstellen sichergestellt und das Statistikgeheimnis durch **Organisation und Verfahren** gewährleistet ist. Diese Vorgaben beruhen auf den Anforderungen des BVerfG im Volkszählungsurteil, wonach eine Übermittlung nur möglich ist, wenn „das Statistikgeheimnis und das Gebot der frühzeitigen Anonymisierung ebenso durch Organisation und Verfahren zuverlässig sichergestellt sind wie bei den Statistischen Ämtern des Bundes und der Länder".[8] Die in § 16 Abs. 5 Satz 2 BStatG geforderte Trennung ist in den Landesgesetzen durchgeführt worden.[9] Das **Statistikgeheimnis** wird organisatorisch durch § 123 Abs. 2 Satz 2 SGB XII und § 126 SGB XII hinreichend gewahrt (vgl. zum einen die Kommentierung zu § 123 SGB XII Rn. 15, zum anderen die Kommentierung zu § 126 SGB XII Rn. 11). 12

Nach § 127 Abs. 2 SGB XII können die Daten auch für **interkommunale Vergleichszwecke** übermittelt werden. Das bedeutet, dass den Gemeinden der Vergleich selbst, ohne den Umweg über die Statistischen Ämter, ermöglicht wird.[10] Dies setzt allerdings voraus, dass die betreffenden Träger der Sozialhilfe zustimmen und sichergestellt ist, dass die Datenerhebung der Berichtsstellen nach standardisierten Erfassungs- und Melderegelungen sowie vereinheitlichter Auswertungsroutine erfolgt. Diese Vorschrift wurde bei der Eingliederung ins SGB XII neu eingeführt (vgl. Rn. 1), um interkommunale Vergleiche der in Absatz 1 genannten Kommunen in eigener Verantwortung der Träger der Sozialhilfe zu erleichtern. Dabei sei auch die Zusammenarbeit zwischen statistischen Landesämtern und diesen Kommunen zu intensivieren, mit dem Ziel, hierfür vergleichbare Daten mit hohem qualitativem Standard bereitzustellen (z.B. durch Einrichtung von Qualitätszirkeln).[11] 13

---

[6] *Niewald* in: LPK-SGB XII, § 127.
[7] Vgl. dazu bereits den Gesetzestext.
[8] BVerfG v. 15.12.1983 - 1 BvR 209/83 - juris Rn. 166 - BVerfGE 61, 1 ff.
[9] Vgl. beispielsweise: § 9 NdsStatG; § 20 Abs. 2 BayStatG; § 7 HmbStatG; § 20 Abs. 2 ThürStatG; § 9 Abs. 1 und 2 SächsStatG; § 12 Abs. 3 HessStatG.
[10] Vgl. *Niewald* in: LPK-SGB XII, § 127.
[11] Vgl. BT-Drs. 15/1514, S. 70.

§ 128 SGB XII Zusatzerhebungen

(Fassung vom 27.12.2003, gültig ab 01.01.2005, gültig bis 31.12.2014)

Über Leistungen und Maßnahmen nach dem Dritten bis Neunten Kapitel, die nicht durch die Erhebungen nach § 121 Nr. 1 erfasst sind, können bei Bedarf Zusatzerhebungen als Bundesstatistiken durchgeführt werden.

§ 128 SGB XII Zusatzerhebungen

(Fassung vom 20.12.2012, gültig ab 01.01.2015)

Über Leistungen und Maßnahmen nach dem Dritten und Fünften bis Neunten Kapitel, die nicht durch die Erhebungen nach § 121 Nummer 1 erfasst sind, können bei Bedarf Zusatzerhebungen als Bundesstatistiken durchgeführt werden.

Gliederung

A. Basisinformationen 1	B. Auslegung der Normen 8
I. Textgeschichte/Gesetzgebungsmaterialien 1	I. Regelungsgehalt und Bedeutung der Normen 8
II. Vorgängervorschriften 4	II. Normzweck 9
III. Parallelvorschriften 5	III. Vereinbarkeit mit höherrangigem Recht 10
IV. Untergesetzliche Vorschriften 6	IV. Die Regelung im Einzelnen 11
V. Systematische Zusammenhänge 7	

A. Basisinformationen

I. Textgeschichte/Gesetzgebungsmaterialien

1 Die Vorschrift wurde durch Art. 1 des Gesetzes zur Einordnung des Sozialhilferechts in das Sozialgesetzbuch vom 27.12.2003[1] mit Wirkung zum 01.01.2005 eingeführt. Dabei wurde die Vorschrift **im Wesentlichen inhaltsgleich aus dem bisherigen § 134 BSHG** übernommen.[2] § 128 SGB XII wurde im Unterschied zum bisherigen § 134 Satz 1 BSHG so umgestaltet, dass Zusatzerhebungen ausdrücklich nur bei Bedarf erfolgen.[3] Gleichzeitig wurde die Begrenzung „in mehrjährigen Abständen"[4] aufgegeben.

2 Die Vorschrift wurde durch Art. 1 Nr. 18 des Gesetzes zur Änderung des Zwölften Buches Sozialgesetzbuch vom 20.12.2012[5] geändert, diese Änderung tritt aber erst **mit Wirkung vom 01.01.2015** in Kraft. Diese Änderungen stehen im Zusammenhang mit der neu eingeführten **gesonderten Statistik für die Leistungen nach dem Vierten Kapitel** in den §§ 128a ff. SGB XII. Die sich auf die Leistungen nach dem Vierten Kapitel beziehenden Regelungen waren dementsprechend aufzuheben, bezüglich der übrigen Vorschriften war eine Konkretisierung und Anpassung notwendig.[6]

3 Deshalb werden in § 128 SGB XII die Wörter „Dritten bis Neunten Kapitel" durch die Wörter „Dritten und Fünften bis Neunten Kapitel" ersetzt. Die durch § 128 SGB XII ermöglichten Zusatzerhebungen werden durch die Änderung des § 121 SGB XII auf Leistungen und **Maßnahmen nach dem Dritten und Fünften bis Neunten Kapitel SGB XII beschränkt**. Für die statistischen Erhebungen über Leistungsberechtigte und Leistungen nach dem Vierten Kapitel SGB XII gelten die Vorschriften nach den §§ 128a ff. SGB XII.[7] Im Übrigen erfolgt eine sprachliche Anpassung (die Angabe „§ 121 Nr. 1" wird durch die Angabe „§ 121 Nummer 1" ersetzt).

---

[1] BGBl I 2003, 3022.
[2] Vgl. BT-Drs. 15/1514, S. 71.
[3] Vgl. BT-Drs. 15/1514, S. 71.
[4] § 134 BSHG.
[5] BGBl I 2012, 2783.
[6] Vgl. dazu auch: BT-Drs. 17/10748, S. 17.
[7] BT-Drs. 17/10748, S. 18.

II. Vorgängervorschriften

Die Vorschrift wurde im Jahr 2005 (im Wesentlichen) aus **§ 134 BSHG** in der zuletzt geltenden Fassung übernommen (vgl. die Kommentierung zu § 121 SGB XII Rn. 5). 4

III. Parallelvorschriften

Zu den Parallelvorschriften vgl. die Kommentierung zu § 121 SGB XII Rn. 6. 5

IV. Untergesetzliche Vorschriften

Eine Verordnung nach § 129 SGB XII wurde bislang nicht erlassen. 6

V. Systematische Zusammenhänge

Da es sich bei der Zusatzstatistik ebenfalls um eine **Bundesstatistik** handelt, ist ergänzend das Bundesstatistikgesetz (BStatG)[8] anwendbar. 7

B. Auslegung der Normen

I. Regelungsgehalt und Bedeutung der Normen

§ 128 SGB XII regelt sog. **Zusatzerhebungen**, für die § 129 SGB XII eine Verordnungsermächtigung schafft (vgl. die Kommentierung zu § 129 SGB XII Rn. 12). Durch diese Zusatzerhebungen besteht die Möglichkeit, das Fragenprogramm jeweils flexibel an neuen und aktuellen Fragestellungen auszurichten.[9] 8

II. Normzweck

Zum Normzweck vgl. die Kommentierung zu § 121 SGB XII Rn. 10. 9

III. Vereinbarkeit mit höherrangigem Recht

Die Vorschrift ist mit **höherrangigem Recht** vereinbar (vgl. die Kommentierung zu § 121 SGB XII Rn. 11). 10

IV. Die Regelung im Einzelnen

§ 128 SGB XII regelt sog. **Zusatzerhebungen**. Danach können über Leistungen und Maßnahmen nach dem Dritten bis Neunten Kapitel, die nicht durch die Erhebungen nach § 121 Nr. 1 SGB XII erfasst sind, bei Bedarf Zusatzerhebungen als Bundesstatistiken durchgeführt werden. Durch diese Zusatzerhebungen besteht die Möglichkeit, das Fragenprogramm jeweils flexibel an neuen und aktuellen Fragestellungen auszurichten.[10] Der ebenfalls zunächst vorgesehene Zweck, mit mehrjährig erfolgenden Zusatzerhebungen den Umfang der jährlichen Erhebungen zu verringern,[11] wurde mit der Eingliederung in das SGB XII aufgegeben, da nunmehr lediglich eine bedarfsabhängige Zusatzerhebung möglich ist (vgl. Rn. 1). 11

---

[8] BGBl I 1987, 462, 565.
[9] Vgl. BT-Drs. 12/4401, S. 89 bei Einführung des § 132 BSHG.
[10] Vgl. BT-Drs. 12/4401, S. 89 bei Einführung des § 132 BSHG.
[11] Vgl. BT-Drs. 12/4401, S. 89 bei Einführung des § 132 BSHG.

Zweiter Abschnitt: Bundesstatistik für das Vierte Kapitel *(zukünftig)*

§ 128a SGB XII Bundesstatistik für das Vierte Kapitel

(Fassung vom 20.12.2012, gültig ab 01.01.2015)

(1) ¹Zur Beurteilung der Auswirkungen des Vierten Kapitels sowie zu seiner Fortentwicklung sind Erhebungen über die Leistungsberechtigten als Bundesstatistik durchzuführen. ²Die Erhebungen erfolgen zentral durch das Statistische Bundesamt.

(2) Die Statistik nach Absatz 1 umfasst folgende Merkmalkategorien:

1. Persönliche Merkmale,
2. Art und Höhe der Bedarfe,
3. Art und Höhe der angerechneten Einkommen.

Gliederung

A. Basisinformationen 1	B. Auslegung der Normen 8
I. Textgeschichte/Gesetzgebungsmaterialien 1	I. Regelungsgehalt und Bedeutung der Norm 8
II. Vorgängervorschriften 4	II. Normzweck 11
III. Parallelvorschriften 5	III. Vereinbarkeit mit höherrangigem Recht 13
IV. Untergesetzliche Vorschriften 6	IV. Die Regelung im Einzelnen 16
V. Systematische Zusammenhänge 7	

A. Basisinformationen

I. Textgeschichte/Gesetzgebungsmaterialien

1 Die Vorschrift wurde durch Art. 1 Nr. 19 des Gesetzes zur Änderung des Zwölften Buches Sozialgesetzbuch vom 20.12.2012[1] eingeführt, tritt aber erst **mit Wirkung vom 01.01.2015** in Kraft.

2 Erstes Berichtsjahr der Statistik nach dem Zweiten Abschnitt ist demnach das **Kalenderjahr 2015**, das letzte Berichtsjahr der Statistik für das Vierte Kapitel SGB XII nach § 121 Nr. 1 lit. b SGB XII in Verbindung mit § 122 Abs. 2 SGB XII das Berichtsjahr 2014. Die Statistik über die **Einnahmen und Ausgaben** nach dem Vierten Kapitel SGB XII nach § 121 Nr. 2 SGB XII in Verbindung mit § 122 Abs 4 SGB XII bleibt für die Kalenderjahre 2015 und 2016 weiter bestehen (§ 131 SGB XII).[2]

3 Die **Gesetzgebungsmaterialien** finden sich in BT-Drs. 17/10748.

II. Vorgängervorschriften

4 Eine direkte Vorgängervorschrift zu § 128a SGB XII gibt es nicht. Bislang war die Erhebung zu den Leistungen nach dem Vierten Kapitel mit in der allgemeinen Statistik nach den §§ 121 ff. SGB XII geregelt. Die mit § 128a SGB XII dort vergleichbare Vorschrift findet sich in § 121 Nr. 1 lit. b SGB XII.

III. Parallelvorschriften

5 Parallelvorschriften zu Statistiken in anderen Büchern des Sozialgesetzbuches finden sich in den §§ 53-55 SGB II und den §§ 98-103 SGB VIII. Außerhalb des Sozialgesetzbuchs findet sich eine Parallelvorschrift in § 12 AsylbLG.

IV. Untergesetzliche Vorschriften

6 Eine Verordnungsermächtigung existiert nicht. Die Verordnungsermächtigung des § 129 SGB XII bezieht sich lediglich auf § 128 SGB XII (vgl. die Kommentierung zu § 129 SGB XII Rn. 2).

V. Systematische Zusammenhänge

7 Da es sich bei der Statistik nach § 128a SGB XII um eine **Bundesstatistik** handelt, ist ergänzend das Bundesstatistikgesetz (BStatG)[3] anwendbar.[4]

---

[1] BGBl I 2012, 2783.
[2] BT-Drs. 17/10748, S. 18.
[3] BGBl I 1987, 462, 565.
[4] Vgl. auch: *Raum* in: Mergler/Zink, vor § 121 Rn. 6.

B. Auslegung der Normen

I. Regelungsgehalt und Bedeutung der Norm

§ 128a SGB XII mit der Überschrift „Bundesstatistik für das Vierte Kapitel" stellt die Grundsatzvorschrift für den neuen Zweiten Abschnitt des Fünfzehnten Kapitels SGB XII dar.[5] **8**

In **Absatz 1** wird zunächst der Zweck der Erhebung genannt (vgl. Rn. 11). Zudem wird geregelt, dass die neue Bundesstatistik im Unterschied zur bisherigen allgemeine Statistik nach den §§ 121 ff. SGB XII zentral vom Statistischen Bundesamt durchgeführt wird. Dies soll die Meldewege vereinfachen,[6] denn auch diese Statistik wird aus den jeweiligen Geschäftsstatistiken der Verwaltungen erstellt, stellt also eine sog. Sekundärstatistik dar. **9**

In **Absatz 2** werden die zu erhebenden Merkmalskategorien der Leistungsberechtigten (sog. Erhebungsmerkmale) aufgeführt, die in den § 128b SGB XII bis § 128d SGB XII konkretisiert werden. Demnach sind die persönlichen Merkmale der Leistungsberechtigten (§ 128b SGB XII), Art und Höhe der Bedarfe je Leistungsberechtigtem (§ 128c SGB XII) sowie Art und Höhe der angerechneten Einkommen (§ 128d SGB XII) zu erheben. **10**

II. Normzweck

Die Statistik wird nach § 128a Abs. 1 Satz 1 SGB XII „zur Beurteilung der **Auswirkungen** des Vierten Kapitels sowie zu seiner **Fortentwicklung**" durchgeführt. Der Gesetzgeber führt ergänzend aus, mit der Statistik solle eine Datengrundlagen für die Beurteilung der Auswirkungen der Grundsicherung im Alter und bei Erwerbsminderung in der Vergangenheit und für deren künftige Weiterentwicklung geschaffen werden.[7] Die Sozialhilfestatistiken der letzten Jahre haben gezeigt, dass die Ausgaben für die Leistungen nach dem Vierten Kapitel stets gestiegen sind (vgl. dazu die Kommentierung zu § 121 SGB XII Rn. 16). **11**

Die Statistik hat als **Bundesstatistik** nach § 1 Satz 1 BStatG zudem die Aufgabe, laufend Daten über Massenerscheinungen zu erheben, zu sammeln, aufzubereiten, darzustellen und zu analysieren. Durch die Ergebnisse der Bundesstatistik werden gesellschaftliche, wirtschaftliche und ökologische Zusammenhänge für Bund, Länder einschließlich Gemeinden und Gemeindeverbände, Gesellschaft, Wissenschaft und Forschung aufgeschlüsselt.[8] Die Statistik soll neben diesem Zweck der weiteren politischen Planung[9] **Einspareffekte** nach sich ziehen. Dies soll dadurch erreicht werden, dass die Orientierungsgrundlagen für ein treffsicheres Handeln verbessert werden und zum anderen eine verbesserte Informationsgrundlage zur Vermeidung von Missbrauch vorliege.[10] **12**

III. Vereinbarkeit mit höherrangigem Recht

Die Vorschrift ist an den Vorgaben des Bundesverfassungsgerichts zum Grundrecht der **informationellen Selbstbestimmung** zu messen (vgl. die Kommentierung zu § 118 SGB XII Rn. 22). Der Eingriff in dieses Grundrecht ist aber gerechtfertigt.[11] Eine gesetzliche Grundlage, aus der sich die Voraussetzungen und der Umfang der Beschränkungen klar und für den Bürger erkennbar ergeben,[12] ist mit den §§ 128a ff. SGB XII geschaffen worden. In § 128a Satz 1 SGB XII wird auch der Erhebungszweck genannt (vgl. Rn. 16).[13] **13**

Der gesetzgeberische Zweck, Orientierungsgrundlagen für ein treffsicheres Handeln zu verbessern und eine verbesserte Informationsgrundlage zur Vermeidung von Missbrauch zu schaffen,[14] stellt zudem **14**

---

[5] Vgl. auch: BT-Drs. 17/10748, S. 19.
[6] BT-Drs. 17/10748, S. 19.
[7] BT-Drs. 17/10748, S. 19.
[8] § 1 Satz 4 BStatG.
[9] § 1 Satz 5 BStatG; so zur Sozialhilfestatistik im BSHG auch: BT-Drs. 12/4401, S. 86; die jetzigen Vorschriften stellen eine Spezifizierung dar, vgl. dazu: BT-Drs. 17/10748, S. 18.
[10] So zur Sozialhilfestatistik im BSHG: BT-Drs. 12/4401, S. 86; die jetzigen Vorschriften stellen eine Spezifizierung dar, vgl. dazu: BT-Drs. 17/10748, S. 18.
[11] *Decker* in: Mergler/Zink, SGB XII, vor §§ 121-129 Rn. 11.
[12] Vgl. zu dieser Voraussetzung: BVerfG v. 15.12.1983 - 1 BvR 209/83 - juris Rn. 151 - BVerfGE 61, 1 ff.
[13] Vgl. zu dieser Voraussetzung: BVerfG v. 13.06.2007 - 1 BvR 1550/03 - juris Rn. 98 - BVerfGE 118, 168 ff.
[14] So zur Sozialhilfestatistik im BSHG: BT-Drs. 12/4401, S. 86; die jetzigen Vorschriften stellen eine Spezifizierung dar, vgl. dazu: BT-Drs. 17/10748, S. 18.

ein überwiegendes Allgemeininteresse dar.[15] Die Vorschriften sind auch **geeignet, erforderlich und angemessen**.[16] Ein milderes, gleich effektives Mittel ist nicht ersichtlich. Außerdem stellt sich der Eingriff auch als verhältnismäßig im engeren Sinne dar. Dabei ist nämlich zu berücksichtigen, dass der Eingriff hier eine recht geringe Intensität hat.

15 Zudem liegen vor allem mit § 128h SGB XII **organisatorische und verfahrensrechtliche Vorkehrungen** vor, welche der Gefahr einer Verletzung des Persönlichkeitsrechts entgegenwirken (vgl. dazu im Einzelnen die Kommentierung zu § 128h SGB XII Rn. 25).[17]

IV. Die Regelung im Einzelnen

16 § 121 **Abs. 1 Satz 1** SGB XII bestimmt zunächst den **Zweck der Statistik**. Die Statistik wird nach § 128a SGB XII „zur Beurteilung der Auswirkungen des Vierten Kapitels sowie zu seiner Fortentwicklung" durchgeführt (vgl. dazu Rn. 11). § 121 Abs. 1 Satz 1 SGB XII bestimmt weiter, dass die Erhebungen als **Bundesstatistiken** geführt werden. Damit ist das BStatG anwendbar (vgl. Rn. 7).

17 In § 128a **Abs. 1 Satz 2** SGB XII findet sich für die Erhebung der Statistik zu den Leistungen nach dem Vierten Kapitel eine Zuweisung an das **Statistische Bundesamt**. Dieses ist nach § 3 BStatG im gewissen Umfang ohnehin für Bundesstatistiken zuständig. Es hat nach § 3 Abs. 1 Satz 1 Nr. 1c BStatG die Ergebnisse der Bundesstatistiken in der erforderlichen sachlichen und regionalen Gliederung für den Bund zusammenzustellen sowie für allgemeine Zwecke zu veröffentlichen und darzustellen. Nach § 3 Abs. 1 Satz 1 Nr. 2a BStatG liegt die Zuständigkeit, Bundesstatistiken zu **erheben und aufzubereiten**, aber nur dann beim Statistischen Bundesamt, wenn und soweit dies im BStatG oder einem sonstigen Bundesgesetz bestimmt ist oder die beteiligten Länder zustimmen. Eine solche gesetzliche Zuweisung an das Statistische Bundesamt findet sich für die allgemeine Sozialhilfestatistik der §§ 121 ff. SGB XII weder im BStatG noch in den §§ 121 ff. SGB XII. Deshalb obliegt die Erhebung und Aufbereitung hier grundsätzlich den Statistischen Landesämtern. Dies ist für die Statistik nach § 128a ff. SGB XII nun anders geregelt. Hier obliegt auch die Erhebung und Aufbereitung dem Statistischen Bundesamt.

18 Damit soll der bisherige teilweise **mehrstufige Meldeweg** von den nach Landesrecht für die Ausführung des Vierten Kapitels SGB XII zuständigen Trägern über regionale Datenerfassungsstellen und die statistischen Ämter der Länder an das Statistische Bundesamt durch den direkten Meldeweg von den Trägern nach dem Vierten Kapitel SGB XII an das Statistische Bundesamt verkürzt werden, um so die Daten **schneller zur Verfügung** zu haben.[18] Der bisherige zeitliche Abstand zwischen dem Erhebungsstichtag (31.12. eines Jahres) und der Vorlage der Bundesstatistik beträgt zurzeit etwa neun Monate. Zukünftig sollen es etwa drei Monate sein.[19]

19 In **Absatz 2** werden die zu erhebenden Merkmalskategorien der Leistungsberechtigten, also die Kategorien der Erhebungsmerkmale, aufgeführt, die in den § 128b SGB XII bis § 128d SGB XII konkretisiert werden. Demnach sind die persönlichen Merkmale der Leistungsberechtigten (näher definiert in § 128b SGB XII), Art und Höhe der Bedarfe je Leistungsberechtigtem (näher definiert in § 128c SGB XII) sowie Art und Höhe der angerechneten Einkommen (näher definiert in § 128d SGB XII) zu erheben.

---

[15] Vgl. zu dieser Voraussetzung: BVerfG v. 15.12.1983 - 1 BvR 209/83 - juris Rn. 150 - BVerfGE 61, 1 ff.
[16] Vgl. zu dieser Voraussetzung: BVerfG v. 15.12.1983 - 1 BvR 209/83 - juris Rn. 151 - BVerfGE 61, 1 ff.
[17] Vgl. zu dieser Voraussetzung: BVerfG v. 15.12.1983 - 1 BvR 209/83 - juris Rn. 151 - BVerfGE 61, 1 ff.
[18] BT-Drs. 17/10748, S. 19.
[19] BT-Drs. 17/10748, S. 19.

§ 128b SGB XII Persönliche Merkmale

(Fassung vom 20.12.2012, gültig ab 01.01.2015)

Erhebungsmerkmale nach § 128a Absatz 2 Nummer 1 sind

1. Geschlecht, Geburtsjahr, Staatsangehörigkeit und Bundesland,
2. Geburtsmonat, Wohngemeinde und Gemeindeteil, bei Ausländern auch aufenthaltsrechtlicher Status,
3. Leistungsbezug in und außerhalb von Einrichtungen, bei Leistungsberechtigten außerhalb von Einrichtungen zusätzlich die Anzahl der im Haushalt lebenden Personen, bei Leistungsberechtigten in Einrichtungen die Art der Unterbringung,
4. Träger der Leistung,
5. Beginn der Leistungsgewährung nach Monat und Jahr sowie Ursache der Leistungsgewährung, Ende des Leistungsbezugs nach Monat und Jahr sowie Grund für die Einstellung der Leistung,
6. Dauer des Leistungsbezugs in Monaten,
7. gleichzeitiger Bezug von Leistungen nach dem Dritten und Fünften bis Neunten Kapitel.

Gliederung

A. Basisinformationen 1	V. Systematische Zusammenhänge 6
I. Textgeschichte/Gesetzgebungsmaterialien 1	**B. Auslegung der Normen** 7
II. Vorgängervorschriften 3	I. Regelungsgehalt und Bedeutung der Normen 7
III. Parallelvorschriften 4	II. Normzweck 8
IV. Untergesetzliche Vorschriften 5	III. Die Regelung im Einzelnen 9

A. Basisinformationen

I. Textgeschichte/Gesetzgebungsmaterialien

Die Vorschrift wurde durch Art. 1 Nr. 19 Gesetzes zur Änderung des Zwölften Buches Sozialgesetzbuch vom 20.12.2012[1] eingeführt, tritt aber erst **mit Wirkung vom 01.01.2015** in Kraft. 1

Die **Gesetzgebungsmaterialien** finden sich in BT-Drs. 17/10748 und BT-Drs. 17/11382. 2

II. Vorgängervorschriften

Eine direkte Vorgängervorschrift zu § 128b SGB XII gibt es nicht. Bislang war die Erhebung zu den Leistungen nach dem Vierten Kapitel mit in der allgemeinen Statistik nach den §§ 121 ff. SGB XII geregelt. Die mit § 128b SGB XII dort vergleichbare Vorschrift findet sich in § 122 Abs. 2 SGB XII. 3

III. Parallelvorschriften

Parallelvorschriften zu Statistiken in anderen Büchern des Sozialgesetzbuches finden sich in den §§ 53-55 SGB II und den §§ 98-103 SGB VIII. Außerhalb des Sozialgesetzbuchs findet sich eine Parallelvorschrift in § 12 AsylbLG. 4

IV. Untergesetzliche Vorschriften

Eine Verordnungsermächtigung existiert nicht. Die Verordnungsermächtigung des § 129 SGB XII bezieht sich lediglich auf § 128 SGB XII (vgl. die Kommentierung zu § 129 SGB XII Rn. 2). 5

V. Systematische Zusammenhänge

Da es sich bei der Statistik nach § 128a SGB XII um eine **Bundesstatistik** handelt, ist ergänzend das Bundesstatistikgesetz (BStatG)[2] anwendbar.[3] 6

---

[1] BGBl I 2012, 2783.
[2] BGBl I 1987, 462, 565.
[3] Vgl. auch: *Raum* in: Mergler/Zink, vor § 121 Rn. 6.

B. Auslegung der Normen

I. Regelungsgehalt und Bedeutung der Normen

7 Durch § 128b SGB XII werden die persönlichen Merkmale nach § 128a Abs. 1 Nr. 1 SGB XII konkretisiert. Hierbei handelt es sich neben den nach § 128c SGB XII und § 128d SGB XII erhobenen Merkmalen um die sog. **Erhebungsmerkmale**. Dass diese gesetzlich zu bestimmen sind, ergibt sich aus § 9 Abs. 1 BStatG, der wegen § 128a SGB XII (Bundesstatistik) Anwendung findet (vgl. zur Anwendbarkeit des BStatG die Kommentierung zu § 128a SGB XII Rn. 16). Diese Erhebungsmerkmale umfassen nach § 10 Abs. 1 Satz 2 BStatG Angaben über persönliche und sachliche Verhältnisse, die zur statistischen Verwendung bestimmt sind.

II. Normzweck

8 Zum Normzweck der Erhebung vgl. die Kommentierung zu § 128a SGB XII Rn. 11.

III. Die Regelung im Einzelnen

9 § 128b SGB XII regelt neben den § 128c SGB XII und § 128d SGB XII die sog. **Erhebungsmerkmale**. Diese sind der Träger der statistischen Sachinformation.[4] Hier wird festgelegt, zu welchen Fragen die Statistik erhoben werden soll. Die Erhebungsmerkmale sind in § 128b SGB XII nicht so gestaltet, dass sie bei Abfrage der Daten nur eine Frage zulassen würden.[5] Dies ist zulässig.[6] Das Gebot der Normklarheit fordert nicht, dass die Fragen im Einzelnen vom Gesetzgeber vorformuliert sind.[7]

10 Die Merkmale der **Nr. 1 bis 4** entsprechen **weitgehend dem geltenden Recht** (§ 122 Abs. 2 SGB XII).[8] Hinsichtlich der in **Nr. 3** abgefragten **Wohnform** wurden die bestehenden Merkmale weiter differenziert. So ist bei Leistungsberechtigten außerhalb von Einrichtungen künftig auch zu erfassen, **wie viele Personen im Haushalt leben**. Diese Informationen sind – so der Gesetzgeber – erforderlich für die Bewertung der Höhe der statistisch nachgewiesenen Unterkunftskosten.[9] Bislang wurde bezüglich der Kosten der Unterkunft nicht aufgeführt, ob neben dem Bezieher, von dem die Daten erhoben wurden, auch noch weitere Personen Kosten der Unterkunft für die konkrete Wohnung zahlen. Bei **Leistungsberechtigten in Einrichtungen** ist zusätzlich zu erfassen, in welcher Art von Einrichtung (zum Beispiel in Wohngruppen) diese leben. Die Daten sind – so der Gesetzgeber – vor allem bei einer möglichen **Ambulantisierung** der Leistungen der Eingliederungshilfe nach dem SGB XII von Bedeutung, da Leistungsberechtigte nach dem Sechsten Kapitel SGB XII in Einrichtungen oft gleichzeitig Leistungen der Grundsicherung nach dem Vierten Kapitel SGB XII erhalten.[10]

11 In § 128b Nr. 5 SGB XII wird der **Zeitpunkt der Beendigung der Leistungsgewährung und deren Ursache** als neues Merkmal aufgenommen, während der Leistungsbeginn und dessen Ursachen bereits in der bestehenden Statistik ein Erhebungsmerkmal ist (§ 122 Abs. 2 SGB XII). Hierdurch werden unterjährige Veränderungen beim Leistungsbezug dokumentiert, die allein aus dem Vergleich der Bestandszahlen nicht ersichtlich sind.[11] Die daraus gewonnenen Daten sind – so der Gesetzgeber – notwendige Voraussetzung für die Erstellung von Voraussichtsungen für die Entwicklung der Grundsicherung im Alter und bei Erwerbsminderung und damit auch für Voraussichtsungen für die Höhe der vom Bund zu zahlenden Erstattungen im Rahmen der Haushaltsplanung.[12]

12 Außerdem wird mit § 128b Nr. 6 SGB XII auch die **durchschnittliche Dauer des Bezugs** als Merkmal aufgeführt. Die Bezugsdauer lässt sich rechnerisch aus dem Datum des Beginns des Leistungsbezugs und der vergangenen Zeit bis zum Erhebungsstichtag beziehungsweise dem Ende des Leistungsbezugs ermitteln und stellt damit eigentlich kein zu erhebendes Merkmal dar.[13] Um aber klarzustellen,

---

[4] *Raum* in: Mergler/Zink, SGB XII, § 122 Rn. 2.
[5] Vgl. auch: *Raum* in: Mergler/Zink, SGB XII, § 122 Rn. 2.
[6] BVerwG v. 11.12.1990 - 1 C 52/88 - NJW 1991, 1246.
[7] BVerfG v. 16.07.1969 - 1 BvL 19/63 - BVerfGE 27, 1 ff.; in Bezug auf § 122 SGB XII auch: *Raum* in: Mergler/Zink, SGB XII, § 122 Rn. 2.
[8] BT-Drs. 17/10748, S. 19.
[9] BT-Drs. 17/10748, S. 19.
[10] BT-Drs. 17/10748, S. 19.
[11] BT-Drs. 17/10748, S. 19.
[12] BT-Drs. 17/10748, S. 19.
[13] BT-Drs. 17/10748, S. 19.

dass die Dauer des Leistungsbezugs in den Ergebnistabellen sowohl für den Stichtagsbestand als auch für die beendeten Leistungen ausgewiesen werden soll, wird das Merkmal „Bezugsdauer" eingeführt.[14]

Zukünftig wird durch das Merkmal nach § 128b **Nr. 7** SGB XII auch ermittelt, ob Leistungsberechtigte nach dem Vierten Kapitel SGB XII **zugleich Leistungen nach dem Dritten sowie Fünften bis Neunten Kapitel SGB XII** beziehen. Damit liegen künftig Informationen darüber vor, wie viele Empfänger von Leistungen nach dem Vierten Kapitel gleichzeitig Leistungen der Eingliederungshilfe nach dem Sechsten Kapitel SGB XII, Hilfe zur Pflege nach dem Siebten Kapitel SGB XII oder auch Hilfen zur Gesundheit nach dem Fünften Kapitel SGB XII erhalten. Hierüber lassen sich – so der Gesetzgeber – auch erste Hinweise über das Ausmaß der Hilfebedürftigkeit und die vorhandenen anrechenbaren Einkommen ziehen.[15]

---

[14] BT-Drs. 17/10748, S. 19.
[15] BT-Drs. 17/10748, S. 20.

§ 128c SGB XII Art und Höhe der Bedarfe

(Fassung vom 20.12.2012, gültig ab 01.01.2015)

Erhebungsmerkmale nach § 128a Absatz 2 Nummer 2 sind

1. Regelbedarfsstufe, gezahlter Regelsatz in den Regelbedarfsstufen und abweichende Regelsatzfestsetzung,

2. Mehrbedarfe nach Art und Höhe,

3. einmalige Bedarfe nach Art und Höhe,

4. Beiträge zur Kranken- und Pflegeversicherung, getrennt nach

   a) Beiträgen für eine Pflichtversicherung in der gesetzlichen Krankenversicherung,

   b) Beiträgen für eine freiwillige Versicherung in der gesetzlichen Krankenversicherung,

   c) Zusatzbeiträgen nach dem Fünften Buch,

   d) Beiträgen für eine private Krankenversicherung,

   e) Beiträgen für eine soziale Pflegeversicherung,

   f) Beiträgen für eine private Pflegeversicherung,

5. Beiträge für die Vorsorge, getrennt nach

   a) Beiträgen für die Altersvorsorge,

   b) Aufwendungen für Sterbegeldversicherungen,

6. Bedarfe für Bildung und Teilhabe, getrennt nach

   a) Schulausflügen,

   b) mehrtägigen Klassenfahrten,

   c) Ausstattung mit persönlichem Schulbedarf,

   d) Schulbeförderung,

   e) Lernförderung,

   f) Teilnahme an einer gemeinschaftlichen Mittagsverpflegung,

7. Aufwendungen für Unterkunft und Heizung sowie sonstige Hilfen zur Sicherung der Unterkunft,

8. Brutto- und Nettobedarf,

9. Darlehen.

Gliederung

A. Basisinformationen 1	V. Systematische Zusammenhänge 6
I. Textgeschichte/Gesetzgebungsmaterialien 1	**B. Auslegung der Normen** 7
II. Vorgängervorschriften 3	I. Regelungsgehalt und Bedeutung der Normen 7
III. Parallelvorschriften 4	II. Normzweck 8
IV. Untergesetzliche Vorschriften 5	III. Die Regelung im Einzelnen 9

A. Basisinformationen

I. Textgeschichte/Gesetzgebungsmaterialien

Die Vorschrift wurde durch Art. 1 Nr. 19 des Gesetzes zur Änderung des Zwölften Buches Sozialgesetzbuch vom 20.12.2012[1] eingeführt, tritt aber erst **mit Wirkung vom 01.01.2015** in Kraft. 1
Die **Gesetzgebungsmaterialien** finden sich in BT-Drs. 17/10748. 2

II. Vorgängervorschriften

Eine direkte Vorgängervorschrift zu § 128c SGB XII gibt es nicht. Bislang war die Erhebung zu den Leistungen nach dem Vierten Kapitel mit in der allgemeinen Statistik nach den §§ 121 ff. SGB XII geregelt. Die mit § 128c SGB XII dort vergleichbare Vorschrift findet sich in § 122 Abs. 2 SGB XII. 3

III. Parallelvorschriften

Parallelvorschriften zu Statistiken in anderen Büchern des Sozialgesetzbuches finden sich in den §§ 53-55 SGB II und den §§ 98-103 SGB VIII. Außerhalb des Sozialgesetzbuchs findet sich eine Parallelvorschrift in § 12 AsylbLG. 4

IV. Untergesetzliche Vorschriften

Eine Verordnungsermächtigung existiert nicht. Die Verordnungsermächtigung des § 129 SGB XII bezieht sich lediglich auf § 128 SGB XII (vgl. die Kommentierung zu § 129 SGB XII Rn. 2). 5

V. Systematische Zusammenhänge

Da es sich bei der Statistik nach § 128a SGB XII um eine **Bundesstatistik** handelt, ist ergänzend das Bundesstatistikgesetz (BStatG)[2] anwendbar.[3] 6

B. Auslegung der Normen

I. Regelungsgehalt und Bedeutung der Normen

Die Erhebung zu Art und Höhe der Bedarfe nach § 128a Abs. 2 Nr. 2 SGB XII wird durch § 128c SGB XII konkretisiert. Hierbei handelt es sich neben den nach § 128b SGB XII und § 128d SGB XII erhobenen Merkmalen um die sog. **Erhebungsmerkmale**. Dass diese gesetzlich zu bestimmen sind, ergibt sich aus § 9 Abs. 1 BStatG, der wegen § 128a SGB XII (Bundesstatistik) Anwendung findet (vgl. zur Anwendbarkeit des BStatG die Kommentierung zu § 128a SGB XII Rn. 16). Diese Erhebungsmerkmale umfassen nach § 10 Abs. 1 Satz 2 BStatG Angaben über persönliche und sachliche Verhältnisse, die zur statistischen Verwendung bestimmt sind. 7

II. Normzweck

Zum Normzweck der Erhebung vgl. die Kommentierung zu § 128a SGB XII Rn. 11. 8

III. Die Regelung im Einzelnen

§ 128b SGB XII regelt neben den § 128c SGB XII und § 128d SGB XII die sog. **Erhebungsmerkmale**. Diese sind der Träger der statistischen Sachinformation.[4] Hier wird festgelegt, zu welchen Fragen die Statistik erhoben werden soll. Die Erhebungsmerkmale sind in § 128a SGB XII nicht so gestaltet, dass sie bei Abfrage der Daten nur eine Frage zulassen würden.[5] Dies ist zulässig.[6] Das Gebot der Normklarheit fordert nicht, dass die Fragen im Einzelnen vom Gesetzgeber vorformuliert sind.[7] 9
Die in den § 128c Nr. 1 bis 9 SGB XII festgelegten Einzelmerkmale entsprechen weitgehend den in der bestehenden Grundsicherungsstatistik bereits erhobenen Merkmalen (§ 122 Abs. 2 SGB XII). Unterschiede ergeben sich durch **eine stärkere Differenzierung** einiger schon bisher erhobener Merkmale 10

---

[1] BGBl I 2012, 2783.
[2] BGBl I 1987, 462, 565.
[3] Vgl. auch: *Raum* in: Mergler/Zink, vor § 121 Rn. 6.
[4] *Raum* in: Mergler/Zink, SGB XII, § 122 Rn. 2.
[5] Vgl. auch: *Raum* in: Mergler/Zink, SGB XII, § 122 Rn. 2.
[6] BVerwG v. 11.12.1990 - 1 C 52/88 - NJW 1991, 1246.
[7] BVerfG v. 16.07.1969 - 1 BvL 19/63 - BVerfGE 27, 1 ff.; in Bezug auf § 122 SGB XII auch: *Raum* in: Mergler/Zink, SGB XII, § 122 Rn. 2.

§ 128c jurisPK-SGB XII / Greiser

(Nrn. 1, 4, 5 und 7).[8] Dies gilt insbesondere für die in § 128c **Nr. 1** SGB XII enthaltenen Regelbedarfsstufen, die in **Nr. 4** enthaltenen Beiträge zur Kranken- und Rentenversicherung und die in Nr. 5 enthaltenen Beiträge für die Vorsorge.[9]

11 Nach § 128c **Nr. 1** SGB XII werden erstmals die **Regelbedarfsstufen** und die gezahlten Regelsätze sowie die **abweichende Regelsatzfestsetzung** erhoben. Die geltende Grundsicherungsstatistik liefert Durchschnittsbeträge über die gezahlten Regelsätze, aus denen insbesondere keine Rückschlüsse über die Regelbedarfsstufen möglich sind.[10] Die nun erhobenen differenzierteren Informationen sind – so der Gesetzgeber – für die Kostenschätzungen bei Fortschreibungen der Regelbedarfsstufen beziehungsweise einer Neuermittlung der Regelbedarfsstufen erforderlich.[11] Ebenso liegen bislang keine Erkenntnisse darüber vor, in welchem Umfang wegen im Einzelfall **erheblich abweichender Bedarfe** von der abweichenden Regelsatzfestsetzung Gebrauch gemacht wird. Die größere Detailliertheit der Daten ermöglicht ferner für Leistungsberechtigte in Einrichtungen erstmals Informationen über die Regelbedarfsstufe, die für die Beurteilung von Kostenschätzungen von Bedeutung sind.[12]

12 Die detaillierte Erfassung von **Beiträgen zur Kranken- und Pflegeversicherung** in § 128c **Nr. 4** lit. a bis f SGB XII ist ebenfalls für Kostenschätzungen bei Beitragsänderungen erforderlich.[13] Aufgrund der Daten der bestehenden Grundsicherungsstatistik ist weder bekannt, wie viele Leistungsberechtigte über eine gesetzliche oder eine private Kranken- und Pflegeversicherung verfügen, noch wie hoch die jeweiligen Beiträge sind.[14]

13 Die Erfassung von **Beiträgen für die Altersvorsorge** in § 128c **Nr. 5** lit. a und b SGB XII stellt nach dem Willen des Gesetzgebers eine Datengrundlage nicht nur zur Beurteilung und Weiterentwicklung des Systems der Grundsicherung im Alter und bei Erwerbsminderung dar, sondern rundet auch die Datenlage für das gesamte Alterssicherungssystem ab.[15]

14 Nach § 128c **Nr. 6** SGB XII werden die **Bedarfe für Bildung und Teilhabe** erfasst. Dabei ist die getrennte Erfassung der Bedarfe nach § 34 Abs. 2 bis 6 SGB XII erforderlich. Der Bund kann nach Art. 104a Abs. 3 Satz 1 GG nur Nettoausgaben erstatten, denen die Gewährung von **Geldleistungen** zugrunde liegt. Deshalb können bei der Ermittlung der erstattungsfähigen Geldleistungen nur Bedarfe nach § 34 Abs. 3 und 4 SGB XII, also für die Ausstattung mit persönlichem Schulbedarf und Schulbeförderung, berücksichtigt werden.[16] Leistungen zur Deckung der Bedarfe nach § 34 Abs. 2 und 5 bis 7 SGB XII werden nach § 34a Abs. 2 SGB XII durch **Sach- und Dienstleistungen**, insbesondere in Form von personalisierten Gutscheinen oder Direktzahlungen an Anbieter von Leistungen zur Deckung dieser Bedarfe erbracht.

15 In § 128c **Nr. 7** SGB XII wird bei den zu erfassenden **Kosten für Unterkunft und Heizung** nach den monatlichen Aufwendungen für Unterkunft und Heizung sowie sonstigen nicht regelmäßig anfallenden Hilfen zur Sicherung der Unterkunft unterschieden. Zusammen mit den nach § 128c Nr. 1 SGB XII zu erfassenden Regelbedarfsstufen und der Zahl der Haushaltsmitglieder (§ 128b Nr. 2 SGB XII) ergeben sich Informationen über die Wohnsituation von Leistungsberechtigten, die für die Sozialberichterstattung sowie für Wissenschaft und Praxis von Bedeutung sind.[17]

16 Nach § 128c **Nr. 8** SGB XII werden die **Brutto- und Nettobedarfe** erfasst. Bruttobedarfe sind dabei die Summe der einzelnen sozialhilferechtlichen Bedarfe, Nettobedarfe sind die nach Anrechnung der Einkommen sich ergebende Höhe des Anspruchs nach dem Vierten Kapitel des SGB XII.[18] Die Erfassung von Brutto- und Nettobedarfen entspricht dem Erhebungsumfang der bestehenden Grundsicherungsstatistik (§ 122 Abs. 2 SGB XII).

17 Die **gewährten Darlehen** werden durch § 128c **Nr. 9** SGB XII erfasst. Entsprechend dem Erhebungsumfang der heutigen Grundsicherungsstatistik sind damit Darlehen nach § 42 Nr. 5 SGB XII erfasst, es handelt sich dabei um ergänzende Darlehen nach § 37 Abs. 1 SGB XII.[19]

---

[8] BT-Drs. 17/10748, S. 20.
[9] BT-Drs. 17/10748, S. 20.
[10] BT-Drs. 17/10748, S. 20.
[11] BT-Drs. 17/10748, S. 20.
[12] BT-Drs. 17/10748, S. 20.
[13] BT-Drs. 17/10748, S. 20.
[14] BT-Drs. 17/10748, S. 20.
[15] BT-Drs. 17/10748, S. 20.
[16] BT-Drs. 17/10748, S. 20.
[17] BT-Drs. 17/10748, S. 20.
[18] BT-Drs. 17/10748, S. 20.
[19] BT-Drs. 17/10748, S. 20.

§ 128d SGB XII Art und Höhe der angerechneten Einkommen

(Fassung vom 20.12.2012, gültig ab 01.01.2015)

Erhebungsmerkmale nach § 128a Absatz 2 Nummer 3 sind die jeweilige Höhe der Einkommensart, getrennt nach

1. Altersrente aus der gesetzlichen Rentenversicherung,
2. Hinterbliebenenrente aus der gesetzlichen Rentenversicherung,
3. Renten wegen Erwerbsminderung,
4. Versorgungsbezüge,
5. Renten aus betrieblicher Altersvorsorge,
6. Renten aus privater Vorsorge,
7. Vermögenseinkünfte,
8. Einkünfte nach dem Bundesversorgungsgesetz,
9. Erwerbseinkommen,
10. übersteigendes Einkommen eines im gemeinsamen Haushalt lebenden Partners,
11. öffentlich-rechtliche Leistungen für Kinder,
12. sonstige Einkünfte.

Gliederung

A. Basisinformationen 1	V. Systematische Zusammenhänge 6
I. Textgeschichte/Gesetzgebungsmaterialien 1	**B. Auslegung der Normen** 7
II. Vorgängervorschriften 3	I. Regelungsgehalt und Bedeutung der Normen 7
III. Parallelvorschriften 4	II. Normzweck 8
IV. Untergesetzliche Vorschriften 5	III. Die Regelung im Einzelnen 9

A. Basisinformationen

I. Textgeschichte/Gesetzgebungsmaterialien

Die Vorschrift wurde durch Art. 1 Nr. 19 Gesetzes zur Änderung des Zwölften Buches Sozialgesetzbuch vom 20.12.2012[1] eingeführt, tritt aber erst **mit Wirkung vom 01.01.2015** in Kraft.   **1**

Die **Gesetzgebungsmaterialien** finden sich in BT-Drs. 17/10748.   **2**

II. Vorgängervorschriften

Eine direkte Vorgängervorschrift zu § 128d SGB XII gibt es nicht. Bislang war die Erhebung zu den Leistungen nach dem Vierten Kapitel mit in der allgemeinen Statistik nach den §§ 121 ff. SGB XII geregelt. Die mit § 128d SGB XII dort vergleichbare Vorschrift findet sich in § 122 Abs. 2 SGB XII.   **3**

III. Parallelvorschriften

Parallelvorschriften zu Statistiken in anderen Büchern des Sozialgesetzbuches finden sich in den §§ 53-55 SGB II und den §§ 98-103 SGB VIII. Außerhalb des Sozialgesetzbuchs findet sich eine Parallelvorschrift in § 12 AsylbLG.   **4**

IV. Untergesetzliche Vorschriften

Eine Verordnungsermächtigung existiert nicht. Die Verordnungsermächtigung des § 129 SGB XII bezieht sich lediglich auf § 128 SGB XII (vgl. die Kommentierung zu § 129 SGB XII Rn. 2).   **5**

---

[1] BGBl I 2012, 2783.

V. Systematische Zusammenhänge

6 Da es sich bei der Statistik nach § 128a SGB XII um eine **Bundesstatistik** handelt, ist ergänzend das Bundesstatistikgesetz (BStatG)[2] anwendbar.[3]

B. Auslegung der Normen

I. Regelungsgehalt und Bedeutung der Normen

7 Die Konkretisierung der Merkmale zu Art und Höhe des angerechneten Einkommens nach § 128a Abs. 2 Nr. 3 SGB XII erfolgt durch § 128d SGB XII. Hierbei handelt es sich neben den nach § 128b SGB XII und § 128c SGB XII erhobenen Merkmalen um die sog. **Erhebungsmerkmale**. Dass diese gesetzlich zu bestimmen sind, ergibt sich aus § 9 Abs. 1 BStatG, der wegen § 128a SGB XII (Bundesstatistik) Anwendung findet (vgl. zur Anwendbarkeit des BStatG die Kommentierung zu § 128a SGB XII Rn. 16). Diese Erhebungsmerkmale umfassen nach § 10 Abs. 1 Satz 2 BStatG Angaben über persönliche und sachliche Verhältnisse, die zur statistischen Verwendung bestimmt sind.

II. Normzweck

8 Zum Normzweck der Erhebung vgl. die Kommentierung zu § 128a SGB XII Rn. 11.

III. Die Regelung im Einzelnen

9 § 128b SGB XII regelt neben den § 128c SGB XII und § 128d SGB XII die sog. **Erhebungsmerkmale**. Diese sind der Träger der statistischen Sachinformation.[4] Hier wird festgelegt, zu welchen Fragen die Statistik erhoben werden soll. Die Erhebungsmerkmale sind in § 128a SGB XII nicht so gestaltet, dass sie bei Abfrage der Daten nur eine Frage zulassen würden.[5] Dies ist zulässig.[6] Das Gebot der Normklarheit fordert nicht, dass die Fragen im Einzelnen vom Gesetzgeber vorformuliert sind.[7]

10 Die Einzelmerkmale nach den Nr. 1 bis 12 entsprechen den bereits im Rahmen der geltenden Grundsicherungsstatistik erhobenen Einkommensarten.[8]

---

[2] BGBl I 1987, 462, 565.
[3] Vgl. auch: *Raum* in: Mergler/Zink, vor § 121 Rn. 6.
[4] *Raum* in: Mergler/Zink, SGB XII, § 122 Rn. 2.
[5] Vgl. auch: *Raum* in: Mergler/Zink, SGB XII, § 122 Rn. 2.
[6] BVerwG v. 11.12.1990 - 1 C 52/88 - NJW 1991, 1246.
[7] BVerfG v. 16.07.1969 - 1 BvL 19/63 - BVerfGE 27, 1 ff.; in Bezug auf § 122 SGB XII auch: *Raum* in: Mergler/Zink, SGB XII, § 122 Rn. 2.
[8] BT-Drs. 17/10748, S. 20 unter Verweis auf: Statistisches Bundesamt: Fachserie 13 Reihe 2.2, Tabelle B9 Einkommensarten der Grundsicherungsempfänger.

§ 128e SGB XII Hilfsmerkmale

(Fassung vom 20.12.2012, gültig ab 01.01.2015)

(1) Hilfsmerkmale für die Bundesstatistik nach § 128a sind

1. Name und Anschrift der nach § 128g Auskunftspflichtigen,
2. die Kennnummern des Leistungsberechtigten,
3. Name und Telefonnummer sowie Adresse für elektronische Post der für eventuelle Rückfragen zur Verfügung stehenden Person.

(2) [1]Die Kennnummern nach Absatz 1 Nummer 2 dienen der Prüfung der Richtigkeit der Statistik und der Fortschreibung der jeweils letzten Bestandserhebung. [2]Sie enthalten keine Angaben über persönliche und sachliche Verhältnisse des Leistungsberechtigten und sind zum frühestmöglichen Zeitpunkt, spätestens nach Abschluss der wiederkehrenden Bestandserhebung, zu löschen.

Gliederung

A. Basisinformationen 1	V. Systematische Zusammenhänge 6
I. Textgeschichte/Gesetzgebungsmaterialien 1	B. Auslegung der Normen 7
II. Vorgängervorschriften 3	I. Regelungsgehalt und Bedeutung der Normen 7
III. Parallelvorschriften 4	II. Normzweck 9
IV. Untergesetzliche Vorschriften 5	III. Die Regelung im Einzelnen 10

A. Basisinformationen

I. Textgeschichte/Gesetzgebungsmaterialien

Die Vorschrift wurde durch Art. 1 Nr. 19 Gesetzes zur Änderung des Zwölften Buches Sozialgesetzbuch vom 20.12.2012[1] eingeführt, tritt aber erst **mit Wirkung vom 01.01.2015** in Kraft. 1

Die **Gesetzgebungsmaterialien** finden sich in BT-Drs. 17/10748. 2

II. Vorgängervorschriften

Eine direkte Vorgängervorschrift zu § 128e SGB XII gibt es nicht. Bislang war die Erhebung zu den Leistungen nach dem Vierten Kapitel mit in der allgemeinen Statistik nach den §§ 121 ff. SGB XII geregelt. Die mit § 128e SGB XII dort vergleichbare Vorschrift findet sich in § 123 SGB XII. 3

III. Parallelvorschriften

Parallelvorschriften zu Statistiken in anderen Büchern des Sozialgesetzbuches finden sich in den §§ 53-55 SGB II und den §§ 98-103 SGB VIII. Außerhalb des Sozialgesetzbuchs findet sich eine Parallelvorschrift in § 12 AsylbLG. 4

IV. Untergesetzliche Vorschriften

Eine Verordnungsermächtigung existiert nicht. Die Verordnungsermächtigung des § 129 SGB XII bezieht sich lediglich auf § 128 SGB XII (vgl. die Kommentierung zu § 129 SGB XII Rn. 2). 5

V. Systematische Zusammenhänge

Da es sich bei der Statistik nach § 128a SGB XII um eine **Bundesstatistik** handelt, ist ergänzend das Bundesstatistikgesetz (BStatG)[2] anwendbar.[3] 6

B. Auslegung der Normen

I. Regelungsgehalt und Bedeutung der Normen

§ 128e SGB XII regelt die sog. **Hilfsmerkmale**. Dass diese gesetzlich zu bestimmen sind, ergibt sich aus § 9 Abs. 1 BStatG, der wegen § 128a SGB XII (Bundesstatistik) Anwendung findet (vgl. zur An- 7

---

[1] BGBl I 2012, 2783.
[2] BGBl I 1987, 462, 565.
[3] Vgl. auch: *Raum* in: Mergler/Zink, vor § 121 Rn. 6.

§ 128e

wendbarkeit des BStatG die Kommentierung zu § 128a SGB XII Rn. 16). Hilfsmerkmale sind nach § 10 Abs. 1 Satz 3 BStatG Angaben, die der technischen Durchführung von Bundesstatistiken dienen.

8   Die Vorschrift entspricht der **derzeitigen Regelung in § 123 SGB XII**. Die Hilfsmerkmale nach den Nr. 1 und 3 ermöglichen Rückfragen des Statistischen Bundesamtes bei den zuständigen Trägern.[4]

II. Normzweck

9   Zum Normzweck der Erhebung vgl. die Kommentierung zu § 128a SGB XII Rn. 11.

III. Die Regelung im Einzelnen

10 § 123 SGB XII regelt die sog. **Hilfsmerkmale**. Die Hilfsmerkmale dienen der **Durchführung der Statistik**. Im Fall des § 128e SGB XII sind dies nach Abs. 1 Nr. 1-3 Name und Anschrift des Auskunftspflichtigen, die Kennnummern der Leistungsberechtigten und Name und Telefonnummer der für eventuelle Rückfragen zur Verfügung stehenden Person.

11 Die Daten tauchen selbst nicht in der Statistik auf. Mit ihnen wird zum einen die Vollständigkeit des Rücklaufs der Daten geprüft.[5] Nach § 128e Abs. 2 Satz 1 SGB XII dienen sie zudem der **Prüfung der Richtigkeit** der Statistik und der Fortschreibung der jeweils letzten Bestandserhebung. Die Kennnummern ermöglichen dem Statistischen Bundesamt Plausibilitätsprüfungen zur Qualitätssicherung.[6] Auch für eine möglichst vollständige Vermeidung von Doppel- oder Mehrfachzählungen von Leistungsberechtigten ist es erforderlich, den einzelnen Leistungsberechtigten eine eindeutige Kennnummer zuzuordnen.[7] Ebenso sind die Hilfsmerkmale für die Möglichkeit von Rückfragen an den Auskunftsgebenden bei nicht vollständigen oder nicht plausiblen Daten notwendig.[8]

12 Nach § 10 Abs. 1 Satz 4 BStatG dürfen die Hilfsmerkmale für andere Zwecke als der technischen Durchführung nur gespeichert werden, soweit es gesetzlich gesondert zugelassen ist. Dies ist nach § 10 Abs. 2 Satz 1 BStatG für den Namen der Gemeinde und die Blockseite[9] möglich, um eine **regionale Zuordnung** zu ermöglichen. Die übrigen Teile der Anschrift dürfen nach § 10 Abs. 2 Satz 2 BStatG für die Zuordnung zu Blockseiten für einen Zeitraum bis zu vier Jahren nach Abschluss der jeweiligen Erhebung genutzt werden.

13 Nach § 12 Abs. 1 Satz 1 BStatG sind Hilfsmerkmale grundsätzlich zu löschen, sobald bei den statistischen Ämtern die Überprüfung der Erhebungs- und Hilfsmerkmale auf ihre Schlüssigkeit und Vollständigkeit abgeschlossen ist. Nach Satz 2 sind sie zudem von den Erhebungsmerkmalen zum **frühestmöglichen Zeitpunkt zu trennen und gesondert aufzubewahren**. Eine Ausnahme gilt allerdings (unter anderem) nach § 12 Abs. 2 BStatG für periodische Erhebungen. Bei diesen periodischen Erhebungen dürfen die zur Bestimmung des Kreises der zu Befragenden erforderlichen Hilfsmerkmale, soweit sie für nachfolgende Erhebungen benötigt werden, gesondert aufbewahrt werden.

14 Um eine solche Statistik handelt es sich bei den Erhebungen nach § 128a SGB XII. Deshalb kann hier nach § 128d Abs. 2 SGB XII die Kennnummer nach § 128e Abs. 1 Nr. 2 SGB XII gesondert aufbewahrt werden. Sie darf keine Angaben über persönliche und sachliche Verhältnisse der Leistungsberechtigten enthalten. Dabei ist darauf abzustellen, dass keine **direkte** Identifikation möglich ist.[10] Die Kennnummer dient folglich nur zur Identifikation der Datensätze, nicht aber zur Identifikation einzelner Personen.[11] Auch die indirekte Möglichkeit der Identifikation stellt eine Abweichung von § 3 Abs. 1 BDSG dar, wonach es für die Definition der personenbezogenen Daten ausreicht, dass Einzelangaben über persönliche oder sachliche Verhältnisse einer bestimmten oder **bestimmbaren** natürlichen Person vorliegen.

---

[4] BT-Drs. 17/10748, S. 20.
[5] Zu § 123 SGB XII: *Raum* in: Mergler/Zink, SGB XII, § 123 Rn. 2; ähnlich bereits BT-Drs. 12/4401, S. 88 bei Einführung des § 129 BSHG.
[6] Vgl. dazu: BT-Drs. 17/10748, S. 20.
[7] Vgl. dazu: BT-Drs. 17/10748, S. 20.
[8] Vgl. dazu § 128e Abs. 1 Nr. 3 SGB XII; vgl. zu § 123 SGB XII auch *Raum* in: Mergler/Zink, SGB XII, § 123 Rn. 2; *Niewald* in: LPK-SGB XII, § 123 Rn. 1.
[9] Blockseite ist nach § 10 Abs. 3 BStatG innerhalb eines Gemeindegebiets die Seite mit gleicher Straßenbezeichnung von der durch Straßeneinmündungen oder vergleichbare Begrenzungen umschlossenen Fläche.
[10] Zu § 123 SGB XII: *Raum* in: Mergler/Zink, SGB XII, § 123 Rn. 4.
[11] Vgl. dazu: BT-Drs. 17/10748, S. 20.

§ 128f SGB XII Periodizität, Berichtszeitraum und Berichtszeitpunkte

(Fassung vom 20.12.2012, gültig ab 01.01.2015)

(1) Die Bundesstatistik nach § 128a wird quartalsweise durchgeführt.

(2) Die Merkmale nach den §§ 128b bis 128d, ausgenommen das Merkmal nach § 128b Nummer 5, sind als Bestandserhebung zum Quartalsende zu erheben, wobei sich die Angaben zu den Bedarfen und Einkommen nach § 128c Nummer 1 bis 8 und § 128d jeweils auf den gesamten letzten Monat des Berichtsquartals beziehen.

(3) ¹Die Merkmale nach § 128b Nummer 5 sind für den gesamten Quartalszeitraum zu erheben, wobei gleichzeitig die Merkmale nach § 128b Nummer 1 und 2 zu erheben sind. ²Bei den beendeten Leistungen ist zudem die bisherige Dauer der Leistungsgewährung nach § 128b Nummer 6 zu erheben.

(4) Die Merkmale nach § 128c Nummer 6 sind für jeden Monat eines Quartals zu erheben, wobei gleichzeitig die Merkmale nach § 128b Nummer 1 und 2 zu erheben sind.

Gliederung

A. Basisinformationen 1	V. Systematische Zusammenhänge 6
I. Textgeschichte/Gesetzgebungsmaterialien 1	**B. Auslegung der Normen** 7
II. Vorgängervorschriften 3	I. Regelungsgehalt und Bedeutung der Normen 7
III. Parallelvorschriften 4	II. Normzweck 9
IV. Untergesetzliche Vorschriften 5	III. Die Regelung im Einzelnen 11

A. Basisinformationen

I. Textgeschichte/Gesetzgebungsmaterialien

Die Vorschrift wurde durch Art. 1 Nr. 19 Gesetzes zur Änderung des Zwölften Buches Sozialgesetzbuch vom 20.12.2012[1] eingeführt, tritt aber erst **mit Wirkung vom 01.01.2015** in Kraft. 1

Die **Gesetzgebungsmaterialien** finden sich in BT-Drs. 17/10748 und BT-Drs. 17/11382. 2

II. Vorgängervorschriften

Eine direkte Vorgängervorschrift zu § 128f SGB XII gibt es nicht. Bislang war die Erhebung zu den Leistungen nach dem Vierten Kapitel mit in der allgemeinen Statistik nach den §§ 121 ff. SGB XII geregelt. Die mit § 128f SGB XII dort vergleichbare Vorschrift findet sich in § 124 SGB XII. 3

III. Parallelvorschriften

Parallelvorschriften zu Statistiken in anderen Büchern des Sozialgesetzbuches finden sich in den §§ 53-55 SGB II und den §§ 98-103 SGB VIII. Außerhalb des Sozialgesetzbuchs findet sich eine Parallelvorschrift in § 12 AsylbLG. 4

IV. Untergesetzliche Vorschriften

Eine Verordnungsermächtigung existiert nicht. Die Verordnungsermächtigung des § 129 SGB XII bezieht sich lediglich auf § 128 SGB XII (vgl. die Kommentierung zu § 129 SGB XII Rn. 2). 5

V. Systematische Zusammenhänge

Da es sich bei der Statistik nach § 128a SGB XII um eine **Bundesstatistik** handelt, ist ergänzend das Bundesstatistikgesetz (BStatG)[2] anwendbar.[3] 6

---

[1] BGBl I 2012, 2783.
[2] BGBl I 1987, 462, 565.
[3] Vgl. auch: *Raum* in: Mergler/Zink, vor § 121 Rn. 6.

B. Auslegung der Normen

I. Regelungsgehalt und Bedeutung der Normen

7 § 124 SGB XII regelt **Periodizität, Berichtszeitraum und Berichtszeitpunkte** der Statistik. Dass diese gesetzlich zu bestimmen sind, ergibt sich aus § 9 Abs. 1 BStatG, der wegen § 128a SGB XII (Bundesstatistik) Anwendung findet (vgl. zur Anwendbarkeit des BStatG die Kommentierung zu § 128a SGB XII Rn. 16).

8 Die Erhebungszeitpunkte und damit die Anzahl der Erhebungen je Kalenderjahr für die neue Bestandsstatistik ergeben sich aus § 128f Abs. 1 SGB XII. Im Unterschied zur bestehenden Bestandsstatistik für das Vierte Kapitel SGB XII wird die Bestandsstatistik nicht mehr nur zum Jahresende, sondern **zum Ende jedes Quartals** durchgeführt. Bis auf die Erhebung einiger neuer Merkmale und den vierteljährlichen Turnus ändert sich an der Bestandserhebung nichts.[4]

II. Normzweck

9 Zum Normzweck der Erhebung vgl. die Kommentierung zu § 128a SGB XII Rn. 11.

10 Zweck der Verkürzung der Periodizität gegenüber § 124 SGB XII liegt darin, dass die Daten **schneller zur Verfügung stehen** sollen. In der Beschränkung der Grundsicherungsstatistik auf eine Bestandsstatistik zum 31.12. eines Jahres – so der Gesetzgeber – liege, neben dem langen Auswertungszeitraum, einer der beiden Mängel der bestehenden Grundsicherungsstatistik.[5] Nach geltendem Recht seien bis zum Herbst eines Jahres nur die Ergebnisse der Grundsicherungsstatistik des Vorvorjahres verfügbar.[6] Dies entspreche nicht dem Aktualitätsstand der Statistik für andere bundesgesetzliche Sozialleistungssysteme und genügt auch nicht den Informationsanforderungen einer Sozialberichterstattung und auch nicht den Informationsbedürfnissen von Politik, Wissenschaft und Praxis.[7] Ferner ermögliche die bestehende Grundsicherungsstatistik hinsichtlich ihrer Aktualität keine belastbaren Vorausberechnungen.[8]

III. Die Regelung im Einzelnen

11 § 128f Abs. 1 SGB XII regelt zunächst, dass die Bundesstatistik nach **§ 128a SGB XII quartalsweise** durchgeführt wird.

12 § 128f **Abs. 2** SGB XII legt die Merkmale fest, die **ausschließlich für eine Bestandserhebung beziehungsweise für den letzten Monat im Quartal** benötigt werden.[9] Dies sind zunächst alle Erhebungs- und Hilfsmerkmale bis auf das sich auf Beginn und Ende der Leistungsgewährung (nebst jeweiliger Ursache) beziehende Erhebungsmerkmal nach § 128b Nr. 5 SGB XII. Dabei sind die Angaben zu den Bedarfen und Einkommen nach § 128c Nr. 1 bis 8 SGB XII und § 128d SGB XII für den letzten Monat zu erheben, die übrigen Daten sind als Bestandserhebungen zum Quartalsende zu erheben.

13 Nach § 128f **Abs. 3** SGB XII werden die bereits oben erwähnten **Zu- und Abgänge der Leistungsempfänger** aus dem Leistungsbezug (§ 128b Nr. 5 SGB XII) nicht nur quartalsweise oder für den letzten Monat des Quartals erhoben, sondern für den ganzen Quartalszeitraum. Nur wenn Bestand sowie Zugänge und Abgänge von Leistungsbeziehern in den beziehungsweise aus dem Leistungsbezug bekannt seien – so der Gesetzgeber – könne die Entwicklung der Inanspruchnahme der Grundsicherung vollständig erfasst werden.[10] Bei den beendeten Leistungen ist nach § 128f Abs. 2 Satz 2 SGB XII zudem die bisherige Dauer der Leistungsgewährung nach § 128b Nr. 6 SGB XII zu erheben.

14 Nach § 128f **Abs. 4** SGB XII sollen die **Leistungen der Bildung und Teilhabe für Kinder und Jugendliche** über das gesamte Jahr in Quartalsstatistiken erfasst werden, da diese Leistungen über das Jahr hinweg in unterschiedlichem Maße in Anspruch genommen werden.[11] Diese Daten sollen daher pro Monat erfasst und quartalsweise an das Statistische Bundesamt gemeldet werden. Bei den Statistiken nach den Absätzen 3 und 4 sollen außerdem jeweils die wichtigsten persönlichen Merkmale erfasst werden, damit zum Beispiel erkennbar ist, in welchem Alter der Leistungsbeginn erfolgt.[12]

---

[4] BT-Drs. 17/10748, S. 20 f.
[5] BT-Drs. 17/10748, S. 21.
[6] BT-Drs. 17/10748, S. 21.
[7] BT-Drs. 17/10748, S. 21.
[8] BT-Drs. 17/10748, S. 21.
[9] BT-Drs. 17/10748, S. 21.
[10] BT-Drs. 17/10748, S. 21.
[11] BT-Drs. 17/10748, S. 21.
[12] BT-Drs. 17/10748, S. 21.

§ 128g SGB XII Auskunftspflicht

(Fassung vom 20.12.2012, gültig ab 01.01.2015)

(1) ¹Für die Bundesstatistik nach § 128a besteht Auskunftspflicht. ²Die Auskunftserteilung für die Angaben nach § 128e Nummer 3 und zum Gemeindeteil nach § 128b Nummer 2 sind freiwillig.

(2) Auskunftspflichtig sind die für die Ausführung des Gesetzes nach dem Vierten Kapitel zuständigen Träger.

Gliederung

A. Basisinformationen 1	V. Systematische Zusammenhänge 6
I. Textgeschichte/Gesetzgebungsmaterialien 1	B. Auslegung der Normen 7
II. Vorgängervorschriften 3	I. Regelungsgehalt und Bedeutung der Normen .. 7
III. Parallelvorschriften 4	II. Normzweck 8
IV. Untergesetzliche Vorschriften 5	III. Die Regelung im Einzelnen 9

A. Basisinformationen

I. Textgeschichte/Gesetzgebungsmaterialien

Die Vorschrift wurde durch Art. 1 Nr. 19 Gesetzes zur Änderung des Zwölften Buches Sozialgesetzbuch vom 20.12.2012[1] eingeführt, tritt aber erst **mit Wirkung vom 01.01.2015** in Kraft.   **1**

Die **Gesetzgebungsmaterialien** finden sich in BT-Drs. 17/10748 und BT-Drs. 17/11382.   **2**

II. Vorgängervorschriften

Eine direkte Vorgängervorschrift zu § 128g SGB XII gibt es nicht. Bislang war die Erhebung zu den Leistungen nach dem Vierten Kapitel mit in der allgemeinen Statistik nach den §§ 121 ff. SGB XII geregelt. Die mit § 128g SGB XII dort vergleichbare Vorschrift findet sich in § 125 SGB XII.   **3**

III. Parallelvorschriften

Parallelvorschriften zu Statistiken in anderen Büchern des Sozialgesetzbuches finden sich in den §§ 53-55 SGB II und den §§ 98-103 SGB VIII. Außerhalb des Sozialgesetzbuchs findet sich eine Parallelvorschrift in § 12 AsylbLG.   **4**

IV. Untergesetzliche Vorschriften

Eine Verordnungsermächtigung existiert nicht. Die Verordnungsermächtigung des § 129 SGB XII bezieht sich lediglich auf § 128 SGB XII (vgl. die Kommentierung zu § 129 SGB XII Rn. 2).   **5**

V. Systematische Zusammenhänge

Da es sich bei der Statistik nach § 128a SGB XII um eine **Bundesstatistik** handelt, ist ergänzend das Bundesstatistikgesetz (BStatG)[2] anwendbar.[3]   **6**

B. Auslegung der Normen

I. Regelungsgehalt und Bedeutung der Normen

§ 128g SGB XII regelt den Umfang der **Auskunftspflicht der Behörden**. § 15 Abs. 1 Satz 1 BStatG, der wegen § 128a SGB XII (Bundesstatistik) Anwendung findet (vgl. zur Anwendbarkeit des BStatG die Kommentierung zu § 128a SGB XII Rn. 16), fordert, dass die eine Bundesstatistik anordnende Rechtsvorschrift festzulegen hat, ob und in welchem Umfang die Erhebung mit oder ohne Auskunfts-   **7**

---

[1] BGBl I 2012, 2783.
[2] BGBl I 1987, 462, 565.
[3] Vgl. auch: *Raum* in: Mergler/Zink, vor § 121 Rn. 6.

pflicht erfolgen soll. Nach den Gesetzgebungsunterlagen (zum BStatG) soll der Gesetzgeber dies für jeden Einzelfall prüfen.[4] Die Auskunftspflicht sollte nicht perpetuiert werden.[5]

II. Normzweck

8   Zum Normzweck der Erhebung vgl. die Kommentierung zu § 128a SGB XII Rn. 11.

III. Die Regelung im Einzelnen

9   Nach § 128g Abs. 1 Satz 1 SGB XII besteht für die Erhebung **grundsätzlich Auskunftspflicht**. Allerdings sind in Satz 2 Ausnahmen geregelt. Die **Freiwilligkeit** gilt zunächst für Name und Telefonnummer der für eventuelle Rückfragen zur Verfügung stehenden Person (§ 128e Nr. 3 SGB XII). Außerdem sind die Angaben zum Gemeindeteil nach § 128b Nr. 2 SGB XII freiwillig.

10 **Verfassungsrechtlich** ist die Auskunftspflicht **nicht problematisch**, da Träger des Grundrechts auf informationelle Selbstbestimmung nur natürliche Personen sind und hier Behörden auskunftspflichtig sind. Zwar kann der Amtsträger auch als solcher Träger dieses Grundrechts sein,[6] nicht jedoch bezogen auf die Herausgabe allgemeiner, sich nicht auf ihn konkret beziehender Daten.[7]

11 Auskunftspflichtig sind nach § 128g Abs. 2 SGB XII die für die Gewährung der Leistungen nach dem Vierten Kapitel des SGB XII zuständigen **Träger der Sozialhilfe**. Die Auskunftspflicht besteht nach § 15 Abs. 5 BStatG gegenüber den mit der Durchführung der Bundesstatistiken amtlich betrauten Stellen und Personen. Dies ist bei der Statistik nach den §§ 128a ff. SGB XII das **Statistische Bundesamt**, § 128a Abs. 1 Satz 2 SGB XII.

---

[4] BT-Drs. 10/6666, S. 14, 15 unter Bezugnahme das Volkszählungsurteil des BVerfG.
[5] BT-Drs. 10/6666, S. 15.
[6] BVerwG v. 23.06.2004 - 3 C 41/03 - juris Rn. 30 ff. - BVerwGE 121, 115 ff.
[7] Ebenso *Raum* in: Mergler/Zink, SGB XII, § 125 Rn 3.

§ 128h SGB XII Datenübermittlung, Veröffentlichung

(Fassung vom 20.12.2012, gültig ab 01.01.2015)

(1) ¹Die in sich schlüssigen und nach einheitlichen Standards formatierten Einzeldatensätze sind von den Auskunftspflichtigen elektronisch bis zum Ablauf von 30 Arbeitstagen nach Ende des jeweiligen Berichtsquartals nach § 128f an das Statistische Bundesamt zu übermitteln. ²Soweit die Übermittlung zwischen informationstechnischen Netzen von Bund und Ländern stattfindet, ist dafür nach § 3 des Gesetzes über die Verbindung der informationstechnischen Netze des Bundes und der Länder – Gesetz zur Ausführung von Artikel 91c Absatz 4 des Grundgesetzes – vom 10. August 2009 (BGBl. I S. 2702, 2706) das Verbindungsnetz zu nutzen. ³Die zu übermittelnden Daten sind nach dem Stand der Technik fortgeschritten zu signieren und zu verschlüsseln.

(2) Das Statistische Bundesamt übermittelt dem Bundesministerium für Arbeit und Soziales für Zwecke der Planung, jedoch nicht für die Regelung von Einzelfällen, Tabellen mit den Ergebnissen der Bundesstatistik nach § 128a, auch soweit Tabellenfelder nur einen einzigen Fall ausweisen.

(3) ¹Zur Weiterentwicklung des Systems der Grundsicherung im Alter und bei Erwerbsminderung übermittelt das Statistische Bundesamt auf Anforderung des Bundesministeriums für Arbeit und Soziales Einzelangaben aus einer Stichprobe, die vom Statistischen Bundesamt gezogen wird und nicht mehr als 10 Prozent der Grundgesamtheit der Leistungsberechtigten umfasst. ²Die zu übermittelnden Einzelangaben dienen der Entwicklung und dem Betrieb von Mikrosimulationsmodellen durch das Bundesministerium für Arbeit und Soziales und dürfen nur im hierfür erforderlichen Umfang und mittels eines sicheren Datentransfers ausschließlich an das Bundesministerium für Arbeit und Soziales übermittelt werden. ³Angaben zu den Erhebungsmerkmalen nach § 128b Nummer 2 und 4 und den Hilfsmerkmalen nach § 128e dürfen nicht übermittelt werden; Angaben zu monatlichen Durchschnittsbeträgen in den Einzelangaben werden vom Statistischen Bundesamt auf volle Euro gerundet.

(4) ¹Bei der Verarbeitung und Nutzung der Daten nach Absatz 3 ist das Statistikgeheimnis nach § 16 des Bundesstatistikgesetzes zu wahren. ²Dafür ist die Trennung von statistischen und nichtstatistischen Aufgaben durch Organisation und Verfahren zu gewährleisten. ³Die nach Absatz 3 übermittelten Daten dürfen nur für die Zwecke verwendet werden, für die sie übermittelt wurden. ⁴Eine Weitergabe von Einzelangaben aus einer Stichprobe nach Absatz 3 Satz 1 durch das Bundesministerium für Arbeit und Soziales an Dritte ist nicht zulässig. ⁵Die übermittelten Einzeldaten sind nach dem Erreichen des Zweckes zu löschen, zu dem sie übermittelt wurden.

(5) ¹Das Statistische Bundesamt übermittelt den statistischen Ämtern der Länder Tabellen mit den Ergebnissen der Bundesstatistik für die jeweiligen Länder und für die für die Ausführung des Gesetzes nach dem Vierten Kapitel zuständigen Träger. ²Das Bundesministerium für Arbeit und Soziales erhält diese Tabellen ebenfalls. ³Die statistischen Ämter der Länder erhalten zudem für ihr Land die jeweiligen Einzeldatensätze für Sonderaufbereitungen auf regionaler Ebene.

(6) Die Ergebnisse der Bundesstatistik nach diesem Abschnitt dürfen auf die einzelnen Gemeinden bezogen veröffentlicht werden.

§ 128h

Gliederung

A. Basisinformationen 1
  I. Textgeschichte/Gesetzgebungsmaterialien 1
  II. Vorgängervorschriften 3
  III. Parallelvorschriften 4
  IV. Untergesetzliche Vorschriften 5
  V. Systematische Zusammenhänge 6
B. Auslegung der Normen 7
  I. Regelungsgehalt und Bedeutung der Normen 7
  II. Normzweck 14
  III. Die Regelung im Einzelnen 15

  1. Bundeseinheitliche Standards zur Übermittlung (Absatz 1) 15
  2. Übermittlung von Tabellen, die nur einen Fall ausweisen (Absatz 2) 16
  3. Zusatzerhebungen (Absatz 3) 20
  4. Technische und organisatorische Vorgaben bei der Übermittlung (Absatz 4) 25
  5. Übermittlung an die Statistischen Landesämter und die Träger (Absatz 5) 31
  6. Veröffentlichung der Daten (Absatz 6) 33

A. Basisinformationen

I. Textgeschichte/Gesetzgebungsmaterialien

1   Die Vorschrift wurde durch Art. 1 Nr. 19 Gesetzes zur Änderung des Zwölften Buches Sozialgesetzbuch vom 20.12.2012[1] eingeführt, tritt aber erst **mit Wirkung vom 01.01.2015** in Kraft.

2   Die **Gesetzgebungsmaterialien** finden sich in BT-Drs. 17/10748 und BT-Drs. 17/11382.

II. Vorgängervorschriften

3   Eine direkte Vorgängervorschrift zu § 128h SGB XII gibt es nicht. Bislang war die Erhebung zu den Leistungen nach dem Vierten Kapitel mit in der allgemeinen Statistik nach den §§ 121 ff. SGB XII geregelt. Die mit § 128h SGB XII vergleichbaren Vorschriften finden sich dort in § 126 SGB XII und § 127 SGB XII.

III. Parallelvorschriften

4   Parallelvorschriften zu Statistiken in anderen Büchern des Sozialgesetzbuches finden sich in den §§ 53-55 SGB II und den §§ 98-103 SGB VIII. Außerhalb des Sozialgesetzbuchs findet sich eine Parallelvorschrift in § 12 AsylbLG.

IV. Untergesetzliche Vorschriften

5   Eine Verordnungsermächtigung existiert nicht. Die Verordnungsermächtigung des § 129 SGB XII bezieht sich lediglich auf § 128 SGB XII (vgl. die Kommentierung zu § 129 SGB XII Rn. 2).

V. Systematische Zusammenhänge

6   Da es sich bei der Statistik nach § 128a SGB XII um eine **Bundesstatistik** handelt, ist ergänzend das Bundesstatistikgesetz (BStatG)[2] anwendbar.[3]

B. Auslegung der Normen

I. Regelungsgehalt und Bedeutung der Normen

7   § 128h SGB XII regelt die **Übermittlung und die Veröffentlichung der Daten** aus der Statistik nach den §§ 128a ff. SGB XII. Es handelt sich um die umfangreichste Vorschrift des Abschnitts.

8   § 128h **Abs. 1** SGB XII schafft zunächst **bundeseinheitliche Standards** für die Übermittlung.

9   § 128h **Abs. 2** SGB XII ermöglicht die Übermittlung in dem datenschutzrechtlich problematischen Fall von Tabellen, deren **Tabellenfelder nur einen einzigen Fall** ausweisen (sog. „Tabelle-Eins").

10   § 128h **Abs. 3** SGB XII schafft die Grundlage für **Zusatzaufbereitungen** anhand einer Zufallsstichprobe. Damit soll die Fortentwicklung der Leistungen nach dem Vierten Kapitel unterstützt werden.

11   § 128h **Abs. 4** SGB XII regelt die **technischen und organisatorischen Vorgaben**, die das Bundesministerium für Arbeit und Soziales bei der Datenverarbeitung und -nutzung zu beachten hat.[4]

12   § 128h **Abs. 5** SGB XII befasst sich mit der **Übermittlung der Daten** vom Statistischen Bundesamt an die Statistischen **Landesämter** und die Träger der Leistungen nach dem Vierten Kapitel.

---

[1] BGBl I 2012, 2783.
[2] BGBl I 1987, 462, 565.
[3] Vgl. auch: *Raum* in: Mergler/Zink, vor § 121 Rn. 6.
[4] BT-Drs. 17/11382, S. 12.

§ 128h Abs. 6 SGB XII regelt schließlich die **Veröffentlichung**. Dies ist auf die einzelnen Gemeinden bezogen möglich. 13

II. Normzweck

Zum Normzweck der Erhebung vgl. die Kommentierung zu § 128a Rn. 11. 14

III. Die Regelung im Einzelnen

1. Bundeseinheitliche Standards zur Übermittlung (Absatz 1)

Aufgrund der zentralen Durchführung der Bundesstatistik durch das Statistische Bundesamt (§ 128a Abs. 1 Satz 2 SGB XII) ergibt sich, im Unterschied zu den Erhebungen nach den §§ 121 ff. SGB XII, die durch die Statistischen Landesämter vorgenommen werden, die Notwendigkeit **bundeseinheitlicher Vorgaben für die Datenübermittlung**.[5] Dazu sieht § 128h Abs. 1 Satz 1 SGB XII vor, dass schlüssige und nach einheitlichen Standards formatierte Daten innerhalb von 30 Arbeitstagen nach Ende der sich nach § 128f SGB XII ergebenden Berichtszeiträume von den nach Landesrecht für die Ausführung des Vierten Kapitels SGB XII zuständigen Trägern elektronisch an das Statistische Bundesamt zu übermitteln sind. Die Datenübermittlung zwischen informationstechnischen Netzen von Bund und Ländern regelt Satz 2. In Satz 3 ist eine Regelung zu Signierung und Verschlüsselung der Daten enthalten. Der Inhalt der Sätze 2 und 3 entspricht § 8 Abs. 1 Sätze 4 und 5 der Personalausweisverordnung vom 01.11.2010.[6] 15

2. Übermittlung von Tabellen, die nur einen Fall ausweisen (Absatz 2)

Nach § 128h Abs. 2 SGB XII übermittelt das Statistische Bundesamt Tabellen mit den Ergebnissen der Bundesstatistik an das **Bundesministerium für Arbeit und Soziales**. Diese Tabellen sollen auf den bisher schon produzierten und veröffentlichten Tabellen aufbauen und können in Absprache zwischen Statistischem Bundesamt und Bundesministerium für Arbeit und Soziales auch verändert und ergänzt werden.[7] 16

§ 128h Abs. 2 SGB XII regelt zudem die **Übermittlung von Tabellen**, deren Tabellenfelder **nur einen einzigen Fall** ausweisen. Datenschutzrechtlich problematisch sind diese Fälle deshalb, da hier keine wirkliche Anonymisierung vorliegt. Nach § 3 Abs. 6 BDSG ist Anonymisieren das derartige Verändern personenbezogener Daten, dass die Einzelangaben über persönliche oder sachliche Verhältnisse nicht mehr oder nur mit einem unverhältnismäßig großen Aufwand an Zeit, Kosten und Arbeitskraft einer bestimmten oder bestimmbaren natürlichen Person zugeordnet werden können. Dies ist bei einer Tabelle mit nur einem Fall gerade nicht der Fall. 17

Deshalb ergeben sich aus **§ 16 Abs. 4 BStatG**, der wegen § 128a SGB XII (Bundesstatistik) Anwendung findet (vgl. zur Anwendbarkeit des BStatG die Kommentierung zu § 128a Rn. 16), besondere Anforderungen, um eine unbegrenzte Weitergabe derartiger Daten zu verhindern.[8] Nach § 16 Abs. 4 Satz 2 BStatG dürfen die Daten nur dann an die oberste Bundes- oder Landesbehörde übermittelt werden, wenn dies durch die eine Bundesstatistik anordnenden Rechtsvorschriften zugelassen ist. Diese Rechtsgrundlage schafft § 128h Abs. 2 SGB XII.[9] 18

In seinen Voraussetzungen knüpft § 128h Abs. 2 SGB XII dabei zunächst an die Anforderungen aus **§ 16 Abs. 4 Satz 1 BStatG** an. Danach darf eine derartige Einzeldaten enthaltende Erhebung nur für die Verwendung gegenüber den gesetzgebenden Körperschaften und für Zwecke der Planung, jedoch nicht für die Regelung von Einzelfällen (also zum Erlassen von Verwaltungsakten, § 31 SGB X) an die obersten Bundes- oder Landesbehörden vom Statistischen Bundesamt und den statistischen Ämtern der Länder übermittelt werden. § 128h Abs. 2 SGB XII verschärft diese Anforderungen noch dahingehend, dass nur eine Übermittlung an das **zuständige Ministerium** (BMAS) möglich ist. Im Gegensatz zu § 126 Abs. 1 Satz 2 SGB XII findet sich aber nicht das Gebot, dass die Übertragung nur dann erfolgen darf, wenn sie nicht differenzierter als auf Regierungsbezirksebene, bei Stadtstaaten auf Bezirkse- 19

---

[5] BT-Drs. 17/10748, S. 21.
[6] BT-Drs. 17/10748, S. 21.
[7] BT-Drs. 17/10748, S. 21.
[8] BT-Drs. 10/6666, S. 15.
[9] Vgl. dazu auch: BT-Drs. 17/10748, S. 21.

bene, aufbereitet ist. Da es sich hierbei in § 126 Abs. 1 Satz 2 SGB XII um eine über § 16 Abs. 4 Satz 1 BStatG hinausgehende Anordnung handelt, stellt sich das Fehlen dieser Konkretisierung in § 128h Abs. 2 SGB XII als unproblematisch dar.

3. Zusatzerhebungen (Absatz 3)

20 Nach § 128h Abs. 3 **Satz 1** SGB XII übermittelt das Statistische Bundesamt auf Anforderung des Bundesministeriums für Arbeit und Soziales **Einzelangaben aus einer Stichprobe**, die vom Statistischen Bundesamt gezogen wird und nicht mehr als 10% der Grundgesamtheit der Leistungsberechtigten umfasst.

21 Derartige **Zusatzaufbereitungen** begründete der Gesetzgeber bei Einführung der allgemeinen Sozialhilfestatistik im Jahr 1993 damit, dass für **ad-hoc-Anfragen** und wissenschaftliche Auswertungen zur Fortentwicklung des Sozialhilferechts auf Bundesebene jederzeit detailliertes Basismaterial verfügbar sein soll, das tiefergehende Analysen zulässt, als sie die Standardauswertung vorsieht.[10] In § 128 Abs. 3 Satz 1 SGB XII heißt es nun, dass diese Erhebungen „zur Weiterentwicklung des Systems der Grundsicherung im Alter und bei Erwerbsminderung" erfolgen sollen. Für in die Zukunft gerichtete Schätzungen sei – so der Gesetzgeber – die Einbeziehung zusätzlicher, im Erhebungsumfang der Bundesstatistik nicht enthaltener Parameter erforderlich.[11] Dies beziehe sich insbesondere auf Eckdaten zur **wirtschaftlichen Entwicklung**. Für weitergehende Analysen von Ursachen und Entwicklung zum Beispiel von Hilfebedürftigkeit im Alter sei angesichts der Vielzahl an Einflussfaktoren eine Modellierung erforderlich, um Einflussfaktoren und Wechselwirkungen untersuchen zu können.[12]

22 Nach **Satz 2** dürfen die in der Stichprobe enthaltenen Einzeldaten nur im erforderlichen Umfang – wobei ein Anteil von **10%** nicht überschritten werden darf – und nur mittels eines sicheren Datentransfers ausschließlich an das Bundesministerium für Arbeit und Soziales übermittelt werden.[13] Eine Übermittlung an vom Bundesministerium mit Auswertungen und Analysen beauftragte Dritte ist folglich nicht zulässig.[14]

23 Nach **Satz 3** dürfen Angaben zu den Erhebungsmerkmalen nach § 128b Nr. 2 SGB XII (Geburtsmonat, Wohngemeinde und Gemeindeteil, bei Ausländern auch aufenthaltsrechtlicher Status) und § 128b Nr. 4 SGB XII (Träger der Leistung) sowie Angaben zu den Hilfsmerkmalen nach § 128e SGB XII nicht übermittelt werden. Dadurch wird gewährleistet, dass **europarechtliche Vorgaben eingehalten** werden. Die BT-Drs. bezieht sich dabei darauf, dass es sich bei den zu übermittelnden Einzeldaten (ohne die oben genannten Daten) um anonymisierte Mikrodaten im Sinne der EGV 831/2002 handele.[15] Die EGV 831/2003 über die Gemeinschaftsstatistiken und die Regelung des Zugangs zu vertraulichen Daten für wissenschaftliche Zwecke ist aber zum 08.07.2013 außer Kraft getreten.

24 An diese Stelle ist die **EGV 557/2013** über europäische Statistiken in Bezug auf den Zugang zu vertraulichen Daten für wissenschaftliche Zwecke getreten. Anonymisierte Mikrodaten waren nach altem Recht individuelle statistische Datensätze, die so verändert wurden, dass die Gefahr einer Identifizierung der statistischen Einheiten, auf die sie sich beziehen, in Übereinstimmung mit dem derzeit besten Verfahren minimiert wird.[16] Diese Definition greift die BT-Drs. auf.[17] Die Regelung in § 128h Abs. 3 Satz 3 SGB XII wird aber auch den neuen europarechtlichen Vorgaben gerecht. Danach sind „vertrauliche Daten für wissenschaftliche Zwecke" Daten, die lediglich eine indirekte Identifizierung der statistischen Einheiten ermöglichen und bei denen es sich entweder um Dateien zur sicheren Verwendung oder um Dateien zur wissenschaftlichen Verwendung handelt.[18] Diese lediglich indirekte Möglichkeit der Identifizierung ist durch Weglassen der oben genannten Erhebungsmerkmale und der Hilfsmerkmale gewährleistet.[19]

---

[10] BT-Drs. 12/4401, S. 88 bei Einführung des § 132 BSHG.
[11] BT-Drs. 17/10748, S. 21.
[12] BT-Drs. 17/10748, S. 21.
[13] BT-Drs. 17/10748, S. 21.
[14] BT-Drs. 17/10748, S. 21.
[15] BT-Drs. 17/11382, S. 12.
[16] Art. 2 EGV 831/2002.
[17] BT-Drs. 17/11382, S. 12.
[18] Art. 2 EGV 337/2013.
[19] Siehe auch: BT-Drs. 17/11382, S. 12.

4. Technische und organisatorische Vorgaben bei der Übermittlung (Absatz 4)

§ 128h Abs. 4 SGB XII regelt die **technischen und organisatorischen Vorgaben**, die das Bundesministerium für Arbeit und Soziales bei der Datenverarbeitung und -nutzung zu beachten hat.[20]

Damit kommt der Gesetzgeber nicht zuletzt den Vorgaben des BVerfG wegen des Grundrechts auf informationelle Selbstbestimmung nach. Danach hat der Gesetzgeber **organisatorische und verfahrensrechtliche Vorkehrungen** zu treffen, welche der Gefahr einer Verletzung des Persönlichkeitsrechts entgegenwirken.[21] Adressat der Regelung ist die verantwortliche Stelle.[22]

Nach § 128h Abs. 4 Satz 1 SGB XII ist bei der Nutzung der nach Absatz 3 übermittelten Daten das **Statistikgeheimnis** nach § 16 BStatG zu wahren. Zudem gelten die allgemeinen datenschutzrechtlichen Grundsätze, wie sie etwa in § 9 BDSG nebst Anlage oder seinen fachgesetzlichen Entsprechungen ihren Ausdruck gefunden hat.[23] Nach **§ 16 Abs. 5 Satz 1 BStatG** dürfen vom Statistischen Bundesamt für ausschließlich statistische Zwecke Einzelangaben an die zur Durchführung statistischer Aufgaben zuständigen Stellen der Gemeinden und Gemeindeverbände übermittelt werden, wenn die Übermittlung in einem eine Bundesstatistik anordnenden Gesetz vorgesehen ist sowie Art und Umfang der zu übermittelnden Einzelangaben bestimmt ist. Die Übermittlung ist nach Satz 2 der Vorschrift nur zulässig, wenn durch Landesgesetz eine **Trennung dieser Stellen von anderen kommunalen Verwaltungsstellen** sichergestellt und das Statistikgeheimnis durch Organisation und Verfahren gewährleistet ist.

Hier knüpft § 128h Abs. 4 **Satz 2** SGB XII an. Danach ist eine Trennung von statistischen und nichtstatistischen Aufgaben durch Organisation und Verfahren zu gewährleisten.[24] Das „Ob" und der Umfang der Übermittlung wurden schließlich bereits in den vorherigen Absätzen geregelt. Der Gesetzgeber führt ergänzend aus, dass zusätzlich zu diesen datenschutzrechtlichen Vorschriften der Schutz der **Einzeldaten nach Absatz 3** auch durch **personelle Maßnahmen** sichergestellt werde, also durch die Verpflichtung der beteiligten Personen zur Geheimhaltung entweder als Amtsträger beziehungsweise für den öffentlichen Dienst besonders Verpflichtete oder durch Verpflichtung nach dem Verpflichtungsgesetz.[25] Dies hat im Gesetzestext selbst aber keinen Niederschlag gefunden. Diese Vorgabe findet sich aber in **§ 16 Abs. 8 Satz 3 BStatG**. Danach muss bei den Stellen, denen Einzelangaben übermittelt werden, durch organisatorische und technische Maßnahmen sichergestellt sein, dass nur Amtsträger, für den öffentlichen Dienst besonders Verpflichtete oder Verpflichtete Empfänger von Einzelangaben sind.

§ 128h Abs. 4 **Satz 3** SGB XII stellt klar, dass für die Datenverarbeitung und -nutzung die Vorgaben zur **Zweckbindung** zu berücksichtigen sind, die sich aus § 16 Abs. 8 Satz 1 BStatG ergeben.[26] Danach dürfen übermittelte Einzelangaben nur für die Zwecke verwendet werden, für die sie übermittelt wurden. Eine Weitergabe von Daten aus einer Stichprobe durch das Bundesministerium für Arbeit und Soziales an Dritte ist nach **Satz 4** deshalb nicht zulässig.

Nach **Satz 5** sind die übermittelten Einzeldaten nach dem Erreichen des Zwecks, zu dem sie übermittelt wurden, zu **löschen**, wodurch der Regelungsgedanke des § 16 Abs. 8 Satz 2 BStatG (der sich direkt nur auf wissenschaftliche Vorhaben bezieht) übernommen wurde.[27] Der Begriff des **Löschens** ist in § 67 Abs. 6 Nr. 5 SGB X legaldefiniert. Danach ist Löschen das Unkenntlichmachen gespeicherter Sozialdaten. Die Daten unterliegen damit einem sog. absoluten Verwendungsverbot.[28]

5. Übermittlung an die Statistischen Landesämter und die Träger (Absatz 5)

Nach § 128h Abs. 5 Satz 1 SGB XII übermittelt das Statistische Bundesamt den **statistischen Ämtern der Länder Tabellen** mit den Ergebnissen der Bundesstatistik für die jeweiligen Länder und für die für die Ausführung des Gesetzes nach dem **Vierten Kapitel zuständigen Träger**. Das Bundesminis-

---

[20] BT-Drs. 17/11382, S. 12.
[21] BVerfG v. 15.12.1983 - 1 BvR 209/83 - juris Rn. 151 - BVerfGE 61, 1 ff.
[22] BT-Drs. 17/11382, S. 12.
[23] BT-Drs. 17/11382, S. 12.
[24] Vgl. auch: BT-Drs. 17/11382, S. 13.
[25] BT-Drs. 17/11382, S. 13.
[26] BT-Drs. 17/11382, S. 13.
[27] BT-Drs. 17/11382, S. 13.
[28] *Krahmer* in: LPK-SGB XII, § 118 Rn. 7.

terium für Arbeit und Soziales erhält diese Tabellen nach Satz 2 der Vorschrift ebenfalls. Die statistischen Ämter der Länder erhalten zudem für ihr Land die jeweiligen Einzeldatensätze für Sonderaufbereitungen auf regionaler Ebene.

32 Da die statistischen Ämter der Länder und damit auch die einzelnen Länder durch den **direkten Meldeweg** von Trägern an das Statistische Bundesamt nicht mehr über die auf ihr Land bezogenen Einzeldatensätze nach dem Vierten Kapitel SGB XII verfügen, wird durch die vorgenannte Regelung sichergestellt, dass ihnen das Statistische Bundesamt künftig standardisierte Tabellen zur Verfügung stellt, die mindestens dem bisher veröffentlichten Umfang der Grundsicherungsstatistiken entsprechen.[29] Gleichzeitig erhalten die statistischen Ämter der Länder die jeweiligen vom Statistischen Bundesamt plausibilisierten Einzeldatensätze für Sonderaufbereitungen auf regionaler Ebene (§ 128h Abs. 5 Satz 3 SGB XII).[30]

6. Veröffentlichung der Daten (Absatz 6)

33 Nach § 128h Abs. 6 SGB XII dürfen die Ergebnisse der Sozialhilfestatistik **auf die einzelne Gemeinde bezogen** veröffentlicht werden. Dies entspricht geltendem Recht bei der allgemeinen Sozialhilfestatistik nach § 126 SGB XII.[31] Danach soll die Veröffentlichung durch die Gemeinde ermöglicht werden, da diese schließlich auch nach § 128g SGB XII auskunftspflichtig ist.[32] Eine derartige Veröffentlichung berührt das Statistikgeheimnis aus § 16 BStatG, weshalb eine gesetzliche Ermächtigung notwendig ist (vgl. Rn. 27).[33] Die Vorschrift lässt eine Ausnahme von der Geheimhaltungspflicht aber nur in Bezug auf die Gemeinde, nicht in Bezug auf die Leistungsempfänger zu, um das berechtigte Interesse der Leistungsempfänger an der Geheimhaltung zu wahren.[34]

---

[29] BT-Drs. 17/10748, S. 21.
[30] BT-Drs. 17/10748, S. 21.
[31] Darauf weist auch die BT-Drs. hin: BT-Drs. 17/10748, S. 21.
[32] BT-Drs. 12/4401, S. 88 bei Einführung des § 132 BSHG.
[33] § 16 Abs. 1 Satz 1 BStatG.
[34] BT-Drs. 12/4401, S. 88 bei Einführung des § 132 BSHG.

Dritter Abschnitt: Verordnungsermächtigung *(zukünftig)*

§ 129 SGB XII Verordnungsermächtigung

(Fassung vom 02.12.2006, gültig ab 07.12.2006, gültig bis 31.12.2014)

Das Bundesministerium für Arbeit und Soziales kann für Zusatzerhebungen nach § 128 im Einvernehmen mit dem Bundesministerium des Innern durch Rechtsverordnung mit Zustimmung des Bundesrates das Nähere regeln über

a) den Kreis der Auskunftspflichtigen nach § 125 Abs. 2,

b) die Gruppen von Leistungsberechtigten, denen Hilfen nach dem Dritten bis Neunten Kapitel geleistet werden,

c) die Leistungsberechtigten, denen bestimmte einzelne Leistungen der Hilfen nach dem Dritten bis Neunten Kapitel geleistet werden,

d) den Zeitpunkt der Erhebungen,

e) die erforderlichen Erhebungs- und Hilfsmerkmale im Sinne der §§ 122 und 123 und

f) die Art der Erhebung (Vollerhebung oder Zufallsstichprobe).

§ 129 SGB XII Verordnungsermächtigung

(Fassung vom 20.12.2012, gültig ab 01.01.2015)

Das Bundesministerium für Arbeit und Soziales kann für Zusatzerhebungen nach § 128 im Einvernehmen mit dem Bundesministerium des Innern durch Rechtsverordnung mit Zustimmung des Bundesrates das Nähere regeln über

a) den Kreis der Auskunftspflichtigen nach § 125 Abs. 2,

b) die Gruppen von Leistungsberechtigten, denen Hilfen nach dem Dritten und Fünften bis Neunten Kapitel geleistet werden,

c) die Leistungsberechtigten, denen bestimmte einzelne Leistungen der Hilfen nach dem Dritten und Fünften bis Neunten Kapitel geleistet werden,

d) den Zeitpunkt der Erhebungen,

e) die erforderlichen Erhebungs- und Hilfsmerkmale im Sinne der §§ 122 und 123 und

f) die Art der Erhebung (Vollerhebung oder Zufallsstichprobe).

Gliederung

A. Basisinformationen 1	V. Systematische Zusammenhänge 9
I. Textgeschichte/Gesetzgebungsmaterialien 1	**B. Auslegung der Normen** 10
II. Vorgängervorschriften 6	I. Regelungsgehalt und Bedeutung der Normen 10
III. Parallelvorschriften 7	II. Normzweck 11
IV. Untergesetzliche Vorschriften 8	III. Die Regelung im Einzelnen 12

A. Basisinformationen

I. Textgeschichte/Gesetzgebungsmaterialien

1 Die Vorschrift wurde durch Art. 1 des Gesetzes zur Einordnung des Sozialhilferechts in das Sozialgesetzbuch vom 27.12.2003[1] mit Wirkung zum 01.01.2005 eingeführt. Dabei wurde die Vorschrift **inhaltsgleich aus dem bisherigen § 134 Abs. 2 BSHG** übernommen.[2]

2 Durch das Gesetz zur Änderung des Zwölften Sozialgesetzbuchs und anderer Gesetze vom 02.12.2006[3] wurde die Vorschrift mit Wirkung vom 07.12.2006 geändert. Hierbei handelt es sich zum einen um eine rein sprachliche Änderung, eine Anpassung an den Sprachgebrauch des SGB XII.[4] Zudem ergab sich eine Folgeänderung zum Organisationserlass der Bundeskanzlerin vom 22.11.2005.[5] Danach war nun nicht mehr das Ministerium für Gesundheit und Soziale Sicherung, sondern das Ministerium für Arbeit und Soziales zuständig.

3 Ferner wurde durch den Verweis auf § 128 SGB XII klargestellt, dass sich die Verordnungsermächtigung auf die dort geregelten Zusatzerhebungen bezieht.[6]

4 Die Vorschrift wurde durch Art. 1 Nr. 18 des Gesetzes zur Änderung des Zwölften Buches Sozialgesetzbuch vom 20.12.2012[7] geändert, diese Änderung tritt aber erst **mit Wirkung vom 01.01.2015** in Kraft. Diese Änderungen stehen im Zusammenhang mit der neu eingeführten **gesonderten Statistik für die Leistungen nach dem Vierten Kapitel** in den §§ 128a ff. SGB XII. Die sich auf die Leistungen nach dem Vierten Kapitel beziehenden Regelungen waren dementsprechend aufzuheben, bezüglich der übrigen Vorschriften war eine Konkretisierung und Anpassung notwendig.[8]

5 Deshalb werden in § 129 lit. b und c SGB XII zum 01.01.2015 jeweils die Wörter „Dritten bis Neunten" durch die Wörter **„Dritten und Fünften bis Neunten"** ersetzt. Die in § 129 SGB XII enthaltene Verordnungsermächtigung bezieht sich auf die Vorschriften der **§§ 121 ff. SGB XII**. Entsprechend ist die Aufzählung der Kapitel in den lit. b und c auf das Dritte und Fünfte bis Neunte Kapitel des SGB XII zu beschränken,[9] denn die Erhebung zu den Leistungen nach dem Vierten Kapitel des SGB XII richtet sich ab dem 01.01.2015 nach den §§ 128a ff. SGB XII.

II. Vorgängervorschriften

6 Diese Vorschrift wurde im Jahr 2005 aus § 134 Abs. 2 BSHG in der zuletzt geltenden Fassung übernommen (vgl. die Kommentierung zu § 121 SGB XII Rn. 5).

III. Parallelvorschriften

7 Zu den Parallelvorschriften vgl. die Kommentierung zu § 121 SGB XII Rn. 6.

IV. Untergesetzliche Vorschriften

8 Eine Verordnung nach § 129 SGB XII wurde bislang nicht erlassen.

V. Systematische Zusammenhänge

9 Da es sich auch bei der Zusatzstatistik um eine **Bundesstatistik** handelt, ist ergänzend das Bundesstatistikgesetz (BStatG)[10] anwendbar (vgl. die Kommentierung zu § 128 SGB XII Rn. 7).

B. Auslegung der Normen

I. Regelungsgehalt und Bedeutung der Normen

10 § 129 SGB XII regelt eine **Verordnungsermächtigung** des Bundesministeriums für Arbeit und Soziales bezogen auf Zusatzerhebungen nach § 128 SGB XII.

---

[1] BGBl I 2003, 3022.
[2] Vgl. BT-Drs. 15/1514, S. 71.
[3] BGBl I 2006, 2670.
[4] Vgl. BT-Drs. 16/2711, S. 13.
[5] Art 266 Nr. 2 der Neunten Zuständigkeitsanpassungsverordnung vom 30.10.2006 – BGBl I 2006, 2407.
[6] Vgl. BT-Drs. 16/2711, S. 13.
[7] BGBl I 2012, 2783.
[8] Vgl. dazu auch: BT-Drs. 17/10748, S. 17.
[9] BT-Drs. 17/10748, S. 21.
[10] BGBl I 1987, 462, 565.

II. Normzweck

Zum Normzweck vgl. die Kommentierung zu § 121 SGB XII Rn. 10.

III. Die Regelung im Einzelnen

§ 129 SGB XII regelt eine **Verordnungsermächtigung**. Danach kann das Bundesministerium für Arbeit und Soziales für Zusatzerhebungen nach § 128 SGB XII im Einvernehmen mit dem Bundesministerium des Innern durch Rechtsverordnung mit Zustimmung des Bundesrates das Nähere regeln bezogen auf den Kreis der Auskunftspflichtigen nach § 125 Abs. 2 SGB XII, die Gruppen von Leistungsberechtigten, denen Hilfen nach dem Dritten bis Neunten Kapitel geleistet werden, die Leistungsberechtigten, denen bestimmte einzelne Leistungen der Hilfen nach dem Dritten bis Neunten Kapitel geleistet werden, den Zeitpunkt der Erhebungen, die erforderlichen Erhebungs- und Hilfsmerkmale im Sinne der §§ 122 und 123 SGB XII und die Art der Erhebung (Vollerhebung oder Zufallsstichprobe).

Zunächst lag diese Verordnungsermächtigung im Ministerium für Gesundheit und Soziale Sicherung. Dies wurde mit Wirkung zum 08.11.2006 geändert (vgl. Rn. 2).[11] Eine Verordnung wurde bislang nicht erlassen (vgl. Rn. 8).

---

[11] Art. 266 Nr. 2 der Neunten Zuständigkeitsanpassungsverordnung vom 30.10.2006 – BGBl I 2006, 2407.

§ 130 SGB XII Übergangsregelung für ambulant Betreute

Sechzehntes Kapitel: Übergangs- und Schlussbestimmungen

§ 130 SGB XII Übergangsregelung für ambulant Betreute

(Fassung vom 27.12.2003, gültig ab 01.01.2005)

Für Personen, die Leistungen der Eingliederungshilfe für behinderte Menschen oder der Hilfe zur Pflege empfangen, deren Betreuung am 26. Juni 1996 durch von ihnen beschäftigte Personen oder ambulante Dienste sichergestellt wurde, gilt § 3a des Bundessozialhilfegesetzes in der am 26. Juni 1996 geltenden Fassung.

Gliederung

A. Basisinformationen 1
I. Textgeschichte/Gesetzgebungsmaterialien 1
II. Vorgängervorschriften 3
B. Auslegung der Norm 5
I. Regelungsgehalt und Bedeutung der Norm 5
II. Normzweck 9
III. Tatbestandsmerkmale 10
1. Begünstigter Personenkreis 10
2. Sichergestellte ambulante Betreuung am Stichtag 12
IV. Rechtsfolgen 13
1. Besitzstand im Status 13
2. Ausschluss der Anwendbarkeit von § 9 Abs. 2 Satz 3 SGB XII 15
3. Zeitliche Geltung 17

A. Basisinformationen

I. Textgeschichte/Gesetzgebungsmaterialien

1   Die Vorschrift ist – wie das gesamte SGB XII – durch Art. 1 des **Gesetzes zur Einordnung des Sozialhilferechts in das Sozialgesetzbuch** vom 27.12.2003[1] eingeführt worden und aufgrund von dessen Art. 70 Abs. 1 mit Wirkung ab dem 01.01.2005 in Kraft getreten. Sie ist seit ihrer Einführung unverändert geblieben.

2   In der Begründung des Gesetzentwurfs der Fraktionen SPD und BÜNDNIS 90/DIE GRÜNEN heißt es zu der im Entwurf noch als § 125 vorgesehenen Vorschrift lediglich, diese übertrage inhaltsgleich den bisherigen § 143 BSHG.[2]

II. Vorgängervorschriften

3   § 130 SGB XII weicht im Wortlaut geringfügig von **§ 143 BSHG** ab, ist von seinem Regelungsgehalt her mit dieser Vorschrift aber identisch.

4   § 143 BSHG war im Entwurf der Bundesregierung eines Gesetzes zur Reform der Sozialhilfe[3] noch nicht enthalten. Die Regelung ist erst infolge der Beschlussempfehlung des Vermittlungsausschusses vom 26.06.1996[4] – vorausgegangen waren Proteste betroffener behinderter und pflegebedürftiger Menschen[5] – in das Gesetz aufgenommen worden. § 143 BSHG ist sodann durch Art. 1 Nr. 39 des Gesetzes zur Reform des Sozialhilferechts vom 23.07.1996[6] mit Wirkung vom 01.08.1996 in das BSHG eingefügt und durch Art. 15 Nr. 24 des Sozialgesetzbuches Neuntes Buch (SGB IX) – Rehabilitation und Teilhabe behinderter Menschen – vom 19.06.2001[7] mit Wirkung zum 01.07.2001 den durch dieses Gesetz erfolgten sprachlichen Änderungen („behinderte Menschen" statt „Behinderte") redaktionell angepasst worden.

---

[1] BGBl I 2003, 3022.
[2] BT-Drs. 15/1514, S. 71.
[3] BT-Drs. 13/2440.
[4] BT-Drs. 13/5067.
[5] *Scheider* in: Schellhorn/Schellhorn/Hohm, SGB XII, 18. Aufl. 2010, § 130 Rn. 3.
[6] BGBl I 1996, 1088.
[7] BGBl I 2001, 1046.

B. Auslegung der Norm

I. Regelungsgehalt und Bedeutung der Norm

Durch die Neufassung des § 3a BSHG mit dem BSHG-Reformgesetz vom 23.07.1996[8] konnte der **Vorrang der ambulanten Hilfe**, der mit der Einfügung des § 3a BSHG durch das Haushaltsbegleitgesetz vom 22.10.1983[9] normiert worden war, dann **eingeschränkt** werden, wenn eine geeignete stationäre Hilfe zumutbar und eine ambulante Hilfe mit „unverhältnismäßigen Mehrkosten" verbunden war.

§ 3a BSHG hatte in seiner am 26.06.1996 gültigen Fassung folgenden Wortlaut:
„Der Träger der Sozialhilfe soll darauf hinwirken, daß die erforderliche Hilfe soweit wie möglich außerhalb von Anstalten, Heimen oder gleichartigen Einrichtungen gewährt werden kann."

Die Neuregelung des § 3a BSHG in der ab dem 01.08.1996 gültigen Fassung lautete:
„Die erforderliche Hilfe ist soweit wie möglich außerhalb von Anstalten, Heimen oder gleichartigen Einrichtungen zu gewähren. Dies gilt nicht, wenn eine geeignete stationäre Hilfe zumutbar und eine ambulante Hilfe mit unverhältnismäßigen Mehrkosten verbunden ist. Bei der Prüfung der Zumutbarkeit sind die persönlichen, familiären und örtlichen Umstände angemessen zu berücksichtigen."

Der Regelungsgehalt des § 130 SGB XII besteht nun darin, dass sich diejenigen Personen, die Leistungen der Eingliederungshilfe für behinderte Menschen oder der Hilfe zur Pflege empfangen und deren ambulante Betreuung am 26.06.1996 sichergestellt war, auch weiterhin grundsätzlich **ohne finanzielle Einschränkung auf den Vorrang der ambulanten Hilfen** (§ 3a BSHG a.F.) **berufen** und damit weiterhin die bisherigen ambulanten Leistungen in Anspruch nehmen **können**, selbst wenn eine stationäre Einrichtung zumutbar und eine ambulante Leistung mit unverhältnismäßigen Mehrkosten verbunden ist (vgl. dazu nunmehr die Regelung in § 13 Abs. 1 Satz 3 SGB XII, die dem bisherigen § 3a Satz 2 BSHG n.F. entspricht).

II. Normzweck

§ 130 SGB XII dient für Empfänger von Eingliederungshilfe für behinderte Menschen sowie für Empfänger von Hilfe zur Pflege, die am 26.06.1996 ambulante Hilfe erhielten, der **Wahrung des Besitzstandes im Status als ambulant Betreuter**.[10]

III. Tatbestandsmerkmale

1. Begünstigter Personenkreis

Der Betroffene gehört dann zum begünstigten Personenkreis im Sinne der Übergangsregelung, wenn er zum Stichtag 26.06.1996 **Empfänger von Leistungen der Eingliederungshilfe für Behinderte nach den §§ 39 ff. BSHG** oder **Empfänger von Hilfe zur Pflege** gemäß §§ 68 ff. BSHG war – dies folgt schon aus dem Wortlaut des § 143 BSHG, der insoweit regelte, dass § 3a in der am 26.06.1996 geltenden Fassung für „Empfänger von Eingliederungshilfe für Behinderte oder Hilfe zur Pflege" galt, „deren Betreuung am 26.06.1996 durch von ihnen beschäftigte Personen oder ambulante Dienste sichergestellt" war – und nunmehr (immer noch bzw. wieder, vgl. Rn. 19) Empfänger einer dieser Leistungen nach den entsprechenden Vorschriften des Sechsten bzw. Siebten Kapitels des SGB XII – §§ 53 ff. SGB XII bzw. §§ 61 ff. SGB XII – ist.

Auf andere Hilfen als die genannten ist § 130 SGB XII ausweislich seines eindeutigen Wortlauts nicht anwendbar.[11]

2. Sichergestellte ambulante Betreuung am Stichtag

Voraussetzung ist darüber hinaus, dass die Betreuung des Hilfeempfängers am Stichtag 26.06.1996 (= Tag der Beschlussempfehlung des Vermittlungsausschusses, vgl. Rn. 4) durch von ihm beschäftigte Personen oder durch ambulante Dienste sichergestellt wurde. Einbezogen ist damit insbesondere das sog. Pflegeassistenten- oder Arbeitgebermodell, das in der sozialen Pflegeversicherung nach dem SGB XI lediglich Pflegegeld auslöst, nicht aber zu Sachleistungen führt. Dies ist durch das am Tag zuvor, am 25.06.1996, in Kraft getretene 1. SGB XI-ÄndG vom 14.06.1996[12] und die dort erfolgte Än-

---
[8] BGBl I 1996, 1088.
[9] BGBl I 1983, 1532.
[10] *Schoch* in: NK-SGB XII, 9. Aufl. 2012, § 130 Rn. 2.
[11] *Schlette* in: Hauck/Noftz, SGB XII, K § 130 Rn. 4; *Decker* in: Oestreicher, SGB II/SGB XII, § 130 Rn. 4.
[12] BGBl I 1996, 830.

derung von § 37 Abs. 1 Satz 1 SGB XI (Streichung des Begriffs „Pflegeperson") klargestellt worden, denn durch diese Änderung wollte der Gesetzgeber ausdrücklich klarstellen, dass eine Pflegegeldzahlung auch dann in Betracht kommt, wenn die häusliche Pflege durch erwerbsmäßige Pflegekräfte erbracht wird.[13]

IV. Rechtsfolgen

1. Besitzstand im Status

13 Liegen die genannten Voraussetzungen des § 130 SGB XII vor, findet § 3a BSHG in seiner am 26.06.1996 geltenden Fassung (vgl. Rn. 6) Anwendung. Das bedeutet, dass weiterhin grundsätzlich ein Vorrang der offenen oder ambulanten Hilfe besteht.

14 Ein **betragsmäßiger Besitzstand** wird darüber hinaus **nicht garantiert**.[14] Verändern sich also die Kosten der Betreuung im Sinne einer Verringerung, sind auch die Leistungen des Sozialhilfeträgers entsprechend anzupassen. Umgekehrt hat der Sozialhilfeträger aber auch eine Steigerung der Kosten der ambulanten Betreuung zu tragen.

2. Ausschluss der Anwendbarkeit von § 9 Abs. 2 Satz 3 SGB XII

15 Zweifelhaft ist, ob § 130 SGB XII i.V.m. § 3a BSHG a.F. die Prüfung ausschließt, ob die ambulante Betreuung im Vergleich zu der Hilfe in einer geeigneten stationären Einrichtung mit unverhältnismäßigen Mehrkosten im Sinne von § 9 Abs. 2 Satz 3 SGB XII (vormals § 3 Abs. 2 Satz 3 BSHG) verbunden ist. Dies wird in Rechtsprechung und Literatur teilweise verneint unter Hinweis darauf, dass der Gesetzgeber durch den in § 3a BSHG a.F. enthaltenen Zusatz „soweit wie möglich" bereits zum Ausdruck gebracht habe, dass der Hilfeempfänger nicht in jedem Fall einen Anspruch auf die sog. offene Hilfe haben sollte und sich diesem Zusatz habe entnehmen lassen, dass der Sozialhilfeträger auch schon vor der Änderung des § 3a BSHG bei der Entscheidung zwischen der Hilfe in Einrichtungen und offener Hilfe im Einzelfall auch die finanziellen Belastungen habe berücksichtigen dürfen, die mit dieser Entscheidung verbunden seien.[15] Überdies habe der Angemessenheits- und Wirtschaftlichkeitsgrundsatz gemäß § 3 Abs. 2 Satz 3 BSHG als allgemeines sozialhilferechtliches Strukturprinzip auch vor der Neufassung des § 3a BSHG bereits gegolten.[16]

16 Gegen diese Sichtweise wird aber zutreffend eingewandt, dass durch einen Rückgriff auf § 3 Abs. 2 Satz 3 BSHG bzw. § 9 Abs. 2 Satz 3 SGB XII die Nichtanwendbarkeit der Neufassung von § 3a BSHG in der ab dem 01.08.1996 geltenden Fassung unterlaufen und deshalb die Anwendung der allgemeinen Regelung in **§ 9 Abs. 2 Satz 3 SGB XII durch die Spezialvorschrift des § 130 SGB XII i.V.m. § 3a BSHG gesperrt** wird.[17] Denn abgesehen davon, dass die Gegenansicht der Übergangsregelung in § 130 SGB XII jede praktische Bedeutung nähme,[18] ist auch schlechterdings nicht anzunehmen, dass es gesetzgeberischer Wille war, zunächst mit § 143 BSHG eine Übergangsregelung zu schaffen, in der ausdrücklich die **Nichtanwendung** einer Neuregelung normiert wird, die eine Prüfung ermöglicht, ob die ambulante Hilfe unverhältnismäßige Mehrkosten verursacht, nur um dann – in Kenntnis des bereits vorhandenen „allgemeinen Strukturprinzips" in § 3 Abs. 2 Satz 3 BSHG – eine Prüfung wieder zu eröffnen, ob die gewünschte ambulante Hilfe nicht doch mit unverhältnismäßigen Mehrkosten verbunden ist. Soweit sich der VGH Baden-Württemberg bei seiner Entscheidung im Übrigen auch auf das BVerwG meint berufen zu können, ist darauf hinzuweisen, dass dieses in dem zitierten Urteil[19] nicht ausgeführt hat, dass der Vorrang der offenen Hilfe nach § 3a BSHG a.F. „die Überprüfung der Angemessenheit des Wunsches nach Gewährung dieser Hilfe entsprechend § 3 Abs. 2 Satz 3 BSHG nicht ausschließe". Denn zu § 3 Abs. 2 Satz 3 BSHG hat sich das BVerwG in dieser Entscheidung überhaupt nicht geäußert.

---

[13] BT-Drs. 13/3696, S. 13.
[14] *Schoch* in: NK-SGB XII, 9. Aufl. 2012, § 130 Rn. 2; *Schlette* in: Hauck/Noftz, SGB XII, K § 130 Rn. 9.
[15] VGH Mannheim v. 25.02.2000 - 7 S 2920/99 - NVwZ-RR 2000, 515 - FEVS 52, 116; *Decker* in: Oestreicher, SGB II/SGB XII, § 130 Rn. 6; *Rabe* in: Fichtner/Wenzel, SGB XII, 4. Aufl. 2009, § 130 Rn. 2.
[16] *von Renesse* in: Jahn, SGB XII, § 130 Rn. 2.
[17] *Schlette* in: Hauck/Noftz, SGB XII, K § 130 Rn. 8.
[18] So zutreffend *Schlette* in: Hauck/Noftz, SGB XII, K § 130 Rn. 8.
[19] BVerwG v. 06.08.1992 - 5 B 97/91 - Buchholz 436.0 § 2 BSHG Nr. 11.

3. Zeitliche Geltung

§ 130 SGB XII gilt ebenso wie § 143 BSHG zeitlich unbefristet. War mithin bei dem in dieser Vorschrift genannten Personenkreis die ambulante Hilfe am 26.06.1996 sichergestellt, so gilt § 3a BSHG a.F. ohne zeitliche Einschränkungen solange fort, bis die **ambulante Hilfe dauerhaft eingestellt** wird.

17

Umstritten ist, ob § 130 SGB XII auch dann (noch) Anwendung findet, wenn die ambulante Hilfe am 26.06.1996 zwar sichergestellt, zwischenzeitlich aber – etwa wegen eines Krankenhausaufenthaltes – unterbrochen war und später wieder aufgenommen worden ist. Hierzu wird zum einen die Auffassung vertreten, dass ein Bestandsschutz regelmäßig ende, wenn von der Rechtsposition erkennbar inhaltlich Abstand genommen werde, was nach den Umständen des Einzelfalles zu entscheiden sei, wobei eine rechtswirksame Unterbrechung der Betreuung in Anlehnung an § 106 Abs. 3 Satz 3 SGB XII aber **spätestens nach zwei Monaten** die Anwendbarkeit des § 130 SGB XII ausschließe.[20] Diese Auffassung wird sodann an anderer Stelle „im Allgemeinen" geteilt, jedoch abweichend davon bei Unterbrechungen durch Betreuung in einer stationären Einrichtung die Anwendung der Übergangsregelung in § 130 SGB XII erst dann als wirksam unterbrochen angesehen, wenn die Betreuung in einer Einrichtung für einen längeren Zeitraum erfolgt und dabei in Anlehnung an Art. 51 PflegeVG von einem **Zeitraum von mehr als 12 Monaten** ausgegangen wird.[21] Ferner wird darauf hingewiesen, mit Blick auf den inhaltlichen Bezug des § 130 SGB XII zur Pflege erscheine es vorzugswürdig, auf die in § 61 Abs. 1 Satz 1 SGB XII für die Beurteilung pflegerischer Bedarfslagen grundlegende Frist von **sechs Monaten** abzustellen, so dass danach eine besitzstandsschädliche Unterbrechung eintrete.[22]

18

Gegen die Auffassung, dass sich eine Unterbrechung der ambulanten Betreuung auf die Anwendbarkeit der Übergangsregelung in § 130 SGB XII auszuwirken vermag, spricht indes, dass § 130 SGB XII vom Wortlaut her eine entsprechende Einschränkung nicht vorsieht, § 106 Abs. 3 Satz 3 SGB XII keinen allgemeinen Rechtsgedanken enthält und darüber hinaus dem Gesetzgeber bei der Schaffung des § 130 SGB XII die Streitfrage bekannt war, er am Wortlaut aber nichts geändert hat, womit es auch an einer für eine Analogie zu § 106 Abs. 3 Satz 3 erforderlichen planwidrigen Regelungslücke fehlt.[23] Dementsprechend ist davon auszugehen, dass eine Unterbrechung der ambulanten Hilfe – unabhängig von deren Dauer – die Anwendbarkeit des § 130 SGB XII nicht ausschließt.[24]

19

---

[20] *Rabe* in: Fichtner/Wenzel, SGB XII, 4. Aufl. 2009, § 130 Rn. 2.
[21] *Scheider* in: Schellhorn/Schellhorn/Hohm, SGB XII, 18. Aufl. 2010, § 130 Rn. 9.
[22] *von Renesse* in: Jahn, SGB XII, § 130 Rn. 4.
[23] So zutreffend *Decker* in: Oestreicher, SGB II/SGB XII, § 130 Rn. 3.
[24] Vgl. auch *Wahrendorf* in: Grube/Wahrendorf, SGB XII, 4. Aufl. 2012, § 130; *Schlette* in: Hauck/Noftz, SGB XII, K § 130 Rn. 10; *Schoch* in: NK-SGB XII, 9. Aufl. 2012, § 130 Rn. 4.

§ 131 SGB XII Übergangsregelung für die Statistik über Einnahmen und Ausgaben nach dem Vierten Kapitel

(Fassung vom 20.12.2012, gültig ab 01.01.2015)

¹Die Erhebungen nach § 121 Nummer 2 in Verbindung mit § 122 Absatz 4 in der am 31. Dezember 2014 geltenden Fassung über die Ausgaben und Einnahmen der nach Landesrecht für die Ausführung von Geldleistungen nach dem Vierten Kapitel zuständigen Träger sind dabei auch in den Berichtsjahren 2015 und 2016 durchzuführen. ²Die §§ 124 bis 127 sind in der am 31. Dezember 2014 geltenden Fassung anzuwenden.

Gliederung

A. Basisinformationen ... 1	B. Auslegung der Normen ... 5
I. Textgeschichte/Gesetzgebungsmaterialien ... 1	I. Regelungsgehalt und Bedeutung der Norm ... 5
II. Vorgängervorschriften ... 3	II. Normzweck ... 7
III. Untergesetzliche Vorschriften ... 4	III. Die Regelung im Einzelnen ... 8

A. Basisinformationen

I. Textgeschichte/Gesetzgebungsmaterialien

1   Die Vorschrift wurde durch Art. 1 Nr. 22 des Gesetzes zur Änderung des Zwölften Buches Sozialgesetzbuch vom 20.12.2012[1] eingeführt, tritt aber erst **mit Wirkung vom 01.01.2015** in Kraft.

2   Die **Gesetzgebungsmaterialien** finden sich in BT-Drs. 17/10748.

II. Vorgängervorschriften

3   Eine Vorgängervorschrift zu der konkreten Übergangsvorschrift gibt es nicht. § 131 SGB XII a.F. hatte einen anderen Regelungsgehalt.

III. Untergesetzliche Vorschriften

4   Untergesetzliche Vorschriften gibt es zu der Übergangsregelung des § 131 SGB XII nicht.

B. Auslegung der Normen

I. Regelungsgehalt und Bedeutung der Norm

5   Mit der Neufassung des § 131 SGB XII zum 01.01.2015 wird eine **Übergangsregelung** für die Erhebung über Einnahmen und Ausgaben der nach Landesrecht für die Ausführung des **Vierten Kapitels des SGB XII** zuständigen Träger (nach den §§ 128a ff. SGB XII) geschaffen.

6   Die für die Leistungen nach dem Vierten Kapitel in § 128a ff. SGB XII neu geschaffene gesonderte Statistik wurde bislang mit der allgemeinen Sozialhilfestatistik nach den §§ 121 ff. SGB XII abgedeckt. § 131 SGB XII regelt nun den **Übergang zwischen allgemeiner und besonderer Statistik**.

II. Normzweck

7   Zum Normzweck der Erhebung nach den §§ 128a ff. SGB XII vgl. die Kommentierung zu § 128a SGB XII Rn. 11.

III. Die Regelung im Einzelnen

8   Das Inkrafttreten der neuen Statistik für die Leistungen nach dem Vierten Kapitel (nach den §§ 128a ff. SGB XII) richtet sich nicht nach der Übergangsvorschrift des § 131 SGB XII. Erstes Berichtsjahr dieser Statistik ist das **Kalenderjahr 2015**.[2] Dies aber ergibt sich schlicht aus dem Inkrafttreten des Gesetzes zur Änderung des Zwölften Buches Sozialgesetzbuch vom 20.12.2012.[3]

---

[1] BGBl I 2012, 2783.
[2] BT-Drs. 17/10748, S. 18.
[3] Art. 2 Abs. 2 des Gesetzes zur Änderung des Zwölften Buches Sozialgesetzbuch vom 20.12.2012, BGBl I 2012, 2783.

In der Übergangsvorschrift ist nun geregelt, dass die Statistik über die **Einnahmen und Ausgaben** nach dem Vierten Kapitel SGB XII nach § 121 Nr. 2 SGB XII in Verbindung mit § 122 Abs. 4 SGB XII für die Kalenderjahre 2015 und 2016 weiter bestehen bleibt.[4] Das Berichtsjahr 2014 ist also bezüglich der sich auf das Vierte Kapitel beziehenden allgemeinen Statistik nach § 121 ff. SGB XII nur für den sich auf die **Leistungsbezieher** beziehenden Teil nach § 121 Nr. 1 lit. b SGB XII in Verbindung mit § 122 Abs. 2 SGB XII das letzte Berichtsjahr.[5]

9

Durch die Übergangsregelung in § 131 SGB XII wird gewährleistet, dass für die Kalenderjahre 2015 und 2016 weiterhin **zusätzlich** die bisherige Einnahmen- und Ausgabenstatistik erstellt wird.[6] Damit können für eine Übergangszeit eventuell auftretende Unterschiede zwischen der Höhe der Ergebnisse der bisherigen und der neuen Statistik beobachtet werden.[7]

10

---

[4] BT-Drs. 17/10748, S. 18.
[5] BT-Drs. 17/10748, S. 18.
[6] BT-Drs. 17/10748, S. 22.
[7] BT-Drs. 17/10748, S. 22.

§ 131 SGB XII Übergangsregelung zur Erbringung von Leistungen für Bildung und Teilhabe

(Fassung vom 20.06.2011, gültig ab 01.01.2011, gültig bis 31.12.2014)

(1) Die Leistungen für Bedarfe nach § 34 Absatz 3 sind erstmals für das Schuljahr 2011/12 zu berücksichtigen.

(2) Werden Leistungen für Bedarfe nach § 34 Absatz 2, 4 bis 7 für den Zeitraum vom 1. Januar bis zum 31. Mai 2011 bis zum 30. Juni 2011 rückwirkend beantragt, gilt dieser Antrag als zum 1. Januar 2011 gestellt.

(3) ¹In den Fällen des Absatzes 2 sind Leistungen für die Bedarfe nach § 34 Absatz 2 Satz 1 Nummer 1, Satz 2 und Absatz 5 für den Zeitraum vom 1. Januar bis zum 31. Mai 2011 abweichend von § 34a Absatz 2 Satz 1 durch Direktzahlung an den Anbieter zu erbringen, wenn bei der leistungsberechtigten Person noch keine Aufwendungen zur Deckung dieser Bedarfe entstanden sind. ²Soweit die leistungsberechtigte Person in den Fällen des Absatzes 2 nachweist, dass ihr bereits Aufwendungen zur Deckung der in Satz 1 genannten Bedarfe entstanden sind, werden diese Aufwendungen abweichend von § 34a Absatz 2 Satz 1 durch Geldleistung an die leistungsberechtigte Person erstattet.

(4) ¹Für Schülerinnen und Schüler, die eine Schule besuchen, an der eine gemeinschaftliche Mittagsverpflegung in schulischer Verantwortung angeboten wird, sowie für Kinder, für die Kindertagespflege geleistet wird oder die eine Tageseinrichtung besuchen, an der eine gemeinschaftliche Mittagsverpflegung angeboten wird, werden die entstehenden Mehraufwendungen abweichend von § 34 Absatz 6 für die Zeit vom 1. Januar bis zum 31. März 2011 in Höhe von monatlich 26 Euro berücksichtigt. ²Bei Leistungsberechtigten bis zur Vollendung des 18. Lebensjahres, denen für die Zeit vom 1. Januar bis zum 31. März 2011 Aufwendungen für Teilhabe am sozialen und kulturellen Leben entstanden sind, werden abweichend von § 34 Absatz 7 als Bedarf monatlich 10 Euro berücksichtigt. ³Die im Zeitraum vom 1. Januar bis zum 31. März 2011 nach den Sätzen 1 und 2 zu berücksichtigenden Bedarfe werden abweichend von § 34a Absatz 2 Satz 1 durch Geldleistung gedeckt; die im Zeitraum vom 1. April bis zum 31. Mai 2011 nach den Sätzen 1 und 2 zu berücksichtigenden Bedarfe können in den Fällen des Absatzes 2 abweichend von § 34a Absatz 2 Satz 1 auch durch Geldleistung gedeckt werden. ⁴Bis zum 31. Dezember 2013 gilt § 34 Absatz 6 Satz 2 mit der Maßgabe, dass die entstehenden Mehraufwendungen als Bedarf auch berücksichtigt werden, wenn Schülerinnen und Schüler das Mittagessen in einer Einrichtung nach § 22 des Achten Buches einnehmen.

Gliederung

A. Basisinformationen 1
I. Textgeschichte und Gesetzesbegründung 2
II. Vorgängervorschriften 9
III. Systematische Zusammenhänge 10
IV. Ausgewählte Literaturhinweise 13
V. Internetadressen 14
B. Auslegung der Norm 16
I. Regelungsgehalt und Bedeutung der Norm 16
II. Normzweck 23
III. Tatbestandsmerkmale und Rechtsfolgen 25
1. Ausstattung mit persönlichem Schulbedarf erst ab dem Schuljahr 2011/2012 (Absatz 1) 25
2. Rückwirkende Antragstellung für die Leistungen für Bildung und Teilhabe zum 01.01.2011 (Absatz 2) 26
3. Abweichende Erbringung bei eintägigen Schul- bzw. Kindertagesstättenausflügen sowie Lernförderung (Absatz 3) 31
   a. Allgemeines 31
   b. Direktzahlung (Absatz 3 Satz 1) 36
   c. Kostenerstattung (Absatz 3 Satz 2) 37
4. Kostenerstattung für Mittagsverpflegung und Teilhabeleistungen (Absatz 4) 40
   a. Mittagsverpflegung (Absatz 4 Satz 1) 40
   b. Aufwendungen für die Teilhabe am sozialen und kulturellen Leben (Absatz 4 Satz 2) 43
   c. Leistungserbringung ausnahmsweise durch Geldleistung (Kostenerstattung) (Absatz 4 Satz 3) 45
   d. Bis Ende 2013: Mittagessen auch in einer Einrichtung nach § 22 SGB VIII 47

A. Basisinformationen

§ 131 SGB XII knüpft an die §§ 34, 34a und 34b SGB XII an und regelt verschiedene **Übergangssachverhalte** zum Bildungs- und Teilhabepaket im SGB XII.

I. Textgeschichte und Gesetzesbegründung

§ 131 SGB XII wurde durch Art. 3 Nr. 38 und Art. 14 Abs. 1 des Gesetzes zur Ermittlung von Regelbedarfen und zur Änderung des Zweiten und Zwölften Buches Sozialgesetzbuch v. 24.03.2011[1] rückwirkend m.W.v. vom 01.01.2011 eingeführt. Der bis zum 31.12.2010 geltende § 131 SGB XII wurde durch die Neuregelung inhaltlich komplett ersetzt. Die Norm enthält jetzt eine Übergangsregelung, die die Einführung der neuen Bedarfe für Bildung und Teilhabe im Dritten Abschnitt des Dritten Kapitels nach § 34 SGB XII sowie deren Erbringung nach § 34a SGB XII ab dem 01.01.2011 betrifft und insbesondere die **Möglichkeit zur rückwirkenden Antragstellung** für Bildungs- und Teilhabebedarfe vorsieht.

In der Fassung des Entwurfs der Regierungsfraktionen eines Gesetzes zur Ermittlung von Regelbedarfen und zur Änderung des Zweiten und Zwölften Buches Sozialgesetzbuch enthielt § 131 SGB XII lediglich die Regelung, dass die Schulbedarfe (§ 34 Abs. 3 SGB XII) erst ab dem Schuljahr 2011/2012 zu berücksichtigen seien. Die weiteren (umfangreichen) Regelungen zur rückwirkenden Antragstellung und zur abweichenden Leistungserbringung für die Zeiträume vom 01.01.2011 bis 31.03.2011 wurden erst im **Vermittlungsverfahren** im Januar/Februar 2011 eingefügt[2] und sind wegen der rückwirkenden Inkraftsetzung des Gesetzes zum 01.01.2011 notwendig geworden.

Zur Begründung der Vorschrift führte der Gesetzgeber im Gesetzentwurf deshalb nur aus,[3] dass durch die Neufassung der Vorschrift einer Übergangsregelung der bisherige Inhalt von § 131 SGB XII ersetzt würde. Die Maßnahmen nach dem sog. Mainzer (Kombilohn-)Modell, auf die sich die frühere Fassung von § 131 SGB XII bezogen hätte, seien abgeschlossen. Schulbedarfe nach § 34 Abs. 3 SGB XII seien erstmals für das Schuljahr 2011/2012 zu berücksichtigen.

Bereits im Juni 2011 wurde § 131 SGB XII durch Art. 3b und 7 des Gesetzes zur Änderung des Bundesversorgungsgesetzes und anderer Vorschriften vom 20.06.2011[4] m.W.v. 01.01.2011 rückwirkend geändert, um den Übergang ins Bildungspaket noch mehr zu erleichtern. Der Zeitraum für die rückwirkende Antragstellung wurde vom 30.04.2011 auf den 30.06.2011 verlängert und auch der diesbezüglich zugrunde liegende Leistungszeitraum wurde vom 01.01.2011 auf den 31.05.2011 (31.03.2011 in der Erstfassung) gestreckt.

Der Entwurf eines Gesetzes zur Änderung des Bundesversorgungsgesetzes der Bundesregierung[5] enthielt noch keine Änderungsvorschläge zu den § 77 SGB II und § 131 SGB XII. Diese als notwendig und sinnvoll und vor allem eilbedürftig erachteten Änderungen zum Bildungspaket wurden dort erst im Laufe des Verfahrens eingespeist (sog. „Huckepack-Verfahren", auch „Omnibus" genannt), nachdem der sog. „Runde Tisch zum Bildungs- und Teilhabepaket" unter Beteiligung des Bundesministeriums für Arbeit und Soziales (BMAS), des Bundesministeriums für Familie, Senioren, Frauen und Jugend (BMFSFJ) sowie Vertretern von Ländern und kommunalen Spitzenverbänden am 21.04.2011 verabredet hatte, dem Gesetzgeber vorzuschlagen, die Frist für die rückwirkende Beantragung von Leistungen für Bildung und Teilhabe nach dem Zweiten und Zwölften Buch Sozialgesetzbuch bis zum 30.06.2011 zu verlängern und dabei Bildungs- und Teilhabebedarfe für die Monate Januar bis Mai 2011 einzubeziehen.[6]

Zur Begründung wies der Gesetzgeber in der Beschlussempfehlung und dem Bericht des Ausschusses für Arbeit und Soziales darauf hin, dass § 131 SGB XII eine Ausnahme vom Grundsatz „Keine Leistungen vor Antragstellung" regle[7] und führte aus, dass die Ausschlussfrist für die rückwirkende Antragstellung möglicherweise zu kurz bemessen gewesen sein könnte.[8] Die Verlängerung der Möglichkeit zur rückwirkenden Antragstellung für Bildungs- und Teilhabebedarfe bis zum 30.06.2011 ent-

---

[1] BGBl I 2011, 453.
[2] BT-Drs. 17/4719, S. 6 f.
[3] BT-Drs. 17/3404, S. 129.
[4] BGBl I 2011, 1114.
[5] BT-Drs. 17/5311.
[6] Vgl. BT-Drs. 17/5815, S. 30.
[7] BT-Drs. 17/5793, S. 10.
[8] BT-Drs. 17/5793, S. 9.

§ 131

spreche den Änderungen bei § 77 SGB II. Von der Möglichkeit rückwirkender Beantragung würden auch Bedarfe erfasst, die vom 01.04.2011 bis zum 31.05.2011 entstanden. Durch die Aufnahme des Begriffs „rückwirkend" werde verdeutlicht, dass der Regelungsgehalt der Norm nur solche Sachverhalte erfasse, die zum Zeitpunkt der Antragstellung bereits abgelaufene Zeiträume vom 01.01.2011 bis zum 31.05.2011 betreffen würden.[9]

8   Die Übergangsregelung wird noch bis 31.12.2014 in Kraft sein. § 131 SGB XII ist bereits durch Art. 1 Nr. 22 des Gesetzes zur Änderung des Zwölften Buches Sozialgesetzbuch v. 20.12.2012[10] m.W.v. 01.01.2015 neu gefasst worden. In Anknüpfung an die §§ 121 ff. SGB XII wird die Norm dann eine Übergangsregelung für die Statistik über Einnahmen und Ausgaben nach dem Vierten Kapitel enthalten und folgenden Wortlaut haben: „Die Erhebungen nach § 121 Nummer 2 in Verbindung mit § 122 Absatz 4 in der am 31. Dezember 2014 geltenden Fassung über die Ausgaben und Einnahmen der nach Landesrecht für die Ausführung von Geldleistungen nach dem Vierten Kapitel zuständigen Träger sind dabei auch in den Berichtsjahren 2015 und 2016 durchzuführen. Die §§ 124 bis 127 sind in der am 31. Dezember 2014 geltenden Fassung anzuwenden." Zur Begründung hat der Gesetzgeber ausgeführt, dass die Statistik über die Einnahmen und Ausgaben nach dem Vierten Kapitel SGB XII nach § 121 Nr. 2 i.V.m. § 122 Abs. 4 SGB XII für die Kalenderjahre 2015 und 2016 weiter bestehen bleiben soll.[11] Vgl. hierzu die Kommentierung zu § 131 SGB XII.

II. Vorgängervorschriften

9   Die Vorschrift hat inhaltlich keine Vorgängervorschriften. Die Neufassung tritt an die Stelle des bisherigen § 131 SGB XII, der eine andere Übergangsregelung aus Anlass der Einführung des SGB XII zum 01.01.2005 enthielt und bestimmte, dass Leistungen nach dem Sonderprogramm „Mainzer Modell" (Kombilohn) nicht als sozialhilferechtlich relevantes Einkommen zu berücksichtigen waren. Die Maßnahmen nach dem „Mainzer Modell" sind zwischenzeitlich abgeschlossen.[12]

III. Systematische Zusammenhänge

10 § 131 SGB XII knüpft an die §§ 34, 34a, 34b SGB XII (Leistungen für Bildung und Teilhabe und deren Erbringung) an. Die Neuregelung ab dem 01.01.2015 wird an die Vorschriften der §§ 121 ff. SGB XII über die Statistik und Datenerhebung anknüpfen.

11 Im **SGB II** sind die Bildungs- und Teilhabeleistungen und ihre Erbringung in den §§ 28, 29, 30 SGB II geregelt. Inhaltlich sind die Leistungen identisch, bei der Erbringung gibt es aufgrund der anderen Trägerstruktur im SGB II Unterschiede (vgl. dazu die Kommentierung zu § 34a SGB XII). § 77 Abs. 7-9 und 11 SGB II enthält Übergangsregelungen, die dem § 131 SGB XII entsprechen.

12 § 77 Abs. 8 SGB II enthält hingegen für **mehrtägige Klassenfahrten** eine gesonderte, nur im SGB II geltende Übergangsvorschrift. Danach ist § 23 Abs. 3 Satz 1 Nr. 3 und Sätze 2-4 SGB II in der bis zum 31.12.2010 gültigen Fassung weiterhin anwendbar auf mehrtägige Klassenfahren, die in der Zeit vom 01.01.2011 bis 29.03.2011 (Tag der Verkündung des Gesetzes zur Ermittlung von Regelbedarfen und zur Änderung des Zweiten und Zwölften Buches Sozialgesetzbuch im Bundesgesetzblatt) stattgefunden und an denen leistungsberechtigte Personen teilgenommen haben. Im Ergebnis bedeutet dies, dass Leistungen für die mehrtägigen Klassenfahrten im SGB II im Zeitraum 01.01.2011 bis 29.03.2011 abweichend von § 28 Abs. 2 Satz 1 Nr. 2 SGB II als Geldleistung (§ 42 SGB II) erbracht werden.[13] In § 131 SGB XII fehlt eine entsprechende Übergangsvorschrift. Hier erfolgt die Leistungserbringung im Wege der Direktzahlung an die Schule.

IV. Ausgewählte Literaturhinweise

13 *Deutscher Verein für öffentliche und private Fürsorge*, Zweite Empfehlungen des Deutschen Vereins zur Umsetzung der Leistungen für Bildung und Teilhabe v. 25.09.2012, www.sgb-ii.net/portal/material_aktuell/material_bielefeld/mat_ag5/DV_BuT-Empfehlungen_2.pdf/at_download/file (abgerufen am 10.03.2014); *Engels/Apel*, Inanspruchnahme der Leistungen für Bildung und Teilhabe – empirische Befunde, Landkreis 2013, 169 ff.; *Fahlbusch*, Arbeitskreis „Grundsicherung und Sozialhilfe", NDV 2011, 234 ff.; *Groth*, Neue Leistungen für Bildung und Teilhabe im SGB II, SGB XII und

---

[9] BT-Drs. 17/5793, S. 10.
[10] BGBl I 2012, 2783.
[11] BT-Drs. 17/10748, S. 18.
[12] Vgl. BT-Drs. 17/3404, S. 129.
[13] Vgl. dazu *Groth* in: GK-SGB II, § 77 Rn. 67 ff. (21. EL, Juli 2011).

BKGG, jurisPR-SozR 8/2011, Anm. 1; *Groth/Luik/Siebel-Huffmann*, Das neue Grundsicherungsrecht, 2011; *Klesse*, Leistungen für Bildung und Teilhabe – Erste Empfehlungen zur Auslegung der neuen Regelungen im SGB II und XII sowie im Bundeskindergeldgesetz, NDV 2012, 7 ff., 61 ff.; *SGB II/SGB XII-Redaktion*, Was gilt jetzt eigentlich und wenn ja, ab wann? – Inkrafttreten der Änderungen zum SGB II/SGB XII in dem Gesetz zur Ermittlung von Regelbedarfen und zur Änderung des Zweiten und Zwölften Buches Sozialgesetzbuch, info also 2/2011, 51 ff. sowie die Kommentierung zu § 34 SGB XII Rn. 6.

V. Internetadressen

www.bildungspaket.bmas.de (abgerufen am 10.03.2014), dort beispielsweise auch **fremdsprachige Broschüren** mit verschiedenen Informationen zum Inhalt des Bildungs- und Teilhabepakets und zum Prozedere (www.bildungspaket.bmas.de/infomaterial-und-presse/fremdsprachige-publikationen.html, abgerufen am 10.03.2014). 14

Die vom Ministerium für Arbeit, Integration und Soziales des Landes Nordrhein-Westfalen herausgegebene „Arbeitshilfe Bildungs- und Teilhabepaket" steht mittlerweile in der 5. Aufl., Stand: 01.08.2013 unter https://broschueren.nordrheinwestfalendirekt.de/broschuerenservice/staatskanzlei/arbeitshilfe-bildungs-und-teilhabepaket/1615 zum Download bereit (abgerufen am 10.03.2014). 15

B. Auslegung der Norm

I. Regelungsgehalt und Bedeutung der Norm

Um den Regelungsgehalt des § 131 SGB XII zu verstehen, ist zunächst ein Blick auf die Systematik der §§ 34 ff. SGB XII notwendig. Anders als im SGB II gilt im SGB XII nicht durchgehend das Antragsprinzip und der Grundsatz „keine Leistungen vor Antragstellung" (vgl. § 37 Abs. 2 Satz 1 SGB II). Gemäß § 18 Abs. 1 SGB XII setzt die Sozialhilfe, mit Ausnahme der Leistungen der Grundsicherung im Alter und bei Erwerbsminderung (§ 41 Abs. 1 Satz 1 SGB XII „auf Antrag"), bereits dann ein, sobald dem Träger der Sozialhilfe oder den von ihm beauftragten Stellen bekannt wird, dass die Voraussetzungen für die Leistung vorliegen. Der **Kenntnisgrundsatz** gilt insbesondere für das Dritte Kapitel, die Hilfe zum Lebensunterhalt, in dem auch die neuen Bedarfe für Bildung und Teilhabe geregelt sind. § 34a Abs. 1 Satz 1 SGB XII normiert allerdings abweichend hiervon für einen Teil der Bildungs- und Teilhabebedarfe den **Antragsgrundsatz**.[14] Die Leistungen zur Deckung der Bedarfe nach § 34 Abs. 2 und 4-7 SGB XII werden auf Antrag erbracht. 16

Dies gilt aber nicht für die Bedarfe für die Ausstattung mit persönlichem Schulbedarf (§ 34 Abs. 3 SGB XII). Hieran knüpft § 131 Abs. 1 SGB XII an und bestimmt, dass diese Bedarfe nicht ab dem 01.01.2011, sondern erstmals für das Schuljahr 2011/2012 zu berücksichtigen sind. Hintergrund ist, dass die Bedarfe für das vorherige Schuljahr bereits auf der Grundlage des früheren § 28a SGB XII erbracht wurden. 17

Auf gesonderten **Antrag** werden gemäß § 34a Abs. 1 Satz 1 SGB XII Leistungen zur Deckung folgender Bedarfe erbracht: 18

- Schulausflüge und mehrtägige Klassenfahrten (entsprechend bei Kindertagesstätten) gem. § 34 Abs. 2 SGB XII,
- Schülerbeförderungskosten gem. § 34 Abs. 4 SGB XII,
- Lernförderung (Nachhilfe) gem. § 34 Abs. 5 SGB XII,
- gemeinschaftliche Mittagsverpflegung („warmes Mittagessen") gem. § 34 Abs. 6 SGB XII und
- Teilhabe am sozialen und kulturellen Leben in der Gemeinschaft (Mitgliedsbeiträge in den Bereichen Sport, Spiel, Kultur und Geselligkeit; Unterricht in künstlerischen Fächern; Teilnahme an Freizeiten) gem. § 34 Abs. 7 SGB XII.

Hiervon wird im SGB XII durch die in § 131 Abs. 2-4 SGB XII enthaltenen Übergangsregelungen eine **Ausnahme** geschaffen, indem eine Antragstellung zum 01.01.2011 fingiert wird. Entsprechend den Regelungen in § 77 Abs. 8, 9 und 11 SGB II wird damit faktisch die Möglichkeit zur rückwirkenden Antragstellung für Bildungs- und Teilhabebedarfe verlängert. § 131 Abs. 2 SGB XII bestimmt, dass ein Antrag auf Leistungen für Bedarfe nach § 34 Abs. 2, 4-7 SGB XII für den Zeitraum vom 19

---

[14] Zum Antragserfordernis vgl. BSG v. 28.03.2013 - B 4 AS 12/12 R - SozR 4-4200 § 20 Nr. 18.

§ 131

01.01.2011 bis zum 31.05.2011 als zum 01.01.2011 als gestellt gilt, wenn die Antragstellung **bis zum 30.06.2011** erfolgt.[15]

20 Was die **Leistungserbringung** angeht, war ein Hauptziel des Gesetzgebers, die Leistungen zur Deckung der Bedarfe für Bildung und Teilhabe möglichst nicht durch Geldzahlungen an die Leistungsberechtigten zu erbringen („unbare" Leistungsbringung). Bildungs- und Teilhabeleistungen werden deshalb teilweise als Sachleistungen erbracht (§ 34a Abs. 2 Satz 1 SGB XII), teilweise durch Direktzahlung an Dritte. Sofern in § 34 Abs. 2 Satz 1 SGB XII auch von Dienstleistungen die Rede ist (zur Abgrenzung von Geld-, Sach- und Dienstleistungen vgl. die Kommentierung zu § 10 SGB XII Rn. 15 ff.), ist dies im Sinne eines Auffangbegriffs zu verstehen, da echte Dienstleistungen („persönliche Hilfen") hier nur schwer vorstellbar sind. § 131 Abs. 3 und 4 SGB XII regelt besondere Formen der Leistungserbringung für die vergangenen Zeiträume vom 01.01.2011 bis 31.05.2011.

21 Für **eintägige Schul- und Kindertagesstättenausflüge** sowie **Lernförderung** (§ 34 Abs. 2 Satz 1 Nr. 1, Satz 2 und Abs. 5 SGB XII) gilt Folgendes: § 131 Abs. 3 SGB XII knüpft an § 34a Abs. 2 SGB XII an und normiert eine Direktzahlung an den Anbieter für den Fall, dass der leistungsberechtigten Person im Zeitraum vom 01.01.2011 bis zum 31.05.2011 noch keine Aufwendungen zur Deckung der genannten Bedarfe entstanden sind. Falls Aufwendungen nachgewiesen werden, werden diese abweichend von § 34a Abs. 2 Satz 1 SGB XII durch Geldleistung an die leistungsberechtigte Person erstattet.

22 Für **gemeinschaftliche Mittagsverpflegung** (§ 34 Abs. 6 SGB XII) und Bedarfe für **Bildung und Teilhabe** (§ 34 Abs. 7 SGB XII) enthält § 131 Abs. 4 SGB XII verschiedene Übergangsregelungen zur Leistungserbringung. Außerdem wird in § 131 Abs. 4 Satz 4 SGB XII eine Übergangsregelung zum schulischen Mittagessen getroffen. § 34 Abs. 6 Satz 2 SGB XII, wonach das Mittagessen in schulischer Verantwortung angeboten werden muss, gilt bis zum 31.12.2013 mit der Maßgabe, dass die entstehenden Mehraufwendungen als Bedarf auch berücksichtigt werden, wenn Schülerinnen und Schüler das Mittagessen in einer Einrichtung nach § 22 SGB VIII einnehmen.

II. Normzweck

23 Die Vorschrift bezweckt die Klärung verschiedener Übergangssachverhalte im Zusammenhang mit den rückwirkend zum 01.01.2011 in Kraft getretenen Bildungs- und Teilhabeleistungen. Neben der Möglichkeit rückwirkender Anträge auf Leistungen aus dem Bildungs- und Teilhabepaket in der Sozialhilfe wird klargestellt, dass die zusätzlichen Leistungen für die Schule (§ 34a Abs. 3 SGB XII) erst zum neuen Schuljahr 2011/2012 greifen, da für das Schuljahr 2010/2011 bereits Leistungen nach dem bis zum 31.12.2010 geltenden § 28a SGB XII (Zusätzliche Leistung für die Schule) erbracht worden sind.

24 Daneben sollen in der **Startphase des Bildungs- und Teilhabepakets** die normalerweise zu erwartenden Schwierigkeiten und Reibungsverluste minimiert werden, die der erst beginnende Aufbau einer Infrastruktur mit sich bringt; z.B. müssen in den Schulen die Voraussetzungen für die Mittagsverpflegung in schulischer Verantwortung eben erst noch geschaffen werden.

III. Tatbestandsmerkmale und Rechtsfolgen

1. Ausstattung mit persönlichem Schulbedarf erst ab dem Schuljahr 2011/2012 (Absatz 1)

25 Für das Schuljahr 2010/2011 wurden bereits zusätzliche Leistungen für die Schule nach dem früheren § 28a SGB XII erbracht (im SGB II: § 24a SGB II a.F.). Der Bedarf ist also gedeckt. Die Leistungen für Bedarfe nach § 34 Abs. 3 SGB XII sind deshalb gem. § 131 Abs. 1 SGB XII erstmals für das Schuljahr 2011/2012 zu berücksichtigen. Eine Regelung zur Rückwirkung von Anträgen war nicht erforderlich, da für diese Leistung kein gesonderter Antrag erforderlich ist (§ 34a Abs. 1 Satz 1 SGB XII).

2. Rückwirkende Antragstellung für die Leistungen für Bildung und Teilhabe zum 01.01.2011 (Absatz 2)

26 Die Leistungen für Bildung und Teilhabe werden zur Deckung des soziokulturellen **Existenzminimums** erbracht und das Gesetz musste insoweit nach den Vorgaben des Bundesverfassungsgerichts aus dem Urteil vom 09.02.2010 **rückwirkend** zum 01.01.2011 in Kraft gesetzt werden.[16] Gemäß § 34a

---

[15] Fallbeispiel für die rückwirkende Antragstellung bei BSG v. 10.09.2013 - B 4 AS 12/13 AS - SozR 4-4200 § 28 Nr. 8.
[16] BVerfG v. 09.02.2010 - 1 BvL 1/09 u.a. - juris Rn. 219 - BVerfGE 125, 175.

Abs. 1 Satz 1 SGB XII werden die Leistungen zur Deckung der Bedarfe nach § 34 Abs. 2 und 4-7 SGB XII nur auf **Antrag** erbracht (vgl. Rn. 16). Die Antragstellung war jedoch in der Phase zwischen dem 01.01.2011 und dem 29.03.2011 (Verkündung des Gesetzes) nicht möglich bzw. mit ausreichend Imponderabilien behaftet. Deshalb wird eine spätere Antragstellung auf den 01.01.2011 zurück fingiert.

In der ursprünglichen Fassung des § 131 SGB XII nach dem Gesetz v. 24.03.2011[17] war die Möglichkeit zur rückwirkenden Antragstellung für den Zeitraum vom 01.01.2011 bis zum 31.03.2011 vorgesehen. Der Antrag musste bis zum 30.04.2011 gestellt werden. § 131 Abs. 2 SGB XII regelt nunmehr für den Leistungszeitraum vom 01.01.2011 bis 31.05.2011, dass ein Antrag als zum 01.01.2011 als gestellt gilt, wenn die Antragstellung noch bis zum **30.06.2011** erfolgt. Die Regelung gilt für die Fälle des § 34 Abs. 2 und 4-7 SGB XII, also:

27

- Schulausflüge und mehrtägige Klassenfahrten (entsprechend bei Kindertagesstätten) gem. § 34 Abs. 2 SGB XII,
- Schülerbeförderungskosten gem. § 34 Abs. 4 SGB XII,
- Lernförderung (Nachhilfe) gem. § 34 Abs. 5 SGB XII,
- gemeinschaftliche Mittagsverpflegung („warmes Mittagessen") gem. § 34 Abs. 6 SGB XII und
- Teilhabe am sozialen und kulturellen Leben in der Gemeinschaft (Mitgliedsbeiträge in den Bereichen Sport, Spiel, Kultur und Geselligkeit; Unterricht in künstlerischen Fächern; Teilnahme an Freizeiten) gem. § 34 Abs. 7 SGB XII.

Ggf. sind ablehnende Bescheide, die auf nach dem 30.04.2011 gestellte Anträge wegen Verfristung ergangen sind, über **§ 44 SGB X** zurückzunehmen und die Anträge nochmals zu prüfen. Um diese Konstellation möglichst gering zu halten, hat das BMAS noch vor dem Inkrafttreten der Regelung die kommunalen Spitzenverbände gebeten, die Träger der Grundsicherung für Arbeitsuchende sowie der Sozialhilfe dahin zu informieren, Anträge auf rückwirkende Leistungserbringung, die nach dem 30.04.2011 eingehen, nicht abschlägig zu bescheiden.[18]

28

Immer zu beachten ist bei der Auslegung der Anträge der Grundsatz der **Meistbegünstigung**, welcher besagt, dass sich die Auslegung eines Antrags danach zu richten hat, was als Leistung möglich ist, wenn jeder verständige Antragsteller mutmaßlich seinen Antrag bei entsprechender Beratung angepasst hätte und keine Gründe für ein anderes Verhalten vorliegen.[19]

29

Je nach den Besonderheiten des Einzelfalles (vgl. § 9 Abs. 1 SGB XII) kann sich die allgemeine **Beratungspflicht** der Verwaltung gem. § 11 Abs. 1 SGB XII zu einer konkreten „Spontanberatungspflicht" verdichten.[20] Gerade zur Beratungspflicht bei Rechts- und Gesetzesänderungen gibt es eine Reihe von höchstrichterlichen Entscheidungen.[21] Danach dürfte im ganzen Zeitraum April bis Juni 2011 die besondere Beratungspflicht zu bejahen sein, nachdem noch vor Ablauf der ersten Frist 30.04.2011 die Verlängerung in Angriff genommen wurde und die Bundesregierung die Verwaltung bereits entsprechend informiert hatte.[22] Wenn also beispielsweise Eltern vor dem 30.06.2011 beim Sozialhilfeträger für die Zukunft Leistungen beantragen und im Beratungsgespräch deutlich wird, dass zwischen 01.01.2011 und 31.05.2011 bereits Bedarfe aus eigenen Mitteln gedeckt wurden, muss auf die Möglichkeit der rückwirkenden Antragstellung hingewiesen werden. Nach der Rechtsprechung des Bundessozialgerichts ist im Wege des sozialrechtlichen Herstellungsanspruchs in solchen Fällen auch nach dem 30.06.2011 eine verspätete Antragstellung auf den 01.01.2011 zuzulassen, wenn seitens der Verwaltung gegen Beratungspflichten verstoßen wurde.[23]

30

---

[17] BGBl I 2011, 453.
[18] Vgl. BT-Drs. 17/5815, S. 30.
[19] Vgl. dazu etwa BSG v. 26.08.2008 - B 8/9b SO 18/07 R - SozR 4-3500 § 18 Nr. 1; BSG v. 10.03.1994 - 7 RAr 38/93 - BSGE 74, 77, 79 = SozR 3-4100 § 104 Nr. 11 S. 47 m.w.N.
[20] Vgl. dazu BSG v. 08.02.2007 - B 7a AL 22/06 R - BSGE 98, 108, 113 = SozR 4-4300 § 324 Nr. 3, S. 21 f. m.w.N.; zur Beratungspflicht des § 14 Abs. 1 SGB I vgl. etwa BSG v. 05.04.2000 - B 5 RJ 50/98 R - SozR 3-1200 § 14 Nr. 29, S. 99 und *Mönch-Kalina* in: jurisPK-SGB I, § 14 Rn. 25 ff.
[21] Zur Beratungspflicht bei noch nicht verkündeten Gesetzen vgl. BSG v. 02.09.2004 - B 7 AL 18/04 R - juris Rn. 23 - NZA 2005, 98; allgemein bei Gesetzesänderungen BSG v. 27.07.2004 - B 7 SF 1/03 R - SozR 4-1200 § 14 Nr. 5 S. 8; zum Stand des Gesetzgebungsverfahrens BSG v. 25.01.1996 - 7 RAr 60/94 - SozR 3-3200 § 86a Nr. 2 S. 6; zu zukünftigen Rechtsentwicklungen BSG v. 26.10.1994 - 11 RAr 5/94 - SozR 3-1200 § 14 Nr. 16 S. 51 und allgemein zu Rechtsänderungen BSG v. 10.12.2003 - B 9 VJ 2/02 R - SozR 4-3100 § 60 Nr. 1 S. 7.
[22] BT-Drs. 17/5815, S. 30.
[23] BSG v. 08.02.2007 - B 7a AL 22/06 R - BSGE 98, 108, 113 = SozR 4-4300 § 324 Nr. 3, S. 21 f; vgl. auch die Kommentierung zu § 10 SGB XII Rn. 69 ff.

§ 131

3. Abweichende Erbringung bei eintägigen Schul- bzw. Kindertagesstättenausflügen sowie Lernförderung (Absatz 3)

a. Allgemeines

31 § 131 Abs. 3 SGB XII enthält die Folgeänderung zur Neufassung des § 131 Abs. 2 SGB XII und regelt den **Erbringungsweg** folgender Leistungen:
- eintägige Schul- und Kindertagesstättenausflüge gem. § 34 Abs. 2 Satz 1 Nr. 1, Satz 2 SGB XII sowie
- Lernförderung gem. § 34 Abs. 5 SGB XII.

32 Diese Leistungen werden an sich gemäß § 34a Abs. 2 Satz 1 SGB XII durch **Sachleistungen**, insbesondere in Form von personalisierten Gutscheinen oder Direktzahlungen an Anbieter von Leistungen zur Deckung dieser Bedarfe (Anbieter) erbracht, wobei die zuständigen Träger der Sozialhilfe bestimmen, in welcher Form sie die Leistungen erbringen.

33 Abweichend hiervon bestimmt § 131 Abs. 3 Satz 1 SGB XII für die rückwirkenden Fälle, dass die Leistung nur durch **Direktzahlung** an den Anbieter zu erbringen ist, wenn bei der leistungsberechtigten Person noch keine Aufwendungen zur Deckung dieser Bedarfe entstanden sind. „Rückwirkende Gutscheine" gibt es also nicht. Gem. § 131 Abs. 3 Satz 2 SGB XII werden bei entsprechendem Nachweis von entstandenen Aufwendungen zur Deckung der Bedarfe diese durch Geldleistung an die leistungsberechtigte Person erstattet. Schon die bisherige Übergangsregelung in § 131 Abs. 3 SGB XII enthielt eine Aussage zu den Erbringungswegen bei Leistungen für eintägige Schul- bzw. Kindertagesstättenausflüge sowie für die Lernförderung der Monate Januar bis März 2011. Nunmehr werden auch die entsprechenden Bedarfe der Monate April und Mai 2011 erfasst.

34 Der Ausschluss von Gutscheinen und die Festlegung auf eine Direktzahlung an den Leistungsanbieter bzw. auf eine Geldleistung an die leistungsberechtigte Person auch für die Monate April und Mai 2011 soll keine Schlechterstellung der Leistungsberechtigten bewirken. In der Gesetzesbegründung zu § 131 SGB XII wird hierzu auf die Begründung zu § 77 Abs. 8 SGB II verwiesen.[24] Die abweichende Erbringung gilt nur für rückwirkend gestellte Anträge. Deshalb bleiben bereits ausgegebene Gutscheine gültig,[25] wenn z.B. im April oder Mai 2011 ein Antrag auf zukünftige Lernförderung oder auf Kostenübernahme eines Schulausflugs gestellt und positiv beschieden wurde.

35 Die Regelung betrifft nur die Leistungserbringung. Die **materiellen Anspruchsvoraussetzungen** des § 34 Abs. 2 Satz 1 Nr. 1, Satz 2 SGB XII und des § 34 Abs. 5 SGB XII müssen vorliegen.

b. Direktzahlung (Absatz 3 Satz 1)

36 Voraussetzung für die Direktzahlung ist, dass der leistungsberechtigten Person noch keine **Aufwendungen** entstanden sind, d.h. dass noch keine Zahlungen an Anbieter geleistet wurden, welche in Anspruch genommene Leistungen im Zeitraum 01.01.2011 bis 31.05.2011 betreffen. Auch Zahlungen der Eltern fallen hierunter (§ 267 Abs. 1 Satz 1 BGB).

c. Kostenerstattung (Absatz 3 Satz 2)

37 Die Kostenerstattung bei bereits entstandenen Aufwendungen kann auch geleistete Teilzahlungen betreffen, wie sich aus dem Wortlaut „soweit" ergibt. Der noch geschuldete Restbetrag ist dann nach § 131 Abs. 3 Satz 1 SGB XII als Direktzahlung an den Anbieter zu erbringen. Wie bei § 131 Abs. 1 Satz 1 SGB XII ist darauf hinzuweisen, dass zwar in der Regel die Eltern das Geld vorgestreckt haben werden (§ 267 Abs. 1 Satz 1 BGB), aber leistungsberechtigte Person das Kind ist. Zahlungen der Eltern sind als Leistung durch Dritte (§ 267 BGB) auch Aufwendungen des Kindes.[26]

38 Nur bei **nachgewiesenen** Aufwendungen besteht der Anspruch auf Kostenerstattung, was aber nicht bedeutet, dass dadurch die **Amtsermittlungspflicht** des Trägers konkret eingeschränkt wird (§ 20 SGB X). Der Träger kann beispielsweise dem Leistungsberechtigten konkret die Vorlage von Zahlungsnachweisen aufgeben oder substantiierte Angaben zu getätigten Aufwendungen verlangen und z.B. bei der Schule weitere Erkundungen anstellen. Nur wenn sich nach erfolgter Amtsermittlung der Sachverhalt nicht klären lässt, trifft den Leistungsberechtigten die materielle Beweislast.

---

[24] BT-Drs. 17/5793, S. 10.
[25] BT-Drs. 17/5793, S. 10.
[26] Im Ergebnis ebenso *Groth* in: GK-SGB II, § 77 Rn. 61 (21. EL, Juli 2011).

Für mehrtägige Schulklassen- und Kindertagesstättenfahrten (§ 34 Abs. 2 Satz 1 Nr. 2, Satz 2 SGB XII) gilt § 131 Abs. 3 Satz 2 SGB XII nicht. Problematisch sind deshalb die Fälle, in denen die mehrtägigen Fahrten im ersten Quartal 2011 stattgefunden haben und bereits vom Leistungsberechtigten bezahlt wurden. Für diese Fälle wird man wegen des existenzsichernden Charakters der Leistungen eine Ausnahme vom Sach- und Dienstleistungsprinzip oder einen ungeschriebenen Kostenerstattungsanspruch annehmen müssen.[27]

4. Kostenerstattung für Mittagsverpflegung und Teilhabeleistungen (Absatz 4)

a. Mittagsverpflegung (Absatz 4 Satz 1)

Bei Teilnahme an einer gemeinschaftlichen Mittagsverpflegung werden gemäß § 34 Abs. 6 Satz 1 SGB XII „die entstehenden Mehraufwendungen" berücksichtigt. Wird das Mittagessen in schulischer Verantwortung angeboten, wird für die Ermittlung des monatlichen Bedarfs die Anzahl der Schultage in dem Land zugrunde gelegt, in dem der Schulbesuch stattfindet (§ 34 Abs. 6 Satz 3 SGB XII). Die Leistung wird durch Gutschein oder Direktzahlung an den Anbieter erbracht. Aus Gründen der Verwaltungsvereinfachung werden gem. § 131 Abs. 4 Satz 1 SGB XII die Mehraufwendungen für eine gemeinschaftliche Mittagsverpflegung in Schulen, Tagesstätten für Kinder und für Kinder in Tagespflege pauschal mit jeweils 26 € für die Monate Januar bis März 2011 berücksichtigt. D.h., auch wenn tatsächlich weniger als 26 € Mehraufwendungen entstanden sind, bleibt es bei der Pauschale. Dem Betrag von 26 € liegen aktuelle Schätzungen zu den durchschnittlichen Kosten bei Inanspruchnahme einer in schulischer Verantwortung angebotenen gemeinschaftlichen Mittagsverpflegung zugrunde.[28]

Eine Verlängerung der Übergangsregelung auf den Zeitraum April/Mai 2011 hat der Gesetzgeber bewusst nicht vorgenommen, da es in diesem Fall zu einer rückwirkenden Schlechterstellung kommen könnte, wenn bereits aufgrund eines im April 2011 gestellten Antrages ein höherer Bedarf zuerkannt wurde.[29] Außerdem bedeute es unnötigen Verwaltungsmehraufwand, wenn bereits ein geringerer Bedarf als der pauschal vorgesehene berücksichtigt worden sei und insoweit eine Korrektur erforderlich werde.[30]

Die materiell-rechtlichen **Anspruchsvoraussetzungen** des § 34 Abs. 6 SGB XII müssen vorliegen. Bei Schülerinnen und Schülern bedeutet dies, dass die Mittagsverpflegung in schulischer Verantwortung oder – nach Maßgabe des § 131 Abs. 4 Satz 4 SGB XII – in einer Einrichtung nach § 22 SGB VIII angeboten werden muss. Für alle leistungsberechtigten Personen gilt, dass sie im Zeitraum vom 01.01.2011 bis 31.03.2011 tatsächlich teilgenommen haben und Aufwendungen **tatsächlich entstanden** sein müssen („die entstehenden Mehraufwendungen" werden berücksichtigt).

b. Aufwendungen für die Teilhabe am sozialen und kulturellen Leben (Absatz 4 Satz 2)

Für Leistungsberechtigte bis zur Vollendung des 18. Lebensjahres wird gemäß § 34 Abs. 7 SGB XII ein Bedarf zur Teilhabe am sozialen und kulturellen Leben in der Gemeinschaft in Höhe von insgesamt 10 € monatlich berücksichtigt. Dieser Betrag wird auch in der Übergangsregelung des § 131 Abs. 4 Satz 2 SGB XII zu Grunde gelegt.

Bei Leistungsberechtigten bis zur Vollendung des 18. Lebensjahres, denen für die Zeit vom 01.01.2011 bis zum 31.03.2011 tatsächlich Aufwendungen für Teilhabe am sozialen und kulturellen Leben entstanden sind, wird gem. § 131 Abs. 4 Satz 2 SGB XII ein Bedarf von 10 € monatlich berücksichtigt. In der ersten ab 01.01.2011 gültigen Fassung war statt „Aufwendungen" noch von „Mehraufwendungen" die Rede. Durch diese begriffliche Anpassung soll klargestellt werden, dass nicht die tatsächlich entstandenen Mehraufwendungen, sondern pauschal 10 € monatlich als Bedarf berücksichtigt werden, wenn Aufwendungen entstanden sind.[31]

---

[27] Groth in: GK-SGB II, § 77 Rn. 64 (21. EL, Juli 2011).
[28] BT-Drs. 17/3404, S. 133.
[29] BT-Drs. 17/5793, S. 10.
[30] BT-Drs. 17/5793, S. 10.
[31] BT-Drs. 17/5793, S. 10.

c. Leistungserbringung ausnahmsweise durch Geldleistung (Kostenerstattung) (Absatz 4 Satz 3)

45 § 131 Abs. 4 Satz 3 SGB XII normiert aus Gründen der Verwaltungsvereinfachung für die Übergangszeiträume eine Ausnahme vom Sachleistungsgrundsatz des § 34a Abs. 2 Satz 1 SGB XII. Die im Zeitraum vom 01.01.2011 bis zum 31.03.2011 zu berücksichtigenden Bedarfe für Mittagsverpflegung und Teilhabe werden gem. § 131 Abs. 4 Satz 3 SGB XII durch Geldleistung gedeckt; ebenso können die im Zeitraum vom 01.04.2011 bis zum 31.05.2011 zu berücksichtigenden Bedarfe für Mittagessen und Teilhabe bei rückwirkender Antragstellung abweichend von § 34a Abs. 2 Satz 1 SGB XII auch durch Geldleistung gedeckt werden.

46 Der zweite Halbsatz, wonach die im Zeitraum vom 01.04.2011 bis zum 31.05.2011 zu berücksichtigenden Bedarfe für Mittagessen und Teilhabe durch Geldleistung gedeckt werden „können", räumt dem Leistungsträger Ermessen im Sinne von „dürfen" ein. Auch insofern besteht eine Parallelität zu § 77 SGB II und wird auch in der Gesetzesbegründung auf diese Vorschrift verwiesen. Für die rückwirkende Leistungserbringung soll die Geldleistung an den Leistungsberechtigten zu Vereinfachungszwecken als zusätzlicher Erbringungsweg ermöglicht werden. Gleichzeitig soll es die Vorschrift ermöglichen, dass es bei bereits getroffenen Entscheidungen über andere Erbringungswege verbleiben kann.[32]

d. Bis Ende 2013: Mittagessen auch in einer Einrichtung nach § 22 SGB VIII

47 § 131 Abs. 4 Satz 4 SGB XII normiert schließlich, dass Mehraufwendungen auch berücksichtigt werden, wenn das schulische Mittagessen nicht in schulischer Verantwortung angeboten wird, sondern in einer Einrichtung nach § 22 SGB VIII eingenommen wird. Hintergrund ist, dass noch nicht in allen Schulen die Infrastruktur vorhanden ist, um ein warmes Mittagessen überhaupt anbieten zu können. Das Bildungs- und Teilhabepaket soll nach der Intention des Gesetzgebers offenbar auch Türen öffnen und dazu beitragen, dass sich bestimmte Strukturen erst (oder jedenfalls schneller als erwartet) entwickeln.

48 Der Begriff der Einrichtung ist im Hinblick auf die Funktion des gemeinschaftlichen Mittagessens als wichtiges Element der sozialen Teilhabe und zur Verhinderung von Ausgrenzungsprozessen[33] weit auszulegen. Einrichtungen i.S.d. § 22 SGB VIII sind nicht nur Einrichtungen im formellen Sinn, sondern die Norm zielt auf unterschiedliche Formen der Kindertagesbetreuung ab,[34] insb. Tageseinrichtungen (Einrichtungen, in denen sich Kinder für einen Teil des Tages oder ganztägig aufhalten und in Gruppen gefördert werden) sowie die Kindertagespflege, die von einer geeigneten Tagespflegeperson in ihrem Haushalt oder im Haushalt des Personensorgeberechtigten geleistet wird. Der Begriff der Einrichtungen nach § 22 SGB VIII ist mit dem Begriff der Kindertageseinrichtung in § 34 Abs. 2 Satz 2 SGB XII deckungsgleich.[35]

---

[32] BT-Drs. 17/5793, S. 10.
[33] BT-Drs. 17/3404, S. 125.
[34] *Groth* in: GK-SGB II, § 77 Rn. 87 ff.
[35] Vgl. *Groth* in: Groth/Luik/Siebel-Huffmann, Das neue Grundsicherungsrecht, 2011, Rn. 285.

§ 132 SGB XII Übergangsregelung zur Sozialhilfegewährung für Deutsche im Ausland

(Fassung vom 27.12.2003, gültig ab 01.01.2004)

(1) Deutsche, die am 31. Dezember 2003 Leistungen nach § 147b des Bundessozialhilfegesetzes in der zu diesem Zeitpunkt geltenden Fassung bezogen haben, erhalten diese Leistungen bei fortdauernder Bedürftigkeit weiter.

(2) ¹Deutsche,

1. die in den dem 1. Januar 2004 vorangegangenen 24 Kalendermonaten ohne Unterbrechung Leistungen nach § 119 des Bundessozialhilfegesetzes in der am 31. Dezember 2003 geltenden Fassung bezogen haben und
2. in dem Aufenthaltsstaat über eine dauerhafte Aufenthaltsgenehmigung verfügen,

erhalten diese Leistungen bei fortdauernder Bedürftigkeit weiter. ²Für Deutsche, die am 31. Dezember 2003 Leistungen nach § 119 des Bundessozialhilfegesetzes in der am 31. Dezember 2003 geltenden Fassung bezogen haben und weder die Voraussetzungen nach Satz 1 noch die Voraussetzungen des § 24 Abs. 1 erfüllen, enden die Leistungen bei fortdauernder Bedürftigkeit mit Ablauf des 31. März 2004.

(3) Deutsche, die die Voraussetzungen des § 1 Abs. 1 des Bundesentschädigungsgesetzes erfüllen und

1. zwischen dem 30. Januar 1933 und dem 8. Mai 1945 das Gebiet des Deutschen Reiches oder der Freien Stadt Danzig verlassen haben, um sich einer von ihnen nicht zu vertretenden und durch die politischen Verhältnisse bedingten besonderen Zwangslage zu entziehen oder aus den gleichen Gründen nicht in das Gebiet des Deutschen Reiches oder der Freien Stadt Danzig zurückkehren konnten oder
2. nach dem 8. Mai 1945 und vor dem 1. Januar 1950 das Gebiet des Deutschen Reiches nach dem Stande vom 31. Dezember 1937 oder das Gebiet der Freien Stadt Danzig verlassen haben,

können, sofern sie in dem Aufenthaltsstaat über ein dauerhaftes Aufenthaltsrecht verfügen, in außergewöhnlichen Notlagen Leistungen erhalten, auch wenn sie nicht die Voraussetzungen nach den Absätzen 1 und 2 oder nach § 24 Abs. 1 erfüllen; § 24 Abs. 2 gilt.

Gliederung

A. Basisinformationen 1	c. Fortdauernde Bedürftigkeit 22
I. Textgeschichte/Gesetzgebungsmaterialien 1	2. Weitergewährung von Leistungen nach § 119
II. Vorgängervorschriften.................................. 3	BSHG (Absatz 2) 25
III. Systematische Zusammenhänge 6	a. Allgemeines 25
B. Auslegung der Norm 7	b. Satz 1 26
I. Regelungsgehalt und Bedeutung der Norm 7	c. Satz 2 32
II. Normzweck 11	3. Leistungen an Opfer nationalsozialistischer
III. Tatbestandsmerkmale 13	Verfolgung (Absatz 3) 34
1. Weitergewährung von Leistungen nach § 147b	a. Persönliche Voraussetzungen 34
BSHG (Absatz 1) 13	b. Nachranggrundsatz 38
a. Allgemeines 13	c. Entsprechende Anwendbarkeit von § 24
b. Voraussetzungen des § 147b BSHG 16	Abs. 3-6 SGB XII 39

§ 132

A. Basisinformationen

I. Textgeschichte/Gesetzgebungsmaterialien

1 § 132 SGB XII ist durch Art. 1 des **Gesetzes zur Einordnung des Sozialhilferechts in das Sozialgesetzbuch** vom 27.12.2003[1] eingeführt worden und aufgrund von dessen Art. 70 Abs. 2 – entgegen dem überwiegenden, erst am 01.01.2005 in Kraft getretenen Teil des SGB XII – bereits mit Wirkung ab dem 01.01.2004 in Kraft getreten. Die Vorschrift ist seit ihrer Einführung unverändert geblieben.

2 Die Vorschrift war im Gesetzentwurf[2] der Fraktionen SPD und BÜNDNIS 90/DIE GRÜNEN noch nicht enthalten. Sie ist erst im Laufe des Gesetzgebungsverfahrens (als „§ 126a") auf Empfehlung des federführenden Ausschusses für Gesundheit und Soziale Sicherung[3] in das SGB XII eingefügt worden. Die Begründung zu dieser Übergangsregelung findet sich dementsprechend im Ausschussbericht.[4]

II. Vorgängervorschriften

3 § 132 SGB XII knüpft mit seiner Überschrift und mit **Absatz 1** an die Vorläuferbestimmung in **§ 147b BSHG** an. Diese Vorschrift ist durch Art. 7 Nr. 38 des Gesetzes zur Umsetzung des Föderalen Konsolidierungsprogramms vom 23.06.1993[5] in das BSHG eingefügt und durch das Zweite Gesetz zur Umsetzung des Spar-, Konsolidierungs- und Wachstumsprogramms vom 21.12.1993[6] nochmals geringfügig geändert worden.

4 § 147b BSHG hatte in seiner bis zum 31.12.2003 geltenden Fassung folgenden Wortlaut:
„Deutsche, die ihren gewöhnlichen Aufenthalt im Ausland haben und am 1. Juli 1992 Leistungen nach § 119 bezogen haben, erhalten bei fortdauernder Bedürftigkeit weiterhin Sozialhilfe nach dieser Vorschrift in der bis zum 26. Juni 1993 geltenden Fassung, wenn sie zu diesem Zeitpunkt das 60. Lebensjahr vollendet hatten oder die Hilfe in einer Anstalt, einem Heim oder einer gleichartigen Einrichtung erhielten. Liegen die in Satz 1 genannten Voraussetzungen nicht vor, enden die Leistungen bei fortdauernder Bedürftigkeit spätestens mit Ablauf des 30. Juni 1995."

5 Die Regelungen in § 132 **Abs. 2 und 3** SGB XII haben im BSHG **kein Vorbild**.

III. Systematische Zusammenhänge

6 § 147b BSHG sollte ursprünglich gemeinsam mit den in § 119 BSHG enthaltenen Regelungen in **§ 24 SGB XII** (diese Vorschrift normiert die Gewährung von Sozialhilfe für Deutsche im Ausland) übernommen werden.[7] Während des Gesetzgebungsverfahrens ist § 24 SGB XII auf Empfehlung des federführenden Ausschusses für Gesundheit und Soziale Sicherung[8] umfassend geändert und der Regelungsgehalt des ehemaligen § 147b BSHG dann in der eigenständigen Übergangsvorschrift des § 132 Abs. 1 SGB XII (statt in § 24 Abs. 9 SGB XII) normiert worden, während es sich bei den weiteren Regelungen in § 132 Abs. 2 und 3 SGB XII um Übergangsbestimmungen zu § 24 SGB XII handelt, die im ursprünglichen Gesetzentwurf noch gar nicht vorgesehen waren.

B. Auslegung der Norm

I. Regelungsgehalt und Bedeutung der Norm

7 § 132 SGB XII umfasst mit Blick auf die Gewährung von Sozialhilfe für Deutsche im Ausland drei voneinander unabhängige Übergangsregelungen:

8 **Absatz 1** der Vorschrift enthält eine besitzstandsverlängernde Regelung für Personen, die zum 31.12.2003 Leistungen nach § 147b BSHG bezogen haben und fortdauernd bedürftig sind.

9 **Absatz 2 Satz 1** enthält vor dem Hintergrund des Inkrafttretens von § 24 SGB XII zum 01.01.2004 eine besitzstandswahrende Regelung für Personen, die in der Zeit vom 01.01.2002 bis zum 31.12.2003 ununterbrochen Leistungen nach § 119 BSHG bezogen haben, im Aufenthaltsstaat über eine dauerhafte Aufenthaltsgenehmigung verfügen und fortdauernd bedürftig sind. Dagegen konnten nach der

---

[1] BGBl I 2003, 3022.
[2] BT-Drs. 15/1514.
[3] BT-Drs. 15/1734.
[4] BT-Drs. 15/1761, S. 7/8 zu § 126a.
[5] BGBl I 1993, 944.
[6] BGBl I 1993, 2374.
[7] Vgl. den Gesetzentwurf zu § 24 SGB XII und die Begründung hierzu in BT-Drs. 15/1514, S. 58.
[8] BT-Drs. 15/1734.

Übergangsregelung in **Absatz 2 Satz 2** der Vorschrift Personen, die am 31.12.2003 Leistungen nach § 119 BSHG bezogen haben, ohne jedoch die Voraussetzungen nach Satz 1 zu erfüllen, Leistungen trotz fortdauernder Bedürftigkeit – vorbehaltlich des Vorliegens der Voraussetzungen des § 24 Abs. 1 SGB XII – nur noch bis zum 31.03.2004 beziehen.

Absatz 3 enthält in Erweiterung des Anwendungsbereichs von § 24 SGB XII eine Sonderregelung betreffend die Erbringung von Leistungen an geflohene und ausgewanderte Verfolgte des NS-Regimes, die im jeweiligen Aufenthaltsstaat über ein dauerhaftes Aufenthaltsrecht verfügen. Diese Personen können in außergewöhnlichen Notlagen Sozialhilfe im Ausland erhalten, ohne dass für sie eine Rückkehrpflicht als Voraussetzung für den Leistungsbezug bestünde.

II. Normzweck

Die Regelungen in § 132 Abs. 1 und 2 SGB XII mildern mit Hilfe von Besitzstandsklauseln den Übergang vom alten Recht in § 119 BSHG auf das in den Voraussetzungen strengere neue Recht in § 24 SGB XII ab.[9]

Mit der Regelung in § 132 Abs. 3 SGB XII, die den Anwendungsbereich des § 24 SGB XII erweitert, wird der besonderen historischen Verantwortung Deutschlands gegenüber geflohenen oder ausgewanderten Verfolgten des NS-Regimes Rechnung getragen.[10]

III. Tatbestandsmerkmale

1. Weitergewährung von Leistungen nach § 147b BSHG (Absatz 1)

a. Allgemeines

§ 132 Abs. 1 SGB XII bestimmt, dass Deutsche, die am 31.12.2003 Leistungen nach § 147b BSHG in der zu diesem Zeitpunkt gültigen Fassung (vgl. Rn. 4) bezogen haben, diese Leistungen bei fortdauernder Bedürftigkeit weiter erhalten. Damit wird eine **Besitzstandsverlängerung** normiert, denn bereits § 147b BSHG enthielt seinerseits eine Besitzstandsregelung betreffend Leistungen der Sozialhilfe für Deutsche im Ausland, die am 01.07.1992 Leistungen nach § 119 BSHG in der bis zum 26.06.1993 geltenden Fassung bezogen haben. Aufgrund der Fortschreibung der Übergangsregelung des § 147b BSHG sind die von § 132 Abs. 1 SGB XII begünstigten Personen gleichsam doppelt privilegiert.[11]

§ 119 BSHG in der bis zum 26.06.1993 geltenden Fassung hatte folgenden Wortlaut:
„(1) Deutschen, die ihren gewöhnlichen Aufenthalt im Ausland haben und im Ausland der Hilfe bedürfen, soll, vorbehaltlich der Regelung in Absatz 2 Nr. 1, Hilfe zum Lebensunterhalt, Krankenhilfe und Hilfe für werdende Mütter und Wöchnerinnen gewährt werden. Sonstige Sozialhilfe kann ihnen gewährt werden, wenn die besondere Lage des Einzelfalles dies rechtfertigt.
(2) Soweit es im Einzelfall der Billigkeit entspricht, kann folgenden Personen, die ihren gewöhnlichen Aufenthalt im Ausland haben und im Ausland der Hilfe bedürfen, Sozialhilfe gewährt werden:
1. Deutschen, die gleichzeitig die Staatsangehörigkeit ihres Aufenthaltsstaates besitzen, wenn auch ihr Vater oder ihre Mutter die Staatsangehörigkeit dieses Staates besitzt oder besessen hat, sowie ihren Abkömmlingen,
2. Familienangehörigen von Deutschen, wenn sie mit diesen in Haushaltsgemeinschaft leben,
3. ehemaligen Deutschen, zu deren Übernahme die Bundesrepublik Deutschland auf Grund zwischenstaatlicher Abkommen verpflichtet wäre, sowie ihren Familienangehörigen.
(3) Hilfe wird nicht gewährt, soweit sie von dem hierzu verpflichteten Aufenthaltsland oder von anderen gewährt wird oder zu erwarten ist. Hilfe wird ferner nicht gewährt, wenn die Heimführung des Hilfesuchenden geboten ist.
(4) Art, Form und Maß der Hilfe sowie der Einsatz des Einkommens und des Vermögens richten sich nach den besonderen Verhältnissen im Aufenthaltsland unter Berücksichtigung der notwendigen Lebensbedürfnisse eines dort lebenden Deutschen.
(5) Für die Gewährung der Hilfe sachlich zuständig ist der überörtliche Träger der Sozialhilfe. Örtlich zuständig ist der Träger, in dessen Bereich der Hilfesuchende geboren ist; § 108 Abs. 2 und 3 gilt entsprechend; die nach § 108 Abs. 3 begründete Zuständigkeit bleibt bestehen, solange noch eine der dort genannten Personen der Sozialhilfe bedarf.

---

[9] *Baur* in: Mergler/Zink, SGB XII, § 132 Rn. 3.
[10] BT-Drs. 15/1761, S. 7.
[11] *Freudenberg* in: Jahn, SGB XII, § 132 Rn. 5.

(6) Die Träger der Sozialhilfe arbeiten mit den deutschen Dienststellen im Ausland zusammen.
(7) Die Vorschriften der Absätze 1 bis 6 finden entsprechende Anwendung auf Deutsche, die ihren gewöhnlichen Aufenthalt in den zum Staatsgebiet des Deutschen Reiches nach dem Stand vom 31. Dezember 1937 gehörenden Gebieten östlich der Oder-Neiße-Linie haben. Dabei gilt als Aufenthaltsstaat oder als Aufenthaltsland im Sinne der genannten Vorschriften der Staat, der die Verwaltung ausübt."

15 Durch das Gesetz zur Umsetzung des Föderalen Konsolidierungsprogramms vom 23.06.1993[12] ist der sich aus § 119 BSHG ergebende Anspruch eingeschränkt worden. Von der mit Wirkung zum 27.06.1993 erfolgten Umstellung der Soll- zu einer auf besondere Notlagen beschränkten Ermessensleistung sind aufgrund der Übergangsregelung des § 147b BSHG bestimmte Personen unter den dort genannten Voraussetzungen ausgenommen worden.

b. Voraussetzungen des § 147b BSHG

16 Voraussetzung für die weitere Anwendbarkeit von § 119 BSHG in der am 26.06.1993 geltenden Fassung war nach § 147b Satz 1 BSHG zunächst, dass der **Deutsche** – im Sinne von **Art. 116 GG** – seinen gewöhnlichen Aufenthalt im Ausland hat.

17 Was unter einem „**gewöhnlichen Aufenthalt**" im Sinne dieser Vorschrift zu verstehen ist, kann der Rechtsprechung des BVerwG entnommen werden. Dieses hat insoweit zu § 119 Abs. 1 BSHG ausgeführt,[13] aus Sinn und Zweck dieser Vorschrift folge, dass unter einem „gewöhnlichen Aufenthalt" im Sinne dieser Vorschrift ein Aufenthalt an einem Ort im Ausland zu verstehen sei, an dem eine Person **nicht nur vorübergehend den Mittelpunkt ihrer Lebensbeziehungen** habe, was eine gewisse Verfestigung der Lebensverhältnisse an dem betreffenden Ort insbesondere in familiärer, sozialer und beruflicher Hinsicht voraussetze. Hierzu könne es in aller Regel nur kommen, wenn der Aufenthalt auf Dauer angelegt sei und eine entsprechende Dauer auch erlangt habe. Der Auslegung, dass das **Vorhandensein eines festen Lebensmittelpunktes** im Ausland wesentliche Voraussetzung des „gewöhnlichen Aufenthalts im Ausland" sei, stehe die Legaldefinition in § 30 Abs. 3 Satz 2 SGB I nicht entgegen. Denn mit dem Begriff des „gewöhnlichen Aufenthalts" in § 119 Abs. 1 BSHG einerseits und in § 30 Abs. 3 Satz 2 SGB I andererseits werde Unterschiedliches und mithin „Abweichendes" im Sinne von § 37 SGB I geregelt. Dies zeigten die unterschiedlichen Rechtsfolgen und der jeweils verschiedene Regelungszweck beider Vorschriften: § 30 Abs. 3 Satz 2 SGB I definiere den Begriff des „gewöhnlichen Aufenthalts" im Sinne von § 30 Abs. 1 SGB I, der den räumlich-personellen Geltungsbereich des Gesetzes umschreibe. Dabei bezwecke die Anknüpfung an einen Wohnsitz oder gewöhnlichen Aufenthalt im Geltungsbereich des Gesetzes, eine missbräuchliche Inanspruchnahme von Sozialleistungen durch eine nur formale Begründung eines Inlandswohnsitzes zu verhindern. Demgegenüber werde durch § 119 Abs. 1 BSHG der Kreis möglicher Sozialhilfeberechtigter über den Personenkreis des § 30 Abs. 1 SGB I hinaus auf Deutsche im Ausland erweitert; fehle ein „gewöhnlicher Aufenthalt" im Sinne von § 119 Abs. 1 BSHG, bleibe diesen Personen, wenn ihnen Hilfe im Ausland verweigert werde, immer noch die Alternative, um Sozialhilfe im Inland nachzusuchen. Diese Unterschiede der gesetzlichen Regelungen rechtfertigten es, sie so auszulegen, dass Sozialhilfe im Ausland an strengere tatbestandliche Voraussetzungen geknüpft werde als Hilfeleistungen im Inland.

18 Ferner war nach § 147b Satz 1 BSHG Voraussetzung, dass der Betreffende bereits zum Stichtag **01.07.1992 Leistungen nach § 119 BSHG** bezogen hat. Da insoweit nicht von einem bloßen Anspruch die Rede ist, musste zum 01.07.1992 tatsächlich ein Leistungsbezug vorgelegen haben.[14]

19 Darüber hinaus war nach dem 01.07.1992 **bis zum 26.06.1993 sowie darüber hinaus** eine **fortdauernde Bedürftigkeit** erforderlich. Insofern ist davon auszugehen, dass bei jeglicher Leistungsunterbrechung der Bestandsschutz geendet hat (vgl. dazu Rn. 22 ff.).

20 Im Übrigen setzt § 147b Satz 1 BSHG voraus, dass der Hilfeempfänger „zu diesem Zeitpunkt" das 60. Lebensjahr vollendet hat oder Hilfe in einer Anstalt, einem Heim oder einer gleichartigen Einrichtung erhielt. Umstritten ist dabei, ob mit der zeitlichen Bezugnahme („zu diesem Zeitpunkt") der 01.07.1992 oder der 26.06.1993 gemeint ist, ob also der Hilfebedürftige bereits zum 01.07.1992 die Altersgrenze von 60 Jahren erreicht haben bzw. stationär betreut worden sein muss oder ob es ausreichend ist, wenn dies erst am 26.06.1993 der Fall war.

---

[12] BGBl I 1993, 944.
[13] BVerwG v. 31.08.1995 - 5 C 11/94 - BVerwGE 99, 158.
[14] *Hohm* in: Schellhorn/Schellhorn/Hohm, SGB XII, 18. Aufl. 2010, § 132 Rn. 4.

Insofern dürfte davon auszugehen sein, dass sich die Bedeutung des Stichtages 01.07.1992 in dem Erfordernis eines Leistungsbezuges nach § 119 BSHG zu diesem Zeitpunkt erschöpft. Für das Vorliegen der weiteren Voraussetzungen der Übergangsregelung kommt es hingegen maßgeblich auf den Tag an, bis zu dem das alte Recht gegolten hat, also bis zum 26.06.1993. Entscheidend ist mithin, dass die Betreffenden am **26.06.1993** entweder das 60. **Lebensjahr vollendet** hatten **oder zu diesem Zeitpunkt die Hilfe in einer Anstalt, einem Heim oder einer gleichartigen Einrichtung** erhielten.[15]

21

c. Fortdauernde Bedürftigkeit

Die weitere Anwendung des § 119 BSHG in der am 26.06.1993 geltenden Fassung auch über den 31.12.2003 und mithin ein weiterer Erhalt von Leistungen nach § 147b BSHG setzt schließlich eine **fortdauernde Bedürftigkeit** des Betreffenden voraus.

22

Insoweit wird teilweise die Auffassung vertreten, dass fortdauernd nicht im Sinne von ununterbrochen zu verstehen sei. Dabei wird einerseits in Anlehnung an § 106 Abs. 3 Satz 2 SGB XII eine Unterbrechung des Leistungsbezuges für einen zusammenhängenden Zeitraum von mehr als zwei Monaten für erforderlich gehalten, um von einer rechtswirksamen Unterbrechung ausgehen zu können.[16] Andererseits wird erst eine Unterbrechung von über einem Monat als rechtswirksame Beendigung der Hilfe angesehen mit der Folge, dass bei Wiedereintritt von Bedürftigkeit die Übergangsregelung nicht wiederauflebt.[17]

23

Dagegen spricht jedoch, dass weder § 147b BSHG noch § 132 Abs. 1 SGB XII Anhaltspunkte dafür enthalten, dass eine Unterbrechung des Leistungsbezuges für den Bestandsschutz unschädlich sein soll.[18] Es ist daher davon auszugehen, dass ein Leistungsbezug nach § 132 Abs. 1 SGB XII i.V.m. § 147b BSHG ab dem 01.01.2004 **ununterbrochen** erfolgen muss und jede – sei es auch nur kurze – Unterbrechung der Bedürftigkeit die Voraussetzungen der Übergangsregelung des § 132 Abs. 1 SGB XII entfallen lässt.[19] Bei erneuter Bedürftigkeit kann der Deutsche im Ausland nur dann Sozialhilfeleistungen beziehen, wenn die Voraussetzungen des § 24 SGB XII vorliegen.

24

2. Weitergewährung von Leistungen nach § 119 BSHG (Absatz 2)

a. Allgemeines

Der am 01.01.2004 in Kraft getretene § 24 SGB XII sieht Sozialhilfeleistungen für Deutsche im Ausland nur noch ganz ausnahmsweise und in eingeschränktem Umfang vor. Für den Vertrauensschutz wird in **§ 132 Abs. 2 SGB XII** nach der **Dauer des Leistungsbezugs** im Ausland und dem **Aufenthaltsstatus** des Leistungsbeziehers **differenziert**.

25

b. Satz 1

Nach § 132 Abs. 2 Satz 1 SGB XII erhalten Deutsche, die in der Zeit vom 01.01.2002 bis zum 31.12.2003 ununterbrochen Leistungen nach § 119 BSHG in der am 31.12.2003 geltenden Fassung bezogen haben (Nr. 1) und im Aufenthaltsstaat über eine dauerhafte Aufenthaltsgenehmigung verfügen (Nr. 2), diese Leistungen aus Gründen des Vertrauensschutzes bei fortdauernder Bedürftigkeit weiter.

26

Die am **31.12.2003 geltende Fassung von § 119 BSHG** lautete:
„(1) Deutschen, die ihren gewöhnlichen Aufenthalt im Ausland haben und im Ausland der Hilfe bedürfen, kann in besonderen Notfällen Sozialhilfe gewährt werden.
(2) Soweit es im Einzelfall der Billigkeit entspricht, kann Sozialhilfe unter den Voraussetzungen des Absatzes 1 auch Familienangehörigen von Deutschen gewährt werden, wenn sie mit diesen in Haushaltsgemeinschaft leben.
(3) Hilfe wird nicht gewährt, soweit sie von dem hierzu verpflichteten Aufenthaltsland oder von ande-

27

---

[15] BVerwG v. 05.06.1997 - 5 C 4/96 - BVerwGE 105, 44; *Streichsbier* in: Grube/Wahrendorf, SGB XII, 4. Aufl. 2012, § 132 Rn. 1; *Baur* in: Mergler/Zink, SGB XII, § 132 Rn. 4; *Berlit* in: NK-SGB XII, 9. Aufl. 2012, § 132 Rn. 2; *Decker* in: Oestreicher, SGB XII, § 132 Rn. 4; a.A. OVG Lüneburg v. 23.07.1999 - 4 L 1016/96; *Schlette* in: Hauck/Noftz, SGB XII, § 132 Rn. 4; *Hohm* in: Schellhorn/Schellhorn/Hohm, SGB XII, 18. Aufl. 2010, § 132 Rn. 4.
[16] *Hohm* in: Schellhorn/Schellhorn/Hohm, SGB XII, 18. Aufl. 2010, § 132 Rn. 5.
[17] *Baur* in: Mergler/Zink, SGB XII, § 132 Rn. 6.
[18] *Freudenberg* in: Jahn, SGB XII, § 132 Rn. 8.
[19] *Schlette* in: Hauck/Noftz, SGB XII, § 132 Rn. 3; *Streichsbier* in: Grube/Wahrendorf, SGB XII, 4. Aufl. 2012, § 132 Rn. 2; *Freudenberg* in: Jahn, SGB XII, § 132 Rn. 8.

ren gewährt wird oder zu erwarten ist. Hilfe wird ferner nicht gewährt, wenn die Heimführung des Hilfesuchenden geboten ist.

(4) Art, Form und Maß der Hilfe sowie der Einsatz des Einkommens und des Vermögens richten sich nach den besonderen Verhältnissen im Aufenthaltsland.

(5) Für die Gewährung der Hilfe sachlich zuständig ist der überörtliche Träger der Sozialhilfe. Örtlich zuständig ist der Träger, in dessen Bereich der Hilfesuchende geboren ist. Liegt der Geburtsort des Hilfesuchenden nicht im Geltungsbereich dieses Gesetzes oder ist er nicht zu ermitteln, wird der örtlich zuständige Träger von der Schiedsstelle bestimmt. § 108 Abs. 1 Satz 2 gilt entsprechend.

(5a) Leben Ehegatten, Verwandte und Verschwägerte bei Eintritt des Bedarfs an Sozialhilfe zusammen, richtet sich die örtliche Zuständigkeit nach dem ältesten von ihnen, der im Geltungsbereich dieses Gesetzes geboren ist. Ist keiner von ihnen im Geltungsbereich dieses Gesetzes geboren, so ist ein gemeinsamer örtlich zuständiger Träger nach Absatz 5 zu bestimmen. Die Zuständigkeit bleibt bestehen, solange einer von ihnen der Sozialhilfe bedarf.

(6) Die Träger der Sozialhilfe arbeiten mit den deutschen Dienststellen im Ausland zusammen.

(7) Auf Deutsche, die außerhalb des Geltungsbereichs dieses Gesetzes, aber innerhalb des in Artikel 116 Abs. 1 des Grundgesetzes genannten Gebiets geboren sind und dort ihren gewöhnlichen Aufenthalt haben, findet Absatz 3 Satz 2 keine Anwendung. Die Bundesregierung wird ermächtigt, durch Rechtsverordnung mit Zustimmung des Bundesrates zu bestimmen, daß für diesen Personenkreis unter Übernahme der Kosten durch den Bund Sozialhilfe nach den Absätzen 1 bis 6 über Träger der Freien Wohlfahrtspflege mit Sitz im Geltungsbereich dieses Gesetzes geleistet wird."

28 Der Leistungsbezug nach § 119 BSHG in der am 31.12.2003 geltenden Fassung muss in der Zeit vom 01.01.2002 bis zum 31.12.2003 „ohne Unterbrechung" bestanden haben. Dies bedeutet zum einen, dass in diesem 24 Monate umfassenden Zeitraum **tatsächlich ein Leistungsbezug** vorgelegen haben muss – ein bloßer Anspruch reicht insofern nicht aus[20] – und dass dieser **ununterbrochen** bestanden haben muss. Mit diesem eindeutigen Wortlaut ist die Auffassung, dass eine Unterbrechungsdauer von weniger als einem Monat unschädlich sei,[21] nicht vereinbar. Damit führten auch kurzzeitige Unterbrechungen des Leistungsbezuges in dem maßgeblichen Zeitraum zum Verlust des Anspruchs auf Sozialhilfe nach § 119 BSHG, so dass Sozialhilfe dann nur noch unter den Voraussetzungen des § 24 SGB XII geleistet werden kann.[22]

29 Voraussetzung für die Anwendung des § 132 Abs. 2 Satz 1 SGB XII ist ferner, dass der Deutsche in seinem Aufenthaltsstaat eine **dauerhafte** – also grundsätzlich unbefristete – **Aufenthaltsgenehmigung** hat.

30 Zum Vorliegen einer dauerhaften Aufenthaltsgenehmigung heißt es in einem Rundschreiben des Bundesministeriums für Gesundheit und Soziale Sicherung an die überörtlichen Sozialhilfeträger vom 01.03.2004 – Az.: 521:

„Die Vorschriften über den Aufenthaltsstatus von Ausländern sind im internationalen Vergleich allerdings sehr unterschiedlich geregelt. Grundsätzlich ist bei einer dauerhaften Aufenthaltsgenehmigung von einem unbefristeten Aufenthaltsstatus auszugehen. Nur in den Staaten, in denen es eine solche unbefristete Aufenthaltsgenehmigung nicht gibt, kann auch – unter Berücksichtigung des Rechts des Wohnsitzstaates – ein gefestigter langfristiger Aufenthaltsstatus ausreichen. Nicht umfasst ist damit ein nur vorübergehender bzw. befristeter Aufenthalt, der im Falle einer generellen Befristung der Aufenthaltserlaubnis im nationalen Recht nicht die maximal mögliche Befristungsdauer ausschöpft."[23]

31 Schließlich setzt § 132 Abs. 2 Satz 1 SGB XII voraus, dass der Betroffene **fortdauernd bedürftig** ist. Ebenso wie beim ununterbrochenen Leistungsbezug in dem Zeitraum vom 01.01.2002 bis zum 31.12.2003 kommt es auch hier darauf an, dass die Bedürftigkeit über den 31.12.2003 hinaus durchgehend besteht. Wird die Bedürftigkeit, und sei es auch nur kurzfristig, unterbrochen, endet die Anwendbarkeit des § 132 Abs. 2 Satz 1 SGB XII, so dass bei erneuter Bedürftigkeit § 24 SGB XII anzuwenden ist (vgl. bereits Rn. 24).

---

[20] *Berlit* in: NK-SGB XII, 9. Aufl. 2012, § 132 Rn. 3; *Streichsbier* in: Grube/Wahrendorf, SGB XII, 4. Aufl. 2012, § 132 Rn. 3.

[21] *Baur* in: Mergler/Zink, SGB XII, § 132 Rn. 8.

[22] *Decker* in: Oestreicher, SGB XII, § 132 Rn. 8; *Hohm* in: Schellhorn/Schellhorn/Hohm, SGB XII, 18. Aufl. 2010, § 132 Rn. 7.

[23] Abgedruckt auch unter Anlage 10 des sog. „Leitfaden für Leistungen an Deutsche im Ausland nach dem Sozialgesetzbuch Zwölftes Buch (SGB XII) – Sozialhilfe -" www.hamburg.de/contentblob/127082/data/leitfaden-leistungen-deutsche-ausland.pdf (abgerufen am 07.03.2014).

c. Satz 2

Von der Regelung in § 132 Abs. 2 Satz 2 SGB XII waren solche Deutsche erfasst, die zum Stichtag 31.12.2003 zwar Leistungen nach § 119 BSHG in der zu diesem Zeitpunkt geltenden Fassung bezogen haben, aber weder die Voraussetzungen nach Absatz 1 Satz 1 (vorangegangener Leistungsbezug über einen Zeitraum von 24 Kalendermonaten und Besitz einer unbefristeten Aufenthaltsgenehmigung) noch die Voraussetzungen nach § 24 Abs. 1 SGB XII erfüllten. Für diesen Personenkreis, für den weder eine feste Verwurzelung im Aufenthaltsstaat noch ein Hinderungsgrund für eine Rückkehr nach Deutschland angenommen werden konnte, so dass ein unbefristeter Vertrauensschutz nicht gerechtfertigt erschien,[24] bestimmte § 132 Abs. 2 Satz 2 SGB XII trotz fortdauernder Bedürftigkeit das Ende des Leistungsbezugs mit Ablauf des 31.03.2004, mithin nach einer Übergangszeit von drei Monaten nach Inkrafttreten von § 24 SGB XII.[25]

Angesichts des bis zum 31.03.2004 befristeten Bestandsschutzes hat § 132 Abs. 2 Satz 2 SGB XII keinen Anwendungsbereich mehr und ist durch Zeitablauf **gegenstandslos** geworden.

3. Leistungen an Opfer nationalsozialistischer Verfolgung (Absatz 3)

a. Persönliche Voraussetzungen

§ 132 Abs. 3 SGB XII räumt dem zuständigen Träger der Sozialhilfe die Befugnis ein, den während der Zeit der nationalsozialistischen Herrschaft politisch Verfolgten (Nr. 1) und den nach dem Ende des Zweiten Weltkrieges bis zum 31.12.1949 Ausgewanderten (Nr. 2), die in einem ausländischen Staat über ein dauerhaftes Aufenthaltsrecht verfügen, in außergewöhnlichen Notlagen (vgl. dazu die Kommentierung zu § 133 SGB XII Rn. 13 ff.) auch dann Sozialhilfe im Ausland zu gewähren, wenn sie bislang keine Sozialhilfe bezogen haben bzw. nicht die Voraussetzungen der Absätze 1 und 2 des § 132 SGB XII oder des § 24 SGB XII erfüllen,[26] so dass für diesen Personenkreis insbesondere keine Rückkehrpflicht nach Deutschland als Voraussetzung für den Sozialhilfebezug besteht.

Indem der Verfolgtenbegriff an den des § 1 Bundesentschädigungsgesetz (BEG) anknüpft, erstreckt sich der persönliche Anwendungsbereich von § 132 Abs. 3 SGB XII auf Personen, die aus Gründen der politischen Gegnerschaft gegen den Nationalsozialismus oder aus Gründen der Rasse, des Glaubens oder der Weltanschauung durch nationalsozialistische Gewaltmaßnahmen der Verfolgung ausgesetzt waren.[27] Diese Erweiterung des für Sozialhilfeleistungen berechtigten Personenkreises bedeutet gleichsam eine Rückkehr zu dem eigentlichen Sinn der früher großzügigen Handhabung von Sozialhilfe für Deutsche im Ausland, nämlich vor dem Nationalsozialismus Geflohene Sozialhilfe zuteilwerden zu lassen, ohne sie zur Rückkehr nach Deutschland zu zwingen.[28]

§ 1 BEG hat folgenden Wortlaut:
„(1) Opfer der nationalsozialistischen Verfolgung ist, wer aus Gründen politischer Gegnerschaft gegen den Nationalsozialismus oder aus Gründen der Rasse, des Glaubens oder der Weltanschauung durch nationalsozialistische Gewaltmaßnahmen verfolgt worden ist und hierdurch Schaden an Leben, Körper, Gesundheit, Freiheit, Eigentum, Vermögen, in seinem beruflichen oder in seinem wirtschaftlichen Fortkommen erlitten hat (Verfolgter).
(2) Dem Verfolgten im Sinne des Absatzes 1 wird gleichgestellt, wer durch nationalsozialistische Gewaltmaßnahmen verfolgt worden ist,
1. weil er auf Grund eigener Gewissensentscheidung sich unter Gefährdung seiner Person aktiv gegen die Mißachtung der Menschenwürde oder gegen die sittlich, auch durch den Krieg nicht gerechtfertigte Vernichtung von Menschenleben eingesetzt hat;
2. weil er eine vom Nationalsozialismus abgelehnte künstlerische oder wissenschaftliche Richtung vertreten hat;
3. weil er einem Verfolgten nahegestanden hat.
(3) Als Verfolgter im Sinne des Absatzes 1 gilt auch
1. der Hinterbliebene eines Verfolgten, der getötet oder in den Tod getrieben worden oder an den Folgen der Schädigung seines Körpers oder seiner Gesundheit verstorben ist;
2. der Geschädigte, der eine ihm zur Last gelegte Handlung in Bekämpfung der nationalsozialistischen

---

[24] *Baur* in: Mergler/Zink, SGB XII, § 132 Rn. 12.
[25] Vgl. auch BT-Drs. 15/1761, S. 7.
[26] BT-Drs. 15/1761, S. 7.
[27] BT-Drs. 15/1761, S. 7.
[28] *Freudenberg* in: Jahn, SGB XII, § 132 Rn. 12.

Gewaltherrschaft oder in Abwehr der Verfolgung begangen hat, aber den Beweggrund dieser Handlung verbergen konnte;

3. der Geschädigte, der von nationalsozialistischen Gewaltmaßnahmen betroffen worden ist, weil er irrtümlich einer Personengruppe zugerechnet wurde, die aus den in Absatz 1 und 2 genannten Gründen verfolgt worden ist;

4. der Geschädigte, der als naher Angehöriger des Verfolgten von nationalsozialistischen Gewaltmaßnahmen mitbetroffen ist; als nahe Angehörige gelten der Ehegatte des Verfolgten und die Kinder, solange für sie nach dem bis zum 31. Dezember 1974 geltenden Beamtenrecht Kinderzuschläge gewährt werden können."

37 Die Nummern 1 und 2 stellen den Zusammenhang zwischen der Verfolgung und der Flucht bzw. Auswanderung her, wobei die darin genannten Gebietsabgrenzungen und die zeitlichen Rahmenfristen den Regelungen des § 18 Abs. 1 und 2 des Gesetzes zur Regelung der Wiedergutmachung nationalsozialistischen Unrechts in der Sozialversicherung (WGSVG) vom 22.12.1970[29] entsprechen.[30]

b. Nachranggrundsatz

38 § 24 Abs. 2 SGB XII enthält mit Blick auf die Gewährung von Sozialhilfe für Deutsche im Ausland einen speziellen Nachranggrundsatz. Danach werden Leistungen nicht erbracht, soweit sie von dem hierzu verpflichteten Aufenthaltsland oder von anderen erbracht werden oder zu erwarten sind. Diese Regelung **gilt gemäß § 132 Abs. 3 HS. 2 SGB XII** auch für den dieser Vorschrift unterfallenden Personenkreis. Eine außergewöhnliche Notlage kann mithin nur dann angenommen werden, wenn dieser Notlage nicht durch anderweitige Ansprüche bzw. durch den Bezug sonstiger im Aufenthaltsstaat zugänglicher Leistungen abgeholfen werden kann.[31]

c. Entsprechende Anwendbarkeit von § 24 Abs. 3-6 SGB XII

39 Aus dem Umstand, dass § 132 Abs. 3 SGB XII in seinem 2. Halbsatz ausschließlich auf die Regelung in § 24 Abs. 2 SGB XII verweist, wird die Schlussfolgerung gezogen, dass die Absätze 3-6 nicht gelten.[32]

40 Dagegen spricht jedoch, dass aufgrund der Sonderregelung in § 132 Abs. 3 SGB XII lediglich die engen Tatbestandsvoraussetzungen des § 24 Abs. 1 SGB XII keine Anwendung finden sollen, während die Vorschrift ansonsten keine eigenständigen Regelungen zu Art und Ausmaß der Hilfen bzw. zu deren verfahrensmäßiger Durchführung enthält. Im Gegensatz zu der in § 133 Abs. 2 SGB XII enthaltenen Ermächtigung an die Bundesregierung, durch Rechtsverordnung die persönlichen Bezugsvoraussetzungen, die Bemessung der Leistungen sowie die Trägerschaft und das Verfahren zu bestimmen, enthält § 132 SGB XII auch keine entsprechende Verordnungsermächtigung. Vor diesem Hintergrund ist davon auszugehen, dass die Absätze 3-6 des § 24 SGB XII entsprechend gelten.[33]

---

[29] BGBl I 1970, 1846.
[30] BT-Drs. 15/1761, S. 8.
[31] BT-Drs. 15/1761, S. 7.
[32] *Schlette* in: Hauck/Noftz, SGB XII, K § 132 Rn. 6.
[33] *Berlit* in: NK-SGB XII, 12. Aufl. 2012, § 132 Rn. 5; *Rabe* in: Fichtner/Wenzel, SGB XII, 4. Aufl. 2009, § 132 Rn. 4; *Baur* in: Mergler/Zink, SGB XII, § 132 Rn. 18.

§ 133 SGB XII Übergangsregelung für besondere Hilfen an Deutsche nach Artikel 116 Abs. 1 des Grundgesetzes

(Fassung vom 27.12.2003, gültig ab 01.01.2004)

(1) ¹Deutsche, die außerhalb des Geltungsbereiches dieses Gesetzes, aber innerhalb des in Artikel 116 Abs. 1 des Grundgesetzes genannten Gebiets geboren sind und dort ihren gewöhnlichen Aufenthalt haben, können in außergewöhnlichen Notlagen besondere Hilfen erhalten, auch wenn sie nicht die Voraussetzungen des § 24 Abs. 1 erfüllen. ²§ 24 Abs. 2 gilt. ³Die Höhe dieser Leistungen bemisst sich nach den im Aufenthaltsstaat in vergleichbaren Lebensumständen üblichen Leistungen. ⁴Die besonderen Hilfen werden unter Übernahme der Kosten durch den Bund durch Träger der freien Wohlfahrtspflege mit Sitz im Inland geleistet.

(2) Die Bundesregierung wird ermächtigt, durch Rechtsverordnung mit Zustimmung des Bundesrates die persönlichen Bezugsvoraussetzungen, die Bemessung der Leistungen sowie die Trägerschaft und das Verfahren zu bestimmen.

Gliederung

A. Basisinformationen 1	2. Außergewöhnliche Notlage 13
I. Textgeschichte/Gesetzgebungsmaterialien 1	3. Keine Rückkehrpflicht ins Bundesgebiet 17
II. Vorgängervorschriften 3	4. Nachranggrundsatz 18
III. Systematische Zusammenhänge 6	5. Verordnungsermächtigung 19
B. Auslegung der Norm 7	IV. Rechtsfolgen 20
I. Regelungsgehalt und Bedeutung der Norm 7	1. Ermessensvorschrift 20
II. Normzweck 8	2. Höhe der Leistungen 22
III. Tatbestandsmerkmale 9	3. Verfahren 24
1. Persönliche Voraussetzungen 9	C. Praxishinweise 27

A. Basisinformationen

I. Textgeschichte/Gesetzgebungsmaterialien

Die Vorschrift ist – wie das gesamte SGB XII – durch Art. 1 des **Gesetzes zur Einordnung des Sozialhilferechts in das Sozialgesetzbuch** vom 27.12.2003[1] eingeführt worden. Abweichend von dem weit überwiegenden Teil der Bestimmungen des SGB XII, die zum 01.01.2005 in Kraft getreten sind, ist § 133 **Abs. 1** SGB XII nach Art. 70 Abs. 2 Satz 2 des Gesetzes bereits am 01.01.2004 und § 133 **Abs. 2** SGB XII bereits am 31.12.2003 (Art. 70 Abs. 2 Satz 1 des genannten Gesetzes) in Kraft getreten.[2] Die Vorschrift ist seit ihrer Einführung unverändert geblieben.

Die heutige Regelung des § 133 SGB XII war im Gesetzentwurf[3] der Fraktionen SPD und BÜNDNIS 90/DIE GRÜNEN noch nicht enthalten. Sie ist erst im Laufe des Gesetzgebungsverfahrens (als „§ 126b") auf Empfehlung des federführenden Ausschusses für Gesundheit und Soziale Sicherung[4] in das SGB XII eingefügt worden. Die Begründung zu dieser Übergangsregelung findet sich dementsprechend im Ausschussbericht.[5]

II. Vorgängervorschriften

Die Vorschrift dient – in modifizierter Form – der Fortführung der bisherigen Regelung in **§ 119 Abs. 7 BSHG**.

---

[1] BGBl I 2003, 3022.
[2] Zutreffend insoweit *Freudenberg* in: Jahn, SGB XII, § 133 Rn. 1; a.A. *Decker* in: Oestreicher, SGB II/SGB XII, § 133 Rn. 2, sowie *Schlette* in: Hauck/Noftz, SGB XII, K § 133 Rn. 4: § 133 Abs. 2 SGB IX sei erst am 01.01.2005 in Kraft getreten.
[3] BT-Drs. 15/1514.
[4] BT-Drs. 15/1734.
[5] BT-Drs. 15/1761, S. 7/8 zu § 126a.

§ 133

4 § 119 Abs. 7 BSHG hatte in seiner bis zum 31.12.2003 geltenden Fassung – § 119 BSHG ist durch Art. 68 Abs. 2 des **Gesetzes zur Einordnung des Sozialhilferechts in das Sozialgesetzbuch** vom 27.12.2003[6] aufgehoben worden – folgenden Wortlaut:
„Auf Deutsche, die außerhalb des Geltungsbereichs dieses Gesetzes, aber innerhalb des in Artikel 116 Abs. 1 des Grundgesetzes genannten Gebiets geboren sind und dort ihren gewöhnlichen Aufenthalt haben, findet Absatz 3 Satz 2 keine Anwendung. Die Bundesregierung wird ermächtigt, durch Rechtsverordnung mit Zustimmung des Bundesrates zu bestimmen, daß für diesen Personenkreis unter Übernahme der Kosten durch den Bund Sozialhilfe nach den Absätzen 1 bis 6 über Träger der Freien Wohlfahrtspflege mit Sitz im Geltungsbereich dieses Gesetzes geleistet wird."

5 Seine zuletzt maßgebliche Fassung hatte § 119 Abs. 7 BSHG durch Art. 7 Nr. 35 des Gesetzes zur Umsetzung des Föderalen Konsolidierungsprogramms vom 23.06.1993[7] erhalten. In der Gesetzesbegründung war hierzu ausgeführt worden, mit Absatz 7 solle die Praxis der Betreuungsfälle für deutsche Staatsangehörige in Polen auf eine rechtliche Grundlage gestellt werden und der vom Bund institutionell im Wege der Vollfinanzierung geförderte Suchdienst Hamburg des Deutschen Roten Kreuzes als „beliehener Unternehmer" zentral die Entscheidung über die Sozialhilfegewährung treffen.[8]

III. Systematische Zusammenhänge

6 § 119 Abs. 7 BSHG sollte ursprünglich gemeinsam mit den weiteren Regelungen in § 119 BSHG sowie dem Regelungsgehalt von § 147b BSHG in **§ 24 SGB XII** (diese Vorschrift normiert die Gewährung von Sozialhilfe für Deutsche im Ausland) übernommen werden.[9] Während des Gesetzgebungsverfahrens ist § 24 SGB XII auf Empfehlung des federführenden Ausschusses für Gesundheit und Soziale Sicherung[10] jedoch umfassend geändert und der Regelungsgehalt des ehemaligen § 119 Abs. 7 BSHG – statt in § 24 Abs. 8 SGB XII – in der eigenständigen Vorschrift des § 133 SGB XII normiert worden. Dessen Einfügung in das Übergangsrecht ist damit begründet worden, dass es sich längerfristig um eine auslaufende Regelung handeln werde.[11]

B. Auslegung der Norm

I. Regelungsgehalt und Bedeutung der Norm

7 Mit § 133 SGB XII wird die bisher in § 119 Abs. 7 BSHG geregelte Gewährung von Sozialhilfe an Deutsche im Ausland, die in dem in Art. 116 Abs. 1 GG genannten Gebiet geboren sind und dort leben, als eine spezielle Form der Hilfegewährung fortgeführt. Dadurch, dass die Voraussetzungen des § 24 Abs. 1 SGB XII nicht vorliegen müssen, wird verdeutlicht, dass die Hilfegewährung nicht von der Rückkehr ins Inland abhängig ist und insbesondere nicht die Voraussetzungen der dortigen Nrn. 1-3 erfüllt sein müssen.

II. Normzweck

8 Die in § 133 SGB XII geregelte besondere Form der Hilfegewährung soll vor allem älteren bzw. behinderten Deutschen zugutekommen, die in Polen und der Tschechischen Republik leben und für die das Rückkehrerfordernis eine Umsiedlung nach Deutschland bedeuten würde. Mit der Regelung soll überdies das bestehende, besondere Verfahren der Hilfegewährung (Zuständigkeit des Suchdienstes Hamburg des Deutschen Roten Kreuzes) fortgeführt werden.[12]

---

[6] BGBl I 2003, 3022.
[7] BGBl I 1993, 944.
[8] BT-Drs. 12/4401, S. 85.
[9] Vgl. den Gesetzentwurf zu § 24 SGB XII und die Begründung hierzu in BT-Drs. 15/1514, S. 58.
[10] BT-Drs. 15/1734, S. 21/22.
[11] BT-Drs. 15/1761, S. 8.
[12] BT-Drs. 15/1761, S. 8.

III. Tatbestandsmerkmale

1. Persönliche Voraussetzungen

Die Möglichkeit der besonderen Hilfegewährung kommt nach Absatz 1 der Vorschrift bei denjenigen außerhalb des Geltungsbereichs des SGB XII – also der Bundesrepublik Deutschland – lebenden Deutschen in Betracht, die innerhalb des in Art. 116 Abs. 1 GG genannten Gebietes geboren sind und dort ihren gewöhnlichen Aufenthalt haben.

Deutscher im Sinne des Art. 116 Abs. 1 GG ist vorbehaltlich anderweitiger gesetzlicher Regelung, wer die deutsche Staatsangehörigkeit besitzt oder als Flüchtling oder Vertriebener deutscher Volkszugehörigkeit oder als dessen Ehegatte oder Abkömmling in dem Gebiete des Deutschen Reiches nach dem Stande vom 31.12.1937 Aufnahme gefunden hat.

§ 133 SGB XII begünstigt alle diejenigen Deutschen, die im **Gebiet des Deutschen Reiches in den Grenzen vom 31.12.1937** – abzüglich des Gebietes der Bundesrepublik Deutschland in den Grenzen vom 03.10.1990 – **geboren** sind, mithin in den sog. Ostgebieten. Es handelt sich dabei um Hinterpommern, einen Teil von Posen-Westpreußen (einschließlich der Grenzmark), die östlich der Oder in Polen gelegenen Gebiete Brandenburgs (Neumark), Schlesien (ohne einen kleinen, heute zum Bundesland Sachsen gehörenden Teil Niederschlesiens um Görlitz) sowie Ostpreußen einschließlich des Teils, der zu Russland gehört.[13]

In den genannten Gebieten muss der Betroffene des Weiteren seinen **gewöhnlichen Aufenthalt** haben. Das BVerwG hat insoweit zu § 119 Abs. 1 BSHG – diese Rechtsprechung lässt sich auf § 24 SGB XII sowie § 133 SGB XII übertragen – ausgeführt[14], aus Sinn und Zweck dieser Vorschrift folge, dass unter einem „gewöhnlichen Aufenthalt" im Sinne dieser Vorschrift ein Aufenthalt an einem Ort im Ausland zu verstehen sei, an dem eine Person **nicht nur vorübergehend den Mittelpunkt ihrer Lebensbeziehungen** habe, was eine gewisse Verfestigung der Lebensverhältnisse an dem betreffenden Ort insbesondere in familiärer, sozialer und beruflicher Hinsicht voraussetze. Hierzu könne es in aller Regel nur kommen, wenn der Aufenthalt auf Dauer angelegt sei und eine entsprechende Dauer auch erlangt habe. Der Auslegung, dass das **Vorhandensein eines festen Lebensmittelpunktes** im Ausland wesentliche Voraussetzung des „gewöhnlichen Aufenthalts im Ausland" sei, stehe die Legaldefinition in § 30 Abs. 3 Satz 2 SGB I nicht entgegen (vgl. dazu auch die Kommentierung zu § 132 SGB XII Rn. 17).

2. Außergewöhnliche Notlage

Darüber hinaus knüpft die Möglichkeit der speziellen Hilfegewährung nach § 133 Abs. 1 SGB XII – ebenso wie § 24 SGB XII – an das Vorliegen einer **außergewöhnlichen Notlage** an.

Mit Blick auf das Erfordernis der „außergewöhnlichen Notlage" ist davon auszugehen, dass dieses über das der „besonderen Notlage" nach dem BSHG hinausgeht, denn für die Auslegung dieses unbestimmten Rechtsbegriffs ist zu berücksichtigen, dass der Gesetzgeber bewusst die **Leistungsvoraussetzungen eingeengt** hat, indem er von dem bisher in § 119 BSHG a.F. verwendeten Begriff des besonderen Notfalls abgewichen ist.[15] In der Gesetzesbegründung zur Neufassung des § 24 SGB XII ist insoweit darauf hingewiesen worden, dass der Begriff der „besonderen Notfälle" von der Rechtsprechung teilweise sehr weit ausgelegt worden sei.[16]

Zwar ist auch schon unter der Geltung des § 119 BSHG das Erfordernis des „besonderen Notfalls" von der Rechtsprechung dahingehend ausgelegt worden, dass es sich nicht nur um eine allgemeine Notlage handeln durfte, sondern um besondere Umstände, die sich ihrer Art nach von der Situation, die üblicher Weise im Ausland einen Bedarf hervorruft, deutlich abheben musste.[17] Deshalb war die besondere Notlage auf diejenigen Fälle zu beschränken, in denen ohne die Hilfeleistung an den im Ausland lebenden und in Not geratenen Deutschen eine **nicht unerhebliche Beeinträchtigung existentieller Rechtsgüter droht**. Das war dann zu bejahen, „wenn durch die Not sein Leben in Gefahr ist oder bedeutender

---

[13] Vgl. *Freudenberg* in: Jahn, SGB XII, § 133 Rn. 5.
[14] BVerwG v. 31.08.1995 - 5 C 11/94 - BVerwGE 99, 158.
[15] LSG Berlin-Brandenburg v. 10.09.2008 - L 15 B 172/08 SO ER; LSG Nordrhein-Westfalen v. 02.03.2007 - L 20 B 119/06 SO ER.
[16] BT-Drs. 15/1761, S. 6.
[17] BVerwG v. 05.06.1997 - 5 C 4/96 - BVerwGE 105, 44; BVerwG v. 05.06.1997 - 5 C 17/96 - FEVS 48, 98; BVerwG v. 05.06.1997 - 5 C 3/97 - Buchholz 436.0 § 119 BSHG Nr. 5.

Schaden für die Gesundheit oder ein anderes vergleichbar existentielles Rechtsgut zu gewärtigen ist, dem nicht anders als durch Hilfegewährung im Ausland begegnet werden kann, weil dem Bedürftigen eine Rückkehr nach Deutschland nicht zumutbar ist".[18]

16 Soweit das BVerwG unter Berücksichtigung der vorstehenden Grundsätze indes die Auffassung vertreten hat, dass etwa auch das „Recht auf angemessene Schulbildung" eine Beeinträchtigung existentieller Rechtsgüter im vorstehenden Sinne sei,[19] dürfte dem angesichts des ausdrücklichen gesetzgeberischen Willens, den Begriff der „außergewöhnlichen Notlage" enger zu fassen, für den Anwendungsbereich von § 24 SGB XII bzw. § 133 SGB XII nicht zu folgen sein.[20] Unter den Begriff „existenzielle Rechtsgüter", deren Beeinträchtigung drohen muss, um eine außergewöhnliche Notlage zu begründen, fallen danach vor allem Leben und körperliche Unversehrtheit einschließlich der elementaren Grundvoraussetzungen einer menschenwürdigen Existenz.[21]

3. Keine Rückkehrpflicht ins Bundesgebiet

17 Die Erbringung der „besonderen Hilfen" ist, da die Voraussetzungen des § 24 Abs. 1 SGB XII nicht erfüllt sein müssen, weder von einer Rückkehr der betreffenden Personen in das Bundesgebiet noch vom Vorliegen der in § 24 Abs. 1 Satz 2 Nrn. 1 bis 3 normierten Voraussetzungen abhängig.

4. Nachranggrundsatz

18 Neben dem allgemein in § 2 SGB XII normierten Grundsatz, dass die Sozialhilfe nachrangig gegenüber der Selbsthilfe und den Hilfen anderer ist, enthält **§ 24 Abs. 2 SGB XII** mit Blick auf die Gewährung von Sozialhilfe für Deutsche im Ausland einen speziellen Nachranggrundsatz. Danach werden Leistungen nicht erbracht, soweit sie von dem hierzu verpflichteten Aufenthaltsland oder von anderen erbracht werden oder zu erwarten sind. Diese Regelung **gilt gemäß § 133 Abs. 1 Satz 2 SGB XII auch für nach § 133 Abs. 1 SGB XII in Betracht kommende besondere Hilfen.**

5. Verordnungsermächtigung

19 Von der in **§ 133 Abs. 2 SGB XII** enthaltenen Ermächtigung an die Bundesregierung, durch Rechtsverordnung mit Zustimmung des Bundesrates die persönlichen Bezugsvoraussetzungen, die Bemessung der Leistungen sowie das Verfahren und die Trägerschaft zu bestimmen, hat diese keinen Gebrauch gemacht. Da die Bundesregierung bereits von der in § 119 Abs. 7 Satz 2 BSHG enthaltenen Verordnungsermächtigung keinen Gebrauch gemacht hatte und es sich bei der Übergangsregelung des § 133 SGB XII um auslaufendes Recht handelt, ist nicht zu erwarten, dass eine Verordnung noch erlassen werden wird.

IV. Rechtsfolgen

1. Ermessensvorschrift

20 Liegen die genannten Voraussetzungen vor, so **können** die betroffenen Deutschen besondere Hilfen erlangen. Es handelt sich somit ausweislich des Wortlauts um eine Ermessensvorschrift. Liegen allerdings die tatbestandlichen Voraussetzungen vor, so wird in der Regel wenig Raum für eine Ablehnung der begehrten Hilfen dem Grunde nach sein.[22]

21 Im Rahmen des Auswahlermessens besteht dagegen Raum für eine auf den Einzelfall zugeschnittene Differenzierung bezüglich Art und Maß der jeweiligen Hilfe.[23]

2. Höhe der Leistungen

22 Für die Höhe der besonderen Hilfen legt **§ 133 Abs. 1 Satz 3 SGB XII** als Maßstab die nach den im Aufenthaltsstaat vergleichbaren Lebensumständen üblichen Leistungen fest.

---

[18] BVerwG v. 05.06.1997 - 5 C 4/96 - BVerwGE 105, 44.
[19] BVerwG v. 05.06.1997 - 5 C 4/96 - BVerwGE 105, 44.
[20] Insoweit Zweifel auch bei *Bieback* in: Grube/Wahrendorf, SGB XII, 4. Aufl. 2012, § 24 Rn. 19.
[21] LSG Berlin-Brandenburg v. 10.09.2008 - L 15 B 172/08 SO ER; LSG Nordrhein-Westfalen v. 02.03.2007 - L 20 B 119/06 SO ER.
[22] *Decker* in: Oestreicher, SGB II/SGB XII, § 133 Rn. 9; *Schlette* in: Hauck/Noftz, SGB XII, K § 133 Rn. 3; *Hohm* in: Schellhorn/Schellhorn/Hohm, SGB XII, 18. Aufl. 2010, § 133 Rn. 5; *Streichsbier* in: Grube/Wahrendorf, SGB XII, 4. Aufl. 2012, § 133 Rn. 2.
[23] *Hohm* in: Schellhorn/Schellhorn/Hohm, SGB XII, 18. Aufl. 2010, § 133 Rn. 5; *Decker* in: Oestreicher, SGB II/SGB XII, § 133 Rn. 9.

Mit dieser Ermessensdirektive will der Gesetzgeber auch im Rahmen des § 133 Abs. 1 SGB XII eine Ausrichtung der Hilfeerbringung an deutschen Maßstäben verhindern.[24] Richtschnur soll vielmehr das Lebensniveau im jeweiligen Aufenthaltsstaat sein. Mit der Regelung dürfte allerdings auch nicht gemeint sein, dass der begünstigte Personenkreis nur in dem Umfang Leistungen erhält, wie der Aufenthaltsstaat sie gewährt, denn dann wäre sie wegen des Verweises auf § 24 Abs. 2 SGB XII praktisch gegenstandslos.[25] Da auch nicht ersichtlich ist, dass § 133 Abs. 1 Satz 3 SGB XII gegenüber dem bisherigen Rechtszustand eine wesentliche Verschlechterung bedeuten sollte, ist die Vorschrift so zu lesen wie § 24 Abs. 3 SGB XII.[26] Danach richten sich Art und Maß der Leistungen sowie der Einsatz des Einkommens und Vermögens **nach den besonderen Verhältnissen im Aufenthaltsland**.

3. Verfahren

Nach **§ 133 Abs. 1 Satz 4 SGB XII** werden die besonderen Hilfen unter Übernahme der Kosten durch den Bund durch Träger der freien Wohlfahrtspflege mit Sitz im Inland geleistet. Diese Regelung hat einen zweifachen Regelungsinhalt:

Zum einen normiert sie eine **Kostenübernahmeverpflichtung des Bundes** hinsichtlich der erbrachten besonderen Hilfen.

Zum anderen bestimmt die Vorschrift die Fortführung des bereits unter Geltung des BSHG praktizierten Verfahrens, wonach die **Hilfegewährung über das Deutsche Rote Kreuz, Suchdienst Hamburg** erfolgt, mithin nicht über die überörtlichen Träger der Sozialhilfe. Der Suchdienst Hamburg des Deutschen Roten Kreuzes trifft insoweit als beliehener Unternehmer zentral die Entscheidung über die Sozialhilfegewährung.[27] § 133 Abs. 1 Satz 4 SGB XII ermöglicht es allerdings auch anderen Trägern, sich an der Hilfeleistung zu beteiligen,[28] denn die Vorschrift spricht ganz allgemein von Trägern der freien Wohlfahrtspflege.

C. Praxishinweise

Die Bundesarbeitsgemeinschaft der überörtlichen Träger der Sozialhilfe hat einen sog. „Leitfaden für Leistungen an Deutsche im Ausland nach dem Sozialgesetzbuch Zwölftes Buch (SGB XII) – Sozialhilfe –" erlassen. Dieser findet sich im Internet unter www.hamburg.de/contentblob/127082/data/leitfaden-leistungen-deutsche-ausland.pdf (abgerufen am 06.03.2014).

---

[24] *Hohm* in: Schellhorn/Schellhorn/Hohm, SGB XII, 18. Aufl. 2010, § 133 Rn. 7.
[25] *Freudenberg* in: Jahn, SGB XII, § 133 Rn. 7.
[26] *Freudenberg* in: Jahn, SGB XII, § 133 Rn. 7.
[27] Vgl. bereits BT-Drs. 12/4401, S. 85.
[28] *Freudenberg* in: Jahn, SGB XII, § 133 Rn. 8.

§ 133a SGB XII Übergangsregelung für Hilfeempfänger in Einrichtungen

(Fassung vom 09.12.2004, gültig ab 01.01.2005)

Für Personen, die am 31. Dezember 2004 einen Anspruch auf einen zusätzlichen Barbetrag nach § 21 Abs. 3 Satz 4 des Bundessozialhilfegesetzes haben, wird diese Leistung in der für den vollen Kalendermonat Dezember 2004 festgestellten Höhe weiter erbracht.

Gliederung

A. Basisinformationen 1	a. Tatsächliche Leistungsgewährung 10
I. Textgeschichte/Gesetzgebungsmaterialien 1	b. Stichtagsregelung verfassungskonform 12
II. Vorgängervorschriften 3	2. Fortbestand des Anspruchs auf einen Barbetrag 16
III. Systematische Zusammenhänge 7	
B. Auslegung der Norm 8	III. Rechtsfolgen 17
I. Regelungsgehalt und Bedeutung der Norm 8	1. Höhe des Zusatzbarbetrags 17
II. Tatbestandsmerkmale 9	2. Dauer der Leistungserbringung 18
1. Anspruch auf den zusätzlichen Barbetrag am Stichtag 9	

A. Basisinformationen

I. Textgeschichte/Gesetzgebungsmaterialien

1 Die Vorschrift ist durch Art. 2 Nr. 5 des **Gesetzes zur Änderung des Gesetzes zur Einordnung des Sozialhilferechts in das Sozialgesetzbuch** vom 09.12.2004[1] eingeführt worden und aufgrund von dessen Art. 3 Abs. 1 mit Wirkung ab dem 01.01.2005 – und damit zeitgleich wie das gesamte SGB XII – in Kraft getreten. Sie ist seit ihrer Einführung unverändert geblieben.

2 Die Regelung war im Gesetzentwurf[2] der Fraktionen SPD und BÜNDNIS 90/DIE GRÜNEN noch nicht vorgesehen und ist erst im Laufe des Gesetzgebungsverfahrens aufgrund der Beschlussempfehlung des Ausschusses für Arbeit und Soziales[3] in das Gesetz aufgenommen worden.

II. Vorgängervorschriften

3 § 133a SGB XII knüpft an die Regelung über den zusätzlichen Barbetrag nach **§ 21 Abs. 3 Satz 4 BSHG** an, der gewährt wurde, wenn ein Teil der Kosten des Aufenthalts in der Einrichtung von dem Leistungsberechtigten selbst bezahlt worden ist. Danach hatten Bewohner einer Anstalt, eines Heims oder einer gleichartigen Einrichtung neben einem dort nicht näher bezifferten, angemessenen Barbetrag Anspruch auf einen zusätzlichen Barbetrag für den Fall, dass sie einen Teil der Kosten des Aufenthalts in der Einrichtung selber tragen.

4 Eine dem § 21 Abs. 3 Satz 4 BSHG entsprechende Vorschrift ist in der Nachfolgeregelung von § 21 Abs. 3 BSHG – § 35 Abs. 2 SGB XII in der bis zum 31.12.2010 geltenden Fassung – nicht mehr aufgenommen worden. Der Wegfall des nicht bedarfsbezogenen Zusatzbetrages zum Barbetrag ist damit begründet worden, dass hierdurch eine Ungleichbehandlung von Leistungsberechtigten in und außerhalb von Einrichtungen beendet werde.[4] Nachfolgeregelung von § 35 Abs. 2 SGB XII in der bis zum 31.12.2010 geltenden Fassung ist aufgrund der Neustrukturierung des Dritten Kapitels des SGB XII durch das **Gesetz zur Ermittlung von Regelbedarfen und zur Änderung des Zweiten und Zwölften Buches Sozialgesetzbuch** vom 24.03.2011[5] nunmehr **§ 27b Abs. 2 SGB XII** (vgl. die Kommentierung zu § 27b SGB XII).

5 § 21 Abs. 3 Satz 4 BSHG hatte in seiner bis zum 31.12.2004 geltenden Fassung folgenden Wortlaut: „Trägt ein Hilfeempfänger einen Teil der Kosten des Aufenthalts in der Einrichtung selbst, erhält er

---

[1] BGBl I 2004, 3305.
[2] BT-Drs. 15/3673.
[3] BT-Drs. 15/3977.
[4] BT-Drs. 15/1514, S. 61 zu § 36.
[5] BGBl I 2011, 453

einen zusätzlichen Barbetrag in Höhe von 5 vom Hundert seines Einkommens, höchstens jedoch in Höhe von 15 vom Hundert des Regelsatzes eines Haushaltsvorstandes."

Sinn dieser Vorschrift war es, den Leistungsempfängern entsprechend ihren unterschiedlich hohen Einkommen, die sie in vielen Fällen bei einer stationären Versorgung in voller Höhe einsetzen mussten, in bescheidenem Maße einen entsprechend unterschiedlich bemessenen Barbetrag zur persönlichen Verfügung zu belassen.[6] Der zusätzliche Barbetrag war dabei Bestandteil des angemessenen Barbetrags zur persönlichen Verfügung, so dass dieser gesamte Barbetrag der Erfüllung persönlicher Bedürfnisse des Hilfeempfängers diente.

III. Systematische Zusammenhänge

Nach § 27b Abs. 1 Satz 1 SGB XII umfasst der notwendige Lebensunterhalt in Einrichtungen den darin erbrachten sowie in stationären Einrichtungen zusätzlich den weiteren notwendigen Lebensunterhalt. Nach **§ 27b Abs. 2 Satz 1 SGB XII** umfasst der weitere notwendige Lebensunterhalt als laufende Leistung einen **angemessenen Barbetrag zur persönlichen Verfügung**. Leistungsberechtigte, die das 18. Lebensjahr vollendet haben, erhielten bis Dezember 2006 einen Betrag in Höhe von mindestens 26 v.H. des Eckregelsatzes, ab Januar 2007 von mindestens 27 v.H. des Eckregelsatzes (§ 35 Abs. 2 Satz 2 SGB XII in der bis zum 31.12.2010 geltenden Fassung) sowie nunmehr in Höhe von mindestens 27 v.H. der Regelbedarfsstufe 1 nach der Anlage zu § 28 (§ 27b Abs. 2 Satz 2 SGB XII). Dieser Betrag wird nach § 133a SGB XII für diejenigen Personen, die bereits am 31.12.2004 einen Anspruch auf einen zusätzlichen Barbetrag nach § 21 Abs. 3 Satz 4 BSHG besaßen, um den für den vollen Kalendermonat Dezember 2004 festgestellten Betrag aufgestockt.

B. Auslegung der Norm

I. Regelungsgehalt und Bedeutung der Norm

§ 133a SGB XII stellt im Sinne einer Besitzstandsregelung sicher, dass diejenigen Personen, die am 31.12.2004 einen Anspruch auf einen zusätzlichen Barbetrag im Sinne von § 21 Abs. 3 Satz 4 BSHG hatten, diesen zusätzlichen Betrag weiterhin erhalten.[7]

II. Tatbestandsmerkmale

1. Anspruch auf den zusätzlichen Barbetrag am Stichtag

Aufgrund des ausdrücklichen Wortlauts von § 133a SGB XII kommt es bei der Frage, ob ein Anspruch auf einen zusätzlichen Barbetrag im Sinne von § 21 Abs. 3 Satz 4 BSHG besteht, allein darauf an, ob ein **Anspruch** hierauf **am 31.12.2004** bestand.

a. Tatsächliche Leistungsgewährung

Umstritten ist, ob der Anspruch auf den Zusatzbarbetrag vom Sozialhilfeträger bis zum 31.12.2004 bewilligt gewesen sein musste. Hierzu wird einerseits die Auffassung vertreten, die in § 133a SGB XII getroffene Regelung stelle ersichtlich nicht auf diejenigen ab, denen im Dezember 2004 bereits der Zusatzbarbetrag bewilligt gewesen sei, sondern auf diejenigen, die einen Anspruch hierauf gehabt hätten.[8] Dies könnten auch Personen sein, bei denen sich die Bewilligung aus von ihnen nicht zu vertretenden Gründen verzögert habe.[9] Dies habe zur Folge, dass die Besitzstandsregelung auch dann greifen könne, wenn über die Frage eines Anspruchs auf einen zusätzlichen Barbetrag ein Rechtsstreit anhängig sei, der erst nach dem 31.12.2004 positiv für den Hilfeempfänger abgeschlossen werde.[10]

Andererseits ist darauf hinzuweisen, dass der Wortlaut der Vorschrift nicht eindeutig ist. Der Begriff „Anspruch"[11] könnte zwar dafür sprechen, dass es allein auf das Bestehen eines solchen ankommt, ohne dass hierüber zum 31.12.2004 bereits positiv entschieden sein musste, gleichzeitig wird indes von der weiteren Erbringung der Leistung in der für den vollen Kalendermonat Dezember 2004 „festge-

---

[6] *Falterbaum* in: Hauck/Noftz, SGB XII, § 133a Rn. 1.
[7] BT-Drs. 15/3977, S. 8/9.
[8] SG Duisburg v. 29.08.2006 - S 27 SO 219/05; *Decker* in: Oestreicher, SGB II/SGB XII, § 133a Rn. 5.
[9] SG Duisburg v. 29.08.2006 - S 27 SO 219/05.
[10] *Decker* in: Oestreicher, SGB II/SGB XII, § 133a Rn. 5
[11] Vgl. hierzu ausführlich LSG Niedersachsen-Bremen v. 20.06.2013 - L 8 SO 222/10 (Revision anhängig beim BSG - B 8 SO 18/13 R).

stellten" Höhe gesprochen. Vor allem aber spricht gegen die vorgenannte Auffassung, dass mit dem erst nachträglich ins Gesetz aufgenommenen § 133a SGB XII eine Besitzstandsregelung für diejenigen aufgenommen werden sollte, die sich auf die bestehende Regelung **tatsächlich eingestellt** haben.[12] Insoweit hat der Gesetzgeber eine Stichtagsregelung lediglich zu Gunsten des Personenkreises getroffen, der bereits in den Genuss dieser Leistung gekommen ist.[13] Dementsprechend können die Voraussetzungen für die Bewilligung eines Zusatzbarbetrages gemäß § 133a SGB XII i.V.m. § 21 Abs. 3 Satz 4 BSHG nicht etwa durch die rückwirkende Bewilligung einer Erwerbsminderungsrente nachträglich erfüllt werden.[14] Auch eine erst nach dem 31.12.2004 erfolgte Festsetzung des Zusatzbarbetrages, etwa im Rahmen eines anhängigen Rechtsbehelfsverfahrens, löst die Anwendbarkeit der Übergangsregelung nicht aus.[15]

b. Stichtagsregelung verfassungskonform

12 § 133a SGB XII kann aufgrund seiner Stichtagsregelung zu einer unterschiedlichen Behandlung der Bewohner von stationären Einrichtungen führen, denn Personen, die erst nach dem 31.12.2004 stationäre Leistungen erhalten, sind von dem zusätzlichen Barbetrag ausgeschlossen. Insofern ist kritisiert worden, der Gesetzgeber habe zusätzlich zu der Ungleichbehandlung zu Leistungsberechtigten außerhalb von Einrichtungen noch die Ungleichbehandlung innerhalb der Einrichtung gefügt.[16] Auch die Fraktion der CDU/CSU, die sich für einen generellen Erhalt des Zusatzbarbetrages für Heimbewohner ausgesprochen hatte, hat die Besitzstandsregelung im Gesetzgebungsverfahren als nicht zu rechtfertigende Ungleichbehandlung der Heimbewohner, die insbesondere in Behindertenwohnheimen über Jahrzehnte anhalten würde, kritisiert.[17]

13 Das BSG hat indes entschieden, dass **Personen, die sich vor dem 01.01.2005 nicht in einer stationären Einrichtung befanden**, durch die Regelung des § 133a SGB XII **nicht in ihren Grundrechten verletzt** werden.[18]

14 Diese könnten sich insoweit nicht auf Vertrauensschutz (Art. 20 Abs. 3 GG) berufen. Eine unechte Rückwirkung liege bereits deshalb nicht vor, weil die Betroffenen vor dem 01.01.2005 keine Rechtsposition besessen hätten, in die der Gesetzgeber mit der Abschaffung des zusätzlichen Barbetrags eingegriffen habe. Die bloße Hoffnung auf das Fortbestehen bestimmter Sozialleistungen ohne vorausgehende Rechtsposition sei verfassungsrechtlich nicht geschützt.

15 Ein Verstoß gegen den Gleichheitssatz liege nicht vor, weil die Ungleichbehandlung gegenüber den Heimbewohnern, die bereits am 31.12.2004 einen Anspruch auf den zusätzlichen Barbetrag besessen hätten, auf sachgerechten Erwägungen beruhe. Denn § 133a SGB XII trage als Übergangsvorschrift dem rechtsstaatlichen Grundsatz des Vertrauensschutzes und damit der Verhältnismäßigkeit Rechnung, da mit dieser Vorschrift lediglich den Personen, die sich auf die bestehende Regelung bereits tatsächlich eingestellt gehabt hätten, der erhöhte Barbetrag weiterhin erhalten bleiben sollte. Insoweit habe der Gesetzgeber im Rahmen seines weiten gesetzgeberischen Gestaltungsspielraums im Bereich der Leistungsgewährung eine Stichtagsregelung zu Gunsten des Personenkreises getroffen, der bereits in den Genuss dieser Leistung gekommen sei. Dabei sei er zulässigerweise typisierend davon ausgegangen, dass es sich bei § 133a SGB XII um auslaufendes Recht handele, weil grundsätzlich ältere Personen mit Bezug einer Rente betroffen seien. Dass im Einzelfall auch jüngere Personen begünstigt würden, mache die Regelung nicht sachwidrig.

---

[12] BT-Drs. 15/3977, S. 7/8.
[13] Vgl. auch BSG v. 26.08.2008 - B 8/9b SO 10/06 R - BSGE 101, 217 = SozR 4-3500 § 133a Nr. 1.
[14] LSG Niedersachsen-Bremen v. 20.06.2013 - L 8 SO 222/10; Revision anhängig beim BSG - B 8 SO 18/13 R.
[15] Vgl. *Schellhorn* in: Schellhorn/Schellhorn/Hohm, SGB XII, 18. Aufl. 2010, § 133a Rn. 4; im Ergebnis auch SG Düsseldorf v. 12.01.2007 - S 42 SO 8/06.
[16] *Armborst* in: LPK-SGB XII, 7. Aufl. 2005, § 35 Rn. 14; kritisch auch *Falterbaum* in: Hauck/Noftz, SGB XII, § 133a Rn. 3, sowie Schellhorn in: Schellhorn/Schellhorn/Hohm, SGB XII, 18. Aufl. 2010, § 133a Rn. 6.
[17] BT-Drs. 15/3977, S. 7.
[18] BSG v. 26.08.2008 - B 8/9b SO 10/06 R - BSGE 101, 217 = SozR 4-3500 § 133a Nr. 1.

2. Fortbestand des Anspruchs auf einen Barbetrag

Der zusätzliche Barbetrag ist abhängig vom Fortbestand des Anspruchs auf einen Barbetrag dem Grunde nach, denn an der **Untrennbarkeit des Grundbarbetrags und des zusätzlichen Barbetrags** hat sich durch § 133a SGB XII nichts geändert.[19] Der Anspruch erlischt mithin bei einer Beendigung einer (voll-)stationären Maßnahme im Sinne von § 35 SGB XII in der bis zum 31.12.2010 bzw. nach § 27b SGB XII in der ab dem 1.1.2011 geltenden Fassung.[20]

III. Rechtsfolgen

1. Höhe des Zusatzbarbetrags

Liegen die Voraussetzungen für die Gewährung eines zusätzlichen Barbetrages nach § 133a SGB XII vor, erhält der Hilfeempfänger diese Leistung in der **für den vollen Kalendermonat Dezember 2004 festgestellten Höhe**. Eine Anpassung der Höhe des Zusatzbetrages erfolgt mithin nicht. Unerheblich ist auch, in welcher Weise sich das Einkommen des Leistungsberechtigten nach dem 31.12.2004 verändert, sofern er nur leistungsberechtigt im Sinne des § 35 Abs. 2 Satz 2 SGB XII in der bis zum 31.12.2010 bzw. § 27b Abs. 2 Satz 2 SGB XII in der ab dem 01.01.2011 geltenden Fassung bleibt.

2. Dauer der Leistungserbringung

Aus der gesetzlichen Formulierung „weiter erbracht" wird teilweise geschlossen, dass die Besitzstandsregelung in § 133a SGB XII dann nicht mehr zugunsten des Leistungsberechtigten eingreift, wenn die Hilfeleistung – zumindest für eine gewisse Zeit – unterbrochen war und dann wieder aufgenommen wurde. Dabei wird einerseits die Auffassung vertreten, dass der Anspruch auf den Zusatzbarbetrag während eines zusammenhängenden Zeitraums fortbestehen müsse und mithin jede Unterbrechung zum Anspruchsverlust führe[21], andererseits wird dargelegt, während kurze Unterbrechungen unbeachtlich seien, führe erst eine mehrmonatige Unterbrechung zum Wegfall des Zusatzbarbetrages bei erneuter Hilfebedürftigkeit[22].

Dagegen wird eingewandt, dass ein ununterbrochener Bezug von Sozialhilfe als Voraussetzung für die Weitergewährung des zusätzlichen Barbetrages aus dem Wortlaut der Vorschrift („weiter erbracht") nicht zwingend herzuleiten sei. Anspruchsvoraussetzung sei lediglich, dass der Anspruch auf Zahlung des zusätzlichen Barbetrages im Dezember 2004 bestanden habe. Auch der Sinn und Zweck der Vorschrift gebiete keine Auslegung dahin, dass eine Unterbrechung der Sozialhilfeleistung den Anspruch endgültig entfallen lasse.[23] Ausgehend vom Zweck der Regelung, den Besitzstand zu erhalten, sei eine bloße Unterbrechung des Leistungsbezuges bei im Übrigen gleich bleibenden Lebensumständen mithin unschädlich.[24]

Hierzu ist dahingehend Stellung zu nehmen, dass der Wortlaut von § 133a SGB XII für die Frage, ob eine Unterbrechung der Hilfeleistung für die Bestandsschutzklausel beachtlich ist, letztlich unergiebig ist. Zwar könnte die Formulierung „weiter erbracht" für die Notwendigkeit eines ununterbrochenen Fortbestandes des Leistungsanspruchs dem Grunde nach sprechen, dies erscheint aber keineswegs zwingend.

Entscheidend gegen die Unschädlichkeit einer Unterbrechung des Leistungsbezuges dürften vielmehr die mit der grundsätzlichen Abschaffung des Zusatzbarbetrages verfolgte Zielrichtung sowie der mit der Übergangsregelung verfolgte Zweck sein. Die grundsätzliche Abschaffung des zusätzlichen Barbetrages mit dem Wechsel vom BSHG zum SGB XII verfolgte das Ziel, die mit dieser Erhöhung des gesamten zur Verfügung stehenden Barbetrags verbundene Ungleichbehandlung von Leistungsbeziehern innerhalb und außerhalb von Einrichtungen zu beenden.[25] § 133a SGB XII sollte als Übergangsvorschrift dem rechtsstaatlichen Grundsatz des Vertrauensschutzes Rechnung tragen, da mit dieser

---

[19] BSG v. 26.08.2008 - B 8/9b SO 10/06 R - BSGE 101, 217 = SozR 4-3500 § 133a Nr. 1.
[20] *Falterbaum* in: Hauck/Noftz, SGB XII, § 133a Rn. 3; *Schellhorn* in: Schellhorn/Schellhorn/Hohm, SGB XII, 18. Aufl. 2010, § 133a Rn. 6.
[21] Vgl. LSG Nordrhein-Westfalen v. 31.03.2011 - L 9 SO 45/09; *Decker* in: Oestreicher, SGB II/SGB XII, § 133a Rn. 4; *Armborst* in: NK-SGB XII, 9. Aufl. 2012, § 133a Rn. 3.
[22] *Grube* in: Grube/Wahrendorf, SGB XII, 4. Aufl. 2012, § 133a Rn. 2.
[23] Vgl. Sächsisches Landessozialgericht v. 15.06.2009 - L 7 SO 15/08 - FEVS 61, 282.
[24] So auch *Dauber* in: Mergler/Zink, SGB XII, Stand Januar 2006, § 133a Rn. 3.
[25] Vgl. BT-Drs. 15/1514, S. 61 zu § 36 sowie BT-Drs. 15/3977, S. 7.

Vorschrift lediglich den Personen, die sich auf die bestehende Regelung bereits tatsächlich eingestellt hatten, der erhöhte Barbetrag weiterhin erhalten bleiben sollte. Vor diesem Hintergrund kann indes – entgegen der in der 1. Auflage vertretenen Auffassung[26] – für einen Anspruch nach § 133a SGB XII auf einen Fortbestand der sozialhilferechtlichen Bedürftigkeit seit dem gesetzlichen Stichtag nicht verzichtet werden.[27] Denn Hilfebedürftige, die nach dem 31.12.2004 durch Wechsel in den ambulanten oder teilstationären Bereich oder durch den Wegfall der Bedürftigkeit keinen Anspruch auf den zusätzlichen Barbetrag mehr haben, können bei erneuter Hilfebedürftigkeit und Unterbringung in einer Einrichtung nicht anders behandelt werden als etwa erstmals nach dem 31.12.2004 für einen Aufenthalt in einer Einrichtung bedürftig Gewordene.[28] Insofern kommt die Übergangsvorschrift des § 133a SGB XII nicht nur bei einem **neuen Leistungsfall** (erneute stationäre nach zwischenzeitlicher ambulanter Leistung) **nicht mehr zur Anwendung**[29], sondern auch dann, wenn ein **Entfallen der Hilfebedürftigkeit** z.B. wegen Einkommens oder Vermögens des Hilfebedürftigen zum Wegfall des Anspruchs führt, so dass eine im Anschluss daran ggf. erneut entstehende Hilfebedürftigkeit kein Umstand mehr ist, den die Ausnahmeregelung des § 133a SGB XII noch erfassen würde. Es wäre nicht zu rechtfertigen, wenn ein nach längerer Zeit günstigerer wirtschaftlicher Verhältnisse erneut hilfebedürftig Gewordener gegenüber anderen Hilfebedürftigen durch Gewährung eines Zusatzbarbetrages auch dann wieder privilegiert würde.[30] Unerheblich ist dann aber auch die Dauer der Unterbrechung, denn für eine analoge Anwendung etwa der in § 38 Abs. 1 SGB XII erwähnten „kurzen Dauer" bietet § 133a SGB XII keinen Raum.

22 Im Übrigen ist die Übergangsregelung **zeitlich nicht begrenzt**.[31] Sie läuft mithin bis zur Beendigung der Leistungsgewährung in einer Einrichtung durch Wegfall der Bedürftigkeit oder durch Wechsel in den ambulanten oder teilstationären Bereich.[32]

---

[26] Vgl. *Becker* in: jurisPK-SGB XII, 1. Aufl. 2011, § 133a Rn. 18.
[27] LSG Nordrhein-Westfalen v. 16.04.2012 - L 20 SO 581/11, anhängig beim BSG - B 8 SO 15/12 R.
[28] So zutreffend LSG Nordrhein-Westfalen v. 16.04.2012 - L 20 SO 581/11, anhängig beim BSG - B 8 SO 15/12 R.
[29] Dies hat das BSG in der mündlichen Verhandlung am 28.02.2013 in dem Verfahren B 8 SO 11/11 R bereits deutlich gemacht, woraufhin der Kläger seine Revision gegen das Urteil des LSG Nordrhein-Westfalen v. 31.03.2011 - L 9 SO 45/09 - zurückgenommen hat.
[30] Vgl. LSG Nordrhein-Westfalen v. 16.04.2012 - L 20 SO 581/11, anhängig beim BSG - B 8 SO 15/12 R.
[31] *Grube* in: Grube/Wahrendorf, SGB XII, 4. Aufl. 2012, § 133a Rn. 1; *Dauber* in: Mergler/Zink, SGB XII, Stand Januar 2006, § 133a Rn. 3.
[32] *Schellhorn* in: Schellhorn/Schellhorn/Hohm, SGB XII, 18. Aufl. 2010, § 133a Rn. 6.

§ 133b SGB XII (weggefallen)

(Fassung vom 24.03.2011, gültig ab 01.01.2011)

(weggefallen)

§ 133b SGB XII in der Fassung vom 02.12.2006 ist gemäß Art. 3 Nr. 39 des Gesetzes vom 24.03.2011 (BGBl I 2011, 453) mit Ablauf des 31.12.2010 weggefallen.

§ 134 SGB XII Übergangsregelung für die Fortschreibung der Regelbedarfsstufen 4 bis 6

(Fassung vom 24.03.2011, gültig ab 01.01.2011)

Abweichend von § 28a sind die Regelbedarfsstufen 4 bis 6 der Anlage zu § 28 nicht mit dem sich nach der Verordnung nach § 40 ergebenden Vomhundertsatz fortzuschreiben, solange sich durch die entsprechende Fortschreibung der Beträge nach § 8 Absatz 1 Nummer 4 bis 6 des Regelbedarfs-Ermittlungsgesetzes keine höheren Beträge ergeben würden.

Gliederung

A. Basisinformationen 1	B. Auslegung der Norm 10
I. Textgeschichte/Gesetzgebungsmaterialien 1	I. Regelungsgehalt und Bedeutung der Norm 10
II. Vorgängervorschriften 3	II. Normzweck 11
III. Parallelvorschriften 5	III. Einschränkung der Erhöhung der Regel-
IV. Untergesetzliche Normen 7	bedarfsstufen 4-6 12
V. Systematische Zusammenhänge 8	C. Praxishinweise 14
VI. Ausgewählte Literaturhinweise 9	

A. Basisinformationen

I. Textgeschichte/Gesetzgebungsmaterialien

1   § 134 SGB XII wurde durch Art. 3 Nr. 40 des Gesetzes zur Ermittlung von Regelbedarfen und zur Änderung des Zweiten und Zwölften Buches Sozialgesetzbuch vom 24.03.2011[1] mit Wirkung zum **01.01.2011** neu eingefügt und stellt gegenüber der bis zum 31.12.2010 geltenden Fassung eine **komplette Neuregelung** dar.

2   Nach der Gesetzesbegründung[2] handelt es sich um eine **Übergangsregelung** zur Ermittlung der Regelbedarfsstufen nach § 8 des Gesetzes zur Ermittlung der Regelbedarfe nach § 28 des Zwölften Buches Sozialgesetzbuch vom 24.03.2011 (RBEG)[3], wobei allerdings nur die **Regelbedarfsstufen 4-6** (Kinder und Jugendliche, vgl. die Kommentierung zu § 27a SGB XII Rn. 81) betroffen sind.

II. Vorgängervorschriften

3   § 134 SGB XII in der bis zum 31.12.2010 geltenden Fassung war eine Übergangsregelung aus Anlass der Einführung des SGB XII zum 01.01.2005.[4] Danach galten die Vorschriften der Hilfen zur Arbeit nach dem bis 31.12.2004 geltenden Bundessozialhilfegesetz für Leistungen und Maßnahmen der Hilfe zur Arbeit, die bis zu diesem Datum bewilligt worden waren, bis zum Ende der Bewilligung weiter, längstens aber **bis zum 31.12.2005**. Der Geltungszeitraum der bisherigen Übergangsregelung war damit abgelaufen.[5]

4   Eine **Vorgängervorschrift** zur geltenden Fassung **existiert nicht**, da das Problem der nach dem RBEG i.V.m. § 28 SGB XII und der zugehörigen Anlage für Kinder und Jugendliche errechneten niedrigeren Leistungssätze mit einer Bestandsschutzregelung in **§ 8 Abs. 2 RBEG** erstmals zum 01.01.2011 aufgetreten ist. Zuvor waren die Regelsätze für Kinder und Jugendliche vom Regelsatz für alleinstehende Erwachsene durch pauschale Abschläge abgeleitet (Kinder bis zu Vollendung des 14. Lebensjahrs pauschal 60%, Jugendliche ab dem 14. Lebensjahr pauschal 80%) wobei zuletzt ab dem 01.07.2009 der Satz für Kinder von 6-14 Jahren befristet bis zum 31.12.2011 auf 70% des Regelsatzes für alleinstehende Erwachsene erhöht wurde, was auf einer Sonderauswertung der EVS 2003 beruhen sollte.[6]

---

[1] BGBl I 2011, 453, 488.
[2] BT-Drs. 17/3404, S. 129 f.
[3] BGBl I 2011, 453.
[4] Vgl. BT-Drs. 17/3404, S. 130.
[5] Vgl. BT-Drs. 17/3404, S. 130.
[6] BT-Drs. 16/11740, S. 34.

III. Parallelvorschriften

Eine Übergangsvorschrift betreffend eine Verminderung des Regelbedarfs aufgrund der durch das Gesetz zur Ermittlung von Regelbedarfen und zur Änderung des Zweiten und Zwölften Buches Sozialgesetzbuch (vgl. Rn. 1) mit Rückwirkung zum 01.01.2011 erfolgten Gesetzesänderungen enthält § 137 SGB XII. Eine weitere Übergangsregelung für die Fortschreibung der Regelbedarfsstufen zum 01.01.2012 mit einer Nachholung der Berücksichtigung der Entwicklung des Mischindexes nach § 28a SGB XII (vgl. die Kommentierung zu § 28a SGB XII Rn. 21 ff.) im Zeitraum 01.01.2010 bis 30.06.2010 findet sich in § 138 SGB XII.

Im SGB II gibt es eine Regelung mit vergleichbarer Zielsetzung und Wirkung in § 77 Abs. 4 SGB II. Auch dort wird eine Fortschreibung für den Empfängerkreis, der im SGB XII den Regelbedarfsstufen 4-6 entspricht, solange ausgeschlossen, bis nicht durch diese Fortschreibung der Regelbedarfe höhere Beträge als die aufgrund eines in der gleichen Vorschrift geregelten Bestandsschutzes (entsprechend § 8 Abs. 2 RBEG) erreicht werden.

IV. Untergesetzliche Normen

Der für die Veränderungsrate nach § 28a Abs. 1 und 2 SGB XII zur Fortschreibung der Regelsätze maßgebliche Vomhundertsatz wird durch Rechtsverordnung nach **§ 40 Satz 1 Nr. 1 SGB XII** festgelegt. § 134 SGB XII verhindert zwar nicht die Festlegung der Veränderungsrate, wohl aber im Rahmen seines Geltungsbereichs (vgl. Rn. 12 f.) die entsprechende Anpassung der Anlage zu § 28 SGB XII durch Rechtsverordnung gemäß **§ 40 Satz 1 Nr. 2 SGB XII**.

V. Systematische Zusammenhänge

Die Vorschrift steht in engem systematischem Zusammenhang mit **§ 28a SGB XII** und der **Anlage zu § 28 SGB XII**. § 28a SGB XII regelt das Verfahren und die Kriterien der Fortschreibung der Regelsätze in den Jahren, in denen keine Neuauswertung einer Einkommens- und Verbrauchsstichprobe (EVS; derzeit aktuell die EVS 2008) erfolgt. Nachdem die Ermittlung der für die Kriterien des § 28a Abs. 2 SGB XII maßgeblichen Daten durch das Statistische Bundesamt entsprechend der Beauftragung durch das BMAS gemäß § 28a Abs. 3 SGB XII erfolgt ist, legt das BMAS im Einvernehmen mit dem Bundesministerium der Finanzen (BMF) durch Rechtsverordnung anhand dieser Kriterien durch Rechtsverordnung mit Zustimmung des Bundesrates nach § 40 Satz 1 Nr. 1 SGB XII den für die Fortschreibung der Regelbedarfsstufen maßgeblichen Vomhundertsatz fest. In den **Regelbedarfsstufen 4-6** erfolgt nach § 134 SGB XII allerdings solange keine Fortschreibung, wie nicht die in **§ 8 Abs. 2 RBEG** bzw. der **Anlage zu § 28 SGB XII** für die jeweiligen Regelbedarfsstufen genannten Werte aufgrund der Fortschreibung der in **§ 8 Abs. 1 RBEG** genannten tatsächlich errechneten Werte erreicht werden. Der errechnete Vomhundertsatz ist dann zudem Grundlage für die Fortschreibung der durch die Länder bestimmten regionalen Regelsätze im Sinne des **§ 29 Abs. 2 und 3 SGB XII** (vgl. § 29 Abs. 4 SGB XII).

VI. Ausgewählte Literaturhinweise

Kötter, Nach der Reform ist vor der Reform? – Die Neuregelung der Regelbedarfe im SGB II und SGB XII, info also 2011, 99; *Lenze*, Die Sicherung des kindlichen Existenzminimums – Grundbedingung für den Sozialstaat der Zukunft, TuP 2011, Heft 4, 259; *Martens*, Die Fortschreibung des Regelsatzes ab 1.1.2011, ASR 2011, 178.

B. Auslegung der Norm

I. Regelungsgehalt und Bedeutung der Norm

§ 134 SGB XII **verhindert den Anstieg der Regelsätze** für Kinder und Jugendliche in den Regelbedarfsstufen 4-6. Dies erfolgt solange, bis die bei der letzten Auswertung der EVS 2008 ermittelten empirischen Bedarfswerte (vgl. allerdings die Kommentierung zu § 27a SGB XII Rn. 81, insb. Fn. 138), die in den **§§ 7 Abs. 4, 8 Abs. 1 Nr. 4-6 RBEG** niedergelegt sind, durch die Fortschreibung nach § 28a SGB XII die bis zum 31.12.2010 maßgeblichen Werte erreichen, für die § 8 Abs. 2 RBEG einen Bestandsschutz vorsieht. Zum 01.01.2013 wurden erstmals alle Regelbedarfsstufen von 4 bis 6 erhöht, da die durch § 134 SGB XII vorgesehene Abschmelzung dann vollständig erfolgt ist und jeweils ein Rest an Erhöhung verbleibt. Ab dem 01.01.2014 wurde dann eine turnusmäßigen Erhöhung auch dieser Regelbedarfsstufen um die Veränderungsrate nach § 28a Abs. 2 SGB XII vorgenommen. Somit ist die Regelung ab dem 01.01.2014 ohne weitere praktische Bedeutung.

II. Normzweck

11 Durch die Regelung soll der durch § 8 Abs. 2 SGB XII gewährte **Bestandsschutz** für Bezieher von Regelsätzen nach den Regelbedarfsstufen 4-6 „**abgeschmolzen**" werden, bevor eine Erhöhung dieser Regelbedarfsstufen aufgrund der jährlichen Fortschreibung nach § 28a SGB XII erfolgt.[7]

III. Einschränkung der Erhöhung der Regelbedarfsstufen 4-6

12 Eine Erhöhung der Regelbedarfsstufen 4-6 der Anlage zu § 28 SGB XII durch die Fortschreibung nach § 28a SGB XII erfolgt solange nicht, wie die durch die Fortschreibung erhöhten Werte des § 8 Abs. 1 RBEG die in dieser Anlage aufgrund von § 8 Abs. 2 RBEG aufgeführten Beträge nicht überschreiten. Bezüglich der **Regelbedarfsstufe 4** ergab sich insoweit ein **abzuschmelzender Differenzbetrag von 12 €**, in der **Regelbedarfsstufe 5** ein solcher von **9 €** und in der **Regelbedarfsstufe 6** einer von **2 €**.[8]

13 Die gesetzliche **Regelung** ist etwas **missverständlich** gefasst. Denn rein nach dem Wortlaut würde der Ausschluss der Erhöhung jedes Mal greifen, wenn die Anwendung der Veränderungsrate nicht im jeweiligen Erhöhungsjahr die Differenz zwischen den Werten des § 8 Abs. 1 Nr. 4-6 RBEG und denen der Anlage zu § 28 SGB XII überbrückt. Dies würde die Bezieher von Leistungen nach diesen Regelbedarfsstufen aber möglicherweise dauerhaft bis zur nächsten EVS von der Fortschreibung ausschließen, was mit dem Erfordernis einer zeitnahen Anpassung der existenzsichernden Leistungen[9] nicht zu vereinbaren wäre. Es sind daher die in den jeweiligen Jahren an sich vorzunehmenden Erhöhungen fiktiv zu berechnen und im nächsten Jahr sind die so errechneten Werte statt der in § 8 Abs. 1 RBEG genannten Ausgangspunkt für eine mögliche Erhöhung. Führt auch im zweiten Jahr die entsprechende Fortschreibung nicht zu einem Übersteigen der Werte in der Anlage zu § 28 SGB XII, ist der nun fiktiv errechnete Wert wiederum Ausgangspunkt für das Folgejahr (usw.). Vgl. auch die konkreten Berechnungen in Rn. 14.

C. Praxishinweise

14 Die Regelbedarfsstufen sind zum 01.01.2012 durch § 2 Abs. 1 der Verordnung zur Fortschreibung der Regelbedarfsstufen nach § 138 Nr. 2 des Zwölften Buches Sozialgesetzbuch für das Jahr 2012[10] innerhalb der Frist des § 40 Satz 3 SGB XII (vgl. die Kommentierung zu § 40 SGB XII Rn. 17) wie folgt fortgeschrieben worden: Die Leistung in der Regelbedarfsstufe 6 erhöhte sich um 4 € (2 € wurden aufgrund von § 134 SGB XII nicht berücksichtigt). In den Regelbedarfsstufen 4 und 5 ergab sich insoweit keine Erhöhung, da in der Regelbedarfsstufe 4 von der Differenz von 12 € (vgl. Rn. 12) nur 8 € des Bestandsschutzes „abgeschmolzen" wurden, in der Regelbedarfsstufe 5 von 9 € (vgl. Rn. 12) nur 7 €. Zum 01.01.2013 kam es dann erstmals in allen Regelbedarfsstufen von 4 bis 6 zu einer Erhöhung (Stufe 4: 289 € von 287 €, Abschmelzung noch 4 €, vgl. Rn. 13; Stufe 5: 255 € von 251 €, Abschmelzung noch 2 €, vgl. Rn. 13; Stufe 6: 224 € von 219 €, keine Abschmelzung mehr).[11] Ab dem 01.01.2014 hat § 134 SGB XII keine Wirkung mehr entfaltet, die Regelbedarfsstufen 4 bis 6 wurden sämtlich ohne Abschmelzung mit der Veränderungsrate gemäß § 28a Abs. 1 und 2 SGB XII i.V.m. § 40 Satz 1 Nr. 1 SGB XII fortgeschrieben (Stufe 4: 296 €; Stufe 5: 261 €; Stufe 6: 229 €).[12]

---

[7] BT-Drs. 17/3404, S. 129 f.
[8] Vgl. auch *Roscher* in: LPK-SGB XII, § 134 Rn. 1.
[9] Vgl. BVerfG v. 09.02.2010 - 1 BvL 1/09, 1 BvL 3/09, 1 BvL 4/09 - juris Rn. 133 - BVerfGE 125, 175-260: „stetige Aktualisierung".
[10] Regelbedarfsstufen-Fortschreibungsverordnung 2012 vom 17.10.2011, BGBl I 2012, 2090.
[11] Vgl. Regelbedarfsstufen-Fortschreibungsverordnung 2013 vom 18.10.2012, BGBl I 2012, 2173.
[12] Vgl. Regelbedarfsstufen-Fortschreibungsverordnung 2014 vom 15.10.2013, BGBl I 2013, 3856.

§ 135 SGB XII Übergangsregelung aus Anlass des Zweiten Rechtsbereinigungsgesetzes

(Fassung vom 27.12.2003, gültig ab 01.01.2005)

(1) ¹Erhielten am 31. Dezember 1986 Tuberkulosekranke, von Tuberkulose Bedrohte oder von Tuberkulose Genesene laufende Leistungen nach Vorschriften, die durch das Zweite Rechtsbereinigungsgesetz außer Kraft treten, sind diese Leistungen nach den bisher maßgebenden Vorschriften weiterzugewähren, längstens jedoch bis zum 31. Dezember 1987. ²Sachlich zuständig bleibt der überörtliche Träger der Sozialhilfe, soweit nicht nach Landesrecht der örtliche Träger zuständig ist.

(2) Die Länder können für die Verwaltung der im Rahmen der bisherigen Tuberkulosehilfe gewährten Darlehen andere Behörden bestimmen.

Gliederung

A. Basisinformationen 1	B. Auslegung der Norm 4
I. Textgeschichte/Gesetzgebungsmaterialien 1	C. Praxishinweise 5
II. Vorgängervorschriften 3	

A. Basisinformationen

I. Textgeschichte/Gesetzgebungsmaterialien

Die Vorschrift ist – wie das gesamte SGB XII – durch Art. 1 des **Gesetzes zur Einordnung des Sozialhilferechts in das Sozialgesetzbuch** vom 27.12.2003[1] eingeführt worden und aufgrund von dessen Art. 70 Abs. 1 mit Wirkung ab dem 01.01.2005 in Kraft getreten. Sie ist seit ihrer Einführung unverändert geblieben.

[1]

In der Begründung des Gesetzentwurfs der Fraktionen SPD und BÜNDNIS 90/DIE GRÜNEN heißt es zu der im Entwurf noch als § 128 vorgesehenen Vorschrift lediglich, diese übertrage inhaltsgleich den bisherigen § 147a BSHG.[2]

[2]

II. Vorgängervorschriften

§ 135 SGB XII ist die Nachfolgeregelung von **§ 147a BSHG**. Diese Vorschrift war durch Art. 26 Nr. 15 des Zweiten Rechtsbereinigungsgesetzes vom 16.12.1986[3] mit Wirkung zum 01.01.1987 in das BSHG eingefügt worden.

[3]

B. Auslegung der Norm

Durch Art. 26 Nr. 4 des Zweiten Rechtsbereinigungsgesetzes vom 16.12.1986[4] sind die Vorschriften über die Tuberkulosehilfe (§§ 48-66 BSHG a.F.) mit Wirkung vom 01.01.1987 aufgehoben worden. In der Begründung zum Gesetzentwurf der Bundesregierung heißt es, die Regelungen hätten keine praktische Bedeutung mehr, nachdem die medizinischen Fortschritte zu der Aussage berechtigten, dass die Tuberkulose ihren Charakter als Volksseuche verloren habe und deshalb die allgemeinen Vorschriften über (vorbeugende) Krankenhilfe und Eingliederungshilfe nunmehr ausreichten.[5] Zugleich wurde die Übergangsregelung in § 147a BSHG eingeführt und dabei davon ausgegangen, dass die nach dem bisherigen Recht gewährten Leistungen in ihrer ganz überwiegenden Zahl innerhalb des vorgesehenen Zeitraumes – also bis zum 31.12.1987 – zum Abschluss gebracht werden könnten.[6]

[4]

---

1 BGBl I 2003, 3022.
2 BT-Drs. 15/1514, S. 71.
3 BGBl I 1986, 2441.
4 BGBl I 1986, 2441.
5 BT-Drs. 10/5532, S. 27.
6 BT-Drs. 10/5532, S. 28.

C. Praxishinweise

5 Zumindest Absatz 1 der Vorschrift hat aufgrund des Fristablaufs keinerlei praktische Auswirkungen mehr[7], weshalb sich die Frage stellt, aus welchen Gründen der Gesetzgeber diese Regelung überhaupt noch in das SGB XII eingefügt hat Eine gewisse praktische Relevanz kann allenfalls noch Absatz 2 zukommen, weil zur „Verwaltung" der Darlehen auch die Geltendmachung und Durchsetzung des Rückzahlungsanspruches gehört, der im Einzelfall erst lange Jahre nach Darlehensgewährung fällig werden kann.[8]

---

[7] Ebenso *Schoch* in: NK-SGB XII, 9. Aufl. 2012, § 135; *Schlette* in: Hauck/Noftz, SGB XII, § 135 Rn. 2.
[8] *Schlette* in: Hauck/Noftz, SGB XII, § 135 Rn. 2.

§ 136 SGB XII Übergangsregelung für Nachweise in den Jahren 2013 und 2014

(Fassung vom 01.10.2013, gültig ab 01.01.2013)

(1) Die Länder haben dem Bundesministerium für Arbeit und Soziales in den Jahren 2013 und 2014 jeweils zum Fünfzehnten der Monate Mai, August, November und Februar für das jeweils abgeschlossene Quartal in tabellarischer Form zu belegen:

1. die Bruttoausgaben für Geldleistungen nach § 46a Absatz 2 sowie die darauf entfallenden Einnahmen,
2. die Bruttoausgaben und Einnahmen nach Nummer 1, differenziert nach Leistungen für Leistungsberechtigte außerhalb und in Einrichtungen.

(2) Die Länder haben dem Bundesministerium für Arbeit und Soziales die Angaben nach Absatz 1 entsprechend für das Kalenderjahr 2013 bis zum 31. Mai 2014 und für das Kalenderjahr 2014 bis zum 31. Mai 2015 in tabellarischer Form zu belegen.

Gliederung

A. Basisinformationen 1	II. Normzweck 7
I. Textgeschichte/Gesetzgebungsmaterialien 1	III. Tatbestandsmerkmale/Rechtsfolgen 8
II. Parallelvorschriften 3	1. Nachweise für die Quartale der Jahre 2013 und 2014 (Absatz 1) 8
III. Systematische Zusammenhänge 4	
IV. Ausgewählte Literaturhinweise 5	
B. Auslegung der Norm 6	2. Nachweise für die gesamten Jahre 2013 und 2014 (Absatz 2) 11
I. Regelungsgehalt und Bedeutung der Norm 6	

A. Basisinformationen

I. Textgeschichte/Gesetzgebungsmaterialien

§ 136 SGB XII wurde durch das **Gesetz zur Änderung des Zwölften Buches Sozialgesetzbuch** vom 20.12.2012[1] mit Wirkung vom **01.01.2013** vollständig **neu gefasst**. Dieses Gesetz entspricht im Wesentlichen dem eingebrachten Gesetzentwurf der Bundesregierung.[2] Änderungen zu diesem Gesetzentwurf basieren auf der Beschlussempfehlung und dem Bericht des Ausschusses für Arbeit und Soziales.[3] Auch § 136 SGB XII geht auf diese Beschlussempfehlung und den Bericht des Ausschusses für Arbeit und Soziales zurück.[4] Die Neufassung ersetzt den bisherigen Inhalt von § 136 SGB XII i.d.F. bis zum 31.12.2012, der durch Zeitablauf weggefallen ist[5] und eine befristete Übergangsregelung zu § 116a SGB XII (Beschränkung der Rücknahme von Verwaltungsakten gemäß § 44 SGB X) beinhaltete.

1

Durch das **Zweite Gesetz zur Änderung des Zwölften Buches Sozialgesetzbuch** (2. SGBXIIÄndG) vom 01.10.2013[6] wurde § 136 SGB XII **rückwirkend zum 01.01.2013** neu gefasst.[7] „Durch die Änderung von § 136 SGB XII gilt die bislang auf das Jahr **2013** beschränkte Übergangsregelung für Nachweise **auch für das Jahr 2014**."[8]

2

II. Parallelvorschriften

Eine direkte Parallelvorschrift zu § 136 SGB XII existiert nicht. Denn § 136 SGB XII ist eine Übergangsregelung zu § 46a SGB XII, der die Ausgabenerstattung hinsichtlich der Leistungen der **Grund-**

3

---

[1] BGBl I 2012, 2783.
[2] BR-Drs. 455/12.
[3] BT-Drs. 17/11382. Vgl. BR-Drs. 696/12.
[4] BT-Drs. 17/11382, S. 15.
[5] BT-Drs. 17/11382, S. 15.
[6] BGBl I 2013, 3733.
[7] Zur Entstehungsgeschichte BT-Drs. 17/13662, S. 6 und BT-Drs. 17/14202, S. 6 f.
[8] BT-Drs. 17/14202, S. 5.

sicherung im Alter und bei Erwerbsminderung nach dem Vierten Kapitel des SGB XII regelt. Erwerbsfähige Hilfebedürftige und Hilfebedürftige, welche die in der gesetzlichen Rentenversicherung maßgebliche Altersgrenze noch nicht erreicht haben, werden jedoch durch das Leistungssystem des SGB II erfasst (vgl. die §§ 7 Abs. 1, 8 Abs. 1, 19 Abs. 1 Satz 2 SGB II). Dort ist die (anteilige) Finanzierung durch den Bund in § 46 SGB II geregelt.

III. Systematische Zusammenhänge

4   § 136 SGB XII ist eine **Übergangsregelung zu § 46a SGB XII**, der die Erstattung der Ausgaben für die Leistungen der **Grundsicherung im Alter und bei Erwerbsminderung** des Vierten Kapitels des SGB XII durch den Bund normiert.

IV. Ausgewählte Literaturhinweise

5   *Henneke*, Ein Jahr danach: Was ist aus den Beschlüssen der Kommission zur Neuordnung der Kommunalfinanzen geworden?, Der Landkreis 2012, 286; *G. Kirchhoff*, Änderungen im Recht der Grundsicherung im Alter und bei Erwerbsminderung, SGb 2013, 441-447.

B. Auslegung der Norm

I. Regelungsgehalt und Bedeutung der Norm

6   Die Regelung des § 46a SGB XII ordnet für das Jahr 2013 eine **finanzielle Beteiligung des Bundes** an den Nettoausgaben der Grundsicherung im Alter und bei Erwerbsminderung nach dem Vierten Kapitel des SGB XII in Höhe von 75% an, die im Übrigen von den Kommunen als Träger der Sozialhilfe aufzubringen sind. Ab dem Jahr 2014 erstattet der Bund den Ländern die Nettoausgaben zu 100%, also in vollem Umfang. Die Länder leiten die Beteiligung bzw. Erstattung an die Kommunen weiter. § 136 SGB XII ist eine Übergangsregelung zur Prüfung der Ausgaben durch die Länder und zum Nachweis der Ausgaben gemäß § 46a Abs. 4 und 5 SGB XII in den Jahren 2013 und 2014, so dass die Regelung des § 136 SGB XII zum Jahresende 2014 ausläuft; danach ist für die Ausgabenprüfung ausschließlich § 46a Abs. 4 und 5 SGB XII maßgeblich.

II. Normzweck

7   Angesichts der nicht ausreichenden Vorbereitungszeit für Länder und ausführenden Träger bis zum Inkrafttreten des § 46a SGB XII bereits zum 01.01.2013 vereinfacht § 136 SGB XII die **für die Jahre 2013 und 2014** zu erbringenden **Nachweise i.S.d. § 46a Abs. 4 und 5 SGB XII**, damit die erforderlichen Daten bei den Trägern verfügbar sind und den Ländern fristgerecht gemeldet werden können.[9] Die erforderlichen Anpassungen in den verwendeten Softwarelösungen konnten nach Auffassung der Länder bis dahin nicht gewährleistet werden; ferner sahen die Länder vor Umsetzung des Anpassungsbedarfs in der Software einen Abstimmungsbedarf, um eine bundeseinheitliche Ausgestaltung der Nachweise gewährleisten zu können.[10]

III. Tatbestandsmerkmale/Rechtsfolgen

1. Nachweise für die Quartale der Jahre 2013 und 2014 (Absatz 1)

8   Die Länder haben gemäß § 136 Abs. 1 SGB XII dem Bundesministerium für Arbeit und Soziales in den Jahren 2013 und 2014 jeweils zum Fünfzehnten der Monate Mai, August, November und Februar **für das jeweils abgeschlossene Quartal** in tabellarischer Form zu belegen:
1. die Bruttoausgaben für Geldleistungen nach § 46a Abs. 2 SGB XII sowie die darauf entfallenden Einnahmen,
2. die Bruttoausgaben und Einnahmen nach Nr. 1, differenziert nach Leistungen für Leistungsberechtigte außerhalb und in Einrichtungen.

9   Nach § 136 Abs. 1 SGB XII sind damit **vier vierteljährliche Nachweise** für die Kalenderjahre 2013 und 2014 von den Ländern vorzulegen. Zum 15.05.2013 ist der Nachweis für das erste Quartal 2013 von den Ländern vorzulegen, zum 15.02.2014 für das vierte Quartal 2013[11], usw.

---

[9] BT-Drs. 17/11382, S. 15.
[10] BT-Drs. 17/11382, S. 15.
[11] BT-Drs. 17/11382, S. 15.

Vgl. zu den Rechtsausdrücken **Bruttoausgaben** und **Einnahmen** die Kommentierung zu § 46a SGB XII.

2. Nachweise für die gesamten Jahre 2013 und 2014 (Absatz 2)

Die Länder haben dem Bundesministerium für Arbeit und Soziales gemäß § 136 **Abs. 2** SGB XII die Angaben nach Absatz 1 entsprechend **für das Kalenderjahr 2013** bis zum 31.05.2014 und **für das Kalenderjahr 2014** bis zum 31.05.2015 in tabellarischer Form zu belegen.

Der zum 31.05.2014 für das **Kalenderjahr** 2013 und zum 31.05.2015 für das Kalenderjahr 2014 vorzulegende Nachweis nach § 136 Abs. 2 SGB XII baut auf den **vierteljährlich** vorzulegenden Nachweisen nach § 136 Abs. 1 SGB XII auf. Dadurch wird gewährleistet, dass sich aus den Nachweisen nach den Absätzen 1 und 2 konsistente Daten zu Bruttoausgaben, Einnahmen und damit Nettoausgaben in den Jahren 2013 und 2014 ergeben.[12]

Vgl. zu den Rechtsausdrücken **Bruttoausgaben**, **Nettoausgaben** und **Einnahmen** die Kommentierung zu § 46a SGB XII.

---

[12] BT-Drs. 17/11382, S. 15.

§ 137 SGB XII Übergangsregelung aus Anlass des Gesetzes zur Ermittlung von Regelbedarfen und zur Änderung des Zweiten und Zwölften Buches Sozialgesetzbuch

(Fassung vom 24.03.2011, gültig ab 01.01.2011)

[1]Kommt es durch das Inkrafttreten des Gesetzes zur Ermittlung von Regelbedarfen und zur Änderung des Zweiten und Zwölften Buches Sozialgesetzbuch zu einer Verminderung des Regelbedarfs nach § 27a Absatz 3 Satz 1 oder § 42 Nummer 1, sind für den Zeitraum vom 1. Januar bis 31. März 2011 bereits erbrachte Regelsätze nicht zu erstatten. [2]Eine Aufrechnung ist unzulässig.

Gliederung

A. Basisinformationen 1	I. Regelungsgehalt und Bedeutung der Norm 8
I. Textgeschichte/Gesetzgebungsmaterialien 1	II. Normzweck 10
II. Vorgängervorschriften 3	III. Ausschluss der Erstattung höherer Regelsätze
III. Parallelvorschriften 4	(Satz 1) 12
IV. Systematische Zusammenhänge 6	IV. Ausschluss der Aufrechnung (Satz 2) 16
V. Ausgewählte Literaturhinweise 7	C. Praxishinweise 17
B. Auslegung der Norm 8	

A. Basisinformationen

I. Textgeschichte/Gesetzgebungsmaterialien

1 § 137 SGB XII wurde durch Art. 3 Nr. 41a des Gesetzes zur Ermittlung von Regelbedarfen und zur Änderung des Zweiten und Zwölften Buches Sozialgesetzbuch vom 24.03.2011[1] mit Wirkung zum **01.01.2011** neu in das SGB XII eingefügt.

2 Die Norm beruht auf einer **Beschlussempfehlung des Vermittlungsausschusses** vom 09.02.2011[2] und war im ursprünglichen Gesetzesentwurf des Gesetzes zur Ermittlung von Regelbedarfen und zur Änderung des Zweiten und Zwölften Buches Sozialgesetzbuch noch nicht enthalten.[3]

II. Vorgängervorschriften

3 Eine Vorgängervorschrift existiert nicht.

III. Parallelvorschriften

4 Eine Übergangsvorschrift betreffend die Anpassung der Regelbedarfsstufen 4-6 für Kinder und Jugendliche enthält **§ 134 SGB XII**. Eine weitere Übergangsregelung für die Fortschreibung der Regelbedarfsstufen zum 01.01.2012 mit einer Nachholung der Berücksichtigung der Entwicklung des Mischindexes nach § 28a SGB XII (vgl. die Kommentierung zu § 28a SGB XII Rn. 21 ff.) im Zeitraum 01.01.2010 bis 30.06.2010 findet sich in **§ 138 SGB XII**.

5 Im SGB II gibt es eine vergleichbare Regelung nicht. **§ 77 SGB II** sieht Übergangsregelungen aber u.a. für die neuen Leistungen für Bildung und Teilhaben, für Einkommensfreibeträge oder für Sanktionen vor, die im Zeitraum vom 01.01.2011 bis zum 31.01.2011 zu berücksichtigen waren. Da Hauptanwendungsfall im SGB XII die geringere Leistung in der **Regelbedarfsstufe 3** gewesen ist, mit der von einer bestehenden Rechtsprechung des BSG abgewichen wird (vgl. dazu die Kommentierung zu § 27a SGB XII Rn. 8 und die Kommentierung zu § 27a SGB XII Rn. 80), ergab sich im SGB II insoweit kein Bedarf für eine Übergangsregelung, weil dort eine entsprechende Änderung nicht durchgeführt wurde. Denkbar wäre allerdings eine Regelung für den zum 01.01.2011 abgeschafften Alg-Zuschlag nach **§ 24 SGB II a.F.** gewesen, da auch bei diesem ein Bezug noch bis zum rückwirkenden Inkrafttreten des Gesetzes zur Ermittlung von Regelbedarfen und zur Änderung des Zweiten und Zwölften Buches Sozialgesetzbuch (vgl. Rn. 1) möglich war. Möglicherweise wurde hierauf verzichtet, weil diese Regelung

---

[1] BGBl I 2011, 453, 488.
[2] Vgl. BT-Drs. 17/4719, S. 7.
[3] BT-Drs. 17/3404.

von vorneherein nicht zur Existenzsicherung diente. Im Hinblick auf die **eingeschränkte Bedeutung** der Vorschrift des § 137 SGB XII (vgl. insbesondere Rn. 15) ist die fehlende Regelung im SGB II zu verschmerzen.

IV. Systematische Zusammenhänge

Die Ermittlung der Regelbedarfe und korrespondierend (§ 27a Abs. 3 SGB XII) der Regelsätze erfolgt nun seit dem 01.01.2011 nach **§ 28 SGB XII** in Verbindung mit dem Gesetz zur Ermittlung der Regelbedarfe nach § 28 des Zwölften Buches Sozialgesetzbuch vom 24.03.2011 (**RBEG**).[4] Da die Neuregelungen rückwirkend in Kraft getreten sind und sich hierdurch teilweise geringere Leistungsansprüche ergeben (vgl. bereits Rn. 5), schafft § 137 SGB XII insoweit einen **Bestandsschutz**. 6

V. Ausgewählte Literaturhinweise

SGB II/SGB XII-Redaktion, Was gilt jetzt eigentlich – und wenn ja, ab wann?, Inkrafttreten der Änderungen zum SGB II/SGB XII in dem Gesetz zur Ermittlung von Regelbedarfen und zur Änderung des Zweiten und Zwölften Buches Sozialgesetzbuch, info also 2011, 51. 7

B. Auslegung der Norm

I. Regelungsgehalt und Bedeutung der Norm

§ 137 SGB XII trifft eine **kurzfristige Übergangsregelung** für den Regelbedarf nach § 27a Abs. 3 Satz 1 SGB XII und § 42 Nr. 1 SGB XII für die Zeit des rückwirkenden Inkrafttretens des Gesetzes zur Ermittlung von Regelbedarfen und zur Änderung des Zweiten und Zwölften Buches Sozialgesetzbuch vom 24.03.2011 zum 01.01.2011. 8

Die wesentliche Bedeutung bestand darin, höhere Leistungen in Form eines ungekürzten Regelsatzes für Alleinstehende, die Leistungsberechtigte in der neuen **Regelbedarfsstufe 3** (vgl. die Kommentierung zu § 27a SGB XII Rn. 79 f.) ab dem 01.01.2011 bis zum 31.03.2011 erhalten hatten, sofern keine Bedarfsgemeinschaft im Sinne des § 7 Abs. 2-3a SGB II vorlag, einer **Rückforderung** durch die Träger der Sozialhilfe zu entziehen. Zum eingeschränkten Bedeutungsgehalt der Vorschrift bei förmlicher Leistungsbewilligung vgl. Rn. 15. 9

II. Normzweck

Die Regelung schützt Leistungsberechtigte, die Regelsätze nach § 27a Abs. 3 Satz 1 SGB XII und § 42 Nr. 1 SGB XII in den **ersten drei Monaten des Jahres 2011** erhalten haben, vor einer nachträglichen Rückzahlungspflicht aufgrund rückwirkender Leistungsabsenkung. Insbesondere in der **Regelbedarfsstufe 3** können dies fast 20% des erhaltenen Regelsatzes sein, sofern wegen des fehlenden Vorliegens einer Bedarfsgemeinschaft bisher der volle Regelsatz für Alleinstehende gewährt wurde (vgl. auch Rn. 5). 10

Da aufgrund der Entscheidung des BVerfG[5] eher eine Erhöhung der Regelsätze erwartet worden war, schützt § 137 SGB XII die Leistungsempfänger, da diese grundsätzlich die im **Vertrauen** auf eine solche Erhöhung in den ersten drei Monaten des Jahres 2011 zu viel erhaltene Leistungen verbraucht haben dürften. 11

III. Ausschluss der Erstattung höherer Regelsätze (Satz 1)

Erfasst werden nur die **Regelbedarfe** nach § 27a Abs. 3 Satz 1 SGB XII und § 42 Nr. 1 SGB XII, für die nach altem Recht höhere Regelsätze tatsächlich erbracht worden sind. Sonstige Veränderungen des Leistungsrechts durch das Gesetz zur Ermittlung von Regelbedarfen und zur Änderung des Zweiten und Zwölften Buches Sozialgesetzbuch vom 24.03.2011 (vgl. Rn. 1) können aufgrund des Ausnahmecharakters dieser Sonderregelung grundsätzlich nicht einbezogen werden. 12

Sofern etwa entgegen der Rechtsprechung des BSG (vgl. die Kommentierung zu § 27a SGB XII) für sonstige Haushaltsangehörige, welche nicht zur Bedarfsgemeinschaft im Sinne des § 7 Abs. 2-3a SGB II gehörten, nicht der volle Regelsatz für alleinstehende Erwachsene geleistet wurde, kommt allenfalls eine **entsprechende Anwendung des § 137 SGB XII** in Betracht. Eine solche könnte für Fälle in Erwägung gezogen werden, in denen die Höhe der Regelsätze Gegenstand eines **nicht abgeschlossenen, ggf. gerichtlichen Verfahrens** war. In diesen Fällen wäre es unter Gleichbehandlungsgesichts- 13

---

[4] BGBl I 2011, 453.
[5] BVerfG v. 09.02.2010 - 1 BvL 1/09, 1 BvL 3/09, 1 BvL 4/09 - BVerfGE 125, 175-260.

punkten und dem Aspekt eines **effektiven Rechtsschutzes** an sich nicht angemessen, diese Leistungsberechtigten schlechter zu stellen als solche, denen der Träger der Sozialhilfe entsprechend der damaligen höchstrichterlichen Rechtsprechung die höheren Leistungen erbracht hat. Problematisch ist allerdings, dass damit die Grenzen einer analogen Anwendung überschritten werden müssten, weil nicht nur eine Erstattung ausgeschlossen, sondern sogar eine Leistungspflicht erst begründet werden müsste.

14 Nicht erfasst werden **Erstattungspflichten**, die auf **anderen Gründen** beruhen als der rückwirkenden gesetzlichen Änderung der Regelsatzhöhe, also z.B. solche bei falschen Angaben über für die Leistungsgewährung wesentliche Umstände.

15 **Ausgeschlossen** ist durch § 137 SGB XII nur eine **Pflicht zur Erstattung** der nach der rückwirkenden Neuregelung zu hohen Leistung. Damit wird eine **Aufhebung der Leistungsbewilligung** nach den **§§ 45 ff. SGB X** zwar nicht eingeschränkt, wohl aber die Erstattungspflicht nach **§ 50 SGB X** aufgehoben. Eine rückwirkende Aufhebung der Bewilligung kann aber regelmäßig nicht in Betracht kommen, da insbesondere die Voraussetzungen der §§ 45 Abs. 2 Satz 3 und 48 Abs. 1 Satz 2 SGB X bei einer rückwirkenden Gesetzesänderung kaum erfüllt sein können.[6] Vielmehr dürften die Leistungen in der Regel im Vertrauen auf den Bestand der Bewilligung verbraucht sein. Dies mindert die Bedeutung der Vorschrift, denn wenn keine Aufhebung der Bewilligung erfolgen kann, kommt auch keine Erstattung in Betracht. Sie dürfte daher grundsätzlich nur zur Anwendung kommen, wenn die Leistungsgewährung nicht durch förmlichen Bescheid erfolgte und eine Erstattung im Wege des öffentlich-rechtlichen Erstattungsanspruchs geltend gemacht wird.

IV. Ausschluss der Aufrechnung (Satz 2)

16 Neben der Erstattung der zu hohen Regelsätze ist auch eine Aufrechnung (insbesondere § 51 SGB I) ausgeschlossen. Nimmt ein Träger der Sozialhilfe eine solche Aufrechnung dennoch vor, ist diese rechtswidrig. Sofern sie allerdings durch **bestandskräftigen Bescheid** erfolgt ist, muss erst ein Überprüfungsverfahren nach § 44 SGB X durchgeführt werden. Da die Möglichkeit einer Aufrechnung nach § 51 SGB I auch Grundlage der **Verrechnung** nach § 52 SGB I ist, ist eine solche ebenfalls ausgeschlossen.[7]

C. Praxishinweise

17 Die **praktische Bedeutung** des § 137 SGB XII war insbesondere dann, wenn eine förmliche Bescheidung über die höhere Leistungsgewährung in den ersten drei Monaten des Jahres 2011 vorliegt, **gering** (vgl. auch Rn. 15). Insoweit musste bereits gegen eine möglicherweise erfolgte Aufhebung der Bewilligung nach den **§§ 45, 48 SGB X** vorgegangen werden, da deren Voraussetzungen regelmäßig nicht vorliegen dürften.

---

[6] Vgl. auch *Wahrendorf* in: Grube/Wahrendorf, SGB XII, 4. Aufl. 2012, § 137 Rn. 3.

[7] Zur Frage, ob eine solche Verrechnung durch Verwaltungsakt vorgenommen werden kann, vgl. BSG GS v. 01.09.2011 - GS 2/10.

§ 138 SGB XII Fortschreibung der Regelbedarfsstufen zum 1. Januar 2012

(Fassung vom 24.03.2011, gültig ab 01.01.2011)

Die Regelbedarfsstufen werden in zwei Stufen zum **1. Januar 2012** wie folgt fortgeschrieben:

1. Abweichend von § 28a Absatz 2 und § 40 werden die Regelbedarfsstufen mit der Veränderungsrate des Mischindexes fortgeschrieben, die sich ergibt aus der Veränderung in dem Zwölfmonatszeitraum, der mit dem 1. Juli 2009 beginnt und mit dem 30. Juni 2010 endet, gegenüber dem Jahresdurchschnittswert 2009; die Veränderungsrate beträgt 0,75 vom Hundert;

2. die sich durch die Fortschreibung nach Nummer 1 nach Anwendung der Rundungsregelung nach § 28 Absatz 4 Satz 5 für jede Regelbedarfsstufe ergebenden Beträge werden nach § 28a fortgeschrieben.

Gliederung

A. Basisinformationen 1	II. Normzweck 10
I. Textgeschichte/Gesetzgebungsmaterialien 1	III. Fortschreibung der Regelbedarfe in zwei Stufen 11
II. Vorgängervorschriften 3	1. Stufe 1: Veränderung Mischindex 1. Halbjahr 2010 11
III. Parallelvorschriften 4	
IV. Systematische Zusammenhänge 6	2. Stufe 2: Turnusgemäße Erhöhung nach § 28a SGB XII 12
V. Ausgewählte Literaturhinweise 7	
B. Auslegung der Norm 8	
I. Regelungsgehalt und Bedeutung der Norm 8	**C. Praxishinweise** 13

A. Basisinformationen

I. Textgeschichte/Gesetzgebungsmaterialien

§ 138 SGB XII wurde durch Art. 3 Nr. 41a des Gesetzes zur Ermittlung von Regelbedarfen und zur Änderung des Zweiten und Zwölften Buches Sozialgesetzbuch vom 24.03.2011[1] mit Wirkung zum **01.01.2011** neu in das SGB XII eingefügt.

1

Die Norm beruht auf einer **Beschlussempfehlung des Vermittlungsausschusses** vom 23.02.2011[2] und war im ursprünglichen Gesetzesentwurf des Gesetzes zur Ermittlung von Regelbedarfen und zur Änderung des Zweiten und Zwölften Buches Sozialgesetzbuch noch nicht enthalten.[3]

2

II. Vorgängervorschriften

Eine Vorgängervorschrift existiert nicht.

3

III. Parallelvorschriften

Eine Übergangsvorschrift betreffend die Anpassung der Regelbedarfsstufen 4-6 für Kinder und Jugendliche enthält **§ 134 SGB XII**. Eine weitere Übergangsregelung betreffend eine Verminderung des Regelbedarfs aufgrund der durch das Gesetz zur Ermittlung von Regelbedarfen und zur Änderung des Zweiten und Zwölften Buches Sozialgesetzbuch mit Rückwirkung zum 01.01.2011 erfolgten Änderungen enthält **§ 137 SGB XII**.

4

Im SGB II gibt es eine mit § 138 SGB XII vergleichbare Regelung nicht. **§ 20 Abs. 5 SGB II** verweist aber auf die Fortschreibung nach § 28a SGB XII, so dass davon auszugehen ist, dass auch die Sonderregelung des § 138 SGB XII mit einzubeziehen ist. Gesetzessystematisch ist dies zwar nicht ganz zweifelsfrei, weil sich beispielsweise eine gesonderte Regelung für die Anpassung der Leistungen für Kinder und Jugendliche, die der Übergangsregelung des § 134 SGB XII entspricht, in § 77 Abs. 4 SGB II

5

---

[1] BGBl I 2011, 453, 488.
[2] Vgl. BT-Drs. 17/4830, S. 3.
[3] BT-Drs. 17/3404.

findet und ein ausdrücklicher Verweis auf § 138 SGB XII im SGB II nicht erfolgt. Es wäre allerdings unter Gleichbehandlungsgesichtspunkten nicht erklärlich, wieso die Leistungen nach dem SGB XII stärker steigen sollten als die nach dem SGB II. Hierfür finden sich auch im Rahmen des Gesetzgebungsverfahrens keine Anhaltspunkte.

IV. Systematische Zusammenhänge

6 Die Vorschrift steht in engem systematischem Zusammenhang mit § 28a SGB XII und der **Anlage zu § 28 SGB XII**. § 28a SGB XII regelt das Verfahren und die Kriterien der Fortschreibung der Regelsätze in den Jahren, in denen keine Neuauswertung einer Einkommens- und Verbrauchsstichprobe (EVS; derzeit aktuell die EVS 2008, die EVS 2013 ist bisher nicht ausgewertet) erfolgt. Nachdem die Ermittlung der für die Kriterien des § 28a Abs. 2 SGB XII maßgeblichen Daten durch das Statistische Bundesamt entsprechend der Beauftragung durch das BMAS gemäß § 28a Abs. 3 SGB XII erfolgt ist, legt das BMAS im Einvernehmen mit dem Bundesministerium der Finanzen (BMF) durch Rechtsverordnung anhand dieser Kriterien durch Rechtsverordnung mit Zustimmung des Bundesrates nach § 40 Satz 1 Nr. 1 SGB XII den für die Fortschreibung der Regelbedarfsstufen maßgeblichen Vomhundertsatz fest. Da sich nach **§ 7 Abs. 2** des Gesetzes zur Ermittlung der Regelbedarfe nach § 28 SGB XII vom 24.03.2011 (**RBEG**)[4] zum 01.01.2011 die Veränderung des Mischindexes (die diesen Vomhundertsatz ergibt) abweichend von § 28a Abs. 2 SGB XII aus den Jahresdurchschnittswerten des Jahres 2009 gegenüber dem Jahr 2008 errechnete und nicht an der Veränderung im Zeitraum vom 01.07.2009 bis zum 30.06.2010 gegenüber dem Zeitraum vom 01.07.2008 bis zum 30.06.2009, wurde im Vermittlungsausschuss (vgl. auch Rn. 2) vereinbart, dass zum 01.01.2012 zunächst die fehlende Berücksichtigung des ersten Halbjahres 2010 nachgeholt wird (vgl. Rn. 8), bevor die turnusgemäße Fortschreibung nach § 28a SGB XII erfolgt. Der so errechnete Vomhundertsatz ist dann auch Grundlage für die Fortschreibung der durch die Länder bestimmten regionalen Regelsätze im Sinne des **§ 29 Abs. 2 und 3 SGB XII** (vgl. § 29 Abs. 4 SGB XII).

V. Ausgewählte Literaturhinweise

7 *Adamy/Kolf*, Viel Theater und wenig Beifall – Der faule Hartz-IV-Kompromiss, SozSich 2011, 85; *Kötter*, Nach der Reform ist vor der Reform? – Die Neuregelung der Regelbedarfe im SGB II und SGB XII, info also 2011, 99; *Schwabe*, Einzelbeträge aus den Regelbedarfsstufen des SGB II und XII ab dem 1.1.2012, ZfF 2012, 1; *SGB II/SGB XII-Redaktion*, Was gilt jetzt eigentlich – und wenn ja, ab wann?, Inkrafttreten der Änderungen zum SGB II/SGB XII in dem Gesetz zur Ermittlung von Regelbedarfen und zur Änderung des Zweiten und Zwölften Buches Sozialgesetzbuch, info also 2011, 51.

B. Auslegung der Norm

I. Regelungsgehalt und Bedeutung der Norm

8 § 138 SGB XII sieht in einer **ersten Stufe** eine einmalige **Abweichung von der Fortschreibungsregel des § 28a SGB XII** für die Regelbedarfe nach § 27a SGB XII und damit in der Folge auch der Regelsätze (vgl. § 29 Abs. 1 SGB XII) zum 01.01.2012 vor. Damit wird letztlich aber nur die vorherige Abweichung von dieser Fortschreibungsregel durch **§ 7 Abs. 2 RBEG** mit einjähriger Verspätung korrigiert (vgl. bereits Rn. 6). Eine geringfügige Abweichung gegenüber der Regelung des § 28a SGB XII ergibt sich daraus, dass nach § 7 Abs. 2 SGB XII bereits ein Vergleich der Durchschnittswerte für das Gesamtjahr 2008 mit denen des Gesamtjahres 2009 vorgenommen wurde und nicht ein solcher zwischen dem Zeitraum vom 01.07.2008 bis zum 30.06.2009 und dem vom 01.07.2009 bis zum 30.06.2010. Damit stellt sich die Übergangsregelung von den ermittelten Werten her für die Betroffenen geringfügig günstiger dar als bei durchgängiger Anwendung des § 28a SGB XII. Allerdings darf insoweit aber die erst spätere Gewährung nicht außer Acht gelassen werden. Abgesehen von dieser zusätzlichen Erhöhung erfolgt im Anschluss in einer **zweiten Stufe** die **turnusgemäße Erhöhung nach § 28a SGB XII**. Die Regelung findet auch entsprechende Anwendung bei der Übergangsregelung des BVerfG bezüglich der **Leistungen nach dem AsylbLG**.[5]

9 Die Regelung führt zu einer **zusätzlichen Erhöhung der Regelbedarfsstufe 1** nach dem SGB XII sowie des Regelbedarfs nach dem SGB II für **Alleinstehende** um monatlich **3 €** zum 01.01.2012 und zu einer entsprechend geringeren der **Regelbedarfsstufen 2** und 3 (90 bzw. 80% von diesem Wert). Bei

---

[4] BGBl I 2011, 453.
[5] BVerfG v. 18.07.2012 - 1 BvL 10/10, 1 BvL 2/11 - juris Rn. 110 - BVerfGE 132, 134.

Kindern und Jugendlichen hat die Regelung aufgrund der Übergangsregelung des § 134 SGB XII nur in der Regelbedarfsstufe 6 (zu den Regelbedarfsstufen vgl. die Kommentierung zu § 27a SGB XII Rn. 75 ff.) eine unmittelbare Auswirkung, da in den Regelbedarfsstufen 4 und 5 zunächst nur ein Bestandsschutz „abgeschmolzen" wird (zur konkreten Berechnung der neuen Leistungen vgl. die Kommentierung zu § 134 SGB XII Rn. 14). Nach dem 01.01.2012 hat § 138 SGB XII nur noch insoweit Bedeutung, als die daraus resultierende Erhöhung der Regelbedarfsstufen wiederum Grundlage für die turnusmäßigen Erhöhungen nach § 28a SGB XII ist.

II. Normzweck

§ 138 SGB XII holt eine zum 01.01.2011 nicht durchgeführte Berücksichtigung der Veränderung der Preise der regelbedarfsrelevanten Verbrauchsgüter und der Nettolohnentwicklung im Zeitraum vom 01.01.2010 bis zum 30.06.2010 nach. Zum 01.01.2011 wurde nur die Entwicklung bis zum 31.12.2009 berücksichtigt. Die Regelung war Bestandteil des **Kompromisses** zur Festlegung der Regelsätze nach dem SGB XII und der Regelbedarfe nach dem SGB II nach langwierigen Verhandlungen im Vermittlungsausschuss. Dadurch wurde einerseits eine **moderate Erhöhung der Leistung** gegenüber dem ursprünglichen Gesetzesvorschlag erreicht, andererseits wurden die Berechnungsgrundlagen der Leistung als solche nicht in Frage gestellt. Die **Erhöhung** konnte quasi **innerhalb des Systems** gerechtfertigt werden.

10

III. Fortschreibung der Regelbedarfe in zwei Stufen

1. Stufe 1: Veränderung Mischindex 1. Halbjahr 2010

In der ersten Stufe erfolgt zum 01.01.2012 abweichend von der Fortschreibungsregelung des § 28a SGB XII zunächst eine Erhöhung der Regelbedarfsstufen (vgl. die Kommentierung zu § 27a SGB XII Rn. 73 ff.) mit der **Veränderungsrate des Mischindexes** nach § 28a Abs. 2 SGB XII (vgl. die Kommentierung zu § 28a SGB XII Rn. 19 ff.) zwischen dem Zwölfmonatszeitraum vom 01.07.2009 bis zum 30.06.2010 und dem entsprechenden Jahreszeitraum davor, die im Gesetz unmittelbar mit **0,75 vom Hundert** angegeben ist. Die Erhöhung erfolgt **einheitlich für alle Regelbedarfsstufen**, allerdings findet sich in § 134 SGB XII eine Sonderregelung für die Regelbedarfsstufen 4-6 (vgl. auch bereits Rn. 9). Die Erläuterung, wie sich die Veränderungsrate bestimmt, dient allein der Transparenz der Festlegung.[6] An sich hätte auch die bloße Nennung der Rate selbst genügt.

11

2. Stufe 2: Turnusgemäße Erhöhung nach § 28a SGB XII

In der zweiten Stufe werden dann die nach Anwendung der ersten Erhöhungsstufe errechneten Werte turnusgemäß nach der **Fortschreibungsregelung in § 28a SGB XII** nochmals erhöht. Insoweit kann auf die Kommentierung zu § 28a SGB XII Bezug genommen werden. Besonderheiten ergeben sich insoweit nicht. Zu berücksichtigen ist auch wieder die Sonderreglung des **§ 134 SGB XII** für die Regelbedarfsstufen 4-6 (vgl. bereits Rn. 9).

12

C. Praxishinweise

Die Regelbedarfsstufen sind zum 01.01.2012 gemäß § 138 Nr. 2 SGB XII durch § 2 Abs. 1 der Verordnung zur Fortschreibung der Regelbedarfsstufen II für das Jahr 2012[7] innerhalb der Frist des § 40 Satz 3 SGB XII (vgl. die Kommentierung zu § 40 SGB XII Rn. 17) wie folgt fortgeschrieben worden: Für Alleinstehende ergab sich ein Erhöhungsbetrag von 10 € in der **Regelbedarfsstufe 1**, so dass die Leistungshöhe **374 €** betrug. Der Regelsatz für die **Regelbedarfsstufe 2** betrug dann **337 €** (Erhöhung um 9 €) und der in der **Regelbedarfsstufe 3 299 €** (Erhöhung um 8 €). Unter Anwendung der Sonderreglung des § 134 SGB XII ergab sich zum genannten Datum in der **Regelbedarfsstufe 6** eine Erhöhung um 4 € auf **219 €**. Die **Regelbedarfsstufen 4 und 5** bleiben **unverändert** (vgl. zur Berechnung in den Regelbedarfsstufen 4-6 im Einzelnen die Kommentierung zu § 134 SGB XII Rn. 14). Die Anlage zu § 28 SGB XII wurde entsprechend angepasst. Damit hat § 138 SGB XII seine Funktion als Übergangsregelung erfüllt und hat zukünftig keine weitere praktische Bedeutung.

13

---

[6] Vgl. zu dieser Anforderung BVerfG v. 09.02.2010 - 1 BvL 1/09, 1 BvL 3/09, 1 BvL 4/09 - juris Rn. 139 - BVerfGE 125, 175-260.

[7] Regelbedarfsstufen-Fortschreibungsverordnung 2012 vom 17.10.2011, BGBl I 2011, 2090.

Asylbewerberleistungsgesetz

in der Fassung der Bekanntmachung vom 5. August 1997 (BGBl I 1997, 2022), zuletzt geändert durch Artikel 3 des Gesetzes vom 22. November 2011 (BGBl I 2011, 2258)

§ 1 AsylbLG Leistungsberechtigte

(Fassung vom 22.11.2011, gültig ab 26.11.2011)

(1) Leistungsberechtigt nach diesem Gesetz sind Ausländer, die sich tatsächlich im Bundesgebiet aufhalten und die

1. eine Aufenthaltsgestattung nach dem Asylverfahrensgesetz besitzen,
2. über einen Flughafen einreisen wollen und denen die Einreise nicht oder noch nicht gestattet ist,
3. wegen des Krieges in ihrem Heimatland eine Aufenthaltserlaubnis nach § 23 Abs. 1 oder § 24 des Aufenthaltsgesetzes oder die eine Aufenthaltserlaubnis nach § 25 Abs. 4 Satz 1, Abs. 4a, 4b oder Abs. 5 des Aufenthaltsgesetzes besitzen,
4. eine Duldung nach § 60a des Aufenthaltsgesetzes besitzen,
5. vollziehbar ausreisepflichtig sind, auch wenn eine Abschiebungsandrohung noch nicht oder nicht mehr vollziehbar ist,
6. Ehegatten, Lebenspartner oder minderjährige Kinder der in den Nummern 1 bis 5 genannten Personen sind, ohne daß sie selbst die dort genannten Voraussetzungen erfüllen, oder
7. einen Folgeantrag nach § 71 des Asylverfahrensgesetzes oder einen Zweitantrag nach § 71a des Asylverfahrensgesetzes stellen.

(2) Die in Absatz 1 bezeichneten Ausländer sind für die Zeit, für die ihnen ein anderer Aufenthaltstitel als die in Absatz 1 Nr. 3 bezeichnete Aufenthaltserlaubnis mit einer Gesamtgeltungsdauer von mehr als sechs Monaten erteilt worden ist, nicht nach diesem Gesetz leistungsberechtigt.

(3) Die Leistungsberechtigung endet mit der Ausreise oder mit Ablauf des Monats, in dem

1. die Leistungsvoraussetzung entfällt oder
2. das Bundesamt für Migration und Flüchtlinge den Ausländer als Asylberechtigten anerkannt oder ein Gericht das Bundesamt zur Anerkennung verpflichtet hat, auch wenn die Entscheidung noch nicht unanfechtbar ist.

Gliederung

A. Basisinformationen 1	III. Vereinbarkeit mit höherrangigem Recht 33
I. Textgeschichte/Gesetzgebungsmaterialien 1	1. Verfassungsrecht 33
II. Vorgängervorschriften 7	a. Art. 3 Abs. 1 GG 33
III. Parallelvorschriften und systematische Zusammenhänge 9	b. Art. 1 Abs. 1 GG i.V.m. Art. 20 Abs. 1 GG 37
1. Verhältnis der Leistungssysteme AsylbLG, SGB XII und SGB II 9	2. Europarecht 43
	a. Primäres EU-Recht 43
2. Asyl- und aufenthaltsrechtliche Zusammenhänge 13	b. Sekundäres EU-Recht (Richtlinien) 44
IV. Ausgewählte Literaturhinweise 23	3. Völkerrecht 51
B. Auslegung der Norm 24	a. Allgemeines 51
I. Regelungsgehalt und Bedeutung der Norm 24	b. Europäische Menschenrechtskonvention (EMRK) 53
II. Normzweck 28	c. Europäisches Fürsorgeabkommen (EFA) 58
	d. Genfer Flüchtlingskonvention (GK) 63

IV. Leistungsberechtigte (Absatz 1) 66
1. Asylsuchende und Asylerstantragsteller
   (Nr. 1) 70
2. Flughafenverfahren (Nr. 2) 75
3. Inhaber bestimmter Aufenthaltserlaubnisse
   (Nr. 3) 76
a. Übersicht über die Aufenthaltserlaubnisse
   nach den §§ 23-25 AufenthG 76
b. Aufenthaltserlaubnis nach § 23 Abs. 1
   AufenthG 86
c. Aufenthaltserlaubnis nach § 24 AufenthG 91
d. Aufenthaltserlaubnis nach § 25 Abs. 4 Satz 1
   AufenthG 94
e. Aufenthaltserlaubnis nach § 25 Abs. 4a
   AufenthG 97
f. Aufenthaltserlaubnis nach § 25 Abs. 4b
   AufenthG 100

g. Aufenthaltserlaubnis nach § 25 Abs. 5
   AufenthG 101
h. Sonderfall: Erlaubnis- und Fortgeltungsfiktion
   nach § 81 AufenthG 115
4. Inhaber einer Duldung (Nr. 4) 124
5. Vollziehbar zur Ausreise Verpflichtete
   (Nr. 5) 127
6. Familienangehörige (Nr. 6) 131
7. Asylfolge- und Zweitantragsteller (Nr. 7) 136
V. Kollisionsnorm (Absatz 2) 138
VI. Ende der Leistungsberechtigung (Absatz 3) 142
VII. Rechtstatsachen 145
C. Praxishinweise 149
D. Reformbestrebungen 150
I. Reformvorhaben auf nationaler Ebene 150
II. Europäische Harmonisierung des Asyl- und
   Flüchtlingsrechts 153

A. Basisinformationen[1]

I. Textgeschichte/Gesetzgebungsmaterialien

§ 1 AsylbLG betraf in seiner entsprechend dem Gesetzentwurf[2] am **01.11.1993** in Kraft getretenen Fassung[3] nur Ausländer, die über eine Aufenthaltsgestattung nach dem AsylVfG verfügten (Asylbewerber), vollziehbar Ausreisepflichtige sowie deren Ehegatten und minderjährige Kinder.   1

Durch das Erste Gesetz zur Änderung des AsylbLG vom 26.05.1997[4] wurden zum **01.06.1997** auch Ausländer leistungsberechtigt, die **„wegen des Krieges in ihrem Heimatland"** Aufenthaltsbefugnisse nach den §§ 32, 32a AuslG (nun Aufenthaltserlaubnisse nach den §§ 23, 24 AufenthG) oder Duldungen nach § 55 AuslG (nun § 60a AufenthG) besaßen.   2

Mit der **Einführung des AufenthG**, das mit Wirkung zum **01.01.2005** das AuslG ablöste, erfolgten durch Art. 8 Nr. 1 des Gesetzes zur Steuerung und Begrenzung der Zuwanderung und zur Regelung des Aufenthalts und der Integration von Unionsbürgern und Ausländern (Zuwanderungsgesetz 2004) vom 30.07.2004[5] weitergehende Änderungen und Anpassungen an das neue Asyl- und Aufenthaltsrecht. Neben der Neufassung der Nr. 3 und 4 wurde die Nr. 7 in § 1 Abs. 1 AsylbLG eingeführt (Asylfolgeantragsteller und Zweitantragsteller nach den §§ 71, 71a AufenthG). In den Kreis der Leistungsberechtigten nach dem AsylbLG wurden damit – zunächst ohne Einschränkung – Inhaber von Aufenthaltserlaubnissen nach den §§ 23 Abs. 1, 24, 25 Abs. 4 und 5 AufenthG aufgenommen, § 1 Abs. 1 Nr. 3 AsylbLG.   3

Mit Wirkung zum **18.03.2005** wurde § 1 Abs. 1 Nr. 3 AsylbLG durch Art. 6 Nr. 6a des Gesetzes zur Änderung des AufenthG und weiterer Gesetze vom 14.03.2005[6] aus integrationspolitischen Gründen geändert.[7] Als Leistungsberechtigte wurden einschränkend (wieder) Ausländer mit Aufenthaltserlaubnissen nach **„§ 23 Abs. 1 oder § 24 AufenthG wegen des Krieges in ihrem Heimatland"** und nach **§ 25 Abs. 4 Satz 1 AufenthG** bestimmt. Inhaber einer Aufenthaltserlaubnis nach § 25 Abs. 4 Satz 2 AufenthG wurden aus dem Anwendungsbereich des AsylbLG herausgenommen. Bei der umstrittenen Gesetzesänderung ist die Bundesregierung dem Widerstand des Bundesrats[8] entgegengetreten.[9]   4

Mit dem Gesetz zur Umsetzung aufenthalts- und asylrechtlicher Richtlinien der EU vom 19.08.2007[10] hat der Gesetzgeber in der seit dem **28.08.2007** geltenden Fassung des § 1 Abs. 1 Nr. 3 AsylbLG klar-   5

---

[1] Der Autor dankt Herrn Richter am Verwaltungsgericht *Alexander Rädke*, Göttingen, für seinen Rat und die unermüdliche Hilfe bei ausländerrechtlichen Fragestellungen.
[2] BT-Drs. 12/4451.
[3] BGBl I 1993, 1074.
[4] BGBl I 1997, 1130.
[5] BGBl I 2004, 1950, 2001.
[6] BGBl I 2005, 721.
[7] BT-Drs. 15/420, S. 120.
[8] BT-Drs. 15/3984, S. 4.
[9] BT-Drs. 15/3984, S. 5.
[10] BGBl I 2007, 1970, 2007.

§ 1 AsylbLG

gestellt, dass sich der Zusatz „**wegen des Krieges in ihrem Heimatland**" sowohl auf eine Aufenthaltserlaubnis nach § 23 Abs. 1 AufenthG als auch auf diejenige nach § 24 AufenthG bezieht. Mit der Gesetzesänderung sind auch die Inhaber einer Aufenthaltserlaubnis nach dem neu eingeführten **§ 25 Abs. 4a AufenthG** (vorübergehendes Aufenthaltsrecht von Opfern des Menschenhandels) leistungsberechtigt nach dem AsylbLG.

6   Durch Art. 3 des Gesetzes zur Umsetzung aufenthaltsrechtlicher Richtlinien der Europäischen Union und zur Anpassung nationaler Rechtsvorschriften an den EU-Visakodex vom 22.11.2011[11] ist § 1 Abs. 1 Nr. 3 AsylbLG ergänzt worden. Seit dem **26.11.2011** sind auch Inhaber einer Aufenthaltserlaubnis nach **§ 25 Abs. 4b AufenthG** (Opfer illegaler Beschäftigung) leistungsberechtigt nach dem AsylbLG.[12]

II. Vorgängervorschriften

7   Das vom Sozialhilferecht abgekoppelte Leistungsrecht für Ausländer ohne längerfristige Bleibeperspektive in Deutschland und der den persönlichen Anwendungsbereich betreffende § 1 AsylbLG gelten seit Inkrafttreten des AsylbLG am 01.11.1993.[13]

8   Als Vorgängervorschrift sah **§ 120 Abs. 2 Satz 1 BSHG** eine auf die Hilfe zum Lebensunterhalt beschränkte Sozialhilfegewährung vor, und zwar für asylsuchende Ausländer, deren Asylverfahren noch nicht unanfechtbar abgeschlossen ist (Nr. 1), zur Ausreise verpflichtete Ausländer, deren Aufenthalt aus völkerrechtlichen, politischen, humanitären oder aus den in § 51 Abs. 1 AuslG genannten Gründen geduldet wird (Nr. 2), und sonstige Ausländer, die zur Ausreise verpflichtet sind (Nr. 3). Die Hilfe konnte **in Ausnahmefällen** gem. § 120 Abs. 2 Satz 4 BSHG auf das **zum Lebensunterhalt Unerlässliche** beschränkt werden.[14]

III. Parallelvorschriften und systematische Zusammenhänge

1. Verhältnis der Leistungssysteme AsylbLG, SGB XII und SGB II

9   Die **Zuordnung von Ausländern zu den Existenz sichernden Leistungssystemen** ist differenziert geregelt und beurteilt sich nach verschiedenen Kriterien (Aufenthaltsstatus, Aufenthaltszweck, Erlaubnis zur Beschäftigungsaufnahme etc.).

10 Für das AsylbLG ist gem. § 1 Abs. 1 AsylbLG der **formale Aufenthaltsstatus** maßgeblich, mit dem i.d.R. ein bloß vorübergehender Aufenthalt in Deutschland ohne rechtlich anerkannte Bleibeperspektive einhergeht. Der Ausschluss von Leistungsberechtigten nach dem AsylbLG von Leistungen der Sozialhilfe (SGB XII) ist in **§ 9 Abs. 1 AsylbLG** ausdrücklich festgehalten. Dies korrespondiert mit § 23 Abs. 2 SGB XII (früher § 120 Abs. 2 BSHG) und für das Leistungsrecht der Grundsicherung für Arbeitsuchende (SGB II) mit § 7 Abs. 1 Satz 2 Nr. 3 SGB II. Eine entsprechende Anwendung des SGB XII kommt jedoch nach einem 48 Monate[15] währenden Leistungsbezug nach § 3 AsylbLG gem. **§ 2 Abs. 1 AsylbLG** in Betracht, wenn der Ausländer seine Aufenthaltsdauer in Deutschland nicht rechtsmissbräuchlich selbst beeinflusst hat.[16] Die Leistungsberechtigung des Ausländers nach dem AsylbLG (dem Grunde nach) bleibt auch bei einer privilegierten Leistungsgewährung nach § 2 Abs. 1 AsylbLG unberührt.[17]

11 Soweit Ausländer nicht nach dem AsylbLG leistungsberechtigt sind und sich tatsächlich in Deutschland aufhalten, haben sie grundsätzlich einen Anspruch auf **Sozialhilfe für Ausländer nach § 23 SGB XII** (früher § 120 BSHG), der auf die Hilfe zum Lebensunterhalt (§§ 27 ff. SGB XII), die Hilfe bei Krankheit (§ 48 SGB XII), die Hilfe bei Schwangerschaft und Mutterschaft (§ 50 SGB XII) und die Hilfe zur Pflege (§§ 61 ff. SGB XII) beschränkt ist, § 23 Abs. 1 Satz 1 SGB XII. Eine weitergehende

---

[11] BGBl I 2011, 2258.
[12] Zum Gesetzgebungsverfahren vgl. BT-Drs. 17/5470, BT-Drs. 17/6497.
[13] BGBl I 1993, 1074.
[14] Vgl. BVerwG v. 19.09.1991 - 5 C 61/88 - juris Rn. 11 ff. - NVwZ 1992, 571 f.
[15] Nach Art. 1 Nr. 1 des ersten Referentenentwurfs eines Dritten Gesetzes zur Änderung des AsylbLG des BMAS soll in § 2 Abs. 1 AsylbLG zukünftig auf eine Aufenthaltsdauer in Deutschland von 24 Monaten abgestellt werden (Stand: 04.12.2012), www.fluechtlingsinfo-berlin.de/fr/asylblg/BMAS_Entwurf_AsylbLG_041212.pdf (abgerufen am 14.04.2014).
[16] Vgl. hierzu insb. BSG v. 17.06.2008 - B 8/9b AY 1/07 R - juris Rn. 31 ff. - BSGE 101, 49, 61 ff.
[17] Vgl. BSG v. 17.06.2008 - B 8/9b AY 1/07 R - juris Rn. 14; *Hohm* in: AsylbLG, § 2 Rn. 30; *Deibel*, ZAR 2004, 321, 323.

Leistungsgewährung liegt im Ermessen der Behörde, § 23 Abs. 1 Satz 3 SGB XII, es sei denn, der Ausländer ist im Besitz einer Niederlassungserlaubnis (§ 9 AufenthG) oder eines befristeten Aufenthaltstitels, also einer Aufenthaltserlaubnis (vgl. § 7 Abs. 1 S. 1 AufenthG), mit voraussichtlich dauerhaftem Aufenthalt im Bundesgebiet (z.B. aus familiären Gründen),[18] § 23 Abs. 1 Satz 4 SGB XII. Bei einem voraussichtlichen Daueraufenthalt in Deutschland sind Ausländer sozialhilferechtlich mit Deutschen gleichgestellt. Entsprechendes gilt gem. § 23 Abs. 1 S. 5 SGB XII bei einer Privilegierung des Ausländers aufgrund anderer Rechtsvorschriften (z.B. aus völkerrechtlichen Verträgen, vgl. Rn. 51 ff.).[19]

Die Leistungsberechtigung von Ausländern nach dem **SGB II** beurteilt sich nach § 7 Abs. 1 Sätze 2 und 3 SGB II und § 8 Abs. 2 SGB II, nach dem nicht nur die Erwerbsfähigkeit i.S.d. § 8 Abs. 1 SGB II, sondern auch die bestehende bzw. mögliche **Erlaubnis zur Aufnahme einer Beschäftigung** Leistungsvoraussetzung ist. § 7 Abs. 1 Satz 2 Nr. 2 SGB II enthält eine für freizügigkeitsberechtigte **Unionsbürger** sehr umstrittene Sonderregel,[20] die für die vom AsylbLG betroffenen Drittstaatsangehörigen ohne Belang ist. EU-Ausländer und ihnen Gleichgestellte sind nämlich vom Anwendungsbereich des AsylbLG ausgeschlossen (vgl. hierzu Rn. 44). 12

2. Asyl- und aufenthaltsrechtliche Zusammenhänge

Systematisch ist der persönliche Anwendungsbereich nach § 1 Abs. 1 AsylbLG eng mit den ausländerrechtlichen Bestimmungen (AsylVfG, AufenthG) verknüpft, da sich die Leistungsberechtigung nach diesem Gesetz nach dem **formalen Aufenthaltsstatus** des Ausländers richtet. Das AsylbLG stellt insoweit ein restriktives Sondergesetz zur Eindämmung illegaler Migration von Drittstaatsangehörigen dar, die sich allein auf politische, humanitäre oder völkerrechtliche Aufenthaltsgründe berufen können. 13

Mit dem **Zuwanderungsgesetz 2004**[21] wurde das AuslG zum 01.01.2005 durch das AufenthG mit einhergehenden Änderungen des AsylVfG abgelöst. Das Aufenthaltsrecht nach dem AufenthG orientiert sich nicht mehr an Aufenthaltstiteln, sondern an dem Zweck des Aufenthalts in Deutschland.[22] Für die Leistungsberechtigung nach § 1 Abs. 1 AsylbLG sind insbesondere die asylverfahrensrechtlichen Bestimmungen (AsylVfG) und die Vorschriften über den **Aufenthalt aus völkerrechtlichen, humanitären oder politischen Gründen** aus dem 5. Abschnitt des 2. Kapitels des AufenthG (§§ 22-26 AufenthG) relevant. Kann sich der Ausländer auf einen anderen Aufenthaltszweck berufen, ist das AsylbLG auf ihn nicht (mehr) anwendbar; andere Zwecke liegen in der Ausbildung (§§ 16, 17 AufenthG), der Erwerbstätigkeit (§§ 18-21 AufenthG) und im Familiennachzug (§§ 27-36 AufenthG). 14

Im **Asylverfahren** entscheidet das Bundesamt für Migration und Flüchtlinge (BAMF) über die Anerkennung als Asylberechtigter aufgrund politischer Verfolgung (Art. 16a Abs. 1 GG) und über die Feststellung von zielstaatsbezogenen Abschiebungsverboten nach § 60 AufenthG. Diese können nach dem internationalen Flüchtlingsschutz zur Anerkennung der Flüchtlingseigenschaft nach der Genfer Flüchtlingskonvention (GK) bzw. nach der sog. Qualifikationsrichtlinie EGRL 2004/83 führen (§ 60 Abs. 1 AufenthG) oder zur Zuerkennung des subsidiären Schutzstatus nach der EGRL 2004/83 (§ 60 Abs. 2, 3 oder 7 Satz 2 AufenthG i.d.F. vom 25.02.2008[23]) bzw. seit dem 13.12.2011 nach der EURL 2011/95[24] (§ 60 Abs. 2 AufenthG i.V.m. § 4 AsylVfG, jeweils i.d.F. vom 28.08.2013[25]). Abschiebungsschutz nach nationalem Recht wird gem. § 60 Abs. 4, 5 und 7 Satz 1 AufenthG eingeräumt, u.a. wenn eine Abschiebung mit der EMRK nicht zu vereinbaren ist (§ 60 Abs. 5 AufenthG) oder eine Rückkehr in das Heimatland zu einer Gefahr für das Leben bzw. schweren und unzumutbaren Gesundheitsbeeinträchtigungen führen würde (§ 60 Abs. 7 Satz 1 AufenthG).[26] 15

---

[18] BT-Drs. 15/1761, S. 5.

[19] Vgl. hierzu *Hohm* in: Schellhorn/Schellhorn/Hohm, SGB XII, § 23 Rn. 14 ff.

[20] Vgl. BSG v. 12.12.2013 - B 4 AS 9/13 R - juris (EuGH-Vorlage); BSG v. 30.01.2013 - B 4 AS 54/12 R - juris; SG Leipzig v. 03.06.2013 - S 17 AS 2198/12 - juris (EuGH-Vorlage - C-333/13 - Rs. Dano); EuGH v. 04.06.2009 - C-22/08 C-23/08 - Rs. Vatsouras/Koupatantze; *Fuchs*, ZESAR 2014, 103-111 *Greiser*, ZESAR 2014, 18-26; *Eichenhofer*, ZESAR 2012, 357-362; *Janda*, ZFSH/SGB 2013, 453-462; *Hofmann/Kummer*, ZESAR 2013, 199-208; *Raschka*, EuR 2013, 116; *Schreiber*, NZS 2012, 647-652. .

[21] Gesetz zur Steuerung und Begrenzung der Zuwanderung und zur Regelung des Aufenthalts und der Integration von Unionsbürgern und Ausländern, BGBl I 2004, 1950, 2001.

[22] Vgl. BT-Drs. 15/420, S. 1.

[23] BGBl I 2008, 162.

[24] ABl.EU L 337 v. 20.12.2011, S. 9.

[25] BGBl I 2013, 3474.

[26] Vgl. *Huber/Göbel-Zimmermann*, Ausländer- und Asylrecht, 2. Aufl. 2008, S. 581, Rn. 1620-1623.

§ 1 AsylbLG

16 Mit der Neustrukturierung des Ausländerrechts 2005 und der **europäischen Harmonisierung des Asyl- und Flüchtlingsrechts** (insb. durch die Qualifikationsrichtlinie – EGRL 2004/83, seit dem 13.12.2011 EURL 2011/95[27]) wird dem Schutzbereich der GK eine weit über das Asylgrundrecht hinausgehende Bedeutung beigemessen, insbesondere für die nichtstaatliche Verfolgung.[28] Damit hat das seit der restriktiven Grundgesetzänderung im Jahr 1993[29] ohnehin fast bedeutungslose **Asylgrundrecht nach Art. 16a Abs. 1 GG ausländerrechtlich keine praktische Relevanz mehr.**[30] Leistungsrechtlich hat dies nach Art. 28 Abs. 1 EGRL 2004/83 (seit dem 13.12.2011 nach Art. 29 Abs. 1 EURL 2011/95[31]) zu einer Besserstellung von anerkannten Flüchtlingen nach der GK (= Aufenthaltserlaubnis nach § 25 Abs. 2 AufenthG) und Ausländern geführt, bei denen ein zielstaatsbezogenes Abschiebungshindernis nach § 60 Abs. 2, 3, 5 oder 7 AufenthG festgestellt worden ist (= Aufenthaltserlaubnis nach § 25 Abs. 3 AufenthG[32]). Eine rechtliche Gleichstellung von anerkannten Flüchtlingen nach der GK und Personen mit subsidiären internationalem Schutzstatus (= Aufenthaltserlaubnis nach § 25 Abs. 2 Satz 1 Alt. 2 AufenthG) gilt seit dem 01.12.2013. Die Betroffenen verfügten nach der Rechtslage bis zum 31.12.2004 im Regelfall über eine Duldung und waren leistungsberechtigt nach dem AsylbLG.

17 Wird der Aufenthalt illegal eingereister Migranten nicht wegen der individuellen Schutzbedürftigkeit aus humanitären Gründen erlaubt, kann aufgrund der politischen Entscheidung einer obersten Landesbehörde im Einvernehmen mit dem Bundesinnenministerium oder auf EU-Ebene durch Ratsbeschluss nach Art. 5 EGRL 2001/55 **gruppenbezogen vorübergehend Schutz** gewährt werden (= Aufenthaltserlaubnis nach den §§ 23 Abs. 1, 24 AufenthG). Anlass sind akute Kriegs- oder Bürgerkriegssituationen in einem Herkunftsland oder ein Massenzustrom von Vertriebenen; seit Inkrafttreten des AufenthG wurde von diesen Möglichkeiten noch kein Gebrauch gemacht (Stand: Oktober 2010).[33] Kriegs- und Bürgerkriegsflüchtlinge, die sich aufgrund einer solchen politischen Entscheidung im Bundesgebiet befristet aufhalten dürfen, sind leistungsberechtigt nach § 1 Abs. 1 Nr. 3 Alt. 1 oder 2 AsylbLG.

18 Unter den Voraussetzungen der §§ 50 Abs. 1, 58 AufenthG sind **Ausländer ohne Aufenthaltstitel**, insbesondere illegal eingereiste Migranten nach Ablehnung ihres Asylantrags, vollziehbar ausreisepflichtig. Ihre Aufenthaltsbeendigung steht unmittelbar bevor, es sei denn, ihrer Abschiebung stehen unterschiedliche Vollstreckungshindernisse i.S.d. § 60a Abs. 1 oder 2 AufenthG entgegen; die Abschiebung kann bei fortbestehender Ausreisepflicht (vgl. § 60a Abs. 3 AufenthG) vorübergehend ausgesetzt sein (**Duldung**).

19 Die Vorstellung des Gesetzgebers, dass der Status der Duldung ein vorübergehender sei,[34] stellt sich in vielen Fällen als falsch heraus. Ende Oktober 2009 lebten 58.500 geduldete Ausländer (63,5% der insgesamt Geduldeten) seit über sechs Jahren in Deutschland.[35] Hintergrund ist die seit Jahrzehnten flächendeckend verbreitete **Praxis der sog. „Kettenduldung"**, der zweckentfremdeten Erteilung einer Duldung für eine langfristige Aufenthaltsgewährung gleichsam als Vorstufe eines „Daueraufenthaltsrechts".[36] Die Beendigung dieser politisch unerwünschten Praxis war ein Hauptmotiv bei Erlass des Zuwanderungsgesetzes 2004,[37] im Hinblick auf die hierfür vorgesehene Regelung des § 25 Abs. 5 AufenthG leider ohne Erfolg.[38] Nach dieser in der Behördenpraxis sehr umstrittenen Vorschrift[39] sollte der Aufenthalt langjährig Geduldeter mit auf nicht absehbare Zeit bestehenden und unverschuldeten Ausreisehindernissen legalisiert werden, für die Ausländer mit der Aussicht, nach einem rechtmäßigen

---

[27] ABl.EU L 337 v. 20.12.2011, S. 9.
[28] *Tiedemann*, ZAR 2009, 161, 166 f.
[29] BGBl I 1993, 1002.
[30] Vgl. hierzu *Hailbronner*, ZAR 2009, 369, 372 f.; *Tiedemann*, ZAR 2009, 161, 166 f.
[31] ABl.EU L 337 v. 20.12.2011, S. 9.
[32] Seit dem 01.12.2013 bekommen nur noch Personen mit einem nationalrechtlichen Abschiebungsverbot nach § 60 Abs. 5 oder 7 Satz 1 AufenthG eine Aufenthaltserlaubnis nach § 25 Abs. 3 AufenthG.
[33] Vgl. auch *Frings*, Sozialrecht für Zuwanderer, 2008, S. 246, Rn. 510, S. 264, Rn. 556.
[34] BT-Drs. 13/2746, S. 11.
[35] BT-Drs. 17/192, S. 11; vgl. auch BT-Drs. 17/764.
[36] So schon BVerwG v. 16.10.1990 - 1 C 15/88 - juris Rn. 20 - NVwZ 1991, 787, 789; BT-Drs. 11/6321, S. 76 zu § 55 AuslG.
[37] BT-Drs. 15/420, S. 80.
[38] Evaluierungsbericht des BMI zum Zuwanderungsgesetz aus Juli 2006, S. 72 (www.bmi.bund.de, abgerufen am 15.04.2014).
[39] Evaluierungsbericht des BMI zum Zuwanderungsgesetz aus Juli 2006, S. 72 (www.bmi.bund.de, abgerufen am 15.04.2014).

Aufenthalt von sieben Jahren eine Niederlassungserlaubnis zu erhalten (§ 26 Abs. 4 AufenthG i.V.m. § 9 AufenthG) und leistungsrechtlich Deutschen gleichgestellt zu werden (SGB II/SGB XII).

Als Reaktion auf die fortbestehende Praxis der Kettenduldung wurde auf Länderebene im November 2006 auf Grundlage des § 23 Abs. 1 AufenthG eine **Bleiberechtsregelung** beschlossen,[40] die der Bundesgesetzgeber im August 2007 durch die **Altfallregelung** der §§ 104a, 104b AufenthG[41] ergänzt hat. Nach diesen Sonderregelungen kann geduldeten Ausländern nach acht Jahren ohne verfestigtem Aufenthalt im Bundesgebiet zu bestimmten Stichtagen eine Aufenthaltserlaubnis „auf Probe" erteilt und infolgedessen aus integrationspolitischen Gründen der Zugang zu den Existenz sichernden Leistungssystemen des SGB II und SGB XII gewährt werden. Im Dezember 2009 wurde die Verlängerung von erteilten Aufenthaltserlaubnissen auf Probe bis zum 31.12.2011 als Aufenthaltserlaubnisse nach § 23 Abs. 1 AufenthG beschlossen.[42]

Neben diesen Bleiberechts- und Altfallregelungen hat der Gesetzgeber zum 01.07.2011 den Aufenthaltstitel nach **§ 25a AufenthG** eingeführt, um **gut integrierten Jugendlichen und Heranwachsenden** – ggf. auch deren Eltern[43] – bei einer positiven Integrationsprognose[44] unter erleichterten Bedingungen ein Aufenthaltsrecht einzuräumen,[45] das eine Leistungsberechtigung nach dem SGB II oder SGB XII vermittelt. Die Regelung gilt stichtagsunabhängig. Die derzeitigen **Reformvorhaben** zur Verbesserung der Integration von in Deutschland lebenden Ausländerinnen und Ausländern sehen weitergehend die Einführung eines Aufenthaltsrechts nach **§ 25b AufenthG** vor, um einer nachhaltigen Integration in die deutsche Gesellschaft nach langjährigem Aufenthalt – alters- und stichtagsunabhängig – Rechnung tragen zu können.

Schließlich können vollziehbar Ausreisepflichtige in besonderen Ausnahmefällen aufgrund einer Anordnung der obersten Landesbehörde auf die Empfehlung einer auf Länderebene eingerichteten **Härtefallkommission** eine Aufenthaltserlaubnis nach § 23a AufenthG (Härtefallregelung) erhalten.

IV. Ausgewählte Literaturhinweise

Benassi, Die Bedeutung der humanitären Aufenthaltsrechte des § 25 Abs. 4 und 5 AufenthG im Lichte des Art. 8 EMRK, InfAuslR 2006, 397-404; *Benassi*, Rechtsfolgen der Beantragung eines Aufenthaltstitels, InfAuslR 2006, 178-187; *Brandmayer*, 50 Jahre Sozialhilfe, 18 Jahre Asylbewerberleistungsgesetz, in: 50 Jahre Sozialhilfe – Eine Festschrift, 2012, S. 286-297; *Classen*, Das BVerfG-Urteil zur Verfassungswidrigkeit des AsylbLG, Solidarität 2013, 287-302 (vgl. www.fluechtlingsinfo-berlin.de/fr/asylblg/BVerfG-AsylbLG-Urteil.html, zuletzt abgerufen am 15.04.2014); *Decker*, Die beabsichtigten Änderungen des Asylbewerberleistungsgesetzes durch das geplante Zuwanderungsgesetz, ZFSH/SGB 2003, 195-201; *Deibel*, Aufenthaltsrechtliche Grundlagen und Probleme bei der Bewilligung von Leistungen nach dem Asylbewerberleistungsgesetz, ZAR 2011, 128-131 und 178-183; *Deibel*, Die Menschenwürde im Asylbewerberleistungsrecht, ZFSH SGB 2012, 582-591; *Deibel*, Die Neuregelung des Asylbewerberleistungsrechts durch das Zweite Richtlinienumsetzungsgesetz, ZFSH/SGB 2012, 189-194; *Deibel*, Die neue Aufenthaltserlaubnis für Jugendliche und Heranwachsende in § 25a AufenthG, ZAR 2011, 241-247; *Eichenhofer*, Menschenwürde durch den Sozialstaat – für alle Menschen?, SGb 2012, 565-568; *Ekardt*, Würde und Existenzminimum – nur eingeschränkt für Asylbewerber?, ZAR 2004, 142-146; *Fritzsch*, Die Grenzen des völkerrechtlichen Schutzes sozialer Bindungen von Ausländern nach Art. 8 EMRK, ZAR 2010, 14-22; *Geiger*, Aktuelle Anwendungsprobleme und Rechtsprechung zum SGB II, info also 2005, 147-151; *Geiger*, Der Zugang Drittstaatsangehöriger zum SGB II – Grundsicherung für Arbeitsuchende, InfAuslR 2004, 360-361; *Görisch*, Asylbewerberleistungsrechtliches Existenzminimum und gesetzgeberischer Gestaltungsspielraum, NZS 2011, 646-650; *Gutmann*, Rosstäuscherei im Ausländersozialrecht, InfAuslR 2007, 309-314; *Hachmann/Hohm*, Änderungen des Asylbewerberleistungsgesetzes durch das Gesetz zur Umsetzung aufenthalts- und asylrechtlicher EU-Richtlinien, NVwZ 2008, 33-36; *Haedrich*, Das Asylbewerberleistungsgesetz, das Existenzminimum und die Standards der EU-Aufnahmerichtlinie, ZAR 2010, 227-233; *Hailbronner*, Das Grundrecht auf Asyl – unverzichtbarer Bestandteil der grundgesetzlichen Wertordnung, historischer Relikt oder gemeinschaftswidrig?, ZAR 2009, 369-376; *Heinhold*, Aufenthaltsverfestigung für Ausländer mit humanitärem Aufenthalt – § 26 IV i.V.m. § 35 AufenthG,

---

[40] IMK-Beschluss v. 17.11.2006, vgl. BT-Drs. 17/842, S. 4.
[41] BGBl I 2007, 1970.
[42] IMK-Beschluss v. 04.12.2009, vgl. BT-Drs. 17/842, S. 4.
[43] Vgl. § 25a Abs. 2 AufenthG.
[44] BT-Drs. 17/5093, S. 15.
[45] Vgl. auch BVerwG v. 14.05.2013 - 1 C 17/12 - juris.

§ 1 AsylbLG

ZAR 2008, 161-169; *Hohm*, Menschenwürdiges Existenzminimum für Leistungsberechtigte nach dem Asylbewerberleistungsgesetz, ZFSH/SGB 2010, 269-277; *Horrer*, Das Asylbewerberleistungsgesetz, die Verfassung und das Existenzminimum, Berlin 2001; *Janda*, Quo Vadis, AsylbLG? Möglichkeiten der Neuregelung der existenzsichernden Leistungen für Personen mit vorübergehendem Aufenthalt nach dem Urteil des BVerfG, ZAR 2013, 175-182; *Janda/Wilksch*, Das Asylbewerberleistungsgesetz nach dem „Regelsatz-Urteil" des BVerfG, SGb 2010, 565-574; *Keßler*, Stellungnahme des Jesuiten-Flüchtlingsdienstes Deutschland für die Sachverständigen-Anhörung des Innenausschusses des Deutschen Bundestages über das „EU-Richtlinienumsetzungsgesetz" und andere Vorlagen am 21.05.2007, A-Drs. 16(4)209 E; *Kingreen*, Schätzungen „ins Blaue hinein": Zu den Auswirkungen des Hartz IV-Urteils des Bundesverfassungsgerichts auf das Asylbewerberleistungsgesetz, NVwZ 2010, 558-562; *Lehnert/Pelzer*, Diskriminierendes Sondergesetz: Warum das Asylbewerberleistungsgesetz verfassungswidrig ist, KJ 2010, 450-457; *Mahler/Follmar-Otto*, Asylbewerberleistungsgesetz auf dem menschenrechtlichen Prüfstand, ZAR 2011, 378-383; *Marx*, Verfestigung des Aufenthaltstitels im Übergangsprozess zwischen Ausländergesetz 1990 und Aufenthaltsgesetz 2004, ZAR 2004, 403-410; *Röseler/Schulte*, Gutachten zum Entwurf eines Zweiten Gesetzes zur Änderung des Asylbewerberleistungsgesetzes, Bonn 1998; *Rothkegel*, Das Bundesverfassungsgericht als Ersatzgesetzgeber – die Übergangsregelungen des Hartz-IV- und des AsylbLG-Urteils, ZFSH/SGB 2012, 519-523; *Rothkegel*, Das Gericht wird's richten – das AsylbLG-Urteil des Bundesverfassungsgerichts und seine Ausstrahlungswirkungen, ZAR 2012, 357-369; *Rothkegel*, Rechtliche Prinzipien der Sicherung des Lebensunterhalts nach SGB II, SGB XII und AsylbLG, ZFSH/SGB 2005, 391-400; *Sieveking*, Zur Bedeutung des Arbeitslosengelds II für Ausländer, ZAR 2004, 283-287; *Tiedemann*, Anmerkung zu BVerfG v. 18.07.2012 - 1 BvL 10/10, 1 BvL 2/11 - NVwZ 2012, 1031-1033; *Tiedemann*, Das konstitutionelle Asylrecht in Deutschland, ZAR 2009, 161-167; *Wenner*, Bundesverfassungsgericht hält Sätze nach dem Asylbewerberleistungsgesetz für zu niedrig, SozSich 2012, 277-278; *Wollenschläger*, Der sozialrechtliche Schutz von Asylbewerbern in Deutschland, Festschrift 50 Jahre Bundessozialgericht, 2004, S. 317-338; Materialien zur öffentlichen Anhörung von Sachverständigen in Berlin am 07.02.2011, Ausschussdrucksache 17(11)376 neu (Zusammenstellung der schriftlichen Stellungnahmen).

B. Auslegung der Norm

I. Regelungsgehalt und Bedeutung der Norm

24 Bei dem AsylbLG handelt es sich um ein **besonderes Sicherungssystem**, das aus dem zwischen CDU/CSU, FDP und SPD erzielten Asylkompromiss 1992 heraus entstanden ist und eigenständige abschließende Regelungen zur Sicherung des Lebensunterhaltes sowie zur Annahme und Durchführung von Arbeitsgelegenheiten für einen eng begrenzten Personenkreis von Ausländern enthält.[46] § 1 AsylbLG bestimmt in diesem Zusammenhang den **Kreis der Leistungsberechtigten** und damit den persönlichen Anwendungsbereich des AsylbLG.

25 § 1 Abs. 1 AsylbLG erfasst diejenigen **Ausländer nach ihrem formalen Aufenthaltsstatus**, die sich nach Auffassung des Gesetzgebers zu einem vorübergehenden Zweck ohne längerfristige Bleibeperspektive in Deutschland aufhalten.

26 § 1 Abs. 2 AsylbLG enthält eine **Kollisionsregel** für Leistungsberechtigte nach § 1 Abs. 1 AsylbLG, die sich jedoch zugleich auf ein verfestigtes Aufenthaltsrecht berufen können (z.B. aus familiären Gründen). Diese Ausländer sind nicht nach dem AsylbLG leistungsberechtigt.

27 Das **Ende der Leistungsberechtigung** nach diesem Gesetz regelt **§ 1 Abs. 3 AsylbLG**; bei fortbestehender Bedürftigkeit richtet sich der Leistungsanspruch zur Existenzsicherung nach dem SGB II oder dem SGB XII.

II. Normzweck

28 Der persönliche Anwendungsbereich des § 1 Abs. 1 AsylbLG soll „vom Grundsatz her alle Ausländer erfassen, die sich **typischerweise nur vorübergehend**, d.h. ohne Verfestigung ihres ausländerrechtlichen Status, **im Bundesgebiet** aufhalten".[47] Bis zur Entscheidung des BVerfG vom 18.07.2012 sollten sie – im Vergleich mit Sozialhilfeleistungen (SGB XII) oder Leistungen zur Grundsicherung für Arbeitsuchende (SGB II) – deutlich abgesenkte und eingeschränkte Leistungen zur Sicherung ihres Lebensunterhalts erhalten (Grundleistungen nach § 3 AsylbLG zur Deckung des notwendigen Bedarfs, Vorrang der Sachleistungsgewährung, eingeschränkte medizinische Versorgung nach den §§ 4, 6

---

[46] BT-Drs. 15/1516, S. 52 (zu § 7 SGB II).
[47] BT-Drs. 13/2746, S. 12.

AsylbLG etc.). Nach einem gewissen Zeitraum vermittelt § 2 Abs. 1 AsylbLG einen **Leistungsanspruch auf Sozialhilfeniveau** in entsprechender Anwendung des SGB XII, wenn der Ausländer seinen Aufenthalt nicht rechtsmissbräuchlich beeinflusst hat.

Mit Einführung des AsylbLG im Jahr 1993 und der leistungsrechtlichen Differenzierung von Ausländern nach ihrer rechtlich anerkannten Bleibeperspektive (§ 1 Abs. 1 AsylbLG) war beabsichtigt, den **Zustrom von Flüchtlingen nach Deutschland** zu begrenzen und dem **Missbrauch des Asylrechts** entgegenzutreten. So sollte jeglicher Anreiz genommen werden, allein aus wirtschaftlichen Gründen einzureisen (sog. Pull-Faktor), und die Finanzierung von Schlepperbanden verhindert werden.[48] Ob dieser Zweck durch eine abgesenkte Leistungsgewährung erreicht werden kann, ist nicht evaluiert und wird von Sachverständigen bestritten.[49]

Neben diesem „präventiven" Zweck soll die eingeschränkte Leistungsgewährung unrechtmäßig in Deutschland lebenden Ausländern **keine Bleibeanreize bieten** und sie **zur freiwilligen Ausreise anhalten**.[50] Zugleich soll sie den speziellen Bedürfnissen dieser Personengruppe mit nur vorübergehendem Aufenthalt in Deutschland Rechnung tragen.[51] Wegen des nur vorübergehenden Aufenthalts in Deutschland sollen Leistungen zur Sicherung der sozialen Integration in die deutsche Gesellschaft nicht gewährt werden.[52] Der Leistungsbezug nach den §§ 3, 4 und 6 AsylbLG soll zudem Leistungsberechtigte „ermutigen", ihren Lebensunterhalt möglichst durch eigene Arbeit und nicht durch Leistungen des Sozialsystems zu sichern.[53]

Bereits bei der Einführung des Gesetzes wurden auch die **fiskalpolitischen Interessen der Länder** und der Träger der Sozialhilfe verfolgt.[54] Der Gedanke der Kosteneinsparung trat spätestens mit Einführung der 36-Monatsfrist im Sinne des § 2 Abs. 1 AsylbLG im Jahr 1997 verstärkt in den Vordergrund.[55]

Diese konzeptionelle Ausrichtung des AsylbLG als restriktives Sondergesetz zur Eindämmung sozialleistungsmotivierter Zuwanderung von Flüchtlingen ist durch die Entscheidung des **BVerfG vom 18.07.2012** zu § 3 AsylbLG **grundlegend in Frage gestellt** worden. Danach hat sich die Höhe existenzsichernder Leistungen auch bei dem eigenständigen Sicherungssystem des AsylbLG allein an dem typischen Bedarf der leistungsberechtigten Person zu orientieren. Die in Art. 1 Abs. 1 GG garantierte **Menschenwürde ist migrationspolitisch nicht zu relativieren.**[56]

III. Vereinbarkeit mit höherrangigem Recht

1. Verfassungsrecht

a. Art. 3 Abs. 1 GG

Bis zu der grundlegenden Entscheidung des BVerfG vom 18.07.2012 zur Leistungsbemessung nach § 3 AsylbLG hatte die **h.M.**[57] – trotz Kritik[58] – **keine grundlegenden verfassungsrechtlichen Beden-**

---

[48] BT-Drs. 12/5008, S. 1, 13 f.
[49] Vgl. Sachverständigenanhörung am 04.05.2009, A-Drs. 16(11)1350 (zum Entwurf eines Gesetzes zur Aufhebung des AsylbLG, BT-Drs. 16/10837); vgl. auch *Fuchs*, ZESAR 2014, 103 ff. sowie *Kingreen*, SGb 2013, 132, 138.
[50] BT-Drs. 12/4451, S. 5; BT-Drs. 14/8414, S. 10.
[51] BT-Drs. 12/4451, S. 5; BT-Drs. 12/5008, S. 1.
[52] BT-Drs. 12/4451, S. 5; BT-Drs. 16/9018, S. 4.
[53] BT-Drs. 16/5065, S. 155.
[54] Vgl. BT-Drs. 12/3686, S. 4.
[55] So zutreffend BSG v. 17.06.2008 - B 8/9b AY 1/07 R - juris Rn. 21 - BSGE 101, 49, 56 (unter Bezugnahme auf den Ausschussbericht vom 07.02.1996, BT-Drs. 13/3728, S. 3).
[56] BVerfG v. 18.07.2012 - 1 BvL 10/10, 1 BvL 2/11 - juris Rn. 95.
[57] BSG v. 17.06.2008 - B 8/9b AY 1/07 R - juris Rn. 30 - BSGE 101, 49, 59 ff.; BSG v. 16.12.2008 - B 4 AS 40/07 R - juris Rn. 18 ff.; BSG v. 13.11.2008 - B 14 AS 24/07 R - juris Rn. 19 ff. - NZA-RR 2009, 333, 335 ff.; BSG v. 07.05.2009 - B 14 AS 41/07 R - juris Rn. 13; LSG Niedersachsen-Bremen v. 18.12.2007 - L 11 AY 60/05 - juris Rn. 29; LSG Niedersachsen-Bremen v. 20.01.2009 - L 11 AY 36/08 - juris Rn. 28 f. - SAR 2009, 42; BVerwG v. 29.09.1998 - 5 B 82/97 - juris Rn. 5-7 - NVwZ 1999, 669; OVG Niedersachsen v. 21.06.2000 - 12 L 3349/99 - juris Rn. 23-25 - NVwZ-Beil. 2001, 11, 12; OVG Nordrhein-Westfalen v. 22.02.2000 - 16 E 596/99 - juris Rn. 9.
[58] Vgl. etwa *Röseler/Schulte*, Gutachten zum Entwurf eines Zweiten Gesetzes zur Änderung des Asylbewerberleistungsgesetzes, Bonn 1998; *Ekhardt*, ZAR 2004, 142-146; *Keßler*, A-Drs. 16(4)209 E, S. 19 f.; vgl. Sachverständigenanhörung am 04.05.2009, A-Drs. 16(11)1350 (zum Entwurf eines Gesetzes zur Aufhebung des AsylbLG, BT-Drs. 16/10837); *Kingreen*, NVwZ 2010, 558 ff.; *Hohm*, ZFSH/SGB 2010, 269 ff.; *Janda/Wilksch*, SGb 2010, 565, 570; vgl. auch die Kritik in der Vorauflage, *Frerichs* in: jurisPK-SGB XII, 1. Aufl. 2011, § 1 AsylbLG Rn. 97 ff.

§ 1 AsylbLG　　　　　　　　　　　　　　　　　　　　jurisPK-SGB XII / Frerichs

ken gegen die Bestimmung der Leistungsberechtigten nach ihrem ausländerrechtlichen Status gem. § 1 Abs. 1 AsylbLG und die einhergehende Zuordnung zu dem Leistungssystem nach dem AsylbLG. Dabei wurde die vom Gesetzgeber vorgenommene Unterscheidung zwischen Deutschen und Ausländern bzw. Ausländern selbst nach dem asyl- oder aufenthaltsrechtlichen Status bislang an dem allgemeinen Gleichheitssatz aus **Art. 3 Abs. 1 GG** gemessen.[59]

34　Nach der Rechtsprechung des BVerfG[60] zum Grundrecht auf Gewährleistung des menschenwürdigen Existenzminimums aus **Art. 1 Abs. 1 GG i.V.m. Art. 20 Abs. 1 GG** muss allerdings bezweifelt werden, ob Art. 3 Abs. 1 GG bei der verfassungsrechtlichen Prüfung des persönlichen Anwendungsbereichs nach § 1 Abs. 1 AsylbLG überhaupt einschlägig ist. Das **Verhältnis dieser Grundrechte zueinander** ist noch weitgehend ungeklärt. In früheren Entscheidungen hat das BVerfG den Gleichheitssatz – etwas undifferenziert – als Prüfungsmaßstab für eine abweichende Hilfegewährung an bestimmte Personengruppen herangezogen.[61] Im Regelsatzurteil hat es jedoch ausgeführt, dass „**andere Grundrechte**, wie zum Beispiel Art. 3 Abs. 1 GG oder Art. 6 Abs. 1 GG, (…) für die Bemessung des Existenzminimums im Sozialrecht **keine weiteren Maßstäbe** zu setzen" vermögen. „Entscheidend ist von Verfassungs wegen allein, dass für jede individuelle hilfebedürftige Person das Existenzminimum nach Art. 1 Abs. 1 GG in Verbindung mit Art. 20 Abs. 1 GG ausreichend erfasst wird; eines Rückgriffs auf weitere Grundrechte bedarf es hier nicht."[62] Auch in der Entscheidung vom 18.07.2012 zur Verfassungswidrigkeit der Höhe der Geldleistungen nach § 3 Abs. 2 AsylbLG findet sich kein Wort zu einer Vereinbarkeit der vom Gesetzgeber vorgenommenen Gruppendifferenzierung (§ 1 Abs. 1 AsylbLG) mit Art. 3 Abs. 1 GG. Vielmehr wird die Frage, ob und nach welchen Vorgaben der Gesetzgeber bei der Ausgestaltung eigenständiger Sicherungssysteme[63] nach verschiedenen Personengruppen differenzieren darf, als Unterpunkt bei der Prüfung der Bemessung existenzsichernder Leistungen erörtert.[64]

35　Bei dem anzuwendenden **Prüfungsmaßstab** ist demnach zu differenzieren: Bei der **Bemessung der Leistungen**, also der Feststellung der existenznotwendigen Bedarfe nach einem inhaltlich transparenten und folgerichtigen Verfahren, ist alleiniger Prüfungsmaßstab **Art. 1 Abs. 1 GG i.V.m. Art. 20 Abs. 1 GG**. Dies schließt auch die Frage mit ein, für welche abgrenzbare Personengruppe der Gesetzgeber wegen besonderer Bedarfe eine vom allgemeinen Grundsicherungsrecht abweichende Bedarfsbemessung vornimmt.[65] Eine Differenzierung nach Personengruppen ist nicht an Art. 3 Abs. 1 GG zu messen, sondern nur möglich, sofern der (typische) **Bedarf** des Einzelnen dieser Personengruppe an existenznotwendigen Leistungen von dem anderer Bedürftiger signifikant abweicht.[66] Eine „bessere" Absicherung einer anderen Personengruppe – sofern methodengerecht ermittelt – ist insoweit unter dem Gesichtspunkt des allgemeinen Gleichheitssatzes irrelevant.[67] Das Grundrecht aus Art. 1 Abs. 1 GG hat als Gewährleistungsrecht in seiner Verbindung mit Art. 20 Abs. 1 GG neben dem absolut wirkenden Anspruch aus Art. 1 Abs. 1 GG auf Achtung der Würde jedes Einzelnen eine eigenständige Bedeutung.[68] Gleichwohl fließen bei der Bestimmung der Personengruppe eines eigenständigen Sicherungssystems – wenn auch unausgesprochen – bekannte Maßstäbe aus der Prüfung des Art. 3 Abs. 1 GG mit ein, wenn sich etwa – wie bei dem AsylbLG – der persönliche Anwendungsbereich nach der voraussichtlichen Aufenthaltsdauer in Deutschland bestimmen soll und auf das Kriterium des Aufent-

---

[59] Vgl. etwa BSG v. 16.12.2008 - B 4 AS 40/07 R m.w.N. - juris Rn. 18 ff.; BSG v. 13.11.2008 - B 14 AS 24/07 R - juris Rn. 19 ff. - NZA-RR 2009, 333, 335 ff.; BSG v. 07.05.2009 - B 14 AS 41/07 R - juris Rn. 13; BVerwG v. 29.09.1998 - 5 B 82/97 - juris Rn. 7 - NVwZ 1999, 669.

[60] BVerfG v. 09.02.2010 - 1 BvL 1/09, 1 BvL 3/09, 1 BvL 4/09 - juris und BVerfG v. 18.7.2012 - 1 BvL 10/10, 1 BvL 2/11 - juris.

[61] BVerfG v. 17.3.2004 - 1 BvR 1266/00 - juris Rn. 55, 56 (Spätaussiedler); BVerfG v. 11.07.2006 - 1 BvR 293/05 - juris Rn. 44 (Schmerzensgeldanrechnung im AsylbLG).

[62] BVerfG v. 09.02.2010 - 1 BvL 1/09, 1 BvL 3/09, 1 BvL 4/09 - juris Rn. 145.

[63] Zur Zulässigkeit bereits BVerfG v. 11.07.2006 - 1 BvR 293/05 - juris Rn. 39 - NVwZ 2007, 436 (Schmerzensgeldanrechnung nach § 7 AsylbLG).

[64] Vgl. BVerfG v. 18.07.2012 - 1 BvL 10/10, 1 BvL 2/11 - juris Rn. 69, 73-76, 92-95.

[65] A.A. wohl LSG Nordrhein-Westfalen v. 6.9.2012 - L 7 AS 758/12 B ER - juris Rn. 14.

[66] BVerfG v. 18.07.2012 - 1 BvL 10/10, 1 BvL 2/11 - juris Rn. 73.

[67] A.A. BSG v. 21.12.2009 - B 14 AS 66/08 R - juris Rn. 21 m.w.N.; SG Leipzig v. 15.05.2013 - S 17 AS 723/13 - juris Rn. 35 ff.; *Kingreen*, Soziale Rechte und Migration, 2010, S. 60 ff.

[68] Vgl. BVerfG v. 09.02.2010 - 1 BvL 1/09, 1 BvL 3/09, 1 BvL 4/09 - juris Rn. 133.

haltsstatus abgestellt wird.[69] Denn Grundlage einer Gruppenbildung durch abstrakt-generelle Regelungen ist stets eine Typisierung durch den Gesetzgeber – an sich ein vertrauter Prüfungsgegenstand im Rahmen des Art. 3 Abs. 1 GG.[70]

Der **allgemeine Gleichheitssatz** kann als Prüfungsmaßstab dagegen nur bei Regelungsgegenständen zum Tragen kommen, die **nicht mit der Bemessung der Leistungen** zusammenhängen, z.B. bei der **Art und Weise der Bedarfsdeckung** (Gewährung von Geld-, Sach- oder Dienstleistungen)[71] oder bei der Ausgestaltung des Sicherungssystems im Übrigen (z.B. bei Fragen der Einkommensanrechnung).[72] Ungleichbehandlungen von Personen innerhalb des gleichen Sicherungssystems oder verschiedener Systeme müssen insoweit einer Prüfung nach Art. 3 Abs. 1 GG (ggf. i.V.m. Art. 6 Abs. 1 GG oder Art. 2 GG) standhalten. 36

b. Art. 1 Abs. 1 GG i.V.m. Art. 20 Abs. 1 GG

Nach der Entscheidung des **BVerfG vom 18.07.2012** darf der Gesetzgeber bei der Festlegung des menschenwürdigen Existenzminimums in einem eigenständigen Sicherungssystem die Besonderheiten bestimmter Personengruppen berücksichtigen. Er darf aber nicht pauschal nach dem Aufenthaltsstatus differenzieren, sondern muss eine Differenzierung danach ausrichten, ob der **Bedarf dieser Personengruppe an existenznotwendigen Leistungen** von dem anderer Bedürftiger signifikant abweicht und dies folgerichtig in einem inhaltlich transparenten Verfahren anhand des tatsächlichen Bedarfs gerade dieser Gruppe belegt werden kann.[73] 37

Danach gilt für das AsylbLG: Bei einer abweichenden Versorgung von Personen ohne längerfristige Bleibeperspektive in Deutschland ist entscheidend, „ob wegen eines nur kurzfristigen Aufenthalts konkrete Minderbedarfe gegenüber Hilfsempfängern mit Daueraufenthaltsrecht nachvollziehbar festgestellt und bemessen werden können. Hierbei ist auch zu berücksichtigen, ob durch die Kürze des Aufenthalts Minderbedarfe durch Mehrbedarfe kompensiert werden, die typischerweise gerade unter den Bedingungen eines nur vorübergehenden Aufenthalts anfallen."[74] Lassen sich hiernach abweichende Bedarfe bestimmter Personengruppen feststellen, wobei dem Gesetzgeber ein Gestaltungsspielraum zukommt, der die Beurteilung der tatsächlichen Verhältnisse dieser Personengruppe wie auch die wertende Einschätzung ihres notwendigen Bedarfs umfasst, darf die gesetzliche Umschreibung der Gruppe – hinreichend zuverlässig – tatsächlich nur diejenigen erfassen, die sich regelmäßig nur kurzfristig in Deutschland aufhalten. Maßgeblich ist hierbei eine **Prognose zu Beginn des Aufenthalts** in Deutschland, die nicht allein den Aufenthaltsstatus, sondern auch die tatsächlichen Verhältnisse mit einbeziehen muss.[75] Überschreitet die tatsächliche Aufenthaltsdauer in Deutschland die Spanne eines Kurzaufenthalts, ist der Verweis auf einen etwaigen Minderbedarf nicht mehr gerechtfertigt und ein zeitnaher „an den Gründen des unterschiedlichen Bedarfs orientierter" Übergang zu dem Leistungsniveau des allgemeinen Grundsicherungsrechts vorzusehen.[76] 38

Nach diesen Maßgaben hat das BVerfG festgestellt, dass es für die Annahmen, eine kurze Aufenthaltsdauer rechtfertige die durch § 3 AsylbLG a.F. begrenzte Leistungshöhe und die vom AsylbLG erfassten Leistungsberechtigten hielten sich typischerweise nur für kurze Zeit in Deutschland auf, bislang keine verlässliche Grundlage gebe.[77] Durch die mehrfache Ausweitung des persönlichen Anwendungsbereichs des AsylbLG umfasse das Gesetz mittlerweile einen sehr **heterogenen Personenkreis**, für den die Prognose eines nur vorübergehenden Aufenthalts in Deutschland[78] **durch die tatsächlichen** 39

---

[69] Vgl. BVerfG v. 18.07.2012 - 1 BvL 10/10, 1 BvL 2/11 - juris Rn. 92 ff.
[70] Vgl. statt vieler BVerfG v. 06.07.2010 - 2 BvL 13/09 - juris Rn. 38 m.w.N.
[71] Zur Zulässigkeit verschiedener Formen der Bedarfsdeckung vgl. BVerfG v. 18.07.2012 - 1 BvL 10/10, 1 BvL 2/11 - juris Rn. 67; BVerfG v. 09.02.2010 - 1 BvL 1/09, 1 BvL 3/09, 1 BvL 4/09 - juris Rn. 138; vgl. aber LSG Niedersachsen-Bremen v. 03.04.2013 - L 8 AY 105/12 B ER - juris Rn. 13 (Ausgabe von Wertgutscheinen anstelle von Geldleistungen), dazu auch Rogge, jurisPR-SozR 18/2013, Anm. 4.
[72] BVerfG v. 11.07.2006 - 1 BvR 293/05 (Schmerzensgeldanrechnung im AsylbLG).
[73] BVerfG v. 18.07.2012 - 1 BvL 10/10, 1 BvL 2/11 - juris Rn. 73.
[74] BVerfG v. 18.07.2012 - 1 BvL 10/10, 1 BvL 2/11 - juris Rn. 74.
[75] BVerfG v. 18.07.2012 - 1 BvL 10/10, 1 BvL 2/11 - juris Rn. 75.
[76] BVerfG v. 18.07.2012 - 1 BvL 10/10, 1 BvL 2/11 - juris Rn 76.
[77] BVerfG v. 18.07.2012 - 1 BvL 10/10, 1 BvL 2/11 - juris Rn. 92.
[78] BT-Drs. 13/2746, S. 11; BT-Drs. 13/3475, S. 2; BT-Drs. 15/3784, S. 21.

Verhältnisse widerlegt sei.[79] Der überwiegende Teil der Personen konnte 2009 auf einen über sechsjährigen Aufenthalt in Deutschland zurückblicken.[80]

40 Nach der Entscheidung des BVerfG vom 18.07.2012 ist auch der persönliche Anwendungsbereich des AsylbLG (§ 1 Abs. 1 AsylbLG) **grundlegenden verfassungsrechtlichen Bedenken** ausgesetzt.[81] Während der Geltung der Übergangsregelung des BVerfG zu § 3 AsylbLG[82] ist aber **§ 1 Abs. 1 AsylbLG weiterhin anwendbar.**[83] Eine Vorlage nach Art. 100 GG kommt für den Zeitraum bis zu einer gesetzlichen Neuregelung zur Sicherung des menschenwürdigen Existenzminimums im AsylbLG nicht in Betracht. Es obliegt nun dem Gesetzgeber, den Kreis der Leistungsberechtigten hinreichend zuverlässig nach ihrer voraussichtlichen Aufenthaltsdauer in Deutschland zu bestimmen und deren Bedarf an lebensunterhaltssichernden Leistungen in einem transparenten und folgerichtigen Verfahren zu bemessen.

41 Die prozeduralen Vorgaben für die gesonderte Bemessung von existenzsichernden Leistungen wird der Gesetzgeber aber – jedenfalls in der bisherigen Ausgestaltung des AsylbLG – vermutlich nicht erfüllen können. Einer eigenständigen – wohl nicht beabsichtigten[84] – Bedarfsbemessung steht der heterogene Personenkreis nach § 1 Abs. 1 AsylbLG entgegen sowie das **Fehlen einer geeigneten Referenzgruppe** zur Ermittlung eines durchschnittlichen Verbraucherverhaltens (Statistikmodell) von neu eingereisten Ausländern ohne dauerhafte Aufenthaltsperspektive, die zur Sicherung des Lebensunterhalts nicht auf staatliche Leistungen angewiesen sind (vgl. im Einzelnen die Kommentierung zu § 3 AsylbLG Rn. 98).

42 Ungeachtet dieser Schwierigkeiten ist es nach den Vorgaben des BVerfG kaum haltbar, § 1 Abs. 1 AsylbLG in seiner derzeitigen Fassung zu belassen.[85] Dies gilt insbesondere für die nach § 1 Abs. 1 Nr. 3 AsylbLG einbezogene Gruppe der Inhaber einer Aufenthaltserlaubnis nach § 25 Abs. 5 AufenthG. Dieser ursprünglich mit einer anderen Zielrichtung konzipierte Aufenthaltstitel stellt in der Rechtspraxis eine privilegierte Vorstufe zu einem Daueraufenthaltsrecht in Deutschland dar (vgl. hierzu im Einzelnen Rn. 104 ff.). Auch die Einbeziehung von Kriegs- und Bürgerkriegsflüchtlingen mit einer Aufenthaltserlaubnis nach § 23 oder 24 AufenthG ist angesichts der tatsächlichen Aufenthaltsdauer dieser Personen in Deutschland bedenklich (vgl. aber Rn. 89 und Rn. 110). Es bietet sich an, den persönlichen Anwendungsbereich des AsylbLG auf den ursprünglichen Stand von 1993 zu begrenzen, also auf Asylbewerber bzw. Antragsteller auf internationalen Schutz, vollziehbar Ausreisepflichtige (also auch Geduldete) und deren Familienangehörige.[86]

2. Europarecht

a. Primäres EU-Recht

43 Ein Verstoß gegen primäres EU-Recht, insbesondere gegen das allgemeine **Diskriminierungsverbot** aus Art. 18 des seit dem 01.12.2009 geltenden Vertrags über die Arbeitsweise der Europäischen Union (AEUV)[87] bzw. 12 EGV a.F. (Staatsangehörigkeit) oder die europarechtlichen Vorgaben zur Herstellung der **Arbeitnehmerfreizügigkeit** nach den Art. 45 ff. AEUV bzw. Art. 39 ff. EGV a.F., droht durch einen theoretisch denkbaren Leistungsausschluss von EU-Ausländern und ihnen Gleichgestellten nach § 23 Abs. 2 SGB XII bzw. § 7 Abs. 1 Satz 2 Nr. 3 SGB II nicht, auch wenn sie nach ihrem formalen Aufenthaltsstatus an sich leistungsberechtigt nach § 1 Abs. 1 AsylbLG wären. Nach zutreffender Ansicht ist das **AsylbLG auf EU-Ausländer nicht anwendbar**,[88] weder leistungsbegründend i.S.d. §§ 1, 3 AsylbLG noch leistungsausschließend i.V.m. § 23 Abs. 2 SGB XII oder § 7 Abs. 1 Satz 2 Nr. 3 SGB II. Insoweit ist der Anwendungsbereich des § 1 Abs. 1 AsylbLG entgegen dem Wortlaut te-

---

[79] BVerfG v. 18.07.2012 - 1 BvL 10/10, 1 BvL 2/11 - juris Rn. 93.
[80] Vgl. BT-Drs. 17/642.
[81] Ebenso *Deibel*, ZFSH SGB 2012, 582, 583; *Janda*, ZAR 2013, 175, 178; vgl. auch die Kritik in der Vorauflage, *Frerichs* in: jurisPK-SGB XII, 1. Aufl. 2011, § 1 AsylbLG Rn. 97 ff.
[82] BVerfG v. 18.07.2012 - 1 BvL 10/10, 1 BvL 2/11 - juris Rn. 98 ff.
[83] Weitergehend Hess. LSG v. 23.11.2012 - L 7 AS 118/12 - juris Rn. 45 (§ 1 AsylbLG verfassungsgemäß)
[84] Vgl. BT-Drs. 17/10664, S. 6.
[85] Ebenso *Janda*, ZAR 2013, 175, 178.
[86] Ebenso *Deibel*, ZFSH SGB 2012, 582, 583; *Janda*, ZAR 2013, 175, 178.
[87] ABl.EU C 115/47 v. 09.05.2008.
[88] VG Darmstadt v. 26.01.2004 - AN 4 K 03.01940 - juris Rn. 33-37; *Decker* in: Oestreicher, SGB XII/SGB II, § 1 AsylbLG Rn. 41; *Birk* in: LPK-SGB XII, § 1 AsylbLG Rn. 2. a.A. wohl LSG Bayern v. 12.03.2008 - L 7 B 1104/07 AS ER - SAR 2008, 74.

leologisch zu reduzieren.[89] Der Sinn und Zweck des AsylbLG, seine Entstehungsgeschichte und der Gesamtzusammenhang der einschlägigen Regelungen sprechen eindeutig gegen eine Anwendung des § 1 Abs. 1 AsylbLG auf Angehörige von Mitgliedstaaten, deren Rechtsstellung weitestgehend europarechtlich geprägt ist.[90] Die Rechtsregeln für nach Deutschland zuziehende und hier lebende Unionsbürger bilden eine vom allgemeinen Ausländerrecht zu trennende Rechtsmaterie.[91] Das AufenthG ist auf Unionsbürger und ihre Familienangehörigen, die nach § 2 Abs. 1 FreizügG/EU das Recht auf Einreise und Aufenthalt haben, gem. § 11 Abs. 1 FreizügG/EU ohnehin nur rudimentär anwendbar. Diese Auslegung entspricht auch der **Rechtsprechung des EuGH**, der den persönlichen Anwendungsbereich des AsylbLG offensichtlich allein auf Drittstaatsangehörige begrenzt sieht.[92]

b. Sekundäres EU-Recht (Richtlinien)

Die Europäische Union hat durch verschiedene Richtlinien **Gleichbehandlungsgebote und soziale Mindeststandards für Asylsuchende und Flüchtlinge** gesetzt. Diese Rechtsetzung ist vor dem Hintergrund der seit 2000 verstärkt zunehmenden europäischen Harmonisierung der Asyl- und Flüchtlingspolitik zu verstehen, die letztlich in einem gemeinsamen europäischen Asylsystem münden soll (vgl. auch die Asylkompetenzen in Art. 63 AEUV).[93] Von Bedeutung sind im Einzelnen die **Richtlinien**

44

- über die Gewährung vorübergehenden Schutzes im Falle eines Massenzustroms von Vertriebenen und Maßnahmen zur Förderung einer ausgewogenen Verteilung der Belastungen, die mit der Aufnahme dieser Personen und den Folgen dieser Aufnahme verbunden sind, auf die Mitgliedstaaten (sog. **Massenzustromrichtlinie EGRL 2001/55**[94] vom 20.07.2001),
- zur Festlegung von Mindestnormen für die Aufnahme von Asylbewerbern in den Mitgliedstaaten (sog. **Richtlinie Aufnahmebedingungen EGRL 2003/9**[95] vom 27.01.2003), neu gefasst durch die **EURL 2013/33**[96] vom 26.06.2013; Umsetzungsfrist: 20.07.2015),
- über die Anerkennung und den Status von Drittstaatsangehörigen oder Staatenlosen als Flüchtlinge oder als Personen, die internationalen Schutz benötigen, und über den Inhalt des zu gewährenden Schutzes (sog. **Qualifikationsrichtlinie EGRL 2004/83**[97] vom 29.04.2004,), neu gefasst durch die **EURL 2011/95**[98] vom 13.12.2011; umgesetzt durch Gesetz v. 28.08.2013[99]),
- über (vorübergehende) Aufenthaltstitel für Drittstaatsangehörige, die Opfer des Menschenhandels sind oder denen Beihilfe zur illegalen Einwanderung geleistet wurde und die mit den zuständigen Behörden kooperieren (sog. **Opferschutzrichtlinie EGRL 2004/81**[100] vom 29.04.2004,),
- zur Verhütung und Bekämpfung des Menschenhandels und zum Schutz seiner Opfer sowie zur Ersetzung des Rahmenbeschlusses 2002/629/JI des Rates (sog. **Menschenhandelsrichtlinie EURL 2011/36**[101] vom 05.04.2011; Umsetzungsfrist: 20.07.2015) und
- über Mindestnormen für Verfahren zur Zuerkennung oder Aberkennung der Flüchtlingseigenschaft (sog. **Verfahrensrichtlinie EGRL 2005/85**[102] vom 01.12.2005, neu gefasst durch die **EURL 2013/32**[103] vom 26.06.2013; Umsetzungsfrist: 20.07.2015).

Die nach Art. 28 Abs. 1 EGRL 2004/83 bzw. Art. 29 Abs. 1 EURL 2011/95 vorgegebene **Gleichbehandlung von Personen,** denen die Flüchtlingseigenschaft oder der **internationale Schutzstatus** zuerkannt worden ist, mit deutschen Staatsangehörigen im Sozialhilfebezug hat der Gesetzgeber durch das Zuwanderungsgesetz 2004 und das Gesetz zur Umsetzung der EURL 2011/95[104] in nationales

45

---

[89] Vgl. zur telelogischen Reduktion: BVerfG v. 07.04.1997 - 1 BvL 11/96 - NJW 1997, 2230 f.
[90] Vgl. VG Darmstadt v. 26.01.2004 - AN 4 K 03.01940.
[91] Vgl. BT-Drs. 15/420, S. 65.
[92] EuGH v. 04.06.2009 - C-22/08, C-23/08 (Vatsouras, Koupatantze) - info also 2009, 217, 220.
[93] Vgl. *Huber/Göbel-Zimmermann*, Ausländer- und Asylrecht, 2. Aufl. 2008, S. 579 ff. Rn. 1618 ff.
[94] ABl.EG L 212 v. 07.08.2001, S. 12.
[95] ABl.EU L 31 v. 06.02.2003, S. 18.
[96] ABl. EU L 180 v. 29.06.2013, S. 96.
[97] ABl.EU L 304 v. 30.09.2004, S. 12.
[98] ABl.EU L 337 v. 20.12.2011, S. 9.
[99] BGBl I 2013, 3474.
[100] ABl.EU L 261 v. 06.08.2004, S. 19.
[101] ABl. EU L 101 v. 15.04.2011, S. 1.
[102] ABl.EU L 326 v. 13.12.2005, S. 13.
[103] ABl.EU L 180 v. 29.06.2013, S. 60.
[104] BGBl I 2013, 3474.

Recht umgewandelt.[105] Seither sind insb. Inhaber einer Aufenthaltserlaubnis nach § 25 Abs. 2 AufenthG (seit Dezember 2013 sog. internationaler Schutzstatus[106] für anerkannte Flüchtlinge und Personen mit subsidiärem Schutzstatus) nicht mehr als Geduldete (§ 55 Abs. 2 AuslG i.V.m. § 53 Abs. 6 AuslG) nach dem AsylbLG leistungsberechtigt, sondern nach dem SGB II oder dem SGB XII.[107]

46 Auf den Gleichbehandlungsanspruch aus Art. 28 Abs. 1 EGRL 2004/83 bzw. Art. 29 Abs. 1 EURL 2011/95 können sich auch **Familienangehörige** i.S.d. Art. 23 Abs. 2 EGRL 2004/83 i.V.m. Art. 2 lit. h EGRL bzw. Art. 23 Abs. 2 EURL 2011/95 i.V.m. Art. 2 lit. j EURL 2011/95 (insb. minderjährige Kinder) berufen, selbst wenn sie aufgrund ihres Aufenthaltsstatus an sich leistungsberechtigt nach dem AsylbLG wären (z.B. bei Erteilung einer Aufenthaltserlaubnis nach § 25 Abs. 5 AufenthG).[108]

47 Der **Leistungsumfang nach den §§ 3, 4 und 6 AsylbLG** ist mit den Vorgaben der o.g. Richtlinien grundsätzlich vereinbar. Für den in § 1 Abs. 1 AsylbLG genannten Personenkreis sind insbesondere Art. 13 EGRL 2001/55, Art. 13 EGRL 2003/9 bzw. Art. 17-19 EURL 2013/33 Art. 7, 9 EGRL 2004/81 und Art. 11 Abs. 5 EURL 2011/36 einschlägig, nach denen (zusammenfassend) die **Sicherung eines „angemessenen" bzw. „würdigen" oder „menschenwürdigen" Lebensunterhalts** einschließlich einer medizinischen Mindestversorgung (in besonderen Fällen auch bei psychischen Störungen, vgl. etwa Art. 19 Abs. 1 EURL 2013/33 oder Art. 11 Abs. 5 EURL 2011/36) gewährleistet sein muss. Damit geht jedoch **kein Anspruch auf Gleichbehandlung** mit Inländern einher. Dies ergibt sich etwa aus Erwägungsgrund 24 der EURL 2013/33. Der Umfang der Unterstützungsleistungen muss zwar „anhand relevanter Bezugsgrößen" bestimmt werden. Mit der Leistungsgewährung kann aber eine „weniger günstige Behandlung" im Vergleich zu derjenigen der Staatsangehörigen des Aufnahmestaats einhergehen. Nach Erwägungsgrund 11 der Richtlinie soll jurisPK-SGB XII eine Harmonisierung der Aufnahmebedingungen der Mitgliedsstaaten erreicht werden, damit Antragsteller auf internationalen Schutz vergleichbare Lebensbedingungen in Europa vorfinden.

48 Der Gesetzgeber hat die vorgesehene Versorgung von **Personen mit besonderen Bedürfnissen i.S.d. Art. 13 Abs. 4 EGRL 2001/55** (unbegleitete Minderjährige oder Opfer von Folter, Vergewaltigung oder sonstiger schwerwiegender Formen psychischer, körperlicher oder sexueller Gewalt) durch die Einführung von § 6 Abs. 2 AsylbLG zum 18.03.2005 in nationales Recht umgesetzt.

49 Im Übrigen ist die **Versorgung anerkannt besonders schutzbedürftiger Asylbewerber** bzw. Antragsteller auf internationalen Schutz i.S.d. Art. 15 Abs. 2, 17 EGRL 2003/9 bzw. Art. 21, 23-25 EURL 2013/33 (Minderjährige, insb. unbegleitete, Behinderte, ältere Menschen, Schwangere, Alleinerziehende mit minderjährigen Kindern und Opfern von Folter, Vergewaltigung oder sonstigen schweren Formen psychischer, physischer oder sexueller Gewalt) und **Betroffener der Opferschutzrichtlinie mit besonderen Bedürfnissen** i.S.d. Art. 7 Abs. 1 Satz 2, 9 Abs. 2 EGRL 2004/81 unzureichend in nationales Recht umgesetzt worden.[109] Insoweit kann im Einzelfall, vor allem bei einer erforderlichen medizinischen Versorgung einer chronischen Erkrankung, eine **richtlinienkonforme Auslegung des § 6 Abs. 1 Satz 1 AsylbLG** geboten sein (vgl. die Kommentierung zu § 6 AsylbLG Rn. 23 ff.).[110]

50 Die o.g. Richtlinien enthalten noch **weitere soziale Mindeststandards**, u.a. zur Wahrung der Einheit von Familien, zum Zugang Minderjähriger zum Bildungssystem und zur Bewegungsfreiheit der Betroffenen.[111]

---

[105] Vgl. BT-Drs. 15/420, S. 61; vgl. hierzu auch LSG Nordrhein-Westfalen v. 27.02.2012 - L 20 AY 48/08 - juris Rn. 74.
[106] Vgl. § 1 Abs. 1 Nr. 2 AsylVfG i.d.F. v. 28.08.2013, BGBl I 2013, 3474.
[107] Vgl. *Deibel*, ZAR 2004, 321, 322.
[108] Vgl. LSG Nordrhein-Westfalen v. 27.02.2012 - L 20 AY 48/08 - juris Rn. 65 ff.; SG Köln v. 22.03.2012 - S 12 AS 427/12 ER - juris Rn. 12 ff.; *Deibel*, ZFSH SGB 2012, 582, 584.
[109] *Schreiber*, ZESAR 2010, 107 ff.; vgl. auch *Fasselt* in: Fichtner/Wenzel, SGB XII/AsylbLG, § 6 AsylbLG Rn. 8; *Haedrich*, ZAR 2010, 227, 231-233; *Janda/Wilksch*, SGb 2010, 565, 573 f.
[110] Vgl. BT-Drs. 16/9018, S. 28.
[111] Vgl. hierzu im Einzelnen: *Classen*, Sozialleistungen für MigrantInnen und Flüchtlinge, 2. Aufl. 2008, Kap. 6.9, S. 137-142; vgl. auch BVerfG v. 18.07.2012 - 1 BvL 10/10, 1 BvL 2/11 - juris Rn. 68.

3. Völkerrecht

a. Allgemeines

Die gruppenbezogene Differenzierung nach § 1 Abs. 1 AsylbLG und die einhergehende Leistungsberechtigung nach dem AsylbLG verstoßen grundsätzlich nicht gegen nach Art. 25 GG unmittelbar geltendes Völkerrecht bzw. transformiertes Völkervertragsrecht, insbesondere nicht gegen die Europäische Menschenrechtskonvention (EMRK)[112]. Gleichwohl hat der Gesetzgeber bei der Ausgestaltung von Systemen der Existenzsicherung durch einzelne völkerrechtliche Verträge[113] statuierte **soziale Mindeststandards** zu beachten.[114] In Einzelfällen ergeben sich für Ausländer sogar Ansprüche auf **Gleichbehandlung mit deutschen Staatsbürgern** aus völkerrechtlichen Verträgen. Für den Bereich des Leistungsrechts nach dem AsylbLG sind insbesondere das Europäische Fürsorgeabkommen (EFA)[115] vom 11.12.1953 und die Genfer Flüchtlingskonvention (GK)[116] vom 28.07.1951 relevant.

51

Dass diese zwischenstaatlichen Rechtsvorschriften bei der Anwendung nationalen Rechts unberührt bleiben, sieht im Sozialhilferecht für Ausländer § 23 Abs. 1 Satz 5 SGB XII ausdrücklich vor.[117] Eine entsprechende Regelung fehlt im AsylbLG (vgl. § 9 AsylbLG). Gleichwohl ist § 1 Abs. 1 AsylbLG als einfaches Bundesgesetz im Einklang mit den völkerrechtlichen Verpflichtungen der Bundesrepublik Deutschland auszulegen und anzuwenden.[118] Hierbei ist ohne Belang, dass die Vorschrift später erlassen worden ist als die Transformationsgesetze von völkerrechtlich geltenden Abkommen über die Gleichbehandlung bei der Fürsorgegewährleistung; der gewohnheitsrechtlich anerkannte Rechtssatz, dass ein später erlassenes Gesetz, das den gleichen Sachverhalt regelt, das früher erlassene verdrängt (lex posterior derogat legi priori), gilt insoweit nicht.[119]

52

b. Europäische Menschenrechtskonvention (EMRK)

Die EMRK bietet im Regelfall keinen Schutz vor Armut, Krankheit, Obdachlosigkeit, Arbeitslosigkeit oder vor anderen sozialen Notlagen.[120] Im Bereich der allgemeinen (steuerfinanzierten) Existenzsicherung lassen sich aus den Konventionsrechten (etwa aus dem Recht auf Achtung des Privat- und Familienlebens nach Art. 8 EMRK, dem Verbot unmenschlicher oder erniedrigender Behandlung nach Art. 3 EMRK oder dem Recht auf Leben nach Art. 2 EMRK) grundsätzlich **keine unmittelbaren staatlichen Handlungspflichten** herleiten, weil sie weniger eine leistungs- als vielmehr eine abwehrrechtliche Dimension entfalten.[121]

53

Im Bereich der sozialen Rechte steht der **Diskriminierungsschutz aus Art. 14 EMRK** im Vordergrund. Dieser gilt nach dem Grundsatz der Akzessorietät[122] wiederum nur für den „Genuss der in der Konvention anerkannten Rechte und Pflichten", setzt aber nicht notwendigerweise die Verletzung des Konventionsrechts voraus. Daraus kann sich ein Anspruch von in Deutschland lebenden Ausländern auf Gleichbehandlung mit Inländern insbesondere bei Sozialleistungen mit einem besonderen Zweck ergeben, z.B. bei **Familienleistungen** (Art. 8 EMRK).[123]

54

---

[112] BGBl II 1952, 685.

[113] Etwa durch den Internationalen Pakt über wirtschaftliche, soziale und kulturelle Rechte vom 19.12.1966 (IPwskR, in Kraft getreten am 03.01.1976, UNTS Bd. 993, S. 3; BGBl II 1976, 428) oder das Übereinkommen über die Rechte des Kindes vom 20.11.1989 (KRK; UNTS Bd. 1577, S. 3; BGBl II 1992, 122, in Kraft getreten am 02.09.1990, für die BRD am 05.04.1992, BGBl II 1992, 990, vorbehaltslos wirksam seit 15.07.2010, BGBl II 2011, 600).

[114] Vgl. BVerfG v. 18.07.2012 - 1 BvL 10/10, 1 BvL 2/11 - juris Rn. 68.

[115] BGBl II 1956, 564.

[116] BGBl II 1953, 560.

[117] Vgl. hierzu *Hohm* in: Schellhorn/Schellhorn/Hohm, SGB XII, § 23 Rn. 14 ff.

[118] OVG Nordrhein-Westfalen v. 28.02.2003 - 16 B 2363/02.

[119] Vgl. ausführlich BVerwG v. 18.05.2000 - 5 C 29/98 - juris Rn. 25-29 - NVwZ 2000, 1414, 1416 f. (zu § 120 BSHG); LSG Niedersachsen-Bremen v. 14.01.2008 - L 8 SO 88/07 ER - juris Rn. 48-50 - NVwZ-RR 2008, 621, 623 f. (zu § 7 SGB II); OVG Nordrhein-Westfalen v. 15.11.1999 - 22 A 45/99 - juris Rn. 24 ff. (zu § 120 BSHG).

[120] Vgl. hierzu ausführlich *Frohwerk*, Soziale Not in der Rechtsprechung des EGMR, 2012.

[121] Vgl. hierzu *Frerichs*, ZESAR 2014, 217 ff.

[122] Vgl. *Meyer-Ladewig* in: Meyer-Ladewig, EMRK, Art. 14 Rn. 5 ff.

[123] EGMR v. 25.10.2005 - 59140/00 - juris; vgl. auch *Frerichs*, ZESAR 2014, 217, 219 m.w.N.

55 Daneben sind auch durch die **Eigentumsgarantie des Art. 1 des 1. Zusatzprotokolls** zur EMRK (ZP I EMRK) i.V.m. Art. 14 EMRK Ansprüche auf Sozialleistungen geschützt. Eine Diskriminierung von Ausländern ist bei dem Zugang zu durch eigene Beiträge finanzierten Sozialleistungen regelmäßig unzulässig.[124] Allerdings kann dies auch für besondere (beitragsunabhängige) Leistungen gelten. So hat der EGMR den Ausschluss von Ausländern von der österreichischen Notstandshilfe[125] (1996), die mit der früheren deutschen Arbeitslosenhilfe vergleichbar war, von der französischen Behindertenhilfe[126] (2003) und von einer steuerfinanzierten Absicherung bei Arbeitsunfällen[127] (2006) als nicht gerechtfertigte Ungleichbehandlung i.S.d. Art. 1 ZP I EMRK i.V.m. Art. 14 EMRK angesehen.

56 Einen noch weitergehenden Diskriminierungsschutz bietet **Art. 1 Abs. 1 12. Zusatzprotokoll** (ZP XII EMRK), nach dem der „Genuss eines jeden auf Gesetz beruhenden Rechts" ohne Diskriminierung zu gewährleisten ist.[128] Das ZP XII EMRK ist aber von Deutschland und anderen größeren Staaten wohl aus Sorge über die zunehmende Reichweite der EMRK im Bereich der sozialen Rechte[129] noch nicht ratifiziert worden.[130] Mit Ratifizierung des Protokolls würden umfassend alle Sozialleistungen, auf die ein Rechtsanspruch besteht, also auch die Leistungen des allgemeinen Grundsicherungsrechts, vom Diskriminierungsverbot umfasst.

57 Die weitere Entwicklung der Rechtsprechung des EGMR zum Diskriminierungsschutz nach der EMRK ist wohl noch nicht absehbar. Aber selbst wenn der EGMR den Schutzbereich des Art. 14 EMRK (i.V.m. Art. 8 EMRK oder Art. 1 ZP I EMRK) mehr und mehr ausweiten sollte, betrifft das Diskriminierungsverbot der EMRK grundsätzlich **nicht eigenständige Systeme der Existenzsicherung** in Deutschland für abgrenzbare Personengruppen. Der EGMR wird mit Rücksicht auf den anerkannt weiten Ermessensspielraum des Vertragsstaats bei strategischen und wirtschaftlichen Entscheidungen eine unterschiedliche Behandlung im Sozialleistungsbezug differenziert nach nationaler Herkunft und voraussichtlicher Aufenthaltsdauer im Aufnahmestaat – gemessen an völkerrechtlichen Maßstäben[131] – tolerieren, weil es hierfür wegen des nur vorübergehenden Aufenthalts des Ausländers eine objektive und angemessene Rechtfertigung gibt.[132]

c. Europäisches Fürsorgeabkommen (EFA)

58 Art. 1 EFA begründet für die Staatsangehörigen der Vertragsschließenden, die sich erlaubt auf dem Gebiet eines anderen Mitgliedstaats aufhalten, **den gleichen Zugang zur „sozialen und Gesundheitsfürsorge"** (Fürsorgeleistungen, vgl. Art. 1 EFA) wie sie den Staatsangehörigen des Aufnahmestaats zusteht (Gleichbehandlungsanspruch).[133]

59 Zu den vertragsschließenden Staaten des EFA gehören die EU-Mitgliedstaaten (mit Ausnahme von Österreich, Finnland und der Mehrzahl der seit 2004 beigetretenen mittel- und osteuropäischen Staaten) sowie Island, Norwegen und die Türkei. Wegen des Ausschlusses von EU-Ausländern vom persönlichen Anwendungsbereich des AsylbLG (vgl. Rn. 44) können insb. **türkische Staatsangehörige**, soweit sie sich rechtmäßig in Deutschland aufhalten, Ansprüche aus Art. 1 (a) EFA herleiten.[134]

60 Der Aufenthalt gilt als erlaubt i.S.d. Art. 1 EFA nach **Art. 11 (a) S. 1 EFA**, solange der Berechtigte „im Besitz einer gültigen Aufenthaltserlaubnis oder einer anderen, in den Rechtsvorschriften des betreffenden Staates vorgesehenen Erlaubnis ist, aufgrund welcher ihm der Aufenthalt in diesem Gebiet gestattet ist".

---

[124] Vgl. EGMR v. 16.09.1996 - 39/1995/545/631 - JZ 1997, 405.
[125] EGMR v. 16.09.1996 - 39/1995/545/631 - JZ 1997, 405.
[126] EGMR v. 30.09.2003 - 40892/98 - ZESAR 2004, 142 f.
[127] EGMR v. 12.04.2006 - 65731/01 - (unveröffentlicht).
[128] Vgl. hierzu auch *Meyer-Ladewig* in: Meyer-Ladewig, EMRK, § 14 Rn. 4.
[129] Vgl. Beschlussempfehlung und Bericht des Ausschusses für Menschenrechte und humanitäre Hilfe, BT-Drs. 15/4898, S. 3 (Stellungnahme der Fraktion der SPD).
[130] Vgl. *Bernhardt* in: HGR VI/1, § 144 Rn. 3 ff.
[131] Vgl. hierzu *Wahrendorf* in: Grube/Wahrendorf, SGB XII, Einleitung zum AsylbLG Rn. 7.
[132] LSG Niedersachsen-Bremen v. 18.12.2007 - L 11 AY 60/05 - juris Rn. 31; OVG Bremen v. 25.09.2009 - S 3 A 272/07 - juris Rn. 33 - InfAuslR 170, 172; *Wahrendorf* in: Grube/Wahrendorf, SGB XII, Einleitung zum AsylbLG Rn. 8; a.A. *Keßler*, A-Drs. 16(4)209 E, S. 17 f.
[133] Vgl. hierzu auch BSG v. 19.10.2010 - B 14 AS 23/10 R - juris.
[134] Vgl. etwa OVG Bremen v. 18.12.2013 - S3 A 205/12 - juris; LSG Nordrhein-Westfalen v. 22.01.2013 - L 6 AS 1033/12 B - juris Rn. 10 ff.

Aus **Art. 19 EFA** i.V.m. Anhang III zum EFA i.d.F. der Bekanntmachung der Neufassung der Anhänge I, II und III zum EFA vom 20.09.2001[135] gilt für Deutschland, dass sich Inhaber einer auf besonderem Blatt erteilten oder im Ausweis eingetragenen Aufenthaltsgenehmigung nach § 5 AuslG als erlaubt i.S.d. Art. 11 EFA aufhalten. Im bis zum 31.12.2004 geltenden § 5 AuslG waren die Aufenthaltstitel nach den §§ 15, 17, 27-30 AuslG aufgeführt. Hierzu zählte **nicht die Aufenthaltsgestattung nach § 55 AsylVfG**. Mangels Neufassung der Anhänge I, II, und III zum EFA nach Einführung des AufenthG zum 01.01.2005 gilt dementsprechend der Aufenthalt von Ausländern in Deutschland als erlaubt i.S.d. Art. 1 EFA, soweit sie über eine Niederlassungserlaubnis nach § 9 AufenthG oder über eine Aufenthaltserlaubnis i.S.d. § 7 AufenthG verfügen. 61

Angehörige der Vertragsstaaten des EFA, die über eine der in **§ 1 Abs. 1 Nr. 3 AsylbLG** aufgeführten Aufenthaltserlaubnisse verfügen, können sich gegenüber den deutschen Behörden unmittelbar auf dieses **Gleichstellungsgebot** berufen und Ansprüche auf Leistungen nach dem SGB II oder dem SGB XII geltend machen.[136] Geduldete und Inhaber einer Aufenthaltsgestattung nach § 55 AsylVfG können keine Rechte aus Art. 1 EFA herleiten, selbst wenn sie Angehörige der Vertragsstaaten des EFA sind.[137] 62

d. Genfer Flüchtlingskonvention (GK)

Flüchtlinge i.S.d. Art. 1 GK sind gemäß Art. 1, 2 des Zusatzprotokolls des EFA[138] ebenfalls in dessen Anwendungsbereich einbezogen. Eine **Gleichbehandlung** mit deutschen Staatsangehörigen beim Bezug öffentlicher Fürsorgeleistungen können diese Personen auch gem. **Art. 23 GK** geltend machen, soweit sie sich rechtmäßig in Deutschland aufhalten (vgl. Art. 1 GK).[139] 63

Anerkannte Flüchtlinge i.S.d. Art. 1 GK sind **Asylberechtigte** (§ 2 Abs. 1 AsylVfG, § 25 Abs. 1 AufenthG), **Konventionsflüchtlinge** (§ 3 AsylVfG, § 25 Abs. 2 AufenthG), insb. **ehemalige (jüdische) Immigranten**[140] nach dem bis zum 31.12.2004 geltenden Kontingentflüchtlingsgesetz vom 22.07.1980 (Gesetz über Maßnahmen für im Rahmen humanitärer Hilfsaktionen aufgenommene Flüchtlinge – HumHiG[141]), und **heimatlose Ausländer** (displaced persons)[142] i.S.d. § 1 des Gesetzes über die Rechtsstellung heimatloser Ausländer im Bundesgebiet (HAuslG).[143] Für heimatlose Ausländer ist im Besonderen das **Gleichstellungsgebot aus § 19 HAuslG** zu beachten, nach dem diese Personen in der öffentlichen Fürsorge Leistungen in gleicher Höhe wie deutsche Staatsangehörige erhalten. § 19 HAuslG verdrängt insoweit als lex specialis den Leistungsausschluss aus § 7 Abs. 1 Satz 2 SGB II.[144] 64

Flüchtlinge i.S.d. Art. 1 GK verfügen in Deutschland in der Regel über eine **Aufenthaltserlaubnis nach § 25 Abs. 1 oder 2 AufenthG** bzw. gem. § 23 Abs. 2 AufenthG über eine **Niederlassungserlaubnis nach § 9 AufenthG** (ehemalige Kontingentflüchtlinge). Sie sind nicht nach dem AsylbLG leistungsberechtigt, sondern nach dem SGB II oder SGB XII. Wenn diese Personen nicht über eine entsprechende Aufenthaltserlaubnis verfügen bzw. nach ihrem formalen Aufenthaltsstatus an sich leistungsberechtigt nach § 1 Abs. 1 AsylbLG wären (z.B. als Inhaber einer Aufenthaltserlaubnis nach § 25 Abs. 5 AufenthG wegen einer früheren Ausweisung als Erteilungshindernis gemäß § 11 Abs. 1 Satz 2 AufenthG), können sie wegen des Gleichstellungsgebots aus Art. 1 EFA bzw. Art. 23 GK gleichwohl Leistungen nach dem SGB II bzw. dem SGB XII beanspruchen. 65

---

[135] BGBl II 2001, 1086.
[136] Zur Kollision mit dem Leistungsausschluss nach § 7 Abs. 1 Satz 2 Nr. 2 SGB II für EU-Ausländer vgl. BSG v. 19.10.2010 – B 14 AS 23/10 R; LSG Berlin-Brandenburg v. 08.01.2010 – L 34 AS 2082/09 B ER, L 34 AS 2086/09 B PKH; LSG Niedersachsen-Bremen v. 14.01.2008 – L 8 SO 88/07 ER – NVwZ-RR 2008, 621 ff.; LSG Nordrhein-Westfalen v. 06.05.2009 – L 20 B 15/09 AS ER; vgl. auch *Brühl/Schoch* in: LPK-SGB II, § 7 Rn. 34.
[137] BVerwG v. 14.03.1985 – 5 C 145/83 – juris Rn. 16; OVG Niedersachsen v. 21.06.2000 – 12 L 3349/99 – juris Rn. 22 – NVwZ-Beil. 2001, 11; OVG Baden-Württemberg v. 14.09.1998 – 7 S 1874/98 – juris Rn. 4; *Hohm* in: AsylbLG, § 1 Rn. 28; *Renner*, Ausländerrecht, § 55 AsylVfG Rn. 33.
[138] BGBl II 1956, 578.
[139] Vgl. BVerwG v. 18.05.2000 – 5 C 29/98 – NVwZ 2000, 1414.
[140] Vgl. hierzu *Huber/Göbel-Zimmermann*, Ausländer- und Asylrecht, 2. Aufl. 2008, S. 269 ff. Rn. 458 ff.
[141] BGBl I 1980, 1057; BGBl I 1990, 1354.
[142] Vgl. hierzu *Renner*, Ausländerrecht, § 1 AsylVfG Rn. 18-21.
[143] BGBl I 1951, 269.
[144] SG Hannover v. 27.09.2010 – S 54 AS 3724/10 ER – juris Rn. 26.

IV. Leistungsberechtigte (Absatz 1)

66 Die in § 1 Abs. 1 AsylbLG genannten Ausländer verfügen über kein verfestigtes Aufenthaltsrecht und halten sich nach der Vorstellung des Gesetzgebers in der Regel nur vorübergehend im Bundesgebiet auf.[145] Der betroffene Personenkreis ohne längerfristige Bleibeperspektive in Deutschland ist nach den Maßgaben der Nr. 1-7 des § 1 Abs. 1 AsylbLG und damit **nach dem formalen Aufenthaltsstatus** des Ausländers zu ermitteln; der zuständigen Leistungsbehörde steht in dieser Frage **kein eigenständiges materielles Prüfungsrecht** zu (vgl. aber zur analogen Anwendung des § 23 Abs. 1 Satz 4 SGB XII Rn. 115).[146]

67 Unter den persönlichen Anwendungsbereich des § 1 Abs. 1 AsylbLG fallen **nur Ausländer**, also alle Personen, die nach § 2 Abs. 1 AufenthG (früher § 1 Abs. 2 AuslG) nicht Deutsche im Sinne des Art. 116 Abs. 1 GG sind. Ausgenommen sind EU-Ausländer (vgl. Rn. 44).

68 Leistungsberechtigt können nur Ausländer mit **tatsächlichem Aufenthalt in Deutschland** sein. Ein Leistungsbezug aus dem Ausland ist ausgeschlossen.

69 Für die Leistungsberechtigung nach § 1 AsylbLG dem Grunde nach ist ein **missbräuchliches Verhalten**, etwa durch illegale Einreise, Stellung eines Asylantrags unter falschem Namen oder die Einreise allein zum Zwecke des Sozialleistungsbezugs,[147] ohne Belang. Das AsylbLG enthält **keine Ausschlussnorm i.S.d. § 23 Abs. 3 SGB XII** (früher § 120 Abs. 3 BSHG) und sieht für Missbrauchsfälle ausdrücklich eine Anspruchseinschränkung vor, § 1a Nr. 1 AsylbLG. § 23 Abs. 3 SGB XII ist auch nicht entsprechend anwendbar.[148]

1. Asylsuchende und Asylerstantragsteller (Nr. 1)

70 Zur Durchführung eines Asylverfahrens ist dem Ausländer der Aufenthalt in Deutschland gem. **§ 55 Abs. 1 Satz 1 AsylVfG** gestattet; über die **Aufenthaltsgestattung** erhält er gem. § 63 Abs. 1 AsylVfG eine Bescheinigung. Während des laufenden Asylverfahrens ist er leistungsberechtigt nach § 1 Abs. 1 Nr. 1 AsylbLG.

71 Die Norm erfasst regelmäßig **nur die erstmalige Asylantragstellung**. Asylfolge- und Zweitantragsteller im Sinne der §§ 71, 71a AsylVfG sind nämlich nach § 1 Abs. 1 Nr. 7 AsylbLG leistungsberechtigt (vgl. Rn. 136 f.).

72 Die Aufenthaltsgestattung nach § 55 Abs. 1 Satz 1 AsylVfG gilt für Ausländer, die um Asyl „nachsuchen", so dass das **erstmalige Gesuch im Sinne der §§ 18, 19 AsylVfG** bereits zur Leistungsberechtigung nach dem AsylbLG führt. Eine formelle Bescheinigung über die Aufenthaltsgestattung nach § 63 Abs. 1 AsylVfG ist nicht erforderlich, kann aber im Verwaltungs- oder Gerichtsverfahren als Nachweis der Leistungsberechtigung dienen.[149]

73 Bei einer **unerlaubten Einreise aus einem sicheren Drittstaat** im Sinne des § 26a AsylVfG beginnt hingegen die Leistungsberechtigung nach § 1 Abs. 1 Nr. 1 AsylbLG mit dem Erwerb der Aufenthaltsgestattung nach § 55 Abs. 1 Satz 3 AsylVfG, also erst mit Asylantragstellung nach den §§ 13, 14 AsylVfG.

74 Das **Ende der Leistungsberechtigung nach § 1 Abs. 1 Nr. 1 AsylbLG** ergibt sich mit Erlöschen der Aufenthaltsgestattung im Asylverfahren gem. § 67 AsylVfG.

2. Flughafenverfahren (Nr. 2)

75 Leistungsberechtigt nach dem AsylbLG sind auch Asylbewerber, die aus einem sicheren Herkunftsstaat im Sinne des § 29a AsylVfG oder ohne gültigen Pass bzw. Passersatz über einen Flughafen einreisen wollen (vgl. § 18a Abs. 1 Sätze 1, 2 AsylVfG) und (noch) keine Aufenthaltsgestattung nach § 55 AsylVfG besitzen. Das Asylverfahren findet in diesen Fällen nach Möglichkeit vor der Entscheidung über die Einreise auf dem Flughafengelände statt (sog. **Flughafenverfahren nach § 18a AsylVfG**). Mit Einführung des § 1 Abs. 1 Nr. 2 AsylbLG zum 01.06.1997[150] hat der Gesetzgeber eine Regelungslücke geschlossen, weil diese Flüchtlinge bis dahin nicht von § 1 Abs. 1 AsylbLG erfasst waren.[151]

---

[145] BT-Drs. 13/2746, S. 12.

[146] Vgl. BVerwG v. 28.09.2001 - 5 B 94/00 - juris Rn. 5 - FEVS 53, 111 f.; SG Hildesheim v. 01.02.2012 - S 42 AY 177/10 ER - juris Rn. 71; *Wahrendorf* in: Grube/Wahrendorf, SGB XII, § 1 AsylbLG Rn. 2; *Adolph* in: Linhart/Adolph/Gröschel-Gundermann, SGB II/SGB XII/AsylbLG, § 1 AsylbLG Rn. 30.

[147] Vgl. BGH v. 10.07.1997 - 5 StR 276/97 - juris Rn. 5-7 - NStZ-RR 1997, 358.

[148] Vgl. OVG Niedersachsen v. 06.12.1995 - 4 M 6952/95 - juris Rn. 2 - ZfF 1997, 62 f. (zu § 120 Abs. 3 BSHG).

[149] OVG Nordrhein-Westfalen v. 24.11.1994 - 8 B 2675/94 - juris Rn. 27 - NVwZ-Beil. 1995, 23, 24.

[150] BGBl I 1997, 1130.

[151] Vgl. BT-Drs. 13/2746, S. 15; a.A. und krit. *Deibel*, ZSFH SGB 2012, 582, 583.

3. Inhaber bestimmter Aufenthaltserlaubnisse (Nr. 3)

a. Übersicht über die Aufenthaltserlaubnisse nach den §§ 23-25 AufenthG

Die ab dem 01.01.2005[152] bzw. 18.03.2005[153] geltende Fassung des § 1 Abs. 1 Nr. 3 AsylbLG ist im Zusammenhang mit der **Neustrukturierung des Ausländerrechts 2005**[154] entstanden. Auch um der verbreiteten Praxis der „Kettenduldungen" als „zweitklassigem Aufenthaltstitel" entgegenzutreten, hat der Gesetzgeber die bisherigen Regelungen zur Aufnahme und zur Gewährung von Bleiberechten aus humanitären Gründen nach den §§ 30, 32, 32a, 33 AuslG durch die §§ 22 ff. AufenthG neu gefasst.[155] Die in § 1 Abs. 1 Nr. 3 AsylbLG aufgenommenen Aufenthaltserlaubnisse sind insoweit dem 5. Abschnitt des 2. Kapitels des AufenthG (§§ 22-26 AufenthG) zuzuordnen, der den **Aufenthalt aus völkerrechtlichen, humanitären oder politischen Gründen** regelt.

Von § 1 Abs. 1 Nr. 3 Alt. 1 und 2 AsylbLG sind nur Kriegs- und Bürgerkriegsflüchtlinge betroffen, die über eine Aufenthaltserlaubnis nach den **§§ 23 Abs. 1, 24 AufenthG** verfügen. Begünstigte einer auf Länderebene erlassenen Altfall- oder Bleiberechtsregelung (Hauptanwendungsfall des § 23 Abs. 1 AufenthG) bzw. einer Aufenthaltserlaubnis auf Probe nach der bundesrechtlichen Altfallregelung des § 104a AufenthG sind vom Anwendungsbereich des AsylbLG nicht erfasst, ebenso Ausländer, denen aufgrund Anordnung der obersten Landesbehörde auf das Ersuchen einer auf Länderebene eingerichteten Härtefallkommission eine Aufenthaltserlaubnis nach § 23a AufenthG (Härtefallregelung) erteilt wurde. Im Übrigen sind in § 1 Abs. 1 Nr. 3 AsylbLG aus humanitären Gründen erteilte Aufenthaltserlaubnisse nach **§ 25 AufenthG** aufgeführt, die nach der Vorstellung des Gesetzgebers kein verfestigtes Aufenthaltsrecht vermitteln (§ 25 Abs. 4 Satz 1, Abs. 4a, Abs. 4b Abs. 5 AufenthG).

Demgegenüber sind Inhaber von Aufenthaltserlaubnissen nach **§ 25 Abs. 1-3 AufenthG** leistungsrechtlich weitgehend mit Deutschen gleichgestellt, so etwa vom Bundesamt für Migration und Flüchtlinge (BAMF) anerkannte Asylberechtigte (§ 25 Abs. 1 AufenthG) und Flüchtlinge i.S.d. Genfer Flüchtlingskonvention (GK), die entweder eine förmliche Asylanerkennung nicht beantragen oder aus anderen Gründen nicht erhalten (§ 25 Abs. 2 AufenthG i.V.m. § 60 Abs. 1 AufenthG, § 3 Abs. 1 AsylVfG, sog. kleines Asyl).[156] Inhaber dieser Titel sind auch kraft Gesetzes zur Ausübung einer Erwerbstätigkeit berechtigt (vgl. § 25 Abs. 1 Satz 4 AufenthG, § 25 Abs. 2 Satz 2 AufenthG).

Liegen besondere Abschiebungsverbote nach § 60 Abs. 2 AufenthG i.V.m. § 4 AsylVfG (Rechtslage ab 01.12.2013[157]) vor, genießen die Betroffenen subsidiären Schutz[158] und erhalten im Regelfall eine Aufenthaltserlaubnis nach **§ 25 Abs. 2 AufenthG**, bei nationalrechtlichen Abschiebungsverboten nach § 60 Abs. 5, 7 Satz 1 AufenthG verfügen sie über eine Aufenthaltserlaubnis nach **§ 25 Abs. 3 AufenthG**; es sind allein zielstaatsbezogene Abschiebungsverbote maßgeblich,[159] für deren Feststellung grundsätzlich das Bundesamt für Migration und Flüchtlinge (BAMF) mit bindender Wirkung für die Ausländerbehörde zuständig ist (vgl. die §§ 42 Satz 1, 24 Abs. 2 AsylVfG).[160] Die betroffenen Ausländer verfügten **vor der Neustrukturierung des Ausländerrechts 2005** regelmäßig über eine Duldung nach § 55 Abs. 2 AuslG i.V.m. § 53 Abs. 6 AuslG[161] und bezogen bis zum 31.12.2004 bei Bedürftigkeit Leistungen nach dem AsylbLG (vgl. § 1 Abs. 1 Nr. 4 AsylbLG i.d.F. vom 26.05.1997[162]). Ihr leistungs- und ausländerrechtlicher Status hat sich zum 01.01.2005 verbessert, da sie seither – trotz Kritik des Bundesrates[163] – nach dem SGB II oder SGB XII leistungsberechtigt sind.[164]

---

[152] BGBl I 2004, 1950, 2001.
[153] BGBl I 2005, 721.
[154] Vgl. BT-Drs. 15/420.
[155] BT-Drs. 15/420, S. 64, 79 f.
[156] Vgl. hierzu *Renner*, Ausländerrecht, § 25 AufenthG Rn. 21.
[157] Vgl. BGBl I 2013, 3474.
[158] Vgl. hierzu VGH Mannheim v. 08.08.2007 - A 2 S 229/07 - NVwZ 2008, 447; VG Wiesbaden v. 27.08.2008 - 5 K 129/08.WI.A.
[159] Vgl. BVerwG v. 27.06.2006 - 1 C 14/05 - juris Rn. 17 - NVwZ 2006, 1418.
[160] Vgl. BVerwG v. 03.03.2006 - 1 B 126/05 - juris Rn. 2 f. - NVwZ 2006, 830 f.
[161] Vgl. *Renner*, Ausländerrecht, § 25 AufenthG Rn. 27.
[162] BGBl I 1997, 1130.
[163] BR-Drs. 921/01, S. 94 f.; BT-Drs. 14/7987, S. 76.
[164] Vgl. auch *Deibel*, ZAR 2004, 321, 322.

§ 1 AsylbLG

80 Die Aufenthaltstitel nach § 25 Abs. 1-3 AufenthG werden befristet erteilt, vgl. § 26 Abs. 1 AufenthG. Die der Erteilung zu Grunde liegenden Sachverhalte können bloß vorübergehender Natur sein, z.B. wenn sich die Verhältnisse im Herkunftsstaat ändern und infolgedessen die Anerkennung als Asylberechtigter bzw. als Flüchtling gem. § 73-73c AsylVfG widerrufen wird. **Hintergrund für die leistungsrechtliche Privilegierung** der Inhaber von Aufenthaltserlaubnissen nach § 25 Abs. 1-3 AufenthG sind auch bzw. vornehmlich **europa- und völkerrechtlich vorgegebene Mindeststandards** bei der Gewährung von Fürsorgeleistungen (vgl. Art. 28 Abs. 1 EGRL 2004/83 bzw. Art. 29 Abs. 1 EURL 2013/33 und Art. 23 GK).

81 Die Aufenthaltserlaubnisse nach den **§ 25 Abs. 4 Satz 1 AufenthG** und **§ 25 Abs. 4a AufenthG** ermöglichen einen rechtmäßigen Aufenthalt im Bundesgebiet für einen absehbar vorübergehenden Zweck, regelmäßig für einen Zeitraum von bis zu sechs Monaten, § 26 Abs. 1 Satz 1 HS. 2, Satz 3 AufenthG;[165] der Titelerteilung können ganz unterschiedliche Sachverhalte zu Grunde liegen, u.a. die Mitwirkung in einem Strafverfahren.

82 Entsprechendes gilt für die zum 26.11.2011 eingeführte Aufenthaltserlaubnis nach **§ 25 Abs. 4b AufenthG** für Opfer illegaler Beschäftigung, die ebenfalls nur für einen vorübergehenden Zeitraum – für die Zeit der Mitwirkung in einem Strafverfahren – erteilt wird.

83 § 25 Abs. 4 Satz 2 AufenthG kommt hingegen eine eigenständige Bedeutung bei der Verlängerung einer Aufenthaltserlaubnis in **außergewöhnlichen Härtefällen** zu, wenn für den weiteren (dauerhaften) Aufenthalt gewichtige schutzwürdige Belange des Ausländers sprechen.[166] Die Norm weist keinen systematischen Zusammenhang mit § 25 Abs. 4 S. 1 AufenthG auf und entspricht der Vorgängervorschrift des § 30 Abs. 2 AuslG (Aufenthaltsbefugnis). Wenn eine bestehende Aufenthaltserlaubnis nach den allgemeinen Vorschriften nicht verlängert oder eine andere Aufenthaltserlaubnis nicht erteilt werden kann, erlaubt § 25 Abs. 4 Satz 2 AufenthG ein Abweichen von den Voraussetzungen der Verlängerung eines Titels nach § 8 Abs. 1, 2 AufenthG.[167] Die Verlängerung einer Aufenthaltserlaubnis nach § 25 Abs. 4 Satz 2 AufenthG ist auf **besondere Ausnahmefälle** begrenzt, in denen die Ablehnung der Verlängerung den Ausländer außergewöhnlich hart treffen würde und nicht vertretbar erscheint (z.B. bei Betreuungsbedürftigkeit im Bundesgebiet aufenthaltsberechtigter Familienangehöriger).[168] Bei einer Verlängerung einer Aufenthaltserlaubnis nach § 25 Abs. 4 Satz 2 AufenthG ist der Ausländer nicht nach dem AsylbLG leistungsberechtigt, sondern nach dem SGB II oder dem SGB XII.[169]

84 Nach **§ 25 Abs. 5 AufenthG** kann die Ausländerbehörde im Ermessenswege bei auf unabsehbare Zeit bestehenden, unverschuldeten Ausreisehindernissen eine Aufenthaltserlaubnis erteilen und den Aufenthalt der **zuvor in aller Regel bloß geduldeten Ausländer** legalisieren. Im Gegensatz zu § 25 Abs. 3 AufenthG und § 25 Abs. 2 Satz 1, 2. Alt. 2 AufenthG sind nicht allein zielstaatsbezogene Abschiebungsverbote i.S.d. § 60 Abs. 2, 5 oder 7 AufenthG maßgeblich (Rechtslage ab 01.12.2013[170]); das Ausreisehindernis i.S.d. § 25 Abs. 5 AufenthG kann sich sowohl auf inlands- als auch auf zielstaatsbezogene Sachverhalte beziehen, soweit diese nicht bereits durch § 25 Abs. 3 AufenthG und § 25 Abs. 2 Satz 1 Alt. 2 AufenthG erfasst sind (vgl. Rn. 101).[171] § 25 Abs. 5 AufenthG betrifft aber auch besondere Ausnahmefälle, in denen die Erteilung einer Aufenthaltserlaubnis – z.B. nach § 25 Abs. 3 AufenthG bei zielstaatsbezogenen Abschiebungsverboten – aus allgemeinen Erwägungen scheitert, z.B. wegen der Sperrwirkung gem. § 11 Abs. 1 Satz 2 AufenthG aufgrund einer früher verfügten Ausweisung.[172]

---

[165] Vgl. *Renner*, Ausländerrecht, § 25 AufenthG Rn. 60 ff.

[166] Vgl. BT-Drs. 15/420, S. 80; vgl. auch *Beck*, jurisPR-BVerwG 19/2009, Anm. 1 (zu BVerwG v. 27.01.2009 - 1 C 40/07).

[167] Vgl. OVG Saarland v. 22.01.2010 - 2 B 485/09 - juris Rn. 22.

[168] Vgl. VGH Bayern v. 19.08.2009 - 19 CS 09.1702, 19 C 09.1704, 19 C 09.1705 - juris Rn. 4; vgl. auch *Renner*, Ausländerrecht, § 25 AufenthG Rn. 73.

[169] Vgl. LSG Hessen v. 11.07.2006 - L 7 SO 19/06 ER - juris Rn. 43 f.; krit. *Decker*, ZFSH/SGB 2003, 195, 197.

[170] Vgl. BGBl I 2013, 3474.

[171] BVerwG v. 27.06.2006 - 1 C 14/05 - juris Rn. 17 - NVwZ 2006, 1418, 1419.

[172] BVerwG v. 27.06.2006 - 1 C 14/05 - juris Rn. 17 - NVwZ 2006, 1418, 1419; OVG Nordrhein-Westfalen v. 24.01.2008 - 18 E 1284/07 - juris Rn. 15; *Hailbronner*, Asyl- und Ausländerrecht, 2. Aufl. 2008, S. 142 f., Rn. 260.

Mit dem AufenthG hat der Gesetzgeber auch Bestimmungen über die Förderung der Integration von dauerhaft in Deutschland lebenden Ausländern erlassen (§§ 43 ff. AufenthG). Inhaber der in § 1 Abs. 1 Nr. 3 AsylbLG genannten Aufenthaltserlaubnisse können diese **keine Integrationsleistungen** in Anspruch nehmen, vgl. § 44 Abs. 1 AufenthG; der Gesetzgeber hat damit einen entsprechenden Integrationsbedarf dieses Personenkreises systematisch konsequent nicht anerkannt. 85

b. Aufenthaltserlaubnis nach § 23 Abs. 1 AufenthG

Inhaber einer Aufenthaltserlaubnis nach § 23 Abs. 1 AufenthG, die **„wegen des Krieges in ihrem Heimatland"** erteilt wurde (Kriegs- und Bürgerkriegsflüchtlinge), sind leistungsberechtigt nach § 1 Abs. 1 Nr. 3 AsylbLG. 86

§ 23 Abs. 1 AufenthG ermöglicht den **obersten Landesbehörden**, im Einvernehmen mit dem Bundesministerium des Innern anzuordnen, dass für bestimmte Ausländergruppen aus völkerrechtlichen oder humanitären Gründen oder zur Wahrung politischer Interessen der Bundesrepublik Deutschland eine Aufenthaltserlaubnis erteilt wird.[173] Die Norm entspricht weitestgehend der Vorgängerregelung des § 32 AuslG.[174] 87

Mit der zum **18.03.2005** in Kraft getretenen Fassung[175] stellt das Gesetz durch den Zusatz „wegen des Krieges in ihrem Heimatland" (wieder) auf den Grund der Erteilung der Aufenthaltserlaubnis ab. Kriegs- und Bürgerkriegsflüchtlinge mit Aufenthaltserlaubnissen nach § 23 Abs. 1 AufenthG sind nach dieser Fassung leistungsberechtigt nach dem AsylbLG, anders als etwa Begünstigte einer **Altfall- oder Bleiberechtsregelung**.[176] Inhaber einer sog. **„Aufenthaltserlaubnis auf Probe"** nach § 23 Abs. 1 AufenthG (Bleiberechtsregelung 2009) erhalten ihren Titel nicht „wegen des Krieges in ihrem Heimatland" (vgl. auch Rn. 77).[177] Im Falle der Bedürftigkeit sind die Betroffenen leistungsberechtigt nach dem SGB II oder SGB XII. 88

Die besondere **Differenzierung nach dem Grund der Aufenthaltserlaubnis** ist sachlich gerechtfertigt und geboten. Der Zusatz „wegen des Krieges in ihrem Heimatland" knüpft an die Verhältnisse im Herkunftsland des Ausländers an und bezieht sich auf ein typischerweise vorübergehendes Ereignis.[178] Liegt der Aufenthaltserlaubnis hingegen ein anderer Zweck zu Grunde (insb. eine Altfall- oder Bleiberechtsregelung), geht mit ihrer Erteilung regelmäßig eine längerfristige Aufenthaltsperspektive im Bundesgebiet bzw. eine aus integrationspolitischen Gründen gerechtfertigte Leistungsberechtigung nach dem SGB II bzw. SGB XII einher. Diese Ausländer sollen bei Arbeitslosigkeit in den Anwendungsbereich des SGB II fallen und damit von der Förderung zur **Integration in den Arbeitsmarkt** profitieren können.[179] 89

Der **Zusatz „wegen des Krieges in ihrem Heimatland"** bezieht sich sowohl auf die Aufenthaltserlaubnis nach § 23 Abs. 1 AufenthG als auch auf diejenige nach § 24 AufenthG, wie sich aus der Begründung bei Einführung zum 18.03.2005[180] und der klarstellenden Änderung des § 1 Abs. 1 Nr. 3 AsylbLG zum 28.08.2007[181] (Voranstellung des Zusatzes) ergibt.[182] Da der bescheinigte Aufenthaltstitel regelmäßig keine Aussage über den Grund seiner Erteilung enthält, kann in der Praxis die Einholung einer Auskunft der Ausländerbehörde oder die Beiziehung ihrer Verwaltungsvorgänge geboten sein. 90

---

[173] Vgl. BT-Drs. 17/842, S. 3 f. (Übersicht über die seit 2000 ergangenen IMK-Beschlüsse).
[174] Vgl. BT-Drs. 15/420, S. 77.
[175] BGBl I 2005, 721.
[176] LSG Baden-Württemberg v. 18.07.2013 - L 7 AY 1259/11 - juris Rn. 25 m.w.N.
[177] SG Hildesheim v. 11.05.2011 - S 42 AY 21/11 ER - juris Rn. 29 m.w.N.;
[178] LSG Niedersachsen-Bremen v. 18.12.2007 - L 11 AY 60/05 - juris Rn. 31; LSG Baden-Württemberg v. 18.07.2013 - L 7 AY 1259/11 - juris Rn. 25.
[179] Vgl. BT-Drs. 15/3784, S. 21; krit. BR-Drs. 918/1/04, S. 5.
[180] BT-Drs. 15/3784, S. 21.
[181] BGBl I 2007, 1970.
[182] LSG Baden-Württemberg v. 18.07.2013 - L 7 AY 1259/11 - juris Rn. 25; SG Hildesheim v. 11.05.2011 - S 42 AY 21/11 ER - juris Rn. 28; *Wahrendorf* in: Grube/Wahrendorf, SGB XII, § 1 AsylbLG Rn. 16; *Adolph* in: Linhart/Adolph/Gröschel-Gundermann, SGB II/SGB XII/AsylbLG, § 1 AsylbLG Rn. 33.

c. Aufenthaltserlaubnis nach § 24 AufenthG

91 Ausländer mit einer „wegen des Krieges in ihrem Heimatland" erteilten Aufenthaltserlaubnis nach § 24 AufenthG fallen ebenfalls unter den Anwendungsbereich des AsylbLG. Die Vorschrift setzt die wesentlichen Bestimmungen der **Massenzustromrichtlinie** (EGRL 2001/55)[183] vom 20.07.2001 in nationales Recht um (Vorgängervorschrift: § 32a AuslG).[184] Die Aufnahme der Betroffenen erfolgt nur aufgrund eines Ratsbeschlusses der EU i.S.d. Art. 5 EGRL 2001/55 zum vorübergehenden Schutz und zwar für die Höchstdauer von einem Jahr, vgl. § 24 Abs. 1 AufenthG i.V.m. Art. 4 EGRL 2001/55. Eine vorzeitige Beendigung des vorübergehenden Schutzes kann durch Ratsbeschluss nach Art. 6 Abs. 1 lit. b EGRL 2001/55 erfolgen.

92 Wie bei Inhabern von Aufenthaltserlaubnissen nach § 23 Abs. 1 AufenthG richtet sich die Leistungsberechtigung nach dem AsylbLG in der vom 01.06.1997 bis zum 31.12.2004 und der seit dem 18.03.2005 geltenden Fassung des § 1 Abs. 1 Nr. 3 AsylbLG nach dem Grund der erteilten Aufenthaltserlaubnis („**wegen des Krieges in ihrem Heimatland**"). Insoweit wird auf die Ausführungen zu § 23 Abs. 1 AufenthG verwiesen (vgl. Rn. 86 ff.).

93 Die Einordnung dieser Gruppe von Ausländern in den persönlichen Anwendungsbereich des AsylbLG ist **gemessen an europarechtlichen Vorgaben unbedenklich**. Bei Personen mit besonderen Bedürfnissen i.S.d. Art. 13 Abs. 4 EGRL 2001/55 (insb. unbegleitete Minderjährige oder Opfer von Folter, Vergewaltigung oder sonstiger schwerwiegenden Formen psychischer, körperlicher oder sexueller Gewalt) ist insbesondere **§ 6 Abs. 2 AsylbLG** zu berücksichtigen, nach dem diesen Personen die erforderliche medizinische oder sonstige Hilfe zu gewähren ist.

d. Aufenthaltserlaubnis nach § 25 Abs. 4 Satz 1 AufenthG

94 Eine Aufenthaltserlaubnis nach § 25 Abs. 4 Satz 1 AufenthG kann einem Ausländer für einen vorübergehenden Aufenthalt in Deutschland erteilt werden, solange **dringende humanitäre oder persönliche Gründe oder erhebliche öffentliche Interessen** seine vorübergehende weitere Anwesenheit im Bundesgebiet erfordern. Bis zum 31.12.2004 verfügten die Betroffenen über eine Duldung nach § 55 Abs. 3 AuslG.[185]

95 Dringende humanitäre Gründe können sich insbesondere aus der **Situation im Heimatland** ergeben; allgemein schwierige Lebensverhältnisse reichen jedoch nicht. Dringende persönliche Gründe können auf den **Gesundheitszustand des Betroffenen oder naher Angehöriger** zurückzuführen sein (z.B. bevorstehende Operation, Kurzzeitpflege, Beisetzung) oder auf besondere Lebensumstände (z.B. Schulabschluss, Eheschließung etc.). Erhebliche öffentliche Interessen können insbesondere in einer bevorstehenden **Mitwirkung in einem Gerichtsverfahren** (z.B. Zeugenvernehmung) zu sehen sein.[186]

96 Bereits nach dem Wortlaut des § 25 Abs. 4 Satz 1 AufenthG geht mit der Erteilung einer solchen Aufenthaltserlaubnis **kein Daueraufenthalt des Ausländers** im Bundesgebiet einher, wobei sich der vorübergehende Aufenthaltszweck über einen Zeitraum von bis zu sechs Monaten erstrecken soll, § 26 Abs. 1 Satz 1 AufenthG.[187]

e. Aufenthaltserlaubnis nach § 25 Abs. 4a AufenthG

97 Leistungsberechtigte Inhaber einer Aufenthaltserlaubnis nach § 25 Abs. 4a AufenthG sind **Opfer von Menschenhandel** nach den §§ 232, 233 oder 233a StGB und verfügen für einen vorübergehenden Aufenthalt in Deutschland über einen Aufenthaltstitel. Die Norm setzt die sog. **Opferschutzrichtlinie**[188] vom 29.04.2004 (EGRL 2004/81) um[189] und trat am 28.08.2007 in Kraft.[190] Zusätzlich ist die sog. **Menschenhandelsrichtlinie** EURL 2011/36[191] vom 05.04.2011 zu beachten, die spezifische Schutzmaßnahmen für die Opfer von Menschenhandel festlegt[192] und bis zum 20.07.2015 in einzelstaatliches Recht umzusetzen ist.

---

[183] ABl.EG L 212 v. 07.08.2001, S. 12.
[184] Vgl. BT-Drs. 15/420, S. 78.
[185] Vgl. BT-Drs. 15/420, S. 80.
[186] Vgl. hierzu *Renner*, Ausländerrecht, § 25 AufenthG Rn. 64.
[187] *Renner*, Ausländerrecht, § 25 AufenthG Rn. 62.
[188] ABl.EU L 261 v. 06.08.2004, S. 19.
[189] BT-Drs. 16/5065, S. 169.
[190] BGBl I 2007, 1970, 1976.
[191] ABl. EU L 101 v. 15.04.2011, S. 1.
[192] Vgl. zum Verhältnis der Richtlinien zueinander: Erwägungsgrund 17 der EURL 2011/36.

Die Aufenthaltserlaubnis wird **für die Dauer der Mitwirkung in einem Strafverfahren** erteilt und setzt nach § 25 Abs. 4a Satz 2 AufenthG voraus, dass die vorübergehende Anwesenheit des Ausländers im Bundesgebiet für ein Strafverfahren wegen der Straftat nach den §§ 232, 233 oder 233a StGB von der Staatsanwaltschaft oder dem Strafgericht für sachgerecht erachtet wird, weil ohne seine Angaben die Erforschung des Sachverhalts erschwert wäre (Nr. 1). Zudem muss der Ausländer jede Verbindung zu den Personen, die beschuldigt werden, die Straftat begangen zu haben, abgebrochen (Nr. 2) und seine Bereitschaft erklärt haben, in dem Strafverfahren wegen der Straftat als Zeuge auszusagen (Nr. 3). 98

Die gesetzgeberische Entscheidung, diesen Personenkreis **mangels längerfristiger Bleibeperspektive** dem Anwendungsbereich des AsylbLG zu unterwerfen, ist nicht zu beanstanden.[193] Bedenklich ist hingegen die damit einhergehende, **nur eingeschränkte medizinische Versorgung** der Betroffenen nach den §§ 4, 6 Abs. 1 AsylbLG.[194] Ihren besonderen Bedürfnissen, einschließlich psychologischer Hilfe bzw. der erforderlichen medizinischen und sonstigen Hilfe (vgl. Art. 7 Abs. 1 Satz 2, 9 Abs. 2 EGRL 2004/81; vgl. auch Art. 11 Abs. 5 EURL 2011/36), kann jedoch im Einzelfall durch eine **richtlinienkonforme Auslegung des § 6 Abs. 1 Satz 1 AsylbLG** Rechnung getragen werden (vgl. hierzu die Kommentierung zu § 6 AsylbLG Rn. 23 ff.). 99

f. Aufenthaltserlaubnis nach § 25 Abs. 4b AufenthG

Die Ausführungen zu der Aufenthaltserlaubnis nach § 25 Abs. 4a AufenthG (Rn. 98 f.) gelten entsprechend für Inhaber der zum 26.11.2011 eingeführten Aufenthaltserlaubnis nach § 25 Abs. 4b AufenthG für **Opfer illegaler Beschäftigung**. Die Norm setzt die sog. **Sanktionsrichtlinie** (EGRL 2009/52[195]) über Mindeststandards für Sanktionen und Maßnahmen gegen Arbeitgeber, die Drittstaatsangehörige ohne rechtmäßigen Aufenthalt beschäftigen, vom 18.06.2009 um. Die Aufenthaltserlaubnis wird unter vergleichbaren Bedingungen erteilt wie die Aufenthaltserlaubnis für Menschenhandelsopfer nach § 25 Abs. 4a AufenthG und berechtigt ebenfalls nur zu einem vorübergehenden Aufenthalt in Deutschland, insbesondere für die Dauer der Mitwirkung in einem Strafverfahren; sie vermittelt **keine längerfristige Aufenthaltsperspektive**.[196] 100

g. Aufenthaltserlaubnis nach § 25 Abs. 5 AufenthG

Als Leistungsberechtigte nach dem AsylbLG sind auch Inhaber einer Aufenthaltserlaubnis nach § 25 Abs. 5 AufenthG bestimmt, bei denen die Ausreise – also die zwangsweise Abschiebung und die freiwillige Ausreise[197] – unverschuldet aus rechtlichen oder tatsächlichen Gründen unmöglich und mit dem **Wegfall des Ausreisehindernisses in absehbarer Zeit nicht zu rechnen** ist. Dabei sind anders als bei der Erteilung einer Aufenthaltserlaubnis nach § 25 Abs. 2 Satz 1, 2. Alt. AufenthG oder § 25 Abs. 3 AufenthG **auch inlandsbezogene Ausreisehindernisse** maßgeblich.[198] Im Gegensatz zu den Aufenthaltserlaubnissen nach § 25 Abs. 1-3 AufenthG beruht die Erteilung einer Aufenthaltserlaubnis nach § 25 Abs. 5 AufenthG im Regelfall nicht auf der individuellen Schutzbedürftigkeit des Ausländers wegen rechtlich anerkannter Fluchtgründe, sondern auf einem unverschuldeten Ausreisehindernis vorübergehender oder dauerhafter Natur. 101

Ein **Ausreisehindernis aus tatsächlichen Gründen** kann in der Person des Ausländers liegen (z.B. länger andauernde Reiseunfähigkeit) oder sich für die Reise (z.B. unterbrochene Transitwege oder länger andauernde Passlosigkeit) bzw. aus den Verhältnissen im Zielstaat (z.B. Bürgerkrieg) ergeben.[199] **Aus rechtlichen Gründen** kann ein inlandsbezogenes Ausreisehindernis insbesondere gem. Art. 6 Abs. 1 GG, Art. 8 Abs. 1 EMRK vorliegen, wenn die Familieneinheit auf absehbare Zeit nur im Bundesgebiet hergestellt werden kann,[200] oder nach Art. 8 Abs. 1 EMRK unter dem Aspekt des Schutzes 102

---

[193] So auch *Hachmann/Hohm*, NVwZ 2008, 33, 34.
[194] A.A. *Hachmann/Hohm*, NVwZ 2008, 33, 34.
[195] ABl.EU L 168 v. 30.06.2009, S. 24
[196] BT-Drs. 17/5470, S. 21, 30
[197] BVerwG v. 10.11.2009 - 1 C 19/08 - juris Rn. 12.
[198] BVerwG v. 27.06.2006 - 1 C 14/05 - juris Rn. 17 - NVwZ 2006, 1418, 1419.
[199] Vgl. *Renner*, Ausländerrecht, § 25 AufenthG Rn. 105.
[200] BT-Drs. 15/420, S. 81; vgl. VGH Baden-Württemberg v. 18.11.2009 - 13 S 1469/09 - juris Rn. 27.

§ 1 AsylbLG

des Privatlebens das einwanderungspolitische Belange überwiegt und nur noch im Bundesgebiet gelebt werden kann (sog. faktische Inländereigenschaft).[201]

103 In besonderen Einzelfällen kann der Aufenthaltserlaubnis nach § 25 Abs. 5 AufenthG auch **ein anderer Aufenthaltszweck** zu Grunde liegen (z.B. aus familiären Gründen), insb. wenn der Erteilung einer Aufenthaltserlaubnis die Sperrwirkung einer bestandskräftigen Ausweisung (§ 11 Abs. 1 Satz 2 AufenthG) entgegensteht.[202]

aa. Bedeutung des Aufenthaltstitels

104 Mit der Neustrukturierung des Ausländerrechts 2005 hat der Gesetzgeber § 25 Abs. 5 AufenthG als wirksameres **Instrument zur Beendung der Praxis der sog. „Kettenduldungen"** vorgesehen und die Voraussetzungen für eine Legalisierung des Aufenthalts nach der zuvor nur zurückhaltend angewandten Ermessensvorschrift des § 30 Abs. 3 und 4 AuslG (Vorgängervorschrift des § 25 Abs. 5 AufenthG)[203] herabgesetzt.[204] Zugleich hat er mit dem Zuwanderungsgesetz 2004 ein **neues Unterscheidungskriterium zur leistungsrechtlichen Differenzierung** von Ausländern mit und ohne längerfristige Bleibeperspektive i.S.d. § 1 AsylbLG eingeführt – die Aufenthaltsverfestigung durch Erwerb einer Niederlassungserlaubnis nach den §§ 26 Abs. 4, 9 AufenthG.[205] Bis zum 31.12.2004 waren Inhaber einer Aufenthaltsbefugnis nach § 30 Abs. 3 oder 4 AuslG leistungsberechtigt nach dem BSHG, weil die Aufenthaltstitel nicht in § 1 Abs. 1 Nr. 3 und 4 AsylbLG i.d.F. vom 26.05.1997[206] aufgeführt waren. Zum 01.01.2005 hat sich ihr leistungsrechtlicher Status nach § 1 Abs. 1 Nr. 3 AsylbLG durch die Überführung ihres Titels in eine Aufenthaltserlaubnis gem. § 25 Abs. 5 AufenthG (vgl. § 101 Abs. 2 AufenthG) erheblich verschlechtert, insbesondere wenn sie zuvor noch keine Grundleistungen nach § 3 AsylbLG bezogen hatten und auf die Erfüllung der Vorbezugszeit i.S.d. § 2 Abs. 1 AsylbLG zu verweisen waren.[207]

105 Im Gegensatz zu der bis zum 31.12.2004 geltenden Rechtslage ist für die Beurteilung einer längerfristigen Bleibeperspektive i.S.d. § 1 AsylbLG **nicht mehr die Prognoseentscheidung der Ausländerbehörde** gem. § 30 Abs. 3 oder 4 AuslG über das voraussichtlich dauerhaft bestehende Abschiebungshindernis maßgeblich,[208] sondern die mangelnde Aufenthaltsverfestigung[209] von Inhabern einer Aufenthaltserlaubnis nach § 25 Abs. 5 AufenthG bzw. die noch nicht abschließende Entscheidung über ihren Aufenthalt.[210] Eine längerfristige Bleibeperspektive i.S.d. § 1 AsylbLG wird ihnen erst mit Erwerb einer Niederlassungserlaubnis nach § 26 Abs. 4 Satz 1 AufenthG i.V.m. § 9 Abs. 2 Satz 1 Nr. 2-9 AufenthG zugestanden, also mit Erteilung eines unbefristeten Aufenthaltstitels aufgrund fortgeschrittener Integration aus eigener Kraft. Anders als eine nach § 26 Abs. 3 AufenthG erteilte Niederlassungserlaubnis (für Inhaber einer Aufenthaltserlaubnis nach § 25 Abs. 1 oder 2 Satz 1 Alt. 1 AufenthG) stellt die nach § 26 Abs. 4 AufenthG erteilte eine „dauerhafte Aufenthaltsposition" dar,[211] weil sie nicht allein aufgrund des Wegfalls des Rechtsgrundes (z.B. Widerruf der Asylanerkennung, vgl. § 52 Abs. 1 Nr. 4 AufenthG, § 73 AsylVfG) aufgehoben werden kann.[212] Welcher Sachverhalt wiederum der Erteilung einer Aufenthaltserlaubnis nach § 25 Abs. 5 AufenthG zu Grunde liegt, ist leistungsrechtlich unerheblich.

---

[201] Vgl. EGMR v. 16.06.2005 - 60654/00 (Sisojeva) - InfAuslR 2005, 349 f.; VG Stuttgart v. 24.06.2004 - 11 K 4809/03 - InfAuslR 2005, 106; BVerfG v. 10.08.2007 - 2 BvR 535/06 - NVwZ 2007, 1300 ff.; vgl. auch BVerwG v. 27.01.2009 - 1 C 40/07 - NVwZ 2009, 979, 982 (zu § 25 Abs. 4 S. 2 AufenthG bei bisher rechtmäßigem Aufenthalt); *Fricke*, jurisPR-BVerwG 9/2008, Anm. 1.

[202] Vgl. *Burr* in: GK-AufenthG, § 25 Rn. 183.

[203] Vgl. BVerwG v. 27.06.2006 - 1 C 14/05 - juris Rn. 17 - NVwZ 2006, 1418, 1419; vgl. auch BT-Drs. 11/6321, S. 67.

[204] Vgl. *Renner*, Ausländerrecht, § 25 AufenthG Rn. 103.

[205] Vgl. zum Systemwechsel vom AuslG 1990 zum AufenthG 2004: *Marx*, ZAR 2004, 403 ff.

[206] Vgl. BGBl I 1997, 1130.

[207] Vgl. hierzu LSG Niedersachsen-Bremen v. 12.06.2007 - L 11 AY 84/06 ER; LSG Niedersachsen-Bremen v. 19.06.2007 - L 11 AY 43/06 ER; SG Hildesheim v. 13.07.2006 - S 34 AY 12/06 ER; SG Aachen v. 03.06.2005 - S 19 AY 6/05 ER.

[208] BVerwG v. 03.06.2003 - 5 C 32/02 - juris Rn. 21 - NVwZ 2004, 491, 494.

[209] BT-Drs. 16/9018, S. 4.

[210] BT-Drs. 15/3784, S. 21.

[211] Vgl. BVerwG v. 22.11.2005 - 1 C 18/04 - juris Rn. 15.

[212] Vgl. *Heinhold*, ZAR 2008, 161.

bb. H.M. in Rechtsprechung und Literatur

Nach der **h.M.** in Rechtsprechung[213] und Literatur[214] ist die Einbeziehung von Inhabern einer Aufenthaltserlaubnis nach § 25 Abs. 5 AufenthG in den persönlichen Anwendungsbereich des AsylbLG verfassungsrechtlich nicht zu beanstanden. **106**

Maßgeblich wird auf das aus der Gesetzesbegründung entnommene Argument abgestellt, dass mit der Legalisierung des Aufenthalts **keine leistungsrechtliche Besserstellung** von Inhabern einer Duldung nach § 55 Abs. 4 AuslG einhergehen sollte.[215] Dabei wird jedoch verkannt, dass die Vorgängervorschrift des § 25 Abs. 5 AufenthG nicht § 55 Abs. 4 AuslG (Duldung) ist,[216] sondern § 30 Abs. 3 und 4 AuslG (Aufenthaltsbefugnis), das vorherige Instrument zur Vermeidung von „Kettenduldungen".[217] Den ehemaligen Inhabern einer Aufenthaltsbefugnis nach § 30 Abs. 3 oder 4 AuslG, denen wegen des tatsächlichen oder rechtlichen Ausreisehindernisses ein voraussichtlich dauerhafter Aufenthalt in Deutschland prognostiziert worden ist, wurde bis Ende 2004 auch leistungsrechtlich eine längerfristige Bleibeperspektive i.S.d. § 1 AsylbLG zugesprochen. Verkannt wird auch, dass Inhaber einer Aufenthaltserlaubnis nach § 25 Abs. 5 AufenthG nicht (mehr) vollziehbar ausreisepflichtig sind.[218] Sie verfügen über einen Aufenthaltstitel (vgl. § 50 Abs. 1 AufenthG). **107**

Den Betroffenen wird zudem eine „längerfristige Bleibeperspektive" i.S.d. § 1 AsylbLG abgesprochen, da ihr **Aufenthalt in Deutschland nur zeitlich befristet** erlaubt werde (§ 26 Abs. 1 Satz 1 AufenthG),[219] ohne dass über ihren Aufenthalt abschließend entschieden ist. Ein Argument, das an sich bei jedem befristeten Aufenthaltstitel greift und mit Blick auf die Rechtsprechung des **BVerfG** zum Ausschluss von Ausländern beim Bezug von Familienleistungen nicht überzeugen kann. Allein die formale Art des Aufenthaltstitels eignet sich nicht als Grundlage für eine Prognose über die Dauer des Aufenthalts in Deutschland.[220] **108**

Schließlich würde einem auf Dauer fortbestehenden Ausreisehindernis durch eine Leistungsberechtigung nach **§ 2 Abs. 1 AsylbLG** hinreichend Rechnung getragen;[221] ein schwaches Argument, wenn dem Ausländer leistungsrechtlich ein – womöglich lang zurückliegendes – rechtsmissbräuchliches Verhalten i.S.d. § 2 Abs. 1 AsylbLG vorgeworfen werden kann, er aber ausländerrechtlich das Ausreisehindernis gem. § 25 Abs. 5 Sätze 3, 4 AufenthG nicht zu vertreten hat.[222] Auch sind die **Folgen eines erstmaligen Bezugs von Grundleistungen** nach § 3 AsylbLG nach langjähriger Erwerbstätigkeit und Ablauf der Arbeitslosengeldberechtigung u.U. gravierend, wenn die Person die Voraussetzungen des § 2 Abs. 1 AsylbLG noch nicht erfüllt (z.B. bei Verlust der eigenen Wohnung durch den Einzug in eine Gemeinschaftsunterkunft, vgl. § 3 Abs. 1 AsylbLG). Diese Ausländer waren bis zu der Entscheidung des BVerfG vom 18.07.2012[223] besonders schwer von der Abschaffung der Arbeitslosenhilfe zum 01.01.2005 betroffen. Sie haben keinen Anspruch auf Leistungen nach dem SGB II, insbesondere auf Eingliederungsleistungen. **109**

---

[213] BSG v. 16.12.2008 - B 4 AS 40/07 R - juris Rn. 18 ff.; BSG v. 13.11.2008 - B 14 AS 24/07 R - juris Rn. 20 ff. - NZA-RR 2009, 333, 335 ff.; BSG v. 07.05.2009 - B 14 AS 41/07 R - juris Rn. 13; OVG Bremen v. 25.09.2009 - S 3 A 272/07 - juris Rn. 34 - InfAusl 2010, 170, 172; weiterhin Hess. LSG v. 23.11.2012 - L 7 AS 118/12 - juris Rn. 41 ff.; offen gelassen durch BSG v. 26.06.2013 - B 7 AY 6/11 R - juris Rn. 29.

[214] *Hohm* in: AsylbLG, § 1 Rn. 134; *Adolph* in: Linhart/Adolph/Gröschel-Gundermann, SGB II/SGB XII/AsylbLG, § 1 AsylbLG Rn. 29, 29a; *Herbst* in: Mergler/Zink, SGB XII/AsylbLG, § 1 AsylbLG Rn. 23; *Deibel*, ZAR 2004, 321, 322, a.A. aber nun *Deibel*, ZFSH SGB 2012, 582, 584.

[215] BSG v. 16.12.2008 - B 4 AS 40/07 R - juris Rn. 26 f.; so auch LSG Baden-Württemberg v. 09.03.2007 - L 3 AS 3784/06 - juris Rn. 23 - SAR 2007, 86, 88; *Herbst* in: Mergler/Zink, § 1 AsylbLG Rn. 23.

[216] So aber BSG v. 16.12.2008 - B 4 AS 40/07 R - juris Rn. 26; BSG v. 13.11.2008 - B 14 AS 24/07 R - juris Rn. 26.

[217] Vgl. BVerwG v. 27.06.2006 - 1 C 14/05 - juris Rn. 17 - NVwZ 2006, 1418, 1419.

[218] A.A. BSG v. 13.11.2008 - B 14 AS 24/07 R - juris Rn. 28 a.E.

[219] LSG Niedersachsen-Bremen v. 18.12.2007 - L 11 AY 60/05 - juris Rn. 31; OVG Bremen v. 25.09.2009 - S 3 A 272/07 - juris Rn. 34 - InfAuslR 170, 172.

[220] BVerfG v. 10.07.2012 - 1 BvL 2/10, 1 BvL 3/10, 1 BvL 4/10, 1 BvL 3/11 - juris Rn. 28 - BVerfGE 132, 72.

[221] BSG v. 16.12.2008 - B 4 AS 40/07 R - juris Rn. 28; BSG v. 13.11.2008 - B 14 AS 24/07 R - juris Rn. 29.

[222] Vgl. hierzu auch *Rothkegel*, ZFSH/SGB 2005, 391, 400.

[223] Vgl. BVerfG v. 18.07.2012 - 1 BvL 10/10, 1 BvL 2/11 - juris.

cc. Kritik

110 Entgegen der ganz h.M. ist die vereinzelt in der Literatur[224] geäußerte **Kritik** über die (uneingeschränkte) Aufnahme von Inhabern einer Aufenthaltserlaubnis – insb. nach § 25 Abs. 5 AufenthG – in den persönlichen Anwendungsbereich des AsylbLG berechtigt. Diese Entscheidung des Gesetzgebers ist nicht nur **integrationspolitisch fragwürdig**, sondern – spätestens seit der Entscheidung des BVerfG vom 18.07.2012 – auch **verfassungsrechtlich sehr problematisch** (Art. 1 Abs. 1 GG i.V.m. Art. 20 Abs. 1 GG). Im Allgemeinen ist bei Inhabern einer Aufenthaltserlaubnis nach § 25 Abs. 5 AufenthG schon nicht von einem nur vorübergehenden Aufenthalt in Deutschland auszugehen, so dass sie an sich nicht leistungsberechtigt nach dem AsylbLG sein dürften, sondern in das allgemeine Grundsicherungsrecht einzubeziehen sind.[225] Der Gesetzgeber wird sich insoweit bei der Neuregelung des menschenwürdigen Existenzminimums nach dem AsylbLG mit dem persönlichen Anwendungsbereich des AsylbLG auseinandersetzen müssen. Ohnehin ist das mit Einführung der Aufenthaltserlaubnis nach § 25 Abs. 5 AufenthG verfolgte Ziel – die Abschaffung der Duldung als „Aufenthaltstitel zweiter Klasse" – eindeutig verfehlt worden, weil nur ein geringer Anteil der nach § 55 Abs. 4 AuslG Geduldeten eine Aufenthaltserlaubnis nach § 25 Abs. 5 AufenthG erhalten hat.[226] Der ursprünglich mit einer anderen Zielrichtung konzipierte Aufenthaltstitel stellt in der Rechtspraxis eine **privilegierte Vorstufe zu einem Daueraufenthaltsrecht** in Deutschland dar.

111 In der verwaltungsgerichtlichen Rechtsprechung hat der Aufenthaltstitel – kontrovers diskutiert – regelmäßig auch der Einräumung eines **Bleiberechts aufgrund Verwurzelung in die deutsche Gesellschaft (sog. faktische Inländer)** gedient, wenn der Aufenthalt des Ausländers unter dem Aspekt des Schutzes des Privatlebens aus Art. 8 Abs. 1 EMRK dauerhaft zu legalisieren war.[227] Dieses aufenthaltsrechtliche Problem von Ausländern „der zweiten Generation" wurde durch die zum 01.07.2011 eingeführte **Aufenthaltserlaubnis nach § 25a AufenthG** teilweise entschärft.[228] Nach dieser Vorschrift kann gut integrierten Jugendlichen und Heranwachsenden, ggf. auch deren Eltern (vgl. § 25a Abs. 2 AufenthG), unter erleichterten Bedingungen – insbesondere bei einer positiven Integrationsprognose[229] – ein Aufenthaltsrecht eingeräumt werden, das eine Leistungsberechtigung nach dem SGB II oder SGB XII vermittelt.

112 **Weitere Ausnahmefälle**, in denen mit an Sicherheit grenzender Wahrscheinlichkeit dauerhaft (nicht nur auf unabsehbare Zeit i.S.d. § 25 Abs. 5 Satz 1 AufenthG) eine Aufenthaltsbeendigung nicht zu erwarten ist,[230] veranschaulichen, dass die Einbeziehung von Inhabern einer Aufenthaltserlaubnis nach § 25 Abs. 5 AufenthG in das AsylbLG sachlich an sich nicht gerechtfertigt ist. Dies gilt etwa bei krankheitsbedingter Reiseunfähigkeit ohne Aussicht auf Besserung des Gesundheitszustands (z.B. wegen schwerer Depressionen und Angstzustände[231]), oder wenn aufgrund dauerhafter Verhältnisse im Herkunftsstaat eine Rückkehr des Ausländers ausgeschlossen erscheint (z.B. wenn der Heimatstaat die Heimkehr von Staatsangehörigen völkerrechtswidrig verweigert[232]). Schließlich sind auch die besonderen Ausnahmefälle zu nennen, in denen die Erteilung einer bestimmten Aufenthaltserlaubnis (etwa

---

[224] *Geiger*, InfAuslR 2004, 360, 361; *Geiger*, info also 2005, 147, 149; *Rothkegel*, InfAuslR 2004, 391, 399 f.; *Sieveking*, ZAR 2004, 283, 285 f.; *Haedrich*, ZAR 2010, 227, 230; krit. *Berlit*, info also 2008, 243, 252 f.; mit Bedenken *Spellbrink* in: Eicher/Spellbrink, SGB II, 2. Aufl. 2008, § 7 Rn. 22; nun auch *Deibel*, ZFSH SGB 2012, 582, 584.

[225] Weitergehend *Deibel*, ZSFH 2012, 582, 584 (Herausnahme aller Inhaber einer Aufenthaltserlaubnis).

[226] Vgl. *Benassi*, InfAuslR 2006, 397; Evaluierungsbericht des BMI zum Zuwanderungsgesetz aus Juli 2006, S. 72 (www.bmi.bund.de, abgerufen am 15.04.2014).

[227] Vgl. EGMR v. 16.06.2005 - 60654/00(Sisojeva) - InfAuslR 2005, 349 f.; VG Stuttgart v. 24.06.2004 - 11 K 4809/03 - InfAuslR 2005, 106; BVerfG v. 10.08.2007 - 2 BvR 535/06 - NVwZ 2007, 1300 ff.; vgl. auch BVerwG v. 27.01.2009 - 1 C 40/07 - NVwZ 2009, 979, 982 (zu § 25 Abs. 4 Satz 2 AufenthG bei bisher rechtmäßigem Aufenthalt); *Fricke*, jurisPR-BVerwG 9/2008, Anm. 1.

[228] Vgl. zu diesem Aufenthaltstitel *Deibel*, ZAR 2011, 241 ff.; *Hügel/Classen*, Leitfaden: Die neue Bleiberechtsregelung für „gut integrierte Jugendliche und Heranwachsende" nach § 25a AufenthG, abrufbar unter www.fluechtlingsinfo-berlin.de/fr/zuwg/25a_AufenthG.html, zuletzt abgerufen am 15.04.2014).

[229] Vgl. BT-Drs. 17/5093, S. 15.

[230] Krit. auch *Rothkegel*, ZFSH/SGB 2005, 391, 400.

[231] VG Frankfurt v. 13.12.2004 - 1 E 4640/03 - juris Rn. 21 f. (zu § 30 Abs. 3 AuslG); vgl. auch den Sachverhalt zu BSG v. 13.11.2008 - B 14 AS 24/07 R - juris Rn. 2, NZA-RR 2009, 333 (15-jähriger Aufenthalt in Deutschland; Abschiebungshindernis wegen schwerer Depressionen und Angstzuständen).

[232] Z.B. Kuba, vgl. hierzu VG Göttingen v. 10.09.2008 - 1 A 308/05 - juris Rn. 23.

aus familiären Gründen gem. §§ 27 ff. AufenthG oder bei Vorliegen besonderer Abschiebungsverbote) allein aus allgemeinen Erwägungen scheitert (z.B. wegen der Sperrwirkung gem. § 11 Abs. 1 Satz 2 AufenthG aufgrund einer früher verfügten Ausweisung) und die Betroffenen infolgedessen über eine Aufenthaltserlaubnis nach § 25 Abs. 5 AufenthG verfügen.[233]

In Rechtsprechung und Literatur werden bzw. wurden solche **„Härtefälle" allein bei der Auslegung des § 2 Abs. 1 AsylbLG diskutiert**, etwa um einer faktischen Aufenthaltsverfestigung (Integration in die deutsche Gesellschaft)[234] oder einem langjährigen rechtmäßigen Aufenthalt in Deutschland[235] hinreichend Rechnung zu tragen. Bei den vom Transformationsprozess vom AuslG zum AufenthG besonders betroffenen Inhabern einer Aufenthaltsbefugnis nach § 30 Abs. 3 oder 4 AuslG wurde eine **analoge Anwendung des § 2 Abs. 1 AsylbLG** bejaht, ohne dass die Vorbezugszeit i.S.d. § 2 Abs. 1 AsylbLG erfüllt sein muss.[236]   113

Bis zum Inkrafttreten der gesetzlichen Neuregelung bestehen zur **Vermeidung eines Verstoßes gegen Art. 1 Abs. 1 GG i.V.m. Art. 20 Abs. 1 GG** bei einem voraussichtlichen Daueraufenthalt von Inhabern einer Aufenthaltserlaubnis nach § 25 Abs. 5 AufenthG in Deutschland zwei Lösungsansätze: eine teleologische Reduktion des § 1 Abs. 1 Nr. 3 AsylbLG im Einzelfall oder aber eine **analoge Anwendung des § 23 Abs. 1 S. 4 SGB XII**.[237] Nach letztgenannter Norm gilt die Einschränkung der Sozialhilfegewährung für Ausländer nach § 23 Abs. 1 Satz 1 SGB XII nicht, soweit sie (…) über einen befristeten Aufenthaltstitel verfügen und sich voraussichtlich dauerhaft im Bundesgebiet aufhalten. Durch eine analoge Anwendung des § 23 Abs. 1 Satz 4 SGB XII könnte der nach den veröffentlichten Gesetzesmaterialien[238] nicht beabsichtigten Leistungsberechtigung nach dem AsylbLG von ehemaligen Inhabern einer Aufenthaltsbefugnis nach § 30 Abs. 3 oder 4 AuslG mit voraussichtlich dauerhaftem Aufenthalt in Deutschland und dem **für den Gesetzgeber nicht absehbaren Anwendungsbereich des § 25 Abs. 5 AufenthG** (faktische Inländer) interessengerecht begegnet werden.[239] Hierzu müsste allerdings die Rechtsprechung des BVerwG aufgegeben werden, nach der der Leistungsbehörde ein **eigenständiges Prüfungsrecht** über den voraussichtlich dauerhaften Aufenthalt des Ausländers abgesprochen wurde.[240] Diese Rechtsprechung bezog sich jedoch allein auf geduldete Ausländer und damit auf einen Personenkreis, für den der Gesetzgeber „gemäß seiner eigenen Rechtsordnung keine Verantwortung übernehmen will, weil es sich um ausreisepflichtige Personen handelt".[241] Zudem hat der Gesetzgeber mittlerweile – zumindest im Sozialhilferecht – durch § 23 Abs. 1 Satz 4 SGB XII eine entsprechende Prüfungskompetenz der Leistungsbehörde geschaffen.   114

h. Sonderfall: Erlaubnis- und Fortgeltungsfiktion nach § 81 AufenthG

Besonderheiten bei der Beurteilung der Leistungsberechtigung nach § 1 Abs. 1 AsylbLG können sich sowohl bei dem erstmaligen Antrag auf Erteilung eines Aufenthaltstitels als auch bei dem Antrag auf Verlängerung eines bestehenden Titels nach § 81 Abs. 3 und 4 AufenthG ergeben. Die Vorschrift soll dem Ausländer durch eine **Erlaubnis- bzw. Fortgeltungsfiktion** die Durchführung des aufenthaltsrechtlichen Verfahrens in Deutschland ermöglichen,[242] wenn sich der Betroffene entweder auf einen bislang rechtmäßigen Aufenthalt im Bundesgebiet (Absatz 3) oder auf einen bisherigen Aufenthaltstitel (Absatz 4) berufen kann.[243]   115

---

[233] Vgl. BVerwG v. 27.06.2006 - 1 C 14/05 - juris Rn. 17 - NVwZ 2006, 1418, 1419; OVG Nordrhein-Westfalen v. 24.01.2008 - 18 E 1284/07 - juris Rn. 15; *Hailbronner*, Asyl- und Ausländerrecht, 2. Aufl. 2008, S. 142 f., Rn. 260.

[234] Vgl. BSG v. 08.02.2007 - B 9b AY 1/06 R - juris Rn. 27 (aufgegeben durch BSG v. 17.06.2008 - B 8/9b AY 1/07 R - BSGE 101, 49).

[235] LSG Niedersachsen-Bremen v. 13.01.2009 - L 11 AY 118/08 ER - juris Rn. 12 f.

[236] Vgl. hierzu LSG Niedersachsen-Bremen v. 12.06.2007 - L 11 AY 84/06 ER; LSG Niedersachsen-Bremen v. 19.06.2007 - L 11 AY 43/06 ER; SG Hildesheim v. 13.07.2006 - S 34 AY 12/06 ER; SG Aachen v. 03.02.2005 - S 19 AY 6/05 ER; vgl. auch *Hachmann/Hohm*, NVwZ 2008, 33, 35.

[237] Im Ansatz schon *Geiger*, InfAuslR 2004, 360, 361.

[238] Vgl. BT-Drs. 15/420, S. 80, 120 (zu der urspr. als § 25 Abs. 6 AufenthG geplanten Regelung und der Änderung des § 1 Abs. 1 Nr. 3 AsylbLG).

[239] A.A. LSG Nordrhein-Westfalen v. 27.02.2012 - L 20 AY 48/08 - juris Rn. 60 ff.; *Wahrendorf* in: Grube/Wahrendorf, SGB XII, § 1 AsylbLG Rn.26;

[240] BVerwG v. 03.06.2003 - 5 C 32/02 - juris Rn. 19 - NVwZ 2004, 491, 493.

[241] BVerwG v. 03.06.2003 - 5 C 32/02 - juris Rn. 20 - NVwZ 2004, 491, 493.

[242] Vgl. *Benassi*, InfAuslR 2006, 178.

[243] BT-Drs. 15/420, S. 96.

aa. Erlaubnisfiktion nach § 81 Abs. 3 AufenthG

116 Hält sich ein Ausländer im Bundesgebiet **rechtmäßig ohne Aufenthaltstitel** und beantragt er die Erteilung eines Aufenthaltstitels, gilt sein Aufenthalt bis zur Entscheidung der Ausländerbehörde gem. § 81 Abs. 3 Satz 1 AufenthG als erlaubt. Betroffen können von der Regelung **insbesondere Asylbewerber** sein, deren Aufenthalt in Deutschland wegen der Gestattung nach § 55 AsylVfG, die keinen Aufenthaltstitel i.S.d. § 4 Abs. 1 S. 2 AufenthG darstellt, rechtmäßig ist.

117 Mit der Erlaubnisfiktion nach § 81 Abs. 3 Satz 1 AufenthG geht einher, dass der Ausländer **nicht vollziehbar ausreisepflichtig** ist (§ 50 Abs. 1 AufenthG) und leistungsrechtlich nicht unter § 1 Abs. 1 Nr. 5 AsylbLG fällt. Zugleich ist der persönliche Anwendungsbereich des § 1 Abs. 1 Nr. 3 AsylbLG (noch) nicht eröffnet.

118 Soweit der Ausländer eine der in § 1 Abs. 1 Nr. 3 AsylbLG genannten Aufenthaltserlaubnisse beantragt hat bzw. nach Sachlage nur eine solche ausgestellt werden kann, ist eine **analoge Anwendung des § 1 Abs. 1 Nr. 3 AsylbLG** geboten.[244] Denn die Erlaubnisfiktion des § 81 Abs. 3 Satz 1 AufenthG soll keine weitergehende leistungsrechtliche Privilegierung vermitteln, sondern allein einen rechtmäßigen Aufenthalt im Bundesgebiet, ohne dass der Ausländer die Vergünstigungen des beantragten Aufenthaltstitels in Anspruch nehmen kann.[245] Zudem sind keine Gründe ersichtlich, die erstmalige Beantragung einer entsprechenden Aufenthaltserlaubnis anders zu behandeln als den Sachverhalt bei Verlängerung eines bereits bestehenden Aufenthaltstitels nach § 81 Abs. 4 AufenthG und einhergehender Leistungsberechtigung unmittelbar aus § 1 Abs. 1 Nr. 3 AsylbLG.

119 Ohne eine solche Differenzierung (vgl. Rn. 118) hat das **Hessische LSG** die Leistungsberechtigung eines Ausländers nach § 1 Abs. 1 Nr. 3 bzw. 4 AsylbLG bereits dann verneint, wenn sich dieser nach der Erlaubnisfiktion des § 83 Abs. 3 Satz 1 AufenthG rechtmäßig in Deutschland aufhält.[246] Ein Aufenthalt auf Grundlage von § 83 Abs. 3 Satz 1 AufenthG und eine dazu ausgestellte Fiktionsbescheinigung nach § 81 Abs. 5 AufenthG seien nicht mit einer Duldung im Sinne des § 60a AufenthG vergleichbar. Im Ergebnis ist die Entscheidung zu befürworten, da dem Betroffenen eine Aufenthaltserlaubnis aus familiären Gründen (§ 28 AufenthG) erteilt werden sollte und deswegen eine analoge Anwendung des § 1 Abs. 1 Nr. 3 AsylbLG nicht in Betracht kam.

120 Wird der **Antrag verspätet** gestellt, also nach Ablauf des rechtmäßigen Aufenthalts im Bundesgebiet, gilt die Abschiebung ab dem Zeitpunkt der Antragstellung bis zur Entscheidung der Ausländerbehörde als ausgesetzt, § 81 Abs. 3 Satz 2 AufenthG. Die **Leistungsberechtigung des Ausländers** ergibt sich in diesen Fällen wegen der Duldungsfiktion aus § 81 Abs. 3 Satz 2 AufenthG aus **§ 1 Abs. 1 Nr. 4 AsylbLG (analog)**,[247] nach a.A. aus § 1 Abs. 1 Nr. 5 AsylbLG, da er nach den §§ 50 Abs. 1, 58 Abs. 2 AufenthG vollziehbar zur Ausreise verpflichtet ist.[248]

bb. Fortgeltungsfiktion nach § 81 Abs. 4 AufenthG

121 Bei einem „**rechtzeitigen**" Antrag auf Verlängerung einer der in § 1 Abs. 1 Nr. 3 AsylbLG genannten Aufenthaltserlaubnisse, also vor Ablauf ihrer Geltungsdauer, gilt die bisherige Aufenthaltserlaubnis gem. § 81 Abs. 4 AufenthG bis zur Entscheidung der Ausländerbehörde als fortbestehend. Dies hat die Leistungsberechtigung des Ausländers unmittelbar nach § 1 Abs. 1 Nr. 3 AsylbLG zur Folge.

122 Obwohl § 104a Abs. 5 Satz 5 AufenthG die Anwendbarkeit des § 81 Abs. 4 AufenthG ausschließt, gilt die Fortgeltungsfiktion nach § 81 Abs. 4 AufenthG auch bei einem (rechtzeitigen) Verlängerungsantrag im Anschluss an eine **Aufenthaltserlaubnis nach § 104a Abs. 1 AufenthG**, da sich dieser Antrag im Zweifel auch auf eine Aufenthaltserlaubnis „auf Probe" nach § 23 Abs. 1 AufenthG (Bleiberechtsregelung 2009) bezieht. Die Betroffenen sind während des ausländerrechtlichen Verfahrens nicht nach § 1 Abs. 1 Nr. 3 AsylbLG leistungsberechtigt, sondern (weiterhin) nach dem SGB II oder SGB XII.[249]

123 Wird die Verlängerung des Aufenthaltstitels „**verspätet**" **beantragt**, also nach Ablauf seiner Geltungsdauer, handelt es sich rechtlich um einen Antrag auf erneute Erteilung eines Aufenthaltstitels, da eine Verlängerung des Titels stets sein Bestehen voraussetzt und eine rückwirkende Erteilung eines

---

[244] *Decker* in: Oestreicher, SGB XII/SGB II, § 1 AsylbLG Rn. 28-30; a.A. *Deibel*, ZAR 2004, 321, 322.
[245] Vgl. *Renner*, Ausländerrecht, § 81 AufenthG Rn. 31.
[246] Hessisches LSG v. 06.09.2011 - L 7 AS 334/11 B ER - juris Rn. 42 ff.
[247] So auch *Herbst* in: Mergler/Zink, SGB XII/AsylbLG, § 1 AsylbLG Rn. 31; krit. *Deibel*, ZAR 2004, 321, 322.
[248] So *Decker* in: Oestreicher, SGB XII/SGB II, § 1 AsylbLG Rn. 31; a.A. OVG Niedersachsen v. 31.07.1997 - 4 M 3063/97, 4 M 3767/97 - juris Rn. 23 - NDV-RD 1997, 132 f.
[249] Vgl. SG Hildesheim v. 11.05.2011 - S 42 AY 21/11 ER - juris Rn. 36 f. m.w.N.

Aufenthaltstitels nicht möglich ist.[250] Die Leistungsberechtigung des Betroffenen ergibt sich in diesen Fällen regelmäßig aus § 1 Abs. 1 Nr. 5 AsylbLG. Der Betroffene kann sich nicht auf die Fortgeltung seines bisherigen Aufenthaltstitels berufen.

4. Inhaber einer Duldung (Nr. 4)

Inhaber einer Duldung nach § 60a AufenthG sind gem. § 1 Abs. 1 Nr. 4 AsylbLG leistungsberechtigt. Mit der Duldung geht nur eine vorübergehende Aussetzung der Abschiebung einher, also ein zeitweiser Verzicht auf die zwangsweise Durchsetzung der vollziehbaren Ausreisepflicht des Ausländers (Abschiebung). Sie ist **kein Aufenthaltstitel** und räumt kein Recht zum Aufenthalt ein; die Ausreisepflicht des Ausländers bleibt unberührt, § 60a Abs. 3 AufenthG.[251] 124

Mit Ablauf der Gültigkeitsdauer der Duldung ist der Ausländer nicht mehr nach § 1 Abs. 1 Nr. 4 AsylbLG, sondern nach § 1 Abs. 1 Nr. 5 AsylbLG leistungsberechtigt; der **Besitz einer gültigen Duldung** ist insoweit für die fortbestehende Leistungsberechtigung nach dem AsylbLG dem Grunde nach unerheblich. 125

Die Gründe, die zu der Erteilung einer Duldung geführt haben, sind für die Leistungsberechtigung nach § 1 Abs. 1 Nr. 4 AsylbLG unerheblich. Maßgebliche Bedeutung kann ihnen jedoch bei der Frage zukommen, ob der Ausländer seine Aufenthaltsdauer in Deutschland im Sinne des § 2 Abs. 1 AsylbLG rechtsmissbräuchlich selbst beeinflusst hat.[252] 126

5. Vollziehbar zur Ausreise Verpflichtete (Nr. 5)

Als **Auffangtatbestand** des § 1 Abs. 1 Nrn. 1-4 AsylbLG nennt die Vorschrift als Leistungsberechtigte nach dem AsylbLG vollziehbar zur Ausreise Verpflichtete, auch wenn eine Abschiebungsandrohung noch nicht oder nicht mehr vollziehbar ist. 127

Ausreisepflichtig sind nach § 50 Abs. 1 AufenthG Ausländer, die einen erforderlichen Aufenthaltstitel nicht oder nicht mehr besitzen und sich nicht oder nicht mehr auf ein Aufenthaltsrecht nach dem Assoziationsabkommen EWG/Türkei berufen können. Ein rechtmäßiger Aufenthalt in Deutschland endet mit Erlöschen des Aufenthaltstitels unter den Voraussetzungen des § 51 Abs. 1 AufenthG, insbesondere mit Ablauf der Geltungsdauer (Nr. 1), Eintritt einer auflösenden Bedingung (Nr. 2), der Rücknahme oder dem Widerruf des Titels (Nr. 3 und 4) oder mit Ausweisung des Ausländers (Nr. 5). 128

Vollziehbar ist die Ausreisepflicht unter den Voraussetzungen des § 58 Abs. 2 AufenthG kraft Gesetzes, z.B. bei unerlaubter Einreise (Satz 1), sowie mit vollziehbarer Entscheidung nach § 50 Abs. 1 AufenthG, mit der die Ausreisepflicht des Ausländers einhergeht (Satz 2). Die Vollziehbarkeit einer Abschiebungsandrohung gem. § 59 AufenthG ist nicht erforderlich. 129

Von § 1 Abs. 1 Nr. 5 AsylbLG können insbesondere Ausländer erfasst sein, die keinen Asylantrag gestellt, ihren Asylantrag zurückgenommen haben oder die nach Ablehnung ihres Asylantrags noch nicht ausgereist oder abgeschoben worden sind.[253] Im Übrigen sind Personen in Abschiebehaft und illegal in Deutschland lebende Ausländer nach § 1 Abs. 1 Nr. 5 AsylbLG leistungsberechtigt. 130

6. Familienangehörige (Nr. 6)

Die **Ehegatten, Lebenspartner oder minderjährigen Kinder** der in § 1 Abs. 1 Nrn. 1-5 AsylbLG genannten Personen sind gem. § 1 Abs. 1 Nr. 6 AsylbLG leistungsberechtigt, wenn sie nicht die Voraussetzungen des § 1 Abs. 1 Nr. 1-5 AsylbLG erfüllen. Liegen diese Voraussetzungen in der Person des Betroffenen vor, ergibt sich dessen Leistungsberechtigung unmittelbar aus § 1 Abs. 1 Nrn. 1-5 AsylbLG. 131

Die Vorschrift soll diejenigen Fälle erfassen, in denen Familienangehörige selbst keinen Asylantrag stellen oder nicht vollziehbar zur Ausreise verpflichtet sind und bezweckt eine leistungsrechtliche **Gleichbehandlung von Mitgliedern eines Haushalts**.[254] Sie korrespondiert insoweit mit § 2 Abs. 3 AsylbLG und ist aus diesem Grund **restriktiv auszulegen**; sie betrifft nur im gleichen Haushalt lebende Ehegatten, Lebenspartner oder minderjährige Kinder.[255] 132

---

[250] BVerwG v. 22.06.2011 - 1 C 5/10 - juris Rn. 14; *Renner*, Ausländerrecht, § 81 AufenthG Rn. 19; *Benassi*, InfAuslR 2006, 178, 182 f.

[251] Zum Rechtsinstitut der Duldung, vgl. BVerwG v. 25.09.1997 - 1 C 3/97 - juris Rn. 16 ff. - NVwZ 1998, 297, 298 f.; *Gutmann*, NJW 2010, 666.

[252] Grundlegend: BSG v. 17.06.2008 - B 8/9b AY 1/07 R - juris Rn. 31 ff. - BSGE 101, 49, 61 ff.

[253] Vgl. BT-Drs. 13/2746, S. 15

[254] BT-Drs. 12/4451, S. 5, 7.

[255] So auch *Decker* in: Oestreicher, SGB XII/SGB II, § 1 AsylbLG Rn. 41.

§ 1 AsylbLG

133 Bei einer **sog. gemischten Bedarfs- bzw. Einsatzgemeinschaft**, in der Grundleistungsberechtigte nach den §§ 1, 3 AsylbLG mit ihren nach dem SGB II oder SGB XII leistungsberechtigten Partnern zusammenleben, ist der Auffangtatbestand des § 1 Abs. 1 Nr. 6 AsylbLG ebenfalls restriktiv auszulegen. Die Leistungsberechtigung der minderjährigen (insb. neugeborenen) Kinder ergibt sich in diesen Fällen nicht (schon) aus § 1 Abs. 1 Nr. 6 AsylbLG, da das leistungsrechtlich privilegierte Elternteil (SGB II/SGB XII) maßgeblich ist.[256] Zum gleichen Ergebnis kommt die a.A., die auf den **Haushaltsvorstand** – also auf die nach dem SGB II oder SGB XII leistungsberechtigte Person – abstellt.[257]

134 Auf Familienangehörige, die bereits über ein verfestigtes Aufenthaltsrecht verfügen, ist § 1 Abs. 1 Nr. 6 AsylbLG nicht anwendbar, weil deren individueller Sozialleistungsanspruch nach dem SGB II oder dem SGB XII allein an ihren konkreten Aufenthaltsstatus anknüpft; umgekehrt können die nach dem AsylbLG Leistungsberechtigten dem Grunde nach keinen leistungsrechtlichen Vorteil aus der Privilegierung eines Familienmitglieds ziehen: Es gibt **keinen allgemeinen Anspruch aller Familienangehöriger auf familieneinheitliche Leistungsgewährung**.[258] Ausnahmen von diesem Grundsatz können sich aus höherrangigem Recht ergeben, z.B. aufgrund der Rechtstellung von Familienangehörigen einer Person, die der internationale Schutz zuerkannt worden ist (Art. 23, 28 EGRL 2004/83 bzw. Art. 23, 29 EURL 2013/33, vgl. hierzu Rn. 46).

135 **Deutsche Familienangehörige**, insb. minderjährige Kinder mit deutscher Staatsangehörigkeit, fallen nicht unter § 1 Abs. 1 Nr. 6 AsylbLG; dies ergibt sich bereits aus § 1 Abs. 1 HS. 1 AsylbLG, nach dem nur Ausländer nach dem AsylbLG leistungsberechtigt sein können.[259]

7. Asylfolge- und Zweitantragsteller (Nr. 7)

136 Mit Einführung des § 1 Abs. 1 Nr. 7 AsylbLG zum 01.01.2005[260] hat der Gesetzgeber klargestellt, dass auch **Asylfolge- und Zweitantragsteller i.S.d. §§ 71, 71a AsylVfG** bis zur Entscheidung des Bundesamtes für Migration und Flüchtlinge über die Durchführung eines Asylverfahrens (Vorprüfungsverfahren) leistungsberechtigt nach dem AsylbLG sind.[261] Zuvor galten Asylfolge- und Zweitantragsteller wegen des bereits erfolglosen Asylverfahrens als leistungsberechtigt nach § 1 Abs. 1 Nr. 5 AsylbLG.[262]

137 Die Leistungsberechtigung nach § 1 Abs. 1 Nr. 7 AsylbLG erstreckt sich in zeitlicher Hinsicht **bis zur bestands- bzw. rechtskräftigen Entscheidung** über den Asylfolge- oder Zweitantrag[263] und nicht nur auf die Dauer des Vorprüfungsverfahrens.[264]

V. Kollisionsnorm (Absatz 2)

138 Die Vorschrift ist – entgegen der früher wohl h.M.[265] – eine **reine Kollisionsnorm** in denjenigen Fällen, in denen ein Ausländer über einen nicht in § 1 Abs. 1 Nr. 3 AsylbLG genannten Aufenthaltstitel verfügt, aber gleichzeitig leistungsberechtigt nach § 1 Abs. 1 AsylbLG wäre.[266] Sie setzt den verwirklichten Tatbestand des § 1 Abs. 1 AsylbLG voraus („Die in Absatz 1 bezeichneten Ausländer…", str.).

---

[256] So auch LSG Nordrhein-Westfalen v. 15.03.2014 - L 19 AS 73/14 B ER - juris Rn. 27.

[257] *Hohm* in: AsylbLG, § 1 Rn 87 f.; SG Hildesheim v. 11.05.2011 - S 42 AY 21/11 ER - juris Rn. 47.

[258] BSG v. 21.12.2009 - B 14 AS 66/08 R - juris Rn. 19; BSG v. 07.05.2009 - B 14 AS 41/07 R - juris Rn. 14; BVerwG v. 28.09.2001 - 5 B 94/00 - juris Rn. 4 - FEVS 53, 111 f.; OVG Niedersachsen v. 31.05.1999 - 4 L 1884/99 - juris Rn. 2; vgl. aber VGH Bayern v. 23.01.2009 - 21 BV 08.30134 - juris Rn. 15-17 (zur gemeinsamen Unterbringung in einer Gemeinschaftsunterkunft).

[259] Vgl. auch *Adolph* in: Linhart/Adolph/Gröschel-Gundermann, SGB II/SGB XII/AsylbLG, § 1 AsylbLG Rn. 43a; *Wahrendorf* in: Grube/Wahrendorf, SGB XII, § 1 AsylbLG Rn. 33; i.E. ebenso: LSG Baden-Württemberg v. 08.01.2007 - L 12 AS 5604/06 ER-B – juris Rn. 19-21 - SAR 2007, 22.

[260] BGBl I 2004, 1950, 2001.

[261] Vgl. BT-Drs. 14/420, S. 120 f.; krit. *Deibel*, ZAR 2004, 321, 323.

[262] Vgl. *Deibel*, ZAR 2004, 321, 323 m.w.N.; *Deibel*, ZFSH 2012, 582, 584.

[263] SG Hildesheim v. 27.12.2012 - S 42 AY 9/12 ER - juris Rn. 9; a.A. noch *Frerichs* in: jurisPK-SGB XII, 1. Aufl. 2011, § 1 AsylbLG Rn. 125.

[264] So aber *Hohm* in: AsylbLG, § 1 Rn. 95 m.w.N.

[265] OVG Niedersachsen v. 04.02.1999 - 4 M 137/99 - juris Rn. 24 - NVwZ-Beil. 1999, 47, 48; LSG Bayern v. 12.01.2006 - L 11 B 598/05 AS ER - juris Rn. 23 - Breithaupt 2006, 419; *Decker* in: Oestreicher, SGB XII/SGB II, § 1 AsylbLG Rn. 47; *Wahrendorf* in: Grube/Wahrendorf, SGB XII, § 1 AsylbLG Rn. 35.

[266] Vgl. BT-Drs. 12/4451, S. 7; BT-Drs. 13/2746, S. 14; SG Hildesheim v. 11.05.2011 – S 42 AY 21/11 ER – juris Rn. 33; nun wohl auch *Hohm* in: AsylbLG, § 1 Rn. 103; so schon *Röseler/Meyer* in: Huber, Handbuch des Ausländer- und Asylrechts (vergriffen), § 1 AsylbLG Rn. 37; *Herbst* in: Mergler/Zink, SGB XII/AsylbLG, § 1 AsylbLG Rn. 42 f.; *Goldmann/Schwabe*, Praxishandbuch zum AsylbLG, 1. Auflage 1999, S. 86.

Nach der Gesetzesbegründung regelt § 1 Abs. 2 AsylbLG insb. das gleichzeitige Vorliegen einer Aufenthaltsgestattung nach § 55 AsylVfG und einer Aufenthaltsgenehmigung (nach dem AuslG 1990).[267] Sie korrespondiert insoweit mit § 55 Abs. 2 AsylVfG, nach dem ein Aufenthaltstitel mit einer Gesamtgeltungsdauer bis zu sechs Monaten mit Asylantragstellung erlischt, und betrifft in diesen Fällen insb. die Familienangehörigen des Asylantragstellers i.S.d. § 1 Abs. 1 Nr. 6 AsylbLG.[268] Ein anschaulicher Anwendungsfall[269] liegt bei einem Ausländer vor, dem eine Aufenthaltserlaubnis nicht aus humanitären, sondern aus familiären Gründen (z.B. Familiennachzug) erteilt „worden ist", der aber gleichwohl die Anerkennung als Asylberechtigter beantragt. Ungeachtet des § 1 Abs. 1 Nr. 1 AsylbLG ist er für die Zeit der Gesamtgeltungsdauer des bestehenden Aufenthaltstitels von mehr als sechs Monaten nicht nach dem AsylbLG leistungsberechtigt, sondern – unverändert – nach dem SGB II oder SGB XII. Die Vorschrift dient der **Begrenzung des Anwendungsbereichs des § 1 Abs. 1 AsylbLG** und soll einen Teil der an sich nach § 1 Abs. 1 AsylbLG leistungsberechtigten Personengruppe mit einem stärker verfestigten Aufenthaltsrecht herausnehmen.[270] Ein nicht nach § 1 Abs. 1 AsylbLG leistungsberechtigter Ausländer wird es auch nicht nach § 1 Abs. 2 AsylbLG.[271] Das Ende der Leistungsberechtigung regelt allein § 1 Abs. 3 AsylbLG.

Eine Ausweitung des persönlichen Anwendungsbereichs des AsylbLG hat die **früher h.M.** erreicht, die § 1 Abs. 2 AsylbLG (vornehmlich) als Übergangsvorschrift versteht und zusätzlich auf Ausländer erstreckt, die nach § 1 Abs. 1 AsylbLG leistungsberechtigt gewesen sind und denen eine andere Aufenthaltserlaubnis als in § 1 Abs. 1 Nr. 3 AsylbLG genannt erteilt wird.[272] Obwohl die Voraussetzungen des § 1 Abs. 1 AsylbLG nicht (mehr) vorliegen und der Betroffene kein „in Abs. 1 bezeichneter Ausländer" ist, sondern war, soll er im „Umkehrschluss" gleichwohl leistungsberechtigt nach dem AsylbLG bleiben, wenn die erteilte Aufenthaltserlaubnis nur eine Gesamtgeltungsdauer von bis zu sechs Monaten aufweist.[273] Die früher h.M. beruht auf einer **ergebnisorientierten Einzelfallentscheidung des OVG Lüneburg** aus dem Jahr 1999, in der eine Ausländerin nach Ablauf ihres kurzfristigen Aufenthaltstitels aus Rechtsgründen nicht vollziehbar ausreisepflichtig und (formal) nicht leistungsberechtigt nach § 1 Abs. 1 AsylbLG war.[274] Um Wertungswidersprüche zu vermeiden, soll der so gefundene Anwendungsbereich der Vorschrift seit 2005 auf die Erteilung von Aufenthaltserlaubnissen nach § 23a AufenthG und § 25 Abs. 3 AufenthG begrenzt sein.[275] Der unzulässigen Extension folgt eine einzelfallbezogene Reduktion der Norm, um sachwidrige Ergebnisse zu vermeiden.

139

Bei einer Kollision eines verfestigten Aufenthaltsrechts i.S.d. § 1 Abs. 2 AsylbLG und der Leistungsberechtigung nach § 1 Abs. 1 AsylbLG (z.B. Erteilung einer Aufenthaltserlaubnis aus familiären Gründen während eines anhängigen Asylverfahrens) bestimmt sich der **Übergang in ein anderes Leistungssystem** bei Bedürftigkeit (SGB II/SGB XII) nach § 1 Abs. 3 Nr. 1 AsylbLG mit Ablauf des Monats der Erteilung des Titels i.S.d. § 1 Abs. 2 AsylbLG.[276] Dies gilt auch, wenn § 1 Abs. 2 AsylbLG als Übergangsvorschrift für nicht mehr nach § 1 Abs. 1 AsylbLG Leistungsberechtigte verstanden wird. Eine restriktive Auslegung der Norm, dass der Gesetzgeber auch mit Aufenthaltsverfestigung eine Leistungsberechtigung nach dem AsylbLG noch für einen weiteren Zeitraum bzw. eine „Wartefrist"[277]

140

---

[267] BT-Drs. 12/4451, S. 7.
[268] Vgl. BT-Drs. 12/4451, S. 7.
[269] Vgl. *Röseler/Meyer* in: Huber, Handbuch des Ausländer- und Asylrechts (vergriffen), § 1 AsylbLG Rn. 37.
[270] BT-Drs. 12/4451, S. 7; BT-Drs. 13/2746, S. 14; *Röseler/Meyer* in: Huber, Handbuch des Ausländer- und Asylrechts (vergriffen), § 1 AsylbLG Rn. 38, 40.
[271] *Röseler/Meyer* in: Huber, Handbuch des Ausländer- und Asylrechts (vergriffen), § 1 AsylbLG Rn. 38
[272] OVG Niedersachsen v. 04.02.1999 - 4 M 137/99 - juris Rn. 24, 31 - NVwZ-Beil. 1999, 47, 48; LSG Bayern v. 12.01.2006 - L 11 B 598/05 AS ER - Breithaupt 2006, 419-421; *Decker* in: Oestreicher, SGB XII/SGB II, § 1 AsylbLG Rn. 47.
[273] OVG Niedersachsen v. 04.02.1999 - 4 M 137/99 - juris Rn. 24, 31 - NVwZ-Beil. 1999, 47, 48; LSG Bayern v. 12.01.2006 - L 11 B 598/05 AS ER - Breithaupt 2006, 419-421; *Decker* in: Oestreicher, SGB XII/SGB II, § 1 AsylbLG Rn. 47.
[274] OVG Niedersachsen v. 04.02.1999 - 4 M 137/99 - juris Rn. 18 ff., 31 - NVwZ-Beil. 1999, 47 f.
[275] *Birk* in: LPK-SGB XII, § 1 AsylbLG Rn.12.
[276] *Goldmann/Schwabe*, Praxishandbuch zum AsylbLG, 1. Aufl. 1999, S. 95 f.; *Röseler/Meyer* in: Huber, Handbuch des Ausländer- und Asylrechts (vergriffen), § 1 AsylbLG Rn. 50.
[277] So *Adolph* in: Adolph/Linhart/Gröschel-Gundermann, SGB II/SGB XII/AsylbLG, § 1 AsylbLG Rn. 50.

§ 1 AsylbLG

von sechs Monaten vorgesehen habe,[278] ist weder dem Gesetz noch den Gesetzesmaterialien[279] zu entnehmen und abzulehnen. Die Grenze der Wortlautinterpretation wäre endgültig überschritten.

141 Es ist auf die **Gesamtgeltungsdauer der Aufenthaltserlaubnis** abzustellen. Bei einer Verlängerung einer nicht in § 1 Abs. 1 Nr. 3 AsylbLG genannten Aufenthaltserlaubnis, die zunächst auf einen Zeitraum von bis zu einem halben Jahr befristet war und durch die Verlängerung eine Gesamtgeltungsdauer von mehr als ein halbes Jahr aufweist, endet die Leistungsberechtigung nach dem AsylbLG ebenfalls.[280] Die Geltungsdauer verschiedener und in zeitlicher Reihenfolge erteilter Titel ist nach dem Gesetzeswortlaut („ein anderer Aufenthaltstitel") nicht zu addieren.[281]

VI. Ende der Leistungsberechtigung (Absatz 3)

142 Die Leistungsberechtigung nach dem AsylbLG endet mit der tatsächlichen Ausreise aus dem Bundesgebiet oder – aus Praktikabilitätsgründen[282] – mit Ablauf des Monats, in dem die Leistungsvoraussetzung entfällt (Nr. 1) oder der Ausländer als Asylberechtigter anerkannt wird bzw. die Verpflichtung zur Anerkennung gerichtlich durchsetzt (Nr. 2).

143 Mit **Anerkennung als Asylberechtigter** endet die Leistungsberechtigung nach dem AsylbLG, auch wenn der Ausländer im Anschluss keine Aufenthaltserlaubnis nach § 25 Abs. 1 AufenthG erhält (z.B. auf Grund der Sperrwirkung einer bestandskräftigen Ausweisungsverfügung).[283] Erfährt die Behörde von dem Ende der Leistungsberechtigung nach § 1 Abs. 3 AsylbLG erst später, ist der Ausländer aber im Anschluss leistungsberechtigt nach dem SGB XII, sind die entsprechenden Leistungen auch rückwirkend zu zahlen.[284] Bei einer Leistungsberechtigung des Ausländers nach dem SGB II gilt das Antragserfordernis nach § 37 SGB II.[285]

144 Nach der Rechtsprechung des BSG[286] endet der Leistungsfall mit der **Ausreise aus Deutschland** (vollständig); im Falle einer **Wiedereinreise** in das Bundesgebiet ist der Ausländer – soweit leistungsberechtigt nach dem AsylbLG – erneut auf die Erfüllung der Vorbezugszeit nach § 2 Abs. 1 AsylbLG und damit zunächst auf einen abgesenkten Leistungsbezug nach § 3 AsylbLG zu verweisen. Die Voraussetzungen für einen privilegierten Leistungsbezug nach § 2 Abs. 1 AsylbLG müssen – ungeachtet der Dauer des Voraufenthalts – erfüllt werden.[287]

VII. Rechtstatsachen

145 Die Zahl der Leistungsempfänger nach dem AsylbLG wird jährlich in der Asylbewerberleistungsstatistik (§ 12 AsylbLG) vom Statistischen Bundesamt[288] erfasst und war von 1997 bis 2010 rückläufig. Ende 2006 bezogen 194.000 Ausländer Leistungen nach dem AsylbLG, davon 140.650 Grundleistungen nach den §§ 1, 3 AsylbLG.[289] Eine **sehr detaillierte Aufstellung** der Leistungsbezieher nach dem AsylbLG, insbesondere aufgeschlüsselt nach Alter, Geschlecht, Unterbringung, bisheriger Bezugsdauer, Bundesländern und den mit der Leistungsgewährung einhergehenden Kosten, erfolgte seitens der Bundesregierung im April 2008.[290]

---

[278] So aber OVG Lüneburg v. 04.02.1999 - 4 M 137/99 - juris Rn. 31 - NVwZ-Beil. 1999, 47, 48; *Wahrendorf* in: Grube/Wahrendorf, SGB XII, § 1 AsylbLG Rn. 35.

[279] Vgl. BT-Drs. 12/4451, S. 7; BT-Drs. 13/2746, S. 14.

[280] *Birk* in: LPK-SGB XII, § 1 AsylbLG Rn. 12.

[281] *Adolph* in: Linhart/Adolph/Gröschel-Gundermann, SGB II/SGB XII/AsylbLG, § 1 Rn. 46.

[282] BT-Drs. 12/4451, S. 8.

[283] LSG Baden-Württemberg v. 22.12.2008 - L 8 AS 3194/08 ER-B - juris Rn. 10 - SAR 2009, 22 f.; LSG Niedersachsen-Bremen v. 03.05.2006 - L 8 SO 26/06 ER - juris Rn. 10 f.; *Adolph* in: Adolph/Linhart/Gröschel-Gundermann, SGB II/SGB XII/AsylbLG, § 1 AsylbLG Rn. 58.

[284] *Wahrendorf* in: Grube/Wahrendorf, SGB XII, § 1 AsylbLG; a.A. Hohm in: AsylbLG, § 1 Rn. 122.

[285] So auch Hohm in: AsylbLG, § 1 Rn. 122.

[286] BSG v. 24.03.2009 - B 8 AY 10/07 R - juris Rn. 17 - NVwZ-RR 2010, 31, 33.

[287] A.A. LSG Niedersachsen-Bremen v. 18.12.2007 - L 11 AY 60/05 - juris Rn. 25; OVG Niedersachsen v. 27.03.2001 - 12 MA 1012/01 - juris Rn. 7 - FEVS 52, 367 ff.

[288] www.destatis.de (abgerufen am 15.04.2014).

[289] BT-Drs. 16/7574, S. 3.

[290] BT-Drs. 16/9018, S. 3 ff., S. 33 ff.

Im November 2010 hat sich die Bundesregierung zu verfassungsrechtlichen Aspekten und der Anwendungspraxis des AsylbLG erklärt und weitere Daten (Stand: Ende 2009) veröffentlicht.[291] Danach war die Zahl der Leistungsempfänger weiterhin rückläufig. Ende 2009 gab es insgesamt 121.918 Leistungsempfänger, davon waren 81.314 (67,07 Prozent) Bezieher von Grundleistungen nach den §§ 1, 3 AsylbLG.[292]

146

Die Zahl der Asylanträge hat sich ab Mitte 2012 deutlich erhöht. Die Mehrzahl der Antragsteller stammt aus Syrien und Ländern des Balkans (ehemaliges Jugoslawien).[293] Ein Anstieg der Zahl der Leistungsberechtigten nach dem AsylbLG war aber bereits seit 2010 zu verzeichnen.[294] Zum Jahresende 2012 bezogen 165.244 Personen Regelleistungen nach dem AsylbLG. Gegenüber dem Vorjahr war das ein Plus von 15%. Einzelheiten über die leistungsberechtigten Personen (Geschlecht, Staatsangehörigkeit, Unterbringung, Hilfearten) und die Ausgaben der Länder veröffentlicht auch das **Statistische Bundesamt**.[295]

147

Nach dem Inkrafttreten des **Zuwanderungsgesetzes 2004** zum 01.01.2005 wurden die **Auswirkungen in der Praxis** u.a. unter Beteiligung von ausgewiesenen Praktikern sowie der zuständigen Länder- bzw. Bundesressorts in dem **Evaluierungsbericht** zum Zuwanderungsgesetz aus **Juli 2006** untersucht.[296]

148

C. Praxishinweise

Für die Leistungsberechtigung von Ausländern in Deutschland nach § 1 Abs. 1 AsylbLG ist deren **ausländerrechtlicher Status von maßgeblicher Bedeutung**. Insbesondere die Unterscheidung der in § 1 Abs. 1 Nr. 3 AsylbLG genannten Aufenthaltserlaubnisse gem. §§ 23 Abs. 1, 24 AufenthG nach dem Grund ihrer Erteilung („wegen des Krieges in ihrem Heimatland") oder der Aufenthaltserlaubnis nach § 25 Abs. 4 Sätze 1 und 2 AufenthG hat Einfluss auf die Leistungsberechtigung nach dem AsylbLG. Da ausländerrechtliche Verfügungen regelmäßig den Grund ihrer Erteilung nicht ausweisen, ist in der Praxis der **Verwaltungsvorgang der Ausländerbehörde** in aller Regel beizuziehen bzw. eine Auskunft der Behörde einzuholen.

149

D. Reformbestrebungen

I. Reformvorhaben auf nationaler Ebene

Bis zum Erlass des Gesetzes zur Umsetzung aufenthalts- und asylrechtlicher Richtlinien der EU vom 19.08.2007[297] konnten sich sowohl die **Bundesratsinitiativen zur Aufhebung des § 2 AsylbLG** (2005)[298] bzw. zur **Verschärfung des AsylbLG** durch die Einschränkung des Anwendungsbereichs des § 2 Abs. 1 AsylbLG auf nach § 1 Abs. 1 Nr. 3 AsylbLG Leistungsberechtigte und ihre Familienangehörigen nach § 1 Abs. 1 Nr. 6 AsylbLG (2007)[299] als auch die **Gesetzesinitiative zur Aufhebung des AsylbLG** insgesamt (2008)[300] scheiterten. Auf das Grundsatzurteil des Bundesverfassungsgerichts vom 09.02.2010 zu dem Grundrechtscharakter der Menschenwürdegarantie (Art. 1 Abs. 1 GG i.V.m. Art. 20 Abs. 1 GG)[301] ist im April 2010 von einzelnen Abgeordneten und der Fraktion

150

---

[291] BT-Drs. 17/3660.
[292] BT-Drs. 17/3660, S. 16 und Anlagen.
[293] Vgl. etwa die vom BAMF herausgegebenen Aktuellen Zahlen zu Asyl, Stand März 2014, abrufbar unter www.bamf.de (abgerufen am 29.04.2014).
[294] Vgl. Statistische Bundesamt, Leistungen an Asylbewerber 2012, Wiesbaden 2014, abrufbar unter www.destatis.de/DE/Publikationen/Thematisch/Soziales/Asylbewerberleistungen/Asylbewerber2130700127004.pdf?__blob=publicationFile (zuletzt abgerufen am 15.04.2014).
[295] www.destatis.de/DE/ZahlenFakten/GesellschaftStaat/Soziales/Sozialleistungen/Asylbewerberleistungen/Asylbewerberleistungen.html (zuletzt abgerufen am 15.04.2014).
[296] Evaluierungsbericht des BMI zum Zuwanderungsgesetz aus Juli 2006, S. 72 (www.bmi.bund.de, abgerufen am 15.04.2014).
[297] BGBl I 2007, 1970, 2007.
[298] BT-Drs. 15/4645; vgl. auch die Empfehlung der Ausschüsse v. 03.05.2007, BR-Drs. 224/1/07, S. 50.
[299] BR-Drs. 36/07, S. 4; vgl. auch BR-Drs. 224/3/07; BR-Drs. 224/07, S. 34.
[300] BT-Drs. 16/10837; vgl. Beschlussempfehlung und Bericht des Ausschusses für Arbeit und Soziales, BT-Drs. 16/13149.
[301] BVerfG v. 09.02.2010 - 1 BvL 1/09, 1 BvL 3/09, 1 BvL 4/09.

BÜNDNIS 90/DIE GRÜNEN erneut ein Gesetzesentwurf zur Aufhebung des AsylbLG eingebracht worden.[302]

151 Für den von den Bundesländern Rheinland-Pfalz, Bremen, Brandenburg und Schleswig-Holstein im Bundesrat eingebrachten Antrag auf Abschaffung des AsylbLG[303] fand sich im Herbst 2012 ebenfalls keine Mehrheit.

152 Mit der Verpflichtung des Gesetzgebers durch die Entscheidung des **BVerfG vom 18.07.2012**, unverzüglich für den Anwendungsbereich des Asylbewerberleistungsgesetzes eine Neuregelung zur Sicherung des menschenwürdigen Existenzminimums zu treffen, wird sich der Gesetzgeber zwangsläufig mit dem **persönlichen Anwendungsbereich** des AsylbLG auseinandersetzen müssen, weil die eigenständige Bedarfsermittlung nach einem transparenten und nachvollziehbaren Verfahren die Bestimmung der abgrenzbaren Personengruppe des eigenständigen Sicherungssystems AsylbLG mit einbezieht (vgl. Rn. 35).

II. Europäische Harmonisierung des Asyl- und Flüchtlingsrechts

153 Die **europäische Harmonisierung des Asyl- und Flüchtlingsrechts** wird weiter voranschreiten. Die Asylkompetenzen sind seit dem 01.12.2009 in Art. 63 AEUV geregelt und umfassen auch die Normen über die Aufnahmebedingungen von Personen, die Asyl oder subsidiären Schutz beantragen (Art. 63 Abs. 2 lit. f AEUV). In diesem Zusammenhang sind im Dezember 2011 die sog. **Qualifikationsrichtlinie** (EGRL 2004/83) durch die **EURL 2011/95**[304] und im Juni 2013 die sog. **Richtlinie Aufnahmebedingungen** (EGRL 2003/9) durch die EURL 2013/33 sowie die sog. **Verfahrensrichtlinie** (EGRL 2005/85) durch die **EURL 2013/32**[305] neu gefasst worden, auch um die materielle Versorgung von Asylbewerbern in den Mitgliedstaaten durch die Statuierung von Mindeststandards sicherzustellen. Mit der zunächst angestrebten leistungsrechtlichen Gleichbehandlung von Asylbewerbern mit Staatsangehörigen der Mitgliedstaaten konnte sich die Kommission[306] bislang nicht durchsetzen.

---

[302] BT-Drs. 17/1428.
[303] BR-Drs. 576/12.
[304] ABl.EU L 337 v. 20.12.2011, S. 9.
[305] ABl.EU L 180 v. 29.06.2013, S. 60.
[306] Vgl. Vorschlag der EU-Kommission v. 03.12.2009, KOM(2008) 815 endg., 2008/0244 (COD).

§ 1a AsylbLG Anspruchseinschränkung

(Fassung vom 25.08.1998, gültig ab 01.09.1998)

Leistungsberechtigte nach § 1 Abs. 1 Nr. 4 und 5 und ihre Familienangehörigen nach § 1 Abs. 1 Nr. 6,

1. die sich in den Geltungsbereich dieses Gesetzes begeben haben, um Leistungen nach diesem Gesetz zu erlangen, oder
2. bei denen aus von ihnen zu vertretenden Gründen aufenthaltsbeendende Maßnahmen nicht vollzogen werden können,

erhalten Leistungen nach diesem Gesetz nur, soweit dies im Einzelfall nach den Umständen unabweisbar geboten ist.

Gliederung

A. Basisinformationen 1
 I. Textgeschichte/Gesetzgebungsmaterialien 1
 II. Vorgängervorschriften......................... 3
 III. Parallelvorschriften........................... 4
 IV. Systematische Zusammenhänge 5
 V. Ausgewählte Literaturhinweise 7
B. Auslegung der Norm 8
 I. Regelungsgehalt und Bedeutung der Norm 8
 II. Normzweck 9
 III. Tatbestandsmerkmale............................ 10
 1. Persönlicher Anwendungsbereich...................... 10
 a. Leistungsberechtigte im Besitz einer Duldung
  (§ 1 Nr. 4 AsylbLG) 11
 b. Vollziehbar ausreisepflichtige Leistungsberechtigte (§ 1 Nr. 5 AsylbLG) 13
 c. Familienangehörige nach § 1 Abs. 1 Nr. 6 AsylbLG 14
 2. Vom persönlichen Anwendungsbereich ausgenommen 15
 a. Enumerative Aufzählung............................ 15
 b. Analog-Berechtigte 16
 c. Arbeitsuchende Ausländer 17
 3. Die Missbrauchstatbestände............................ 19
 a. Alternative Tatbestände............................. 19
 b. Kein Ermessen 20
 4. Einreise, um Leistungen nach dem AsylbLG zu erlangen (Nr. 1)................................. 21
 a. Motive der Einreise 22
 b. Aufklärungspflicht der Behörde................... 34
 c. Darlegungs- und Beweislast....................... 36
 d. Keine Umkehr der Darlegungs- und Beweislast 37
 e. Minderjährige Kinder 38
 5. Zu vertretende Unmöglichkeit des Vollzugs aufenthaltsbeendender Maßnahmen (Nr. 2) 39
 a. Aufenthaltsbeendende Maßnahmen 40

 b. Keine aufenthaltsbeendenden Maßnahmen 44
 c. Nichtvollziehbarkeit der Maßnahmen............. 46
 d. Gründe der Nichtvollziehbarkeit................... 47
 e. Vertretenmüssen 48
 f. Konkrete Monokausalität........................... 52
 g. Kongruenz von Rechtsmissbrauch und Anspruchseinschränkung 53
 h. Umfassende Einzelfallprüfung 54
 i. Konkrete Beispiele.................................. 55
 j. Minderjährige Kinder............................... 69
 k. Darlegungs- und Beweislast....................... 70
 IV. Rechtsfolge 71
 1. Die unabweisbar gebotene Leistung 71
 2. Kein Ermessen 72
 3. Unabweisbar geboten 73
 4. Kein Anspruchsausschluss 74
 5. Umstände des konkreten Einzelfalls 75
 6. Grenzen der Anspruchseinschränkung 77
 a. Verfassungsrechtlich garantiertes Existenzminimum... 77
 b. Zur Ausstrahlungswirkung von BVerfG vom 18.07.2012... 79
 c. (Keine) Möglichkeiten der Leistungseinschränkung.. 93
 d. Geldbetrag gem. § 3 Abs. 1 Satz 4 AsylbLG... 102
 e. Leistungen bei Krankheit, Schwangerschaft und Geburt (§ 4 AsylbLG) 104
 f. Sonstige Leistungen (§ 6 AsylbLG) 107
 g. Dauer der Leistungseinschränkung................ 109
 h. Verwaltungsverfahren 110
 V. Rechtstatsachen 111
C. Praxishinweise 112
 I. Gerichtlicher Rechtsschutz 112
 II. Vorläufiger Rechtsschutz 113
D. Reformbestrebungen........................ 119

§ 1a AsylbLG

A. Basisinformationen

I. Textgeschichte/Gesetzgebungsmaterialien

1 Das AsylbLG trat am 01.11.1993 in Kraft.[1] Das Gesetz entstand im Rahmen der Verhandlungen zum sog. **Asylkompromiss**,[2] wonach ein Gesetz zur Regelung des Mindestunterhalts für Asylsuchende geschaffen werden sollte (vgl. die Kommentierung zu § 2 AsylbLG Rn. 1 ff. m.w.N.)

2 Die Vorschrift des § 1a AsylbLG trat am 01.09.1998 als Kernstück des **Zweiten Änderungsgesetzes** zum AsylbLG neu in Kraft.[3] Sie war seinerzeit eine Reaktion auf die tatsächliche Entwicklung des vermehrten Zustroms von Ausländern in die Bundesrepublik mit Hilfe von Schleusern, ohne dass die Eingereisten Asylanträge stellten. Gleichwohl hatten diese Personen Ansprüche auf Leistungen nach dem AsylbLG. Oftmals machten die eingereisten Ausländer aus der Intention ihrer Zuwanderung in die Sozialleistungssysteme kein Hehl. Seinerzeit bestand keine rechtliche Möglichkeit für Leistungseinschränkungen bei gezielter Zuwanderung in die Sozialleistungssysteme. Die Gesetzesinitiative zu § 1a AsylbLG geht auf das Land Berlin zurück, wo sich die aufgezeigte Entwicklung seit etwa 1997 eingestellt hatte. In den Ausschussberatungen sind wesentliche Änderungen der Länder aufgenommen worden.[4]

II. Vorgängervorschriften

3 § 120 Abs. 3 Satz 1 BSHG ist die Vorgängervorschrift zu § 1a Nr. 1 AsylbLG, die den Missbrauchstatbestand nahezu wortgleich übernommen hat.

III. Parallelvorschriften

4 Die zum 01.01.2005 an die Stelle von § 120 Abs. 3 Satz 1 BSHG getretene und mit Wirkung vom 07.12.2006[5] geänderte Vorschrift des § 23 Abs. 3 Satz 1 SGB XII enthält in ihrem Halbsatz 1 für Ausländer die zu § 1a Nr. 1 AsylbLG allgemeine Vorschrift. Für Leistungsberechtigte nach § 1 Abs. 1 AsylbLG ist § 1a Nr. 1 AsylbLG die spezielle Vorschrift.

IV. Systematische Zusammenhänge

5 Systematische Zusammenhänge bestehen zu dem rechtsvernichtenden Einwand der Rechtsmissbräuchlichkeit i.S.v. § 2 Abs. 1 letzter HS. AsylbLG. Auch dort ist ein Missbrauchstatbestand formuliert, der Bezüge zu § 1a Nr. 2 AsylbLG aufweist, ohne allerdings deckungsgleich zu sein. Hingegen enthält der Missbrauchstatbestand des § 1a Nr. 1 AsylbLG kein Pendant in § 2 Abs. 1 AsylbLG.

6 Die **Abgrenzung** der Missbrauchstatbestände in **§ 1a Nr. 2** AsylbLG und **§ 2 Abs. 1** AsylbLG ist rechtsdogmatisch schwierig und insb. in den Sanktionen auch höchstrichterlich nicht vollends geklärt. Der wichtigste Unterschied ist, dass die Verwirklichung der Rechtsmissbräuchlichkeit in **§ 2 Abs. 1** AsylbLG eine **dauerhafte Sanktion** (Leistungsabsenkung auf Grundleistungen gem. § 3 AsylbLG) zur Folge haben soll, insb. auch dann, wenn der Ausländer das sanktionierte Verhalten abgestellt oder korrigiert hat (sog. abstrakte Kausalität, vgl. die Kommentierung zu § 2 AsylbLG Rn. 87). Die Rechtsfolge wirkt also ungleich schwerer als die nach § 1a AsylbLG, denn im Unterschied zu § 2 AsylbLG darf die Sanktion der Anspruchskürzung gem. § 1a AsylbLG nur solange andauern, wie das rechtsmissbräuchliche Verhalten anhält (sog. **konkrete Kausalität**). Bei rechtskonformem Verhalten besteht also wieder der Anspruch auf Grundleistungen gem. § 3 AsylbLG. Die Anspruchskürzung gem. § 1a AsylbLG liegt damit regelmäßig noch unterhalb des Leistungsniveaus von Grundleistungen gem. § 3 AsylbLG. Die Anspruchseinschränkung gem. § 1a AsylbLG setzt im subjektiven Bereich lediglich ein Vertretenmüssen des Ausländers voraus, also insb. kein persönliches Verschulden. Anders hingegen § 2 Abs. 1 AsylbLG, der einen sog. doppelten Vorsatz zur Verwirklichung des objektiven Missbrauchstatbestandes voraussetzt; ein persönliches, unentschuldbares Verhalten (vgl. die Kommentierung zu § 2 AsylbLG Rn. 106).

---

[1] BGBl I 1993, 1074.
[2] Vgl. *Haberland*, ZAR 1994, 3 ff., 51 ff.
[3] BGBl I 1998, 2505.
[4] Vgl. BR-Drs. 691/1/97; BT-Drs. 13/10155; BT-Drs. 13/11172.
[5] Vgl. das Gesetz zur Änderung des Zwölften Buches Sozialgesetzbuch und anderer Gesetze vom 02.12.2006, BGBl I 2006, 2670.

V. Ausgewählte Literaturhinweise

Baer, Wie viel Vielfalt garantiert/erträgt der Rechtsstaat?, Recht und Politik 2013, 96; *Berlit*, Sanktionen im SGB II – nur problematisch oder verfassungswidrig?, info also 2013, 195; *Deibel*, Leistungsausschluss und Leistungseinschränkung im Asylbewerberleistungsrecht, ZfSH/SGB 1998, 707; *ders.*, Leistungseinschränkungen im Asylbewerberleistungsrecht, ZFSH/SGB 2013, 241; *ders.*, Die Menschenwürde im Asylbewerberleistungsrecht – Anmerkungen zum Urteil des BVerfG vom 18.07.2012 - 1 BvL 10/10, 1 BvL 2/11 - ZFSH/SGB 2012, 450; *ders.*, Asylbewerberleistungsrecht aktuell – Zwischen Bundesverfassungsgericht und gesetzlicher Neuregelung, Sozialrecht aktuell 2013, 103; *Eichenhofer*, Menschenwürde durch den Sozialstaat – für alle Menschen, SGb 2012, 565; *Hohm*, Zweites Gesetz zur Änderung des Asylbewerberleistungsgesetzes, NVwZ 1998, 1045; *Horrer*, Das Asylbewerberleistungsgesetz, die Verfassung und das Existenzminimum, Berlin 2001; *Janda*, Quo vadis, AsylbLG? Möglichkeiten der Neugestaltung der existenzsichernden Leistungen für Personen mit vorübergehendem Aufenthalt nach dem Urteil des BVerfG, ZAR 2013, 175; *Kempny/Krüger*, Menschenwürde jenseits des Abwehrrechts, SGb 2013, 384; *Mangold/Pattar*, Ausschluss von Leistungen für arbeitsuchende Ausländer: Notwendigkeit einer europa-, völker- und grundrechtskonformen Auslegung des § 7 Abs. 1 S. 2 SGB II, VSSR 2008, 243; *Müller-Serten*, Einsparpotentiale bei den sozialen Leistungen für Asylbewerber? Eine Analyse des deutschen Asylbewerberleistungsgesetzes, InfAuslR 2007, 167; *Neskovic*, Sanktionen im SGB II – nur problematisch oder verfassungswidrig? – Thesen zu einem Streitgespräch, info also 2013, 205; *Neskovic/Erdem*, Zur Verfassungswidrigkeit von Sanktionen bei Hartz IV, SGb 2012, 134; *Öndül*, Verfassungswidrigkeit des Asylbewerberleistungsgesetzes und Rechtsfolgen bis zur Neuregelung durch den Gesetzgeber, jurisPR-SozR 17/2012, Anm. 1; *Riecken*, Die Duldung als Verfassungsproblem, Berlin 2006; *von Pollern*, Die Entwicklung der Asylbewerberzahlen in den Jahren 2007 und 2008, ZAR 2009, 93; Stellungnahme der Geschäftsstelle des Deutschen Vereins zum Referentenentwurf eines Dritten Gesetzes zur Änderung des Asylbewerberleistungsgesetzes, NDV 2013, 97; *Rothkegel*, Das Bundesverfassungsgericht als Ersatzgesetzgeber – die Übergangsregelungen des Hartz-IV- und des AsylbLG-Urteils, ZFSH/SGB 2012, 519; *ders.*, Das Gericht wird's richten – das AsylbLG-Urteil des Bundesverfassungsgerichts und seine Ausstrahlungswirkungen, ZAR 2012, 357; *Tiedemann*, Anmerkung zu BVerfG v. 18.07.2012 - 1 BvL 10/10, 1 BvL 2/11 - NVwZ 2012, 1031; *Wahrendorf*, Leistungseinschränkungen nach dem AsylbLG, Anmerkung zu LSG München 8. Senat, Beschluss vom 24.01.2013, L 8 AY 2/12 B ER, jurisPR-SozR 15/2013, Anm. 2; *Wenner*, Bundesverfassungsgericht hält Sätze nach dem Asylbewerberleistungsgesetz für zu niedrig, SozSich 2012, 277.

B. Auslegung der Norm

I. Regelungsgehalt und Bedeutung der Norm

Die Vorschrift ermöglicht die Anspruchseinschränkung von Leistungen des AsylbLG auf das im Einzelfall nach den Umständen **unabweisbar Gebotene**. Die Norm enthält keine Anspruchskürzung, sondern vielmehr eine Anspruchseinschränkung; eine sich unmittelbar aus dem Gesetz ergebende Möglichkeit zur **Einschränkung** des **Leistungsanspruchs**. Hierzu berechtigen zwei voneinander unabhängige Konstellationen: im Fall der Zuwanderung zum Zweck der Inanspruchnahme von Sozialleistungen (Nr. 1) und im Fall der rechtsmissbräuchlich vereitelten Beendigung des Aufenthalts im Bundesgebiet (Nr. 2).

II. Normzweck

Die Norm bezweckt **zwei unterschiedliche Zielsetzungen**, die insb. aus den zitierten Gesetzesmaterialien (vgl. Rn. 1) herauszulesen sind. Zum einen sollen die nach dem AsylbLG berechtigten Leistungsempfänger **nicht besser gestellt werden** im Vergleich zu deutschen Sozialhilfeempfängern und auch nicht im Vergleich zu Ausländern mit legalem Aufenthaltsstatus in der Bundesrepublik. Die Vorschrift hat den Charakter einer leistungsrechtlichen Sanktionsnorm. Zum anderen soll sie die **rechtsmissbräuchliche Inanspruchnahme** von Leistungen nach dem AsylbLG verhindern.

III. Tatbestandsmerkmale

1. Persönlicher Anwendungsbereich

10 Die Vorschrift erfasst nicht alle Leistungsberechtigten im Sinne von § 1 Abs. 1 AsylbLG, sondern hiervon lediglich drei Gruppen der Leistungsberechtigten. Hierbei handelt es sich um Ausländer im Bundesgebiet, die im Besitz einer Duldung gem. § 60a AufenthG sind (§ 1 Nr. 4 AsylbLG); Ausländer, die vollziehbar ausreisepflichtig sind, auch wenn eine Abschiebungsandrohung noch nicht oder nicht mehr vollziehbar ist (§ 1 Nr. 5 AsylbLG); Ehegatten, Lebenspartner oder minderjährige Kinder der in § 1 Nr. 1-5 AsylbLG genannten Personen, ohne dass sie selbst die dort genannten Voraussetzungen erfüllen (§ 1 Nr. 6 AsylbLG).

a. Leistungsberechtigte im Besitz einer Duldung (§ 1 Nr. 4 AsylbLG)

11 Die Möglichkeit zur Anspruchseinschränkung besteht für den Personenkreis der in der Bundesrepublik lebenden Ausländer, die im Besitz einer Duldung gem. § 60a AufenthG (vormals § 55 AuslG) sind. Im Einzelnen wird hierzu auf die Kommentierung zu § 1 AsylbLG Rn. 124 verwiesen.

12 Der aufenthaltsrechtliche Status (§ 60a AufenthG) muss korrespondieren mit dem Leistungszeitraum, für die die Anspruchseinschränkung verfügt wird. Fällt der Leistungsberechtigte durch eine Änderung des Aufenthaltsstatus aus dem Anwendungsbereich von § 1a AsylbLG, so ist eine Anspruchseinschränkung für diesen Zeitraum nicht mehr möglich. Aus welchen Gründen die Duldung erteilt wurde, ist unerheblich; die Duldung muss aber wirksam erteilt sein und der Berechtigte muss auch im Besitz der Duldungsbescheinigung[6] sein.

b. Vollziehbar ausreisepflichtige Leistungsberechtigte (§ 1 Nr. 5 AsylbLG)

13 Die Möglichkeit zur Anspruchseinschränkung besteht für den Personenkreis, der sich **vollziehbar ausreisepflichtig** in der Bundesrepublik aufhält, und zwar auch wenn eine **Abschiebungsandrohung** noch nicht oder nicht mehr vollziehbar ist. Wann diese Voraussetzungen vorliegen, beurteilt sich nach den Vorschriften des AufenthG (vormals AuslG) i.V.m. den Vorschriften des AsylVfG. Es handelt sich demnach um Leistungsberechtigte, die keinen Asylantrag gestellt oder ihren Asylantrag zurückgenommen haben und auch nicht im Besitz eines Aufenthaltstitels sind; deren Asylantrag abgelehnt wurde und die weder abgeschoben wurden noch freiwillig in ihr Heimatland zurückgekehrt sind. Im Einzelnen wird hierzu auf die Kommentierung zu § 1 AsylbLG Rn. 127 verwiesen.

c. Familienangehörige nach § 1 Abs. 1 Nr. 6 AsylbLG

14 Die Möglichkeit zur Anspruchseinschränkung besteht auch für den Personenkreis der Familienangehörigen nach § 1 Nr. 6 AsylbLG. Hierbei handelt es sich um die Familienangehörigen der Leistungsberechtigten i.S.v. § 1 Nr. 4 und Nr. 5 AsylbLG. Als Familienangehörige i.S. § 1 Nr. 6 AsylbLG unterfallen dem Wortlaut der Norm nach: Ehegatten, Lebenspartner oder minderjährige Kinder und zwar, ohne dass sie selbst die in § 1 AsylbLG genannten Voraussetzungen erfüllen müssen. Allerdings können die Familienangehörigen auch Adressaten eigenständiger Leistungsansprüche und Leistungseinschränkungen sein. Dann müssen sie die Voraussetzungen von § 1 Nr. 4 und 5 AsylbLG in eigener Person erfüllen. Im Einzelnen wird hierzu auf die Kommentierung zu § 1 AsylbLG Rn. 131 verwiesen.

2. Vom persönlichen Anwendungsbereich ausgenommen

a. Enumerative Aufzählung

15 Aus der enumerativen Aufzählung des Personenkreises, für den § 1a AsylbLG Anwendung findet, folgt im Umkehrschluss, dass diese Norm keine Anwendung findet auf die übrigen in § 1 AsylbLG genannten Leistungsberechtigten. Dies sind folgende Gruppen: die sich im Bundesgebiet aufhaltenden Ausländer, die im Besitz einer **Aufenthaltsgestattung** nach dem AsylVfG sind (§ 1 Nr. 1 AsylbLG); die über einen **Flughafen einreisen** wollen und denen die Einreise nicht oder noch nicht gestattet ist (§ 1 Nr. 2 AsylbLG); die wegen des **Krieges** in ihrem **Heimatland** eine **Aufenthaltserlaubnis** nach § 23 Abs. 1 oder § 24 AufenthG oder die eine Aufenthaltserlaubnis nach § 25 Abs. 4 Satz 1, Abs. 4a oder Abs. 5 AufenthG besitzen (§ 1 Nr. 3 AufenthG); die einen **Folgeantrag** nach § 71 AsylVfG oder einen **Zweitantrag** nach § 71a AsylVfG stellen (§ 1 Nr. 7 AsylbLG). Bei Asylfolgeantragstellern, die unter den Anwendungsbereich des § 1 Abs. 1 Nr. 7 AsylbLG fallen, kommt ab dem Zeitpunkt der An-

---

[6] Vgl. zur rechtlichen Qualität der Duldung insb. BVerwG v. 03.06.1987 - 1 B 58/87 - juris.

tragstellung eine Leistungseinschränkung nach § 1a nicht in Betracht[7]. Dies gilt selbst dann, wenn einem Asylfolgeantragsteller von der Ausländerbehörde während des beim BAMF anhängigen Asylfolgeverfahrens Duldungen erteilt bzw. fortlaufend verlängert werden.[8]

b. Analog-Berechtigte

Ausgenommen vom persönlichen Anwendungsbereich des § 1a AsylbLG sind auch die sog. **Analog-Leistungsberechtigten** gem. § 2 Abs. 1 AsylbLG, die in entsprechender Anwendung Leistungen nach dem SGB XII beziehen. In den Genuss von Analog-Leistungen kommen Leistungsberechtigte nur, wenn ihnen nicht der Vorwurf des rechtsmissbräuchlichen Verhaltens zu machen ist. § 1a AsylbLG enthält aber in beiden Varianten Missbrauchstatbestände, sodass bereits deshalb Analog-Berechtigte nicht von § 1 AsylbLG erfasst sind. Im Übrigen sperrt § 2 Abs. 1 AsylbLG die Anwendbarkeit durch den Verweis auf die entsprechende Anwendung des SGB XII (insb. § 23 Abs. 3 SGB XII).

16

c. Arbeitsuchende Ausländer

§ 1a AsylbLG ist auch **nicht** im Wege einer verfassungskonformen Auslegung auf **arbeitsuchende Ausländer analog** anzuwenden, denen ein **Aufenthaltsrecht**, wie z.B. aus der Unionsbürgerschaft, zusteht.[9] Ein verfassungsrechtliches Erfordernis (Art. 3 Abs. 1 GG) ergibt sich nicht etwa, weil arbeitsuchende Ausländer von Leistungen des SGB II (vgl. § 7 Abs. 1 Satz 2 Nr. 3 SGB II) und des SGB XII (vgl. § 23 Abs. 3 Satz 1 SGB XII) ausgeschlossen sind, während Leistungsberechtigten nach dem AsylbLG zumindest noch unabweisbar gebotene Leistungen gem. § 1a AsylbLG zustehen.[10] Eine ausfüllungsbedürftige Regelungslücke ist nicht erkennbar. Denn das AsylbLG ist ein eigenes, spezielles Leistungssystem zur Sicherung des Lebensbedarfs, das primär an den **ungesicherten Aufenthaltsstatus** anknüpft.[11] So hat das BVerwG die Verfassungsgemäßheit des Ausschlusses der Leistungsberechtigten des AsylbLG vom **Leistungssystem der Sozialhilfe** (vormals BSHG, jetzt SGB XII) mit dem **unsicheren Aufenthaltsstatus** (§ 1 Abs. 1 AsylbLG) und dem fehlenden sozialen Integrationsbedarf der Leistungsberechtigten als ein sachgerechtes, gruppenbezogenes Differenzierungskriterium begründet. Mit dieser Argumentation ist auch der **Ausschluss von Leistungsberechtigten** nach § 1 Abs. 1 Nr. 3 AsylbLG, die im Besitz einer Aufenthaltserlaubnis gem. § 25 Abs. 5 AufenthG sind, vom **Leistungssystem des SGB II** (Hartz IV) für verfassungsgemäß erachtet worden.[12] Für diesen Personenkreis kämen allenfalls Leistungen nach dem SGB XII in Frage. Sofern sie dort ausdrücklich ausgeschlossen sind (§ 23 Abs. 3 Satz 1 Halbsatz 1 SGB XII), müsste ihnen gleichwohl das lebensnotwendige Existenzminimum während des Aufenthalts im Bundesgebiet gewährt werden. Dies hat das BVerfG in seiner neuen Rechtsprechung zum Grundrecht auf ein menschenwürdiges Existenzminimum aus Art. 1 Abs.1 GG i.V.m. Art 20 GG und zur Verfassungswidrigkeit der abgesenkten Grundleistungen von § 3 AsylblG deutlich herausgestellt[13] (vgl. zur Problematik auch die Kommentierung zu § 23 SGB XII Rn. 73 ff.).

17

Es bestehen **keine europarechtlichen Bedenken** gegen die fehlende Erforderlichkeit einer analogen Anwendung von § 1a AsylbLG auf arbeitsuchende Ausländer. Der EuGH hat entschieden, dass **Art. 12 EG** einer nationalen Regelung nicht entgegensteht, die die Staatsangehörigen der Mitgliedstaaten von Sozialhilfeleistungen ausschließt, die Drittstaatenangehörigen (z.B. Leistungsberechtigte nach dem AsylbLG) gewährt werden. Denn Art. 12 EG verbietet eine **Diskriminierung wegen der Staatsangehörigkeit**; die Norm findet aber keine Anwendung im Fall einer etwaigen Ungleichbehandlung zwischen Angehörigen der Mitgliedstaaten und **Drittstaatsangehörigen**.[14]

18

---

[7] Vgl. LSG Baden-Württemberg v. 04.02.2014 - L 7 AY 288/14 ER-B - juris Rn. 8.

[8] Vgl. SG Hildesheim v. 27.12.2012 - S 42 AY 9/12 ER - juris.

[9] So aber LSG Nordrhein-Westfalen v. 27.06.2007 - L 9 B 80/07 AS ER, L 9 B 81/07 AS ER - juris; so auch *Mangold/Pattar*, VSSR 2008, 243, 267.

[10] Vgl. LSG Nordrhein- Westfalen v. 27.06.2007 - L 9 B 80/07 AS ER, L 9 B 81/07 AS ER - juris; *Mangold/Pattar*, VSSR 2008, 243, 266 ff.

[11] Vgl. BVerfG v. 11.07.2006 - 1 BvR 293/05 - BVerfGE 116, 229, 232.

[12] Vgl. BSG v. 13.11. 2008 - B 14 AS 24/07 R - juris Rn. 25, 31 - BSGE 102, 60-68 und BSG v. 16.12.2008 - B 4 AS 40/07 R - juris Rn. 25 - info also 2009, 133-134; zustimmend LSG Nordrhein-Westfalen v. 27.02.2012 - L 20 AY 48/08 - juris Rn. 61, das aber Zweifel an der Unionskonformität äußert, Rn. 68, anhängig unter BSG, Az: B 7 AY 4/12 R.

[13] Vgl BVerfG v. 18.07.2012 - 1 BvL 10/10, 1 BvL 2/11 - BVerfGE 132, 134 = BSG SozR 4-3520 § 3 Nr. 2 = NVwZ 2012, 1024 = ZFSH/SGB 2012, 450.

[14] Vgl. EuGH v. 04.06.2009 - C-22/08, C-23/08 - juris Rn. 48 ff. - InfAuslR 209, 265 = DVBl 2009, 972.

3. Die Missbrauchstatbestände

a. Alternative Tatbestände

19 § 1a Nr. 1 und Nr. 2 AsylbLG normieren zwei unabhängig voneinander (oder) vorliegende Missbrauchstatbestände, die zur Anspruchseinschränkung auf das unabweisbar Gebotene berechtigen. Allerdings können beide Varianten (und) auch in einer Person verwirklicht werden.

b. Kein Ermessen

20 Fraglich ist, ob die Vorschrift die Behörden zur Anspruchseinschränkung bei Vorliegen zumindest eines Missbrauchstatbestandes verpflichtet oder nur – nach pflichtgemäßem Ermessen – berechtigt, eine Anspruchseinschränkung zu verfügen. Dem Wortlaut der Norm nach ergibt sich **kein** Anhaltspunkt für ein **Ermessen** hinsichtlich des „Ob" der Anspruchseinschränkung. Hierfür spricht der Wortlaut der Norm „erhalten Leistungen nach diesem Gesetz nur". Die Prüfung des Anspruchs beschränkt sich dann auf die Frage, welche Leistungen dem Ausländer überhaupt noch und ggf. über welchen Zeitraum ihm noch zustehen. Hinsichtlich der Entscheidung, was im Einzelfall und über welchen Zeitraum nur das unabweisbar Gebotene zu gewähren ist, muss die Behörde eine Entscheidung treffen, die im vollen Umfang der gerichtlichen Überprüfung unterliegt. Damit handelt es sich bei dem Begriff des unabweisbar Gebotenen um einen unbestimmten Rechtsbegriff. Nicht überprüfbare Entscheidungsfreiräume der Behörde liegen daher nicht vor.

4. Einreise, um Leistungen nach dem AsylbLG zu erlangen (Nr. 1)

21 Eine Anspruchseinschränkung kommt in der ersten Alternative (Nr. 1) nur in Betracht, wenn der Leistungsberechtigte zum Zwecke des Erlangens von Leistungen des AsylbLG in die Bundesrepublik eingereist ist. Es ist dabei unerheblich, zu welchem Zeitpunkt die Ausländer in die Bundesrepublik eingereist sind, auch wenn sie bereits vor dem Inkrafttreten der zum 01.09.1998 eingefügten Vorschrift des § 1a AsylbLG eingereist sind.[15] Die Anspruchseinschränkung durfte aber frühestens ab Inkrafttreten der Norm verhängt werden. Der **Entschluss**, zum Zwecke des Bezugs von Sozialleistungen in die Bundesrepublik einzureisen, muss **bei der Einreise** bestehen; sodass die Leistungsbehörde die Motivation retrospektiv auf dieses Datum prüfen muss. Die Antragstellung oder die Kenntnis der Behörde vom Anspruch auf Leistungen erfolgt regelmäßig erst später.

a. Motive der Einreise

22 Schon vor Inkrafttreten des § 1a AsylbLG hatte das BVerwG[16] das **prägende Motiv** der Einreise, Sozialhilfe zu erlangen, als den Anspruch ausschließend erachtet. Dieser Rspr. kann auch bei der Auslegung von § 1a Nr. 1 AsylbLG gefolgt werden.[17] Ist der Erhalt von Sozialleistungen der **einzige Grund** der Einreise, so ist die missbräuchliche Einreiseabsicht verwirklicht. Hierbei genügt allerdings nicht, dass der Leistungsbezug nur beiläufig verfolgt oder nur billigend in Kauf genommen wird.

23 Problematisch ist es, wenn Ausländer **verschiedene Zwecke** der Einreise verfolgen. Dann kommt es darauf an, welcher Zweck für die Einreiseabsicht von **prägender Natur** war. Diese Notwendigkeit folgt aus der **Zweck-Mittel-Relation** der Vorschrift (um zu).[18] Der Bezug von Sozialleistungen aus anderen Motiven von untergeordneter Bedeutung, als beiläufiger Effekt wie auch als billigende Inkaufnahme des Zweckes reicht hingegen nicht aus.[19]

24 Ein ernst gemeintes Asylbegehren mit der **Furcht vor politischer Verfolgung** unter billigender Inkaufnahme des Sozialleistungsbezugs wird daher regelmäßig nicht ausreichend sein, um eine Anspruchseinschränkung zu rechtfertigen. Dieser Personenkreis unterfällt von vornherein nicht dem Anwendungsbereich von § 1a AsylbLG.

25 Gleiches dürfte gelten bei Flucht vor den **Auswirkungen eines Krieges** im Heimatland, z.B. in den Fällen der Bürgerkriegsflüchtlinge aus Bosnien-Herzegowina oder bei Flucht vor Repressalien der serbischen staatlichen Kräfte.[20]

---

[15] Vgl. *Hohm*, AsylbLG, Stand Juli 2010, § 1a Rn. 42 ff m.w.N.
[16] Vgl. BVerwG v. 04.06.1992 - 5 C 22/87 - BVerwGE 90, 212 zu der nahezu wortgleichen Regelung des § 120 Abs. 3 Satz 1 BSHG.
[17] So auch LSG Nordrhein-Westfalen v. 12.01.2009 - L 20 B 58/08 AY - juris - SAR 2009, 34-36.
[18] Vgl. BVerwG v. 04.06.1992 - 5 C 22/87 - juris Rn. 11 - BVerwGE 90, 212.
[19] Vgl. LSG Nordrhein-Westfalen v. 12.01.2009 - L 20 B 58/08 AY - juris - SAR 2009, 34-36.
[20] Vgl. VG Berlin v. 18.10.1999 - 37 A 279/99.

Die ernste Furcht vor ethnischen **Diskriminierungen** durch staatliche Gewalt oder durch Dritte im Heimatland dürfte ebenfalls nicht den Missbrauchstatbestand verwirklichen. 26

Allein aus einer **bindenden Ablehnung des Asylantrages** kann **nicht** ohne weiteres auf die Absicht geschlossen werden, dass die Einreise nur zum Zwecke des Leistungsbezugs erfolgte.[21] Anhaltspunkte für den Missbrauchstatbestand können allerdings die Ablehnung als **offensichtlich unbegründet**, insb. auch die Vielzahl solcher ablehnender Entscheidungen sein, wenn die Begründung der Entscheidungen deutliche Anzeichen für den Missbrauch enthalten. 27

Ausreichend kann allerdings ein **vorgeschobenes**, nicht ernst gemeintes **Asylbegehren** sein, um den Leistungsbezug als prägendes Einreisemotiv zu verwirklichen. 28

Wird **kein Asylbegehren** gestellt, verfügen die Ausländer über fehlende Sprachkenntnisse, über **fehlende finanzielle Mittel** und über eine geringe Schul- und Ausbildung, so dass ihnen von vornherein die Aussicht auf eine **soziale und berufliche Integration verwehrt** ist, so liegen hinreichende Indizien vor, die den Schluss auf eine rechtsmissbräuchliche Einreiseabsicht erlauben. Denn in solchen Fällen sind die Ausländer auf staatliche Hilfe zum Bestreiten des Lebensunterhaltes in der Bundesrepublik angewiesen.[22] 29

Die auf dem Landweg **über einen sicheren Drittstaat erfolgte Einreise** in die Bundesrepublik rechtfertigt für sich **allein nicht** die Annahme, dass der Ausländer zum Zwecke der Inanspruchnahme von Sozialleistungen eingereist ist.[23] Es müssen weitere Indizien hinzutreten, die einen sicheren Schluss auf die prägende Einreisemotivation des Bezugs von Leistungen nach dem AsylbLG bei Einreise über einen sicheren Drittstaat erlauben. Dies sind vorzugsweise Tatsachen, die sich aus der Einreise selbst (lange Verweildauer im sicheren Drittstaat) oder aus der Person des Ausländers (keine Eigenmittel) ergeben können. 30

Eine Einreise, die primär zum Zwecke der **Familienzusammenführung** erfolgt, erfüllt nicht den Missbrauchstatbestand der Nr. 1. Dies widerspräche ansonsten dem Schutz der Familie aus Art. 6 Abs. 1 GG. Ausländer, die ernsthaft eine eheliche Lebensgemeinschaft mit dem bereits in der Bundesrepublik lebenden Ehepartner leben möchten, sind nicht rechtsmissbräuchlich eingereist. Ein primäres Zusammenleben mit Familienangehörigen in der Bundesrepublik dürfte entsprechend zu beurteilen sein.[24] Für das Eingehen von Scheinehen dürfte hingegen anderes gelten. 31

Anderes kann auch gelten, wenn der Entschluss, eine Familie zu gründen, erst unmittelbar **nach der Einreise** in die Bundesrepublik gefasst wird und kein Asylbegehren formuliert wird.[25] Missbräuchlich kann es auch sein, wenn die in der Bundesrepublik lebenden **Familienangehörigen** ihrerseits **hilfebedürftig** sind und selbst nur von Leistungen nach dem AsylbLG leben. Denn dann erfolgt die Einreise mit der hinreichenden Sicherheit, selbst von öffentlichen Leistungen leben zu müssen.[26] 32

Im Fall der grundlosen **Wiedereinreise** eines ausreisepflichtigen Ausländers wird die rechtsmissbräuchliche Einreiseabsicht regelmäßig erfüllt sein. Allerdings werden in Fällen der wiederholten Einreise die näheren Umstände des Einzelfalls, die zur Wiedereinreise geführt haben, aufzuklären sein, bevor der Schluss der Rechtsmissbräuchlichkeit der Einreise gezogen werden darf. 33

b. Aufklärungspflicht der Behörde

Die Behörden haben das Einreisemotiv von Amts wegen umfassend aufzuklären. Hierzu gehören alle **konkreten Umstände des Einzelfalls**, die unter Heranziehung und Auswertung der Asyl- und Ausländerakten zu erforschen sind. Allein aus einer bindenden Ablehnung des Asylantrages kann nicht ohne weiteres auf die Absicht geschlossen werden, dass die Einreise nur zum Zwecke des Leistungsbezugs erfolgte. Für jedes einzelne erwachsene Familienmitglied ist die Motivationslage zu erforschen. 34

---

[21] Vgl. BVerwG v. 04.06.1992 - 5 C 22/87 - BVerwGE 90, 212.
[22] Vgl. auch *Deibel*, ZFSH/SGB 1998, 707, 712; in diese Richtung auch LSG Nordrhein-Westfalen v. 12.01.2009 - L 20 B 58/08 AY - SAR 2009, 34-36.
[23] Vgl. OVG Berlin v. 04.02.1999 - 6 SN 230.98, 6 SN 11.99 - NDV-RD 1999, 77; a.A. *Deibel*, ZFSH/SGB 1998, 707, 713.
[24] Vgl. LSG Berlin-Brandenburg v. 20.12.2012 - L 15 AY 4/09 - juris Rn. 35 beim Zusammenleben mit Kindern.
[25] Vgl. z.B. LSG Niedersachsen-Bremen v. 15.12.2008 - L 11 AY 92/08 ER - juris.
[26] Vgl. *Deibel*, ZFSH/SGB 1998, 707, 712.

35 Allerdings wird es angezeigt sein, bei unklarer Sachlage die **Ausländer persönlich** nach ihrem Einreiseentschluss **zu befragen**.[27] Denn das Motiv der Einreise ist ausschließlich in das Wissen der Ausländer gestellt. Die Einreisegründe müssen daher schon dargelegt und benannt werden, um der Behörde eine Überprüfungsmöglichkeit zu geben.[28] Die Behörde kann ansonsten nur Indizien aufklären, die für oder gegen das Motiv einer Einreise sprechen.

c. Darlegungs- und Beweislast

36 Die Darlegungs- und Beweislast für die anspruchseinschränkenden Tatsachen liegt bei der Behörde. Die Feststellungslast geht **zulasten der Behörde**, wenn anspruchseinschränkende Tatsachen unerweislich bleiben oder im Fall des sog. non liquet.[29] Für diese Verteilung der Darlegungs- und Beweislast spricht, dass derjenige, der eine nachteilige Rechtsfolge aus der Anwendung einer Norm ziehen will, auch die Feststellungslast für die nachteiligen Tatsachen trägt. Bei einer Einschränkung von Leistungen ggf. auf das unabweisbar Notwendige liegt eine solche Konstellation vor, so dass den Nachweis die Behörde trifft. Die Sanktionsnorm von § 1a Nr. 1 AsylbLG bezweckt im Übrigen die Verhinderung der rechtsmissbräuchlichen Inanspruchnahme von Sozialleistungen. Der Nachweis des Rechtsmissbrauches trifft die Behörde und nicht den Ausländer (vgl. auch die Kommentierung zu § 2 AsylbLG Rn. 112).

d. Keine Umkehr der Darlegungs- und Beweislast

37 Gibt der Ausländer keine oder unglaubhafte Erklärungen zu den Gründen seiner Einreise ab, muss unter Würdigung der unzureichenden Mitwirkung geprüft werden, ob die **objektiven Indizien ausreichend** sind, um den Leistungsanspruch einzuschränken. Gelingt dies nicht, dann bleibt es bei der Feststellungslast der Behörde.[30] Eine Umkehr der Darlegungs- und Beweislast ist nicht anzunehmen.[31] Zwar verpflichtet § 7 Abs. 4 AsylbLG i.V.m. § 60 Abs. 1 Nr. 1 SGB I die Ausländer zur Angabe aller entscheidungsrelevanten Tatsachen. Kommen die Ausländer diesen Mitwirkungspflichten nicht nach, so sieht das Gesetz keine anderen Sanktionsmöglichkeiten vor als die von § 1a AsylbLG (Anspruchseinschränkung). Die unzureichende Angabe von Tatsachen durch den Antragsteller ist daher im Rahmen der Subsumtion der tatbestandlichen Voraussetzungen von § 1a Nr. 1 AsylbLG zu prüfen.

e. Minderjährige Kinder

38 **Minderjährige** Leistungsberechtigte müssen sich das zur Anspruchseinschränkung führende Verhalten ihrer Eltern **grundsätzlich zurechnen** lassen.[32] Anders als § 2 Abs. 1 letzter HS. AsylbLG knüpft § 1a AsylbLG **nicht** an ein **höchstpersönliches** Verhalten der Kinder an.

5. Zu vertretende Unmöglichkeit des Vollzugs aufenthaltsbeendender Maßnahmen (Nr. 2)

39 Eine Anspruchseinschränkung kommt in der **zweiten Alternative** (Nr. 2) in Betracht, wenn bei Leistungsberechtigten aus von ihnen zu vertretenden Gründen aufenthaltsbeendende Maßnahmen nicht vollzogen werden können.

a. Aufenthaltsbeendende Maßnahmen

40 Der Begriff der Beendigung **aufenthaltsbeendender Maßnahmen** ist im AsylbLG nicht näher definiert. Er nimmt Bezug auf die ausländerrechtlichen Kompetenzen zur Entfernung eines Ausländers aus der Bundesrepublik, die sich im 5. Kapitel des AufenthG, das die Beendigung des Aufenthalts regelt (§§ 50-65 AufenthG), befinden. Zu den aufenthaltsbeendenden Maßnahmen zählen:

---

[27] So auch LSG Nordrhein-Westfalen v. 12.01.2009 - L 20 B 58/08 AY - SAR 2009, 34-36.
[28] Vgl. LSG Berlin-Brandenburg v. 21.08.2007 - L 23 B 10/07 AY ER - juris - FEVS 59, 233-235.
[29] So die h.M. in Lit. und Rspr., vgl. die Nachweise bei *Hohm*, AsylbLG § 1a Rn. 73 f., Stand Juli 2010; a.A. nur *Deibel*, ZFSH/SGB 1998, 707, 712 ff.
[30] Vgl. LSG Berlin- Brandenburg vom 20.12.2012 - L 15 AY 4/09 - juris Rn. 37 f.
[31] A.A. *Hohm*, § 1a AsylbLG Rn. 80, Stand Juli 2010; dem folgend *Adolph/Linhart*, SGB II SGB XII AsylbLG, § 1a Rn. 17, Stand März 2009; vgl. auch *Wahrendorf* in: Grube/Wahrendorf, 4. Aufl. 2012, SGB XII, § 1a AsylbLG Rn. 21.
[32] Vgl. LSG Bayern v. 19.06.2006 - L 11 B 94/06 AY PKH - juris - FEVS 58, 189-191 m.w.N. für die obergerichtliche Rspr.; Bayerischer VGH v. 06.12.2004 - 12 CE 04.3015 - juris.

aa. Ausweisung

Bei der **Ausweisung** gem. § 53 AufenthG handelt es sich um einen Verwaltungsakt, der zum Erlöschen 41
des Aufenthaltstitels (§ 51 Abs. 1 Nr. 1 AufenthG) führt und die Ausreisepflicht gem. § 50 Abs. 1
AufenthG begründet. Dem Ausländer ist es verwehrt, erneut in das Bundesgebiet einzureisen und sich
dort aufzuhalten (§ 11 Abs. 1 Satz 1 AufenthG).

bb. Abschiebung

Bei der **Abschiebung** gem. § 58 AufenthG handelt es sich um eine spezialgesetzliche Sonderregelung 42
der Verwaltungsvollstreckung der nicht vertretbaren Handlungspflicht eines ausreisepflichtigen Ausländers;[33] mithin um die zwangsweise Durchsetzung der Ausreisepflicht durch Entfernung des Ausländers aus dem Bundesgebiet.

cc. Zurückschiebung

Bei der **Zurückschiebung** gem. § 57 AufenthG handelt es sich um eine Spezialmaßnahme der Aufent- 43
haltsbeendigung, die vorrangig vor der Abschiebung vollstreckt werden soll. Danach soll ein Ausländer, der unerlaubt eingereist ist, innerhalb von 6 Monaten nach Grenzübertritt abgeschoben werden.
Auf Asylsuchende ist dies nur in den engen Grenzen von § 18 Abs. 3 AsylVfG und § 19 Abs. 3
AsylVfG möglich.

b. Keine aufenthaltsbeendenden Maßnahmen

aa. Freiwillige Ausreise

Bei der möglichen und zumutbaren **freiwilligen Ausreise** eines Ausländers aus dem Bundesgebiet han- 44
delt es sich nicht um eine Maßnahme i.S.v. § 1a Nr. 2 AsylbLG. Der freiwilligen Ausreise fehlt der
Vollstreckungscharakter.

bb. Zurückweisung, Einreiseverweigerung

Die an der Grenze erfolgte **Zurückweisung** gem. § 15 AufenthG und die **Einreiseverweigerung** gem. 45
§§ 18, 18a AsylVfG zählen nicht zu den aufenthaltsbeendenden Maßnahmen, weil eine vollständige
Einreise des Ausländers nicht erfolgt ist.

c. Nichtvollziehbarkeit der Maßnahmen

Die aufenthaltsbeendenden Maßnahmen dürfen nicht vollzogen werden können. Dies bedeutet, dass 46
die von der Ausländerbehörde in Betracht gezogenen aufenthaltsbeendenden Maßnahmen nicht durchgesetzt werden können; sei es, dass sie **von vornherein** nicht vollstreckt werden können oder dass die
bereits eingeleitete Vollstreckung **nicht beendet** werden kann. Den beabsichtigten oder eingeleiteten
behördlichen Maßnahmen müssen Gründe entgegenstehen, die **kausal** dafür sind, dass die Ausländerbehörde die bestehende Ausreisepflicht der Ausländer nicht beenden kann, so dass der unerlaubte Aufenthalt des Ausländers in der Bundesrepublik faktisch fortgesetzt wird. Für die Ausländerbehörde muss
eine **Unmöglichkeit** der tatsächlichen Aufenthaltsbeendigung vorliegen.

d. Gründe der Nichtvollziehbarkeit

Die Gründe der Unmöglichkeit der Vollziehbarkeit der aufenthaltsbeendenden Maßnahmen können 47
tatsächlicher (z. B. Vernichtung von Pässen) oder **rechtlicher** Art (Erlasslage) sein. Eine konkrete
Kausalität im Sinne einer conditio sine qua non für den Nichtvollzug muss vorliegen.

e. Vertretenmüssen

aa. Subjektive Komponente

Die Gründe der Nichtvollziehbarkeit der aufenthaltsbeendenden Maßnahmen müssen von den Leis- 48
tungsberechtigten zu vertreten sein. Damit enthält der Missbrauchstatbestand von § 1a Nr. 2 AsylbLG
eine **subjektive Komponente**, ohne deren Feststellung eine Anspruchseinschränkung nicht möglich
ist. Das Merkmal des **Vertretenmüssens**, auf das zuvor § 2 Abs. 1 Nr. 2 AsylbLG in der bis zum
31.05.1997 geltenden Fassung hinsichtlich der Ausreise und Abschiebung hindernden Gründe (insoweit in Anlehnung an § 30 Abs. 4 AuslG) abgestellt hatte, bestimmt jetzt allerdings nicht mehr die Abgrenzung zwischen dem Anspruch auf Grundleistungen nach § 3 AsylbLG und den privilegierten Leis-

---

[33] Vgl. *Oberhäuser* in: HK-AuslR, 1. Aufl., § 58 Rn. 3.

tungen gem. § 2 Abs. 1 AsylbLG, sondern nur noch die Abgrenzung zwischen den Grundleistungen nach § 3 AsylbLG und der Anspruchseinschränkung gem. § 1a Nr. 2 AsylbLG, also auf das Maß dessen, was im Einzelfall nach den Umständen unabweisbar geboten ist.[34]

49 **Objektive Gründe**, die den Vollzug aufenthaltsbeendender Maßnahmen unmöglich machen und die nicht in der Verantwortungssphäre der Ausländer liegen, wie z.B. ein Abschiebungsstopp, ein Luftembargo, nicht zu vertretender Nichtbesitz von Ausweispapieren, fehlende politische Abkommen zur Rücknahme der Ausländer oder eine entsprechende Erlasslage können damit von vornherein **keine Anspruchseinschränkung** rechtfertigen.

bb. Kein Verschulden

50 Das Vertretenmüssen im Sinne von § 1a Nr. 2 AsylbLG ist auch **nicht** gleichzusetzen mit einem **Verschulden** i.S.v. § 2 Abs. 1 letzter HS. AsylbLG.[35] Es geht daher nicht um die Feststellung eines Verschuldens im Sinne eines fahrlässigen oder vorsätzlichen Handelns oder Unterlassens der Leistungsberechtigten. Jedenfalls sind die an die subjektive Komponente zu stellenden Anforderungen des § 2 Abs. 1 AsylbLG deutlich schärfer.[36]

cc. Zurechnung zum Verantwortungsbereich

51 Das Vertretenmüssen i.S.v. § 1a Nr. 2 AsylbLG knüpft vielmehr an das Verhalten des Leistungsberechtigten in dem Sinne an, dass das **Verhalten allgemein geeignet** sein muss, sich seiner Ausreisepflicht zu entziehen.[37] Es ist danach erforderlich, aber auch ausreichend, dass das Ergebnis der Nichtvollziehbarkeit der aufenthaltsbeendenden Maßnahmen auf Umständen beruht, die dem **Verantwortungsbereich** der handelnden Person **zuzurechnen** sind.[38] Auf das Vertretenmüssen im zivil- oder auf die Vorwerfbarkeit im strafrechtlichen Sinne kommt es hingegen nicht an. Der Ausländer muss bei entsprechendem Willen in der Lage und aus Rechtsgründen verpflichtet oder es muss ihm zuzumuten sein, ein Verhalten zu unterlassen bzw. ein Handeln vorzunehmen. Eine solche Situation liegt aber dann gerade nicht vor, wenn die Rechtsordnung dem Leistungsberechtigten nicht auferlegt, sich in bestimmter Weise zu verhalten.[39]

f. Konkrete Monokausalität

52 Problematisch ist es, wenn nicht eine **einzige Ursache** im Sinne einer conditio sine qua non für die Nichtvollziehbarkeit der aufenthaltsbeendenden Maßnahmen in Betracht kommt, sondern **mehrere Ursachen** hierfür vorliegen. Dann ist zunächst zu prüfen, in wessen Verantwortungsbereich diese Ursachen fallen. Liegen mehrere Ursachen für die Unmöglichkeit der aufenthaltsbeendenden Maßnahmen vor, so dürfen den Leistungsberechtigten lediglich die Gründe zugerechnet werden, die sie nur selbst zu vertreten haben. Ursachen, die im Verantwortungsbereich der Ausländerbehörden, des Heimatlandes oder im politischen Raum anzusiedeln sind und die die Unmöglichkeit der Aufenthaltsbeendigung ebenfalls kausal beeinflussen, scheiden für eine Anspruchseinschränkung aus. Im Ergebnis bedeutet dies, dass die vom Leistungsberechtigten gesetzte Ursache die einzige und **ausschließliche** sein muss, die die Anspruchseinschränkung rechtfertigt. Die Leistungsberechtigten müssen sich hingegen keine außerhalb ihres Verantwortungsbereiches liegenden Risiken zurechnen lassen.

g. Kongruenz von Rechtsmissbrauch und Anspruchseinschränkung

53 Die Anspruchseinschränkung nach Nr. 2 kommt allerdings nur so lange in Betracht, wie das rechtsmissbräuchliche Verhalten anhält. Daher wird eine **Deckungsgleichheit (Kongruenz)** von **rechtsmissbräuchlichem Verhalten** und **Leistungszeitraum** vorausgesetzt. Anders als es das BSG für den

---

[34] Vgl. BVerwG v. 03.06.2003 - 5 C 32/02 - DVBl 2004, 56.
[35] Vgl. unklar insofern BSG v. 17.06.2008 - B 8/9b AY 1/07 R - juris Rn. 46 einerseits und juris Rn. 34, 39 andererseits - BSGE 101, 49-70; deutlich hingegen LSG Thüringen v. 23.03.2009 - L 8 B 131/08 AY - juris - SAR 2009, 70-72.
[36] Sog. doppelter Vorsatz, BSG v. 17.06.2008 - B 8/9b AY 1/07 R - juris Rn. 31, 39 - BSGE 101, 49-70.
[37] Vgl. schon OVG Niedersachsen v. 30.01.1995 - 12 M 5688/94 - Nds MBl 1995, 872 und OVG Niedersachsen v. 27.01.1997 - 12 M 264/97 zu der Vorläufervorschrift des § 2 Abs. 1 Nr. 2 AsylbLG i.d.F.1993 - juris.
[38] Vgl. LSG Niedersachsen-Bremen v. 13.01.2009 - L 11 AY 45/07 ER; ähnlich LSG Baden-Württemberg v. 24.11.2008 - L 7 AY 5149/08 ER-B.
[39] Vgl. OVG Niedersachsen v. 30.01.1995 - 12 M 5688/94 - Nds MBl 1995, 872 und OVG Niedersachsen v. 27.01.1997 - 12 M 264/97 zu der Vorläufervorschrift des § 2 Abs. 1 Nr. 2 AsylbLG i.d.F. 1993 - juris.

Missbrauchstatbestand i.S.v. § 2 Abs. 1 letzter HS. AsylbLG annimmt (vgl. die Kommentierung zu § 2 AsylbLG Rn. 90), rechtfertigt das rechtsmissbräuchliche Verhalten i.S.v. § 1a Nr. 2 AsylbLG keine dauernde, bis zur Erteilung des Aufenthaltstitels, unter Umständen lebenslängliche Anspruchseinschränkung. Der Leistungsberechtigte kann das inkriminierte Verhalten jederzeit abstellen oder korrigieren. Die Anspruchseinschränkung findet daher bei rechtskonformem Verhalten des Ausländers keine Rechtsgrundlage mehr.[40] Dies erfordert eine Überprüfung der Leistungsvoraussetzungen durch die Sozialbehörde in kurzen Abständen.

h. Umfassende Einzelfallprüfung

Letztendlich lässt sich das Vorliegen des Missbrauchstatbestandes der Nr. 2 nur anhand einer umfassenden und konkreten Prüfung des **Einzelfalls** bewerten. Die Prüfungsanforderungen sind insofern dieselben wie bei dem Tatbestand der Nr. 1 (vgl. Rn. 34 ff.).

i. Konkrete Beispiele

aa. Gesetzesmaterialien

Anwendungsfälle für sanktioniertes Verhalten gem. § 1a Nr. 2 AsylbLG finden sich in den Gesetzesmaterialien.[41] Hierunter sollten Tatbestände fallen, wonach der Aufenthalt aus von Ausländern zu vertretenden Gründen nicht beendet werden kann. Dies sollte beispielsweise gelten, wenn sie nicht bei der **Passbeschaffung** mitwirken, **Ausweisdokumente** vernichtet haben oder ihre Abschiebung durch **Widerstandshandlungen** oder auf andere von ihnen zu vertretende Weise vereitelt haben.

bb. Vernichtung bzw. Verlust von Ausweispapieren

Die Vernichtung von Ausweispapieren ist ausdrücklich in den Gesetzesmaterialien als Verhalten genannt, das zur Anspruchseinschränkung berechtigt. Das **Vernichten** oder auch der **Verlust von Ausweispapieren** und die darauf beruhende Unmöglichkeit der Durchsetzung der Ausreisepflicht sind in dem Verantwortungsbereich der Leistungsberechtigten liegende und von ihnen zu vertretende tatsächliche Abschiebungshindernisse.[42] Durch den Verlust von Ausweispapieren wird die Vollziehung der Ausreisepflicht langfristig unmöglich gemacht, jedenfalls aber im Hinblick auf die häufigen Schwierigkeiten bei der Neubeschaffung der Ausweispapiere verzögert. Oft wird auch das Nichtvorhandensein von Ausweispapieren behauptet, um den wahren Reiseweg zu verschleiern, über die Identität zu täuschen oder um die zu erwartende Ausreiseaufforderung und Abschiebung zu umgehen. Daher sind der Nichtbesitz von Ausweispapieren und die darauf beruhende Unmöglichkeit der Durchsetzung der Ausreisepflicht grundsätzlich als ein im Verantwortungsbereich des Leistungsberechtigten liegendes und von diesem zu vertretendes Abschiebungshindernis anzusehen.[43]

Allerdings wird bei der Variante des Verlusts genau zu überprüfen sein, aus welchen Gründen der Verlust erfolgte, insb. ob die Leistungsberechtigten den Verlust allein zu verantworten haben. Anders wird die Situation zu beurteilen sein, wenn der Verlust nicht ohne weiteres dem Ausländer allein zuzurechnen ist, wenn z.B. der Heimatstaat die Papiere eingezogen hat oder Schleuser die Ausweispapiere bei Einreise abgenommen haben. Allein der **Nichtbesitz von Ausweispapieren** rechtfertigt hingegen nicht die Anspruchseinschränkung, wenn der Nichtbesitz objektiv nicht im Verantwortungsbereich des Leistungsberechtigten liegt.

cc. Täuschung oder Verschleierung der Identität bzw. Staatsangehörigkeit

Die Täuschung über die Identität eines Leistungsberechtigten, etwa durch **falsche Angaben** zur Person (Name, Geburtsort oder -jahr, Staatsangehörigkeit) erfüllen den Missbrauchstatbestand der Nr. 2. Ein **Verschleiern der Identität** bzw. der **Staatsangehörigkeit** liegt vor, wenn der Leistungsberechtigte z.B. unklare oder widersprüchliche Angaben macht oder die Angaben keine Feststellung der Identität oder Nationalität, die für eine Aufenthaltsbeendigung unabdingbar sind, zulassen.

---

[40] So OVG Niedersachsen v. 30.07.1999 - 12 M 2997/99 - juris.
[41] Vgl. BT-Drs. 13/10155, S 5
[42] Vgl. VGH Baden-Württemberg v. 14.09.1994 - 6 S 2074/94 - FEVS 46, 27 zum Verlust von Papieren.
[43] Vgl. Bayerischer VGH v. 27.02.2002 - 12 CE 01.2945 - juris.

dd. Fehlende Mitwirkung bei der Beschaffung von Dokumenten

59 Diese in der Praxis sehr häufig vorliegende Konstellation setzt voraus, dass die den Leistungsberechtigten abverlangte Mitwirkung **rechtmäßig, verhältnismäßig** und **zumutbar** ist (vgl. die Kommentierung zu § 2 AsylbLG Rn. 69 ff.) und hinter dieser Mitwirkung das **ernsthafte Bestreben** der Behörde steht, die Leistungsberechtigten in ihr Heimatland zurückzuführen und dies auch **objektiv** von **Erfolg** sein wird bei entsprechender Mitwirkung.

60 Die Rspr. hat die fehlende Mitwirkung bei der Beschaffung von Pässen oder Ersatzdokumenten für die Heimreise als ausreichend anerkannt, wenn z.B. **jegliche Mitwirkung verweigert** wurde. Oftmals haben die Leistungsberechtigten dies schriftlich gegenüber der Behörde erklärt. Anerkannt ist aber auch eine über Jahre hinweg **unterbliebene** bzw. **nur unzureichende Mitwirkung** bei der Beschaffung von Heimreisepapieren.[44]

61 Zumutbar sind sämtliche Handlungen, die zur **Beschaffung eines fehlenden Identitätsdokuments** (Pass, Passersatz, Visum) oder zur **Beschaffung von Heimreisepapiere**n notwendig sind[45] und nur persönlich erbracht werden können. Hierzu zählen z.B. das Ausstellen von **Passfotos**, das Ausfüllen von **Antragsformularen**, Angaben zu im Ausland lebenden **Angehörigen**. Zumutbar ist es insb. auch, nach abgeschlossenem negativen Asylverfahren (nicht während des laufenden Asylverfahrens) zur Beschaffung von Identitätspapieren die **diplomatischen Vertretungen** des Heimatstaates im Bundesgebiet aufzusuchen, insb. wenn die Leistungsberechtigten vollziehbar ausreisepflichtig sind.[46]

62 Im Einzelfall ist dabei das **jeweilige Heimatland** in den Blick zu nehmen und zu prüfen, welche Anforderungen dieses Land an eine Rückkehr stellt. Daran sind die zumutbaren Mitwirkungshandlungen auszurichten.

63 Für den **Libanon** und **Syrien** ist es als zumutbar erachtet worden, Geburtsurkunden, Personenstandsauszüge oder andere **Registerauszüge** aus den im Heimatland geführten Registern unter Einschaltung von im Ausland lebenden **Verwandten** oder über **Vertrauensanwälte** zu beschaffen.[47]

64 Für die Rückkehr in den **Iran** ist es als zumutbar erachtet worden, die sog. **Freiwilligkeitserklärung** der von der Auslandsvertretung des Heimatstaates geforderten Erklärung, freiwillig dorthin zurückzukehren, abzugeben.[48] Die Verweigerung der Abgabe dieser Erklärung zur freiwilligen Ausreise gegenüber der ausländischen Vertretung des Irans ist selbst dann als zumutbar erachtet worden, wenn die Ausländer nicht ausreisen wollen. Denn der Iran hat die Ausstellung von Heimreisepapieren (Passersatzpapieren) von der Abgabe der Ausreiseerklärung der in Deutschland lebenden Iraner abhängig gemacht. Solange diese Erklärung nicht vorliegt, liegt ein **tatsächliches Abschiebehindernis** vor, das die Ausländer regelmäßig zu vertreten haben.[49] Anders hingegen hat das **BSG** entschieden im Fall der **verweigerten** Abgabe einer sog. **Ehrenerklärung** mit dem Inhalt, dass eine Staatsangehörige aus **Mali** erklären sollte, **freiwillig** in ihre Heimat **zurückzukehren**. Dieses Verhalten erfüllt nicht den Tatbestand von § 1a Nr. 2 AsylbLG (und auch nicht den des rechtsmissbräuchlichen Verhaltens nach § 2 AsylbLG, vgl. die Kommentierung zu § 2 AsylbLG Rn. 72). Nach dieser Entscheidung kann niemand gezwungen werden, eine in der Sache falsche Erklärung abzugeben, selbst wenn er zur Ausreise verpflichtet ist.[50] Ob allein die **Nichtvorlage** von **Passfotos**, die für die Ausstellung von Heimreisepapieren notwendig sind, ausreichend für eine Anspruchseinschränkung ist, ist unter Gesichtspunkten der Verhältnismäßigkeit zweifelhaft.[51]

---

[44] Vgl. OVG Nordrhein-Westfalen v. 22.08.2007 - 16 A 1158/05 - juris - NDV-RD 2007, 125-127; LSG Nordrhein-Westfalen v. 02.02.2007 - L 20 B 65/06 AY ER - juris - SAR 2007, 34-36.

[45] Vgl. OVG Mecklenburg-Vorpommern v. 15.04.2009 - 1 L 229/04 - juris; LSG Mecklenburg-Vorpommern v. 19.08.2009 - L 9 B 371/08 - juris.

[46] Vgl. OVG Niedersachsen v. 11.12.2002 - 4 LB 471/02 - juris - SAR 2003, 55-58.

[47] Vgl. OVG Nordrhein-Westfalen v. 08.05.2000 - 16 B 2033/99 - juris.

[48] Vgl. OVG Niedersachsen v. 11.12.2002 - 4 LB 471/02 - juris - SAR 2003, 55-58; vgl. zur Zumutbarkeit der von der iranischen Vertretung geforderten Freiwilligkeitserklärung: BVerwG v. 10.11.2009 - 1 C 19/08; OVG NRW v. 29.06.2010 - 18 A 1425/09; LSG Baden-Württemberg v. 24.11.2008 - L 7 AY 5149/08 ER-B; LSG Sachsen-Anhalt v. 28.07.2007 - L 8 B 11/06 AY ER; LSG Sachsen v. 30.06. 2011 - L 7 AY 8/10 B ER - alle zitiert nach juris.

[49] Vgl. dazu OVG Niedersachsen v. 11.12.2002 - 4 LB 471/02 - juris - SAR 2003, 55-58 und LSG Niedersachsen-Bremen v. 19.06.2007 - L 11 AY 57/06 und LSG Niedersachsen-Bremen v. 19.08.2008 - L 11 AY 33/08 ER, ebenso LSG Baden-Württemberg v. 24.11.2008 - L 7 AY 5149/08 ER B - juris und m.w.N. zur verwaltungsrechtlichen Rechtsprechung: OVG Nordrhein-Westfalen v. 18.06.2008 - 17 A 2250/07 - AuAS 2008, 208-211.

[50] Vgl. BSG v. 30.10.2013 - B 7 AY 7/12 R - nach Terminbericht Nr. 30/13.

[51] Bejahend SG Stade v. 21.04.2006 - S 19 AY 13/06 ER.

ee. Widerstandhandlungen

Ausweislich der Gesetzesmaterialien[52] unterfallen auch **Widerstandshandlungen** zur Vereitelung der Abschiebung dem Tatbestand der Nr. 2. In Betracht kommen solche Aktivitäten des Leistungsberechtigten, die auch nur zeitweilig die Flugreise in das Heimatland verhindern, oder aktive Widerstandshandlungen gegen Vollzugsbeamte. 65

ff. Dauernde Reiseunfähigkeit

Eine dauernde Reiseunfähigkeit des Leistungsberechtigten, die eine Rückkehr in das Heimatland unmöglich bzw. unzumutbar macht, begründet nicht den Missbrauchstatbestand der Nr. 2. Zwar liegt der Umstand einer **ernsthaften Erkrankung** allein im Verantwortungsbereich des Leistungsberechtigten. Doch wird in einem solchen Fall die Missbräuchlichkeit als Korrektiv dienen können. Bei unverschuldeter, anlagebedingter oder degenerativer Erkrankung wird ein Missbrauchsvorwurf nicht zu erheben sein. Anders wird eine vorsätzlich herbeigeführte Erkrankung zu beurteilen sein, die lediglich dem Ziel der Verhinderung aufenthaltsbeendender Maßnahmen dient (z.B. vorgetäuschte Suizidabsicht oder Selbstverletzung). 66

gg. Wahrnehmung von Rechtsbehelfen

Der weitere Verbleib der Leistungsberechtigten im Bundesgebiet infolge der **Wahrnehmung von Rechtsbehelfen** wie Petitionen (Art. 17 GG) oder aufenthaltsrelevanten gerichtlichen Rechtsschutzmöglichkeiten wird nicht von vornherein den Missbrauchstatbestand der Nr. 2 begründen können. Es müssen schon weitere gravierende Umstände hinzutreten, die auf ein Vertretenmüssen des Leistungsberechtigten schließen lassen. Solche Umstände können in der querulatorischen oder missbräuchlichen Inanspruchnahme solcher Rechtsbehelfe liegen. Hierfür müssen allerdings konkrete Anhaltspunkte vorliegen. Asylfolgeantragsteller (§ 1 Abs. 1 Nr. 7 AsylbLG) sind von vornherein nicht vom Anwendungsbereich des § 1a AsylbLG erfasst (vgl. Rn. 15). 67

hh. Kirchenasyl

Ob das durch eine Kirchengemeinde nach abgeschlossenem Asylverfahren gewährte **Kirchenasyl** den Tatbestand der Nr. 2 erfüllt, mit der Folge, dass oftmals überhaupt keine Sozialleistungen mehr gewährt werden, so dass die Ausländer von kirchlichen Spenden ihren Lebensunterhalt bestreiten müssen, ist problematisch.[53] Dagegen spricht, dass die Leistungsberechtigten den Umstand der Nichtvollziehbarkeit aufenthaltsbeendender Maßnahmen unter Umständen nicht allein und ausschließlich zu vertreten haben. Das Kirchenasyl setzt eine kirchliche Entscheidung voraus und oftmals steht dahinter eine politische Vereinbarung der Landeskirche mit der jeweiligen Landesregierung. Dann fehlt es zumindest für die Zeit des Kirchasyls über das ernsthafte und zielgerichtete Bestreben der Ausländerbehörde, den Leistungsberechtigten zurückzuführen. Allerdings sind in solchen Fällen die Umstände des Einzelfalls sehr sorgfältig aufzuklären und zu bewerten. 68

j. Minderjährige Kinder

Minderjährige Leistungsberechtigte müssen sich das zur Anspruchseinschränkung führende Verhalten ihrer Eltern **grundsätzlich zurechnen** lassen.[54] Anders als § 2 Abs. 1 letzter HS. AsylbLG knüpft § 1a AsylbLG **nicht** an ein **höchstpersönliches** Verhalten der Kinder an. 69

k. Darlegungs- und Beweislast

Die Darlegungs- und Beweislast für die anspruchseinschränkenden Tatsachen liegt bei der Behörde. Die Feststellungslast geht **zulasten der Behörde**, wenn anspruchseinschränkende Tatsachen unerweislich bleiben oder im Fall des sog. non liquet. Es gilt nichts anderes als bei dem Tatbestand von § 1a Nr. 1 AsylbLG. Insofern kann auf die Ausführungen dort verwiesen werden (vgl. Rn. 36 f.). 70

---

[52] Vgl. BT-Drs. 13/10155, S. 5.
[53] Bejahend: OLG Hamm v. 24.11.1997 - 15 W 431/97 - NJW 1998, S. 463; *Wahrendorf* in: Grube/Wahrendorf, 4. Aufl. 2012, SGB XII, § 1a AsylbLG Rn. 28.
[54] Vgl. LSG Bayern v. 19.06.2006 - L 11 B 94/06 AY PKH - juris - FEVS 58, 189-191 m.w.N. für die obergerichtliche Rspr.; Bayerischer VGH v. 06.12.2004 - 12 CE 04.3015 - juris.

IV. Rechtsfolge

1. Die unabweisbar gebotene Leistung

71 Als **Rechtsfolge** normiert § 1a AsylbLG die Anspruchseinschränkung auf die unabweisbar gebotene Leistung.

2. Kein Ermessen

72 Die in § 1a AsylbLG enthaltene Formulierung „erhalten Leistungen nach diesem Gesetz nur" deutet schon vom Wortlaut darauf hin, dass die Rechtsfolge der Gewährung unabweisbar gebotener Leistungen **nicht** im **Ermessen** der Behörde steht. Die Behörde ist vielmehr gebunden und **verpflichtet**, diese Anspruchseinschränkung vorzunehmen, für den Fall, dass einer der alternativen Tatbestände der Nr. 1 oder der Nr. 2 vorliegt.

3. Unabweisbar geboten

73 Die Rechtsfolge der „unabweisbar gebotenen" Leistung ist rechtstechnisch ein **unbestimmter Rechtsbegriff**, der **uneingeschränkt gerichtlich überprüfbar** ist. Das unabweisbar Gebotene erschließt sich nach dem Wortlaut der Norm nur anhand der **Umstände des konkreten Einzelfalls**. Was im Einzelfall unabweisbar geboten ist, kann daher im Einzelfall höchst unterschiedlich ausfallen.

4. Kein Anspruchsausschluss

74 Als Rechtsfolge tritt eine Anspruchseinschränkung ein.[55] Ein Anspruchsausschluss lässt sich hingegen auf der Grundlage von § 1a AsylbLG **nicht** begründen. Hiergegen spricht neben dem Wortlaut der Norm die unterschiedliche Ausgestaltung im Bereich des SGB XII. Dort ist ausdrücklich geregelt, unter welchen Voraussetzungen ein **Anspruchsausschluss** – und eben keine Anspruchseinschränkung – vorliegt (vgl. § 23 Abs. 3 Satz 1 SGB XII bzw. vormals § 120 Abs. 3 Satz 1 BSHG).

5. Umstände des konkreten Einzelfalls

75 Die unabweisbar gebotenen Leistungen sind nach Maßgabe der jeweiligen **konkreten Umstände des Einzelfalls** festzulegen. Dies setzt voraus, dass die zuständige Leistungsbehörde im konkreten Einzelfall auch entsprechende Sachverhaltsermittlungen durchgeführt hat, die eine solche Einschätzung erlauben. Hierbei bezieht sich die Einzelfallprüfung, **ob** die gewährte Leistung zu kürzen ist, auf welche **Art und Weise** (Geld- oder Sachleistung), in welchem **Umfang** und für welche **Dauer**. Eine Anspruchseinschränkung anhand von **Pauschalen** (z.B. prozentuale Abschläge) verbietet sich daher von vornherein.

76 Bei den konkreten Umständen des Einzelfalls ist immer die **Aufenthaltsdauer** in den Blick zu nehmen. Hierzu zählt der bereits in der Bundesrepublik zurückgelegte Aufenthalt wie die weitere voraussichtliche Verweildauer. Dies gilt auch bei unrechtmäßigem Aufenthalt und bestehender Ausreisepflicht, so dass sich eine pauschale Betrachtung auch hier verbietet. Wenn eine konkrete, kurzfristige Rückkehr in das Heimatland bevorsteht, kann dieser Gesichtspunkt von Relevanz sein für die Frage, welche Leistungen noch im Bundesgebiet unabweisbar geboten sind und welche in Kürze schon im Heimatland erbracht werden können. Ebenso ist bei nicht absehbarer Rückkehr und langjährigem Aufenthalt in der Bundesrepublik unter Umständen keine oder eine geringere Anspruchseinschränkung unter Verhältnismäßigkeitsgesichtspunkten in Erwägung zu ziehen mit Rücksicht auf den zweifelsohne dann vorhandenen Integrationsbedarf.

6. Grenzen der Anspruchseinschränkung

a. Verfassungsrechtlich garantiertes Existenzminimum

77 Die nicht zu unterschreitende untere Grenze einer Anspruchseinschränkung ist das **verfassungsrechtlich garantierte Existenzminimum** gem. Art. 1 Abs. 1, Art. 20 Abs. 1 GG zur **Führung eines menschenwürdigen Lebens**, um dem **verfassungsrechtlichen Sozialstaatsprinzip** Rechnung zu tragen. Der unmittelbar verfassungsrechtliche Leistungsanspruch erstreckt sich nur auf jene Mittel, die zur Aufrechterhaltung eines menschenwürdigen Lebens unbedingt erforderlich sind. Er gewährleistet das gesamte Existenzminimum durch eine **einheitliche grundrechtliche Garantie**, die sowohl die physische Existenz des Menschen, also Nahrung, Kleidung, Hausrat, Unterkunft, Heizung, Hygiene und Ge-

---

[55] So die h.M.; vgl. nur *Wahrendorf* in: Grube/Wahrendorf, 4. Aufl. 2012, SGB XII, § 1a AsylbLG Rn. 33 m.w.N.

sundheit, als auch die Sicherung der Möglichkeit zur Pflege zwischenmenschlicher Beziehungen und zu einem Mindestmaß an Teilhabe am gesellschaftlichen, kulturellen und politischen Leben umfasst.[56] Eine vollständige Versagung oder die komplette Einstellung der Sozialleistungen auf der Grundlage von § 1a AsylbLG ist daher von vornherein unzulässig. Allerdings kommt dem Gesetzgeber ein **Gestaltungsspielraum** bei der Bestimmung des Umfangs der Leistungen zur Sicherung des Existenzminimums zu. Dieser umfasst die Beurteilung der tatsächlichen Verhältnisse ebenso wie die wertende Einschätzung der notwendigen Bedarfe und ist zudem von unterschiedlicher Weite: Er ist enger, soweit der Gesetzgeber das zur **Sicherung der physischen Existenz** eines Menschen Notwendige konkretisiert, und weiter, wo es um Art und Umfang der Möglichkeit zur Teilhabe am gesellschaftlichen Leben geht.[57] Die Anspruchseinschränkung auf das hier relevante unabweisbar Gebotene darf keinesfalls unter die Sicherung der physischen Existenz eines Menschen gehen. Ob und in welchem Umfang Leistungen im Bereich der soziokulturellen Teilhabe einzuschränken sind, ist umstritten (vgl. im Einzelnen Rn. 96).

Unterhalb der Grenze eines verfassungsrechtlich garantierten Existenzminimums dürfte jedenfalls die auf die **Reisekosten** in das Heimatland (Fahrkarte, Flugticket) und den notwendigen **Reiseproviant** beschränkte Leistung sein. Eine solche Anspruchseinschränkung dürfte daher von vornherein **unzulässig** sein.[58] § 1a AsylbLG muss das verfassungsrechtlich garantierte Existenzminimum auch während des **unrechtmäßigen Aufenthaltes** bis zur Aufenthaltsbeendigung stets und jederzeit sicherstellen.   78

b. Zur Ausstrahlungswirkung von BVerfG vom 18.07.2012

Eine **Ausstrahlungswirkung** in Bezug auf die Rechtsfolgenseite von § 1a AsylbLG kommt dem Urteil des BVerfG[59][60] zu, das entschieden hat, die **Höhe** der **Geldleistungen** nach § 3 AsylbLG sei **evident unzureichend** ist. Die Regelungen von § 3 Abs. 2 Satz 2 Nr. 1 und 2 AsylbLG und § 3 Abs. 2 Satz 3 AsylbLG i.V.m. § 3 Abs. 1 Satz 4 bzw. § 3 Abs. 2 Satz 2 Nr. 1 bzw. 2 AsylbLG verstoßen gegen Art. 1 Abs. 1 GG i.V.m. Art. 20 Abs. 1 GG und sind **verfassungswidrig**, weil sie seit 1993 trotz erheblicher Preissteigerungen nicht angepasst worden sind und ein **menschenwürdiges Existenzminimum** damit nicht gewährleistet wird (vgl. die Kommentierung zu § 3 AsylbLG Rn. 29 ff.). Es hat den Gesetzgeber verpflichtet, unverzüglich für den Anwendungsbereich des AsylbLG eine **Neuregelung** zur Sicherung des menschenwürdigen Existenzminimums zu schaffen und hat bis dahin selbst eine **Übergangsregelung** angeordnet (vgl. die Kommentierung zu § 3 AsylbLG Rn. 105 ff. zur übergangsweise geltenden Höhe der **Regelbedarfe** nach § 3 Abs. 2 Satz 2 AsylbLG und zur Höhe des **Geldbetrags** zur **Deckung persönlicher Bedürfnisse** des täglichen Lebens nach § 3 Abs. 1 Satz 4 AsylbLG).   79

Die **Frage der Leistungseinschränkung** auf das unabweisbar Gebotene muss angesichts der Entscheidung des BVerfG[61] neu gestellt werden. Maßgeblich hierfür ist die tragende Feststellung des BVerfG: „Die in Art. 1 Abs. 1 GG garantierte Menschenwürde ist migrationspolitisch nicht zu relativieren".[62] Demnach können migrationspolitische Erwägungen, Leistungen an Asylbewerber und Flüchtlinge niedrig zu halten, um Anreize für Wanderungsbewegungen durch ein international vergleichbares hohes Leistungsniveau zu vermeiden, von vornherein ein **Absenken** des Leistungsstandards **unter das physische und soziokulturelle Existenzminimum** nicht rechtfertigen.[63] Damit ist die untere Grenze dessen beschrieben, die bei Leistungsberechtigten nach dem AsylbLG nicht unterschritten werden darf. Wenngleich diese Entscheidung des BVerfG nicht zu § 1a AsylbLG ergangen ist, zeigt sie gleichwohl eine hierauf bezogene Ausstrahlungswirkung. Die Instanzgerichte haben sich mit der Frage, ob § 1a AsylbLG im Lichte der Verfassungswidrigkeit von § 3 AsylbLG noch verfassungskonform ist, be-   80

---

[56] Vgl. BVerfG v. 09.02.2010 - 1 BvL 1/09 u.a. m.w.N. - BVerfGE 125, 175 = BSG SozR 4-4200 § 20 Nr. 12.

[57] Vgl. BVerfG v. 09.02.2010 - 1 BvL 1/09 u.a. m.w.N. - BVerfGE 125, 175 = BSG SozR 4-4200 § 20 Nr. 12.

[58] Vgl. *Adolph/Linhart*, SGB II SGB XII AsylbLG, § 1a Rn. 25, Stand August 2012; *Hohm*, AsylbLG, § 1a Rn. 150, Stand Juli 2010 m.w.N.

[59] Vgl. BSG v. 18.07.2012 - 1 BvL 10/10, 1 BvL 2/11 - BVerfGE 132, 134 = BSG SozR 4-3520 § 3 Nr. 2 = NVwZ 2012, 1024 = ZFSH/SGB 2012, 450.

[60] Vgl. BSG v. 18.07.2012 - 1 BvL 10/10, 1 BvL 2/11 - BVerfGE 132, 134 = BSG SozR 4-3520 § 3 Nr. 2 = NVwZ 2012, 1024 = ZFSH/SGB 2012, 450.

[61] BSG v. 18.07.2012 - 1 BvL 10/10, 1 BvL 2/11 - BVerfGE 132, 134 = BSG SozR 4-3520 § 3 Nr. 2 = NVwZ 2012, 1024 = ZFSH/SGB 2012, 450.

[62] BVerfG v. 09.02.2010 - 1 BvL 1/09 u.a. m.w.N. - juris Rn. 95 - BVerfGE 125, 175.

[63] BVerfG v. 09.02.2010 - 1 BvL 1/09 u.a. m.w.N. - juris Rn. 95 - BVerfGE 125, 175.

schäftigt und sie unterschiedlich beantwortet. Die Entscheidungen, die angesichts ihrer Fülle hier nicht umfassend dargestellt werden können, sind im vorläufigen Rechtsschutz und auf der Basis des vom BVerfG angeordneten Übergangsrechts ergangen, weil eine gesetzliche Neuregelung fehlt.

aa. Rechtsprechung im vorläufigen Rechtsschutz

81 Das **Bayerische** LSG[64] hat die Frage, ob Leistungseinschränkungen nach § 1a Nr. 2 AsylbLG (hier: Verweigerung des Barbetrags nach § 3 Abs. 1 Satz 4 AsylbLG über mehr als 3 Jahre) nach dem Urteil des BVerfG vom 18.07.2012 grundsätzlich verwehrt sind, im Rahmen seiner Folgenabwägung bewusst **offengelassen**: Es sei durchaus möglich, dass die Beschwerdeführerin Anspruch auf das Taschengeld habe nach der Übergangsregelung im Urteil des BVerfG. Es weist aber auch ausdrücklich darauf hin, dass § 1a AsylbLG nach dem Referentenentwurf des Bundesministeriums für Arbeit und Soziales zum Entwurf eines Dritten Gesetzes zur Änderung des AsylbLG, Bearbeitungsstand 04.12.2012, unverändert bestehen bleiben solle und eine Vielzahl der Erlasse der Bundesländer zur Umsetzung des Urteils des BVerfG v. 12.07.2012 die **weitere Anwendbarkeit** des § 1a AsylbLG bejahten, weil es sich um eine zulässige Vorschrift gegen Sozialleistungsmissbrauch handele.

82 In Entscheidungen des LSG **Nordrhein-Westfalen**, des LSG **Rheinland-Pfalz** und des LSG **Berlin-Brandenburg** wurde der Rechtsbegriff der „im Einzelfall unabweisbar gebotenen Leistungen" auf der Rechtsfolgenseite des § 1a AsylbLG verfassungskonform so ausgelegt, dass für die Zeit **bis zu der vom BVerfG eingeforderten gesetzlichen Neuregelung keine Absenkung** der Grundleistungen von § 3 AsylbLG auf das Niveau von § 1a AsylbLG in Betracht kommt (Verweigerung oder Kürzung des Barbetrags).[65] So wird argumentiert, dass auch im Rahmen von § 1a AsylbLG der Leistungsumfang das menschenwürdige Existenzminimum nicht unterschreiten dürfe. Insofern könnten sich bei summarischer Prüfung für die nach § 1a AsylbLG unabweisbar zu gewährenden Leistungen wertmäßig keine Unterschiede zu jenen Leistungen ergeben, die nach dem AsylbLG Leistungsberechtigten als Übergangsleistungen nach § 3 AsylbLG zur Verfügung zu stellen seien.

83 Das LSG **Hessen**[66] hat eine langjährige, fast sechsjährige Leistungskürzung nach § 1a Nr. 1 AsylbLG als **nicht mehr verfassungsgemäß** unter Beachtung eines restriktiven Auslegungsmaßstabs gesehen. Es hat seine Entscheidung damit begründet, dass eine solche Leistungseinschränkung nur im Hinblick auf einen **absehbar kurzen Aufenthalt** des Ausländers im Inland verfassungskonform sei, weil nur dann von einem besonderen, **verminderten** Bedarf auszugehen sei.

84 Das **LSG Hamburg**[67], das **LSG Niedersachsen-Bremen**[68], **das Thüringer LSG**[69], das LSG **Sachsen-Anhalt**[70], auch das **LSG Berlin-Brandenburg**[71], das SG **Münster**[72] haben hingegen keine verfassungsrechtlichen Bedenken geäußert und Leistungsabsenkungen z.B. um den Barbetrag zur Deckung des täglichen Lebens (40,90 € monatlich) wie auch Leistungskürzungen in Höhe von Leistungen des soziokulturellen Existenzminimums (z.B. bei der jeweiligen Regelbedarfsstufe bzw. insgesamt i.H.v. 15%-20%) für rechtens erachtet. Für die Rechtmäßigkeit dieser Leistungsabsenkungen nach § **1a Nr. 2 AsylbLG** wurde auf vergleichbare Möglichkeiten von Leistungskürzungen im Grundsiche-

---

[64] Bay. LSG v. 24.01.2013 - L 8 AY 2/12 B ER und L 8 AY 4/12 B ER - juris; mit Anmerkung Wahrendorf, jurisPR-SozR 15/2013, Anm. 2

[65] Vgl. LSG Nordrhein-Westfalen v. 24.04.2013 - L 20 AY 153/12 B ER - juris, mit beachtlichen Gründen; LSG Rheinland-Pfalz v. 27.03.2013 - L 3 AY 2/13 B ER - juris; LSG Berlin-Brandenburg v. 06.02.2013 - L 15 AY 2/13 B ER und LSG Berlin-Brandenburg v. 10.12.2013 - L 15 AY 23/13 B ER, L 15 AY 24/13 B PKH; im Ergebnis so auch die erste Instanz: SG Lüneburg v. 13.12.2012 - S 26 AY 26/12 ER; SG Düsseldorf v. 19.11.2012 - S 17 AY 81/12 ER; SG Altenburg v. 11.10.2012 - S 21 AY 3362/12 ER; SG Köln v. 25.01.2013 - S 21 AY 6/13 ER; SG Leipzig v. 20.12.2012 - S 5 AY 55/12 ER; SG Gelsenkirchen v. 21.01.2013 - S 32 AY 120/12; SG Magdeburg v. 24.01.2013 - S 22 AY 25/12 ER; SG Würzburg v. 01.02.2013 - S 18 AY 1/13 ER; SG Hildesheim v. 27.12.2012 - S 42 AY 9/12 ER.

[66] Vgl. LSG Hessen v. 09.12.2013 - L 4 AY 17/13 B ER - juris.

[67] LSG Hamburg v. 29.08.2013 - L 4 AY 5713 ER, L 4 AY 6/13 PKH - juris.

[68] LSG Niedersachsen-Bremen v. 20.03.2013 - L 8 AY 59/12 B ER - juris und LSG Niedersachsen-Bremen v. 18.02.2014 - L 8 AY 70/13 B ER - juris.

[69] LSG Thüringen v. 17.01.2013 - L 8 AY 1801/12 B ER - juris.

[70] LSG Sachsen-Anhalt v. 19.08. 2013 - L 8 AY 3/13 B ER - juris; LSG Sachsen-Anhalt v. 02.09.2013 - L 8 AY 5/13 B ER - juris.

[71] LSG Berlin-Brandenburg v. 23.07.2013 - L 23 AY 10/13 B ER - juris.

[72] SG Münster v. 27.02.2013 - S 12 AY 11713 R - juris; anders aber SG Münster v. 01.03.2013 - S 12 AY 13/13 R - juris.

rungsrecht, die an Mitwirkungshandlungen anknüpfen (§ 31 SGB II, §§ 26, 41 Abs. 4 SGB XII), Bezug genommen. Demnach hätten die Beteiligten es selbst in der Hand, durch ihr Verhalten Leistungskürzungen zu beenden.

Das **SG Stade**[73] hat ausgeführt, dass das aus Art. 1 Abs. 1 Satz 1 GG abgeleitete Grundrecht auf ein menschenwürdiges Existenzminimum keinen von Mitwirkungsobliegenheiten und Eigenaktivitäten unabhängigen Anspruch auf Sicherung des **soziokulturellen** Existenzminimums gewährleiste, sondern in Fällen pflicht- oder gar sozialwidrigen Verhaltens (nur) verbiete, den Einzelnen ohne jede Alternative in einer Situation zu belassen, in der das **physische Existenzminimum** aktuell nicht gewährleistet sei. Wenn Einschränkungen der Leistungen nach SGB II und SGB XII auch angesichts der Rechtsprechung des BVerfG zur Höhe der Leistungen nach dem SGB II grundsätzlich zulässig seien und zugleich für Leistungsbezieher nach SGB II, SGB XII und AsylbLG hinsichtlich des Anspruchs auf Gewährung eines menschenwürdigen Existenzminimums dieselben Maßstäbe gelten sollten, sei kein Grund erkennbar, warum Leistungen nach dem AsylbLG dem Grunde nach nicht eingeschränkt werden könnten. Dementsprechend lehnt sich das SG bei dem Umfang der Leistungseinschränkung an § 26 SGB XII an. 85

Das **SG Hildesheim**[74] hat die Auffassung vertreten, dass aus dem Urteil des BVerfG[75] zumindest die Verpflichtung zu einer sehr restriktiven Auslegung und Anwendung des § 1a AsylbLG folge. Die vollständige **Streichung des Barbetrages** zur Deckung des soziokulturellen Existenzminimums scheide danach ebenso aus wie eine dauerhafte Leistungseinschränkung. 86

bb. Stellungnahme

Die volle Tragweite der Entscheidung des **BVerfG**[76] ergibt sich daraus, dass das überkommene **Regelungskonzept** des AsylbLG als **weder realitätsgerecht** noch frei von **Diskriminierung**[77] **verworfen** worden ist. Das BVerfG hat aufgezeigt, dass die bis dahin maßgebliche Annahme des Gesetzgebers (quasi die Geschäftsgrundlage), auf dem das AsylbLG beruht, sich in der Realität mangels empirischer Grundlage als nicht fundiert erwiesen hat. Dies lässt sich an den bemerkenswerten Worten des BVerfG nachvollziehen, dass das Regelungskonzept des AsylbLG von einem kurzfristigen und vorübergehenden Aufenthalt ausgeht, während der überwiegende Teil des Personenkreises, der vom AsylbLG erfasst wird, sich bereits mehr als sechs Jahre in Deutschland aufhält. Daher fehlt ein plausibler Beleg, dass der vom AsylbLG erfasste Personenkreis sich typischerweise nur für kurze Zeit in Deutschland aufhält. Auch hat es bezweifelt, ob die dem Gesetz zugrunde liegende Annahme, dass ein kurzer Aufenthalt eine begrenzte Leistungshöhe rechtfertigt, zutrifft. Damit hat das BVerfG den Boden bereitet, um sich von der bis dahin vorherrschenden ausländerrechtlichen Sichtweise zu lösen, dass ein Leistungsanspruch auf Sozialhilfeniveau nur bei einem gesicherten – und nicht bei ungesichertem – Daueraufenthalt besteht.[78] Die bis dahin vorherrschende Interpretation des AsylbLG als ein Annex des Ausländerrechts ist zugunsten einer auf den existenzsichernden Bedarf von Menschen – unabhängig von ihrer Staatsangehörigkeit – gerichteten Auslegung korrigiert worden. Das menschenwürdige Existenzminimum (bestehen aus einem physischen und soziokulturellen Minimum) muss vom Beginn des Aufenthalts in der Bundesrepublik realisiert werden. Migrationspolitisch ist die Menschenwürde nicht zu relativieren und daher können migrationspolitische Erwägungen, von vornherein kein Absenken des Leistungsstandards unter das physische und soziokulturelle Existenzminimum rechtfertigen.[79] Dem Gesetzgeber hat das BVerfG aufgegeben, ein empirisch fundiertes, datenbasiertes Regelungssystem zu schaffen, mit Hilfe dessen sich die konkreten existenzsichernden Bedarfe für den nicht homogenen Personenkreis nach dem AsylbLG nachvollziehen lassen; nur so können evtl. Minderbedarfe realitätsge- 87

---

[73] SG Stade v. 05.03.2013 - S 33 AY 53/12 ER - juris; vgl. auch SG Stade v. 13.06.2013 - S 33 AY 50/12 - juris.
[74] SG Hildesheim v. 27.12.2012 - S 42 AY 9/12 ER - juris, SG Hildesheim v. 06.12.2012 - S 42 AY 152/12 ER - juris.
[75] BVerfG v. 18.07.2012 - 1 BvL 10/10, 1 BvL 2/11 - BVerfGE 132, 134 = BSG SozR 4-3520 § 3 Nr. 2 = NVwZ 2012, 1024 = ZFSH/SGB 2012, 450.
[76] BVerfG v. 18.07.2012 - 1 BvL 10/10, 1 BvL 2/11 - BVerfGE 132, 134 = BSG SozR 4-3520 § 3 Nr. 2 = NVwZ 2012, 1024 = ZFSH/SGB 2012, 450; zuvor BVerfG v. 09.02.2010 - 1 BvL 1/09 u.a. - BVerfGE 125, 175 = BSG SozR 4-4200 § 20 Nr. 12.
[77] Vgl. *Baer*, Recht und Politik 2013, 90, 96.
[78] Vgl. *Eichenhofer*, SGb 2012, 565.
[79] Vgl. BVerfG v. 18.07.2012 - 1 BvL 10/10, 1 BvL 2/11 - juris Rn. 95 - BVerfGE 132, 134 = BSG SozR 4-3520 § 3 Nr. 2 = NVwZ 2012, 1024 = ZFSH/SGB 2012.

recht nachvollzogen werden. Bis dahin aber hat es mangels vorhandener Daten bzw. anderer Erkenntnisse über Bedarfe solcher Menschen den übergangsweisen Bedarf **entsprechend den §§ 5-8 RBEG** der Höhe nach selbst festgelegt (vgl. im Einzelnen die Kommentierung zu § 3 AsylbLG Rn. 5 ff.). Die Rechtsprechung des BVerfG steht insofern im Einklang mit der Rechtsprechung des EuGH, der entschieden hat, dass Leistungen für Asylbewerber hoch genug sein müssen, um die Grundbedürfnisse der Asylbewerber zu decken und ihnen ein menschenwürdiges Leben zu ermöglichen, bei dem ihre Gesundheit gewährleistet ist.[80]

88 Angesichts der **evident unzureichenden** Leistungen nach § 3 AsylbLG und der ausdrücklichen Rechtsfolgenanordnung des BVerfG ist daher **bis zum Inkrafttreten** einer **Neuregelung kein Raum für Leistungskürzungen**, die sich unterhalb der Höhe der vom BVerfG übergangsweise genannten Beträge ergeben. Andernfalls bestünde die Gefahr, dass das **existenzsichernde Minimum** unterschritten würde. Es wäre dann nicht auszuschließen, dass das auf der Rechtsfolgenseite in § 1a AsylbLG genannte **unabweisbar Gebotene** ebenfalls unterschritten wäre. Nach derzeitiger Gesetzeslage ist nach wie vor unklar, ob beide Begriffe dieselbe Untergrenze beschreiben bzw. worin der graduelle Unterschied liegen soll.[81] Dies festzulegen, bleibt Aufgabe des Gesetzgebers. Dass der **Barbetrag nach § 3 Abs. 1 Satz 4 AsylbLG** als Leistung der soziokulturellen Teilhabe zum notwendigen Existenzminimum zählt, steht nach der Entscheidung des BVerfG vom 18.07.2012 nunmehr außer Frage. Solange eine Neuregelung nicht existiert, ist ungewiss, welche existenzsichernden Bedarfe zu decken sind und wie sich das nicht zu unterschreitende Existenzminimum für den Personenkreis nach § 1 AsylbLG zusammensetzt. Daher ist bis auf weiteres als **Rechtsfolge von § 1a AsylbLG** die vom BVerfG in der Übergangsregelung genannte Leistungshöhe im Einzelfall zu gewähren; dies führt aber nicht etwa dazu, dass die Vorschrift tatbestandsmäßig „außer Kraft" gesetzt würde.[82]

89 Ob bei einer **zukünftigen Neuregelung** Leistungseinschränkungen zulässig sind oder nicht, ist damit noch nicht beantwortet. Dem Gesetzgeber steht ein Gestaltungsspielraum zu, in welcher Höhe er die Bedarfe zur Sicherung der physischen und sozialen Existenz festlegt. Weiter ist der Spielraum, wo es um Art und Umfang der Möglichkeit zur Teilhabe am gesellschaftlichen Leben geht, enger hingegen im Bereich des physischen Existenzminimums. So sind im Bereich des soziokulturellen Existenzminimums Leistungseinschränkungen denkbar, wenn sich angesichts einer kurzen Aufenthaltsdauer bestimmte konkrete Bedarfe geringer oder gar nicht erst stellen. Auch ist es dem Gesetzgeber überlassen, ob er dies durch Geld-, Sach- oder Dienstleistungen sichert.[83] Allerdings kann der Verweis auf die nach dem SGB II/SGB XII als verfassungsgemäß erachteten Leistungskürzungen[84] nicht darüber hinwegtäuschen, dass es in § 1a AsylbLG um **andere Konstellationen** geht. So betrifft der Tatbestand von **§ 1a Nr. 1 AsylbLG** nicht nur – aber wohl überwiegend – einen generalpräventiven Zweck, der Ausländer davon abhalten soll, überhaupt in das Bundesgebiet einzureisen.[85] Ist der Tatbestand verwirklicht, so lässt sich das Fehlverhalten nicht durch eigenes Handeln abstellen, es sei denn, die Personen reisen freiwillig aus. Die Wirkung dieses inkriminierten Verhaltens muss sich daher aus Gründen der **Verhältnismäßigkeit** bei einem nicht lediglich kurzen Aufenthalt in der Bundesrepublik in zeitlicher Hinsicht erschöpfen. Beschränkungen auf eine vierjährige Leistungseinschränkung nach § 1a Nr. 1 AsylbLG entbehren jeder tragfähigen Grundlage und sind daher „ins Blaue hinein" gegriffen.[86] Bei Leistungskürzungen nach **§ 1a Nr. 2 AsylbLG** ist zu beachten, dass die Sanktionen auf von den Ausländern zu vertretender Unmöglichkeit des Vollzugs aufenthaltsbeendender Maßnahmen beruhen. Diese Personen können folglich die Leistungskürzungen durch eigenes Verhalten abwenden. Dies setzt allerdings voraus, dass der Zweck der Leistungskürzung überhaupt noch erreicht werden kann. Insofern verbieten sich aus Gründen der **Verhältnismäßigkeit** jahrelange Leistungskürzungen, wenn es al-

---

[80] Vgl. EuGH v. 27.02.2014 - C-79/13 - (Saciri), für Slg. 2014 vorgesehen, juris Rn. 48.
[81] Vgl. dazu auch *Rothkegel*, ZAR 2012, 357, 366.
[82] A.A. *Deibel*, ZFSH SGB 2013, 252 unter Bezugnahme auf LSG Thüringen v. 17.01.2013 - L 8 AY 1861/12 B ER.
[83] Vgl. BVerfG v. 18.07.2012 - 1 BvL 10/10, 1 BvL 2/11 - BVerfGE 132, 134 = BSG SozR 4-3520 § 3 Nr. 2 = NVwZ 2012, 1024 = ZFSH/SGB 2012; BVerfG v. 09.02.2010 - 1 BvL 1/09 u.a. - BVerfGE 125, 175 = BSG SozR 4-4200 § 20 Nr. 12.
[84] Vgl. zum Diskussionsstand zum SGB II *Berlit*, info also 2013, 195; dagegen *Neskovic*, info also 2013, 205; *Neskovic/Erdem*, SGB 2012, 134, 138 f.; differenzierend dazu *Kempny/Krüger*, SGb 2013, 384, 389 f.
[85] Vgl. *Kempny/Krüger*, SGb 2013, 384, 389, die diesen Zweck konsequent als sachfremde Erwägung bezeichnen bei der Festlegung des existenznotwendigen Bedarfs.
[86] So aber *Deibel*, ZFSH SGB 2013, 249, 254.

lein durch Zeitablauf völlig aussichtslos geworden ist, dass der Leistungszweck noch erreicht werden könnte, z.B. weil die lange Aufenthaltsdauer das Verlassen des Bundesgebiets in hohem Maße unwahrscheinlich gemacht hat.[87]

Eine verfassungsgemäße Neuregelung müsste daher Folgendes sicherstellen:

- Leistungseinschränkungen sind in jeder Hinsicht restriktiv zu handhaben unter strenger Beachtung des Verhältnismäßigkeitsgrundsatzes in jedem Einzelfall.
- Der Leistungssuchende muss in der Lage sein, d.h. es muss ihm objektiv möglich und subjektiv zumutbar sein, das ihm vorgeworfene Fehlverhalten selbst abzustellen; d.h. besteht eine solche Möglichkeit nicht, dürfen Leistungen auch nach § 1a Nr. 2 AsylbLG nicht eingeschränkt werden.[88]
- Leistungseinschränkungen dürfen nur zeitlich begrenzt verhängt werden (z.B. über drei Monate mit maximaler Verlängerung auf sechs Monate innerhalb eines Jahreszeitraumes). Keinesfalls dürfen sie dauerhaft und auch nicht langjährig verhängt werden.[89]
- Die Verhängung von Leistungseinschränkungen setzt ein rechtmäßiges Verwaltungsverfahren (Anhörung und schriftlicher Verwaltungsakt) voraus.[90]

Allein die Beachtung dieser Vorgaben dürfte schon zu einer erheblichen Änderung der Verwaltungspraxis der Behörden beitragen und den Anwendungsbereich von § 1a AsylbIG deutlich reduzieren.

Die bessere Lösung wäre sicherlich, § 1a AsylbLG – wie im Übrigen auch § 2 AsylbLG – gänzlich abzuschaffen und die Leistungsberechtigten nach einem Jahr Inlandsaufenthalt in das Leistungssystem des SGB II bzw. SGB XII zu integrieren.[91]

c. (Keine) Möglichkeiten der Leistungseinschränkung

aa. Medizinische Notversorgung

Aus Art. 2 Abs. 2 i.V.m. Art. 1 Abs. 1 GG und Art. 20 GG **verbietet** es sich, Leistungen im **medizinischen Notfall** (vgl. dazu § 4 AsylbLG) einzustellen. Auch aus den Gesetzesmaterialien[92] ergibt sich, dass Leistungen bei **akuter Erkrankung und Schmerzzuständen** stets zu den unabweisbar gebotenen Hilfen gehören (vgl. dazu Rn. 105 ff.).

bb. Form der Leistungen

Wenn Anspruchseinschränkungen bei Leistungsberechtigten nach § 3 AsylbLG angezeigt sind, werden diese Leistungen – je nach Bundesland – als **Sachleistungen**, oft in Form von **Wertgutscheinen** erbracht.[93] Eine zulässige Art der Anspruchseinschränkung kommt durch Umstellung auf Sachleistungen bzw. in Form von Wertgutscheinen grundsätzlich in Betracht.

cc. Grundleistungen gem. § 3 Abs. 1 Sätze 1-3 AsylbLG

Die in § 3 Abs. 1 Sätze 1-3 AsylbLG genannten Bedarfe der Ernährung, Unterkunft, Heizung, Kleidung; Gesundheits- und Körperpflege und Gebrauchs- und Verkehrsgüter des Haushalts gewährleisten das **verfassungsrechtlich gewährleistete Existenzminimum** gem. Art. 1 Abs. 1 i.V.m. Art. 20 Abs. 1 GG. Die Absenkung dieser Leistungen **unterhalb des Sozialhilfesatzes** liegt inzwischen bei **30%**, während die Absenkung im Asylkompromiss ursprünglich auf 20% unterhalb des Sozialhilfesatzes angedacht war. Diese Leistungen können daher regelmäßig **nicht mehr eingeschränkt** werden. Sie können weder während des weiteren Verbleibs der Ausländer im Bundesgebiet eingestellt werden, noch kann der durch sie garantierte Mindestbedarf maßgeblich verändert werden.

dd. Ernährung

Der von § 3 Abs. 1 Satz 1 AsylbLG erfasste notwendige **Ernährungsbedarf** kann gem. § 1a AsylbLG nicht geringer ausfallen, da ansonsten das notwendige Existenzminimum unterschritten würde.[94] Eine

---
[87] A.A. wohl *Deibel*, ZFSH SGB 2013, 249, 254.
[88] Vgl. in diese Richtung auch *Rothkegel*, ZAR 2012, 357, 361; a.A. *Wahrendorf*, jurisPR-SozR 15/2013, Anm. 2; *Berlit*, info also 2013, 195, 198, dort in Fn. 32.
[89] So auch Hessisches LSG v.6.1.2014 - L 4 AY 19/13 B ER - juris
[90] So auch Hessisches LSG v.6.1.2014 - L 4 AY 19/13 B ER - juris
[91] Vgl. in diese Richtung auch die Stellungnahme der *Geschäftsstelle des Deutschen Vereins*, NDV 2013, 97, 100; *Deibel*, ZFSH SGB 2013, 249, 255; vgl. *Janda*, ZAR 2013, 175.
[92] Vgl. BT-Drs. 13/11172, S. 7.
[93] Vgl. LSG Niedersachsen-Bremen v. 03.04.2013 - L 8 AY 105/12 B ER - juris.
[94] Vgl. OVG Nordrhein-Westfalen v. 06.06.2001 - 12 B 521/01 - juris - ZFSH/SGB 2001, 743-744.

denkbare Einschränkung kommt allenfalls in der Form der Leistung in Betracht. Zulässig wäre eine Umstellung auf Sachleistungen, in Form von Wertgutscheinen oder auch Essenspaketen oder eine Vollverpflegung im Rahmen einer Gemeinschaftsunterkunft. Hierbei müsste die Gleichwertigkeit im Sinne von § 3 AsylbLG sichergestellt werden. Unzulässig wäre sicherlich der Verweis auf gemeindliche Tafeln, die von freiwilligen Essensspenden profitieren. Die Leistungen nach § 1a AsylbLG können nicht derartig eingeschränkt werden, dass der Leistungsempfänger auf eine „Armentafel" verwiesen wird.[95]

97 Der von § 3 Abs. 1 Satz 1 AsylbLG erfasste notwendige Bedarf an **Unterkunft** ist dem Grunde nach nicht einschränkbar, weil eine Unterkunft zur Führung eines menschenwürdigen Lebens gehört. Einem menschenwürdigen Leben kann regelmäßig aber durch eine Unterbringung in einer Gemeinschaftsunterkunft Genüge getan werden. Den Gesetzesmaterialien ist sogar zu entnehmen, dass diese Unterbringung der Regelfall sein soll im Fall der Leistungseinschränkung nach § 1a AsylbLG.[96] Im Fall der Unterbringung in einer privat angemieteten Wohnung kommt daher nach Prüfung des Einzelfalles (familiäre Situation, Lebensbedingung, weitere Aufenthaltsdauer) als mögliche Sanktion die Unterbringung in einer Gemeinschaftsunterkunft, aber auch der Umzug in eine andere, menschenwürdige Unterkunft in zulässiger Weise in Betracht.

ee. Heizung

98 Der von § 3 Abs. 1 Satz 1 AsylbLG erfasste Bedarf an **Heizung** ist regelmäßig **nicht einschränkbar**, weil der Bedarf an ausreichend beheizten Räumen dem notwendigen Existenzminimum zur Führung eines menschenwürdigen Lebens dient. Gemeinschaftsunterkünfte werden ohnehin zentral beheizt. In privaten Unterkünften muss der notwendige Heizbedarf rechtzeitig sichergestellt werden.

ff. Kleidung

99 Leistungseinschränkungen im Bereich des Bedarfs **Kleidung**, der ebenfalls zum Bereich des notwendigen Existenzminimums gehört, sind allenfalls denkbar bei der Dauer der Tragezeit der Kleidung. Ohne Zweifel müssen sich Leistungsberechtigte nach § 1a AsylbLG auch auf das Tragen gebrauchter Kleidung verweisen lassen, wenn diese in einem akzeptablen Zustand ist. Die Umstellung auf Sachleistungen oder Wertgutscheine ist in diesem Bereich ohne weiteres zulässig (§ 3 Abs. 1 Satz 2 AsylbLG). Ein aktueller Kleiderbedarf ist allerdings im angemessenen Umfang auch dann zu decken, wenn die Ausreise unmittelbar bevorsteht.

gg. Gesundheits- und Körperpflege

100 Leistungseinschränkungen im Bereich der **Gesundheits- und Körperpflege** sind kaum möglich, weil diese Leistungen erforderlich zur Führung eines menschenwürdigen Lebens sind. Ein aktueller Bedarf ist daher zu erfüllen, auch wenn die Beendigung des Aufenthalts unmittelbar bevorsteht. Die Gesundheits- und Körperpflege ist ein elementares tägliches Grundbedürfnis eines jeden Menschen. Allerdings wird es zulässig sein, den Bedarf auf Sachleistungen oder Wertgutscheine umzustellen. Abzugrenzen hiervon sind allerdings das Grundbedürfnis übersteigende kosmetische Pflegen.

hh. Gebrauchs- und Verbrauchsgüter des Haushalts

101 Eine Einschränkung bei den **Gebrauchs- und Verbrauchsgütern des Haushalts** kommt ohnehin dann nicht in Betracht, wenn die Leistungsberechtigten nach § 1a AsylbLG in Gemeinschaftsunterkünften untergebracht sind, weil diese Güter dort regelmäßig vorhanden sind. Bei einer Unterbringung in einer privaten Unterkunft werden Leistungseinschränkungen mit Blick auf die weitere Aufenthaltsdauer in der Bundesrepublik erlaubt sein. Die Umstellung von Geld- auf Sachleistungen in Form von Gutscheinen oder die Bereitstellung von gebrauchten Gütern, auch leihweise (Satz 3), wird ohne weiteres zulässig sein. Ein aktueller Bedarf, der zur Führung eines menschenwürdigen Lebens gehört (z.B. Grundausstattung zur Reinigung der Unterkunft, Kühlschrank im Sommer o.Ä.) wird aber auch bei kurzfristiger Aufenthaltsbeendigung in angemessenem Umfang zu decken sein.

---

[95] Vgl. LSG Nordrhein-Westfalen v. 07.11.2007 - L 20 B 74/07 AY - juris - info also 2008, 181-183.
[96] Vgl. BT-Drs. 13/11172, S. 7.

d. Geldbetrag gem. § 3 Abs. 1 Satz 4 AsylbLG

§ 3 Abs. 1 Satz 4 AsylbLG gewährt Leistungsberechtigten zusätzlich zu den Grundleistungen nach § 3 AsylbLG einen **Barbetrag** (80 DM = 40,90 € bzw. vor Vollendung des 15. Lebensjahr 40 DM = 20,45 €, wobei die Beträge im Gesetzestext immer noch nicht an € angepasst worden sind) zur Deckung der persönliche Bedürfnisse des täglichen Lebens. Hierzu zählen z.B. Fahrtkosten, Porto- und Telefonkosten, Schreibbedarf, kleinere Mengen an Lebensmitteln zum Sofortverzehr. In der Praxis ist diese Leistungskürzung der häufigste Fall, wie Behörden Leistungseinschränkungen gem. § 1a AsylbLG umsetzen. Nach der Rechtsprechung des **BVerfG**[97] ist der Barbetrag eine Leistung zur **Sicherung des soziokulturellen Existenzminimums**, der zusammen mit den Leistungen zur Sicherung des physischen Existenzminimums (§ 3 Abs. 2 Satz 2 AsylbLG) das grundrechtlich als einheitliche Leistung zur Sicherung des Grundrechts auf ein **menschenwürdiges Existenzminimum** (Art. 1 Abs. 1 GG i.V.m. Art. 20 Abs. 1 GG) bestimmt.

102

Die Rspr. hat dieses sog. **Taschengeld** bisher nicht als unabweisbar gebotene Leistung erachtet; sie hielt also auch die **komplette Streichung** des Betrags für zulässig.[98] Bis dahin ging man davon aus, dass dieser Geldbetrag für die Deckung der persönlichen Bedürfnisse nicht vom verfassungsrechtlichen Existenzminimum erfasst sei.[99] Hierfür ergaben sich Hinweise in den Gesetzesmaterialien.[100] Ob dies nach der neuen Rechtsprechung des **BVerfG**[101] noch zulässig sein dürfte, ist zweifelhaft, da selbst bei einer kurzen Aufenthaltsdauer oder Aufenthaltsperspektive das menschenwürdige Existenzminimum sich nicht auf die Sicherung des physischen Existenzminimums beschränken darf, sondern auch die Sicherung des soziokulturellen Existenzminimums gewährleistet sein muss, zu dem der Barbetrag (§ 3 Abs. 1 Satz 4 AsylbLG) zählt. Solange **keine gesetzliche Neuregelung** existiert, sind die Barbeträge jedenfalls in Höhe der vom BVerfG getroffenen **Übergangsregelung** zu zahlen (vgl. Rn. 81 ff. und zur konkreten Höhe die Kommentierung zu § 3 AsylbLG Rn. 29 ff.). Rechtlich zulässig dürfte es nach wie vor sein, den Betrag durch Sachleistungen oder Wertgutscheine bereitzustellen, weil dem Gesetzgeber ein größerer Gestaltungsspielraum bei der Regelung des soziokulturellen Existenzminimums zusteht. Sobald aber die begründete Gefahr besteht, dass die Existenzsicherung gefährdet ist, sind jegliche Kürzungen einzustellen.

103

e. Leistungen bei Krankheit, Schwangerschaft und Geburt (§ 4 AsylbLG)

aa. Akute Erkrankungen und Schmerzzustände

Leistungen, die notwendig und erforderlich sind, um **akute Erkrankungen und Schmerzzustände** zu behandeln (§ 4 Abs. 1 Satz 1 AsylbLG), stehen nicht zur Disposition, sie zählen daher stets zu den unabweisbar gebotenen Hilfen,[102] da eine Einschränkung nicht mit dem grundrechtlichen Schutz aus Art. 1 Abs. 1 i.V.m. Art. 2 Abs. 2 GG zu vereinbaren wäre. Hierzu zählt die notwendige ärztliche bzw. zahnärztliche Akut- bzw. auch Krankenhausbehandlung einschließlich der notwendigen Arznei- und Verbandmittel und sonstiger Leistungen, die zur Behandlung erforderlich sind. Heilkuren, Therapien können im Einzelfall insb. dann unabweisbar geboten sein, wenn die Rückkehr in das Heimatland auf absehbare Zeit nicht möglich ist und sich die Leistungsberechtigten bereits mehrjährig in der Bundesrepublik aufhalten. Zahnersatz ist hingegen regelmäßig keine unabweisbar gebotene Leistung; es sei denn, der Zahnersatz ist unaufschiebbar (§ 4 Abs. 1 Satz 2 AsylbLG).

104

---

[97] Vgl. zur Übergangsregelung: BVerfG v. 18.07.2012 - 1 BvL 10/10, 1 BvL 2/11 - BVerfGE 132, 134 = BSG SozR 4-3520 § 3 Nr. 2 = NVwZ 2012, 1024 = ZFSH/SGB 2012, 450.

[98] Vgl. OVG Niedersachsen v. 30.07.1999 - 12 M 2997/99; OVG Nordrhein-Westfalen v. 22.06.1999 - 24 B 1088/99; LSG Thüringen v. 23.03.2009 - L 8 B 131/08 AY - juris - SAR 2009, 70-72; m.w.N. vgl. *Hohm*, AsylbLG, § 1a Rn. 193, der dieser Rspr. zustimmt, Rn. 196 ff., Stand Juli 2010.

[99] Vgl. *Adolph/Linhart*, SGB II SGB XII AsylbLG, § 1a Rn. 25, Stand März 2009, m.w.N. für die älter Rspr; so auch *Hohm*, AsylbLG, § 1a Rn. 197, Stand Juli 2010.

[100] Vgl. BT-Drs. 13/11172, S. 7.

[101] Vgl. BVerfG v. 18.07.2012 - 1 BvL 10/10, 1 BvL 2/11 - BVerfGE 132, 134 = BSG SozR 4-3520 § 3 Nr. 2 = NVwZ 2012, 1024 = ZFSH/SGB 2012, 450.

[102] Vgl. schon BT-Drs. 13/11172, S. 8.

bb. Chronische Erkrankungen

105 Leistungen für die Behandlung **chronischer Erkrankungen** sind daher grundsätzlich nicht von § 4 AsylbLG erfasst. Ausnahmsweise aber dann, wenn sich aus der chronischen Erkrankung eine akut behandlungsbedürftige Notlage ergibt (z.B. Nierentransplantation bei akutem Nierenversagen bei chronischer Niereninsuffizienz). Im Übrigen sind Leistungen bei chronischen Erkrankungen von der Auffangvorschrift des § 6 AsylbLG erfasst (Leistungen, die zur Sicherung der Gesundheit unerlässlich sind).

cc. Schwangerschaft und Geburt

106 Leistungen bei **Schwangerschaft und Geburt** (§ 4 Abs. 2 AsylbLG) stehen nicht zur Disposition; sie zählen stets zu den unabweisbar gebotenen Hilfen, da eine Einschränkung nicht mit dem grundrechtlichen Schutz für das ungeborene Leben und für die Mutter aus Art. 6 Abs. 4 GG zu vereinbaren wäre. Hierzu zählen ärztliche und pflegerische Hilfe, Betreuung, Hebammenhilfe, Arznei- und Verbandmittel.

f. Sonstige Leistungen (§ 6 AsylbLG)

107 Bei den von § 6 AsylbLG erfassten **sonstigen Leistungen**, die **nicht im Ermessen** der Behörde stehen und im Einzelfall **zur Sicherung des Lebensunterhaltes** oder der **Gesundheit unerlässlich** (Var. 1), zur **Deckung besonderer Bedürfnisse von Kindern geboten** (Var. 2) oder zur **Erfüllung einer verwaltungsrechtlichen Mitwirkungspflicht erforderlich** sein müssen (Var. 3) wird der Leistungszweck zu beachten sein. Zur Sicherung des Lebensunterhaltes und der Gesundheit unerlässliche Leistungen dürften auch unabweisbar geboten sein. Für den zur Deckung besonderer Bedürfnisse bei Kindern gebotenen Bedarf wird dies auch der Fall sein. Denn das BVerfG[103] hat betont, dass der für Kinder existenziell notwendige Bedarf an kindlichen Entwicklungsphasen auszurichten ist und an dem, was für die Persönlichkeitsentwicklung eines Kindes erforderlich ist. Hierzu gehört vor allem bei schulpflichtigen Kindern der mit dem Schulbesuch verbundene erhöhte Bedarf. Im Einzelfall wird daher insb. der **notwendige Schulbedarf** oder der sonstige Bedarf, der der Erfüllung der Schulpflicht dient, anzuerkennen sein. Leistungen, die zur Erfüllung einer verwaltungsrechtlichen Mitwirkung erforderlich sind, dürften in der Regel auch unabweisbar geboten sein, da ansonsten die Erforderlichkeit der Mitwirkungshandlung in Frage gestellt wäre. Zudem hat das BVerfG[104] eine im AsylbLG bislang fehlende gesetzliche Regelung – wie in § 28 Abs. 1 Satz 1 SGB II bzw. § 34 Abs. 1 Satz 1 SGB XII – angemahnt, wonach bei Kindern und Jugendlichen auch Bedarfe für Bildung und Teilhabe am sozialen und kulturellen Leben in der Gemeinschaft als Anspruch gesichert sein müssen. **Sonstigen Leistungen**, die als Auffangtatbestand **im pflichtgemäßem Ermessen** der Behörde stehen, wird der unabweisbar gebotene Bedarf regelmäßig fehlen; im Einzelfall kann aber eine Ermessensreduktion auf Null vorliegen, wenn das Existenzminimum nicht anders zu sichern ist als über die Ermessensleistung.

108 § 6 Abs. 1 Satz 1 AsylbLG stellt mit Blick auf die pauschalierten und abgesenkten Leistungen der §§ 3, 4 AsylbLG eine **Auffang- und Öffnungsklausel** dar. Nach dem Willen des Gesetzgebers soll sie dem Umstand Rechnung tragen, dass den zuständigen Behörden „sonst kaum Spielraum bleibt, besonderem Bedarf im Einzelfall gerecht zu werden".[105] Eine restriktive Handhabung der Vorschrift erscheint wegen der gesetzgeberischen Grundentscheidung, in § 3 AsylbLG und § 2 AsylbLG innerhalb der Leistungsberechtigten nach dem AsylbLG unterschiedliche Leistungssysteme vorzugeben, zwar einerseits insofern geboten, als eine Annäherung an die unmittelbar nach oder entsprechend dem SGB XII (§ 2 AsylbLG) zu erbringenden Leistungen nicht in Betracht kommt. Allerdings ist zu beachten, dass § 6 AsylbLG im Leistungssystem des AsylbLG die wichtige Funktion zukommt, trotz der restriktiven Grundausrichtung des AsylbLG **in jedem Einzelfall das Existenzminimum zu sichern**.[106]

---

[103] Vgl. BVerfG v. 09.02.2010 - 1 BvL 1/09 - u.a. - BVerfG E 125, 175 = BSG SozR 4-4200 § 20 Nr. 12.

[104] Vgl. BVerfG v. 18.07.2012 - 1 BvL 10/10, 1 BvL 2/11 - BVerfGE 132, 134 = BSG SozR 4-3520 § 3 Nr. 2 = NVwZ 2012, 1024 = ZFSH/SGB 2012, 450.

[105] Vgl. BT-Drs. 13/2746.

[106] Vgl. *Fasselt* in: Fichtner/Wenzel, Kommentar zur Grundsicherung, 3. Aufl. 2005, § 6 AsylbLG Rn. 1; *Herbst* in: Mergler/Zink, SGB XII, 4. Lfg., Stand Juli 2005, § 6 AsylbLG Rn. 1; so auch LSG Nordrhein-Westfalen v. 10.03.2008 - L 20 AY 16/07 - juris - SAR 2008, 92-96.

g. Dauer der Leistungseinschränkung

Über welche zeitliche **Dauer** eine **Leistungseinschränkung** auf das unabweisbar Gebotene aufrechterhalten bleibt, hängt zunächst davon ab, wie lange die Voraussetzungen der Missbrauchstatbestände der Nr. 1 oder 2 vorliegen. Ist das missbrauchsrelevante Verhalten abgestellt, lässt sich eine Anspruchseinschränkung nicht mehr rechtfertigen (vgl. Rn. 53); sie ist daher aufzuheben und Grundleistungen gem. § 3 AsylbLG sind wieder zu bewilligen. Aus Gründen der **Verhältnismäßigkeit** sind Anspruchseinschränkungen **zeitlich zu begrenzen** (vgl. dazu Rn. 85). 109

h. Verwaltungsverfahren

Die Anordnung von Leistungseinschränkungen sollte in Form eines **schriftlichen Verwaltungsakts** ergehen. Eine **Anhörung** hat dem vorauszugehen. Dem Leistungsberechtigten ist sein Fehlverhalten klar und deutlich mitzuteilen und es ist eine Frist zu bestimmen, innerhalb derer er sein Fehlverhalten abstellt und er über die Folgen einer unterbliebenen Mitwirkung belehrt wird.[107] **Automatische Kürzungen**, z.B. aufgrund von Datenaustausch mit der Meldebehörde, sind daher unzulässig. 110

V. Rechtstatsachen

Umfangreiches **statistisches Zahlenmaterial** über die Entwicklung und den Umfang der Leistungen nach dem AsylbLG im Zeitraum von 1994-2006, gestaffelt nach Bundesländern und nach verschiedenen Differenzierungsmerkmalen, findet sich in der Antwort der Bundesregierung[108] v. 30.04.2008 auf die Große Anfrage einzelner Bundestagsabgeordneter und der Fraktion DIE LINKE vom 12.11.2007 zur sozialen Existenzsicherung nach dem AsylbLG.[109] 111

C. Praxishinweise

I. Gerichtlicher Rechtsschutz

Seit 01.01.2005 ist die **Sozialgerichtsbarkeit** – anstelle der vormals zuständigen Verwaltungsgerichtsbarkeit – für Rechtsstreitigkeiten nach dem AsylbLG zuständig, vgl. § 51 Abs. 1 Nr. 6a SGG i.d.F. des 7. SGG-Änderungsgesetzes vom 09.12.2004.[110] Gerichtlicher Rechtsschutz ist regelmäßig über den **Erlass einer einstweiligen Anordnung** mit dem Ziel der Gewährung ungekürzter Grundleistungen gem. § 3 AsylbLG zu erreichen. Dies setzt einen Anordnungsanspruch und einen Anordnungsgrund voraus (§ 86 Abs. 2 Satz 4 SGG, § 920 Abs. 3 ZPO). 112

II. Vorläufiger Rechtsschutz

In der **Hauptsache** ist eine **kombinierte Anfechtungs- und Leistungsklage** auf Aufhebung des die Leistungen einschränkenden Bescheides und auf Gewährung von Leistungen gem. § 3 AsylbLG zu verfolgen bzw. auf (nur) tatsächliche Auszahlung in Form der Leistungsklage im Fall der konkludenten Bewilligung der höheren Leistungen. Es reicht daher regelmäßig nicht aus, den Rechtsschutz nur über die reine Anfechtungsklage zu verfolgen, da damit zwar die Anspruchseinschränkung beseitigt werden kann, die Leistungsberechtigten aber ex nunc auf eine Leistungsbewilligung angewiesen sind. 113

Dies stellt sich nur dann anders dar, wenn eine Leistungsbewilligung durch einen Dauerverwaltungsakt erfolgt ist, so dass nach Aufhebung des Kürzungsbescheides die dauerhafte Leistungsbewilligung wieder auflebt. Dies dürfte allerdings in der Praxis eher selten sein, weil Leistungen nach dem AsylbLG **keine rentenähnlichen Dauerleistungen** sind. Im konkreten Einzelfall sind die Bescheide auf ihren Regelungsgehalt hin aus Sicht eines objektiven Empfängers zu interpretieren (vgl. hierzu die Kommentierung zu § 2 AsylbLG Rn. 186). 114

Einstweiliger Rechtsschutz scheitert regelmäßig dann, wenn die Leistungsempfänger es **versäumt** haben, sich gegen die durch Bescheid oder per Realakt getroffene Leistungseinschränkung **gegenüber der Behörde zur Wehr zu setzen**. Haben die Leistungsberechtigten die gekürzten Leistungen hingenommen, so fehlt es schon am erforderlichen Anordnungsgrund für die Bewilligung höherer Leistungen. Dann muss die Leistungseinschränkung – unter Einhaltung der Widerspruchs- bzw. Klagefrist – im Klageverfahren überprüft werden. 115

---

[107] Vgl. SG Hildesheim v. 06.12.2012 - S 42 AY 152/12 ER - juris Rn. 12 m.w.N.
[108] BT Drs. 16/9018.
[109] BT-Drs. 16/7213.
[110] BGBl I 2004, 3302.

116 Einstweiliger Rechtsschutz scheitert auch daran, wenn Leistungen für die Vergangenheit beantragt werden. Im Klageverfahren kann dies allerdings anders zu beurteilen sein. Im AsylbLG gilt der sog. **„Aktualitätsgrundsatz".**[111] Der frühestmögliche Zeitpunkt, ab dem Leistungen im sozialgerichtlichen Verfahren vorläufig zugesprochen werden, ist – zugunsten des Leistungsberechtigten – der Eingang der einstweiligen Anordnung beim Sozialgericht; anders noch die verwaltungsgerichtliche Rspr. die Leistungen erst ab dem Tag der Entscheidung des Gerichts, u.U. erst des Obergerichts für die Zukunft vorläufig zugesprochen haben.

117 Bei einem Bezug von Leistungen gem. § 1a AsylbLG ergibt sich ein **Anordnungsgrund** für eine einstweilige Anordnung auf Erbringung von Leistungen gem. § 3 AsylbLG regelmäßig bereits aus der völligen Einschränkung der wirtschaftlichen Handlungsfreiheit durch die Beschränkung der **Leistungen auf das unabweisbar Notwendige**.

118 Hinsichtlich des **Anordnungsanspruches** kommt es regelmäßig auf die **Erfolgsaussichten** des geltend gemachten Anspruches (hier: Aufhebung der Leistungseinschränkung und Anspruch auf höhere Leistungen) oder bei offenem Ausgang des Hauptsacheverfahrens auf eine **Folgenabwägung** an (zu prüfen ist: wenn die einstweilige Anordnung nicht erginge und der Anspruch in der Hauptsache bestünde bzw. wenn die einstweilige Anordnung erginge und der Anspruch in der Hauptsache nicht bestünde; vgl. die Kommentierung zu § 2 AsylbLG Rn. 186).

D. Reformbestrebungen

119 Mit dem „Entwurf eines Gesetzes zur Aufhebung des Asylbewerberleistungsgesetzes" einzelner Bundestagsabgeordneter und der Fraktion BÜNDNIS 90/DIE GRÜNEN[112] ist der Versuch unternommen worden, das AsylbLG komplett abzuschaffen mit der Begründung, dass das Gesetz zu einem diskriminierenden Ausschluss von Asylsuchenden aus der Sozialhilfe und der Grundsicherung für Arbeitsuchende führt. In der Bundestagssitzung vom 12.11.2008 haben sich die Regierungsparteien gegen die Abschaffung des Gesetzes ausgesprochen, weil sich das seit mehr als 15 Jahren gültige AsylbLG in der Praxis bewährt habe.[113] In der öffentlichen Anhörung von Sachverständigen im Frühjahr 2009 vor dem Deutschen Bundestag haben insb. der Bevollmächtigte des Rates der Evangelischen Kirche in Deutschland,[114] das Kommissariat der deutschen Bischöfe,[115] die Bundesarbeitsgemeinschaft der Freien Wohlfahrtspflege e.V.[116] und der Flüchtlingsrat Berlin e.V.[117] erhebliche Kritik am Fortbestand des AsylbLG vorgetragen.

120 Zum **Stand** der **Umsetzung** des **Urteils** des **BVerfG**[118] hatte die Bundesregierung in Aussicht gestellt[119], dass bis Ende 2012 ein verfassungskonformer Gesetzentwurf vorliegen sollte.

121 Im Entschließungsantrag u.a. der Fraktion Bündnis 90/DIE GRÜNEN zu der dritten Beratung des Gesetzentwurfs der Fraktion Bündnis 90/DIE GRÜNEN Entwurf eines Gesetzes zur Aufhebung des AsylbLG vom 28.11.2012[120] wird die Ansicht vertreten, dass das AsylbLG aufzuheben sei und der Kreis der Leistungsberechtigten nach dem SGB II und SGB XII um die bisher nach dem AsylbLG leistungsberechtigten Personen ergänzt werden sollte.

122 Zum Stand der Neuregelung eines verfassungskonformen Gesetzes existiert bisher nur der Referentenentwurf des Bundesministeriums für Arbeit und Soziales zum Entwurf eines Dritten Gesetzes zur Änderung des AsylbLG, Bearbeitungsstand 04.12.2012.[121]

---

[111] Vgl. BSG v. 29.09.2009 - B 8 SO 16/08 R - juris - info also 2010, 41.
[112] BT-Drs. 16/10837 v. 11.11.2008.
[113] Vgl. Plenarprotokoll 16/186 v. 12.11.2008, S. 19902, 19940 ff.
[114] Vgl. Ausschuss-Drs.16(11)1362 vom 04.05.2009, S. 1 ff.
[115] Vgl. Ausschuss-Drs.16(11)1357 vom 30.04.2009.
[116] Vgl. Ausschuss-Drs.16(11)1346 vom 28.04.2009, S. 11 ff.
[117] Vgl. Ausschuss-Drs.16(11)1338 vom 27.04.2009, S. 11 ff.
[118] BVerfG v. 18.07.2012 - 1 BvL 10/10, 1 BvL 2/11 - BVerfGE 132, 134 = BSG SozR 4-3520 § 3 Nr. 2 = NVwZ 2012, 1024 = ZFSH/SGB 2012, 450.
[119] BT-Drs. 17/10664 v. 12.09.2012.
[120] BT-Drs. 17/1428, BT-Drs. 17/10198.
[121] Abrufbar im Internet unter der o.g. Bezeichnung; vgl. dazu die Stellungnahme der Geschäftsstelle des Deutschen Vereins , NDV 2013, 97.

§ 2 AsylbLG Leistungen in besonderen Fällen

(Fassung vom 19.08.2007, gültig ab 28.08.2007)

(1) Abweichend von den §§ 3 bis 7 ist das Zwölfte Buch Sozialgesetzbuch auf diejenigen Leistungsberechtigten entsprechend anzuwenden, die über eine Dauer von insgesamt 48 Monaten Leistungen nach § 3 erhalten haben und die Dauer des Aufenthalts nicht rechtsmissbräuchlich selbst beeinflusst haben.

(2) Bei der Unterbringung von Leistungsberechtigten nach Absatz 1 in einer Gemeinschaftsunterkunft bestimmt die zuständige Behörde die Form der Leistung auf Grund der örtlichen Umstände.

(3) Minderjährige Kinder, die mit ihren Eltern oder einem Elternteil in einer Haushaltsgemeinschaft leben, erhalten Leistungen nach Absatz 1 nur, wenn mindestens ein Elternteil in der Haushaltsgemeinschaft Leistungen nach Absatz 1 erhält.

Gliederung

A. Basisinformationen 1	e. Regelbeispiele 59
I. Textgeschichte/Gesetzgebungsmaterialien 1	f. Aufgabe der Rechtsprechung des 9b. Senats
1. Inkrafttreten des AsylbLG 1	des BSG vom 08.02.2007 62
2. Die Gesetzesentwicklung von § 2 AsylbLG 4	g. Ausländerrechtliche Mitwirkungshandlungen ... 69
a. Die ursprüngliche Fassung 4	h. Beispiele aus der Rechtsprechung zum Rechts-
b. Das Erste Änderungsgesetz 5	missbrauch 73
c. Das Zuwanderungsgesetz 7	i. Beispiele aus der Rechtsprechung zum fehlen-
d. Das EU-Richtlinien-Umsetzungsgesetz 8	den Rechtsmissbrauch 74
II. Vorgängervorschriften 9	j. Länderbezogene Problematiken 75
III. Systematische Zusammenhänge 10	k. Kausalzusammenhang zur Dauer des
IV. Ausgewählte Literaturhinweise 11	Aufenthalts 87
B. Auslegung der Norm 12	l. Leistungsausschluss auf Dauer? 90
I. Verfassungsrecht 12	m. Ausnahme zum Kausalzusammenhang 93
1. Die höchstrichterliche Rechtsprechung 12	n. Die subjektive Komponente 106
2. Verlängerte Leistungsabsenkung 15	o. Rechtfertigung 110
a. Fehlende Übergangsregelung 15	p. Darlegungs- und Beweislast 112
b. Das menschenwürdige Existenzminimum 16	V. Rechtsfolge von Absatz 1 – Entsprechende
c. Kritik 22	Anwendung des SGB XII 116
II. Regelungsgehalt und Bedeutung der Norm 24	1. Normzweck 116
III. Normzweck 27	2. Keine Gleichstellung 118
IV. Absatz 1 29	3. Dogmatische Einordnung 119
1. Persönlicher Anwendungsbereich 29	4. Die Abweichung 121
2. Die zeitlichen Voraussetzungen 32	5. Besonderheiten des AsylbLG 122
a. Die Vorbezugszeit von 48 Monaten 32	6. Entsprechende Anwendung einzelner
b. Erhalt von Leistungen gem. § 3 AsylbLG 34	Normen 124
c. Zäsur durch Ausreise 36	a. § 1 SGB XII 124
d. Untertauchen 38	b. § 2 SGB XII 125
e. Haftstrafe 39	c. §§ 8-16 SGB XII 126
f. Kirchenasyl 40	d. §§ 17-26 SGB XII 127
g. Keine Anrechnung anderer Leistungen 41	e. §§ 27-40 SGB XII 133
h. Die Vorbezugszeit von 36 Monaten nach § 2	f. §§ 41-46 SGB XII 136
Abs. 1 AsylbLG a.F. 47	g. § 46a SGB XII 137
i. Fehlende Übergangsregelung 48	h. §§ 47-52 SGB XII 138
3. Dauer des Aufenthalts 50	i. §§ 53-60 SGB XII 139
4. Selbstbeeinflussung 51	j. §§ 61-66 SGB XII 140
5. Rechtsmissbräuchlichkeit 52	k. §§ 67-69 SGB XII 141
a. Fehlende Definition im AsylbLG 52	l. §§ 70-74 SGB XII 142
b. EG-Richtlinie 53	m. §§ 75-81 SGB XII 143
c. Gesetzesmaterialien 54	n. §§ 82-96 SGB XII 144
d. Definition des BSG 55	o. §§ 97-101 SGB XII 145

§ 2 AsylbLG

p. §§ 102-115 SGB XII 146
q. § 116-120 SGB XII 147
r. §§ 121-129 SGB XII 153
s. §§ 130-136 SGB XII 154
VI. Absatz 2 155
1. Normzweck 155
2. Historie der Norm 156
3. Tatbestandsmerkmale 158
4. Ermessen 159
VII. Leistungen für minderjährige Kinder
(Absatz 3) 166
1. Normzweck 166
2. Minderjährigkeit 168
3. Haushaltsgemeinschaft mit Eltern ... 169
4. Der Individualanspruch Minderjähriger 172
a. Die Vorbezugszeit Minderjähriger ... 173

b. Kein Rechtsmissbrauch Minderjähriger 174
c. Keine Zurechnung des Rechtsmissbrauches
der Eltern 175
5. Einschränkung 176
a. Einheitlicher Leistungsbezug 176
b. Leistungsausschluss für minderjährige
Kinder 179
c. Leistungsausschluss bis zum 18. Lebensjahr? ... 180
6. Rechtsfolge 182
VIII. Rechtstatsachen 183
C. Praxishinweise 184
I. Individualansprüche 184
II. Gerichtlicher Rechtsschutz 185
III. Vorläufiger Rechtsschutz 186
D. Reformbestrebungen 192

A. Basisinformationen

I. Textgeschichte/Gesetzgebungsmaterialien

1. Inkrafttreten des AsylbLG

1   Das AsylbLG trat am 01.11.1993[1] in Kraft. Das Gesetz entstand im Rahmen der Verhandlungen zum sog. parteiübergreifenden **Asylkompromiss**[2], wonach ein Gesetz zur **Regelung des Mindestunterhalts** für Asylsuchende geschaffen werden sollte. Das AsylbLG ist die leistungsrechtliche Umsetzung dieser politischen Übereinkunft. Der **reale Hintergrund** des Gesetzes lässt sich auf folgende Entwicklung zurückführen: Ein deutlicher **Anstieg von Asylbewerbern** Anfang der 90er Jahre (seinerzeit ca. 450.000 unerledigte Asylanträge), eine oft auf **asylfremden Motiven** beruhende Einreise in die Bundesrepublik (sog. Wirtschaftsflüchtlinge), ein **behördliches Vollzugsdefizit** bei der Umsetzung aufenthaltsbeendender Maßnahmen und eine erhebliche **Belastung der kommunalen Haushalte** mit Sozialausgaben nicht nur für Asylbewerber, sondern insb. auch für vollziehbar ausreisepflichtige Ausländer.

2   In den **Gesetzesmaterialien** kam zum Ausdruck, dass „die einen Asylmissbrauch begünstigende wirtschaftliche Anreizwirkung der bisherigen Regelungen über Sozialhilfe an Ausländer durch **Neustrukturierung und Kürzung der Sozialhilfe** für bestimmte Ausländergruppen zu mindern"[3] beabsichtigt war. Ein **reduzierter Leistungsumfang** sollte für eine **vorübergehende Zeit zumutbar** sein und ein Leben ermöglichen, das durch die Sicherung eines Mindestunterhalts dem Grundsatz der Menschenwürde gerecht werden sollte.[4] In den Gesetzesmaterialien wurde ausgeführt, dass eine **Angleichung der Leistungen** an das übliche Sozialhilferecht **nach spätestens einem Jahr** erfolgen solle, weil bei einem längeren Zeitraum des Aufenthaltes und mangels einer Entscheidung im Asylverfahren noch nicht absehbarer weiterer Dauer nicht mehr auf einen geringeren Bedarf abgestellt werden könne, der bei einem in der Regel nur kurzen, **vorübergehenden Aufenthalt** in der Bundesrepublik Deutschland entsteht. Insbesondere seien nach einem Jahr Bedürfnisse anzuerkennen, die auf eine stärkere **Angleichung an die hiesigen Lebensverhältnisse** und auf eine **bessere soziale Integration** gerichtet seien.[5]

3   Der **primäre Zweck** bei der Einführung des AsylbLG lag im Ergebnis darin, jegliche **Anreize zu vermeiden**, um aus wirtschaftlichen Gründen in die Bundesrepublik zu kommen, und damit zugleich eine **Zuwanderung in die Sozialleistungssysteme** und den **Leistungsmissbrauch** zu verhindern. Diesen Zielen wurde durch eine Absenkung der bisherigen Leistungen (damals auf ca. 20% der Regelsätze nach dem BSHG), der Sachleistungsgewährung bei der Unterbringung in zentralen Anlaufstellen oder

---

[1] BGBl I 1993, 1074.
[2] Vgl. *Haberland*, ZAR 1994, 3 ff., 51 ff. und zur Entstehungsgeschichte insb. BSG v. 13.11.2008 - B 14 AS 24/07 R - juris Rn. 26 f. - BSGE 102, 60-68.
[3] Vgl. BT-Drs. 12/5008, S. 2.
[4] Vgl. BT-Drs. 12/4551, S. 6.
[5] Vgl. BT-Drs. 12/5008, S. 15.

Gemeinschaftsunterkünften und den Vorrang von Sachleistungen bei Unterbringung außerhalb solcher Einrichtungen Rechnung getragen (vgl. im Einzelnen § 3 AsylbLG).

2. Die Gesetzesentwicklung von § 2 AsylbLG

a. Die ursprüngliche Fassung

§ 2 AsylbLG i.d.F. des **Gesetzes vom 30.06.1993**[6] – gültig vom 01.11.1993 bis zum 31.05.1997 – sah daher als **Sonderregelung Leistungen auf Sozialhilfeniveau** vor, wenn während eines **abgesenkten Zeitraums von 12 Monaten** nach Antragstellung über einen Asylantrag noch nicht unanfechtbar entschieden worden war (sog. **Wartezeit**). Personen, die geduldet wurden, weil ihrer freiwilligen Ausreise und ihrer Abschiebung nicht zu vertretende Gründe entgegenstanden, kamen automatisch in den Genuss von Leistungen auf Sozialhilfeniveau.

b. Das Erste Änderungsgesetz

Mit dem **Ersten Gesetz zur Änderung des AsylbLG** vom 26.05.1997[7], das ab 01.06.1997 bis 31.12.2004 galt, wurde in § 2 Abs. 1 AsylbLG die Notwendigkeit einer **Vorbezugszeit** (anstelle der Wartezeit) **von 36 Monaten** eingeführt, innerhalb derer **abgesenkte Leistungen nach § 3 AsylbLG** bezogen sein mussten – frühestens ab dem 01.06.1997 –, um in den Genuss von Leistungen auf Sozialhilfeniveau zu kommen. Als weitere Voraussetzung kam hinzu, dass die Ausreise nicht erfolgen konnte und aufenthaltsbeendende Maßnahmen nicht vollzogen werden konnten, weil humanitäre, rechtliche oder persönliche Gründe oder das öffentliche Interesse entgegenstanden.[8] In § 2 Abs. 2 AsylbLG a.F. wurde der Behörde die Möglichkeit eingeräumt, bei der Unterbringung in Gemeinschaftsunterkünften die **Form der gewährten Leistungen** nach den örtlichen Umständen zu entscheiden. In § 2 Abs. 3 AsylbLG a.F. wurde die Regelung eingeführt, dass in einer Haushaltsgemeinschaft lebenden **minderjährigen Kindern** keine anderen Leistungen als ihren Eltern gezahlt werden sollten. Der **Gesetzentwurf** vom 24.10.1995[9] sah allerdings vor, dass bereits nach zwei Jahren dem Ausländer eine Integration in die deutsche Gesellschaft durch Gewährung öffentlicher Mittel auf dem Niveau der Sozialhilfe ermöglicht werden sollte.[10] Die Absenkung auf einen Zeitraum von 36 Monaten wurde im Vermittlungsausschuss beschlossen.[11]

c. Das Zuwanderungsgesetz

Mit dem **Zuwanderungsgesetz** vom 30.07.2004[12] wurde § 2 Abs. 1 AsylbLG mit Wirkung vom 01.01.2005 bis 27.08.2007 dahin gehend geändert, dass neben der absolvierten Vorbezugszeit von 36 Monaten – nunmehr ohne eine zeitliche Festlegung des Beginns des Fristenlaufes – in Absatz 1 die negative Tatbestandvoraussetzung, der **Einwand der Rechtsmissbräuchlichkeit** eingefügt wurde, dieselbe Formulierung wie sie der aktuellen Fassung entspricht. In den Gesetzesmaterialien[13] wird erwähnt, dass die **Vernichtung des Passes** und die **Angabe einer falschen Identität** die **typischen Anwendungsfälle** der rechtsmissbräuchlichen Beeinflussung der Aufenthaltsdauer sind. Dies entspreche der Intention des Gesetzgebers „zwischen denjenigen Ausländern zu unterscheiden, die unverschuldet nicht ausreisen können und denjenigen, die ihrer Ausreisepflicht rechtsmissbräuchlich nicht nachkommen"[14].

d. Das EU-Richtlinien-Umsetzungsgesetz

Mit dem Gesetz zur Umsetzung aufenthalts- und asylrechtlicher Richtlinien der Europäischen Union (**EU-Richtlinien-Umsetzungsgesetz**) vom 19.08.2007[15] wurde mit Wirkung vom 28.08.2007 die leistungsrechtliche **Vorbezugszeit**, innerhalb derer Leistungen gem. § 3 AsylbLG bezogen sein müssen,

---

[6] BGBl I 1993, 1074.
[7] BGBl I 1997, 1130.
[8] Vgl. zur Auslegung und Entstehungsgeschichte von § 2 Abs. 1 AsylbLG a.F. ausführlich BVerwG v. 03.06.2003 - 5 C 32/02 - juris - Buchholz 436.02 § 2 AsylbLG Nr. 1.
[9] Vgl. BT-Drs. 13/2746.
[10] Vgl. BT-Drs. 13/2746, S. 15.
[11] Vgl. BT-Drs. 13/7510.
[12] BGBl I 2004, 1950.
[13] Vgl. BT-Drs. 14/7987; BT-Drs. 15/420.
[14] Vgl. BT-Drs. 15/420, S. 121.
[15] Art. 6 Abs. 2 Nr. 2 des Gesetzes v. 19.08.2007, BGBl I 2007, 1970.

um in den Genuss von Leistungen auf Sozialhilfeniveau zu kommen, erneut verlängert, um ein weiteres Jahr auf insg. **48 Monate**. Eine Übergangsregelung wurde nicht normiert. In den Gesetzesmaterialien kommt zum Ausdruck, dass diese Verlängerung im Zusammenhang mit der gesetzlichen Altfallregelung in § 104a AufenthG (i.d.F. von 2007)[16] und der Änderung des § 10 der Beschäftigungsverfahrensordnung (BeschVerf) steht, wonach Geduldete einen **gleichrangigen Arbeitsmarktzugang** erhalten, wenn sie sich seit vier Jahren im Bundesgebiet aufhalten. Durch die Änderung im AsylbLG werde demnach eine einheitliche Stufung nach vier Jahren eingeführt. Nach der Einschätzung des Gesetzgebers kann bei einem Voraufenthalt von vier Jahren davon ausgegangen werden, dass bei den Betroffenen eine Aufenthaltsperspektive entsteht, die es gebietet, Bedürfnisse anzuerkennen, die auf eine **bessere soziale Integration** gerichtet sind, was durch Verzicht auf die Vorrangprüfung bei der Aufnahme einer Beschäftigung und die Erhöhung der Leistungen zum Ausdruck kommen soll.[17] Ferner wird in den Gesetzesmaterialien erwähnt, dass mit der Verlängerung des abgesenkten Leistungszeitraumes die Leistungsberechtigten des AsylbLG ermutigt werden sollen, ihren **Lebensunterhalt möglichst durch eigene Arbeit** und nicht durch Leistungen des Sozialsystems zu sichern.[18]

II. Vorgängervorschriften

9 § 120 BSHG enthielt bis zum Inkrafttreten des AsylbLG am 01.11.1993 Regelungen für asylsuchende Ausländer. Insb. enthielt § 120 Abs. 2 BSHG i.d.F. des Gesetzes vom 22.12.1983[19] Leistungsabsenkungen für Asylsuchende.

III. Systematische Zusammenhänge

10 § 2 Abs. 1 AsylbLG steht im systematischen Zusammenhang mit § 1a Nr. 2 AsylbLG. Beide Tatbestände enthalten Missbrauchstatbestände (zu den Unterschieden beider Normen vgl. die Kommentierung zu § 1a AsylbLG Rn. 6).

IV. Ausgewählte Literaturhinweise

11 *Brockmann*, Das Asylbewerberleistungsgesetz und das Grundrecht auf Gewährung eines menschenwürdigen Existenzminimums, SozSich 2010, 310; *Deibel*, Das neue Asylbewerberleistungsrecht, ZAR 1998, 28; *Deibel*, Rechtsmissbrauch bei Leistungen in besonderen Fällen nach § 2 AsylbLG, ZFSH/SGB 2011, 443; *ders.*, Aufenthaltsrechtliche Grundlagen und Probleme bei der Bewilligung von Leistungen nach dem Asylbewerberleistungsgesetz, ZAR 2011, 128; *ders.*, Leistungseinschränkungen im Asylbewerberleistungsrecht, ZFSH/SGB 2013, 241; *ders.*, Die Menschenwürde im Asylbewerberleistungsrecht – Anmerkungen zum Urteil des BVerfG vom 18.07.2012 - 1 BvL 10/10, 1 BvL 2/11 - ZFSH/SGB 2012, 450; *ders.*, Asylbewerberleistungsrecht aktuell – Zwischen Bundesverfassungsgericht und gesetzlicher Neuregelung, Sozialrecht aktuell 2013, 103; *Görisch*, Asylbewerberleistungsrechtliches Existenzminimum und gesetzgeberischer Gestaltungsspielraum, NZS 2011, 646; *Groth*, Neue Leistungen für Bildung und Teilhabe im SGB II, SGB XII und BKGG, jurisPR-SozR 8/2011, Anm. 1; *Hachmann/Hohm*, Änderungen des Asylbewerberleistungsgesetzes durch das Gesetz zur Umsetzung aufenthalts- und asylrechtlicher EU-Richtlinien, NVwZ 2008, 33; *Hohm*, Novellierung des Asylbewerberleistungsgesetzes, NVwZ 1997, 659; *Hohm*, Leistungsrechtliche Privilegierung nach § 2 Abs. 1 AsylbLG F. 2005, NVwZ 2005, 388; *Hohm*, Gleichheitswidrige Anrechnung von Schmerzensgeld auf Leistungen nach dem Asylbewerberleistungsgesetz, NVwZ 2007, 419; *Hohm*, Menschenwürdiges Existenzminimum für Leistungsberechtigte nach dem Asylbewerberleistungsgesetz, ZFSH/SGB 2010, 269; *Horrer*, Das Asylbewerberleistungsgesetz, die Verfassung und das Existenzminimum, Berlin 2001; *Janda/Wilksch*, Das Asylbewerberleistungsgesetz nach dem „Regelsatz-Urteil" des BVerfG, SGb 2010, 565; *Kellmann*, Die neue Rechtsprechung des Bundessozialgerichts zu § 2 AsylbLG, Asylmagazin 10/2008, 4; *Kingreen*, Schätzungen „ins Blaue hinein": Zu den Auswirkungen des Hartz IV-Urteils des Bundesverfassungsgerichts auf das Asylbewerberleistungsgesetz, NVwZ 2010, 558; *Lehnert/Pelzer*, Diskriminierendes Sondergesetz: Warum das Asylbewerberleistungsgesetz verfassungswidrig ist, KJ 2010, 450; *Janda*, Quo vadis, AsylbLG? Möglichkeiten der Neugestaltung der existenzsichernden Leistungen für Personen mit vorübergehendem

---

[16] Vgl. zur Historie der Norm OVG Niedersachsen v. 8.7.2010 - 2 LA 278/09 - juris Rn. 10 - DVBl 2010, 1060 = DÖV 2010, 827, jeweils nur Leitsatz.
[17] Vgl. BT-Drs. 16/5065, S. 232.
[18] Vgl. BT-Drs. 16/5065, S. 155.
[19] BGBl I 1983, 1532.

Aufenthalt nach dem Urteil des BVerfG, ZAR 2013, 175; *Kempny/Krüger*, Menschenwürde jenseits des Abwehrrechts, SGb 2013, 384; *Mangold/Pattar*, Ausschluss von Leistungen für arbeitsuchende Ausländer: Notwendigkeit einer europa-, völker- und grundrechtskonformen Auslegung des § 7 Abs. 1 S. 2 SGB II, VSSR 2008, 243; *Müller-Serten*, Einsparpotentiale bei den sozialen Leistungen für Asylbewerber? Eine Analyse des deutschen Asylbewerberleistungsgesetzes, InfAuslR 2007, 167; *Öndül*, Verfassungswidrigkeit des Asylbewerberleistungsgesetzes und Rechtsfolgen bis zur Neuregelung durch den Gesetzgeber, jurisPR-SozR 17/2012, Anm. 1; *Riecken*, Die Duldung als Verfassungsproblem, Berlin 2006; *Rothkegel*, Ein Danaergeschenk für den Gesetzgeber, Zum Urteil des Bundesverfassungsgerichts vom 9. Februar 2010 - 1 BvL 1, 3,4/09, ZFSH/SGB 2010, 135; *Rothkegel*, Konsequenzen des „Hartz IV"-Urteils des Bundesverfassungsgerichts für die verfassungsrechtliche Beurteilung der Leistungen nach dem Asylbewerberleistungsgesetz, ZAR 2010, 373; *Rothkegel*, Das Gericht wird's richten – das AsylbLG-Urteil des Bundesverfassungsgerichts und seine Ausstrahlungswirkungen, ZAR 2012, 357; *Thym*, Humanitäres Bleiberecht zum Schutz des Privatlebens, InfAuslR 2007, 133; *Tiedemann*, Anmerkung zu BVerfG v. 18.07.2012 - 1 BvL 10/10, 1 BvL 2/11 - NVwZ 2012, 1031; *von Pollern*, Die Entwicklung der Asylbewerberzahlen in den Jahren 2007 und 2008, ZAR 2009, 93; Stellungnahme der Geschäftsstelle des Deutschen Vereins zum Referentenentwurf eines Dritten Gesetzes zur Änderung des Asylbewerberleistungsgesetzes, NDV 2013, 97; *Wahrendorf*, Nachträgliche Gewährung von Analogleistungen gemäß § 2 AsylbLG i.V. mit § 44 SGB X, ZFSH/SGB 2011, 260; *Wahrendorf*, Leistungseinschränkungen nach dem AsylbLG, Anmerkung zu LSG München 8. Senat, Beschluss vom 24.01.2013, L 8 AY 2/12 B ER, jurisPR-SozR 15/2013, Anm. 2; *Wenner*, Bundesverfassungsgericht hält Sätze nach dem Asylbewerberleistungsgesetz für zu niedrig, SozSich 2012, 277-278.

B. Auslegung der Norm

I. Verfassungsrecht

1. Die höchstrichterliche Rechtsprechung

Die höchstrichterliche **Rechtsprechung** hat schon mehrmals zur **Verfassungskonformität** des AsylbLG entschieden und ist im Ergebnis kritischen Stimmen in der Literatur[20] entgegengetreten. Bis auf die **verfassungswidrige** Anrechnung des **Schmerzensgeldes** (§ 253 Abs. 2 BGB) als Einkommen bzw. Vermögen bei der Feststellung der Bedürftigkeit der Leistungsberechtigten nach § 7 Abs. 1 Satz 1 AsylbLG[21] sind die Regelungen des AsylbLG von der höchstrichterlichen Rechtsprechung als **verfassungsgemäß** (**Art. 1 Abs. 1 GG** i.V.m. mit dem **Sozialstaatsprinzip** des **Art. 20 Abs. 1 GG** und **Art. 3 Abs. 1 GG**) erachtet worden. In der Literatur war schon die Verlängerung der **Leistungsabsenkung** von ursprünglich einem Jahr **auf 36 Monate** durch das Erste Änderungsgesetz (vgl. Rn. 5) als verfassungsrechtlich bedenklich kritisiert worden unter dem Gesichtspunkt der aus Art. 3 Abs. 1 GG abgeleiteten Systemgerechtigkeit und der Notwendigkeit des Erlasses einer Übergangsregelung.[22] Die jetzt erneut ohne Erlass einer **Übergangsregelung** erfolgte Verlängerung der Vorbezugszeit **auf 48 Monate** durch das EU-Richtlinien-Umsetzungsgesetz (vgl. Rn. 8) ist vom BSG ebenfalls für verfassungsrechtlich unbedenklich erachtet worden.[23]

12

Zentraler Punkt dieser Rechtsprechung ist der dem Gesetzgeber bei der Gewährung von **steuerfinanzierten Fürsorgeleistungen** zustehende **weite Gestaltungsspielraum**, der im Willkürverbot seine Grenze findet. Das BVerfG hat zum AsylbLG entschieden, dass der Gesetzgeber für Asylbewerber ein **eigenes Konzept zur Sicherung des Lebensbedarfs** entwickeln durfte. Dabei durfte er auch Art und den Umfang der Sozialleistungen grundsätzlich von der **voraussichtlichen Dauer des Aufenthaltes** abhängig machen.[24] Es sollten weder Anreize für eine **Zuwanderung in die Sozialleistungssysteme** geschaffen werden, noch für abgelehnte Asylbewerber leistungsrechtliche Anreize für einen weiteren **Verbleib in der Bundesrepublik** gesetzt werden.[25] Mit dieser Argumentation ist auch der **Ausschluss**

13

---

[20] Z.B. *Horrer*, Das Asylbewerberleistungsgesetz, die Verfassung und das Existenzminimum, Berlin 2001; *Hohm* in: GK-AsylbLG, § 2 Rn. 22 ff., Stand Februar 2006; *Hohm*, NVwZ 1997, 659, 661.
[21] Vgl. BVerfG v. 11.07.2006 - 1 BvR 293/05 - BVerfGE 116, 229.
[22] Vgl. *Hohm*, NVwZ 1997, 659, 661.
[23] Vgl. BSG v. 17.06.2008 - B 8/9b AY 1/07 R - BSGE 101, 49-70.
[24] Vgl. BVerfG v. 11.07.2006 - 1 BvR 293/05 - BVerfGE 116, 229, 232.
[25] Vgl. auch BT-Drs. 12/4451, S. 5.

von **Leistungsberechtigten** nach § 1 Abs. 1 Nr. 3 AsylbLG, die im Besitz einer Aufenthaltserlaubnis gem. § 25 Abs. 5 AufenthG sind, vom **Leistungssystem des SGB II** (Hartz IV) für verfassungsgemäß erachtet worden.[26] Das BVerwG hatte die Verfassungsgemäßheit des Ausschlusses der Leistungsberechtigten nach dem AsylbLG vom **Leistungssystem der Sozialhilfe** (vormals BSHG, jetzt SGB XII) mit dem **unsicheren Aufenthaltsstatus** (§ 1 Abs. 1 AsylbLG) und dem **fehlenden sozialen Integrationsbedarf** der Leistungsberechtigten als ein sachgerechtes, gruppenbezogenes Differenzierungskriterium begründet. Allein der Umstand, dass die Grundleistungen gem. § 3 AsylbLG geringer als Sozialhilfeleistungen ausfielen, rechtfertige nicht die Annahme, der Gesetzgeber gewährleiste nicht die **verfassungsrechtlich gebotene Mindesthilfe**.[27]

14 Das **BVerfG** hat am 18.07.2012 entschieden, dass die **Höhe** der **Geldleistungen** nach **§ 3 AsylbLG evident unzureichend** ist.[28] Die Regelungen von § 3 Abs. 2 Satz 2 Nr. 1 und 2 AsylbLG; § 3 Abs. 2 Satz 3 AsylbLG i.V.m. § 3 Abs. 1 Satz 4 Nr. 1 bzw. 2 AsylbLG verstoßen gegen Art. 1 Abs. 1 GG i.V.m. Art. 20 Abs. 1 GG und sind **verfassungswidrig**, weil die Leistungshöhe seit 1993 trotz erheblicher Preissteigerungen nicht angepasst worden ist und ein **menschenwürdiges Existenzminimum** damit nicht gewährleistet wird (vgl. die Kommentierung zu § 3 AsylbLG Rn. 29 ff.). Es hat den Gesetzgeber verpflichtet, unverzüglich für den Anwendungsbereich des AsylbLG eine **Neuregelung** zur Sicherung des menschenwürdigen Existenzminimums zu schaffen und hat bis dahin selbst eine **Übergangsregelung** angeordnet. Für die Zeit ab Januar 2011 ist die Höhe der Geldbeträge des § 3 AsylbLG bis zum Inkrafttreten einer gesetzlichen Neuregelung entsprechend dem Regelbedarfs-Ermittlungsgesetz zu bestimmen. Für Leistungszeiträume bis zum 31.12.2010 sind die bisherigen Vorschriften anzuwenden (vgl. die Kommentierung zu § 3 AsylbLG Rn. 105 ff.).

2. Verlängerte Leistungsabsenkung

a. Fehlende Übergangsregelung

15 Durch die mit dem EU-Richtlinien-Umsetzungsgesetz (vgl. Rn. 8) **ohne Übergangsregelung** mit Wirkung vom 28.08.2007 in Kraft getretene, auf 48 Monate verlängerte **Vorbezugszeit**, innerhalb derer Leistungen gem. § 3 AsylbLG bezogen worden sein müssen, um in den Genuss von Leistungen auf Sozialhilfeniveau zu kommen, ist erneut die Frage aufgeworfen worden, ob der **vierjährige Bezug** von abgesenkten Leistungen unterhalb des Sozialhilfeniveaus **noch verfassungsgemäß** ist. Mit Rücksicht auf diese Problematik hatten verschiedene Obergerichte – zumindest im vorläufigen Rechtsschutz – Anrechnungen eines Bezugs von Leistungen gem. § 2 AsylbLG auf die neue Vorbezugszeit vorgenommen (vgl. Rn. 42), mit dem Ziel die faktische „Rückstufung" um ein weiteres Jahr (12 Monate) für solche Leistungsberechtigte zu vermeiden, die oftmals schon langjährig im privilegierten Leistungsbezug nach einem bereits absolvierten, abgesenkten Leistungsbezug von 36 Monaten standen. Solchen Überlegungen hat das BSG eine Absage erteilt.[29] Das BSG ist im Ergebnis der Rechtsprechung des BVerwG[30] gefolgt, wonach es um **steuerfinanzierte Fürsorgeleistungen** geht, für deren Gewährung dem Gesetzgeber ein **weiter** – lediglich durch das Willkürverbot begrenzter – **Gestaltungsspielraum** eingeräumt wird. Da es sich bei den Leistungen des AsylbLG – ungeachtet des oft jahre- oder sogar jahrzehntelangen Bezugs – dem Grunde nach **nicht** um **Dauerleistungen** handelt, sondern um Leistungen zur Behebung einer akuten Notlage, stehen nach Ansicht des BSG[31] schützenswerte Interessen der Leistungsberechtigten auch unter Gesichtspunkten einer **unechten Rückwirkung** der Vorschrift des § 2 Abs. 1 AsylbLG nicht entgegen. Jedenfalls sollten **fiskalische Gesichtspunkte** und der **Anreiz**, eine **Erwerbstätigkeit** aufzunehmen, die neue, auf vier Jahre verlängerte Vorbezugszeit rechtfertigen.

---

[26] Vgl. BSG v. 13.11.2008 - B 14 AS 24/07 R - juris Rn. 25, 31 - BSGE 102, 60-68 und BSG v. 16.12.2008 - B 4 AS 40/07 R - juris Rn. 25 - SGb 2009, 358.

[27] Vgl. BVerwG v. 29.09.1998 - 5 B 82/97 - juris - AuAS 1999, 23-24.

[28] Vgl. BVerfG v. 18.07.2012 - 1 BvL 10/10, 1 BvL 2/11 - BVerfGE 132, 134 = BSG SozR 4-3520 § 3 Nr. 2 = NVwZ 2012, 1024 = ZFSH/SGB 2012, 450.

[29] Vgl. BSG v. 17.06.2008 - B 8/9b AY 1/07 R - BSGE 101, 49-70.

[30] BVerwG v. 29.09.1998 - 5 B 82/97 - AuAS 1999, 23-24.

[31] Vgl. BSG v. 17.06.2008 - B 8/9b AY 1/07 R - BSGE 101, 49-70.

b. Das menschenwürdige Existenzminimum

Unter **verfassungsrechtlichen Gesichtspunkten** ist somit weiterhin offen, ab welchem Zeitraum dem Gesetzgeber die Gewährung von Leistungen unterhalb des Sozialhilfeniveaus (zunächst ein, dann drei, jetzt vier Jahre) mit Rücksicht auf das Grundrecht auf Gewährleistung eines **menschenwürdigen Existenzminimums** gem. Art. 1 Abs. 1 GG i.V.m. dem Sozialstaatsprinzip aus Art. 20 Abs. 1 GG verwehrt ist. Schon bei Verlängerung der Vorbezugszeit auf 36 Monate waren Zweifel aufgekommen.[32] Die höchstrichterliche Rechtsprechung hat dagegen eingewandt, dass die Leistungsberechtigten **keinen Vertrauensschutz** genießen, da sie sich in einer aktuellen Notlage befänden und lediglich Leistungen ohne Versorgungscharakter bezögen. Die nachträgliche Entwertung einer Rechtsposition sei daher nicht zu befürchten.[33] Das BSG hat dem noch hinzugefügt, dass eine **am ungesicherten Aufenthaltsstatus** ausgerichtete erneute Absenkung der Leistungen alle Leistungsberechtigten gleichermaßen betreffe. Der Gesetzgeber sei zu einer **jederzeitigen Abänderbarkeit der (Fürsorge-)Leistungen** nach dem AsylbLG berechtigt, insb. wenn wie bei der aktuellen Gesetzesänderung neben **rein fiskalischen Interessen** auch der beabsichtigte **Anreiz**, einer **Beschäftigung** nachzugehen, gesetzt worden sei.[34] Neue Impulse sind dann von der Entscheidung des **BVerfG**[35] ausgegangen, wonach der Gesetzgeber den **existentiell notwendigen Lebensbedarf** in einem transparenten und sachgerechten Verfahren **realitätsgerecht** und nachvollziehbar auf der Grundlage verlässlicher Zahlen und schlüssiger Berechnungsverfahren zu bemessen hat (vgl. hierzu auch Rn. 180). Der Gesetzgeber ist insofern in der Begründungspflicht, ob und aus welchem Grund die Leistungsabsenkung auf vier Jahre noch die notwendigen existenziellen Bedarfe deckt.

Die Entscheidung des BVerfG zur **Verfassungswidrigkeit** der **Regelbedarfe für Kinder** nach dem **SGB II** (vgl. auch die Kommentierung zu § 3 AsylbLG Rn. 50 f.)[36] hatte viele Stimmen in der Literatur bewogen, die Übertragbarkeit der Ausführungen des BVerfG auf das Leistungssystem des AsylbLG zu diskutieren und die Verfassungswidrigkeit der Höhe der Regelsätze nach dem AsylbLG mangels nicht mehr auskömmlichen Existenzminimums entsprechend anzunehmen. Der zunehmenden Kritik folgend hatte das LSG Nordrhein-Westfalen[37] dem **BVerfG** die Rechtsfrage zur Entscheidung vorgelegt, ob **Grundleistungen** gem. § 3 Abs. 2 Satz 2 Nr. 1 AsylbLG sowie § 3 Abs. 2 Satz 3 i.V.m. Abs. 1 Satz 4 Nr. 2 AsylbLG mit dem Grundgesetz vereinbar sind (vgl. die Kommentierung zu § 3 AsylbLG Rn. 50 ff.). Verfassungsrechtliche Zweifel an der vierjährigen Absenkung der Leistungen unterhalb des Sozialhilfeniveaus gem. **§ 2 AsylbLG** hatte es hingegen nicht geäußert.[38]

Nach der Entscheidung des BVerfG v. 09.02.2010[39] war die Rechtsfrage weiterhin ungeklärt[40], wann der **Zeitraum überschritten** ist, ab dem das **Leistungsniveau** von § 3 AsylbLG nicht mehr mit dem **Grundrecht auf Gewährung eines menschenwürdigen Existenzminimums** vereinbar ist. Bei der Gesetzesverschärfung von 36 auf 48 Monate an Vorleistungsbezug gem. § 3 AsylbLG hatte sich der Gesetzgeber laut Gesetzesmaterialien (vgl. Rn. 8) von Fragen des gleichrangigen Arbeitsmarktzugangs und der Anreizwirkung, den Lebensunterhalt durch eigene Arbeit zu bestreiten, leiten lassen – neben offensichtlichen fiskalischen Interessen. Der hier aufgeworfenen Frage, welche existenziellen sozialen Bedürfnisse die nicht in einem sicheren Aufenthaltsstatus lebenden Menschen in dieser Gesellschaft haben und wie sich Bedarfe – gemessen an der tatsächlichen, fortschreitenden Aufenthaltsdauer – verändern, insbesondere wenn Kinder vorhanden sind bzw. in Deutschland geboren werden, hatte der Gesetzgeber keine nachvollziehbare Aufmerksamkeit geschenkt. Aber nur solche Betrachtungen, mit denen sich u.a. die empirische Migrationsforschung beschäftigt, können die aufgeworfene Frage verlässlich beantworten. Solange das AsylbLG primär als Annex des Ausländerrechts fungierte, das keine Fragen des Sozialleistungsrechts löst, sondern soziale Bedarfe allenfalls mittelbar und abstrakt über das Aufenthaltsrecht (mit)beantwortet, verwunderte es nicht, wenn „Schätzungen ins Blaue hinein"[41] ein

---

[32] Vgl. *Horrer*, Das Asylbewerberleistungsgesetz, die Verfassung und das Existenzminimum, Berlin 2001, S. 179 ff., 208.
[33] OVG Lüneburg v. 21.06.2000 -12 L 3349/99 - juris Rn. 25; nachgehend BVerwG v. 28.09.2001 - 5 B 94/00 - FEVS 53, 111-112.
[34] Vgl. BSG v. 17.06.2008 - B 8/9b AY 1/07 R - juris Rn. 29 ff. - BSGE 101, 49-70.
[35] Vgl. BVerfG v. 09.02.2010 - 1 BvL 1/09 u.a. - BVerfGE 125, 175 = BSG SozR 4-4200 § 20 Nr. 12.
[36] Vgl. BVerfG v. 09.02.2010 - 1 BvL 1/09 u.a. - BVerfGE 125, 175 = BSG SozR 4-4200 § 20 Nr. 12.
[37] Vgl. den Vorlagebeschluss v. 26.07.2010 - L 20 AY 13/09 - juris.
[38] Vgl. LSG Nordrhein-Westfalen v. 26.07.2010 - L 20 AY 13/09 - juris Rn. 68.
[39] Vgl. BVerfG v. 09.02.2010 - 1 BvL 1/09 u.a. - BVerfGE 125, 175 = BSG SozR 4-4200 § 20 Nr. 12.
[40] Vgl. aber BSG v. 17.06.2008 - B 8/9b AY 1/07 R - BSGE 101, 49.
[41] So *Kingreen*, NVwZ 2010, 558.

Bedürfnis nach besserer sozialer Integration erst nach einer Aufenthaltsdauer von 4 Jahren ergaben. Ein weiterer Schwachpunkt liegt in der Heterogenität des Personenkreises, den das AsylbLG in § 1 Abs. 1 erfasst. Obwohl es sich um verschiedene Personengruppen handelt, erfasst diese Norm – neben den klassischen Asylbewerbern – z.B. gleichermaßen auch Ausländer, die im Besitz einer Aufenthaltserlaubnis sind (u.a. wegen des Krieges in ihrem Heimatland). Letztere Gruppe erhält z.B. schon nach dreijährigem erlaubtem Aufenthalt in Deutschland Eltern- bzw. Kindergeld, während sie Leistungen auf Sozialhilfeniveau erst nach vier Jahren erhält. Hier wurde ein einheitliches, plausibles sozialrechtliches Konzept angemahnt.[42]

19 Anknüpfend an seine Entscheidung vom 09.02.2010 zur Unvereinbarkeit der Regelleistungen nach dem SGB II[43] hat das **BVerfG** in seiner weiteren Entscheidung vom 18.07.2012[44] die oben aufgezeigten **Schwachpunkte des AsylbLG** (mangelnde empirische Kenntnisse über tatsächliche Bedarfe in Bezug zur tatsächlichen Aufenthaltsdauer; Heterogenität des Personenkreises der Leistungsberechtigten) aufgegriffen. Zwar hat es in dieser Entscheidung allein die **Höhe der Geldleistungen** nach § 3 AsylbLG als **verfassungswidrig** beanstandet (vgl. Rn. 14 und die Kommentierung zu § 3 AsylbLG Rn. 29 ff.; zur Vorlagefrage vgl. Rn. 17). Im Urteil des **BVerfG v. 18.07.2012**[45] findet sich jedoch eine interessante Passage, die den Rückschluss auf die **Verfassungswidrigkeit** der verlängerten Leistungsabsenkung (auf eine **Vorbezugsdauer von 4 Jahren**) nach § 2 Abs. 1 AsylbLG erlaubt. Dies ergibt sich aus den Ausführungen, wonach "**jedenfalls für die in § 2 Abs. 1 AsylbLG vorgesehene „Dauer von mittlerweile vier Jahren des Leistungsbezugs und folglich auch einem eventuell längerem Aufenthalt es nicht mehr gerechtfertigt ist, von einem kurzen Aufenthalt mit möglicherweise spezifisch niedrigerem Bedarf auszugehen**". Hieraus ergibt sich sehr deutlich, dass eine **pauschale Leistungsabsenkung von** (mehr als) **vier Jahren** für alle Leistungsberechtigten nach dem AsylbLG bei nicht rechtsmissbräuchlichem Verhalten **nicht mehr verfassungsgemäß** ist. Ob eine Leistungsabsenkung – und vor allem für welchen Zeitraum – nach Einreise in das Bundesgebiet rechtens ist, wird sich erst dann beantworten lassen, wenn nähere, **realitätsgerechte Erkenntnisse** über die **tatsächlichen Bedarfe** von Leistungsberechtigten nach dem AsylbLG – unter Differenzierung des nicht homogenen Personenkreises i.S.v. § 1 AsylbLG – vorliegen.

20 Bemerkenswert ist der **empirische Ansatz**, mit dem das **BVerfG** zu der oben zitierten Feststellung gelangt. Es geht davon aus, dass es bislang **keine** verlässliche, **realitätsgerechte Grundlage** für die dem **Regelungskonzept des AsylbLG** zugrunde liegende **Annahme** gibt, dass **eine kurze Aufenthaltsdauer** die **begrenzte Leistungshöhe** rechtfertigt. Gerade diese Annahme hatte den Gesetzgeber aber seinerzeit dazu bewogen, ein reduziertes Leistungsniveau im AsylbLG im Vergleich zur Sozialhilfe einzuführen (vgl. Rn. 2). Bei den nachfolgenden Gesetzesänderungen von § 2 Abs. 1 AsylbLG standen immer wieder Überlegungen im Vordergrund, ab welcher Aufenthaltsdauer (anfangs nach einem Jahr, zuletzt nach einer Vorbezugs- und nicht mehr Wartezeit von vier Jahren, wodurch auch eine noch längere Aufenthaltsdauer erforderlich sein konnte) Bedürfnisse einer besseren sozialen Integration – durch Angleichung der Leistungen auf das Niveau der Sozialhilfe – anzuerkennen waren (vgl. Rn. 32, Rn. 33). Das BVerfG macht in seiner Entscheidung v. 18.07.2012 sehr deutlich, dass auch eine **kurze Aufenthaltsdauer oder Aufenthaltsperspektive in Deutschland es nicht rechtfertigt**, den Anspruch auf Gewährung des menschenwürdigen Existenzminimums auf die **Sicherung der physischen Existenz** zu beschränken. Art. 1 i.V.m. Art. 20 Abs. 1 GG verlangt vielmehr, dass das Existenzminimum in jedem Fall und zu jeder Zeit sichergestellt sein muss. Daher muss die Pflicht zur Gewährung des menschenwürdigen Existenzminimums, das auch das **soziokulturelle Existenzminimum** umfasst, ab Beginn des Aufenthalts im Bundesgebiet realisiert werden.[46] Wenn der Gesetzgeber den kurzfristigen Aufenthalt als Grund für einen Minderbedarf darstellt, dann muss dieser auch leistungsrechtlich nachvollziehbar festgestellt und bemessen werden. Genauso gut ist es aber auch möglich, dass sich aus

---

[42] So *Hohm*, ZFSH/SGB 2010, 269, 275.

[43] Vgl. BVerfG v. 09.02.2010 - 1 BvL 1/09 u.a. - BVerfGE 125, 175 = BSG SozR 4-4200 § 20 Nr. 12.

[44] Vgl. BVerfG v. 18.07.2012 - 1 BvL 10/10, 1 BvL 2/11 - BVerfGE 132, 134 = BSG SozR 4-3520 § 3 Nr. 2 = NVwZ 2012, 1024 = ZFSH/SGB 2012, 450.

[45] Vgl. BVerfG v. 18.07.2012 - 1 BvL 10/10, 1 BvL 2/11 - BVerfGE 132, 134 = BSG SozR 4-3520 § 3 Nr. 2 = NVwZ 2012, 1024 = ZFSH/SGB 2012, 450 - juris Rn. 93.

[46] Vgl. BVerfG v. 18.07.2012 - 1 BvL 10/10, 1 BvL 2/11 - BVerfGE 132, 134 = BSG SozR 4-3520 § 3 Nr. 2 = NVwZ 2012, 1024 = ZFSH/SGB 2012, 450 - juris Rn. 74.

Vom Anwendungsbereich des § 2 Abs. 1 AsylbLG sind auch solche Ausländer mit dem o.g. ungesicherten Aufenthaltsstatus erfasst, die ihren gesicherten Aufenthaltsstatus nach einem zuvor rechtmäßigen Aufenthaltsstatus verlieren (z.B. beim Widerruf des Asyls) und dadurch erstmals ausreisepflichtig werden.[52] Es kommt lediglich auf den Aufenthaltsstatus i.S.v. § 1 Abs. 1 AsylbLG an.

Der Gesetzgeber hat die Leistungsansprüche im AsylbLG als **individuelle Ansprüche** normiert und von Voraussetzungen abhängig gemacht, die jedes Familienmitglied selbst erfüllen muss (**keine Bedarfsgemeinschaft**).[53]

2. Die zeitlichen Voraussetzungen

a. Die Vorbezugszeit von 48 Monaten

Die zeitlichen Voraussetzung des Bezugs von Leistungen gem. § 3 AsylbLG über einen Zeitraum von 48 Monaten ist eine **Vorbezugszeit**. Das BSG ist unter Berücksichtigung der Auslegung der Historie von § 2 Abs. 1 AsylbLG zu dem Ergebnis gekommen, dass § 2 Abs. 1 AsylbLG seit der Fassung vom 26.05.1997[54] eine Vorbezugszeit enthält; im Unterschied zu der bis dahin gültigen Fassung von 1993, die noch eine reine Wartezeit von einem Jahr enthielt.[55] Leistungen gem. § 3 AsylbLG muss der Leistungsberechtigte daher tatsächlich erhalten haben.

Es handelt sich also **nicht** um eine sog. **Wartefrist**, die schon nach Ablauf eines tatsächlichen Aufenthalts in der Bundesrepublik nach Ablauf des Zeitraumes von 48 Monaten (ohne den Erhalt von Sozialleistungen) erfüllt wäre.[56]

b. Erhalt von Leistungen gem. § 3 AsylbLG

aa. Ausschließlich Leistungen gem. § 3 AsylbLG

Lediglich und **ausschließlich** durch den **Bezug von Leistungen gem. § 3 AsylbLG** kann die Vorbezugszeit erfüllt werden; es sind keine anderen Sozialleistungen auf die Vorbezugszeit anzurechnen (vgl. Rn. 42), auch **nicht** der **Bezug von Leistungen gem. § 2 AsylbLG**, weil eine solche erweiternde Auslegung dem eindeutigen Gesetzeswortlaut und dem Gesetzeszweck entgegensteht.[57]

bb. Berechnung

Zeiträume des Bezugs von Grundleistungen gem. § 3 AsylbLG dürfen **addiert** werden, bis die Vorbezugszeit 48 (vormals 36) Monaten erfüllt ist.[58] Dabei kommt die gesamte Aufenthaltsdauer in der Bundesrepublik in Betracht. Zeiten einer Erwerbstätigkeit oder Zeiten eines anderen Sozialleistungsbezugs sind dabei nicht mitzuzählen, im Übrigen sind solche leistungsrechtlichen **Unterbrechungen** unschädlich. Es kommt lediglich darauf an, dass der Leistungszeitraum von 48 Monaten **während des Aufenthalts im Bundesgebiet** (vgl. § 1 AsylbLG) insgesamt erfüllt ist.

c. Zäsur durch Ausreise

Haben die Leistungsberechtigten allerdings die **Bundesrepublik verlassen**, so fängt die Frist von 48 Monaten ab der Wiedereinreise neu zu laufen an, da durch die Ausreise eine nachhaltige **Zäsur** eingetreten ist und ein **neuer Leistungsfall** vorliegt. Nach verwaltungsgerichtlicher Rechtsprechung

---

[52] Vgl. OVG Bremen v. 19.05.2008 - S3 B 168/08; S3 S 169/08.
[53] Vgl. dazu BSG v. 21.12.2009 - B 14 AS 66/08 R - juris Rn. 19 - SGb 2010, 85-86; BSG v. 24.03.2009 - B 8 AY 10/07 R - juris - BSGE 103, 28-34.
[54] BGBl I 1997, 1130.
[55] Vgl. BSG v. 17.06.2008 - B 8/9b AY 1/07 R - juris Rn. 20 und 21 - BSGE 101, 49-70.
[56] Vgl. LSG Niedersachsen-Bremen v. 09.05.2007 – L 11 AY 58/06 ER und LSG Niedersachsen-Bremen v. 27.03.2007 - L 11 B 17/07 AY; anders hingegen LSG Nordrhein-Westfalen v. 06.08.2007 - L 20 B 50/07 AY ER und LSG Nordrhein-Westfalen v. 26.04.2007 - L 20 B 4/07 AY ER; ebenso *Wahrendorf* in: Grube/Wahrendorf, SGB XII, 4. Aufl. 2012, § 2 AsylbLG Rn. 6, 9; zum Streitstand vgl. auch *Hachmann/Hohm*, NVwZ 2008, 33, 35 m.w.N.
[57] Vgl. BSG v. 17.06.2008 - B 8/9b AY 1/07 R - juris Rn. 19 ff. - BSGE 101, 49-70; ebenso LSG Baden-Württemberg v. 28.06.2007 - L 7 AY 2806/06, OVG Bremen v. 12.10.2007 - S 5 V 2457/07.
[58] Zur Berechnung dieses Zeitraumes nach Tagen im Fall der Unterbrechung vgl. BSG v. 24.03.2009 - B 8 AY 10/07 - BSGE 103, 28-34.

sollte ein neuer Leistungsfall vorliegen, wenn für einen Zeitraum von **mehr als sechs Monaten** der Ausländer die Bundesrepublik verlassen hatte.[59] Denn insoweit kommt die Integrationskomponente, auf die auch die Begründung zum Entwurf der Vorschrift abhebt,[60] nicht mehr zum Tragen.

37 Das BSG hat sich dieser Rechtsprechung nicht angeschlossen und ist bereits bei einer **Ausreise** aus dem Bundesgebiet für nur **wenige Tage** (Asyl-Antragstellung in Frankreich) von einem **neuen Leistungsfall** ausgegangen, mit der Folge, dass die Vorbezugszeit neu zu laufen beginnt, selbst dann, wenn vorher schon Leistungen gem. § 2 AsylbLG bezogen worden sind.[61] Entscheidendes Kriterium war, dass die an den Aufenthaltsstatus (§ 1 Abs. 1 AsylbLG) Duldung anknüpfende **Leistungsberechtigung durch die Ausreise** entfallen war. Im Ergebnis ist die Wiedereinreise damit einer Ersteinreise gleichgestellt worden. Ob dies aber für alle Fälle der kurzzeitigen Ausreise in das Ausland (z.B. zur Beschaffung von behördlich verlangten Heimreisepapieren, Teilnahme an Klassenfahrten etc.) gilt, ist zweifelhaft angesichts der äußerst strengen Sanktion des erneuten Fristenlaufs der Vorbezugszeit. Eine Zäsur des Aufenthalts in der Bundesrepublik dürfte jedenfalls in solchen Fällen nicht vorliegen. Dies ist auch nicht angenommen worden im Fall eines ca. 2- bis 3-wöchigen Besuchs im Irak, weil nahe Angehörige dort schwer erkrankt bzw. verstorben sind.[62]

d. Untertauchen

38 Beim „**Untertauchen**" der Leistungsberechtigten liegt eine Zäsur mit der Folge des Neubeginns des Leistungsfalls nur dann vor, wenn sich herausstellt, dass die Leistungsberechtigten während des Untertauchens das Bundesgebiet überhaupt verlassen haben.

e. Haftstrafe

39 Es gibt keinen überzeugenden Grund, eine nachhaltige Unterbrechung mit der Folge des Neubeginns des Fristenlaufs der Vorbezugszeit anzunehmen, wenn eine **längere Haftstrafe** verbüßt wird.[63] Wenn die Haft im Bundesgebiet verbüßt wurde, handelt es sich um eine unschädliche Unterbrechung des Leistungsbezugs mit der Folge, dass vor der Haft absolvierte Leistungszeiten nach § 3 AsylbLG addiert werden dürfen. Eine bereits begonnene Integration in Deutschland kann ohne weiteres nach der Haftverbüßung fortgesetzt werden.[64]

f. Kirchenasyl

40 Die Vorbezugszeit wird aus denselben Gründen auch nicht durch Zeiten des **Kirchenasyls** in Deutschland, das wegen der Befürchtung einer Abschiebung in das Heimatland oder anderer humanitärer Gründe gewährt wird, nachhaltig unterbrochen. Die Frist beginnt auch nicht neu zu laufen, wenn der Leistungsberechtigte sein rechtsmissbräuchliches Verhalten korrigiert hat.

g. Keine Anrechnung anderer Leistungen

aa. Gleichartige Sozialleistungen

41 Das BSG ist anderslautender obergerichtlichen Rechtsprechung nicht gefolgt, die im einstweiligen Rechtsschutzverfahren die **Anrechnung gleichartiger** Sozialleistungen wie nach dem **BSHG**, dem

---

[59] Vgl. VG Hannover v. 15.06.2004 - 7 B 2809/04 - SAR 2004, 118; OVG Niedersachsen v. 27.03.2001 - 12 MA 1012/01 - FEVS 52, 367 dazu, dass nach einer solchen Unterbrechung die Fristberechnung erneut zu beginnen hat; ebenso LSG Niedersachsen-Bremen v. 18.12.2007 - L 11 AY 60/05; a.A. *Wahrendorf* in: Grube/Wahrendorf, SGB XII, 4. Aufl. 2012, § 2 AsylbLG Rn. 6.

[60] Vgl. BT-Drs. 13/5008, S. 15; zur Neufassung vgl. BT-Drs. 16/5065, S. 232; vgl. dazu auch *Hohm* in: GK-AsylbLG, Stand 2006, § 2 Rn. 33; *Hohm* in: Schellhorn/Schellhorn/Hohm, 17. Aufl., SGB XII, § 2 AsylbLG Rn. 8.

[61] Vgl. BSG v. 24.03.2009 - B 8 AY 10/07 - juris Rn. 14 ff. - BSGE 103, 28-34.

[62] Vgl. LSG Schleswig-Holstein vom 13.04.2011 - L 9 AY 54/11 B ER - juris Rn. 11 - ZFSH/SGB 2011, 492-494; a.A. SG Hildesheim v. 16.12.2011 - S 42 AY 137/11 ER - juris - SAR 2012, 68-72.

[63] So aber LSG Baden-Württemberg v. 01.08.2008 - L 7 AY 2732/08 ER-B - SAR 2008, 114-116.

[64] Vgl. LSG Nordrhein-Westfalen v. 15.04.2013 - L 20 AY 68/12 - juris Rn. 40 - ZFSH/SGB 2013, 430-435; anhängig unter B 7 AY 3/13 R; unklar *Decker* in: Oestreicher, SGB XII, § 2 AsylbLG Rn. 17 f.; *Hohm* in: Schellhorn/Schellhorn/Hohm, SGB XII, 18. Aufl. 2010, § 2 AsylbLG Rn. 8 f.; a.A. wohl *Wahrendorf* in Grube/Wahrendorf, SGB XII, 4. Aufl. 2012, § 2 AsylbLG Rn. 6; *Herbst* in: Mergler/Zink, SGB XII, § 2 AsylbLG Rn. 15 m.w.N.

SGB II[65] und von Leistungen gem. § 2 Abs. 1 AsylbLG entsprechend dem Sozialhilfeniveau mit beachtlichen Gründen auf die Vorbezugszeit angerechnet hat.[66]

bb. Kritik

Die Anrechnung des Bezugs von privilegierten Leistungen auf die 48-Monatsfrist wäre –anders als es das BSG entschieden hat – vertretbar gewesen. Das BSG hat selbst ausgeführt, dass es sich bei den Grundleistungen einerseits und den Analog-Leistungen andererseits nicht um andere, unterschiedliche oder selbständige Ansprüche handelt; beide Leistungen sogar identischen Zwecken, namentlich der Deckung der notwendigen Bedarfe dienen.[67] Unter Berücksichtigung des in den Gesetzesmaterialien[68] genannten Normzweckes, einen erhöhten sozialen Integrationsbedarf nach einem vierjährigen Aufenthalt in der Bundesrepublik anzuerkennen, erscheint die in der Praxis daraufhin erfolgte „Herabstufung" solcher Leistungsberechtigter, die nach Ablauf der alten 36-monatigen Frist bereits schon jahrelang im Bezug von Leistungen auf Sozialhilfeniveau (BSHG, SGB II, § 2 Abs. 1 AsylbLG) standen, als „bloße Förmelei", worauf mit sehr überzeugenden Gründen das LSG Hessen[69] hingewiesen hat. In dieser Konstellation wäre es möglich gewesen, das Bedürfnis einer sozialen Integration für diesen Personenkreis in den Vordergrund zu stellen und Gesichtspunkte der ausländerrechtlichen Abschreckung und rein monetäre Aspekte des Sparens, die der Gesetzesänderung auch zugrunde gelegen haben, in den Hintergrund zu stellen.

42

cc. Leistungen gem. § 1a AsylbLG

Der Bezug von Leistungen gem. § 1a AsylbLG ist **nicht auf** die **Vorbezugszeit** im Sinne von § 2 Abs. 1 AsylbLG **anzurechnen**, weil es sich weder dem Wortlaut noch dem Zweck der Vorschrift des § 2 Abs. 1 AsylbLG nach um vergleichbare Leistungen handelt. Nur solche Ausländer sollen in den Genuss von Leistungen auf Sozialhilfeniveau kommen, die unverschuldet nicht ausreisen können. Diese Voraussetzungen lassen sich bei den Leistungsberechtigten gem. § 1a AsylbLG, die die Voraussetzungen für die Leistungseinschränkung selbst herbeigeführt haben, nicht feststellen.[70]

43

dd. Leistungen gem. SGB III

Der Bezug von Leistungen nach dem **SGB III** (Arbeitslosengeld oder Arbeitslosenhilfe) ist **nicht** bei der Erfüllung der Vorbezugszeit anzurechnen. Bei diesen Leistungen handelt es sich um Einkommensersatzleistungen, die von Beitragsleistungen in die gesetzliche Arbeitslosenversicherung abhängig sind.[71]

44

ee. Erwerbseinkommen

Erarbeitetes **Erwerbseinkommen**, das gem. § 7 AsylbLG auf den Sozialleistungsbezug anzurechnen ist, ist nicht bei der Vorbezugszeit zu berücksichtigen.[72] Anders kann es sich verhalten, wenn neben einem geringen Erwerbseinkommen aufstockende Leistungen gem. § 3 AsylbLG bezogen werden, die dann bei der Vorbezugszeit mitzählen.

45

---

[65] Vgl. zum Ausschluss der Leistungsberechtigten nach dem AsylbLG aus dem Leistungssystem der Grundsicherung nach dem SGB II: BSG v. 13.11.2008 - B 14 AS 24/07 R - juris Rn. 31 - BSGE 102, 60-68.

[66] Vgl. LSG Hessen v. 21.03.2007 - L 7 AY 14/06 ER - InfAuslR 2007, 250-253; LSG Nordrhein-Westfalen v. 26.04.2007 - L 20 B 4/07 AY ER und LSG Nordrhein-Westfalen v. 27.04.2006 - L 20 B 10/06 AY ER; LSG Niedersachsen-Bremen v. 18.03.2008 - L 11 AY 82/07 ER und für die erste Instanz: SG Aachen v. 03.06.2005 - S 19 AY 6/05 ER; SG Düsseldorf v. 30.10.2006 - S 29 AY 6/06 ER; SG Duisburg v. 08.11.2007 - S 2 AY 36/07 ER; SG Osnabrück v. 18.01.2008 - S 16 AY 30/07 ER ; zustimmend *Wahrendorf* in: Grube/Wahrendorf, SGB XII, 4. Aufl. 2012, § 2 AsylbLG Rn. 10.

[67] Vgl. BSG v. 17.06.2008 - B 8/9b AY 1/07 R - juris Rn. 15 - BSGE 101, 49-70.

[68] Vgl. BT-Drs. 16/5065, S. 232.

[69] LSG Hessen v. 21.03.2007 - L 7 AY 14/06 ER - InfAuslR 2007, 250-253.

[70] Vgl. LSG Niedersachsen-Bremen v. 19.06.2007 - L 11 AY 59/06 - NVwZ 2008, 117-119.

[71] Vgl. LSG Niedersachsen-Bremen v. 20.01.2009 - L 11 AY 83/07, L 11 AY 36/08 - SAR 2009, 42-44; LSG Niedersachsen-Bremen v. 20.06.2008 - L 11 AY 66/08 ER.

[72] So LSG Niedersachsen-Bremen v. 20.01.2009 - L 11 AY 83/07, L 11 AY 36/08 - SAR 2009, 42-44; LSG Niedersachsen-Bremen v. 20.06.2008 - L 11 AY 66/08 ER; SG Hildesheim v. 14.08.2006 - S 44 AY 25/06 ER.

ff. Vermögen

46 Vorhandenes **Vermögen** ist gem. 7 AsylbLG auf den Sozialleistungsbezug anzurechnen; ein Aufenthalt über 48 Monate, der mit dem Einsatz von Vermögen finanziert wurde, erfüllt nicht die Vorbezugszeit[73]. Auch wenn Ausländer nach Verbrauch ihres Vermögens Leistungen nach dem AsylbLG beanspruchen, müssen sie sich auf die erfüllte Vorbezugszeit verweisen lassen, bevor sie Leistungen auf Sozialhilfeniveau beanspruchen können.

h. Die Vorbezugszeit von 36 Monaten nach § 2 Abs. 1 AsylbLG a.F.

47 Die Ausführungen in Rn. 42 gelten gleichermaßen für die Vorbezugszeit von 36 Monaten gem. § 2 Abs. 1 AsylbLG a.F.[74]

i. Fehlende Übergangsregelung

48 Das **EU-Richtlinien-Umsetzungsgesetz** vom 19.08.2007[75], das mit Wirkung vom 28.08.2007 die leistungsrechtliche **Vorbezugszeit** erneut um ein weiteres Jahr auf insg. vier Jahre (**48 Monate**) erweitert hat, ist ohne Übergangsregelung in Kraft getreten. In praktischer Hinsicht bedeutete dies für viele Leistungsberechtigte, die bereits im privilegierten Leistungsbezug standen – weil sie die alte Vorbezugszeit von 36 Monaten erfüllt hatten – eine sofortige und fristlose Rückstufung auf Grundleistungen um ein weiteres Jahr. Der Gesetzgeber hätte durch eine **Übergangsregelung**, die etwa das neue Recht nur auf jene Leistungsberechtigten erstreckt, die die alte Vorbezugszeit von 36 Monaten noch nicht erfüllt haben, solche leistungsrechtlichen Einschnitte und das Stoppen einer bereits begonnenen sozialen Integration ohne weiteres vermeiden können. Dass eine solche Übergangsregelung aus **verfassungsrechtlichen Überlegungen** zur Vermeidung von Härten geboten war, ist bislang höchstrichterlich verneint worden (vgl. dazu Rn. 16 ff.).

49 Den in der obergerichtlichen Rechtsprechung anfangs geäußerten Bedenken gegen die Verlängerung auf eine vierjährige Vorbezugszeit (vgl. Rn. 131) ist erst jetzt durch das **BVerfG** Rechnung getragen worden. Es hat in seiner Entscheidung v. 18.07.2012 ausgeführt, dass jedenfalls für die in § 2 Abs. 1 AsylbLG vorgesehene **Dauer von mittlerweile vier Jahren des Leistungsbezugs und folglich auch einem eventuell längerem Aufenthalt es nicht mehr gerechtfertigt ist, von einem kurzen Aufenthalt mit möglicherweise spezifisch niedrigerem Bedarf auszugehen.**[76] Damit hat es der mindestens vierjährigen pauschalen Leistungsabsenkung bei rechtstreuem Verhalten den Leistungsberechtigten die Berechtigung entzogen (vgl. dazu Rn. 17 ff.).[77]

3. Dauer des Aufenthalts

50 Mit dem Tatbestandsmerkmal der Dauer des Aufenthalts ist der **gesamte Aufenthalt** des Leistungsberechtigten **in der Bundesrepublik** gemeint. Es kommt auf die tatsächliche Anwesenheit in der Bundesrepublik an. Der Aufenthalt des Leistungsberechtigten endet mit dem Verlassen des Bundesgebietes. Das vorwerfbare Handeln wird regelmäßig – muss aber nicht – in diesen Zeitraum fallen, wenn z.B. die rechtmissbräuchliche Vernichtung von Pässen gezielt vor der Einreise in die Bundesrepublik erfolgt.[78]

4. Selbstbeeinflussung

51 Das Tatbestandsmerkmal der **Selbstbeeinflussung** der Aufenthaltsdauer enthält ein **höchstpersönliches Element**. Der Leistungsberechtigte muss das vorgeworfene Verhalten persönlich zu verantworten haben. Dasselbe gilt für ein vorwerfbares Unterlassen (z.B. mangelnde ausländerrechtliche Mitwirkung). Der Vorwurf des rechtmissbräuchlichen Verhaltens darf also **nicht** über das Verhalten Dritter **zugerechnet** werden. Damit scheidet insb. eine Zurechnung des rechtmissbräuchlichen Verhaltens der Eltern als gesetzlicher Vertreter zulasten der Kinder aus,[79] wenn diese selbst keinen eigenen Beitrag

---

[73] Vgl. LSG Niedersachsen-Bremen v. 08.05.2007 - L 11 AY 58/06 ER.
[74] Vgl. zur alten Rechtslage z.B. Sächsisches OVG v. 18.08.1997 - 2 S 261/97 - DÖV 1998, 1236; VGH München v. 06.04.2001 - 12 B 00.3269 - FEVS 53, 45; OVG Niedersachsen v. 21.06.2000 - 12 L 3349/99 - NdsRpfl 2001, 32-33; VG Gießen v. 25.04.2000 - 4 E 163/98 - AuAS 2000, 130-132.
[75] Art. 6 Abs. 2 Nr. 2 des Gesetzes v. 19.08.2007, BGBl I 2007, 1970.
[76] Vgl. BVerfG v. 18.07.2012 - 1 BvL 10/10, 1 BvL 2/11 - BVerfGE 132, 134 = BSG SozR 4-3520 § 3 Nr. 2 = NVwZ 2012, 1024 = ZFSH/SGB 2012, 450 - juris Rn. 93.
[77] Vgl. aber LSG Nordrhein-Westfalen v. 02.07.2013 - L 20 AY 138/12 B - juris.
[78] Vgl. BSG v. 17.06.2008 - B 8/9b AY 1/07 R - juris Rn. 40 - BSGE 101, 49-70.
[79] Vgl. BSG v. 17.06.2008 - B 8/9b AY 1/07 R - juris Rn. 48 - BSGE 101, 49-70.

an dem inkriminierten Verhalten geleistet haben. Die Selbstbeeinflussung enthält daneben das Element einer eigenen Beherrschbarkeit und Steuerbarkeit des Handelns. Damit scheiden Umstände aus, die nicht in den Verantwortungsbereich der Leistungsberechtigten, sondern in den der Behörde fallen (z.B. behördliches Unterlassen oder verzögertes Handeln bei der hinreichenden Aufklärung der Herkunft und Identitätsfeststellung).

5. Rechtsmissbräuchlichkeit

a. Fehlende Definition im AsylbLG

Der Begriff des Rechtsmissbrauches ist an keiner Stelle im AsylbLG definiert. Der Begriff geht auf den Grundsatz von **Treu und Glauben** (§ 242 BGB) zurück, wonach sich niemand auf eine **Rechtsposition** berufen darf, die er **selbst treuwidrig geschaffen** hat. Dieser Grundsatz findet auch im öffentlichen Recht Anwendung. Behörden, die sich selbst rechtswidrig oder rechtsmissbräuchlich verhalten, können nicht den Einwand der Rechtsmissbräuchlichkeit erheben.

b. EG-Richtlinie

Mit dem Tatbestandsmerkmal der Rechtsmissbräuchlichkeit stellt der Gesetzgeber einen Bezug zu Art. 16 der „Richtlinie 2003/9/EG des Rates vom 27.01.2003 zur Festlegung von Mindestnormen für die Aufnahme von Asylbewerbern in den Mitgliedstaaten"[80], vormals Art. 22 des Vorschlags der Kommission der Europäischen Gemeinschaften für eine „Richtlinie des Rates zur Festlegung von Mindestnormen für die Aufnahme von Asylbewerbern in den Mitgliedstaaten" vom 03.04.2001 her.[81] Danach soll die Einschränkung oder Entziehung von Leistungen an ein **von der Rechtsordnung missbilligtes „negatives Verhalten"** anknüpfen, wie z.B. das unberechtigte Verlassen des dem Ausländer zugewiesenen Aufenthaltsortes, nicht fristgerechtes Handeln bei der Erfüllung von Auskunfts- und Meldepflichten oder persönlichen Anhörungen im Asylverfahren oder die verzögerte oder verspätete Stellung eines Asylantrages nach (Wieder-)Einreise in die Bundesrepublik.[82]

c. Gesetzesmaterialien

In der Gesetzesbegründung des erst mit dem Zuwanderungsgesetz 2004 (vgl. Rn. 7) eingeführten Begriffes der Rechtsmissbräuchlichkeit werden als Regelbeispiele rechtsmissbräuchlichen Verhaltens die **Vernichtung von Pässen** und die **Angabe einer falschen Identität** genannt.[83] Nach der dort genannten Intention sollte künftig zwischen den Ausländern unterschieden werden, „die unverschuldet nicht ausreisen können", und jenen Ausländern, die ihrer Ausreisepflicht rechtsmissbräuchlich nicht nachkommen.[84]

d. Definition des BSG

Das BSG hat dem Begriff des Rechtsmissbrauches in der Grundsatzentscheidung vom 17.06.2008[85] eine eigene Interpretation gegeben. Er enthält demnach eine **objektive und eine subjektive Komponente**.[86] Zugleich hat es damit die Definition dieses Begriffes, die noch der Entscheidung vom 08.02.2007[87] zugrunde lag, aufgegeben und neu definiert (vgl. dazu Rn. 62).

In objektiver Hinsicht hat das BSG in den Entscheidungen vom 17.06.2008 hierfür den Begriff der „**Sozialwidrigkeit**" eingeführt. Das Verhalten muss unredlich, von der Rechtsordnung missbilligt sein. Der Erwerb privilegierter Leistungen soll weder gesetzes- noch sittenwidrig erfolgen. Der Ausländer darf sich nicht auf den Umstand der **zeitlichen Dauer** seines **Aufenthalts** berufen, den er **selbst treuwidrig herbeigeführt** hat.

Das inkriminierte Verhalten muss **generell geeignet** sein, die **Aufenthaltsdauer** überhaupt **beeinflussen** zu können, und es muss vor allem unter Berücksichtigung des **Verhältnismäßigkeitsgrundsatzes** von solchem Gewicht („**unentschuldbar**") sein, dass der Leistungsausschluss privilegierter Leistungen – der auch die minderjährigen Kinder erfasst – gerechtfertigt ist. Art, Ausmaß und Folgen des

---

[80] Amtsblatt Nr. L 031 vom 06.02.2003, S. 18.
[81] KOM (2001), S. 181.
[82] Vgl. Art 16 Abs. 1 und Abs. 2 der Richtlinie, Amtsblatt Nr. L 031 vom 06.02.2003, S. 18.
[83] Vgl. BT-Drs. 15/420, S. 121.
[84] Vgl. BT-Drs. 15/420, S. 121.
[85] BSG v. 17.06.2008 - B 8/9b AY 1/07 R - BSGE 101, 49-70.
[86] Vgl. BSG v. 17.06.2008 - B 8/9b AY 1/07 R - juris Rn. 32 - BSGE 101, 49-70 m.w.N. für die Lit.
[87] BSG v. 08.02.2007 - B 9b AY 1/06 R - SozR 4-3520 § 2 Nr. 1.

Pflichtverstoßes müssen unter Berücksichtigung des Einzelfalles gewichtet und in ein Verhältnis gesetzt werden zu der strengen Sanktion des unbegrenzten Ausschlusses von Leistungen auf dem Sozialhilfeniveau.[88] Der Ansicht[89], dass bereits jeder Verstoß gegen asyl- oder ausländerrechtliche Regelungen ausreicht, um Rechtsmissbrauch zu begründen, allerdings mit der Folge eines lediglich befristeten Ausschlusses von privilegierten Leistungen, wird nicht gefolgt. (vgl. dazu auch Rn. 90).

58 Die **Frage des Rechtsmissbrauchs** wird angesichts der Entscheidung des **BVerfG** v. 18.07.2012[90] in einem neuen Licht zu diskutieren sein. Maßgeblich hierfür ist die tragende Feststellung des BVerfG: „**Die in Art. 1 Abs. 1 GG garantierte Menschenwürde ist migrationspolitisch nicht zu relativieren**". Demnach können migrationspolitische Erwägungen, Leistungen an Asylbewerber und Flüchtlinge niedrig zu halten, um Anreize für Wanderungsbewegungen durch ein international vergleichbares hohes Leistungsniveau zu vermeiden, von vornherein ein **Absenken** des Leistungsstandards **unter das physische und soziokulturelle Existenzminimum** nicht rechtfertigen (vgl. dazu die Kommentierung zu § 1a AsylbLG Rn. 80 ff.).

e. Regelbeispiele

59 Im Übrigen hat das BSG in der Entscheidung vom 17.06.2008 als positive Anwendungsfälle eines objektiv rechtsmissbräuchlichen Verhaltens unter Bezugnahme auf die Gesetzesmaterialien[91] die **Regelbeispiele** der **Vernichtung des Passes** und die **Angabe einer falschen Identität** genannt.[92]

60 Ohne dass diese Konstellationen ausdrückliche Erwähnung als Regelbeispiele finden, gehört zur Angabe einer falschen Identität auch die **Täuschung** über bzw. **Falschangabe zur Staatsangehörigkeit**. Die Angabe der wahren Staatsangehörigkeit ist ein unerlässliches Datum, um den Leistungsberechtigten überhaupt in sein Heimatland zurückführen zu können.

61 **Falschangaben zur Volkszugehörigkeit** sind dann rechtsmissbräuchlich, wenn sie mit dem Ziel einer Verbesserung der aufenthaltsrechtlichen Stellung gemacht werden (z.B. die bis zum Jahre 1999 erfolgte Angabe der albanischen Volkszugehörigkeit und später geänderte Angabe einer Zugehörigkeit zum Volke der Roma, um die Rückkehr in das Kosovo zu verhindern.[93]

f. Aufgabe der Rechtsprechung des 9b. Senats des BSG vom 08.02.2007

62 Nach Auffassung des 8/9b. Senats des BSG in der Entscheidung vom 17.06.2008 soll ein rechtsmissbräuchliches Verhalten hingegen bereits objektiv „nicht schon in der zur Aufenthaltsverlängerung führenden Nutzung der Rechtsposition liegen, die der Ausländer durch vorübergehende Aussetzung der Abschiebung erlangt hat, wenn es ihm möglich und zumutbar wäre, auszureisen"[94]. Hierunter fällt das **Verweilen in der Bundesrepublik** trotz bestehender, **vollziehbarer Ausreisepflicht**. Damit ist die bis dahin gültige Rechtsprechung des 9b. Senats des BSG vom 08.02.2007[95] aufgegeben worden, wonach der Verbleib des Ausländers und seiner Familie, denen eine freiwillige Ausreise möglich und zumutbar war, als rechtsmissbräuchliche Selbstbeeinflussung der Aufenthaltsdauer vorzuwerfen war.[96]

63 Diese **konträre Bewertung** des rechtsmissbräuchlichen Verhaltens im Fall des geduldeten Aufenthalts von Ausländern, die gleichwohl freiwillig in ihr Heimatland zurückkehren können, durch das BSG innerhalb nur eines guten Jahres verdient eine kritische Würdigung, nicht zuletzt, weil sie zu einer großen Unsicherheit und Unübersichtlichkeit und zu einer geringen Akzeptanz in der behördlichen Praxis geführt hat.

---

[88] BSG v. 17.06.2008 - B 8/9b AY 1/07 R - juris Rn. 33 - BSGE 101, 49-70.
[89] Vgl. *Deibel*, ZFSH/SGB 2011, 443, 447.
[90] Vgl. BVerfG v. 18.07.2012 - 1 BvL 10/10, 1 BvL 2/11 - juris Rn. 95 - BVerfGE 132, 134 = BSG SozR 4-3520 § 3 Nr. 2 = NVwZ 2012, 1024 = ZFSH/SGB 2012, 450.
[91] Vgl. BT-Drs. 15/420, S. 121.
[92] Vgl. SG Hildesheim v. 03.04.2012 - S 42 AY 147/11 ER - juris Rn. 6.
[93] Z.B. OVG Niedersachsen v. 14.07.2008 - 8 ME 39/08 - juris - AuAS 2008, 231-233; OVG Niedersachsen v. 17.04.2007 - 10 LC 262/05 - juris.
[94] Vgl. BSG v. 17.06.2008 - B 8/9b AY 1/07 R - juris Rn. 31 - BSGE 101, 49-70.
[95] BSG v. 08.02.2007 - B 9b AY 1/06 R - SozR 4-3520 § 2 Nr. 1.
[96] So BSG v. 08.02.2007 - B 9b AY 1/06 R - juris Rn. 18 - SozR 4-3520 § 2 Nr. 1.

aa. Kritik: Kein Rechtsmissbrauch bei zumutbarer freiwilliger Ausreisemöglichkeit?

Die **Kritik** beruht darauf, dass die Urteile des BSG vom 17.06.2008[97] weder im Einklang mit dem AufenthG noch mit der hierzu bereits ergangenen Rechtsprechung des BVerwG[98] stehen, ohne aber ausdrücklich zu widersprechen oder etwa eine eigene leistungsrechtliche Lösung aufzuzeigen. Auch wenn die Rechtsprechung des 8. Senats insofern weniger streng als die des 9b. Senats zu sein scheint, ist dies nur ein vordergründiger Eindruck. Denn in nahezu allen Fällen, in denen nach der Rechtsprechung des 8. Senats die zumutbare freiwillige Ausreise nicht als rechtsmissbräuchliches Verhalten vorzuhalten ist, liegen andere Verfehlungen vor (meist Verstöße gegen ausländerrechtliche Mitwirkungspflichten), die allein deshalb zu einer dauerhaften Leistungsabsenkung führen sollen, ohne dass es dann noch auf die unterlassene freiwillige Ausreise als eigenen Rechtsverstoß ankäme.

64

Zum Ausländerrecht: Nach **§ 50 AufenthG** ist ein Ausländer, bei dem bestandskräftig bzw. rechtskräftig feststeht, dass er ein Aufenthaltsrecht nicht oder nicht mehr besitzt, verpflichtet, freiwillig aus der Bundesrepublik auszureisen. Die **Abschiebung** gemäß § 58 AufenthG, d.h. die **zwangsweise Rückführung**, kommt grundsätzlich nur in Betracht, wenn die freiwillige Erfüllung der Ausreisepflicht nicht gesichert ist. Daher spricht viel dafür, von einer Rechtsmissbräuchlichkeit auch auszugehen, wenn ein ausreisepflichtiger Ausländer nicht freiwillig ausreist, obwohl ihm dies möglich und zumutbar ist.[99] Die **Duldung** ist nach § 60a Abs. 4 AufenthG lediglich eine **Bescheinigung** über die Aussetzung der Abschiebung.[100] Sie wird gem. § 60a Abs. 2 Satz 1 AufenthG nur erteilt, solange die Abschiebung aus tatsächlichen und rechtlichen Gründen unmöglich ist. Dabei kommt es nur darauf an, dass die Abschiebung, d.h. die zwangsweise Rückführung, unmöglich ist; hingegen **nicht**, ob auch der **freiwilligen Ausreise** Hindernisse entgegenstehen. Diese tatsächlichen und rechtlichen Gründe können unterschiedlicher Art und vielfältig sein. Sie müssen nicht identisch sein mit Hindernissen für eine freiwillige Ausreise.[101] Anders kann es sich aber z.B. bei einer nach § 60a Abs. 2 Satz 3 AufenthG erteilten Duldung verhalten (z.B. humanitäre Gründe). Es kann auch Konstellationen geben, in denen eine freiwillige Ausreise aus denselben Gründen unmöglich ist, aus denen die Behörde von einer zwangsweisen Rückführung z.B. durch Erlass eines generellen Abschiebestopps insb. aus humanitären Gesichtspunkten absieht.[102] In der Erteilung einer Duldung liegt auch nicht ein „Verzicht", die Ausreisepflicht durchzusetzen, sondern lediglich eine **zeitweise Unmöglichkeit** aus tatsächlichen und rechtlichen Gründen (vgl. § 60a Abs. 2 Satz 1 AufenthG). Die Pflicht, freiwillig auszureisen, bleibt hiervon völlig unberührt (vgl. § 60a Abs. 3 AufenthG).

65

Ungeachtet der aufgezeigten Problematik des Ausländerrechts dürfte im Fall der zumutbaren freiwilligen Ausreisemöglichkeit schon **kein Notfall** vorliegen, der Anlass zum Einsatz der subsidiären – erhöhten – Sozialleistungen gibt, da die Ausländer die Situation jederzeit selbst durch die zumutbare Ausreise abwenden können. Wenn sie in einer solchen Situation Leistungen auf Sozialhilfeniveau verlangen, so ist dies der **klassische Fall eines treuwidrigen Verhaltens**, weil sich niemand auf eine Rechtsposition berufen darf, die er selbst treuwidrig geschaffen hat.

66

Auch die **Entstehungsgeschichte** von § 2 Abs. 1 AsylbLG spricht für das aufgezeigte Normverständnis, denn § 2 Abs. 1 AsylbLG in der bis zum 31.12.2004 gültigen Fassung machte den privilegierten Leistungsbezug davon abhängig, dass „die Ausreise nicht erfolgen kann und aufenthaltsbeendende Maßnahmen nicht vollzogen werden können, weil humanitäre, rechtliche oder persönliche Gründe oder das öffentliche Interesse entgegenstehen" (vgl. Rn. 5). Es ist nicht ersichtlich, dass § 2 Abs. 1 AsylbLG in der ab 01.01.2005 gültigen Fassung (vgl. Rn. 7) insofern etwas geändert haben könnte. Auch die Gesetzesmaterialien begründen die seitdem normierte Rechtsmissbräuchlichkeit mit der Intention, fortan „zwischen denjenigen Ausländern zu unterscheiden, die unverschuldet nicht ausreisen können und denjenigen, die ihrer Ausreisepflicht rechtsmissbräuchlich nicht nachkommen"[103].

67

---

[97] BSG v. 17.06.2008 - B 8/9b AY 1/07 R - juris Rn. 31 ff. - BSGE 101, 49-70 oder BSG v. 17.06.2008 - B 8 AY 8/07 R - juris Rn. 16 - SGb 2008, 475.

[98] Vgl. insb. BVerwG v. 21.03.2000 - 1 C 23/99 - DVBl 2000, 1527; BVerwG v. 25.09.1997 - 1 C 3/97 - BVerwGE 105, 232 = DVBl 1998, 278; BVerwG v. 27.06.2006 - 1 C 14/05 - juris - BVerwGE 126, 192-201.

[99] So deutlich noch der 9b. Senat des BSG v. 08.02.2007 - B 9b AY 1/06 R - SozR 4-3520 § 2 Nr. 1.

[100] Vgl. BVerwG v. 03.06.1987 - 1 B 58/87 - juris.

[101] So deutlich BVerwG v. 27.06.2006 - 1 C 14/05 - BVerwGE 126, 192.

[102] Vgl. z.B. zur Irak-Problematik BVerwG v. 27.06.2006 - 1 C 14/05 - juris - BVerwGE 126, 192; vgl. zur Kosovo-Problematik OVG Niedersachsen v. 27.01.1997 - 12 M 264/97 - juris; OVG Niedersachsen v. 17.04.2007 - 10 LC 262/05 - juris; allerdings anders OVG Niedersachsen v. 20.01.1997 - 4 M 7062/96 - NVwZ 1997, Beilage Nr. 4, 28; ferner OVG Hamburg v. 27.10.1995 - Bs IV 130/95 - juris - FEVS 46, 418.

[103] Vgl. BT-Drs. 15/420, S. 121.

bb. Eigene Lösung

68 Bei der Auslegung des Begriffs der Rechtsmissbräuchlichkeit kann den berechtigten Interessen der Ausländer dadurch hinreichend Rechnung getragen werden, dass jeweils einzelfallbezogen geprüft wird, welche **Gründe** – unabhängig von der formal erteilten Duldung – vorliegen, die auch **einer freiwilligen Ausreise entgegenstehen**, und ob diese Gründe **vom Ausländer zu vertreten** sind (z.B. Reiseunfähigkeit, humanitäre oder familiäre Gesichtspunkte, Integration die einer „Auswanderung" gleichkäme: kein Rechtsmissbrauch; anders hingegen zu vertretende Passlosigkeit oder zu vertretende fehlende Heimreisepapiere: Rechtsmissbrauch). Bei nicht zu vertretenden Gründen, die einer freiwilligen Ausreise entgegenstehen, ist also eine Rechtsmissbräuchlichkeit zu verneinen.

g. Ausländerrechtliche Mitwirkungshandlungen

69 Die Frage, welche Mitwirkungshandlungen Ausländern zumutbar sind, beurteilt sich nach ausländerrechtlichen Vorschriften unter Berücksichtigung aller Umstände und Besonderheiten des Einzelfalls.[104] Im Grundsatz sind sämtliche Handlungen zumutbar, die zur **Beschaffung** eines zur **Ausreise oder zur Abschiebung notwendigen Dokuments** erforderlich sind (z.B. Nationalpässe, Passersatzpapiere) und eben nur persönlich von den Ausländern vorgenommen werden können.[105] Eine Mitwirkungshandlung, die von vornherein erkennbar aussichtslos ist, kann Ausländern nicht abverlangt werden.[106]

70 Um den Vorwurf der rechtsmissbräuchlichen Beeinflussung der Aufenthaltsdauer erheben zu können, bedarf es **nachhaltiger** – unter Umständen – jahrelanger **Pflichtverletzungen**; lediglich die verspätete Vorlage von Passbildern reicht hierfür z.B. nicht aus. Eine einmalige Pflichtverletzung – wenn kurze Zeit später die Mitwirkungshandlung erbracht wird – wird kaum den gravierenden Vorwurf der Rechtsmissbräuchlichkeit unter Gesichtspunkten der Verhältnismäßigkeit begründen können. Ebenso wenig darf die Behörde Handlungen abverlangen, die von vornherein keinen Erfolg bringen können. Vielmehr sind auch bei der Frage, welche Mitwirkungshandlungen konkret zumutbar sind, alle Umstände und Besonderheiten des Einzelfalls zu berücksichtigen. Auch dem **Verhalten der Behörde** kommt hierbei Bedeutung zu, insb. ob sie den Ausländern klar und unmissverständlich mitgeteilt hat, welche Mitwirkungshandlungen konkret abverlangt werden. Erst unter Berücksichtigung der aufgezeigten Kriterien kann letztendlich beurteilt werden, ob ein Verstoß gegen Mitwirkungspflichten objektiv den Vorwurf der Rechtsmissbräuchlichkeit begründet. Berücksichtigt man die gravierenden Folgen eines dauerhaften Leistungsausschlusses von privilegierten Leistungen im Fall des Rechtsmissbrauches, so werden an die Feststellung von rechtsmissbräuchlichen Verhaltensweisen bei Mitwirkungshandlungen **strenge Anforderungen** zu stellen sein.[107]

71 Gem. § 48 Abs. 3 Satz 1 AufenthG und § 15 Abs. 2 Nr. 6 AsylVerfG muss der Ausländer bei der Beschaffung von Identitätspapieren mitwirken. Diese Mitwirkungshandlungen müssen sich neben dem Bemühen um einen Pass oder Passersatz auch auf die Beschaffung sonstiger Urkunden und Dokumente richten, sofern sie zu dem Zweck geeignet sind, die Ausländerbehörden bei der Geltendmachung und Durchsetzung einer Rückführungsmöglichkeit zu unterstützen. Gem. **§ 49 Abs. 2 AufenthG** gehört hierzu auch die Verpflichtung, im Rahmen der Beschaffung von Heimreisedokumenten die von der Vertretung des Heimatstaates geforderten und mit dem deutschen Recht in Einklang stehenden Erklärungen abzugeben, die der Ermittlung und Staatsangehörigkeit dienen.[108] Hinzugezählt wird auch die Obliegenheit, eine „**Freiwilligkeitserklärung**" über die Freiwilligkeit seiner Rückkehr in das Heimatland (Beispiel Iran) abzugeben (vgl. dazu insbesondere die Kommentierung zu § 1a AsylbLG Rn. 64). Dieses von der iranischen Auslandsvertretung akzeptierte Verfahren führt typischerweise zur Ausstellung von Passersatzpapieren, wodurch die Rückführung von ausreisepflichtigen Ausländern ermöglicht wird. Deshalb ist es einem vollziehbar ausreisepflichtigen Ausländer auch zuzumuten, diese **Mitwirkungshandlung** zur **Beseitigung** eines **Ausreisehindernisses** vorzunehmen.[109]

---

[104] Vgl. BVerwG v. 15.06.2006 - 1 B 54/06 - Buchholz 402.242 § 25 AufenthG Nr. 4.
[105] Vgl. *Hailbronner*, Ausländerrecht, Stand Februar 2006, § 25 AufenthG Rn. 111 m.w.N.
[106] Vgl. BVerwG v. 15.06.2006 - 1 B 54/06 - Buchholz 402.242 § 25 AufenthG Nr. 4.
[107] A.A. *Wahrendorf* in: Grube/Wahrendorf, SGB XII, 4. Aufl. 2012, § 2 AsylbLG Rn. 28.
[108] Vgl. OVG Nordrhein-Westfalen v. 18.06.2008 - 17 A 2250/07 - InfAuslR 2009, 106 m.w.N.
[109] Vgl. BVerwG v. 10.11.2009 - 1 C 19/08 - BVerwGE 135, 219; Sächsisches LSG vom 30.06.2011 - L 7 AY 8/10 B ER - juris Rn. 39.

Die **verweigerte** Abgabe einer sog. **Ehrenerklärung** mit dem Inhalt, dass eine Staatsangehörige aus **Mali** erklären sollte, **freiwillig** in ihre Heimat **zurückzukehren**, ist **nicht als rechtmissbräuchliches Verhalten** (auch nicht nach § 1a Nr. 2 AsylbLG, vgl. die Kommentierung zu § 1a AsylbLG Rn. 64) beurteilt worden, weil niemand gezwungen werden, eine in der Sache falsche Erklärung abzugeben, selbst wenn er zur Ausreise verpflichtet ist.[110]

h. Beispiele aus der Rechtsprechung zum Rechtsmissbrauch

- Die Antragstellung und Durchführung von Asylerst- und Asylfolgeverfahren, ggf. dazugehöriger Gerichtsverfahren unter vorsätzlicher **Angabe einer falschen Identität** (Name, Geburtsort und Geburtsjahr). Gleiches gilt für die Antragstellung von Passersatzpapieren unter Angabe einer falschen Identität.
- Eine **über Jahre hinaus verzögerte Mitwirkung** bei der Beschaffung von Passersatzpapieren.[111]
- Vorsätzliche unterschiedliche und fehlerhafte **Angaben zur Staatsangehörigkeit**; dies ist ein Unterfall der Angabe einer falschen Identität; weil die Staatsangehörigkeit ein maßgeblicher Umstand für die Rückführung eines ausreisepflichtigen Ausländers in die Heimat ist.[112]
- Vorsätzliche **falsche Angaben zur Volkszugehörigkeit**, insb. zu den Ethnien im Kosovo. Zwar wird die Falschangabe zur Volkszugehörigkeit nicht ausdrücklich in den Gesetzesmaterialien zum AsylbLG erwähnt; zur Identität gehört aber auch die Volkszugehörigkeit.[113]
- Die bewusste und gewollte Herbeiführung der faktischen Unmöglichkeit der Abschiebung.[114]

i. Beispiele aus der Rechtsprechung zum fehlenden Rechtsmissbrauch

Antragstellung eines **Asyl- bzw. Asylfolgeverfahrens**[115] als solche. Die Beantragung und Durchführung von Asylverfahren und Asylfolgeverfahren mit zutreffenden Angaben (Herkunft und Identität) kann nur dann anders zu beurteilen sein, wenn die Durchführung von Asylfolgeverfahren den berechtigten Eindruck entstehen lässt, dass die Beanspruchung der Behörden bzw. der Gerichte selbst rechtsmissbräuchlich oder querulatorisch erfolgt, d.h. unter Berücksichtigung der Umstände des Einzelfalls Anhaltspunkte dafür vorliegen, dass diese in erster Linie zum Zwecke der Hinauszögerung des Aufenthalts in der Bundesrepublik missbraucht werden.[116] Die Sichtweise, dass allein im Stellen eines Folge- und Zweitasylantrags nach erfolglosem Abschluss des ersten Asylantrags Rechtsmissbrauch liegen soll[117], ist daher zu eng.

j. Länderbezogene Problematiken

aa. Kosovo

Von großer Bedeutung in der Praxis sind zweifelsohne **Unterschiede** bei den **Rückreise- bzw. Rückführungsmöglichkeiten** bezogen auf die jeweiligen **Heimatländer**. Die freiwillige Rückkehr in das Kosovo war mit Ausnahme der Zeiten des Bürgerkrieges jederzeit möglich gewesen, die erforderlichen Papiere konnten sogar von der örtlichen Ausländerbehörde ausgestellt werden (Laissez-passer). Die das Kosovo verwaltende UNMIK stellte der freiwilligen Rückkehr auch keine Hindernisse entgegen. Auch die Möglichkeit der Abschiebung wurde nicht ausgeschlossen, diese wurde jedoch aus verwaltungspraktischen Gründen von der UNMIK kontingentiert. Behörden anderer Heimatstaaten unterscheiden z.B. bei der Ausstellung von Passersatzpapieren deutlich dazwischen, ob ein Staatsangehöriger freiwillig zurückkehren will oder zwangsweise zurückgeführt werden soll, z.B. Iran und Libanon.[118] Deshalb kann durchaus der Aufenthalt des Ausländers vorübergehend geduldet sein und gleich-

---

[110] Vgl. BSG v. 30.10.2013 - B 7 AY 7/12 R, nach Terminbericht Nr. 30/13.
[111] Vgl. § 48 Abs. 3 Satz 1 AufenthG, dazu: LSG Niedersachsen-Bremen v. 15.01.2009 - L 11 AY 131/08 ER.
[112] Vgl. LSG Niedersachsen-Bremen v. 20.01.2009 - L 11 AY 2/08 - juris.
[113] Vgl. z.B. OVG Niedersachsen v. 20.01.2009 - 10 MI 442/03 - InfAuslR 2009, S. 183, 185; OVG Niedersachsen v. 17.04.2007 - 10 LC 262/05; OVG Niedersachsen v. 14.07.2008 - 8 ME 39/08 - AuAS 2008, 231-233; jeweils zur wechselnden Behauptung der Zugehörigkeit zur Gruppe der Albaner bzw. der Roma bei Herkunft aus dem Kosovo; vgl. ausführlich zur Frage der Verfolgung der Roma und Albaner im ehemaligen Jugoslawien unter Aufarbeitung der ministeriellen Erlasslage, OVG Niedersachsen v. 12.06.2001 - 8 L 516/97; LSG Niedersachsen-Bremen v. 15.06.2009 - L 11 AY 27/09 B ER - juris.
[114] Vgl. LSG Hamburg v. 21.06. 2012 - L 4 AY 5/11 - juris Rn. 33.
[115] Vgl. BSG v. 17.06.2008 - B 8 AY 13/07 R - juris Rn. 14 - info also 2009, 40.
[116] Vgl. LSG Hamburg v. 21.06. 2012 - L 4 AY 5/11 - juris Rn. 35.
[117] So *Deibel*, ZFSH/SGB 2011, 443, 444.
[118] Vgl. ausführlich LSG Niedersachsen-Bremen v. 20.01.2009 - L 11 AY 2/08 - juris.

zeitig der Aufenthalt als Rechtsmissbrauch vorzuwerfen sein.[119] Dies wurde z.B. angenommen, wenn allein wegen des tatsächlichen Abschiebungshindernisses eines fehlenden Rückführungsabkommens in das Kosovo Ausländer eine Duldung erhielten.[120] Dann hätten sie das bestehende Abschiebungshindernis unter Umständen in zumutbarer Weise selbst überwinden. können.[121] Allerdings ist es bei einer Aussetzung der Abschiebung aus humanitären Gründen als Indiz dafür gewertet worden; dass eine freiwillige Ausreise und Rückkehr in das Kosovo für nicht zumutbar erachtet worden ist.[122]. Dies war aber auch bei Volkszugehörigen der Roma regelmäßig nicht der Fall.[123] Nach **Gründung** der **Republik Kosovo** im Jahr 2008 ist auch das tatsächliche Hindernis der fehlenden, aber notwendigen Zustimmung der UNMIK zur Rückführung in das Kosovo entfallen, sodass von einer Vollziehbarkeit der Ausreisepflicht ausgegangen werden kann.[124]

bb. Syrien

76 **Staatenlose Kurden**, die Syrien illegal verlassen haben, haben regelmäßig keine realistische Chance, freiwillig nach Syrien zurückzukehren, weil diesem Personenkreis die Wiedereinreise verweigert wird. Kurden, die auf Grund der im Jahre 1962 durch den syrischen Staat erfolgten Ausbürgerungen staatenlos geworden sind, ebenso wie die Nachfahren, die seit ihrer Geburt staatenlos sind, haben keine rechtliche und tatsächliche Möglichkeit, nach Syrien wieder zurückzukehren, wenn sie das Land ohne Erlaubnis verlassen haben (sog. „Maktumin"). Dieser Personenkreis hat keinerlei Rechte, wird behördlich nicht erfasst und erhält keine staatlichen (Identitäts-)Dokumente. Nichtregistrierte bzw. Ungeklärte können lediglich vom „Mukthar" (Ortsvorsteher) gegen Entgelt eine weiße Identitätsbescheinigung erhalten, die keinen Beweiswert im Sinne eines Identitätsdokuments hat, weil sie gegen geringes Entgelt käuflich zu erwerben ist. Kinder eines Vaters dieser Gruppe werden automatisch zu Maktumin, denn in Syrien leitet sich das Staatsangehörigenrecht allein vom Status des Vaters ab. Daher kann auch das Kind einer Syrerin oder einer offiziell registrierten Ausländerin dem Kreis der Rechtlosen angehören.

77 Hiervon zu unterschieden sind die sich in Syrien legal aufhaltenden „Ausländer" (sog. „Adschnabi"). Sie werden in Syrien in einem Ausländerregister geführt. Sie sind Inhaber von rot-orange farbigen Identitätsausweisen. Auch ihnen werden die staatsbürgerlichen Rechte verwehrt, Reisedokumente werden ihnen nicht ausgestellt. Es besteht allerdings die theoretische Möglichkeit, ein zur Wiedereinreise berechtigendes „Laissez-Passer" für Reisen ins Ausland bei der Auslandsvertretung zu beantragen. Die Kooperation der syrischen Behörden bei Auskünften aus dem Ausländerregister ist gering.

78 Die syrischen Behörden reagieren hingegen nicht auf Bemühungen staatenloser nichtregistrierter Kurden, die sich Heimreisepapiere ausstellen lassen wollen.[125] Die Passlosigkeit ist folglich von staatenlosen Kurden nicht zu vertreten, da im Übrigen staatenlose Kurden ohne Papiere auch nicht nach Syrien abgeschoben werden können. Ein rechtmissbräuchliches Verhalten wegen aussichtsloser Bemühungen zur Erlangung von Heimreisepapieren kann diesem Personenkreis dann nicht vorgeworfen werden.

79 Anders verhält es sich gegenüber der Personengruppe der **Palästinenser**, die als Flüchtlinge bei der UNRWA registriert sind und die nach Syrien zurückkehren möchten; ihnen versagt Syrien regelmäßig nicht die freiwillige Rückkehr.

80 Bei der freiwilligen Rückkehr von **staatenlosen Palästinensern nach Syrien** haben diese in Syrien faktisch den Status von Arabern und ihnen ist bei Vorlage von Heimreisepapieren regelmäßig eine freiwillige Ausreise nach Syrien möglich. Die unterlassene Mitwirkung bei der Beschaffung von Heimreisepapieren wird daher regelmäßig rechtsmissbräuchlich sein.[126]

---

[119] Anders BSG v. 17.06.2008 - B 8/9b AY 1/07 R - juris Rn. 35 - BSGE 101, 49-70.
[120] Vgl. OVG Niedersachsen v. 17.04.2007 - 10 LC 262/05 unter Hinweis auf BVerwG v. 27.06.2006 - 1 C 14.05 - BVerwGE 126, 192.
[121] Vgl. OVG Hamburg v. 27.10.1995 - Bs IV 130/95 - juris - FEVS 46, 418.
[122] Vgl. OVG Niedersachsen v. 27.01.1997 - 12 M 264/97 und 12 L 264/97 - juris.
[123] Vgl. OVG Niedersachsen v. 17.04.2007 - 10 LC 262/05 - juris.
[124] Ausführlich zu Fragen der Rückführung vor und nach Gründung der Republik Kosovo, vgl. SG Hildesheim v. v. 01.02.2012 - S 42 AY 177/10 ER - juris.
[125] Vgl. OVG Niedersachsen v. 27.03.2001 - 2 L 2505/98; OVG Nordrhein-Westfalen v. 28.08.2007 - 15 A 1450/04.A.
[126] Vgl. LSG Niedersachsen-Bremen v. 13.03.2008 - L 11 AY 44/05 ER.

Für **syrische Staatsangehörige** gilt die aufgezeigte Problematik hingegen nicht. Sie können problemlos in ihr Heimatland zurückkehren und werden auch aus Deutschland zwangsweise zurückgeführt (abgeschoben). Syrische Staatangehörige können im Übrigen auch Auszüge aus dem syrischen Zivilregister zum Nachweise ihrer syrischen Staatangehörigkeit selbst, durch Verwandte oder durch Rechtsanwälte beantragen.[127] 81

Im **Bürgerkrieg** Syriens können **Repressionen des syrischen Staates** in Bezug auf rückkehrende Oppositionelle einen Anspruch auf **Abschiebungsschutz** nach § 60 AufenthG begründen, wenn sie der Gefahr von Folter oder unmenschlicher oder erniedrigender Behandlung ausgesetzt sind.[128] 82

cc. Libanon

Staatenlose Kurden aus dem Libanon: Der Libanon führt Spezialregister für zwei große Personengruppen (palästinensische Volkszugehörige, die 1948 in den Libanon gekommen sind, und sonstige Flüchtlinge, die 1951/1952 in den Libanon gekommen sind und sich in Spezialregistern haben registrieren lassen), die nicht die libanesische Staatsangehörigkeit haben. 1994 fand eine Sammeleinbürgerung von Personen statt, die diesen beiden Personengruppen angehörten. Ca. 130.000 Personen sind seinerzeit eingebürgert worden. Deshalb mussten alle nach dem 31.12.1994 aus dem Libanon eingereisten Personen, die sich auf ihre Staatenlosigkeit bzw. ungeklärte Staatsangehörigkeit beriefen, eine Bescheinigung über den Erwerb der libanesischen Staatsangehörigkeit im Zuge der Sammeleinbürgerung beibringen.[129] Für die Frage des Rechtsmissbrauches ist entscheidend, ob zutreffende Angaben zur Identität und zur Volkszu- und Staatsangehörigkeit im Asylverfahren gemacht worden sind und ob hinreichende Bemühungen z.B. zur Ausstellung eines Heimreisepapiers, eines Laissez-Passer-Papiers von der Bundesrepublik aus unternommen wurden. Bei der Unmöglichkeit der Abschiebung bzw. der fehlenden freiwilligen Ausreise mangels Vorliegens der Heimreisepapiere ist darauf abzustellen, wer diesen Umstand maßgeblich zu verantworten hat.[130] 83

Nach dem Rundschreiben der Botschaft des Libanon, Nr. 1390/92 AK vom 30.03.1992, mussten für die Ausstellung eines neuen Laissez-Passer-Papiers ein ausgefüllter Antrag, Passbilder, Fingerabdrücke und die Vorlage der Aufenthaltsgenehmigung (permis de sejour) für den Libanon eingereicht werden. Jahrelange, unterlassene Mitwirkungshandlungen bei der Ausstellung der Formulare für die Passersatzpapiere (Laissez-Passer-Papier) erfüllen regelmäßig den Rechtsmissbrauch, weil ohne solche Heimreisepapiere die Rückführung in den Libanon von vornherein unmöglich war.[131] 84

Bei **Palästinensern** aus dem Libanon ist angenommen worden, dass sie tatsächlich nicht in der Lage sind, einen Pass oder Passersatz von der zuständigen libanesischen Auslandsvertretung zu bekommen.[132] Daher ist davon auszugehen, dass – staatenlose, von der UNRWA registrierte – Palästinenser ohne Rückreisepapiere in den Libanon weder einreisen noch abgeschoben werden können.[133] 85

dd. Palästina

Die freiwillige Ausreise **staatenloser Palästinenser** nach Palästina ist nur mit gültigen Heimreisepapieren (Reisepass) möglich, die von den Behörden nicht oder nur unter großen Schwierigkeiten ausgestellt werden. Oft gelingt es den Behörden selbst nicht, Heimreisepapiere zu erlangen.[134] 86

---

[127] Vgl. zu allem Bericht des Auswärtigen Amtes über die asyl- und abschiebungsrelevante Lage in der arabischen Republik Syrien, Stand 2008 – unveröffentlicht.

[128] Vgl. OVG Nordrhein-Westfalen v. 21.08.2013 - 14 A 1863/13.A - juris Rn. 5; OVG Nordrhein-Westfalen v. 27.06.2013 - 14 A 1517/13.A - juris Rn. 5 m.w.N; umfassend zur innenpolitischen Lage Syriens vgl. OVG Sachsen-Anhalt v. 18.07.2012 - 3 L 147/12 - juris; zur Rechtslage von in das Bundesgebiet einreisenden syrischen Staatsangehörigen im Rahmen der Aufnahmeanordnungen der Länder vgl. BT-Drs. 17/14803; zur Anerkennung von syrischen Asylbewerbern als Flüchtling vgl. VG Hannover v. 10.12.2013 - 2 A 6900/12 - juris; vgl. auch VG Düsseldorf v. 27.08.2013 - 17 K 3903/12.A - juris - zu unverfolgt illegal ausgereisten Rückkehrern nach Syrien.

[129] Vgl. Erlasslage des Niedersächsischen Innenministeriums vom 24.01.2000; dazu VG Stade v. 29.01.2004 - 6 A 778/00, bestätigt durch OVG Niedersachsen v. 18.08.2004 - 10 LA 46/04.

[130] Vgl. LSG Niedersachsen-Bremen v. 20.01.2009 - L 11 AY 1/08 m.w.N.

[131] Vgl. LSG Niedersachsen-Bremen v. 20.01.2009 - L 11 AY 02/08 ER.

[132] Vgl. OVG Niedersachsen v. 21.12.1995 - 4 M 6785/95; OVG Niedersachsen v. 16.08.1995 - 4 M 4710/94 - Nds MBl 1996, 164.

[133] Vgl. BVerwG v. 27.06.2006 - 1 C 14/05 - NVwZ 2006, 408; VGH Baden-Württemberg v. 03.12.2008 - 13 S 2483/07 - InfAuslR 2009, 109.

[134] Dazu LSG Niedersachsen-Bremen v. 20.01.09 - L 11 AY 138/08 ER.

§ 2 AsylbLG

k. Kausalzusammenhang zur Dauer des Aufenthalts

aa. Typisierende Betrachtungsweise

87 Das rechtlich missbilligte Verhalten muss mit der Beeinflussung der Dauer des Aufenthalts in einem Zusammenhang stehen, wobei der Zusammenhang zwischen dem Fehlverhalten des Leistungsberechtigten und der **gesamten Aufenthaltsdauer** in der Bundesrepublik herzustellen ist. Welche Anforderungen an diesen Zusammenhang zu stellen sind, war nicht unumstritten. Das BSG hat sich der h.M. in der Lit. angeschlossen, wonach ein „Kausalzusammenhang im eigentlichen Sinne" nicht vorliegen muss, sondern hierfür eine „**typisierende**", „**generell- abstrakte Betrachtungsweise**" ausreichen soll.[135] Demnach kommt es nur darauf an, das das Fehlverhalten **generell geeignet** ist, die **Aufenthaltsdauer zu beeinflussen**, und zwar unabhängig davon, ob es tatsächlich zu einer Aufenthaltsverlängerung geführt hat oder nicht. Die Herstellung einer konkreten Kausalität im eigentlichen Sinne und die Unterbrechung der abstrakten Kausalität in geeigneten Fällen durch normative Wertungen hat es hingegen abgelehnt.[136]

bb. Typisiertes Regelverhalten

88 Mit der **typisierenden Betrachtung** des Kausalzusammenhanges ist offensichtlich gemeint, dass der Gesetzgeber bei der Vernichtung des Passes und der Identitätstäuschung als typisch rechtsmissbräuchliche Verhaltensweisen[137] einen Bezug zur Beeinflussung der Aufenthaltsdauer herstellt, ohne dass ein konkretes Ergebnis oder ein Erfolg nachgewiesen sein muss im Sinne einer tatsächlichen Verlängerung der Aufenthaltsdauer.[138] Der 8. Senat des BSG knüpft jetzt nur an ein typisiertes (Regel-)Verhalten an. Liegt dieses Regelverhalten vor, ist der objektive Tatbestand des Rechtsmissbrauches nach der Rechtsprechung des BSG vom 17.06.2008[139] gegeben.

cc. Typik bei Mitwirkungspflichten

89 Problematisch an der typisierenden Betrachtungsweise ist, dass die Gesetzesmaterialien nur zwei zu missbilligende Verhaltensweisen (Passvernichtung, Identitätstäuschung) benennen. Bei anderen Verhaltensweisen, z.B. wie **unterlassene Mitwirkungspflichten** im Asyl- und Ausländerverfahren, bedarf es konkreter Feststellungen, welche Pflichten genau verletzt worden sind (vgl. Rn. 69 ff.). Eine typisierende Betrachtung des Kausalzusammenhanges – wie bei den in den Gesetzesmaterialien genannten Regelbeispielen – scheint hier allenfalls dann in Frage zu kommen, wenn der Verstoß gegen ausländerrechtliche Mitwirkungspflichten konkret festgestellt worden ist.

l. Leistungsausschluss auf Dauer?

90 Die Problematik einer „abstrakt-generellen Betrachtungsweise" zeigt sich auch daran, dass ein einmaliges missbilligtes Fehlverhalten auf Dauer angelegt sein soll. Es muss sich daher nicht wiederholen, es kann sogar revidiert werden und im aktuellen Leistungszeitraum keine Relevanz mehr haben (z.B. im Fall korrigierter Personalien und einer in der Vergangenheit liegenden Identitätstäuschung), ohne dass der dauerhafte Leistungsausschluss entfallen soll.[140] In Konsequenz kann diese „abstrakte Betrachtungsweise" bei erwachsenen Leistungsberechtigten zu einem **lebenslangen Ausschluss** von privilegierten Leistungen führen und bei Kindern mindestens **bis zur Vollendung des 18. Lebensjahres** (§ 2 Abs. 3 AsylbLG), wenn nicht ein schützenswerter, dauerhafter Aufenthaltsstatus erteilt wird, mit dem die Leistungsberechtigten aus dem Anwendungsbereich von § 1 AsylbLG herausfallen und die Möglichkeit des Zugangs zu anderen Sozialleistungssystemen (SGB II, SGB XII) eröffnet wird. Diese Konstellation ergibt sich z.B. bei dauerhaft in der Bundesrepublik geduldeten Ausländern, die weder einen rechtmäßigen Aufenthaltsstatus erlangen noch in ihr Heimatland abgeschoben werden. Verschärft wird diese Problematik dann noch, wenn z.B. Abschiebungshindernisse (§ 60 Abs. 7 AufenthG) festgestellt sind, so dass den Ausländern auch eine freiwillige Ausreise in ihr Heimatland unzumutbar geworden ist (z.B. bei dauerhafter Reiseunfähigkeit; familiäre Gründe). Ob dieser überaus

---

[135] Vgl. BSG v. 17.06.2008 - B 8/9b AY 1/07 R - juris Rn. 43 - BSGE 101, 49-70 m.w.N.
[136] So aber LSG Niedersachsen-Bremen v. 16.10.2007 - L 11 AY 28/05 - juris und LSG Niedersachsen-Bremen v. 16.10.2007 - L 11 AY 61/07 - juris - InfAuslR 2008, 138-142.
[137] So BT-Drs. 15/420, S. 121.
[138] So aber noch die vom BSG aufgegebene Rechtsprechung v. 08.02.2007 - B 9b AY 1/08 R - juris Rn. 18.
[139] BSG v. 17.06.2008 - B 8/9b AY 1/07 R - juris Rn. 43 - BSGE 101, 49-70.
[140] Vgl. BSG v. 17.06.2008 - B 8/9b AY 1/07 R - juris Rn. 41 - BSGE 101, 49-70.

strenge Maßstab des BSG im Einzelfall mit dem Verhältnismäßigkeitsgrundsatz und der Menschenwürde aus Art. 1 Abs. 1 GG i.V.m. dem Sozialstaatsgebot aus Art. 20 Abs. 1 GG und dem Schutz von Ehe und Familie aus Art. 6 Abs. 1 GG zu vereinbaren ist, ist überdenkenswert. Das AsylbLG beruht auf der **Grundannahme** eines **nur vorübergehenden** und **kurzen Aufenthalts** in der Bundesrepublik: Entweder wird Asyl gewährt oder die Ausländer verlassen die Bundesrepublik. Diese Grundannahme entspricht in der Praxis sehr oft nicht mehr den tatsächlichen Gegebenheiten. Tatsächlich halten sich geduldete Ausländer oft über viele Jahre oder Jahrzehnte in der Bundesrepublik auf, während dessen sich eine „faktische Integration" derart eingestellt hat, dass die ausreisepflichtigen Ausländer zwar einen gesicherten Aufenthaltsstatus nicht erhalten, noch die Behörde Anstrengungen unternimmt, die Ausländer in ihr Heimatland zurückzuführen. Die Kinder sind oftmals in der Bundesrepublik geboren und haben eine deutsche Schul- und Berufsausbildung absolviert. Solche Familien dauerhaft und generell auf dem Status von Leistungen unterhalb des soziokulturellen Existenzminimums zu halten mit der Folge eines gesellschaftlichen Ausschlusses an Teilhabe, begegnet durchgreifenden Bedenken. Um hier nicht zu völlig untragbaren Ergebnissen bei einem faktischen Daueraufenthalt der Leistungsberechtigten in der Bundesrepublik zu kommen, werden notwendige **Korrekturen** bei der Beurteilung der Rechtsmissbräuchlichkeit im Rahmen der **Verhältnismäßigkeitsprüfung** einzuziehen sein. Es wird auch in Erwägung zu ziehen sein, ob nach **einem gewissen Zeitablauf** dem Rechtsmissbrauch keine Bedeutung mehr beigemessen wird, wenn die Ausländer trotz ungesicherten Aufenthaltsstatus dauerhaft in der Bundesrepublik verbleiben und ihnen während eines langen Zeitraums ein rechtsmissbräuchliches Verhalten nicht erneut vorgeworfen werden kann. Dadurch könnte die fortwirkende Kausalität unterbrochen werden und berücksichtigt werden, dass bestimmte Ereignisse zu einer **Zäsur** im Aufenthalt der Ausländer führen. Denn unverhältnismäßig wäre es sicherlich, nicht mehr änderbares, zurückliegendes Fehlverhalten oder erst recht bereits korrigiertes Fehlverhalten unbegrenzt fortwirken zu lassen.[141] Die oben aufgezeigten Konstellationen können letztlich durch das **Sozialrecht nicht adäquat** gelöst werden, wenn der **Vollzug des Ausländerrechts** dauerhaft versagt und die Menschen nicht in ihre Heimat zurückkehren.

Nach weiterer Ansicht[142], die allerdings von einem hier nicht geteilten Grundverständnis des Normzwecks von § 2 AsylbLG ausgegangen wird, soll der Leistungsausschluss von § 2 Abs. 1 HS. 2 AsylbLG nicht dauerhaft sein, sondern solange (befristet) gelten, wie der Rechtsmissbrauch die Dauer des Aufenthalts tatsächlich (konkret) beeinflusst. Das hierfür angeführte Argument, dass die auf dem Grundsatz von Treu und Glauben basierende Rechtsmissbräuchlichkeit ihre zeitlichen Grenzen auch dort (in § 242 BGB) finden muss, ist hörenswert; ebenso das hieraus abgeleitete Argument, dass der Bezug von Grundleistungen wegen Rechtsmissbrauchs schließlich nicht dem Wechsel in einen rechtmäßigen Aufenthaltsstatus entgegenstehen muss.

Die Entscheidung des **BVerfG** v. 18.07.2012[143] (vgl. dazu Rn. 14, Rn. 19 ff.) deutet darauf hin, dass eine **dauerhafte, pauschale Leistungsabsenkung** unter das Sozialhilfeniveau **nicht mehr zulässig** sein wird. Dies folgt allein schon aus der Vorgabe des BVerfG, dass tatsächliche Bedarfe realitätsgerecht zu ermitteln sind und bei einem langjährigen Aufenthalt in Deutschland Minderbedarfe wohl kaum noch begründbar sein werden.

m. Ausnahme zum Kausalzusammenhang

aa. Abschiebestopp

Eine **Ausnahme** von der typisierenden Betrachtungsweise ist nach der Entscheidung des BSG dann angezeigt, wenn eine etwaige Ausreisepflicht unabhängig von dem Verhalten des Leistungsberechtigten „ohnehin in dem gesamten Zeitraum ab dem Zeitpunkt des Rechtsmissbrauchs nicht hätte vollzogen werden können". Als Anwendungsfall wird hier auf eine Erlasslage des zuständigen Innenministeriums rekurriert, die eine **Abschiebung** ohnehin nicht zugelassen hätte.[144]

---

[141] Zu solchen Überlegungen vgl. auch BVerwG v. 19.02.2009 - 5 C 22/08 - juris - BVerwGE 133, 153-164, zum Wegfall der sozialhilferechtlichen Fernwirkung eines in der Vergangenheit liegenden Verhaltens für den Einbürgerungsanspruch allein durch Zeitablauf; a.A. SG Hildesheim v. 23.11.2012 - S 42 AY 113/12 ER - juris Rn. 10, 11; und *Wahrendorf* in: Grube/Wahrendorf, SGB XII, 4. Aufl. 2012, § 2 AsylbLG Rn. 23.

[142] Vgl. D*eibel*, ZFSH/SGB 2011, 443, 447.

[143] Vgl. BVerfG v. 18.07.2012 - 1 BvL 10/10, 1 BvL 2/11 - BVerfGE 132, 134 = BSG SozR 4-3520 § 3 Nr. 2 = NVwZ 2012, 1024 = ZFSH/SGB 2012, 450.

[144] Vgl. BSG v. 17.06.2008 - B 8/9b AY 1/07 R - juris Rn. 44 - BSGE 101, 49-70.

94 Fraglich ist, welche Konstellationen hierunter fallen sollen, ob insb. die Unmöglichkeit der Abschiebung auf **rechtlichen Gründen** beruhen muss oder ob hierfür auch **tatsächliche Gründe** ausreichen. Fehlen z.B. Heimreisepapiere, die einer Rückkehr in die Heimat entgegenstehen, so ist zu prüfen, ob die Behörden die Ausländer ohne Heimreisepapiere überhaupt hätte abschieben können. Länder wie z.B. Syrien, Palästina verweigern bestimmten Personenkreisen (staatenlosen Kurden; Palästinensern, die nicht in den Selbstverwaltungsgebieten leben, vgl. Rn. 76 ff.) oftmals die Ausstellung von Heimreisepapieren, auch wenn sie wahre Angaben über Herkunft und Identität gemacht haben. Haben die Ausländer den Umstand der tatsächlich unmöglichen Ausreise **nicht zu vertreten** und ist gleichfalls die **Abschiebung** deshalb **tatsächlich unmöglich**, so liegt ein Ausnahmefall vor, der den Einwand der Rechtsmissbräuchlichkeit entkräftet. Die Darlegungs- und Beweislast für den Ausnahmefall liegt bei den Leistungsberechtigten.

bb. Passlosigkeit

95 Anzumerken bleibt, dass das BVerwG[145] auf der Grundlage von § 2 Abs. 1 in der Fassung des Ersten Änderungsgesetzes (vgl. Rn. 5) (a.F.) entschieden hat, dass **Passlosigkeit** allein die Durchführung einer Abschiebung in **tatsächlicher Hinsicht** hindere. Leistungsansprüche gem. § 2 Abs. 1 AsylbLG a.F. könnten deshalb nicht begründet werden, weil der Versagung des Leistungsanspruches nur humanitäre, rechtliche oder persönliche Gründe oder das öffentliche Interesse entgegenstünden.[146]

cc. Reiseunfähigkeit

96 Als weitere Ausnahme, die eine Durchbrechung der „abstrakten" Kausalität im Sinne einer konkreten Betrachtung des Einzelfalls erfordert, ist der Fall der **Reiseunfähigkeit** zu nennen, die einer Rückführung in das Heimatland entgegensteht. Diese Ausnahme greift regelmäßig erst dann, wenn die krankheitsbedingte Unmöglichkeit der Rückkehr während des gesamten Aufenthalts in der Bundesrepublik, also **ab Einreise**, bestand. Solche Konstellationen ergeben sich z.B., wenn die Leistungsberechtigten an posttraumatischen Belastungsstörungen leiden, die durch Schicksale und Ereignisse im Heimatland hervorgerufen worden sind.[147] Die Darlegungs- und Beweislast liegt beim Leistungsberechtigten. Fraglich bleibt allerdings die Konstellation, in der die dauerhafte Reiseunfähigkeit **zeitlich nach** einem etwaigen rechtsmissbräuchlichen Verhalten in der Bundesrepublik eingetreten ist. Es begegnet Zweifeln, ob eine dauerhafte Leistungsabsenkung zulässig ist, ggf. müsste hier unter dem Gesichtspunkt der Verhältnismäßigkeit eine Durchbrechung von der „abstrakten Kausalität" und eine Zäsur angenommen werden, um noch zu sachgerechten Ergebnissen mit Rücksicht auf Art. 1 GG und Art. 2 GG gerade bei lang- oder jahrzehntelangem Aufenthalt in der Bundesrepublik zu gelangen (vgl. Rn. 90).

dd. Schutz der Familie (Art. 6 Abs. 1 GG)

97 Der Schutz des Art. 6 Abs. 1 GG umfasst die **Familie als Lebens- und Erziehungsgemeinschaft**. Besteht tatsächlich eine Lebens- und Erziehungsgemeinschaft zwischen Ausländern und ihren heranwachsenden Kindern, die nur in der Bundesrepublik verwirklicht werden kann, so ist diese Gemeinschaft schutzwürdig, während in einem solchen Fall einwanderungspolitische Belange regelmäßig zurücktreten.[148] Wann eine familiäre Lebensgemeinschaft nur im Bundesgebiet geführt werden kann, beurteilt sich danach, ob einem Mitglied der Lebensgemeinschaft das Verlassen der Bundesrepublik nicht zumutbar ist. Dies ist bei einem minderjährigen Kind mit deutscher Staatsangehörigkeit angenommen worden[149] oder für ein minderjähriges Kind, das als Asylberechtigter anerkannt ist[150]. Es ist in solchen Fällen für das Kind unzumutbar, die familiäre Lebensgemeinschaft im Heimatland der Eltern fortzusetzen. In solchen Fällen kann auch den Eltern minderjähriger Kinder ein Recht zum Aufenthalt in der Bundesrepublik weder aus einwanderungspolitischen Gründen, noch wegen fehlender Sicherung des

---

[145] Vgl. BVerwG v. 03.06.2003 - 5 C 32/02 - Buchholz 436.02 § 2 AsylbLG Nr. 1.
[146] Vgl. auch OVG Niedersachsen v. 05.11.2003 - 4 LC 592/02 und OVG Niedersachsen v. 21.04.2004 - 4 ME 73/04.
[147] Vgl. dazu LSG Niedersachsen-Bremen v. 27.01.2009 - L 11 AY 122/08 ER; LSG Niedersachsen-Bremen v. 12.02.2009 - L 11 AY 94/08 ER.
[148] Vgl. BVerfG v. 08.12.2005 - 2 BvR 1001/04 - FamRZ 2006, 187-190 m.w.N. zur st. Rspr. im Ausländerrecht.
[149] Vgl. BVerfG v. 01.10.1992 - 2 BvR 1365/92 - InfAuslR 1993, 10.
[150] Vgl. BVerwG v. 13.11.2000 - 9 C 10/00 - Buchholz 402.25 § 26 AsylVfG Nr. 7.

Lebensunterhaltes, noch mit Rücksicht auf in der Vergangenheit begangene Verstöße gegen das Ausländerrecht versagt werden[151]. Für volljährige Kinder gilt diese Rechtsprechung allerdings nicht, da sie auf Betreuungsleistungen ihrer Eltern im Regelfall nicht mehr angewiesen sind.

Unter Berücksichtigung dieser ausländerrechtlichen Rechtsprechung wird man Ausländern ohne gesicherten Aufenthaltsstatus, selbst wenn sie sich rechtsmissbräuchlich verhalten haben, im Einzelfall nicht dauerhaft privilegierte Leistungen vorenthalten können. Denn sonst würde das AsylbLG, das schließlich als Leistungsrecht eine Annex-Funktion zum Ausländerrecht hat, härtere leistungsrechtliche Sanktionen vorsehen als das Ausländerrecht. In geeigneten Fällen ist daher zu prüfen, ob eine Durchbrechung der „abstrakten Kausalität" in Frage kommt unter Berücksichtigung der aufgezeigten Schutzwirkungen aus Art. 6 Abs. 1 GG. Die verwaltungsgerichtliche Rechtsprechung ist in geeigneten Konstellationen davon ausgegangen, dass ungeachtet des Verstoßes gegen aufenthaltsrechtliche Vorschriften eine Zäsur durch eine in der Bundesrepublik schützenswerte Lebens- bzw. Erziehungsgemeinschaft eingetreten ist und Art. 6 Abs. 1 GG ansonsten keine Geltung hätte verschafft werden können.[152] 98

Keine familieneinheitliche Leistungsgewährung: 99
Allerdings ist hierbei zu beachten, dass der Gesetzgeber die Ansprüche von Familienmitgliedern im AsylbLG als **individuelle Ansprüche** normiert und von Voraussetzungen abhängig gemacht hat, die jedes Familienmitglied selbst erfüllen muss (**keine Bedarfsgemeinschaft**)[153]. Auch das rechtsmissbräuchliche Verhalten muss höchstpersönlich verwirklicht werden und darf nicht etwa – wie unter Ehegatten es in der Behördenpraxis häufig erfolgt – einem Familienmitglied zugerechnet werden. Nicht unproblematisch ist es auch, eine familiäre Fernwirkung oder Ausstrahlungswirkung anzunehmen, die ein Familienmitglied, das rechtsmissbräuchlich gehandelt hat, nur deshalb in den Genuss höherwertiger Leistungen bringen soll, weil der Ehegatte oder Lebenspartner privilegierte Leistungen gem. § 2 Abs. 1 AsylbLG bezieht (vgl. Rn. 166). Schon unter der Geltung des BSHG war anerkannt, dass weder dem AsylbLG noch dem BSHG ein Rechtssatz zu entnehmen war, dass der leistungsrechtliche Status einer Familie vollständig den Regelungen des BSHG folgen müsse, wenn nur ein Mitglied nach dem BSHG leistungsberechtigt war.[154]

Vaterschaftsanerkennungen 100
Missbräuchlich ist eine **Vaterschaftsanerkennung**, wie § 27 Abs. 1a Nr. 1 AufenthG zu entnehmen ist, wenn sie ausschließlich erklärt wird, um dem Nachziehenden den Aufenthalt im Bundesgebiet zu ermöglichen, sie also weder zur Anerkennung der biologischen Vaterschaft erfolgt noch einer sozial-familiären Vater-Kind-Beziehung dient. Dabei lassen sich im Wesentlichen zwei Fallgruppen feststellen: Zum einen der Fall, dass ein ausländischer Mann ohne gesicherten Aufenthalt die Vaterschaft für das Kind einer unverheirateten Deutschen (oder einer Ausländerin mit gesichertem Aufenthalt) anerkennt. Zum anderen der Fall, dass ein deutscher Mann die Vaterschaft für das Kind einer unverheirateten ausländischen Mutter ohne gesicherten Aufenthalt anerkennt.[155] Auf beide Fallgruppen findet § 27 Abs. 1a AufenthG auch Anwendung, weil in beiden Fällen ein Verwandtschaftsverhältnis, nämlich zwischen dem anerkennenden Vater und dem Kind, begründet wird, um für Ausländer den Aufenthalt im Bundesgebiet zu ermöglichen. Die **Wirksamkeit** einer solchen **Vaterschaftsanerkennung** – also der Status des deutschen Kindes – im Familien- und Staatsangehörigkeitsrecht wird dadurch aber nicht in Frage gestellt. D.h., die deutsche Vaterschaft steht für solche Kinder für die Dauer der Wirksamkeit der Vaterschaftsanerkennung im rechtlichen Sinne fest. Diese Regelung dient schließlich der Rechtssicherheit.[156] Die durch Vaterschaftsanerkennung begründete Vaterschaft (§ 1592 Nr. 2 BGB) gilt erst dann nicht mehr, wenn aufgrund einer Anfechtung rechtskräftig festgestellt wird, dass der Anerkennende nicht der Vater des Kindes ist (§ 1599 Abs. 1 BGB). D.h., selbst eine bewusst wahrheitswidrige, in rechtsmissbräuchlicher Absicht erklärte Vaterschaftsanerkennung ist solange als wirksam

---

[151] So VGH München v. 22.07.2008 - 19 CE 08.781 - juris - InfAuslR 2009, 158-162 und bestätigend OVG Niedersachsen v. 08.12.2008 - 8 LA 72/08 - InfAuslR 2009, 104.

[152] Vgl. ausführlich VGH München v. 22.07.2008 - 19 CE 08.781 - InfAuslR 2009, 158-162.

[153] Vgl. dazu BSG v. 24.03.2009 - B 8 AY 10/07 R - juris Rn. 20 - BSGE 103, 28-34.

[154] Vgl. BVerwG v. 28.09.2001 - 5 B 94/00 - FEVS 53, 111 = SAR 2002, 20 und vorgehend OVG Niedersachsen v. 21.06.2000 - 12 L 3349/99 - juris - NdsRpfl 2001, 32-33.

[155] Vgl. die Begründung des Gesetzentwurfs der Bundesregierung zur Ergänzung des Rechts zur Anfechtung der Vaterschaft, BT-Drs. 16/3291, S. 1 und 9 f.

[156] Vgl. BT-Drs. 13/4899, S. 85 und BT-Drs. 16/3291, S. 10 ff m.w.N.

anzusehen, wie sie nicht erfolgreich angefochten worden ist.[157] Bevor nicht durch **gerichtliche rechtskräftige Feststellung** feststeht, dass die **Vaterschaftsanerkennung rechtsmissbräuchlich** erfolgt ist, kann den Ausländern dies auch nicht als rechtsmissbräuchliches Verhalten gem. § 2 Abs. 1 AsylbLG vorgehalten werden.[158]

101 Die Regelung über die **behördliche Vaterschaftsanfechtung** (§ 1600 Abs. 1 Nr. 5 BGB) der Vaterschaftsanerkennung (§ 1592 Nr. 2 BGB) bei vermuteter Umgehung des Aufenthaltsrechts hat das BVerfG[159] für **verfassungswidrig** erklärt, weil die Norm gegen das absolute Verbot der Entziehung der Staatsangehörigkeit des Kindes verstößt.

ee. Faktische Inländereigenschaft (Art. 8 EMRK)

102 Das Recht auf Achtung des Privatlebens schützt **Art. 8 Abs. 1 ERMK**. Dieses Recht umfasst die Summe der persönlichen, gesellschaftlichen und wirtschaftlichen Beziehungen, die für das Privatleben eines jeden Menschen konstitutiv sind und der angesichts der zentralen Bedeutung dieser Bindung für die freie Entfaltung der Persönlichkeit insb. bei fortschreitender Dauer des Aufenthalts wachsende Bedeutung zukommt. Ein Eingriff in diese Rechte muss gem. **Art. 8 Abs. 2 EMRK** eine notwendige Maßnahme darstellen und mit Blick auf das verfolgte legitime Ziel verhältnismäßig sein.[160] Dies gilt auch bei einem durchgängig geduldeten, **ungesichertem Aufenthaltsstatus** des Leistungsberechtigten, wenn eine entsprechende Verwurzelung in der Bundesrepublik eingetreten ist.[161] Das BVerfG hat sehr deutlich die **Anforderungen an eine Integration** festgelegt, die von Relevanz für eine unzumutbare Rückkehr in das Heimatland zu prüfen sind: soziale Kontakte, familiäre Bindungen in der Bundesrepublik, wirtschaftliche Eigenständigkeit, Sprachkenntnisse, Dauer des Aufenthaltes, strafrechtliche Verfehlungen; sowie im Hinblick auf die **Entwurzelung**: die familiären, sozialen Bindungen an das Herkunftsland, dortige Aufenthaltsdauer, Sprachkenntnisse, dies alles unter dem Gesichtspunkt einer noch **zumutbaren Reintegration** in das Herkunftsland.[162]

103 Die „**faktische Inländereigenschaft**" ist daher auch als rechtliches Hindernis i.S.v. Art. 8 Abs. 2 EMRK erachtet worden, die einem Rechtsmissbrauch i.S.v. § 2 Abs. 1 AsylbLG entgegenstehen kann Dies ist z.B. nach einem 20-jährigen Aufenthalt in der Bundesrepublik seit Beginn des Kindesalters angenommen worden, ohne dass entscheidend auf die eigene wirtschaftliche Selbständigkeit abgestellt wurde, mithin der Sozialleistungsbezug unschädlich war[163]. Im Hinblick auf die soziale Integration und die Anforderungen an die wirtschaftliche Selbständigkeit können sicherlich nicht dieselben Anforderungen wie bei Ausländern außerhalb des Leistungssystems des AsylbLG gestellt werden.

104 Nach der Rechtsprechung des **BSG** vom 17.06.2008 dürfte Art. 8 Abs. 2 EMRK kein rechtliches Hindernis sein, das der Rechtsmissbräuchlichkeit entgegensteht. Der 9. Senat des BSG hatte dies zunächst unter Hinweis auf eine zwischenzeitlich erworbene faktische Inländereigenschaft und Bezugnahme auf Art. 8 ERMK in der Entscheidung vom 08.02.2007 ausdrücklich bejaht.[164] Hiervon hat sich der 8. Senat des BSG in den Urteilen vom 17.06.2008[165] und erneut im Urteil vom 02.02.2010[166] sehr klar distanziert und entschieden, dass auch eine zwischenzeitliche Integration in die Bundesrepublik den Missbrauchsvorwurf nicht ausräumen könne.

---

[157] Vgl. OVG Rheinland-Pfalz v. 06.03.2008 - 7 A 11276/07 - AS RP-SL 36, 100-107; OVG Hamburg v. 24.10.2008 - 5 Bs 196/08 - InfAuslR 2009, 19-20.
[158] Vgl. LSG Niedersachsen-Bremen v. 15.06.2009 - L 11 AY 27/09 B ER - juris.
[159] Vgl. BVerfG v. 17.12.2013 - 1 BvL 6710 - juris.
[160] Vgl. BVerfG v. 10.05.2007 - 2 BvR 304/07 - InfAuslR 2007, 275-279 - m.w.N. für die Rspr. des EuGH.
[161] Vgl. VGH Baden-Württemberg v. 03.11.2008 - 11 S 2235/08 - InfAuslR 2009, 72 m.w.N. zur neueren Rspr. des EuGH; vgl. auch OVG Berlin-Brandenburg v. 23.02.2007 - OVG 11 S 87.06 - InfAuslR 2007, 236, a.A. zur Notwendigkeit eines gesicherten Aufenthaltsstatus für die Anwendbarkeit von Art. 8 EMRK vgl. OVG Niedersachsen v. 17.07.2008 - 8 ME 42/08 - juris und OVG Niedersachsen v. 08.12.2008 - 8 LA 72/08 - InfAuslR 2008, 104; hiergegen insb. EGMR v. 31.07.2008 - 265/07 - InfAuslR 2008, 421 - Omoregie, der eine Verletzung von Art. 8 EMRK ausnahmsweise bei unrechtmäßigem Aufenthaltsstatus annimmt.
[162] Vgl. BVerfG v. 10.05.2007 - 2 BvR 304/07 - InfAuslR 2007, 275-279 m.w.N. für die Rspr. des EuGH.
[163] Vgl. LSG Niedersachsen-Bremen v. 17.10. 2007 - L 11 AY 15/07 ER - juris - NdsRpfl 2008, 199-201.
[164] Vgl. BSG v. 08.02.2007 - B 9b AY 1/06 R - juris Rn. 27 f. - SozR 4-3520 § 2 Nr. 1.
[165] BSG v. 17.06.2008 - B 8 AY 11/07 R - juris Rn. 14 - info also 2009, 40; BSG v. 17.06.2008 - B 8 AY 12/07 R - juris Rn. 14 - info also 2009, 40; BSG v. 17.06.2008 - B 8 AY 13/07 R - juris Rn. 15 - info also 2009, 40.
[166] BSG v. 02.02.2010 - B 8 AY 1/08 R.

Eine **Lösung** dieser Problematik könnte darin liegen, dass im Einzelfall unter dem Gesichtspunkt des **Verhältnismäßigkeitsgrundsatzes** solche Konstellationen berücksichtigt werden, in denen eine faktische Integration – ungeachtet des vorangegangenen Rechtsmissbrauches (z.B. bei ausgeräumten Verstößen gegen ausländerrechtliche Vorschriften, wie etwa nachgeholte Mitwirkungshandlungen) – eingetreten ist. Der „abstrakte Kausalzusammenhang" wäre in solchen Konstellationen durch eine **Zäsur** durchbrochen. Es gibt keinen Grund, Art. 8 EMRK nicht auch auf geeignete Konstellationen des Leistungsrechts anzuwenden.

n. Die subjektive Komponente

aa. Doppelter Vorsatz

Die subjektive Komponente der Rechtsmissbräuchlichkeit setzt einen **doppelten Vorsatz** voraus. Der Vorsatz muss sich auf alle **objektiven Umstände** des **missbilligten Fehlverhaltens** beziehen **und** auf den „typisierten" **Kausalzusammenhang** gleichermaßen; d.h. die Leistungsberechtigten müssen in voller Kenntnis des ihnen vorgeworfenen Verhaltens handeln und dieses Fehlverhalten auch wollen; sie müssen sich auch über den aufenthaltsverlängernden typisierten Charakter ihres Fehlverhaltens bewusst sein und dieses ebenfalls wollen.[167]

bb. Einsichtsfähigkeit Minderjähriger

Bei **minderjährigen Kindern** ist besonders die **Einsichtsfähigkeit** beim Verschulden zu prüfen, ob ihre altersgemäße, persönliche Reife einen Verschuldensvorwurf im Sinne eines doppelten Vorsatzes erlaubt. Für die Minderjährigkeit ist nach den allgemeinen Vorschriften des BGB (§ 2 BGB) auf die Vollendung des 18. Lebensjahres abzustellen und **nicht** auf die auf Vollendung des 16. Lebensjahres vorgezogene aktive und passive **Handlungsfähigkeit** in Verfahren nach dem Aufenthaltsgesetz (vgl. § 80 Abs. 3 Satz 1 AufenthG).

cc. Fahrlässigkeit

Ein **lediglich fahrlässiges** Verhalten bezogen auf das missbilligte Verhalten oder auch nur bezogen auf den „typisierten" Kausalzusammenhang reichen angesichts der mit dem Vorwurf der Rechtsmissbräuchlichkeit verbundenen Schwere der Sanktion nicht aus.

dd. Bedingter Vorsatz

Auch ein **bedingt vorsätzliches Verhalten** reicht nicht aus, wenn die aufenthaltsverlängernde Beeinflussung nur als Folge des Handelns in Kauf genommen oder hingenommen wird, nicht aber unbedingt gewollt wird.

o. Rechtfertigung

Das objektiv und subjektiv festgestellte rechtsmissbräuchliche Verhalten kann u.U. dann gerechtfertigt sein, wenn die Leistungsberechtigten davon ausgegangen sind, dass das inkriminierte Verhalten wegen rechtswidrigen oder rechtsmissbräuchlichen Verhaltens des Staates „gerechtfertigt" ist. Dann entfällt der Schuldvorwurf der Sozialwidrigkeit. Die im Strafrecht entwickelten Grundsätze des **Irrtums** über die tatbestandlichen Voraussetzungen eines **Rechtfertigungsgrundes** sollen hierbei herangezogen werden können.[168] Dann ließe sich die sog. „Vorsatzschuld" nicht feststellen, mit der Folge, dass es allenfalls beim Vorwurf der Fahrlässigkeit verbleibt, der aber nicht ausreichend ist, um den Vorwurf der Sozialwidrigkeit des Verhaltens zu begründen. Praktische Fälle hierzu sind bisher nicht bekannt, mithin von den Instanzgerichten noch nicht entschieden worden; diese – dem Strafrecht entlehnte Prüfung – dürfte die Behörden vor Ort regelmäßig überfordern.

Nach einer Ansicht soll es auf rechtsmissbräuchliches Verhalten des Staates bei der Prüfung der Versagung von privilegierten Leistungen nicht ankommen[169]. Dem ist nicht zu folgen, weil sich derjenige nicht auf treuwidriges Verhalten berufen kann, der sich selbst treuwidrig verhält.

---

[167] Vgl. BSG v. 17.06.2008 - B 8/9h AY 1/07 R - juris Rn. 39 - BSGE 101, 49-70.
[168] Vgl. BSG v. 17.06.2008 - B 8/9b AY 1/07 R - juris Rn. 39 - BSGE 101, 49-70.
[169] So *Deibel*, ZFSH/SGB 2011, 443, 448.

p. Darlegungs- und Beweislast

112 Die Behörde muss den Vorwurf der rechtsmissbräuchlichen Selbstbeeinflussung der Aufenthaltsdauer erheben und darlegen. Sie muss alle objektiven Umstände vortragen, die diesen Vorwurf begründen können. Bleiben danach begründete Zweifel an dem Vorliegen des rechtsmissbräuchlichen Verhaltens, so geht die **Nichterweislichkeit zulasten** der **Behörde**. In rechtsdogmatischer Hinsicht handelt es sich bei der Rechtsmissbräuchlichkeit um eine **anspruchsausschließende Einwendung**[170], die von Amts wegen zu prüfen ist.

113 Die Behörde muss auch die **subjektive Komponente** beweisen (Vorsatz bzgl. der tatsächlichen, objektiven Umstände und Vorsatz bezogen auf die Beeinflussung der Dauer des Aufenthalts). Beim Vorliegen von objektivem, **typischem Fehlverhalten** wie der Vernichtung des Passes oder einer Identitätstäuschung wird aus den objektiven, indizierten Umständen regelmäßig auf das Vorliegen der subjektive Komponente zu schließen sein; insb. dann, wenn sich der Ausländer nicht zu dem Vorwurf der objektiven Rechtsmissbräuchlichkeit einlässt oder er den Vorwurf nicht in Abrede stellt. Entkräftet der Ausländer dieses typische Fehlverhalten durch eine nachvollziehbare und plausible **Einlassung**, so kann der Vorwurf der Rechtsmissbräuchlichkeit ausgeräumt werden. Zweifel an der Nichterweislichkeit des Rechtsmissbrauches unter Würdigung der subjektiven Komponente gehen zulasten der Behörde.

114 Bei Fehlverhalten, das nicht von vornherein einer objektiven Typik entspricht (z.B. Durchführung von Asylfolgeverfahren; zeitweise unterlassene, zögerliche Mitwirkung; nicht hingegen völlige Verweigerungshaltung bei den Mitwirkungshandlungen), wird der **Aufklärung der subjektiven Komponente** ein wesentlich größeres Gewicht beizumessen sein. Hier werden die Ausländer nach der Motivation ihres Handelns befragt werden müssen.

115 Zur Aufklärung der subjektiven Komponente sollte die **persönliche Befragung** ohnehin regelmäßig durchgeführt werden. Dies nicht zuletzt deshalb, weil es um die Feststellung eines persönlichen Schuldvorwurfs geht, von dem der Tatrichter mit an Sicherheit grenzender Wahrscheinlichkeit überzeugt sein muss. Verbleibende Zweifel gehen zulasten der Behörde.

V. Rechtsfolge von Absatz 1 – Entsprechende Anwendung des SGB XII

1. Normzweck

116 § 2 Abs. 1 AsylbLG ordnet bei Vorliegen der tatbestandlichen Voraussetzungen (erfüllte Vorbezugszeit, keine Rechtsmissbräuchlichkeit) die Anwendung des SGB XII an, und zwar abweichend von den §§ 3-7 AsylbLG. Diese Verweisung auf die entsprechende Anwendung des SGB XII bezweckt eine leistungsrechtliche Privilegierung der Ausländer im Sinne von § 1 Abs. 1 AsylbLG, die seit mindestens 48 Monaten (vormals mindestens 36 Monaten) Leistungen gem. § 3 AsylbLG bezogen haben und denen nicht der Vorwurf der Rechtsmissbräuchlichkeit entgegengehalten werden kann. Liegen diese Voraussetzungen vor, so tritt eine **leistungsrechtliche Privilegierung** ein, die diesen Personenkreis auf das Leistungsniveau der Sozialhilfe bringt (sog. **Analog-Berechtigte**). In der Praxis hat dieser Verweis große Bedeutung, weil viele Leistungsberechtigte gerichtlich – im Wege des vorläufigen Rechtsschutzes – überprüfen lassen, ob sie die Privilegierung für sich und ihre Familie beanspruchen können, die neben höheren Regelleistungen auch noch weitere bedeutende Privilegien, wie z.B. den gesetzlichen Krankenversicherungsschutz, nach sich zieht.

117 In den Kreis der Analog-Berechtigten sollen nach der Intention des Gesetzgebers nur solche Ausländer fallen, die bereits seit mindestens vier Jahren im Leistungsbezug stehen. Denn mit zunehmender Aufenthaltsdauer in der Bundesrepublik entsteht ein **gesteigertes Bedürfnis** nach Angleichung an die hiesigen Lebensverhältnisse und nach einer besseren **sozialen Integration**[171].

2. Keine Gleichstellung

118 Die Verweisung in Absatz 1 enthält allerdings **keine Gleichstellung** von Leistungsberechtigten nach dem AsylbLG und dem SGB XII. Die Vorschriften sind nur entsprechend und nicht direkt oder unmittelbar auf diesen Personenkreis anzuwenden. Dies wird auch durch § 9 Abs. 1 AsylbLG und § 23 Abs. 2 SGB XII deutlich, die klar regeln, dass Leistungsberechtigte nach dem AsylbLG keine Leistungen der Sozialhilfe (SGB XII) erhalten.

---

[170] Vgl. BSG v. 08.02.2007 - B 9b AY 1/06 R - juris Rn. 29 - SozR 4-3520 § 2 Nr. 1.

[171] Vgl. BT-Drs. 12/5008, S. 15 und zuletzt BT-Drs. 16/5065, S. 232.

3. Dogmatische Einordnung

Es ist umstritten, ob es sich um eine **Rechtsfolgenverweisung**[172] oder um eine **Rechtsgrundverweisung**[173] handelt. Nach weiterer Ansicht[174] soll es sich um eine „**dynamische Verweisung**" handeln, die grundsätzlich alle Vorschriften des SGB XII in Bezug nimmt. Das BSG hat dahinstehen lassen, ob es sich um eine Rechtsfolgen- oder Rechtsgrundverweisung handelt, ebenso ob eine solche Systematisierung überhaupt möglich und erforderlich ist.[175] 119

Diese **Unterscheidung** ist eher akademischer Art und hilft in der Praxis kaum weiter. Die Lösung kann an dieser Stelle daher offen gelassen werden. Viel wichtiger ist es, bei der praktischen Anwendung zu prüfen, ob und in welchem Umfang die Vorschriften des SGB XII auf die Leistungsberechtigten nach dem AsylbLG entsprechende Anwendung finden. Die Verweisung in § 2 Abs. 1 AsylbLG erfasst dem Wortlaut nach den gesamten Regelungsbereich des SGB XII. Der Geltungsumfang im Einzelnen ist aber nicht unproblematisch und nur anhand der jeweiligen Vorschrift zu klären. 120

4. Die Abweichung

Die Formulierung „**Abweichend von den §§ 3 bis 7**" AsylbLG enthält einen wichtigen Hinweis auf den Geltungsumfang des SGB XII. Die §§ 3-7 AsylbLG regeln das Leistungsverhältnis zwischen dem Leistungsberechtigten und dem Leistungsträger (§ 3 AsylbLG: Grundleistungen; § 4 AsylbLG: Leistungen bei Krankheit, Schwangerschaft und Geburt; § 5 AsylbLG: Arbeitsgelegenheiten; § 6 AsylbLG: Sonstige Leistungen und § 7 AsylbLG: Einkommen und Vermögen). Alle in diesem Kontext stehenden Vorschriften des SGB XII, die also das **Leistungsverhältnis** betreffen, sollen daher entsprechende Anwendung finden, wie die Art, Form und Umfang der Leistungsgewährung einschließlich der Frage der Anrechnung von Einkommen und Vermögen[176]. Zugleich ist der Abweichung zu entnehmen, dass die §§ 1, 7a ff. AsylbLG uneingeschränkte Anwendung finden. 121

5. Besonderheiten des AsylbLG

Bei der Prüfung der entsprechenden Anwendung der Vorschriften des SGB XII ist vor allem zu beachten, dass diese nur dann Anwendung finden können, wenn sie den **Besonderheiten des AsylbLG** hinreichend Rechnung tragen und nicht anderweitige Regelungen im AsylbLG vorrangige Anwendung finden. Diese Prüfung ist insbesondere unter Berücksichtigung von Entstehungsgeschichte und Gesetzeszweck des AsylbLG vorzunehmen und mit dem Regelungszweck der relevanten Normen des SGB XII abzugleichen. Nur so kann ermittelt werden, ob eine entsprechende Anwendung einzelner Normen für die Leistungsberechtigten des AsylbLG sachgerecht ist oder nicht. 122

Besonders gewichtige Aspekte, die in diese Prüfung einzubeziehen sind, sind der vom Gesetzeszweck angedachte, nur **vorübergehende Aufenthalt** der Leistungsberechtigten des AsylbLG und der **nicht verfestigte ausländerrechtliche Aufenthaltsstatus** im Sinne von § 1 Abs. 1 AsylbLG. Andererseits sind sachgemäße Differenzierungen aufgrund des konkreten Lebenssachverhaltes angezeigt, wie etwa wenn Leistungsberechtigte sich in keiner Weise mehr vorübergehend, sondern **langjährig in der Bundesrepublik aufhalten**, weil mit der Länge der Aufenthaltsdauer ohne Zweifel auch das Bedürfnis an sozialer Integration steigt und die Prognose einer alsbaldigen Rückkehr in das Heimatland naturgemäß sinkt. 123

6. Entsprechende Anwendung einzelner Normen

a. § 1 SGB XII

Die Aufgabe der Sozialhilfe, die Führung eines menschenwürdigen Lebens zu ermöglichen, gilt entsprechend. 124

b. § 2 SGB XII

Der Nachrang der Sozialhilfe gilt auch für das AsylbLG entsprechend. 125

---

[172] So wohl *Hohm* in: GK-AsylbLG, Stand März 2007, § 2 Rn. 94 ff. m.w.N.
[173] So *Decker* in: Oestreicher, SGB XII/SGB II/AsylbLG, § 2 Rn. 21 m.w.N.
[174] So *Wahrendorf* in: Grube/Wahrendorf, SGB XII, 4. Aufl. 2012, § 2 AsylbLG Rn. 32; ebenso LSG Nordrhein-Westfalen v. 23.05.2011 - L 20 AY 19/08 - juris Rn. 30.
[175] Vgl. BSG v. 09.06.2011 - B 8 AY 1/10 - juris Rn. 15 m.w.N. - BSG SozR 4-1300 § 44 Nr. 22.
[176] Vgl. OVG Mecklenburg-Vorpommern v. 26.05.1994 - 2 M 51/94 - NVwZ 1994, Beilage 6, 46-47.

§ 2 AsylbLG

c. §§ 8-16 SGB XII

126 Diese Vorschriften enthalten Grundsätze über die Leistungsgewährung der Sozialhilfe. Sie betreffen das Leistungsverhältnis zwischen Leistungsberechtigten und Leistungsträger. Alle Vorschriften finden entsprechende Anwendung. Weshalb § 14 SGB XII, der den Vorrang von Prävention und Rehabilitation regelt, und § 15 SGB XII, der die vorbeugende und nachgehende Leistungen regelt, keine Anwendung finden sollen[177], erschließt sich nicht. Insbesondere bei langjährigem Aufenthalt in der Bundesrepublik kann es zu Lebenssituationen kommen, die vorbeugende bzw. nachgehende Hilfen wie auch Leistungen zur Prävention und Rehabilitation erfordern. Anders kann der Lebenssachverhalt zu beurteilen sein, wenn die Rückkehr in das Heimatland in einem absehbaren Zeitraum bevorsteht.

d. §§ 17-26 SGB XII

127 Diese Vorschriften regeln den Anspruch auf Leistungen.

128 Zu § 17 Abs. 2 SGB XII, soweit er die Art der Leistungserbringung regelt (Geld- oder Sachleistung), enthält § 2 Abs. 2 AsylbLG eine **besondere Ermessensermächtigung** für die Form der Leistung bei der Unterbringung von Analog-Berechtigten (§ 2 Abs. 1 AsylbLG) in Gemeinschaftsunterkünften. Regelmäßig sind diese Leistungen als Geldleistungen zu gewähren, es sei denn die örtlichen Umstände rechtfertigen die Gewährung von Sachleistungen (vgl. § 2 Abs. 2 AsylbLG).

129 § 18 SGB XII (Einsetzen der Sozialhilfe, sog Kenntnisgrundsatz) ist im AsylbLG nicht analog anzuwenden[178], § 19 SGB XII (Leistungsberechtigte) mit der Besonderheit von § 2 Abs. 3 AsylbLG, der die Anspruchsvoraussetzungen für minderjährige Kinder einschränkt, § 20 SGB XII (eheähnliche Gemeinschaft), § 22 SGB XII (Sonderregelungen für Auszubildende) geltend entsprechend. § 25 SGB XII (Erstattung von Aufwendungen anderer), der Erstattungsanspruch des Nothelfers gelten im AsylbLG entsprechend[179]; nach Auffassung des BSG aber findet § 25 SGB XII wegen der völlig anderen Struktur des AsylbLG keine Anwendung; von einer Lücke im AsylbLG sei nicht auszugehen.[180] § 26 SGB XII (Einschränkung, Aufrechnung) – auch diese Vorschriften finden im Leistungsverhältnis nach dem AsylbLG entsprechende Anwendung. Eine spezielle Möglichkeit der Leistungseinschränkung enthält § 1a Nr. 2 AsylbLG, wenn aufenthaltsbeendende Maßnahmen aus von den Leistungsberechtigten zu vertretenden Gründen nicht vollzogen werden können.

130 Nicht entsprechend anzuwenden: § 21 SGB XII, der Sondervorschriften für Leistungsberechtigte nach dem SGB II enthält. Leistungsberechtigte nach § 1 Abs. 1 AsylbLG sind vom Leistungssystem des SGB II (sog. Hartz IV) ausgeschlossen, § 7 Abs. 1 Satz 2 Nr. 3 SGB II, auch wenn sie Anspruch auf privilegierte Leistungen gem. § 2 Abs. 1 AsylbLG haben[181]. Das AsylbLG enthält ein geschlossenes Leistungssystem für Ausländerinnen und Ausländer mit einem nicht verfestigten ausländerrechtlichen Aufenthaltsstatus.

131 Für § 23 SGB XII (Sozialhilfe für Ausländerinnen und Ausländer, vormals § 120 BSHG) gilt nach den einzelnen Absätzen Folgendes: **Absatz 1** ist entsprechend anzuwenden, soweit er den Leistungsumfang des Hilfeanspruches (Grundversorgung) und die im Ermessen der Behörde stehenden Leistungen regelt.[182] Zu **Absatz 2**, der ausdrücklich normiert, dass Leistungsberechtigte nach § 1 AsylbLG keine Leistungen der Sozialhilfe erhalten, enthält § 9 Abs. 1 AsylbLG die speziellere Regelung. Für die hier interessierende Anwendung von § 23 SGB XII enthält Absatz 2 keine Aussage. Zu **Absatz 3** (soweit die Einreise zum Zwecke der Sozialhilfe gemeint ist) ist kein Grund ersichtlich, warum der Personenkreis von § 2 AsylbLG vom Anwendungsbereich der Vorschrift erfasst sein sollte[183]. Daneben enthält § 1a Nr. 1 AsylbLG für den dort genannten Personenkreis eine spezielle Sanktionsnorm, die die Leistungseinschränkung im Fall der missbräuchlichen Einreise normiert. Leistungsberechtigte, die

---

[177] So *Hohm* in: GK-AsylbLG, Stand 2006, § 2 Rn. 183.

[178] Vgl. BSG v. 30.10.2013 - B 7 AY 2/12 R - juris Rn. 20 - für BSGE und SozR 4 vorgesehen; OVG Lüneburg v. 17.10.2001 - 4 LB 1109/01; OVG Nordrhein-Westfalen v. 28.05.2008 - 12 A 702/07.

[179] Vgl. SG Gelsenkirchen v. 29.05.2006 - S 2 AY 20/05 - juris - ZfF 2007, 132.

[180] Vgl. BSG v. 30.10.2013 - B 7 AY 2/12 R - juris Rn. 21 ff. - für BSGE und SozR 4 vorgesehen.

[181] Vgl. BSG v. 13.11.2008 - B 14 AS 24/07 R - juris Rn. 25, 31 - BSGE 102, 60-68 und BSG v. 16.12.2008 - B 4 AS 40/07 R - juris Rn. 25 - SGb 2009, 358.

[182] Vgl. *Wahrendorf* in: Grube/Wahrendorf, SGB XII, 4. Aufl. 2012, § 2 AsylbLG Rn. 41 f.; *Hohm* in: GK-AsylbLG, Stand Februar 2006, § 2 Rn. 156 ff.; BT-Drs. 12/5008, S. 15.

[183] Vgl. *Wahrendorf* in: Grube/Wahrendorf, SGB XII, 4. Aufl. 2012, § 23 Rn. 41 ff; *Hohm* in: GK-AsylbLG, Stand Februar 2006, § 2 Rn. 165 ff.

diese Sanktionsnorm erfüllen, erhalten regelmäßig keine Leistungen gemäß § 2 AsylbLG, weil dieses Verhalten zugleich rechtsmissbräuchlich i.S.v. § 2 Abs. 1 AsylbLG ist. Zu den **Absätzen 4** und **5** existieren mit § 11 Abs. 1 und 2 AsylbLG spezielle Vorschriften.

Nicht entsprechend anzuwenden: **§ 24 SGB XII** (Sozialhilfe für Deutsche im Ausland). 132

e. §§ 27-40 SGB XII

Die Vorschriften regeln die Hilfe zum Lebensunterhalt. Alle Vorschriften des dritten Kapitels des SGB XII sind entsprechend anwendbar. Von besonderer praktischer Bedeutung sind: **§ 28 SGB XII**, der das im Vergleich zu den Grundleistungen gem. § 3 AsylbLG höhere Leistungsniveau der Regelsätze im Bereich der Sozialhilfe gewährt. Ferner gehört zu den unmittelbaren Rechtswirkungen der leistungsrechtlichen Privilegierung, dass die Leistungsträger die Kranken- und Pflegeversicherungsbeiträge für die Analog-Leistungsberechtigten übernehmen, **§ 32 SGB XII**. Anstelle der Aushändigung von Leistungsberechtigungsscheinen für die ärztliche Behandlung im Sinne von § 4 AsylbLG kommen sie damit in die gesetzliche Krankenversicherung und in den Besitz einer elektronischen Chip-Karte. Gerade bei chronischen Erkrankungen ist der Krankenversicherungsschutz damit erheblich verbessert. Im Fall eines Anspruchs auf Analogleistungen gem. § 2 AsylbLG erfolgt die **Krankenbehandlung** gem. § 264 Abs. 2 SGB V durch die zuständige Krankenkasse; die als solche keine Leistung nach dem SGB XII erbringt.[184] 133

Seit Inkrafttreten des Gesetzes zur Ermittlung von Regelbedarfen und zur Änderungen des SGB II und des SGB XII vom 24.03.2011[185] sind in dem neu geregelten 3. Kapitel der Hilfe zum Lebensunterhalt mit den **§§ 34, 34a SGB XII** Leistungen für **Bildung und Teilhabe** normiert, die den Leistungen des SGB II insofern vollständig entsprechen. Das Einfügen dieser Normen geht auf die Entscheidung des **BVerfG** vom 09.02.2010[186] zurück, wonach **Kinder keine kleinen Erwachsenen** sind und deshalb der Gesetzgeber altersspezifische Bedarfe von Kindern und Jugendlichen bei der Bemessung existenzsichernder Leistungen stärker berücksichtigen musste. Mit diesen Leistungen sollten insbesondere von Armut bedrohte Kinder und Jugendliche zielgerichtet gefördert werden.[187] Vom AsylbLG erfasste Kinder und Jugendliche sind zweifelsohne von Armut besonders bedroht. Doch genau dieser Befund trifft den neuralgischen Punkt des AsylbLG, mit dem die Verfestigung und Integration der in den Anwendungsbereich von § 1 AsylbLG fallenden Ausländer und ihrer Familien einerseits vermieden werden sollte (vgl. Rn. 2 f.), andererseits nach erst ein-, jetzt immerhin vierjähriger Aufenthaltsdauer in der Bundesrepublik Bedürfnisse nach einer besseren Integration zweifelsohne entstanden sind (vgl. Rn. 2, Rn. 8). Doch selbst in Deutschland geborene Kinder, deren Eltern Leistungsbezieher gem. § 2 AsylbLG sind, fallen von vornherein während der **ersten 48 Lebensmonate** aus dem privilegierten Leistungssystem heraus (§ 2 Abs. 3 AsylbLG) und sind deshalb **nicht vom Anwendungsbereich der §§ 34, 34a SGB XII erfasst**. Für Kinder und Jugendliche zwischen dem **4. Lebensjahr bis zum 18. Lebensjahr**, die die Voraussetzungen **von § 2 Abs. 1, Abs. 3 AsylbLG** erfüllen (vgl. Rn. 172 ff.), gelten die Vorschriften der **§§ 34, 34 a SGB XII entsprechend** (Leistungen für Schul-, Kita- und Klassenfahrten, persönlicher Schülerbedarf, Schülerbeförderung, Lernförderung gemeinschaftliche Mittagsverpflegung, Teilhabe am sozialen und kulturellen Leben). Für Kinder im privilegierten Leistungsbezug, die **tatsächlich (noch) nicht zur Schule** gehen, kommen insb. **Teilhabeleistungen gem. § 34 Abs. 7 SGB XII entsprechend** in Betracht (vgl. auch die Kommentierung zu § 34 SGB XII und die Kommentierung zu § 34a SGB XII). 134

Verfassungsrechtlich problematisch ist es, dass **Kinder und Jugendliche**, die nicht im privilegierten, sondern im **Grund-Leistungsbezug** von **§ 3 AsylbLG** stehen, von der Gewährung von Leistungen für Bildung und Teilhabe ausgeschlossen bleiben, insbesondere auch dann, wenn sie tatsächlich die Schule besuchen. Leistungen zur Deckung der besonderen Bedürfnisse von Kindern sind außerhalb des „Bildungs- und Teilhabepakets" (§ 2 Abs. 1 AsylbLG i.V.m. den §§ 34, 34a SGB XII) über **§ 6 Satz 1 AsylbLG als sonstige Leistung** zu erlangen (vgl. die Kommentierung zu § 6 AsylbLG Rn. 77 ff.).[188] Auch nach der Entscheidung des BVerfG und den hierzu ergangenen o.g. Neuregelungen bleibt die Frage ungeklärt, wie lange Kinder und Jugendliche von privilegierten Leistungen (inkl. von Bildung und Teilhabe) ausgeschlossen bleiben dürfen, weil ihre Eltern dauerhaft wegen Rechtsmissbrauchs 135

---

[184] Vgl. BSG v. 09.06.2011 - B 8 AY 1/10 R - juris Rn. 19 m.w.N. - BSG SozR 4-1300 § 44 Nr. 22.
[185] BGBl I 2011, 453.
[186] Vgl. BVerfG v. 09.02.2010 - 1 BvL 1/09 u.a. - BVerfGE 125, 175 = BSG SozR 4-4200 § 20 Nr. 12.
[187] Vgl. *Groth*, jurisPR-SozR 8/2011, Anm. 1.
[188] Vgl. SG Hildesheim v. 12.12.2012 - S 42 AY 100/11 - juris Rn. 24.

vom Leistungsniveau der Sozialhilfe ausgeschlossen sind (vgl. Rn. 180). In der Entscheidung des **BVerfG** v. 18.07.2012[189] zur Verfassungswidrigkeit der evident unzureichenden Geldleistungen nach § 3 AsylbLG ist die deutliche Kritik formuliert, dass im AsylbLG eine dem § 28 Abs. 1 Satz 1 SGB XII bzw. § 34 Abs. 1 Satz 1 SGB XII entsprechende Regelung fehlt, wonach bei **Kindern und Jugendlichen** auch die **Bedarfe für Bildung und Teilhabe** am **sozialen und kulturellen Leben** in der Gemeinschaft als Anspruch gesichert werden muss (vgl. Rn. 136). Daraus dürfte zu schließen sein, dass auch Kindern und Jugendlichen, die im Grundleistungsbezug (§ 3 AsylbLG) stehen, solche Leistungen nicht mehr vorenthalten werden dürfen.[190]

f. §§ 41-46 SGB XII

136 Die Vorschriften zur Grundsicherung im Alter und bei Erwerbsminderung finden entsprechende Anwendung.

g. § 46a SGB XII

137 Die seit 01.01.2011 geltende Vorschrift des § 46a SGB XII, die die Beteiligung des Bundes an der Sozialhilfe regelt, findet keine entsprechende Anwendung.

h. §§ 47-52 SGB XII

138 Die Vorschriften über die Hilfen zur Gesundheit finden entsprechende Anwendung. Besonders wichtig ist, dass die Analog-Berechtigten in den Genuss der Leistungen der gesetzlichen Krankenversicherung kommen. Sie sind Status-Versicherte, **§ 48 Satz 2 SGB XII**, § 264 Abs. 2 Satz 1 SGB V. Die Leistungen nach den §§ 47 ff. SGB XII entsprechen den Leistungen der gesetzlichen Krankenversicherung, **§ 52 Abs. 1 Satz 1 SGB XII**.

i. §§ 53-60 SGB XII

139 Es ist umstritten, ob die Vorschriften der **Eingliederungshilfe für behinderte Menschen**, **§§ 53-60 SGB XII** entsprechende Anwendung finden. Bedenken werden geäußert, weil die Leistungsberechtigten im Sinne von § 1 Abs. 1 AsylbLG aufgrund ihres ungesicherten Aufenthaltsstatus nur eine vorübergehende Aufenthaltsperspektive haben und eine soziale Integration daher nicht beabsichtigt sei.[191] Dem ist entgegenzuhalten, dass die Vorschriften der Eingliederungshilfe **behinderungsbedingte Einschränkungen** an der gesellschaftlichen Teilhabe der Leistungsempfänger verhüten bzw. lindern sollen. Gerade Leistungsberechtigte, die aus Krisengebieten in die Bundesrepublik eingereist sind, leiden nicht selten an den körperlichen bzw. psychischen (z.B. posttraumatische Belastungsstörung) Folgen der Kriegserlebnisse in der Heimat. Bei einem mehr als vierjährigem Aufenthalt (§ 2 Abs. 1 AsylbLG) – der an sich schon nicht mehr die Qualität eines nur vorübergehenden Aufenthalts hat – lässt sich ein Bedarf an behinderungsbedingtem Ausgleich wohl kaum abstreiten. Denn auch nach der Einschätzung des Gesetzgebers kann bei einem Voraufenthalt von vier Jahren davon ausgegangen werden, dass bei den Betroffenen eine Aufenthaltsperspektive entsteht, die es gebietet, Bedürfnisse anzuerkennen, die auf eine bessere soziale Integration gerichtet sind.[192] Selbst wenn die Leistungsberechtigten in ihr Heimatland zurückkehren, spricht nichts dagegen, die Leistungen der Eingliederungshilfe bis dahin zu gewähren. Einschränkungen in der Leistungsgewährung können allerdings von der arbeitsrechtlichen Erlaubnis abhängig sein. Bei einem **Arbeitsverbot** kommen Eingliederungsmaßnahmen in das Arbeitsleben nicht in Betracht.

j. §§ 61-66 SGB XII

140 Die Vorschriften über die **Hilfe zur Pflege** finden entsprechende Anwendung.

---

[189] Vgl. BVerfG v. 18.07.2012 - 1 BvL 10/10, 1 BvL 2/11 - juris Rn. 96 - BVerfGE 132, 134 = BSG SozR 4-3520 § 3 Nr. 2 = NVwZ 2012, 1024 = ZFSH/SGB 2012, 450.
[190] Vgl. hierzu SG Hildesheim v. 12.12.2012 - S 42 AY 100/11 - juris.
[191] So *Hohm* in: AsylbLG, Stand Oktober 2006, § 2 Rn. 188.
[192] Vgl. BT-Drs. 16/5065, S. 232.

k. §§ 67-69 SGB XII

Die Vorschriften über die **Hilfen zur Überwindung besonderer sozialer Schwierigkeiten** finden entsprechende Anwendung[193], es sei denn die Leistungsberechtigten sind vom Zugang zum Arbeitsmarkt ausgeschlossen, dann sind besondere Hilfen, die auf eine berufliche Integration abzielen, nicht angezeigt (vgl. Rn. 139). Hilfen, die aus Anlass von gewaltgeprägten Umständen erforderlich werden, sind z.B. Beratung, Unterbringung im Frauenhaus zum Schutz vor Gewalt.[194]

141

l. §§ 70-74 SGB XII

Die Vorschriften über die Hilfen in besonderen Lebenslagen finden entsprechende Anwendung.[195] Es besteht kein Grund, Analog-Leistungsberechtigte von Hilfen zur Weiterführung des Haushaltes, Alten- und Blindenhilfe, Bestattungskosten und von Hilfen in sonstigen Lebenslagen auszuschließen, selbst wenn sie nach einigen Jahren in ihr Heimatland zurückkehren sollten. Die genannten Hilfen sind auf eine bessere soziale Integration ausgerichtet, die Analog-Leistungsberechtigten zukommen sollen. Das LSG Nordrhein-Westfalen[196] hat die Anwendbarkeit von § 73 Satz 1 SGB XII bejaht wegen des Anspruchs auf Übernahme der Kosten für die Beschaffung eines im Ausland ausgestellten Nationalpasses.

142

m. §§ 75-81 SGB XII

Die Vorschriften über die **Einrichtungen** finden keine entsprechende Anwendung, weil sie nicht das Leistungsverhältnis zwischen Analog-Berechtigten und Leistungsträger betreffen, sondern das Recht der Einrichtungen, insb. Finanzierungsfragen im Dreiecksverhältnis unter Einbeziehung der Leistungserbringer regeln.

143

n. §§ 82-96 SGB XII

Die Vorschriften über den **Einsatz des Vermögens und des Einkommens** finden alle entsprechende Anwendung. § 7 AsylbLG enthält eine Spezialvorschrift zur Anrechnung von Einkommen und Vermögen, die abweichend im Fall der Leistungsprivilegierung keine Anwendung findet (abweichend von § 7 AsylbLG, vgl. § 2 Abs. 1 AsylbLG). Daher sind vorrangig die §§ 82 ff. SGB XII im Fall der Leistungsprivilegierung anzuwenden.

144

o. §§ 97-101 SGB XII

Die Vorschriften über die **sachliche** und **örtliche Zuständigkeit** in der **Sozialhilfe** finden keine entsprechende Anwendung. Die §§ 10, 10a AsylbLG enthalten vorrangige Spezialvorschriften über die Bestimmung der zur Durchführung des AsylbLG zuständigen Behörden, über die örtliche Zuständigkeit und über die Kostenerstattung zwischen den Leistungsträgern. Die Abweichungsklausel in § 2 Abs. 1 AsylbLG bezieht sich nicht auf diese Vorschriften.

145

p. §§ 102-115 SGB XII

Die Vorschriften über den **Kostenersatz** im Verhältnis zum Leistungsempfänger (Erster Abschnitt des Dreizehnten Kapitels SGB XII) finden entsprechende Anwendung. § 7b AsylbLG enthält allerdings eine vorrangige, speziellere Regelung zu § 105 Abs. 2 SGB XII. Die Abweichungsklausel in § 2 Abs. 1 AsylbLG bezieht sich auch nicht auf § 7b AsylbLG, sondern nur bis § 7 AsylbLG. Die Vorschriften über die **Kostenerstattung** zwischen den **Trägern der Sozialhilfe** und der **sonstigen Regelungen** (Zweiter und Dritter Abschnitt des Dreizehnten Kapitels) finden grundsätzlich nicht entsprechende Anwendung. Die §§ 10b, 9 Abs. 2 und 3 AsylbLG enthalten speziellere Vorschriften über die Kostenerstattung zwischen den Leistungsträgern und im Verhältnis zu anderen, insbesondere Unterhaltspflichtigen. Hier bedarf es jeweils einer Prüfung des einzelnen Lebenssachverhaltes, ob eine entsprechende Anwendung in Frage kommt.

146

---

[193] A.A. *Hohm* in: GK-AsylbLG, Stand Oktober 2006, § 2 Rn. 190.
[194] Vgl. im Einzelnen die Verordnung zur Durchführung der Hilfe zur Überwindung besonderer sozialer Schwierigkeiten vom 24.01.2001, BGBl I 2001, 179; zuletzt geändert durch Gesetz vom 27.12.2003, BGBl I 2003, 3022, 3060.
[195] A.A. *Hohm* in: GK-AsylbLG, Stand Oktober 2006, § 2 Rn. 191.
[196] LSG Nordrhein-Westfalen v. 23.05.2011 - L 20 AY 19/08 - juris Rn. 30 m.w.N.; vgl. auch SG Berlin v. 26.11.2008 - S 51 AY 46/06 - juris Rn. 16 - SAR 2009, 10-12.

§ 2 AsylbLG

q. § 116-120 SGB XII

147 Von den **Verfahrensbestimmungen** im Sozialhilferecht ist die **Pflicht zur Auskunft**, § 117 SGB XII, entsprechend anzuwenden. Der **automatisierte Datenabgleich**, § 118 SGB XII, und die Rechtsverordnungen, die aufgrund § 120 Abs. 1 SGB XII bzw. § 117 BSHG ergangen sind (**Sozialhilfedatenabgleichsverordnungen**), finden entsprechende Anwendung. Allerdings enthält § 11 Abs. 3 AsylbLG eine spezielle Ermächtigung zur Überprüfung und zum Abgleich von Daten mit Hilfe des automatisierten Datenabgleichs zwischen den zuständigen Leistungsbehörden und den Ausländerbehörden. Die entsprechende Anwendung des sozialhilferechtlichen Datenabgleichs, §118 SGB XII, mit den Sozialhilfedatenabgleichsverordnungen ist ausdrücklich in § 9 Abs. 4 AsylbLG geregelt, ohne dass es eines Rückgriffes auf die Abweichungsklausel in § 2 Abs. 1 AsylbLG bedürfte. Daher gelten diese Vorschriften für alle Leistungsberechtigten nach § 1 Abs. 1 AsylbLG.

148 Die für ab 01.04.2011 gestellte Überprüfungsanträge (§ 44 SGB X)[197] geltende Vorschrift von **§ 116a SGB XII**, § 136 SGB XII (auf ein Jahr verkürzte Frist des § 44 Abs. 4 Satz 1 SGB X) ist für Bezieher von Leistungen des AsylbLG nach hier vertretener Ansicht **nicht entsprechend anzuwenden**.[198] Sind Leistungen nach dem AsylbLG rechtswidrig vorenthalten worden (z.B. Zahlung von Grundleistungen anstelle von privilegierten Leistungen), werden die rechtswidrig nicht gewährten Leistungen gem. § 9 Abs. 3 AsylbLG i.V.m. § 44 Abs. 4 Satz 1 SGB X nach wie vor **für bis zu vier Jahre rückwirkend** erbracht. Zu beachten ist aber, dass Sozialleistungen nur „nach den Vorschriften der besonderen Teile dieses Gesetzbuchs" nachgezahlt werden. Den Besonderheiten des AsylbLG wird es gerecht, **Bedarfe, die nicht mehr vorhanden sind**, auch nachträglich nicht mehr zu decken.[199] Die auf ein Jahr verkürzte Frist des § 44 Abs. 4 Satz 1 SGB X, die das Gesetz zur Ermittlung von Regelbedarfen und zur Änderung des Zweiten und Zwölften Buches Sozialgesetzbuch vom 24.03.2011[200] im SGB XII und im SGB II (§§ 40 Abs. 1 Satz 2, 77 Abs. 13 SGB II; §§ 116a, 136 SGB XII) eingeführt hat, kann **mangels Regelungslücke** im AsylbLG auch nicht analog angewendet werden (im Ergebnis wie hier die Kommentierung zu § 9 AsylbLG Rn. 41; a.A.: Kommentierung zu § 116a SGB XII Rn. 51).

149 Die Lösung des Problems ergibt sich nach hier vertretener Ansicht aus § 2 Abs. 1 HS. 1 AsylbLG i.V.m. § 9 Abs. 3 AsylbLG. Letztere Vorschrift stellt unmissverständlich klar, dass die verfahrensrechtliche Vorschrift des § 44 SGB X im AsylbLG gilt.[201] § 44 Abs. 4 Satz 1 SGB X ist hiervon nicht ausgenommen. Für **Bezieher von Grundleistungen** (§ 3 AsylbLG) dürfte dies unstreitig sein. Für **Bezieher von privilegierten Leistungen** ist der Verweis auf die analoge Anwendung des SGB XII in § 2 Abs. 1 HS. 1 AsylbLG zu prüfen (vgl. Rn 108, Rn. 120). Dieser Verweis gilt aber nur „**Abweichend von den §§ 3 bis 7**"; er betrifft in erster Linie die entsprechende Anwendung von Vorschriften des SGB XII, die das Leistungsverhältnis betreffen, **nicht** aber **§ 9 AsylbLG** (vgl. Rn 109, Rn. 121). **§ 9 Abs. 3 AsylbLG** i.V.m. § 44 Abs. 4 Satz 1 SGB X bleibt damit als **speziellere Vorschrift vorrangig** für alle Leistungsbezieher des AsylbLG anzuwenden.

150 Dieser Lösung ist das **BSG**[202] nicht gefolgt. Es hat entschieden, dass **§ 116a SGB XII analog** anzuwenden ist bei der Überprüfung bestandskräftiger nicht begünstigender Verwaltungsakte nach dem AsylbLG, so dass Leistungen nach § 2 AsylbLG rückwirkend längstens für einen Zeitraum von nur **bis zu einem Jahr** zu erbringen sind, wenn der Antrag auf Rücknahme nach § 44 SGB X **nach dem 31.3.2011** gestellt wurde. Bei vor diesem Datum gestellten Überprüfungsanträgen gilt diese Analogie nicht.[203] Das BSG hat sich für seine Lösung auf eine planwidrige Gesetzeslücke „durch das Unterlassen einer Änderung in § 9 Abs. 3 AsylbLG"[204] berufen, mit der die fehlende gesetzliche Verkürzung der Vier-Jahres-Frist von § 44 Abs. 4 Satz 1 SGB X im AsylbLG gemeint ist. Die Notwendigkeit einer kraft richterrechtlicher Rechtsfortbildung zu schließenden Gesetzeslücke hat es mit der vergleichbaren Interessenlage im SGB II und im SGB XII begründet. Dort ist die Vier-Jahres-Frist des § 44

---

[197] Vgl. Zu diesem Datum BSG v. 26.06.2013 - B 7 AY 3/12 R - juris = SAR 2013, 113-116.
[198] Offen gelassen noch in BSG v. 09.06.2011 - B 8 AY 1/10 R - juris Rn. 23 - BSG SozR 4-1300 § 44 Nr. 22.
[199] Vgl. ausführlich BSG v. 09.06.2011 - B 8 AY 1/10 R - juris Rn. 14 ff - BSG SozR 4-1300 § 44 Nr. 22; *Wahrendorf*, ZFSH/SGB 2011, 260, 261 ff.
[200] BGBl I 2011, 453
[201] Vgl. BSG v. 09.06.2011 - B 8 AY 1/10 R - juris Rn. 14 f - BSG SozR 4-1300 § 44 Nr. 22; BSG v. 17.06.2008 - B 8 AY 5/07 R - SozR-3520 § 9 Nr. 1; dazu *Spiolek*, jurisPR-SozR 16/2009, Anm. 1; vgl. auch *Wahrendorf*, ZFSH/SGB 2011, 260 ff.
[202] Vgl. BSG v. 26.06.2013 - B 7 AY 6/12 R - BSG SozR 4-3250 § 9 Nr. 4.
[203] Vgl. BSG v. 26.06.2013 - B 7 AY 3/12 R - juris Rn. 15 - SAR 2013, 113-116.
[204] Vgl. BSG v. 26.06.2013 - B 7 AY 6/12 R - juris Rn. 12 - BSG SozR 4-3250 § 9 Nr. 4.

Abs. 4 Satz 1 SGB X auf eine Ein-Jahres-Frist verkürzt worden.[205] Selbst wenn man das vom BSG gefundene Ergebnis teilte, so ist das Vorgehen, eine vom Gesetzgeber bisher nicht getroffene Gesetzesänderung kraft Richterrechts vorwegzunehmen, rechtsmethodisch nicht unangreifbar, denn schließlich steht dieser Lösung der eindeutige Wortlaut von § 9 Abs. 3 AsylbLG entgegen, der § 44 SGB X uneingeschränkt für entsprechend anwendbar erklärt.

Nach der vom **BVerfG** angeordneten Übergangsregelung im Urteil vom 18.07.2012[206] ist **§ 9 Abs. 3 AsylbLG i.V.m. § 44 SGB X** bzw. **§ 48 Abs. 1 Satz 2 Nr. 1 SGB X** im Zeitraum vom 01.01.2011 bis zum 31.07.2012 nicht anzuwenden, soweit höhere Grundleistungen (**§ 3 AsylbLG**) verlangt werden. 151

Die Frage, unter welchen Voraussetzungen die Rücknahme bestandskräftiger rechtswidriger Verwaltungsakte nach **§ 44 SGB X** und die Gewährung von Leistungen nach dem AsylbLG für die Vergangenheit möglich ist, ist nach Auffassung des **BVerfG** geklärt. Die höchstrichterliche **Rechtsprechung zum Sozialhilferecht** kann als **Auslegungshilfe** herangezogen werden.[207] 152

r. §§ 121-129 SGB XII

Die Vorschriften über die **Statistik** finden keine entsprechende Anwendung, weil § 12 AsylbLG eine eigene **Asylbewerberleistungsstatistik** vorsieht, die die Auswirkungen des Gesetzes und seiner Fortentwicklung durch statistische Erhebungen als Bundesstatistik erlaubt. 153

s. §§ 130-136 SGB XII

Von den **Übergangs-** und **Schlussbestimmungen** kommt eine entsprechende Anwendung der §§ 132 und 133 SGB XII mit den besondere Hilfen für Deutsche von vornherein nicht in Frage. Alle anderen Übergangsregelungen sind einzelfallbezogen zu überprüfen. 154

VI. Absatz 2

1. Normzweck

Die Vorschrift ermächtigt die zuständige Behörde, nach pflichtgemäßem Ermessen die **Form der Leistungen** von **in Gemeinschaftsunterkünften** untergebrachten Leistungsberechtigten unter Berücksichtigung der jeweiligen örtlichen Verhältnisse zu regeln. 155

2. Historie der Norm

Bereits vor Inkrafttreten der Vorschrift zum 01.06.1997 war umstritten, ob in Gemeinschaftsunterkünften wohnenden Leistungsberechtigten der notwendige Unterhalt vorrangig in Geld- oder in Sachleistungen zur Verfügung zu stellen war. Es kam seinerzeit immer wieder zu Konflikten in Gemeinschaftsunterkünften, weil die dort lebenden Menschen Leistungen unterschiedlicher Art erhielten. Überwiegend ging die oberverwaltungsgerichtliche Rechtsprechung davon aus, dass den Analog-Berechtigten der Hilfebedarf grundsätzlich in Form von **Geldleistungen** zur Verfügung zu stellen war.[208] Dieser Vorrang von Geldleistungen für den privilegierten Personenkreis im Sinne von § 2 Abs. 1 AsylbLG wurde aus § 1 Abs. 2 BSHG, § 3 BSHG, § 4 Abs. 2 BSHG, § 8 BSHG und § 21 Abs. 1 BSHG hergeleitet. Nach den Vorschriften des BSHG war bei der Ermessensentscheidung im Hinblick auf die Form der Sozialhilfe zu berücksichtigen, dass dem Bedürftigen die Möglichkeit gelassen wird, im Rahmen der zustehenden Mittel die Bedarfsdeckung frei zu gestalten, um eine der Würde des Menschen entsprechenden Lebensführung zu gewährleisten. Daher kam regelmäßig die Auszahlung der Hilfe in Form von Geld in Betracht.[209] 156

Für die Übernahme dieses durch die Rechtsprechung gefundenen Ergebnisses bei der Auslegung des Absatzes 2 ist bereits der Wortlaut von § 2 Abs. 1 AsylbLG anzuführen, der auch in der ursprünglichen Fassung von 1993 ausdrücklich die Anwendung der §§ 3-7 AsylbLG ausschloss, insbesondere das in § 3 AsylbLG normierte Sachleistungsprinzip. Als Folge galten die Vorschriften des BSHG analog, die eben den aufgezeigten Grundsatz des **Vorranges von Geldleistungen** bei der Auswahl der Form der 157

---

[205] Vgl. § 116a SGB XII, § 40 Abs. 1 SGB II i.d.F. des Gesetzes vom 24.03.2011 m.W.v. 01.04.2011; vgl. auch die Kommentierung zu § 9 AsylbLG Rn. 41, 42 m.w.N.
[206] Vgl. BVerfG v. 18.07.2012 - 1 BvL 10/10, 1 BvL 2/11 - juris Rn. 98 ff.- BVerfGE 132, 134 = BSG SozR 4-3520 § 3 Nr. 2 = NVwZ 2012, 1024 = ZFSH/SGB 2012, 450.
[207] Vgl. BVerfG v. 07.02.2012 - 1 BvR 1263/11.
[208] Vgl. *Hohm* in: GK-AsylbLG, Stand Februar 2006, § 2 Rn. 199 ff., 203 m.w.N.
[209] Vgl. BVerwG v. 16.01.1986 - 5 C 72/84 - BVerwGE 72, 354 = FEVS 35, 271.

Hilfeleistung enthielten. Diese Auslegung entspricht auch den Gesetzesmaterialien, wonach sich die gem. § 2 Abs. 1 AsylbLG zu erbringenden Leistungen nach den Bestimmungen des BSHG über Art, Form und Maß der Leistung richten.[210]

3. Tatbestandsmerkmale

158 **Gemeinschaftsunterkunft**: Absatz 2 gilt nur für **Analog-Berechtigte**, die **in Gemeinschaftsunterkünften** untergebracht sind. Gemeinschaftsunterkünfte (vgl. § 53 AsylVfG) sind solche Einrichtungen, in denen Asylbewerber untergebracht sind, die nicht mehr in einer Aufnahmeeinrichtung (§ 44 AsylVfG) verpflichtet sind zu wohnen. Die Pflicht zum Wohnen in einer Gemeinschaftsunterkunft – anstelle einer eigenen Mietwohnung – ergibt sich z.B. aus asyl- bzw. ausländerrechtlichen Wohnsitzauflagen. Aus der asyl- bzw. ausländerrechtlichen Verfügung – nicht hingegen aus der Ermessensermächtigung von § 2 Abs. 2 AsylbLG – werden daher Verpflichtungen der Leistungsberechtigten zum Wohnen herzuleiten sein. Das AsylbLG enthält hingegen keine Verbotsnorm, die den Leistungsberechtigten untersagen könnte, in eine eigene private Wohnung umzuziehen. Die Frage, wer für die Kosten aufzukommen hat, ist allerdings anhand der §§ 2, 3 AsylbLG zu prüfen.

4. Ermessen

159 Absatz 2 räumt den zuständigen Behörden ein **Ermessen** ein. Die Ermessensermächtigung bezieht sich auf die Bestimmung der Form der Leistung bei entsprechender gemeinschaftlicher Unterkunft und gibt der Behörde auf, dies nach den örtlichen Umständen zu berücksichtigen.

160 **Einschränkung des Ermessens**:
Regel-Geldleistungen: Der Wortlaut von Absatz 2 enthält keinen Hinweis darauf, ob Geld- oder Sachleistungen vorrangig zu gewähren sind. Die Form der Leistung ist vielmehr nach den örtlichen Umständen zu bestimmen. Es ist fraglich, ob der anhand der Entstehungsgeschichte der Norm dargelegte Vorrang von Geldleistungen, den die Rechtsprechung schon unter Geltung von § 2 Abs. 1 AsylbLG i.d.F. Fassung 1993 angenommen hat, weiterhin gilt.[211] Dafür spricht auch jetzt der Verweis auf die Vorschriften des SGB XII (vormals BSHG) und der in Absatz 1 normierte Ausschluss von § 3 AsylbLG, dem das Sachleistungsprinzip zugrunde liegt. Es ist davon auszugehen, dass grundsätzlich der **Vorrang des Geldleistungsprinzips** im Rahmen der Ermessensermächtigung Anwendung findet.[212] § 1 SGB XII normiert – wie vormals das BSHG –, dass die Führung eines menschenwürdigen Lebens die Aufgabe der Sozialhilfe ist. § 10 Abs. 3 SGB XII regelt ausdrücklich den Vorrang von Geldleistungen vor Sachleistungen, soweit nicht das SGB XII anderes bestimmt oder die Sachleistung das Ziel der Sozialhilfe erheblich besser oder wirtschaftlicher erreichen kann oder die Leistungsberechtigten es wünschen. Über den Verweis von § 2 Abs. 1 AsylbLG findet § 17 Abs. 2 Satz 1 SGB XII entsprechende Anwendung, der eine Ermessensermächtigung über Art und Maß der Leistungserbringung enthält. Auch im SGB XII wird dieses Ermessen durch den Vorrang der Erbringung durch Geldleistungen eingeschränkt. Nur im Einzelfall beim Vorliegen besonderer Umstände kann eine Sachleistung gerechtfertigt sein.[213]

Nach Unionsrecht[214] können die materiellen Aufnahmebedingungen von Asylbewerbern in Form von Sachleistungen, Geldleistungen oder Gutscheinen oder einer Kombination dieser Leistungen erfüllt werden. Es müssen jedenfalls die Mindestbedingungen für ein menschenwürdiges Leben erfüllt sein, und die Gesundheit und der Lebensunterhalt der Asylbewerber müssen gewährleistet sein.[215]

161 **Örtliche Umstände**: Nichts anderes gilt für § 2 Abs. 2 AsylbLG, der allerdings die **Spezialvorschrift** im Verhältnis zu § 17 Abs. 2 SGB XII ist. Der Vorrang von Geldleistungen besteht nur solange, wie die **örtlichen Umstände** in der Gemeinschaftsunterkunft nicht entgegenstehen oder diese die Sachleistung erfordern.

---

[210] Vgl. BT-Drs. 12/5008, S. 15.
[211] So jetzt BSG v. 13.11.2008 - B 14 AS 24/07 R - juris Rn. 29 - BSGE 102, 60-68.
[212] Vgl. BSG v. 13.11.2008 - B 14 AS 24/07 R - juris Rn. 29 - BSGE 102, 60-68; LSG Nordrhein-Westfalen v. 08.07.2008 - L 20 B 49/08 SO ER - FEVS 2009, 138, 141.
[213] Vgl. Grube in: Grube/Wahrendorf, SGB XII, 4. Aufl. 2012, § 17 Rn. 41
[214] RL 2003/9/EG des Rates vom 27.01.2003 zur Festlegung von Mindestnormen für die Aufnahme von Asylbewerbern in den Mitgliedstaaten (ABl. L 31, S. 18).
[215] Vgl. EuGH v. 27.02.2014 - C-79/13 - (Saciri) - vorgesehen für Slg. 2014, juris.

Als **sachgerechte Ermessenskriterien** kommen in Betracht: Aufenthaltsdauer in der Bundesrepublik, Aufenthaltsstatus, Integrationsbedürfnis – wobei letzteres mit zunehmender Aufenthaltsdauer anwächst –, Art und Dauer der in der Bundesrepublik bisher erhaltenen Sozialleistungen, Bedürftigkeit, familiäre Gesichtspunkte, Anzahl der Kinder, Verwendung von Barmitteln; ferner nicht in der Sphäre der Leistungsberechtigten liegende Umstände wie: Art und Weise der Belegung der Gemeinschaftsunterkunft, bauliche Zustände, vorhandene soziale Spannungen und Konflikte zwischen Bewohnern, insbesondere Gruppenzugehöriger in der Unterkunft, Aufbewahrungsmöglichkeiten von Bargeld in der Unterkunft. 162

Als von vornherein **nicht sachgerecht** erachtet worden sind hingegen landesweite Regelungen, die die Formen der Leistungen einheitlich festlegen, ohne die individuellen örtlichen Umstände der Unterbringung zu berücksichtigen. Von Bedeutung ist dabei, dass sich das auszuübende Ermessen auf die jeweilige **konkrete Gemeinschaftsunterkunft** bezieht. Es kommt also nicht darauf an, dass die Behörde alle Gemeinschaftsunterkünfte in ihrem Zuständigkeitsbereich in den Blick nimmt.[216] Von vornherein ermessenswidrig ist es, Sachleistungen zum Zweck einer Stigmatisierung oder Diskriminierung zu gewähren. 163

Gebieten es also nicht besondere, nachvollziehbare Gründe der Unterbringung vor Ort in der Gemeinschaftsunterkunft, die Analog-Leistungsberechtigten auf Sachleistungen zu verweisen, so wird das Ermessen **regelmäßig** auf die Gewährung von **Geldleistungen** auszuüben sein. 164

Das AsylbLG sieht hingegen **keine Gewährung** von Leistungen in Form von **Darlehen** vor, auch nicht in Höhe der Differenz zwischen den Leistungssätzen des § 3 AsylbLG und den in anderen Leistungssystemen zur Sicherung des Existenzminimums vorgesehenen Beträgen. Ein solcher Anspruch folgt auch nicht aus dem verfassungsrechtlich geschützten menschenwürdigen Existenzminimum.[217] 165

VII. Leistungen für minderjährige Kinder (Absatz 3)

1. Normzweck

Der Gesetzgeber hat die Ansprüche von Familienmitgliedern im AsylbLG als **individuelle Ansprüche** normiert und von Voraussetzungen abhängig gemacht, die jedes Familienmitglied selbst erfüllen muss (**keine Bedarfsgemeinschaft**). Schon unter der Geltung des BSHG war anerkannt, dass weder dem AsylbLG noch dem BSHG ein Rechtssatz zu entnehmen war, dass der leistungsrechtliche Status einer Familie vollständig nach den Regelungen des BSHG folgen müsse, wenn nur ein Mitglied nach dem BSHG leistungsberechtigt war.[218] 166

Einschränkend bezweckt Absatz 3 in der seit 1997 gültigen Fassung des Ersten Änderungsgesetzes dennoch **einheitliche Leistungsansprüche** nach dem AsylbLG innerhalb der Familie resp. der Mitglieder einer Haushaltsgemeinschaft. Absatz 3 schafft eine Leistungsabhängigkeit zwischen **minderjährigen Kindern** und ihren Eltern bzw. einem Elternteil auf das **abgesenkte Niveau von Grundleistungen**, wenn sie mit ihnen in einer Haushaltsgemeinschaft leben und Leistungen nach dem AsylbLG beziehen. Die Vorschrift beabsichtigt hingegen **nicht** eine leistungsrechtliche Privilegierung der Familie resp. Haushaltsgemeinschaft, die über die Besserstellung nur eines Familienmitgliedes, das außerhalb des Leistungssystems AsylbLG steht, erreicht werden könnte.[219] Wenn z.B. ein Elternteil Leistungen außerhalb des AsylbLG oder Erwerbseinkommen bezieht, hat das Kind nicht etwa automatisch Anspruch auf Leistungen auf dem Niveau der Sozialhilfe. 167

2. Minderjährigkeit

Die Vorschrift erfasst nur **minderjährige Kinder** mit dem ungesicherten Aufenthaltsstatus gem. § 1 Abs. 1 AsylbLG. Eine Definition der Minderjährigkeit enthält das AsylbLG nicht (auch nicht in § 1 Abs. 1 Nr. 6 AsylbLG). Unter Heranziehung von § 80 Abs. 3 Satz 1 AufenthG ist auf die allgemeinen Vorschriften des BGB (§ 2 BGB) zurückzugreifen, die die Minderjährigkeit im Rechtsleben mit **Vollendung des 18. Lebensjahres** entfallen lassen.[220] Hingegen ist nicht auf die Vollendung des 16. Le- 168

---

[216] Zutreffend OVG Sachsen v. 11.09.2002 - 4 BS 228/02 - InfAuslR 2002, 491-494.
[217] Vgl. LSG Nordrhein-Westfalen v. 16.05.2012 - L 20 AY 29/12 B - juris.
[218] Vgl. BVerwG v. 28.09.2001 - 5 B 94/00 - FEVS 53, 111 = SAR 2002, 20 und vorgehend OVG Niedersachsen v. 21.06. 2000 - 12 L 3349/99 - juris - NdsRpfl 2001, 32-33.
[219] Vgl. schon BVerwG v. 28.09.2001 - 5 B 94/00 - SAR 2002, 20 und so auch BSG v. 17.06.2008 - B 8/9b AY 1/07 R - BSGE 101, 49-70.
[220] Vgl. BSG v. 17.06.2008 - B 8/9b AY 1/07 R - juris Rn. 47 - BSGE 101, 49-70.

§ 2 AsylbLG

bensjahres gem. § 80 Abs. 1 Satz 1 AufenthG abzustellen. Diese Norm enthält eine Vorverlegung der aktiven und passiven Handlungsfähigkeit des Minderjährigen bereits auf das 16. Lebensjahr, die allerdings nur für Verfahrenshandlungen nach dem AufenthG gilt (z.B. das Recht, Anträge zu stellen, Bevollmächtigte zu bestellen, behördliche und gerichtliche Verfahren nach dem AufenthG zu führen (vgl. auch § 62 Abs. 1 Nr. 2 VwGO)). Für das AsylbLG ergeben sich keine Anhaltspunkte aus dem Gesetz, die Volljährigkeit entsprechend vorzuverlegen. **Volljährige Kinder** scheiden von vornherein aus dem Anwendungsbereich der Vorschrift aus.

3. Haushaltsgemeinschaft mit Eltern

169 Minderjährige Kinder müssen zwingend mit ihren Eltern bzw. einem Elternteil in einer Haushaltsgemeinschaft leben. Hierzu zählen die **leiblichen Eltern**, es genügt auch nur das Zusammenleben mit einem Elternteil, also entweder Vater oder Mutter. **Adoptiv- und Stiefeltern** dürften ebenfalls darunter fallen.

170 Soweit die minderjährigen Kinder in der Haushaltsgemeinschaft leben, kommt es nicht darauf an, ob sie aus einer rechtlich anerkannten **Ehe** hervorgegangen sind, da die leistungsberechtigten Eltern oftmals nur nach religiösem Ritual miteinander verbunden sind. **Nichteheliche Lebensgemeinschaften** und **Lebenspartnerschaften** sind daher unproblematisch.

171 Es muss eine **Haushaltsgemeinschaft** bestehen. Auch hierfür enthält das AsylbLG keine Definition. Von Bedeutung ist für eine Haushaltsgemeinschaft, dass mehrere Personen zusammen in einer Unterkunft und einem Haushalt leben und wirtschaften. Bloße Wohngemeinschaften fallen hierunter nicht; bei minderjährigen Kindern ist davon ohnehin nicht auszugehen. Zur Auslegung des Begriffs kann § 36 Abs. 1 Satz 1 SGB XII herangezogen werden.

4. Der Individualanspruch Minderjähriger

172 Das AsylbLG hat die Ansprüche von Leistungsberechtigten als **Individualansprüche** (nicht: der Familie resp. der Haushaltsgemeinschaft) wie auch im SGB XII ausgestaltet. Diese Regel gilt für alle Familienmitglieder, also auch für minderjährige Kinder, die die Voraussetzungen von § 2 Abs. 1 AsylbLG jeweils selbst erfüllen müssen (Aufenthaltsstatus, Vorbezugszeit, keine Rechtsmissbräuchlichkeit).

a. Die Vorbezugszeit Minderjähriger

173 Die tatbestandlichen Voraussetzungen von § 2 Abs. 1 AsylbLG sind für jedes einzelne minderjährige Kind zu überprüfen, also auch wenn ein Elternteil bereits im privilegierten Leistungsbezug steht. Dies bedeutet, dass das **minderjährige Kind** die leistungsrechtliche **Vorbezugszeit** erfüllt haben muss.[221] Kinder, die jünger als 4 Jahre sind, fallen damit von vornherein aus dem privilegierten Leistungsbezug heraus, den sie frühestens mit Vollendung des 4. Lebensjahres (vormals 3. Lebensjahr nach § 2 Abs. 1 AsylbLG i.d.F. von 2005) erfüllen können. Dies gilt auch für in Deutschland geborene Kinder.[222]

b. Kein Rechtsmissbrauch Minderjähriger

174 Das minderjährige Kind darf den Aufenthalt in der Bundesrepublik nicht rechtsmissbräuchlich selbst – also in eigener Person – beeinflusst haben. Hinsichtlich der objektiven Komponente der Rechtsmissbräuchlichkeit gelten die Ausführungen wie oben. Hinsichtlich der **subjektiven** Komponente muss insb. die **Einsichtsfähigkeit** der **Kinder** berücksichtigt werden. In den meisten Fällen erfüllen lediglich die Eltern den Vorwurf der Rechtsmissbräuchlichkeit.

c. Keine Zurechnung des Rechtsmissbrauches der Eltern

175 Aus dem höchstpersönlichen Vorwurf der rechtsmissbräuchlichen Selbstbeeinflussung der Aufenthaltsdauer folgt zwangsläufig, dass minderjährige Kinder sich das rechtsmissbräuchliche Verhalten ihrer Eltern **nicht zurechnen** lassen müssen.

---

[221] Vgl. BSG v. 17.06.2008 - B 8/9b AY 1/07 - BSGE 101, 49-70.
[222] Vgl. LSG Nordrhein-Westfalen v. 10.03.2008 - L 20 AY 9/07 - SAR 2008, 69-72, Revision anhängig BSG - B 8 AY 2/08 R; BSG v. 28.07.2008 - L 20 AY 20/08 - juris.

5. Einschränkung

a. Einheitlicher Leistungsbezug

Von der Regel des individuellen Leistungsanspruches jedes einzelnen Familienmitgliedes enthält Absatz 3 eine **Einschränkung**.[223] Diese besagt, dass minderjährige Kinder – selbst wenn sie in eigener Person die Leistungsvoraussetzungen von § 2 Abs. 1 AsylbLG erfüllen – die privilegierten Leistungen gleichwohl nur dann beanspruchen können, wenn ihre Eltern bzw. ein in Haushaltsgemeinschaft lebender Elternteil in eigener Person privilegierte Leistungen gem. § 2 Abs. 1 AsylbLG erhält.

176

Für den Leistungsanspruch der minderjährigen Kinder kommt es neben der gelebten Haushaltsgemeinschaft zwingend darauf an, in welchem Leistungsbezug die Eltern stehen. Mindestens ein Elternteil muss privilegierte Leistungen nach § 2 Abs. 1 AsylbLG erhalten, damit das minderjährige Kind nicht von vornherein vom privilegierten Leistungsbezug ausgeschlossen ist. Die **Einheitlichkeit** gilt allerdings nur in dem Leistungssystem des AsylbLG. D.h. eine leistungsrechtliche Privilegierung von Kindern, deren Eltern Leistungen außerhalb des AsylbLG erhalten (z.B. SGB II), ist nicht beabsichtigt. Ein minderjähriges Kind hat keinen Anspruch auf privilegierte Leistungen, nur weil ein Elternteil im Bezug von anderen Sozialleistungen oder im Erwerbsleben steht.[224]

177

Der **Ausschluss minderjähriger Kinder**, die eine Aufenthaltserlaubnis nach **§ 25 Abs. 5 AufenthG 2004** besitzen und an sich leistungsberechtigt nach dem AsylbLG sind, deren Eltern jedoch Leistungen der Grundsicherung für Arbeitsuchende nach dem SGB II beziehen, **von Leistungen der Grundsicherung für Arbeitsuchende** gem. § 7 Abs. 1 Satz 2 Nr. 3 SGB II verstößt nach Ansicht des LSG Nordrhein-Westfalen gegen die Regelungen der Qualifikationsrichtlinie – EGRL 83/2004 (vgl. auch die Kommentierung zu § 1a AsylbLG Rn. 17).[225]

178

b. Leistungsausschluss für minderjährige Kinder

Bezieht kein in Haushaltsgemeinschaft lebender Elternteil privilegierte Leistungen gem. § 2 Abs. 1 AsylbLG, dann folgt daraus ohne weiteres der **Leistungsausschluss** für die **minderjährigen Kinder** und zwar unabhängig davon, ob das minderjährige Kind in eigener Person die leistungsrechtlichen Voraussetzungen von § 2 Abs. 1 AsylbLG erfüllt oder nicht.

179

c. Leistungsausschluss bis zum 18. Lebensjahr?

Rechtlich problematisch erweist sich die besonders häufige Konstellation in der Praxis, dass die Eltern zu Recht dauerhaft von privilegierten Leistungen ausgeschlossen sind wegen ihres rechtsmissbräuchlichen Verhaltens (z.B. Vernichtung der Pässe, Identitätstäuschung). Minderjährige Kinder, denen der Vorwurf der Rechtsmissbräuchlichkeit selbst nicht gemacht werden kann und denen der Rechtsmissbrauch der Eltern auch nicht zugerechnet werden darf, können ungeachtet dieser Gründe nicht vor Vollendung des 18. Lebensjahres in den Genuss höherwertiger Leistungen kommen, selbst wenn sie sich über 18 Jahre rechtstreu – zwar ohne gesicherten Aufenthaltsstatus – in der Bundesrepublik aufgehalten haben. Im Fall rechtskonformen Verhaltens der minderjährigen Kinder kommt diese Fallkonstellation einer Zurechnung des rechtsmissbräuchlichen Verhaltens der Eltern faktisch gleich. Das ist aber offensichtlich nicht von der Vorschrift bezweckt.[226] Unter dem Gesichtspunkt der **Verhältnismäßigkeit** ist es in höchstem Maße fraglich, ob sich Kinder, die unverschuldet in die Lebenssituation in der Bundesrepublik – allein wegen des Fehlverhaltens ihrer Eltern – geraten sind, auf einen Ausschluss von Leistungen auf dem Sozialhilfeniveau bis zur Volljährigkeit verweisen lassen müssen. Unter Beachtung des Grundrechts auf Gewährleistung eines **menschenwürdigen Existenzminimums** gem. Art. 1 Abs. 1 GG i.V.m. dem Sozialstaatsprinzip aus Art. 20 Abs. 1 GG ist es zweifelhaft, dass Kinder in der Bundesrepublik von Leistungen unterhalb des soziokulturellen Niveaus jahrelang ausgeschlos-

180

---

[223] So bereits OVG Niedersachsen v. 31.05.1999 - 4 L 1884/99 und OVG Niedersachsen v. 21.06.2000 - 12 L 3349/99 - NdsRpfl 2001, 32-33; bestätigt durch BVerwG v. 28.09.2001 - 5 B 94/00 - SAR-aktuell 2002, 20; und BSG v. 17.06.2008 - B 8/9b AY 1/07 - BSGE 101, 49-70; BSG v. 21.12.2009 - B 14 AS 66/08 R - juris Rn. 20 - SGb 2010, 85-86.

[224] Vgl. BSG v. 21.12.2009 - B 14 AS 66/08 R - juris Rn. 20 - SGb 2010, 85-86; und schon OVG Niedersachsen v. 31.05.1999 - 4 L 1884/99 und OVG Niedersachsen v. 21.06.2000 - 12 L 3349/99 - NdsRpfl 2001, 32-33; a.A. SG Hildesheim v. 28.01.2010 - S 40 AY 158/08 - mit beachtlichen Argumenten.

[225] Vgl. LSG Nordrhein-Westfalen v. 27.02.2012 - L 20 AY 48/08 - ZFSH/SGB 2012, 461-468; mit ablehnender Anmerkung vgl. *Delbel*, ZFSH/SGB 2012, 443-437; anhängig beim BSG unter B 7 AY 4/12 R.

[226] So BSG v. 17. 06. 2008 - B 8/9b AY 1/07 R Rn. 48.

sen bleiben, selbst wenn sie sich in einem besonderen Leistungssystem für Menschen mit einem ungesicherten Aufenthaltsstatus befinden. Auch für diese Kinder gilt Art. 1 Abs. 1 GG i.V.m. dem Sozialstaatsprinzip. Bei einer Aufenthaltsdauer, die unter keinem Gesichtspunkt mehr einem kurzen oder vorübergehenden Aufenthalt entspricht, führt das Aufwachsen dieser Kinder in der Bundesrepublik zu einem nicht mehr aufholbaren Rückstand in der Entwicklung und einem völligen gesellschaftlichen Ausschluss. Bisher hat sich die Rechtsprechung mit dieser Problematik noch nicht befasst. Durch die erfolgreichen **Vorlagen** des BSG[227] und des hessischen LSG[228] **gem. Art. 100 Abs. 1 GG** an das BVerfG, wonach die Regelleistungen gem. SGB II (sog. Hartz IV) für Kinder nicht mehr verfassungsgemäß sind, weil sie sich unterhalb des verfassungsrechtlich gebotenen Existenzminimums bewegten. Von der hierzu ergangenen Entscheidung des **BVerfG**[229], wonach der **existenzielle Bedarf von Kindern** bis zum 14. Lebensjahr – der zur Sicherstellung eines menschenwürdigen Existenzminimums (Art. 1 Abs. 1 GG i.V.m. dem Sozialstaatsprinzip des Art. 20 Abs. 1 GG) gedeckt sein muss – vom Gesetzgeber überhaupt nicht ermittelt worden ist, mit der Folge, dass das SGB II insofern verfassungswidrig ist, sind wichtige Impulse für die ungeklärte Frage ausgegangen, ob und vor allem wie lange minderjährige Kinder, die zwar einen ungesicherten Aufenthaltsstatus haben, sich aber selbst rechtstreu verhalten haben, von Leistungen auf dem Sozialhilfeniveau ausgeschlossen werden dürfen. Denn das BVerfG hat betont, dass der für Kinder existenziell notwendige Bedarf an kindlichen Entwicklungsphasen auszurichten ist und an dem, was für die Persönlichkeitsentwicklung eines Kindes erforderlich ist. Hierzu gehört vor allem bei schulpflichtigen Kindern der mit dem Schulbesuch verbundene erhöhte Bedarf.[230]

181 Obwohl noch keine höchstrichterliche Entscheidung vorliegt, dürfte der nach derzeitiger Rechtslage praktizierte dauerhafte Leistungsausschluss Minderjähriger von Leistungen auf Sozialhilfeniveau wegen des rechtsmissbräuchlichen Verhaltens ihrer Eltern nach der Entscheidung des **BVerfG** v. 18.07.2012[231] nicht mehr zulässig sein (vgl. Rn. 92).

6. Rechtsfolge

182 Erfüllen hingegen die in einer Haushaltsgemeinschaft lebenden Eltern bzw. ein Elternteil und die minderjährigen Kinder die Voraussetzungen von § 2 Abs. 1 AsylbLG, so stehen auch den minderjährigen Kindern in **entsprechender Anwendung** der Vorschriften des **SGB XII** Leistungen auf dem Sozialhilfeniveau familieneinheitlich zu.

VIII. Rechtstatsachen

183 Umfangreiches statistisches Zahlenmaterial über die Entwicklung und den Umfang der Leistungen nach dem AsylbLG im Zeitraum von 1994 bis 2006, gestaffelt nach Bundesländern und nach verschiedenen Differenzierungsmerkmalen, findet sich in der Antwort der Bundesregierung[232] auf die Große Anfrage einzelner Bundestagsabgeordneter und der Fraktion DIE LINKE zur sozialen Existenzsicherung nach dem AsylbLG.[233]

C. Praxishinweise

I. Individualansprüche

184 Da es sich im AsylbLG um **individuelle Rechtsansprüche** handelt (keine Bedarfsgemeinschaft)[234], sind diese im behördlichen oder gerichtlichen Verfahren für jedes einzelne Familienmitglied, ggf. bei Minderjährigen vertreten durch den gesetzlichen Vertreter, oder aber als Familie, bestehend aus jedem einzelnen Familienmitglied, geltend zu machen. Es ist daher darauf zu achten, dass die Bescheide entsprechend adressiert bzw. die Rechtsmittel richtig eingelegt werden.

---

[227] BSG v. 27.01.2009 - B 14 AS 5/08 R - Sozialrecht aktuell 2009, 111-119; dazu *Lenze*, ZFSH/SGB 2009, 387.
[228] LSG Hessen v. 29.10.2008 - L 6 AS 336/07 - Breithaupt 2009, 326; dazu *Lenze*, ZFSH/SGB 2009, 387.
[229] Vgl. BVerfG v. 09.02.2010 - 1 BvL 1/09 u.a. - BVerfGE 125, 175 = BSG SozR 4-4200 § 20 Nr. 12.
[230] Vgl. BVerfG v. . 09.02.2010 - 1 BvL 1/09 u.a. - BVerfGE 125, 175 = BSG SozR 4-4200 § 20 Nr. 12.
[231] Vgl. BVerfG v. 18.07.2012 - 1 BvL 10/10, 1 BvL 2/11 - BVerfGE 132, 134 = BSG SozR 4-3520 § 3 Nr. 2 = NVwZ 2012, 1024 = ZFSH/SGB 2012, 450.
[232] Vgl. BT-Drs. 16/9018 v. 30.04.2008.
[233] Vgl. BT-Drs. 16/7213 v. 12.11.2007.
[234] Vgl. BSG v. 21.12.2009 - B 14 AS 66/08 R - juris Rn. 19 - SGb 2010, 85-86 m.w.N.

II. Gerichtlicher Rechtsschutz

Seit 01.01.2005 ist die **Sozialgerichtsbarkeit** – anstelle der vormals zuständigen Verwaltungsgerichtsbarkeit – für Rechtsstreitigkeiten nach dem AsylbLG zuständig.[235] Da sich die gerichtlichen Verfahren in erster Linie auf Fragen des Ob und der Höhe der aktuellen Leistungsgewährung richten, ist der vorläufige Rechtsschutz die häufigste Verfahrensart vor den Sozialgerichten. Da Klage- bzw. Berufungsverfahren oft mehrere Jahre in Anspruch nehmen, läuft dieser Rechtsschutz leer, wenn es um die Sicherung des aktuellen Lebensbedarfs geht. Oftmals sind die Leistungsberechtigten vor Abschluss der Hauptsacheverfahren bereits in ihre Heimatländer zurückgekehrt. 185

III. Vorläufiger Rechtsschutz

Im **vorläufigen Rechtsschutz** ist der Antrag auf **Erlass einer einstweiligen Anordnung** gem. § 86 Abs. 2 Satz 2 SGG zur vorläufigen Regelung eines streitigen Rechtsverhältnisses dann die richtige Antragsart im einstweiligen Rechtsschutzverfahren, wenn die Behörden in kurzen, meist monatlichen Abständen die Leistungen nach dem AsylbLG bewilligen. Leistungen nach dem AsylbLG sind grundsätzlich **keine rentenähnlichen Dauerleistungen**. Im konkreten Einzelfall sind die Bescheide aber aus ihrem Regelungsgehalt hin aus der Sicht eines objektiven Empfängers auszulegen. Liegt keine Regelung mit Dauerwirkung vor, wird in der Hauptsache regelmäßig eine kombinierte Anfechtungs- und Leistungsklage, ggf. auch nur eine Leistungsklage angestrebt.[236] Wegen der Begrenzung auf einen kurzen Leistungszeitraum wird sich das Antragsbegehren bei Vorliegen eines Anordnungsanspruches und eines eilbedürftigen Anordnungsgrundes darauf richten, die Behörde zur vorläufigen Leistungserbringung zu verpflichten. 186

Haben die Leistungsbehörden allerdings eine **Regelung mit Dauerwirkung** (z.B. Leistungsgewährung gem. § 2 AsylbLG ab einem bestimmten Zeitpunkt für einen unbestimmten Zeitraum „bis auf weiteres") aufgehoben, so richtet sich der einstweilige Rechtsschutz nach § 86a Abs. 1 Satz 1 SGG.[237] Handelt es sich hierbei um einen Verwaltungsakt mit Dauerwirkung, muss sich dessen Aufhebung an den über § 9 Abs. 3 AsylbLG entsprechend anwendbaren Regelungen der §§ 45, 48 SGB X messen lassen.[238] Da der Anfechtungswiderspruch und die Anfechtungsklage gegen die einen Dauerverwaltungsakt abändernde Regelung aufschiebende Wirkung haben, müssen die Gerichte die **aufschiebende Wirkung** des Rechtsbehelfs notfalls **feststellen**, wenn sich die Behörden an die Suspensivwirkung nicht halten.[239] 187

Grundsätzlich steht es im freien Ermessen der Behörden, wie sie ihr Verwaltungsverfahren regeln, insbesondere durch Verwaltungsakt oder durch **konkludente Bewilligung** mittels Barauszahlung[240], und auch über welchen Zeitraum. Die Behörden müssen dies klar zu erkennen geben; im Zweifel sind die Bescheide nach dem Horizont eines objektiven, verständigen Erklärungsempfängers auszulegen.[241] 188

Einstweiliger Rechtsschutz scheitert, wenn Leistungen für die Vergangenheit im gerichtlichen Verfahren beantragt werden.[242] Im AsylbLG gilt der sog. „**Aktualitätsgrundsatz**".[243] Es ist nicht Aufgabe der Leistungsträger der Sozialhilfe und auch nicht der nach dem AsylbLG, nachträglich Leistungen zu erbringen.[244] Zu beachten ist, dass die Leistungen nach dem AsylbLG der Behebung einer gegenwärtigen Notlage dienen und deshalb für zurückliegende Zeiten nur dann zu erbringen sind, wenn die Leistungen noch ihren Zweck erfüllen können. Dies ist nur dann der Fall, wenn die Bedürftigkeit noch besteht. Bei Wegfall der Bedürftigkeit scheidet daher eine Nachzahlung nach § 44 SGB X aus.[245] Der frühestmög- 189

---

[235] Vgl. § 51 Abs. 1 Nr. 6a SGG i.d.F. des 7. SGG-Änderungsgesetzes vom 09.12.2004, BGBl I 2004, 3302.
[236] Vgl. BSG v. 17.06.2008 - B 8/9b AY 1/07 R - juris Rn. 11 - BSGE 101, 49-70.
[237] Vgl. LSG Berlin-Brandenburg v. 29.01.2009 - L 23 B 26/08 AY ER - SAR 2009, 57-60; LSG Sachsen v. 03.09.2009 - L 3 AY 1/09 B ER - juris; und LSG Sachsen v. 03.07.2009 - L 7 B 243/08 AY-ER - juris - SAR 2009, 94-96.
[238] Vgl. BSG v. 17.06.2008 - B 8 AY 13/07 R - juris Rn. 10, 11 - info also 2009, 40 m.w.N.
[239] Vgl. LSG Niedersachsen-Bremen v. 18.12.2008 - L 11 AY 117/08 ER - juris; LSG Berlin-Brandenburg v. 29.01. 2009 - L 23 B 26/08 AY ER - juris - SAR 2009, 57-60; LSG Sachsen v. 03.09.2009 - L 3 AY 1/09 B ER - juris; und LSG Sachsen v. 03.07.2009 - L 7 B 243/08 AY-ER - juris - SAR 2009, 94-96.
[240] Dazu BSG v. 17.06.2008 - B 8/9b AY 1/07 R - juris Rn. 11 - BSGE 101, 49-70 m.w.N.
[241] Vgl. BSG v. 17.06.2008 - B 8/9b AY 1/07 R - juris Rn. 11 - BSGE 101, 49-70 m.w.N.
[242] Vgl. LSG Berlin-Brandenburg v. 16.09.2009 - L 23 AY 8/09 B PKH - juris.
[243] Vgl. BSG v. 17.06.2008 - B 8 AY 9/07 R - juris Rn. 19 - info also 2009, 40 (sog. „Aktualitätsprinzip"), BSG v. 17.06.2008 - B 8 AY 5/07 R - juris Rn. 16 - SozR 4-3520 § 9 Nr. 1.
[244] Vgl. BSG v. 11.12.2007 - B 8/9b SO 12/06 R - juris Rn. 11 - SGb 2008, 95.
[245] Vgl. BSG v. 20.12.2012 - B 7 AY 4/11 R - juris Rn. 14 m.w.N. - SozR 4 - 3250 § 3 Nr.3.

liche Zeitpunkt, ab dem Leistungen vorläufig im Wege des einstweiligen Rechtsschutzes zugesprochen werden, ist der Eingang der einstweiligen Anordnung beim Sozialgericht; anders noch die verwaltungsgerichtliche Rechtsprechung, die Leistungen erst ab dem Tag der Entscheidung des Gerichts, u.U. erst des Obergerichts für die Zukunft vorläufig zugesprochen hat.

190 Hinsichtlich des **Anordnungsanspruches** für den Erlass einer einstweiligen Anordnung kommt es regelmäßig auf die **Erfolgsaussichten** des geltend gemachten Anspruches (hier: Anspruch auf privilegierte Leistungen) an. Dieser muss glaubhaft, also überwiegend wahrscheinlich gemacht sein. Bei offenem Ausgang des Hauptsacheverfahrens kommt es hingegen auf eine **Folgenabwägung** an (zu prüfen ist, welche Folgen schwerer wiegen: wenn die einstweilige Anordnung nicht erginge und der Anspruch in der Hauptsache bestünde bzw. wenn die einstweilige Anordnung erginge und der Anspruch in der Hauptsache nicht bestünde).[246]

191 Beim Bezug von Leistungen gem. § 3 AsylbLG ist der Anordnungsgrund – die Eilbedürftigkeit der begehrten vorläufigen Regelung – glaubhaft zu machen (§ 86 Abs. 2 Satz 4 SGG, § 920 Abs. 3 ZPO). Der **Anordnungsgrund** für den Erlass einer einstweiligen Anordnung auf vorläufige Gewährung von privilegierten Leistungen gem. § 2 AsylbLG ist hinreichend glaubhaft gemacht, wenn entweder der Anordnungsanspruch gem. § 2 AsylbLG überwiegend wahrscheinlich ist bzw. die Folgenabwägung zugunsten der Antragsteller ausfällt. Dies folgt aus der **existenzsichernden Funktion** der Leistungen. Sie dienen der Beseitigung einer existentiellen Notlage[247] bzw. der Sicherstellung des soziokulturellen Existenzminimums[248]. Ein dringendes Regelungsbedürfnis ist nicht etwa deshalb abzulehnen, weil die Leistungsberechtigten Grundleistungen gem. § 3 AsylbLG erhalten. § 3 AsylbLG gewährt keine laufende Hilfe zum Lebensunterhalt i.S.v. §§ 27 ff. SGB XII und der jeweils gültigen Regelsatzverordnung, sondern nur die erheblich niedrigeren Grundleistungen.[249]

D. Reformbestrebungen

192 Mit dem „Entwurf eines Gesetzes zur Aufhebung des Asylbewerberleistungsgesetzes" einzelner Bundestagsabgeordneter und der Fraktion BÜNDNIS 90/DIE GRÜNEN[250] ist der Versuch unternommen worden, das AsylbLG komplett abzuschaffen mit der Begründung, dass das Gesetz zu einem diskriminierenden Ausschluss von Asylsuchenden aus der Sozialhilfe und der Grundsicherung für Arbeitsuchende führt. In der Bundestagssitzung vom 12.11.2008 haben sich die Regierungsparteien gegen die Abschaffung des Gesetzes ausgesprochen, weil sich das seit mehr als 15 Jahren gültige AsylbLG in der Praxis bewährt habe.[251] In der öffentlichen Anhörung von Sachverständigen im Frühjahr 2009 vor dem Deutschen Bundestag haben insb. der Bevollmächtigte des Rates der Evangelischen Kirche in Deutschland[252], das Kommissariat der deutschen Bischöfe[253], die Bundesarbeitsgemeinschaft der Freien Wohlfahrtspflege e.V.[254], der Flüchtlingsrat Berlin e.V.[255] erhebliche Kritik am Fortbestand des AsylbLG vorgetragen.

193 Zum **Stand** der **Umsetzung** des **Urteils** des **BVerfG**[256] liegt die Antwort der Bundesregierung vor[257], wonach an sich bis Ende 2012 ein verfassungskonformer Gesetzentwurf existieren sollte.

---

[246] Vgl. dazu BVerfG v. 12.05.2005 - 1 BvR 569/05 - NVwZ 2005, 927; BVerfG v. 29.11.2007 - 1 BvR 2496/07 - SozR 4-2500 § 27 Nr. 17; BVerfG v. 25.02.2009 - 1 BvR 120/09 - NZS 2009, 674.

[247] So bereits OVG Niedersachsen v. 06.10.2000 - 4 M 3278/00, 4 M 3489/00 - juris - NVwZ 2001, Beilage Nr. 3, 33.

[248] So LSG Niedersachsen-Bremen v. 15.06.2009 - L 11 AY 27/09 ER - juris.

[249] So auch die std. obergerichtlicher Rspr.: LSG Niedersachsen-Bremen v. 22.02.2011 - L 8 AY 62/10 B ER - juris Rn. 15; LSG Nordrhein-Westfalen v. 31.03.2010 - L 20 B 3/09 AY ER - juris Rn. 16; LSG Baden-Württemberg v. 28.03.2007 - L 7 AY 1386/07 ER-B - juris Rn. 17; LSG Berlin-Brandenburg v. 06.09.2007 - L 15 B 12/07 AY ER - juris Rn. 6; LSG Niedersachsen-Bremen v. 11.07.2007 - L 11 AY 12/06 ER.

[250] BT-Drs. 16/10837 v. 11.11.2008.

[251] Vgl. Plenarprotokoll 16/186 v. 12.11.2008, S. 19902, 19940 ff.

[252] Vgl. Ausschuss-Drs. 16(11)1362 v. 04.05.2009, S. 1 ff.

[253] Vgl. Ausschuss-Drs. 16(11)1357 v. 30.04.2009.

[254] Vgl. Ausschuss-Drs. 16(11)1346 v. 28.04.2009, S. 11 ff.

[255] Vgl. Ausschuss-Drs. 16(11)1338 v. 27.04.2009, S. 11 ff.

[256] BVerfG v. 18.07.2012 - 1 BvL 10/10, 1 BvL 2/11 - BVerfGE 132, 134 = BSG SozR 4-3520 § 3 Nr. 2 = NVwZ 2012, 1024 = ZFSH/SGB 2012, 450.

[257] BT-Drs. 17/10664 v. 12.09.2012.

Im Entschließungsantrag u.a. der Fraktion Bündnis 90/DIE GRÜNEN zu der dritten Beratung des Gesetzentwurfs der Fraktion Bündnis 90/DIE GRÜNEN Entwurf eines Gesetzes zur Aufhebung des AsylbLG vom 28.11.2012[258] wird die Ansicht vertreten, dass das AsylbLG aufzuheben sei und der Kreis der Leistungsberechtigten nach dem SGB II und SGB XII um die bisher nach dem AsylbLG leistungsberechtigten Personen ergänzt werden sollte. 194

Zum Stand einer Neuregelung existiert bisher nur **Referentenentwurf** des Bundesministeriums für Arbeit und Soziales zum Entwurf eines Dritten Gesetzes zur Änderung des AsylbLG, **Bearbeitungsstand 04.12.2012**.[259] Dieser Referentenentwurf sieht im Entwurf eines neuen § 2 Abs. 1 AsylbLG als zeitliche Grenze für nach § 3 AsylbLG abgesenkte Leistungen einen zweijährigen, ununterbrochenen Aufenthalt im Bundesgebiet vor. 195

Auf **europäischer Ebene** sind Bestrebungen einer europarechtlichen Vereinheitlichung und Angleichung der Leistungen gescheitert. Jeder Mitgliedstaat der EU kann autonom entscheiden, ob und welche Leistungen er Asylbewerbern gewährt. 196

---

[258] BT Drs. 17/1428, 17/10198
[259] Abrufbar im Internet unter der o.g. Bezeichnung; vgl. dazu die Stellungnahme der Geschäftsstelle des Deutschen Vereins , NDV 2013, 97.

§ 3 AsylbLG Grundleistungen

(Fassung vom 31.10.2006, gültig ab 08.11.2006)

(1) ¹Der notwendige Bedarf an Ernährung, Unterkunft, Heizung, Kleidung, Gesundheits- und Körperpflege und Gebrauchs- und Verbrauchsgütern des Haushalts wird durch Sachleistungen gedeckt. ²Kann Kleidung nicht geleistet werden, so kann sie in Form von Wertgutscheinen oder anderen vergleichbaren unbaren Abrechnungen gewährt werden. ³Gebrauchsgüter des Haushalts können leihweise zur Verfügung gestellt werden. ⁴Zusätzlich erhalten Leistungsberechtigte

1. bis zur Vollendung des 14. Lebensjahres 40 Deutsche Mark,
2. von Beginn des 15. Lebensjahres an 80 Deutsche Mark

monatlich als Geldbetrag zur Deckung persönlicher Bedürfnisse des täglichen Lebens. ⁵Der Geldbetrag für in Abschiebungs- oder Untersuchungshaft genommene Leistungsberechtigte beträgt 70 vom Hundert des Geldbetrages nach Satz 4.

(2) ¹Bei einer Unterbringung außerhalb von Aufnahmeeinrichtungen im Sinne des § 44 des Asylverfahrensgesetzes können, soweit es nach den Umständen erforderlich ist, anstelle von vorrangig zu gewährenden Sachleistungen nach Absatz 1 Satz 1 Leistungen in Form von Wertgutscheinen, von anderen vergleichbaren unbaren Abrechnungen oder von Geldleistungen im gleichen Wert gewährt werden. ²Der Wert beträgt

1. für den Haushaltsvorstand 360 Deutsche Mark,
2. für Haushaltsangehörige bis zur Vollendung des 7. Lebensjahres 220 Deutsche Mark,
3. für Haushaltsangehörige von Beginn des 8. Lebensjahres an 310 Deutsche Mark

monatlich zuzüglich der notwendigen Kosten für Unterkunft, Heizung und Hausrat. ³Absatz 1 Satz 3 und 4 findet Anwendung.

(3) ¹Das Bundesministerium für Arbeit und Soziales setzt im Einvernehmen mit dem Bundesministerium des Innern und dem Bundesministerium der Finanzen durch Rechtsverordnung mit Zustimmung des Bundesrates die Beträge nach Absatz 1 Satz 4 und Absatz 2 Satz 2 jeweils zum 1. Januar eines Jahres neu fest, wenn und soweit dies unter Berücksichtigung der tatsächlichen Lebenshaltungskosten zur Deckung des in Absatz 1 genannten Bedarfs erforderlich ist. ²Für die Jahre 1994 bis 1996 darf die Erhöhung der Beträge nicht den Vom-Hundert-Satz übersteigen, um den in diesem Zeitraum die Regelsätze gemäß § 22 Abs. 4 des Bundessozialhilfegesetzes erhöht werden.

(4) Leistungen in Geld oder Geldeswert sollen dem Leistungsberechtigten oder einem volljährigen berechtigten Mitglied des Haushalts persönlich ausgehändigt werden.

§ 3 Abs. 2 Satz 2 Nr. 1 iVm Abs. 1 Satz 4 Nr. 2: Nach Maßgabe der Entscheidungsformel mit Art. 1 Abs. 1 iVm Art. 20 Abs. 1 GG unvereinbar gem. BVerfGE v. 18.7.2012 - 1 BvL 10/10 u. 1 BvL 2/11 -. Für Leistungszeiträume bis zum 31.12.2010 sind die Vorschriften weiterhin anwendbar.

§ 3 Abs. 2 Satz 2 Nr. 2 u. 3 iVm Abs. 1 Satz 4 Nr. 1: Nach Maßgabe der Entscheidungsformel mit Art. 1 Abs. 1 iVm Art. 20 Abs. 1 GG unvereinbar gem. BVerfGE v. 18.7.2012 - 1 BvL 10/10 u. 1 BvL 2/11 -. Für Leistungszeiträume bis zum 31.12.2010 sind die Vorschriften weiterhin anwendbar.

§ 3 Abs. 2 Satz 3 iVm Abs. 1 Satz 4 Nr. 1 u. 2: Nach Maßgabe der Entscheidungsformel mit Art. 1 Abs. 1 iVm Art. 20 Abs. 1 GG unvereinbar gem. BVerfGE v. 18.7.2012 - 1 BvL 10/10 u. 1 BvL 2/11 -. Für Leistungszeiträume bis zum 31.12.2010 sind die Vorschriften weiterhin anwendbar.

Gliederung

A. Basisinformationen 1
I. Textgeschichte/Gesetzgebungsmaterialien 1
II. Vorgängervorschriften 6
III. Parallelvorschriften 9
IV. Landesgesetze und Verordnungen 12
V. Verwaltungsvorschriften 14
VI. Systematische Zusammenhänge 15
1. Leistungsrecht (§§ 3, 4, 6 AsylbLG) 15
2. Ausländerrechtliche Bestimmungen
   (Unterbringung) 18
VII. Ausgewählte Literaturhinweise 22
B. Auslegung der Norm 23
I. Regelungsgehalt und Bedeutung der Norm 23
II. Normzweck 27
III. Vereinbarkeit mit höherrangigem Recht 29
1. Verfassungsrecht 29
a. Art. 1 Abs. 1 GG i.V.m. Art. 20 Abs. 1 GG 29
b. Art. 3 Abs. 1 GG 48
2. Europa- und Völkerrecht 50
IV. Vorrang der Sachleistungsgewährung
    (Sachleistungsprinzip) 53
V. Bedarfsdeckung durch Sachleistungen
   (Absatz 1) 56
1. Begriff der Sachleistung und des notwendigen
   Bedarfs 56
2. Der notwendige Bedarf im Einzelnen
   (Sätze 1-3) 59
a. Ernährung 59
b. Unterkunft 61
c. Heizung 70
d. Kleidung (Sätze 1 und 2) 71
e. Mittel der Gesundheits- und Körperpflege 74
f. Gebrauchs- und Verbrauchsgüter des Haushalts
   (Sätze 1 und 3) 75
3. Barbetrag (Sätze 4 und 5) 79
a. Übergangsregelung des BVerfG vom
   18.07.2012 (Satz 4) 79
b. Sonderregel bei Untersuchungs- oder
   Abschiebungshaft (Satz 5) 82
VI. Abweichen vom Sachleistungsprinzip
    (Absatz 2) 86
1. Regel-Ausnahme-Verhältnis (Sach- und
   Ersatzleistungsgewährung) 86
2. Unterbringung außerhalb von Aufnahmeeinrichtungen i.S.d. § 44 AsylVfG 88
3. Erforderlichkeit (Satz 1) 89
a. Soweit-Vorbehalt 89
b. Ermessensentscheidung über die Unter-
   bringung 91
4. Ersatzleistungen (Sätze 1 bis 3) 95
a. Rangverhältnis der Ersatzleistungen
   (Auswahlermessen) 95
b. Werte der Ersatzleistungen (Satz 2) und des
   Barbetrags (Satz 3) 98
c. Kosten für Unterkunft, Heizung und Hausrat
   (Satz 2) 130
d. Mischformen der Leistungsgewährung 144
VII. Neufestsetzung der Leistungsbeträge
     (Absatz 3) 146
VIII. Erbringung von Geld- bzw. Ersatzleistun-
      gen (Absatz 4) 148
IX. Rechtstatsachen 150
C. Praxishinweise 153
D. Reformbestrebungen 159

A. Basisinformationen

I. Textgeschichte/Gesetzgebungsmaterialien

§ 3 AsylbLG hat in der seit dem **01.11.1993**[1] geltenden Fassung nur wenige Änderungen erfahren. Im ursprünglichen Regierungsentwurf[2] sollten die Regelungen als § 2 AsylbLG in das Gesetz aufgenommen werden.[3]

Durch Art. 9 des Zweiten Gesetzes zur Umsetzung des Spar-, Konsolidierungs- und Wachstumsprogramms (2. SKWPG) vom **21.12.1993**[4] wurde dem Absatz 3 die Regelung des Satzes 2 (Begrenzung der Erhöhung der Beträge nach § 3 Abs. 1 Satz 4, Abs. 2 Satz 2 AsylbLG in den Jahren 1994-1996) mit Wirkung zum 01.11.1994 hinzugefügt.

Durch das **Erste Änderungsgesetz zum AsylbLG vom 26.05.1997**[5] trat nach einem fast zwei Jahre währenden Gesetzgebungsverfahren[6] die seit dem 01.06.1997 geltende Fassung von § 3 Abs. 2 Satz 1 AsylbLG in Kraft, nach der das strenge Sachleistungsprinzip nur noch bei einer Unterbringung in Aufnahmeeinrichtungen i.S.d. § 44 AsylVfG vorgesehen ist. Seither gilt auch die abweichende Regelung

---

[1] BGBl I 1993, 1074.
[2] BT-Drs. 12/4451, S. 2.
[3] Vgl. auch BT-Drs. 12/5008.
[4] BGBl I 1993, 2374.
[5] BGBl I 1997, 1130.
[6] Vgl. BT-Drs. 13/2746 (Erstentwurf v. 24.10.1995); BT-Drs. 13/3475 (Entwurf der Bundesregierung v. 12.01.1996); BT-Drs. 13/3720 (Beschlussempfehlung des Ausschusses für Gesundheit v. 07.02.1996); BT-Drs. 13/7510 (Beschlussempfehlung des Vermittlungsausschusses v. 23.04.1997).

§ 3 AsylbLG

für Abschiebungshäftlinge bei der Taschengeldgewährung nach § 3 Abs. 1 Satz 5 AsylbLG (gekürzter Betrag). Die letztgenannte Regelung wurde mit dem **Zweiten Änderungsgesetz zum AsylbLG vom 25.08.1998**[7] auf Leistungsberechtigte in Untersuchungshaft zum 01.09.1998 ausgeweitet.

4 § 3 Abs. 3 Satz 1 AsylbLG wurde mit dem Ersten Änderungsgesetz zum AsylbLG vom **26.05.1997**[8] sowie in den Jahren 2001, 2003 und 2006 durch Art. 65 der Siebenten,[9] Art. 56 der Achten[10] und Art. 82 der Neunten[11] Zuständigkeitsanpassungs-VO jeweils an die Organisationsstrukturen des Bundes angepasst.

5 Das **BVerfG** hat am **18.07.2012**[12] entschieden, dass die Regelungen des § 3 Abs. 2 Satz 2 Nr. 1 und 2 AsylbLG und § 3 Abs. 2 Satz 3 AsylbLG i.V.m. § 3 Abs. 1 Satz 4 Nr. 1 bzw. 2 AsylbLG mit dem Grundrecht auf Gewährleistung eines menschenwürdigen Existenzminimums nach Art. 1 Abs. 1 GG i.V.m. Art. 20 Abs. 1 GG unvereinbar und **verfassungswidrig** sind. Die bisherige Höhe der „Geldleistungen" nach § 3 AsylbLG ist evident unzureichend, ein menschenwürdiges Existenzminimum zu gewährleisten. Das BVerfG hat (rückwirkend) eine die bisherigen gesetzlichen Regelungen ersetzende **Übergangsregelung** mit Wirkung vom 01.01.2011 (für nicht bestandskräftige Bescheide) bzw. 01.08.2012 angeordnet, die sich bei der Bemessung der Leistungen nach § 3 Abs. 1 Satz 4 AsylbLG und § 3 Abs. 2 Satz 2 AsylbLG an den §§ 5-8 RBEG orientiert[13] und eine gewisse Angleichung des Leistungsniveaus nach § 3 AsylbLG an das allgemeine Grundsicherungsrecht (SGB II/SGB XII) bewirkt. Der Gesetzgeber ist verpflichtet, unverzüglich für den Anwendungsbereich des AsylbLG eine Neuregelung zur Sicherung des menschenwürdigen Existenzminimums zu treffen, die sich voraussichtlich an der Übergangsregelung des BVerfG orientieren wird (1:1-Umsetzung).[14]

II. Vorgängervorschriften

6 § 3 AsylbLG gilt seit Inkrafttreten des AsylbLG am 01.11.1993.[15] Als Vorgängervorschrift sah **§ 120 Abs. 2 Satz 1 BSHG** in der bis zum 31.10.1993 geltenden Fassung[16] eine auf die Hilfe zum Lebensunterhalt beschränkte Sozialhilfe für Asylbewerber, bestimmte Geduldete und Ausreisepflichtige vor, ausnahmsweise[17] beschränkt auf das zum Lebensunterhalt Unerlässliche, § 120 Abs. 2 Satz 4 BSHG a.F.

7 Die Hilfe zum Lebensunterhalt bemaß sich nach dem 2. Abschnitt des BSHG (§§ 11-26 BSHG) und umfasste u.a. den **notwendigen Lebensunterhalt nach § 12 BSHG** (nun §§ 27-27b SGB XII). Vor Einführung des AsylbLG entsprachen diese existenzsichernden Leistungen für Ausländer grundsätzlich dem allgemeinen sozialhilferechtlichen Niveau; u.a. dieser Umstand wurde für den erheblichen Zustrom von Flüchtlingen verantwortlich gemacht.[18] Auch aus diesem Grund wurden für Asylbewerber, vollziehbar Ausreisepflichtige und deren Familienangehörige die Leistungen zur Deckung des notwendigen Bedarfs auf niedrigem Niveau eingeführt (§ 3 AsylbLG).

8 § 3 AsylbLG ist **§ 12 BSHG** nachgebildet. Anstelle des Begriffs des notwendigen Lebensunterhalts ist der Begriff des notwendigen Bedarfs getreten, dessen Auslegung (unbestimmter Rechtsbegriff) bewusst der zuständigen Behörde überantwortet wurde (vgl. hierzu auch Rn. 50 ff.).[19] Die Grundleistungen werden lediglich durch die §§ 4-6 AsylbLG ergänzt und vorrangig als Sachleistungen gewährt (sog. Sachleistungsprinzip, vgl. Rn. 50 ff.), ggf. leihweise nach § 3 Abs. 1 Satz 3 AsylbLG. Die bis 31.12.2010 geltenden Werte der Ersatzleistungen nach § 3 Abs. 2 Satz 2 AsylbLG i.d.F. vom 30.06.1993[20] beruhen auf Kostenschätzungen, die mit der Maßgabe erfolgt sind, dass der Mindestun-

---

[7] BGBl I 1998, 2505; vgl. dazu .
[8] BGBl I 1997, 1130.
[9] BGBl I 2001, 2785, 2799.
[10] BGBl I 2003, 2304, 2310.
[11] BGBl I 2006, 2407, 2417.
[12] BVerfG v. 18.07.2012 - 1 BvL 10/10, 1 BvL 2/11 - juris bzw. BGBl I 2012, 1715.
[13] Vgl. BVerfG v. 18.07.2012 - 1 BvL 10/10, 1 BvL 2/11 - juris Rn. 98 ff.
[14] Vgl. Art. 1 des ersten Referentenentwurfs des BMAS (Stand: 04.12.2012), www.fluechtlingsinfo-berlin.de/fr/asylblg/BMAS_Entwurf_AsylbLG_041212.pdf (abgerufen am 15.04.2014).
[15] BGBl I 1993, 1074.
[16] BGBl I 1991, 84, 113, 808; BGBl I 1993, 281.
[17] Vgl. hierzu BVerwG v. 26.09.1991 - 5 C 61/88 - juris Rn. 12 ff. - BVerwGE 89, 87 ff.
[18] BT-Drs. 12/4451, S. 5; BT-Drs. 12/5008, S. 13 f.
[19] BT-Drs. 12/4451, S. 8.
[20] BGBl I 1993, 1074.

terhalt während des Asylverfahrens deutlich abgesenkt zu den Regelleistungen nach dem BSHG bestimmt werden sollte.[21]

III. Parallelvorschriften

Als Nachfolgevorschrift des § 120 BSHG sieht **§ 23 Abs. 1 SGB XII** für nicht nach dem AsylbLG oder dem SGB II leistungsberechtige Ausländer in Deutschland eine **eingeschränkte Sozialhilfegewährung** vor. Ausländer, die nach Deutschland eingereist sind, um Sozialhilfe zu erlangen, haben keinen Sozialhilfeanspruch, allenfalls einen Anspruch auf medizinische Akutversorgung, § 23 Abs. 3 Sätze 1, 2 SGB XII. Das Leistungsniveau nach § 23 Abs. 1 SGB XII umfasst auch die Hilfe zum Lebensunterhalt nach dem 3. Kapitel des SGB XII.

Für Leistungsberechtigte in **Abschiebungshaft** nach § 62 AufenthG legt das Abschiebungshaftvollzugsgesetz (AbschhVG) Mindeststandards für die Unterbringung, Versorgung und Betreuung fest.

Für **Strafgefangene** sind insbesondere die landesrechtlichen Strafvollzugsgesetze zu beachten, die eigenständige und gegenüber § 3 Abs. 1 Sätze 4, 5 AsylbLG (Barbetrag, früher Taschengeld genannt) vorrangige Regelungen enthalten (vgl. Rn. 85).

IV. Landesgesetze und Verordnungen

Auf Landesebene bestimmen **Aufnahmegesetze und Verordnungen** Näheres zum Verfahren sowie die Zuständigkeit[22] der Behörden und Kostenträger nach diesem Leistungsgesetz (z.B. für Bayern: Gesetz über die Aufnahme und Unterbringung der Leistungsberechtigten nach dem AsylbLG – AufnG[23], Verordnung zur Durchführung des AsylVfG, des AsylbLG und des AufnG – DVAsyl[24]).

Diese Regelungen gelten i.d.R. nur im Verhältnis des Landes zu den Behörden (**Betriebsorganisationsrecht**)[25] und enthalten keine Grundlage für auf das AsylbLG „durchschlagende" Leistungsansprüche des Leistungsberechtigten.[26] Eine Sonderrolle nimmt Bayern ein; das landesrechtliche Aufnahmegesetz enthält sowohl leistungs- als auch ordnungsrechtliche Inhalte mit Außenwirkung für den Betroffenen (vgl. Art. 4, 10 AufnG).[27] Die Gestattung der privaten Wohnungnahme für Leistungsberechtigte nach dem AsylbLG beurteilt sich in Bayern nach Art. 4 Abs. 4 AufnG und wird vor den Verwaltungsgerichten erstritten; das Verfahren findet ohne Widerspruchsverfahren statt und die Klage hat kraft Gesetzes keine aufschiebende Wirkung (vgl. Art. 10 Abs. 1 AufnG).

V. Verwaltungsvorschriften

Neben den Landesaufnahmegesetzen und den Verordnungen nach § 10 AsylbLG gelten **uneinheitliche Verwaltungsvorschriften der Länder** zur Durchführung des AsylbLG (Runderlasse, „Hinweise" etc.), die den überwiegend im übertragenen Wirkungskreis[28] tätigen Leistungsbehörden u.a. Mindeststandards bei der Unterbringung von Leistungsberechtigten in Gemeinschaftsunterkünften setzen oder die Zusammensetzung der Ersatzleistungen nach dem bis zum 31.10.2010 geltenden § 3 Abs. 2 Satz 2 AsylbLG und die jeweiligen Bedarfsanteile für Ernährung, Energie, Kleidung, Mittel zur Gesundheits- und Körperpflege und Verbrauchsgütern des Haushalts (im Übrigen) wertmäßig vorgeben.[29]

---

[21] Vgl. BT-Drs. 16/9018, S. 6; vgl. auch BVerfG v. 18.07.2012 - 1 BvL 10/10, 1 BvL 2/11 - juris Rn. 91.

[22] Vgl. etwa BSG v. 17.06.2008 - B 8 AY 5/07 R - juris Rn. 10 - SozR 4-3520 § 9 Nr. 1; LSG Niedersachsen-Bremen v. 23.10.2008 - L 11 AY 111/08 ER, L 11 B 35/08 AY - juris Rn. 14.

[23] GVBl 2002, 192; GVBl 2007, 634.

[24] GVBl 2002, 218; GVBl 2004, 126.

[25] Vgl. *Toberer*, VBlBW 2007, 259, 260.

[26] Vgl. OVG Niedersachsen v. 10.11.2003 - 4 ME 476/03 - juris Rn. 1.

[27] Vgl. hierzu insb. BVerfG v. 15.09.2005 - 2 BvL 2/05 - NVwZ 2006, 447; VG München v. 04.05.2004 - M 24 S 03.60568 - juris Rn. 26 ff.

[28] Vgl. zur Ausführung des AsylbLG: *Goldmann/Schwabe*, Praxishandbuch zum Asylbewerberleistungsgesetz, 1. Aufl. 1999, S. 25 f.

[29] Z.T. abgedr. in AsylbLG IV Landesrechtliche Vorschriften, z.B. für Bremen oder Hessen: AsylbLG IV - 5.3.4, 7.4.

VI. Systematische Zusammenhänge

1. Leistungsrecht (§§ 3, 4, 6 AsylbLG)

15 Systematisch verfolgt das AsylbLG ebenso wie die Leistungsgesetze des SGB II und SGB XII eine Bedarfsdeckung unter weitgehendem Verzicht auf einmalige Beihilfen[30] und der **Aufgabe des sozialhilferechtlichen Individualisierungsgrundsatzes**.[31] Aus diesem Grund ist es 1993 von dem BSHG als eigenständiges Leistungssystem ohne Heranziehung eines Referenzmodells zur Ermittlung eines realitätsgerechten Durchschnittsbedarfs (Warenkorb- oder Statistikmodell) abgekoppelt worden. Es blieb trotz der grundlegenden Entwicklungen im Grundsicherungsrecht, insbesondere der zunehmenden Pauschalierung existenzsichernder Leistungen und schließlich des Übergangs in die Leistungssysteme des SGB II und SGB XII, bis zum Wirksamwerden der Übergangsregelung aufgrund der Entscheidung des BVerfG vom 18.07.2012[32] im Kern unverändert.

16 Die Grundleistungsgewährung nach § 3 Abs. 1 AsylbLG zielt auf eine Bedarfsdeckung durch (einheitliche) **Sachleistungen** ab.[33] Mit dieser Sachleistungsgewährung erfolgt eine **konkret-individuelle Bedarfsdeckung**, weil die Leistungsbehörde bei der Ermittlung des notwendigen Bedarfs die konkreten Umstände des Einzelfalls zu berücksichtigen hat.[34] Anders verhält es sich bei der Gewährung der sog. **Ersatzleistungen** nach § 3 Abs. 2 Sätze 1, 2 AsylbLG, die „anstelle" der vorrangig zu gewährenden Sachleistungen treten können. Diese Leistungen stellen soz. ein nachrangiges „**Erfüllungssurrogat**" der Sachleistungen nach § 3 Abs. 1 AsylbLG dar und können im Einzelfall der Höhe nach nicht abweichend festgelegt werden (anders im Sozialhilferecht: vgl. § 27a Abs. 4 Satz 1 SGB XII bzw. § 28 Abs. 1 Satz 2 SGB XII in der vom 01.01.2005 bis 31.12.2010 geltenden Fassung[35]).

17 Die medizinische Notversorgung und die Versorgung bei Schwangerschaft und Geburt sind in **§ 4 AsylbLG** geregelt. Für abweichende – atypische – Bedarfe dient **§ 6 AsylbLG** als **Auffangs- bzw. Öffnungsklausel**, um die Grundversorgung nach den §§ 3, 4 AsylbLG im Einzelfall zu ergänzen.[36]

2. Ausländerrechtliche Bestimmungen (Unterbringung)

18 Die Landesaufnahmegesetze und Durchführungsverordnungen nach § 10 AsylbLG (vgl. Rn. 12 f.) werden flankiert von den **asyl- und aufenthaltsrechtlichen Bestimmungen über den Aufenthalt** des Ausländers (Auflagen), die dem Ordnungsrecht zuzuordnen und bei der Leistungsgewährung nach § 3 AsylbLG (insb. bei der Unterbringung) zu beachten sind.[37]

19 Zu Beginn des Asylverfahrens ist der Ausländer gem. § 47 Abs. 1 AsylVfG verpflichtet, in einer **Erstaufnahmeeinrichtung i.S.d. § 44 AsylVfG** über einen kurzfristigen Zeitraum von bis zu sechs Wochen, längstens drei Monaten zu leben (vgl. auch § 48 AsylVfG). Anschließend soll er in einer **Gemeinschaftsunterkunft nach § 53 Abs. 1 AsylVfG** untergebracht werden. Die Verpflichtung des Asylbewerbers, dort (vgl. die §§ 47 Abs. 1, 53 Abs. 1 AsylVfG) oder in einer bestimmten Unterkunft zu wohnen, wird i.d.R. durch eine Auflage i.S.d. § 60 Abs. 2 Satz 1 AsylVfG festgelegt, gegen die sich der Ausländer mit einer Anfechtungsklage vor dem Verwaltungsgericht wehren kann.[38] Die mit dem Asylverfahren einhergehende Aufenthaltsgestattung ist räumlich auf den Bezirk der Ausländerbehörde beschränkt, vgl. § 56 Abs. 1 AsylVfG. Die §§ 47, 53 AsylVfG betreffen die aus dem vorläufigen Bleiberecht des Asylbewerbers erwachsende **staatliche Unterbringungspflicht während des Asylverfahrens** aus Art. 16a Abs. 1 GG; diese endet mit dem unanfechtbaren (negativen) Abschluss des Asylverfahrens.[39] § 53 Abs. 2 Satz 1 AsylVfG (Ende der Verpflichtung zur Wohnungnahme in einer Ge-

---

[30] Vgl. BT-Drs. 12/4451, S. 10; BT-Drs. 13/2746, S. 16.
[31] BT-Drs. 12/4451, S. 5.
[32] Vgl. BVerfG v. 18.07.2012 - 1 BvL 10/10, 1 BvL 2/11 - juris Rn. 98 ff.
[33] Vgl. zur Umsetzung in der Praxis: *Klinger*, NDV 1994, 181 ff.
[34] BT-Drs. 12/4451, S. 8; vgl. auch BT-Drs. 16/9018, S. 6.
[35] BGBl I 2003, 3022.
[36] Vgl. BT-Drs. 12/4451, S. 10.
[37] Vgl. OVG Niedersachsen v. 04.12.2003 - 4 ME 476/03 - juris Rn. 2 f.; LSG Niedersachsen-Bremen v. 23.10.2008 - L 11 AY 111/08 ER, L 11 B 35/08 AY - juris Rn. 20.
[38] Vgl. *Renner*, Ausländerrecht, § 53 AsylVfG Rn. 33.
[39] Vgl. hierzu BVerwG v. 20.01.2010 - 1 B 1/09 - juris Rn. 12; BVerwG v. 19.05.1981 - 1 C 168/79 - juris Rn. 29 f. - NJW 1981, 2653, 2654.

meinschaftsunterkunft) korrespondiert insoweit bei einem erfolgreichen (ggf. nicht rechtskräftigen) Abschluss des Asylverfahrens mit § 1 Abs. 3 Nr. 2 AsylbLG (Ende der Leistungsberechtigung nach dem AsylbLG).

Nach erfolglosem **Abschluss des Asylverfahrens** erhält der Ausländer, solange er nicht abgeschoben werden kann, eine Duldung gem. § 60a AufenthG, die gem. § 61 Abs. 1 Satz 2 AufenthG i.d.R. mit einer **Wohnsitzauflage** versehen wird,[40] ggf. auch mit der restriktiven Auflage zur Überwachung, Kontrolle und Ausreiseförderung vollziehbar ausreisepflichtiger Ausländer, in einer bestimmten Wohnung bzw. in einer Gemeinschaftsunterkunft zu wohnen.[41] Auch die in § 1 Abs. 1 Nr. 3 AsylbLG genannten Aufenthaltserlaubnisse werden aus fiskalischen Gründen in aller Regel mit einer Wohnsitzauflage nach § 12 Abs. 2 Satz 2 AufenthG verbunden; insoweit gelten Ländererlasse der Innenministerien, um eine **Verlagerung von Sozialhilfelasten** in andere Bundesländer durch Binnenwanderung bestimmter Gruppen von Ausländern zu vermeiden.[42]

20

Die Abhängigkeit des Leistungsanspruchs von ausländerrechtlichen Vorgaben sieht **§ 11 Abs. 2 AsylbLG** – wie im Sozialhilferecht für Ausländer § 23 Abs. 5 Satz 1 SGB XII – vor. Bei einem Verstoß gegen asyl- oder ausländerrechtliche räumliche Beschränkungen darf die für den tatsächlichen Aufenthaltsort zuständige Behörde nur die nach den Umständen unabweisbar gebotene Hilfe leisten (vgl. hierzu die Kommentierung zu § 11 AsylbLG Rn. 29 ff.).

21

VII. Ausgewählte Literaturhinweise

Brandmayer, 50 Jahre Sozialhilfe, 18 Jahre Asylbewerberleistungsgesetz, in: 50 Jahre Sozialhilfe – Eine Festschrift, 2012, S. 286-297; *Brockmann*, Das Asylbewerberleistungsgesetz und das Grundrecht auf Gewährung eines menschenwürdigen Existenzminimums, SozSich 2010, 310-317; *Classen*, Das BVerfG-Urteil zur Verfassungswidrigkeit des AsylbLG, Stand: 30.03.2013, www.fluechtlingsinfo-berlin.de/fr/asylblg/BVerfG-AsylbLG-Urteil.html (abgerufen am 15.04.2014); *Deibel*, Asylbewerberleistungsrecht aktuell - Zwischen Bundesverfassungsgericht und gesetzlicher Neuregelung, Sozialrecht aktuell 2013, 103-110; *Deibel*, Bestandskraft und Nachzahlung im Asylbewerberleistungsrecht, Sozialrecht aktuell 2013, 63-68; *Deibel*, Das neue Asylbewerberleistungsrecht, ZAR 1998, 28-38; *Deibel*, Die Menschenwürde im Asylbewerberleistungsrecht, ZFSH SGB 2012, 582-591; *Deibel*, Die Neuregelung des Asylbewerberleistungsrechts, ZAR 2004, 321-327; *Eichenhofer*, Menschenwürde durch den Sozialstaat – für alle Menschen?, SGb 2012, 565-568; *Fahlbusch*, Entwurf eines Gesetzes zur Aufhebung des Asylbewerberleistungsgesetzes, BT-Drs. 17/1728 und Antrag „Menschenwürdiges Existenzminimum für alle – Asylbewerberleistungsgesetz abschaffen", BT-Drs. 17/4424, NDV 2011, 145-147; *Fritzsch*, Die Zulässigkeit wohnsitzbeschränkender Auflagen, ZAR 2007, 356-360; *Eckardt*, Würde und Existenzminimum – nur eingeschränkt für Asylbewerber?, ZAR 2004, 142-146; *Görisch*, Asylbewerberleistungsrechtliches Existenzminimum und gesetzgeberischer Gestaltungsspielraum, NZS 2011, 646-650; *Haedrich*, Das Asylbewerberleistungsgesetz, das Existenzminimum und die Standards der EU-Aufnahmerichtlinie, ZAR 2010, 227-233; *Hohm*, Menschenwürdiges Existenzminimum für Leistungsberechtigte nach dem Asylbewerberleistungsgesetz, ZFSH/SGB 2010, 261-277; *Hohm*, Novellierung des Asylbewerberleistungsgesetzes, NVwZ 1997, 659-663; *Horrer*, Das Asylbewerberleistungsgesetz, die Verfassung und das Existenzminimum, Berlin 2001; *Janda*, Quo vadis, AsylbLG? Möglichkeiten der Neugestaltung der existenzsichernden Leistungen für Personen mit vorübergehendem Aufenthalt nach dem Urteil des BVerfG, ZAR 2013, 175-182; *Janda/Wilksch*, Das Asylbewerberleistungsgesetz nach dem „Regelsatz-Urteil" des BVerfG, SGb 2010, 565-574; *Kingreen*, Schätzungen „ins Blaue hinein": Zu den Auswirkungen des Hartz IV-Urteils des Bundesverfassungsgerichts auf das Asylbewerberleistungsgesetz, NVwZ 2010, 558-562; *Klinger*, Umsetzung des Asylbewerber-Leistungsgesetzes in der Praxis – rechtliche und praktische Probleme, NDV 1994, 181-185; *Köhler*, Unbestimmte Rechtsbegriffe im Sozialrecht – Rechtsstaatliches Risiko oder Konsequenz der Verrechtlichung? –, VSSR 2009, 61-91; *Lehnert/Pelzer*, Diskriminierendes Sondergesetz: Warum das Asylbewerberleistungsgesetz verfassungswidrig ist, KJ 2010, 450-457; *Mahler/ Follmar-Otto*, Asylbewerberleistungsgesetz auf dem menschenrechtlichen Prüfstand, ZAR 2011, 378-383; *Müller-Serten*, Einsparpotentiale bei den sozialen Leistungen für Asylbewerber? Eine Analyse des deutschen Asylbewer-

22

---

[40] Vgl. *Toberer*, VBlBW 2007, 259, 260.

[41] vgl. Ziff. 61.1.2 der Allgemeinen Verwaltungsvorschrift zum AufenthG – VV-AufenthG, BR-Drs. 669/09, S. 434, abrufbar unter: www.bmi.bund.de/SharedDocs/Downloads/DE/Themen/MigrationIntegration/AsylZuwanderung/AufenthG_VwV.html (zuletzt abgerufen am 15.04.2014).

[42] Vgl. hierzu BVerwG v. 15.01.2008 - 1 C 17/07 - juris Rn. 21 - NVwZ 2008, 796, 798.

§ 3 AsylbLG

berleistungsgesetzes, InfAuslR 2007, 167-174; *Rothkegel*, Das Bundesverfassungsgericht als Ersatzgesetzgeber – die Übergangsregelungen des Hartz-IV- und des AsylbLG-Urteils, ZFSH/SGB 2012, 519-523; *Rothkegel*, Das Gericht wird's richten – das AsylbLG-Urteil des Bundesverfassungsgerichts und seine Ausstrahlungswirkungen, ZAR 2012, 357-369. *Rothkegel*, Das Sachleistungsprinzip des Asylbewerberleistungsgesetzes, ZAR 2011, 90-94; *Scheurer*, Die Leistungsansprüche Asylsuchender und vollziehbar zur Ausreise verpflichteter Ausländerinnen und Ausländer nach dem Asylbewerberleistungsgesetz, InfAuslR 1994, 265-273; *Schwabe*, Einzelbeträge aus den Regelbedarfsstufen des SGB II und XII ab 01.01.2012, ZfF 2012, 1-13; *Schwabe*, Einzelbeträge aus den Regelbedarfsstufen des SGB II und XII ab 01.01.2013, ZfF 2013, 1-16; *Schwabe*, Einzelbeträge aus den Regelbedarfsstufen des SGB II und XII ab 01.01.2014, ZfF 2014, 1-18; *Tiedemann*, Anmerkung zu BVerfG v. 18.07.2012 - 1 BvL 10/10, 1 BvL 2/11 - NVwZ 2012, 1031-1033; *Toberer*, Überblick über Asylbewerberaufnahme, -unterbringung und -versorgung, VBlBW 2007, 259-263; *Vogt*, Das neue Grundrecht – was bringt es tatsächlich?, Sozialrecht aktuell 2010, 93-96; *Wenner*, Bundesverfassungsgericht hält Sätze nach dem Asylbewerberleistungsgesetz für zu niedrig, SozSich 2012, 277-278; Materialien zur öffentlichen Anhörung von Sachverständigen in Berlin am 07.02.2011, Ausschussdrucksache 17(11)376 neu (Zusammenstellung der schriftlichen Stellungnahmen).

B. Auslegung der Norm

I. Regelungsgehalt und Bedeutung der Norm

23 § 3 AsylbLG ist die **zentrale Norm** für die Gewährung von Leistungen zur Deckung des notwendigen Bedarfs an Ernährung, Unterkunft, Heizung, Kleidung, Gesundheits- und Körperpflege und Verbrauchsgütern des Haushalts (sog. Grundleistungen). Die Vorschrift beinhaltet in Absatz 1 den **Grundsatz der vorrangigen Sachleistungsgewährung** (sog. Sachleistungsprinzip)[43] einschließlich einer zusätzlichen Gewährung von Geldleistungen zur Deckung persönlicher Bedürfnisse, vgl. § 3 Abs. 1 Sätze 4, 5 AsylbLG (sog. Taschengeld).

24 Bei einer Unterbringung außerhalb von Aufnahmeeinrichtungen i.S.d. § 44 AsylVfG erlaubt **§ 3 Abs. 2 AsylbLG** ein **Abweichen vom Sachleistungsprinzip**. Absatz 1 und Absatz 2 des § 3 AsylbLG stehen dabei in einem Regel-Ausnahme-Verhältnis zueinander (vgl. Rn. 86 ff.).[44]

25 § 3 Abs. 3 AsylbLG enthält eine **Verordnungsermächtigung** zur Neufestsetzung der Beträge nach § 3 Abs. 1 Satz 4, Abs. 2 Satz 2 AsylbLG.

26 § 3 Abs. 4 AsylbLG regelt die Art und Weise der **Erbringung von Leistungen in Geld** oder Geldeswert (i.d.R. durch persönliche Aushändigung der Leistungen), also des Barbetrags (früher Taschengeldbetrag genannt) nach § 3 Abs. 1 Sätze 4, 5 AsylbLG sowie der Ersatzleistungen nach § 3 Abs. 2 Satz 2 AsylbLG.

II. Normzweck

27 Die in § 3 AsylbLG vorgesehene Leistungsgewährung auf niedrigem Niveau zielte ursprünglich darauf ab, durch Umfang und Form der Grundleistungen **materielle Anreize für eine illegale Einreise zu beseitigen** und die Weitergabe von Sozialleistungen an Schlepperorganisationen zu verhindern.[45] Dies sollte durch zwei Instrumente erreicht werden: durch deutlich abgesenkte Grundleistungen und den Vorrang der Sachleistungsgewährung (Sachleistungsprinzip). Dadurch sollten dem Ausländer zur **Vorbeugung von Leistungsmissbrauch** nur geringe Dispositionsmöglichkeiten eingeräumt werden, über die ihm gewährten Leistungen nach freiem Willen zu verfügen; aus diesem Grund sollen Leistungen in Geld oder Geldeswert persönlich ausgehändigt werden, § 3 Abs. 4 AsylbLG (vgl. zum Sinn und Zweck des AsylbLG auch die Kommentierung zu § 1 AsylbLG Rn. 28 ff.).

28 Die konzeptionelle Ausrichtung des AsylbLG als ein restriktives Sondergesetz zur Verhinderung sozialleistungsmotivierter Zuwanderung von Flüchtlingen ist durch die Entscheidung des **BVerfG vom 18.07.2012** zu § 3 AsylbLG grundlegend in Frage gestellt worden (im Einzelnen vgl. Rn. 29 ff.).

---

[43] Vgl. *Hohm* in: AsylbLG, § 3 Rn. 3.
[44] LSG Nordrhein-Westfalen v. 08.07.2008 - L 20 B 49/08 SO ER - juris Rn. 45; LSG Niedersachsen-Bremen v. 11.10.2006 - L 7 AY 10/06 ER - juris Rn. 25; VGH Baden-Württemberg v. 14.09.1994 - 6 S 2074/94 - juris Rn. 9.
[45] BT-Drs. 12/5008, S. 13 f.

III. Vereinbarkeit mit höherrangigem Recht

1. Verfassungsrecht

a. Art. 1 Abs. 1 GG i.V.m. Art. 20 Abs. 1 GG

aa. BVerfG vom 18.07.2012

Auf das **Grundsatzurteil des BVerfG vom 09.02.2010**[46] zu dem universal geltenden Leistungsgrundrecht aus Art. 1 Abs. 1 GG i.V.m. Art. 20 Abs. 1 GG auf Gewährleistung eines menschenwürdigen Existenzminimums (sog. Regelsatzurteil) hat das Gericht am 18.07.2012[47] auch über die Höhe der „Geldleistungen"[48] nach § 3 AsylbLG entschieden. Danach ist die **Höhe dieser Leistungen evident unzureichend**, ein menschenwürdiges Existenzminimum zu gewährleisten. Die Regelungen der § 3 Abs. 2 Satz 2 Nr. 1 und 2 AsylbLG und § 3 Abs. 2 Satz 3 AsylbLG i.V.m. § 3 Abs. 1 Satz 4 Nr. 1 bzw. 2 AsylbLG sind mit Art. 1 Abs. 1 GG i.V.m. Art. 20 Abs. 1 GG unvereinbar.

29

Aus Art. 1 Abs. 1 GG i.V.m. Art. 20 Abs. 1 GG erwächst ein **unmittelbarer verfassungsrechtlicher Leistungsanspruch,** der das gesamte Existenzminimum durch eine einheitliche grundrechtliche Garantie gewährleistet, die sowohl die physische Existenz des Menschen als auch die Sicherung der Möglichkeit zur Pflege zwischenmenschlicher Beziehungen und zu einem Mindestmaß an Teilhabe am gesellschaftlichen, kulturellen und politischen Leben umfasst. Weil der Umfang der Leistungen nicht unmittelbar aus der Verfassung hergeleitet werden kann, sondern von den gesellschaftlichen Anschauungen über das für ein menschenwürdiges Dasein Erforderliche, der konkreten Lebenssituation des Hilfebedürftigen sowie den jeweiligen wirtschaftlichen und technischen Gegebenheiten abhängt, steht dem Gesetzgeber bei der Bestimmung der Leistungen ein Gestaltungsspielraum zu, der die Beurteilung der tatsächlichen Verhältnisse ebenso wie die wertende Einschätzung des notwendigen Bedarfs umfasst. Dabei muss der Gesetzgeber alle existenznotwendigen Aufwendungen folgerichtig in einem transparenten und sachgerechten Verfahren nach dem tatsächlichen Bedarf bemessen und das ermittelte Ergebnis fortwährend überprüfen und weiterentwickeln.[49]

30

Bei der **Ausgestaltung eigenständiger Sicherungssysteme** für ausländische Staatsangehörige darf der Gesetzgeber nicht pauschal nach dem Aufenthaltsstatus differenzieren, sondern allein nach einem signifikant von dem anderer Bedürftiger abweichenden Bedarf an existenznotwendigen Leistungen. Dieser muss folgerichtig in einem inhaltlich transparenten Verfahren anhand des tatsächlichen Bedarfs gerade dieser Gruppe belegt werden.[50] Das menschenwürdige Existenzminimum ausländischer Staatsangehöriger muss in jedem Fall und zu jeder Zeit – auch bei einem nur kurzen oder vorübergehenden Aufenthalt in Deutschland – sichergestellt werden.[51] Dabei können migrationspolitische Erwägungen, die Leistungen an Asylbewerber und Flüchtlinge niedrig zu halten, um Anreize für Wanderungsbewegungen durch ein im internationalen Vergleich eventuell hohes Leistungsniveau zu vermeiden (sog. Pull-Faktor[52]), von vornherein kein Absenken des Leistungsstandards unter das physische und soziokulturelle Existenzminimum rechtfertigen. Die in Art. 1 Abs. 1 GG garantierte Menschenwürde ist **migrationspolitisch nicht zu relativieren.**[53]

31

Diesen Anforderungen werden die o.g. Regelungen nicht gerecht, weil die dort genannten Leistungssätze nicht folgerichtig in einem transparenten und sachgerechten Verfahren ermittelt worden sind. Den Gesetzesmaterialien[54] zum Gesetz zur Neuregelung der Leistungen an Asylbewerber vom 30.06.1993[55] lassen sich **keine Hinweise auf ein Bemessungsverfahren** zur Bestimmung der Geld-

32

---

[46] BVerfG v. 09.02.2010 - 1 BvL 1/09, 1 BvL 3/09, 1 BvL 4/09 - NZS 2010, 270 ff.
[47] BVerfG v. 18.07.2012 - 1 BvL 10/10, 1 BvL 2/11 - juris.
[48] Die Verwendung des Begriffs „Geldleistungen" ist im Rahmen des § 3 AsylbLG wegen des Vorrangs der Sachleistungsgewährung nach § 3 Abs. 1 AsylbLG und der Rangfolge der Ersatzleistungen nach § 3 Abs. 2 Satz 2 AsylbLG problematisch. Leistungen in Geld stellen nach der Konzeption des Gesetzes an sich die Ausnahme dar.
[49] Vgl. im Einzelnen BVerfG v. 09.02.2010 - 1 BvL 1/09, 1 BvL 3/09, 1 BvL 4/09 - juris Rn. 133-139.
[50] BVerfG v. 18.07.2012 - 1 BvL 10/10, 1 BvL 2/11 - juris Rn. 73.
[51] BVerfG v. 18.07.2012 - 1 BvL 10/10, 1 BvL 2/11 - juris Rn. 94.
[52] Vgl. dazu auch *Fuchs*, ZESAR 2014, 103 ff. sowie *Kingreen*, SGb 2013, 132, 138.
[53] BVerfG v. 18.07.2012 - 1 BvL 10/10, 1 BvL 2/11 - juris Rn. 95.
[54] BT-Drs. 12/4451 und BT-Drs. 12/5008.
[55] BGBl I 1993, 1074.

leistungen entnehmen. Dies gilt insbesondere für die Ermittlung von besonderen kinder- und altersspezifischen Bedarfen.[56]

33 Aufgrund des Urteils des BVerfG ist der Gesetzgeber verpflichtet, unverzüglich für den Anwendungsbereich des AsylbLG eine **Neuregelung** zur Sicherung des menschenwürdigen Existenzminimums zu treffen.[57]

34 Bis zum Inkrafttreten der gesetzlichen Neuregelung gilt für den Zeitraum ab 01.01.2011 (für nicht bestandskräftige Bescheide) bzw. 01.08.2012 die vom BVerfG angeordnete **Übergangsregelung**[58] (vgl. hierzu im Einzelnen Rn. 95 ff.). Danach bemessen sich die Werte nach § 3 Abs. 2 Satz 2 AsylbLG nach den sich aus den §§ 5-7 RBEG für Einpersonen- und Familienhaushalte ergebenden regelbedarfsrelevanten Verbrauchsausgaben der Abteilungen 1, 3, 4 und 6 (= physisches Existenzminimum). Die regelbedarfsrelevanten Verbrauchsausgaben aus Abteilung 5 (Innenausstattung, Haushaltsgeräte und -gegenstände) bleiben wegen des gemäß § 3 Abs. 2 Satz 2 AsylbLG gesondert zu erbringenden Hausrats unberücksichtigt. Für die Werte nach § 3 Abs. 1 Satz 4 AsylbLG gilt Entsprechendes mit der Maßgabe, dass die regelbedarfsrelevanten Verbrauchsausgaben der Abteilungen 7 bis 12 heranzuziehen sind (= soziokulturelles Existenzminimum). Damit geht eine Trennung der **Leistungen zur Sicherung des physischen und des soziokulturellen Existenzminimums** einher, auch wenn sie grundrechtlich als einheitliche Leistung zu betrachten sind.[59]

35 Die Übergangsregelung führt zu einer gewissen **Angleichung der Leistungen nach § 3 AsylbLG an das allgemeine Grundsicherungsrecht** (SGB II, SGB XII) im Bereich der passiven Leistungen, insbesondere bei der Sicherung des soziokulturellen Existenzminimums nach § 3 Abs. 1 Satz 4 AsylbLG. Gleichwohl bleibt die grundlegende Entscheidung des Gesetzgebers unberührt, Bedarfe des physischen Existenzminimums vorrangig durch Sachleistungen zu decken (§ 3 Abs. 1 Satz 1 AsylbLG). Die Ersatzleistungen nach § 3 Abs. 2 Satz 2 AsylbLG sind in diesen Fällen entsprechend zu kürzen (vgl. Mischformen der Leistungsgewährung, Rn. 141 f.).[60]

bb. Kritik und Anmerkungen zum AsylbLG de lege ferenda

36 Die Entscheidung des BVerfG ist in ihrer Klarheit und Stringenz der grundlegenden Aussagen zu begrüßen. Das Gericht hat der **Konzeption des Gesetzgebers**, die Versorgung von Leistungsberechtigten nach dem AsylbLG sei ein bloßer Annex des Asylverfahrens- und Aufenthaltsrechts,[61] eine **klare Absage** erteilt und den auch für Ausländer absolut geltenden Grundrechtsschutz aus Art. 1 Abs. 1 GG i.V.m. Art. 20 Abs. 1 GG hervorgehoben (vgl. auch die Kommentierung zu § 1a AsylbLG Rn. 87). Mit der uneingeschränkten Übertragung der prozeduralen Anforderungen für die Bemessung existenzsichernder Leistungen hat es zugleich dem eigenständigen Sicherungssystem seine überkommene Grundlage entzogen. Das AsylbLG beruht vornehmlich auf der sog. Welfare-Magnet-Thesis bzw. dem Push-Pull-Modell als Teil der **ökonomisch motivierten Migrationstheorie.** Nach dieser nicht unumstrittenen Theorie[62] soll in einem hohen Sozialleistungsniveau im Aufnahmestaat ein besonderer Anreiz für die Einwanderung bedürftiger Personen zu sehen sein (sog. Pull-Faktor).[63] Diesen Ansatz lässt das BVerfG im Bereich existenzsichernder Leistungen nicht gelten: Die in Art. 1 Abs. 1 GG garantierte Menschenwürde ist migrationspolitisch nicht zu relativieren.

37 Die Entscheidung des BVerfG unterstützt die Befürworter[64] der **Abschaffung des AsylbLG** unter Eingliederung der bisher Leistungsberechtigten in das allgemeine Grundsicherungsrecht. Der Gesetzgeber wird sich langfristig von der Vorstellung verabschieden müssen, für Asylbewerber und andere Personen, die sich nur auf einen Aufenthalt in Deutschland aus humanitären Gründen berufen können, ein

---

[56] BVerfG v. 18.07.2012 - 1 BvL 10/10, 1 BvL 2/11 - juris Rn. 91; vgl. dazu auch die Vorauflage, *Frerichs* in: jurisPK-SGB XII, 1. Aufl. 2011, § 3 AsylbLG Rn. 40.
[57] BVerfG v. 18.07.2012 - 1 BvL 10/10, 1 BvL 2/11 - juris Tenor zu 2.
[58] BVerfG v. 18.07.2012 - 1 BvL 10/10, 1 BvL 2/11 - juris Rn. 98 ff.
[59] BVerfG v. 18.07.2012 - 1 BvL 10/10, 1 BvL 2/11 - juris Rn. 103.
[60] BVerfG v. 18.07.2012 - 1 BvL 10/10, 1 BvL 2/11 - juris Rn. 109.
[61] Vgl. BT-Drs. 12/4451, S. 5.
[62] Vgl. etwa *Fuchs*, ZESAR 2014, 103 ff.
[63] Vgl. hierzu auch *Kingreen*, SGb 2013, 132, 138 m.w.N.
[64] *Janda*, ZAR 2013, 175, 181 f. m.w.N.; in diese Richtung auch *Deibel*, ZSFH SGB 2012, 582, 591; vgl. auch BR-Drs. 576/12; BT-Drs. 16/10837; BT-Drs. 17/1428; BT-Drs. 17/4424.

vom allgemeinen Grundsicherungsrecht abgekoppeltes Sicherungssystem vorzuhalten. Er wird die prozeduralen Vorgaben für die gesonderte Bemessung von existenzsichernden Leistungen jedenfalls in der bisherigen Ausgestaltung des AsylbLG wohl nicht erfüllen können.

Einer eigenständigen – wohl nicht beabsichtigten[65] – Leistungsbemessung, die sich am tatsächlichen Bedarf der bislang durch § 1 Abs. 1 AsylbLG bestimmten Personen orientiert (z.B. nach dem Warenkorb- oder dem Statistikmodell[66]), steht bereits die sehr **heterogene Zusammensetzung dieses Personenkreises** entgegen. Der persönliche Anwendungsbereich des Gesetzes (§ 1 Abs. 1 AsylbLG) erstreckt sich – entgegen seiner missverständlichen Bezeichnung – nicht nur auf Asylbewerber, sondern auch auf Geduldete, illegal in Deutschland Lebende, aber auch auf ausländische Staatsangehörige mit einem Aufenthaltsrecht aus humanitären Gründen (vgl. § 1 Abs. 1 Nr. 3 AsylbLG), wie z.B. Kriegs- und Bürgerkriegsflüchtlinge (vgl. § 23 Abs. 1 AufenthG bzw. § 24 Abs. 1 AufenthG) oder Ausländern mit nur unabsehbare Zeit bestehenden Ausreisehindernissen (vgl. § 25 Abs. 5 AufenthG). Nach dem BVerfG liegt schon kein plausibler Beleg dafür vor, dass sich diese Personengruppen typischerweise nur für kurze Zeit in Deutschland aufhalten und sich deren Aufenthaltsdauer konkret auf existenzsichernde Bedarfe auswirkt.[67] Aufgrund der ganz **unterschiedlichen persönlichen Situation der Leistungsberechtigten** nach dem AsylbLG (z.B. wegen der bisherigen und voraussichtlichen Aufenthaltsdauer in Deutschland, der Unterbringung in einer Einrichtung oder Wohnung oder aufgrund unterschiedlicher asyl- und aufenthaltsrechtlicher Beschränkungen) wird eine belastbare Evaluation der existentiellen Bedarfe bzw. eines abweichenden Verbrauchsverhaltens in einem transparenten und nachvollziehbaren Verfahren nicht erfolgversprechend sein. Auf Grundlage des Statistikmodells müsste der Gesetzgeber zur Vermeidung von Zirkelschlüssen auf eine Personengruppe eingereister Ausländer mit ungewisser Aufenthaltsperspektive abstellen, die keine Leistungen nach dem AsylbLG beziehen bzw. nicht auf existenzsichernde Leistungen angewiesen sind.[68]

Bedient sich der Gesetzgeber allerdings der bisherigen Regelungssystematik nach dem RBEG entsprechend der Übergangsregelung des BVerfG i.S.e. **1:1-Umsetzung,**[69] stellt er das eigenständige Sicherungssystem des AsylbLG selbst in Frage. Zur Bemessung des menschenwürdigen Existenzminimums im AsylbLG würde er nämlich auf die Referenzgruppe des allgemeinen Grundsicherungsrechts und insoweit auf das gleiche Verbrauchsverhalten von Leistungsberechtigten nach dem AsylbLG und von Deutschen abstellen. Hierzu hat das BVerfG ausdrücklich hervorgehoben, dass die Annahme, die anhand des RBEG ermittelten regelbedarfsrelevanten Werte würden möglicherweise abweichende Bedarfe der Leistungsberechtigten nach dem AsylbLG realitätsgerecht abbilden, nicht gerechtfertigt sei.[70]

Die **Übergangsregelung** des BVerfG ist nicht viel mehr als eine **pragmatische Lösung**, um das menschenwürdige Existenzminimum der vom Anwendungsbereich der §§ 1, 3 AsylbLG erfassten Personen bis zu einer gesetzlichen Neuregelung sicherzustellen, und eignet sich nicht für eine neue Gesetzesfassung.

Problematisch ist insbesondere die **Trennung zwischen dem soziokulturellen und dem physischen Existenzminimum** durch die Leistungsgewährung nach § 3 Abs. 1 Satz 4 AsylbLG und § 3 Abs. 2 Satz 2 AsylbLG und die gesonderte Deckung einzelner Bedarfe durch Sachleistungen. Darin liegt ein Verstoß gegen die gesetzgeberische Konzeption[71] des pauschalierten Regelbedarfs nach dem SGB II und des Regelsatzes nach dem SGB XII, die unter den Begriffen **„Budget- und Pauschalcharakter"**[72] bzw. **„Unteilbarkeit"**[73] dieser Leistungen diskutiert wird. Der Regelbedarf bzw. der Regelsatz ergibt sich aus der Summe statistisch nachgewiesener durchschnittlicher regelbedarfsrelevanter Verbrauchsausgaben und wird als monatlicher Pauschalbetrag erbracht. Dieser Betrag stellt ein monatliches Budget dar, über das der Leistungsberechtigte nach § 20 Abs. 1 Satz 4 SGB II bzw. § 27a Abs. 3 Satz 2

38

39

40

41

---

[65] BT-Drs. 17/10664, S. 6.
[66] Vgl. hierzu BVerfG v. 09.02.2010 - 1 BvL 1/09, 1 BvL 3/09, 1 BvL 4/09 - juris Rn. 159 ff.
[67] BVerfG v. 18.07.2012 - 1 BvL 10/10, 1 BvL 2/11 - juris Rn. 92.
[68] Vgl. *Janda*, ZAR 2013, 175, 180.
[69] So der erste Referentenentwurf des BMAS (Stand: 04.12.2012), www.fluechtlingsinfo-berlin.de/fr/asylblg/BMAS_Entwurf_AsylbLG_041212.pdf (abgerufen am 15.04.2014).
[70] BVerfG v. 18.07.2012 - 1 BvL 10/10, 1 BvL 2/11 - juris Rn. 100; vgl. auch *Deibel*, ZSFH 2012, 582, 590.
[71] BT-Drs. 17/3404, S. 51.
[72] Vgl. BSG v. 28.03.2013 - B 4 AS 12/12 R - juris Rn. 28 f.; BSG v. 12.07.2012 - B 14 AS 153/11 R - juris Rn. 60, BSG v. 24.11.2011 - B 14 AS 151/10 R - juris Rn. 26, so schon BSG v. 27.02.2008 - B 14/11b AS 15/07 R - juris Rn. 27.
[73] Vgl. BT-Drs. 17/6833, S. 4.

SGB XII eigenverantwortlich verfügen darf. Eine trennscharfe Unterscheidung von physischen oder soziokulturellen Bedarfen, wie sie das BVerfG mit der Übergangsregelung vorgenommen hat, steht nicht mit dem Pauschalcharakter dieser Leistung im Einklang.[74] Zudem hat das BVerfG[75] und nachfolgend das BSG[76] betont, dass der Leistungsberechtigte durch die eigenverantwortliche Verwendung der pauschalierten Leistung einen gegenüber dem statistisch ermittelten Durchschnittsbetrag höheren Bedarf in einem Lebensbereich durch geringere Ausgaben in einem anderen Lebensbereich ausgleichen können muss.[77] Der Pauschalbetrag muss nach dem Statistikmodell so bestimmt sein, dass ein **Ausgleich zwischen verschiedenen Bedarfspositionen** möglich ist.[78]

42 Die Trennung des soziokulturellen und des physischen Existenzminimums (§ 3 Abs. 1 Satz 4 AsylbLG und § 3 Abs. 2 Satz 2 AsylbLG) mag bei einer Übergangsregelung zur Vermeidung eines verfassungswidrigen Zustands für einen vorübergehenden Zeitraum noch hinnehmbar sein, nicht hingegen bei einer gesetzlichen Regelung, die den beschriebenen Innenausgleich zwischen unterschiedlichen Bedarfspositionen stets ermöglichen soll. Ein offensichtlicher **Verstoß gegen die Konzeption pauschalierter Leistungen** nach dem Statistikmodell kann dann vorliegen, wenn einzelne Bedarfspositionen nach § 3 Abs. 1 Satz 1 AsylbLG durch Sachleistungen gedeckt werden und der Wert nach § 3 Abs. 2 Satz 2 AsylbLG entsprechend gekürzt wird. Erstreckt sich etwa die Sachleistungsgewährung auf sämtliche Bedarfspositionen bis auf den Bedarf aus Abteilung 3 (Bekleidung und Schuhe), erhielte der Leistungsempfänger neben dem Barbetrag nach § 3 Abs. 1 Satz 4 AsylbLG einen Betrag von ca. 30,00 € (2014),[79] um seine soziokulturelle Bedarfe und den Bedarf an Bekleidung und Schuhen zu decken. Von einer Dispositionsfreiheit, die den Maßgaben des BVerfG gerecht wird, kann in einem solchen Fall nicht mehr ausgegangen werden.

43 Durch die Übergangsregelung des BVerfG werden derzeit auch nicht alle Bedarfspositionen der EVS vollständig abgebildet. Da die Bedarfe für die Gebrauchsgüter des Haushalts zusätzlich erbracht werden (§ 3 Abs. 2 Satz 2 AsylbLG), werden die Werte aus **Abteilung 5** nach §§ 5, 6 RBEG bei der Bestimmung der Ersatzleistungswerte nicht berücksichtigt.[80] Diese umfassen aber auch den Bedarf an **Verbrauchsgütern des Haushalts**, die bei einer 1:1-Umsetzung der Übergangsregelung als nicht regelbedarfsrelevant unberücksichtigt blieben.[81]

44 Nicht minder problematisch ist die Bemessung der Werte nach § 3 Abs. 1 Satz 4 AsylbLG und § 3 Abs. 2 Satz 2 AsylbLG (oder nach § 2 Abs. 1 AsylbLG i.V.m. § 27a Abs. 3 Satz 1 SGB XII) entsprechend der **Regelbedarfsstufe 3** für Erwachsene ohne eigenen oder gemeinsamen Haushalt ab Vollendung des 25. Lebensjahres.[82] Sämtliche Begründungsansätze für eine unterschiedliche Ausgestaltung der Regelbedarfe im SGB II (Regelbedarfsstufe 1) und des Regelsatzes im SGB XII (Regelbedarfsstufe 3) aufgrund des Kriteriums der Erwerbsfähigkeit der Person (vgl. § 21 Satz 1 SGB II)[83] können für Leistungsberechtigte nach dem AsylbLG nicht überzeugen. Das **Abgrenzungskriterium der Erwerbsfähigkeit** ist für die Leistungsberechtigung nach dem AsylbLG ohne Belang.

45 Schließlich bleibt es bei den verfassungsrechtlichen Bedenken wegen eines Verstoßes gegen das rechtsstaatliche **Bestimmtheitsgebot**[84] und die **Wesentlichkeitstheorie**,[85] die schon in der Vorauflage dargelegt worden sind.[86] Sie betreffen die Frage, ob der Gesetzgeber durch die Regelung des § 3 Abs. 1 Satz 1 AsylbLG (bzw. durch das Leistungssystem der §§ 3, 4, 6 AsylbLG insgesamt) seiner Pflicht in hinreichendem Maße gerecht wird, die für die Grundrechtsverwirklichung zur Sicherung der Menschenwürde und der menschlichen Existenz maßgeblichen Regelungen selbst zu treffen und den **Leis-**

---

[74] Vgl. BT-Drs. 17/6833, S. 4.
[75] BVerfG v. 09.02.2010 - 1 BvL 1/09, 1 BvL 3/09, 1 BvL 4/09 - juris Rn. 205.
[76] BSG v. 12.07.2012 - B 14 AS 153/11 R - juris Rn. 60; BSG v. 28.03.2013 - B 4 AS 12/12 R - juris Rn. 24; BSG v. 28.03.2013 - B 4 AS 47/12 R - juris Rn. 18.
[77] Vgl. dazu auch *Behrend* in: jurisPK-SGB II, § 20 Rn. 25 f.
[78] BVerfG v. 09.02.2010 - 1 BvL 1/09, 1 BvL 3/09, 1 BvL 4/09 - juris Rn. 205, 172.
[79] Nach *Schwabe*, ZfF 2014, 1, 17 einen Betrag von 32,85 € (2014).
[80] BVerfG v. 18.02.2012 - 1 BvL 10/10, 1 BvL 2/11 - juris Rn. 104.
[81] *Janda*, ZAR 2013, 175, 179.
[82] Vgl. allgemein SG Detmold v. 23.05.2013 - S 16 SO 27/13 - juris Rn. 26; offen gelassen durch LSG Niedersachsen-Bremen v. 20.02.2014 - L 8 AY 98/13 B ER - juris Rn. 41.
[83] Vgl. BT-Drs. 17/4095, S. 27.
[84] Vgl. hierzu *Köhler*, VSSR 2009, 61, 71 f. m.w.N.
[85] BVerfG v. 06.07.1999 - 2 BvF 3/90 - juris Rn. 125 - BVerfGE 101, 1, 34.
[86] Vgl. *Frerichs* in: jurisPK-SGB XII, 1. Aufl. 2011, § 3 AsylbLG Rn. 31-33.

tungsanspruch in Tatbestand und Rechtsfolge zu konkretisieren.[87] Eindrucksvoll hat das BVerfG im Regelsatzurteil vom 09.02.2010 die Bedeutung des Vorbehalts des Gesetzes im Fürsorgerecht hervorgehoben und die in der Nachkriegszeit begonnene Entwicklung[88] des unmittelbar auf dem Schutzgehalt von Art. 1 Abs. 1 GG beruhenden Leistungsgrundrechts[89] abgeschlossen. Dem Gesetzgeber (und nicht dem Rechtsanwender) obliegt die Beurteilung der tatsächlichen Verhältnisse und die wertende Einschätzung des notwendigen Bedarfs.[90] Diese Frage ist jüngst in Rechtsprechung[91] und Literatur[92] auch wegen des unbestimmten Rechtsbegriffs der angemessenen Aufwendungen für Unterkunft nach § 22 Abs. 1 SGB II virulent geworden.

Der Bundesgesetzgeber hat jedoch mit dem gesetzlichen Rahmen zur Sicherstellung des menschenwürdigen Existenzminimums nach Art. 1 Abs. 1 GG i.V.m. Art. 20 Abs. 1 GG den Regelungsgegenstand nicht näher definiert, sondern die **Ausfüllung des unbestimmten Rechtsbegriffs**[93] **des notwendigen Bedarfs** i.S.d. § 3 Abs. 1 Satz 1 AsylbLG und damit die Bestimmung des Leistungsumfangs bewusst der **Exekutive** überlassen.[94] Auf eine konkrete Ausgestaltung der Leistungsansprüche nach den §§ 3, 4 und 6 AsylbLG hat er verzichtet, obwohl er insb. bei der Unterbringung, Ernährung (§ 3 Abs. 1 Satz 1 AsylbLG) und der Versorgung im Krankheitsfall (§§ 4 Abs. 1, 6 Abs. 1 Satz 1 Alt. 2 AsylbLG)[95] ohne Weiteres **Mindeststandards** hätte festlegen können bzw. müssen, wie etwa bei öffentlich-rechtlichen Nähebeziehungen, z.B. der Ausgestaltung des Strafvollzugs[96] (vgl. § 21 StVollzG – Anstaltsverpflegung); die Situation von Leistungsberechtigten nach dem AsylbLG mit den restriktiven ausländerrechtlichen Einschränkungen ist mitunter durchaus vergleichbar (z.B. beim Flughafenverfahren nach § 18a AsylVfG).

46

Vor dem Hintergrund der (bewusst) defizitären einfachgesetzlichen Gestaltung des Leistungsrechts nach dem AsylbLG sind die **sehr unterschiedlichen Lebensverhältnisse** von Leistungsbeziehern nach § 3 AsylbLG in Deutschland zu erklären. Durch die unvollendete Gesetzgebung im Leistungssystem der §§ 3, 4 und 6 AsylbLG wird in verfassungsrechtlich bedenklichem Ausmaß die **Regelungskompetenz auf den Rechtsanwender delegiert.**[97]

47

b. Art. 3 Abs. 1 GG

Das Verhältnis des Grundrechts auf Gewährleistung eines menschenwürdigen Existenzminimums nach Art. 1 Abs. 1 GG i.V.m. Art. 20 Abs. 1 GG zum allgemeinen Gleichheitssatz nach Art. 3 Abs. 1 GG ist in Rechtsprechung und Literatur noch weitgehend ungeklärt (vgl. auch die Kommentierung zu § 1 AsylbLG Rn. 33 ff.). Bereits im Regelsatzurteil vom 09.02.2010 hat das BVerfG allerdings die **eigenständige Bedeutung des Grundrechts aus Art. 1 Abs. 1 GG i.V.m. Art. 20 Abs. 1 GG** hervorgehoben, nach der für die Bemessung des Existenzminimums im Sozialrecht andere Grundrechte, wie zum Beispiel Art. 3 Abs. 1 GG oder Art. 6 Abs. 1 GG, keine weiteren Maßstäbe zu setzen vermögen. Entscheidend ist von Verfassungs wegen allein, dass für jede individuelle hilfebedürftige Person das Existenzminimum nach Art. 1 Abs. 1 GG i.V.m. Art. 20 Abs. 1 GG ausreichend erfasst wird; eines Rückgriffs auf weitere Grundrechte bedarf es hier nicht.[98] Dabei darf der Gesetzgeber vom allgemeinen Grundsicherungsrecht abweichende, eigenständige Sicherungssysteme ausgestalten, sofern der (typi-

48

---

[87] BVerfG v. 09.02.2010 - 1 BvL 1/09, 1 BvL 3/09, 1 BvL 4/09 - juris Rn. 136 ff. - NZS 2010, 270, 274 f.
[88] Vgl. VGH Bayern v. 08.03.1949 - 308 I 48 - DÖV 1949, 377; *Stolleis*, Geschichte des Sozialrechts in Deutschland, 1. Aufl. 2003, S. 216-218.
[89] BVerfG v. 09.02.2010 - 1 BvL 1/09, 1 BvL 3/09, 1 BvL 4/09 - juris Rn. 136 - NZS 2010, 270, 274.
[90] BVerfG v. 09.02.2010 - 1 BvL 1/09, 1 BvL 3/09, 1 BvL 4/09 - juris Rn. 138 - NZS 2010, 270, 275.
[91] Vgl. SG Mainz v. 19.04.2013 - S 17 AS 518/12 - juris Rn. 33 ff.; SG Mainz v. 08.06.2012 - S 17 AS 1452/09 - juris Rn. 50 ff.; SG Mainz v. 22.10.2012 - S 17 SO 145/11 - juris Rn. 41 ff.; SG Leipzig v. 15.02.2013 - S 20 AS 2707/12 - juris Rn. 41 ff.; a.A. LSG Baden-Württemberg v. 21.06.2013 - L 1 AS 19/13 - juris Rn. 41.
[92] *Piepenstock* in: jurisPK-SGB II, § 22 Rn. 82.1; *Stölting*, SGb 2013, 543, 545 f.; *Luik*, jurisPR-SozR 22/2013 Anm. 1: *Luik* in: Eicher, SGB II, § 22 Rn. 72; kritisch auch *Link* in: jurisPK-SGB XII, 1. Aufl. 2011, § 35 SGB XII i.d.F. v. 24.03.2011 Rn. 65.3.
[93] Allg. hierzu *Köhler*, VSSR 2009, 61 ff., 70.
[94] So ausdrücklich die Begründung zum Gesetzentwurf vom 02.03.1993, BT-Drs. 12/4451, S. 8.
[95] Vgl. die (auch) dem Gesetzgeber unklare Abgrenzung von akuter und chronischer Erkrankung i.S.d. § 4 Abs. 1 Satz 1 AsylbLG, BT-Drs. 12/4451, S. 9.
[96] Vgl. BVerfG v. 14.03.1972 - 2 BvR 41/71 - BVerfGE 33, 1.
[97] Vgl. hierzu allg. *Köhler*, VSSR 2009, 61, 70-72.
[98] BVerfG v. 09.02.2010 - 1 BvL 1/09, 1 BvL 3/09, 1 BvL 4/09 - juris Rn. 145, 133.

sche) **Bedarf** des Einzelnen der erfassten Personengruppe an existenznotwendigen Leistungen von dem anderer Bedürftiger signifikant abweicht.[99] Maßgeblich ist also allein die Bemessung des individuellen Bedarfs durch ein transparentes und nachvollziehbares Verfahren. Eine „bessere" Absicherung einer anderen Personengruppe – sofern methodengerecht ermittelt – ist unter dem Gesichtspunkt des allgemeinen Gleichheitssatzes irrelevant.[100]

49 Der allgemeine Gleichheitssatz kann als Prüfungsmaßstab nur bei Regelungsgegenständen zum Tragen kommen, die **nicht mit der Bemessung der Leistungen** zusammenhängen, z.B. bei der **Art und Weise der Bedarfsdeckung** (Gewährung von Geld-, Sach- oder Dienstleistung)[101] oder bei der Ausgestaltung des Sicherungssystems im Übrigen (z.B. bei Fragen der Einkommensanrechnung).[102] Ungleichbehandlungen von Personen innerhalb des gleichen Sicherungssystems oder verschiedener Systeme müssen insoweit einer Prüfung nach Art. 3 Abs. 1 GG (ggf. i.V.m. anderen Grundrechten z.B. aus Art. 6 GG oder Art. 2 GG) standhalten.

2. Europa- und Völkerrecht

50 Die materielle Ausgestaltung des Leistungsanspruchs nach § 3 AsylbLG und den §§ 4, 6 AsylbLG zur Sicherstellung des menschenwürdigen Existenzminimums von Leistungsberechtigten nach § 1 Abs. 1 AsylbLG verstößt grundsätzlich nicht gegen europa- und völkerrechtliche Vorgaben, die im Fürsorgerecht **vorrangig Gleichbehandlungsgebote** bestimmter Gruppen von Migranten (insb. Asylberechtigte und anerkannte Flüchtlinge) und Staatsangehörigen des Aufnahmestaats vorsehen (vgl. Art. 28 Abs. 1 EGRL 2004/83[103] bzw. Art. 29 Abs. 1 EURL 2011/95[104], Art. 14 EMRK, Art. 1 EFA, Art. 23 GK; vgl. hierzu die Kommentierung zu § 1 AsylbLG Rn. 44 ff.).

51 Die durch sekundäres EU-Recht (Richtlinien) gesetzten **sozialen Mindeststandards für Asylsuchende und Flüchtlinge** betreffen (zusammenfassend) die Sicherung eines „würdigen", „menschenwürdigen" bzw. „angemessenen" Lebensunterhalts einschließlich einer medizinischen Mindestversorgung (u.a. durch Art. 13 EGRL 2001/55[105] – Massenzustromrichtlinie –, Art. 13-15 EGRL 2003/9[106] bzw. Art. 17-19 EURL 2013/33[107] – Richtlinie Aufnahmebedingungen – und Art. 7, 9 EGRL 2004/81[108] – Opferschutzrichtlinie –; vgl. auch die Kommentierung zu § 1 AsylbLG Rn. 44 ff.). Nach Art. 13 Abs. 5 EGRL 2003/9 kann bei der Leistungsgewährung auf Sachleistungen, Geldleistungen oder Gutscheine zurückgegriffen werden. Art. 17 Abs. 5 EURL sieht nun vor, dass sich der Leistungsumfang an demjenigen für Angehörige des Aufnahmestaats bemisst, erlaubt aber zugleich – insbesondere bei einer Gewährung von Sachleistungen – **eine weniger günstige Behandlung im Vergleich mit eigenen Staatsangehörigen.**

52 Art. 14 Abs. 1 EGRL 2003/9 bzw. Art. 18 Abs. 1 EURL 2013/33 ermöglicht die Unterbringung von Asylbewerbern in Aufnahmeeinrichtungen bzw. „Unterbringungszentren, die einen angemessenen Standard gewährleisten" (lit b.). Während die privilegierte Versorgung von Personen mit besonderen Bedürfnissen i.S.d. Art. 13 Abs. 4 EGRL 2001/55 durch § 6 Abs. 2 AsylbLG in nationales Recht umgesetzt wurde, ist bei der **Versorgung anerkannt besonders schutzbedürftiger Asylbewerber** i.S.d. Art. 15 Abs. 2, 17 EGRL 2003/9 bzw. Art. 19 Abs. 2, 21 ff. EURL 2013/33 (Minderjährige, insb. unbegleitete, Behinderte, ältere Menschen, Schwangere, Alleinerziehende mit minderjährigen Kindern und Opfern von Folter, Vergewaltigung oder sonstigen schweren Formen psychischer, physischer oder

---

[99] BVerfG v. 18.07.2012 - 1 BvL 10/10, 1 BvL 2/11 - juris Rn. 73.

[100] A.A. BSG v. 21.12.2009 - B 14 AS 66/08 R - juris Rn. 21 m.w.N.; SG Leipzig v. 15.05.2013 S 17 AS 723/13 - juris Rn. 35 ff.; *Kingreen*, Soziale Rechte und Migration, 2010, S. 60 ff.

[101] Zur Zulässigkeit verschiedener Formen der Bedarfsdeckung vgl. BVerfG v. 18.07.2012 - 1 BvL 10/10, 1 BvL 2/11 - juris Rn. 67; BVerfG v. 09.02.2010 - 1 BvL 1/09, 1 BvL3/09, 1 BvL 4/09 - juris Rn. 138; vgl. aber LSG Niedersachsen-Bremen v. 03.04.2013 - L 8 AY 105/12 B ER - juris Rn. 13 (Ausgabe von Wertgutscheinen anstelle von Geldleistungen), dazu auch *Rogge*, jurisPR-SozR 18/2013, Anm. 4.

[102] BVerfG v. 11.07.2006 - 1 BvR 293/05 (Schmerzensgeldanrechnung im AsylbLG).

[103] ABl.EU L 304 v. 30.09.2004, S. 12.

[104] Neufassung der EGRL 2004/83 vom 13.12.2011, Abl.EU L 337 v. 20.12.2011, S. 9 (umgesetzt durch Gesetz vom 28.08.2011, BGBl I 2013, 3474).

[105] ABl.EG L 212 v. 07.08.2001, S. 12.

[106] ABl.EU L 31 v. 06.02.2003, S. 18.

[107] Neufassung der EGRL 2003/9 vom 26.06.2013, Abl.EU L 180 v. 29.06.2013, S. 96 (Umsetzungsfrist: 20.07.2015, vgl. Art. 31 Abs. 1 EURL 2013/33).

[108] ABl.EU L 261 v. 06.08.2004, S. 19.

sexueller Gewalt) und **Betroffener der Opferschutzrichtlinie mit besonderen Bedürfnissen** i.S.d. Art. 7 Abs. 1 Satz 2, 9 Abs. 2 EGRL 2004/81 im Einzelfall eine richtlinienkonforme Auslegung des § 6 Abs. 1 Satz 1 AsylbLG geboten (vgl. die Kommentierung zu § 6 AsylbLG Rn. 23 ff.).[109]

IV. Vorrang der Sachleistungsgewährung (Sachleistungsprinzip)

Der in § 3 Abs. 1 Satz 1 AsylbLG normierte Vorrang der Sachleistungsgewährung (sog. modifiziertes Sachleistungssystem oder Sachleistungsprinzip) ist nach dem Willen des Gesetzgebers[110] ein **zentraler Grundsatz für die Leistungsbewilligung** nach dem AsylbLG. Dieser Leistungsgrundsatz gilt allgemein bei der Deckung des notwendigen Bedarfs der Leistungsberechtigten nach § 3 AsylbLG und findet sich auch in § 6 Abs. 1 Satz 2 AsylbLG und § 4 Abs. 3 Satz 1 AsylbLG wieder. 53

Bei einer **Unterbringung in einer Aufnahmeeinrichtung** i.S.d. § 44 AsylVfG gilt das Sachleistungsprinzip im Umkehrschluss zu § 3 Abs. 2 Satz 1 AsylbLG uneingeschränkt.[111] Die zuständige Behörde darf bei der Leistungsgewährung in den Erstaufnahmeeinrichtungen der Länder für die Unterbringung von Asylsuchenden über einen kurzfristigen Zeitraum von bis zu sechs Wochen, längstens drei Monaten (vgl. die §§ 44, 47 AsylVfG), nicht vom Sachleistungsprinzip i.S.d. § 3 Abs. 1 Satz 1 AsylbLG abweichen. Eine Ausnahme gilt nur für die Deckung des Bedarfs an Kleidung in Form von Wertgutscheinen oder anderen vergleichbaren unbaren Abrechnungen gem. § 3 Abs. 1 Satz 2 AsylbLG. 54

Das Sachleistungsprinzip i.S.d. § 3 Abs. 1 Satz 1 AsylbLG gilt grundsätzlich auch bei einer **Unterbringung außerhalb einer Aufnahmeeinrichtung** i.S.d. § 44 AsylVfG,[112] also in Gemeinschaftsunterkünften nach § 53 AsylVfG, sonstigen Einrichtungen oder bei dezentraler Unterbringung in Wohnraum. In diesen Fällen darf die Behörde jedoch von dem Leistungsgrundsatz gem. § 3 Abs. 2 Satz 1 AsylbLG abweichen, „soweit es nach den Umständen erforderlich ist" (vgl. Rn. 89 f.). 55

V. Bedarfsdeckung durch Sachleistungen (Absatz 1)

1. Begriff der Sachleistung und des notwendigen Bedarfs

Zur Deckung des notwendigen Bedarfs i.S.d. § 3 Abs. 1 Satz 1 AsylbLG sind grundsätzlich Sachleistungen zu gewähren. Ohne Vorgabe von Beträgen zur wertmäßigen Bestimmung der Leistungen (vgl. etwa § 3 Abs. 2 Satz 2 AsylbLG) ist der notwendige Bedarf durch die zuständige Behörde unter Berücksichtigung der **konkreten Umstände des Einzelfalls** zu ermitteln.[113] 56

Durch die Gewährung einer Sachleistung i.S.d. § 3 Abs. 1 Satz 1 AsylbLG erfolgt eine **unmittelbare Bedarfsdeckung**, ohne dass der Leistungsberechtigte über eine Dispositionsmöglichkeit verfügt.[114] Der Begriff der Sachleistung i.S.d. § 3 Abs. 1 Satz 1 AsylbLG weicht damit von der Definition im Sozialhilferecht nach § 10 Abs. 3 SGB XII i.V.m. § 10 Abs. 1 Nr. 3 SGB XII ab (vgl. auch § 10 Abs. 3 Satz 2 SGB XII i.d.F. vom 24.03.2003[115]) ab, wonach Gutscheine zu den Sachleistungen gehören.[116] 57

Der Gesetzgeber hat bei der Leistungsgewährung nach § 3 AsylbLG den **abstrakten Begriff des notwendigen Bedarfs** (unbestimmter Rechtsbegriff) gewählt und die Ausfüllung dieses Begriffs in der Praxis den zuständigen Leistungsbehörden überantwortet (vgl. hierzu auch Rn. 50 ff.).[117] Diese haben „aufgrund der persönlichen Situation, der Art der Unterbringung und der örtlichen Gegebenheiten" zu entscheiden, welche Sachleistungen in welchem Umfang zu erbringen sind, um den notwendigen Bedarf zu decken.[118] 58

---

[109] Vgl. auch *Haedrich*, ZAR 2010, 227, 231 ff.; krit. *Janda/Wilksch*, SGb 2010, 565, 573 ff.; *Schreiber*, ZESAR 2010, 107 ff.; *Classen*, Sozialleistungen für MigrantInnen und Flüchtlinge, 2. Aufl. 2008, Kap. 6.5.4, S. 130 und Kap 6.9, S. 137 ff.

[110] BT-Drs. 12/4451, S. 8.

[111] *Hohm* in: AsylbLG, § 3 Rn. 26-28; *Adolph* in: Linhart/Adolph/Gröschel-Gundermann, SGB II/SGB XII/ AsylbLG, § 3 AsylbLG Rn. 10 ff.; *Birk* in: LPK-SGB XII, § 3 AsylbLG Rn. 1; *Deibel*, ZAR 1998, 28, 30.

[112] BT-Drs. 12/4451, S. 8.

[113] BT-Drs. 12/4451, S. 8; vgl. auch BT-Drs. 16/9018, S. 6.

[114] So auch *Hohm* in: AsylbLG, § 3 Rn. 28.

[115] BGBl. I 2003, 3022.

[116] Vgl. BT-Drs. 12/5008, S. 16; a.A. wohl *Adolph* in: Linhart/Adolph/Gröschel-Gundermann, SGB II/SGD XII/ AsylbLG, § 3 AsylbLG Rn. 27.

[117] BT-Drs. 12/4451, S. 8.

[118] BT-Drs. 12/4451, S. 8.

§ 3 AsylbLG

2. Der notwendige Bedarf im Einzelnen (Sätze 1-3)

a. Ernährung

59 Bei der Leistungsgewährung zur Deckung des notwendigen Bedarfs an Ernährung hat die Leistungsbehörde **ernährungsphysiologische Erfordernisse** (z.B. bei Babys, Kleinkindern etc.) und nach Möglichkeit **religiös bedingtes Ernährungsverhalten** zu beachten.[119] Als Sachleistungen können etwa Kantinenverpflegung, Lebensmittel- oder Lunchpakete zur Verfügung gestellt werden. Dabei muss eine ausreichend gesunde Ernährung sichergestellt sein. Ein pauschaler **Verweis auf eine Hilfestellung Dritter** (z.B. freie Wohlfahrtsträger, „Armentafeln" etc.) ist rechtswidrig.[120]

60 Zusätzlich kann ein Anspruch auf Gewährung von Leistungen nach **§ 6 Abs. 1 AsylbLG** bestehen, etwa bei einem **Bedarf an bestimmter Krankenkost**, der nicht allein durch die Sachleistungsgewährung nach § 3 Abs. 1 Satz 1 AsylbLG gedeckt ist (vgl. die Kommentierung zu § 6 AsylbLG Rn. 48).

b. Unterkunft

61 Mit der Sachleistungsgewährung nach § 3 Abs. 1 Satz 1 AsylbLG ist der Ausländer regelmäßig in einer Aufnahmeeinrichtung (§ 44 AsylVfG), Gemeinschaftsunterkunft (§ 53 AsylVfG), Ausreiseeinrichtung (§ 61 Abs. 2 AufenthG) oder in sonstigem Wohnraum (Übergangsheim, Wohnheim etc.) untergebracht.

62 Die Unterscheidung von Sachleistung i.S.d. § 3 Abs. 1 Satz 1 AsylbLG und Ersatzleistung i.S.d. § 3 Abs. 2 Satz 2 AsylbLG richtet sich nach der **Verpflichtung des Leistungsberechtigten zur Kostentragung**. Eine vom Leistungsträger dem Leistungsberechtigten entgeltlos angebotene Unterkunft, ob nun in einer Aufnahmeeinrichtung i.S.d. § 44 AsylVfG, einer Gemeinschaftsunterkunft i.S.d. § 53 AsylVfG oder sonstigen Unterkünften, deckt den Unterkunftsbedarf unmittelbar und stellt vorrangige Sachleistungsgewährung nach § 3 Abs. 1 Satz 1 AsylbLG dar.[121] Die Unterbringung in vom Leistungsberechtigten gemieteten oder vom Leistungsträger gegen eine „Benutzungsgebühr"[122] bereit gestellten Wohnraum mit einhergehender Kostenerstattung ist hingegen eine Leistungsgewährung nach § 3 Abs. 2 Satz 2 AsylbLG. Hiervon abzugrenzen ist der bloß (formal) als Verrechnungsposten für die behördeninterne Kostenerstattung nach den Landesaufnahmegesetzen im Leistungsbescheid aufgeführte Kostenbetrag für Unterkunft; in diesem Fall liegt auch eine unmittelbare Sachleistungsgewährung nach § 3 Abs. 1 Satz 1 AsylbLG vor.

63 Der **notwendige Bedarf an Unterkunft i.S.d. § 3 AsylbLG** ist bereits begrifflich geringer als der Bedarf an einer Unterkunft mit „angemessenen" Aufwendungen i.S.d. § 35 Abs. 2 SGB XII bzw. § 22 Abs. 1 SGB II.[123] Es bestehen **keine Mindestanforderungen**. Weder die Wohnflächengrenzen der landesrechtlichen Wohnraumförderungsbestimmungen noch die Verordnung über bauliche Mindestanforderungen für Altenheime, Altenwohnheime und Pflegeheime für Volljährige (Heimmindestbauverordnung) sind heranzuziehen.[124]

64 Der notwendige Bedarf an Unterkunft bemisst sich stets an den **konkreten Umständen des Einzelfalls**, insbesondere nach der Zahl der Familienangehörigen, ihrem Alter, ihrem Gesundheitszustand und ihren jeweiligen Grundbedürfnissen (Zubereiten von Mahlzeiten, Essen, Schlafen, Erledigen von Schularbeiten, Inanspruchnahme von Informations- und Unterhaltungsmöglichkeiten, Wahrung der jeweiligen Intimsphäre).[125] Insbesondere bei **Vorliegen psychischer Erkrankungen** kann eine Unterbringung in einem Einzelzimmer notwendig sein.[126] Maßgeblich ist auch die Zusammensetzung der

---

[119] BT-Drs. 12/4451, S. 8.
[120] Vgl. LSG Nordrhein-Westfalen v. 07.11.2007 - L 20 B 74/07 AY - juris Rn. 37 - info also 2008, 181; (zu § 1a AsylbLG); vgl. auch BVerfG v. 09.02.2010 - 1 BvL 1/09, 1 BvL 3/09, 1 BvL 4/09 - juris Rn. 136 - NZS 2010, 270, 274.
[121] Vgl. LSG Nordrhein-Westfalen v. 20.03.2008 - L 20 B 11/08 AY - juris Rn. 5 f.
[122] VG Schleswig-Holstein v. 17.01.2007 - 4 A 1804/06 - juris Rn. 17.
[123] LSG Nordrhein-Westfalen v. 15.04.2013 - L 20 AY 112/12 B - juris Rn. 8; OVG Niedersachsen v. 04.12.2003 - 4 ME 476/03 - juris Rn. 4 - NVwZ-RR 2004, 298.
[124] VG Hamburg v. 17.03.1999 - 5 VG 887/99 - juris Rn. 3; vgl. auch *Renner*, Ausländerrecht, § 53 AsylVfG Rn. 10.
[125] OVG Niedersachsen v. 04.12.2003 - 4 ME 476/03 - juris Rn. 4 - NVwZ-RR 2004, 298.
[126] VG Aachen v. 28.11.2005 - 6 L 823/05 - juris Rn. 20; OVG Nordrhein-Westfalen v. 24.04.1998 - 24 B 515/98 - juris Rn. 23; *Hohm* in: AsylbLG, § 4 Rn. 92.

Mitbewohner einer Unterkunft nach Nationalität, Religionszugehörigkeit, Alter oder anderen persönlichen Eigenschaften, die zu **sozialen Spannungen im Miteinander** führen können.[127]

Neben den obigen Kriterien sind auch der bauliche Zustand und die **Ausstattung der Einrichtung** insgesamt (sanitäre Einrichtungen, Ausstattung der Gemeinschaftsräume, Anordnung und Dichte der Möblierung etc.) zu berücksichtigen.[128] Typischerweise einhergehende Nachteile bei der Unterbringung in einer Einrichtung (Unterbringung in Mehrbettzimmern mit gemeinsam genutzten Aufenthaltsräumen, Gemeinschaftsverpflegung, räumliche Enge, ggf. schlechte Verkehrsanbindung) hat der Leistungsberechtigte, soweit vertretbar, hinzunehmen.[129] 65

Von erheblicher Bedeutung bei der Ermittlung des notwendigen Bedarfs an Unterkunft ist auch die bisherige und voraussichtliche **Aufenthaltsdauer des Ausländers in Deutschland**,[130] insbesondere wenn er auf seinen weiteren Verbleib in Deutschland gegenwärtig keinen Einfluss (mehr) hat. Gemeinschaftsunterkünfte (auch Übergangswohnheime oder Obdachlosenunterkünfte etc.) sind regelmäßig nur für einen vorübergehenden Aufenthalt ausgelegt. Ist nicht bereits – bei Hinzutreten weiterer Umstände – eine Unterbringung in einer eigenen Wohnung bzw. abgeschlossenen Wohneinheit gerechtfertigt, kann bei mehrjährigem Aufenthalt ein erhöhter Unterkunfts- und Ausstattungsbedarf als notwendig anzuerkennen sein[131] (z.B. Einräumen von weiteren Rückzugsmöglichkeiten, Unterbringung in einem Einzelzimmer oder in einer eigenen Wohnung etc.). 66

Kann der Unterkunftsbedarf des Leistungsberechtigten nach den konkreten Umständen des Einzelfalls nicht zumutbar gedeckt werden (z.B. aus familiären oder gesundheitlichen Gründen), hat der Ausländer gegen die Behörde einen **Anspruch auf ermessensfehlerfreie Entscheidung über die Unterbringung in adäquatem Wohnraum**, der gem. § 3 Abs. 1 Satz 1 AsylbLG vorrangig als Sachleistung und nachrangig als Ersatzleistung gem. § 3 Abs. 2 Satz 1, Satz 2 AsylbLG zur Verfügung gestellt werden muss (zur Anmietung einer Privatwohnung vgl. Rn. 130 ff.).[132] 67

Beispiele aus der Rechtsprechung für eine rechtmäßige Unterbringung: 68
- Zimmergröße von 25-30 qm bei einer Belegung mit fünf bis sechs Personen;[133]
- ca. 22 qm große Unterkunft für drei Asylbewerber;[134]
- 31 qm großer Wohncontainer für einen Asylbewerber;[135]
- ca. 86 qm große Unterkunft mit vier Zimmern in Übergangswohnheim für eine sechsköpfige Familie (fünf Kinder) nach neunjährigem Aufenthalt in Deutschland;[136]
- 5 ZKBB-Wohnung in Gemeinschaftsunterkunft mit ca. 140 qm für eine siebenköpfige Familie;[137]
- ca. 113 qm große 4 ZKB-Wohnung in Gemeinschaftsunterkunft für eine sechsköpfige Familie.[138]

Rechtswidrig ist die Unterbringung einer vierköpfigen Familie in einem 20 qm großen Wohnraum auf unbestimmte Dauer.[139] 69

c. Heizung

Die Sachleistungsgewährung zur Deckung des notwendigen Bedarfs an Heizung nach § 3 Abs. 1 Satz 1 AsylbLG erfolgt bei einer Unterbringung in einer Aufnahmeeinrichtung i.S.d. § 44 AsylVfG oder Gemeinschaftsunterkunft i.S.d. § 53 AsylVfG bzw. in einer vergleichbaren Einrichtung **regelmäßig direkt über den Einrichtungsbetreiber**.[140] Sie zeichnet sich dadurch aus, dass der Leistungsberechtigte 70

---

[127] VG Chemnitz v. 14.04.2003 - 5 K 248/03 - juris Rn. 9; vgl. auch *Fasselt* in: Fichtner/Wenzel, SGB XII/AsylbLG, § 3 AsylbLG Rn. 6.
[128] Vgl. VG Hamburg v. 17.03.1999 - 5 VG 887/99 - juris Rn. 5.
[129] VGH Hessen v. 09.12.1994 - 9 TG 2341/94 m.w.N.
[130] OVG Niedersachsen v. 04.12.2003 - 4 ME 476/03 - juris Rn. 4 - NVwZ-RR 2004, 298; *Hohm* in: AsylbLG, § 3 Rn. 37; *Fasselt* in: Fichtner/Wenzel, SGB XII/AsylbLG, § 3 AsylbLG Rn. 5.
[131] Vgl. OVG Niedersachsen v. 04.12.2003 - 4 ME 476/03 - juris Rn. 4 - NVwZ-RR 2004, 298.
[132] OVG Niedersachsen v. 04.12.2003 - 4 ME 476/03 - juris Rn. 5 - NVwZ-RR 2004, 298, 299.
[133] VG Hamburg v. 17.03.1999 - 5 VG 887/99.
[134] VGH Baden-Württemberg v. 15.05.1986 - A 12 S 364/86 - NVwZ 86, 783 f.
[135] LSG Nordrhein-Westfalen v. 15.04.2013 - L 20 AY 112/12 B - juris Rn. 8.
[136] VG Düsseldorf v. 26.09.2003 - 22 L 3375/03.
[137] VG Ansbach v. 15.03.2007 - AN 16 K 06.30294.
[138] VG Ansbach v. 24.03.2005 - AN 19 S 04.03408.
[139] OVG Niedersachsen v. 04.12.2003 - 4 ME 476/03 - NVwZ-RR 2004, 298.
[140] Vgl. SG Hildesheim v. 01.02.2012 - S 42 AY 177/10 ER - juris Rn. 81; *Hohm* in: AsylbLG, § 3 Rn. 46.

selbst nicht als Kostenschuldner auftritt, und kann auch durch die **Aushändigung von Heizmaterial** (Kohle, Brennholz, Gaskartuschen etc.) vorgenommen werden, soweit die Unterkunft über entsprechende Heizvorrichtungen verfügt (Heizofen etc.).

d. Kleidung (Sätze 1 und 2)

71 Der notwendige Bedarf an Kleidung umfasst **zweckmäßige, hygienische und den Jahreszeiten entsprechende Kleidung** (inkl. Schuhe). Der Bedarf kann auch durch gebrauchte Kleidung (bis auf Intimwäsche) gedeckt werden, soweit diese gut erhalten ist.[141] In Einrichtungen wird regelmäßig nur einfache Bekleidung in Form von „Nachthemden" o.Ä. vorgehalten.[142] Ein **Verweis auf eine Hilfestellung Dritter** (z.B. Kleiderkammern freier Wohlfahrtsträger etc.) ist rechtswidrig.[143]

72 § 3 Abs. 1 Satz 2 AsylbLG sieht ausnahmsweise eine Leistungsgewährung in Form von Wertgutscheinen oder anderen vergleichbaren Abrechnungen vor, wenn innerhalb der Einrichtung die Ausgabe von Kleidung nicht möglich ist. Hintergrund sind die bereits mit Einführung des Gesetzes erkannten **Schwierigkeiten in der Praxis**, die notwendige Kleidung im Einzelfall nach Art und Größe vorrätig zu halten oder zu beschaffen.[144]

73 Bei Vorliegen besonderer Bedarfslagen besteht ein weitergehender Anspruch auf sonstige Leistungen nach § 6 Abs. 1 Satz 1 AsylbLG (Schwangerschaftskleidung, Übergrößen wegen physiologischer Besonderheiten etc.).

e. Mittel der Gesundheits- und Körperpflege

74 Bei der Deckung des notwendigen Bedarfs an **Mitteln zur Gesundheitspflege** (Verbandsmaterial, Pflaster, Wundcreme, Brandsalbe, Fieberthermometer etc.) und **Körperpflege** (Haarbürste, Kamm, Nagelschere, Waschlappen, Kindercreme, Rasiercreme und -klingen, Seife, Binden oder Tampons, Toilettenpapier, Windeln, Zahnbürste und -pasta etc.)[145] sind wiederum die konkreten Umstände des Einzelfalls (Alter, Geschlecht, ggf. Behinderungen) entscheidend. Die notwendigen Gegenstände zur Gesundheits- und Körperpflege werden Leistungsberechtigten in Einrichtungen i.d.R. bereitgestellt.[146]

f. Gebrauchs- und Verbrauchsgüter des Haushalts (Sätze 1 und 3)

75 Unter den Begriff **Gebrauchsgüter des Haushalts** fallen Haushaltsgegenstände (Grundausstattung: Betten, Stühle, Tische, Schränke o.Ä.), Bettwäsche, Handtücher, Geschirr etc., unter den Begriff **Verbrauchsgüter des Haushalts** Putz- und Reinigungsmittel sowie Haushaltsenergie (Strom, Gas, Öl, ggf. auch Brennmaterial wie Kohle), soweit sie der Beleuchtung, der Essenszubereitung oder der Warmwassergewinnung dient.[147]

76 Der Umfang des notwendigen Bedarfs an Gebrauchsgütern bemisst sich nach den **konkreten Umständen des Einzelfalls**, wobei der **voraussichtlichen Aufenthaltsdauer** des Ausländers in Deutschland besonderes Gewicht zukommt. Dieser Bedarf ist auch bei einer Unterbringung außerhalb einer Einrichtung gem. § 3 Abs. 1 Satz 1 AsylbLG vorrangig durch Sachleistungen und nachrangig gem. § 3 Abs. 2 Sätze 1, 2 AsylbLG durch Ersatzleistungen zu decken. Leistungen für Hausrat i.S.d. § 3 Abs. 2 Satz 2 AsylbLG sind im Falle einer Ersatzleistungsgewährung zusätzlich zu erbringen (zur Abgrenzung von Hausrat und Gebrauchsgütern des Haushalts vgl. Rn. 140). Eines Rückgriffs auf die Öffnungsklausel nach § 6 Abs. 1 AsylbLG bedarf es insoweit regelmäßig nicht.[148]

---

[141] Vgl. BT-Drs. 12/5008, S. 16; *Hohm* in: AsylbLG, § 3 Rn. 47; zur Zumutbarkeit im Sozialhilferecht vgl. LSG Schleswig-Holstein v. 28.05.2008 - L 9 B 111/08 SO PKH - juris Rn. 8 ff. - FEVS 60, 18 (zu § 35 Abs. 2 Satz 1 SGB XII).

[142] *Goldmann/Schwabe*, Praxishandbuch zum Asylbewerberleistungsgesetz, 1. Aufl. 1999, S. 127.

[143] *Hohm* in: AsylbLG, § 3 Rn. 48; vgl. auch BVerfG v. 09.02.2010 - 1 BvL 1/09, 1 BvL 3/09, 1 BvL 4/09 - juris Rn. 136 - NZS 2010, 270, 274; VGH Baden-Württemberg v. 16.03.1994 - 6 S 1591/92 - juris Rn. 64 - FEVS 45, 258 (zu § 12 BSHG); VG Braunschweig v. 11.03.2004 - 3 A 233/02 - juris Rn. 17 f. (zu § 12 BSHG); *Schellhorn* in: Schellhorn/Schellhorn, BSHG, § 12 Rn. 27.

[144] BT-Drs. 12/5008, S. 16.

[145] Vgl. *Hohm* in: AsylbLG, § 3 Rn. 50.

[146] *Goldmann/Schwabe*, Praxishandbuch zum Asylbewerberleistungsgesetz, 1. Aufl. 1999, S. 127.

[147] BT-Drs. 12/4451, S. 8.

[148] Vgl. auch *Goldmann/Schwabe*, Praxishandbuch zum Asylbewerberleistungsgesetz, 1. Aufl. 1999, S. 124; a.A. *Hohm* in: AsylbLG, § 6 Rn. 54.

Bei einer **dezentralen Unterbringung** (z.B. in einer privaten Mietwohnung) kann diese Bedarfsposition weitere Haushaltsgegenstände betreffen (z.B. Kühlschrank,[149] Waschmaschine,[150] Wäschetrockner[151] etc.), insbesondere bei Mehrpersonenhaushalten, kinderreichen Familien oder der notwendigen Pflege von Haushaltsangehörigen.[152]

Wegen des regelmäßig nur vorübergehenden Aufenthalts von Leistungsberechtigten in Deutschland und der meist schon vorhandenen Ausstattung in Einrichtungen[153] können Gebrauchsgüter des Haushalts gem. § 3 Abs. 1 Satz 3 AsylbLG nach pflichtgemäßem Ermessen der Behörde **auch leihweise** zur Verfügung gestellt werden; bei einer endgültigen Überlassung besteht kein Anspruch auf neuwertige Gebrauchsgüter, sofern die gebrauchten zweckmäßig sind.[154]

3. Barbetrag (Sätze 4 und 5)

a. Übergangsregelung des BVerfG vom 18.07.2012 (Satz 4)

Leistungsberechtigte nach den §§ 1, 3 AsylbLG erhalten einen **Geldbetrag zur Deckung der persönlichen Bedürfnisse des täglichen Lebens** nach § 3 Abs. 1 Satz 4 AsylbLG, der sich seit dem 01.01.2011 (bei nicht bestandskräftigen Bescheiden) bzw. 01.08.2012 nach der Übergangsregelung des BVerfG vom 18.07.2012[155] bemisst und auch bei einem Abweichen vom Sachleistungsprinzip nach § 3 Abs. 2 Satz 3 AsylbLG zu leisten ist (sog. Barbetrag, früher „Taschengeld" genannt). Wegen der bis zum 31.12.2010 geltenden Rechtslage wird auf die Kommentierung in der der Vorauflage verwiesen.[156]

Die Entscheidung des BVerfG vom 18.07.2012 betrifft an sich nur die Anwendung des § 3 Abs. 1 Satz 4 AsylbLG bei einer Gewährung von Ersatzleistungen nach § 3 Abs. 2 Satz 3 AsylbLG. Gleichwohl gilt die Übergangsregelung **auch bei direkter Anwendung des § 3 Abs. 1 Satz 4 AsylbLG** im Falle einer Sachleistungsgewährung nach § 3 Abs. 1 Satz 1 AsylbLG.[157] Der Barbetrag dient danach der Gewährleistung des sog. soziokulturellen Existenzminimums und umfasst in entsprechender Anwendung des RBEG die Verbrauchsausgaben für die Abteilungen 7 (Verkehr), 8 (Nachrichtenübermittlung), 9 (Freizeit, Unterhaltung, Kultur), 10 (Bildung), 11 (Beherbergungs- und Gaststättendienstleistungen) und 12 (Andere Waren und Dienstleistungen).[158] Die Höhe des Barbetrags nach den Regelbedarfsstufen 1 bis 6 wird der Übersicht halber in Rn. 98 ff. dargestellt.

Ob und inwieweit der Barbetrag nach § 3 Abs. 1 Satz 4 AsylbLG bei einer Anspruchseinschränkung nach **§ 1a AsylbLG** mit Rücksicht auf die Entscheidung des BVerfG vom 18.07.2012 gekürzt oder gestrichen werden kann, ist sehr umstritten (vgl. im Einzelnen die Kommentierung zu § 1a AsylbLG Rn. 77 ff.).

b. Sonderregel bei Untersuchungs- oder Abschiebungshaft (Satz 5)

Leistungsberechtigte in **Untersuchungs- oder Abschiebungshaft** (vgl. § 62 AufenthG) erhalten gem. § 3 Abs. 1 Satz 5 AsylbLG ein gekürztes Taschengeld in Höhe von **70%** des Barbetrags nach § 3 Abs. 1 Satz 4 AsylbLG gemäß der Übergangsregel des BVerfG vom 18.07.2012 (vgl. dazu Rn. 98 ff.).[159]

Nach der Entscheidung des BVerfG stellt sich aber auch hier die Frage nach der **Verfassungswidrigkeit** der Vorschrift. Die Bemessung des Barbetrags nach § 3 Abs. 1 Satz 5 AsylbLG entspricht nicht den prozeduralen Anforderungen zur Bestimmung des (soziokulturellen) Existenzminimums,[160] sondern erfolgte als Ableitung von den evident zu niedrigen Werten aus § 3 Abs. 1 Satz 4 AsylbLG ohne nähere Begründung.[161] Der Grund für die Kürzung ist wohl darin zu sehen, dass bei Häftlingen persön-

---

[149] Vgl. *Hohm* in: AsylbLG, § 6 Rn. 55 unter Rückgriff auf OVG Hamburg v. 22.05.1987 - Bf I 23/87 - FEVS 37, 50 (zu § 12 BSHG).
[150] Vgl. *Hohm* in: AsylbLG, § 6 Rn. 57-60.
[151] Vgl. *Hohm* in: AsylbLG, § 6 Rn. 61.
[152] Vgl. hierzu *Hohm* in: AsylbLG, § 6 Rn. 55 ff.
[153] BT-Drs. 12/4451, S. 8.
[154] LSG Niedersachsen-Bremen v. 11.04.2006 - L 7 AY 45/05 ER - juris Rn. 20 - SAR 2006, 106.
[155] Vgl. BVerfG v. 18.07.2012 - 1 BvL 10/10, 1 BvL 2/11 - juris Rn. 98 ff.
[156] *Frerichs* in: jurisPK-SGB XII, 1. Aufl. 2011, § 3 AsylbLG Rn. 71-76.
[157] Vgl. BVerfG v. 18.07.2012 - 1 BvL 10/10, 1 BvL 2/11 - juris Rn. 105.
[158] Vgl. BVerfG v. 18.07.2012 - 1 BvL 10/10, 1 BvL 2/11 - juris Rn. 103, 105.
[159] So auch *Herbst* in: Mergler/Zink, SGB XII/AsylbLG, § 3 AsylbLG Rn. 26 a.E.; *Deibel*, ZFSH 2012, 582, 584.
[160] Vgl. BVerfG v. 18.07.2012 - 1 BvL 10/10, 1 BvL 2/11 - juris Rn. 90.
[161] Vgl. BT-Drs. 13/2746; vgl. auch .

liche Bedürfnisse des täglichen Lebens in einem geringeren Ausmaß bestehen bzw. bereits durch die Haftanstalt befriedigt werden.[162] Die Frage, ob die konkrete Höhe des nach § 3 Abs. 1 Satz 5 AsylbLG gekürzten Barbetrags (unter Berücksichtigung der Übergangsregelung des BVerfG) evident unzureichend ist (z.B. im Jahr 2014 nach der Regelbedarfsstufe 1 i.H.v. 98 €), um das soziokulturelle Existenzminimum zu gewährleisten, ist hingegen klar zu verneinen. Der Betrag nach § 3 Abs. 1 Satz 5 AsylbLG ist um ein Vielfaches höher als das „angemessene Taschengeld" von bedürftigen Strafgefangenen nach den landesrechtlichen Strafvollzugsgesetzen (vgl. auch § 46 StVollzG[163]), das regelmäßig nach einem bestimmten Prozentsatz der Eckvergütung nach § 43 Abs. 2 StVollzG ermittelt wird (s.u.) und damit kaum höher ausfällt als 30 € bis 40 €.[164]

84 Eine Leistungseinschränkung nach § 1a Nr. 2 AsylbLG ist bei Leistungsberechtigten in Untersuchungs- oder Abschiebungshaft grundsätzlich rechtswidrig, da sie regelmäßig keinen Einfluss auf eine bevorstehende Abschiebung und damit die Gründe, die dem Vollzug einer aufenthaltsbeendenden Maßnahme entgegenstehen, nicht (mehr) zu vertreten haben.[165] Ihr zurückliegendes Verhalten, das z.B. die Anordnung einer Sicherungshaft i.S.d. § 62 Abs. 3 Nr. 2-5 AufenthG rechtfertigt (früheres Vereiteln einer Abschiebungsmaßnahme), ist nicht mehr ursächlich für ihren weiteren Verbleib in Deutschland.

85 Für **Strafgefangene** gelten die Sonderregelungen der landesrechtlichen Strafvollzugsgesetze (vgl. auch §§ 22, 46, 47 Abs. 1, 133 Abs. 2, 176 Abs. 3 StVollzG),[166] nach denen einem bedürftigen Gefangenen ein **angemessenes Taschengeld** gewährt wird, wenn er ohne sein Verschulden kein Arbeitsentgelt und keine Ausbildungsbeihilfe erhält (vgl. etwa §§ 46, 176 Abs. 3 StVollzG). Der Taschengeldsatz beträgt regelmäßig 14% der Eckvergütung eines Strafgefangenen nach § 43 Abs. 2 StVollzG (vgl. auch die früher bundeseinheitlichen Verwaltungsvorschriften zu § 46 StVollzG, Absatz 2).

VI. Abweichen vom Sachleistungsprinzip (Absatz 2)

1. Regel-Ausnahme-Verhältnis (Sach- und Ersatzleistungsgewährung)

86 § 3 Abs. 2 AsylbLG eröffnet der Behörde die **Möglichkeit einer abweichenden Bedarfsdeckung durch Ersatzleistungen** für die in § 3 Abs. 1 Satz 1 AsylbLG genannten Bedarfe, soweit der Leistungsberechtigte nicht mehr in einer Aufnahmeeinrichtung i.S.d. § 44 AsylVfG untergebracht ist.

87 Der Vorrang der Sachleistungsgewährung nach § 3 Abs. 1 Satz 1 AsylbLG bleibt grundsätzlich unberührt, wie sich aus der Voraussetzung der Erforderlichkeit i.S.d. § 3 Abs. 2 Satz 1 AsylbLG (sog. Soweit-Vorbehalt) ergibt. Ob von dem Sachleistungsprinzip abgewichen werden darf, steht **nicht im Ermessen der Behörde**, sondern ist von den Umständen des konkreten Einzelfalls abhängig (vgl. Rn. 89 f.).[167] Die Sachleistungsgewährung ist – zumindest nach der gesetzgeberischen Entscheidung (vgl. aber zu den Rechtstatsachen Rn. 150 ff.) – die Regel, die Ersatzleistungsgewährung die Ausnahme (sog. Regel-Ausnahme-Verhältnis).[168]

2. Unterbringung außerhalb von Aufnahmeeinrichtungen i.S.d. § 44 AsylVfG

88 Vom Sachleistungsprinzip i.S.d. § 3 Abs. 1 Satz 1 AsylbLG kann bei einer Unterbringung des Leistungsberechtigten außerhalb von Aufnahmeeinrichtungen i.S.d. § 44 AsylVfG, also außerhalb der Erstaufnahmeeinrichtungen der Länder für einen kurzfristigen Aufenthalt von bis zu drei Monaten (§ 47 Abs. 1 Satz 1 AsylVfG) abgewichen werden. Soweit nach den Umständen erforderlich (vgl. § 3 Abs. 2 Satz 1 AsylbLG), können **Ersatzleistungen bei jeder anderen Unterbringung** durch zur Verfügung gestellten Wohnraum in Gemeinschaftsunterkünften nach § 53 AsylVfG, Ausreiseeinrichtungen nach § 61 Abs. 2 AufenthG, in sonstigen Einrichtungen, bei einer dezentralen Unterbringung sowie in privat angemietetem Wohnraum gewährt werden.[169]

---

[162] *Decker* in: Oestreicher, SGB XII/SGB II, § 3 AsylbLG Rn. 14.
[163] Zur Verfassungsgemäßheit des § 46 StVollzG vgl. BVerfG v. 29.10.2008 - 2 BvR 1268/07 - juris Rn. 3.
[164] Vgl. etwa LG Kassel v.29.01.2013 - 3 StVK 239/12 - juris Rn. 27; OLG Hamburg v. 11.08.2011 - 2 Ws 75/11 - juris Rn. 13.
[165] A.A. *Birk* in: LPK-SGB XII, § 3 AsylbLG Rn. 5.
[166] *Hohm* in: AsylbLG, § 3 Rn. 97; *Birk* in: LPK-SGB XII, § 3 AsylbLG Rn. 5; *Fasselt* in: Fichtner/Wenzel, SGB XII/AsylbLG, § 3 AsylbLG Rn. 8; *Goldmann/Schwabe*, Praxishandbuch zum Asylbewerberleistungsgesetz, 1. Aufl. 1999, S. 110; vgl. aber BVerwG v. 12.10.1993 - 5 C 38/92 - juris Rn. 17 - DVBl. 94, 425.
[167] Vgl. auch *Hohm* in: AsylbLG, § 3 Rn. 107 ff.
[168] LSG Nordrhein-Westfalen v. 08.07.2008 - L 20 B 49/08 SO ER - juris Rn. 45 - FEVS 60, 138; LSG Niedersachsen-Bremen v. 11.10.2006 - L 7 AY 10/06 ER - juris Rn. 25 - SAR 2006, 130.
[169] Vgl. *Hohm* in: AsylbLG, § 3 Rn. 100.

3. Erforderlichkeit (Satz 1)

a. Soweit-Vorbehalt

Eine vom Sachleistungsprinzip i.S.d. § 3 Abs. 1 Satz 1 AsylbLG abweichende Bedarfsdeckung ist gem. § 3 Abs. 2 Satz 1 AsylbLG tatbestandlich nur möglich, soweit es nach den Umständen erforderlich ist (sog. Soweit-Vorbehalt).[170]   89

Bei den Umständen des Einzelfalls muss es sich um **konkrete Sachverhalte** handeln, die sich aus der Unterbringungssituation oder den örtlichen Gegebenheiten ergeben (objektive Umstände: z.B. organisatorisch kaum mögliche Bereitstellung von Kantinenverpflegung oder Essenspaketen bzw. Kleidung aus Kleiderkammern etc.) oder die auf die persönlichen Verhältnisse des Leistungsberechtigten oder seiner Familienangehörigen (einschl. Lebenspartner) zurückzuführen sind (subjektive Umstände: z.B. familiäre Verhältnisse sowie Bedürfnisse kultureller, religiöser oder gesundheitlicher Art).[171] Nach der Rechtsprechung des BSG kann es auch die **bisherige Aufenthaltsdauer** des Ausländers in Deutschland erfordern, die Ersatzleistungen nach § 3 Abs. 2 Satz 2 AsylbLG in Geld zu gewähren.[172] Die Umstände des Einzelfalls müssen ein Abweichen von dem gesetzlich vorrangigen Sachleistungsprinzip i.S.d. § 3 Abs. 1 Satz 1 AsylbLG im Ausnahmefall rechtfertigen.[173]   90

b. Ermessensentscheidung über die Unterbringung

Das Tatbestandsmerkmal der Erforderlichkeit gilt nicht für die **Ermessensentscheidung** der Behörde, ob die **Unterkunft als Sachleistung** i.S.d. § 3 Abs. 1 Satz 1 AsylbLG oder als Ersatzleistung i.S.d. § 3 Abs. 2 Sätze 1, 2 AsylbLG erbracht wird (str.).[174]   91

Nach den Gesetzesmaterialien hat der Gesetzgeber ein Abweichen vom Sachleistungsprinzip i.S.d. § 3 Abs. 1 Satz 1 AsylbLG zugelassen, weil das Sachleistungssystem „nicht bei allen Arten der Unterbringung" umgesetzt werden kann.[175] Erforderlich kann eine Ersatzleistungsgewährung insbesondere „nach den Umständen der Unterbringung" sein.[176] Der Gesetzgeber hat damit leistungsrechtlich die bereits erfolgte **Unterbringung nach asylverfahrensrechtlichen Vorgaben** (§§ 44, 53 AsylVfG) vorausgesetzt, ehe die Entscheidung über die Übernahme der Unterkunftskosten nach § 3 Abs. 2 Satz 2 AsylbLG zu treffen ist. Dies ergibt sich auch aus dem Tatbestand des § 3 Abs. 2 Satz 1 AsylbLG selbst („Bei einer Unterbringung...") und aus der Entstehungsgeschichte des § 3 Abs. 2 AsylbLG und des § 2 Abs. 1 AsylbLG. Nach § 3 Abs. 2 Satz 1 AsylbLG i.d.F. vom 01.11.1993[177] galt der Vorrang der Sachleistungsgewährung zwingend bei einer Unterbringung nicht nur in Aufnahmeeinrichtungen gem. § 44 AsylVfG, sondern auch in „anderen Einrichtungen, in denen Sachleistungen nach Absatz 1 erbracht werden (vergleichbare Einrichtungen)", vgl. § 3 Abs. 2 Satz 1 Nr. 2 AsylbLG i.d.F. vom 01.11.1993.[178] Die Ersatzleistungsgewährung nach § 3 Abs. 2 Satz 1 AsylbLG sollte vornehmlich bei einer (bereits erfolgten) dezentralen Unterbringung des Leistungsberechtigten eröffnet werden. Hierbei hatte der Gesetzgeber als typischen Regelfall die entgeltpflichtige Unterbringung des Leistungsberechtigten mit einer „zuzüglichen" Erstattung der Unterkunftskosten unterstellt, vgl. § 3 Abs. 2 Satz 2 AsylbLG. Nach   92

---

[170] Vgl. hierzu LSG Niedersachsen-Bremen v. 11.04.2006 - L 7 AY 45/05 ER - juris Rn. 20 - SAR 2006, 106; VG Düsseldorf v. 04.10.2004 - 13 K 2247/03 - juris Rn. 16; OVG Berlin v. 15.08.1997 - 6 S 123.97 - juris Rn. 10 ff.; VG Karlsruhe, v. 13.07.2001 - 8 K 3499/99 - juris Rn. 39 ff.; VG Karlsruhe v. 18.04.2000 - 8 K 3518/99.

[171] Vgl. LSG Niedersachsen-Bremen v. 11.04.2006 - L 7 AY 45/05 ER - juris Rn. 20 - SAR 2006, 106; VG Düsseldorf v. 09.11.2009 - 23 K 4949/08 - juris Rn. 60; VG Karlsruhe v. 13.07.2001 - 8 K 3499/99 - juris Rn. 40; *Hohm* in: AsylbLG, § 3 Rn.109 f. m.w.N.; *Scheurer*, InfAuslR 1994, 265, 266 ff.

[172] BSG v. 26.06.2013 - B 7 AY 6/11 R - juris Rn. 20 (nach 14-jährigem Aufenthalt in Deutschland).

[173] LSG Niedersachsen-Bremen v. 11.04.2006 - L 7 AY 45/05 ER - juris Rn. 20 - SAR 2006, 106; VG Karlsruhe v. 13.07.2001 - 8 K 3499/99 - juris Rn. 40.

[174] VG München v. 02.10.2000 - M 6a E 00.3846 - juris Rn. 46; SG Hildesheim v. 30.11.2010 - S 42 AY 157/10 ER - juris Rn. 5; *Decker* in: Oestreicher, SGB XII/SGB II, § 3 AsylbLG Rn. 9; *Fasselt* in: Fichtner/Wenzel, SGB XII/AsylbLG, § 3 AsylbLG Rn. 5; a.A. LSG Nordrhein-Westfalen v. 20.03.2008 - L 20 B 11/08 AY- juris Rn. 6 - SAR 2008, 56; OVG Nordrhein-Westfalen v. 24.04.1998 - 24 B 515/98 - juris Rn. 22; *Hohm* in: AsylbLG, Rn. 37 ff.; *Adolph* in: Linhart/Adolph/Gröschel-Gundermann, SGB II/SGB XII/AsylbLG, § 3 AsylbLG Rn. 52.

[175] BT-Drs. 12/4451, S. 8.

[176] BT-Drs. 12/4451, S. 8.

[177] BGBl I 1993, 1074.

[178] BGBl I 1993, 1074.

§ 2 Abs. 1 Nr. 1 AsylbLG i.d.F. vom 01.11.1993[179] wiederum währte die Grundleistungsgewährung nach § 3 AsylbLG maximal zwölf Monate, also i.d.R. allein während des laufenden Asylverfahrens, in dem die Unterbringung des Asylbewerbers durch die §§ 44, 53 AsylVfG vorgegeben wird.

93 Schließlich können für die leistungsrechtliche Frage über die Unterbringung als Sach- oder Ersatzleistung **nicht strengere Voraussetzungen als im Asylverfahrensrecht** gem. § 53 Abs. 1 AsylVfG gelten.[180] Danach ist der Behörde allein im Sinne einer im Ausnahmefall eingeräumten Ermessensentscheidung vorgegeben (Soll-Vorschrift), Asylantragsteller nach dem Aufenthalt in der Erstaufnahmeeinrichtung i.S.d. § 44 AsylVfG in einer Gemeinschaftsunterkunft unterzubringen; hierbei sind sowohl das **öffentliche Interesse** als auch die **Belange des Ausländers** zu berücksichtigen, § 53 Abs. 1 Satz 2 AsylVfG (zur Anmietung von Privatwohnungen vgl. Rn. 130 ff.).

94 Die insoweit **misslungene Normstruktur von § 3 Abs. 1 und 2 AsylbLG** ist allein der unbefriedigenden Leistung des Gesetzgebers geschuldet, der die Vorschrift ersichtlich nicht der Ausweitung des persönlichen Anwendungsbereichs des AsylbLG 1997 auf Geduldete sowie Kriegs- und Bürgerkriegsflüchtlinge und der Einführung (1997) bzw. Verlängerung (2007) der Vorbezugszeit i.S.d. § 2 Abs. 1 AsylbLG angepasst hat.

4. Ersatzleistungen (Sätze 1 bis 3)

a. Rangverhältnis der Ersatzleistungen (Auswahlermessen)

95 Bei einer nach den Umständen erforderlichen Gewährung von Ersatzleistungen steht es im pflichtgemäßen **Ermessen der Behörde**, die Leistungsgewährung nach § 3 Abs. 2 Satz 1 AsylbLG auszugestalten. Hierbei hat sie zur Deckung einzelner oder mehrerer Bedarfspositionen die Wahl zwischen den in § 3 Abs. 2 Satz 1 AsylbLG genannten Ersatzleistungen.

96 Nach zutreffender Ansicht[181] enthält § 3 Abs. 2 Satz 1 AsylbLG ein das Auswahlermessen einschränkendes **Rangverhältnis** der möglichen Ersatzleistungen. Zur Bedarfsdeckung können
- vorrangig „**Leistungen in Form von Wertgutscheinen**" (1. Stufe), sodann
- Leistungen „**von anderen vergleichbaren unbaren Abrechnungen**" (2. Stufe) und letztlich
- „**Geldleistungen**" (3. Stufe)

erbracht werden.

97 Dieses Rangverhältnis ergibt sich aus dem Wortlaut, der Systematik und der Entstehungsgeschichte des Gesetzes und insbesondere aus dem grundlegenden **Vorrang der Sachleistungsgewährung** nach § 3 Abs. 1 Satz 1 AsylbLG und ist bei der nach pflichtgemäßem Ermessen zu erfolgenden Wahl der Ersatzleistung zu beachten.[182]

b. Werte der Ersatzleistungen (Satz 2) und des Barbetrags (Satz 3)

aa. Übergangsregel des BVerfG vom 18.07.2012

98 Aus § 3 Abs. 2 Satz 2 AsylbLG ergeben sich die **Werte der Ersatzleistungen nach § 3 Abs. 2 Satz 1 AsylbLG** für die Bedarfspositionen Ernährung, Kleidung, Mittel der Gesundheits- und Körperpflege und Gebrauchs- und Verbrauchsgüter des Haushalts. In diesem Wert sind die gesondert zu erbringenden **Leistungen für Unterkunft, Heizung und Hausrat nicht enthalten**, vgl. § 3 Abs. 2 Satz 2 AsylbLG. Wegen der Höhe der Werte aus § 3 Abs. 2 Satz 2 AsylbLG nach der Rechtslage bis 31.12.2010, der Bestimmung von Haushaltsvorstand und -angehöriger sowie der Problematik der „gemischten Bedarfsgemeinschaft" wird auf die Kommentierung in der Vorauflage verwiesen.[183]

99 Nach der vom BVerfG mit Urteil vom 18.07.2012 angeordneten **Übergangsregelung**[184] bemessen sich die Werte nach § 3 Abs. 2 Satz 2 AsylbLG ab 01.01.2011 (bei nicht bestandskräftigen Bescheiden)

---

[179] BGBl I 1993, 1074.
[180] VG München v. 02.10.2000 - M 6a E 00.3846 - juris Rn. 46; *Fasselt* in: Fichtner/Wenzel, SGB XII/AsylbLG, § 3 AsylbLG Rn. 5.
[181] Vgl. VG Karlsruhe v. 18.04.2000 - 8 K 3518/99 - juris Rn. 26 ff.; *Hohm* in: AsylbLG, § 3 Rn. 117 f. m.w.N.; *Birk* in: LPK-SGB XII, § 3 AsylbLG Rn. 6; *Herbst* in: Mergler/Zink, SGB XII/AsylbLG, § 3 AsylbLG Rn. 28; *Adolph* in: Linhart/Adolph/Gröschel-Gundermann, SGB II/SGB XII/AsylbLG, § 3 AsylbLG Rn. 58; a.A. *Fasselt* in: Fichtner/Wenzel, SGB XII/AsylbLG, § 3 AsylbLG Rn. 9; *Lederer*, Asylmagazin 2011, 318; offen gelassen durch LSG Niedersachsen-Bremen v. 03.04.2013 - L 8 AY 105/12 B ER - juris Rn. 16.
[182] Vgl. VG Karlsruhe v. 18.04.2000 - 8 K 3518/99 - juris Rn. 26 ff.
[183] *Frerichs* in: jurisPK-SGB XII, 1. Aufl. 2011, § 3 AsylbLG Rn. 89-98.
[184] BVerfG v. 18.07.2012 - 1 BvL 10/10, 1 BvL 2/11 - juris Rn. 98 ff.

bzw. ab 01.08.2012 entsprechend den sich aus §§ 5 bis 7 des Gesetzes zur Ermittlung der Regelbedarfe nach § 28 SGB XII (Regelbedarfsermittlungsgesetz – RBEG) für Einpersonen- und Familienhaushalte ergebenden regelbedarfsrelevanten Verbrauchsausgaben der Abteilungen 1, 3, 4 und 6 (= physisches Existenzminimum). Die regelbedarfsrelevanten Verbrauchsausgaben aus Abteilung 5 (Innenausstattung, Haushaltsgeräte und -gegenstände) bleiben wegen des gemäß § 3 Abs. 2 Satz 2 AsylbLG gesondert zu erbringenden Hausrats unberücksichtigt. Für die Werte nach § 3 Abs. 1 Satz 4 AsylbLG (sog. Barbetrag) gilt ab 01.01.2011 bzw. ab 01.08.2012 Entsprechendes mit der Maßgabe, dass die regelbedarfsrelevanten Verbrauchsausgaben der Abteilungen 7 bis 12 heranzuziehen sind (= soziokulturelles Existenzminimum).

Die Übergangsregelung gilt rückwirkend **ab 01.01.2011 nur für nicht bestandskräftige Bescheide**; für die Zeit vom 01.01.2011 bis 31.07.2012 ist § 9 Abs. 3 AsylbLG i.V.m. § 44 SGB X bzw. § 48 Abs. 1 Satz 2 Nr. 1 SGB X insoweit nicht anwendbar.[185] Die Leistungsumstellung erfolgt in den übrigen Fällen ab 01.08.2012.   **100**

Die Länder haben sich zur Umsetzung der Übergangsregelung des BVerfG im Rahmen der Arbeitsgemeinschaft der Flüchtlingsverwaltungen (ArgeFlü) auf **bundesweit einheitliche Leistungsbeträge** nach § 3 Abs. 2 Satz 2 AsylbLG und § 3 Abs. 1 Satz 4 AsylbLG verständigt.[186] Diese Leistungsbeträge sind für die Gerichte nicht bindend und unterliegen im Klageverfahren der vollen gerichtlichen Prüfung. Aufgrund unterschiedlicher Berechnungsmethoden und der Rundung der berechneten Beträge nach § 28 Abs. 4 Satz 5 SGB XII weichen diese Werte teilweise von den hier ermittelten ab (vgl. Rn. 104 ff.).[187]   **101**

Auch die Übertragung der **Bestandsschutzregel nach § 8 Abs. 2 RBEG** für die Regelbedarfsstufen 4 bis 6 auf Leistungsberechtigte nach den §§ 1, 3 AsylbLG wirft Fragen auf. Im Hinblick auf die Anwendung des § 8 Abs. 2 RBEG ist die Übergangsregelung des BVerfG zwar vom Wortlaut her nicht eindeutig, wohl aber nach deren Begründung, nach der § 8 Abs. 2 RBEG die Leistungshöhe für Kinder und Jugendliche fixiere.[188] Der Grund hierfür liegt ersichtlich nicht in einem schutzwürdigen Vertrauen von Leistungsberechtigten nach den §§ 1, 3 AsylbLG auf den Fortbestand der Leistungsbeträge ab 01.01.2011, sondern einzig darin, eine eventuelle Ungleichbehandlung der Betroffenen auszuschließen.[189]   **102**

Es stellt sich die weitere Frage, wie die Bestandsschutzregelung nach § 8 Abs. 2 RBEG auf Leistungsberechtigte nach §§ 1, 3 AsylbLG entsprechend anzuwenden ist. Dies betrifft insbesondere die **Zuordnung des Unterschiedsbetrags** der Regelbedarfsstufen 4 und 5 nach § 8 Abs. 2 RBEG und der regelbedarfsgerechten Verbrauchsausgaben für Kinder und Jugendliche nach § 7 Abs. 2 RBEG auf die jeweiligen Werte nach § 3 Abs. 2 Satz 2 AsylbLG und § 3 Abs. 1 Satz 4 AsylbLG. Im Jahr 2011 belief sich diese Differenz z.B. bei den Regelbedarfsstufen 4 bis 6 auf 12,00 €, 9,00 € bzw. 2,00 € (im Einzelnen vgl. Rn. 105 ff.). Das aufgeworfene Problem spielt bei einer reinen Ersatzleistungsgewährung nach § 3 Abs. 2 Satz 2 AsylbLG und § 3 Abs. 2 Satz 3 AsylbLG i.V.m. § 3 Abs. 1 Satz 4 AsylbLG in Form von Geldleistungen keine Rolle, wohl aber bei einer Ausgabe von Sachleistungen (§ 3 Abs. 1 Satz 1 AsylbLG) oder von Wertgutscheinen (§ 3 Abs. 2 Satz 1 Alt. 1 AsylbLG) sowie bei einer Mischform der Leistungsgewährung (vgl. hierzu Rn. 144 f.). Da die Beträge der Regelbedarfsstufen 4 bis 6 allein aus Gründen des Vertrauensschutzes „eingefroren" worden sind,[190] kann die Differenz der Beträge an sich keiner Abteilung der Sonderauswertung für den Regelbedarf nach § 6 Abs. 1 RBEG zugeordnet werden; der zusätzlich gewährte Betrag ist nicht regelbedarfsrelevant. Daher ist dieser Betrag auf die Werte nach § 3 Abs. 2 Satz 2 AsylbLG und § 3 Abs. 1 Satz 4 AsylbLG **verhältnismäßig aufzuteilen**.   **103**

---

[185] BVerfG v. 18.07.2012 - 1 BvL 10/10, 1 BvL 2/11 - juris Rn. 113.

[186] Veröffentlicht u.a. auf der Internetseite des Ministeriums für Integration, Familie, Kinder, Jugend und Frauen des Landes Rheinland-Pfalz, http://mifkjf.rlp.de/ (abgerufen am 15.04.2014).

[187] Vgl. auch die wiederum abweichenden Berechnungen von *Schwabe*, ZfF 2012, 1 ff.; *Schwabe*, ZfF 2013, 1 ff.; *Schwabe*, ZfF 2014, 1 ff.

[188] BVerfG v. 18.07.2012 - 1 BvL 10/10, 1 BvL 2/11 - juris Rn. 106 a.E.

[189] BVerfG v. 18.07.2012 - 1 BvL 10/10, 1 BvL 2/11 - juris Rn. 102.

[190] Vgl. BT-Drs. 17/3404, S. 90, 118.

§ 3 AsylbLG

bb. Leistungsbeträge für das Jahr 2011

104 In der nachfolgenden Tabelle sind die bundesweit einheitlichen Sätze der Länder nach der Übergangsregelung des BVerfG aufgeführt. Für die Regelbedarfsstufen 4 bis 6 weichen die Werte von den hier ermittelten und in Klammern gesetzten Beträgen wegen unterschiedlicher Berechnungsmethoden ab.

Bundesweit einheitliche Sätze nach § 3 AsylbLG (2011)			
Quelle: Land Rheinland-Pfalz, Ministerium für Integration, Familie, Kinder, Jugend und Frauen, Anlage 2 des Rundschreibens zum AsylbLG vom 30.08.2012 - Az.: 78 008:724 (http://mifkjf.rlp.de/fileadmin/integration/Downloads/Rundschreiben/Anlage_2_zu_RS_vom_30.08.2012_-_Umsetzung_Urteil_AsylbLG.pdf, abgerufen am 15.04.2014)			
Grundlage: Regelbedarfsstufen (RS) nach § 8 RBEG	Ersatzleistungen nach § 3 Abs. 2 Satz 2 AsylbLG in €	Barbetrag nach § 3 Abs. 1 Satz 4 AsylbLG, sog. Barbetrag in €	Leistungen nach § 3 AsylbLG **Gesamt in €**
RS 1: Alleinstehende oder alleinerziehende Erwachsene	206	130	336
RS 2: Ehe- bzw. Lebenspartner	185	117	302
RS 3: haushaltsangehörige Erwachsene	165	104	269
RS 4: Kinder von Beginn des 15. bis zur Vollendung des 18. Lebensjahres	192	79 (80)*	271 (272)*
RS 5: Kinder von Beginn des 7. bis zur Vollendung des 14. Lebensjahres	152	86 (87)*	238 (239)*
RS 6: Kinder bis zur Vollendung des 6. Lebensjahres	125	76	201

* von den Sätzen der Länder hier abweichend berechnete Leistungssätze.

105 Die Berechnung der einzelnen Werte folgt aus der Übergangsregelung des BVerfG vom 18.07.2012.[191] Für den Wert nach der **Regelbedarfsstufe 1** sind die auf der Grundlage der Einkommens- und Verbrauchsstichprobe (EVS) 2008 ermittelten Beträge aus den Abteilungen 1, 3, 4 und 6 für den Wert nach § 3 Abs. 2 Satz 2 AsylbLG und aus den Abteilungen 7 bis 12 für den Wert nach § 3 Abs. 1 Satz 4 AsylbLG zu addieren. Für die **Anpassung zum 01.01.2011** sind diese Leistungsbeträge gemäß § 7 Abs. 2 RBEG mit einer Veränderungsrate von 0,55% fortzuschreiben und nach § 28 Abs. 4 Satz 5 SGB XII kaufmännisch zu runden. Die Anpassung der Leistungsbeträge erfolgt **nicht durch eine Fortschreibung der Beträge aus den Einzelabteilungen**. Ein solches Vorgehen widerspricht zum einen der Systematik des RBEG, nach der allein die Summe der regelbedarfsrelevanten Verbrauchsausgaben aus § 5 Abs. 2 RBEG und § 6 Abs. 2 RBEG fortgeschrieben wird (§ 7 Abs. 1 RBEG). Zum anderen würde sie im Vergleich zu den Leistungsbeträgen für Leistungsberechtigte nach dem SGB XII wegen der unterschiedlichen Anwendung der Rundungsregelung nach § 28 Abs. 4 Satz 5 SGB XII auch zu abweichenden Ergebnissen führen; dies ist aus Gleichbehandlungsgründen zu vermeiden.[192]

106 Nach diesen Maßgaben beträgt die Summe der regelbedarfsrelevanten Verbrauchsausgaben aus den Abteilungen 1, 3, 4 und 6 (EVS 2008) 204,65 € (vgl. § 5 Abs. 1 RBEG). Unter Berücksichtigung der Veränderungsrate nach § 7 Abs. 2 RBEG (x 1,0055) ergibt sich für 2011 ein Betrag von 205,78 €, gerundet **206,00 €** (§ 3 Abs. 2 Satz 2 AsylbLG). Die Summe der Beträge aus den Abteilungen 7 bis 12 von 129,75 € ist ebenso fortzuschreiben (x 1,0055); der so ermittelte Betrag nach von 130,46 € ist auf **130,00 €** (§ 3 Abs. 1 Satz 4 AsylbLG) zu runden.[193]

---

[191] Vgl. im Einzelnen BVerfG v. 18.07.2012 - 1 BvL 10/10, 1 BvL 2/11 - juris Rn. 108.
[192] Vgl. BVerfG v. 18.07.2012 - 1 BvL 10/10, 1 BvL 2/11 - juris Rn. 102.
[193] Vgl. auch BVerfG v. 18.07.2012 - 1 BvL 10/10, 1 BvL 2/11 - juris Rn. 108.

Die Werte für die **Regelbedarfsstufen 2 und 3** werden von den jeweils geltenden Beträgen der Regelbedarfsstufe 1 (90% bzw. 80%) abgeleitet.[194] Für die Regelbedarfsstufe 2 ergeben sich damit gerundete Werte von **185 €** (§ 3 Abs. 2 Satz 2 AsylbLG) und **117 €** (§ 3 Abs. 1 Satz 4 AsylbLG) und für die Regelbedarfsstufe 3 gerundete Werte von **165 €** bzw. **104 €**. 107

Die Berechnung der Werte für die **Regelbedarfsstufe 4** erfolgt nach den bereits dargestellten Vorgaben mit der Besonderheit, dass die Bestandsschutzregel aus § 8 Abs. 2 RBEG zu beachten ist. Die aus den einzelnen Abteilungen addierten (183,13 € bzw. 75,77 €) und sodann mit der Veränderungsrate von 0,55% fortgeschriebenen Beträge für die Regelbedarfsstufe 4 (§ 6 Abs. 1 Nr. 3 RBEG) betragen im Jahr 2011 gerundet **184,00 €** (§ 3 Abs. 2 Satz 2 AsylbLG) bzw. **76,00 €** (§ 3 Abs. 1 Satz 4 AsylbLG), in der Summe 260,00 €. Sie sind damit insgesamt geringer als der Leistungsbetrag nach der **Bestandsschutzregel des § 8 Abs. 2 RBEG** in Höhe von 287,00 € abzüglich des (insoweit anteilig erhöhten) Betrags der Einzelabteilung 5 in Höhe von 15,35 €, gerundet **272,00 €**. Die Differenz von 12 € (272,00 € - 260,00 €) ist verhältnismäßig aufzuteilen (vgl. Rn. 100), so dass sich 2011 der Betrag nach § 3 Abs. 2 Satz 2 AsylbLG auf **192,00 €** (184,00 € + 8,00 €) und der Betrag nach § 3 Abs. 1 Satz 4 AsylbLG auf **80,00 €** (76,00 € + 4,00 €) beläuft. 108

Die aus den einzelnen Abteilungen addierten (145,89 € bzw. 82,66 €) und sodann mit der Veränderungsrate von 0,55% fortgeschriebenen Beträge für die **Regelbedarfsstufe 5** (§ 6 Abs. 1 Nr. 2 RBEG) betragen im Jahr 2011 **147,00 €** (§ 3 Abs. 2 Satz 2 AsylbLG) bzw. **83,00 €** (§ 3 Abs. 1 Satz 4 AsylbLG), in der Summe 230,00 €. Wie auch die Beträge für die Regelbedarfsstufe 4 sind sie damit insgesamt geringer als der Leistungsbetrag nach der **Bestandsschutzregel des § 8 Abs. 2 RBEG** in Höhe von 251,00 € abzüglich des (insoweit anteilig erhöhten) Betrags der Einzelabteilung 5 in Höhe von 12,30 €, gerundet **239,00 €**. Die Differenz von 9 € (239,00 € - 230,00 €) ist verhältnismäßig aufzuteilen (vgl. Rn. 100), so dass sich 2011 die Werte nach § 3 Abs. 2 Satz 2 AsylbLG und § 3 Abs. 1 Satz 4 AsylbLG auf **152,00 €** (147,00 € + 5,00 €) und **87,00 €** (83,00 € + 4,00 €) belaufen. 109

Die aus den einzelnen Abteilungen addierten (122,98 € bzw. 75,07 €) und sodann mit der Veränderungsrate von 0,55% fortgeschriebenen Beträge für die **Regelbedarfsstufe 6** (§ 6 Abs. 1 Nr. 1 RBEG) betragen 2011 gerundet **124,00 €** (§ 3 Abs. 2 Satz 2 AsylbLG) bzw. **75,00 €** (§ 3 Abs. 1 Satz 4 AsylbLG), in der Summe **199,00 €**. Diese Beträge sind insgesamt höher als der Leistungsbetrag nach der Bestandsschutzregel des § 8 Abs. 2 RBEG in Höhe von 215,00 € abzüglich des (insoweit anteilig erhöhten) Betrags der Einzelabteilung 5 in Höhe von 13,76 €, gerundet 201,00 €. Die Differenz von 2 € (201,00 € - 199,00 €) ist verhältnismäßig aufzuteilen (vgl. Rn. 100), so dass sich 2011 die Werte nach § 3 Abs. 2 Satz 2 AsylbLG und § 3 Abs. 1 Satz 4 AsylbLG auf **125,00 €** (124,00 € + 1,00 €) und **76,00 €** (75,00 € + 1,00 €) belaufen. 110

cc. Leistungsbeträge für das Jahr 2012

Auch für das Jahr 2012 weichen die bundesweit einheitlichen Sätze der Länder teilweise von den hier ermittelten und in der Tabelle in Klammern gesetzten Beträgen ab. 111

Bundesweit einheitliche Sätze nach § 3 AsylbLG (2012)			
Quelle: Land Rheinland-Pfalz, Ministerium für Integration, Familie, Kinder, Jugend und Frauen, Anlage 1 des Rundschreibens zum AsylbLG vom 06.11.2012 - Az.: 78 008:724 (http://mifkjf.rlp.de/fileadmin/integration/Downloads/Rundschreiben/Anlage_1zum_3._RS_AsylbLG_vom_06.11.2012.pdf, abgerufen am 15.04.2014)			
Grundlage: Regelbedarfsstufen (RS) nach § 8 RBEG	**Ersatzleistungen** nach § 3 Abs. 2 Satz 2 AsylbLG in €	**Geldbetrag** nach § 3 Abs. 1 Satz 4 AsylbLG (sog. Barbetrag) in €	Leistungen nach § 3 AsylbLG **Gesamt in €**
RS 1: Alleinstehende oder alleinerziehende Erwachsene	212	134	346
RS 2: Ehe- bzw. Lebenspartner	191	120 (121)*	311 (312)*
RS 3: haushaltsangehörige Erwachsene	170	107	277

---

[194] BVerfG v. 18.07.2012 - 1 BvL 10/10, 1 BvL 2/11 - juris Rn. 107.

RS 4: Kinder von Beginn des 15. bis zur Vollendung des 18. Lebensjahres	192	79 (80)*	271 (272)*
RS 5: Kinder von Beginn des 7. bis zur Vollendung des 14. Lebensjahres	152	86 (87)*	238 (239)*
RS 6: Kinder bis zur Vollendung des 6. Lebensjahres	127	78	205

* von den Sätzen der Länder hier abweichend berechnete Leistungssätze.

112 Für die **Anpassung zum 01.01.2012** ist die Übergangsregelung in § 138 SGB XII und die abweichende Festsetzung der Veränderungsrate des Mischindexes nach § 1 der auf Grundlage von § 40 SGB XII erlassenen Verordnung zur Fortschreibung des Regelbedarfsstufen nach § 138 Nr. 2 SGB XII für das Jahr 2012 (RBSFV 2012)[195] zu beachten.[196] Danach erfolgt diese Anpassung in zwei Schritten:
- In einem ersten Schritt werden die Regelbedarfe – also die Leistungsbeträge nach § 3 Abs. 1 Satz 4 AsylbLG und nach § 3 Abs. 2 Satz 2 AsylbLG – für das Jahr 2011 mit einer Veränderungsrate des Mischindexes um 0,75% fortgeschrieben (§ 138 Nr. 1 SGB XII).
- In einem zweiten Schritt sind diese gemäß § 28 Abs. 4 Satz 5 SGB XII auf volle Beträge gerundeten Beträge nach § 28a SGB XII mit einer Veränderungsrate des Mischindexes von 1,99% (§ 1 RBSFV 2012) fortzuschreiben (§ 138 Nr. 2 SGB XII).

113 Die Werte nach § 3 Abs. 2 Satz 2 AsylbLG und § 3 Abs. 1 Satz 4 AsylbLG für die **Regelbedarfsstufe 1** betragen 2012 nach dieser Fortschreibung **212,00 €** (206,00 € x 1,0075 = 207,55 € ~ 208,00 €; 208,00 € x 1,0199 = 212,14 € ~ 212,00 €) und **134,00 €** (130,00 € x 1,0075 = 130,97 € ~ 131,00 €; 131,00 € x 1,0199 = 133,61 € ~ 134,00 €).

114 Die Werte für die **Regelbedarfsstufen 2 und 3** werden von den jeweils geltenden Beträgen der Regelbedarfsstufe 1 (90% bzw. 80%) abgeleitet.[197] Für die Regelbedarfsstufe 2 ergeben sich damit gerundete Werte nach § 3 Abs. 2 Satz 2 AsylbLG und § 3 Abs. 1 Satz 4 AsylbLG von **191,00 €** (212,00 € x 0,9 = 190,80 € ~ 191,00 €) und **121,00 €** (134,00 € x 0,9 = 120,60 € ~ 121,00 €) und für die Regelbedarfsstufe 3 gerundete Werte von **170,00 €** (212,00 € x 0,8 = 169,60 € ~ 170,00 €) bzw. **107,00 €** (134,00 € x 0,8 = 107,20 € ~ 107,00 €). Dass der hier ermittelte Barbetrag (§ 3 Abs. 1 Satz 4 AsylbLG) für die Regelbedarfsstufe 2 von dem Satz der Länder um einen Euro nach oben abweicht, liegt wohl daran, dass die bundeseinheitlichen Sätze keine Ableitung vom Wert für der Regelbedarfsstufe 1 aus dem Jahr 2012 vorsehen, sondern eine Fortschreibung der Sätze für die Regelbedarfsstufen 2 und 3 aus dem Jahr 2011. Dies entspricht aber nicht der Übergangsregel des BVerfG, nach der sich die Beträge für die Regelbedarfsstufe 2 auf 90% der jeweils geltenden Leistungsbeträge für die Regelbedarfsstufe 1 belaufen.[198]

115 Die Sätze nach § 3 Abs. 2 Satz 2 AsylbLG und § 3 Abs. 1 Satz 4 AsylbLG für die **Regelbedarfsstufen 4 und 5** bemessen sich auch im Jahr 2012 nach der Bestandsschutzregel des § 8 Abs. 2 RBEG und bleiben damit der Höhe nach unverändert bei **192,00 €** und **80,00 €** für die Regelbedarfsstufe 4 und bei **152,00 €** und **87,00 €** für die Regelbedarfsstufe 5. Eine Fortschreibung der (fiktiv) berechneten Leistungssätze aus dem Jahr 2011 (Regelbedarfsstufe 4: 184,00 € bzw. 76,00 €; Regelbedarfsstufe 5: 147,00 € bzw. 83,00 €) würde nicht zu einem höheren Leistungsanspruch führen (Regelbedarfsstufe 4: 189,00 € bzw. 79,00 €; Regelbedarfsstufe 5: 151,00 € bzw. 86,00 €). Als Folgefehler aus den Berechnungen für das Jahr 2011 sind die Sätze der Länder nach § 3 Abs. 1 Satz 4 AsylbLG (sog. Barbetrag) für die Regelbedarfsstufen 4 und 5 um einen Euro zu niedrig.

116 Die Sätze nach § 3 Abs. 2 Satz 2 AsylbLG und § 3 Abs. 1 Satz 4 AsylbLG für die **Regelbedarfsstufe 6** betragen nach der Fortschreibung im Jahr 2012 **127,00 €** (124,00 € x 1,0075 = 124,93 € ~ 125,00 €; 125,00 € x 1,0199 = 127,49 € ~ 127,00 €) und **78,00 €** (75,00 € x 1,0075 = 75,56 € ~ 76,00 €; 76,00 € x

---

[195] RBSFV 2012 vom 17.10.2011, BGBl I 2011, 2090.
[196] Zur Fortschreibung der Werte aus § 3 AsylbLG vgl. BVerfG v. 18.07.2012 - 1 BvL 10/10, 1 BvL 2/11 - juris Rn. 110.
[197] BVerfG v. 18.07.2012 - 1 BvL 10/10, 1 BvL 2/11 - juris Rn. 107.
[198] BVerfG v. 18.07.2012 - 1 BvL 10/10, 1 BvL 2/11 - juris Rn. 107.

1,0199 = 77,51 € ~ 127,00 €), in der Summe **205,00 €**. Diese Beträge sind auch 2012 insgesamt höher als der Leistungsbetrag nach der Bestandsschutzregel des § 8 Abs. 2 RBEG in Höhe von 213,00 € abzüglich des (insoweit anteilig erhöhten) Betrags der Einzelabteilung 5 in Höhe von 14,52 €, gerundet 198,00 €. **§ 8 Abs. 2 RBEG findet keine Anwendung.**

dd. Leistungsbeträge für das Jahr 2013

Für das Jahr 2013 weichen die bundesweit einheitlichen Sätze der Länder nur bei der Regelbedarfsstufe 3 von den hier ermittelten und in der Tabelle in Klammern gesetzten Beträgen ab. 117

Bundesweit einheitliche Sätze nach § 3 AsylbLG (2013)			
Quelle: Land Rheinland-Pfalz, Ministerium für Integration, Familie, Kinder, Jugend und Frauen, Anlage 1 des 4. Rundschreiben zum AsylbLG vom 24.10.2013 – Az.: 78 008:724 (http://mifkjf.rlp.de/fileadmin/mifkjf/Integration/Bilder/Anlage_1_zu_4._RS_AsylbLG_vom_24.10.2013_01.pdf, abgerufen am 15.04.2014)			
Grundlage: Regelbedarfsstufen (RS) nach § 8 RBEG	Ersatzleistungen nach § 3 Abs. 2 Satz 2 AsylbLG in €	Geldbetrag nach § 3 Abs. 1 Satz 4 AsylbLG, sog. Taschengeld in €	Leistungen nach § 3 AsylbLG **Gesamt in €**
RS 1: Alleinstehende oder alleinerziehende Erwachsene	217	137	354
RS 2: Ehe- bzw. Lebenspartner	195	123	318
RS 3: haushaltsangehörige Erwachsene	173 (174)*	110	283 (284)*
RS 4: Kinder von Beginn des 15. bis zur Vollendung des 18. Lebensjahres	193	81	274
RS 5: Kinder von Beginn des 7. bis zur Vollendung des 14. Lebensjahres	154	88	242
RS 6: Kinder bis zur Vollendung des 6. Lebensjahres	130	80	210

* von den Sätzen der Länder hier abweichend berechneter Leistungssatz.

Für die **Anpassung zum 01.01.2013** sind die Leistungssätze nach § 3 AsylbLG entsprechend der Veränderungsrate von **2,26%** nach § 28a Abs. 2 SGB XII, § 40 SGB XII i.V.m. § 1 der Verordnung zur Bestimmung des für die Fortschreibung der Regelbedarfsstufen maßgeblichen Vomhundertsatzes sowie zur Ergänzung der Anlage zu § 28 SGB XII für das Jahr 2013 (RBSFV 2013)[199] anzupassen.[200] Die so fortgeschriebenen Summen sind nach § 28 Absatz 4 Satz 5 SGB XII zu runden. 118

Die Werte nach § 3 Abs. 2 Satz 2 AsylbLG und § 3 Abs. 1 Satz 4 AsylbLG für die **Regelbedarfsstufe 1** betragen 2013 nach dieser Fortschreibung **217,00 €** (212,00 € x 1,0226 = 216,79 € ~ 217,00 €) und **137,00 €** (134,00 € x 1,0226 = 137,03 € ~ 137,00 €). 119

Die Werte für die **Regelbedarfsstufen 2 und 3** werden von den jeweils geltenden Beträgen der Regelbedarfsstufe 1 (90% bzw. 80%) abgeleitet.[201] Für die Regelbedarfsstufe 2 ergeben sich damit gerundete Werte nach § 3 Abs. 2 Satz 2 AsylbLG und § 3 Abs. 1 Satz 4 AsylbLG von **195,00 €** (217,00 € x 0,9 = 195,30 € ~ 195,00 €) und **123,00 €** (137,00 € x 0,9 = 123,30 € ~ 123,00 €) und für die Regelbedarfsstufe 3 gerundete Werte von **174,00 €** (217,00 € x 0,8 = 173,60 € ~ 174,00 €) bzw. **110,00 €** (137,00 € x 0,8 = 109,60 € ~ 110,00 €). Der hier ermittelte Betrag der Ersatzleistungen nach § 3 Abs. 2 Satz 2 AsylbLG für die Regelbedarfsstufe 3 weicht von dem Satz der Länder um einen Euro nach oben ab. 120

---

[199] RBSFV 2013 vom 18.10.2012, BGBl I 2012, 2173
[200] Zur Fortschreibung der Werte aus § 3 AsylbLG vgl. BVerfG v. 18.07.2012 - 1 BvL 10/10, 1 BvL 2/11 - juris Rn. 110.
[201] BVerfG v. 18.07.2012 - 1 BvL 10/10, 1 BvL 2/11 - juris Rn. 107.

121 Bei den Sätzen für die **Regelbedarfsstufen 4 und 5** ist die Bestandsschutzregel des § 8 Abs. 2 RBEG ab 01.01.2013 nicht mehr einschlägig, weil die Fortschreibung der (fiktiv) berechneten Leistungssätze aus dem Jahr 2012 (Regelbedarfsstufe 4: 189,00 € bzw. 79,00 €; Regelbedarfsstufe 5: 151,00 € bzw. 86,00 €) zu höheren Leistungsansprüchen führt. Die Werte nach § 3 Abs. 2 Satz 2 AsylbLG und § 3 Abs. 1 Satz 4 AsylbLG betragen für die Regelbedarfsstufe 4 **193,00 €** (189,00 € x 1,0266 = 193,27 € ~ 193,00 €) und **81,00 €** (79,00 € x 1,0226 = 80,79 € ~ 81,00 €) sowie für die Regelbedarfsstufe 5 **154,00 €** (151,00 x 1,0266 = 154,41 € ~ 154,00 €) und **88,00 €** (86,00 € x 1,0226 = 87,94 € ~ 88,00 €).

122 Die Sätze nach § 3 Abs. 2 Satz 2 AsylbLG und § 3 Abs. 1 Satz 4 AsylbLG für die **Regelbedarfsstufe 6** betragen nach der Fortschreibung im Jahr 2013 **130,00 €** (127,00 € x 1,0226 = 129,87 € ~ 130,00 €) und **80,00 €** (78,00 € x 1,0226 = 79,76 € ~ 80,00 €).

ee. Leistungsbeträge für das Jahr 2014

123 Die bundesweit einheitlichen Sätze der Länder für das Jahr 2014 sind rechnerisch nicht zu beanstanden.[202]

Bundesweit einheitliche Sätze nach § 3 AsylbLG (2014)			
Quelle: Land Rheinland-Pfalz, Ministerium für Integration, Familie, Kinder, Jugend und Frauen, Anlage 1 des 4. Rundschreiben zum AsylbLG vom 24.10.2013 – Az.: 78 008:724 (http://mifkjf.rlp.de/fileadmin/mifkjf/Integration/Bilder/Anlage_1_zu_4._RS_AsylbLG_vom_24.10.2013_01.pdf, abgerufen am 15.04.2014)			
Grundlage: Regelbedarfsstufen (RS) nach § 8 RBEG	Ersatzleistungen nach § 3 Abs. 2 Satz 2 AsylbLG in €	Geldbetrag nach § 3 Abs. 1 Satz 4 AsylbLG, sog. Taschengeld in €	Leistungen nach § 3 AsylbLG **Gesamt in €**
RS 1: Alleinstehende oder alleinerziehende Erwachsene	222	140	362
RS 2: Ehe- bzw. Lebenspartner	200	126	326
RS 3: haushaltsangehörige Erwachsene	178	112	290
RS 4: Kinder von Beginn des 15. bis zur Vollendung des 18. Lebensjahres	197	83	280
RS 5: Kinder von Beginn des 7. bis zur Vollendung des 14. Lebensjahres	157	90	247
RS 6: Kinder bis zur Vollendung des 6. Lebensjahres	133	82	215

124 Für die **Anpassung zum 01.01.2014** sind die Leistungssätze nach § 3 AsylbLG entsprechend der Veränderungsrate von **2,27%** nach § 28a Abs. 2 SGB XII, § 40 SGB XII i.V.m. § 1 der Verordnung zur Bestimmung des für die Fortschreibung der Regelbedarfsstufen maßgeblichen Vomhundertsatzes sowie zur Ergänzung der Anlage zu § 28 SGB XII für das Jahr 2013 (RBSFV 2014)[203] anzupassen.[204] Die so fortgeschriebenen Summen sind nach § 28 Absatz 4 Satz 5 SGB XII zu runden.

125 Die Werte nach § 3 Abs. 2 Satz 2 AsylbLG und § 3 Abs. 1 Satz 4 AsylbLG für die **Regelbedarfsstufe 1** betragen 2014 nach dieser Fortschreibung **222,00 €** (217,00 € x 1,0227 = 221,92 € ~ 222,00 €) und **140,00 €** (137,00 € x 1,0227 = 140,11 € ~ 140,00 €).

---

[202] A.A. *Schwabe*, ZfF 2014, 1, 17.
[203] RBSFV 2014 vom 15.10.2013 BGBl. I 2013,3856.
[204] Zur Fortschreibung der Werte aus § 3 AsylbLG vgl. BVerfG v. 18.07.2012 - 1 BvL 10/10, 1 BvL 2/11 - juris Rn. 110.

Die Werte für die **Regelbedarfsstufen 2 und 3** werden von den jeweils geltenden Beträgen der Regelbedarfsstufe 1 (90% bzw. 80%) abgeleitet.[205] Für die Regelbedarfsstufe 2 ergeben sich damit gerundete Werte nach § 3 Abs. 2 Satz 2 AsylbLG und § 3 Abs. 1 Satz 4 AsylbLG von **200,00 €** (222,00 € x 0,9 = 199,80 € ~ 200,00 €) und **126,00 €** (140,00 € x 0,9 = 126,00 €) und für die Regelbedarfsstufe 3 gerundete Werte von **178,00 €** (222,00 € x 0,8 = 177,60 € ~ 178,00 €) bzw. **112,00 €** (140,00 € x 0,8 = 112,00 €). 126

Die Werte nach § 3 Abs. 2 Satz 2 AsylbLG und § 3 Abs. 1 Satz 4 AsylbLG für die **Regelbedarfsstufe 4** betragen nach der Anpassung zum 01.01.2014 **197,00 €** (193,00 € x 1,0227 = 197,38 € ~ 197,00 €) und **83,00 €** (81,00 € x 1,0227 = 82,84 € ~ 83,00 €). 127

Die entsprechenden Werte für die **Regelbedarfsstufe 5** belaufen sich nach dieser Fortschreibung auf **157,00 €** (154,00 € x 1,0227 = 157,49 € ~ 157,00 €) und **90,00 €** (88,00 € x 1,0227 = 90,00 €). 128

Die Sätze nach § 3 Abs. 2 Satz 2 AsylbLG und § 3 Abs. 1 Satz 4 AsylbLG für die **Regelbedarfsstufe 6** betragen nach der Fortschreibung im Jahr 2013 **133,00 €** (130,00 x 1,0227 = 132,95 € ~ 133,00 €) und **82,00 €** (80,00 € x 1,0227 = 81,82 € ~ 82,00 €) 129

c. Kosten für Unterkunft, Heizung und Hausrat (Satz 2)

aa. Unterkunft (Mietwohnung)

Der in der Praxis sehr relevante Anspruch auf Übernahme von Unterkunftskosten gem. § 3 Abs. 2 Satz 2 AsylbLG betrifft regelmäßig die **Anmietung privaten Wohnraums** durch Leistungsberechtigte nach den §§ 1, 3 AsylbLG, die außerhalb einer Gemeinschaftsunterkunft oder sonstigen staatlichen oder kommunalen Einrichtungen in einer Privatwohnung leben bzw. leben möchten. 130

Die leistungsrechtliche Frage der Kostenübernahme nach § 3 Abs. 2 Satz 2 AsylbLG ist von der Frage ggf. bestehender ausländerrechtlicher **Auflagen über die Wohnsitz- bzw. Wohnungnahme** (vgl. § 60 Abs. 2 Satz 1 AsylVfG, §§ 61 Abs. 1, 12 Abs. 2 Satz 2 AufenthG) zu trennen (vgl. hierzu auch Rn. 18 ff.).[206] Soweit der Leistungsberechtigte ausländerrechtlich nicht durch Auflagen verpflichtet ist, in einem bestimmten Wohnraum (z.B. in einer Gemeinschaftsunterkunft) zu leben, bleibt es ihm (ordnungsrechtlich) unbenommen, in einer privaten Mietwohnung zu wohnen.[207] Da § 3 Abs. 1 Satz 1 AsylbLG grundsätzlich nur einen Sachleistungsanspruch auf Unterbringung in adäquaten Wohnraum einräumt,[208] kann die Übernahme der einhergehenden Mietkosten nach § 3 Abs. 2 Satz 2 AsylbLG jedoch nur verlangt werden, wenn die Übernahme der Unterkunftskosten unter Berücksichtigung der Besonderheiten des Einzelfalls einer **ermessensfehlerfreien Entscheidung der Behörde** entspricht. Das Abweichen vom Sachleistungsprinzip muss bei der Deckung des notwendigen Bedarfs an Unterkunft tatbestandlich nicht nach den Umständen erforderlich i.S.d. § 3 Abs. 2 Satz 1 AsylbLG sein (str., vgl. Rn. 91 ff.).[209] 131

Die Ermessensentscheidung ergeht wegen des Vorrangs der Sachleistungsgewährung nach § 3 Abs. 1 Satz 1 AsylbLG im Regelfall als gebundene (i.S.e. Soll-Vorschrift);[210] nur bei **Vorliegen atypischer Sachverhalte** kann von einer der Leistungsbehörde möglichen Sachleistungsgewährung abgesehen werden.[211] Bei dieser Entscheidung sind ausländerrechtliche Auflagen zur Wohnung- bzw. Wohnsitz- 132

---

[205] BVerfG v. 18.07.2012 - 1 BvL 10/10, 1 BvL 2/11 - juris Rn. 107.

[206] Vgl. LSG Nordrhein-Westfalen v. 27.01.2012 - L 20 AY 140/11 B - juris Rn. 22; vgl. auch VG Aachen v. 28.11.2005 - 6 L 823/05 - juris Rn. 4 ff., 7; *Wahrendorf* in: Grube/Wahrendorf, SGB XII, § 3 AsylbLG Rn. 30; a.A. wohl LSG Sachsen v. 23.10.2008 - L 7 B 547/08 AY/ER - juris Rn. 12 ff.

[207] OVG Niedersachsen v. 19.04.1996 - 4 M 625/96 - juris Rn. 15 ff. - NVwZ-Beil. 1996, 86, 87; VG Düsseldorf v. 09.11.2009 - 23 K 4949/08 - juris Rn. 57.

[208] Vgl. *Hohm* in: Schellhorn/Schellhorn/Hohm, SGB XII, § 3 AsylbLG Rn. 12.

[209] VG München v. 02.10.2000 - M 6a E 00.3846 - juris Rn. 46; *Decker* in: Oestreicher, SGB XII/SGB II, § 3 AsylbLG Rn. 9; *Fasselt* in: Fichtner/Wenzel, SGB XII/AsylbLG, § 3 AsylbLG Rn. 5; so wohl auch Sächsisches LSG v. 15.12.2010 - L 7 AY 9/09 B ER - juris Rn. 23-25; a.A. OVG Nordrhein-Westfalen v. 24.04.1998 - 24 B 515/98 - juris Rn. 21; LSG Nordrhein-Westfalen v. 20.03.2008 - L 20 B 11/08 AY - juris Rn. 6 - SAR 2008, 56; *Hohm* in: AsylbLG, Rn. 44; *Adolph* in: Linhart/Adolph/Gröschel-Gundermann, SGB II/SGB XII/ AsylbLG, § 3 AsylbLG Rn. 52.

[210] Vgl. BT-Drs. 12/4451, S. 8 f.; vgl. auch Art. 4 Abs. 1 AufnG BY; so schon *Scheurer*, InfAuslR 1994, 265, 267.

[211] VG Düsseldorf v. 09.11.2009 - 23 K 4949/08 - juris Rn. 58; vgl. auch VG München v. 02.10.2000 - M 6a E 00.3846 - juris Rn. 46; im Ergebnis ebenso LSG Nordrhein-Westfalen v. 15.04.2013 - L 20 AY 112/12 B - juris Rn. 8; *Wahrendorf* in: Grube/Wahrendorf, SGB XII, § 3 AsylbLG Rn. 22; ähnlich *Decker* in: Oestreicher, SGB XII/SGB II, § 3 AsylbLG Rn. 9; *Scheurer*, InfAuslR 1994, 265, 267.

§ 3 AsylbLG   jurisPK-SGB XII / Frerichs

nahme (vgl. § 60 Abs. 2 Satz 1 AsylVfG, §§ 61 Abs. 1 Satz 2, 12 Abs. 2 Satz 2 AufenthG), bei Asylbewerbern die asylverfahrensrechtlichen Vorschriften über die Unterbringung (§§ 47, 53 AsylVfG) und die persönlichen Belange des Ausländers zu berücksichtigen.

133 Steht eine **asyl- oder aufenthaltsrechtliche Auflage** der Wohnungnahme bzw. einem bereits bestehenden Mietverhältnis entgegen, scheidet die Übernahme von Mietkosten nach § 3 Abs. 2 Satz 2 AsylbLG in aller Regel aus.[212] Gegen eine Kostenübernahme spricht es auch, wenn durch die Unterbringung in einer Mietwohnung **Mehrkosten gegenüber der Unterbringung in einer Gemeinschaftsunterkunft** entstehen (vgl. auch § 53 Abs. 2 Satz 1 AsylVfG).[213]

134 **Sozialhilferechtlich unangemessene Unterkunftskosten** i.S.d. § 35 Abs. 2 SGB XII bzw. § 22 Abs. 1 SGB II sind nicht zu übernehmen, allenfalls bis zum erstmöglichen Kündigungstermin eines bestehenden Mietverhältnisses.[214] Dem Leistungsberechtigten steht die Übergangsfrist i.S.d. § 35 Abs. 2 Satz 2 SGB XII nicht zu;[215] ein entsprechendes Kostensenkungsverfahren (vgl. § 35 Abs. 2 Sätze 3, 4 SGB XII) sieht § 3 AsylbLG nicht vor. Mit dem Sachleistungsanspruch des Betroffenen korrespondiert insoweit die Pflicht des Leistungsträgers aus § 3 AsylbLG, adäquaten Wohnraum als Sach- oder Ersatzleistung zur Verfügung zu stellen.[216] Wird der Leistungsträger dieser Pflicht gerecht (Angebot einer geeigneten Unterkunft), kann der Leistungsberechtigte die Erstattung anderweitiger Unterkunftskosten nicht gem. § 3 Abs. 2 Satz 2 AsylbLG beanspruchen;[217] es gilt – anders als im Leistungsrecht nach dem SGB II[218] oder SGB XII – das sog. **„Alles-oder-Nichts-Prinzip"**.[219]

135 **Atypische**, ein Abweichen vom Sachleistungsprinzip nach § 3 Abs. 1 Satz 1 AsylbLG rechtfertigende **Sachverhalte** können sich aus subjektiven Umständen, also aufgrund in der Person des Leistungsberechtigten liegenden Besonderheiten, ergeben. Maßgeblich sind **insb. gesundheitliche Beeinträchtigungen** (z.B. aufgrund psychischer Erkrankungen)[220] oder familiäre Umstände, die der Deckung des Bedarfs durch die von der Behörde vorgehaltenen Wohnräume (Sachleistung) entgegenstehen. **Familiäre Gründe** können für die Übernahme von Kosten einer Mietwohnung nach § 3 Abs. 2 Satz 2 AsylbLG sprechen, wenn den **Grundbedürfnissen einer Familie, insb. mit schulpflichtigen Kindern**, in einer Gemeinschaftsunterkunft i.S.d. § 53 AsylVfG oder in von der Behörde vorgehaltenem Wohnraum auf Dauer nicht entsprochen werden kann, weil etwa erforderliche Rückzugsmöglichkeiten für Schularbeiten und die Wahrung der Intimsphäre nicht vorhanden sind.[221] Für eine Übernahme von Unterkunftskosten wegen einer bereits bezogenen Mietwohnung kann auch eine **zeitnah eintretende Leistungsprivilegierung** sprechen, z.B. wenn eine Leistungsberechtigung nach § 2 Abs. 1 AsylbLG unmittelbar bevorsteht. Bei **Erwerbstätigkeit** und ergänzendem Leistungsbezug nach § 3 AsylbLG (z.B. für Familienangehörige) spricht die Nähe zum Arbeitsplatz für eine Kostenübernahme,[222] ebenso erstmaliger Grundleistungsbezug nach langjähriger Erwerbstätigkeit bei rechtmäßigem Aufenthalt (insb. bei Inhabern einer Aufenthaltserlaubnis nach § 25 Abs. 5 AufenthG).[223] Von maßgeblicher Bedeutung sind die **bisherige und voraussichtliche Aufenthaltsdauer** des Ausländers in Deutschland und bereits erzielte **Integrationserfolge**, insb. wenn die von der Leistungsbehörde vorgehaltene Unterkunft für einen bloß vorübergehenden Aufenthalt ausgelegt ist (z.B. Übergangswohnheim, Obdach-

---

[212] LSG Niedersachsen-Bremen v. 23.10.2008 - L 11 AY 111/08 ER, L 11 B 35/08 AY - juris Rn. 17; vgl. auch VG Düsseldorf v. 09.11.2009 - 23 K 4949/08 - juris Rn. 55; *Wahrendorf* in: Grube/Wahrendorf, SGB XII, § 3 AsylbLG Rn. 21.

[213] Vgl. VG Aachen v. 28.11.2005 - 6 L 823/05 - juris Rn. 16; VG München v. 18.12.2003 - M 15 K 02.5494.

[214] Vgl. auch *Herbst* in: Mergler/Zink, SGB XII/AsylbLG, § 3 AsylbLG Rn. 36 m.w.N.

[215] Vgl. *Fasselt* in: Fichtner/Wenzel, SGB XII/AsylbLG, § 3 AsylbLG Rn. 5.

[216] Vgl. auch *Wahrendorf* in: Grube/Wahrendorf, SGB XII, § 3 AsylbLG Rn. 23; *Herbst* in: Mergler/Zink, SGB XII/AsylbLG, § 3 AsylbLG Rn. 36.

[217] So auch *Wahrendorf* in: Grube/Wahrendorf, SGB XII, § 3 AsylbLG Rn. 13 m.w.N.

[218] Vgl. BSG v. 07.11.2006 - B 7b AS 10/06 R - juris Rn. 25 - SozR 4-4200 § 22 Nr. 2 (zu § 22 Abs. 1 SGB II); a.A. noch BVerwG v. 30.05.1996 - 5 C 14/95 - juris Rn. 11 - BVerwGE 101, 194 (zu § 12 Abs. 1 Satz 1 BSHG, § 3 Abs. 1 Satz 1 RegelsatzVO).

[219] Vgl. LSG Niedersachsen-Bremen v. 11.10.2006 - L 7 AY 10/06 ER - juris Rn. 24 - SAR 2006, 130.

[220] Vgl. *Hohm* in: AsylbLG, § 4 Rn. 85; LSG Niedersachsen-Bremen v. 11.10.2006 - L 7 AY 10/06 ER - juris Rn. 25 - SAR 2006, 130 ff.; vgl. insb. VG Düsseldorf v. 09.11.2009 - 23 K 4949/08 - juris Rn. 74 ff.; Sächsisches LSG v. 15.12.2010 - L 7 AY 9/09 B ER - juris Rn. 25.

[221] Vgl. OVG Niedersachsen v. 04.12.2003 - 4 ME 476/03 - juris Rn. 4.

[222] Ebenso *Fasselt* in: Fichtner/Wenzel, SGB XII/AsylbLG, § 3 AsylbLG Rn. 5.

[223] Vgl. auch *Rothkegel*, ZFSH/SGB 2005, 391, 399 f.

losenunterkunft etc.).Sind im gleichen Haushalt lebende Familienangehörige i.S.d. § 1 Abs. 1 Nr. 5 AsylbLG leistungsberechtigt nach dem SGB II oder dem SGB XII (**gemischte Bedarfsgemeinschaft**), scheidet eine Sachleistungsgewährung zur Deckung des notwendigen Bedarfs an Unterkunft und Heizung wegen des grundgesetzlichen Schutzes von Ehe und Familie (Art. 6 Abs. 1 GG) regelmäßig aus. Es besteht dann für die Grundleistungsberechtigten ein Anspruch auf Übernahme der nach § 22 SGB II bzw. § 35 SGB XII angemessenen Aufwendungen (anteilig) für eine (privat angemietete) Wohnung gem. § 3 Abs. 2 Sätze 1, 2 AsylbLG (Ermessensreduzierung auf Null).[224]

Mit der Anmietung von Wohnraum einhergehende Kosten (z.B. **Umzugskosten, Mietkaution, Maklerprovision etc.**) sind nicht nach § 3 Abs. 2 Sätze 1, 2 AsylbLG erstattungsfähig, da sie begrifflich nicht als (notwendige) Unterkunftskosten anzusehen sind (vgl. auch § 35 Abs. 2 Satz 5 SGB XII) und § 22 Abs. 4 SGB II)).[225] **Ausnahmsweise** kann aber eine Übernahme dieser Kosten nach **§ 6 Abs. 1 Satz 1 AsylbLG** als sonstige Leistungen in Betracht kommen,[226] etwa bei einem behördlich veranlassten Umzug, bei einer gemischten Bedarfsgemeinschaft (s.o.) oder drohender Obdachlosigkeit ohne Unterkunftsalternative.[227]

136

bb. Heizung

Die Frage der Ermittlung des notwendigen Bedarfs an Heizung in der Praxis ist in Rechtsprechung und Literatur weitestgehend unbeantwortet. Der unbestimmte Rechtsbegriff des notwendigen Bedarfs an Heizung i.S.d. § 3 AsylbLG ist zwar begrifflich „geringer" als der Bedarf, der durch die Erstattung der angemessenen Kosten für Heizung i.S.d. § 22 Abs. 1 SGB II bzw. § 35 Abs. 4 SGB XII zu decken ist.[228] Der Begriff kann aber nicht so verstanden werden, dass allein der Bedarf an Heizung ohne drohende Gesundheitsschädigung des Leistungsberechtigten zu decken wäre. Durch die Leistungen nach § 3 AsylbLG müssen vielmehr **zum Wohnen geeignete Temperaturverhältnisse** sichergestellt sein, so dass sich das Leistungsniveau nach § 3 AsylbLG im Ergebnis nicht von demjenigen nach dem SGB II oder SGB XII unterscheidet.

137

Mit der im Einzelfall gebotenen Ermittlung des notwendigen Bedarfs an Heizung gehen damit die gleichen Schwierigkeiten wie im Leistungsrecht nach dem SGB II und dem SGB XII einher.[229] Unangemessene **Kosten i.S.d. § 22 Abs. 1 SGB II bzw. § 35 Abs. 4 SGB XII** sind jedoch auch nach § 3 Abs. 2 Satz 2 AsylbLG nicht erstattungsfähig (Obergrenze).[230]

138

cc. Hausrat

Die **Kostenübernahme für Hausrat** nach § 3 Abs. 2 Satz 2 AsylbLG setzt voraus, dass ein Abweichen vom Sachleistungsprinzip i.S.d. § 3 Abs. 1 Satz 1 AsylbLG nach den Umständen erforderlich ist, § 3 Abs. 2 Satz 1 AsylbLG. Kann der Bedarf von der Leistungsbehörde durch Sachleistungen – auch leihweise gem. § 3 Abs. 2 Satz 3 AsylbLG i.V.m. § 3 Abs. 1 Satz 3 AsylbLG – gedeckt werden, scheidet ein hierauf gerichteter Anspruch gem. § 3 Abs. 2 Satz 2 AsylbLG bereits tatbestandlich aus.

139

Der **Begriff des Hausrats** i.S.d. § 3 Abs. 2 Satz 2 AsylbLG überschneidet sich inhaltlich mit dem Begriff der Gebrauchsgüter des Haushalts i.S.d. § 3 Abs. 1 Satz 1 AsylbLG. In der Begründung des Gesetzesentwurfs vom 02.03.1993 wird insoweit zwischen Hausrat einerseits und Bettwäsche, Handtücher etc. andererseits unterschieden.[231] Der Begriff des Hausrats umfasst somit vornehmlich **Haus-**

140

---

[224] LSG Nordrhein-Westfalen v. 08.07.2008 - L 20 B 49/08 SO ER - juris Rn. 45; vgl. auch LSG Nordrhein-Westfalen v. 20.03.2008 - L 20 B 11/08 AY - juris Rn. 6 ff.; *Wahrendorf* in: Grube/Wahrendorf, SGB XII, § 3 AsylbLG Rn. 24; *Herbst* in: Mergler/Zink, SGB XII/AsylbLG, § 3 AsylbLG Rn. 19, 35; abweichend LSG Niedersachsen-Bremen v. 23.10.2008 - L 11 AY 111/08 ER, L 11 B 35/08 AY - juris Rn. 19 f. (im Falle einer geduldeten Ausländerin unmittelbar nach Geburt ihres Kindes deutscher Staatsangehörigkeit bei Verstoß gegen eine bestehende Wohnsitzauflage).
[225] SG Hamburg v. 17.11.2005 - S 62 AY 37/05 ER - juris Rn. 3; vgl. auch VG München v. 18.12.2003 - M 15 K 02.5494 - juris Rn. 42 ff.
[226] SG Hamburg v. 17.11.2005 - S 62 AY 37/05 ER - juris Rn. 4.
[227] Vgl. VG München v. 18.12.2003 - M 15 K 02.5494 - juris Rn. 45.
[228] Vgl. auch *Hohm* in: AsylbLG, § 3 Rn. 146.
[229] Vgl. etwa BSG v. 13.04.2011 - B 14 AS 32/09 R - juris Rn. 38; BSG v. 02.07.2009 - B 14 AS 36/08 R - juris Rn. 15 ff. - SozR 4-4200 § 22 Nr. 23; *Neunaber*, jurisPR-SozR 26/2009, Anm. 1.
[230] *Hohm* in: AsylbLG, § 3 Rn. 146.
[231] BT-Drs. 12/4451, S. 8.

haltsgegenstände mit größerem Anschaffungswert (Betten, Stühle, Tische, Schränke, Waschmaschine, Kühlschrank usw.) und nicht Gebrauchsgüter des Haushalts (Bettwäsche, Handtücher, Kochgeschirr etc.).[232]

141 Anders als nach § 24 Abs. 3 Satz 1 Nr. 1 SGB II bzw. § 31 Abs. 1 Nr. 1 SGB XII sind Leistungen nicht nur für Erstausstattungen, sondern auch zur **Deckung laufenden Ergänzungsbedarfs** zu erbringen.

142 Bei einer **dezentralen Unterbringung** können weitere Haushaltsgegenstände (z.B. Kühlschrank, Waschmaschine, Wäschetrockner etc.) vom notwendigen Bedarf an Hausrat umfasst sein (vgl. hierzu auch Rn. 77).

143 In der Rechtsfolge hat die Behörde nach pflichtgemäßem **(Auswahl-)Ermessen** das **Rangverhältnis** der möglichen Ersatzleistungen i.S.d. § 3 Abs. 1 Satz 1 AsylbLG zu beachten (vgl. Rn. 95 ff.). Ein Wertgutscheinsystem (z.B. bei der Zusammenarbeit mit freien Wohlfahrtsträgern) hat Vorrang gegenüber einer Kostenübernahme durch Geldleistungen.

d. Mischformen der Leistungsgewährung

144 Wegen des grundsätzlichen Vorrangs der Sachleistungsgewährung nach § 3 Abs. 1 Satz 1 AsylbLG kann die Deckung des notwendigen Bedarfs durch die Gewährung sowohl von Sachleistungen nach § 3 Abs. 1 AsylbLG als auch von Ersatzleistungen nach § 3 Abs. 2 Sätze 1, 2 AsylbLG erfolgen.[233] Ein typischer Anwendungsfall liegt bei der Unterbringung eines Leistungsberechtigten in einer Einrichtung vor, in der einzelne Bedarfspositionen durch den Träger der Einrichtung gedeckt werden (z.B. Gebrauchs- und Verbrauchsgüter des Haushalts, insb. Haushaltsstrom, Kleidung, Gegenstände der Gesundheits- und Körperpflege). In diesen Fällen ist eine **wertmäßige (anteilige) Kürzung der pauschalierten Ersatzleistungen** nach § 3 Abs. 2 Satz 2 AsylbLG dem Grunde nach rechtmäßig.[234]

145 Zur **Bestimmung der Kürzungsbeträge** kann auf die **Einzelbeträge der Abteilungen** der EVS für die jeweilige Regelbedarfsstufe zurückgegriffen werden.[235] Diese Werte stellen aber keine (konkreten) Berechnungspositionen dar,[236] anhand derer die rechtmäßige Höhe des verbliebenen Teils der Ersatzleistungen nach § 3 Abs. 2 Satz 3 AsylbLG exakt bestimmt werden könnte. Sie können wegen des Pauschalcharakters des Regelsatzes bzw. des Regelbedarfes **nur als Orientierungshilfe** dienen. Durch die Gewährung auch nur eines Teils der Ersatzleistungen muss eine gewisse **Disponibilität** gewährleistet sein, dass der Leistungsberechtigte durch die eigenverantwortliche Verwendung der pauschalierten Leistung einen gegenüber dem statistisch ermittelten Durchschnittsbetrag höheren Bedarf in einem Lebensbereich durch geringere Ausgaben in einem anderen Lebensbereich ausgleichen kann.[237] Daraus folgt, dass allenfalls eine Kürzung der Ersatzleistungen um einzelne Bedarfspositionen, die durch Sachleistungen gedeckt werden, zulässig ist.[238] Erfolgt eine Bedarfsdeckung dagegen überwiegend durch Sachleistungen und sollen nur einzelne Bedarfspositionen durch Ersatzleistungen nach § 3 Abs. 2 Satz 2 AsylbLG gedeckt werden (z.B. nur die Bedarfe für Bekleidung und Schuhe aus Abteilung 3), sind die Abzüge unter Berücksichtigung der Besonderheiten des Einzelfalls **realistisch zu schätzen** (§ 287 ZPO in entsprechender Anwendung).[239] Zweifel gehen dabei zu Lasten der Behörde. Liegt ein unabweisbarer Bedarf vor (z.B. Winterschuhe), der nicht durch die Ansparung von vo-

---

[232] *Goldmann/Schwabe*, Praxishandbuch zum Asylbewerberleistungsgesetz, 1. Aufl. 1999, S. 124; a.A. *Hohm* in: AsylbLG, § 3 Rn. 147 (Bettzeug).

[233] Instruktiv SG Hildesheim v. 01.02.2012 - S 42 AY 177/10 ER - juris Rn. 79 ff.

[234] BVerfG v. 18.07.2012 - 1 BvL 10/10, 1 BvL 2/11 - juris Rn. 109; SG Hildesheim v. 01.02.2012 - S 42 AY 177/10 ER - juris Rn. 83; VG München v. 02.10.2000 - M 6a E 00.3846 (Kleidung); VG Düsseldorf v. 10.06.2002 - 13 L 1459/02; *Hohm* in: AsylbLG, § 3 Rn. 148; vgl. auch *Goldmann/Schwabe*, Praxishandbuch zum Asylbewerberleistungsgesetz, 1. Aufl. 1999, S. 113-116.

[235] Vgl. im Einzelnen die Darstellungen von *Schwabe*, ZfF 2012, 1 ff.; *Schwabe*, ZfF 2013, 1 ff.; *Schwabe*, ZfF 2014, 1 ff.; *Hohm* in: AsylbLG, § 3 Rn. 85 ff.

[236] BVerfG v. 09.02.2010 - BvL 1/09, 1 BvL 3/09, 1 BvL 4/09 - juris Rn. 205; vgl. auch BT-Drs. 17/6833, S. 4.

[237] Vgl. allgemein zum Statistikmodell: BVerfG v. 09.02.2010 - 1 BvL 1/09, 1 BvL 3/09, 1 BvL 4/09 - juris Rn. 205; BSG v. 12.07.2012 - B 14 AS 153/11 R - juris Rn. 60; BSG v. 28.03.2013 - B 4 AS 12/12 R - juris Rn. 24; BSG v. 28.03.2013 - B 4 AS 47/12 R - juris Rn. 18.

[238] So geschehen durch die Übergangsregelung des BVerfG v. 18.02.2012 - 1 BvL 10/10, 1 BvL 2/11 - juris Rn. 104 durch den Abzug des Wertes für die Gebrauchsgüter des Haushalts (Abteilung 5).

[239] So auch *Deibel*, ZSFH SGB 2012, 582, 590; vgl. auch BSG v. 09.06.2011 - B 8 AY 1/10 - juris Rn. 17; zur Rechtslage bis 31.12.2010 vgl. auch *Röseler/Meyer* in: Huber, Handbuch des Ausländer- und Asylrechts (vergriffen), § 3 AsylbLG Rn. 15; vgl. auch VGH München v. 11.04.1994 - 12 CE 94.707 - juris Rn. 21 f. - NVwZ-Beilage 1994, 36, 37 (zu § 2 AsylbLG i.V.m. BSHG).

rangegangenen Leistungen gedeckt werden kann, ist ggf. eine gesonderte Sachleistungsgewährung nach § 3 Abs. 1 Satz 1 AsylbLG angezeigt oder eine zusätzliche Leistungsgewährung nach § 6 Abs. 1 Satz 1 AsylbLG. Hinsichtlich der Rechtslage bis 31.12.2010 wird auf die Kommentierung in der Vorauflage verwiesen.[240]

VII. Neufestsetzung der Leistungsbeträge (Absatz 3)

§ 3 Abs. 3 Satz 1 AsylbLG enthält eine **Verordnungsermächtigung zur Neufestsetzung der Beträge** des § 3 Abs. 1 Satz 4 AsylbLG (Barbetrag, früher „Taschengeld" genannt) und des § 3 Abs. 2 Satz 2 AsylbLG (Wert der Ersatzleistungen). Die Vorschrift ist spätestens seit der Entscheidung des BVerfG vom 18.07.2012 gegenstandslos, weil eine jährliche Anpassung der o.g. Werte nach der Übergangsregelung des BVerfG in entsprechender Anwendung des RBEG erfolgt.[241] 146

§ 3 Abs. 3 Satz 2 AsylbLG beinhaltet eine Begrenzung der in den Jahren 1994 bis 1996 zwar möglichen, aber nicht erfolgten Neufestsetzung der Leistungsbeträge nach § 3 Abs. 1 Satz 4, Abs. 2 Satz 2 AsylbLG. Die Regelung ist mittlerweile ebenfalls bedeutungslos. 147

VIII. Erbringung von Geld- bzw. Ersatzleistungen (Absatz 4)

Leistungen in Geld oder Geldeswert, also der Taschengeldbetrag nach § 3 Abs. 1 Sätze 4, 5 AsylbLG sowie die Ersatzleistungen nach § 3 Abs. 2 AsylbLG, sollen **persönlich ausgehändigt** werden. Ausnahmsweise, etwa aus Gründen verwaltungsorganisatorischer Schwierigkeiten, erfolgt die Leistungsgewährung **bargeldlos** (z.B. per Überweisung). Die Regelung soll in erster Linie die Weitergabe der Leistungen an Unbefugte verhindern.[242] 148

Über die **Einzelheiten der Leistungserbringung** (Turnus, Ort und Uhrzeit, Auswahl zur Entgegennahme berechtigter Haushaltsangehöriger etc.) entscheidet die Behörde nach pflichtgemäßem **Ermessen**, wobei insbesondere die Entfernung der Unterkunft zur Dienststelle zu berücksichtigen ist.[243] Unzulässig bzw. ermessensfehlerhaft ist es, die Art und Weise der Leistungserbringung zur Durchsetzung ausländerrechtlicher Pflichten (z.B. Anwesenheits- oder Meldepflichten) zu instrumentalisieren.[244] 149

IX. Rechtstatsachen

Eine sehr **detaillierte Darstellung der Leistungsgewährung in der Praxis**, insbesondere aufgeschlüsselt nach Sach- oder Geldleistung sowie der Unterbringung in Einrichtungen oder privatem Wohnraum, erfolgte seitens der Bundesregierung im April 2008 (letzter Stand: 31.12.2006).[245] Danach erhielten Ende 2006 von insgesamt 140.650 Grundleistungsempfängern 69.504 Sachleistungen nach § 3 Abs. 1 AsylbLG und 30.998 Wertgutscheine nach § 3 Abs. 2 Satz 1 AsylbLG; 103.454 Leistungsberechtigten wurden auch Geldleistungen gewährt. Von den Grundleistungsempfängern waren Ende 2006 15.646 in Aufnahmeeinrichtungen, 51.365 in Gemeinschaftsunterkünften und 73.639 dezentral untergebracht. 150

Die Erbringung von Grundleistungen nach § 3 AsylbLG erfolgt **in den Bundesländern uneinheitlich**. Nach den Angaben der Bundesregierung im April 2008[246] werden in Hamburg keine Wertgutscheine als Ersatzleistungen nach § 3 Abs. 2 AsylbLG gewährt. Auch in Schleswig-Holstein ist die Aushändigung von Wertgutscheinen wegen des einhergehenden Verwaltungsaufwands der Ausnahmefall; die Ersatzleistungen werden in Geld gewährt.[247] In Berlin ist Grundleistungsempfängern nach den §§ 1, 3 AsylbLG das Anmieten einer sozialhilferechtlich angemessenen Wohnung grundsätzlich gestattet.[248] In Hessen erfolgt die Unterbringung von Familien weitgehend in Privatunterkünften.[249] Im Übrigen ist die Unterbringung von Grundleistungsempfängern in Gemeinschaftsunterkünften der Regelfall.[250] 151

---

[240] Frerichs in: jurisPK-SGB XII, 1. Aufl. 2011, § 3 AsylbLG Rn. 114 f.
[241] BVerfG v. 18.07.2012 - 1 BvL 10/10, 1 BvL 2/11 - juris Rn. 110.
[242] BT-Drs. 12/4451, S. 9.
[243] VG Magdeburg v. 20.01.2003 - 6 A 672/02 MD - juris Rn. 20 ff.; vgl. hierzu Hohm in: AsylbLG, § 3 Rn. 169 ff.
[244] Vgl. VG Magdeburg v. 20.01.2003 - 6 A 672/02 MD - juris Rn. 22 ff., 24; Hohm in: AsylbLG, § 3 Rn. 180; Decker in: Oestreicher SGB XII/SGB II, § 3 AsylbLG Rn. 27.
[245] BT-Drs. 16/9018, S. 8 ff., 42 ff. (Anhänge 4, 5).
[246] BT-Drs. 16/9018, S. 8 ff., 42 ff. (Anhänge 4, 5).
[247] SH-LT-Drs. 16/812, S. 3 f.
[248] Vgl. für Berlin: AV Wohn-AsylbLG, ABl. 2006, 266, 3395.
[249] BT Drs. 16/9018, S. 9.
[250] Vgl. BT-Drs. 16/9018, S. 8-11.

§ 3 AsylbLG

152 Einzelheiten über die leistungsberechtigten Personen (Geschlecht, Staatsangehörigkeit, Unterbringung, Hilfearten) und die Ausgaben der Länder veröffentlicht auch das **Statistische Bundesamt**.[251]

C. Praxishinweise

153 Für die Leistungsgewährung nach § 3 AsylbLG existiert **kein an die Erfordernisse des AsylbLG ausgerichtetes Verfahrensrecht**. § 9 Abs. 3 AsylbLG verweist insoweit nur auf die §§ 44-50 SGB X, § 7 Abs. 4 AsylbLG auf die §§ 60-67 SGB I. Da das AsylbLG kein Besonderer Teil des SGB ist (vgl. § 68 SGB I), gelten im Übrigen die Verwaltungsverfahrensgesetze (VwVfG) der Länder[252] (vgl. hierzu auch die Kommentierung zu § 9 AsylbLG Rn. 33 ff.).

154 Die damit verbundenen Schwierigkeiten hat das BSG sowohl mit den ersten Entscheidungen im Jahr 2007[253] als auch weiterführend mit den Grundsatzentscheidungen aus Juni 2008[254] unmissverständlich aufgezeigt. Mit dem **Abschied von den sog. Strukturprinzipien des Sozialhilferechts**[255] ist § 44 Abs. 1 SGB X i.V.m. § 9 Abs. 3 AsylbLG uneingeschränkt anwendbar.[256] Die bisher übliche **Leistungsbewilligung auf (unbegrenzte) Dauer** bzw. „bis auf weiteres" (sog. Dauerverwaltungsakt) führt zur Anwendbarkeit der §§ 45, 48 SGB X, so dass der Eingriff in eine solche Leistungsverfügung nur unter **Einhaltung der Aufhebungsvorschriften** (ggf. mit erforderlicher Ermessensausübung) erfolgen darf. Ohne eine mit § 330 SGB III vergleichbare Sonderregelung für die Aufhebung von Verwaltungsakten haben Widerspruch und Klage gegen eine Abänderung der Leistungsbewilligung auf Dauer aufschiebende Wirkung gem. § 86a Abs. 1 Satz 1 SGG, es sei denn, die Behörde ordnet die sofortige Vollziehung nach § 86a Abs. 2 Nr. 5 SGG an.[257] Im Widerspruchs- bzw. Klageverfahren sind u.U. nachfolgende Leistungsbewilligungen als **Folgebescheide** nach den Maßgaben der **§§ 86, 96 SGG** einzubeziehen.[258]

155 Angesichts dieser Entwicklungen in der sozialgerichtlichen Rechtsprechung seit 2005 bietet sich **auf Seiten der Leistungsbehörden** – auch wegen möglicher Änderungen im Leistungsbezug – im Regelfall die **unmissverständliche**[259] **Befristung der Leistungsbewilligung** an. Hierbei kann eine schriftliche Leistungsverfügung allein für einen Monat erlassen werden und die Leistungsgewährung in den Folgemonaten durch Aushändigung der Leistungen bzw. Überweisung an Dritte (z.B. Mietkosten) erfolgen.[260] Solche „konkludenten" Leistungsbewilligungen i.S.d. § 33 Abs. 2 SGB X sind jedoch – mangels schriftlicher Rechtsbehelfsbelehrung – innerhalb Jahresfrist anfechtbar (vgl. § 66 Abs. 1, 2 Satz 1 SGG) und mit Widerspruchserhebung in das Vorverfahren nach § 86 SGG (analog) einzubeziehen.[261]

---

[251] www.destatis.de/DE/ZahlenFakten/GesellschaftStaat/Soziales/Sozialleistungen/Asylbewerberleistungen/Asylbewerberleistungen.html (zuletzt abgerufen am 15.04.2014).

[252] *Hohm* in: Schellhorn/Schellhorn/Hohm, SGB XII, Vorbem. zum AsylbLG Rn. 19; *Birk* in: LPK-SGB XII, Vorbem. zum AsylbLG Rn. 6; vgl. auch *Deibel*, Sozialrecht aktuell 2013, 63, 65.

[253] Vgl. BSG v. 08.02.2007 - B 9b AY 1/06 R - juris Rn. 12-14 - SozR 4-3520 § 2 Nr. 1.

[254] Vgl. BSG v. 17.06.2008 - B 8/9b AY 1/07 R - juris Rn. 12-14 - BSGE 101, 49, 51 f.; BSG v. 17.06.2008 - B 8 AY 8/07 R - juris Rn. 11-13; BSG v. 17.06.2008 - B 8 AY 9/07 R - juris Rn. 12 f.; BSG v. 17.06.2008 - B 8 AY 12/07 R - juris Rn. 10 f.; BSG v. 17.06.2008 - B 8 AY 13/07 R - juris Rn. 10 f.

[255] Vgl. insb. BSG v. 17.06.2008 - B 8 AY 5/07 R - juris Rn. 14 - SAR 2008, 105, 107 (unter Hinweis auf *Spellbrink* in: Eicher/Spellbrink, SGB II, vor § 1 Rn. 4 f., 8 f.).

[256] BSG v. 17.06.2008 - B 8 AY 5/07 R - juris Rn. 13 f. - SAR 2008, 105, 106 f.; aber BSG v. 29.09.2009 - B 8 SO 16/08 R - juris Rn. 12 ff. (zur Anwendung des § 44 Abs. 4 SGB X im Sozialhilferecht) und BSG v. 26.06.2013 - B 7 AY 6/12 R - (zur Anwendung des § 116a SGB X – Jahresfrist für Überprüfungsanträge nach 01.04.2011); vgl. auch *Spiolek* in: jurisPR-SozR 16/2009, Anm. 1.

[257] Vgl. LSG Sachsen v. 03.09.2009 - L 3 AY 1/09 B ER - juris Rn. 17 f.; LSG Berlin-Brandenburg v. 29.01.2009 - L 23 B 26/08 AY ER - juris Rn. 18-23; LSG Niedersachsen-Bremen v. 18.12.2008 - L 11 AY 117/08 ER, L 11 B 39/08 AY - juris Rn. 9-11.

[258] Vgl. BSG v. 17.06.2008 - B 8/9b AY 1/07 R - juris Rn. 13 f. - BSGE 101, 49, 52 f.; BSG v. 17.06.2008 - B 8 AY 11/07 R - juris Rn. 10; BSG v. 17.06.2008 - B 8 AY 12/07 R - juris Rn. 11; BSG v. 17.06.2008 - B 8 AY 13/07 R - juris Rn. 11.

[259] Vgl. nur BSG v. 17.06.2008 - B 8 AY 13/07 - juris Rn. 10 f.

[260] Vgl. BSG v. 17.06.2008 - B 8/9b AY 1/07 R - juris Rn. 11 - BSGE 101, 49, 51.

[261] BSG v. 17.06.2008 - B 8 AY 11/07 R - juris Rn. 10.

Für mehr Rechtsklarheit sorgt eine **Befristung über einen längeren Zeitraum**. So kann verhindert werden, dass eine Leistungsbewilligung als „Dauerverwaltungsakt" mit den oben dargelegten verfahrensrechtlichen Folgen auszulegen ist. Sinnvoll könnte eine Befristung der Leistungsbewilligung **in Abhängigkeit der Gültigkeitsdauer der ausländerrechtlichen Verfügung** (Duldung, Aufenthaltserlaubnis) sein oder aber – bei voraussichtlich längerer Anwesenheit des Leistungsberechtigten im Bundesgebiet – eine **Regelbefristung von einem halben Jahr** (vgl. auch § 41 Abs. 1 Satz 4 SGB II). Mit Abschluss des Vorverfahrens bietet sich die Angabe des überprüften (und befristeten) Zeitraums im Widerspruchsbescheid an. 156

Für Leistungsberechtigte bedeutet die o.g. Rechtsprechung effektiven Rechtsschutz, da ihre Einwände gegen eine Leistungsbewilligung auf (unbegrenzte) Dauer für den Zeitraum bis zur letzten mündlichen Verhandlung vor dem Tatsachengericht berücksichtigt werden; nachfolgende Bewilligungsentscheidungen werden gem. § 96 SGG Gegenstand des Klageverfahrens.[262] Gleichwohl bietet sich regelmäßig – unter Einleitung eines erneuten Vorverfahrens – die **Begrenzung des Streitgegenstands in zeitlicher Sicht** an, um den Streitstoff – auch wegen möglicher Änderung der tatsächlichen Verhältnisse (z.B. Bezug einer neuen Unterkunft) – übersichtlich zu halten und eine **Beschleunigung des gerichtlichen Verfahrens** zu erreichen. 157

Im typischen Streit um die Leistungsgewährung nach § 2 Abs. 1 AsylbLG „dem Grunde nach" sollte auch die bewilligte **Leistungshöhe gem. § 3 AsylbLG** im Einzelnen geprüft werden, z.B. Kürzungen für Haushaltsenergie o.Ä., die sich als rechtswidrig erweisen können. Nach der Rechtsprechung des BSG handelt es sich bei diesen Rechtsstreiten um – wenngleich nicht typische – **Höhenstreite**,[263] so dass u.U. einmalig gewährte Leistungen nach den §§ 3, 4, 6 AsylbLG in die Vergleichsberechnung der nach § 3 AsylbLG gewährten und nach § 2 AsylbLG begehrten Leistungen miteinzubeziehen sind.[264] Dies kann zur Folge haben, dass in einzelnen Monaten kein weitergehender Leistungsanspruch besteht, wenn nach den §§ 3, 4, 6 AsylbLG gewährte einmalige Beihilfen nicht nach § 2 Abs. 1 AsylbLG i.V.m. den Regelungen nach dem SGB XII beansprucht werden können. 158

D. Reformbestrebungen

Aufgrund der Entscheidung des BVerfG vom 18.07.2012 ist der Gesetzgeber verpflichtet, unverzüglich für den Anwendungsbereich des AsylbLG eine **Neuregelung** zur Sicherung des menschenwürdigen Existenzminimums zu treffen.[265] Dies wird voraussichtlich in der 18. Legislaturperiode geschehen. 159

---

[262] BSG v. 17.06.2008 - B 8/9b AY 1/07 R - juris Rn. 13 f. - BSGE 101, 49, 52 f.; BSG v. 17.06.2008 - B 8 AY 12/07 R - juris Rn. 11.
[263] Vgl. BSG v. 17.06.2008 - B 8/9b AY 1/07 R - juris Rn. 14 - BSGE 101, 49, 52 f.; BSG v. 17.06.2008 - B 8 AY 12/07 R - juris Rn. 11.
[264] Zur Vergleichsberechnung: BSG v. 17.06.2008 - B 8 AY 5/07 R - juris Rn. 16 - SozR 4-3520 § 9 Nr. 1.
[265] BVerfG v. 18.07.2012 - 1 BvL 10/10, 1 BvL 2/11 - juris Tenor zu 2.

§ 4 AsylbLG Leistungen bei Krankheit, Schwangerschaft und Geburt

(Fassung vom 05.08.1997, gültig ab 01.06.1997)

(1) ¹Zur Behandlung akuter Erkrankungen und Schmerzzustände sind die erforderliche ärztliche und zahnärztliche Behandlung einschließlich der Versorgung mit Arznei- und Verbandmitteln sowie sonstiger zur Genesung, zur Besserung oder zur Linderung von Krankheiten oder Krankheitsfolgen erforderlichen Leistungen zu gewähren. ²Eine Versorgung mit Zahnersatz erfolgt nur, soweit dies im Einzelfall aus medizinischen Gründen unaufschiebbar ist.

(2) Werdenden Müttern und Wöchnerinnen sind ärztliche und pflegerische Hilfe und Betreuung, Hebammenhilfe, Arznei-, Verband- und Heilmittel zu gewähren.

(3) ¹Die zuständige Behörde stellt die ärztliche und zahnärztliche Versorgung einschließlich der amtlich empfohlenen Schutzimpfungen und medizinisch gebotenen Vorsorgeuntersuchungen sicher. ²Soweit die Leistungen durch niedergelassene Ärzte oder Zahnärzte erfolgen, richtet sich die Vergütung nach den am Ort der Niederlassung des Arztes oder Zahnarztes geltenden Verträgen nach § 72 Abs. 2 des Fünften Buches Sozialgesetzbuch. ³Die zuständige Behörde bestimmt, welcher Vertrag Anwendung findet.

Gliederung

A. Basisinformationen 1	3. Anspruch aus Vereinbarungen oder Kostenübernahmeerklärungen 37
I. Textgeschichte/Gesetzgebungsmaterialien 1	V. Notversorgung bei Krankheit und mit Zahnersatz (Absatz 1) 38
II. Vorgängervorschriften................................. 2	1. Versorgung bei akuten Erkrankungen und Schmerzzuständen (Satz 1)................. 38
III. Parallelvorschriften 4	
IV. Verwaltungsvorschriften.............................. 12	a. Akute Erkrankungen/Abgrenzung von chronischen Erkrankungen 38
V. Systematische Zusammenhänge...................... 13	
VI. Ausgewählte Literaturhinweise 16	b. Schmerzzustände 42
B. Auslegung der Norm 17	c. Leistungsumfang 44
I. Regelungsgehalt und Bedeutung der Norm 17	2. Versorgung mit Zahnersatz (Satz 2) 49
II. Normzweck 19	3. Einzelfälle aus der Rechtsprechung 53
III. Vereinbarkeit mit höherrangigem Recht.......... 21	VI. Leistungen bei Schwangerschaft und Geburt (Absatz 2) 55
1. Verfassungsrecht.................................... 21	
2. Europarecht 25	VII. Sicherstellungsauftrag und Vergütung (Absatz 3) 60
3. Völkerrecht.. 29	
IV. Leistungsberechtigte und Kostenerstattung gegenüber Dritten 30	VIII. Rechtstatsachen 67
1. Leistungsberechtigte nach § 4 AsylbLG 30	**C. Praxishinweise** 69
2. Kein Anspruch des Nothelfers gem. § 25 SGB XII (analog) 32	

A. Basisinformationen

I. Textgeschichte/Gesetzgebungsmaterialien

1 § 4 AsylbLG hat in der seit dem **01.11.1993**[1] geltenden Fassung mit dem ersten Änderungsgesetz zum AsylbLG vom **26.05.1997**[2] Änderungen erfahren. Der Gesetzgeber entfernte im Absatz 3 Satz 1 die Worte „Teilnahme an", um klarzustellen, dass die Leistungsbehörde im Rahmen ihres Sicherstellungsauftrags (vgl. Rn. 60 ff.) nicht verpflichtet ist, die Teilnahme an Schutzimpfungen oder Vorsorgeuntersuchungen durchzusetzen.[3] Zudem ersetzte er die Regelung des Absatz 3 Satz 2 durch die seit

---

[1] BGBl I 1993, 1074, 1075.
[2] BGBl I 1997, 1130.
[3] Vgl. BT-Drs. 13/2746, S. 16.

dem 01.07.1997 geltende Fassung, um den zuständigen Behörden vor Ort durch eine freie Wahl von Versorgungsverträgen nach § 72 Abs. 2 SGB V eine kostengünstigere Versorgung zu ermöglichen.[4]

II. Vorgängervorschriften

§ 4 AsylbLG gilt seit Inkrafttreten des AsylbLG am 01.11.1993[5] und ist den damals geltenden sozialhilferechtlichen Regelungen der **§§ 37 Abs. 1, 38 Abs. 2 BSHG** a.F. nachgebildet.[6]

Als Vorgängervorschrift sah § 120 Abs. 2 Satz 1 BSHG in der bis zum 31.10.1993 geltenden Fassung[7] eine auf die Hilfe zum Lebensunterhalt beschränkte Sozialhilfe für Asylbewerber, bestimmte Geduldete und Ausreisepflichtige vor. Sonstige Sozialhilfe, mithin auch **Krankenhilfe**, konnte gem. **§ 120 Abs. 2 Satz 2 BSHG im Ermessenswege** gewährt werden.

III. Parallelvorschriften

Für Ausländer in Deutschland, die nicht nach dem AsylbLG oder dem SGB II leistungsberechtigt sind, sieht **§ 23 Abs. 1 Satz 1 SGB XII** eine eingeschränkte Sozialhilfegewährung vor, die u.a. die Leistung von Hilfe bei Krankheit (§ 48 SGB XII) und Hilfe bei Schwangerschaft und Mutterschaft (§ 50 SGB XII) mit einschließt.

Ist die Einreise nach Deutschland erfolgt, um Sozialhilfe zu erlangen, regelt **§ 23 Abs. 3 Satz 2 SGB XII** als inhaltsgleiche Nachfolgevorschrift des § 120 Abs. 3 Satz 2 BSHG eine über das Maß von § 4 Abs. 1 AsylbLG hinausgehende **Einschränkung der medizinischen Versorgung** (zur Behebung eines akut lebensbedrohlichen Zustands oder für eine unaufschiebbare und unabweisbar gebotene Behandlung einer schweren oder ansteckenden Krankheit) und zwar durch eine eingeschränkte Ermessensentscheidung (Soll-Vorschrift).[8]

Im Sozialhilferecht sind die gegenüber dem § 264 SGB V nachrangigen **Hilfen zur Gesundheit**[9] im **5. Kapitel des SGB XII** geregelt (§§ 47-52 SGB XII). Die §§ 47, 48, 50 SGB XII stellen die Nachfolgevorschriften der §§ 37, 36b BSHG dar; § 36b BSHG war wiederum die Neufassung des § 38 BSHG a.F., in Kraft getreten zum 01.07.2001.[10]

§ 50 SGB XII sieht wie § 4 Abs. 2 AsylbLG **Hilfen bei Schwangerschaft und Mutterschaft** für nicht gesetzlich oder privat Krankenversicherte vor und enthält einen Leistungskatalog, der den Leistungen der gesetzlichen Krankenversicherung entspricht (vgl. § 52 Abs. 1 Satz 1 SGB XII, §§ 24 ff. SGB V, Rn. 55 ff.).

Im Rahmen des **§ 52 Abs. 2 Satz 1 SGB XII** ist Leistungsberechtigten die **freie Arztwahl** entsprechend den Bestimmungen der gesetzlichen Krankenversicherung eingeräumt, die bei Grundleistungsberechtigten nach den §§ 1, 3 AsylbLG im Rahmen des behördlichen Sicherstellungsauftrags nach § 4 Abs. 3 Satz 1 AsylbLG eingeschränkt sein kann (vgl. Rn. 64).

§ 52 Abs. 3 Satz 2 SGB XII enthält wie § 4 Abs. 3 Satz 2 AsylbLG eine **Vergütungsregelung**, die auf den durch die Ortskrankenkassen zu erfüllenden Vergütungsanspruch niedergelassener Ärzte, Psychotherapeuten und Zahnärzte Bezug nimmt; die Regelung entspricht inhaltlich (mit Ausnahme der aufgeführten Psychotherapeuten) der bis zum 31.05.1997 geltenden Ursprungsfassung des § 4 Abs. 3 Satz 2 AsylbLG.[11] Eine ähnliche Vergütungsregelung enthält § 18c Abs. 4 Satz 1 BVG für eine aufgrund des BVG gewährte Heil- und Krankenbehandlung.

Die **Vorschriften der gesetzlichen Krankenversicherung (SGB V)** sind auf (nicht gesetzlich versicherte) Leistungsberechtigte nach den §§ 1, 3 AsylbLG nicht anwendbar, vgl. § 5 Abs. 11 Satz 3 SGB V. Im Leistungsfall sind jedoch die **allgemeinen Regeln der Leistungserbringung** (Wirtschaftlichkeitsgebot, Behandlung nach den Regeln der ärztlichen Kunst, vgl. die §§ 12 Abs. 1, 28 Abs. 1 Satz 1 SGB V) zu berücksichtigen (vgl. Rn. 45).

---

[4] BT-Drs. 13/2746, S. 16.
[5] BGBl I 1993, 1074.
[6] BT-Drs. 12/4451, S. 9.
[7] BGBl I 1991, 84, 113, 808; BGBl I 1993, 281.
[8] Vgl. hierzu *Hohm* in: Schellhorn/Schellhorn/Hohm, SGB XII, § 23 Rn. 30.
[9] Vgl. hierzu BSG v. 15.11.2012 - B 8 SO 6/11 R - juris Rn. 20; BSG v. 19.05.2009 - B 8 SO 35/07 R - juris Rn. 23; *Wille* in: jurisPK-SGB V, § 264 Rn. 14 ff.; *H. Schellhorn* in: Schellhorn/Schellhorn/Hohm, SGB XII, § 48 Rn. 4 ff.
[10] BGBl I 2004, 1950.
[11] BGBl I 1993, 1074, 1075.

§ 4 AsylbLG

11 Für bestimmte krankenversicherte Leistungsberechtigte nach dem AsylbLG enthält § 27 Abs. 1, 2 SGB V eine Sonderregelung für eine eingeschränkte Versorgung mit **Zahnersatz** (vgl. Rn. 52).

IV. Verwaltungsvorschriften

12 Zur Durchführung des AsylbLG gelten **uneinheitliche Verwaltungsvorschriften der Länder**, die den Leistungsbehörden die Auslegung und den Leistungsumfang des § 4 Abs. 1 und 2 AsylbLG vorgeben sowie die aus dem Sicherstellungsauftrag nach § 4 Abs. 3 Satz 1 AsylbLG folgenden Pflichten im Einzelnen darlegen (Verwendung und Gestaltung von Behandlungsscheinen etc.).[12]

V. Systematische Zusammenhänge

13 Nach ihrer Entstehungsgeschichte ist die Norm materiell aus der eingeschränkten Sozialhilfegewährung gegenüber Asylbewerbern, Geduldeten und Ausreisepflichtigen nach § 120 BSHG (nun § 23 SGB XII) und systematisch aus den §§ 37 Abs. 1, 38 Abs. 2 BSHG (nun §§ 47, 48, 50 SGB XII) hervorgegangen. Sie betrifft **nur Grundleistungsberechtigte** nach den §§ 1, 3 AsylbLG; für Analog-Leistungsberechtigte nach § 2 Abs. 1 AsylbLG gilt der gesetzliche Krankenversicherungsschutz, vgl. § 264 Abs. 2 Satz 1 SGB V.[13] Die umfassende und wirksame Versorgung bei Schwangerschaft und Geburt nach § 4 Abs. 2 AsylbLG entspricht hingegen weitgehend sozialhilferechtlichen Maßstäben.

14 Innerhalb des Leistungsgesetzes wird die medizinische Grundversorgung nach § 4 AsylbLG durch die **Öffnungsklausel des § 6 AsylbLG** ergänzt. Der Anwendungsbereich dieser Norm darf nicht verkannt werden,[14] weil sie eine weitergehende Versorgung im Krankheitsfall ermöglicht, insb. bei einem längeren Aufenthalt des Ausländers (ab zwei Jahren, vgl. Rn. 24) und bei chronischen Erkrankungen, wenn dies zur Sicherung der Gesundheit unerlässlich ist, vgl. § 6 Abs. 1 Satz 1 Alt. 2 AsylbLG (vgl. hierzu die Kommentierung zu § 6 AsylbLG Rn. 59 ff.).

15 Inhaber einer Aufenthaltserlaubnis nach **§ 24 Abs. 1 AufenthG** mit besonderen Bedürfnissen können ein höheres Leistungsniveau der medizinischen Versorgung nach **§ 6 Abs. 2 AsylbLG** beanspruchen. Ein entsprechender Leistungsanspruch kann im Einzelfall auch Personen mit besonderen Bedürfnissen i.S.d. Art. 17 Abs. 1 EGRL 2003/9 (sog. Qualifikationsrichtlinie) oder Art. 7, 9 Abs. 2 EGRL 2004/81 (sog. Opferschutzrichtlinie) durch eine **richtlinienkonforme Auslegung** des § 6 Abs. 1 Satz 1 AsylbLG zustehen (vgl. hierzu die Kommentierung zu § 6 AsylbLG Rn. 23 ff.).

VI. Ausgewählte Literaturhinweise

16 *Deibel*, Das neue Asylbewerberleistungsrecht, ZAR 1998, 28-38; *Deibel*, Praktische Probleme bei der Bewilligung von Leistungen nach dem Asylbewerberleistungsgesetz, ZAR 1995, 57-64; *Eichenhofer*, Gesundheitsleistungen für Flüchtlinge, ZAR 2013, 169-175; *Fasselt*, Europarecht und Sozialhilfe, ZFSH/SGB 2004, 655-677; *Hachmann/Hohm*, Änderungen des Asylbewerberleistungsgesetzes durch das Gesetz zur Umsetzung aufenthalts- und asylrechtlicher EU-Richtlinien, NVwZ 2008, 33-36; *Hoffmann*, Weiterer Anpassungsbedarf? Zur Umsetzung der EU-Richtlinien zum Flüchtlings- und Asylrecht, Beilage zum ASYLMAGAZIN 5/2007, 9-18; *Janda/Wilksch*, Das Asylbewerberleistungsgesetz nach dem „Regelsatz-Urteil" des BVerfG, SGb 2010, 565-574; *Scheurer*, Die Leistungsansprüche Asylsuchender und vollziehbar zur Ausreise verpflichteter Ausländerinnen und Ausländer nach dem Asylbewerberleistungsgesetz, InfAuslR 1994, 265-273; *Schreiber*, Gesundheitsleistungen im europäischen Flüchtlingssozialrecht, ZESAR 2010, 107-112; *Zentrale Ethikkommission bei der Bundesärztekammer*, Versorgung von nicht regulär krankenversicherten Patienten mit Migrationshintergrund, Deutsches Ärzteblatt 2013, A 899 ff.

---

[12] Z.T. abgedr. in AsylbLG, IV – Landesrechtliche Vorschriften.
[13] Vgl. zu § 264 SGB V im Sozialhilferecht BSG v. 15.11.2012 - B 8 SO 6/11 R - juris Rn. 20; BSG v. 19.05.2009 - B 8 SO 35/07 R - juris Rn. 23.
[14] So aber SG Aachen v. 02.06.2008 - S 20 AY 110/08 ER - juris Rn. 16; VG Magdeburg v. 29.10.2003 - 6 A 426/03 - juris Rn. 22.

B. Auslegung der Norm

I. Regelungsgehalt und Bedeutung der Norm

§ 4 AsylbLG regelt die **medizinische Grundversorgung** von Leistungsberechtigten nach den §§ 1, 3 AsylbLG auf niedrigem Niveau und ist eine eigenständige Regelung innerhalb des Leistungsgesetzes zur Versorgung im Krankheitsfall sowie bei Schwangerschaft und Geburt. Die Versorgung von voraussichtlich nur vorübergehend in Deutschland lebenden Ausländern soll sich nicht an den Maßstäben des Sozialhilferechts (SGB XII) bzw. der gesetzlichen Krankenversicherung (SGB V) orientieren. 17

§ 4 Abs. 1 AsylbLG gibt eine eingeschränkte Versorgung im Krankheitsfall bei akuten Erkrankungen und Schmerzzuständen (Satz 1) und mit Zahnersatz (Satz 2) vor. § 4 Abs. 2 AsylbLG betrifft die Leistungsgewährung bei Schwangerschaft und Geburt. Im Hinblick auf die ärztliche und zahnärztliche Versorgung (einschließlich der amtlich empfohlenen Schutzimpfungen) enthält § 4 Abs. 3 AsylbLG einen Sicherstellungsauftrag der zuständigen Behörden und Vergütungsregelungen. 18

II. Normzweck

Das aus dem Asylkompromiss 1992 hervorgegangene Leistungssystem des AsylbLG regelt eine **auf das Notwendige eingeschränkte Grundversorgung** für Ausländer ohne rechtlich anerkannte Bleibeperspektive in Deutschland. Dadurch sollen keine Anreize für die Einreise allein aus wirtschaftlichen Gründen bzw. für den weiteren Verbleib im Bundesgebiet geboten werden (vgl. zum Sinn und Zweck des AsylbLG auch die Kommentierung zu § 1 AsylbLG Rn. 28).[15] 19

In diesem Zusammenhang stellt § 4 Abs. 1 AsylbLG die **Grundnorm der medizinischen Versorgung** im Krankheitsfall und für werdende Mütter dar und sieht einen Leistungsumfang auf niedrigem Niveau vor sowie die mögliche Beschränkung der freien Arztwahl (vgl. Rn. 64). Das erklärte Ziel der eingeschränkten medizinischen Versorgung nach § 4 Abs. 1 AsylbLG ergibt sich aus den Gesetzgebungsmaterialien;[16] eine länger andauernde bzw. kostspielige Versorgung der Leistungsberechtigten, insb. die **Behandlung von chronischen Erkrankungen** oder die **Versorgung mit Zahnersatz**, soll bei voraussichtlich nur vorübergehend in Deutschland lebenden Ausländern ausgeschlossen sein. 20

III. Vereinbarkeit mit höherrangigem Recht

1. Verfassungsrecht

Das Grundgesetz sieht ein Grundrecht auf Gesundheit nicht ausdrücklich vor. Nach der Rechtsprechung des BVerfG erwächst aber aus **Art. 2 Abs. 1 GG i.V.m. dem Sozialstaatsprinzip und Art. 2 Abs. 2 Satz 1 GG** eine Pflicht des Staates zum Schutz der Gesundheit und körperlichen Unversehrtheit. Hieraus können nicht nur abwehrrechtliche Ansprüche hergeleitet werden, sondern auch ein Anspruch auf Heilbehandlung bei lebensbedrohlichen Krankheiten.[17] Spätestens seit der Grundsatzentscheidung des BVerfG zum Leistungsgrundrecht auf Gewährleistung eines menschenwürdigen Existenzminimums nach **Art. 1 Abs. 1 GG i.V.m. Art. 20 Abs. 1 GG** entfaltet auch dieses bei der Frage der gesundheitlichen Versorgung von Menschen, die sich im Bundesgebiet aufhalten, eine leistungsrechtliche Dimension.[18] Ob die einfachgesetzlichen Vorgaben der medizinischen Versorgung auf niedrigem Niveau nach § 4 AsylbLG für Ausländer in Deutschland ohne rechtlich anerkannte Bleibeperspektive mit dem Grundgesetz (Art. 1 Abs. 1 GG i.V.m. Art. 20 Abs. 1 GG bzw. Art. 2 Abs. 2 Satz 1 GG) vereinbar sind, steht spätestens seit der Entscheidung des **BVerfG vom 18.07.2012** zu den Leistungen nach § 3 AsylbLG auf dem Prüfstand.[19] Nach der bis dahin h.M.[20] bestanden insoweit keine durchgreifenden Bedenken.[21] 21

---

[15] BT-Drs. 12/5008, S. 13 f.
[16] BT-Drs. 12/4451, S. 9.
[17] BVerfG v. 06.12.2005 - 1 BvR 347/98 - juris - BVerfGE 115, 25 ff. (sog. Nikolausbeschluss).
[18] Vgl. auch *Eichenhofer*, ZAR 2013, 169, 174.
[19] Ebenso *Deibel*, ZFSH SGB 2012, 582, 585; *Eichenhofer*, ZAR 2013, 169 ff.; *Janda*, ZAR 2013, 175, 181; a.A. *Hohm* in: AsylbLG, § 3 Rn. 13.
[20] So auch die Vorauflage: *Frerichs* in: jurisPK-SGB XII, 1. Aufl. 2011, § 4 AsylbLG Rn. 21 f.
[21] *Hohm* in: AsylbLG, § 4 Rn. 13; *Fasselt* in: Fichtner/Wenzel, SGB XII/AsylbLG, § 4 AsylbLG Rn. 1; krit. *Schnath*, NZS 2010, 297, 300 f.; krit. insb. zur Umsetzung in der Praxis: Stellungnahme des Flüchtlingsrats Berlin e.V. v. 27.04.2009, A-Drs. 16(11)1350, S. 16; krit. auch *Janda/Wilksch*, SGb 2010, 565, 573.

§ 4 AsylbLG

22 Der unmittelbar aus **Art. 1 Abs. 1 GG i.V.m. Art. 20 Abs. 1 GG** hervorgehende Leistungsanspruch auf Sicherstellung eines menschenwürdigen Existenzminimums (vgl. hierzu ausführlich die Kommentierung zu § 3 AsylbLG Rn. 29 ff.) betrifft u.a. die physische Existenz des Menschen und erstreckt sich damit auch auf die Gewährung von **Gesundheitsleistungen**.[22] Voraussetzung für eine unterschiedliche Sicherstellung des Existenzminimums verschiedener Personengruppen ist nach der Rechtsprechung des BVerfG die Feststellung eines signifikant von dem anderer Bedürftiger abweichenden Bedarfs an existenznotwendigen Leistungen in einem transparenten und nachvollziehbaren Verfahren, wobei migrationspolitische oder gar fiskalische Erwägungen unbeachtlich sind.[23] Die im Gesetz (§ 4 AsylbLG) angelegte Gesundheitsversorgung von Leistungsberechtigten nach den §§ 1, 3 AsylbLG – mit der Unterscheidung von „akuten" und chronischen Erkrankungen (vgl. dazu Rn. 39) – beruht (auch) darauf, dass **„nicht eindeutig indizierte Behandlungen oder solche langfristiger Natur"** während des voraussichtlichen Aufenthalts in Deutschland nicht abgeschlossen werden können.[24] Die Begrenzung der Gesundheitsleistungen auf eine Notversorgung bei Personen mit Kurzaufenthalt im Bundesgebiet kann aus diesen Gründen womöglich innerhalb des gesetzgeberischen Gestaltungsspielraums[25] liegen, die tatsächlichen Verhältnisse zu beurteilen und den Umfang des notwendigen Bedarfs wertend einzuschätzen.[26] Neben der Einhaltung der prozeduralen Vorgaben für die Bedarfsfeststellung erfordert dies allerdings auch den – bislang noch nicht erbrachten[27] – Beleg, dass sich die betroffene Personengruppe (Leistungsberechtigte nach den §§ 1, 3 AsylbLG) typischerweise nur für eine kurze Zeit in Deutschland aufhält (vgl. hierzu ausführlich die Kommentierung zu § 1 AsylbLG Rn. 37 ff.).

23 Auch wenn sich die Entscheidung des BVerfG zu den Leistungen nach § 3 AsylbLG[28] nicht auf die Gesundheitsleistungen nach § 4 AsylbLG erstreckt, wird der Gesetzgeber nicht umhin kommen, auch die medizinische Versorgung nach § 4 AsylbLG nach den prozeduralen Vorgaben zur Feststellung des menschenwürdigen Existenzminimums auszugestalten.[29] Bis zu einer gesetzlichen Neuregelung kommt deswegen im Hinblick auf die Gesundheit des Grundrechtsträgers der **Öffnungsklausel des § 6 AsylbLG** eine herausragende Bedeutung zu. Nach dieser Norm können im Einzelfall sonstige Leistungen gewährt werden. Erweist sich die medizinische Versorgung nach § 4 AsylbLG, insb. die Akutversorgung nach § 4 Abs. 1 Satz 1 AsylbLG, als unzureichend und droht eine Grundrechtsverletzung, besteht zwingend ein Anspruch gem. § 6 Abs. 1 Satz 1 Alt. 2 AsylbLG auf sonstige Leistungen, die zur Sicherung der Gesundheit unerlässlich sind.[30]

24 Nach der – für die Fachgerichte nicht bindenden – Auslegung des § 6 AsylbLG durch das BVerfG bietet diese Norm wegen des erkennbar entgegenstehenden Willens des Gesetzgebers zwar **keinen Ausgleich struktureller Defizite** bei der Leistungshöhe nach § 3 Abs. 2 AsylbLG.[31] Gleichwohl kann bei der Gewährung von Gesundheitsleistungen eine verfassungskonforme Auslegung der §§ 4 Abs. 1, 6 Abs. 1 Satz 1 Alt. 2 AsylbLG die **tatsächliche Aufenthaltsdauer** des Ausländers in Deutschland in besonderer Weise in den Blick nehmen. Ist aufgrund der faktischen Verhältnisse schon nicht mehr von einem **Kurzaufenthalt** des Ausländers in Deutschland auszugehen, sollte § 6 Abs. 1 Alt. 2 AsylbLG – nach a.A. § 4 AsylbLG[32] – dahingehend verfassungskonform ausgelegt werden, dass das Niveau der Gesundheitsleistungen weitgehend dem Recht der gesetzlichen Krankenversicherung nach dem SGB V entspricht (vgl. die §§ 47-52 SGB XII).[33] Dies kann nach einem **Aufenthalt von zwei Jahren**

---

[22] Vgl. auch *Eichenhofer*, ZAR 2013, 169, 174.
[23] Vgl. BVerfG v. 18.07.2012 - 1 BvL 10/10, 1 BvL 2/11 - juris Rn. 73, 94, 95.
[24] BT-Drs. 12/4451, S. 9.
[25] Vgl. zu diesem Gestaltungsspielraum BVerfG v. 09.02.2010 - 1 BvL 1/09, 1 BvL 3/09, 1 BvL 4/09 - juris Rn. 138.
[26] So wohl auch *Deibel*, Sozialrecht aktuell 2013, 103, 105; in diese Richtung auch, aber krit. *Eichenhofer*, ZAR 2013, 169, 174; a.A. *Janda*, ZAR 2013, 175, 181; Zentrale Ethikkommission bei der Bundesärztekammer, Deutsches Ärzteblatt 2013, A 899 ff. (www.bundesaerztekammer.de/downloads/Stellungnahme.pdf, abgerufen am 10.04.2014).
[27] BVerfG v. 18.07.2012 - 1 BvL 10/10, 1 BvL 2/11 - juris Rn. 92.
[28] BVerfG v. 18.07.2012 - 1 BvL 10/10, 1 BvL 2/11 - juris.
[29] So auch *Eichenhofer*, ZAR 2013, 169, 174.
[30] Vgl. auch LSG Nordrhein-Westfalen v. 06.05.2013 - L 20 AY 145/11 - juris Rn. 57.
[31] BVerfG v. 18.07.2012 - 1 BvL 10/10, 1 BvL 2/11 - juris Rn. 81.
[32] *Hohm* in: AsylbLG, § 4 Rn. 14; *Deibel*, Sozialrecht aktuell 2013, 103, 105; *Deibel*, ZFSH SGB 2012, 582, 585.
[33] So die wohl vordringende Meinung in der Literatur, vgl. *Hohm* in: AsylbLG, § 4 Rn. 14; *Deibel*, Sozialrecht aktuell 2013, 103, 105; *Deibel*, ZFSH SGB 2012, 582, 585.

unterstellt werden.[34] Insoweit sieht auch der erste Referentenentwurf eines Dritten Gesetzes zur Änderung des AsylbLG[35] durch die geplante Änderung des § 2 Abs. 1 AsylbLG grundsätzlich eine entsprechende leistungsrechtliche Angleichung durch die Versorgung auf dem Niveau der gesetzlichen Krankenversicherung (vgl. § 264 Abs. 2 SGB V) nach einem zweijährigen Aufenthalt in Deutschland vor. Selbst wenn eine Leistungsberechtigung nach § 2 Abs. 1 AsylbLG aus anderen Gründen scheitert,[36] ist es angesichts der **Bedeutung der Gesundheit als Grundlage aller anderen Grundrechte**[37] jedenfalls nach einem Aufenthalt in Deutschland von zwei Jahren nicht gerechtfertigt, Leistungsberechtigte nach den §§ 1, 3 AsylbLG auf eine elementare Notversorgung nach § 4 AsylbLG zu verweisen.

2. Europarecht

Die von der Europäischen Union erlassenen **Richtlinien über soziale Mindeststandards** für Asylsuchende und Flüchtlinge sehen im Hinblick auf Gesundheitsleistungen grundsätzlich (nur) eine medizinische Notversorgung vor, die im Wesentlichen dem Leistungsniveau nach den §§ 4 Abs. 1, 6 AsylbLG entspricht[38] (vgl. auch die Kommentierung zu § 1 AsylbLG Rn. 44 ff.). 25

Maßgeblich ist insbesondere die Richtlinie zur Festlegung von Mindestnormen für die Aufnahme von Asylbewerbern in den Mitgliedstaaten (sog. **Richtlinie Aufnahmebedingungen EGRL 2003/9**[39]), die in Art. 15 EGRL 2003/9 die „unbedingt erforderliche Behandlung von Krankheiten" vorgesehen hat. Die Richtlinie ist durch die **EURL 2013/33**[40] vom 26.06.2013 neu gefasst worden und sieht nunmehr in Art. 19 Abs. 1 EURL 2013/33 auch die unbedingt erforderliche Behandlung von **„schweren psychischen Störungen"** vor. Die Frist für die Umsetzung in einzelstaatliches Recht endet am 20.07.2015. Gemessen an diesen unionsrechtlichen Vorgaben besteht in § 4 AsylbLG aber kein unbedingt notwendiger gesetzgeberischer Umsetzungsbedarf, weil die unbedingt notwendigen therapeutischen Maßnahmen bei schweren psychischen Störungen bereits durch eine Anwendung des § 6 Abs. 1 Satz 1 Alt. 2 AsylbLG sichergestellt werden (vgl. die Kommentierung zu § 6 AsylbLG Rn. 62 ff.).[41] 26

Die Vorgaben bei der Versorgung von **Personen mit besonderen Bedürfnissen** i.S.d. Art. 13 Abs. 4 EGRL 2001/55[42] hat der Gesetzgeber durch § 6 Abs. 2 AsylbLG in nationales Recht umgesetzt. Hiervon hat er bei den europarechtlichen Vorgaben für die Versorgung von Asylbewerbern mit besonderen Bedürfnissen i.S.d. Art. 17 EGRL 2003/9[43], neu gefasst durch Art. 19 Abs. 2 EURL 2013/33[44] (Richtlinie Aufnahmebedingungen), und bei Inhabern einer Aufenthaltserlaubnis nach § 25 Abs. 4a AufenthG mit besonderen Bedürfnissen i.S.d. Art. 7, 9 Abs. 2 EGRL 2004/81[45] (sog. Opferschutzrichtlinie) bislang abgesehen; insoweit kann im Einzelfall eine **richtlinienkonforme Auslegung des § 6 Abs. 1 Satz 1 AsylbLG** geboten sein (vgl. hierzu die Kommentierung zu § 6 AsylbLG Rn. 23 ff.). 27

Angesichts der defizitären Ausgestaltung der §§ 4, 6 AsylbLG (vgl. auch Rn. 36, Rn. 68) sollte der Gesetzgeber die Gesundheitsversorgung von Leistungsberechtigten nach den §§ 1, 3 AsylbLG – auch wegen der verfassungsrechtlichen Fragestellungen – grundlegend neu regeln. Die einfachste, mit höherrangigem Recht am ehesten zu vereinbarende Lösung wäre – wie in anderen Ländern[46] – die Gleich- 28

---

[34] Ebenso *Hohm* in: AsylbLG, § 4 Rn. 14; a.A.: *Deibel*, ZFSH SGB 2012, 582, 585 (Angleichung der Versorgung nach einem Aufenthalt von einem Jahr).

[35] Stand: 04.12.2012, www.fluechtlingsinfo-berlin.de/fr/asylblg/BMAS_Entwurf_AsylbLG_041212.pdf (abgerufen am 10.04.2014).

[36] Nach dem Referentenentwurf soll die Leistungsgewährung nach § 2 Abs. 1 AsylbLG weiterhin bei einer rechtsmissbräuchlichen Beeinflussung der Aufenthaltsdauer ausgeschlossen sein, vgl. Art. 1 Nr. 1 des Entwurfs, www.fluechtlingsinfo-berlin.de/fr/asylblg/BMAS_Entwurf_AsylbLG_041212.pdf (abgerufen am 10.04.2014).

[37] Vgl. *Eichenhofer*, ZAR 2013, 169 ff., 173.

[38] Vgl. Bericht der Kommission an den Rat und das Europäische Parlament über die Anwendung der EGRL 2003/9 vom 26.11.2007, KOM(2007)745, S. 8; a.A. *Janda*, ZAR 2013, 175, 181.

[39] ABl.EU L 31 v. 06.02.2003, S. 18.

[40] ABl. EU L 180 v. 29.06.2013, S. 96.

[41] Vgl. auch die Stellungnahme der Bundesregierung vom 14.05.2013, BT-Drs. 17/13461, S. 1 ff., 4.

[42] ABl.EG L 212 v. 07.08.2001, S. 12.

[43] ABl.EU L 31 v. 06.02.2003, S. 18.

[44] ABl. EU L 180 v. 29.06.2013, S. 96.

[45] ABl.EU L 261 v. 06.08.2004, S. 19.

[46] Z.B. wie in Tschechien, Niederlande und Polen, vgl. Bericht der Kommission an den Rat und das Europäische Parlament über die Anwendung der EGRL 2003/9 vom 26.11.2007, KOM(2007)745, S. 8.

stellung von Leistungsberechtigten nach den §§ 1, 3 AsylbLG mit Inländern durch deren **Aufnahme in § 264 SGB V** (sog. Quasiversicherung[47]) mit der Folge einer dem Niveau der gesetzlichen Krankenversicherung gleichgestellten Versorgung.

3. Völkerrecht

29   Das **Recht auf Gesundheit** findet sich in mehreren völkerrechtlichen Regelungen, so z.B. in Art. 25 der Allgemeinen Erklärung der Menschenrecht (AEMR), Art. 12 des Internationalen Paktes über wirtschaftliche, soziale und kulturelle Rechte (IPwskR) oder in Art. 6 des Internationalen Paktes über bürgerliche und politische Rechte (IPbpR). Neben der Vorhaltung der medizinischen Infrastruktur als öffentliche Aufgabe und dem diskriminierungsfreien Zugang zu medizinischen Leistungen erstreckt sich deren Reichweite auch auf eine leistungsrechtliche Dimension in einem engeren Sinne, die aber – bis auf die Notfallversorgung – **keine bestimmte Vorgabe über die Qualität und Quantität** der durch staatliche Leistungen sicherzustellenden Versorgung beinhaltet.[48] Bei der gesundheitlichen Versorgung können sich Drittstaatsangehörige bis zur Anerkennung rechtlich erheblicher Fluchtgründe auch nicht auf völkerrechtliche **Gleichbehandlungsgebote** berufen (vgl. auch die Kommentierung zu § 1 AsylbLG Rn. 51 ff.). Die medizinische Versorgung nach den §§ 4, 6 AsylbLG begegnet insoweit keinen durchgreifenden völkerrechtlichen Bedenken.

IV. Leistungsberechtigte und Kostenerstattung gegenüber Dritten

1. Leistungsberechtigte nach § 4 AsylbLG

30   § 4 Abs. 1, 2 AsylbLG betrifft allein das **Leistungsverhältnis zwischen dem Hilfebedürftigen und dem Leistungsträger**.[49] Leistungsberechtigt sind alle Grundleistungsempfänger nach den §§ 1, 3 AsylbLG, nicht hingegen Leistungsberechtigte nach § 2 Abs. 1 AsylbLG (sog. Analog-Berechtigte), deren Krankenbehandlung, soweit sie nicht ohnehin krankenversichert sind, von der Krankenkasse mit den einhergehenden Leistungen übernommen wird (vgl. die §§ 264 Abs. 2 Satz 1, Abs. 4 Satz 1, 11 Abs. 1, 20-43b SGB V).[50]

31   **Ärzte, Zahnärzte oder Krankenhausträger** haben grundsätzlich **keinen eigenen Vergütungsanspruch** gegen den zuständigen Leistungsträger nach dem AsylbLG (vgl. auch Rn. 32 ff. und Rn. 37).[51] Der Sachleistungsanspruch des Ausländers aus § 4 Abs. 1 AsylbLG kann nicht übertragen oder abgetreten werden.[52]

2. Kein Anspruch des Nothelfers gem. § 25 SGB XII (analog)

32   Nach der **Rechtsprechung des BSG** scheidet ein Anspruch des Nothelfers gegen den Leistungsträger aufgrund einer analogen Anwendung des § 25 SGB XII aus, weil es insoweit bereits an einer planwidrigen Regelungslücke mangele.[53] Im Asylbewerberleistungsrecht bestehe für eine Erstattungsgrundlage von Aufwendungen Dritter kein Regelungsbedarf, weil hier der **Kenntnisgrundsatz** – anders als im Sozialhilferecht (vgl. § 18 SGB XII) – nicht gelte[54] und sich der Leistungsanspruch des Hilfebedürftigen und der des Nothelfers gegenseitig ausschließen würden.[55] Nach den Besonderheiten des AsylbLG, das nach der Vorstellung des Gesetzgebers im Kern Regelungen des Aufenthalts- und Nie-

---

[47] Vgl. BSG v. 19.05.2009 - B 8 SO 35/07 R - juris Rn. 23.
[48] Vgl. *Eichenhofer*, ZAR 169, 172 f.
[49] Vgl. SG Marburg v. 29.03.2006 - S 12 KA 638/05 - juris Rn. 28; so auch *Wahrendorf* in: Grube/Wahrendorf, SGB XII, Rn. 4.
[50] Vgl. hierzu *Wille* in: jurisPK-SGB V, § 264 Rn. 14 ff.; *H. Schellhorn* in: Schellhorn/Schellhorn/Hohm, SGB XII, § 48 Rn. 4 ff.
[51] Vgl. BVerwG v. 02.02.1998 - 5 B 99/97 - NJW 1998, 1806 f. (zu § 37 BSHG); VG Braunschweig v. 08.09.2005 - 3 A 301/04 - juris Rn. 15; VG Ansbach v. 01.06.2006 - AN 14 K 02.01188 - juris Rn. 23 (zu § 37 BSHG).
[52] VG Ansbach v. 01.06.2006 - AN 14 K 02.01188 - juris Rn. 25 (zu § 37 BSHG); vgl. auch *Hohm* in: AsylbLG, § 4 Rn. 18.
[53] BSG v. 30.10.2013 - B 7 AY 2/12 R - juris Rn. 16 ff.; noch offen gelassen durch BSG v. 17.06.2008 - B 8 AY 5/07 R - juris Rn. 17; anders die bis dahin ganz h.M., vgl. die Nachweise in BSG v. 30.10.2013 - B 7 AY 2/12 R - juris Rn. 17.
[54] So auch LSG Nordrhein-Westfalen v. 06.05.2013 - L 20 AY 145/11 - juris Rn. 61 f.; zum bisherigen Meinungsstand vgl. *Grube/Wahrendorf*, SGB XII, § 4 AsylbLG Rn. 8 f.
[55] BSG v. 30.10.2013 - B 7 AY 2/12 R - juris Rn. 23.

derlassungsrechts von Ausländern nach dem AsylVfG enthalte[56], sei eine Leistungsgewährung nicht von der behördlichen Kenntnis des Bedarfs abhängig, sondern von der Leistungsberechtigung nach § 1 Abs. 1 AsylbLG aufgrund des ausländerrechtlichen Status.[57] Das „Einsetzen" der Leistung nach dem AsylbLG erfolge bereits ab der asylverfahrensrechtlichen Erfassung des um Asyl nachsuchenden Ausländers, den der Gesetzgeber als „normativen Prototyp" des AsylbLG vor Augen gehabt habe.[58] Ab diesem Zeitpunkt sei der Bedarf „bekannt".[59]

Die Entscheidung des BSG ist in sich konsequent, aber – vornehmlich in sozialpolitischer Hinsicht – **kritikwürdig**. Unter Berufung auf die Eigenheiten des AsylbLG blendet sie dessen Nähe zum materiellen Fürsorge- bzw. Sozialhilferecht – anders als andere Entscheidungen[60] – nahezu vollständig aus und führt zu einem verfahrensrechtlichen **Sonderweg des AsylbLG** mit noch nicht absehbaren Folgeproblemen in der Praxis. In den Systemen der Existenzsicherung bestehen nun unterschiedliche Voraussetzungen für eine Leistungsgewährung. Im SGB II ist nach § 37 SGB II der Leistungsantrag konstitutiv, im SGB XII die behördliche Kenntnis nach § 18 SGB XII und im AsylbLG ist allein das Vorliegen der gesetzlichen Voraussetzungen für den Leistungsanspruch maßgeblich.

33

Dahinter steht das nachvollziehbare Argument, dass das AsylbLG ein besonderes Sicherungssystem für einen abgrenzbaren Kreis von um Asyl nachsuchenden Ausländern – dem **„normativen Prototyp" des AsylbLG**[61] – darstellt, das jedenfalls in seiner ursprünglichen Fassung keiner Zugangshürden (Antrag, Kenntnis der Behörde) bedürfe.[62] Allerdings unterlagen seit jeher auch vollziehbar Ausreisepflichtige, und damit z.B. illegal in Deutschland lebende, behördlich nicht erfasste Ausländer dem persönlichen Anwendungsbereich des AsylbLG. Der Schluss, der Gesetzgeber habe auf den im Sozialhilferecht geltenden **Kenntnisgrundsatz** (§ 5 BSHG, § 18 SGB XII) als – auch begrenzende – Leistungsvoraussetzung bewusst verzichtet, ist insoweit fraglich. Zudem sind das Leistungsrecht nach dem AsylbLG und die dazu vorliegenden Gesetzesmaterialien in einer besonderen Weise defizitär, dass in Einzelfragen häufig keine verlässliche Aussage über den Willen des Gesetzgebers möglich ist. Gleichwohl kann das Vorliegen einer Gesetzeslücke nicht zweifelsfrei bejaht werden. Das BSG hat damit eine analoge Anwendung des Kenntnisgrundsatzes nach § 18 SGB XII – methodisch richtig – verneint.

34

In der **Konsequenz** ist der Anspruch des Leistungsberechtigten nach dem AsylbLG nicht von der Kenntnis der Behörde über den Leistungsfall[63] bzw. besonderer Bedarfslagen (z.B. Pflegebedürftigkeit) abhängig und er kann auch nachträglich geltend gemacht werden. Damit muss im Rahmen des § 4 AsylbLG vor einer ärztlichen Behandlung auch **keine „Zustimmung" der Leistungsbehörde** eingeholt werden.[64] Dies wirkt sich zu Gunsten des Leistungsberechtigten aus, bedeutet aber für Dritte, die in einer Notsituation anstelle des Leistungsträgers die erforderliche Hilfe erbringen,[65] dass sie den Ersatz ihrer Aufwendungen allein von der ggf. leistungsberechtigten Person verlangen können. Im Rahmen der Gesundheitsleistungen nach **§ 4 AsylbLG** erkennt das BSG insoweit **keine vergleichbare Interessenslage** für eine analoge Anwendung des § 25 SGB XII.[66] Die Rechtslage entspreche derjenigen nach Kenntniserlangung im Recht des SGB XII, die den Nothelfer nach dem gesetzgeberischen Willen in derartigen Fallgestaltungen nicht privilegieren wolle, indem ihm das **„Unternehmerrisiko"** abgenommen wird und der Sozialhilfeträger als „Ausfallbürge" fungiert.[67]

35

---

[56] Vgl. BT-Drs. 12/4451, S. 5.
[57] BSG v. 30.10.2013 - B 7 AY 2/12 R - juris Rn. 21.
[58] BSG v. 30.10.2013 - B 7 AY 2/12 R - juris Rn. 22.
[59] BSG v. 30.10.2013 - B 7 AY 2/12 R - juris Rn. 21.
[60] BSG v. 26.06.2013 - B 7 AY 6/12 R - juris Rn. 14; BSG v. 24.05.2012 - B 9 V 2/11 R - juris Rn. 22.
[61] BSG v. 30.10.2013 - B 7 AY 2/12 R - juris Rn. 22.
[62] BSG v. 30.10.2013 - B 7 AY 2/12 R - juris Rn. 21; vgl. auch LSG Nordrhein-Westfalen v. 06.05.2013 - L 20 AY 145/11 - juris Rn. 61.
[63] Zur Reichweite des Kenntnisgrundsatzes im Sozialhilferecht vgl. BSG v. 10.11.2011 - B 8 SO 18/10 R - juris Rn. 21.
[64] Bis dahin umstritten, vgl. *Wahrendorf* in: Grube/Wahrendorf, SGB XII, § 4 AsylbLG Rn. 8 f.
[65] So das Hauptargument für die analoge Anwendung des § 25 SGB XII, vgl. VGH Bayern v. 27.04.2006 - 12 BV 04.3020 - juris Rn. 11; OVG Nordrhein-Westfalen v. 05.12.2000 - 22 A 3164/99 - juris Rn. 13-15 - FEVS 53, 353; *Wahrendorf* in: Grube/Wahrendorf, SGB XII, § 4 AsylbLG Rn. 10; zum Normzweck vgl. auch: BSG v. 19.05.2009 - B 8 SO 4/08 R - juris Rn. 14 - BSGE 103, 178.
[66] BSG v. 30.10.2013 - B 7 AY 2/12 R - juris Rn. 23, 24.
[67] BSG v. 30.10.2013 - B 7 AY 2/12 R - juris Rn. 24.

§ 4 AsylbLG

36 In der Praxis droht hieraus – angesichts immer wieder kritisierter Versorgungs- und Finanzierungslücken bei Patienten mit Migrationshintergrund[68] – ggf. eine größere **Zurückhaltung von Ärzten, Zahnärzten oder Krankenhausträgern in „Notfällen"** bei der Entscheidung, ob und in welchem Ausmaß – z.B. bei medizinisch nicht eindeutig indizierten Behandlungen – Dienstleistungen erbracht werden. Hinzu kommt die rechtliche Unsicherheit über das Ausmaß der zu leistenden Hilfe, weil das Leistungsniveau nach § 4 AsylbLG unterhalb des Leistungskatalogs der gesetzlichen Krankenversicherung liegt. In sozialpolitischer Hinsicht sollte die **systemische Versorgungssicherheit** im Rahmen des § 4 AsylbLG verbessert werden, z.B. auch durch eine Stärkung der Rechtsstellung von Leistungserbringern im Gesundheitswesen zur Realisierung eigener Vergütungsansprüche wegen der Versorgung von Leistungsberechtigten nach dem AsylbLG. Dies ist aber allein **Aufgabe und Entscheidung des Gesetzgebers**.

3. Anspruch aus Vereinbarungen oder Kostenübernahmeerklärungen

37 Krankenhausträger und ähnliche Einrichtungen können zur Vermeidung des Kostenrisikos bei der Behandlung von Grundleistungsempfängern **vertragliche Vereinbarungen** mit dem zuständigen Leistungsträger schließen oder dessen einseitige **Kostenübernahmeerklärung** einholen.[69] Anders als die Kostenübernahmeerklärung der Krankenkasse für eine Krankenhausbehandlung[70] ist die sozialhilferechtliche Erklärung über die Kostenübernahme **nicht rein deklaratorischer Natur**, sondern begründet einen Zahlungsanspruch des Einrichtungsträgers anstelle des eigentlich anspruchsberechtigten Hilfeempfängers. Hierzu muss der Leistungsträger in der Zusage unzweifelhaft seinen **Rechtsbindungswillen dem Grunde und der Höhe nach** zum Ausdruck bringen.[71]

V. Notversorgung bei Krankheit und mit Zahnersatz (Absatz 1)

1. Versorgung bei akuten Erkrankungen und Schmerzzuständen (Satz 1)

a. Akute Erkrankungen/Abgrenzung von chronischen Erkrankungen

38 Unter dem im Gesetz nicht definierten Begriff der akuten Erkrankung ist eine **plötzlich auftretende, schnell und heftig verlaufende Erkrankung** zu verstehen.[72] Abzugrenzen ist der Krankheitszustand von chronischen – also langsam sich entwickelnden oder langsam verlaufenden[73] – Erkrankungen, die grundsätzlich nicht unter § 4 Abs. 1 Satz 1 AsylbLG fallen.[74]

39 Die **Abgrenzung zwischen akuten und chronischen Erkrankungen** erfolgt unter medizinischen Gesichtspunkten und ist im Einzelfall schwierig.[75] Mit chronischen Erkrankungen können akute, konkret behandlungsbedürftige Krankheitszustände einhergehen (z.B. bei schwerer Depression mit akuter Suizidalität oder einhergehenden Schmerzen,[76] Lungenentzündung bei HIV-Infizierten[77] etc.). Die Behandlung dieser akuten Krankheitszustände kann der Betroffene nach § 4 Abs. 1 Satz 1 AsylbLG beanspruchen, insbesondere wenn eine entsprechende Behandlung unabhängig von der chronischen Erkrankung möglich und ausreichend ist (z.B. isolierte Schmerztherapie).[78] In Ausnahmefällen kann aber

---

[68] Vgl. etwa BT-Drs. 17/13461; zur Frage der Finanzierung vgl. auch *Zentrale Ethikkommission bei der Bundesärztekammer*, Deutsches Ärzteblatt 2013, A 899, A901 (www.bundesaerztekammer.de/downloads/Stellungnahme.pdf, abgerufen am 10.04.2014).

[69] BVerwG v. 02.02.1998 - 5 B 99/97 - NJW 1998, 1806, 1807; VG Meiningen v. 13.07.2006 - 8 K 289/03.Me - juris Rn. 18; vgl. auch OLG Köln v. 22.08.1994 - 5 U 145/94 - NJW-RR 1995, 366 f.

[70] Vgl. hierzu BSG v. 17.05.2000 - B 3 KR 33/99 R - BSGE 86, 166, 170; *Estelmann/Eicher*, DOK 1992, 134 ff.

[71] OVG Nordrhein-Westfalen v. 08.12.1994 - 24 A 3212/92 - juris Rn. 18; VG Meiningen v. 13.07.2006 - 8 K 289/03.Me - juris Rn. 18.

[72] *Pschyrembel*, Klinisches Wörterbuch, „akut"; vgl. auch LSG Nordrhein-Westfalen v. 06.05.2013 - L 20 AY 145/11 - juris Rn. 52.

[73] *Pschyrembel*, Klinisches Wörterbuch, „chronisch".

[74] Vgl. *Hohm* in: AsylbLG, § 4 Rn. 24 f.; a.A.: *Fasselt* in: Fichtner/Wenzel, SGB XII/AsylbLG, § 4 Rn. 2.

[75] Vgl. zur Kostenübernahme einer Psychotherapie: OVG Niedersachsen v. 22.09.1999 - 4 M 3551/99.

[76] OVG Niedersachsen v. 22.09.1999 - 4 M 3551/99; VG Schleswig-Holstein v. 25.07.2006 - 7 A 43/03 - juris Rn. 38.

[77] Vgl. *Hohm* in: AsylbLG, § 4 Rn. 23.

[78] OVG Nordrhein-Westfalen v. 20.08.2003 - 16 B 2140/02 - juris Rn. 8-11; OVG Mecklenburg-Vorpommern v. 28.01.2004 - 1 O 5/04 - juris Rn. 8 - NVwZ-RR 2004, 902.

auch die Behandlung der chronischen Erkrankung selbst gem. § 4 Abs. 1 Satz 1 AsylbLG beansprucht werden, wenn die Behandlung der akuten Erkrankung oder der Schmerzzustände untrennbar eine Therapie des Grundleidens voraussetzt.[79]

Bereits bei Einführung des Gesetzes wurden diese **Abgrenzungsprobleme** erkannt[80] und die Beschränkungen auf die medizinische Notversorgung bei Vorliegen chronischer Erkrankungen kontrovers diskutiert.[81] Nach den Gesetzesmaterialien sollen jedoch wegen der voraussichtlich kurzen Aufenthaltsdauer des Ausländers im Bundesgebiet langfristige Therapien nicht unter § 4 Abs. 1 Satz 1 AsylbLG fallen.[82] 40

Mit der Verlängerung des Bezugszeitraums nach den §§ 1, 3 AsylbLG (sog. Vorbezugszeit) durch die Einführung der 36-Monatsfrist i.S.d. § 2 Abs. 1 AsylbLG 1997 bzw. der Erhöhung dieser Frist auf 48 Monate 2007 kommt der **Behandlung chronischer Erkrankungen** bei Grundleistungsbeziehern eine zunehmend wichtige Bedeutung zu. In Abgrenzung zu § 4 Abs. 1 Satz 1 AsylbLG kann sich ein entsprechender Behandlungsanspruch im Einzelfall oder bei einem längeren Aufenthalt in Deutschland als zwei Jahre (vgl. Rn. 24) aus **§ 6 Abs. 1 Satz 1 Alt. 2 AsylbLG** ergeben (vgl. hierzu die Kommentierung zu § 6 AsylbLG Rn. 62 ff.). Dieser Auffangtatbestand ist neben § 4 Abs. 1 Satz 1 AsylbLG stets zu beachten, was in der Praxis teilweise verkannt wird.[83] 41

b. Schmerzzustände

Der **Begriff Schmerzzustände** ist wie der Begriff der akuten Erkrankungen gesetzlich nicht definiert. Unter Rückgriff auf die medizinische Terminologie ist unter einem Schmerzzustand i.S.d. § 4 Abs. 1 Satz 1 AsylbLG ein mit einer aktuellen oder potenziellen Gewebsschädigung verknüpfter unangenehmer Sinnes- und Gefühlszustand zu verstehen, der aus medizinischen Gründen der ärztlichen oder zahnärztlichen Behandlung bedarf.[84] 42

Behandlungsbedürftige Schmerzzustände i.S.d. § 4 Abs. 1 Satz 1 AsylbLG müssen nach ganz h.M.[85] ihrer Natur nach **nicht akut** sein. Dieser Zusatz bezieht sich allein auf das Tatbestandsmerkmal der Erkrankungen, wenngleich die grammatikalische Auslegung der Norm gegen dieses Verständnis spricht.[86] Ohne das Adjektiv „akuter" ist § 4 Abs. 1 Satz 1 AsylbLG im Hinblick auf das Merkmal „Schmerzzustände" sprachlich unvollständig („Zur Behandlung ... Schmerzzustände sind, ..."). Dennoch ist eine entsprechende Auslegung der Norm, dass ein Behandlungsanspruch sowohl bei akuten (z.B. aufgrund von Verletzungen, Zahnschmerzen etc.) als auch bei chronischen Schmerzzuständen (z.B. Migräne, Krebsleiden) besteht, vorzuziehen. Die Unterscheidung nach der chronischen, d.h. langsam wachsenden, oder der unvermittelt auftretenden Natur des Schmerzes kann bei Vorliegen der Symptome nicht maßgeblich sein.[87] 43

c. Leistungsumfang

Der Anspruch nach § 4 Abs. 1 Satz 1 AsylbLG erstreckt sich auf die erforderliche **ärztliche und zahnärztliche Behandlung** einschließlich der Versorgung mit Arznei- und Verbandmitteln und weiterer erforderlicher Versorgungsleistungen. 44

Eine ärztliche oder zahnärztliche Behandlung i.S.d. § 4 Abs. 1 Satz 1 AsylbLG erfolgt durch einen approbierten Arzt und liegt nach den Gesetzgebungsmaterialien auch bei einer Behandlung in einem Krankenhaus vor.[88] Entsprechend den **allgemeinen Regeln des gesetzlichen Krankenversicherungs-** 45

---

[79] Vgl. hierzu *Hohm* in: AsylbLG, § 4 Rn. 31 zu OVG Niedersachsen v. 22.09.1999 - 4 M 3551/99.
[80] Vgl. BT-Drs. 12/4451, S. 9.
[81] BT-Drs. 12/5008, S. 14.
[82] BT-Drs. 12/4451, S. 9.
[83] Vgl. etwa SG Aachen v. 02.06.2008 - S 20 AY 110/08 ER - juris Rn. 16; VG Magdeburg v. 29.10.2003 - 6 A 426/03 - juris Rn. 22.
[84] *Pschyrembel*, Klinisches Wörterbuch, „Schmerz"; *Hohm* in: AsylbLG, § 4 Rn. 29.
[85] Vgl. VGH Baden-Württemberg v. 04.05.1998 - 7 S 920/98 - juris Rn. 24 - FEVS 49, 33; *Hohm* in: AsylbLG, § 4 Rn. 30; *Adolph* in: Adolph/Linhart/Gröschel-Gundermann, SGB II/SGB XII/AsylbLG, § 4 AsylbLG Rn. 8; *Fasselt* in: Fichtner/Wenzel, SGB XII/AsylbLG, § 4 AsylbLG Rn. 3; *Wahrendorf* in: Grube/Wahrendorf, SGB XII, § 4 AsylbLG Rn. 11, 14.
[86] A.A. *Hohm* in: AsylbLG, § 4 Rn. 30; *Wahrendorf* in: Grube/Wahrendorf, SGB XII, § 4 AsylbLG Rn. 11.
[87] Vgl. VGH Baden-Württemberg v. 04.05.1998 - 7 S 920/98 - juris Rn. 24 - FEVS 49, 33.
[88] Vgl. BT-Drs. 12/4451, S. 9; LSG Nordrhein-Westfalen v. 06.05.2013 - L 20 AY 145/11 - juris Rn. 52.

rechts hat die Behandlung nach den Regeln ärztlicher Kunst ausreichend und zweckmäßig zu erfolgen (vgl. § 28 Abs. 1 Satz 1 SGB V). Zudem muss sie wirtschaftlich sein und darf das Maß des Notwendigen nicht überschreiten (vgl. § 12 Abs. 1 SGB V).[89]

46 Neben der Behandlung selbst und den Arznei- und Verbandsmitteln i.S.d. § 31 SGB V sind von dem Leistungsanspruch die sonstigen zur Genesung, zur Besserung oder zur Linderung von Krankheiten oder Krankheitsfolgen erforderlichen Leistungen umfasst. Im Einzelnen kann sich der Leistungsanspruch auf die Gewährung von Heil- und Hilfsmitteln i.S.d. §§ 32, 33 SGB V erstrecken, also auf Dienst- und Sachleistungen (z.B. Massagen, Krankengymnastik oder Seh- und Hörhilfen, Körperersatzstücke). Die erforderlichen Leistungen müssen stets in einem unmittelbaren **Zusammenhang mit der Behandlung der akuten Erkrankung oder der Schmerzzustände** stehen,[90] so dass Heil- und Hilfsmittel grundsätzlich nicht beansprucht werden können, wenn sie den Charakter einer Eingliederungshilfe aufweisen (z.B. Hörgeräte).[91]

47 Zu den sonstigen Leistungen können im Einzelfall auch notwendige Heil- und Genesungskuren, Maßnahmen der häuslichen Krankenpflege sowie erforderliche Fahrtkosten und Sprachmittlerdienste gehören.[92]

48 Der Leistungsanspruch erstreckt sich umfassend auf alle erforderlichen Leistungen **ohne Kostenbeteiligung des Leistungsberechtigten** (Praxisgebühr, Zuzahlungen, Festbeträge etc.).[93] Gesetzlich krankenversicherte Grundleistungsbezieher nach den §§ 1, 3 AsylbLG sind regelmäßig von der Zuzahlungspflicht i.S.d. § 62 SGB V befreit.[94]

2. Versorgung mit Zahnersatz (Satz 2)

49 § 4 Abs. 1 Satz 2 AsylbLG sieht eine **Notversorgung mit Zahnersatz** vor und setzt voraus, dass diese Versorgung im Einzelfall aus medizinischen Gründen unaufschiebbar ist. Eine zahnprothetische Versorgung ist damit nach § 4 Abs. 1 Satz 2 AsylbLG grundsätzlich nicht vorgesehen und kann nur in Ausnahmefällen[95] oder bei einem längeren Aufenthalt in Deutschland als zwei Jahre (vgl. Rn. 24) erfolgen.

50 Bei der Beurteilung der notwendigen Versorgung mit Zahnersatz sind **allein medizinische Gründe maßgeblich**, zu bejahen etwa bei schweren Erkrankungen des Kausystems oder schweren Beeinträchtigungen des Verdauungssystems aufgrund fehlender Zähne.[96]

51 Ob die Versorgung mit Zahnersatz im Einzelfall unaufschiebbar ist, beurteilt sich hingegen nicht allein nach deren medizinischen Notwendigkeit. In zeitlicher Hinsicht ist darauf abzustellen, ob die Versorgung mit Zahnersatz keinen oder zeitlich nur eng begrenzten Aufschub duldet.[97] Von maßgeblicher Bedeutung ist hierbei die **voraussichtliche Aufenthaltsdauer** des Ausländers in Deutschland.

52 Für krankenversicherte Leistungsberechtigte gilt die **Sondervorschrift des § 27 Abs. 1, 2 SGB V**, die bei der Versorgung mit Zahnersatz für einen bestimmten Personenkreis (u.a. Inhaber einer Aufenthaltserlaubnis nach den §§ 24, 25 AufenthG und Asylbewerber) grundsätzlich eine Mindestversicherungsdauer (Wartezeit) von einem Jahr voraussetzt.[98] Sie enthält eine ähnliche Härtefallklausel (§ 27 Abs. 2 Nr. 2 SGB V), nach der ein Versorgungsanspruch besteht, wenn die Behandlung aus medizinischen Gründen ausnahmsweise unaufschiebbar ist; die Anspruchsvoraussetzungen sind durch den Medizinischen Dienst der Krankenkassen zu prüfen, vgl. § 275 Abs. 2 Nr. 5 SGB V.

3. Einzelfälle aus der Rechtsprechung

53 **Zuerkannte Leistungsansprüche** (nach § 4 Abs. 1 AsylbLG bzw. § 6 Abs. 1 AsylbLG):
• Versorgung mit **orthopädischen Schuhen** wegen schmerzhafter Sprunggelenksarthrose,[99]

---

[89] So auch *Hohm* in: Schellhorn/Schellhorn/Hohm, SGB XII, § 4 AsylbLG Rn. 8.
[90] Vgl. BT-Drs. 12/4451, S. 9.
[91] OVG Nordrhein-Westfalen v. 28.07.1994 - 24 B 1290/94 – abgedr. in: AsylbLG VII – zu § 4 Abs. 1 (OVG Nr. 1); vgl. auch *Hohm* in: Schellhorn/Schellhorn/Hohm, § 4 AsylbLG Rn. 15; a.A. *Fasselt* in: Fichtner/Wenzel, SGB XII/AsylbLG, § 4 Rn. 5.
[92] Vgl. hierzu ausführlich *Hohm* in: AsylbLG, § 4 Rn. 72 ff.
[93] Vgl. auch *Classen*, Sozialleistungen für MigrantInnen und Flüchtlinge, 2. Aufl. 2008, Kap. 6.5.2.7, S. 123 f.
[94] BSG v. 22.04.2008 - B 1 KR 5/07 R - SozR 4-2500 § 62 Nr. 5.
[95] Vgl. BT-Drs. 12/4451, S. 9.
[96] Vgl. *Hohm* in: AsylbLG, § 4 Rn. 99 ff., 103.
[97] Vgl. *Hohm* in: Schellhorn/Schellhorn/Hohm, SGB XII, § 4 AsylbLG Rn. 18.
[98] *Follmann* in: jurisPK-SGB V, § 27 SGB V Rn. 89 ff.
[99] VGH Baden-Württemberg v. 04.05.1998 - 7 S 920/98 - FEVS 49, 33.

- Kostenübernahme für **Krankengymnastik und Wärmebehandlung** bei Wirbelsäulenleiden,[100]
- Übernahme der **Behandlungskosten bei schmerzhafter Ureterkolik**,[101]
- Übernahme von **Krankentransportkosten** nur bei einem akuten unaufschiebbaren Behandlungsbedarf,[102]
- Übernahme von **Psychotherapiekosten bei schwerer Depression mit akuter Suizidalität** oder einhergehenden Schmerzen,[103]
- Kostenübernahme für eine chirurgische Behandlung einer Mandelentzündung (nach § 6 Abs. 1 Satz 1 Alt. 2 AsylbLG).[104]

Leistungsablehnungen: 54

- Übernahme von **Psychotherapiekosten** bei (leichter) Depression ohne akuten Charakter,[105]
- Versorgung mit einer **(Lese-)Brille**,[106]
- Übernahme **kieferorthopädischer Behandlungskosten**,[107]
- Übernahme der **Kosten einer Nierentransplantation** bei möglicher Dialysebehandlung,[108]
- Übernahme von **Operationskosten bei Otosklerose** mit einer in einigen Jahren einhergehenden Taubheit,[109]
- **Versorgung mit künstlichen Hüftgelenken** wegen einer **Hüftkopfnekrose** bei möglicher Schmerztherapie,[110]
- Übernahme von Behandlungskosten für die **Implantation eines künstlichen Hüftgelenks** bei einer Hüftkopfnekrose,[111]
- Übernahme der Kosten einer **In-Vitro-Fertilisation** bei ungewollter Kinderlosigkeit.[112]

VI. Leistungen bei Schwangerschaft und Geburt (Absatz 2)

Werdenden Müttern und Wöchnerinnen wird durch § 4 Abs. 2 AsylbLG eine **umfassende und wirksame Hilfe** während der Schwangerschaft sowie bei und nach der Geburt zuteil. Die Regelung ist dem bei Einführung des AsylbLG 1993 geltenden § 38 Abs. 2 BSHG nachgebildet, nach dem die im Einzelnen aufgeführten Hilfen für werdende Mütter und Wöchnerinnen (Satz 1) i.d.R. den Vorschriften über die gesetzliche Krankenversicherung entsprechen sollten (Satz 2). 55

Der **Leistungsumfang** orientiert sich nach der Entstehungsgeschichte der Norm an sozialhilferechtlichen Maßstäben, nun also an den Hilfen nach § 50 SGB XII, die ebenfalls den Leistungen der gesetzlichen Krankenversicherung entsprechen (vgl. § 52 Abs. 1 Satz 1 SGB XII). Insoweit sind bei der Auslegung des § 4 Abs. 2 AsylbLG die §§ 24c ff. SGB V[113], durch die die bis zum 29.10.2012 geltenden §§ 195 ff. RVO in das SGB V integriert worden sind, zu berücksichtigen, jedoch mit den Einschränkungen des § 4 Abs. 2 AsylbLG. 56

Danach kommen als Leistungen nach § 4 Abs. 2 AsylbLG in Betracht 57
- die ärztliche Behandlung und Betreuung sowie Hebammenhilfe (vgl. § 50 Nr. 1 SGB XII, §§ 24c Nr. 1, 24d SGB V),
- die Versorgung mit Arznei-, Verband- und Heilmitteln (vgl. § 50 Nr. 2 SGB XII, §§ 24c Nr. 2, 24e SGB V),
- die ambulante oder stationäre Entbindung, im letzteren Fall einschließlich Unterkunft, Pflege und Verpflegung(vgl. § 50 Nr. 3 SGB XII, §§ 24c Nr. 3, 24f SGB V) und

---

[100] SG Gießen v. 10.08.2006 - S 18 AY 6/06.
[101] VG Lüneburg v. 24.02.2004 - 4 A 162/02.
[102] VGH Bayern v. 11.05.2004 - 12 C 04.621; VG Augsburg v. 12.02.2004 - Au 9 K 03.1215.
[103] OVG Niedersachsen v. 22.09.1999 - 4 M 3551/99; VG Schleswig-Holstein v. 25.07.2006 - 7 A 43/03.
[104] LSG Nordrhein-Westfalen v. 06.05.2013 - L 20 AY 145/11 - juris Rn. 40 ff.
[105] LSG Thüringen v. 22.08.2005 - L 8 AY 383/05 ER; OVG Niedersachsen v. 06.07.2004 - 12 ME 209/04 - SAR 2004, 129-132; VG Düsseldorf v. 02.10.2002 - 11 L 3762/02.
[106] VG Meiningen v. 01.06.2006 - 8 K 560/04.Me.
[107] VG Meiningen v. 23.05.2006 - 8 K 302/03.Me; VG Lüneburg v. 25.09.2001 - 4 A 105/00; VG Hamburg v. 20.08.1998 - 13 VG 2828/98.
[108] OVG Mecklenburg-Vorpommern v. 28.01.2004 - 1 O 5/04 - NVwZ-RR 2004, 902 f.
[109] VG Magdeburg v. 29.10.2003 - 6 A 426/03 (ohne Prüfung der Öffnungsklausel des § 6 AsylbLG).
[110] VG Gera v. 07.08.2003 - 6 K 1849/01.GE.
[111] SG Düsseldorf v. 17.05.2011 - S 42 (19,44,7) AY 2/05 - juris 36 ff.
[112] VG Stade v. 14.03.2002 - 4 A 917/01 - SAR 2002, 106 f.
[113] BGBl I 2012, 2246.

- häusliche Pflegeleistungen (vgl. die §§ 50 Nr. 4, 65 Abs. 1 SGB XII, §§ 24c Nr. 4, 24g SGB V).[114]

58 Die Leistungen nach § 24c Nr. 5 und 6 SGB V (Haushaltshilfe und Mutterschaftsgeld) sind nicht zu erbringen, da sie in § 4 Abs. 2 AsylbLG nicht aufgeführt sind.[115]

59 Leistungen zum **Schwangerschaftsabbruch** fallen nicht unter § 4 Abs. 2 AsylbLG. Ein solcher Anspruch kann nach den §§ 19 ff. des Gesetzes zur Vermeidung und Bewältigung von Schwangerschaftskonflikten (Schwangerschaftskonfliktgesetz – SchKG) bestehen, der inhaltlich dem Anspruch aus dem bis 2012 geltenden Gesetz zur Hilfe für Frauen bei Schwangerschaftsabbrüchen in besonderen Fällen (SchwHG) entspricht (vgl. § 1 Abs. 3 Nr. 1 SchwHG).[116]

VII. Sicherstellungsauftrag und Vergütung (Absatz 3)

60 § 4 Abs. 3 Satz 1 AsylbLG enthält die Verpflichtung der zuständigen Behörde, die in § 4 Abs. 1 AsylbLG genannten Leistungen sicherzustellen (sog. Sicherstellungsauftrag).[117]

61 Der Sicherstellungsauftrag schließt die **Versorgung mit amtlich empfohlenen Schutzimpfungen** ein; diese Empfehlungen erfolgen nach Maßgabe des § 20 Abs. 3 IfSG durch die obersten Landesbehörden. Als Entscheidungshilfe dienen hierbei die Empfehlungen der ständigen Impfkommission am Robert-Koch-Institut (STIKO-Empfehlungen), vgl. § 20 Abs. 2 IfSG.

62 Zusätzlich ist die Versorgung mit **medizinisch gebotenen Vorsorgeuntersuchungen** zu gewährleisten; unter Berücksichtigung des Sinn und Zwecks des AsylbLG, den Lebensunterhalt der Betroffenen nur für einen vorübergehenden Zeitraum auf niedrigem Niveau zu sichern, und der Wertung aus § 4 Abs. 1 AsylbLG sind die medizinischen Vorsorgeleistungen nach § 23 Abs. 1 SGB V nur im beschränkten Umfang zu gewähren.[118] Hierzu zählen **Krebsvorsorgeuntersuchungen** (§ 25 Abs. 2 SGB V) und **Kinderuntersuchungen** (§ 26 SGB V).[119] Untersuchungen zur Schwangerschaftsvorsorge und zur Feststellung der Schwangerschaft sind bereits nach § 4 Abs. 2 AsylbLG zu leisten, vgl. § 196 RVO.

63 Der Sicherstellungsauftrag aus § 4 Abs. 3 Satz 1 AsylbLG verpflichtet die Leistungsbehörde nicht, die Teilnahme an Schutzimpfungen oder Vorsorgeuntersuchungen sicherzustellen; dies regelt ggf. das Ordnungsrecht.[120] Wohl aber hat die Behörde die gesetzlich vorgesehenen Leistungen anzubieten,[121] womit ein **subjektiv-rechtlicher Anspruch des Leistungsberechtigten** auf diese Versorgung einhergeht.[122]

64 Die Norm bietet der Behörde zugleich einen Gestaltungsspielraum, die **freie Arztwahl** – weitergehend als im Sozialhilferecht (vgl. § 52 Abs. 2 SGB XII) bzw. im Recht der gesetzlichen Krankenversicherung – einzuschränken[123] und zu bestimmen, auf welche Weise die erforderliche medizinische Hilfe gewährt wird.[124] Der Sicherstellungsauftrag kann durch Amtsärzte, beauftragte Ärzte oder durch die Ausgabe von Behandlungsscheinen erfüllt werden.[125]

65 Erfolgt die Leistungserbringung durch niedergelassene Ärzte oder Zahnärzte, bestimmt § 4 Abs. 3 Satz 2 AsylbLG, dass sich die Vergütung nach den **Versorgungsverträgen nach § 72 Abs. 2 SGB V** richtet.[126] Nach § 4 Abs. 3 Satz 3 AsylbLG bestimmt die Behörde, welcher Vertrag Anwendung findet.

---

[114] Vgl. *Fasselt* in: Fichtner/Wenzel, SGB XII/AsylbLG, § 4 AsylbLG Rn. 7; a.A. *Birk* in: LPK-SGB XII, § 4 AsylbLG Rn. 6 (ggf. aber nach § 6 AsylbLG); *Decker* in: Oestreicher, SGB XII/SGB II, § 4 AsylbLG Rn. 7.

[115] Vgl. *Birk* in: LPK-SGB XII, § 4 AsylbLG Rn. 6; *Fasselt* in: Fichtner/Wenzel, SGB XII/AsylbLG, § 4 AsylbLG Rn. 7.

[116] *Birk* in: LPK-SGB XII, § 4 AsylbLG Rn. 8.

[117] Vgl. OVG Niedersachsen v. 17.10.2001 - 4 LB 1109/01 - juris Rn. 43 ff.

[118] Vgl. *Adolph* in: Linhart/Adolph/Gröschel-Gundermann, SGB II/SGB XII/AsylbLG, § 4 AsylbLG Rn. 33.

[119] *Hohm* in: Schellhorn/Schellhorn/Hohm, § 4 AsylbLG Rn. 34; *Adolph* in: Linhart/Adolph/Gröschel-Gundermann, SGB II/SGB XII/AsylbLG, § 4 AsylbLG Rn. 33.

[120] BT-Drs. 13/2746, S. 16.

[121] Vgl. BT-Drs. 13/2746, S. 16.

[122] *Hohm* in: Schellhorn/Schellhorn/Hohm, § 4 AsylbLG Rn. 31.

[123] *Deibel*, ZAR 1995, 57, 62; *Wahrendorf* in: Grube/Wahrendorf, SGB XII, Rn. 32 f.; a.A. *Hohm* in: AsylbLG, § 4 Rn. 173 ff.

[124] Vgl. BT-Drs. 12/4451, S. 9; vgl. auch OVG Niedersachsen v. 17.10.2001 - 4 LB 1109/01 - juris Rn. 43 ff.; VG Lüneburg v. 24.02.2004 - 4 A 162/02 - juris Rn. 20.

[125] Vgl. *Birk* in: LPK-SGB XII, § 4 AsylbLG Rn. 7.

[126] Vgl. hierzu das Gutachten des DV v. 15.12.2008 - G 09/06, NDV 2009, 107 f.; vgl. auch BSG v. 17.09.2008 - B 6 KA 48/07 R.

Eine entsprechende Regelung ist für die Vergütung der freiberuflichen **Hebammen** wegen der festen Gebühren nach der Hebammenhilfe-Gebührenverordnung (HebGV) nicht erforderlich.[127]

66

VIII. Rechtstatsachen

Eine sehr **detaillierte Darstellung der Leistungsgewährung** in der Praxis, u.a. aufgeschlüsselt nach den Leistungen gem. §§ 3, 4 und 6 AsylbLG, erfolgte seitens der Bundesregierung im April 2008 (letzter Stand: 31.12.2006).[128] Danach betrugen die Bruttoausgaben der Länder für die Leistungen nach § 4 AsylbLG im Jahr 2006 225,6 Mio. €, was einem Anteil am Gesamtausgabenvolumen von 19,4% entspricht.[129] Die Ausgaben verringerten sich bis zum Berichtsjahr 2009 auf ca. 14 Mio. € (Anteil am Gesamtausgabenvolumen von 16,85%).[130]

67

Entgegen der **Kritik von Wohlfahrtsverbänden, Flüchtlingsinitiativen und der ev. und kath. Kirche**[131] soll eine unzureichende medizinische Versorgung von Grundleistungsberechtigten in der Praxis aufgrund fehlerhafter Einschätzungen von Sachbearbeitern und Schwierigkeiten bei der Versorgung traumatisierter Flüchtlinge nach den Auskünften der Länder „grundsätzlich" nicht bekannt sein; problematische Einzelfälle seien nicht verallgemeinerbar.[132] Die Kritik wegen bestehender Versorgungs- und Finanzierungslücken ebbt aber nicht ab.[133]

68

C. Praxishinweise

Die Notversorgung im Krankheitsfall nach § 4 Abs. 1 AsylbLG entspricht in ihrer leistungsrechtlichen Beurteilung nicht den Maßstäben des gesetzlichen Krankenversicherungsrechts (SGB V). Daneben ist stets die mögliche **Versorgung von chronischen Erkrankungen nach § 6 Abs. 1 Satz 1 Alt. 2 AsylbLG** zu beachten (vgl. hierzu die Kommentierung zu § 6 AsylbLG Rn. 62 ff.); dies wird in der Praxis teilweise verkannt.[134]

69

Die leistungsrechtliche Bewertung von Krankheitszuständen nach den §§ 4, 6 AsylbLG ist Amtsärzten oder behandelnden Ärzten zumeist unbekannt; aus diesem Grund ist bei der **Einholung von (amts-)ärztlichen Stellungnahmen** Sorgfalt geboten.[135] Über die tatbestandlichen Voraussetzungen des § 4 Abs. 1 Satz 1 AsylbLG (akute Erkrankungen, Schmerzzustände) hinaus sollten auch die Schwere und das Ausmaß einer ggf. vorliegenden chronischen Erkrankung ermittelt werden, zudem die drohenden Gesundheitsfolgen bei Ablehnung der Behandlung (kurz- und längerfristige Prognose). Entsprechendes gilt für **Beweisanordnungen im gerichtlichen Verfahren**, damit im Einzelfall (auch) über einen Behandlungsanspruch nach § 6 Abs. 1 Satz 1 Alt. 2 AsylbLG entschieden werden kann.

70

Für Leistungsberechtigte empfiehlt es sich, bei behandelnden Ärzten auf eine **möglichst genaue Dokumentation ihres Krankheitszustands** nach den obigen Kriterien hinzuwirken.

71

Schwere und Ausmaß einer Erkrankung können auch bei der **Beurteilung eines rechtsmissbräuchlichen Verhaltens i.S.d. § 2 Abs. 1 AsylbLG** Bedeutung erlangen. Ausnahmsweise kann nämlich ein zur rechtsmissbräuchlichen Selbstbeeinflussung der Aufenthaltsdauer in Deutschland abstrakt geeignetes Verhalten i.S.d. § 2 Abs. 1 AsylbLG im Einzelfall unerheblich sein, wenn es sich auf den weiteren Verbleib des Ausländers in Deutschland konkret-individuell nicht auswirken konnte.[136] Dies kann

72

---

[127] Vgl. *Adolph* in: Linhart/Adolph/Gröschel-Gundermann, SGB II/SGB XII/AsylbLG, § 4 AsylbLG Rn. 39.
[128] BT-Drs. 16/9018.
[129] BT-Drs. 16/9018, S. 5.
[130] Vgl. BT-Drs. 17/3660, Anhang.
[131] Vgl. A-Drs. 16(11)1350, S. 13, 16 f., 20.
[132] BT-Drs. 16/9018, S. 27.
[133] Vgl. etwa BT-Drs. 17/13461, dazu auch die Stellungnahme der Bundesweiten Arbeitsgemeinschaft der Psychosozialen Zentren für Flüchtlinge und Folteropfer (BAfF e.V.) vom 20.06.2013 (www.baff-zentren.org/wp-content/uploads/2013/08/Stellungnahme-BAfF-Kleine-Anfrage.pdf, zuletzt abgerufen am 10.04.2014); zur Frage der Finanzierung vgl. auch *Zentrale Ethikkommission bei der Bundesärztekammer*, Deutsches Ärzteblatt 2013, A 899, A901 www.bundesaerztekammer.de/downloads/Stellungnahme.pdf, abgerufen am 10.04.2014).
[134] SG Aachen v. 02.06.2008 - S 20 AY 110/08 ER - juris Rn. 16; VG Magdeburg v. 29.10.2003 - 6 A 426/03 - juris Rn. 22.
[135] Vgl. auch *Classen*, Sozialleistungen für MigrantInnen und Flüchtlinge, 2. Aufl. 2008, Kap. 6.5.2.6, S. 122 f.
[136] BSG v. 17.06.2008 - B 8/9b AY 1/07 R - juris Rn. 44 - BSGE 101, 49, 68; BSG v. 02.02.2010 - B 8 AY 1/08 R - juris Rn. 12.

bei der unmöglichen Ausreise aus dem Bundesgebiet wegen fehlender Reisefähigkeit aus Gesundheitsgründen oder bei psychischen Erkrankungen wegen der Gefahr der Retraumatisierung im Heimatland der Fall sein.[137]

---

[137] Vgl. auch *Classen*, Sozialleistungen für MigrantInnen und Flüchtlinge, 2. Aufl. 2008, Kap. 6.5.2.6, S. 123.

§ 5 AsylbLG Arbeitsgelegenheiten

(Fassung vom 30.07.2004, gültig ab 01.01.2005)

(1) ¹In Aufnahmeeinrichtungen im Sinne des § 44 des Asylverfahrensgesetzes und in vergleichbaren Einrichtungen sollen Arbeitsgelegenheiten insbesondere zur Aufrechterhaltung und Betreibung der Einrichtung zur Verfügung gestellt werden; von der Bereitstellung dieser Arbeitsgelegenheiten unberührt bleibt die Verpflichtung der Leistungsberechtigten, Tätigkeiten der Selbstversorgung zu erledigen. ²Im übrigen sollen soweit wie möglich Arbeitsgelegenheiten bei staatlichen, bei kommunalen und bei gemeinnützigen Trägern zur Verfügung gestellt werden, sofern die zu leistende Arbeit sonst nicht, nicht in diesem Umfang oder nicht zu diesem Zeitpunkt verrichtet werden würde.

(2) Für die zu leistende Arbeit nach Absatz 1 Satz 1 erster Halbsatz und Absatz 1 Satz 2 wird eine Aufwandsentschädigung von 1,05 Euro je Stunde ausgezahlt.

(3) Die Arbeitsgelegenheit ist zeitlich und räumlich so auszugestalten, daß sie auf zumutbare Weise und zumindest stundenweise ausgeübt werden kann.

(4) ¹Arbeitsfähige, nicht erwerbstätige Leistungsberechtigte, die nicht mehr im schulpflichtigen Alter sind, sind zur Wahrnehmung einer zur Verfügung gestellten Arbeitsgelegenheit verpflichtet. ²Bei unbegründeter Ablehnung einer solchen Tätigkeit besteht kein Anspruch auf Leistungen nach diesem Gesetz. ³Der Leistungsberechtigte ist vorher entsprechend zu belehren.

(5) ¹Ein Arbeitsverhältnis im Sinne des Arbeitsrechts und ein Beschäftigungsverhältnis im Sinne der gesetzlichen Kranken- und Rentenversicherung werden nicht begründet. ²§ 61 Abs. 1 des Asylverfahrensgesetzes sowie asyl- und ausländerrechtliche Auflagen über das Verbot und die Beschränkung einer Erwerbstätigkeit stehen einer Tätigkeit nach den Absätzen 1 bis 4 nicht entgegen. ³Die Vorschriften über den Arbeitsschutz sowie die Grundsätze der Beschränkung der Arbeitnehmerhaftung finden entsprechende Anwendung.

Gliederung

A. Basisinformationen 1	1. Verpflichteter Personenkreis (Satz 1) 44
I. Textgeschichte/Gesetzgebungsmaterialien 1	a. Leistungsberechtigte 44
II. Vorgängervorschriften 5	b. Arbeitsfähigkeit 45
III. Parallelvorschriften und Konkurrenzen 6	c. Fehlende Erwerbstätigkeit 47
IV. Systematische Zusammenhänge 9	d. Altersgrenzen (Überschreiten des schulpflichtigen Alters) 48
V. Ausgewählte Literaturhinweise 13	2. Zur Verfügung gestellte Arbeitsgelegenheit (Satz 1) 51
B. Auslegung der Norm 14	3. Vorherige Belehrung (Satz 3) 56
I. Regelungsgehalt und Bedeutung der Norm 14	4. Unbegründete Ablehnung (Satz 2) 57
II. Normzweck 17	VII. Rechtsfolgen 63
III. Schaffung von Arbeitsgelegenheiten (Absatz 1) 22	1. Anspruchsverlust bei unbegründeter Ablehnung (Absatz 4 Satz 2) 63
1. Arbeitsgelegenheiten in Einrichtungen (Satz 1) 24	2. Aufwandsentschädigung (Absatz 2) 66
2. Zusätzliche Arbeitsgelegenheiten (Satz 2) 27	3. Entsprechende Anwendung von arbeitsschutz- und haftungsrechtlichen Regelungen (Absatz 5 Satz 3) 70
IV. Ausgestaltung der Arbeitsgelegenheit (Absatz 3) 30	VIII. Rechtstatsachen 71
V. Rechtsnatur der Arbeitsgelegenheit (Absatz 5) 38	**C. Praxishinweise** 72
VI. Pflicht zur Wahrnehmung einer Arbeitsgelegenheit und unbegründete Ablehnung (Absatz 4) 43	

§ 5 AsylbLG

A. Basisinformationen

I. Textgeschichte/Gesetzgebungsmaterialien

1 § 5 AsylbLG trat mit Erlass des AsylbLG am **01.11.1993** in Kraft.[1] Im ursprünglichen Regierungsentwurf[2] sollten die Regelungen als § 4 AsylbLG in das Gesetz aufgenommen werden. Der Entwurf wurde im Gesetzgebungsverfahren um den 2. Halbsatz des Absatzes 1 (Tätigkeiten der Selbstversorgung) und durch die Aufnahme der staatlichen Träger in Absatz 1 Satz 2 ergänzt.[3]

2 Mit dem ersten Änderungsgesetz zum AsylbLG vom 26.05.1997[4] wurde die seit dem **01.06.1997** geltende Fassung des **§ 5 Abs. 5 Satz 3 AsylbLG** eingeführt, nach der auch die Grundsätze der Beschränkung der Arbeitnehmerhaftung für entsprechend anwendbar erklärt wurden.[5]

3 Nach der bis zum 30.08.1998 geltenden Fassung des **§ 5 Abs. 4 AsylbLG** war bei der unbegründeten Ablehnung einer Arbeitsgelegenheit nur eine Kürzung des Taschengeldbetrags nach § 3 Abs. 1 Satz 4 AsylbLG vorgesehen. Die drohende Rechtsfolge wurde durch das Zweite Änderungsgesetz zum AsylbLG vom 25.08.1998[6] mit Wirkung zum **01.09.1998** verschärft (Anspruchsverlust) und Satz 2 der Vorschrift infolgedessen durch zwei Sätze ersetzt.

4 Mit dem Gesetz zur Steuerung und Begrenzung der Zuwanderung und zur Regelung des Aufenthalts und der Integration von Unionsbürgern und Ausländern (Zuwanderungsgesetz) vom 30.07.2004[7] wies der Gesetzgeber die Aufwandsentschädigung nach **§ 5 Abs. 2 AsylbLG** mit Wirkung zum **01.01.2005** in Euro aus, indem er den Betrag von zuvor 2 DM durch den Wert 1,05 € ersetzte. Die bereits mit Wirkung zum 01.01.2003 beabsichtigte Euroumstellung scheiterte an der Nichtigkeit des Zuwanderungsgesetzes vom 20.06.2002.[8]

II. Vorgängervorschriften

5 § 5 AsylbLG ist den bis zum 31.12.2004 geltenden **§§ 18-20, 25 BSHG** nachgebildet, nach denen auch im damaligen Sozialhilferecht der Auftrag zur Schaffung von Arbeitsgelegenheiten galt (§ 19 Abs. 1 BSHG). Zur Vermeidung des Abbaus von Planstellen und der Verdrängung von regulären Arbeitskräften mussten die zu verrichtenden Tätigkeiten „zusätzlich" sein (§ 19 Abs. 2 Satz 1 HS. 2 BSHG); dieses Erfordernis wurde in § 5 Abs. 1 Satz 2 AsylbLG sinngemäß übernommen. Die Ablehnung einer zumutbaren (§ 18 Abs. 3 BSHG) Arbeitsgelegenheit führte zum Verlust des Leistungsanspruchs (§ 25 Abs. 1 BSHG). Diese Vorschrift war Anlass für die Verschärfung der Rechtsfolgen in § 5 Abs. 4 AsylbLG zum 01.09.1998,[9] weil der Gesetzgeber die Kürzung des Taschengeldbetrags nicht als ausreichend erachtete und eine Gleichstellung von Leistungsberechtigten nach dem AsylbLG mit denjenigen nach dem BSHG verfolgte.[10] Die Arbeitsgelegenheit zu gemeinnütziger und zusätzlicher Arbeit gegen Mehraufwandsentschädigung (§ 19 Abs. 2 HS. 1 Alt. 2 BSHG) begründete nach ihrer Rechtsnatur kein sozialversicherungspflichtiges Arbeitsverhältnis (§ 19 Abs. 3 Satz 1 BSHG);[11] diese Regelung entspricht § 5 Abs. 3 Satz 1 AsylbLG.

III. Parallelvorschriften und Konkurrenzen

6 Auch in dem seit dem 01.01.2005 geltenden **Sozialhilferecht** besteht nach dem 2. und 3. Kapitel des SGB XII die Möglichkeit, dass der Leistungsanspruch von der Aufnahme einer zumutbaren Tätigkeit abhängt. Nach **§ 39a Abs. 1 SGB XII** mindert sich der maßgebende Regelsatz stufenweise bei der Ablehnung der Aufnahme einer Tätigkeit oder der Teilnahme an einer erforderlichen Vorbereitung, zu der

---

[1] BGBl I 1993, 1074.
[2] BT-Drs. 12/4451, S. 3.
[3] BT-Drs. 12/5008, S. 7.
[4] BGBl I 1997, 1130.
[5] Vgl. BT-Drs. 13/2746, S. 16.
[6] BGBl I 1998, 2505.
[7] BGBl I 2004, 1950, 2001.
[8] BGBl I 2002, 1946; vgl. BVerfG v. 18.12.2002 - 2 BvF 1/02 - BVerfGE 106, 310-351 = NJW 2003, 339-344.
[9] BGBl I 1998, 2505.
[10] BT-Drs. 13/10155, S. 5.
[11] BVerwG v. 15.02.1961 - V C 105.60 - BVerwGE 12, 64, 65-67; BVerwG v. 13.10.1983 - 5 C 66/82 - BVerwGE 68, 97, 99 = NVwZ 1984, 243; BAG v. 14.01.1987 - 5 AZR 166/85 - NVwZ 1988, 966 f.

der Leistungsberechtigte verpflichtet ist. Diese Verpflichtung kann sich bei einer möglichen Einkommenserzielung aus Erwerbstätigkeit nach § 11 Abs. 3 Satz 4 SGB XII ergeben, es sei denn, die Tätigkeit ist nicht zumutbar nach § 11 Abs. 4 SGB XII.

§ 39a SGB XII i.V.m. § 11 SGB XII ist bei **Leistungsberechtigten nach § 2 Abs. 1 AsylbLG** entsprechend anwendbar, nicht hingegen bei Grundleistungsbeziehern nach den §§ 1, 3 AsylbLG.[12] Soweit Leistungsberechtigten nach § 2 Abs. 1 AsylbLG die Ausübung einer Beschäftigung nicht erlaubt ist, wird teilweise § 5 AsylbLG gegenüber § 39a SGB XII als speziellere Vorschrift angesehen.[13] Hiergegen spricht aber bereits der eindeutige Wortlaut des § 2 Abs. 1 AsylbLG („abweichend von den §§ 3 bis 7"), so dass § 5 AsylbLG auf sog. Analog-Leistungsberechtigte nach § 2 Abs. 1 AsylbLG nicht anzuwenden ist.[14] Diese Konstellation dürfte ohnehin nur in Ausnahmefällen vorliegen, weil diese Personengruppe regelmäßig berechtigt ist, eine Erwerbstätigkeit aufzunehmen. Inhaber einer Aufenthaltserlaubnis i.S.d. § 1 Abs. 1 Nr. 3 AsylbLG sind nach §§ 39 Abs. 1, 42 AufenthG i.V.m. § 31 Beschäftigungsverordnung (BeschV) auch ohne Zustimmung der Bundesagentur für Arbeit zur Aufnahme einer Erwerbstätigkeit berechtigt. Geduldete (§ 1 Abs. 1 Nr. 4 AsylbLG) und Inhaber einer Aufenthaltsgestattung (§ 1 Abs. 1 Nr. 1 AsylbLG) können bereits nach einem Jahr – mit Zustimmung der Bundesagentur für Arbeit – Zugang zum deutschen Arbeitsmarkt erhalten (vgl. § 32 Abs. 1, 4 BeschV), spätestens aber, wenn sie sich seit vier Jahren ununterbrochen erlaubt, geduldet oder mit einer Aufenthaltsgestattung im Bundesgebiet aufhalten (vgl. § 32 Abs. 3 BeschV). Gerade vor diesem Hintergrund[15] erfolgte die Verlängerung der Vorbezugszeit nach § 2 Abs. 1 AsylbLG auf 48 Monate zum 28.08.2007.[16]

7

Im **Leistungsrecht nach dem SGB II** ist die Schaffung von Arbeitsgelegenheiten gegen Mehraufwandsentschädigung ebenfalls vorgesehen (sog. Ein-Euro-Job). Bei der Ablehnung einer solchen Arbeitsgelegenheit ohne wichtigen Grund kann der Leistungsanspruch gemindert sein (§ 31 Abs. 1 Nr. 2 SGB II); der Begriff der **Arbeitsgelegenheit** ist in **§ 16d SGB II** näher definiert. Zur Vermeidung des Abbaus von Planstellen durch staatlich geförderte Arbeitsmaßnahmen greift diese Norm – wie auch § 5 Abs. 1 Satz 2 AsylbLG – auf das allgemeine Erfordernis der Zusätzlichkeit zurück, vgl. auch § 261 Abs. 2 SGB III in der bis zum 31.03.2012 geltenden Fassung[17], nun § 16d Abs. 2 Satz 1 SGB II (zum Begriff der Zusätzlichkeit vgl. Rn. 27 ff.).

8

IV. Systematische Zusammenhänge

Die „**Pflicht**" **zur Aufnahme zumutbarer Arbeit** (besser Obliegenheit) ist im Falle des Bezugs staatlicher Fürsorgeleistungen seit jeher von grundlegender Bedeutung.[18] Das Instrument findet sich in den entsprechenden Leistungsgesetzen (SGB II, SGB XII, BSHG, AsylbLG) wieder (vgl. Rn. 5-8). In systematischer Hinsicht werden bzw. wurden (BSHG) durch diese Leistungsgesetze jedoch unterschiedliche Ziele verfolgt.

9

Die als „Hilfe zur Arbeit" konzipierte Leistung bzw. Verpflichtung des Leistungsberechtigten nach den §§ 18-20 BSHG diente nicht nur der **Verringerung der Hilfebedürftigkeit** nach dem Nachranggrundsatz aus § 2 BSHG, sondern auch der Hilfe zur Selbsthilfe im Sinne der **Eingliederung in den Arbeitsmarkt** (vgl. insb. § 20 BSHG).[19] Insoweit wurde stets die Bedeutung von „Arbeiten als solches" als Mittel hervorgehoben, „einen Hilfeempfänger in seinem Selbsthilfestreben zu unterstützen und ihm Gelegenheit zur **Entfaltung seiner Persönlichkeit** zu geben, ein wesentliches Kriterium für ein Leben,

10

---

[12] *Gröschel-Gundermann* in: Linhart/Adolph/Gröschel-Gundermann, SGB II/SGB XII/AsylbLG, § 5 AsylbLG Rn. 9; zu § 2 Abs. 1 AsylbLG als Rechtsfolgenverweisung vgl. *Hohm* in: AsylbLG, § 2 Rn. 94 ff. m.w.N.

[13] So *Gröschel-Gundermann* in: Linhart/Adolph/Gröschel-Gundermann, SGB II/SGB XII/AsylbLG, § 5 AsylbLG Rn. 10; *Birk* in: LPK-SGB XII, § 5 AsylbLG Rn. 1.

[14] So auch *Hohm* in: AsylbLG, § 5 AsylbLG Rn. 41; *Fasselt* in: Fichtner/Wenzel, SGB XII/AsylbLG, § 5 AsylbLG Rn. 4; *Herbst* in: Mergler/Zink, SGB XII/AsylbLG, § 5 AsylbLG Rn. 2; a.A. *Birk* in: LPK-SGB XII, § 5 AsylbLG Rn. 1.

[15] Vgl. BT-Drs. 16/5065, S. 232; vgl. hierzu auch BSG v. 17.06.2008 - B 8/9b AY 1/07 R - BSGE 101, 49, 57 = SozR 4-3520 § 2 Nr. 2.

[16] BGBl I 2007, 1970.

[17] BGBl I 2003, 2848.

[18] Vgl. BVerwG v. 31.01.1968 - V C 22.67 - BVerwGE 29, 99, 101; vgl. hierzu *Knickrehm* in: Arbeitsmarktpolitik in der Krise, 2010, S. 27 ff.; vgl. allgemein *Stolleis*, Geschichte des Sozialrechts in Deutschland, 2003, S. 216-218.

[19] Vgl. hierzu BVerwG v. 26.01.2000 - 6 P 2/99 - BVerwGE 110, 287, 290-292 = NVwZ 2000, 1182 f.; OVG Rheinland-Pfalz v. 18.11.2004 - 12 A 11512/04 - FEVS 56, 534 ff.

das der Würde des Menschen entspricht".[20] Dieses **Ideal von „Arbeit und Würde"**[21] erfuhr im Hinblick auf die Pflicht zur gemeinnützigen Arbeit gegen Mehraufwandsentschädigung (§ 19 Abs. 2 HS. 1 Alt. 1 BSHG) besondere **Kritik**,[22] die sich im Kern auch auf die Herausbildung eines von der Arbeitsförderung entrückten Bereichs der von sozialen Diensten und Einrichtungen getragenen Gemeinschaftsarbeit erstreckte.[23] Dieser Kritik ist das BVerwG mit der Begründung entgegengetreten, dass die Zuweisung gemeinnütziger und zusätzlicher Arbeit zumindest mittelbar zur Selbsthilfe führe, weil durch sie der Arbeitsentwöhnung vorgebeugt und der Hilfebedürftige auf die Übernahme einer Erwerbstätigkeit vorbereitet werden könne, die ihn dann befähige, schließlich unabhängig von Sozialhilfe zu leben.[24]

11   Mit der grundlegenden **Neuordnung des Grundsicherungsrechts** (Zusammenführung von Arbeitslosenhilfe und Sozialhilfe) durch das Vierte Gesetz für moderne Dienstleistungen am Arbeitsmarkt vom 24.12.2004 (Hartz IV)[25] und der Einführung des SGB II und des SGB XII ist das systematisch maßgebliche **Abgrenzungskriterium der Erwerbsfähigkeit** (vgl. § 8 Abs. 1 SGB II, § 21 Satz 1 SGB XII) eingeführt worden. Das systematische Verständnis der Zuweisung einer **Arbeitsgelegenheit als Förderleistung** (Eingliederungsleistung nach § 16d SGB II) ist im Leistungsrecht nach dem SGB II als vorrangig übernommen worden, nämlich als Leistung, die die Erwerbsfähigkeit des Hilfebedürftigen erhalten, verbessern oder wiederherstellen soll (vgl. § 1 Abs. 2 Satz 4 Nr. 2 SGB II).[26] Demgegenüber ist die Verpflichtung zur Aufnahme einer zumutbaren Tätigkeit nach § 11 Abs. 3 Satz 4 SGB XII vor dem Hintergrund des **Nachranggrundsatzes nach § 2 Abs. 1 SGB XII** so zu verstehen, dass auch Erwerbsunfähige (z.B. vollerwerbsgeminderte Zeitrentner[27]) nach ihren Kräften zur Verringerung ihrer Hilfebedürftigkeit beitragen müssen.[28]

12   Die systematische Abgrenzung nach der **Erwerbsfähigkeit** des Leistungsberechtigten ist **für § 5 AsylbLG ohne Belang**. Es ist nicht beabsichtigt, die voraussichtlich nur vorübergehend in Deutschland lebenden Leistungsberechtigten nach dem AsylbLG in den hiesigen Arbeitsmarkt durch die Schaffung von Arbeitsgelegenheiten zu integrieren.[29] Es besteht auch **kein Anspruch auf Arbeitsförderungsleistungen**.[30] Gleichwohl ist § 5 AsylbLG innerhalb des Gesetzes zwischen den Leistungen bei Krankheit, Schwangerschaft und Geburt (§ 4 AsylbLG) und den sonstigen Leistungen (§ 6 AsylbLG) verortet; insoweit ist die Zuweisung einer Arbeitsgelegenheit nicht nur als **Verpflichtung**, sondern auch als **Leistung** bzw. als Möglichkeit zu verstehen, sich zu betätigen und die gegenwärtige Situation in begrenztem Maße selbst zu gestalten und finanziell zu verbessern[31] (vgl. auch zum Normzweck Rn. 17 ff.).

V. Ausgewählte Literaturhinweise

13   *Deibel*, Asylbewerberleistungsrecht aktuell: – Zwischen Bundesverfassungsgericht und gesetzlicher Neuregelung –, Sozialrecht aktuell 2013, 103-110; *Deibel*, Leistungseinschränkungen im Asylbewerberleistungsrecht, ZFSH/SGB 2013, 249-255; *Friehe*, Rechtliche Probleme um den „Arbeitseinsatz" von Asylbewerbern, NVwZ 1983, 382-388; *Füglein/Lagardère*, Die Aufhebung des Arbeitsverbotes für Asylbewerber, ZAR 2013, 282-285; Gutachten G71/81, 2610 des Deutschen Vereins für öffentli-

---

[20] BVerwG v. 10.02.1983 - 5 C 115/81 - BVerwGE 67, 1, 5 = NVwZ 1983, 410, 411; BVerwG v. 13.10.1983 - 5 C 66/82 - BVerwGE 68, 91, 95 = NVwZ 1984, 241, 242 (jeweils unter Bezugnahme auf das Gutachten des Deutschen Vereins für öffentliche und private Fürsorge vom 25.03.1981, NDV 1981, 170 f.).

[21] Nach der Rechtsprechung des BVerfG dient Arbeit auch der Entfaltung der Persönlichkeit und der Achtung und Selbstachtung, vgl. BVerfG v. 27.04.1999 - BvR 2203/93, 1 BvR 897/95 - juris Rn. 55 - BVerfGE 100, 271, 284 und BVerfG v. 03.04.2001 - 1 BvL 32/97 - juris Rn. 50 - BVerfGE 103, 293, 307.

[22] Vgl. *Münder*, NVwZ 1984, 206, 209-211 m.w.N.

[23] *Neumann*, NVwZ 1995, 426, 432.

[24] BVerwG v. 10.02.1983 - 5 C 115/81 - NVwZ 1983, 410, 411; BVerwG v. 13.10.1983 - 5 C 66/82.

[25] BGBl I 2003, 2954.

[26] Vgl. BSG v. 16.12.2008 - B 4 AS 60/07 R - BSGE 102, 201, 205-208 = SozR 4-4200 § 16 Nr. 4.

[27] BR-Drs. 559/03, S. 197.

[28] *Schellhorn* in: Schellhorn/Schellhorn/Hohm, SGB XII, § 39 Rn. 3.

[29] Vgl. BSG v. 13.11.2008 - B 14 AS 24/07 R - BSGE 102, 60, 66 f. = NVwZ-RR 2009, 638, 640 f.; vgl. auch *Hohm* in: AsylbLG, § 5 Rn. 2 f.; *Gröschel-Gundermann* in: Linhart/Adolph/Gröschel-Gundermann, SGB II/SGB XII/AsylbLG, § 5 AsylbLG Rn. 1.

[30] BSG v. 13.11.2008 - B 14 AS 24/07 R - BSGE 102, 60, 67 f. = NVwZ-RR 2009, 638, 641.

[31] Vgl. *Deibel*, NWVBL 1993, 441, 444 f.

che und private Fürsorge vom 25.03.1981, Zur Hilfe zur Arbeit für Asylbewerber, NDV 1981, 170-171; *Münder*, Arbeitsverpflichtung für Sozialhilfeempfänger?, NVwZ 1984, 206-210; *Neumann*, Menschenwürde und Existenzminimum, NVwZ 1995, 426-432.

B. Auslegung der Norm

I. Regelungsgehalt und Bedeutung der Norm

Die Schaffung von Arbeitsgelegenheiten für Leistungsberechtigte nach dem AsylbLG ist vor dem Hintergrund des allgemeinen **Nachranggrundsatz**es steuerfinanzierter Fürsorgeleistungen zu verstehen (vgl. § 2 Abs. 1 SGB XII) und dient nicht der Eingliederung der regelmäßig nur vorübergehend in Deutschland lebenden Betroffenen in den hiesigen Arbeitsmarkt. Gleichwohl wird die mögliche **Ergänzung der staatlichen Leistungen** durch die mit der Arbeitsgelegenheit verbundene Mehraufwandsentschädigung und die Möglichkeit zur sinnvollen Betätigung vielfach gern in Anspruch genommen.[32]   14

Die Norm sieht auf Seiten der Leistungsträger nach dem AsylbLG die Pflicht zur Schaffung von Arbeitsgelegenheiten vor (Absatz 1), auf Seiten der Leistungsberechtigten die Pflicht zur Wahrnehmung der zur Verfügung gestellten Arbeitsgelegenheit (Absatz 4 Satz 1) gegen Mehraufwandsentschädigung (Absatz 2). Die Vorschrift enthält ferner Regelungen über die Ausgestaltung der Arbeitsgelegenheiten (Absatz 3) und über deren Rechtsnatur (Absatz 5 Satz 1).   15

Als mögliche **Rechtsfolgen** sind die Gewährung einer Aufwandsentschädigung (Absatz 2) und im Falle der unbegründeten Ablehnung einer Arbeitsgelegenheit der Verlust des Leistungsanspruchs nach dem AsylbLG (Absatz 4 Satz 2) vorgesehen sowie die entsprechende Anwendung der Vorschriften über den Arbeitsschutz und die Grundsätze der beschränkten Arbeitnehmerhaftung (Absatz 5 Satz 3).   16

II. Normzweck

Mit der Schaffung von Arbeitsgelegenheiten sollte das nach § 3 Abs. 1 AsylbLG geltende Sachleistungsprinzip im Sinne einer **vermehrten selbstversorgenden Tätigkeit** ergänzt werden.[33] Mit den zugewiesenen Tätigkeiten und der einhergehenden Aufwandsentschädigung nach § 5 Abs. 2 AsylbLG wird Grundleistungsberechtigten nach den §§ 1, 3 AsylbLG auch ermöglicht, sich zu betätigen und ihre gegenwärtige Situation in begrenztem Maße selbst zu gestalten und finanziell zu verbessern.[34]   17

Während im Leistungsrecht nach dem **SGB II** eine Arbeitsgelegenheit i.S.d. § 16d SGB II nach dem gesetzgeberischen Willen eine **Förderungsleistung** darstellt, die die Erwerbsfähigkeit des Hilfebedürftigen erhalten, verbessern oder wiederherstellen soll (vgl. § 1 Abs. 2 Satz 4 Nr. 2 SGB II),[35] verfolgt § 5 AsylbLG diesen Zweck gerade nicht (vgl. Rn. 9-12). Leistungsberechtigte nach dem AsylbLG sollen wegen ihres ungesicherten Aufenthaltsstatus und des voraussichtlich nur vorübergehenden Aufenthalts in Deutschland **nicht in den hiesigen Arbeitsmarkt integriert werden**.[36] Aus § 5 AsylbLG lässt sich auch nicht die Pflicht von Leistungsberechtigten herleiten, eine „reguläre" Arbeit aufzunehmen.[37]   18

Neben der Förderung der eigenverantwortlichen Lebensführung sieht § 5 AsylbLG die Erledigung von Arbeiten in bestimmten Einrichtungen und bei staatlichen, kommunalen oder gemeinnützigen Trägern auch **als „Gegenleistung" für staatliche Leistungen** vor.[38] Damit steht die Norm in der Tradition, einen Anspruch auf Fürsorgeleistungen von der Verpflichtung zur Arbeit abhängig zu machen.[39] Insbesondere die Arbeitsgelegenheiten in Einrichtungen nach § 5 Abs. 1 Satz 1 AsylbLG bezwecken auch eine Senkung der Kosten, die ansonsten durch den Einsatz regulärer Arbeitskräfte beim Betrieb der Einrichtungen entstehen würden.   19

---

[32] Vgl. *Friehe*, NVwZ 1983, 382, 388; vgl. *Hohm* in: AsylbLG, § 5 Rn. 4.

[33] BT-Drs. 12/4451, S. 9.

[34] *Hohm* in: AsylbLG, § 5 Rn. 4; vgl. auch das Gutachten G71/81, 2610 des DV, NDV 1981, 170 f.

[35] Vgl. hierzu auch BSG v. 16.12.2008 - B 4 AS 60/07 R - BSGE 102, 201, 205-208 = SozR 4-4200 § 16 Nr. 4 m.w.N.

[36] BSG v. 13.11.2008 - B 14 AS 24/07 R - BSGE 102, 60, 66 f. = NVwZ-RR 2009, 638, 640 f.; vgl. auch *Hohm* in: AsylbLG, § 5 Rn. 2 f.; *Gröschel-Gundermann* in: Linhart/Adolph/Gröschel-Gundermann, SGB II/SGB XII/AsylbLG, § 5 AsylbLG Rn. 1.

[37] Vgl. *Classen* in: Sozialleistungen für MigrantInnen und Flüchtlinge, 2. Aufl 2008, Kap. 6.5.3, S. 126.

[38] *Fasselt* in: Fichtner/Wenzel, SGB XII/AsylbLG, § 5 AsylbLG Rn. 1.

[39] Vgl. *Knickrehm* in: Arbeitsmarktpolitik in der Krise, 2010, S. 27 ff.; vgl. allgemein *Stolleis*, Geschichte des Sozialrechts in Deutschland, 2003, S. 216-218.

§ 5 AsylbLG

20 § 5 AsylbLG verstößt nicht gegen **Art. 12 Abs. 2, 3 GG (Zwangsarbeit)** oder gegen das ILO-Übereinkommen Nr. 29 und Nr. 105 über das Verbot von Zwangsarbeit,[40] weil der Leistungsanspruch zulässigerweise von der Annahme angebotener Arbeit abhängig gemacht werden darf und auch bei Ablehnung der Arbeitsgelegenheit die unabweisbar gebotene Leistung zu gewähren ist (vgl. Rn. 64 f.).[41]

21 Problematisch ist allerdings die Einschränkung oder der Entzug von materiellen Leistungen aufgrund der Weigerung, zumutbare Arbeit aufzunehmen, nach **Unionsrecht**, insb. nach der hier maßgeblichen **Richtlinie Aufnahmebedingungen** EGRL 2003/9[42] (neu gefasst durch die EURL 2013/33[43] vom 26.06.2013, Frist für die Umsetzung in einzelstaatliches Recht: 20.07.2015). Art. 16 EGRL 2003/9 bzw. Art. 20 EURL 2013/33 enthält insoweit einen **Katalog von Gründen für zulässige Leistungseinschränkungen**, in dem ein Verstoß gegen Arbeitspflichten gerade nicht aufgenommen ist. Nach dem hier allenfalls einschlägigen Art. 16 Abs. 3 Alt. 1 EGRL 2003/9 bzw. Art. 20 Abs. 4 Alt. 1 EURL 2013/33 können die Mitgliedstaaten Sanktionen für grobe Verstöße gegen die Vorschriften der Unterbringungszentren festlegen. Nach einem weiten Verständnis können hierunter – über die allgemeinen Nutzungsbedingungen einer Einrichtung (Hausordnung) hinaus – auch die Arbeitspflichten zur Gewährleistung des Betriebs der Einrichtung, in der der Betroffene untergebracht ist (vgl. Rn. 24), gefasst werden. Bei dezentral untergebrachten Leistungsberechtigten oder im Fall von Arbeitsgelegenheiten bei staatlichen, kommunalen und gemeinnützigen Trägern (vgl. § 5 Abs. 1 Satz 2 AsylbLG) stellt sich aber die Frage nach der Vereinbarkeit des § 5 Abs. 4 Satz 2 AsylbLG mit Unionsrecht.

III. Schaffung von Arbeitsgelegenheiten (Absatz 1)

22 § 5 Abs. 1 AsylbLG verpflichtet den Leistungsträger, im Regelfall („sollen") Arbeitsgelegenheiten in Aufnahmeeinrichtungen nach § 44 AsylVfG und in vergleichbaren Einrichtungen zu schaffen (Satz 1 HS. 1) und Arbeitsgelegenheiten bei staatlichen, kommunalen und gemeinnützigen Trägern zur Verfügung zu stellen (Satz 2). Dabei wird bei erstgenannten Arbeitsgelegenheiten auf das Merkmal der Zusätzlichkeit, also das Erfordernis, dass die zu leistende Arbeit sonst nicht, nicht in diesem Umfang oder nicht zu diesem Zeitpunkt verrichtet werden würde (vgl. Satz 2), verzichtet, da diese vornehmlich dem Betrieb der genannten Einrichtung dienen.[44]

23 Die Vorschrift enthält **keinen subjektiv-rechtlichen Anspruch** des Leistungsberechtigten gegen den Leistungsträger auf Schaffung oder Zuteilung einer bestimmten,[45] wohl aber einen Anspruch auf ermessensfehlerfreie Zuweisung vorhandener Arbeitsgelegenheiten.[46]

1. Arbeitsgelegenheiten in Einrichtungen (Satz 1)

24 Die Arbeitsgelegenheiten in Aufnahmeeinrichtungen i.S.d. § 44 AsylVfG und in vergleichbaren Einrichtungen nach § 5 Abs. 1 Satz 1 HS. 1 AsylbLG dienen vornehmlich der **Selbstverwaltung der Einrichtungen** und betreffen typischerweise beim Wohnen und Wirtschaften – vergleichbar in „Haus und Familie"[47] – anfallende Tätigkeiten. Aus diesem Grund hat der Gesetzgeber auf das Merkmal der Zusätzlichkeit (§ 5 Abs. 1 Satz 2 AsylbLG) verzichtet und Tätigkeiten „**zur Aufrechterhaltung und Betreibung der Einrichtung**" hervorgehoben.[48] Die Tätigkeiten beziehen sich demzufolge auf die Einrichtung selbst und die dort lebenden Personen[49] (z.B. Pflege und Säubern der Anlage, Reinigung von

---

[40] Vgl. ausführlich *Rixen* in: Eicher, SGB II, § 10 Rn. 23, 24; vgl. auch zu § 19 BSHG: BVerwG v. 23.02.1979 - 5 B 114/78 - Buchholz 436.0 § 19 BSHG Nr. 1; BVerwG v. 22.03.1961 - V C 129.60, V C 130.60 - BVerwGE 12, 129, 132; OVG Münster v. 19.07.1995 - 8 A 46/92 - DVBl. 1996, 319, 320.

[41] VG Lüneburg v. 02.08.2000 - 6 A 39/99 - GK-AsylbLG VII - zu § 5 Abs. 4 (VG - Nr. 4).

[42] ABl.EU L 31 v. 06.02.2003, S. 18.

[43] ABl. EU L 180 v. 29.06.2013, S. 96.

[44] BT-Drs. 12/4451, S. 9.

[45] Vgl. BVerwG v. 19.03.1992 - 5 C 44/87 (zu § 19 BSHG); OVG Saarland v. 27.02.1998 - 8 R 7/96 - NVwZ-RR 1998, 655 ff. (zu § 19 BSHG); vgl. *Voelzke* in: Hauck/Noftz, SGB II, § 16d Rn. 43 (zu § 16d SGB II); *Harks* in: jurisPK-SGB II, § 16d Rn. 61 ; *Wahrendorf* in: Grube/Wahrendorf, SGB XII, § 5 AsylbLG Rn. 3; *Herbst* in: Mergler/Zink, SGB XII/AsylbLG, § 5 AsylbLG Rn. 4.

[46] Vgl. *Stölting* in: Eicher, SGB II, § 16d Rn. 36; *Voelzke* in: Hauck/Noftz, SGB II, § 16d Rn. 43 (zu § 16d SGB II); VG Kassel v. 26.06.2007 - 7 E 2880/03 (zu § 19 BSHG).

[47] BT-Drs. 12/4451, S. 9.

[48] BT-Drs. 12/4451, S. 9.

[49] Vgl. BT-Drs. 12/4451, S. 9; *Hohm* in: AsylbLG, § 5 Rn. 14.

Gemeinschaftsflächen, Unterstützung bei der Ausgabe von Sachleistungen, Hilfstätigkeiten bei der Betreuung von Kindern oder der Pflege von Kranken, Alten oder Pflegebedürftigen etc.).

Bei den aufgeführten **Aufnahmeeinrichtungen i.S.d. § 44 AsylVfG** handelt es sich um die Erstaufnahmeeinrichtungen der Länder für die Unterbringung von Asylsuchenden über einen kurzfristigen Zeitraum von bis zu sechs Wochen, längstens drei Monaten, vgl. die §§ 44, 47 AsylVfG. Als **vergleichbare Einrichtungen** i.S.d. § 5 Abs. 1 Satz 1 AsylbLG sind nach der Entstehungsgeschichte des AsylbLG „andere **Einrichtungen, in denen Sachleistungen nach § 3 Abs. 1 AsylbLG erbracht werden**", anzusehen. Diese Legaldefinition der vergleichbaren Einrichtung fand sich in der bis zum 31.05.1997 geltenden Fassung des § 3 Abs. 2 Nr. 2 AsylbLG.[50] Als vergleichbare Einrichtungen kommen insbesondere die Außenstellen von Aufnahmeeinrichtungen nach § 5 Abs. 3 AsylVfG sowie die Gemeinschaftsunterkünfte nach § 53 Abs. 1 AsylVfG in Betracht.[51]

25

§ 5 Abs. 1 Satz 1 HS. 2 AsylbLG stellt klar, dass die Leistungsberechtigten **für ihren persönlichen Lebensbereich selbst verantwortlich** sind. Ohne Aufwandsentschädigung zu erledigende Tätigkeiten der individuellen Selbstversorgung sind z.B. die eigene Haushaltsführung, das Aufräumen und Reinigen des eigenen Zimmers[52] etc. Im Gesetzgebungsverfahren wurden diese Arbeiten als selbstverständliche Aufgabe des Leistungsberechtigten angesehen.[53]

26

2. Zusätzliche Arbeitsgelegenheiten (Satz 2)

Über die Arbeitsgelegenheiten in Einrichtungen nach § 5 Abs. 1 Satz 1 AsylbLG hinaus sollen nach Möglichkeit („soweit wie möglich") auch **Arbeitsgelegenheiten bei staatlichen, kommunalen und gemeinnützigen Trägern** geschaffen werden, um möglichst vielen Leistungsberechtigten ohne Möglichkeit der Erwerbstätigkeit eine Arbeitsgelegenheit anbieten zu können.[54]

27

Die Schaffung von Arbeitsgelegenheiten ist nur zulässig, soweit „die zu leistende Arbeit sonst nicht, nicht in diesem Umfang oder nicht zu diesem Zeitpunkt verrichtet werden würde". Diese Voraussetzung entspricht dem allgemeinen Merkmal der **Zusätzlichkeit**, das bei staatlich geförderten Maßnahmen die Verdrängung von nicht geförderten Tätigkeiten im ersten Arbeitsmarkt[55] bzw. den Abbau von Arbeitsplätzen verhindern soll, die ansonsten für die betroffene Tätigkeit vorgesehen wären (drohender Abbau von Planstellen). Entgegen der früher zu § 19 Abs. 2 Satz 1 HS. 2 BSHG ergangenen verwaltungsgerichtlichen Rechtsprechung[56] ist der Begriff eng auszulegen, um den Abbau für die Aufgabenerfüllung vorhandener Planstellen zu verhindern.[57]

28

Unter **Rückgriff auf § 16d Abs. 2 Satz 1 SGB II** (bzw. § 261 Abs. 2 SGB III[58] in der bis zum 31.03.2012 geltenden Fassung[59]) sind bei der Beurteilung der Zusätzlichkeit die Pflichtaufgaben des Trägers der Arbeitsgelegenheit maßgeblich.[60] Arbeiten, die zur ordnungsgemäßen Erfüllung von Pflichtaufgaben eines Verwaltungsträgers erforderlich sind, können nicht zusätzlich sein. Zusätzlich kann damit nur eine Tätigkeit sein, die von einer fachlich begründeten **regulären Personalbesetzung** nicht abgedeckt ist.[61] Unzulässig ist etwa, den Bedarf an Urlaubs-, Krankheits-, Mutterschutz- oder Elternzeitvertretungen durch Arbeitsgelegenheiten abzudecken.[62] Zusätzlich sind mithin nur **Arbeiten, die** zum maßgeblichen Zeitpunkt – gemessen an den Pflichtaufgaben des Trägers – **nicht absolut notwendig sind** und für deren Verrichtung keine regulären Arbeitskräfte bzw. Stellen zur Verfügung stehen[63] (z.B. saisonbedingt nicht zwingende Reinigung von Wegen, Plätzen, Grün- und Sportanlagen,

29

---

[50] BGBl I 1993, 1074.
[51] Vgl. *Hohm* in: AsylbLG, § 5 Rn. 12 f.
[52] Vgl. BT-Drs. 12/5008, S. 16.
[53] BT-Drs. 12/5008, S. 16.
[54] BT-Drs. 12/5008, S. 16.
[55] Vgl. *Stölting* in: Eicher, SGB II, § 16d Rn. 18; *Voelzke* in: Hauck/Noftz, SGB II, K § 16d Rn. 65.
[56] Vgl. insb. OVG Nordrhein-Westfalen v. 27.05.1991 - 24 A 899/89 - FEVS 43, 28 ff.
[57] So schon *Hohm* in: AsylbLG, § 5 Rn. 85; a.A. *Decker* in: Oestreicher, SGB XII/SGB II, § 5 AsylbLG, Rn. 8; *Wahrendorf* in: Grube/Wahrendorf, SGB XII, § 5 AsylbLG Rn. 4.
[58] Vgl. hierzu BSG v. 16.12.2008 - B 4 AS 60/07 R - BSGE 102, 201, 208 = SozR 4-4200 § 16 Nr. 4.
[59] BGBl I 2003, 2848.
[60] Vgl. auch BSG v. 30.09.1992 - 11 RAr 3/92 (zu § 91 Abs. 2 S. 1 AFG).
[61] Vgl. *Stölting* in: Eicher, SGB II, § 16d Rn. 18.
[62] *Harks* in: jurisPK-SGB II, § 16d Rn. 41.
[63] OVG Nordrhein-Westfalen v. 27.05.1991 - 24 A 899/89 - FEVS 43, 28 ff.; VGH Hessen v. 26.11.2002 - 10 TG 2371/02 - info also 2003, 269 f.

Friedhöfen oder Kinderspielplätzen[64]). Nicht zusätzlich sind Arbeiten, die in jedem Fall – ohne Verzug oder innerhalb bestimmter Fristen – durchgeführt werden müssen, also etwa laufende Instandsetzungs-, Wartungs-, Unterhaltungs- und Verwaltungsarbeiten[65] (z.B. Reinigungsarbeiten in einem Krankenhaus[66]).

IV. Ausgestaltung der Arbeitsgelegenheit (Absatz 3)

30 Die zeitliche und räumliche Ausgestaltung der Arbeitsgelegenheit muss gem. § 5 Abs. 3 AsylbLG eine Ausübung „auf zumutbare Weise und zumindest stundenweise" ermöglichen.

31 Das Merkmal „auf zumutbare Weise" ist nach der Entstehungsgeschichte des § 5 AsylbLG aus dem Begriff der **Zumutbarkeit** i.S.d. § 18 Abs. 3 BSHG hervorgegangen; insoweit kann auf § 18 Abs. 3 BSHG und die Nachfolgevorschrift des seit dem 01.01.2005 geltenden **§ 10 Abs. 1 SGB II** entsprechend zurückgegriffen werden.[67] Wegen der nach § 5 AsylbLG nicht verfolgten Eingliederung in den Arbeitsmarkt ist eine bisherige Erwerbstätigkeit des Leistungsberechtigten (vgl. § 18 Abs. 3 Satz 1 BSHG, § 10 Abs. 1 Nr. 2 SGB II) nicht zu berücksichtigen (vgl. Rn. 17 ff.). Nicht zumutbar ist danach eine Arbeitsgelegenheit, wenn

- der Leistungsberechtigte körperlich, geistig oder seelisch hierzu nicht in der Lage ist,
- die geordnete Erziehung eines Kindes gefährdet würde,
- die Wahrnehmung der Arbeitsgelegenheit mit der Pflege eines Angehörigen nicht vereinbar wäre und die Pflege nicht auf andere Weise sichergestellt werden kann oder
- der Arbeitsgelegenheit ein sonstiger wichtiger Grund entgegensteht.

32 Bei bestehenden gesundheitlichen Beeinträchtigungen des Leistungsberechtigten (z.B. Kriegstrauma, Behinderung etc.) ist im Zweifel eine **amtsärztliche Stellungnahme** einzuholen oder eine **medizinische Begutachtung** von Amts wegen durchzuführen. Kann ein körperliches, geistiges oder seelisches Hindernis nicht nachgewiesen werden, geht dies zu Lasten des Leistungsberechtigten (z.B. nicht nachgewiesene Allergie gegen Speisen, Insekten und Staub).[68]

33 Die geordnete **Erziehung eines Kindes**, das das dritte Lebensjahr vollendet hat, ist im Regelfall nicht gefährdet, soweit seine Betreuung in einer Tageseinrichtung oder in Tagespflege i.S.d. Vorschriften nach dem SGB VIII oder auf sonstige Weise sichergestellt ist (vgl. § 18 Abs. 3 Satz 3 BSHG, § 10 Abs. 1 Nr. 3 SGB II). Im Umkehrschluss gilt die **Regelvermutung**, dass Leistungsberechtigten, die einen Säugling oder ein **Kleinkind bis zu 3 Jahren** (als Alleinerziehende) zu betreuen haben, eine Arbeitsgelegenheit nicht zugemutet werden darf.[69] Entscheidend sind jedoch immer die **Umstände des Einzelfalls**. Eine Arbeitsgelegenheit kann im Einzelfall für die Mutter unzumutbar sein, wenn der Vater aufgrund seines **soziokulturellen Hintergrund**es (Sinti) und des Verständnisses dieser Volksgruppe von der Rolle als Mann und Vater nicht bereit ist, sein Kind während der Abwesenheit der Mutter in der notwendigen Weise zu betreuen.[70]

34 Bei der Frage, ob die **Pflege eines Angehörigen** der Wahrnehmung der Arbeitsgelegenheit entgegensteht, sind die **Umstände des Einzelfalls** entscheidend. Der Begriff der Angehörigen ist nicht eng auszulegen und kann sich auch auf Personen erstrecken, die aus einer sittlichen Verpflichtung in den Haushalt aufgenommen wurden (z.B. Pflegeltern und Pflegekinder).[71]

35 Sonstige wichtige Gründe stehen einer Arbeitsgelegenheit entgegen, wenn die Arbeit **gesetzlich verboten, sittenwidrig** (§ 138 BGB) oder **gesundheitsgefährdend** ist (z.B. bei Verstoß gegen Arbeitsschutzbestimmungen, Beschäftigungsverbot nach dem MuSchG). Ferner kann das **Grundrecht auf ungestörte Religionsausübung** (Art. 4 Abs. 2 GG) zur Unzumutbarkeit der Arbeitsgelegenheit führen (Arbeit an bestimmten Tagen entgegen religiöser Überzeugung, z.B. Sabbat).[72]

---

[64] OVG Nordrhein-Westfalen v. 14.07.2000 - 16 B 605/00; OVG Nordrhein-Westfalen v. 19.07.1995 - 8 A 46/92.
[65] Vgl. *Stölting* in: Eicher, SGB II, § 16d Rn. 20.
[66] OVG Niedersachsen v. 23.06.1983 - 4 B 95/83 - FEVS 33, 25 ff. (zu § 19 BSHG).
[67] Vgl. *Hohm* in: AsylbLG, § 5 Rn. 32; a.A. *Herbst* in: Mergler/Zink, SGB XII/AsylbLG, § 5 AsylbLG Rn. 13.
[68] VG Würzburg v. 30.09.1999 - W3E 99.1169 - GK-AsylbLG VII - zu § 5 Abs. 4 (VG Nr. 2).
[69] Vgl. *Schellhorn* in: Schellhorn/Schellhorn, BSHG, § 18 Rn. 25 (zu § 18 BSHG).
[70] OVG Hamburg v. 01.07.2002 - 4 Bs 190/02 - NJW 2003, 3723, 3724 (zu § 18 BSHG).
[71] *Hackethal* in: jurisPK-SGB II, § 10 Rn. 23 (zu § 10 SGB II); *Schellhorn* in: Schellhorn/Schellhorn/Hohm, SGB XII, § 11 Rn. 36 (zu § 11 SGB XII).
[72] Vgl. insb. BSG v. 10.12.1980 - 7 RAr 93/79 (zu § 119 Abs. 1 Satz 1 Nr. 2 AFG).

Das Tatbestandsmerkmal „**zumindest stundenweise**" soll verdeutlichen, dass die Regelung nicht auf den vollen Ersatz von Erwerbstätigkeit abzielt, sondern auf zeitlich flexible Regelungen im Sinne der Selbstversorgung.[73] Diese Voraussetzung war bereits im Rahmen des § 18 Abs. 3 BSHG zu beachten, nach dem eine **vollschichtige Arbeitsgelegenheit** gegen Mehraufwandsentschädigung als **unzumutbar** angesehen wurde; Sinn und Zweck der Zuweisung einer Arbeitsgelegenheit ist nicht die Erzielung eines „angemessenen" Arbeitsentgelts aus der Summe der Mehraufwandsentschädigung und den übrigen Leistungen.[74] Der zeitliche Umfang einer Tätigkeit wird auch als maßgebliches Kriterium zur Beurteilung der **Zusätzlichkeit** herangezogen; der Umfang darf demjenigen einer regulären Tätigkeit nicht gleichkommen.[75]   36

Eine allgemeine Obergrenze der Wochenarbeitszeit hat sich in Rechtsprechung und Literatur nicht herausgebildet.[76] Welche Obergrenze letztlich zu beachten ist, richtet sich nach den Besonderheiten des Einzelfalles,[77] wobei in der Praxis eine **Wochenstundenzahl von 20** grundsätzlich keinen rechtlichen Bedenken begegnen dürfte.[78] Die Rechtsprechung des BSG[79] zu § 16 Abs. 3 SGB II in der bis zum 31.12.2008 geltenden Fassung[80] bzw. § 16d Abs. 2 Satz 1 SGB II, nach der unter Geltung des SGB II keine Höchstobergrenze bei der zeitlichen Ausgestaltung von Arbeitsgelegenheiten gilt, ist wegen der unterschiedlichen Zielrichtungen der Leistungsgesetze nicht auf § 5 AsylbLG zu übertragen (vgl. Rn. 9 ff.). Diese Rechtsprechung ist maßgeblich von dem Verständnis einer Arbeitsgelegenheit als Eingliederungsleistung geprägt.   37

V. Rechtsnatur der Arbeitsgelegenheit (Absatz 5)

Die Arbeitsgelegenheit begründet **kein sozialversicherungspflichtiges Beschäftigungsverhältnis** (§ 5 Abs. 1 Satz 1 AsylbLG), sondern nach ganz h.M.[81] ein öffentlich-rechtliches. Diese allgemein anerkannte Konstruktion ist auf beachtliche **Kritik**[82] gestoßen, soweit die Arbeitsgelegenheit nicht beim Leistungsträger selbst geschaffen wird, sondern bei Dritten. Insb. bei privat-rechtlichen Trägern, die ohne öffentlich-rechtliche Kompetenzen als Verwaltungshelfer[83] des Leistungsträgers auftreten, würde durch die Zuweisung der Arbeitsgelegenheit – ggf. durch Verwaltungsakt (vgl. Rn. 51) – ein öffentlich-rechtliches Rechtsverhältnis mit dem Leistungsberechtigten aufgebürdet.[84]   38

Das Rechtsverhältnis der Arbeitsgelegenheit bietet **keinen gesetzlichen Krankenversicherungsschutz** und begründet **keine Beitragspflicht bei der gesetzlichen Rentenversicherung**; der Leistungsberechtigte kann **keinen Anspruch auf Arbeitslosengeld** nach den §§ 136, 137 SGB III erwerben, da durch eine Arbeitsgelegenheit keine Versicherungspflicht nach § 25 Abs. 1 Satz 1 SGB III begründet wird; die Aufwandsentschädigung nach § 5 Abs. 2 AsylbLG stellt kein beitragspflichtiges Arbeitsentgelt dar.[85] Allein der gesetzliche **Unfallversicherungsschutz bleibt unberührt**; der Leistungsberechtigte ist während der Wahrnehmung einer Arbeitsgelegenheit kraft Gesetzes versichert nach § 2 Abs. 2 Satz 1 SGB VII.[86]   39

---

[73] BT-Drs. 12/4451, S. 9.
[74] Vgl. BVerwG v. 13.10.1983 - 5 C 67/82 - BVerwGE 68, 91, 96 = NVwZ 1984, 241, 243 (zu § 19 BSHG).
[75] So *Stölting* in: Eicher, SGB II, § 16d Rn. 20 (zu § 16d SGB II).
[76] Vgl. insb. *Gagel*, jurisPR-SozR 6/2008, Anm. 1 (zu LSG München v. 29.06.2007 - L 7 AS 199/06 -).
[77] OVG Nordrhein-Westfalen v. 14.07.2000 - 16 B 605/00.
[78] OVG Nordrhein-Westfalen v. 14.07.2000 - 16 B 605/00 (24,75 h je Woche); vgl. auch *Hohm* in: AsylbLG, § 5 Rn. 38.
[79] BSG v. 16.12.2008 - B 4 AS 60/07 R - BSGE 102, 201, 205-208.
[80] BGBl I 2004, 2014, BGBl I 2006, 1706.
[81] Vgl. BVerwG v. 15.02.1961 - V C 105.60 - BVerwGE 12, 64 ff.; BVerwG v. 13.10.1983 - 5 C 66/82 - BVerwGE 68, 97, 99 = NVwZ 1984, 241, 243; BAG v. 20.02.2008 - 5 AZR 290/07 - NZA-RR 2008, 401, 402; BAG v. 26.09.2007 - 5 AZR 857/06 - AP Nr. 3 zu § 16 SGB II; BAG v. 14.01.1987 - 5 AZR 166/85 - NVwZ 1988, 966 f.; vgl. auch *Voelzke*, jurisPR-SozR 2/2008, Anm. 1 (zu BAG v. 26.09.2007 - 5 AZR 857/06).
[82] Vgl. *Eicher* in: Eicher/Spellbrink, SGB II, 2. Aufl. 2008, § 16 Rn. 236a-236c, 239 (zu § 16 SGB II a.F.); vgl. auch *Stölting* in: Eicher, SGB II, § 16d, Rn. 48 f.
[83] Vgl. *Voelzke* in: Hauck/Noftz, SGB II, K § 16d Rn. 125 (zu § 16d SGB II); *Rixen/Pananis*, NJW 2005, 2177, 2180 (zu § 16 SGB II a.F.); a.A. *Eicher* in: Eicher/Spellbrink, SGB II, 2. Aufl. 2008, § 16 Rn. 236a-236c (zu § 16 SGB II a.F.).
[84] Vgl. *Eicher* in: Eicher/Spellbrink, SGB II, 2. Aufl. 2008, § 16 Rn. 235, 236a (zu § 16 SGB II a.F.).
[85] *Hohm* in: AsylbLG, § 5 Rn. 85; *Birk* in: LPK-SGB XII, § 5 AsylbLG Rn. 3.
[86] Vgl. *Hohm* in: AsylbLG, § 5 Rn. 85; *Birk* in: LPK-SGB XII, § 5 AsylbLG Rn. 6.

40 Die Ausübung einer Arbeitsgelegenheit nach § 5 AsylbLG ist **keine berechtigte Erwerbstätigkeit** i.S.d. § 62 Abs. 2 Nr. 3 lit. b EStG, die für Inhaber einer Aufenthaltserlaubnis nach § 1 Abs. 1 Nr. 3 AsylbLG[87] einen **Anspruch auf Kindergeld** begründen könnte.[88] Gleiches gilt für den Anspruch von Ausländern auf andere Familienleistungen, wie z.B. auf **Elterngeld** nach § 1 Abs. 7 Nr. 3 lit. b BEEG. Der Begriff der Erwerbstätigkeit bestimmt sich insoweit nach ausländerrechtlichen Maßgaben, nach denen auf den sozialrechtlichen Begriff der selbstständigen Tätigkeit und der nichtselbstständigen Beschäftigung i.S.d. § 7 Abs. 1 SGB IV abgestellt wird (vgl. § 2 Abs. 2 AufenthG).[89] Die Arbeitsgelegenheit i.S.d. § 5 AsylbLG stellt aber gerade keine abhängige Beschäftigung i.S.d. § 7 Abs. 1 SGB IV dar und bezweckt auch nicht die vom Gesetzgeber für die Kindergeldberechtigung geforderte „Integration in das Erwerbsleben" als Merkmal der Aufenthaltsverfestigung.[90]

41 **Asyl- und ausländerrechtliche Auflagen** über das Verbot und die Beschränkung einer Erwerbstätigkeit (§§ 60, 61 AsylVfG, §§ 4 Abs. 3, 39, 40 AufenthG) stehen der Wahrnehmung einer Arbeitsgelegenheit nicht entgegen (§ 5 Abs. 5 Satz 2 AsylbLG).

42 Entspricht die **Arbeitsgelegenheit** nicht den gesetzlichen Vorgaben, ist sie **rechtswidrig**, jedoch nicht nichtig; ein privat-rechtliches Rechtsverhältnis (faktisches Arbeitsverhältnis) wird nach ganz h.M. nicht begründet.[91] Der Leistungsberechtigte hat ggf. einen **öffentlich-rechtlichen Erstattungsanspruch** gegen den Leistungsträger.[92]

VI. Pflicht zur Wahrnehmung einer Arbeitsgelegenheit und unbegründete Ablehnung (Absatz 4)

43 Nach § 5 Abs. 4 Satz 1 AsylbLG sind Leistungsberechtigte nach dem AsylbLG grundsätzlich verpflichtet, eine zur Verfügung gestellte Arbeitsgelegenheit wahrzunehmen. Nach § 5 Abs. 4 Satz 2 AsylbLG ist bei einer unbegründeten Arbeitsverweigerung der Verlust des Leistungsanspruchs vorgesehen. Bei der Anwendung der Norm sind die materiellen Voraussetzungen der Arbeitsgelegenheit aus § 5 AsylbLG inzident zu prüfen (insb. Zumutbarkeit und ggf. Zusätzlichkeit).

1. Verpflichteter Personenkreis (Satz 1)

a. Leistungsberechtigte

44 Leistungsberechtigte i.S.d. § 5 Abs. 4 Satz 1 AsylbLG sind nur **Grundleistungsberechtigte nach den §§ 1, 3 ff. AsylbLG**, nicht hingegen Analog-Leistungsberechtigte nach § 2 Abs. 1 AsylbLG, da die §§ 3-7 AsylbLG auf diesen Personenkreis nach § 2 Abs. 1 AsylbLG („abweichend von den §§ 3 bis 7") nicht anwendbar sind (vgl. Rn. 7).[93]

b. Arbeitsfähigkeit

45 Der Begriff der Arbeitsfähigkeit im Sinne des § 5 Abs. 4 Satz 1 AsylbLG ist unter **Modifizierung des sozialversicherungsrechtlichen Begriffs der Arbeitsunfähigkeit** (vgl. § 44 SGB V) zu bestimmen. Nach der Rechtsprechung des BSG liegt Arbeitsunfähigkeit vor, wenn der Versicherte überhaupt nicht oder nur auf die Gefahr hin, seinen Zustand zu verschlimmern, fähig ist, seiner bisher ausgeübten Er-

---

[87] Zum Kindergeldausschluss von Inhabern einer Duldung vgl. BFH v. 23.12.2013 - III B 88/13 - juris; vgl. aber auch den Vorlagebeschluss des Nds. FG v. 19.08.2013 - 7 K 112/13 - juris.
[88] A.A. FG Baden-Württemberg v. 27.04.2012 - 10 K 3663/11 - juris Rn. 19 f. (Revision anhängig: BFH - XI R 18/12).
[89] So auch FG Baden-Württemberg v. 10.10.2012 - 14 K 4711/10 - juris Rn. 22; FG Köln v. 09.05.2007 - 10 K 1689/07 - juris Rn. 32.
[90] Vgl. zu diesem Merkmal BT-Drs. 16/2940, S. 10;
[91] Vgl. *Voelzke* in: Hauck/Noftz, SGB II, § 16d Rn. 47; *Harks* in: jurisPK-SGB II, § 16 Rn. 84; BAG v. 26.09.2007 - 5 AZR 857/06 - AP Nr. 3 zu § 16 SGB II; a.A. *Eicher* in: Eicher/Spellbrink, SGB II, 2. Aufl. 2008, § 16 Rn. 241 (zu § 16 SGB II a.F.); vgl. auch *Stölting* in: Eicher, SGB II, § 16d Rn. 48 f.
[92] BVerwG v. 16.12.2004 - 5 C 71/03 - NVwZ-RR 2005, 416 f.; BAG v. 26.09.2007 - 5 AZR 857/06 - AP Nr. 3 zu § 16 SGB II; LSG Baden-Württemberg v. 02.11.2009 - L 1 AS 746/09; LSG Baden-Württemberg v. 11.08.2009 - L 13 AS 419/07; *Voelzke* in: Hauck/Noftz, SGB II, § 16d Rn. 48; *Voelzke*, jurisPR-SozR 18/2005, Anm. 6 (zu BVerwG v. 16.12.2004 - 5 C 71/03); *Harks* in: jurisPK-SGB II, § 16d Rn. 85 ff.
[93] *Hohm* in: AsylbLG, § 5 Rn. 41; *Fasselt* in: Fichtner/Wenzel, SGB XII/AsylbLG, § 5 AsylbLG Rn. 4; *Herbst* in: Mergler/Zink, SGB XII/AsylbLG, § 5 AsylbLG Rn. 2; a.A. *Gröschel-Gundermann* in: Linhart/Adolph/Gröschel-Gundermann, SGB II/SGB XII/AsylbLG, § 5 AsylbLG Rn. 10; *Birk* in: LPK-SGB XII, § 5 AsylbLG Rn. 1.

werbstätigkeit nachzugehen.[94] Im Rahmen des § 5 AsylbLG kann jedoch – wie bei Arbeitslosen (vgl. § 2 Abs. 3 der Arbeitsunfähigkeits-Richtlinie)[95] – nicht auf die bisherige Beschäftigung des Leistungsberechtigten abgestellt werden. **Bezugspunkt ist die konkret angebotene Arbeitsgelegenheit.**[96] Danach ist ein Leistungsberechtigter nicht arbeitsfähig i.S.d. § 5 Abs. 4 Satz 1 AsylbLG, wenn er aufgrund seines körperlichen oder geistigen Zustandes die zur Verfügung gestellte Arbeitsgelegenheit nicht oder nur unter der in absehbar nächster Zeit zu erwartenden Gefahr der Verschlimmerung dieses Zustandes ausüben könnte.[97] Zum Nachweis kann eine Arbeitsunfähigkeitsbescheinigung des behandelnden Arztes oder eine amtsärztliche Untersuchung dienen.

Die **Gegenmeinung**[98] stellt auf den Begriff der **Erwerbsfähigkeit i.S.d. § 8 Abs. 1 SGB II** ab, der sich an dem Merkmal der Erwerbsminderung im Sinne der gesetzlichen Rentenversicherung (vgl. § 43 Abs. 2 Satz 2 SGB VI) orientiert.[99] Danach wäre arbeitsfähig i.S.d. § 5 Abs. 4 Satz 1 AsylbLG, wer nicht wegen Krankheit oder Behinderung auf absehbare Zeit außerstande ist, unter den üblichen Bedingungen des allgemeinen Arbeitsmarktes mindestens drei Stunden täglich erwerbstätig zu sein (§ 8 Abs. 1 SGB II). Dieser Auffassung ist nicht zu folgen. **Arbeitsfähigkeit und Erwerbsfähigkeit** sind weder begrifflich deckungsgleich,[100] noch nach der unterschiedlichen Zielrichtung der Leistungsgesetze gleichbedeutend.[101] Der Begriff der **Erwerbsfähigkeit als Abgrenzungskriterium** zwischen den Leistungssystemen des SGB II und des SGB XII kann nicht auf § 5 AsylbLG übertragen werden, weil der strukturelle Unterschied dieser Leistungsgesetze – Unterscheidung der Leistungsberechtigten nach der Möglichkeit der Eingliederung in den Arbeitsmarkt – **für die Leistungsgewährung nach dem AsylbLG ohne Belang** ist (vgl. Rn. 9 ff.). Vielmehr gilt auch hier die in den §§ 11, 39a SGB XII enthaltene Wertung, dass von dem Leistungsberechtigten nach seinen Kräften die Aufnahme einer zumutbaren Arbeit verlangt werden kann.[102] Dies gilt **ggf. auch bei Erwerbsunfähigkeit**, wenn etwa der Leistungsberechtigte noch in der Lage ist, „zumindest stundenweise" zu arbeiten, vgl. § 5 Abs. 3 AsylbLG. Gleichwohl kann bei festgestellter Erwerbsunfähigkeit im Regelfall angenommen werden, dass die zur Verfügung gestellte Arbeitsgelegenheit unzumutbar i.S.d. § 5 Abs. 3 AsylbLG ist (vgl. Rn. 30 ff.), wenn sie einer Erwerbstätigkeit „unter den üblichen Bedingungen des Arbeitsmarkts" (vgl. § 8 Abs. 1 SGB II) entspricht.[103]

c. Fehlende Erwerbstätigkeit

Leistungsberechtigte, die einer Erwerbstätigkeit nachgehen, also einer selbständigen Tätigkeit oder einer abhängigen Beschäftigung (vgl. § 7 SGB IV), sind nicht verpflichtet, zur Verfügung gestellte Arbeitsgelegenheiten wahrzunehmen (§ 5 Abs. 4 Satz 1 AsylbLG).

d. Altersgrenzen (Überschreiten des schulpflichtigen Alters)

Die in § 5 Abs. 4 Satz 1 AsylbLG vorgegebene Altersuntergrenze stellt auf das Überschreiten des schulpflichtigen Alters ab. Diese Altersgrenze ist unter **Rückgriff auf die Schulgesetze der Länder** zu bestimmen, die entweder auf eine neun- bis zwölfjährige Dauer seit Beginn der Schulpflicht oder auf die Vollendung des 18. Lebensjahres abstellen (vgl. auch § 2 Abs. 2 des „Hamburger Abkommens" – Abkommen zwischen den Ländern der Bundesrepublik Deutschland zur Vereinheitlichung auf dem

---

[94] Vgl. etwa BSG v. 13.08.2002 - B 2 U 30/01 R - SozR 3-2700 § 46 Nr. 1.
[95] BAnz 2004 Nr. 61, 6501, geändert durch Beschluss v. 19.09.2006, BAnz 2006 Nr. 241, 7356, vgl. zu den tragenden Gründen der Änderung: www.g-ba.de/downloads/40-268-95/2006-09-19-AU-Arbeitslose-Trg.pdf (abgerufen am 29.04.2014); vgl. auch BSG v. 19.09.2002 - B 1 KR 11/02 R - SozR 3-2500 § 44 Nr. 10.
[96] So auch *Herbst* in: Mergler/Zink, SGB XII/AsylbLG, § 5 AsylbLG Rn. 19.
[97] VGH München v. 19.06.2000 - 12 ZE 00.1581; *Hohm* in: AsylbLG, § 5 Rn. 43; *Fasselt* in: Fichtner/Wenzel, SGB XII/AsylbLG, § 5 AsylbLG Rn. 5; *Decker* in: Oestreicher, SGB XII/SGB II, § 5 AsylbLG Rn.12.
[98] *Birk* in: LPK-SGB XII, § 5 AsylbLG Rn. 5; *Gröschel-Gundermann* in: Linhart/Adolph/Gröschel-Gundermann, SGB II/SGB XII/AsylbLG, § 5 AsylbLG Rn. 20.
[99] Vgl. *Blüggel* in: Eicher, SGB II, § 8 Rn. 6 f.; *Hackethal* in: jurisPK-SGB II, § 8 Rn. 15.
[100] Vgl. *Hohm* in: AsylbLG, § 5 Rn. 44.
[101] Vgl. zur Rechtslage bis zum 31.12.2004 auch *Schellhorn* in: Schellhorn/Schellhorn, BSHG, § 18 Rn. 7.
[102] Vgl. zu § 39 SGB XII: BR-Drs. 559/03, S. 197; *Schellhorn* in: Schellhorn/Schellhorn/Hohm, SGB XII, § 39 Rn. 3.
[103] Ähnlich *Hohm* in: AsylbLG, § 5 Rn. 44.

Gebiete des Schulwesens, Beschluss der KMK vom 28.10.1964 i.d.F. vom 14.10.1971).[104] Ob der Leistungsberechtigte im konkreten Fall überhaupt der Schulpflicht unterliegt, ist nicht ausschlaggebend.[105]

49 Bei Kindern und Jugendlichen nach § 2 JArbSchG sind gem. § 5 Abs. 5 Satz 3 AsylbLG die **arbeitsschutzrechtlichen Vorgaben** zu beachten, nach denen noch nicht 15 Jahre alte Minderjährige (Kinder) nur mit leichten und für sie geeigneten Tätigkeiten bis zu sieben Stunden täglich und 35 Stunden wöchentlich (§ 7 JArbSchG) und Jugendliche nicht mehr als acht Stunden täglich und nicht mehr als 40 Stunden wöchentlich (§ 8 JArbSchG) beschäftigt werden dürfen.

50 Eine **Altersobergrenze** enthält § 5 Abs. 4 Satz 1 AsylbLG nicht. Unter Rückgriff auf § 11 Abs. 4 Satz 1 Nr. 2 SGB XII (Zumutbarkeit) besteht jedoch mit Erreichen der (gleitenden) **Regelaltersgrenze** (vgl. § 7a SGB II und § 235 Abs. 2 SGB VI) keine Pflicht (mehr) zur Wahrnehmung einer Arbeitsgelegenheit.[106]

2. Zur Verfügung gestellte Arbeitsgelegenheit (Satz 1)

51 Eine Arbeitsgelegenheit i.S.d. § 5 Abs. 1 AsylbLG wird nach ganz h.M.[107] durch **Verwaltungsakt (Heranziehungsbescheid)** zur Verfügung gestellt. Diese Auffassung ist maßgeblich von der verwaltungsgerichtlichen Rechtsprechung zu § 19 BSHG geprägt und im Leistungsrecht nach dem AsylbLG vorzuziehen (vgl. aber Rn. 72). Der Arbeitsgelegenheit i.S.d. § 5 AsylbLG fehlt weitgehend der Charakter einer Förderleistung (vgl. Rn. 9 und Rn. 17) und die Heranziehung ist einem belastenden Zuweisungsakt gleichzustellen.

52 Im Leistungsrecht nach dem **SGB II** war die Frage, ob es sich bei dem Angebot einer Arbeitsgelegenheit i.S.d. § 16d SGB II um einen Verwaltungsakt handelt oder nicht, sehr **umstritten**,[108] insbesondere vor dem Hintergrund, dass **bei unterschiedlicher Trägerschaft** (Leistungsträger und Träger der Arbeitsgelegenheit) per Verwaltungsakt ein öffentlich-rechtliches Verhältnis zwischen dem Leistungsberechtigten und einem Dritten, womöglich sogar einem privat-rechtlichen Träger der Arbeitsgelegenheit, begründet sein soll (vgl. Rn. 38).[109] Nach jüngerer Rechtsprechung des BSG handelt es sich bei der Zuweisung einer Arbeitsgelegenheit aber regelmäßig um einen Verwaltungsakt,[110] es sei denn, die Arbeitsgelegenheit ist bereits zuvor durch eine (Eingliederungs-)Vereinbarung konkretisiert worden.[111]

53 Erfolgt die Heranziehung durch Verwaltungsakt, haben **Widerspruch und Klage** gem. § 86a Abs. 1 SGG **aufschiebende Wirkung**.[112] Die Anordnung der sofortigen Vollziehung nach § 86a Abs. 2 Nr. 5 SGG kann bei der Zuweisung einer Arbeitsgelegenheit nach § 5 Abs. 1 Satz 1 HS. 1 AsylbLG (vgl. Rn. 24) ggf. wegen des überwiegenden **Interesses eines ordnungsgemäßen Betriebs der Einrichtung** begründet sein. Im Übrigen dürfte das öffentliche Interesse bei der Zuweisung zusätzlicher – nicht absolut notwendiger – (vgl. Rn. 27) Arbeit nach § 5 Abs. 1 Satz 2 AsylbLG im Regelfall nicht für die sofortige Vollziehung sprechen.

54 Bei der Zuweisung der Arbeitsgelegenheit sind **Art, Dauer und Umfang der Tätigkeit** hinreichend klar zu bestimmen und die **Höhe der Mehraufwandsentschädigung** auszuweisen.[113] Ungenügend ist

---

[104] Z.B. Bayern: 12 Jahre, Art. 35 BayEUG; Berlin: 10 Jahre, § 42 Abs. 3 SchG B; Bremen: 12 Jahre, § 54 BremSchulG; Niedersachsen: 12 Jahre, § 65 Abs. 1 NSchG.

[105] Vgl. hierzu *Hohm* in: AsylbLG, § 5 Rn. 51 m.w.N.

[106] I.E. ebenso *Herbst* in: Mergler/Zink, SGB XII/AsylbLG, § 5 AsylbLG Rn. 20.

[107] BVerwG v. 13.10.1983 - 5 C 66/82 - BVerwGE 68, 97, 99; VGH Bayern v. 24.09.1998 - 12 B 96.400; *Hohm* in: AsylbLG, § 5 Rn. 72; *Birk* in: LPK-SGB XII, § 5 AsylbLG Rn. 5; *Decker* in: Oestreicher, SGB XII/SGB II, § 5 AsylbLG, Rn. 10; *Fasselt* in: Fichtner/Wenzel, SGB XII/AsylbLG, § 5 AsylbLG Rn. 7; a.A. OVG Nordrhein-Westfalen v. 12.03.1999 - 24 B 1378/98 - info also 1999, 137 f. (zu § 19 BSHG).

[108] Vgl. zum Streitstand bei § 16 Abs. 3 SGB II a.F. bzw. § 16d SGB II ausführlich *Luthe*, jurisPR-SozR 27/2005, Anm. 1; *Voelzke* in: Hauck/Noftz, SGB II, K § 16d Rn. 32 m.w.N.; krit. *Eicher* in: Eicher/Spellbrink, SGB II, 2. Aufl. 2008, § 16 Rn. 236a-236c (zu § 16 SGB II a.F.).

[109] Vgl. hierzu insb. *Eicher* in: Eicher/Spellbrink, SGB II, 2. Aufl. 2008, § 16 Rn. 236a-236c (zu § 16 SGB II a.F.); vgl. auch *Voelzke* in: Hauck/Noftz, SGB II, K § 16d Rn. 121 ff.

[110] BSG v. 13.04.2011 - B 14 AS 101/10 R - juris Rn. 15; dazu *Harks*, jurisPR-SozR 5/2012, Anm. 1.

[111] BSG v. 22.08.2013 - B 14 AS 75/12 R - juris Rn. 16.

[112] Vgl. VGH Hessen v. 24.02.1987 - 9 TG 2667/85 - NVwZ 1987, 621, 622 (zu § 19 BSHG).

[113] BVerwG v. 10.02.1983 - 5 C 115/81 - BVerwGE 67, 1, 6; BVerwG v. 13.10.1983 - 5 C 66/82 - BVerwGE 68, 97, 99; vgl. auch BSG v. 16.12.2008 - B 4 AS 60/07 R - BSGE 102, 201, 209 = SozR 4-4200 § 16 Nr. 4 m.w.N.

eine bloße Zuweisung des Leistungsberechtigten an einen Träger, dem die Auswahl der zu leistenden Tätigkeit im Einzelnen überlassen wird.[114]

Die zur Verfügung gestellte Arbeitsgelegenheit muss den Anforderungen des § 5 Abs. 1 AsylbLG entsprechen. Sie muss im Einzelfall **zumutbar** nach § 5 Abs. 3 AsylbLG sein (vgl. Rn. 30 ff.), insbesondere darf sie **nicht vollschichtig** sein (vgl. Rn. 36 f.). Bei einer Arbeitsgelegenheit nach § 5 Abs. 1 Satz 2 AsylbLG muss sie **zusätzliche Arbeit** betreffen (vgl. Rn. 27 ff.). 55

3. Vorherige Belehrung (Satz 3)

Der Leistungsberechtigte ist gem. § 5 Abs. 4 Satz 3 AsylbLG über die drohende Rechtsfolge des Anspruchsverlustes bei unbegründeter Ablehnung einer Arbeitsgelegenheit (§ 5 Abs. 4 Satz 2 AsylbLG) vorher zu belehren. Die in der Rechtsprechung des BSG zu den unterschiedlichen Sperrzeittatbeständen im SGB III entwickelten Grundsätze[115] sind entsprechend heranzuziehen. Danach gilt für die Belehrung i.S.d. § 5 Abs. 4 Satz 3 AsylbLG inhaltlich, dass sie **konkret, verständlich, richtig und vollständig** sein muss.[116] Schriftform ist nicht vorgeschrieben. Es genügt also grundsätzlich auch eine mündliche Belehrung, wenn sie in einem **engen zeitlichen Zusammenhang** vor der Ablehnung der Arbeitsgelegenheit erteilt wird. Die Belehrung muss bei mangelnden Deutschkenntnissen in der **Muttersprache des Ausländers** bzw. seinen Sprachkenntnissen entsprechend erfolgen.[117] Der mangelnde Nachweis einer vorherigen Belehrung geht zu Lasten der Behörde, die insoweit Trägerin der objektiven Beweislast ist.[118] 56

4. Unbegründete Ablehnung (Satz 2)

Eine unbegründete Ablehnung der Arbeitsgelegenheit liegt nach der Begründung des Gesetzesentwurfs vor, wenn der Leistungsberechtigte „**ohne ausreichende Begründung**"[119] die ihm zugewiesene Tätigkeit nicht wahrnimmt. 57

Im Gegensatz zu § 25 Abs. 1 BSHG oder § 31 Abs. 1 Satz 1 Nr. 2 SGB II stellt § 5 Abs. 4 Satz 2 AsylbLG **nicht** auf die **Weigerung, sondern** auf die **Ablehnung** durch den Betroffenen ab. Das Merkmal der Ablehnung wurde bei der Nachfolgevorschrift des § 39 Abs. 1 Satz 1 SGB XII (ab 01.01.2011: § 39a Abs. 1 Satz 1 SGB XII) bewusst aufgenommen, damit im Einzelfall ein nach dem Wortsinn gesteigertes ablehnendes Verhalten (Weigern)[120] nicht geprüft werden muss, sondern auf die objektiven Gegebenheiten abgestellt werden kann.[121] Gleichwohl muss die Ablehnung i.S.d. § 5 Abs. 4 Satz 2 AsylbLG **vorsätzlich** erfolgen, wobei bedingter Vorsatz ausreicht. Eine Ablehnung muss willentlich getragen und subjektiv vorwerfbar sein und kann nicht auf Sorgfaltslosigkeit beruhen.[122] 58

In objektiver Hinsicht kann die Ablehnung **durch ausdrückliche Erklärung** gegenüber dem Leistungsträger bzw. dem Träger der Arbeitsgelegenheit nach § 5 Abs. 1 Satz 2 AsylbLG erfolgen oder aber auch **durch schlüssiges Verhalten**, dem der eindeutige Wille zu entnehmen ist, dass der Leistungsberechtigte zur Wahrnehmung der ihm zur Verfügung gestellten Arbeitsgelegenheit nicht bereit ist.[123] 59

Der Tatbestand der unbegründeten Ablehnung ist vergleichbar mit der in **§ 31 Abs. 1 Satz 2 SGB II** und **§ 159 Abs. 1 SGB III** (bis 31.03.2012: § 144 Abs. 1 SGB III) enthaltenen Rechtfertigung des Verhaltens durch einen wichtigen Grund. Ob eine (un-)begründete Ablehnung vorliegt, ist unter **Abwägung aller Gesamtumstände** zu entscheiden.[124] Nach den für die o.g. Normen geltenden Beweislast- 60

---

[114] OVG Nordrhein-Westfalen v. 12.03.1999 - 24 B 1378/98 - info also 1999, 137 f. (zu § 19 BSHG); vgl. auch BAG v. 19.11.2008 - 10 AZR 658/07 - AP Nr. 4 zu § 67 BMT-G II.

[115] Vgl. BSG v. 10.12.1981 - 7 RAr 24/81 - BSGE 53, 13, 15 = SozR 4100 § 119 Nr. 18; BSG v. 16.03.1983 - 7 RAr 49/82 - AuB 1984, 284 f.; *Winkler* in: Gagel, SGB III, § 144 Rn. 145-151.

[116] Vgl. BSG v. 10.12.1981 - 7 RAr 24/81 - SozR 4100 § 119 Nr. 18 (zu § 119 Abs. 1 Satz 1 Nr. 2 AFG); BSG v. 18.02.2010 - B 14 AS 53/08 R (zu § 31 SGB II); BSG v. 16.12.2008 - B 4 AS 60/07 R - SozR 4-4200 § 16 Nr. 4 (zu § 31 SGB II).

[117] *Hohm* in: AsylbLG, § 5 Rn. 76.

[118] Vgl. auch *Hohm* in: AsylbLG, § 5 Rn. 76.

[119] BT-Drs. 12/4451, S. 9.

[120] Vgl. *Sonnhoff* in: jurisPK-SGB II, § 31 Rn. 28 (zu § 31 SGB II).

[121] Vgl. BR-Drs. 559/03, S. 197.

[122] Vgl. *S. Knickrehm/Hahn* in: Eicher, SGB II, § 31 Rn. 40, 17 (zu § 31 SGB II).

[123] Vgl. *Sonnhoff* in: jurisPK-SGB II, § 31 Rn. 30 (zu § 31 SGB II).

[124] Vgl. *Sonnhoff* in: jurisPK-SGB II, § 31 Rn. 100 (zu § 31 SGB II).

§ 5 AsylbLG

grundsätzen ist der Leistungsberechtigte für alle aus seiner Sphäre stammenden Gründe nachweispflichtig.[125] Alle bekannten bzw. aus der Sphäre der Behörde stammenden Tatsachen sind von Amts wegen zu prüfen,[126] auch wenn der Leistungsberechtigte gar keine Gründe für sein Verhalten angibt.[127]

61 Inhaltlich können sich die **Ablehnungsgründe** insbesondere darauf beziehen, dass die zur Verfügung gestellte Arbeitsgelegenheit nicht zumutbar i.S.d. § 5 Abs. 3 AsylbLG ist oder in der Person des Betroffenen liegende Hindernisse i.S.d. § 5 Abs. 4 Satz 1 AsylbLG vorliegen (Arbeitsfähigkeit, Erwerbstätigkeit, Alter). Im Übrigen sind **alle Umstände des Einzelfalls** zu berücksichtigen (z.B. vorrangige Vorsprache beim Ausländeramt, bereits geplanter Botschaftsbesuch, behördlich festgesetzter Abholtermin der Wertgutscheine nach § 3 Abs. 2 AsylbLG etc.).

62 Die Frage, ob sich der Betroffene auf einen **Mangel der Zusätzlichkeit** (vgl. § 5 Abs. 1 Satz 2 AsylbLG) berufen darf,[128] ist im Leistungsrecht nach dem SGB II umstritten, aber vom BSG – jedenfalls bei der Geltendmachung eines Erstattungsanspruchs – bejaht worden.[129] Ein **drittschützender Charakter** dieses Merkmals wird wegen seiner den Leistungsberechtigten nicht betreffenden Zielrichtung (Schutz vor Konkurrenten) in Frage gestellt.[130] Nach der Rechtsprechung des BSG rechtfertigt aber in diesen Fällen bereits die Zweckverfehlung der Arbeitsgelegenheit die Anwendung eines öffentlich-rechtlichen Erstattungsanspruchs, so dass der Betroffene gegen die Heranziehung unter Berufung auf die fehlende Zusätzlichkeit vorgehen kann.[131] Diese Rechtsprechung ist auch auf die Arbeitsgelegenheit nach § 5 AsylbLG zu übertragen.

VII. Rechtsfolgen

1. Anspruchsverlust bei unbegründeter Ablehnung (Absatz 4 Satz 2)

63 Bei einer unbegründeten Ablehnung einer Arbeitsgelegenheit hat der Leistungsberechtigte nach § 5 Abs. 4 Satz 2 AsylbLG **keinen Anspruch auf Leistungen** nach dem AsylbLG. Er verliert seinen unbedingten Leistungsanspruch.

64 Stattdessen hat der Betroffene nach h.M.[132] entsprechend der zu § 25 BSHG ergangenen Rechtsprechung[133] einen **Anspruch auf ermessensfehlerfreie Entscheidung** darüber, ob und in welchem Umfang und in welcher Form Leistungen nach dem AsylbLG noch zu bewilligen sind. Der Anspruchsverlust hat damit in aller Regel nicht zur Folge, dass die Hilfeleistungen vollständig eingestellt werden dürfen. Neben der Begründung zum Gesetzesentwurf, nach der bei einem Anspruchsverlust im Einzelfall die **Gewährung der nach den Umständen unabweisbaren Hilfe** möglich sein soll,[134] spricht auch der Umstand, dass die Betroffenen vielfach keine Möglichkeit haben, ihren notwendigen Lebensunterhalt anderweitig zu decken,[135] für diese Auslegung. Eine vollständige Leistungseinstellung wäre schließlich mit dem Grundrecht auf Gewährleistung eines menschenwürdigen Existenzminimums aus Art. 1 Abs. 1 GG i.V.m. dem Sozialstaatsprinzip des Art. 20 Abs. 1 GG[136] auch unter Berücksichtigung der eingeschränkten Leistungsgewährung nach dem AsylbLG nicht zu vereinbaren.[137]

---

[125] Vgl. *S. Knickrehm/Hahn* in: Eicher, SGB II, § 31 Rn. 68 (zu § 31 SGB II); *Sonnhoff* in: jurisPK-SGB II, § 31 Rn. 103 (zu § 31 SGB II).

[126] Vgl. *S. Knickrehm/Hahn* in: Eicher, SGB II, § 31 Rn. 69 (zu § 31 SGB II).

[127] A.A. wohl *Hohm* in: AsylbLG, § 5 Rn. 55.

[128] So LSG Baden-Württemberg v. 02.11.2009 - L 1 AS 746/09.

[129] BSG v. 27.08.2011 - B 4 AS 1/10 R - juris Rn. 28; BSG v. 22.08.2013 - B 14 AS 75/12 R - juris Rn. 19.

[130] BSG v. 16.12.2008 - B 4 AS 60/07 R - juris Rn. 28 - SozR 4-4200 § 16 Nr. 4 und BSG v. 17.12.2009 - B 4 AS 30/09 R - juris Rn. 21 - SozR 4-4200 § 31 Nr. 3 (jeweils offen gelassen); vgl. auch *Voelzke* in: Hauck/Noftz, SGB II, § 16d Rn. 63.

[131] Vgl. BSG v. 27.08.2011 - B 4 AS 1/10 R - juris Rn. 28.

[132] VG Göttingen v. 22.08.2003 - 2 B 308/03; *Hohm* in: AsylbLG, § 5 Rn. 58; *Birk* in: LPK-SGB XII, § 5 AsylbLG Rn. 5; *Decker* in: Oestreicher, SGB XII/SGB II, § 5 AsylbLG, Rn. 15; *Fasselt* in: Fichtner/Wenzel, SGB XII/AsylbLG, § 5 AsylbLG Rn. 6; *Herbst* in: Mergler/Zink, SGB XII/AsylbLG, § 5 AsylbLG Rn. 29; krit., aber i.E. ähnlich *Wahrendorf* in: Grube/Wahrendorf, SGB XII, § 5 AsylbLG Rn. 9; so auch *Deibel*, Sozialrecht aktuell 2013, 103, 110.

[133] BVerwG v. 17.05.1995 - 5 C 20/93 - BVerwGE 98, 203, 204 f. = NJW 1995, 3200 f.

[134] BT-Drs. 13/10155, S. 6.

[135] Vgl. VG Göttingen v. 22.08.2003 - 2 B 308/03; VG Köln v. 24.10.2001 - 21 K 1159/99.

[136] Vgl. hierzu BVerfG v. 09.02.2010 - 1 BvL 1/09, 1 BvL 3/09, 1 BvL 4/09.

[137] Vgl. auch *Hohm* in: AsylbLG, § 5 Rn. 64 f.

Die im Wege der Ermessensausübung von der Behörde zu gewährenden Leistungen dürfen das Maß der **unabweisbar gebotenen Hilfe** nicht unterschreiten.[138] Dies entspricht dem Ausmaß der Anspruchseinschränkung nach **§ 1a AsylbLG** aufgrund einer Einzelfallprüfung[139] (vgl. hierzu im Einzelnen die Kommentierung zu § 1a AsylbLG Rn. 71 ff.). Nach der Entscheidung des BVerfG zum Anspruch nach § 3 AsylbLG vom 18.07.2012[140] kommt eine **pauschale Kürzung oder sogar der Wegfall des Barbetrags** nach § 3 Abs. 1 Satz 4 AsylbLG (früher Taschengeld genannt) nicht mehr in Betracht.[141] 65

2. Aufwandsentschädigung (Absatz 2)

Für die Verrichtung zugewiesener Arbeitsgelegenheiten sieht § 5 Abs. 2 AsylbLG eine Aufwandsentschädigung von **1,05 € je Arbeitsstunde** vor. Durch diesen Betrag sollen die zusätzlichen Aufwendungen des Leistungsberechtigten gedeckt werden, die durch den arbeitsbedingten Bedarf entstehen.[142] Sie dient der Abgeltung von **Mehraufwendungen**, die der Leistungsberechtigte infolge der Arbeitsleistung etwa in der Gestalt von Fahrtkosten, Arbeitskleidung etc. hat.[143] 66

Aus Gründen des Arbeitsschutzes und der Unfallverhütung erforderliche Gegenstände, insb. **Schutzkleidung, -helm etc.**, sind jedoch gesondert zur Verfügung zu stellen.[144] Diese (öffentlich-rechtliche) Verpflichtung kann sich aus **§ 3 Abs. 1, 3 ArbSchG** (ggf. i.V.m. einschlägigen Verordnungen i.S.d. § 18 ArbSchG oder Sondergesetzen) ergeben, der die **Fürsorgepflichten des Arbeitgebers** aus § 618 Abs. 1 BGB konkretisiert[145] und nach dem dieser die erforderlichen Maßnahmen des Arbeitsschutzes zu treffen und die anfallenden Kosten zu tragen hat. Bei der entsprechenden Anwendung der Norm nach § 5 Abs. 3 Satz 3 AsylbLG gilt als Arbeitgeber i.S.d. § 3 Abs. 1 ArbSchG (im Wortsinne) der **Träger der Arbeitsgelegenheit**,[146] der zwar bei unterschiedlicher Trägerschaft im Verhältnis zum Leistungsberechtigten nach h.M. nur als Beliehener bzw. Verwaltungshelfer des Leistungsträgers auftritt,[147] aber wirtschaftlich von der Arbeitsgelegenheit profitiert. 67

Die Aufwandsentschädigung stellt keine Gegenleistung für die verrichtete Arbeit im Sinne eines Arbeitsentgeltes dar und ist im Leistungsbezug nach dem AsylbLG **kein Einkommen (§ 7 Abs. 2 Satz 2 AsylbLG)**.[148] 68

Bei einer **rechtswidrigen Arbeitsgelegenheit** hat der Leistungsberechtigte ggf. einen **öffentlich-rechtlichen Erstattungsanspruch** auf Wertersatz der rechtsgrundlos erbrachten Arbeitsleistung (vgl. Rn. 38).[149] 69

3. Entsprechende Anwendung von arbeitsschutz- und haftungsrechtlichen Regelungen (Absatz 5 Satz 3)

Arbeitsrechtliche Vorschriften (Kündigungsschutz, Anspruch auf tarifvertragliche Vergütung etc.) finden im öffentlich-rechtlichen Leistungsverhältnis der Arbeitsgelegenheit grundsätzlich keine Anwendung; allein die Vorschriften über den **Arbeitsschutz** (ArbSchG, MuSchG, JArbSchG, ArbZG etc., 70

---

[138] *Hohm* in: AsylbLG, § 5 Rn. 69; *Decker* in: Oestreicher, SGB XII/SGB II, § 5 AsylbLG, Rn. 12; *Birk* in: LPK-SGB XII, § 5 Rn. 5; a.A. *Gröschel-Gundermann* in: Linhart/Adolph/Gröschel-Gundermann, SGB II/SGB XII/AsylbLG, § 5 AsylbLG Rn. 34.

[139] So auch *Deibel*, Sozialrecht aktuell 2013, 103, 110

[140] BVerfG v. 18.07.2012 - 1 BvL 10/10, 1 BvL 2/11 - juris.

[141] A.A. wohl noch *Hohm* in: AsylbLG, § 5 Rn. 71; *Birk* in: LPK-SGB XII, § 5 AsylbLG Rn. 5; *Decker* in: Oestreicher, SGB XII/SGB II, § 5 AsylbLG Rn. 15; zur alten Rechtslage vgl. auch OVG Nordrhein-Westfalen v. 31.05.01 - 16 B 388/01 - ZFSH/SGB 2001, 610 ff.

[142] BT-Drs. 12/4451, S. 9.

[143] BVerwG v. 23.02.1979 - 5 B 114/78.

[144] Vgl. hierzu BAG v. 12.08.2008 - 9 AZR 1117/06 - AP Nr. 29 zu § 618 BGB; BAG v. 18.08.1982 - 5 AZR 493/80 - AP Nr. 18 zu § 618 BGB; BAG v. 21.08.1985 - 7 AZR 199/83 - AP Nr. 19 zu § 618 BGB; *Hohm* in: AsylbLG, § 5 Rn. 17.

[145] Vgl. grundlegend BAG v. 12.08.2008 - 9 AZR 1117/06 - AP Nr. 29 zu § 618 BGB (zum Verhältnis des ArbSchG und § 618 BGB).

[146] So auch *Rixen/Pananis*, NJW 2005, 2177, 2180.

[147] Vgl. Voelzke in: Hauck/Noftz, SGB II, K § 16d Rn. 125 (zu § 16d SGB II); *Rixen/Pananis*, NJW 2005, 2177, 2180 (zu § 16 SGB II a.F.); a.A. *Eicher* in: Eicher/Spellbrink, SGB II, 2. Aufl. 2008, § 16 Rn. 236a-236c (zu § 16 SGB II a.F.); vgl. auch *Stölting* in: Eicher, SGB II, § 16d Rn. 47.

[148] VGH Hessen v. 24.04.2003 - 10 UZ 3849/00 - SAR 2003, 118-119; vgl. aber zur Bewertung angesparter Aufwandsentschädigungen als Vermögen: OVG Saarland v. 03.05.2006 - 3 Q 3/05.

[149] Vgl. BVerwG v. 16.12.2004 - 5 C 71/03 - NVwZ-RR 2005, 416 f.

vgl. auch Rn. 66) sowie die **Grundsätze der Beschränkung der Arbeitnehmerhaftung** gelten entsprechend (§ 5 Abs. 5 Satz 3 AsylbLG). Die nach der arbeitsgerichtlichen Rechtsprechung zu § 619a BGB entwickelten Grundsätze[150] auf § 5 AsylbLG übertragen, haftet der Leistungsberechtigte für Personen- und Sachschäden, die er bei durch den Träger veranlassten und im Rahmen der Arbeitsgelegenheit zu leistenden Arbeiten verursacht, nur bei **Vorsatz oder grober Fahrlässigkeit**.

VIII. Rechtstatsachen

71 Die Bruttoausgaben der Länder für die Schaffung von Arbeitsgelegenheiten nach § 5 Abs. 1 AsylbLG betrugen im Jahr 2006 8,5 Mio. € (Anteil am Gesamtausgabenvolumen von 0,7 %).[151] Im Jahr 2009 beliefen sich die Kosten auf etwa 4,3 Mio. € (Anteil am Gesamtausgabenvolumen von 0,5 %).[152] Wegen des mit der Schaffung von Arbeitsgelegenheiten verbundenen bürokratischen Aufwands soll der Vorschrift **in der Praxis keine größere Bedeutung** zukommen.[153] Hierfür spricht auch die geringe Zahl der veröffentlichten Gerichtsentscheidungen zu § 5 AsylbLG.

C. Praxishinweise

72 Angesichts der Zusammensetzung des am BSG für Streitigkeiten nach dem AsylbLG zuständigen 8. Senats[154] sollte in der Praxis die **Heranziehung zu einer Arbeitsgelegenheit per Verwaltungsakt (Heranziehungsbescheid) kritisch** überdacht werden (vgl. Rn. 38). Dabei ist ein solches Vorgehen jedenfalls dann unschädlich, wenn die Arbeitsgelegenheit beim Leistungsträger selbst geschaffen wird.[155] Bei einer Beteiligung Dritter an der Arbeitsgelegenheit droht die Aufhebung des Heranziehungsbescheids, ggf. mit der Folge einer Anerkennung eines faktischen Arbeitsverhältnisses mit üblicher Vergütung (§ 612 Abs. 2 BGB).[156]

73 Zweckmäßigerweise ist die (schriftliche) **Belehrung** über die drohende Rechtsfolge in dem Bescheid (bzw. Angebot) aufzunehmen und zwar **in der Sprache des Betroffenen** (vgl. Rn. 56).

74 Da **Rechtsbehelfe** gegen einen Heranziehungsbescheid gem. § 86a Abs. 1 Satz 1 SGG **aufschiebende Wirkung** haben, lässt sich die Verpflichtung aus § 5 Abs. 4 Satz 1 AsylbLG damit nur eingeschränkt durchsetzen (vgl. Rn. 51). Im Verwaltungsverfahren bietet es sich für den Leistungsberechtigten an, bei bestehenden Einwänden bereits gegen den Heranziehungsbescheid vorzugehen.

---

[150] BAG (Großer Senat) v. 27.09.1994 - GS 1/89 (A) - BAGE 78, 56, 61 ff. = NJW 1995, 210-213.

[151] Vgl. BT-Drs. 16/9018, S. 5.

[152] BT-Drs. 17/3660, S. 30.

[153] So *Wahrendorf* in: Grube/Wahrendorf, SGB XII, § 5 AsylbLG Rn. 1.

[154] Vgl. die Kritik an der Heranziehung per Verwaltungsakt von *Eicher* in: Eicher/Spellbrink, SGB II, 2. Aufl. 2008, § 16 Rn. 236 (zu § 16 SGB II a.F.).

[155] Vgl. *Eicher* in: Eicher/Spellbrink, SGB II, 2. Aufl. 2008, § 16 Rn. 233 (zu § 16 SGB II a.F.).

[156] Vgl. *Eicher* in: Eicher/Spellbrink, SGB II, 2. Aufl. 2008, § 16 Rn. 241 (zu § 16 SGB II a.F.); vgl. auch *Stölting* in: Eicher, SGB II, § 16d Rn. 48 f.

§ 6 AsylbLG Sonstige Leistungen

(Fassung vom 14.03.2005, gültig ab 18.03.2005)

(1) ¹Sonstige Leistungen können insbesondere gewährt werden, wenn sie im Einzelfall zur Sicherung des Lebensunterhalts oder der Gesundheit unerläßlich, zur Deckung besonderer Bedürfnisse von Kindern geboten oder zur Erfüllung einer verwaltungsrechtlichen Mitwirkungspflicht erforderlich sind. ²Die Leistungen sind als Sachleistungen, bei Vorliegen besonderer Umstände als Geldleistung zu gewähren.

(2) Personen, die eine Aufenthaltserlaubnis gemäß § 24 Abs. 1 des Aufenthaltsgesetzes besitzen und die besondere Bedürfnisse haben, wie beispielsweise unbegleitete Minderjährige oder Personen, die Folter, Vergewaltigung oder sonstige schwere Formen psychischer, physischer oder sexueller Gewalt erlitten haben, wird die erforderliche medizinische oder sonstige Hilfe gewährt.

Gliederung

A. Basisinformationen 1	4. Zur Sicherung der Gesundheit unerlässlich (Alt. 2) 59
I. Textgeschichte/Gesetzgebungsmaterialien 1	a. Tatbestand 59
II. Vorgängervorschriften 5	b. Einzelne Leistungsfälle (insb. Behandlung chronischer Erkrankungen) 62
III. Parallelvorschriften 6	5. Zur Deckung besonderer Bedürfnisse von Kindern geboten (Alt. 3) 77
IV. Verwaltungsvorschriften 9	a. Abgrenzung von Kinder- und Jugendhilfeleistungen nach dem SGB VIII 79
V. Systematische Zusammenhänge 10	b. Tatbestand 81
VI. Ausgewählte Literaturhinweise 14	c. Einzelne Leistungsfälle 84
B. Auslegung der Norm 15	6. Zur Erfüllung einer verwaltungsrechtlichen Mitwirkungspflicht erforderlich (Alt. 4) 89
I. Bedeutung, Regelungsgehalt und Systematik der Norm 15	a. Tatbestand 90
II. Normzweck 21	b. Einzelne Leistungsfälle (verwaltungsrechtliche Mitwirkungspflichten) 94
III. Sekundäres EU-Recht und richtlinienkonforme Auslegung 23	c. Ermessensentscheidung der Leistungsbehörde 97
1. Asylbewerber mit besonderen Bedürfnissen i.S.d. Art. 17 EGRL 2003/9 bzw. Art. 21 ff. EURL 2013/33 27	7. Leistungen bei sonstigen atypischen Bedarfslagen (Satz 1) 102
2. Personen mit besonderen Bedürfnissen i.S.d. Art. 7, 9 Abs. 2 EGRL 2004/81 33	V. Privilegierte Versorgung (Absatz 2) 105
IV. Sonstige Leistungen (Absatz 1 Satz 1) 36	1. Tatbestand 106
1. Auslegung der unbestimmten Rechtsbegriffe 36	2. Ermessensentscheidung der Leistungsbehörde 111
2. Ausgestaltung der Norm als Ermessensvorschrift 42	VI. Rechtstatsachen 113
3. Zur Sicherung des Lebensunterhalts unerlässlich (Alt. 1) 45	**C. Praxishinweise** 114
a. Tatbestand 45	**D. Reformbestrebungen** 116
b. Einzelne Leistungsfälle 48	

A. Basisinformationen

I. Textgeschichte/Gesetzgebungsmaterialien

Mit Einführung des § 6 AsylbLG zum **01.11.1993**[1] war neben den Leistungen nach den §§ 3, 4 AsylbLG nur ausnahmsweise eine Gewährung von sonstigen Leistungen vorgesehen. Die Norm sollte nach dem **Erstentwurf als § 5 AsylbLG** in Kraft treten.[2]

1

Zum **01.06.1997** gestaltete der Gesetzgeber § 6 AsylbLG mit dem Ersten Änderungsgesetz zum AsylbLG vom 26.05.1997[3] als **uneingeschränkte Ermessensvorschrift** aus, indem er die Worte „dürfen nur" durch „können insbesondere" ersetzte. Die bisherige Verwaltungspraxis konnte nach den bis-

2

---

[1] BGBl I 1993, 1074, 1075.
[2] BT-Drs. 12/4451, S. 3, 10.
[3] BGBl I 1997, 1130.

herigen gesetzlichen Vorgaben besonderen Bedarfen im Einzelfall nicht gerecht werden.[4] Seither können nach den Vorgaben des § 6 AsylbLG im Ermessenswege sonstige Leistungen gewährt werden (**Auffang- bzw. Öffnungsklausel**).[5]

3   Zum **18.03.2005** wurde durch Art. 6 Nr. 6b des Gesetzes zur Änderung des AufenthG und weiterer Gesetze vom 14.03.2005[6] Absatz 2 der Vorschrift eingeführt. Hintergrund war die **Umsetzung von Art. 13 Abs. 4 EGRL 2001/55** (sog. Massenzustromrichtlinie),[7] nach dem eine Mindestversorgung von Personen mit besonderen Bedürfnissen vorgesehen ist. Die Norm war im Erstentwurf zur Gesetzesänderung[8] noch nicht enthalten und wurde während des Gesetzgebungsverfahrens als gebundene Entscheidung („wird") vorgeschlagen.[9] Auf Kritik des Bundesrates, der eine Leistungsausweitung befürchtete und die bisherige Regelung des Absatzes 1 als ausreichend erachtete,[10] ist Absatz 2 nach zweimaliger Anrufung des Vermittlungsausschusses[11] zunächst als eingeschränkte Ermessensvorschrift Gesetz geworden (Soll-Vorschrift).[12]

4   Mit **Berichtigung des Gesetzes zur Änderung des Aufenthaltsgesetzes und weiterer Gesetze vom 30.09.2010**[13] wurde § 6 Abs. 2 AsylbLG ohne Einschaltung des Parlaments rückwirkend geändert (gebundene Entscheidung i.S.e. Pflichtleistung), weil – nach Auskunft des Bundesinnenministeriums – die Beschlussempfehlung des Vermittlungsausschusses vom 16.02.2005[14] keine Änderung des Art. 6 Nr. 6b laut Gesetzentwurf enthalte und § 6 Abs. 2 AsylbLG insoweit „versehentlich" als Soll-Vorschrift verkündet worden sei. Dieses angesichts der politischen Diskussionen und des Widerstands des Bundesrats erstaunliche Prozedere hat – bezogen auf den unmittelbaren Anwendungsbereich der Norm – keine praktische Relevanz. Eine Aufnahme von Flüchtlingen aufgrund der Massenzustromrichtlinie (EGRL 2001/55) hat – soweit bekannt – bislang nicht stattgefunden (Stand: April 2014) und ist in absehbarer Zeit auch nicht zu erwarten.[15]

II. Vorgängervorschriften

5   § 6 AsylbLG ist im Kontext der eingeschränkten Leistungsgewährung nach den §§ 3, 4 AsylbLG für Ausländer mit ungesichertem Aufenthaltsrecht (Asylkompromiss 1992) als leistungsrechtliche **Öffnungsklausel** entstanden.[16] Bis zum Inkrafttreten des AsylbLG zum 01.11.1993 existierte eine vergleichbare, auf die (abgesenkte) Grundversorgung nach den §§ 3, 4 AsylbLG zugeschnittene Vorgängervorschrift nicht.

III. Parallelvorschriften

6   Für Ausländer in Deutschland, die weder nach dem AsylbLG noch nach dem SGB II leistungsberechtigt sind, sieht **§ 23 Abs. 1 Satz 1 SGB XII** eine eingeschränkte Sozialhilfegewährung vor, die u.a. die Leistung von Hilfe bei Krankheit (§ 48 SGB XII) und Hilfe zur Pflege (§§ 61-66 SGB XII) mit einschließt. Eine abweichende Bedarfsdeckung ist gem. § 23 Abs. 1 Satz 3 SGB XII vorgesehen, nach dem im Übrigen Leistungen des 5. bis 9. Kapitels des SGB XII gewährt werden können, soweit dies im Einzelfall gerechtfertigt ist.[17] Diese Norm ist auf Leistungsberechtigte nach dem AsylbLG nicht anwendbar, § 23 Abs. 2 SGB XII.[18]

---

[4] BT-Drs. 13/2746, S. 16.
[5] Vgl. *Deibel*, ZAR 1998, 28, 32.
[6] BGBl I 2005, 721, 726 f.
[7] ABl. EU Nr. L 212 S. 12.
[8] Vgl. BT-Drs. 15/3784, S. 11 = BR-Drs. 662/04, S. 37 f. (zu Art. 6 des Entwurfs).
[9] Vgl. BT-Drs. 15/4173, S. 16, 28.
[10] BT-Drs. 15/4378, S. 4 f.
[11] Vgl. BT-Drs. 15/4378, S. 4 f.; BR-Drs. 987/04; BT-Drs. 15/4755; BT-Drs. 15/4870.
[12] Vgl. zum Gesetzgebungsverfahren *Decker* in: Oestreicher, SGB XII/SGB II, § 6 AsylbLG Rn. 3-6.
[13] BGBl I 2010, 1358.
[14] BT-Drs. 15/4870, S. 4.
[15] Zur Anwendung der Massenzustromrichtlinie bei der Aufnahme von Flüchtlingen aus Syrien vgl. etwa die Antwort der Bundesregierung vom 18.11.2013, BT-Drs. 18/61, S. 4.
[16] BT-Drs. 12/4451, S. 10.
[17] Vgl. hierzu *Hohm* in: Schellhorn/Schellhorn/Hohm, SGB XII, § 23 Rn. 11.
[18] Zur entsprechenden Anwendung nach § 2 Abs. 1 AsylbLG vgl. LSG Schleswig-Holstein v. 16.12.2008 - L 9 B 415/08 AY ER, L 9 B 147/08 AY PKH - juris Rn. 6 f. - FEVS 60, 467 f. (Eingliederungshilfe).

Im Sozialhilferecht ermöglicht § 27a Abs. 4 Satz 1 SGB XII eine Erhöhung des Regelsatzes, wenn in atypischen Fällen ein erhöhter, vom Durchschnitt abweichender Bedarf (atypische Bedarfslage) besteht, aber auch eine Absenkung, wenn im Einzelfall ein Bedarf ganz oder teilweise anderweitig gedeckt ist.[19] Die Anerkennung von Mehrbedarfen und einmaligen Bedarfen sehen die §§ 30, 31 Abs. 1 SGB XII vor. Bei atypischen Bedarfslagen ermöglicht § 37 SGB XII eine Darlehensgewährung, wenn im Einzelfall ein von den Regelsätzen umfasster und nach den Umständen unabweisbar gebotener Bedarf besteht. Gem. § 73 SGB XII können Leistungen auch in sonstigen – ebenfalls atypischen – Lebenslagen erbracht werden, wenn sie den Einsatz öffentlicher Mittel rechtfertigen und nicht bereits durch andere Vorschriften des 3. bis 9. Kapitels des SGB XII erfasst sind.[20]

Im Leistungsrecht nach dem SGB II dienen § 21 SGB II (Mehrbedarfe) und § 24 SGB II (abweichende Erbringung von Leistungen) als Öffnungsklauseln.

IV. Verwaltungsvorschriften

Zur Durchführung des AsylbLG gelten **ministerielle Erlasse und Durchführungshinweise der Länder**, in denen typische Anwendungsfälle für sonstige Leistungen nach den Alternativen des § 6 Abs. 1 Satz 1 AsylbLG kasuistisch zusammengefasst sind.[21]

V. Systematische Zusammenhänge

§ 6 AsylbLG stellt mit Blick auf die pauschalierten und die bis zur Entscheidung des BVerfG vom 18.07.2012 (Übergangsregelung)[22] abgesenkten Leistungen der §§ 3, 4 AsylbLG eine **Auffang- und Öffnungsklausel** dar, um im Einzelfall dem Anspruch des Leistungsberechtigten aus Art. 1 Abs. 1 GG i.V.m. Art. 20 Abs. 1 GG auf Gewährung eines menschenwürdigen Existenzminimums gerecht zu werden.[23]

Systematisch verfolgt das AsylbLG ebenso wie die Leistungsgesetze des SGB II und SGB XII eine **Bedarfsdeckung unter weitgehendem Verzicht von einmaligen Beihilfen** und der Aufgabe des sozialhilferechtlichen Individualisierungsgrundsatzes. Aus diesem Grund ist es 1993 von dem BSHG als eigenständiges Leistungssystem ohne Heranziehung eines Referenzmodells zur Ermittlung eines realitätsgerechten Durchschnittsbedarfs (Warenkorb- oder Statistikmodell) abgekoppelt worden.[24]

Die weiteren **Entwicklungen im Sozialhilfe- bzw. Grundsicherungsrecht** bis 2005 blieben im Leistungsrecht nach dem AsylbLG unberücksichtigt. Dies gilt insbesondere für die zunehmende Pauschalierung der Leistungen zur Sicherung des Lebensunterhalts unter Verzicht auf einmalige Beihilfen (vgl. die Experimentierklausel des § 101a BSHG a.F. sowie § 3 Abs. 1 Nr. 1 GSiG a.F.) und schließlich für den Übergang in die Leistungssysteme des SGB II und SGB XII 2005, mit dem die Erhöhung des maßgeblichen Regelsatzes bzw. der Regelleistung um einen Zuschlag von ca. 16% einherging, um die Dispositionsfreiheit der Betroffenen zu erhöhen (sog. Ansparbetrag).

Für die **Öffnungsklausel des § 6 AsylbLG** bedeutet die losgelöste Entwicklung des Sozialhilferechts und die Einführung des SGB II und SGB XII, dass der damit verfolgte Anspruch einer möglichst abschließenden Bedarfsdeckung durch pauschalierte Leistungen nicht übertragbar ist. Die Leistungen nach den §§ 3, 4 und 6 AsylbLG können im Einzelfall das Leistungsniveau nach dem SGB II oder SGB XII sogar wertmäßig übersteigen (vgl. etwa die gesonderte Leistungsgewährung für Hausrat gem. § 3 Abs. 2 Satz 2 AsylbLG). Eine Grundregel, nach der einmalige Beihilfen, die nach dem SGB II oder SGB XII nicht vorgesehen sind, „erst recht" nicht nach § 6 AsylbLG gewährt werden könnten,[25] kann auch wegen atypischer Mehrbedarfe, die gerade auf einen vorübergehenden Aufenthalt von Ausländern in Deutschland zurückzuführen sind, nicht aufgestellt werden (vgl. etwa die nach § 6 Abs. 1 Satz 1 Alt. 3 AsylbLG zu gewährenden Schulbeihilfen, die mit Einführung des SGB II und SGB XII 2005 zunächst nicht vorgesehen waren). Allerdings bewirkt die **Übergangsregel nach dem BVerfG** eine ge-

---

[19] BSG v. 11.12.2007 - B 8/9b SO 21/06 R - SozR 4-3500 § 28 Nr. 3 (kostenfreies Mittagessen).
[20] BSG v. 11.12.2007 - B 8/9b SO 12/06 R - SozR 4-3500 § 21 Nr. 1; *W. Schellhorn* in: Schellhorn/Schellhorn/Hohm, SGB XII, § 73 SGB XII Rn. 3.
[21] Z.T. abgedr. in: AsylbLG, IV – Landesrechtliche Vorschriften.
[22] BVerfG v. 18.07.2012 - 1 BvL 10/10, 1 BvL 2/11 - juris.
[23] Vgl. BT-Drs. 12/4451, S. 10; BT-Drs. 13/2746, S. 16.
[24] Vgl. BT-Drs. 12/4451, S. 5.
[25] So *Deibel*, ZAR 2004, 321, 325.

wisse Angleichung des Leistungsumfangs nach § 3 AsylbLG an das allgemeine Grundsicherungsrecht. Eine gesonderte Bedarfsdeckung kommt daher bei bereits durch die Regelbedarfe abgedeckten Bedarfslagen nicht mehr in Betracht (vgl. Rn. 39).

VI. Ausgewählte Literaturhinweise

14 *Deibel*, Das neue Asylbewerberleistungsrecht, ZAR 1998, 28-38; *Deibel*, Asylbewerberleistungsrecht aktuell - Zwischen Bundesverfassungsgericht und gesetzlicher Neuregelung, Sozialrecht aktuell 2013, 103-110; *Deibel*, Die Menschenwürde im Asylbewerberleistungsrecht, ZFSH SGB 2012, 582-591; *Deibel*, Praktische Probleme bei der Bewilligung von Leistungen nach dem Asylbewerberleistungsgesetz, ZAR 1995, 57-64; *Fasselt*, Europarecht und Sozialhilfe, ZFSH/SGB 2004, 655-677; *Franßen-de la Cerda*, Die Verpflichtung des Ausländers zur Mitwirkung (§ 82 AufenthG), ZAR 2010, 81-90; *Hachmann/Hohm*, Änderungen des Asylbewerberleistungsgesetzes durch das Gesetz zur Umsetzung aufenthalts- und asylrechtlicher EU-Richtlinien, NVwZ 2008, 33-36; *Haedrich*, Das Asylbewerberleistungsgesetz, das Existenzminimum und die Standards der EU-Aufnahmerichtlinie, ZAR 2010, 227-233; *Hammel*, Die Finanzierung von Passkosten bei mittellosen nichtdeutschen Personen, InfoAuslR 2012, 137-142; *Hoffmann*, Weiterer Anpassungsbedarf? Zur Umsetzung der EU-Richtlinien zum Flüchtlings- und Asylrecht, Beilage zum ASYLMAGAZIN 5/2007, 9-18; *Janda/Wilksch*, Das Asylbewerberleistungsgesetz nach dem „Regelsatz-Urteil" des BVerfG, SGb 2010, 565-574; *Kunkel*, Das Asylbewerberleistungsgesetz in Konkurrenz mit Sozialleistungsgesetzen, NVwZ 1994, 352-355; *Scheurer*, Die Leistungsansprüche Asylsuchender und vollziehbar zur Ausreise verpflichteter Ausländerinnen und Ausländer nach dem Asylbewerberleistungsgesetz, InfAuslR 1994, 265-273; *Schreiber*, Gesundheitsleistungen im europäischen Flüchtlingssozialrecht, ZESAR 2010, 107-112; *Wapler*, Sozialleistungen für Kinder und Jugendliche ohne deutschen Pass, RdJB 2012, 219-236.

B. Auslegung der Norm

I. Bedeutung, Regelungsgehalt und Systematik der Norm

15 § 6 AsylbLG kommt als **Auffangvorschrift bzw. Öffnungsklausel**[26] eine besondere Bedeutung bei der Leistungsgewährung nach dem AsylbLG zu. Die Deckung des notwendigen Bedarfs durch die Leistungen nach den §§ 3, 4 AsylbLG hat bis zur Entscheidung des BVerfG vom 18.07.2012 (Übergangsregelung)[27] auf den typischen Regelfall und Pauschalleistungen auf niedrigem Niveau abgestellt, so dass in bestimmten Fällen eine weitergehende Leistungsgewährung in beschränktem Umfang möglich sein musste.[28]

16 § 6 Abs. 1 Satz 1 AsylbLG ist grundsätzlich auf alle Grundleistungsberechtigten nach den §§ 1, 3 AsylbLG anwendbar und enthält **vier Fallgruppen**, in denen im Einzelfall eine abweichende Leistungsgewährung in Betracht kommt; im Einzelnen handelt es sich um Leistungen, die zur Sicherung des Lebensunterhalts (Alt. 1) oder der Gesundheit (Alt. 2) unerlässlich, zur Deckung besonderer Bedürfnisse von Kindern geboten (Alt. 3) oder zur Erfüllung einer verwaltungsrechtlichen Mitwirkungspflicht erforderlich sind (Alt. 4). Wegen des vorangestellten Zusatzes „insbesondere" ist diese **Aufzählung nicht abschließend**.[29]

17 Für Inhaber einer Aufenthaltserlaubnis nach § 24 Abs. 1 AufenthG mit besonderen Bedürfnissen gilt die **Sonderregel des § 6 Abs. 2 AsylbLG**, mit der Art. 13 Abs. 4 EGRL 2001/55 (sog. Massenzustromrichtlinie)[30] in nationales Recht umgesetzt wurde.[31] Danach wird diesen Personen ungeachtet der Einschränkungen der §§ 4 Abs. 1 Satz 1, 6 Abs. 1 Satz 1 AsylbLG die erforderliche medizinische oder sonstige Hilfe gewährt.

18 Die Vorschrift ist – **systematisch missglückt** – als eigenständiger Absatz Gesetz geworden, da sie in erster Linie – abweichend von § 6 Abs. 1 Satz 1 Alt. 2 AsylbLG – die privilegierte medizinische Versorgung für vorübergehend geschützte Personen mit besonderen Bedürfnissen bezweckt.[32] Der Anwen-

---

[26] BT-Drs. 13/2746, S. 16; vgl. LSG Nordrhein-Westfalen v. 10.03.2008 - L 20 AY 16/07 - juris Rn. 32 ff. - SAR 2008, 92, 93.

[27] BVerfG v. 18.07.2012 - 1 BvL 10/10, 1 BvL 2/11 - juris.

[28] Vgl. BT-Drs. 12/4451, S. 10.

[29] OVG Schleswig-Holstein v. 09.09.1998 - 1 M 98/98 - juris Rn. 1 - FEVS 49, 325 f.; *Decker* in: Oestreicher, SGB XII/SGB II, § 6 AsylbLG Rn. 7.

[30] ABl.EG L 212 v. 07.08.2001, S. 12.

[31] BT-Drs. 15/4173, S. 28.

[32] BT-Drs. 15/4173, S. 28.

dungsbereich der Norm ist jedoch weitestgehend ungeklärt, weil eine Aufnahme von Vertriebenen nach der Massenzustromrichtlinie (EGRL 2001/55) noch nicht stattgefunden hat (Stand: Oktober 2010). Nach dem gesetzgeberischen Willen handelt es sich regelmäßig um den Anspruch auf **Versorgung und Behandlung bei Vorliegen chronischer Erkrankungen** (insb. bei Traumatisierungen mit dem Erfordernis einer psychotherapeutischen Behandlung),[33] der grundsätzlich nach § 6 Abs. 1 Satz 1 Alt. 2 AsylbLG geltend gemacht werden kann (vgl. Rn. 62 ff.). Gem. § 6 Abs. 2 AsylbLG ist dieser Anspruch bei dem bestimmten Personenkreis als Pflichtleistung zu erfüllen (vgl. zur Berichtigung des § 6 Abs. 2 AsylbLG Rn. 3), ohne dass die restriktiven Voraussetzungen des § 6 Abs. 1 Satz 1 Alt. 2 AsylbLG vorliegen müssen (vgl. auch Rn. 111 ff.).

Ausgestaltet als eigenständige Anspruchsgrundlage betrifft § 6 Abs. 2 AsylbLG **allein atypische Bedarfslagen**, die auf die besonderen Bedürfnisse des Personenkreises zurückzuführen sind. Bei Vorliegen von anderen atypischen Bedarfslagen (z.B. Leistungen bei einem Todesfall) ist § 6 Abs. 1 Satz 1 AsylbLG einschlägig. 19

Mit diesem Normverständnis gilt der **Vorrang der Sachleistungsgewährung** gem. § 6 Abs. 1 Satz 2 AsylbLG (sog. Sachleistungsprinzip, vgl. auch § 3 Abs. 1 AsylbLG) sowohl für die Ermessensentscheidung nach § 6 Abs. 1 Satz 1 AsylbLG als auch für diejenige nach § 6 Abs. 2 AsylbLG.[34] 20

II. Normzweck

Die Vorschrift ermöglicht eine von den §§ 3, 4 AsylbLG abweichende Leistungsgewährung bei besonderen (atypischen) Bedarfslagen, um den unterschiedlichen Lebenssachverhalten und der nach **Art. 1 Abs. 1 i.V.m. Art. 20 Abs. 1 GG** gebotenen Sicherstellung eines menschenwürdigen Existenzminimums im Einzelfall gerecht zu werden.[35] 21

In seinem Grundsatzurteil vom 09.02.2010 zum Leistungsrecht nach dem SGB II hat das **BVerfG**[36] die außergewöhnliche **Bedeutung von Öffnungsklauseln** in lebensunterhaltssichernden Leistungssystemen zur Deckung von atypischen Sonderbedarfen dargelegt und das Fehlen einer ausreichenden Regelung im Leistungssystem nach dem SGB II für unvereinbar mit dem GG erklärt. Vor diesem Hintergrund ist der Sinn und Zweck des § 6 AsylbLG im Leistungsrecht nach dem AsylbLG zu verstehen, auch wenn das BVerfG in seiner Entscheidung vom 18.07.2012 ausdrücklich betont hat, dass diese Norm **keinen Ausgleich struktureller Defizite** bei der Leistungshöhe nach § 3 Abs. 2 AsylbLG bietet (vgl. auch Rn. 38).[37] 22

III. Sekundäres EU-Recht und richtlinienkonforme Auslegung

Bei der Leistungsgewährung nach den §§ 3, 4 und 6 AsylbLG sind die von der Europäischen Union durch verschiedene Richtlinien gesetzten sozialen **Mindeststandards bei der Aufnahme von Asylsuchenden und Flüchtlingen** zu beachten (vgl. auch die Kommentierung zu § 1 AsylbLG Rn. 44 ff.). 23

Der Gesetzgeber hat die leistungsrechtlich einschlägigen **EU-Richtlinien nur in sehr begrenztem Maße in nationales Recht umgesetzt** und zwar durch die Einführung des § 6 Abs. 2 AsylbLG, der die gem. Art. 13 Abs. 4 EGRL 2001/55 (sog. Massenzustromrichtlinie) vorgesehene Versorgung von Inhabern einer Aufenthaltserlaubnis nach § 24 Abs. 1 AufenthG mit besonderen Bedürfnissen betrifft (erforderliche medizinische und sonstige Hilfe). Von einer Umsetzung entsprechender Vorgaben für Personen mit besonderen Bedürfnissen nach 24

- Art. 15 Abs. 2, 17, 18-20 EGRL 2003/9[38], neu gefasst durch **Art. 19 Abs. 2, 21-25 EURL 2013/33**[39] (sog. Richtlinie Aufnahmebedingungen) und
- Art. 7, 9 Abs. 2 EGRL 2004/81 (sog. Opferschutzrichtlinie)[40]

---

[33] Vgl. *Hohm* in: Schellhorn/Schellhorn/Hohm, SGB XII, § 6 AsylbLG Rn. 37 unter Bezugnahme auf das Plenarprotokoll 15/138, S. 12707.

[34] A.A. *Herbst* in: Mergler/Zink, SGB XII/AsylbLG, § 6 AsylbLG Rn. 45.

[35] Vgl. BVerwG v. 29.09.1998 - 5 B 82/97 - juris Rn. 6 - NVwZ 1999, 669; OVG Bremen v. 25.09.2009 - S 3 A 272/07 - juris Rn. 27; *Wahrendorf* in: Grube/Wahrendorf, SGB XII, § 6 AsylbLG 1; *Adolph* in: Linhart/Adolph/Gröschel-Gundermann, SGB II/SGB XII/AsylbLG, § 6 AsylbLG Rn. 2.

[36] BVerfG v. 09.02.2010 - 1 BvL 1/09, 1 BvL 3/09, 1 BvL 4/09 - juris Rn. 204 ff.

[37] BVerfG v. 18.07.2012 - 1 BvL 10/10, 1 BvL 2/11 - juris Rn. 89; krit. *Deibel*, ZFSH SGB 2012, 582, 586

[38] ABl.EU L 31 v. 06.02.2003, S. 18.

[39] ABl. EU L 180 v. 29.06.2013, S. 96.

[40] ABl.EU L 261 v. 06.08.2004, S. 19.

hat er abgesehen, weil von einer angemessenen Versorgung der betroffenen Personen durch die Anwendung der §§ 4, 6 Abs. 1 AsylbLG ausgegangen wird.[41] Insoweit hat sich der Bundesrat mit seinem Standpunkt durchgesetzt, dass einfachgesetzliche Regelungen zur Umsetzung entsprechender EU-Richtlinien „nur zu Missverständnissen und damit einhergehend zu Leistungsausweitungen" führen würden.[42]

25 Dieses **Umsetzungsdefizit** ist in Rechtsprechung[43] und Literatur[44] bislang nur vereinzelt kritisiert bzw. wegen der Versorgung nach den §§ 4, 6 Abs. 1 AsylbLG als unbedenklich erachtet worden.[45] Auf Betreiben der **EU-Kommission**[46] – nach deutlicher Kritik an den Aufnahmebedingungen in einzelnen Mitgliedsstaaten (auch von Deutschland)[47] – ist die EGRL 2003/9 am 26.06.2013 durch die **EURL 2013/33** neu gefasst worden. Die Neufassung der Richtlinie Aufnahmebedingungen, die bis zum 20.07.2015 in nationales Recht umgesetzt werden muss,[48] beinhaltet im Grundsatz keine wesentlichen Änderungen im Hinblick auf die Versorgung von Asylsuchenden bzw. Antragstellern auf internationalen Schutz (vgl. auch die Kommentierung zu § 3 AsylbLG Rn. 51). Wegen der schon unzureichenden Umsetzung der Massenzustrom- und der Opferschutzrichtlinie kann aber im Einzelfall zur Vermeidung eines Verstoßes gegen seit Ablauf der Umsetzungsfristen am 29.04.2004 (EGRL 2004/81) und 06.02.2005 (EGRL 2003/9) unmittelbar geltendes Europarecht eine **richtlinienkonforme Auslegung des § 6 Abs. 1 Satz 1 AsylbLG** geboten sein.[49]

26 Nach der **Menschenhandelsrichtlinie EURL 2011/36**[50] hat der Gesetzgeber auch eine besondere Unterstützung und Betreuung von Opfern des Menschenhandels mit einer Umsetzungsfrist bis zum 20.07.2015 gesetzlich vorzusehen. Die Leistungen umfassen u.a. eine geeignete und sichere Unterbringung und materielle Unterstützung sowie die notwendige **medizinische Behandlung einschließlich psychologischer Hilfe** (vgl. Art. 11 Abs. 5 EURL 2011/36).

1. Asylbewerber mit besonderen Bedürfnissen i.S.d. Art. 17 EGRL 2003/9 bzw. Art. 21 ff. EURL 2013/33

27 Sehr problematisch ist die unterbliebene Umsetzung der europarechtlichen Vorgaben für die Versorgung von **Personen mit besonderen Bedürfnissen** i.S.d. Art. 17 EGRL 2003/9[51] (bzw. Art. 21 ff. EURL 2013/33[52]). Die Richtlinie regelt Asylaufnahmebedingungen und gilt nur für Asylbewerber (bzw. Antragsteller auf internationalen Schutz) während der Dauer ihres Asyl- bzw. Anerkennungsverfahrens, vgl. Art. 3 Abs. 1 EGRL 2003/9 (bzw. Art. 3 Abs. 1 EURL 2013/33). Geduldete können sich nicht auf diese Richtlinie berufen.[53]

28 Von Art. 17 Abs. 1 EGRL 2003/9[54] sind **folgende Asylbewerber** bzw. Antragsteller auf internationalen Schutz betroffen:

---

[41] Vgl. BT-Drs. 16/9018, S. 28.
[42] Vgl. BR-Drs. 918/1/04, S. 6 (zu § 6 Abs. 2 AsylbLG und EGRL 2001/55).
[43] LSG Nordrhein-Westfalen v. 27.02.2012 - L 20 AY 48/08 - juris Rn. 74.
[44] *Schreiber*, ZESAR 2010, 107 ff.; *Haedrich*, ZAR 2010, 227, 231 ff.; *Janda/Wilksch*, SGb 2010, 565, 573 f.; *Classen*, Sozialleistungen für MigrantInnen und Flüchtlinge, 2. Aufl. 2008, Kap. 6.5.4, S. 130 und Kap 6.9, S. 137 ff.; *Herbst* in: Mergler/Zink, SGB XII/AsylbLG, § 6 AsylbLG Rn. 31; *Fasselt* in: Fichtner/Wenzel, SGB XII/AsylbLG, § 6 AsylbLG Rn. 8; vgl. auch A-Drs. 16(11)1350, S. 11 (Stellungnahme der Bundesarbeitsgemeinschaft der Freien Wohlfahrtspflege e.V. BAGFW v. 28.04.2009).
[45] So *Hachmann/Hohm*, NVwZ 2008, 33, 34 (zu Art. 7, 9 EGRL 2004/81).
[46] Vgl. Vorschlag der EU-Kommission v. 03.12.2009, KOM(2008) 815 endg., 2008/0244 (COD); vgl. hierzu *Haedrich*, ZAR 2010, 227, 232 f.; *Janda/Wilksch*, SGb 2010, 565, 574.
[47] Bericht über die Anwendung der EGRL 2003/9 v. 26.11.2007, KOM(2007) 745 endg., S. 9 f.
[48] Vgl. Art. 31 Abs. 1 EGRL 2013/33.
[49] So auch *Herbst* in: Mergler/Zink, SGB XII/AsylbLG, § 6 AsylbLG Rn. 31; ähnlich *Schreiber*, ZESAR 2010, 107, 111; *Classen*, Sozialleistungen für MigrantInnen und Flüchtlinge, 2. Aufl. 2008, Kap. 6.5.4, S. 130 und Kap 6.9, S. 137 ff. (unmittelbare Anwendung der Richtlinien); *Hoffmann*, Beilage zum ASYLMAGAZIN 5/2007, 9, 10; krit. *Janda/Wilksch*, SGb 2010, 565, 573 f.; vgl. hierzu allg. *Fasselt*, ZFSH/SGB 2004, 655, 657 f.; *Haedrich*, ZAR 2010, 227, 232 f.
[50] ABl. EU L 101 v. 15.04.2011, S. 1.
[51] ABl.EU L 31 v. 06.02.2003, S. 18.
[52] Neufassung der EGRL 2003/9 vom 26.06.2013, Abl.EU L 180 v. 29.06.2013, S. 96 (Umsetzungsfrist: 20.07.2015, vgl. Art. 31 Abs. 1 EURL 2013/33).
[53] Vgl. hierzu *Classen*, Sozialleistungen für MigrantInnen und Flüchtlinge, 2. Aufl. 2008, Kap. 6.9, S. 138.
[54] ABl.EU L 31 v. 06.02.2003, S. 18.

§ 6 AsylbLG

- **Minderjährige** (Art. 18 EGRL 2003/9 bzw. Art. 23 EURL 2013/33),
- **unbegleitete Minderjährige** (Art. 19 EGRL 2003/9 bzw. Art. 24 EURL 2013/33),
- **Behinderte**,
- **ältere Menschen**,
- **Schwangere**,
- **Alleinerziehende mit minderjährigen Kindern** und
- **Opfer von Folter, Vergewaltigung oder sonstigen schweren Formen psychischer, physischer oder sexueller Gewalt** (Art. 20 EGRL 2003/9 bzw. Art. 25 EURL 2013/33).

Während Art. 15 Abs. 1 EGRL 2003/9 und Art. 19 Abs. 1 EURL 2013/33 zumindest die **medizinische Notversorgung** und die unbedingt erforderliche Behandlung von Krankheiten vorgeben (Leistungsumfang nach den §§ 4, 6 Abs. 1 AsylbLG), sieht Art. 15 Abs. 2 EGRL 2003/9 bei den o.g. **Asylbewerbern mit besonderen Bedürfnissen** i.S.d. Art. 17 Abs. 1 EGRL 2003/9 die Gewährung der erforderlichen medizinischen oder sonstiger Hilfe vor. Die Neufassung der Richtlinie stellt klar, dass hierzu auch die erforderliche und geeignete psychologische Betreuung gehört (Art. 19 Abs. 2 EURL 2013/33). In den Art. 18-20 EGRL 2003/9 (bzw. Art. 23-25 EURL 2013/33) sind weitere soziale Mindeststandards enthalten, u.a. für Minderjährige das Wohl des Kindes (Art. 3 Abs. 1 UNKRK, vgl. auch Rn. 77 f.) als Auslegungsleitlinie (Art. 18 Abs. 1 EGRL 2003/9, Art. 23 Abs. 1 EURL 2013/33)[55] und Rehabilitationsmaßnahmen, psychologische Betreuung und qualifizierte Beratung bei Opfern von Missbrauch, Vernachlässigung, Ausbeutung, Folter, grausamer, unmenschlicher oder erniedrigender Behandlung oder bewaffneten Konflikten (vgl. Art. 18 Abs. 2 EGRL 2003/9, Art. 18 Abs. 4 EURL 2013/33). Für die Versorgung unbegleiteter Minderjähriger (Vertretung, Betreuung, Familienzusammenführung etc.) gelten die Vorgaben aus Art. 19 EGRL 2003/9 (bzw. Art. 24 EURL 2013/33) und für Opfer von Folter und Gewalt diejenigen nach Art. 20 EGRL 2003/9 (bzw. Art. 25 EURL 2013/33).

29

Auf die Einhaltung der sozialen Mindeststandards nach den Art. 15 Abs. 2, 18-20 EGRL 2003/9 (bzw. Art. 19 Abs. 2, 23-25 EURL 2013/33) können sich nur Personen berufen, die nach einer **Einzelprüfung ihrer Situation als besonders hilfebedürftig anerkannt** sind, vgl. Art. 17 Abs. 2 EGRL 2003/9 bzw. Art. 22 Abs. 3 EURL 2013/33. Von einer gesonderten Umsetzung der Vorgaben aus Art. 15 Abs. 2, 18-20 EGRL 2003/9 in nationales Recht hat der Gesetzgeber wegen der als ausreichend angesehenen Versorgung der betroffenen Personen durch die Anwendung der §§ 4, 6 Abs. 1 AsylbLG abgesehen.[56] Ein einfachgesetzliches **Anerkennungsverfahren** i.S.d. Art. 17 Abs. 2 EGRL 2003/9 (sog. **Screening-Verfahren**[57]) existiert ebenfalls nicht. Über die Anerkennung besonders hilfebedürftiger Personen i.S.d. Art. 17 EGRL 2003/9 (bzw. Art. 21 ff. EURL 2013/33) entscheidet in der Praxis die für die Leistungsgewährung nach den §§ 10 ff. AsylbLG **zuständige Behörde durch Verwaltungsakt**,[58] mangels gesonderten Anerkennungsverfahrens also mit Bewilligung der entsprechenden Leistungen. Dieses Umsetzungsdefizit wiegt besonders schwer, da durch ein qualifizierendes Screening-Verfahren das Niveau der Sozialleistung möglichst früh gesteuert werden soll und ohne dieses Verfahren mangelnde Krankheitseinsicht und/oder ungenügende Sprachkenntnisse zu einer verspäteten oder zunächst unzureichenden medizinischen Versorgung führen können.[59]

30

Nach grundlegender Kritik der Europäischen Kommission[60] ist nun ein Anerkennungs- bzw. **Screening-Verfahren** zur frühestmöglichen Identifizierung von Personen mit besonderen Bedürfnissen aufgrund der Neufassungen der Richtlinie Aufnahmebedingungen und der Verfahrensrichtlinie **mit einer Umsetzungsfrist bis zum 20.07.2015 zwingend vorgeschrieben**, vgl. Art. 22 Abs. 1 EURL 2013/33 und Art. 24 Abs. 1 EURL 2013/32. Die Beurteilung, ob Antragsteller besondere Bedürfnisse i.S.d. Richtlinien haben, muss allerdings nicht „in Form eines Verwaltungsverfahrens" erfolgen (Art. 22 Abs. 2 EURL 2013/33, Art. 24 Abs. 2 EURL 2013/32). Erforderlich sind damit zumindest **bundeseinheitliche Verfahrensvorgaben** (z.B. durch Rechtsverordnung). Erfolgt die Umsetzung der Richtlinien durch ein Gesetz im formellen Sinn, spricht die Sachnähe wegen der mit der Bestimmung von Antrag-

31

---

[55] Vgl. auch *Fasselt* in: Fichtner/Wenzel, SGB XII/AsylbLG, § 6 AsylbLG Rn. 5.
[56] Vgl. BT-Drs. 16/9018, S. 28.
[57] Vgl. hierzu *Schreiber*, ZESAR 2010, 107, 108.
[58] Vgl. BT-Drs. 16/9018, S. 28.
[59] Vgl. ausführlich *Schreiber*, ZESAR 2010, 107, 110.
[60] Bericht über die Anwendung der Richtlinie 2003/9/EG v. 26.11.2007, KOM(2007) 745 endg., S. 9 f.

stellern mit besonderen Bedürfnissen bezweckten besseren materiellen Versorgung für eine Aufnahme des Identifizierungsverfahrens in das AsylbLG. Denkbar ist auch eine Regelung im AsylVfG (vgl. etwa die Gesundheitsuntersuchung nach § 62 AsylVfG).

32 Für den **Hauptanwendungsfall einer ausreichenden medizinischen Versorgung** von Opfern von Folter, Vergewaltigung oder sonstigen Formen psychischer, physischer oder sexueller Gewalt als besonders hilfebedürftige Personen i.S.d. Art. 17 Abs. 1, 20 EGRL 2003/9 bzw. Art. 19 Abs. 2, 25 Abs. 1 EURL 2013/33 gelten die Leistungsmaßstäbe des § 6 Abs. 2 AsylbLG im Wege der **richtlinienkonformen Auslegung des § 6 Abs. 1 Satz 1 AsylbLG** entsprechend, wobei die Anerkennung nach § 17 Abs. 2 EGRL 2003/9 bis zur Umsetzung des Art. 22 EURL 2013/33 inzident mit Zuerkennung des Leistungsanspruchs erfolgt.[61] Bei einem auf die besonderen Bedürfnisse i.S.d. Art. 17 Abs. 1, 20 EGRL 2003/9 zurückzuführenden Hilfebedarf besteht für diese Asylbewerber ein **Anspruch auf erforderliche medizinische oder sonstige Hilfe** (Psychotherapie, Hilfsmittel etc.); insoweit wird auf die Ausführungen zu § 6 Abs. 2 AsylbLG verwiesen (vgl. Rn. 105 ff.). Nach der Neufassung der Richtlinie Aufnahmebedingungen erstreckt sich der Anspruch auf den Zugang zu einer adäquaten medizinischen und psychologischen Behandlung oder Betreuung (vgl. Art. 25 Abs. 1 EURL 2013/33).

2. Personen mit besonderen Bedürfnissen i.S.d. Art. 7, 9 Abs. 2 EGRL 2004/81

33 Bei Inhabern einer Aufenthaltserlaubnis nach § 25 Abs. 4a AufenthG, also bei Drittstaatsangehörigen, die nach der **Opferschutzrichtlinie (EGRL 2004/81)**[62] für die Dauer der Mitwirkung in einem Strafverfahren über einen Aufenthaltstitel verfügen, kann ebenfalls eine richtlinienkonforme Auslegung des § 6 Abs. 1 Satz 1 AsylbLG geboten sein und zwar bei **Personen mit besonderen Bedürfnissen** i.S.d. Art. 9 Abs. 2 EGRL 2004/81 wie

- **Schwangere**,
- **Behinderte**,
- **Opfer von sexueller Gewalt oder sonstigen Formen von Gewalt** und
- **Minderjährige**.

34 Für diese Personen sieht **Art. 9 Abs. 2 EGRL 2004/81** vor, dass die Mitgliedstaaten die erforderliche medizinische und sonstige Hilfe zur Verfügung stellen, soweit die Betroffenen hierfür nicht über die erforderlichen Mittel verfügen. Dies entspricht wiederum dem **Leistungsumfang des § 6 Abs. 2 AsylbLG**. Bei einem auf die besonderen Bedürfnisse i.S.d. Art. 9 Abs. 2 EGRL 2004/81 zurückzuführenden Hilfebedarf besteht für diese Inhaber einer Aufenthaltserlaubnis nach § 25 Abs. 4a AufenthG ein **Anspruch auf erforderliche medizinische oder sonstige Hilfe** (Psychotherapie, Hilfsmittel etc.); insoweit wird auf die Ausführungen zu § 6 Abs. 2 AsylbLG verwiesen (vgl. Rn. 105 ff.).

35 Vor Erteilung der Aufenthaltserlaubnis können sich die Betroffenen auf **Art. 7 Abs. 1 Satz 2 EGRL 2004/81** berufen, nach dem die Mitgliedstaaten die speziellen Bedürfnisse besonders schutzbedürftiger Personen, einschließlich psychologischer Hilfe, zu beachten haben, soweit diese angemessen und durch innerstaatliches Recht vorgesehen ist.

IV. Sonstige Leistungen (Absatz 1 Satz 1)

1. Auslegung der unbestimmten Rechtsbegriffe

36 Als **Auffang- bzw. Öffnungsklausel** ermöglicht § 6 Abs. 1 Satz 1 AsylbLG den Behörden im Ermessenswege eine zusätzliche Leistungsgewährung, insbesondere bei Vorliegen der vier genannten Tatbestandsalternativen (zur Ausgestaltung der Norm als Ermessensvorschrift vgl. Rn. 42 f.).

37 Nach h.M. in Rechtsprechung[63] und Literatur[64] sind die Fallgruppen des § 6 Abs. 1 Satz 1 AsylbLG nach Sinn und Zweck des Gesetzes und wegen der Begriffe unerlässlich und geboten **einzelfallbezogen und restriktiv auszulegen**. Die Auslegung der Norm hat die grundlegende Entscheidung des Gesetzgebers zu berücksichtigen, durch die Grundleistungen nach den §§ 3, 4 und 6 AsylbLG einen ge-

---

[61] So auch *Herbst* in: Mergler/Zink, SGB XII/AsylbLG, § 6 AsylbLG Rn. 31.
[62] ABl.EU L 261 v. 06.08.2004, S. 19.
[63] LSG Baden-Württemberg v. 11.01.2007 - L 7 AY 6025/06 PKH-B - juris Rn. 6 - SAR 2007, 45; krit. LSG Nordrhein-Westfalen v. 10.03.2008 - L 20 AY 16/07 - juris Rn. 33 - SAR 2008, 92, 93; SG Wiesbaden v. 09.05.2008 - S 21 AY 9/07 - juris Rn. 27 - SAR 2008, 116, 117 f.
[64] *Hohm* in: AsylbLG, § 6 Rn. 15; *Adolph* in: Linhart/Adolph/Gröschel-Gundermann, SGB II/SGB XII/AsylbLG, § 6 AsylbLG Rn. 10; *Wahrendorf* in: Grube/Wahrendorf, SGB XII, § 6 AsylbLG Rn. 1.

ringeren Lebensstandard zu gewährleisten als durch das Leistungsniveau nach dem SGB XII oder dem SGB II.[65] Insoweit muss auch die **systematische Trennung** von Leistungen nach § 3 AsylbLG und solchen in besonderen Fällen nach § 2 AsylbLG beibehalten werden.

Dieses restriktive Verständnis der Norm kann seit der Entscheidung des **BVerfG vom 18.07.2012**[66] zu den Geldleistungen nach § 3 AsylbLG allerdings nicht mehr uneingeschränkt gelten.[67] Nach der – für die Fachgerichte nicht bindenden[68] – Auslegung des § 6 AsylbLG durch das BVerfG bietet diese Norm wegen des erkennbar entgegenstehenden Willens des Gesetzgebers zwar **keinen Ausgleich struktureller Defizite** bei der Leistungshöhe nach § 3 Abs. 2 AsylbLG.[69] Gleichwohl kann bei der Gewährung von sonstigen Leistungen eine verfassungskonforme Auslegung des § 6 Abs. 1 AsylbLG die **tatsächliche Aufenthaltsdauer** des Ausländers in Deutschland in besonderer Weise in den Blick nehmen. Ist aufgrund der faktischen Verhältnisse schon nicht mehr von einem **Kurzaufenthalt** des Ausländers in Deutschland auszugehen, ist eine restriktive Auslegung des § 6 Abs. 1 AsylbLG nicht mehr geboten.[70] Dies kann nach einem **Aufenthalt von zwei Jahren** unterstellt werden (vgl. auch die Kommentierung zu § 4 AsylbLG Rn. 24). 38

Wegen der Angleichung des Leistungsniveaus nach § 3 AsylbLG an das allgemeine Grundsicherungsrecht durch die Übergangsregel (vgl. hierzu ausführlich die Kommentierung zu § 3 AsylbLG Rn. 98 ff.) ist bei der Gewährung von sonstigen Leistungen nach § 6 Abs. 1 AsylbLG aber auch die **Rechtslage nach dem SGB II bzw. SGB XII** in besonderer Weise zu berücksichtigen. Ist eine einmalige Beihilfe nach dem allgemeinen Grundsicherungsrecht grundsätzlich nicht vorgesehen und auch im Ausnahmefall (vgl. § 21 Abs. 6 SGB II) nicht zu gewähren, spricht dies regelmäßig gegen einen ergänzenden Leistungsanspruch nach § 6 Abs. 1 AsylbLG.[71] Zur Orientierung kann auch auf die sozialhilferechtlichen Leistungen für Ausländer nach § 23 SGB XII zurückgegriffen werden.[72] **Entscheidend sind aber stets die konkreten Umstände des Einzelfalls**. Rechtsprechung und Literatur sind zwangsläufig von einer umfangreichen Kasuistik geprägt.[73] 39

Bei der Auslegung des § 6 Abs. 1 Satz 1 AsylbLG kann auf die allgemeinen Regeln der **Verhältnismäßigkeitsprüfung** zurückgegriffen werden. Danach müssen die Leistungen geeignet, erforderlich und nach Sinn und Zweck des AsylbLG angemessen sein.[74] 40

Bei der Beurteilung, ob die Leistungen **unerlässlich oder geboten** i.S.d. ersten drei Tatbestandsalternativen des § 6 Abs. 1 Satz 1 AsylbLG sind, wird nicht viel Rechtsklarheit gewonnen, wenn mit Blick auf die Sicherstellung eines menschenwürdigen Existenzminimums auf Synonyme wie „unumgänglich" oder „unverzichtbar" zurückgegriffen wird.[75] Heranzuziehen sind vielmehr **Auslegungskriterien** wie 41

- die **Qualität des betroffenen Rechtes** (Grundrechtsrelevanz),
- **Ausmaß und Intensität der tatsächlichen Beeinträchtigung** im Falle der Leistungsablehnung,
- die **voraussichtliche und bisherige Aufenthaltsdauer** des Ausländers in Deutschland,[76]
- eine ggf. **zeitnah eintretende Leistungsprivilegierung** (SGB II/SGB XII/§ 2 AsylbLG),[77]
- die **Subsidiarität gegenüber einer anderweitigen Bedarfsdeckung** (vgl. § 8 AsylbLG) und
- der **Vorrang gleichwertiger, kostengünstigerer Leistungen**.[78]

---

[65] *Adolph* in: Linhart/Adolph/Gröschel-Gundermann, SGB II/SGB XII/AsylbLG, § 6 AsylbLG Rn. 12; vgl. auch *Deibel*, ZAR 1998, 28, 32.
[66] BVerfG v. 18.07.2012 - 1 BvL 10/10, 1 BvL 2/11 - juris.
[67] Zur Kritik bereits in der Vorauflage vgl. *Frerichs* in: jurisPK-SGB XII, 1. Aufl. 2011, § 6 AsylbLG Rn. 35.
[68] Vgl. hierzu *Deibel*, Sozialrechtaktuell, 103, 106.
[69] BVerfG v. 18.07.2012 - 1 BvL 10/10, 1 BvL 2/11 - juris Rn. 89; krit. *Deibel*, ZFSH SGB 2012, 582, 586.
[70] Vgl. allg. BVerfG v. 18.07.2012 - 1 BvL 10/10, 1 BvL 2/11 - juris Rn. 76.
[71] Vgl. *Deibel*, ZSFH SGB 2012, 582, 590.
[72] So auch *Deibel*, Sozialrechtaktuell 2013, 103, 106.
[73] Vgl. nur die Darstellung der Einzelfälle von *Hohm* in: AsylbLG, § 6 Rn. 36-127, Rn. 139-175, Rn. 181-215, Rn. 228-250, Rn. 257-280; vgl. auch *Deibel*, Sozailrechtaktuell 2013, 103, 106.
[74] So auch *Adolph* in: Linhart/Adolph/Gröschel-Gundermann, SGB II/SGB XII/AsylbLG, § 6 AsylbLG Rn. 10.
[75] Vgl. etwa LSG Baden-Württemberg v. 11.01.2007 - L 7 AY 6025/06 PKH-B - juris Rn. 6 - SAR 2007, 45; *Hohm* in: AsylbLG, § 6 Rn. 32 f.
[76] Vgl. *Adolph* in: Linhart/Adolph/Gröschel-Gundermann, SGB II/SGB XII/AsylbLG, § 6 AsylbLG Rn. 16, 21.
[77] Vgl. *Hohm* in: AsylbLG, § 6 Rn. 278-280 (sog. Übergangsfälle bei Erhöhung der Vorbezugszeit i.S.d. § 2 Abs. 1 AsylbLG).
[78] Vgl. *Hohm* in: AsylbLG, § 6 Rn. 34.

§ 6 AsylbLG

2. Ausgestaltung der Norm als Ermessensvorschrift

42 § 6 Abs. 1 Satz 1 AsylbLG räumt der Behörde in der Rechtsfolge Ermessen ein, das sich auf sämtliche Tatbestandsalternativen und **sowohl auf das Entschließungs- als auch auf das Auswahlermessen** erstreckt.[79] Der in Literatur[80] und Rechtsprechung[81] vertretenen Auffassung, dass die Leistungsbehörde mit Vorliegen einer besonderen Bedarfslage nach den vier Fallgruppen i.S.d. § 6 Abs. 1 Satz 1 AsylbLG das an sich eingeräumte Ermessen, ob Leistungen gewährt werden (sog. Entschließungsermessen), wegen der sehr restriktiven Bewilligungsvoraussetzungen nicht ausüben dürfe, ist nicht zu folgen. Gegen diese Auffassung sprechen der Wortlaut („können"), die Entstehungsgeschichte und der Einzelfallbezug der Norm. Bereits bei Einführung der Vorschrift 1993 war der Leistungsanspruch nicht als gebundener ausgestaltet („dürfen nur"); in der Gesetzesbegründung ist ausgeführt, dass die „Möglichkeit" und in bestimmten Fällen „eine gewisse Verpflichtung" zur Leistungsgewährung bestehen müsse.[82] Die Änderung in eine uneingeschränkte Ermessensvorschrift 1997 wurde damit begründet, dass nach der bisherigen Regelung in der Praxis kaum „Spielraum" bleibe, besonderen Bedarfen im Einzelfall gerecht zu werden.[83]

43 Gleichwohl wird bei Vorliegen der ersten und zweiten Tatbestandsalternative des § 6 Abs. 1 Satz 1 AsylbLG, nach denen zur **Sicherung des Lebensunterhalts oder der Gesundheit** unerlässliche Leistungen gewährt werden können, in aller Regel allein eine Hilfegewährung mit den grundrechtlichen Belangen des Betroffenen zu vereinbaren sein (sog. **Ermessensreduzierung auf Null**).[84] Entsprechendes gilt grundsätzlich auch bei Vorliegen der dritten Tatbestandsalternative, wenn die Leistungen zur Deckung besonderer Bedürfnisse von Kindern geboten sind. Eine besondere Bedeutung kann der Ermessensentscheidung zukommen, wenn über Leistungen zur Erfüllung einer verwaltungsrechtlichen Mitwirkungspflicht gem. § 6 Abs. 1 Satz 1 Alt. 4 AsylbLG zu entscheiden ist (vgl. Rn. 97 ff.).

44 Die Ausgestaltung der **Art und Weise der Leistungserbringung** (sog. Auswahlermessen), bei der Vorrang der Sachleistungsgewährung zu beachten ist (vgl. § 6 Abs. 1 Satz 2 AsylbLG), steht ebenfalls im Ermessen der Behörde. Nur **in Ausnahmefällen** kann sich der Anspruch auf **eine bestimmte Leistung** verdichten.[85] § 6 Abs. 1 Satz 2 AsylbLG gilt sowohl für die Anwendungsfälle des § 6 Abs. 1 Satz 1 AsylbLG als auch für die Leistungsgewährung nach § 6 Abs. 2 AsylbLG (vgl. Rn. 20).

3. Zur Sicherung des Lebensunterhalts unerlässlich (Alt. 1)

a. Tatbestand

45 Die Auslegung des Tatbestandsmerkmals zur Sicherung des Lebensunterhalts hat sich an dem **Leistungsumfang des § 3 Abs. 1, 2 AsylbLG** zu orientieren (vgl. aber Rn. 39), nach dem bereits der notwendige Bedarf an Ernährung, Unterkunft, Heizung, Kleidung, Gesundheits- und Körperpflege und Gebrauchs- und Verbrauchsgütern des Haushalts zu decken ist und ein Geldbetrag zur Deckung persönlicher Bedürfnisse gewährt wird (sog. Barbetrag, früher Taschengeld genannt).

46 Als besondere Bedarfslagen i.S.d. § 6 Abs. 1 Satz 1 Alt. 1 AsylbLG kommen **atypische Sachverhalte** vorübergehender (z.B. Bekleidungs- und Hygienebedarf bei Krankenhausaufenthalten) oder dauerhafter Natur (z.B. physiologisch bedingter, außergewöhnlicher Bedarf an Bekleidung oder Schuhwerk, Extragrößen) in Betracht. Eine Leistungsgewährung setzt stets eine umfassende **Prüfung des Einzelfalls** voraus, ob der nachgewiesene Bedarf zur Sicherung des Lebensunterhalts unerlässlich ist. Nach der Entscheidung des BVerfG ist dabei auf die **hiesigen Lebensverhältnisse** abzustellen.[86]

---

[79] So auch VG Sigmaringen v. 02.04.2003 - 5 K 781/02 - juris Rn. 19; VG Augsburg v. 17.10.2000 - Au 3 K 99.1236 - juris Rn. 21 - NVwZ-Beil. 2001, 46, 47; *Decker* in: Oestreicher, SGB XII/SGB II, § 6 AsylbLG Rn. 9; *Herbst* in: Mergler/Zink, SGB XII/AsylbLG, § 6 AsylbLG Rn. 7; *Fasselt* in: Fichtner/Wenzel, SGB XII/AsylbLG, § 6 AsylbLG Rn. 1.

[80] *Deibel*, ZAR 2004, 321, 325; *Hohm* in: AsylbLG, § 6 Rn. 11 f.; *Adolph* in: Linhart/Adolph/Gröschel-Gundermann, SGB II/SGB XII/AsylbLG, § 6 AsylbLG Rn. 10.

[81] Vgl. VG Düsseldorf v. 25.04.2001 - 13 L 607/01 - abgedr. in AsylbLG – VII – zu § 6 (VG – Nr. 12).

[82] BT-Drs. 12/4451, S. 10.

[83] BT-Drs. 13/2746, S. 16.

[84] Ähnlich *Fasselt* in: Fichtner/Wenzel, SGB XII/AsylbLG, § 6 AsylbLG Rn. 1; vgl. auch *Scheurer*, InfAuslR 1994, 265, 271.

[85] *Hohm* in: AsylbLG, § 6 Rn. 12.

[86] BVerfG v. 18.07.2012 - 1 BvL 10/10, 1 BvL 2/11 - juris Rn. 67; a.A. noch in der Vorauflage *Frerichs* in: jurisPK-SGB XII, 1. Aufl. 2011, § 6 AsylbLG Rn. 42.

Bei der Auslegung dieser Fallgruppe sind die bisherige und die **voraussichtliche Aufenthaltsdauer** 47
des Ausländers in Deutschland im besonderen Maße zu berücksichtigen.[87] Der Bedarf an lebensunterhaltssichernden Leistungen kann bei einem voraussichtlich kurzen Aufenthalt (z.b. bei dem Flughafenverfahren nach § 18a AsylVfG) geringer ausfallen als bei einem auf ungewisse Zeit bestehenden Ausreisehindernis.

b. Einzelne Leistungsfälle

aa. Ernährungsbedingter Mehrbedarf

Die Gewährung eines ernährungsbedingten Mehrbedarfs kommt als unerlässliche Leistung zur Sicherung des Lebensunterhalts nur dann in Betracht, soweit diesem nicht bereits durch die Gewährung der Grundleistungen nach § 3 AsylbLG Rechnung getragen wird. Da die Behörde bei der Sachleistungsgewährung nach § 3 Abs. 1 AsylbLG ernährungsphysiologische Erfordernisse (z.B. bei Babys, Kleinkindern etc.) und nach Möglichkeit religiös bedingtes Ernährungsverhalten zu beachten hat,[88] ist eine weitergehende Leistungserbringung nach § 6 Abs. 1 Alt. 1 AsylbLG insbesondere bei Ersatzleistungsempfängern nach § 3 Abs. 2 AsylbLG möglich.[89] Entscheidend sind stets die **Umstände des Einzelfalls**, also eine **konkret-individuelle Bedarfsfeststellung**.[90] 48

Hauptanwendungsfall ist der auch in § 21 Abs. 5 SGB II und § 30 Abs. 5 SGB XII berücksichtigte **Mehrbedarf einer kostenaufwändigen Ernährung aus medizinischen Gründen (Krankenkost)**, der tatbestandlich auch als zur Sicherung der Gesundheit unerlässliche Leistung i.S.d. § 6 Abs. 1 Satz 1 Alt. 2 AsylbLG beansprucht werden kann.[91] Der entsprechende Bedarf dem Grunde nach und die einhergehenden Kosten sind im konkreten Einzelfall festzustellen.[92] 49

Als zulässige Orientierungshilfe kann in der Praxis auf die **Empfehlungen des Deutschen Vereins** für öffentliche und private Fürsorge für die Gewährung von Krankenkostzulagen in der Sozialhilfe in der 3. Aufl. 2008[93] (sog. Empfehlungen) zurückgegriffen werden, solange keine Besonderheiten des Einzelfalls vorliegen.[94] 50

Die Empfehlungen sehen bei konsumierenden Erkrankungen, gestörter Nährstoffaufnahme bzw. -verwertung sowie bei Glutenunverträglichkeit und Niereninsuffizienz einen Mehrbedarf vor, der sich der Höhe nach (Regelwerte) an dem früheren Eckregelsatz (für den Haushaltsvorstand) nach § 28 SGB XII, §§ 2, 3 RSV orientiert. Wird von der nach § 6 Abs. 1 Satz 2 AsylbLG vorrangigen Sachleistungsgewährung abgewichen, beträgt er – je nach Erkrankung – **10% oder 20% der maßgebenden Regelbedarfsstufe I** (§ 8 Abs. 1 Nr. 1 RBEG).[95] 51

bb. Mehrbedarf für werdende Mütter

In Anlehnung an § 23 Abs. 1a BSHG bzw. **§ 30 Abs. 2 SGB XII** ist bei werdenden Müttern nach der zwölften Schwangerschaftswoche ein Mehrbedarf – u.a. für zusätzliche Ernährung, Körperpflege und Reinigung der Wäsche oder Fahrgeld[96] – zu unterstellen. 52

---

[87] *Adolph* in: Linhart/Adolph/Gröschel-Gundermann, SGB II/SGB XII/AsylbLG, § 6 AsylbLG Rn. 16.
[88] BT-Drs. 12/4451, S. 8.
[89] Vgl. auch *Hohm* in: AsylbLG, § 6 Rn. 42.
[90] OVG Nordrhein-Westfalen v. 28.05.2002 - 12 A 64/00 - juris Rn. 8-10 - ZFSH/SGB 2002, 620 f. (altersbedingter Ernährungsmehrbedarf); BSG v. 27.02.2008 - B 14/7b AS 64/06 R - juris Rn. 28 - SozR 4-4200 § 21 Nr. 2; BSG v. 27.02.2008 - B 14/7b AS 32/06 R - juris Rn. 39 - SozR 4-4200 § 20 Nr. 6 (jeweils zu § 21 SGB II - Krankenkost).
[91] *Hohm* in: AsylbLG, § 6 Rn. 39; *Deibel*, Sozialrechtaktuell, 103, 106.
[92] BSG v. 27.02.2008 - B 14/7b AS 32/06 R - juris Rn. 39 - SozR 4-4200 § 20 Nr. 6 (zu § 21 SGB II).
[93] www.deutscher-verein.de/05-empfehlungen/empfehlungen_archiv/empfehlungen2008/pdf/DV%2025-08.pdf (zuletzt abgerufen am 24.04.2014).
[94] BSG v. 27.02.2008 - B 14/7b AS 64/06 R - juris Rn. 28 - SozR 4-4200 § 21 Nr. 2; LSG Berlin-Brandenburg v. 09.12.2009 - L 10 AS 1717/09 NZB - juris Rn. 4; vgl. auch *Behrend* in: jurisPK-SGB II, § 21 Rn. 45 f. (zu § 21 SGB II).
[95] Vgl. Empfehlungen des Deutschen Vereins für öffentliche und private Fürsorge für die Gewährung von Krankenkostzulagen in der Sozialhilfe, S. 11-13.
[96] Vgl. *Schellhorn* in: Schellhorn/Schellhorn, BSHG, § 23 Rn. 16 (zu § 23 BSHG).

53 Bei einem Abweichen von der Sachleistungsgewährung (vgl. § 6 Abs. 1 Satz 2 AsylbLG) beträgt die Höhe der zusätzlichen Leistungen in entsprechender Anwendung des § 30 Abs. 2 SGB XII 17% der maßgebenden Regelbedarfsstufe, soweit nicht im Einzelfall ein abweichender Bedarf besteht.[97]

cc. Leistungen bei Schwangerschaft und Geburt (Erstausstattungen)

54 Als zur Sicherung des Lebensunterhalts unerlässliche Leistungen, die von den Grundleistungen nach § 3 AsylbLG nicht abgedeckt sind, gelten ebenfalls die Erstausstattungen bei Schwangerschaft und Geburt (vgl. auch § 31 Abs. 1 Nr. 2 SGB XII, § 24 Abs. 3 Nr. 2 Alt. 2 SGB II). Hierzu zählen u.a. **Umstands- und Babykleidung, Mittel zur Säuglingspflege** (Bademittel, Puder, Babyflasche, Schnuller, Windeln etc.) sowie **Kinderbett, Kinderwagen und Wickelkommode** (letztere jeweils mit Ausstattung). die Leistungen sind rechtzeitig (vor der Geburt) zu erbringen.[98] Diese Leistungen können teilweise auch nach § 6 Abs. 1 Satz 1 Alt. 3 AsylbLG zur Deckung besonderer Bedürfnisse von Kindern beansprucht werden.

55 Nach den Gesetzesmaterialien sind insbesondere **Hygienemittel für Wöchnerinnen** nach § 6 Abs. 1 Satz 1 AsylbLG zu leisten.[99]

dd. Kosten zur Wahrnehmung des Umgangsrechts

56 Vor dem Hintergrund des grundgesetzlich geschützten Rechtes der leiblichen Eltern zur Pflege und Erziehung des Kindes aus **Art. 6 Abs. 2 GG** sind notwendige Kosten des nicht sorgeberechtigten, mittellosen Elternteils zur Wahrnehmung des Umgangsrechts als Fürsorgeleistung des Staates zu übernehmen.[100] Der Leistungsanspruch von Grundleistungsberechtigten nach dem AsylbLG ergibt sich aus § 6 Abs. 1 Satz 1 Alt. 1 AsylbLG.[101]

57 Entsprechendes gilt auch für das **Recht des Kindes aus Art. 1 Abs. 1, 2 Abs. 1 GG** auf ungehinderten Umgang mit diesem Elternteil.[102] Diese Kosten sind im Leistungsumfang nach § 3 AsylbLG nicht enthalten und gehören zum unerlässlichen Existenzminimum.[103] Der Anspruch des Kindes ergibt sich aus § 6 Abs. 1 Satz 1 Alt. 3 AsylbLG.

58 Übernahmefähig sind insbesondere die anfallenden **Fahrtkosten** bei verschiedenen Wohnsitzen der Eltern für den günstigsten Tarif öffentlicher Verkehrsmittel.[104]

4. Zur Sicherung der Gesundheit unerlässlich (Alt. 2)

a. Tatbestand

59 Die Fallgruppe des § 6 Abs. 1 Satz 1 Alt. 2 AsylbLG betrifft regelmäßig die über den Leistungsumfang nach **§ 4 Abs. 1 AsylbLG** (Akutversorgung) hinausgehende medizinische Versorgung des Leistungsberechtigten.[105]

60 Der Auffangtatbestand greift auf den unbestimmten Rechtsbegriff der Gesundheit zurück, der über die **Gesundheit im biologisch-physiologischen Sinn** hinaus auch das **psychische Wohlbefinden** umfasst, soweit die Beeinträchtigung einer physischen Gesundheitsstörung gleichkommt.[106]

---

[97] Zur analogen Anwendung des § 23 Abs. 1a BSHG (20% der Summe der Leistungen aus § 3 Abs. 1 Satz 4 AsylbLG und § 3 Abs. 2 Satz 2 Nr. 1 AsylbLG) bis zum Inkrafttreten der Übergangsregelung des BVerfG vom 18.07.2012 vgl. *Frerichs* in: jurisPK-SGB XII, 1. Aufl. 2011, § 6 AsylbLG Rn. 49 f.

[98] Vgl. *Hohm* in: AsylbLG, § 6 Rn. 49-52; vgl. auch VG Düsseldorf v. 25.04.2001 - 13 L 607/01 - abgedr. in AsylbLG – VII – zu § 6 (VG – Nr. 12).

[99] BT-Drs. 12/4451, S. 10.

[100] Vgl. BVerfG v. 25.10.1994 - 1 BvR 1197/93 - NJW 1995, 1342-1344 (zu § 12 BSHG); BVerwG v. 22.08.1995 - 5 C 15/94 - NJW 1996, 1838-1840 (zu §§ 12, 21 f. BSHG); BSG v. 07.11.2006 - B 7b AS 14/06 R - NZS 2007, 383, 386 f. (zu §§ 20, 23 SGB II, § 73 SGB XII).

[101] Vgl. LSG Sachsen-Anhalt v. 03.01.2006 - L 8 B 11/05 AY ER - juris Rn. 24 f. - FEVS 58, 19; *Wahrendorf* in: Grube/Wahrendorf, SGB XII, § 6 AsylbLG Rn. 10.

[102] Vgl. OVG Nordrhein-Westfalen v. 10.10.2002 - 12 E 658/00 - juris Rn. 4 - NJW 2003, 2257 (zu § 12 BSHG).

[103] *Hohm* in: AsylbLG, § 6 Rn. 37 f.

[104] LSG Sachsen-Anhalt v. 03.01.2006 - L 8 B 11/05 AY ER - juris Rn. 33 - FEVS 58, 19-23.

[105] Vgl. *Hohm* in: AsylbLG, § 6 Rn. 130.

[106] SG Frankfurt v. 16.01.2006 - S 20 AY 1/06 ER - juris Rn. 21 - SAR 2006, 59 f.; *Hohm* in: Schellhorn/Schellhorn/Hohm, SGB XII, § 6 Rn. 15.

Der Fallgruppe kommt ein weiter Anwendungsbereich zu.[107] Hierbei ist insbesondere die Entscheidung des BVerfG vom 18.07.2012 zu berücksichtigen, nach der eine gegenüber dem allgemeinen Grundsicherungsrecht abgesenkte Versorgung jedenfalls dann nicht mehr gerechtfertigt ist, wenn der tatsächliche Aufenthalt die Spanne eines Kurzaufenthalts deutlich überschritten hat.[108] In diesen Fällen sollte § 6 Abs. 1 Alt. 2 AsylbLG – nach a.A. § 4 AsylbLG[109] – dahingehend verfassungskonform ausgelegt werden, dass das Niveau der Gesundheitsleistungen weitgehend dem **Recht der gesetzlichen Krankenversicherung** nach dem SGB V entspricht (vgl. die §§ 47-52 SGB XII).[110] Dies kann nach einem **Aufenthalt von zwei Jahren** unterstellt werden (vgl. Rn. 38 und die Kommentierung zu § 4 AsylbLG Rn. 24).[111]

61

b. Einzelne Leistungsfälle (insb. Behandlung chronischer Erkrankungen)

aa. Behandlung chronischer Erkrankungen, Psychotherapiekosten

Nach dem Leistungsumfang des § 4 Abs. 1 Satz 1 AsylbLG ist eine **Behandlung von chronischen Erkrankungen** (ohne einhergehende Schmerzen) bei den voraussichtlich nur vorübergehend in Deutschland lebenden Leistungsberechtigten grundsätzlich nicht als Leistung vorgesehen (vgl. hierzu die Kommentierung zu § 4 AsylbLG Rn. 38 ff.).

62

Im Einzelfall kann jedoch die Behandlung einer chronischen Erkrankung und die Versorgung mit Arzneimitteln als sonstige Leistung nach § 6 Abs. 1 Satz 1 Alt. 2 AsylbLG beansprucht werden. Nach der Wertung aus § 4 Abs. 1 AsylbLG und dem gesetzgeberischen Willen, allein eine medizinische Notversorgung zu gewährleisten,[112] kommt ein entsprechender Leistungsanspruch in den ersten zwei Jahren des Aufenthalts in Deutschland (vgl. Rn. 38 und Rn. 61) **nur im Ausnahmefall** in Betracht.

63

Für diesen in der Praxis sehr problematischen Bereich haben sich in Rechtsprechung und Literatur **Auslegungskriterien** herausgebildet, soweit die Anwendbarkeit des § 6 Abs. 1 Satz 1 Alt. 2 AsylbLG überhaupt erkannt wird.[113] Neben den allgemeinen Auslegungskriterien (vgl. Rn. 36) sind insb. folgende Kriterien bei der Auslegung des § 6 Abs. 1 Satz 1 Alt. 2 AsylbLG zu beachten:

64

- **Vorabprüfung**: Anwendbarkeit des **§ 6 Abs. 2 AsylbLG** bei Inhabern einer Aufenthaltserlaubnis nach § 24 Abs. 1 AufenthG mit besonderen Bedürfnissen (vgl. Rn. 105 ff.) bzw. **richtlinienkonforme Auslegung des § 6 Abs. 1 Satz 1 AsylbLG** bei Personen mit besonderen Bedürfnissen nach Art. 15 Abs. 2, 17 EGRL 2003/9 oder Art. 7, 9 Abs. 2 EGRL 2004/81 (vgl. Rn. 23 ff.),**bisherige und voraussichtliche Aufenthaltsdauer** des Ausländers in Deutschland,
- **Ausmaß und Intensität der Erkrankung** sowie drohende Gesundheitsfolgen bei Ablehnung der Behandlung,
- **Ausschluss von gleichwertigen, kostengünstigeren Behandlungsalternativen**.

Nach einem **bisherigen Aufenthalt in Deutschland** über einen Zeitraum von zwei Jahren ist nicht mehr von einem Kurzaufenthalt des Ausländers auszugehen und durch eine verfassungskonforme Auslegung des § 6 Abs. 1 Satz 1 Alt. 2 AsylbLG eine dem gesetzlichen Krankenversicherungsrecht entsprechende medizinische Versorgung zu gewährleisten (vgl. Rn. 38 und Rn. 61 sowie die Kommentierung zu § 4 AsylbLG Rn. 24).

65

Auch die **voraussichtliche Aufenthaltsdauer des Ausländers in Deutschland** ist bei der Gewährung von Leistungen wegen chronischer Erkrankungen von grundlegender Bedeutung.[114] Die entsprechenden Behandlungsmaßnahmen können sich über einen längeren Zeitraum erstrecken und mit erhebli-

66

---

[107] SG Frankfurt v. 16.01.2006 - S 20 AY 1/06 ER - juris Rn. 21 - SAR 2006, 59 f.; *Hohm* in: AsylbLG, § 6 Rn. 130; a.A.: *Adolph* in: Linhart/Adolph/Gröschel-Gundermann, SGB II/SGB XII/AsylbLG, § 6 AsylbLG Rn. 18 f.

[108] BVerfG v. 18.07.2012 - 1 BvL 10/10, 1 BvL 2/11 - juris Rn. 76.

[109] *Hohm* in: AsylbLG, § 4 Rn. 14; *Deibel*, Sozialrecht aktuell 2013, 103, 105; *Deibel*, ZFSH SGB 2012, 582, 585.

[110] So die wohl vordringende Meinung in der Literatur, vgl. *Hohm* in: AsylbLG, § 4 Rn. 14; *Deibel*, Sozialrecht aktuell 2013, 103, 105; *Deibel*, ZFSH SGB 2012, 582, 585.

[111] Ebenso *Hohm* in: AsylbLG, § 4 Rn. 14; a.A.: *Deibel*, ZFSH SGB 2012, 582, 585 (Angleichung der Versorgung nach einem Aufenthalt von einem Jahr).

[112] BT-Drs. 12/4451, S. 9; BT-Drs. 12/5008, S. 14.

[113] Vgl. etwa SG Aachen v. 02.06.2008 - S 20 AY 110/08 ER - juris Rn. 16; VG Magdeburg v. 29.10.2003 - 6 A 426/03 - juris Rn. 22.

[114] Vgl. etwa LSG Baden-Württemberg v. 11.01.2007 - L 7 AY 6025/06 PKH-B - juris Rn. 5 - SAR 2007, 45; VG Düsseldorf v. 02.10.2002 - 11 L 3762/02 - juris Rn. 3; *Adolph* in: Linhart/Adolph/Gröschel-Gundermann, SGB II/SGB XII/AsylbLG, § 6 AsylbLG Rn. 21.

chen Kosten verbunden sein.[115] Steht eine Aufenthaltsbeendigung unmittelbar bevor oder kann die begehrte Behandlung während des voraussichtlichen Aufenthalts in Deutschland nicht abgeschlossen werden, scheidet eine Leistungsgewährung regelmäßig aus.[116]

67 Entscheidend sind jedoch stets die Umstände des Einzelfalls, insbesondere der **Schweregrad der Erkrankung** und die **Dauer der begehrten Behandlung**.

68 Die größten Schwierigkeiten bereitet in der Praxis die **Beurteilung von Ausmaß und Intensität der Erkrankung, insbesondere bei psychischen Erkrankungen**.[117] Der medizinische Sachverhalt ist im Einzelfall von Amts wegen zu ermitteln (z.B. durch die Einholung von Befundberichten bzw. Stellungnahmen der behandelnden Ärzte, amtsärztliche Untersuchungen und ggf. durch fachärztliche Begutachtungen). Den **drohenden Gesundheitsfolgen bei einer Leistungsablehnung** kommt bei der Auslegung des § 6 Abs. 1 Satz 1 Alt. 2 AsylbLG besonderes Gewicht zu (z.B. Versorgung von Diabetes Mellitus Typ I bei drohender Entgleisung; Gewährung von Fahrtkosten zum Behandlungszentrum für Folteropfer bei drohender Dekompensation).[118]

69 Bei der Leistungsgewährung nach § 6 Abs. 1 Satz 1 Alt. 2 AsylbLG ist stets eine **gleichwertige, kostengünstigere Behandlungsmaßnahme** vorzuziehen[119] (z.B. medikamentöse Behandlung einer Angst- oder Panikstörung statt Psychotherapie). Eine kostengünstigere amtsärztliche Versorgung geht in aller Regel einer Hausarzt- oder Facharztbehandlung bzw. einer stationären Behandlung vor, ebenso eine ausreichende medikamentöse Behandlung einer Therapie (Kurzzeittherapie vor Langzeittherapie). Leistungsberechtigte können **grundsätzlich keine freie Arztwahl** beanspruchen (vgl. die Kommentierung zu § 4 AsylbLG Rn. 64), es sei denn, die Behandlung setzt ein **besonderes Vertrauensverhältnis** voraus (z.B. bei einer psychotherapeutischen Behandlung).

70 Die ab und an verwendete Formulierung, dass es nach § 6 Abs. 1 Satz 1 Alt. 2 AsylbLG **keinen Anspruch auf eine optimale und bestmögliche Versorgung** gebe,[120] ist vor dem Hintergrund des § 4 Abs. 1 Satz 1 AsylbLG (medizinische Notversorgung) und den Grundsätzen des gesetzlichen Krankenversicherungsrechts (vgl. § 12 Abs. 1 SGB V) eine **Leerformel ohne Gehalt**, vielmehr eine Selbstverständlichkeit.

71 Für den im Leistungsrecht nach dem AsylbLG wegen der im Heimatland ggf. erlebten Traumatisierungen (Krieg, Folter, Vergewaltigung o.Ä.) sehr relevanten Bereich der Übernahme von **Psychotherapiekosten** gelten die o.g. Auslegungskriterien entsprechend. Die **Schwere der Erkrankung** und die **voraussichtliche Aufenthaltsdauer** des Ausländers in Deutschland sind von grundlegender Bedeutung.[121] Im Einzelfall kann die Kostenübernahme für einen vollstationären Aufenthalt auf Dauer als Leistung nach § 6 Abs. 1 Satz 1 Alt. 2 AsylbLG beansprucht werden (z.B. bei Vorliegen einer paranoid-halluzinatorischen Schizophrenie mit medikamentös nicht beeinflussbaren Einbrüchen und vorangegangener Suizidalität).[122]

bb. Hilfsmittel i.S.d. § 33 SGB V

72 Nach § 6 Abs. 1 Satz 1 Alt. 2 AsylbLG können im Einzelfall Hilfsmittel i.S.d. § 33 Abs. 1 SGB V beansprucht werden, wenn diese nicht bereits durch die medizinische Notversorgung nach § 4 Abs. 1 Satz 1 AsylbLG bei akuter Erkrankung oder Schmerzzuständen zu gewähren sind.[123] Voraussetzung ist für eine Leistungsgewährung, dass die Hilfsmittel zur **Vermeidung von Krankheitsfolgeschäden**

---

[115] Vgl. OVG Niedersachsen v. 06.07.2004 - 12 ME 209/04 - juris Rn. 9; *Hohm* in: AsylbLG, § 6 Rn. 166.
[116] Vgl. nur BT-Drs. 12/4451, S. 9; LSG Baden-Württemberg v. 11.01.2007 - L 7 AY 6025/06 PKH-B - juris Rn. 5 - SAR 2007, 45; vgl. etwa LSG Nordrhein-Westfalen v. 06.05.2013 - L 20 AY 145/11 - juris Rn. 67.
[117] *Adolph* in: Linhart/Adolph/Gröschel-Gundermann, SGB II/SGB XII/AsylbLG, § 6 AsylbLG Rn. 20.
[118] Vgl. VG Berlin v. 04.07.1997 - 8 A 366/97 - AsylbLG VII - zu § 6 (VG - Nr. 3); *Classen*, Sozialleistungen für MigrantInnen und Flüchtlinge, 2. Aufl. 2008, Kap. 6.5.2.1, S. 117.
[119] OVG Niedersachsen v. 06.07.2004 - 12 ME 209/04 - juris Rn. 9; *Hohm* in: AsylbLG, § 6 Rn. 166.
[120] So LSG Baden-Württemberg v. 11.01.2007 - L 7 AY 6025/06 PKH-B - juris Rn. 6 - SAR 2007, 45; SG Düsseldorf v. 17.05.2011 - S 42 (19,44,7) AY 2/05 - juris Rn. 36; OVG Mecklenburg-Vorpommern v. 28.01.2004 - 1 O 5/04 - juris Rn. 19 - NVwZ-RR 2004, 902 f.; *Adolph* in: Linhart/Adolph/Gröschel-Gundermann SGB II/SGB XII/AsylbLG, § 6 AsylbLG Rn. 19.
[121] Vgl. etwa VG Düsseldorf v. 02.10.2002 - 11 L 3762/02 - juris Rn. 3.
[122] Vgl. VG Augsburg v. 17.10.2000 - Au 3 K 99.1236 - NVwZ-Beil. 2001, 46-48.
[123] So auch *Hohm* in: AsylbLG, § 6 Rn. 149; *Birk* in: LPK-SGB XII, § 6 AsylbLG Rn. 4; *Fasselt* in: Fichtner/Wenzel, SGB XII/AsylbLG, § 6 AsylbLG Rn. 4.

oder einer erhöhten Unfallgefahr (z.B. bei einer Versorgung mit einem Hörgerät oder einer Brille)[124] dringend erforderlich sind.[125] Zu den Hilfsmitteln nach § 33 Abs. 1 SGB V zählen insbesondere **Brillen, Hörhilfen, Körperersatzstücke und orthopädische Hilfsmittel**.

Wegen der Angleichung des Leistungsniveaus nach § 3 AsylbLG an das allgemeine Grundsicherungsrecht durch die Übergangsregel des BVerfG vom 18.07.2012[126] (vgl. hierzu ausführlich die Kommentierung zu § 3 AsylbLG Rn. 98 ff.) ist aber bei der Versorgung mit Hilfsmitteln auch die **Rechtslage im SGB II bzw. SGB XII** zu berücksichtigen.[127] Die Gewährung von Hilfsmitteln, die über die Leistungen der gesetzlichen Krankenversicherung sowie ergänzend durch den im Regelbedarf (§ 20 SGB II) enthaltenen Anteil für Eigenanteile und Rezeptgebühren hinausgehen,[128] z.B. einer Brille[129], scheidet regelmäßig aus.[130] Hierbei ist aber stets ein Vergleich der medizinischen Versorgung nach § 4 AsylbLG (vgl. die Kommentierung zu § 4 AsylbLG Rn. 38 ff.) mit derjenigen nach dem Recht der gesetzlichen Krankenversicherung vorzunehmen. 73

cc. Pflegesachleistungen

Als zur Sicherung der Gesundheit unerlässliche Leistung kann im Einzelfall in entsprechender Anwendung des § 65 SGB XII (Vorgängervorschrift: § 69b BSHG) ein Anspruch auf **Pflegesachleistungen** bestehen, wenn die zur Erhaltung der Gesundheit unbedingt erforderlichen Leistungen nicht anderweitig erbracht werden können (z.B. durch Familienangehörige). Der Anspruch kann ggf. auf eine Geldleistung gerichtet sein, wenn die begehrte Pflegesachleistung vom Leistungsträger nicht rechtzeitig erbracht und deshalb vom Hilfebedürftigen entgeltlich durch Dritte beschafft wird. Ein Anspruch auf **Pflegegeld** besteht **in aller Regel nicht**.[131] 74

dd. Frauenhausaufenthalt

Als zur Sicherung der Gesundheit unerlässliche Leistung i.S.d. § 6 Abs. 1 Satz 1 Alt. 2 AsylbLG kommt auch die **Kostenübernahme für den vorübergehenden Aufenthalt** in einem Frauenhaus in Betracht.[132] Den von häuslicher und sexueller Gewalt betroffenen Frauen und ihren Kindern können zur Gewährung von anonymem Schutz vor weiteren Angriffen und Gefährdungen ihrer körperlichen Unversehrtheit nicht nur die die Unterkunftskosten gewährt werden, sondern **im Einzelfall auch die Kosten für weitergehende Hilfestellungen** (therapeutische Maßnahmen, Beratung etc.). Die Leistungsgewährung für den Aufenthalt in einem Frauenhaus ist in aller Regel zur Sicherung der Gesundheit unerlässlich, wenn die Betroffene ohne Obdach weiteren Gefährdungen durch den Täter ausgesetzt ist.[133] 75

Für die Leistungserbringung ist nach **§ 10a Abs. 2 Satz 1 AsylbLG** diejenige Behörde örtlich zuständig, in deren Bereich die Leistungsberechtigte ihren gewöhnlichen Aufenthalt im Zeitpunkt der Aufnahme in das Frauenhaus hat oder in den zwei Monaten vor der Aufnahme gehabt hat. Bei einem **Eilfall** ist nach § 10a Abs. 2 Satz 3 AsylbLG die nach § 10a Abs. 1 AsylbLG zuständige Behörde zur Leistung verpflichtet. In diesen Fällen ergibt sich der Erstattungsanspruch gegen den an sich zuständigen Träger aus § 10b Abs. 1 AsylbLG. Eines Rückgriffs auf § 36a SGB II (in analoger Anwendung) bedarf es nicht.[134] 76

---

[124] Vgl. VG Meiningen v. 01.06.2006 - 8 K 560/04.Me - juris Rn. 16 (Brille).
[125] Vgl. im Einzelnen *Hohm* in: AsylbLG, § 6 Rn. 151-158.
[126] BVerfG v. 18.07.2012 - 1 BvL 10/10, 1 BvL 2/11 - juris Rn. 98 ff.
[127] So auch *Deibel*, Sozialrecht aktuell 2013, 103, 106.
[128] Vgl. hierzu BT-Drs. 17/3404, 58.
[129] Vgl. aber LSG Nordrhein-Westfalen v. 12.06.2013 - L 7 AS 138/13 B - juris Rn. 4 ff.
[130] In diese Richtung auch *Wahrendorf* in: Grube/Wahrendorf, SGB XII, § 6 AsylbLG Rn. 12.
[131] Vgl. hierzu BVerwG v. 20.07.2001 - 5 B 50/01 - FEVS 53, 1 f.; VGH Bayern v. 19.10.2001 - 12 ZB 01.2208; VGH Bayern v. 06.04.2001 - 12 B 00.3269 - FEVS 53, 45; LSG Nordrhein-Westfalen v. 14.02.2011 - L 20 AY 28/08 - juris Rn. 62; *Deibel*, Sozailrechtaktuell 2013, 103, 106; *Hohm* in: AsylbLG, § 6 Rn. 162-164.
[132] Vgl. BT-Drs. 16/8651, S. 7; *Classen*, Sozialleistungen für MigrantInnen und Flüchtlinge, 2. Aufl. 2008, Kap. 6.5.4, S. 129; *Herbst* in: Mergler/Zink, SGB XII/AsylbLG, § 6 AsylbLG Rn. 23.
[133] Vgl. Stellungnahme des DV v. 18.06.2008 - DV 10/08 AF III (S. 18 f.).
[134] Vgl. zur Übernahme dieser Regelung in das AsylbLG die Stellungnahme der Bundesvereinigung der kommunalen Spitzenverbände zum Referentenentwurf eines Dritten Gesetzes zur Änderung des AsylbLG, S. 7 (abrufbar unter www.fluechtlingsinfo-berlin.de/fr/asylblg/BV_StN_AsylbLG_BMAS.pdf, zuletzt abgerufen am 24.04.2014).

5. Zur Deckung besonderer Bedürfnisse von Kindern geboten (Alt. 3)

77 Den zur Deckung besonderer Bedürfnisse von Kindern gebotenen Leistungen kommt vor dem Hintergrund der Rechtsprechung des **BVerfG** zu Art. 1 Abs. 1 GG i.V.m. Art. 20 Abs. 1 GG[135] und der **UN-Kinderrechtskonvention (UNKRK)** vom 20.11.1989, die am 05.04.1992 für Deutschland in Kraft getreten ist,[136] eine wichtige Bedeutung zu.[137]

78 Deutschland hat die UNKRK bei Hinterlegung der Ratifikationsurkunde als „Meilenstein des internationalen Rechts" begrüßt, zugleich aber ausdrücklich festgehalten, dass die Konvention ausschließlich Staatenverpflichtungen begründe[138] und das Recht der Bundesrepublik Deutschland nicht beschränke, Gesetze und Verordnungen über die Einreise von Ausländern und die Bedingungen ihres Aufenthalts zu erlassen sowie **Unterschiede zwischen Inländern und Ausländern** zu machen.[139] Diese Vorbehaltserklärung ist mit Kabinettsbeschluss vom 03.05.2010 zurückgenommen worden. Seit Mitte Juli 2010 ist die UNKRK in Deutschland vorbehaltslos gültig. Im Hinblick auf minderjährige Flüchtlinge soll damit den Ländern Anlass gegeben werden, „ihre legislative Praxis und die Gesetzesanwendung kritisch zu überprüfen."[140] Insoweit ist die **UNKRK** bei der Auslegung des § 6 Abs. 1 Satz 1 Alt. 3 AsylbLG **besonders zu berücksichtigen** (vgl. auch Art. 18 Abs. 1 EGRL 2003/9), im Einzelnen: Art. 3 Abs. 1 UNKRK (Wohl des Kindes), Art. 23 UNKRK (Rechte und Versorgung körperlich oder geistig behinderter Kinder), Art. 24 UNKRK (Recht auf Höchstmaß an Gesundheit), Art. 27 UNKRK (angemessener Lebensstandard), Art. 28 UNKRK (Recht auf Bildung), Art. 31 UNKRK (Recht auf Ruhe, Freizeit, Spiel, altersgemäße aktive Erholung sowie Teilhabe am kulturellen und künstlerischen Leben).[141]

a. Abgrenzung von Kinder- und Jugendhilfeleistungen nach dem SGB VIII

79 Die Leistungen nach § 6 Abs. 1 Satz 1 Alt. 3 AsylbLG sind abzugrenzen von den vorrangigen Kinder- und Jugendhilfeleistungen nach dem SGB VIII (vgl. insb. die §§ 27, 33, 34, 35a, 39, 40, 42, 89d SGB VIII), die auch Leistungsberechtigte nach dem AsylbLG beanspruchen können (vgl. § 9 Abs. 2 AsylbLG).[142] Anders als die Leistungen nach dem AsylbLG zielt die Kinder- und Jugendhilfe darauf ab, die **Entwicklung junger Menschen zu fördern und die Erziehung in der Familie zu unterstützen und zu ergänzen**, vgl. § 8 Satz 2 SGB I. Es sind erzieherische Leistungen, also Dienstleistungen i.S.d. § 11 Satz 2 SGB I. Leistungen nach dem AsylbLG bezwecken hingegen die Existenzsicherung.[143]

80 Konkurrieren Ansprüche nach dem SGB VIII und dem AsylbLG miteinander und sind die geltend gemachten Leistungen gleichartig, einander überschneidend oder deckungsgleich, ist für die rechtliche Einordnung einer beanspruchten Leistung deren **Ursache, Zielrichtung und Charakter** maßgeblich.[144] Steht ein Erziehungsdefizit im Vordergrund, liegen Hilfen zur Erziehung i.S.d. §§ 27 ff. SGB VIII vor; dies gilt u.U. auch dann, wenn die Sorgeberechtigten ihrem durch eine Behinderung des Kindes erschwerten Erziehungsauftrag nicht gewachsen sind (z.B. Betreuung eines Kindes in einer Pflegefamilie bei nicht intakten Familienverhältnissen nach §§ 27, 33 SGB VIII).[145]

---

[135] BVerfG v. 09.02.2010 - 1 BvL 1/09, 1 BvL 3/09, 1 BvL 4/09 - juris Rn. 190 ff.; BVerfG v. 18.07.2012 - 1 BvL 10/10, 1 BvL 2/11 - juris Rn. 96.

[136] BGBl II 1992, 121.

[137] Vgl. zur UNKRK insb. *Fasselt* in: Fichtner/Wenzel, SGB XII/AsylbLG, § 6 AsylbLG Rn. 5; OVG Niedersachsen v. 25.02.1999 - 12 L 3799/98 - juris Rn. 19 - NVwZ-Beil. 1999, 54, 55.

[138] Bestätigend OVG Nordrhein-Westfalen v. 22.08.2006 - 18 B 1209/06, 18 E 717/06 - juris Rn. 12 - InfAuslR 2006, 495; VGH Bayern v. 14.02.2000 - 10 ZS 98.2539 - juris Rn. 8.

[139] Vgl. Bekanntmachung über das Inkrafttreten des Übereinkommens über die Rechte des Kindes, I. und IV. – abgedr. in: *Renner*, Ausländerrecht, 5 Texte 8.5.

[140] Presseerklärung des BMJ v. 05.05.2010 (www.bmj.bund.de, abgerufen am 24.04.2014).

[141] Vgl. *Fasselt* in: Fichtner/Wenzel, SGB XII/AsylbLG, § 6 AsylbLG Rn. 5.

[142] BVerwG v. 24.06.1999 - 5 C 24/98 - NVwZ 2000, 325, 327; vgl. OVG Nordrhein-Westfalen v. 30.04.2004 - 12 B 308/04 (Betreuung in einer Pflegefamilie); vgl. auch *Wapler*, RdJH 2012, 219, 230 f.

[143] BVerwG v. 24.06.1999 - 5 C 24/98 - juris Rn. 30 - NVwZ 2000, 325, 327; vgl. *Kunkel*, NVwZ 1994, 352, 354 f.

[144] Vgl. OVG Nordrhein-Westfalen v. 30.04.2004 - 12 B 308/04 - juris Rn. 16-18; zur Abgrenzung von Eingliederungs- und Jugendhilfeleistungen: BSG v. 24.03.2009 - B 8 SO 29/07 R - juris Rn. 17 ff. und BVerwG v. 23.09.1999 - 5 C 26/98 - juris Rn. 12-14 (zu § 10 Abs. 2 SGB VIII).

[145] Vgl. OVG Nordrhein-Westfalen v. 30.04.2004 - 12 B 308/04 - juris Rn. 22.

b. Tatbestand

Kinder i.S.d. § 6 Abs. 1 Satz 1 Alt. 3 AsylbLG sind nach § 1 Abs. 1 Nr. 6 AsylbLG **alle minderjährigen Grundleistungsberechtigten**.[146] Bei der Begriffsbestimmung ist die Altersgrenze des § 7 Abs. 1 Nr. 1 SGB VIII, nach dem Kind ist, wer noch nicht 14 Jahre alt ist, nicht heranzuziehen; das AsylbLG ist kein besonderer Teil des SGB (vgl. § 68 SGB I) und § 9 AsylbLG verweist nicht auf das SGB VIII.[147] 81

Anders als die übrigen Fallgruppen der Norm ist der Begriff der besonderen Bedürfnisse von Kindern nur eingeschränkt einzelfallbezogen auszulegen. Nach ganz h.M. fallen **auch typische Bedarfslagen** von Kindern unter diese Fallgruppe, insbesondere Schulbedarf.[148] Der zur Sicherstellung des menschenwürdigen Existenzminimums zu deckende Bedarf hat sich an kindlichen Entwicklungsphasen auszurichten und an dem, was für die **Persönlichkeitsentfaltung eines Kindes** erforderlich ist.[149] Die Bedürfnisse des täglichen Lebens sind jedoch grundsätzlich nicht durch sonstige Leistungen zu decken. für **Spielzeug** sind neben dem Barbetrag nach § 3 Abs. 1 Satz 4 AsylbLG nach der Übergangsregelung des BVerfG vom 18.07.2012 sonstige Leistungen nach § 6 Abs. 1 Satz 1 Alt. 3 AsylbLG in aller Regel nicht zu gewähren.[150] 82

Die Auslegung des Begriffes „geboten" hat sich an ggf. abweichenden Bedarfen aufgrund eines nur vorübergehenden Aufenthalts in Deutschland (voraussichtliche Aufenthaltsdauer) und an den Vorgaben der **UNKRK** andererseits (u.a. Vorrang des Wohles des Kindes nach Art. 3 UNKRK, vgl. Rn. 77) auszurichten. 83

c. Einzelne Leistungsfälle

aa. Leistungen für Bildung und Teilhabe

Nach der Entscheidung des BVerfG vom 18.07.2012 ist es aus verfassungsrechtlichen Gründen (Art. 1 Abs. 1 GG i.V.m. Art. 20 Abs. 1 GG) geboten, auch im AsylbLG die Bedarfe von Kindern und Jugendlichen für Bildung und Teilhabe am sozialen und kulturellen Leben in der Gemeinschaft durch einen Anspruch zu sichern.[151] Bis zu einer gesetzlichen Neuregelung des Existenzminimums im AsylbLG gelten für nach den §§ 1, 3 AsylbLG leistungsberechtigte[152] Kinder und Jugendliche die Vorschriften über die Leistungen für Bildung und Teilhabe nach den **§§ 28-30 SGB II** bzw. **§§ 34-34b SGB XII** entsprechend.[153] Dies sieht auch der erste Referentenentwurf eines Dritten Gesetzes zur Änderung des AsylbLG vor.[154] Da die Leistungen nach dem AsylbLG unabhängig von einem Antrag oder der Kenntnis der Behörde erbracht werden,[155] gilt jedoch bis zur Aufnahme einer ausdrücklichen Verweisung auf die §§ 34-34a SGB XII **kein Antragserfordernis** (anders § 34a Abs. 1 Satz 1 SGB XII). 84

Nach § 6 Abs. 1 Satz 1 Alt. 3 AsylbLG i.V.m. § 28 SGB II, § 34 SGB XII besteht nach den Maßgaben der §§ 28-30 SGB II bzw. §§ 34-34b SGB XII (vgl. die Kommentierung zu § 34 SGB XII Rn. 33 ff.) grundsätzlich ein Anspruch auf **Leistungen für** 85

- **Schulausflüge** und **mehrtägige Klassenfahrten** im Rahmen der schulrechtlichen Bestimmungen[156] (§ 28 Abs. 2 SGB II, § 34 Abs. 2 SGB XII),

---

[146] *Deibel*, ZAR 1995, 57, 61; *Birk* in: LPK-SGB XII, § 6 AsylbLG Rn. 5; *Adolph* in: Linhart/Adolph/Gröschel-Gundermann, SGB II/SGB XII/AsylbLG, § 6 AsylbLG Rn. 24.

[147] *Adolph* in: Linhart/Adolph/Gröschel-Gundermann, SGB II/SGB XII/AsylbLG, § 6 AsylbLG Rn. 24.

[148] Vgl. OVG Niedersachsen v. 25.02.1999 - 12 L 3799/98 - juris Rn. 18 - NVwZ-Beil. 1999, 54, 55.

[149] BVerfG v. 09.02.2010 - 1 BvL 1/09, 1 BvL 3/09, 1 BvL 4/09 - juris Rn. 191.

[150] So schon BVerwG v. 13.12.1990 - 5 C 17/88 - juris Rn. 12 - BVerwGE 87, 212 (zu § 12 BSHG); *Deibel*, ZAR 1995, 57, 63; zur Rechtslage bis zum Inkrafttreten der Übergangsregelung des BVerfG vgl. auch die Vorauflage *Frerichs* in: jurisPK-SGB XII, 1. Aufl. 2011, § 6 AsylbLG Rn. 76.

[151] BVerfG v. 18.07.2012 - 1 BvL 10/10, 1 BvL 2/11 - juris Rn. 96.

[152] Bei Leistungsberechtigten nach § 2 AsylbLG sind die §§ 34-34a SGB XII ohnehin entsprechend anwendbar, vgl. BT-Drs. 17/4154, 58.

[153] SG Hildesheim v. 12.12.2012 - S 42 AY 100/11 - juris Rn. 24-28; Kommentierung zu § 34 SGB XII Rn. 25; *Wahrendorf* in: Grube/Wahrendorf, SGB XII, § 6 AsylbLG Rn. 10; *Birk* in: LPK-SGB XII, § 6 AsylbLG Rn. 5; so schon *Groth*, jurisPR-SozR 8/2011, Anm. 1; vgl. auch die Stellungnahme des Deutschen Vereins zum Bildungspaket, NDV 2012, 7, 9.

[154] Art. 1 Ziff. 2 Buchstabe b des Entwurfs, abrufbar unter www.fluechtlingsinfo-berlin.de/fr/asylblg/BMAS_Entwurf_AsylbLG_041212.pdf (zuletzt abgerufen am 24.04.2014).

[155] BSG v. 30.10.2013 - B 7 AY 2/12 R - juris Rn. 21.

[156] Vgl. hierzu auch in der Vorauflage *Frerichs* in: jurisPK-SGB XII, 1. Aufl. 2011, § 6 AsylbLG Rn. 80.

§ 6 AsylbLG

- die **Ausstattung mit persönlichem Schulbedarf** i.H.v. 70 € im ersten und 30 € im weiten Schulhalbjahr (§ 28 Abs. 3 SGB II, § 34 Abs. 3 SGB XII),
- **Schülerbeförderung**[157] (§ 28 Abs. 4 SGB II, § 34 Abs. 4 SGB XII),
- **Lernförderung** (§ 28 Abs. 5 SGB II, § 34 Abs. 5 SGB XII),
- die **Teilnahme an einer gemeinschaftlichen Mittagsverpflegung** (§ 28 Abs. 6 SGB II, § 34 Abs. 6 SGB XII) und
- die **Teilhabe am sozialen und kulturellen Leben in der Gemeinschaft** (§ 28 Abs. 7 SGB II, § 34 Abs. 7 SGB XII).

86 Allenfalls in Einzelfällen kann der Bedarf für Bildung und Teilhabe im AsylbLG unter Berücksichtigung der bisherigen und voraussichtlichen **Aufenthaltsdauer** des Ausländers in Deutschland abweichen.[158] Bei einem tatsächlich nur vorübergehenden Aufenthalt kann etwa die Gewährung von Leistungen nach § 28 Abs. 7 SGB II bzw. § 34 Abs. 7 SGB XII für Mitgliedsbeiträge in den Bereichen Sport, Spiel, Kultur und Geselligkeit (Nr. 1), für Unterricht in künstlerischen Fächern (Nr. 2) oder für die Teilnahme an Freizeiten, z.B. Ferienzeltlager (Nr. 3), ausgeschlossen sein.[159]

bb. Eingliederungshilfe für behinderte Kinder

87 Obwohl Leistungen der gesellschaftlichen Teilhabe nach dem AsylbLG mangels anerkanntem Integrationsbedarf in die deutsche Gesellschaft in aller Regel nicht beansprucht werden können,[160] ist im Einzelfall die Gewährung von Leistungen der Eingliederungshilfe i.S.d. § 54 SGB XII **zur Deckung besonderer Bedürfnisse von behinderten Kindern** geboten (vgl. Art. 23 UNKRK). Dies setzt voraus, dass nur durch diese Leistungen die Versorgung des behinderten Kindes, insb. der Besuch der Schule oder einer vergleichbaren Einrichtung (vgl. § 54 Abs. 1 Nr. 1 SGB XII), gesichert ist.[161]

88 **Einzelfälle aus der Rechtsprechung**

- Vollstationäre Unterbringung eines hochgradig sehbehinderten Kindes in einer **Schule für Sehbehinderte**,[162]
- Aufnahme eines mehrfach behinderten Kindes in einen **integrativen Kindergarten**,[163]
- Stellung eines Schulbegleiters bzw. **Integrationshelfers** für den Besuch einer Förderschule.[164]

6. Zur Erfüllung einer verwaltungsrechtlichen Mitwirkungspflicht erforderlich (Alt. 4)

89 Die vierte Tatbestandsalternative des § 6 Abs. 1 Satz 1 AsylbLG stellt mit Blick auf die übrigen atypischen Bedarfslagen **eine besondere Fallgruppe** dar, die sich nicht auf eine ergänzende Erbringung von existenzsichernden Leistungen i.S.d. §§ 3, 4 AsylbLG erstreckt, sondern auf erforderliche Leistungen zur Erfüllung einer verwaltungsrechtlichen Mitwirkungspflicht.

a. Tatbestand

90 Der Rechtsbegriff der verwaltungsrechtlichen Mitwirkungspflicht i.S.d. § 6 Abs. 1 Satz 1 Alt. 4 AsylbLG ist weder legal definiert noch durch die Gesetzgebungsmaterialien konkretisiert. Er umfasst nach dem Wortlaut der Norm **alle dem Verwaltungsrecht zuzurechnenden Mitwirkungspflichten**, insbesondere solche, die sich aus dem AsylbLG, AsylVfG, AufenthG und aus den Verwaltungsverfahrensgesetzen der Länder ergeben.[165]

---

[157] Vgl. SG Hildesheim v. 12.12.2012 - S 42 AY 100/11 - juris Rn. 24 ff.
[158] Vgl. *Deibel*, ZFSH SGB 2012, 582, 587; *Groth*, jurisPR-SozR 8/2011, Anm. 1.
[159] So *Deibel*, ZFSH SGB 2012, 582, 587.
[160] OVG Schleswig-Holstein v. 09.09.1998 - 1 M 98/98 - juris Rn. 1 - FEVS 49, 325 f.; OVG Niedersachsen v. 06.07.2004 - 12 ME 209/04 - juris Rn. 9; *Hohm* in: AsylbLG, § 6 Rn. 166.
[161] VG Sigmaringen v. 02.04.2003 - 5 K 781/02 (Schule für Sehbehinderte); vgl. auch OVG Niedersachsen v. 25.02.1999 - 12 L 3799/98 - NVwZ-Beil. 1999, 54 f. (Tagesbildungsstätte für Behinderte); VG München v. 26.06.2002 - M 18 K 01.4925 (integrativer Kindergarten); *Birk* in: LPK-SGB XII, § 6 AsylbLG Rn. 5; *Fasselt* in: Fichtner/Wenzel, SGB XII/AsylbLG, § 6 AsylbLG Rn. 5.
[162] VG Sigmaringen v. 02.04.2003 - 5 K 781/02; vgl. auch OVG Niedersachsen v. 25.02.1999 - 12 L 3799/98 - NVwZ-Beil. 1999, 54 f.
[163] VG München v. 26.06.2002 - M 18 K 01.4925; vgl. auch VG Schleswig v. 21.08.1998 - 13 B 159/98 - abgedr. in AsylbLG – VII – zu § 6 (VG – Nr. 6).
[164] SG Hildesheim v. 30.08.2012 - S 42 AY 140/12 ER - juris Rn. 32 ff.
[165] LSG Nordrhein-Westfalen v. 10.03.2008 - L 20 AY 16/07 - juris Rn. 34 - SAR 2008, 92, 95; *Hohm* in: Schellhorn/Schellhorn/Hohm, SGB XII, § 6 AsylbLG Rn. 23.

Der Ausnahmecharakter der Fallgruppe i.S.d. § 6 Abs. 1 Satz 1 Alt. 4 AsylbLG ist mit der **sachlichen** **Nähe des Leistungsgesetzes zum Asyl- und Aufenthaltsrecht** und dem noch ungewissen Aufenthaltsstatus des Ausländers zu erklären.[166] Vor dem Hintergrund der Leistungsgewährung nach § 3 AsylbLG auf niedrigem Niveau soll die abweichende Leistungserbringung den Betroffenen vor leistungs-, ausländer- oder strafrechtlichen Nachteilen bewahren (insb. im Asylanerkennungsverfahren) und zugleich einen zügigen **Ablauf des asyl- bzw. aufenthaltsrechtlichen Verfahrens** durch eine kooperative Mitwirkung ermöglichen.[167]

91

Die wohl h.M. in der Literatur[168] setzt hingegen einen **sachlichen Zusammenhang der Mitwirkungspflicht mit der Leistungsgewährung nach dem AsylbLG** voraus, also mit der Sicherstellung des Existenzminimums bei einem weiteren Aufenthalt im Bundesgebiet. Danach soll eine Leistungsgewährung nach § 6 Abs. 1 Satz 1 Alt. 1 AsylbLG insb. ausgeschlossen sein bei **Leistungen für die Ausreise des Leistungsberechtigten bzw. deren Vorbereitung** (Kosten der Ausreise bzw. zur Beschaffung von Ausreisedokumenten, Fahrtkosten zur Auslandsvertretung, um die Ausreise vorzubereiten).[169] Für eine solche Einschränkung des Anwendungsbereichs des § 6 Abs. 1 Satz 1 Alt. 4 AsylbLG enthalten weder der Gesetzeswortlaut, die Systematik des Gesetzes noch die Gesetzgebungsmaterialien hinreichende Anhaltspunkte.[170] Soweit Leistungen für eine freiwillige Ausreise aus dem Bundesgebiet betroffen sind, hat die Auffassung **nur geringen Praxisbezug**, da die zuständigen Leistungsbehörden bei erklärter Ausreisebereitschaft ohnehin die notwendigen Kosten nach § 6 Abs. 1 Satz 1 Alt. 4 AsylbLG übernehmen. Hierzu können sie auch nach den landesrechtlichen Verwaltungsvorschriften zur Durchführung des AsylbLG verpflichtet sein.[171] Die einschränkende Auslegung führt auch **zu widersprüchlichen Ergebnissen**, weil nach h.M. Leistungen zur Erfüllung asylverfahrensrechtlicher Mitwirkungspflichten nach § 15 AsylVfG erbracht werden können, obwohl sie nicht in einem sachlichen Zusammenhang mit der Bewilligung von Leistungen nach dem AsylbLG stehen.[172]

92

Erforderlich sind sonstige Leistungen i.S.d. § 6 Abs. 1 Satz 1 Alt. 4 AsylbLG, wenn sie zur Erfüllung der Mitwirkungspflicht **objektiv notwendig** sind, also die einhergehenden Aufwendungen nicht anderweitig bestritten werden können.[173] Das Tatbestandsmerkmal bezieht sich auf die Leistung zur Erfüllung der Mitwirkungspflicht und nicht darauf, ob die Mitwirkung im Verwaltungsverfahren selbst erforderlich ist (str.).[174] Vorrangig ist etwa die Inanspruchnahme von **humanitären Hilfsprogrammen**, die die **freiwillige Rückkehr bzw. Weiterwanderung** fördern (z.B. REAG/GARP,[175] vgl. hierzu auch die Kommentierung zu § 11 AsylbLG Rn. 18 ff.).

93

b. Einzelne Leistungsfälle (verwaltungsrechtliche Mitwirkungspflichten)

Mitwirkungspflichten i.S.d. § 6 Abs. 1 Satz 1 Alt. 4 AsylbLG können sich insbesondere aus dem Leistungsgesetz selbst nach **§ 7 Abs. 4 AsylbLG i.V.m. §§ 60-62 SGB I, § 99 SGB X** (Mitwirkungspflichten bei der Ermittlung des Leistungsanspruchs, Auskunftspflichten von Angehörigen, Unterhaltspflichtigen oder sonstigen Personen) und **§ 8a AsylbLG** (Meldepflicht bei Aufnahme einer Erwerbstätigkeit) ergeben. § 65a SGB I ist für den Aufwendungsersatz nicht heranzuziehen, weil § 6 Abs. 1

94

---

[166] LSG Nordrhein-Westfalen v. 10.03.2008 - L 20 AY 16/07 - juris Rn. 40 - SAR 2008, 92, 95.

[167] Vgl. *Classen*, Sozialleistungen für MigrantInnen und Flüchtlinge, 2. Aufl. 2008, Kap. 6.5.4, S. 128; ähnlich *Scheurer*, InfAuslR 1994, 265, 272; *Röseler/Meyer* in: Huber, Handbuch des Ausländer- und Asylrechts, (vergriffen), § 6 AsylbLG Rn. 22.

[168] *Deibel*, ZAR 1995, 57, 63 f.; *Deibel*, ZAR 1998, 28, 32; *Hohm* in: Schellhorn/Schellhorn/Hohm, SGB XII, § 6 AsylbLG Rn. 23; *Adolph* in: Linhart/Adolph/Gröschel-Gundermann, SGB II/SGB XII/AsylbLG, § 6 AsylbLG Rn. 31; so auch VG Düsseldorf v. 10.11.2005 - 11 K 6380/04 - juris Rn. 26; SG Hannover v. 21.09.2007 - S 53 AY 83/06 - juris Rn. 14 (Passbeschaffungskosten).

[169] Vgl. *Hohm* in: Schellhorn/Schellhorn/Hohm, SGB XII, § 6 AsylbLG Rn. 23.

[170] LSG Nordrhein-Westfalen v. 10.03.2008 - L 20 AY 16/07 - juris Rn. 41 - SAR 2008, 92, 95; i.E. ebenso *Fasselt* in: Fichtner/Wenzel, SGB XII/AsylbLG, § 6 AsylbLG Rn. 6; *Wahrendorf* in: Grube/Wahrendorf, SGB XII, § 6 AsylbLG Rn. 15; *Herbst* in: Mergler/Zink, SGB XII/AsylbLG, § 6 AsylbLG Rn. 19.

[171] Vgl. VG München v. 03.04.2001 - M 6b K 99.1464 - juris Rn. 30 f.

[172] Vgl. *Hohm* in: AsylbLG, § 6 Rn. 232.

[173] *Fasselt* in: Fichtner/Wenzel, SGB XII/AsylbLG, § 6 AsylbLG Rn. 6; *Hohm* in: Schellhorn/Schellhorn/Hohm, SGB XII, § 6 Rn. 23.

[174] *Fasselt* in: Fichtner/Wenzel, SGB XII/AsylbLG, § 6 AsylbLG Rn. 6; *Hohm* in: AsylbLG, § 6 Rn. 226 f; a A VG München v. 03.04.2001 - M 6b K 99.1464 - juris Rn. 27.

[175] Reintregration and Emigration Programme for Asylum-Seekers in Germany (REAG); Government Assisted Repatriation Programme (GARP).

§ 6 AsylbLG

Satz 1 Alt. 4 AsylbLG als Spezialregelung vorgeht.[176] Erstattungsfähig sind auch Kosten, die durch die auferlegte **Mitwirkung bei der Leistungsgewährung** anfallen, also ggf. notwendige Fahrtkosten (ÖPNV), um Sach- oder Ersatzleistungen nach § 3 AsylbLG beim Sozialamt oder anderen Bezugsstellen (Kleiderkammer etc.) in Empfang zu nehmen (vgl. § 3 Abs. 4 AsylbLG).[177]

95 Ausländerrechtliche Mitwirkungspflichten[178] bestehen insbesondere gem. **§ 48 Abs. 3 Satz 1 AufenthG i.V.m. § 56 AufenthV, § 82 Abs. 1 Satz 1, Abs. 4 Satz 1 AufenthG** (Mitwirkungspflichten zur Vorlage oder Beschaffung eines Identitätspapiers bzw. Passes oder Passersatzes, Darlegungs- und Nachweispflichten für den Ausländer begünstigende Umstände, Anordnung des persönlichen Erscheinens bei der zuständigen Behörde oder der Auslandsvertretung des Betroffenen) und nach den **§§ 15, 20 Abs. 1, 22, 25 AsylVfG** (asylverfahrensrechtliche Mitwirkungspflichten, u.a. bei der Sachverhaltsaufklärung). Im Einzelfall sind übernahmefähig **Fahrtkosten zu Ausländer- und Asylbehörden** bei Anordnung des persönlichen Erscheinens (vgl. § 82 Abs. 4 Satz 1 AufenthG, § 15 Abs. 2 Nr. 3 AsylVfG), Aufwendungen für **Passfotos** für eine Aufenthaltsgestattung, Grenzübertrittsbescheinigung oder einen Passantrag (vgl. § 60 Abs. 2 AufenthV), **Beschaffungs- und Übersetzungskosten von Dokumenten** für das Asylverfahren (§ 15 Abs. 2 Nr. 5 AsylVfG) etc.,[179] soweit nicht eine Gebührenbefreiung eingreift (vgl. etwa §§ 52, 53 AufenthV).

96 Kosten von **Gerichtsverfahren** (auch Fahrtkosten zum Gerichtstermin) sind wegen der vorrangigen Leistungen der Prozesskosten- und Beratungshilfe grundsätzlich nicht nach § 6 Abs. 1 Satz 1 Alt. 4 AsylbLG zu erstatten.[180]

c. Ermessensentscheidung der Leistungsbehörde

97 Nach der hier vertretenen Meinung kommt der Ermessensentscheidung über die Leistungsgewährung nach § 6 Abs. 1 Satz 1 Alt. 4 AsylbLG eine **besondere Bedeutung** zu, weil die Auslegung des Begriffs der verwaltungsrechtlichen Mitwirkungspflichten i.S.d. § 6 Abs. 1 Satz 1 Alt. 4 AsylbLG und des Tatbestandsmerkmals der Erforderlichkeit der Leistung keine restriktive Einschränkung erfährt. Bei der Ermessensentscheidung hat die Leistungsbehörde, die konkreten Umstände des Einzelfalls zu berücksichtigen, insbesondere drohende **ausländer-, leistungs- oder strafrechtliche Konsequenzen** für den Ausländer und das durch die Erfüllung der Mitwirkungspflicht verfolgte Ziel.

98 Für eine Leistungsgewährung spricht insbesondere die Gefahr, dass der **Asylantrag** gem. § 30 Abs. 3 Nr. 5 AsylVfG als offensichtlich unbegründet abgelehnt werden kann, wenn der Ausländer seine Mitwirkungspflichten nach den §§ 15 Abs. 2 Nr. 3-5, 25 Abs. 1 AsylVfG (mangels finanzieller Mittel) gröblich verletzt.[181] Entsprechendes gilt für die Erfüllung von **Mitwirkungspflichten aus den §§ 48, 49, 82 Abs. 4 AufenthG, §§ 15, 16 AsylVfG**, wenn deren wiederholte oder gröbliche Verletzung im Zusammenhang mit der Feststellung der Identität und der Beschaffung gültiger Heimreisedokumente der zukünftigen Erteilung eines Aufenthaltstitels entgegenstehen kann (vgl. § 25 Abs. 3 Satz 2 AufenthG)[182] oder **leistungsrechtliche Nachteile gem. § 1a Abs. 1 Nr. 2 AsylbLG** nach sich ziehen würde.[183] Hierbei ist grundlegend zu berücksichtigen, dass die behördliche Sachverhaltsaufklärung asyl- und aufenthaltsrechtlich durch eine besonders ausgestaltete Darlegungs- und Nachweispflicht des Ausländers bzw. Asylsuchenden modifiziert wird; es ist ureigene Aufgabe des Ausländers, insb. für ihn günstige Umstände und Tatsachen hinreichend zu substantiieren.[184] Aus eigenem Verhalten sich ergebende Nachteile hat der Ausländer grundsätzlich hinzunehmen.[185] Verspätetes Vorbringen kann nach Maßgabe des § 82 Abs. 1 Satz 4 AufenthG präkludiert sein. Eine unzureichende Mitwirkung bei der Sachverhaltsermittlung kann für den Ausländer sowohl bei der Beweiswürdigung als auch bei behördlichen Ermessensentscheidungen nachteilige Folgen haben.[186]

---

[176] Vgl. *Hohm* in: AsylbLG, § 6 Rn. 229.

[177] Vgl. *Röseler/Meyer* in: Huber, Handbuch des Ausländer- und Asylrechts, § 6 AsylbLG Rn. 24-26.

[178] Vgl. hierzu allg. *Franßen-de la Cerda*, ZAR 2010, 81-90.

[179] Vgl. auch *Hammel*, InfAuslR 2012, 137, 138.

[180] *Hohm* in: Schellhorn/Schellhorn/Hohm, SGB XII, § 6 AsylbLG Rn. 27; *Birk* in: LPK-SGB XII, § 6 AsylbLG Rn. 6.

[181] Vgl. *Hohm* in: AsylbLG § 6 Rn. 232.

[182] LSG Nordrhein-Westfalen v. 10.03.2008 - L 20 AY 16/07 - juris Rn. 37 - SAR 2008, 92, 94 f.; vgl. auch *Renner*, Ausländerrecht, § 25 AufenthG Rn. 26-28.

[183] Vgl. OVG Nordrhein-Westfalen v. 05.06.2008 - 18 E 471/08 - juris Rn. 14.

[184] Vgl. *Renner*, Ausländerrecht, § 82 AufenthG Rn. 2, 4, § 15 AsylVfG Rn. 3.

[185] OVG Nordrhein-Westfalen v. 20.05.2008 - 18 A 209/07 - juris Rn. 8.

[186] Vgl. hierzu *Franßen-de la Cerda*, ZAR 2010, 81, 84-86.

Strafrechtliche Konsequenzen können dem Ausländer bei der Verletzung der Mitwirkungspflicht zur 99
Beschaffung eines Heimatpasses nach § 48 Abs. 3 Satz 1 AufenthG gem. § 95 Abs. 1 Nr. 1 AufenthG
drohen, wenn der **Ausweispflicht** i.S.d. § 48 Abs. 2 AufenthG i.V.m. §§ 56, 57 AufenthV (vgl. auch
§ 64 AsylVfG) nicht durch einen Ausweisersatz nach § 48 Abs. 2 AufenthG (Bescheinigung über einen
Aufenthaltstitel oder eine Duldung) genügt wird.[187]

Neben den **Erfolgsaussichten**, den verwaltungsrechtlichen Mitwirkungspflichten entsprechen zu kön- 100
nen[188] (z.B. aussichtslose Dokumenten- oder Passbeschaffung mangels Kooperation des Herkunfts-
staats oder wegen der Täuschung über die wahre Identität), kann auch **das zurückliegende Verhalten
des Ausländers** in die Ermessensentscheidung einfließen (z.B. zweckentfremdete Verwendung bereits
gewährter Beihilfen; erstmalige Initiative zur Passbeschaffung zur Inanspruchnahme einer Altfall-
bzw. Bleiberechtsregelung).

Auch der **mit der Erfüllung einer Mitwirkungspflicht verfolgte Zweck** ist bei der Ermessensent- 101
scheidung zu berücksichtigen. Einer Verbesserung des aufenthaltsrechtlichen Status bzw. einer vom
Gesetzgeber eingeräumten **Bleibeperspektive in Deutschland** (z.B. aufgrund einer Altfall- bzw. Bleiberechtsregelung) ist hierbei besonderes Gewicht beizumessen,[189] aber auch der bevorstehenden Aufenthaltsbeendigung bei erklärter **Bereitschaft zur freiwilligen Ausreise** aus dem Bundesgebiet.[190]

7. Leistungen bei sonstigen atypischen Bedarfslagen (Satz 1)

Nach dem Wortlaut des § 6 Abs. 1 Satz 1 AsylbLG, dem vorangestellten Wort insbesondere, sind die 102
mit den Fallgruppen berücksichtigten Sonderbedarfe nicht abschließend. Bei Vorliegen von atypischen
Bedarfslagen bzw. „außergewöhnlicher Umstände"[191] vergleichbarer Art können sonstige Leistungen
nach pflichtgemäßem Ermessen gewährt werden. Entscheidend sind stets die Umstände des Einzelfalls.

Ein anerkannter Leistungsfall i.S.d. § 6 Abs. 1 Satz 1 AsylbLG liegt nach der Gesetzesbegründung ins- 103
besondere bei einem **Todesfall** vor,[192] der teilweise auch unter die erste[193] oder vierte[194] Tatbestandsalternative des § 6 Abs. 1 Satz 1 AsylbLG subsumiert wird.[195] In Anlehnung an § 74 SGB XII ist leistungsberechtigt der zur Kostentragung Verpflichtete (i.d.R. der Erbe nach § 1368 BGB).[196] Übernahmefähig sind die Kosten für eine menschenwürdige Bestattung einfacher Art, nicht hingegen Kosten
für Todesanzeigen, Danksagungen, die Trauerfeier oder die Überführung in das Heimatland.[197]

Die vom Gesetzgeber weiterhin bedachten Beispiele des **besonderen Hygienebedarfs** oder des Be- 104
darfs bei **körperlichen Beeinträchtigungen**[198] können einen Leistungsanspruch nach § 6 Abs. 1
Satz 1 AsylbLG nur begründen, wenn der einhergehende Bedarf nicht bereits durch die Leistungsgewährung nach den §§ 3, 4 AsylbLG oder nach den Fallalternativen des § 6 Abs. 1 Satz 1 AsylbLG zu
decken ist (z.B. die Versorgung mit Hilfsmitteln als zur Sicherung der Gesundheit unerlässliche Leistung, vgl. Rn. 72 f.). Nach den Umständen des Einzelfalls kann über eine **weitergehende Versorgung
nach pflichtgemäßem Ermessen** entschieden werden (z.B. Übernahme von Fahrtkosten bei Gehbehinderung[199]).

---

[187] Vgl. *Renner*, Ausländerrecht, § 95 AufenthG Rn. 5 f.
[188] Vgl. VGH Bayern v. 03.04.2006 - 12 C 06.526 - juris Rn. 2.
[189] LSG Nordrhein-Westfalen v. 10.03.2008 - L 20 AY 16/07 - juris Rn. 45 - SAR 2008, 92, 96; *Röseler/Meyer* in: Huber, Handbuch des Ausländer- und Asylrechts, § 6 AsylbLG Rn. 27.
[190] Vgl. VG München v. 03.04.2001 - M 6b K 99.1464 - juris Rn. 33 f.
[191] BT-Drs. 13/2746, S. 16.
[192] BT-Drs. 13/2746, S. 16.
[193] So *Birk* in: LPK-SGB XII, § 6 AsylbLG Rn. 3; *Deibel*, ZAR 1995, 57, 62 f.
[194] So *Scheurer*, InfAuslR 1994, 265, 272.
[195] Vgl. *Hohm* in: AsylbLG, § 6 Rn. 257-259.
[196] Vgl. hierzu BSG v. 29.09.2009 - B 8 SO 23/08 R - juris Rn. 13; *H. Schellhorn* in: Schellhorn/Schellhorn/Hohm, SGB XII, § 74 Rn. 5.
[197] *Hohm* in: Schellhorn/Schellhorn/Hohm, SGB XII, § 6 AsylbLG Rn. 29.
[198] BT-Drs. 13/2746, S. 16.
[199] *Hohm* in: AsylbLG, § 6 Rn. 273.

V. Privilegierte Versorgung (Absatz 2)

105 § 6 Abs. 2 AsylbLG setzt Art. 13 Abs. 4 EGRL 2001/55[200] um und sieht eine über den Leistungsumfang der §§ 4 Abs. 1 Satz 1, 6 Abs. 1 Satz 1 AsylbLG hinausgehende Versorgung für Inhaber einer Aufenthaltserlaubnis nach § 24 Abs. 1 AufenthG mit besonderen Bedürfnissen vor.[201]

1. Tatbestand

106 Von § 6 Abs. 2 AsylbLG sind allein **Inhaber einer Aufenthaltserlaubnis nach § 24 Abs. 1 AufenthG** erfasst, die nach dem AsylbLG leistungsberechtigt, also „wegen des Krieges im Heimatland" (vgl. § 1 Abs. 1 Nr. 3 AsylbLG) aufgrund eines Ratsbeschlusses der EU i.S.d. Art. 5 EGRL 2001/55[202] im Bundesgebiet aufgenommen worden sind (vgl. auch die Kommentierung zu § 1 AsylbLG Rn. 91).

107 Die privilegierte Versorgung ist nur für **Personen mit besonderen Bedürfnissen** vorgesehen. § 6 Abs. 2 AsylbLG gibt insoweit den bloßen Wortlaut von Art. 13 Abs. 4 EGRL 2001/55 wieder. Als Leistungsberechtigte werden beispielsweise aufgeführt
- **unbegleitete Minderjährige** oder
- **Personen, die Folter, Vergewaltigung oder sonstige schwere Formen psychischer, physischer oder sexueller Gewalt erlitten haben**.

108 Wegen des vorangestellten Wortes „beispielsweise" ist die **Aufzählung der Betroffenen nicht abschließend**. Bei vergleichbaren und gleichgewichtigen Bedürfnissen von Inhabern einer Aufenthaltserlaubnis nach § 24 Abs. 1 AufenthG kommt ebenfalls eine Versorgung nach § 6 Abs. 2 AsylbLG in Betracht.[203]

109 Die Leistungen erstrecken sich auf die erforderlichen medizinischen oder sonstigen Hilfen und betreffen nach dem Willen des Gesetzgebers insbesondere die **medizinische Behandlung von physischen und psychischen Langzeitfolgen einer Verfolgung**, die sich nicht bereits als akute Erkrankung oder akuter Schmerzzustand äußern.[204] Abweichend von § 4 Abs. 1 Satz 1 AsylbLG und § 6 Abs. 1 Satz 1 Alt. 2 AsylbLG setzt § 6 Abs. 2 AsylbLG bei diesem Personenkreis nicht voraus, dass die Leistungen zur Behandlung akuter Erkrankungen oder von Schmerzzuständen erforderlich bzw. zur Sicherung der Gesundheit unerlässlich sind. Der Leistungsumfang entspricht bei einer medizinisch indizierten und auf die besonderen Bedürfnisse der Personen zurückzuführenden Behandlung daher **grundsätzlich dem sozialhilferechtlichen Niveau nach § 48 SGB XII**, für den vom Gesetzgeber vorgesehenen Hauptanwendungsfall der psychotherapeutischen Behandlung nach § 48 Satz 1 SGB XII i.V.m. § 28 Abs. 3 SGB V.[205]

110 Neben medizinischen Leistungen soll auch **sonstige Hilfe** (z.B. Hilfsmittel) gewährt werden, soweit diese erforderlich ist. Bloß zweckmäßige oder nützliche Hilfe ist nicht umfasst.[206] Entscheidend sind stets die konkreten Umstände des Einzelfalls.

2. Ermessensentscheidung der Leistungsbehörde

111 Seit Berichtigung des Gesetzes zur Änderung des Aufenthaltsgesetzes und weiterer Gesetze vom 30.09.2010[207] (vgl. hierzu Rn. 3) sind die erforderlichen medizinischen oder sonstigen Hilfen als **Pflichtleistung** zu erbringen. Auch in atypischen, besonders gelagerten Fällen steht es nicht im Ermessen der Behörde, ggf. von einer Hilfegewährung abzusehen.

112 Für das Auswahlermessen gilt jedoch wegen der Systematik des § 6 AsylbLG, nach der § 6 Abs. 2 AsylbLG eine privilegierte Versorgung gegenüber § 6 Abs. 1 Satz 1 AsylbLG eröffnet, der **Vorrang der Sachleistungsgewährung nach § 6 Abs. 1 Satz 2 AsylbLG** (vgl. Rn. 20).[208]

---

[200] ABl. EU Nr. L 212 S. 12.
[201] BT-Drs. 15/4173, S. 28.
[202] ABl. EU Nr. L 212 S. 12.
[203] Vgl. *Decker* in: Oestreicher, SGB XII/SGB II, § 6 AsylbLG Rn. 17.
[204] Vgl. BT-Drs. 15/4173, S. 28.
[205] *Follmann* in: jurisPK-SGB V, § 28 Rn. 69 ff.
[206] *Decker* in: Oestreicher, SGB XII/SGB II, § 6 AsylbLG Rn. 19.
[207] BGBl I 2010, 1358.
[208] A.A.: *Herbst* in: Mergler/Zink, SGB XII/AsylbLG, § 6 AsylbLG Rn. 45.

VI. Rechtstatsachen

Eine sehr **detaillierte Darstellung der Leistungsgewährung in der Praxis**, insbesondere aufgeschlüsselt nach der Leistungsgewährung nach den §§ 3, 4 und 6 AsylbLG, erfolgte seitens der Bundesregierung im April 2008 (Stand: 31.12.2006).[209] Danach entfielen Ende 2006 auf die Gesamtbruttoausgaben von 1,165 Mrd. Euro ein Anteil von 22,1 Mio. Euro auf die Bewilligung von sonstigen Leistungen nach § 6 AsylbLG (1,9%). Die Ausgaben verringerten sich bis zum Berichtsjahr 2009 auf ca. 20 Mio. € (Anteil am Gesamtausgabenvolumen von 2,5%).[210]

113

C. Praxishinweise

Die Leistungsbewilligung nach § 6 AsylbLG setzt stets eine umfassende **Prüfung der konkreten Umstände des Einzelfalls** voraus, ob über die bewilligten Leistungen nach den §§ 3, 4 AsylbLG hinaus ergänzende Leistungen erbracht werden können. Auch unter Heranziehung der landesrechtlichen Verwaltungsvorschriften, in denen mögliche Leistungsfälle kasuistisch zusammengefasst sind, hat die Leistungsbehörde **alle relevanten Aspekte des Einzelfalls von Amts wegen zu ermitteln**. Dies gilt insbesondere für eine über den Leistungsanspruch nach § 4 Abs. 1 AsylbLG hinausgehende medizinische Versorgung bei Vorliegen chronischer Erkrankungen (vgl. hierzu Rn. 62 ff.). Zur Beurteilung, ob Leistungsberechtigte mit besonderen Bedürfnissen i.S.d. § 6 Abs. 2 AsylbLG oder i.S.d. Art. 15 Abs. 2, 17 EGRL 2003/9 bzw. Art. 7, 9 Abs. 2 EGRL 2004/81 eine weitergehende Versorgung beanspruchen können, kann der Vortrag der Betroffenen im Asylverfahren oder gegenüber der Ausländerbehörde herangezogen werden. Auch zur Prüfung von bestehenden Mitwirkungspflichten im ausländerrechtlichen Verfahren und eines möglichen Leistungsanspruchs nach § 6 Abs. 1 Satz 1 Alt. 4 AsylbLG sind ggf. die **Verwaltungsvorgänge des Bundesamts und/oder der Ausländerbehörde** beizuziehen.

114

Auf Seiten des Leistungsberechtigten empfiehlt sich eine möglichst **genaue Dokumentation des (konkreten) Bedarfs**, der durch die Leistungen nach den §§ 3, 4 AsylbLG zu decken ist, und des wegen der atypischen Bedarfslage höheren Hilfebedarfs. Die Durchsetzung eines weitergehenden Leistungsanspruchs nach § 6 AsylbLG kann an der unzureichenden Darlegung bzw. Glaubhaftmachung im Verwaltungs- oder Gerichtsverfahren scheitern.[211] Werden zusätzliche Leistungen zur medizinischen Versorgung nach § 6 Abs. 1 Satz 1 Alt. 2 AsylbLG geltend gemacht, sollte bei behandelnden Ärzten auf eine möglichst **genaue Dokumentation des Krankheitszustands** hingewirkt werden.

115

D. Reformbestrebungen

Mit der Verpflichtung des Gesetzgebers, das menschenwürdige Existenzminimum nach dem AsylbLG neu zu regeln,[212] stellt sich auch die Frage einer **Anpassung des § 6 Abs. 1 AsylbLG an das (neue) Leistungsniveau nach § 3 AsylbLG**.[213] Der erste Referentenentwurf eines Dritten Gesetzes zur Änderung des AsylbLG[214] hat insoweit – ohne Änderung des § 6 AsylbLG – eine 1:1-Umsetzung der Übergangsregelung des BVerfG vorgesehen. Allein die Leistungen für Bildung und Teilhabe sollen auch Leistungsberechtigten nach den §§ 1, 3 AsylbLG offen stehen.[215] Soweit sich die gesetzliche Neuregelung an den Leistungssätzen des Regelbedarfsermittlungsgesetzes orientiert, bietet sich – nicht zuletzt aus systematischen Erwägungen – eine Harmonisierung der Auffang- und Öffnungsklausel des § 6 AsylbLG mit den **Parallelvorschriften des SGB II und des SGB XII** (vgl. Rn. 7 f.) an. Dies gilt insbesondere für die Fragen der einheitlichen Deckung von Mehrbedarfen (§ 21 SGB II, § 30 SGB XII) und (atypischen) Bedarfen etwa durch einmalige Beihilfen (vgl. § 21 Abs. 6 SGB II, § 73 SGB XII) oder eine Erhöhung des Regelsatzes (§ 27a Abs. 4 Satz 1 SGB XII). Auch könnte eine

116

---

[209] BT-Drs. 16/9018, S. 5, S. 33 ff.
[210] Vgl. BT-Drs. 17/3660, Anhang.
[211] Vgl. OVG Bremen v. 25.09.2009 - S 3 A 272/07 - juris Rn. 27.
[212] BVerfG v. 18.07.2012 - 1 BvL 10/10, 1 BvL 2/11 - juris (Tenor zu 2).
[213] Vgl. auch die Stellungnahme der Bundesvereinigung der kommunalen Spitzenverbände vom 04.01.2013 zum Entwurf eines Dritten Gesetzes zur Änderung des AsylbLG, S. 7, abrufbar unter: www.fluechtlingsinfo-berlin.de/fr/asylblg/BV_StN_AsylbLG_BMAS.pdf (zuletzt abgerufen am 24.04.2014).
[214] Abrufbar unter www.fluechtlingsinfo-berlin.de/fr/asylblg/BMAS_Entwurf_AsylbLG_041212.pdf (zuletzt abgerufen am 24.04.2014).
[215] Art. 1 Ziff. 2 Buchstabe b des Referentenentwurfs.

§ 6 AsylbLG

Rechtsgrundlage für die Gewährung eines Darlehens (§ 37 SGB XII) in das AsylbLG aufgenommen werden. Nicht zuletzt sollten Ansprüche bei für den Personenkreis des AsylbLG typischen Bedarfslagen gesetzlich konkretisiert werden (z.B. Beihilfen für die Passbeschaffung).

117 Reformbedarf besteht auch wegen der noch unzureichend umgesetzten **Vorgaben aus Unionsrecht** (vgl. ausführlich Rn. 23 ff.). Die Umsetzung der sozialen Mindeststandards nach den Art. 15 Abs. 2, 17, 18-20 EGRL 2003/9 und Art. 7, 9 EGRL 2004/81 ist seit Einführung des § 6 Abs. 2 AsylbLG zum 18.03.2005 nicht weiter verfolgt worden. Mit den Neufassungen der Richtlinie Aufnahmebedingungen (EURL 2013/33) und der Verfahrensrichtlinie (EURL 2013/32) und der neuen Menschenhandelsrichtlinie (EURL 2011/36) wird der Gesetzgeber nicht umhin kommen, das Leistungsrecht des AsylbLG und insbesondere § 6 AsylbLG unionsrechtskonform auszugestalten und insbesondere ein Anerkennungs- bzw. Screeningverfahren zur Beurteilung von Antragstellern mit besonderen Bedürfnissen (vgl. Rn. 30 f.) einzuführen. Die Umsetzungsfristen enden am 20.07.2015.

§ 7 AsylbLG Einkommen und Vermögen

(Fassung vom 19.08.2007, gültig ab 28.08.2007)

(1) ¹Einkommen und Vermögen, über das verfügt werden kann, sind von dem Leistungsberechtigten und seinen Familienangehörigen, die im selben Haushalt leben, vor Eintritt von Leistungen nach diesem Gesetz aufzubrauchen. ²§ 20 des Zwölften Buches Sozialgesetzbuch findet entsprechende Anwendung. ³Bei der Unterbringung in einer Einrichtung, in der Sachleistungen gewährt werden, haben Leistungsberechtigte, soweit Einkommen und Vermögen im Sinne des Satzes 1 vorhanden sind, für erhaltene Leistungen dem Kostenträger für sich und ihre Familienangehörigen die Kosten in entsprechender Höhe der in § 3 Abs. 2 Satz 2 genannten Leistungen sowie die Kosten der Unterkunft und Heizung zu erstatten; für die Kosten der Unterkunft und Heizung können die Länder Pauschalbeträge festsetzen oder die zuständige Behörde dazu ermächtigen.

(2) ¹Einkommen aus Erwerbstätigkeit bleiben bei Anwendung des Absatzes 1 in Höhe von 25 vom Hundert außer Betracht, höchstens jedoch in Höhe von 60 vom Hundert des maßgeblichen Betrages aus § 3 Abs. 1 und 2. ²Eine Aufwandsentschädigung nach § 5 Abs. 2 gilt nicht als Einkommen.

(3) Hat ein Leistungsberechtigter einen Anspruch gegen einen anderen, so kann die zuständige Behörde den Anspruch in entsprechender Anwendung des § 93 des Zwölften Buches Sozialgesetzbuch auf sich überleiten.

(4) Die §§ 60 bis 67 des Ersten Buches Sozialgesetzbuch über die Mitwirkung des Leistungsberechtigten sowie § 99 des Zehnten Buches Sozialgesetzbuch über die Auskunftspflicht von Angehörigen, Unterhaltspflichtigen oder sonstigen Personen sind entsprechend anzuwenden.

(5) Eine Entschädigung, die wegen eines Schadens, der nicht Vermögensschaden ist, nach § 253 Abs. 2 des Bürgerlichen Gesetzbuchs geleistet wird, ist nicht als Einkommen zu berücksichtigen.

Gliederung

A. Basisinformationen 1	3. Einsatz von Vermögen (Absatz 1 Satz 1) 45
I. Textgeschichte und Gesetzgebungsmaterialien.... 1	IV. Erstattung von Leistungen (Absatz 1 Satz 3).... 47
II. Vorgängervorschriften........................... 6	1. Regelungsinhalt.............................. 47
III. Parallelvorschriften 7	2. Erstattungspflichtige Personen 48
IV. Untergesetzliche Normen 9	3. Umfang der Erstattung 49
V. Systematische Zusammenhänge........................ 11	V. Überleitung von Ansprüchen (Absatz 3)........ 52
B. Auslegung der Norm 13	1. Regelungsinhalt.............................. 52
I. Regelungsgehalt und Bedeutung der Norm 13	2. Kreis der Betroffenen........................ 53
II. Normzweck 16	3. Überleitungsfähige Ansprüche 54
III. Einsatz von Einkommen und Vermögen (Absatz 1 Satz 1) 17	a. Anspruchsgrund 54
	b. Anforderungen an den Anspruch 57
1. Abgrenzung von Einkommen und Vermögen ... 17	4. Überleitungsverfahren........................ 58
2. Einsatz von Einkommen 18	a. Ermessensentscheidung 58
a. Einzelheiten zum Einkommen 18	b. Verwaltungsförmliche Regelung 59
b. Verfügbarkeit 19	c. Folgen der Überleitung 60
c. Einsatzpflichtige Personen 22	d. Rechtsschutz................................ 61
d. Absetzungen vom Einkommen 32	VI. Mitwirkungs- und Auskunftspflichten (Absatz 4) 62
e. Erwerbstätigenfreibetrag (Absatz 2) 33	
f. Einkommensverteilung........................ 36	1. Allgemeines 62
g. Berücksichtigungsfreies Einkommen (Absatz 2 Satz 2 und Absatz 5)........................ 39	2. Mitwirkungsumfang 63
	3. Einzelne Mitwirkungspflichten.............. 65
h. Gemischte Bedarfsgemeinschaften.................. 44	4. Auskunftspflichten 69

§ 7 AsylbLG

A. Basisinformationen

I. Textgeschichte und Gesetzgebungsmaterialien

1 Die Vorschrift des § 7 AsylbLG geht zurück auf § 6 des Entwurfs der Regierungsfraktionen[1] zu einem **Gesetz zur Neuregelung der Leistungen an Asylbewerber**. Im Gesetzgebungsverfahren ist auf Empfehlung des Ausschusses für Familien und Senioren eine Änderung der Formulierung in Absatz 1 Satz 2 erfolgt (statt „vergleichbare" „andere" Einrichtungen; Heraushebung der Sachleistungen und Erstattung in „entsprechender Höhe" zu § 3 Abs. 2 Satz 2 AsylbLG), um die Regelung pauschalierter Kostenerstattung auf Einrichtungen zu erweitern, in denen das Sachleistungsprinzip nur eingeschränkt durchgeführt werden kann.[2] Ein Antrag der Opposition, Schmerzensgeld nicht zu berücksichtigen und für Erbfälle eine Härtefallprüfung einzuführen, fand keine Mehrheit.[3] Als Teil des Art. 1 des Gesetzes zur Neuregelung der Leistungen an Asylbewerber ist § 7 AsylbLG **am 01.11.1993** in Kraft getreten.[4]

2 Durch Art. 1 Nr. 6 des **Ersten Gesetzes zur Änderung des AsylbLG und anderer Gesetze**[5] wurde in **Absatz 1 Satz 2** die bis dahin gültige Pauschalregelung zur **Erstattung der Kosten für Unterbringung und Heizung** gestrichen und durch die Regelung ersetzt, dass die (tatsächlichen) Kosten der Unterkunft und Heizung zu erstatten sind. Durch die Abwendung von der Pauschalregelung sollte unbilligen Härten entgegengewirkt werden, etwa wenn mehrere Alleinstehende in einem Zimmer untergebracht waren.[6] Eine weitere Modifikation in **Absatz 1 Satz 2** betraf den Verweis auf die „Unterbringung in einer Aufnahmeeinrichtung im Sinne des § 44 des Asylverfahrensgesetzes oder in einer anderen Einrichtung" in die Formulierung, „**Unterbringung in einer Einrichtung, in der Sachleistungen gewährt werden**". Des Weiteren kamen die Regelungen in **Absatz 3** zur Überleitung der Ansprüche nach § 90 BSHG und **in Absatz 4** zur entsprechenden Geltung der Mitwirkungspflichten nach den §§ 60-67 SGB I bzw. Auskunftspflichten nach § 99 SGB X hinzu.

3 Die von § 7 Abs. 1 Satz 2 AsylbLG angeordnete entsprechende Geltung des § 122 BSHG (jetzt **§ 20 SGB XII**[7]) ist mit Wirkung seit dem 01.09.1998 durch Art. 1 Nr. 4 Satz 1 des **Zweiten Gesetzes zur Änderung des AsylbLG**[8] eingefügt worden. Hierdurch sollte eine als ungerechtfertigt erscheinende Privilegierung eheähnlicher Gemeinschaften gegenüber Familien und ihren Angehörigen vermieden werden.[9]

4 In **§ 7 Abs. 3 AsylbLG** wurde im Zuge der Einordnung der Sozialhilfe in das Sozialgesetzbuch die Verweisung auf **§ 93 SGB XII** (§ 90 BSHG a.F.) aktualisiert.[10]

5 § 7 Abs. 5 AsylbLG zur Freistellung von **Schmerzensgeld** ist durch Art. 6 Abs. 2 Nr. 3 des Gesetzes zur Umsetzung aufenthalts- und asylrechtlicher Richtlinien der Europäischen Union eingefügt worden.[11] Die Einfügung geht auf eine Entscheidung des BVerfG zurück, das diesbezüglich keine hinreichende Rechtfertigung der bisherigen Schlechterstellung des nach dem AsylbLG berechtigten Personenkreises gegenüber anderen Fürsorgeberechtigten sah.[12]

II. Vorgängervorschriften

6 Die Vorschrift hat **keine Vorgänger**, weil Asylbewerber vor Inkrafttreten des AsylbLG Anspruch auf Sozialhilfe nach dem BSHG hatten.

---

[1] BT-Drs. 12/4451.
[2] Beschlussempfehlung und Bericht v. 24.05.1993, BT-Drs. 12/5008, S. 8 und 17.
[3] BT-Drs. 12/5008, S. 15.
[4] Vom 30.06.1993, BGBl I 1993, 1074.
[5] Vom 26.05.1997, BGBl I 1997, 1130 in Kraft ab 01.06.1997; Neubekanntmachung mit den zwischenzeitlichen Änderungen in BGBl I 1997, 2022.
[6] Vgl. die Begründung nach BT-Drs. 13/2746, S. 16.
[7] Umstellung der Verweisung gemäß Art. 20 Nr. 3 lit. a des Gesetzes zur Einordnung des Sozialhilferechts in das Sozialgesetzbuch v. 27.12.2003, BGBl I 2003, 3022, in Kraft seit 01.01.2005.
[8] Vom 25.08.1998, BGBl I 1998, 2505.
[9] Gesetzentwurf des Bundesrates BT-Drs. 13/10155, S. 6.
[10] Art. 20 Nr. 3 lit. b des Gesetzes zur Einordnung des Sozialhilferechts in das Sozialgesetzbuch v. 27.12.2003, BGBl I 2003, 3022, in Kraft seit 01.01.2005.
[11] V. 19.08.2007, BGBl I 2007, 1970, 2007, in Kraft ab 28.08.2007.
[12] BVerfG v. 11.07.2006 - 1 BvR 293/05 - juris Rn. 39 ff. - BVerfGE 116, 229.

III. Parallelvorschriften

Die wichtigsten **Parallelvorschriften** zur Berücksichtigung von **Einkommen und Vermögen** finden sich in der Sozialhilfe (§§ 82 ff., 90 SGB XII) und in der Grundsicherung für Arbeitsuchende (§§ 11-11b, 12 SGB II). Das Regelungskonzept des § 7 AsylbLG weicht aber erheblich von diesen Parallelregelungen ab. Zum Beispiel ist nach dem Wortlaut die Berücksichtigung von Vermögen nicht von der Verwertbarkeit, sondern nur von der Verfügbarkeit abhängig. Des Weiteren werden den Leistungsberechtigten nach dem AsylbLG wesentliche Privilegierungen (vgl. z.B. die §§ 83 Abs. 1, 84, 90 Abs. 2 und 3 SGB XII) und Absetzungsregelungen (z.B. § 82 Abs. 2 Nr. 3 SGB XII für private Versicherungen) vorenthalten. Diese Ungleichbehandlung wird mit dem Aufenthaltsstatus der nach dem AsylbLG Berechtigten und deren voraussichtlich kurzen Aufenthaltsdauer im Bundesgebiet gerechtfertigt (vgl. Rn. 46).

Die **Erstattungsregelung** des § 7 Abs. 3 AsylbLG findet ihre wichtigste Parallele in **§ 93 Abs. 1 SGB XII**, die zur Umsetzung auch analog heranzuziehen ist.

IV. Untergesetzliche Normen

Das AsylbLG kennt keine Ermächtigung, Einzelheiten zur Berücksichtigung von Einkommen und Vermögen in einer Rechtsverordnung zu regeln. Nach der Ermächtigung in § 10 AsylbLG können die Landesregierungen oder die von ihnen beauftragten obersten Landesbehörden lediglich die für die Durchführung des AsylbLG zuständigen Behörden und Kostenträger bestimmen und Näheres zum Verfahren festlegen, soweit dies nicht durch Landesgesetz geregelt ist. Die jeweiligen Landesgesetze bzw. DV können daher an sich keine materiellen Regelungen zum Einsatz von Einkommen und Vermögen vorsehen. Vorstellbar sind an § 7 AsylbLG anknüpfende Regelungen, die das Verfahren der Berücksichtigung näher regeln, ohne an dem Umfang der Berücksichtigung von Einkommen bzw. Vermögen zu rühren.[13]

Falls Leistungen in besonderen Fällen gemäß § 2 Abs. 1 AsylbLG für „Analogberechtigte" nach dem SGB XII erbracht werden, wird die Regelung des § 7 AsylbLG durch die entsprechende Leistungsberechtigung nach dem SGB XII verdrängt. Erst in dieser Konstellation können die Vorschriften der DVO§82SGBXII zur Anwendung kommen.

V. Systematische Zusammenhänge

Soweit § 7 Abs. 1 AsylbLG auf die Begriffe des Einkommens und Vermögens Bezug nimmt, muss angenommen werden, dass damit schon aus historischen Gründen zunächst ein **identischer Begriffsinhalt** zu § 76 Abs. 1 Satz 1 BSHG bzw. jetzt **§ 82 Abs. 1 Satz 1 SGB XII** (vgl. für das SGB II: § 11 Abs. 1 Satz 1 i.V.m. § 11a Abs. 1) und **§ 90 Abs. 1 SGB XII** (vgl. für das SGB II: § 12 Abs. 1) vorausgesetzt wird. Das Bundessozialgericht gesteht § 7 Abs. 1 AsylbLG richtigerweise auch im Übrigen, d.h. über die reinen Begrifflichkeiten hinaus, keinen von der Sozialhilfe abweichenden Regelungscharakter zu, soweit nicht eigenständige Regelungen getroffen sind.[14] Aus diesem Grund gelten **auch** die in § 82 Abs. 1 Satz 1 SGB XII inbegriffenen **Ausnahmen**. Damit sind wie nach § 82 Abs. 1 Satz 1 SGB XII (bzw. § 11 Abs. 1 Satz 1 i.V.m. § 11a Abs. 1 Nr. 2 SGB II) die **Beschädigtengrundrente** nach dem BVG oder dessen entsprechender Anwendung und Renten oder Beihilfen nach dem BEG für Schäden an Leben sowie an Körper oder Gesundheit bis zur Höhe der vergleichbaren Grundrente nach dem Bundesversorgungsgesetz freigestellt.[15]

Soweit allerdings im Rahmen des § 7 AsylbLG **eigenständige Regelungen** getroffen sind, können anderslautende Bestimmungen der Sozialhilfe (z.B. in den §§ 82-84 SGB XII i.V.m. mit den Regelungen der DVO§82SGBXII) bzw. anderer Grundsicherungen grundsätzlich nicht ergänzend oder entsprechend herangezogen werden.[16] Dennoch steht das AsylbLG nicht völlig losgelöst von den sonstigen Grundsicherungen. Auch wenn dem Gesetzgeber bei der Regelung der Ansprüche von Leistungsberechtigten nach dem AsylbLG, auf die sich die Vorschriften zur Einkommens- bzw. Vermögensberücksichtigung auswirken, ein Handlungsspielraum einzuräumen ist[17], ist er nicht völlig frei. Insbesondere

---

[13] Vgl. § 24 Abs. 1 Satz 2 DVAsyl Bayern, wonach Einkommen, das am Ende eines Kalendermonats ausbezahlt wird, im folgenden Monat zu berücksichtigen ist.
[14] Vgl. BSG v. 26.06.2013 - B 7 AY 6/11 R - juris Rn. 23 zum Familienbegriff.
[15] Vgl. BSG v. 24.05.2012 - B 9 V 2/11 R - juris Rn. 24 ff. - BSGE 111, 79 ff.
[16] Vgl. BVerwG v. 12.04.2000 - 5 B 179/99 - juris Rn. 4 - Buchholz 436.0 § 88 BSHG Nr. 40.
[17] Der insbesondere an den voraussichtlich zeitlich begrenzten Aufenthalt anknüpfen kann, vgl. BVerfG v. 06.07.2004 - 1 BvL 4/97 - juris Rn. 32 - BVerfGE 111, 176, 185.

§ 7 AsylbLG

muss jede **Ungleichbehandlung** im Vergleich zu Sozialhilfebeziehern bzw. „analog" nach dem SGB XII leistungsberechtigten Asylbewerbern (§ 2 Abs. 1 AsylbLG) nach dem Maßstab des Art. 3 Abs. 1 GG eine **hinreichende Rechtfertigung** finden. Zwischen den Leistungsberechtigten nach dem AsylbLG und den weiteren Grundsicherungen müssten Unterschiede von solcher Art und solchem Gewicht bestehen, dass sie die ungleiche Behandlung rechtfertigen können.[18]

B. Auslegung der Norm

I. Regelungsgehalt und Bedeutung der Norm

13 § 7 AsylbLG ist eine **Mischnorm**, weil sie ergänzend zu § 8 Abs. 1 AsylbLG sowohl den **materiellen Nachrang** der Leistungsansprüche gegenüber eigenem verfügbarem Einkommen und Vermögen umsetzt als auch **verfahrensrechtliche Regelungen** trifft. Im Unterschied zu den Vorbildern im SGB XII bzw. SGB II regelt § 7 AsylbLG die vorrangige Berücksichtigung von Einkommen und Vermögen gegenüber Leistungen des AsylbLG in einer einzigen Vorschrift. Zwischen Einkommen und Vermögen wird aber trotz der im Übrigen rigorosen Einsatzpflicht differenziert, weil der Berücksichtigungsumfang unterschiedlich ist. Ist Erwerbseinkommen zu berücksichtigen, wird ein Freibetrag nach § 7 Abs. 2 Satz 2 AsylbLG gewährt. Aufwandsentschädigungen nach § 5 Abs. 2 AsylbLG werden nach § 7 Abs. 2 Satz 2 AsylbLG nicht zum Einkommen gezählt. Auch Schmerzensgeld ist nach § 7 Abs. 5 Satz 2 AsylbLG nicht als Einkommen einzusetzen.

14 Die Berücksichtigung wird gemäß § 7 Abs. 1 Satz 2 AsylbLG auf Einkommen und Vermögen von im selben Haushalt lebenden Familienangehörigen und Personen in eheähnlicher bzw. lebenspartnerschaftsähnlicher Gemeinschaften ausgedehnt. Nach § 7 Abs. 1 Satz 3 AsylbLG wird der Umfang der Erstattung von gewährten Sachleistungen konkretisiert.

15 Die **verfahrensrechtlichen** Teile der Vorschrift betreffen die **Erstattung** zwischen unterschiedlichen Trägern (§ 7 Abs. 3 AsylbLG) und die entsprechende Geltung der **Mitwirkungspflichten** im Verwaltungsverfahren (§ 7 Abs. 4 SGB XII).

II. Normzweck

16 Die Vorschrift des § 7 AsylbLG dient dem **Zweck**, die nach dem AsylbLG Leistungsberechtigten wegen ihrer Leistungsansprüche zunächst auf die Möglichkeiten der **Selbsthilfe** durch Verwendung ihres Einkommens und Vermögens zu verweisen.[19] § 8 AsylbLG lässt sich dieser Nachranggrundsatz, der auch in den anderen Grundsicherungssystemen verankert ist[20], in allgemeiner Form entnehmen. In den Vorschriften zu den einzelnen Leistungsansprüchen, z.B. zu den Grundleistungen nach § 3 AsylbLG, wird aber nicht konkret geregelt, wie weit die Selbsthilfe geht. Erst mit § 7 AsylbLG wird der Umfang der Selbsthilfe für die materiellen Leistungsansprüche konkret geregelt.

III. Einsatz von Einkommen und Vermögen (Absatz 1 Satz 1)

1. Abgrenzung von Einkommen und Vermögen

17 Einkommen und Vermögen sind die Bezugsgrößen der wirtschaftlichen Leistungsfähigkeit einer Person. Nur soweit für Einkommen und Vermögen unterschiedliche Berücksichtigungsregeln gelten, muss zwischen diesen Größen unterschieden werden (vgl. vertiefend die Kommentierung zu § 82 SGB XII ff.). **Einkommen ist all das, was jemand in Form von Geld oder Geldeswert in der Bedarfszeit dazu erhält, so dass Vermögen nur sein kann, was zu dieser Zeit bereits vorhanden ist.**[21] Nur durch die Anknüpfung an das Zuflussmoment im Bedarfszeitraum kann die Erhöhung der wirtschaftlichen Leistungsfähigkeit durch Einkünfte von dem Vermögensbestand außerhalb des Bezugszeitraums getrennt werden. Der Bedarfs- bzw. **Bezugszeitraum** wird vom AsylbLG nicht geregelt. Aus § 3 AsylbLG lässt sich aber auf den **Kalendermonat** als dem für die Bemessung der Leistungen gültigen Zeitraum schließen, der folglich auch für die Berücksichtigung von Einkommen bzw. Vermö-

---

[18] Vgl. die ständige Rechtsprechung des BVerfG, z.B. v. 11.05.2005 - 1 BvR 368/97 - juris Rn. 98 - BVerfGE 112, 368, 401.

[19] BT-Drs. 12/4451, S. 10; vgl. BVerwG v. 12.04.2000 - 5 B 179/99 - juris Rn. 4 - Buchholz 436.0 § 88 BSHG Nr. 40.

[20] Vgl. § 2 Abs. 1 SGB XII, § 2 Abs. 1 SGB II.

[21] BVerwG v. 18.02.1999 - 5 C 35/97 - BVerwGE 108, 296 ff.; ebenso für das SGB II: BSG v. 30.07.2008 - B 14 AS 26/07 R, BSG v. 30.09.2008 - B 4 AS 29/07 R, B 4 AS 57/07 R.

gen entscheidend ist. Zu beachten ist auch das sog. **modifizierte Zuflussprinzip**. Soweit gesetzliche Vorschriften eine besondere Bestimmung zur Berücksichtigung abweichend vom tatsächlichen Zuflussprinzip regeln, ist diese auch bei den bedürftigkeitsabhängigen Leistungen zu beachten (vgl. die Kommentierung zu § 82 SGB XII).

2. Einsatz von Einkommen

a. Einzelheiten zum Einkommen

Zum Einkommen zählen sämtliche privaten bzw. staatlichen Einnahmen in Geld oder Geldeswert während der Bedarfszeit. Wegen der Einzelheiten zum Einkommen wird auf die Kommentierung zu § 82 SGB XII ff. verwiesen. **Ausgenommen** sind die Grundrente nach dem BVG und nach den Gesetzen, die dessen entsprechende Anwendung vorsehen und Renten oder Beihilfen nach dem BEG für Schaden an Leben sowie an Körper oder Gesundheit bis zur Höhe der vergleichbaren Grundrente nach dem BVG (vgl. Rn. 11). Für **Aufwandsentschädigung** nach § 5 Abs. 2 AsylbLG (vgl. Rn. 39) und **Schmerzensgeld** (vgl. § 7 Abs. 5 AsylbLG und Rn. 5) bestehen eigenständige Ausnahmen von der Berücksichtigung. Die Leistungen nach dem AsylbLG wären auch Einkommen, müssen aber wegen des sonst eintretenden Zirkels unbeachtet bleiben. Für das **Kindergeld** gelten keine Besonderheiten. Es ist ohne besondere Zurechnungsnorm (anders als z.B. gemäß § 82 Abs. 1 Satz 2 SGB XII) als Einkommen des Kindergeldberechtigten zu berücksichtigen. Zu beachten sind aber ggf. normative Ausnahmen von der Berücksichtigung. So ist beispielsweise **Elterngeld** gemäß § 10 Abs. 1 BEEG in Höhe des Sockelbetrages von 300 € bei anderen Sozialleistungen, deren Zahlung vom Einkommen abhängig ist, nicht zu berücksichtigen. Von dieser Freistellung sind ab dem 01.01.2010 gemäß § 10 Abs. 5 BEEG[22] nur die Leistungsberechtigten nach dem SGB II, SGB XII und des Kinderzuschlages nach § 6a BKGG, **nicht** aber die Leistungsberechtigten nach dem AsylbLG ausgenommen. Damit ist das Elterngeld den Leistungsberechtigten nach dem AsylbLG zu belassen.[23] Für weitere Beispiele zum Einkommen vgl. die Kommentierung zu § 82 SGB XII.

b. Verfügbarkeit

Einkommen – wie auch Vermögen – ist nur dann zu berücksichtigen, wenn es **verfügbar** ist. Mit dem Terminus der Verfügbarkeit weicht § 7 Abs. 1 Satz 1 AsylbLG von den Parallelregelungen im SGB XII bzw. SGB II ab, wo diese Einschränkung bezüglich des Einkommens fehlt und die Berücksichtigung von Vermögen von dessen „**Verwertbarkeit**" abhängt. Die Abweichung folgt wohl nur daraus, dass eine Übernahme des Begriffs der Verwertbarkeit in § 7 Abs. 1 Satz 1 AsylbLG sprachlich unglücklich gewesen wäre. Einkommen in Form von Geld muss zur Sicherung des Lebensunterhalts nicht erst „verwertet" werden, so dass der Begriff in der Kombinationsvorschrift zumindest teilweise unpassend wäre.

In materieller Hinsicht kann in dem unterschiedlichen Sprachgebrauch keine Abweichung von Grundsätzen des § 82 Abs. 1 Satz 1 SGB XII bzw. § 90 SGB XII gesehen werden. Das AsylbLG bietet keine eigenständige Definition der Verfügbarkeit in Bezug auf das Einkommen.

Der wertmäßige Zuwachs in Form des Zuflusses von Geld oder Geldeswert ist bereits Gegenstand des Einkommensbegriffs und nicht weiter für die Verfügbarkeit relevant. Solches Einkommen kann dann „**verfügbar**", sein, wenn es **ohne tatsächliche** oder **rechtliche Hindernisse** zur Bestreitung des aktuellen Lebensunterhalts eingesetzt werden kann. Es muss sich also – wie im Rahmen des § 82 Abs. 1 Satz 1 SGB XII – um sogenannte **bereite Mittel** handeln. Die Zuflüsse müssen zudem dauerhaft zur Bestreitung des Lebensunterhalts zur Verfügung stehen. Zu weiteren Einzelheiten vgl. die Kommentierung zu § 82 SGB XII ff.

c. Einsatzpflichtige Personen

aa. Leistungsberechtigte gemäß § 1 Abs. 1 AsylbLG

Nach § 7 Abs. 1 Satz 1 AsylbLG ist zunächst das Einkommen und Vermögen jedes und aller **Leistungsberechtigten** zu berücksichtigen. Die Leistungsberechtigten sind die in § 1 Abs. 1 AsylbLG aufgezählten Personen, wozu gemäß § 1 Abs. 1 Nr. 6 AsylbLG insbesondere die **Ehegatten, Lebenspart-**

---

[22] Eingefügt durch Art. 14 Nr. 4 des Haushaltsbegleitgesetzes 2011 v. 09.12.2010, BGBl I 2010, 1885 (1896), in Kraft ab 01.01.2011.

[23] Noch zur ähnlichen Regelung in § 8 BErzGG VG Stuttgart v. 11.08.2004 - 7 K 5164/03 - juris Rn. 15 - SAR 2004, 106.

ner oder **minderjährige Kinder** der in den Nrn. 1-5 genannten Personen gehören, wenn sie selbst keine der Voraussetzungen nach § 1 Abs. 1 Nrn. 1-5 AsylbLG erfüllen. Wann eine Ehe bzw. Lebenspartnerschaft geschlossen wurde bzw. eine Abstammung als Kind vorliegt, beurteilt sich für Ausländer grundsätzlich nicht nach deutschem Recht.[24]

bb. Familienangehörige der Leistungsberechtigten

23 Obwohl die nächsten Angehörigen bereits zu den Leistungsberechtigten zählen, erwähnt § 7 Abs. 1 Satz 1 AsylbLG eine Einsatzpflicht von **Familienangehörigen** der Leistungsberechtigten. Ob darin eine Ausweitung des Kreises der Einsatzpflichtigen zu sehen ist, lässt sich allein anhand des Sprachgebrauchs nicht beantworten. Eine nähere Definition der Familienangehörigkeit nach dem AsylbLG ergibt sich weder aus § 7 Abs. 1 Satz 1 AsylbLG noch aus den anderen Vorschriften des Gesetzes. Nach **§ 1a AsylbLG** werden als Familienangehörige der Leistungsberechtigten im Sinne des § 1 Abs. 1 Nr. 4 und 5 AsylbLG die in § 1 Abs. 1 Nr. 6 AsylbLG erwähnten Personen bezeichnet: Ehegatten, Lebenspartner oder minderjährige Kinder. Nach dem **früheren § 2 Abs. 2 AsylbLG**[25] galten als Familienangehörige mit dem Verweis auf die Personen im Sinne des früheren § 1 Abs. 1 Nr. 3 AsylbLG nur die Ehegatten oder minderjährigen Kinder. Es liegt daher nahe, den Familienbegriff entsprechend dieser Normen auszulegen.[26] Einige Gerichte gingen allerdings darüber hinaus.[27]

24 Die besseren Gründe sprechen für eine **enge Interpretation** des Familienbegriffs. § 7 AsylbLG enthält keine eigenständige Regelung, wessen Einkommen und Vermögen zu berücksichtigen ist. Es gibt also keine Grundlage, den Kreis der Einsatzpflichtigen über den Kreis der im weiteren Sinne Leistungsberechtigten auszuweiten.[28] Folglich hat sich das Bundessozialgericht auf eine gemeinsame Grundkonzeption von SGB XII und AsylbLG berufen und sich im Ergebnis für die enge Interpretation des Familienbegriffs entschieden. Einkommen volljähriger Kinder und deren Ehegatten sind daher nicht zu berücksichtigen.[29] Im Sinne einer **dynamischen Konzeption** muss bei einer Lückenhaftigkeit der Regelungen des AsylbLG auf die **jeweils aktuellen** Vorschriften des Sozialhilferechts zurückgegriffen werden. Folglich sind wie nach § 27 Abs. 1 SGB XII die Ehegatten und Lebenspartner untereinander sowie die Eltern in Bezug auf den Bedarf ihrer Kinder zum Einkommens- bzw. Vermögenseinsatz verpflichtet. Damit ist auch sichergestellt, dass die Berücksichtigung von Einkommen für nach § 3 AsylbLG Leistungsberechtigte und solche, die „Analog-Leistungen" nach dem SGB XII beziehen (§ 2 AsylbLG), nicht unterschiedlich gehandhabt wird.

cc. Zusammenleben im selben Haushalt

25 Einkommen und Vermögen von Familienangehörigen sind zu berücksichtigen, wenn sie **im selben Haushalt zusammenleben**. Das Zusammenleben im selben Haushalt setzt zunächst die räumliche Verbundenheit im Sinne einer **Wohngemeinschaft** voraus. Diese erfordert nicht zwingend die Nutzung einer nach außen abgeschlossenen Wohnung, sondern die zusammenhängende Nutzung von Räumen im Sinne einer Raum- und Funktionseinheit. Im Übrigen wirkt sich aus, dass das AsylbLG keinen eigenständigen Haushaltsbegriff definiert, so dass die Voraussetzungen des § 27 Abs. 2 SGB XII erfüllt sein müssen. Es muss also ein gemeinsamer **Haushalt** geführt werden, was ein gemeinsames Wirtschaften erfordert.[30] Ehegatten bzw. Lebenspartner leben nur dann nicht im selben Haushalt, wenn sie voneinander **getrennt leben**, was trotz Nutzung bzw. Beibehaltung derselben Wohnung vorliegen

---

[24] Vgl. die Vorschriften des Internationalen Privatrechts, zur Ehe z.B. die §§ 13, 14 EGBGB, zu Lebenspartnerschaften § 17b EGBGB, zur Kindschaft die §§ 19, 20 EGBGB.

[25] In der Fassung durch das Erste Gesetz zur Änderung des Asylbewerberleistungsgesetzes vom 26.05.1997, BGBl I 1997, 1130, gültig bis 31.05.1997.

[26] Vgl. LSG Nordrhein-Westfalen v. 21.09.2010 - L 20 B 50/09 AY ER - juris Rn. 13; LSG Niedersachsen-Bremen v. 19.06.2007 - L 11 AY 80/06 - juris Rn. 21 - SAR 2007, 116; SG Dortmund v. 05.09.2008 - S 47 AY 191/08 ER - juris Rn. 31; *Hohm*, AsylbLG, § 7 Rn. 50 ff. m.w.N.

[27] Vgl. SG Aachen v. 13.01.2010 - S 19 AY 11/09 - juris Rn. 22 - SAR 2010, 21. Noch weitergehend OVG Nordrhein-Westfalen v. 01.03.2004 - 12 A 3543/01 - juris Rn. 42 - FEVS 56, 134.

[28] Vgl. LSG Nordrhein-Westfalen v. 21.09.2010 - L 20 B 50/09 AY ER - juris Rn. 13; LSG Niedersachsen-Bremen v. 19.06.2007 - L 11 AY 80/06 - juris Rn. 25 - SAR 2007, 116.

[29] Vgl. BSG v. 26.06.2013 - B 7 AY 6/11 R - juris Rn. 24.

[30] A.A. die Vorauflage und VG Göttingen v. 17.02.2004 - 2 A 24/03 - juris Rn. 25 - SAR 2004, 94.

kann (vgl. § 1567 Abs. 1 Satz 2 BGB).[31] In Bezug auf die Aufnahme von (ggf. erwachsenen) Kindern wird ein gemeinsamer Haushalt bzw. eine Familiengemeinschaft dadurch charakterisiert, dass örtliche (Familienwohnung), materielle (Vorsorge, Unterhalt) und immaterielle Bezüge (Zuwendung, Fürsorge, Begründung eines familienähnlichen Bandes) vorliegen müssen.[32]

dd. Eheähnliche bzw. lebenspartnerschaftsähnliche Gemeinschaft

Gemäß der von § 7 Abs. 1 Satz 2 AsylbLG einbezogenen Regelung des § 20 SGB XII dürfen in **eheähnlicher** bzw. **lebenspartnerschaftsähnlicher Gemeinschaft** lebende Personen hinsichtlich der Voraussetzungen sowie des Umfangs der Hilfe nicht besser gestellt werden als Ehegatten. Die Frage, welche Personen für eine Ehe bzw. Lebenspartnerschaft in Frage kommen, muss sich bei einer Partnerschaft von Ausländern nach dem fremden Recht beurteilen.[33] Auch **deutsche** eheähnliche bzw. lebenspartnerschaftsähnliche Partner von Ausländern sind einzubeziehen. § 7 Abs. 1 Satz 1 AsylbLG ist zwar auf die engere Familie zu begrenzen, vermeidet aber den direkten Bezug zu § 1 Abs. 1 Nr. 6 AsylbLG, so dass nicht nur Ausländer einbezogen werden.[34] Allerdings sollte hierdurch das **Existenzminimum** der deutschen Partner dieser Lebensgemeinschaften nicht unterschritten werden, so dass für sie im Ergebnis die Vorschriften für die Berücksichtigung des Einkommens und Vermögens nach dem SGB II bzw. SGB XII entsprechend heranzuziehen sind.[35]

26

Eine eheähnliche Gemeinschaft ist nach der Definition des BVerfG dadurch charakterisiert, dass sie eine auf Dauer angelegte Lebensgemeinschaft zwischen Mann und Frau darstellt, die daneben keine weitere Lebensgemeinschaft gleicher Art zulässt. Sie zeichnet sich durch **innere Bindungen** aus, die ein gegenseitiges Einstehen der Partner füreinander begründen, also über die Beziehungen in einer reinen Haushalts- bzw. Wohngemeinschaft hinausgehen.[36] Die Annahme einer eheähnlichen bzw. lebenspartnerschaftsähnlichen Gemeinschaft ist also gerechtfertigt, wenn die Bindungen der Partner so eng sind, dass von ihnen ein **gegenseitiges Einstehen in den Not- und Wechselfällen des Lebens** erwartet werden kann. Das BVerfG[37] erkennt die Unterschiede zwischen Ehegatten und nichtehelichen Lebensgemeinschaften zwischen Mann und Frau darin, dass sich Ehegatten gegenseitig zum Unterhalt verpflichtet sind und vermutet werden kann, dass die Unterhaltspflicht auch tatsächlich erfüllt wird, soweit sie nicht dauernd getrennt sind. Für die Partner einer rechtlich nicht geregelten Gemeinschaft bestehen solche gegenseitigen Unterhaltspflichten nicht, sie können ihre Einkünfte und ihr Vermögen grundsätzlich frei verwenden. Da aber **Ehegatten nicht schlechter** gestellt werden dürfen **als ihnen vergleichbare eheähnliche Gemeinschaften**[38], muss der Gesetzgeber für solche Gemeinschaften **gleichwirkende Regelungen** treffen, wenn die Bindungen der Partner in einer Lebensgemeinschaft so eng sind, dass von ihnen ein gegenseitiges Einstehen in den Not- und Wechselfällen des Lebens erwartet werden kann. Nur wenn sich die Partner einer Gemeinschaft **so sehr füreinander verantwortlich fühlen, dass sie zunächst den gemeinsamen Lebensunterhalt sicherstellen**, bevor sie ihr persönliches Einkommen zur Befriedigung eigener Bedürfnisse verwenden, ist ihre Lage mit derjenigen nicht dauernd getrennt lebender Ehegatten bei einer Bedürftigkeitsprüfung vergleichbar.[39]

27

Folglich führt nicht jede Wohn- und Lebensgemeinschaft zur Annahme einer eheähnlichen bzw. lebenspartnerschaftsähnlichen Gemeinschaft, sondern es kommt auf den **subjektiven Willen** zur Bildung einer solchen zwar nicht rechtlich, aber sittlich als verbindlich empfundenen Gemeinschaft an. Entscheidend sind nicht allein die objektiv messbaren Umstände einer Lebensgemeinschaft, wie die Art des Wohnens, die Innigkeit der Beziehung, der tatsächliche Umfang der gegenseitigen Unterstützung usw., sondern es ist der **innere Wille**, der Partner einer Lebensgemeinschaft ehe- bzw. lebens-

28

---

[31] Für die Anwendung der familienrechtlichen Grundsätze BSG v. 18.02.2010 - B 4 AS 49/09 R - juris Rn. 13. Zu weiteren Einzelheiten vgl. *Hebbeker* in: jurisPK-BGB, § 1567 Rn. 2.
[32] Vgl. für das SGB II BSG v. 14.03.2012 - B 14 AS 17/11 R - juris Rn. 26 - BSGE 110, 204 ff. m.w.N.
[33] Die Vorschriften des deutschen internationalen Privatrechts erfassen die nur faktischen Lebensgemeinschaften ohne fremdrechtliche Statusanerkennung nicht. Soweit es um sonstige in Deutschland anzuerkennende Wirkungen des ausländischen Rechts geht, wird eine Anwendung des § 17b EGBGB vorgeschlagen. Vgl. hierzu *Coester* in: MünchKomm-BGB, 5. Aufl., § 17b EGBGB Rn. 159.
[34] A.A. *Hohm*, AsylbLG, § 7 Rn. 76.
[35] Angedeutet von VG Lüneburg v. 24.02.2004 - 4 A 45/02 - juris Rn. 22.
[36] Vgl. BVerfG v. 17.11.1992 - 1 BvL 8/87 - BVerfGE 87, 234, 264.
[37] BVerfG v. 17.11.1992 - 1 BvL 8/87 - BVerfGE 87, 234, 264.
[38] Vgl. BVerfG v. 10.07.1984 - 1 BvL 44/80 - BVerfGE 67, 186.
[39] Vgl. BVerfG v. 17.11.1992 - 1 BvL 8/87 - BVerfGE 87, 234, 264.

partnerschaftsähnlich zusammenleben lässt. Da dieser innere Wille den rechtlich charakterprägenden Merkmalen der ehelichen Lebensgemeinschaft und der Verantwortung füreinander gleichkommen muss, erlangen die geschilderten äußeren Umstände nur indizielle Bedeutung. Die Feststellung einer eheähnlichen bzw. lebenspartnerschaftsähnlichen Gemeinschaft kann nur das Ergebnis einer **Würdigung** der die Lebensgemeinschaft konkret prägenden **Lebensumstände** sein.

29 Nach der an die verfassungsrechtlichen Vorgaben anknüpfenden Rechtsprechung des BSG sprechen für eine eheähnliche bzw. lebenspartnerschaftsähnliche Gemeinschaft u.a. deren **Dauerhaftigkeit** und Kontinuität, eine **gemeinsame Wohnung**, eine bestehende **Haushalts- und Wirtschaftsgemeinschaft**, das **Zusammenleben mit Kindern**, die **gemeinsame Versorgung von Angehörigen** bzw. die **Befugnis über Einkommen und Vermögen des Partners verfügen zu können**. Des Weiteren kann der Wille, die gemeinsame Wohnung bei der Arbeitssuche usw. nicht aufzugeben, auf eine eheähnliche bzw. lebenspartnerschaftsähnliche Gemeinschaft hindeuten.[40] Die genannten und weitere Kriterien müssen nicht kumulativ vorliegen. Eine Entscheidung ist nur anhand von solchen Hinweistatsachen möglich, wobei die längere Dauer des Zusammenlebens das gewichtigste Indiz für eine eheähnliche bzw. lebenspartnerschaftsähnliche Gemeinschaft ist. Ein Zusammenleben von mehr als drei Jahren – was aber nicht als zeitliches Limit zu verstehen ist – spricht daher für eine eheähnliche bzw. lebenspartnerschaftsähnliche Gemeinschaft.[41] Gegebenenfalls können auch – im Rahmen einer Gesamtwürdigung – der Anlass für das Zusammenziehen, die konkrete Lebenssituation der Partner und die nach außen erkennbare Intensität der gelebten Gemeinschaft herangezogen werden.[42]

30 Ob die Voraussetzungen für die Annahme einer eheähnlichen bzw. lebenspartnerschaftsähnlichen Gemeinschaft vorliegen, hat der Leistungsträger festzustellen. Im Rahmen der Mitwirkungspflichten (§ 7 Abs. 4 AsylbLG, vgl. Rn. 64) haben die Leistungsberechtigten an der entsprechenden Sachverhaltsaufklärung mitzuwirken.

ee. Vermutung der Bedarfsdeckung

31 Die gemäß § 7 Abs. 1 Satz 2 AsylbLG angeordnete **entsprechende Geltung des § 20 SGB XII** ist auf dessen **Satz 1 einzuschränken**. § 7 Abs. 1 Satz 2 AsylbLG sieht an sich eine vollständig entsprechende Anwendung des § 20 SGB XII vor. Damit wird auch dessen Regelung in Satz 2 zur entsprechenden Anwendung des § 36 SGB XII einbezogen. Nach § 36 SGB XII wird widerleglich vermutet, dass in einer Wohnung bzw. einer anderen Unterkunft zusammenlebende Personen gemeinsam als **Haushaltsgemeinschaft** wirtschaften und dass der Leistungsberechtigte von den anderen Personen Unterstützung für den Lebensunterhalt erhält, soweit dies nach deren Einkommen und Vermögen erwartet werden kann. Der praktische Nutzen dieser „entsprechenden" Anwendung bei einer eheähnlichen bzw. lebenspartnerschaftsähnlichen Gemeinschaft ist unklar. Die Anknüpfungstatsachen des § 36 SGB XII für eine Haushaltsgemeinschaft sind nicht hinreichend, eine eheähnliche bzw. lebenspartnerschaftsähnliche Gemeinschaft anzunehmen. Auf der anderen Seite erscheint der Einbezug der Norm in Bezug auf die Partner einer eheähnlichen bzw. lebenspartnerschaftsähnlichen Gemeinschaft unnötig. Bedeutung kann die Norm daher nur für **andere Personen** erlangen, die mit den Partnern der eheähnlichen bzw. lebenspartnerschaftsähnlichen Gemeinschaft zusammen eine **Haushaltsgemeinschaft** bilden. Daher könnte vermutet werden, dass die im Haushalt lebenden Kinder bzw. Verwandten des einkommensschwachen Partners von dem anderen einkommensstärkeren Partner unterstützt werden (vgl. die Kommentierung zu § 20 SGB XII Rn. 51). Gegen eine derartige Einbeziehung des § 36 SGB XII in den Anwendungsbereich des § 7 AsylbLG wird eingewandt, dass hierdurch nicht nur die gebotene enge Interpretation des Begriffs der Familienangehörigen außer Acht gelassen würde, sondern auch die eheähnlichen Gemeinschaften schlechter gestellt würden als Ehegatten.[43] Tatsächlich existiert (unabhängig von der Zugrundelegung des engen Familienbegriffs) keine Möglichkeit, im Anwendungsbereich des AsylbLG den Einsatz von Einkommen und Vermögen zugunsten von Mitgliedern der Haushaltsgemeinschaften zu vermuten. Mit § 7 Abs. 1 Satz 2 AsylbLG ist der Einbezug von § 36 SGB XII unvollständig und würde nur diejenigen Personen treffen, die mit eheähnlichen Gemeinschaften in Haushaltsgemeinschaften leben. Die Partner der eheähnlichen bzw. lebenspartnerschaftsähnlichen Gemeinschaft bzw. die Angehörigen von Haushaltsgemeinschaften mit ihnen würden daher ohne sachlich

---

[40] Vgl. BSG v. 29.04.1998 - B 7 AL 56/97 R - juris Rn. 30 - SozR 3-4100 § 119 Nr. 15.

[41] BSG v. 17.10.2002 - B 7 AL 96/00 R - BSGE 90, 90.

[42] Vgl. den Verweis des BSG auf die Rechtsprechung des BVerwG, z.B. BVerwG v. 24.06.1999 - 5 B 114/98 - juris Rn. 4.

[43] *Hohm*, AsylbLG, § 7 Rn. 91.

berechtigten Grund **schlechter** behandelt als in der gleichen Konstellation die ehelichen Partner bzw. Lebenspartner und ihre Haushaltsgemeinschaften. Dafür gibt es keinen ersichtlichen Grund. Daher ist die in § 7 Abs. 1 Satz 2 AsylbLG angeordnete entsprechende Geltung des § 20 SGB XII verfassungskonform so einzuschränken, dass nur dessen Satz 1 einbezogen ist.

d. Absetzungen vom Einkommen

Das Einkommen kann nur in Höhe der tatsächlich im Sinne des § 7 Abs. 1 Satz 1 AsylbLG „verfügbaren" Höhe berücksichtigt werden. Obwohl also § 7 AsylbLG – im Gegensatz zu § 82 SGB XII – keine Absetzungen erwähnt, können nur verfügbare und um gesetzliche Abzüge verminderte Einnahmen berücksichtigt werden. Das Bruttoeinkommen ist um unvermeidliche Abzüge für **Steuern** und **Sozialversicherungsbeiträge** bzw. die **mit der Einkommenserzielung zusammenhängenden** vorgeschriebenen **Versicherungen** bzw. **Beiträge** zu ähnlichen Einrichtungen zu bereinigen.[44] **Nicht abzugsfähig** sind hingegen die nicht gesetzlich vorgeschriebenen sonstigen privaten Versicherungsbeiträge bzw. sonstige Beiträge. 32

e. Erwerbstätigenfreibetrag (Absatz 2)

Ein Einkommensfreibetrag ist nach § 7 Abs. 2 Satz 1 AsylbLG nur für **Einkommen aus Erwerbstätigkeit** zu belassen. Die Bezugsgröße des Freibetrages, d.h. ob der Freibetrag aus dem Bruttoeinkommen vor Einkommensbereinigung oder aus dem Nettoeinkommen zu ermitteln ist, wird nicht genannt. Die systematische Stellung der Freibetragsregelung in einem nachfolgenden Absatz wird für die Ermittlung des Freibetrags aus der Nettoeinkommenssumme angeführt.[45] Allerdings sprechen – wie auch schon bei § 82 SGB XII – der Anreiz zu einer Beschäftigungsaufnahme und die insgesamt gleichmäßige Anwendung in den Grundsicherungen für eine Ermittlung aus dem **Bruttoerwerbseinkommen** (vgl. die Kommentierung zu § 82 SGB XII). Der Erwerbstätigenfreibetrag ist also im Ergebnis zusätzlich zu den Absetzungsbeträgen im Sinne der Rn. 32 zu gewähren. 33

Der **Erwerbseinkommensfreibetrag** beträgt für alle Personen einheitlich **25 v.H.** In der absoluten Höhe darf der Freibetrag **nur 60 v.H.** des maßgeblichen Betrages aus § 3 Abs. 1 und 2 AsylbLG entsprechen. Die Höhe der Geldleistungen nach § 3 Abs. 1 und 2 AsylbLG ist nach der Entscheidung des Bundesverfassungsgerichts vom 18.07.2012[46] verfassungswidrig und mit dem Grundgesetz unvereinbar. Aufgrund der bis zu einer Neuregelung durch den Gesetzgeber geltenden Anordnung des Bundesverfassungsgerichts ist die Höhe der Geldleistungen ab dem 01.01.2011 durch die **Regelbedarfsstufen** bestimmt (zu Einzelheiten und Übersichten zur Leistungshöhe vgl. die Kommentierung zu § 3 AsylbLG Rn. 29 ff.). Die Nennung von § 3 Abs. 1 AsylbLG kann sich nicht nur auf den nach Satz 4 zu gewährenden Barbetrag beziehen. Ansonsten würden ohne sachliche Rechtfertigung überwiegend Sachleistungen beziehenden Leistungsberechtigten geringere Freibeträge zustehen. Aus Gleichbehandlungsgrundsätzen müssen daher die Werte des § 3 Abs. 2 AsylbLG allgemein für die Bemessung der Einkommensfreibeträge gelten. 34

Der Freibetrag wird nur aus dem Erwerbseinkommen der Person abgesetzt, die der Erwerbstätigkeit nachgeht. Da der Freibetrag nach dem „maßgeblichen" Betrag der Leistung zu berechnen ist, ist die Höchstgrenze nach dem Einzelanspruch der erwerbstätigen Person zu bestimmen. Ein nicht ausgeschöpfter Freibetrag kann **nicht** auf das Einkommen anderer Familienangehöriger bzw. des Partners einer eheähnlichen bzw. lebenspartnerschaftsähnlichen Gemeinschaft **„übertragen"** werden. Werden mehrere Erwerbstätigkeiten ausgeübt, ist der Freibetrag aus dem Gesamteinkommen zu ermitteln. 35

f. Einkommensverteilung

Wie das Einkommen zwischen den Familienangehörigen bzw. Partnern einer eheähnlichen bzw. lebenspartnerschaftsähnlichen Gemeinschaft zu verteilen ist, wird gesetzlich nicht bestimmt. Die Frage wird dann relevant, wenn einer der Angehörigen aufgrund seines zu berücksichtigenden Einkommens selbst nicht mehr hilfebedürftig ist, das Einkommen aber auch nicht ausreicht, um den Hilfebedarf aller zu decken. 36

Zur Berücksichtigung von Einkommen in der Sozialhilfe sah es das BVerwG noch als selbstverständlich an, dass nur das Einkommen oder Vermögen des selbst nicht hilfebedürftigen Partners oder Elternteils berücksichtigt werden könne, das über den Betrag hinausgehe, den er für die Deckung des eigenen 37

---

[44] Ähnlich VG Lüneburg v. 24.02.2004 - 4 A 45/02 - juris Rn. 19.
[45] *Hohm*, AsylbLG, § 7 Rn. 121.
[46] BVerfG v. 18.07.2012 - 1 BvL 10/10, 1 BvL 2/11 - juris.

Bedarfs benötige. Andernfalls werde der Einsatzpflichtige durch den Entzug der für seinen eigenen Lebensunterhalt notwendigen Mittel selbst sozialhilfebedürftig. Eine solche Auslegung und Anwendung der Vorschrift verstieße gegen das Grundrecht auf Achtung und Schutz der Menschenwürde (Art. 1 Abs. 1 GG), weil sie denjenigen, der sich selbst helfen kann (§ 2 Abs. 1 BSHG a.F.), verpflichtet, seine Mittel für andere einzusetzen, mit der Folge, dass er dadurch selbst mittellos wird und auf staatliche Hilfe angewiesen ist.[47] Mit § 9 Abs. 2 Satz 3 SGB II hat der Gesetzgeber das Problem in der Grundsicherung für Arbeitsuchende so gelöst, dass alle Mitglieder der Bedarfsgemeinschaft (unter Berücksichtigung eigener Einnahmen) an der Einkommensverteilung entsprechend ihres Restbedarfsanteils am Restgesamtbedarf teilnehmen. Das BSG hält diese Lösung entgegen der Rechtsprechung des BVerwG nicht für verfassungswidrig, weil den an sich Bedürftigen sogar Leistungsansprüche zustehen.[48] In den Bereich der Sozialhilfe hat der Gesetzgeber die Regelung allerdings nicht übernommen.

38 Demnach ist nach derzeitiger Rechtslage nur der den Einzelbedarf überschießende Teil zu verteilen (vgl. die Kommentierung zu § 27 SGB XII Rn. 27 ff.). Dies wirft bei weiteren noch hilfebedürftigen Partnern oder Familienangehörigen die Folgefrage auf, nach welchem Maßstab das Einkommen zu verteilen ist. Das sog. Kaskadenmodell, nach dem das überschießende Einkommen bei dem Bedarf der weiteren Personen nacheinander berücksichtigt wird, setzt sich dem Vorwurf der willkürlichen Auswahl der Personen aus, denen Hilfe gewährt wird.[49] Dem kann so begegnet werden, dass eine **Verteilung des überschießenden Einkommens nach dem Verhältnis der restlichen Bedarfe** vorgenommen wird (vgl. die Kommentierung zu § 27 SGB XII Rn. 30).

g. Berücksichtigungsfreies Einkommen (Absatz 2 Satz 2 und Absatz 5)

aa. Aufwandsentschädigungen nach § 5 Abs. 2 AsylbLG

39 **Aufwandsentschädigungen** nach § 5 Abs. 2 AsylbLG für die Wahrnehmung von Arbeitsgelegenheiten in Aufnahmeeinrichtungen bleiben gemäß § 7 Abs. 2 Satz 2 AsylbLG **als Einkommen** unberücksichtigt. Die Freistellung ist konsequent, wenn es sich bei der Zahlung von 1,05 € je Stunde tatsächlich um eine Entschädigung des mit der Tätigkeit verbundenen Mehraufwandes handelt.

40 Die Freistellung gilt nur für den Monat, in dem die Aufwandsentschädigung aus der Arbeitsgelegenheit ausgezahlt wird. Über den Monat hinaus gesparte Beträge sind als **Vermögen** zu berücksichtigen.[50]

bb. Immaterieller Schadensersatz (Absatz 5)

41 Die Zahlung von immateriellem Schadensersatz als **Schmerzensgeld** ist nach § 7 Abs. 5 AsylbLG für sämtliche Leistungsberechtigten **nicht als Einkommen** zu berücksichtigen. Nach dem Wortlaut betrifft die Privilegierung nur das Schmerzensgeld nach § 253 Abs. 2 BGB. Dieses Schmerzensgeld als billige Entschädigung im Fall der Verletzung des Körpers, der Gesundheit, der Freiheit oder der sexuellen Selbstbestimmung wegen eines Schadens gewährt, der nicht Vermögensschaden ist (vgl. zu Einzelheiten die Kommentierung zu § 83 SGB XII Rn. 14). Die Einfügung des Absatzes 5 (vgl. Rn. 5) geht auf eine Entscheidung des BVerfG[51] zurück, das aufgrund der spezifischen Funktionen des Schmerzensgeldes in der nur für Leistungsberechtigte nach dem AsylbLG geltenden Einsatzpflicht einen Gleichheitsverstoß annahm. Die Freistellung gilt nur für die **als Schmerzensgeld geleistete Entschädigung**, nicht für den ggf. zugleich geleisteten materiellen Schadensersatz (Verdienstausfall usw.). Die aus dem Schmerzensgeld gezogenen Einnahmen (**Kapitalzinsen** usw.) sind dagegen als **Einkommen** zu berücksichtigen.[52]

42 Das Schmerzensgeld muss über die Regelung des § 7 Abs. 5 AsylbLG bzw. die Entscheidung des BVerfG hinaus auch **als Vermögen** von der Berücksichtigung ausgenommen werden. Das Schmerzensgeld wird als Genugtuung und als Ausgleich für immaterielle Nachteile, nicht wegen materiellen Schäden bzw. als Ausgleich für Erwerbsschäden, d.h. auch nicht für den Lebensunterhalt, geleistet. Aus diesem Grund wird es in den anderen Grundsicherungen als Härte angesehen, Vermögen in Form von Schmerzensgeld für den Lebensunterhalt aufbrauchen zu müssen (vgl. auch die Kommentierung

---

[47] BVerwG v. 26.11.1998 - 5 C 37/97 - juris Rn. 10 - BVerwGE 108, 36.
[48] BSG v. 07.11.2006 - B 7b AS 8/06 R - juris Rn. 15.
[49] OVG Schleswig-Holstein v. 16.02.2002 - 2 L 137/01 - juris Rn. 22.
[50] OVG Saarland v. 03.05.2006 - 3 Q 3/05 - juris Rn. 27.
[51] BVerfG v. 11.07.2006 - 1 BvR 293/05 - juris Rn. 38 - BVerfGE 116, 229; ohne verfassungsrechtliche Bedenken noch zuvor BVerwG v. 02.12.2004 - 5 B 108/04 - juris Rn. 9 - SAR 2005, 46.
[52] BSG v. 22.08.2012 - B 14 AS 103/11 R - juris Rn. 22, hierzu kritisch *Frings*, Sozialrecht aktuell 2013, 180.

zu § 90 SGB XII Rn. 101). Daher ist – der Argumentation des BVerfG folgend – auch ohne das in § 7 AsylbLG fehlende Vehikel einer Härtefallklausel das Schmerzensgeld aufgrund seiner besonderen Funktion berücksichtigungsfrei.

Die Privilegierung des § 7 Abs. 5 AsylbLG muss aus Gleichheitsgründen so verstanden werden, dass sie **weitere Formen des immateriellen Schadensersatzes** einbezieht, die wegen der **Verletzung von Persönlichkeitsrechten** gewährt werden. Dies betrifft sowohl Entschädigungen wegen der Verletzung des allgemeinen Persönlichkeitsrechts als auch nach § 15 Abs. 2 AGG. Zu weiteren Einzelheiten vgl. die Kommentierung zu § 83 SGB XII Rn. 19. 43

h. Gemischte Bedarfsgemeinschaften

In Haushaltsgemeinschaften, in denen nicht allein Leistungsberechtigte nach dem AsylbLG leben, sondern auch Personen mit grundsätzlichem Anspruch nach dem SGB XII bzw. SGB II, sind ähnliche Probleme zu bewältigen, die bei „gemischten" Bedarfsgemeinschaften mit Überschneidungen zwischen SGB XII und SGB II auftreten (vgl. die Kommentierung zu § 82 SGB XII). Die Konstellation einer gemischten Bedarfsgemeinschaft ändert zunächst einmal nichts an dem individuellen Anspruchsumfang. Die Leistungsberechtigten werden nicht in ein für sie an sich unzuständiges System einbezogen und es dürfen sich weder positive noch negative Auswirkungen für die Personen ergeben.[53] Die jeweiligen Leistungsausschlüsse, wie z.B. gemäß § 7 Abs. 1 Satz 2 Nr. 3 SGB II, § 23 Abs. 2 SGB XII bzw. § 9 Abs. 1 AsylbLG für Leistungsberechtigte nach § 1 AsylbLG wirken weiter. Allerdings fordern alle Grundsicherungen den Einkommenseinsatz zugunsten der Mitglieder einer Bedarfs- bzw. Haushaltsgemeinschaft (§ 9 Abs. 1 und 2 SGB II, § 27 Abs. 2 Sätze 2 und 3 SGB XII und § 7 Abs. 1 AsylbLG), haben aber teilweise abweichende Bedarfsansätze und regeln die Einsatzpflichten unterschiedlich streng. Die unterschiedlichen Maßstäbe könnten zum Ergebnis führen, dass ein Leistungsberechtigter im Ergebnis nicht mehr das zum Lebensunterhalt zur Verfügung hat, was ihm nach dem für ihn zuständigen System zusteht. Dementsprechend muss die jeweilige Grundsicherungsleistung unangetastet bleiben, so dass z.B. das gezahlte Alg II oder die Sozialhilfe nicht als Einkommen gelten.[54] Zum anderen muss vermieden werden, dass Einkommen im Umfang des Anspruchs nach dem jeweils anderen Grundsicherungssystem eingesetzt werden müsste.[55] Um dieses Ergebnis rechnerisch zu erreichen, muss ggf. eine Berechnung des freizustellenden Einkommens nach dem System durchgeführt werden, in dem der Einkommensbezieher Leistungen beziehen könnte. Es ist daher in einem ersten Schritt bei einer Haushaltsgemeinschaft nach dem AsylbLG der Leistungsanspruch der Leistungsberechtigten nach den Regeln des AsylbLG festzustellen, ohne dass die andere Grundsicherung als Einkommen berücksichtigt wird. Um zu gewährleisten, dass der Grundsicherungsanspruch Berechtigter nach anderen Gesetzen gewährt bleibt, ist in einem zweiten Schritt eine Vergleichsberechnung nach dem SGB XII bzw. SGB II für alle Personen durchzuführen, wobei Leistungen nach dem AsylbLG nicht als Einkommen gelten. Nur das den Grundsicherungsanspruch nach anderen Gesetzen übersteigende Einkommen kann dann tatsächlich anspruchsmindernd im Rahmen des § 7 AsylbLG berücksichtigt werden. Da im Bereich des AsylbLG eine Anwendung der allgemeinen Härtefallklausel des § 82 Abs. 3 Satz 3 SGB XII ausscheidet, muss dieses Ergebnis entweder über eine normative Interpretation des Zuflussprinzips (wie bei der den Zirkelkreis meidenden Berücksichtigung von Einnahmen nach dem AsylbLG oder anderer Grundsicherungen) oder unter dem Aspekt fehlender bereiter Mittel erreicht werden. 44

3. Einsatz von Vermögen (Absatz 1 Satz 1)

Zum **Vermögen** zählt der **Bestand an Sachen oder Rechten in Geld oder mit Geldeswert** in der Hand **der Leistungsberechtigten** (vgl. die Kommentierung zu § 90 SGB XII Rn. 13), soweit sie außerhalb des Bedarfszeitraums zugeflossen sind (zur Abgrenzung vgl. Rn. 17). Die Vermögenswerte müssen zu dem Bestand des Vermögens der Leistungsberechtigten gehören (vgl. die Kommentierung zu § 90 SGB XII Rn. 21-34) und verfügbar sein (vgl. Rn. 21). Soweit **Vermögen** vorhanden ist, gehört zur Verfügbarkeit, dass es durch Verbrauch, Veräußerung oder Belastung **so verwertet** werden kann, dass es **aktuell zur Bestreitung des Lebensunterhalts** eingesetzt werden kann. Für die rein wirtschaftlich zu beurteilende Frage der Verfügbarkeit kommt es nicht darauf an, ob es im Einzelfall zumutbar 45

---

[53] Vgl. BSG v. 16.10.2007 - B 8/9b SO 2/06 R - BSGE 99, 131 ff.; BSG v. 18.03.2008 - B 8/9b SO 11/06 R - BSGE 100, 139 ff.
[54] Vgl. BSG v. 09.06.2011 - B 8 SO 20/09 R - BSGE 108, 241 ff.
[55] Vgl. BSG v. 15.04.2008 - B 14/7b AS 58/06 R - SozR 4-4200 § 9 Nr. 5.

ist, das Vermögen aufzubrauchen. Dementsprechend kann gegen die tatsächliche Selbsthilfemöglichkeit nicht eingewandt werden, dass der Verbrauch von Vermögen einen wirtschaftlichen Verlust oder aus persönlichen Gründen eine Härte darstellt.

46 Nach der Konzeption des § 7 AsylbLG bestehen bei der Berücksichtigung des Vermögens **keine Schongrenzen bzw. Freibeträge**, es sind auch **keine persönliche Härten** zu berücksichtigen. Das BVerwG[56] sieht auch keine Möglichkeit, die Regelungen des § 90 SGB XII entsprechend anwenden zu können. Die Zielsetzung des AsylbLG stimme nicht mit dem der Sozialhilfe überein, so dass der Gesetzgeber die Grenzen der ihm zuzubilligenden Gestaltungsfreiheit nicht überschritten habe.[57] Zwischen den Leistungsberechtigten nach dem AsylbLG und Sozialhilfeberechtigten sollen im Aufenthaltsstatus und in der voraussichtlichen Aufenthaltsdauer im Bundesgebiet Unterschiede von solcher Art und solchem Gewicht bestehen, dass sie den in § 7 Abs. 1 AsylbLG vorgesehenen umfassenden Zugriff auf das einsetzbare Einkommen und Vermögen rechtfertigen. Auch das BVerfG sieht es als im sozialpolitischen Ermessen des Gesetzgebers möglich an, für Asylbewerber ein eigenes Konzept zur Sicherung ihres Lebensbedarfs zu entwickeln, dabei abweichende Regelungen zur Sozialhilfe zu treffen und Regelungen einzuführen, die dem Berechtigten den Einsatz aller verfügbaren finanziellen Mittel zur Bestreitung seines Unterhalts abverlangen.[58]

IV. Erstattung von Leistungen (Absatz 1 Satz 3)

1. Regelungsinhalt

47 Die **Kostenerstattungspflicht** für Sachleistungen bei Unterbringung in einer Einrichtung trifft nach § 7 Abs. 1 Satz 3 AsylbLG die nach dem AsylbLG Leistungsberechtigten und ihre Familienangehörigen, soweit Einkommen und Vermögen im Sinne des § 7 Abs. 1 Satz 1 AsylbLG vorhanden sind. Es handelt sich um eine speziell geregelte Form der nachträglichen Berücksichtigung von Einkommen und Vermögen und **nicht** um eine **Rücknahme bzw. Aufhebung** einer vorangegangenen Bewilligung. Insbesondere ist für die Erstattung nicht relevant, ob der Leistung überhaupt ein Verwaltungsakt zugrunde liegt und es spielt keine Rolle, ob die Leistungen ursprünglich rechtmäßig bzw. rechtswidrig erbracht wurden und inwieweit Vertrauensschutz bestand.[59] **Im Rahmen der Erstattungsregelung** des § 7 Abs. 1 Satz 3 AsylbLG sind damit die Vorschriften des SGB X über die Aufhebung und Erstattung von Verwaltungsakten (§§ 45 ff. SGB X) nicht heranzuziehen. Die Erstattungsverfügungen müssen – wie die Bewilligungen selbst – inhaltlich hinreichend bestimmt sein und dazu insbesondere die betroffenen Leistungsberechtigten einzeln ansprechen.[60] Klarzustellen ist aber, dass über den Anwendungsbereich des § 7 Abs. 1 Satz 3 AsylbLG hinaus die Vorschriften des Ersten Kapitels des SGB X und damit auch die §§ 45 ff. SGB X gemäß § 9 Abs. 3 AsylbLG anwendbar bleiben und nicht verdrängt werden.

2. Erstattungspflichtige Personen

48 Die systematische Stellung von § 7 Abs. 1 Satz 3 AsylbLG und die nochmalige Hervorhebung des Bezugs zu Satz 1 legt nahe, jene Leistungsberechtigten zur Erstattung verpflichtet anzusehen, welche bereits ihr Einkommen und Vermögen für den gemeinsamen Lebensunterhalt als Familienangehörige einzusetzen haben. **Erstattungspflichtig** sind damit nicht nur die **Leistungsberechtigten** selbst, sondern auch ihre **Familienangehörigen**. Sie sind aufgrund ihres eigenständigen Anspruchs auch selbst in Anspruch zu nehmen. Die **Partner einer eheähnlichen bzw. lebenspartnerschaftsähnlichen Gemeinschaft** sind von der Erstattungspflicht nicht ausgenommen. Es wäre zunächst ein merkwürdiges Ergebnis, wenn den Partnern und ihren Familienangehörigen aufgrund der Berücksichtigung von Einkommen bzw. Vermögen nur geringere Leistungen gewährt werden müssten, eine im materiellen Ergebnis gleichwirkende Erstattung aber nicht verlangt werden könnte. Gegen die Erstattungspflicht der Partner der eheähnlichen bzw. lebenspartnerschaftsähnlichen Gemeinschaft spricht nicht die nochmalige Erwähnung der Familienangehörigen im Text des § 7 Abs. 1 Satz 3 AsylbLG bzw. dass Satz 2

---

[56] BVerwG v. 02.12.2004 - 5 B 108/04 - juris Rn. 8 - SAR 2005, 46, folgend OVG Saarland v. 03.05.2006 - 3 Q 3/05 - juris Rn. 27.
[57] BVerwG v. 12.04.2000 - 5 B 179/99 - juris Rn. 4.
[58] BVerfG v. 11.07.2006 - 1 BvR 293/05 - juris Rn. 39, 40 - BVerfGE 116, 229.
[59] Vgl. SG Augsburg v. 11.03.2010 - S 15 AY 3/09 - juris Rn. 27.
[60] LSG Baden-Württemberg v. 08.12.2011 - L 7 AY 3353/09 - juris Rn. 22.

nicht am Ende des Textes des Absatzes 1 angesiedelt ist.[61] Der Anwendungsbereich des Satzes 1 wird durch Satz 2, d.h. die entsprechende Anwendung des § 20 SGB XII auf die Partner einer eheähnlichen bzw. lebenspartnerschaftsähnlichen Gemeinschaft, erweitert. Dahinter steht das verfassungsrechtliche Verbot der Schlechterstellung der ehelichen bzw. lebenspartnerschaftlichen Gemeinschaft. Dieses gilt auch in Bezug auf die Regelung in § 7 Abs. 1 Satz 3 AsylbLG, so dass auch die Partner einer eheähnlichen bzw. lebenspartnerschaftsähnlichen Gemeinschaft zur Erstattung heranzuziehen sind. Für **entsprechend Sozialhilfeberechtigte** im Sinne des § 2 AsylbLG gelten die Vorschriften der §§ 3-7 AsylbLG nicht, so dass sie auch **nicht erstattungspflichtig** sind.

3. Umfang der Erstattung

Der Erstattungsumfang richtet sich zunächst nach den **Sachleistungen** im Sinne des § 3 Abs. 1 Satz 1 AsylbLG, die den einsatzpflichtigen Leistungsberechtigten und ihren Familienangehörigen erbracht worden sind. **Erbracht** sind die Sachleistungen nicht schon dann, wenn sie bewilligt bzw. schlicht zur Verfügung gestellt werden, selbst wenn die Leistungsberechtigten die Sachleistungen wie etwa eine Unterkunft nutzen müssten. Die Leistungsberechtigten sind nur erstattungspflichtig, wenn sie die Sachleistungen tatsächlich **in Anspruch genommen** haben.[62]

49

Zu den **Sachleistungen** im Sinne des § 3 Abs. 1 Satz 1 gehören der notwendige Bedarf an Ernährung, Unterkunft, Heizung, Kleidung, Gesundheits- und Körperpflege und Gebrauchs- und Verbrauchsgütern des Haushalts. Gegebenenfalls können diese Sachleistungen in Form von Wert- bzw. Bezugsgutscheinen erbracht werden. Diese abweichende Art und Weise der Erbringung der Sachleistungen wandelt die Leistungen nicht etwa in „Geldleistungen" ab, so dass auch für die in Form von Wertgutscheinen erfolgten Sachleistungen Erstattung verlangt werden kann.[63] Für die Bemessung der Erstattung ordnet § 7 Abs. 1 Satz 3 AsylbLG die entsprechende Geltung der in § 3 Abs. 2 Satz 2 AsylbLG genannten Beträge an.

50

Darüber hinaus sind die **Kosten der Unterkunft und Heizung** zu erstatten. Eine eigenständige Regelung, was hierzu zu zählen ist, fehlt. In Anlehnung an § 29 Abs. 1 Satz 1 SGB XII zählen hierzu die tatsächlichen Kosten, die mit der Nutzung von abgeschlossenen Räumen zu Wohnzwecken verbunden sind.[64] Tatsächliche Aufwendungen können beispielsweise in Form von Mietkosten einschließlich den vertraglich vereinbarten Betriebskostenvoraus- und -nachzahlungen entstehen. Im Übrigen können die Länder gemäß § 7 Abs. 1 Satz 3 HS. 2 AsylbLG Pauschalbeträge festsetzen oder die zuständige Behörde dazu ermächtigen.

51

V. Überleitung von Ansprüchen (Absatz 3)

1. Regelungsinhalt

Die **Überleitung** von Ansprüchen eröffnet den Weg zur direkten Befriedigung von Erstattungsansprüchen des Leistungsträgers und kürzt damit den Erstattungsweg ab. Durch die Überleitung wird der Leistungsträger **Anspruchsinhaber**. Mit § 7 Abs. 3 AsylbLG ist für das AsylbLG eine eigenständige materielle Regelung zur Überleitung von Ansprüchen der Leistungsberechtigten auf die Behörde geschaffen. Vor der Einführung des § 7 Abs. 3 AsylbLG (vgl. Rn. 2) konnte § 93 SGB XII mangels Verweis in § 9 Abs. 3 AsylbLG nicht entsprechend herangezogen werden.[65] Der **Verweis auf § 93 SGB XII** erfasst nur das **verwaltungsrechtliche Verfahren** der Überleitung.

52

2. Kreis der Betroffenen

Überleitungsfähig sind nur Ansprüche der **Leistungsberechtigten**. Hiermit nimmt § 7 Abs. 3 AsylbLG Bezug auf den Katalog des § 1 Abs. 1 AsylbLG. Im Unterschied zu § 93 Abs. 1 Satz 1 SGB XII fehlt die Einschränkung, dass die Erstattung möglich ist, wenn den Leistungsberechtigten „Leistungen erbracht" werden (vgl. die Kommentierung zu § 93 SGB XII Rn. 35). Ihre Rechtfertigung findet die Überleitung aber nur in der Befriedigung der nachrangigen staatlichen Ansprüche. Solche können nur aus einer Leistung an den Berechtigten folgen. Weil bewilligte Leistungen noch eingefordert werden können, kann der Überleitung im Einzelfall der Einwand unzulässiger Rechtsausübung

53

---

[61] So aber *Hohm*, AsylbLG, § 7 Rn. 94.
[62] Vgl. VGH Bayern v. 29.04.2004 - 12 B 99.408 - juris Rn. 14 - FEVS 56, 18.
[63] Entgegen VG Lüneburg v. 08.10.1997 - 6 A 3/95 - NdsVBl 1998, 98.
[64] Vgl. zum gleichlautenden § 22 Abs. 1 Satz 1 SGB II BSG v. 17.06.2010 - B 14 AS 79/09 R - juris Rn. 10.
[65] LG Münster v. 06.11.1997 - 15 O 379/97 - VersR 1998, 739.

entgegengebracht werden, wenn die Leistungen nur bewilligt, aber nicht erbracht werden (vgl. die Kommentierung zu § 93 SGB XII Rn. 35). Die Überleitung kann auch geregelt werden, wenn Leistungen nach dem AsylbLG erbracht worden sind, selbst wenn sie dann nicht mehr aktuell Leistungsberechtigte nach dem AsylbLG trifft. Der Anspruch des Leistungsberechtigten muss **gegen einen anderen**, d.h. einen Dritten, gerichtet sein. Jede Rechtspersönlichkeit bzw. -form kann ein solcher Dritter sein. Kein anderer bzw. Dritter ist der Leistungsträger nach dem AsylbLG, gegen den der Leistungsberechtigte Ansprüche hat.

3. Überleitungsfähige Ansprüche

a. Anspruchsgrund

54 § 7 Abs. 3 AsylbLG schränkt den Kreis der Ansprüche – im Gegensatz zu § 93 SGB XII – nicht weiter ein, so dass grundsätzlich **sämtliche Ansprüche** ohne Rücksicht auf den Rechtsgrund übergeleitet werden können. Erfasst werden allerdings nur positive Ansprüche der Leistungsberechtigten, nicht ihre Verbindlichkeiten.

55 Weil aufgrund der weiten Formulierung des § 7 Abs. 1 AsylbLG auch sämtliche Ansprüche aufgrund Öffentlichen Rechts übergeleitet werden können, konkurriert dies mit der nach § 9 Abs. 3 AsylbLG weiter eröffneten Möglichkeit, gemäß den §§ 102-114 SGB X von einem Leistungsträger **Erstattung** zu verlangen. In § 93 Abs. 1 Satz 1 SGB XII ist das **Konkurrenzverhältnis** so gelöst, dass Ansprüche gegen einen Leistungsträger im Sinne des § 12 SGB I nicht übergeleitet werden können. Im Rahmen des § 7 Abs. 3 AsylbLG kann wegen der für die Leistungsträger nach dem AsylbLG geltenden §§ 102-114 SGB X im Ergebnis nichts anderes gelten. Sind **die Regelungen über die Erstattung zwischen den Leistungsträgern** anwendbar, **haben sie Vorrang**. Nach der Rechtsprechung des BSG ist es den erstattungsberechtigten Leistungsträgern wegen der Erfüllungswirkung des § 107 SGB X verwehrt, statt den Erstattungsweg nach den §§ 102-114 SGB X zu gehen, eine Erstattung gemäß § 50 Abs. 1 SGB X vom Leistungsberechtigten zu verlangen bzw. im Verhältnis zum Leistungsempfänger überhaupt eine dem vorgehende Regelung zur Rücknahme bzw. Aufhebung der Bewilligung zu vorzunehmen.[66] Wenn dementsprechend zwingend die Erstattung von einem anderen Leistungsträger vorzunehmen ist, weil der Anspruch bereits mit Wirkung gegen den Leistungsberechtigten als erfüllt gilt, kann auch keine Überleitung erfolgen. Die Erfüllungswirkung gegenüber dem eigentlich Berechtigten hat auch die Wirkung, dass die nach dem AsylbLG vorleistende Behörde bereits einen Anspruch auf Erstattung durch den Leistungsträger hat, selbst wenn sie diesen nicht geltend machen will. Eine Überleitung öffentlich-rechtlicher Ansprüche ist danach nur noch von solchen Körperschaften möglich, die keine (Sozial-)Leistungsträger nach § 12 SGB I sind, weil sie nicht zu den in den §§ 18-29 SGB I aufgeführten Trägern gehören und nicht für die in § 11 SGB I genannten Sozialleistungen zuständig sind.[67]

56 Eine weitere **Einschränkung** muss die Überleitung erfahren, soweit hierbei von § 7 AsylbLG privilegierte Ansprüche erfasst würden, die nicht zum Lebensunterhalt eingesetzt werden müssen. Ansprüche auf **Aufwandsentschädigung** nach § 5 Abs. 2 AsylbLG – soweit sie kein Vermögen darstellen – und **Schmerzensgeld** sind daher **nicht** überleitungsfähig (vgl. die Kommentierung zu § 93 SGB XII Rn. 106). Unterhaltsansprüche sind allerdings überleitungsfähig. Nicht überleitungsfähig sind zudem **höchstpersönliche Ansprüche**, d.h. solche, die nur in der Person des Leistungsberechtigten zu erfüllen sind (z.B. Naturalunterhalt).

b. Anforderungen an den Anspruch

57 Im Zeitpunkt der Überleitung muss es sich nach der Einschätzung des Leistungsträgers noch um **einen zu erfüllenden Anspruch handeln**, d.h. der Anspruch darf noch nicht untergegangen sein.[68] Nicht rechtshindernde bzw. -vernichtende Einreden stehen der Überleitung nicht entgegen. **Künftige Ansprüche** können übergeleitet werden, wenn sie bereits konkretisierbar sind (zu Einzelheiten vgl. die Kommentierung zu § 93 SGB XII Rn. 59 ff.). Eine Überleitung ist auch dann rechtmäßig, wenn noch nicht rechtlich bindend feststeht, dass der Anspruch gegen den Dritten besteht. Denn vom Leistungs-

---

[66] BSG v. 29.04.1997 - 8 RKn 29/95 - SozR 3-1300 § 107 Nr. 10; BSG v. 22.05.2002 - B 8 KN 11/00 R - juris Rn. 16 - SozR 3-2600 § 93 Nr. 12.
[67] Vgl. *Mönch-Kalina* in: jurisPK-SGB I, § 12 Rn. 11.
[68] Vgl. zu § 93 SGB XII LSG Baden-Württemberg v. 22.07.2010 - L 7 SO 853/09 - juris Rn. 28, Revision anhängig beim BSG (B 8 SO 25/10 R).

träger ist lediglich eine sog. **Negativevidenzkontrolle** durchzuführen, so dass nur zu prüfen ist, ob der Anspruch offensichtlich nicht bestehen kann.[69] Es reicht aus, dass nach den tatsächlichen Umständen eine **rechtliche Grundlage** für einen überleitungsfähigen Anspruch **möglich und nicht völlig ausgeschlossen** erscheint. Der gleiche Maßstab gilt dann auch für die gerichtliche Nachprüfung der Überleitung. Problematisch ist, ob für die Überleitung nur solche Ansprüche in Frage kommen, die **zeitgleich** mit den Leistungen nach dem AsylbLG bestehen bzw. bestanden (zeitliche Konnexität).[70] Die Voraussetzungen der Überleitung werden von § 7 Abs. 3 AsylbLG abschließend geregelt. Zu beachten ist, dass in § 7 Abs. 2 AsylbLG die Einschränkung des § 93 Abs. 1 Satz 1 SGB XII fehlt, dass der Anspruch gegen einen Dritten „für die Zeit, für die Leistungen erbracht werden", bestehen muss. Wenn es sich bei der Verweisung auf § 93 SGB XII um eine **Rechtsfolgenverweisung** handelt, kann auf das Erfordernis der zeitlichen Konnexität der Ansprüche nicht verwiesen werden, weil es sich nicht um eine Rechtsfolge der Überleitung handelt. Daraus könnte geschlossen werden, dass nach § 7 Abs. 3 AsylbLG zunächst (dem Grunde nach) auch solche Ansprüche für eine Überleitung in Frage kommen, bei denen keine **zeitliche Konnexität** zu den Leistungsansprüchen besteht. Allerdings ergäbe sich dadurch kein anderes Ergebnis. Denn die **Rechtsfolge** der Überleitung darf gemäß der weiteren Vorschrift des § 93 Abs. 1 Satz 3 SGB XII nur **insoweit** bewirkt werden, **als bei rechtzeitiger Leistung des anderen die Leistung nicht erbracht worden wäre**. Das kann nur dann der Fall sein, wenn zum Zeitpunkt der Erbringung der Leistungen nach dem AsylbLG bereits ein zu erfüllender Anspruch gegen den Dritten bestand und erfüllt worden wäre. Damit ist die **zeitliche Konnexität** zwar keine Voraussetzung für einen überleitungsfähigen Anspruch, aber **Voraussetzung für die Ausübung der Überleitung**.

4. Überleitungsverfahren

a. Ermessensentscheidung

Ob und in welchem Umfang die Überleitung geschieht, steht im pflichtgemäßen **Ermessen** des Leistungsträgers. Er hat dies dem Zweck der Ermächtigung entsprechend auszuüben (§ 40 LVwVfG). Ist der Anspruch gegen einen Dritten nicht offensichtlich ausgeschlossen, spricht für die Überleitung **regelmäßig** der Nachranggrundsatz der Grundsicherungen. Allerdings sind die entgegenstehenden Interessen der Betroffenen zu beachten.[71] Eine ohne sachliche Gründe über den Umfang der erbrachten und voraussehbar noch zu erbringenden Leistungen hinausgehende Überleitung bewirkt einen übermäßigen Eingriff in die Forderungsrechte des Anspruchsinhabers und wird in der Regel ermessensfehlerhaft sein.

58

b. Verwaltungsförmliche Regelung

Aufgrund der entsprechenden Anwendung des § 93 SGB XII ist für die Überleitung eine sog. **Überleitungsanzeige** (§ 93 Abs. 1 Satz 1 SGB XII) als **Verwaltungsakt** in **schriftlicher** Form **an den Dritten** zu richten. Die übrigen formellen Anforderungen der **LVwVfG** an einen Verwaltungsakt gelten auch für die Überleitungsanzeige. Weil es sich um einen belastenden Verwaltungsakt handelt, muss der Dritte vor Erlass der Überleitungsanzeige gem. § 28 LVwVfG **angehört** werden (zu den weiteren Einzelheiten vgl. die Kommentierung zu § 93 SGB XII Rn. 134 ff.). Die **Leistungsberechtigten** nach dem AsylbLG sind **gleichfalls anzuhören**.[72] Sie sind zwar nicht Adressat der Überleitungsanzeige, in ihre Forderungsrechte wird aber eingegriffen, so dass sie als Betroffene vor der Entscheidung Gehör finden müssen. Die Entscheidung selbst **muss** ihnen ebenfalls **bekannt gegeben** werden.

59

c. Folgen der Überleitung

Sobald die Überleitung dem bisherigen Anspruchsinhaber gegenüber bekannt gegeben ist, bewirkt sie entsprechend § 93 Abs. 2 SGB XII den **Übergang des Anspruchs** für die Zeit, für die der leistungsberechtigten Person die Leistung ohne Unterbrechung erbracht wird. Als **Unterbrechung** gilt ein Zeitraum von **mehr als zwei Monaten**. Die Überleitung wirkt also nur dann, wenn Leistungen noch er-

60

---

[69] Vgl. in st. Rspr. BVerwG v. 27.05.1993 - 5 C 7/91 - juris Rn. 14 - BVerwGE 92, 281, 283 f.
[70] Dafür *Hohm*, AsylbLG, § 7 Rn. 132.
[71] Vgl. BVerwG v. 27.05.1993 - 5 C 7/91 - juris Rn. 18 - BVerwGE 92, 281.
[72] Vgl. BSG v. 02.02.2010 - B 8 SO 17/08 R - juris Rn. 10

bracht werden. Sie wirkt aber auch gegebenenfalls für die in der Vergangenheit erbrachten Leistungen, soweit keine mehr als zweimonatige Unterbrechung eingetreten ist (vgl. die Kommentierung zu § 93 SGB XII Rn. 140 m.w.N.).

d. Rechtsschutz

61 Durch den Verweis auf § 93 SGB XII sind auch dessen Besonderheiten beim gerichtlichen Rechtsschutz zu beachten. **Rechtsbehelfe** gegen die Überleitungsanzeige haben gemäß § 93 Abs. 3 SGB XII **keine aufschiebende Wirkung**. Anfechtungsberechtigte sind sowohl der Adressat (der Dritte) als auch der Leistungsberechtigte, da in ihre Rechte eingegriffen wird.[73] Aufgrund dessen ist im gerichtlichen Verfahren jeweils eine **Beiladung notwendig**.[74] Wird die Überleitung angefochten, sind nur die Voraussetzungen gemäß § 7 Abs. 3 AsylbLG i.V.m. § 93 SGB XII zu prüfen. In dem Verfahren kann nur die Rechtmäßigkeit der Überleitung, insbesondere nur die sog. Negativevidenz überprüft werden. Ob und in welchem Umfang der Anspruch tatsächlich besteht, wird erst bei der Geltendmachung der übergeleiteten Forderung relevant.[75]

VI. Mitwirkungs- und Auskunftspflichten (Absatz 4)

1. Allgemeines

62 Gemäß § 7 Abs. 4 AsylbLG sind für die **Ermittlung** des verfügbaren **Einkommens** und **Vermögens** die **§§ 60-67 SGB I** über die Mitwirkung des Leistungsberechtigten sowie **§ 99 SGB X** über die Auskunftspflicht von Angehörigen, Unterhaltspflichtigen oder sonstigen Personen **entsprechend anzuwenden**. Die Anfügung des Absatzes 4 war notwendig geworden, weil nach der Schöpfung des AsylbLG erkannt wurde, dass die Verwaltungsverfahrensgesetze der Länder zu den Mitwirkungs- und Auskunftspflichten keine hinreichenden Regelungen vorsehen.[76] Die Regelungen der LVwVfG zu den Mitwirkungspflichten sind weniger detailliert (§ 26 Abs. 2 LVwVfG), enthalten insbesondere keine Obliegenheiten zur Mitteilung nachträglicher Änderungen und berechtigen auch nicht zur Versagung bzw. Entziehung bei ungenügender Mitwirkung. Vor der Einführung des AsylbLG waren für den einbezogenen Personenkreis unter der Geltung des BSHG die besonderen sozialverwaltungsverfahrensrechtlichen Bestimmungen des SGB I und SGB X anwendbar.

2. Mitwirkungsumfang

63 Systematisch konsequent hätte die entsprechende Geltung der Mitwirkungs- und Auskunftspflichten eigentlich in der das Verhältnis zu anderen Gesetzen regelnden Norm des § 9 AsylbLG festgeschrieben werden müssen. Es ist nicht überliefert, aus welchen Gründen für die Einfügung gerade § 7 AsylbLG ausgewählt wurde. Sinnvoll ist die entsprechende Geltung der §§ 60-66 SGB I aber nur, wenn die Obliegenheit zur Mitwirkung bei der Ermittlung nicht nur für Fragen des Einkommens bzw. Vermögens, sondern alle für den Leistungsanspruch maßgeblichen Umstände gilt.[77] Dies schließt insbesondere die Mitwirkung bei der Feststellung der Leistungsberechtigung, d.h. auch der Familienangehörigkeit (vgl. Rn. 23) und der Voraussetzungen einer eheähnlichen bzw. lebenspartnerschaftsähnlichen Gemeinschaft (vgl. Rn. 26) ein.

64 Die entsprechende Geltung der §§ 60, 66 SGB I geht aber **nicht** soweit, dass sie genutzt werden könnte, eine Einschränkung der Leistungsansprüche nach **§ 1a AsylbLG** zum Beispiel wegen fehlender Initiative oder Behinderung der Ausreise, zu ergänzen. Sie können in diesem Fall nicht zu dem Ziel genutzt werden, die Ausreisevoraussetzungen herbeizuführen, weil es sich insoweit nicht um Pflichten oder Obliegenheiten des AsylbLG handelt.[78] Die Einschränkung der Leistungsansprüche nach § 1a AsylbLG ist also nicht die Folge mangelnder Mitwirkung der Leistungsberechtigten im Verfahren wegen der **Ermittlung** der Leistungen nach dem AsylbLG. Liegen die Voraussetzungen für eine Leis-

---

[73] Vgl. BVerwG v. 27.05.1993 - 5 C 7/91 - juris Rn. 10 - BVerwGE 92, 281.
[74] Vgl. BSG v. 02.02.2010 - B 8 SO 17/08 R - juris Rn. 10.
[75] Vgl. BVerwG v. 27.05.1993 - 5 C 7/91 - juris Rn. 14 - BVerwGE 92, 281; BVerwG v. 28.10.1999 - 5 C 28/98 - juris Rn. 13 - BVerwGE 110, 5.
[76] Vgl. die Entwurfsbegründung zum Ersten Gesetz zur Änderung des AsylbLG und anderer Gesetze, BT-Drs. 13/2746, S. 16.
[77] VG Würzburg v. 23.01.2004 - W 3 K 03.1538 - juris Rn. 29 m.w.N.; vgl. *Hohm*, AsylbLG, § 7 Rn. 135.
[78] OVG Mecklenburg-Vorpommern v. 15.04.2009 - 1 L 229/04 - juris Rn. 31; SG Hildesheim v. 06.12.2012 - S 42 AY 152/12 ER - juris Rn. 6.

tungseinschränkung vor, ist das Prozedere der §§ 60, 66 SGB I nicht anzuwenden.[79] Hiervon zu unterscheiden ist die ggf. notwendige Mitwirkung der Leistungsberechtigten bei der Feststellung, **ob** möglicherweise die Voraussetzungen für eine Anspruchseinschränkung vorliegen. Denn auch wenn sich der Anspruch nach § 1a AsylbLG von Gesetzes wegen und nicht wegen fehlender Mitwirkung mindert, müssen die Feststellungen für einen eingeschränkten Anspruch nach § 1a AsylbLG getroffen werden. Insoweit handelt es sich bei der „Absicht", Leistungen nach dem AsylbLG zu erlangen oder der verschuldeten Verlängerung des Aufenthalts um ergänzende negative Tatbestandsmerkmale zum Grundanspruch. Zur Aufklärung kann und muss der Leistungsberechtigte ggf. herangezogen werden. Wenn die Voraussetzungen des § 1a AsylbLG bereits von Amts wegen festgestellt wurden, muss nicht vor der Gewährung eingeschränkter Leistungen nochmals zur Mitwirkung aufgefordert werden. Falls die Voraussetzungen des § 1a AsylbLG aber nicht feststehen, ist von den Leistungsberechtigten die entsprechende Mitwirkung zu fordern. Erfolgt die Mitwirkung nur ungenügend, können keinesfalls eingeschränkte Leistungen nach § 1a AsylbLG gewährt werden. In diesem Fall muss nach § 66 SGB I vorgegangen werden.

3. Einzelne Mitwirkungspflichten

In den §§ 60-67 SGB I sind unter anderem die Obliegenheiten der **Leistungsberechtigten** festgelegt, die Amtsermittlung (§ 24 LVwVfG) zu unterstützen. Betroffen sind alle Leistungsberechtigten[80], d.h. alle Familienangehörigen und damit auch die Ehegatten bzw. Lebenspartner und Partner einer eheähnlichen bzw. lebenspartnerschaftsähnlichen Gemeinschaft und die minderjährigen Kinder. Im Einzelnen haben sie gemäß **§ 60 SGB I** bei der Ermittlung der leistungserheblichen Tatsachen mitzuwirken (wozu auch die Erteilung der Genehmigung von Auskünften durch Dritte gehört), alle leistungserhebliche Änderungen in den Verhältnissen unverzüglich mitzuteilen sowie Beweismittel zu bezeichnen und vorzulegen. Auf Verlangen des Leistungsträgers haben die Leistungsberechtigten nach **§ 61 SGB I** persönlich zur mündlichen Erörterung des Antrags oder zur Vornahme anderer für die Entscheidung über die Leistung notwendiger Maßnahmen zu erscheinen. Soweit für die Entscheidung ärztliche und psychologische Untersuchungsmaßnahmen erforderlich sind, haben sich die Leistungsberechtigten diesen Maßnahmen (**§ 62 SGB I**) und gegebenenfalls einer Heilbehandlung zu unterziehen (**§ 63 SGB I**). Der Verweis auf die Obliegenheit zur Teilnahme an berufsfördernden Maßnahmen in § 64 SGB I läuft für das AsylbLG ins Leere.

65

Die genannten Mitwirkungsobliegenheiten können nur in den **Schranken** des **§ 65 SGB I** verlangt werden. Allgemein bestehen gemäß § 65 Abs. 1 SGB I keine Mitwirkungsobliegenheiten, deren Erfüllung **nicht** in einem **angemessenen** Verhältnis zu der in Anspruch genommenen Sozialleistung oder ihrer Erstattung steht, ihre Erfüllung dem Betroffenen aus einem **wichtigen Grund** nicht zugemutet werden kann oder der **Leistungsträger** sich durch einen geringeren Aufwand als der Antragsteller oder Leistungsberechtigte **die erforderlichen Kenntnisse selbst beschaffen** kann. Medizinische Maßnahmen können folgenlos abgelehnt werden, wenn im Einzelfall ein Schaden für Leben oder Gesundheit nicht mit hoher Wahrscheinlichkeit ausgeschlossen werden kann oder mit ihnen erhebliche Schmerzen bzw. ein erheblicher Eingriff in die körperliche Unversehrtheit verbunden sind. Angaben, die dem Antragsteller, dem Leistungsberechtigten oder ihnen nahestehende Personen (§ 383 Abs. 1 Nr. 1-3 ZPO) die Gefahr zuziehen würden, wegen einer Straftat oder einer Ordnungswidrigkeit verfolgt zu werden, können verweigert werden.

66

Nur wenn nach diesen Maßgaben Obliegenheiten bestehen, deren Erfüllung nicht verweigert werden kann **und** hierdurch die **Aufklärung des Sachverhalts erheblich erschwert** wird, **kann** der Leistungsträger gemäß § 66 Abs. 1 Satz 1 SGB I ohne weitere Ermittlungen die Leistung bis zur Nachholung der Mitwirkung **ganz oder teilweise versagen oder entziehen**, soweit die Voraussetzungen der Leistung nicht nachgewiesen sind. Entsprechendes gilt nach § 60 Abs. 1 Satz 2 SGB I, wenn der Antragsteller oder Leistungsberechtigte in anderer Weise absichtlich die Aufklärung des Sachverhalts erheblich erschwert. Die Leistungen dürfen aber nur dann versagt oder entzogen werden, wenn der Leistungsberechtigte **zuvor** auf diese Folge **schriftlich** hingewiesen worden ist und seiner Mitwirkungspflicht nicht innerhalb **einer ihm gesetzten angemessenen Frist** nachgekommen ist. Die Versagung

67

---

[79] OVG Nordrhein-Westfalen v. 22.08.2007 - 16 A 1158/05 - juris Rn. 30 FEVS 59, 255, OVG Mecklenburg-Vorpommern v. 15.04.2009 - 1 L 229/04 - juris Rn. 31 f.
[80] Vgl. *Kampe* in: jurisPK-SGB I, § 60 Rn. 17.

§ 7 AsylbLG

bzw. Entziehung bei Fristablauf ist kein Automatismus, sondern eine **Ermessensentscheidung**.[81] Die Ermessensausübung ist hinreichend zu dokumentieren.

68 Die Versagungs- bzw. Entziehungsentscheidung kann zwar bestandskräftig werden, bedeutet aber auch dann **keinen Anspruchsverlust**. Nach § 67 SGB I können die Leistungen nachträglich ganz oder teilweise erbracht werden, wenn der Leistungsberechtigte seinen Mitwirkungspflichten noch nachkommt.

4. Auskunftspflichten

69 Die entsprechend geltende Vorschrift des § 99 Abs. 1 Satz 1 Nr. 1 SGB X regelt die Auskunftspflichten von **Angehörigen** oder sonstigen Personen, soweit deren **Einkommen oder Vermögen** bei den Leistungsansprüchen bzw. ihrer Erstattung **zu berücksichtigen** ist. Das Gleiche gilt nach § 99 Abs. 1 Satz 1 Nr. 2 SGB X für die **Unterhaltspflichtigen**, soweit der Unterhaltsanspruch Auswirkungen auf die Leistungsansprüche oder deren Erstattung hat. Der Anwendungsbereich des § 99 SGB X erfasst damit solche Personen, die nicht zu den Leistungsberechtigten zählen.

70 Der Umfang der Auskunftspflichten bestimmt sich in Abhängigkeit von den materiellen Leistungsvoraussetzungen nach § 60 Abs. 1 Nr. 1 und Nr. 3 SGB I. Die nicht leistungsberechtigten Angehörigen etc. trifft damit keine Obliegenheit zur Mitteilung von Veränderungen. Werden die Auskunftspflichten nach § 99 SGB X nicht erfüllt, können daran nicht die Folgen des § 66 SGB I geknüpft werden, sondern nur die Mittel des Verwaltungszwangs angewandt werden.[82]

71 Die Auskunftspflichten sind nur in den Schranken des § 65 Abs. 1 SGB I zu erfüllen. Verweigert werden können auch Angaben, die den Auskunftspflichtigen oder nahestehende Personen (§ 383 Abs. 1 Nr. 1-3 ZPO) in die Gefahr bringen, wegen einer Straftat oder einer Ordnungswidrigkeit verfolgt zu werden.

---

[81] Vgl. *Kampe* in: jurisPK-SGB I, § 66 Rn. 31.
[82] Vgl. *Roos* in: von Wulffen, SGB X, 7. Aufl., § 100 Rn. 7.

§ 7a AsylbLG Sicherheitsleistung

(Fassung vom 25.08.1998, gültig ab 01.09.1998)

¹Von Leistungsberechtigten kann wegen der ihnen und ihren Familienangehörigen zu gewährenden Leistungen nach diesem Gesetz Sicherheit verlangt werden, soweit Vermögen im Sinne von § 7 Abs. 1 Satz 1 vorhanden ist. ²Die Anordnung der Sicherheitsleistung kann ohne vorherige Vollstreckungsandrohung im Wege des unmittelbaren Zwangs erfolgen.

Gliederung

A. Basisinformationen 1	2. Sicherungsberechtigter 11
I. Textgeschichte/Gesetzgebungsmaterialien 1	3. Sicherungsverpflichteter 12
II. Vorgängervorschriften 2	4. Sicherungsobjekt 14
III. Parallelvorschriften 3	5. Sicherungsmittel 20
IV. Systematische Zusammenhänge 4	6. Höhe der Sicherheitsleistung 24
V. Literaturhinweise 6	IV. Vollstreckung der Anordnung (Satz 2) 27
B. Auslegung der Norm 7	1. Rechtsqualität und Verfahren der Vollstreckung 27
I. Regelungsgehalt und Bedeutung der Norm 7	2. Vereinfachtes Vollstreckungsverfahren 30
II. Normzweck 8	3. Anwendung unmittelbaren Zwangs 32
III. Befugnis zur Anordnung einer Sicherheitsleistung (Satz 1) 9	**C. Praxishinweise** 35
1. Rechtsqualität und Verfahren der Anordnung 9	

A. Basisinformationen

I. Textgeschichte/Gesetzgebungsmaterialien

§ 7a AsylbLG ist durch das Zweite Gesetz zur Änderung des Asylbewerberleistungsgesetzes vom 25.08.1998[1] mit Wirkung vom **01.09.1998** in das AsylbLG aufgenommen worden. Die Gesetzesfassung entspricht dem Gesetzentwurf des Bundesrates vom 20.03.1998.[2] Der federführende Gesundheitsausschuss des Deutschen Bundestages hat allerdings in seinem Bericht vom 23.06.1998 klargestellt, dass sich die Sicherheitsleistung nach Grund und Höhe an den zu erwartenden Erstattungsansprüchen nach § 7 Abs. 1 AsylbLG orientieren soll.[3]

II. Vorgängervorschriften

Vorgängervorschriften zu § 7a AsylbLG gibt es nicht.

III. Parallelvorschriften

§ 7a AsylbLG ist § 82 Abs. 5 AuslG nachgebildet, der zum 01.01.2005 durch § 66 Abs. 5 AufenthG abgelöst worden ist.[4] Diese Vorschriften regeln, unter welchen Voraussetzungen von einem Kostenschuldner für **Kosten, die durch die Abschiebung, Zurückschiebung oder Zurückweisung eines Ausländers entstehen,** eine Sicherheitsleistung verlangt werden kann. Allerdings nimmt die Gesetzesbegründung nicht ausdrücklich auf die ausländerrechtlichen Bestimmungen Bezug.

IV. Systematische Zusammenhänge

§ 7a Satz 1 AsylbLG macht die Sicherheitsleistung vom Vorhandensein von Vermögen abhängig und nimmt insoweit selbst auf § 7 Abs. 1 AsylbLG Bezug. Nach § 7 Abs. 1 Satz 1 AsylbLG ist Vermögen allerdings grundsätzlich aufzubrauchen, bevor Leistungen in Anspruch genommen werden können. Der unmittelbare systematische Zusammenhang erstreckt sich demnach vorrangig auf die Kostenerstattungspflicht nach § 7 Abs. 1 Satz 3 AsylbLG (vgl. Rn. 16).

---

[1] BGBl I 1998, 2505.
[2] BT-Drs. 13/10155, S. 4.
[3] BT-Drs. 13/11172, S. 5.
[4] Vgl. *Hohm* in: GK-AsylbLG, § 7a Rn. 3.

5   § 7a Satz 1 AsylbLG trägt ferner dazu bei, den Nachrang der existenzsichernden Leistungen nach dem AsylbLG wiederherzustellen, und steht deshalb auch zu § 8 Abs. 1 AsylbLG in einem Sachzusammenhang.

V. Literaturhinweise

6   *Linhart/Adolph*, Das 7. SGGÄndG – Mängel und Auslegungsprobleme, ZfSH/SGB 2005, 401-404; *Zeitler*, Darf die Polizei nach dem AsylbLG bei Asylbewerbern aufgefundene Geldbeträge sicherstellen?, VBlBW 2001, 296-299.

B. Auslegung der Norm

I. Regelungsgehalt und Bedeutung der Norm

7   Die aus zwei Sätzen bestehende Vorschrift ermächtigt Leistungsträger, von den Leistungsberechtigten wegen der zu gewährenden Leistungen Sicherheit zu verlangen (§ 7a Satz 1 AsylbLG) und die Anordnung der Sicherheitsleistung im vereinfachten Verfahren zu vollstrecken (§ 7a Satz 2 AsylbLG), soweit Vermögen vorhanden ist.

II. Normzweck

8   § 7a Satz 1 AsylbLG soll den **vorrangigen Verbrauch** des nach § 7 Abs. 1 Satz 1 AsylbLG **zu berücksichtigenden Vermögens** und die **Erfüllung etwaiger Erstattungsansprüche** sicherstellen.[5] Die Möglichkeit der Vollstreckung ohne vorherige Androhung im Wege des unmittelbaren Zwecks soll der **effektiven Durchsetzung der Ansprüche** dienen.[6] Die Vorschrift will damit der Wiederherstellung des Nachrangs der existenzsichernden Leistungen in besonders strikter Form Rechnung tragen. Es wird allerdings zu Recht bezweifelt, ob diese Zwecksetzungen angesichts des erheblichen Verwaltungsaufwands und der erforderlichen Beteiligung von Vollzugsbeamten (vgl. Rn. 34) in der Praxis erfüllt werden können[7].

III. Befugnis zur Anordnung einer Sicherheitsleistung (Satz 1)

1. Rechtsqualität und Verfahren der Anordnung

9   Die Anordnung der Sicherungsleistung ist ein **Verwaltungsakt** im Sinne des § 35 Satz 1 VwVfG, der an keine Form gebunden ist. Über den Erlass des Verwaltungsakts entscheidet die zuständige Behörde nach **pflichtgemäßem Ermessen** (vgl. die § 40 VwVfG entsprechenden landesrechtlichen Regelungen).

10 Für das Verfahren gelten auch im Übrigen die **Bestimmungen des VwVfG** des jeweiligen Landes. Widerspruch und Anfechtungsklage gegen die Anordnung der Sicherheitsleistung haben **aufschiebende Wirkung** (§ 86a Abs. 1 SGG). Diese kann von der Behörde durch die Anordnung der sofortigen Vollziehung (§ 86a Abs. 2 Nr. 5 SGG) beseitigt werden.

2. Sicherungsberechtigter

11 Wer berechtigt ist, vom Leistungsberechtigten Sicherheit zu verlangen, regelt § 7a Satz 1 AsylbLG nicht ausdrücklich. Nach Sinn und Zweck der Vorschrift kommt als Sicherungsberechtigter aber nur der **Träger** in Betracht, der dem Leistungsberechtigten rechtmäßig **Leistungen nach dem AsylbLG** zu gewähren hat. Das ist der Träger der sachlich (§ 10 AsylbLG) und örtlich (§§ 10a, 11 Abs. 2 AsylbLG) zuständigen Behörde.

3. Sicherungsverpflichteter

12 Zur Sicherungsleistung verpflichtet sind **Leistungsberechtigte**. Davon werden die Leistungsberechtigten nach § 1 Abs. 1 AsylbLG erfasst, auch wenn sie abgesenkte Leistungen nach § 1a AsylbLG beziehen.

13 So genannte **Analogberechtigte** nach § 2 AsylbLG sind zur Sicherheitsleistung allerdings **nicht verpflichtet**[8]. Sie gehören zwar dem Grunde nach zum leistungsberechtigten Personenkreis nach § 1

---

[5] BT-Drs. 13/10155, S. 6.
[6] BT-Drs. 13/10155, S. 6.
[7] *Wahrendorf* in: Grube/Wahrendorf, § 7a AsylbLG Rn. 1.
[8] A.A. *Hohm* in: GK-AsylbLG, § 7a Rn. 16; *Wahrendorf* in: Grube/Wahrendorf, § 7a AsylbLG Rn. 4.

Abs. 1 AsylbLG. Auch die Systematik spricht für ihre Einbeziehung, da § 2 Abs. 1 AsylbLG die Anordnung der entsprechenden Geltung des SGB XII nur für die §§ 3-7 AsylbLG, nicht jedoch für § 7a AsylbLG anordnet. Es dürfte sich dabei allerdings um ein **redaktionelles Versehen des Gesetzgebers** handeln, der den § 7a AsylbLG durch das Zweite Gesetz zur Änderung des Asylbewerberleistungsgesetzes nachträglich eingefügt hat, ohne die Verweisung in § 2 Abs. 1 AsylbLG anzupassen. Gegen die Geltung des § 7a AsylbLG für Analogberechtigte spricht dessen enge systematische Verbindung zu § 7 Abs. 1 AsylbLG, der auf Leistungsberechtigte nach § 2 Abs. 1 AsylbLG gerade keine Anwendung finden soll. Die Geltung des § 7a Satz 1 AsylbLG auf Analogberechtigte ist mit der entsprechenden Anwendbarkeit des § 90 SGB XII nur schwer zu vereinbaren.

4. Sicherungsobjekt

Sicherungsobjekt sind die den Leistungsberechtigten und ihren Familienangehörigen zu gewährenden **Leistungen nach diesem Buch**[9]; für sie – und nicht auch für (Sozial-)Leistungen desselben Trägers oder anderer Träger – ist Sicherheit zu leisten. Allerdings greift die gesetzliche Formulierung etwas kurz: Es geht nicht darum, die Leistungsansprüche (der Sicherheit leistenden Personen) an sich zu sichern, sondern **eventuelle Erstattungsansprüche der Träger** wegen gewährter Leistungen[10]. Dementsprechend kann auch eine Sicherheitsleistung nur gefordert werden, wenn zugunsten des Trägers ein solcher Erstattungs- oder sonstiger Rückzahlungsanspruch (z.B. aus Darlehen) ernsthaft in Betracht kommt. 14

Der Begriff des **Familienangehörigen** entspricht demjenigen in § 7 Abs. 1 Satz 1 AsylbLG. 15

„Zu gewährende Leistungen" sind anders als erbrachte Leistungen nur diejenigen, die die zuständige Behörde **zur Erfüllung von Rechtsansprüchen der Leistungsberechtigten rechtmäßig zu leisten hat**[11]. Dies ergibt sich ohne weiteres schon bei semantischer Auslegung. Im Zusammenspiel mit dem Erfordernis eines zu sichernden Erstattungsanspruchs (vgl. Rn. 14) wird damit der Anwendungsbereich des § 7a Satz 1 AsylbLG erheblich eingeschränkt; die Vorschrift erstreckt sich im Wesentlichen auf die Fälle des § 7 Abs. 1 Satz 3 AsylbLG, in denen Leistungsberechtigte trotz vorhandenen Vermögens in einer Einrichtung (insbesondere in einer Gemeinschaftsunterkunft) Sachleistungen beziehen und dem Träger deshalb zur Kostenerstattung verpflichtet sind[12]. 16

Für alle anderen Leistungen scheidet eine Sicherheitsleistung im Regelfall aus. Da Vermögen vor der Inanspruchnahme von Leistungen aufzubrauchen ist (§ 7 Abs. 1 Satz 1 AsylbLG), besteht **bei Vorhandensein von Vermögen** mangels Hilfebedürftigkeit zumeist **kein (rechtmäßiger) Leistungsanspruch**. Etwas anderes gilt jedoch dann, wenn Vermögen zwar vorhanden, aber nicht verfügbar ist (vgl. Rn. 22). 17

Zu gewährende Leistungen sollen nach vereinzelter verwaltungsgerichtlicher Rechtsprechung überdies auch solche sein können, die **in der Vergangenheit rechtmäßig gewährt** worden sind[13]. Der Wortlaut schließt dies nicht aus, auch wenn er von „zu gewährenden" und nicht von „gewährten" Leistungen spricht. Eine Sicherheitsleistung für in der Vergangenheit gewährte Leistungen ist jedenfalls für den Fall in Betracht zu ziehen, in dem eine leistungsberechtigte Person in einer Gemeinschaftsunterkunft durchgehend über Vermögen verfügt hat. In diesem Fall korrespondiert die Sicherheitsleistung mit dem Kostenerstattungsanspruch nach § 7 Abs. 1 Satz 3 AsylbLG, der ebenfalls für die Vergangenheit geltend gemacht werden kann. 18

Das Ziel, den Anwendungsbereich des § 7a Satz 1 AsylbLG über die Fallgestaltungen des § 7 Abs. 1 Satz 3 AsylbLG hinaus zu erstrecken, wenn Vermögen erst zu einem späteren Zeitpunkt erworben worden ist[14], kann allein durch Erstreckung der Vorschrift auf in der Vergangenheit rechtmäßig gewährte Leistungen allerdings nicht erreicht werden. Bei einer erst späteren Vermögenserzielung bestünde für den früheren Zeitraum der rechtmäßigen Leistungsgewährung nämlich von vornherein kein Erstattungsanspruch des Trägers, so dass auch die Sicherheitsleistung ins Leere liefe. 19

---

[9] *Wahrendorf* in: Grube/Wahrendorf, § 7a AsylbLG Rn. 6.
[10] Vgl. BT-Drs. 13/10155, S. 6.
[11] *Wahrendorf* in: Grube/Wahrendorf, § 7a AsylbLG Rn. 6.
[12] Überwiegend wird der Anwendungsbereich daher ausschließlich auf die Fälle des § 7 Abs. 1 Satz 3 AsylbLG beschränkt, vgl. *Hohm* in: GK-AsylbLG, § 7a Rn. 23 m.w.N.
[13] VG Frankfurt/Main v. 20.11.2001 - 14 G 4746/01 (1); a.A. *Wahrendorf* in: Grube/Wahrendorf, § 7a AsylbLG Rn. 6.
[14] VG Frankfurt/Main v. 20.11.2001 - 14 G 4746/01 (1).

5. Sicherungsmittel

20 Sicherungsmittel ist **vorhandenes Vermögen** im Sinne des § 7 Abs. 1 Satz 1 AsylbLG. § 7a Satz 1 AsylbLG verweist dynamisch auf den Vermögensbegriff dieser Vorschrift.

21 Als Sicherungsmittel kommt dabei vor allem **Bargeld** in Betracht. Daneben sind aber auch **unbewegliche und bewegliche Sachen** (z.B. Kraftfahrzeuge, Uhren, Schmuck, technische Geräte, usw.) und **Rechte** taugliche Sicherungsmittel.

22 Das Vermögen muss vorhanden sein. Der **Begriff des Vorhandenseins** unterscheidet sich von demjenigen der **Verfügbarkeit** in § 7 Abs. 1 Satz 1 AsylbLG. Er ist weiter und erfasst auch Sachen und Rechte, die zwar Vermögenswert haben, aktuell aber nicht zur Bestreitung des Lebensunterhalts verwertet werden können[15]. Dies kann insbesondere bei einer noch nicht fälligen Forderung der Fall sein. In dieser Situation käme zwar ausnahmsweise auch eine Sicherheitsleistung außerhalb des Anwendungsbereichs von § 7 Abs. 1 Satz 3 AsylbLG in Betracht (vgl. Rn. 17).

23 Allerdings fehlte es auch dann zumindest bei Grundleistungen (§ 3 AsylbLG) an einem zu sichernden Erstattungsanspruch (vgl. Rn. 14), weil das AsylbLG keine dem § 91 SGB XII vergleichbare Regelung kennt. Leistungen müssten mangels tatsächlicher Verfügbarkeit des Vermögensgegenstands als Zuschuss und dürften nicht als Darlehen gewährt werden. Lediglich bei Analogleistungen (§ 2 AsylbLG), für die die Anwendbarkeit des § 7a AsylbLG hier gegen andere Stimmen in der Literatur allerdings generell verneint wird (vgl. Rn. 13), wäre wegen der entsprechenden Anwendbarkeit u.a. der §§ 90 ff. SGB XII eine Sicherheitsleistung durch Übertragung einer nicht fälligen Forderung denkbar.

6. Höhe der Sicherheitsleistung

24 Zur Höhe der Sicherheitsleistung trifft § 7a Satz 1 AsylbLG keine eindeutige Regelung. Die zuständige Behörde hat darüber nach **pflichtgemäßem Ermessen** zu befinden. Der Halbsatz „soweit Vermögen im Sinne von § 7 Abs. 1 Satz 1 vorhanden ist" impliziert zwar, dass die Sicherheitsleistung auf das **gesamte vorhandene Vermögen** erstreckt werden kann. Damit wird aber nur der Ermessensspielraum nach oben begrenzt. Die Formulierung bedeutet nicht, dass eine solche Sicherheitsleistung auch in jedem Falle rechtmäßig wäre.

25 Dagegen spricht nicht nur das gesetzeshistorische Argument, dass der Gesundheitsausschuss in seinem Bericht vom 23.06.1998 die klarstellende Feststellung getroffen hat, dass sich die Sicherheitsleistung **„nach Grund und Höhe an den zu erwartenden Erstattungsansprüchen nach § 7 Abs. 1 auszurichten habe"**[16]. Eine unbegrenzte Sicherheitsleistung wäre zur Erreichung des Sicherungszwecks auch nicht in jedem Falle erforderlich und würde vor dem Hintergrund der Eigentumsgarantie (Art. 14 Abs. 1 GG) auch verfassungsrechtlich problematisch sein.

26 Dementsprechend ist die **Sicherheitsleistung** von der zuständigen Behörde **angemessen zu begrenzen**. Die Ermessensentscheidung hat regelmäßig die Höhe der Leistungen, die dem Leistungsberechtigten und seinen Familienangehörigen monatlich zu erbringen sind, und die voraussichtliche Dauer des (weiteren) Aufenthalts des Leistungsberechtigten und seiner Familienangehörigen in der Bundesrepublik Deutschland zu berücksichtigen.

IV. Vollstreckung der Anordnung (Satz 2)

1. Rechtsqualität und Verfahren der Vollstreckung

27 § 7a Satz 2 AsylbLG bestimmt seinem Wortlaut nach, dass „die Anordnung der Sicherheitsleistung ... ohne vorherige Vollstreckungsandrohung im Wege des unmittelbaren Zwangs erfolgen" kann. Diese Gesetzesformulierung ist bestenfalls als sprachlich missglückt zu bezeichnen[17], da eine durch Verwaltungsakt zu treffende Anordnung nicht durch ein Vollstreckungsmittel erfolgen kann. Es handelt sich bei § 7a Satz 2 AsylbLG vielmehr um eine **vollstreckungsrechtliche Sonderregelung**, die (lediglich) ein **vereinfachtes Vollstreckungsverfahren** unter Verzicht auf eine vorherige Vollstreckungsandrohung ermöglicht[18].

28 Einer noch weitergehenden Auslegung, die gestützt auf § 7 Satz 2 AsylbLG einen Vollzug gänzlich ohne vorausgehenden Verwaltungsakt zulassen will[19], ist dagegen im Ergebnis nicht zu folgen. Wie-

---

[15] *Hohm* in: GK-AsylbLG, § 7a Rn. 30.
[16] BT-Drs. 13/11172, S. 5.
[17] VG Stuttgart v. 07.02.2000 - 9 K 5483/99.
[18] So auch *Hohm/Scheider* in: Schellhorn/Schellhorn/Hohm, § 7a AsylbLG Rn. 8.
[19] So wohl *Wahrendorf* in: Grube/Wahrendorf, § 7a AsylbLG Rn. 11.

wohl der Wortlaut der Vorschrift auch für eine solche Auslegung nutzbar gemacht werden könnte, sprechen systematische und teleologische Aspekte dagegen. Zunächst würden bei einer solchen Sichtweise § 6 Abs. 2 VwVG und vergleichbare Vorschriften des Landesrechts, die den so genannten sofortigen Vollzug an strenge Anforderungen knüpfen („zur Abwehr einer drohenden Gefahr notwendig"), für jeden Fall der Sicherung eines Erstattungsanspruchs in Geld im AsylbLG konsequent unterlaufen. Dies wäre auch verfassungsrechtlich nicht unproblematisch. Entscheidender ist aber, dass die nach den §§ 10, 10a AsylbLG zuständigen Behörden selbst nicht zur Anwendung unmittelbaren Zwangs befugt sind (vgl. Rn. 34), während Vollzugsbeamte die im Rahmen des sofortigen Vollzugs erforderliche inzidente Prüfung der Voraussetzungen des eigentlich erforderlichen vorangehenden Verwaltungsakts nicht in eigener Zuständigkeit prüfen können und dürfen.

Richtig ist daher die Vorschrift wie folgt zu lesen: Die Anordnung der Sicherheitsleistung kann ohne vorherige Vollstreckungsandrohung im Wege des unmittelbaren Zwangs durchgesetzt werden. 29

2. Vereinfachtes Vollstreckungsverfahren

Das Vollstreckungsverfahren wird durch § 7a Satz 2 AsylbLG dergestalt vereinfacht, dass die zuständige Behörde den Bescheid über die Anordnung der Sicherheitsleistung **ohne vorherige Vollstreckungsandrohung** vollziehen kann. Ohne die Regelung des § 7a Satz 2 AsylbLG würde es einer Vollstreckungsandrohung bedürfen, weil § 13 Abs. 1 Satz 1 VwVG (soweit überhaupt Bundesbehörden handeln) und die entsprechenden landesrechtlichen Bestimmungen dies vorsehen. 30

Praktisch bedeutet dies, dass die nach den §§ 10, 10a AsylbLG zuständige Behörde (erforderlichenfalls unter Hinzuziehung von Vollzugsbeamten) dem Leistungsberechtigten die vorhandenen Vermögensgegenstände **ohne weiteren Vollzugsakt entziehen** können, sobald der Bescheid über die Anordnung der Sicherheit bekannt gegeben ist. 31

3. Anwendung unmittelbaren Zwangs

§ 7a Satz 2 AsylbLG ermächtigt darüber hinaus zur Anordnung unmittelbaren Zwangs. Unmittelbarer Zwang bedeutet die **Einwirkung auf den Leistungsberechtigten durch körperliche Gewalt, Hilfsmittel der körperlichen Gewalt und Waffengebrauch** (vgl. § 2 UZwG – soweit es Bundesbehörden betrifft – und entsprechende landesrechtliche Bestimmungen). 32

Die Anwendung unmittelbaren Zwangs muss **verhältnismäßig** sein. Sie setzt allgemein voraus, dass **mildere Vollstreckungsmittel** wie die Ersatzvornahme oder das Zwangsgeld **nicht zielführend oder untunlich** sind (vgl. § 12 VwVG und die entsprechenden landesrechtlichen Bestimmungen). 33

Die Ermächtigung bedeutet nicht, dass die nach den §§ 10, 10a AsylbLG zuständige Behörde selbst zur Anwendung unmittelbaren Zwangs befugt wäre. Die Anwendung unmittelbaren Zwangs obliegt vielmehr ausschließlich den **Vollzugsbeamten des Bundes und der Länder**. Wer als Vollzugsbeamter zur Ausübung unmittelbaren Zwangs ermächtigt ist, ergibt sich aus den bundes- bzw. landesrechtlichen Bestimmungen über den unmittelbaren Zwang. Das Tätigwerden der Vollzugsbeamten setzt deshalb regelmäßig ein **Amtshilfeersuchen der nach dem AsylbLG zuständigen Behörde** voraus. 34

C. Praxishinweise

Nach § 7a AsylbLG sichergestellte Gegenstände sind vom zuständigen Träger in Verwahrung zu nehmen. Näheres regelt insoweit die Gemeindekassenverordnung des jeweiligen Landes.[20] 35

Die Anordnung der Sicherheitsleistung nach § 7a Satz 1 AsylbLG kann mit Widerspruch angefochten werden, der gemäß § 86a Abs. 1 SGG aufschiebende Wirkung hat. Es empfiehlt sich deshalb für die Behörde, die sofortige Vollziehung des Verwaltungsakts anzuordnen (§ 86a Abs. 2 Nr. 5 SGG). 36

Für Rechtsstreitigkeiten im Zusammenhang mit § 7a AsylbLG ist grundsätzlich der Rechtsweg zu den Sozialgerichten eröffnet (§ 51 Abs. 1 Nr. 6a SGG). Dies gilt auch dann, wenn ein Dritter mit der Behauptung, Eigentümer zu sein, die Auszahlung eines nach § 7a Satz 1 AsylbLG sichergestellten Geldbetrages begehrt[21] und damit der Sache nach einen Abwehranspruch geltend macht.[22] In diesen Fällen liegt allerdings eine gerichtskostenpflichtige Streitigkeit nach § 197a SGG vor, weil der Dritte nicht in seiner Eigenschaft als Leistungsberechtigter klagt (vgl. § 183 Satz 1 SGG). 37

---

[20] *Hohm/Scheider* in: Schellhorn/Schellhon/Hohm, § 7a AsylbLG Rn. 13.
[21] LSG Berlin-Brandenburg v. 23.11.2010 – L 23 AY 8/10 D, VG Berlin v. 27.07.2011 - 1 K 142.11.
[22] VGH Mannheim v. 02.05.2001 - 4 S 667/01; zustimmend *Wahrendorf* in: Grube/Wahrendorf, § 7a AsylbLG Rn. 14.

38 Da die Anordnung der Sicherheitsleistung ein (belastender) Verwaltungsakt i.S. des § 35 Satz 1 VwVfG ist, kann sie prozessual mit der Anfechtungsklage (§ 54 Abs. 1 Satz 1 SGG) angegriffen werden. Die Herausgabe des sichergestellten Vermögensgegenstands kann (auch parallel) mit der Leistungsklage geltend gemacht werden; bei vorheriger Ablehnung der Herausgabe ist die kombinierte Anfechtungs- und Leistungsklage (§ 54 Abs. 1 Satz 1, Abs. 4 SGG) statthaft.

39 Die Aufhebung der Sicherstellung ist auch dann zu beantragen und ggf. prozessual mit der kombinierten Anfechtungs- und Leistungsklage zu verfolgen, wenn der Leistungsanspruch zwischenzeitlich erloschen ist. Der Verwaltungsakt, mit dem die Sicherheitsleistung verfügt worden ist, hat sich allein durch die Beendigung des Leistungsverhältnisses noch nicht erledigt[23]; das Bedürfnis nach Sicherheitsleistung besteht vielmehr so lange fort, bis Erstattungsansprüche nach § 7 Abs. 1 Satz 3 AsylbLG entweder vollständig erfüllt sind oder endgültig nicht mehr geltend gemacht werden können.

---

[23] A.A. insbesondere *Herbst* in: Mergler/Zink, § 7a AsylbLG Rn. 5; *Wahrendorf* in: Grube/Wahrendorf, § 7a AsylbLG Rn. 16.

§ 7b AsylbLG Erstattung

(Fassung vom 24.09.2008, gültig ab 01.01.2009)

[1]Abweichend von § 50 des Zehnten Buches Sozialgesetzbuch sind 56 vom Hundert der bei der Leistung nach den §§ 2 und 3 berücksichtigten Kosten für Unterkunft, mit Ausnahme der Kosten für Heizungs- und Warmwasserversorgung, nicht zu erstatten. [2]Satz 1 gilt nicht im Fall des § 45 Abs. 2 Satz 3 des Zehnten Buches Sozialgesetzbuch oder wenn neben der Leistung nach den §§ 2 und 3 gleichzeitig Wohngeld nach dem Wohngeldgesetz geleistet worden ist oder wenn kein Wohnraum im Sinne des § 2 des Wohngeldgesetzes bewohnt wird.

Gliederung

A. Basisinformationen 1	III. Eingeschränkte Erstattung der Kosten der Unterkunft (Satz 1) 10
I. Textgeschichte/Gesetzgebungsmaterialien 1	IV. Gegenausnahmen (Satz 2) 15
II. Vorgängervorschriften 3	1. Rücknahme der Bewilligungsentscheidung nach § 45 Abs. 2 Satz 3 SGB X 15
III. Parallelvorschriften 4	
IV. Systematische Zusammenhänge 5	
B. Auslegung der Norm 7	2. Gleichzeitige Leistung von Wohngeld 17
I. Regelungsgehalt und Bedeutung der Norm 7	3. Kein Wohnraum i.S.d. § 2 WoGG 20
II. Normzweck 8	

A. Basisinformationen

I. Textgeschichte/Gesetzgebungsmaterialien

§ 7b AsylbLG wurde erst auf Empfehlung des Ausschusses für Wirtschaft und Arbeit[1] durch das Vierte Gesetz für moderne Dienstleistungen am Arbeitsmarkt vom 24.12.2003[2] in das AsylbLG aufgenommen. Die Vorschrift ist zum **01.01.2005** in Kraft getreten.

Mit dem Gesetz zur Neuregelung des Wohngeldrechts und zur Änderung des Sozialgesetzbuches vom 24.09.2008[3] wurde § 7b Satz 2 AsylbLG zum **01.01.2009** wegen der Neustrukturierung des WoGG redaktionell angepasst.[4]

II. Vorgängervorschriften

Eine Vorgängervorschrift im AsylbLG gibt es nicht.

III. Parallelvorschriften

Entsprechende Regelungen gibt es in der **Sozialhilfe** (§ 105 Abs. 2 SGB XII) und im Recht der **Grundsicherung für Arbeitsuchende** (§ 40 Abs. 4 SGB II).

IV. Systematische Zusammenhänge

§ 7b AsylbLG stellt bereits nach seinem Wortlaut einen **Zusammenhang zu § 50 SGB X** her. Nach § 50 Abs. 1 SGB X sind erbrachte Leistungen (vollständig) zu erstatten, soweit ein Verwaltungsakt aufgehoben worden ist. § 7b AsylbLG macht davon unter bestimmten Voraussetzungen eine Ausnahme, soweit es um 56% der berücksichtigten Kosten der Unterkunft geht. Da § 50 SGB X für das Asylbewerberleistungsrecht nicht unmittelbar, sondern lediglich über die Verweisungsnorm des § 9 Abs. 3 AsylbLG gilt, erscheint § 7b AsylbLG im Gesamtkontext des AsylbLG deplatziert. Die Regelung wäre in § 9 AsylbLG besser verortet gewesen.

§ 7b AsylbLG ist im Zusammenhang mit § 7 Abs. 1 Satz 1 Nr. 8 WoGG zu sehen, wonach Leistungsberechtigte nach dem AsylbLG grundsätzlich von Leistungen nach dem WoGG ausgeschlossen sind. Die Vorschrift soll dennoch in materieller Hinsicht eine **partielle Gleichstellung der Empfänger von Leistungen nach dem AsylbLG** mit Empfängern von Leistungen nach dem WoGG bewirken.

---

[1] BT-Drs. 15/1728, S. 226.
[2] BGBl I 2003, 2954.
[3] BGBl I 2008, 1856.
[4] Vgl. BT-Drs. 16/6543, S. 111 (zu Art. 2).

B. Auslegung der Norm

I. Regelungsgehalt und Bedeutung der Norm

7 Nach § 7b AsylbLG dürfen im Anschluss an eine Aufhebungsentscheidung mit Wirkung für die Vergangenheit Leistungen in einem Umfang von 56% der berücksichtigten Kosten der Unterkunft nicht zurückgefordert werden, sofern nicht die in der Norm bezeichneten Gegenausnahmen vorliegen. Die Norm schränkt damit den Regelungsgehalt des nach § 9 Abs. 3 AsylbLG entsprechend anwendbaren § 50 SGB X ein. Für andere Erstattungsansprüche, insbesondere für den Anspruch nach § 7 Abs. 1 Satz 3 AsylbLG, gilt § 7b AsylbLG nicht.[5]

II. Normzweck

8 Mit der Regelung soll bewirkt werden, dass sich der Ausschluss der Empfänger von Grund- und Analog-Leistungen von Leistungen nach dem WoGG rechtlich und tatsächlich nicht auf die Betroffenen auswirkt.[6] Hintergrund dieser Zielsetzung ist eine frühe Entscheidung des BVerfG, die den **Ausschluss von Sozialhilfeempfängern vom Wohngeld** wegen der Unterschiede der Leistungssysteme insbesondere im Hinblick auf den Einsatz von Einkommen und Vermögen und im Hinblick auf die Erstattungspflichten für **mit Art. 3 Abs. 1 GG unvereinbar** erachtete.[7]

9 Die Regelung des § 7b AsylbLG sieht der Gesetzgeber in diesem Zusammenhang als erforderlich an, weil das **Wohngeld** anders als die Leistungen nach dem AsylbLG **nur unter vergleichsweise engen Voraussetzungen der Erstattung unterliege**.[8] So wird § 48 SGB X durch wohngeldrechtliche Sonderregelungen (vgl. die §§ 27 Abs. 2, 28 Abs. 1-3 und Abs. 6 WoGG) weitgehend verdrängt.[9] § 45 SGB X ist dagegen auch im Wohngeldrecht uneingeschränkt anwendbar.[10] Dies rechtfertigt die Gegenausnahme des § 7b Satz 2 Alt. 1 AsylbLG.

III. Eingeschränkte Erstattung der Kosten der Unterkunft (Satz 1)

10 Nach § 7b Satz 1 AsylbLG sind abweichend von § 50 SGB X 56% der bei der Leistung berücksichtigten Kosten für die Unterkunft nicht zu erstatten. Der **Satz von 56%** orientiert sich am **tatsächlichen Subventionssatz des besonderen Mietzuschusses** auf Basis der empirischen Werte der Wohngeldstatistik 2001.[11]

11 Die Bezugnahme auf § 50 SGB X und der Wortlaut („zu erstatten") machen deutlich, dass sich die Einschränkung des § 7b Satz 1 AsylbLG lediglich auf die **Rückforderungsentscheidung** bezieht. Die **Aufhebungsentscheidung** bleibt von § 7b Satz 1 AsylbLG **unberührt** und kann demnach betragsmäßig von der Rückforderungsentscheidung abweichen.

12 § 7b Satz 2 AsylbLG nimmt von den **Unterkunftskosten** die **Kosten für die Heizung** und die **Kosten für die Warmwasserversorgung** aus. Die Norm hat insoweit lediglich klarstellenden Charakter, da es sich bei den Heiz- und Warmwasserkosten ohnehin nicht um Kosten der Unterkunft im engeren Sinne, sondern um Heizkosten handelt.[12] Diese beiden Bedarfsgruppen werden auch in § 3 Abs. 1 Satz 1 AsylbLG ausdrücklich unterschieden.

13 Die Ermittlung der reinen Unterkunftskosten kann insbesondere dann Schwierigkeiten bereiten, wenn zwischen dem Vermieter und dem Leistungsberechtigten eine **Pauschalmiete** vereinbart ist. Die reinen Unterkunftskosten sind dann unter Zuhilfenahme **aller verfügbaren Erkenntnisquellen** (Zeugeneinvernahme des Vermieters, tatsächlicher Heizmittelverbrauch, Aufwendungen des Vermieters für Heizmittelbeschaffung) zu bestimmen sowie ggf. zu schätzen. Dabei kann in Ermangelung anderer Erkenntnisquellen auch die **Bezugnahme auf § 13 Abs. 6 WoGG** in Betracht kommen.

14 § 7b Satz 1 AsylbLG gilt auch dann, wenn die **Aufhebungsentscheidung auf § 48 Abs. 1 Satz 2 Nr. 2 SGB X beruht** oder die **Bewilligungsentscheidung nur teilweise aufgehoben** worden ist. Gegenausnahmen dieses Inhalts sieht die Vorschrift – anders als § 40 Abs. 2 SGB II in der Fassung des Gesetzes

---

[5] SG Augsburg v. 11.03.2010 - S 15 AY 3/09 - ZfF 2011, 109.
[6] BT-Drs. 15/1749, S. 39.
[7] BVerfG v. 14.11.1969 - 1 BvL 4/69 - BVerfGE 27, 220, 225 ff.
[8] BT-Drs. 15/1749, S. 39.
[9] BVerwG v. 21.03.2002 - 5 C 4/01 - BVerwGE 116, 161, 163 ff.
[10] Vgl. BVerwG v. 25.09.1992 - 8 C 68/90, 8 C 70/90 - BVerwGE 91, 82, 91; dazu auch *Eicher* in: Eicher/Spellbrink, SGB II, § 40 Rn. 30.
[11] BT-Drs. 15/1749, S. 39.
[12] Vgl. zu den Kosten der Warmwasserzubereitung BSG v. 27.02.2008 - B 14/11b AS 15/07 R - BSGE 100, 94-103.

zur Änderung der Zweiten Buches Sozialgesetzbuch und anderer Gesetzes vom 24.03.2006[13] – nicht vor. Für eine ergänzend analoge Anwendung des § 40 Abs. 2 SGB II besteht keine Veranlassung, zumal auch § 105 SGB XII unverändert geblieben und der Sinn der Neufassung des § 40 Abs. 2 SGB II ohnehin zweifelhaft ist.[14]

IV. Gegenausnahmen (Satz 2)

1. Rücknahme der Bewilligungsentscheidung nach § 45 Abs. 2 Satz 3 SGB X

§ 7b Satz 1 AsylbLG gilt nicht in den Fällen, in denen die **(von Anfang an rechtswidrige) Bewilligungsentscheidung** nach § 9 Abs. 3 AsylbLG i.V.m. § 45 Abs. 2 Satz 3 SGB X aufgehoben wird (§ 7b Satz 2 Alt. 1 AsylbLG). Dem liegt – neben dem Gesichtspunkt der grundsätzlichen Anwendbarkeit des § 45 SGB X im Wohngeldrecht (vgl. dazu Rn. 9) – auch die Erwägung zugrunde, dass derjenige, der sich nicht auf schutzwürdiges Vertrauen berufen kann, nicht in den Genuss der Begünstigung durch § 7b Satz 1 AsylbLG gelangen soll.

§ 45 Abs. 2 Satz 3 SGB X umfasst drei Tatbestände:
- das Bewirken des begünstigenden Verwaltungsakts durch arglistige Täuschung, Drohung oder Bestechung (§ 45 Abs. 2 Satz 3 Nr. 1 SGB X),
- das Beruhen des Verwaltungsakts auf Angaben, die der Begünstigte vorsätzlich oder grob fahrlässig in wesentlicher Beziehung unrichtig oder unvollständig gemacht hat (§ 45 Abs. 2 Satz 3 Nr. 2 SGB X),
- Kenntnis oder grob fahrlässige Unkenntnis des Begünstigten von der Rechtswidrigkeit des begünstigenden Verwaltungsakts (§ 45 Abs. 2 Satz 3 Nr. 3 SGB X).

2. Gleichzeitige Leistung von Wohngeld

§ 7b Satz 1 AsylbLG gilt auch nicht in Fällen, in denen neben der Leistung nach den §§ 2, 3 AsylbLG **gleichzeitig Wohngeld nach dem WoGG** geleistet worden ist. Entscheidend ist, dass das Wohngeld für den gleichen Zeitraum wie die Leistungen nach dem AsylbLG **tatsächlich erbracht** worden ist; ein bloß paralleler Anspruch reicht nicht aus.

Die Vorschrift ist im Kontext mit § 7 Abs. 1 Nr. 8 WoGG zu sehen. Danach sind Leistungsberechtigte nach dem AsylbLG vom Wohngeld nur dann ausgeschlossen, wenn bei den Leistungen nach dem AsylbLG Kosten der Unterkunft berücksichtigt worden sind. Für den – allerdings eher theoretischen – Fall, dass Leistungsberechtigte nach § 1 Abs. 1 AsylbLG ausnahmsweise Wohngeld beanspruchen können, stellt § 7b Satz 2 Alt. 2 AsylbLG sicher, dass es **nicht** zu einer den Leistungsberechtigten **begünstigenden Doppelberücksichtigung** der nicht zu erstattenden Kosten der Unterkunft kommt.

Praktische Bedeutung hat § 7b Satz 2 Alt. 2 AsylbLG dagegen nur für **Altfälle**.[15]

3. Kein Wohnraum i.S.d. § 2 WoGG

§ 7b Satz 1 AsylbLG kommt schließlich dann nicht zu Anwendung, wenn der Leistungsempfänger keinen Wohnraum i.S.d. § 2 WoGG bewohnt, also entweder (bei Obdachlosigkeit) über gar keinen Wohnraum verfügt oder Räume bewohnt, die entweder **nicht zum Wohnen bestimmt** oder hierfür nach ihrer Anlage und baulichen Ausstattung **nicht geeignet** sind.

Aufnahmeeinrichtungen i.S.d. § 44 AsylVfG haben dagegen Wohnraumqualität i.S.d. § 2 WoGG.

---

[13] BGBl I 2006, 558.
[14] Vgl. BT-Drs. 16/688, S. 6 zu Art. 1 Nr. 9; dazu *Eicher* in: Eicher/Spellbrink, SGB II, § 40 Rn. 32 f.
[15] Vgl. BT-Drs. 15/1749, S. 39.

§ 8 AsylbLG Leistungen bei Verpflichtung Dritter

(Fassung vom 30.07.2004, gültig ab 01.01.2005)

(1) ¹Leistungen nach diesem Gesetz werden nicht gewährt, soweit der erforderliche Lebensunterhalt anderweitig, insbesondere auf Grund einer Verpflichtung nach § 68 Abs. 1 Satz 1 des Aufenthaltsgesetzes gedeckt wird. ²Besteht eine Verpflichtung nach § 68 Abs. 1 Satz 1 des Aufenthaltsgesetzes, übernimmt die zuständige Behörde die Kosten für Leistungen im Krankheitsfall, bei Behinderung und bei Pflegebedürftigkeit, soweit dies durch Landesrecht vorgesehen ist.

(2) Personen, die sechs Monate oder länger eine Verpflichtung nach § 68 Abs. 1 Satz 1 des Aufenthaltsgesetzes gegenüber einer in § 1 Abs. 1 genannten Person erfüllt haben, kann ein monatlicher Zuschuß bis zum Doppelten des Betrages nach § 3 Abs. 1 Satz 4 gewährt werden, wenn außergewöhnliche Umstände in der Person des Verpflichteten den Einsatz öffentlicher Mittel rechtfertigen.

Gliederung

A. Basisinformationen ... 1
I. Textgeschichte/Gesetzgebungsmaterialien ... 1
II. Vorgängervorschriften ... 4
III. Parallelvorschriften ... 5
IV. Systematische Zusammenhänge ... 6
B. Auslegung der Norm ... 7
I. Regelungsgehalt und Bedeutung der Norm ... 7
II. Normzweck ... 10
III. Nachrang der Leistungen nach dem AsylbLG (Absatz 1) ... 12
1. Nachranggrundsatz (Satz 1) ... 12
a. Regelungsgehalt ... 12
b. Erforderlicher Lebensunterhalt ... 13
c. Anderweitige Bedarfsdeckung ... 15
2. Ausnahme für Leistungen bei Krankheit, Behinderung und Pflegebedürftigkeit (Satz 2) ... 19
IV. Zuschuss an nach § 68 Abs. 1 Satz 1 AufenthG Verpflichtete (Absatz 2) ... 24
1. Regelungsgehalt, Aktiv- und Passivlegitimation ... 24
2. Tatbestandliche Voraussetzungen ... 26
a. Erfüllung einer Verpflichtung nach § 68 Abs. 1 Satz 1 AufenthG ... 26
b. Rechtfertigung des Einsatzes öffentlicher Mittel ... 29
3. Rechtsfolgen ... 33
C. Praxishinweise ... 37

A. Basisinformationen

I. Textgeschichte/Gesetzgebungsmaterialien

1 § 8 AsylbLG trat in der Fassung des Gesetzes zur Neuregelung der Leistungen an Asylbewerber (AsylbNG) vom 30.06.1993[1] zum 01.11.1993 in Kraft. Diese mit „Erwerbstätigkeit" überschriebene Ursprungsfassung enthielt allerdings Bestimmungen zu Meldepflichten und deren Bußgeldbewehrung, die inzwischen in den §§ 8a, 13 AsylbLG geregelt sind. Mit der heutigen Norm hatte diese Fassung inhaltlich nichts gemein.

2 Durch das Erste Gesetz zur Änderung des Asylbewerberleistungsgesetzes vom 26.05.1997[2] ist § 8 AsylbLG als „Leistungen bei Verpflichtung Dritter" betreffende Vorschrift neu gefasst worden und zum **01.06.1997** in Kraft getreten. Die Gesetzesfassung entspricht dem Gesetzentwurf der Fraktionen von CDU/CSU und FDP für ein Erstes Gesetz zur Änderung des Asylbewerberleistungsgesetzes und anderer Gesetze vom 24.10.1995.[3]

3 Durch das Gesetz zur Steuerung und Begrenzung der Zuwanderung und zur Regelung des Aufenthalts und der Integration von Unionsbürgern und Ausländern (Zuwanderungsgesetz) vom 30.07.2004[4] wurde § 8 AsylbLG redaktionell angepasst, indem jeweils die bis dahin bestehende Verweisung auf § 84 Abs. 1 Satz AuslG durch diejenige auf § 68 Abs. 1 Satz 1 AufenthG ersetzt wurde.

---

[1] BGBl I 1993, 1074.
[2] BGBl I 1997, 1130.
[3] BT-Drs. 13/2746, S. 18.
[4] BGBl I 2004, 1950.

II. Vorgängervorschriften

Vorgängervorschriften zu § 8 AsylbLG gibt es nicht. 4

III. Parallelvorschriften

Mit § 8 AsylbLG vollständig **inhaltsgleiche Vorschriften** gibt es in anderen existenzsichernde Leistungen betreffenden Gesetzen nicht. Die Regelung des § 8 Abs. 1 Satz 1 AsylbLG weist, soweit sie den Nachrang der Leistungen nach dem AsylbLG anordnet („Leistungen … werden nicht gewährt, soweit …"), **gewisse inhaltliche Ähnlichkeiten** mit § 2 Abs. 1 SGB XII, aber auch mit § 19 Abs. 1 Satz 1 SGB XII auf. In der Grundsicherung für Arbeitsuchende hat die die **Hilfebedürftigkeit betreffende Vorschrift** des § 9 Abs. 1 SGB II insoweit einen ähnlichen Regelungsgehalt. 5

IV. Systematische Zusammenhänge

Was den Nachrang der Leistungen und die Frage der Bedürftigkeit anbelangt (§ 8 Abs. 1 Satz 1 AsylbLG), weist die Norm Bezüge zu den Regelungen über den **Einsatz von Einkommen und Vermögen** in § 7 AsylbLG und zu § 9 Abs. 2 AsylbLG auf. Im Übrigen wird bereits aus der wiederholten unmittelbaren Bezugnahme auf § 68 AufenthG deutlich, dass die Norm im Kontext mit **aufenthaltsrechtlichen Bestimmungen** zu lesen ist. 6

B. Auslegung der Norm

I. Regelungsgehalt und Bedeutung der Norm

§ 8 Abs. 1 Satz 1 AsylbLG ordnet ausdrücklich den **Nachrang der Leistungen nach dem AsylbLG** gegenüber anderweitiger Bedarfsdeckung an, insbesondere gegenüber Leistungen, die aufgrund einer Verpflichtung nach § 68 Abs. 1 Satz 1 AufenthG erbracht werden. § 8 Abs. 1 Satz 2 AsylbLG lässt auf landesrechtlicher Grundlage Einschränkungen vom grundsätzlichen Nachrang für Leistungen wegen Krankheit, Behinderung oder Pflegebedürftigkeit zu. 7

§ 8 Abs. 2 AsylbLG sieht als **Ermessensleistung** für besondere Ausnahmefälle einen **Zuschuss an nach § 68 Abs. 1 Satz 1 AufenthG Verpflichtete** vor. 8

Die **praktische Bedeutung** der Norm bleibt hinter dem rechtlichen Stellenwert der grundsätzlichen Aussagen deutlich zurück. Auch die geringe Anzahl veröffentlichter Entscheidungen spricht dafür, dass § 8 AsylbLG in der Praxis der Verwaltungsbehörden und Sozialgerichte eine **bestenfalls untergeordnete Rolle** spielt.[5] 9

II. Normzweck

§ 8 Abs. 1 Satz 1 AsylbLG soll **klarstellen**, dass Leistungen nach dem AsylbLG nur nachrangig gewährt werden; bereits vor Einführung dieser Vorschrift war wegen der Regelungen des § 7 AsylbLG ersichtlich, dass Leistungsansprüche nur bestehen, soweit der Bedarf nicht durch vorhandenes Einkommen oder Vermögen gedeckt wird. Für die weitreichenden Ausnahmen vom Nachrang gegenüber Leistungspflichten nach § 68 Abs. 1 Satz 1 AufenthG, die § 8 Abs. 1 Satz 2 AsylbLG gerade für die im Regelfall kostenintensiven Leistungen bei Krankheit, Behinderung oder Pflegebedürftigkeit zulässt, findet sich in den Gesetzesmaterialien keine Begründung. Es dürfte um den **Schutz** der sich nach § 68 Abs. 1 Satz 1 AufenthG verpflichtenden Personen **vor finanzieller Überforderung** gehen. 10

Der Zuschuss nach § 8 Abs. 2 AsylbLG dient in erster Linie dazu, die **private Hilfsbereitschaft zu unterstützen**, zu weiterer Hilfe zu motivieren und die **Leistungsfähigkeit von Privatpersonen** zu erhalten.[6] 11

III. Nachrang der Leistungen nach dem AsylbLG (Absatz 1)

1. Nachranggrundsatz (Satz 1)

a. Regelungsgehalt

Leistungen nach dem AsylbLG werden nach Maßgabe des § 8 Abs. 1 Satz 1 AsylbLG nicht gewährt, soweit der erforderliche Lebensunterhalt anderweitig sichergestellt ist. Die Regelung normiert damit einerseits einen allgemeinen **Nachrang der Leistungen** nach dem AsylbLG, schafft andererseits aber 12

---

[5] Vgl. auch *Scheider* in: GK-AsylbLG, § 8 Rn. 11.
[6] BT-Drs. 13/2746, S. 17.

§ 8 AsylbLG

gleichzeitig auch einen normativen Rahmen für die bei bedarfsbezogenen existenzsichernden Leistungen notwendige **Prüfung der Bedürftigkeit**.

b. Erforderlicher Lebensunterhalt

13 Der erforderliche Lebensunterhalt im Sinne des § 8 Abs. 1 Satz 1 AsylbLG entspricht dem **Bedarf der leistungsberechtigten Person**. Dieser ergibt sich aus den leistungsrechtlichen Vorschriften des AsylbLG, für Leistungsberechtigte nach § 1 Abs. 1 AsylbLG insbesondere aus den §§ 3, 4 und 6 AsylbLG.[7]

14 Für **Analog-Berechtigte** nach § 2 Abs. 1 AsylbLG umfasst der erforderliche Lebensunterhalt alle **entsprechend den Bestimmungen des SGB XII zu berücksichtigenden Bedarfe**. Der „erforderliche Lebensunterhalt" i.S.d. § 8 Abs. 1 Satz 1 AsylbLG ist nicht deckungsgleich mit dem Begriff des „notwendigen Lebensunterhalts" in § 27a Abs. 1 SGB XII, der auf nach dem 3. Kapitel des SGB XII zu deckende Bedarfe beschränkt ist.

c. Anderweitige Bedarfsdeckung

15 Der Ausschluss greift nur, soweit der erforderliche Lebensunterhalt anderweitig gedeckt ist. Die Regelung trägt dem **sozialhilferechtlichen Bedarfsdeckungsgrundsatz** Rechnung und setzt voraus, dass der leistungsberechtigten Person die zur Deckung ihres Bedarfs erforderlichen Mittel **tatsächlich zur Verfügung** stehen. Bloße Leistungspflichten Dritter (z.B. Unterhaltsansprüche) stehen, soweit sie nicht unmittelbar realisierbar sind, Ansprüchen nach dem AsylbLG nicht entgegen.[8]

16 Zu anderweitiger Bedarfsdeckung führen in erster Linie das **Vorhandensein berücksichtigungsfähigen Einkommens oder Vermögens**. Insoweit gelten die Regelungen des § 7 AsylbLG. Aber auch Sozialleistungen, die von anderen Leistungsträgern tatsächlich erbracht werden, können einem Anspruch auf Leistungen nach dem AsylbLG entgegenstehen.[9]

17 Diese Grundsätze gelten auch für die in § 8 Abs. 1 Satz 1 AsylbLG besonders in Bezug genommene **Verpflichtung eines Dritten** nach § 68 Abs. 1 Satz 1 AufenthG: Es reicht für die Verweigerung von Leistungen nach dem AsylbLG nicht aus, dass der Dritte der Ausländerbehörde oder der Auslandsvertretung gegenüber die Verpflichtung übernommen hat, die Kosten für den Lebensunterhalt des Ausländers zu tragen. Da die **Verpflichtungserklärung nur gegenüber der jeweiligen Behörde Rechtswirkungen** entfaltet und dem Ausländer **keinen Rechtsanspruch gegen den Dritten** verschafft[10], handelt es sich für ihn nicht um eine vermögenswerte Position. Nur wenn der Bedarf faktisch aufgrund dieser Verpflichtung gedeckt ist, scheidet ein Leistungsanspruch aus[11].

18 Die Bezugnahme auf § 68 Abs. 1 Satz 1 AufenthG dient damit im Wesentlichen der **Klarstellung**; weil die in Erfüllung der Verpflichtung vom Dritten erbrachten Leistungen für die leistungsberechtigte Person im Regelfall einzusetzendes Einkommen sind (§ 7 Abs. 1 Satz 1 AsylbLG), bedürfte es dieser Regelung für das Asylbewerberleistungsrecht nicht zwingend. Die Klarstellung ist allerdings im Verhältnis zu § 68 Abs. 1 Satz 1 AufenthG konsistent: Weil nur die rechtmäßige Leistungsgewährung eine Erstattungspflicht auf der Grundlage einer Verpflichtungserklärung nach § 68 AufenthG auszulösen vermag[12], muss die Leistungsgewährung ungeachtet einer Verpflichtungserklärung grundsätzlich rechtmäßig erfolgen können. Dies ist stets dann der Fall, wenn der nach § 68 Abs. 1 Satz 1 AufenthG Verpflichtete seiner Verpflichtung der leistungsberechtigten Person gegenüber tatsächlich nicht nachkommt.[13]

---

[7] So auch *Scheider* in: GK-AsylbLG, § 8 Rn. 15; *Wahrendorf* in: Grube/Wahrendorf, SGB XII, § 8 AsylbLG Rn. 2.
[8] Vgl. SG Hildesheim v. 22.07.2011 - S 42 AY 41/11 ER.
[9] BT-Drs. 13/2746, S. 17.
[10] *Wahrendorf* in: Grube/Wahrendorf, SGB XII, § 8 AsylbLG Rn. 2; *Birk* in: LPK-SGB XII, § 8 AsylbLG Rn. 4; vgl. auch VGH Mannheim v. 19.11.1993 - 6 S 2371/93 - FEVS 45, 32.
[11] SG Dortmund v. 11.05.2011 - S 47 AY 58/11 ER - SAR 2011, 106.
[12] Vgl. BVerwG v. 24.11.1998 - 1 C 33/97 - BVerwGE 108, 1.
[13] VGH Mannheim v. 21.03.2013 - 12 S 1188/12.

2. Ausnahme für Leistungen bei Krankheit, Behinderung und Pflegebedürftigkeit (Satz 2)

Nach § 8 Abs. 1 Satz 2 AsylbLG i.V.m. landesrechtlichen Bestimmungen übernimmt die zuständige Behörde die Kosten für Leistungen im Krankheitsfall, bei Behinderung und bei Pflegebedürftigkeit, wenn eine Verpflichtung nach § 68 Abs. 1 Satz 1 AufenthG besteht. Dies kann potenziell zu weit reichenden **Einschränkungen des Nachrangs der Leistungen nach dem AsylbLG** gegenüber Verpflichtungen nach § 68 Abs. 1 Satz 1 AufenthG führen. 19

Die Kostenübernahmeverpflichtung besteht allerdings nur, soweit dies **durch Landesrecht vorgesehen** ist. Damit soll der grundsätzlichen **Kostenzuständigkeit der Länder** für das AsylbLG Rechnung getragen werden.[14] Landesrecht in diesem Sinne sind zumindest formelle Landesgesetze und Rechtsverordnungen als bloß materielle Gesetze. Allerdings dürften auch Verwaltungsvorschriften im Ergebnis Landesrecht im Sinne dieser Vorschrift sein.[15] 20

Die Kostenübernahmeverpflichtung nach § 8 Abs. 1 Satz 2 AsylbLG entsteht bereits, wenn eine **Verpflichtung nach § 68 Abs. 1 Satz 1 AufenthG** besteht. Anders als im Bereich der Nachrangregelung des § 8 Abs. 1 Satz 1 AsylbLG kommt es nicht darauf an, ob der Verpflichtete seine Verpflichtung erfüllt oder nicht.[16] 21

Gegenstand der Kostenübernahmeverpflichtung sind die **Leistungen im Krankheitsfall, bei Behinderung und bei Pflegebedürftigkeit**. Für leistungsberechtigte Personen nach § 1 Abs. 1 AsylbLG kommen Leistungen nach den §§ 4, 6 AsylbLG in Betracht; für die privilegierten Analogberechtigten nach § 2 Abs. 1 AsylbLG geht es um **Leistung der Hilfen zur Gesundheit** entsprechend §§ 47-52 SGB XII, der **Eingliederungshilfe für behinderte Menschen** entsprechend §§ 53-60 SGB XII und der **Hilfe zur Pflege** entsprechend §§ 61-66 SGB XII. 22

Die Übernahmeverpflichtung trifft die **zuständige Behörde**. Damit gemeint ist die nach dem AsylbLG sachlich und örtlich zuständige Behörde. Es gelten die §§ 10, 10a AsylbLG. 23

IV. Zuschuss an nach § 68 Abs. 1 Satz 1 AufenthG Verpflichtete (Absatz 2)

1. Regelungsgehalt, Aktiv- und Passivlegitimation

Nach § 8 Abs. 2 AsylbLG kann Personen, die mindestens sechs Monate eine Verpflichtung nach § 68 Abs. 1 Satz 1 AufenthG erfüllen, ein monatlicher **Zuschuss** gewährt werden, wenn außergewöhnliche Umstände in ihrer Person den Einsatz öffentlicher Mittel rechtfertigen. Es handelt sich um eine **atypische Anspruchsgrundlage**, weil sie einem Dritten ein subjektiv-öffentliches Recht auf Leistungen nach dem AsylbLG einräumt.[17] 24

Gegner des Anspruchs ist mangels besonderer Regelung der nach § 10a AsylbLG örtlich und nach Maßgabe des § 10 AsylbLG und den landesrechtlichen Bestimmungen sachlich zuständige Träger. Es kommt für die Zuständigkeit also grundsätzlich auf den **tatsächlichen Aufenthaltsort der leistungsberechtigten Person** (§ 10a Abs. 1 Satz 2 AsylbLG) und nicht auf den Wohn- oder Aufenthaltsort des nach § 68 Abs. 1 Satz 1 AufenthG Verpflichteten an. 25

2. Tatbestandliche Voraussetzungen

a. Erfüllung einer Verpflichtung nach § 68 Abs. 1 Satz 1 AufenthG

Voraussetzung für den Anspruch des Dritten ist zunächst, dass er eine Verpflichtung nach § 68 Abs. 1 Satz 1 AufenthG gegenüber einer in § 1 Abs. 1 AsylbLG genannten Person – dazu können auch Analog-Berechtigte nach § 2 Abs. 1 AsylbLG zählen – tatsächlich erfüllt. Das bloße **Bestehen einer Verpflichtung** nach § 68 Abs. 1 Satz 1 AufenthG reicht nicht aus. 26

Ebenso wenig dürfte es genügen, dass der Anspruchsteller einem **Erstattungsanspruch** nach § 68 Abs. 1 Satz 1 AufenthG ausgesetzt ist, weil eine öffentliche Stelle für den Lebensunterhalt des Ausländers aufgekommen ist. Denn in diesem Fall hätte der Anspruchsteller die Verpflichtung nach § 68 Abs. 1 Satz 1 AufenthG gerade nicht gegenüber der leistungsberechtigten Person erfüllt. 27

Die Verpflichtung muss darüber hinaus bereits **mindestens sechs Monate** erfüllt worden sein. Dies ist der Fall, wenn die nach § 1 Abs. 1 AsylbLG leistungsberechtigte Person sich seit mindestens sechs Monaten im räumlichen Geltungsbereich des AsylbLG aufhält und **keine Leistungen aus öffentlichen** 28

---

[14] BT-Drs. 13/2746, S. 17.
[15] So *Scheider* in: GK-AsylbLG, § 8 Rn. 38.
[16] *Scheider* in: GK-AsylbLG, § 8 Rn. 36.
[17] *Wahrendorf* in: Grube/Wahrendorf, SGB XII, § 8 AsylbLG Rn. 6.

Mitteln erhalten hat, weil die nach § 68 Abs. 1 Satz 1 AufenthG verpflichtete Person den Lebensunterhalt sichergestellt hat. Für das Vorliegen dieser Voraussetzungen trifft den Anspruchsteller im Zweifelsfall die materielle Beweislast. Der Nachweis kann bspw. durch Vorlage geeigneter Belege erbracht werden.

b. Rechtfertigung des Einsatzes öffentlicher Mittel

29 Voraussetzung ist ferner, dass außergewöhnliche Umstände in der Person des Verpflichteten den Einsatz öffentlicher Mittel rechtfertigen. Diese Aneinanderreihung **unbestimmter Rechtsbegriffe** wird im Schrifttum unter Hinweis auf die Gesetzesbegründung („Das Ermessen…wird dahingehend eingeschränkt, daß die außergewöhnlichen Umstände den Einsatz öffentlicher Mittel rechtfertigen müssen.")[18], als „ermessenslenkendes Merkmal"[19] oder „Ermessensdirektive"[20] angesehen. Tatsächlich dürfte es sich bei § 8 Abs. 2 AsylbLG um eine gewöhnliche **Koppelungsnorm** handeln, die (tatbestandliche) unbestimmte Rechtsbegriffe mit behördlichem Ermessen verknüpft. Weil sie eine Einschränkung des Ermessens intendiert, spricht auch die Gesetzesbegründung zumindest dafür, dass die Frage, ob außergewöhnliche Umstände den Einsatz öffentlicher Mittel rechtfertigen, der uneingeschränkten gerichtlichen Kontrolle zugänglich ist. Der Behörde kommt insoweit **weder ein Ermessens- noch ein Beurteilungsspielraum** zu.

30 Die außergewöhnlichen Umstände müssen **in der Person des Verpflichteten** liegen. Der Wortlaut des § 8 Abs. 2 AsylbLG ist eindeutig und lässt keine weitergehende Auslegung zu. Es kommt also allein auf die **konkreten Lebensumstände** des Verpflichteten an. Die Situation der nach dem AsylbLG leistungsberechtigten Person ist unerheblich, so dass die unvorhergesehene Verlängerung ihres Aufenthalts im Bundesgebiet grundsätzlich kein Umstand ist, der den Einsatz öffentlicher Mittel rechtfertigt.[21] § 8 Abs. 2 AsylbLG ist auch **keine Auffangvorschrift** für Fallgestaltungen, in denen die Kosten für die leistungsberechtigte Person wegen einer plötzlichen Erkrankung oder einer eintretenden Pflegebedürftigkeit unerwartet steigen und die Vorschrift des § 8 Abs. 1 Satz 2 AsylbLG z.B. mangels landesrechtlicher Regelung nicht greift.

31 **Außergewöhnliche Umstände** sind insbesondere erhebliche, unvermittelte und unverschuldete **Verschlechterungen der Einkommens- oder Vermögenssituation** oder der **Wohnsituation**.[22] Die Umstände dürfen zu dem Zeitpunkt, als die Verpflichtung nach § 68 Abs. 1 Satz 1 AufenthG abgegeben wurde, noch **nicht absehbar** gewesen sein.[23] Außergewöhnlich sind diese Umstände zumeist nur, wenn sie **atypisch** sind und mit Rücksicht auf die eingegangene Verpflichtung nach § 68 Abs. 1 Satz 1 AufenthG **wirtschaftlich besonders ins Gewicht fallen**. Dafür kommt beispielhaft eine nicht nur vorübergehende **Arbeitslosigkeit** oder das Einsetzen einer **Unterhaltsverpflichtung** für nahestehende Verwandte in Betracht.

32 „Gerechtfertigt" ist der Einsatz öffentlicher Mittel, wenn und soweit der Einsatz öffentlicher Mittel nach einer **umfassenden Abwägung** der Interessen des Verpflichteten mit denen der Allgemeinheit angemessen erscheint.

3. Rechtsfolgen

33 Die zuständige Behörde kann bei Vorliegen der tatbestandlichen Voraussetzungen einen **Zuschuss** gewähren. Die Gewährung der Leistung wird damit in das **Ermessen** der Behörde gestellt. Sie hat ihr Ermessen entsprechend dem **Zweck der Ermächtigung** auszuüben und die Grenzen des Ermessens einzuhalten (vgl. die § 40 VwVfG entsprechenden landesrechtlichen Bestimmungen). Die nach § 68 Abs. 1 Satz 1 AufenthG verpflichtete Person hat lediglich einen korrespondierenden **Anspruch auf ermessensfehlerfreie Entscheidung**. Die Ermessensausübung kann gerichtlich nur auf eine Über- oder Unterschreitung des Ermessens oder auf einen Ermessensfehlgebrauch überprüft werden.

34 § 8 Abs. 2 AsylbLG räumt der zuständigen Behörde sowohl ein Entschließungs- als auch ein Auswahlermessen ein. Das **Auswahlermessen** wird allerdings **begrenzt**: Die Behörde darf die nach § 68 Abs. 1 Satz 1 AufenthG verpflichtete Person monatlich nur bis zum **Doppelten des Betrags nach § 3 Abs. 1 Satz 4 AsylbLG** bezuschussen.

---

[18] BT-Drs. 13/2746, S. 17.
[19] *Decker* in: Oestreicher/Schelter/Kunz, SGB II/SGB XII, § 8 AsylbLG Rn. 9.
[20] *Scheider* in: GK-AsylbLG, § 8 Rn. 50.
[21] A.A. *Birk* in: LPK-SGB XII, § 8 AsylbLG Rn. 6.
[22] Vgl. BT-Drs. 13/2746, S. 17.
[23] *Scheider* in: GK-AsylbLG, § 8 Rn. 53.

Da das BVerfG u.a. § 3 Abs. 1 Satz 4 AsylbLG für unvereinbar mit dem Grundgesetz erklärt und zugleich angeordnet hat, dass sich die Geldbeträge nach § 3 Abs. 1 Satz 4 Nr. 1 und 2 AsylbLG bis zum Inkrafttreten einer Neuregelung ab 01.01.2011 entsprechend den sich aus den §§ 5-7 RBEG für Einpersonen- und Familienhaushalte ergebenden regelbedarfsrelevanten Verbrauchsausgaben für die Abteilungen 7 (Verkehr), 8 (Nachrichtenübermittlung), 9 (Freizeit, Unterhaltung, Kultur), 10 (Bildung), 11 (Beherbergungs- und Gaststättendienstleistungen) und 12 (Andere Waren und Dienstleistungen) ergeben soll[24], stellt dieser Betrag vorübergehend auch die relevante Bezugsgröße i.S. des § 8 Abs. 2 AsylbLG dar.[25] Zwar ist eine Anhebung der Beträge hier nicht zur Sicherung des menschenwürdigen Existenzminimums (Art. 1 Abs. 1 GG i.V.m. Art. 20 Abs. 1 GG) geboten, weil sie lediglich die Bezuschussung nicht leistungsberechtigter Dritter betrifft. Die abstrakte Regelungsanordnung des BVerfG ist aber eindeutig und in diesem Kontext unschädlich, weil der nunmehr durch Bezugnahme auf das RBEG erreichte höhere Betrag lediglich einen die Ermessensausübung begrenzenden Maximalwert darstellt. 35

Dies entspricht einem Betrag von z.Zt. **maximal 274 €/Monat** (anstelle von 81,81 €/Monat bei Anwendung des § 3 Abs. 1 Satz 4 AsylbLG) bei alleinstehenden erwachsenen Ausländern und 160 €/Monat (anstelle von 40,90 €/Monat) bei Kindern bis zur Vollendung des 6. Lebensjahrs. Aus dem Begriff Zuschuss folgt zudem, dass die monatlichen Leistungen den Betrag nicht überschreiten dürfen, den die anspruchsberechtigte Person zur Erfüllung ihrer Verpflichtung nach § 68 Abs. 1 Satz 1 AufenthG selbst aufwendet. 36

C. Praxishinweise

Für Streitigkeiten über **Erstattungsansprüche** des nach dem AsylbLG eintretenden Trägers **gegen den nach § 68 Abs. 1 Satz 1 AufenthG Verpflichteten** ist nach § 40 Abs. 1 Satz 1 VwGO der **Rechtsweg zu den Gerichten der Verwaltungsgerichtsbarkeit** eröffnet; es handelt sich nicht um eine Streitigkeit in Angelegenheiten des AsylbLG nach § 51 Abs. 1 Nr. 6a SGG, für die die Sozialgerichte zuständig wären.[26] 37

Für **Streitigkeiten über Ansprüche, die auf § 8 Abs. 2 AsylbLG gestützt werden**, sind hingegen die **Sozialgerichte** zuständig. Insoweit liegt eine Angelegenheit des AsylbLG i.S.v. § 51 Abs. 1 Nr. 6a SGG vor. Es handelt sich insoweit aber um **kostenrechtlich nicht privilegierte Verfahren** nach § 197a SGG, weil die (potenziellen) Anspruchsinhaber keine Leistungsempfänger i.S.d. § 183 Satz 1 SGG sind. 38

---

[24] BVerfG v. 18.07.2012 - 1 BvL 10/10, 1 BvL 2/11 - BverfGE 132, 134.
[25] So auch *Scheider* in: GK-AsylbLG, § 8 Rn. 56 f.
[26] BSG v. 26.10.2010 - B 8 AY 1/09 R.

§ 8a AsylbLG Meldepflicht

(Fassung vom 05.08.1997, gültig ab 01.06.1997)

Leistungsberechtigte, die eine unselbständige oder selbständige Erwerbstätigkeit aufnehmen, haben dies spätestens am dritten Tag nach Aufnahme der Erwerbstätigkeit der zuständigen Behörde zu melden.

Gliederung

A. Basisinformationen ... 1
I. Textgeschichte/Gesetzgebungsmaterialien ... 1
II. Vorgängervorschriften ... 2
III. Parallelvorschriften ... 4
IV. Systematische Zusammenhänge ... 5
B. Auslegung der Norm ... 7
I. Regelungsgehalt und Bedeutung der Norm ... 7
II. Normzweck ... 8
III. Meldepflicht ... 9
1. Meldepflichtige ... 9
2. Adressat der Meldung ... 10
3. Reichweite der Meldepflicht ... 12
4. Meldefrist ... 15
5. Überwachung der Meldefrist ... 21
C. Praxishinweise ... 23

A. Basisinformationen

I. Textgeschichte/Gesetzgebungsmaterialien

1   Der bis auf die gesetzliche Überschrift der Vorgängerregelung (vgl. Rn. 2) entsprechende § 8a AsylbLG wurde durch das Erste Gesetz zur Änderung des Asylbewerberleistungsgesetzes vom 26.05.1997[1] zum **01.06.1997** in das AsylbLG aufgenommen.[2]

II. Vorgängervorschriften

2   Die inhaltsgleiche Vorgängervorschrift zu § 8a AsylbLG war **§ 8 Abs. 1 AsylbLG in der bis zum 31.05.1997 geltenden Fassung** des Gesetzes zur Neuregelung der Leistungen an Asylbewerber (AsylbNG) vom 30.06.1993.[3]

3   Der mit „Erwerbstätigkeit" betitelte alte § 8 AsylbLG enthielt in Absatz 2 daneben noch eine (ebenfalls bußgeldbewehrte, vgl. § 8 Abs. 3 AsylbLG a.F.) **Meldepflicht des Arbeitgebers**. Eine entsprechende Vorschrift gibt es inzwischen nicht mehr.

III. Parallelvorschriften

4   In den **Sozialleistungsbereichen**, die Teile des SGB sind oder die als besondere Teile des SGB gelten (vgl. § 68 SGB I), statuiert § 60 SGB I – wenngleich abstrakter – ähnliche Verpflichtungen wie § 8a AsylbLG. Deshalb finden sich namentlich in den arbeitsförderungsrechtlichen Leistungsgesetzen auch keine § 8a AsylbLG unmittelbar entsprechenden Vorschriften, sondern lediglich **Auskunfts- und Bescheinigungspflichten** der Arbeitgeber (§§ 313, 57-58 SGB II). Zum Verhältnis zwischen § 8a AsylbLG und § 60 Abs. 1 Satz 1 SGB I vgl. Rn. 6.

IV. Systematische Zusammenhänge

5   Die Meldepflicht besteht, damit **Einkommen** des Leistungsberechtigten **zeitnah berücksichtigt** werden kann. Insoweit ist § 8a AsylbLG im Kontext mit § 7 Abs. 1 und 2 AsylbLG zu lesen. Die **Bußgeldvorschriften** des § 13 AsylbLG und des § 8 Abs. 1 Nr. 1 lit. c SchwarzArbG, die sich ausschließlich auf die Verletzung der Meldepflicht nach § 8a AsylbLG beziehen (zum Konkurrenzverhältnis der beiden Vorschriften vgl. die Kommentierung zu § 13 AsylbLG Rn. 4), sind zu beachten.

6   Problematisch ist das Verhältnis zwischen § 8a AsylbLG und dem gemäß § 7 Abs. 4 AsylbLG entsprechend anwendbaren § 60 Abs. 1 Satz 1 SGB I. Überwiegendes spricht für ein **realkonkurrierendes Nebeneinander** beider Vorschriften: Die Verletzung der Pflicht nach § 8a AsylbLG kann (nur) durch ein Bußgeld (§ 13 AsylbLG) geahndet werden. Dass der Behörde daneben nicht die Möglichkeit eröffnet werden soll, Leistungen bei mangelnder Mitwirkung vorläufig nach § 66 SGB I zu versagen, dürfte

---

[1] BGBl I 1997, 1130.
[2] Vgl. dazu BT-Drs. 13/2746, S. 17.
[3] BGBl I 1993, 1074.

angesichts der ohnehin restriktiven Tendenz dieses Leistungsgesetzes nicht dem Willen des Gesetzgebers entsprechen, der auch in den Gesetzesmaterialien der nach der Vorgängerregelung zu § 8a AsylbLG eingefügten Vorschrift des § 7 Abs. 4 AsylbLG zum Ausdruck kommt.[4]

B. Auslegung der Norm

I. Regelungsgehalt und Bedeutung der Norm

§ 8a AsylbLG erlegt Leistungsberechtigten nach dem AsylbLG eine **besondere Meldepflicht** bei Aufnahme einer Erwerbstätigkeit auf.

7

II. Normzweck

Durch die Vorschrift soll sichergestellt werden, dass die zuständigen Behörden erfahren, dass der Leistungsberechtigte Erwerbseinkommen erzielt, das auf die Leistungen nach diesem Buch anzurechnen ist oder eine Erstattung auslöst.[5]

8

III. Meldepflicht

1. Meldepflichtige

Meldepflichtig sind nach § 8a AsylbLG **Leistungsberechtigte**. Davon erfasst werden alle Leistungsberechtigten i.S.d. § 1 Abs. 1 AsylbLG. Dazu zählen auch die so genannten **Analog-Berechtigten**. § 2 Abs. 1 AsylbLG schließt für diesen Personenkreis lediglich die Anwendung der §§ 3-7 AsylbLG aus, nicht dagegen die Anwendung des § 8a AsylbLG. Trotz der systematischen Bezüge zwischen § 8a AsylbLG und § 7 AsylbLG ist diese gesetzgeberische Wertentscheidung zu respektieren.[6]

9

2. Adressat der Meldung

Adressat der Meldung ist die **zuständige Behörde**. Gemeint ist damit die sachlich (vgl. § 10 AsylbLG i.V.m. Landesrecht) und örtlich (§ 10a AsylbLG) für die Angelegenheiten nach dem AsylbLG im konkreten Einzelfall zuständige Behörde.

10

Eine **bei einer anderen Behörde gemachte Mitteilung** (z.B. der Ausländerbehörde) genügt den Anforderungen des § 8a AsylbLG dann nicht, wenn diese Behörde einem anderen Verwaltungsträger zugeordnet ist. Die Kenntnisnahme durch diese andere Behörde kann der für Leistungen nach dem AsylbLG zuständigen Behörde zumindest **nicht ohne weiteres zugerechnet** werden.[7] Namentlich § 16 SGB I ist nicht anwendbar, da sich diese – im Asylbewerberleistungsrecht ohnehin nicht unmittelbar anwendbare – Bestimmung lediglich auf Anträge bezieht.

11

3. Reichweite der Meldepflicht

Nach § 8a AsylbLG ist die **Aufnahme der (unselbständigen oder selbständigen) Erwerbstätigkeit** zu melden. Näher umreißt die Vorschrift die Meldepflicht nicht. Dem Sinn und Zweck der Meldepflicht (vgl. Rn. 8) kann allerdings die bloße Mitteilung, dass eine Erwerbstätigkeit aufgenommen worden ist, nicht gerecht werden. Für einen weitergehenden Umfang spricht auch § 13 Abs. 1 Alt. 3 AsylbLG, der die Bußgeldbewehrung einer unvollständigen Meldung regelt, was voraussetzt, dass die Meldung **aus mehreren Komponenten** besteht.

12

Die Meldung wird daher folgende **Angaben** enthalten müssen:
- **Art der Erwerbstätigkeit** (abhängig beschäftigt oder selbständig);
- bei unselbständiger Tätigkeit: **Name und Anschrift des Arbeitgebers**;
- bei gewerblicher Tätigkeit: **Art und Sitz des Gewerbes**;
- **Datum der Aufnahme** der Erwerbstätigkeit;
- voraussichtliche **Dauer** und voraussichtliches **Einkommen**.[8]

13

Den Fall der **Veränderung der Bedingungen** einer bestehenden Erwerbstätigkeit regelt § 8a AsylbLG nicht ausdrücklich. Unproblematisch ist der Fall der Beendigung einer bisher ausgeübten Erwerbstätigkeit. Hier obliegt es dem Leistungsberechtigten schon im wohlverstandenen Eigeninteresse, die Be-

14

---

[4] BT-Drs. 13/2746, S. 17.
[5] BT-Drs. 13/2746, S. 17; vgl. bereits BT-Drs. 12/4451, S. 10 (zu § 7).
[6] *Hohm* in: GK-AsylbLG, § 8a Rn. 7.
[7] Vgl. VG Ansbach v. 23.01.2002 - AN 4 S 01.01612.
[8] Ähnlich *Hohm* in: GK-AsylbLG, § 8a Rn. 19.

endigung unverzüglich anzuzeigen, damit nicht weiterhin Einkommen aus dieser Erwerbstätigkeit berücksichtigt wird. Von Bedeutung ist dagegen der Fall, dass der **Umfang einer bereits seit längerem ausgeübten, der zuständigen Behörde angezeigten Erwerbstätigkeit ausgedehnt** wird (Beispiel: Der Leistungsberechtigte arbeitet statt bisher halbtags nunmehr ganztags.). Es spricht viel dafür, dass § 8a AsylbLG auf diese Fallkonstellation entsprechend anzuwenden ist.

4. Meldefrist

15 Die Meldung hat **„spätestens am dritten Tag"** nach Aufnahme der Erwerbstätigkeit zu erfolgen. Für die Fristberechnung gelten gemäß § 31 Abs. 1 VwVfG bzw. den korrespondierenden landesrechtlichen Vorschriften grundsätzlich die Bestimmungen der §§ 187-193 BGB.

16 **Fristbeginn** ist nach § 187 Abs. 1 BGB der auf den **Tag der Aufnahme** der Erwerbstätigkeit folgende Tag.

17 **Fristauslösendes Ereignis** ist nach dem insoweit unmissverständlichen Wortlaut der Vorschrift die **Aufnahme der Erwerbstätigkeit**. Darunter ist der **erste Tag der Tätigkeit** im Betrieb oder bei selbständiger Tätigkeit deren faktische Aufnahme zu verstehen. Auf einen ggf. zeitlich früher abgeschlossenen Arbeitsvertrag kommt es dagegen nicht an.[9]

18 **Fristende** ist gemäß § 188 Abs. 1 BGB der **Ablauf des letzten Tages der Frist**. Fällt der letzte Tag der Frist auf einem **Sonnabend, Sonntag oder gesetzlichen Feiertag**, tritt an die Stelle dieses Tags grundsätzlich der nächste Werktag (vgl. § 31 Abs. 4 VwVfG, § 193 BGB).

19 **Beispiel 1**: Der Leistungsberechtigte nimmt am Montag eine Erwerbstätigkeit auf. Firstbeginn ist in diesem Falle am Dienstag, 0.00 Uhr. Fristende ist am Donnerstag, 24.00 Uhr.

20 **Beispiel 2**: Der Leistungsberechtigte nimmt die Erwerbstätigkeit am Mittwoch auf. Fristbeginn ist hier am Donnerstag. Da der letzte Tag der Frist rechnerisch auf einen Samstag fiele, verlängert sich die Frist bis Montag, 24.00 Uhr.

5. Überwachung der Meldefrist

21 Die Überwachung der **Einhaltung der Meldefrist** und die **ordnungswidrigkeitsrechtliche Ahndung von Verstößen** obliegt grundsätzlich der nach den §§ 10, 10a AsylbLG zuständigen Behörde.

22 Damit die zuständige Behörde diese Aufgaben erfüllen kann, sind **andere Behörden zur Unterrichtung verpflichtet**, wenn sich im Rahmen der Tätigkeit dieser anderen Behörden Anhaltspunkte für Verstöße gegen § 8a AsylbLG ergeben. Solche Unterrichtungspflichten sind u.a. geregelt in:
- § 90 Abs. 1 Nr. 2 AufenthG für die Ausländerbehörden;
- § 113 Satz 2 SGB IV für die Zollverwaltung, die Einzugsstellen und die Träger der Rentenversicherung;
- § 306 Satz 1 Nr. 3, Satz 2 SGB V für die Träger der Krankenversicherung;
- § 321 Satz 1 Nr. 3, Satz 2 SGB VI für die Träger der Rentenversicherung;
- § 211 Satz 1 Nr. 3, Satz 2 SGB VII für die Träger der Unfallversicherung;
- § 6 Abs. 3 Nr. 6 SchwarzArbG für die Behörden der Zollverwaltung;
- § 18 Abs. 2 Nr. 3 AÜG für die Bundesagentur für Arbeit und die Behörden der Zollverwaltung;
- § 139b Abs. 7 Nr. 2 GewO für die für den Arbeitsschutz zuständigen Landesbehörden.

C. Praxishinweise

23 Die Meldepflicht kann die mit ihr verfolgten Zwecke nur erfüllen, wenn die **Leistungsberechtigten von ihrer Verpflichtung rechtzeitig Kenntnis erhalten**. Bereits bei Aufnahme der Leistungsgewährung sollten die Leistungsberechtigten auf geeignete Weise (insbesondere durch Merkblätter in der jeweiligen Landessprache) auf Inhalt und Umfang der Meldepflicht, die Bußgeldbewehrung (§ 13 AsylbLG, § 8 Abs. 1 Nr. 1 lit. c SchwarzArbG) und den Bußgeldrahmen hingewiesen werden.

24 Fehlt es an einem solchen Hinweis, kommt die **Ahndung eines Verstoßes als Ordnungswidrigkeit** nur dann in Betracht, wenn der Leistungsberechtigte von seiner Verpflichtung (nachweislich) auf anderem Wege Kenntnis erlangt hat oder die Verpflichtung und deren konkreten Inhalt hätte kennen müssen (vgl. die Kommentierung zu § 13 AsylbLG Rn. 16).

---

[9] *Hohm* in: GK-AsylbLG, § 8a Rn. 16.

§ 9 AsylbLG Verhältnis zu anderen Vorschriften

(Fassung vom 27.12.2003, gültig ab 01.01.2005)

(1) Leistungsberechtigte erhalten keine Leistungen nach dem Zwölften Buch Sozialgesetzbuch oder vergleichbaren Landesgesetzen.

(2) Leistungen anderer, besonders Unterhaltspflichtiger, der Träger von Sozialleistungen oder der Länder im Rahmen ihrer Pflicht nach § 44 Abs. 1 des Asylverfahrensgesetzes werden durch dieses Gesetz nicht berührt.

(3) Die §§ 44 bis 50 sowie 102 bis 114 des Zehnten Buches Sozialgesetzbuch über Erstattungsansprüche der Leistungsträger untereinander sind entsprechend anzuwenden.

(4) § 118 des Zwölften Buches Sozialgesetzbuch sowie die auf Grund des § 120 Abs. 1 des Zwölften Buches Sozialgesetzbuch oder des § 117 des Bundessozialhilfegesetzes erlassenen Rechtsverordnungen sind entsprechend anzuwenden.

Gliederung

A. Basisinformationen 1
I. Textgeschichte/Gesetzgebungsmaterialien 1
II. Vorgängervorschriften 4
III. Parallelvorschriften 5
IV. Untergesetzliche Normen 8
V. Systematische Zusammenhänge 9
VI. Literaturhinweise 11
B. Auslegung der Norm 12
I. Regelungsgehalt und Bedeutung der Norm 12
II. Normzweck 13
III. Verhältnis zum SGB XII und zu vergleichbaren Landesgesetzen (Absatz 1) 16
1. Verhältnis zum SGB XII 16
2. Verhältnis zu vergleichbaren Landesgesetzen 20
3. Verhältnis zum SGB II 22
IV. Leistungen anderer (Absatz 2) 24
1. Allgemeines 24
2. Unterhaltspflichtige 27
3. Träger von Sozialleistungen 28
4. Länder im Rahmen ihrer Pflicht nach § 44 Abs. 1 AsylVfG 32
V. Entsprechende Anwendung von Bestimmungen des SGB X (Absatz 3) 33
1. Aufhebung von Verwaltungsakten und Erstattung von Leistungen (§§ 44-50 SGB X) 33
a. Allgemeines 33
b. § 44 SGB X 35
c. §§ 45, 48 SGB X 45
d. § 50 SGB X 48
2. Erstattungsansprüche der Leistungsträger untereinander (§§ 102-114 SGB X) 49
VI. Entsprechende Anwendung des § 118 SGB XII und der Rechtsverordnungen aufgrund § 120 SGB XII und § 117 BSHG 52

A. Basisinformationen

I. Textgeschichte/Gesetzgebungsmaterialien

§ 9 AsylbLG trat in der ursprünglichen, aus drei Absätzen bestehenden Fassung des Gesetzes zur Neuregelung der Leistungen an Asylbewerber (AsylbNG) vom 30.06.1993[1] zum **01.11.1993** in Kraft. Die Vorschrift war damals noch mit der gesetzlichen Überschrift „Gesetzeskonkurrenz" versehen und traf Regelungen, die im Wesentlichen den heutigen ersten drei Absätzen entsprechen. Sie entsprach wörtlich dem Entwurf der damaligen Koalitionsfraktionen von CDU/CSU und FDP.[2]

Zum **01.06.1997** wurden durch das Erste Gesetz zur Änderung des Asylbewerberleistungsgesetzes vom 26.05.1997[3] Regelungen zum automatisierten Datenabgleich in § 9 Abs. 4 AsylbLG aufgenommen. Als entsprechend anwendbare Bestimmungen des SGB X traten die §§ 44-50 SGB X hinzu. Außerdem erhielt die gesetzliche Überschrift die auch heute noch geltende Form.

Mit dem Gesetz zur Einordnung des Sozialhilferechts in das Sozialgesetzbuch vom 27.12.2003[4] wurde die Vorschrift lediglich redaktionell an das neue Sozialhilferecht angepasst.

---

[1] BGBl I 1993, 1074.
[2] BT-Drs. 12/4451, S. 4.
[3] BGBl I 1997, 1130.
[4] BGBl I 2003, 3022.

II. Vorgängervorschriften

4 Eine Vorgängerregelung zu § 9 AsylbLG gibt es nicht.

III. Parallelvorschriften

5 Parallelvorschriften, die das **Rangverhältnis gegenüber anderen Sozialleistungen** und Leistungen Dritter betreffen (§ 9 Abs. 1 und 2 AsylbLG), finden sich im Bereich der existenzsichernden Leistungen insbesondere in den §§ 2, 21 SGB XII und in den §§ 5, 7 SGB II. Die dem § 9 Abs. 1 AsylbLG **unmittelbar korrespondierende Regelung** ist § 23 Abs. 2 SGB XII. Für das praktisch bedeutsame Rangverhältnis zwischen Leistungen nach dem AsylbLG und **Leistungen der Grundsicherung für Arbeitsuchende** ist insbesondere § 7 Abs. 1 Satz 2 Nr. 3 SGB II von Bedeutung.

6 Als Parallelvorschrift zu § 9 Abs. 3 AsylbLG kann § 40 SGB II genannt werden. Vollständig vergleichbar sind die Vorschriften allerdings nicht: Während § 9 Abs. 3 AsylbLG überhaupt erst die **Geltung bestimmter Vorschriften des SGB X** anordnet, enthält § 40 SGB II bereichsspezifische Modifikationen des allgemeinen Sozialverwaltungsverfahrensrechts.

7 Im Hinblick auf den **automatisierten Datenabgleich** verweist § 9 Abs. 4 AsylbLG unmittelbar auf die entsprechend anwendbaren Parallelvorschriften der §§ 118, 120 SGB XII. Die §§ 52, 52a SGB II treffen für das Recht der Grundsicherung für Arbeitsuchende ähnliche Regelungen.

IV. Untergesetzliche Normen

8 Untergesetzliches Recht existiert in Gestalt der gemäß § 9 Abs. 4 AsylbLG entsprechend anwendbaren **Verordnung zur Durchführung des § 118 Abs. 1 und 2 des Zwölften Buches Sozialgesetzbuch – Sozialhilfedatenabgleichsverordnung** vom 21.01.1998,[5] geändert durch das Gesetz zur Einordnung des Sozialhilferechts in das Sozialgesetzbuch vom 27.12.2003[6].

V. Systematische Zusammenhänge

9 § 9 Abs. 1 AsylbLG korrespondiert unmittelbar mit § 23 Abs. 2 SGB XII. Für das **Verhältnis zu den Leistungen der Grundsicherung für Arbeitsuchende** ist § 7 Abs. 1 Satz 2 Nr. 3 SGB II zu beachten.

10 Weil gemäß § 9 Abs. 2 AsylbLG Leistungen anderer unberührt bleiben, sind diese grundsätzlich als **Einkommen des Leistungsberechtigten** zu behandeln, das den Bedarf ganz oder teilweise deckt. Insoweit steht die Vorschrift in einem systematischen Zusammenhang mit den §§ 7, 8 Abs. 1 Satz 1 AsylbLG. Zu beachten ist hier auch die Befugnis der zuständigen Behörde, den Anspruch des Leistungsberechtigten gegen einen anderen auf sich überzuleiten (§ 7 Abs. 3 AsylbLG).

VI. Literaturhinweise

11 *Deibel*, Bestandskraft und Nachzahlung im Asylbewerberleistungsrecht, Sozialrecht aktuell 2013, 63-68; *Henrich*, Die Zuständigkeit für die Rücknahme von Verwaltungsakten nach § 44 Abs. 3 SGB X im Anwendungsbereich des AsylbLG, ZfF 2012, 228-233; *Kunkel*, Das Asylbewerberleistungsgesetz in Konkurrenz mit Sozialleistungsgesetzen, NVwZ 1994, 352-355; *Luthe*, Überprüfungsantrag und Gesetzeslücke bei Asylbewerberleistungen, jurisPR-SozR 24/2013 Anm. 5; *Spiolek*, Anwendbarkeit von § 44 SGB X im Asylbewerberleistungsrecht, jurisPR-SozR 16/2009, Anm. 1; *Wahrendorf*, Nachträgliche Gewährung von Analogleistungen gemäß § 2 AsylbLG i.V. mit § 44 SGB X, ZFSH/SGB 2011, 260 ff.

B. Auslegung der Norm

I. Regelungsgehalt und Bedeutung der Norm

12 Bereits die gesetzliche Überschrift weist darauf hin, dass § 9 AsylbLG das **Verhältnis zu anderen Vorschriften**, d.h. zu anderen gesetzlichen Bestimmungen regelt. Die Norm bestimmt insbesondere, welche Vorschriften bei bestehenden **Gesetzeskonkurrenzen** zur Anwendung kommen sollen. Erfasst sind sowohl Konkurrenzen im materiellen als auch im Verfahrensrecht.

---

[5] BGBl I 1998, 103.
[6] BGBl I 2003, 3022.

II. Normzweck

Die Norm will Leistungsberechtigte nach dem AsylbLG von höherwertigen existenzsichernden Sozialleistungen ausnehmen und klarstellen, dass das **AsylbLG ein in sich abgeschlossenes Leistungssystem** bildet. Dies soll aber nicht dazu führen, dass Dritte, die Leistungsberechtigten nach dem AsylbLG verpflichtet sind, von ihrer Leistungspflicht freiwerden; solche Leistungen sind vielmehr grundsätzlich vorrangig.

13

Die Anwendbarkeit der §§ 44-50 SGB X soll gegenüber den **ansonsten anwendbaren Bestimmungen des Landesverwaltungsverfahrensrechts** die Aufhebung und Zurückforderung überzahlter Leistungen insbesondere in Fällen der Erzielung von Einkommen erleichtern.[7]

14

Auch im Übrigen werden die Träger der Leistungen nach dem AsylbLG gestärkt, indem für sie **hilfreiche Instrumente des allgemeinen Sozialrechts** (Erstattungswesen nach den §§ 102-114 SGB X) **und des Sozialhilferechts** (automatisierter Datenabgleich) **ins Asylbewerberleistungsrecht übertragen** werden.

15

III. Verhältnis zum SGB XII und zu vergleichbaren Landesgesetzen (Absatz 1)

1. Verhältnis zum SGB XII

Nach § 9 Abs. 1 AsylbLG erhalten Leistungsberechtigte **keine Leistungen nach dem SGB XII**. Die Bestimmung korrespondiert mit § 23 Abs. 2 SGB XII. Der Leistungsausschluss bezieht sich auf **alle Formen der Sozialhilfe**, also neben den Leistungen der Hilfe zum Lebensunterhalt (§§ 27-40 SGB XII) und der Grundsicherung im Alter und bei Erwerbsminderung (§§ 41-46 SGB XII) auch auf Leistungen der Hilfe zur Gesundheit (§§ 47-52 SGB XII), der Eingliederungshilfe für behinderte Menschen (§§ 53-60 SGB XII), der Hilfe zur Pflege (§§ 61-69 SGB XII) und der Hilfe in anderen Lebenslagen (§§ 70-74 SGB XII).

16

Der **Leistungsausschluss** bezieht sich auf Leistungsberechtigte. Gemeint sind **Leistungsberechtigte nach dem AsylbLG**. Davon betroffen sind alle Leistungsberechtigten nach § 1 Abs. 1 AsylbLG. Dazu gehören auch diejenigen Personen, die so genannte **Analog-Leistungen** beanspruchen können. Nach § 2 Abs. 1 AsylbLG ist das SGB XII zwar auf bestimmte Leistungsberechtigte i.S.d. § 1 Abs. 1 AsylbLG „entsprechend" anzuwenden. Dies ändert aber nichts daran, dass auch die (dem Leistungsumfang nach) entsprechend den Bestimmungen des SGB XII gewährten Leistungen ihrem Rechtsgrund nach **Leistungen des AsylbLG** sind.[8]

17

Der Ausschluss Leistungsberechtigter nach dem AsylbLG von Leistungen nach dem SGB XII schließt es nicht grundsätzlich aus, dass Dritte gegen den Träger der Leistungen nach dem AsylbLG Ansprüche haben können, die denjenigen des Sozialhilferechts entsprechen. In der verwaltungsgerichtlichen Rechtsprechung zu § 121 BSHG[9] und im wohl herrschenden Schrifttum[10] war bisher insbesondere der **Anspruch des Nothelfers** entsprechend § 25 SGB XII anerkannt.

18

Demgegenüber lehnt das **Bundessozialgericht** eine **analoge Anwendung des § 25 SGB XII** mit der Begründung ab, dass die Interessenlage schon deshalb nicht vergleichbar sei, weil im AsylbLG wegen der strukturellen Besonderheiten des Leistungssystems der **Kenntnisgrundsatz** (vgl. § 18 SGB XII) generell nicht gelte und damit auch für die korrespondierende Regelung des § 25 SGB XII kein Bedarf bestehe.[11] Die Entscheidung ist in sich schlüssig. Sie dürfte allerdings in der Praxis zu Problemen führen, weil Leistungserbringer, die in einer (vornehmlich medizinischen) Notsituation helfen, keinen eigenen Anspruch gegen den Träger der Leistungen nach dem AsylbLG erwerben, sondern auf die Geltendmachung etwaiger Ansprüche durch die leistungsberechtigte Person vertrauen müssen. Dieses Wagnis sieht das BSG aber mit Rücksicht auf das „Unternehmerrisiko" des Dienstleisters mit guten Gründen als hinnehmbar an.[12]

19

---

[7] BT-Drs. 13/2746, S. 17.
[8] *Hohm* in: GK-AsylbLG, § 9 Rn. 5.
[9] OVG Lüneburg v. 11.06.2003 - 4 LB 583/02 - NDV-RD 2004, 15, 16; OVG Münster v. 05.12.2000 - 22 A 3164/99 - FEVS 53, 353, 355 f.; VGH München v. 27.04.2006 - 12 BV 04,3020.
[10] *Schoch* in: LPK-SGB XII, § 25 Rn. 4; *Bieback* in: Grube/Wahrendorf, § 25 Rn. 4; *Frerichs* in: jurisPK-SGB XII, 1. Aufl. 2011, § 4 AsylbLG Rn. 26.
[11] BSG v. 30.10.2013 - B 7 AY 2/12 R - SozR 4-3500 § 25 Nr. 3.
[12] BSG v. 30.10.2013 - B 7 AY 2/12 R - SozR 4-3500 § 25 Nr. 3 (Rn. 24).

§ 9 AsylbLG

2. Verhältnis zu vergleichbaren Landesgesetzen

20 Daneben sind Leistungsberechtigte nach § 1 Abs. 1 AsylbLG auch von Leistungen nach **"vergleichbaren Landesgesetzen"** ausgeschlossen. Vergleichbare Landesgesetze sind solche Gesetze, die gleichen oder zumindest weitestgehend **ähnlichen Zwecksetzungen wie denjenigen des SGB XII** dienen.

21 Dazu gehören – soweit noch vorhanden – die Landesblindengesetze[13] und – bezüglich des Pflegewohngeldes – die **Landespflegegesetze**.

3. Verhältnis zum SGB II

22 Das praxisrelevante Verhältnis zum SGB II ist im Asylbewerberleistungsgesetz **nicht gesondert geregelt**. Aus § 7 Abs. 1 Satz 2 Nr. 3 SGB II ergibt sich jedoch, dass Leistungsberechtigte nach § 1 AsylbLG von Leistungen der Grundsicherung für Arbeitsuchende ausgenommen sind. Dieser **Leistungsausschluss** bezieht sich umfassend auf **alle Leistungsberechtigten nach dem AsylbLG**. Er bezieht die Analog-Leistungsberechtigten (§ 2 Abs. 1 AsylbLG) mit ein und greift trotz der Stellung des § 7 Abs. 1 Satz 2 SGB II im Kontext der Definition des erwerbsfähigen Hilfebedürftigen auch für nicht erwerbsfähige Angehörige eines Beziehers von Arbeitslosengeld II.[14]

23 Der Ausschluss von Leistungsberechtigten nach § 1 AsylbLG von Leistungen der Grundsicherung für Arbeitsuchende begegnet **keinen verfassungsrechtlichen Bedenken**.[15]

IV. Leistungen anderer (Absatz 2)

1. Allgemeines

24 Gemäß § 9 Abs. 2 AsylbLG werden **Leistungen anderer**, besonders Unterhaltspflichtiger, der Träger von Sozialleistungen oder der Länder im Rahmen ihrer Pflicht nach § 44 Abs. 1 AsylVfG **durch dieses Gesetz nicht berührt**. Diese Regelung bedeutet zunächst, dass andere von bestehenden Leistungsverpflichtungen nicht deshalb frei werden, weil der Schuldner der Leistung Anspruch auf Leistungen nach dem AsylbLG hat.

25 Darüber hinaus soll damit klargestellt werden, dass derjenige, der entsprechende Leistungen anderer erhält, **insoweit keinen Anspruch auf Leistungen nach dem AsylbLG** hat.[16] Diese Rechtsfolge ergibt sich allerdings schon aus § 7 Abs. 1 AsylbLG. Die Leistungen anderer können anspruchsmindernd indes nur dann berücksichtigt werden, wenn sie dem Leistungsberechtigten **tatsächlich erbracht** werden. Bestehende aber **unerfüllte Leistungsansprüche gegen Dritte** beseitigen Leistungsansprüche nach dem AsylbLG grundsätzlich nicht. Die zuständige Behörde hat in diesem Falle die Möglichkeit, den Anspruch gemäß § 7 Abs. 3 AsylbLG i.V.m. § 93 SGB XII auf sich überzuleiten.

26 Mit den Unterhaltspflichtigen, den Sozialleistungsträgern und den Ländern werden bestimmte „andere" enumerativ aufgezählt. Wie sich schon aus dem Wortlaut („besonders") ergibt, ist diese **Aufzählung nicht abschließend**.[17]

2. Unterhaltspflichtige

27 Der Begriff der Unterhaltspflichtigen ist weit zu verstehen und erfasst **alle nach bürgerlichem Recht Unterhaltspflichtigen**. Dazu zählen Ehegatten (§ 1360 BGB) und alle mit dem Leistungsberechtigten in gerader Linie Verwandten (§ 1601 BGB).

3. Träger von Sozialleistungen

28 Als Träger von Sozialleistungen sind all diejenigen **Leistungsträger** (vgl. § 12 Satz 1 SGB I) angesprochen, deren **Leistungsverpflichtung gegenüber Leistungsberechtigten** nach dem AsylbLG weder durch Bestimmungen des AsylbLG (vgl. § 9 Abs. 1 AsylbLG) noch durch die für sie maßgeblichen Leistungsgesetze ausgeschlossen ist (vgl. § 7 Abs. 1 Satz 2 Nr. 3 SGB II, vgl. Rn. 22).

---

[13] So zum Blindengeld nach § 1 GHBG NW OVG Münster v. 17.06.2011 - 12 A 1011/10 und nach § 1 LBliGG LSA LSG Sachsen-Anhalt v. 18.09.2013 - L 7 BL 1/10.
[14] BSG v. 21.12.2009 - B 14 AS 66/08 R.
[15] BSG v. 13.11.2008 - B 14 AS 24/07 R - BSGE 102, 60, 62 ff.; BSG v. 16.12.2008 - B 4 AS 40/07 R.
[16] BT-Drs. 12/4451, S. 10.
[17] So auch *Scheider* in: GK-AsylbLG, § 9 Rn. 17, 18.

Vorrangige Leistungen der Träger von Sozialleistungen in diesem Sinne sind insbesondere Leistungen der **Kinder- und Jugendhilfe**.[18] Daneben können auch Leistungen der **gesetzlichen Unfallversicherung** sowie andere **Sozialversicherungsleistungen** in Betracht kommen. 29

Demgegenüber scheiden die zentralen **steuerfinanzierten Sozialleistungen** zumindest für den Großteil der Anspruchsberechtigten nach dem AsylbLG aus (vgl. zum SGB XII Rn. 16 und zum SGB II Rn. 22). Der den Leistungsberechtigten nach § 1 Abs. 1 AsylbLG fehlende Aufenthaltstitel steht dem Bezug von **Kindergeld** (vgl. § 62 Abs. 2 EStG), **Elterngeld** (§ 1 Abs. 7 BEEG) und **Betreuungsgeld** (§ 4a Abs. 1 Nr. 1 BEEG i.V.m. § 1 Abs. 7 BEEG) grundsätzlich entgegen. Differenzierter gestaltet sich die Rechtslage nur für Leistungsberechtigte nach § 1 Abs. 1 Nr. 3 AsylbLG (vgl. § 62 Abs. 2 Nr. 2 lit. c und Nr. 3 EStG; § 1 Abs. 7 Nr. 2 lit. c und Nr. 3 BEEG[19]). 30

Auch **Wohngeldansprüche** bestehen regelmäßig nicht: Soweit Unterkunftskosten im Rahmen der Grund- oder Analog-Leistungen nach dem AsylbLG berücksichtigt werden, sind Leistungsberechtigte nach § 1 Abs. 1 AsylbLG von Leistungen nach dem WoGG ausgeschlossen (§ 7 Abs. 1 Nr. 8 WoGG). Soweit dies nicht der Fall ist – insbesondere weil die Leistungsberechtigten in einer Aufnahmeeinrichtung i.S.d. § 44 AsylVfG untergebracht sind – liegt im Regelfall kein Miet- oder mietähnliches Verhältnis vor (vgl. § 3 Abs. 1 WoGG). Im Übrigen ist § 3 Abs. 5 WoGG zu beachten. 31

4. Länder im Rahmen ihrer Pflicht nach § 44 Abs. 1 AsylVfG

Angesprochen sind schließlich auch die Länder im Rahmen ihrer Pflicht nach § 44 Abs. 1 AsylVfG. Damit stellt das Gesetz klar, dass sich die Länder ihrer Verpflichtung, für die Unterbringung Asylbegehrender die dazu erforderlichen **Aufnahmeeinrichtungen** zu schaffen und zu unterhalten sowie entsprechend ihrer Aufnahmequote die im Hinblick auf den monatlichen Zugang Asylbegehrender in den Aufnahmeeinrichtungen **notwendige Zahl von Unterbringungsplätzen** bereitzustellen, nicht unter Hinweis auf die nach dem AsylbLG zu erbringenden Leistungen entziehen können.[20] 32

V. Entsprechende Anwendung von Bestimmungen des SGB X (Absatz 3)

1. Aufhebung von Verwaltungsakten und Erstattung von Leistungen (§§ 44-50 SGB X)

a. Allgemeines

Schon weil das AsylbLG nicht nach § 68 SGB I als besonderer Teil des SGB gilt, sind die **verwaltungsverfahrensrechtlichen Bestimmungen des SGB X** auf das Verwaltungsverfahren nach dem AsylbLG an sich **nicht anwendbar** (vgl. § 1 Abs. 1 Satz 1 SGB X). Es gelten vielmehr grundsätzlich die Bestimmungen der VwVfGe der Länder. Lediglich subsidiär sind im Widerspruchsverfahren die Ausgestaltung des Verfahrens betreffende Vorschriften des SGB X und des SGB I dem Rechtsgedanken des § 62 SGB X entsprechend anwendbar, weil für asylbewerberleistungsrechtliche Streitigkeiten nach § 51 Abs. 1 Nr. 6a SGG der Rechtsweg zu den Sozialgerichten eröffnet ist.[21] 33

Die **Anordnung der Geltung der §§ 44-50 SGB X** erfolgte erst nachträglich durch das Erste Gesetz zur Änderung des Asylbewerberleistungsgesetzes vom 26.05.1997.[22] Sie soll es den zuständigen Behörden erleichtern, Bewilligungsentscheidungen aufzuheben und überzahlte Leistungen insbesondere in den Fällen zurückzufordern, in denen Leistungsberechtigte über zu berücksichtigendes Einkommen verfügt haben.[23] Die entsprechende Anwendbarkeit der §§ 44-50 SGB X führt dazu, dass (nur) die Vorschriften der §§ 48-50 VwVfG bzw. die korrespondierenden Vorschriften des VwVfG des jeweiligen Bundeslandes verdrängt werden. Im Übrigen gelten uneingeschränkt die verwaltungsverfahrensrechtlichen Bestimmungen des jeweiligen Landesrechts. 34

b. § 44 SGB X

Angesichts des unmissverständlichen Wortlauts des § 9 Abs. 3 AsylbLG ist auch die Vorschrift des § 44 SGB X (anstelle des § 48 Abs. 1 Satz 1 VwVfG des jeweiligen Landes) zur **Korrektur bestands-** 35

---

[18] BVerwG v. 24.06.1999 - 5 C 24/98 - BVerwGE 109, 155, 158 ff.
[19] Dazu wiederum BVerfG v. 10.07.2012 - 1 BvL 2/10, 1 BvL 3/10, 1 BvL 4/10, 1 BvL 3/11 - BVerfGE 132, 72.
[20] *Scheider* in: GK-AsylbLG, § 9 Rn. 48.
[21] *Deibel*, Sozialrecht aktuell 2013, 63, 65.
[22] BGBl I 1997, 1130.
[23] BT-Drs. 13/2746, S. 17.

§ 9 AsylbLG

kräftiger, rechtswidriger Leistungsablehnungen im Asylbewerberleistungsrecht anwendbar.[24] Der Anwendung dieser Bestimmung steht namentlich der von der verwaltungsgerichtlichen Rechtsprechung geprägte sozialhilferechtliche Grundsatz **„Keine Sozialhilfe für die Vergangenheit"** nicht entgegen.

36 Für die **Zeit vom 01.01.2011 bis 31.07.2012** ist § 9 Abs. 3 AsylbLG i.V.m. § 44 SGB X nicht anwendbar, soweit wegen der Regelungsanordnung des BVerfG höhere Grundleistungen nach § 3 AsylbLG begehrt werden.[25]

37 Eine **entsprechende Anwendung des § 330 Abs. 1 SGB III** scheidet mangels Regelungslücke aus.[26] Das BSG zweifelt überdies daran, ob die für die Anwendung des § 330 Abs. 1 Alt. 2 SGB III (zumindest im Recht der Grundsicherung für Arbeitsuchende) geforderte **einheitliche Verwaltungspraxis** im gesamten Bundesgebiet überhaupt nachgewiesen werden könnte.[27]

38 Allerdings ist § 44 Abs. 4 Satz 1 SGB X zu beachten, wonach Sozialleistungen nur „nach den Vorschriften der besonderen Teile dieses Gesetzbuchs" nachgezahlt werden. Den **Besonderheiten des Rechts der existenzsichernden Leistungen** entspricht es allerdings, Bedarfe, die nicht mehr vorhanden sind, auch nachträglich nicht mehr zu decken.[28] Die nachträgliche Erbringung von Leistungen setzt deshalb nach höchstrichterlicher Rechtsprechung zunächst den **ununterbrochenen Fortbestand der Bedürftigkeit** i.S. des AsylbLG oder des SGB XII bzw. des SGB II beim Anspruchsteller voraus; ist die Bedürftigkeit nur temporär oder auf Dauer entfallen, scheidet eine Nachzahlung in der Regel aus.[29] Dieser Gedanke, der in inzwischen ständiger Rechtsprechung sinngemäß auch auf das Asylbewerberleistungsrecht übertragen wird[30], dürfte auch auf Fallkonstellationen auszudehnen sein, in denen die leistungsberechtigte Person zwischenzeitlich namentlich aufgrund einer Abschiebung den **Geltungsbereich des Gesetzes verlassen** hat. Maßgeblicher Zeitpunkt für die zu treffende Entscheidung ist dabei die mündliche Verhandlung in der letzten Tatsacheninstanz.[31] Aber auch bei durchgehend vorliegender Hilfebedürftigkeit sind Leistungen dann nicht mehr nachträglich zu gewähren, wenn **Bedarfe gar nicht angefallen** sind oder wenn sich die **Bedarfslage verändert** hat und deshalb (insbesondere einmalige) Leistungen nicht mehr nachgeholt werden können.[32]

38.1 Für eine Aufgabe der unter Rn. 38 bezeichneten Rechtsprechung zum Fortbestehen der Bedürftigkeit plädiert wegen der Verkürzung der Zeit auf ein Jahr (vgl. Rn. 42 f.), für die nachträglich Leistungen zu erbringen sind, *Coseriu* (vgl. dazu die Ausführungen bei Kommentierung zu § 18 SGB XII Rn. 48).

39 Auch der Umstand, dass das BVerfG die Grundleistungen nach § 3 Abs. 1 AsylbLG für evident unzureichend und daher verfassungswidrig erachtet hat[33], vermag keine Ausnahme von dieser Rechtsprechung zu rechtfertigen.[34]

40 Speziell für die **nachträgliche Gewährung von Analog-Leistungen** nach § 2 AsylbLG bedeutet dies, dass höhere Leistungen nur dann gerechtfertigt sind, wenn die den Leistungsberechtigten nach den §§ 3-6 AsylbLG gewährten Leistungen in der Summe niedriger sind als die Leistungen, die ihnen in entsprechender Anwendung des SGB XII zugestanden hätten.[35] **Zu vergleichen** ist, was die leistungsberechtigte Person an **Grundleistungen insgesamt** für den streitbefangenen Zeitraum erhalten hat und was sie stattdessen in diesem Zeitraum **bei richtiger Entscheidung** an **Analog-Leistungen** hätte erhalten müssen. Dabei sind die Regelbedarfe nach dem SGB XII ohne Abzüge (insbesondere wegen der

---

[24] BSG v. 17.06.2008 - B 8 AY 5/07 R - SozR 4-3520 § 9 Nr. 1; dazu *Spiolek*, jurisPR-SozR 16/2009, Anm. 1; vgl. auch *Wahrendorf* in: Grube/Wahrendorf, § 9 AsylbLG Rn. 6 m.w.N.

[25] BVerfG v. 18.07.2012 - 1 BvL 10/10, 1 BvL 2/11 - juris Rn. 139 - BVerfGE 132, 134; vgl. auch LSG Nordrhein-Westfalen v. 22.10.2013 - L 20 AY 31/13 NZB; a.A. *Deibel*, Sozialrecht aktuell 2013, 63, 68.

[26] BSG v. 09.06.2011 - B 8 AY 1/10 R - juris Rn. 22 - SozR 4-1300 § 44 Nr. 22.

[27] BSG v. 09.06.2011 - B 8 AY 1/10 R - juris Rn. 21 - SozR 4-1300 § 44 Nr. 22.

[28] Vgl. BSG v. 26.08.2008 - B 8 SO 26/07 R - SozR 4-1300 § 44 Nr. 15.

[29] BSG v. 09.06.2011 - B 8 AY 1/10 R - juris Rn. 20 - SozR 4-1300 § 44 Nr. 22.

[30] BSG v. 20.12.2012 - B 7 AY 4/11 R - juris Rn. 14 - SAR 2013, 44 und BSG v. 26.06.2013 - B 7 AY 3/12 R - juris Rn. 13 - SAR 2013, 113; vgl. auch BVerfG v. 07.02.2012 - 1 BvR 1263/11.

[31] BSG v. 09.06.2011 - B 8 AY 1/10 R - juris Rn. 20 - SozR 4-1300 § 44 Nr. 22.

[32] Vgl. BSG v. 29.09.2009 - B 8 SO 16/08 R - juris Rn. 17 f. - BSGE 104, 213; vgl. auch *Wahrendorf* in: Grube/Wahrendorf, § 9 AsylbLG Rn. 6.

[33] BVerfG v. 18.07.2012 - 1 BvL 10/10, 1 BvL 2/11 - BVerfGE 132, 134.

[34] BSG v. 20.12.2012 - B 7 AY 4/11 R - SozR 4-3520 § 3 Nr. 3; vgl. auch BSG v. 26.06.2013 - B 7 AY 3/12 R.

[35] BSG v. 17.06.2008 - B 8 AY 5/07 R - SozR 4-3520 § 9 Nr. 1.

Ansparbeträge) zu Grunde zu legen.[36] **Einmalleistungen** nach dem AsylbLG, die er nach dem SGB XII als Analogleistung nicht hätte beanspruchen können, sind wertmäßig monatlich auf den gesamten Zeitraum zu verteilen, für den nachträglich korrigierte Leistungen zu erbringen sind.[37] In die erforderliche Vergleichsberechnung können nach dieser Rechtsprechung Leistungen in Anwendung des § 264 Abs. 2 SGB V nicht einbezogen werden.[38] Leistungen nach § 4 AsylbLG werden allerdings anders als die nach § 264 Abs. 2 SGB V ohne finanzielle Eigenbeteiligung erbracht (vgl. dazu die Kommentierung zu § 4 AsylbLG Rn. 48); etwaige Zuzahlungen, die als Bezieher von Analogleistungen zu erbringen gewesen wären, sind als ersparte Aufwendungen und damit im Ergebnis wie Leistungen nach dem AsylbLG zu berücksichtigen. Kann ein konkreter Betrag für erbrachte Einmal- oder Sachleistungen nicht (mehr) ermittelt werden, kann der Wert der erbrachten Leistung entsprechend § 287 ZPO **geschätzt** werden.[39]

Sind Leistungen nach dem AsylbLG rechtswidrig vorenthalten worden, sind sie nach **§ 44 Abs. 4 Satz 1 SGB X** an sich für **bis zu vier Jahre rückwirkend** nachzuzahlen. Die Verkürzung der Frist im SGB II und SGB XII auf ein Jahr durch das Gesetz zur Ermittlung von Regelbedarfen und zur Änderung des Zweiten und Zwölften Buches Sozialgesetzbuch vom 24.03.2011[40] für Überprüfungsanträge, die seit dem 01.04.2011 gestellt sind (§§ 40 Abs. 1 Satz 2, 77 Abs. 13 SGB II; §§ 116a, 136 SGB XII), ist in das AsylbLG bisher nicht ausdrücklich übernommen worden. Im **Schrifttum** ist auch die Möglichkeit einer **analogen Anwendung des § 116a SGB XII** im AsylbLG mangels Regelungslücke weitgehend verneint worden.[41] Dennoch wird der Rechtszustand inzwischen vielfach als unbefriedigend empfunden und vor allem im Hinblick auf die Analog-Leistungen als sachlich nicht gerechtfertigt kritisiert.[42]

41

Das **Bundessozialgericht** hatte in seiner Rechtsprechung die Möglichkeit einer Analogie zu § 116a SGB XII – unter Hinweis darauf, dass jedenfalls kein allgemeines Analogieverbot zum Nachteil des Bürgers bestehe – zunächst offen gelassen.[43] **Inzwischen** geht das BSG anders als die bisher in der Literatur vorherrschende Auffassung von einer **analogen Anwendbarkeit des § 116a SGB XII** auf das Asylbewerberleistungsrecht aus. Für das Bestehen einer planwidrigen Regelungslücke bei gleicher Interessenlage spreche der Referentenentwurf für ein Drittes Gesetz zur Änderung des AsylbLG, der eine § 116a SGB XII entsprechende Regelung vorsehe und in der Begründung darauf verweise, dass im Asylbewerberleistungsrecht dieselben Grundsätze wie im SGB II und SGB XII gelten müssten.[44]

42

Vgl. zur analogen Anwendung des § 116a SGB XII auch *Palsherm*, SGb 2014, 277 ff.

42.1

Wiewohl das Ergebnis fachlich richtig erscheint, bereitet die Begründung unter rechtsdogmatischen Gesichtspunkten ein gewisses Unbehagen. Immerhin wird tragend auf einen **Referentenentwurf für das Gesetz zur Änderung des AsylbLG** Bezug genommen, der in keiner Weise demokratisch legitimiert ist. Obendrein geht dieser Entwurf selbst davon aus, dass die Voraussetzungen für eine analoge Anwendung des § 116a SGB XII gerade nicht vorliegen.[45] Der Gesetzgeber bleibt daher trotz allem nach wie vor aufgerufen, alsbald eine zumindest klarstellende gesetzliche Regelung zu treffen, um den unbefriedigenden Rechtszustand insgesamt zu bereinigen.

43

Für **Überprüfungsanträge**, die **vor dem 01.04.2011 gestellt** worden sind, gilt § 116a SGB XII in keinem Fall, weil bei Bejahung der Analogievoraussetzungen zwingend auch § 136 SGB XII a.F. analog anzuwenden ist.[46]

44

---

[36] BSG v. 09.06.2011 - B 8 AY 1/10 R - juris Rn. 16 - SozR 4-1300 § 44 Nr. 22; a.A. noch LSG Sachsen v. 14.01.2011 - L 7AY 8/09 - SAR 2011, 58.
[37] BSG v. 09.06.2011 - B 8 AY 1/10 R - juris Rn. 18 - SozR 4-1300 § 44 Nr. 22.
[38] BSG v. 09.06.2011 - B 8 AY 1/10 R - juris Rn. 19 - SozR 4-1300 § 44 Nr. 22.
[39] BSG v. 09.06.2011 - B 8 AY 1/10 R - juris Rn. 17 - SozR 4-1300 § 44 Nr. 22.
[40] BGBl I 2011, 453.
[41] Vgl. *Scheider* in: GK-AsylbLG, § 9 Rn. 73; *Henrich*, ZfF 2012, 228, 232; vgl. auch *Groth* in: jurisPK-SGB XII, § 9 AsylbLG Rn. 34.1.
[42] *Henrich*, ZfF 2012, 228, 232; vgl. auch *Groth* in: jurisPK-SGB XII, § 9 AsylbLG Rn. 34.5.
[43] BSG v. 09.06.2011 - B 8 AY 1/10 R - juris Rn. 23 - SozR 4-1300 § 44 Nr. 22.
[44] BSG v. 26.06.2013 - B 7 AY 6/12 R - SozR 4-3520 § 9 Nr. 4; dazu *Luthe*, jurisPR-SozR 24/2013, Anm. 5.
[45] Referentenentwurf, online im Internet www.fluechtlingsinfo-berlin.de/fr/asylblg/BMAS Entwurf AsylbLG 041212.pdf (abgerufen am 14.03.2014), S. 15.
[46] BSG v. 26.06.2013 - B 7 AY 6/12 R - juris Rn. 11 - SozR 4-3520 § 9 Nr. 4 und BSG v. 26.06.2013 - B 7 AY 3/12 R - juris Rn. 15 - SAR 2013, 113.

§ 9 AsylbLG

c. §§ 45, 48 SGB X

45 Für die **Aufhebung begünstigender Verwaltungsakte**, die anfänglich rechtswidrig gewesen sind, gilt § 45 SGB X anstelle des § 48 VwVfG des jeweiligen Landes. Für die **Änderung begünstigender Dauerverwaltungsakte** wegen des Eintritts einer rechtserheblichen Änderung gilt § 48 SGB X.

46 In den Fällen des § 45 Abs. 2 Satz 3 SGB X ist daher (anders als nach § 48 Abs. 2 Satz 4 VwVfG) uneingeschränkt **Ermessen** auszuüben. Auch eine **entsprechende Anwendung des § 330 Abs. 2 SGB III** scheidet insoweit mangels Regelungslücke aus. Liegen die Voraussetzungen des § 45 Abs. 2 Satz 3 SGB X nicht vor, ist die Zurücknahme (anders als nach den Bestimmungen des allgemeinen Verwaltungsverfahrensrechts) nur mit Wirkung für die Zukunft zulässig (§ 45 Abs. 4 Satz 1 SGB X).

47 Für die **Zeit vom 01.01.2011 bis 31.07.2012** ist § 9 Abs. 3 AsylbLG i.V.m. **§ 48 Abs. 1 Satz 2 Nr. 1 SGB X** nicht anwendbar, soweit wegen der Regelungsanordnung des BVerfG höhere Grundleistungen nach § 3 AsylbLG begehrt werden.[47]

d. § 50 SGB X

48 Bei der **Erstattungsentscheidung nach § 50 SGB X** ist § 7b AsylbLG zu berücksichtigen. Auf die Kommentierung zu § 7b AsylbLG wird insoweit Bezug genommen.

2. Erstattungsansprüche der Leistungsträger untereinander (§§ 102-114 SGB X)

49 Entsprechend anzuwenden sind ferner die Vorschriften der §§ 102-114 SGB X. Nur auf diese Vorschriften und nicht auch auf die §§ 44-50 SGB X bezieht sich bei teleologischer Betrachtung und in Ansehung der Entstehungsgeschichte der nachfolgende Passus „**über Erstattungsansprüche der Leistungsträger untereinander**".[48] Unmittelbar anwendbar sind die Vorschriften der §§ 102-114 SGB X deshalb nicht, weil es sich bei den Leistungen nach dem AsylbLG nicht um **Sozialleistungen** i.S.d. § 11 Satz 1 SGB I handelt und die Träger der Leistungen nach dem AsylbLG deshalb auch keine Leistungsträger i.S.d. § 12 Satz 1 SGB I sind.

50 Durch die Inbezugnahme der §§ 102-114 SGB X und durch § 10b AsylbLG dürfte das **Erstattungsrecht für den Bereich des AsylbLG abschließend geregelt** sein, so dass neben diesen Vorschriften der allgemeine öffentlich-rechtliche Erstattungsanspruch nicht mehr in Betracht kommt.[49]

51 **§ 111 Satz 2 SGB X** findet auf Erstattungsansprüche nach § 10b Abs. 3 AsylbLG a.F. keine Anwendung, weil eine materiell-rechtliche Entscheidung des Erstattungspflichtigen über Leistungen, wie sie der Erstattungsberechtigte bereits erbracht hat, nicht mehr getroffen werden kann.[50]

VI. Entsprechende Anwendung des § 118 SGB XII und der Rechtsverordnungen aufgrund § 120 SGB XII und § 117 BSHG

52 § 9 Abs. 4 AsylbLG erklärt sowohl die Vorschrift des § 118 SGB XII als auch die aufgrund § 120 SGB XII bzw. vormals aufgrund § 117 BSHG ergangenen Rechtsverordnungen für entsprechend anwendbar. Den für die Gewährung der Leistungen nach dem AsylbLG zuständigen Behörden wird dadurch die Möglichkeit eines **automatisierten Datenabgleichs** eröffnet. Damit werden zugleich das Sozialgeheimnis und das grundrechtlich geschützte **Recht auf informationelle Selbstbestimmung** (Art. 2 Abs. 1 GG i.V.m. Art. 1 Abs. 1 GG) eingeschränkt. Die durch § 9 Abs. 4 AsylbLG in Bezug genommene Vorschrift des § 118 SGB XII ist wegen der weit reichenden Zugriffsrechte der Leistungsträger auf sensible Sozialdaten verfassungsrechtlicher Kritik ausgesetzt.[51]

53 Entsprechend § 120 SGB XII kann im Wege des automatisierten Datenabgleichs insbesondere überprüft werden, ob und in welcher Höhe und für welche Zeiträume **Leistungen der Bundesagentur für Arbeit und der Sozialversicherungsträger** (Renten- und Unfallversicherungsträger) bezogen wurden, Zeiten des Leistungsbezugs mit **Zeiten einer Versicherungspflicht oder einer geringfügigen Beschäftigung** zusammentreffen, ob und welche Daten nach § 45d Abs. 1 EStG und § 45e EStG dem **Bundeszentralamt für Steuern** übermittelt worden sind (§ 118 Abs. 1 SGB XII analog). Außerdem

---

[47] BVerfG v. 18.07.2012 - 1 BvL 10/10, 1 BvL 2/11 - juris Rn. 139 - BVerfGE 132, 134.
[48] A.A. *Hochheim*, NZS 2009, 24, 25; dagegen wiederum *Pattar*, NZS 2010, 7, 10 f.
[49] Vgl. OVG Münster v. 05.12.2001 - 12 A 3537/99 - FEVS 53, 513, 515.
[50] LSG Nordrhein-Westfalen v. 23.05.2011 - L 20 AY 7/10.
[51] *Krahmer* in: LPK-SGB XII, § 118 Rn. 1; vgl. auch *Hohm* in: Schellhorn/Schellhorn/Hohm, SGB XII, § 118 Rn. 7, 23.

können die zuständigen Träger die Leistungsbezieher im Wege des automatisierten Datenabgleichs daraufhin überprüfen, ob und in welcher Höhe und für welche Zeiträume von ihnen Leistungen nach dem AsylbLG durch anderes Träger bezogen wurden und werden (§ 118 Abs. 1 SGB XII analog).

Als **Rechtsverordnung** nach § 120 SGB XII bzw. § 117 BSHG ist auch die auf diesen Vorschriften beruhende Verordnung zur Durchführung des § 118 Abs. 1 und 2 des Zwölften Buches Sozialgesetzbuch – Sozialhilfedatenabgleichsverordnung vom 21.01.1998,[52] geändert durch das Gesetz zur Einordnung des Sozialhilferecht in das Sozialgesetzbuch vom 27.12.2003[53] entsprechend anzuwenden. Diese Verordnung trifft insbesondere **Verfahrensregelungen** zur Auswahl der Abgleichsfälle und Abgleichszeiträume, zur Übermittlung der Daten, zum Abgleich an sich und zur Rückübermittlung der Daten. 54

---

[52] BGBl I 1998, 103.
[53] BGBl I 2003, 3022.

§ 10 AsylbLG Bestimmungen durch Landesregierungen

(Fassung vom 05.08.1997, gültig ab 01.06.1997)

¹Die Landesregierungen oder die von ihnen beauftragten obersten Landesbehörden bestimmen die für die Durchführung dieses Gesetzes zuständigen Behörden und Kostenträger und können Näheres zum Verfahren festlegen, soweit dies nicht durch Landesgesetz geregelt ist. ²Die bestimmten zuständigen Behörden und Kostenträger können auf Grund näherer Bestimmung gemäß Satz 1 Aufgaben und Kostenträgerschaft auf andere Behörden übertragen.

Gliederung

A. Basisinformationen 1	I. Regelungsgehalt und Bedeutung der Norm 10
I. Textgeschichte/Gesetzgebungsmaterialien 1	II. Normzweck 11
II. Vorgängervorschriften 3	III. Ermächtigung von Landesregierungen oder obersten Landesbehörden (Satz 1) 12
III. Parallelvorschriften 4	1. Ermächtigungsadressaten 12
IV. Untergesetzliche Normen/Landesgesetze 5	2. Inhalt der Ermächtigung 15
V. Systematische Zusammenhänge 8	3. Verfassungsrechtliche Fragestellungen 18
VI. Literaturhinweise 9	IV. Subdelegation (Satz 2) 21
B. Auslegung der Norm 10	

A. Basisinformationen

I. Textgeschichte/Gesetzgebungsmaterialien

1 § 10 AsylbLG trat in der Fassung des Gesetzes zur Neuregelung der Leistungen an Asylbewerber (AsylbNG) vom 30.06.1993[1] zum **01.11.1993** in Kraft. § 10 Satz 2 AsylbLG war im ursprünglichen Gesetzentwurf noch nicht vorgesehen[2], sondern ist erst im Rahmen der Ausschussberatungen eingefügt worden.[3]

2 § 10 AsylbLG ist bisher nicht geändert worden.

II. Vorgängervorschriften

3 Vorgängervorschriften zu § 10 AsylbLG gibt es nicht.

III. Parallelvorschriften

4 Parallelvorschriften zur Regelung der **sachlichen Zuständigkeit** finden sich in anderen Gesetzen über existenzsichernde Leistungen in § 3 Abs. 2 SGB XII und § 6 Abs. 1 Satz 1 SGB II. In § 3 Abs. 2 SGB XII werden allerdings die **Kreise und kreisfreien Städte** grundsätzlich **bundesrechtlich zu örtlichen Trägern der Sozialhilfe bestimmt**; normiert wird dort lediglich ein Vorbehalt zugunsten einer abweichenden landesrechtlichen Bestimmung. Ähnliches gilt im SGB II hinsichtlich der kommunalen Leistungen (vgl. § 6 Abs. 1 Satz 1 Nr. 2 SGB II). Parallelvorschriften zur **Durchführungsheranziehung** sind § 99 SGB XII und § 6 Abs. 2 SGB II.

IV. Untergesetzliche Normen/Landesgesetze

5 Auf Grundlage des § 10 Satz 1 AsylbLG sind in einigen Ländern **Rechtsverordnungen** ergangen. In anderen Ländern sind die Regelungen zur sachlichen Zuständigkeit in den (formellen) **Ausführungsgesetzen zum AsylbLG** getroffen worden. Im Einzelnen sind zu nennen:
- Baden-Württemberg: Gesetz über die Aufnahme von Flüchtlingen (Flüchtlingsaufnahmegesetz – FlüAG) vom 19.12.2013[4];

---

[1] BGBl I 1993, 1074.
[2] Vgl. BT-Drs. 12/4451, S. 4.
[3] BT-Drs. 12/5008, S. 9.
[4] GBl. 2013, 493.

- Bayern: Verordnung zur Durchführung des Asylverfahrensgesetzes, des Asylbewerberleistungsgesetzes und des Aufnahmegesetzes (Asyldurchführungsverordnung – DVAsyl) vom 04.06.2002[5], zuletzt geändert durch VO vom 30.07.2013[6];
- Berlin: Gesetz zur Ausführung des Asylbewerberleistungsgesetzes (AsylbLGAG) vom 10.06.1998[7], zuletzt geändert durch Gesetz vom 13.07.2011[8] und Ausführungsvorschriften über die Zuständigkeit für die Leistungsgewährung nach dem Asylbewerberleistungsgesetz (AV ZustAsylbLG) vom 24.05.2012[9];
- Brandenburg: Gesetz über die Aufnahme von Spätaussiedlern und ausländischen Flüchtlingen im Land Brandenburg (LAufnG) vom 17.12.1996[10], zuletzt geändert durch Gesetz vom 13.03.2012[11];
- Bremen: Verordnung über die für die Durchführung des Asylbewerberleistungsgesetzes zuständigen Behörden und Kostenträger (AsylbLGZustVO) vom 19.03.1993[12], zuletzt geändert durch Geschäftsverteilung vom 13.12.2011[13];
- Hamburg: Anordnung zur Durchführung des Asylbewerberleistungsgesetzes vom 31.01.1994[14], zuletzt geändert durch Anordnung vom 20.09.2011[15];
- Hessen: Verordnung zur Durchführung des Asylbewerberleistungsgesetzes (AsylbLGDV HE) vom 16.11.1993[16], zuletzt geändert durch VO vom 05.07.1994[17];
- Mecklenburg-Vorpommern: Ausführungsgesetz zum Asylbewerberleistungsgesetz (AsylbLG-AG) vom 28.06.1994[18];
- Niedersachsen: Gesetz zur Aufnahme von Flüchtlingen und zur Durchführung des Asylbewerberleistungsgesetzes (Aufnahmegesetz – AufnG) vom 11.03.2004[19], zuletzt geändert durch Gesetz vom 23.03.2012[20];
- Nordrhein-Westfalen: Gesetz zur Ausführung des Asylbewerberleistungsgesetzes (AG AsylbLG) vom 29.11.1994[21], zuletzt geändert durch Gesetz vom 08.12.2009[22];
- Rheinland-Pfalz: Landesaufnahmegesetz (AufnG RP) vom 21.12.1993[23], zuletzt geändert durch Gesetz vom 20.12.2013[24];
- Saarland: Gesetz zur Ausführung des Asylbewerberleistungsgesetzes (AGAsylbLG) vom 13.10.1993[25], zuletzt geändert durch Gesetz vom 21.11.2007[26];
- Sachsen: Verordnung des Sächsischen Staatsministeriums des Innern zur Durchführung des Asylbewerberleistungsgesetzes (DVAsylbLG) vom 28.03.2001[27];
- Sachsen-Anhalt: Allgemeine Zuständigkeitsverordnung für die Gemeinden und Landkreise zur Ausführung von Bundesrecht (AllgZustVO-Kom) vom 07.05.1994[28], zuletzt geändert durch Landesverordnung vom 12.10.2011[29];

---

[5] GVBl. 2002, 218.
[6] GVBl. 2013, 505.
[7] GVBl. 1998, 129.
[8] GVBl. 2011, 344.
[9] ABl. 2012, 918.
[10] GVBl. I 1996, 358, 360.
[11] GVBl. I 2012, Nr. 16.
[12] GBl. 1993, 303.
[13] GBl. 2012, 24.
[14] Amtl. Anz. 1994, 317.
[15] Amtl. Anz. 2011, 2157, 2162.
[16] GVBl. I 1993, 515.
[17] GVBl. I 1994, 286.
[18] GVBl. 1994, 660.
[19] GVBl. 2004, 100.
[20] GVBl. 2012, 31.
[21] GV. 1994, 1087.
[22] GV. 2009, 765.
[23] GVBl. 1993, 627.
[24] GVBl. 2013, 533.
[25] Amtsbl. 1993, 958.
[26] Amtsbl. 2007, 2393.
[27] GVBl. 2001, 135.
[28] GVBl. 1994, 568.
[29] GVBl. 2011, 724.

- Schleswig-Holstein: Gesetz zur Ausführung des Asylbewerberleistungsgesetzes (AsylbLGAG) vom 11.10.1993[30], zuletzt geändert durch VO vom 04.04.2013[31];
- Thüringen: Thüringer Verordnung zur Durchführung des Asylbewerberleistungsgesetzes (ThürD-VOAsylbLG) vom 05.05.2000[32].

6 Die **Exegese** der landesrechtlichen Bestimmungen ergibt in den in § 10 AsylbLG angesprochenen Bereichen Behördenzuständigkeit für die Leistungen, Kostenträgerschaft und Subdelegation ein durchaus **heterogenes Bild**. In den meisten **Flächenstaaten** liegt die Behördenzuständigkeit allerdings regelhaft bei den **Kreisen und kreisfreien Städten**, während eine **Landesbehörde** für den Personenkreis zuständig ist, der verpflichtet ist, in einer Aufnahmeeinrichtung i.S. des § 44 AsylVfG zu wohnen.

7 Die landesrechtlichen Bestimmungen im tabellarischen Überblick:

Land	Für Leistungen zuständige Behörde	Kostenträgerschaft	Übertragungsmöglichkeit
Baden-Württemberg	Regierungspräsidium Karlsruhe für Leistungsberechtigte in Aufnahmeeinrichtungen (§ 6 Abs. 2 Satz 1 FlüAG) Im Übrigen: Stadt- und Landkreise als untere Verwaltungsbehörden (§§ 2 Abs. 2 Nr. 3, 7 Abs. 1 und 18 Abs. 1 FlüAG)	Kostenträgerschaft folgt der Zuständigkeit (§ 14 FlüAG); Land erstattet den Stadt- und Landkreisen für jede vorläufig untergebrachte Person eine einmalige Pauschale, mit der die Leistungen nach dem AsylbLG abgegolten werden (§ 15 FlüAG)	Keine Regelung
Bayern	Regierungen (der Bezirke) für Sachleistungen an Leistungsberechtigte in Aufnahmeeinrichtungen und Gemeinschaftsunterkünften (§ 13 Abs. 1 Satz 1 DVAsyl) Landratsämter oder kreisfreie Gemeinde anstelle der Regierungen für Leistungsberechtigte in dezentraler Unterkunft gem. § 6 AufnG (§ 13 Abs. 1 Satz 2 DVAsyl) Im Übrigen: Landkreise und kreisfreie Gemeinden als örtliche Träger (§§ 13 Abs. 2, 14, 17 DVAsyl)	Land (§ 11 Abs. 1 DVAsyl); örtliche Träger (Landkreise und kreisfreie Gemeinden) sind aber vorleistungspflichtig und müssen Kostenerstattung verlangen (§ 11 Abs. 4 DVAsyl)	Keine Regelung
Berlin	Landesamt für Gesundheit und Soziales Berlin für Leistungsberechtigte in Aufnahmeeinrichtungen und in anderen in § 3 Abs. 1 AV ZustAsylbLG genannten Fällen Im Übrigen: Bezirksämter (§ 2 Abs. 1 AV ZustAsylbLG)	Land	entfällt

---

[30] GVBl. 1993, 498.
[31] GVBl. 2013, 143.
[32] GVBl. 2000, 102.

Brandenburg	Zentrale Ausländerbehörde für Leistungsberechtigte in Aufnahmeeinrichtungen (§ 1 Abs. 2 LAufnG) Im Übrigen: Landkreise und kreisfreie Städte (§ 1 Abs. 1 LAufnG)	Kostenträgerschaft folgt grundsätzlich der Zuständigkeit; Landkreise und kreisfreie Städte erhalten zum Ausgleich der entstehenden Kosten eine jährliche Pauschale (§ 6 LAufnG)	Keine Regelung
Bremen	Senatorin für Soziales, Kinder, Jugend und Frauen für Leistungsberechtigte in Aufnahmeeinrichtungen (§ 1 Abs. 1 Nr. 1 AsylbLG-ZustVO) Im Übrigen: die Gemeinden (§ 1 Abs. 1 Nr. 2 AsylbLG-ZustVO)	Kostenträgerschaft folgt der Zuständigkeit (§ 2 AsylbLGZustVO)	entfällt
Hamburg	Behörde für Arbeit, Soziales, Familie und Integration für Leistungen an nicht gemeldete Personen und Personen, die sich einer asyl- oder ausländerrechtlichen Beschränkung zuwider aufhalten (Ziff. II Abs. 1 AO) Behörde für Justiz und Gleichstellung für Barbetrag an Untersuchungs- und Abschiebehäftlinge (Ziff. II Abs. 3 AO) Behörde für Inneres und Sport für Leistungsberechtigte in Aufnahmeeinrichtungen (Ziff. III AO) Im Übrigen: die Bezirksämter (Ziff. I AO)	Land	entfällt
Hessen	Landeseinrichtung für Leistungsberechtigte in Aufnahmeeinrichtungen oder anderen Gemeinschaftsunterkünften des Landes (§ 1 Satz 2 AsylbLGDV) Im Übrigen: Landkreise und kreisfreie Städte (§ 1 Satz 1 AsylbLGDV)	Kostenträgerschaft folgt der Zuständigkeit (§ 3 Satz 1 und 2 AsylbLGDV); Kostenerstattung durch den Landkreis bei Übertragung der Aufgabe auf kreisangehörige Gemeinden (§ 3 Satz 3 und 4 AsylbLGDV)	Übertragung der Aufgaben durch den Fachminister auf Antrag kreisangehöriger Gemeinden mit mehr als 5.000 Einwohnern (§ 2 AsylbLGDV)
Mecklenburg-Vorpommern	Amt für Migration und Flüchtlingsangelegenheiten für Leistungsberechtigte in Aufnahmeeinrichtungen (§ 1 Satz 2 AsylbLG-AG) Im Übrigen: Landkreise und kreisfreie Städte (§ 1 Satz 1 AsylbLG-AG)	Kostenträgerschaft folgt der Zuständigkeit; Kostenerstattung durch das Land nach Maßgabe des § 2 AsylbLG-AG	Keine Regelung

Niedersachsen	Landesaufnahmebehörde Niedersachsen für Leistungsberechtigte in Aufnahmeeinrichtungen oder Abschiebehaft (§ 2 Abs. 2 AufnG) Im Übrigen: Landkreise und kreisfreie Städte (§ 2 Abs. 1 AufnG), soweit nicht Zuständigkeit des Landes nach § 3 AufnG	Kostenträgerschaft folgt der Zuständigkeit; pauschale Kostenbeteiligung des Landes nach §§ 4, 4a AufnG	Durchführungsheranziehung der kreisangehörigen Gemeinden und Samtgemeinden durch die Landkreise durch Satzung oder öffentlich-rechtlichen Vertrag (§ 2 Abs. 3 AufnG)
Nordrhein-Westfalen	Bezirksregierung Arnsberg für Leistungsberechtigte in Aufnahmeeinrichtungen des Landes (§ 1 Abs. 1 Satz 2 AG AsylbLG) Im Übrigen: grundsätzlich die Gemeinden (§ 1 Abs. 1 Satz 1 AG AsylbLG), in den Fällen des § 1 Abs. 2 Satz 1 AG AsylbLG die Landschaftsverbände	Kostenträgerschaft folgt grundsätzlich der Zuständigkeit (§ 2 AG AsylbLG); Kostenbeteiligung des Landes nach Maßgabe des § 3 AG AsylbLG	Durchfüührungsheranziehung der Gemeinden durch die Landschaftsverbände durch Satzung (§ 1 Abs. 2 Satz 2 AG AsylbLG)
Rheinland-Pfalz	Aufnahme- und Dienstleistungsdirektion für in Aufnahmeeinrichtungen untergebrachte Leistungsberechtigte (§§ 2 Abs. 1 Nr. 1, 4 Abs. 2 AufnG) Im Übrigen: Landkreise und kreisfreie Städte (§ 2 Abs. 1 Nr. 2 AufnG)	Land in den Fällen des § 2 Abs. 1 Nr. 1 AufnG (§ 2 Abs. 4 AufnG) Im Übrigen: Landkreise und kreisfreie Städte (§ 2 Abs. 4 AufnG), aber: differenzierte Erstattungsregelungen (§ 3 AufnG)	Durchführungsheranziehung der großen kreisangehörigen Städte, verbandsfreien Gemeinden und Verbandsgemeinden nach näherer Maßgabe des § 2 Abs. 2 und 3 AufnG
Saarland	Landesverwaltungsamt für Leistungsberechtigte in Aufnahmeeinrichtungen (§ 2 Abs. 1 AGAsylbLG) Im Übrigen: Landkreise und Regionalverband Saarbrücken (§ 1 Abs. 1 AGAsylbLG)	Landkreise und Regionalverband Saarbrücken, soweit zuständig (§ 1 Abs. 1 AGAsylbLG)	Übertragung der Aufgaben und der Kostenträgerschaft nach § 1 Abs. 1 AGAsylBLG auf die landkreis- und regionalverbandsangehörigen Gemeinden durch Satzung (§ 1 Abs. 2 AGAsylbLG) Übertragung einzelner Aufgaben nach § 2 Abs. 1 AGAsylbLG auf die Lankreise und den Regionalverband Saarbrücken durch die oberste Landesbehörde (§ 2 Abs. 2 AGAsylbLG)
Sachsen	Regierungspräsidien für Sachleistungen an Leistungsberechtigte in Aufnahmeeinrichtungen (§ 1 Nr. 1 DVAsylbLG) Im Übrigen: Landkreise und kreisfreie Städte (§ 1 Nr. 2 DVAsylbLG)	Landkreise und kreisfreie Städte, soweit zuständig; Kostenerstattung durch das Land in bestimmten Fallgruppen (§ 2 DVAsylbLG)	Keine Regelung

Sachsen-Anhalt	Landkreise und kreisfreie Städte, soweit nicht Leistungen durch das Land gewährt werden (§ 1 Abs. 1 Nr. 7 AllgZustVO-Kom)	Landkreise und kreisfreie Städte, soweit zuständig; Kostenerstattung durch das Land im Wege des kommunalen Finanzausgleichs (§ 4 AllgZustVO-Kom)	Durchführungsheranziehung der kreisangehörigen Gemeinden durch die Kreise durch Verwaltungsvereinbarung oder öffentlich-rechtlichen Vertrag zulässig (§ 1 Abs. 1 Nr. 7 AllgZustVO-Kom)
Schleswig-Holstein	Landesamt für Ausländerangelegenheiten für Leistungsberechtigte in Aufnahmeeinrichtungen (§ 3 AsylbLGAG) Im Übrigen: Kreise oder kreisfreie Städte (§ 1 Abs. 1 AsylbLGAG	Kreise und kreisfreie Städte, soweit zuständig; (anteilige) Kostenerstattung durch das Land (§ 2 AsylbLGAG)	Durchführungsheranziehung der kreisangehörigen Städte, Ämter und amtsfreien Gemeinden durch die Kreise zulässig (§ 1 Abs. 2 AsylbLGAG)
Thüringen	Landesverwaltungsamt für Leistungsberechtigte in Aufnahmeeinrichtungen (§ 1 Abs. 2 (DVOAsylbLG) Im Übrigen: Landkreise und kreisfreie Städte (§ 1 Abs. 1 Satz 1 DVOAsylbLG)	Kostenerstattung durch das Land nach Maßgabe der VO zu § 7 ThürFlüAG (§ 2 Abs. 1 DVOAsylbLG)	Keine Regelung

V. Systematische Zusammenhänge

Während § 10 AsylbLG die sachliche Zuständigkeit betrifft, regelt § 10a AsylbLG die **örtliche Zuständigkeit**. Eine weitere Regelung, die zumindest partiell zuständigkeitsbegründenden Charakter hat, enthält § 11 Abs. 2 AsylbLG (vgl. die Kommentierung zu § 11 AsylbLG Rn. 30). Auch diese Norm betrifft indes nur die örtliche Zuständigkeit.

VI. Literaturhinweise

Müller, Die Organisation der Aufnahme und Unterbringung von Asylbewerbern in Deutschland – Fokus-Studie der deutschen nationalen Kontaktstelle für das europäische Migrationsnetzwerk, Bundesamt für Migration und Flüchtlinge 2013.

B. Auslegung der Norm

I. Regelungsgehalt und Bedeutung der Norm

§ 10 Satz 1 AsylbLG ermächtigt Landesregierungen oder oberste Landesbehörden dazu, durch Rechtsverordnung Regelungen zur **sachlichen Zuständigkeit** und zum **Verfahren** zu treffen. § 10 Satz 2 AsylbLG ermächtigt dazu, Regelungen zu treffen, wonach zuständige Träger die **Aufgaben- und Kostenträgerschaft weiter übertragen** können.

II. Normzweck

Es wird sichergestellt, dass **Regelungen zur sachlichen Zuständigkeit**, ohne die der ordnungsgemäße Vollzug des AsylbLG nicht gewährleistet wäre, **nicht durch förmliches Landesgesetz** getroffen werden müssen. Die Bestimmung dient so in erster Linie der **flexiblen Handhabung des Gesetzes** durch die Länder[33]. Die Bestimmung des § 10 Satz 2 AsylbLG zur Subdelegation ist besonders darauf zugeschnitten, den Erfordernissen des **Verwaltungsaufbaus der Länder** zu entsprechen[34].

III. Ermächtigung von Landesregierungen oder obersten Landesbehörden (Satz 1)

1. Ermächtigungsadressaten

Adressaten der Ermächtigung, die zuständigen Behörden und Kostenträger und Näheres zum Verfahren festzulegen, sind in erster Linie die **Landesregierungen**. Wer davon erfasst ist, bestimmt sich nach Landesverfassungsrecht.

---

[33] BT-Drs. 12/4451, S. 10.
[34] BT-Drs. 12/5008, S. 17.

13 Nur soweit die Landesregierungen sie dazu beauftragen, können auch **oberste Landesbehörden** Ermächtigungsadressaten sein. Oberste Landesbehörden sind diejenigen Behörden, die durch Landesrecht dazu bestimmt werden. Dies sind vor allem die **Landesministerien**. Die Beauftragung kann abstrakt oder konkret erfolgen. Besondere Formanforderungen stellt das Gesetz nicht. Sie können sich aber aus dem jeweiligen Landesrecht, insbesondere aus den **Geschäftsordnungen der Landesregierungen** ergeben.

14 Die Landesregierungen und die obersten Landesbehörden sind nur zum Erlass einer Rechtsverordnung ermächtigt, soweit der Landesgesetzgeber die entsprechenden Regelungen nicht durch Gesetz selbst getroffen hat. § 10 Satz 1 AsylbLG ordnet den **Vorrang des förmlichen Landesgesetzes** ausdrücklich an; die Regelung stellt lediglich sicher, dass ein Vorbehalt des förmlichen Landesgesetzes für die Bestimmung der Behördenzuständigkeit nicht bestehen soll[35]. Förmliche Landesgesetze, die den Erlass einer Rechtsverordnung ganz oder teilweise sperren, haben mehrere Länder (vgl. Rn. 5) erlassen.

2. Inhalt der Ermächtigung

15 Die Ermächtigung betrifft zunächst die Bestimmung der für die Durchführung des AsylbLG **zuständigen Behörden und Kostenträger**. Die Landesregierungen oder beauftragte oberste Landesbehörden können entweder **Landesbehörden** mit der Durchführung des Gesetzes betrauen oder die Aufgabe auf **rechtlich verselbständigte Verwaltungsträger** übertragen, die der Staatlichkeit des jeweiligen Landes unterfallen.

16 In der Praxis ist die Durchführung des AsylbLG in den Flächenländern vor allem den **Kreisen und kreisfreien Städten** übertragen worden (vgl. Rn. 7). Soweit die Aufgabe ihnen als pflichtige **Selbstverwaltungsaufgabe** übertragen wird, ist dies an den landesverfassungsrechtlichen Bestimmungen zur kommunalen Selbstverwaltung (institutionelle Garantien; Konnexitätsregelungen) zu messen[36]. Ähnliches wird je nach Eigenart des jeweiligen Landesverfassungsrechts grundsätzlich auch gelten, wenn die Aufgabe – wie bisher in der Praxis ganz überwiegend – als **Pflichtaufgabe zur Erfüllung nach Weisung** oder als Aufgabe des **übertragenen Wirkungskreises** übertragen wird. Bedeutsam ist dies insbesondere im Zusammenhang der **Kostenträgerschaft** für die Frage, ob und in welcher Höhe den Kreisen und kreisfreien Städten eine **Kostenerstattung** durch das Land zu leisten ist.

17 Die Ermächtigung erstreckt sich darüber hinaus auf die Festlegung **näherer Verfahrensregelungen**. Sie läuft insoweit aber weitgehend leer: Da die Landesregierungen Näheres zum Verfahren durch Rechtsverordnung nach § 10 Satz 1 AsylbLG nur festlegen dürfen, soweit dies nicht durch Landesgesetz geregelt ist, können Verfahrensbestimmungen **nicht abweichend von den Normen der Verwaltungsverfahrensgesetze** der Länder getroffen werden. Es gilt der Vorrang des Gesetzes.

3. Verfassungsrechtliche Fragestellungen

18 Die Norm des § 10 Satz 1 AsylbLG ist verfassungsrechtlich unbedenklich. Sie trägt dem **Grundsatz der Landesexekutive von Bundesgesetzen** und in diesem Zusammenhang insbesondere Art. 84 Abs. 1 Satz 1 GG hinreichend Rechnung.

19 Die Verordnungsermächtigung genügt den Anforderungen des Art. 80 Abs. 1 GG. Dies gilt auch, soweit über den Kreis der in Art. 80 Abs. 1 Satz 1 GG genannten Delegationsadressaten hinaus **oberste Landesbehörden** ermächtigt werden können. Denn die Delegation auf oberste Landesbehörden ist von der vorherigen Beauftragung durch die in Art. 80 Abs. 1 Satz 1 GG genannte Landesregierung abhängig, so dass ein direkter Zugriff des Bundes auf bestimmte Behörden eines Landes in jedem Falle verhindert wird[37].

20 § 10 Satz 1 AsylbLG regelt **Inhalt, Zweck und Ausmaß der erteilten Ermächtigung** hinreichend bestimmt (Art. 80 Abs. 1 Satz 2 GG).

IV. Subdelegation (Satz 2)

21 § 10 Satz 2 AsylbLG ermöglicht die weitere Delegation der Aufgaben und der Kostenträgerschaft und soll damit ebenfalls **Flexibilitätsanforderungen** im Hinblick auf den **unterschiedlichen Verwaltungsaufbau** in den Ländern Rechnung tragen.

---

[35] OVG Münster v. 28.03.2000 - 15 A 88/97 - ZKF 2001, 65.
[36] Vgl. OVG Münster v. 17.07.2003 - 12 A 5381/00 - FEVS 55, 379.
[37] So auch *Scheider* in: GK-AsylbLG, § 10 Rn. 7 ff.

Eine Subdelegation kommt nur in Betracht, wenn dies **in der Rechtsverordnung nach § 10 Satz 1 AsylbLG oder in dem vorrangigen Landesgesetz ausdrücklich vorgesehen** ist. Dies ergibt sich aus der etwas umständlichen Wendung „auf Grund näherer Bestimmung gemäß Satz 1". So wird sichergestellt, dass der Bund nicht in den Verwaltungsaufbau der Länder hineinregiert. 22

Mögliche Adressaten für die Subdelegation sind in erster Linie die **kreisangehörigen Gemeinden und Gemeindeverbände** (z.B. Ämter, Verbandsgemeinden). Entgegen dem unmittelbaren Wortlaut kommen als Delegationsadressaten nicht nur Behörden, sondern **auch Körperschaften des öffentlichen Rechts** in Betracht. 23

Inhaltlich können die landesrechtlichen Bestimmungen nach § 10 Satz 2 AsylbLG die **Übertragung der „Aufgaben und Kostenträgerschaft"** auf andere Behörden vorsehen. Damit geht die Ermächtigung zur Subdelegation über entsprechende Bestimmungen anderer Gesetze (z.B. § 6 Abs. 2 Satz 1 SGB II) hinaus, die lediglich die **Heranziehung** kreisangehöriger Gemeinden **zur Durchführung der Aufgaben** ermächtigen. Die Durchführungsheranziehung ist als wesensgleiches Minus aber auch von § 10 Satz 2 AsylbLG erfasst. 24

§ 10a AsylbLG Örtliche Zuständigkeit

(Fassung vom 05.08.1997, gültig ab 01.06.1997)

(1) [1]Für die Leistungen nach diesem Gesetz örtlich zuständig ist die nach § 10 bestimmte Behörde, in deren Bereich der Leistungsberechtigte auf Grund der Entscheidung der vom Bundesministerium des Innern bestimmten zentralen Verteilungsstelle verteilt oder von der im Land zuständigen Behörde zugewiesen worden ist. [2]Im übrigen ist die Behörde zuständig, in deren Bereich sich der Leistungsberechtigte tatsächlich aufhält. [3]Diese Zuständigkeit bleibt bis zur Beendigung der Leistung auch dann bestehen, wenn die Leistung von der zuständigen Behörde außerhalb ihres Bereichs sichergestellt wird.

(2) [1]Für die Leistungen in Einrichtungen, die der Krankenbehandlung oder anderen Maßnahmen nach diesem Gesetz dienen, ist die Behörde örtlich zuständig, in deren Bereich der Leistungsberechtigte seinen gewöhnlichen Aufenthalt im Zeitpunkt der Aufnahme hat oder in den zwei Monaten vor der Aufnahme zuletzt gehabt hat. [2]War bei Einsetzen der Leistung der Leistungsberechtigte aus einer Einrichtung im Sinne des Satzes 1 in eine andere Einrichtung oder von dort in weitere Einrichtungen übergetreten oder tritt nach Leistungsbeginn ein solcher Fall ein, ist der gewöhnliche Aufenthalt, der für die erste Einrichtung maßgebend war, entscheidend. [3]Steht nicht spätestens innerhalb von vier Wochen fest, ob und wo der gewöhnliche Aufenthalt nach den Sätzen 1 und 2 begründet worden ist, oder liegt ein Eilfall vor, hat die nach Absatz 1 zuständige Behörde über die Leistung unverzüglich zu entscheiden und vorläufig einzutreten. [4]Die Sätze 1 bis 3 gelten auch für Leistungen an Personen, die sich in Einrichtungen zum Vollzug richterlich angeordneter Freiheitsentziehung aufhalten oder aufgehalten haben.

(3) [1]Als gewöhnlicher Aufenthalt im Sinne dieses Gesetzes gilt der Ort, an dem sich jemand unter Umständen aufhält, die erkennen lassen, daß er an diesem Ort oder in diesem Gebiet nicht nur vorübergehend verweilt. [2]Als gewöhnlicher Aufenthalt ist auch von Beginn an ein zeitlich zusammenhängender Aufenthalt von mindestens sechs Monaten Dauer anzusehen; kurzfristige Unterbrechungen bleiben unberücksichtigt. [3]Satz 2 gilt nicht, wenn der Aufenthalt ausschließlich zum Zweck des Besuchs, der Erholung, der Kur oder ähnlichen privaten Zwecken erfolgt und nicht länger als ein Jahr dauert. [4]Ist jemand nach Absatz 1 Satz 1 verteilt oder zugewiesen worden, so gilt dieser Bereich als sein gewöhnlicher Aufenthalt. [5]Für ein neugeborenes Kind ist der gewöhnliche Aufenthalt der Mutter maßgeblich.

Gliederung

A. Basisinformationen 1	b. Verteilung im Rahmen des bundesweiten Verteilungsverfahrens 15
I. Textgeschichte/Gesetzgebungsmaterialien 1	c. Zuweisung im Rahmen eines landesinternen Verteilungsverfahrens 17
II. Vorgängervorschriften 3	d. Ende der örtlichen Zuständigkeit 19
III. Parallelvorschriften 4	2. Zuständigkeit für sonstige Leistungsberechtigte (Satz 2) 22
IV. Systematische Zusammenhänge 5	3. Sicherstellung der Leistung außerhalb des örtlichen Zuständigkeitsbereichs (Satz 3) 25
V. Literaturhinweise 6	IV. Örtliche Zuständigkeit bei Leistungen in Einrichtungen (Absatz 2) 27
B. Auslegung der Norm 7	1. Allgemeines 27
I. Regelungsgehalt und Bedeutung der Norm 7	2. Zuständigkeit nach Aufnahme in eine Einrichtung (Satz 1) 29
II. Normzweck 10	a. Regelungsgehalt 29
III. Örtliche Zuständigkeit im Regelfall (Absatz 1) 13	
1. Zuständigkeit für verteilte oder zugewiesene Leistungsberechtigte (Satz 1) 13	
a. Regelungsgehalt 13	

b. Einrichtungsbegriff 30
c. Gewöhnlicher Aufenthalt vor der Aufnahme 33
3. Zuständigkeit nach einem Einrichtungswechsel (Satz 2) 37
4. Vorläufiges Eintreten und Zuständigkeit in Eilfällen (Satz 3) 40
5. Einrichtungen zum Vollzug richterlich angeordneter Freiheitsentziehung (Satz 4) 46
V. Gewöhnlicher Aufenthalt von Leistungsberechtigten (Absatz 3) 48
1. Grunddefinition des gewöhnlichen Aufenthalts (Satz 1) 48

a. Allgemeines 48
b. Objektive Kriterien für den gewöhnlichen Aufenthalt 51
c. Subjektive Kriterien für den gewöhnlichen Aufenthalt 55
2. Dauer des Aufenthalts (Sätze 2 und 3) 57
3. Gewöhnlicher Aufenthalt verteilter oder zugewiesener Leistungsberechtigter (Satz 4) 60
4. Gewöhnlicher Aufenthalt Neugeborener (Satz 5) 62
C. Praxishinweise 64

A. Basisinformationen

I. Textgeschichte/Gesetzgebungsmaterialien

§ 10a AsylbLG ist durch das Erste Gesetz zur Änderung des Asylbewerberleistungsgesetzes vom 26.05.1997[1] in das AsylbLG aufgenommen worden und zum **01.06.1997** in Kraft getreten. Die Gesetzesfassung entspricht dem Gesetzentwurf der Fraktionen von CDU/CSU und FDP für ein Erstes Gesetz zur Änderung des Asylbewerberleistungsgesetzes und anderer Gesetze vom 24.10.1995[2]. 1

§ 10a AsylbLG ist bisher nicht geändert worden. 2

II. Vorgängervorschriften

Vorgängervorschriften zu § 10a AsylbLG gibt es nicht. Bis zum Inkrafttreten des § 10a AsylbLG bestimmte sich die örtliche Zuständigkeit nach den § 3 VwVfG entsprechenden **verwaltungsverfahrensrechtlichen Bestimmungen der Länder**[3]. 3

III. Parallelvorschriften

Parallelvorschriften zur Regelung der örtlichen Zuständigkeit finden sich in § 98 SGB XII und in § 36 SGB II. 4

IV. Systematische Zusammenhänge

Während § 10a AsylbLG die zentrale Vorschrift zur Regelung der örtlichen Zuständigkeit ist, bestimmt sich die sachliche Zuständigkeit nach § 10 AsylbLG und den korrespondierenden landesrechtlichen Bestimmungen. Eine **Sonderregelung zur örtlichen Zuständigkeit** trifft § 11 Abs. 2 AsylbLG für verteilte bzw. zugewiesene Leistungsberechtigte, die sich einer asyl- oder ausländerrechtlichen Beschränkung zuwider anderenorts aufhalten (vgl. die Kommentierung zu § 11 AsylbLG Rn. 29). 5

V. Literaturhinweise

Deibel, Die Neuregelung des Asylbewerberleistungsrechts durch das Zweite Richtlinienumsetzungsgesetz, ZFSH/SGB 2012, 189-194. 6

B. Auslegung der Norm

I. Regelungsgehalt und Bedeutung der Norm

§ 10a Abs. 1 AsylbLG regelt allgemein, welche Behörde für Leistungsberechtigte nach dem AsylbLG örtlich zuständig ist. Die örtliche Zuständigkeit knüpft an den Bereich einer **asylrechtlichen Verteilung oder Zuweisung** an. Soweit diese fehlt, ist wie in der Sozialhilfe grundsätzlich der **tatsächliche Aufenthalt** maßgebend. 7

§ 10a Abs. 2 AsylbLG trifft Sonderregelungen für Leistungen, die in **Einrichtungen zur Krankenbehandlung** oder wegen anderer Maßnahmen nach dem AsylbLG und zum **Vollzug richterlich angeordneter Freiheitsentziehung** erbracht werden. 8

§ 10a Abs. 3 AsylbLG definiert den **gewöhnlichen Aufenthalt** von Personen, die leistungsberechtigt nach dem AsylbLG sind. 9

---

[1] BGBl I 1997, 1130.
[2] BT-Drs. 13/2746, S. 18.
[3] Vgl. VGH Kassel v. 15.06.1994 - 9 TG 1448/94.

II. Normzweck

10 § 10a Abs. 1 AsylbLG soll eine **bundeseinheitliche Regelung** der örtlichen Zuständigkeit sicherstellen und Unklarheiten vermeiden helfen, die bestünden, wenn die Länder die örtliche Zuständigkeit in jeweils eigener Zuständigkeit regeln müssten[4].

11 § 10a Abs. 2 AsylbLG dient wie entsprechende Regelungen im Sozialhilferecht (vgl. § 98 Abs. 2 SGB XII) dem **Schutz der Einrichtungsorte**. Ohne diese Regelung hätten die Träger der Leistungen, in deren Gebiet sich Fachkliniken oder Justizvollzugsanstalten befinden, Leistungen nach Maßgabe des § 10a Abs. 1 Satz 2 AsylbLG auch an Leistungsberechtigte zu gewähren, die aus anderen Gebieten in die jeweilige Einrichtung eingewiesen worden sind. Dieser „Standortnachteil" soll durch § 10a Abs. 2 AsylbLG ausgeglichen werden.

12 § 10a Abs. 3 AsylbLG definiert den gewöhnlichen Aufenthalt und hat insoweit auch eine **klarstellende Funktion**, weil § 30 SGB I auf das AsylbLG keine Anwendung findet[5].

III. Örtliche Zuständigkeit im Regelfall (Absatz 1)

1. Zuständigkeit für verteilte oder zugewiesene Leistungsberechtigte (Satz 1)

a. Regelungsgehalt

13 § 10a Abs. 1 Satz 1 AsylbLG erklärt zunächst diejenige sachlich zuständige Behörde für örtlich zuständig, in deren Gebiet die leistungsberechtigte Person aufgrund der Entscheidung der vom Bundesministerium des Innern bestimmten zentralen Verteilungsstelle **verteilt** oder von der im Land zuständigen Behörde **zugewiesen** worden ist.

14 Liegt eine Verteilung oder Zuweisung vor, bleibt die örtliche **Zuständigkeit der Behörde am Verteilungs- oder Zuweisungsort** damit grundsätzlich ohne Rücksicht auf den Aufenthalt der leistungsberechtigten Person erhalten, insbesondere auch dann, wenn die Behörde die Leistung außerhalb ihres Bereichs sicherstellt (§ 10a Abs. 1 Satz 3 AsylbLG) oder – wegen der Fiktion des gewöhnlichen Aufenthalts, vgl. Rn. 60 (§ 10a Abs. 3 Satz 4 AsylbLG) – wenn die leistungsberechtigte Person in eine Einrichtung außerhalb des Bereichs der nach § 10a Abs. 1 Satz 1 AsylbLG zuständigen Behörde aufgenommen wird. Lediglich bei einem **unerlaubten Aufenthalt der leistungsberechtigten Person** außerhalb des Verteilungs- oder Zuweisungsbereichs ruht die örtliche Zuständigkeit gemäß § 11 Abs. 2 AsylbLG bis zu ihrer Rückkehr.

b. Verteilung im Rahmen des bundesweiten Verteilungsverfahrens

15 Die Zuständigkeitsregelung des § 10a Abs. 1 Satz 1 AsylbLG gilt zunächst für leistungsberechtigte Personen, die vom **Bundesamt für Migration und Flüchtlinge** als der gemäß § 46 Abs. 2 AsylVfG vom Bundesministerium des Innern bestimmten zentralen Verteilungsstelle auf zuständige Aufnahmeeinrichtungen verteilt worden sind. Entsprechendes gilt für eine **Verteilung unerlaubt eingereister Ausländer** nach § 15a AufenthG.[6] Zwar gab es diese erst seit 2005 geltende Vorschrift bei Inkrafttreten des § 10a AsylbLG noch nicht. § 10a Abs. 1 Satz 1 AsylbLG beschränkt sich jedoch nach Wortlaut und der Systematik nicht auf die Verteilung nach dem AsylVfG, sondern erstreckt sich generell auf die Verteilung durch die zentrale Verteilungsstelle, auf die auch § 15a Abs. 1 Satz 3 AufenthG Bezug nimmt. Es sind überdies keine Aspekte erkennbar, die im Hinblick auf die Zuständigkeitsregelungen eine Differenzierung zwischen den beiden Personengruppen rechtfertigen könnten. Örtlich zuständig ist insoweit jeweils diejenige Behörde, in deren Bereich die **Aufnahmeeinrichtung** liegt.

16 **Vor dem Ergehen der Verteilungsentscheidung** bestimmt sich die örtliche Zuständigkeit nach § 10a Abs. 1 Satz 2 AsylbLG.[7]

c. Zuweisung im Rahmen eines landesinternen Verteilungsverfahrens

17 Die Zuständigkeitsregelung des § 10a Abs. 1 Satz 1 AsylbLG gilt ferner für leistungsberechtigte Personen, die von der im Land zuständigen Behörde innerhalb des Landes einer Ausländerbehörde zugewiesen wurden. Die **landesinterne Verteilung** bestimmt sich nach § 50 AsylVfG und beruht auf lan-

---

[4] BT-Drs. 13/2746, S. 18.
[5] BT-Drs. 13/2746, S. 18.
[6] Offen gelassen in LSG Niedersachsen-Bremen v. 20.02.2014 - L 8 AY 98/13 B ER.
[7] Vgl. SG Hildesheim v. 03.09.2012 - S 42 AY 13/09 - SAR 2012, 127; vgl. auch BSG v. 20.12.2012 - B 7 AY 5/11 R - juris Rn. 15.

desrechtlichen Vorschriften. Örtlich zuständig für die Leistungen nach diesem Gesetz ist danach die sachlich zuständige Behörde (§ 10 AsylbLG), in deren Bereich der **Bezirk der Ausländerbehörde** liegt, in der die leistungsberechtigte Person gemäß § 50 Abs. 3 AsylVfG ihren Wohnsitz zu nehmen hat. Sollten die Zuständigkeitsbereiche der Träger Leistungen nach dem AsylbLG und der Ausländerbehörden im Ausnahmefall nicht deckungsgleich sein, kann für die Zuständigkeit nach § 10a Abs. 1 Satz 1 AsylbLG subsidiär insbesondere in den Fällen des § 53 Abs. 1 Satz 1 AsylVfG auf den Ort abgestellt werden, an dem die **Gemeinschaftsunterkunft** belegen ist.

Die Zuweisungsentscheidung ist ein **Verwaltungsakt** i.S.d. § 35 VwVfG entsprechenden verwaltungsverfahrensrechtlichen Bestimmungen der Länder[8]. Dementsprechend wird die örtliche Zuständigkeit der für den Zuweisungsbereich zuständigen Behörde mit der **Zustellung der Zuweisungsentscheidung** an den Asylsuchenden (§ 50 Abs. 5 Satz 1 AsylVfG) begründet[9]. Die wirksame Zuweisungsentscheidung hat damit auch vor Eintritt ihrer Unanfechtbarkeit **Tatbestandswirkung** für die Frage der örtlichen Zuständigkeit nach § 10a Abs. 1 Satz 1 AsylbLG[10].

18

d. Ende der örtlichen Zuständigkeit

Wann die örtliche Zuständigkeit nach § 10a Abs. 1 Satz 1 AsylbLG endet, regelt die Vorschrift nicht ausdrücklich. Grundsätzlich sind dafür die **Bestimmungen des Asylverfahrens- und Aufenthaltsrechts** und die verwaltungsverfahrensrechtlichen Bestimmungen maßgebend.

19

Danach endet die örtliche Zuständigkeit nach § 10a Abs. 1 Satz 1 AsylbLG, wenn die Verteilungsentscheidung des Bundesamtes für Migration und Flüchtlinge oder die landesrechtliche **Zuweisungsentscheidung zurückgenommen, widerrufen oder anderweitig aufgehoben** wird oder wenn sie sich **auf andere Weise erledigt** (vgl. § 43 Abs. 2 VwVfG). Bleibt die betreffende Person weiterhin leistungsberechtigt nach dem AsylbLG, richtet sich die örtliche Zuständigkeit fortan nach § 10a Abs. 1 Satz 2 AsylbLG.

20

Umstritten ist in der Rechtsprechung insbesondere, wann eine **Erledigung in sonstiger Weise** eintritt. Eine solche Erledigung tritt zumindest dann ein, wenn die leistungsberechtigte Person den räumlichen Geltungsbereich des AsylbLG verlässt, sei es durch **freiwillige Ausreise** oder durch **aufenthaltsbeendende Maßnahmen**.[11] Auch die **Erlangung einer Aufenthaltserlaubnis** (§ 7 AufenthG) oder eines sonstigen Aufenthaltstitels (§ 4 Abs. 1 AufenthG) kann zur Erledigung der Zuweisung oder Verteilung führen. Eine Erledigung stets dann anzunehmen, wenn das **Asylverfahren oder das Asylfolgeverfahren rechtskräftig abgeschlossen** worden ist[12], geht jedoch zu weit.[13] Dem steht bereits die ausdrückliche gesetzliche Regelung des **§ 56 Abs. 3 AsylVfG** entgegen, wonach räumliche Beschränkungen auch nach dem Erlöschen der Aufenthaltsgestattung – insbesondere bei rechtskräftigem Abschluss des Verfahrens (§ 67 Abs. 1 Nr. 6 AsylVfG) – wirksam bleiben, bis sie aufgehoben werden (Satz 1), es sei denn, der weitere Aufenthalt gilt nach § 25 Abs. 1 Satz 3 AufenthG oder § 25 Abs. 2 Satz 2 AufenthG als erlaubt oder es wird ein Aufenthaltstitel erteilt (Satz 2)[14]. Diese Vorschrift war mit dem Gesetz zur Steuerung und Begrenzung der Zuwanderung und der Integration von Unionsbürger und Ausländern (Zuwanderungsgesetz) vom 30.07.2004[15] gerade eingeführt worden, um bestehende **negative Kompetenzkonflikte** zu beseitigen.[16] Gleichwohl wird insbesondere für den Fall einer Erteilung der in § 56 Abs. 3 Satz 2 AsylVfG nicht erwähnten **Duldung nach § 60a AufenthG** wegen der asylverfahrensunabhängigen Aufenthaltsgestattung, der auch die Zugehörigkeit zu einem anderen leistungsberechtig-

21

---

[8] *Scheider* in: GK-AsylbLG, § 10a Rn. 24.
[9] *Scheider* in: GK-AsylbLG, § 10a Rn. 26.
[10] *Wahrendorf* in: Grube/Wahrendorf, SGB XII, § 10a AsylbLG Rn. 3.
[11] LSG Nordrhein-Westfalen v. 27.12.2013 - L 20 AY 106/13 B ER; vgl. insoweit SG Düsseldorf v. 09.02.2011 - S 17 AY 6/11 ER - ZfF 2013, 234.
[12] So *Wahrendorf* in: Grube/Wahrendorf, SGB XII, § 10a AsylbLG Rn. 5; LSG Nordrhein-Westfalen v. 12.01.2006 - L 20 B 11/05 AY ER - SAR 2006, 57; LSG Baden-Württemberg v. 01.08.2006 - L 7 AY 3106/06 ER-B - SAR 2006, 117; vgl. bereits OVG Münster v. 30.03.2001 - 16 B 44/01.
[13] Vgl. LSG Berlin-Brandenburg v. 24.04.2012 - L 15 AY 4/12 B ER - SAR 2012, 94.
[14] LSG Berlin-Brandenburg v. 12.05.2010 - L 15 AY 2/10 B ER - SAR 2010, 81.
[15] BGBl I 2004, 1950.
[16] BT-Drs. 15/955, S. 34.

ten Personenkreis folgt (§ 1 Abs. 1 Nr. 4 AsylbLG), in der Rechtsprechung wohl überwiegend eine anderweitige Erledigung der räumlichen Beschränkung favorisiert.[17]

2. Zuständigkeit für sonstige Leistungsberechtigte (Satz 2)

22 Für alle Leistungsberechtigten, die weder verteilt noch zugewiesen sind, ist diejenige Behörde örtlich zuständig, in deren Bereich sie sich **tatsächlich aufhalten**. Im Gegensatz zur örtlichen Zuständigkeit nach § 10a Abs. 1 Satz 1 AsylbLG, die ohne Rücksicht auf den Aufenthaltsort des Leistungsberechtigten grundsätzlich erhalten bleibt, kann die Zuständigkeit nach § 10a Abs. 1 Satz 2 AsylbLG je nach Wahl des Aufenthaltsortes wechseln.

23 Die Vorschrift kann als **Auffangnorm** gelten, die in erster Linie diejenigen leistungsberechtigten **Personen** betrifft, **die nicht um Asyl nachsuchen**[18]. Dies betrifft Personen, die
- der Flughafenregelung unterliegen (§ 1 Abs. 1 Nr. 2 AsylbLG),
- im Besitz einer Aufenthaltserlaubnis nach § 23 Abs. 1 AufenthG sind (§ 1 Abs. 1 Nr. 3 Alt. 1 AsylbLG),
- im Besitz einer Duldung gemäß § 60a AufenthG sind (§ 1 Abs. 1 Nr. 4 AsylbLG),
- vollziehbar ausreisepflichtig sind (§ 1 Abs. 1 Nr. 5 AsylbLG) oder
- Ehegatten, Lebenspartner oder minderjährige Kinder der in § 1 Abs. 1 Nr. 1-5 AsylbLG genannten Personen sind, ohne dass sie selbst die dort genannten Voraussetzungen erfüllen (§ 1 Abs. 1 Nr. 6 AsylbLG).

24 Den tatsächlichen Aufenthalt hat eine Person dort, wo sie **körperlich anwesend** ist[19]. Der Begriff des tatsächlichen Aufenthalts ist nicht teleologisch zu reduzieren und insbesondere auf den asyl- oder ausländerrechtlich **erlaubten Aufenthalt** zu beschränken[20]. Anderenfalls könnte die Vorschrift ihre Funktion als Auffangnorm nicht vollständig erfüllen. Auch das in Teilen ungeklärte und umstrittene **Verhältnis zu § 11 Abs. 2 AsylbLG** zwingt – welcher Sichtweise man insoweit auch folgen möchte (vgl. die Kommentierung zu § 11 AsylbLG Rn. 29 f.) – nicht zu einer korrigierenden Auslegung[21]. Immerhin geht § 11 Abs. 2 AsylbLG selbst von der örtlichen Zuständigkeit der Behörde am tatsächlichen Aufenthaltsort für Leistungen an unerlaubt ortabwesende Leistungsberechtigte aus, schränkt den gegen diese Behörde gerichteten Leistungsanspruch aber auf das unabweisbar Gebotene ein.

3. Sicherstellung der Leistung außerhalb des örtlichen Zuständigkeitsbereichs (Satz 3)

25 § 10a Abs. 1 Satz 3 AsylbLG regelt die **Fortdauer der örtlichen Zuständigkeit** nach den vorangehenden Sätzen für den Fall, dass die Leistung von der zuständigen Behörde **außerhalb ihres Bereichs** sichergestellt wird. Die Regelung betrifft in erster Linie die Fälle des § 10a Abs. 1 Satz 2 AsylbLG, da die örtliche Zuständigkeit nach § 10a Abs. 1 Satz 1 AsylbLG – von den Fällen des § 11 Abs. 2 AsylbLG abgesehen – ohnehin unabängig vom Aufenthaltsort der leistungsberechtigten Person erhalten bleibt.

26 Die Vorschrift erfasst nur die Fälle, in denen der bisher zuständige Träger die Leistungsgewährung **fortführt** und damit zum Ausdruck bringt, dass er für den gesamten Bedarf der nach dem AsylbLG Leistungsberechtigten auch am neuen Wohnort außerhalb seines Zuständigkeitsbereichs aufkommen will[22]. Eine **fortbestehende Zuständigkeit endet** dementsprechend, wenn die **Hilfe faktisch eingestellt** wird[23].

---

[17] LSG Hessen v. 06.10.2011 - L 9 AY 8/08; LSG Niedersachsen-Bremen v. 27.05.2011 - L 8 AY 31/11 B ER - ZFSH/SGB 2011, 601; so auch *Deibel*, ZFSH/SGB 2012, 189, 190 f.

[18] *Scheider* in: GK-AsylbLG, § 10a Rn. 33; vgl. auch *Wahrendorf* in: Grube/Wahrendorf, SGB XII, § 10a AsylbLG Rn. 10.

[19] BT-Drs. 13/2746, S. 18; vgl. auch OVG Koblenz v. 21.10.2004 - 12 A 11140/04 - FEVS 56, 405.

[20] *Wahrendorf* in: Grube/Wahrendorf, SGB XII, § 10a AsylbLG Rn. 10; VGH Mannheim v. 19.04.2000 - 7 S 313/00 - FEVS 52, 74; vgl. auch LSG Nordrhein-Westfalen v. 02.04.2012 - L 20 AY 24/12 B ER, L 20 AY 25/12 B - SAR 2012, 83; a.A. *Scheider* in: GK-AsylbLG, § 10a Rn. 36; *Deibel*, ZAR 1998, 1, 35; wohl auch VGH Kassel v. 24.02.2000 - 1 TG 651/00.

[21] So aber *Scheider* in: GK-AsylbLG, § 10a Rn. 36.

[22] VGH Mannheim v. 19.04.2000 - 7 S 313/00 - FEVS 52, 74; OVG Bautzen v. 01.11.2004 - 4 B 74/03 - FEVS 56, 445; VG Hannover v. 22.04.2008 - 3 A 4393/04 - ZfF 2009, 132.

[23] *Scheider* in: GK-AsylbLG, § 10a Rn. 38.

IV. Örtliche Zuständigkeit bei Leistungen in Einrichtungen (Absatz 2)

1. Allgemeines

§ 10a Abs. 2 AsylbLG ist dem früheren § 97 Abs. 2 BSHG nachempfunden. § 10a Abs. 2 Sätze 1-3 AsylbLG entspricht inhaltlich vollständig den Regelungen des § 98 Abs. 2 Sätze 1-3 SGB XII. 27

Die Bestimmung dient dem **Schutz der Einrichtungsorte** (vgl. Rn. 11). 28

2. Zuständigkeit nach Aufnahme in eine Einrichtung (Satz 1)

a. Regelungsgehalt

§ 10a Abs. 2 Satz 1 AsylbLG erklärt für den Fall der Gewährung von Leistungen in Einrichtungen diejenige Behörde für örtlich zuständig, in deren Bereich die leistungsberechtigte Person **vor der Aufnahme in die Einrichtung** ihren **gewöhnlichen Aufenthalt** gehabt hat. Auf diese Weise wird sichergestellt, dass die bisher zuständige Behörde örtlich zuständig bleibt, wenn ein **Ortswechsel nur wegen der Aufnahme in eine Einrichtung** vollzogen wird. 29

b. Einrichtungsbegriff

Einrichtungen im Sinne des § 10a Abs. 2 AsylbLG sind in erster Linie Einrichtungen, die der **Krankenbehandlung** dienen. Welche Einrichtungen davon im Einzelnen umfasst sind, wird nicht näher definiert. Die enge Anlehnung der Vorschrift an diejenige des § 98 Abs. 2 Satz 1 SGB XII spricht aber dafür, den Einrichtungsbegriff hier ebenso zu definieren **wie im Sozialhilferecht**. Dort wird unterschieden zwischen ambulanten Leistungen außerhalb von Einrichtungen und Leistungen in **teilstationären und stationären Einrichtungen** (§ 13 Abs. 1 Satz 1 SGB XII). Aus dem Einrichtungsbegriff sind demnach nur ambulante Maßnahmen auszunehmen; für sie richtet sich die örtliche Zuständigkeit nach den allgemeinen Bestimmungen des § 10a Abs. 1 AsylbLG. Regelmäßiger Anwendungsfall des § 10a Abs. 2 Satz 1 AsylbLG sind **stationäre Krankenhausaufenthalte**. 30

Einrichtungen im Sinne des §10a Abs. 2 AsylbLG können auch Einrichtungen sein, die **„anderen Maßnahmen nach diesem Gesetz"** dienen. Um welche Maßnahmen es sich dabei handelt, wird nicht erläutert. Nach dem Sinnzusammenhang muss es sich aber um Leistungen des AsylbLG handeln, die in der Einrichtung teil- oder vollstationär erbracht werden[24]. Als Einrichtungen in diesem Sinne kommen insbesondere **Pflegeheime**, Behindertenwohnheime und **Werkstätten für behinderte Menschen**, **Entbindungseinrichtungen** und Säuglingsstationen in Betracht, soweit leistungsberechtigte Personen in diesen Einrichtungen z.B. aufgrund von § 2 Abs. 1 AsylbLG, § 4 Abs. 2 AsylbLG oder § 6 AsylbLG Leistungen erhalten können. 31

Nicht zu den Einrichtungen nach § 10a Abs. 2 Satz 1 AsylbLG gehören die **Gemeinschaftsunterkünfte** nach § 53 AsylVfG. Sie dienen über die Bereitstellung einer Unterkunft zu gemeinschaftlichen Wohnzwecken hinaus keinem weitergehenden Leistungszweck und unterscheiden sich darin von Einrichtungen, die von § 10 Abs. 2 Satz 1 AsylbLG erfasst sein sollen[25]. 32

c. Gewöhnlicher Aufenthalt vor der Aufnahme

Liegen die Voraussetzungen einer stationären Leistung in einer Einrichtung vor, bestimmt sich die örtliche Zuständigkeit danach, wo der Leistungsempfänger zum **Zeitpunkt der Aufnahme** oder in den **zwei Monaten vor der Aufnahme** seinen gewöhnlichen Aufenthalt gehabt hat. Dies gilt auch dann, wenn die betreffende Person zu diesem Zeitpunkt bzw. in diesem Zeitraum noch nicht zum leistungsberechtigten Personenkreis gehört hat[26]. Der **gewöhnliche Aufenthalt** richtet sich grundsätzlich nach § 10a Abs. 3 AsylbLG. Bei Personen, die im Sinne des § 10a Abs. 1 Satz 1 AsylbLG verteilt oder zugewiesen sind, gilt die **Fiktion** (vgl. Rn. 60) des § 10 Abs. 3 Satz 4 AsylbLG. 33

In erster Linie kommt es auf den gewöhnlichen Aufenthalt im Zeitpunkt der Aufnahme in die Einrichtung an. Entscheidend ist der Zeitpunkt, in dem die leistungsberechtigte Person tatsächlich **in die Obhut der Einrichtung** tritt[27]. 34

---

[24] *Wahrendorf* in: Grube/Wahrendorf, SGB XII, § 10a AsylbLG Rn. 14.
[25] *Goletz*, ZfF 1998, 1, 4; *Scheider* in: GK-AsylbLG, § 10a Rn. 42.
[26] OVG Münster v. 23.06.2000 - 16 B 738/00.
[27] *Scheider* in: GK-AsylbLG, § 10a Rn. 56.

§ 10a AsylbLG

35 Nur wenn die leistungsberechtigte Person **im Zeitpunkt der Aufnahme in die Einrichtung keinen gewöhnlichen Aufenthalt** (mehr) hat, kommt es für die Bestimmung der örtlichen Zuständigkeit darauf an, wo die Person ihren gewöhnlichen Aufenthalt in den letzten zwei Monaten vor Eintritt in die Einrichtung zuletzt gehabt hat. Für die **Fristberechnung** gelten die §§ 187, 188 BGB.

36 § 10a Abs. 2 Satz 1 AsylbLG trifft keine Regelung für den Fall, dass auch in den letzten zwei Monaten vor der Aufnahme in die Einrichtung **zu keinem Zeitpunkt ein gewöhnlicher Aufenthalt** bestanden hat. Das Gesetz selbst geht aber davon aus, dass es Personen geben kann, die nicht über einen gewöhnlichen Aufenthalt verfügen (vgl. § 10a Abs. 2 Satz 3 AsylbLG). Für diese Personen bestimmt sich die örtliche Zuständigkeit subsidiär nach § 10a Abs. 1 Satz 2 AsylbLG. Örtlich zuständig ist dann die **Behörde, in deren Gebiet die Einrichtung belegen ist,** in der sich die leistungsberechtigte Person tatsächlich aufhält.[28] Dies entspricht zwar nicht vollständig dem Zweck der Regelung, die Einrichtungsorte zu schützen. Die in der Rechtsprechung erwogene Alternative, denjenigen Träger als örtlich zuständig anzusehen, in dessen Gebiet die leistungsberechtigte Person vor der Aufnahme in die Einrichtung ihren tatsächlichen Aufenthalt hatte[29], entspricht allerdings weder dem Wortlaut noch der Systematik des Gesetzes[30]. Der Erstattungsanspruch nach § 10b Abs. 1 AsylbLG der nach § 10a Abs. 2 Satz 3 AsylbLG vorläufig eintretenden Behörde richtet sich allein gegen die „nach § 10a Abs. 2 Satz 1 zuständige Behörde" und kann nicht erweiternd auf die nach § 10a Abs. 1 Satz 2 AsylbLG zuständige Behörde erstreckt werden (vgl. die Kommentierung zu § 10b AsylbLG Rn. 12). Ist die Behörde am früheren tatsächlichen Aufenthaltsort aber keinem Erstattungsanspruch ausgesetzt, liefe die subsidiäre Begründung ihrer örtlichen Zuständigkeit weitestgehend leer. Sie käme nur in Fällen zum Tragen, in denen von vornherein feststeht, dass die leistungsberechtigte Person keinen gewöhnlichen Aufenthalt hatte und der Träger am früheren tatsächlichen Aufenthaltsort seine Zuständigkeit umgehend anerkennt. Diese Voraussetzungen dürften selten vorliegen, so dass die subsidiäre Zuständigkeit des vor Einrichtungsaufnahme nach § 10a Abs. 1 Satz 2 AsylbLG zuständigen Trägers weder sachgerecht ist noch beabsichtigt gewesen sein dürfte.

3. Zuständigkeit nach einem Einrichtungswechsel (Satz 2)

37 § 10a Abs. 2 Satz 2 AsylbLG regelt die örtliche Zuständigkeit für Fälle, in denen leistungsberechtigte Personen **von einer Einrichtung in eine andere** wechseln. Auch in diesen Situationen soll der Träger örtlich zuständig bleiben, in dessen Bereich die leistungsberechtigte Person ursprünglich, d.h. vor Aufnahme in eine Einrichtung, ihren gewöhnlichen Aufenthalt gehabt hat. Die Norm gilt auch in Fällen, in denen die leistungsberechtigte Person in der ersten Einrichtung (ggf. sogar erstmals) einen gewöhnlichen Aufenthalt begründet hat (vgl. Rn. 54), was wegen des Fehlens einer dem § 109 SGB XII entsprechenden Vorschrift im AsylbLG möglich ist.

38 Für die örtliche Zuständigkeit bei einem Einrichtungswechsel ist nicht entscheidend, wann der **Leistungsanspruch entstanden** ist. Auch wenn die Leistungsberechtigung erst während des Aufenthalts in der zweiten Einrichtung eintritt, kommt es auf den **gewöhnlichen Aufenthalt vor Aufnahme in die erste Einrichtung** an. Dies ergibt sich bei semantischer Auslegung bereits aus der Verwendung des Plusquamperfekt („War bei Einsetzen der Leistung der Leistungsberechtigte ... übergetreten, ..."). Dies muss erst recht gelten, wenn der Einrichtungswechsel nach Leistungsbeginn vollzogen wird. Folgerichtig normiert § 10a Abs. 2 Satz 2 Alt. 2 AsylbLG auch diesen Fall.

39 Die Bestimmung des § 10a Abs. 2 Satz 2 AsylbLG greift nur bei einem **„Einrichtungsübertritt".** Dafür ist entscheidend, dass die leistungsberechtigte Person **nahtlos,** d.h. **ohne wesentliche Zwischenaufenthalte** von einer Einrichtung in die andere wechselt. Ob ein solcher Einrichtungswechsel vorliegt, ist anhand der objektiven Umstände zu ermitteln[31].

4. Vorläufiges Eintreten und Zuständigkeit in Eilfällen (Satz 3)

40 § 10a Abs. 2 Satz 3 AsylbLG normiert für die Leistungen in Einrichtungen eine vorläufige Eintretensverpflichtung, die wie bei der sozialhilferechtlichen Vorschrift (vgl. die Kommentierung zu § 98 SGB XII Rn. 41) des § 98 Abs. 2 Satz 3 SGB XII dem **Interesse des Leistungsberechtigten** an einer unverzüglichen Deckung des Bedarfs dient.

---

[28] *Scheider* in: GK-AsylbLG, § 10a Rn. 59 f.
[29] So OVG Münster v. 23.06.2000 - 16 B 738/00.
[30] OVG Koblenz v. 21.10.2004 - 12 A 11140/04 - FEVS 56, 405.
[31] BVerwG v. 25.10.2006 - 5 B 31/06.

Verpflichtet ist die „nach Absatz 1 zuständigen Behörde". Dabei kann es sich nur um diejenige Behörde handeln, deren örtliche Zuständigkeit sich gemäß § 10a Abs. 1 Satz 2 AsylbLG nach dem **tatsächlichen Aufenthalt der leistungsberechtigten Person** bestimmt. Denn die nach § 10a Abs. 1 Satz 1 AsylbLG örtlich zuständige Behörde bleibt für die leistungsberechtigte Person stets auch bei Aufnahme in eine Einrichtung zuständig (vgl. § 10a Abs. 3 Satz 4 AsylbLG); steht die nach § 10a Abs. 1 Satz 1 AsylbLG zuständige Behörde fest, kann ein Kompetenzkonflikt deshalb gar nicht eintreten. 41

Die für den tatsächlichen Aufenthaltsort zuständige Behörde hat zunächst dann vorläufig einzutreten, wenn nicht innerhalb einer **4-Wochenfrist** feststeht, ob und wo der gewöhnliche Aufenthalt nach § 10a Abs. 2 Sätze 1 und 2 AsylbLG begründet worden ist. Unklar ist, welches Ereignis die Frist auslöst. Sinn und Zweck der Vorschrift sprechen dafür, dass es auf den Zeitpunkt ankommt, in dem eine bestimmte **Behörde angegangen bzw. in Anspruch genommen** wird[32]. Dabei ist es ohne Belang, ob die leistungsberechtigte Person oder die Einrichtung an die Behörde herantritt. 42

Die für den tatsächlichen Aufenthaltsort zuständige Behörde hat auch in **Eilfällen** vorläufig zu entscheiden und ggf. einzutreten. Ein Eilfall im Sinne von § 10a Abs. 2 Satz 3 Alt. 2 AsylbLG ist dann gegeben, wenn die nach § 10a Abs. 2 Satz 1 AsylbLG eigentlich zuständige Behörde **zur sofortigen Leistung außer Stande** ist und die Gewährung der Leistung bei objektiver Betrachtung **keinen Aufschub** duldet[33], aber auch dann, wenn ein **Kompetenzkonflikt** besteht, dessen **Klärung** innerhalb der in § 10a Abs. 2 Satz 3 Alt. 1 AsylbLG normierten 4-Wochenfrist **nicht abgewartet** werden kann. 43

Die Entscheidung der für den tatsächlichen Aufenthaltsort zuständigen Behörde hat **unverzüglich** und damit **ohne schuldhaftes Zögern** zu ergehen. Besteht ein Leistungsanspruch, muss die Behörde unverzüglich eintreten und die Leistungen umgehend gewähren, **wie wenn sie für die Leistungen endgültig örtlich zuständig wäre**. In Fällen, in denen die Voraussetzungen des § 10a Abs. 2 Satz 3 AsylbLG für eine vorläufige Eintrittspflicht der nach Absatz 1 zuständigen Behörde vorliegen, kann diese im Außenverhältnis zum Leistungsberechtigten nicht auf die – vermeintlich oder tatsächlich vorrangige – Zuständigkeit einer anderen Behörde nach § 10a Abs. 2 Satz 1 AsylbLG verweisen[34]. 44

Dem vorläufig eintretenden Leistungsträger steht gemäß § 10b Abs. 1 AsylbLG ein **Erstattungsanspruch** gegen den Träger zu, dessen Behörde nach § 10a Abs. 2 Satz 1 AsylbLG an sich örtlich zuständig ist (vgl. die Kommentierung zu § 10b AsylbLG Rn. 10). 45

5. Einrichtungen zum Vollzug richterlich angeordneter Freiheitsentziehung (Satz 4)

§ 10a Abs. 2 Satz 4 AsylbLG stellt Einrichtungen zum Vollzug richterlich angeordneter Freiheitsentziehung den Einrichtungen nach § 10a Abs. 2 Satz 1 AsylbLG gleich, um auf diese Weise auch diejenigen **Träger der Leistungen** nach dem AsylbLG **zu schützen, in deren Gebiet sich Haftanstalten befinden**. 46

Der Begriff der richterlich angeordneten Freiheitsentziehung ist diesem Schutzzweck entsprechend weit zu verstehen. Er erfasst die **Straf- und Untersuchungshaft**[35], den **Maßregelvollzug**, die Unterbringung in **geschlossenen Anstalten** nach den landesrechtlichen Bestimmungen zu Hilfen und Schutzmaßnahmen bei psychischen Krankheiten, die **Absonderung** nach dem Infektionsschutzgesetz und die **Abschiebehaft** nach § 62 AufenthG[36]. 47

V. Gewöhnlicher Aufenthalt von Leistungsberechtigten (Absatz 3)

1. Grunddefinition des gewöhnlichen Aufenthalts (Satz 1)

a. Allgemeines

§ 10a Abs. 3 Satz 1 AsylbLG enthält die **Legaldefinition** für den Begriff des gewöhnlichen Aufenthalts, der insbesondere für die örtliche Zuständigkeit für Leistungen in Einrichtungen nach § 10a Abs. 2 AsylbLG von Bedeutung ist. Die Legaldefinition wird durch die Regelungen des § 10a Abs. 3 Sätze 2-5 AsylbLG noch ergänzt und teilweise modifiziert. 48

---

[32] *Scheider* in: GK-AsylbLG, § 10a Rn. 68; vgl. auch VG Karlsruhe v. 08.03.2000 - 8 K 3338/99.
[33] *Scheider* in: GK-AsylbLG, § 10a Rn. 70; zust. VG Karlsruhe vom 16.11.2001 - 8 K 2308/99.
[34] BVerwG v. 19.06.2006 - 5 B 70/05.
[35] *Deibel*, ZAR 1998, 28, 36.
[36] *Scheider* in: GK-AsylbLG, § 10a Rn. 77 f.

§ 10a AsylbLG

49 Die Legaldefinition ist der **steuerrechtlichen Definition** in § 9 AO nachempfunden[37]. Sie ist auch deshalb erforderlich, weil das **AsylbLG kein Bestandteil des Sozialgesetzbuches** ist und die Definition des § 30 Abs. 3 Satz 2 SGB I deshalb nicht gilt (vgl. § 37 Satz 1 SGB I). Allerdings entspricht der Zweck des § 30 Abs. 3 Satz 2 SGB I auch nicht vollständig demjenigen des § 10a Abs. 3 AsylbLG: Während es bei § 30 Abs. 3 Satz 2 SGB I in erster Linie darum geht, den gewöhnlichen Aufenthalt in der Bundesrepublik Deutschland von demjenigen im Ausland abzugrenzen, um auf diese Weise die missbräuchliche Inanspruchnahme von Sozialleistungen durch eine nur formale Begründung eines Inlandswohnsitzes zu verhindern[38], dient § 10a Abs. 3 AsylbLG der allein für die örtliche Zuständigkeit relevanten Frage, **wo innerhalb der Bundesrepublik Deutschland ein gewöhnlicher Aufenthalt besteht.**

50 Der **Anwendungsbereich** der Legaldefinition des § 10a Abs. 3 Satz 1 AsylbLG beschränkt sich auf das **AsylbLG**. Dies ergibt sich aus dem Merkmal „im Sinne dieses Gesetzes" und entspricht auch dem erklärten Willen des Gesetzgebers[39].

b. Objektive Kriterien für den gewöhnlichen Aufenthalt

51 Für die Bestimmung des gewöhnlichen Aufenthalts sind in erster Linie objektive Kriterien entscheidend. Es kommt auf die **äußerlich feststellbaren Lebensumstände** („unter Umständen ..., die erkennen lassen") und auf das **Zeitmoment** („nicht nur vorübergehend") an. Die Aufenthaltsdauer wird durch § 10a Abs. 3 Satz 2 AsylbLG näher konkretisiert, allerdings nur in dem Sinne, dass bei Erreichen der dort geregelten Sechs-Monats-Schwelle der gewöhnliche Aufenthalt nur über das Zeitmoment fingiert wird (vgl. Rn. 57). Deshalb ist die Begründung eines gewöhnlichen Aufenthalts **in einer Aufnahmeeinrichtung** i.S. des § 47 Abs. 1 Satz 1 AsylVfG nicht generell ausgeschlossen, weil dieser Aufenthalt kraft Gesetzes auf nur sechs Wochen, höchstens aber auf bis zu drei Monate ausgelegt ist; dies kann allenfalls ein Indiz gegen einen gewöhnlichen Aufenthalt sein.[40] Wie für den tatsächlichen Aufenthalt kommt es auch für den gewöhnlichen Aufenthalt nicht auf dessen **Rechtmäßigkeit** an[41].

52 Die objektiven Lebensumstände streiten für einen gewöhnlichen Aufenthalt an einem bestimmten Ort oder in einem bestimmten Gebiet, wenn die betreffende Person dort den **Schwerpunkt ihrer Lebensbeziehungen** hat. Dauerhaft körperlich anwesend braucht die Person nicht zu sein (vgl. § 10a Abs. 2 Satz 2 HS. 2 AsylbLG). Für den Schwerpunkt der Lebensbeziehungen kann eine Vielzahl von **Indizien aus dem persönlichen, familiären und ggf. beruflichen Bereich** maßgeblich sein. Ein gewichtiges Indiz ist auch, wo der Leistungsberechtigte eine **Wohnung** vorhält, soweit er diese tatsächlich nutzt.

53 Ein gewöhnlicher Aufenthalt nach § 10 Abs. 3 Satz 1 AsylbLG kann an einem Ort oder in einem Gebiet bestehen. Ein **Ort** ist eine bestimmte, **räumlich abgrenzbare Stelle** wie z.B. eine Wohnung oder Gemeinschaftsunterkunft[42]. Ein **Gebiet** ist ein bestimmter, abgrenzbarer **Teil der Erdoberfläche**. Die Übergänge können fließend sein. Da die Vorschrift nur eine zuständigkeitsbegründende und keine leistungsbegrenzende Funktion hat, reicht es allerdings aus, den gewöhnlichen Aufenthalt **im Gebiet eines sachlich zuständigen Trägers**, regelmäßig also in einem Kreis oder einer kreisfreien Stadt zu lokalisieren. Hat ein Leistungsberechtigter irgendwo dort den Schwerpunkt seiner Lebensbeziehungen, wenn er sich auch täglich an anderen Orten aufhält, liegt sein gewöhnlicher Aufenthalt in diesem Gebiet.

54 Ein gewöhnlicher Aufenthaltsort kann auch eine **stationäre Einrichtung** oder eine **Vollzugsanstalt** zum Vollzug richterlich angeordneter Freiheitsentziehung sein. Die Beschränkungen des § 109 SGB XII gelten im Anwendungsbereich des AsylbLG nicht. Dies gilt auch, wenn leistungsberechtigte Personen gemäß § 2 Abs. 1 AsylbLG als so genannte Analog-Berechtigte Leistungen entsprechend dem SGB XII erhalten.

---

[37] BT-Drs. 13/2746, S. 18.
[38] BT-Drs. 7/3785, S. 5.
[39] BT-Drs. 13/2746, S. 18.
[40] BSG v. 20.12.2012 - B 7 AY 5/11 R.
[41] VGH Mannheim v. 19.12.2005 - 7 S 266/03 - ZFSH/SGB 2006, 683.
[42] *Scheider* in: GK-AsylbLG, § 10a Rn. 87.

c. Subjektive Kriterien für den gewöhnlichen Aufenthalt

Neben objektiven können auch subjektive Kriterien (z.B. **Absichten und Wünsche des Leistungsberechtigten**) für die Bestimmung des gewöhnlichen Aufenthalts maßgebend sein. Diese Kriterien haben aber nur **nachgeordnete Bedeutung**; sie können im Rahmen der wertenden Gesamtbetrachtung Zweifel ausräumen und den Eindruck abrunden helfen. 55

Nicht relevant ist dagegen, wo die leistungsberechtigte Person aufgrund ihrer **eigenen rechtlichen Bewertung** lediglich meint, einen gewöhnlichen Aufenthalt zu haben. 56

2. Dauer des Aufenthalts (Sätze 2 und 3)

§ 10a Abs. 3 Satz 2 AsylbLG erleichtert über eine allein an das Zeitmoment anknüpfende **gesetzliche Fiktion** die Bestimmung des gewöhnlichen Aufenthalts. Ein zeitlich zusammenhängender Aufenthalt von mindestens 6 Monaten begründet damit – vorbehaltlich der Fälle des § 10a Abs. 3 Satz 3 AsylbLG – ungeachtet der Anforderungen des § 10a Abs. 3 Satz 1 AsylbLG einen gewöhnlicher Aufenthalt an dem jeweiligen Ort bzw. in dem jeweiligen Gebiet. 57

Erforderlich ist ein **zeitlich zusammenhängender Aufenthalt**. Die leistungsberechtigte Person muss sich über einen Zeitraum **von mindestens 6 Monaten** tatsächlich in dem betreffenden Gebiet aufgehalten und darf den tatsächliche Aufenthalt nicht durch wesentliche Abwesenheitszeiten unterbrochen haben. Lediglich kurzfristige Unterbrechungen bleiben unberücksichtigt (§ 10 Abs. 3 Satz 2 HS. 2 AsylbLG) mit der Folge, dass die 6-Monats-Frist auch während dieser Abwesenheitszeiten weiter läuft. 58

Das Merkmal der **kurzzeitigen Unterbrechungen** ist **eng auszulegen**. Da die gesetzliche Fiktion die ansonsten erforderliche Einzelfallprüfung anhand der objektiven Lebensumstände (§ 10a Abs. 3 Satz 1 AsylbLG) aus Vereinfachungsgründen ersetzen soll, kann § 10a Abs. 3 Satz 2 AsylbLG nur in **eindeutigen Fällen** zur Anwendung kommen. Kurzzeitige Unterbrechungen sind dementsprechend nur **Abwesenheitszeiten von einigen Stunden**, allenfalls von **wenigen Tagen**. Auch die **Gesamtabwesenheitszeit** im 6-Monats-Zeitraum ist zu berücksichtigen: Nähert sich die Summe der kurzzeitigen Unterbrechungen der Hälfte des Gesamtzeitraums an, kann der gewöhnliche Aufenthalt nicht mehr nach § 10a Abs. 3 Satz 2 AsylbLG fingiert werden[43]. 59

3. Gewöhnlicher Aufenthalt verteilter oder zugewiesener Leistungsberechtigter (Satz 4)

§ 10 Abs. 3 Satz 4 AsylbLG trifft eine **Sonderregelung** für zugeteilte oder zugewiesene asylsuchende Leistungsberechtigte. Deren gewöhnlicher Aufenthalt wird ohne Rücksicht auf die tatsächlichen Lebensumstände und damit abweichend von § 10a Abs. 3 Satz 1 AsylbLG gesetzlich fingiert. Als gewöhnlicher Aufenthaltsort gilt das Gebiet, in dem die leistungsberechtigte Person ihrer Verteilung oder Zuteilung entsprechend sich **aufzuhalten verpflichtet** ist. Ob sich die leistungsberechtigte Person dort gewöhnlich oder auch nur tatsächlich aufhält, ist ohne Bedeutung. 60

Die **Fiktion des gewöhnlichen Aufenthalts** bewirkt, dass die Behörde, in deren Bereich der Leistungsberechtigte verteilt oder zugeteilt worden ist, durchgehend örtlich zuständig bleibt. Auch für Leistungen in Einrichtungen bleibt die örtliche Zuständigkeit in jedem Fall erhalten. 61

4. Gewöhnlicher Aufenthalt Neugeborener (Satz 5)

§ 10a Abs. 3 Satz 5 AsylbLG trifft eine **Sonderregelung** zum gewöhnlichen Aufenthalt neugeborener Kinder. Da Neugeborene noch keinen gewöhnlichen Aufenthalt haben, wird deren gewöhnlicher Aufenthalt fingiert. Der **gewöhnliche Aufenthalt der Mutter** gilt auch als gewöhnlicher Aufenthalt des neugeborenen Kindes. Neugeborene können damit auch in Gebieten ihren gewöhnlichen Aufenthalt haben, in denen sie sich noch nie tatsächlich aufgehalten haben. 62

Die Vorschrift entspricht von ihrer Zielrichtung § 98 Abs. 2 Satz 4 SGB XII und dient wie § 10a Abs. 2 AsylbLG dem **Schutz der Einrichtungsorte**. Im Gegensatz zur sozialhilferechtlichen Vorschrift erstreckt sich die Regelung formell aber auch auf Neugeborene, die außerhalb einer stationären Einrichtung geboren sind (Hausgeburt). 63

---

[43] Ähnlich *Scheider* in: GK-AsylbLG, § 10a Rn. 99.

C. Praxishinweise

64 Kommen unterschiedliche Träger als leistungspflichtig in Betracht, weil die örtliche Zuständigkeit in Streit steht, sind im sozialgerichtlichen Verfahren die anderen Träger nach § 75 Abs. 2 SGG notwendig beizuladen. Beigeladene Träger von Leistungen nach dem AsylbLG können wie Sozialhilfeträger entsprechend § 75 Abs. 5 SGG verurteilt werden; diese Bestimmung ist analog auf das AsylbLG anzuwenden, weil es sich beim AsylbLG um ein sozialhilfeähnliches, steuerfinanziertes Leistungsgesetz handelt.[44]

---

[44] LSG Baden-Württemberg v. 01.08.2006 - L 7 AY 3106/06 ER-B - SAR 2006, 117; LSG Nordrhein-Westfalen v. 12.12.2011 - L 20 AY 4/11; *Wahrendorf* in: Grube/Wahrendorf, SGB XII, § 10a AsylbLG Rn. 22.

§ 10b AsylbLG Kostenerstattung zwischen den Leistungsträgern

(Fassung vom 21.06.2005, gültig ab 01.07.2005)

(1) Die nach § 10a Abs. 2 Satz 1 zuständige Behörde hat der Behörde, die nach § 10a Abs. 2 Satz 3 die Leistung zu erbringen hat, die aufgewendeten Kosten zu erstatten.

(2) Verläßt in den Fällen des § 10a Abs. 2 der Leistungsberechtigte die Einrichtung und bedarf er im Bereich der Behörde, in dem die Einrichtung liegt, innerhalb von einem Monat danach einer Leistung nach diesem Gesetz, sind dieser Behörde die aufgewendeten Kosten von der Behörde zu erstatten, in deren Bereich der Leistungsberechtigte seinen gewöhnlichen Aufenthalt im Sinne des § 10a Abs. 2 Satz 1 hatte.

(3) (weggefallen)

Gliederung

A. Basisinformationen 1	1. Voraussetzungen des Erstattungsanspruchs 10
I. Textgeschichte/Gesetzgebungsmaterialien 1	2. Rechtsfolgen und Umfang des Erstattungs-
II. Vorgängervorschriften 3	anspruchs 14
III. Parallelvorschriften 4	IV. Kostenerstattung bei Verlassen der Einrich-
IV. Systematische Zusammenhänge 5	tung (Absatz 2) 15
B. Auslegung der Norm 7	1. Voraussetzungen des Erstattungsanspruchs 15
I. Regelungsgehalt und Bedeutung der Norm 7	2. Rechtsfolgen und Umfang des Erstattungs-
II. Normzweck 9	anspruchs 20
III. Kostenerstattung bei vorläufigem Eintreten (Absatz 1) 10	

A. Basisinformationen

I. Textgeschichte/Gesetzgebungsmaterialien

§ 10b AsylbLG ist in seiner aus drei Absätzen bestehenden Urfassung durch das Erste Gesetz zur Änderung des Asylbewerberleistungsgesetzes vom 26.05.1997[1] zum **01.06.1997** in das AsylbLG aufgenommen worden. Die Gesetzesfassung entsprach dem Gesetzentwurf der Fraktionen von CDU/CSU und FDP für ein Erstes Gesetz zur Änderung des Asylbewerberleistungsgesetzes und anderer Gesetze vom 24.10.1995[2]. 1

Der dritte, im Wesentlichen dem früheren § 107 BSHG entsprechende Absatz wurde durch das Gesetz zur Umsetzung von Vorschlägen zu Bürokratieabbau und Deregulierung aus den Regionen vom 21.06.2005[3] zum **01.07.2005** gestrichen. Diese Änderung beruhte auf einer Beschlussempfehlung des Vermittlungsausschusses, weshalb es dazu keine Gesetzesbegründung gibt.[4] Auf die Vorschrift können allerdings nach den Grundsätzen des **intertemporalen Rechts** weiterhin Erstattungsansprüche gestützt werden für Leistungen, die bis zum 30.06.2005 erbracht, oder Kosten, die bis dahin angefallen sind.[5] 2

II. Vorgängervorschriften

Vorgängervorschriften zu § 10b AsylbLG gibt es nicht. 3

III. Parallelvorschriften

Vergleichbare Regelungen im Recht der **Sozialhilfe** enthält § 106 SGB XII. 4

IV. Systematische Zusammenhänge

Die Regelungen des § 10b AsylbLG nehmen unmittelbar auf § 10a Abs. 2 AsylbLG Bezug und flankieren die dort insbesondere zum **Schutz der Einrichtungsorte** getroffenen Zuständigkeitsregelungen. 5

---

[1] BGBl I 1997, 1130.
[2] BT-Drs. 13/2746, S. 18.
[3] BGBl I 2005, 1666.
[4] Vgl. BT-Drs. 15/5480, S. 2.
[5] BSG v. 20.12.2012 - B 7 AY 5/11 R.

§ 10b AsylbLG

6 Systematisch bedeutsam ist auch das Verhältnis zwischen § 10b AsylbLG einerseits und **§ 9 Abs. 3 AsylbLG** andererseits, der durch **Inbezugnahme der §§ 102-114 SGB X** weitere Erstattungstatbestände in das Asylbewerberleistungsrecht einführt. Den Tatbeständen des § 10b AsylbLG wird dabei als spezialgesetzlichen Regelungen grundsätzlich der Vorrang einzuräumen sein.[6] Bedeutsam ist dies für das Verhältnis zwischen § 10b Abs. 1 AsylbLG und § 102 Abs. 1 SGB X. Allerdings sind die tatbestandlichen Voraussetzungen dieser beiden Vorschriften ohnehin identisch.

B. Auslegung der Norm

I. Regelungsgehalt und Bedeutung der Norm

7 § 10b Abs. 1 AsylbLG gewährt dem für den tatsächlichen Aufenthaltsort zuständigen, **vorläufig eintretenden Träger** der Leistungen nach dem AsylbLG einen **Erstattungsanspruch gegen den eigentlich zuständigen Leistungsträger**. Die Norm entspricht inhaltlich dem § 106 Abs. 1 Satz 1 SGB XII.

8 § 10b Abs. 2 AsylbLG gewährt dem Träger der Leistungen nach dem AsylbLG, in dessen Gebiet ein Leistungsberechtigter in einer Einrichtung untergebracht war, einen **Erstattungsanspruch** gegen den für den bisherigen gewöhnlichen Aufenthaltsort zuständigen Träger, wenn der Leistungsberechtigte **nach Verlassen der Einrichtung im Gebiet des Trägers am Einrichtungsort hilfebedürftig** wird und deshalb Leistungen in Anspruch nimmt. Die Norm entspricht inhaltlich dem § 106 Abs. 3 Satz 1 SGB XII.

II. Normzweck

9 Die Vorschrift dient dazu, unbillige **Belastungen im Verhältnis der Leistungsträger untereinander auszugleichen**, die daraus resultieren, dass Träger an Einrichtungsorten nach Maßgabe des § 10a Abs. 2 Satz 3 AsylbLG bzw. § 10a Abs. 1 Satz 2 AsylbLG für Leistungen örtlich zuständig werden[7]. Insoweit dient auch § 10b AsylbLG dem **Schutz der Einrichtungsorte**.

III. Kostenerstattung bei vorläufigem Eintreten (Absatz 1)

1. Voraussetzungen des Erstattungsanspruchs

10 § 10b Abs. 1 AsylbLG gewährt der nach § 10a Abs. 2 Satz 3 AsylbLG zuständigen Behörde gegen die nach § 10a Abs. 2 Satz 1 AsylbLG zuständige Behörde einen Anspruch auf Erstattung der aufgewendeten Kosten, die im Zusammenhang mit dem Aufenthalt einer leistungsberechtigten Person in einer Einrichtung entstanden sind. Richtigerweise ist allerdings der hinter der jeweiligen Behörde stehende **Rechts- und Kostenträger Inhaber bzw. Gegner des Anspruchs**; nur Rechtssubjekte können Träger von Rechten und Pflichten sein.

11 **Anspruchsberechtigt** ist die Behörde, die nach § 10a Abs. 2 Satz 3 AsylbLG **vorläufig eingetreten** ist, weil es entweder nicht möglich war, innerhalb der **4-Wochenfrist** festzustellen, ob und wo der Leistungsberechtigte einen gewöhnlichen Aufenthalt nach § 10a Abs. 2 Sätze 1 und 2 AsylbLG hatte, oder weil ein **Eilfall** vorlag.

12 **Verpflichtet** ist nach dem eindeutigen Wortlaut des § 10b Abs. 1 AsylbLG nur die nach § 10a Abs. 2 Satz 1 AsylbLG zuständige Behörde, also diejenige Behörde, in deren Bereich der Leistungsberechtigte **im Zeitpunkt der Aufnahme in die Einrichtung seinen gewöhnlichen Aufenthalt** hatte oder in den zwei Monaten davor zuletzt gehabt hatte. In Fällen, in denen der in die Einrichtung aufgenommene Leistungsberechtigte keinen gewöhnlichen Aufenthalt hatte oder in denen ein solcher nicht festgestellt werden kann, scheidet ein Erstattungsanspruch aus, weil es an einem Anspruchsgegner fehlt[8]. Dabei ist allerdings § 10a Abs. 3 Satz 4 AsylbLG zu beachten (vgl. die Kommentierung zu § 10a AsylbLG Rn. 60).

13 Eine **analoge Anwendung** dergestalt, dass bei Fehlen eines gewöhnlichen Aufenthalts vor Einrichtungsaufnahme der Erstattungsanspruch gegen den nach § 10a Abs. 1 Satz 2 AsylbLG zuständigen Träger für den tatsächlichen Aufenthaltsort eröffnet wäre[9], kommt nicht in Betracht, zumal der Gesetz-

---

[6] LSG Hessen v. 06.10.2011 - L 9 AY 8/08.
[7] Vgl. VG Karlsruhe v. 13.07.2001 - 8 K 3441/99 - SAR 2002, 67.
[8] *Schwabe*, ZfF 1998, 7, 8.
[9] Vgl. OVG Münster v. 23.06.2000 - 16 B 738/00.

geber die Norm bewusst dem früheren § 103 BSHG nachgebildet[10] und dabei auf eine dem § 103 Abs. 1 Satz 2 BSHG bzw. dem jetzigen § 106 Abs. 1 Satz 2 SGB XII entsprechende Regelung verzichtet hat[11].

2. Rechtsfolgen und Umfang des Erstattungsanspruchs

Wegen der Rechtsfolgen des Erstattungsanspruchs kann auf die Kommentierung zu § 106 SGB XII Rn. 177 verwiesen werden. 14

IV. Kostenerstattung bei Verlassen der Einrichtung (Absatz 2)

1. Voraussetzungen des Erstattungsanspruchs

§ 10b Abs. 2 AsylbLG regelt einen beschränkten **Kostenerstattungsanspruch** der nach Verlassen einer Einrichtung **am Einrichtungsort zuständig werdenden Behörde**, der sich gegen die Behörde richtet, in deren Bereich der Leistungsberechtigte vor Aufnahme in die Einrichtung seinen gewöhnlichen Aufenthalt hatte. Auch hier steht der Erstattungsanspruch nicht der Behörde, sondern dem hinter ihr stehenden Rechtsträger zu (vgl. Rn. 10). 15

Der Erstattungsanspruch setzt voraus, dass sich der Leistungsberechtigte **in einer Einrichtung aufgehalten** hat. Es gilt der **Einrichtungsbegriff** des § 10a Abs. 2 AsylbLG (vgl. die Kommentierung zu § 10a AsylbLG Rn. 30). Auch Einrichtungen zum Vollzug richterlich angeordneter Freiheitsentziehung gelten als Einrichtungen in diesem Sinne (§ 10a Abs. 2 Satz 4 AsylbLG). Dass der Leistungsberechtigte bereits während des Einrichtungsaufenthalts Leistungen nach dem AsylbLG bezogen hat, ist dagegen nicht erforderlich[12]. 16

Die leistungsberechtigte Person muss nach Verlassen der Einrichtung ihren **Aufenthalt im Bereich der für den Einrichtungsort örtlich zuständigen Behörde** genommen haben und diese Behörde muss dadurch nach Maßgabe des § 10a AsylbLG örtlich zuständig geworden sein. Anderenfalls bedürfte es keines Erstattungsanspruchs. Auf die **Rechtmäßigkeit des neuen Aufenthalts** kommt es nicht an[13]. 17

Bei der leistungsberechtigten Person muss nach Verlassen der Einrichtung ein **Hilfebedarf eingetreten** sein, der durch Leistungen nach dem AsylbLG zu decken ist. Es kommen sowohl Grund- als auch Analogleistungen nach § 2 Abs. 1 AsylbLG in Betracht. Dabei spielt es keine Rolle, ob der Hilfebedarf durch Leistungen innerhalb oder außerhalb von Einrichtungen gedeckt werden muss. 18

Der Hilfebedarf muss innerhalb einer **Frist von einem Monat** („innerhalb von einem Monat danach") eingetreten sein. Anknüpfungspunkt ist der Tag, an dem die leistungsberechtigte Person die Einrichtung verlässt. Für die Fristberechnung gelten die §§ 187, 188 BGB. Entsprechend § 187 Abs. 1 BGB beginnt die Frist demnach am Tag **nach Verlassen der Einrichtung**[14]. 19

2. Rechtsfolgen und Umfang des Erstattungsanspruchs

Anders als der Erstattungsanspruch nach § 106 Abs. 3 Satz 1 SGB XII besteht der **Erstattungsanspruch zeitlich unbegrenzt** fort. Der Gesetzgeber hat in Ansehung der damals geltenden Vorschrift des § 103 Abs. 3 Satz 3 BSHG bewusst darauf verzichtet, einen Beendigungstatbestand in die Norm aufzunehmen. Die Vorschrift des § 106 Abs. 3 Satz 3 SGB XII, die eine Beschränkung des Erstattungsanspruchs auf den Zeitraum von zwei Jahren vorsieht, kann demnach mangels planwidriger Regelungslücke nicht analog angewendet werden[15]. 20

Im Übrigen kann wegen der Rechtsfolgen des Erstattungsanspruchs auf die Kommentierung zu § 106 SGB XII Rn. 177 verwiesen werden. 21

---

[10] Vgl. BT-Drs. 13/2746, S. 18.
[11] OVG Koblenz v. 21.10.2004 - 12 A 11140/04 - FEVS 56, 405; *Scheider* in: GK-AsylbLG, § 10b Rn. 18; *Wahrendorf* in: Grube/Wahrendorf, SGB XII, § 10b AsylbLG Rn. 2.
[12] *Scheider* in: GK-AsylbLG, § 10b Rn. 53.
[13] *Wahrendorf* in: Grube/Wahrendorf, SGB XII, § 10b AsylbLG Rn. 6; *Scheider* in: GK-AsylbLG, § 10b Rn. 57.
[14] *Wahrendorf* in: Grube/Wahrendorf, SGB XII, § 10b AsylbLG Rn. 6; *Scheider* in: GK-AsylbLG, § 10b Rn. 62.
[15] Vgl. *Scheider* in: GK-AsylbLG, § 10b Rn. 51.

§ 11 AsylbLG Ergänzende Bestimmungen

(Fassung vom 30.07.2004, gültig ab 01.01.2005)

(1) Im Rahmen von Leistungen nach diesem Gesetz ist auf die Leistungen bestehender Rückführungs- und Weiterwanderungsprogramme, die Leistungsberechtigten gewährt werden können, hinzuweisen; in geeigneten Fällen ist auf eine Inanspruchnahme solcher Programme hinzuwirken.

(2) Leistungsberechtigten darf in den Teilen der Bundesrepublik Deutschland, in denen sie sich einer asyl- oder ausländerrechtlichen räumlichen Beschränkung zuwider aufhalten, die für den tatsächlichen Aufenthaltsort zuständige Behörde nur die nach den Umständen unabweisbar gebotene Hilfe leisten.

(3) [1]Die zuständige Behörde überprüft die Personen, die Leistungen nach diesem Gesetz beziehen, auf Übereinstimmung der ihr vorliegenden Daten mit den der Ausländerbehörde über diese Personen vorliegenden Daten. [2]Sie darf für die Überprüfung nach Satz 1 Name, Vorname (Rufname), Geburtsdatum, Geburtsort, Staatsangehörigkeiten, Geschlecht, Familienstand, Anschrift, Aufenthaltsstatus und Aufenthaltszeiten dieser Personen sowie die für diese Personen eingegangenen Verpflichtungen nach § 68 des Aufenthaltsgesetzes der zuständigen Ausländerbehörde übermitteln. [3]Die Ausländerbehörde führt den Abgleich mit den nach Satz 2 übermittelten Daten durch und übermittelt der zuständigen Behörde die Ergebnisse des Abgleichs. [4]Die Ausländerbehörde übermittelt der zuständigen Behörde ferner Änderungen der in Satz 2 genannten Daten. [5]Die Überprüfungen können auch regelmäßig im Wege des automatisierten Datenabgleichs durchgeführt werden.

Gliederung

A. Basisinformationen 1
I. Textgeschichte/Gesetzgebungsmaterialien 1
II. Vorgängervorschriften 5
III. Parallelvorschriften 6
IV. Systematische Zusammenhänge 8
V. Adressen/Internetadressen 10
VI. Literaturhinweise 13
B. Auslegung der Norm 14
I. Regelungsgehalt und Bedeutung der Norm 14
II. Normzweck 15
III. Rückführungs- und Weiterwanderungsprogramme (Absatz 1) 18
1. Hinweis- und Hinwirkenspflicht der Behörde 18
2. Adressatenkreis 23
3. Gegenstand der Verpflichtung 25
a. REAG-/GARP-Programm 25
b. SMAP-Programm 27
IV. Hilfe bei Aufenthalt außerhalb des Bereichs einer asyl- oder aufenthaltsrechtlichen Beschränkung (Absatz 2) 29
1. Leistungen durch die für den tatsächlichen Aufenthaltsort zuständige Behörde 29
2. Unabweisbar gebotene Hilfe 33
V. Datenabgleich (Absatz 3) 38

A. Basisinformationen

I. Textgeschichte/Gesetzgebungsmaterialien

1 § 11 AsylbLG ist in seiner im Wesentlichen den heutigen ersten beiden Absätzen entsprechenden Ursprungsfassung des Gesetzes zur Neuregelung der Leistungen an Asylbewerber (AsylbNG) vom 30.06.1993[1] zum **01.11.1993** in Kraft getreten.

2 Durch das Erste Gesetz zur Änderung des Asylbewerberleistungsgesetzes vom 26.05.1997[2] wurde in § 11 Abs. 2 AsylbLG der nur dort enthaltene und deshalb als missverständlich empfundene[3] Zusatz „nach § 1" hinter dem Wort „Leistungsberechtigte" gestrichen.

---

[1] BGBl I 1993, 1074.
[2] BGBl I 1997, 1130.
[3] Vgl. BT-Drs. 13/2747, S. 18.

Mit dem Zweiten Gesetz zur Änderung des Asylbewerberleistungsgesetzes vom 25.08.1998[4] wurde dem bisherigen § 11 AsylbLG ein weiterer Absatz 3 mit Regelungen zum Datenabgleich mit den Ausländerbehörden angefügt. 3

Mit dem Gesetz zur Steuerung und Begrenzung der Zuwanderung und zur Regelung des Aufenthalts und der Integration von Unionsbürgern und Ausländern (Zuwanderungsgesetz) vom 30.07.2004[5] wurde § 11 Abs. 3 AsylbLG redaktionell an das zum 01.01.2005 in Kraft getretene AufenthG angepasst.[6] 4

II. Vorgängervorschriften

Vorgängervorschriften zu § 11 AsylbLG gibt es nicht. 5

III. Parallelvorschriften

Eine Parallelvorschrift zu § 11 Abs. 1 AsylbLG findet sich in § 23 Abs. 4 SGB XII. Diese Vorschrift sieht gegenüber **sozialhilfeberechtigten Ausländern** ebenfalls den Hinweis und ggf. das Hinwirken auf die Inanspruchnahme bestehender Rück- und Weiterwanderungsprogramme vor. 6

§ 11 Abs. 2 AsylbLG entspricht weitgehend der Vorschrift des § 23 Abs. 5 SGB XII. 7

IV. Systematische Zusammenhänge

§ 11 Abs. 2 AsylbLG trifft als **leistungseinschränkende Vorschrift** von den §§ 2, 3, 4 und 6 AsylbLG abweichende Regelungen und ist als partiell **zuständigkeitsbegründende Vorschrift** im Zusammenhang mit der Regelung zur örtlichen Zuständigkeit in § 10a Abs. 1 AsylbLG zu sehen. 8

Weitere Vorschriften zum **(automatisierten) Datenabgleich** insbesondere mit den Sozialversicherungsträgern finden sich in § 9 Abs. 4 AsylbLG i.V.m. den §§ 118, 120 SGB XII. 9

V. Adressen/Internetadressen

Die **International Organisation for Migration** (IOM), eine zwischenstaatliche Hilfeorganisation im Migrationsbereich, führt insbesondere das REAG-/GARP-Programm im Auftrag des Bundesministeriums des Innern und der zuständigen Ministerien der Länder durch. 10

Adressen der IOM in Deutschland sind: 11
- IOM – Vertretung für Deutschland, Wallstraße 69, 10179 Berlin;
- IOM Zweigstelle in Nürnberg, Postfach 440159, Frankenstraße 210, 90206 Nürnberg;
- IOM Informations- und Rückkehrberatungsstelle Berlin im Landesamt für Bürger- und Ordnungsangelegenheiten – Ausländerbehörde, Friedrich-Krause-Ufer 24, 13353 Berlin;
- IOM Transit Service am Flughafen Frankfurt/Main, Terminal 1 Halle C, 60549 Frankfurt/Main.

Im Internetauftritt der IOM (www.iom.int/germany, abgerufen am 19.03.2014) finden sich aktuelle Informations- und Merkblätter sowie **Antragsformulare** zum REAG-/GARP-Programm sowie zu eigenen Programmen der IOM (u.a. SMAP, vgl. dazu Rn. 27). 12

VI. Literaturhinweise

Deutscher Verein für öffentliche und private Fürsorge, Empfehlungen des Deutschen Vereins zu Hilfeleistungen an von häuslicher Gewalt betroffene Frauen und ihre Kinder insbesondere im Rechtskreis des SGB II, NDV 2008, 365-374. 13

B. Auslegung der Norm

I. Regelungsgehalt und Bedeutung der Norm

Die mit „Ergänzende Bestimmungen" betitelte Norm enthält eine Anzahl unterschiedlicher, **nicht systematisch zusammenhängender Einzelregelungen**. § 11 Abs. 2 AsylbLG kommt dabei in der Praxis die größte Bedeutung zu. 14

---

[4] BGBl I 1998, 2505.
[5] BGBl I 2004, 1950.
[6] Vgl. BT-Drs. 15/420, S. 121.

II. Normzweck

15 § 11 Abs. 1 AsylbLG soll bewirken, dass möglichst alle Leistungsberechtigten nach dem AsylbLG von **Rückführungs- und Weiterwanderungsprogrammen** insbesondere des Bundes und der Länder frühzeitig Kenntnis erhalten.[7]

16 § 11 Abs. 2 AsylbLG dient mittelbar der **Durchsetzung asyl- bzw. aufenthaltsrechtlicher räumlicher Beschränkungen** und damit der Vermeidung ungewollter Binnenwanderungen. Dadurch, dass den Leistungsberechtigten nur unabweisbar gebotene Hilfe zu leisten ist, soll die Rückkehr der Leistungsberechtigten in den zugewiesenen Bereich befördert werden.

17 § 11 Abs. 3 AsylbLG soll auch im Interesse der Betroffenen umfangreiche und **zeitintensive Doppelermittlungen** vermeiden helfen.[8]

III. Rückführungs- und Weiterwanderungsprogramme (Absatz 1)

1. Hinweis- und Hinwirkenspflicht der Behörde

18 Gemäß § 11 Abs. 1 AsylbLG ist im Rahmen von Leistungen nach diesem Gesetz auf bestehende **Rückführungs- und Weiterwanderungsprogramme** hinzuweisen und in geeigneten Fällen auf deren **Inanspruchnahme** hinzuwirken. Die Norm enthält (nur) für die nach den §§ 10, 10a AsylbLG sachlich und örtlich zuständigen Behörden zwingende **objektivrechtliche Verpflichtungen**.

19 Diesen Verpflichtungen stehen nach dem Sinn und Zweck des Gesetzes **keine subjektiv-öffentlichen Rechte der Leistungsberechtigten** gegenüber. Die Vorschrift soll auch in Ansehung der Gesetzesmaterialien[9] allein der **Steigerung der Effizienz** vornehmlich **staatlicher Rückführungsprogramme** und nicht unmittelbar den Interessen der Leistungsberechtigten dienen. Dies zeigt sich nicht zuletzt daran, dass auch auf die Leistungen im Rahmen der einschlägigen Programme zumeist kein Rechtsanspruch besteht.

20 Der Verpflichtung zum Hinweis genügt die Behörde dadurch, dass sie dem Leistungsberechtigten von den entsprechenden Programmen **Kenntnis verschafft**. Wie sie dies tut, entscheidet sie nach **pflichtgemäßem Ermessen**. In Betracht kommen **mündliche Hinweise**, die Aushändigung von **Merk- und Informationsblättern** (ggf. in der jeweiligen Landessprache) und **Aushänge** in Behördenräumen und Aufnahmeeinrichtungen.

21 Die **Verpflichtung zum Hinwirken** auf die Inanspruchnahme geht über den bloß informationellen Charakter eines Hinweises hinaus. Die Gesetzesbegründung nennt insoweit die **zielorientierte Beratung** oder die **Unterstützung in Abwicklungsfragen**.[10] Die Kommunikation mit dem Leistungsberechtigten ist **nicht ergebnisoffen** zu führen, sondern gezielt auf die Inanspruchnahme eines geeigneten Programms auszurichten. Allerdings ermächtigt die Vorschrift die Behörde nicht dazu, Zwang auf den Leistungsberechtigten auszuüben.

22 **Geeignete Fälle** für das Hinwirken i.S.d. § 11 Abs. 1 AsylbLG sind insbesondere Fälle, in denen beim Leistungsberechtigten **Anzeichen für eine Rückkehr- oder Weiterwanderungsbereitschaft** bestehen.[11] Darüber hinaus wird aber auch auf die aktuellen politischen und wirtschaftlichen **Rahmenbedingungen im Herkunfts- oder Zielstaat** zu achten sein. Kein geeigneter Fall liegt demnach vor, wenn angesichts der dortigen Situation alsbaldige erneute Flucht- oder Migrationsbestrebungen des Leistungsberechtigten zu erwarten sind.

2. Adressatenkreis

23 Als Adressaten der von den zuständigen Behörden zu erteilenden Hinweise kommen grundsätzlich **alle Leistungsberechtigten** in Betracht. Dazu zählen auch die so genannten Analog-Leistungsberechtigten i.S.d. § 2 Abs. 1 AsylbLG. Auch die korrespondierende Vorschrift des § 23 Abs. 4 SGB XII zeigt, dass es das Bestreben des Gesetzes ist, von existenzsichernden Leistungen abhängige Ausländer **unabhängig von einer zeitlichen oder rechtlichen Verfestigung des Aufenthalts** zur Rück- oder Weiterwanderung zu bewegen.

---

[7] BT-Drs. 12/4451, S. 11.
[8] BT-Drs. 13/10155, S. 6.
[9] BT-Drs. 12/4451, S. 11.
[10] BT-Drs. 12/4451, S. 11.
[11] Hohm in: GK-AsylbLG, § 11 Rn. 11.

Allerdings sind intensivere Bemühungen schon im Interesse einer sparsamen Haushaltswirtschaft auf Personen zu beschränken, bei denen **hinreichende Chancen für eine erfolgreiche (Re-)Migration** bestehen (vgl. dazu Rn. 22). 24

3. Gegenstand der Verpflichtung

a. REAG-/GARP-Programm

Im Rahmen von REAG (**R**eintegration and **E**migration Programme for **A**sylum-Seekers in **G**ermany) werden derzeit folgende Hilfen gewährt: 25
- Übernahme der **Beförderungskosten** (mit Flugzeug, Bahn oder Bus),
- **Benzinkosten** in Höhe von 250 € pro Pkw,
- **Reisebeihilfen** in Höhe von 200 € pro Erwachsenen/Jugendlichen, 100 € für Kinder unter 12 Jahren.

Im Rahmen von GARP (**G**overnment **A**ssisted **R**epatriation **P**rogramme) werden je nach Herkunftsland **Starthilfen** in unterschiedlicher Höhe gewährt, und zwar derzeit: 26
- in Höhe von 300 € pro Erwachsenen/Jugendlichen und 150 € pro Kind unter 12 Jahren für Staatsangehörige folgender Länder: Algerien, Angola, Äthiopien, Bangladesch, China, Elfenbeinküste, Eritrea, Ghana, Guinea, Indien, Jordanien, Libanon, Marokko, Nigeria, Pakistan, Sierra Leone, Somalia, Syrien und Vietnam,
- in Höhe von 400 € pro Erwachsenen/Jugendlichen und 200 € pro Kind unter 12 Jahren für Staatsangehörige folgender Länder: Armenien, Aserbaidschan, Bosnien-Herzegowina, Georgien, Iran, Kosovo (außer Angehörigen der Minderheiten der Serben und Roma), Mazedonien, Montenegro, Russische Föderation, Serbien, Türkei und Ukraine,
- in Höhe von 750 € pro Erwachsenen/Jugendlichen und 375 € pro Kind unter 12 Jahren für Staatsangehörige folgender Länder: Afghanistan, Irak und Kosovo (hier nur für Angehörige der Minderheiten der Serben und Roma).

b. SMAP-Programm

Als weiteres Rückführungs- oder (insbesondere) Weiterwanderungsprogramm kommt das von der International Organisation for Migration (IOM) organisierte SMAP (Special Migrants Assistance Program) in Betracht. Die IOM kann u.a. für Personen, die nicht über REAG/GARP gefördert werden, im Rahmen des SMAP-Programms **Flugreisen organisieren** und **günstige Flugtarife für einfache Flüge** (one-way tickets) anbieten. Die Flugkosten müssen entweder vom Migranten an die IOM überwiesen werden oder es ist eine Kostengarantie eines öffentlich-rechtlichen Trägers vorzulegen. 27

Das SMAP-Programm ist zwar **kein vom Bund oder den Ländern selbst organisiertes und finanziertes Programm**. Dennoch kann die Inanspruchnahme dieses Programms den Zielen des § 11 Abs. 1 AsylbLG Rechnung tragen. Auch auf dieses Programm haben die zuständigen Behörden deshalb im Rahmen ihrer Verpflichtung aus § 11 Abs. 1 AsylbLG hinzuweisen und auf dessen Inanspruchnahme ggf. hinzuwirken. 28

IV. Hilfe bei Aufenthalt außerhalb des Bereichs einer asyl- oder aufenthaltsrechtlichen Beschränkung (Absatz 2)

1. Leistungen durch die für den tatsächlichen Aufenthaltsort zuständige Behörde

§ 11 Abs. 2 AsylbLG betrifft den Fall, in dem sich leistungsberechtigte Personen außerhalb des Gebiets aufhalten, auf das sie **gemäß einer asyl- oder ausländerrechtlichen Verfügung beschränkt** sind. In diesen Fällen darf die „für den tatsächlichen Aufenthaltsort zuständige Behörde" nur unabweisbar gebotene Hilfen leisten. Die Vorschrift enthält nach ganz h.M. **keine originäre Regelung der örtlichen Zuständigkeit**. Sie soll vielmehr lediglich den **Leistungsumfang** der nach § 10a Abs. 1 Satz 2 AsylbLG zuständigen Behörde **einschränken**.[12] 29

Zumindest für den Fall, in dem die leistungsberechtigte Person einer **wirksamen asylrechtlichen Verteilung oder Zuweisung** zuwiderhandelt, ist dieses Verständnis zweifelhaft. Örtlich zuständig auch für außerhalb des Zuweisungsbereichs zu erbringende Leistungen wäre dann nämlich nach § 10a Abs. 1 30

---

[12] LSG Nordrhein-Westfalen v. 27.10.2006 - L 20 B 52/06 AY ER; SG Gelsenkirchen v. 29.05.2006 - S 2 AY 20/05 - ZfF 2007, 132, 133; vgl. bereits OVG Lüneburg v. 11.08.1998 - 4 M 3575/98 und VG Gießen v. 28.03.2000 - 6 E 1592/98 - ZFSH/SGB 2000, 556; vgl. auch *Hohm* in: GK-AsylbLG, § 11 Rn. 47 m.w.N. zur verwaltungsgerichtlichen Rechtsprechung und *Wahrendorf* in: Grube/Wahrendorf, SGB XII, 2. Aufl. 2008, § 11 AsylbLG Rn. 3.

Satz 1 AsylbLG die für den Zuweisungs- oder Verteilungsort zuständige Behörde, für die wiederum die Beschränkungen des § 11 Abs. 2 AsylbLG gar nicht greifen könnten, weil es nicht die für den tatsächlichen Aufenthaltsort zuständige Behörde (i.S.d. § 10a Abs. 1 Satz 2 AsylbLG) wäre. Naheliegender ist es daher, § 11 Abs. 2 AsylbLG für den Fall der asylrechtlichen Zuweisung oder Verteilung doch als **besondere Zuständigkeitsregelung** anzusehen.

31 Weitgehendes Einvernehmen dürfte jedenfalls darüber herrschen, dass (auch) im Falle der Zuwiderhandlung gegen eine asylverfahrensrechtliche Zuweisung oder Verteilung die für den Ort des tatsächlichen Aufenthalts (und nicht die für den Zuweisungsort) zuständige Behörde als **ortsnähere Behörde** die (insbesondere für die Rückkehr) unabweisbar gebotenen Hilfen zu erbringen hat.[13] Gleichzeitig hebt § 11 Abs. 2 AsylbLG für diesen Fall die Leistungspflicht der nach § 10a Abs. 1 Satz 1 AsylbLG zuständigen Behörde auf. Gegen sie besteht so lange **kein Leistungsanspruch, bis die leistungsberechtigte Person an den Zuweisungs- oder Verteilungsort zurückgekehrt** ist.

32 Der i.S.d. § 11 Abs. 2 AsylbLG für den tatsächlichen Aufenthaltsort zuständigen Behörde steht gegen die nach § 10a Abs. 1 Satz 1 AsylbLG zuständige Behörde bzw. gegen deren Träger wegen der erbrachten Leistungen **kein Erstattungsanspruch** zu.[14]

2. Unabweisbar gebotene Hilfe

33 Leistungsberechtigten sind nach § 11 Abs. 2 AsylbLG nur unabweisbar gebotene Hilfen zu leisten. Unabweisbar geboten sind im Regelfalle nur die Mittel, die erforderlich sind, damit die leistungsberechtigte Person in das Gebiet zurückkehren kann, auf das sie beschränkt ist. Dazu zählen eine **Fahrkarte für die Inanspruchnahme öffentlicher Verkehrsmittel** und der notwendige **Reiseproviant**.[15]

34 Nur wenn Gründe vorliegen, die einen **Verbleib am Ort des tatsächlichen Aufenthalts zwingend erfordern** oder eine **Rückkehr in das Gebiet der räumlichen Beschränkung unzumutbar** erscheinen lassen, kann die unabweisbar gebotene Hilfe i.S.d. § 11 Abs. 2 AsylbLG auch **weitergehende Leistungen** umfassen, die bis zu den regulären Leistungen (vgl. die §§ 3, 4 und 6 AsylbLG) reichen können.[16] Dies zeigt sich schon daran, dass sich der Umfang der unabweisbar gebotenen Hilfe „nach den Umständen" auszurichten hat und damit **konkret einzelfallbezogen** zu bestimmen ist. Zu beachten ist jedoch, dass leistungsberechtigte Personen nach dem AsylbLG bestehende ausländerrechtliche Beschränkungen in erster Linie mit den insoweit zur Verfügung stehenden rechtlichen Instrumentarien anzugehen haben und etwa bei Verzicht auf Rechtsmittel gegen die Zuweisungsentscheidung lediglich ganz besondere Umstände zu einem Anspruch auf reguläre Leistungen führen können.[17]

35 Fälle des zwingenden Erfordernisses des Verbleibens am aktuellen Aufenthaltsort können **medizinischer Art** sein,[18] etwa, wenn die leistungsberechtigte Person schlechthin **transportunfähig** ist oder die Rückkehr die konkrete Gefahr einer erheblichen **Verschlechterung des gesundheitlichen Zustands** birgt.

36 Fälle der Unzumutbarkeit der Rückkehr kommen z.B. in Betracht, wenn die leistungsberechtigte Person im Bereich der räumlichen Beschränkung einer **besonderen Gefahr für Leib oder Leben** ausgesetzt ist, insbesondere, wenn er dort bereits **Opfer eines Gewaltverbrechens** geworden ist. Dies gilt insbesondere auch im Fall der Zufluchtsuche in einem Frauenhaus.[19] Die Unzumutbarkeit der Rückkehr in das Gebiet der räumlichen Beschränkung kann sich im besonderen Ausnahmefall auch aus den **Umständen der dortigen Unterbringung** ergeben, insbesondere, wenn vom Bezug der dort zugewie-

---

[13] LSG Niedersachsen-Bremen v. 20.02.2014 - L 8 AY 98/13 B ER; a.A. offenbar noch LSG Niedersachsen-Bremen v. 20.06.2008 - L 11 AY 47/08 ER.

[14] Dagegen hält das LSG Niedersachsen-Bremen v. 20.02.2014 - L 8 AY 98/13 B ER in einem obiter dictum – nach seinem Verständnis des § 11 Abs. 2 AsylbLG als lediglich die Leistungspflicht im Außenverhältnis begründende Regelung folgerichtig – das Bestehen eines Erstattungsanspruchs nach § 9 Abs. 3 AsylbLG i.V.m. § 105 SGB X für möglich.

[15] *Wahrendorf* in: Grube/Wahrendorf, SGB XII, 2. Aufl. 2008, § 11 AsylbLG Rn. 3.

[16] LSG Nordrhein-Westfalen v. 23.03.2012 - L 20 AY 7/12 B ER; LSG Niedersachsen-Bremen v. 27.05.2011 - L 8 AY 31/11 B ER - ZFSH/SGB 2011, 601; vgl. bereits VG Aachen v. 05.09.2006 - 2 K 403/04.

[17] LSG Nordrhein-Westfalen v. 23.03.2012 - L 20 AY 7/12 B ER; vgl. LSG Niedersachsen-Bremen v. 27.05.2011 - L 8 AY 31/11 B ER - ZFSH/SGB 2011, 601.

[18] VG Aachen v. 05.09.2006 - 2 K 403/04.

[19] Deutscher Verein, NDV 2008, 365, 372 f.

senen Unterkunft nachhaltige Gesundheitsbeeinträchtigungen ausgehen und die insoweit zuständige Behörde keine Abhilfe schafft.[20]

Die Befürchtung, im Bereich der nach § 10a Abs. 1 Satz 1 AsylbLG zuständigen Behörde aufgefunden und in **Abschiebehaft** genommen zu werden, reicht dagegen – selbst wenn sie begründet sein sollte – für die Annahme der Unzumutbarkeit nicht aus.[21] Es ist dem Leistungsberechtigten zuzumuten, ihm unerwünschte Folgen ausländerbehördlichen Handelns zu tragen und die dagegen sich bietenden Rechtsbehelfe in Anspruch zu nehmen. 37

V. Datenabgleich (Absatz 3)

§ 11 Abs. 3 AsylbLG regelt den Datenabgleich **zwischen den nach dem AsylbLG zuständigen Behörden und den Ausländerbehörden** (zum Datenabgleich mit anderen Stellen vgl. § 9 Abs. 4 AsylbLG). Die Bestimmungen des § 11 Abs. 3 AsylbLG schränken das aus Art. 2 Abs. 1 GG i.V.m. Art. 1 Abs. 1 GG folgende **Recht auf informationelle Selbstbestimmung** ein. Die Einschränkungen sind aber insgesamt verhältnismäßig und damit auch in Ansehung der datenschutzrechtlichen Rechtsprechung des BVerfG[22] verfassungsrechtlich unproblematisch.[23] 38

Nach § 11 Abs. 3 Satz 1 AsylbLG überprüft die zuständige Behörde die Personen, die Leistungen nach dem AsylbLG beziehen, auf **Übereinstimmung der ihr vorliegenden Daten** mit den der Ausländerbehörde über diese Personen vorliegenden Daten. Die Norm begründet zugunsten der nach den §§ 10, 10a AsylbLG zuständigen Behörde sowohl eine Kompetenz als auch eine Befugnis und für die Ausländerbehörde gleichsam eine **Verpflichtung zur Kooperation**. 39

Inhalt und Umfang der abzugleichenden Daten und der Ablauf des Datenabgleichs werden in § 11 Abs. 3 Sätze 2-4 AsylbLG geregelt: Die zuständige Behörde teilt der Ausländerbehörde Name, Vorname, Geburtsdatum, Geburtsort, Staatsangehörigkeit, Geschlecht, Familienstand, Anschrift, Aufenthaltsstatus, Aufenthaltszeiten und Verpflichtungen nach § 68 AufenthG mit. Die **Ausländerbehörde stellt** bei sich den **Abgleich her**, unterrichtet die nach dem AsylbLG zuständige Behörde über Abweichungen und teilt ggf. die abweichenden Daten mit. 40

§ 11 Abs. 3 Satz 5 AsylbLG ermächtigt die nach dem AsylbLG zuständigen Behörden und die Ausländerbehörden zur Vornahme eines **regelmäßigen automatisierten Datenabgleichs** und trägt damit dem Fortschritt in der Informationstechnologie Rechnung. Der Datenabgleich mit anderen Stellen kann gemäß § 9 Abs. 4 AsylbLG i.V.m. § 118 SGB XII ebenfalls in automatisierter Form erfolgen. 41

---

[20] Vgl. LSG Nordrhein-Westfalen v. 02.04.2012 - L 20 AY 24/12 B ER, L 20 AY 25/12 B - SAR 2012, 83.
[21] Differenzierend dagegen LSG Niedersachsen-Bremen v. 20.06.2008 - L 11 AY 47/08 ER.
[22] BVerfG v. 15.12.1983 - 1 BvR 209/83 u.a. - BVerfGE 65, 1, 41 ff.
[23] *Decker*, ZFSH/SGB 1999, 398, 406; *Hohm* in: GK-AsylbLG, § 11 Rn. 92 ff.

§ 12 AsylbLG Asylbewerberleistungsstatistik

(Fassung vom 30.07.2004, gültig ab 01.01.2005)

(1) Zur Beurteilung der Auswirkungen dieses Gesetzes und zu seiner Fortentwicklung werden Erhebungen über

1. die Empfänger
   a) von Leistungen in besonderen Fällen (§ 2),
   b) von Grundleistungen (§ 3),
   c) von ausschließlich anderen Leistungen (§§ 4 bis 6),
2. die Ausgaben und Einnahmen nach diesem Gesetz

als Bundesstatistik durchgeführt.

(2) Erhebungsmerkmale sind

1. bei den Erhebungen nach Absatz 1 Nr. 1 Buchstabe a und b
   a) für jeden Leistungsempfänger:

   Geschlecht; Geburtsmonat und -jahr; Staatsangehörigkeit; aufenthaltsrechtlicher Status; Stellung zum Haushaltsvorstand;

   b) für Leistungsempfänger nach § 2 zusätzlich:

   Art und Form der Leistungen;

   c) für Leistungsempfänger nach § 3 zusätzlich:

   Form der Grundleistung;

   d) für Haushalte und für einzelne Leistungsempfänger:

   Wohngemeinde und Gemeindeteil; Art des Trägers; Art der Unterbringung; Beginn der Leistungsgewährung nach Monat und Jahr; Art und Höhe des eingesetzten Einkommens und Vermögens;

   e) (aufgehoben)

   f) (aufgehoben)

   g) bei Erhebungen zum Jahresende zusätzlich zu den unter den Buchstaben a bis d genannten Merkmalen:

   Art und Form anderer Leistungen nach diesem Gesetz im Laufe und am Ende des Berichtsjahres; Beteiligung am Erwerbsleben;

2. bei den Erhebungen nach Absatz 1 Nr. 1 Buchstabe c für jeden Leistungsempfänger:

   Geschlecht; Geburtsmonat und -jahr; Staatsangehörigkeit; aufenthaltsrechtlicher Status; Art und Form der Leistung im Laufe und am Ende des Berichtsjahres; Stellung zum Haushaltsvorstand; Wohngemeinde und Gemeindeteil; Art des Trägers; Art der Unterbringung;

2a. (weggefallen)

3. bei der Erhebung nach Absatz 1 Nr. 2:

   Art des Trägers; Ausgaben nach Art und Form der Leistungen sowie Unterbringungsform; Einnahmen nach Einnahmearten und Unterbringungsform.

(3) [1]Hilfsmerkmale sind

1. Name und Anschrift des Auskunftspflichtigen,

2. für die Erhebungen nach Absatz 2 Nr. 1 die Kenn-Nummern der Leistungsempfänger,

3. Name und Telefonnummer der für eventuelle Rückfragen zur Verfügung stehenden Person.

²Die Kenn-Nummern nach Satz 1 Nr. 2 dienen der Prüfung der Richtigkeit der Statistik und der Fortschreibung der jeweils letzten Bestandserhebung. ³Sie enthalten keine Angaben über persönliche und sachliche Verhältnisse der Leistungsempfänger und sind zum frühestmöglichen Zeitpunkt, spätestens nach Abschluß der wiederkehrenden Bestandserhebung zu löschen.

(4) ¹Die Erhebungen nach Absatz 2 sind jährlich, erstmalig für das Jahr 1994, durchzuführen. ²Die Angaben für die Erhebung

a) nach Absatz 2 Nr. 1 Buchstabe a bis d und g (Bestandserhebung) sind zum 31. Dezember, im Jahr 1994 zusätzlich zum 1. Januar,

b) (aufgehoben)

c) (aufgehoben)

d) nach Absatz 2 Nr. 2 und 3 sind für das abgelaufene Kalenderjahr

zu erteilen.

(5) ¹Für die Erhebungen besteht Auskunftspflicht. ²Die Angaben nach Absatz 3 Satz 1 Nr. 3 sowie zum Gemeindeteil nach Absatz 2 Nr. 1 Buchstabe d und Absatz 2 Nr. 2 sind freiwillig. ³Auskunftspflichtig sind die für die Durchführung dieses Gesetzes zuständigen Stellen.

(6) Die Ergebnisse der Asylbewerberleistungsstatistik dürfen auf die einzelne Gemeinde bezogen veröffentlicht werden.

Gliederung

A. Basisinformationen 1
I. Textgeschichte/Gesetzgebungsmaterialien 1
II. Vorgängervorschriften 5
III. Parallelvorschriften 6
B. Auslegung der Norm 8
I. Regelungsgehalt und Bedeutung der Norm 8
II. Normzweck 9
III. Erhebungen als Bundesstatistik und Erhebungsformen (Absatz 1) 11
IV. Erhebungsmerkmale (Absatz 2) 15
V. Hilfsmerkmale (Absatz 3) 17
VI. Erhebungszeiträume (Absatz 4) 20
VII. Auskunftpflichten (Absatz 5) 22
VIII. Veröffentlichung gemeindebezogener Ergebnisse (Absatz 6) 24

A. Basisinformationen

I. Textgeschichte/Gesetzgebungsmaterialien

§ 12 AsylbLG ist in der Fassung des Gesetzes zur Neuregelung der Leistungen an Asylbewerber (AsylbNG) vom 30.06.1993[1] zum **01.11.1993** in Kraft getreten. Der Regierungsentwurf zur Neuregelung der Leistungen an Asylbewerber[2] enthielt eine solche Regelung noch nicht. Die Regelung ist erst im Rahmen der Ausschussberatungen in das AsylbLG aufgenommen worden.[3]

Durch das Erste Gesetz zur Änderung des AsylbLG vom 26.05.1997[4] ist die Vorschrift mit Wirkung zum **01.06.1997** ergänzt worden, um Erhebungen über die Empfänger von Zuschüssen nach § 8 Abs. 2 AsylbLG zu ermöglichen.[5]

---

[1] BGBl I 1993, 1074.
[2] BT-Drs. 12/4451.
[3] BT-Drs. 12/5008, S. 9.
[4] BGBl I 1997, 1130.
[5] BT-Drs. 13/2746, S. 18 f.

3   Durch das Gesetz zur Einordnung des Sozialhilferechts in das Sozialgesetzbuch vom 27.12.2003[6] sind einige bisher bestehende Regelungen aufgehoben worden, um die statistischen Ämter von unterjährigen Erhebungen zu entlasten[7].

4   Mit dem Gesetz zur Steuerung und Begrenzung der Zuwanderung und zur Regelung des Aufenthalts und der Integration von Unionsbürgern und Ausländern (Zuwanderungsgesetz) vom 30.07.2004[8] wurden die erst mit Wirkung zum 01.06.1997 aufgenommenen Bestimmungen des § 12 Abs. 1 Nr. 1 lit. d AsylbLG bzw. des § 12 Abs. 2 Nr. 2a AsylbLG wieder aufgehoben, da die bisherigen Erhebungszahlen über die Gewährung von Zuschüssen nach § 8 Abs. 2 AsylbLG zu niedrig und daher ohne praktische Relevanz für die Asylbewerberstatistik gewesen seien.[9]

II. Vorgängervorschriften

5   Vorgängervorschriften zu § 12 AsylbLG gibt es nicht.

III. Parallelvorschriften

6   Parallelvorschriften zur Regelung gibt es im **Sozialhilferecht** in den §§ 121-129 SGB XII. Die Regelungen zu Zweck und Umfang der Bundesstatistik (§ 121 SGB XII), zu den Erhebungsmerkmalen (§ 122 SGB XII), zu den Hilfsmerkmalen (§ 123 SGB II), zur Periodizität und zum Erhebungszeitraum (§ 124 SGB XII), zur Auskunftspflicht (§ 125 SGB XII), zur Veröffentlichung (§ 126 SGB XII) und zur Übermittlung an Kommunen (§ 127 SGB XII) sind dort breiter aufgefächert worden. Anders als § 12 AsylbLG sieht § 129 SGB XII eine **Verordnungsermächtigung** vor, die das Bundesministerium für Arbeit und Soziales ermächtigt, im Einvernehmen mit dem Bundesministerium des Innern mit Zustimmung des Bundesrates das Nähere zu regeln. Eine solche Verordnung ist allerdings bisher nicht erlassen worden.

7   Im Bereich der **Grundsicherung für Arbeitsuchende** sind Statistik und Wirkungsforschung in den §§ 53-55 SGB II geregelt.

B. Auslegung der Norm

I. Regelungsgehalt und Bedeutung der Norm

8   § 12 AsylbLG ermächtigt zur **Erhebung einer Asylbewerberleistungsstatistik als Bundesstatistik**, bestimmt Erhebungs- und Hilfsmerkmale, Erhebungszeiträume und Erhebungsfrequenz, regelt die Auskunftspflicht der für die Durchführung des AsylbLG zuständigen Stellen und Fragen der Veröffentlichung der Statistik.

II. Normzweck

9   Die Regelung soll sicherstellen, dass die für politische Entscheidungen, für Zwecke der Planung und die Fortentwicklung des Asylrechts **notwendige Datengrundlage** zur Verfügung steht. Die Asylbewerberleistungsstatistik lehnt sich dafür inhaltlich an die Sozialhilfestatistik an, in der bis zum Inkrafttreten des AsylbLG auch Asylbewerber und andere nunmehr nach dem AsylbLG leistungsberechtigte Ausländer erfasst waren.

10 Die Norm setzt den **erforderlichen rechtlichen Rahmen** für die Führung der Asylbewerberleistungsstatistik und dient damit der Wahrung des **Grundrechts auf informelle Selbstbestimmung** (Art. 2 Abs. 1 GG i.V.m. Art. 1 Abs. 1 GG). Die Vorschrift des § 12 AsylbLG trägt den verfassungsrechtlichen Vorgaben an die Einschränkung dieses Grundrechts[10] ausreichend Rechnung[11].

III. Erhebungen als Bundesstatistik und Erhebungsformen (Absatz 1)

11 Die Asylbewerberleistungsstatistik verfolgt als Bundesstatik zwei grundlegende Zwecksetzungen: Ziel ist es, die **Auswirkungen des AsylbLG beurteilen** und das **AsylbLG fortentwickeln** zu können. Dem Gesetzgeber sollen die für politische Entscheidungen, für Zwecke der Planung und für die Fortentwick-

---

[6] BGBl I 2003, 3022.
[7] Vgl. BT-Drs. 15/1514, S. 75.
[8] BGBl I 2004, 1950.
[9] BT-Drs. 15/420, S. 121.
[10] Vgl. BVerfG v. 15.12.1983 - 1 BvR 209/83 u.a. - BVerfGE 65, 1.
[11] Vgl. dazu *Hohm* in: GK-AsylbLG, § 12 Rn. 9 ff.

lung des Asylrechts unabdingbar notwendigen Daten zur Verfügung gestellt werden.[12] Zu anderen als den in § 12 Abs. 1 AsylbLG angelegten Zwecksetzungen dürfen Daten weder erhoben noch verarbeitet werden.[13]

Weil die Statistik als Bundesstatistik geführt wird, wird durch § 12 AsylbLG das **Statistische Bundesamt** mit Sitz in Wiesbaden ermächtigt, die jeweiligen Erhebungen durchzuführen (vgl. § 3 Abs. 1 BStatG). 12

Die Erhebungen beziehen sich nach § 12 Abs. 2 Nr. 1 AsylbLG einerseits auf die Leistungsempfänger (**Empfängerstatistik**). Sie haben nach Empfängern von Analog-Leistungen (§ 2 AsylbLG), Grundleistungen (§ 3 AsylbLG) und Leistungsempfängern zu differenzieren, die ausschließlich Leistungen nach den §§ 4-6 AsylbLG beziehen. 13

Andererseits sind im Rahmen einer **Aufwandsstatistik** die Einnahmen und Ausgaben zu erheben (§ 12 Abs. 2 Nr. 2 AsylbLG). 14

IV. Erhebungsmerkmale (Absatz 2)

§ 12 Abs. 2 AsylbLG benennt die einzelnen Erhebungsmerkmale. Im Rahmen der Empfängerstatistik dürfen **Geschlecht**, **Geburtsmonat** und **Geburtsjahr**, **Staatsangehörigkeit**, **aufenthaltsrechtlicher Status** und die **Stellung zum Haushaltsvorstand** erhoben werden. Zusätzliche Erhebungsmerkmale sind insbesondere bei Leistungsempfängern nach § 2 AsylbLG die **Art und Form der Leistung** sowie bei § 3 AsylbLG die **Form der Grundleistung**. Damit kann nachvollzogen werden, in welchem Umfang die Leistungen als **Geld- oder Sachleistungen** gewährt werden. 15

Im Rahmen der Aufwandsstatistik können die **Art des Trägers** (z.B. Landkreis, kreisfreie Stadt), die **Ausgaben** nach Art und Form der Leistungen sowie die **Unterbringungsform** und die **Einnahmen** nach Einnahmearten und Unterbringungsform erhoben werden. 16

V. Hilfsmerkmale (Absatz 3)

Neben den primären Erhebungsmerkmalen dürfen auch Hilfsmerkmale erhoben werden. Hilfsmerkmale sind **Angaben, die der technischen Durchführung von Bundesstatistiken dienen** (§ 10 Abs. 1 Satz 2 BStatG). 17

Hilfsmerkmale nach § 12 Abs. 3 Satz 1 AsylbLG sind **Name und Anschrift des Auskunftspflichtigen**, Name und Telefonnummer der für Rückfragen bei der ausführenden Behörde zur Verfügung stehenden Person, die Kenn-Nummern der Leistungsempfänger. 18

Wegen der **Kenn-Nummern** (§ 12 Abs. 3 Satz 1 Nr. 2 AsylbLG) ordnet § 12 Abs. 3 Satz 2 AsylbLG an, dass diese der Prüfung der Richtigkeit der Statistik und der Fortschreibung der jeweils letzten Bestandserhebung zu dienen haben. Außerdem dürfen sie keine **Angaben über persönliche und sachliche Verhältnisse** enthalten und müssen zum frühestmöglichen Zeitpunkt, spätestens nach Abschluss der wiederkehrenden Bestandserhebung gelöscht werden (§ 12 Abs. 3 Satz 3 AsylbLG). Hintergrund dieser besonderen Regelungen ist die besondere Sensibilität der Kenn-Nummern, die im Falle ihrer Entschlüsselung die persönlichen Verhältnisse des individuellen Leistungsempfängers offen legen können. Die Regelungen dienen damit in besonderem Maße dem Schutz des Grundrechts auf informationelle Selbstbestimmung (Art. 2 Abs. 1 GG i.V.m. Art. 1 Abs. 1 GG). 19

VI. Erhebungszeiträume (Absatz 4)

Erhebungen sind nach Maßgabe des § 12 Abs. 4 AsylbLG **jährlich** durchzuführen. Dies betrifft sowohl die Empfänger- als auch die Aufwandsstatistik. Der Verweis auf § 12 Abs. 2 AsylbLG, der für sich genommen lediglich die Erhebungsmerkmale definiert, ist insoweit redaktionell missglückt. Gemeint sind in erster Linie die Erhebungsformen nach § 12 Abs. 1 Nr. 1 und 2 AsylbLG. 20

Die Angaben für die Erhebung der Merkmale nach § 12 Abs. 2 Nr. 1 AsylbLG sind als **Bestandserhebung** zum 31.12. eines jeden Jahres durchzuführen. Die Angaben für die Erhebung der Merkmale nach § 12 Abs. 2 Nr. 2 und 3 AsylbLG sind für das **abgelaufene Kalenderjahr** zu erteilen. 21

VII. Auskunftspflichten (Absatz 5)

Auskunftspflichtig sind nach § 12 Abs. 5 Satz 3 AsylbLG die für die Durchführung des AsylbLG **zuständigen Stellen**. Die Zuständigkeit ergibt sich aus § 10 AsylbLG und den darauf beruhenden landesrechtlichen Bestimmungen. 22

---

[12] BT-Drs. 12/5008, S. 17.
[13] *Hohm* in: GK-AsylbLG, § 12 Rn. 18.

23 Die **Leistungsberechtigten** nach dem AsylbLG treffen **keine Auskunftspflichten** nach dieser Vorschrift. Die Asylbewerberleistungsstatistik ist damit eine reine **Sekundärstatistik**.

VIII. Veröffentlichung gemeindebezogener Ergebnisse (Absatz 6)

24 § 12 Abs. 6 AsylbLG ermächtigt das Statistische Bundesamt als ausführende Behörde dazu, die Ergebnisse der Asylbewerberleistungsstatistik **auf die einzelne Gemeinde** bezogen zu veröffentlichen. Damit wird der **Grundsatz der Geheimhaltung** (§ 16 BStatG) in an sich zulässiger Weise eingeschränkt. Die Veröffentlichung gemeindebezogener Angaben hat allerdings zu unterbleiben, wenn wegen sehr geringer Fallzahlen personenbezogene Daten einzelner Leistungsberechtigter identifiziert werden könnten. Anderenfalls könnte das Grundrecht auf informationelle Selbstbestimmung (Art. 2 Abs. 1 GG i.V.m. Art. 1 Abs. 1 GG) beeinträchtigt werden.

§ 13 AsylbLG Bußgeldvorschrift

(Fassung vom 30.07.2004, gültig ab 01.01.2005)

(1) Ordnungswidrig handelt, wer vorsätzlich oder fahrlässig entgegen § 8a eine Meldung nicht, nicht richtig, nicht vollständig oder nicht rechtzeitig erstattet.

(2) Die Ordnungswidrigkeit kann mit einer Geldbuße bis zu fünftausend Euro geahndet werden.

Gliederung

A. Basisinformationen 1	b. Nichterstattung einer Meldung (Alternative 1) 12
I. Textgeschichte/Gesetzgebungsmaterialien 1	c. Unrichtige Erstattung einer Meldung (Alternative 2) 13
II. Vorgängervorschriften 3	
III. Parallelvorschriften 4	d. Unvollständige Erstattung einer Meldung (Alternative 3) 14
IV. Systematische Zusammenhänge 6	
B. Auslegung der Norm 7	e. Verspätete Erstattung einer Meldung 15
I. Regelungsgehalt und Bedeutung der Norm 7	2. Innerer Tatbestand 16
II. Normzweck 8	IV. Rechtsfolge (Absatz 2) 18
III. Ordnungswidrigkeitstatbestand (Absatz 1) 9	V. Geltung des OWiG 21
1. Äußerer Tatbestand 9	**C. Praxishinweise** 23
a. Allgemeines 9	

A. Basisinformationen

I. Textgeschichte/Gesetzgebungsmaterialien

§ 13 AsylbLG ist erst durch das Erste Gesetz zur Änderung des Asylbewerberleistungsgesetzes vom 26.05.1997[1] in das AsylbLG aufgenommen worden und zum **01.06.1997** in Kraft getreten. Die Vorschrift knüpft allerdings an die bis dahin geltende Bußgeldbestimmung des § 8 Abs. 3 AsylbLG an.

Mit dem Gesetz zur Steuerung und Begrenzung der Zuwanderung und zur Regelung des Aufenthalts und der Integration von Unionsbürgern und Ausländern (Zuwanderungsgesetz) vom 30.06.2004[2] ist in § 13 Abs. 2 AsylbLG zum **01.01.2005** die erforderliche Euro-Umstellung vorgenommen worden. Die Änderung diente der Wahrung der Rechtsförmlichkeit.[3]

II. Vorgängervorschriften

Bis zum Inkrafttreten des § 13 AsylbLG zum 01.06.1997 sah § 8 Abs. 3 AsylbLG für Verstöße gegen die damals noch in § 8 Abs. 1 und 2 AsylbLG geregelten Meldeverpflichtungen eine **ähnliche Bußgeldregelung** vor. Die Tatbestände sind allerdings in § 13 AsylbLG bestimmter gefasst worden.

III. Parallelvorschriften

In § 8 Abs. 1 Nr. 1 lit. c SchwarzArbG ist mit dem Gesetz zur Intensivierung der Bekämpfung der Schwarzarbeit und damit zusammenhängender Steuerhinterziehung vom 23.07.2004[4] ein mit § 13 Abs. 1 AsylbLG **identischer Ordnungswidrigkeitstatbestand** aufgenommen worden. Allein die Bußgeldandrohung ist mit bis zu 3.000 € (§ 8 Abs. 3 SchwarzArbG) geringer. § 8 Abs. 1 Nr. 1 lit. c SchwarzArbG tritt deshalb gesetzeskonkurrierend (Subsidiarität)[5] hinter § 13 AsylbLG zurück.

Im SGB XII gibt es eine entsprechende Bußgeldvorschrift nicht. Im Recht der **Grundsicherung für Arbeitsuchende** dagegen enthält § 63 SGB II vergleichbare Regelungen.

IV. Systematische Zusammenhänge

§ 13 AsylbLG sanktioniert die **Verletzung der Meldepflicht** nach § 8a AsylbLG und steht deshalb mit dieser Vorschrift in unmittelbarem sachlichem Zusammenhang.

---

[1] BGBl I 1997, 1130.
[2] BGBl I 2004, 1950.
[3] BT-Drs. 14/8414, S. 70.
[4] BGBl I 2004, 1842.
[5] Vgl. dazu *Gürtler* in: Göhler, OWiG, vor § 19 Rn. 32 f.

B. Auslegung der Norm

I. Regelungsgehalt und Bedeutung der Norm

7 § 13 AsylbLG enthält **mehrere Ordnungswidrigkeitstatbestände**, mit denen eine Bußgeldbewehrung der Meldeverpflichtung nach § 8a AsylbLG erzielt wird.

II. Normzweck

8 Die Vorschrift des § 13 AsylbLG sieht empfindliche Bußgelder für Leistungsberechtigte vor, die die Aufnahme einer Erwerbstätigkeit nicht, nicht richtig, nicht vollständig oder nicht rechtzeitig melden. Zweck der Vorschrift dürfte dabei nicht nur die **Sanktion von Verstößen** gegen § 8a AsylbLG im Einzelfall sein. Es wird vielmehr auch darum gehen, der unrechtmäßigen Inanspruchnahme von Leistungen nach dem AsylbLG **generalpräventiv** entgegenzuwirken.[6]

III. Ordnungswidrigkeitstatbestand (Absatz 1)

1. Äußerer Tatbestand

a. Allgemeines

9 § 13 Abs. 1 AsylbLG enthält vier Einzeltatbestände, die jeweils die Meldepflicht nach § 8a AsylbLG betreffen. Dabei sind zu unterscheiden:
- die **Nichterstattung** einer Meldung (Alternative 1),
- die **unrichtige Erstattung** einer Meldung (Alternative 2),
- die **unvollständige Erstattung** einer Meldung (Alternative 3),
- die **verspätete Erstattung** einer Meldung (Alternative 4).

10 Die einzelnen Tatbestände werden entweder durch **Unterlassen** (Alternative 1) oder durch **Handeln** verwirklicht. Geahndet wird aber jeweils lediglich die unzureichende Meldung der Aufnahme einer Erwerbstätigkeit nach § 8a AsylbLG. Ein Verletzungserfolg in Gestalt eines Schadens bei der Behörde wegen der Nichtberücksichtigung erzielten Erwerbseinkommens braucht nicht eingetreten zu sein. Es handelt sich jeweils um **Gefährdungsdelikte**.

11 Sämtliche Tatbestandsvarianten genügen dem **rechtsstaatlichen Bestimmtheitsgebot**.[7]

b. Nichterstattung einer Meldung (Alternative 1)

12 Geahndet wird zunächst die Nichterstattung einer Meldung. Der objektive Tatbestand des § 13 Abs. 1 Alt. 1 AsylbLG ist erfüllt, wenn und solange der nach § 8a AsylbLG meldepflichtige Leistungsberechtigte **überhaupt keine Meldung** abgibt.

c. Unrichtige Erstattung einer Meldung (Alternative 2)

13 Die Meldung nach § 8a AsylbLG ist i.S.d. § 13 Abs. 1 Alt. 2 AsylbLG unrichtig erstattet, wenn die Angaben, die der Leistungsberechtigte im Rahmen der Meldung macht, in einem oder in mehreren Punkten **nicht der Wahrheit entsprechen**. Dies kann z.B. der Fall sein, wenn der Leistungsberechtigte den Tag der Arbeitsaufnahme oder den Arbeitgeber falsch bezeichnet oder wenn er ein zu niedriges Gehalt angibt. Auch **falsche Angaben**, die sich negativ auf den Leistungsanspruch des Leistungsberechtigten auswirken können (z.B. die Angabe eines zu hohen Gehalts) erfüllen den Tatbestand des § 13 Abs. 1 Alt. 2 AsylbLG.

d. Unvollständige Erstattung einer Meldung (Alternative 3)

14 Eine Meldung ist nicht vollständig erstattet, wenn die vom Leistungsberechtigten abgegebene Meldung **nicht alle erforderlichen Angaben** (vgl. die Kommentierung zu § 8a AsylbLG Rn. 13) enthält.

e. Verspätete Erstattung einer Meldung

15 Eine verspätete Meldung i.S.d. § 13 Abs. 1 Alt. 4 AsylbLG liegt vor, wenn die Meldung bei der zuständigen Behörde erst **nach Ablauf der** in § 8a AsylbLG gesetzten **3-Tages-Frist** eingeht. Die Frist beginnt gemäß § 8a AsylbLG mit dem Tag der Aufnahme der Erwerbstätigkeit.

---

[6] *Hohm* in: GK-AsylbLG, § 13 Rn. 1.
[7] *Hohm* in: GK-AsylbLG, § 13 Rn. 6.

2. Innerer Tatbestand

§ 13 Abs. 1 AsylbLG qualifiziert ausdrücklich sowohl **vorsätzliches** als auch **fahrlässiges Handeln** als ordnungswidrig (vgl. § 10 OWiG). Vorsatz hat, wer zumindest für möglich hält, dass er den äußeren Tatbestand erfüllt und dies billigend in Kauf nimmt (bedingter Vorsatz). Fahrlässig handelt, wer die ihm obliegende Sorgfalt außer Acht lässt.

Der **Vorsatz** hat sich nicht nur auf die Umstände zu erstrecken, die den objektiven Tatbestand erfüllen. Wegen der **blankettähnlichen Verweisung** auf § 8a AsylbLG und dem dort nur unscharf umrissenen Umfang der Meldepflicht sind die Tatbestandsmerkmale des § 13 AsylbLG stark normativ geprägt und müssen vom Leistungsberechtigten im Sinne einer so genannten **Parallelwertung in der Laiensphäre** nachvollzogen werden. Der Vorsatz des Leistungsberechtigten muss sich grundsätzlich auch auf die **Meldepflicht und deren Inhalt** selbst erstrecken. Besonders deutlich wird dies beim Tatbestand des § 13 Abs. 1 Alt. 3 AsylbLG: Es reicht nicht aus, dass der Leistungsberechtigte weiß, dass er im Rahmen seiner Meldung den Arbeitgeber nicht angegeben hat; er muss auch wissen oder für möglich halten, dass er zur Angabe des Arbeitgebers verpflichtet ist.

IV. Rechtsfolge (Absatz 2)

Die Ordnungswidrigkeit kann gemäß § 13 Abs. 2 AsylbLG mit einer **Geldbuße bis zu 5.000 €** geahndet werden. Die Geldbuße liegt damit deutlich oberhalb des gesetzlichen Rahmens des § 17 Abs. 1 OWiG und auch deutlich über dem Rahmen des vergleichbaren § 63 SGB II. Ob die **generalpräventive Wirkung** erreicht werden kann, die offenbar von der hohen Bußgeldandrohung erwartet wird, muss angesichts der spezifischen Situation des leistungsberechtigten Personenkreises (wirtschaftliche Lebensverhältnisse, Sprachbarrieren, Unkenntnis des deutschen Rechtssystems) bezweifelt werden.

Die **Mindestgeldbuße** beträgt 5 € (§ 17 Abs. 1 OWiG). Die **Höchstgeldbuße bei fahrlässigem Handeln** beträgt 2.500 € (§ 17 Abs. 2 OWiG).

Für die Zumessung der Geldbuße sind die **Bedeutung der Ordnungswidrigkeit** und die **Qualität des den Täter treffenden Vorwurfs** zu berücksichtigen und können dessen **wirtschaftliche Verhältnisse** in Betracht gezogen werden (§ 17 Abs. 3 OWiG). Die Geldbuße soll im Übrigen den wirtschaftlichen Vorteil, den der Täter aus der Ordnungswidrigkeit gezogen hat, übersteigen.

V. Geltung des OWiG

Für das Ordnungswidrigkeitsverfahren gelten die Bestimmungen des OWiG (vgl. § 2 OWiG). Es gilt das **Opportunitätsprinzip**. Die zuständige Behörde entscheidet über die Verfolgung der Ordnungswidrigkeit nach **pflichtgemäßem Ermessen** (§ 47 Abs. 1 Satz 1 OWiG).

Zu beachten sind im Übrigen insbesondere die Vorschriften über die **Verantwortlichkeit** (§ 12 OWiG), die **Beteiligung** (§ 14 OWiG) sowie über die hier grundsätzlich zweijährige **Verfolgungsverjährung** (§ 31 Abs. 2 Nr. 2 OWiG) und die bis zu fünfjährige **Vollstreckungsverjährung** (§ 34 OWiG).

C. Praxishinweise

Um Tatbestands- (§ 11 Abs. 1 OWiG) oder Verbotsirrtümer (§ 11 Abs. 2 OWiG) von vornherein auszuschließen (vgl. dazu Rn. 17), sollten die Leistungsberechtigten bereits **bei Aufnahme der Leistungsgewährung** auf geeignete Weise (insbesondere durch Merkblätter in der jeweiligen Landessprache) auf den **Inhalt und den Umfang der Meldepflichten** nach § 8a AsylbLG und die **Bußgeldbewehrung** sowie auf den Bußgeldrahmen **hingewiesen** werden.

Gesetz zur Ermittlung der Regelbedarfe nach § 28 des Zwölften Buches Sozialgesetzbuch

Regelbedarfs-Ermittlungsgesetz

vom 24. März 2011 (BGBl I 2011, 453)

§ 1 RBEG Grundsatz

(Fassung vom 24.03.2011, gültig ab 01.01.2011)

Auf der Grundlage von Sonderauswertungen zur Einkommens- und Verbrauchsstichprobe 2008 nach § 28 des Zwölften Buches Sozialgesetzbuch werden die Regelbedarfsstufen nach den §§ 2 bis 8 dieses Gesetzes ermittelt.

Gliederung

A. Basisinformationen 1
I. Textgeschichte/Gesetzgebungsmaterialien 1
II. Vorgängervorschriften 2
III. Systematische Zusammenhänge 3
IV. Ausgewählte Literaturhinweise 5
B. Auslegung der Norm 6
I. Regelungsgehalt und Bedeutung der Norm 6
II. Normzweck 7
III. Inhalt der Vorschrift 8

1. Anwendung des Statistikmodells 8
2. EVS 2008 9
   a. Allgemeines 9
   b. Sonderauswertungen 10
3. Bestimmung der Regelbedarfsstufen nach den §§ 2-8 RBEG 12
4. Verfassungsmäßigkeit der Ermittlung der Regelbedarfsstufen 13

A. Basisinformationen

I. Textgeschichte/Gesetzgebungsmaterialien

1   Die Vorschrift wurde durch Art. 1 des Gesetzes zur Ermittlung von Regelbedarfen und zur Änderung des Zweiten und Zwölften Buches Sozialgesetzbuch vom 24.03.2011[1] mit Wirkung zum **01.01.2011** eingeführt. Sie geht zurück auf das Urteil des BVerfG vom 09.02.2010[2], mit dem dieses die §§ 20 und 28 SGB II (Regelleistung für erwachsene Grundsicherungsempfänger und Sozialgeld für Kinder und Jugendliche unter 14 Jahren) in der Fassung vom 24.12.2003 als mit Art. 1 Abs. 1 i.V.m. Art. 20 GG unvereinbar erklärt und dem Gesetzgeber eine Neuregelung bis zum 31.12.2010 auferlegt hatte. Es handelt sich bei den Normen des RBEG i.V.m. § 28 SGB XII und der zugehörigen Anlage sowie den stark überarbeiteten Vorschriften über die Fortschreibung der Regelbedarfsstufen und Regelsätze (§§ 28a und 29 SGB XII) um die durch das BVerfG geforderte **Festlegung der Regelsatzhöhe durch Gesetz** und nicht durch bloße Verordnung.[3] Teilweise wird ausgeführt, es sei verfassungsrechtlich nicht geboten und auch vom BVerfG nicht verlangt worden, dass die gesamte Bedarfsermittlung in einem förmlichen Gesetz erfolgt, vielmehr hätte eine ausführliche Gesetzesbegründung unter Offenlegung der Ermittlungsschritte genügt.[4] Dies ist zutreffend, weil das BVerfG nur entschieden hatte, dass zur Ermöglichung der verfassungsgerichtlichen Kontrolle der gewährten Leistungen für den Gesetzgeber die Obliegenheit besteht, die zur Bestimmung des Existenzminimums im Gesetzgebungsverfahren eingesetzten Methoden und Berechnungsschritte nachvollziehbar offenzulegen.[5] Dies hätte nur der Festlegung der Leistungshöhe durch Rechtsverordnung, wie sie früher im Bereich des SGB XII vorgesehen war, entgegengestanden, nicht jedoch einer gesetzliche Festlegung der Leistungshöhe mit ent-

---

[1] BGBl I 2011, 453 ff.
[2] BVerfG v. v. 09.02.2010 - 1 BvL 1/09, 1 BvL 3/09, 1 BvL 4/09 - BVerfGE 125, 175.
[3] BVerfG v. 09.02.2010 - 1 BvL 1/09, 1 BvL 3/09, 1 BvL 4/09 - juris Rn. 136 - BVerfGE 125, 175; vgl. auch *Greiser/Stölting*, DVBl 2012, 1353, 1355 ff., die allerdings annehmen, dass es sich bei der Anlage zu § 28 SGB XII um eine bloße Rechtsverordnung handeln könnte.
[4] *Hannes* in: Oestreicher, SGB XII/SGB II, Anh. § 20 SGB II § 1 RBEG Rn. 6.
[5] BVerfG v. 09.02.2010 - 1 BvL 1/09, 1 BvL 3/09, 1 BvL 4/09 - juris Rn. 144 - BVerfGE 125, 175.

sprechender Transparenz hinsichtlich des Ermittlungsverfahrens, zumal das BVerfG hinsichtlich der gesetzlichen Festlegung der Leistungshöhe in § 20 SGB II a.F. die zugrundeliegende Ermittlung nach § 28 Abs. 3 SGB XII a.F. und § 2 der Regelsatz-VO 2005 als grundsätzlich geeignete Grundlage angesehen hat.[6] Der Gesetzgeber hat sich dennoch für die Festlegung der Ermittlungsschritte ebenfalls in einem Parlamentsgesetz entscheiden und dies für den Bereich des SGB XII in § 28 Abs. 1 SGB XII („Bundesgesetz") entsprechend festgelegt.[7]

II. Vorgängervorschriften

Bis zum 31.12.2010 erfolgte die Ermittlung der konkreten Regelsatzhöhe im Bereich des SGB XII nach der sogenannten **Regelsatz-VO** vom 03.06.2004[8] mit Wirkung zum 01.01.2005, zuletzt geändert durch Art. 17 des Gesetzes vom 02.03.2009[9]. Im Bereich des **SGB II** gab es keine eigenen Vorschriften zur Ermittlung der Regelleistung, diese ging allerdings, wie sich aus dem Verweis in § 20 Abs. 5 SGB II in der bis zum 31.12.2010 geltenden Fassung für die Anpassung derselben ergab, auf die Ermittlung nach § 28 Abs. 3 SGB XII a.F. und § 2 der Regelsatz-VO zurück. Eine direkte Vorgängerregelung zu § 1 RBEG gibt es nicht, allerdings hatte § 1 der Regelsatz-VO eine in ähnlicher Weise den Inhalt der Verordnung beschreibende Ausgestaltung.

III. Systematische Zusammenhänge

Das gesamte RBEG ist durch **§ 28 Abs. 1 SGB XII** mit dieser Norm verknüpft, wobei sich allgemeine Vorgaben der Regelbedarfsermittlung aus § 28 Abs. 2-4 SGB XII ergeben, während die konkreten Berechnungsschritte und teilweise abweichende Regelungen in den **§§ 2-8 RBEG** enthalten sind.

§ 20 SGB II verweist zwar nur hinsichtlich der Fortschreibung der Regelbedarfe ausdrücklich auf das RBEG, allerdings liegen die dort geregelten Berechnungsschritte auch den Festlegungen der Regelbedarfe in § 20 Abs. 2-4 SGB II zugrunde[10].

IV. Ausgewählte Literaturhinweise

Kötter, Nach der Reform ist vor der Reform? – Die Neuregelung der Regelbedarfe im SGB II und SGB XII, info also 2011, 99; *Mehlich*, Regelsatz und Statistik. Das Statistikmodell – ein System zur Objektivierung der Bedarfsfestsetzung in der Sozialhilfe?, ZSR 1992, 77; *Mogwitz*, Die neue Regelbedarfsermittlung, ZFSH/SGB 2011, 323; *Münder*, Verfassungsrechtliche Bewertung des Gesetzes zur Ermittlung von Regelbedarfen und zur Änderung des Zweiten und Zwölften Buches Sozialgesetzbuch vom 24.03.2011 – BGBl I S. 453 – Gutachten für die Hans-Böckler-Stiftung, SozSich 2011, Sonderheft, 63; *Oberbracht*, Die Parlamentarisierung des sozialhilferechtlichen Regelsatzes, Diss. Baden-Baden 1993; *Schürmann*, Reformen im Sozialrecht – die Änderungen zum 1.1.2011, FamRB 2011, 17; *Schwabe*, Einzelbeträge aus den Regelbedarfsstufen des SGB II und XII ab 1.1.2011, ZfF 2011, 97.

B. Auslegung der Norm

I. Regelungsgehalt und Bedeutung der Norm

§ 1 RBEG enthält einen einleitenden **Grundsatz zur Ermittlung der Regelbedarfsstufen**, die Ausgestaltung im Einzelnen erfolgt dann in den in Bezug genommenen §§ 2-8 RBEG. Eine wesentliche eigenständige Bedeutung hat die Norm neben den allgemeinen Festlegungen in § 28 SGB XII nicht, es wird lediglich herausgestellt, dass sich die derzeitige Ermittlung auf die Einkommens- und Verbrauchsstichprobe (**EVS**) aus dem Jahre **2008** bezieht. Damit ist auch bereits angedeutet, dass die nach § 28 Abs. 1 SGB XII erforderliche neue Ermittlung der Regelbedarfsstufen bei Vorliegen einer neuen EVS ein neues Regelbedarfsermittlungsgesetz erfordern wird, weil die Ermittlung im bislang vorliegenden nur die EVS 2008 betrifft. Derzeit wird die **EVS 2013** ausgewertet. Die Auswertung dauert allerdings geraume Zeit (vgl. die Kommentierung zu § 28 SGB XII Rn. 25), so dass die Grundlage der Regelbedarfsstufen sich weiter nach dem bisherigen RBEG bestimmt, diese Stufen allerdings nach den **§§ 28a, 29 SGB XII** zwischenzeitlich mehrfach im Jahresturnus angepasst wurden.

---

[6] BVerfG v. 09.02.2010 - 1 BvL 1/09, 1 BvL 3/09, 1 BvL 4/09 - juris Rn. 159 ff. - BVerfGE 125, 175.
[7] Vgl. auch die Gesetzesbegründung in BT-Drs. 17/3404, S. 87, 121.
[8] BGBl I 2004, 1067.
[9] BGBl I 2009, 416.
[10] Vgl. BT-Drs. 17/3404, S. 97.

II. Normzweck

7 Nach der Gesetzesbegründung[11] setzt § 1 RBEG den **Auftrag zur Ermittlung von Regelbedarfen** um, der sich nach § 28 Abs. 1 SGB XII ergibt, da mit den Daten der EVS 2008 eine neue EVS vorliegt und außerdem die Ergebnisse der nach § 28 Abs. 3 SGB XII vom Bundesministerium für Arbeit und Soziales beim Statistischen Bundesamt in Auftrag gegebenen Sonderauswertungen für die Referenzhaushalte als Einpersonen- und Familienhaushalte vorliegen. Die Regelung hat den Charakter einer einführenden Beschreibung zu der mit den Folgenormen vorgenommenen Ermittlung der Regelbedarfsstufen und stellt den Bezug des gesamten RBEG zur **EVS 2008** her.

III. Inhalt der Vorschrift

1. Anwendung des Statistikmodells

8 § 1 RBEG bekräftigt den auch in § 28 SGB XII enthaltenen Ansatz, die Regelbedarfsstufen in Anlehnung an das auf dem **tatsächlichen Verbrauchsverhalten** der Bevölkerung beruhende **Statistikmodell** zu bestimmen, nachdem das BVerfG diese Methode dem Grunde nach ausdrücklich gebilligt hatte.[12] Zwar wurden in dieser Entscheidung auch andere Modelle nicht ausgeschlossen, die Gesetzesbegründung sieht das Statistikmodell aber etwa gegenüber dem früheren **Warenkorbmodell**[13] als überlegen an, weil es auf einer anerkannten statistischen Grundlage aufbaut, eine bundesweit einheitliche Bemessung ermögliche und von normativen Entscheidungen in deutlich höherem Maße unabhängig machte.[14] Die Nutzung der EVS sei insoweit alternativlos, weil sie als einzige Quelle valide Daten zur Konsumstruktur liefere.[15] Wenn teilweise eingewandt wird, dass die Statistikmethode möglicherweise überhaupt nicht mehr zur Ermittlung eines menschenwürdigen Existenzminimums geeignet sein könnte, wenn auf der einen Seite zwar Löhne und Gehälter sinken, auf der anderen Seite aber die Gesellschaft immer reicher wird, weil die Einkommen der selbständigen Marktteilnehmer steigen[16], ist dem zwar im Grunde zuzustimmen, allerdings könnte eine solche Schieflage, für die derzeit keine hinreichenden Anhaltspunkte vorliegen, durch den Gesetzgeber entsprechend durch die Auswahl der Referenzgruppen berücksichtigt werden.

2. EVS 2008

a. Allgemeines

9 Die **EVS** des Statistischen Bundesamtes wird nur **alle fünf Jahre** durchgeführt und beruht auf einer repräsentativen Befragung. Eine gesetzliche Verpflichtung zur Teilnahme besteht nicht, das heißt alle Haushalte nehmen auf freiwilliger Basis an der EVS teil, wobei rund 60.000 private Haushalte in Deutschland befragt werden, darunter fast 13.000 Haushalte in den neuen Ländern und Berlin-Ost.[17] Die EVS ist damit die größte Erhebung dieser Art innerhalb der Europäischen Union.[18] Vier Gruppen zeichnen jeweils über ein Quartal, insgesamt verteilt auf ein Jahr, ihre Verbrauchsausgaben in einem Haushaltsbuch auf.[19] Die letzte ausgewertete EVS stammt aus dem Jahr **2008**, aktuell wurde eine im Jahr **2013** durchgeführt. Mit einer Auswertung, insbesondere der Erstellung der für die Festsetzung der Regelbedarfshöhe maßgeblichen Sonderauswertungen nach § 28 Abs. 3 und 4 SGB XII ist allerdings nach den Erfahrungen mit den vorangegangenen EVS **nicht vor 2015** zu rechnen. Erst dann liegen „die Ergebnisse" im Sinne des **§ 28 Abs. 1 SGB XII** vor. Das BSG hat die Anknüpfung an die EVS zur Ermittlung der Regelbedarfsstufen als sachgerecht angesehen. Insbesondere beziehe die EVS 2008 auch bereits in vollem Umfang die letzte **Mehrwertsteuererhöhung** ein, da die Datenerhebung allein im Jahr 2008 durchgeführt wurde, nicht bereits in früheren Zeiträumen.[20]

---

[11] BT-Drs. 17/3404, S. 87.
[12] BVerfG v. 09.02.2010 - 1 BvL 1/09, 1 BvL 3/09, 1 BvL 4/09 - juris Rn. 162 - BVerfGE 125, 175.
[13] Vgl. zur Entwicklung BT-Drs. 17/3404, S. 50 und die Kommentierung zu § 27a SGB XII Rn. 11.
[14] BT-Drs. 17/3404, S. 50.
[15] BT-Drs. 17/3404, S. 51.
[16] *Lenze* in: LPK-SGB XII, Anh. § 28 (§ 1 RBEG) Rn. 5 m.w.N.; vgl. auch Hessisches LSG v. 29.10.2008 - L 6 AS 336/07 - juris Rn. 87 ff. - ZfSH/SGB 2009, 100.
[17] https://www.destatis.de/DE/Meta/AbisZ/Einkommens_Verbrauchsstichprobe.html (abgerufen am 19.03.2014).
[18] https://www.destatis.de/DE/Meta/AbisZ/Einkommens_Verbrauchsstichprobe.html (abgerufen am 19.03.2014).
[19] Vgl. *Mogwitz*, ZFSH/SGB 2011, 323, 324.
[20] BSG v. 12.07.2012 - B 14 AS 153/11 R - juris Rn. 34.

b. Sonderauswertungen

§ 1 RBEG nimmt die in § 28 Abs. 3 SGB XII genannten Sonderauswertungen der EVS 2008 in Bezug. Sonderauswertungen zu den Verbrauchsausgaben von Haushalten unterer Einkommensgruppen sind danach zumindest für Haushalte vorzunehmen, in denen nur eine erwachsene Person lebt (**Einpersonenhaushalte**), sowie für Haushalte, in denen Paare mit genau einem Kind leben (**Familienhaushalte**). Dabei ist festzulegen, welche Haushalte, die **Leistungen nach dem SGB XII und dem SGB II** beziehen, nicht als Referenzhaushalte (zum Begriff vgl. die Kommentierung zu § 2 RBEG Rn. 8) zu berücksichtigen sind. Für die Bestimmung des Anteils der Referenzhaushalte an den jeweiligen Haushalten der Sonderauswertungen ist ein für statistische Zwecke **hinreichend großer Stichprobenumfang** zu gewährleisten. Das Bundesministerium für Arbeit und Soziales beauftragt das Statistische Bundesamt mit den Sonderauswertungen, konkret für die EVS 2008 wurden folgende Sonderauswertungen beauftragt:

Ausgewertet werden sollte der gesamte private Verbrauch der EVS 2008 für die Referenzgruppen „Einpersonenhaushalte" und „Paare mit einem Kind (Familienhaushalte)" in den **Altersklassen** von 0 bis unter 18 Jahren, von 0 bis unter 3 Jahren, von 3 bis unter 6 Jahren, von 3 bis unter 7 Jahren, unter 6 Jahren, von 6 bis unter 12 Jahren, von 6 bis unter 13 Jahren, von 6 bis unter 14 Jahren, von 6 bis unter 15 Jahren, unter 7 Jahren, von 7 bis unter 12 Jahren, von 7 bis unter 13 Jahren, von 7 bis unter 14 Jahren, von 7 bis unter 15 Jahren, von 12 bis unter 18 Jahren, von 13 bis unter 18 Jahren, von 14 bis unter 18 Jahren und von 15 bis unter 18 Jahren.[21] Die Einbeziehung der **Familienhaushalte** stellt eine **Neuerung** gegenüber der früheren Regelsatz-VO dar.[22]

Die **Abgrenzung der Referenzgruppen** für die beiden genannten Haushaltstypen bezog sich auf die unteren 20 Prozent, 15 Prozent bzw. 10 Prozent der nach ihrem Nettoeinkommen geschichteten Haushalte sowie die Einkommensgruppe unterhalb der 60 Prozent des Medians der Nettoeinkommen.[23] Leistungsberechtigte nach dem SGB XII und dem SGB II waren vorab aus der Stichprobe herauszunehmen.[24] Erfasst wurden dann letztlich für die Festsetzung der Regelbedarfsstufen insgesamt **1.678 Einpersonenhaushalte** und **523 Familienhaushalte**.[25]

Darüber hinaus wurden **Zusatzauswertungen** durchgeführt für Referenzhaushalte, die **nicht mit Strom heizen**, sondern Strom ausschließlich als Haushaltsenergie (Beleuchtung, Kühlschrank, Elektroherd, Fernsehgerät usw.) verwendeten[26], für Referenzhaushalte, die angegeben hatten, **keinen PKW** zu besitzen beziehungsweise keine Ausgaben für Kraftstoffe im Haushaltsbuch vermerkt hatten[27], sowie bezüglich der **Verbrauchsausgaben für Telekommunikation**[28]. Die Zusatzauswertungen dienten insbesondere dem Zweck, die aufgeführten Verbrauchsverhalten zu erfassen, um die gewünschten Gruppen spezifisch zu bestimmen, damit nicht durch das BVerfG als unzulässig angesehene **pauschale Abzüge ohne statistische Grundlage**[29] vorgenommen werden mussten.[30]

3. Bestimmung der Regelbedarfsstufen nach den §§ 2-8 RBEG

Die einzelnen Vorgaben zur Bestimmung der Regelbedarfsstufen ergeben sich aus den §§ 2-8 RBEG. § 2 RBEG legt die **Referenzhaushaltstypen** im Sinne des § 28 Abs. 3 Satz 2 SGB XII fest (Einpersonenhaushalte und Familienhaushalte bestehend aus einem Paar mit einem Kind), § 3 RBEG trifft im Sinne des § 28 Abs. 3 Satz 3 SGB XII eine Bestimmung darüber, welche Haushalte zur Vermeidung von Zirkelschlüssen **als Referenzhaushalte ausscheiden** (Empfänger von Leistungen zur Sicherung des laufenden Lebensunterhalts nach dem SGB II[31] und SGB XII außer solchen, die gemäß § 3 Abs. 2

---

[21] BT-Drs. 17/3404, S. 52.
[22] Vgl. *Schmidt* in: Oestreicher, SGB XII/SGB II, Anh. 2 zu § 28 SGB XII Rn. 3.
[23] BT-Drs. 17/3404, S. 52.
[24] BT-Drs. 17/3404, S. 52.
[25] Vgl. die Gegenäußerung der Bundesregierung, BT-Drs. 17/3982, S. 1; *Mogwitz*, ZFSH/SGB 2011, 323, 327.
[26] Die Heizenergie wird nämlich gesondert als Bedarf erfasst.
[27] Ein Kraftfahrzeug wird grundsätzlich nicht als erforderlicher Bedarf angesehen; vgl. auch BVerfG v. 09.02.2010 - 1 BvL 1/09, 1 BvL 3/09, 1 BvL 4/09 - juris Rn.179 - BVerfGE 125, 175.
[28] Die Nutzung von Mobiltelefonen sollte nicht berücksichtigt werden, sondern nur ein Festnetzanschluss inklusive Internetnutzung, vgl. BT-Drs. 17/3404, S. 94; hierzu auch *Lenze* in: LPK-SGB XII, Anh. § 28 (§ 1 RBEG) Rn. 8.
[29] BVerfG v. 09.02.2010 - 1 BvL 1/09, 1 BvL 3/09, 1 BvL 4/09 - juris Rn. 171 - BVerfGE 125, 175.
[30] *Schmidt* in: Oestreicher, SGB XII/SGB II, Anh. 2 zu § 28 SGB XII Rn. 28 ff.
[31] Die Einbeziehung dieser Personengruppe stellt eine Neuerung gegenüber der früheren Regelsatz-VO dar, vgl. *Schmidt* in: Oestreicher, SGB XII/SGB II, Anh. 2 zu § 28 SGB XII Rn. 3.

RBEG zusätzliche Einkünfte haben) und **§ 4 RBEG** bestimmt, welche Haushalte als **einkommensschwache Haushalte** im Sinne des § 28 Abs. 4 Satz 1 SGB XII zu berücksichtigen sind (die untersten 15% der Einpersonenhaushalte und die untersten 20% der Familienhaushalte jeweils nach Abzug der Personen nach § 3 RBEG). **§ 5 RBEG** legt die in den einzelnen Abteilungen der EVS zu berücksichtigenden **Ausgaben der Einpersonenhaushalte** und **§ 6 RBEG** die der **Familienhaushalte** fest, die im Sinne des § 28 Abs. 4 Satz SGB XII zur Sicherung des Existenzminimums notwendig sein und eine einfache Lebensweise ermöglichen sollen. **§ 7 RBEG** bestimmt die Werte, die sich durch eine **Fortschreibung** der Werte der EVS 2008 bis zum In-Kraft-Treten der Neuregelung zum 01.01.2011 gemäß § 28 Abs. 4 Satz 4 SGB XII ergeben und **§ 8 EBEG** die in der Anlage zu § 28 SGB XII enthaltenen Werte für die Regelbedarfsstufen, bis sie nach den §§ 28a, 29 SGB XII fortgeschrieben wurden.

4. Verfassungsmäßigkeit der Ermittlung der Regelbedarfsstufen

13 Zu **Verfassungsmäßigkeit** der Ermittlung der Regelbedarfsstufen vgl. die Kommentierung zu § 28 SGB XII Rn. 50.

Begründung nicht. Dies lässt sich aber zwanglos damit erklären, dass der Gesetzgeber davon ausging, mit diesen beiden Typen die Kriterien des BVerfG in der genannten Entscheidung für alle Leistungsempfänger einhalten zu können.

III. Inhalt der Vorschrift

1. Begriff des Referenzhaushalts

Der **Begriff** des **Referenzhaushaltes**, der bei § 2 RBEG nur in der Überschrift auftaucht („Bestimmung der Referenzhaushalte") ist **missverständlich**. Bestimmt werden dort nämlich eigentlich nur die **Haushaltstypen**, für die Sonderauswertungen vorzunehmen sind und von denen nach § 3 RBEG (Überschrift „Abgrenzung der Referenzhaushalte") bestimmte Haushalte als Referenzhaushalte ausgeschieden werden. Im Anschluss legt § 4 RBEG fest, welche prozentualen Anteile dieser nach dem Einkommen geschichteten Haushalte tatsächlich als Referenzhaushalte für die Bestimmung der Regelbedarfe herangezogen werden. Nur die so ausgewählten Haushalte sollten auch so bezeichnet werden.[11]

8

2. Berücksichtigte Haushaltstypen

a. Haushaltstyp Einpersonenhaushalt (Nr. 1)

In Nr. 1 wird als Haushaltstyp der Einpersonenhaushalt genannt, der auch gleichzeitig legaldefiniert wird als **Haushalt, in dem eine erwachsene Person allein lebt** (Definition entspricht wörtlich § 28 Abs. 3 Satz 2 SGB XII). Es muss sich um Haushalte mit genau einem Erwachsenen (**Volljährigkeit** im Sinne des § 2 BGB mit Erreichen des 18. Lebensjahres genügt; auch Heranwachsende im Sinne des Strafrechts) handeln. Diese müssen „allein leben", es dürfen also **keinerlei weitere Personen** (auch keine Kinder) dem Haushalt angehören.

9

Die Auswertung des Haushaltstyps der Einpersonenhaushalte wird unter Berücksichtigung der Vorgaben der §§ 3 und 4 RBEG nach § 5 RBEG zum einen Grundlage des Regelbedarfs für eine erwachsene leistungsberechtigte Person, die als alleinstehende oder alleinerziehende Person einen eigenen Haushalt führt; dies gilt auch dann, wenn in diesem Haushalt **eine oder mehrere weitere erwachsene Personen** leben, die der **Regelbedarfsstufe 3** zuzuordnen sind (Regelbedarfsstufe 1 gemäß der Anlage zu § 28 SGB XII). Sie dient allerdings, weil insoweit durch die Beschränkung der Haushaltstypen durch § 2 RBEG keine eigenen Erhebungen oder Vergleichsberechnungen vorgenommen wurden, auch der Bestimmung der **Regelbedarfe für zwei erwachsene Leistungsberechtigte**, die als Ehegatten, Lebenspartner oder in eheähnlicher oder lebenspartnerschaftsähnlicher Gemeinschaft einen gemeinsamen Haushalt führen (**Regelbedarfsstufe 2** der Anlage zu § 28 SGB XII), und für erwachsene leistungsberechtigte Personen, die **weder einen eigenen Haushalt** führen **noch** als Ehegatte, Lebenspartner oder in eheähnlicher oder lebenspartnerschaftsähnlicher Gemeinschaft einen **gemeinsamen Haushalt** führen (**Regelbedarfsstufe 3** gemäß der Anlage zu § 28 SGB XII). Hinsichtlich der Regelbedarfsstufe 2 wird der Bedarf pauschal auf **90%** der Regelbedarfsstufe 1 festgelegt, bei der Regelbedarfsstufe 3 auf **80%** der Regelbedarfsstufe 1.

10

Dass **keine eigenen Erhebungen zur Haushaltsersparnis von Paarhaushalten** erfolgt sind, ist kritisiert worden.[12] Bezüglich der Regelbedarfsstufe 2 hatte das **BVerfG**[13] die pauschale Kürzung auf je 90% als durch eine ältere[14] modifizierte Differenzrechnung des Deutschen Vereins für öffentliche und private Fürsorge (zur Berechnungsmethode vgl. die Kommentierung zu § 27a SGB XII Rn. 78) hinreichend begründet und damit **verfassungskonform** angesehen (vgl. auch die Kommentierung zu § 27a SGB XII Rn. 78), was auch der zentrale Grund dafür gewesen sein dürfte, dass eine eigene Auswertung für solche aus zwei Personen bestehenden Haushalte nicht erfolgt ist. Allerdings wären auch bei der Erhebung gerade die **eheähnlichen Lebensgemeinschaften** wohl schwer zu erfassen gewesen, was die Ergebnisse hätte verfälschen können.[15] Im Endeffekt dürfte die gewählte Regelung nicht unbedingt nur zu Lasten der betroffenen Hilfeempfänger gehen, denn in solchen Paarhaushalten dürfte die Versorgung des Haushalts nicht selten nur aus einem Einkommen für zwei Personen kommen, während in den Einpersonenhaushalten das Haushaltseinkommen der jeweiligen Person voll zur Verfügung steht. Zu

11

---

[11] *Mogwitz*, ZFSH/SGB 2011, 323, 324 sieht allerdings bereits die Einfamilien- und Familienhaushalte als Referenzhaushalte an.

[12] *Hannes* in: Oestreicher, SGB XII/SGB II, Anh. § 20 SGB II § 2 RBEG Rn. 5.

[13] BVerfG v. 09.02.2010 - 1 BvL 1/09, 1 BvL 3/09, 1 BvL 4/09 - juris Rn. 189 - BVerfGE 125, 175.

[14] Sie lag der Regelung des § 2 Abs. 3 Regelsatzverordnung 1990 zugrunde.

[15] Vgl. zu den praktischen Schwierigkeiten einer solchen statistischen Auswertung auch BT-Drs. 17/3404, S. 130 f.

Bedenken gegen die Regelbedarfsstufe 3 vgl. die Kommentierung zu § 27a SGB XII Rn. 79 f. Durch § 10 Abs. 2 Nr. 3 RBEG war das Bundesministerium für Arbeit und Soziales beauftragt worden, **alternative Berechnungsmethoden** zur Ermittlung des Bedarfs mehrerer erwachsener Personen in einem Haushalt prüfen zu lassen und einen Bericht hierüber bis zum 01.07.2013 vorzulegen. Im Bericht wird eine **Beibehaltung** der bisherigen pauschalen Regelung vorgeschlagen, da die alternativen Berechnungsmöglichkeiten sehr komplex sind und nicht zu eindeutigen Festlegungen führen (vgl. im Einzelnen die Kommentierung zu § 10 RBEG Rn. 17 ff.).

b. Haushaltstyp Familienhaushalt (Nr. 2)

12   Der in § 2 Nr. 2 RBEG genannte zweite Haushaltstyp sind die Familienhaushalte, die für den Bereich des RBEG legaldefiniert werden als **Haushalte, in denen Paare mit einem Kind leben** (Definition entspricht wörtlich § 28 Abs. 3 Satz 2 SGB XII). Die Beschreibung ist missglückt, denn gemeint ist, dass im jeweiligen Haushalt **genau ein Paar mit genau einem Kind** lebt[16] und nicht „Paare", was nach dem Wortlaut der Norm auch als Mehrzahl missverstanden werden könnte.

13   Der Haushaltstyp des Familienhaushalts dient unter Berücksichtigung der Vorgaben der **§§ 3 und 4 RBEG** nach **§ 6 RBEG** als Grundlage der Ermittlung der **Regelbedarfe von Kindern und Jugendlichen** (Regelbedarfsstufen 4 bis 6). Der teilweise vorgeschlagenen Ermittlung der Regelbedarfe für Kinder und Jugendliche auf der Grundlage der Ausgaben für **Alleinerziehende** hätten wohl auch praktische Schwierigkeiten entgegengestanden. Selbst bei den Familienhaushalten wurden letztlich nur 523 erfasst.[17] Da bei den Alleinerziehenden die Zahl der nach § 3 RBEG zur Vermeidung von Zirkelschlüssen auszuschließenden Haushalte wegen des bei dieser Gruppe sehr verbreiteten Bezugs von staatlichen Leistungen zur Sicherung des Lebensunterhalts[18] groß gewesen wäre, wäre voraussichtlich die Ermittlung einer für statistische Zwecke ausreichenden Menge (vgl. auch § 28 Abs. 3 Satz 4 SGB XII) von Haushalten nicht möglich gewesen.[19] Gleiches gilt natürlich auch für die statistisch zu vernachlässigende Größe der **Haushalte, in denen Kinder bzw. Jugendliche allein leben**.[20]

14   Die Beschränkung der Familienhaushalte auf solche mit einem Kind[21] hat auch zur Folge, dass eine in **Haushalten mit mehreren Kindern** eintretende Haushaltsersparnis durch Weiternutzung von Kleidung, Spielzeug oder sonstigen Utensilien bzw. den Einkauf größerer Mengen an Lebensmitteln und sonstigen Haushaltsgegenständen, bei der Ermittlung von Regelbedarfen nicht berücksichtigt wird. Dies ist zumindest im Bundesministerium für Arbeit und Soziales bekannt, wie der Bericht nach § 10 RBEG[22] auf S. 64 zeigt. Hieraus ergibt sich auch, dass bewusst auf eine Differenzierung nach mehreren Kindern verzichtet wird.

---

[16] Vgl. auch *Mogwitz* in: BeckOk RBEG, § 2 Rn. 3.

[17] Vgl. die Gegenäußerung der Bundesregierung, BT-Drs. 17/3982, S. 1; *Mogwitz*, ZFSH/SGB 2011, 323, 327.

[18] Vgl. die Broschüre der Bundesagentur für Arbeit „Alleinerziehende im SGB II", wonach im Jahr 2009 rund 41% aller Alleinerziehendenhaushalte auf Leistungen aus der Grundsicherung angewiesen waren, abrufbar unter http://statistik.arbeitsagentur.de/Statischer-Content/Arbeitsmarktberichte/Berichte-Broschueren/Grundsicherung-SGBII/Generische-Publikationen/Alleinerziehende-SGBII-2010.pdf (abgerufen am 10.04.2014).

[19] Vgl. auch BT-Drs. 17/3404, S. 65.

[20] Vgl. auch *Hannes* in: Oestreicher, SGB XII/SGB II, Anh. § 20 SGB II § 2 RBEG Rn. 5; *Mogwitz* in: BeckOk RBEG, § 2 Rn. 3.

[21] Zur Begründung vgl. BT-Drs. 17/3404, S. 64: Schwierigkeit der Zuordnung eines Bedarfes zu einem bestimmten Kind bei mehreren Kindern.

[22] www.bmas.de/SharedDocs/Downloads/DE/PDF-Meldungen/regelbedarfsermittlungsbericht.pdf?__blob=publicationFile (abgerufen am 19.03.2014).

§ 3 RBEG Abgrenzung der Referenzhaushalte

(Fassung vom 24.03.2011, gültig ab 01.01.2011)

(1) Von den Haushalten nach § 2 sind diejenigen Haushalte nicht als Referenzhaushalte zu berücksichtigen, in denen Leistungsberechtigte leben, die im Erhebungszeitraum folgende Leistungen bezogen haben:

1. Hilfe zum Lebensunterhalt nach dem Dritten Kapitel des Zwölften Buches Sozialgesetzbuch,
2. Grundsicherung im Alter und bei Erwerbsminderung nach dem Vierten Kapitel des Zwölften Buches Sozialgesetzbuch,
3. Arbeitslosengeld II oder Sozialgeld nach dem Zweiten Buch Sozialgesetzbuch.

(2) Nicht auszuschließen von den Haushalten nach Absatz 1 sind Leistungsberechtigte nach Absatz 1 Nummer 1 bis 3, wenn sie im Erhebungszeitraum

1. zusätzlich Erwerbseinkommen bezogen haben, das nicht als Einkommen berücksichtigt wurde,
2. einen Zuschlag nach § 24 des Zweiten Buches Sozialgesetzbuch in der bis zum 31. Dezember 2010 geltenden Fassung bezogen haben,
3. Elterngeld nach dem Bundeselterngeld- und Elternzeitgesetz bezogen haben oder
4. Anspruch auf eine Eigenheimzulage nach dem Eigenheimzulagengesetz gehabt haben.

Gliederung

A. Basisinformationen 1	b. Hilfe zum Lebensunterhalt 12
I. Textgeschichte/Gesetzgebungsmaterialien 1	c. Leistungen der Grundsicherung im Alter und bei Erwerbsminderung 13
II. Vorgängervorschriften 2	d. Arbeitslosengeld II und Sozialgeld 14
III. Systematische Zusammenhänge 3	e. Kritik wegen Nichtausschluss weiterer Gruppen 15
IV. Ausgewählte Literaturhinweise 5	3. Nachträglich wieder einbezogene Haushalte (Absatz 2) 22
B. Auslegung der Norm 6	a. Allgemeines 22
I. Regelungsgehalt und Bedeutung der Norm 6	b. Zusätzliches Erwerbseinkommen 26
II. Normzweck 9	c. Zuschlag nach § 24 SGB II a.F. 28
III. Inhalt der Vorschrift 10	d. Elterngeld 29
1. Begriff des Referenzhaushalts 10	e. Anspruch auf Eigenheimzulage 30
2. Grundsätzlich ausgeschlossene Haushalte (Absatz 1) 11	
a. Allgemeines 11	

A. Basisinformationen

I. Textgeschichte/Gesetzgebungsmaterialien

Die Vorschrift wurde wie das gesamte RBEG durch Art. 1 des Gesetzes zur Ermittlung von Regelbedarfen und zur Änderung des Zweiten und Zwölften Buches Sozialgesetzbuch vom 24.03.2011[1] mit Wirkung zum **01.01.2011** eingeführt und seither nicht geändert. Sie geht zurück auf das Urteil des BVerfG vom 09.02.2010[2], mit dem die §§ 20 und 28 SGB II (Regelleistung für erwachsene Grundsicherungsempfänger und Sozialgeld für Kinder und Jugendliche unter 14 Jahren) in der Fassung vom 24.12.2003 als mit Art. 1 Abs. 1 i.V.m. Art. 20 GG unvereinbar erklärt und dem Gesetzgeber eine Neuregelung bis zum 31.12.2010 auferlegt hatte. Es handelt sich bei den Normen des RBEG i.V.m. § 28 SGB XII und der zugehörigen Anlage sowie den stark überarbeiteten Vorschriften über die Fortschreibung der Regelbedarfsstufen und Regelsätze (§§ 28a und 29 SGB XII) um die durch das BVerfG

1

---

[1] BGBl I 2011, 453 ff.
[2] BVerfG v. 09.02.2010 - 1 BvL 1/09, 1 BvL 3/09, 1 BvL 4/09 - BVerfGE 125, 175.

geforderte **Festlegung der Regelsatzhöhe durch Gesetz** und nicht durch bloße Verordnung[3]. Gegenüber dem ursprünglichen Gesetzesentwurf[4] hat die Regelung im Gesetzgebungsverfahren keine Änderung erfahren.

II. Vorgängervorschriften

2   Bis zum 31.12.2010 erfolgte die Ermittlung der konkreten Regelsatzhöhe im Bereich des SGB XII nach der sogenannten **Regelsatz-VO** vom 03.06.2004[5] mit Wirkung zum 01.01.2005, zuletzt geändert durch Art. 17 des Gesetzes vom 02.03.2009[6]. Im Bereich des SGB II gab es keine eigenen Vorschriften zur Ermittlung der Regelleistung, diese ging allerdings, wie sich aus dem Verweis in § 20 Abs. 5 SGB II in der bis zum 31.12.2010 geltenden Fassung für die Anpassung derselben ergab, auf die Ermittlung nach § 28 Abs. 3 SGB XII a.F. und § 2 der Regelsatz-VO zurück. Eine Vorgängerregelung zu § 3 RBEG befand sich in **§ 2 Abs. 3 Regelsatz-VO**, wonach für die Bemessung des Eckregelsatzes zu Grunde zu legen waren die Verbrauchsausgaben der untersten 20 vom Hundert der nach ihrem Nettoeinkommen geschichteten Haushalte der Einkommens- und Verbrauchsstichprobe nach Herausnahme der Empfänger von Leistungen der Sozialhilfe. Nicht ausgenommen waren etwa Bezieher von Arbeitslosenhilfe, wobei diese Leistung allerdings zum Teil auch deutlich über den heutigen Leistungen der Grundsicherung für Arbeitsuchende nach dem SGB II lag.

III. Systematische Zusammenhänge

3   Es besteht ein enger systematischer Zusammenhang mit **§ 28 Abs. 3 Satz 3 SGB XII**. Danach ist bei den Sonderauswertungen der EVS zu den Verbrauchsausgaben von Haushalten unterer Einkommensgruppen gemäß § 28 Abs. 3 Satz 2 SGB XII festzulegen, welche Haushalte, die Leistungen nach dem SGB XII und dem SGB II beziehen, nicht als Referenzhaushalte zu berücksichtigen sind. § 3 RBEG füllt diese Vorgabe aus, indem in seinem Absatz 1 Ausnahmen von der Berücksichtigung der in § 2 RBEG genannten Haushaltstypen gemacht werden und in seinem Absatz 2 wiederum Gegenausnahmen für doch berücksichtigungsfähige Haushalte. Für die so ausgewählten **potentiellen Referenzhaushalte** werden durch **§ 4 RBEG** Festlegungen dazu getroffen, welche Prozentsätze der nach dem Einkommen geschichteten unteren Haushalte tatsächlich als Referenzhaushalte zu berücksichtigen sind, für die dann die regelbedarfsrelevanten Verbrauchsausgaben in den **§§ 5 und 6 RBEG** bestimmt werden.

4   **§ 20 SGB II** verweist zwar nur hinsichtlich der Fortschreibung der Regelbedarfe ausdrücklich auf das RBEG, allerdings liegen die dort festgeschriebenen Referenzhaushalte auch den Festlegungen der Regelbedarfe in § 20 Abs. 2-4 SGB II zugrunde.[7]

IV. Ausgewählte Literaturhinweise

5   *I. Becker,* Bewertung der Neuregelungen des SGB II – Methodische Gesichtspunkte der Bedarfsbemessung vor dem Hintergrund des „Hartz-IV-Urteils" des Bundesverfassungsgerichts – Gutachten für die Hans-Böckler-Stiftung, SozSich 2011, Sonderheft, 7; *Lenze,* Sind die neuen Hartz-IV-Sätze verfassungskonform?, NVwZ 2011, 1104; *Mogwitz,* Die neue Regelbedarfsermittlung, ZFSH/SGB 2011, 323; *Münder,* Verfassungsrechtliche Bewertung des Gesetzes zur Ermittlung von Regelbedarfen und zur Änderung des Zweiten und Zwölften Buches Sozialgesetzbuch vom 24.03.2011 – BGBl I S 453 – Gutachten für die Hans-Böckler-Stiftung, SozSich 2011, Sonderheft, 63; *Rothkegel,* Hartz-IV-Regelsätze und gesellschaftliche Teilhabe – die geplanten Änderungen im Lichte des Urteils des Urteils des Bundesverfassungsgerichts, ZFSH/SGB 2011, 69; *Selm,* Höhere Regelleistungen durch konsequente Vermeidung von Zirkelschlüssen, info also 2010, 64; *Schmitz,* Vorlagebeschluss zum BVerfG – Arbeitslosengeld II und Sozialgeld – Verfassungswidrigkeit der Neubemessung der Regelbedarfe - Mängel des Bemessungsverfahrens, ASR 2012, 120; *Spindler,* Verfassungsrecht trifft auf Statistik. Wie soll man mit den Regelsätzen weiter umgehen?, info also 2011, 243.

---

[3] BVerfG v. 09.02.2010 - 1 BvL 1/09, 1 BvL 3/09, 1 BvL 4/09 - juris Rn. 136 - BVerfGE 125, 175; vgl. auch *Greiser/Stölting,* DVBl 2012, 1353, 1355 ff., die allerdings annehmen, dass es sich bei der Anlage zu § 28 SGB XII um eine bloße Rechtsverordnung handeln könnte; zu den Einwänden gegen die ausführlichen Regelungen im RBEG neben denen des SGB XII vgl. die Kommentierung zu § 1 RBEG Rn. 1.
[4] BT-Drs. 17/3404, S. 5; zur Begründung vgl. S. 87 ff.
[5] BGBl I 2004, 1067.
[6] BGBl I 2009, 416.
[7] Vgl. BT-Drs. 17/3404, S. 97.

B. Auslegung der Norm

I. Regelungsgehalt und Bedeutung der Norm

§ 3 RBEG schließt in **Absatz 1** Haushalte, in denen wenigstens ein Bezieher von Leistungen zur Sicherung des Lebensunterhalts bzw. von Grundsicherung im Alter oder bei Erwerbsminderung nach dem 3. oder 4. Kapitel des SGB XII bzw. von Arbeitslosengeld II oder Sozialgeld nach dem SGB II lebt, als **Referenzhaushalte** für die Bestimmung der Regelbedarfe im Sinne des SGB II und XII aus.

Absatz 2 enthält dann eine **Gegenausnahme**, nach der bestimmte, grundsätzlich nach Absatz 1 ausgeschlossene Haushalte wieder Berücksichtigung finden, wobei das gemeinsame Merkmal aller dort genannten Fallgruppen ein über den Regelbedarfen liegendes zusätzliches Einkommen ist.

Aus- und Einschluss verschiedener Haushalte bei der Regelbedarfsberechnung bestimmen maßgeblich die **Höhe der zu gewährenden existenzsichernden Leistung** und haben bei allein rund 6 Mio. Leistungsbeziehern nach dem SGB II[8], rund 340.000 Leistungsbeziehern von Hilfe zum Lebensunterhalt[9] und rund 900.000 Leistungsbeziehern von Grundsicherung im Alter und bei Erwerbsminderung[10] eine **erhebliche praktische Bedeutung**.

II. Normzweck

Ziel der Regelung ist es, **Zirkelschlüsse** zu **vermeiden**, die dadurch entstehen, dass als Referenzgruppe für die Bestimmung der existenzsichernden Leistungen die Leistungsempfänger selbst herangezogen werden.[11] Deshalb werden Haushalte, in denen Leistungsempfänger von Grundsicherungsleistungen nach dem SGB II und SGB XII leben, grundsätzlich nicht in die Auswertung für die Regelbedarfe einbezogen. Dies trägt auch dem Umstand Rechnung, dass nach der Rechtsprechung des BVerfG der Gesetzgeber verpflichtet ist, dafür zu sorgen, dass Haushalte, deren Nettoeinkommen unter dem Niveau der Leistungen nach dem SGB II und dem SGB XII inklusive der Leistungen für Unterkunft und Heizung liegt, aus der Referenzgruppe ausgeschieden werden.[12] Damit aber auch der **Gefahr** begegnet wird, dass sich die **Regelbedarfe zumindest zum Teil nach Haushalten mit mittleren Einkommen bestimmen** und damit Leistungsberechtigte nach dem SGB XII und dem SGB II ein monatliches Budget zur Verfügung gestellt würde, das über dem Einkommen von Personen liegt, die im unteren Einkommenssegment für ihren Lebensunterhalt selbst sorgen, wird in **Absatz 2** versucht, alle Haushalte die auch nur **geringfügige Einkünfte** über dem existenzsichernden Niveau haben („ab dem ersten Euro Erwerbseinkommen"), als Referenzhaushalte wieder mit einzubeziehen.[13]

III. Inhalt der Vorschrift

1. Begriff des Referenzhaushalts

Der Begriff des Referenzhaushaltes, der bereits bei § 2 RBEG in der Überschrift auftaucht („Bestimmung der Referenzhaushalte") ist missverständlich. Bestimmt werden dort nämlich eigentlich nur die **Haushaltstypen**, für die Sonderauswertungen vorzunehmen sind, und von denen nach § 3 RBEG (Überschrift „Abgrenzung der Referenzhaushalte") **bestimmte Haushalte** als Referenzhaushalte **ausgeschieden** werden. Im Anschluss legt § 4 RBEG fest, welche **prozentualen Anteile** dieser nach dem Einkommen geschichteten Haushalte tatsächlich als **Referenzhaushalte** für die Bestimmung der Regelbedarfe herangezogen werden. Nur die so ausgewählten Haushalte sollten auch so bezeichnet werden.

---

[8] Statistik der Bundesagentur für Arbeit im November 2013.
[9] https://www.destatis.de/DE/ZahlenFakten/GesellschaftStaat/Soziales/Sozialleistungen/Sozialhilfe/HilfezumLebensunterhalt/Tabellen/EmpfaengerZR.html (abgerufen am 20.03.2014).
[10] https://www.destatis.de/DE/ZahlenFakten/GesellschaftStaat/Soziales/Sozialleistungen/Sozialhilfe/Grundsicherung/Tabellen/1_BL_EmpfInsgQuote.html (abgerufen am 20.03.2014).
[11] BT-Drs. 17/3404, S. 87.
[12] BVerfG v. 09.02.2010 - 1 BvL 1/09, 1 BvL 3/09, 1 BvL 4/09 - juris Rn. 169 - BVerfGE 125, 175.
[13] BT-Drs. 17/3404, S. 87.

2. Grundsätzlich ausgeschlossene Haushalte (Absatz 1)

a. Allgemeines

11 Die **Leistungsausschlüsse des Absatzes 1** greifen bereits ein, wenn lediglich ein Haushaltsmitglied die aufgeführten Leistungen im Erhebungszeitraum bezogen hat. Es ist nicht erforderlich, dass die Leistungen im **gesamten Erhebungszeitraum** (ein Quartal im Erhebungsjahr, vgl. die Kommentierung zu § 1 RBEG Rn. 9) bezogen wurden, vielmehr genügt es für einen grundsätzlichen Ausschluss des betreffenden Haushalts als Referenzhaushalt (vgl. Rn. 10), wenn sie auch nur in einem Teil des Erhebungszeitraums entsprechende Leistungen bezogen haben[14] (vgl. allerdings Absatz 2). Der Gesetzgeber hat sich dabei bewusst **gegen Abgrenzungsmodelle** entschieden, die auf eine **überwiegende Einkommensquelle** abstellen, wie dies nach der Gesetzesbegründung etwa noch bei der Regelsatzbemessung auf der Grundlage der Regelsatz-VO der Fall gewesen sein soll[15]; diese Modelle sind vor dem Hintergrund der klaren Abgrenzungsmöglichkeit entlang der Vorschrift des § 3 RBEG bei der Auswertung der EVS nicht weiter verfolgt worden.[16] Das geschah auch deshalb, weil der Begriff „überwiegend" mehrfach auslegungsbedürftig ist, was sowohl hinsichtlich der zeitlichen Dauer des Bezugs (die befragten Haushalte führen jeweils für drei Monate ein Haushaltsbuch, damit wäre klärungsbedürftig, ob ein Bezug von SGB XII- und SGB II-Leistungen von eineinhalb oder zwei Monaten zum Ausschluss führt) als auch hinsichtlich des Anteils der SGB XII- und SGB II-Leistungen am gesamten Einkommen (führt ein Anteil von beispielsweise der Hälfte oder von zwei Dritteln zum Ausschluss) der Fall ist.[17] Es kommt nach der eindeutigen gesetzlichen Regelung lediglich auf den **tatsächlichen Bezug** an, nicht darauf, ob dieser rechtmäßig gewesen ist oder ob materiell-rechtlich ein Anspruch bestanden hat. Eine **rückwirkende Aufhebung der Leistungsbewilligung** und Rückforderung der Leistung ist für den Erhebungsausschluss **ohne Belang**. Anders wäre eine auch nur einigermaßen zeitnahe statistische Auswertung nicht möglich gewesen. Zum Problem der fehlenden Berücksichtigung sog. versteckter Armut vgl. Rn. 19.

b. Hilfe zum Lebensunterhalt

12 Grundsätzlich von der Berücksichtigung als Referenzhaushalt (vgl. Rn. 10) ausgeschlossen sind Haushalte, in denen mindestens eine Person im Haushalt lebende Person im gesamten oder einem Teil des Erhebungszeitraums (vgl. Rn. 11) Hilfe zum Lebensunterhalt nach dem **3. Kapitel des SGB XII** (§§ 27-40 SGB XII in der im Erhebungszeitraum 2008 maßgeblichen Fassung) bezogen (vgl. Rn. 11) hat.

c. Leistungen der Grundsicherung im Alter und bei Erwerbsminderung

13 Ebenfalls grundsätzlich von der Berücksichtigung als Referenzhaushalt ausgeschlossen sind solche Haushalte, in denen mindestens eine im Haushalt lebende Person im gesamten oder einem Teil des Erhebungszeitraums (vgl. Rn. 11) Leistungen der Grundsicherung im Alter und bei Erwerbsminderung nach dem **4. Kapitel des SGB XII** (§§ 41-46 SGB XII in der im Erhebungszeitraum 2008 maßgeblichen Fassung) bezogen (vgl. Rn. 11) hat.

d. Arbeitslosengeld II und Sozialgeld

14 Schließlich sind grundsätzlich von der Berücksichtigung als Referenzhaushalt ausgeschlossen solche Haushalte, in denen mindestens eine im Haushalt lebende Person im gesamten oder einem Teil des Erhebungszeitraums (vgl. Rn. 11) **Arbeitslosengeld II** (§§ 19-27 SGB II in der im Erhebungszeitraum 2008 maßgeblichen Fassung) oder **Sozialgeld** (§ 28 SGB II in der im Erhebungszeitraum 2008 maßgeblichen Fassung) bezogen hat (vgl. Rn. 11).

---

[14] *Schmidt* in: Oestreicher, SGB XII/SGB II, Anh. 2 zu § 28 SGB XII Rn. 37.

[15] BT-Drs. 17/3404, S. 88; dabei sprach § 2 Abs. 3 Regelsatz-VO lediglich von einer „Herausnahme der Empfänger von Leistungen der Sozialhilfe", ohne dies zeitlich oder hinsichtlich des Umfangs zu spezifizieren; vgl. allerdings die Ausführungen zu Angaben des Statistischen Bundesamtes im Urteil des BVerfG v. 09.02.2010 - 1 BvL 1/09, 1 BvL 3/09, 1 BvL 4/09 - juris Rn. 169 - BVerfGE 125, 175.

[16] BT-Drs. 17/3404, S. 88: „Die Einhaltung der Abgrenzungskriterien nach § 3 konnte bei den Sonderauswertungen aufgrund der Fragebogenstruktur der Einkommens- und Verbrauchsstichprobe sichergestellt werden, da die hierfür erforderlichen Merkmale in den einzelnen Datensätzen kodiert sind".

[17] BT-Drs. 17/3404, S. 88.

e. Kritik wegen Nichtausschluss weiterer Gruppen

Die **Beschränkung des grundsätzlichen Ausschlusses** auf die in Absatz 1 genannten Gruppen von Leistungsbeziehern ist durchaus **kritisch zu sehen**, auch wenn der Gesetzgeber den ihm verfassungsrechtlich zustehenden Gestaltungsspielraum noch eingehalten haben dürfte. Denn zum einen dürfte es sich bei den weiteren Personengruppen mit ähnlich niedrigem Einkommen um eine vergleichsweise geringe Gesamtzahl handeln, die das Ergebnis nicht wesentlich beeinflusst haben dürfte. Zum anderen bestehen für bestimmte Gruppen **keine nachträglichen Ermittlungsmöglichkeiten** (z.B. Anteil der Personen in sog. verdeckter Armut[18], vgl. Rn. 19).   15

Schlüssig erscheint die fehlende Nennung der **Empfänger von Wohngeld**, denn Wohngeld nach dem Wohngeldgesetz wird nur geleistet, wenn hierdurch Hilfebedürftigkeit nach dem SGB XII und SGB II vermieden wird[19], also mit dem Wohngeld ein diese Leistungen übersteigendes Einkommen vorliegt[20].   16

Nicht berücksichtigt werden bei der Aufzählung der ausgeschlossenen Haushalte aber auch Empfänger von **Leistungen nach dem AsylbLG**, obwohl diese Leistungen der Existenzsicherung dienen und sogar noch unter den abschließend in Absatz 1 aufgeführten Leistungen lagen.[21] Grund dafür dürfte sein, dass der Bezug solcher Leistungen bei der Erhebung nicht im Einzelnen abgefragt wurde.[22] Die Gesetzesbegründung erläutert den bewussten Ausschluss wie folgt: „Bezieher von Leistungen nach dem Asylbewerberleistungsgesetz sind nicht aus der Referenzgruppe auszuschließen, weil auch sie mangels eigenen Haushalts in der EVS nicht befragt werden. Asylbewerber, die in einem Haushalt leben, werden nur befragt, wenn sie über ausreichende deutsche Sprachkenntnisse verfügen. Daraus ergibt sich im Ergebnis, dass Leistungsbezieher nach dem Asylbewerberleistungsgesetz nicht an der EVS teilnehmen".[23] Zu Recht ist darauf hingewiesen worden, dass es dennoch durchaus Einzelfälle geben kann, in denen weitere Mitglieder des Haushalts die Angaben machen konnten.[24] Denkbar sind auch eigene hinreichende Sprachkenntnisse. Im Hinblick auf die Komplexität der Erhebungen und den Umstand, dass im laufenden Asylverfahren aufgrund der geringen Bedeutung der EVS für die Betroffenen ein kontinuierliche Bearbeitung der Erhebungsbögen eher nicht zu erwarten ist, dürfte es sich um sehr wenige Asylbewerber handeln, die einbezogen wurden wobei erhebliche Schwierigkeiten des Gesetzgebers bei der Ermittlung der einzelnen Fälle bestanden.[25] Da im Gegenzug sämtliche Bezieher der in Absatz 1 genannten Leistungen ausgeschlossen wurden, unabhängig vom Bezug im gesamten Erhebungszeitraum und dem Umstand, ob weitere Haushaltsangehörige keine Leistungen bezogen, kann ein relevanter Zirkelschluss, dessen Vermeidung die Regelung des § 3 RBEG erreichen will, letztlich nicht angenommen werden.   17

Problematischer erscheint der fehlende Ausschluss von **Beziehern von BAföG**. In der Gesetzesbegründung ist hierzu ausgeführt: „Personen, die Leistungen nach dem Bundesausbildungsförderungsgesetz (BAföG) beziehen, nehmen an einer EVS nur teil, wenn sie einen eigenen Haushalt haben. Ferner lässt der Bezug dieser Leistungen keine Rückschlüsse auf die Einkommenshöhe zu, da sie ausbildungsspezifische Bedarfe abdecken und auf die besondere Situation während einer Ausbildung, insbesondere eines Studiums, zugeschnitten sind. Bestehen nicht ausbildungsbedingte Bedarfe, die nicht aus eigenen Mitteln gedeckt werden können, besteht ein Anspruch auf Leistungen nach dem SGB II oder dem SGB XII. In diesem Fall werden die betreffenden Haushalte aus den Referenzhaushalten ausgeschlossen".[26] Dies überzeugt nicht völlig, denn die Leistungen des BAföG sind einkommensabhängig (wenn auch teilweise mit anderen Freibeträgen[27]) und der für diese Leistungsempfänger allein vorge-   18

---

[18] Für diese wurde der Ausschluss ausdrücklich bereits durch das BVerfG gebilligt und nur ein zukünftiger Prüfauftrag erteilt, vgl. BVerfG v. 09.02.2010 - 1 BvL 1/09, 1 BvL 3/09, 1 BvL 4/09 - juris Rn. 169 - BVerfGE 125, 175; vgl. auch § 10 Abs. 1 und Abs. 2 Nr. 1 RBEG.
[19] BT-Drs. 17/3404, S. 88.
[20] Vgl. auch *Schmidt* in: Oestreicher, SGB XII/SGB II, Anh. 2 zu § 28 SGB XII Rn. 39; *Hannes* in: Oestreicher, SGB XII/SGB II, Anh. § 20 SGB II § 3 RBEG Rn. 18.
[21] Vgl. zur Verfassungsmäßigkeit dieser Leistungen auch BVerfG v. 18.07.2012 - 1 BvL 10/10, 1 BvL 2/11 - BVerfGE 132, 134.
[22] Asylbewerber unterfallen der allgemeinen Kategorie „Sonstige Zahlungen aus öffentlichen Kassen", vgl. auch *Hannes* in: Oestreicher, SGB XII/SGB II, Anh. § 20 SGB II § 3 RBEG Rn. 12.
[23] BT-Drs. 17/3404, S. 88.
[24] *Hannes* in: Oestreicher, SGB XII/SGB II, Anh. § 20 SGB II § 3 RBEG Rn. 12.
[25] Vgl. auch BSG v. 12.07.2012 B 14 AS 153/11 R - BSGE 111, 211.
[26] BT-Drs. 17/3404, S. 88.
[27] Vgl. *I. Becker*, SozSich 2011, Sonderheft, 7, 24 f.

sehene Zuschuss zu den Unterkunftskosten nach § 22 Abs. 7 SGB II in der Fassung vom 24.12.2003[28] galt nach § 19 Satz 2 SGB II in der Fassung vom 20.07.2006[29] ausdrücklich nicht als Arbeitslosengeld II[30], so dass § 3 Abs. 1 Nr. 3 RBEG allenfalls entsprechende Anwendung hätte finden können. Zudem war der Zuschuss gemäß § 22 Abs. 7 Satz 2 SGB II ausgeschlossen, wenn ein unter 25-Jähriger ohne Zusicherung umgezogen war.[31] Zu berücksichtigen ist jedoch, dass auch in Fällen des Zuschusses durch die teilweise Freistellung von Einkommen häufig ein über den existenzsichernden Leistungen liegendes Einkommen vorgelegen haben dürfte.[32] Eine ähnliche Problematik ergibt sich bei den Leistungen der **Berufsausbildungsbeihilfe** nach dem SGB III. Letztlich dürfte der fehlende Ausschluss dieser Gruppe in Übereinstimmung mit der höchstrichterlichen Rechtsprechung[33] noch vertretbar sein, weil der Gesetzgeber keine verlässlichen Anhaltspunkte darüber hatte, inwieweit dieser Personenkreis tatsächlich Leistungen nur in der Grundsicherung entsprechender Höhe erhalten hat.

19   Auch der nicht vorgesehene **Ausschluss von sog. verdeckter Armut**, also von solchen Haushalten, die tatsächlich Anspruch auf Leistungen zur Sicherung des Lebensunterhalts nach dem 3. bzw. 4 Kapitel des SGB XII, Arbeitslosengeld II oder Sozialgeld hatten, diesen aber aus den verschiedensten Gründen nicht geltend gemacht haben, ist auf Kritik gestoßen.[34] Die Gesetzesbegründung führt hierzu aus: „Empirische Belege für eine nennenswerte Größenordnung dieses viel diskutierten Phänomens gibt es nicht. Dies auch deshalb, weil seit Einführung der Grundsicherung im Alter und bei Erwerbsminderung davon auszugehen ist, dass sich das Phänomen der verschämten Altersarmut zumindest deutlich vermindert hat und die Ablösung der Arbeitslosenhilfe durch die Grundsicherung für Arbeitsuchende wiederum Vergleichbares bei nicht erwerbstätigen, aber erwerbsfähigen Personen und deren Haushalten bewirkt hat. Hinzu kommt, dass aufgrund der Vielgestaltigkeit der Einkünfte von Haushalten eine Einzelfallauswertung der Haushalte erfolgen müsste, die weder durch Wissenschaft noch durch das Statistische Bundesamt zu leisten wäre. In Verdachtsfällen müssten die zuständigen Träger nach dem SGB II oder dem SGB XII eine Einkommens- und Vermögensprüfung durchführen um festzustellen, ob eine Person beziehungsweise ein Haushalt hilfebedürftig ist. Auch wissenschaftliche Ansätze mit Hilfe von Mindesteinkommensgrenzen zu einer Abklärung beizutragen, erfüllen die notwendigen Anforderungen nicht, da sie die im Einzelfall sehr stark divergierenden Grenzen des Existenzminimums unzutreffend vernachlässigen. Die starke Schwankung beruht insbesondere auf dem dynamischen Teil der Aufwendungen für Unterkunft und Heizung"[35]. Auch dies überzeugt nur bedingt. Zwar ist die Zahl der Leistungsempfänger im Verhältnis zum früheren Bezug von Sozial- und Arbeitslosenhilfe vor Einführung des SGB II gestiegen, was auf einen Abbau der versteckten Armut hinweisen könnte[36]. Dagegen ist eingewendet worden, dass der Niedriglohnsektor in den Jahren zwischen 2005 und 2008 ausgeweitet worden ist und dass verschiedene Studien von einem erheblichen Anteil der verdeckten Armen ausgehen.[37] Das BVerfG hatte in seiner Entscheidung vom 09.02.2010[38] den fehlenden Ausschluss verdeckt Armer auf der Grundlage der EVS 1998 gebilligt, weil der Gesetzgeber sich nicht veranlasst sehen musste, auf unsicherer Datengrundlage den Anteil dieses Personenkreises zu schätzen und auf diese Weise das monatliche Nettoeinkommen, das den Grenzwert für die Bestimmung der Referenzgruppe bildet, höher festzusetzen. Der Gesetzgeber bleibe allerdings „freilich entsprechend seiner Pflicht zur Fortentwicklung seines Bedarfsermittlungssystems verpflichtet, bei der Auswertung künftiger Einkommens- und Verbrauchsstichproben[39] darauf zu achten, dass Haushalte, deren Netto-

---

[28] Viertes Gesetz für moderne Dienstleistungen am Arbeitsmarkt, BGBl I 2003, 2954, 2962 mit Wirkung vom 01.01.2005.
[29] Gesetz zur Fortentwicklung der Grundsicherung für Arbeitsuchende, BGBl I 2006, 1706, 1709 mit Wirkung zum 01.08.2006.
[30] *Schmidt* in: Oestreicher, SGB XII/SGB II, Anh. 2 zu § 28 SGB XII Rn. 39.
[31] Hierauf weist zu Recht *Hannes* in: Oestreicher, SGB XII/SGB II, Anh. § 20 SGB II § 3 RBEG Rn. 13 hin.
[32] Vgl. auch BSG v. 12.07.2012 - B 14 AS 153/11 R - BSGE 111, 211 m.w.N.
[33] Vgl. BSG v. 12.07.2012 - B 14 AS 153/11 R - BSGE 111, 211.
[34] Vgl. ausführlich *Lenze* in: LPK-SGB XII, Anh. §28 (§ 3 RBEG) Rn. 3 f.
[35] BT-Drs. 17/3404, S. 88.
[36] Zu einem solchen Ergebnis gelangt auch das Institut für Arbeitsmarkt und Berufsforschung in seiner Stellungnahme bei der Anhörung vor dem Ausschuss für Arbeit und Soziales am 22.11.2010, vgl. Ausschussdrucksache 17(11)309, S. 32.
[37] Nachweise bei ausführlich *Lenze* in: LPK-SGB XII, Anh. § 28 (§ 3 RBEG) Rn. 3 f.
[38] BVerfG v. 09.02.2010 - 1 BvL 1/09, 1 BvL 3/09, 1 BvL 4/09 - juris Rn. 169 - BVerfGE 125, 175.
[39] Hierzu BSG v. 12.07.2012 - B 14 AS 153/11 R - BSGE 111, 211.

einkommen unter dem Niveau der Leistungen nach dem SGB II und dem SGB XII inklusive der Leistungen für Unterkunft und Heizung liegt, aus der Referenzgruppe ausgeschieden werden"[40]. Nach Auskunft des Statistischen Bundesamtes und des Instituts für Arbeitsmarkt und Berufsforschung in der Anhörung vor dem Ausschuss für Arbeit und Soziales am 22.11.2010 könnte der Anteil verdeckt Armen zumindest aufgrund von Schätzungen herausgerechnet werden.[41] Dies ist aber mit Unsicherheiten behaftet, die insbesondere auf dem Umstand beruhen, dass nur durchschnittliche Unterkunftskosten berücksichtigt werden könnten und nicht klar ist, ob solche oder geringere bei den verdeckten Armen anfallen. Auf solche Schätzungen musste sich der Gesetzgeber nach der aufgeführten Rechtsprechung des BVerfG nicht verlassen. Insoweit erscheint es konsequent, die Weiterentwicklung der Kriterien zum Ausschluss der verdeckten Armen gemäß § 10 Abs. 2 Nr. 1 RBEG für die Auswertung einer künftigen EVS vorzusehen, zumal die EVS 2008 zum Zeitpunkt der Entscheidung des BVerfG bereits erhoben worden war[42]. Der Bericht nach § 10 RBEG wiederholt allerdings anhand von Beispielrechnungen die bereits in der Gesetzesbegründungen genannten Unsicherheiten bei der Ermittlung und schlägt eine Beibehaltung des fehlenden Ausschlusses vor (vgl. im Einzelnen die Kommentierung zu § 10 RBEG Rn. 12 ff.).

Bezüglich **geringverdienender Selbständiger** mit unregelmäßigen Einkünften hat das BSG eine Pflicht des Gesetzgebers zum Aufgreifen dieser Problematik überzeugend verneint.[43]   20

Insgesamt ist die **Zusammensetzung der Referenzhaushalte** bei Einpersonenhaushalten als **ungünstig** anzusehen, weil weniger als 25% Arbeitnehmer und Selbständige sind, ca. 20% Arbeitslose, fast 38% Rentner und über 18% sonstige Nichterwerbstätige.[44]   21

3. Nachträglich wieder einbezogene Haushalte (Absatz 2)

a. Allgemeines

Durch Absatz 2 können eigentlich nach Absatz 1 als Referenzhaushalte ausgeschlossene Haushalte wieder in die Regelbedarfsermittlung einbezogen werden. Dabei werden bei **Auswertungen künftiger EVS** die in **Nr. 2-4** genannten Fallgestaltungen **keine Rolle** mehr spielen, weil die entsprechenden Einkunftsarten entweder **wegegefallen** sind (Zuschlag nach § 24 SGB II a.F. und Eigenheimzulage) oder mittlerweile auf die Grundsicherungsleistungen nach dem SGB II und SGB XII **als Einkommen angerechnet** werden (Elterngeld).   22

Damit eine Wiedereinbeziehung der Haushalte als potentielle Referenzhaushalte erfolgt, ist es lediglich erforderlich, dass **eine der genannten Einkunftsarten** bei dem- oder allen denjenigen Leistungsberechtigten angefallen sind, der bzw. die zu einem Ausschluss des Haushalts nach Absatz 1 geführt hat bzw. haben. **Nicht notwendig** ist, dass die zusätzlichen Einkünfte **im gesamten Erhebungszeitraum** angefallen sind, was sich bereits daraus ergibt, dass die Eigenheimzulage nur einmalig jährlich beansprucht werden kann. Für eine solche Auslegung sprechen auch die Ausführungen in der Gesetzbegründung, wonach Grundlage der Wiedereinbeziehung ein die existenzsichernden Leistungen auch nur um **einen Euro** übersteigendes Einkommen sein soll.[45]   23

Weitere Einkunftsarten als die in Absatz 2 **abschließend aufgeführten** werden durch die Regelung nicht erfasst, weil bei anderen Einkünften grundsätzlich davon auszugehen ist, dass sie ohnehin auf die in Absatz 1 genannten Sozialleistungen angerechnet werden, da die üblichen Einkünfte mit Freibeträgen oder Anrechnungsausschlüssen im SGB II oder XII in Absatz 2 aufgeführt sind. Weitere möglicherweise privilegierte Einkünfte sind aus der EVS nicht eindeutig zu entnehmen, so dass insoweit von einer Einbeziehung in Absatz 2 Abstand genommen worden sein dürfte.   24

Gegenüber der **EVS 2003**, bei der nur Haushalte mit Empfängern von Sozialhilfe nach § 2 Abs. 3 der damaligen Regelsatz-VO als Referenzhaushalte ausgeschlossen waren, hat sich nach der Gesetzesbegründung die **Zahl der ausgeschlossenen Haushalte deutlich erhöht**. So waren es im Bereich der Einpersonenhaushalte nun hochgerechnet 8,6% gegenüber früher 0,5% und im Bereich der Familienhaushalte hochgerechnet 2,3% gegenüber 0,2%.[46]   25

---

[40] BVerfG v. 09.02.2010 - 1 BvL 1/09, 1 BvL 3/09, 1 BvL 4/09 - juris Rn. 169 - BVerfGE 125, 175.
[41] Ausschussprotokoll 17/41, S. 459, 692 f.; hierzu *Lenze* in: LPK-SGB XII, Anh. § 28 (§ 3 RBEG) Rn. 4.
[42] Vgl. auch BSG v. 12.07.2012 - B 14 AS 153/11 R - BSGE 111, 211.
[43] BSG v. 12.07.2012 - B 14 AS 153/11 R - BSGE 111, 211.
[44] Vgl. *Spindler*, info also 2011, 243, 245.
[45] BT-Drs. 17/3404, S. 87 f.
[46] BT-Drs. 17/3404, S. 89.

b. Zusätzliches Erwerbseinkommen

26 Das in Absatz 2 Nr. 1 genannte **Erwerbseinkommen**, das nicht als Einkommen berücksichtigt wurde, ist solches, das aufgrund von Freibeträgen (insbesondere § 11 Abs. 2 Satz 2 SGB II in der im Erhebungszeitraum 2008 maßgeblichen Fassung[47]) nicht auf die in Absatz 1 aufgeführten Leistungen angerechnet wird. Da im **Bereich des SGB II** jedenfalls die **ersten 100 € anrechnungsfrei** blieben, führte ein zusätzliches Einkommen ab dem ersten Euro zu einer Wiedereinbeziehung in die Gruppe potentieller Referenzhaushalte.[48] Ob Einkommen im Erhebungszeitraum bezogen wurde, bestimmt sich nach den allgemeinen Grundsätzen der **modifizierten Zuflusstheorie**.[49]

27 Ob die Regelung mit der weitreichenden Wiedereinbeziehung **verfassungskonform** ist, ist umstritten.[50] Soweit argumentiert wird, dadurch werde bei diesen sogenannten **„Aufstockern"** keine signifikante Erhöhung des Lebensstandards erreicht, der eine Wiedereinbeziehung rechtfertige[51], übersieht dies zum einen, dass die durchschnittlichen zusätzlichen Einkünfte der „Aufstocker" in der Referenzgruppe der Einpersonenhaushalte monatlich 202 € betrugen[52], zum anderen auch, dass eine großzügigere Regelung automatisch bei der nächsten EVS zu einem noch weitreichenderen Ausschluss von Leistungsempfängern und damit zwingend zu höheren Grundleistungen geführt hätte.

c. Zuschlag nach § 24 SGB II a.F.

28 Der **tatsächliche Bezug** eines **Zuschlags zum Arbeitslosengeld II** nach § 24 SGB II in der bis zum 31.12.2010 geltenden Fassung[53] durch den oder alle Bezieher von Leistungen i.S.v. § 3 Abs. 1 RBEG im Erhebungszeitraum (vgl. Rn. 11) führte ebenfalls zur Wiederaufnahme der Haushalte, in denen diese Bezieher lebten, in den Kreis der potentiellen Referenzhaushalte (vgl. Rn. 10), da ein die existenzsichernden Leistungen übersteigendes Einkommen vorlag.[54] Da der **Zuschlag mit Wirkung zum 01.01.2011 abgeschafft** wurde, muss bei zukünftigen EVS diese Einkunftsart nicht mehr gesondert berücksichtigt werden.[55]

d. Elterngeld

29 Auch der zusätzliche Bezug von **Elterngeld** durch den oder alle Bezieher von Leistungen i.S.v. § 3 Abs. 1 RBEG im Erhebungszeitraum (vgl. Rn. 11) – regelmäßig in Höhe des Mindestsatzes von **300 € bzw. 150 €** bei Verdopplung des Auszahlungszeitraumes – ließ den betreffenden Haushalt wieder als potentiellen Referenzhaushalt zu. Da **ab dem 01.01.2011** das Elterngeld nach § 10 Abs. 5 BEEG **als Einkommen** auf die Leistungen nach dem SGB II und XII **angerechnet** wird, muss bei zukünftigen EVS auch diese Einkunftsart nicht mehr gesondert berücksichtigt werden.[56]

e. Anspruch auf Eigenheimzulage

30 Bei der **Eigenheimzulage** soll nach dem Gesetzeswortlaut bereits ein **Anspruch** für den oder alle Bezieher von Leistungen i.S.v. § 3 Abs. 1 RBEG im Erhebungszeitraum genügen, um den jeweiligen Haushalt wieder als potentiellen Referenzhaushalt zuzulassen. Dagegen spricht zwar die **Gesetzesbe-**

---

[47] Fassung durch das Gesetz zur Neufassung der Freibetragsregelungen für erwerbsfähige Hilfebedürftige vom 14.08.2005, BGBl I 2005, 2407.
[48] Vgl. auch BT-Drs. 17/3404, S. 87.
[49] BSG v. 23.08.2011 - B 14 AS 185/10 R - SozR 4-4200 § 11 Nr. 42 mit zahlreichen weiteren Nachweisen.
[50] Dafür z.B. *Hannes* in: Oestreicher, SGB XII/SGB II, Anh. § 20 SGB II § 3 RBEG Rn. 16; *Mogwitz*, ZFSH/SGB 2011, 323, 325; *Palsherm*, SozSich 2011, 68; dagegen oder mit Bedenken z.B. *I. Becker*, SozSich 2011 Sonderheft, 7, 19; *Rothkegel*, ZFSH/SGB 2011, 69, 73; kritisch auch *Lenze* in: LPK-SGB XII, Anh. § 28 (§ 3 RBEG) Rn. 2; *Spindler*, info also 2011, 243, 244 f.; *Münder*, SozSich 2011 Sonderheft, 63. 72, der auf den Abstand zwischen Regelbedarfsstufe 1 und 3 verweist, den der Gesetzgeber mit einer Verpflichtung zur erhöhten Eigenständigkeit begründe, so dass jedenfalls dieser Betrag von 73 € unberücksichtigt bleiben müsse.
[51] *Lenze* in: LPK-SGB XII, Anh. § 28 (§ 3 RBEG) Rn. 2 mit Hinweis auf eine Stellungnahme des Deutschen Vereins, Ausschussdrucksache des Ausschusses für Arbeit und Soziales 17(11)309, S. 54.
[52] *Hannes* in: Oestreicher, SGB XII/SGB II, Anh. § 20 SGB II § 3 RBEG Rn. 16.
[53] Fassung durch das Gesetz zur Änderung des Betriebsrentengesetzes und anderer Gesetze vom 02.12 2006, BGBl I 2006, 2742.
[54] BT-Drs. 17/3404, S. 88.
[55] *Lenze* in: LPK-SGB XII, Anh. § 28 (§ 3 RBEG) Rn. 1.
[56] *Lenze* in: LPK-SGB XII, Anh. § 28 (§ 3 RBEG) Rn. 1.

gründung, die einen Erhalt der Eigenheimzulage annimmt[57], letztlich jedoch nicht den eindeutigen Gesetzeswortlaut abändern kann. Im Hinblick auf die Auswertungsmöglichkeiten der EVS dürfte es in der **Praxis** allerdings nur dann zu einer Wiederaufnahme als potentieller Referenzhaushalt gekommen sein, wenn die Eigenheimzulage tatsächlich im Erhebungszeitraum bezogen wurde.[58] Nur dann wäre auch ein **Zirkelschluss** überhaupt zu vermeiden gewesen, weil ein die existenzsichernden Leistungen übersteigendes Einkommen vorgelegen hätte. Allerdings wird zu Recht teilweise darauf hingewiesen, dass die **Eigenheimzulage als Einkommen** angerechnet wurde, wenn sie nicht nachweislich zur Finanzierung einer geschützten selbst bewohnten Immobilie verwendet wurde und bei der zweckgebundenen Verwendung tatsächlich kein Einkommen oberhalb der existenzsichernden Leistungen vorlag.[59] Dies berücksichtigt jedoch nicht hinreichend, dass dem betreffenden Haushalt insgesamt ein über den existenzsichernden Leistungen liegendes Einkommen zugeflossen ist, das letztlich zur Vermögensbildung eingesetzt werden durfte, so dass die pauschale Wiederberücksichtigung als Referenzhaushalt sich innerhalb des **gesetzgeberischen Gestaltungsspielraumes** hält. Die **Auszahlung** erfolgte nach § 13 Eigenheimzulagengesetz grundsätzlich **zum 15.03. eines Jahres**. Da die Eigenheimzulage über einen Zeitraum von 8 Jahren seit 2005 schrittweise ausläuft, weil ab dem 01.01.2006 keine neuen Ansprüche mehr begründet werden konnten, wird auch diese Einkommensart **in der neuen EVS 2013 keine Bedeutung mehr** erlangen können.[60]

---

[57] BT-Drs. 17/3404, S. 88.
[58] Vgl. zur Problematik auch *Schmidt* in: Oestreicher, SGB XII/SGB II, Anh. 2 zu § 28 SGB XII Rn. 45.
[59] *Schmidt* in: Oestreicher, SGB XII/SGB II, Anh. 2 zu § 28 SGB XII Rn. 45.
[60] Vgl. *Lenze* in: LPK-SGB XII, Anh. § 28 (§ 3 RBEG) Rn. 1.

§ 4 RBEG Abgrenzung untere Einkommensschichten

(Fassung vom 24.03.2011, gültig ab 01.01.2011)

¹Der Abgrenzung der Referenzhaushalte nach § 2 liegen die nach ihrem Nettoeinkommen geschichteten Einpersonen- und Familienhaushalte der Einkommens- und Verbrauchsstichprobe 2008 zugrunde. ²Nach Herausnahme der nach § 3 Absatz 1 nicht zu berücksichtigenden Haushalte werden als Referenzhaushalte für die Ermittlung der Regelbedarfe berücksichtigt:

1. von den Einpersonenhaushalten nach § 2 Nummer 1 die unteren 15 Prozent der Haushalte und
2. von den Familienhaushalten nach § 2 Nummer 2 die unteren 20 Prozent der Haushalte.

Gliederung

A. Basisinformationen 1	1. Begriff des Referenzhaushalts 8
I. Textgeschichte/Gesetzgebungsmaterialien 1	2. Bezugnahme auf § 2 RBEG (Satz 1) 9
II. Vorgängervorschriften 2	3. Bezugnahme auf § 3 Abs. 1 RBEG (Satz 2) 11
III. Systematische Zusammenhänge 3	4. Bestimmung der Referenzhaushalte (Satz 2 Nr. 1 und 2) 12
IV. Ausgewählte Literaturhinweise 5	a. 15%-Grenze bei Einpersonenhaushalten 12
B. Auslegung der Norm 6	b. 20%-Grenze bei Familienhaushalten 13
I. Regelungsgehalt und Bedeutung der Norm 6	c. Kritik und verfassungsrechtliche Bewertung 14
II. Normzweck 7	
III. Inhalt der Vorschrift 8	

A. Basisinformationen

I. Textgeschichte/Gesetzgebungsmaterialien

1 Die Vorschrift wurde wie das gesamte RBEG durch Art. 1 des Gesetzes zur Ermittlung von Regelbedarfen und zur Änderung des Zweiten und Zwölften Buches Sozialgesetzbuch vom 24.03.2011[1] mit Wirkung zum **01.01.2011** eingeführt und seither nicht geändert. Sie geht zurück auf das Urteil des BVerfG vom 09.02.2010[2], mit dem die §§ 20 und 28 SGB II (Regelleistung für erwachsene Grundsicherungsempfänger und Sozialgeld für Kinder und Jugendliche unter 14 Jahren) in der Fassung vom 24.12.2003 als mit Art. 1 Abs. 1 i.V.m. Art. 20 GG unvereinbar erklärt und dem Gesetzgeber eine Neuregelung bis zum 31.12.2010 auferlegt hatte. Es handelt sich bei den Normen des RBEG i.V.m. § 28 SGB XII und der zugehörigen Anlage sowie den stark überarbeiteten Vorschriften über die Fortschreibung der Regelbedarfsstufen und Regelsätze (§§ 28a und 29 SGB XII) um die durch das BVerfG geforderte **Festlegung der Regelsatzhöhe durch Gesetz** und nicht durch bloße Verordnung[3]. Gegenüber dem ursprünglichen Gesetzesentwurf[4] hat die Regelung im Gesetzgebungsverfahren keine Änderung erfahren.

II. Vorgängervorschriften

2 Bis zum 31.12.2010 erfolgte die Ermittlung der konkreten Regelsatzhöhe im Bereich des SGB XII nach der sogenannten **Regelsatz-VO** vom 03.06.2004[5] mit Wirkung zum 01.01.2005, zuletzt geändert durch Art. 17 des Gesetzes vom 02.03.2009[6]. Im Bereich des SGB II gab es keine eigenen Vorschriften

---

[1] BGBl I 2011, 453 ff.
[2] BVerfG v. 09.02.2010 - 1 BvL 1/09, 1 BvL 3/09, 1 BvL 4/09 - BVerfGE 125, 175.
[3] BVerfG v. 09.02.2010 - 1 BvL 1/09, 1 BvL 3/09, 1 BvL 4/09 - juris Rn. 136 - BVerfGE 125, 175; vgl. auch *Greiser/Stölting*, DVBl 2012, 1353, 1355 ff., die allerdings annehmen, dass es sich bei der Anlage zu § 28 SGB XII um eine bloße Rechtsverordnung handeln könnte; zu den Einwänden gegen die ausführlichen Regelungen im RBEG neben denen des SGB XII vgl. die Kommentierung zu § 1 RBEG Rn. 1.
[4] BT-Drs. 17/3404, S. 5; zur Begründung vgl. S. 89 f.
[5] BGBl I 2004, 1067.
[6] BGBl I 2009, 416.

zur Ermittlung der Regelleistung, diese ging allerdings, wie sich aus dem Verweis in § 20 Abs. 5 SGB II in der bis zum 31.12.2010 geltenden Fassung für die Anpassung derselben ergab, auf die Ermittlung nach § 28 Abs. 3 SGB XII a.F. und § 2 der Regelsatz-VO zurück. Eine Vorgängerregelung zu § 4 RBEG befand sich **in § 2 Abs. 3 Regelsatz-VO**, wonach für die Bemessung des Eckregelsatzes zu Grunde zu legen waren die Verbrauchsausgaben der untersten 20 vom Hundert der nach ihrem Nettoeinkommen geschichteten Haushalte der Einkommens- und Verbrauchsstichprobe nach Herausnahme der Empfänger von Leistungen der Sozialhilfe. Berücksichtigt wurden allerdings nur Einpersonenhaushalte, weil die Regelsätze aller übrigen Haushaltsmitglieder sich durch pauschale Abschläge vom Eckregelsatz für den Haushaltsvorstand ableiteten.

III. Systematische Zusammenhänge

Es besteht ein enger systematischer Zusammenhang mit **§ 28 Abs. 2 Satz 2 SGB XII**. Danach sind Grundlage für die Ermittlung der Regelbedarfsstufen die durch die Einkommens- und Verbrauchsstichprobe nachgewiesenen tatsächlichen Verbrauchsausgaben unterer Einkommensgruppen. **§ 4 RBEG** legt dabei auf der Grundlage der in § 2 RBEG genannten Haushaltstypen abzüglich der nach **§ 3 RBEG ausgeschlossenen Haushalte** fest, welche Einkommensgruppen als **untere Einkommensgruppen** im Sinne von § 28 Abs. 2 Satz 2 und Abs. 3 Satz 1 SGB XII zu berücksichtigen sind. Dabei ist auch die Vorgabe des **§ 28 Abs. 3 Satz 4 SGB XII** zu beachten, wonach für die Bestimmung des Anteils der Referenzhaushalte an den jeweiligen Haushalten der Sonderauswertungen ein für statistische Zwecke hinreichend großer Stichprobenumfang zu gewährleisten ist. Für die so ausgewählten Referenzhaushalte werden dann die **regelbedarfsrelevanten Verbrauchsausgaben** in den §§ 5 und 6 RBEG bestimmt. 3

§ 20 SGB II verweist zwar nur hinsichtlich der Fortschreibung der Regelbedarfe ausdrücklich auf das RBEG, allerdings liegen die dort festgeschriebenen Referenzhaushalte auch den Festlegungen der Regelbedarfe in § 20 Abs. 2-4 SGB II zugrunde.[7] 4

IV. Ausgewählte Literaturhinweise

I. Becker, Bewertung der Neuregelungen des SGB II – Methodische Gesichtspunkte der Bedarfsbemessung vor dem Hintergrund des „Hartz-IV-Urteils" des Bundesverfassungsgerichts – Gutachten für die Hans-Böckler-Stiftung, SozSich 2011, Sonderheft, 7;*Buntenbach*, Regelbedarfe sind weiterhin verfassungswidrig, SozSich 2011, Sonderheft, 4; *Groth*, Entspricht die neue Regelleistung den Anforderungen des Bundesverfassungsgerichts?, NZS 2011, 571; *Lenze*, Sind die neuen Hartz-IV-Sätze verfassungskonform?, NVwZ 2011, 1104; *Mogwitz*; Die neue Regelbedarfsermittlung, ZFSH/SGB 2011, 323; *Münder*, Verfassungsrechtliche Bewertung des Gesetzes zur Ermittlung von Regelbedarfen und zur Änderung des Zweiten und Zwölften Buches Sozialgesetzbuch vom 24.03.2011 – BGBl I S. 453 – Gutachten für die Hans-Böckler-Stiftung, SozSich 2011, Sonderheft, 63; *Rixen*, Entspricht die neue Hartz-IV-Regelleistung den Vorgaben des Bundesverfassungsgerichts?, Sozialrecht aktuell 2011, 121; *Rothkegel*, Hartz-IV-Regelsätze und gesellschaftliche Teilhabe – die geplanten Änderungen im Lichte des Urteils des Urteils des Bundesverfassungsgerichts, ZFSH/SGB 2011, 69; *Schmitz*, Vorlagebeschluss zum BVerfG – Arbeitslosengeld II und Sozialgeld – Verfassungswidrigkeit der Neubemessung der Regelbedarfe – Mängel des Bemessungsverfahrens, ASR 2012, 120. 5

B. Auslegung der Norm

I. Regelungsgehalt und Bedeutung der Norm

§ 4 RBEG bestimmt, welche nach dem Nettoeinkommen gestaffelten Haushalte letztlich als Referenzhaushalte der **unteren Einkommensgruppen** im Sinne von § 28 Abs. 2 Satz 2 und Abs. 3 Satz 1 SGB XII der Regelbedarfsermittlung für sämtliche Bezieher von Leistungen zur Sicherung des Lebensunterhals nach dem SGB II und SGB XII zugrunde gelegt werden. Damit ist die Regelung von **erheblicher Bedeutung für die Höhe der Regelbedarfsstufen**. 6

II. Normzweck

Die Regelung soll ausweislich der Gesetzesbegründung[8] unter Berücksichtigung der nach § 3 Abs. 1 RBEG ausgeschlossenen Haushalte **der ungefähren Abbildung des unteren Quintils der Einkom-** 7

---

[7] Vgl. BT-Drs. 17/3404, S. 97.
[8] BT-Drs. 17/3404, S. 89 f.; *Schmidt* in: Oestreicher, SGB XII/SGB II, Anh. 2 zu § 28 SGB XII Rn. 48.

mensbezieher dienen. Die unterschiedliche Festlegung der Prozentsätze für Einpersonenhaushalte und Familienhaushalte bezweckt jedenfalls auch im Sinne einer **fiskalischen Steuerung** die Begrenzung der Leistungsansprüche für erwachsene Leistungsempfänger, weil diese auch in Familienhaushalten auf der Grundlage der Verbrauchsausgaben der Einpersonenhaushalte bemessen werden.[9] Es steht zu vermuten, dass die Beibehaltung der 20%-Grenze bei den Familienhaushalten eine **erhebliche Kürzung der Leistungen bei Kindern und Jugendlichen verhindern** sollte[10], zumal eine stärkere Förderung dieser Gruppen mit Ziel des Gesetzes war.[11] Ein erhebliches Absinken der für diese vorgesehenen Sätze hätte zu einem noch stärkeren **Akzeptanzproblem** geführt, so dass offenbar lieber die unterschiedlichen Prozentwerte in Kauf genommen wurden. Dass die Leistungen der Kinder und Jugendlichen auf keinen Fall sinken sollten, zeigt sich auch an der Regelung des **§ 8 Abs. 2 RBEG**, der trotz der Errechnung niedrigerer Werte in § 7 Abs. 4 RBEG für diese Gruppen die bisherigen Werte festschreibt. Die daraus resultierende Differenz wurde dann durch die Regelung des **§ 134 SGB XII** (vgl. die Kommentierung zu § 134 SGB XII) bei künftigen Erhöhungen der Regelbedarfsstufen abgeschmolzen, so dass sich die für die Kinder und Jugendlichen vorgesehenen Stufen langsamer erhöht haben.

III. Inhalt der Vorschrift

1. Begriff des Referenzhaushalts

8 Der **Begriff des Referenzhaushaltes**, der bereits bei **§ 2 RBEG** in der Überschrift auftaucht („Bestimmung der Referenzhaushalte"), ist **missverständlich**. Bestimmt werden dort nämlich eigentlich nur die **Haushaltstypen**, für die Sonderauswertungen vorzunehmen sind und von denen nach § 3 RBEG (Überschrift „Abgrenzung der Referenzhaushalte") bestimmte **Haushalte als Referenzhaushalte ausgeschieden** werden. Im Anschluss legt § 4 RBEG fest, **welche prozentualen Anteile** dieser nach dem Einkommen geschichteten Haushalte tatsächlich als **Referenzhaushalte** für die Bestimmung der Regelbedarfe herangezogen werden. Nur die so ausgewählten Haushalte sollten auch so bezeichnet werden.

2. Bezugnahme auf § 2 RBEG (Satz 1)

9 Referenzhaushalte im Sinne des § 4 RBEG können nur solche Haushalte sein, die zu den in **§ 2 RBEG** definierten **Haushaltstypen** gehören. Das sind **Einpersonenhaushalte** (vgl. die Kommentierung zu § 2 RBEG Rn. 9 ff.) und **Familienhaushalte** (vgl. die Kommentierung zu § 2 RBEG Rn. 12 ff.). Diese müssen für die Festlegung der Referenzhaushalte in § 4 RBEG nach ihrem Nettoeinkommen, also dem **gesamten Haushaltseinkommen nach Steuern und Abgaben** gestaffelt (sortiert) werden, wobei die Haushalte mit dem höheren Einkommen den oberen Teil bilden und die mit dem niedrigeren den unteren Teil. Es erfolgt der im Hinblick auf § 1 RBEG eigentlich redundante erneute Hinweis, dass es um die Haushalte aus der EVS 2008 geht.

10 Satz 1 ist **sprachlich missglückt**, denn in § 2 RBEG werden trotz der missverständlichen Überschrift nur die Haushaltstypen definiert, die potentielle Referenzhaushalte sind. Damit können dieser Abgrenzung eigentlich keine nach ihrem Nettoeinkommen geschichteten Haushalte zugrundeliegen. Gemeint ist das in Rn. 9 Ausgeführte.

3. Bezugnahme auf § 3 Abs. 1 RBEG (Satz 2)

11 In **Satz 2** erfolgt eine Bezugnahme auf **§ 3 Abs. 1 RBEG** um klarzustellen, dass die dort aufgeführten Haushalte nicht Referenzhaushalte im Sinne des § 4 RBEG sein können. Auch diese **Bezugnahme ist missglückt**. Denn sie müsste eigentlich auch die in § 3 Abs. 2 RBEG genannte Gegenausnahme um-

---

[9] Vgl. die Begründung BT-Drs. 17/3404, S. 89: „Bei einem Anteil der Referenzhaushalte von 20 Prozent an allen nach dem Nettoeinkommen geschichteten Einpersonenhaushalten verschiebt sich die Abgrenzung nach oben hin zu höheren Einkommen, was eine deutliche Steigerung der für die Ermittlung der Regelbedarfe relevanten privaten Konsumausgaben führt"; vgl. zur gesetzgeberischen Motivation auch *Lenze* in: LPK-SGB XII, Anh. § 28 (§ 4 RBEG) Rn. 2; *Hannes* in: Oestreicher, SGB XII/SGB II, Anh. § 20 SGB II § 4 RBEG Rn. 7; *Mogwitz*, ZFSH/SGB 2011, 323, 326 f.; *Buntenbach*, SozSich 2011, Sonderheft, 4.

[10] So auch *Hannes* in: Oestreicher, SGB XII/SGB II, Anh. § 20 SGB II § 4 RBEG Rn. 7.

[11] BT-Drs. 17/3404, S. 1; *Hannes* in: Oestreicher, SGB XII/SGB II, Anh. § 20 SGB II § 4 RBEG Rn. 7.

fassen, die Haushalte im Sinne des § 3 Abs. 1 RBEG wieder als potentielle Referenzhaushalte zulässt. Es handelt sich um ein **Redaktionsversehen**[12], denn ansonsten wäre die Regelung des § 3 Abs. 2 RBEG ohne Bedeutung.

4. Bestimmung der Referenzhaushalte (Satz 2 Nr. 1 und 2)

a. 15%-Grenze bei Einpersonenhaushalten

Bei den Einpersonenhaushalten sind die unteren (vgl. Rn. 9) 15% als Referenzhaushalte zu berücksichtigen. Das waren **1.678 Einpersonenhaushalte** bei der EVS 2008.[13] Der Grenzwert, also der Wert des **Maximaleinkommens** in der Referenzgruppe, betrug **901 €**.[14] Wäre die bisherige 20%-Grenze angewandt worden, wären es 990 € gewesen, wodurch sich nach Berechnungen des Paritätischen Wohlfahrtsverbandes der Regelsatz um 4,9% oder monatlich 18 € erhöht hätte.[15] Es sind Auswertungen für die unteren 25, 20 und 15% vorgenommen worden.

12

b. 20%-Grenze bei Familienhaushalten

Bei den Familienhaushalten sind die unteren (vgl. Rn. 9) 20% als Referenzhaushalte zu berücksichtigen. Das waren **523 Familienhaushalte** bei der EVS 2008[16], davon 237 mit Kindern unter 6 Jahre, 184 mit Kindern von 6 bis 13 Jahren und 115 mit Kindern von 14 bis 17 Jahren[17]. Der Grenzwert, also der Wert des **Maximaleinkommens** in der Referenzgruppe, betrug bei Paarhaushalten mit einem Kind unter 6 Jahren **2178,33 €**[18], bei Paarhaushalten mit einem Kind von 6 bis unter 14 Jahren **2476,33**[19] und bei Paarhaushalten mit einem Kind von 14 bis unter 18 Jahren **2544,00 €**[20].

13

c. Kritik und verfassungsrechtliche Bewertung

Gegen die unterschiedliche Festlegung der Prozentwerte bei den Einzelpersonenhaushalten und den Familienhaushalten sind sowohl **methodische als auch verfassungsrechtliche Bedenken** erhoben worden.

14

Kritik verdient die im Gesetzesentwurf sinngemäß aufgeführte Begründung, bei den Einpersonenhaushalten sei ein sehr hoher Anteil von 8,6% der Haushalte nach der Regelung des § 3 RBEG ausgeschlossen worden (bei Familienhaushalten nur 2,3%), so dass die Berücksichtigung der verbliebenen 15% zusammen mit den ausgeschiedenen Haushalten in etwa das untere Quintil abbilde (22,3% aller Einfamilienhaushalte, wobei keine bloße Zusammenrechnung möglich ist, weil auch Haushalte nach § 3 Abs. 2 RBEG nicht unter die untersten 15% fallen müssen[21]).[22] Denn dies würde mittelbar die zur Vermeidung von Zirkelschlüssen ausgeschlossenen Haushalte wieder bei der Bemessung der Regelbedarfshöhe berücksichtigen[23] (vgl. auch die Kommentierung zu § 28 SGB XII Rn. 29).

15

Weniger problematisch ist indes das **systematische Argument**, die **Haushaltstypen dürften nicht unterschiedlich behandelt werden**, weil bei den Familienhaushalten keine eigenen Erhebungen hinsichtlich der erwachsenen Haushaltsangehörigen erfolgen, sondern für diese (mit einem pauschalen Abschlag, vgl. die Kommentierung zu § 27a SGB XII Rn. 78) die aufgrund der Einpersonenhaushalte ermittelten Verbrauchsausgaben zugrunde gelegt werden.[24] Dies führt letztlich nur dazu, dass die Leistungen für Kinder und Jugendliche etwas günstiger festgelegt werden. Die besondere Förderung dieser Gruppe ist aber erklärtes Ziel des Gesetzgebers (vgl. bereits Rn. 7) und die Auswahl der Referenzhaushalte dürfte sich insoweit jedenfalls im gesetzgeberischen Gestaltungspielraum bewegen.

16

---

[12] *Mogwitz* in: BeckOK RBEG, § 4 Rn. 3.

[13] Gegenäußerung der Bundesregierung, BT-Drs. 17/3982, S. 1; *Mogwitz*, ZFSH/SGB 2011, 323, 327.

[14] BT-Drs. 17/3404, S. 139; *Lenze* in: LPK-SGB XII, Anh. § 28 (§ 4 RBEG) Rn. 1; *Rothkegel*, ZFSH/SGB 2011, 69, 71; irrtümlich diesen Wert als Untergrenze annehmend *Mogwitz* in: BeckOK RBEG, § 4 Rn. 6.

[15] Nachweise bei *Lenze* in: LPK-SGB XII, Anh. § 28 (§ 4 RBEG) Rn. 1.

[16] Gegenäußerung der Bundesregierung, BT-Drs. 17/3982, S. 1; *Mogwitz*, ZFSH/SGB 2011, 323, 327.

[17] *I. Becker*, SozSich 2011, Sonderheft, 7, 33 f.

[18] BT-Drs. 17/3404, S.147.

[19] BT-Drs. 17/3404, S. 149.

[20] BT-Drs. 17/3404, S. 154.

[21] *Hannes* in: Oestreicher, SGB XII/SGB II, Anh. § 20 SGB II § 4 RBEG Rn. 4.

[22] Vgl. BT-Drs. 17/3404, S. 89; vgl. auch *Mogwitz*, ZFSH/SGB 2011, 323, 326 f.

[23] Vgl. auch *Palsherm*, SozSich 2011, 63, 68 f.; kritisch ebenfalls *Rothkegel*, ZFSH/SGB 2011, 69, 71 f.; *I. Becker*, SozSich 2011, Sonderheft, 7, 29.

[24] *Lenze* in: LPK-SGB XII, Anh. § 28 (§ 4 RBEG) Rn. 3.

§ 4 RBEG

17 Grundsätzlich unter Berücksichtigung des Verfassungsrechts zu bedenken ist der Umstand, dass durch die Absenkung der Einkommensgrenze für die Referenzgruppe der Einfamilienhaushalte Probleme dadurch entstehen könnten, dass es sich nicht mehr um eine **für statistische Zwecke hinreiche Vergleichsgruppe** handelt, wie sie sowohl durch das BVerfG[25] als auch in der Folge durch § 28 Abs. 3 Satz 4 SGB XII gefordert wird.[26] Dem ist allerdings entgegenzuhalten, dass die Referenzgruppe bei den Einpersonenhaushalten mit 1.678 Haushalten (vgl. auch Rn. 12) deutlich größer ist als bei den Familienhaushalten mit 523. Damit ist dies eher ein Argument gegen eine entsprechende Absenkung bei den Familienhaushalten[27], wo sich die Referenzgruppe noch auf drei Altersstufen aufteilt, weshalb teilweise der hinreichende Stichprobenumfang dieser Gruppe bezweifelt wird[28]. Für die Einpersonenhaushalte ist von einem hinreichenden Stichprobenumfang auszugehen[29], lediglich in Einzelfällen mussten die Ausgaben durch Anwendung eine Wägungsschemas ermittelt werden (vgl. die Kommentierung zu § 28 SGB XII Rn. 36).

18 Ein teilweise geltend gemachter **Verstoß gegen Art. 3 GG** ist durch die unterschiedlichen Einkommensgrenzwerte bei Einzelpersonen- und Familienhaushalten nicht erkennbar, denn der Gesetzgeber ist nicht gehindert, die als besonders förderungswürdig eingestufte Gruppe der Kinder und Jugendlichen stärker zu fördern (vgl. bereits Rn. 7). Auch eine ungerechtfertigte Gleichbehandlung von Alleinstehenden und erwachsenen Familienangehörigen liegt nicht vor.[30] Es ist davon auszugehen, dass den erwachsenen Familienangehörigen keine höheren Ausgaben entstehen als den Alleinstehenden. Eine bereits früher angenommene pauschale Haushaltsersparnis beim Zusammenleben hat das BVerfG ausdrücklich gebilligt.[31] Wenn dann die Ausgaben für Kinder und Jugendliche gesondert in einer höheren Einkommensgruppe erhoben werden, bildet dies jedenfalls den notwendigen Familienbedarf ab bzw. geht möglicherweise sogar darüber hinaus.

19 Das **BSG** hat die **Absenkung der Vergleichsgruppe von 20% auf 15%** als **verfassungskonform** angesehen und dies mit dem gesetzgeberischen Gestaltungsspielraum sowie dem Umstand begründet, dass durch die Herausnahme der Empfänger von Leistungen zur Sicherung des Lebensunterhaltes die Schwelle der einbezogenen Haushalte in die Grundbetrachtung sogar höher gelegen habe als bei der letzten Auswertung einer EVS.[32] Damit hat es die Begründung des Gesetzgebers akzeptiert, dass durch die zur Vermeidung von Zirkelschlüssen erforderliche Herausnahme ein geringerer Anteil gewählt werden könne. Dies ist gerade im Hinblick darauf, dass dann die eigentlich ausgeschlossenen Haushalte mittelbar wieder mit berücksichtigt werden (vgl. bereits Rn. 15), nicht unproblematisch.

---

[25] BVerfG v. 09.02.2010 - 1 BvL 1/09, 1 BvL 3/09, 1 BvL 4/09 - juris Rn. 168 - BVerfGE 125, 175.
[26] Kritisch insoweit *Rothkegel*, ZFSH/SGB 2011, 69, 72; *Rixen*, Sozialrecht aktuell 2011, 121, 122 f.
[27] Vgl. auch *Mogwitz*, ZFSH/SGB 2011, 323, 327.
[28] Vgl. *Schmidt* in: Oestreicher, SGB XII/SGB II, Anh. 2 zu § 28 SGB XII Rn. 50, der darauf hinweist, dass nach der Gesetzesbegründung (BT-Drs. 17/3404, S. 52) zahlreiche Positionen nur auf Angaben von unter 25 bzw. unter 100 Haushalten beruhen.
[29] So auch *Lenze* in: LPK-SGB XII, Anh. § 28 (§ 4 RBEG) Rn. 2; *Mogwitz*, ZFSH/SGB 2011, 323, 327; *Münder*, SozSich 2011 Sonderheft, 63, 73; mit Einschränkungen auch *I. Becker*, SozSich 2011, Sonderheft, 7, 31 ff.
[30] ; Im Ergebnis auch *Mogwitz*, ZFSH/SGB 2011, 323, 326; *Hannes* in: Oestreicher, SGB XII/SGB II, Anh. § 20 SGB II § 4 RBEG Rn. 8; a.A. *Becker*, Ausschuss-Drs. des Ausschusses für Arbeit und Soziales 17(11)309, 113; *Lenze* in: LPK-SGB XII, Anh. § 28 (§ 4 RBEG) Rn. 3.
[31] BVerfG v. 09.02.2010 - 1 BvL 1/09, 1 BvL 3/09, 1 BvL 4/09 - juris Rn. 189 - BVerfGE 125, 175.
[32] BSG v. 12.07.2012 - B 14 AS 153/11 R - BSGE 111, 211.

§ 5 RBEG Regelbedarfsrelevante Verbrauchsausgaben der Einpersonenhaushalte

(Fassung vom 24.03.2011, gültig ab 01.01.2011)

(1) Von den Verbrauchsausgaben der Einpersonenhaushalte nach § 4 Satz 2 Nummer 1 werden für die Ermittlung des Regelbedarfs folgende Verbrauchsausgaben der einzelnen Abteilungen der Sonderauswertung für den Regelbedarf berücksichtigt (regelbedarfsrelevant):

Abteilung 1 (Nahrungsmittel, alkoholfreie Getränke)	128,46 Euro
Abteilung 3 (Bekleidung und Schuhe)	30,40 Euro
Abteilung 4 (Wohnen, Energie und Wohnungsinstandhaltung)	30,24 Euro
Abteilung 5 (Innenausstattung, Haushaltsgeräte und -gegenstände)	27,41 Euro
Abteilung 6 (Gesundheitspflege)	15,55 Euro
Abteilung 7 (Verkehr)	22,78 Euro
Abteilung 8 (Nachrichtenübermittlung)	31,96 Euro
Abteilung 9 (Freizeit, Unterhaltung, Kultur)	39,96 Euro
Abteilung 10 (Bildung)	1,39 Euro
Abteilung 11 (Beherbergungs- und Gaststättendienstleistungen)	7,16 Euro
Abteilung 12 (Andere Waren und Dienstleistungen)	26,50 Euro

(2) Die Summe der regelbedarfsrelevanten Verbrauchsausgaben der Einpersonenhaushalte nach Absatz 1 beträgt 361,81 Euro.

Gliederung

A. Basisinformationen 1	b. Regelbedarfsrelevanz 16
I. Textgeschichte/Gesetzgebungsmaterialien 1	c. Ausgaben aus Abteilung 1 und 2 17
II. Vorgängervorschriften 2	d. Ausgaben aus Abteilung 3 18
III. Systematische Zusammenhänge 3	e. Ausgaben aus Abteilung 4 19
IV. Ausgewählte Literaturhinweise 6	f. Ausgaben aus Abteilung 5 20
B. Auslegung der Norm 7	g. Ausgaben aus Abteilung 6 21
I. Regelungsgehalt und Bedeutung der Norm 7	h. Ausgaben aus Abteilung 7 22
II. Normzweck 10	i. Ausgaben aus Abteilung 8 23
III. Inhalt der Vorschrift 11	j. Ausgaben aus Abteilung 9 24
1. Statistikmodell mit Abschlägen 11	k. Ausgaben aus Abteilung 10 25
a. Allgemeine Erläuterungen 11	l. Ausgaben aus Abteilung 11 26
b. Kritik am Vorgehen des Gesetzgebers 12	m. Ausgaben aus Abteilung 12 27
2. Regelbedarfsrelevante Verbrauchsausgaben (Absatz 1) 15	3. Summe der regelbedarfsrelevanten Verbrauchsausgaben (Absatz 2) 28
a. Verweis auf § 4 Satz 2 Nr. 1 RBEG 15	

§ 5 RBEG

A. Basisinformationen

I. Textgeschichte/Gesetzgebungsmaterialien

1 Die Vorschrift wurde wie das gesamte RBEG durch Art. 1 des Gesetzes zur Ermittlung von Regelbedarfen und zur Änderung des Zweiten und Zwölften Buches Sozialgesetzbuch vom 24.03.2011[1] mit Wirkung zum **01.01.2011** eingeführt und seither nicht geändert. Sie geht zurück auf das Urteil des BVerfG vom 09.02.2010[2], mit dem die §§ 20 und 28 SGB II (Regelleistung für erwachsene Grundsicherungsempfänger und Sozialgeld für Kinder und Jugendliche unter 14 Jahren) in der Fassung vom 24.12.2003 als mit Art. 1 Abs. 1 i.V.m. Art. 20 GG unvereinbar erklärt und dem Gesetzgeber eine Neuregelung bis zum 31.12.2010 auferlegt hatte. Es handelt sich bei den Normen des RBEG i.V.m. § 28 SGB XII und der zugehörigen Anlage sowie den stark überarbeiteten Vorschriften über die Fortschreibung der Regelbedarfsstufen und Regelsätze (§§ 28a und 29 SGB XII) um die durch das BVerfG geforderte **Festlegung der Regelsatzhöhe durch Gesetz** und nicht durch bloße Verordnung[3]. Gegenüber dem ursprünglichen Gesetzesentwurf[4] hat die Regelung im Gesetzgebungsverfahren keine Änderung erfahren.

II. Vorgängervorschriften

2 Bis zum 31.12.2010 erfolgte die Ermittlung der konkreten Regelsatzhöhe im Bereich des SGB XII nach der sogenannten **Regelsatz-VO** vom 03.06.2004[5] mit Wirkung zum 01.01.2005, zuletzt geändert durch Art. 17 des Gesetzes vom 02.03.2009[6]. Im Regelungsbereich des SGB II gab es keine eigenen Vorschriften zur Ermittlung der Regelleistung, diese ging allerdings, wie sich aus dem Verweis in § 20 Abs. 5 SGB II in der bis zum 31.12.2010 geltenden Fassung für die Anpassung derselben ergab, auf die Ermittlung nach § 28 Abs. 3 SGB XII a.F. und § 2 der Regelsatz-VO zurück. Eine Vorgängerregelung zu § 5 RBEG findet sich in **§ 2 Abs. 2 Regelsatz-VO**, wo immerhin Prozentwerte festgelegt wurden, die aus den einzelnen Abteilungen der EVS als relevant für den Eckregelsatz anerkannt wurden.

III. Systematische Zusammenhänge

3 Es besteht ein enger systematischer Zusammenhang mit **§ 28 Abs. 2 Satz 2 SGB XII**. Danach sind Grundlage für die Ermittlung der Regelbedarfsstufen die durch die Einkommens- und Verbrauchsstichprobe nachgewiesenen tatsächlichen Verbrauchsausgaben unterer Einkommensgruppen. § 4 RBEG legt dabei auf der Grundlage der in § 2 RBEG genannten Haushaltstypen unter Ausschluss der in § 3 RBEG festgelegten Haushalte fest, welche Einkommensgruppen als untere Einkommensgruppen im Sinne von § 28 Abs. 2 Satz 2 und Abs. 3 Satz 1 SGB XII zu berücksichtigen sind.

4 Für die so ausgewählten Referenzhaushalte werden dann die regelbedarfsrelevanten Verbrauchsausgaben in den **§§ 5 und 6 RBEG** bestimmt. Durch konkrete Zahlen werden in diesen Normen die Vorgaben des § 28 Abs. 4 SGB XII ausgefüllt, wonach die in Sonderauswertungen nach **Absatz 3 des § 28 SGB XII** ausgewiesenen Verbrauchsausgaben der Referenzhaushalte für die Ermittlung der Regelbedarfsstufen als regelbedarfsrelevant zu berücksichtigen sind, soweit sie zur Sicherung des Existenzminimums notwendig sind und eine einfache Lebensweise ermöglichen, wie sie einkommensschwache Haushalte aufweisen, die ihren Lebensunterhalt nicht ausschließlich aus Leistungen nach dem SGB XII oder SGB II bestreiten. Nicht als regelbedarfsrelevant sind dabei zu berücksichtigen Verbrauchsausgaben der Referenzhaushalte, wenn sie bei Leistungsberechtigten des SGB XII oder SGB II durch bundes- oder landesgesetzliche Leistungsansprüche, die der Finanzierung einzelner Verbrauchspositionen der Sonderauswertungen dienen, abgedeckt sind und diese Leistungsansprüche kein anrechenbares Einkommen nach den §§ 82 oder 11 des SGB II darstellen oder nicht anfallen, weil bundesweit in einheitlicher Höhe Vergünstigungen gelten. Eine **Konkretisierung des notwendigen Lebensunterhalts** enthält § 27a Abs. 1 SGB XII.

---

[1] BGBl I 2011, 453 ff.
[2] BVerfG v. 09.02.2010 - 1 BvL 1/09, 1 BvL 3/09, 1 BvL 4/09 - BVerfGE 125, 175.
[3] BVerfG v. 09.02.2010 - 1 BvL 1/09, 1 BvL 3/09, 1 BvL 4/09 - juris Rn. 136 - BVerfGE 125, 175; vgl. auch *Greiser/Stölting*, DVBl 2012, 1353, 1355 ff., die allerdings annehmen, dass es sich bei der Anlage zu § 28 SGB XII um eine bloße Rechtsverordnung handeln könnte; zu den Einwänden gegen die ausführlichen Regelungen im RBEG neben denen des SGB XII vgl. die Kommentierung zu § 1 RBEG Rn. 1.
[4] BT-Drs. 17/3404, S. 5; zur Begründung vgl. S. 90.
[5] BGBl I 2004, 1067.
[6] BGBl I 2009, 416.

§ 20 SGB II verweist zwar nur hinsichtlich der Fortschreibung der Regelbedarfe ausdrücklich auf das RBEG, allerdings liegen die dort festgeschriebenen regelbedarfsrelevanten Ausgaben der Referenzhaushalte auch den Festlegungen der Regelbedarfe in § 20 Abs. 2-4 SGB II zugrunde[7].

IV. Ausgewählte Literaturhinweise

Becker, Bewertung der Neuregelungen des SGB II – Methodische Gesichtspunkte der Bedarfsbemessung vor dem Hintergrund des „Hartz-IV-Urteils" des Bundesverfassungsgerichts – Gutachten für die Hans-Böckler-Stiftung, SozSich 2011, Sonderheft, 7; *Buntenbach*, Regelbedarfe sind weiterhin verfassungswidrig, SozSich 2011, Sonderheft, 4; *Ebel/Wolz*, Berechnung eines regelbedarfsrelevanten Verbraucherpreisindex für die Fortschreibung der Regelbedarfsstufen nach SGB XII, WiSta 2012, 1122; *Groth*, Entspricht die neue Regelleistung den Anforderungen des Bundesverfassungsgerichts?, NZS 2011, 571; *Lenze*, Sind die neuen Hartz-IV-Sätze verfassungskonform?, NVwZ 2011, 1104; *dies.*, Warum die Bundesregierung erneut verfassungsriskante Regelbedarfe vorlegt, WSI-Mitteilungen 2011, 534; *Martens*, Die Fortschreibung des Regelsatzes ab 1.1.2011, ASR 2011, 178; *ders.*, Der neue Regelsatz müsste weit über 400 Euro liegen, SozSich 2010, 331; *Mogwitz*, Die neue Regelbedarfsermittlung, ZFSH/SGB 2011, 323; *Münder*, Verfassungsrechtliche Bewertung des Gesetzes zur Ermittlung von Regelbedarfen und zur Änderung des Zweiten und Zwölften Buches Sozialgesetzbuch vom 24.03.2011 – BGBl I S. 453 – Gutachten für die Hans-Böckler-Stiftung, SozSich 2011, Sonderheft, 63; *Rixen*, Entspricht die neue Hartz-IV-Regelleistung den Vorgaben des Bundesverfassungsgerichts?, Sozialrecht aktuell 2011, 121; *Rothkegel*, Hartz-IV-Regelsätze und gesellschaftliche Teilhabe – die geplanten Änderungen im Lichte des Urteils des Urteils des Bundesverfassungsgerichts, ZFSH/SGB 2011, 69; *Schmitz*, Vorlagebeschluss zum BVerfG – Arbeitslosengeld II und Sozialgeld – Verfassungswidrigkeit der Neubemessung der Regelbedarfe – Mängel des Bemessungsverfahrens, ASR 2012, 120; *Schürmann*, Die Reformen im SGB II, FPR 2011, 349; *Schwabe*, Einzelbeträge aus den Regelbedarfsstufen des SGB II und XII ab 1.1.2011, ZfF 2011, 97; *ders.*, Einzelbeträge aus den Regelbedarfsstufen des SGB II und XII ab dem 1.1.2012, ZfF 2012, 1; *ders.*, Einzelbeträge aus den Regelbedarfsstufen des SGB II und XII sowie des Asylbewerberleistungsgesetzes ab 1.1.2013, ZfF 2013, 1; *ders.*, Einzelbeträge aus den Regelbedarfsstufen des SGB II und XII sowie des Asylbewerberleistungsgesetzes ab 1.1.2014, ZfF 2014, 1.

B. Auslegung der Norm

I. Regelungsgehalt und Bedeutung der Norm

Die Vorschrift legt in **Absatz 1** fest, **welche Verbrauchsausgaben von Einpersonenhaushalten** (gemäß § 2 Nr. 1 RBEG), die nicht nach § 3 RBEG als Referenzhaushalte ausgeschlossen sind und zu den unteren 15 Prozent der nach dem Nettoeinkommen geschichteten Haushalte im Sinne des § 4 Satz 2 Nr. 1 RBEG gehören, **bei der Bestimmung des Regelbedarfs zu berücksichtigen** sind. Damit werden quasi die in den §§ 2-4 RBEG vorgegebenen Abgrenzungen mit einbezogen, weil konkrete Zahlen für die einzelnen Verbrauchsausgaben genannt werden, die nur von tatsächlich ausgewählten Haushalten stammen können.

Absatz 2 hat **keinen eigenen Regelungsinhalt**, denn es handelt sich nur um die Summe der in Absatz 1 aufgeführten Einzelpositionen.[8]

Nach **Fortschreibung** des in § 5 Abs. 2 RBEG ermittelten Regelbedarfs gemäß § 7 Abs. 1-3 RBEG für die erstmalige Anwendung des RBEG zum 01.01.2011 (die EVS wurde bereits 2008 erhoben) und Rundung gemäß § 28 Abs. 4 Satz 5 SGB XII beträgt die Summe der regelbedarfsrelevanten Verbrauchsausgaben für Erwachsene nach § 5 Abs. 2 RBEG gemäß § 7 Abs. 3 RBEG 364 €.

II. Normzweck

Zweck des § 5 RBEG ist es, die **regelbedarfsrelevanten Verbrauchsausgaben von Einpersonenhaushalten**, die Grundlage der Regelbedarfsstufen für alle erwachsenen Bezieher von Leistungen der Grundsicherung bzw. Hilfe zum Lebensunterhalt nach dem SGB II und SGB XII sind, **transparent darzulegen** und somit den Anforderungen des BVerfG zu genügen, das gefordert hat, der Gesetzgeber habe alle existenznotwendigen Aufwendungen in einem transparenten und sachgerechten Verfahren realitätsgerecht sowie nachvollziehbar auf der Grundlage verlässlicher Zahlen und schlüssiger Berech-

---

[7] Vgl. BT-Drs. 17/3404, S. 97.
[8] *Mogwitz* in: BeckOK RBEG, § 5 Rn. 8.

nungsverfahren zu bemessen.[9] Der insgesamt mit dem RBEG verfolgte Zweck, diese Transparenz im Rahmen einer gesetzlichen Regelung zu erreichen (vgl. auch bereits die Kommentierung zu § 1 RBEG Rn. 1), kann gerade bei den §§ 5 und 6 RBEG nicht in vollem Umfang als erreicht angesehen werden. Denn **weder die berücksichtigten Positionen** der in der EVS verwendeten ca. 200 verschiedenen Verbrauchspositionen[10] und der **Umfang der Berücksichtigung** ergeben sich unmittelbar aus dem Gesetz, **noch** sind **Kürzungspositionen erkennbar**, weil § 5 Abs. 1 RBEG und § 6 Abs. 1 RBEG jeweils aus den einzelnen Abteilungen der EVS 2008 nur Summenwerte ausweisen. Für die weitgehend vollständige Transparenz sorgt dann eine **ungewöhnlich umfangreiche Gesetzesbegründung**, aus der sich sowohl die berücksichtigten Positionen[11] sowie deren Umfang als auch jeweils Erläuterungen zu vorgenommenen Abschlägen[12] ergeben. Aufgeführt sind auch Sonderauswertungen, die beim vorgenommenen Ausschluss besonders großer Positionen, wie etwa der Nutzung eines Kraftfahrzeugs, nur Haushalte berücksichtigen, in denen diese Kosten nicht vorkommen.[13] Schließlich werden die angewendeten Verfahren erläutert.[14]

III. Inhalt der Vorschrift

1. Statistikmodell mit Abschlägen

a. Allgemeine Erläuterungen

11 Mit dem grundsätzlichen Abstellen auf die Verbrauchsausgaben der nach dem Nettoeinkommen geschichteten untersten 15% der Einpersonenhaushalte ohne die nach § 3 RBEG ausgeschlossenen Haushalte gemäß der EVS 2008 hat sich der Gesetzgeber bei der Bestimmung der Grundlage für die Regelbedarfe weiterhin für ein **Statistikmodell** entschieden, das 1990 die früheren **Warenkorbmodelle** abgelöst hat (zur Historie vgl. die Kommentierung zu § 27a SGB XII Rn. 11). Dabei werden allerdings **nicht sämtliche Verbrauchsausgaben** dieser Referenzhaushalte als **regelbedarfsrelevant** berücksichtigt. Während nach der bis zum 31.12.2010 geltenden Rechtslage bei einzelnen Verbrauchsausgaben bzw. den 12 Abteilungen der EVS pauschale prozentuale Abschläge vorgenommen wurden, um den Regelbedarf zu ermitteln, hat sich der Gesetzgeber nach der Entscheidung des BVerfG vom 09.02.2010[15] entschlossen, einzelne Verbrauchausgeben bzw. in einem Fall eine Abteilung (Abteilung 2, vgl. Rn. 17) vollständig von der Berücksichtigung auszuschließen. Dies geschah deshalb, weil das BVerfG die teilweisen pauschalen Abschläge als nicht empirisch nachvollziehbar erachtet hat und es offenbar nicht gelungen ist, eine empirische Grundlage für die teilweisen Abschläge zu erläutern bzw. zu ermitteln. In einem Fall (Abteilung 2) ist sogar vorgesehen, tatsächliche Ausgaben in einem Bereich in einem anderen Bereich zu kompensieren (vgl. Rn. 17). Durch den **Ausschluss einzelner Ausgaben** weicht der Gesetzgeber vom reinen Statistikmodell ab, was sich auch auf einen internen Ausgleich zwischen den einzelnen erfassten Positionen auswirkt.

b. Kritik am Vorgehen des Gesetzgebers

12 Teilweise wird vorgebracht, mit der Herausnahme einzelner Positionen aus dem Statistikmodell entwerte der Gesetzgeber dieses und kehre zum früheren Warenkorbmodell zurück. Aufgrund der dadurch entstehenden **Einschränkung des internen Ausgleichs** zwischen einzelnen Positionen sei bei einem zu großen Ausschluss die Deckung des Existenzminimums gefährdet.[16] Von einzelnen Autoren werden hier sogar konkrete Werte von **maximal 15%**[17] bzw. **maximal 10-15%**[18] als kritische Grenze benannt.

---

[9] BVerfG v. 09.02.2010 - 1 BvL 1/09, 1 BvL 3/09, 1 BvL 4/09 - juris Rn. 139 - BVerfGE 125, 175.
[10] *Mogwitz* in: BeckOK RBEG, § 5 Rn. 1.
[11] Bezüglich § 5 Abs. 1 RBEG vgl. BT-Drs. 17/3404, S. 53 ff.
[12] Bezüglich § 5 Abs. 1 RBEG vgl. BT-Drs. 17/3404, S. 53 ff.
[13] Bezüglich § 5 Abs. 1 RBEG vgl. BT-Drs. 17/3404, S. 142 ff.
[14] BT-Drs. 17/3404, S. 52 f.
[15] BVerfG v. 09.02.2010 - 1 BvL 1/09, 1 BvL 3/09, 1 BvL 4/09 - BVerfGE 125, 175.
[16] Kritisch *Hannes* in: Oestreicher, SGB XII/SGB II, Anh. § 20 SGB II § 5 RBEG Rn. 9, 11; *I. Becker*, SozSich 2011, Sonderheft, 7, 12, 44; *Münder*, SozSich 2011, Sonderheft, 63, 79; SG Berlin v. 25.04.2012 - S 55 AS 9238/12 - juris Rn. 119 - NDV-RD 2012, 56; zweifelnd *Lenze* in: LPK-SGB XII, Anh. § 28 (§ 5 RBEG) Rn. 2.
[17] *I. Becker*, SozSich 2011, Sonderheft, 7, 44.
[18] *Münder*, SozSich 2011, Sonderheft, 63, 79.

Das **BVerfG** selbst hat bei seiner Bewertung des Verfahrens zur Ermittlung des grundrechtlich geschützten Existenzminimums sowohl das Abstellen auf das Statistikmodell mit der EVS als Grundlage als auch die **Vornahme von einzelnen Abschlägen ausdrücklich gebilligt**[19], auch wenn es betont hat, dass das Grundgesetz keine bestimmte Ermittlungsmethode vorschreibt.[20] Allerdings hat es ausgeführt, dass der jeweilige Abschlag **sachlich gerechtfertigt** sein müsse.[21] So könne das Existenzminimum nicht allein durch die Regelleistung, sondern durch andere soziale Leistungen, zum Beispiel zur Kostendeckung von Unterkunft und Heizung, gesichert werden; dann sei es gerechtfertigt, derartige in der Einkommens- und Verbrauchsstichprobe erfasste Ausgaben bei der Regelleistung nicht zu berücksichtigen. Aus dem gleichen Grund könnten auch solche Ausgaben abgesetzt werden, denen in anderen Gesetzen durch Rechtsansprüche auf Leistungen oder auf Kostenbefreiung hinreichend Rechnung getragen wird.[22] Die **wertende Entscheidung, welche Ausgaben zum Existenzminimum zählten**, habe der Normgeber sachgerecht und vertretbar zu treffen, weshalb Kürzungen von Ausgabepositionen in den Abteilungen der Einkommens- und Verbrauchsstichprobe zu ihrer Rechtfertigung einer empirischen Grundlage bedürften; der Gesetzgeber dürfe Ausgaben, welche die Referenzgruppe tätige, nur dann als nicht relevant einstufen, wenn feststehe, dass sie anderweitig gedeckt werden oder zur Sicherung des Existenzminimums nicht notwendig sind.[23]

13

Das **BSG** hat bei seiner Bewertung der **Verfassungsmäßigkeit der Regelbedarfe für Alleinstehende nach dem SGB II** ein Überschreiten des dem Gesetzgeber eingeräumten Gestaltungsspielraums noch nicht angenommen.[24] Bei den in der Literatur teilweise genannten Werten von 10-15%, auf die sich die Abschläge höchstens summieren dürften (vgl. Rn. 12), handele es sich um eine persönliche Einschätzung, die schon deshalb wenig überzeuge, weil die Berechnung der Differenz nicht schlüssig sei. *I. Becker* etwa halte bestimmte Differenzen zwischen den Ergebnissen der EVS 2008 und § 5 RBEG für nachvollziehbar (so z.B. hinsichtlich der Abteilung 6 – Differenz: 10,72 € und der Abteilung 9 – Differenz: 35,46 €), ziehe hieraus aber in ihrer Gesamtbewertung nicht die entsprechenden Schlüsse. Entscheidend sei, dass verfassungsrechtlich die empfohlene Einschränkung des gesetzgeberischen Gestaltungsspielraums nicht geboten sei.[25][26] Dem dürfte letztlich zuzustimmen sein, zumal der Gesetzgeber für bestimmte ausgeschlossene Positionen sogar Sonderauswertungen vorgenommen hat, um zu verhindern, dass sich die Herausnahme mittelbar auch auf Haushalte auswirkt, die solche Ausgaben nicht haben und ihr Geld für andere Dinge ausgeben (z.B. im Bereich der Mobilität nur Haushalte ohne Kfz). Hinzu kommt, dass die Kürzungen praktisch nur in Abteilungen vorgenommen wurden, die dem **sozialen und nicht dem physischen Existenzminimum** zuzurechnen sind und wo der Gesetzgeber einen **größeren Gestaltungsspielraum** hat. Gerade zur Vermeidung einer Beeinträchtigung des physischen Existenzminimums ist in einem Fall sogar ein Ausschluss einer Abteilung durch die über die statistischen Werte hinausgehende Berücksichtigung einer anderen Abteilung ausgeglichen worden (vgl. Rn. 17).

14

2. Regelbedarfsrelevante Verbrauchsausgaben (Absatz 1)

a. Verweis auf § 4 Satz 2 Nr. 1 RBEG

Berücksichtigt wurden mit bestimmten Abschlägen (vgl. Rn. 17 ff.) die tatsächlichen Verbrauchsausgaben der nach dem Einkommen geschichteten **unteren 15% der bei der EVS 2008 befragten Einpersonenhaushalte** im Sinne des § 4 Satz 2 Nr. 1 RBEG. Da § 4 Satz 2 RBEG seinerseits auf die nach § 3 Abs. 1 RBEG ausgeschlossenen Haushalte verweist, gilt dieser Ausschluss, bei dem im Übrigen die in § 3 Abs. 2 RBEG genannten Haushalte trotz der ausdrücklichen Nennung allein von § 3 Abs. 1 RBEG als Gegenausnahme wiederum berücksichtigt werden (vgl. die Kommentierung zu § 4 RBEG Rn. 11), auch im Rahmen des § 5 RBEG.

15

---

[19] BVerfG v. 09.02.2010 - 1 BvL 1/09, 1 BvL 3/09, 1 BvL 4/09 - juris Rn. 162, 167, 170 f. - BVerfGE 125, 175.
[20] BVerfG v. 09.02.2010 - 1 BvL 1/09, 1 BvL 3/09, 1 BvL 4/09 - juris Rn. 139 - BVerfGE 125, 175.
[21] BVerfG v. 09.02.2010 - 1 BvL 1/09, 1 BvL 3/09, 1 BvL 4/09 - juris Rn. 170 - BVerfGE 125, 175.
[22] BVerfG v. 09.02.2010 - 1 BvL 1/09, 1 BvL 3/09, 1 BvL 4/09 - juris Rn. 170 - BVerfGE 125, 175.
[23] BVerfG v. 09.02.2010 - 1 BvL 1/09, 1 BvL 3/09, 1 BvL 4/09 - juris Rn. 171 - BVerfGE 125, 175.
[24] BSG v. 12.07.2012 - B 14 AS 153/11 R - juris Rn. 57 f. - BSGE 111, 211.
[25] BVerfG v. 09.02.2010 - 1 BvL 1/09, 1 BvL 3/09, 1 BvL 4/09 - juris Rn. 171 - BVerfGE 125, 175.
[26] BSG v. 12.07.2012 - B 14 AS 153/11 R - juris Rn. 57 - BSGE 111, 211.

§ 5 RBEG

b. Regelbedarfsrelevanz

16 Der in § 5 Abs. 1 RBEG verwendete Begriff der **regelbedarfsrelevanten Verbrauchsausgaben** der Referenzhaushalte geht zurück auf entsprechende Festlegungen in **§ 28 Abs. 4 SGB XII**. Darin wird die Regelbedarfsrelevanz **positiv bestimmt** als Verbrauchsausgaben, die zur Sicherung des Existenzminimums notwendig sein und eine einfache Lebensweise ermöglichen müssen, wie sie einkommensschwache Haushalte aufweisen, die ihren Lebensunterhalt nicht ausschließlich aus Leistungen nach dem SGB XII oder SGB II bestreiten.[27] **Negativ abgegrenzt** wird die Regelbedarfsrelevanz, indem Verbrauchsausgaben der Referenzhaushalte davon ausgeschlossen werden, wenn sie bei Leistungsberechtigten nach dem SGB XII oder dem SGB II durch bundes- oder landesgesetzliche Leistungsansprüche, die der Finanzierung einzelner Verbrauchspositionen der Sonderauswertungen dienen, abgedeckt sind und diese Leistungsansprüche kein anrechenbares Einkommen nach § 82 SGB XII oder § 11 SGB II darstellen oder nicht anfallen, weil bundesweit in einheitlicher Höhe Vergünstigungen gelten (vgl. die Kommentierung zu § 28 SGB XII Rn. 41).[28] Die **Wertungen des Gesetzgebers** zur Bestimmung der Regelsatzrelevanz einzelner Positionen sind durch die Gerichte nur eingeschränkt überprüfbar, zumal die Frage, welche Positionen dem Existenzminimum zuzurechnen sind, einem **gesellschaftlichen Wandel** unterliegt[29] (vgl. die Kommentierung zu § 27a SGB XII Rn. 35). Sie müssen allerdings in einem **transparenten Verfahren** zustande kommen und dürfen nicht auf bloßen Schätzungen ins „Blaue" hinein beruhen, sondern auf **empirischen Grundlagen**.[30]

c. Ausgaben aus Abteilung 1 und 2

17 Die Ausgaben der **Abteilung 1 (Nahrungsmittel, alkoholfreie Getränke)** sind vollständig ohne Abschläge übernommen worden, weil es sich hierbei um einen Bedarf zur Deckung des physischen Existenzminimums handelt (vgl. zum Ernährungsbedarf grundlegend die Kommentierung zu § 27a SGB XII Rn. 39 ff.). Die **Abteilung 2**, in der **alkoholische Getränke und Tabakwaren** erfasst werden, wurde vollständig von der Berücksichtigung ausgeschlossen, was auch für die Ausgaben für illegale Drogen gilt.[31] Bei den alkoholischen Getränken wurde aufgrund des Wägungsschemas des Statistischen Bundesamtes ermittelt, dass von den hierfür im Schnitt monatlich aufgewendeten 8,11 € 11,35% auf Spirituosen entfallen, die üblicherweise nicht den Flüssigkeitsbedarf decken. Um zu verhindern, dass der möglicherweise durch sonstige alkoholische Getränke gedeckte Flüssigkeitsbedarf nicht anderweitig gedeckt werden kann, wurde in **Abteilung 1** ein **zusätzlicher Bedarf von 2,99 € für Mineralwasser** berücksichtigt. Der Ausschluss insbesondere der alkoholischen Getränke ist kritisiert worden, weil zum einen das tatsächliche Ausgabeverhalten der gewählten Referenzgruppe durch gelegentlichen Alkoholkonsum geprägt sei[32], zum anderen bei einem Ausschluss dieser Ausgaben eine Sonderauswertung der Haushalte ohne Alkoholkonsum hätte durchgeführt werden sollen[33]. Das **BSG** hat den Ausschluss hingegen nicht beanstandet und verweist zu Recht darauf, dass der Gestaltungsspielraum des Gesetzgebers gerade bei der sozialen Seite des Existenzminimums weiter ist und dass die Regelleistung trotz der Herausnahme dieses Betrags noch einen Spielraum für persönliche Präferenzen belässt.[34] Dem ist zuzustimmen.

d. Ausgaben aus Abteilung 3

18 Aus der **Abteilung 3 (Bekleidung und Schuhe)** wurden die **Ausgaben für Bekleidung und Schuhe einschließlich notwendiger Änderungen und Reparaturen** selbst **zu 100%** als regelbedarfsrelevant eingestuft, mit Ausnahme der nur bei den Familienhaushalten berücksichtigten Bekleidungstücke und Schuhe für Personen unter 14 Jahren.[35] Nicht übernommen werden die **Kosten für chemische Reinigung** bzw. **auswärtiges Bügeln und Färben**, da bereits die Kosten für das Waschen und Bügeln zu Hause erfasst werden, diese Form der Reinigung nur für wenige Kleidungsstücke erforderlich ist und

---

[27] Vgl. auch *Mogwitz* in: BeckOK RBEG, § 5 Rn. 2.
[28] *Mogwitz* in: BeckOK RBEG, § 5 Rn. 2; vgl. insofern auch bereits BVerfG v. 09.02.2010 - 1 BvL 1/09, 1 BvL 3/09, 1 BvL 4/09 - juris Rn. 170 f. - BVerfGE 125, 175.
[29] Vgl. auch BSG v. 28.03.2013 - B 4 AS 47/12 - juris Rn. 18.
[30] BVerfG v. 09.02.2010 - 1 BvL 1/09, 1 BvL 3/09, 1 BvL 4/09 - juris Rn. 171 - BVerfGE 125, 175.
[31] Vgl. BT-Drs. 17/3404, S. 53 f.
[32] *Lenze* in: LPK-SGB XII, Anh. § 28 (§ 5 RBEG) Rn. 3; *Spindler,* info also 2011, 243, 246.
[33] *Martens,* SozSich 2010, 331, 334; *Spindler,* info also 2011, 243, 246.
[34] BSG v. 12.07.2012 - B 14 AS 153/11 R - juris Rn. 66.
[35] BT-Drs. 17/3404, S. 54.

ggf. Kosten als **Werbungskosten** bzw. als Leistungen aus dem Vermittlungsbudget (§ 16 SGB II in Verbindung mit den §§ 45 und 46 SGB III) geltend gemacht werden können. Der Ausschluss ist im Sinne der Rechtsprechung des BVerfG (vgl. Rn. 13) plausibel und nachvollziehbar begründet.[36]

e. Ausgaben aus Abteilung 4

In der **Abteilung 4 (Wohnen, Energie und Wohnungsinstandhaltung** mit Sonderauswertung Strom; Haushalte, die nicht mit Strom heizen) entfallen die meisten Ausgaben auf die **Kosten der Unterkunft und Heizung**. Da diese anderweitig im Sinne des § 28 Abs. 4 Satz 2 Nr. 1 SGB XII abgedeckt sind (§ 35 SGB XII und § 22 SGB II), ist der Ausschluss dieser Ausgaben für die Regelbedarfsrelevanz nachvollziehbar.[37] Berücksichtigt werden Kosten für Strom und Schönheitsreparaturen, wobei die **Ausgaben von Mieterhaushalten auch für Eigentümerhaushalte** angesetzt werden.[38]

19

f. Ausgaben aus Abteilung 5

Bei der **Abteilung 5 (Innenausstattung, Haushaltsgeräte und -gegenstände)** wurden die wesentlichen Größen als regelbedarfsrelevant eingestuft. Als nicht existenzsichernd wurden die Kosten für **Kinderbetreuung durch Privatpersonen** und für **Haushaltshilfen** angesehen, da erstere an sich nur Haushalte mit Kindern betreffen und letztere im Regelfall nicht zwingend erforderlich sind bzw. bei medizinischer Notwendigkeit auch anderweitig geleistet werden können (SGB V, SGB XII).[39] Ebenfalls nicht anerkannt sind Ausgaben für einen **Garten und Gartengeräte**, für **Anfertigung und fremde Reparaturen von Heimtextilien** sowie für **fremde Reparaturen an Handwerkzeugen**. Die Unterhaltung eines Gartens wird nicht als existenzsichernd angesehen, bezüglich der Heimtextilien wird auf den Anspruch auf Erstausstattung verwiesen und die Reparatur von Werkzeugen wird als auf teure Werkzeuge bezogen beschrieben, die im Rahmen der Existenzsicherung nicht erforderlich sind.[40] Diese Wertungen halten sich noch innerhalb des gesetzgeberischen Gestaltungsspielraums.[41]

20

g. Ausgaben aus Abteilung 6

Aus **Abteilung 6 (Gesundheitspflege)** werden die Positionen ausgeschlossen, für die es **Ansprüche nach dem SGB V** gibt[42] bzw. ggf. ergänzende Ansprüche nach § 21 Abs. 6 SGB II oder § 48 SGB XII. Die Positionen „**Orthopädische Schuhe**", „**Reparaturen von therapeutischen Geräten**" sowie „**Miete von therapeutischen Geräten**" werden von der Regelbedarfsrelevanz ausgeschlossen, weil hierfür in § 24 Abs. 3 Nr. 3 SGB II sowie § 31 Abs. 1 Nr. 3 SGB XII nun gesonderte Ansprüche vorgesehen sind.[43] Auch dies ist nachvollziehbar.[44]

21

h. Ausgaben aus Abteilung 7

Bei der **Abteilung 7 (Verkehr**; Sonderauswertung für Haushalte ohne Kraftstoffverbrauch und ohne Schmiermittel) werden die Mobilitätsausgaben für **Haushalte ohne Kraftfahrzeuge** berücksichtigt, da solche nicht grundsätzlich als existenzsichernd angesehen werden. Leistungsberechtigte nach dem SGB II, die einen PKW für die Erwerbsarbeit benötigen, könnten diese Kosten als Werbungskosten vom anzurechnenden Einkommen abziehen, bei Leistungsberechtigten nach dem Dritten und Vierten Kapitel des SGB XII sei die Berücksichtigung eines PKW nicht vorgesehen, da eine Erwerbstätigkeit aufgrund der Leistungsvoraussetzung volle Erwerbsminderung nicht erwartet werden könne.[45] Die Begründung hält sich noch im Rahmen des gesetzgeberischen Gestaltungsspielraums, auch wenn teilweise zu Recht eingewandt wird, dass eine gewisse Gefahr besteht, durch die Sonderauswertung von

22

---

[36] BSG v. 12.07.2012 - B 14 AS 153/11 R - juris Rn. 67 - BSGE 111, 211; a.A. SG Berlin v. 25.04.2012 - S 55 AS 9238/12 - juris Rn. 117; *I. Becker*, SozSich 2011, Sonderheft, 7, 38 f.; *Spindler*, info also 2011, 243, 246.
[37] BSG v. 12.07.2012 - B 14 AS 153/11 R - juris Rn. 68 - BSGE 111, 211.
[38] BT-Drs. 17/3404, S. 55 f.
[39] BT-Drs. 17/3404, S. 56.
[40] BT-Drs. 17/3404, S. 57.
[41] BSG v. 12.07.2012 - B 14 AS 153/11 R - juris Rn. 69 - BSGE 111, 211; vgl. *I. Becker*, SozSich 2011, Sonderheft, 7, 39, die sich gegen die Herausnahme von Gartengeräten und für die Notwendigkeit eines Straßenbesens ausspricht, damit allerdings lediglich ein persönliche Wertung abgibt, ohne den Wertungsspielraum des Gesetzgebers zu beachten.
[42] BT-Drs. 17/3404, S. 58.
[43] Vgl. BT-Drs. 17/3404, S. 58.
[44] BSG v. 12.07.2012 - B 14 AS 153/11 R - juris Rn. 70 - BSGE 111, 211.
[45] BT-Drs. 17/3404, S. 59.

Haushalten ohne PKW nur Wohnsituationen zu erfassen, die aufgrund guter Angebote des ÖPNV oder fußläufiger Erreichbarkeit des zur Versorgung geeigneten Wohnumfeldes eines solchen tatsächlich nicht bedürfen, während dies in ländlichen Gebieten durchaus der Fall sein könnte.[46] Dies lässt sich der EVS aber so nicht entnehmen und bleibt damit Spekulation, wobei im Übrigen zu berücksichtigen ist, dass es sich nicht um einen Bereich des physischen Existenzminimums handelt.[47] Nicht zu beanstanden ist auch die Wertung, den **Urlaubsreiseverkehr** als nicht existenzsichernd anzusehen.[48]

i. Ausgaben aus Abteilung 8

23 In der **Abteilung 8 (Nachrichtenübermittlung)** werden Ausgaben für **Mobiltelefonie** nicht übernommen, da keine zwei Systeme unterstützt werden sollen, das Festnetz noch weiter verbreitet sei und bei Nutzung günstiger Angebote mit der als regelbedarfsrelevant berücksichtigten Summe sogar eine **Flatrate aus Telefon und Onlinediensten** bezogen werden kann.[49] Auch diese dürfte zumindest 2008 noch eine vertretbare Wertung gewesen sein, selbst wenn der mobile Telefonmarkt zunimmt und die günstigen Angebote nicht ganz flächendeckend bundesweit erhältlich waren.

j. Ausgaben aus Abteilung 9

24 In der **Abteilung 9 (Freizeit, Unterhaltung, Kultur)** werden gegenüber der Auswertung der EVS 2003 deutlich umfangreichere Positionen aus diesem Bereich berücksichtigt. Ausgeschlossen als nicht existenzsichernd werden **Schnittblumen und Zimmerpflanzen** sowie die Ausgaben für **Haustiere und Glücksspiele**[50] bzw. für **Pauschalreisen**. Insbesondere der Ausschluss von Pflanzen[51] und Haustieren ist kritisiert worden. Dies übersieht zum einen den Umstand, dass im Bereich des soziokulturellen Existenzminimums ein größerer Wertungsspielraum des Gesetzgebers besteht[52], zum anderen, dass bei Einsparungen in anderen Bereichen des soziokulturellen Existenzminimums (z.B. elektrische Geräte) in Einzelfällen durchaus auch die nicht berücksichtigten Ausgaben aus den Regelbedarfsleistungen abgedeckt werden können, wenn der Leistungsempfänger für sich eine andere Wertung vornimmt als der Gesetzgeber. Nicht eingerechnet wurden auch die **Rundfunk- und Fernsehgebühren**, da Leistungsberechtigte nach dem SGB XII und dem SGB II von der Zahlung bundesweit befreit sind.[53] Schließlich werden die Ausgaben der Position „**Ausleihgebühren für TV-Geräte und Videokameras u. Ä.**" als nicht regelbedarfsrelevant eingestuft, da die Anschaffung dieser Geräte regelbedarfsrelevant ist und damit Ausleihgebühren entbehrlich sind.[54]

k. Ausgaben aus Abteilung 10

25 In **Abteilung 10 (Bildung)** werden nur Ausgaben für Kurse und Ähnliches berücksichtigt. Die ansonsten in der EVS 2008 enthaltenen Verbrauchsausgaben für die **Position „Kindergarten und -krippen"** fallen nach der nachvollziehbaren Gesetzesbegründung für hilfebedürftige alleinstehende Personen regelmäßig nicht an.[55] Die **Kosten eines Studiums** sollen außerhalb des Rechtskreises des SGB II und des SGB XII geregelt sein und seien für Leistungsberechtigte deshalb nicht zu berücksichtigen.[56] Hier könnte sich das Problem zeigen, dass möglicherweise BAföG-Empfänger in die Auswertung mit aufgenommen wurden (vgl. bereits die Kommentierung zu § 3 RBEG Rn. 18). Tatsächlich sind diese Personenkreise aber hinsichtlich der Regelbedarfe regelmäßig vom Leistungsbezug ausgeschlossen (§ 7 Abs. 5 SGB II). **Ausgaben für Nachhilfe** spielen nach der Gesetzesbegründung für Erwachsene entweder keine Rolle oder stellen – wenn sie eine Schule besuchen – ebenso wie bei Kindern und Jugend-

---

[46] *Münder*, SozSich 2011, Sonderheft, 63, 76; SG Berlin v. 25.04.2012 - S 55 AS 9238/12 - juris Rn. 113; *Spindler*, info also 2011, 243, 246; vgl. auch *Rixen*, Sozialrecht aktuell 2001, 121, 123, der insbesondere die Einbeziehung von sogenannten „Nulldatensätzen" kritisiert, also von Haushalten, die gar keine Ausgaben für Mobilität haben.
[47] Vgl. BSG v. 12.07.2012 - B 14 AS 153/11 R - juris Rn. 73 - BSGE 111, 211.
[48] Vgl. BT-Drs. 17/3404, S. 59.
[49] BT-Drs. 17/3404, S. 60: nicht jedoch aus Festnetzanschluss mit Internet und Mobilfunk, wie BSG v. 12.07.2012 - B 14 AS 153/11 R - juris Rn. 74 - BSGE 111, 211 - meint; kritisch *Spindler*, info also 2011, 243, 246.
[50] BT-Drs. 17/3404, S. 62.
[51] SG Berlin v. 25.04.2012 - S 55 AS 9238/12 - juris Rn. 115.
[52] BSG v. 12.07.2012 - B 14 AS 153/11 R - BSGE 111, 211 - juris Rn. 75.
[53] BT-Drs. 17/3404, S. 62.
[54] BT-Drs. 17/3404, S. 62.
[55] BT-Drs. 17/3404, S. 62.
[56] BT-Drs. 17/3404, S. 62; hierzu auch BSG v. 12.07.2012 - B 14 AS 153/11 R - juris Rn. 76 - BSGE 111, 211.

lichen als Lernförderung einen gesondert zu erbringenden Bedarf nach § 28 SGB II beziehungsweise nach § 34 SGB XII dar, so dass diese Ausgaben nicht regelbedarfsrelevant sind.[57] Auch dies ist nachvollziehbar.

l. Ausgaben aus Abteilung 11

Bei der **Abteilung 11 (Beherbergungs- und Gaststättendienstleistungen)** werden erhebliche Abschläge vorgenommen, da auswärtige Nahrungsaufnahme und solches Wohnen nicht als Teil des Existenzminimums angesehen wird.[58] Die Kosten für die **auswärtige Nahrungsaufnahme** werden **substituiert** durch entsprechende Ausgaben für Verpflegung zu Hause, die nach einer – anderen – Statistik des Statistischen Bundesamtes aufgrund der „Wareneinsatzquote" bei 28,5% der Verbrauchsausgaben für Verpflegungsdienstleistungen liegen. Soweit die Kritik[59] an dieser Bewertung sich darauf bezieht, dass der Aspekt der sozialen Teilhabe vernachlässigt werde, lässt sie den im Bereich des sozialen Existenzminimums geltenden größeren Gestaltungsspielraum des Gesetzgebers unbeachtet.[60]

26

m. Ausgaben aus Abteilung 12

Auch bei der **Abteilung 12 (Andere Waren und Dienstleistungen)** wurden Abschläge vorgenommen. So sind etwa Ausgaben für **Schmuck** als nicht regelbedarfsrelevant angesehen worden.[61] Auch **Dienstleistungen für Kinderbetreuung** wurden nicht berücksichtigt.[62] Die Nichtberücksichtigung der Position „Sonstige persönliche Gebrauchsgegenstände"[63], die in der EVS 2008 mit 1,31 € ausgewiesen ist, ist in der Gesetzesbegründung nicht erläutert worden. Der Gesetzgeber hat andererseits zusätzlich Ausgaben für **Mitgliedsbeiträge an Organisationen ohne Erwerbszweck**, also z.B. Vereine, mit 1,34 € berücksichtigt, die in der EVS systematisch nicht den privaten Konsumausgaben zugeordnet werden.[64] Damit ergibt sich auch in dieser Abteilung keine verfassungswidrige Unterdeckung.

27

3. Summe der regelbedarfsrelevanten Verbrauchsausgaben (Absatz 2)

Absatz 2 enthält keinen eigenständigen Regelungsgehalt, sondern bildet nur die **Summe der in Absatz 1 aufgeführten Einzelpositionen** (vgl. bereits Rn. 8).

28

---

[57] BT-Drs. 17/3404, S. 62.
[58] BT-Drs. 17/3404, S. 63.
[59] *I. Becker*, SozSich 2011, Sonderheft, 7, 42; *Martens*, SozSich 2010, 331, 334 f.; ähnlich SG Berlin, v. 25.04.2012 - S 55 AS 9238/12 -, juris Rn.116.
[60] Vgl. BSG v. 12.07.2012 - B 14 AS 153/11 R - juris Rn. 77 - BSGE 111, 211.
[61] BT-Drs. 17/3404, S. 64.
[62] BT-Drs. 17/3404, S. 141 Zeile 204; BSG v. 12.07.2012 - D 14 AS 153/11 R - juris Rn. 78 - BSGE 111, 211.
[63] BT-Drs. 17/3404, S. 141 Zeile 194.
[64] BT-Drs. 17/3404, S. 64; vgl. auch BSG v. 12.07.2012 - B 14 AS 153/11 R - juris Rn. 78 - BSGE 111, 211.

§ 6 RBEG Regelbedarfsrelevante Verbrauchsausgaben der Familienhaushalte

(Fassung vom 24.03.2011, gültig ab 01.01.2011)

(1) Von den Verbrauchsausgaben der Familienhaushalte nach § 4 Satz 2 Nummer 2 werden bei Kindern und Jugendlichen folgende Verbrauchsausgaben als regelbedarfsrelevant berücksichtigt:

1. Kinder bis zur Vollendung des sechsten Lebensjahres:

Abteilung 1 (Nahrungsmittel, alkoholfreie Getränke)	78,67 Euro
Abteilung 3 (Bekleidung und Schuhe)	31,18 Euro
Abteilung 4 (Wohnen, Energie und Wohnungsinstandhaltung)	7,04 Euro
Abteilung 5 (Innenausstattung, Haushaltsgeräte und -gegenstände)	13,64 Euro
Abteilung 6 (Gesundheitspflege)	6,09 Euro
Abteilung 7 (Verkehr)	11,79 Euro
Abteilung 8 (Nachrichtenübermittlung)	15,75 Euro
Abteilung 9 (Freizeit, Unterhaltung, Kultur)	35,93 Euro
Abteilung 10 (Bildung)	0,98 Euro
Abteilung 11 (Beherbergungs- und Gaststättendienstleistungen)	1,44 Euro
Abteilung 12 (Andere Waren und Dienstleistungen)	9,18 Euro

2. Kinder vom Beginn des siebten bis zur Vollendung des 14. Lebensjahres:

Abteilung 1 (Nahrungsmittel, alkoholfreie Getränke)	96,55 Euro
Abteilung 3 (Bekleidung und Schuhe)	33,32 Euro
Abteilung 4 (Wohnen, Energie und Wohnungsinstandhaltung)	11,07 Euro
Abteilung 5 (Innenausstattung, Haushaltsgeräte und -gegenstände)	11,77 Euro
Abteilung 6 (Gesundheitspflege)	4,95 Euro
Abteilung 7 (Verkehr)	14,00 Euro
Abteilung 8 (Nachrichtenübermittlung)	15,35 Euro
Abteilung 9 (Freizeit, Unterhaltung, Kultur)	41,33 Euro
Abteilung 10 (Bildung)	1,16 Euro
Abteilung 11 (Beherbergungs- und Gaststättendienstleistungen)	3,51 Euro
Abteilung 12 (Andere Waren und Dienstleistungen)	7,31 Euro

3. Jugendliche vom Beginn des 15. bis zur Vollendung des 18. Lebensjahres:

Abteilung 1 (Nahrungsmittel, alkoholfreie Getränke)	124,02 Euro
Abteilung 3 (Bekleidung und Schuhe)	37,21 Euro
Abteilung 4 (Wohnen, Energie und Wohnungsinstandhaltung)	15,34 Euro
Abteilung 5 (Innenausstattung, Haushaltsgeräte und -gegenstände)	14,72 Euro
Abteilung 6 (Gesundheitspflege)	6,56 Euro
Abteilung 7 (Verkehr)	12,62 Euro

Abteilung 8 (Nachrichtenübermittlung)	15,79 Euro
Abteilung 9 (Freizeit, Unterhaltung, Kultur)	31,41 Euro
Abteilung 10 (Bildung)	0,29 Euro
Abteilung 11 (Beherbergungs- und Gaststättendienstleistungen)	4,78 Euro
Abteilung 12 (Andere Waren und Dienstleistungen)	10,88 Euro

(2) Die Summe der regelbedarfsrelevanten Verbrauchsausgaben, die im Familienhaushalt Kindern und Jugendlichen zugerechnet werden, beträgt

1. nach Absatz 1 Nummer 1 für Kinder bis zur Vollendung des sechsten Lebensjahres 211,69 Euro,
2. nach Absatz 1 Nummer 2 für Kinder vom Beginn des siebten bis zur Vollendung des 14. Lebensjahres 240,32 Euro und
3. nach Absatz 1 Nummer 3 für Jugendliche vom Beginn des 15. bis zur Vollendung des 18. Lebensjahres 273,62 Euro.

Gliederung

A. Basisinformationen 1
I. Textgeschichte/Gesetzgebungsmaterialien 1
II. Vorgängervorschriften 2
III. Systematische Zusammenhänge 3
IV. Ausgewählte Literaturhinweise 7
B. Auslegung der Norm 8
I. Regelungsgehalt und Bedeutung der Norm 8
II. Normzweck 11
III. Inhalt der Vorschrift 12
1. Statistikmodell mit Abschlägen 12

2. Regelbedarfsrelevante Verbrauchsausgaben (Absatz 1) 13
  a. Verweis auf § 4 Satz 2 Nr. 2 RBEG 13
  b. Regelbedarfsrelevanz 14
  c. Verteilschlüssel 15
  d. Altersstufen 18
  e. Ab- und Zuschläge bei Bedarfen der Kinder und Jugendlichen 22
3. Summe der regelbedarfsrelevanten Verbrauchsausgaben (Absatz 2) 25

A. Basisinformationen

I. Textgeschichte/Gesetzgebungsmaterialien

Die Vorschrift wurde wie das gesamte RBEG durch Art. 1 des Gesetzes zur Ermittlung von Regelbedarfen und zur Änderung des Zweiten und Zwölften Buches Sozialgesetzbuch vom 24.03.2011[1] mit Wirkung zum **01.01.2011** eingeführt und seither nicht geändert. Sie geht zurück auf das Urteil des BVerfG vom 09.02.2010[2], mit dem die §§ 20 und 28 SGB II (Regelleistung für erwachsene Grundsicherungsempfänger und Sozialgeld für Kinder und Jugendliche unter 14 Jahren) in der Fassung vom 24.12.2003 als mit Art. 1 Abs. 1 i.V.m. Art. 20 GG unvereinbar erklärt und dem Gesetzgeber eine Neuregelung bis zum 31.12.2010 auferlegt hatte. Es handelt sich bei den Normen des RBEG i.V.m. § 28 SGB XII und der zugehörigen Anlage sowie den stark überarbeiteten Vorschriften über die Fortschreibung der Regelbedarfsstufen und Regelsätze (§§ 28a und 29 SGB XII) um die durch das BVerfG geforderte **Festlegung der Regelsatzhöhe durch Gesetz** und nicht durch bloße Verordnung[3]. Gegenüber dem ursprünglichen Gesetzesentwurf[4] hat die Regelung im Gesetzgebungsverfahren keine Änderung erfahren.

1

---

[1] BGBl I 2011, 453 ff.
[2] BVerfG v. 09.02.2010 - 1 BvL 1/09, 1 BvL 3/09, 1 BvL 4/09 - BVerfGE 125, 175.
[3] BVerfG v. 09.02.2010 - 1 BvL 1/09, 1 BvL 3/09, 1 BvL 4/09 - juris Rn. 136 - BVerfGE 125, 175; vgl. auch *Greiser/Stölting*, DVBl 2012, 1353, 1355 ff., die allerdings annehmen, dass es sich bei der Anlage zu § 28 SGB XII um eine bloße Rechtsverordnung handeln könnte; zu den Einwänden gegen die ausführlichen Regelungen im RBEG neben denen des SGB XII vgl. die Kommentierung zu § 1 RBEG Rn. 1.
[4] BT-Drs. 17/3404, S. 5 f.; zur Begründung vgl. S. 90.

II. Vorgängervorschriften

2   Bis zum 31.12.2010 erfolgte die Ermittlung der konkreten Regelsatzhöhe im Bereich des SGB XII nach der sogenannten **Regelsatz-VO** vom 03.06.2004[5] mit Wirkung zum 01.01.2005, zuletzt geändert durch Art. 17 des Gesetzes vom 02.03.2009[6]. Im Regelungsbereich des SGB II gab es keine eigenen Vorschriften zur Ermittlung der Regelleistung, diese ging allerdings, wie sich aus dem Verweis in § 20 Abs. 5 SGB II in der bis zum 31.12.2010 geltenden Fassung für die Anpassung derselben ergab, auf die Ermittlung nach § 28 Abs. 3 SGB XII a.F. und § 2 der Regelsatz-VO zurück. Eine **direkte Vorgängerregelung** zu § 6 RBEG **gab es nicht**, weil die Verbrauchsausgaben für Kinder und Jugendliche überhaupt nicht eigenständig ermittelt wurden. Vielmehr wurden deren Regelsätze vom sogenannten Eckregelsatz des Haushaltsvorstands durch **prozentuale Abschläge** bestimmt, was durch das BVerfG nicht als verfassungskonform angesehen wurde[7]. Explizit wurde auch der nun beschrittene Weg aufgezeigt, die Bedarfe der Kinder und Jugendlichen aus den Verbrauchsausgaben der Paarhaushalte mit einem Kind zu ermitteln.[8] Die nun gewählten Altersstufen entsprechen denen des § 3 Abs. 2 Satz 2 Regelsatz-VO in der ab 01.07.2009 geltenden Fassung.

III. Systematische Zusammenhänge

3   Es besteht ein enger systematischer Zusammenhang mit **§ 28 Abs. 2 Satz 2 SGB XII**. Danach sind Grundlage für die Ermittlung der Regelbedarfsstufen die durch die Einkommens- und Verbrauchsstichprobe nachgewiesenen tatsächlichen Verbrauchsausgaben unterer Einkommensgruppen. **§ 4 RBEG** legt dabei auf der Grundlage der in § 2 RBEG genannten Haushaltstypen unter Ausschluss der in **§ 3 RBEG** festgelegten Haushalte fest, welche Einkommensgruppen als untere Einkommensgruppen im Sinne von **§ 28 Abs. 2 Satz 2 und Abs. 3 Satz 1 SGB XII** zu berücksichtigen sind. Gemäß **§ 27a Abs. 2 Satz 2 SGB XII** ist der Regelbedarf in Regelbedarfsstufen unterteilt, die bei Kindern und Jugendlichen altersbedingte Unterschiede und bei erwachsenen Personen deren Anzahl im Haushalt sowie die Führung eines Haushalts berücksichtigen, so dass auch Festlegungen für verschiedene Altersstufen erfolgen müssen.

4   Für die ausgewählten Referenzhaushalte werden die **regelbedarfsrelevanten Verbrauchsausgaben** in den **§§ 5 und 6 RBEG** bestimmt, wobei § 6 RBEG nach **drei Altersstufen** unterscheidet. Durch konkrete Zahlen werden in diesen Normen die Vorgaben des **§ 28 Abs. 4 SGB XII** ausgefüllt, wonach die in Sonderauswertungen nach Absatz 3 des § 28 SGB XII ausgewiesenen Verbrauchsausgaben der Referenzhaushalte für die Ermittlung der Regelbedarfsstufen als regelbedarfsrelevant zu berücksichtigen sind, soweit sie zur Sicherung des Existenzminimums notwendig sind und eine einfache Lebensweise ermöglichen, wie sie einkommensschwache Haushalte aufweisen, die ihren Lebensunterhalt nicht ausschließlich aus Leistungen nach dem SGB XII oder SGB II bestreiten. Nicht als regelbedarfsrelevant sind dabei zu berücksichtigen Verbrauchsausgaben der Referenzhaushalte, wenn sie bei Leistungsberechtigten des SGB XII oder SGB II durch bundes- oder landesgesetzliche Leistungsansprüche, die der Finanzierung einzelner Verbrauchspositionen der Sonderauswertungen dienen, abgedeckt sind und diese Leistungsansprüche kein anrechenbares Einkommen nach den §§ 82 oder 11 des SGB II darstellen oder nicht anfallen, weil bundesweit in einheitlicher Höhe Vergünstigungen gelten. Eine Konkretisierung des **notwendigen Lebensunterhalts** enthält § 27a Abs. 1 SGB XII.

5   Spezielle Bedarfe der Kinder und Jugendliche sind u.a. auch in den **§§ 34 ff. SGB XII** und den **§§ 28 ff. SGB II** geregelt.[9] Sonderregelungen für die Regelbedarfe von Kindern und Jugendlichen in Abweichung zu den in § 6 RBEG ermittelten Werten finden sich in **§ 8 Abs. 2 RBEG** und **§ 134 SGB XII**.

6   **§ 20 SGB II** verweist zwar nur hinsichtlich der Fortschreibung der Regelbedarfe ausdrücklich auf das RBEG, allerdings liegen die dort festgeschriebenen regelbedarfsrelevanten Ausgaben der Referenzhaushalte auch den Festlegungen der Regelbedarfe in § 20 Abs. 2 bis 4 SGB II zugrunde.[10]

---

[5] BGBl I 2004, 1067.
[6] BGBl I 2009, 416.
[7] BVerfG v. 09.02.2010 - 1 BvL 1/09, 1 BvL 3/09, 1 BvL 4/09 - juris Rn. 190 ff. - BVerfGE 125, 175: „Kinder sind keine kleinen Erwachsenen".
[8] BVerfG v. 09.02.2010 - 1 BvL 1/09, 1 BvL 3/09, 1 BvL 4/09 - juris Rn. 198 - BVerfGE 125, 175.
[9] Vgl. hierzu *Groth*, jurisPR-SozR 8/2011 Anm. 1; *Klesse*, NDV 2012, 7 ff, 61 ff.
[10] Vgl. BT-Drs. 17/3404, S. 97.

IV. Ausgewählte Literaturhinweise

I. Becker, Bewertung der Neuregelungen des SGB II – Methodische Gesichtspunkte der Bedarfsbemessung vor dem Hintergrund des „Hartz-IV-Urteils" des Bundesverfassungsgerichts – Gutachten für die Hans-Böckler-Stiftung, SozSich 2011, Sonderheft, 7; *Buntenbach*, Regelbedarfe sind weiterhin verfassungswidrig, SozSich 2011, Sonderheft, 4; *Groth*, Entspricht die neue Regelleistung den Anforderungen des Bundesverfassungsgerichts?, NZS 2011, 571; *Lenze*, Sind die neuen Hartz-IV-Sätze verfassungskonform?, NVwZ 2011, 1104; *Martens*, Die Fortschreibung des Regelsatzes ab 1.1.2011, ASR 2011, 178; *Mogwitz*, Die neue Regelbedarfsermittlung, ZFSH/SGB 2011, 323; *Münder*, Verfassungsrechtliche Bewertung des Gesetzes zur Ermittlung von Regelbedarfen und zur Änderung des Zweiten und Zwölften Buches Sozialgesetzbuch vom 24.03.2011 – BGBl I S. 453 – Gutachten für die Hans-Böckler-Stiftung, SozSich 2011, Sonderheft, 63; *Rothkegel*, Hartz-IV-Regelsätze und gesellschaftliche Teilhabe – die geplanten Änderungen im Lichte des Urteils des Urteils des Bundesverfassungsgerichts, ZFSH/SGB 2011, 69; *Schmitz*, Vorlagebeschluss zum BVerfG – Arbeitslosengeld II und Sozialgeld – Verfassungswidrigkeit der Neubemessung der Regelbedarfe – Mängel des Bemessungsverfahrens, ASR 2012, 120; *Schürmann*, Die Reformen im SGB II, FPR 2011, 349; *Schwabe*, Einzelbeträge aus den Regelbedarfsstufen des SGB II und XII ab 1.1.2011, ZfF 2011, 97; *ders.*, Einzelbeträge aus den Regelbedarfsstufen des SGB II und XII ab dem 1.1.2012, ZfF 2012, 1; *ders.*, Einzelbeträge aus den Regelbedarfsstufen des SGB II und XII sowie des Asylbewerberleistungsgesetzes ab 1.1.2013, ZfF 2013, 1; *ders.*, Einzelbeträge aus den Regelbedarfsstufen des SGB II und XII sowie des Asylbewerberleistungsgesetzes ab 1.1.2014, ZfF 2014, 1.

B. Auslegung der Norm

I. Regelungsgehalt und Bedeutung der Norm

Die Vorschrift legt in **Absatz 1** fest, welche **Verbrauchsausgaben von Familienhaushalten** (gemäß § 2 Nr. 2 RBEG), die nicht nach § 3 RBEG als Referenzhaushalte ausgeschlossen sind und zu den **unteren 20 Prozent der nach dem Nettoeinkommen geschichteten Haushalte** im Sinne des § 4 Satz 2 Nr. 2 RBEG gehören, bei der Bestimmung des Regelbedarfs zu berücksichtigen sind. Damit werden quasi die in den §§ 2-4 RBEG vorgegebenen Abgrenzungen mit einbezogen, weil konkrete Zahlen für die einzelnen Verbrauchsausgaben genannt werden, die nur von tatsächlich ausgewählten Haushalten stammen können. Erfasst werden **drei Altersstufen** von Kindern und Jugendlichen, für die jeweils gesondert die Ausgaben bestimmt werden.

Absatz 2 hat **keinen eigenen Regelungsinhalt**, denn es handelt sich nur um die Summe der in Absatz 1 für die einzelnen Altersstufen aufgeführten Einzelpositionen.

Nach **Fortschreibung** der in § 6 Abs. 2 RBEG ermittelten Regelbedarfe gemäß § 7 Abs. 1-3 RBEG für die erstmalige Anwendung des RBEG zum 01.01.2011 (die EVS wurde bereits 2008 erhoben) und Rundung gemäß § 28 Abs. 4 Satz 5 SGB XII betrug die Summe der regelbedarfsrelevanten Verbrauchsausgaben für Kinder bis zur Vollendung des sechsten Lebensjahres gemäß § 7 Abs. 4 RBEG 213 €, für Kinder vom Beginn des siebten bis zur Vollendung des vierzehnten Lebensjahres 242 € und für Jugendliche von Beginn des fünfzehnten bis zur Vollendung des achtzehnten Lebensjahres 275 €. Nach § 8 Abs. 2 RBEG wurden allerdings abweichende Werte in der bis zum 31.12.2010 geltenden Höhe festgelegt, die ein Absinken der bisher für Kinder und Jugendliche gewährten Leistungen ausschließen. Bei zukünftigen Erhöhungen wurden diese vorgesehenen Erhöhungen ausgehend von den in § 6 Abs. 2 RBEG ermittelten Werten solange nicht berücksichtigt, bis die in § 8 Abs. 2 RBEG festgelegten Werte erreicht, bzw. überschritten waren (§ 134 SGB XII).

II. Normzweck

Zweck des § 6 RBEG ist es, die **regelbedarfsrelevanten Verbrauchsausgaben von Familienhaushalten** (§ 2 Nr. 2 RBEG), die Grundlage der Regelbedarfsstufen für Kinder und Jugendliche bis zur Vollendung des achtzehnten Lebensjahres beim Bezug von Leistungen zur Sicherung des Lebensunterhalts nach dem SGB II und SGB XII ist, **transparent darzulegen** und somit den Anforderungen des BVerfG zu genügen, das gefordert hat, dass der Gesetzgeber alle existenznotwendigen Aufwendungen – insbesondere auch der Gruppe der Kinder und Jugendlichen – in einem transparenten und sachgerechten Verfahren realitätsgerecht sowie nachvollziehbar auf der Grundlage verlässlicher Zahlen und schlüssiger Berechnungsverfahren zu bemessen hat.[11] Der insgesamt mit dem RBEG verfolgte Zweck,

---
[11] BVerfG v. 09.02.2010 - 1 BvL 1/09, 1 BvL 3/09, 1 BvL 4/09 - juris Rn. 139 - BVerfGE 125, 175.

diese Transparenz im Rahmen einer gesetzlichen Regelung zu erreichen (vgl. auch bereits die Kommentierung zu § 1 RBEG Rn. 1), kann gerade bei den §§ 5 und 6 RBEG nicht in vollem Umfang als erreicht angesehen werden. Denn **weder die berücksichtigten Positionen** der in der EVS verwendeten ca. 200 verschiedenen Verbrauchspositionen[12] und **der Umfang der Berücksichtigung** ergeben sich unmittelbar aus dem Gesetz, **noch** sind **Kürzungspositionen erkennbar**, weil die §§ 5 Abs. 1 und 6 Abs. 1 RBEG jeweils aus den einzelnen Abteilungen der EVS 2008 nur Summenwerte ausweisen. Für die weitgehend vollständige Transparenz sorgt dann eine **ungewöhnlich umfangreiche Gesetzesbegründung**, aus der sich sowohl die berücksichtigten Positionen[13] sowie deren Umfang als auch jeweils Erläuterungen zu vorgenommenen Abschlägen[14] ergeben. Aufgeführt sind auch **Sonderauswertungen**, die beim vorgenommenen Ausschluss besonders großer Positionen, wie etwa der Nutzung eines Kraftfahrzeugs, nur Haushalte berücksichtigen, in denen diese Kosten nicht vorkommen.[15] Schließlich werden die angewendeten Verfahren erläutert.[16]

III. Inhalt der Vorschrift

1. Statistikmodell mit Abschlägen

12 Mit dem grundsätzlichen Abstellen auf die Verbrauchsausgaben der nach dem Nettoeinkommen geschichteten untersten 20% Familienhaushalte ohne die nach § 3 RBEG ausgeschlossenen Haushalte gemäß der EVS 2008 hat sich der Gesetzgeber bei der Bestimmung der Grundlage für die Regelbedarfe weiterhin für ein **Statistikmodell** entschieden, das 1990 die früheren **Warenkorbmodelle** abgelöst hat. Dabei werden allerdings nicht sämtliche Verbrauchsausgaben dieser Referenzhaushalte als **regelbedarfsrelevant** berücksichtigt, was insbesondere in der Literatur in vielfältiger Weise kritisiert worden ist (vgl. dazu im Einzelnen die Kommentierung zu § 5 RBEG Rn. 12 ff.). Zudem konnten die in § 6 RBEG geregelten Bedarfe für Kinder und Jugendliche anders als die für alleinstehende Erwachsene nicht unmittelbar aus den vorliegenden statistischen Daten der EVS 2008 entnommen werden, da Kinder und Jugendliche üblicherweise keine eigenen Haushalte führen und bei den ausgewählten **Paarhaushalten mit einem Kind** wurde nicht unterschieden, welchem Haushaltsmitglied die jeweiligen Ausgaben zuzurechnen sind. Deshalb werden die Bedarfe der Kinder und Jugendlichen unter Berücksichtigung verschiedener **Verteilschlüssel** ermittelt (vgl. Rn. 15 ff.).

2. Regelbedarfsrelevante Verbrauchsausgaben (Absatz 1)

a. Verweis auf § 4 Satz 2 Nr. 2 RBEG

13 Berücksichtigt wurden mit bestimmten Abschlägen (vgl. Rn. 22 ff.) die **tatsächlichen Verbrauchsausgaben** der nach dem Einkommen geschichteten **unteren 20% der bei der EVS 2008 befragten Familienhaushalte** im Sinne des § 4 Satz 2 Nr. 2 RBEG. Da § 4 Satz 2 RBEG seinerseits auf die nach § 3 Abs. 1 RBEG ausgeschlossenen Haushalte verweist, gilt dieser Ausschluss, bei dem im Übrigen die in § 3 Abs. 2 RBEG genannten Haushalte trotz der ausdrücklichen Nennung allein von § 3 Abs. 1 RBEG als Gegenausnahme wiederum berücksichtigt werden (vgl. die Kommentierung zu § 4 RBEG Rn. 11), auch im Rahmen des § 6 RBEG.

b. Regelbedarfsrelevanz

14 Der in § 6 Abs. 1 RBEG verwendete Begriff der **regelbedarfsrelevanten Verbrauchsausgaben** der Referenzhaushalte geht zurück auf entsprechende Festlegungen in **§ 28 Abs. 4 SGB XII** (vgl. im Einzelnen die Kommentierung zu § 5 RBEG Rn. 16).

c. Verteilschlüssel

15 Wie bereits ausgeführt (Rn. 12), konnten die Bedarfe von Kindern und Jugendlichen nicht unmittelbar ermittelt werden, weil diese regelmäßig keine eigenen Haushalte führen und somit nur über die Familienhaushalte erfasst werden konnten. Dies bedeutete aber auch, dass bei Haushalten mit Kindern der überwiegende Teil der Verbrauchsausgaben nicht direkt und unmittelbar auf Erwachsene und Kinder aufgeteilt werden konnte[17], weil die **Daten** in der Kürze der zur Verfügung stehenden Zeit **nicht per-**

---

[12] *Mogwitz* in: BeckOK RBEG § 5 Rn. 1.
[13] Bezüglich § 6 Abs. 1 RBEG vgl. BT-Drs. 17/3404, S. 67 ff.
[14] Bezüglich § 6 Abs. 1 RBEG vgl. BT-Drs. 17/3404, S. 67 ff.
[15] Bezüglich § 6 Abs. 1 RBEG vgl. BT-Drs. 17/3404, S. 147 f, 152 f., 157 f.
[16] BT-Drs. 17/3404, S. 64 ff.
[17] BT-Drs. 17/3404, S. 64 ff.

sonenbezogen ausgewertet werden konnten[18]. Die Zuordnung der Verbrauchsausgaben der Familienhaushalte auf die im Haushalt lebenden Personen – zwei erwachsene Personen und ein Kind – erfolgte deswegen nunmehr auf der Grundlage der **Studie „Kosten eines Kindes"**, die im Auftrag des BMFSFJ erstellt wurde.[19] Für die Ermittlung der Anteile sind gesonderte Berechnungen vorgenommen worden.[20] Diese Festlegungen sind in einer hierzu vom BMFSFJ eingerichteten Arbeitsgruppe unter Einbeziehung von Wissenschaftlern getroffen worden.[21] Die Verteilung erfolgt entweder **auf Grundlage von Gutachten** (bei den Bedarfen für Ernährung, Getränke, Verpflegungsdienstleistungen, Strom und Wohnungsinstandsetzung), **nach Köpfen** (bei den Bedarfen für Gesundheitspflege, Telefon und Zeitungen/Bücher, Bekleidung und Schuhe), **nach der neuen OECD-Skala** (bei den Bedarfen für Kühlschränke, Waschmaschinen, Haushaltsgeräte, Diensten und Gütern für Körperpflege) **oder allein auf Erwachsene bzw Kinder** (bei den Bedarfen für Praxisgebühren, Post- und Kurierdienste, Finanzdienstleistungen und Mitgliedsbeiträge für Organisationen ohne Erwerbszweck).[22] Das Statistische Bundesamt hat alsdann aufgrund der in dieser Arbeitsgruppe ermittelten und festgelegten Verteilschlüssel modellhaft für alle Haushalte mit Kindern auf Basis der EVS 1998 und 2003 eine Verteilung der Haushaltsausgaben auf Kinder und Erwachsene ermittelt.[23] Damit ist im Ergebnis eine **normative Festlegung** für die Verteilung der Haushaltsausgaben auf Erwachsene und Kinder im Haushalt erfolgt.[24]

Folgende **Verteilschlüssel** finden Verwendung: 16
S1 (Ernährung und Getränke sowie Verpflegungsdienstleistungen)
S2 (Ausgaben für Wohnungsinstandhaltung und Strom)
S3 (Verkehrsausgabe)
S4 (pro Kopf bei Bekleidung und Schuhe für Personen ab 14 Jahren)
pK (pro Kopf)
O (neue OECD-Skala)
E (ausschließlich Erwachsener)
K (ausschließlich Kind)[25]
Bei einem Teil der genannten Verteilschlüssel wird noch zusätzlich nach **Alter** (S1, S2 und O) und **Geschlecht** (S1, Ernährung und Getränke) unterschieden.[26] Insbesondere die Unterscheidung nach Geschlecht ist interessant, da bei den letztlich gewährten Regelbedarfen eine solche Unterscheidung nicht mehr erfolgt. Allerdings werden auch die Ausgaben für alleinstehende Erwachsene geschlechtsunabhängig pauschalisiert. Zu den Grundlagen dieser Schlüssel vgl. bereits Rn. 15 sowie die ausführliche Gesetzesbegründung[27].

Die nunmehr gewählte Methode zur Feststellung des existenzsichernden kindlichen Bedarfs in der **Literatur** als zwischenzeitlich **durch neue Erkenntnisse überholt** bezeichnet.[28] Das **BSG** hat die Methode der Verteilschlüssel dennoch zu Recht als verfassungsrechtlich zulässige Methode zur Bestimmung des existenzsichernden kindlichen Bedarfs angesehen, weil verfassungsrechtlich nicht die beste Methode gewählt werden müsse und es sich bei den Verteilschlüsseln um eine geeignete und vertretbare Methode handele[29], die im Übrigen auch das BVerfG selbst bereits erwähnt habe.[30] Zum **Bericht über die Weiterentwicklung der Verteilschlüssel** nach § 10 Abs. 2 Nr. 2 RBEG vgl. die Kommentierung zu § 10 RBEG Rn. 14 ff. 17

---

[18] BSG v. 28.03.2013 - B 4 AS 12/12 R - juris Rn. 38 - SozR 4-4200 § 20 Nr. 18.
[19] BT-Drs. 17/3404, S. 64; BSG v. 28.03.2013 - B 4 AS 12/12 R - juris Rn. 38 - SozR 4-4200 § 20 Nr. 18; *Mogwitz* in: BeckOK RBEG, § 6 Rn. 59.
[20] BSG v. 28.03.2013 - B 4 AS 12/12 R - juris Rn. 38 - SozR 4-4200 § 20 Nr. 18.
[21] BT-Drucks 17/3404, S 65; BSG v. 28.03.2013 - B 4 AS 12/12 R - juris Rn. 38 - SozR 4-4200 § 20 Nr. 18.
[22] BSG v. 28.03.2013 - B 4 AS 12/12 R - juris Rn. 38 - SozR 4-4200 § 20 Nr. 18; vgl. auch BT-Drs. 17/3404, S. 65 ff.
[23] BSG v. 28.03.2013 - B 4 AS 12/12 R - juris Rn. 38 - SozR 4-4200 § 20 Nr. 18; BT-Drs. 17/3404, S. 64 ff.
[24] BSG v. 28.03.2013 - B 4 AS 12/12 R - juris Rn. 38 - SozR 4-4200 § 20 Nr. 18.
[25] BT-Drs. 17/3404, S. 65 ff.
[26] BT-Drs. 17/3404, S. 65.
[27] BT-Drs. 17/3404, S. 65 ff.: Erläuterungen auch zur Funktionsweise der Schlüssel.
[28] *I. Becker*, SozSich 2011, Sonderheft, 7, 17 ff.
[29] BSG v. 28.03.2013 - B 4 AS 12/12 R - juris Rn. 38 f. - SozR 4-4200 § 20 Nr. 18.
[30] Vgl. BVerfG v. 09.02.2010 - 1 BvL 1/09, 1 BvL 3/09, 1 BvL 4/09 - juris Rn. 198 - BVerfGE 125, 175.

d. Altersstufen

18 Das **BVerfG** hat die in der **früheren Regelsatz-VO** zunächst vorgesehene Einteilung der Kinder und Jugendlichen in nur **zwei Altersstufen** beanstandet und ausgeführt, die Verweisung auf die OECD-Skala in der Begründung zur Regelsatz-VO[31] genüge nicht zur Rechtfertigung, da die Stufen dort lediglich als Aufteilungsschlüssel dienten, um ein Haushaltseinkommen einzelnen Haushaltsangehörigen zuzuordnen und Armutsberechnungen im internationalen Vergleich anzustellen[32], aber über den Bedarf von Kindern unterschiedlicher Altersstufen keine Auskunft gäben[33]. Die Verweisung auf die Untersuchung von *Münnich/Krebs*[34] könne ebenfalls die Aufteilung in zwei Stufen nicht begründen, denn zum einen teile die Studie selbst Kinder in drei Altersgruppen ein (unter 6 Jahren; 6 bis 12 Jahren; 12 bis 18 Jahren), zum anderen lasse sich ihr nicht entnehmen, dass Kinder im Alter von 14 Jahren bis zur Vollendung des 18. Lebensjahres um ein Drittel höhere Ausgaben verursachen als jüngere Kinder, wobei sich die Studie mit dem existentiellen Bedarf von Kindern auch gar nicht befasse.[35]

19 Im Gesetzgebungsverfahren wurde das **Statistische Bundesamt** beauftragt, den gesamten privaten Verbrauch der EVS 2008 für die Familienhaushalte in den **Altersklassen** von 0 bis unter 18 Jahren, von 0 bis unter 3 Jahren, von 3 bis unter 6 Jahren, von 3 bis unter 7 Jahren, unter 6 Jahren, von 6 bis unter 12 Jahren, von 6 bis unter 13 Jahren, von 6 bis unter 14 Jahren, von 6 bis unter 15 Jahren, unter 7 Jahren, von 7 bis unter 12 Jahren, von 7 bis unter 13 Jahren, von 7 bis unter 14 Jahren, von 7 bis unter 15 Jahren, von 12 bis unter 18 Jahren, von 13 bis unter 18 Jahren, von 14 bis unter 18 Jahren und von 15 bis unter 18 Jahren auszuwerten.[36] Nach der Gesetzesbegründung wurde dann an den **drei** zuletzt in der Regelsatz-VO festgelegten **Altersstufen** (0-6 Jahre, 7-14 Jahre, 15-18 Jahre) **festgehalten**, da sich durch die Sonderauswertungen keine Hinweise ergeben hätten, die eine abweichende Altersstufung gerechtfertigt hätten und die Entscheidung, an den bestehenden Altersstufen festzuhalten, auch durch die Ergebnisse von Gesprächen mit Experten und Praktikern gestützt worden sei.[37] Wenngleich die Ausführungen zu den gewählten Altersstufen etwas vage bleiben, erscheint doch der **gesetzgeberische Spielraum noch nicht überschritten**, da zumindest versucht wurde, durch die zahlreichen Sonderauswertungen sinnvolle Altersstufen zu erreichen[38]. Soweit teilweise geltend gemacht wird, die Bedarfe der Kinder und Jugendlichen in den doch recht langen Zeiträumen seien nicht zu vereinheitlichen gewesen, so übersieht das, dass eine **gewisse Pauschalierung** möglich ist, weil die Regelsätze auch bei anderen Positionen, z.B. Haushaltsgroßgeräten, ein Ansparen für kommende Bedarfe vorsehen und teilweise höhere Bedarfe an einer Stelle intern mit anerkannten Positionen ausgeglichen werden können, die in früherem Lebensalter noch nicht anfallen. Diesen Aspekt nennt auch das **BSG** bei seiner Bewertung, dass jedenfalls die Regelbedarfe bei einem zweijährigen Kind verfassungskonform bestimmt wurden.[39]

20 Problematisch erscheinen die Ermittlungen der Verbrauchsausgaben nach Altersstufen vor dem Hintergrund der durch und § 28 Abs. 3 Satz 3 SGB XII geforderten Gewährleistung eines **für statistische Zwecke hinreichend großen Stichprobenumfangs**.[40] Da von den Familienhaushalten nur 523 als Referenzhaushalte berücksichtigt wurden (vgl. die Kommentierung zu § 4 RBEG Rn. 13), diese auf die Altersstufen aufgeteilt wurden und dann noch Sonderauswertungen vorgenommen wurden, konnten die tatsächlichen Ausgaben wegen der geringen Stichprobe von unter 25 Haushalten nach den Vorgaben des Statistischen Bundesamtes (§ 16 Abs. 4 Sätze 1 und 2 BStatG) aus Datenschutzgründen nicht veröffentlicht werden, zumal eine Übermittlung von Einzelangaben an oberste Bundesbehörden im die EVS anordnenden Gesetz über die Statistik der Wirtschaftrechnungen privater Haushalte nicht vorge-

---

[31] Vgl. BR-Drs. 206/04, S. 10 f.
[32] Vgl. *Strengmann-Kuhn*, ZSR 2006, 439, 441 f.
[33] BVerfG v. 09.02.2010 - 1 BvL 1/09, 1 BvL 3/09, 1 BvL 4/09 - juris Rn. 193 - BVerfGE 125, 175.
[34] *Münnich/Krebs*, Wirtschaft und Statistik 2002, S. 1080 ff.
[35] BVerfG v. 09.02.2010 - 1 BvL 1/09, 1 BvL 3/09, 1 BvL 4/09 - juris Rn. 194 - BVerfGE 125, 175.
[36] BT-Drs. 17/3404, S.52.
[37] BT-Drs. 17/3404, S. 65.
[38] Die Gesetzesbegründung verweist zudem darauf, dass aufgrund fehlender statistischer Daten nicht einmal eine Aufschlüsselung nach allen jährlichen Altersstufen möglich gewesen wäre, BT-Drs. 17/3404, S. 65.
[39] BSG v. 28.03.2013 - B 4 AS 12/12 R - juris Rn. 41 f. - SozR 4-4200 § 20 Nr. 18.
[40] Siehe Hörrmann, *Rechtsprobleme des Grundrechts auf Gewährleistung eines menschenwürdigen Existenzminimums, 1. Aufl. 2013, S 116*; Lenze, WSI-Mitteilungen 2011, 534, 537; *I. Becker*, SozSich 2011, Sonderheft, 7, 33 ff.; vgl. zum Aspekt zuverlässiger statistischer Daten auch BVerfG v. 09.02.2010 - 1 BvL 1/09, 1 BvL 3/09, 1 BvL 4/09 - juris Rn. 167 ff. - BVerfGE 125, 175.

sehen ist.[41] Dabei ist aber zum einen davon auszugehen, dass die tatsächlich ermittelten **Ausgaben bei der Summenbildung berücksichtigt** wurden[42], zum anderen auch, dass dem Gesetzgeber, weil die Daten der EVS bei der erforderlichen Neuregelung zum 01.01.2011 (vgl. Rn. 1) bereits erhoben waren, keine wesentlichen Möglichkeiten blieben, einen **größeren Stichprobenumfang** zu erreichen, wenn die Differenzierung nach Altersstufen und bei umfangreicheren Positionen wie Mobilität die Durchführung von Sonderauswertungen erfolgen sollte. Die gewählten Methoden halten sich daher noch im Rahmen des gesetzgeberischen Ermessens.

Im **Bericht nach § 10 RBEG** wurden die Altersstufen nochmals überprüft, es wird vorgeschlagen, an den bisherigen Stufen festzuhalten (vgl. die Kommentierung zu § 10 RBEG Rn. 10). 21

e. Ab- und Zuschläge bei Bedarfen der Kinder und Jugendlichen

aa. Allgemeine Abschläge

Bei Kindern und Jugendlichen werden die Verbrauchsausgaben, die bei der Auswertung **der Einfamilienhaushalte** als nicht existenzsichernd oder anderweitig bundesweit geleistet angesehen werden, ebenfalls nicht als regelbedarfsrelevant erfasst. Insofern kann Bezug genommen werden auf die Kommentierung zu § 5 RBEG Rn. 18 ff. Allerdings ist zu beachten, dass dort auch manche Bedarfe ausgesondert wurden, die als kinderspezifisch angesehen wurden und daher bei den Familienhaushalten Berücksichtigung finden (z.B. Kosten für **Kinderbetreuung durch Privatpersonen**[43] oder **Kindergärten und Krippen**; vgl. die Kommentierung zu § 5 RBEG Rn. 20, die Kommentierung zu § 5 RBEG Rn. 25 und die Kommentierung zu § 5 RBEG Rn. 27). 22

bb. Spezifische Ab- und Zuschläge bei Kindern und Jugendlichen

In den **Abteilungen 1 und 2** der EVS 2008 wurde bei Kindern bis 13 Jahren davon ausgegangen, dass diese keinen **Tabak bzw. Alkohol** konsumieren. Aufgrund der einheitlichen Verwendung von Schlüsseln für die Abteilungen 1 und 2 musste ein sogenannter **Korrekturbetrag** verwendet werden, um die Ausgaben vollständig in Abteilung 1 zu erfassen.[44] Bei **Jugendlichen ab 15 Jahren** erfolgt dagegen entsprechend dem Verfahren bei den Erwachsenen eine **Substitution** der Ausgaben für Alkohol durch Ausgaben für Mineralwasser (vgl. die Kommentierung zu § 5 RBEG Rn. 17).[45] Bei der **Abteilung 3** wurden den Kindern und Jugendlichen ab 14 Jahren auch die **Ausgaben für Kleidung und Schuhe** für unter 14-Jährige zugerechnet, da von einer fehlerhaften Verwendung der Fragebögen ausgegangen wurde.[46] In der **Abteilung 6** werden die Kosten für die **Praxisgebühr** vollständig den Erwachsenen zugerechnet, weil Kinder und Jugendliche bis zur Vollendung des 18. Lebensjahres von dieser Zahlung befreit waren.[47] In der **Abteilung 8** sind die Angaben zu den **Ausgaben für Internet und Telefonnutzung** – wie bei den Einpersonenhaushalten – der Sonderauswertung zu den Kosten von Festnetztelefon (ohne zusätzliches Mobiltelefon) plus Internet entnommen. Wegen der geringen Zahl der Haushalte in der Sonderauswertung wurden **unabhängig von den Altersstufen** die Durchschnittsausgaben für Kinder des Haushaltstyps Paare mit einem Kind unter 18 Jahren eingesetzt.[48] In den **Abteilungen 9 und 10** sind die Positionen „sonstige Verbrauchsgüter" (unter anderem **Schreibwaren und Zeichenmaterial**) nur für Kinder bis 5 Jahre als voll regelbedarfsrelevant angesehen worden, da Kinder von 6 bis 17 Jahres diese Güter gesondert über das **Schulbasispaket** (§ 28 Abs. 3 SGB II; § 34 Abs. 3 SGB XII) erhalten.[49] **Nachhilfe** und **Ausgaben für Klassenfahrten** und **-ausflüge** werden in vollem Umfang gesondert durch das Teilhabepaket erbracht (§§ 28 ff. SGB II; §§ 34 ff. SGB XII), so dass die dafür entstehenden Kosten nicht regelbedarfsrelevant sind.[50] Zudem umfasst das Teilhabepaket für alle Kinder 23

---

[41] *Mogwitz* in: BeckOK RBEG, § 6 Rn. 12; vgl. auch BT-Drs. 17/3404, S. 65; *Rixen*, Sozialrecht aktuell 2001, 121, 123.
[42] Vgl. BSG v. 28.03.2013 - B 4 AS 12/12 R - juris Rn. 40 - SozR 4-4200 § 20 Nr. 18; *Mogwitz*, ZFSH/SGB 2011, 323, 332 f.; vgl. auch BT-Drs. 17/3404, S. 52.
[43] Soweit nicht regelmäßig Befreiungen für bedürftige Kinder bestehen, vgl. BT-Drs. 17/3404, S.
[44] BT-Drs. 17/3404, S. 67 mit Berechnungsbeispiel.
[45] BT-Drs. 17/3404, S. 80.
[46] BT-Drs. 17/3404, S. 81.
[47] BT-Drs. 17/3404, S. 70.
[48] BT-Drs. 17/3404, S. 71.
[49] BT-Drs. 17/3404, S. 72 f.
[50] BT-Drs. 17/3404, S. 73.

die Ausgaben für „**Außerschulischen Unterricht und Hobbykurse**".[51] Die Ausgaben für **Finanzdienstleistungen** werden für Kinder als nicht regelbedarfsrelevant angesehen, da für das Existenzminimum unterstellt wird, dass Kinder kein eigenes Girokonto haben beziehungsweise für Kinder kein eigenes Girokonto geführt wird und ein solches auch nicht notwendig ist.[52]

24 Die statistische Erfassung des **Mobilitätsbedarfs** bei Kindern und Jugendlichen aufgrund von Sonderauswertungen für Haushalte ohne Kfz ist unabhängig von der allgemeinen Kritik an diesem Ausschluss (vgl. die Kommentierung zu § 5 RBEG Rn. 22) **bei Familien besonders kritisiert** worden, da sich diese anders als Alleinstehende häufig nicht in Ballungsräumen, sondern eher im ländlichen Umfeld wohnten und somit der bestehende Bedarf über den ÖPNV nur unzureichend zu decken sei.[53] Die Empfehlung des Bundesrates, für den Mobilitätsbedarf eine einmalige Leistung vorzusehen[54], wurde nicht aufgegriffen, allerdings sehen § 28 Abs. 4 SGB II und § 34 Abs. 4 SGB II nun eine gesonderte Leistung für Schülerbeförderungskosten vor[55]. Zudem verschärfe sich durch den Ausschluss von Kfz-Kosten im Rahmen einer Sonderauswertung die Problematik der Validität der gewonnenen Daten (teilweise nur 38 Haushalte).[56] Dem ist entgegenzuhalten, dass es für die Vermutung eines höheren Mobilitätsbedarfs keine hinreichende Datengrundlage gibt und dass zumindest teilweise durch Einzelleistungen Abhilfe geschaffen wurde. Hinzu kommt, dass die Daten der EVS zum Zeitpunkt der gesetzlichen Regelung bereits erhoben waren und der Gesetzgeber seinen Auftrag, die existenzsichernden Leistungen in einem transparenten und nachvollziehbaren Verfahren zu ermitteln, auch dadurch abgesichert hat, dass für zukünftige Auswertungen ein **Prüfauftrag in § 10 RBEG** vorgesehen ist. Der entsprechende Bericht wurde am 26.06.2013 vom Kabinett beschlossen und dem Deutschen Bundestag unter der Drucksache 17/14282 als Unterrichtung durch die Bundesregierung zugeleitet. Er schlägt allerdings eine Beibehaltung des bisherigen Ermittlungsverfahrens für die Regelbedarfsstufen 4 bis 6 vor.[57] Ob bei der EVS 2013 ein höherer und damit signifikanterer Anteil der Familienhaushalte vorliegen wird, bei dem die Ausgaben als regebedarfsrelevant eingestuft werden, bleibt abzuwarten. Jedenfalls für die bisherige Fassung des § 6 RBEG kann noch nicht von einer Überschreitung des gesetzgeberischen Spielraums ausgegangen werden.[58]

3. Summe der regelbedarfsrelevanten Verbrauchsausgaben (Absatz 2)

25 **Absatz 2** enthält **keinen eigenständigen Regelungsgehalt**, sondern bildet nur die Summe der in Absatz 1 aufgeführten Einzelpositionen (vgl. bereits Rn. 9).

---

[51] BT-Drs. 17/3404, S. 72 f.
[52] BT-Drs. 17/3404, S. 74.
[53] *Lenze* in: LPK-SGB XII, Anh. § 28 (§ 6 RBEG) Rn. 7.
[54] BT-Drs. 17/4770.
[55] *.Lenze* in: LPK-SGB XII, Anh. § 28 (§ 6 RBEG) Rn. 7.
[56] Vgl. *Lenze* in: LPK-SGB XII, Anh. § 28 (§ 6 RBEG) Rn. 7.
[57] BT-Drs. 17/14282, S. 9, 55 ff.
[58] Im Ergebnis auch *Mogwitz* in: BeckOK RBEG, § 6 Rn. 11.1.

§ 7 RBEG Fortschreibung der regelbedarfsrelevanten Verbrauchsausgaben

(Fassung vom 24.03.2011, gültig ab 01.01.2011)

(1) Die Summen der für das Jahr 2008 ermittelten regelbedarfsrelevanten Verbrauchsausgaben nach § 5 Absatz 2 und § 6 Absatz 2 werden entsprechend der Fortschreibung der Regelbedarfsstufen nach § 28a des Zwölften Buches Sozialgesetzbuch fortgeschrieben.

(2) [1]Abweichend von § 28a Absatz 2 des Zwölften Buches Sozialgesetzbuch bestimmt sich die Veränderung des Mischindexes für die Anpassung zum 1. Januar 2011 aus den Jahresdurchschnittswerten des Jahres 2009 gegenüber dem Jahr 2008. [2]Die Veränderungsrate beträgt 0,55 Prozent.

(3) Aufgrund der Fortschreibung nach Absatz 2 und in Anwendung der Rundungsregelung nach § 28 Absatz 4 Satz 5 des Zwölften Buches Sozialgesetzbuch beläuft sich die Summe der regelbedarfsrelevanten Verbrauchsausgaben für Erwachsene nach § 5 Absatz 2 auf 364 Euro.

(4) Aufgrund der Fortschreibung nach Absatz 2 und in Anwendung der Rundungsregelung nach § 28 Absatz 4 Satz 5 des Zwölften Buches Sozialgesetzbuch beläuft sich die Summe der regelbedarfsrelevanten Verbrauchsausgaben für Kinder und Jugendliche nach

1. § 6 Absatz 2 Nummer 1 auf 213 Euro,
2. § 6 Absatz 2 Nummer 2 auf 242 Euro und
3. § 6 Absatz 2 Nummer 3 auf 275 Euro.

Gliederung

A. Basisinformationen 1
I. Textgeschichte/Gesetzgebungsmaterialien 1
II. Vorgängervorschriften 2
III. Systematische Zusammenhänge 3
IV. Ausgewählte Literaturhinweise 6
B. Auslegung der Norm 7
I. Regelungsgehalt und Bedeutung der Norm 7
II. Normzweck 10
III. Inhalt der Vorschrift 11
1. Anwendung von § 28a SGB XII (Absatz 1) 11
2. Für die Veränderungsrate maßgeblicher Zeitraum (Absatz 2) 15
3. Angepasste Verbrauchsausgaben Erwachsene (Absatz 3) 17
4. Angepasste Verbrauchsausgaben Kinder/Jugendliche (Absatz 4) 18

A. Basisinformationen

I. Textgeschichte/Gesetzgebungsmaterialien

Die Vorschrift wurde wie das gesamte RBEG durch Art. 1 des Gesetzes zur Ermittlung von Regelbedarfen und zur Änderung des Zweiten und Zwölften Buches Sozialgesetzbuch vom 24.03.2011[1] mit Wirkung zum **01.01.2011** eingeführt und seither nicht geändert. Sie geht zurück auf das Urteil des BVerfG vom 09.02.2010[2], mit dem die §§ 20 und 28 SGB II (Regelleistung für erwachsene Grundsicherungsempfänger und Sozialgeld für Kinder und Jugendliche unter 14 Jahren) in der Fassung vom 24.12.2003 als mit Art. 1 Abs. 1 i.V.m. Art. 20 GG unvereinbar erklärt und dem Gesetzgeber eine Neuregelung bis zum 31.12.2010 auferlegt hatte. Es handelt sich bei den Normen des RBEG i.V.m. § 28 SGB XII und der zugehörigen Anlage sowie den aufgrund verfassungsgerichtlichen Vorgaben stark überarbeiteten Vorschriften über die Fortschreibung der Regelbedarfsstufen und Regelsätze (§§ 28a und 29 SGB XII) um die durch das BVerfG geforderte **Festlegung der Regelsatzhöhe durch**

1

---

[1] BGBl I 2011, 453 ff.
[2] BVerfG v. 09.02.2010 - 1 BvL 1/09, 1 BvL 3/09, 1 BvL 4/09 - BVerfGE 125, 175.

§ 7 RBEG

Gesetz und nicht durch bloße Verordnung[3]. Gegenüber dem ursprünglichen Gesetzesentwurf[4] hat die Regelung im Gesetzgebungsverfahren insoweit eine Änderung erfahren, als durch den Ausschuss für Arbeit und Soziales zur Korrektur eines redaktionellen Versehens in § 7 Abs. 4 Satz RBEG die zuvor enthaltene fehlerhafte Bezugnahme auf „Abs. 1" in „Abs. 2" geändert wurde[5].

II. Vorgängervorschriften

2   Bis zum 31.12.2010 erfolgte die Ermittlung der konkreten Regelsatzhöhe im Bereich des SGB XII nach der sogenannten **Regelsatz-VO** vom 03.06.2004[6] mit Wirkung zum 01.01.2005, zuletzt geändert durch Art. 17 des Gesetzes vom 02.03.2009[7]. Im Regelungsbereich des SGB II gab es keine eigenen Vorschriften zur Ermittlung der Regelleistung, diese ging allerdings, wie sich aus dem Verweis in § 20 Abs. 5 SGB II in der bis zum 31.12.2010 geltenden Fassung für die Anpassung derselben ergab, auf die Ermittlung nach § 28 Abs. 3 SGB XII a.F. und § 2 der Regelsatz-VO zurück. Eine **direkte Vorgängerregelung zu § 7 RBEG gab es nicht**, weil die Fortschreibung der Regelsätze sich nach einem anderen Verfahren bestimmte (vgl. hierzu die Kommentierung zu § 28a SGB XII Rn. 3 f.) und es keine spezielle Vorschrift zur Überbrückung der Lücke zwischen der zunächst maßgeblichen EVS und dem In-Kraft-Treten der früheren Regelsatz-VO gab. Nach § 4 der damaligen **Regelsatz-Verordnung** veränderte sich der „Eckregelsatz" jeweils zum 01.07. eines Jahres, in dem keine Neubemessung der Regelsätze nach § 28 Abs. 3 Satz 5 des SGB XII a.F. erfolgte, um den Vomhundertsatz, um den sich der aktuelle Rentenwert in der gesetzlichen Rentenversicherung änderte. Dies war nicht verfassungskonform und bedurfte der Änderung (vgl. bereits Rn. 1).

III. Systematische Zusammenhänge

3   Es besteht ein enger systematischer Zusammenhang mit **§ 28a SGB XII**. Nach dessen Absatz 1 werden in Jahren, in denen keine Neuermittlung nach § 28 SGB XII erfolgt, die Regelbedarfsstufen jeweils zum 01.01. mit der sich nach Absatz 2 ergebenden Veränderungsrate fortgeschrieben. Die Fortschreibung der Regelbedarfsstufen erfolgt nach Absatz 2 aufgrund der bundesdurchschnittlichen Entwicklung der Preise für regelbedarfsrelevante Güter und Dienstleistungen sowie der bundesdurchschnittlichen Entwicklung der Nettolöhne und -gehälter je beschäftigten Arbeitnehmer nach der Volkswirtschaftlichen Gesamtrechnung (Mischindex). Maßgeblich ist jeweils die Veränderungsrate, die sich aus der Veränderung in dem Zwölfmonatszeitraum, der mit dem 01.07. des Vorvorjahres beginnt und mit dem 30.06. des Vorjahres endet, gegenüber dem davorliegenden Zwölfmonatszeitraum ergibt. Da die Grundlage der Regelbedarfsermittlung zum 01.01.2011 die EVS 2008 war, musste eine Fortschreibung erfolgen. Hier hat sich der Gesetzgeber für eine von § 28a SGB XII abweichende Regelung entschieden, da nicht die Veränderungsrate als maßgeblich bestimmt wird, die sich aus dem Vergleich des Jahreszeitraums 01.07.2009 bis zum 30.06.2010 mit dem davor liegenden Zwölfmonatszeitraum ergeben hätte, sondern die aus dem Vergleich des Jahreswertes für 2008 mit dem für 2009. Die Berücksichtigung der Veränderung im 1. Halbjahr 2010 wurde dann durch die Regelung des **§ 138 SGB XII** zum 01.01.2012 nachgeholt.

4   Für Kinder und Jugendliche werden zwar in **§ 7 Abs. 4 RBEG** (und § 8 Abs. 1 RBEG) ebenfalls die aufgrund der in Rn. 16 beschriebenen speziellen Veränderungsrate ermittelten und gerundeten Regelbedarfe genannt, diese sind allerdings aufgrund der Sonderregelung in **§ 8 Abs. 2 RBEG** nicht maßgeblich geworden, weil ansonsten zum 01.01.2011 die Sätze der Regelbedarfsstufen 4 bis 6 hätten sinken müssen, was politisch nicht gewollt war. Allerdings findet sich in **§ 134 SGB XII** eine weitere Sonderregelung, die eine turnusgemäße Anhebung dieser Regelbedarfe nach § 28a SGB XI ausschloss, bis ausgehend von den in § 7 Abs. 4 RBEG genannten Werten unter Berücksichtigung der Veränderungsraten die in § 8 Abs. 2 RBEG festgelegten Werte erreicht waren (vgl. im Einzelnen die Kommentierung zu § 134 SGB XII Rn. 12 f.).

---

[3] BVerfG v. 09.02.2010 - 1 BvL 1/09, 1 BvL 3/09, 1 BvL 4/09 - juris Rn. 136 - BVerfGE 125, 175; vgl. auch *Greiser/Stölting*, DVBl 2012, 1353, 1355 ff., die allerdings annehmen, dass es sich bei der Anlage zu § 28 SGB XII um eine bloße Rechtsverordnung handeln könnte; zu den Einwänden gegen die ausführlichen Regelungen im RBEG neben denen des SGB XII vgl. die Kommentierung zu § 1 RBEG Rn. 1.

[4] BT-Drs. 17/3404, S. 6; zur Begründung vgl. S. 90.

[5] Vgl. BT-Drs. 17/4032, S. 7.

[6] BGBl I 2004, 1067.

[7] BGBl I 2009, 416.

§ 20 SGB II verweist zwar nur hinsichtlich der Fortschreibung der Regelbedarfe ausdrücklich auf das RBEG, allerdings liegen die dort unter Anwendung von § 7 RBEG festgeschriebenen Regelbedarfe auch den Festlegungen der Regelbedarfe in § 20 Abs. 2-4 SGB II zugrunde.[8]

IV. Ausgewählte Literaturhinweise

Becker, Bewertung der Neuregelungen des SGB II – Methodische Gesichtspunkte der Bedarfsbemessung vor dem Hintergrund des „Hartz-IV-Urteils" des Bundesverfassungsgerichts – Gutachten für die Hans-Böckler-Stiftung, SozSich 2011, Sonderheft, 7; *Martens*, Die Fortschreibung des Regelsatzes ab 1.1.2011, ASR 2011, 178; *Mogwitz*, Die neue Regelbedarfsermittlung, ZFSH/SGB 2011, 323; *Münder*, Verfassungsrechtliche Bewertung des Gesetzes zur Ermittlung von Regelbedarfen und zur Änderung des Zweiten und Zwölften Buches Sozialgesetzbuch vom 24.03.2011 – BGBl I S. 453 – Gutachten für die Hans-Böckler-Stiftung, SozSich 2011, Sonderheft, 63; *Schwabe*, Einzelbeträge aus den Regelbedarfsstufen des SGB II und XII ab 1.1.2011, ZfF 2011, 97.

B. Auslegung der Norm

I. Regelungsgehalt und Bedeutung der Norm

Die Vorschrift legt in **Absatz 1** fest, dass die notwendige **Fortschreibung** der auf der Grundlage der EVS 2008 ermittelten und in den §§ 5 und 6 RBEG festgelegten Regelbedarfe zum In-Kraft-Treten der Neuregelung zum 01.01.2011 (vgl. Rn. 1) grundsätzlich „entsprechend" (vgl. Rn. 11) der Fortschreibungsregelung des § 28a SGB XII erfolgen soll. In **Absatz 2** findet sich hinsichtlich dieser Bestimmung eine **abweichende Regelung zu § 28a Abs. 2 SGB XII**, wobei ein anderer Vergleichszeitraum festgelegt wird (vgl. Rn. 15 f.), der insgesamt zu einem weniger starken Anstieg der Sätze führt, als das nach § 28a Abs. 2 SGB XII der Fall gewesen wäre.[9]

Absatz 3 bestimmt die Summe der **regelbedarfsrelevanten Verbrauchsausgaben für alleinstehende Erwachsene** zum 01.01.2011. Dies sind wiederum Grundlage der in § 8 Abs. 1 Nr. 1 RBEG genannten Regelbedarfsstufe 1 und mittelbar (vgl. die Kommentierung zu § 27a SGB XII Rn. 77) auch der Regelbedarfsstufen 2 und 3.

Absatz 4 enthält die entsprechende Festlegung der Summen der **regelbedarfsrelevanten Verbrauchsausgaben für Kinder und Jugendliche** differenziert nach den **drei Altersstufen** des § 6 RBEG (vgl. insoweit die Kommentierung zu § 6 RBEG Rn. 18 ff.). Diese hat letztlich nur insoweit Relevanz, als sie Grundlage der Abschmelzung der zum 01.01.2011 über die ermittelten Bedarfe hinausgehend festgelegten Regelbedarfe der Regelbedarfsstufen 4 bis 6 (vgl. § 8 Abs. 2 RBEG) nach § 134 SGB XII sind (vgl. im Einzelnen auch die Kommentierung zu § 134 SGB XII Rn. 12 f.).

II. Normzweck

Zweck des § 7 RBEG ist es, die **Zeit zwischen** der Erhebung der Verbrauchsausgaben in der **EVS 2008** und der neuen Festlegung der Regelbedarfsstufen zum **01.01.2011** nach dem Urteil des BVerfG vom 09.02.2010 (vgl. Rn. 1) **zu überbrücken**. Offenbar sollte der **Anstieg** der Leistung aber möglichst **moderat** erfolgen, weshalb eine von § 28a Abs. 2 SGB XII abweichende Regelung getroffen wurde, die für die Leistungsempfänger ungünstiger war, weil nicht auf einen Vergleich zwischen der Zeit vom 01.07.2008 bis zum 30.06.2009 und der vom 01.07.2009 bis zum 30.06.2010 abgestellt wurde, wie dies § 28a Abs. 2 SGB XII vorgesehen hätte, sondern auf einen Vergleich des **Jahres 2008** mit dem **Jahr 2009**. Nach der Gesetzesbegründung[10] soll dies sachgerecht sein, weil die auf der Basis der EVS 2008 neu bemessenen Regelbedarfe auf Jahresergebnissen beruhen. Das überzeugt nicht[11], denn dieses Argument würde an sich für alle Anpassungen gelten, auch bei späteren EVS, und Zweifel an der generellen Sinnhaftigkeit der Regelung in § 28a Abs. 2 SGB XII wecken. Diese Vorschrift ist allerdings durchaus sinnvoll, denn das BVerfG hat ausgeführt, dass der Gesetzgeber verpflichtet ist, die existenzsichernden Leistungen „fortwährend zu überprüfen und weiterzuentwickeln, weil der elementare Lebensbedarf eines Menschen grundsätzlich nur in dem Augenblick befriedigt werden kann, in dem er besteht".[12] Bereits durch die Regelung des § 28a Abs. 2 SGB XII entsteht ein zeitlicher Abstand

---

[8] Vgl. BT-Drs. 17/3404, S. 97.
[9] *Lenze* in: LPK-SGB XII, Anh. § 28 (§ 7 RBEG) Rn. 1 f.
[10] BT-Drs. 17/3404, S. 90.
[11] Ebenso *Münder*, SozSich 2011 Sonderheft, 63, 91.
[12] BVerfG v. 09.02.2010 - 1 BvL 1/09, 1 BvL 3/09, 1 BvL 4/09 -.juris Rn. 140 - BVerfGE 125, 175.

von 6 Monaten zwischen Erhebung und Neufestlegung der Regelbedarfsstufen. Die Lücke noch größer werden zu lassen, erscheint nicht angemessen, zumal dann wiederum ein Jahr bis zur nächsten Anpassung vergeht. Dies war auch Grund für die Einführung der Regelung des **§ 138 RBEG** im Vermittlungsverfahren[13], durch den die fehlende Erhöhung für den Zeitraum 01.01.2010 bis 30.06.2010 zum 01.01.2012 nachgeholt wurde, bevor dann die turnusmäßige Erhöhung nach § 28 Abs. 2 SGB II für den Zeitraum 01.07.2010 bis 30.06.2011 durchgeführt wurde (vgl. im Einzelnen die Kommentierung zu § 138 SGB XII).

III. Inhalt der Vorschrift

1. Anwendung von § 28a SGB XII (Absatz 1)

11 Durch Absatz 1 wird festgelegt, dass die **Fortschreibung** der ermittelten Verbrauchsausgaben aus dem Jahre 2008, aus dem die zum Zeitpunkt des Erlasses der Regelung letzte EVS stammte, „entsprechend" der Fortschreibungsregelung des § 28a SGB XII erfolgt. Tatsächlich handelt es sich um eine lediglich **„entsprechende" Anwendung**, denn die Regelung des § 28a SGB XII geht bereits von vorliegenden Regelbedarfsstufen aus, die fortgeschrieben werden. Diese wurden allerdings erst aus den Ermittlungen der tatsächlichen Verbrauchsausgaben nach den Vorgaben des RBEG gebildet, dann nach § 7 RBEG angepasst und nach § 8 RBEG festgelegt. Insofern wiederholt § 7 Abs. 1 RBEG auch nicht nur **§ 28 Abs. 4 Satz 4 SGB XII**[14], denn § 28 SGB XII ist nach dessen Absatz 1 nur auf eine „neue" EVS anwendbar. Die maßgebliche EVS 2008 lag bei dessen In-Kraft-Treten allerdings bereits zwei Jahre zurück.

12 Nach **§ 28a Abs. 1 SGB XII** werden in Jahren, in denen keine Neuermittlung nach § 28 SGB XII erfolgt (auf der Grundlage einer neuen, alle 5 Jahre durchgeführten EVS), die Regelbedarfsstufen jeweils zum 01.01. mit der sich nach Absatz 2 ergebenden **Veränderungsrate** fortgeschrieben (vgl. hierzu die Kommentierung zu § 28a SGB XII Rn. 16 ff.). § 28 Abs. 4 Satz 5 SGB XII gilt entsprechend (vgl. hierzu die Kommentierung zu § 28a SGB XII Rn. 17). Nach § 28a Abs. 3 SGB XII beauftragt das Bundesministerium für Arbeit und Soziales das **Statistische Bundesamt** mit der Ermittlung der jährlichen Veränderungsrate für den Zeitraum nach Absatz 2 Satz 2 für die Preise aller regelbedarfsrelevanten Güter und Dienstleistungen und die durchschnittliche Nettolohn- und -gehaltssumme je durchschnittlich beschäftigtem Arbeitnehmer (vgl. hierzu die Kommentierung zu § 28a SGB XII Rn. 25 ff.).

13 Bezug genommen wird durch § 7 Abs. 1 RBEG auch grundsätzlich auf die Regelung des **§ 28a Abs. 2 SGB XII**, wenngleich eine hiervon teilweise abweichende Regelung in § 7 Abs. 2 RBEG getroffen wurde. Die Fortschreibung der Regelbedarfsstufen erfolgt nach § 28a Abs. 2 SGB XII aufgrund der bundesdurchschnittlichen Entwicklung der Preise für regelbedarfsrelevante Güter und Dienstleistungen sowie der bundesdurchschnittlichen Entwicklung der Nettolöhne und -gehälter je beschäftigten Arbeitnehmer nach der Volkswirtschaftlichen Gesamtrechnung (**Mischindex**). Für die Ermittlung der jährlichen Veränderungsrate des Mischindexes wird die sich aus der Entwicklung der Preise aller regelbedarfsrelevanten Güter und Dienstleistungen ergebende Veränderungsrate mit einem Anteil von 70 vom Hundert und die sich aus der Entwicklung der Nettolöhne und -gehälter je beschäftigten Arbeitnehmer ergebende Veränderungsrate mit einem Anteil von 30 vom Hundert berücksichtigt. Damit hat sich der Gesetzgeber für ein Modell entschieden, das **einerseits** an die **Preisentwicklung** regelbedarfsrelevanter Güter und Dienstleistungen angekoppelt ist, **andererseits** zu einem Teil auch die **Lohnentwicklung**, nachdem die frühere Anknüpfung an die Rentenentwicklung als nicht sachgerecht und verfassungswidrig angesehen worden war.[15] Das **BSG** hat die Zusammensetzung des neuen Mischindexes als sachgerechten Anknüpfungspunkt für die Fortschreibung der Regelbedarfsstufen angesehen.[16] Dem kann derzeit noch zugestimmt werden, auch wenn die Anknüpfung an die Lohnentwicklung zur Bestimmung existenzsichernder Leistungen gewisse Gefahren birgt, etwa bei stark sinkenden Löhnen und Gehältern. Zu beachten ist in diesem Zusammenhang allerdings auch, dass insbesondere das **soziokulturelle Existenzminimum** (vgl. zum Begriff die Kommentierung zu § 27a SGB XII

---

[13] Vgl. BT-Drs. 17/4830.
[14] So allerdings *Hannes* in: Oestreicher, SGB XII/SGB II, Anh. § 20 SGB II § 7 RBEG Rn. 3; vgl. auch *Mogwitz* in: BeckOK RBEG, § 7 Rn. 1: Umsetzung von § 28 Abs. 4 Satz 4 SGB XII.
[15] BVerfG v. 09.02.2010 - 1 BvL 1/09, 1 BvL 3/09, 1 BvL 4/09 - juris Rn. 185 f. - BVerfGE 125, 175.
[16] BSG v. 12.07.2012 - B 14 AS 153/11 R - juris Rn. 79 - BSGE 111, 211.

Rn. 21) stark von den jeweiligen gesellschaftlichen Anschauungen geprägt ist, auf die auch Veränderungen in der Lohn- und Gehaltsentwicklung Einfluss haben können. Die Gesetzesbegründung spricht bei dieser Komponente des Mischindexes von einer Beteiligung an der „Wohlfahrtsentwicklung".[17]

Ausweislich der Gesetzesbegründung[18] ist **langfristig angestrebt**, als Grundlage der Fortschreibung nach § 28a SGB XII die jährliche **laufende Wirtschaftsrechnung (LWR)** des Statistischen Bundesamtes heranzuziehen, weil diese die einzige statistische Grundlage darstelle, die jährlich Daten zur Entwicklung des regelbedarfsrelevanten Verbrauchs liefere und damit indirekt alle drei der maßgeblichen Parameter der Bedarfsermittlung (Verbrauch, Preise, Nettolohnentwicklung) abbilde.[19] Allerdings müsse zunächst geprüft werden, ob über die LWR für die Fortschreibung valide Daten gewonnen werden könnten, weshalb dafür ein beim Statistischen Bundesamt in Auftrag gegebenes Forschungsprojekt einen Nachweis erbringen müsse.[20]

2. Für die Veränderungsrate maßgeblicher Zeitraum (Absatz 2)

Die Anpassung der Höhe der für das Jahr 2008 im Rahmen der EVS ermittelten regelbedarfsrelevanten Verbrauchsausgaben zum In-Kraft-Treten der Neuregelung zum 01.01.2011 bestimmt sich nach dem generellen Verweis des § 7 Abs. 1 RBEG auf § 28a SGB XII aus der Veränderungsrate der Preisentwicklung der regelbedarfsrelevanten Positionen zu 70% und der Veränderungsrate der Lohn- und Gehaltentwicklung zu 30%. Begrifflich etwas unglücklich sprechen sowohl § 28a Abs. 2 Satz 2 SGB XII als auch § 7 Abs. 2 RBEG bei der aus diesem Mischindex ermittelten Größe ebenfalls von „Veränderungsrate". Hier wäre eine klarere begriffliche Trennung sinnvoll gewesen. Als **maßgeblichen Zeitraum** für die Bestimmung der Veränderung nennt § 28a Abs. 2 SGB XII den Zwölfmonatszeitraum, der mit dem 01.07. des Vorvorjahres beginnt und mit dem 30.06. des Vorjahres endet, gegenüber dem davorliegenden Zwölfmonatszeitraum ergibt. Das wäre bei der Bestimmung der Regelbedarfe zum 01.01.2011 der Zeitraum vom 01.07.2009 bis zum 30.06.2010 im Vergleich zum Zeitraum **01.07.2008 bis 30.06.2009** gewesen. Hiervon weicht § 7 Abs. 2 RBEG allerdings ab.

Nach § 7 Abs. 2 RBEG wird vielmehr – ohne vom herkömmlichen Mischindex (vgl. zu diesem die Kommentierung zu § 28a SGB XII Rn. 21 ff.) abzuweichen – auf einen **Vergleich** des gesamten **Jahres 2008** mit dem gesamten **Jahr 2009** abgestellt, was für die Leistungsempfänger ungünstiger war. Das Statistische Bundesamt hat die Veränderungsrate mit **0,55 Prozent** berechnet, was in § 7 Abs. 2 Satz 2 RBEG ausdrücklich aufgeführt ist. Bei § 28a SGB XII erfolgt die Festlegung der Veränderungsrate ansonsten durch Rechtsverordnung gemäß § 40 Satz 1 Nr. 1 SGB XII (wobei dort vom „Vomhundertsatz" gesprochen wird), was durch die Nennung der Rate in § 7 Abs. 2 RBEG entbehrlich war. Die Abweichung von der Regelung des § 28a Abs. 2 Satz 2 SGB XII hinsichtlich des Zeitraums ist kritisch zu betrachten[21] und hat letztlich dazu geführt, dass die darin liegende Systemabweichung zum 01.01.2012 durch die Regelung des **§ 138 SGB XII** auf Vorschlag des Vermittlungsausschusses zumindest teilweise kompensiert worden ist.

3. Angepasste Verbrauchsausgaben Erwachsene (Absatz 3)

Absatz 3 führt im Ergebnis nur die **Summe der regelbedarfsrelevanten Verbrauchsausgaben** auf, die sich aus dem in **§ 5 Abs. 2 RBEG** für das Jahr 2008 ermittelten und entsprechend § 28 Abs. 5 Satz 5 SGB XII gerundeten Wert, erhöht um die in § 7 Abs. 2 Satz 2 RBEG festgelegte **Veränderungsrate** von 0,55 Prozent, ergibt. Zudem wird der Rechenweg zum Teil erläutert.[22] Dieser Wert wurde als Regelbedarfsstufe 1 in § 8 Abs. 1 Nr. 1 RBEG und in der Folge in der ursprünglichen Anlage zu § 28 SGB XII übernommen.

---

[17] Vgl. BT-Drs. 17/3404, S. 122.
[18] Vgl. BT-Drs. 17/3404, S. 122.
[19] Diese Variante mit ihren Vorteilen nennt auch BVerfG v. 09.02.2010 - 1 BvL 1/09, 1 BvL 3/09, 1 BvL 4/09 - juris Rn. 187 - BVerfGE 125, 175; vgl. zur Fortschreibung der regelbedarfsrelevanten Verbrauchspositionen auch *Ebel/Wolz*, WiSta 2012, 1122.
[20] Vgl. BT-Drs. 17/3404, S. 122.
[21] Vgl. auch *Adama/Kolf*, SozSich 2011, 85, 86 f.
[22] Vgl. auch *Hannes* in: Oestreicher, SGB XII/SGB II, Anh. § 20 SGB II § 7 RBEG Rn. 9.

4. Angepasste Verbrauchsausgaben Kinder/Jugendliche (Absatz 4)

18 Absatz 4 führt nur die **Summen der regelbedarfsrelevanten Verbrauchsausgaben** auf, die sich aus den in **§ 6 Abs. 2 RBEG** für das Jahr 2008 ermittelten und entsprechend § 28 Abs. 5 Satz 5 SGB XII gerundeten Werten, erhöht um die in § 7 Abs. 2 Satz 2 RBEG festgelegte **Veränderungsrate** von 0,55 Prozent, ergeben. Zudem wird der Rechenweg zum Teil erläutert. Anders als bei den alleinstehenden Erwachsenen (vgl. Rn. 17) ist zu beachten, dass diese Werte zwar ebenfalls in § 8 Abs. 1 Nr. 1 RBEG als Regelbedarfsstufen 4 bis 6 übernommen wurden. Allerdings trifft § 8 Abs. 2 RBEG insoweit eine abweichende Regelung, und setzt die Werte höher fest (Regelbedarfsstufe 4: 287 € statt 275 €; Regelbedarfsstufe 5: 251 € statt 242 €; Regelbedarfsstufe 6: 215 € statt 213 €), damit gegenüber den bis zum 31.12.2010 geltenden Sätzen für Kinder und Jugendliche keine Absenkung erfolgen musste. Zur Abschmelzung dieser Erhöhung vgl. Rn. 9.

19 Zu Recht wird teilweise darauf hingewiesen, dass die **Bedarfe für Bildung und Teilhabe** gemäß § 28 SGB II und § 34 SGB XII nicht entsprechend der Veränderungsrate angepasst wurden, was im Hinblick darauf, dass aufgrund der insoweit gewährten Leistungen tatsächliche Verbrauchsausgaben im Rahmen der EVS 2008 nicht berücksichtigt wurden (vgl. die Kommentierung zu § 6 RBEG Rn. 23), sachwidrig ist, solange es sich nicht – wie etwa bei Klassenfahrten – um in tatsächlicher Höhe zu deckende Bedarfe handelt.[23]

---

[23] *Lenze* in: LPK-SGB XII, Anh. § 28 (§ 7 RBEG) Rn. 7.

§ 8 RBEG Regelbedarfsstufen

(Fassung vom 24.03.2011, gültig ab 01.01.2011)

(1) Die Regelbedarfsstufen nach der Anlage zu § 28 des Zwölften Buches Sozialgesetzbuch belaufen sich

1. in der Regelbedarfsstufe 1 auf 364 Euro für eine erwachsene leistungsberechtigte Person, die als alleinstehende oder alleinerziehende Person einen eigenen Haushalt führt; dies gilt auch dann, wenn in diesem Haushalt eine oder mehrere weitere erwachsene Personen leben, die der Regelbedarfsstufe 3 zuzuordnen sind,
2. in der Regelbedarfsstufe 2 jeweils auf 328 Euro für zwei erwachsene Leistungsberechtigte, die als Ehegatten, Lebenspartner, in eheähnlicher oder lebenspartnerschaftsähnlicher Gemeinschaft einen gemeinsamen Haushalt führen,
3. in der Regelbedarfsstufe 3 auf 291 Euro für eine erwachsene leistungsberechtigte Person, die weder einen eigenen Haushalt führt noch als Ehegatte, Lebenspartner oder in eheähnlicher oder lebenspartnerschaftsähnlicher Gemeinschaft einen gemeinsamen Haushalt führt,
4. in der Regelbedarfsstufe 4 auf 275 Euro für eine leistungsberechtigte Jugendliche oder einen leistungsberechtigten Jugendlichen vom Beginn des 15. bis zur Vollendung des 18. Lebensjahres,
5. in der Regelbedarfsstufe 5 auf 242 Euro für ein leistungsberechtigtes Kind vom Beginn des siebten bis zur Vollendung des 14. Lebensjahres und
6. in der Regelbedarfsstufe 6 auf 213 Euro für ein leistungsberechtigtes Kind bis zur Vollendung des sechsten Lebensjahres.

(2) Für die Regelbedarfsstufen 4 bis 6 tritt zum 1. Januar 2011 in der Anlage zu § 28 des Zwölften Buches Sozialgesetzbuch an die Stelle der Beträge nach Absatz 1 Nummer 4 bis 6

1. für die Regelbedarfsstufe 4 der Betrag von 287 Euro,
2. für die Regelbedarfsstufe 5 der Betrag von 251 Euro,
3. für die Regelbedarfsstufe 6 der Betrag von 215 Euro.

(+++ Hinweis: Regelbedarfsstufen nach § 8 Abs. 1 zum 1.1.2013 vgl. V v. 18.10.2012 I 2173 +++)

Gliederung

A. Basisinformationen 1	1. Definition und Höhe der Regelbedarfsstufen (Absatz 1) 10
I. Textgeschichte/Gesetzgebungsmaterialien 1	a. Regelbedarfsstufe 1 10
II. Vorgängervorschriften 2	b. Regelbedarfsstufe 2 12
III. Systematische Zusammenhänge 3	c. Regelbedarfsstufe 3 15
IV. Ausgewählte Literaturhinweise 5	d. Regelbedarfsstufen 4 bis 6 18
B. Auslegung der Norm 6	2. Sonderregelung für die Regelbedarfsstufen 4 bis 6 (Absatz 2) 19
I. Regelungsgehalt und Bedeutung der Norm 6	
II. Normzweck 8	
III. Inhalt der Vorschrift 10	

§ 8 RBEG

A. Basisinformationen

I. Textgeschichte/Gesetzgebungsmaterialien

1 Die Vorschrift wurde wie das gesamte RBEG durch Art. 1 des Gesetzes zur Ermittlung von Regelbedarfen und zur Änderung des Zweiten und Zwölften Buches Sozialgesetzbuch vom 24.03.2011[1] mit Wirkung zum **01.01.2011** eingeführt und seither nicht geändert. Sie geht zurück auf das Urteil des BVerfG vom 09.02.2010[2], mit dem dieses die §§ 20 und 28 SGB II (Regelleistung für erwachsene Grundsicherungsempfänger und Sozialgeld für Kinder und Jugendliche unter 14 Jahren) in der Fassung vom 24.12.2003 als mit Art. 1 Abs. 1 i.V.m. Art. 20 GG unvereinbar erklärt und dem Gesetzgeber eine Neuregelung bis zum 31.12.2010 auferlegt hatte. Es handelt sich bei den Normen des RBEG i.V.m. § 28 SGB XII und der zugehörigen Anlage sowie den aufgrund verfassungsgerichtlichen Vorgaben stark überarbeiteten Vorschriften über die Fortschreibung der Regelbedarfsstufen und Regelsätze (§§ 28a und 29 SGB XII) um die durch das BVerfG geforderte **Festlegung der Regelsatzhöhe durch Gesetz** und nicht durch bloße Verordnung.[3] Gegenüber dem ursprünglichen Gesetzesentwurf[4] hat die Regelung im Gesetzgebungsverfahren insoweit eine **Änderung** erfahren, als durch den Ausschuss für Arbeit und Soziales vorgeschlagene **Präzisierungen der Definitionen der Regelbedarfsstufen** übernommen wurden.[5] Die ursprüngliche Definition der Stufe 1 lautete „für alleinstehende oder alleinerziehende Leistungsberechtigte", die der Stufe 2 „für Ehegatten und Lebenspartner sowie andere erwachsene Leistungsberechtigte, die in einem gemeinsamen Haushalt leben und gemeinsam wirtschaften", die der Stufe 3 „für erwachsene Leistungsberechtigte, die keinen eigenen Haushalt führen, weil sie im Haushalt anderer Personen leben", die der Stufe 4 „für Jugendliche vom Beginn des 15. bis zur Vollendung des 18. Lebensjahres", die der Stufe 5 „für Kinder vom Beginn des siebten bis zur Vollendung des 14. Lebensjahres" und die der Stufe 6 „für Kinder bis zur Vollendung des sechsten Lebensjahres".

II. Vorgängervorschriften

2 Bis zum 31.12.2010 erfolgte die Ermittlung der konkreten Regelsatzhöhe im Bereich des SGB XII nach der sogenannten **Regelsatz-VO** vom 03.06.2004[6] mit Wirkung zum 01.01.2005, zuletzt geändert durch Art. 17 des Gesetzes vom 02.03.2009[7]. Im Regelungsbereich des SGB II gab es keine eigenen Vorschriften zur Ermittlung der Regelleistung, diese ging allerdings, wie sich aus dem Verweis in § 20 Abs. 5 SGB II in der bis zum 31.12.2010 geltenden Fassung für die Anpassung derselben ergab, auf die Ermittlung nach § 28 Abs. 3 SGB XII a.F. und § 2 der Regelsatz-VO zurück. Eine Vorgängerregelung zu § 8 RBEG fand sich in **§ 3 Regelsatz-VO**, wobei die Regelsätze für Kinder und Jugendliche sich dort aus dem sogenannten Eckregelsatz ableiteten, der nun durch die Regelbedarfsstufe 1 abgelöst wurde[8], wobei der Begriff des Haushaltsvorstands nicht mehr verwendet wird. Der heutigen Regelbedarfsstufe 2 entsprechende Regelungen fanden sich in § 3 Abs. 3 Regelsatz-VO und in § 20 Abs. 3 SGB II a.F. Vorgängerregelungen der Regelbedarfsstufe 3 waren mit begrifflichen und inhaltlichen Abweichungen § 20 Abs. 2 Satz 2 und Abs. 2a SGB II a.F. und § 3 Abs. 2 Satz 1 Nr. 2 Regelsatz-VO, wobei die erstgenannten Regelungen auf das Bestehen einer Bedarfsgemeinschaft bzw. bei Personen unter 25 Jahren auch auf das Verlassen einer solchen ohne Zustimmung des kommunalen Trägers abstellten. Eine Bedarfsgemeinschaft (§ 7 Abs. 3 SGB II) bzw. eine Einsatzgemeinschaft im Sinne des § 19 SGB XII wurde durch das BSG allerdings zur Vermeidung von ungerechtfertigten Ungleichbehandlungen auch im Bereich des SGB XII zur Anwendung des auf 80% gekürzten Eckregelsatzes gefordert.[9] Diese Einschränkung sollte durch die neue Regelbedarfsstufe 3 „revidiert" werden.[10]

---

[1] BGBl I 2011, 453 ff.
[2] BVerfG v. 09.02.2010 - 1 BvL 1/09, 1 BvL 3/09, 1 BvL 4/09 - BVerfGE 125, 175.
[3] BVerfG v. 09.02.2010 - 1 BvL 1/09, 1 BvL 3/09, 1 BvL 4/09 - juris Rn. 136 - BVerfGE 125, 175; vgl. auch *Greiser/Stölting*, DVBl 2012, 1353, 1355 ff., die allerdings annehmen, dass es sich bei der Anlage zu § 28 SGB XII um eine bloße Rechtsverordnung handeln könnte; zu den Einwänden gegen die ausführlichen Regelungen im RBEG neben denen des SGB XII vgl. die Kommentierung zu § 1 RBEG Rn. 1.
[4] BT-Drs. 17/3404, S. 6.; zur Begründung vgl. S. 90, 130 f.
[5] Vgl. BT-Drs. 17/4032, S. 7.
[6] BGBl I 2004, 1067.
[7] BGBl I 2009, 416.
[8] Vgl. BT-Drs. 17/3404, S. 130.
[9] BSG v. 19.05.2009 - B 8 SO 8/08 R - BSGE 103, 181; BSG v. 23.03.2010 - B 8 SO 17/09 R - BSGE 106, 62.
[10] Vgl. den Ausschussbericht des Ausschusses für Arbeit und Soziales, BT-Drs. 17/4095, S. 11 f., 13 f.

III. Systematische Zusammenhänge

Es besteht ein enger systematischer Zusammenhang mit **§ 27a Abs. 2 Satz 2 und Abs. 3 Satz 1 SGB XII**. Nach § 27a Abs. 2 Satz 2 SGB XII ist der Regelbedarf in Regelbedarfsstufen unterteilt, die bei Kindern und Jugendlichen altersbedingte Unterschiede und bei erwachsenen Personen deren Anzahl im Haushalt sowie die Führung eines Haushalts berücksichtigen. Nach § 27a Abs. 3 Satz 1 SGB XII sind zur Deckung der Regelbedarfe, die sich nach den Regelbedarfsstufen der Anlage zu § 28 ergeben, monatliche Regelsätze zu gewähren. Der ursprüngliche Inhalt der Anlage zu § 28 SGB XII vor späteren Fortschreibungen ergibt sich zum 01.01.2011 aus den Vorgaben des § 8 RBEG, der auch die in § 27a SGB XII genannten Regelbedarfsstufen aufschlüsselt. Hinsichtlich der Regelbedarfsstufe 1 wurden dabei die Festlegungen aus § 7 Abs. 3 RBEG in voller Höhe (100 Prozent) übernommen, die Regelbedarfsstufen 2 (90 Prozent der Regelbedarfsstufe 1) und 3 (80 Prozent der Regelbedarfsstufe 1) stellen hingegen nur abgeleitete Werte dar. Die in § 8 Abs. 1 RBEG genannten Regelbedarfsstufen 4 bis 6 entsprechen den Festlegungen des **§ 7 Abs. 4 RBEG**. In **§ 8 Abs. 2 RBEG** sind insoweit allerdings abweichende Werte vorgesehen, die den bis zum 31.12.2010 gewährten Sätzen entsprechen. Die Differenz zu den tatsächlich ermittelten Werten wurde bei zukünftigen Erhöhungen aufgrund der Fortschreibung der Regelbedarfsstufen gemäß der Regelung des **§ 134 SGB XII** abgeschmolzen (vgl. im Einzelnen Rn. 18 f.).

§ 20 SGB II verweist zwar nur hinsichtlich der Fortschreibung der Regelbedarfe ausdrücklich auf das RBEG, allerdings liegen die dort unter Anwendung der §§ 7 und 8 RBEG festgeschriebenen Regelbedarfe auch den Festlegungen der Regelbedarfe in § 20 Abs. 2-4 SGB II zugrunde.[11]

IV. Ausgewählte Literaturhinweise

Becker, Bewertung der Neuregelungen des SGB II – Methodische Gesichtspunkte der Bedarfsbemessung vor dem Hintergrund des „Hartz-IV-Urteils" des Bundesverfassungsgerichts – Gutachten für die Hans-Böckler-Stiftung, SozSich 2011, Sonderheft, 7; *Greiser/Stölting*, Regelsatzverordnung reloaded? Normenklarheit und Normenwahrheit bei der Festlegung der Regelbedarfsstufen im SGB XII, DVBl 2012, 1353; *Groth*, Entspricht die neue Regelleistung den Anforderungen des Bundesverfassungsgerichts?, NZS 2011, 571; *Martens*, Die Fortschreibung des Regelsatzes ab 1.1.2011, ASR 2011, 178; *ders.*, Tabellengrundlage zu den Regelsatzberechnungen der Bundesregierung, ASR Sonderheft, 2011, 50; *Mogwitz*, Die neue Regelbedarfsermittlung, ZFSH/SGB 2011, 323; *Münder*, Verfassungsrechtliche Bewertung des Gesetzes zur Ermittlung von Regelbedarfen und zur Änderung des Zweiten und Zwölften Buches Sozialgesetzbuch vom 24.03.2011 – BGBl I S. 453 – Gutachten für die Hans-Böckler-Stiftung, SozSich 2011, Sonderheft, 63; *Schwabe*, Einzelbeträge aus den Regelbedarfsstufen des SGB II und XII ab 1.1.2011, ZfF 2011, 97.

B. Auslegung der Norm

I. Regelungsgehalt und Bedeutung der Norm

Die Vorschrift bestimmt in **Absatz 1** die **Definitionen der Regelbedarfsstufen**, die sich in gleicher Weise auch in der Anlage zu § 28 SGB XII finden, die wiederum Grundlage der Leistungen zur Sicherung des Lebensunterhalts nach dem 3. und 4. Kapitel des SGB XII ist (§ 27a Abs. 3 Satz 1 SGB XII; § 42 Nr. 1 SGB XII). § 20 SGB II und § 23 SGB II enthalten für das Arbeitslosengeld II und das Sozialgeld insoweit eigene Definitionen, auch wenn die für die einzelnen Stufen ermittelten Werte ebenfalls auf den im RBEG niedergelegten Ermittlungen der Verbrauchsausgaben und Rechenschritten beruhen. Durch Absatz 1 wird die **für die jeweilige Regelbedarfsstufe maßgebliche Leistungshöhe** festgelegt, was dann auch – unter Berücksichtigung der Sonderregelung in § 8 Abs. 2 RBEG – Grundlage der ursprünglichen Fassung der Anlage zu § 28 SGB XII zum 01.01.2011 geworden ist.

Absatz 2 trifft eine **Sonderregelung für die Festlegung der Leistungshöhe der drei Regelbedarfsstufen 4 bis 6** für Kinder und Jugendliche zum 01.01.2011, wodurch die bisherigen für diese Altersstufen geltenden Werte in Abweichung von Absatz 1 beibehalten werden. Dies wurde auch entsprechend in die für die konkrete Leistungshöhe maßgebliche Anlage zu § 28 SGB XII aufgenommen.

---

[11] Vgl. BT-Drs. 17/3404, S. 97.

II. Normzweck

8 Zweck des § 8 RBEG ist es, die **Regelbedarfsstufen zu definieren** und diesen jeweils **Werte zuzuordnen**, um dann zum 01.01.2011 die konkrete Höhe der Leistungen zur Sicherung des Lebensunterhaltes nach dem 3. Und 4. Kapitel des SGB XII zu bestimmen. Dadurch soll eine Verknüpfung der im RBEG ermittelten tatsächlichen Verbrauchsausgaben und dargelegten Rechenschritte mit den konkret zu gewährenden Leistungen erfolgen, um den **Vorgaben des BVerfG** zu genügen, dass zur Ermöglichung der verfassungsgerichtlichen Kontrolle der Leistungen für den Gesetzgeber die Obliegenheit besteht, die zur Bestimmung des Existenzminimums im Gesetzgebungsverfahren eingesetzten Methoden und Berechnungsschritte nachvollziehbar offenzulegen.[12] Zum fehlenden Erfordernis, dies in dieser Ausführlichkeit in einem Parlamentsgesetz darzulegen vgl. bereits die Kommentierung zu § 1 RBEG Rn. 1). Erläuterungen zu Definitionen und Festlegungen der Regelbedarfsstufen, insbesondere der Regelbedarfsstufen 2 und 3, die nicht auf eigenen statistischen Ermittlungen beruhen, finden sich in der Gesetzesbegründung zur Anlage zu § 28 SGB XII.[13]

9 Die sich durch die Ermittlung nach den §§ 6 und 7 RBEG ergebenden Beträge für die **Regelbedarfsstufen 4 bis 6** liegen unterhalb der nach dem bis zum 31.12.2010 geltenden Recht vorgesehenen Regelsätze für Kinder und Jugendliche, weshalb § 8 Abs. 2 RBEG gewährleisten soll, dass für Kinder und Jugendliche **ab dem 01.01.2011 Regelsätze in unveränderter Höhe** gezahlt werden[14], also keine Absenkung dieser Leistungen erfolgt, weil eine solche mit dem Ziel, die Leistungen für diese Personenkreise insgesamt zu verbessern[15], nur schwer in Einklang zu bringen gewesen wäre. Die rechnerischen Differenzbeträge, die sich zu den Regelbedarfsstufen 4 bis 6 nach Absatz 1 ergeben, sollen allerdings nach der **Übergangsregelung in § 134 SGB XII** jeweils mit den Fortschreibungen in den Folgejahren verrechnet werden.[16]

III. Inhalt der Vorschrift

1. Definition und Höhe der Regelbedarfsstufen (Absatz 1)

a. Regelbedarfsstufe 1

10 Die Regelbedarfsstufe 1 wird erwachsenen Personen gewährt, die als **Alleinstehende oder Alleinerziehende einen eigenen Haushalt führen**. Während die Merkmale alleinstehend und alleinerziehend **alternativ** vorliegen können, müssen sie jeweils **kumulativ** mit dem Merkmal der eigenen Haushaltsführung verknüpft sein. Alleinstehend ist jemand, der nicht im Sinne der Regelbedarfsstufe 2 mit einem Ehegatten, Lebenspartner, in eheähnlicher oder lebenspartnerschaftsähnlicher Gemeinschaft einen gemeinsamen Haushalt führt bzw., wie sich aus der Abgrenzung zu den Alleinerziehenden ergibt, einen Haushalt allein führt, in dem die von ihm erzogenen Kinder leben.[17] Damit können auch Ehegatten oder Lebenspartner bzw. Mitglieder einer eheähnlichen oder partnerschaftsähnlichen Gemeinschaft der Regelbedarfsstufe 1 unterfallen, wenn sie keinen gemeinsamen Haushalt führen.[18] Eine eigene Haushaltsführung liegt jedenfalls dann vor, wenn die Generalunkosten des Haushalts getragen werden.[19] Ist dies nicht eindeutig feststellbar, weil teilweise getrennt und teilweise gemeinsam gewirtschaftet wird, ist bei Alleinstehenden bzw. Alleinerziehenden von einer eigenen Haushaltsführung im Sinne der Regelbedarfsstufe 1 auszugehen. Alleinstehend bzw. alleinerziehend kann daher auch ein Mitbewohner einer **Wohngemeinschaft** sein, solange die Haushaltsführung sich nicht eindeutig anderen Personen der Gemeinschaft zuordnen lässt.[20] Eine alleinerziehende Person im Sinne der Regelbedarfsstufe 1 kann auch mit den eigenen **Eltern** zusammenwohnen, solange ein eigener Haushalt geführt wird.[21] Im

---

[12] BVerfG v. 09.02.2010 - 1 BvL 1/09, 1 BvL 3/09, 1 BvL 4/09 - juris Rn. 144 - BVerfGE 125, 175.
[13] BT-Drs. 17/4032, S. 130 f.
[14] BT-Drs. 17/4032, S. 90.
[15] BT-Drs. 17/4032, S. 42 f.
[16] BT-Drs. 17/4032, S. 90.
[17] Nach *Mogwitz* in: BeckOK RBEG, § 8 Rn. 7 soll auch eine alleinerziehende Person alleinstehend sein, allerdings würde sich dann nicht die ausdrückliche Nennung dieser Begriffs im Gesetz erklären.
[18] *Mogwitz* in: BeckOK RBEG, § 8 Rn. 3.
[19] *Mogwitz* in: BeckOK RBEG, § 8 Rn. 8.
[20] *Schmidt* in: Oestreicher, SGB XII/SGB II, Anh. 2 zu § 28 SGB XII Rn. 67; vgl. auch *Lenze* in: LPK-SGB XII, Anh. § 28 (§ 8 RBEG) Rn. 5.
[21] *Mogwitz* in: BeckOK RBEG, § 8 Rn. 7.

Hinblick auf die schwierige Abgrenzung zur Regelbedarfsstufe 3 muss es für die Regelbedarfsstufe auch genügen, wenn ein teilweise eigener Haushalt geführt wird (vgl. die Kommentierung zu § 27a SGB XII Rn. 79 f.). Absatz 1 Nr. 1 Halbsatz 2 stellt klar, dass die Regelbedarfsstufe 1 auch gewährt wird, wenn die haushaltsführende Person mit anderen Personen in einem Haushalt lebt, die der Regelbedarfsstufen 3 zuzuordnen sind, weil sie keinen eigenen Haushalt führen (nicht einmal teilweise). Personen bis zur Vollendung des 18. Lebensjahres können keinen eigenen Haushalt im Sinne der Regelbedarfsstufe 1 führen, da es sich nicht um Erwachsene handelt. Leben sie im Haushalt einer anderen Person, führt dies nicht dazu, dass bei dieser nicht die Regelbedarfsstufe 1 anzuwenden ist.[22] Für den Bereich des SGB II legt § 20 Abs. 2 Satz 1 SGB II fest, dass eine der Regelbedarfsstufe 1 entsprechende Leistung auch eine Person erhält, deren Partner (Ehegatte, Lebenspartner, Mitglieder einer eheähnlichen oder partnerschaftsähnlichen Gemeinschaft) minderjährig ist.

Die Höhe der Leistung der Regelbedarfsstufe 1 betrug **364 €** zum 01.01.2011, was sich aus den in § 7 Abs. 3 RBEG aufgeführten Berechnungen herleitet, dann aufgrund der Fortschreibungen nach § 28a SGB XII **374 €** zum 01.01.2012 (Steigerung 1,99%[23]), **382 €** zum 01.01.2013 (Steigerung 2,26%[24]) und **391 €** zum 01.01.2014 (Steigerung 2,27%[25]).

b. Regelbedarfsstufe 2

Die Regelbedarfsstufe 2 übernimmt laut der Gesetzesbegründung die bisherige Regelung für Paare, nach der beide Erwachsene jeweils 90 Prozent des Eckregelsatzes erhalten; **Paare** sind neben **Ehepaaren** und **Partnern** (vgl. § 33b SGB I) auch **eheähnliche** und **lebenspartnerschaftsähnliche Gemeinschaften**.[26] Soweit in der Begründung ausgeführt wird, einbezogen würden ferner zwei erwachsene Personen, die in einem Haushalt leben und gemeinsam wirtschaften, sich also auch die Kosten des Haushalts teilen (dies könne beispielsweise auf einen Haushalt zutreffen, in dem eine Mutter mit ihrem erwachsenen Sohn lebe)[27], ist dies nicht nachvollziehbar und hat im Gesetz keinen Niederschlag gefunden. Die bestehende Aufteilung der **pauschalen Haushaltsersparnis** auf zwei Erwachsene in gemeinsam wirtschaftenden Paarhaushalten ist durch das Urteil vom Bundesverfassungsgericht vom 09.02.2010 ausdrücklich bestätigt worden, auch wenn sich dies lediglich auf **modifizierte Differenzrechnungen des Deutschen Vereins für öffentliche und private Fürsorge**[28] stützt, die der Regelsatz-Verordnung 1990 zugrunde lagen. Die Gesetzesbegründung führt umfangreich aus, warum für die Ermittlung der Regelbedarfsstufen keine Sonderauswertungen beim Statistischen Bundesamt in Auftrag gegeben wurden.[29] Für den Paarhaushalt ohne Kind sei zum einen zu erwarten, dass er wegen eines hohen Anteils von Doppelverdienerhaushalten über vergleichsweise hohe Einkünfte verfüge und damit auch höhere Verbrauchsausgaben aufweise, zum anderen liege ein Verfahren, wie die bei Paarhaushalten mit einem Kind verwendeten Verteilungsschlüssel, nicht vor und habe in der Kürze der zur Verfügung stehenden Zeit unter Berücksichtigung der Problematik der Doppelverdienerhaushalte auch nicht entwickelt werden können.[30] Die Restausgaben in Paarhaushalten mit einem Kind bzw. Jugendlichen könnten auch nicht verwendet werden, da sie vom Alter der Kinder abhängig und damit nicht für Paarhaushalte ohne Kinder geeignet seien.[31] Dies überzeugt nur bedingt. Entweder müsste man sich der Realität stellen, dass die Verbrauchsausgaben in Paarhaushalten mit Kindern und die in solchen ohne Kinder differieren, was möglicherweise politisch nicht durchsetzbar ist, oder es müssten Durchschnitts-

---

[22] Vgl. *Mogwitz* in: BeckOK RBEG, § 8 Rn. 3.
[23] Vgl. Regelbedarfsstufen-Fortschreibungsverordnung 2012 vom 17.10.2011, BGBl I 2011, 2090.
[24] Vgl. Regelbedarfsstufen-Fortschreibungsverordnung 2013 vom 18.10.2012, BGBl I 2012, 2173.
[25] Vgl. Regelbedarfsstufen-Fortschreibungsverordnung 2014 vom 15.10.2013, BGBl I 2013, 3856.
[26] Vgl. BT-Drs. 17/4032, S. 130.
[27] BT-Drs. 17/4032, S. 130.
[28] In der Stellungnahme des Deutschen Vereins für öffentliche und private Fürsorge für die 41. Sitzung des Ausschusses für Arbeit und Soziales am 22.11.2010 wird allerdings ausgeführt, dass die modifizierte Differenzmethode im Rahmen eines Schichtungsmodells, wie es den Regelbedarfsstufen zugrunde liege, nicht sinnvoll angewandt werden könne, vgl. Ausschussdrucksache 17[11]309, 54 und *Lenze* in: LPK-SGB XII, Anh. § 28 (§ 8 RBEG) Rn. 3.
[29] BT-Drs. 17/4032, S. 130 f.
[30] BT-Drs. 17/4032, S. 130 f.
[31] BT-Drs. 17/4032, S. 131.

werte über alle Paarhaushalte hinweg gebildet werden. Dies erschiene systematisch besser, zumal z.B. bei der Festlegung der Regelbedarfsstufen auch nicht nach dem Geschlecht der alleinstehenden oder alleinerziehenden Personen unterschieden wird.

13   Gemäß § 10 Abs. 2 Nr. 3 RBEG hat das Bundesministerium für Arbeit und Soziales zum 01.07.2013 in einem Bericht dem deutschen Bundestag Vorschläge für die Weiterentwicklung der **Ermittlung von regelbedarfsrelevanten Verbrauchsausgaben von Erwachsenen, die in Mehrpersonenhaushalten leben**, als Grundlage für die Ermittlung von Regelbedarfen und die danach vorzunehmende Bestimmung von Regelbedarfsstufen für Erwachsene, die nicht in einem Einpersonenhaushalt leben, zu unterbreiten. Im Bericht werden verschiedene Berechnungsalternativen aufgeführt (vgl. im Einzelnen die Kommentierung zu § 10 RBEG Rn. 17 ff.), die zu einem Bedarf für die zweite Person in einem Haushalt von 36% bis über 100% des Bedarfs der ersten Person gelangen. Da somit der bisher gewährt Wert von 80% jedenfalls nicht erkennbar zu niedrig angesetzt sei, wird dessen Beibehaltung vorgeschlagen. Ob dies wirklich eine angemessene Lösung ist, ist ohne eine genauere Kenntnis der den einzelnen Alternativberechnungen zugrundeliegenden Methoden nicht festzustellen. Eine **transparente und nachvollziehbare Darlegung** der Kürzung der Ausgaben für eine Einzelperson im Sinne der Rechtsprechung des BVerfG[32] ist darin aber jedenfalls schwerlich zu erkennen.

14   Die Höhe der Leistung der Regelbedarfsstufe 2 betrug jeweils 90% der Regelbedarfsstufe 1 und damit **328 €** zum 01.01.2011, dann aufgrund der Fortschreibungen nach § 28a SGB XII **337 €** zum 01.01.2012[33], dann **345 €** zum 01.01.2013[34] und dann **353 €** zum 01.01.2014[35].

c. Regelbedarfsstufe 3

15   Die Regelbedarfsstufe 3 gilt für erwachsene Personen, die keinen eigenen Haushalt führen, noch einen solchen als Ehegatten, Lebenspartner, in eheähnlicher oder lebenspartnerschaftsähnlicher Gemeinschaft gemeinschaftlich führen. Der **Anwendungsbereich und** die **Verfassungsmäßigkeit** der Regelbedarfsstufe 3 sind **umstritten** (vgl. hierzu im Einzelnen die Kommentierung zu § 27a SGB XII Rn. 79). Im Ergebnis dürfte die Annahme einer Haushaltsersparnis allenfalls gerechtfertigt sein, wenn **tatsächlich kein eigener, auch nicht ein teilweise eigener Haushalt** geführt wird. Dies wird durch den Bericht nach § 10 Abs. 2 Nr. 3 RBEG noch bestätigt, der die Schwierigkeiten aufzeigt, die mit der Ermittlung einer Ersparnis gegenüber den Ausgaben einer Einzelperson generell verbunden sind. Wenn nun noch im konkreten Fall bestehende Aufwendungen für eine teilweise eigene Haushaltsführung zu berücksichtigen wären, ergäbe sich ein noch weniger transparentes Verfahren zur Ermittlung der Angemessenheit der Kürzung vor dem Hintergrund, dass es sich um existenzsichernde Leistungen handelt. So könnte die Ungleichbehandlung von Haushaltsangehörigen über 25 Jahren im Bereich des SGB XII gegenüber dem Bereich des SGB II (dort Regelbedarfsstufe 1), für die der Gesetzgeber keine plausible Begründung liefert, zumindest eingeschränkt werden (vgl. die Kommentierung zu § 27a SGB XII Rn. 80).

16   Bezüglich der Regelbedarfsstufe 3 gilt für den **Bericht nach § 10 Abs. 2 Nr. 3 RBEG** das zur Regelbedarfsstufe 2 Ausgeführte (vgl. Rn. 13) entsprechend. Auch für die Leistungsbezieher der Stufe 3 wird keine Änderung der Festlegung der Leistungshöhe in der Weise vorgeschlagen, dass eine tatsächliche Ermittlung der Haushaltsersparnis für diese weiteren haushaltsangehörigen Personen erfolgen sollte.

17   Die Höhe der Leistung der Regelbedarfsstufe 3 betrug jeweils 80% der Regelbedarfsstufe 1 und damit **291 €** zum 01.01.2011, dann aufgrund der Fortschreibungen nach § 28a SGB XII **299 €** zum 01.01.2012[36], dann **306 €** zum 01.01.2013[37] und dann **313 €** zum 01.01.2014[38]. Für Fälle, in denen durch die vom Gesetzgeber angestrebte Korrektur einer früheren Rechtsprechung des BSG (vgl. Rn. 2) durch die rückwirkende Inkraftsetzung der Neuregelungen zum 01.01.2011 bestimmte Personenkreise vom Bezug des Eckregelsatzes in die Regelbedarfsstufe 3 überführt wurden und nur einen niedrigen

---

[32] Vgl. BVerfG v. 09.02.2010 - 1 BvL 1/09, 1 BvL 3/09, 1 BvL 4/09 - juris Rn. 139 ff. - BVerfGE 125, 175.

[33] Vgl. Regelbedarfsstufen-Fortschreibungsverordnung 2012 vom 17.10.2011, BGBl I 2011, 2090.

[34] Vgl. Regelbedarfsstufen-Fortschreibungsverordnung 2013 vom 18.10.2012, BGBl I 2012, 2173.

[35] Vgl. Regelbedarfsstufen-Fortschreibungsverordnung 2014 vom 15.10.2013, BGBl I 2013, 3856.

[36] Vgl. Regelbedarfsstufen-Fortschreibungsverordnung 2012 vom 17.10.2011, BGBl I 2011, 2090.

[37] Vgl. Regelbedarfsstufen-Fortschreibungsverordnung 2013 vom 18.10.2012, BGBl I 2012, 2173.

[38] Vgl. Regelbedarfsstufen-Fortschreibungsverordnung 2014 vom 15.10.2013, BGBl I 2013, 3856.

Leistungsanspruch hatten, als Leistungen tatsächlich gewährt wurden, findet sich eine Übergangsregelung in § 137 SGB XII (keine Rückzahlung oder Aufrechnung, vgl. im Einzelnen die Kommentierung zu § 137 SGB XII).

d. Regelbedarfsstufen 4 bis 6

Die Regelbedarfsstufen für Kinder und Jugendliche sind in **drei Altersstufen** eingeteilt (zu diesen vgl. die Kommentierung zu § 6 RBEG Rn. 18 ff.), eine weitergehende Definition dieser Regelbedarfsstufen ist nicht vorgesehen. Die Höhe der in Absatz 1 genannten Regelbedarfsstufen 4 bis 6 ergibt sich aus den aufgrund der in § 7 Abs. 4 RBEG niedergelegten Berechnung (vgl. die Kommentierung zu § 7 RBEG Rn. 18). Sie ist allerdings aufgrund der **Sonderregelung in § 8 Abs. 2 RBEG** zum 01.01.2011 nicht maßgeblich für die tatsächlich gewährten Leistungen geworden und hat lediglich Bedeutung als Ausgangspunkt für die **Abschmelzungsregelung des § 134 SGB XII**, wonach turnusmäßige Erhöhungen der Regelbedarfsstufen gemäß § 28a SGB XII erst zu einer Erhöhung der Regelbedarfsstufen führen, wenn ausgehend von den in § 8 Abs. 1 RBEG genannten Werten durch die Erhöhungen die in Absatz 2 aufgeführten Werte überschritten werden (vgl. im Einzelnen die Kommentierung zu § 134 SGB XII Rn. 12 f.). Das war für die Regelbedarfsstufen 4 und 5 zum 01.01.2012 noch nicht der Fall, erst zum 01.01.2013 (zu den jeweiligen Werten vgl. Rn. 20 f.). 18

2. Sonderregelung für die Regelbedarfsstufen 4 bis 6 (Absatz 2)

Die Höhe der Regelbedarfsstufen 4 bis 6 wird zum 01.01.2011 durch Absatz 2 abweichend von Absatz 1 festgelegt, was sich auch auf die Anlage zu § 28 SGB XII auswirkt, die wiederum die konkrete Leistungshöhe im Bereich des SGB XII bestimmt. Im SGB-II-Bereich sind diese Werte in § 23 Nr. 1 SGB II für das Sozialgeld übernommen worden. Sie entsprechen der bis zum 31.12.2010 für die jeweiligen Altersstufen geltenden Leistungshöhe, womit eine **Absenkung zum 01.01.2011 vermieden** werden soll (vgl. bereits Rn. 9). 19

Die Höhe der Regelbedarfsstufe 4 (Jugendliche vom 15. bis zur Vollendung des 18. Lebensjahes) betrug **287 €** zum 01.01.2011 und aufgrund der Abschmelzungsregelung des § 134 SGB XII (vgl. bereits Rn. 18) auch zum 01.01.2012[39]. Zum 01.01.2013 wurde sie auf **289 €** angehoben[40], zum 01.01.2014 auf **296 €**[41]. 20

Die Höhe der Regelbedarfsstufe 5 (Kinder vom 6. bis zur Vollendung des 15. Lebensjahres) betrug **251 €** zum 01.01.2011 und aufgrund der Abschmelzungsregelung des § 134 SGB XII (vgl. bereits Rn. 18) auch zum 01.01.2012[42]. Zum 01.01.2013 wurde sie auf **255 €** angehoben[43], zum 01.01.2014 auf **261 €**[44]. 21

Die Höhe der Regelbedarfsstufe 6 (Kinder bis zur Vollendung des 6. Lebensjahres) betrug **215 €** zum 01.01.2011; aufgrund der Abschmelzungsregelung des § 134 SGB XII (vgl. bereits Rn. 18) waren es dann **219 €** zum 01.01.2012[45]. Zum 01.01.2013 wurde sie auf **224 €** angehoben[46], zum 01.01.2014 auf **229 €**[47]. 22

---

[39] Vgl. Regelbedarfsstufen-Fortschreibungsverordnung 2012 vom 17.10.2011, BGBl I 2011, 2090.
[40] Vgl. Regelbedarfsstufen-Fortschreibungsverordnung 2013 vom 18.10.2012, BGBl I 2012, 2173.
[41] Vgl. Regelbedarfsstufen-Fortschreibungsverordnung 2014 vom 15.10.2013, BGBl I 2013, 3856.
[42] Vgl. Regelbedarfsstufen-Fortschreibungsverordnung 2012 vom 17.10.2011, BGBl I 2011, 2090.
[43] Vgl. Regelbedarfsstufen-Fortschreibungsverordnung 2013 vom 18.10.2012, BGBl I 2012, 2173.
[44] Vgl. Regelbedarfsstufen-Fortschreibungsverordnung 2014 vom 15.10.2013, BGBl I 2013, 3856.
[45] Vgl. Regelbedarfsstufen-Fortschreibungsverordnung 2012 vom 17.10.2011, BGBl I 2011, 2090.
[46] Vgl. Regelbedarfsstufen-Fortschreibungsverordnung 2013 vom 18.10.2012, BGBl I 2012, 2173.
[47] Vgl. Regelbedarfsstufen-Fortschreibungsverordnung 2014 vom 15.10.2013, BGBl I 2013, 3856.

§ 9 RBEG Eigenanteil für die gemeinschaftliche Mittagsverpflegung

(Fassung vom 24.03.2011, gültig ab 01.01.2011)

[1]Für die gemeinschaftliche Mittagsverpflegung für Schülerinnen und Schüler nach § 34 Absatz 6 des Zwölften Buches Sozialgesetzbuch wird zur Ermittlung der Mehraufwendungen je Schultag für die ersparten häuslichen Verbrauchsausgaben für ein Mittagessen (Eigenanteil) ein Betrag von einem Euro berücksichtigt. [2]Für Kinder, die eine Kindertageseinrichtung besuchen, gilt Satz 1 entsprechend.

Gliederung

A. Basisinformationen 1
I. Textgeschichte/Gesetzgebungsmaterialien 1
II. Vorgängervorschriften 2
III. Systematische Zusammenhänge 3
IV. Ausgewählte Literaturhinweise 5
B. Auslegung der Norm 6
I. Regelungsgehalt und Bedeutung der Norm 6
II. Normzweck 7
III. Inhalt der Vorschrift 8
1. Gemeinschaftliche Mittagsverpflegung von Schülern (Satz 1) 8
a. Anwendungsbereich 8
b. Eigenanteil 11
2. Kinder in Kindertageseinrichtungen (Satz 2) 13
IV. Reformbestrebungen 15

A. Basisinformationen

I. Textgeschichte/Gesetzgebungsmaterialien

1   Die Vorschrift wurde wie das gesamte RBEG durch Art. 1 des Gesetzes zur Ermittlung von Regelbedarfen und zur Änderung des Zweiten und Zwölften Buches Sozialgesetzbuch vom 24.03.2011[1] mit Wirkung zum **01.01.2011** eingeführt und seither nicht geändert. Gegenüber dem ursprünglichen Gesetzesentwurf[2] hat die Regelung im Gesetzgebungsverfahren insoweit eine **Änderung** erfahren, als die durch den zweiten Vermittlungsausschuss vorgeschlagene Folgeänderung in Form eines Verweises nun auf § 34 Abs. 6 SGB XII anstatt auf § 34 Abs. 5 SGB XII übernommen wurde.[3]

II. Vorgängervorschriften

2   **Vorgängerregelungen gibt es nicht**, da die Leistungen bezüglich der Bedarfe für Bildung und Teilhabe in § 34 SGB XII, auf die sich die Vorschrift bezieht, erst neu zum 01.01.2011 eingeführt wurden.

III. Systematische Zusammenhänge

3   Es besteht ein systematischer Zusammenhang mit **§ 34 Abs. 6 SGB XII**, auf den die Regelung auch explizit verweist. Geregelt wird ein pauschaler Eigenanteil der Hilfebedürftigen bezüglich der dort gewährten Leistungen.

4   Auch wenn direkt nur auf § 34 Abs. 6 SGB XII Bezug genommen wird, findet § 9 RBEG über die Verweisung in **§ 6b Abs. 2 Satz 4 BKGG** auch auf Kinder Anwendung, die Wohngeld und Kinderzuschlag erhalten. Für den SGB-II-Bereich findet sich eine entsprechende Verweisung in **§ 5a Alg-II-Verordnung**.

IV. Ausgewählte Literaturhinweise

5   *Deutscher Verein für öffentliche und private Fürsorge*, Zweite Empfehlungen des Deutschen Vereins zur Umsetzung der Leistungen für Bildung und Teilhabe v. 25.09.2012, abrufbar unter www.sgb-ii.net/portal/material_aktuell/material_bielefeld/mat_ag5/DV_BuT-Empfehlungen_2.pdf/at_download/file (abgerufen am 21.03.2014); *Hilligardt/Rost/Stark*, Leistungen für Bildung Teilhabe – Die Umsetzung in Hessen, Landkreis 2013, 173 ff.; *Klesse*, Leistungen für Bildung und Teilhabe – Erste Empfehlungen zur Auslegung der neuen Regelungen im SGB II und XII sowie im Bundeskindergeldgesetz –

---

[1] BGBl I 2011, 453 ff.
[2] BT-Drs. 17/3404, S. 7; zur Begründung vgl. S. 90.
[3] Vgl. BT-Drs. 17/4830, S. 2.

Teil 2, NDV 2012, 61; *Rein,* Der Kostenbeitrag für Mittagessen in Kindertageseinrichtungen – Diskriminierung behinderter Kinder durch § 92 Abs. 2 Satz 3 SGB XII?, ZFSH/SGB 2014, 16; *Weber,* Die Prüfung der Hilfebedürftigkeit bei der Gewährung von Bildungs- und Teilhabeleistungen nach dem SGB II, DVP 2012, 289.

B. Auslegung der Norm

I. Regelungsgehalt und Bedeutung der Norm

Geregelt wird ein **Eigenanteil der Hilfebedürftigen** für **ersparte häusliche Aufwendungen** bei der Inanspruchnahme der Leistungen für Bildung und Teilhabe nach § 34 Abs. 6 SGB XII in Form der Teilnahme an einer gemeinschaftlichen Mittagsverpflegung für Schülerinnen und Schüler und Kinder, die eine Tageseinrichtung besuchen oder für die Kindertagespflege geleistet wird. Durch die Verweisungsregelungen in der Alg-II-Verordnung und im BKGG (vgl. bereits Rn. 4) ist der Anwendungsbereich weit gefasst. In der Praxis entsteht ein vergleichsweise **hoher Verwaltungsaufwand**[4], zumal sich auch die praktische Umsetzung zur Einziehung des Eigenanteils schwierig gestaltet[5].

6

II. Normzweck

Nach § 34 Abs. 6 SGB XII (und entsprechend nach § 28 Abs. 6 SGB II) werden nur die **Mehraufwendungen** für eine gemeinschaftliche Mittagsverpflegung übernommen. Mehraufwand ist der Betrag, um den der Preis für das tägliche Mittagessen über dem sich aus dem Regelbedarf rechnerisch ergebenden Ernährungsanteil für das Mittagessen liegt. Dies setzt systematisch eine **Abgrenzung zu dem** in den Regelbedarfen enthaltenen **Eigenanteil** voraus, der in § 9 RBEG zur Verwaltungsvereinfachung pauschal (also auch nicht unterschieden nach Altersstufen[6]) auf 1 € je Mittagessen bestimmt wird.

7

III. Inhalt der Vorschrift

1. Gemeinschaftliche Mittagsverpflegung von Schülern (Satz 1)

a. Anwendungsbereich

Nach Satz 1 gilt die **pauschale Regelung** des Eigenanteils für die gemeinschaftliche Mittagsverpflegung von **Schülerinnen und Schülern**. Zum Begriff Schülerin bzw. Schüler vgl. im Einzelnen die Kommentierung zu § 34 SGB XII Rn. 35 ff. Gemeinschaftlich ist die Verpflegung, wenn sie in schulischer Verantwortung angeboten wird (§ 34 Abs. 6 Satz 2 SGB XII).[7] Dies erfasst auch die Verpflegung im Rahmen schulischer **nachmittäglicher Betreuungsangebote**, die nicht dem unmittelbaren schulischen Betrieb zuzuordnen sind, solange sie **von der Schule verantwortet** werden.

8

Die Kosten einer **selbst organisierten Mittagsverpflegung** von Schülern werden weder aus religiösen Gründen noch aus gesundheitlichen Gründen erfasst[8] und können daher auch nicht der Regelung des § 9 RBEG unterfallen.

9

Die Leistungen für die gemeinschaftliche Mittagsverpflegung werden grundsätzlich als **Sach- und Dienstleistungen** erbracht, nur in Fällen einer **Selbstbeschaffung bei rechtswidriger Leistungsablehnung** als Kostenerstattungsanspruch (vgl. die Kommentierung zu § 34 SGB XII Rn. 85 m.w.N.). Daher kommt auch außer in der letztgenannten Konstellation eine Verrechnung des Eigenanteils und Auszahlung des Restes an Schülerinnen und Schüler oder Eltern nicht in Betracht.

10

---

[4] Vgl. hierzu die gesetzlichen Änderungsvorschläge zur Reduzierung des Verwaltungsaufwands für das Bildungs- und Teilhabepaket des Deutschen Landkreistages, die auf einen Beschluss des Präsidiums vom 01./02.10.212 zurückgehen, unter: www.landkreistag.de/images/stories/publikationen/2012-10-02_dlt-vorschlge_reduzierung_verw_aufwand_but.pdf (abgerufen am 21.03.2014).
[5] Vgl. z.B. die Arbeitshilfe des Landkreistages Hessen unter: https://fragdenstaat.de/files/foi/1404/Arbeitshilfe%20Hessen.pdf (abgerufen am 21.03.2014), S. 20 ff.
[6] BT-Drs. 17/3404, S. 90.
[7] *Mogwitz* in: BeckOK RBEG, § 9 Rn. 2.
[8] Bayerisches LSG v. 30.01.2012 - L 7 BK 1/12 B ER; zu möglichen anderweitigen Leistungsmöglichkeiten in diesen Fällen vgl. die Kommentierung zu § 34 SGB XII Rn. 85.

b. Eigenanteil

11 Der zu erbringende Eigenanteil wird **unabhängig vom Alter der Schülerin bzw. des Schülers** auf 1 € je gemeinschaftlichem Mittagessen festgelegt. Die Höhe dieses Eigenanteils basiert auf der **Sonderauswertung Familienhaushalte mit einem Kind unter 18 Jahren**.[9] Die Berechnung des Eigenanteils stellt eine stark vereinfachte Ermittlung dar, so wird keine Differenzierung nach Altersstufen vorgenommen und der ermittelte Durchschnittsbetrag über alle Altersstufen ergibt für die tägliche Ernährung einen Betrag von 2,98 €.[10] Entsprechend der Aufteilung des täglichen Ernährungsaufwands auf Frühstück, Mittag- und Abendessen nach § 2 Abs. 1 Satz 1 Nr. 1 der Sozialversicherungsentgeltverordnung ergibt sich ein Anteil von 39,05 Prozent für das Mittagessen; dieser Anteil auf die durchschnittlichen täglichen Verbrauchsausgaben für Ernährung übertragen ergibt einen Betrag für das Mittagessen in Höhe von 1,16 €, der dann **auf 1 € abgerundet** wird.[11] Da es sich um den zu entrichtenden Eigenanteil handelt, kommt die Abrundung den Hilfebedürftigen zugute und ist nicht zu beanstanden. Sie kann teilweise auch die fehlende Aufschlüsselung nach Altersstufen kompensieren, wobei dies bei früh eingeschulten fünfjährigen Schülerinnen und Schülern allenfalls knapp funktionieren dürfte. Denn für diese Gruppe sind aus dem Bereich Nahrungsmittel und alkoholfreie Getränke nur 78,67 € vorgesehen, während es in der Gruppe der 15- bis unter 18-Jährigen 124,02 € sind.[12] Der genannte Wert von 2,98 € steht allerdings auch bei den unter 6-Jährigen einem Bedarf für Nahrungsmittel von 59,72 € gegenüber.

12 In der **Praxis** wird der Eigenanteil häufig durch den Leistungserbringer kassiert.[13]

2. Kinder in Kindertageseinrichtungen (Satz 2)

13 Auf **Kinder in Kindertageseinrichtungen** ist Satz 1 entsprechend anzuwenden, d.h. wenn diese ein gemeinschaftliches Mittagessen einnehmen, das in der Verantwortung der jeweiligen Einrichtung angeboten wird. Der Begriff der Kindertageseinrichtung ist im gleichen Sinn auszulegen wie § 22 Abs. 1 Satz 1 SGB VIII und umfasst damit neben Kindergärten – unabhängig von ihrer Bezeichnung im einzelnen Fall – auch **Krabbelgruppen, Kinderhorte, Kleinspielkreise, Kinderkrippen etc.**[14]

14 Nicht recht verständlich wird, dass § 9 Satz 2 RBEG ebenso wie § 34 Abs. 2 Satz 2 SGB XII nur von Kindertageseinrichtungen spricht, nicht jedoch von der **Kindertagespflege**, bei der nach § 34 Abs. 6 Satz 1 Nr. 2 SGB XII ebenfalls ein Mehrbedarf für eine gemeinschaftliche Mittagsverpflegung gewährt wird. Dies dürfte damit zusammenhängen, dass in der ursprünglichen Fassung des § 34 Abs. 5 SGB XII (nun § 34 Abs. 6 SGB XII) nur von Kindertageseinrichtungen die Rede war. Es müsste sich um ein gesetzgeberisches Versehen handeln, dass § 9 RBEG nicht entsprechend angepasst wurde. Die Norm ist daher auf diese Fälle **entsprechend anzuwenden**.

IV. Reformbestrebungen

15 Insbesondere durch die kommunalen Träger der Sozialhilfe wird der Verwaltungsaufwand kritisch gesehen. Durch den **Deutschen Landkreistag** wurde empfohlen, den Eigenanteil ganz entfallen zu lassen, da dieser einen enormen Verwaltungsaufwand bedeutet und die Zahlungen teilweise sogar von Dritten übernommen werden, so dass wiederum die Frage der **Einkommensanrechnung** zu prüfen ist.[15] Bisher sind entsprechende Gesetzesvorhaben allerdings nicht erkennbar.

---

[9] BT-Drs. 17/4032, S. 90.
[10] BT-Drs. 17/4032, S. 90.
[11] BT-Drs. 17/4032, S. 90.
[12] Den Eigenanteil sehen als verfassungsgemäß an: *Mogwitz*, ZFSH/SGB 2011, 323, 333 f.; vgl. die Kommentierung zu § 34 SGB XII Rn. 87.
[13] Vgl. die Arbeitshilfe des Landkreistages Hessen unter: https://fragdenstaat.de/files/foi/1404/Arbeitshilfe%20Hessen.pdf (abgerufen am 21.03.2014), S. 22, auch zu alternativen Modellen.
[14] Vgl. BSG v. 28.03.2013 - B 4 AS 12/12 R - SozR 4-4200 § 20 Nr. 18 m.w.N.; vgl. die Kommentierung zu § 34 SGB XII Rn. 87.
[15] www.landkreistag.de/images/stories/publikationen/2012-10-02_dlt-vorschlge_reduzierung_verw_aufwand_but.pdf (abgerufen am 21.03.2014).

§ 10 RBEG Weiterentwicklung der Regelbedarfs-Ermittlung

(Fassung vom 24.03.2011, gültig ab 01.01.2011)

(1) Für die nach § 28 des Zwölften Buches Sozialgesetzbuch vorzunehmenden Sonderauswertungen auf der Grundlage der Einkommens- und Verbrauchsstichprobe 2013 hat das Bundesministerium für Arbeit und Soziales dem Deutschen Bundestag bis zum 1. Juli 2013 einen unter Mitwirkung des Statistischen Bundesamtes sowie von Sachverständigen zu erstellenden Bericht über die Weiterentwicklung der für die Ermittlung von Regelbedarfen anzuwendenden Methodik vorzulegen.

(2) Das Bundesministerium für Arbeit und Soziales hat in dem Bericht Vorschläge für Weiterentwicklungen in folgenden Teilbereichen der Ermittlung von Regelbedarfen zu unterbreiten:

1. für die Abgrenzung der Referenzhaushalte nach § 3 Absatz 1 hinsichtlich der Bestimmung von Haushalten der Einkommens- und Verbrauchsstichprobe, die nicht als Referenzhaushalte zu berücksichtigen sind, weil deren eigene Mittel nicht zur Deckung des jeweils zu unterstellenden Bedarfs nach dem Zweiten oder Zwölften Buch Sozialgesetzbuch ausreichen;

2. für die Überprüfung und Weiterentwicklung der Verteilungsschlüssel hinsichtlich der Verteilung der Verbrauchsausgaben von Familienhaushalten nach § 2 Nummer 2 auf Kinder und Jugendliche als Grundlage für die Ermittlung von regelbedarfsrelevanten Verbrauchsausgaben nach § 6 und die danach vorzunehmende Bestimmung von Regelbedarfsstufen für Kinder und Jugendliche;

3. für die Ermittlung von regelbedarfsrelevanten Verbrauchsausgaben von Erwachsenen, die in einem Mehrpersonenhaushalt leben, als Grundlage für die Ermittlung von Regelbedarfen und die danach vorzunehmende Bestimmung von Regelbedarfsstufen für Erwachsene, die nicht in einem Einpersonenhaushalt leben.

Gliederung

A. Basisinformationen 1	a. Allgemeines 10
I. Textgeschichte/Gesetzgebungsmaterialien 1	b. Beteiligung von Statistischem Bundesamt und Sachverständigen 11
II. Vorgängervorschriften 2	2. Notwendige Berichtsinhalte (Absatz 2) 12
III. Systematische Zusammenhänge 3	a. Ausschluss von Haushalten als Referenzhaushalte (Nr. 1) 12
IV. Ausgewählte Literaturhinweise 7	
B. Auslegung der Norm 8	b. Überprüfung und Weiterentwicklung von Verteilschlüsseln (Nr. 2) 14
I. Regelungsgehalt und Bedeutung der Norm 8	
II. Normzweck 9	c. Verbrauchsausgaben von Erwachsenen in Mehrpersonenhaushalten (Nr. 3) 17
III. Inhalt der Vorschrift 10	
1. Bericht des BMAS (Absatz 1) 10	

A. Basisinformationen

I. Textgeschichte/Gesetzgebungsmaterialien

Die Vorschrift wurde wie das gesamte RBEG durch Art. 1 des Gesetzes zur Ermittlung von Regelbedarfen und zur Änderung des Zweiten und Zwölften Buches Sozialgesetzbuch vom 24.03.2011[1] mit Wirkung zum **01.01.2011** eingeführt und seither nicht geändert. Im ursprünglichen Gesetzesentwurf zum RBEG[2] war die Regelung noch nicht enthalten. Sie wurde erst im Vermittlungsverfahren aufgenommen[3] und trägt teilweise **Bedenken** des Bundesrates Rechnung, die gegen die **Verfassungsmäßigkeit** einzelner Regelungen des geplanten RBEG erhoben worden waren. Da die Bundesregierung nicht

1

---
[1] BGBl I 2011, 453 ff.
[2] BT Drs. 17/3404, S. 1 ff.
[3] Vgl. BT-Drs. 17/4830, S. 2.

bereit war, die Regelbedarfe zum Inkrafttreten des RBEG zum 01.01.2011 gegenüber dem ursprünglichen Entwurf zu erhöhen[4], wurde zum einen eine Regelung in § 138 SGB XII aufgenommen, wodurch eine aufgrund von § 7 Abs. 2 RBEG nicht vorgenommene turnusgemäße Erhöhung der Regelbedarfsstufen gegenüber der EVS 2008 für den Zeitraum vom 01.01.2010 bis zum 30.06.2010 zum 01.01.2012 nachgeholt wurde (vgl. im Einzelnen die Kommentierung zu § 138 SGB XII). Zum anderen wurde § 10 RBEG eingefügt, wonach bei **kritischen Schritten der Regelbedarfsermittlung** dem Bundesministerium für Arbeit und Soziales (BMAS) ein **Prüfauftrag zur Weiterentwicklung des Verfahrens** erteilt wird, der von einer Berichtspflicht über die Ergebnisse gegenüber dem Deutschen Bundestag bis spätestens zum 01.07.2013 flankiert wird.

II. Vorgängervorschriften

2   Vorgängerregelungen zu § 10 RBEG gibt es nicht, da bei früheren Ermittlungen des Regelsatzes entsprechende Berichtspflichten nicht vorgesehen waren.

III. Systematische Zusammenhänge

3   Es besteht ein systematischer Zusammenhang mit mehreren Vorschriften des SGB XII sowie des RBEG. Der durch das BMAS unter Mitwirkung des Statistischen Bundesamtes und weiterer Sachverständiger zu erstellende Bericht hat sich nach Absatz 1 Satz 1 auf die gemäß **§ 28 SGB XII** vorzunehmenden **Sonderauswertungen** zu beziehen und Möglichkeiten der Weiterentwicklung der für die Regelbedarfsermittlung anzuwendenden Methoden aufzuzeigen.

4   Hinsichtlich § 10 Abs. 2 Nr. 1 RBEG besteht ein Zusammenhang mit **§ 28 Abs. 3 Satz 3 SGB XII**. Danach ist bei den Sonderauswertungen der EVS zu den Verbrauchsausgaben von Haushalten unterer Einkommensgruppen gemäß § 28 Abs. 3 Satz 2 SGB XII festzulegen, welche Haushalte, die Leistungen nach dem SGB XII und dem SGB II beziehen, nicht als Referenzhaushalte zu berücksichtigen sind. **§ 3 RBEG** füllt diese Vorgabe aus, indem in seinem Absatz 1 Ausnahmen von der Berücksichtigung der in § 2 RBEG genannten Haushaltstypen gemacht werden und in seinem Absatz 2 wiederum Gegenausnahmen für doch berücksichtigungsfähige Haushalte. Wie die Methodik dieser Abgrenzung verbessert werden kann, insbesondere auch unter dem Gesichtspunkt des Ausschlusses **„verdeckt" oder „verschämt" armer Haushalte**, die Anspruch auf Leistungen nach dem SGB XII oder SGB II hätten, aber tatsächlich nicht in Anspruch nehmen, ist ein Aspekt des zu erstellenden Berichts.

5   Bei § 10 Abs. 2 Nr. 2 RBEG besteht ein Zusammenhang mit **§ 27a Abs. 2 Satz 2 SGB XII**, wonach der Regelbedarf in Regelbedarfsstufen unterteilt ist, die bei Kindern und Jugendlichen altersbedingte Unterschiede berücksichtigen, so dass auch Festlegungen für verschiedene Altersstufen erfolgen müssen. Dies erfolgt in **§ 6 RBEG**, wobei sich das Problem ergibt, die spezifischen Bedarfe der Kinder und Jugendlichen aus den Ausgaben der Familienhaushalte (vgl. § 2 Nr. 2 RBEG) zu ermitteln. Bei den Festlegungen des § 6 RBEG wurde mit verschiedenen **Verteilschlüsseln** gearbeitet, deren Aktualität nicht unumstritten ist, weil sie teilweise auf Auswertungen der EVS 1998 beruhen (vgl. im Einzelnen die Kommentierung zu § 6 RBEG Rn. 15 ff.). Gegenstand des zu erstellenden Berichts ist die Überprüfung und Weiterentwicklung dieser Verteilschlüssel.

6   Bezüglich § 10 Abs. 2 Nr. 3 RBEG besteht ebenfalls ein Zusammenhang mit **§ 27a Abs. 2 Satz 2 SGB XII**, wonach der Regelbedarf in Regelbedarfsstufen unterteilt ist, die bei erwachsenen Personen deren Anzahl im Haushalt sowie die Führung eines Haushalts berücksichtigen. Hinsichtlich der Regelbedarfsstufe 1 wurden hierzu in **§ 8 RBEG** die auf Ermittlungen der tatsächlichen Verbrauchsausgaben beruhenden Festlegungen aus § 7 Abs. 3 RBEG in voller Höhe (100 Prozent) übernommen, die Regelbedarfsstufen 2 (90 Prozent der Regelbedarfsstufe 1) und 3 (80 Prozent der Regelbedarfsstufe 1) stellen allerdings nur abgeleitete Werte dar, die von einer pauschalen **Haushaltsersparnis bei Mehrpersonenhaushalten** ausgehen. Da diese Pauschalierungen zwar zumindest bei den Paarhaushalten gemäß der Entscheidung des BVerfG noch auf hinreichenden Grundlagen beruhten[5], insbesondere das Alter und die Methodik der zugrundegelegten Ermittlungen, die Regelbedarfsstufe 3 und die Übernahme der für Alleinstehende ermittelten Werte für Eltern in Familienhaushalten aber Kritik erfahren haben (vgl. die Kommentierung zu § 8 RBEG Rn. 12), ist auch insoweit eine Berichtspflicht zur möglichen Weiterentwicklung der Methodik vorgesehen.

---

[4]   Vgl. auch *Lenze* in: LPK-SGB XII, Anh. § 28 (§ 10 RBEG) Rn. 1.
[5]   BVerfG v. 09.02.2010 - 1 BvL 1/09, 1 BvL 3/09, 1 BvL 4/09 - juris Rn. 154 - BVerfGE 125, 175.

IV. Ausgewählte Literaturhinweise

Lenze, Sind die neuen Hartz-IV-Sätze verfassungskonform?, NVwZ 2011, 1104; *Martens,* „Verdeckte Arme" und die Festlegung der Regelsatz-Höhe – Wie durch einen Zirkelschluss der Regelbedarf gesenkt wird, SozSich 2013, 348; *Mogwitz,* Die neue Regelbedarfsermittlung, ZFSH/SGB 2011, 323; *Rixen,* Benchmark für Sozialpolitik und verfassungsrechtliche Kritik – Zu den Regelbedarfs-Gutachten von Irene Becker und Johannes Münder, SozSich 2011, 315; *Spindler,* Verfassungsrecht trifft auf Statistik. Wie soll man mit den Regelsätzen weiter umgehen? Zu den Gutachten von Irene Becker und Johannes Münder, info also, Sonderheft September 2011, 243.

B. Auslegung der Norm

I. Regelungsgehalt und Bedeutung der Norm

§ 10 RBEG verpflichtet das BMAS, dem Bundestag unter Mitwirkung des Statistischen Bundesamtes und weiterer nicht näher bezeichneter Sachverständiger (vgl. Rn. 11) **bis zum 01.07.2013** über Möglichkeiten der Weiterentwicklung der Methoden zur Regelbedarfsermittlung einen Bericht zu erstatten. In **Absatz 2** sind explizit **drei Themenbereiche** genannt, zu denen der Bericht Vorschläge des BMAS zur Weiterentwicklung enthalten muss. Potentiell hatte die Norm eine nicht unerhebliche Bedeutung, denn sie zwingt zur Vorlage von Vorschlägen für Weiterentwicklungen der Ermittlungen zu sämtlichen bisherigen Regelbedarfsstufen. Dies dürfte auch die Intention der Einfügung im Vermittlungsausschuss gewesen sein. Eine Auswertung des Berichts zeigt indes, dass aus diesem gravierende Änderungen der Regelbedarfsermittlungen nicht zu erwarten sind.

II. Normzweck

Durch § 10 RBEG bereitet der Gesetzgeber einerseits die ihm durch das BVerfG aufgegebene **ständige Fortentwicklung und Überprüfung der Ermittlungsmethodik für die grundrechtlich geschützten existenzsichernden Leistungen** (Art. 1 Abs. 1 GG in Verbindung mit Art. 20 Abs. 1 GG)[6] vor. Ziel im Rahmen des Vermittlungsausschusses dürfte auch gewesen sein, im Vermittlungsverfahren höchst **strittige Punkte** durch die verschiedenen Prüfaufträge **in die Zukunft zu verlagern** und zeitnah zu einer Lösung zu kommen, zumal die durch das BVerfG gesetzte Frist zur Neufestlegung der existenzsichernden Leistungen bis spätestens zum 31.12.2010[7] bereits überschritten war (vgl. zur Gesetzeshistorie auch Rn. 1).

III. Inhalt der Vorschrift

1. Bericht des BMAS (Absatz 1)

a. Allgemeines

Das BMAS hatte nach Absatz 1 dem Deutschen Bundestag bis spätestens zum 01.07.2013 über Möglichkeiten der Weiterentwicklung der für die Ermittlung von Regelbedarfen anzuwendenden Methodik zu berichten. Während Absatz 1 diesen Auftrag allgemeiner formuliert, enthält Absatz 2 zwingende Vorgaben über notwendige Berichtsinhalte. Tatsächlich geht der Ende Juni 2013 vorgelegte Bericht[8] nur in wenigen Punkten über diese zwingenden Vorgaben hinaus, etwa indem in Ergänzung zu Absatz 2 Nr. 1 auch der in der allgemeinen Diskussion der Regelbedarfsermittlung teilweise kritisch betrachtete **fehlende Ausschluss von Aufstockerhaushalten** aus der Ermittlung beleuchtet wird.[9] Im Hinblick darauf, dass diese wegen der vorgesehenen Freibeträge über ein Einkommen oberhalb der Leistungen nach dem SGB II bzw. SGB XII verfügen und sich zudem durch den weiteren Ausschluss der Bereich der zu erfassenden Haushalte weiter in die Mitte der nach dem Einkommen gestaffelten Haushalte verschieben würde, wird ein Ausschluss der Aufstockerhaushalte nicht vorgeschlagen.[10]

---

[6] BVerfG v. 09.02.2010 - 1 BvL 1/09, 1 BvL 3/09, 1 BvL 4/09 - juris Rn. 140, 169 - BVerfGE 125, 175 (Prüfauftrag bezüglich verdeckter Armut).

[7] BVerfG v. 09.02.2010 - 1 BvL 1/09, 1 BvL 3/09, 1 BvL 4/09 - juris Rn. 220 - BVerfGE 125, 175.

[8] www.bmas.de/SharedDocs/Downloads/DE/PDF-Meldungen/regelbedarfsermittlungsbericht.pdf?__blob=publicationFile (abgerufen am 20.03.2014); der Bericht wurde am 26.06.2013 vom Kabinett beschlossen und dem Deutschen Bundestag unter der Drucksache 17/14282 als Unterrichtung durch die Bundesregierung zugeleitet.

[9] Bericht nach § 10 RBEG S. 35 ff.

[10] Bericht nach § 10 RBEG S. 41 f.

Wegen des zuerst genannten Argumentes dürfte sich eine entsprechende Setzung im Rahmen des gesetzgeberischen Ermessens halten. Das zuletzt genannte Argument ist dagegen deutlich schwächer. Denn so würde ein möglicher Zirkelschluss bei der Bemessung der Leistung aus Leistungsempfängern nicht wirksam vermieden (vgl. zum selben Problem bei dem überprüften Ausschluss von verdeckt armen Haushalten Rn. 13). Ebenfalls über die zwingenden Vorgaben des Absatzes 2 (hier Nr. 2) hinaus geht die Untersuchung, ob die **Einteilung der Altersstufen bei Kindern und Jugendlichen** sachgerecht ist. Eine wissenschaftliche Überprüfung konnte allerdings wegen des ansonsten zu geringen Stichprobenumfangs nur über sämtliche in der EVS erfassten Familienhaushalte erfolgen. Dabei zeigte sich die nach dem gewählten Modell beste Altersabgrenzung bei den Stufen 0 bis 3, 4 bis 8 und 9 bis 17.[11] Da allerdings auch die im RBEG gewählten Altersstufen als gute Altersdifferenzierung qualifiziert werden und sich der Unterschied zur modelltheoretisch „besten" Altersabgrenzung sachlich nicht eindeutig begründen lasse, sei es nicht gerechtfertigt, die derzeit gültige Altersabgrenzung zu ändern.[12] Eine weitere, über die obligatorischen Prüfaufträge des Absatzes 2 hinausgehende Untersuchung wurde insoweit durchgeführt, als geprüft wurde, ob die **Regelbedarfe für Kinder und Jugendliche** aus der **Differenz der Ausgaben für Paarhaushalte zu denen für Paarhaushalte mit einem Kind** berechnet werden können, wobei dafür passende Paare von Haushalten mit vergleichbaren Konsumausgaben gebildet werden mussten.[13] Abgesehen davon, dass für diese Berechnungen insgesamt zu wenig Vergleichshaushalte zur Verfügung standen und somit keine Differenzierung nach Altersstufen erfolgen konnte, waren die ermittelten Werte je nach Methode der Bestimmung der zusammengehörigen Haushalte sehr unterschiedlich (von 8-42% zusätzlicher Bedarf für ein Kind) und die Rechenschritte insgesamt sehr komplex, so dass diese Methode nachvollziehbar verworfen wurde.[14] Es hätte bei der bestehenden Kritik durchaus auch Anlass bestanden, **weitere Problemfelder** näher zu untersuchen, etwa die zahlreichen Ausschlüsse einzelner Positionen als nicht regelbedarfsrelevant (vgl. hierzu die Kommentierung zu § 5 RBEG Rn. 17 ff. und die Kommentierung zu § 6 RBEG Rn. 22 ff.). Da allerdings das **BSG** diese Ausschlüsse zumindest für Alleinstehende und teilweise auch für Kinder ausdrücklich gebilligt hatte[15], wurde insoweit offenbar kein Handlungsbedarf gesehen.

b. Beteiligung von Statistischem Bundesamt und Sachverständigen

11   Der Bericht des BMAS ist unter Beteiligung des Statistischen Bundesamtes und weiterer nicht näher bezeichneter Sachverständiger zu erstellen. Die Beteiligung des Statistischen Bundesamtes ergibt sich bereits daraus, dass dieses die EVS durchführt und daher die für den Prüfauftrag nach § 10 RBEG erforderlichen **Rohdaten** zur Verfügung stellen muss. Als Sachverständige wurden **Mitarbeiter des Instituts für Arbeitsmarkt- und Berufsforschung**[16] (Prüfauftrag nach § 10 Abs. 2 Nr. 1 RBEG, vgl. Rn. 12 ff., und Betrachtung der Aufstocker, vgl. Rn. 10) sowie der **Ruhr-Universität Bochum**[17] (RUB; Prüfaufträge nach § 10 Abs. 2 Nr. 2 und 3 RBEG, vgl. Rn. 14 ff., Altersstufenüberprüfung und alternative Bedarfsberechnung, vgl. Rn. 10).

2. Notwendige Berichtsinhalte (Absatz 2)

a. Ausschluss von Haushalten als Referenzhaushalte (Nr. 1)

12   Erster notwendiger Prüfauftrag im Sinne des § 10 Abs. 2 RBEG ist die Überprüfung, ob mit hinreichender Sicherheit Haushalte als Referenzhaushalte ausgeschlossen werden, in denen Personen leben, die an sich **Anspruch auf Leistungen nach dem SGB II oder SGB XII** haben, diesen aber aus ver-

---

[11] Bericht nach § 10 RBEG S. 60.
[12] Bericht nach § 10 RBEG S. 60.
[13] Bericht nach § 10 RBEG S. 57 ff.
[14] Bericht nach § 10 RBEG S. 58 ff.
[15] Vgl. BSG v. 28.03.2013 - B 4 AS 12/12 R - SozR 4-4200 § 20 Nr. 18; BSG v. 28.03.2013 - B 4 AS 47/12 R; BSG v. 12.07.2012 - B 14 AS 153/11 R - BSGE 111, 211; insbesondere die letztgenannte Entscheidung wird im Bericht auch erwähnt (S. 22) allerdings im Zusammenhang mit der Absenkung der Referenzgruppe bei Einpersonenhaushalten auf 15%.
[16] Vgl. insoweit Bruckmeier/Pauser/Riphahn/Walwei/Wiemers, Mikroanalytische Untersuchung zur Abgrenzung und Struktur von Referenzgruppen für die Ermittlung von Regelbedarfen auf Basis der Einkommens- und Verbrauchsstichprobe 2008, Nürnberg (im Erscheinen); Bericht nach § 10 RBEG S. 5 f.
[17] Vgl. insoweit Dudel/Garbuszus/Ott/Werding, Überprüfung der bestehenden und Entwicklung neuer Verteilungsschlüssel zur Ermittlung von Regelbedarfen auf Basis der Einkommens- und Verbrauchsstichprobe 2008, Bochum (im Erscheinen); Bericht nach § 10 RBEG S. 5 f.

schiedenen Gründen nicht geltend machen (z.B. **hoher Aufwand bei nur geringfügigen Aufstockungsleistungen, Unkenntnis, Scham etc.**[18]). Das BVerfG hatte insoweit ausgeführt: „Was die Dunkelziffer der „versteckt armen" Haushalte anbetrifft, konnte auch der Caritasverband, der einen eigenen Vorschlag zur Bemessung der Regelleistung unter Herausrechnung dieser Haushalte unterbreitet hat, keine konkreten Angaben machen. Es ist deshalb vertretbar, dass der Gesetzgeber darauf verzichtet hat, den Anteil „versteckt armer" Haushalte auf empirisch unsicherer Grundlage zu schätzen und auf diese Weise das monatliche Nettoeinkommen, das den Grenzwert für die Bestimmung der Referenzgruppe bildet, höher festzusetzen. Der Gesetzgeber bleibt freilich entsprechend seiner Pflicht zur Fortentwicklung seines Bedarfsermittlungssystems verpflichtet, bei der Auswertung künftiger Einkommens- und Verbrauchsstichproben darauf zu achten, dass Haushalte, deren Nettoeinkommen unter dem Niveau der Leistungen nach dem Sozialgesetzbuch Zweites Buch und dem Sozialgesetzbuch Zwölftes Buch inklusive der Leistungen für Unterkunft und Heizung liegt, aus der Referenzgruppe ausgeschieden werden."[19]

Der Bericht widmet sich diesem Prüfauftrag auf den Seiten 6 ff. und 14 ff. Es wird dargelegt, dass valide Daten über diese Personengruppen naturgemäß nicht zur Verfügung stehen können, die **Gruppen nicht einheitlich beschreibbar** sind (z.B. teilweise keine Bedürftigkeit wegen Vorliegens von Vermögen) und sie deshalb nur anhand von **Modellrechnungen** eingegrenzt werden können. Gewählt werden zwei verschiedene Ansätze. Zum einen wird im Rahmen einer **Mikrosimulation** für jeden Haushalt anhand der Angaben in der EVS ein hypothetischer Bedarf berechnet und geprüft, ob das in der EVS erfasste Vermögen und das Haushaltseinkommen die Höchstgrenzen für den Leistungsbezug überschreiten.[20] Um die Komplexität dieser Mikrosimulation zu umgehen, wird alternativ auch überprüft, ob die leistungsberechtigten Haushalte über eine **einfache Mindesteinkommensgrenze** abgegrenzt werden können.[21] Insbesondere die letztgenannte Methode wird allerdings als zu unsicher angesehen, zumal sich mit der Gruppe der im Rahmen der Mikrosimulation ermittelten bedürftigen Haushalte keine signifikante Schnittmenge ergibt.[22] Für die Mikrosimulation sind auch Modellrechnungen durchgeführt worden, wie die Herausnahme der ermittelten Haushalte sich auf die Verbrauchsausgaben auswirken würde. Dabei ist festzustellen, dass sich durch die bloßer Herausnahme ohne die Berücksichtigung von Nachrückern zur Einhaltung der in § 4 RBEG vorgegebenen Prozentwerte je nach gewählter Variante keine oder nur eine geringfügige Erhöhung der Verbrauchsausgaben ergäbe, etwas größer ist die Differenz nur bei den Paarhaushalten mit einem Kind.[23] Mit Nachrückern ergeben sich teilweise erheblich höhere Verbrauchsausgaben.[24] Im Bericht wird nun argumentiert, zum einen lasse sich **insgesamt keine hinreichend sichere Abgrenzung** der „verdeckt armen" Haushalte vornehmen, zum anderen komme eine **Einbeziehung von Nachrückern** nicht in Betracht, weil sich dadurch die Referenzhaushalte in den Bereich der mittleren Einkommen verschieben würden.[25] Das erstgenannte Argument ist anhand der Rechtsprechung des BVerfG noch schlüssig[26], wobei allerdings zu berücksichtigen ist, dass die Mikrosimulationen bereits ein so gutes Bild vom Phänomen der „verdeckten Armut" abgeben könnten, dass ein völliges Ignorieren nicht mehr angemessen sein könnte. Bei dem letztgenannten Argument ist zudem zu berücksichtigen, dass die „verdeckt Armen" zur Vermeidung von Zirkelschlüssen ausgesondert werden sollen, so dass nicht ohne weiteres immer entsprechend die Referenzgruppe verkleinert werden kann. Ansonsten wären bei 15% Leistungsbeziehern oder „verdeckt Armen" gar keine sonstigen Haushalte mehr zu berücksichtigen, was nicht richtig sein kann. Andererseits werden natürlich potentiell umso mehr Personen in die Leistungsberechtigung einbezogen, je mehr Ausschlüsse es gibt, was sich dann wieder auf die nächste EVS massiv auswirkt.[27] Sinnvoll wäre es daher, intensivere Forschungen zur **sinnvollen Bestimmung der maßgeblichen Referenzgruppe** zu betreiben, um dieses Dilemma nach Möglichkeit aufzulösen.

---

[18] Vgl. auch Bericht nach § 10 RBEG S. 16.
[19] BVerfG v. 09.02.2010 - 1 BvL 1/09, 1 BvL 3/09, 1 BvL 4/09 - juris Rn. 169 - BVerfGE 125, 175.
[20] Bericht nach § 10 RBEG S. 23.
[21] Bericht nach § 10 RBEG S. 40 ff.
[22] Bericht nach § 10 RBEG S. 41.
[23] Bericht nach § 10 RBEG S. 30 f., (Alleinlebende), 33 f. (Paarhaushalte mit einem Kind).
[24] Bericht nach § 10 RBEG S. 30 f., (Alleinlebende), 33 f. (Paarhaushalte mit einem Kind).
[25] Bericht nach § 10 RBEG S. 8.
[26] BVerfG v. 09.02.2010 - 1 BvL 1/09, 1 BvL 3/09, 1 BvL 4/09 - juris Rn. 169 - BVerfGE 125, 175.
[27] Vgl. zum Problem der sogenannten „Aufwärtsspirale" auch *Mogwitz*, ZFSH/SGB 2011, 323, 327.

b. Überprüfung und Weiterentwicklung von Verteilschlüsseln (Nr. 2)

14 Der **zweite ausdrückliche Berichtsauftrag** zur **Überprüfung und Weiterentwicklung der Verteilschlüssel** hinsichtlich der Verteilung der Verbrauchsausgaben von Familienhaushalten nach § 2 Nr. 2 RBEG auf Kinder und Jugendliche als Grundlage für die Ermittlung von regelbedarfsrelevanten Verbrauchsausgaben nach § 6 RBEG und die danach vorzunehmende Bestimmung von Regelbedarfsstufen 4 bis 6, wird **nur unzureichend umgesetzt**.

15 Der Bericht enthält zu den Regelbedarfen nach den Stufen 4 bis 6 auf Seite 8 f. die folgenden Ausführungen: „Auch für Kinder **kann es bei dem bisherigen Berechnungsverfahren mittels Verteilungsschlüsseln bleiben.** [...] Die Höhen der Regelbedarfsstufe 3 für Erwachsene und derjenigen der Regelbedarfsstufe 4 für Jugendliche im Alter von 14 bis 17 Jahren liegen – inklusive Bildungs- und Teilhabepaket – in etwa auf demselben Niveau. Für eine Notwendigkeit, Jugendlichen einen substanziell höheren oder niedrigeren Bedarf zuzugestehen als den Erwachsenen nach Regelbedarfsstufe 3, gibt es keine sachliche Begründung. Der gegenüber den 14- bis 17-Jährigen abgestuft niedrigere Bedarf für Kinder bis 13 Jahre ist plausibel. Die Relation der drei Regelbedarfsstufen für Kinder und Jugendliche wird auf Basis der EVS sachgerecht ermittelt. Bezüglich der Ermittlung der Kinderregelbedarfe wurden verschiedene mathematische Verfahren geprüft, die jedoch wie bei den Erwachsenen – je nach verwendeter Methode – zu relativ heterogenen und in Teilen wenig plausiblen Ergebnissen führen. Diese Ergebnisse liefern zudem keinerlei Hinweis darauf, dass die geltenden Regelbedarfsstufen 4 bis 6 zu niedrig sind. Bei der Berechnung für einzelne Abteilungen der EVS oder gar für einzelne Konsumpositionen stoßen die mathematischen Modelle wegen der nur begrenzt möglichen modellhaften Abbildung des realen Konsumverhaltens auch bei der Ermittlung der Kinderbedarfe an Grenzen, sodass solche Verfahren und die auf dieser Basis ermittelten Ergebnisse bei der Regelbedarfsermittlung nicht sinnvoll angewendet werden können. Auch für die Ermittlung der Kinderregelbedarfe wird daher empfohlen, an der bisherigen Praxis festzuhalten." Wie ein Blick in den weiteren Bericht zeigt, betreffen diese Ausführungen aber allenfalls sehr bedingt die zu überprüfenden Verteilschlüssel. Hierzu wird auf Seite 56 des Berichts aufgeführt, diese Verteilschlüssel beruhten auf der Studie „Kosten eines Kindes", sie seien **„breit akzeptiert"** und in der Begründung zum RBEG erläutert.[28] Schließlich wird auf Seite 64 des Berichts festgehalten, dass die bei der Ermittlung der Kinderbedarfe für das RBEG **verwendeten Verteilschlüssel insgesamt sachgerecht** seien. Zu konstatieren sei, dass im Detail auch alternative Setzungen denkbar seien und bestimmte Ansätze kritisiert werden könnten. Letztlich seien bei der Festlegung der Regelbedarfe immer auch **normative Entscheidungen** nötig, deren Bewertung sich an der Begründung und den damit verfolgten Zielen orientieren müsse. Diese Passage zeigt deutlich, dass gar keine inhaltlichen Verbesserungsvorschläge für die komplexen Verteilschlüssel überprüft wurden.

16 Ziel des Berichts nach § 10 RBEG war es allerdings gerade, den Gesetzgeber über **Optimierungsmöglichkeiten** zu informieren. Dies gilt umso mehr, als die Verteilschlüssel durchaus nicht vollumfänglich „breit akzeptiert" waren[29], was Hintergrund der Berichtspflicht gewesen sein dürfte. Möglicherweise hängt die zurückhaltende Betrachtung im Bericht damit zusammen, dass das **BSG** die bisher gewählten **Verteilungsschlüssel** für die Zeit ab 01.01.2011 als **verfassungsrechtlich zulässige Methode** zur Bestimmung des existenzsichernden kindlichen Bedarfs angesehen hat, weil verfassungsrechtlich nicht die beste Methode gewählt werden müsse und es sich bei den Verteilschlüsseln um eine geeignete und vertretbare Methode handele[30], die im Übrigen auch das BVerfG selbst bereits erwähnt habe[31]. Dies trifft aber nicht den Kern der Berichtspflicht, denn nun könnte dem Gesetzgeber **verfahrenstechnisch** vorgeworfen werden, er habe sich selbst zunächst durch die Berichtspflichten um Verbesserungsmöglichkeiten bemüht, sei hiervon aber ohne erkennbaren Grund später wieder abgewichen. Zu den im Bericht enthaltenen Untersuchungen zu den Altersstufen der Kinder und Jugendlichen und Alternativen der Berechnung der Bedarfe dieser Gruppen vgl. bereits Rn. 10.

---

[28] BT-Drs. 17/3404, S. 64-67.
[29] Vgl. etwa *Becker*, SozSich 2011, Sonderheft, 7, 17 ff.
[30] BSG v. 28.03.2013 - B 4 AS 12/12 R - juris Rn. 38 f. - SozR 4-4200 § 20 Nr. 18.
[31] Vgl. BVerfG v. 09.02.2010 - 1 BvL 1/09, 1 BvL 3/09, 1 BvL 4/09 - juris Rn. 198 - BVerfGE 125, 175.

c. Verbrauchsausgaben von Erwachsenen in Mehrpersonenhaushalten (Nr. 3)

Dem **dritten ausdrücklichen Prüfauftrag** betreffend die Ermittlung von **regelbedarfsrelevanten Verbrauchsausgaben von Erwachsenen, die in einem Mehrpersonenhaushalt leben**, als Grundlage für die Ermittlung von Regelbedarfen und die danach vorzunehmende Bestimmung von Regelbedarfsstufen für Erwachsene, die nicht in einem Einpersonenhaushalt leben, widmet der Bericht wiederum deutlich mehr Raum als dem nach Absatz 2 Nr. 2. Ausführungen hierzu finden sich im Bericht im Wesentlichen auf Seite 8 und auf den Seiten 42 ff. Zunächst werden die **herkömmlichen Abschläge** (180% für zwei Personen) bei mehreren Personen in einem Haushalt anhand von Berechnungen des Deutschen Vereins für öffentliche und private Fürsorge aus dem Jahr 1989 ausgehend von der EVS 1983 erläutert. Sodann werden alternative Methoden erörtert. Nachvollziehbar wird dargelegt, dass auf die bekannten **Äquivalenzskalen der OECD** nicht abgestellt werden könne, etwa schon deshalb, weil diese Wohnkosten mit einbeziehen.[32] Als nicht sachgerecht wird auch die **Ermittlung anhand der Verteilschlüssel** bei der Ermittlung der Regelbedarfsstufen 4 bis 6 aus den Ausgaben der Paarhaushalte mit einem Kind angesehen, weil diese einerseits zu niedrigeren Bedarfen geführt hätten, zum anderen auch dazu, dass die Bedarfe sich je nach Alter des oder der Kinder ändern würden, was im Hinblick darauf, dass auch Kinder unterschiedlicher Altersstufen im selben Haushalt wohnen können, und darauf, dass dann nicht klar wäre, welche Bedarfe für Paare ohne Kinder anzusetzen wären, nicht sinnvoll erscheint.[33]

17

Im Rahmen einer möglichen Weiterentwicklung der Berechnungsmethoden wurde untersucht, ob durch die Gegenüberstellung von vom Wohlstandsniveau vergleichbaren Haushalten unterschiedlicher Haushaltstypen (hier Einpersonenhaushalte und Paarhaushalte) eine **Differenzberechnung** möglich ist.[34] Bei diesem sogenannten „Matching" kann natürlich mit sehr vielen Parametern gearbeitet werden. Während sehr einfach lediglich darauf abgestellt werden kann, ob die Anteile der Nahrungsmittelausgaben an den Konsumausgaben gleich ist (Engel-Ansatz)[35] oder welche absoluten Ausgaben für Bekleidung erfolgen (Rothbarth-Ansatz)[36], wurden im Rahmen des Forschungsvorhabens der RUB zusätzlich **differenziertere Merkmalskombinationen** verwendet (Alter, Bildungsabschluss, Erwerbsstatus, Saldo aus Schulden und Vermögen). Dabei muss mit sogenannten **Distanzmaßen** gearbeitet werden, um eine Zuordnung zu ermöglichen, weil bei mehreren Merkmalen eine optimale Übereinstimmung ansonsten kaum jemals zu erreichen ist. Die Forscher der RUB verwendeten insoweit drei verschiedene anerkannte Maße: **Mahalanobis-Distanz**, **Mahalanobis-Matching-Distanz** und **Gower-Distanz**. Für die dann erfolgende Bildung der Paarhaushalte wurden alternativ zwei Verfahren verwendet, das „Nearest-Available-Pair-Matching" und das „Optimal Matching".[37] Bei der Ausgabe der Konsumausgaben der so ermittelten Haushalte wurden dann noch vier Varianten linearer Ausgabesysteme verwendet (**ELES** – Extended Linear Expenditure System – das neben den reinen Konsumausgaben auch mögliche Ersparnisse berücksichtigt; **drei Varianten von FELES** – Functionalized Extended Linear Expenditure System – die außerdem sozioökonomische Merkmale der einzelnen Haushaltsmitglieder mit einbeziehen[38]). Dieser komplexen Ausgabesysteme bedurfte es, weil der einfache Abzug der als Haushaltspaare identifizierten Einpersonenhaushalte von den Paarhaushalten („**naive Skalenwerte**") nicht zu plausiblen Ergebnissen führte; so wären für die weitere Person insgesamt mehr als 100% der Ausgaben für die Erstperson anzusetzen gewesen.[39] Nach den Ausgabesystemen beläuft sich der **zusätzliche Bedarf** einer weiteren Person im Haushalt auf einen Wert zwischen **36-88%**, weshalb der Bericht davon ausgeht, dass der bisherige Wert von 80% jedenfalls als nicht zu knapp bemessen angesehen werden kann.[40] Für die **Regelbedarfsstufe 3** waren wegen der vergleichsweise geringen Fallzahlen von Haushalten mit 3 Personen keine Berechnungen anhand der Ausgabe-

18

---

[32] Bericht nach § 10 RBEG S. 44.
[33] Vgl. auch Bericht nach § 10 RBEG S. 45; eine entsprechende Begründung anmahnend bereits *Palsherm*, SozSich 2011, 63, 68; vgl. allerdings auch die Kommentierung zu § 8 RBEG Rn. 12.
[34] Vgl. auch Bericht nach § 10 RBEG S. 46 ff.
[35] Dies führte allerdings laut Bericht nach § 10 RBEG S. 49, zu einem zu hohen Wert für die Ausgaben der zweiten Person.
[36] Dies führte allerdings laut Bericht nach § 10 RBEG S. 49, zu einem zu niedrigen Wert für die Ausgaben der zweiten Person.
[37] Vgl. Bericht nach § 10 RBEG S. 48.
[38] Zu den drei Varianten vgl. Bericht nach § 10 RBEG S. 49 f.
[39] Vgl. Bericht nach § 10 RBEG S. 50.
[40] Vgl. Bericht nach § 10 RBEG S. 51 f.

formate möglich; die Betrachtung allein der Anteile der Nahrungsmittelausgaben an den Konsumausgaben habe nicht zu plausiblen Ergebnissen geführt, die bisherige Festlegung aber auch nicht in Frage gestellt.[41]

19 Der Bericht gelangt zu dem Ergebnis, dass es **keine eindeutig richtige Methode** zur Bestimmung der Mehrbedarfs einer zweiten Person im Haushalt gebe, dass die mathematischen Methoden zur Verringerung der Komplexität normativer Entscheidungen bedürften und auch dann noch so komplex und schwer darstellbar seien, dass die Anforderungen des BVerfG an eine transparentes Verfahren kaum erfüllt werden könnten, so dass es daher besser sei, einfachere Berechnungen und Plausibilitätsüberlegungen zur Begründung des Mehrbedarfs zu verwenden.[42] Es sei sinnvoller, den Mehrbedarf – ausgehend von den **Ermittlungen des Deutschen Vereins für öffentliche und private Fürsorge** – auf der Basis von Einpersonenhaushalten zu ermitteln, da sich ansonsten unterschiedliche Werte je nach Lebensalter der haushaltsangehörigen Kinder ergäben.[43] Einer **gesonderten einheitlichen Festsetzung der Regelbedarfe für behinderte Menschen** bedürfe es nicht, da bei diesen bereits jetzt die Möglichkeit einer im Einzelfall abweichenden Regelbedarfsfestsetzung bestehe, diesen auch gesonderte Leistungen – insbesondere nach dem 6. Kapitel des SGB XII – zur Verfügung stünden und die typischen Bedarfe über die Regelbedarfsstufe 3 abgedeckt seien.[44]

20 Die im Bericht aufgeführten Erwägungen sind für sich genommen sämtlich nachvollziehbar, auch wenn man sich an mancher Stelle nähere Ausführungen gewünscht hätte, warum einzelne Berechnungen nicht zu plausiblen Ergebnissen führen sollen, zumal diese nicht genannt werden (vgl. etwa Berechnungen nach dem Engel- bzw. Rothbarth-Ansatz). Der Bericht liefert aber im Sinne der Rechtsprechung des BVerfG **allenfalls eine Überprüfung**, dass die bisher verwendeten Werte **nicht evident zu niedrig** sind.[45] Ein **transparentes Verfahren zur Ermittlung** gibt er hingegen nicht vor. So können offenbar die durch den Deutschen Verein für öffentliche und private Fürsorge im Jahre 1989 auf der Grundlage der EVS 1983 ermittelten Werte anhand der derzeit ausgewerteten EVS 2008 nicht reproduziert werden oder es ist nicht einmal ein Versuch unternommen worden, dies zu tun. Damit würde der Gesetzgeber seinem Auftrag, die Festlegungen in einem transparenten Verfahren vorzunehmen[46], aber eher gerecht[47] als durch die vielen Berechnungsschritte und -methoden, die letztlich auch nicht zu einem greifbaren Ergebnis führen.

---

[41] Bericht nach § 10 RBEG S. 52.
[42] Vgl. Bericht nach § 10 RBEG S. 52 f.
[43] Vgl. Bericht nach § 10 RBEG S. 53 f.
[44] Vgl. Bericht nach § 10 RBEG S. 54 f.
[45] Vgl. hierzu BVerfG v. 09.02.2010 - 1 BvL 1/09, 1 BvL 3/09, 1 BvL 4/09 - juris Rn. 141 - BVerfGE 125, 175.
[46] BVerfG v. 09.02.2010 - 1 BvL 1/09, 1 BvL 3/09, 1 BvL 4/09 - juris Rn. 139 - BVerfGE 125, 175.
[47] In diese Richtung auch *Becker*, SozSich 2011, Sonderheft, 7, 15 f.

Verordnung nach § 60 des Zwölften Buches Sozialgesetzbuch

Eingliederungshilfe-Verordnung

in der Fassung der Bekanntmachung vom 1. Februar 1975 (BGBl I 1975, 433), zuletzt geändert durch Artikel 13 des Gesetzes vom 27. Dezember 2003 (BGBl I 2003, 3022)

Abschnitt I: Personenkreis

§ 1 EinglHV Körperlich wesentlich behinderte Menschen

(Fassung vom 27.12.2003, gültig ab 01.01.2005)

Durch körperliche Gebrechen wesentlich in ihrer Teilhabefähigkeit eingeschränkt im Sinne des § 53 Abs. 1 Satz 1 des Zwölften Buches Sozialgesetzbuch sind

1. Personen, deren Bewegungsfähigkeit durch eine Beeinträchtigung des Stütz- oder Bewegungssystems in erheblichem Umfange eingeschränkt ist,
2. Personen mit erheblichen Spaltbildungen des Gesichts oder des Rumpfes oder mit abstoßend wirkenden Entstellungen vor allem des Gesichts,
3. Personen, deren körperliches Leistungsvermögen infolge Erkrankung, Schädigung oder Fehlfunktion eines inneren Organs oder der Haut in erheblichem Umfange eingeschränkt ist,
4. Blinden oder solchen Sehbehinderten, bei denen mit Gläserkorrektion ohne besondere optische Hilfsmittel

    a) auf dem besseren Auge oder beidäugig im Nahbereich bei einem Abstand von mindestens 30 cm oder im Fernbereich eine Sehschärfe von nicht mehr als 0,3 besteht

    oder

    b) durch Buchstabe a nicht erfaßte Störungen der Sehfunktion von entsprechendem Schweregrad vorliegen,

5. Personen, die gehörlos sind oder denen eine sprachliche Verständigung über das Gehör nur mit Hörhilfen möglich ist,
6. Personen, die nicht sprechen können, Seelentauben und Hörstummen, Personen mit erheblichen Stimmstörungen sowie Personen, die stark stammeln, stark stottern oder deren Sprache stark unartikuliert ist.

Gliederung

A. Basisinformationen 1
I. Textgeschichte 1
II. Übergeordnetes Recht 2
III. Verwaltungsvorschriften 3
IV. Internetadressen und Literatur 4
B. Auslegung der Norm 5
I. Allgemeines 5
II. Fallgruppe Nr. 1: Beeinträchtigungen des Stütz- oder Bewegungsapparates 8

III. Fallgruppe Nr. 2: Erhebliche Spaltbildung des Gesichtes oder des Rumpfes oder abstoßende Entstellung des Gesichtes 9
IV. Fallgruppe Nr. 3: Inneres Organ oder Haut 10
V. Fallgruppe Nr. 4: Sehfähigkeit 11
VI. Fallgruppe Nr. 5: Gehörlose 13
VII. Fallgruppe Nr. 6: Sprachstörungen 14

§ 1 EinglHV

A. Basisinformationen

I. Textgeschichte

1 Die Verordnung gilt in der Neufassung vom 01.02.1975[1] und ist in Ausführung der Ermächtigung des § 47 BSHG am 08.02.1975 wirksam geworden. Sie ist trotz Einführung des SGB IX 2001 und der Eingliederung des Sozialhilferechts in das SGB 2005 nicht umfassend angepasst worden und daher im Kern bis heute unverändert geblieben.

II. Übergeordnetes Recht

2 Ermächtigungsgrundlage für den Erlass der Verordnung bildet § 60 SGB XII. Diese im Wesentlichen mit der Vorgängervorschrift im BSHG identische Vorschrift ermöglicht die Abgrenzung des Personenkreises, die nähere Bestimmung von Art und Umfang der Leistung und die Zusammenarbeit mit anderen Stellen. Mit der Ermächtigung zur Regelung dieser Bereiche im Wege einer Rechtsverordnung (vgl. die Kommentierung zu § 60 SGB XII) sollte höhere Flexibilität bei der Reaktion auf neue Entwicklungen erreicht werden.

III. Verwaltungsvorschriften

3 Hier ist im Wesentlichen die „Orientierungshilfe für die Feststellungen der Träger der Sozialhilfe zur Ermittlung der Leistungsvoraussetzungen nach dem SGB XII i.V.m. der Eingliederungshilfe-Verordnung (EHVO) – Behinderungsbegriff" der BAGüS zu nennen.[2]

IV. Internetadressen und Literatur

4 Diesbezüglich wird auf die umfassenden Angaben in der Kommentierung zu § 53 SGB XII verwiesen.

B. Auslegung der Norm

I. Allgemeines

5 In § 1 Eingliederungshilfe-Verordnung legt der Verordnungsgeber fest, welche körperlichen Behinderungen die Teilhabefähigkeit wesentlich beeinträchtigen. Wenn ein ausdrücklich in § 1 Eingliederungshilfe-Verordnung aufgeführter Fall vorliegt, besteht jedoch **keine zwingende gesetzliche Vermutung, dass Wesentlichkeit gegeben ist**. Dies wird zum Teil angenommen.[3] Teilweise wird auch angenommen, dass in jedem Einzelfall nach der medizinischen Feststellung der Beeinträchtigung noch von anderen Fachkräften (z.B. Sozialarbeiter, Sozialpädagogen) geprüft werden müsse, ob dadurch die Teilhabe wesentlich beeinträchtigt wird.[4] Dem ist nicht zu folgen, denn es erscheint im Hinblick auf den Wortlaut der Vorschrift eine differenzierte Sichtweise geboten, wie sie den Empfehlungen des BAGüS zugrunde liegt. Für die Wesentlichkeit entscheidend ist auch nicht etwa der Grad der Behinderung, denn die Prüfung der Wesentlichkeit einer Behinderung ist wertend an deren Auswirkungen für die Eingliederung in der Gesellschaft auszurichten; entscheidend ist mithin nicht, wie stark die geistigen Kräfte beeinträchtigt sind und in welchem Umfang ein Funktionsdefizit vorliegt, sondern wie sich die Beeinträchtigung auf die Teilhabemöglichkeit auswirkt.[5]

6 Nach **Empfehlung**[6] **der BAGüS** (vgl. die Kommentierung zu § 53 SGB XII) gelten nur die **Personen nach den Nr. 4, 5** und **teilweise auch nach Nr. 6**, nämlich Personen, die nicht sprechen können, seelentaube und hörstumme Menschen, kraft Gesetzes als wesentlich behindert; bei den übrigen diesem Personenkreis zugehörigen behinderten Menschen sei die Wesentlichkeit dagegen in jedem Einzelfall zu prüfen. Dieser am Wortlaut orientierten Auslegung gebührt der Vorzug. Wäre immer von einer wesentlichen Behinderung auszugehen, dann würde die Entscheidung über die Wesentlichkeit letztlich auf den Sachverständigen verschoben, denn mit Ausnahme der oben genannten Tatbestände (Nr. 4, 5

---

[1] Bek. v. 01.02.1975, BGBl I 1975, 433, zuletzt geändert durch Art. 13 G. v. 27.12.2003 BGBl I 2003, 3022.
[2] Stand: 24.11.2009 – vgl. www.lwl.org/LWL/Soziales/BAGues/Veroeffentlichungen (abgerufen am 06.03.2014).
[3] *Meusinger* in: Fichtner/Wenzel, SGB XII, 4. Aufl. 2009, § 53 Rn. 4, 15; *Voelzke* in: Hauck/Noftz, K § 53 Rn. 15; *Wahrendorf* in: Grube/Wahrendorf, SGB XII, 3. Aufl. 2010, § 53 Rn. 16.
[4] *Bieritz-Harder* in: LPK-SGB XII, § 53 Rn. 12.
[5] BSG v. 22.03.2013 - B 8 SO 30/10 R - juris Rn. 19.
[6] Orientierungshilfe für die Feststellung der Träger der Sozialhilfe zur Ermittlung der Leistungsvoraussetzungen nach dem SGB XII i.V.m. der Eingliederungshilfe-Verordnung – Stand: 24.11.2009, S. 5.

und teilweise Nr. 6) ist in allen anderen Fallgruppen des § 1 Eingliederungshilfe-Verordnung noch festzustellen, ob es sich dabei um eine **„erhebliche"** oder **„starke"** Ausprägung der Beeinträchtigung handelt. Andererseits erscheint es aber nicht in jeder Fallgruppe notwendig, die Wesentlichkeit individuell zu prüfen, denn die Fallgruppen der Nr. 4, 5 sowie teilweise auch der Nr. 6 kommen ohne zusätzliches wertendes Merkmal aus und ihnen ist gemeinsam, dass in herausragender Weise die Kommunikationsfähigkeit der Personen beeinträchtigt ist.

Können körperliche Funktionsbeeinträchtigungen nicht den Fallgruppen des § 1 Eingliederungshilfe-Verordnung zugeordnet werden, so kann darauf kein Rechtsanspruch gestützt werden, denn die Aufzählung ist **abschließend**.[7] Die Gegenansicht[8] berücksichtigt nicht die Systematik des § 53 Abs. 1 SGB XII, die zwischen wesentlichen Behinderungen mit Leistungsanspruch (Satz 1) und sonstigen Behinderungen mit **Ermessensentscheidung** (vgl. die Kommentierung zu § 53 SGB XII) (Satz 2) unterscheidet. In diesen sonstigen Fällen kann in verfassungskonformer Anwendung des § 53 Abs. 1 Satz 2 SGB XII eine Ermessensreduzierung auf Null eintreten, wenn in vergleichbaren Fällen in anderen Sozialleistungssystemen, wie der Krankenversicherung und dem SGB II, Rehabilitationsleistungen erbracht würden, sofern die versicherungsrechtlichen oder sonstigen besonderen leistungsrechtlichen Voraussetzungen dieser Gesetzbücher erfüllt wären.[9]

II. Fallgruppe Nr. 1: Beeinträchtigungen des Stütz- oder Bewegungsapparates

Bei dieser Fallgruppe kann eine wesentliche körperliche Behinderung vorliegen, wenn durch Beeinträchtigungen des Stütz- oder Bewegungsapparates die Bewegungsfähigkeit erheblich eingeschränkt ist. Hierin gehören alle Gesundheitsstörungen, die sich auf die Beweglichkeit und Fortbewegungsfähigkeit des Menschen beziehen, gleich welcher Ursache. Das sind **neurologische Erkrankungen** wie Lähmungen (auch halbseitig) und MS, **Muskelerkrankungen**, Folgen chronisch **rheumatischer Erkrankungen**, einige **Knochenerkrankungen**, besonders auch der Wirbelsäule, sowie **Fehlbildungen** der Gliedmaßen. Soweit die Bewegungseinschränkung Folge innerer Leiden ist, ist dies ein Fall der Nr. 3. Sind die Nachteilsausgleiche „aG", „G" oder „RF"[10] aus dem **Schwerbehindertenrecht** zuerkannt, so liegt damit noch nicht zwingend eine wesentliche körperliche Behinderung i.S.d. Nr. 1 vor;[11] dies kann aber ein Hinweis sein. Die Tatbestandsvoraussetzungen sind jedoch nicht deckungsgleich.[12] Die Wesentlichkeit ist in jedem Einzelfall zu prüfen.

III. Fallgruppe Nr. 2: Erhebliche Spaltbildung des Gesichtes oder des Rumpfes oder abstoßende Entstellung des Gesichtes

Die Fallgruppe sieht in der erheblichen Spaltbildung des Gesichtes oder des Rumpfes oder einer abstoßenden Entstellung des Gesichtes eine wesentliche körperliche Behinderung. Ob und in welchem Maß eine Missbildung vor allem des Gesichtes entstellend wirkt, lässt sich regelmäßig nicht nach dem Eindruck eines Sachverständigen oder nach Fotografien beurteilen; maßgebend ist vielmehr der unmittelbare Eindruck des zuständigen Sachbearbeiters oder des Gerichts, den es sich grundsätzlich durch **Augenschein** zu verschaffen hat.[13] Den Hauptanwendungsfall bilden **Lippen-Kiefer-Gaumenspalten** sowie die angeborene Spaltbildung im hinteren oder vorderen Anteil der Wirbelsäule (**Spina bifida**). **Neurodermitis** ist keine Entstellung in diesem Sinn.[14] Es hat eine Einzelfallprüfung bezüglich der Wesentlichkeit stattzufinden.

IV. Fallgruppe Nr. 3: Inneres Organ oder Haut

Danach liegt auch in einer erheblichen Einschränkung des Leistungsvermögens durch eine Erkrankung, eine **Schädigung oder Fehlfunktion** eines inneren Organs oder der Haut eine wesentliche Behinderung. **Neurodermitis** stellt keine körperliche Behinderung in Bezug auf die Haut dar; das körperliche Leistungsvermögen kann zwar durch eine Neurodermitis und eine Nahrungsmittelunverträglichkeit beeinträchtigt sein, muss aber im Einzelfall zu einer Einschränkung in erheblichem und dauerhaf-

---

[7] *Bieritz-Harder* in: LPK-SGB XII, § 53 Rn. 14.
[8] *Voelzke* in: Hauck/Noftz, K § 53 Rn. 15.
[9] *Bieritz-Harder* in: LPK-SGB XII, § 53 Rn. 121; *Voelzke* in: Hauck/Noftz, K § 53 Rn. 19 ff.
[10] BSG v. 17.03.1982 - 9a/9 RVs 6/81 - SozR 3870 § 3 Nr. 15.
[11] *Meusinger* in: Fichtner/Wenzel, SGB XII, 4. Aufl. 2009, § 53 Rn. 4.
[12] Vgl. Anlage zu § 2 Versorgungsmedizin-Verordnung v. 10.12.2008, S. 115 ff.
[13] BSG v. 26.01.1994 - 9 RV 25/93 - juris Rn. 14 - SozR 3-1750 § 372 Nr. 1.
[14] VG Dessau v. 27.02.2004 - 4 A 305/03.

tem Umfang führen.[15] Eine schwere **Diabetes-Erkrankung** mit chronisch unzureichender Stoffwechseleinstellung[16] kann ebenso ein Fall der Fehlfunktion eines inneren Organs sein wie ein Diabetes mellitus Typ I[17]. Hierhin gehören aber vor allem Erkrankungen der Lunge, des Herzens und der Blutgefäße, der Nieren, der Leber, aber auch Tumorerkrankungen. Die BAGüS (vgl. die Kommentierung zu § 53 SGB XII) bietet für die Bewertung des Schweregrades von Epilepsie und **HIV-Erkrankungen** differenzierte Arbeitshilfen.[18] Die Erheblichkeit ist in jedem Einzelfall zu prüfen und zu bejahen, um Wesentlichkeit annehmen zu können.

V. Fallgruppe Nr. 4: Sehfähigkeit

11   Die Fallgruppe betrifft die Sehfähigkeit. Sie erfasst Blinde und in Nr. 4 lit. a) solche Sehbehinderte, bei denen ohne besondere optische Hilfe, nur mit Gläserkorrektur auf dem besseren Auge oder beidäugig entweder im Nahbereich (Abstand mindestens 30 cm) oder aber im Fernbereich eine Sehschärfe von nicht mehr als 0,3 besteht. Nach Nr. 4 lit. b) werden auch in Nr. 4 lit. a) nicht genannte Sehstörungen von entsprechendem Schweregrad erfasst.

12   **Blind** ist ein Behinderter, dessen Augenlicht vollständig fehlt; **gleichgestellt** sind Menschen, deren Sehschärfe auf keinem Auge und auch nicht beidäugig mehr als 0,02 (1/50) beträgt.[19] In diese Fallgruppe gehören auch andere Störungen des Sehvermögens von einem solchen Schweregrad, dass sie dieser Beeinträchtigung der Sehschärfe gleichzustellen sind,[20] beispielsweise extreme **Einschränkungen des Gesichtsfelds**.[21] Maßgeblich sind dabei die **Richtlinien der Deutschen Ophthalmologischen Gesellschaft** (DOG).[22] Nachtblindheit oder sonstige Störungen des Lichtsinns sowie nur vorübergehende Augenerkrankungen sind nicht tatbestandsmäßig.[23] Liegt eine tatbestandsmäßige Behinderung vor, so ist diese nach dem oben Gesagten ohne weiteres wesentlich i.S. des § 53 Abs. 1 Satz 1 SGB XII.

VI. Fallgruppe Nr. 5: Gehörlose

13   Hier werden Gehörlose und solche Personen erfasst, denen eine sprachliche Verständigung über das Gehör nur mit Hörhilfen möglich ist. Gehörlos ist, wer sich auch mit Hörhilfen nicht sprachlich verständigen kann; hierhin gehören auch „**taubstumme**" Menschen, da die Ursache ihrer sprachlichen Defizite eine Folge der Gehörlosigkeit ist.[24] Auch in diesen Fällen liegt ohne weitere Prüfung nach dem oben Gesagten eine wesentliche Behinderung vor.

VII. Fallgruppe Nr. 6: Sprachstörungen

14   Diese Fallgruppe umfasst Personen, die nicht sprechen können, Seelentaube, Hörstumme, Personen mit erheblichen Stimmstörungen, stark stammelnde, stotternde oder unartikuliert sprechende Personen. Ein Schüler, der unter einer **phonetisch phonologischen Störung** leidet, hat trotz Besserung seiner (körperlichen) Sprachfähigkeit solange einen Rechtsanspruch auf Leistungen zur Teilhabe am Arbeitsleben nach § 53 Abs. 1 Satz 1 SGB XII, bis feststeht, dass das Ziel der Eingliederungshilfe – hier Ermöglichung der Ausübung eines angemessenen Berufs – erreicht ist.[25] Dies können auch Personen mit **zentralbedingten und sonstigen Sprachstörungen** sein.[26] Allgemein ausgedrückt ist eine Sprachbeeinträchtigung dann „**stark**", wenn eine Verständigung mit nicht vertrauten Personen kaum möglich

---

[15] VG Dessau v. 27.02.2004 - 4 A 305/03.
[16] OVG Saarland v. 27.08.2009 - 3 A 352/08 - RdLH 2009, 156.
[17] OVG Bremen v. 12.05.2009 - S3 B 10/09.
[18] Orientierungshilfe für die Feststellung der Träger der Sozialhilfe zur Ermittlung der Leistungsvoraussetzungen nach dem SGB XII i.V.m. der Eingliederungshilfe-Verordnung – Stand: 24.11.2009, S. 24 ff.; *Scheider* in: Schellhorn/Schellhorn/Hohm, SGB XII, 18. Aufl. 2010, § 53 Rn. 66: ab dem erstem Stadium.
[19] Anlage zu § 2 Versorgungsmedizin-VO v. 10.12.2008, S. 14.
[20] Anlage zu § 2 Versorgungsmedizin-VO v. 10.12.2008, S. 14 f.
[21] *Meusinger* in: Fichtner/Wenzel, SGB XII, 4. Aufl. 2009, § 53 Rn. 8.
[22] Anlage zu § 2 Versorgungsmedizin-VO v. 10.12.2008, S. 14 f.
[23] *Meusinger* in: Fichtner/Wenzel, SGB XII, 4. Aufl. 2009, § 53 Rn. 8; *Wahrendorf* in: Grube/Wahrendorf, SGB XII, 3. Aufl. 2010, § 53 Rn. 20.
[24] Orientierungshilfe für die Feststellung der Träger der Sozialhilfe zur Ermittlung der Leistungsvoraussetzungen nach dem SGB XII i.V.m. der Eingliederungshilfe-Verordnung – Stand: 24.11.2009 S. 12.
[25] LSG Stuttgart v. 08.07.2008 - L 2 SO 1990/08 ER-B - Breith 2008, 984-989.
[26] VG Stuttgart v. 23.05.2005 - 10 K 4604/04.

ist.[27] Bei **„Seelentauben"** ist das Hörorgan intakt, aber die Bedeutung der Töne kann nicht erkannt werden. Daher wird auch von einer zentralen Hörstörung gesprochen. **„Hörstumme"** können das gesprochene Wort hören und verstehen, aber nicht sprechen. Daher wird hier auch von motorischer Aphasie gesprochen. Auch wenn die Ursache des **Stotterns** psychischer Natur ist, bleibt diese Störung ein Fall des § 1 Nr. 6 EinglHV.[28] Eine solche Behinderung ist nur bei Personen, die nicht sprechen können, Seelentauben und Hörstummen ohne weitere Prüfung wesentlich. In allen anderen Fällen ist die Stärke bzw. Erheblichkeit der Störung im Einzelfall besonders zu prüfen.

---

[27] Orientierungshilfe für die Feststellung der Träger der Sozialhilfe zur Ermittlung der Leistungsvoraussetzungen nach dem SGB XII i.V.m. der Eingliederungshilfe-Verordnung – Stand: 24.11.2009, S. 13.

[28] Orientierungshilfe für die Feststellung der Träger der Sozialhilfe zur Ermittlung der Leistungsvoraussetzungen nach dem SGB XII i.V.m. der Eingliederungshilfe-Verordnung – Stand: 24.11.2009, S. 13.

§ 2 EinglHV Geistig wesentlich behinderte Menschen

(Fassung vom 27.12.2003, gültig ab 01.01.2005)

Geistig wesentlich behindert im Sinne des § 53 Abs. 1 Satz 1 des Zwölften Buches Sozialgesetzbuch sind Personen, die infolge einer Schwäche ihrer geistigen Kräfte in erheblichem Umfange in ihrer Fähigkeit zur Teilhabe am Leben in der Gesellschaft eingeschränkt sind.

Gliederung

A. Basisinformationen 1	IV. Internetadressen und Literatur 4
I. Textgeschichte 1	B. Auslegung der Norm 5
II. Übergeordnetes Recht 2	I. Allgemeines 5
III. Verwaltungsvorschriften 3	II. Einzelfälle 6

A. Basisinformationen

I. Textgeschichte

1 Die Verordnung gilt in der Neufassung vom 01.02.1975[1] und ist in Ausführung der Ermächtigung des § 47 BSHG am 08.02.1975 wirksam geworden. Sie ist trotz Einführung des SGB IX 2001 und der Eingliederung des Sozialhilferechts in das SGB 2005 nicht umfassend angepasst worden und daher im Kern bis heute unverändert geblieben.

II. Übergeordnetes Recht

2 Ermächtigungsgrundlage für den Erlass der Verordnung bildet § 60 SGB XII. Diese im Wesentlichen mit der Vorgängervorschrift im BSHG identische Vorschrift ermöglicht die Abgrenzung des Personenkreises, die nähere Bestimmung von Art und Umfang der Leistung und die Zusammenarbeit mit anderen Stellen. Mit der Ermächtigung zur Regelung dieser Bereiche im Wege einer Rechtsverordnung (vgl. die Kommentierung zu § 60 SGB XII) sollte höhere Flexibilität bei der Reaktion auf neue Entwicklungen erreicht werden.

III. Verwaltungsvorschriften

3 Hier ist im Wesentlichen die „Orientierungshilfe für die Feststellungen der Träger der Sozialhilfe zur Ermittlung der Leistungsvoraussetzungen nach dem SGB XII i.V.m. der Eingliederungshilfe-Verordnung (EHVO) – Behinderungsbegriff" der BAGüS zu nennen.[2]

IV. Internetadressen und Literatur

4 Diesbezüglich wird auf die umfassenden Angaben in der Kommentierung zu § 53 SGB XII verwiesen.

B. Auslegung der Norm

I. Allgemeines

5 § 2 Eingliederungshilfe-Verordnung bezeichnet Schwächen der geistigen Kräfte, die in erheblichem Umfang die Teilhabefähigkeit beeinträchtigen, als wesentlich. Der weite Begriff der geistigen Schwäche macht die Prüfung der Auswirkungen auf die Teilhabefähigkeiten in jedem Einzelfall erforderlich, d.h. es handelt sich um keine gesetzliche Vermutung. Auf die Kommentierung zu § 1 EinglHV wird Bezug genommen. Für die Wesentlichkeit entscheidend ist auch nicht etwa der Grad der Behinderung, denn die Prüfung der Wesentlichkeit einer Behinderung ist wertend an deren Auswirkungen für die Eingliederung in der Gesellschaft auszurichten; entscheidend ist mithin nicht, wie stark die geistigen Kräfte beeinträchtigt sind und in welchem Umfang ein Funktionsdefizit vorliegt, sondern wie sich die Beeinträchtigung auf die Teilhabemöglichkeit auswirkt.[3]

---

[1] Bek. v. 01.02.1975, BGBl I 1975, 433, zuletzt geändert durch Art. 13 G. v. 27.12.2003, BGBl I 2003, 3022.
[2] Stand: 24.11.2009 – vgl. www.lwl.org/LWL/Soziales/BAGues/Veroeffentlichungen (abgerufen am 06.03.2014).
[3] BSG v. 22.03.2012 - B 8 SO 30/10 R - juris Rn. 19.

II. Einzelfälle

Legasthenie als geistige Teilleistungsschwäche wird dieser Fallgruppe zugeordnet.[4] Gleiches muss für andere Teilleistungsschwächen gelten, wie **Dyskalkulie**, die nach h.M. den geistigen Störungen zugerechnet werden, falls sie nicht von einer psychischen (Folge-)Störung begleitet würden.[5] Der h.M. ist beizupflichten, obwohl es sich in der Terminologie des ICD-10 um psychische Störungen handelt, denn es handelt sich bei der Fähigkeit zu rechnen und zu schreiben um zentrale intellektuelle und damit geistige Qualitäten. Allerdings werden Dyskalkulie und Legasthenie i.d.R. nicht die erforderliche Ausprägung erreichen, um die Teilhabefähigkeit wesentlich zu beeinträchtigen.

Ein **Intelligenzquotient** unter 50 indiziert regelmäßig eine wesentliche Beeinträchtigung, während bei einem IQ zwischen 50 und 70 jeder Einzelfall sorgfältig zu prüfen ist. Die BAGüS (vgl. die Kommentierung zu § 53 SGB XII) bietet hier ein praktikables Prüfschema an, welches sich am DSM-IV[6] orientiert.[7] Bei kongruenten Leistungsansprüchen von Kindern und Jugendlichen mit seelischer und geistiger Behinderung aus der Jugendhilfe und der Sozialhilfe geht letztere vor.[8] Hier ist insbesondere der Vorrang schulrechtlicher Vorschriften zu beachten.[9] Im Fall einer schwerwiegenden **Cerebralparese** eines Kindes hat das BSG Eingliederungsleistungen nicht ausgeschlossen.[10] Zu den geistigen Schwächen im Sinne des § 2 Eingliederungshilfe-Verordnung kann auch eine altersbedingte Schwäche gehören, wie die **Demenz**.[11]

---

[4] VG Hamburg v. 24.11.2009 - 13 K 4032/07.
[5] OVG Rheinland-Pfalz v. 26.03.2007 - 7 E 10212/07; Sächsisches OVG v. 05.04.2013 - 1 A 346/11; a.A. *Riehle*, ZFSH/SGB 2011, 207.
[6] Diagnostisches und Statistisches Manual Psychischer Störungen, Deutsche Bearbeitung: *Saß/Wittchen/Zaudig*, 3. Aufl. 2001.
[7] Orientierungshilfe für die Feststellung der Träger der Sozialhilfe zur Ermittlung der Leistungsvoraussetzungen nach dem SGB XII i.V.m. der Eingliederungshilfe-Verordnung – Stand: 24.11.2009, S. 14.
[8] VG Ansbach v. 31.07.2008 - AN 14 K 05.04288 - EuG 2009, 69-85.
[9] *Wahrendorf* in: Grube/Wahrendorf, SGB XII, 3. Aufl. 2010, § 53 Rn. 25; *Scheider* in: Schellhorn/Schellhorn/Hohm, SGB XII, 18. Aufl. 2010, § 53 Rn. 71.
[10] BSG v. 29.09.2009 - B 8 SO 19/08 R - noch nicht veröffentlicht.
[11] *Meusinger* in: Fichtner/Wenzel, SGB XII, 4. Aufl. 2009, § 53 Rn. 11; *Wahrendorf* in: Grube/Wahrendorf, SGB XII, 3. Aufl. 2010, § 53 Rn. 23.

§ 3 EinglHV Seelisch wesentlich behinderte Menschen

(Fassung vom 27.12.2003, gültig ab 01.01.2005)

Seelische Störungen, die eine wesentliche Einschränkung der Teilhabefähigkeit im Sinne des § 53 Abs. 1 Satz 1 des Zwölften Buches Sozialgesetzbuch zur Folge haben können, sind

1. körperlich nicht begründbare Psychosen,
2. seelische Störungen als Folge von Krankheiten oder Verletzungen des Gehirns, von Anfallsleiden oder von anderen Krankheiten oder körperlichen Beeinträchtigungen,
3. Suchtkrankheiten,
4. Neurosen und Persönlichkeitsstörungen.

Gliederung

A. Basisinformationen 1	III. Verwaltungsvorschriften 3
I. Textgeschichte 1	IV. Internetadressen und Literatur 4
II. Übergeordnetes Recht 2	B. Auslegung der Norm 5

A. Basisinformationen

I. Textgeschichte

1   Die Verordnung gilt in der Neufassung vom 01.02.1975[1] und ist in Ausführung der Ermächtigung des § 47 BSHG am 08.02.1975 wirksam geworden. Sie ist trotz Einführung des SGB IX 2001 und der Eingliederung des Sozialhilferechts in das SGB 2005 nicht umfassend angepasst worden und daher im Kern bis heute unverändert geblieben.

II. Übergeordnetes Recht

2   Ermächtigungsgrundlage für den Erlass der Verordnung bildet § 60 SGB XII. Diese im Wesentlichen mit der Vorgängervorschrift im BSHG identische Vorschrift ermöglicht die Abgrenzung des Personenkreises, die nähere Bestimmung von Art und Umfang der Leistung und die Zusammenarbeit mit anderen Stellen. Mit der Ermächtigung zur Regelung dieser Bereiche im Wege einer Rechtsverordnung (vgl. die Kommentierung zu § 60 SGB XII) sollte höhere Flexibilität bei der Reaktion auf neue Entwicklungen erreicht werden.

III. Verwaltungsvorschriften

3   Hier ist im Wesentlichen die „Orientierungshilfe für die Feststellungen der Träger der Sozialhilfe zur Ermittlung der Leistungsvoraussetzungen nach dem SGB XII i.V.m. der Eingliederungshilfe-Verordnung (EHVO) – Behinderungsbegriff" der BAGüS zu nennen.[2]

IV. Internetadressen und Literatur

4   Diesbezüglich wird auf die umfassenden Angaben in der Kommentierung zu § 53 SGB XII verwiesen.

B. Auslegung der Norm

5   Die Aufzählung in § 3 Eingliederungshilfe-Verordnung ist abschließend und bedarf in jedem **Einzelfall der Prüfung**, ob die Teilhabefähigkeit wesentlich beeinträchtigt ist.[3] Nach dieser Vorschrift können körperlich nicht begründbare Psychosen, seelische Störungen, Suchtkrankheiten sowie Neurosen und Persönlichkeitsstörungen eine wesentliche Einschränkung der Teilhabe zur Folge haben. Dies ist der Fall, wenn die seelische Störung nach Breite, Tiefe und Dauer so intensiv ist, dass sie die Fähigkeit

---

[1] Bek. v. 01.02.1975, BGBl I 1975, 433, zuletzt geändert durch Art. 13 G. v. 27.12.2003, BGBl I 2003, 3022.
[2] Stand: 24.11.2009 – vgl. www.lwl.org/LWL/Soziales/BAGues/Veroeffentlichungen (abgerufen am 06.03.2014).
[3] *Bieritz-Harder* in: LPK-SGB XII, § 53 Rn. 16, 121; *Voelzke* in: Hauck/Noftz, K § 53 Rn. 18 f.; a.A. *Meusinger* in: Fichtner/Wenzel, SGB XII, 4. Aufl. 2009, § 53 Rn. 15.

des Betroffenen zur Eingliederung in die Gesellschaft beeinträchtigt oder eine solche Beeinträchtigung erwarten lässt.[4] Für die Wesentlichkeit entscheidend ist nicht etwa der Grad der Behinderung, denn die Prüfung der Wesentlichkeit einer Behinderung ist wertend an deren Auswirkungen für die Eingliederung in der Gesellschaft auszurichten; entscheidend ist mithin nicht, wie stark die geistigen Kräfte beeinträchtigt sind und in welchem Umfang ein Funktionsdefizit vorliegt, sondern wie sich die Beeinträchtigung auf die Teilhabemöglichkeit auswirkt.[5]

Der atypische **Autismus** wird in der Rechtsprechung weiterhin als körperlich nicht begründbare Psychose subsumiert, obwohl dies fachlich als überholt gelten soll.[6] Hierhin gehören aber auch alle anderen Formen des Autismus (frühkindlicher Autismus, Rett-Syndrom, Asperger-Syndrom). Das **Prader-Willi-Syndrom** wird trotz der damit verbundenen Verhaltensauffälligkeiten nicht zu den seelischen Behinderungen gezählt.[7] **Dyskalkulie**[8] (Rechenschwäche) und **Legasthenie**[9] (Lese- und Schreibschwäche) sind keine seelischen Störungen, können aber im Einzelfall zu einer solchen Störung führen, wenn infolge einer über die Teilleistungsstörung hinausgehenden seelischen Störung die Teilhabe des Betroffenen am Leben in der Gesellschaft beeinträchtigt ist oder eine solche Beeinträchtigung zu erwarten ist. Eine solche Beeinträchtigung der Teilhabe am Leben in der Gemeinschaft kann beim Vorliegen einer auf **Versagensängsten** beruhenden Schulphobie, bei einer totalen Schul- und Lernverweigerung, bei einem Rückzug aus jedem sozialen Kontakt oder bei einer Vereinzelung in der Schule anzunehmen sein.[10] Bei solchen Schulproblemen und Schulängsten, die auch andere Kinder teilen, ist indes eine wesentliche seelische Behinderung zu verneinen.[11] **ADHS bzw. ADS** (Aufmerksamkeitsdefizitsyndrom) ist ebenfalls den seelischen Störungen zuzurechnen.[12] Bei kongruenten Leistungsansprüchen von Kindern und Jugendlichen mit seelischer und geistiger Behinderung aus der Jugendhilfe und der Sozialhilfe gehen letztere vor.[13]

6

Die Vorschrift enthält eine nahezu vollständige Aufzählung der erworbenen und angeborenen psychiatrischen Krankheitsgruppen. Soweit eine Erkrankung hier nicht eingeordnet werden kann und auch nicht unter eine der anderen Fallgruppen fällt, ist an § 53 Abs. 1 Satz 2 SGB XII zu denken (vgl. die Kommentierung zu § 53 SGB XII). Zur Bewertung der Relevanz für die Teilhabefähigkeit des behinderten Menschen zieht die BAGüS die DSM IV[14] heran.[15]

7

---

[4] BVerwG v. 11.08.2005 - 5 C 18/04 - BVerwGE 124, 83-95.
[5] BSG v. 22.03.2013 - B 8 SO 30/10 R - juris Rn. 19.
[6] OVG NRW v. 20.02.2002 - 12 A 5322/00 - JAmt 2002, 304-307; für Einordnung in § 1 Nr. 5: *Meusinger* in: Fichtner/Wenzel, SGB XII, 4. Aufl. 2009, § 53 Rn. 10.
[7] Bay VGH v. 24.06.2009 - 12 B 09.704.
[8] Sächsisches OVG v. 05.04.2013 - 1 A 346/11.
[9] OVG Rheinland-Pfalz v. 26.03.2007 - 7 E 10212/07.
[10] BVerwG v. 26.11.1998 - 5 C 38/97 - NDV-RD 1999, 71-72.
[11] VG Münster v. 20.04.2009 - 6 K 1312/07.
[12] BVerwG v. 26.11.1998 - 5 C 38/97 - NDV-RD 1999, 71-72; OVG NRW v. 15.09.2008 - 12 B 1249/08.
[13] VG Ansbach v. 31.07.2008 - AN 14 K 05.04288 - EuG 2009, 69-85.
[14] Diagnostisches und Statistisches Manual Psychischer Störungen, Deutsche Bearbeitung: *Saß/Wittchen/Zaudig*, 3. Aufl. 2001.
[15] Orientierungshilfe für die Feststellung der Träger der Sozialhilfe zur Ermittlung der Leistungsvoraussetzungen nach dem SGB XII i.V.m. der Eingliederungshilfe-Verordnung – Stand: 24.11.2009, S. 17.

§§ 4 und 5 EinglHV (weggefallen)

(Fassung vom 19.06.2001, gültig ab 01.07.2001)

(weggefallen)

1 §§ 4 und 5 EinglHV in der Fassung vom 01.02.1975 ist gemäß Art. 16 Nr. 1 nach Maßgabe des Art. 67 des Gesetzes vom 19.06.2001 (BGBl I 2001, 1046) mit Ablauf des 30.06.2001 weggefallen.

Abschnitt II: Leistungen der Eingliederungshilfe

§ 6 EinglHV Rehabilitationssport

(Fassung vom 27.12.2003, gültig ab 01.01.2005)

Zu den Leistungen der medizinischen Rehabilitation im Sinne des § 54 Abs. 1 Satz 1 des Zwölften Buches Sozialgesetzbuch in Verbindung mit § 26 des Neunten Buches Sozialgesetzbuch gehört auch ärztlich verordneter Rehabilitationssport in Gruppen unter ärztlicher Betreuung und Überwachung.

Gliederung

A. Basisinformationen 1	III. Systematische Zusammenhänge 3
I. Textgeschichte 1	IV. Internetadressen und Literatur 4
II. Übergeordnetes Recht 2	**B. Auslegung der Norm** 5

A. Basisinformationen

I. Textgeschichte

Die Verordnung gilt in der Neufassung vom 01.02.1975[1] und ist in Ausführung der Ermächtigung des § 47 BSHG am 08.02.1975 wirksam geworden. Sie ist trotz Einführung des SGB IX 2001 und der Eingliederung des Sozialhilferechts in das SGB 2005 nicht umfassend angepasst worden und daher im Kern bis heute unverändert geblieben.

   1

II. Übergeordnetes Recht

Ermächtigungsgrundlage für den Erlass der Verordnung bildet § 60 SGB XII. Diese im Wesentlichen mit der Vorgängervorschrift im BSHG identische Vorschrift ermöglicht die Abgrenzung des Personenkreises, die nähere Bestimmung von Art und Umfang der Leistung und die Zusammenarbeit mit anderen Stellen. Mit der Ermächtigung zur Regelung dieser Bereiche im Wege einer Rechtsverordnung (vgl. die Kommentierung zu § 60 SGB XII) sollte höhere Flexibilität bei der Reaktion auf neue Entwicklungen erreicht werden.

   2

III. Systematische Zusammenhänge

Rehabilitationssport wird als ergänzende Leistung zur medizinischen Rehabilitation auf der Grundlage des § 43 SGB V i.V.m. den §§ 26, 44 Abs. 1 Nr. 3 SGB IX auch von der Leistungspflicht der **gesetzlichen Krankenversicherung** erfasst. Es besteht ein Rechtsanspruch auf diese ergänzende Leistung gegen den Träger der gesetzlichen Krankenversicherung, wenn die in der Regelung genannten Voraussetzungen vorliegen; die Verweisung des § 43 Abs. 1 SGB V auf die darin angesprochenen Regelungen des SGB IX über die Erbringung ergänzender Leistungen zur Reha bewirkt, dass diese Regelungen im Bereich der gesetzlichen Krankenversicherung Anwendung finden, weil das SGB V für den in § 44 Abs. 1 Nr. 3 SGB IX geregelten Reha-Sport nichts Abweichendes i.S. von § 11 Abs. 2 Satz 3 SGB V und § 7 SGB IX bestimmt.[2] Dieser Anspruch ist gegenüber der Eingliederungshilfe **vorrangig**.

   3

IV. Internetadressen und Literatur

Diesbezüglich wird auf die umfassenden Angaben in der Kommentierung zu § 53 SGB XII verwiesen.

   4

B. Auslegung der Norm

Leistungen der medizinischen Rehabilitation sind als Leistung der Eingliederungshilfe nach § 54 Abs. 1 SGB XII nur zu erbringen, wenn nicht vorrangig Versicherungsschutz nach dem SGB V besteht. Mit Einführung des SGB II ist ein weiterer Teil des Personenkreises, der bis dahin Sozialhilfe bezogen hat, in die gesetzliche Krankenversicherung einbezogen worden. Nach Inkrafttreten des § 264 SGB V kommt der Vorschrift ohnehin kaum noch praktische Bedeutung zu, denn in aller Regel kommt damit jeder Bezieher von Leistungen des SGB XII unmittelbar in den Genuss der Leistungen des

   5

---

[1] Bek. v. 01.02.1975, BGBl I 1975, 433, zuletzt geändert durch Art. 13 G. v. 27.12.2003, BGBl I 2003, 3022.
[2] BSG v. 02.11.2010 - B 1 KR 8/10 R.

SGB V. Zu den Pflichtleistungen des SGB V zählt auch der Rehabilitationssport (vgl. Rn. 3). Im Übrigen dürfte der Rehabilitationssport auch von dem Begriff der Krankenbehandlung in § 48 SGB XII umfasst sein (vgl. die Kommentierung zu § 54 SGB XII), weshalb dem § 6 EinglHV ohnedies nur klarstellende Bedeutung zukommt.

6 Die einzelnen Voraussetzungen – ärztliche Verordnung und Überwachung sowie Ausführung in Gruppen – erschließen sich weitgehend von selbst. Ärztliche **„Überwachung"** ist nicht mit ständiger persönlicher Anwesenheit des Arztes gleichzusetzen. Dies ist nur in Ausnahmefällen anzunehmen, wie etwa bei Herzsportgruppen.[3] Die Versorgung mit **Hilfsmitteln** für den Rehabilitationssport, wie etwa einem Sportrollstuhl, kann nicht auf Grundlage des § 6 EinglHV gefordert werden, sondern wird aufgrund der Vorschrift des § 9 EinglHV geregelt, auf dessen Kommentierung zu § 9 EinglHV daher verwiesen wird.

---

[3] *Waßer* in: jurisPK-SGB V, 2. Aufl. 2012, § 43 Rn. 25.

§ 7 EinglHV (weggefallen)

(Fassung vom 19.06.2001, gültig ab 01.07.2001)

(weggefallen)

§ 7 EinglHV in der Fassung vom 01.02.1975 ist gemäß Art. 16 Nr. 1 nach Maßgabe des Art. 67 des Gesetzes vom 19.06.2001 (BGBl I 2001, 1046) mit Ablauf des 30.06.2001 weggefallen.

§ 8 EinglHV Hilfe zur Beschaffung eines Kraftfahrzeuges

(Fassung vom 27.12.2003, gültig ab 01.01.2005)

(1) ¹**Die Hilfe zur Beschaffung eines Kraftfahrzeuges gilt als Leistung zur Teilhabe am Arbeitsleben und zur Teilhabe am Leben in der Gemeinschaft im Sinne des § 54 Abs. 1 Satz 1 des Zwölften Buches Sozialgesetzbuch in Verbindung mit den §§ 33 und 55 des Neunten Buches Sozialgesetzbuch.** ²**Sie wird in angemessenem Umfang gewährt, wenn der behinderte Mensch wegen Art oder Schwere seiner Behinderung insbesondere zur Teilhabe am Arbeitsleben auf die Benutzung eines Kraftfahrzeuges angewiesen ist; bei Teilhabe am Arbeitsleben findet die Kraftfahrzeughilfe-Verordnung Anwendung.**

(2) Die Hilfe nach Absatz 1 kann auch als Darlehen gewährt werden.

(3) Die Hilfe nach Absatz 1 ist in der Regel davon abhängig, daß der Behinderte das Kraftfahrzeug selbst bedienen kann.

(4) Eine erneute Hilfe zur Beschaffung eines Kraftfahrzeuges soll in der Regel nicht vor Ablauf von 5 Jahren nach Gewährung der letzten Hilfe gewährt werden.

Gliederung

A. Basisinformationen 1	V. Internetadressen und Literatur 5
I. Textgeschichte 1	**B. Auslegung der Norm** 6
II. Übergeordnetes Recht 2	I. Allgemeines 6
III. Verwaltungsvorschriften 3	II. Leistungserbringung 7
IV. Systematischer Zusammenhang 4	III. Tatbestandsvoraussetzungen 9

A. Basisinformationen

I. Textgeschichte

1 Die Verordnung gilt in der Neufassung vom 01.02.1975[1] und ist in Ausführung der Ermächtigung des § 47 BSHG am 08.02.1975 wirksam geworden. Sie ist trotz Einführung des SGB IX 2001 und der Eingliederung des Sozialhilferechts in das SGB 2005 nicht umfassend angepasst worden und daher im Kern bis heute unverändert geblieben.

II. Übergeordnetes Recht

2 Ermächtigungsgrundlage für den Erlass der Verordnung bildet § 60 SGB XII. Diese im Wesentlichen mit der Vorgängervorschrift im BSHG identische Vorschrift ermöglicht die Abgrenzung des Personenkreises, die nähere Bestimmung von Art und Umfang der Leistung und die Zusammenarbeit mit anderen Stellen. Mit der Ermächtigung zur Regelung dieser Bereiche im Wege einer Rechtsverordnung (vgl. die Kommentierung zu § 60 SGB XII) sollte höhere Flexibilität bei der Reaktion auf neue Entwicklungen erreicht werden.

III. Verwaltungsvorschriften

3 Hier sind im Wesentlichen die „Empfehlungen über die Gewährung von Sozialhilfe für Behinderte beim Erwerb von Kraftfahrzeugen, besonderen Bedienungseinrichtungen und Zusatzgeräten sowie zum Betrieb und zur Instandhaltung eines Kraftfahrzeuges und zur Erlangung der Fahrerlaubnis (Kfz-Empfehlungen)" der BAGüS zu nennen.[2]

IV. Systematischer Zusammenhang

4 Hier ist insbesondere auch – bei Teilhabe am Arbeitsleben – die KfzHV zu berücksichtigen, deren Regelungen ergänzende Wirkung erlangen. Ergänzt werden die Regelungen ferner durch § 9 Abs. 2 Nr. 11 EinglHV (vgl. die Kommentierung zu § 9 EinglHV), welcher die Kosten besonderer Bedie-

---

[1] Bek. v. 01.02.1975, BGBl I 1975, 433, zuletzt geändert durch Art. 13 G. v. 27.12.2003 BGBl I 2003, 3022.
[2] Stand: 24.05.2006 – vgl. www.lwl.org/LWL/Soziales/BAGues/Veroeffentlichungen (abgerufen am 07.03.2014).

nungseinrichtungen und von Zusatzgeräten für ein Kfz erfasst, und durch § 10 Abs. 6 EinglHV (vgl. die Kommentierung zu § 10 EinglHV), welcher die Kosten für die Erlangung einer Fahrerlaubnis, die Instandhaltung eines Kfz sowie die Übernahme der Betriebskosten regelt.

V. Internetadressen und Literatur

Diesbezüglich wird auf die umfassenden Angaben in der Kommentierung zu § 53 SGB XII verwiesen. 5

B. Auslegung der Norm

I. Allgemeines

Die Vorschrift ist nur auf die Kosten für die Beschaffung eines Kfz beschränkt;[3] Zusatzausstattung und laufende Kosten werden in den §§ 9 und 10 EinglHV (vgl. Rn. 4) geregelt. Nach § 8 Abs. 1 Satz 1 EinglHV dient die Hilfe sowohl der Teilhabe am Leben in der Gemeinschaft nach § 55 SGB IX als auch der Teilhabe am Arbeitsleben nach § 33 SGB IX. Nach Satz 2 des Absatzes findet die KfzHV allerdings nur bei Teilhabe am Arbeitsleben Anwendung.[4] 6

II. Leistungserbringung

Die Leistung ist nicht nur als Zuschuss denkbar, sondern nach Absatz 2 auch als Darlehen möglich. Steht ein Fahrzeug zur Verfügung, ist es aber etwa wegen seiner Größe oder aus anderen Gründen zum Transport ungeeignet, kann verlangt werden, dass dieses Fahrzeug verkauft wird und der Erlös in den Kauf eines geeigneten Fahrzeugs einfließt. Dann ist allenfalls die Wertdifferenz zwischen den Fahrzeugen als Zuschuss und bis zum Verkauf des vorhandenen Fahrzeugs im Übrigen gegebenenfalls ein Darlehen zu gewähren.[5] Die Hilfe soll in der Regel erst nach Ablauf von fünf Jahren erneut erbracht werden. Diese Formulierung bedeutet in der Gesetzessprache: Es sei denn, es liegt ein atypischer Fall vor. Ein solcher kann etwa in einem Totalschaden liegen. 7

Soweit Teilhabe am Arbeitsleben betroffen ist, ist wegen der Höhe der Förderung unmittelbar auf die Bestimmungen der KfzHV zurückzugreifen. Auch wenn diese Verordnung nicht auf Leistungen zur Teilhabe am Leben in der Gemeinschaft anzuwenden ist, besteht kein Grund, behinderte Menschen in Hinblick auf die Leistungshöhe unterschiedlich zu behandeln. So ist ohne behinderungsbedingte Zusatzausstattung ein Höchstbetrag von 9.500 € für die Beschaffung anzusetzen (§ 5 KfzHV). 8

III. Tatbestandsvoraussetzungen

Das Primat dieser Leistung liegt bei der Teilhabe am Arbeitsleben. Nach der Rechtsprechung des BVerwG muss daher eine **ständige, nicht nur gelegentliche Nutzung** des Kfz erforderlich sein.[6] Auch wenn Absatz 3 der Vorschrift bestimmt, dass der Behinderte das Kfz selbst bedienen kann, so ist dies nicht zwingend. Dies gilt nur im Regelfall, ist also nur in atypischen Fallgestaltungen gleichwohl möglich. Etwas anderes ist für § 8 EinglHV auch nicht etwa der Entscheidung des BVerwG vom 27.10.1977[7] zu einem schwerstbehinderten Kind zu entnehmen. Ein Kraftfahrzeug ist im Rahmen der Maßnahmen der Eingliederungshilfe ein Hilfsmittel für den Behinderten; es soll ihm unmittelbar dienen, weshalb eine Verbesserung der Familienmobilität mit einer dadurch bedingten mittelbaren Erleichterung auch des behinderten Menschen nicht ausreichend.[8] Anderes mag für einen Anspruch nach § 9 Abs. 2 Nr. 11 EinglHV gelten.[9] 9

Entscheidend ist im Einzelfall, ob ein behinderter Mensch wegen Art und Schwere seiner Behinderung zur Teilhabe am Leben in der Gemeinschaft auf ein Kraftfahrzeug angewiesen ist; **Vergleichsmaßstab** ist dabei ein nichtbehinderter und nicht sozialhilfebedürftiger Mensch.[10] Ist also m.a.W. auch ein nichtbehinderter und nicht sozialhilfebedürftiger Mensch auf ein Kfz angewiesen, so ist es nicht die Art und Schwere der Behinderung, die zur Teilhabe ein Kfz erfordert. 10

---

[3] BSG v. 23.08.2013 - B 8 SO 24/11 R.
[4] BSG v. 23.08.2013 - B 8 SO 24/11 R.
[5] BSG v. 12.12.2013 - B 8 SO 18/12 R.
[6] BVerwG v. 20.07.2000 - 5 C 43/99 - BVerwGE 111, 328-334 zu einem Kfz nach § 8 EinglHV.
[7] BVerwG v. 27.10.1977 - V C 15.77.
[8] BVerwG v. 27.10.1977 - V C 15,77.
[9] BSG v. 02.02.2012 - B 8 SO 9/10 R unter Hinweis auf BVerwG v. 27.10.1977 - V C 15.77.
[10] BSG v. 12.12.2013 - B 8 SO 18/12 R.

11 Schließlich ist die Hilfe nur in **angemessenem Umfang** zu gewähren. Kann zumutbar auf öffentliche Verkehrsmittel und gegebenenfalls ergänzend auf einen Behindertenfahrdienst verwiesen werden, scheitert schon hieran ein Anspruch auf Erstattung der Kosten für den erworbenen Pkw; gleiches gelte, wenn für die Fahrten, die der Teilhabe am Leben in der Gemeinschaft dienen, ohnehin ein (Familien-)Pkw an den Wochenenden und an mehreren Wochentagen zur Verfügung steht.[11] Gegebenenfalls ist durch organisatorische Maßnahmen sicherzustellen, dass die Teilhabemöglichkeit den Wünschen des Klägers gerecht werde.[12] Auch der **Mehrkostenvorbehalt** nach § 9 Abs. 2 SGB XII zu beachten.[13]

---

[11] BSG v. 12.12.2013 - B 8 SO 18/12 R; BVerwG v. 11.11.1970 - V C 32.70.
[12] BSG v. 12.12.2013 - B 8 SO 18/12 R.
[13] BVerwG v. 11.11.1970 - V C 32.70.

§ 9 EinglHV Andere Hilfsmittel

(Fassung vom 27.12.2003, gültig ab 01.01.2005)

(1) Andere Hilfsmittel im Sinne des § 54 Abs. 1 Satz 1 des Zwölften Buches Sozialgesetzbuch in Verbindung mit den §§ 26, 33 und 55 des Neunten Buches Sozialgesetzbuch sind nur solche Hilfsmittel, die dazu bestimmt sind, zum Ausgleich der durch die Behinderung bedingten Mängel beizutragen.

(2) Zu den anderen Hilfsmitteln im Sinne des Absatzes 1 gehören auch

1. Schreibmaschinen für Blinde, Ohnhänder und solche behinderte Menschen, die wegen Art und Schwere ihrer Behinderung auf eine Schreibmaschine angewiesen sind,
2. Verständigungsgeräte für Taubblinde,
3. Blindenschrift-Bogenmaschinen,
4. Blindenuhren mit Zubehör, Blindenweckuhren,
5. Tonbandgeräte mit Zubehör für Blinde,
6. Blindenführhunde mit Zubehör,
7. besondere optische Hilfsmittel, vor allem Fernrohrlupenbrillen,
8. Hörgeräte, Hörtrainer,
9. Weckuhren für hörbehinderte Menschen,
10. Sprachübungsgeräte für sprachbehinderte Menschen,
11. besondere Bedienungseinrichtungen und Zusatzgeräte für Kraftfahrzeuge, wenn der behinderte Mensch wegen Art und Schwere seiner Behinderung auf ein Kraftfahrzeug angewiesen ist,
12. Gebrauchsgegenstände des täglichen Lebens und zur nichtberuflichen Verwendung bestimmte Hilfsgeräte für behinderte Menschen, wenn der behinderte Mensch wegen Art und Schwere seiner Behinderung auf diese Gegenstände angewiesen ist.

(3) Die Versorgung mit einem anderen Hilfsmittel im Sinne des § 54 Abs. 1 Satz 1 des Zwölften Buches Sozialgesetzbuch in Verbindung mit den §§ 26, 33 und 55 des Neunten Buches Sozialgesetzbuch wird nur gewährt, wenn das Hilfsmittel im Einzelfall erforderlich und geeignet ist, zu dem in Absatz 1 genannten Ausgleich beizutragen, und wenn der behinderte Mensch das Hilfsmittel bedienen kann.

Gliederung

A. Basisinformationen 1	II. Erforderlich und geeignet (Absatz 3) 9
I. Textgeschichte 1	III. Fallgruppen (Absatz 2) 10
II. Übergeordnetes Recht 2	1. Schreibmaschinen u.a. (Nr. 1-10) 10
III. Verwaltungsvorschriften 3	2. Zusatzausstattung für Kraftfahrzeuge 11
IV. Systematischer Zusammenhang 4	3. Gebrauchsgegenstände des täglichen Lebens
V. Internetadressen und Literatur 5	(Nr. 12) 13
B. Auslegung der Norm 6	4. Sonstige Hilfsmittel 14
I. Voraussetzungen (Absatz 1) 6	

§ 9 EinglHV

A. Basisinformationen

I. Textgeschichte

1 Die Verordnung gilt in der Neufassung vom 01.02.1975[1] und ist in Ausführung der Ermächtigung des § 47 BSHG am 08.02.1975 wirksam geworden. Sie ist trotz Einführung des SGB IX 2001 und der Eingliederung des Sozialhilferechts in das SGB 2005 nicht umfassend angepasst worden und daher im Kern bis heute unverändert geblieben.

II. Übergeordnetes Recht

2 Ermächtigungsgrundlage für den Erlass der Verordnung bildet § 60 SGB XII. Diese im Wesentlichen mit der Vorgängervorschrift im BSHG identische Vorschrift ermöglicht die Abgrenzung des Personenkreises, die nähere Bestimmung von Art und Umfang der Leistung und die Zusammenarbeit mit anderen Stellen. Mit der Ermächtigung zur Regelung dieser Bereiche im Wege einer Rechtsverordnung (vgl. die Kommentierung zu § 60 SGB XII) sollte höhere Flexibilität bei der Reaktion auf neue Entwicklungen erreicht werden.

III. Verwaltungsvorschriften

3 Soweit hier Kosten besonderer Bedienungseinrichtungen und von Zusatzgeräten für ein Kfz in Rede stehen, sind hier im Wesentlichen die „Empfehlungen über die Gewährung von Sozialhilfe für Behinderte beim Erwerb von Kraftfahrzeugen, besonderen Bedienungseinrichtungen und Zusatzgeräten sowie zum Betrieb und zur Instandhaltung eines Kraftfahrzeuges und zur Erlangung der Fahrerlaubnis (Kfz-Empfehlungen)" der BAGüS zu nennen.[2]

IV. Systematischer Zusammenhang

4 Die anderen Hilfsmittel im Sinne des § 9 EinglHV ergänzen die in § 31 SGB IX bzw. den besonderen Leistungsgesetzen des SGB genannten sächlichen Behinderungsausgleiche, die ggf. den Leistungen der Eingliederungshilfe vorgehen. Die Beschaffung eines Kfz ist in § 8 EinglHV (vgl. die Kommentierung zu § 8 EinglHV) geregelt. Ferner ist insbesondere bei Leistungen der Teilhabe am Arbeitsleben die KfzHV zu berücksichtigen. Nach § 10 Abs. 6 EinglHV (vgl. die Kommentierung zu § 10 EinglHV) können die Kosten für die Erlangung einer Fahrerlaubnis, die Instandhaltung eines Kfz sowie die Betriebskosten übernommen werden.

V. Internetadressen und Literatur

5 Diesbezüglich wird auf die umfassenden Angaben in der Kommentierung zu § 53 SGB XII verwiesen.

B. Auslegung der Norm

I. Voraussetzungen (Absatz 1)

6 Die Hilfsmittel müssen dem Ausgleich der durch die Behinderung bedingten Mängel dienen. Damit unterscheiden sich „andere" Hilfsmittel nach § 9 EinglHV von **Hilfsmitteln nach § 31 SGB IX** durch die Zielrichtung dieser Hilfsmittel. Hilfsmittel zur Teilhabe an der Gemeinschaft nach § 55 Abs. 2 Nr. 1 SGB IX sind dadurch gekennzeichnet, dass sie ihre Wirkung immer erst im Bereich der **Behebung der Folgen einer Behinderung** entfalten.[3] Hilfsmittel nach § 31 SGB IX haben nach der Legaldefinition dieser Vorschrift die Aufgabe, einer drohenden Behinderung vorzubeugen, den Erfolg einer Heilbehandlung zu sichern oder eine Behinderung nur bei den Grundbedürfnissen des täglichen Lebens auszugleichen, soweit sie nicht **allgemeine Gebrauchsgegenstände des täglichen Lebens** sind.[4] Demgegenüber sind Geräte, die für die speziellen Bedürfnisse kranker oder behinderter Menschen entwickelt sowie hergestellt worden sind und die ausschließlich oder ganz überwiegend auch von diesem Personenkreis benutzt werden, nicht als allgemeine Gebrauchsgegenstände des täglichen Lebens anzusehen.[5] Bei Kindern sind nur solche Hilfsmittel zulässig, die den Bedürfnissen Gleichaltriger entspre-

---

[1] Bek. v. 01.02.1975, BGBl I 1975, 433, zuletzt geändert durch Art. 13 G v. 27.12.2003 BGBl I 2003, 3022.
[2] Stand: 24.05.2006 – vgl. http://www.lwl.org/LWL/Soziales/BAGues/Veroeffentlichungen (abgerufen am 13.03.2014).
[3] BSG v. 19.05.2009 - B 8 SO 32/07 R - juris Rn. 17 - WzS 2009, 214.
[4] BSG v. 19.05.2009 - B 8 SO 32/07 R - juris Rn. 17 - WzS 2009, 214.
[5] BSG v. 16.09.1999 - B 3 KR 1/99 R - juris Rn. 14 - SozR 3-2500 § 33 Nr. 33.

chen.[6] Zu den **Grundbedürfnissen** zählen: Gehen, Stehen, Greifen, Sehen, Hören, Nahrungsaufnahme, Ausscheidung, elementare Körperpflege, selbständiges Wohnen sowie das Erschließen des Nahbereiches der Wohnung, einschließlich der Möglichkeit, Ärzte und Therapeuten aufzusuchen.[7]

Über diese Aufgabenbestimmung hinaus dienen **Hilfsmittel nach § 55 Abs. 2 Nr. 1 SGB IX der gesamten Alltagsbewältigung**, insbesondere den Kontakt des Behinderten mit seiner Umwelt sowie die Teilnahme am öffentlichen und kulturellen Leben zu ermöglichen und hierdurch insgesamt die Begegnung und den Umgang mit nichtbehinderten Menschen zu fördern.[8] Hilfsmittel, die der Grundpflege und der hauswirtschaftlichen Versorgung dienen, sind von der Pflegeeinrichtung vorzuhalten.[9] Kommt die Einrichtung dem nicht nach, hat der Träger der Sozialhilfe entweder auf Einhaltung der vertraglichen Verpflichtungen zu drängen oder, wenn der Vertrag dies nicht enthält, den Vertrag nachzubessern. Bis dahin dürfte bei selbstbeschafften Hilfsmitteln eine **Erstattung nach § 15 SGB IX** in Betracht kommen. 7

Aus Gründen der Gleichbehandlung wird in der Literatur z.T. gefordert, auch ansonsten ausgeschlossene ergänzende Leistungen nach § 44 Abs. 1 Nr. 3 SGB IX zu erbringen.[10] Im Einzelfall kann auch eine Doppelausstattung erforderlich sein (§ 10 Abs. 2 EinglHV, vgl. die Kommentierung zu § 10 EinglHV), etwa bei besonderer Beanspruchung.[11] Ohne rechtliche Bedeutung ist es, wenn ein Anspruchsteller bereits vor der Entscheidung des Beklagten den Umbau hat vornehmen lassen.[12] 8

II. Erforderlich und geeignet (Absatz 3)

Das Hilfsmittel muss im Einzelfall erforderlich und geeignet sein. Hierzu muss ggf. eine fachkundige Stellungnahme eingeholt werden. Geeignet ist das Hilfsmittel wenn es objektiv dazu führt, die oben aufgeführten Ziele der Alltagsbewältigung zu erreichen. Erforderlich ist es, wenn die Ziele unter Beachtung des Wunsch und Wahlrechts des behinderten Menschen nicht ohne dieses Hilfsmittel erreicht werden können. Schließlich muss das Hilfsmittel unmittelbar dem behinderten Menschen zu Gute kommen; dies folgt aus der Voraussetzung in Absatz 3 am Ende, dass der behinderte Mensch das Hilfsmittel bedienen kann.[13] Soweit die Eingliederungshilfe ein Kfz betrifft, muss der behinderte Mensch das Hilfsmittel jedoch nicht **selbst bedienen** können.[14] 9

III. Fallgruppen (Absatz 2)

1. Schreibmaschinen u.a. (Nr. 1-10)

Hier werden Schreibmaschinen für Blinde und Ohnhänder, Verständigungsgeräte für Taubblinde, Blindenführhunde mit Zubehör etc. aufgezählt. Die Geräte sind sehr spezifisch, weshalb sich ihr Nutzen in der Regel von selbst erklärt. Auch eine drahtlose Übertragungsanlage kann als Hörgerät i.S.v. § 9 Abs. 2 Nr. 8 EinglHV zu den sog. anderen Hilfsmitteln zählen, da es dazu bestimmt und geeignet ist, gravierende Einschränkungen, über das Gehör an der sprachlichen Verständigung teilzunehmen, auszugleichen, und für die dortige Klägerin auch erforderlich war.[15] 10

2. Zusatzausstattung für Kraftfahrzeuge

Der behinderte Mensch muss wegen der Art und Schwere seiner Behinderung auf ein Kfz angewiesen sein. Dazu muss die Benutzung eines Kfz und damit die Ausstattung mit besonderer Bedienungseinrichtung sowie Zusatzgeräten nicht nur im Einzelfall notwendig sein. Die Benutzung eines Kraftfahrzeugs ist dann nicht notwendig, wenn der Fahrbedarf durch Einsatz eines Krankenfahrzeuges, durch öffentliche Verkehrsmittel oder durch gelegentliche Benutzung eines Mietwagens erfüllt werden kann.[16] Dabei ist nicht nur ein rein objektiver Maßstab anzulegen und prognostisch zu beurteilen, ggf. 11

---

[6] BSG v. 26.03.2003 - B 3 KR 26/02 R - SozR 4-2500 § 33 Nr. 2.
[7] „Vorläufige Orientierungshilfe zur Abgrenzung der Eingliederungshilfe nach dem SGB XII zu anderen sozialen Leistungen" Stand: 25.11.2008, S. 27.
[8] BSG v. 19.05.2009 - B 8 SO 32/07 R - juris Rn. 17 - WzS 2009, 214.
[9] BSG v. 22.07.2004 - B 3 KR 5/03 R - SozR 4-2500 § 33 Nr. 5.
[10] *Bieritz-Harder* in: LPK-SGB XII, § 54 Rn. 26.
[11] *Meusinger* in: Fichtner/Wenzel, SGB XII, 4. Aufl. 2009, § 54 Rn. 22.
[12] BSG v. 02.02.2012 - B 8 SO 9/10 R.
[13] BVerwG v. 27.10.1977 - V C 15.77.
[14] BSG v. 02.02.2012 - B 8 SO 9/10 R unter Hinweis auf BVerwG v. 27.10.1977 - V C 15.77.
[15] LSG Berlin-Brandenburg v. 09.03.2011 - L 9 KR 453/07.
[16] LSG NRW v. 22.02.2010 - L 20 SO 75/07.

unter Einbeziehung der Beanspruchung des Fahrzeugs in der Vergangenheit.[17] Vielmehr ist zu prüfen, ob der behinderte Mensch unter Berücksichtigung all seiner gesellschaftlichen Aktivitäten auf die Nutzung öffentlicher Verkehrsmittel verwiesen werden kann, wobei der nicht behinderte Mensch der Maßstab für die Entscheidung sei.[18] Im Unterschied zu § 8 EinglHV kommt es bei § 9 EinglHV nicht auf eine regelmäßige Nutzung des Fahrzeugs an; die Norm knüpft überhaupt nicht an die Anspruchsvoraussetzungen des § 8 EinglHV an.[19]

12 Nach § 11 Abs. 2 Satz 2 SGB XII umfasst die aktive Teilnahme am Leben in der Gemeinschaft auch ein **gesellschaftliches Engagement**.[20] Dies beurteilt sich in erster Linie nach dem Sinn und Zweck der Eingliederungshilfe, eine vorhandene Behinderung oder deren Folgen zu beseitigen oder zu mildern und die behinderten Menschen in die Gesellschaft einzugliedern. Diese Formulierung verdeutlicht, dass es insgesamt ausreicht, die Begegnung und den Umgang mit anderen Menschen im Sinne einer angemessenen Lebensführung zu fördern. Maßgeblich sind im Ausgangspunkt die Wünsche des behinderten Menschen; wie sich aus § 9 Abs. 3 EinglHV ergibt ("im Einzelfall") gilt mithin ein individueller und personenzentrierter Maßstab, der regelmäßig einer pauschalierenden Betrachtung des Hilfefalls entgegensteht.[21] Ob die Teilhabemöglichkeit in der Ausübung einer ehrenamtlichen Tätigkeit oder dem Besuch von Sportveranstaltungen oder Musikaufführungen besteht oder mit (sonstigen) aktiven Vereinsmitgliedschaften zusammenhängt, obliegt der Entscheidung des behinderten Menschen.[22]

3. Gebrauchsgegenstände des täglichen Lebens (Nr. 12)

13 Nach § 9 Abs. 2 Nr. 12 EinglHV können allgemeine Gebrauchsgegenstände des täglichen Lebens ausnahmsweise dann gewährt werden, wenn der behinderte Mensch aufgrund seiner Behinderung darauf angewiesen ist (Bsp.: Waschmaschine, Wäschetrockner).

4. Sonstige Hilfsmittel

14 Die Fallgruppen in Absatz 2 sind **nicht abschließend**. Unter den in Absatz 1 und 3 definierten Voraussetzungen können daher auch weitere Hilfsmittel erbracht werden. Besteht etwa in der gesetzlichen Krankenversicherung kein Anspruch auf die Versorgung mit **Sportrollstühlen** zur Teilnahme am Rehabilitationssport im Sinne des § 44 Abs. 1 Nr. 3 SGB IX, so kann im Rahmen der Eingliederungsleistungen zur Teilhabe am Leben in der Gemeinschaft gemäß §§ 53 ff. SGB XII i.V.m. § 55 Abs. 2 Nr. 1 SGB IX ein Anspruch auf die Bereitstellung bestehen.[23]

---

[17] BSG v. 23.08.2013 - B 8 SO 24/11 R.
[18] BSG v. 23.08.2013 - B 8 SO 24/11 R.
[19] BSG v. 23.08.2013 - B 8 SO 24/11 R.
[20] BSG v. 23.08.2013 - B 8 SO 24/11 R.
[21] BSG v. 02.02.2012 - B 8 SO 9/10 R.
[22] BSG v. 23.08.2013 - B 8 SO 24/11 R.
[23] SG Stralsund v. 17.12.2012 - S 3 KR 12/10.

§ 10 EinglHV Umfang der Versorgung mit Körperersatzstücken, orthopädischen oder anderen Hilfsmitteln

(Fassung vom 27.12.2003, gültig ab 01.01.2005)

(1) Zu der Versorgung mit Körperersatzstücken sowie mit orthopädischen oder anderen Hilfsmitteln im Sinne des § 54 Abs. 1 Satz 1 des Zwölften Buches Sozialgesetzbuch in Verbindung mit den §§ 26, 33 und 55 des Neunten Buches Sozialgesetzbuch gehört auch eine notwendige Unterweisung in ihrem Gebrauch.

(2) Soweit im Einzelfall erforderlich, wird eine Doppelausstattung mit Körperersatzstücken, orthopädischen oder anderen Hilfsmitteln gewährt.

(3) ¹Zu der Versorgung mit Körperersatzstücken sowie mit orthopädischen oder anderen Hilfsmitteln gehört auch deren notwendige Instandhaltung oder Änderung. ²Die Versorgung mit einem anderen Hilfsmittel umfaßt auch ein Futtergeld für einen Blindenführhund in Höhe des Betrages, den blinde Beschädigte nach dem Bundesversorgungsgesetz zum Unterhalt eines Führhundes erhalten, sowie die Kosten für die notwendige tierärztliche Behandlung des Führhundes und für eine angemessene Haftpflichtversicherung, soweit die Beiträge hierfür nicht nach § 82 Abs. 2 Nr. 3 des Zwölften Buches Sozialgesetzbuch vom Einkommen abzusetzen sind.

(4) Eine erneute Versorgung wird gewährt, wenn sie infolge der körperlichen Entwicklung des Behinderten notwendig oder wenn aus anderen Gründen das Körperersatzstück oder Hilfsmittel ungeeignet oder unbrauchbar geworden ist.

(5) (weggefallen)

(6) Als Versorgung kann Hilfe in angemessenem Umfange auch zur Erlangung der Fahrerlaubnis, zur Instandhaltung sowie durch Übernahme von Betriebskosten eines Kraftfahrzeuges gewährt werden, wenn der behinderte Mensch wegen seiner Behinderung auf die regelmäßige Benutzung eines Kraftfahrzeuges angewiesen ist oder angewiesen sein wird.

Gliederung

A. Basisinformationen 1	**B. Auslegung der Norm** 6
I. Textgeschichte 1	I. Allgemeines 6
II. Übergeordnetes Recht 2	II. Doppelausstattung (Absatz 2) 8
III. Verwaltungsvorschriften 3	III. Instandhaltung und Änderung (Absatz 3) 9
IV. Systematischer Zusammenhang 4	IV. Erneute Versorgung (Absatz 4) 11
V. Internetadressen und Literatur 5	V. Kraftfahrzeuge (Absatz 6) 12

A. Basisinformationen

I. Textgeschichte

Die Verordnung gilt in der Neufassung vom 01.02.1975[1] und ist in Ausführung der Ermächtigung des § 47 BSHG am 08.02.1975 wirksam geworden. Sie ist trotz Einführung des SGB IX 2001 und der Eingliederung des Sozialhilferechts in das SGB 2005 nicht umfassend angepasst worden und daher im Kern bis heute unverändert geblieben.

II. Übergeordnetes Recht

Ermächtigungsgrundlage für den Erlass der Verordnung bildet § 60 SGB XII. Diese im Wesentlichen mit der Vorgängervorschrift im BSHG identische Vorschrift ermöglicht die Abgrenzung des Personenkreises, die nähere Bestimmung von Art und Umfang der Leistung und die Zusammenarbeit mit ande-

---

[1] Bek. v. 01.02.1975, BGBl I 1975, 433, zuletzt geändert durch Art. 13 G v. 27.12.2003 BGBl I 2003, 3022.

ren Stellen. Mit der Ermächtigung zur Regelung dieser Bereiche im Wege einer Rechtsverordnung (vgl. die Kommentierung zu § 60 SGB XII) sollte höhere Flexibilität bei der Reaktion auf neue Entwicklungen erreicht werden.

III. Verwaltungsvorschriften

3   Hier sind im Wesentlichen die „Orientierungshilfe zu den Schnittstellen der Eingliederungshilfe nach dem SGB XII zu anderen sozialen Leistungen"[2] und die „Empfehlungen über die Gewährung von Sozialhilfe für Behinderte beim Erwerb von Kraftfahrzeugen, besonderen Bedienungseinrichtungen und Zusatzgeräten sowie zum Betrieb und zur Instandhaltung eines Kraftfahrzeuges und zur Erlangung der Fahrerlaubnis (Kfz-Empfehlungen)"[3] der BAGüS zu nennen.

IV. Systematischer Zusammenhang

4   Die in der Vorschrift geregelten Leistungen sind akzessorisch zur Versorgung mit Körperersatzstücken, orthopädischen und anderen Hilfsmitteln, mit Ausnahme der Beschaffung eines Kfz. Dessen in § 8 EinglHV (vgl. die Kommentierung zu § 8 EinglHV) geregelte Beschaffung ist nicht Voraussetzung für die in Absatz 6 der Vorschrift genannte Übernahme der Instandhaltungs- und Betriebskosten oder der Kosten der Erlangung einer Fahrerlaubnis. Abzugrenzen ist die Regelung von § 9 Abs. 2 Nr. 11 EinglHV (vgl. die Kommentierung zu § 9 EinglHV), welcher die Kosten besonderer Bedienungseinrichtungen und von Zusatzgeräten für ein Kfz erfasst.

V. Internetadressen und Literatur

5   Diesbezüglich wird auf die umfassenden Angaben in der Kommentierung zu § 53 SGB XII verwiesen.

B. Auslegung der Norm

I. Allgemeines

6   Die Vorschrift umfasst notwendige Unterweisung im Gebrauch eines Hilfsmittels, die Kosten der notwendigen Änderung, Instandhaltung, Ersatzbeschaffung sowie Ausbildung im Gebrauch. Betriebskosten werden – mit Ausnahme des Betriebes ein Kfz - davon nicht erfasst. Die in der Vorschrift geregelten Leistungen sind akzessorisch zur Versorgung mit Körperersatzstücken, orthopädischen und anderen Hilfsmitteln, mit Ausnahme der Beschaffung eines Kfz. Dessen in § 8 EinglHV (vgl. die Kommentierung zu § 8 EinglHV) geregelte Beschaffung ist nicht Voraussetzung für die in Absatz 6 der Vorschrift genannte Übernahme der Instandhaltungs- und Betriebskosten oder der Kosten der Erlangung einer Fahrerlaubnis.

7   Die in Absatz 1 geregelte notwendige Unterweisung im Gebrauch der Körperersatzstücke und der orthopädischen sowie anderen Hilfsmittel bedarf keiner näheren Erläuterung.

7.1 *Heinz* beschäftigt sich in seinem Aufsatz: „Über einen „Sozialleistungsdschungel", mögliche „Buschmesser" und Auswege im Zusammenhang mit Hilfsmittelansprüchen sowie über mittellose Haftentlassene zwischen zwei Stühlen der Existenzsicherung" (ZfF 2014, 83 ff.) mit der Abgrenzung von Hilfsmitteln im Rahmen der Eingliederungshilfe und nach dem SGB V.

7.2 Mit der Frage „Wer zahlt welche Hilfsmittel bei Eingliederungshilfe?" befasst sich *Heinz* in SuP 2014, 248.

II. Doppelausstattung (Absatz 2)

8   Eine Doppelausstattung mit Körperersatzstücke und der orthopädischen sowie anderen Hilfsmittel muss im Einzelfall erforderlich sein. Das ist etwa der Fall, wenn es sich um am Körper getragene Hilfsmittel handelt, wie beispielsweise orthopädisches Schuhwerk.

III. Instandhaltung und Änderung (Absatz 3)

9   Der **Begriff der Instandhaltung** ist weit zu fassen und umfasst alle Maßnahmen, die erforderlich sind, um das Hilfsmittel in einem gebrauchsfähigen Zustand zu erhalten oder in einen solchen zu versetzen.[4] Da ein Hörgerät die Kommunikation ermöglicht, dient es wesentlich auch der Teilhabe an der Gemeinschaft im vorgenannten Sinn und nicht ausschließlich der medizinischen Rehabilitation; damit ist es

---

[2] Stand: 24.11.2009.
[3] Stand: 24.05.2006 – vgl. www.lwl.org/LWL/Soziales/BAGues/Veroeffentlichungen (abgerufen am 13.03.2014).
[4] BSG v. 19.05.2009 - B 8 SO 32/07 R - juris Rn. 19 - WzS 2009, 214.

zugleich auch ein Hilfsmittel nach § 55 Abs. 2 Nr. 1 SGB IX und die Übernahme der Kosten für **Hörgerätebatterien** zählt zu den Leistungen zur Teilhabe an der Gemeinschaft, nicht zur medizinischen Rehabilitation.[5] Ist das Hörgerät ein Hilfsmittel iS des § 55 Abs. 2 Nr. 1 SGB IX, sind notwendigerweise auch die Kosten für die Batterien im Rahmen der Eingliederungshilfe zu übernehmen. Nicht hierhin gehört demgegenüber die Erstausstattung mit Batterien oder Akkus[6] oder soweit zum Betrieb eines Gerätes, das als Hilfsmittel geleistet wird, auch eine Energieversorgung gehört. Dann ist diese als Teil der unmittelbaren Kosten des Hilfsmittels ebenfalls zu übernehmen (etwa ein Elektrorollstuhl),[7] also beispielsweise aus § 9 EinglHV.

Die Kosten für die **Reparatur einer Brille** sind im Rahmen der Eingliederungshilfe nach den §§ 53 Abs. 4, 54 SGB XII i.V.m. § 55 SGB IX zu übernehmen, wenn die Brille ein Hilfsmittel i.S. von § 55 Abs. 2 Nr. 1 SGB IX ist und nicht ausschließlich dazu dient, visuelle Einschränkungen auszugleichen, sondern grundsätzlich sowohl für eine ausreichende Orientierung als auch für die Teilhabe am Leben in der Gemeinschaft unerlässlich ist.[8]

IV. Erneute Versorgung (Absatz 4)

Dabei kann nur der notwendige Bedarf beansprucht werden. Der behinderte Mensch ist zur pfleglichen Behandlung verpflichtet, andernfalls kann eine erneute Versorgung versagt werden.[9]

V. Kraftfahrzeuge (Absatz 6)

Anders als in § 9 Abs. 2 Nr. 11 EinglHV enthält § 10 Abs. 6 EinglHV das Tatbestandsmerkmal **„regelmäßig"**. Auch für die Beschaffung eines Kfz nach § 8 EinglHV muss nach der Rechtsprechung des BVerwG eine ständige, nicht nur gelegentliche Nutzung des Kfz erforderlich sein.[10] Das Merkmal „regelmäßig" darf nicht nur zeitlich betrachtet werden, sondern ist mit dem Merkmal der Notwendigkeit der Kraftfahrzeugbenutzung zusammenzulegen und unter Heranziehung der zitierten Rechtsprechung de BVerwG so auszulegen, dass die Notwendigkeit der Benutzung eines Kfz **ständig, d.h. nicht nur vereinzelt und gelegentlich** besteht.[11] Die Gründe für die Versorgung mit einem Kfz müssen der Eingliederung in das Arbeitsleben zumindest vergleichbar gewichtig sowie vergleichbar häufig sein, wobei bei der Beurteilung des Tatbestandsmerkmals „auf regelmäßige Benutzung des Kfz angewiesen" nur die geltend gemachten Bedarfe der Teilhabe am Leben in der Gemeinschaft zu berücksichtigen sind.[12]

---

[5] BSG v. 19.05.2009 - B 8 SO 32/07 R - WzS 2009, 214.
[6] BSG v. 18.05.1978 - 3 RK 47/77.
[7] BSG v. 06.02.1997 - 3 RK 12/96.
[8] LSG Berlin-Potsdam v. 12.10.2010 - L 23 SO 257/07.
[9] *Meusinger* in: Fichtner/Wenzel, SGB XII, 4. Aufl. 2009, § 54 Rn. 22.
[10] BVerwG v. 20.07.2000 - 5 C 43/99.
[11] Bayerische LSG v. 29.06.2010 - L 8 SO 132/09.
[12] Bayerische LSG v. 29.06.2010 - L 8 SO 132/09; SG Karlsruhe v. 11.10.2012 - S 4 SO 4776/11.

§ 11 EinglHV (weggefallen)

(Fassung vom 19.06.2001, gültig ab 01.07.2001)

(weggefallen)

1   § 11 EinglHV in der Fassung vom 01.02.1975 ist gemäß Art. 16 Nr. 1 nach Maßgabe des Art. 67 des Gesetzes vom 19.06.2001 (BGBl I 2001, 1046) mit Ablauf des 30.06.2001 weggefallen.

§ 12 EinglHV Schulbildung

(Fassung vom 27.12.2003, gültig ab 01.01.2005)

Die Hilfe zu einer angemessenen Schulbildung im Sinne des § 54 Abs. 1 Satz 1 Nr. 1 des Zwölften Buches Sozialgesetzbuch umfaßt auch

1. heilpädagogische sowie sonstige Maßnahmen zugunsten körperlich und geistig behinderter Kinder und Jugendlicher, wenn die Maßnahmen erforderlich und geeignet sind, dem behinderten Menschen den Schulbesuch im Rahmen der allgemeinen Schulpflicht zu ermöglichen oder zu erleichtern,
2. Maßnahmen der Schulbildung zugunsten körperlich und geistig behinderter Kinder und Jugendlicher, wenn die Maßnahmen erforderlich und geeignet sind, dem behinderten Menschen eine im Rahmen der allgemeinen Schulpflicht üblicherweise erreichbare Bildung zu ermöglichen,
3. Hilfe zum Besuch einer Realschule, eines Gymnasiums, einer Fachoberschule oder einer Ausbildungsstätte, deren Ausbildungsabschluß dem einer der oben genannten Schulen gleichgestellt ist, oder, soweit im Einzelfalle der Besuch einer solchen Schule oder Ausbildungsstätte nicht zumutbar ist, sonstige Hilfe zur Vermittlung einer entsprechenden Schulbildung; die Hilfe wird nur gewährt, wenn nach den Fähigkeiten und den Leistungen des behinderten Menschen zu erwarten ist, daß er das Bildungsziel erreichen wird.

Gliederung

A. Basisinformationen 1	V. Internetadressen und Literatur................. 5
I. Textgeschichte 1	**B. Auslegung der Norm** 6
II. Übergeordnetes Recht 2	I. Allgemeines 6
III. Verwaltungsvorschriften 3	II. Einzelne Hilfen 7
IV. Systematischer Zusammenhang.......... 4	

A. Basisinformationen

I. Textgeschichte

Die Verordnung gilt in der Neufassung vom 01.02.1975[1] und ist in Ausführung der Ermächtigung des § 47 BSHG am 08.02.1975 wirksam geworden. Sie ist trotz Einführung des SGB IX 2001 und der Eingliederung des Sozialhilferechts in das SGB 2005 nicht umfassend angepasst worden und daher im Kern bis heute unverändert geblieben.

II. Übergeordnetes Recht

Ermächtigungsgrundlage für den Erlass der Verordnung bildet § 60 SGB XII. Diese im Wesentlichen mit der Vorgängervorschrift im BSHG identische Vorschrift ermöglicht die Abgrenzung des Personenkreises, die nähere Bestimmung von Art und Umfang der Leistung und die Zusammenarbeit mit anderen Stellen. Mit der Ermächtigung zur Regelung dieser Bereiche im Wege einer Rechtsverordnung (vgl. die Kommentierung zu § 60 SGB XII) sollte höhere Flexibilität bei der Reaktion auf neue Entwicklungen erreicht werden.

III. Verwaltungsvorschriften

Hier sind im Wesentlichen die „Orientierungshilfe zu den Schnittstellen der Eingliederungshilfe nach dem SGB XII zu anderen sozialen Leistungen"[2] der BAGüS zu nennen.

---

[1] Bek. v. 01.02.1975, BGBl I 1975, 433, zuletzt geändert durch Art. 13 G v. 27.12.2003 BGBl I 2003, 3022.
[2] Stand: 24.11.2009; vgl. www.lwl.org/LWL/Soziales/BAGues/Veroeffentlichungen (abgerufen am 13.03.2014).

IV. Systematischer Zusammenhang

4 Die Vorschrift konkretisiert und ergänzt die Regelungen über die Hilfe zur angemessenen Schulbildung nach § 54 Abs. 1 Satz 1 Nr. 1 SGB XII.

V. Internetadressen und Literatur

5 Diesbezüglich wird auf die umfassenden Angaben in der Kommentierung zu § 53 SGB XII verwiesen.

B. Auslegung der Norm

I. Allgemeines

6 Die Vorschrift enthält ergänzende Bestimmungen zu dem in § 54 Abs. 1 Satz 1 Nr. 1 SGB XII geregelten Grundanspruch auf Hilfe zur angemessenen Schulbildung. Bezüglich der Abgrenzung zum Kernbereich der schulischen Aufgaben und der Bindung an Entscheidungen der Schulverwaltung wird auf die Kommentierung zu § 54 SGB XII verwiesen. Die Hilfen werden nach dem Wortlaut des § 12 EinglHV nur gewährt, wenn sie **geeignet und erforderlich** sind, den jeweiligen Eingliederungszweck zu erreichen. Geeignet sind sie nach der Legaldefinition in § 12 Nr. 3 EinglHV, wenn nach den Fähigkeiten und den Leistungen des behinderten Menschen zu erwarten ist, dass er das Bildungsziel erreichen wird. Dabei handelt es sich um eine gerichtlich voll überprüfbare Prognoseentscheidung.[3] Erforderlich sind sie, wenn der behinderte Mensch sie benötigt, um am gesellschaftlichen Leben teilzuhaben.[4]

II. Einzelne Hilfen

7 Zu den in Betracht kommenden Maßnahmen können gehören: die Kosten einer persönlichen Assistenz (Begleiter) zum Besuch einer Tagesstätte[5], einer Regel- bzw. Sonderschule[6] oder einer Förderschule[7], die Übernahme notwendiger Taxikosten zum Besuch einer Sonderschule für Behinderte[8], die Kostenübernahme für einen schulbegleitenden Integrationshelfer[9], eine Autismustherapie[10], eine „gastweise" Unterbringung" (Ferienaufenthalt)[11] bzw. Internat am Schulort[12], die Versorgung mit einer Tafelkamera[13], die Betreuung in einer Internatsschule im Ausland[14] und die Kosten eines sozialpädagogischen Horts[15]. Das BSG hat nun auch erkannt, dass auch die sog. **„Petö-Block-Therapie"** Leistung i.S.d. § 54 Abs. 1 Satz 1 Nr. 1 SGB XII sein kann.[16] Ob ein Recht auf Teilnahme an sog. integrativem Schulunterricht aus dem Menschenrechtsübereinkommen über die Rechte behinderter Menschen vom 13.12.2006 abgeleitet werden kann, ist zweifelhaft.[17]

8 Bei der **Beurteilung der Eignung** heilpädagogischer Maßnahmen (hier: Montessori-Therapie) als Hilfe zu einer angemessenen Schulbildung nach § 12 Nr. 1 EinglHV besteht keine Bindung an den Maßstab allgemeiner ärztlicher oder sonstiger fachlicher Erkenntnis; daran hat sich auch mit Inkraft-

---

[3] BSG v. 29.07.1993 - 11/9b RAr 5/92 - juris Rn. 21 - SozR 3-4100 § 60 Nr. 1.
[4] *Voelzke* in: Hauck/Noftz, K § 54 Rn. 41a.
[5] OVG Bremen v. 12.05.2009 - S3 B 10/09.
[6] Thüringer LSG v. 30.09.2008 - L 8 SO 801/08 ER.
[7] Bayerischer VGH v. 23.04.2009 - 12 CE 09.686.
[8] BVerwG v. 10.09.1992 - 5 C 7/87 - Buchholz 436.0 § 39 BSHG Nr. 8.
[9] BVerwG v. 02.09.2003 - 5 B 259/02.
[10] OVG Niedersachsen v. 19.04.2004 - 12 ME 78/04 - SAR 2004, 98-99.
[11] VG Hamburg v. 24.09.2004 - 13 K 1721/03; a.A. Bayerischer VGH v. 26.03.2007 - 12 ZB 06.2944; hierzu *Gagel*, jurisPR-SozR 11/2008, Anm. 1.
[12] LSG Baden-Württemberg v. 08.03.2006 - L 23 B 16/06 SO ER - FEVS 58, 49-51; zur Ausnahme vgl. Rn. 11.
[13] VG München v. 25.05.2004 - M 15 E 04.1825.
[14] OVG Niedersachsen v. 19.03.2003 - 4 LB 111/02 - NDV-RD 2003, 81-83; VGH Baden Württemberg v. 14.02.1990 - 6 S 1797/88 - FEVS 41, 119-128.
[15] LSG Schleswig-Holstein v. 06.10.2008 - L 9 SO 8/08 - FEVS 60, 567-572.
[16] BSG v. 29.09.2009 - B 8 SO 19/08 R; a.A. VG Karlsruhe v. 26.06.2002 - 5 K 2172/99.
[17] Vgl. dazu *Krajewski*, JZ 2010, 120; ferner das „Gutachten zur Wirkung der internationalen Konvention über die Rechte von Menschen mit Behinderung und ihres Fakultativprotokolls auf das deutsche Schulsystem" von *Riedel*, erschienen beim Sozialverband Deutschlands e.V.

treten des SGB IX nichts geändert. Nach wie vor knüpft die Möglichkeit einer Förderung auch an die (individuell zu bestimmende) „Aussicht" auf Erfolg an.[18]

Als Hilfe zur angemessenen schulischen Bildung im Sinne § 54 Abs. 1 Nr. 1 SGB XII kommt auch die **Versorgung mit einem Hilfsmittel**, wie etwa einer Blindenschreibmaschine, in Betracht. Da § 40 Abs. 1 Nr. 2 BSHG eine spezialgesetzliche Regelung für Hilfsmittel enthielt, hatte das BVerwG einen Charakter als Hilfe zur angemessenen schulischen Bildung (Nr. 4) verneint;[19] vgl. die Kommentierung zu § 92 SGB XII. Mit der Neuregelung der Eingliederungshilfe in § 54 SGB XII ist diese Sonderregelung entfallen. Maßgeblich für die Zuordnung ist nun allein der Zweck der Rehabilitationsleistung (vgl. Kommentierung zu § 54 SGB XII), so dass bei schulischer Zweckbestimmung ein Anspruch aus § 54 Abs. 1 Nr. 1 SGB XII in Betracht kommt. 9

Werden die Kosten für **Schulessen** als Ermessensleistung nach § 53 Abs. 1 Satz 2 SGB XII in Form der Hilfen zu einer angemessenen Schulbildung erbracht, so ist es gerechtfertigt, den im Sozialgeld nach § 28 SGB II hierfür vorgesehenen Anteil bei der Bemessung der Höhe der Leistung abzuziehen, denn das Schulessen dient nicht nur der Eingliederungshilfe, sondern auch der Ernährung.[20] 10

Ein behinderungsbedingt erforderlicher **Heimaufenthalt** ist dann keine Maßnahme der Schulbildung i.S. von § 54 Abs. 1 Satz 1 Nr. 1 SGB XII bzw. § 12 Nr. 1 EinglHV, wenn er auch unabhängig vom Alter bzw. der Schulpflicht geboten wäre.[21] Auch aus Art. 24 der UnBehRÜbk erwächst bei der Wahl einer inklusiven Beschulung noch kein Anspruch auf Übernahme der **Kosten eines Gebärdendolmetschers**.[22] Vgl. dazu auch die Kommentierung zu § 54 SGB XII. 11

---

[18] LSG Baden-Württemberg v. 18.11.2010 - L 7 SO 6090/08.
[19] BVerwG v. 05.06.1975 - V C 5.74.
[20] LSG Baden-Württemberg v. 20.11.2009 - L 12 AS 4180/08.
[21] LSG Niedersachsen-Bremen v. 27.10.2011 - L 8 SO 215/11 B ER.
[22] Bayerischen LSG v. 02.11.2011 - L 8 SO 165/11 B ER und L 8 SO 164/11 B ER.

§ 13 EinglHV Schulische Ausbildung für einen Beruf

(Fassung vom 27.12.2003, gültig ab 01.01.2005)

(1) Die Hilfe zur schulischen Ausbildung für einen angemessenen Beruf im Sinne des § 54 Abs. 1 Satz 1 Nr. 2 des Zwölften Buches Sozialgesetzbuch umfaßt vor allem Hilfe

1. (weggefallen)
2. zur Ausbildung an einer Berufsfachschule,
3. zur Ausbildung an einer Berufsaufbauschule,
4. zur Ausbildung an einer Fachschule oder höheren Fachschule,
5. zur Ausbildung an einer Hochschule oder einer Akademie,
6. zum Besuch sonstiger öffentlicher, staatlich anerkannter oder staatlich genehmigter schulischer Ausbildungsstätten,
7. zur Ableistung eines Praktikums, das Voraussetzung für den Besuch einer Fachschule oder einer Hochschule oder für die Berufszulassung ist,
8. zur Teilnahme am Fernunterricht; § 86 des Dritten Buches Sozialgesetzbuch gilt entsprechend,
9. zur Teilnahme an Maßnahmen, die geboten sind, um die schulische Ausbildung für einen angemessenen Beruf vorzubereiten.

(2) Die Hilfe nach Absatz 1 wird gewährt, wenn

1. zu erwarten ist, dass das Ziel der Ausbildung oder der Vorbereitungsmaßnahmen erreicht wird,
2. der beabsichtigte Ausbildungsweg erforderlich ist,
3. der Beruf oder die Tätigkeit voraussichtlich eine ausreichende Lebensgrundlage bieten oder, falls dies wegen Art oder Schwere der Behinderung nicht möglich ist, zur Lebensgrundlage in angemessenem Umfang beitragen wird.

(3) (weggefallen)

Gliederung

A. Basisinformationen 1
I. Textgeschichte 1
II. Übergeordnetes Recht 2
III. Verwaltungsvorschriften 3
IV. Systematischer Zusammenhang 4
V. Internetadressen und Literatur............................ 5
B. Auslegung der Norm 6
I. Grundvoraussetzungen (Absatz 2) 6
II. Einzelmaßnahmen 7

A. Basisinformationen

I. Textgeschichte

1 Die Verordnung gilt in der Neufassung vom 01.02.1975[1] und ist in Ausführung der Ermächtigung des § 47 BSHG am 08.02.1975 wirksam geworden. Sie ist trotz Einführung des SGB IX 2001 und der Eingliederung des Sozialhilferechts in das SGB 2005 nicht umfassend angepasst worden und daher im Kern bis heute unverändert geblieben.

II. Übergeordnetes Recht

2 Ermächtigungsgrundlage für den Erlass der Verordnung bildet § 60 SGB XII. Diese im Wesentlichen mit der Vorgängervorschrift im BSHG identische Vorschrift ermöglicht die Abgrenzung des Personenkreises, die nähere Bestimmung von Art und Umfang der Leistung und die Zusammenarbeit mit ande-

---

[1] Bek. v. 01.02.1975, BGBl I 1975, 433, zuletzt geändert durch Art. 13 G v. 27.12.2003 BGBl I 2003, 3022.

ren Stellen. Mit der Ermächtigung zur Regelung dieser Bereiche im Wege einer Rechtsverordnung (vgl. die Kommentierung zu § 60 SGB XII) sollte höhere Flexibilität bei der Reaktion auf neue Entwicklungen erreicht werden.

III. Verwaltungsvorschriften

Hier sind im Wesentlichen die „Empfehlungen für die Gewährung von Leistungen der Eingliederungshilfe für Behinderte zum Besuch einer Hochschule"[2] und die „Orientierungshilfe zu den Schnittstellen der Eingliederungshilfe nach dem SGB XII zu anderen sozialen Leistungen"[3] der BAGüS zu nennen.

IV. Systematischer Zusammenhang

Die in der Vorschrift konkretisiert und ergänzt die Bestimmungen zum Leistungsanspruch in § 54 Abs. 1 Satz 1 Nr. 2 SGB XII.

V. Internetadressen und Literatur

Diesbezüglich wird auf die umfassenden Angaben in der Kommentierung zu § 53 SGB XII verwiesen.

B. Auslegung der Norm

I. Grundvoraussetzungen (Absatz 2)

Es muss es sich um einen angemessenen Beruf handeln.[4] Ob dies gegeben ist, bestimmt § 13 Abs. 2 EinglHV, der die **Grundvoraussetzungen** enthält:

- Zunächst muss zu erwarten sein, dass das Ziel der Ausbildung oder der Vorbereitungsmaßnahmen erreicht wird (Nr. 1). Dies ist eine **Prognoseentscheidung** wie im Rahmen des § 54 Abs. 1 Satz 1 Nr. 1 SGB XII.
- Ferner muss der beabsichtigte Ausbildungsweg erforderlich sein, um nach der gesamten **Persönlichkeit und den berechtigten Interessen und Wünschen** des behinderten Menschen eine angemessene Ausbildung zu erreichen (Nr. 2). Ist dies noch nicht erreicht, dann kann auch eine Zweitausbildung oder ein Studium in Betracht kommen.[5] Dabei kommt der bereits erlangten beruflichen Qualifikation nicht die Qualität des alleinigen Maßstabs für die Verneinung eines Anspruchs auf Eingliederungshilfe zu.[6] So handelt es sich bei der Ausbildung einer Dipl. Psychologin zur Psychologischen Psychotherapeutin um eine berufliche Weiterqualifizierung, die grundsätzlich als Zweitausbildung oder Studium als Maßnahme der Eingliederungshilfe nach § 54 Abs. 1 Satz 1 Nr. 2 SGB XII in Betracht kommt.[7] Hat ein Antragsteller mit dem Hochschulabschluss zum Dipl. Psychologen bereits den nach § 54 Abs. 1 Satz 1 Nr. 2 SGB XII **gesetzlich vorgesehenen höchsten Bildungsabschluss** durch Eingliederungshilfe erlangt, so scheidet eine weitere Förderung durch die Eingliederungshilfe aus.[8]
- Schließlich muss der Beruf oder die Tätigkeit voraussichtlich eine **ausreichende Lebensgrundlage** bieten oder, falls dies wegen Art oder Schwere der Behinderung nicht möglich ist, zur Lebensgrundlage in angemessenem Umfang beitragen (Nr. 3). Angesichts des umfassenden Ziels der Eingliederung des behinderten Menschen ist dieses Merkmal nicht zu eng zu verstehen.[9]

---

[2] Stand: 21.09.2012; vgl. www.lwl.org/LWL/Soziales/BAGues/Veroeffentlichungen (abgerufen am 13.03.2014).
[3] Stand: 24.11.2009; vgl. www.lwl.org/LWL/Soziales/BAGues/Veroeffentlichungen (abgerufen am 13.03.2014).
[4] *Exner/Dillmann*, Behindertenrecht 2010, 190.
[5] *Meusinger* in: Fichtner/Wenzel, SGB XII, 4. Aufl. 2009, § 54 Rn. 69; *Voelzke* in: Hauck/Noftz, K § 54 Rn. 47; nach § 7 Abs. 5 SGB II sind in diesen Fällen regelmäßig Leistungen aus dem SGB II ausgeschlossen, auch wenn der Anspruch nur dem Grunde nach besteht, vgl. etwa: BSG v. 01.07.2009 - B 4 AS 67/08 R.
[6] LSG Baden-Württemberg v. 21.02.2011 - L 2 SO 379/11 ER-B mit H.a. BVerwG v. 19.10.1995 - 5 C 28/95 - Buchholz 436.0 § 39 BSHG Nr. 15.
[7] LSG Baden-Württemberg v. 21.02.2011 - L 2 SO 379/11 ER-B.
[8] LSG Baden-Württemberg v. 21.02.2011 - L 2 SO 379/11 ER-B.
[9] *Bieritz-Harder* in: LPK-SGB XII, § 54 Rn. 56.

II. Einzelmaßnahmen

7 Ein Hilfebedürftiger hat nach den §§ 53, 54 Abs. 1 Satz 1 Nr. 2 SGB XII i.V.m. § 13 Abs. 1 Nr. 5 EinglHV einen Anspruch auf Eingliederungshilfe für eine studienbedingt erforderliche Vorlesehilfe hat.[10] Einer behinderten Studentin, die bereits im Umfang von 18 Stunden täglich Studienassistenzdienste erhält, ist im Rahmen der Eingliederungshilfe (Hochschulhilfe) kein **zusätzliches Laptop** und keine **Spracherkennungssoftware** zu gewähren.[11]

---

[10] LSG Niedersachsen-Bremen v. 27.01.2011 - L 8 SO 171/08.
[11] LSG Baden-Württemberg v. 23.04.2012 - L 2 SO 906/12 B.

§ 13a EinglHV Ausbildung für eine sonstige angemessene Tätigkeit

(Fassung vom 27.12.2003, gültig ab 01.01.2005)

¹Hilfe zur Ausbildung für eine sonstige angemessene Tätigkeit im Sinne des § 54 Abs. 1 Satz 1 des Zwölften Buches Sozialgesetzbuch in Verbindung mit den §§ 33 und 41 des Neunten Buches Sozialgesetzbuch sowie der Hilfe im Sinne des § 54 Abs. 1 Satz 1 Nr. 3 des Zwölften Buches Sozialgesetzbuch wird insbesondere gewährt, wenn die Ausbildung für einen Beruf aus besonderen Gründen, vor allem wegen Art und Schwere der Behinderung, unterbleibt. ²§ 13 Abs. 2 gilt entsprechend.

Gliederung

A. Basisinformationen 1	IV. Systematischer Zusammenhang 4
I. Textgeschichte 1	V. Internetadressen und Literatur 5
II. Übergeordnetes Recht 2	**B. Auslegung der Norm** 6
III. Verwaltungsvorschriften 3	

A. Basisinformationen

I. Textgeschichte

Die Vorschrift ist durch Art. 16 Nr. 13 nach Maßgabe d. Art. 67 SGB9uaÄndG vom 19.06.2001¹ mit Wirkung vom 01.07.2001 neu in die EinglHV eingefügt worden. Ihre heutige Fassung hat sie durch Art. 13 Nr. 9 Gesetzes zur Einordnung des Sozialhilferechts in das Sozialgesetzbuch vom 27.12.2003² mit Wirkung vom 01.01.2005 erhalten.

II. Übergeordnetes Recht

Ermächtigungsgrundlage für den Erlass der Verordnung bildet § 60 SGB XII. Diese im Wesentlichen mit der Vorgängervorschrift im BSHG identische Vorschrift ermöglicht die Abgrenzung des Personenkreises, die nähere Bestimmung von Art und Umfang der Leistung und die Zusammenarbeit mit anderen Stellen. Mit der Ermächtigung zur Regelung dieser Bereiche im Wege einer Rechtsverordnung (vgl. die Kommentierung zu § 60 SGB XII) sollte höhere Flexibilität bei der Reaktion auf neue Entwicklungen erreicht werden.

III. Verwaltungsvorschriften

Hier sind im Wesentlichen die „Orientierungshilfe zu den Schnittstellen der Eingliederungshilfe nach dem SGB XII zu anderen sozialen Leistungen"³ der BAGüS zu nennen.

IV. Systematischer Zusammenhang

Die Vorschrift ergänzt und konkretisiert die Anspruchsnorm des § 54 Abs. 1 Satz 1 Nr. 3 SGB XII.

V. Internetadressen und Literatur

Diesbezüglich wird auf die umfassenden Angaben in der Kommentierung zu § 53 SGB XII verwiesen.

B. Auslegung der Norm

Die Hilfe nach § 13a EinglHV wird als Auffangtatbestand insbesondere dann gewährt, wenn die Ausbildung für einen Beruf aus besonderen Gründen, vor allem wegen Art und Schwere der Behinderung, unterbleibt. Dabei ist § 13 Abs. 2 EinglHV (vgl. die Kommentierung zu § 13 EinglHV) entsprechend anwendbar, d.h.
- es muss zu erwarten sein, dass das Ziel der Ausbildung erreicht wird (Nr. 1),

---

[1] BGBl I 2001, 1046.
[2] BGBl I 2003, 3022.
[3] Stand: 24.11.2009.

- der beabsichtigte Ausbildungsweg muss erforderlich sein, um nach der gesamten Persönlichkeit und den berechtigten Interessen und Wünschen des behinderten Menschen eine angemessene Ausbildung zu erreichen (Nr. 2), und
- der Beruf muss voraussichtlich eine ausreichende Lebensgrundlage bieten oder, falls dies wegen Art oder Schwere der Behinderung nicht möglich ist, zur Lebensgrundlage in angemessenem Umfang beitragen (Nr. 3).

§§ 14 und 15 EinglHV (weggefallen)

(Fassung vom 19.06.2001, gültig ab 01.07.2001)

(weggefallen)

§§ 14 und 15 EinglHV in der Fassung vom 01.02.1975 sind gemäß Art. 16 Nr. 1 nach Maßgabe des Art. 67 des Gesetzes vom 19.06.2001 (BGBl I 2001, 1046) mit Ablauf des 30.06.2001 weggefallen. 1

§ 16 EinglHV Allgemeine Ausbildung

(Fassung vom 19.06.2001, gültig ab 01.07.2001)

Zu den Maßnahmen der Eingliederungshilfe für behinderte Menschen gehören auch

1. die blindentechnische Grundausbildung,
2. Kurse und ähnliche Maßnahmen zugunsten der in § 1 Nr. 5 und 6 genannten Personen, wenn die Maßnahmen erforderlich und geeignet sind, die Verständigung mit anderen Personen zu ermöglichen oder zu erleichtern,
3. hauswirtschaftliche Lehrgänge, die erforderlich und geeignet sind, dem behinderten Menschen die Besorgung des Haushalts ganz oder teilweise zu ermöglichen,
4. Lehrgänge und ähnliche Maßnahmen, die erforderlich und geeignet sind, den behinderten Menschen zu befähigen, sich ohne fremde Hilfe sicher im Verkehr zu bewegen.

Gliederung

A. Basisinformationen ... 1	IV. Systematischer Zusammenhang ... 4
I. Textgeschichte ... 1	V. Internetadressen und Literatur ... 5
II. Übergeordnetes Recht ... 2	**B. Auslegung der Norm** ... 6
III. Verwaltungsvorschriften ... 3	

A. Basisinformationen

I. Textgeschichte

1 Die Verordnung gilt in der Neufassung vom 01.02.1975[1] und ist in Ausführung der Ermächtigung des § 47 BSHG am 08.02.1975 wirksam geworden. Sie ist trotz Einführung des SGB IX 2001 und der Eingliederung des Sozialhilferechts in das SGB 2005 nicht umfassend angepasst worden und daher im Kern bis heute unverändert geblieben.

II. Übergeordnetes Recht

2 Ermächtigungsgrundlage für den Erlass der Verordnung bildet § 60 SGB XII. Diese im Wesentlichen mit der Vorgängervorschrift im BSHG identische Vorschrift ermöglicht die Abgrenzung des Personenkreises, die nähere Bestimmung von Art und Umfang der Leistung und die Zusammenarbeit mit anderen Stellen. Mit der Ermächtigung zur Regelung dieser Bereiche im Wege einer Rechtsverordnung (vgl. die Kommentierung zu § 60 SGB XII) sollte höhere Flexibilität bei der Reaktion auf neue Entwicklungen erreicht werden.

III. Verwaltungsvorschriften

3 Hier sind im Wesentlichen die „Orientierungshilfe zu den Schnittstellen der Eingliederungshilfe nach dem SGB XII zu anderen sozialen Leistungen"[2] der BAGüS zu nennen.

IV. Systematischer Zusammenhang

4 Die Vorschrift ergänzt den Katalog der Eingliederungshilfen um Schulungen bzw. Ausbildungen zur Förderung der Kommunikation, der Verkehrstauglichkeit und der Bewältigung des eigenen Haushalts.

V. Internetadressen und Literatur

5 Diesbezüglich wird auf die umfassenden Angaben in der Kommentierung zu § 53 SGB XII verwiesen.

B. Auslegung der Norm

6 Gefördert werden Ausbildungsmaßnahmen wie Kurse, Lehrgänge oder ähnliche Schulungen für behinderte Menschen, die folgenden Zielen dienen:

---

[1] Bek. v. 01.02.1975, BGBl I 1975, 433, zuletzt geändert durch Art. 13 G v. 27.12.2003 BGBl I 2003, 3022.
[2] Stand: 24.11.2009.

- Erlangung blindentechnischer Grundfertigkeiten,
- Förderung der Kommunikationsfähigkeit von Personen nach § 1 Nr. 5 und 6 EinglHV (vgl. die Kommentierung zu § 1 EinglHV) (Gehörlose oder erheblich Gehörbehinderte, Stumme, Seelentaube, Hörstumme und Personen mit Stimm- und Artikulationsstörungen),
- Förderung der Fertigkeiten zur Führung des eigenen Haushalts und
- Förderung der Verkehrstauglichkeit.

§ 17 EinglHV Eingliederung in das Arbeitsleben

(Fassung vom 27.12.2003, gültig ab 01.01.2005)

(1) ¹Zu der Hilfe im Sinne des § 54 Abs. 1 Satz 1 des Zwölften Buches Sozialgesetzbuch in Verbindung mit den §§ 33 und 41 des Neunten Buches Sozialgesetzbuch sowie der Hilfe im Sinne des § 54 Abs. 1 Satz 1 Nr. 5 des Zwölften Buches Sozialgesetzbuch gehören auch die Hilfe zur Beschaffung von Gegenständen sowie andere Leistungen, wenn sie wegen der Behinderung zur Aufnahme oder Fortsetzung einer angemessenen Beschäftigung im Arbeitsleben erforderlich sind; für die Hilfe zur Beschaffung eines Kraftfahrzeuges ist § 8, für die Hilfe zur Beschaffung von Gegenständen, die zugleich Gegenstände im Sinne des § 9 Abs. 2 Nr. 12 sind, ist § 9 maßgebend. ²Die Hilfe nach Satz 1 kann auch als Darlehen gewährt werden.

(2) Hilfe in einer sonstigen Beschäftigungsstätte nach § 56 des Zwölften Buches Sozialgesetzbuch können behinderte Menschen erhalten, die mindestens die Voraussetzungen zur Aufnahme in einer Werkstatt für behinderte Menschen (§ 137 des Neunten Buches Sozialgesetzbuch) erfüllen.

Gliederung

A. Basisinformationen 1	V. Internetadressen und Literatur 5
I. Textgeschichte 1	**B. Auslegung der Norm** 6
II. Übergeordnetes Recht 2	I. Angemessene Beschäftigung im Arbeitsleben 6
III. Verwaltungsvorschriften 3	II. Hilfe in sonstigen Beschäftigungsstätten
IV. Systematischer Zusammenhang 4	(Absatz 2) 9

A. Basisinformationen

I. Textgeschichte

1 Die Verordnung gilt in der Neufassung vom 01.02.1975[1] und ist in Ausführung der Ermächtigung des § 47 BSHG am 08.02.1975 wirksam geworden. Sie ist trotz Einführung des SGB IX 2001 und der Eingliederung des Sozialhilferechts in das SGB 2005 nicht umfassend angepasst worden und daher im Kern bis heute unverändert geblieben.

II. Übergeordnetes Recht

2 Ermächtigungsgrundlage für den Erlass der Verordnung bildet § 60 SGB XII. Diese im Wesentlichen mit der Vorgängervorschrift im BSHG identische Vorschrift ermöglicht die Abgrenzung des Personenkreises, die nähere Bestimmung von Art und Umfang der Leistung und die Zusammenarbeit mit anderen Stellen. Mit der Ermächtigung zur Regelung dieser Bereiche im Wege einer Rechtsverordnung (vgl. die Kommentierung zu § 60 SGB XII) sollte höhere Flexibilität bei der Reaktion auf neue Entwicklungen erreicht werden.

III. Verwaltungsvorschriften

3 Hier sind im Wesentlichen die „Gemeinsame Arbeitshilfen für die Arbeit des Fachausschusses in Werkstätten für behinderte Menschen"[2] der BAGüS zu nennen.

IV. Systematischer Zusammenhang

4 Die Vorschrift ergänzt die Hilfen zur Teilhabe am Arbeitsleben nach der Grundnorm des § 54 Abs. 1 Satz 1 SGB XII i.V. mit § 33 SGB IX. Ausdrücklich wird für Hilfen zur Beschaffung eines Kfz nach § 8 EinglHV und zur Beschaffung von Gegenständen im Sinne § 9 Abs. 2 Nr. 12 EinglHV auf diese Normen verwiesen.

---

[1] Bek. v. 01.02.1975, BGBl I 1975, 433, zuletzt geändert durch Art. 13 G v. 27.12.2003 BGBl I 2003, 3022.

[2] Stand 01.10.2011; vgl. www.lwl.org/LWL/Soziales/BAGues/Veroeffentlichungen (abgerufen am 13.03.2014).

V. Internetadressen und Literatur

Diesbezüglich wird auf die umfassenden Angaben in der Kommentierung zu § 53 SGB XII verwiesen. 5

B. Auslegung der Norm

I. Angemessene Beschäftigung im Arbeitsleben

Ist zur Aufnahme oder Fortsetzung einer angemessenen Beschäftigung im Arbeitsleben wegen der Behinderung die Beschaffung von Gegenständen sowie anderer Leistungen erforderlich, so werden diese aufgrund § 17 Abs. 1 EinglHV zu den Hilfen nach § 54 Abs. 1 Satz 1 SGB XII i.V. mit den §§ 33 und 41 SG IX gezählt. Gleiches gilt für die Hilfe zur Sicherung der Teilhabe am Arbeitsleben nach § 54 Abs. 1 Nr. 5 SGB XII. Aufgrund der Bezugnahme auf eine angemessene Beschäftigung in § 17 Abs. 1 EinglHV werden Hilfen zur Sicherung der Wirksamkeit ärztlicher oder ärztlich verordneter Leistungen nach § 54 Abs. 1 Nr. 5 SGB XII nicht erfasst. 6

Für Hilfen zur **Beschaffung eines Kfz** wird ausdrücklich auf § 8 EinglHV (vgl. die Kommentierung zu § 8 EinglHV) verwiesen. Zur Beschaffung von Gegenständen, die zugleich solche im Sinne § 9 Abs. 2 Nr. 12 EinglHV sind, wird auf § 9 EinglHV (vgl. die Kommentierung zu § 9 EinglHV) verwiesen. Da § 9 Abs. 2 Nr. 12 EinglHV ausdrücklich eine nichtberufliche Verwendung fordert, muss der Verweis in § 17 Abs. 1 EinglHV als Rechtsfolgeverweisung für die Förderfähigkeit von **Gebrauchsgegenständen des täglichen Lebens** gelesen werden, also als Ausnahme von dem Tatbestandsmerkmal „nichtberuflich". 7

Es steht im Ermessen des Trägers der Sozialhilfe, diese Leistungen auch in der Form eines **Darlehens** zu erbringen. 8

II. Hilfe in sonstigen Beschäftigungsstätten (Absatz 2)

§ 17 Abs. 2 EinglHV setzt für die Hilfe in sonstigen Beschäftigungsstätten nach § 56 SGB XII voraus, dass **Werkstattfähigkeit** nach § 137 SGB IX gegeben ist. Dazu muss prognostisch zu erwarten sein, dass spätestens nach Teilnahme an Maßnahmen im Berufsbildungsbereich ein Mindestmaß wirtschaftlich verwertbarer Arbeitsleistung (vgl. die Kommentierung zu § 54 SGB XII) erbracht werden kann. Nach § 136 Abs. 2 Satz 2 SGB IX ist keine Werkstattfähigkeit vorhanden, wenn trotz einer der Behinderung angemessenen Betreuung eine erhebliche Selbst- oder Fremdgefährdung zu erwarten ist oder das Ausmaß der erforderlichen Betreuung und Pflege die Teilnahme an der Maßnahme im Berufsbildungsbereich oder sonstige Umstände ein Mindestmaß wirtschaftlich verwertbarer Arbeitsleistung im Arbeitsbereich dauerhaft nicht zulassen. 9

§§ 18 und 19 EinglHV (weggefallen)

(Fassung vom 19.06.2001, gültig ab 01.07.2001)

(weggefallen)

1 §§ 18 und 19 EinglHV in der Fassung vom 01.02.1975 sind gemäß Art. 16 Nr. 1 nach Maßgabe des Art. 67 des Gesetzes vom 19.06.2001 (BGBl I 2001, 1046) mit Ablauf des 30.06.2001 weggefallen.

§ 20 EinglHV Anleitung von Betreuungspersonen

(Fassung vom 19.06.2001, gültig ab 01.07.2001)

Bedarf ein behinderter Mensch wegen der Schwere der Behinderung in erheblichem Umfange der Betreuung, so gehört zu den Maßnahmen der Eingliederungshilfe auch, Personen, denen die Betreuung obliegt, mit den durch Art und Schwere der Behinderung bedingten Besonderheiten der Betreuung vertraut zu machen.

Gliederung

A. Basisinformationen 1	IV. Systematischer Zusammenhang 4
I. Textgeschichte 1	V. Internetadressen und Literatur 5
II. Übergeordnetes Recht 2	B. Auslegung der Norm 6
III. Verwaltungsvorschriften 3	

A. Basisinformationen

I. Textgeschichte

Die Verordnung gilt in der Neufassung vom 01.02.1975[1] und ist in Ausführung der Ermächtigung des § 47 BSHG am 08.02.1975 wirksam geworden. Sie ist trotz Einführung des SGB IX 2001 und der Eingliederung des Sozialhilferechts in das SGB 2005 nicht umfassend angepasst worden und daher im Kern bis heute unverändert geblieben.   1

II. Übergeordnetes Recht

Ermächtigungsgrundlage für den Erlass der Verordnung bildet § 60 SGB XII. Diese im Wesentlichen mit der Vorgängervorschrift im BSHG identische Vorschrift ermöglicht die Abgrenzung des Personenkreises, die nähere Bestimmung von Art und Umfang der Leistung und die Zusammenarbeit mit anderen Stellen. Mit der Ermächtigung zur Regelung dieser Bereiche im Wege einer Rechtsverordnung (vgl. die Kommentierung zu § 60 SGB XII) sollte höhere Flexibilität bei der Reaktion auf neue Entwicklungen erreicht werden.   2

III. Verwaltungsvorschriften

Hier sind im Wesentlichen die „Orientierungshilfe zu den Schnittstellen der Eingliederungshilfe nach dem SGB XII zu anderen sozialen Leistungen"[2] der BAGüS zu nennen.   3

IV. Systematischer Zusammenhang

Die Leistungen der Eingliederungshilfe setzen stets unmittelbar am behinderten oder von Behinderung bedrohten Menschen an. Daher ist es erforderlich für notwendige Leistungen an Dritte einen besonderen Anspruchstatbestand zu schaffen, den § 20 EinglHV.   4

V. Internetadressen und Literatur

Diesbezüglich wird auf die umfassenden Angaben in der Kommentierung zu § 53 SGB XII verwiesen.   5

B. Auslegung der Norm

Wenn durch die Besonderheiten der Betreuung eines behinderten Menschen eine Unterweisung der Betreuungsperson erforderlich ist, so gehört diese Unterweisung der Betreuungsperson zu den Maßnahmen der Eingliederungshilfe nach § 20 EinglHV. Erfordern die Maßnahmen der Eingliederungshilfe die Begleitung des behinderten Menschen, so gehören zum Bedarf nach § 22 EinglHV (vgl. die Kommentierung zu § 22 EinglHV) auch die notwendigen Fahrtkosten und die sonstigen mit der Fahrt verbundenen notwendigen Auslagen der Begleitperson (Nr. 1) sowie weitere Kosten der Begleitperson, soweit sie nach den Besonderheiten des Einzelfalles notwendig sind (Nr. 2).   6

---

[1] Bek. v. 01.02.1975, BGBl I 1975, 433, zuletzt geändert durch Art. 13 G v. 27.12.2003 BGBl I 2003, 3022.
[2] Stand: 24.11.2009.

§ 21 EinglHV (weggefallen)

(Fassung vom 19.06.2001, gültig ab 01.07.2001)

(weggefallen)

1 § 21 EinglHV in der Fassung vom 01.02.1975 ist gemäß Art. 16 Nr. 1 nach Maßgabe des Art. 67 des Gesetzes vom 19.06.2001 (BGBl I 2001, 1046) mit Ablauf des 30.06.2001 weggefallen.

§ 22 EinglHV Kosten der Begleitpersonen

(Fassung vom 19.06.2001, gültig ab 01.07.2001)

Erfordern die Maßnahmen der Eingliederungshilfe die Begleitung des behinderten Menschen, so gehören zu seinem Bedarf auch

1. die notwendigen Fahrtkosten und die sonstigen mit der Fahrt verbundenen notwendigen Auslagen der Begleitperson,
2. weitere Kosten der Begleitperson, soweit sie nach den Besonderheiten des Einzelfalles notwendig sind.

Gliederung

A. Basisinformationen 1	IV. Systematischer Zusammenhang 4
I. Textgeschichte 1	V. Internetadressen und Literatur 5
II. Übergeordnetes Recht 2	**B. Auslegung der Norm** 6
III. Verwaltungsvorschriften 3	

A. Basisinformationen

I. Textgeschichte

Die Verordnung gilt in der Neufassung vom 01.02.1975[1] und ist in Ausführung der Ermächtigung des § 47 BSHG am 08.02.1975 wirksam geworden. Sie ist trotz Einführung des SGB IX 2001 und der Eingliederung des Sozialhilferechts in das SGB 2005 nicht umfassend angepasst worden und daher im Kern bis heute unverändert geblieben. 1

II. Übergeordnetes Recht

Ermächtigungsgrundlage für den Erlass der Verordnung bildet § 60 SGB XII. Diese im Wesentlichen mit der Vorgängervorschrift im BSHG identische Vorschrift ermöglicht die Abgrenzung des Personenkreises, die nähere Bestimmung von Art und Umfang der Leistung und die Zusammenarbeit mit anderen Stellen. Mit der Ermächtigung zur Regelung dieser Bereiche im Wege einer Rechtsordnung (vgl. die Kommentierung zu § 60 SGB XII) sollte höhere Flexibilität bei der Reaktion auf neue Entwicklungen erreicht werden. 2

III. Verwaltungsvorschriften

Hier sind im Wesentlichen die „Orientierungshilfe zu den Schnittstellen der Eingliederungshilfe nach dem SGB XII zu anderen sozialen Leistungen"[2] der BAGüS zu nennen. 3

IV. Systematischer Zusammenhang

Die Leistungen der Eingliederungshilfe setzen stets unmittelbar am behinderten oder von Behinderung bedrohten Menschen an. Daher ist es erforderlich für notwendige Leistungen an Dritte einen besonderen Anspruchstatbestand zu schaffen, den § 22 EinglHV. 4

V. Internetadressen und Literatur

Diesbezüglich wird auf die umfassenden Angaben in der Kommentierung zu § 53 SGB XII verwiesen. 5

B. Auslegung der Norm

Erfordern die Maßnahmen der Eingliederungshilfe die Begleitung des behinderten Menschen, so gehören zum Bedarf nach § 22 EinglHV auch die notwendigen Fahrtkosten und die sonstigen mit der Fahrt verbundenen notwendigen Auslagen der Begleitperson (Nr. 1) sowie weitere Kosten der Begleitperson, soweit sie nach den Besonderheiten des Einzelfalles notwendig sind (Nr. 2). Wenn durch die Besonderheiten der Betreuung eine Unterweisung der Betreuungsperson erforderlich ist, gehört diese Unterweisung zu den Maßnahmen der Eingliederungshilfe nach § 20 EinglHV. 6

---

[1] Bek. v. 01.02.1975, BGBl I 1975, 433, zuletzt geändert durch Art. 13 G v. 27.12.2003 BGBl I 2003, 3022.
[2] Stand: 24.11.2009.

§ 23 EinglHV Eingliederungsmaßnahmen im Ausland

(Fassung vom 19.06.2001, gültig ab 01.07.2001)

Maßnahmen der Eingliederungshilfe für behinderte Menschen können auch im Ausland durchgeführt werden, wenn dies im Interesse der Eingliederung des behinderten Menschen geboten ist, die Dauer der Eingliederungsmaßnahmen durch den Auslandsaufenthalt nicht wesentlich verlängert wird und keine unvertretbaren Mehrkosten entstehen.

Gliederung

A. Basisinformationen 1
I. Textgeschichte 1
II. Übergeordnetes Recht 2
III. Verwaltungsvorschriften 3
IV. Systematischer Zusammenhang 4
V. Internetadressen und Literatur 5
B. Auslegung der Norm 6

A. Basisinformationen

I. Textgeschichte

1   Die Verordnung gilt in der Neufassung vom 01.02.1975[1] und ist in Ausführung der Ermächtigung des § 47 BSHG am 08.02.1975 wirksam geworden. Sie ist trotz Einführung des SGB IX 2001 und der Eingliederung des Sozialhilferechts in das SGB 2005 nicht umfassend angepasst worden und daher im Kern bis heute unverändert geblieben.

II. Übergeordnetes Recht

2   Ermächtigungsgrundlage für den Erlass der Verordnung bildet § 60 SGB XII. Diese im Wesentlichen mit der Vorgängervorschrift im BSHG identische Vorschrift ermöglicht die Abgrenzung des Personenkreises, die nähere Bestimmung von Art und Umfang der Leistung und die Zusammenarbeit mit anderen Stellen. Mit der Ermächtigung zur Regelung dieser Bereiche im Wege einer Rechtsverordnung (vgl. die Kommentierung zu § 60 SGB XII) sollte höhere Flexibilität bei der Reaktion auf neue Entwicklungen erreicht werden.

III. Verwaltungsvorschriften

3   Hier ist im Wesentlichen der „Leitfaden für Leistungen an Deutsche im Ausland nach dem SGB XI"[2] der BAGüS zu nennen. Bei diesem Leitfaden handelt es sich um eine interne Dienstempfehlung, die nur für den internen Dienstgebrauch innerhalb der mit der Erbringung von Leistungen an Deutsche im Ausland befassten Behörden bestimmt ist. Ausdrücklich wird daher in diesem Leitfaden darauf hingewiesen, dass aus dem Leitfaden keine Rechtsansprüche hergeleitet werden können. Zu beachten dürfte aber trotzdem die Selbstbindung der Verwaltung sein, die Ausfluss des Gleichbehandlungsgebots aus Art. 3 GG ist.

IV. Systematischer Zusammenhang

4   Die Vorschrift ermöglicht auch die Leistungserbringung im Ausland. Für die Gewährung von Sozialhilfe an Deutsche im Ausland gelten im Übrigen die §§ 24 und 132 SGB XII.

V. Internetadressen und Literatur

5   Diesbezüglich wird auf die umfassenden Angaben in der Kommentierung zu § 53 SGB XII verwiesen.

B. Auslegung der Norm

6   Ob Leistungen der Eingliederungshilfe im **Ausland** erbracht werden, steht nach § 23 EinglHV im pflichtgemäßen Ermessen des Trägers der Sozialhilfe. Diese Fälle sind von solchen des dauerhaften Aufenthalts im Ausland im Sinne des § 24 SGB XII zu unterscheiden. Voraussetzungen sind, dass es

---

[1] Bek. v. 01.02.1975, BGBl I 1975, 433, zuletzt geändert durch Art. 13 G v. 27.12.2003 BGBl I 2003, 3022.
[2] Stand: 01.01.2005.

im Interesse der Eingliederung des behinderten Menschen geboten ist, die Dauer der Eingliederungsmaßnahmen durch den Auslandsaufenthalt nicht wesentlich verlängert wird und keine unvertretbaren Mehrkosten entstehen. Gleichwohl ist auch hier das Wunsch- und Wahlrecht des behinderten Menschen nach § 9 SGB IX zu beachten.

§ 24 EinglHV Anhörung von Sachverständigen

(Fassung vom 01.02.1975, gültig ab 08.02.1975)

Bei der Prüfung von Art und Umfang der in Betracht kommenden Maßnahmen der Eingliederungshilfe sollen, soweit nach den Besonderheiten des Einzelfalles geboten, ein Arzt, ein Pädagoge, jeweils der entsprechenden Fachrichtung, ein Psychologe oder sonstige sachverständige Personen gehört werden.

Gliederung

A. Basisinformationen 1	III. Systematischer Zusammenhang 3
I. Textgeschichte 1	IV. Internetadressen und Literatur 4
II. Übergeordnetes Recht 2	B. Auslegung der Norm 5

A. Basisinformationen

I. Textgeschichte

1 Die Verordnung gilt in der Neufassung vom 01.02.1975[1] und ist in Ausführung der Ermächtigung des § 47 BSHG am 08.02.1975 wirksam geworden. Sie ist trotz Einführung des SGB IX 2001 und der Eingliederung des Sozialhilferechts in das SGB 2005 nicht umfassend angepasst worden und daher im Kern bis heute unverändert geblieben.

II. Übergeordnetes Recht

2 Ermächtigungsgrundlage für den Erlass der Verordnung bildet § 60 SGB XII. Diese im Wesentlichen mit der Vorgängervorschrift im BSHG identische Vorschrift ermöglicht die Abgrenzung des Personenkreises, die nähere Bestimmung von Art und Umfang der Leistung und die Zusammenarbeit mit anderen Stellen. Mit der Ermächtigung zur Regelung dieser Bereiche im Wege einer Rechtsordnung (vgl. die Kommentierung zu § 60 SGB XII) sollte höhere Flexibilität bei der Reaktion auf neue Entwicklungen erreicht werden.

III. Systematischer Zusammenhang

3 Die Vorschrift ergänzt die sich auch für die Sozialhilfe aus dem SGB X ergebenden Regelungen zur Amtsermittlung, insbesondere § 21 SGB X, welcher die Auswahl der erforderlichen Beweismittel regelt.

IV. Internetadressen und Literatur

4 Diesbezüglich wird auf die umfassenden Angaben in der Kommentierung zu § 53 SGB XII verwiesen.

B. Auslegung der Norm

5 Nach § 24 EinglHV sollen außer einem Arzt auch Pädagogen, Psychologen oder sonstige sachverständige Personen gehört werden, wenn dies im Einzelfall geboten ist. Zulässig ist demnach auch, nichtmedizinische Psychotherapeuten, Sozial- oder Sonderpädagogen oder eine Pflegekraft zu hören. Im Verwaltungs- wie im Gerichtsverfahren ist allein das Ziel der vollständigen, raschen und umfassenden Aufklärung prägend (Amtsermittlungsprinzip: § 20 SGB X, § 103 SGG). Die Sachverständigen müssen in ihrem Fachgebiet über die jeweils neuesten wissenschaftliche Kenntnisse verfügen.[2] Die Ergebnisse der Untersuchung sind nach § 96 SGB X in der Weise zu dokumentieren, dass sie auch bei der Prüfung der Voraussetzungen anderer Sozialleistungen Verwendung finden können. Insbesondere dann, wenn die Frage der wesentlichen Teilhabebeeinträchtigung zu prüfen ist, sind häufig nichtmedizinische Fachgebiete einschlägig. § 53 Abs. 2 SGB XII spricht nur von „fachlicher Erkenntnis".

---

[1] Bek. v. 01.02.1975, BGBl I 1975, 433, zuletzt geändert durch Art. 13 G v. 27.12.2003 BGBl I 2003, 3022.

[2] *Meusinger* in: Fichtner, SGB XII, 3. Aufl. 2005, § 53 Rn. 18.

Abschnitt III
§ 25 EinglHV (weggefallen)
(Fassung vom 19.06.2001, gültig ab 01.07.2001)

(weggefallen)

§ 25 EinglHV in der Fassung vom 01.02.1975 ist gemäß Art. 16 Nr. 1 nach Maßgabe des Art. 67 des Gesetzes vom 19.06.2001 (BGBl I 2001, 1046) mit Ablauf des 30.06.2001 weggefallen. [1]

Anhang EV EinglHV (weggefallen)

(Fassung vom 31.08.1990, gültig ab 03.10.1990, gültig bis 31.12.1990)

(weggefallen)

1   Anhang EV EinglHV in der Fassung vom 31.08.1990 ist gemäß Art. 109 Nr. 4 Buchst. f DBuchst. ee des Gesetzes vom 08.12.2000 (BGBl I 2010, 1864) mit Ablauf des 14.12.2010 weggefallen.

vom Verordnungsgeber als zu eng und einseitig zugunsten der heute verwendeten, weiten Formulierung aufgegeben worden. Die besonderen Lebensverhältnisse unterscheiden den Hilfesuchenden von den **allgemeinen Verhältnissen** der Bevölkerung.[7]

3. Soziale Schwierigkeiten (Absatz 3)

Soziale Schwierigkeiten liegen im Einzelfall dann vor, wenn ein Leben in der Gemeinschaft durch ausgrenzendes Verhalten des Hilfesuchenden oder eines Dritten wesentlich eingeschränkt ist, insbesondere im Zusammenhang mit der Erhaltung oder Beschaffung einer Wohnung, mit der Erlangung oder Sicherung eines Arbeitsplatzes, mit familiären oder anderen sozialen Beziehungen oder mit Straffälligkeit. In diesem Sinn liegt **ausgrenzendes Verhalten Dritter** etwa dann vor, wenn dem Hilfebedürftigen der Zugang zu Gütern, Dienstleistungen oder anderen für die **Teilnahme am Leben in der Gemeinschaft** wesentlichen Elementen verweigert oder wesentlich erschwert wird, beispielsweise wenn Angehörige sozialer „Randgruppen" große Schwierigkeiten haben, auf dem allgemeinen Wohnungsmarkt eine Wohnung zu finden.[8] Hierhin gehören aber auch Umstände, die auf der Abstammung oder den Lebensgewohnheiten beruhen.[9] Geringfügige Beeinträchtigungen reichen noch nicht aus; es muss sich vielmehr um eine soziale Schwierigkeit **gravierender Natur** handeln, die deutlich über das Maß allgemeiner sozialer Schwierigkeiten hinausgeht.[10]

10

---

[7] *Scheider* in: Schellhorn/Schellhorn/Hohm, SGB XII, 18. Aufl. 2010, § 67 Rn. 7.
[8] *Bieback* in: Grube/Wahrendorf, SGB XII, 5. Aufl. 2014, § 67 Rn. 15.
[9] *Scheider* in: Schellhorn/Schellhorn/Hohm, SGB XII, 18. Aufl. 2010, § 1 VO zu § 69 SGB XII Rn. 11.
[10] LSG Berlin-Brandenburg v. 04.05.2010 - L 23 SO 46/10 B ER; *Luthe* in: Hauck/Noftz, SGB XII, K § 67, Rn. 12; *Scheider* in: Schellhorn/Schellhorn/Hohm, SGB XII, § 67 Rn. 7; einschränkend hinsichtlich eines besonderen Schweregrades: *Bieback* in: Grube/Wahrendorf, SGB XII, 5. Aufl. 2014, § 67 Rn. 17 und *Roscher* in: LPK-SGB XII, 9. Aufl. 2012, § 67 Rn. 21.

§ 2 DVO§69SGBXII Art und Umfang der Maßnahmen

(Fassung vom 27.12.2003, gültig ab 01.01.2005)

(1) ¹Art und Umfang der Maßnahmen richten sich nach dem Ziel, die Hilfesuchenden zur Selbsthilfe zu befähigen, die Teilnahme am Leben in der Gemeinschaft zu ermöglichen und die Führung eines menschenwürdigen Lebens zu sichern. ²Durch Unterstützung der Hilfesuchenden zur selbständigen Bewältigung ihrer besonderen sozialen Schwierigkeiten sollen sie in die Lage versetzt werden, ihr Leben entsprechend ihren Bedürfnissen, Wünschen und Fähigkeiten zu organisieren und selbstverantwortlich zu gestalten. ³Dabei ist auch zu berücksichtigen, dass Hilfesuchende verpflichtet sind, nach eigenen Kräften an der Überwindung der besonderen sozialen Schwierigkeiten mitzuwirken. ⁴Auf Leistungen anderer Stellen oder nach anderen Vorschriften des Zwölften Buches Sozialgesetzbuch, die im Sinne dieser Verordnung geeignet sind, ist hinzuwirken; die Regelungen über Erstattungsansprüche der Leistungsträger untereinander gemäß §§ 102 bis 114 des Zehnten Buches Sozialgesetzbuch finden insoweit auch zwischen Trägern der Sozialhilfe Anwendung.

(2) ¹Maßnahmen sind die Dienst-, Geld- und Sachleistungen, die notwendig sind, um die besonderen sozialen Schwierigkeiten nachhaltig abzuwenden, zu beseitigen, zu mildern oder ihre Verschlimmerung zu verhüten. ²Vorrangig sind als Hilfe zur Selbsthilfe Dienstleistungen der Beratung und persönlichen Unterstützung für die Hilfesuchenden und für ihre Angehörigen, bei der Erhaltung und Beschaffung einer Wohnung, bei der Vermittlung in Ausbildung, bei der Erlangung und Sicherung eines Arbeitsplatzes sowie bei Aufbau und Aufrechterhaltung sozialer Beziehungen und der Gestaltung des Alltags. ³Bei der Hilfe sind geschlechts- und altersbedingte Besonderheiten sowie besondere Fähigkeiten und Neigungen zu berücksichtigen.

(3) ¹Bei der Ermittlung und Feststellung des Hilfebedarfs sowie bei der Erstellung und Fortschreibung eines Gesamtplanes sollen die Hilfesuchenden unter Berücksichtigung der vorhandenen Kräfte und Fähigkeiten beteiligt werden. ²Wird ein Gesamtplan erstellt, sind der ermittelte Bedarf und die dem Bedarf entsprechenden Maßnahmen der Hilfe zu benennen und anzugeben, in welchem Verhältnis zueinander sie verwirklicht werden sollen. ³Dabei ist der verbundene Einsatz der unterschiedlichen Hilfen nach dem Zwölften Buch Sozialgesetzbuch und nach anderen Leistungsgesetzen anzustreben. ⁴Soweit es erforderlich ist, wirkt der Träger der Sozialhilfe mit anderen am Einzelfall Beteiligten zusammen; bei Personen vor Vollendung des 21. Lebensjahres ist ein Zusammenwirken mit dem Träger der öffentlichen Jugendhilfe erforderlich.

(4) Gesamtplan und Maßnahmen sind zu überprüfen, sobald Umstände die Annahme rechtfertigen, dass die Hilfe nicht oder nicht mehr zielgerecht ausgestaltet ist oder Hilfesuchende nicht nach ihren Kräften mitwirken.

(5) ¹In stationären Einrichtungen soll die Hilfe nur befristet und nur dann gewährt werden, wenn eine verfügbare ambulante oder teilstationäre Hilfe nicht geeignet und die stationäre Hilfe Teil eines Gesamtplanes ist, an dessen Erstellung der für die stationäre Hilfe zuständige Träger der Sozialhilfe beteiligt war. ²Ist die Erstellung eines Gesamtplanes vor Beginn der Hilfe nicht möglich, hat sie unverzüglich danach zu erfolgen. ³Die Hilfe ist spätestens nach jeweils sechs Monaten zu überprüfen. ⁴Frauenhäuser sind keine Einrichtungen im Sinne von Satz 1; ambulante Maßnahmen nach den §§ 3 bis 6 werden durch den Aufenthalt in einem Frauenhaus nicht ausgeschlossen.

Gliederung

A. Basisinformationen	1	III. Systematischer Zusammenhang	3
I. Textgeschichte	1	IV. Internetadressen und Literatur	4
II. Übergeordnetes Recht	2	**B. Auslegung der Norm**	5

A. Basisinformationen

I. Textgeschichte

Die Vorschrift des § 2 der Verordnung gilt in der Neufassung vom 24.01.2001[1] und ist in Ausführung der Ermächtigung des § 72 Abs. 5 BSHG am 01.08.2001 wirksam geworden. Sie ist trotz Einführung des SGB XII 2005 und der Eingliederung des Sozialhilferechts in das SGB 2005 nicht umfassend angepasst worden und daher im Kern bis heute unverändert geblieben; lediglich die Bezugnahme auf das BSHG in Absatz 1 Satz 4 und Absatz 3 Satz 3 ist redaktionell an das SGB XII angepasst worden. 1

II. Übergeordnetes Recht

Ermächtigungsgrundlage für den Erlass der Verordnung bildet seit 01.01.2005 § 69 SGB XII. Diese im Wesentlichen mit der Vorgängervorschrift im BSHG identische Vorschrift ermöglicht die Abgrenzung des Personenkreises sowie die nähere Bestimmung von Art und Umfang der Maßnahmen. 2

III. Systematischer Zusammenhang

Die Vorschrift des § 1 DVO§69SGB XII konkretisiert die Grundvorschrift des § 67 SGB XII zur Abgrenzung des leistungsberechtigten Personenkreises. Art und Umfang der Hilfeleistungen werden durch § 2 DVO§69SGB XII als besonderer Ausdruck der Vorschrift des § 68 SGB XII konkretisiert. Spezielle Maßnahmen enthalten § 3 DVO§69SGB XII (Beratung und persönliche Unterstützung), § 4 DVO§69SGB XII (Erhaltung und Beschaffung einer Wohnung), § 5 DVO§69SGB XII (Ausbildung, Erlangung und Sicherung eine Arbeitsplatzes) und § 6 DVO§69SGB XII (Hilfe zum Aufbau und zur Aufrechterhaltung sozialer Beziehungen und zur Gestaltung des Alltags). 3

IV. Internetadressen und Literatur

Diesbezüglich wird auf die umfassenden Angaben in der Kommentierung zu § 67 SGB XII verwiesen. 4

B. Auslegung der Norm

Nach Absatz der Vorschrift gehört es zur Beratung und persönlichen Unterstützung vor allem, den Hilfebedarf zu ermitteln, die Ursachen der besonderen Lebensumstände sowie der sozialen Schwierigkeiten festzustellen, sie bewusst zu machen, über die zur Überwindung der besonderen Lebensverhältnisse und sozialen Schwierigkeiten in Betracht kommenden Maßnahmen und geeigneten Hilfeangebote und -organisationen zu unterrichten, diese soweit erforderlich zu vermitteln und ihre Inanspruchnahme und Wirksamkeit zu fördern. 5

Beratung und persönliche Unterstützung müssen nach Absatz 2 darauf ausgerichtet sein, die Bereitschaft und Fähigkeit zu erhalten und zu entwickeln, bei der Überwindung der besonderen sozialen Schwierigkeiten nach Kräften mitzuwirken und so weit wie möglich unabhängig von Sozialhilfe zu leben. Sie sollen auch erforderliche Hilfestellungen bei der Inanspruchnahme in Betracht kommender Sozialleistungen, bei der Inanspruchnahme von Schuldnerberatung oder bei der Erledigung von Angelegenheiten mit Behörden und Gerichten umfassen. 6

Schließlich bestimmt Absatz 3, dass sich die persönliche Unterstützung auch darauf erstreckt, in der Umgebung des Hilfesuchenden 1.) Verständnis für die Arbeit der besonderen Lebensverhältnisse und die damit verbundenen sozialen Schwierigkeiten zu wecken und Vorurteilen entgegenzuwirken, 2.) Einflüssen zu begegnen, welche die Bemühungen und Fähigkeiten zur Überwindung besonderer sozialer Schwierigkeiten beeinträchtigen, soweit es im Einzelfall erforderlich ist. 7

Die Beratung und persönliche Unterstützung kann nach Absatz 3 auch in Gruppen gewährt werden, wenn diese Art der Hilfegewährung geeignet ist, den Erfolg der Maßnahmen herbeizuführen. 8

---

[1] BGBl I 2001, 179, zuletzt geändert durch Art. 14 G. v. 27.12.2003 BGBl I 2003, 3022.

§ 3 DVO§69SGBXII Beratung und persönliche Unterstützung

(Fassung vom 24.01.2001, gültig ab 01.08.2001)

(1) Zur Beratung und persönlichen Unterstützung gehört es vor allem, den Hilfebedarf zu ermitteln, die Ursachen der besonderen Lebensumstände sowie der sozialen Schwierigkeiten festzustellen, sie bewusst zu machen, über die zur Überwindung der besonderen Lebensverhältnisse und sozialen Schwierigkeiten in Betracht kommenden Maßnahmen und geeigneten Hilfeangebote und -organisationen zu unterrichten, diese soweit erforderlich zu vermitteln und ihre Inanspruchnahme und Wirksamkeit zu fördern.

(2) [1]Beratung und persönliche Unterstützung müssen darauf ausgerichtet sein, die Bereitschaft und Fähigkeit zu erhalten und zu entwickeln, bei der Überwindung der besonderen sozialen Schwierigkeiten nach Kräften mitzuwirken und so weit wie möglich unabhängig von Sozialhilfe zu leben. [2]Sie sollen auch erforderliche Hilfestellungen bei der Inanspruchnahme in Betracht kommender Sozialleistungen, bei der Inanspruchnahme von Schuldnerberatung oder bei der Erledigung von Angelegenheiten mit Behörden und Gerichten umfassen.

(3) Soweit es im Einzelfall erforderlich ist, erstreckt sich die persönliche Unterstützung auch darauf, in der Umgebung des Hilfesuchenden

1. Verständnis für die Art der besonderen Lebensverhältnisse und die damit verbundenen sozialen Schwierigkeiten zu wecken und Vorurteilen entgegenzuwirken,
2. Einflüssen zu begegnen, welche die Bemühungen und Fähigkeiten zur Überwindung besonderer sozialer Schwierigkeiten beeinträchtigen.

(4) Beratung und persönliche Unterstützung kann auch in Gruppen gewährt werden, wenn diese Art der Hilfegewährung geeignet ist, den Erfolg der Maßnahmen herbeizuführen.

Gliederung

A. Basisinformationen 1	III. Systematischer Zusammenhang 3
I. Textgeschichte 1	IV. Internetadressen und Literatur 4
II. Übergeordnetes Recht 2	**B. Auslegung der Norm** 5

A. Basisinformationen

I. Textgeschichte

1   Die Vorschrift des § 3 der Verordnung gilt in der Neufassung vom 24.01.2001[1] und ist in Ausführung der Ermächtigung des § 72 Abs. 5 BSHG am 01.08.2001 wirksam geworden. Sie ist trotz Einführung des SGB XII 2005 und der Eingliederung des Sozialhilferechts in das SGB 2005 nicht umfassend angepasst worden und daher im Kern bis heute unverändert geblieben.

II. Übergeordnetes Recht

2   Ermächtigungsgrundlage für den Erlass der Verordnung bildet seit 01.01.2005 § 69 SGB XII. Diese im Wesentlichen mit der Vorgängervorschrift im BSHG identische Vorschrift ermöglicht die Abgrenzung des Personenkreises sowie die nähere Bestimmung von Art und Umfang der Maßnahmen.

III. Systematischer Zusammenhang

3   Die Vorschrift des § 1 DVO§69SGB XII konkretisiert die Grundvorschrift des § 67 SGB XII zur Abgrenzung des leistungsberechtigten Personenkreises. Art und Umfang der Hilfeleistungen werden durch § 2 DVO§69SGB XII als besonderer Ausdruck der Vorschrift des § 68 SGB XII konkretisiert.

---

[1]   BGBl I 2001, 179, zuletzt geändert durch Art. 14 G. v. 27.12.2003, BGBl I 2003, 3022.

Spezielle Maßnahmen enthalten § 3 DVO§69SGB XII (Beratung und persönliche Unterstützung), § 4 DVO§69SGB XII (Erhaltung und Beschaffung einer Wohnung), § 5 DVO§69SGB XII (Ausbildung, Erlangung und Sicherung eine Arbeitsplatzes) und § 6 DVO§69SGB XII (Hilfe zum Aufbau und zur Aufrechterhaltung sozialer Beziehungen und zur Gestaltung des Alltags).

IV. Internetadressen und Literatur

Diesbezüglich wird auf die umfassenden Angaben in der Kommentierung zu § 67 SGB XII verwiesen. 4

B. Auslegung der Norm

Zur Beratung und persönlichen Unterstützung gehört es vor allem, den Hilfebedarf zu ermitteln, die Ursachen der besonderen Lebensumstände sowie der sozialen Schwierigkeiten festzustellen, sie bewusst zu machen, über die zur Überwindung der besonderen Lebensverhältnisse und sozialen Schwierigkeiten in Betracht kommenden Maßnahmen und geeigneten Hilfeangebote und -organisationen zu unterrichten, diese soweit erforderlich zu vermitteln und ihre Inanspruchnahme und Wirksamkeit zu fördern (§ 3 Abs. 1 DVO§69SGB XII, vgl. die Kommentierung zu § 3 DVO§69SGBXII). 5

Beratung und persönliche Unterstützung müssen darauf ausgerichtet sein, die Bereitschaft und Fähigkeit zu erhalten und zu entwickeln, bei der Überwindung der besonderen sozialen Schwierigkeiten nach Kräften mitzuwirken und so weit wie möglich unabhängig von Sozialhilfe zu leben. Sie sollen auch erforderliche Hilfestellungen bei der Inanspruchnahme in Betracht kommender Sozialleistungen, bei der Inanspruchnahme von Schuldnerberatung oder bei der Erledigung von Angelegenheiten mit Behörden und Gerichten umfassen (§ 3 Abs. 2 DVO§69SGB XII, vgl. die Kommentierung zu § 3 DVO§69SGBXII). 6

Soweit es im Einzelfall erforderlich ist, erstreckt sich die persönliche Unterstützung auch darauf, in der Umgebung des Hilfesuchenden 1.) Verständnis für die Arbeit der besonderen Lebensverhältnisse und die damit verbundenen sozialen Schwierigkeiten zu wecken und Vorurteilen entgegenzuwirken, 2.) Einflüssen zu begegnen, welche die Bemühungen und Fähigkeiten zur Überwindung besonderer sozialer Schwierigkeiten beeinträchtigen (§ 3 Abs. 3 DVO§69SGB XII). 7

Beratung und persönliche Unterstützung können auch in Gruppen gewährt werden, wenn diese Art der Hilfegewährung geeignet ist, den Erfolg der Maßnahmen herbeizuführen (§ 3 Abs. 4 DVO§69SGB XII). 8

§ 4 DVO§69SGBXII Erhaltung und Beschaffung einer Wohnung

(Fassung vom 27.12.2003, gültig ab 01.01.2005)

(1) Maßnahmen zur Erhaltung und Beschaffung einer Wohnung sind vor allem die erforderliche Beratung und persönliche Unterstützung.

(2) Soweit es Maßnahmen nach Absatz 1 erfordern, umfasst die Hilfe auch sonstige Leistungen zur Erhaltung und Beschaffung einer Wohnung nach dem Dritten Kapitel des Zwölften Buches Sozialgesetzbuch, insbesondere nach § 34.

(3) Maßnahmen der Gefahrenabwehr lassen den Anspruch auf Hilfe zur Überwindung besonderer sozialer Schwierigkeiten bei der Erhaltung und Beschaffung einer Wohnung unberührt.

Gliederung

A. Basisinformationen 1	III. Systematischer Zusammenhang 3
I. Textgeschichte 1	IV. Internetadressen und Literatur 4
II. Übergeordnetes Recht 2	**B. Auslegung der Norm** 5

A. Basisinformationen

I. Textgeschichte

1   Die Vorschrift des § 4 der Verordnung gilt in der Neufassung vom 24.01.2001[1] und ist in Ausführung der Ermächtigung des § 72 Abs. 5 BSHG am 01.08.2001 wirksam geworden. Sie ist trotz Einführung des SGB XII 2005 und der Eingliederung des Sozialhilferechts in das SGB 2005 nicht umfassend angepasst worden und daher im Kern bis heute unverändert geblieben; lediglich die Bezugnahme in Absatz 2 ist redaktionell an das SGB XII angepasst worden.

II. Übergeordnetes Recht

2   Ermächtigungsgrundlage für den Erlass der Verordnung bildet seit 01.01.2005 § 69 SGB XII. Diese im Wesentlichen mit der Vorgängervorschrift im BSHG identische Vorschrift ermöglicht die Abgrenzung des Personenkreises sowie die nähere Bestimmung von Art und Umfang der Maßnahmen.

III. Systematischer Zusammenhang

3   Die Vorschrift des § 1 DVO§69SGB XII konkretisiert die Grundvorschrift des § 67 SGB XII zur Abgrenzung des leistungsberechtigten Personenkreises. Art und Umfang der Hilfeleistungen werden durch § 2 DVO§69SGB XII als besonderer Ausdruck der Vorschrift des § 68 SGB XII konkretisiert. Spezielle Maßnahmen enthalten § 3 DVO§69SGB XII (Beratung und persönliche Unterstützung), § 4 DVO§69SGB XII (Erhaltung und Beschaffung einer Wohnung), § 5 DVO§69SGB XII (Ausbildung, Erlangung und Sicherung eine Arbeitsplatzes) und § 6 DVO§69SGB XII (Hilfe zum Aufbau und zur Aufrechterhaltung sozialer Beziehungen und zur Gestaltung des Alltags).

IV. Internetadressen und Literatur

4   Diesbezüglich wird auf die umfassenden Angaben in der Kommentierung zu § 67 SGB XII verwiesen.

B. Auslegung der Norm

5   Die Leistungen zur Erhaltung und Beschaffung einer Wohnung sind in § 4 DVO§69SGB XII geregelt, wonach diese vor allem in der erforderlichen Beratung und persönlichen Unterstützung bestehen (Absatz 1). Soweit es Maßnahmen nach Absatz 1 erfordern, umfasst die Hilfe auch sonstige Leistungen zur Erhaltung und Beschaffung einer Wohnung nach dem Dritten Kapitel des Zwölften Buches Sozialgesetzbuch, insbesondere nach § 34 SGB XII (Absatz 2). Maßnahmen der Gefahrenabwehr lassen den Anspruch auf Hilfe zur Überwindung besonderer sozialer Schwierigkeiten bei der Erhaltung und Beschaffung einer Wohnung unberührt (Absatz 3).

---

[1] BGBl I 2001, 179, zuletzt geändert durch Art. 14 G. v. 27.12.2003, BGBl I 2003, 3022.

Heinz beschäftigt sich in seinem Aufsatz: „Über einen „Sozialleistungsdschungel", mögliche „Buschmesser" und Auswege im Zusammenhang mit Hilfsmittelansprüchen sowie über mittellose Haftentlassene zwischen zwei Stühlen der Existenzsicherung" (ZfF 2014, 83 ff.) mit der Gewährung einer Mietkaution für Haftentlassene als Leistung nach § 68 SGB XII. 5.1

Nach Absatz 2 besteht ein Anspruch auf Geldleistungen nach dem 3. Kapitel des SGB XII (§§ 27-40 SGB XII), insbesondere auf sonstige Hilfe zur Sicherung der Unterkunft nach „§ 34 SGB XII". Die Vorschrift verweist noch auf die alte Vorschrift zur Schuldenübernahme in § 34 SGB XII; dies ist aber unschädlich, denn durch die Verweisung auf die Vorschriften des 3. Kapitels wird auch auf die neue Vorschrift zur Schuldübernahme in § 36 SGB XII verwiesen. Es handelt sich bei dieser Verweisung nicht um eine Rechtsgrundverweisung. Andernfalls gälten auch die allgemeinen Bestimmungen zur Einkommensberücksichtigung nach den §§ 82-84 SGB XII und die Verweisung liefe ins Leere, denn die Leistungen des 3. Kapitels verlören durch die Anwendung dieser Vorschriften die Einkommensprivilegierung des 8. Kapitels.[2] Im Wesentlichen ist sie durch die Übernahme der Kosten der Unterkunft nach § 35 SGB XII geprägt, wobei allerdings nach dem Wortlaut auch andere Leistungen in Betracht kommen (z.B. Übernahme der **Umzugskosten** nach § 35 Abs. 2 SGB XII). Nach § 36 Abs. 1 SGB XII ist auch die Übernahme von **Schulden** möglich, wobei die Voraussetzungen des § 36 Abs. 1 SGB XII gegeben sein müssen. 6

Die Sicherung der Unterkunft als Ziel etwa der Schuldenübernahme nach § 36 SGB XII setzt voraus, dass es sich um eine konkret genutzte Wohnung handelt (vgl. BSG v. 12.12.2013 - B 8 SO 24/12 R). Eine Mietschuldenübernahme für eine bei Verbüßung einer Strafhaft beibehaltene Wohnung scheidet daher aus. 6.1

---

[2] A.A. Bayerisches LSG v. 17.09.2009 - L 18 SO 111/09 B ER.

§ 5 DVO§69SGBXII Ausbildung, Erlangung und Sicherung eines Arbeitsplatzes

(Fassung vom 24.01.2001, gültig ab 01.08.2001)

(1) Die Hilfe zur Ausbildung sowie zur Erlangung und Sicherung eines Arbeitsplatzes umfasst, wenn andere arbeits- und beschäftigungswirksame Maßnahmen im Einzelfall nicht in Betracht kommen, vor allem Maßnahmen, die darauf gerichtet sind, die Fähigkeiten und Fertigkeiten sowie die Bereitschaft zu erhalten und zu entwickeln, einer regelmäßigen Erwerbstätigkeit nachzugehen und den Lebensunterhalt für sich und Angehörige aus Erwerbseinkommen zu bestreiten.

(2) Zu den Maßnahmen können vor allem solche gehören, die

1. dem drohenden Verlust eines Ausbildungs- oder Arbeitsplatzes entgegenwirken,
2. es ermöglichen, den Ausbildungsabschluss allgemeinbildender Schulen nachzuholen und die für die Ausübung einer Erwerbstätigkeit auf dem allgemeinen Arbeitsmarkt notwendigen Fähigkeiten und Fertigkeiten zu erwerben,
3. eine Ausbildung für einen angemessenen Beruf ermöglichen,
4. der Erlangung und Sicherung eines geeigneten Arbeitsplatzes oder einer sonstigen angemessenen Tätigkeit dienen,
5. den Abschluss sozialversicherungspflichtiger Beschäftigungsverhältnisse ermöglichen oder den Aufbau einer Lebensgrundlage durch selbständige Tätigkeit fördern.

Gliederung

A. Basisinformationen 1
I. Textgeschichte 1
II. Übergeordnetes Recht 2
III. Systematischer Zusammenhang 3
IV. Internetadressen und Literatur 4
B. Auslegung der Norm 5

A. Basisinformationen

I. Textgeschichte

1   Die Vorschrift des § 5 der Verordnung gilt in der Neufassung vom 24.01.2001[1] und ist in Ausführung der Ermächtigung des § 72 Abs. 5 BSHG am 01.08.2001 wirksam geworden. Sie ist trotz Einführung des SGB XII 2005 und der Eingliederung des Sozialhilferechts in das SGB 2005 nicht umfassend angepasst worden und daher im Kern bis heute unverändert geblieben.

II. Übergeordnetes Recht

2   Ermächtigungsgrundlage für den Erlass der Verordnung bildet seit 01.01.2005 § 69 SGB XII. Diese im Wesentlichen mit der Vorgängervorschrift im BSHG identische Vorschrift ermöglicht die Abgrenzung des Personenkreises sowie die nähere Bestimmung von Art und Umfang der Maßnahmen.

III. Systematischer Zusammenhang

3   Die Vorschrift des § 1 DVO§69SGB XII konkretisiert die Grundvorschrift des § 67 SGB XII zur Abgrenzung des leistungsberechtigten Personenkreises. Art und Umfang der Hilfeleistungen werden durch § 2 DVO§69SGB XII als besonderer Ausdruck der Vorschrift des § 68 SGB XII konkretisiert. Spezielle Maßnahmen enthalten § 3 DVO§69SGB XII (Beratung und persönliche Unterstützung), § 4 DVO§69SGB XII (Erhaltung und Beschaffung einer Wohnung), § 5 DVO§69SGB XII (Ausbildung, Erlangung und Sicherung eine Arbeitsplatzes) und § 6 DVO§69SGB XII (Hilfe zum Aufbau und zur Aufrechterhaltung sozialer Beziehungen und zur Gestaltung des Alltags).

---

[1] BGBl I 2001, 179, zuletzt geändert durch Art. 14 G. v. 27.12.2003, BGBl I 2003, 3022.

IV. Internetadressen und Literatur

Diesbezüglich wird auf die umfassenden Angaben in der Kommentierung zu § 67 SGB XII verwiesen.

B. Auslegung der Norm

Vorrangiges Ziel dieser Leistungen ist es, die die Befähigung zur Selbsthilfe herzustellen.[2] Die Leistungen sind insbesondere gegenüber BAföG, BAB (SGB III) und SGB II nachrangig.

Die Hilfe zur Ausbildung sowie zur Erlangung und Sicherung eines Arbeitsplatzes ist weit gefasst und umfasst, wenn andere arbeits- und beschäftigungswirksame Maßnahmen im Einzelfall nicht in Betracht kommen, vor allem Maßnahmen, die darauf gerichtet sind, die Fähigkeiten und Fertigkeiten sowie die Bereitschaft zu erhalten und zu entwickeln, einer regelmäßigen Erwerbstätigkeit nachzugehen und den Lebensunterhalt für sich und Angehörige aus Erwerbseinkommen zu bestreiten (Absatz 1). Zu den Maßnahmen können vor allem solche gehören, die 1.) dem drohenden Verlust eines Ausbildungs- oder Arbeitsplatzes entgegenwirken, 2.) es ermöglichen, den Ausbildungsabschluss allgemeinbildender Schulen nachzuholen und die für die Ausübung einer Erwerbstätigkeit auf dem allgemeinen Arbeitsmarkt notwendigen Fähigkeiten und Fertigkeiten zu erwerben, 3.) eine Ausbildung für einen angemessenen Beruf ermöglichen, 4.) der Erlangung und Sicherung eines geeigneten Arbeitsplatzes oder einer sonstigen angemessenen Tätigkeit dienen, 5.) den Abschluss sozialversicherungspflichtiger Beschäftigungsverhältnisse ermöglichen oder den Aufbau einer Lebensgrundlage durch selbständige Tätigkeit fördern.

Zum Konkurrenzverhältnis zu Leistungen nach dem SGB II vgl. die Kommentierung zu § 67 SGB XII Rn. 30.

---

[2] BR-Drs. 734/00, S. 17.

§ 6 DVO§69SGBXII Hilfe zum Aufbau und zur Aufrechterhaltung sozialer Beziehungen und zur Gestaltung des Alltags

(Fassung vom 27.12.2003, gültig ab 01.01.2005)

[1]Zu den Maßnahmen im Sinne des § 68 Abs. 1 des Zwölften Buches Sozialgesetzbuch gehört auch Hilfe zum Aufbau und zur Aufrechterhaltung sozialer Beziehungen und zur Gestaltung des Alltags. [2]Sie umfasst vor allem Maßnahmen der persönlichen Hilfe, die

1. die Begegnung und den Umgang mit anderen Personen,
2. eine aktive Gestaltung, Strukturierung und Bewältigung des Alltags,
3. eine wirtschaftliche und gesundheitsbewusste Lebensweise,
4. den Besuch von Einrichtungen oder Veranstaltungen, die der Geselligkeit, der Unterhaltung oder kulturellen Zwecken dienen,
5. eine gesellige, sportliche oder kulturelle Betätigung

fördern oder ermöglichen.

Gliederung

A. Basisinformationen 1	III. Systematischer Zusammenhang 3
I. Textgeschichte 1	IV. Internetadressen und Literatur 4
II. Übergeordnetes Recht 2	**B. Auslegung der Norm** 5

A. Basisinformationen

I. Textgeschichte

1 Die Vorschrift des § 6 der Verordnung gilt in der Neufassung vom 24.01.2001[1] und ist in Ausführung der Ermächtigung des § 72 Abs. 5 BSHG am 01.08.2001 wirksam geworden. Sie ist trotz Einführung des SGB XII 2005 und der Eingliederung des Sozialhilferechts in das SGB 2005 nicht umfassend angepasst worden und daher im Kern bis heute unverändert geblieben; lediglich die Bezugnahmevorschrift ist redaktionell an das SGB XII angepasst worden.

II. Übergeordnetes Recht

2 Ermächtigungsgrundlage für den Erlass der Verordnung bildet seit 01.01.2005 § 69 SGB XII. Diese im Wesentlichen mit der Vorgängervorschrift im BSHG identische Vorschrift ermöglicht die Abgrenzung des Personenkreises sowie die nähere Bestimmung von Art und Umfang der Maßnahmen.

III. Systematischer Zusammenhang

3 Die Vorschrift des § 1 DVO§69SGB XII konkretisiert die Grundvorschrift des § 67 SGB XII zur Abgrenzung des leistungsberechtigten Personenkreises. Art und Umfang der Hilfeleistungen werden durch § 2 DVO§69SGB XII als besonderer Ausdruck der Vorschrift des § 68 SGB XII konkretisiert. Spezielle Maßnahmen enthalten § 3 DVO§69SGB XII (Beratung und persönliche Unterstützung), § 4 DVO§69SGB XII (Erhaltung und Beschaffung einer Wohnung), § 5 DVO§69SGB XII (Ausbildung, Erlangung und Sicherung eine Arbeitsplatzes) und § 6 DVO§69SGB XII (Hilfe zum Aufbau und zur Aufrechterhaltung sozialer Beziehungen und zur Gestaltung des Alltags).

IV. Internetadressen und Literatur

4 Diesbezüglich wird auf die umfassenden Angaben in der Kommentierung zu § 67 SGB XII verwiesen.

---

[1] BGBl I 2001, 179, zuletzt geändert durch Art. 14 G. v. 27.12.2003, BGBl I 2003, 3022.

B. Auslegung der Norm

Die Hilfe zum Aufbau und zur Aufrechterhaltung sozialer Beziehungen und zur Gestaltung des Alltags umfasst vor allem Maßnahmen der persönlichen Hilfe, die 1.) die Begegnung und den Umgang mit anderen Personen, 2.) eine aktive Gestaltung, Strukturierung und Bewältigung des Alltags, 3.) eine wirtschaftliche und gesundheitsbewusste Lebensweise, 4.) den Besuch von Einrichtungen oder Veranstaltungen, die der Geselligkeit, der Unterhaltung oder kulturellen Zwecken dienen, 5.) eine gesellige, sportliche oder kulturelle Betätigung fördern oder ermöglichen.

§ 7 DVO§69SGBXII Inkrafttreten, Außerkrafttreten

(Fassung vom 24.01.2001, gültig ab 01.08.2001)

¹Diese Verordnung tritt am ersten Tag des auf die Verkündung folgenden sechsten Kalendermonats in Kraft. ²Gleichzeitig tritt die Verordnung zur Durchführung des § 72 des Bundessozialhilfegesetzes vom 9. Juni 1976 (BGBl. I S. 1469), geändert durch Artikel 4 Abs. 5 des Gesetzes vom 16. Februar 1993 (BGBl I S. 239), außer Kraft.

Gliederung

A. Basisinformationen 1
I. Textgeschichte 1
II. Übergeordnetes Recht 2
III. Systematischer Zusammenhang 3
IV. Internetadressen und Literatur 4
B. Auslegung der Norm 5

A. Basisinformationen

I. Textgeschichte

1 Die Vorschrift des § 7 der Verordnung gilt in der Neufassung vom 24.01.2001[1] und ist in Ausführung der Ermächtigung des § 72 Abs. 5 BSHG am 01.08.2001 wirksam geworden. Sie ist trotz Einführung des SGB XII 2005 und der Eingliederung des Sozialhilferechts in das SGB 2005 nicht umfassend angepasst worden und daher im Kern bis heute unverändert geblieben.

II. Übergeordnetes Recht

2 Ermächtigungsgrundlage für den Erlass der Verordnung bildet seit 01.01.2005 § 69 SGB XII. Diese im Wesentlichen mit der Vorgängervorschrift im BSHG identische Vorschrift ermöglicht die Abgrenzung des Personenkreises sowie die nähere Bestimmung von Art und Umfang der Maßnahmen.

III. Systematischer Zusammenhang

3 Die Vorschrift des § 1 DVO§69SGBXII konkretisiert die Grundvorschrift des § 67 SGB XII zur Abgrenzung des leistungsberechtigten Personenkreises. Art und Umfang der Hilfeleistungen werden durch § 2 DVO§69SGBXII als besonderer Ausdruck der Vorschrift des § 68 SGB XII konkretisiert. Spezielle Maßnahmen enthalten 3 DVO§69SGBXII (Beratung und persönliche Unterstützung), § 4 DVO§69SGBXII (Erhaltung und Beschaffung einer Wohnung), § 5 DVO§69SGBXII (Ausbildung, Erlangung und Sicherung eine Arbeitsplatzes) und § 6 DVO§69SGBXII (Hilfe zum Aufbau und zur Aufrechterhaltung sozialer Beziehungen und zur Gestaltung des Alltags).

IV. Internetadressen und Literatur

4 Diesbezüglich wird auf die umfassenden Angaben in der Kommentierung zu § 67 SGB XII verwiesen.

B. Auslegung der Norm

5 Die Vorschrift regelt das Inkrafttreten der DVO§69SGBXII und zugleich das Außerkrafttreten der Vorgängervorschriften in der Verordnung zur Durchführung des § 72 BSHG vom 09.06.1976[2]. Beide Ereignisse sollten am ersten Tag des auf die Verkündung folgenden sechsten Monats eintreten. Da die Verordnung erst am 07.02.2001 verkündet wurde, handelte es sich um den 01.08.2001. Damit war der Verwaltung ein angemessener Zeitraum für die Umsetzung der neuen Regelungen eingeräumt.

---

[1] BGBl I 2001, 179, zuletzt geändert durch Art. 14 G. v. 27.12.2003, BGBl I 2003, 3022.
[2] BGBl I 1976, 1469, zuletzt geändert durch Art. 4 Abs. 5 G. v. 16.02.1993, BGBl I 1993, 239.

Verordnung zur Durchführung des § 82 des Zwölften Buches Sozialgesetzbuch

in der im BGBl III, Gliederungsnummer 2170-1-4, veröffentlichten bereinigten Fassung, zuletzt geändert durch Artikel 11 des Gesetzes vom 21. März 2005 (BGBl I 2005, 818)

§ 1 DVO§82SGBXII Einkommen

(Fassung vom 27.12.2003, gültig ab 01.01.2005)

Bei der Berechnung der Einkünfte in Geld oder Geldeswert, die nach § 82 Abs. 1 des Zwölften Buches Sozialgesetzbuch zum Einkommen gehören, sind alle Einnahmen ohne Rücksicht auf ihre Herkunft und Rechtsnatur sowie ohne Rücksicht darauf, ob sie zu den Einkunftsarten im Sinne des Einkommensteuergesetzes gehören und ob sie der Steuerpflicht unterliegen, zugrunde zu legen.

Gliederung

A. Basisinformationen 1	IV. Systematische Zusammenhänge 6
I. Textgeschichte 2	V. Merkblätter, Antragsformulare 7
II. Parallelvorschriften 4	B. Auslegung der Norm 8
III. Verwaltungsvorschriften 5	

A. Basisinformationen

§ 96 Abs. 1 SGB XII ermächtigt wie zuvor § 76 Abs. 3 BSHG die Bundesregierung mit Zustimmung des Bundesrates, **Näheres über die Berechnung** des Einkommens nach § 82 SGB XII zu bestimmen und dabei insbesondere Einzelheiten zu der Berechnung der Einkünfte aus Land- und Forstwirtschaft, aus Gewerbebetrieb und aus selbständiger Arbeit zu bestimmen. Für die Frage, ob und inwieweit Einnahmen als Einkommen zu berücksichtigen sind, bleiben daher die §§ 82 ff. SGB XII maßgeblich. 1

I. Textgeschichte

Die Durchführungsverordnung zu § 76 Abs. 1 BSHG existierte seit dem Jahr 1963.[1] Bei der Überführung der Sozialhilfe in das SGB XII hat der Gesetzgeber die zu diesem Zeitpunkt geltenden Verordnungsbestimmungen als Ausführungsvorschriften zu § 82 SGB XII weitergelten lassen. Dabei ist die frühere Verordnung nicht als Teil des Gesetzes neu verkündet worden, sondern es sind nur redaktionelle Änderungen beschlossen worden. Die Regelungen sind daher noch immer nur im Rang einer Verordnung in Kraft. 2

Der Wortlaut des § 1 DVO§82SGBXII ist seit der Einführung der Verordnung bis zum Inkrafttreten des SGB XII unverändert geblieben. Die durch Art. 12 Nr. 2 des Gesetzes zur Einordnung des Sozialhilferechts in das Sozialgesetzbuch v. 27.12.2003[2] geänderte Fassung verweist jetzt auf § 82 Abs. 1 SGB XII statt auf § 76 Abs. 1 BSHG. 3

II. Parallelvorschriften

Im **SGB II** besteht auf der Grundlage des § 13 Abs. 1 Nr. 1 und 3 SGB II eine im Vergleich zu § 96 Abs. 1 SGB XII weitergehende Ermächtigungsgrundlage. Danach kann durch Rechtsverordnung bestimmt werden, welche weiteren Einnahmen nicht als Einkommen zu berücksichtigen sind, wie das Einkommen im Einzelnen zu berechnen ist und es können Pauschbeträge für die von dem Einkommen abzusetzenden Beträge geregelt werden. Näheres hierzu regelt die **Arbeitslosengeld II/Sozialgeld-Verordnung** (Alg II-V). Eine mit § 1 DVO§82SGBXII vergleichbare Bestimmung existiert darin nicht. 4

---

[1] BGBl I 1962, 692.
[2] BGBl I 2003, 3022, 3059.

III. Verwaltungsvorschriften

5 In vielen Ländern gelten Verwaltungsvorschriften für die Durchführung des SGB XII, die Einzelheiten zur Berücksichtigung von Einkommen und Vermögen enthalten. In den Flächenländern, z.B. Bayern und Baden-Württemberg, stimmen die Kommunen die Verwaltungsrichtlinien ab.[3] Hamburg hat speziell zu § 82 SGB XII eine Verwaltungsvorschrift erlassen.[4] In Berlin gilt eine Gemeinsame Arbeitsanweisung der Berliner Bezirksämter – Sozialämter – über den Einsatz von Einkommen nach dem Zwölften Buch Sozialgesetzbuch.[5]

IV. Systematische Zusammenhänge

6 Im Bereich der Vermögensberücksichtigung besteht mit § 96 Abs. 2 SGB XII keine weitgreifende Ermächtigungsgrundlage, Näheres zur Berechnung zu regeln. Lediglich zur Höhe der Barbeträge oder sonstigen Geldwerte im Sinne des § 90 Abs. 2 Nr. 9 SGB XII ist eine Verordnung erlaubt und erlassen (vgl. die Kommentierung zu § 90 SGB XII Rn. 83 ff.).

V. Merkblätter, Antragsformulare

7 Das Bundesministerium für Arbeit und Soziales veröffentlichte zuletzt 2010 eine Broschüre zur Sozialhilfe und Grundsicherung.[6] Viele Kommunen nutzen darüber hinaus eigene Merkblätter. Die Antragsformulare sind nicht bundeseinheitlich.

B. Auslegung der Norm

8 In § 1 DVO§82SGBXII findet sich keine rechtliche Regelung. In der Vorschrift kann höchstens eine **Klarstellung** erblickt werden, dass – obwohl die weiteren Berechnungsvorschriften nach einkommensteuerrechtlichen Einkunftsarten unterscheiden – bei der Berechnung des Einkommens die **steuerrechtlichen** Regeln **nicht unmittelbar gelten.** Nur zur Abgrenzung der Einkommensarten kann auf die steuerrechtlichen Regeln unmittelbar zurückgegriffen werden. Durch § 1 DVO§82SGBXII ist es zudem nicht ausgeschlossen, Wertungen des Steuerrechts zu übernehmen.

9 Dass alle Einnahmen ohne Rücksicht auf ihre Herkunft und Rechtsnatur zu berücksichtigen sind, ergibt sich ebenfalls bereits aus § 82 Abs. 1 Satz 1 SGB XII, weil danach grundsätzlich alle Einkünfte in Geld oder Geldeswert zu berücksichtigen sind.

---

[3] Vgl. Landkreistag Baden-Württemberg und Städtetag Baden-Württemberg (Hrsg.), Sozialhilferichtlinien Baden-Württemberg; Sozialhilferichtlinien (SHR) des Bayerischen Städtetages, des Bayerischen Landkreistages und des Verbandes der bayerischen Bezirke.

[4] V. 02.06.2005 (Gz.: SI 226/111.20-3-1-5), Stand 21.08.2013 – via Internet verfügbar unter www.hamburg.de/basfi/kr-sgbxii-kap11-82/126402/kr-sgbxii-82-begriff-einkommen.html (abgerufen am 11.04.2014).

[5] GS-ESH v. 23.04.2013, Abl. S. 1146 – via Internet verfügbar unter www.berlin.de/vak/dokumente/pdf/rechtsgrundlagen/aa-esh.pdf (abgerufen am 06.05.2014).

[6] www.bmas.de/SharedDocs/Downloads/DE/PDF-Publikationen/a207-sozialhilfe-und-grundsicherung.pdf?__blob=publicationFile (abgerufen am 11.04.2014).

§ 2 DVO§82SGBXII Bewertung von Sachbezügen

(Fassung vom 21.03.2005, gültig ab 30.03.2005)

(1) ¹Für die Bewertung von Einnahmen, die nicht in Geld bestehen (Kost, Wohnung und sonstige Sachbezüge), sind die auf Grund des § 17 Abs. 2 des Vierten Buches Sozialgesetzbuch für die Sozialversicherung zuletzt festgesetzten Werte der Sachbezüge maßgebend; soweit der Wert der Sachbezüge nicht festgesetzt ist, sind der Bewertung die üblichen Mittelpreise des Verbrauchsortes zu Grunde zu legen. ²Die Verpflichtung, den notwendigen Lebensunterhalt im Einzelfall nach dem Dritten Kapitel des Zwölften Buches Sozialgesetzbuch sicherzustellen, bleibt unberührt.

(2) Absatz 1 gilt auch dann, wenn in einem Tarifvertrag, einer Tarifordnung, einer Betriebs- oder Dienstordnung, einer Betriebsvereinbarung, einem Arbeitsvertrag oder einem sonstigen Vertrag andere Werte festgesetzt worden sind.

Gliederung

A. Basisinformationen 1	III. Bewertung 7
I. Textgeschichte 1	1. Sachbezüge/geldwerte Einnahmen 7
II. Parallelvorschriften 2	2. Vorrangige Anwendung der Sachbezugs-
B. Auslegung der Norm 3	verordnung 8
I. Regelungsgehalt und Bedeutung der Norm 3	3. Einschränkende Rechtsprechung 11
II. Normzweck 6	

A. Basisinformationen

I. Textgeschichte

Die alte Fassung des § 2 Abs. 1 DVO§82SGBXII verwies noch bis zur Einführung des SGB XII auf § 160 Abs. 2 RVO, obwohl diese Vorschrift zum 01.07.1977 weggefallen war. Durch Art. 12 Nr. 3 des Gesetzes zur Einordnung des Sozialhilferechts in das Sozialgesetzbuch v. 27.12.2003[1] wurde der Verweis in § 17 Abs. 2 SGB IV geändert. Mit Wirkung zum 30.03.2005 ist in Absatz 1 Satz 1 nicht mehr von „festgestellten", sondern von „festgesetzten" Werten die Rede (Art. 11 Nr. 1 des Gesetzes zur Vereinfachung der Verwaltungsverfahren im Sozialrecht v. 21.03.2005[2]).

1

II. Parallelvorschriften

Die Alg II-V enthielt in § 2 Abs. 4 die Regelung, dass Sachbezüge aus nichtselbständiger Beschäftigung nach der Sachbezugsverordnung in der jeweils geltenden Fassung zu bewerten waren und ansonsten die üblichen Mittelpreise des Verbrauchsortes zugrunde gelegt werden sollten. Diese Vorschrift wurde zum 01.04.2011 ersatzlos gestrichen. Lediglich Verpflegung durch den Arbeitgeber findet nach § 2 Abs. 5 Alg II-V noch mit einem Prozentsatz des Regelbedarfs Berücksichtigung. Sonstige Einnahmen aus nichtselbständiger Beschäftigung in Geldeswert sind mit ihrem Verkehrswert als Einkommen anzusetzen. Ist die Einnahme in Geldeswert allerdings als Teil des Regelbedarfs nach § 20 SGB II berücksichtigt, ist als Wert der Einnahme in Geldeswert höchstens der Betrag anzusetzen, der für diesen Teil in dem maßgebenden Regelbedarf enthalten ist (§ 2 Abs. 6 Alg II-V).[3]

2

B. Auslegung der Norm

I. Regelungsgehalt und Bedeutung der Norm

Die Vorschrift folgt auf den eher programmatischen § 1 DVO§82SGBXII und ist den Regelungen für einzelne Einkunftsarten vorangestellt. Aus systematischen Gründen könnte sie als allgemeine Rege-

3

---

[1] BGBl I 2003, 3022.
[2] BGBl I 2005, 818.
[3] Zu weiteren Einzelheiten vgl. *Mecke* in: Eicher, SGB II, 3. Aufl., § 13 Rn. 42; *Söhngen* in: jurisPK-SGB II, 3. Aufl. 2012, § 11 Rn. 45 f.

§ 2 DVO§82SGBXII

lung verstanden werden, so dass sie für alle Einkunftsarten Bedeutung erlangen würde. In ihrer derzeitigen Form darf sie aber nur für die Einkünfte aus nichtselbständiger Tätigkeit angewendet werden.

4 In **Absatz 1** wird für die Bewertung auf die nach § 17 Abs. 2 Satz 2 SGB IV ergangene **Sozialversicherungsentgeltverordnung (SvEV)**[4] verwiesen, soweit diese Festsetzungen enthält. Sollte über diese Inbezugnahme keine Bewertung möglich sein, sollen die Marktpreise am Verbrauchsort herangezogen werden.

5 Nach **Absatz 2** dürfen arbeitsrechtliche Bewertungsmaßstäbe nicht angewendet werden.

II. Normzweck

6 Es handelt sich um eine **Bewertungsvorschrift**, die eine aufwendige Wertermittlung für nicht in Geld erzielte Einnahmen soweit wie möglich vermeiden soll.

III. Bewertung

1. Sachbezüge/geldwerte Einnahmen

7 § 2 Abs. 1 Satz 1 DVO§82SGBXII benennt Einnahmen, die nicht in Geld bestehen, als Sachbezüge. Die genannten Beispiele Verköstigung und Wohnung dienen nur zur Veranschaulichung. Dass geldwerte Einnahmen generell als Einkommen gelten, regelt bereits § 82 Abs. 1 Satz 1 SGB XII. Eine Einschränkung der Berücksichtigung ist durch eine Verordnung, die lediglich Näheres zur Berechnung enthalten darf, nicht zulässig. Aus dem gleichen Grund darf der Begriff Sachbezüge keinen größeren Bedeutungsumfang erlangen als der einer geldwerten Einnahme. Auf den zusätzlichen Begriff kann daher ebenso verzichtet werden wie auf den Versuch einer eigenständigen Definition.

2. Vorrangige Anwendung der Sachbezugsverordnung

8 Nachdem die Art und der Umfang der nicht in Geld bestehenden Einnahmen geklärt ist, soll nach dem Programm des § 2 Abs. 1 DVO§82SGBXII **vorrangig** eine **Bewertung** nach der SvEV vorgenommen werden. Sie löste zum 01.01.2007 die vorher geltende Sachbezugsverordnung ab. Die in der SvEV konkret bestimmten Werte werden jährlich angepasst.

9 Einzelne Festlegungen und Grundsätze zur Wertbestimmung zuzurechnender Sachwerte finden sich in den §§ 2 und 3 SvEV. Zum Beispiel wird nach § 2 Abs. 1 SvEV der Wert der als Sachbezug zur Verfügung gestellten **Vollverpflegung** derzeit auf monatlich **229 €** festgesetzt (Frühstück 49 €, Mittagessen 90 € und Abendessen 90 €). Der Wert einer als Sachbezug zur Verfügung gestellten **Unterkunft** (keine vollständige Wohnung) wird grundsätzlich mit monatlich **221 €** festgesetzt, soweit der Wert nicht im Einzelfall unbillig ist und daher der ortsübliche Mietzins heranzuziehen ist (§ 2 Abs. 3 SvEV). Eine unentgeltlich zur Verfügung gestellte **Wohnung** ist grundsätzlich nach dem **ortsüblichen Mietpreis** unter Berücksichtigung der sich aus der Lage der Wohnung zum Betrieb ergebenden Beeinträchtigungen zu bewerten (§ 2 Abs. 4 SvEV).

10 Sonstige Sachbezüge sind nach § 3 Abs. 1 Satz 1 SvEV mit dem üblichen Endpreis am Abgabeort anzusetzen, der um übliche Preisnachlässe zu bereinigen ist. Daraus und den weiteren Bestimmungen der SvEV wird deutlich, dass im Allgemeinen der konkrete **Verkehrswert** eines Sachbezuges ausschlaggebend sein soll.

3. Einschränkende Rechtsprechung

11 Die Anwendung des § 2 DVO§82SGBXII begegnet durchgreifenden rechtlichen Bedenken. Mit Recht hat sich die Rechtsprechung zunächst einmal dagegen gestellt, dass die Vorschrift für alle geldwerten Einnahmen gilt. Das Bundessozialgericht hält die Vorschrift **nur für die Bewertung von Sachbezügen aus nichtselbstständiger Tätigkeit** für anwendbar.[5] Dafür spricht, dass die den Anwendungsbereich von § 2 Abs. 1 DVO§82SGBXII klärende Regelung in Absatz 2 von arbeitsvertraglichen Instrumenten im Zusammenhang mit der Bewertung spricht. Bei der SvEV handelt es sich primär um eine Verordnung, die zur Feststellung der Versicherungsbeiträge die Rechengröße des Bruttolohns von nichtselbständig Beschäftigten beeinflusst. Die zuzurechnenden Beträge harmonieren zudem nicht mit den Grundlagen des Regelbedarfs.

---

[4] Verordnung über die sozialversicherungsrechtliche Beurteilung von Zuwendungen des Arbeitgebers als Arbeitsentgelt v. 21.12.2006, BGBl I 2006, 3385.

[5] BSG v. 23.03.2010 - B 8 SO 17/09 R - juris Rn. 58 - BSGE 106, 62.

Unabhängig davon wendet das BSG den § 2 DVO§82SGBXII aus **Harmonisierungsgründen**, d.h. aus Gleichheitsgründen, nur für Einkünfte aus nichtselbständiger Beschäftigung an, weil die Rechtsprechung im Bereich des SGB II zu § 2 Abs. 4 Alg II-V a.F. (vgl. Rn. 2) ebenfalls die Ansicht vertrat, dass die Sachbezugsverordnung nur für unbare Einkünfte aus nichtselbständiger Beschäftigung heranzuziehen war.[6]

12

Nicht überzeugend[7] ist allerdings die weitere Forderung der Rechtsprechung, dass aufgrund der Verordnungsermächtigung zu einer Einnahme in Geldeswert im Sinne des § 82 Abs. 1 SGB XII in der Verordnung zu § 82 SGB XII **ausdrücklich** geregelt werden muss, wie dieses Einkommen im Einzelnen zu berechnen ist.[8] § 82 Abs. 1 Satz 1 SGB XII ordnet die Berücksichtigung geldwerter Einnahmen als Einkommen ausdrücklich an, insoweit ist dem Erfordernis einer Rechtsgrundlage im Sinne des § 31 SGB I formal genügt. Das mögliche Fehlen einer hierzu erlaubten Ausführungsbestimmung führt nicht für sich genommen dazu, dass § 82 Abs. 1 Satz 1 SGB XII hinfällig wird. Die Frage kann dann nur sein, ob das Gesetz für eine Anwendung hinreichend bestimmt genug ist. Fehlen Ausführungsbestimmungen, kann die Rechtsprechung durch Auslegung dem Gesetz entsprechende Bewertungsgrundsätze für geldwerte Einnahmen entwickeln. Die gesetzliche Grundlage für die Berücksichtigung geldwerter Einnahmen ist mit in § 82 Abs. 1 SGB XII nicht zu unbestimmt, weil sich die Frage nach der Bewertung durch Auslegung des Gesetzes beantworten lässt.[9]

13

Eine Auslegung des Gesetzes ergibt, dass Geld wie auch geldwerte Einnahmen mit dem jeweiligen (Geld-)Wert, d.h. dem **Verkehrswert** zu berücksichtigen sind. **Einschränkend** muss allerdings gelten, dass der „Eigenverbrauch" geldwerter Mittel nur im Umfang des dadurch u.U. eingetretenen **Bedarfswegfalls** wirken kann. Eine bedarfsrelevante Einnahme in Geldeswert führt bei Nutzung schließlich nicht dazu, dass andere Bedarfe vermindert bestehen. Insofern bietet es sich auch zur Harmonisierung mit Blick auf die Regelungen im SGB II an, dass eine Bewertung grundsätzlich zum Verkehrswert, aber **höchstens** bis zur Höhe der weggefallenen Bestandteile des **Regelbedarfs** vorgenommen werden darf (§ 2 Abs. 6 Alg II-V).[10] Dies gilt unabhängig davon, ob es sich nun um Einkünfte aus einer nichtselbständigen Beschäftigung oder um **sonstige Einkünfte** handelt. **Die Regelung des § 2 DVO§82SGBXII sollte insgesamt nicht mehr angewandt werden**. Handelt es sich um Vollverpflegung, kann analog § 2 Abs. 5 Alg II-V ein Prozent des monatlichen Regelbedarfs und bei Teilverpflegung für das Frühstück 20%, für Mittag- und Abendessen je 40% dieses Wertes angesetzt werden.

14

---

[6] Vgl. BSG v. 18.06.2008 - B 14 AS 22/07 R - juris Rn. 15 - BSGE 101, 70; BSG v. 18.06.2008 - B 14 AS 46/07 R - juris; BSG v. 16.12.2008 - B 4 AS 9/08 R - juris Rn. 20.
[7] Vgl. *Groth*, jurisPR-SozR 1/2009, Anm. 2.
[8] BSG v. 18.06.2008 - B 14 AS 22/07 R juris Rn. 14 - BSGE 101, 70 ff
[9] Vgl. zu den Grundlagen BVerfG v. 04.06.2012 - 2 BvL 9/08 - juris Rn. 91 - BVerfGE 131, 88.
[10] Ähnlich *Hohm* in: Schellhorn/Schellhorn/Hohm, SGB XII, 18. Aufl., § 2 DV82SGBXII Rn. 8.

§ 3 DVO§82SGBXII Einkünfte aus nichtselbständiger Arbeit

(Fassung vom 27.12.2003, gültig ab 01.01.2005)

(1) Welche Einkünfte zu den Einkünften aus nichtselbständiger Arbeit gehören, bestimmt sich nach § 19 Abs. 1 Ziff. 1 des Einkommensteuergesetzes.

(2) [1]Als nichtselbständige Arbeit gilt auch die Arbeit, die in einer Familiengemeinschaft von einem Familienangehörigen des Betriebsinhabers gegen eine Vergütung geleistet wird. [2]Wird die Arbeit nicht nur vorübergehend geleistet, so ist in Zweifelsfällen anzunehmen, daß der Familienangehörige eine Vergütung erhält, wie sie einem Gleichaltrigen für eine gleichartige Arbeit gleichen Umfangs in einem fremden Betrieb ortsüblich gewährt wird.

(3) [1]Bei der Berechnung der Einkünfte ist von den monatlichen Bruttoeinnahmen auszugehen. [2]Einmalige Einnahmen sind von dem Monat an zu berücksichtigen, in dem sie anfallen; sie sind, soweit nicht im Einzelfall eine andere Regelung angezeigt ist, auf einen angemessenen Zeitraum aufzuteilen und monatlich mit einem entsprechenden Teilbetrag anzusetzen. [3]Satz 2 gilt auch für Sonderzuwendungen, Gratifikationen und gleichartige Bezüge und Vorteile, die in größeren als monatlichen Zeitabständen gewährt werden.

(4) [1]Zu den mit der Erzielung der Einkünfte aus nichtselbständiger Arbeit verbundenen Ausgaben im Sinne des § 82 Abs. 2 Nr. 4 des Zwölften Buches Sozialgesetzbuch gehören vor allem

1. notwendige Aufwendungen für Arbeitsmittel,
2. notwendige Aufwendungen für Fahrten zwischen Wohnung und Arbeitsstätte,
3. notwendige Beiträge für Berufsverbände,
4. notwendige Mehraufwendungen infolge Führung eines doppelten Haushalts nach näherer Bestimmung des Absatzes 7.

[2]Ausgaben im Sinne des Satzes 1 sind nur insoweit zu berücksichtigen, als sie von dem Bezieher des Einkommens selbst getragen werden.

(5) Als Aufwendungen für Arbeitsmittel (Absatz 4 Nr. 1) kann ein monatlicher Pauschbetrag von 5,20 Euro berücksichtigt werden, wenn nicht im Einzelfall höhere Aufwendungen nachgewiesen werden.

(6) Wird für die Fahrt zwischen Wohnung und Arbeitsstätte (Absatz 4 Nr. 2) ein eigenes Kraftfahrzeug benutzt, gilt folgendes:

1. Wäre bei Nichtvorhandensein eines Kraftfahrzeuges die Benutzung eines öffentlichen Verkehrsmittels notwendig, so ist ein Betrag in Höhe der Kosten der tariflich günstigsten Zeitkarte abzusetzen.
2. Ist ein öffentliches Verkehrsmittel nicht vorhanden oder dessen Benutzung im Einzelfall nicht zumutbar und deshalb die Benutzung eines Kraftfahrzeuges notwendig, so sind folgende monatliche Pauschbeträge abzusetzen:

    a) bei Benutzung eines Kraftwagens

        5,20 Euro,

    b) bei Benutzung eines Kleinstkraftwagens (drei- oder vierrädriges Kraftfahrzeug, dessen Motor einen Hubraum von nicht mehr als 500 ccm hat)

        3,70 Euro,

c) bei Benutzung eines Motorrades oder eines Motorrollers

2,30 Euro,

d) bei Benutzung eines Fahrrades mit Motor

1,30 Euro

für jeden vollen Kilometer, den die Wohnung von der Arbeitsstätte entfernt liegt, jedoch für nicht mehr als 40 Kilometer. ²Bei einer Beschäftigungsdauer von weniger als einem Monat sind die Beträge anteilmäßig zu kürzen.

(7) ¹Ist der Bezieher des Einkommens außerhalb des Ortes beschäftigt, an dem er einen eigenen Hausstand unterhält, und kann ihm weder der Umzug noch die tägliche Rückkehr an den Ort des eigenen Hausstandes zugemutet werden, so sind die durch Führung des doppelten Haushalts ihm nachweislich entstehenden Mehraufwendungen, höchstens ein Betrag von 130 Euro monatlich, sowie die unter Ausnutzung bestehender Tarifvergünstigungen entstehenden Aufwendungen für Fahrtkosten der zweiten Wagenklasse für eine Familienheimfahrt im Kalendermonat abzusetzen. ²Ein eigener Hausstand ist dann anzunehmen, wenn der Bezieher des Einkommens eine Wohnung mit eigener oder selbstbeschaffter Möbelausstattung besitzt. ³Eine doppelte Haushaltsführung kann auch dann anerkannt werden, wenn der Bezieher des Einkommens nachweislich ganz oder überwiegend die Kosten für einen Haushalt trägt, den er gemeinsam mit nächsten Angehörigen führt.

Gliederung

A. Basisinformationen 1	IV. Bruttolohnprinzip (Absatz 3 Satz 1) 11
I. Textgeschichte 1	V. Einmalige Einnahmen (Absatz 3 Sätze 2
II. Parallelvorschriften 4	und 3) 12
B. Auslegung der Norm 5	VI. Absetzungen vom Einkommen 14
I. Regelungsgehalt und Bedeutung der Norm 5	1. Fallbeispiele (Absatz 4) 15
II. Normzweck 6	2. Einzelne Absetzungsbeträge 16
III. Nichtselbständige Arbeit 7	a. Arbeitsmittel (Absatz 5) 16
1. Abgrenzungskriterien (Absatz 1) 7	b. Fahrten von der Wohnung zur Arbeitsstätte
2. Einbeziehung familienhafter Mitarbeit	(Absatz 6) 18
(Absatz 2) 9	c. Doppelte Haushaltsführung (Absatz 7) 21

A. Basisinformationen

I. Textgeschichte

Durch die Verordnung zur Änderung der Verordnung zur Durchführung des § 76 des Bundessozialhilfegesetzes vom 23.11.1976[1] wurden in § 3 Abs. 1 DVO§82SGBXII der Verweis auf § 19 Abs. 1 Ziff. 1 EStG korrigiert, in § 3 Abs. 3 DVO§82SGBXII der Satz 3 angefügt und die Werte in § 3 Abs. 6 Nr. 2 DVO§82SGBXII und § 3 Abs. 7 DVO§82SGBXII angehoben. 1

Im Zuge der Einführung des Euro folgten zum 01.01.2002 die nächsten Änderungen durch das Gesetz zur Einführung des Euro im Sozial- und Arbeitsrecht sowie zur Änderung anderer Vorschriften vom 21.12.2000[2], wobei die in § 3 Abs. 5 DVO§82SGBXII, § 3 Abs. 6 Nr. 2 lit. a-d DVO§82SGBXII und § 3 Abs. 7 DVO§82SGBXII genannten Beträge nach oben in Euro gerundet wurden. 2

Zur Einführung des SGB XII zum 01.01.2005 wurde der Verweis in § 3 Abs. 4 Satz 1 DVO§82SGBXII von § 76 Abs. 2 Nr. 4 BSHG auf § 82 Abs. 2 Nr. 4 SGB XII abgeändert.[3] 3

---

[1] BGBl I 1976, 3234.

[2] BGBl I 2000, 1983.

[3] Art. 12 Nr. 4 des Gesetzes zur Einordnung des Sozialhilferechts in das Sozialgesetzbuch v. 27.12.2003, BGBl I 2003, 3022.

II. Parallelvorschriften

4 In der Grundsicherung für Arbeitsuchende regelt § 2 Alg II-V Einzelheiten der Berechnung der Einkünfte aus nichtselbständiger Arbeit. Eine Gemeinsamkeit liegt im Bruttolohnprinzip (§ 2 Abs. 1 Alg II-V). Im Übrigen unterscheiden sich die Vorschriften erheblich voneinander. Im SGB II ist die Berücksichtigung einmaliger Einnahmen bereits im Gesetz geregelt (§ 11 Abs. 3 SGB II). Absetzungspauschalen regelt § 6 Alg II-V.

B. Auslegung der Norm

I. Regelungsgehalt und Bedeutung der Norm

5 Die Vorschrift stellt **eigenständige Regelungen** für die Einkünfte aus nichtselbständiger Beschäftigung auf und dürfte damit von allen Regelungen der Verordnung die größte Bedeutung haben. Sie enthält grundlegende Entscheidungen wie etwa das Zuflussprinzip und den Umgang mit einmaligen Einnahmen, regelt aber auch im Detail Absetzungsbeträge.

II. Normzweck

6 Die Norm zielt wie die gesamte Verordnung auf eine möglichst einfache und schnelle Berechnung der einzelnen Einkünfte ab.

III. Nichtselbständige Arbeit

1. Abgrenzungskriterien (Absatz 1)

7 Die Anwendung der weiteren Regelungen der Vorschrift ist unter Verweis auf § 19 Abs. 1 Nr. 1 EStG auf Einkünfte aus nichtselbständiger Arbeit eingeschränkt. Es handelt sich um einen Rechtsgrundverweis, so dass damit Einkünfte **für eine Beschäftigung** im öffentlichen oder privaten Dienst in Form von Gehältern, Löhnen, Gratifikationen, Tantiemen und anderen Bezügen und Vorteilen einbezogen sind. Durch die Beispiele wird deutlich, dass die **Form der Bezahlung nicht entscheidend** ist. Zu den Einkünften aus nichtselbständiger Arbeit können sowohl die laufenden als auch die einmaligen Zahlungen in Geld oder geldwerte Zuwendungen zählen. Einzubeziehen sind nicht nur Zahlungen des Arbeitgebers, sondern alle Vorteile, die „für" die geleistete Arbeit zufließen. Daher können **auch die von Dritten für die geleistete Arbeit gewährten Zahlungen** wie **Trinkgelder**[4] bzw. **geldwerte Vorteile** zu den Einkünften aus nichtselbständiger Arbeit gehören.

8 Die Einkünfte müssen aber im Gegensatz zu § 4 DVO§82SGBXII für **abhängige Beschäftigungen** geleistet werden. Ob eine Beschäftigung abhängig in Form eines Arbeits- bzw. Dienstverhältnisses oder selbständig verrichtet wird, ist in Zweifelsfällen nach den zu § 19 Abs. 1 Nr. 1 EStG entwickelten Auslegungskriterien zu entscheiden. Dabei sind unter Berücksichtigung des **Gesamtbilds der Verhältnisse** die für Abhängigkeit oder aber Selbständigkeit der **Tätigkeit** sprechenden Indizien gegeneinander abzuwägen. **Für Selbständigkeit** sprechen z.B. die Unabhängigkeit in der Organisation und bei der Durchführung der Tätigkeit, das selbst zu tragende Unternehmerrisiko, eigene Unternehmerinitiative, ständige Verfügbarkeit für das Unternehmen, die Mehrzahl von Vertragspartnern usw. **Für abhängige Beschäftigung** sind demgegenüber Weisungsgebundenheit bezüglich Ort, Zeit und Inhalt der Tätigkeit, feste Arbeitszeiten, Ausübung der Tätigkeit gleichbleibend an einem bestimmten Ort, feste Bezüge, Urlaubsanspruch, Anspruch auf sonstige Sozialleistungen, Fortzahlung der Bezüge im Krankheitsfall, Notwendigkeit der engen ständigen Zusammenarbeit mit anderen Mitarbeitern, Eingliederung in den Betrieb, Schulden der Arbeitskraft und nicht eines Arbeitserfolgs oder die Ausführung von eher einfachen Tätigkeiten typisch.[5]

2. Einbeziehung familienhafter Mitarbeit (Absatz 2)

9 Nach § 3 Abs. 2 Satz 1 DVO§82SGBXII **gilt** auch die in einer Familiengemeinschaft von einem **Familienangehörigen des Betriebsinhabers** gegen eine **Vergütung** geleistete Arbeit als **nichtselbständige Beschäftigung**. Der Zweck der Vorschrift liegt darin, die in einem Familienverbund in der Regel

---

[4] BFH v. 24.10.1997 - VI R 23/94 - BFHE 184, 474 – mit dem Gegenbeispiel gewerkschaftliche Streikunterstützung.

[5] BFH v. 30.05.1996 - V R 2/95 - BFHE 180, 213 = BStBl II 196, 493; BFH v. 20.10.2010 - VIII R 34/08 - juris Rn. 20. Dies weicht nicht von der sozialgerichtlichen Rechtsprechung ab, vgl. BSG v. 29.08.2012 - B 12 KR 25/10 R - juris - BSGE 111, 257.

schwierigere Abgrenzung zwischen Selbständigkeit und abhängiger Beschäftigung zu vermeiden. Die Regelung in Absatz 2 kann aber nur als **Vermutungsregel** interpretiert werden, dass die von einem selbständig tätigen Betriebsinhaber beschäftigten Familienmitglieder abhängig tätig sind, wenn sie eine Vergütung erhalten. Im Streitfall gelten auch in solchen Konstellationen die allgemeinen Kriterien zur Feststellung eines abhängigen Beschäftigungsverhältnisses.

Wird die Arbeit nicht nur vorübergehend geleistet, so ist nach § 3 Abs. 2 Satz 2 DVO§82SGBXII in Zweifelsfällen anzunehmen, dass der Familienangehörige eine Vergütung erhält, wie sie einem Gleichaltrigen für eine gleichartige Arbeit gleichen Umfangs in einem fremden Betrieb ortsüblich gewährt wird. Ein Zweifelsfall kann nur vorliegen, wenn sich die Vergütung nicht feststellen lässt oder begründete Zweifel an den Angaben der Betroffenen bleiben. Aus Satz 2 kann sich aber keine Befugnis ergeben, etwa einen „angemessenen" statt des tatsächlich gewährten Lohns zu berücksichtigen. Die Anwendung der Vorschrift bleibt auch dann noch bedenklich, wenn sich ein ortsüblicher Lohn feststellen lässt. Denn als rein fiktiver Lohn kann er nicht zugrunde gelegt werden. Im Hinblick darauf, dass existenzsichernde Leistungen in Frage stehen, müssen begründete Anhaltspunkte gefunden werden, dass zumindest dieser Lohn tatsächlich gewährt ist.

IV. Bruttolohnprinzip (Absatz 3 Satz 1)

§ 3 Abs. 3 Satz 1 DVO§82SGBXII stellt klar, dass bei der Berechnung der Einkünfte von den monatlichen Bruttoeinnahmen auszugehen ist. Mit dieser Regelung wird sichergestellt, dass die Einkommensberechnung nicht von der monatlich erfolgenden Bedürftigkeitsprüfung (vgl. Kommentierung zu § 11 DVO§82SGBXII Rn. 6) abweicht. Es sind alle Einkünfte, die im vollen Kalendermonat tatsächlich zufließen, zu berücksichtigen. Davon ist auch nicht abzuweichen, wenn die Einnahmen unregelmäßig oder in wechselnder Höhe zufließen. Unerheblich ist, wann und für welchen Zeitraum die Abrechnung erfolgt.

V. Einmalige Einnahmen (Absatz 3 Sätze 2 und 3)

Einmalige Einnahmen sind gemäß § 3 Abs. 2 Satz 2 DVO§82SGBXII von dem Monat an zu berücksichtigen, in dem sie anfallen. **In der Regel** sind sie dabei **auf einen angemessenen Zeitraum aufzuteilen** und monatlich mit einem entsprechenden Teilbetrag anzusetzen. Eine im Einzelfall **abweichende Handhabung** ist **möglich**. Die Verteilung soll auch wegen Sonderzuwendungen, Gratifikationen und gleichartigen Bezügen und Vorteilen angewendet werden, wenn sie in größeren als monatlichen Zeitabständen gewährt werden.

Die Angemessenheit des Verteilzeitraums beurteilt sich nach der Art der Leistungen und der Höhe der anzurechnenden Einnahmen. Ein Verteilzeitraum ist nicht zu bilden, wenn die Berücksichtigung im Kalendermonat die Hilfebedürftigkeit nicht beseitigt. Würde die volle Berücksichtigung der Einmaleinnahmen die Hilfebedürftigkeit im Zuflussmonat beseitigen, kann sich ein **Bedürfnis für eine Verteilung** daraus ergeben, dass die über § 264 SGB V gewährte **Übernahme der Krankenbehandlung** bei voller Berücksichtigung der Einnahmen mindestens für einen Monat entfallen würde.[6] Besteht über diese Absicherung hinaus anderweitig ein Krankenversicherungsschutz, entfällt das Bedürfnis nach einer Aufteilung gänzlich. Danach beurteilt sich auch der angemessene Verteilzeitraum, der so zu bestimmen ist, dass mit einer Restleistung der Krankenversicherungsschutz gewährleistet bleibt.[7] Handelt es sich allerdings um Beträge, die die Leistungspflicht des Sozialhilfeträgers zur Hilfe zum Lebensunterhalt auf längere Dauer entfallen ließen, wäre wiederum kein Regelfall gegeben. In der Grundsicherung für Arbeitsuchende wurde hierfür ein Entfallen des Leistungsanspruchs für einen Zeitraum von mehr als sechs Monaten vorausgesetzt[8], was im Bereich des SGB XII entsprechend gehandhabt werden kann. Jährlich wiederkehrende einmalige Einnahmen (z.B. Einkommensteuererstattungen) können auf ein Jahr verteilt werden.[9] Ein Anspruch auf eine solche periodengerechte Verteilung besteht aber nicht, soweit durch eine abweichende Verteilung wenigstens der Krankenversicherungsschutz gewährleistet bleibt.[10]

---

[6] BSG v. 19.05.2009 - B 8 SO 35/07 R - FEVS 61, 97.
[7] BSG v. 30.09.2008 - B 4 AS 29/07 R - juris Rn. 35 - BSGE 101, 291; BSG v. 13.05.2009 - B 4 AS 49/08 R - juris Rn. 15.
[8] *Mecke* in: Eicher/Spellbrink, SGB II, 2. Aufl., § 11 Rn. 66.
[9] BVerwG v. 28.05.2003 - 5 C 41/02 - FEVS 55, 102.
[10] Zum SGB II: BSG v. 13.05.2009 - B 4 AS 49/08 R - juris Rn. 15.

§ 3 DVO§82SGBXII

VI. Absetzungen vom Einkommen

14 Absetzungen sollen nach § 3 Abs. 4 Satz 2 SGB12§82DV nur berücksichtigt werden, wenn sie vom Einkommensbezieher selbst getragen werden. Die Regelung betont eine bereits aus allgemeinen Grundsätzen abzuleitende Folge. Hinzuzufügen ist, dass nur vom Einkommensbezieher tatsächlich getätigte Ausgaben abzusetzen sind.

1. Fallbeispiele (Absatz 4)

15 Zur Konkretisierung der notwendigen Ausgaben im Sinne des § 82 Abs. 2 Nr. 4 SGB II sind in § 3 Abs. 4 DVO§82SGBXII typische Absetzungsmöglichkeiten für berufsbezogene Aufwendungen („Werbungskosten" in der Terminologie des Einkommensteuerrechts) genannt. Darunter fallen „vor allem" Arbeitsmittel, Fahrten zwischen Wohnung und Arbeitsstätte, notwendige Beiträge für Berufsverbände und die in § 3 Abs. 7 DVO§82SGBXII nochmals besonders aufgegriffenen Mehraufwendungen bei doppelter Haushaltsführung. Diese Aufzählung darf **nicht** als **abschließender Katalog** möglicher Absetzungen missverstanden werden. Soweit andere als die genannten Ausgaben betroffen sind, gelten die allgemeinen Grundsätze zu Absetzungen nach § 82 Abs. 2 Nr. 4 SGB XII.

2. Einzelne Absetzungsbeträge

a. Arbeitsmittel (Absatz 5)

16 Zu den Arbeitsmitteln gehören solche Gegenstände, die **unmittelbar** zur Ausübung der **Arbeit benötigt** werden, wie z.B. Ausrüstungsgegenstände und Arbeitsbekleidung, Fachliteratur usw. Gegenstände, die auch für den **privaten Lebensbereich** geeignet sind, gehören nicht zu den Arbeitsmitteln. Zum Arbeitsmittel wird zum Beispiel Kleidung dadurch, dass sie ihrer Beschaffenheit nach objektiv nahezu ausschließlich für die berufliche Verwendung bestimmt und wegen der Eigenart des Berufes nötig ist.[11] Ist das nicht der Fall, werden sie nicht dadurch Arbeitsmittel, weil sie aufgrund der Anweisung eines Arbeitgebers anzuschaffen sind. Diese aus dem Steuerrecht bekannte Unterscheidung kann in den Bereich der Grundsicherung übertragen werden, weil die Bedarfe für den privaten Lebensunterhalt in den Regelleistungen abgebildet werden.[12]

17 Für die Anschaffung von Arbeitsmitteln kann nach § 3 Abs. 5 DVO§82SGBXII ohne besonderen Nachweis ein **monatlicher Pauschbetrag von 5,20 €** abgesetzt werden. Der **Nachweis höherer Aufwendungen** ist **möglich**.

b. Fahrten von der Wohnung zur Arbeitsstätte (Absatz 6)

18 Für die Fahrten von der Wohnung zur Arbeitsstätte finden sich Regelungen zu Pauschbeträgen nur für die Benutzung eines eigenen Kraftfahrzeuges in § 3 Abs. 6 DVO§82SGBXII. Im Umkehrschluss folgt daraus, dass die Aufwendungen für mit Muskelkraft betriebene oder **öffentliche Verkehrsmittel** ohne feste Sätze erstattungsfähig sind. Da alle Aufwendungen aber nur im **notwendigen** Umfang absetzbar sind, können insbesondere Aufwendungen für öffentliche Verkehrsmittel nur in Höhe der Kosten für die jeweils **günstigste Transportvariante** abgesetzt werden. Denn auch soweit ein **Kfz** eingesetzt wird, beschränkt sich gemäß § 3 Abs. 6 Nr. 1 DVO§82SGBXII die Absetzung auf die jeweils **günstigste Zeitkarte** des öffentlichen Verkehrsmittels, **wenn die Benutzung öffentlicher Verkehrsmittel notwendig wäre**.

19 Nur soweit ein **öffentliches Verkehrsmittel nicht vorhanden** ist und deshalb die Benutzung eines **Kfz notwendig** ist, können – begrenzt auf höchstens 40 km – monatliche **Pauschbeträge** für jeden vollen Kilometer, den die Wohnung von der Arbeitsstätte entfernt liegt (einfache **Wegstrecke**, d.h. ohne Rückfahrt), abgesetzt werden: Für die Nutzung eines **Kfz 5,20 €**, bei Benutzung eines **Kleinstkraftwagens 3,70 €**, bei Benutzung eines **Motorrades** oder eines Motorrollers **2,30 €**, bei Benutzung eines **Fahrrades mit Motor 1,30 €**. Bei einer Beschäftigungsdauer von weniger als einem Monat sind die Beträge anteilig zu kürzen. Die Pauschalierung wird derzeit noch als nicht offensichtlich willkürlich zu niedrig angesehen.[13]

---

[11] Vgl. BFH v. 20.11.1979 - VI R 143/77 - juris Rn. 10.
[12] Vgl. zum SGB II BSG v. 19.06.2012 - B 4 AS 163/11 R - juris Rn. 21 - BSGE 111, 89 ff.
[13] LArbG Baden-Württemberg v. 02.09.2009 - 4 Ta 7/09 - juris; OVG Brandenburg v. 27.11.2003 - 4 A 220/03 - ZFSH/SGB 2004, 238; OVG Nordrhein-Westfalen v. 20.06.2000 - 22 A 207/99 - FEVS 52, 167.

Nach § 3 Abs. 6 DVO§82SGBXII ist im Unterschied zu § 3 Abs. 5 DVO§82SGBXII kein **Nachweis höherer Aufwendungen** zugelassen. Deswegen und wegen der weiteren Begrenzung der Absetzung für höchstens 40 Entfernungskilometer liegt es nahe, dass die Regelungen als abgeltende Pauschalen gemeint waren. Ob ein solcher Nachweis dennoch möglich ist, wird unterschiedlich beantwortet.[14] Jedenfalls aus **Gleichheitsgründen** sollte wegen der für einen höheren Nachweis offenen Parallelregelung in § 6 Abs. 1 Nr. 3 lit. b Alg II-V die Vorschrift **nicht** mehr als **abgeltende Pauschalierung** gehandhabt werden.

c. Doppelte Haushaltsführung (Absatz 7)

Im Rahmen einer durch die nichtselbständige Tätigkeit notwendigen doppelten Haushaltsführung können gemäß § 3 Abs. 7 DVO§82SGBXII die durch Führung des doppelten Haushalts nachweislich entstehenden Mehraufwendungen (Miete usw.) abgesetzt werden. Die Absetzung soll **höchstens** einen Betrag in Höhe von **130 € monatlich** erreichen dürfen. Voraussetzung ist, dass bereits ein **eigener Hausstand** begründet war. Das ist dann anzunehmen, wenn der Bezieher des Einkommens bereits eine Wohnung mit eigener oder selbstbeschaffter Möbelausstattung besitzt. Eine doppelte Haushaltsführung kann auch dann anerkannt werden, wenn der Bezieher des Einkommens nachweislich ganz oder überwiegend die Kosten für einen Haushalt trägt, den er gemeinsam mit nächsten Angehörigen führt. Eine grundsätzliche Begrenzung der Absetzung kann zumindest mit der Intention gerechtfertigt sein, keinen zusätzlichen Anreiz für eine Beibehaltung eines nicht mehr für die Berufsausübung notwendigen Wohnsitzes zu setzen. Dennoch stellt sich die Problematik, dass der letztmalig im Jahr 2002 angepasste Höchstbetrag von 130 € monatlich kaum noch hinreichend erscheint, um damit wenigstens übergangsweise die Miete einer weiteren Unterkunft zu zahlen.

Darüber hinaus können **Fahrtkosten** unter Ausnutzung bestehender Tarifvergünstigungen der zweiten Wagenklasse für **eine Familienheimfahrt im Kalendermonat** geltend gemacht werden.

---

[14] Gegen die Möglichkeit höherer Absetzungen auf Nachweis: OVG Nordrhein-Westfalen v. 20.06.2000 - 22 A 207/99 - FEVS 52, 167; OVG Brandenburg v. 27.11.2003 - 4 A 220/03 - ZFSH/SGB 2004, 238. Nach *Hohm* in: Schellhorn/Schellhorn/Hohm, § 3 VO zu § 82 SGB XII Rn. 21 soll es sich zwar um eine verbindliche Regelung handeln, aber dem Träger freistehen, höhere Beträge anzunehmen. *Geiger* in: LPK-SGB XII, 9. Aufl., § 82 Rn. 110 plädiert für eine analoge Anwendung des § 6 Abs. 1 Nr. 3 lit. b Alg II-V, der einen geringeren Kilometersatz, aber einen Nachweis höherer Kosten zulasse.

§ 4 DVO§82SGBXII Einkünfte aus Land- und Forstwirtschaft, Gewerbebetrieb und selbständiger Arbeit

(Fassung vom 23.11.1976, gültig ab 28.11.1976)

(1) Welche Einkünfte zu den Einkünften aus Land- und Forstwirtschaft, Gewerbebetrieb und selbständiger Arbeit gehören, bestimmt sich nach § 13 Abs. 1 und 2, § 15 Abs. 1 und § 18 Abs. 1 des Einkommensteuergesetzes; der Nutzungswert der Wohnung im eigenen Haus bleibt unberücksichtigt.

(2) Die Einkünfte sind für das Jahr zu berechnen, in dem der Bedarfszeitraum liegt (Berechnungsjahr).

(3) ^{1}Als Einkünfte ist bei den einzelnen Einkunftsarten ein Betrag anzusetzen, der auf der Grundlage früherer Betriebsergebnisse aus der Gegenüberstellung der im Rahmen des Betriebes im Berechnungsjahr bereits erzielten Einnahmen und geleisteten notwendigen Ausgaben sowie der im Rahmen des Betriebes im Berechnungsjahr noch zu erwartenden Einnahmen und notwendigen Ausgaben zu errechnen ist. ^{2}Bei der Ermittlung früherer Betriebsergebnisse (Satz 1) kann ein durch das Finanzamt festgestellter Gewinn berücksichtigt werden.

(4) ^{1}Soweit im Einzelfall geboten, kann abweichend von der Regelung des Absatzes 3 als Einkünfte ein Betrag angesetzt werden, der nach Ablauf des Berechnungsjahres aus der Gegenüberstellung der im Rahmen des Betriebes im Berechnungsjahr erzielten Einnahmen und geleisteten notwendigen Ausgaben zu errechnen ist. ^{2}Als Einkünfte im Sinne des Satzes 1 kann auch der vom Finanzamt für das Berechnungsjahr festgestellte Gewinn angesetzt werden.

(5) ^{1}Wird der vom Finanzamt festgestellte Gewinn nach Absatz 3 Satz 2 berücksichtigt oder nach Absatz 4 Satz 2 als Einkünfte angesetzt, so sind Absetzungen, die bei Gebäuden und sonstigen Wirtschaftsgütern durch das Finanzamt nach

1. den §§ 7, 7b und 7e des Einkommensteuergesetzes,
2. den Vorschriften des Berlinförderungsgesetzes,
3. den §§ 76, 77 und 78 Abs. 1 der Einkommensteuer-Durchführungsverordnung,
4. der Verordnung über Steuervergünstigungen zur Förderung des Baues von Landarbeiterwohnungen in der Fassung der Bekanntmachung vom 6. August 1974 (Bundesgesetzbl. I S. 1869)

vorgenommen worden sind, dem durch das Finanzamt festgestellten Gewinn wieder hinzuzurechnen. ^{2}Soweit jedoch in diesen Fällen notwendige Ausgaben für die Anschaffung oder Herstellung der in Satz 1 genannten Wirtschaftsgüter im Feststellungszeitraum geleistet worden sind, sind sie vom Gewinn abzusetzen.

Gliederung

A. Basisinformationen 1	IV. Berechnungsvorschriften 7
I. Textgeschichte 1	1. Berechnungszeitraum (Absatz 2) 7
II. Parallelvorschriften 2	2. Berechnungsgrundsätze (Absätze 3 und 4) 9
B. Auslegung der Norm 3	3. Hinzurechnungen von Absetzungen
I. Regelungsgehalt und Bedeutung der Norm 3	(Absatz 5) 12
II. Normzweck 4	V. Praxishinweise 13
III. Einkünfte aus Land- und Forstwirtschaft, Gewerbebetrieb und selbständiger Arbeit (Absatz 1) 5	

§ 4 DVO§82SGBXII

A. Basisinformationen

I. Textgeschichte

Durch die Verordnung zur Änderung der Verordnung zur Durchführung des § 76 des Bundessozialhilfegesetzes vom 23.11.1976[1] wurde in § 4 Abs. 1 DVO§82SGBXII der Hinweis auf Absatz 1 des § 15 EStG ergänzt. Gleichzeitig wurden in § 4 Abs. 5 Satz 1 Nr. 2 DVO§82SGBXII die Vorschriften des Berlinförderungsgesetzes aufgenommen und die Zitierung in Nr. 4 aktualisiert.

II. Parallelvorschriften

Im Bereich des SGB II regelt § 3 Alg II-V Einzelheiten zur Berechnung der Einkünfte aus selbständiger Arbeit, Gewerbebetrieb oder Land- und Forstwirtschaft. Die Vorschrift weicht erheblich von § 4 DVO§82SGBXII ab. Der enge Bezug zu den Regelungen und Berechnungen des Einkommensteuerrechts ist im SGB II mittlerweile aufgegeben worden und durch eine eigenständige, in der Regel vorläufige, Berechnung mit aktuellen Daten ersetzt worden. Beispielsweise wird für die Bewilligungsentscheidung das tatsächlich im Bewilligungszeitraum erwirtschaftete Ergebnis zugrunde gelegt (§ 3 Abs. 4 Satz 1 Alg II-V). Bei Ausgaben muss geprüft werden, ob sie vermeidbar waren bzw. nicht den Lebensumständen angemessen sind (§ 3 Abs. 3 Alg II-V).

B. Auslegung der Norm

I. Regelungsgehalt und Bedeutung der Norm

Die Vorschrift nimmt für die Berechnung des Einkommens aus selbständiger Tätigkeit, Gewerbebetrieb und Land- und Forstwirtschaft im Wesentlichen auf das Einkommensteuerrecht Bezug und regelt einige abweichende Besonderheiten.

II. Normzweck

Mit der Bezugnahme auf das EStG soll eine einfache Berechnung anhand der Besteuerungsgrundlagen bzw. -ergebnisse erreicht werden.

III. Einkünfte aus Land- und Forstwirtschaft, Gewerbebetrieb und selbständiger Arbeit (Absatz 1)

Die Einnahmen der Selbständigen (§ 18 Abs. 1 EStG), Gewerbetreibenden (§ 15 Abs. 1 EStG) und von Land- und Forstwirten (§ 13 Abs. 1 und 2 EStG) gelten nach § 4 Abs. 1 DVO§82SGBXII als Einkünfte, soweit sie – mit Ausnahme des Nutzungswerts der eigenen Wohnung – auch nach dem Einkommensteuerrecht zu diesen Einkunftsarten zu zählen sind. § 4 DVO§82SGBXII fasst damit die **Gewinneinkunftsarten** des Steuerrechts für die Bildung eigener Berechnungsvorschriften zusammen. In den Bezugsvorschriften des EStG finden sich jeweils (nur) die als steuerpflichtig genannten Einkunftsarten. Für die Zuordnung von Einnahmen zu diesen Einkunftsarten kann auf die einkommensteuerrechtlichen Regelungen bzw. Rechtsprechung zurückgegriffen werden. Unter einem **Gewerbebetrieb** ist nach § 15 Abs. 2 Satz 1 EStG eine selbständige nachhaltige Betätigung am allgemeinen wirtschaftlichen Verkehr zu verstehen, die mit der Absicht ausgeübt wird, Gewinn zu erzielen. **Land- und Forstwirtschaft** betreibt, wer als **Unternehmer** einen landwirtschaftlichen Betrieb betreibt. Unter Landwirtschaft ist die **Bearbeitung und Nutzung des Grund und Bodens** zur Gewinnung pflanzlicher Erzeugnisse oder von Tieren zu verstehen.[2] Sie ist damit ebenso wie die selbständige Arbeit nur ein Sonderfall der gewerblichen Tätigkeit (vgl. § 15 Abs. 2 Satz 1 EStG). **Selbständige** sind vor allem freiberuflich als Dienstleister Tätige. Einer gegenseitigen Abgrenzung bedarf es im Bereich des SGB XII aufgrund der gleichen Berechnungsvorschriften nicht.

Nach § 4 Abs. 1 DVO§82SGBXII soll der Nutzungswert der eigenen Wohnung von der Berücksichtigung als Einkommen ausgenommen werden. Diese Bestimmung geht ins Leere, weil die entsprechende steuerrechtliche Zuschreibung schon seit 1998 nicht mehr gilt.[3] Die Berücksichtigung einer solchen fiktiven Einnahme wäre ohnehin mit § 82 Abs. 1 SGB XII unvereinbar gewesen. Aus diesem Grund

---

[1] BGBl I 1976, 3234.
[2] Vgl. BFH v. 31.03.1955 - IV 134/54 U - BFHE 60, 392.
[3] Vgl. § 52 Abs. 21 EStG a.F.; hierzu BFH v. 30.07.1991 - IX R 49/90 - BStBl II 1992, 27.

§ 4 DVO§82SGBXII

sind auch andere aus steuerlicher Sicht gewinnwirksamen Vorgänge, die keine bereiten Mittel darstellen, für das SGB XII unbeachtlich.[4] Ein Einkommensteuerbescheid kann keine Tatbestandswirkung haben.

IV. Berechnungsvorschriften

1. Berechnungszeitraum (Absatz 2)

7 Die Berechnung soll nach § 4 Abs. 2 DVO§82SGBXII alle Einkünfte in dem Jahr einbeziehen, in dem der Bedarfszeitraum liegt (sog. **Berechnungsjahr**). Dabei ist davon auszugehen, dass das Berechnungsjahr mit dem **Kalenderjahr** identisch ist. Nur so kann eine Kollision mit dem Steuerrecht, das hierzu eine explizite Bestimmung in § 2 Abs. 7 Satz 2 EStG enthält, vermieden werden.

8 Welche Folgen sich daraus ergeben, dass sich der Bedarfszeitraum über zwei Kalenderjahre erstrecken kann, schien nicht regelungsbedürftig. Es sind mehrere Lösungen denkbar. So könnte nur das noch laufende, oder das laufende und ab dessen Beginn das nächste Jahr oder noch anders, der Schwerpunkt der Lage des Bedarfszeitraums herangezogen werden. Es erscheint vorzugswürdig, eine möglichst aktuelle Berechnung zugrunde zu legen, so dass eine Trennung der Berechnungen nach dem jeweils geltenden Kalenderjahr vorzunehmen ist.

2. Berechnungsgrundsätze (Absätze 3 und 4)

9 Zur Berechnung der Jahreseinkünfte soll nach § 4 Abs. 3 DVO§82SGBXII grundsätzlich eine **Prognose** angestellt werden. Einzubeziehen sind frühere Betriebsergebnisse und die im Rahmen des Betriebes im Berechnungsjahr bereits erzielten Einnahmen und geleisteten notwendigen Ausgaben sowie die im Rahmen des Betriebes im Berechnungsjahr noch zu erwartenden Einnahmen und notwendigen Ausgaben. Bei der Ermittlung früherer Betriebsergebnisse müssen keine eigenen Berechnungen durchgeführt werden. Stattdessen kann mit den in § 4 Abs. 5 DVO§82SGBXII genannten Besonderheiten ein durch das Finanzamt festgestellter Gewinn berücksichtigt werden.

10 Eine **abweichende Berechnung** soll nach § 4 Abs. 4 DVO§82SGBXII nur als im **Einzelfall** anzuwendende **Ausnahme** zulässig sein. Dazu kann der Betrag angesetzt werden, der nach Ablauf des Berechnungsjahres aus der Gegenüberstellung der im Rahmen des Betriebes im Berechnungsjahr erzielten Einnahmen und geleisteten notwendigen Ausgaben zu errechnen ist, wobei wiederum der vom Finanzamt für das Berechnungsjahr festgestellte Gewinn angesetzt werden kann.

11 Das im Berechnungsjahr ermittelte Einkommen soll sodann nach § 11 Abs. 1 Satz 1 DVO§82SGBXII durch zwölf geteilt als monatliches Einkommen zugrunde gelegt werden.

3. Hinzurechnungen von Absetzungen (Absatz 5)

12 Wird der von der Finanzverwaltung festgestellte Gewinn entweder nach § 4 Abs. 3 Satz 2 DVO§82SGBXII oder nach § 4 Abs. 4 Satz 2 DVO§82SGBXII berücksichtigt, sollen nach § 4 Abs. 5 DVO§82SGBXII evtl. berücksichtigte Absetzungen für Gebäude oder sonstige Wirtschaftsgüter nach § 7 EStG (Absetzung für Abnutzung und Substanzverringerung), § 7b EStG (erhöhte Absetzungen für Ein- und Zweifamilienhäuser und Wohneigentum) und die Absetzungen nach der Verordnung über Steuervergünstigungen zur Förderung des Baus von Landarbeiterwohnungen (LArbWoV) dem Gewinn wieder hinzugerechnet werden. Die weiteren erwähnten § 7e EStG und die §§ 76, 77 und 78 Abs. 1 EStDV sind mittlerweile weggefallen. Die einkommensteuerlich wirksamen Sondervorschriften des Berlinförderungsgesetzes haben ihre Bedeutung verloren. Ebenso ist die Sondervorschrift des § 5 DVO§82SGBXII für die Einkünfte aus Land- und Forstwirtschaft nicht mehr anwendbar, weil die Dritte Verordnung über Ausgleichsleistungen nach dem Lastenausgleichsgesetz (3. LeistungsDV-LA) zum 01.07.2006 aufgehoben ist.[5]

V. Praxishinweise

13 Die einzelnen Berechnungsvorgaben des § 4 Abs. 2-4 DVO§82SGBXII zur Ermittlung des monatlich zu berücksichtigenden Einkommens widersprechen den aus § 82 SGB XII abzuleitenden Grundsätzen, dass nur tatsächlich zugeflossenes und im Bedarfszeitraum bereites Einkommen berücksichtigt werden kann. § 96 Abs. 1 SGB XII ermächtigt nur zur Festlegung der Einzelheiten der Berechnung, nicht zum

---

[4] Vgl. wegen einer aufgelösten Gewinnrücklage im SGB II: BSG v. 21.06.2011 - B 4 AS 21/10 R - juris Rn. 29 - BSGE 108, 258.

[5] Gesetz zur Änderung und Bereinigung des Lastenausgleichsrechts (RBerLAG), BGBl I 2006, 1323.

Abweichen von im Gesetz angelegten Prinzipien. Die entsprechenden Vorgaben sind deshalb nicht ermächtigungskonform. Schon mit der Zugrundelegung von Jahreseinkünften wird deutlich, dass die tatsächliche Bedarfslage im meist kürzeren Bedarfszeitraum nicht ausschlaggebend ist. Hinzu kommt, dass in der Regel nicht einmal die tatsächlichen Einkünfte im Berechnungsjahr für die Bewilligung heranzuziehen sind. Ein solches Vorgehen, prognostische Erwartungen zur Einkommenserwartung als reales Einkommen zu behandeln, ist unvereinbar mit dem Grundsatz, dass nur tatsächlich zugeflossenes und bereites Einkommen berücksichtigt werden darf.

Für aktuelle Bewilligungen sind die tatsächlichen Einnahmen und Ausgaben im Bedarfszeitraum zu berücksichtigen. Eine vorläufige Bewilligung kann im SGB XII weder direkt noch analog § 328 SGB III erteilt werden. Für eine Bewilligung unter dem „Vorbehalt[6] der abschließenden Klärung" gemäß § 32 Abs. 1 SGB X fehlt es an einer gesetzlichen Ermächtigung im SGB XII. Die Zulassung einer Vorbehaltsbewilligung nach § 32 Abs. 1 Alt. 2 SGB X wäre daran geknüpft, dass mit dem Vorbehalt die gesetzlichen Voraussetzungen des gebundenen Verwaltungsakts erfüllt werden sollen. In der Rechtsprechung des BSG wird aber vertreten, dass eine endgültige Bewilligung nur dann unter einem Vorbehalt erlassen werden kann, dass alle Voraussetzungen für den Erlass erfüllt und geklärt sind.[7] Demnach wäre eine Vorbehaltsbewilligung nicht zulässig, wenn das Einkommen noch nicht abschließend festgestellt ist. Eine Bewilligung als Vorschuss (§ 42 SGB I) kann auf der Basis der Vorgaben der DVO höchstens dann vorgenommen werden, wenn prognostiziert werden kann, dass die aktuelle Bedarfslage richtig eingeschätzt wird.

14

---

[6] Von einer Zulässigkeit im Rahmen der Sozialhilfe geht insbesondere BVerwG v. 26.01.1966 - V C 88.64 - juris Rn. 49 - BVerwGE 23, 149, 160 aus.

[7] Vgl. BSG v. 28.06.1990 - 4 RA 57/89 - juris Rn. 44. Zu weiteren Einzelheiten vgl. *Burkiczak* in: jurisPK-SGB X, § 32 Rn. 82 ff.

§ 5 DVO§82SGBXII Sondervorschrift für die Einkünfte aus Land- und Forstwirtschaft

(Fassung vom 23.11.1976, gültig ab 28.11.1976)

(1) Die Träger der Sozialhilfe können mit Zustimmung der zuständigen Landesbehörde die Einkünfte aus Land- und Forstwirtschaft abweichend von § 4 nach § 7 der Dritten Verordnung über Ausgleichsleistungen nach dem Lastenausgleichsgesetz (3. LeistungsDV-LA) berechnen; der Nutzungswert der Wohnung im eigenen Haus bleibt jedoch unberücksichtigt.

(2) Von der Berechnung der Einkünfte nach Absatz 1 ist abzusehen,

1. wenn sie im Einzelfall offenbar nicht den besonderen persönlichen oder wirtschaftlichen Verhältnissen entspricht oder
2. wenn der Bezieher der Einkünfte zur Einkommensteuer veranlagt wird, es sei denn, daß der Gewinn auf Grund von Durchschnittssätzen ermittelt wird.

Gliederung

A. Basisinformationen 1	I. Regelungsgehalt und Bedeutung der Norm 3
I. Textgeschichte 1	II. Normzweck 4
II. Parallelvorschriften 2	III. Sonderberechnung für Land- und Forstwirte 5
B. Auslegung der Norm 3	IV. Praxishinweise 6

A. Basisinformationen

I. Textgeschichte

1 Die Vorschrift existiert seit dem Jahr 1976 unverändert.

II. Parallelvorschriften

2 Eine Sondervorschrift für Einkünfte aus Land- und Forstwirtschaft existiert in der Grundsicherung für Arbeitsuchende nicht.

B. Auslegung der Norm

I. Regelungsgehalt und Bedeutung der Norm

3 Die Norm hat nur für Einkünfte aus Land- und Forstwirtschaft Bedeutung. In Abweichung von § 4 DVO§82SGBXII soll eine Berechnung der Einkünfte nicht nach den realen Ergebnissen der Vergangenheit und Gegenwart, sondern nach anzunehmenden Werten erlaubt sein.

II. Normzweck

4 Mit der Bezugnahme auf Werte der Verordnung über Ausgleichsleistungen nach dem Lastenausgleichsgesetz soll eine Gewinnfeststellung im Einzelfall bei Land- und Forstwirtschaft nach Möglichkeit völlig wegfallen.

III. Sonderberechnung für Land- und Forstwirte

5 Die Vorschrift soll nur zu Anwendung kommen, wenn eine Zustimmung der zuständigen Landesbehörde (womit nur der überörtliche Träger der Sozialhilfe im Sinne des § 3 Abs. 1 und 3 SGB XII gemeint sein konnte) zur abweichenden Berechnung der Einkünfte nach § 5 DVO§82SGBXII vorlag. Dann sollten die Träger der Sozialhilfe die Einkünfte aus Land- und Forstwirtschaft nach § 7 der Dritten Verordnung über Ausgleichsleistungen nach den Pauschalen des Lastenausgleichsgesetzes (3. LeistungsDV-LA, juris: LALeistungsDV3Bek77) berechnen können.

IV. Praxishinweise

Die Vorschrift kann nicht mehr angewendet werden. Die 3. LeistungsDV-LA war insgesamt nur bis zum 30.06.2006 in Kraft.[1]

---

[1] Vgl. Art. 6 Nr. 3 des Gesetzes zur Änderung und Bereinigung des Lastenausgleichsrechts v. 21.06.2006, BGBl I 2006, 1323.

§ 6 DVO§82SGBXII Einkünfte aus Kapitalvermögen

(Fassung vom 27.12.2003, gültig ab 01.01.2005)

(1) Welche Einkünfte zu den Einkünften aus Kapitalvermögen gehören, bestimmt sich nach § 20 Abs. 1 bis 3 des Einkommensteuergesetzes.

(2) Als Einkünfte aus Kapitalvermögen sind die Jahresroheinnahmen anzusetzen, vermindert um die Kapitalertragsteuer sowie um die mit der Erzielung der Einkünfte verbundenen notwendigen Ausgaben (§ 82 Abs. 2 Nr. 4 des Zwölften Buches Sozialgesetzbuch).

(3) ¹Die Einkünfte sind auf der Grundlage der vor dem Berechnungsjahr erzielten Einkünfte unter Berücksichtigung der im Berechnungsjahr bereits eingetretenen und noch zu erwartenden Veränderungen zu errechnen. ²Soweit im Einzelfall geboten, können hiervon abweichend die Einkünfte für das Berechnungsjahr auch nachträglich errechnet werden.

Gliederung

A. Basisinformationen 1
   I. Textgeschichte 1
   II. Parallelvorschriften 2
B. Auslegung der Norm 3
   I. Regelungsgehalt und Bedeutung der Norm 3
   II. Einkünfte aus Kapitalvermögen (Absatz 1) 4
   III. Einkommensberechnung (Absätze 2 und 3) 5
   IV. Praxishinweise 7

A. Basisinformationen

I. Textgeschichte

1   Seit Einführung der Vorschrift wurde lediglich in § 6 Abs. 2 DVO§82SGBXII der Verweis auf § 82 Abs. 2 Nr. 4 SGB XII aktualisiert.[1]

II. Parallelvorschriften

2   Die Alg II-V enthält für Kapitaleinkünfte keine eigenständige Berechnung. Für sie sollen nach § 4 Satz 2 Nr. 3 Alg II-V die besonderen Regelungen für Einkommen aus nichtselbständiger Tätigkeit (§ 2 Alg II-V) entsprechend gelten.

B. Auslegung der Norm

I. Regelungsgehalt und Bedeutung der Norm

3   Mit § 6 DVO§82SGBXII setzt die Verordnung die Bezugnahme auf die Einkunftsarten des Einkommensteuerrechts fort. Die Berechnung wird eigenständig geregelt.

II. Einkünfte aus Kapitalvermögen (Absatz 1)

4   Gemäß § 6 Abs. 1 DVO§82SGBXII gelten hinsichtlich des Umfangs der Einkünfte aus Kapitalvermögen keine von § 20 Abs. 1-3 EStG abweichenden Besonderheiten. Dessen umfangreiche Regelungen umfassen Einnahmen, die (wie z.B. Zinsen oder Dividenden) nur aus der **Überlassung von Kapital zur Nutzung an Dritte** zufließen. Hängen sie mit anderen Gewinneinkunftsarten wie denen aus Gewerbebetrieb oder Vermietung und Verpachtung zusammen, sind sie nicht eigenständig zu berechnen, sondern Teil dieser Einkunftsart (vgl. § 20 Abs. 8 EStG).

III. Einkommensberechnung (Absätze 2 und 3)

5   Für die Berechnung sollen nach § 6 Abs. 2 DVO§82SGBXII die **Jahresroheinnahmen** herangezogen werden. **Abzusetzen** sind die für das betreffende Jahr endgültig gezahlte **Kapitalertragsteuer** (§§ 43-45e EStG) sowie andere mit der Erzielung der Einkünfte verbundenen **notwendigen Ausgaben**

---

[1] Art. 12 Nr. 4 des Gesetzes zur Einordnung des Sozialhilferechts in das Sozialgesetzbuch v. 27.12.2003 (BGBl I 2003, 3022).

im Sinne des § 82 Abs. 2 Nr. 4 SGB XII. Mit den notwendigen Ausgaben sind nur tatsächliche Ausgaben, nicht die Sparer-Pauschbeträge gemeint. § 21 Abs. 9 Satz 1 EStG erlaubt nur die Absetzung dieser Sparer-Pauschbeträge und schließt die Absetzung tatsächlicher Werbungskosten aus. Daher müssen die Ausgaben und ihre Notwendigkeit von den Sozialhilfeträgern eigenständig ermittelt und beurteilt werden. Als notwendig könnten Transaktionskosten, Depotgebühren usw. anfallen.

Die Jahresroheinnahmen sollen grundsätzlich aus den vor dem Berechnungsjahr erzielten Kapitaleinkünften unter Berücksichtigung der im Berechnungsjahr bereits eingetretenen und noch zu erwartenden Veränderungen zu errechnen sein. Daraus folgt, dass keine tatsächliche Berechnung, sondern eine **Prognose** erwartet wird, inwieweit die **Vorjahreseinkünfte** im Berechnungsjahr wieder erreicht werden. Sollte es geboten erscheinen, können im Einzelfall die Einkünfte für das Berechnungsjahr nachträglich errechnet werden.

IV. Praxishinweise

Die Berechnung nach § 6 DVO§82SGBXII setzt sich den gleichen Bedenken aus wie die nach § 4 DVO§82SGBXII (vgl. die Kommentierung zu § 4 DVO§82SGBXII Rn. 13), weil statt einer Ermittlung der tatsächlich im Bedarfszeitraum zugeflossenen Einnahmen eine Prognose zugrunde gelegt wird.

§ 7 DVO§82SGBXII Einkünfte aus Vermietung und Verpachtung

(Fassung vom 27.12.2003, gültig ab 01.01.2005)

(1) Welche Einkünfte zu den Einkünften aus Vermietung und Verpachtung gehören, bestimmt sich nach § 21 Abs. 1 und 3 des Einkommensteuergesetzes.

(2) ¹Als Einkünfte aus Vermietung und Verpachtung ist der Überschuß der Einnahmen über die mit ihrer Erzielung verbundenen notwendigen Ausgaben (§ 82 Abs. 2 Nr. 4 des Zwölften Buches Sozialgesetzbuch) anzusetzen; zu den Ausgaben gehören

1. Schuldzinsen und dauernde Lasten,
2. Steuern vom Grundbesitz, sonstige öffentliche Abgaben und Versicherungsbeiträge,
3. Leistungen auf die Hypothekengewinnabgabe und die Kreditgewinnabgabe, soweit es sich um Zinsen nach § 211 Abs. 1 Nr. 2 des Lastenausgleichsgesetzes handelt,
4. der Erhaltungsaufwand,
5. sonstige Aufwendungen zur Bewirtschaftung des Haus- und Grundbesitzes, ohne besonderen Nachweis Aufwendungen in Höhe von 1 vom Hundert der Jahresroheinnahmen.

²Zum Erhaltungsaufwand im Sinne des Satzes 1 Nr. 4 gehören die Ausgaben für Instandsetzung und Instandhaltung, nicht jedoch die Ausgaben für Verbesserungen; ohne Nachweis können bei Wohngrundstücken, die vor dem 1. Januar 1925 bezugsfähig geworden sind, 15 vom Hundert, bei Wohngrundstücken, die nach dem 31. Dezember 1924 bezugsfähig geworden sind, 10 vom Hundert der Jahresroheinnahmen als Erhaltungsaufwand berücksichtigt werden.

(3) Die in Absatz 2 genannten Ausgaben sind von den Einnahmen insoweit nicht abzusetzen, als sie auf den vom Vermieter oder Verpächter selbst genutzten Teil des vermieteten oder verpachteten Gegenstandes entfallen.

(4) ¹Als Einkünfte aus der Vermietung von möblierten Wohnungen und von Zimmern sind anzusetzen

bei möblierten Wohnungen	80 vom Hundert,
bei möblierten Zimmern	70 vom Hundert,
bei Leerzimmern	90 vom Hundert

der Roheinnahmen. ²Dies gilt nicht, wenn geringere Einkünfte nachgewiesen werden.

(5) ¹Die Einkünfte sind als Jahreseinkünfte, bei der Vermietung von möblierten Wohnungen und von Zimmern jedoch als Monatseinkünfte zu berechnen. ²Sind sie als Jahreseinkünfte zu berechnen, gilt § 6 Abs. 3 entsprechend.

Gliederung

A. Basisinformationen 1	1. Ermittlung des Überschusses (Absatz 2 Halbsatz 1) 7
I. Textgeschichte 1	
II. Parallelvorschriften 2	2. Besondere Absetzungen (Absatz 2 Halbsatz 2) 8
B. Auslegung der Norm 3	
I. Regelungsgehalt und Bedeutung der Norm 3	a. Schuldzinsen und dauernde Lasten 11
II. Einkünfte aus Vermietung und Verpachtung (Absatz 1) 5	b. Steuern, öffentliche Abgaben und Versicherungsbeiträge 14
III. Berechnungsvorschriften (Absätze 2-5) 7	

c. Hypothekengewinnabgabe und Kreditgewinn-
abgabe 15
d. Erhaltungsaufwand (Absatz 2 Satz 1 Nr. 4) 16
e. Sonstige Bewirtschaftungsaufwendungen
(Absatz 2 Satz 1 Nr. 5) 18
3. Vermietung von möbliertem Wohnraum und
Zimmern (Absatz 4) 19
4. Berechnungszeiträume (Absatz 5) 21
IV. Praxishinweise 23

A. Basisinformationen

I. Textgeschichte

Seit Einführung der Vorschrift wurde in § 7 Abs. 1 Satz 1 DVO§82SGBXII lediglich der Verweis auf § 82 Abs. 2 Nr. 4 SGB XII aktualisiert.[1]   1

II. Parallelvorschriften

In der Grundsicherung für Arbeitsuchende gelten für Einkünfte aus Vermietung und Verpachtung nach § 4 Satz 2 Nr. 2 Alg II-V die besonderen Regelungen für Einkommen aus nichtselbständiger Tätigkeit (§ 2 Alg II-V) entsprechend.   2

B. Auslegung der Norm

I. Regelungsgehalt und Bedeutung der Norm

Die Bestimmung übernimmt für den Umfang der Einkünfte die Regelungen des § 21 Abs. 1 EStG und verweist – im Unterschied zu § 6 DVO§82SGBXII – auf die Abgrenzung zu anderen Einkunftsarten in § 21 Abs. 3 EStG. Für die Berechnung der Einkünfte werden eigenständige und ausführliche Vorgaben entwickelt. Zu notwendigen Ausgaben wird ein Katalog mit teils pauschalierten Werten gebildet. Für das Angebot möblierten Wohnraums sollen abgestufte Werte den Nutzungswert der Möblierung pauschal ausklammern.   3

Eine **besondere Bedeutung** erlangt die Vorschrift dadurch, dass die Absetzungen nach Absatz 2 herangezogen werden, um den Umfang der zum Bedarf zählenden Kosten der Unterkunft bei **selbstgenutztem Wohneigentum** zu bestimmen.[2]   4

II. Einkünfte aus Vermietung und Verpachtung (Absatz 1)

Einkünfte aus Vermietung und Verpachtung im Sinne des § 21 Abs. 1 EStG betreffen nicht sämtliche entgeltlichen Überlassungen. Die **Vermietung beweglicher Gegenstände** wird einkommensteuerlich nach § 22 Nr. 3 EStG zu den „sonstigen Einkünften" gezählt. Unabhängig von der zivilrechtlichen Terminologie (vgl. die §§ 535, 581 BGB) fallen unter § 21 Abs. 1 EStG demnach die entgeltliche Überlassung von **Grundstücken** oder Teilen davon (Nr. 1), von **Sachinbegriffen** (Nr. 2)[3] oder **Rechten** (Nr. 3).   5

Einnahmen aus Vermietung und Verpachtung sind **nicht eigenständig** in dieser Einkunftsart zu erfassen, wenn sie **anderen Einkunftsarten**, etwa aus Gewerbebetrieb, **zuzurechnen** sind (vgl. § 21 Abs. 3 EStG). Zum Beispiel können Vermietungseinkünfte dann als gewerblich anzusehen sein, wenn nicht deren Erzielung, sondern der Handel mit den Mietobjekten im Vordergrund der Tätigkeit steht. Ohne Veräußerungsabsicht kann eine Vermietung gewerblichen Charakter haben, wenn sie eine unternehmerische Organisation erfordert (z.B. bei Ferienwohnanlagen).[4]   6

III. Berechnungsvorschriften (Absätze 2-5)

1. Ermittlung des Überschusses (Absatz 2 Halbsatz 1)

Die Ermittlung der Einkünfte aus Vermietung und Verpachtung soll durch **Gegenüberstellung** der **Einnahmen** mit den zu ihrer Erzielung verbundenen **notwendigen Ausgaben** im Sinne des § 82 Abs. 2 Nr. 4 SGB XII ermittelt werden. Die Berechnung des Überschusses – § 7 Abs. 2   7

---

[1] Art. 12 Nr. 4 des Gesetzes zur Einordnung des Sozialhilferechts in das Sozialgesetzbuch v. 27.12.2003, BGBl I 2003, 3022.
[2] Vgl. schon BVerwG v. 07.05.1987 - 5 C 36/85 - BVerwGE 77, 232.
[3] Damit sind zusammenhängend genutzte bewegliche Wirtschaftsgüter wie z.B. ein Betriebsvermögen gemeint, vgl. BFH v. 28.10.2008 - IX R 51/07 - juris Rn. 15 - BFH/NV 2009, 157.
[4] BFH v. 14.07.2004 - IX R 69/02 - BFH/NV 2004, 1640.

§ 7 DVO§82SGBXII

DVO§82SGBXII übernimmt insoweit auch die steuerrechtliche Unterscheidung zwischen Gewinn und Überschuss – weicht insofern nicht von der bereits aus § 82 SGB XII folgenden Berechnung ab.

2. Besondere Absetzungen (Absatz 2 Halbsatz 2)

8   Gewisse Besonderheiten sind allerdings bei der Art und Höhe der Absetzungen geregelt. Als mögliche Absetzungen werden genannt:
- Schuldzinsen und dauernde Lasten (Nr. 1),
- Steuern vom Grundbesitz, sonstige öffentliche Abgaben und Versicherungsbeiträge (Nr. 2),
- Leistungen auf die Hypothekengewinnabgabe und die Kreditgewinnabgabe, soweit es sich um Zinsen nach § 211 Abs. 1 Nr. 2 des Lastenausgleichsgesetzes handelt (Nr. 3),
- der Erhaltungsaufwand (Nr. 4),
- sonstige Aufwendungen zur Bewirtschaftung des Haus- und Grundbesitzes, ohne besonderen Nachweis Aufwendungen in Höhe von 1% der Jahresroheinnahmen (Nr. 5).

9   Andere Erwerbsnebenkosten außer Schuldzinsen und dauernde Lasten (z.B. Notarkosten, Grunderwerbsteuer usw.) sind nicht genannt und nicht als Werbungskosten absetzbar. Damit hat die Verordnung die einkommensteuerliche Praxis übernommen, dass sog. **Anschaffungskosten** grundsätzlich **keine Werbungskosten** darstellen, sondern nur im Rahmen der Absetzungen für Abnutzung (**AfA**) steuerlich geltend gemacht werden können. Die Absetzbarkeit von Schuldzinsen folgt daraus, dass sie nicht als Anschaffungskosten gesehen werden. Sie fallen nicht direkt für den Erwerb des Grundstücks, sondern für den Kapitalerwerb an.[5] Die im Steuerrecht wegen Substanzwertverringerung absetzbaren AfA können im SGB XII nicht abgesetzt werden. Stattdessen können nur der Erhaltungsaufwand bzw. sonstige Bewirtschaftungsaufwendungen abgesetzt werden. Hierfür müssen sie allerdings im Sinne des § 82 Abs. 2 Nr. 4 SGB XII notwendig gewesen sein.

10 Die **Aufteilung von Aufwendungen**, wenn nur ein Teil des Hauses bzw. Grundstücks zur Nutzung überlassen sind, regelt § 7 Abs. 3 DVO§82SGBXII. Abgesetzt werden kann nur der Teil, der auf den vom Vermieter oder Verpächter **überlassenen** Teil des vermieteten oder verpachteten Gegenstandes entfällt. Der auf den vom Vermieter/Verpächter selbstgenutzten Teil entfallende Kostenanteil ist nicht absetzbar. Je nach Kostenart bieten sich für die Berechnung zwei Möglichkeiten an. Bei den auf das gesamte Objekt anfallenden Kosten kann der Wert zur Absetzung kommen, der dem Verhältnis zwischen fremdgenutztem Anteil und der Gesamtfläche entspricht. Eine solche Aufteilung ist nicht vorzunehmen, falls sich bestimmte Kosten vollständig dem vermieteten oder verpachteten Teil zuordnen lassen (z.B. durch eine gesonderte Verbrauchskostenerfassung).

a. Schuldzinsen und dauernde Lasten

11 Die **Kosten des Erwerbs** in Form von **Darlehenszinsen** sind nur dann absetzbar, wenn sie notwendig waren, um den Erwerb bzw. die Herstellung des Grundstückes oder Hauses vornehmen zu können. Der zeitliche Zusammenhang zwischen Erwerb und Darlehen kann als Indiz dienen. Ist der Zusammenhang oder dessen Umfang zweifelhaft, können der Darlehensvertrag oder andere Unterlagen zur Verwendung der Mittel herangezogen werden.

12 Absetzbar sind nur die Darlehenskosten in Form der Zinsen, **nicht** die Rückzahlung der Darlehen in Form der **Tilgung**. Wenn die Tilgung mit eingerechnet würde, würde die Sozialhilfe mittelbar die Anschaffungskosten, d.h. den Erwerb des Grundstückes finanzieren. Die Übernahme von nicht bedarfsrelevanten Verbindlichkeiten ist allerdings ausgeschlossen. Bei laufenden Abzahlungen sind daher die Anteile für Zinsen und ggf. Tilgung des Darlehens darzulegen oder zu ermitteln.

13 Sofern bei dem Erwerb oder der Herstellung dauernde Lasten (dauerhafte Geldzahlung, Abgabe von Naturalien u.Ä.) übernommen worden sind, können auch sie abgesetzt werden. Diesbezüglich darf es sich allerdings nicht um Teile des Kaufpreises handeln.

b. Steuern, öffentliche Abgaben und Versicherungsbeiträge

14 Nur die auf dem Eigentum lastende Steuer, d.h. die **Grundsteuer** ist absetzbar. Öffentliche **Abgaben** sind alle, die an das Eigentum anknüpfen. Hierzu gehören zum Beispiel die **Abwasser- und Müllgebühren**. Im Übrigen sind mit dem Eigentum unvermeidbar verbundene Versicherungsbeiträge (Haftpflichtversicherung) nach § 7 Abs. 2 Satz 1 Nr. 2 DVO§82SGBXII absetzbar. Den Grundbesitz besichernde freiwillige Verträge sind gegebenenfalls nach § 7 Abs. 2 Satz 1 Nr. 5 DVO§82SGBXII und unter Prüfung auf ihre Notwendigkeit absetzbar.

---

[5] Vgl. instruktiv FG Hamburg v. 10.06.1986 - III 289/84 - juris Rn. 19 ff.

c. Hypothekengewinnabgabe und Kreditgewinnabgabe

Abzugsfähig wären noch die Leistungen **auf** die Hypothekengewinnabgabe und die Kreditgewinnabgabe. Dabei handelt es sich um zwei Ausgleichsabgaben, die nach dem Lastenausgleichsgesetz (§ 3 Nr. 2 und Nr. 3 LAG) erhoben wurden.

d. Erhaltungsaufwand (Absatz 2 Satz 1 Nr. 4)

§ 7 Abs. 2 Satz 2 DVO§82SGBXII lehnt sich an das Einkommensteuerrecht an, wenn als Erhaltungsaufwand die **Ausgaben für Instandsetzung und Instandhaltung** unter Ausgrenzung der Ausgaben für Verbesserungen definiert werden. **Erhaltungsaufwand** (vgl. die §§ 11a und 11b EStG) als auch die Unterscheidung in laufende Instandhaltung (Wartung) und Instandsetzung (Reparatur) sind steuerliche Begriffe. Allerdings existiert im Steuerrecht keine gesetzliche Definition des Erhaltungsaufwandes. Im Allgemeinen sollen hierunter **Aufwendungen für die Erneuerung von bereits vorhandenen Teilen, Einrichtungen oder Anlagen zu verstehen sein**.[6] Der Gegenbegriff sind Anschaffungs- und Herstellungsaufwendungen, die steuerrechtlich nicht als Werbungskosten sofort abzugsfähig sind. Anschaffungskosten sind alle für den Erwerb und die Herstellung eines betriebsbereiten Zustandes aufgewandten Kosten (§ 255 Abs. 1 Satz 1 HGB). Herstellungsaufwendungen sind gesetzlich in § 255 Abs. 2 Satz 1 HGB als Aufwendungen definiert, die für die Herstellung eines Vermögensgegenstandes, seine Erweiterung oder für eine über seinen ursprünglichen Zustand hinausgehende wesentliche Verbesserung entstehen. In der **sozialgerichtlichen Rechtsprechung** wird ebenfalls nach dem Ziel der Aufwendungen abgegrenzt, ob sie der Erhaltung oder Wiederherstellung (dann Erhaltungsaufwand) oder aber der Schaffung eines neuen, verbesserten Zustandes dienen.[7] Ein verbesserter Zustand kann auch bei Austausch und Reparaturen eintreten, weil sich z.B. die Nutzungsdauer verlängert, der Komfort steigert, sich Betriebskosteneinsparungen ergeben usw. Wenn es sich nach der Zielsetzung der Maßnahme tatsächlich um Erhaltungsaufwand handelt, qualifizieren solche Vorteile und ggf. auch die Wertsteigerungen die Kosten nicht zu Herstellungs- oder Anschaffungsaufwendungen. In solchen Fällen ist auch kein Abzug „Alt für Neu" vorzunehmen.

Ohne Nachweis kann eine **Erhaltungsaufwandspauschale** bei Bezugsfähigkeit bis zum 31.12.1924 in Höhe von **jährlich 15%** der Jahresroheinnahmen geltend gemacht werden. Ist die Bezugsfähigkeit zu einem späteren Zeitraum eingetreten, beträgt die Pauschale nur **10% der Jahresroheinnahmen**. Die Pauschale kann **nicht bei selbstgenutztem Wohneigentum** angesetzt werden.[8]

e. Sonstige Bewirtschaftungsaufwendungen (Absatz 2 Satz 1 Nr. 5)

Über die in § 7 Abs. 2 Satz 1 Nr. 1-4 DVO§82SGBXII explizit genannten Kosten sind nach Nr. 5 auch „sonstige" Kosten für die Bewirtschaftung absetzbar. Die vorgehenden Aufzählungen in Nr. 1-4 sind daher nicht abschließend. Es können grundsätzlich alle Kosten abgesetzt werden, die im Sinne des § 82 Abs. 2 Nr. 4 SGB XII für die Erzielung der Vermietungs- bzw. Verpachtungseinnahmen notwendig sind. In Betracht kommen zum Beispiel die Kosten der Grundstückspflege, einer Hausverwaltung etc.

3. Vermietung von möbliertem Wohnraum und Zimmern (Absatz 4)

Die Roheinnahmen der Einkünfte aus der Vermietung von möblierten Wohnungen oder von Zimmern sollen nach § 7 Abs. 4 DVO§82SGBXII nicht in Höhe der tatsächlichen Einnahmen, sondern mit niedrigeren Prozentwerten in die Berechnung eingehen: bei möblierten Wohnungen mit 80%, bei möblierten Zimmern mit 70% und bei Leerzimmern mit 90%. Der Hintergrund der Regelung liegt darin, dass bei der Vermietung solcher Unterkünfte häufig ein Pauschalpreis, d.h. keine Kaltmiete und ein gesonderter Betriebskostenanteil, vereinbart oder abgerechnet wird. Mit den Pauschalwerten wird ein geschätzter Anteil der Betriebskosten vorweg abgesetzt.

Die pauschale Absetzung von Betriebskosten ist nicht zwingend. Es besteht die Möglichkeit, insgesamt **geringere Einkünfte nachzuweisen.** Es kann also der Nachweis angetreten werden, dass der tatsächliche Kostenanteil höher ist als z.B. 20% der Einnahmen.

---

[6] Einkommensteuer-Richtlinien 2005 R 21.1.
[7] LSG Niedersachsen-Bremen v. 27.03.2007 - L 9 AS 137/07 ER - juris Rn. 12.
[8] Vgl. BSG v. 03.03.2009 - B 4 AS 38/08 R - juris Rn. 16.

4. Berechnungszeiträume (Absatz 5)

21 Wie bei den Einkünften aus selbständiger Tätigkeit im Sinne des § 4 DVO§82SGBXII (vgl. die Kommentierung zu § 4 DVO§82SGBXII Rn. 7) sollen der Berechnung die **Jahreseinkünfte** im Berechnungsjahr zugrunde gelegt werden.

22 Bei der Vermietung von **möblierten Wohnungen** und von Zimmern soll von **Monatseinkünften** ausgegangen werden, wenn sie nicht als Jahreseinkünfte zu berechnen sind. Wann letzteres der Fall ist und welchen Sinn diese abweichende Berechnung haben soll, lässt sich nicht so leicht erkennen. Offenbar sollen kurzfristig angelegte Vermietungen bzw. Verpachtungen monatsweise berücksichtigt werden. Länger währende Vermietungs- und Verpachtungseinnahmen würden wiederum über das gesamte Jahr zu verteilen sein.

IV. Praxishinweise

23 Es empfiehlt sich, die Berechnungszeiträume in § 7 Abs. 5 DVO§82SGBXII nicht zugrunde zu legen. Stattdessen sollten die Einkünfte im jeweiligen Zuflussmonat des Bedarfszeitraums berücksichtigt werden (vgl. die Kommentierung zu § 4 DVO§82SGBXII Rn. 13).

§ 8 DVO§82SGBXII Andere Einkünfte

(Fassung vom 23.11.1976, gültig ab 28.11.1976)

(1) ¹Andere als die in den §§ 3, 4, 6 und 7 genannten Einkünfte sind, wenn sie nicht monatlich oder wenn sie monatlich in unterschiedlicher Höhe erzielt werden, als Jahreseinkünfte zu berechnen. ²Zu den anderen Einkünften im Sinne des Satzes 1 gehören auch die in § 19 Abs. 1 Ziff. 2 des Einkommensteuergesetzes genannten Bezüge sowie Renten und sonstige wiederkehrende Bezüge. ³§ 3 Abs. 3 Satz 2 und 3 gilt entsprechend.

(2) Sind die Einkünfte als Jahreseinkünfte zu berechnen, gilt § 6 Abs. 3 entsprechend.

Gliederung

A. Basisinformationen 1	IV. Berechnungsvorgaben (Absätze 1 und 2) 8
I. Textgeschichte 1	1. Monats- oder Jahresprinzip (Absatz 1 Satz 1,
II. Parallelvorschriften 2	Absatz 2) 8
B. Auslegung der Norm 3	2. Verteilung einmaliger sonstige Einkünfte
I. Regelungsgehalt und Bedeutung der Norm 3	(Absatz 1 Satz 3) 10
II. Normzweck 6	V. Praxishinweise 11
III. Andere Einkünfte (Absatz 1) 7	

A. Basisinformationen

I. Textgeschichte

Nach dem Inkrafttreten der Regelung wurde der Verweis in § 8 Abs. 1 Satz 2 DVO§82SGBXII auf § 19 Abs. 1 Ziff. 2 EStG korrigiert. Gleichzeitig wurde an § 8 Abs. 1 DVO§82SGBXII der dritte Satz angefügt.[1]   **1**

II. Parallelvorschriften

Im Bereich des SGB II enthält die Alg II-V nur spezielle Regelungen zur Berechnung von Einkommen aus nichtselbständiger Arbeit (§ 2 Alg II-V) und Gewinneinkünften (§ 3 Alg II-V). Für die verbleibenden sonstigen Einnahmen sollen nach § 4 Alg II-V die gleichen Regelungen gelten wie für die Einnahmen aus nichtselbständiger Arbeit im Sinne des § 2 Alg II-V.   **2**

B. Auslegung der Norm

I. Regelungsgehalt und Bedeutung der Norm

Mit der Norm wird eine Berechnungsvorschrift für alle noch nicht von den vorgehenden Vorschriften §§ 3, 4, 6 und § 7 DVO§82SGBXII erfassten Arten von Einkünften geschaffen. Erfasst werden nicht nur die restlichen steuerlich relevanten Einkünfte des EStG, sondern sämtliche weitere Einnahmen im Sinne des § 82 Abs. 1 SGB XII. Die Norm ist daher **als Auffangvorschrift** für Einnahmen **konzipiert,** für die die Verordnung keine eigenständige Berechnung regelt. In ihr könnte allerdings auch die **Generalnorm** mit den wichtigsten Prinzipien für jene Einkommensarten gesehen werden, für die keine besonderen Regelungen erforderlich sind.   **3**

Für solche sonstigen Einnahmen wird zunächst das Monatsprinzip vorausgesetzt. Nur soweit keine monatlichen oder monatlich unregelmäßigen Einnahmen erzielt werden, wird als Berechnungsgrundlage das Jahreseinkommen bei entsprechender Anwendung des § 6 Abs. 3 DVO§82SGBXII vorgegeben.   **4**

Für einmalige sonstige Einnahmen sollen die Verteilungsprinzipien nach § 3 Abs. 2 Sätze 2 und 3 DVO§82SGBXII entsprechende Anwendung finden.   **5**

---

[1] § 1 Nr. 5 lit. a der Verordnung zur Änderung der Verordnung zur Durchführung des § 76 des Bundessozialhilfegesetzes vom 23.11.1976, BGBl I 1976, 3234.

II. Normzweck

6 Mit der Norm sollen die Berechnungsvorschriften der Verordnung zum einen lückenlos bleiben und zum anderen sollen, insbesondere bei unregelmäßigen Einkünften, vereinfachende Berechnungen angeboten werden.

III. Andere Einkünfte (Absatz 1)

7 Andere Einkünfte sind all jene, die nicht bereits von den §§ 3, 4, 6 und § 7 DVO§82SGBXII erfasst sind. Insbesondere sollen die in § 19 Abs. 1 Ziff. 2 EStG genannten Bezüge, Renten und sonstige wiederkehrende Bezüge hierzu zu zählen sein. Es handelt sich dabei um **Wartegelder, Ruhegelder, Witwen-** und **Waisengelder** und andere Bezüge und Vorteile aus früheren Dienstleistungen sowie **Renten** und sonstige **wiederkehrende Bezüge** im Sinne des § 22 EStG, wie z.B. **private Renten,** Einkünfte aus privaten Veräußerungsgeschäften („**Spekulationsgeschäfte**") und Einkünfte aus gelegentlichen Vermittlungen und aus der **Vermietung beweglicher Gegenstände.** Daraus lässt sich ableiten, dass die Verordnung richtigerweise davon ausgeht, dass sämtliche Einnahmen unabhängig von ihrer Steuerpflicht oder sonstigen steuerlichen Behandlung zu berücksichtigen sind. Eine weitere Aufzählung möglicher Anwendungsfälle führt nicht zu weiterer Klarheit.

IV. Berechnungsvorgaben (Absätze 1 und 2)

1. Monats- oder Jahresprinzip (Absatz 1 Satz 1, Absatz 2)

8 In § 8 Abs. 1 DVO§82SGBXII wird der Grundsatz, dass die Berechnung **monatsweise** unter Beachtung des **Zuflussprinzips** zu erfolgen hat, nicht sehr deutlich herausgestellt.[2] Er lässt sich daran erkennen, dass die Jahreseinkünfte nur dann zugrunde gelegt werden sollen, wenn keine monatlich gleichbleibenden Einnahmen vorliegen.

9 Falls die Einkünfte als **Jahreseinkünfte** zu berechnen sein sollen, gilt § 6 Abs. 3 DVO§82SGBXII entsprechend. Auf dieser Grundlage müssten die Einkünfte im Berechnungsjahr prognostiziert werden (vgl. die Kommentierung zu § 6 DVO§82SGBXII Rn. 6).

2. Verteilung einmaliger sonstige Einkünfte (Absatz 1 Satz 3)

10 Für die Berücksichtigung einmaliger sonstiger Einnahmen gelten § 3 Abs. 3 Sätze 2 und 3 DVO§82SGBXII entsprechend. Einmalige Einnahmen sind danach, soweit nötig, auf einem angemessenen Zeitraum rechnerisch aufzuteilen und in diesem Zeitraum mit den anteiligen Beträgen monatlich zu berücksichtigen (vgl. die Kommentierung zu § 3 DVO§82SGBXII Rn. 12).

V. Praxishinweise

11 Der Berechnung sollten keine Jahreseinkünfte zugrunde gelegt werden. Regelmäßige, aber in der Höhe schwankende Einnahmen müssen monatlich in Höhe des jeweils tatsächlichen Zuflusses und der jeweiligen Absetzungen berücksichtigt werden. Die Regelung für einmalige Einnahmen ist hingegen nicht zu beanstanden.

---

[2] Vgl. aber schon BVerwG v. 22.04.2004 - 5 C 68/03 - juris Rn. 9 - BVerwGE 120, 339, wonach die Verordnung das Kalendermonatsprinzip jedenfalls nahe lege.

§ 9 DVO§82SGBXII Einkommensberechnung in besonderen Fällen

(Fassung vom 01.01.1964, gültig ab 01.01.1964)

Ist der Bedarf an Sozialhilfe einmalig oder nur von kurzer Dauer und duldet die Entscheidung über die Hilfe keinen Aufschub, so kann der Träger der Sozialhilfe nach Anhörung des Beziehers des Einkommens die Einkünfte schätzen.

Gliederung

A. Basisinformationen 1
I. Textgeschichte 1
II. Parallelvorschriften 2
B. Auslegung der Norm 3
I. Regelungsgehalt und Bedeutung der Norm 3
II. Normzweck 4
III. Schätzung 5
1. Einmaliger oder kurzfristiger Bedarf 7
2. Eilentscheidung 8
3. Schätzung 9
4. Anhörung 10
IV. Rechtsfolgen 11
V. Praxishinweise 13

A. Basisinformationen

I. Textgeschichte

Die Norm ist seit ihrem Inkrafttreten unverändert geblieben. 1

II. Parallelvorschriften

Die Alg II-V enthält für den Bereich des **SGB II** keine vergleichbar umfassende Regelung für alle Einkunftsarten über die Schätzung der Höhe des Einkommens. Nur für **Einkünfte aus nichtselbständiger Arbeit** und **sonstige Einkünfte** im Sinne des § 4 Alg II-V ermächtigt § 2 Abs. 7 Alg II-V in **ähnlicher** Weise zur Schätzung, falls die Leistungen einmalig oder für kurze Zeit zu erbringen sind oder Einkommen nur für kurze Zeit zu berücksichtigen ist **oder** die Entscheidung über die Erbringung von Leistungen im Einzelfall keinen Aufschub duldet. Für Einkünfte aus **Selbständigkeit, Gewerbebetrieb oder Land- und Fortwirtschaft** besteht die Befugnis zur Schätzung nach § 3 Abs. 6 Alg II-V. Sie kann nur für eine endgültige Bewilligung genutzt werden, wenn vorher über die Gewährung von Leistungen zur Sicherung des Lebensunterhalts nach § 40 Abs. 2 Nr. 1 SGB II vorläufig entschieden wurde und das tatsächliche Einkommen nicht innerhalb von zwei Monaten nach dem Ende des Bewilligungszeitraums nachgewiesen wurde. 2

B. Auslegung der Norm

I. Regelungsgehalt und Bedeutung der Norm

Für die einmalige oder zeitlich kurze Gewährung von Sozialhilfe wird nicht nur eine Schätzung zu einzelnen Einkunftsarten, sondern des **gesamten Einkommens** ermöglicht, wenn mit einer Entscheidung nicht zugewartet werden kann. Sie ermöglicht **endgültige Entscheidungen** auf Grundlage eines aus Sicht des Trägers nicht vollständig geklärten Sachverhalts. Demnach handelt sich nicht um eine spezifische Berechnungsvorschrift, sondern um eine Abweichung davon, dass ohne vollständige Klärung der Einkünfte an sich keine Entscheidung möglich wäre. Verfahrensrechtlich muss der Träger der Sozialhilfe vor einer auf Schätzung beruhenden Entscheidung den Einkommensbezieher anhören. 3

II. Normzweck

Mit Hilfe der Schätzung sollen die Träger in dringenden Fällen schnell zu einer Entscheidung kommen können. 4

III. Schätzung

Nach den aus § 82 SGB XII abzuleitenden Grundsätzen kann Einkommen nur in tatsächlicher Höhe berücksichtigt werden. Die Sozialhilfeträger sind verpflichtet, vor Erlass eines endgültigen Verwaltungsakts die entsprechenden Tatsachen vollständig aufzuklären (Untersuchungsgrundsatz nach § 20 5

SGB X).[1] Von dieser Verpflichtung werden sie durch die Einräumung einer Schätzungsbefugnis nicht grundsätzlich entbunden. Der Erlass eines endgültigen Verwaltungsakts aufgrund einer Schätzung ist lediglich aufgrund eines besonderen Eilbedürfnisses erlaubt.

6 Eine Schätzung des gesamten Einkommens ist nur dann zulässig, wenn in tatsächlicher Hinsicht der Bedarf an Sozialhilfe einmalig oder nur von kurzer Dauer ist und die Entscheidung über die Hilfe keinen Aufschub duldet.

1. Einmaliger oder kurzfristiger Bedarf

7 **Einmalig** sind Bedarfe in der Regel, wenn mit der Hilfe der Bedarf auf Dauer befriedigt wird (Wohnungserstausstattung, Klassenfahrt usw.). Von **kurzer Dauer** kann Sozialhilfe nur sein, wenn sie nicht wesentlich über die kürzeste Berechnungseinheit von einem Monat hinausgeht. § 9 DVO§82SGBXII erwähnt nicht besonders, dass eine für die Zukunft gewährte Hilfe immer nur voraussichtlich von kurzer Dauer sein kann. Für eine Schätzung muss also nicht feststehen, dass die Hilfe nur etwa einen Monat lang erforderlich ist.

2. Eilentscheidung

8 Eine Entscheidung **duldet keinen Aufschub**, wenn mit der Entscheidung ersichtlich eine dringende Notlage bzw. der Eintritt von Nachteilen abgewendet werden kann und im Hinblick darauf eine endgültige Aufklärung nicht in vertretbarer Zeit möglich erscheint.

3. Schätzung

9 Der durch die Schätzung eröffnete Einschätzungsspielraum darf nicht dazu genutzt werden, Annahmen ins Blaue hinein zu treffen. Die Schätzung muss trotz der gebotenen Eile sorgfältig, d.h. unter Ausschöpfung der vorliegenden und noch in vertretbarer Zeit erreichbaren Erkenntnisquellen erfolgen. Die Schätzung erfolgt insgesamt zu den Einkünften, so dass eine Schätzung sowohl der **Einnahmen** als auch der **Aufwendungen** möglich ist. Falls zur Schätzung besonderer Sachverstand notwendig ist, können bei vertretbarer Verzögerung auch Sachverständige und andere Behörden zu Rate gezogen werden.

4. Anhörung

10 § 9 DVO§82SGBXII spricht nur davon, dass vor einer Entscheidung der **Einkommensbezieher** anzuhören ist. Offenbar soll nur die Person angehört werden, deren Einkommen geschätzt wird. Die Anhörung ist jedoch für **alle Leistungsberechtigten** erforderlich, die von der Entscheidung betroffen werden. Im Rahmen der Anhörung sind mit den Betroffenen die Notwendigkeit, die Grundlagen und das Ergebnis der Schätzung sowie die beabsichtigte Entscheidung so zu erörtern, dass hierzu Stellung genommen werden kann.

IV. Rechtsfolgen

11 Liegen die Voraussetzungen des § 9 DVO§82SGBXII vor, sind kaum noch Gründe denkbar, das nach der Norm eröffnete Ermessen nicht so auszuüben, ohne endgültige Klärung des Sachverhalts zu entscheiden. Das schließt aber nicht aus, dass noch andere Reaktionen wie die Gewährung eines Darlehens oder die Zahlung von Vorschüssen möglich bleiben, soweit damit der Hilfebedarf zumindest vorläufig gedeckt werden kann.

12 Eine Schätzung der Einnahmen bzw. Aufwendungen führt zu einem **endgültigen Verwaltungsakt.** Eine Vorläufigkeit der Bewilligung gemäß § 328 SGB III kann in der Sozialhilfe mangels Rechtsgrundverweisung (vgl. für die Grundsicherung für Arbeitsuchende § 40 Abs. 2 Nr. 1 SGB II) nicht bestimmt werden. Eine endgültige Bewilligung unter einem Vorbehalt kommt nicht in Betracht (vgl. die Kommentierung zu § 4 DVO§82SGBXII Rn. 14). Soweit Klarheit über den Leistungsanspruch dem Grunde nach besteht, aber die Feststellung der Höhe noch möglich erscheint und hierfür mehr Zeit benötigt wird, kommt statt einer Schätzung auch die Zahlung von **Vorschüssen** gemäß § 42 Abs. 1 SGB I in Betracht.

---

[1] Vgl. für das SGB II BSG v. 21.06.2011 - B 4 AS 21/10 R - juris Rn. 16 - BSGE 108, 258 ff.

V. Praxishinweise

Vor Erlass einer Schätzungsentscheidung sollten die Voraussetzungen sorgfältig geprüft werden, weil sie einen endgültigen Verwaltungsakt darstellt, der bei Bestandskraft nur auf Grundlage der §§ 44 ff. SGB X aufgehoben oder geändert werden kann. Abzuwägen ist daher auch, ob nicht bei einer zu erwartenden baldigen Klärung statt einer Schätzung ein Vorschuss (§ 42 SGB I) oder Darlehen (z.B. nach § 38 SGB XII) gewährt werden können.

§ 10 DVO§82SGBXII Verlustausgleich

(Fassung vom 01.01.1964, gültig ab 01.01.1964)

¹Ein Verlustausgleich zwischen einzelnen Einkunftsarten ist nicht vorzunehmen. ²In Härtefällen kann jedoch die gesamtwirtschaftliche Lage des Beziehers des Einkommens berücksichtigt werden.

Gliederung

A. Basisinformationen 1	I. Regelungsgehalt und Bedeutung der Norm 4
I. Textgeschichte 1	II. Normzweck 5
II. Parallelvorschriften 2	III. Verbot des Verlustausgleichs (Satz 1) 6
B. Auslegung der Norm 4	IV. Härtefallausnahme (Satz 2) 8

A. Basisinformationen

I. Textgeschichte

1   Die Vorschrift ist seit ihrem Inkrafttreten unverändert geblieben.

II. Parallelvorschriften

2   Im Bereich des SGB II existiert eine mit § 10 DVO§82SGBXII vergleichbare Regelung in **§ 5 Satz 2 Alg II-V**, wonach Einkommen nicht um Ausgaben einer anderen Einkommensart vermindert werden darf. Dadurch wird ebenfalls ein Verlustausgleich, d.h. die Verrechnung positiver mit negativen Einnahmen verschiedener Einkunftsarten, ausgeschlossen. Allerdings fehlt im SGB II die Möglichkeit, in Härtefällen einen Verlustausgleich zuzulassen.

3   Auch in anderen Bereichen des Sozialleistungsrechts finden sich Vorschriften über das Verbot eines Verlustausgleichs (vgl. § 1 Abs. 4 Satz 3 Ausgleichsrentenverordnung, § 21 Abs. 1 Satz 2 BAföG, § 39 der Verordnung zur Kriegsopferfürsorge, § 14 Abs. 1 Satz 3 WoGG).

B. Auslegung der Norm

I. Regelungsgehalt und Bedeutung der Norm

4   Die Norm enthält den Grundsatz, dass positive Einkünfte einer Einkunftsart nicht mit negativen Einkünften einer anderen Einkunftsart verrechnet werden dürfen. Damit wird Bedürftigkeit nicht unter Umständen dadurch ausgelöst, dass eine verlustbringende Tätigkeit ausgeübt wird. In Härtefällen wird ein Verlustausgleich zugelassen.

II. Normzweck

5   Es soll vermieden werden, dass Sozialleistungsempfänger auf Kosten der Allgemeinheit verlustreichen Tätigkeiten nachgehen. Außerdem soll der Selbsthilfegrundsatz durchgesetzt werden. Die Aufgabe einer verlustbringenden Tätigkeit oder Einkunftsquelle stellt einen vernünftigen und grundsätzlich zumutbaren Weg der Selbsthilfe dar.

III. Verbot des Verlustausgleichs (Satz 1)

6   Ein **Verlustausgleich** zwischen einzelnen Einkaufsarten ist gemäß § 10 DVO§82SGBXII grundsätzlich **nicht vorzunehmen**. Das Verbot eines Verlustausgleichs ist ein **allgemeines Prinzip des Sozialleistungsrechts,** so dass es nicht zwingend einer entsprechenden Regelung bedürfte.[1] Damit hat im Rahmen der Einkommensberechnung eine nach Einkunftsarten getrennte Berechnung stattzufinden. Von den Einnahmen aus einer Einkunftsart können nur ihr zugehörige Ausgaben abgesetzt werden. Übersteigen die Ausgaben einer Einkunftsart die Einnahmen, dürfen weder das negative Ergebnis noch einzelne Ausgaben bei anderen Einkunftsarten abgesetzt werden. Das Verbot gilt **nicht für verschiedene Tätigkeiten** innerhalb **einer Einkunftsart,** so dass z.B. positive und negative Einkünfte aus verschiedenen gewerblichen Tätigkeiten miteinander vermischt werden können.

---

[1] Vgl. zur Arbeitslosenhilfe BSG v. 12.06.1992 - 11 RAr 75/91 - juris Rn. 23.

Ein nicht zugelassener Verlustausgleich darf nicht dazu führen, dass Einkommen in einer tatsächlich nicht zum Lebensunterhalt zur Verfügung stehenden Höhe berücksichtigt wird.

IV. Härtefallausnahme (Satz 2)

In Härtefällen kann die gesamtwirtschaftliche Lage des Beziehers des Einkommens berücksichtigt werden. Einen Härtefall begründen damit nicht die Umstände der gesamtwirtschaftlichen Lage, sondern nur Umstände, die für die Erhaltung der verlustbringenden Einkunftsquelle sprechen. Einen Härtefall könnte eine erst begonnene Tätigkeit mit vorübergehenden Verlusten, d.h. bei einer für die Zukunft positiven Prognose darstellen.[2]

---

[2] *Schellhorn*, BSHG, 15. Aufl., § 10 VO zu § 76 Rn. 2.

§ 11 DVO§82SGBXII Maßgebender Zeitraum

(Fassung vom 27.12.2003, gültig ab 01.01.2005)

(1) ¹Soweit die Einkünfte als Jahreseinkünfte berechnet werden, gilt der zwölfte Teil dieser Einkünfte zusammen mit den monatlich berechneten Einkünften als monatliches Einkommen im Sinne des Zwölften Buches Sozialgesetzbuch. ²§ 8 Abs. 1 Satz 3 geht der Regelung des Satzes 1 vor.

(2) ¹Ist der Betrieb oder die sonstige Grundlage der als Jahreseinkünfte zu berechnenden Einkünfte nur während eines Teils des Jahres vorhanden oder zur Einkommenserzielung genutzt, so sind die Einkünfte aus der betreffenden Einkunftsart nur für diesen Zeitraum zu berechnen; für ihn gilt als monatliches Einkommen im Sinne des Zwölften Buches Sozialgesetzbuch derjenige Teil der Einkünfte, der der Anzahl der in den genannten Zeitraum fallenden Monate entspricht. ²Satz 1 gilt nicht für Einkünfte aus Saisonbetrieben und andere ihrer Natur nach auf einen Teil des Jahres beschränkte Einkünfte, wenn die Einkünfte den Hauptbestandteil des Einkommens bilden.

Gliederung

A. Basisinformationen 1	2. Monatsberechnung bei Jahreseinkünften (Absatz 1 Satz 1) 7
I. Textgeschichte 1	3. Monatsberechnung bei nicht ganzjähriger Tätigkeit (Absatz 2 Satz 1) 8
II. Parallelvorschriften 3	
B. Auslegung der Norm 4	4. Besonderheiten bei einmaligen Einkünften (Absatz 1 Satz 2) 9
I. Regelungsgehalt und Bedeutung der Norm 4	
II. Normzweck 5	5. Besonderheiten bei Saisontätigkeiten (Absatz 2 Satz 2) 10
III. Berechnungszeiträume 6	
1. Grundsatz Kalendermonat 6	

A. Basisinformationen

I. Textgeschichte

1   Mit § 1 Nr. 6 der Verordnung zur Änderung der Verordnung zur Durchführung des § 76 des Bundessozialhilfegesetzes wurde § 11 Abs. 1 Satz 2 DVO§82SGBXII eingefügt.[1]

2   Anlässlich der Eingliederung der Sozialhilfe in das Sozialgesetzbuch wurden in § 11 Abs. 1 Satz 1 und § 11 Abs. 2 Satz 1 DVO§82SGBXII die Verweise auf das SGB XII geändert.[2]

II. Parallelvorschriften

3   Die Alg II-V regelt Berechnungszeiträume anders als die DVO§82SGBXII und nimmt auf den Bewilligungszeitraum (in der Regel sechs Monate, § 41 Abs. 1 Satz 4 SGB II) Bezug. Längerfristige Berechnungszeiträume von einem Jahr sind im Bereich des SGB II die Ausnahme (vgl. § 3 Abs. 5 Satz 1 Alg II-V).

B. Auslegung der Norm

I. Regelungsgehalt und Bedeutung der Norm

4   Die Norm enthält eine Berechnungsvorschrift, falls nach den Vorgaben der Verordnung zu einzelnen Einkunftsarten mit einem Jahreseinkommen gerechnet werden soll. Klarstellend ist geregelt, dass die Verteilungsregelung zu einmaligen Einnahmen unbeeinflusst bleibt. Des Weiteren sind Berechnungen für Fälle vorgesehen, in denen eine Tätigkeit nicht über das gesamte Berechnungsjahr ausgeübt wird.

---

[1] V. 23.11.1976, BGBl I 1976, 3234 m.W.v. 28.11.1976.
[2] Art. 12 Nr. 5 des Gesetzes zur Einordnung des Sozialhilferechts in das Sozialgesetzbuch v. 27.12.2003, BGBl I 2003, 3022 m.W.v. 01.01.2005.

II. Normzweck

Mit der Vorschrift werden wesentliche Berechnungsschritte vorgegeben. 5

III. Berechnungszeiträume

1. Grundsatz Kalendermonat

Grundsätzlich gilt für die Berechnung der Hilfe und die Berücksichtigung des Einkommens das **Ka-** 6
lendermonatsprinzip. Nur das in dem jeweiligen Monat zugeflossene berücksichtigungsfähige und bereite Einkommen kann abzüglich zulässiger Absetzungen berücksichtigt werden.

2. Monatsberechnung bei Jahreseinkünften (Absatz 1 Satz 1)

Soweit die Einkünfte (nicht die Hilfe) nach einzelnen Bestimmungen der Verordnung nicht monats- 7
weise, sondern als **Jahreseinkünfte** (vgl. §§ 4 Abs. 2, 6 Abs. 2, § 7 Abs. 5 DVO§82SGBXII) berechnet werden sollen, wird die Kalendermonatsberechnung letztlich beibehalten. Dazu soll nach § 11 Abs. 1 Satz 1 DVO§82SGBXII der **zwölfte Teil** der Jahreseinkünfte zusammen mit den monatlich zu berechnenden Einkünften als monatliches Einkommen im Sinne des SGB XII gelten. Dabei besteht allerdings die Gefahr, dass das Einkommen nicht in tatsächlicher und vor allem bereiter Höhe berücksichtigt wird. Die Anwendung dieser **Berechnung** ist daher **nicht empfehlenswert** (vgl. die Kommentierung zu § 4 DVO§82SGBXII Rn. 13).

3. Monatsberechnung bei nicht ganzjähriger Tätigkeit (Absatz 2 Satz 1)

Wenn der Betrieb oder die sonstige Einkommensquelle nicht für das ganze Jahr vorhanden ist, sollen 8
die Einkünfte aus der betreffenden Einkunftsart nur für diesen Zeitraum zu berechnen sein, § 11 Abs. 2 Satz 1 DVO§82SGBXII. Zur Ermittlung des monatlichen Einkommens werden nur diejenigen Monate herangezogen, in denen die Tätigkeit ausgeübt wird. Die Regelung soll damit vor allem solche Tätigkeiten erfassen, die im Laufe eines Jahres begonnen oder beendet werden. Auch hier gilt, dass bei einer Abweichung vom Monatsprinzip die tatsächliche Einkommenshöhe in der Regel nicht berücksichtigt wird und von dieser **Berechnung kein Gebrauch** gemacht werden sollte.

4. Besonderheiten bei einmaligen Einkünften (Absatz 1 Satz 2)

Einmalige sonstige Einkünfte sind nach den § 11 Abs. 1 Satz 2 i.V.m. 8 Abs. 1 Satz 3 9
DVO§82SGBXII wie **einmalige Einkünfte aus nichtselbständiger Tätigkeit** (§ 3 Abs. 3 Sätze 2 und 3 DVO§82SGBXII) zu behandeln. Sie sind daher im Regelfall erst nach einer Aufteilung der Einkünfte auf einen angemessenen Zeitraum monatlich zu berücksichtigen.[3]

5. Besonderheiten bei Saisontätigkeiten (Absatz 2 Satz 2)

Diese Besonderheiten nach § 11 Abs. 2 Satz 1 DVO§82SGBXII gelten dann nicht, wenn ein **Saison-** 10
betrieb bzw. die **Saisonbeschäftigung**, bei denen **typischerweise** nur bestimmte Abschnitte des Jahres gearbeitet wird, den Hauptbestandteil des Einkommens bilden. Bei solchen saisonalen Tätigkeiten soll das Einkommen nach den einschlägigen Berechnungsvorschriften für die jeweils zutreffende Einkunftsart, d.h. entweder monatlich oder mit einem Zwölftel des Jahreseinkommens, berechnet werden.

---

[3] Vgl. zu Einzelheiten die Kommentierung zu § 3 DVO§82SGBXII Rn. 12.

§ 12 DVO§82SGBXII Ausgaben nach § 82 Abs. 2 Nr. 1 bis 3 des Zwölften Buches Sozialgesetzbuch

(Fassung vom 21.03.2005, gültig ab 30.03.2005)

Die in § 82 Abs. 2 Nr. 1 bis 3 des Zwölften Buches Sozialgesetzbuch bezeichneten Ausgaben sind von der Summe der Einkünfte abzusetzen, soweit sie nicht bereits nach den Bestimmungen dieser Verordnung bei den einzelnen Einkunftsarten abzuziehen sind.

Gliederung

A. Basisinformationen 1
I. Textgeschichte 1
II. Parallelvorschriften 2
B. Auslegung der Norm 3
I. Regelungsgehalt und Bedeutung der Norm 3
II. Normzweck 4
III. Berechnung bei Absetzungen 5

A. Basisinformationen

I. Textgeschichte

1 Bei der Überführung der Sozialhilfe in das SGB wurde nur der inhaltliche Verweis auf § 82 Abs. 1 Nr. 1-3 SGB XII geändert.[1] Dabei wurde die nunmehr falsche Überschrift übersehen, was erst zum 30.03.2005 geändert wurde.[2]

II. Parallelvorschriften

2 Im Bereich des SGB II regelt § 5 Satz 1 Alg II-V, dass Ausgaben höchstens bis zur Höhe der Einnahmen aus derselben Einkunftsart abgesetzt werden können. Im Übrigen existiert keine Parallelregelung.

B. Auslegung der Norm

I. Regelungsgehalt und Bedeutung der Norm

3 Die Norm regelt, dass Steuern, Pflichtbeiträge zur Sozialversicherung und vorgeschriebene oder freiwillige private Versicherungsbeiträge bzw. Altersvorsorgebeiträge von der Summe der Einkünfte abzusetzen sein sollen, falls sie nicht bereits bei den jeweiligen Einkünften abzusetzen waren. Die Norm hat im Wesentliche klarstellende Bedeutung.

II. Normzweck

4 Die Norm soll die Berechnungsschritte bei Absetzungen klarstellen.

III. Berechnung bei Absetzungen

5 Nach § 11 DVO§82SGBXII sollen Absetzungen nach § 82 Abs. 2 Nr. 1-3 SGB XII von der Summe der Einkünfte abgesetzt werden, soweit sie nicht bereits nach den Bestimmungen dieser Verordnung bei den einzelnen Einkunftsarten abzuziehen sind.

6 Daraus lässt sich ablesen, dass zunächst die **Einkünfte getrennt zu betrachten** sind und jene Absetzungen vorgenommen werden, die zu dieser Einkunftsart gehören und für die gegebenenfalls Berechnungsvorschriften bzw. Pauschalen der Verordnung angewendet werden sollen. Nur die danach noch nicht abgesetzten Ausgaben können von der Summe der Einkünfte abgesetzt werden, wenn sie § 82 Abs. 2 Nr. 1-3 SGB XII entsprechen. Damit wird auch klargestellt, dass bereits bei der Einküfteberechnung berücksichtigte Absetzungen nicht erneut nach § 82 Abs. 2 Nr. 1-3 SGB XII abgesetzt werden können, d.h. es werden **Doppelabsetzungen ausgeschlossen**.

---

[1] Vgl. Art. 12 Nr. 6 des Gesetzes zur Einordnung des Sozialhilferechts in das Sozialgesetzbuch v. 27.12.2003, BGBl I 2003, 3022 m.W.v. 01.01.2005.

[2] Vgl. Art. 11 Nr. 2 des Gesetzes zur Vereinfachung der Verwaltungsverfahren im Sozialrecht v. 21.03.2005, BGBl I 2005, 818.

Wesentlicher ist, dass nach dem Inhalt des § 11 DVO§82SGBXII im Rahmen des § 82 Abs. 1 und 2 SGB XII erkennbar **kein objektives Nettoprinzip**[3] vorausgesetzt wird bzw. gilt. Absetzungen sind also auch dann möglich, wenn sie sich nicht einer bestimmten Einkunftsart zuordnen lassen. Im Übrigen ist der Vorschrift zu entnehmen, dass über den Inhalt der Verordnung hinausgehende Regelungen des § 82 Abs. 2 SGB XII zu Absetzungen weiterhin anzuwenden sind.

---

[3] Ausgaben sind nur von Einnahmen absetzbar, deren Erzielung sie dienen. Vgl. BFH v. 21.11.1967 - I R 115/66 - juris Rn. 7 - BFHE 91, 33.

§ 13 DVO§82SGBXII (weggefallen)

(Fassung vom 27.12.2003, gültig ab 01.01.2005)

(weggefallen)

1 § 13 DVO § 82 SGB XII in der Fassung vom 01.01.1964 ist gemäß Art. 12 Nr. 7 des Gesetzes vom 27.12.2003 (BGBl I 2003, 3022) mit Ablauf des 31.12.2004 weggefallen.

§ 14 DVO§82SGBXII Inkrafttreten

(Fassung vom 01.01.1964, gültig ab 01.01.1964)

Diese Verordnung tritt am 1. Januar 1963 in Kraft.

Die Vorschrift regelt, dass die am 28.11.1962 verkündete Verordnung am 01.01.1963 in Kraft trat. 1

Anhang EV DVO§82SGBXII (weggefallen)

(Fassung vom 31.08.1990, gültig ab 03.10.1990, gültig bis 14.12.2010)

(weggefallen)

1   Anhang EV DVO § 82 SGB XII in der Fassung vom 31.08.1990 ist gemäß Art. 109 Nr. 4 Buchst. f DBuchst. gg des Gesetzes vom 08.12.2000 (BGBl I 2010, 1864) mit Ablauf des 14.12.2010 weggefallen.

Verordnung zur Durchführung des § 90 Abs. 2 Nr. 9 des Zwölften Buches Sozialgesetzbuch

vom 11. Februar 1988 (BGBl I 1988, 150), geändert durch Art. 15 des Gesetzes vom 27. Dezember 2003 (BGBl I 2003, 3022)

Eingangsformel

Auf Grund des § 88 Abs. 4 des Bundessozialhilfegesetzes vom 20. Januar 1987 (BGBl I 1987, 401) wird mit Zustimmung des Bundesrates verordnet:

§ 1[1]

(1) Kleinere Barbeträge oder sonstige Geldwerte im Sinne des § 90 Abs. 2 Nr. 9 des Zwölften Buches Sozialgesetzbuch sind,

1. wenn die Sozialhilfe vom Vermögen der nachfragenden Person abhängig ist,

a) bei der Hilfe zum Lebensunterhalt nach dem Dritten Kapitel des Zwölften Buches Sozialgesetzbuch 1.600 Euro, jedoch 2.600 Euro bei nachfragenden Personen, die das 60. Lebensjahr vollendet haben, sowie bei voll Erwerbsgeminderten im Sinne der gesetzlichen Rentenversicherung und den diesem Personenkreis vergleichbaren Invalidenrentnern,

b) bei den Leistungen nach dem Fünften bis Neunten Kapitel des Zwölften Buches Sozialgesetzbuch 2.600 Euro, zuzüglich eines Betrages von 256 Euro für jede Person, die von der nachfragenden Person überwiegend unterhalten wird,

2. wenn die Sozialhilfe vom Vermögen der nachfragenden Person und ihres nicht getrennt lebenden Ehegatten oder Lebenspartners abhängig ist, der nach Nummer 1 Buchstabe a oder b maßgebende Betrag zuzüglich eines Betrages von 614 Euro für den Ehegatten oder Lebenspartner und eines Betrages von 256 Euro für jede Person, die von der nachfragenden Person, ihrem Ehegatten oder Lebenspartner überwiegend unterhalten wird,

3. wenn die Sozialhilfe vom Vermögen einer minderjährigen unverheirateten nachfragenden Person und ihrer Eltern abhängig ist, der nach Nummer 1 Buchstabe a oder b maßgebende Betrag zuzüglich eines Betrages von 614 Euro für einen Elternteil und eines Betrages von 256 Euro für die nachfragende Person und für jede Person, die von den Eltern oder von der nachfragenden Person überwiegend unterhalten wird.

Im Falle des § 64 Abs. 3 und des § 72 des Zwölften Buches Sozialgesetzbuch tritt an die Stelle des in Satz 1 genannten Betrages von 614 Euro ein Betrag von 1.534 Euro, wenn beide Eheleute oder beide Lebenspartner (Nummer 2) oder beide Elternteile (Nummer 3) die Voraussetzungen des § 72 Abs. 5 des Zwölften Buches Sozialgesetzbuch erfüllen oder so schwer behindert sind, dass sie als Beschädigte die Pflegezulage nach den Stufen III bis VI nach § 35 Abs. 1 Satz 2 des Bundesversorgungsgesetzes erhielten.

(2) Ist im Falle des Absatzes 1 Satz 1 Nr. 3 das Vermögen nur eines Elternteils zu berücksichtigen, so ist der Betrag von 614 Euro, im Falle des § 64 Abs. 3 und des § 72 des Zwölften Buches Sozialgesetzbuch von 1.534 Euro, nicht anzusetzen. Leben im Falle von Leistungen nach dem Fünften bis Neunten Kapitel des Zwölften Buches Sozialgesetzbuch die Eltern nicht zusammen, so ist das Vermögen des Elternteils zu berücksichtigen, bei dem die nachfragende Person lebt; lebt sie bei keinem Elternteil, so ist Absatz 1 Satz 1 Nr. 1 anzuwenden.

---

[1] § 1: IdF d. Art. 15 Nr. 2 G v. 27.12.2003 (BGBl I 2003, 3022) mWv 1.1.2005.

Anhang 1 - DVO § 90 Abs. 2 SGB XII

§ 2[2]

(1) Der nach § 1 Abs. 1 Satz 1 Nr. 1 Buchstabe a oder b maßgebende Betrag ist angemessen zu erhöhen, wenn im Einzelfall eine besondere Notlage der nachfragenden Person besteht. Bei der Prüfung, ob eine besondere Notlage besteht, sowie bei der Entscheidung über den Umfang der Erhöhung sind vor allem Art und Dauer des Bedarfs sowie besondere Belastungen zu berücksichtigen.

(2) Der nach § 1 Abs. 1 Satz 1 Nr. 1 Buchstabe a oder b maßgebende Betrag kann angemessen herabgesetzt werden, wenn die Voraussetzungen der §§ 103 oder 94 des Gesetzes vorliegen.

§ 3[3]

Diese Verordnung gilt nach § 14 des Dritten Überleitungsgesetzes in Verbindung mit § 136 des Zwölften Buches Sozialgesetzbuch auch im Land Berlin.

§ 4[4]

Diese Verordnung tritt am 1. April 1988 in Kraft.

---

[2] § 2 Abs. 1 Satz 1: IdF d. Art. 15 Nr. 3 Buchst. a G v. 27.12.2003 (BGBl I 2003, 3022) mWv 1.1.2005;
§ 2 Abs. 2: IdF d. Art. 15 Nr. 3 Buchst. b G v. 27.12.2003 (BGBl I 2003, 3022) mWv 1.1.2005.

[3] § 3: IdF d. Art. 15 Nr. 4 G v. 27.12.2003 (BGBl I 2003, 3022) mWv 1.1.2005.

[4] § 4: Früherer Satz 2 Aufhebungsvorschrift.

Verordnung zur Früherkennung und Frühförderung behinderter und von Behinderung bedrohter Kinder Frühförderungsverordnung

vom 24. Juni 2003 (BGBl I 2003, 998)

Eingangsformel

Auf Grund des § 32 Nr. 1 des Neunten Buches Sozialgesetzbuch - Rehabilitation und Teilhabe behinderter Menschen - (Artikel 1 des Gesetzes vom 19. Juni 2001, BGBl. I S. 1046, 1047), der zuletzt durch Artikel 1 Nr. 3 des Gesetzes vom 3. April 2003 (BGBl. I S. 462) geändert worden ist, verordnet das Bundesministerium für Gesundheit und Soziale Sicherung:

§ 1 Anwendungsbereich

Die Abgrenzung der durch interdisziplinäre Frühförderstellen und sozialpädiatrische Zentren ausgeführten Leistungen nach § 30 Abs. 1 und 2 des Neunten Buches Sozialgesetzbuch zur Früherkennung und Frühförderung noch nicht eingeschulter behinderter und von Behinderung bedrohter Kinder, die Übernahme und die Teilung der Kosten zwischen den beteiligten Rehabilitationsträgern sowie die Vereinbarung der Entgelte richtet sich nach den folgenden Vorschriften.

§ 2 Früherkennung und Frühförderung

Leistungen nach § 1 umfassen

1. Leistungen zur medizinischen Rehabilitation (§ 5) und
2. heilpädagogische Leistungen (§ 6).

Die erforderlichen Leistungen werden unter Inanspruchnahme von fachlich geeigneten interdisziplinären Frühförderstellen und sozialpädiatrischen Zentren unter Einbeziehung des sozialen Umfelds der Kinder ausgeführt. Näheres zu den Anforderungen an interdisziplinäre Frühförderstellen und sozialpädiatrische Zentren kann durch Landesrahmenempfehlungen geregelt werden.

§ 3 Interdisziplinäre Frühförderstellen

Interdisziplinäre Frühförderstellen im Sinne dieser Verordnung sind familien- und wohnortnahe Dienste und Einrichtungen, die der Früherkennung, Behandlung und Förderung von Kindern dienen, um in interdisziplinärer Zusammenarbeit von qualifizierten medizinisch-therapeutischen und pädagogischen Fachkräften eine drohende oder bereits eingetretene Behinderung zum frühestmöglichen Zeitpunkt zu erkennen und die Behinderung durch gezielte Förder- und Behandlungsmaßnahmen auszugleichen oder zu mildern. Leistungen durch interdisziplinäre Frühförderstellen werden in der Regel in ambulanter, einschließlich mobiler Form erbracht.

§ 4 Sozialpädiatrische Zentren

Sozialpädiatrische Zentren im Sinne dieser Verordnung sind die nach § 119 Abs. 1 des Fünften Buches Sozialgesetzbuch zur ambulanten sozialpädiatrischen Behandlung von Kindern ermächtigten Einrichtungen. Die frühzeitige Erkennung, Diagnostik und Behandlung durch sozialpädiatrische Zentren ist auf Kinder ausgerichtet, die wegen Art, Schwere oder Dauer ihrer Behinderung oder einer drohenden Behinderung nicht von geeigneten Ärzten oder geeigneten interdisziplinären Frühförderstellen (§ 3) behandelt werden können.

§ 5 Leistungen zur medizinischen Rehabilitation

(1) Die im Rahmen von Leistungen zur medizinischen Rehabilitation nach § 30 des Neunten Buches Sozialgesetzbuch zur Früherkennung und Frühförderung zu erbringenden medizinischen Leistungen umfassen insbesondere

1. ärztliche Behandlung einschließlich der zur Früherkennung und Diagnostik erforderlichen ärztlichen Tätigkeiten,
2. nichtärztliche sozialpädiatrische Leistungen, psychologische, heilpädagogische und psychosoziale Leistungen, soweit und solange sie unter ärztlicher Verantwortung erbracht werden und erforderlich sind, um eine drohende oder bereits eingetretene Behinderung zum frühestmöglichen Zeitpunkt zu erkennen und einen individuellen Förder- und Behandlungsplan aufzustellen,
3. Heilmittel, insbesondere physikalische Therapie, Physiotherapie, Stimm-, Sprech- und Sprachtherapie sowie Beschäftigungstherapie, soweit sie auf Grund des Förder- und Behandlungsplans nach § 7 Abs. 1 erforderlich sind.

(2) Die Leistungen nach Absatz 1 umfassen auch die Beratung der Erziehungsberechtigten, insbesondere

1. das Erstgespräch,
2. anamnestische Gespräche mit Eltern und anderen Bezugspersonen,
3. die Vermittlung der Diagnose,
4. Erörterung und Beratung des Förder- und Behandlungsplans,
5. Austausch über den Entwicklungs- und Förderprozess des Kindes einschließlich Verhaltens- und Beziehungsfragen,
6. Anleitung und Hilfe bei der Gestaltung des Alltags,
7. Anleitung zur Einbeziehung in Förderung und Behandlung,
8. Hilfen zur Unterstützung der Bezugspersonen bei der Krankheits- und Behinderungsverarbeitung,
9. Vermittlung von weiteren Hilfs- und Beratungsangeboten.

(3) Weiter gehende Vereinbarungen auf Landesebene bleiben unberührt.

§ 6 Heilpädagogische Leistungen

Heilpädagogische Leistungen nach § 56 des Neunten Buches Sozialgesetzbuch umfassen alle Maßnahmen, die die Entwicklung des Kindes und die Entfaltung seiner Persönlichkeit mit pädagogischen Mitteln anregen, einschließlich der jeweils erforderlichen sozial- und sonderpädagogischen, psychologischen und psychosozialen Hilfen sowie die Beratung der Erziehungsberechtigten; § 5 Abs. 2 und 3 gilt entsprechend.

§ 7 Förder- und Behandlungsplan

(1) Die interdisziplinären Frühförderstellen und die sozialpädiatrischen Zentren stellen die nach dem individuellen Bedarf zur Förderung und Behandlung voraussichtlich erforderlichen Leistungen nach §§ 5 und 6 in Zusammenarbeit mit den Erziehungsberechtigten in einem interdisziplinär entwickelten Förder- und Behandlungsplan schriftlich zusammen und legen diesen den beteiligten Rehabilitationsträgern nach Maßgabe des § 14 des Neunten Buches Sozialgesetzbuch zur Entscheidung vor. Der Förder- und Behandlungsplan wird entsprechend dem Verlauf der Förderung und Behandlung angepasst, spätestens nach Ablauf von zwölf Monaten. Dabei sichern die Rehabilitationsträger durchgehend das Verfahren entsprechend dem jeweiligen Bedarf. Der Förder- und Behandlungsplan wird von dem für die Durchführung der diagnostischen Leistungen nach § 5 Abs. 1 Nr. 1 verantwortlichen Arzt und der verantwortlichen päda-

gogischen Fachkraft unterzeichnet. Die Erziehungsberechtigten erhalten eine Ausfertigung des Förder- und Behandlungsplans.

(2) Der Förder- und Behandlungsplan kann auch die Förderung und Behandlung in einer anderen Einrichtung, durch einen Kinderarzt oder die Erbringung von Heilmitteln empfehlen.

§ 8 Erbringung der Komplexleistung

(1) Die zur Förderung und Behandlung nach §§ 5 und 6 erforderlichen Leistungen werden von den beteiligten Rehabilitationsträgern auf der Grundlage des Förder- und Behandlungsplans zuständigkeitsübergreifend als ganzheitliche Komplexleistung erbracht. Ein Antrag auf die erforderlichen Leistungen kann bei allen beteiligten Rehabilitationsträgern gestellt werden. Der Rehabilitationsträger, bei dem der Antrag gestellt wird, unterrichtet unverzüglich die an der Komplexleistung beteiligten Rehabilitationsträger. Die beteiligten Rehabilitationsträger stimmen sich untereinander ab und entscheiden innerhalb von zwei Wochen nach Vorliegen des Förder- und Behandlungsplans über die Leistung.

(2) Sofern die beteiligten Rehabilitationsträger nichts anderes vereinbaren, entscheidet der für die Leistungen nach § 6 jeweils zuständige Rehabilitationsträger über Komplexleistungen interdisziplinärer Frühförderstellen und der für die Leistungen nach § 5 jeweils zuständige Rehabilitationsträger über Komplexleistungen sozialpädiatrischer Zentren.

(3) Erbringt ein Rehabilitationsträger im Rahmen der Komplexleistung Leistungen, für die ein anderer Rehabilitationsträger zuständig ist, ist der zuständige Rehabilitationsträger erstattungspflichtig. Vereinbarungen über pauschalierte Erstattungen sind zulässig.

(4) Interdisziplinäre Frühförderstellen und sozialpädiatrische Zentren arbeiten zusammen. Darüber hinaus arbeiten sie mit Ärzten, Leistungserbringern von Heilmitteln und anderen an der Früherkennung und Frühförderung beteiligten Stellen wie dem Öffentlichen Gesundheitsdienst zusammen. Soweit nach Landesrecht an der Komplexleistung weitere Stellen einzubeziehen sind, sollen diese an Arbeitsgemeinschaften der an der Früherkennung und Frühförderung beteiligten Stellen beteiligt werden.

§ 9 Teilung der Kosten der Komplexleistung

(1) Die an den Leistungen der interdisziplinären Frühförderstelle oder des sozialpädiatrischen Zentrums jeweils beteiligten Rehabilitationsträger vereinbaren gemeinsam mit diesen die Entgelte für die zur Förderung und Behandlung nach §§ 5 und 6 zu erbringenden Leistungen. Dabei werden Zuwendungen Dritter, insbesondere der Länder, für Leistungen nach dieser Verordnung berücksichtigt.

(2) Über die Aufteilung der Entgelte für Komplexleistungen schließen die Rehabilitationsträger auf der Grundlage der Leistungszuständigkeit nach Spezialisierung und Leistungsprofil des Dienstes oder der Einrichtung, insbesondere den vertretenen Fachdisziplinen und dem Diagnosespektrum der leistungsberechtigten Kinder, Vereinbarungen; regionale Gegebenheiten werden berücksichtigt.

(3) Die Aufteilung der Entgelte kann pauschaliert werden. Der auf die für die Leistungen nach § 6 jeweils zuständige Träger entfallende Anteil der Entgelte darf für Leistungen in interdisziplinären Frühförderstellen 80 vom Hundert und in sozialpädiatrischen Zentren 20 vom Hundert nicht übersteigen.

§ 10 Inkrafttreten

Diese Verordnung tritt am ersten Tage des auf die Verkündung folgenden Kalendermonats in Kraft.

Verordnung über Kraftfahrzeughilfe zur beruflichen Rehabilitation
Kraftfahrzeughilfe-Verordnung

vom 28. September 1987 (BGBl I 1987, 2251), zuletzt geändert durch Artikel 117 des Gesetzes vom 23. Dezember 2003 (BGBl I 2003, 2848)

Eingangsformel

Auf Grund des § 9 Abs. 2 des Gesetzes über die Angleichung der Leistungen zur Rehabilitation vom 7. August 1974 (BGBl. I S. 1881), der durch Artikel 16 des Gesetzes vom 1. Dezember 1981 (BGBl. I S. 1205) geändert worden ist, auf Grund des § 27f in Verbindung mit § 26 Abs. 6 Satz 1 des Bundesversorgungsgesetzes in der Fassung der Bekanntmachung vom 22. Januar 1982 (BGBl. I S. 21) und auf Grund des § 11 Abs. 3 Satz 3 des Schwerbehindertengesetzes in der Fassung der Bekanntmachung vom 26. August 1986 (BGBl. I S. 1421) verordnet die Bundesregierung mit Zustimmung des Bundesrates:

§ 1 Grundsatz[1]

Kraftfahrzeughilfe zur Teilhabe behinderter Menschen am Arbeitsleben richtet sich bei den Trägern der gesetzlichen Unfallversicherung, der gesetzlichen Rentenversicherung, der Kriegsopferfürsorge und der Bundesagentur für Arbeit sowie den Trägern der begleitenden Hilfe im Arbeits- und Berufsleben nach dieser Verordnung.

§ 2 Leistungen

(1) Die Kraftfahrzeughilfe umfaßt Leistungen

1. zur Beschaffung eines Kraftfahrzeugs,
2. für eine behinderungsbedingte Zusatzausstattung,
3. zur Erlangung einer Fahrerlaubnis.

(2) Die Leistungen werden als Zuschüsse und nach Maßgabe des § 9 als Darlehen erbracht.

§ 3 Persönliche Voraussetzungen[2]

(1) Die Leistungen setzen voraus, daß

1. der behinderte Mensch infolge seiner Behinderung nicht nur vorübergehend auf die Benutzung eines Kraftfahrzeugs angewiesen ist, um seinen Arbeits- oder Ausbildungsort oder den Ort einer sonstigen Leistung der beruflichen Bildung zu erreichen, und
2. der behinderte Mensch ein Kraftfahrzeug führen kann oder gewährleistet ist, daß ein Dritter das Kraftfahrzeug für ihn führt.

(2) Absatz 1 gilt auch für in Heimarbeit Beschäftigte im Sinne des § 12 Abs. 2 des Vierten Buches Sozialgesetzbuch, wenn das Kraftfahrzeug wegen Art oder Schwere der Behinderung notwendig ist, um beim Auftraggeber die Ware abzuholen oder die Arbeitsergebnisse abzuliefern.

---

[1] § 1: IdF d. Art. 53 Nr. 1 G v. 19.6.2001 (BGBl I 2001, 1046) mWv 1.7.2001 u. d. Art. 117 G v. 23.12.2003 (BGBl I 2003, 2848) mWv 1.1.2004.

[2] § 3 Abs. 1 Nr. 1: IdF d. Art. 53 Nr. 2 Buchst. a u. b G v. 19.6.2001 (BGBl I 2001, 1046) mWv 1.7.2001;
§ 3 Abs. 1 Nr. 2: IdF d. Art. 53 Nr. 2 Buchst. a v. 19.6.2001 (BGBl I 2001, 1046) mWv 1.7.2001;
§ 3 Abs. 3: IdF d. Art. 53 Nr. 2 Buchst. a u. c G v. 19.6.2001 (BGBl I 2001, 1046) mWv 1.7.2001;
§ 3 Abs. 4: IdF d. Art. 53 Nr. 2 Buchst. d G v. 19.6.2001 (BGBl I 2001, 1046) mWv 1.7.2001.

(3) Ist der behinderte Mensch zur Berufsausübung im Rahmen eines Arbeitsverhältnisses nicht nur vorübergehend auf ein Kraftfahrzeug angewiesen, wird Kraftfahrzeughilfe geleistet, wenn infolge seiner Behinderung nur auf diese Weise die Teilhabe am Arbeitsleben dauerhaft gesichert werden kann und die Übernahme der Kosten durch den Arbeitgeber nicht üblich oder nicht zumutbar ist.

(4) Sofern nach den für den Träger geltenden besonderen Vorschriften Kraftfahrzeughilfe für behinderte Menschen, die nicht Arbeitnehmer sind, in Betracht kommt, sind die Absätze 1 und 3 entsprechend anzuwenden.

§ 4 Hilfe zur Beschaffung eines Kraftfahrzeugs[3]

(1) Hilfe zur Beschaffung eines Kraftfahrzeugs setzt voraus, daß der behinderte Mensch nicht über ein Kraftfahrzeug verfügt, das die Voraussetzungen nach Absatz 2 erfüllt und dessen weitere Benutzung ihm zumutbar ist.

(2) Das Kraftfahrzeug muß nach Größe und Ausstattung den Anforderungen entsprechen, die sich im Einzelfall aus der Behinderung ergeben und, soweit erforderlich, eine behinderungsbedingte Zusatzausstattung ohne unverhältnismäßigen Mehraufwand ermöglichen.

(3) Die Beschaffung eines Gebrauchtwagens kann gefördert werden, wenn er die Voraussetzungen nach Absatz 2 erfüllt und sein Verkehrswert mindestens 50 vom Hundert des seinerzeitigen Neuwagenpreises beträgt.

§ 5 Bemessungsbetrag[4]

(1) Die Beschaffung eines Kraftfahrzeugs wird bis zu einem Betrag in Höhe des Kaufpreises, höchstens jedoch bis zu einem Betrag von 9.500 Euro gefördert. Die Kosten einer behinderungsbedingten Zusatzausstattung bleiben bei der Ermittlung unberücksichtigt.

(2) Abweichend von Absatz 1 Satz 1 wird im Einzelfall ein höherer Betrag zugrundegelegt, wenn Art oder Schwere der Behinderung ein Kraftfahrzeug mit höherem Kaufpreis zwingend erfordert.

(3) Zuschüsse öffentlich-rechtlicher Stellen zu dem Kraftfahrzeug, auf die ein vorrangiger Anspruch besteht oder die vorrangig nach pflichtgemäßem Ermessen zu leisten sind, und der Verkehrswert eines Altwagens sind von dem Betrag nach Absatz 1 oder 2 abzusetzen.

§ 6 Art und Höhe der Förderung[5]

(1) Hilfe zur Beschaffung eines Kraftfahrzeugs wird in der Regel als Zuschuß geleistet. Der Zuschuß richtet sich nach dem Einkommen des behinderten Menschen nach Maßgabe der folgenden Tabelle:

---

[3] § 4 Abs. 1: IdF d. Art. 53 Nr. 3 G v. 19.6.2001 (BGBl I 2001, 1046) mWv 1.7.2001.

[4] § 5 Abs. 1 Satz 1: IdF d. Art. 1 Nr. 1 V v. 30.9.1991 (BGBl I 1991, 1950) mWv 1.10.1991 u. d. Art. 63 Nr. 1 G v. 21.12.2000 (BGBl I 2000, 1983) mWv 1.1.2002.

[5] § 6 Abs. 1 Satz 2: IdF d. Art. 63 Nr. 2 G v. 21.12.2000 (BGBl I 2000, 1983) mWv 1.1.2002, d. Art. 53 Nr. 4 G v. 19.6.2001 (BGBl I 2001, 1046) mWv 1.7.2001 u. d. Art. 48a Nr. 1 Buchst. a G v. 27.4.2002 (BGBl I 2002, 1467) mWv 1.5.2002;
§ 6 Abs. 2: IdF d. Art. 53 Nr. 4 G v. 19.6.2001 (BGBl I 2001, 1046) mWv 1.7.2001 u. d. Art. 48a Nr. 1 Buchst. b G v. 27.4.2002 (DGBl I 2002, 1467) mWv 1.5.2002;
§ 6 Abs. 3 Satz 1: IdF d. Art. 53 Nr. 4 G v. 19.6.2001 (BGBl I 2001, 1046) mWv 1.7.2001.

Einkommen bis zu v.H. der monatlichen Bezugsgröße nach § 18 Abs. 1 des Vierten Buches Sozialgesetzbuch	Zuschuß in v.H des Bemessungsbetrags nach § 5
40	100
45	88
50	76
55	64
60	52
65	40
70	28
75	16

Die Beträge nach Satz 2 sind jeweils auf volle 5 Euro aufzurunden.

(2) Von dem Einkommen des behinderten Menschen ist für jeden von ihm unterhaltenen Familienangehörigen ein Betrag von 12 vom Hundert der monatlichen Bezugsgröße nach § 18 Abs. 1 des Vierten Buches Sozialgesetzbuch abzusetzen; Absatz 1 Satz 3 gilt entsprechend.

(3) Einkommen im Sinne der Absätze 1 und 2 sind das monatliche Netto-Arbeitsentgelt, Netto-Arbeitseinkommen und vergleichbare Lohnersatzleistungen des behinderten Menschen. Die Ermittlung des Einkommens richtet sich nach den für den zuständigen Träger maßgeblichen Regelungen.

(4) Die Absätze 1 bis 3 gelten auch für die Hilfe zur erneuten Beschaffung eines Kraftfahrzeugs. Die Hilfe soll nicht vor Ablauf von fünf Jahren seit der Beschaffung des zuletzt geförderten Fahrzeugs geleistet werden.

§ 7 Behinderungsbedingte Zusatzausstattung[6]

Für eine Zusatzausstattung, die wegen der Behinderung erforderlich ist, ihren Einbau, ihre technische Überprüfung und die Wiederherstellung ihrer technischen Funktionsfähigkeit werden die Kosten in vollem Umfang übernommen. Dies gilt auch für eine Zusatzausstattung, die wegen der Behinderung eines Dritten erforderlich ist, der für den behinderten Menschen das Kraftfahrzeug führt (§ 3 Abs. 1 Nr. 2). Zuschüsse öffentlich-rechtlicher Stellen, auf die ein vorrangiger Anspruch besteht oder die vorrangig nach pflichtgemäßem Ermessen zu leisten sind, sind anzurechnen.

§ 8 Fahrerlaubnis[7]

(1) Zu den Kosten, die für die Erlangung einer Fahrerlaubnis notwendig sind, wird ein Zuschuß geleistet. Er beläuft sich bei behinderten Menschen mit einem Einkommen (§ 6 Abs. 3)

1. bis 40 vom Hundert der monatlichen Bezugsgröße nach § 18 Abs. 1 des Vierten Buches Sozialgesetzbuch (monatliche Bezugsgröße) auf die volle Höhe,
2. bis zu 55 vom Hundert der monatlichen Bezugsgröße auf zwei Drittel,
3. bis zu 75 vom Hundert der monatlichen Bezugsgröße auf ein Drittel

der entstehenden notwendigen Kosten; § 6 Abs. 1 Satz 3 und Abs. 2 gilt entsprechend. Zuschüsse öffentlich-rechtlicher Stellen für den Erwerb der Fahrerlaubnis, auf die ein vorrangiger

---

[6] § 7 Satz 2: IdF d. Art. 53 Nr. 5 G v. 19.6.2001 (BGBl I 2001, 1046) mWv 1.7.2001.

[7] § 8 Abs. 1 Satz 2: IdF d. Art. 53 Nr. 6 G v. 19.6.2001 (BGBl I 2001, 1046) mWv 1.7.2001;
§ 8 Abs. 1 Satz 2 Nr. 1: IdF d. Art. 48a Nr. 2 G v. 27.4.2002 (BGBl I 2002, 1467) mWv 1.5.2002.

Anspruch besteht oder die vorrangig nach pflichtgemäßem Ermessen zu leisten sind, sind anzurechnen.

(2) Kosten für behinderungsbedingte Untersuchungen, Ergänzungsprüfungen und Eintragungen in vorhandene Führerscheine werden in vollem Umfang übernommen.

§ 9 Leistungen in besonderen Härtefällen[8]

(1) Zur Vermeidung besonderer Härten können Leistungen auch abweichend von § 2 Abs. 1, §§ 6 und 8 Abs. 1 erbracht werden, soweit dies

1. notwendig ist, um Leistungen der Kraftfahrzeughilfe von seiten eines anderen Leistungsträgers nicht erforderlich werden zu lassen, oder
2. unter den Voraussetzungen des § 3 zur Aufnahme oder Fortsetzung einer beruflichen Tätigkeit unumgänglich ist.

Im Rahmen von Satz 1 Nr. 2 kann auch ein Zuschuß für die Beförderung des behinderten Menschen, insbesondere durch Beförderungsdienste, geleistet werden, wenn

1. der behinderte Mensch ein Kraftfahrzeug nicht selbst führen kann und auch nicht gewährleistet ist, daß ein Dritter das Kraftfahrzeug für ihn führt (§ 3 Abs. 1 Nr. 2), oder
2. die Übernahme der Beförderungskosten anstelle von Kraftfahrzeughilfen wirtschaftlicher und für den behinderten Menschen zumutbar ist;

dabei ist zu berücksichtigen, was der behinderte Mensch als Kraftfahrzeughalter bei Anwendung des § 6 für die Anschaffung und die berufliche Nutzung des Kraftfahrzeugs aus eigenen Mitteln aufzubringen hätte.

(2) Leistungen nach Absatz 1 Satz 1 können als Darlehen erbracht werden, wenn die dort genannten Ziele auch durch ein Darlehen erreicht werden können; das Darlehen darf zusammen mit einem Zuschuß nach § 6 den nach § 5 maßgebenden Bemessungsbetrag nicht übersteigen. Das Darlehen ist unverzinslich und spätestens innerhalb von fünf Jahren zu tilgen; es können bis zu zwei tilgungsfreie Jahre eingeräumt werden. Auf die Rückzahlung des Darlehens kann unter den in Absatz 1 Satz 1 genannten Voraussetzungen verzichtet werden.

§ 10 Antragstellung[9]

Leistungen sollen vor dem Abschluß eines Kaufvertrages über das Kraftfahrzeug und die behinderungsbedingte Zusatzausstattung sowie vor Beginn einer nach § 8 zu fördernden Leistung beantragt werden. Leistungen zur technischen Überprüfung und Wiederherstellung der technischen Funktionsfähigkeit einer behinderungsbedingten Zusatzausstattung sind spätestens innerhalb eines Monats nach Rechnungstellung zu beantragen.

§§ 11 und 12 -[10]

§ 13 Übergangsvorschriften[11]

(1) Auf Beschädigte im Sinne des Bundesversorgungsgesetzes und der Gesetze, die das Bundesversorgungsgesetz für entsprechend anwendbar erklären, die vor Inkrafttreten dieser Verordnung Hilfe zur Beschaffung eines Kraftfahrzeugs im Rahmen der Teilhabe am Arbeitsleben

---

[8] § 9 Abs. 1 Satz 2 Eingangssatz, Nr. 1 u. Schlusssatz: IdF d. Art. 53 Nr. 7 G v. 19.6.2001 (BGBl I 2001, 1046) mWv 1.7.2001.
[9] § 10 Satz 1: IdF d. Art. 53 Nr. 8 G v. 19.6.2001 (BGBl I 2001, 1046) mWv 1.7.2001.
[10] §§ 11 und 12: Änderungsvorschriften.
[11] § 13 Abs. 1: IdF d. Art. 53 Nr. 9 Buchst. a G v. 19.6.2001 (BGBl I 2001, 1046) mWv 1.7.2001;
§ 13 Abs. 2: IdF d. Art. 53 Nr. 9 Buchst. b G v. 19.6.2001 (BGBl I 2001, 1046) mWv 1.7.2001;
§ 13 Abs. 3: Aufgeh. durch Art. 63 Nr. 3 G v. 21.12.2000 (BGBl I 2000, 1983) mWv 1.1.2002.

erhalten haben, sind die bisher geltenden Bestimmungen weiterhin anzuwenden, wenn sie günstiger sind und der Beschädigte es beantragt.

(2) Über Leistungen, die bei Inkrafttreten dieser Verordnung bereits beantragt sind, ist nach den bisher geltenden Bestimmungen zu entscheiden, wenn sie für den behinderten Menschen günstiger sind.

(3) (weggefallen)

§ 14 Inkrafttreten[12]

Diese Verordnung tritt am 1. Oktober 1987 in Kraft.

---

[12] § 14: Früherer § 14 aufgeh., früherer § 15 jetzt § 14 gem. Art. 53 Nr. 10 G v. 19.6.2001 (BGBl I 2001, 1046) mWv 1.7.2001.

Werkstättenverordnung

vom 13. August 1980 (BGBl I 1980, 1365), zuletzt geändert durch Artikel 8 des Gesetzes vom 22. Dezember 2008 (BGBl I 2008, 2959)

Eingangsformel

Auf Grund des § 55 Abs. 3 des Schwerbehindertengesetzes in der Fassung der Bekanntmachung vom 8. Oktober 1979 (BGBl. I S. 1649) verordnet die Bundesregierung mit Zustimmung des Bundesrates:

Erster Abschnitt: Fachliche Anforderungen an die Werkstatt für behinderte Menschen[1]

§ 1 Grundsatz der einheitlichen Werkstatt[2]

(1) Die Werkstatt für behinderte Menschen (Werkstatt) hat zur Erfüllung ihrer gesetzlichen Aufgaben die Voraussetzungen dafür zu schaffen, daß sie die behinderten Menschen im Sinne des § 136 Abs. 2 des Neunten Buches Sozialgesetzbuch aus ihrem Einzugsgebiet aufnehmen kann.

(2) Der unterschiedlichen Art der Behinderung und ihren Auswirkungen soll innerhalb der Werkstatt durch geeignete Maßnahmen, insbesondere durch Bildung besonderer Gruppen im Berufsbildungs- und Arbeitsbereich, Rechnung getragen werden.

§ 2 Fachausschuß[3]

(1) Bei jeder Werkstatt ist ein Fachausschuß zu bilden. Ihm gehören in gleicher Zahl an

1. Vertreter der Werkstatt,
2. Vertreter der Bundesagentur für Arbeit,
3. Vertreter des überörtlichen Trägers der Sozialhilfe oder des nach Landesrecht bestimmten örtlichen Trägers der Sozialhilfe.

Kommt die Zuständigkeit eines anderen Rehabilitationsträgers zur Erbringung von Leistungen zur Teilhabe am Arbeitsleben und ergänzende Leistungen in Betracht, soll der Fachausschuß zur Mitwirkung an der Stellungnahme auch Vertreter dieses Trägers hinzuziehen. Er kann auch andere Personen zur Beratung hinzuziehen und soll, soweit erforderlich, Sachverständige hören.

(2) Der Fachausschuss gibt vor der Aufnahme des behinderten Menschen in die Werkstatt gegenüber dem im Falle einer Aufnahme zuständigen Rehabilitationsträger eine Stellungnahme ab, ob der behinderte Mensch für seine Teilhabe am Arbeitsleben und zu seiner Eingliederung in das Arbeitsleben Leistungen einer Werkstatt für behinderte Menschen benötigt oder ob andere Leistungen zur Teilhabe am Arbeitsleben in Betracht kommen, insbesondere Leistungen der Unterstützten Beschäftigung nach § 38a des Neunten Buches Sozialgesetzbuch.

---

[1] Erster Abschnitt (überschrift vor § 1): IdF d. Art. 55 Nr. 2 G v. 19.6.2001 (BGBl I 2001, 1046) mWv 1.7.2001.

[2] § 1 Abs. 1: IdF d. Art. 13 Nr. 1 G v. 23.7.1996 (BGBl I 1996, 1088) mWv 1.8.1996 u. d. Art. 55 Nr. 3 Buchst. a G v. 19.6.2001 (BGBl I 2001, 1046) mWv 1.7.2001;
§ 1 Abs. 2: IdF d. Art. 55 Nr. 3 Buchst. b G v. 19.6.2001 (BGBl I 2001, 1046) mWv 1.7.2001.

[3] § 2 Abs. 1: Früher einziger Text gem. Art. 4 Nr. 1 Buchst. a G v. 23.4.2004 (BGBl I 2004, 606) mWv 1.5.2004;
§ 2 Abs. 1 (früher einziger Text) Satz 2 Nr. 2: IdF d. Art. 118 Nr. 1 G v. 23.12.2003 (BGBl I 2003, 2848) mWv 1.1.2004;
§ 2 Abs. 1 Satz 2 Nr. 3: IdF d. Art. 2 V v. 2.11.2005 (BGBl I 2005, 3119) mWv 5.11.2005;
§ 2 Abs. 1 (früher einziger Text) Satz 3: IdF d. Art. 55 Nr. 4 G v. 19.6.2001 (BGBl I 2001, 1046) mWv 1.7.2001;
§ 2 Abs. 2: Eingef. durch Art. 4 Nr. 1 Buchst. b G v. 23.4.2004 (BGBl I 2004, 606) mWv 1.5.2004; idF d. Art. 8 G v. 22.12.2008 (BGBl I 2008, 2959) mWv 30.12.2008.

§ 3 Eingangsverfahren[4]

(1) Die Werkstatt führt im Benehmen mit dem zuständigen Rehabilitationsträger Eingangsverfahren durch. Aufgabe des Eingangsverfahrens ist es festzustellen, ob die Werkstatt die geeignete Einrichtung zur Teilhabe behinderter Menschen am Arbeitsleben und zur Eingliederung in das Arbeitsleben im Sinne des § 136 des Neunten Buches Sozialgesetzbuch ist, sowie welche Bereiche der Werkstatt und welche Leistungen zur Teilhabe am Arbeitsleben und ergänzende Leistungen oder Leistungen zur Eingliederung in das Arbeitsleben in Betracht kommen und einen Eingliederungsplan zu erstellen.

(2) Das Eingangsverfahren dauert drei Monate. Es kann auf eine Dauer von bis zu vier Wochen verkürzt werden, wenn während des Eingangsverfahrens im Einzelfall festgestellt wird, dass eine kürzere Dauer ausreichend ist.

(3) Zum Abschluß des Eingangsverfahrens gibt der Fachausschuß auf Vorschlag des Trägers der Werkstatt und nach Anhörung des behinderten Menschen, gegebenenfalls auch seines gesetzlichen Vertreters, unter Würdigung aller Umstände des Einzelfalles, insbesondere der Persönlichkeit des behinderten Menschen und seines Verhaltens während des Eingangsverfahrens, eine Stellungnahme gemäß Absatz 1 gegenüber dem zuständigen Rehabilitationsträger ab.

(4) Kommt der Fachausschuß zu dem Ergebnis, daß die Werkstatt für behinderte Menschen nicht geeignet ist, soll er zugleich eine Empfehlung aussprechen, welche andere Einrichtung oder sonstige Maßnahmen und welche anderen Leistungen zur Teilhabe für den behinderten Menschen in Betracht kommen. Er soll sich auch dazu äußern, nach welcher Zeit eine Wiederholung des Eingangsverfahrens zweckmäßig ist und welche Maßnahmen und welche anderen Leistungen zur Teilhabe in der Zwischenzeit durchgeführt werden sollen.

§ 4 Berufsbildungsbereich[5]

(1) Die Werkstatt führt im Benehmen mit dem im Berufsbildungsbereich und dem im Arbeitsbereich zuständigen Rehabilitationsträger Maßnahmen im Berufsbildungsbereich (Einzelmaßnahmen und Lehrgänge) zur Verbesserung der Teilhabe am Arbeitsleben unter Einschluss angemessener Maßnahmen zur Weiterentwicklung der Persönlichkeit des behinderten Menschen durch. Sie fördert die behinderten Menschen so, dass sie spätestens nach Teilnahme an Maßnahmen des Berufsbildungsbereichs in der Lage sind, wenigstens ein Mindestmaß wirtschaftlich verwertbarer Arbeitsleistung im Sinne des § 136 Abs. 2 des Neunten Buches Sozialgesetzbuch zu erbringen.

(2) Das Angebot an Leistungen zur Teilhabe am Arbeitsleben soll möglichst breit sein, um Art und Schwere der Behinderung, der unterschiedlichen Leistungsfähigkeit, Entwicklungsmöglichkeit sowie Eignung und Neigung der behinderten Menschen soweit wie möglich Rechnung zu tragen.

(3) Die Lehrgänge sind in einen Grund- und einen Aufbaukurs von in der Regel je zwölfmonatiger Dauer zu gliedern.

---

[4] § 3 Abs. 1: IdF d. Art. 55 Nr. 5 Buchst. a G v. 19.6.2001 (BGBl I 2001, 1046) mWv 1.7.2001;
§ 3 Abs. 2: IdF d. Art. 4 Nr. 2 Buchst. a G v. 23.4.2004 (BGBl I 2004, 606) mWv 1.5.2004;
§ 3 Abs. 3 (früherer Satz 1): IdF d. Art. 55 Nr. 5 Buchst. c G v. 19.6.2001 (BGBl I 2001, 1046) mWv 1.7.2001; früherer Satz 2 aufgeh. durch Art. 4 Nr. 2 Buchst. b G v. 23.4.2004 (BGBl I 2004, 606) mWv 1.5.2004;
§ 3 Abs. 4 Satz 1 u. 2: IdF d. Art. 55 Nr. 5 Buchst. d G v. 19.6.2001 (BGBl I 2001, 1046) mWv 1.7.2001.

[5] § 4 Überschrift: IdF d. Art. 55 Nr. 6 Buchst. a G v. 19.6.2001 (BGBl I 2001, 1046) mWv 1.7.2001;
§ 4 Abs. 1: IdF d. Art. 55 Nr. 6 Buchst. b G v. 19.6.2001 (BGBl I 2001, 1046) mWv 1.7.2001;
§ 4 Abs. 2: IdF d. Art. 55 Nr. 6 Buchst. c G v. 19.6.2001 (BGBl I 2001, 1046) mWv 1.7.2001;
§ 4 Abs. 4 Satz 2: IdF d. Art. 55 Nr. 6 Buchst. d G v. 19.6.2001 (BGBl I 2001, 1046) mWv 1.7.2001;
§ 4 Abs. 6 Satz 1 u. 2: IdF d. Art. 55 Nr. 6 Buchst. e G v. 19.6.2001 (BGBl I 2001, 1046) mWv 1.7.2001;
§ 4 Abs. 6 Satz 3: Eingef. durch Art. 4 Nr. 3 Buchst. a G v. 23.4.2004 (BGBl I 2004, 606) mWv 1.5.2004;
§ 4 Abs. 6 Satz 4: Früher Satz 3 gem. Art. 4 Nr. 3 Buchst. b G v. 23.4.2004 (BGBl I 2004, 606) mWv 1.5.2004.

(4) Im Grundkurs sollen Fertigkeiten und Grundkenntnisse verschiedener Arbeitsabläufe vermittelt werden, darunter manuelle Fertigkeiten im Umgang mit verschiedenen Werkstoffen und Werkzeugen und Grundkenntnisse über Werkstoffe und Werkzeuge. Zugleich sollen das Selbstwertgefühl des behinderten Menschen und die Entwicklung des Sozial- und Arbeitsverhaltens gefördert sowie Schwerpunkte der Eignung und Neigung festgestellt werden.

(5) Im Aufbaukurs sollen Fertigkeiten mit höherem Schwierigkeitsgrad, insbesondere im Umgang mit Maschinen, und vertiefte Kenntnisse über Werkstoffe und Werkzeuge vermittelt sowie die Fähigkeit zu größerer Ausdauer und Belastung und zur Umstellung auf unterschiedliche Beschäftigungen im Arbeitsbereich geübt werden.

(6) Rechtzeitig vor Beendigung einer Maßnahme im Sinne des Absatzes 1 Satz 1 hat der Fachausschuss gegenüber dem zuständigen Rehabilitationsträger eine Stellungnahme dazu abzugeben, ob

1. die Teilnahme an einer anderen oder weiterführenden beruflichen Bildungsmaßnahme oder
2. eine Wiederholung der Maßnahme im Berufsbildungsbereich oder
3. eine Beschäftigung im Arbeitsbereich der Werkstatt oder auf dem allgemeinen Arbeitsmarkt einschließlich einem Integrationsprojekt (§ 132 des Neunten Buches Sozialgesetzbuch)

zweckmäßig erscheint. Das gleiche gilt im Falle des vorzeitigen Abbruchs oder Wechsels der Maßnahme im Berufsbildungsbereich sowie des Ausscheidens aus der Werkstatt. Hat der zuständige Rehabilitationsträger die Leistungen für ein Jahr bewilligt (§ 40 Abs. 3 Satz 2 des Neunten Buches Sozialgesetzbuch), gibt der Fachausschuss ihm gegenüber rechtzeitig vor Ablauf dieses Jahres auch eine fachliche Stellungnahme dazu ab, ob die Leistungen für ein weiteres Jahr bewilligt werden sollen (§ 40 Abs. 3 Satz 3 des Neunten Buches Sozialgesetzbuch). Im übrigen gilt § 3 Abs. 3 entsprechend.

§ 5 Arbeitsbereich[6]

(1) Die Werkstatt soll über ein möglichst breites Angebot an Arbeitsplätzen verfügen, um Art und Schwere der Behinderung, der unterschiedlichen Leistungsfähigkeit, Entwicklungsmöglichkeit sowie Eignung und Neigung der behinderten Menschen soweit wie möglich Rechnung zu tragen.

(2) Die Arbeitsplätze sollen in ihrer Ausstattung soweit wie möglich denjenigen auf dem allgemeinen Arbeitsmarkt entsprechen. Bei der Gestaltung der Plätze und der Arbeitsabläufe sind die besonderen Bedürfnisse der behinderten Menschen soweit wie möglich zu berücksichtigen, um sie in die Lage zu versetzen, wirtschaftlich verwertbare Arbeitsleistungen zu erbringen. Die Erfordernisse zur Vorbereitung für eine Vermittlung auf den allgemeinen Arbeitsmarkt sind zu beachten.

(3) Zur Erhaltung und Erhöhung der im Berufsbildungsbereich erworbenen Leistungsfähigkeit und zur Weiterentwicklung der Persönlichkeit des behinderten Menschen sind arbeitsbegleitend geeignete Maßnahmen durchzuführen.

---

[6] § 5 Abs. 1: IdF d. Art. 4 Nr. 2 Buchst. a G v. 29.9.2000 (BGBl I 2000, 1394) mWv 1.10.2000 u. d. Art. 55 Nr. 7 Buchst. a G v. 19.6.2001 (BGBl I 2001, 1046) mWv 1.7.2001;
§ 5 Abs. 2 Satz 1: IdF d. Art. 4 Nr. 2 Buchst. b G v. 29.9.2000 (BGBl I 2000, 1394) mWv 1.10.2000;
§ 5 Abs. 2 Satz 2: IdF d. Art. 55 Nr. 7 Buchst. a G v. 19.6.2001 (BGBl I 2001, 1046) mWv 1.7.2001;
§ 5 Abs. 3: IdF d. Art. 55 Nr. 7 Buchst. b G v. 19.6.2001 (BGBl I 2001, 1046) mWv 1.7.2001;
§ 5 Abs. 4: Eingef. durch Art. 13 Nr. 3 G v. 23.7.1996 (BGBl I 1996, 1088) mWv 1.8.1996;
§ 5 Abs. 4 Satz 1: IdF d. Art. 4 Nr. 2 Buchst. c DBuchst. aa G v. 29.9.2000 (BGBl I 2000, 1394) mWv 1.10.2000 u. d. Art. 55 Nr. 7 Buchst. c DBuchst. aa G v. 19.6.2001 (BGBl I 2001, 1046) mWv 1.7.2001;
§ 5 Abs. 4 Satz 2: IdF d. Art. 4 Nr. 2 Buchst. c DBuchst. bb G v. 29.9.2000 (BGBl I 2000, 1394) mWv 1.10.2000 u. d. Art. 55 Nr. 7 Buchst. c DBuchst. bb G v. 19.6.2001 (BGBl I 2001, 1046) mWv 1.7.2001;
§ 5 Abs. 4 Satz 3: Eingef. durch Art. 4 Nr. 2 Buchst. c DBuchst. cc G v. 29.9.2000 (BGBl I 2000, 1394) mWv 1.10.2000; idF d. Art. 118 Nr. 2 G v. 23.12.2003 (BGBl I 2003, 2848) mWv 1.1.2004;
§ 5 Abs. 5: Eingef. durch Art. 55 Nr. 7 Buchst. d G v. 19.6.2001 (BGBl I 2001, 1046) mWv 1.7.2001.

(4) Der Übergang von behinderten Menschen auf den allgemeinen Arbeitsmarkt ist durch geeignete Maßnahmen zu fördern, insbesondere auch durch die Einrichtung einer Übergangsgruppe mit besonderen Förderangeboten, Entwicklung individueller Förderpläne sowie Ermöglichung von Trainingsmaßnahmen, Betriebspraktika und durch eine zeitweise Beschäftigung auf ausgelagerten Arbeitsplätzen. Dabei hat die Werkstatt die notwendige arbeitsbegleitende Betreuung in der Übergangsphase sicherzustellen und darauf hinzuwirken, daß der zuständige Rehabilitationsträger seine Leistungen und nach dem Ausscheiden des behinderten Menschen aus der Werkstatt das Integrationsamt, gegebenenfalls unter Beteiligung eines Integrationsfachdienstes, die begleitende Hilfe im Arbeits- und Berufsleben erbringen. Die Werkstatt hat die Bundesagentur für Arbeit bei der Durchführung der vorbereitenden Maßnahmen in die Bemühungen zur Vermittlung auf den allgemeinen Arbeitsmarkt einzubeziehen.

(5) Der Fachausschuss wird bei der Planung und Durchführung von Maßnahmen nach den Absätzen 3 und 4 beteiligt. Er gibt auf Vorschlag des Trägers der Werkstatt oder des zuständigen Rehabilitationsträgers in regelmäßigen Abständen, wenigstens einmal jährlich, gegenüber dem zuständigen Rehabilitationsträger eine Stellungnahme dazu ab, welche behinderten Menschen für einen Übergang auf den allgemeinen Arbeitsmarkt in Betracht kommen und welche übergangsfördernden Maßnahmen dazu erforderlich sind. Im Übrigen gilt § 3 Abs. 3 entsprechend.

§ 6 Beschäftigungszeit[7]

(1) Die Werkstatt hat sicherzustellen, daß die behinderten Menschen im Berufsbildungs- und Arbeitsbereich wenigstens 35 und höchstens 40 Stunden wöchentlich beschäftigt werden können. Die Stundenzahlen umfassen Erholungspausen und Zeiten der Teilnahme an Maßnahmen im Sinne des § 5 Abs. 3.

(2) Einzelnen behinderten Menschen ist eine kürzere Beschäftigungszeit zu ermöglichen, wenn es wegen Art oder Schwere der Behinderung oder zur Erfüllung des Erziehungsauftrages notwendig erscheint.

§ 7 Größe der Werkstatt

(1) Die Werkstatt soll in der Regel über mindestens 120 Plätze verfügen.

(2) Die Mindestzahl nach Absatz 1 gilt als erfüllt, wenn der Werkstattverbund im Sinne des § 15, dem die Werkstatt angehört, über diese Zahl von Plätzen verfügt.

§ 8 Bauliche Gestaltung, Ausstattung, Standort[8]

(1) Die bauliche Gestaltung und die Ausstattung der Werkstatt müssen der Aufgabenstellung der Werkstatt als einer Einrichtung zur Teilhabe behinderter Menschen am Arbeitsleben und zur Eingliederung in das Arbeitsleben und den in § 136 des Neunten Buches Sozialgesetzbuch und im Ersten Abschnitt dieser Verordnung gestellten Anforderungen Rechnung tragen. Die Erfordernisse des Arbeitsschutzes und der Unfallverhütung sowie zur Vermeidung baulicher und technischer Hindernisse sind zu beachten.

(2) Bei der Wahl des Standorts ist auf die Einbindung in die regionale Wirtschafts- und Beschäftigungsstruktur Rücksicht zu nehmen.

(3) Das Einzugsgebiet muß so bemessen sein, daß die Werkstatt für die behinderten Menschen mit öffentlichen oder sonstigen Verkehrsmitteln in zumutbarer Zeit erreichbar ist.

---

[7] § 6 Abs. 1 Satz 1: IdF d. Art. 55 Nr. 8 Buchst. a G v. 19.6.2001 (BGBl I 2001, 1046) mWv 1.7.2001;
§ 6 Abs. 2: IdF d. Art. 55 Nr. 8 Buchst. b G v. 19.6.2001 (BGBl I 2001, 1046) mWv 1.7.2001.

[8] § 8 Abs. 1: IdF d. Art. 1 Nr. 1 V v. 14.12.1992 (BGBl I 1992, 2013) mWv 23.12.1992;
§ 8 Abs. 1 Satz 1: IdF d. Art. 55 Nr. 9 Buchst. a G v. 19.6.2001 (BGBl I 2001, 1046) mWv 1.7.2001;
§ 8 Abs. 3: IdF d. Art. 55 Nr. 9 Buchst. b G v. 19.6.2001 (BGBl I 2001, 1046) mWv 1.7.2001;
§ 8 Abs. 4: IdF d. Art. 55 Nr. 9 Buchst. c G v. 19.6.2001 (BGBl I 2001, 1046) mWv 1.7.2001.

(4) Die Werkstatt hat im Benehmen mit den zuständigen Rehabilitationsträgern, soweit erforderlich, einen Fahrdienst zu organisieren.

§ 9 Werkstattleiter, Fachpersonal zur Arbeits- und Berufsförderung[9]

(1) Die Werkstatt muß über die Fachkräfte verfügen, die erforderlich sind, um ihre Aufgaben entsprechend den jeweiligen Bedürfnissen der behinderten Menschen, insbesondere unter Berücksichtigung der Notwendigkeit einer individuellen Förderung von behinderten Menschen, erfüllen zu können.

(2) Der Werkstattleiter soll in der Regel über einen Fachhochschulabschluß im kaufmännischen oder technischen Bereich oder einen gleichwertigen Bildungsstand, über ausreichende Berufserfahrung und eine sonderpädagogische Zusatzqualifikation verfügen. Entsprechende Berufsqualifikationen aus dem sozialen Bereich reichen aus, wenn die zur Leitung einer Werkstatt erforderlichen Kenntnisse und Fähigkeiten im kaufmännischen und technischen Bereich anderweitig erworben worden sind. Die sonderpädagogische Zusatzqualifikation kann in angemessener Zeit durch Teilnahme an geeigneten Fortbildungsmaßnahmen nachgeholt werden.

(3) Die Zahl der Fachkräfte zur Arbeits- und Berufsförderung im Berufsbildungs- und Arbeitsbereich richtet sich nach der Zahl und der Zusammensetzung der behinderten Menschen sowie der Art der Beschäftigung und der technischen Ausstattung des Arbeitsbereichs. Das Zahlenverhältnis von Fachkräften zu behinderten Menschen soll im Berufsbildungsbereich 1:6, im Arbeitsbereich 1:12 betragen. Die Fachkräfte sollen in der Regel Facharbeiter, Gesellen oder Meister mit einer mindestens zweijährigen Berufserfahrung in Industrie oder Handwerk sein; sie müssen pädagogisch geeignet sein und über eine sonderpädagogische Zusatzqualifikation verfügen. Entsprechende Berufsqualifikationen aus dem pädagogischen oder sozialen Bereich reichen aus, wenn die für eine Tätigkeit als Fachkraft erforderlichen sonstigen Kenntnisse und Fähigkeiten für den Berufsbildungs- und Arbeitsbereich anderweitig erworben worden sind. Absatz 2 Satz 3 gilt entsprechend.

(4) Zur Durchführung des Eingangsverfahrens sollen Fachkräfte des Berufsbildungsbereichs und der begleitenden Dienste eingesetzt werden, sofern der zuständige Rehabilitationsträger keine höheren Anforderungen stellt.

§ 10 Begleitende Dienste[10]

(1) Die Werkstatt muß zur pädagogischen, sozialen und medizinischen Betreuung der behinderten Menschen über begleitende Dienste verfügen, die den Bedürfnissen der behinderten Menschen gerecht werden. Eine erforderliche psychologische Betreuung ist sicherzustellen. § 9 Abs. 1 gilt entsprechend.

(2) Für je 120 behinderte Menschen sollen in der Regel ein Sozialpädagoge oder ein Sozialarbeiter zur Verfügung stehen, darüber hinaus im Einvernehmen mit den zuständigen Rehabilitationsträgern pflegerische, therapeutische und nach Art und Schwere der Behinderung sonst erforderliche Fachkräfte.

(3) Die besondere ärztliche Betreuung der behinderten Menschen in der Werkstatt und die medizinische Beratung des Fachpersonals der Werkstatt durch einen Arzt, der möglichst auch die an einen Betriebsarzt zu stellenden Anforderungen erfüllen soll, müssen vertraglich sichergestellt sein.

---

[9] § 9 Abs. 1: IdF d. Art. 55 Nr. 10 Buchst. a G v. 19.6.2001 (BGBl I 2001, 1046) mWv 1.7.2001;
§ 9 Abs. 3 Satz 1, 2 u. 4: IdF d. Art. 55 Nr. 10 Buchst. b G v. 19.6.2001 (BGBl I 2001, 1046) mWv 1.7.2001;
§ 9 Abs. 4: IdF d. Art. 55 Nr. 10 Buchst. c G v. 19.6.2001 (BGBl I 2001, 1046) mWv 1.7.2001.

[10] § 10 Abs. 1 Satz 1, Abs. 2 u. 3: IdF d. Art. 55 Nr. 11 G v. 19.6.2001 (BGBl I 2001, 1046) mWv 1.7.2001.

§ 11 Fortbildung

Die Werkstatt hat dem Fachpersonal nach den §§ 9 und 10 Gelegenheit zur Teilnahme an Fortbildungsmaßnahmen zu geben.

§ 12 Wirtschaftsführung[11]

(1) Die Werkstatt muß nach betriebswirtschaftlichen Grundsätzen organisiert sein. Sie hat nach kaufmännischen Grundsätzen Bücher zu führen und eine Betriebsabrechnung in Form einer Kostenstellenrechnung zu erstellen. Sie soll einen Jahresabschluß erstellen. Zusätzlich sind das Arbeitsergebnis, seine Zusammensetzung im Einzelnen gemäß Absatz 4 und seine Verwendung auszuweisen. Die Buchführung, die Betriebsabrechnung und der Jahresabschluß einschließlich der Ermittlung des Arbeitsergebnisses, seine Zusammensetzung im Einzelnen gemäß Absatz 4 und seiner Verwendung sind in angemessenen Zeitabständen in der Regel von einer Person zu prüfen, die als Prüfer bei durch Bundesgesetz vorgeschriebenen Prüfungen des Jahresabschlusses (Abschlußprüfer) juristischer Personen zugelassen ist. Weitergehende handelsrechtliche und abweichende haushaltsrechtliche Vorschriften über Rechnungs-, Buchführungs- und Aufzeichnungspflichten sowie Prüfungspflichten bleiben unberührt. Über den zu verwendenden Kontenrahmen, die Gliederung des Jahresabschlusses, die Kostenstellenrechnung und die Zeitabstände zwischen den Prüfungen der Rechnungslegung ist mit den zuständigen Rehabilitationsträgern Einvernehmen herzustellen.

(2) Die Werkstatt muß über einen Organisations- und Stellenplan mit einer Funktionsbeschreibung des Personals verfügen.

(3) Die Werkstatt muß wirtschaftliche Arbeitsergebnisse anstreben, um an die im Arbeitsbereich beschäftigten behinderten Menschen ein ihrer Leistung angemessenes Arbeitsentgelt im Sinne des § 136 Abs. 1 Satz 2 und § 138 des Neunten Buches Sozialgesetzbuch zahlen zu können.

(4) Arbeitsergebnis im Sinne des § 138 des Neunten Buches und der Vorschriften dieser Verordnung ist die Differenz aus den Erträgen und den notwendigen Kosten des laufenden Betriebs im Arbeitsbereich der Werkstatt. Die Erträge setzen sich zusammen aus den Umsatzerlösen, Zins- und sonstigen Erträgen aus der wirtschaftlichen Tätigkeit und den von den Rehabilitati-

---

[11] § 12 Abs. 1 Satz 4: Eingef. durch Art. 13 Nr. 4 Buchst. a DBuchst. aa G v. 23.7.1996 (BGBl I 1996, 1088) mWv 1.8.1996; idF d. Art. 55 Nr. 12 Buchst. a DBuchst. aa G v. 19.6.2001 (BGBl I 2001, 1046) mWv 1.7.2001;
§ 12 Abs. 1 Satz 5: Früher Satz 4 gem. u. idF d. Art. 13 Nr. 4 Buchst. a DBuchst. bb G v. 23.7.1996 (BGBl I 1996, 1088) mWv 1.8.1996 u. idF d. Art. 55 Nr. 12 Buchst. a DBuchst. bb G v. 19.6.2001 (BGBl I 2001, 1046) mWv 1.7.2001;
§ 12 Abs. 1 Satz 6: Früher Satz 5 gem. Art. 13 Nr. 4 Buchst. a DBuchst. aa G v. 23.7.1996 (BGBl I 1996, 1088) mWv 1.8.1996;
§ 12 Abs. 1 Satz 7: Früher Satz 6 gem. Art. 13 Nr. 4 Buchst. a DBuchst. aa G v. 23.7.1996 (BGBl I 1996, 1088) mWv 1.8.1996; idF d. Art. 55 Nr. 12 Buchst. a DBuchst. cc G v. 19.6.2001 (BGBl I 2001, 1046) mWv 1.7.2001;
§ 12 Abs. 3: IdF d. Art. 1 Nr. 1 V v. 14.12.1992 (BGBl I 1992, 2013) mWv 23.12.1992, d. Art. 4 Nr. 3 G v. 29.9.2000 (BGBl I 2000, 1394) mWv 1.10.2000 u. d. Art. 55 Nr. 12 Buchst. b G v. 19.6.2001 (BGBl I 2001, 1046) mWv 1.7.2001;
§ 12 Abs. 4: Eingef. durch Art. 13 Nr. 4 Buchst. b G v. 23.7.1996 (BGBl I 1996, 1088) mWv 1.8.1996;
§ 12 Abs. 4 Satz 1: IdF d. Art. 55 Nr. 12 Buchst. c DBuchst. aa G v. 19.6.2001 (BGBl I 2001, 1046) mWv 1.7.2001;
§ 12 Abs. 4 Satz 2: IdF d. Art. 55 Nr. 12 Buchst. c DBuchst. bb G v. 19.6.2001 (BGBl I 2001, 1046) mWv 1.7.2001;
§ 12 Abs. 4 Satz 3: IdF d. Art. 55 Nr. 12 Buchst. c DBuchst. cc G v. 19.6.2001 (BGBl I 2001, 1046) mWv 1.7.2001;
§ 12 Abs. 5: Eingef. durch Art. 13 Nr. 4 Buchst. b G v. 23.7.1996 (BGBl I 1996, 1088) mWv 1.8.1996;
§ 12 Abs. 5 Satz 1 Nr. 1: IdF d. Art. 55 Nr. 12 Buchst. d DBuchst. aa G v. 19.6.2001 (BGBl I 2001, 1046) mWv 1.7.2001;
§ 12 Abs. 5 Satz 1 Nr. 2: IdF d. Art. 55 Nr. 12 Buchst. d DBuchst. bb G v. 19.6.2001 (BGBl I 2001, 1046) mWv 1.7.2001;
§ 12 Abs. 5 Satz 1 Nr. 3: IdF d. Art. 55 Nr. 12 Buchst. d DBuchst. cc G v. 19.6.2001 (BGBl I 2001, 1046) mWv 1.7.2001;
§ 12 Abs. 6: Eingef. durch Art. 55 Nr. 12 Buchst. e G v. 19.6.2001 (BGBl I 2001, 1046) mWv 1.7.2001.

onsträgern erbrachten Kostensätzen. Notwendige Kosten des laufenden Betriebs sind die Kosten nach § 41 Abs. 3 Satz 3 und 4 des Neunten Buches Sozialgesetzbuch im Rahmen der getroffenen Vereinbarungen sowie die mit der wirtschaftlichen Betätigung der Werkstatt in Zusammenhang stehenden notwendigen Kosten, die auch in einem Wirtschaftsunternehmen üblicherweise entstehen und infolgedessen nach § 41 Abs. 3 des Neunten Buches Sozialgesetzbuch von den Rehabilitationsträgern nicht übernommen werden, nicht hingegen die Kosten für die Arbeitsentgelte nach § 138 Abs. 2 des Neunten Buches Sozialgesetzbuch und das Arbeitsförderungsgeld nach § 43 des Neunten Buches Sozialgesetzbuch.

(5) Das Arbeitsergebnis darf nur für Zwecke der Werkstatt verwendet werden, und zwar für

1. die Zahlung der Arbeitsentgelte nach § 138 Abs. 2 des Neunten Buches Sozialgesetzbuch, in der Regel im Umfang von mindestens 70 vom Hundert des Arbeitsergebnisses,
2. die Bildung einer zum Ausgleich von Ertragsschwankungen notwendigen Rücklage, höchstens eines Betrages, der zur Zahlung der Arbeitsentgelte nach § 138 des Neunten Buches Sozialgesetzbuch für sechs Monate erforderlich ist,
3. Ersatz- und Modernisierungsinvestitionen in der Werkstatt, soweit diese Kosten nicht aus den Rücklagen auf Grund von Abschreibung des Anlagevermögens für solche Investitionen, aus Leistungen der Rehabilitationsträger oder aus sonstigen Einnahmen zu decken sind oder gedeckt werden. Kosten für die Schaffung und Ausstattung neuer Werk- und Wohnstättenplätze dürfen aus dem Arbeitsergebnis nicht bestritten werden.

Abweichende handelsrechtliche Vorschriften über die Bildung von Rücklagen bleiben unberührt.

(6) Die Werkstatt legt die Ermittlung des Arbeitsergebnisses nach Absatz 4 und dessen Verwendung nach Absatz 5 gegenüber den beiden Anerkennungsbehörden nach § 142 Satz 2 des Neunten Buches Sozialgesetzbuch auf deren Verlangen offen. Diese sind berechtigt, die Angaben durch Einsicht in die nach Absatz 1 zu führenden Unterlagen zu überprüfen.

§ 13 Abschluß von schriftlichen Verträgen[12]

(1) Die Werkstätten haben mit den im Arbeitsbereich beschäftigten behinderten Menschen, soweit auf sie die für einen Arbeitsvertrag geltenden Rechtsvorschriften oder Rechtsgrundsätze nicht anwendbar sind, Werkstattverträge in schriftlicher Form abzuschließen, in denen das arbeitnehmerähnliche Rechtsverhältnis zwischen der Werkstatt und dem behinderten Menschen näher geregelt wird. Über die Vereinbarungen sind die zuständigen Rehabilitationsträger zu unterrichten.

(2) In den Verträgen nach Absatz 1 ist auch die Zahlung des Arbeitsentgelts im Sinne des § 136 Abs. 1 Satz 2 und § 138 des Neunten Buches Sozialgesetzbuch an die im Arbeitsbereich beschäftigten behinderten Menschen aus dem Arbeitsergebnis näher zu regeln.

(3) (weggefallen)

---

[12] § 13 Abs. 1 Satz 1: IdF d. Art. 4 Nr. 4 G v. 29.9.2000 (BGBl I 2000, 1394) mWv 1.10.2000 u. d. Art. 55 Nr. 13 Buchst. a DBuchst. aa G v. 19.6.2001 (BGBl I 2001, 1046) mWv 1.7.2001;
§ 13 Abs. 1 Satz 2: IdF d. Art. 55 Nr. 13 Buchst. a DBuchst. bb G v. 19.6.2001 (BGBl I 2001, 1046) mWv 1.7.2001;
§ 13 Abs. 2: IdF d. Art. 1 Nr. 1 V v. 14.12.1992 (BGBl I 1992, 2013) mWv 23.12.1992; früherer Satz 2 bis 4 aufgeh., früherer Satz 1 jetzt einziger Text gem. u. idF d. Art. 13 Nr. 5 Buchst. a G v. 23.7.1996 (BGBl I 1996, 1088) mWv 1.8.1996 u. idF d. Art. 55 Nr. 13 Buchst. b G v. 19.6.2001 (BGBl I 2001, 1046) mWv 1.7.2001;
§ 13 Abs. 3: Aufgeh. durch Art. 13 Nr. 5 Buchst. b G v. 23.7.1996 (BGBl I 1996, 1088) mWv 1.8.1996.

§ 14 Mitwirkung[13]

Die Werkstatt hat den behinderten Menschen im Sinne des § 13 Abs. 1 Satz 1 eine angemessene Mitwirkung in den ihre Interessen berührenden Angelegenheiten der Werkstatt nach § 139 des Neunten Buches Sozialgesetzbuch zu ermöglichen.

§ 15 Werkstattverbund[14]

(1) Mehrere Werkstätten desselben Trägers oder verschiedener Träger innerhalb eines Einzugsgebietes im Sinne des § 8 Abs. 3 oder mit räumlich zusammenhängenden Einzugsgebieten können zur Erfüllung der Aufgaben einer Werkstatt und der an sie gestellten Anforderungen eine Zusammenarbeit vertraglich vereinbaren (Werkstattverbund).

(2) Ein Werkstattverbund ist anzustreben, wenn im Einzugsgebiet einer Werkstatt zusätzlich eine besondere Werkstatt im Sinne des § 137 Abs. 1 Satz 2 Nr. 2 des Neunten Buches Sozialgesetzbuch für behinderte Menschen mit einer bestimmten Art der Behinderung vorhanden ist.

§ 16 Formen der Werkstatt

Die Werkstatt kann eine teilstationäre Einrichtung oder ein organisatorisch selbständiger Teil einer stationären Einrichtung (Anstalt, Heim oder gleichartige Einrichtung) oder eines Unternehmens sein.

Zweiter Abschnitt: Verfahren zur Anerkennung als Werkstatt für behinderte Menschen[15]

§ 17 Anerkennungsfähige Einrichtungen[16]

(1) Als Werkstätten können nur solche Einrichtungen anerkannt werden, die die im § 136 des Neunten Buches Sozialgesetzbuch und im Ersten Abschnitt dieser Verordnung gestellten Anforderungen erfüllen. Von Anforderungen, die nicht zwingend vorgeschrieben sind, sind Ausnahmen zuzulassen, wenn ein besonderer sachlicher Grund im Einzelfall eine Abweichung rechtfertigt.

(2) Als Werkstätten können auch solche Einrichtungen anerkannt werden, die Teil eines Werkstattverbundes sind und die Anforderungen nach Absatz 1 nicht voll erfüllen, wenn der Werkstattverbund die Anforderungen erfüllt.

(3) Werkstätten im Aufbau, die die Anforderungen nach Absatz 1 noch nicht voll erfüllen, aber bereit und in der Lage sind, die Anforderungen in einer vertretbaren Anlaufzeit zu erfüllen, können unter Auflagen befristet anerkannt werden. Abweichend von § 7 genügt es, wenn im Zeitpunkt der Entscheidung über den Antrag auf Anerkennung wenigstens 60 Plätze vorhanden sind, sofern gewährleistet ist, daß die Werkstatt im Endausbau, spätestens nach 5 Jahren, die Voraussetzungen des § 7 erfüllt.

---

[13] § 14: IdF d. Art. 13 Nr. 6 G v. 23.7.1996 (BGBl I 1996, 1088) mWv 1.8.1996 u. d. Art. 55 Nr. 14 G v. 19.6.2001 (BGBl I 2001, 1046) mWv 1.7.2001.

[14] § 15 Abs. 2: IdF d. Art. 4 Nr. 5 G v. 29.9.2000 (BGBl I 2000, 1394) mWv 1.10.2000 u. d. Art. 55 Nr. 15 G v. 19.6.2001 (BGBl I 2001, 1046) mWv 1.7.2001.

[15] Zweiter Abschn. (Überschrift vor § 17): IdF d. Art. 55 Nr. 16 G v. 19.6.2001 (BGBl I 2001, 1046) mWv 1.7.2001.

[16] § 17 Abs. 1: IdF d. Art. 1 Nr. 1 V v. 14.12.1992 (BGBl I 1992, 2013) mWv 23.12.1992;
§ 17 Abs. 1 Satz 1: IdF d. Art. 55 Nr. 17 G v. 19.6.2001 (BGBl I 2001, 1046) mWv 1.7.2001.

§ 18 Antrag[17]

(1) Die Anerkennung ist vom Träger der Werkstatt schriftlich zu beantragen. Der Antragsteller hat nachzuweisen, daß die Voraussetzungen für die Anerkennung vorliegen.

(2) Die Entscheidung über den Antrag bedarf der Schriftform. Eine Entscheidung soll innerhalb von 3 Monaten seit Antragstellung getroffen werden.

(3) Die Anerkennung erfolgt mit der Auflage, im Geschäftsverkehr auf die Anerkennung als Werkstatt für behinderte Menschen hinzuweisen.

Dritter Abschnitt: Schlußvorschriften

§ 19 -[18]

§ 20 Abweichende Regelungen für Werkstätten im Beitrittsgebiet[19]

Für Werkstätten in dem in Artikel 3 des Einigungsvertrages genannten Gebiet gilt diese Verordnung mit folgenden Abweichungen:

1. Die Vorschriften des § 9 Abs. 2 Satz 3 und Abs. 3 Satz 5 gelten für die von dem Bundesland für die Aufgabenerfüllung in dem betreffenden Einzugsgebiet vorgesehene anerkannte Werkstatt (Werkstatt des Einzugsgebietes) mit der Maßgabe, daß der Werkstattleiter und wenigstens ein Drittel der Fachkräfte zur Arbeits- und Berufsförderung bis zum 31. Dezember 1995, ein weiteres Drittel bis zum 31. Dezember 1998 und das letzte Drittel spätestens bis zum 31. Dezember 2001 über die sonderpädagogische Zusatzqualifikation verfügen müssen.
2. Die sonderpädagogische Zusatzqualifikation nach § 9 Abs. 2 und 3 braucht nicht nachgeholt zu werden von Personen, die vor dem 1. Januar 1993
a) das 50. Lebensjahr vollendet haben und
b) zehn Jahre in einer Werkstatt für behinderte Menschen oder einer anderen Einrichtung für behinderte Menschen in entsprechender Funktion tätig waren.
3. § 17 ist mit folgenden Maßgaben anzuwenden:
a) Werkstätten, die in der Zeit vom 1. Juli 1990 bis 31. Dezember 1992 unter Auflagen befristet bis zum 31. Dezember 1992 anerkannt worden sind, bleiben bis zum 30. Juni 1993 vorläufig anerkannt, wenn der Antrag auf Verlängerung der Anerkennung unter Darlegung, inwieweit die Anforderungen und erteilten Auflagen inzwischen erfüllt werden, spätestens bis zum 31. Dezember 1992 gestellt wird und über diesen Antrag vor dem 30. Juni 1993 nicht unanfechtbar entschieden worden ist.
b) Werkstätten im Sinne des Buchstabens a können, auch wenn die Voraussetzungen nach Absatz 3 nicht erfüllt werden, über den 30. Juni 1993 hinaus vorübergehend unter Auflagen befristet anerkannt werden, bis die von dem Bundesland für die Aufgabenerfüllung in dem betreffenden Einzugsgebiet vorgesehene anerkannte Werkstatt (Werkstatt des Einzugsgebietes) die behinderten Menschen der vorübergehend anerkannten Werkstatt voraussichtlich aufnehmen kann, längstens aber bis zum 30. Juni 1995. Durch die Auflagen ist sicherzustellen, daß die in § 136 des Neunten Buches Sozialgesetzbuch und im Ersten Abschnitt

---

[17] § 18 Abs. 2: Früherer Abs. 2 aufgeh., früherer Abs. 3 jetzt Abs. 2 gem. Art. 118 Nr. 3 Buchst. a u. b G v. 23.12.2003 (BGBl I 2003, 2848) mWv 1.1.2004;
§ 18 Abs. 3 (früher Abs. 4): IdF d. Art. 55 Nr. 18 G v. 19.6.2001 (BGBl I 2001, 1046) mWv 1.7.2001; früherer Abs. 4 jetzt Abs. 3 gem. Art. 118 Nr. 3 Buchst. b G v. 23.12.2003 (BGBl I 2003, 2848) mWv 1.1.2004.

[18] § 19: Überholte Übergangsvorschrift.

[19] § 20: IdF d. Art. 1 Nr. 3 V v. 14.12.1992 (BGBl I 1992, 2013) mWv 23.12.1992;
§ 20 Nr. 2: IdF d. Art. 55 Nr. 19 Buchst. a G v. 19.6.2001 (BGBl I 2001, 1046) mWv 1.7.2001;
§ 20 Nr. 3 Buchst. b Satz 1: IdF d. Art. 55 Nr. 19 Buchst. b G v. 19.6.2001 (BGBl I 2001, 1046) mWv 1.7.2001;
§ 20 Nr. 3 Buchst. b Satz 2: IdF d. Art. 55 Nr. 19 Buchst. b G v. 19.6.2001 (BGBl I 2001, 1046) mWv 1.7.2001;
§ 20 Nr. 3 Buchst. c: IdF d. Art. 55 Nr. 19 Buchst. c G v. 19.6.2001 (BGBl I 2001, 1046) mWv 1.7.2001.

Stichwortverzeichnis

Die **fetten Zahlen** *geben die Paragraphen an, die* mageren Zahlen *die Randnummern*

A

Abberufung **SGB XII 80** 23 f.
Abendschule **SGB XII 22** 79
Abfindung **SGB XII 82** 49
Abgeltung
- pauschale **SGB XII 55** 4

Abgeltungswirkung
- der Regelleistung **SGB XII 33** 13

Abgleich
- mit anderen Sozialleistungsträgern **SGB XII 118** 33 f.

Abgleichszeitraum **SGB XII 120** 14
Abgrenzungskriterien
- nichtselbständige Arbeit **DVO§82SGBXII 3** 7

Abgrenzungsregelung
- Leistungen der Krankenhilfe **SGB XII 53** 31

Ablauf
- des täglichen Lebens **SGB XII 61** 54 f.
- von Fristen **SGB XII 95** 98 f.

Ablaufhemmung **SGB XII 111** 31
Ablehnung
- Aufnahme einer Tätigkeit **SGB XII 39a** 30
- unbegründete **AsylbLG 5** 43, 57 f.

Abschiebehaft **AsylbLG 11** 36
Abschiebestopp **AsylbLG 2** 93 f.
Abschiebung **AsylbLG 1a** 42
Abschluss
- einer Leistungsabsprache **SGB XII 12** 10
- einer Vereinbarung **SGB XII 75** 91 f.
- von Rahmenverträgen **SGB XII 79** 9

Abschmelzung
- Regelbedarfsstufen 4 bis 6 **SGB XII 134** 12

Absetzungen
- Besonderheiten bei Art und Höhe **DVO§82SGBXII 7** 8 f.
- vom Einkommen **DVO§82SGBXII 3** 14

Absetzungsbeträge
- einzelne **DVO§82SGBXII 3** 16 f.

Abstimmung **SGB XII 58** 5
- mit gemeinsamer Servicestelle **SGB XII 59** 10

Abstimmungsproblem **SGB XII 21** 76
Abtretung **SGB XII 93** 21
Abweichung
- erhebliche vom durchschnittlichen Bedarf **SGB XII 27a** 99
- länderspezifische **SGB XII 29** 14

Abwrackprämie **SGB XII 83** 14
Ad-hoc-Anfrage **SGB XII 126** 15; **SGB XII 128h** 21
ADHS **EinglHV 3** 6
Ahndung
- von Verstößen **AsylbLG 8a** 21

Aktivlegitimation **SGB XII 93** 154
Aktualitätsgrundsatz **AsylbLG 2** 189
Akutversorgung **AsylbLG 6** 59
Alkoholkonsum
- Existenzminimum **RBEG 5** 17

Alleinerziehendenzuschlag **SGB XII 30** 68
Alleinerziehender **RBEG 2** 13
- Regelbedarfsstufe 1 **RBEG 8** 10

Alleinstehender
- Regelbedarfsstufe 1 **RBEG 8** 10

Alltag
- Hilfe bei Gestaltung **DVO§69SGBXII 6** 5
- Strukturierung und Bewältigung **DVO§69SGBXII 6** 5

Alltagsbewältigung
- Hilfsmittel für Behinderte **EinglHV 9** 7

Altenhilfe **SGB XII 71** 7
- altersbedingte Schwierigkeiten **SGB XII 71** 12
- Ermessen **SGB XII 71** 34
- Leistungen **SGB XII 71** 14

Altenwohnheim **SGB XII 63** 26
Alter Mensch
- Begriff **SGB XII 71** 9

Altersgrenze **SGB XII 122** 7
Altersklasse
- EVS **RBEG 1** 10

Alterssicherung
- angemessene Pflegehilfe **SGB XII 65** 66

Altersstufe **RBEG 6** 18
- Regelbedarfsstufen Kinder und Jugendliche **RBEG 8** 18

Altersvorsorge
- Erfassung von Beiträgen **SGB XII 128c** 13

Altmark-Trans-Entscheidung
- Akt der Betrauung **SGB XII 5** 47

Ambulante Leistung
- Begriff **SGB XII 13** 25

Ambulantisierung
- Leistungen der Eingliederungshilfe **SGB XII 128b** 10

Amtsermittlung
- eheähnliche Gemeinschaft **SGB XII 20** 41

Amtsermittlungspflicht
- Vorliegen einer Einstehens- und Verantwortungsgemeinschaft **SGB XII 20** 53

Analog-Berechtigter **AsylbLG 2** 116
Analog-Leistungsberechtigter **AsylbLG 1a** 16
Analogleistung **AsylbLG 2** 24
Änderung
- der Leistung **SGB XII 44** 22 f.

Stichwortverzeichnis

- der Verhältnisse **SGB XII 38** 26 f.; **SGB XII 58** 10
- Zusammensetzung der Personengemeinschaft **SGB XII 124** 13

Anfechtungsberechtigter SGB XII 93 146

Angabe
- falsche **AsylbLG 13** 13

Angehöriger SGB XII 21 21
- unterhaltsberechtigter **SGB XII 26** 27

Angemessenheit SGB XII 9 26 f.
- Förderung der Alterssicherung **SGB XII 33** 29 f.

Angemessenheitsprüfung
- Einkommenseinsatz **SGB XII 92a** 26

Anhörung SGB XII 26 48
- des Einkommensbeziehers **DVO§82SGBXII 9** 10
- Dritter **SGB XII 116** 8

Anlagen
- der Einrichtung **SGB XII 76** 38

Anlass
- hinreichender **SGB XII 118** 31

Anonymisierung SGB XII 119 20

Anordnung SGB XII 101 6
- einer Sicherheitsleistung **AsylbLG 7a** 9

Anrechnung
- anderer Leistungen **SGB XII 72** 38; **AsylbLG 2** 41 f.
- öffentlicher Förderung **SGB XII 76** 95

Ansparrücklage SGB XII 82 50

Anspruch
- auf Leistung **SGB XII 26** 5
- auf Übernahme **SGB XII 32** 23
- auf zusätzlichen Barbetrag **SGB XII 133a** 9
- Einleitung von Vertragsverhandlungen **SGB XII 79** 30
- künftiger **SGB XII 93** 7

Anspruchsausschluss
- Leistungserbringung **SGB XII 15** 21

Anspruchsberechtigter
- Erstattungsanspruch **SGB XII 25** 15 f.

Anspruchseinschränkung
- von Leistungen **AsylbLG 1a** 8

Anspruchserhaltung
- Ausbildungsförderung **SGB XII 22** 70

Anspruchsgegner SGB XII 93 58

Anspruchshöhe
- der Blindenhilfe **SGB XII 72** 27 f.

Anspruchsinhaber SGB XII 93 61

Anspruchsübergang SGB XII 93 4; **SGB XII 94** 120 f.

Antrag SGB XII 18 25; **SGB XII 41** 113; **SGB XII 74** 14; **SGB XII 80** 51
- Gewährung von Leistungen in Form eines Darlehen **SGB XII 37** 46
- Pflicht zur Weiterleitung **SGB XII 46** 35

Antragserfordernis
- Leistungserbringung für Bildung und Teilhabe **SGB XII 34a** 29

Antragsfiktion
- berechtigte Selbstbeschaffung **SGB XII 34b** 37

Antragsformular SGB XII 46 32

Antragstellung SGB XII 25 48 f.
- Rücknahme von Verwaltungsakten **SGB XII 116a** 35

Anwendung
- Bestimmungen des SGB X **AsylbLG 9** 33 f.

Anwesenheitsbereitschaft
- Hilfe zur Pflege **SGB XII 61** 89

Anzeichen
- für soziale Schwierigkeiten **DVO§69SGBXII 1** 10

Arbeitgebermodell SGB XII 61 107; **SGB XII 66** 46
- Krankenhausaufenthalt in der Pflegehilfe **SGB XII 63** 28

Arbeitsentgelt SGB XII 93 20

Arbeitsfähigkeit AsylbLG 5 45 f.

Arbeitsförderungsgeld SGB XII 82 84

Arbeitsgelegenheit AsylbLG 5 14
- in Einrichtungen **AsylbLG 5** 24 f.
- zur Verfügung gestellt **AsylbLG 5** 51
- zusätzliche **AsylbLG 5** 27 f.

Arbeitsgemeinschaft
- Bildung **SGB XII 4** 2, 16, 26
- Voraussetzung zur Bildung **SGB XII 4** 28

Arbeitshilfe SGB XII 11 8

Arbeitsleben
- angemessene Beschäftigung **EinglHV 17** 6

Arbeitsleistung SGB XII 54 38
- verwertbar **SGB XII 56** 7

Arbeitslosengeld II
- Ausschluss als Referenzhaushalt **RBEG 3** 14

Arbeitslosigkeit AsylbLG 8 31

Arbeitsmarkt
- allgemeiner **SGB XII 41** 55

Arbeitsmarktbezogene Gründe
- besonderer Härtefall **SGB XII 22** 62

Arbeitsplatz
- Erlangung und Sicherung **DVO§69SGBXII 5** 6

Arbeitssuche
- Aufenthaltsrecht **SGB XII 23** 63 f.
- Zweck des Aufenthalts **SGB XII 23 Anh** 8

Arbeitsuchender
- Ausschluss **SGB XII 23 Anh** 5

Arbeitsverhältnis
- faktisch **AsylbLG 5** 72

Armut
- verdeckte **RBEG 3** 19

Stichwortverzeichnis

Art
- der Dienstleistung **SGB XII 10** 37 f.
- der Leistung **SGB XII 68** 11 f.
- von Statistiken **SGB XII 121** 9

Arzt
- Anhörung von Sachverständigen **EinglHV 24** 5

Arztwahl
- freie **SGB XII 52** 16

Asylbewerber SGB XII 108 79
- internationalen Schutz **AsylbLG 6** 28
- Pflegehilfe **SGB XII 64** 14

Asylbewerberleistungsstatistik AsylbLG 12 8

Asylsuchender
- und Asylantragsteller **AsylbLG 1** 70 f.

Aufenthalt SGB XII 106 94, 99, 132, 142
- in einer Einrichtung **SGB XII 109** 8 f.
- in einer Vollzugsanstalt **SGB XII 109** 14 f.
- in stationärer Einrichtung **SGB XII 72** 35
- tatsächlicher **SGB XII 23** 21; **SGB XII 41** 105; **SGB XII 106** 67

Aufenthaltserlaubnis AsylbLG 1 77 ff.
Aufenthaltsgenehmigung SGB XII 132 29
Aufenthaltsland SGB XII 24 53

Aufenthaltsort
- tatsächlicher **SGB XII 98** 22

Aufenthaltsprinzip SGB XII 98 20

Aufenthaltsrecht
- verfestigtes **AsylbLG 1** 26

Aufenthaltsstatus SGB XII 132 25
- formaler **AsylbLG 1** 25

Aufenthaltstitel AsylbLG 1 80 f.

Aufgabe
- der Eingliederungshilfe **SGB XII 53** 33
- der Sozialhilfe **SGB XII 1** 3 ff.
- des Gesundheitsamtes **SGB XII 59** 5

Aufgabendurchführung
- Beteiligung Verband der freien Wohlfahrtspflege **SGB XII 5** 51

Aufgabenübertragung
- Verbot **SGB XII 3** 33

Aufklärungspflicht
- der Behörde **AsylbLG 1a** 34 f.

Aufnahme
- der Erwerbstätigkeit **AsylbLG 8a** 12

Aufnahmeeinrichtung AsylbLG 5 25; **AsylbLG 7b** 21; **AsylbLG 9** 32
Aufnahmepflicht SGB XII 76 53
Aufrechnung SGB XII 26 28 f.
Aufrechnungserklärung SGB XII 26 43
Aufrechnungsverbot SGB XII 26 52

Aufrechterhaltung
- Betreibung der Einrichtung **AsylbLG 5** 24
- menschenwürdige Lebensführung **SGB XII 61** 83
- selbständiger Haushalt **SGB XII 61** 64
- soziale Beziehungen **DVO§69SGBXII 6** 5

Aufstellung
- frühzeitige **SGB XII 58** 10

Aufstocker RBEG 3 27
- Referenzhaushalt **RBEG 10** 10

Auftragsverhältnis
- Durchführung der Sozialhilfe **SGB XII 3** 8, 30
- eigener Art **SGB XII 99** 13

Aufwandsentschädigung SGB XII 83 14
Aufwandsstatistik SGB XII 122 23; **AsylbLG 12** 14

Aufwendung SGB XII 108 113
- berücksichtigungsfähige **SGB XII 34b** 41
- für häuslichen Lebensunterhalt **SGB XII 92a** 12
- Schulausflüge und Klassenfahrten **SGB XII 34** 47

Aufwendungsersatz SGB XII 19 35 f.; **SGB XII 88** 46

Aufwendungsersatzanspruch
- des Nothelfers **SGB XII 25** 6 ff.

Ausbildung DVO§69SGBXII 5 6
- Leistungsausschluss **SGB XII 22** 10
- sonstige angemessene Tätigkeit **EinglHV 13a** 6
- zu einem angemessenen Beruf **SGB XII 54** 62 f.

Ausbildungsförderung
- Abendgymnasien **SGB XII 22** 33
- Abendhauptschulen **SGB XII 22** 33
- Abendrealschulen **SGB XII 22** 33
- Akademien **SGB XII 22** 33
- allgemeinbildende Schulen **SGB XII 22** 31
- Berufsaufbauschulen **SGB XII 22** 33
- Berufsfachschulen **SGB XII 22** 31
- berufsvorbereitende Bildungsmaßnahme **SGB XII 22** 42
- Fachoberschulklassen **SGB XII 22** 32
- Fernunterricht **SGB XII 22** 35
- Hochschulen **SGB XII 22** 34
- höhere Fachschulen **SGB XII 22** 33
- individuelle Versagensgründe **SGB XII 22** 25
- Kolleg **SGB XII 22** 33
- Leistungsausschluss **SGB XII 22** 16

Ausbildungsgeld SGB XII 22 46; **SGB XII 82** 51; **SGB XII 83** 14

Ausbildungsmaßnahme
- geförderte **EinglHV 16** 6

Ausbildungsversicherung SGB XII 82 80

Ausgestaltung
- der Arbeitsgelegenheit **AsylbLG 5** 30 f.

Ausgleich
- von Belastungen **AsylbLG 10b** 9

Ausgleichsanspruch SGB XII 74 80 f.

Auskunft
- Entschädigung **SGB XII 117** 60
- Vordrucke **SGB XII 117** 81

Stichwortverzeichnis

Auskunftsobliegenheit
- des Hilfebedürftigen **SGB XII 43** 42

Auskunftspflicht SGB XII 93 158; **SGB XII 117** 7; **AsylbLG 7** 69 f.; **AsylbLG 12** 22 f.
- der Behörde **SGB XII 125** 9; **SGB XII 128g** 7
- der Finanzbehörde **SGB XII 117** 30
- von Arbeitgebern **SGB XII 117** 43
- von Kindern und Eltern **SGB XII 43** 52
- von Leistungserbringern **SGB XII 117** 32
- von Leistungsverpflichteten **SGB XII 117** 37

Ausland SGB XII 106 55; **SGB XII 108** 30, 33
- Leistungen der Eingliederungshilfe **EinglHV 23** 6

Ausländer SGB XII 21 35; **AsylbLG 1** 25
- arbeitssuchend **AsylbLG 1a** 17 f.
- mit gefestigtem Aufenthaltsstatus **SGB XII 23** 28 ff.

Ausmaß
- der Pflegebedürftigkeit **SGB XII 62** 13 f.

Ausnahme
- Geld- vor Sachleistung **SGB XII 10** 55 f.
- von der Grundregel **SGB XII 75** 154 f.

Ausschluss
- anderer Leistungen **SGB XII 72** 42
- Berücksichtigung von Vermögen **SGB XII 92** 62 f.
- der Aufrechnung **SGB XII 137** 16
- eines Schiedsstellenmitglieds **SGB XII 80** 65 f.
- Erstattung höherer Regelsätze **SGB XII 137** 12
- vom Wohngeld **AsylbLG 7b** 8
- von Leistungen nach SGB XII **SGB XII 23** 47 ff.

Ausschlussfrist SGB XII 106 171
Ausschlussnorm SGB XII 21 9; **SGB XII 93** 16
Ausschlusswirkung
- Ausbildungsförderung **SGB XII 22** 47

Ausstattung
- sachlich und personell **SGB XII 76** 42

Ausstattungsstandard SGB XII 31 65 f.
Ausübungsrecht SGB XII 93 87
Auswahl
- der Abgleichfälle **SGB XII 120** 14

Auswahlermessen SGB XII 15 30; **SGB XII 17** 31 f.; **SGB XII 38** 39 f.; **SGB XII 93**
Auswahlsatz SGB XII 126 14; **SGB XII 128h** 20
Ausweisung AsylbLG 1a 41
Auswertung
- von Unterlagen **SGB XII 59** 11

Auszubildender SGB XII 21 38
Autismus
- atypische **EinglHV 3** 6

B

Babyerstausstattung SGB XII 31 37
BAföG SGB XII 83 14
- Referenzhaushalt **RBEG 3** 18

BAföG-Berechtigter
- Leistungsausschluss **SGB XII 22** 30

Bagatellgrenze SGB XII 108 48; **SGB XII 110** 7, 28
Barbetrag
- Höhe **SGB XII 27b** 61
- Höhe vor Vollendung des 18. Lebensjahres **SGB XII 27b** 69
- Minderung **SGB XII 27b** 72
- zur persönlichen Verfügung **SGB XII 27b** 53 f.

Barbetragsverwaltung
- durch die Einrichtung **SGB XII 27b** 57

Basistarif
- privat Versicherte **SGB XII 32** 49 f., 61

Bedarf
- ausbildungsgeprägter **SGB XII 22** 50
- einmaliger **SGB XII 31** 16; **DVO§82SGBXII 9** 7
- für Bildung und Teilhabe **SGB XII 42** 20
- notwendiger **AsylbLG 3** 59 f.
- prognostischer **SGB XII 44** 15
- selbstverschuldet **SGB XII 87** 23
- sozialhilferechtlicher **SGB XII 17** 40
- unvorhergesehen **SGB XII 87** 23
- vom Barbetrag erfasster **SGB XII 27b** 53
- zum Leben und zur Versorgung **SGB XII 8** 5 ff.
- zusätzlicher **SGB XII 42** 18

Bedarfs- oder Einsatzgemeinschaft SGB XII 20 9
Bedarfsbemessung
- bei Unterbringung **SGB XII 27a** 112

Bedarfsberechnung SGB XII 31 55
Bedarfsdeckung SGB XII 43 21; **AsylbLG 7** 31
- anderweitige **AsylbLG 8** 15 f.
- doppelte Vermutung **SGB XII 39** 15
- durch Ausgabe von Gutscheinen **SGB XII 34a** 53 f.
- durch Direktzahlung an Anbieter **SGB XII 34a** 68
- Leistungen für Bildung und Teilhabe **SGB XII 34** 12
- Sicherstellung **SGB XII 37** 18

Bedarfsdeckungsgrundsatz SGB XII 39a 12
Bedarfsdeckungsprinzip SGB XII 9 14 f.
Bedarfsfeststellungsverfahren SGB XII 57 22 f.
Bedarfsgegenstand
- langlebiger **SGB XII 87** 44

Bedarfsgemeinschaft SGB XII 19 11;
SGB XII 20 5; **SGB XII 93** 54
- gemischte **SGB XII 27** 38

Bedarfslage
- atypische **SGB XII 31** 21; **SGB XII 73** 14
- unbenannt **SGB XII 73** 21 f.

Bedarfsspitze
- vorübergehende **SGB XII 37** 12, 43

Bedarfstatbestand
- grundlegender **SGB XII 27a** 37 f.
- sonstiger **SGB XII 27a** 65 f.

Bedarfsunterdeckung SGB XII 37 37 f.
Bedarfszeitraum SGB XII 82 32

Bedürfnis
- besonderes von Kindern **AsylbLG 6** 77 f.

Bedürftigkeit SGB XII 32 20 f.; **SGB XII 93** 16; **SGB XII 94** 25
- fortdauernde **SGB XII 132** 22
- Prüfung **AsylbLG 8** 12
- Unterhaltsanspruch **SGB XII 94** 72

Beeinträchtigung
- existenzieller Rechtsgüter **SGB XII 133** 15

Beendigung
- eheähnliche Gemeinschaft **SGB XII 20** 33
- Leistungsgewährung **SGB XII 18** 56 f.

Befangenheit
- eines Schiedsstellenmitglieds **SGB XII 80** 65 f.

Befristung
- Verpflichtung der Behörde **SGB XII 44** 13 f.

Befugnis
- zur Anordnung **AsylbLG 7a** 9

Beginn
- des Bewilligungszeitraums **SGB XII 44** 17 f.

Begleitperson
- Kosten **EinglHV 22** 1 f.

Begrenzung
- Anwendungsbereich des § 44 SGB X **SGB XII 116a** 26

Begutachtung
- ärztliche **SGB XII 51** 9

Begutachtungs-Richtlinie SGB XII 61 166
Behandlung SGB XII 51 9
- chronischer Erkrankungen **AsylbLG 6** 62 f.

Behandlungspflege SGB XII 61 25
Behindertenfahrdienst EinglHV 8 11

Behinderter
- erneute Versorgung **EinglHV 10** 11
- regelmäßige Benutzung eines Kraftfahrzeuges **EinglHV 10** 12

Behinderter Mensch SGB XII 41 86
- gesonderte Regelbedarfsfestsetzung **RBEG 10** 19
- s. Eingliederungshilfe **SGB XII 8** 10 f.

Behinderung SGB XII 41 37
- Begriff **SGB XII 54** 15
- geistige **SGB XII 53** 26; **EinglHV 2** 5
- körperliche **SGB XII 53** 25; **EinglHV 1** 5
- seelische **SGB XII 53** 27; **EinglHV 3** 5
- wesentliche **SGB XII 53** 18

Behörde
- Auskunftspflicht **SGB XII 125** 9; **SGB XII 128g** 7
- zuständige **AsylbLG 8a** 10

Behördenprinzip SGB XII 99 22
Beibringungsgrundsatz SGB XII 93 5, 161

Beihilfe
- besonderer Härtefall **SGB XII 22** 68

Beiladung
- notwendige in Pflegehilfe **SGB XII 62** 32

Beitrag
- zur Pflegeversicherung **SGB XII 32** 42 f.

Beitragsübernahme SGB XII 48 13
Beitrittsgebiet SGB XII 115 19

Bekenntnisfreiheit
- religiös motiviertes Wunschrecht **SGB XII 9** 36

Bekleidung SGB XII 31 35

Belastung
- im Innenverhältnis der Leistungsträger **AsylbLG 10b** 9

Belehrung
- vorherige **AsylbLG 5** 56

Bemessung
- der Regelleistung **SGB XII 33** 8

Beratung SGB XII 8 15 f.; **SGB XII 10** 42 f.; **DVO§69SGBXII 2** 5; **DVO§69SGBXII 3** 5
- Anspruch **SGB XII 51** 9
- ärztliche **SGB XII 49** 9
- durch den Rentenversicherungsträger **SGB XII 46** 16 f.
- Gegenstand der Fortbildung **SGB XII 6** 25
- Herstellungsanspruch, sozialrechtlicher **SGB XII 11** 11
- Teilhabe am gesellschaftlichen Leben **SGB XII 11** 18

Beratungspflicht
- Bedarf **SGB XII 11** 16
- Rentenversicherungspflicht **SGB XII 46** 14
- umfangreich **SGB XII 59** 5, 8 f.

Berechnung
- bei Absetzungen **DVO§82SGBXII 12** 5
- des Einkommens **DVO§82SGBXII 1** 1 f.
- Einkünfte aus Land- und Forstwirtschaft **DVO§82SGBXII 1** 1 f.
- Einrichtungen erbrachter Lebensunterhalt **SGB XII 27b** 35

Berechnungsgrundsatz
- Berechnung der Jahreseinkünfte **DVO§82SGBXII 4** 9

Stichwortverzeichnis

Berechnungsjahr
- Berechnungszeitraum **DVO§82SGBXII 4** 7
Berechnungszeitraum DVO§82SGBXII 11 6 f.
- Besonderheiten bei einmaligen Einkünften **DVO§82SGBXII 11** 9
- Besonderheiten bei Saisontätigkeiten **DVO§82SGBXII 11** 10

Berechtigung
- der Landesregierung **SGB XII 101** 5

Bereite Mittel SGB XII 2 10, 25

Berichtsinhalt
- notwendiger **RBEG 10** 12

Berichtszeitpunkt SGB XII 124 9
- der Statistik **SGB XII 128f** 7

Berichtszeitraum SGB XII 124 9
- der Statistik **SGB XII 128f** 7

Berücksichtigung
- als Einkommen **SGB XII 84** 14
- Bedarfe älterer Menschen **SGB XII 35a** 24
- von Einkommen und Vermögen **SGB XII 43** 11, 14 f.

Beruf
- ausreichende Lebensgrundlage **EinglHV 13** 6

Berufliche Weiterbildung
- kein Leistungsausschluss **SGB XII 22** 43

Berufsausbildung
- unterbleibt wegen Art und Schwere der Behinderung **EinglHV 13a** 6

Berufsausbildungsbeihilfe SGB XII 22 41; **SGB XII 83** 14

Berufskleidung SGB XII 82 81

Beschäftigungsstätte SGB XII 56 5 f.

Beschäftigungsverhältnis AsylbLG 5 28

Beschlussfähigkeit
- Schiedsstelle **SGB XII 80** 61

Beschränkung AsylbLG 11 16
- der Beweismittel **SGB XII 81** 29
- der Leistung **SGB XII 52** 17

Besetzung
- paritätische **SGB XII 80** 12

Besitz
- einer Duldung **AsylbLG 1a** 11 f.

Besitzstand
- betragsmäßig **SGB XII 130** 14
- im Status als ambulant Betreuer **SGB XII 130** 9

Besitzstandsregelung SGB XII 64 59

Besitzstandsverlängerung SGB XII 132 13

Besondere Lebensverhältnisse
- Begriff **DVO§69SGBXII 1** 8 f.

Besondere Sozialhilfeleistung
- kein Ausschluss **SGB XII 22** 47

Besonderheit
- Berücksichtigung von Einkommen und Vermögen **SGB XII 43** 11, 15 f.
- kommunalrechtliche **SGB XII 99** 12

Besserstellungsverbot
- eheähnliche Gemeinschaft **SGB XII 20** 16

Bestandsaufnahme
- Leistungsabsprache **SGB XII 12** 13

Bestandserhebung AsylbLG 12 21
- Erhebungs- und Hilfsmerkmale **SGB XII 128f** 12

Bestandsregelung SGB XII 133a 8

Bestandsschutz
- Anträge vor dem 01.04.2011 **SGB XII 116a** 30
- Kinder und Jugendliche **SGB XII 28A** 28
- Regelbedarfsstufe 3 **SGB XII 137** 5
- Regelbedarfsstufen 4 bis 6 **SGB XII 134** 11

Bestattung
- würdige **SGB XII 74** 12

Bestattungskosten SGB XII 74 8; **SGB XII 85** 20
- Einkommensgrenze **SGB XII 85** 8

Bestattungsvorsorgevertrag SGB XII 74 10

Bestellung
- der Mitglieder **SGB XII 80** 15 f.

Bestimmtheit
- der gesetzlichen Grundlage **SGB XII 119** 9

Bestimmtheitsgebot
- rechtsstaatliche **AsylbLG 13** 11

Bestimmung
- der überörtlichen Träger **SGB XII 3** 33
- der zuständigen Behörde **SGB XII 101** 5

Besuchsbeihilfe SGB XII 54 68

Betätigung
- gesellige, sportliche oder kulturelle **DVO§69SGBXII 6** 5

Beteiligter SGB XII 58 11

Beteiligung
- des Bundes **SGB XII 46a** 19
- Dritter **SGB XII 116** 7

Beteiligungsquote
- Bund **SGB XII 46a** 17

Betrachtung
- typisierende **AsylbLG 2** 88

Betreiben
- der Feststellung **SGB XII 95** 74

Betreuer
- ambulant **SGB XII 130** 9

Betreutes Wohnen SGB XII 13 26

Betreuung
- ambulante **SGB XII 130** 12
- haushaltsangehörige Personen **SGB XII 70** 9
- in einer Pflegefamilie **SGB XII 54** 73 f.

Betreuungsleistung
- Art und Zielsetzung **SGB XII 98** 54

Betreuungsperson
- Anleitung **EinglHV 20** 6

Betreuungspflicht SGB XII 76 53

Betriebskostenerstattung SGB XII 82 38

Stichwortverzeichnis

Bettlägerigkeit
- abweichender Bedarf **SGB XII 27a** 104

Beurteilungsbefugnis
- Rentenversicherungsträger **SGB XII 45** 31

Beweislast
- abweichender Bedarf **SGB XII 27a** 108

Beweislastumkehr
- Bedarfsgemeinschaft **SGB XII 20** 6

Bewilligungsentscheidung AsylbLG 7b 15 f.

Bewilligungszeitraum SGB XII 44 12
- Beginn **SGB XII 44** 17
- Dauer **SGB XII 44** 13

Bezug
- von Leistungen **AsylbLG 2** 34

Bezugsdauer
- durchschnittliche Dauer **SGB XII 128b** 12

Bildungskredit SGB XII 83 14

Bindungswirkung SGB XII 62 6
- Entscheidung Rentenversicherungsträger **SGB XII 45** 41
- Pflegekasse **SGB XII 62** 10
- unter den Vertragsparteien **SGB XII 77** 33 f.

Blindengeld SGB XII 83 14

Blindenhilfe SGB XII 66 14; **SGB XII 72** 10 f.; **SGB XII 85** 20
- Verhältnis zur Hilfe zur Pflege **SGB XII 61** 38

Blindenwerkstatt SGB XII 56 9

Blindheit SGB XII 72 14 f.

Bonusleistung SGB XII 52 17

Brutto- und Nettobedarf
- detaillierte Erfassung **SGB XII 128c** 16

Bruttolohnprinzip
- Berechnung der Einkünfte **DVO§82SGBXII 3** 11

Bruttoprinzip SGB XII 32 23; **SGB XII 85** 21; **SGB XII 87** 16; **SGB XII 93** 115

Budget
- persönliches **SGB XII 57** 9

Budgetassistent SGB XII 57 14

Budgetberatung
- Regelsatz **SGB XII 11** 23

Budgetierung SGB XII 75 64

Bundesbeteiligung
- Höhe **SGB XII 46a** 17

Bundesempfehlung SGB XII 79 43

Bundesland
- Nachweis der Ausgaben **SGB XII 46a** 51
- Prüfung der Ausgaben **SGB XII 46a** 47

Bundesministerium
- für Arbeit und Soziales **SGB XII 69** 3; **SGB XII 120** 11
- Verordnungsermächtigung **SGB XII 129** 10

Bundesregierung SGB XII 60 6

Bundesstatistik SGB XII 121 8; **SGB XII 128a** 7; **SGB XII 128b** 6; **SGB XII 128c** 6; **SGB XII 128d** 6; **SGB XII 128f** 6; **SGB XII 128g** 6
- Vereinbarkeit mit höherrangigem Recht **SGB XII 128a** 13

C

Cerebralparese
- schwerwiegende, eines Kindes **EinglHV 2** 7

Cessio legis SGB XII 93 5
- Rechtsnachfolge **SGB XII 17** 29

Cessio magistralis SGB XII 93 26

D

Darlehen
- an Mitglieder von Haushaltsgemeinschaften **SGB XII 38** 52 f.
- Ausgestaltung **SGB XII 91** 27
- besonderer Härtefall **SGB XII 22** 68
- einstweiliger Rechtsschutz **SGB XII 91** 9
- Gewährung und Ausgestaltung **SGB XII 91** 19 f.
- Härtebegriff **SGB XII 91** 16
- Höhe **SGB XII 91** 23
- Rechtsform **SGB XII 91** 27
- Rückzahlung bei Beendigung des Leistungsbezuges **SGB XII 37** 72
- Sicherung des Rückzahlungsanspruchs **SGB XII 91** 30
- Unmöglichkeit sofortigen Verbrauchs **SGB XII 91** 13
- Unmöglichkeit sofortiger Verwertung **SGB XII 91** 13
- Verwertbarkeit von Vermögen **SGB XII 91** 10
- Zinsen **SGB XII 91** 23 f.

Darlehensfinanzierung
- unabweisbar gebotener Bedarf **SGB XII 37** 34

Darlehensgewährung SGB XII 38 9 f.

Darlehensvertrag
- öffentlich-rechtlicher **SGB XII 84** 17

Daten
- Übermittlung und Veröffentlichung **SGB XII 126** 8; **SGB XII 128h** 7

Datenabgleich AsylbLG 11 38
- automatisierter **SGB XII 118** 19

Datengrundlage
- notwendige **AsylbLG 12** 9

Datenschutz SGB XII 4 35

Datenübertragung SGB XII 118 42 f.

Dauer
- der Leistungserbringung **SGB XII 133a** 18
- des Aufenthaltes **AsylbLG 2** 50; **AsylbLG 10a** 57
- des Bewilligungszeitraums **SGB XII 44** 13 f.
- des Leistungsbezugs **SGB XII 132** 25
- kurze **SGB XII 38** 22

Stichwortverzeichnis

Dauerhaft
- erwerbsgemindert **SGB XII 45** 21

Dauerhaftigkeit
- des Hilfebedarfs **SGB XII 61** 73 f.

Dauerwirkung SGB XII 93 140

Deckung
- der persönlichen Bedürfnisse **AsylbLG 3** 79
- des Lebensunterhaltes **SGB XII 33** 14, 29
- des notwendigen Bedarfs **AsylbLG 3** 23
- von atypischen Sonderbedarfen **AsylbLG 6** 22

Deckungsgleichheit
- zeitliche **SGB XII 94** 55

Deutscher SGB XII 133 10

Deutsches Rotes Kreuz
- Hilfegewährung **SGB XII 133** 26

Dienstleistung SGB XII 10 15 f.; **SGB XII 68** 15 f.

Differenzberechnung
- Verbrauchsausgaben Mehrpersonenhaushalte **RBEG 10** 18

Diplomat SGB XII 23 45

Direktleistung
- an Vermieter **SGB XII 35** 109

Direktzahlung
- Voraussetzung **SGB XII 131** 36

Diskriminierungsverbot SGB XII 23 30

Dispositionsmaxime SGB XII 77 52

Distanzmaß
- Berechnungsmethode **RBEG 10** 18

Dokumentationspflicht
- und Informationspflicht **SGB XII 76** 120

Doppelabsetzungen
- Ausschluss **DVO§82SGBXII 12** 6

Doppelausstattung
- mit Körperersatzstücke **EinglHV 10** 8

Doppelberücksichtigung AsylbLG 7b 18

Doppelsicherung SGB XII 93 37

Doppelverdienerhaushalt
- Regelbedarfsstufe 2 **RBEG 8** 12

Dreiecksverhältnis
- sozialhilferechtliches **SGB XII 75** 30 f.

Dritter
- beratende Beteiligung **SGB XII 116** 9
- sozial erfahrener **SGB XII 116** 16

Duldung AsylbLG 1a 11 f.

Durchführung
- der Sozialhilfe **SGB XII 3** 19
- der Statistik **SGB XII 123** 12
- von Instrumenten der Dienstleistung **SGB XII 7** 10

Durchführungsheranziehung SGB XII 99 8

Durchsetzung
- räumlicher Beschränkungen **AsylbLG 11** 16

Dynamisierung
- der Blindenhilfe **SGB XII 72** 34

Dyskalkulie
- geistige Behinderung **EinglHV 2** 6

E

Eckregelsatz SGB XII 37 5, 65
- Abschläge **RBEG 2** 3

Eheähnliche Gemeinschaft
- Begriff **SGB XII 20** 19
- Dauer **SGB XII 20** 22
- Einstandswille **SGB XII 20** 30
- Familienförderung **SGB XII 16** 16
- Wohn- und Wirtschaftsgemeinschaft **SGB XII 20** 25

Eheähnliche Lebensgemeinschaft
- Einsatzgemeinschaft **SGB XII 19** 16

Ehegatte SGB XII 94 65; **SGB XII 114** 38
- Leistungsberechtigter **AsylbLG 7** 22

Eheverbot SGB XII 20 24

Ehrenamt
- Schiedsstellenmitglieder **SGB XII 80** 31

Eigenanteil
- gemeinschaftliche Mittagsverpflegung **RBEG 9** 11
- kostenmindernder **SGB XII 13** 44
- selbst organisierten Mittagsverpflegung **RBEG 9** 9

Eigenheimzulage SGB XII 83 14
- Referenzhaushalt **RBEG 3** 30

Eigennutzung SGB XII 93 89

Eignung
- persönlich und fachlich **SGB XII 6** 15 f.

Eilentscheidung DVO§82SGBXII 9 8

Eilfall SGB XII 106 61
- vorläufiges Eintreten **AsylbLG 10a** 40
- Vorliegen **SGB XII 25** 20 f.

Einbehaltung
- Tilgung des Darlehens **SGB XII 37** 63

Einbeziehung
- familienhafte Mitarbeit **DVO§82SGBXII 3** 9

Eingliederung
- in das Arbeitsleben **EinglHV 17** 1 f.
- in die Gesellschaft **SGB XII 53** 34

Eingliederungshilfe SGB XII 15 5; **SGB XII 30** 86; **SGB XII 52** 20; **SGB XII 55** 3
- behinderter Menschen **SGB XII 8** 10 f.; **SGB XII 23** 23; **SGB XII 85** 20; **EinglHV 16** 4 f.
- blindentechnische Grundausbildung **EinglHV 16** 6
- für behinderte Kinder **AsylbLG 6** 87
- für Behinderte zum Besuch einer Hochschule **EinglHV 13** 3
- Gewährung nachgehender Leistungen **SGB XII 15** 29
- Unterweisung der Betreuungsperson **EinglHV 20** 6
- Verhältnis zur Hilfe zur Pflege **SGB XII 61** 16

Eingliederungshilfe-Verordnung SGB XII 53 25; **SGB XII 60** 3 f.; **EinglHV 1** 5

Stichwortverzeichnis

Eingliederungsmaßnahme
- im Ausland **EinglHV 23** 1 f.

Einhaltung
- der Meldefrist **AsylbLG 8a** 21

Einigungsstelle SGB XII 21 68 f.

Einkommen AsylbLG 7 17
- Abgrenzung vom Vermögen **SGB XII 82** 20
- Absetzungen **SGB XII 82** 65
- Absetzungspauschale **SGB XII 82** 80
- Ausbildungsversicherung **SGB XII 82** 57
- Bedarfszeitraum **SGB XII 82** 32
- Betriebskostenerstattung **SGB XII 82** 40
- Darlehen **SGB XII 82** 52
- des Leistungsberechtigten **AsylbLG 9** 10
- Einmaleinnahmen **SGB XII 82** 79
- Faktizitätsgrundsatz **SGB XII 82** 19
- fiktives Einkommen **SGB XII 82** 30
- Freibetrag Erwerbseinkommen **SGB XII 82** 86
- gemischte Bedarfsgemeinschaft **SGB XII 82** 45
- Härtefall bei Zuwendungen **SGB XII 84** 19
- Härteklausel **SGB XII 82** 91
- Kfz-Haftpflicht **SGB XII 82** 73
- Kfz-Überlassung **SGB XII 82** 62
- Kindergeld **SGB XII 82** 40
- kostenfreie Verpflegung **SGB XII 82** 56
- Mini-BAföG **SGB XII 22** 78
- Monatsprinzip **SGB XII 82** 73
- Nachranggrundsatz **SGB XII 82** 19
- notwendige Ausgaben **SGB XII 82** 81
- Pfändung **SGB XII 82** 28
- Rechtsschutzversicherung **SGB XII 82** 80
- Renten **SGB XII 82** 58
- Schadensersatz **SGB XII 82** 63
- Schätzung **DVO§82SGBXII 9** 5
- Schmerzensgeld **SGB XII 82** 87; **SGB XII 83** 15
- Sozialversicherungsbeiträge **SGB XII 82** 70
- Spesen **SGB XII 82** 59
- Steuererstattung **SGB XII 82** 64
- Steuern **SGB XII 82** 69
- Stromkostenerstattung **SGB XII 82** 38
- Trinkgeld **SGB XII 82** 60
- Unterhaltsforderungen **SGB XII 82** 65
- Zuflusstheorie **SGB XII 82** 22
- Zuwendungen der freien Wohlfahrtspflege **SGB XII 84** 8
- zweckbestimmte öffentlich-rechtliche Leistungen **SGB XII 83** 10

Einkommen und Vermögen
- eheähnliche Gemeinschaft **SGB XII 20** 44
- Einsatz **SGB XII 2** 24 f.

Einkommensart
- Abgrenzung **DVO§82SGBXII 1** 8

Einkommensberechnung SGB XII 31 56
- in besonderen Fällen **DVO§82SGBXII 9** 3 ff.

Einkommensbereinigung AsylbLG 7 32

Einkommensberücksichtigung SGB XII 92a 9
- horizontale **SGB XII 27** 31
- mehrere Leistungsträger **SGB XII 89** 18
- vertikale **SGB XII 27** 30

Einkommenseinsatz
- absolute Untergrenze **SGB XII 88** 41
- angemessener Umfang **SGB XII 88** 34
- Angemessenheit **SGB XII 87** 19
- atypische Fälle **SGB XII 88** 44
- begrenzter **SGB XII 92** 72 f.
- Behinderung **SGB XII 87** 24
- bei Leistung in stationärer Einrichtung **SGB XII 92a** 22
- bei Leistungen für Einrichtungen **SGB XII 92a** 1 f.
- Berufsschadensrenten **SGB XII 88** 25
- besondere Belastungen **SGB XII 87** 26
- Bindung Verwaltung **SGB XII 87** 51
- Blinde **SGB XII 87** 48
- Doppelberücksichtigung von Einkommen **SGB XII 89** 13, 23
- Ermessen **SGB XII 87** 53, 55; **SGB XII 88** 43
- geringfügige Mittel **SGB XII 88** 26
- gleichzeitige Bedarfe **SGB XII 89** 13, 20
- in Höhe der ersparten Aufwendungen **SGB XII 92a** 19
- mehrere Leistungsträger **SGB XII 89** 18
- Personenkreis **SGB XII 89** 5, 15
- Pflegebedürftigkeit **SGB XII 87** 24
- Schmerzensgeld **SGB XII 88** 25
- Schwerstpflegebedürftige **SGB XII 87** 48
- stationäre, teilstationäre Leistungen **SGB XII 88** 1
- stationäre Einrichtung **SGB XII 88** 33
- stationäre Leistung **SGB XII 88** 35
- stationäre Unterbringung **SGB XII 88** 30
- Unfallrenten **SGB XII 88** 25
- unterhalb der Einkommensgrenze **SGB XII 88** 21
- Unterhaltsleistungen **SGB XII 87** 26, 28
- Verfahren **SGB XII 87** 56; **SGB XII 88** 45
- Verfolgtenschadensrente **SGB XII 88** 25
- Vorrang **SGB XII 89** 8
- Waisenrente **SGB XII 88** 25
- zweckbestimmte Leistungen **SGB XII 88** 21, 42

Einkommensfreibetragsregelung AsylbLG 7 33 f.

Einkommensfreilassung SGB XII 92a 32

Einkommensgrenze
- abweichender Grundbetrag **SGB XII 86** 14
- Alleinstehende **SGB XII 85** 27

Stichwortverzeichnis

- angemessener Einkommenseinsatz **SGB XII 87** 19
- Angemessenheit **SGB XII 87** 19
- Aufforderung angemessene Unterkunft **SGB XII 85** 36, 64
- Bedarf von kurzer Dauer **SGB XII 87** 38
- Berechnung **SGB XII 85** 31
- Berechnung (Ausnahmen) **SGB XII 87** 33
- Berechnungszeitraum **SGB XII 85** 23
- besondere Belastungen **SGB XII 87** 26
- Blinde **SGB XII 87** 48
- eheähnliche Gemeinschaft **SGB XII 85** 30
- Ehegatten/Lebenspartner **SGB XII 85** 28
- einkommensunabhängige Leistungen **SGB XII 85** 21
- Einkommensverlust **SGB XII 87** 34
- einmalige Bedarfe **SGB XII 87** 38
- Erziehungs- und Betreuungskosten **SGB XII 87** 28
- Fahrkosten **SGB XII 87** 28
- Familienereignisse **SGB XII 87** 28
- Familienzuschlag **SGB XII 85** 39, 48
- Grundbetrag **SGB XII 85** 31, 48
- Halbwaise **SGB XII 85** 52
- Heizkosten **SGB XII 87** 29, 31
- Heizung **SGB XII 85** 37
- Historische Entwicklung **SGB XII 85** 6
- Kosten der Unterkunft **SGB XII 85** 19, 32, 48
- langlebige Bedarfsgegenstände **SGB XII 87** 44
- Luxusaufwendungen **SGB XII 87** 27
- Mehr- und Sonderbedarfe **SGB XII 87** 28
- minderjährige Unverheiratete **SGB XII 85** 46
- Rechtsverfolgungskosten **SGB XII 87** 28
- regionale Unterschiede **SGB XII 85** 31
- Rücklagen **SGB XII 87** 28
- Schwerstpflegebedürftige **SGB XII 87** 48
- Sterbekasse **SGB XII 87** 28
- Überschreiten/Personenkreis **SGB XII 87** 34
- Überschreitung **SGB XII 85** 15, 57
- Überschreitung/Anwendungsbereich **SGB XII 87** 15
- Überschreitung/Personenkreis **SGB XII 87** 17
- überwiegender Unterhalt **SGB XII 85** 63
- Umstellungsvermögen **SGB XII 87** 32
- uneheliche Kinder **SGB XII 85** 47
- Unterhaltsleistungen **SGB XII 87** 26, 28
- verheiratete Personen **SGB XII 85** 27
- verschiedene **SGB XII 89** 2
- Widersprüche **SGB XII 85** 17
- Zinsen- und Tilgung **SGB XII 87** 28
- Zweck **SGB XII 85** 16

Einkommensprivilegierung
- Altenhilfe **SGB XII 71** 35

Einkommensteuerrecht
- Bezugnahme auf die Einkunftsarten **DVO§82SGBXII 6** 3

Einkommensverteilung AsylbLG 7 36 f.

Einkünfte
- aus Land- und Forstwirtschaft **DVO§82SGBXII 4** 5
- aus nichtselbständiger Tätigkeit **DVO§82SGBXII 2** 3
- aus Vermietung und Verpachtung **DVO§82SGBXII 7** 5
- Berücksichtigung **DVO§82SGBXII 1** 9
- getrennte Betrachtung **DVO§82SGBXII 12** 6
- Gewerbebetrieb **DVO§82SGBXII 4** 5
- selbständiger Arbeit **DVO§82SGBXII 4** 5

Einkunftsberechnung
- nach anzunehmenden Werten **DVO§82SGBXII 5** 3

Einlegung
- von Rechtsmitteln **SGB XII 95** 94 f.

Einmalige Einnahmen SGB XII 82 43
- Begriff **DVO§82SGBXII 3** 12

Einmaliger Bedarf SGB XII 87 38

Einnahmen
- geldwerte **DVO§82SGBXII 2** 7

Einpersonenhaushalt SGB XII 28 29
- Bestimmung der Referenzhaushalte **RBEG 4** 12
- Haushaltstyp **RBEG 2** 9
- Regelbedarfsstufe 1 **SGB XII 27a** 76

Einrede SGB XII 111 26

Einreise SGB XII 108 5, 22, 39; **SGB XII 115** 12
- illegale **AsylbLG 3** 27
- Leistungserlangung nach dem AsylbLG **AsylbLG 1a** 21 f.
- Motiv **AsylbLG 1a** 22 f.

Einrichtung SGB XII 19 54 f.; **SGB XII 106** 32, 90, 121, 150
- Begriff **SGB XII 13** 53; **SGB XII 75** 67; **AsylbLG 10a** 30; **AsylbLG 10b** 16
- erfasste Leistungen **SGB XII 13** 17
- notwendiger Lebensunterhalt **SGB XII 27b** 7, 30 f.
- teilstationär **SGB XII 63** 26
- vollstationär **SGB XII 55** 5

Einrichtungsauftrag
- Bildung einer Schiedsstelle **SGB XII 80** 8

Einrichtungsort AsylbLG 10a 11

Einrichtungsübertritt AsylbLG 10a 39

Einrichtungswechsel SGB XII 98 38 f.
- Zuständigkeit **AsylbLG 10a** 37

Einsatz
- der eigenen Arbeitskraft **SGB XII 2** 36
- Einkommen und Vermögen **SGB XII 2** 24 f.; **SGB XII 68** 35 f.; **AsylbLG 7** 17 ff.
- öffentlicher Mittel **SGB XII 73** 36 f.; **AsylbLG 8** 29

Einsatzgemeinschaft SGB XII 27 13;
SGB XII 89 15; **SGB XII 93** 40
- Berücksichtigung von Einkommen und Vermögen **SGB XII 27** 24

Einschränkung
- bei fehlender Mitwirkung **SGB XII 72** 40
- der Leistung **SGB XII 26** 7 ff.
- der Sozialhilfe **SGB XII 23** 18 ff.
- Erhöhung der Regelbedarfsstufen 4-6 **SGB XII 134** 12

Einsetzen
- von Leistungen **SGB XII 108** 43

Einspareffekt SGB XII 121 10
- Bundesstatistik **SGB XII 128a** 11

Einstandsgemeinschaft SGB XII 74 68

Einstufung
- in Pflegestufe **SGB XII 62** 14

Eintreten
- vorläufiges **AsylbLG 10a** 40

Eintrittspflicht
- vorläufige **SGB XII 98** 40 f.

Einvernehmen
- mit Bundesministerium des Innern **SGB XII 129** 12

Einwilligungslösung SGB XII 119 11

Einzelfall SGB XII 38 24

Einzelfallprüfung
- umfassende **AsylbLG 1a** 54 f.

Einzelheiten
- des Verfahrens **SGB XII 120** 10

Einzelpersonenhaushalt
- regelbedarfsrelevante Verbrauchsausgaben **RBEG 5** 10

ELES RBEG 10 18

Elterngeld SGB XII 82 53
- Referenzhaushalt **RBEG 3** 29

Empfängerstatistik AsylbLG 12 13

Ende
- der Leistungsberechtigung **AsylbLG 1** 27, 142 f.
- der örtlichen Zuständigkeit **AsylbLG 10a** 19

Energieschulden SGB XII 36 55

Engel-Ansatz RBEG 10 18

Entbehrlichkeit
- eines Prüfungsersuchens **SGB XII 45** 43 f.

Entgeltfortzahlungsanspruch SGB XII 93 157

Entlastung
- finanzielle, des Sozialträgers **SGB XII 38** 17

Entscheidung
- der Landesregierung **SGB XII 101** 6
- der Pflegekasse **SGB XII 62** 11 f.
- der Schiedsstelle **SGB XII 77** 67 f.
- Rentenversicherungsträger **SGB XII 45** 40

Entschließungsermessen SGB XII 38 36 f.; **SGB XII 93** 121

Entstehung
- des Sozialhilferechtsverhältnisses **SGB XII 18** 7

Entwicklung
- von Instrumenten der Dienstleistung **SGB XII 7** 10

Erbrecht
- Übernahme der Bestattungskosten **SGB XII 74** 31 f.

Erbringung
- von Leistungen **SGB XII 7** 12; **SGB XII 106** 72; **AsylbLG 3** 26

Erbschaft SGB XII 82 54

Erfahrung
- vergleichbar **SGB XII 6** 20

Erfahrungsaustausch SGB XII 7 9

Erforderlichkeit
- der Aufwendungen **SGB XII 33** 33 f.
- der Übertragung **SGB XII 119** 19 f.
- einer Sterbegeldversicherung **SGB XII 33** 43 f.

Erforderlichkeitsprüfung SGB XII 118 38

Erfüllung
- der Aufgabe der Eingliederungshilfe **SGB XII 53** 33
- der Sozialhilfeaufgaben **SGB XII 3** 28 f.
- Erstattungsanspruch **AsylbLG 7a** 7

Erfüllungsfiktion
- bei Sozialleistungsansprüchen **SGB XII 95** 114

Erhalt
- von Leistungen **SGB XII 106** 161

Erhaltungspauschale
- für Wohneigentum **SGB XII 35** 31

Erhebung SGB XII 125 12; **SGB XII 128g** 9
- vierteljährige **SGB XII 124** 14

Erhebungsform AsylbLG 12 11 f.

Erhebungsmerkmal SGB XII 122 16; **AsylbLG 12** 15 f.
- Konkretisierung **SGB XII 128d** 9

Erhebungszeitraum AsylbLG 12 20 f.

Erhebungszweck SGB XII 119 9

Erkrankung
- akute **AsylbLG 4** 38

Erlass
- einer rahmenvertragsersetzenden Verordnung **SGB XII 81** 11 f.

Erlöschen
- des Anspruchs **SGB XII 94** 91 f.

Ermächtigung SGB XII 69 4; **SGB XII 112** 6
- von Landesregierung **AsylbLG 10** 12
- zum Erlass einer Verordnung **SGB XII 81** 11 f.
- zum Erlass von Schiedsstellenverordnungen **SGB XII 81** 20 f.
- zur Ermächtigung **SGB XII 99** 10

Stichwortverzeichnis

Ermessen SGB XII 95 53 f.; **SGB XII 108** 87; **SGB XII 110** 17
- besonderer Härtefall **SGB XII 22** 67
- intendiertes **SGB XII 93** 124
- pflichtgemäßes **SGB XII 38** 36

Ermessensausübung
- Familienverhältnisse **SGB XII 16** 20

Ermessensentscheidung
- des Sozialhilfeträgers **SGB XII 66** 24

Ermessensfehler SGB XII 93 121

Ermessensleistung SGB XII 2 56; **SGB XII 23** 10; **SGB XII 56** 5 f.; **SGB XII 106** 74
- für besondere Ausnahmefälle **AsylbLG 8** 8
- Hilfe zum Lebensunterhalt **SGB XII 27** 48
- pflichtgemäße Ausübung **SGB XII 73** 45

Ermittlung
- der Regelbedarfsstufen **SGB XII 28** 38 f.
- von Amts wegen **SGB XII 62** 20
- wirtschaftlicher Hilfsbedürftigkeit **SGB XII 92** 18

Ernährung SGB XII 61 61 f.
- Pflegebedürftigkeit **SGB XII 61** 61

Ersatzanspruch SGB XII 114 21

Ersatzbeschaffung SGB XII 31 23

Ersatzschule
- private **SGB XII 34** 37

Ersatzvornahme
- normative **SGB XII 81** 13

Erschließungsermessen
- eingeschränktes **SGB XII 15** 31

Ersparnis
- häusliche **SGB XII 92** 69

Erstattung SGB XII 108 102
- einer Meldung, verspätet **AsylbLG 13** 15
- einer unrichtigen Meldung **AsylbLG 13** 13
- einer unvollständigen Meldung **AsylbLG 13** 14
- eingeschränkte **AsylbLG 7b** 10 f.
- grundsicherungsbedingter Mehrkosten durch den Bund **SGB XII 46a** 12

Erstattungsanspruch SGB XII 93 8; **SGB XII 95** 25; **SGB XII 106** 7, 23, 177; **SGB XII 108** 5; **SGB XII 110** 5; **SGB XII 113** 4; **SGB XII 114** 22; **AsylbLG 10b** 7
- Erfüllung **AsylbLG 7a** 7
- Höhe **SGB XII 25** 57

Erstattungsberechtigung SGB XII 95 31
- Grenzen **SGB XII 95** 50

Erstattungspflicht SGB XII 115 5

Erstattungsregelung
- eigenständige **SGB XII 93** 19

Erstattungsumfang
- Kostenerstattungspflicht **AsylbLG 7** 49

Erstausstattung SGB XII 31 22
- Leistungen bei Schwangerschaft **AsylbLG 6** 54 f.

Erstbewilligung SGB XII 44 19

Erwerbseinkommensfreibetrag AsylbLG 7 34

Erwerbsfähigkeit SGB XII 21 10 ff.
- Einschränkungen **SGB XII 41** 58
- Systemabgrenzung **SGB XII 45** 27

Erwerbsminderung
- dauerhaft volle **SGB XII 45** 18
- Feststellung **SGB XII 41** 78
- s. Grundsicherung **SGB XII 8** 8
- volle **SGB XII 41** 28

Erwerbsnebenkosten DVO§82SGBXII 7 9

Erwerbstätigkeit
- fehlende **AsylbLG 5** 47
- selbständige oder unselbständige **AsylbLG 8a** 12

Erziehungsfunktion SGB XII 26 9

Essen auf Rädern
- abweichende Festsetzung **SGB XII 27a** 102

EU-Beihilfekontrolle SGB XII 5 45

Europäische Fürsorgeabkommen SGB XII 23 Anh 84 f.

Europarecht AsylbLG 1 43 f.

Evaluation
- Datenabgleich **SGB XII 120** 16

EVS
- Altersklassenauswertung **RBEG 1** 10
- Erhebungsumfang **RBEG 1** 9
- Sonderauswertung **RBEG 1** 10
- Zusatzauswertung **RBEG 1** 11

Existenzminimum SGB XII 73 25
- Abschläge **RBEG 5** 13
- Leistungen für Unterkunft und Heizung **SGB XII 35** 17 f.
- menschenwürdiges **SGB XII 17** 7 ff.
- physisches **SGB XII 24** 26; **SGB XII 27a** 98
- soziokulturelle **RBEG 7** 13

Existenzsicherung
- bei einfacher Lebensweise **SGB XII 28** 38
- Hilfe zum Lebensunterhalt **SGB XII 34** 32

Experimentierklausel
- Zuständigkeit des örtlichen Sozialhilfeträgers **SGB XII 97** 45

F

Fachberatung SGB XII 11 38 f.

Fachtagung
- Förderung des Erfahrungsaustausches **SGB XII 7** 9

Fahrkosten
- zu medizinischen Behandlungen **SGB XII 27a** 102

Fahrlässigkeit SGB XII 41 158

Fahrtkosten
- Begleitung des behinderten Menschen **EinglHV 20** 6; **EinglHV 22** 6

Fallgruppe
- andere Hilfsmittel für Behinderte **EinglHV 9** 10 f.
- Beeinträchtigungen des Stütz- oder Bewegungsapparates **EinglHV 1** 8
- Eingliederungshilfe-Verordnung **EinglHV 1** 7
- Gehörlose **EinglHV 1** 13
- Inneres Organ oder Haut **EinglHV 1** 10
- Sehfähigkeit **EinglHV 1** 11
- Spaltbildung des Gesichtes **EinglHV 1** 9
- Sprachstörungen **EinglHV 1** 14

Familienangehöriger SGB XII 108 97
- Leistungsberechtigter **AsylbLG 7** 23

Familienbegriff SGB XII 16 15
Familienhaushalt SGB XII 28 30
- Haushaltstyp **RBEG 2** 12
- regelbedarfsrelevante Verbrauchsausgaben **RBEG 6** 1, 11
- tatsächlichen Verbrauchsausgeben **RBEG 6** 13

Familienpflege SGB XII 107 5, 13
Familienplanung SGB XII 51 10
- Hilfe **SGB XII 49** 9

Familienzuschlag SGB XII 85 17, 39, 48
- Abweichung Einkommensgrenze **SGB XII 86** 15
- maßgebliche Regelbedarfsstufe 1 **SGB XII 85** 53
- neue Unterhaltspflicht **SGB XII 85** 43
- überwiegender Unterhalt **SGB XII 85** 40

Fehler
- im Bestellungsverfahren **SGB XII 80** 21

FELES RBEG 10 18
Festlegung
- des Gesamtplans **SGB XII 58** 9
- näherer Verfahrensregelungen **AsylbLG 10** 17

Festsetzung
- länderspezifischer Regelsätze **SGB XII 29** 16 f.

Feststellungsklage
- Pflegehilfe **SGB XII 63** 43

Feststellungslast SGB XII 108 42
- eheähnliche Gemeinschaft **SGB XII 20** 42

Feststellungswirkung SGB XII 62 13
Fiktion SGB XII 114 44
- Erwerbsfähigkeit **SGB XII 21** 19
- gesetzliche **SGB XII 109** 3

Flächenstaat SGB XII 101 7
Flexibilitätsanforderung AsylbLG 10 21
Flughafenverfahren AsylbLG 1 75
Folgeantrag SGB XII 41 132
Folgenbeseitigungsanspruch
- öffentlich-rechtlicher **SGB XII 119** 28

Förderfähigkeit
- Gebrauchsgegenstände des täglichen Lebens **EinglHV 17** 7

Förderplan SGB XII 12 17
Förderung
- der Zusammenarbeit **SGB XII 4** 19
- des Erfahrungsaustausches **SGB XII 7** 9
- öffentliche **SGB XII 76** 95

Form
- der Kündigung **SGB XII 78** 25 f.

Formerfordernis
- bei der Antragstellung **SGB XII 25** 52

Förmliches Gesetz SGB XII 112 8
Forschung
- Bedeutung **SGB XII 119** 16 f.

Forschungsauftrag SGB XII 119 7
Fortbestand
- des Anspruchs **SGB XII 133a** 16

Fortbildung
- von Fachkräften **SGB XII 6** 21 f.

Fortbildungsmaßnahme SGB XII 6 24
Fortdauer
- der örtlichen Zuständigkeit **AsylbLG 10a** 25

Fortentwicklungsgesetz SGB XII 93 4
Fortgeltung
- von Vereinbarungen **SGB XII 77** 121 f.

Fortschreibung
- Bildung und Teilhabe **RBEG 7** 19
- der Regelbedarfe in zwei Stufen **SGB XII 138** 11
- länderspezifischer Regelsätze **SGB XII 29** 28 f.
- Regelbedarf **RBEG 5** 9

Fortschreibungstermin
- Regelbedarfsstufen **SGB XII 28A** 12
- Regelsätze **SGB XII 28A** 12

Fortschreibungszeitpunkt
- Regelbedarfsstufen **SGB XII 28A** 16

Fortsetzung
- der Vertragsbeziehung **SGB XII 78** 38

Fragenprogramm SGB XII 128 8
Fragestellung
- aktuell **SGB XII 128** 8

Frauenhaus
- Unterbringung **SGB XII 68** 30

Frauenhausaufenthalt AsylbLG 6 75
Freie Wohlfahrtspflege SGB XII 84 11
- Begriff **SGB XII 5** 26

Freiheitsentziehung
- eine einheitliche örtliche Zuständigkeit **SGB XII 46b** 18

Freiwilligkeit SGB XII 125 12; **SGB XII 128g** 9
Früherkennung SGB XII 54 22
Frühförderung SGB XII 54 22
Führung
- eines menschenwürdigen Lebens **SGB XII 73** 18

Stichwortverzeichnis

Funktion
- existenzsichernde **AsylbLG 2** 191

Fürsorge
- staatliche **SGB XII 17** 10

Fürsorgeabkommen
- europäisches (EFA) **SGB XII 23** 31 f.; **SGB XII 24** 47

Fürsorgeleistung SGB XII 23 32; **SGB XII 33** 13
- bedürftigkeitsabhängige **SGB XII 33** 13
- staatliche **SGB XII 33** 13

G

Garantiebetrag SGB XII 92a 31
GARP-Programm AsylbLG 11 26
Gebot der Sozialhilfe SGB XII 2 11
Gebundene Entscheidung
- Auswahlermessen **SGB XII 17** 31

Gefahr
- einer Krankheit **SGB XII 47** 9

Gefährdung
- der geordneten Erziehung **SGB XII 11** 32 f.

Gefährdungsdelikt AsylbLG 13 10
Gegenstand
- des Kündigungsrechts **SGB XII 78** 14

Gegenwärtigkeitsprinzip SGB XII 15 11
- sozialrechtlicher Herstellungsanspruch **SGB XII 11** 49

Geldbuße AsylbLG 13 18
Geldeswert
- Berücksichtigung **DVO§82SGBXII 1** 9

Geldleistung SGB XII 10 20; **AsylbLG 2** 27
- Höhe der Nettoausgaben **SGB XII 46a** 39
- und Sachleistungen **SGB XII 68** 26 f.

Geltendmachung SGB XII 110 42; **SGB XII 111** 22; **SGB XII 113** 22

Geltung
- des OWiG **AsylbLG 13** 21 f.
- zeitliche **SGB XII 130** 17

Gemeinde SGB XII 126 17; **SGB XII 128h** 33
- politische **SGB XII 109** 7

Gemeindeverband SGB XII 99 17
Gemeinnützige Arbeit SGB XII 93 2
Gemeinschaft
- eheähnlich **AsylbLG 7** 26
- lebenspartnerschaftsähnliche **SGB XII 20** 21

Gemeinschaftsrechtskonformität SGB XII 77 44
Gemeinschaftsunterkunft AsylbLG 2 25, 158
Gemischte Bedarfsgemeinschaft SGB XII 82 45
Genfer Flüchtlingskonvention SGB XII 23 37 f.; **AsylbLG 1** 63
Gerichtskosten SGB XII 93 162
Gesamteinkommen SGB XII 43 35 f.
Gesamtgläubigerschaft SGB XII 93 147

Gesamtkörperschaft SGB XII 3 21
Gesamtplan SGB XII 58 3 f.; **SGB XII 68** 39
Geschäftsordnung
- der Landesregierung **AsylbLG 10** 13

Gesetz über Grundsicherung im Alter und bei Erwerbsminderung SGB XII 41 5
Gesetz zur Stärkung der Finanzkraft der Kommunen SGB XII 46a 2
Gesetzliches Verbot
- Übertragung **SGB XII 17** 17

Gestaltungsrecht SGB XII 93 127
Gesundheitsamt
- Aufgaben **SGB XII 59** 5

Gesundheitshilfe
- vorbeugende **SGB XII 15** 23; **SGB XII 47** 9

Gewährleistung
- Versorgung bei Krankheit **SGB XII 47** 10; **SGB XII 48** 19

Gewährleistungspflicht
- umfassend sozialrechtlich **SGB XII 4** 8

Gewährleistungsverantwortung SGB XII 78 10
Gewährung
- von Leistungen **SGB XII 61** 47; **AsylbLG 3** 23

Gewalt
- körperliche **AsylbLG 7a** 32

Gewerbesteuer SGB XII 82 69
Gewerkschaftsbeiträge SGB XII 82 83
Gewinn
- Hinzurechnungen von Absetzungen **DVO§82SGBXII 4** 12

Gewöhnlicher Aufenthalt SGB XII 24 18; **SGB XII 41** 101; **SGB XII 106** 7, 42, 51 f., 60 f., 106, 173; **SGB XII 108** 27, 31; **SGB XII 109** 7, 9; **SGB XII 132** 17
- Grunddefinition **AsylbLG 10a** 48
- vor der Aufnahme **SGB XII 98** 34; **AsylbLG 10a** 33
- Zeitpunkt des Verlassens der Einrichtung **AsylbLG 10b** 11

Gläubigerauswechslung SGB XII 93 134
Gleichbehandlung
- von EU-Bürgern **SGB XII 23 Anh** 1 f.

Gleichstellung
- partielle **AsylbLG 7b** 6
- stationär gegenüber ambulant **SGB XII 27b** 25

Gower-Distanz
- Distanzmaß **RBEG 10** 18

Grenze
- bei der Heranziehung **SGB XII 92** 39
- der Anspruchseinschränkung **AsylbLG 1a** 77
- der Kostenbeteiligung **SGB XII 92** 62 f.

Grundbetrag SGB XII 85 48
- abweichender **SGB XII 86** 14
- besondere Personengruppen **SGB XII 85** 31
- maßgebliche Regelbedarfsstufe 1 **SGB XII 85** 53
- Mindestgrenze **SGB XII 86** 14

Grundbetragsfestsetzung
- für einzelne Leistungen **SGB XII 86** 10

Grundlagenvorschrift SGB XII 75 11

Grundmodell
- der sozialrechtlichen Leistungserbringung **SGB XII 75** 30 f.

Grundnorm
- Leistungsberechtigung **SGB XII 19** 7

Grundpflege SGB XII 61 55

Grundsatz
- der familiengerechten Hilfe **SGB XII 16** 28
- der Leistungsgewährung **SGB XII 10** 11 ff.
- der Verhältnismäßigkeit **SGB XII 117** 14
- der Wirtschaftlichkeit **SGB XII 75** 101

Grundsatz des Forderns SGB XII 1 16 f.; **SGB XII 2** 3

Grundsicherung SGB XII 21 43 f.
- im Alter **SGB XII 8** 8
- im Alter und bei Erwerbsminderung **SGB XII 114** 41

Grundsicherungsstatistik
- stärkere Differenzierung der Einzelmerkmale **SGB XII 128c** 10

Grundstücksübertragungsvertrag SGB XII 93 92

Gründungszuschuss SGB XII 83 14

Grundversorgung
- medizinische **AsylbLG 4** 17

Gruppe
- Beratung und persönliche Unterstützung **DVO§69SGBXII 2** 8
- Maßnahme der Beratung und persönlichen Unterstützung **DVO§69SGBXII 3** 8

Gutschein
- Ausgabezeitraum **SGB XII 34a** 61
- Befristung **SGB XII 34a** 64
- Neuausstellung bei Verlust **SGB XII 34a** 66
- personalisierter **SGB XII 34a** 39

H

Haftanstalt AsylbLG 10a 46

Handlungsform
- Verwaltungsakt **SGB XII 43** 59; **SGB XII 117** 55

Härtefallprüfung SGB XII 84 19

Härteregelung SGB XII 22 53; **SGB XII 94** 162
- Vermögen **SGB XII 90** 94

Hausbesuch SGB XII 20 55

Haushalt
- eigener **SGB XII 55** 7
- mit mehreren Kindern **RBEG 2** 14
- selbständiger **SGB XII 61** 64
- Unfähigkeit zur Weiterführung **SGB XII 70** 14

Haushaltsersparnis RBEG 2 14
- Mehrpersonenhaushalte **RBEG 10** 6

Haushaltsführung
- doppelte **SGB XII 82** 83
- s. Unzumutbarkeit **SGB XII 11** 34 f.

Haushaltsgemeinschaft SGB XII 19 29; **SGB XII 20** 52; **SGB XII 38** 52 f.; **SGB XII 43** 21; **SGB XII 70** 11
- Familienbegriff **SGB XII 16** 18

Haushaltsgerät SGB XII 31 32

Haushaltshilfe SGB XII 65 25
- kleine **SGB XII 27** 42
- Kosten **SGB XII 50** 12

Haushaltstyp RBEG 2 6

Häusliche Pflege SGB XII 61 102
- Überblick **SGB XII 61** 113

Hauswirtschaftliche Versorgung
- Pflegebedürftigkeit **SGB XII 61** 71

Hebammenhilfe SGB XII 50 11

Heimbetreuungsbedürftigkeit SGB XII 106 77

Heizkosten SGB XII 85 19; **SGB XII 87** 29, 31

Heizung
- Einkommensgrenze **SGB XII 85** 37
- Leistung **SGB XII 35** 170

Hemmung SGB XII 111 30

Heranziehung
- der Gemeinden und Gemeindeverbände **SGB XII 3** 30
- durch die Kreise **SGB XII 99** 16
- durch die überörtlichen Träger **SGB XII 99** 17

Heranziehung Unterhaltspflichtiger
- Begriff **SGB XII 92** 16
- Familienverhältnisse **SGB XII 16** 23

Heranziehungsbescheid AsylbLG 5 51

Herkunftsprinzip SGB XII 98 21

Herstellungsanspruch SGB XII 18 30 f.
- Beratungs- und Unterstützungsleistungen **SGB XII 11** 43
- sozialrechtlicher **SGB XII 10** 31 f.

Hilfe
- ambulante **SGB XII 93** 11; **SGB XII 130** 9
- angemessene schulische Bildung **EinglHV 12** 9
- Aufbau und Aufrechterhaltung sozialer Beziehungen **DVO§69SGBXII 6** 5
- Aufrechterhaltung eines bestehenden Haushalts **SGB XII 70** 7
- bei Krankheit **SGB XII 48** 18
- besondere Lebenslagen **SGB XII 85** 20
- erweiterte **SGB XII 92** 15; **SGB XII 93** 11

Stichwortverzeichnis

- Gestaltung des Alltags **DVO§69SGBXII 6** 5
- in anderen Lebenslagen **SGB XII 8** 14
- schnelle, durch Dritte **SGB XII 19** 55
- sonstige **SGB XII 51** 10
- sonstige Beschäftigungsstätten **EinglHV 17** 9
- sonstige Lebenslagen **SGB XII 42** 29
- Unabhängigkeit **SGB XII 1** 15
- zum Lebensunterhalt **SGB XII 8** 7; **SGB XII 114** 41
- zur Familienplanung **SGB XII 49** 9
- zur Gesundheit **SGB XII 8** 9; **SGB XII 85** 20
- zur Pflege **SGB XII 8** 12; **SGB XII 61** 95 f.; **SGB XII 85** 20
- zur schulischen Ausbildung **SGB XII 54** 62 f.
- zur Überwindung besonderer sozialer Schwierigkeiten **SGB XII 4** 12; **SGB XII 8** 13; **SGB XII 85** 20
- zur Weiterführung des Haushalts **SGB XII 85** 20

Hilfe zum Lebensunterhalt
- ohne materielle Bedürftigkeit **SGB XII 27** 42
- Verhältnis zur Hilfe zur Pflege **SGB XII 61** 32

Hilfe zur Pflege
- Zuständigkeit **SGB XII 61** 175

Hilfe zur Weiterführung des Haushalts
- Verhältnis zur Hilfe zur Pflege **SGB XII 61** 37

Hilfebedarf
- Art und Umfang **DVO§69SGBXII 1** 7

Hilfebedürftiger
- Eigenanteil für ersparte häusliche Aufwendungen **RBEG 9** 6

Hilfebedürftigkeit SGB XII 2 37; **SGB XII 25** 25, 40; **SGB XII 41** 138; **SGB XII 45** 30; **SGB XII 73** 41
- Hinweise über das Ausmaß **SGB XII 128b** 13

Hilfegewährung SGB XII 133 26

Hilfeleistung SGB XII 67 10

Hilfesuchender SGB XII 93 16; **SGB XII 94** 25

Hilflosigkeit
- Herbeiführung **SGB XII 41** 148

Hilfsbereitschaft
- private **AsylbLG 8** 11

Hilfsmerkmal SGB XII 123 9; **AsylbLG 12** 17 f.
- Durchführung der Statistik **SGB XII 128e** 10

Hilfsmittel SGB XII 61 119 f.
- Aufgabenbestimmung **EinglHV 9** 7
- Gebrauchsgegenstände des täglichen Lebens **EinglHV 9** 13
- Hilfe zur Pflege **SGB XII 61** 119
- im Einzelfall erforderlich und geeignet **EinglHV 9** 9

Hilfsperson
- Weiterführung des Haushalts **SGB XII 70** 27

Hinarbeitenspflicht SGB XII 1 16 f.

Hinarbeitensverpflichtung SGB XII 12 6

Hinweispflicht
- der Behörde **AsylbLG 11** 18 f.

Hinweistatsache
- eheähnliche Gemeinschaft **SGB XII 20** 35

Hinwirkenspflicht
- der Behörde **AsylbLG 11** 18 f.

HIV-Infektion
- abweichende Festsetzung **SGB XII 27a** 102

Höchstförderungsdauer
- Leistungsausschluss **SGB XII 22** 38

Hoheitsakt
- privatrechtsgestalltender **SGB XII 93** 25

Höhe
- der Blindenhilfe **SGB XII 72** 32
- der Leistungen **SGB XII 133** 22
- der Sicherheitsleistung **AsylbLG 7a** 24
- des Zusatzbarbetrags **SGB XII 133a** 17

Hospiz SGB XII 52 19

I

Inanspruchnahme
- von Sozialhilfe **SGB XII 118** 21

Individualanspruch AsylbLG 2 184
- Minderjähriger **AsylbLG 2** 172 f.

Individualisierungsgrundsatz SGB XII 1 5; **SGB XII 9** 11

Individualisierungsprinzip
- Familienförderung **SGB XII 16** 7

Indizien
- eheähnliche Gemeinschaft **SGB XII 20** 35

Information
- des Betroffenen **SGB XII 119** 21
- durch den Rentenversicherungsträger **SGB XII 46** 16 f.

Informationsblatt AsylbLG 11 20

Informationspflicht
- Unterrichtungspflicht **SGB XII 14** 21

Inhalt
- der Ermächtigung **AsylbLG 10** 15
- Gesamtplan **SGB XII 58** 9 f.
- Landesrahmenvertrag **SGB XII 79** 31 f.

Inkrafttreten
- der Vereinbarung **SGB XII 77** 111 f.
- **DVO§69SGBXII DVO§69SGBXII 7** 5

Inland SGB XII 108 33

Inländereigenschaft
- faktische **AsylbLG 2** 103

Instandhaltung
- Begriff **EinglHV 10** 9

Instrument
- der Leistungserbringung **SGB XII 7** 4 f.

Integration SGB XII 67 12
- in gesellschaftliche Leben **SGB XII 68** 9

Integrationshelfer SGB XII 54 57

Interesse
- öffentliche **SGB XII 119** 18

Interpretationsgrundsatz SGB XII 9 12
Investitionsbetrag SGB XII 76 88
Investitionskosten
- Inrechnungstellung **SGB XII 75** 165

J

Jahresprinzip DVO§82SGBXII 8 8
Jahresroheinnahmen
- Einkommensberechnung **DVO§82SGBXII 6** 5

Jugendhilfe SGB XII 93 9; **SGB XII 94** 18
Jugendhilfeleistung
- s. Vorrang anderer Leistung **SGB XII 67** 30

Jugendlicher SGB XII 107 29

K

Kapitalertragsteuer SGB XII 82 69
- Einkommensberechnung absetzbar **DVO§82SGBXII 6** 5

Kapitalvermögen
- Umfang der Einkünfte **DVO§82SGBXII 6** 4

Kaskadenmethode
- Verteilung überschießenden Einkommens oder Vermögens **SGB XII 27** 33

Kenn-Nummer AsylbLG 12 19
Kenntnis SGB XII 18 12 ff.
Kenntniszurechnung SGB XII 3 22
Kernfamilie AsylbLG 7 24
Kfz-Steuer SGB XII 82 69
Kind SGB XII 106 100, 114; **SGB XII 107** 29; **SGB XII 114** 38
- minderjährig **AsylbLG 2** 26

Kinder- und Jugendhilfe SGB XII 93 9; **SGB XII 94** 18
- Leistungen der Sozialträger **AsylbLG 9** 29

Kinder- und Ortszuschlag SGB XII 88 24
Kinder und Jugendliche
- besondere Bedarfe **SGB XII 27a** 69

Kinderbetreuung RBEG 5 27
Kinderbetreuungskosten SGB XII 82 83
Kindergeld SGB XII 82 40; **SGB XII 83** 14
Kinderhort
- Eigenanteil Mittagsverpflegung **RBEG 9** 13

Kinderkrippe
- Eigenanteil Mittagsverpflegung **RBEG 9** 13

Kindertageseinrichtung
- Bedarfsdeckung **SGB XII 34** 50
- Eigenanteil Mittagsverpflegung **RBEG 9** 13

Kindertagespflege
- Eigenanteil Mittagsverpflegung **RBEG 9** 14

Kindertagesstättenausflug
- Erbringungsweg von Leistungen **SGB XII 131** 31

Kinderzuschlag RBEG 9 4
Kirchensteuer SGB XII 82 69

Klassenfahrt
- mehrtägige **SGB XII 34** 41 f.
- mehrtägige, Ausstattungsstandard **SGB XII 31** 61

Kleiderverschleiß
- wachstumsbedingt **SGB XII 27a** 103

Kleinspielkreis
- Eigenanteil Mittagsverpflegung **RBEG 9** 13

Kollisionsnorm SGB XII 89 7
Kollisionsregel AsylbLG 1 26, 138 f.
Kollisionsregelung SGB XII 93 28, 157
Kommunaler Finanzausgleich SGB XII 112 4
Kommune
- Träger der Sozialhilfe **SGB XII 46a** 19
- Übermittlung **SGB XII 127** 6

Komplexleistung SGB XII 57 21; **SGB XII 61** 155
Konfusion SGB XII 93 98
Kongruenz SGB XII 114 7, 28
Konkretisierung
- Erhebungsmerkmale **SGB XII 128d** 7
- persönliche Merkmale **SGB XII 128b** 7

Konnexität
- zeitliche **SGB XII 93** 8

Konsolidierung SGB XII 121 17
Konsolidierungsprogramm
- föderales **SGB XII 132** 3

Kontoführungsgebühren SGB XII 82 81
Konventionsflüchtling SGB XII 23 38
Kooperationsverpflichtung SGB XII 4 19
Koordinierung
- der Vorermittlung **SGB XII 59** 6

Kopfteilmethode
- Verteilung überschießenden Einkommens oder Vermögens **SGB XII 27** 33

Kopfteilprinzip
- Aufwendungen für eine Unterkunft **SGB XII 35** 58

Körperersatzstück
- Behinderter **EinglHV 10** 7

Körperpflege SGB XII 61 58
Körperschaft
- des öffentlichen Rechts **AsylbLG 10** 23

Kosten
- angemessene **SGB XII 33** 8
- der Unterkunft **AsylbLG 7b** 10 f.
- der Vormundschaft **SGB XII 85** 10
- für eine Haushaltshilfe **SGB XII 50** 12
- für empfängnisverhütende Mittel **SGB XII 49** 12
- für Unterkunft und Heizung **SGB XII 42** 22
- notwendiger Änderung, Instandhaltung, Ersatzbeschaffung **EinglHV 10** 6
- Unterkunft, Heizung, und Hausrat **AsylbLG 3** 130 ff.
- Wahrnehmung des Umgangsrecht **AsylbLG 6** 56 f.

Stichwortverzeichnis

Kosten der Unterkunft
- Abweichung Einkommensgrenze **SGB XII 86** 15

Kostenausgleich
- Bund an Länder **SGB XII 46a** 13

Kostenbeitrag SGB XII 88 46

Kostenbeteiligung
- Bund **SGB XII 46a** 13

Kostenersatz SGB XII 102 9; **SGB XII 103** 10
- Erlöschen des Anspruchs **SGB XII 102** 61
- Erlöschensfrist **SGB XII 103** 56; **SGB XII 104** 30
- Gesamtschuldner **SGB XII 102** 23
- Gesamtschuldnerhaftung **SGB XII 103** 64; **SGB XII 104** 32
- Härtefall **SGB XII 103** 42; **SGB XII 104** 21
- Härtefallregelung **SGB XII 102** 53
- Herausgabeanspruch **SGB XII 105** 15
- Leistungsbescheid **SGB XII 102** 70; **SGB XII 103** 68; **SGB XII 104** 38; **SGB XII 105** 40
- Nachlassverbindlichkeit **SGB XII 102** 37
- rechtmäßige Leistungserbringung **SGB XII 103** 17
- sozialwidriges Verhalten **SGB XII 103** 19
- unselbstständige Erbenhaftung **SGB XII 103** 50; **SGB XII 104** 34
- Vertrauensschutz **SGB XII 105** 20
- Wohngeld **SGB XII 105** 24
- zu Unrecht erbrachte Leistungen **SGB XII 104** 13

Kostenerstattung SGB XII 48 23; **SGB XII 112** 2, 6, 10 f.
- Auslagen der Begleitperson **EinglHV 22** 6
- bei Verlassen der Einrichtung **AsylbLG 10b** 15
- bei vorläufigem Eintreten **AsylbLG 10b** 10
- berechtigter Selbstbeschaffung **SGB XII 34b** 16
- gegenüber Dritten **AsylbLG 4** 30 f.
- Mittagsverpflegung und Teilhabeleistungen **SGB XII 131** 40
- Selbstbeschaffung in Eil- und Notfällen **SGB XII 34a** 48

Kostenerstattungspflicht AsylbLG 7 47

Kostenprivilegierung
- des Nothelfers **SGB XII 25** 68

Kostensenkungsverfahren
- Aufwendungen für die Heizung und zentrale Warmwasserversorgung **SGB XII 35** 188

Kostenträgerschaft AsylbLG 10 10

Kostenübernahmeerklärung SGB XII 34a 43; **AsylbLG 4** 37

Kostenübernahmeverpflichtung
- des Bundes **SGB XII 133** 25

Kostenzusage SGB XII 75 126

Krabbelgruppe
- Eigenanteil Mittagsverpflegung **RBEG 9** 13

Kraftfahrzeug
- behinderungsbedingte Zusatzausstattung **EinglHV 8** 8
- Hilfsmittel für den Behinderten **EinglHV 8** 9

Kranken- und Pflegeversicherungsbeitrag
- detaillierte Erfassung **SGB XII 128c** 12

Krankenbehandlung
- Begriff **SGB XII 54** 14
- Definition **SGB XII 48** 20

Krankenhausaufenthalt
- Pflegehilfe **SGB XII 63** 28

Krankenhausersatzpflege SGB XII 61 24

Krankenhauspflege SGB XII 51 9

Krankenhaustagegeld SGB XII 82 57

Krankenkasse
- Wahltarife und Prämienzahlung **SGB XII 32** 91

Krankenkost
- ernährungsbedingter Mehrbedarf **AsylbLG 6** 49

Krankenpflege
- häusliche **SGB XII 55** 7

Krankenversicherung SGB XII 47 6
- gesetzliche **SGB XII 32** 15
- Verhältnis zur Hilfe zur Pflege **SGB XII 61** 22

Krankheit SGB XII 41 33
- oder Behinderung **SGB XII 61** 51 f.

Krankheitsfall SGB XII 32 13

Krankheitsgruppe
- erworbene und angeborene psychiatrische **EinglHV 3** 7

Kriegsflüchtling AsylbLG 1 77

Kündigung SGB XII 78 31 f.

Kündigungsberechtigter SGB XII 78 29 f.

Kündigungsgrund SGB XII 78 15 f.

Kurs
- Ausbildungsmaßnahmen **EinglHV 16** 6

Kürzung
- Pflegegeld **SGB XII 66** 22 f.

Kürzungsvorgabe
- gestaffelt **SGB XII 72** 38

Kurzzeitbezieher SGB XII 124 14

Kurzzeitempfänger SGB XII 122 21

Kurzzeitpflege SGB XII 61 142

L

Länder SGB XII 112 2

Länderspezifische Regelsätze
- abstrakte Normenkontrolle **SGB XII 29** 27
- Gleichbehandlung **SGB XII 29** 23
- praktische Bedeutung **SGB XII 29** 30

Landesbehörde AsylbLG 10 15

Landesexekutive
- von Bundesgesetzen **AsylbLG 10** 18

Stichwortverzeichnis

Landesrahmenvertrag SGB XII 79 15 f.
Landesrecht
- Bestimmung des zuständigen Trägers **SGB XII 46b** 12
- Unterbringung psychisch kranker Menschen **SGB XII 67** 5 f.

Langzeitempfänger SGB XII 122 21
Laufende Einnahmen SGB XII 82 42
Laufzeit
- einer Vereinbarung **SGB XII 77** 27

Leben
- menschenwürdig **SGB XII 73** 18
- selbstbestimmt und selbständig **SGB XII 13** 14; **SGB XII 57** 7

Lebensberatung
- umfassende **SGB XII 11** 11

Lebensbereich SGB XII 61 55
Lebensführung
- selbständige **SGB XII 57** 10
- und Menschenwürde **SGB XII 1** 12 ff.

Lebenslage
- s. Hilfe in anderen Lebenslagen **SGB XII 8** 14
- sonstige **SGB XII 73** 18

Lebensmittelpunkt
- fester **SGB XII 132** 17; **SGB XII 133** 12

Lebenspartner SGB XII 85 5; **SGB XII 93** 9, 31; **SGB XII 94** 66; **SGB XII 114** 38
Lebenspartnerschaft
- eingetragene **SGB XII 93** 13

Lebensrisiko
- allgemeines **SGB XII 15** 17

Lebensumstand
- äußerlich feststellbar **AsylbLG 10a** 51

Lebensunterhalt SGB XII 26 23; **AsylbLG 6** 45 f.
- erforderlicher **AsylbLG 8** 13
- häuslicher **SGB XII 92a** 12
- mit Bezug zu einer Einrichtung **SGB XII 27b** 30
- s. Hilfe zum Lebensunterhalt **SGB XII 8** 7

Lebensunterhaltskosten
- örtliche Verhältnisse **SGB XII 9** 18

Lebensverhältnis
- besonderes **SGB XII 67** 17 f.
- mit sozialen Schwierigkeiten **SGB XII 67** 9

Lebensversicherung SGB XII 90 108
Legasthenie
- geistige Behinderung **EinglHV 2** 6

Lehrgang
- Ausbildungsmaßnahmen **EinglHV 16** 6

Leistung
- anderer **AsylbLG 9** 24
- anderer Leistungsträger **SGB XII 2** 55 f.
- anderweitig zweckbestimmte staatliche **SGB XII 83** 8
- bei Schwangerschaft und Geburt **SGB XII 50** 9; **AsylbLG 4** 55
- darlehensweise zu erbringen **SGB XII 38** 19 f.
- der gesetzlichen Krankenversicherung **SGB XII 48** 21
- durch Sozialhilfeträger **SGB XII 5** 10
- Erbringung und Überprüfung **SGB XII 7** 12
- für minderjährige Kinder **AsylbLG 2** 166 f.
- für Unterkunft und Heizung **SGB XII 35a** 2
- gleichartige **SGB XII 66** 23
- Hilfe zur Weiterführung des Haushalts **SGB XII 70** 24
- laufende zum Lebensunterhalt **SGB XII 26** 40
- rechtmäßige **SGB XII 108** 54
- stationäre **SGB XII 106** 31
- teilstationäre **SGB XII 13** 22
- Versagung/Entziehung **SGB XII 43** 72
- vom Lebensunterhalt in Einrichtungen umfasste **SGB XII 27b** 32
- von Dritten **SGB XII 2** 37 f.
- von Wohngeld **AsylbLG 7b** 17 f.
- vorläufige **SGB XII 18** 33 f.; **SGB XII 106** 82, 123
- weiterer notwendiger Lebensunterhalt **SGB XII 27b** 42 f.
- wiederkehrende **SGB XII 110** 45
- zur Prävention oder Rehabilitation **SGB XII 14** 8 ff.
- zur Verhütung von Krankheiten **SGB XII 47** 11 f.
- zweckentsprechende **SGB XII 66** 39
- zweckidentisch **SGB XII 92** 80

Leistungsabsprache SGB XII 12 9 ff.; **SGB XII 44** 31
- Amtshaftung **SGB XII 12** 20
- Dokumentation Notlage **SGB XII 11** 22
- persönliche Situation **SGB XII 11** 15
- prozessuale Bedeutung **SGB XII 12** 20
- Unterzeichnung **SGB XII 12** 14

Leistungsanspruch
- abgelehnter **AsylbLG 4** 54
- auf Eingliederungshilfe **SGB XII 53** 16
- zuerkannter **AsylbLG 4** 53

Leistungsart SGB XII 8 6 f.
Leistungsausschluss SGB XII 2 8 f.
- Ausbildungsgeld **SGB XII 22** 46
- im SGB II **SGB XII 21** 34 ff.
- Zweitausbildung **SGB XII 22** 63

Leistungsbehörde
- Ermessensentscheidung **AsylbLG 6** 111

Leistungsberechtigter AsylbLG 1 24
- Berücksichtigung von Einkommen und Vermögen **SGB XII 27**
- Hilfe zum Lebensunterhalt **SGB XII 27** 13 f.
- Meldepflicht **AsylbLG 8a** 9
- Zusammenwirken mit Trägern **SGB XII 1** 16

Stichwortverzeichnis

Leistungsberechtigung SGB XII 21 24 ff.
Leistungsbezug
- Dauer **SGB XII 132** 25

Leistungseinschränkung
- Dauer der Verminderung **SGB XII 39a** 49
- Schutz Mitbetroffener **SGB XII 39a** 50
- vorherige Belehrung **SGB XII 39a** 36
- Zumutbarkeit einer Tätigkeit **SGB XII 39a** 27

Leistungsempfänger
- Hilfe zur Weiterführung des Haushalts **SGB XII 70** 37

Leistungserbringung SGB XII 31 59; **SGB XII 52** 12 f.; **SGB XII 94** 39 f.
- als Darlehen **SGB XII 42** 30 f.
- Art und Maß **SGB XII 13** 16; **SGB XII 24** 53 f.
- Beginn und Ende **SGB XII 124** 13
- für Bildung und Teilhabe **SGB XII 34a** 21 f.
- Grundsatz der unbaren **SGB XII 34a** 36
- Widerruf der Bewilligung **SGB XII 34a** 73

Leistungsfähigkeit
- Unterhaltsanspruch **SGB XII 94** 75 f.
- verwandter oder verschwägerter Personen **SGB XII 39** 29
- von Privatpersonen **AsylbLG 8** 11

Leistungsgewährung SGB XII 10 11 ff.
- bei atypischen Bedarfslagen **AsylbLG 6** 21
- tatsächliche **SGB XII 133a** 10
- Zeitpunkt der Beendigung **SGB XII 128b** 11

Leistungsgrundsatz
- für den Bereich Bildung und Teilhabe **SGB XII 34** 33
- Leistungserbringung für Bildung und Teilhabe **SGB XII 34a** 27

Leistungskatalog SGB XII 32 50; **SGB XII 50** 10
- Grundsicherung im Alter und bei Erwerbsminderung **SGB XII 42** 14 f.

Leistungskürzung
- Rechtsbehelfe **SGB XII 39a** 56

Leistungsmissbrauch
- s. Aufrechnung **SGB XII 26** 28 f.

Leistungsniveau SGB XII 24 45
- s. Leistungserbringung **SGB XII 52** 12

Leistungspflicht
- hypothetisch **SGB XII 25** 34 f.

Leistungssystem AsylbLG 9 13
Leistungsträger
- unzuständiger **SGB XII 18** 53

Leistungsumfang SGB XII 23 22; **SGB XII 51** 11
- des persönlichen Budgets **SGB XII 57** 11
- medizinische Rehabilitation **SGB XII 54** 18
- zur Überwindung besonderer sozialer Schwierigkeiten **SGB XII 68** 8

Leistungsverweigerungsrecht SGB XII 93 10

Leistungsziel
- Hilfe bei Krankheit **SGB XII 48** 20

Lernförderung
- Bedarfsdeckung **SGB XII 34** 68 f.
- Erbringungsweg von Leistungen **SGB XII 131** 31

Lex specialis
- Individualisierungsgrundsatz **SGB XII 9** 6

Lippen-Kiefer-Gaumenspalte EinglHV 1 9
Lohnstatistik SGB XII 28A 14
Lohnsteuer SGB XII 82 69
Löschung
- der Daten **SGB XII 119** 27

Lotteriegewinn SGB XII 82 55

M

Magistralzession SGB XII 93 26, 127
Mahalanobis-Distanz
- Distanzmaß **RBEG 10** 18

Mahalanobis-Matching-Distanz
- Distanzmaß **RBEG 10** 18

Maßgeblichkeit
- des tatsächlichen Aufenthaltsorts **SGB XII 98** 22

Maßnahme
- aufenthaltsbeendende **AsylbLG 1a** 40 f.
- pädagogische **SGB XII 54** 21
- Sicherung des Arbeitsplatzes **DVO§69SGBXII 5** 6

Mehraufwendung
- blindheitsbedingt **SGB XII 72** 37

Mehrbedarf
- Ausbildungsförderung **SGB XII 30** 89
- ernährungsbedingt **AsylbLG 6** 48
- kostenaufwändige Ernährung **SGB XII 30** 92
- werdende Mütter **AsylbLG 6** 52

Mehrbedarfszuschlag
- Alleinerziehung **SGB XII 30** 67
- Alter **SGB XII 30** 32
- behinderte Menschen **SGB XII 30** 83
- kostenaufwändige Ernährung **SGB XII 30** 95
- Merkzeichen G **SGB XII 30** 42
- nachträgliche Erbringung **SGB XII 30** 121
- volle Erwerbsminderung **SGB XII 30** 36
- Warmwasserbereitung **SGB XII 30** 118
- werdende Mütter **SGB XII 30** 60

Mehrfachleistung SGB XII 26 39
Mehrkosten
- grundsicherungsbedingte **SGB XII 46a** 12
- unverhältnismäßige **SGB XII 2** 49; **SGB XII 9** 32 ff.; **SGB XII 13** 41

Mehrwertsteuererhöhung
- EVS **RBEG 1** 9

Meistbegünstigtengrundsatz SGB XII 18 54
Meldefrist AsylbLG 8a 15 f.

Meldepflicht
- besondere **AsylbLG 8a** 7

Menschenwürde
- und Lebensführung **SGB XII 1** 12 ff.

Merkmalskategorie
- der Leistungsberechtigten **SGB XII 128a** 19

Metzler-Verfahren SGB XII 76 71

Mietkaution
- Übernahme **SGB XII 35** 134, 145

Mikrosimulation
- verdeckt arme Haushalte **RBEG 10** 13

Milderung SGB XII 53 33

Mindestbarbetrag
- Erhöhung **SGB XII 27b** 68

Mindesteinkommensgrenze
- verdeckt arme Haushalte **RBEG 10** 13

Mindestinhalt
- der Vereinbarung **SGB XII 76** 14

Mindestleistungsmerkmale SGB XII 76 33
Mindestregelsatz SGB XII 29 20
Mini-BAföG
- Anspruchserhaltung **SGB XII 22** 75

Mischindex SGB XII 28A 21
- Veränderungsrate **RBEG 7** 15

Missbrauchstatbestand AsylbLG 1a 19 f.

Mittagsverpflegung
- gemeinschaftliche **SGB XII 34** 84
- Kostenerstattung **SGB XII 131** 41

Mitteilung
- bei anderer Behörde **AsylbLG 8a** 11

Mitteilungspflicht
- Zivilgericht an Sozialhilfeträger **SGB XII 36** 67

Mittel
- bereite **SGB XII 93** 15
- empfängnisverhütende **SGB XII 49** 9

Mitwirkung
- des Bedürftigen **SGB XII 18** 11

Mitwirkungshandlung
- ausländerrechtliche **AsylbLG 2** 69 f.

Mitwirkungsobliegenheit SGB XII 43 43
Mitwirkungspflicht
- Ausbildungsförderung **SGB XII 22** 81
- eheähnliche Gemeinschaft **SGB XII 20** 54
- Überwindung besonderer sozialer Schwierigkeiten **DVO§69SGBXII 2** 6
- und Auskunftpflicht **AsylbLG 7** 62 f.

Mobiler Sozialer Hilfsdienst
- abweichende Festsetzung **SGB XII 27a** 102

Mobilität SGB XII 61 63 f.
- Pflegebedürftigkeit **SGB XII 61** 63

Mobilitätsausgaben
- Regelbedarfsrelevanz **RBEG 5** 22

Monatsberechnung
- bei Jahreseinkünften **DVO§82SGBXII 11** 7
- bei nicht ganzjähriger Tätigkeit **DVO§82SGBXII 11** 8

Monatseinkünfte
- Vermietung von möblierten Wohnungen und von Zimmern **DVO§82SGBXII 7** 22

Monatsprinzip SGB XII 82 73; **DVO§82SGBXII 8** 8

Montessori-Therapie
- Hilfe zu angemessener Schulbildung **EinglHV 12** 8

Monti-Pakt SGB XII 5 47
Mutter SGB XII 106 100, 114
Mutterschaftsgeld SGB XII 50 12

N

Nachfolgeregelung SGB XII 135 3
Nachgehende Hilfe SGB XII 15 25 f.
Nachholbedarf
- Kosten eines Unterhaltsprozesses **SGB XII 15** 28

Nachrang SGB XII 93 10; **SGB XII 95** 4
- der Sozialhilfe **SGB XII 94** 55; **SGB XII 114** 5

Nachranggrundsatz SGB XII 61 11; **SGB XII 66** 8, 38; **SGB XII 72** 24; **SGB XII 132** 38; **AsylbLG 8** 12 f.
- eheähnliche Gemeinschaft **SGB XII 20** 18
- Familienförderung **SGB XII 16** 7

Nachweis
- gesamten Jahre 2013 und 2014 **SGB XII 136** 11
- Quartale der Jahre 2013 und 2014 **SGB XII 136** 8

Natürliche Person SGB XII 108 20
Nearest-Available-Pair-Matching RBEG 10 18
Nebenkosten SGB XII 35 39
Nebenkostennachforderung SGB XII 35 30
Nebenrecht SGB XII 93 127
Negativevidenz SGB XII 93 59
Nettoausgaben
- für Geldleistungen **SGB XII 46a** 24

Nettolohnentwicklung SGB XII 28A 23
Nettoprinzip
- kein objektives **DVO§82SGBXII 12** 7

Neubeginn SGB XII 111 31
Neuermittlung
- Höhe der Regelbedarfe **SGB XII 28** 25

Neugeborener
- gewöhnlicher Aufenthalt **AsylbLG 10a** 62

Neurose EinglHV 3 5
Nichterfüllung
- der Auskunftpflicht **SGB XII 43** 68 f.

Nichterstattung
- einer Meldung **AsylbLG 13** 12

Nichtrückwirkung
- Rücknahme von Verwaltungsakten **SGB XII 116a** 32

Nichtsesshafter SGB XII 24 19

Stichwortverzeichnis

Nichtvollziehbarkeit
- Gründe **AsylbLG 1a** 47 f.

Nothelfer
- Ansprüche **SGB XII 25** 6, 9
- keine Leistungstragungspflicht **SGB XII 25** 42

Nothilfe SGB XII 20 32
- durch Krankenhaus **SGB XII 25** 60

Notlage
- außergewöhnliche **SGB XII 24** 24; **SGB XII 133** 13
- Begriff **SGB XII 11** 20
- drohende **SGB XII 15** 18
- materielle **SGB XII 11** 8

Notversorgung
- bei Krankheit **AsylbLG 4** 38

Notwendiger Lebensunterhalt
- Begriff **SGB XII 27a** 31

O

Obdachlosigkeit
- abweichender Bedarf **SGB XII 27a** 105

Obergrenze
- s. Angemessenheit **SGB XII 33** 29

Objektive Beweislast
- eheähnliche Gemeinschaft **SGB XII 20** 42

OECD-Skala RBEG 6 18

Öffnungsklausel
- Bestimmung örtlicher Träger **SGB XII 3** 25 ff.
- Pflegebedürftigkeitsbegriff **SGB XII 61** 80

Opfer
- nationalsozialistischer Verfolgung **SGB XII 132** 34

Opferschutzrichtlinie AsylbLG 6 24
Opportunitätsprinzip AsylbLG 13 21
Optimal Matching RBEG 10 18
Optimierungsgebot SGB XII 1 9, 15

Ordnungswidrigkeit
- Ahndung eines Verstoßes **AsylbLG 8a** 24

Ordnungswidrigkeitenrecht SGB XII 117 12, 66

Ordnungswidrigkeitstatbestand AsylbLG 13 9 f.

Organisation
- und Verfahren **SGB XII 127** 12
- und Verfahren der Schiedsstelle **SGB XII 81** 20

Örtlicher Träger
- der Sozialhilfe **SGB XII 97** 10 f.

OWiG SGB XII 117 67

P

Paarhaushalt
- Differenzberechnung **RBEG 10** 10

Pädagoge
- Anhörung von Sachverständigen **EinglHV 24** 5

Parteiwille SGB XII 93 88

Partner
- eheähnliche Gemeinschaft **SGB XII 20** 21

Passlosigkeit AsylbLG 2 95
Pauschalierung SGB XII 31 61
Pensionskasse SGB XII 82 79
Periodizität SGB XII 124 9
- der Statistik **SGB XII 128f** 7

Person
- leistungsberechtigte **SGB XII 12** 13; **SGB XII 46** 22

Personalentscheidung
- ermessensrelevante **SGB XII 6** 11

Personenkreis
- Abgrenzung des leistungsberechtigten **DVO§69SGBXII 1** 5
- Rehabilitationssport **EinglHV 6** 5

Persönliches Budget
- Hilfe zur Pflege **SGB XII 61** 154

Persönlichkeit
- Weiterentwicklung **SGB XII 56** 6

Persönlichkeitsstörung EinglHV 3 5
Petö-Block-Therapie EinglHV 12 7
Pfändung SGB XII 113 6, 24

Pflege
- häusliche **SGB XII 61** 102 f.; **SGB XII 66** 6
- s. Hilfe zur Pflege **SGB XII 8** 12
- teilstationäre **SGB XII 61** 130 f.
- unverhältnismäßige Mehrkosten **SGB XII 63** 7
- vollstationär **SGB XII 61** 148 f.
- Vorrang häuslicher vor stationärer Pflege **SGB XII 63** 17

Pflegebedarf SGB XII 55 4
- erheblicher **SGB XII 61** 75 f.
- für andere Verrichtungen **SGB XII 61** 85 f.
- geringer **SGB XII 61** 82 f.

Pflegebedürftigkeit SGB XII 61 49
- Kinder **SGB XII 64** 42
- Versterben des Pflegebedürftigen **SGB XII 64** 56

Pflegebedürftigkeits-Richtlinie SGB XII 61 166

Pflegefamilie
- Regelsatz **SGB XII 27a** 112
- s. Betreuung **SGB XII 54** 73 f.

Pflegegeld SGB XII 65 24; **SGB XII 83** 14
- Aufwandspauschale **SGB XII 64** 22
- Besitzstandsregelung **SGB XII 64** 59
- erhebliche Pflegebedürftigkeit **SGB XII 64** 23
- Festbeträge **SGB XII 64** 40
- Kürzung **SGB XII 64** 52; **SGB XII 66** 22, 31
- Motivationshilfe **SGB XII 64** 21
- vorläufiger Rechtsschutz **SGB XII 64** 72
- Zweckverfehlung **SGB XII 64** 35

Stichwortverzeichnis

Pflegehilfe
- Alterssicherung der Pflegeperson **SGB XII 65** 64
- angemessene Aufwendungen der Pflegeperson **SGB XII 65** 12
- angemessene Beihilfen für Pflegeperson **SGB XII 65** 21
- Beratung der Pflegeperson **SGB XII 65** 55
- Entlastung der Pflegeperson **SGB XII 65** 59
- Vorrang häuslicher vor stationärer Pflege **SGB XII 63** 6

Pflegehilfsmittel SGB XII 61 122 f.

Pflegekasse SGB XII 62 3
- Bindungswirkung der Entscheidung **SGB XII 62** 10

Pflegekraft
- besondere **SGB XII 61** 107; **SGB XII 65** 32
- einfache **SGB XII 65** 25
- geeignete **SGB XII 65** 38

Pflegeleistung SGB XII 55 6
- häusliche **SGB XII 50** 11

Pflegeleistungsergänzungsgesetz SGB XII 61 14

Pflegesachleistung SGB XII 61 102; **AsylbLG 6** 74

Pflegestufe
- erheblich, schwer, schwerst **SGB XII 61** 75

Pflegestufe Null SGB XII 61 82

Pflegeverrichtung
- gewöhnlich und regelmäßig wiederkehrend **SGB XII 61** 56

Pflegeversicherung
- Beiträge **SGB XII 32** 42 f.
- soziale **SGB XII 61** 10

Pflicht
- Bestehen einer sittlichen **SGB XII 25** 46
- Bildung einer Schiedsstelle **SGB XII 80** 11
- sittliche **SGB XII 84** 18

Pflicht des Leistungsberechtigten
- s. Hinarbeitspflicht **SGB XII 1** 16 f.

Pflichtleistung SGB XII 23 10
- Dritter **SGB XII 2** 56

Pflichtverletzung
- grobe **SGB XII 78** 20

Pflichtversicherter SGB XII 32 14

Prävention
- Begriff **SGB XII 14** 16

Preisentwicklung
- regelbedarfsrelevanter Güter und Dienstleistungen **SGB XII 28A** 22

Privatperson
- Leistungsfähigkeit **AsylbLG 8** 11

Privatschule SGB XII 27a 107

Privilegierung SGB XII 84 6
- leistungsrechtliche **AsylbLG 2** 24
- Schwangerschaft und Betreuung **SGB XII 19** 32

Prognose
- ärztliche **SGB XII 47** 13

Prognosebeurteilung SGB XII 53 30

Prognoseentscheidung SGB XII 24 51
- Bewilligung Sozialhilfeleistungen als Darlehen **SGB XII 91** 12

Prospektivitätsmaßstab SGB XII 77 13
- Inhalt und Geltungsbereich **SGB XII 77** 20 f.

Prozentmethode
- Verteilung überschießenden Einkommens oder Vermögens **SGB XII 27** 33

Prozentwerte
- Einzelpersonen- und Familienhaushalte **RBEG 4** 14

Prozessrisiko SGB XII 93 30

Prüfung
- der Bedürftigkeit **AsylbLG 8** 12
- der Richtigkeit **SGB XII 123** 13
- Richtigkeit der Statistik **SGB XII 128e** 11

Prüfungsvereinbarung SGB XII 76 107

Prüfungsverfahren
- Rentenversicherungsträger **SGB XII 45** 37

Psychologe
- Anhörung von Sachverständigen **EinglHV 24** 5

Psychose
- körperlich nicht begründbare **EinglHV 3** 5

Q

Qualifikation
- des Personals **SGB XII 76** 41

Qualifizierte Kenntnis
- Begriff **SGB XII 18** 20

Qualität
- der Leistung **SGB XII 76** 37, 110

Qualitätssicherung SGB XII 7 11

Quasi-deliktisch SGB XII 102 10

Quersubventionierung
- unzulässige **SGB XII 57** 24

R

Rangverhältnis SGB XII 114 36

RBEG
- Entstehungsgeschichte **RBEG 1** 1
- Statistikmodell **RBEG 1** 8

REAG-Programm AsylbLG 11 25

Realakt
- informeller **SGB XII 12** 10

Recht
- zur außerordentlichen Kündigung **SGB XII 78** 9

Rechtfertigung
- Einsatz öffentlicher Mittel **SGB XII 73** 36 f.

Rechtmäßigkeit SGB XII 93 41
- der Leistung **SGB XII 94** 50 f.

Rechtsbereinigungsgesetz SGB XII 135 4

Stichwortverzeichnis

Rechtsfolgen SGB XII 93 14
Rechtsgrundverweisung SGB XII 93 14
- Umfang der Leistungen **SGB XII 42** 16

Rechtshängig SGB XII 93 163
Rechtsmissbrauch SGB XII 111 33
Rechtsmissbräuchlichkeit
- Definition **AsylbLG 2** 55 f.

Rechtsschutz
- gegen die Entscheidung der Schiedsstelle **SGB XII 77** 77 f.

Rechtsschutzversicherung SGB XII 82 80
Rechtssicherheit SGB XII 78 12
Rechtsstellung
- der freien Träger **SGB XII 5** 22

Rechtsträgerprinzip SGB XII 99 22
Rechtsverfolgungskosten SGB XII 87 28
Rechtsverordnung SGB XII 60 4
Referenzhaushalt
- anderweitige Bedarfsdeckung **SGB XII 28** 41
- Anzahl der Ausschlüsse **RBEG 3** 25
- Ausschluss bei Arbeitslosengeld II **RBEG 3** 14
- Ausschluss bei Hilfe zum Lebensunterhalt **RBEG 3** 13
- Ausschluss bei Leistungen der Grundsicherung im Alter **RBEG 3** 13
- Ausschluss bei Sozialgeld **RBEG 3** 14
- Ausschluss von Haushalten **SGB XII 28** 33; **RBEG 10** 12
- Begriff **RBEG 2** 8; **RBEG 4** 8
- Bestimmung **RBEG 2** 7; **RBEG 4** 12 f.
- Beziehern von BAföG **RBEG 3** 18
- Eigenheimzulage **RBEG 3** 30
- Einkommensstaffelung **RBEG 4** 9
- Elterngeld **RBEG 3** 29
- geringverdienende Selbständige **RBEG 3** 20
- Leistungen nach dem AsylbLG **RBEG 3** 17
- verdeckte Armut **RBEG 3** 19
- Wohngeld **RBEG 3** 16
- Zusammensetzung **RBEG 3** 21
- zusätzliches Erwerbseinkommen **RBEG 3** 26
- Zuschlag zum Arbeitslosengeld II **RBEG 3** 28

Referenzsystem SGB XII 48 19; **SGB XII 52** 12
Regel-Ausnahme-Verhältnis AsylbLG 3 87
Regelbedarf
- abweichende Festlegung **SGB XII 27a** 86
- allgemeine Übergangsregelung **SGB XII 27a** 118
- anderweitige Bedarfsdeckung **SGB XII 27a** 90
- Begriff **SGB XII 27a** 73
- Berechnung anderweitiger Bedarfsdeckung **SGB XII 27a** 97
- Einkommensberücksichtigung **SGB XII 27a** 91
- Erheblichkeit von Abweichungen **SGB XII 27a** 101
- Fortschreibung **RBEG 5** 9; **RBEG 6** 10
- Verfassungsmäßigkeit **SGB XII 28** 50
- Zuwendungen Dritter **SGB XII 27a** 92

Regelbedarf Kinder und Jugendliche
- allgemeine Abschläge **RBEG 6** 22
- spezifische Abschläge **RBEG 6** 23

Regelbedarfs-Ermittlungsgesetz RBEG 1 1
Regelbedarfsermittlung
- Absenkung der Vergleichsgruppe **SGB XII 27a** 75
- anderweitige Bedarfsdeckung **SGB XII 28** 41
- Aufstocker **SGB XII 28** 34
- ausgeschlossene Haushalte **RBEG 3** 11 f.
- fiskalische Steuerung **RBEG 4** 7
- hinreiche Vergleichsgruppe **RBEG 4** 17
- hinreichend großer Stichprobenumfang **RBEG 6** 20
- Mehrwertsteuererhöhung **SGB XII 28** 25
- Statistikmodell **RBEG 5** 11
- Transparenz **RBEG 6** 11
- untere Einkommensgruppe **RBEG 4** 6

Regelbedarfsfortschreibung
- allgemeine Übergangsregelung **SGB XII 28** 49

Regelbedarfsrelevanz RBEG 6 14
Regelbedarfsstufe SGB XII 39a 16
- Begriff **SGB XII 27a** 73
- Definition **RBEG 8** 6
- Fortschreibung **SGB XII 40** 13
- Grundsatz zur Ermittlung **RBEG 1** 6
- Kinder und Jugendliche **SGB XII 27a** 81
- Kriterien zur Bestimmung **SGB XII 28** 27 f.
- Leistungshöhe **RBEG 8** 6
- Regelsätze **SGB XII 29** 29
- Verfassungsmäßigkeit **SGB XII 28** 50
- Verordnungsermächtigung **SGB XII 40** 10
- Vorgaben zur Bestimmung **RBEG 1** 12

Regelbedarfsstufe 1
- Alleinstehende und Alleinerziehende **SGB XII 27a** 76
- eigene Haushaltsführung **RBEG 8** 10
- Mitbewohner einer Wohngemeinschaft **RBEG 8** 10

Regelbedarfsstufe 2
- Bedarfsgemeinschaft **SGB XII 27a** 78
- eheähnliche Gemeinschaften **RBEG 8** 12
- Ehegatte und Lebenspartner **SGB XII 27a** 78
- Ehepaar **RBEG 8** 12
- gemeinsame Haushaltsführung **SGB XII 27a** 78
- modifizierte Differenzrechnung **RBEG 8** 12
- Paar **RBEG 8** 12
- Partner **RBEG 8** 12

- partnerschaftsähnliche Gemeinschaften **RBEG 8** 12
- pauschale Haushaltsersparnis **RBEG 8** 12

Regelbedarfsstufe 3
- allgemeine Übergangsregelung **SGB XII 27a** 118
- Anwendungsbereich **RBEG 8** 15
- Bestandsschutz **SGB XII 137** 5
- Verfassungsmäßigkeit **SGB XII 27a** 79; **RBEG 8** 15

Regelbedarfsstufen-Fortschreibungsverordnung 2014 SGB XII 27b 62

Regelsatz
- abweichende Festlegung **SGB XII 27a** 86
- am Beispiel der Stadt München **SGB XII 29** 21
- anderweitige Bedarfsdeckung **SGB XII 27a** 90
- anteiliger **SGB XII 27a** 110
- Berechnung anderweitiger Bedarfsdeckung **SGB XII 27a** 97
- Deckung der Regelbedarfe **SGB XII 27a** 82
- Einkommensberücksichtigung **SGB XII 27a** 91
- Erheblichkeit von Abweichungen **SGB XII 27a** 101
- Fortschreibung **SGB XII 28A** 9
- notwendiger Lebensunterhalt **SGB XII 27a** 71
- Parlamentsgesetz **SGB XII 40** 4
- Pflegefamilie **SGB XII 27a** 112
- Regelbedarfsstufen **SGB XII 29** 29
- sozialhilferechtlicher **SGB XII 33** 6
- Streitgegenstand **SGB XII 27a** 120
- Teilmonat **SGB XII 27a** 110
- Unterbringung **SGB XII 27a** 112

Regelsatz-VO
- Vorgängervorschrift zu § 8 RBEG **RBEG 8** 2

Regelsatzfeststellung
- örtliche Verhältnisse **SGB XII 9** 18

Regelsonderbedarf
- ergänzende Darlehen **SGB XII 37** 20

Regelung
- bundeseinheitlich **AsylbLG 10a** 10

Regionaler Regelsatz
- abstrakte Normenkontrolle **SGB XII 29** 27
- Gleichbehandlung **SGB XII 29** 23
- praktische Bedeutung **SGB XII 29** 30

Rehabilitation
- Begriff **SGB XII 14** 16
- berufliche **SGB XII 54** 26 f.
- medizinische **SGB XII 52** 20; **SGB XII 54** 11 f.
- soziale **SGB XII 54** 41 f.

Rehabilitationsleistung SGB XII 14 18; **SGB XII 58** 5

Rehabilitationssport
- ärztliche Überwachung **EinglHV 6** 6
- Begriff **EinglHV 6** 3
- Versorgung mit Hilfsmitteln **EinglHV 6** 6

Reichweite
- der Meldepflicht **AsylbLG 8a** 12 f.

Reiseunfähigkeit AsylbLG 2 96
Rentenberechtigung SGB XII 46 26 f.
Rentenversicherungsträger SGB XII 45 24
- zuständiger **SGB XII 46** 17 f.

Retraumatisierung
- im Heimatland **AsylbLG 4** 72

Richtlinie
- Hilfe bei Krankheit **SGB XII 48** 20

Riester-Rente SGB XII 33 27; **SGB XII 82** 78
Risikolebensversicherung SGB XII 82 80

Risikoverteilung
- System **SGB XII 77** 16

Rothbarth-Ansatz RBEG 10 18

Rückforderung
- des Darlehens **SGB XII 38** 48 f.

Rückforderungsanspruch SGB XII 93 95
Rückforderungsentscheidung AsylbLG 7b 11

Rückführungsmöglichkeit
- länderbezogene Problematik **AsylbLG 2** 75

Rückführungsprogramm AsylbLG 11 15, 18 f.

Rückkehr
- aus dem Ausland **SGB XII 24** 28 f.

Rückkehrpflicht SGB XII 133 17

Rücknahme
- der Bewilligungsentscheidung **AsylbLG 7b** 15 f.
- eines nicht begünstigenden Verwaltungsakts **SGB XII 116a** 43

Rückwirkung SGB XII 93 34

Rundungsregelung
- Regelbedarfsstufen **SGB XII 28** 45; **SGB XII 28A** 17

Rürup-Rente SGB XII 82 78

S

Sachbezug
- Begriff **DVO§82SGBXII 2** 7
- Bewertung **DVO§82SGBXII 2** 6 ff.

Sachbezugsverordnung SGB XII 27a 97
- vorrangige Anwendung **DVO§82SGBXII 2** 8

Sachleistung SGB XII 10 23 ff.; **AsylbLG 3** 56 f.
- unbare Erbringung **SGB XII 34a** 38

Sachleistungsgrundsatz
- Ausnahme **SGB XII 34b** 10

Sachleistungsprinzip AsylbLG 3 23

Sachverständiger
- Anhörung **EinglHV 24** 1 f.
- Erstellung eines Berichts **RBEG 10** 11

Stichwortverzeichnis

Sanktion
- von Verstößen **AsylbLG 13** 8

Sanktionsvorschrift SGB XII 26 9

Satzung
- Bestimmungen über die Heizkosten **SGB XII 35a** 26
- Geltungserstreckung kraft Bundesrechts **SGB XII 35a** 27
- Rechtmäßigkeit **SGB XII 35a** 18

Satzungsermächtigung
- der einzelnen Bundesländer **SGB XII 35a** 4
- Leistungen für die Unterkunft und Heizung **SGB XII 35a** 13

Schadensersatzanspruch SGB XII 88 24; **SGB XII 93** 20

Scheingeschäft SGB XII 93 93

Schenkung SGB XII 93 92

Schiedsstelle SGB XII 108 80, 87

Schiedsstellenverfahren SGB XII 77 37 f.

Schiedsstellenverordnung
- Erlass **SGB XII 81** 20 f.

Schlepperorganisation AsylbLG 3 27

Schmerzensgeld SGB XII 83 15

Schmerzzustand
- Begriff **AsylbLG 4** 42

Schmuck RBEG 5 27

Schönheitsreparatur
- Zuschlag **SGB XII 27a** 103

Schonvermögen
- Einsatz **SGB XII 37** 43

Schulausflug
- eintägiger **SGB XII 34** 41 f.
- Erbringungsweg von Leistungen **SGB XII 131** 31

Schulbedarf
- Bedarfsdeckung **SGB XII 34** 51 f.

Schulbeihilfen AsylbLG 6 86 f.

Schulbildung
- angemessene **SGB XII 54** 53 f.; **EinglHV 12** 6
- einzelne Hilfen **EinglHV 12** 7 f.
- Versorgung mit Hilfsmitteln **EinglHV 12** 9

Schuldenübernahme SGB XII 36 10
- Form der Leistungsgewährung **SGB XII 36** 60
- Leistungsberechtigter **SGB XII 36** 17
- Notwendigkeit **SGB XII 36** 57
- Rechtfertigung **SGB XII 36** 40

Schuldnerberatung SGB XII 11 38 f.
- Inanspruchnahme **DVO§69SGBXII 2** 6; **DVO§69SGBXII 3** 6

Schuldübernahme
- Leistungen zur Erhaltung und Beschaffung **DVO§69SGBXII 4** 6

Schule
- allgemeinbildende **SGB XII 34** 36

Schülerbeförderung
- Bedarfsdeckung **SGB XII 34** 57 f.

Schulessen EinglHV 12 10

Schulung
- Ausbildungsmaßnahmen **EinglHV 16** 6

Schutz
- der Einrichtungsorte **AsylbLG 10a** 11, 28; **AsylbLG 10b** 9
- von Trägern der Sozialhilfe **SGB XII 109** 5

Schwangerschaft
- unerwünschte **SGB XII 49** 10

Schwierigkeiten
- besondere soziale **SGB XII 67** 23 f.
- soziale **SGB XII 67** 22 f.

Selbständiger
- geringverdienender **RBEG 3** 20

Selbständigkeit
- Träger der freien Wohlfahrtspflege **SGB XII 5** 15

Selbstbeeinflussung AsylbLG 2 51

Selbstbehalt
- angemessener **SGB XII 92a** 17

Selbstbeschaffung
- Nichterreichbarkeit des Zwecks **SGB XII 34b** 27
- zur Bedarfsdeckung **SGB XII 34b** 11

Selbstbestimmung
- informationelle **SGB XII 118** 23; **SGB XII 121** 11

Selbstbestimmungsrecht
- des Hilfebedürftigen **SGB XII 18** 37 f.

Selbstbindung
- der Verwaltung **SGB XII 17** 45

Selbsthilfe SGB XII 93 10; **AsylbLG 7** 16
- Familie **SGB XII 16** 26
- Hilfe zum Lebensunterhalt **SGB XII 27** 22

Selbsthilfegrundsatz SGB XII 2 6 f.

Selbsthilfemöglichkeit SGB XII 19 18

Selbsthilfeobliegenheit SGB XII 2 11 f.

Selbstkostendeckungsprinzip SGB XII 77 21

Selbstverwaltungsaufgabe AsylbLG 10 16

Servicestelle
- gemeinsame **SGB XII 59** 10

Sicherstellung
- der Pflege **SGB XII 55** 12 f.

Sicherstellungsauftrag AsylbLG 4 60

Sicherung
- der Gesundheit **AsylbLG 6** 59 f.
- des Lebensunterhalts **AsylbLG 6** 45 f.
- eines Arbeitsplatzes **DVO§69SGBXII 5** 6

Sicherungsberechtigter AsylbLG 7a 11

Sicherungsmittel AsylbLG 7a 20

Sicherungsobjekt AsylbLG 7a 14

Sicherungsverpflichteter AsylbLG 7a 12

Sittenwidrigkeit SGB XII 93 22

Sittlichkeit
- sittliche Pflicht **SGB XII 84** 18

SMAP-Programm AsylbLG 11 27

Sofortwirkung
- Rücknahme von Verwaltungsakten **SGB XII 116a** 32

Solidaritätszuschlag SGB XII 82 69

Sonderauswertung
- der EVS **SGB XII 28** 31; **RBEG 1** 10; **RBEG 6** 20
- Mindeststandards **SGB XII 28** 32

Sonderbedarf
- atypisch **AsylbLG 6** 22

Sonderberechnung
- für Land- und Forstwirte **DVO§82SGBXII 5** 5

Sonderregelung
- Personen mit einem besonderen Bedarf **SGB XII 35a** 22
- Regelbedarfsstufen Kinder und Jugendliche **RBEG 8** 19

Sonderzuweisung
- durch Entscheidung der Landesregierung **SGB XII 101** 6

Sozialdaten SGB XII 119 26

Soziale Schwierigkeiten
- Begriff **DVO§69SGBXII 1** 10 f.

Sozialgeld
- Ausschluss als Referenzhaushalt **RBEG 3** 14

Sozialhilfe
- Anwendungsbereich SGB XII **SGB XII 1** 11
- Ausschluss bei Einreise zur Erlangung **SGB XII 23 Anh** 83
- Beschaffung eines Kraftfahrzeuges **EinglHV 8** 3
- Bestimmung der örtlichen und überörtlichen Träger **SGB XII 97** 9 f.
- einmalige oder zeitlich kurze Gewährung **DVO§82SGBXII 9** 3 ff.
- Gewährung an Deutsche im Ausland **EinglHV 23** 4
- örtliche Träger **SGB XII 3** 24

Sozialhilfeantrag
- Weiterleitung **SGB XII 46** 35 f.

Sozialhilferechtsverhältnis SGB XII 18 7

Sozialhilferichtlinie SGB XII 17 43

Sozialhilfeträger
- Feststellung einer Sozialleistung **SGB XII 95** 24
- Informationspflicht **SGB XII 14** 10
- s. Anspruchsberechtigter **SGB XII 25** 17
- sachliche Zuständigkeit bei besonderen Lebensverhältnissen **SGB XII 67** 6 f.
- unzuständiger **SGB XII 18** 50

Sozialleistung
- Begriff **SGB XII 95** 62 f.
- Teilhabe aus dem allgemeinen Diskriminierungsverbot **SGB XII 23 Anh** 115 f.
- Teilhabe aus der Eigentumsgarantie **SGB XII 23 Anh** 110 f.

Sozialleistungsträger SGB XII 114 26

Sozialversicherungsentgeltverordnung DVO§82SGBXII 2 4

Spekulationsgeschäft
- andere Einkünfte **DVO§82SGBXII 8** 7

Sperrwirkung SGB XII 81 14

Spesen SGB XII 82 59

Spezialvorschrift SGB XII 130 16

Spitzenverband
- kommunaler **SGB XII 79** 23

Spontanberatungspflicht
- Rücknahme von Verwaltungsakten **SGB XII 116a** 38

Sportrollstuhl
- Teilnahme am Rehabilitationssport **EinglHV 9** 14

Staatsangehörigkeit SGB XII 108 21, 27

Stadt-Staaten-Klausel SGB XII 101 7

Stammrecht SGB XII 93 127

Stationäre Leistung
- in einer Einrichtung **SGB XII 98** 30 f.

Statistik
- Arten **SGB XII 128a** 10
- Durchführung **SGB XII 128e** 10
- Zweck **SGB XII 128a** 16

Statistikgeheimnis SGB XII 127 12

Statistikmodell RBEG 1 8
- Abschläge **RBEG 5** 13
- Herausnahme Einzelbedarfe **SGB XII 28** 40
- Herausnahme Einzelgegenstände **SGB XII 28** 40
- interner Ausgleich **SGB XII 28** 40; **RBEG 5** 12
- Regelbedarfsermittlung **RBEG 5** 11; **RBEG 6** 12

Statistische Bundesamt AsylbLG 12 12
- Erhebung der Statistik **SGB XII 128a** 17
- Ermittlung der jährlichen Veränderungsrate **SGB XII 28A** 25
- Erstellung eines Berichts **RBEG 10** 11
- regionale Auswertungen **SGB XII 29** 19

Status
- der Schiedsstellenmitglieder **SGB XII 80** 31 f.

Sterbegeld SGB XII 33 38; **SGB XII 74** 11

Sterbegeldversicherung SGB XII 33 38

Sterbekasse SGB XII 87 28

Sterilisation SGB XII 51 9

Stichprobenumfang
- Regelbedarfsermittlung **SGB XII 28** 36

Stichtagsregelung SGB XII 133a 12

Stichwortverzeichnis

Stiefeltern
- Einsatz von Vermögen **SGB XII 39** 38

Streitgegenstand
- Regelsätze **SGB XII 27a** 120

Studienassistenzdienst EinglHV 13 7

Subdelegation AsylbLG 10 21

Subsidiaritätsgrundsatz
- Nachrang der Sozialhilfe **SGB XII 2** 6 f.

Suchtkrankheit EinglHV 3 5

Summe
- regelbedarfsrelevanten Verbrauchsausgaben **RBEG 5** 28; **RBEG 6** 25

Suspensiveffekt SGB XII 93 27

Systemsubsidiarität SGB XII 2 7

T

Tabelle
- Übermittlung **SGB XII 126** 11; **SGB XII 128h** 17

Tabellen-Eins SGB XII 126 8; **SGB XII 128h** 7

Tageseinrichtung
- erweiterte Hilfe **SGB XII 92** 24

Taschengeld AsylbLG 3 79 f.

Tatbestandliche Rückanknüpfung SGB XII 93 34

Tatbestandswirkung SGB XII 93 48

Tätigkeit
- entgeltliche **SGB XII 11** 27
- selbstversorgende **AsylbLG 5** 17
- zumutbar **SGB XII 2** 36, 48

Teilhabe
- am sozialen und kulturellen Leben in der Gemeinschaft **SGB XII 34** 91

Teilhabebudget SGB XII 34 19

Teilnahme
- am gemeinschaftlichen Leben **SGB XII 67** 12

Territorialitätsprinzip SGB XII 24 10

Top-Down-Methode SGB XII 76 72

Träger
- der Sozialhilfe **SGB XII 3** 19 f.; **SGB XII 95** 29 f.
- örtlich, überörtlich **SGB XII 125** 14; **SGB XII 128g** 11
- von Sozialleistungen **AsylbLG 9** 28
- Zusammenwirken mit Leistungsberechtigten **SGB XII 1** 18

Transparenz
- Regelbedarfsermittlung **RBEG 5** 10

Trennung
- der Stellen **SGB XII 127** 12

Treuhänder
- verdeckter **SGB XII 93** 93

Tuberkulosehilfe SGB XII 135 4

Ü

Überbrückungsbeihilfe SGB XII 83 14

Überbrückungsgeld SGB XII 82 61

Übergang
- von Ansprüchen **SGB XII 19** 47 f.

Übergangsgeld SGB XII 83 14

Übergangsregelung SGB XII 132 13; **SGB XII 135** 4
- Fortschreibung Regelbedarfe **SGB XII 28A** 29
- Fortschreibung Regelsätze **SGB XII 138** 8
- Kinder und Jugendliche **SGB XII 27a** 117; **SGB XII 28A** 28
- Prüfung der Ausgaben durch die Länder **SGB XII 136** 6
- Regelbedarfsstufen 4 bis 6 **SGB XII 134** 2
- zu § 46a SGB XII **SGB XII 136** 4

Übergangssachverhalt
- Bildungs- und Teilhabeleistungen **SGB XII 131** 23

Übergangsvorschrift SGB XII 115 7

Überleitung von Ansprüchen
- Begriff **AsylbLG 7** 52
- Familienverhältnisse **SGB XII 16** 23

Überleitungsverfahren AsylbLG 7 58 f.

Übermittlung
- an Kommunen **SGB XII 127** 6
- an Statistische Landesamt und Träger **SGB XII 128h** 31
- bundeseinheitliche Standards **SGB XII 128h** 15
- technische und organisatorische Vorgaben **SGB XII 128h** 25
- und Veröffentlichung von Daten **SGB XII 126** 8; **SGB XII 128h** 7
- von Tabellen **SGB XII 126** 11; **SGB XII 128h** 17

Übernahme
- der Beiträge **SGB XII 32** 83 f.
- Zuzahlungen zur GKV **SGB XII 37** 49

Überörtlicher Träger SGB XII 97 11; **SGB XII 115** 5
- der Sozialhilfe **SGB XII 108** 93, 112

Überprüfung
- existenzsichernde Leistungen **RBEG 10** 9
- Regelsätze für alle Hilfeempfänger **SGB XII 27a** 87
- von Leistungen **SGB XII 7** 12

Überprüfungsauftrag
- bei Ermessensentscheidungen **SGB XII 17** 8

Überprüfungspflicht SGB XII 17 48

Überschussermittlung
- Einkünfte aus Vermietung und Verpachtung **DVO§82SGBXII 7** 7

Übertragung SGB XII 113 6, 24
- der Aufgaben und Kostenträgerschaft **AsylbLG 10** 24
- von Aufgaben auf andere Stellen **SGB XII 3** 32

Überwachung
- der Meldefrist **AsylbLG 8a** 21 f.

Übungsleiterfreibetrag SGB XII 82 94

U

Umfang
- dem Hilfebedürftigen zu gewährende Leistungen **SGB XII 27** 49
- der Beschränkung **SGB XII 118** 24
- der Datenübertragung **SGB XII 118** 42 f.
- Leistungen der Grundsicherung im Alter und bei Erwerbsminderung **SGB XII 42** 11 ff.
- Leistungseinschränkung **SGB XII 39a** 46

Umgangsrecht
- Familienverhältnisse **SGB XII 16** 21

Umsatzsteuer SGB XII 82 69

Umstand
- außergewöhnlicher **AsylbLG 8** 31

Umweltprämie SGB XII 83 14

Umzug SGB XII 108 116
- während des Leistungsbezugs **SGB XII 35** 124

Umzugskosten SGB XII 35 134, 140
- Übernahme **DVO§69SGBXII 4** 6

UN-Behindertenrechtskonvention
- Auslegung **SGB XII 13** 38

Unabhängigkeit von Hilfe SGB XII 1 15

Unfähigkeit
- zur Selbsthilfe **SGB XII 67** 23

Unfallversicherung
- gesetzliche **AsylbLG 9** 29

Ungeeignetheit
- einer Person **SGB XII 6** 16

Ungleichbehandlung
- eheähnliche Gemeinschaft **SGB XII 20** 48
- Rechtfertigung **SGB XII 23 Anh** 116

Unmöglichkeit
- der Sicherstellung der Pflege **SGB XII 55** 12 f.

Unterbrechung SGB XII 93 140
- des Leistungsbezugs **SGB XII 133a** 19

Unterbringung SGB XII 107 32; **SGB XII 108** 71, 75
- Regelsatz **SGB XII 27a** 112

Unterbringungsplatz
- notwendige Zahl **AsylbLG 9** 32

Unterhalt
- faktisch erbrachter **SGB XII 43** 38

Unterhaltleistung SGB XII 88 24

Unterhaltsanspruch SGB XII 43 29; **SGB XII 93** 140; **SGB XII 94** 58
- Berücksichtigung **SGB XII 43** 14
- gegenüber Kindern und Eltern **SGB XII 43** 14

Unterhaltspflicht
- Übernahme der Bestattungskosten **SGB XII 74** 34 f.

Unterhaltspflichtiger SGB XII 117 20; **AsylbLG 9** 27

Unterhaltsrückgriff
- gegenüber Eltern und Kindern **SGB XII 41** 174

Unterkunft AsylbLG 3 61 f.
- Aufwendungen **SGB XII 35** 24
- Begriff **SGB XII 35** 20 f.
- Pauschalierung der Leistung **SGB XII 35** 158
- sonstige Hilfen zur Sicherung **SGB XII 36** 1 f.

Unterrichtungspflicht
- Art und Umfang der Maßnahme **DVO§69SGBXII 3** 5 f.
- der Träger der Sozialhilfe **SGB XII 14** 21

Unterstützung SGB XII 8 15 f.
- Gegenstand der Fortbildung **SGB XII 6** 25
- in sozialen Angelegenheiten **SGB XII 10** 48 f.
- persönliche **DVO§69SGBXII 2** 5; **DVO§69SGBXII 3** 5

Unterstützungsleistung
- von Dritten **SGB XII 84** 20

Untersuchung SGB XII 47 9
- Anspruch **SGB XII 51** 9
- erforderliche **SGB XII 49** 9

Untersuchungsgrundsatz SGB XII 81 28

Untrennbarkeit
- Grundbarbetrag und zusätzlicher Barbetrag **SGB XII 133a** 16

Unwirtschaftliches Verhalten SGB XII 26 20

Unzumutbarkeit
- einer Tätigkeit **SGB XII 11** 29 ff.

Urlaubssemester SGB XII 22 29

V

Veränderung
- der Bedingungen **AsylbLG 8a** 14

Veränderungsrate SGB XII 28A 30; **SGB XII 29** 6; **SGB XII 138** 11
- angepasste Verbrauchsausgaben Erwachsener **RBEG 7** 17
- angepasste Verbrauchsausgaben Kinder und Jugendlicher **RBEG 7** 18
- Bestimmung **SGB XII 28A** 19
- Einheitlichkeit **SGB XII 28A** 20
- maßgeblicher Zeitraum **RBEG 7** 15
- Mischindex **SGB XII 28A** 21
- Regelbedarf **SGB XII 40** 14
- Verordnungsermächtigung **SGB XII 40** 10
- Zeitraum **SGB XII 28A** 24

Verantwortungs- und Einstehensgemeinschaft SGB XII 20 19

Verband
- Begriff **SGB XII 5** 27

Stichwortverzeichnis

Verband der freien Wohlfahrtspflege
- Unterstützung durch Sozialhilfeträger **SGB XII 5** 35

Verbesserung
- des Wohnumfeldes **SGB XII 61** 127

Verbot
- nachträglicher Ausgleiche **SGB XII 77** 30
- rückwirkender Vereinbarungen **SGB XII 77** 114 f.
- trägerbezogene Differenzierung **SGB XII 79** 41

Verbrauch
- vorzeitiger **SGB XII 26** 20

Verbrauchsausgaben
- Ausschluss bestimmter **SGB XII 28** 38
- Erwachsene in Mehrpersonenhaushalten **RBEG 10** 17
- Fortschreibung **SGB XII 28** 44
- regelbedarfsrelevante **SGB XII 28** 43; **RBEG 6** 4
- von Einpersonenhaushalten **RBEG 5** 7

Vereinbarkeit
- mit höherrangigem Recht **SGB XII 118** 22; **SGB XII 122** 18

Vereinbarung
- von Bundesempfehlungen **SGB XII 79** 44
- zeitlicher Maßstab für Abschluss und Inhalt **SGB XII 77** 15

Vereinbarungsanpassung SGB XII 78 43
Vereinbarungserfordernis SGB XII 75 81 f.
Vereinbarungsmaßstab
- prospektiver **SGB XII 77** 15

Vereinbarungszeitraum
- Begriff **SGB XII 77** 27 f.

Vereinigung
- der Einrichtungsträger **SGB XII 80** 15
- der Träger der Einrichtungen **SGB XII 79** 24

Verfahren
- der Schiedsstelle **SGB XII 80** 37 f.
- und Organisation **SGB XII 127** 12

Verfahrensfrist SGB XII 95 103 f.
Verfahrensgrundsätze
- Schiedsverfahren **SGB XII 80** 41 f.

Verfahrensregelung AsylbLG 10 17
Verfassungsmäßigkeit
- Regelbedarfe **RBEG 5** 14

Verfolgung
- nationalsozialistische **SGB XII 132** 34

Verfügung SGB XII 113 4, 23
Vergaberecht SGB XII 75 122 f.
Vergleichbarkeit
- der Beschäftigungsstätten **SGB XII 56** 9

Vergleichszweck
- interkommunaler **SGB XII 127** 13

Vergütungsregelung AsylbLG 4 18

Vergütungsübernahme
- ohne Vereinbarung **SGB XII 75** 130 f.

Vergütungsvereinbarung SGB XII 76 62
Verhältnis
- im Aufenthaltsland **SGB XII 133** 23
- wirtschaftliches **SGB XII 74** 61 f.
- zu Landesgesetzen **AsylbLG 9** 20

Verhältnismäßigkeit
- des Eingriffs **SGB XII 118** 26 f.

Verjährung SGB XII 93 80; **SGB XII 110** 46; **SGB XII 111** 13

Verjährungsfrist SGB XII 111 17
Verkürzung
- der Periodizität **SGB XII 128f** 10

Verlassen
- einer Einrichtung **SGB XII 106** 151; **AsylbLG 10b** 8

Verletztengeld SGB XII 82 36
Verletztenrente SGB XII 82 36
Verletzung
- der Meldepflicht **AsylbLG 13** 6
- des Existenzminimums **SGB XII 73** 25

Verlustausgleich SGB XII 82 76
- Härtefallausnahme **DVO§82SGBXII 10** 8
- Verbot **DVO§82SGBXII 10** 6

Vermeidung
- Ausübung verlustreicher Tätigkeiten **DVO§82SGBXII 10** 5

Vermietung
- beweglicher Gegenstände **DVO§82SGBXII 8** 7
- möblierter Wohnraum und Zimmer **DVO§82SGBXII 7** 19

Vermietungsvereinbarung SGB XII 93 88
Vermittlungsstelle SGB XII 118 65
Vermögen AsylbLG 7 17
- Abfindung **SGB XII 90** 99
- abgetretene Ansprüche **SGB XII 90** 26
- Abgrenzung zum Einkommen **SGB XII 90** 16
- angemessene Altersversorgung **SGB XII 90** 116
- angemessene Lebensführung **SGB XII 90** 115
- aus öffentlichen Mitteln **SGB XII 90** 48
- Basisrente **SGB XII 90** 120
- Begriff **SGB XII 90** 11
- Bestattungsvorsorgevertrag **SGB XII 90** 102
- Blindengeld **SGB XII 90** 100
- Einsatz **SGB XII 90** 36
- Erbstück **SGB XII 90** 68
- Erziehungsgeld **SGB XII 90** 100
- Familienstück **SGB XII 90** 68
- Folgen der Verwertbarkeit **SGB XII 90** 44
- Gegenstände für Berufsausbildung **SGB XII 90** 65
- Gegenstände für Erwerbstätigkeit **SGB XII 90** 65

- Gegenstände für geistige Bedürfnisse **SGB XII 90** 70
- Geldwerte **SGB XII 90** 83; **SGB XII 96** 9
- gemischte Bedarfsgemeinschaft **SGB XII 90** 47
- Grabpflegeverträge **SGB XII 90** 103
- Grundrentennachzahlung **SGB XII 90** 99
- Härte **SGB XII 90** 94
- Hausgrundstück **SGB XII 90** 72, 107
- Hausrat **SGB XII 90** 62
- kleinerer Barbetrag **SGB XII 90** 83; **SGB XII 96** 9
- Konsumverzicht **SGB XII 90** 99
- Kraftfahrzeug **SGB XII 90** 105
- Mieterträge **SGB XII 90** 107
- offensichtliche Unwirtschaftlichkeit der Verwertung **SGB XII 90** 108
- rechtswidrig erlangte Gegenstände **SGB XII 90** 27
- Riester-Rente **SGB XII 90** 52
- Rürup-Rente **SGB XII 90** 52, 120
- Schenkungen **SGB XII 90** 23
- Schmerzensgeld **SGB XII 90** 101
- Schulden **SGB XII 90** 15
- Sicherungsübereignung **SGB XII 90** 34
- Sparbücher **SGB XII 90** 35
- Sterbegeldversicherung **SGB XII 90** 104
- Treuhand **SGB XII 90** 28
- Unterhaltsansprüche **SGB XII 90** 25
- Unterstützung von NS-Opfern **SGB XII 90** 100
- Verwertbarkeit **SGB XII 90** 37
- Wohnzwecke behinderter oder pflegebedürftiger Menschen **SGB XII 90** 54

Vermögenslosigkeit SGB XII 93 22

Vermutung
- der Bedarfsdeckung **AsylbLG 7** 31
- eines Gesamteinkommens **SGB XII 43** 39 f.

Vermutungsregelung
- Ausschluss **SGB XII 39** 54
- Bedarfsgemeinschaft **SGB XII 20** 6
- Widerlegung **SGB XII 39** 73

Veröffentlichung
- gemeindebezogener Ergebnisse **AsylbLG 12** 24
- und Übermittlung von Daten **SGB XII 126** 8; **SGB XII 128h** 7

Verordnung
- ärztliche **SGB XII 49** 9
- Durchführung der Hilfe **SGB XII 69** 4

Verordnungsermächtigung SGB XII 120 10; **SGB XII 128** 8; **SGB XII 133** 19; **AsylbLG 3** 25
- Bestimmung über Höhe der Barbeträge **SGB XII 96** 6
- der Bundesregierung **SGB XII 60** 3

- des Bundesministeriums **SGB XII 129** 10
- Einzelheiten der Einkommensberechnung **SGB XII 96** 5
- Regelbedarfsstufen **SGB XII 40** 10
- Veränderungsrate **SGB XII 40** 10

Verpfändung SGB XII 113 6, 24

Verpflichteter
- Tragung der Bestattungskosten **SGB XII 74** 21 f.

Verpflichtung
- Aufnahme einer entgeltlichen Tätigkeit **SGB XII 11** 27
- des Staates zur Förderung der Familie **SGB XII 16** 14
- Dritter **SGB XII 2** 51 f.; **SGB XII 92** 78 f.
- zumutbare Tätigkeiten **SGB XII 11** 6

Verrechnung
- Sachleistung **SGB XII 10** 31 f.

Verrechnungsverbot
- positiver mit negativen Einkünften **DVO§82SGBXII 10** 4

Verrichtung
- gewöhnlich und regelmäßig wiederkehrend **SGB XII 61** 54 f.

Versicherter
- privat **SGB XII 32** 48 f.

Versicherungsbeiträge SGB XII 82 71

Versorgung
- hauswirtschaftliche **SGB XII 61** 71 f.
- im Hospiz **SGB XII 52** 19
- mit orthopädischen und anderen Hilfsmitteln **EinglHV 10** 6
- mit Zahnersatz **AsylbLG 4** 49
- privilegiert **AsylbLG 6** 105 f.

Versorgungsleistung
- Umfang **AsylbLG 4** 44

Verstoß
- gegen das Grundgesetz **SGB XII 118** 23
- gegen Europarecht **SGB XII 118** 22

Verteilschlüssel RBEG 6 15
- Alter **RBEG 6** 16
- Bericht zur Weiterentwicklung **RBEG 6** 17
- Geschlecht **RBEG 6** 16
- Überprüfung und Weiterentwicklung **RBEG 10** 14

Verteilung
- einmaliger sonstige Einkünfte **DVO§82SGBXII 8** 10

Verteilungsort AsylbLG 10a 14

Verteilungsverfahren AsylbLG 10a 15

Vertikale Kommunikation SGB XII 7 7

Vertragsauslegung
- ergänzende **SGB XII 93** 88

Vertragshilfeverfahren SGB XII 81 28

Vertragspartei
- fakultativ **SGB XII 79** 25 f.

Stichwortverzeichnis

Vertragsverhältnis
- mit den Leistungsträgern **SGB XII 57** 8

Vertrauensschutz SGB XII 17 50

Verwaltungsakt SGB XII 93 127; **SGB XII 108** 84
- Entscheidung der Pflegekasse **SGB XII 62** 11

Verwaltungsaufwand
- Eigenanteil Mittagsverpflegung **RBEG 9** 15

Verwaltungskosten SGB XII 110 49

Verwaltungsvorschriften SGB XII 116 13

Verwandtenunterhalt SGB XII 94 61 f.

Verwandter
- in gerader Linie **SGB XII 117** 22

Verwendungsnachweis
- Leistungserbringung **SGB XII 34a** 70

Verwertbarkeit
- zeitliche Grenzen **SGB XII 90** 41

Verwertungsverbot SGB XII 118 72

Verwirkung SGB XII 111 34

Verwirkungstatbestand SGB XII 93 80

Verzinsung
- des Darlehens **SGB XII 38** 45

Volkwirtschaftliche Gesamtrechnung SGB XII 28A 25

Vollerhebung
- oder Zufallsstichproben **SGB XII 129** 12

Vollstationäre Pflege SGB XII 61 148

Vollstreckung
- der Anordnung **AsylbLG 7a** 27

Vollstreckungsverfahren
- vereinfacht **AsylbLG 7a** 30

Vollzugsanstalt SGB XII 106 95, 121, 154; **SGB XII 109** 5

Voraussichtlich SGB XII 38 30 f.

Vorbereitungen
- von Leistungen **SGB XII 59** 10

Vorbeugende Hilfe SGB XII 15 14 f.

Vorgreiflichkeit SGB XII 93 164

Vorhandensein
- eines festen Lebensmittelpunktes **SGB XII 133** 12

Vorkehrung
- organisatorische **SGB XII 118** 29

Vorleistung
- berechtigte Selbstbeschaffung **SGB XII 34b** 21

Vorlesehilfe
- studienbedingt erforderliche **EinglHV 13** 7

Vorrang
- anderer Leistung **SGB XII 67** 30 f.
- der ambulanten Hilfe **SGB XII 130** 8
- der Geldleistung **SGB XII 17** 36
- Geld- vor Sachleistung **SGB XII 10** 53 f.
- Leistungen der freien Träger **SGB XII 5** 49
- Regelung zur Krankenbehandlung **SGB XII 48** 22 f.

Vorsatz SGB XII 41 154

Vorschrift
- leistungseinschränkend **AsylbLG 11** 8, 18 f.

Vorsorge
- für Alter und Tod **SGB XII 33** 13

Vorsorgeleistung
- medizinische **SGB XII 47** 9

W

Waffengebrauch AsylbLG 7a 32

Wahrnehmung
- der Arbeitsgelegenheit **AsylbLG 5** 15
- des Umgangsrecht **AsylbLG 6** 56 f.

Wahrscheinlichkeitsbeurteilung
- Erwerbsminderung **SGB XII 45** 25

Wahrung
- des Besitzstandes **SGB XII 130** 9

Wareneinsatzquote RBEG 5 26

Warenkorbmodell RBEG 1 8

Warmwasserversorgung
- zentrale **SGB XII 35** 170

Wechselmodell
- Begriff des Zusammenlebens **SGB XII 30** 74

Wegefähigkeit SGB XII 41 50

Weisung
- durch überörtlichen Träger **SGB XII 99** 15

Weiterbildungsmaßnahme
- kein Leistungsausschluss **SGB XII 22** 23

Weiterentwicklung
- der Persönlichkeit **SGB XII 56** 6

Weitergewährung
- von Leistungen **SGB XII 132** 25

Weiterleitung
- eines Sozialhilfeantrags **SGB XII 46** 35 f.
- von Unterlagen **SGB XII 59** 11

Weiterversicherter SGB XII 32 17 f.

Weiterwanderungsprogramm AsylbLG 11 15

Werkstatt
- für behinderte Menschen **SGB XII 41** 90; **SGB XII 45** 49; **SGB XII 54** 35 f.

Werkstattfähigkeit EinglHV 17 9

Wert
- der Ersatzleistungen **AsylbLG 3** 98 f.

Wesentlichkeitstheorie SGB XII 35a 10

Widerspruch SGB XII 119 22 f.

Wirkung
- generalpräventive **AsylbLG 13** 18

Wirkungskreis
- Aufgabe **AsylbLG 10** 16

Wirtschaftlichkeit SGB XII 17 38

Wirtschaftlichkeitsgebot SGB XII 76 61, 106, 110

Wirtschaftsrechnung
- jährlich laufende **RBEG 7** 14
- laufende **SGB XII 28A** 31

Wohlfahrtsentwicklung SGB XII 28A 14

Stichwortverzeichnis

Wohngeld SGB XII 83 14
- Ausschluss von Sozialhilfeempfängern **AsylbLG 7b** 8
- Referenzhaushalt **RBEG 3** 16

Wohngeldanspruch AsylbLG 9 32

Wohnmöglichkeit
- betreute **SGB XII 98** 52

Wohnort SGB XII 24 10 ff.

Wohnraum AsylbLG 7b 20

Wohnrecht SGB XII 93 53, 86

Wohnumfeld
- Verbesserung in der Hilfe zur Pflege **SGB XII 61** 127

Wohnung
- Begriff **SGB XII 39** 18 f.
- Leistungen zur Erhaltung und Beschaffung **DVO§69SGBXII 4** 5
- Zusammenleben mit anderen Personen **SGB XII 39** 21

Wohnungsbeschaffung
- Anspruch auf Geldleistungen **DVO§69SGBXII 4** 6
- sonstige Leistungen **DVO§69SGBXII 4** 5

Wohnungsbeschaffungskosten
- Begriff **SGB XII 35** 137
- Übernahme **SGB XII 35** 134

Wohnungserhaltung
- sonstige Leistungen **DVO§69SGBXII 4** 5

Wohnungslosenhilfe SGB XII 67 21

Wohnungslosigkeit
- drohende **SGB XII 36** 32, 53

Wunsch
- stationäre Unterbringung **SGB XII 9** 29

Wunschrecht SGB XII 9 23 ff.; **SGB XII 55** 13

Z

Zahlung
- des Bundes **SGB XII 46a** 21
- unmittelbar an Versicherungsunternehmen **SGB XII 32** 72
- von Pflegegeld **SGB XII 62** 7

Zahnersatz SGB XII 27a 107; **AsylbLG 4** 49

Zäsur
- durch Ausreise **AsylbLG 2** 36 f.

Zeitpunkt
- der Aufnahme in die Einrichtung **AsylbLG 10b** 11
- frühestmöglicher **SGB XII 123** 15; **SGB XII 128e** 13

Zeitraumidentität SGB XII 93 101

Zentrale Spruchstelle SGB XII 107 30

Zeugnisverweigerungsrecht SGB XII 117 12, 63

Zielsetzung
- unterschiedliche **AsylbLG 1a** 9

Zielvereinbarung SGB XII 57 27

Zirkelschluss
- Vermeidung bei Regelbedarfsermittlung **RBEG 3** 9

Zufallsstichprobe
- oder Vollerhebung **SGB XII 129** 12

Zuflusstheorie SGB XII 82 22; **SGB XII 90** 17

Zumutbarkeit SGB XII 74 60
- der stationären Leistung **SGB XII 13** 34
- einer Tätigkeit **SGB XII 11** 25 f.
- Grenze der Selbsthilfeobliegenheit **SGB XII 2** 46 f.

Zuordnung
- regional **SGB XII 123** 14; **SGB XII 128e** 12

Zurückschiebung AsylbLG 1a 43

Zusammenarbeit SGB XII 58 5
- allgemeines Gebot **SGB XII 4** 9
- der obersten Landesbehörden **SGB XII 7** 6
- Erledigung der Aufgaben der Sozialhilfe **SGB XII 5** 31
- mit Servicestellen **SGB XII 59** 5
- mit Vereinigungen **SGB XII 68** 42
- Rentenversicherungsträger **SGB XII 45** 7
- Ziele und Inhalt **SGB XII 5** 34

Zusammenarbeitsgebot SGB XII 76 127; **SGB XII 79** 10

Zusammenhang
- besondere Lebensverhältnisse und soziale Schwierigkeiten **DVO§69SGBXII 1** 6

Zusammenleben SGB XII 30 70 f.; **SGB XII 108** 61
- im selben Haushalt **AsylbLG 7** 25

Zusammensetzung
- der Maßnahmenpauschale **SGB XII 79** 33
- der Personengemeinschaft **SGB XII 124** 13
- Schiedsstelle **SGB XII 80** 12 f.

Zusammentreffen
- verschiedener Leistungen **SGB XII 10** 36

Zusammenwirken
- von Trägern und Leistungsberechtigten **SGB XII 1** 18

Zusatzaufbereitung SGB XII 126 14; **SGB XII 128h** 20

Zusatzauswertung
- EVS **RBEG 1** 11

Zusatzbeitrag SGB XII 32 46 f.

Zusatzerhebung SGB XII 128 8; **SGB XII 129** 10
- Begriff **SGB XII 128** 11

Zusatzstatistik SGB XII 128 7

Zuschuss
- an Verpflichtete **AsylbLG 8** 8
- zu den Wohnkosten **SGB XII 22** 52

Zusicherung
- Leistungsabsprache **SGB XII 12** 10

Stichwortverzeichnis

Zuständigkeit SGB XII 21 68 f.; **SGB XII 108** 57
- Altenhilfe **SGB XII 71** 36 f.
- bei ambulant betreuten Wohnformen **SGB XII 98** 50 f.
- bei Bestattungskosten **SGB XII 98** 44 f.
- bei fehlender landesrechtlicher Bestimmung **SGB XII 97** 32
- bei Vollzug freiheitsentziehender Maßnahmen **SGB XII 98** 44 f.
- bei vorläufiger Hilfeleistung **SGB XII 97** 33
- der Landesregierung **AsylbLG 10** 10
- des örtlichen Trägers **SGB XII 97** 9 f.
- fortbestehende **SGB XII 98** 27 f.
- Hilfe zur Weiterführung des Haushalts **SGB XII 70** 46 f.
- landesrechtliche Bestimmungen **SGB XII 97** 16 f.
- Leistungen der Grundsicherung im Alter und bei Erwerbsminderung **SGB XII 46b** 11
- örtlich und sachlich **SGB XII 3** 10
- Rentenversicherungsträger **SGB XII 46** 17 f.
- sonstige Leistungsberechtigte **AsylbLG 10a** 22

Zuständigkeitskonflikt SGB XII 98 61

Zuständigkeitsregelung
- begrenzte Anwendung der örtlichen **SGB XII 46b** 15

Zustimmung
- des behinderten Menschen **SGB XII 59** 10
- des Bundesrates **SGB XII 60** 4

Zuweisungsentscheidung AsylbLG 10a 20

Zuweisungsort AsylbLG 10a 14

Zuwendung
- freiwillige **SGB XII 84** 8
- sonstige **SGB XII 84** 16

Zuzahlung
- orthopädische Schuhe **SGB XII 27a** 103
- Praxisgebühr **SGB XII 27a** 103
- zu Medikamenten **SGB XII 27a** 103

Zuzahlungsbescheinigung SGB XII 37 49

Zwang
- unmittelbarer **AsylbLG 7a** 32

Zwangsräumung
- drohende Wohnungslosigkeit **SGB XII 36** 33

Zweck
- der Statistik **SGB XII 121** 14

Zweckidentität SGB XII 88 21

Zweitausbildung
- Förderungsausschluss **SGB XII 22** 38

Im Lesesaal vom 2 2. JULI 2014
bis